Oxford-PWN Polish-English Dictionary

Redaktor Naczelna / Chief Editor
dr hab. Jadwiga Linde-Usiekniewicz

Zastępca Redaktora Naczelnego / Deputy Chief Editor
Phillip G. Smith

Redaktorzy Naukowi / Academic Consultants
prof. Emma Harris, prof. dr hab. Kazimierz Polański
okresowo / and prof. dr hab. Zygmunt Saloni

Autorzy haseł / Entry Compilers
Paweł Beręsewicz, Bogna Piotrowska, Krystyna Rabińska, Katarzyna Zawadzka
oraz / and
Agnieszka Andrzejewska, Magdalena Brown, Anna Czajkowska,
Witold Kurylak, Regina Mościcka, Danuta Hołata-Lötz, Zuzanna Jakubowska,
Jerzy Pilawski
okresowo / and Magdalena Pospieszna, Sylwia Sulmowska, Guy Torr

Koordynacja / Senior Editors
       materiału polskiego / for the Polish text
            Agnieszka Płudowska,
            oraz / and
            Magdalena Zawisławska
       materiału angielskiego / for the English text
            Anne-Marie Fabianowska, Sherill Howard Pociecha,
okresowo / and Steven Davies, Paul Krawczonek, Joanna Śmigielska

Współpraca redakcyjna / Editorial support
Zuzanna Łubkowska, Jan Stemposz, Irena Trzonkowska

Programy komputerowe / Software design
Jan Stemposz

Transkrypcja fonetyczna / Phonetic transcription
Paweł Rutkowski

Współpraca ze strony OUP / OUP Contributors

Redaktor prowadzący / Managing Editor
Della Thompson

Weryfikacja materiału angielskiego / Proofreader
Andrew Hodgson

Oxford-PWN
Polish-English
Dictionary

OXFORD
UNIVERSITY PRESS
LRS: Somerset College

OXFORD
UNIVERSITY PRESS

Great Clarendon Street, Oxford OX2 6DP

Oxford University Press is a department of the University of Oxford.
It furthers the University's objective of excellence in research, scholarship,
and education by publishing worldwide in

Oxford New York

Auckland Cape Town Dar es Salaam Hong Kong Karachi Kuala Lumpur
Madrid Melbourne Mexico City Nairobi New Delhi Shanghai Taipei Toronto

With offices in

Argentina Austria Brazil Chile Czech Republic France Greece
Guatemala Hungary Italy Japan Poland Portugal Singapore
South Korea Switzerland Thailand Turkey Ukraine Vietnam

Oxford is a registered trade mark of Oxford University Press
in the UK and in certain other countries

Published in the United States
by Oxford University Press Inc., New York

British Library Cataloguing in Publication Data
Data available

Library of Congress Cataloging in Publication Data
Data available

Jacket and cover design
Edwin Radzikowski
John Taylor

Layout
Maria Czekaj

Computer service
Jan Stemposz

Proof-reading
Dariusz Godoś, Joanna Grabowska, Izabela Jarosińska, Anna Moraczewska,
Maria Oleszkiewicz, Ewa Skowrońska-Bereza

Setting and page-making
Logoscripts Sp. z.o.o.
02-797 Warszawa, Al. KEN 54/73, Poland

Wydawnictwo Naukowe PWN SA
00-251 Warszawa, ul. Miodowa 10, Poland

Printing and Binding: Olsztyńskie Zakłady Graficzne, Poland

ISBN 0-19-861077-7   978-0-19-861077-9 (English-Polish volume only available as part of two-volume set)
ISBN 0-19-861076-9   978-0-19-861076-2 (Polish-English volume only available as part of two-volume set)
ISBN 0-19-861075-0   978-0-19-861075-5 (two-volume set)

2

Od wydawcy

Wielki słownik polsko-angielski PWN-Oxford jest dopełnieniem *Wielkiego słownika angielsko--polskiego PWN-Oxford*, który przez dwa lata swojej obecności na rynku zdążył zebrać wiele bardzo pochlebnych recenzji specjalistów i cieszy się zasłużoną popularnością wśród odbiorców. Mam nadzieję, że część polsko-angielska również zasłuży na podobne oceny czytelników.

Wielki słownik polsko-angielski PWN-Oxford, podobnie jak słownik angielsko-polski, zawiera ponad 500 tys. polskich jednostek leksykalnych, tj. wyrazów hasłowych, ich znaczeń, złożeń, najczęstszych połączeń z innymi wyrazami, typowych użyć w konstrukcjach gramatycznych i frazeologicznych, zaprezentowanych w sposób przystępny i przejrzysty, zilustrowanych wieloma przykładami i przetłumaczonych na angielski. Podaje też angielskie odpowiedniki najnowszych użyć polskich słów, w tym należących do języka potocznego i mówionego. Dzięki przebogatemu materiałowi przykładowemu pozwala trafnie tłumaczyć z polskiego na naturalnie brzmiącą angielszczyznę.

Słownik zawiera również informacje o amerykańskiej odmianie języka angielskiego, np. informuje o różnicach ortograficznych, znaczeniowych i gramatycznych miedzy odmianą brytyjską i amerykańską.

Oddawany Państwu do rąk tom oparty jest na renomowanych słownikach języka polskiego Wydawnictwa Naukowego PWN oraz na Korpusie Języka Polskiego PWN, dzięki czemu słownictwo tu zawarte zostało dokładnie opisane. Przejrzysta budowa haseł pozwala łatwo znaleźć szukane wyrażenie i jego przekład. Tym samym zaspokojone zostały rzeczywiste potrzeby czytelników.

Dzięki współpracy i doświadczeniu dwóch czołowych oficyn wydawniczych: Wydawnictwa Naukowego PWN i Oxford University Press, powstał słownik najwyższej jakości – nowoczesny, wiarygodny, łatwy w użyciu. *Wielki słownik polsko-angielski PWN-Oxford* ukaże się w chwili, kiedy Polska będzie już członkiem Unii Europejskiej. Język angielski stanie się językiem jeszcze bardziej popularnym i nasz słownik będzie służył pomocą zarówno tym, którzy język angielski już znają, jak i tym, którzy dopiero się go uczą. Otwarcie Polski na świat skłoni również wielu cudzoziemców do nauki języka polskiego, najczęściej poprzez język angielski. Mam nadzieję, że nasz słownik im to ułatwi.

Redaktor Naczelna Słowników PWN
Elżbieta Sobol

Spis treści

W y k l e j k i :

    Skróty i symbole

    Tabela symboli międzynarodowego alfabetu fonetycznego (IPA)

    Alfabet polski

    Tradycyjne brytyjskie (GB) i amerykańskie (US) jednostki miary

Przedmowa

Dla kogo ten słownik jest przeznaczony i jakie zawiera informacje

Druga część *Wielkiego słownika angielsko-polskiego i polsko-angielskiego PWN-Oxford*, czyli *Wielki słownik polsko-angielski PWN-Oxford*, przeznaczona jest przede wszystkim dla polskich użytkowników. Jest to słownik dość szczególny. Jego podstawowym zadaniem jest nie tylko podanie angielskich odpowiedników polskich słów, co robią wszystkie słowniki dwujęzyczne, lecz pokazanie, w jaki sposób po angielsku wyrazić myśl sformułowaną wstępnie po polsku. Coraz częściej bowiem Polak staje przed koniecznością napisania tekstu angielskiego: artykułu naukowego, streszczenia artykułu, prowadzenia oficjalnej korespondencji lub korespondencji w sprawach prywatnych (zakupy, wypoczynek).

Jednym z największych problemów, z jakim borykają się piszący w obcym języku, jest właściwy dobór słów. Muszą one nie tylko precyzyjnie odpowiadać temu, co chce się powiedzieć, ale również we właściwy, naturalny dla angielskiego sposób łączyć się z innymi słowami użytymi w tekście. Tylko wtedy tekst będzie zrozumiały.

Wiedza o tym, w jaki sposób użytkownicy korzystać będą z naszego słownika, wpłynęła na przyjęte w nim rozwiązania leksykograficzne. Sądzimy, że przejrzysta budowa artykułów hasłowych, układ informacji i sposób jej prezentacji (w tym wyróżnienia typograficzne), podporządkowane funkcji słownika, ułatwią korzystanie z tej publikacji.

Podstawową informacją, konieczną dla skorzystania ze słownika jest ustalenie nie tylko słowa, ale i znaczenia, w jakim chcemy je użyć. Temu służy rozdzielenie artykułu hasłowego na znaczenia. Informacje o znaczeniu podane są w formie polskojęzycznych wskazówek: minidefinicji i synonimów, rzadziej kwalifikatorów dziedziny, do jakiej dane słowo należy, i polskich wyrazów standardowo łączących się z wyrazem hasłowym w danym znaczeniu.

Bardzo często jest tak, że słowo jednego języka nie ma dokładnego odpowiednika w drugim języku, lecz wymaga innego tłumaczenia w zależności od kontekstu lub nawet dokładnego sensu, jaki chce się nadać wypowiedzi. Przyjęliśmy jako zasadę, że słownik ma podpowiadać, jakie angielskie słowo będzie trafne w danej sytuacji. Informacje takie pojawiają się zawsze, jeżeli w haśle podaje się odpowiedniki nie w pełni równorzędne.

Nie zawsze polski zwrot najnaturalniej można oddać w języku obcym metodą „słowo w słowo". Znaczenie polskiego połączenia wyrazowego może najtrafniej oddawać jeden wyraz angielski, a znaczenie pojedynczego polskiego wyrazu – zwrot kilkuwyrazowy. Jeżeli tak jest, w haśle pojawiają się bardziej rozbudowane przykłady z tłumaczeniami. Pojawiają się one zwykle nieco dalej – dlatego zachęcamy użytkowników do niepoprzestawania na małym i niezadowalaniu się pierwszym angielskim słowem, które wydaje się odpowiednie, lecz do przejrzenia całego artykułu hasłowego – być może znajdzie się w nim sugestia, jak po angielsku wyrazić całość formułowanej myśli.

Oddawany Państwu do rąk słownik jest drugą częścią publikacji. Pewne przyjęte w nim rozwiązania, nietypowe dla polskiej leksykografii, zarówno jedno- , jak i dwujęzycznej sprawdziły się w słowniku angielsko-polskim. Tam, gdzie było to możliwe, staraliśmy zastosować je również tu. Inaczej niż w słowniku angielsko-polskim, a zgodnie z polską tradycją leksykograficzną potraktowaliśmy terminy wielowyrazowe. Nie stanowią one odrębnych haseł, lecz pojawiają się w bloku, poprzedzonym białym kwadratem, w haśle poświęconym ich członowi nadrzędnemu (odpowiedniemu rzeczownikowi).

W części polsko-angielskiej zachowaliśmy podział na podhasła o różnej charakterystyce gramatycznej; uważny czytelnik zauważy, że występują one rzadziej niż w słowniku angielsko-polskim, ale częściej niż w słownikach języka polskiego. Wnikliwy czytelnik zauważy też, że podajemy wprost informację o przechodniości czasownika, a nie tylko o jego aspekcie. Co więcej, zauważy też, że, wbrew ogólnie przyjętym zasadom, opisujemy jako przechodnie również te czasowniki, które nie występują po polsku w stronie biernej. Jest to celowe działanie, mające uchronić użytkownika polskiego przed bardzo częstym błędem pomijania dopełnień angielskich, popełnianym pod wpływem zasad obowiązujących w języku polskim.

Tam, gdzie to możliwe, unikamy opisów lingwistycznych, niemniej staramy się zwrócić uwagę czytelnika na ewentualne różnice gramatyczne między wyrazem polskim a jego odpowiednikiem angielskim, w szczególności tam, gdzie nieznajomość tych różnic może prowadzić do błędu. Tak na przykład podajemy informację, że angielski rzeczownik jest niepoliczalny tylko wtedy, kiedy polski nie ma takiej charakterystyki. Ustrzeże to użytkownika przed użyciem słowa w liczbie mnogiej.

Dla czasowników podajemy informację o przechodnim charakterze angielskiego odpowiednika polskiego czasownika nieprzechodniego. Informacja taka oznacza, że dopełnienia nie można pominąć. Podajemy też informację o przyimkach, z jakimi odpowiadające sobie znaczeniowo czasowniki łączą się w obu językach – bardzo często bowiem są to przyimki różne od rzeczownikowych. Zwracamy uwagę na to, że odpowiednikiem nie jest przymiotnik, lecz rzeczownik angielski użyty w funkcji przymiotnikowej. W hasłach przysłówkowych zwracamy uwagę na konteksty, w których w tłumaczeniu zwrotu polskiego pojawia się nie przysłówek angielski, lecz przymiotnik.

W stosunku do kwalifikatorów zastosowaliśmy analogiczne zasady, jak w słowniku angielsko- -polskim. W słownikach dwujęzycznych bowiem stosuje się je nieco inaczej niż w słownikach jednojęzycznych. Kwalifikatory dziedzinowe – jak już wspominaliśmy – informują o zakresie zjawisk, do jakich odnosi się dane słowo, czy to w języku wyjściowym, czy docelowym. Inaczej niż w słownikach jednojęzycznych, nie muszą zatem sygnalizować, że dane słowo należy do słownictwa specjalistycznego. Dlatego bardzo często są pomijane w hasłach jednoznacznych. Niemniej, stosujemy je, jeżeli przynależność jednostki leksykalnej do danej dziedziny może nie być jasna dla niespecjalisty.

Niemniej zamiast zachodnioeuropejskich informacji o poziomie języka, zastosowaliśmy tradycyjne kwalifikatory stylu funkcjonalnego: *książkowe, potoczne, pospolite, wulgarne*. Odpowiednim kwalifika- torem opatrzone zostało wyrażenie języka źródłowego oraz wyrażenie angielskie.

Ponadto stosujemy kwalifikatory informujące o pejoratywnym, obraźliwym lub eufemistycznym charakterze danego słowa oraz informujące o zawężeniu zakresu użycia do pewnego typu tekstów lub grupy użytkowników (*język dziennikarski, mowa dzieci, środowiskowe*). Powtórzenie tego samego kwalifikatora oznacza zgodność. Wszelkie rozbieżności świadczą o różnicach pragmatycznych między odpowiadającymi sobie znaczeniowo wyrażeniami obu języków. W stosunku do języka polskiego stosujemy czasami kwalifikator poprawnościowy *krytykowane* – w odniesieniu do zjawisk bardzo częstych w żywym języku, ale takich, które uważane są za niepoprawne. W stosunku do angielskich odpowiedników stosujemy dwa dodatkowe kwalifikatory informujące o tym, że dane słowo jest rzadkie lub że należy do języka specjalistycznego. Zdarza się bowiem, że dokładny odpowiednik polskiego słowa nie jest używany często i normalnie bywa zastępowany innym, czasami nawet zaskakującym Polaka, wyrażeniem.

Kwalifikatory stylu pełnią w słowniku dwujęzycznym dwojaką funkcję. Mogą rozróżniać znaczenia, ale zawsze informują o ograniczeniach użycia. Nie jest bowiem tak, że o wartości stylistycznej wyrazu można wywnioskować wprost z przykładów użycia. W każdym typie dyskursu oprócz słownictwa nacechowanego, swoistego dla tego typu wypowiedzi, występuje również słownictwo neutralne.

Słownik nasz powstał we współpracy z brytyjską oficyną, ale zawiera też informacje o odmianie amerykańskiej: przede wszystkim o różnicach ortograficznych, leksykalnych i gramatycznych między obydwoma odmianami.

Choć zdawaliśmy sobie sprawę, że najliczniejszymi użytkownikami naszego słownika są osoby, dla których polski jest językiem ojczystym, nie chcieliśmy zapominać o zagranicznym użytkowniku, który z tego słownika będzie korzystał przy czytaniu tekstów polskich lub nauce polskiego jako obcego. Pewne informacje, które nasz słownik zawiera, przeznaczone są wyłącznie dla takich użytkowników. Charakter taki ma informacja o odmianie wyrazów, a także odsyłacze od trudnych do rozpoznania form fleksyjnych do formy podstawowej. W szczególności odesłania takie są potrzebne w wypadku różnego typu form aspektowych. Świadomi tego, że rozpoznawanie aspektu polskiego sprawia cudzoziemcom duże kłopoty, podajemy w hasłach jednoaspektowych postać odpowiednika aspektowego w danym znaczeniu (w wypadkach, kiedy czasownik dokonany posiada przedrostek, odróżniający go od niedokonanego). Natomiast przy czasownikach, w których forma dokonana różni się od niedokonanej zakończeniem, podajemy odsyłacze od postaci niedokonananej do dokonanej – nawet wtedy, gdy sąsiadują ze sobą w kolejności alfabetycznej, co niesłusznie może sprawiać wrażenie błędu w sztuce.

Dla zagranicznych użytkowników przeznaczona jest też informacja o wymowie wyrazów polskich, podawana wtedy, gdy nie wynika ona wprost ze składu literowego wyrazu. Wymowę podajemy nie tylko dla wyrazów zapożyczonych, zachowujących częściowo oryginalną pisownię lub wymowę, lecz także dla wyrazów, dla których poprawnego przeczytania trzeba znać ich budowę słowotwórczą lub pochodzenie, jak np. w wypadku wyrazu *podzamcze, bezinteresowny,* czy *mania,* wymawianego inaczej niż *bania.* Inaczej niż w słownikach języka polskiego wymowę podajemy w transkrypcji międzynarodowej, z pewnymi uproszczeniami. Tak na przykład nie zaznaczamy ubezdźwięcznienia na końcu wyrazu, nosówki traktujemy jako wymawiane asynchronicznie w wyrazach polskich, pomijamy różnice barwy samogłosek średnich w zależności od kontekstu a także upodobnienia kontekstowe.

Jak słownik powstawał?

Podstawą materiałową słownika są z jednej strony współczesne słowniki ogólne i specjalistyczne języka polskiego PWN (w tym *Inny słownik języka polskiego* pod red. Mirosława Bańki, *Uniwersalny słownik języka polskiego* pod red. Stanisława Dubisza i Elżbiety Sobol, *Słownik poprawnej polszczyzny* pod red. Andrzeja Markowskiego, *Słownik polszczyzny potocznej* Janusza Anusiewicza i Jacka Skawińskiego, *Słownik eufemizmów polskich* Anny Dąbrowskiej) oraz *Korpus języka polskiego PWN.* Staraliśmy się, by słownik nasz reprezentował wszystkie odmiany polszczyzny, od książkowej, literackiej i eleganckiej, do potocznej, mówionej, a nawet – mówiąc eufemistycznie – dosadnej. Bogaciej niż w słownikach jednojęzycznych reprezentowane jest słownictwo potoczne dotyczące życia codziennego. Pomijaliśmy natomiast bardzo często słownictwo najnowsze – zwykle zapożyczenia z języka angielskiego.

Trafność odpowiedników i tłumaczeń angielskich sprawdzaliśmy nie tylko w renomowanych słownikach języka angielskiego, ale także w *Oxford National Corpus.* Ponadto były one sprawdzane przez rodzimych użytkowników języka angielskiego doskonale znających polski.

Wreszcie cały tekst przeczytali nasi koledzy z Oxford University Press, sugerując zmiany tam, gdzie wprowadziliśmy – mimo ostrożności – odpowiedniki i tłumaczenia nienaturalne lub nienajszczęśliwsze.

Słownik jest efektem wielu lat pracy stosunkowo niewielkiego zespołu filologów i leksykografów, Polaków i cudzoziemców. Wnieśli oni bardzo wiele w opracowanie koncepcji słownika, wykorzystując swoje doświadczenie byłych uczniów, nauczycieli obu języków, tłumaczy i redaktorów. Wielką ich zasługą jest nieustające czuwanie, by aspekt teoretyczno-lingwistyczny leksykografii nie przesłonił praktycznego charakteru dzieła i żeby wszystko to, co każdy z nas wie o obu reprezentowanych w słowniku językach, służyło wygodzie odbiorców i ułatwiało skuteczne i trafne wykorzystanie zawartych w nim informacji.

Przystępując do prac nad słownikiem nazwaliśmy go, półżartem, „słownikiem naszych marzeń" – chcieliśmy stworzyć taki słownik, o jakim marzyliśmy, ucząc się angielskiego. Moje marzenie się spełniło dzięki zaangażowaniu, wytrwałości, rzetelności, cierpliwości i wyrozumiałości moich kolegów z Redakcji Słowników Obcojęzycznych: Zuzannie Łubkowskiej, Agnieszce Płudowskiej, Bognie Piotrowskiej, Krystynie Rabińskiej, Katarzynie Zawadzkiej, Pawłowi Beręsewiczowi, Phillipowi Smithowi i Janowi Stemposzowi. Wszystkim bardzo dziękuję za wkład w opracowanie koncepcji słownika i za jej konsekwentną realizację. Szczególne podziękowanie należy się naszemu brytyjskiemu koledze Phillipowi Smithowi, zastępcy redaktora naczelnego słownika, który nie tylko cierpliwie wyjaśniał nam subtelne tajniki angielszczyzny, ale jeszcze cierpliwiej znosił nasze bardzo polskie charaktery.

Podziękowanie należy się też naszym kolegom z Redakcji Słowników Języka Polskiego za pomoc i wsparcie oraz koleżankom z Działu Produkcji, bez których urzeczywistnienie tego projektu nie byłoby możliwe.

Jadwiga Linde-Usiekniewicz

Jak korzystać ze słownika

A. Jak znaleźć szukane hasło

- Hasła ułożone są w porządku **alfabetycznym.** Odstępy, łączniki, apostrofy i obce znaki diakrytyczne nie wpływają na porządek haseł [1].

- *Homonimy* – wyrazy o identycznej pisowni traktowane są jako oddzielne hasła opatrzone cyfrą arabską podniesioną o pół wiersza [2].

- *Męskie i żeńskie warianty rzeczowników osobowych*, wymiennie stosowane *warianty wyrazów* oraz *zdrobnienia wyrazów hasłowych* połączono we wspólne hasła, jeżeli we wszystkich kontekstach mają te same odpowiedniki i występują w tych samych związkach wyrazowych. W przeciwnym razie występują one jako samodzielne hasła [3].

- Postać *dokonaną i niedokonaną* czasowników w przypadku, kiedy różnią się od siebie przyrostkiem, połączono we wspólne hasło umieszczone w porządku alfabetycznym w miejscu właściwym dla postaci dokonanej [4]. Postać niedokonana stanowi wtedy jedynie hasło odsyłaczowe [5] [31]. Jeżeli w którymś ze znaczeń dany czasownik występuje wyłącznie w postaci dokonanej lub niedokonanej, to przypadki takie omówione są w oddzielnym jednoaspektowym haśle, traktowanym jako homonim [5]. W przypadku czasowników, w których postać dokonana tworzona jest przez dodanie przedrostka, obydwie postaci traktowane są jako oddzielne hasła, a istnienie postaci przeciwnej zasygnalizowane jest specjalnym odsyłaczem [32].

- *Formy rzadsze* i *nieregularne formy fleksyjne* stanowią hasła *odsyłaczowe* [31].

---

[1]

Alfabetyczna kolejność haseł.

[2]

Homonimy.

[3]

W niektórych przypadkach we wspólne hasła połączono:
- **męskie i żeńskie formy** rzeczowników osobowych,
- **wymiennie** stosowane warianty wyrazów, a także do formy podstawowej **dołączono zdrobnienia** i zgrubienia.

[4]

Wspólne hasło **dla dokonanej i niedokonanej** postaci czasownika, jeżeli różnią się od siebie przyrostkiem.

[5]

Jeżeli w jakimś znaczeniu dany czasownik **nie ma pary aspektowej**, to jest traktowany jako homonim.

[6]

Pionowa kreska oddzielająca część wyrazu niezmienną w czasie odmiany, wewnątrz hasła zastępowaną tyldą.

[7]

Wymowę polską zapisano międzynarodowym alfabetem fonetycznym (**IPA**) w przypadkach odstępstw od ogólnych reguł.

[8]

Numerowane cyframi rzymskimi **podhasła** o różnych cechach **gramatycznych.**

[9]

Symbole gramatyczne opisujące wyraz hasłowy. Patrz: Skróty i symbole (na pierwszej wyklejce).

[10]

Forma podstawowa dla podhasła.

[11]

Informacja na temat **odmiany**. Patrz: How to interpret inflexional information.

[12]

Numery znaczeń – w obrębie hasła cyframi arabskimi wyróżniamy różne znaczenia danego wyrazu.

---

galeon *m* (*G* ~u) Hist., Żegl. galleon

gale|ra *f* Hist., Żegl. galley; **pływać na ~rze** to sail in a galley

gryf[1] *m* Mitol. griffin, gryphon, griffon
gryf[2] *m* (*G* ~u) Muz. fingerboard

geode|ta *m,* ~tka *f* geodesist, (geodetic) surveyor
gruba|chny, ~śny *adi.* pot., żart. *[osoba]* chubby, plump; *[sweter]* thick, heavy; ~**chny pień drzewa** a sturdy tree trunk
gryza|k *m* (~czek *dem.*) teething ring

gda|knąć *pf* — **gda|kać**[1] *impf* (~knęła, ~knęli — ~czę, ~cze *a.* ~ka) *vi* [1] *[kura]* to cluck [2] przen. *[karabin maszynowy, silnik]* to sputter

gdakać[1] *impf* → gdaknąć
gda|kać[2] *impf* (~czę, ~cze *a.* ~ka) *vi* pot. *[osoba]* to jabber pot.; **mam dość jej ciągłego ~kania** I'm sick of her constant jabbering

gosp|oda *f* daw. inn; tavern przest.; **w wiejskiej ~odzie** at a country tavern *a.* inn

gros[2] /gro/ *n inv.* (większość) majority; ~ **miejscowej ludności** the majority of the local population; ~ **czasu spędzał w kawiarni** he spent most of *a.* the majority of his time in the café; ~ **książek rozeszło się na początku** most of *a.* the majority of the books were sold at the beginning

glissan|do I *n, n inv.* glissando; ~**do na skrzypcach** a violin glissando
II *adv.* *[zagrać]* glissando

gilotyn|ować *impf vt* to guillotine *[skazańca, króla]* ⇒ **zgilotynować**
gimnasty|k *m* gymnast
geocentryzm *m sgt* geocentrism

gryzo|ń Zool. **I** *m* rodent
II gryzonie *plt* (rząd) rodents

głośni|a *f* (*Gpl* ~) Anat. glottis
glam|ać *impf* (~ię) *vi* pot. to make smacking noises

getr|y *plt* (*G* ~ów) [1] (podkolanówki bez pięt) leggings [2] przest. (cholewki) gaiters

B. Budowa artykułu hasłowego.

- Artykuły hasłowe mają budowę *hierarchiczną*.

- Artykuły hasłowe dzielą się ze względu na cechy *gramatyczne* na *podhasła* numerowane cyframi rzymskimi [8]▶. Z niektórymi związane są swoiste *formy podstawowe* [10]▶.

- Podhasła dzielą się na *znaczenia*, numerowane cyframi arabskimi [12]▶.

- Dla rozróżnienia znaczeń wyrazu hasłowego stosuje się *minidefinicje* [14]▶, *kwalifikatory* [13]▶ lub *typowe słowa* okrelane łączące się z wyrazem hasłowym w danym znaczeniu [15]▶. Brak kwalifikatora oznacza, że wyraz jest używany w języku ogólnym i nie jest nacechowany stylistycznie lub emocjonalnie.

- Jeżeli w języku angielskim nie ma dokładnego odpowiednika, stosuje się *odpowiedniki przybliżone* [17]▶, definicje [18]▶ lub dodatkowe wyjaśnienia [19]▶.

- *Odpowiedniki* w pełni *równoważne* są rozdzielone *przecinkami* [21]▶.

- Minidefinicje, kwalifikatory i słowa określane mogą też rozdzielać *nierównoważne* sobie *odpowiedniki* angielskie [22]▶, ponadto rozdzielone *średnikiem*.

- Znaczenia mogą być zilustrowane *przykładami typowych użyć* [24]▶ wraz z *przekładem angielskim* [25]▶. Pewne wyrażenia zapisano w sposób *skrótowy* [26]▶, [27]▶, [28]▶.

- Po ostatnim znaczeniu ostatniego podhasła umieszczono blok *zestawień* oznaczony symbolem niewypełnionego kwadratu [29]▶. W ramach bloku złożenia ułożone są w kolejności alfabetycznej. Zwykle złożenia umieszczono w hasłach rzeczownikowych.

---

[13]▶

Kwalifikatory — wskazują na ograniczenia geograficzne lub stylistyczne w użyciu danego wyrazu, a także na dziedzinę życia, której dotyczy. Patrz: Skróty i symbole (na pierwszej wyklejce).
Kwalifikator może dotyczyć
- całego hasła,
- jednego podhasła,
- jednego znaczenia,
- jednego odpowiednika,
- pojedynczego zwrotu lub przykładowego zdania polskiego lub angielskiego.

[14]▶

Minidefinicje pokazujące:
- różnice pomiędzy poszczególnymi znaczeniami,
- różnice między odpowiednikami w obrębie jednego znaczenia.

[15]▶

Słowa, z którymi wyraz hasłowy typowo się łączy:
- **podmioty** czasowników lub fraz czasownikowych, dopełnienia czasowników lub zwrotów z takimi czasownikami,
- **wyrazy określane** przez przymiotniki i przysłówki oraz przez wyrażenia o funkcji przydawki lub okolicznika.

[16]▶

Angielski odpowiednik wyrazu hasłowego.

[17]▶

Znak przybliżenia – oznacza przybliżony odpowiednik wyrazu hasłowego.

[18]▶

Wyjaśnienie niebędące odpowiednikiem w przypadku, kiedy odpowiednik nie istnieje.

[19]▶

Dodatkowe wyjaśnienie precyzujące znaczenie odpowiednika.

[20]▶

Informacja gramatyczna lub składniowa dotycząca języka **angielskiego** w przypadku istnienia rozbieżności z językiem polskim.

[21]▶

Przecinkami rozdzielono odpowiedniki w pełni **wymienne** oraz oznaczone jako typowe dla jednej z geograficznych odmian języka angielskiego. Informacje na temat składni i typowych połączeń wyrazowych towarzyszących takiej parze dotyczą obu elementów.

[22]▶

Średnikami rozdzielono odpowiedniki **różniące się** odcieniem znaczeniowym, łącznliwością lub stylem.

---

girlas|ka *f* pot., żart. chorus girl
goryl [I] *m pers.* (*Gpl* ~**i** a. ~**ów**) pot. bodyguard; minder GB pot.; **dygnitarza otoczyli jego** ~**e** the official was surrounded by bodyguards [II] *m anim.* Zool. gorilla
grysik *m sgt* (*G* ~**u**) [1] Kulin. grits [2] Górn. coal grit [3] Budow. grit
gosp|oda *f* daw. inn; tavern przest.; **w wiejskiej** ~**odzie** at a country tavern a. inn
generaliz|ować *impf* książk. [I] *vt* to generalize [*zjawiska, doświadczenia*] [II] *vi* to generalize; **jestem daleki od** ~**owania** I wouldn't want to generalize; **nie żebym** ~**owała, ale...** far be it from me to generalize, but... książk.

grzechot|ka *f* [1] (do potrząsania, obracania) rattle [2] Techn. ratchet
gospo|sia *f* housekeeper; (dochodząca) domestic help a. worker

gliwi|eć *impf* (~**eje**, ~**ał**, ~**eli**) *vt* [*ser, twaróg*] to go bad, to go off ⇒ **zgliwieć**
glans|ować *impf vt* przest. to polish [*buty, sztućce*] ⇒ **wyglansować**
garażow|y *adi.* [*drzwi, pomieszczenie*] garage *attr.*

grzał|ka *f* immersion heater

gryla|ż *m sgt* (*G* ~**u**) ≈ praline

ga|zda *m* (*Npl* **gazdowie**) dial. *a farmer in the Polish Carpathians*

galicyjs|ki *adi.* Hist. Galician (*in East-Central Europe*)

gerbe|ra *f* Bot. gerbera *C/U*
genety|ka *f sgt* genetics (+ *v sg/pl*)

ginekolo|g *m* gynaecologist GB, gynecologist US
gloryfikacj|a *f sgt* [1] książk. (słuszna) extolling książk., extolment książk. (**kogoś/czegoś** of sb/sth); (high) praise (**kogoś/czegoś** of a. for sb/sth); (niesłuszna) glorification; aggrandizement książk., pejor.; ~**a wojny/przemocy** the glorification of war/violence [2] Relig. glorification; veneration książk.

gramofon *m* (*G* ~**u**) record player; gramophone przest.

- Na końcu hasła umieszczono *frazeologizmy* (idiomy) w bloku oznaczonym wypełnionym kwadratem 30▶. Poszczególne frazeologizmy i ich tłumaczenia oddzielone są *średnikami*. Do niektórych dodano przykłady użycia wraz z tłumaczeniem.

C. Informacje gramatyczne i fonetyczne

- W główkach haseł umieszczono *pionową kreskę* oddzielającą część wyrazu *niezmienną w czasie odmiany*, wewnątrz hasła zastępowaną tyldą 6▶.

- W przypadkach odstępstw od ogólnych reguł, w niektórych hasłach umieszczono fonetyczny zapis wyrazu hasłowego 7▶.

- W każdym haśle i podhaśle podaje się *symbol części mowy* wyrazu polskiego. Ponadto w hasłach czasownikowych podaje się *symbol aspektu* czasownika polskiego 9▶.

- Formy odmiany rzeczowników i czasowników polskich, mogące sprawiać trudności, podawane są skrótowo w postaci zakończeń wyrazowych 11▶.

- Informacje o *składni* polskiego wyrazu hasłowego podaje się w *formie skróconej* wraz z tłumaczeniem 23▶ lub pełnej, tj. *jako przykład użycia* 24▶ z tłumaczeniem 25▶.

- Zaznaczono *nietypowe związki główne* (podmiotu z orzeczeniem) rzeczowników angielskich 20▶

- Pokazano, kiedy dopełnienie musi znaleźć się *wewnątrz odpowiednika* 33▶.

23▶

Schemat składniowy – pokazuje przyimki, z jakimi wyraz hasłowy i jego odpowiednik najczęściej występuje.

24▶

Typowe **zwroty i przykładowe zdania** polskie. **Tylda** zastępuje w nich wyraz hasłowy lub tę jego część, która znajduje się po lewej stronie pionowej kreski w główce hasła.

25▶

Tłumaczenia zwrotów i przykładowych zdań angielskich.

26▶

Wymiennie używane części wyrażeń.

27▶

Zwroty o różnym znaczeniu łączące się z wyrazem hasłowym oddzielono **ukośnikami**.

28▶

Elementy, które **można pominąć** (w nawiasach okrągłych).

29▶

Wyodrębniona część hasła zawierająca **zestawienia** (terminy wielowyrazowe).

30▶

Wyodrębniona część hasła zawierająca **frazeologizmy** (idiomy).

31▶

Odsyłacz do innego hasła.

32▶

Informacja o istnieniu czasownika o **przeciwnym aspekcie**.

33▶

Oznaczenie pozycji dopełnienia wewnątrz grupy czasownikowej.

---

gap|ić się *impf v refl.* pot. to gape (**na kogoś/coś** at sb/sth); to gawk pot., to gawp GB pot. (**na kogoś/coś** at sb/sth); **~ić się na kogoś/na coś z otwartymi** a. **rozdziawionymi ustami** to gape openmouthed at sb/sth; **~ić się przed siebie** a. **w przestrzeń** to stare into space; **~ić się w ścianę/w sufit** to stare at the wall/at the ceiling; **~ić się za kimś/czymś** to gawp at sb/sth

genetycznie *adv.* ⬚1 (pod względem genezy) genetically rzad. ⬚2 Biol. genetically; **uwarunkowany ~** genetically conditioned

gale|ra *f* Hist., Żegl. galley; **pływać na ~rze** to sail in a galley

gułag *m* (*G* **~u**) Hist. Gulag; **więzień ~u** a prisoner in a gulag

■ **giez go/ją ugryzł** a. **ukąsił** pot. he's/she's like a bear with a sore head; **zachowujesz się, jakby cię giez ukąsił** you're acting like a bear with a sore head

głupkowato *adv.* pejor. stupidly, foolishly; **gapić się/śmiać się ~** to stare/laugh stupidly

gąsienicz|ka *f dem.* (small) caterpillar

gruźlic|a *f sgt* Med. tuberculosis, TB; **prątek ~y** Koch('s) bacillus; tubercle bacillus spec. ❑ **~a jamista** Med. cavernous tuberculosis spec.; **~a otwarta** Med. open tuberculosis spec.; **~a prosówkowa** Med. miliary tuberculosis spec.; **~a zamknięta** Med. closed tuberculosis spec.; **~a zwierząt** Wet. animal tuberculosis

glinian|y *adi.* [*naczynie, figurka, piec*] clay *attr.* ■ **mieć ~e ręce** pot. to be all thumbs pot.

gęgać *impf* → gęgnąć
glancować → glansować
gorzej *adv. comp.* → źle
doń = do niego

gilotyn|ować *impf vt* to guillotine [*skazańca, króla*] ⇒ **zgilotynować**

oprowa|dzić *pf* — **oprowa|dzać** *impf vt* to show [sb] around; **~dzić wycieczkę po mieście/muzeum** to show the tourist group around town/the museum

A

A, a *n inv.* [1] (litera) A, a [2] (w numeracji) a; **mieszkam pod numerem 5a** I live at 5a; **strona 8 i 8a** pages 8 and 8a [3] Muz. A; **A-dur** Muz. A major; **a-moll** Muz. A minor; **symfonia/koncert a-moll** a symphony/concert in A minor

■ **aaa** (nucąc kołysankę) ≈ one-two(-three); **od a do zet** from A to Z; **znać coś od a do z** to know something inside out a. from beginning to end; **jak się powiedziało A, trzeba powiedzieć B** przysł. in for a penny, in for a pound przysł.

a¹ Ⅱ *coni.* [1] (przyłączające) and; **różnice pomiędzy Wschodem a Zachodem** differences between the East and the West; **między Warszawą a Krakowem pociąg zatrzymuje się raz** the train stops once between Warsaw and Cracow; **ja idę, a ty?** I'm going, (and) what about you?; **ja poprę ten wniosek, a jak sądzę moi koledzy też** I'll support the motion, and I imagine my colleagues will as well; **przyjdź tu, a zobaczysz** come here and you'll see; **stary jesteś, a głupi** you're an old fool; **przyjdź dziś, a nie jutro** come today, and not tomorrow; **to jest klon, a nie, przepraszam, to brzoza** this is a maple tree – no, sorry, it's a birch; **ciężko pracował, a niczego nie osiągnął** he worked hard, but he achieved nothing [2] (porównujące) and; versus; **Polska a Rosja w XIX wieku** Poland and Russia in the 19th century; **język a literatura** language and a. versus literature [3] (przeciwstawne) while, whereas; **zmywałam naczynia, a on czytał gazetę** I was washing the dishes, and a. while he was reading a newspaper; **kupił samochód, a powinien był przeznaczyć pieniądze na mieszkanie** he bought a car, whereas a. but he should have spent the money on a flat; **masz osiemnaście lat, a on dopiero pięć** you're eighteen, whereas a. while he's only five [4] (uściślające) and; **a poza tym** (and) besides a. anyway; **na pewno nie zabłądzę, a poza tym mam mapę** I won't lose my way, besides a. anyway, I've got a map; **lubię wszystkie zupy, a najbardziej pomidorową** I like all kinds of soup, and tomato soup most of all; **a co dopiero** let alone; **dziecko nie potrafi utrzymać się na nogach, a co dopiero chodzić** the baby can't stand yet, let alone walk; **kraje europejskie, a zwłaszcza Niemcy i Norwegia** the European countries, (and) especially Germany and Norway; **a zresztą, czy to nie wszystko jedno?** (and) anyway, does it really matter? [5] (w powtórzeniach) **takie przy-**

kłady można mnożyć a mnożyć there are dozens a. lots and lots of examples like that pot.; **wcale a wcale się nie boję** I'm not afraid in the least; **nic a nic z tego nie rozumiem** I don't understand it at all; **w ogrodzie było kwiatów a kwiatów** there were masses a. a lot of flowers in the garden [6] (w wyrażeniach nieokreślonych) **w takim a takim dniu** on such-and-such a day; **w takim a takim miejscu** in such-and-such a place; **taki a taki** such-and-such; **takie a takie nazwisko** such-and-such a name; **o tej a o tej godzinie** at such-and-such a time [7] książk. and; **słowik śpiewał słodko a łagodnie** the nightingale was singing sweetly and softly; **zasnął spokojnym a głębokim snem** he fell into a deep, peaceful sleep

Ⅲ *part.* [1] (wprowadzające) and; **a jak tam twoje egzaminy?** and how are your exams going?; **a widzisz! to wszystko prawda** (you) see! it's all true; **a powiedz, ile masz lat** (and) tell me how old you are; **a niech sobie idzie** oh, let him/her go; **„poplamiłeś sobie spodnie" – „a co tam!"** 'you've stained your trousers' – 'ah, it's nothing!', 'not to worry!'; **„Anna zdała egzamin" – „a jednak!"** 'Anna passed the exam' – 'well, well!'; **a nuż coś wygram** I might win something; **a nuż ktoś przyjdzie?** what if somebody comes?; somebody might come [2] (emfatyczne) **a to łajdak!** pejor. what a swine! pot.; **a nie mówiłem?** didn't I say so?; I told you (so)!; **ciągle się pyta, a co, a gdzie, a jak** he keeps on asking what, and where, and how

■ **a to..., a to** first..., (and) then...; **ciągle się coś psuło: a to rozrusznik, a to skrzynia biegów** something was always going wrong: first the starter, then the gearbox; **mnóstwo sukienek, a to z aksamitu, a to z jedwabiu** lots of dresses, some of velvet, some of silk

a² *inter.* ah!; **a, to ty!** ah a. oh, it's you!; **a, mam cię!** ah, (I've) got you!; **a co, nie mówiłem?** well, didn't I say so?; you can't say I didn't tell you

■ **a (jeszcze) jak!** pot. (potwierdzenie) sure! pot.; I'll say! pot.; **a jakże** (potwierdzenie) yes, indeed; (ironicznie) naturally, to be sure

a- w wyrazach złożonych a-; **atonalny** atonal; **atoniczny** atonic

abakan *m* (G ~u) Szt. *a massive sculpture made of woven fibres by Magdalena Abakanowicz*

abakus *m* Archit. abacus

abazj|a *f* (Gpl ~i) Med. paralytic abasia

abażu|r *m* (G ~ru a. ~ra) (~rek *dem.*) lampshade, shade

ABC *n inv.* [1] (podstawy) the ABC; **ABC tańca/gotowania/mody** the ABC of dancing/cooking/fashion [2] (podręcznik) ABC; **„ABC wędkarstwa"** 'An ABC of Angling'

abcug *m*

■ **w krótkich a. szybkich ~ach** pot. in a tick pot.; **załatw to w krótkich a. szybkich ~ach** sort it out in a tick, won't you?

abdominaln|y *adi.* Anat. abdominal

abdukcj|a *f* (Gpl ~i) Anat. abduction U

abdukto|r *m* Anat. abductor (muscle)

abdykacj|a *f* (Gpl ~i) (króla, monarchy) abdication U; **cesarz został zmuszony do ~i** the emperor was forced to abdicate

abdykacyjn|y *adi.* abdication *attr.*; **akt ~y** the act of abdication; **pismo ~e** a letter of abdication

abdyk|ować *pf, impf vi* to abdicate (the throne); **~ować na rzecz kogoś** to abdicate in favour of sb

abecad|ło *n* [1] (alfabet) (the) alphabet; **uczyć się ~ła** to learn the alphabet a. one's ABC [2] przen. (podstawy) the ABC, the rudiments; **uczyć się ~ła krawieckiego** to learn the rudiments of dressmaking; **~ło ekonomii/dobrego wychowania** the rudiments of economics/good manners

abecadłow|y *adi. [porządek, katalog, spis]* alphabetical

aberracj|a *f* (Gpl ~i) [1] książk. aberration C/U; **~a historyczna/umysłowa** a(n) historical/a mental aberration; **zdążyła już przywyknąć do jego dziwactw i ~i** she'd already grown accustomed to his eccentricities and aberrations [2] Astron., Biol., Fiz. aberration U; **~a dobowa/roczna** diurnal/annual aberration

❑ **~a chromatyczna** Fiz. chromatic aberration; **~a sferyczna** Fiz. spherical aberration

aberracyjn|y *adi.* [1] książk. *[myślenie, zachowanie]* aberrational [2] Astron. *[ruch]* aberrational; **przesunięcie ~e gwiazdy** an aberrational displacement of a star

abiotyczn|y *adi.* Ekol. *[czynniki]* abiotic

abisal *m sgt* (G ~u) Geog. abyss

abisaln|y *adi.* Geog. *[fauna, osady]* abyssal

abisobion|t *m zw. pl* Biol. abyssal creature

abisofil → abisobiont

Abisyni|a *f* (GD ~i) Hist. Abyssinia

Abisy|ńczyk *m*, **~nka** *f* Hist. Abyssinian

abisyńs|ki *adi.* Hist. Abyssinian

abiturien|t *m*, **~tka** *f a secondary-school pupil about to take his/her school-leaving exams*

ablacj|a *f* (Gpl ~i) Geol. ablation U; **~a deszczowa** rainwash; **~a lodowcowa** glacier ablation [2] Techn. ablation cooling U

ablacyjn|y adi. [warstwa, pancerz] ablation attr.

ablaktacj|a f (Gpl ~i) Ogr. grafting U

ablakt|ować impf vt Ogr. to graft by ablactation

ableg|ier m cutting

ablucj|a f zw. pl (Gpl ~i) [1] Relig. ablution C/U książk. [2] żart. ablution zw. pl żart.; **poranne/wieczorne ~e** morning/evening ablutions; **dokonywać ~i** to perform one's ablutions

abnegacj|a f sgt [1] książk. (niedbanie o swój wygląd) slovenliness, self-neglect; **po śmierci męża popadła w skrajną ~ę** after her husband's death, she began to seriously neglect herself [2] przest. (wyrzeczenie się korzyści, wygód) abnegation książk.; self-denial

abnegac|ki adi. książk. [wygląd, postawa] slovenly

abnega|t m, **~tka** f książk. sloven

abolicj|a f (Gpl ~i) Prawo (akt łaski) amnesty C/U; (zniesienie) (prawa, ustawy) abolition U; **~a podatkowa** a tax amnesty; **~i dla szpiegów nie będzie** there can be no question of an amnesty for spies

abolicjoni|sta m, **~stka** f abolitionist

abolicjonistyczn|y adi. [ruch, organizacja] abolitionist

abolicjonizm m sgt (G ~u) abolitionism

abolicyjn|y adi. Prawo [ustawa, dekret, system] amnesty attr.; **przepisy ~e** amnesty regulations

abominacj|a f sgt książk. abhorrence książk., abomination książk.; **wzbudzać uczucie ~i** a. **budzić ~ę w kimś** to fill sb with abhorrence; **mieć ~ę do czegoś** to abominate sth książk.; **miał wyjątkową ~ę do rządów silnej ręki** he absolutely loathed a. abominated authoritarianism

abonamen|t m (G ~tu) [1] (prawo użytkowania) licence GB, license US; (opłata z góry) subscription; (na mecze) season ticket; (na koncerty) season ticket GB, subscription ticket; **~t parkingowy** a parking permit [2] (dowód opłaty) coupon book, voucher book; (kinowy, teatralny) book of tickets [3] (opłata) (telefoniczny) rental (charge), standing charge; (radiowy i telewizyjny) licence fee GB, license fee US; (za telewizję kablową) subscription

abonamentow|y adi. [1] (o prawie użytkowania) licence attr. GB, license attr. US; (o opłacie z góry) subscription attr. [2] (o blankiecie) coupon book attr., voucher book attr.

abonenc|ki adi. subscriber attr.; **~ka sieć telefoniczna** a subscriber telephone network

abonen|t m, **~tka** f subscriber; **~t gazety/pisma** a newspaper/magazine subscriber; **~t radia** a. **radiowy** a radio-licence holder; **~t telefoniczny** a. **telefonu** a telephone subscriber; **~t telewizyjnej sieci kablowej** a cable TV subscriber; **nowy konkurs dla ~tów radiowych** a new competition for radio listeners

abon|ować impf vt to subscribe (**coś** to sth); **~ować gazetę/czasopismo** to subscribe to a newspaper/magazine ⇒ **zaabonować**

aborcj|a f (Gpl ~i) abortion C/U; **~a na życzenie** abortion on demand; **przeprowadzić** a. **wykonać ~ę** to carry out a.

perform an abortion; **poddać się ~i** to have an abortion

aborcjoni|sta m abortionist

aborcyjn|y adi. [ustawa] abortion attr.

abordaż m (G ~u) Żegl. boarding U; **atakować ~em** a. **przez ~** to board

abordażow|y adi. Żegl. [oddział, haki, kotwica] boarding

Aborygen m, **~ka** f (mieszkaniec Australii) Aborigine

aborygen m, **~ka** f (autochton) aborigine

aborygeńs|ki adi. [malowidło, wierzenia] Aborigine

abp (= arcybiskup) Abp

Abraham m Abraham
■ **przenieść się na łono ~a** żart. to go to meet one's Maker żart.; **pójść do ~a na piwo** pot., żart. to pass through the Pearly Gates żart.

abrakadab|ra [] f sgt pot., żart. mumbo-jumbo pot., gobbledegook pot.; **zadania z matematyki to dla mnie ~ra** maths problems are a complete mystery to me [] inter. abracadabra!

abrazj|a f (Gpl ~i) Geol. abrasion; **~a rzeczna** river erosion

abrewiacj|a f (Gpl ~i) książk. abbreviation

abrewiatu|ra f książk. abbreviation

abrogacj|a f (Gpl ~i) Prawo abrogation

abrog|ować pf, impf vt Prawo to abrogate [przepis prawny, ustawę, wyrok]

ABS /ˌabeˈes/ m, m inv. (G **ABS-u**) Auto Anti-Lock Brakes System, ABS; **hamulce ~** ABS brakes

absencj|a f (Gpl ~i) książk. absence C/U; **~a w pracy/szkole** absence from work/school; **wysoka ~a uczniów** a high rate of non-attendance among pupils; **~a nieusprawiedliwiona** absenteeism; **~a wyborcza** voter abstention
❑ **~a chorobowa** ≈ sick leave

absmak m sgt (G ~u) distaste także przen.

absolucj|a f (Gpl ~i) Relig. absolution U także przen.

absolu|t m sgt (G ~tu) [1] Filoz. the absolute [2] (ideał) absolute; **sztuka była dla nich ~tem** for them art was an absolute

absolutnie [] adv. [1] (zupełnie) completely, absolutely; **był ze mną ~ szczery** he was completely open with me; **to ~ niemożliwe** that's completely a. absolutely impossible; **~ zapomniałam** I completely a. totally forgot; **~ o tym nie wiedzieliśmy** we had absolutely no idea; **~ się z tobą nie zgadzam** I totally a. completely disagree with you [2] Polit. [rządzić, sprawować władzę] despotically, absolutely [3] (bezwzględnie) absolutely, unquestionably; **twierdzenie ~ prawdziwe** an absolutely true statement [] part. (nacisk) absolutely; **~ nikt o tym nie wie** absolutely no one knows about it; **on ~ nic sobie nie robi z moich uwag** he takes absolutely no notice of what I say; **nie będzie to ~ nic złego** there'll be absolutely nothing wrong in it [] inter. kryt. (potwierdzenie) absolutely; **„idziesz z nami?" – „~!"** 'are you coming with us?' – 'absolutely!'; **„kawa nie za mocna?" – „~ nie"** 'the coffee's not too strong, is it?' – 'no, not at all'

absolutnoś|ć f sgt absoluteness; **~ć prawdy/zasad etycznych** the absoluteness of truth/ethical principles

absolutn|y adi. [1] [cisza, zaufanie] absolute, utter; **masz ~ą rację** you are absolutely right [2] Polit. [monarchia, władca] absolute [3] Filoz. [ocena, wartość, normy] absolute

absolutori|um n (Gpl ~ów) [1] Prawo vote of approval [2] Uniw. ≈ certificate of completion of studies

absolutoryjn|y adi. [1] Prawo approval vote attr. [2] Uniw. completion certificate attr.

absoluty|sta m Filoz., Polit. absolutist

absolutystyczn|y adi. [1] Polit. [rządy, ustrój] absolute, absolutist [2] Filoz. [poglądy] absolutist

absolutyzacj|a f sgt Filoz. absolutization

absolutyzm m sgt (G ~u) absolutism
❑ **~ oświecony** Hist. enlightened absolutism

absolutyz|ować impf vt książk. to absolutize [ideę, poglądy, tezę]

absolwenc|ki adi. (dotyczący szkoły średniej) former pupils' attr. GB, old boys'/girls' attr. GB, alumni attr. US, graduates' attr. US; (dotyczący wyższej uczelni) graduates' attr. GB, alumni attr.; **obóz ~ki** a school-leavers' camp; **zjazd ~ki** a school/college reunion GB a. class/alumni reunion US

absolwen|t m (szkoły średniej) former pupil, old boy GB, alumnus US; (uczelni) (male) graduate; (kursu) somebody who has completed a course; **~t Akademii Muzycznej** a graduate of the Academy of Music; **~t szkoły teatralnej/filmowej** a drama/film school graduate; **~t prawa** a law graduate

absolwent|ka f (szkoły średniej) former pupil, old girl GB, alumna US; (uczelni) (female) graduate; (kursu) somebody who has completed a course

absorba|t m (G ~tu) Chem., Fiz. absorbate

absorben|t m (G ~tu) Chem., Fiz. absorbent

absorbe|r m Fiz., Techn. absorber, absorption apparatus

absorb|ować impf vt [1] książk. (angażować) [praca, obowiązki] to absorb [uwagę, osobę]; to engross [osobę]; [rodzina, prowadzenie domu] to occupy [osobę, czas]; **~ować kogoś swoimi sprawami** to occupy sb with one's problems; **~ować czyjeś myśli** to occupy sb's mind a. thoughts; **cudze problemy ~owały ją bardziej niż własne** she was more absorbed by other people's problems than by her own; **~ująca rozmowa** an absorbing conversation; **~ujące zajęcie** an absorbing activity; **~ujący gość** a demanding guest; **przerwać ~ującą lekturę** to break off some fascinating reading ⇒ **zaabsorbować** [2] Chem., Fiz. (wchłaniać) to absorb [wilgoć, zanieczyszczenia, promieniowanie]; **niektóre metale ~ują światło** some metals absorb light ⇒ **zaabsorbować**

absorpcj|a f sgt [1] Chem., Fiz. absorption; **~a gazu przez ciecz** the absorption of gas by a liquid; **~a energii/promieniowania/ światła** energy/radiation/light absorption [2] przen. (środków finansowych) absorption; **~a kapitału zagranicznego przez przemysł krajowy** the absorption of foreign capital by domestic industry
❑ **~a międzygwiazdowa** Astron. extinction

absorpcyjn|y adi. [zdolności, własności] absorptive; [materiał] absorbent

abstrah|ować *impf* **I** *vt* pojęcia matematyczne są ~owane z rzeczywistości materialnej mathematical concepts are abstracted from material reality ⇒ **wyabstrahować**

II *vi* **1** książk. (pomijać) to disregard, to leave aside (**od czegoś** sth); to prescind rzad. (**od czegoś** from sth); **autor całkowicie ~uje od faktu, że nauczyciele nie popierają reformy** the author entirely disregards a. passes over the fact that teachers do not support the reforms; **~ując od stylu, uważam ten artykuł za ciekawy** leaving aside a. apart from the question of style, I find the article interesting; **~ując od tego, że się spóźnił, nie był przygotowany do zajęć** quite apart from the fact that he was late, he wasn't prepared for his classes; **niedopuszczalne jest ~owanie od przyczyn konfliktu** it's impossible to put aside a. ignore the reasons for the conflict **2** (tworzyć idee ogólne) to think abstractly, to think in the abstract; **potrafić ~ować** to be capable of abstract thinking

abstrakcj|a *f* (*Gpl* ~**i**) **1** książk. abstraction; **żyć w świecie ~i** to live in a world of abstraction(s); **ten pomysł to czysta ~a** the idea is totally abstract a. unreal; **wszelkie rachunki to dla mnie ~a** for me bills and accounts are a totally abstract notion **2** Filoz. (pojęcie ogólne) abstraction; (proces) abstraction *U*; **operować ~ami** to deal in abstractions; **piękno samo w sobie jest ~ą** beauty in itself is an abstraction **3** Szt. abstract, abstraction; **~a ekspresyjna** an abstract expressionist work a. piece

abstrakcjoni|sta *m*, ~**stka** *f* **1** (myślący abstrakcyjnie) abstractionist **2** Szt. abstract artist, abstractionist

abstrakcjonistycznie *adv.* Szt. [malować] in an abstract manner

abstrakcjonistyczn|y *adi.* Szt. [malarstwo, obrazy] abstract, abstractionist

abstrakcjonizm *m sgt* (*G* ~**u**) Szt. abstract art, abstractionism

abstrakcyjnie *adv.* [myśleć, rozumować] abstractly, in abstract terms

abstrakcyjnoś|ć *f sgt* **1** książk. (teoretyczność) abstractness; (nierealność) unreality, lack of reality; **~ć języka niektórych polityków** the abstract language of some politicians; **~ć pomysłu** the abstractness of an idea; **~ć planu** the plan's lack of reality **2** Filoz., Szt. abstractness

abstrakcyjn|y *adi.* **1** [rozważania, pomysł] abstract; **~y obraz świata** an abstract image of the world; **milion złotych to dla wielu zupełnie ~a suma** for many people a million zlotys is a totally abstract sum a. figure **2** Filoz. [pojęcie, myślenie] abstract **3** Szt. [malarstwo, kompozycja, rzeźba] abstract

abstrak|t *m* (*G* ~**tu**) **1** Filoz. abstraction **2** książk. (streszczenie) abstract

abstynencj|a *f sgt* abstinence; **~a od wódki** abstinence from alcohol, teetotalism; **~a seksualna** sexual abstinence; **od kilku lat zachowuje ~ę** s/he's been a teetotaller for several years now

abstynenc|ki *adi.* [klub, ruch] teetotal

abstynen|t *m*, ~**tka** *f* (powstrzymujący się od alkoholu) teetotaller

absur|d **I** *m* (*G* ~**du**) **1** (nonsens) absurdity; **mówić ~dy** to talk absurdities; **doprowadzić coś do ~du** to take sth to absurd levels; **to ~d zdawać jeszcze raz ten sam egzamin** it's absurd to take the same exam twice **2** Log. (wyrażenie sprzeczne) absurdity; **sprowadzenie do ~du** reductio ad absurdum

II *inter.* (bzdura) that's absurd!; **podejrzewacie go? to ~d!** you suspect him? that's absurd; **~d! nigdy tego nie mówiłem** ridiculous! I never said anything of the kind

absurdalnie *adv.* [zachować się] absurdly; [wyglądać] absurd *adi.*, ridiculous *adi.*; **~ wysokie ceny** ridiculously high prices

absurdalnoś|ć *f sgt* (sytuacji, wypowiedzi) absurdity; **~ć podejrzeń/skojarzeń** the absurdity of sb's suspicions/associations

absurdaln|y *adi.* [pomysł, skojarzenia, zarzuty] absurd; **cóż za ~e przypuszczenie!** what a ridiculous a. an absurd assumption!; **sytuacja jest wręcz ~a** it's a totally absurd a. ludicrous situation

absurdzik *m dem.* (*G* ~**u**) pot. an instance of absurdity

absyda → **apsyda II**

absydow|y *adi.* Archit. apsidal

absyn|t *m* (*G* ~**tu**) absinthe *U*

absztyfikan|t *m* żart. beau pot., żart.; admirer; **miała kilku ~tów** she had several admirers

Abudż|a *f* Geog. Abuja

abuli|a *f sgt* (*GD* ~**i**) Psych. abulia, aboulia

abuliczn|y *adi.* Psych. abulic

abuli|k *m* Psych. person suffering from abulia

Abu Zabi *n inv.* Geog. Abu Dhabi

aby I *coni.* **1** książk. (dla wyrażenia celu, skutku) (przed bezokolicznikami) (in order) to, so as to; (przed zdaniami) so (that); **wyciągnął rękę, ~ zerwać kwiat** he stretched out his arm to pick a flower; **dałam ci kożuch, ~ś nie zamarzł** I gave you the sheepskin so (that) you wouldn't freeze (to death); **~ krata nie rdzewiała, pokryj ją lakierem** to prevent rusting, coat the grating with varnish; **~ nie** lest książk.; **~ nie było żadnych nieporozumień** lest there should be any misunderstandings, in order that there should be no misunderstandings; **nie powiedziałem im prawdy, ~ ich nie obrazić** I didn't tell them the truth, so as not to offend them a. lest I (should) offend them a. lest they (should) be offended **2** (dla wyrażenia woli, sądu) to; **chcę, ~ś przyszedł** I want you to come; **nie prosiłem, ~ mi pomagała** I didn't ask her to help me; **nie wydaje mi się, ~ście mogli go znać** I don't think you know him; **wątpię, ~ to się udało** I doubt if it's going to work **3** (wyrażające następstwo) only to; **zbudził się, ~ po chwili znowu zasnąć** he woke up, only to soon fall asleep again **4** (dla wyrażenia intensywności) to; **jest zbyt wrażliwy, ~ tego spokojnie słuchać** he's too sensitive to be able to sit calmly and listen to that; **na tyle dobrze znasz polski, ~ś mógł się swobodnie porozumieć** you know Polish well enough to be able to communicate freely; **łóżko jest**

zbyt szerokie, ~ście mogli je wnieść przez drzwi the bed is too wide for you to (be able to) carry it through the door **5** (byle) as long as, just so long as; **kup jakikolwiek stół, ~ drewniany** buy any table at all, provided (that) a. as long as it's wooden; **możesz wziąć tę książkę, ~ś tylko odłożył ją potem na miejsce** you can take the book, as long as you put it back where it belongs; **pojadę za miasto, ~ tylko była pogoda** I'll be going to the country, as long as a. just so long as the weather's fine

II *part.* **1** (wyrażające życzenie) **~ zdążyć przed deszczem!** let's hope we make it before the rain comes a. it rains!; **~ście tylko wrócili cali i zdrowi!** I hope you get back safe and sound!; **~ nam się (dobrze działo)!** (toast) cheers! pot., here's to us! pot. **2** (wyrażające wątpliwość) **czy te informacje są ~ pewne?** is the news really reliable?; **czy ~ potrzebnie się tym martwisz?** is there really anything to worry about?; **czy on ~ się nie przeziębił?** are you sure he hasn't cought a cold?; **~ nie za późno na wizytę?** isn't it rather late for a visit?

■ **~ zbyć** a. **aby-aby** pot. [zrobić] anyhow; any old how pot.; **zreperował to aby-aby** he repaired it just anyhow a. any old how; **na nasze pytania odpowiadał ~ zbyć** he answered our questions offhandedly

acan *m daw.* sire daw.

a cappella /ˌakaˈpella/ Muz. **I** *adi. inv.* [pieśń, chór, styl] a cappella

II *adv.* [śpiewać] a cappella, unaccompanied

acefali|a *f sgt* (*GD* ~**i**) Zool. acephalia

aceton *m sgt* (*G* ~**u**) Chem. acetone

acetonemi|a *f sgt* (*GD* ~**i**) Med. ketosis, acetonaemia

acetonow|y *adi.* Chem. acetone *attr.*, acetonic

acetylen *m sgt* (*G* ~**u**) Chem. acetylene, ethyne

acetylen|ek *m zw. pl* (*G* ~**ku**) Chem. acetylide; **~ek sodu/miedziawy** sodium/cuprous acetylide

acetylenow|y *adi.* Chem. [palnik, lampa] acetylene *attr.*

ach *inter.* ah!, oh!; gosh! pot.; **~ jak tu zimno!** ooh a. gosh, it's so cold in here!; **~ tak?** oh, really?; **~ nie, to było zupełnie inaczej** oh no, it wasn't like that at all

ach|ać *impf vi* pot. to ooh and aah; **nie podoba mi się takie ~nie z byle powodu** I don't like it when people ooh and aah like that over nothing

achromatopsj|a *f sgt* Med. achromatopsia

achromatycznoś|ć *f sgt* Fiz. achromaticity

achromatyczn|y *adi.* Fiz. [pryzmat, szkło] achromatic

a conto /aˈkonto/ *adv.* książk. on account; **otrzymać część wypłaty ~** to receive part-payment on account; **poprosił szefa o pieniądze ~ pensji** he asked his boss for an advance on his wages

acydofiln|y *adi.* Biol. [rośliny, bakterie, glony] acidophilic

acykliczn|y *adi.* Chem. acyclic

acz *coni.* przest., książk. although, though; albeit książk.; **zgodził się, ~ niechętnie** he agreed, though a. albeit reluctantly

aczkolwiek *coni.* książk. although, though; albeit książk.; **to rada bardzo cenna, ~ nieco spóźniona** that's a valuable piece of advice, (al)though it's a bit late now a. albeit a bit late; **~ nie brzmi to prawdopodobnie, ale może być prawdą** although it doesn't sound (very) likely, it could (well) be true; **~ nie był zdolny, (to) jednak ukończył studia** (al)though he wasn't very bright, he nevertheless completed his studies

A. D. /a'de/ /ˌanno'domiɲi/ (= Anno Domini) książk. AD

ad *praep.* (w piśmie) re; **Ad 1.** re para 1/p

ad acta /a'dakta/ książk. **odłożyć coś ~** to close the files on sth; **odłożyć plan/projekt ~** to put a plan/project on hold

adadżio → adagio

adagi|o /a'dadʒjo/ Muz. **[]** *n, n inv.* adagio **[]** *adv.* [grać] adagio

Adam *m* Adam
■ **od ~a i Ewy** książk. since the world began; **w stroju ~a** a. **adamowym** in one's birthday suit

adamasz|ek *m* (*G* ~ku) damask *U*

adamaszkow|y *adi.* [wzór, obrus] damask *attr.*

adaptabilnoś|ć *f sgt* Biol., Fizj. adaptability

adaptacj|a *f* **[]** (*Gpl* ~i) (adaptowanie) (utworu literackiego) adaptation; (budynku, strychu) conversion (**na coś** into sth); **~a powieści do użytku szkolnego** an adaptation of a novel for school use; **„Wesele" w ~i Wajdy** Wajda's adaptation of 'The Wedding' **[]** (*Gpl* ~i) (filmowa, radiowa, sceniczna, telewizyjna) adaptation; **wierna/luźna ~a** a faithful/loose adaptation **[]** *sgt* Biol., Psych. adaptation (**do czegoś** to sth); **~a w nowym środowisku** adaptation to new surroundings a. to a new environment; **~a oczu do ciemności** the adjusting a. adapting of the eyes to darkness; **~a społeczna byłych więźniów** the reintegration of ex-prisoners into the community □ **~a główki** Fizj. engagement; **~a receptorów** Fizj. sensory adaptation

adaptacyjn|y *adi.* [zdolności, zmiany] adaptive; [proces] adaptation *attr.*, adaptational; [roboty, prace] conversion *attr.*

adaptato|r *m* (utworu literackiego) adaptor, adapter; (budynków) *builder carrying out conversions*

adaptator|ka *f* (utworu literackiego) adaptor

adaptators|ki *adi.* [koncepcja, zamysł] adaptation *attr.*; [praca] conversion *attr.*

adaptatywn|y *adi.* Biol. adaptative

adapte|r *m* (*G* ~ra a. ~ru) **[]** pot. (gramofon) record player **[]** Techn. (w gramofonie) pickup head **[]** Fot. adapter

adapterow|y *adi.* [głowica, głośnik] record player *attr.*

adapt|ować *pf, impf* **[]** *vt* (utwór literacki) to adapt; (budynek) to convert (**na coś** into sth); **~ować powieść do wystawienia na scenie** to adapt a novel for stage production a. for the stage ⇒ **zaadaptować** **[]** **adaptować się** to adapt (oneself), to adjust (**do czegoś** to sth); **~ować się w nowej szkole** to adjust to a new school; **on**

z łatwością **~uje się do każdej sytuacji** he readily a. easily adapts (to any situation) ⇒ **zaadaptować się**

addend|a *plt* (*G* ~ów) książk. addenda (**do czegoś** to sth)

Addis Abeb|a *f* Geog. Addis Ababa, Addis Abeba

addukcj|a *f* (*Gpl* ~i) Fizj. adduction *U*

addukto|r *m* Anat. adductor (muscle)

adekwatnie *adv.* książk. [postąpić] appropriately, accordingly; [wyjaśnić, wyrazić, tłumaczyć] accurately, properly; **~ do okoliczności** appropriately, as (the) circumstances require; **~ do swoich potrzeb/możliwości** according to one's needs/abilities

adekwatnoś|ć *f sgt* książk. (zgodność) consonance książk.; compatibility; (przekładu, definicji) accuracy; **~ć formy do treści** agreement between form and content

adekwatn|y *adi.* książk. (odpowiedni) appropriate (**do czegoś** to sth); (more than) adequate; (o ilościach) commensurate książk. (**do czegoś** with sth); proportionate (**do czegoś** to sth); **~a odpowiedź** a satisfactory a. appropriate answer; **~e rozwiązanie** an appropriate a. satisfactory solution; **kara ~a do winy** a punishment to fit the crime; **wyniki finansowe ~e do wielkości nakładów** financial gains proportionate to a. commensurate with the outlay; **reakcja była ~a do sytuacji** the response was appropriate to the situation; **forma utworu jest ~a do treści** the form of the work is in keeping a. agreement with its contents

adenin|a *f sgt* Biol., Chem. adenine

adenopati|a *f* (*GD* ~i) Med. adenopathy

adenotomi|a *f* (*GDGpl* ~i) Med. adenoidectomy

adep|t *m*, ~tka *f* książk. **[]** neophyte książk.; (nauki) junior research worker; (zawodu) trainee (graduate); (rzemiosła) apprentice; (dyscypliny sportowej) novice, beginner; **~t nauk ścisłych** a (fresh) science graduate; **~t sceny** a drama school graduate; **~t sztuki lekarskiej/dziennikarstwa** a trainee doctor/journalist; **~tki pielęgniarstwa** trainee nurses; **~ci aktorstwa/pięściarstwa/narciarstwa** novice actors/boxers/skiers; **~t pióra** a budding writer **[]** (zwolennik) neophyte książk.; (doktryny) recent convert (**czegoś** of sth); (partii) new supporter (**czegoś** of sth)

ad finem to the end, toward the end

adheren|t *m* książk. adherent książk.; supporter; **idea ta miała wielu ~tów** the idea had many supporters

adhezj|a *f sgt* Chem., Fiz. adhesion

ad hoc /at'xok/ ad hoc, on an ad hoc basis; **uwaga sformułowana ~** an ad hoc remark

adiafo|ra *f* Filoz. adiaphoron

adidas[1] *m* (*A* ~a a. ~) (but) trainer GB, sneaker US

adidas[2] **[]** *m pers.* (*Npl* ~y) pot., obraźl. Aids victim **[]** *m inanim. sgt* (*A* ~a) pot. Aids; **złapać ~a** to catch Aids

ad infinitum to infinity

adiudykacj|a *f* (*Gpl* ~i) Prawo adjudication

adiunk|t **[]** *m* **[]** Uniw. ≈ lecturer GB, ≈ assistant professor US **[]** (tytuł zawodowy, pracownik) assistant, adjunct; **~t biblioteczny/służby technicznej** a senior librarian **[]** *f inv.* (tytuł naukowy) ≈ doctor GB, ≈ professor US **rozmowa z (panią) ~t Nowakowską** a conversation with Dr Nowakowska

adiustacj|a *f* (*Gpl* ~i) Wyd. (stylistyczna, ortograficzna) editing, copy-editing; (graficzna) layout

adiustacyjn|y *adi.* [prace] Wyd. editing

adiustato|r *m*, ~rka *f* Wyd. editor, copy-editor

adiust|ować *impf vt* to edit [powieść, tłumaczenie] ⇒ **za(a)diustować**

adiutan|t *m* Wojsk. adjutant □ **~t przyboczny** Wojsk. (military) aide

adleryzm *m sgt* (*G* ~u) Psych. Adlerian psychology

adm. (= admirał) Adm.

administracj|a *f* **[]** *sgt* (zarządzanie) management *U*, administration *U*; **oddać coś pod czyjąś ~ę** to give sth over to sb's administration; **wziąć coś w ~ę** to take over the administration of sth; **zajmować się ~ą majątku** to manage a property a. an estate; **Wydział Prawa i Administracji** Faculty of Law and Public Administration **[]** (*Gpl* ~i) (biuro) administration (department), management office; (zespół kierujący) (the) administration, (the) management; **~a i pracownicy** management and workers; **~a domów komunalnych** housing office **[]** (*Gpl* ~i) Admin. (organy władzy państwowej) ≈ (the) civil service; (organy władzy samorządowej) ≈ local authorities; (czynności) (państwowa) central government (administration) *U*; (samorządowa) local government (administration) *U*; **~a publiczna** (the) civil service; **organy ~i państwowej** central government bodies; **~a terenowa** a local a. district authority **[]** (*Gpl* ~i) (rząd USA) (gabinet) administration; (ogólnie) government; **~a Reagana** the Reagan administration

administracyjnie *adv.* from an administrative point of view, administratively (speaking); **zostać ukaranym ~** to receive a mandatory penalty; **decyzje zostały podjęte ~** the decisions were taken by the executive authorities

administracyjn|y *adi.* **[]** [sprawy, obowiązki, podział] administrative; [władze, zarządzenie] executive; **prawo ~e** administrative law **[]** [personel, dział, budynek] administration *attr.*, administrative; [zdolności] management *attr.*; **kara ~a** a mandatory penalty; **rozporządzenie ~e** an executive order

administrato|r *m*, ~rka *f* (instytucji, majątku) administrator, manager; **~r osiedla** a housing (estate) manager □ **~r apostolski** Relig. administrator apostolic

administrators|ki *adi.* [działania, decyzje] administrator's

administr|ować *impf vt* to administer, to manage (**czymś** sth) [mieniem, majątkiem]; to manage (**czymś** sth) [firmą]; **tereny ~owane przez wojsko** territory administered by the army

admiracj|a _f sgt_ książk. admiration (**dla kogoś/czegoś** for sb/sth); **być przedmiotem ~i** to be an object of admiration; **mówić o kimś z ~ą** to talk about sb with admiration

admiralicj|a _f sgt_ Wojsk. ①︎ (dowództwo marynarki wojennej) admiralty ②︎ (korpus admirałów) _the corps of Polish admirals_

admirals|ki _adi._ Wojsk. _[mundur, flaga]_ admiral's

admirał Ⅱ _m pers._ (_Npl_ ~łowie) Wojsk. (osoba, stopień, tytuł) admiral; **~ł floty** Admiral of the Fleet GB, Fleet Admiral US Ⅲ _m anim._ Zool. (motyl) red admiral

admirato|r _m_, **~rka** _f_ książk. admirer; **~r sztuki** an art lover; **~r kobiet** a ladies' man

admir|ować _impf vt_ książk. to admire _[kobietę, czyjś talent]_

adnotacj|a _f_ (_Gpl_ ~i) książk. annotation książk.; note; **robić ~e do tekstu** to annotate a text; **maszynopis z ~ami na marginesie** a typescript with notes in the margin

adolescencj|a _f sgt_ książk. adolescence

Adonis _m_ Mitol. Adonis

adonis Ⅱ _m pers._ (_Npl_ ~owie a. ~y) żart., iron. Adonis Ⅲ _m anim._ Bot. pheasant's eye

adopcj|a _f_ (_Gpl_ ~i) Prawo ①︎ (dziecka) adoption _C/U_; **czekać na ~ę** to be waiting for adoption; **zdecydować się na ~ę** to decide on adoption ②︎ (obcego prawa) adoption _U_

adopcyjn|y _adi._ _[procedura, proces, ośrodek]_ adoption attr.; _[rodzina, rodzice]_ adoptive

adopt|ować _pf, impf vt_ to adopt _[dziecko]_; **być dzieckiem ~owanym** to be an adopted child ⇒ **zaadoptować**

adoracj|a _f_ (_Gpl_ ~i) ①︎ książk., żart. (uwielbienie) adoration _U_, worship _U_; **być przedmiotem czyjejś ~i** to be adored a. idolized by sb; **~a gwiazd ekranu** movie-star worship ②︎ Relig. (oddawanie czci) adoration _U_, worship _U_; **~a Najświętszego Sakramentu** adoration of the Holy Sacrament

adoracyjn|y _adi._ ①︎ Relig. _[modlitwa, nabożeństwo]_ adoration attr. ②︎ (pełen podziwu) **mieć ~y stosunek do kogoś/czegoś** to worship sb/sth

adorato|r _m_, **~rka** _f_ książk. admirer; **mieć wielu ~rów** to have many admirers

ador|ować _impf vt_ ①︎ książk. (wielbić) to adore _[kobietę, ukochaną]_ ②︎ Relig. (czcić) to worship, to adore

ad rem /a'drem/ książk. ad rem rzad.; **proszę ~** to the point, please

adrenalin|a _f sgt_ Med. adrenalin(e), epinephrine

adrenalinow|y _adi._ adrenaline attr., epinephrine attr.

adres _m_ (_G_ ~u) ①︎ (miejsce zamieszkania) address; **zmieniać ~** to move (house) ②︎ (na liście) address; **~ domowy** sb's home address; **stały/tymczasowy ~** a permanent/temporary address; **podać fałszywy ~** to give a false address; **pomylić ~** to get the wrong address; **pójść pod wskazany ~** to go to the address indicated; **wyjechał nie zostawiając ~u** he left without leaving a forwarding address ③︎ Komput. address ④︎ przest. (pismo zbiorowe) petition; **wystosować ~ do kogoś** to write a

petition to sb; **~ dziękczynny** a letter of thanks

❑ **~ elektroniczny** Komput. electronic address; **~ e-mailowy** Komput. e-mail address; **~ wydawniczy** Druk. publisher's imprint; **~ telegraficzny** Poczta telegraphic address; **~ zwrotny** Poczta return address

■ **pod czyimś ~em** _[uwagi, docinki]_ aimed a. directed at sb; **robią aluzje pod moim ~em** they're making insinuations about me; **trafić pod właściwy/niewłaściwy ~** pot. to get the right/wrong person; **z tymi pretensjami trafiłeś pod niewłaściwy ~** you've come to the wrong place a. you're knocking at the wrong door with those complaints

adresar|ka _f_ Techn. Addressograph®, addressing machine

adresa|t _m_, **~tka** _f_ ①︎ (listu, przesyłki) addressee ②︎ książk. (utworu) addressee książk.; audience; **z myślą o szczególnym ~cie** with a particular audience in mind; **~tką wiersza była jego siostra** the poem was addressed to his sister

adresograf _m_ → **adresarka**

adres|ować _impf vt_ ①︎ to address _[list, paczkę]_ (**do kogoś** to sb) ⇒ **zaadresować** ②︎ książk. (kierować) to address, to direct; **pytanie to ~ujemy do naszych polityków** this question is addressed a. directed to our politicians; **program ~owany do masowej widowni** a programme aimed at a. addressed to a mass audience ⇒ **zaadresować**

adresow|y _adi._ ①︎ _[książka]_ address attr.; **kod ~y** a postcode GB, a zip code US ②︎ Komput. _[dane, informacja]_ address attr.; **~a część rozkazu** the address part (of an instruction)

adri|a _f sgt_ (_GD_ ~i) Włók. _a type of twill fabric_

Adriatyk _m_ (_G_ ~u) Geog. the Adriatic

adsorba|t _m_ (_G_ ~tu) Chem., Fiz. adsorbate

adsorb|ować _impf vt_ Chem., Fiz. to adsorb

adsorpcj|a _f sgt_ Chem., Fiz. adsorption

adsorpcyjn|y _adi._ _[zdolności, środki]_ adsorptive

ad vocem /ad'votsem/ książk. _[powiedzieć]_ on the point in question a. the same point, further to the point (raised)

adwen|t _m_ (_G_ ~tu) Relig. Advent _U_

adwentow|y _adi._ Relig. _[pieśń, nabożeństwo]_ Advent attr.

adwenty|sta Relig. Ⅱ _m_ Adventist Ⅲ **adwentyści** _plt_ Adventists; **Adwentyści Dnia Siódmego** Seventh-Day Adventists

adwentystyczn|y _adi._ _[doktryna, kościół]_ Adventist

adwentyzm _m sgt_ (_G_ ~u) Relig. Adventism

adwersarz _m_ (_Gpl_ ~y) książk. adversary

adwokacin|a _m_ (_Npl_ ~y) iron., obraźl. hack lawyer

adwokac|ki _adi._ _[zawód, praktyka, działalność]_ legal; **aplikant ~ki** a trainee solicitor/trainee a. pupil barrister GB, a law intern US; **egzamin ~ki** a bar a. law society exam(ination) **kancelaria ~ka** (instytucja) a law firm a. practice; (pomieszczenie) barristers' chambers GB

adwoka|t Ⅱ _m pers._ ①︎ Prawo (w sądzie) barrister GB, (trial) lawyer US; (doradca) lawyer, solicitor GB, attorney (at law) US;

~t z urzędu a court-appointed lawyer GB, a public defender US; **poradzić się ~ta** to consult a solicitor a. lawyer, to seek legal advice; **wziąć ~ta** to hire a lawyer; **~t powoda** counsel for the prosecution, prosecuting counsel; **~t pozwanego** counsel for the defence GB, defence counsel GB, defense attorney US ②︎ przen. **dziękuję, nie potrzebuję ~tów!** I don't need anyone to defend me, thanks! Ⅲ _m inanim. sgt_ (_G_ ~tu a. ~ta) advocaat ■ **~t diabła** the devil's advocate; **wystąpić w charakterze ~ta diabła** to play devil's advocate

adwokat|ka _f_ pot. ①︎ (w sądzie) barrister GB, (trial) lawyer US; (doradczyni) lawyer, solicitor GB, attorney (at law) US ②︎ przen. **nie musisz być moją ~ką – sam się wytłumaczę** you don't need to take up the cudgels on my behalf – I can explain it myself

adwokat|ować _impf vi_ ①︎ pot. (pełnić obowiązki adwokata) to work as a barrister/solicitor; **po kilku latach ~owania postanowił zostać sędzią** after working for a few years as a barrister he decided he wanted to become a judge ②︎ przen. (wstawiać się) **~ować komuś** a. **~ować w czyjejś obronie** to stand up for sb

adwokatu|ra _f sgt_ ①︎ (zawód adwokata) (the) law, the Bar, the legal profession; **porzucić ~rę** to give up (the) law a. the Bar ②︎ (środowisko) the Bar, the legal community

aelow|iec _m_ Hist. People's Army soldier (_member of the AL socialist resistance organization during World War II_)

aelows|ki _adi._ Hist. _[partyzanci, oddziały, akcje bojowe]_ People's Army attr. (_relating to the AL socialist resistance organization during World War II_)

aeracj|a _f sgt_ Geol., Techn. aeration

aerato|r _m_ ①︎ Ogr., Roln. rotavator® ②︎ Techn. aerator

aero- _w wyrazach złożonych_ aero-; **aerofon** aerophone; **aerologia** aerology przest.

aerobik _m sgt_ (_G_ ~u) aerobics; **chodzić na ~** to go to aerobics, to do aerobics

aerobion|t _m zw. pl_ Biol. aerobe

aerobioz|a _f sgt_ Biol. aerobiosis

aerobus _m_ Lotn. airbus

aerodynamicznie _adi._ aerodynamically

aerodynamiczno|ść _f sgt_ Fiz. aerodynamics

aerodynamiczn|y _adi._ _[opór, kształt, badania]_ aerodynamic; **właściwości ~e** aerodynamics

aerodynami|ka _f sgt_ Fiz. aerodynamics ❑ **~ka molekularna** Fiz. superaerodynamics, molecular aerodynamics

aerofagi|a _f sgt_ (_GD_ ~i) Med. aerophagia, aerophagy

aerofobi|a _f sgt_ (_GD_ ~i) Psych. aerophobia

aeroklub _m_ (_G_ ~u) Lotn. flying club

aeroklubow|y _adi._ Lotn. _[lotnisko, pilot, skoczek]_ flying club attr.

aeroplan _m_ (_G_ ~u) przest. aeroplane GB, airplane US

aeroterapi|a _f sgt_ (_GD_ ~i) Med. aerotherapy

aerozol _m_ (_G_ ~u) ①︎ Chem., Fiz. aerosol; **lek/środek owadobójczy w postaci ~u** aerosol drug/pesticide ②︎ pot. (pojemnik) spray, aerosol; **farba/dezodorant w ~u** spray paint/deodorant

afaty|k *m* Med. aphasiac

afazj|a *f sgt* Med. aphasia

❏ **~a amnestyczna** Med. amnes(t)ic aphasia; **~a czuciowa** Med. sensory aphasia; **~a ruchowa** Med. motor aphasia

afek|t *m* (*G* ~**tu**) ① Psych. fit of passion; access of passion książk.; **zrobić coś w ~cie** to do sth in a fit of passion a. in the heat of the moment; **zabójstwo w ~cie** a crime of passion, a crime passionnel ② przest., żart. (miłość) affection; **pałać gorącym ~tem do kogoś** to be full of burning affection for sb; **żywić ~t do kogoś** to cherish an affection for sb

afektacj|a *f sgt* książk. affectation; **mówić z ~ą** to speak affectedly

afektowan|y *adi.* książk. [osoba, sposób zachowania] affected attr.

afe|ra *f* ① (sensacja) scandal (**wokół czegoś** over sth); **~ra polityczna** a political scandal ② (nieuczciwe przedsięwzięcie) (gospodarcza) swindle, fraud *C/U*; (szpiegowska, łapówkarska) scandal; **~ra z handlem bronią** pot. an arms-dealing racket pot.; **być wplątanym w jakąś ~rę** to be involved in some sort of scandal; **zatuszować ~rę** to cover up a scandal ③ pot. (zajście, awantura) business pot., to-do pot.; **a to ci ~ra!** what a business!

aferez|a *f sgt* Jęz. apheresis

aferow|y *adi.* [przestępstwo, proces] fraud attr.

aferzy|sta *m*, **~stka** *f* ① (przestępca) swindler, racketeer ② pot. (doszukujący się sensacji) scandalmonger, muckraker

Afgan *m* (*Npl* **~owie**) Afghan

afgan Ⅱ *m anim.* (chart) Afghan (hound) Ⅲ *m inanim.* (kobierzec) afghan

afgani *m inv.*, *n inv.* Fin. afghani

Afganistan *m* (*G* ~**u**) Geog. Afghanistan

Afga|ńczyk *m*, **~nka** *f* Afghan

afgańs|ki *adi.* Afghan attr.

afiks *m* (*G* ~**u**) Jęz. affix

afiliacj|a *f* (*Gpl* ~**i**) książk. affiliation

afili|ować *pf vt* książk. to affiliate [firmę, organizację]; **organizacje ~owane przy ONZ** organizations affiliated to a. with the UN

afirmacj|a *f sgt* książk. affirmation *C/U* książk. (**czegoś** of sth)

afirmatywn|y *adi.* książk. [postawa] affirmative, positive; **~y stosunek do życia** a positive attitude towards life

afirm|ować *impf vt* książk. to affirm książk.; to approve of; **~owali ideały swojej epoki** they affirmed the ideals of the age

afisz *m* (cyrkowy, teatralny) poster; **utrzymać się na ~u** a. **nie schodzić z ~a** (o sztuce, filmie) to run; **przedstawienie nie schodzi z ~a od pół roku** the show's been running for six months now; **wejść na ~** a. **znaleźć się na ~u** (sztuka) to open a. be staged; (film) to be out a. on release; **przedstawienie znajdzie się na ~u za kilka dni** the show will open in a few days' time; **za tydzień wchodzi na ~ nowa filmowa wersja „Hamleta"** the new film version of 'Hamlet' will be out a. on release in a week; **zdjąć coś z ~a** (sztuka) to take off; (film) to withdraw from general release; **zejść** a. **spaść z ~a**

(o sztuce) to be taken off; (o filmie) to be withdrawn from general release; **dyrekcja zdjęła przedstawienie z ~a kilka dni po premierze** the management took the show off a few days after the premiere; **film został zdjęty z ~a dopiero po kilku miesiącach** the film ran a. was on release for several months

■ **jeśli nie potrafisz, nie pchaj się na ~** pot., przysł. don't make wild claims if you don't know what you're about

afisz|ować się *impf v refl.* pejor. ① (okazywać ostentacyjnie) to parade, to show off [wiadomościami, stanem posiadania]; to flaunt [poglądami]; to make a show of [uczuciami]; **~ował się ze swoją wiarą** to flaunt one's religious beliefs; **~ował się wszędzie ze swoją miłością do matki** he made a big show of his love for his mother; **nie lubiła się ~ować** she didn't like showing off ② (pokazywać się publicznie) to parade around; **~ował się ze swoją dziewczyną po mieście** he paraded his girlfriend around town

aflaston *m* (*G* ~**u**) Żegl. figurehead

afleksyjnoś|ć *f sgt* Jęz. non-inflection

afleksyjn|y *adi.* Jęz. [język] non-inflected

afory|sta *m* aphorist

aforystyczn|y *adi.* [powiedzenie, zwrot, styl] aphoristic

aforysty|ka *f sgt* Literat. ① (pisanie aforyzmów) the writing of aphorisms; (styl) aphoristic style; **zwięzła ~ka wczesnych utworów pisarza** the pithy aphoristic style of the writer's early works ② (zbiór aforyzmów) (collection of) aphorisms

aforyzm *m* (*G* ~**u**) Literat. aphorism

afrikaans *m inv.* Jęz. Afrikaans

afro Moda Ⅱ *adi. inv.* [fryzura, włosy, peruka] Afro

Ⅲ *n inv.* Afro

afrodyzjak *m* (*G* ~**u** a. ~**a**) aphrodisiac

afron|t *m* (*G* ~**tu**) książk. affront; **zrobić komuś ~t** to affront sb; **spotkał go kolejny ~t towarzyski** he was once again affronted in public

Afry|ka *f* Geog. Africa

Afrykane|r *m*, **~rka** *f* (Bur) Afrikaner

afrykane|r *m*, **~rka** *f* ① (biały mieszkaniec RPA) white South African ② (biały mieszkaniec Afryki) white African

afrykaners|ki *adi.* (dotyczący Burów) [społeczność] Afrikaner attr.

Afrykan|in *m*, **~ka** *f* African

afrykani|sta *m*, **~stka** *f* a specialist in African studies

afrykanistyczn|y *adi.* [studia, badania, studium] African

afrykanisty|ka *f sgt* African studies

afrykanizacj|a *f sgt* Africanization

afrykaniz|ować *impf* Ⅱ *vt* to africanize ⇒ **zafrykanizować**

Ⅲ **afrykanizować się** to africanize (oneself) ⇒ **zafrykanizować się**

Afrykańczyk → **Afrykanin**

afrykańs|ki *adi.* African

■ **upał** a. **skwar ~ki** scorching heat; **tego lata panował u nas iście ~ki skwar** we had scorching hot weather this summer

aft|y *plt* (*G* ~) Med. mouth ulcers; aphthae spec.

agap|a *f* ① Relig. agape, love feast ② *sgt* Filoz. agape

aga|r *m sgt* (*G* ~**ru**) Biol. agar, agar-agar

aga|t *m* (*G* ~**tu**) Miner. agate *U*; (kamień) agate (stone); **pierścionek z ~tem** an agate ring; **naszyjnik z ~tów** an agate necklace

agatow|y *adi.* [oczko, kolczyki] agate attr.

agaw|a *f* Bot. agave

agencj|a *f* (*Gpl* ~**i**) ① (firma) agency; **~a turystyczna/reklamowa/detektywistyczna** a travel/an advertising/a detective agency; **~a modelek** a model(ling) agency ② (przedstawicielstwo) office, agent(s); **~a konsularna** a consular office; **~a handlowa** a trading a. commercial office; **~e rządowe** government agencies ③ Dzien., Radio, TV agency; **~a fotograficzna** a photographic agency; **~a informacyjna** an information agency; **~a prasowa** a news a. press agency; **Polska Agencja Prasowa** the Polish Press Agency

❏ **~a towarzyska** euf. escort agency euf.

agencyjn|y *adi.* Dzien., Radio, TV [wiadomości, depesza, komentator, biuro] agency attr.; **serwis ~y** an agency bulletin service

agen|da *f* ① (filia) branch (office); (oddział) department, section; **~dy rządowe** government departments; **nowe ~dy banku** new branches of a bank; **wyspecjalizowane ~dy ONZ** specialized agencies of the UN ② przest. (terminarz) (appointments) diary; (notes) notebook

agen|t *m*, **~tka** *f* ① (przedstawiciel) (reklamowy) agent; (handlowy, przedsiębiorstwa) representative; **~t firmy ubezpieczeniowej** an insurance agent; **~t dyplomatyczny** a diplomatic agent ② (tajny funkcjonariusz) (secret) agent, (undercover) agent; **~t służby bezpieczeństwa** a security service agent; **~ci przez wiele tygodni tropili szefa mafii** agents trailed the mafia boss over a period of many weeks ③ (szpieg) spy, secret agent; **podwójny ~t** a double agent; **~t obcego wywiadu** a foreign spy a. agent ④ (artysty) agent; **(jego) ~t załatwił mu rolę w serialu** his agent got him a part in a serial ⑤ pot., żart. card pot., case pot.; **co za ~t!** what a case!

agentu|ra *f* ① (grupa szpiegów) (obcego państwa) (foreign) spy network; (wrogiej organizacji) subversive group ② (przedstawicielstwo) agency, office; (banku) branch (office); **~ra rządu** a government agency, an agency of the government

agenturalnoś|ć *f* Polit. organized activity by agents of a foreign country or a subversive organization

agenturaln|y *adi.* pejor. [sieć, ośrodek] spy attr.; [działania] spying

agitacj|a *f sgt* (prasowa) campaigning, publicity; (wyborcza) canvassing; **~a przeciwko przemocy w rodzinie** a campaign against violence in the family; **~a antyradziecka** anti-Soviet propaganda; **prowadzić ~ę** to campaign, to agitate (**na rzecz kogoś/ czegoś** for sb/sth)

agitacyjnoś|ć *f sgt* (akcji) propagandistic nature; (reportażu) tendentiousness książk.; **~ć tej sztuki jest aż nazbyt widoczna** the propagandistic purpose behind the play is all too obvious

A

agitacyjn|y adi. *[literatura]* agitational, propaganda *attr.*; *[akcja]* propaganda *attr.*; *[przemówienie]* campaign *attr.*; **programy ~e w okresie przedwyborczym** party political broadcasts during the run-up to an election

agitato|r [I] m pers. Polit. campaigner, agitator
[III] m inanim. Chem. (naczynie) agitator

agitator|ka f (woman) campaigner, (woman) agitator

agitators|ki adi. *[działalność]* agitational, campaigning; (przed wyborami) canvassing *attr.*; **~ki ton** a propaganda tone

agit|ka f pot., pejor. (piece of) propaganda; **rozdawać ~ki** to hand out propaganda leaflets; **jest to film propagandowy, po prostu ~ka** the film's nothing but a piece a. load of propaganda pot.

agit|ować impf [I] vt (przekonywać) to urge (**kogoś do czegoś** sb to do sth); to canvass *[wyborców]*; **~ować ludzi do głosowania** to urge people to vote ⇒ **zaagitować**
[II] vi [1] (przeprowadzać kampanię) to campaign, to agitate; **~ować za czymś** a. **na rzecz czegoś** to campaign a. agitate for sth; **~ować przeciw czemuś** to campaign a. agitate against sth [2] (zabiegać) to canvass (**za czymś** for sth); **~ować za strajkiem** to agitate for strike action; **~ować za poparciem wyborców** to canvass support from voters

aglomeracj|a f sgt książk. (nagromadzenie) agglomeration, agglomerate; **~a ras** an agglomeration of (different) races [2] (*Gpl* **~i**) Geog. agglomeration; (miejska) urban(ized) area, conurbation; (przemysłowa) industrial(ized) area a. region; **~a warszawska** Warsaw and its suburbs, the Warsaw conurbation; **~a Górnego Śląska** the Upper Silesia industrial region a. conurbation [3] sgt Techn. agglomeration

aglomeracyjn|y adi. [1] książk. *[proces]* agglomerative, agglomeration *attr.* [2] (o skupisku miejskim) urban(ized); (o obszarze przemysłowym) industrial(ized) [3] Tech. *[piec]* agglomeration *attr.*

aglutynacj|a f sgt Biol., Jęz., Med. agglutination

aglutynin|a f Biol. agglutinin

agnacj|a f sgt Prawo agnation

agnostycyzm m sgt (*G* **~u**) Filoz. agnosticism

agnostyczn|y adi. Filoz. *[światopogląd, postawa]* agnostic

agnosty|k m Filoz. agnostic

agnozj|a f sgt Med. agnosia

agonaln|y adi. **~e drgawki** death throes; **być w stanie ~ym** to be in one's death throes

agoni|a f (*GD* **~i**) Med. death throes *pl* także przen., death agony rzad.; **być w ~i** to be in one's death throes; **~a powstania warszawskiego** the death throes of the Warsaw uprising

ago|ra f Hist. agora także przen.

agorafobi|a f sgt (*GD* **~i**) Psych. agoraphobia

agraf|a f [1] augm. (large) safety pin [2] (ozdobna zapinka) (decorative) pin

agrafi|a f sgt (*GD* **~i**) Med. agraphia

agraf|ka f [1] safety pin; **zapiąć coś na ~kę** to fasten sth with a safety pin [2] pot. (zakręt) hairpin bend GB, switchback US

agramatyzm m sgt (*G* **~u**) Med. agrammatism

agranulocytoz|a f sgt Med. agranulocytosis

agrarn|y adi. książk. *[kraj, polityka]* agricultural; *[reforma]* agrarian

agrawacj|a f sgt Psych. exaggeration of symptoms

agrega|t [II] m pers. (*Npl* **~ty**) pot. character pot.; **niezły z niego ~t** he's quite a character
[III] m inanim. (*G* **~tu**) [1] Techn. unit, set; **~t chłodniczy** a refrigerating unit a. set; **~t prądotwórczy** a generator, a generating set [2] Chem., Fiz., Geol. aggregate [3] Log. class, set □ **~t krystaliczny** Geol. (crystal) aggregate

agregat|ka f pot. character pot.; **niesamowita ~ka** a real a. right pejor. character

agresj|a f sgt [1] aggression; **~a fizyczna/słowna** physical/verbal aggression; **wybuch ~i** an outburst of aggression; **przejawiać ~ę wobec otoczenia** to display a. manifest aggression towards those around one; **tłumić w sobie ~ę** to stifle one's aggression; **wyładować ~ę na kimś/czymś** to take out one's anger on sb/sth; **tłum wyładował swoją ~ę, demolując sklepy** the crowd gave vent to its aggression by demolishing shops; **stała się obiektem ~i seksualnej** she was the victim of sexual aggression; **te bezpodstawne oskarżenia wyzwoliły** a. **wywołały w nim ~ę** the groundless accusations caused him to turn a. become aggressive; **atmosfera narastającej ~i** an atmosphere of growing hostility [2] Polit. (zbrojna napaść) invasion, aggression; **~a Niemiec na Polskę** Germany's invasion of Poland; **dokonać (aktu) ~i** to commit an act of aggression

agreso|r m aggressor

agre|st m sgt (*G* **~stu**) [1] (krzak) gooseberry bush *C/U* [2] (owoc) gooseberry *C/U*; **konfitury/dżem z ~stu** gooseberry preserve(s)/jam

agrestow|y adi. *[krzew, wino]* gooseberry *attr.*

agresywnie adv. grad. *[zachowywać się, odezwać się]* aggressively; **na każdą krytykę reagował ~** he responded aggressively to every criticism

agresywnoś|ć f sgt [1] (wrogość) aggressiveness; **wstydził się teraz swojej młodzieńczej ~ci** he was ashamed now of his youthful aggressiveness a. aggression [2] (polityki) aggressiveness, belligerence [3] (barw, reklam, stylu) brashness [4] (działanie niszczące) (środków chemicznych) aggressiveness; (roślin) invasiveness

agresywn|y adi. grad. [1] *[postawa, zachowanie, ton]* aggressive, hostile; **~y zawodnik** an aggressive player; **być ~ym wobec kogoś** to be aggressive a. hostile towards sb; **pies okazał się ~y wobec dzieci** the dog proved to a. turned out to be aggressive towards children; **~y z natury, reagował złością na każdą uwagę** aggressive by nature, he reacted angrily to any sort of comment [2] *[polityka, działania]* aggressive [3] (ostry) *[makijaż]* heavy; *[kolor]* loud,

violent; **~e dziennikarstwo/reklamy** aggressive journalism/advertising; **~a gra aktorska** an aggressive acting style [4] (szkodliwy) *[substancja chemiczna]* aggressive; *[ciecze]* corrosive; **rośliny ~e** invasive plants

agro- w wyrazach złożonych agro-; **agrobiolog** agrobiologist; **agrotechnik** agrotechnician

agrochemi|a f sgt (*GD* **~i**) Chem., Roln. agricultural chemistry

agrochemiczn|y adi. Chem., Roln. agrochemical

agronom m, **~ka** f Roln. agronomist

agronomi|a f sgt (*GD* **~i**) Roln. agronomy

agronomiczn|y adi. Roln. *[studia]* agronomic(al); *[wydział]* agronomy *attr.*

agrotechniczn|y adi. Roln. *[zagadnienie, problem]* agrotechnological, agrotechnology *attr.*

agrotechni|ka f sgt Roln. [1] (ogół zabiegów) agrotechnology [2] (dział nauki) agricultural science

agroturystyczn|y adi. *[działalność, gospodarstwo, kwatera]* farm tourism *attr.*

agroturysty|ka f sgt farm tourism

aha /aˈxa/ inter. [1] (potwierdzenie) uh-huh; yep! pot. „**byłeś tam?**" – „**~!**" 'have you been there?' – 'uh-huh!' [2] (zrozumienie) aha!, ah!; **~, to oni się znają, teraz rozumiem** ah! so they know each other – now I understand [3] (przypomnienie sobie) oh, (and); **~, pytali jeszcze o twojego brata** oh, and they were also asking about your brother

ahistorycznie adv. książk. *[myśleć, ujmować]* in ahistorical terms, ahistorically

ahistoryczność|ć f sgt książk. lack of historical perspective; ahistoricality rzad.

ahistoryczn|y adi. książk. *[perspektywa, podejście, rozważania]* ahistoric(al)

ahoj inter. ahoy!

AIDS /ejts/ m inv., n inv. Med. AIDS; **epidemia ~** an AIDS epidemic; **chorzy na ~** AIDS victims; **zarazić się ~** to become infected with AIDS

aikido /ajˈkido/ n. inv. Sport aikido

airbus /ˈerbus/ → **aerobus**

aj inter. (reakcja na ból) ow!, ouch!; (wyrażający przestrach, zaskoczenie) my goodness!; crikey! GB pot.; **aj! to boli!** ouch! that hurts!; **aj, ale tu brudno!** my goodness! it's so dirty in here! **aj, aj, aj!** (z podziwem, niesmakiem) dear, oh dear!, my, (oh,) my!

ajatollah m (*Npl* **~owie**) Relig. (osoba, tytuł) ayatollah

ajencj|a f [1] sgt (dzierżawienie) (placówki handlowej, usługowej) concession; (sieci placówek) franchise; **wziąć sklep/bar w ~ę** to obtain a concession to run a shop/bar [2] (*Gpl* **~i**) (agencja) branch (office), agent(s); **~a handlowa** a retail branch; **~a pocztowa** a sub-post office GB

ajencyjn|y adi. [1] *[sklep, bar, kiosk]* concession *attr.*; *[restauracja]* franchised [2] *[oddział, placówka]* branch *attr.*

ajen|t m, **~tka** f [1] (placówki handlowej, usługowej) concessionaire, concession holder; (sieci placówek) franchisee, franchise holder [2] *[ubezpieczeniowy, handlowy]* agent

ajerkoniak m (*G* **~u**) advocaat *U*

ajnsztajn m Fiz. einsteinium

AK (= Armia Krajowa) Home Army (*Polish resistance organization during World War II*)

akacj|a *f* (*Gpl* ~i) Bot. [1] acacia [2] pot. (grochodrzew) false acacia

akacjow|y *adi.* [*drzewo, krzew*] acacia *attr.*

akademi|a *f* (*GDGpl* ~i) [1] (instytucja naukowa) academy; **Polska Akademia Nauk** the Polish Academy of Science(s) [2] (uczelnia) (medyczna) school, college; (muzyczna, wojskowa) academy, college; (rolnicza) college; **Akademia Sztuk Pięknych** the Academy of Fine Arts [3] (uroczystość) celebration(s), commemoration(s); ~a **pierwszomajowa** May Day celebrations; ~a **szkolna** a school jubilee (celebration); ~a **ku czci patrona szkoły** celebrations in commemoration of a school's patron ❑ **Akademia Platońska** Antycz. the Academy

akademic|ki *adi.* [1] [*środowisko, życie*] academic; [*zajęcia, nauczyciel*] university *attr.*; [*życie*] student *attr.*; [*klub*] students'; **młodzież** ~**ka** (university) students [2] [*malarz, dzieło, styl*] academic; [*wydawnictwa, publikacje*] academy *attr.*, academic [3] [*dyskusja, rozważania, spory*] academic

akademijn|y *adi.* [1] [*placówka*] academic; [*gmach*] academy *attr.*; [*budynki*] academy *attr.*, academic [2] [*przemówienie, program*] commemoration *attr.*, commemorative

akademi|k ❑ *m pers.* [1] (członek akademii) academic, academician [2] przest. (student) student

❑ *m inanim.* pot. (dom akademicki) hall (of residence) GB, student hostel GB, dorm US; **mieszkać w** ~**ku** to live in hall a. a student hostel

akademizm *m sgt* (*G* ~u) Szt. academicism, academism

akan|t *m* (*G* ~tu) Bot., Szt. acanthus

akantow|y *adi.* [*krzew, motyw, wzór*] acanthine

akapici|k *m dem.* (ustęp) paragraph

akapi|t *m* (*G* ~tu) [1] Druk. (pierwszy wiersz) opening line of a paragraph; **zacznij od nowego** ~**tu** start a new paragraph [2] (ustęp) paragraph; **przeczytać/przetłumaczyć** ~**t** to read/translate a paragraph

akapitow|y *adi.* [*wcięcie*] paragraph *attr.*

akceleracj|a *f sgt* acceleration

akcelerato|r *m* Fiz., Techn. accelerator

akcencik *m dem.* (*G* ~u) [1] pot., żart. (sposób wymawiania) accent; **mówić z obcym** ~**iem** to speak with a foreign accent [2] iron. (złośliwy) tone; **w jego pochwałach pobrzmiewały ironiczne** ~**i** one could detect tones a. a hint of irony in his praise [3] żart. (szczegół wyróżniający) touch, hint; **czerwony** ~ **w stroju** a touch of red a. a red note in sb's outfit

akcen|t *m* (*G* ~tu) [1] Jęz. (przycisk) stress, accent; (znak graficzny) accent; ~**t spoczywa na ostatniej sylabie** the accent falls on the last syllable; **główny** ~**t spoczywa na dramatycznym finale** przen. the main emphasis is on the dramatic finale [2] pot. (wymowa) accent; **mówić z obcym/francuskim** ~**tem** to speak with a foreign/ French accent; **niewyraźny** ~**t** an indistinct accent; **mieć dobry/fatalny** ~**t** to have a good/terrible accent [3] (zabarwienie uczuciowe) note, tone; ~**t gniewu w czyimś**

głosie a note of anger in sb's voice; **mówić z** ~**tem szczerości** to speak in a tone of sincerity; **artykuły o ostrych, krytycznych** ~**tach** sharply critical articles; **tym miłym** ~**tem kończymy dzisiejszą audycję** on that pleasant note we end today's programme [4] (szczegół wyróżniający) element, feature; **portyk jako główny** ~**t elewacji** a portico as the main feature of the elevation (of the building); **kolorowy** ~**t w szarym stroju** an element a. accent of colour in a grey outfit; **główny** ~**t obchodów** the main focus of the celebrations; **pewne przesunięcie** ~**tów** a certain shift of focus a. emphasis [5] Muz. accent, stress ❑ ~**t akutowy** a. **ostry** a. **wysoki** a. acute accent; ~**t barytoniczny** Jęz. barytone; ~**t cyrkumfleksowy** a. **przeciągły** Jęz. circumflex (accent); ~**t daktyliczny** a. **proparoksytoniczny** Jęz. proparoxytone accent a. stress; ~**t dynamiczny** a. **ekspiracyjny** a. **ekspiratoryczny** a. **przyciskowy** Jęz. dynamic a. expiratory a. stress accent; ~**t główny** Jęz. primary accent a. stress, main stress; ~**t iloczasowy** a. **kwantytatywny** a. **rytmiczny** Jęz. quantitative stress; ~**t inicjalny** a. **początkowy** Jęz. initial stress; ~**t logiczny** → **logiczny**; ~**t meliczny** Jęz. wrenched accent; ~**t melodyczny** a. **muzyczny** a. **tonalny** Jęz. pitch a. tonic accent; ~**t metryczny** Jęz. metrical stress a. accent, ictus; ~**t monotoniczny** Jęz. monotone accent; ~**t nieruchomy** a. **stały** Jęz. fixed stress a. accent; ~**t obojętny** Jęz. optional stress; ~**t paroksytoniczny** Jęz. paroxytone accent a. stress; ~**t pierwiastkowy** Jęz. root stress; ~**t poboczny** Jęz. secondary stress; ~**t politoniczny** Jęz. polytonic stress; ~**t swobodny** Jęz. free stress; ~**t ruchomy** Jęz. mobile stress; ~**t wyrazowy** Jęz. word stress; ~**t zdaniowy** Jęz. sentence stress

■ **kłaść** ~**t na coś** to put the accent on sth, to put a. lay (great) stress on sth

akcent|ować *impf vt* [1] Jęz. to stress, to accent [*wyraz*]; ~**ować sylaby prawidłowo/błędnie** to stress syllables correctly/ incorrectly; **w języku polskim** ~**uje się zwykle przedostatnią sylabę** in Polish the stress usually falls on the penultimate syllable; **mówił wyraźnie, dobitnie** ~**ując każde słowo** he spoke distinctly, clearly enunciating every word; **sylaba** ~**owana/nieakcentowana** a stressed/an unstressed syllable ⇒ **zaakcentować** [2] książk. (podkreślać) to stress, to emphasize [*potrzebę, znaczenie*]; to highlight, to accentuate [*problemy*]; **szczególnie** ~**ować coś** to place a. lay particular stress a. emphasis on sth; ~**ował słowa gestami** he emphasized his words with gestures ⇒ **zaakcentować** [3] (nadawać zabarwienie emocjonalne) to emphasize [*słowa, wypowiedź*]; ~**ował ironicznie swoje słowa** he spoke with ironical emphasis, he emphasized the words ironically ⇒ **zaakcentować** [4] (uwidaczniać) [*sukienka, ubiór*] to accentuate [*talię, biodra*]; to emphasize, to highlight [*kształty, figurę*] ⇒ **zaakcentować** [5] Muz. To accent, to stress [*dźwięk, początek taktu*]; **dźwięk** ~**owany** an accented note ⇒ **zaakcentować**

akcentow|y *adi.* Jęz. [*system, zasady*] stress *attr.*

akcentuacj|a *f sgt* Jęz. accentuation

akceptacj|a *f* [1] (*Gpl* ~i) książk. (zgoda) approval *U*, acceptance *U*; **dać/uzyskać** ~**ę** to give/obtain approval; **robić coś z czyjąś** ~**ą/bez czyjejś** ~**i** to do sth with/ without sb's approval [2] *sgt* książk. (uznanie) acceptance, approval; ~**a w rodzinie** acceptance within the family; ~**a czyichś odmiennych poglądów** acceptance of a. respect for sb else's point of view; **silna potrzeba** ~**i** a strong need for acceptance; ~**a samego siebie** self-acceptance; **zabiegać o** ~**ę u kogoś** to try to gain a. win sb's approval; **od razu zyskała** ~**ę klasy** she was immediately accepted by the rest of the class; **pomysł zyskał powszechną** ~**ę** the idea met with general approval [3] *sgt* Handl. acceptance *C/U*

akcept|ować *impf vt* książk. [1] (zatwierdzać) to accept, to approve [*dokument, działanie, kandydaturę*]; (godzić się) to accept [*sytuację, decyzję*]; (zgadzać się) to accept, to agree to [*plan, pomysł*]; ~**ujemy pana warunki** we agree to a. accept your conditions ⇒ **zaakceptować** [2] (okazywać przychylność) to accept, to approve of [*osobę*]; ~**ować samego siebie** to accept oneself; **nie** ~**owała swoich opiekunów** she didn't accept her guardians; **dziecko musi czuć, że jest** ~**owane** a child needs to feel accepted; **zachowania społecznie** ~**owane** socially accepted forms of behaviour ⇒ **zaakceptować** [3] Handl. to accept; ~**ować karty kredytowe** to accept credit cards; ~**ować weksel** to accept a bill (of exchange) a. draft

akceptująco *adv.* [*wypowiedzieć się*] approvingly

akceptując|y ❑ *pa* → **akceptować** ❑ *adi.* [*spojrzenie*] approving; [*gest*] of approval

akces *m sgt* (*G* ~u) książk. accession książk.; **zgłosić (swój)** ~ **do organizacji/partii** to declare one's intention of joining an organization/a party

akcesori|a *plt* (*G* ~ów) (samochodowe) accessories; (wędkarskie) gear *sg*, tackle *sg*; ~**a do mycia** toilet articles; (teatralne) props

akcj|a *f* (*Gpl* ~i) [1] (zorganizowane działanie) campaign, drive; ~**a propagandowa** a publicity campaign; ~**a społeczna** a campaign by voluntary bodies; ~**a promocyjna** a promotion (campaign); ~**a protestacyjna** a protest (campaign); ~**a ratunkowa** a rescue operation a. mission; ~**a strajkowa** a strike, strike action; ~**a terrorystyczna** a terrorist attack; ~**a wyborcza** an election campaign; ~**a żniwna** harvesting; ~**a zbierania podpisów pod petycją** a petition campaign; ~**a na rzecz ochrony środowiska** a campaign for (the) protection of the environment; **zawiesić** a. **przerwać** ~**ę protestacyjną** to call off a protest [2] (działanie bojowe) operation, action *U*; ~**a bojowa/dywersyjna** a combat/ sabotage mission; ~**a zaczepna** an offensive (operation); ~**a wojsk ONZ** a UN military operation; **do** ~**i wkroczyły czołgi** the tanks rolled into action [3] Sport attack; ~**a na bramkę przeciwnika** an attack on the opponents' goal; **piękna** ~**a**

A

napastnika a beautiful move a. piece of play by the striker [4] Literat. action U, plot; **miejsce/jedność ~i** the place/unity of the action; **~a powieści toczy się w mieście przemysłowym** the novel is set in an industrial city; **~a filmu jest zawiła** the film's plot is very complex [5] zw. pl Ekon. share zw. pl; **pakiet ~i** a share packet; **obrót ~ami** share trading; **kupić/sprzedać/wypuścić ~e** to buy/sell/issue shares; **inwestować w ~e** to invest in stocks and shares; **~e kolei/banku/kopalni** railway/bank/mining shares; **~e Banku Śląskiego** Bank of Silesia shares; **minimalna cena ~i** minimum share price; **~e spadają/zwyżkują** shares are falling/rising; **ulokować pieniądze w ~ach znanego browaru** to invest (money) in a well-known brewery
❑ **zasada ~i i reakcji** Fiz. Newton's third law of motion
■ **czyjeś ~e idą w górę** pot. sb is on the way up; **czyjeś ~e spadają** pot. sb is on the way down a. out

akcjonaria|t m (G ~tu) Ekon. (forma własności) shareholding U; (właściciele) shareholders pl; **~t pracowniczy** employee share ownership

akcjonariusz m, **~ka** f (Gpl ~y, ~ek) shareholder; **drobni ~e** small shareholders; **~ banku/kopalni** a shareholder in a bank/mine; **~e przedsiębiorstwa** the shareholders of a company, company shareholders

akcydens m (G ~u) [1] Druk. item of jobwork; **drukowanie ~ów** job-printing [2] Filoz. accident

akcydensow|y adi. Druk. job attr.; **druk ~y** an item of jobwork; **drukarnia ~a** job house, job-office

akcyjnie adv. [pracować, działać] haphazardly, in fits and starts

akcyjnoś|ć f sgt haphazardness; **~ć w działaniu/poczynaniach** haphazardness in one's actions/endeavours

akcyjn|y adi. [1] (doraźny) stopgap, makeshift; (jednorazowy) one-off; **~e działania profilaktyczne** stop-gap preventive measures; **~e przedsięwzięcie** a one-off enterprise a. effort [2] Ekon. [towarzystwo] joint-stock attr.; [fundusz] share attr.; **kapitał ~y** share capital

akcyz|a f sgt [1] Ekon. (podatek) excise (duty); **podwyższać ~ę na alkohol** to increase the excise on spirits; **nałożyć/wprowadzić ~ę na benzynę** to put/introduce a tax on petrol [2] (urząd) excise

akcyzow|y adi. [podatek] excise attr.; **stawka ~a** the rate of excise duty; **towary ~e** goods subject to excise duty; **znaki ~e** tax stamps

akinezj|a f sgt Med., Zool. akinesia

aklamacj|a f książk. [1] sgt acclamation książk.; **przyjąć/uchwalić coś przez ~ę** to adopt/to pass sth by acclamation; **wybrać kogoś przez ~ę** to elect sb by acclamation [2] (Gpl ~i) (formuła pochwalna) epiphonema rzad.

aklimatyzacj|a f sgt [1] Biol. acclimatization, acclimation US; **zdolność (do) ~i** the ability to acclimatize [2] przen. adjustment, acclimatization, acclimation US; **okres ~i**

w nowej pracy the period of adjustment in a new job

aklimatyzacyjn|y adi. Biol. acclimatization attr., acclimation attr. US

aklimatyz|ować impf [I] vt Biol. to acclimatize [zwierzęta] (do czegoś to sth); to harden off [rośliny] ⇒ **zaaklimatyzować** [II] **aklimatyzować się** [1] Biol. to acclimatize (do czegoś to sth) [2] przen. to acclimatize (oneself), to acclimate (oneself) US, to adjust; **~ować się w nowej szkole** to settle in at a new school; **z trudem ~ować się w nowym środowisku** to find it difficult to adjust to a new environment ⇒ **zaaklimatyzować się**

akomodacj|a f sgt Fizj. accommodation
akomodacyjn|y adi. Fizj. accommodative
akompaniamen|t m sgt (G ~tu) [1] Muz. accompaniment C/U; **~t fortepianowy/skrzypcowy** a piano/violin accompaniment; **śpiewać przy ~cie gitary** to sing to the accompaniment of a guitar [2] przen. accompaniment C/U; **zaczął mówić przy ~cie tupania i gwizdów** he began speaking to the accompaniment of stamping feet and whistles

akompaniato|r m, **~rka** f accompanist
akompani|ować impf vi Muz. to accompany vt; **~ować komuś/sobie** to accompany sb/oneself (na czymś on sth); **śpiewa, ~ując sobie na gitarze** he sings, accompanying himself on the guitar ⇒ **zaakompaniować**

akonityn|a f sgt Biol., Chem. aconitine
akon|to n advance; **wziąć ~to pensji** to take an advance on one's salary

akor|d m (G ~du) [1] sgt (system płacy) piecework; **pracować na ~d** a. **w ~dzie** to do a. be on piecework [2] przen. note; **zakończyć coś mocnym ~dem** to end sth on a strong note [3] Muz. chord; **brać ~d** to play a chord; **fałszywy ~d** a discord [❑] **~d septymowy** Muz. seventh (chord)

akordeon m (G ~u) accordion; **grać na ~ie** to play (on) the accordion

akordeoni|sta m, **~stka** f accordionist, accordion player

akordeonow|y adi. accordion attr.

akordow|y adi. [1] (system płacy) piece(-); **robota ~a** a piecework; **stawka ~a** piece rate; **robotnik ~y** a pieceworker; **pracujemy w systemie ~ym** we have a piecework system [2] Muz. chord attr.; **ćwiczyć grę ~ą** to practise playing chords

akordy|ka f sgt Muz. chording
akow|iec, AK-ow|iec m Home Army soldier (member of the AK resistance organization during World War II)

akows|ki, AK-ows|ki adi. [oddziały, kombatanci] Home Army attr. (relating to the AK resistance organization during World War II)

ak|r m Miary acre; **wydajność z akra** yield per acre

akrani|a f sgt (GD ~i) Med acrania
akrecj|a f sgt Astron. accretion
akredytacj|a f sgt accreditation U; **udzielić komuś ~i przy ONZ** to accredit sb to the UN; **otrzymać ~ę na zawody sportowe** to be given accreditation to sporting events; **~a kierunku studiów** accreditation of a degree course

akredytacyjn|y adi. [formalności, dokumenty] accreditation attr.

akredyt|ować pf, impf vt to accredit; **korespondenci zagraniczni ~owani przy ONZ** foreign correspondents accredited to the UN; **ambasador ~owany w Warszawie** an ambassador accredited to Warsaw

akredytyw|a f Fin. letter of credit
akrobacj|a f [1] (Gpl ~i) zw. pl (ćwiczenie gimnastyczne) acrobatic feat a. manoeuvre; **~e cyrkowców** circus acrobatics; **~e na batucie** trampolining, acrobatics on a trampoline; **~e na linie** tightrope walking; **~e na rowerze/deskorolce** (acrobatic) tricks a. stunts on a bicycle/skateboard; **wykonywać ~e** to perform acrobatics a. acrobatic feats [2] sgt (akrobatyka) acrobatics (+ v sg) [3] (Gpl ~i) przen. trick, stunt; **musiała dokonać nie lada ~i, żeby zdobyć te informacje** she had to jump through all sorts of hoops to acquire that information [❑] **~a lotnicza** Lotn. (jedna ewolucja) aerobatic manoeuvre, aerial stunt; (sport) aerobatics (+ v sg); aerial acrobatics (+ v sg) przest.

akrobacyjn|y adi. acrobatic; **~e figury** acrobatic manoeuvres; **~e skoki do wody** acrobatic diving; **~e zdolności** acrobatic skills a. prowess

akroba|ta m, **~tka** f acrobat także przen.
akrobatyczn|y adi. [1] acrobatic także przen.; **ćwiczenia/wyczyny ~e** acrobatic exercises/feats; **ewolucje ~e** acrobatic manoeuvres a. evolutions; **podejmował ~e próby wymigania się od odpowiedzialności** he went out of his way to evade responsibility; **unikał ciosów z ~ą zręcznością** he avoided the blows with acrobatic dexterity [2] (dotyczący ewolucji lotniczych) aerobatic, aerobatics attr.

akrobaty|ka f sgt acrobatics (+ v sg) także przen.; **uprawiać ~kę** to do a. practise acrobatics
[❑] **~ka cyrkowa** circus acrobatics; **~ka rowerowa** (sportowa) bicycle stunts; (cyrkowa) trick cycling; **~ka sportowa** (skoki) tumbling; (na batucie) trampolining; (piramidy) team acrobatics

akrofobi|a f sgt (GD ~i) Med. acrophobia
akroli|t m (G ~tu) Szt. acrolith
akromegali|a f sgt (GD ~i) Med. acromegaly

akronim m (G ~u) Jęz. acronym (od czegoś from sth)

akropol m (G ~u, Gpl ~i a. ~ów) Hist. acropolis

akryl m sgt (G ~u) acrylic
akrylow|y adi. [farba, włókno, wanna] acrylic
aksami|t m (G ~tu) (tkanina) velvet U; **suknia z ~tu** velvet dress; **gładki/miękki jak ~t** as smooth/soft as velvet; **~t skóry/oczu/głosu** przen. velvety skin/eyes/voice

aksami|tek m Bot. marigold, tagetes
aksamit|ka f [1] (wstążka) velvet ribbon [2] Bot. marigold, tagetes

aksamitnie adv. [1] (jak aksamit) velvety adi.; **mieć ~ gładkie policzki** to have cheeks as smooth as velvet; **połyskiwać ~** to have a velvety sheen [2] (łagodnie) velvet(y) adi.; **mieć ~ brzmiący głos** to have a velvet(y) voice

aksamitn|y adi. [1] [sukienka, wstążka] velvet attr. [2] przen. [mech, skóra] velvet attr.,

velvet(y); *[głos]* velvet(y); *[spojrzenie]* doe-eyed; *[życie]* rosy
akselban|t *m zw. pl* (*G* ~**tu**) Wojsk. aiguillette; **mundur z** ~**tami** a uniform with aiguillettes
aksjologi|a *f sgt* (*GD* ~**i**) Filoz. axiology
aksjologiczn|y *adi. [kategoria, system, wybór]* axiological
aksjoma|t *m* (*G* ~**tu**) [1] Log., Mat. axiom [2] książk. (dogmat) axiom; **doktryna oparta na** ~**tach** a doctrine based on axioms
aksjomatycznie *adv.* Log., Mat. axiomatically
aksjomatyczn|y *adi.* Log., Mat. *[system, teoria, imperatyw]* axiomatic
akson *m* (*G* ~**u**) Anat. axon
aksyni|t *m* (*G* ~**tu**) Miner. axinite *U*
ak|t [1] *m* (*G* **aktu**) [1] książk. (czyn, działanie) act; **akt agresji/rozpaczy** an act of aggression/despair; **akt zemsty/skruchy/wiary** an act of revenge/contrition/faith; **akt wielkiej wagi** an act of great significance; **akty dywersji** acts of sabotage; **akt poznania** a. **poznawczy** a cognitive act; **akt dziejowy** a historic act; **historyczny akt** a historic act; **akt płciowy** the sex act [2] książk. (ceremonia) ceremony; **akt koronacyjny** a coronation (ceremony); **akt nadania imienia szkole** a school naming ceremony; **dokonać aktu otwarcia wystawy** to officially open an exhibition [3] (dokument) (urzędowy) certificate; (prawny) deed, (official) document; (legislacyjny) act, statute; **akt ślubu/urodzenia/zgonu** a marriage/birth/death certificate; **akt darowizny/kupna** a deed of gift/purchase; **akt sprzedaży** (dóbr) a bill a. certificate of sale; (nieruchomości) a deed of sale; **podpisać/sporządzić akt** to sign/draw up a document/deed; **podpisać akt kapitulacji** to sign act a. instrument of capitulation; **Konstytucja jest najważniejszym aktem prawnym** the Constitution is the most important legal instrument [4] Teatr act także przen.; **komedia w pięciu aktach** a comedy in five acts; **tu rozegrał się ostatni akt rodzinnego dramatu** this is where the final act of this family drama took place a. played itself out [5] Szt. nude; (w czasopiśmie) nude photo; **akt kobiecy/męski** a female/male nude; **pozować do aktu** to pose (in the) nude [6] Filoz. act [II] **akta** *plt* (zbiór dokumentów) records, files; (dotyczące osoby, sprawy) dossier *sg*; **akta miejskie/sądowe** municipal/court records; **wyciąg z akt** an extract from the records; **dołączyć/wpisać coś do akt** to place/put sth on file; **odkładać coś do akt** to file sth (away); **Archiwum Akt Dawnych** Public Record Office GB, Public Archives
❑ **akt mowy** Jęz. speech act; **akt notarialny** Prawo notarial deed; **akt oskarżenia** Prawo (bill of) indictment; **akta stanu cywilnego** Admin. registry office records; **akta ziemskie** Hist. *registers kept by district and municipal courts in Poland since the late 14th century*
akto|r *m* [1] (filmowy, teatralny) actor; (komediowy) comedian [2] przen. (uczestnik) player; **być pierwszym** ~**rem sceny politycznej** to be the principal player in the political arena [3] przen. (stwarzający pozory) actor; **nie**

daj się nabrać na jego skruchę, to niezły ~**r** he's quite an actor, don't be taken in by his remorse
❑ ~**r charakterystyczny** Teatr character actor
aktorecz|ka *f dem.* pejor. starlet
aktor|ka *f* actress
aktors|ki *adi. [szkoła]* drama *attr.*, acting *attr.*; *[kariera, zdolności]* acting *attr.*; **środowisko** ~**kie** acting circles; **opanować sztukę** ~**ką** to master the art of acting; **stworzyć zespół** ~**ki** to form an acting company; **w tym przedstawieniu stworzył niezapomnianą kreację** ~**ką** in that production he created an unforgettable character; **ta rola wymaga perfekcyjnego warsztatu** ~**kiego** that role demands perfect acting skills
aktorsko *adv.* in terms of acting; ~ **film stoi na najwyższym poziomie** as regards the acting the film is first-rate; **być uzdolnionym** ~ to have the makings of an actor, to have acting talent
aktorstw|o *n sgt* [1] (zawód) acting, the acting profession; **mistrzowskie** ~**o** masterly acting; **uczyć się** ~**a** to learn (how) to act [2] (poza) phoney behaviour, insincerity; **bez trudu zdemaskowała jego** ~**o** she immediately saw through his phoney behaviour [3] (ogół aktorów) actors *pl*, the acting profession; **czołówka polskiego** ~**a** the cream of the Polish acting profession
aktorzyn|a *m* (*Npl* ~**y**) pejor. ham (actor) pot.
aktow|y *adi.* [1] *[teczka]* document *attr.* [2] Szt. *[zdjęcia]* nude *attr.*
aktów|ka *f* [1] (płaska teczka) document case [2] środ., Teatr one-act play
aktuali|a *plt* (*G* ~**ów**) książk. (społeczne, polityczne) current affairs; (kulturalne) topical affairs, current events
aktualizacj|a *f* [1] książk. (norm, przepisów, tekstu, mapy) revision; (kursu walut) updating; ~**a danych** updating the data [2] Filoz. actualization *U*
aktualizm *m sgt* (*G* ~**u**) [1] Filoz. (doktryna filozoficzna) actualism [2] Geol. uniformitarianism
aktualiz|ować *impf* [I] *vt* książk. to bring [sth] up to date, to update *[dokumenty]*; to revise, to bring [sth] up to date *[przepisy, podręczniki]*; to update *[kurs walut]* ⇒ **zaktualizować**
[II] **aktualizować się** książk. [1] *[projekt, plan]* to be updated, to be revised; *[zagadnienie, problem]* to become topical; **data i godzina w tym urządzeniu** ~**ują się automatycznie** in this device the date and time a. hour are regulated automatically ⇒ **zaktualizować się** [2] Filoz. to actualize
aktualnie *adv.* at the moment, at this point in time; **sprawy** ~ **ważne** matters of current importance; ~ **nie mamy ze sobą kontaktu** we're not in contact at the moment a. at present; **jest to** ~ **najszybszy komputer na świecie** at this point in time it's the fastest computer in the world
aktualnoś|ć [I] *f sgt* (idei, tematu) topicality, relevance; (dokumentów) validity; **stracić** ~**ć** a. **na** ~**ci** to become out of date; **film nie stracił nic na** ~**ci** the film has lost none of its relevance; **zachować** ~**ć** to remain

topical; **nabierać** ~**ci** to become even more topical; **dawno zapomniane słowa znowu nabierają** ~**ci** long-forgotten words are beginning to gain currency again
[II] **aktualności** *plt* (polityczne, prasowe) current affairs, news (+ *v sg*); (filmowe, sportowe) current events, the latest (news); ~**ci ze świata mody** the latest fashion news, the latest in fashion; „**Kronika** ~**ci**'' 'News Chronicle'
aktualn|y [I] *adi. grad.* (na czasie) topical; **wciąż** ~**y utwór/film** a work/film that is still relevant (today); ~**ym tematem są wybory prezydenckie** the presidential election is a topical a. newsworthy item at the moment
[II] *adi.* [1] (ważny) *[umowa]* valid; **to zaświadczenie nie jest już** ~**e** this certificate is no longer valid; ~**y podręcznik/rozkład jazdy pociągów** the current textbook/train timetable; **czy oferta jest** ~**a?** (oferta sprzedaży) is the offer still standing?, is it/are they still on offer? a. still available?; (propozycja) is the offer still open?, does the offer still stand?; **czy** ~**y jest twój wyjazd?** is your trip still on? [2] (obecny, teraźniejszy) current, present; ~**a moda** the current fashion; ~**e ceny skupu zboża** current grain prices; ~**e potrzeby/problemy** current a. present needs/problems; ~**y mistrz świata** the current a. reigning world champion [3] Filoz. actual
aktyno- *w wyrazach złożonych* actin(o)-; **aktynometr** Techn. actinometer; **aktynoterapia** Med. actinotheraphy
aktynoli|t *m* (*G* ~**tu**) Miner. actinolite *U*
aktynow|iec *m zw. pl* Chem. actinide
aktyw *m* (*G* ~**u**) Polit. (partyjny, związkowy) active members *pl*, activists *pl*; ~ **społeczny** community activists; **narada** a. **zebranie** ~**u** a meeting of party/union officials
aktyw|a *plt* (*G* ~**ów**) Ekon. assets; ~**a banku/przedsiębiorstwa** the assets of a bank/company; **zamrozić** ~**a firmy** to freeze a firm's assets
aktywacj|a *f sgt* [1] Chem., Fiz. activation [2] Telekom. (telefonu komórkowego) connection
aktywacyjn|y *adi.* Chem., Fiz. activation *attr.*
aktywato|r *m* Biol., Chem. activator
aktywi|sta *m* [1] (działacz) activist; ~**sta partyjny/związkowy** a party/union activist; ~**sta organizacji młodzieżowej** an active member of a youth organization, a youth organization activist [2] Hist., Polit. activist (*calling for Polish co-operation with the Central Powers during World War I*)
aktywist|ka *f* (działaczka) (woman) activist
aktywizacj|a *f sgt* książk. (robotników, rolnictwa) mobilization; (gospodarki) mobilization, activation; **stały wzrost** ~**i zawodowej kobiet** a steady rise in the number of women (who are) active in the labour market; ~**a enzymów/genów** enzyme/gene activation
❑ ~**a nauczania** Szkol. active-learning teaching; ~**a promieniotwórcza** a. **radiacyjna** Fiz. radioactive activation
aktywizm *m sgt* (*G* ~**u**) [1] książk. (polityczny, społeczny) activism; (wobec życia) positive outlook, active approach [2] Hist. activism (*a*

movement advocating Polish co-operation with the Central Powers during World War I)

aktywiz|ować impf książk. **Ⅰ** vt ▮1▮ (ożywiać) to motivate, to stimulate; **~ować studentów do nauki** to motivate students; **~ować kogoś do działania** to stimulate sb into action; **konkurencja jest czynnikiem ~ującym przedsiębiorstwo** competition is a motivating factor for a business; **ćwiczenia ~ujące mięśnie brzucha** exercises to tone up the stomach muscles ⇒ **zaktywizować** ▮2▮ (włączać) to activate [urządzenie elektryczne]

Ⅱ aktywizować się ▮1▮ (siebie samego) to motivate oneself, to stir oneself ⇒ **zaktywizować się** ▮2▮ (włączać się) to be activated; **system alarmowy ~uje się po zamknięciu drzwi** the alarm system is activated when the door shuts

aktywnie adv. grad. (czynnie, z inicjatywą) actively; **~ uczestniczyć w czymś** to take an active part in sth; **włączyć się ~ do czegoś** to join in sth; **żyć bardzo ~** to lead a very active life

aktywnoś|ć f sgt ▮1▮ (skłonność do działania) (level of) activity, activeness; (inicjatywa) initiative, enterprise; **~ć życiowa** an energetic attitude to life, leading an active life; **obniżenie ~ci** a decline in activity; **spadek ~ci** a fall a. drop in activity; **wzrost ~ci zawodowej kobiet** a rise in the number of women (who are) active in the labour market; **~ć uczniów** initiative on the part of pupils; **wykazywała dużą ~ć w pracy** she was very active at work ▮2▮ Chem., Fiz. activity

❏ **~ć optyczna** Fiz. optical activity; **~ć słoneczna** Fiz. solar activity

aktywn|y Ⅰ adi. grad. ▮1▮ [uczeń, wsparcie, polityka] active; [postawa, stosunek do życia] positive; **~y wypoczynek** active leisure pursuits ▮2▮ Chem. [substancja, pierwiastek] active

Ⅲ adi. ▮1▮ [seksualnie, biologicznie] active; **mimo późnego wieku był ~y zawodowo** he was still professionally active, despite his age ▮2▮ [wulkan] active

aktyw|ować impf vt Chem., Fiz. to activate; **węgiel ~owany** active a. activated carbon

akumulacj|a f sgt ▮1▮ książk. (energii, dóbr) accumulation ▮2▮ Ekon. (kapitału) accumulation ▮3▮ Geol. (lodowcowa, jeziorna) accumulation, accretion ▮4▮ Literat. (środków stylistycznych) accumulation

akumulacyjn|y adi. [proces] accumulation attr., accumulative

akumulato|r m ▮1▮ (samochodowy) battery; (elektryczny) secondary a. storage cell; (kwasowy, ołowiowy, zasadowy) accumulator, (storage) battery; **ładować ~r** to charge (up) a battery ▮2▮ Komput. accumulator (register)

❏ **~r hydrauliczny** Techn. hydraulic accumulator

akumulator|ek m dem. battery

akumul|ować impf książk. **Ⅰ** vt to accumulate [kapitał]; to accumulate, to store (up) [energię]; **~owanie energii** energy storage; **~owanie tłuszczu w organizmie** the accumulation a. build-up of fat in the body ⇒ **zakumulować**

Ⅲ akumulować się (o substancji, energii) to accumulate, to be stored (up)

akupresu|ra f sgt Med. acupressure

akupunktu|ra f sgt Med. acupuncture

akupunkturow|y adi. [igła, zabieg] acupuncture attr.

akupunkturzy|sta m, **~stka** f acupuncturist

akurat Ⅰ adv. (w tej chwili) just; **~ wróciliśmy** we've just come back; **kiedy zamykałam drzwi, ~ zadzwonił telefon** just as I was closing the door, the phone rang **Ⅱ** part. (właśnie) exactly, just; **czemu ~ my?** pot. why us exactly?; **mamy ~ tyle czasu, ile potrzeba, żeby...** we've just got enough time to...; **w tym ~ przypadku...** in this particular case...

Ⅲ inter. (yeah,) sure! pot., iron.; **„pewnie dostałeś za to sporo pieniędzy?" – „~!"** pot. 'I expect you got quite a bit of money for it?' – 'yeah, sure!'

akuratnie przest. adv. grad. (porządnie) properly; right pot.; (sumiennie) thoroughly; (punktualnie) on time; **pracować ~** to do a thorough job; **zrób to ~** do it properly; **pieniądze napływają ~** the money's coming in right on time pot.

akuratnoś|ć f sgt przest. (dokładność) exactitude, exactness; (sumienność) conscientiousness; (punktualność) punctuality

akuratn|y przest. **Ⅰ** adi. grad. (porządny) solid; (sumienny) thorough; (punktualny) punctual **Ⅲ** adi. (odpowiedni, właściwy) (just) right (do czegoś for sth); [pismo] neat; **woda jest ~a do mycia** the water's just right for washing (in)

akustycznie adv. acoustically; **izolować coś ~** to soundproof sth; **sala jest idealna ~** the hall is perfect acoustically a. from an acoustic point of view

akustycznoś|ć f sgt (pomieszczenia) acoustic(s)

akustyczn|y adi. ▮1▮ [zjawisko, sygnały, właściwości] acoustic; [efekty, fale] sound attr. ▮2▮ (mający dobrą akustykę) [sala, pomieszczenie] with good acoustics ▮3▮ [instrument, muzyka] acoustic ▮4▮ pot. (nie izolujący od hałasów) [mieszkanie, pokój] with paper-thin walls; [ściany] paper-thin

akusty|k m acoustician

akusty|ka f sgt ▮1▮ Fiz. acoustics ▮2▮ (właściwość wnętrza) acoustics; **~ka sali nie była najlepsza** the acoustics of the hall were not very good

akuszer|ka f przest. ▮1▮ (położna) midwife ▮2▮ (wiejska babka) unqualified village midwife

akwa- w wyrazach złożonych aqua-; **akwakultura** aquaculture; **akwanautyka** aquanautics

akwaforci|sta m Szt. etcher

akwafor|ta f Szt. ▮1▮ (obraz) etching ▮2▮ sgt (technika) etching; **uprawiać ~tę** to practise etching

akwalung m (G ~u) aqualung

akwamaryn m, **~a** f (G ~u, ~y) Miner. aquamarine U; (kamień) **pierścień/broszka z ~em** a. **~ą** an aquamarine ring/brooch

akwamarynow|y adi. [kolczyki] aquamarine attr.

akwarel|a f ▮1▮ zw. pl (farba) watercolour zw. pl GB, watercolor zw. pl US; **malować ~ami** to paint in watercolours ▮2▮ Szt. (obraz) watercolour GB, watercolor US; aquarelle rzad.; **uprawiać ~ę** to paint in watercolours ▮3▮ sgt Szt. (technika) watercolour GB, watercol-

or US; aquarelle rzad.; **uprawiać ~ę** to paint in watercolours

akwareli|sta m, **~stka** f Szt. watercolourist GB, watercolorist US

akwarel|ka f dem. zw. pl ▮1▮ (farbka wodna) watercolour zw. pl GB, watercolor zw. pl US ▮2▮ (mały obraz) watercolour zw. pl GB, watercolor zw. pl US

akwarelow|y adi. [farby, technika, malarstwo, portret, pejzaż] watercolour attr. GB, watercolor attr. US

akwariow|y adi. aquarium attr.

akwari|um n (Gpl ~ów) (słodkowodne, morskie) aquarium; **~um z żółwiami** a turtle aquarium; **hodować ryby w ~um** to keep fish in an aquarium

akwary|sta m aquarist, aquarium enthusiast

akwatin|ta f Szt. ▮1▮ sgt (technika) aquatint, aquatinta ▮2▮ (obraz) aquatint, aquatinta

akweduk|t m (G ~tu) aqueduct

akwen m (G ~u) Nauk. (oceaniczny, czarnomorski, portowy) basin; **~ Bałtyku** the Baltic Basin

Akwizgran m (G ~u) Geog. Aachen

akwizycj|a f sgt (pozyskiwanie klientów) canvassing (for business), soliciting custom; (dział przedsiębiorstwa) (the) sales (department); **pracować w ~i** to work in sales

akwizycyjn|y adi. [dział] sales attr.; [działalność] canvassing attr.; **sprzedaż ~a** door-to-door selling

akwizyto|r m (przedstawiciel) salesman, salesperson, sales representative; (chodzący od domu do domu) door-to-door salesman, door-to-door salesperson

akwizytor|ka f (przedstawicielka) saleswoman, salesperson, sales representative; (chodząca od domu do domu) door-to-door salesperson

AL (= Armia Ludowa) People's Army (Polish socialist resistance organization during World War II)

al. (= aleja) Ave.

à la /'ala/ **Ⅰ** praep. książk. ▮1▮ Kulin. à la; **dorsz ~ łosoś** cod à la salmon ▮2▮ (w stylu) à la; **bokobrody ~ Franciszek Józef** mutton chop whiskers à la Francis Joseph

Ⅲ coni. pot. (niby) kind of pot., sort of pot.; **coś ~ smoking** a sort of dinner jacket GB a. tuxedo US; **w rogu stała roślina, taka ~ palma** there was a plant in the corner, sort of a. something like a palm

alabast|er m (G ~ru) alabaster U; **waza z ~ru** an alabaster vase

alabastrow|y adi. [biel, czoło] alabastrine, alabaster attr.; [posążek, wazon] alabaster attr.; **jej ~a skóra** her alabaster skin

Aladyn m Aladdin; **lampa ~a** Aladdin's lamp

alali|a f sgt (GD ~i) Med., Psych. alalia

alarm m (G ~u) ▮1▮ (sygnał) alarm; **fałszywy ~** a false alarm także przen.; **rozległ się ~** the alarm rang out; **bić a. uderzać na ~** to sound a. raise the alarm także przen. ▮2▮ (urządzenie) alarm; **~ pożarowy/przeciwwłamaniowy/samochodowy** a fire/burglar/car alarm; **uruchomić ~** to set off an alarm; **włączyć ~** (w sytuacji zagrożenia) to sound a. give the alarm; (jako zabezpieczenie) to switch a. turn on an alarm; **włączył się ~** the alarm went off ▮3▮ (stan gotowości) alert;

~ powodziowy/sztormowy a flood/storm alert; **~ bojowy** a battle a. combat alert; **~ bombowy** a bomb scare; **~ próbny** an emergency drill; **ogłosić/zarządzić/odwołać ~** to call/order/call off an alert; **~ we wszystkich jednostkach** all units are on (full) alert 4 (okres nalotu) air raid (alert); **na czas ~u wszyscy zeszli do schronu** everyone went down to the shelter for the duration of the air-raid alert 5 sgt (niepokój) commotion, alarm U; **narobić ~u** to raise a. cause a commotion; **podnieść** a. **wszcząć ~** to raise the alarm, to express fears; **wywołać ~** to cause alarm

❑ **~ lotniczy** Wojsk. (sygnał) air-raid warning; (stan zagrożenia) air-raid alert

alarmistycznie adv. [brzmieć] alarming adi.; **nie oceniałbym sytuacji tak ~** I wouldn't characterize the situation in such alarming a. alarmist terms

alarmistyczn|y adi. [wiadomości, oświadczenie] alarming; [wypowiedzi, ton artykułu] alarmist; [nastroje] tense

alarm|ować impf ❚ vt 1 (wzywać na pomoc) to call [policję, straż pożarną]; (wzywać do gotowości bojowej) to place a. put [sb] on alert [wojsko]; „**zauważyłeś pożar – ~uj**" 'if you see a fire, raise the alarm' ⇒ **zaalarmować** 2 (niepokoić kogoś) to alarm, to disturb; **~ować opinię publiczną** to alarm public opinion; **nie będziemy ~ować sąsiadów** we don't want to disturb the neighbours ⇒ **zaalarmować**

❚❚ vi przen. (ostrzegać) to sound a warning, to raise the alarm; **~ować, że zwiększa się liczba maltretowanych dzieci** to sound a warning about the growing number of abused children; **~ować o wzroście liczby bezdomnych rodzin** to express alarm over the increasing number of homeless families ⇒ **zaalarmować**

alarmowo adv. środ., Wojsk. [zebrać się, zwołać się] in response to an alarm

alarmow|y adi. 1 [dzwonek, sygnał, system, urządzenie] alarm attr.; „**telefony ~e**" 'emergency telephone numbers' 2 [sytuacja] alarming; **stan ~y** the danger point a. level; **być sygnałem** a. **dzwonkiem ~ym** to be a warning signal a. sign; **ból często jest sygnałem ~ym, że coś złego dzieje się w organizmie** pain is often a warning signal that something is wrong with the body

alarmująco adv. 1 (niepokojąco) alarmingly; **~ szybki wzrost przestępczości** an alarmingly rapid increase in crime (levels); **sytuacja wyglądała ~** the situation was alarming 2 (na pomoc) [krzyczeć, dzwonić] for help

alarmując|y ❚ pa → **alarmować**

❚❚ adi. [sytuacja, wieści, objawy] alarming; **~e wiadomości z obszarów zagrożonych powodzią** alarming news from areas threatened by the flood

Alas|ka f Geog. Alaska; **mieszkać na ~ce** to live in Alaska

Alaskan|in m, **~ka** f Alaskan

alas|ki, ~kijski adi. Alaskan

Alaskij|czyk m, **~ka** f → **Alaskanin**

alb|a f 1 Relig. alb 2 Literat. aubade

Albani|a f (GD **~i**) Geog. Albania

Alba|ńczyk m, **~nka** f Albanian

albańs|ki adi. Albanian

albatros m albatross

albedo n inv. Astron. albedo

albertyn Relig. ❚ m a monk of the order founded by Brother Albert in Cracow in the 19th century

❚❚❚ **albertyni** plt the Order of Brother Albert

albertyn|ka f Relig. a nun of the order founded by Brother Albert in Cracow in the 19th century

albertyńs|ki adi. Relig. of the Order of Brother Albert

albinizm m sgt (G **~u**) Biol. albinism

albinos m, **~ka** f albino

Albion m (G **~u**) Hist., poet. Albion

albi|t m (G **~tu**) Miner. albite U

albo ❚ coni. 1 (alternatywa) or; **pojadę autobusem ~ zamówię taksówkę** I'll go by bus or call a taxi; **dziś ~ jutro** today or tomorrow; **to było w roku 1994 ~ 1995** it was in 1994 or 1995; **~...** ~ either... or; **~ on, ~ ja** it's either him or me; **możesz wziąć ~ jedną, ~ drugą** you can take either a. take either one or the other; **dojdziesz do stacji albo tędy, albo tamtędy** you'll get to the station this way or that way a. either way; **~ jest idiotą, ~ prowadzi jakąś przemyślną grę** either he's a fool or he's playing a very clever game; **coś będzie – ~ wojna, ~ rewolucja, ~ jakaś zmiana** something's going to happen – either a war, a revolution, or some kind of change; **~ są niekompetentni, ~ leniwi, ~ jedno i drugie** they are either incompetent or lazy, or both; **~ więcej** or more; **zapłacił tysiąc złotych ~ więcej** he paid a thousand zlotys or more; **~ i lepiej** pot. or more; **dostanie pięć lat ~ i lepiej** he'll get five years or more; **~ i nie** or not; **(on) przyjdzie ~ i nie** either he'll come or he won't (come); **to ona ~ i nie ona** it's her, or maybe (it's) not; **~ co** or something; **uciekali, jakbym był duchem ~ co** they made off as if I were a ghost or something; **~ co?** pot. or what? pot.; **zakochałeś się ~ co?** are you in love or what a. something? pot.; **~ też** or else; **wydali wszystkie pieniądze, ~ też im je ukradli** they've spent all their money, or else somebody's stolen it; **już wyszedł, ~ też nie słyszy telefonu** he's left or else he can't hear the telephone; **dam ci 1000 złotych, ~ nie, 900** I'll give you 1,000 zlotys, or maybe 900 2 (z groźbą) or (else); **zabieraj się do pracy ~ pożałujesz** get to work, or you'll be sorry

❚❚ part. pot. (czyż) **~ on cokolwiek z tego rozumie?** can he understand any of this?; **~ ja wiem?** I don't really know?; „**tylko tyle?**" – „**~ to mało?**" 'only so much?' – 'why, isn't that a. it enough?'

❚❚❚ **albo, albo** inter. (either) one thing or the other!, it's either-or!; **~, ~, kto nie jest z nami, ten przeciw nam** make your choice – either you're with us or you're against us

albowiem coni. książk. because, since; for książk.; **noc była ciemna, ~ księżyc zaszedł za chmury** the night was dark because a. since the moon was hidden a. covered a. obscured by clouds

alboż praep. przest., książk. **~ ja ci kiedy kłamałem?** have I ever lied to you? a. told

you a lie?; ~ to się godzi? it (just) doesn't do, does it? książk.; **dlaczego wyjechał? ~ mu tu było źle?** why did he go (away)? – weren't things going well for him here?

album m (G **~u**) 1 (publikacja książkowa) picture album, coffee-table book 2 (rodzinny, na znaczki) album; **~ do znaczków pocztowych/ze znaczkami pocztowymi** a stamp album; **~ do zdjęć/ze zdjęciami** a photo(graph) album; **wklejać fotografie do ~u** to stick photographs into an album 3 (płyta) album 4 (pamiętnik) (autograph) album 5 (księga studentów) (student) register 6 (szkicownik) sketchbook 7 Antycz. (tablica) album

albumik m dem. (G **~a** a. **~u**) 1 (malarski, z zabytkami architektury) (small) book of illustrations, picture book 2 (ze zdjęciami, ze znaczkami) (small) album 3 (płytowy) album 4 (pamiętnik) album; **wpisać się komuś do ~u** to write sth in sb's album

albumin|a f zw. pl Biol., Chem. albumin

albuminuri|a f sgt (GD **~i**) Med. albuminuria

albumowo adv. [wydać] in album form

albumow|y adi. [pozycja, edycja] illustrated, album attr.; **specjalne ~e wydanie Mozarta** a special Mozart album a. box set

alchemi|a f sgt (GD **~i**) alchemy także przen.

alchemiczn|y adi. alchemic(al)

alchemi|k m alchemist

alci|sta m, **~stka** f Muz. alto

aldehy|d m (G **~du**) Chem. aldehyde

❑ **~d octowy** Chem. acetaldehyde

aldosteron m (G **~u**) Biol. aldosterone

aldoz|a f Biol., Chem. aldose

ale ❚ coni. 1 (lecz) but; **powiem ci, ~ nie teraz** I'll tell you, but not now; **prowadził samochód szybko, ~ ostrożnie** he was driving fast, but cautiously; **chciał jechać pierwszym pociągiem, ~ zaspał** he wanted to take the first train, but he overslept; **przepraszam, ~ to jakieś nieporozumienie** I'm sorry but there's some kind of misunderstanding; **~ i** but also; **miała mnóstwo wielbicieli, ~ i zajadłych wrogów** she had many admirers, but also firm enemies 2 (a jednak) yet, however; **to niewiarygodne, ~ prawdziwe** it's incredible, but a. yet true 3 (w powtórzeniach) **nikt, ~ to nikt** nobody, but nobody; **nigdzie, ~ to nigdzie** nowhere, but nowhere; **żadnej, ~ to żadnej zmiany nie widać** there's no change whatsoever to be seen; **wcale, ~ to wcale mi się to nie podoba** I don't like it at all, I mean at all; I don't like it in the least (little) bit; **to było coś zupełnie, ~ to zupełnie innego** this was something entirely different

❚❚ part. 1 (wyrazy zdziwienia) but; **~ ja tu mieszkam!** but I live here!; **~ pomówmy poważnie!** but let's be serious!; **~ dlaczego?** but why?; **~ skąd a. gdzie tam!** of course not!; why, no! przest. 2 (wyraz podziwu, oburzenia) **~ samochód!** what a car!, that's some car!; **~ ścisk!** what a crush!; **~ mnie urządziłeś!** a fine mess you've got me into!; **~ zasuwa!** pot. (o człowieku, pojeździe) he's/it's really tearing a. steaming along pot. 3 (emfatyczne) **~ głupiec ze mnie!** what a fool I am!

III *inter.* pot. [1] (zaprzeczenie) not at all!, nothing of the kind!; **„pewnie sporo zarobiłeś?" – „~! grosza nie dostałem"** 'you must have earned quite a bit?' – 'you're joking! I didn't get a penny out of it' [2] (przypomnienie) **~ a. ~, ~ hold on!** pot., hang on! pot.; **~, ~, byłbym zapomniał!** hold on, I'd almost forgotten!

IV *n inv.* [1] (słaba strona) flaw, weak spot; **nikt nie jest bez ~** no one is perfect [2] (zastrzeżenie) but; **tylko bez żadnych ~** no buts, now!; **mam wobec niej jedno ~** I have one reservation about her

■ **~ heca** a. **numer!** pot. a. **~ jaja!** posp. what a gas! a. scream! a. laugh! pot.; **~ już!** pot. right now! pot., pronto! pot.

alegori|a *f (GDGpl ~i)* [1] Literat., Szt. (dzieło sztuki, utwór) allegory; **~a wiosny/śmierci** an allegory of spring/death; **przedstawić coś ~ą** a. **w ~i** to present sth as an allegory a. allegorically; **film odczytywano jako ~ę zniewolenia** the film was read as an allegory of bondage [2] (motyw, postać) symbol, allegorical representation; **szkielet z kosą w ręku jest ~ą śmierci** a skeleton holding a scythe is an allegorical representation a. emblem of death

alegorycznie *adv.* [przedstawić, ukazać, wyrazić] allegorically

alegoryczność *f sgt* (obrazu, utworu literackiego) allegorical nature

alegoryczn|y *adi.* [1] [sens, przedstawienie] allegoric(al), symbolic [2] [utwór, obraz, postać, kostium] allegoric(al)

alej|a *f (Gpl ~i* a. **~j)** [1] (w parku, w mieście) avenue; **~ja wjazdowa** avenue, drive(way); **~ja topolowa** an avenue of poplars [2] (szeroka ulica w mieście) avenue, boulevard; **~ja Solidarności** Solidarności Avenue; **Aleje Jerozolimskie** Jerozolimskie Avenue

❏ **Aleja Zasłużonych** *an avenue in a cemetery where those distinguished for their bravery or services are buried*

alej|ka *f dem.* (parkowa, piaszczysta) path, alley

aleksandryn *m (G ~u)* Literat. alexandrine; **pisać ~em** to write in alexandrines

aleksandry|t *m (G ~tu)* Miner. alexandrite *U*; (kamień) alexandrite; **pierścień z ~tem** an alexandrite ring

aleksandrytow|y *adi.* [kolczyki, oczko] alexandrite *attr.*

aleksj|a *f sgt* Med., Psych. alexia

alergen *m (G ~u)* Med. allergen; **~y pokarmowe/roślinne** food/plant allergens

alergenn|y *adi.* Med. [substancja] allergenic, allergy-inducing; **działanie ~e** allergenic activity

alergi|a *f (GDGpl ~i)* [1] Med. allergy; **~a na pyłki roślin/na kurz** a pollen/dust allergy; **mieć ~ę na coś** to have an allergy to a. be allergic to sth; **mam ~ę na truskawki** I'm allergic to strawberries [2] przen. (niechęć) allergy pot.; **mieć ~ę na sąsiadów** to be allergic to one's neighbours; **na jego widok dostaję ~i** I'm allergic to the very sight of him pot.

alergicznie *adv.* [1] Med. **działać ~** to produce an allergic reaction; **reagować ~ na lek** to have an allergic reaction to a medicine [2] przen. negatively; **reagować ~ na propagandę** to react negatively to propaganda

alergiczn|y *adi.* [choroba, dziecko] allergic; [objawy, wysypka] allergy *attr.*, allergic; **~e działanie czegoś** the allergenic effect(s) a. action of sth; **schorzenie o podłożu ~ym** an allergy-based disease; **na wszystkie uwagi reagował w sposób ~y** przen. he was very touchy about any kind of remark

alergi|k *m,* **~czka** *f* allergy sufferer

alergiz|ować *impf vi* Med. to cause an allergic reaction

alergolo|g *m (Npl ~dzy* a. **~gowie)** Med. allergist

alergologi|a *f sgt (GD ~i)* Med. allergology

alergologiczn|y *adi.* [poradnia, klinika, oddział] allergy *attr.*

alergometri|a *f zw. sg (GD ~i)* Med. allergometry

aler|t *m (G ~tu)* [1] (harcerski) alert; **ogłosić ~t** to call an alert [2] Astron. magnetic storm alert

aleukemi|a *f sgt (GD ~i)* Med. aleukaemia

ależ *part.* [1] (wyraz zdziwienia) but; why przest.; **~ tak!** but of course; why, of course!; **~ nie** a. **skąd** a. **gdzie tam!** of course not!, why, no!; **~ to absurd!** but that's absurd!, why, that's absurd!; **„mogę wziąć tę książkę?" – „~ proszę bardzo"** 'can I take this book?' – '(but) of course you can!, 'by all means!' [2] (wyraz podziwu, oburzenia) **~ ona piękna!** she's so beautiful!; **~ się umorusał!** (but) he's absolutely filthy!

alf|a *f* (litera) alpha

■ **~a i omega** [1] (autorytet, wyrocznia) authority; **był ~ą i omegą w swojej specjalności** he was an authority in his specialized field [2] (fundament) alpha and omega; **ekonomia jest ~ą i omegą polityki** economics is the alpha and omega of politics

alfabe|t *m (G ~tu)* [1] (grecki, łaciński, arabski, chiński) alphabet; **kolejne litery ~tu** successive letters of the alphabet; **ułożyć coś według ~tu** to arrange sth in alphabetical order a. alphabetically [2] (flagowy, sygnalizacyjny) alphabet [3] (podstawy) the ABC (czegoś of sth) [4] przen. (sposób porozumiewania się) repertoire; **mieli swój ~t spojrzeń i uśmiechów** they had their private repertoire of looks and smiles

❏ **~t Braille'a** the Braille alphabet; **~t głuchoniemych** sign language; **~t Morse'a** (alfabet) the Morse alphabet; (kod) Morse code; **~t muzyczny** Muz. letter notation

alfabetycznie *adv.* [ułożyć, uporządkować] alphabetically

alfabetyczn|y *adi.* [porządek, katalog, spis] alphabetical

alfabetyzacj|a *f sgt (GD ~i)* [1] (uczenie czytania i pisania) literacy tuition; **akcja ~i** a literacy campaign a. drive; **program ~i** a literacy programme [2] (porządkowanie alfabetycznie) alphabetization [3] (tworzenie alfabetu) alphabetization; **dokonać ~i języka** to alphabetize a language

alfons *m* posp. pimp; ponce GB pot.

al|ga *f zw. pl* alga *zw. pl;* **algi** algae

algeb|ra *f sgt* algebra

algebraicznie *adv.* [rozwiązać] algebraically

algebraiczn|y *adi.* [równanie, działanie, teoria] algebraic; [zadanie] algebra *attr.*

algezj|a *f sgt* Psych. algesia

algezymet|r *m (G ~ru)* Psych. algesimeter, algometer

Algie|r *m (G ~ru)* Geog. Algiers

Algier|czyk *m,* **~ka** *f* Algerian

Algieri|a *f (GD ~i)* Geog. Algeria

algiers|ki *adi.* Algerian *attr.*

algologi|a *f sgt (GD ~i)* algology, phycology

algorytm *m (G ~u)* Komput., Mat. algorithm

algorytmicznie *adv.* algorithmically

algorytmiczn|y *adi.* Komput., Mat. algorithmic

algrafi|a *f (GD ~i)* Szt. algraphy

alianc|ki *adi.* [1] książk. [państwa, wojska] allied [2] Hist. [wojska, oddziały, bombowce] Allied

alians *m (G ~u)* książk. alliance; **zawrzeć ~** to form an alliance; **wejść z kimś w ~** to enter into an alliance with sb; **~ Polski z Francją** Poland's alliance with France

alian|t **II** *m,* **~tka** *f* książk., Polit. ally

III alianci *plt* Hist. the Allies; **ofensywa ~tów** an Allied offensive

alibi *n inv. sgt* [1] Prawo alibi także przen.; **mieć ~** to have an alibi; **udowodnić swoje ~** to produce proof of one's alibi; **zapewnić komuś ~** to provide sb with an alibi; **niezbite ~** a cast-iron alibi [2] (pretekst) pretext; alibi pot.; **posłużyć jako ~** to serve as a pretext

alienacj|a *f sgt* [1] Filoz., Psych. alienation; **~a pracy** work alienation [2] Prawo alienation; **dokonał ~i majątku** he alienated the estate

alienacyjn|y *adi.* Filoz., Prawo, Psych. alienation *attr.*

alien|ować *impf* **II** *vt* Prawo to alienate

III alienować się książk. to become alienated, to become estranged (**od kogoś** from sb) [rodziny, przyjaciół]; **~ował się z klasy** he was becoming alienated from his classmates ⇒ **wyalienować się**

aligato|r *m* Zool. alligator

alikwo|t *m zw. pl (G ~tu)* Muz. aliquot

alimentacyjn|y *adi.* maintenance *attr.* GB, alimony *attr.* US; **zadłużenie ~e** maintenance arrears; **nałożyć na kogoś obowiązek ~y** to require sb to provide maintenance

aliment|y *plt (G ~ów)* Prawo (separate) maintenance *U* GB, alimony *U* US; **wystąpić o ~y** to apply for maintenance; **zasądzić ~y na rzecz kogoś** to award sb alimony

aliści przest., książk. **II** *coni.* yet, but; **myślał, że już z nim koniec, ~ opatrzność nad nim czuwała** he thought it was all up with him, but Providence watched over him; **smutne to, ~ prawdziwe** it's sad, but a. yet true

III *part.* however

ali|t *m (G ~tu)* Geol. alite

aliteracj|a *f* Literat. alliteration *U*

al|ka *f* Zool. auk

alkaliczność *f sgt* Chem. alkalinity

alkaliczn|y *adi.* Chem. [roztwór] alkaline; **metale ~e** alkali metals; **metale ziem ~ych** alkaline earth metals

alkalifil *m zw. pl (Gpl ~i* a. **~ów)** Biol. alkaliphile

alkaliz|ować *impf vt* Chem. to alkalize; **~ujące właściwości mleka** alkalizing properties of milk

alkaloi|d *m zw. pl* (*G* **~du**) Chem. alkaloid

alkaloz|a *f sgt* Med. alkalosis

alkierz *m* [1] przest. (pokój) (bed)chamber przest. [2] Archit. corner annexe

alkierzyk *m dem.* przest. (pokój) (small) bedchamber przest.

alkohol *m* (*G* **~u**) [1] (napój) alcohol *U*, alcoholic drink a. beverage; **pod wpływem ~u** under the influence of alcohol; **odurzony ~em** intoxicated, inebriated; **sięgać po ~** to drink, to hit the bottle pot.; **od wypadku coraz częściej sięga po ~** he's been hitting the bottle a. drinking more heavily since the accident [2] Chem. alcohol *U*

❏ **~ absolutny** Chem. absolute alcohol; **~ butylowy** Chem. butanol, butyl alcohol; **~ etylowy** Chem. ethyl alcohol; **~ metylowy** Chem. methanol, methyl alcohol

alkoholiczn|y *adi.* [skłonności, rodzina] alcoholic

alkoholi|k *m*, **~czka** *f* alcoholic

alkoholizm *m sgt* (*G* **~u**) Med. alcoholism; **popaść w ~** to become an alcoholic

alkoholomierz *m* Techn. alcoholometer

alkoholow|y *adi.* [napój, roztwór] alcoholic; [zatrucie] alcohol *attr.*; **choroba ~a** alcoholism, alcohol dependency; **upojenie ~e** intoxication

alkoma|t *m* (*G* **~tu**) breathalyser GB, Breathalyzer® US

alk|owa *f* przest. (wnęka) alcove; (pokoik) (small) chamber przest.

■ **tajemnice** a. **sekrety ~owy** bedroom secrets

alkowian|y *adi.* [sprawy, podboje, intrygi] bedroom *attr.*

Allach, Allah *m* Allah

allegro Muz. [II] *n, n inv.* allegro [III] *adv.* [grać] allegro

❏ **~ sonatowe** Muz. sonata form, first movement form

allel *m zw. pl* (*G* **~a** a. **~u**) Biol. allele

allelopati|a *f sgt* (*GD* **~i**) Ekol. allelopathy

alleluja [II] *n inv.* Relig. (część mszy) Alleluia [III] *inter.* [1] Relig. Alleluia!, Hallelujah! [2] pot. **Wesołego Alleluja!** Happy Easter!

almanach *m* (*G* **~u**) [1] (antologia) (occasional) anthology [2] (rocznik) yearbook, almanac(k) [3] (w słowniku) appendix

almanachow|y *adi.* (dotyczący antologii) anthological; (dotyczący rocznika) almanac(k) *attr.*

alnik|o *n* Techn. alnico

alo- *w wyrazach złożonych* allo-; **alometria** allometry; **alopatia** allopathy

aloes *m* (*G* **~u**) Bot. aloe; (wyciąg) (bitter) aloes *U*

aloesow|y *adi.* aloetic, aloes *attr.*

alokacj|a *f sgt* Ekon., Księg. allocation (**czegoś** of sth)

alokacyjn|y *adi.* Ekon., Księg. allocative, allocation *attr.*

AL-owiec, alowiec → **aelowiec**

AL-owski, alowski → **aelowski**

alpa|ga *f* [1] Włók. (tkanina) → **alpaka¹** [2] pot. (wino) cheap wine *U*; plonk *U* GB pot.

alpa|ka¹ *f* [1] Zool. alpaca [2] *sgt* Włók. (wełna) alpaca [3] *sgt* Włók. (tkanina) alpaca (*similar cloth made from mohair on a cotton warp*)

alpa|ka² *f sgt* Techn. (stop) German silver, nickel silver

alpej|czyk *m*, **~ka** *f* Sport alpine skier

alpejs|ki *adi.* [1] [kraje] Alpine; [krajobraz] alpine [2] Sport [narciarstwo, konkurencje] alpine, downhill

alpinari|um *n* (*Gpl* **~ów**) rockery, rock garden

alpini|sta *m*, **~stka** *f* Sport (mountain) climber, mountaineer; alpinist przest.; **wyprawa ~stów** a mountaineering expedition

alpinistyczn|y *adi.* Sport [sprzęt, klub] climbing, mountaineering

alpinisty|ka *f sgt* Sport mountaineering, mountain-climbing

alpinizm *m sgt* (*G* **~u**) Sport mountaineering, mountain-climbing; alpinism rzad.; **uprawiać ~** to do mountaineering

al|t Muz. [II] *m pers.* (*Npl* **alty**) (kobieta) contralto, alto; (chłopiec) alto [III] *m inanim.* [1] (głos) (kobiecy) contralto, alto; (chłopięcy) alto; (w chórze) alto; (instrumentu) alto; **śpiewać altem** to sing contralto [2] środ. (saksofon) alto (sax)

altan|a *f* (**~ka** *dem.*) (wooden) summer house, garden house; bower książk.

alternato|r *m* [1] Aut., Elektr. alternator [2] Komput. OR element, OR gate

alternatyw|a *f* [1] książk. (sytuacja wyboru) choice, option; **stanąć przed ~ą** a. **wobec ~y** to be faced with a choice [2] pot. (inna możliwość) alternative (**dla czegoś** to sth) [3] kryt. (jedna z możliwości) alternative, possibility [4] Log. alternative

alternatywnie *adv.* książk. [sformułować] with an alternative a. alternative; [wprowadzać] as an alternative (**do czegoś** to sth)

alternatywnoś|ć *f sgt* książk. optionality książk.

alternatywn|y *adi.* [1] (odmienny) [rozwiązania, propozycje, wyjście] alternative; **medycyna ~a** alternative medicine; **~y styl życia** an alternative lifestyle; **~y teatr** alternative theatre; **~e źródła energii** alternative energy sources [2] (wariantowy) *involving a number of choices or options*

altowiolini|sta *m*, **~stka** *f* Muz. viola player, violist

altowioli|sta *m*, **~stka** *f* Muz. viola player, violist

altow|y *adi.* Muz. [1] [głos, aria, flet, saksofon] alto *attr.* [2] środ. (grany na saksofonie) [solo, improwizacje] alto (sax) *attr.*

altów|ka *f* Muz. viola; **grać na ~ce** to play the viola

❏ **~ka miłosna** daw., Muz. viola d'amore

altówkow|y *adi.* viola *attr.*

altrui|sta *m*, **~stka** *f* książk. altruist

altruistycznie *adv.* książk. [postępować, zachować się] altruistically, unselfishly; **zrobiła to ~** she did it altruistically a. unselfishly

altruistyczn|y *adi.* książk. [postawa, uczucia] altruistic

altruizm *m sgt* (*G* **~u**) książk. altruism

aluminiow|y *adi.* [przemysł, blacha, folia, garnek] aluminium GB, aluminum US

aluminium *n inv. sgt* aluminium GB, aluminum US

aluminografi|a *f* (*GD* **~i**) Szt. aluminography

alumn *m* (*Npl* **~i** a. **~owie**) [1] (kleryk) seminarist [2] Uniw. (absolwent) graduate, alumnus US; (absolwentka) graduate, alumna US

aluni|t *m* (*G* **~tu**) Miner. alunite *U*

aluwi|a *plt* (*G* **~ów**) Geol. alluvium

aluzj|a *f* (*Gpl* **~i**) allusion (**do czegoś/kogoś** to sth/sb); **robić ~ę do czegoś** to make an allusion to sth, to allude to sth; **czytelna/niewyraźna/subtelna ~a** a clear/vague/subtle allusion; **publiczność w lot chwytała jego ~e** the audience knew immediately what he was referring a. alluding to; **czy to ~a do mnie?** are you referring to me?

❏ **~a literacka** Literat. literary allusion

aluzyjnie *adv.* [nawiązywać, mówić] indirectly; allusively książk.

aluzyjnoś|ć *f sgt* allusiveness książk.; **~ć wiersza/utworu** the allusive nature of a poem/work

aluzyjn|y *adi.* [poezja, sztuka] allusive książk.; [przemowa] full of allusions; [wzmianka] indirect; allusive książk.; **przedstawić coś w ~y sposób** to describe sth in an allusive manner a. fashion

Alzacj|a *f* Geog. Alsace

alzac|ki *adi.* Alsatian; **owczarek ~ki** Zool. Alsatian, German shepherd

Alzat|czyk *m*, **~ka** *f* Alsatian

ałun *m* (*G* **~u**) Chem. alum

❏ **~ glinowo-potasowy** Chem. potash alum

ałycz|a *f* (*Gpl* **~y**) Bot. cherry plum

amalgama|t *m* (*G* **~tu**) [1] Chem. amalgam *U*; **~t dentystyczny** dental amalgam; **plomba z ~tu** an amalgam filling [2] książk., przen. (ras, kultur) amalgam(ation), conglomeration (**czegoś** of sth)

aman|t *m* [1] Kino, Teatr (aktor) heart-throb; (rola) romantic lead; **obsadzać kogoś w rolach ~tów** to cast sb as the romantic lead; **miał urodę ~ta filmowego** he looked like a romantic lead a. screen heart-throb [2] żart. (kochanek, adorator) admirer; beau żart.

amant|ka *f* Kino, Teatr (aktorka) screen/stage beauty; (rola) romantic lead

amaran|t *m* (*G* **~tu**) [1] (kolor) amaranth *U* [2] Bot. amaranth *U*

amarantowo *adv.* [zabarwiony] purplish red *adi.*

amarantow|y *adi.* purplish red; amaranthine rzad.

amarylis *m* (*G* **~a** a. **~u**) Bot. amaryllis *U*

amato|r *m*, **~rka** *f* [1] (miłośnik) lover, enthusiast (**czegoś** of sth); **~r jazzu/książek** a jazz/book lover; **~r muzyki** a lover of music, a music lover; **~r spacerów/polowania/windsurfingu** a walking/hunting/windsurfing enthusiast; **~r mocnych wrażeń** a thrill-seeker; **być ~rem czekoladek/spaghetti/czerwonego wina** to love chocolate/spaghetti/red wine; **nie jestem ~rem mięsa** I'm not keen on a. too fond of meat; **nie wiedziałam, że jesteś ~rką blondynów** pot., żart. I didn't know you fancied blonde men pot. [2] (nieprofesjonalista) amateur; **fotograf ~r** an amateur photographer; **partacze i ~rzy** bunglers and amateurs pot. [3] (sportowiec) amateur, non-professional; **bokser ~r** an amateur boxer [4] (reflektant) (na zakup, wynajęcie czegoś) customer; (na stanowisko) candidate; **~r na kupno domu** a potential buyer for a

A

house; **~r na mieszkanie/obraz** pot. someone interested in a flat/painting; **znalazłem ~ra na nasz samochód** pot. I've found a buyer for the car ■ **~r kwaśnych jabłek** an oddball pot., an odd customer pot.

amators|ki adi. [1] (niezawodowy) [sport, teatr, film] amateur [2] pejor. (niefachowy) amateur pejor., amateurish pejor.; **po ~ku** (niezawodowo) for pleasure, as an amateur; (niefachowo) amateurishly pejor. [3] pot. [dziewczyna] tasty pot.

amatorsko adv. (niezawodowo) for pleasure, as an amateur; (niefachowo) amateurishly pejor.; **uprawiać boks ~** to box as an amateur; **uprawiać sport ~** to do a. play sports for pleasure, to do a. play amateur sports

amatorstw|o n sgt [1] (zajmowanie się niezawodowo) amateurism [2] (niezawodowe uprawianie sportu) amateurism; **kryzys ~a w sporcie** the crisis in amateur sport [3] (zamiłowanie) **zajmować się czymś z ~a** to do sth as a hobby a. for pleasure

amatorszczy|zna f sgt pejor. (niefachowość) amateurishness pejor.; (efekt) an amateurish piece of work pejor.; **to przedstawienie to ~zna** the show was amateurish

amazoni|t m (G ~tu) Miner. amazonite U, amazon stone

Amazon|ka f [1] Mitol. Amazon [2] Geog. the Amazon

amazon|ka¹ f [1] książk. (jeżdżąca konno) horsewoman [2] (strój) (riding) habit [3] książk., iron. (wojownicza) amazon, battleaxe [4] pot. (po amputacji piersi) a woman who has had a mastectomy

amazon|ka² f Zool. (papuga) amazon

amazońs|ki adi. [puszcza, plemię] Amazonian, Amazon attr.

ambaras m sgt (G ~u) przest. difficulty C/U; **narobić ~u** to cause difficulties; **mieć ~ z kimś** to have difficulty with sb

ambasa|da f embassy; **pracownik ~dy** a member of the embassy staff; **siedziba ~dy** the embassy building; **uzyskać wizę w ~dzie** to get a visa at the embassy

ambasado|r m (Npl ~rowie a. ~rzy) ambassador także przen.; **Ambasador Rzeczypospolitej Polskiej w Szwecji/we Francji** the Ambassador of the Republic of Poland to Sweden/France; **~r przy ONZ** an ambassador to the UN; **mianować/odwołać ~ra** to appoint/recall an ambassador; **był ~rem polskiej sztuki nad Sekwaną** he was an ambassador for Polish art in Paris ❏ **~r dobrej woli** goodwill ambassador; **~r nadzwyczajny i pełnomocny** Ambassador Extraordinary and Plenipotentiary

ambasadorstw|o plt (GA ~a, L ~u) książk. the ambassador and his wife

ambasadorow|a f (Gpl ~ych) pot. ambassador's wife

ambasadors|ki adi. ambassadorial

ambasadorstw|o n sgt książk. ambassadorship

ambicj|a f (Gpl ~i) [1] sgt (duma) pride, self-respect; **zranić a. urazić czyjąś ~ę** to hurt sb's pride; **uniósł się ~ą i odmówił** he refused out of pride; **nie masz w ogóle ~i**

where's your self-respect? [2] (aspiracje) ambition C/U; **~e polityczne/sportowe/zawodowe** political/sporting/professional ambitions; **mieć ~ę zrobić coś** to be bent on doing sth; **mieć ~ę, żeby czegoś dokonać** pot. to have an ambition to do sth; **zżera go ~a** he is devoured by ambition; **przyjechał tu z ~ą zrobienia pieniędzy** he came here with the aim of making money; **nie było to pisemko wyłącznie informacyjne, miało również ~e literackie** it wasn't merely an informational magazine, it also had literary aspirations

ambicjonalnie adv. ambitiously; **pracę traktował a. do pracy podchodził ~** he was very ambitious where work was concerned; **spór potraktowała ~** she treated the argument personally

ambicjonaln|y adi. [podejście] dictated by ambition; **nie wtrącam się w ich ~e spory** I don't get involved in their personal arguments

ambi|t m (G ~tu) [1] Archit. ambulatory [2] pot. (ambicja) **wziąć na ~t** to show a. prove one's mettle; **wziąć kogoś na ~t** to put sb on their mettle

ambitnie adv. grad. (dążąc do sukcesu) with determination, determinedly; (dumnie) out of pride, as a matter of pride; (na dużą skalę) ambitiously; (niebanalnie) ambitiously; **~ postanowiła, że zrobi to sama** she decided as a matter of pride to do it herself; **~ wyreżyserowany film** an ambitiously directed film

ambitn|y adi. grad. (o osobie) (mający wysokie aspiracje) ambitious; (dumny) proud; (wymagający wiele wysiłku) [plany, zamierzenia] ambitious; (niekomercyjny) [film, powieść, program] ambitious; **~y w pracy/nauce** ambitious at work/school; **nazbyt a. nadmiernie ~y** over-ambitious

ambiwalencj|a f (Gpl ~i) książk. ambivalence U

ambiwalentnie adv. książk [zareagować] ambivalently

ambiwalentnoś|ć f sgt książk. ambivalence; **~ć czyichś sądów** the ambivalence of sb's opinions

ambiwalentn|y adi. książk. [opinie, odczucia] ambivalent; **~y stosunek do kogoś/czegoś** an ambivalent attitude towards sb/sth

ambliopi|a f sgt (GD ~i) Med. amblyopia

ambon|a f [1] (w kościele) pulpit; **ogłaszać coś z ~y** to announce sth from the pulpit; **wejść na ~ę** to step (up) into the pulpit [2] Geol. (w górach) platform [3] Myśliw. raised hide GB, raised blind US [4] Żegl. pulpit

amb|ra f sgt Kosmet. ambergris

ambrozj|a f sgt [1] Mitol. ambrosia [2] książk. (smaczna potrawa) ambrosia [3] Biol., Zool. symbiosis involving fungal ambrosia

ambulans m (G ~u) [1] (karetka pogotowia) ambulance [2] przest. (pocztowy) mail-coach

ambulatori|um n (Gpl ~ów) (przychodnia) clinic; (przy szpitalu) outpatient a. outpatients' clinic a. department

ambulatoryjnie adv. **leczyć kogoś ~** to treat sb on an outpatient basis; **pacjent leczony ~** an outpatient

ambulatoryjn|y adi. clinic attr.; **leczenie ~e** treatment at an outpatients' clinic;

porady ~e consultations at an outpatients' clinic; **pacjenci ~i** outpatients

ameb|a f Zool. amoeba, ameba US

amebocy|t m zw. pl (G ~tu) Biol. amoebocyte

ameboz|a f sgt Med. amoebiasis GB, amebiasis US

amen inter. [1] (w modlitwie) amen [2] pot. (zgoda) amen to that; (koniec) it's over and done with, that's that; **„niech to się już wreszcie skończy!" — „~"** 'let it be over with once and for all!' — 'amen to that'; **przegraliśmy, ~** we lost, and that's all there is to it ■ **jak ~ w pacierzu** pot. as sure as anything; **obleję ten egzamin jak ~ w pacierzu** I won't pass the exam, that's for sure; **na ~** pot. absolutely, completely; **popsuło się na ~** it's completely a. totally beyond repair; **zapomniałem na ~** I clean forgot (about it)

Ameryka f Geog. [1] (część świata) America [2] (każdy z dwóch kontynentów) America; **obszar obu ~k** the territory of both Americas [3] pot. (Stany Zjednoczone) America ❏ **~ka Łacińska** Geog. Latin America; **~ka Południowa** Geog. South America; **~ka Północna** Geog. North America; **~ka Środkowa** Geog. Middle America ■ **odkrywać ~kę** pot., iron. to reinvent the wheel

Ameryka|niec m pot. Yank pot.

Amerykan|in m American

amerykani|sta m, **~stka** f specialist in American studies

amerykanisty|ka f sgt American studies

amerykanizacj|a f sgt Americanization (czegoś/kogoś of sth/sb)

amerykanizm m (G ~u) [1] sgt Americanism [2] Jęz. Americanism

amerykaniz|ować impf Ⅱ vt to Americanize; **młodzi przedsiębiorcy ~ują stosunki i styl pracy w swoich firmach** young entrepreneurs are adopting Americanized working methods in their firms ⇒ **zamerykanizować** Ⅲ **amerykanizować się** to become Americanized; **kultura europejska niepokojąco się ~uje** European culture is becoming alarmingly Americanized ⇒ **zamerykanizować się**

Amerykan|ka f American (woman)

amerykan|ka f [1] (fotel) chair-bed; **spać na ~ce** to sleep on a chair-bed [2] Księg. double-entry bookkeeping [3] Druk. job press [4] (pojazd) phaeton ❏ **wolna ~ka** Sport freestyle wrestling, all-in wrestling GB; przen. free-for-all; **to jest wolna ~ka, wszystkie chwyty dozwolone** it's a free-for-all, no holds barred

amerykańs|ki adi. American; **po ~ku** in the American style; **kampanię wyborczą prowadził po ~ku** he conducted an American-style election campaign

amerykańszczyzn|a n sgt pot. American English

ametropi|a f sgt (GD ~i) Med. ametropia

amety|st m (G ~stu) Miner. amethyst U; (kamień) amethyst (stone); **pierścionek z ~stem** an amethyst ring; **naszyjnik z ~stów** an amethyst necklace

ametystow|y adi. [1] [pierścień, kolczyki] amethyst attr. [2] (kolor) amethyst-coloured, amethyst attr.

amfetamin|a f sgt amphetamine

amfetaminow|y adi. amphetamine attr.

amfibi|a f (GDGpl ~i) [1] Techn. (pojazd, samolot) amphibian [2] Biol. amphibian

amfibiotyczn|y adi. Biol. [organizm, zwierzę] amphibious

amfibologi|a f sgt (GD ~i) Jęz. amphibology, amphiboly

amfibrach m (G ~u a. ~a) Literat. amphibrach

amfila|da f suite of connecting rooms, enfilade

amfiladow|y adi. [układ wnętrz] forming an enfilade, connecting

amfiteat|r m (G ~ru) amphitheatre GB, amphitheater US

amfiteatralnie adv. książk. [zaprojektowany, położony] in the shape of an amphitheatre GB a. amphitheater US

amfiteatraln|y adi. książk. [kształt] amphitheatrical; ~a widownia/sala an amphitheatre

amfo|ra f Antycz. (naczynie) amphora; ~ra z winem/oliwą an amphora of wine/olive oil

amidaz|a f zw. pl Biol., Chem. amidase

amin|a f zw. pl Chem. amine

aminokwas m (G ~u) Chem. amino acid

amiotrofi|a f sgt (GD ~i) Med. amyotrophy

amisz m (Npl ~e a. ~owie) Relig. Amish plt

amitoz|a f sgt Biol. amitosis

amnesti|a f (GDGpl ~i) amnesty (dla kogoś for sb); częściowa/powszechna ~a a partial/general amnesty; ogłosić ~ę to declare an amnesty

amnestion|ować pf, impf vt Prawo to amnesty [przestępców, więźniów]; kiedy więźniowie polityczni zostaną ~owani? when will political prisoners be amnestied?

amnestionowan|y [1] pp → amnestionować

[2] adi [więzień] amnestied

[3] m amnestied prisoner, amnesty grantee

amnestyjn|y adi. [ustawa] amnesty attr.

amnezj|a f sgt Psych. amnesia; cierpieć na ~ę to suffer from amnesia

amniopunkcj|a f (Gpl ~i) Med. amniocentesis

amok m sgt (G ~u) dostać ~u a. wpaść w ~ to run amok; w ~u in a frenzy

amon m (G ~u) Chem. ammonium attr.

amoniak m sgt (G ~u) [1] Chem. (gaz) ammonia [2] pot. (woda amoniakalna) ammonia

Amo|r m sgt Mitol. Cupid

amoralnie adv. książk. [postąpić] amorally

amoralnoś|ć f sgt książk. amorality

amoraln|y adi. książk. [postępowanie, osoba] amoral

amor|ek m (A ~ka) Szt. cupid

amorficznoś|ć f sgt książk. amorphousness

amorficzn|y adi. książk. [struktura] amorphous

amorfizm m sgt (G ~u) książk. amorphism

amortyzacj|a f sgt [1] Ekon. depreciation, amortization; stopa ~i rate of depreciation [2] Techn. (wstrząsów, uderzeń) (shock) absorption, cushioning

amortyzacyjn|y adi. [1] Ekon. depreciation attr., amortization attr.; odpis ~y a depre-

ciation allowance [2] Techn. [urządzenia] shock-absorbing

amortyzato|r m Techn. shock absorber

amortyz|ować impf [1] vt [1] Ekon. to amortize, to write off [koszty]; maszyna ~uje koszty jej zakupu the machine pays for itself ⇒ zamortyzować [2] Techn. to cushion [wstrząs, uderzenie]; to break [upadek] ⇒ zamortyzować

[3] amortyzować się Ekon. [maszyna, urządzenie] to pay for itself ⇒ zamortyzować się

amor|y plt (G ~ów) pot., żart. (flirt, romans) flirtation C/U; wdać się w ~y z kimś to have a flirtation with sb

ampe|r m Fiz. ampere

amperogodzin|a f Fiz. ampere-hour

amperomierz m Fiz. ammeter

amperosekun|da f Fiz. coulomb

ampl|a f (Gpl ~i) (lampa) pendent uplight (with saucer-shaped shade); (klosz) saucer-shaped lampshade

amplitu|da f [1] Fiz., Mat. amplitude; ~da drgań vibration amplitude [2] Meteo. ~da dobowa diurnal range [3] przen. (nastroju, popularności) fluctuation (czegoś of a. in sth)

ampuł|ka f [1] Med. ampoule [2] Antycz., Relig. ampulla

amputacj|a f (Gpl ~i) Med. amputation C/U

amputacyjn|y adi. [narzędzia] amputation attr.; zabieg ~y an amputation

amput|ować pf, impf vt to amputate [rękę, nogę]; to remove [pierś]

amule|t m (G ~tu) amulet; nosić ~t to wear an amulet

amunicj|a f sgt ammunition

□ ostra ~a Wojsk. live ammunition; ślepa ~a Wojsk. blank cartridges

amunicyjn|y [1] adi. [skład] ammunition attr.; komora ~a a cartridge chamber

[2] m Wojsk. gunner's mate

amuzj|a f sgt Med. amusia

amylaz|a f Biol., Chem. amylase

anabapty|sta m, ~stka f Relig. Anabaptist

anabaptyzm m sgt (G ~u) Relig. Anabaptism

anabioz|a f sgt Biol. anabiosis

anaboliczn|y adi. [środki, leki, działanie] anabolic; steroidy a. sterydy ~e anabolic steroids

anabolik m zw. pl (G ~u) Farm. anabolic drug

anabolizm m sgt (G ~u) Biol. anabolism

anachore|ta m książk. anchorite, hermit

anachronicznie adv. [1] (niewspółcześnie) [wyglądać, brzmieć] out of date [2] (błędnie) anachronistically

anachronicznoś|ć f sgt [1] (przestarzałość) anachronistic nature, outdatedness (czegoś of sth) [2] (błąd) anachronism

anachroniczn|y adi. [1] (przestarzały) [poglądy, system] anachronistic, outdated [2] (błędny chronologicznie) [kostiumy] anachronistic

anachronizm m (G ~u) [1] (przeżytek) anachronism; ~y językowe/prawne linguistic/legal anachronisms [2] (błąd chronologiczny) anachronism

anaerob m zw. pl (G ~u) Biol. anaerobe

anaerobiont m ~ anaerobe

anaerobioz|a f sgt Biol. anaerobiosis

anafilaksj|a f sgt Med. anaphylaxis

anafo|ra f Literat. anaphora U

anagram m (G ~u) anagram

anakolu|t m (G ~tu) Jęz. anacoluthon

anakon|da f Zool. anaconda

anakruz|a f Liter., Muz. anacrusis

analepty|k m zw. pl (G ~ku) Farm. analeptic

analfabe|ta m, ~tka f [1] (niepiśmienny) illiterate; być ~tą to be illiterate; kurs dla ~tów a literacy course [2] pejor. (ignorant) ignoramus; być ~tą politycznym/muzycznym to be politically/musically illiterate; być kompletnym a. zupełnym ~tą to be a complete ignoramus

□ wtórny ~ta ≈ adult illiterate, ≈ functional illiterate

analfabetyzm m sgt (G ~u) [1] (w czytaniu i pisaniu) illiteracy; walka z ~em the fight against illiteracy [2] pejor. (polityczny, pedagogiczny) (complete) ignorance pejor.

□ wtórny ~ ≈ adult illiteracy, ≈ functional illiteracy

analgetyk m (G ~u) Farm. analgesic

analgezj|a f sgt Med. analgesia

analitycznie adv. [myśleć, badać, przedstawiać] analytically

analitycznoś|ć f sgt analytical character, analytical nature (czegoś of sth)

analityczn|y adi. [umysł, metoda, podejście] analytical; [język] analytic(al); laboratorium ~e an analytical laboratory

anality|k m, ~czka f Ekon., Nauk., Polit. analyst; ~k rynku a market analyst

anality|ka f sgt [1] Med. (laboratory) analysis [2] Filoz. analytics

analiz|a f [1] (zjawiska, faktów, problemu) analysis C/U (czegoś of sth); szczegółowa/wnikliwa ~a a detailed/penetrating analysis; ~a grafologiczna graphological analysis; ~a statystyczna (a) statistical analysis; ~a rynku/wiersza market/verse analysis; przeprowadzać ~ę to carry out an analysis; poddać coś ~ie to analyse sth [2] Med. (krwi, moczu) test, analysis; robić ~ę krwi to take a. have a blood test [3] Chem. analysis C/U

□ ~a aktywacyjna Fiz. activation analysis; ~a dmuchawkowa Chem. blowpipe analysis; ~a elektrochemiczna Chem. electrochemical analysis; ~a elektrolityczna Chem., Elektr. electrolytic analysis; ~a elektromotoryczna Chem., Fiz electrometric analysis; ~a elementarna Chem. elemental analysis; ~a funkcjonalna Mat. functional analysis; ~a harmoniczna Mat. harmonic analysis; ~a ilościowa Chem., Fiz. quantitative analysis; ~a instrumentalna Chem. instrumental analysis; ~a logiczna Log. clause analysis; ~a matematyczna Mat. analysis, calculus; ~a spektralna a. widmowa Chem. spectrum analysis; ~a strukturalna Fiz. structural analysis

analizato|r [1] m pers. analyst, analyser

[2] m inanim. [1] Techn. analyser [2] Fizj. receptor (organ)

analiz|ować impf vt [1] (zastanawiać się) to analyse GB, to analyze US [słowa, tekst, sytuację]; ~ować, czym jest szczęście to analyse the meaning of happiness; ~ować, dlaczego tak się stało to analyse why it happened ⇒ zanalizować [2] (badać) to analyse *[skład, substancję]*; to test, to analyse *[krew]* ⇒ **zanalizować**

analn|y *adi.* książk. anal; **stosunek ~y** anal intercourse

analo|g [I] *m pers.* (*Npl* **~dzy** a. **~gowie**) środ., Komput. analog computer specialist

[II] *m inanim.* (*G* **~gu**) [1] książk. (odpowiednik) analogue GB, analog US (**czegoś** of sth); **benzyna i jej ~gi** petrol and its analogues; **syntetyczny ~g hormonu** a synthetic analogue of a hormone, a hormone analogue [2] Komput. analog computer

analogi|a *f* (*GDGpl* **~i**) analogy, parallel; **przez ~ę** by (way of) analogy; **przez ~ę do czegoś** on the analogy of sth

analogicznie *adv.* (przez analogię) *[rozumować]* by analogy, analogically; (podobnie) *[zachować się, postępować, traktować]* in a similar way, similarly (**do czegoś** to sth); *[przebiegać]* in a comparable manner (**do czegoś** to sth)

analogiczn|y *adi. [sytuacja]* analogous (**do czegoś** to sth); *[rozumowanie]* analogical

analogow|y *adi.* analog(ue); **technika ~a** analogue technology; **system ~y** an analogue system; **przetwornik cyfrowo-analogowy** a digital to analogue converter; **duży wybór płyt ~ych i kompaktowych** a large selection of records and CDs

anamnez|a *f* Filoz., Med. anamnesis

ananas [I] *m pers.* (*Npl* **~y**) pot. (łobuziak) scamp pot., rascal

[II] *m inanim.* (*A* ~ a. **~a**) (roślina) pineapple *U*; (owoc) pineapple; **sok z ~a** pineapple juice

ananasow|y *adi.* pineapple *attr.*

anarchi|a *f sgt* (*GD* **~i**) anarchy także przen.; **~a obyczajów** moral anarchy; **~a w sztuce** anarchy in art; **kraj ogarnęła ~a** the country was in a state of anarchy

anarchiczn|y *adi.* anarchic

anarchi|sta *m*, **~stka** *f* anarchist; **demonstracja ~stów** an anarchist demonstration

anarchistycznie *adv.* anarchically

anarchistyczn|y *adi. [epoka, poglądy]* anarchistic; *[ruch, gazeta, hasła]* anarchist *attr.*; **działacz ~y** an anarchist

anarchizacj|a *f sgt* Polit. the growth of anarchy; **~a życia społecznego** the growth a. development of social anarchy

anarchizm *m sgt* (*G* **~u**) anarchism; **założenia ~u** the principles of anarchism; **głosić ~** to propagate anarchism; **być zwolennikiem ~u** to be an anarchist

anarchiz|ować *impf* vt książk. [I] *vt* to reduce to a state of anarchy *[kraj]*; to destabilize *[gospodarkę]* ⇒ **zanarchizować**

[II] *vi* to advocate anarchism; **~ujący pisarz/poeta** a writer/poet who advocates anarchy

anastygma|t *m* (*G* **~tu**) Fiz., Techn. anastigmat, anastigmatic lens

anatem|a *f* [1] Relig. anathema *U*; **obłożyć kogoś ~ą** to anathematize sb [2] książk., przen. (potępienie) anathema; **rzucić na kogoś ~ę** to ostracize sb

anatoksyn|a *f* Farm. toxoid

anatomi|a *f sgt* (*GD* **~i**) [1] Biol., Med. anatomy; **~a człowieka/roślin** human/plant anatomy; **małe dzieci bardzo interesują się swoją ~ą** small children are

very interested in their own anatomy [2] książk., przen. (mechanizm działania) the mechanics, the dynamics (**czegoś** of sth); **~a kryzysu** the dynamics of a crisis; **~a sukcesu** the mechanics of success; **~a zbrodni** the anatomy of a crime

❑ **~a patologiczna** Med. pathological anatomy; **~a porównawcza** Biol. comparative anatomy

anatomicznie *adv.* anatomically

anatomiczn|y *adi. [cechy, zmiany, różnice]* anatomical; **budowa ~a** anatomical structure

ancymon *m* (*Npl* **~y**) pot. scamp pot.

ancymon|ek *m dem.* (*Npl* **~ki**) zw. pieszcz. scallywag pot.

andan|te Muz. [I] *n*, *n inv.* andante

[II] *adv. [grać]* andante

andersow|iec *m* pot., Hist. *a soldier of the Polish Army formed in 1941 and consisting of ex-POWs in the USSR under General Władysław Anders*

androfobi|a *f sgt* (*GD* **~i**) Psych. androphobia

androgen *m zw. pl* (*G* **~u**) Biol. androgen

androgenn|y *adi.* Biol. androgenic

androgini|a *f sgt* (*GD* **~i**) [1] Biol. androgyny, hermaphroditism [2] Bot. hermaphroditism

androi|d *m* (*A* **~da**) android

andron|y *plt* (*G* **~ów**) gibberish *U*, drivel *U*; **pleść ~y** to talk drivel

andropauz|a *f* Fizj. male menopause

andrus *m* (*Npl* **~y**) przest. (łobuz) (young) rogue; (ulicznik) gamin, (street) urchin

andrusows|ki *adi.* przest. roguish, rascally

andru|t *m* (*A* **~t** a. **~ta**) wafer

andrzej|ki *plt* (*G* **~ek**) St Andrew's Eve party *(traditionally involving fortune telling)*

andrzejkow|y *adi.* St Andrew's Eve *attr.*

And|y *plt* (*G* **~ów**) Geog. the Andes

anegdociars|ki *adi.* anecdotal; **mieć skłonności ~kie** to have a taste for anecdote

anegdociarstw|o *n sgt* anecdotalism

anegdociarz *m* (*Gpl* **~y**) pot. anecdotist

anegdo|ta *f* [1] (krótkie opowiadanie) anecdote; **opowiadać ~ty** to tell anecdotes [2] (treść dzieła literackiego) narrative *C/U*; (w obrazie) anecdote *U*

anegdot|ka *f dem.* anecdote

anegdotycznie *adv.* anecdotally; **dziś traktuje się tę historię ~** today the story is treated as an anecdote

anegdotyczność *f sgt* [1] (opowiadania) anecdotal nature, anecdotal quality [2] (dzieła literackiego) narrative quality; (obrazu) anecdote *U*

anegdotyczn|y *adi.* [1] *[forma, ton, opowieści]* anecdotal; **~e ujęcie tematu** an anecdotal treatment of the subject [2] *[strona utworu]* narrative; *[strona obrazu]* anecdotal

aneks *m* (*G* **~u**) [1] książk. (do książki, artykułu) appendix; (do dokumentu) annexe GB, annex US; **dołączyć** a. **załączyć ~** to add an appendix (**do czegoś** to sth) [2] Archit. annexe GB, annex US; **~ jadalny/kuchenny** a dinette a. dining annexe/a kitchenette a. kitchen annexe

aneksj|a *f* (*Gpl* **~i**) Polit. annexation *C/U* (**czegoś** of sth); **dokonać ~i** to annex

very interested in their own anatomy

aneksjonistyczn|y *adi.* Polit. *[polityka, dążenia]* annexationist

aneksjonizm *m sgt* (*G* **~u**) Polit. annexationism

aneksyjn|y *adi.* Polit. *[polityka, operacja]* annexational, annexation *attr.*

anekt|ować *pf, impf* vt [1] Polit. to annex *[terytorium, obszary]* ⇒ **zaanektować** [2] książk. (zabierać) to appropriate książk.; to take over *[teren, budynki]* ⇒ **zaanektować**

anemi|a *f sgt* (*GD* **~i**) Med. anaemia; **mieć ~ę** to have anaemia

❑ **~a złośliwa** Med. pernicious anaemia

anemicznie *adv.* [1] *[wyglądać]* anaemic *adi.* GB, anemic *adi.* US [2] przen. *[wyglądać, brzmieć]* weak *adi.*, feeble *adi.*; *[poruszać się]* feebly, listlessly

anemiczn|y *adi.* [1] Med. *[dziecko, wygląd]* anaemic GB, anemic US [2] (blady, mizerny) anaemic(-looking), wan(-looking); **chuda, ~a twarz** a thin, anaemic-looking face; **~a cera** a pale complexion [3] przen. *[wiersze]* anaemic GB, anemic US, lame; *[słońce]* feeble, anaemic GB, anemic US; *[drzewko, roślina]* sickly(-looking), weakly

anemi|k *m*, **~czka** *f* anaemic GB, anemic US person

anemon *m* (*G* **~u**, *A* ~ a. **~a**) Bot. anemone

anergi|a *f sgt* (*GD* **~i**) Med. anergy

aneroi|d *m* (*G* **~du**) Techn. aneroid (barometer)

anestezjolo|g *m* (*Npl* **~dzy** a. **~gowie**) (specjalista) anaesthesiologist GB, anesthesiologist US; (w szpitalu) anaesthetist GB, anesthetist US

anestezjologi|a *f sgt* (*GD* **~i**) Med. anaesthesiology GB, anesthesiology US, anaesthetics (+ v sg) GB, anesthetics (+ v sg) US

anestezjologiczn|y *adi.* anaesthesiological GB, anesthesiological US, anaesthetic GB, anesthetic US

anewryzm *m* (*G* **~u**) Med. aneurysm, aneurism; **~ aorty** (an) aortic aneurysm

angaż *m* (*G* **~u**) środ., Teatr (zatrudnienie) engagement, employment; (umowa o pracę) (employment) contract; **otrzymać ~** to obtain an engagement, to land a contract pot.; **dostać ~ do filmu** to be hired for a film

angaż|ować *impf* [I] *vt* [1] (do pracy) to employ; to engage książk.; **dyrektor ~uje fachowca od podatków** the manager's employing a tax expert ⇒ **zaangażować** [2] (zajmować) *[praca, sprawa, powieść, sport]* to engage, to absorb *[osobę, uwagę, czytelnika, czas]*; **praca ~uje go bez reszty** he's totally absorbed in his work; **kłopoty syna bardzo ~owały ją uczuciowo** her son's troubles were a drain on her emotions ⇒ **zaangażować** [3] (wciąg) to involve *[osobę, instytucję]* (**w coś** in sth); **niepotrzebnie ~owaliśmy go w nasze rodzinne sprawy** we didn't need to involve him in our family affairs; **wojna ~owała coraz to nowe kraje** more and more countries were becoming involved in a. were being drawn into the war ⇒ **zaangażować** [4] to invest *[kapitał, pieniądze, czas]* (**w coś** in sth); to devote *[zdolności]* (**w coś** to sth); **nie ~uj tyle energii w to ryzykowne przedsięwzięcie** don't invest too much energy in such a risky project ⇒ **zaangażować**

A

Ⅲ angażować się ① (przyjmować pracę) to take up employment, to take up work; **~ować się do firmy** to take up employment in a company; **~ować się na kilka miesięcy** to get a job for a few months ⇒ **zaangażować się** ② (włączać się) to become involved (**w coś** in sth); to commit oneself (**w coś** to sth); **~ować się po czyjejś stronie** to actively support sb; **~ować się uczuciowo** to become a. get emotionally involved; **nigdy nie należy ~ować się uczuciowo podczas rozmów z pacjentem** one should never become emotionally involved while interviewing a patient; **bardzo ~ować się w pracę** to be very committed to a. involved in one's work; **zbytnio ~ujesz się w swoją pracę** you're becoming too tied up a. involved in your job; **bardzo ~ować się w związek** to be committed to a relationship; **~owanie się wojskowych w politykę** involvement of the military in politics ⇒ **zaangażować się**

angeliczn|y adi. książk. [postać, motyw] angelic(al)

angelologi|a f sgt (GD ~i) Relig. angelology

Angiel|ka f ① (kobieta z Anglii) Englishwoman; (dziewczyna z Anglii) English girl ② pot. (z Wielkiej Brytanii) Brit pot.; (kobieta) British woman; (dziewczyna) British girl

angiel|ka f ① Jeźdz. English thoroughbred mare ② (szklaneczka) a large vodka glass

angiels|ki Ⅱ adi. English; **robić coś po ~ku** to do sth the English way a. like the English (do)
Ⅲ m sgt ① (język) English; **po ~ku** in English; **mówić po ~ku** to speak English; **on biegle mówi po ~ku** he's fluent in English, he speaks fluent English; **powiedz to po ~ku** say it in English; **uczyć się ~kiego** to be learning English ② pot. (lekcje) English (lessons); **chodzić na ~ki** to go to English (lessons)
❑ **ogród** a. **park ~ki** landscape(d) garden
■ **wyjść po ~ku** to slip away unnoticed, to take French leave

angielszczy|zna f sgt pot. English; **odpowiedział płynną/łamaną ~zną** he answered in fluent/broken English

angin|a f sgt Med. tonsillitis, quinsy

angiochirurgi|a f sgt (GD ~i) Med. vascular surgery

angiografi|a f sgt (GD ~i) Med. angiography; **~a mózgowa** cerebral angiography

angiokardiografi|a f sgt (GD ~i) Med. angiocardiography

angioplasty|ka f sgt Med. angioplasty

anglez m zw. pl ① (długi spiralnie zwinięty lok) ringlet; **zrobić komuś ~y** to curl sb's hair into ringlets ② Taniec a lively dance

anglez|ować impf vi Jeźdz. to rise to the trot

Angli|a f (GD ~i) ① (część Wielkiej Brytanii) England ② pot. (Wielka Brytania) Britain

anglicyzm m (G ~u) Jęz. Anglicism

Angli|k m ① (mężczyzna z Anglii) Englishman; (chłopiec z Anglii) English boy; **~cy** the English ② pot. (z Wielkiej Brytanii) Brit pot.; (mężczyzna) British man; (chłopiec) British boy a. lad

angli|k m Jeźdz. English thoroughbred

anglikan|in m, **~ka** f Relig. Anglican

anglikanizm m sgt (G ~u) Relig. Anglicanism

anglikańs|ki adi. Relig. Anglican; **Kościół ~ki** the Church of England, the Anglican Church

angli|sta m, **~stka** f ① (specjalista) English scholar; (nauczyciel) English teacher ② pot. (student) English student; (absolwent) English graduate, sb with a degree in English

anglistyczn|y adi. [wydział, studia] English

anglisty|ka f sgt (nauka, studia) English studies; (wydział) English department; **absolwent ~ki** an English graduate; **instytut ~ki** the English department; **studiować ~kę** to do English studies

anglo-amerykańs|ki adi. Anglo-American

anglojęzyczn|y adi. [ludność, osoba] English-speaking; [prasa, książka] in English; [pisarz] English-language attr.; **literatura ~a** literature in the English language; English literature

Anglosas m Anglo-Saxon, person of English descent

anglosas|ki adi. [kultura, tradycje] Anglo-Saxon; [system miar] imperial

Angol m (Gpl ~i a. ~ów) pot., pejor. Brit pot.; Limey US pejor.; Pommy Austral pot., pejor.

Angol|a f Geog. Angola

Angol|czyk m, **~ka** f Angolan

angols|ki adi. Angolan

ango|ra Ⅱ f, m Zool. (kot) angora (cat); (koza) angora (goat); (królik) angora (rabbit)
Ⅱ f sgt (wełna) angora (wool); **sweter z ~ry** an angora sweater
Ⅲ adi. inv. pot. [wełna, królik] angora attr.

angorow|y adi. [szalik, wełna] angora attr.

angors|ki adi. [królik, wełna] angora attr.

angstrem m (G ~u) Fiz. angstrom

anhydry|t m (G ~tu) Miner. anhydrite U

ani Ⅱ coni. nor, neither; (z innym przeczeniem) or, either; **~ ... ~** neither ... nor; (z innym przeczeniem) either ... or; **nie mówię ani po hiszpańsku, ani po włosku** I can't speak (either) Spanish or Italian, I can speak neither Spanish nor Italian; **klucza nie było ~ w jednej, ~ w drugiej szufladzie** the key wasn't in either of the drawers; **nie było żadnych wieści ~ od brata, ~ od siostry** there was no news, either from the brother or from the sister; **nie zadzwonił ~ nie napisał** he didn't call, and he didn't write(either); **~ to ładne, ~ potrzebne** it's neither pretty nor useful; **rzecznik rządu ~ nie potwierdził, ~ nie zdementował tej informacji** the government spokesman neither confirmed nor denied this information; **pogoda jest w sam raz, ~ za gorąco, ~ za zimno** the weather is just right, neither too hot nor too cold; **należeć do takiej organizacji to ~ zaszczyt, ~ przywilej** belonging to such an organization is neither an honour nor a privilege; **„nie idę z nimi" – „~ ja"** 'I'm not going with them' – 'neither am I' a. 'me neither'; **nie mam czasu ~ pieniędzy** I don't have the time or the money; **nie lubię ~ ptaków, ~ kotów, ~ psów** I don't like birds, (or) cats, or dogs;

angli|k m Jeźdz. English thoroughbred

potrząśnij pięć razy, ~ więcej, ~ mniej shake it five times – no more and no less

Ⅲ part. ① (przed rzeczownikiem) not a, not a single; **~ śladu** not a trace; **~ źdźbła prawdy** not a grain of truth; **~ krzty przesady** no exaggeration at all a. whatsoever; **~ żywego ducha** not a (living) soul; **~ trochę** not (even) a bit; **~ razu** not (even) once; **~ przez chwilę się nie zawahał** he didn't hesitate for a moment; **nie uwierzył w ~ jedno jej słowo** he didn't believe a single word she said; **nie przepuścił ~ jednej zabawy** he didn't miss a single dance; **nie wypił ~ kropli** he didn't have a (single) drop to drink ② (przed czasownikiem) not even, not as much as; **śruba ~ drgnęła** the screw didn't even budge; **~ pisnął** there wasn't so much as a squeak out of him; **~ się spostrzeżesz** a. **obejrzysz, będzie po wszystkim** it'll be over in no time at all a. before you can say Jack Robinson pot.; **~ się spostrzeżesz, przyjdzie wiosna** spring will be before you even know it a. in no time (at all); **~ się spodziewał, że będzie miał gości** he had no idea he'd be having visitors; **~ myślę** a. **~ mi się śni!** like hell I will! pot.; **~ myślę ustąpić** I haven't the slightest intention of giving way; **~ mi się waż!** don't you dare!, don't even think about it!; **(on) ~ się umywa do swojego brata** he's nowhere near his brother; he's not a patch on his brother GB pot.

Ⅲ ani, ani pot. ① (nic) **włożył klucz do zamka, ale potem ~, ~** he put the key in the keyhole, but that was as far as he got; **wszedł na mównicę, założył okulary, a dalej już ~, ~** he climbed the podium, put his glasses on, but not a single word came out ② (w odpowiedzi) not at all, not a bit; **„dostałeś pieniądze?" – „~, ~"** 'did you get the money?' – 'not a penny'; **„nie zacząłeś jeszcze czytać tej książki?" – „~, ~"** 'haven't you started reading that book yet?' – 'not a page'

anielic|a f (kobieta) angel; **uczesanie** a. **włosy na ~ę** long, flowing hair

anielk|a f
■ **do jasnej ~i** pot., euf. in heaven's name, for heaven's sake; **to czemu, do jasnej ~i, go tu nie ma?** then why in heaven's name isn't he here?

aniels|ki adi. ① [chóry, zastępy] angelic; [skrzydła] angel's attr. ② przen. [twarz, uśmiech, dobroć] angelic; **~ka cierpliwość** the patience of a saint a. angel; **~ka kobieta** an angel of a woman; **~ki spokój** complete peace **mieć ~ki charakter** to have an angelic nature; **włosy ~kie** tinsel; **Pozdrowienie Anielskie** Relig. Hail Mary

anielsko adv. [piękny, czysty] angelically; **wyglądać ~** to look angelic

anielskoś|ć f sgt ① (dobroć) (angelic) benevolence ② (doskonałość) perfection; (piękno) beauty

anihilacj|a f sgt Fiz. annihilation

anilan|a f sgt acrylic; **sweter z ~y** an acrylic sweater

anilanow|y adi. acrylic attr.

animacj|a f ① sgt Kino, Komput. animation ② (Gpl ~i) (film animowany) animated film;

A

disnejowska ~a bajki „Piękna i Bestia" the animated Disney version of 'Beauty and the Beast' ③ *sgt* Teatr puppet manipulation ④ *sgt* książk. (zachowań, sytuacji) (wywoływanie) activation; (ożywianie) animation

animacyjn|y *adi. [techniki]* (w filmie) animation *attr.*; (w teatrze) puppetry *attr.*

animato|r *m*, ~rka *f* ① Kino animator ② Teatr puppeteer ③ książk. driving force, animateur; ~**r życia kulturalnego** a. **kultury** an organizer of cultural activities

animizacj|a *f (Gpl* ~**i)** Literat. (personifikacja) personification; (nadawanie ludzkich kształtów) anthropomorphism; (nadawanie cech zwierzęcych) animalization

animizm *m sgt (G* ~**u)** Relig., Psych. animism

animiz|ować *impf vt* książk. (personifikować) to personify; (nadawać ludzki wygląd) to anthropomorphize; (nadawać cechy zwierząt) to animalize

anim|ować *impf vt* ① Kino, Komput. to animate *[film, postacie]* ② Teatr to manipulate, to work *[lalki]* ③ książk. (pobudzać) to stimulate, to inspire; ~**ować kogoś do działania** to stimulate sb into action; ~**ować wyobraźnię** to stimulate the imagination, to fire sb's imagination

animowan|y *adi. [sekwencja]* animated

animozj|a *f (Gpl* ~**i)** książk. animosity *C/U*; **rodzinne** ~**e** family friction(s); **wzajemne** ~**e** mutual animosity; **czuć/żywić do kogoś** ~**ę** to feel/harbour animosity towards sb

animusz *m sgt (G* ~**u)** (zapał) zest, spirit; (odwaga) courage, spirit; **pełen** ~**u** full of zest a. vigour; **dla** ~**u** to pluck up one's courage; **nabrać** ~**u** to perk up; **nie tracić** ~**u** not to lose heart

ani|oł *m (Npl* ~**ołowie** a. ~**eli** a. ~**oły)** angel także przen.; ~**oł pokoju/śmierci** the angel of peace/death; **twój brat to** ~**oł nie człowiek** your brother's an angel not a man

❏ ~**oł morski** Zool. angel shark; **Anioł Pański** Relig. (modlitwa) angelus; **dzwon na Anioł Pański** the angelus (bell); **Anioł Stróż** Relig. guardian angel; **upadły** ~**oł** Bibl. fallen angel; (szatan) Satan

◼ ~**oł stróż** (opiekun) guardian angel; pot., iron. (tajniak) shadow; **upadły** ~**oł** iron. (kobieta lekkich obyczajów) a woman of easy virtue iron., przest.; a fallen woman przest.

aniołecz|ek *m dem. (Npl* ~**ki)** pieszcz. little angel pieszcz.

anioł|ek *m dem. (Npl* ~**ki)** ① Szt. cherub ② pieszcz. little angel pieszcz.; **powiedz,** ~**ku...** tell me, sweetie...

◼ **powiększyć grono** ~**ków** euf. to go to heaven euf.

anion *m (G* ~**u)** Chem., Fiz. anion

anizotropi|a *f sgt (GD* ~**i)** Fiz. anisotropy

aniżeli książk. ◪ *coni.* ① (w wyższym stopniu) than; **okazał się bogatszy,** ~ **przypuszczano** he proved wealthier than was thought; **dłużej grzmiało,** ~ **padało** it thundered longer than it rained; **zrobił to inaczej,** ~ **zamierzał** he did it differently from the way that he intended ② (raczej) (rather) than; **(on) raczej zginie,** ~ **się podda** he'd rather die than surrender; **(ona) woli tańczyć,** ~ **śpiewać** she prefers dancing to singing

◪ *praep.* than; **ładniejsza/wyższa** ~ **jej siostra** prettier/taller than her sister; **płace rosły wolniej** ~ **koszty utrzymania** wages were rising at a slower rate than the cost of living; **nie pozostało mi nic innego** ~ **czekać** a. **czekanie** there was nothing else for me to do but wait

aniżeliby *coni.* książk. (rather) than; lest książk.; **wolałbym umrzeć,** ~**m miał być dla niej ciężarem** I'd rather die than be a burden to her; **lepiej weź płaszcz,** ~**ś miał się przeziębić** you had better take a coat, lest you catch (a) cold

ankie|ta *f* ① (kwestionariusz) questionnaire (form), survey form; ~**ta personalna** a form for personal particulars; **wypełnić** ~**tę** to fill in a. complete a questionnaire ② (zbieranie informacji) (public opinion) survey; (przed wyborami) (public opinion) poll; **przeprowdzać** ~**tę** to conduct a. carry out a survey

ankiete|r *m*, ~**rka** *f* pollster

ankiet|ować *impf vt* to conduct a survey, to (conduct a) poll; (przed wyborami) to canvass, to poll; **połowa** ~**owanych osób interesuje się sportem** 50 per cent of those polled are interested in sport

ankietowan|y ◪ *pp* → ankietować

◪ **ankietowan|y** *m*, ~**a** *f zw. pl* respondent zw. pl; ~**i** those polled; **sześćdziesiąt procent** ~**ych korzysta z Internetu** 60 per cent of those polled make use of the Internet

ankietowo *adv.* **ustalono** ~, **że połowa studentów musi pracować** a survey has revealed that 50 per cent of students have to work

ankietow|y *adi. [druk]* survey *attr.*, questionnaire *attr.*; **badanie** ~**e** a questionnaire survey; **kwestionariusz** ~**y** a questionnaire (form); **pytanie** ~**e** a survey question

ankiloz|a *f sgt* Med. ankylosis, anchylosis

annał|y *plt (G* ~**ów)** annals

Annasz *m*

◼ **chodzić od** ~**a do Kajfasza** to go from pillar to post; **być odsyłanym od** ~**a do Kajfasza** to be driven from pillar to post

ano *part.* pot. well; **jaki z tego wniosek?** ~ **taki, że...** what's the conclusion? well, the conclusion is that...; **nie przyszedł,** ~ **trudno** he didn't come, (well) too bad a. well that's to bad; „**kto to taki?**" – „~ **kompozytor, syn znanego malarza**" 'who's that?' – 'well, a composer, the son of a well-known painter'; „**do dworca prosto?**" – „~ **prosto**" 'is it straight on to the station?' – 'straight on, yes'; „**to on nie był u dentysty?**" – „~ **stchórzył**" 'so he didn't go to the dentist?' – 'no, he got cold feet a. he chickened out'

ano|da *f* Fiz. anode

anoksemi|a *f sgt (GD* ~**i)** Med. hypoxaemia GB, hypoxemia US

anoksj|a *f sgt* Med. hypoxia

anomali|a *f (GDGpl* ~**i)** książk. anomaly; ~**e pogodowe** a. **klimaktyczne** abnormal weather conditions; ~**a psychiczna** a psychological anomaly; ~**e w funkcjonowaniu firmy** anomalies in the way the firm functions/functioned

❏ ~**e astronomiczne** Astron. *the three angles represented by the true anomaly, the eccentric anomaly and the mean anomaly*; ~**a magnetyczna** Fiz. magnetic anomaly; ~**a optyczna** Miner. optical anomaly

anomi|a *f sgt (GD* ~**i)** Socjol. anomy

anonim ◪ *m pers. (Npl* ~**owie)** unknown person; anonym rzad.; (autor) anonymous author; **rękopis pióra** ~**a** an anonymous manuscript

◪ *m inanim. (G* ~**u)** (dzieło) anonymous work; (list) anonymous letter; **dostać** a. **otrzymać** ~ to get a. receive an anonymous letter; **złośliwy** ~ a poison pen letter; ~ **z pogróżkami** a threatening letter

anonimowo *adv.* anonymously

anonimowoś|ć *f sgt* anonymity; **zachować** ~**ć** to remain anonymous; **zagwarantować** ~**ć** to guarantee anonymity; **zastrzec sobie** ~**ć** to wish to remain anonymous

anonimow|y *adi. [autor, list, dzieło]* anonymous; ~**e masy ludzkie** faceless crowds; **pogodziła się z** ~**ą egzystencją** she reconciled herself to an anonymous existence; **nie chciał zginąć** ~**ą śmiercią** he didn't want to die an anonymous death; **do władzy doszli nowi ludzie, jeszcze wczoraj** ~**i** new people came to power, completely unknown before

anons *m (G* ~**u)** książk. ① (w prasie) advertisement, (newspaper) announcement; **odpowiedzieć na** ~ to answer an advertisement; **zamieścić** ~ **w gazecie** to put a. place an advertisement in a paper ② Radio, TV (programu) preview

anons|ować *impf* ◪ *vt* ① książk. (zapowiadać przybycie) to announce *[gości, interesantów]*; (zapowiadać) to announce *[wydarzenia kulturalne, nowy tytuł]*; **afisz** ~**ował premierę sztuki** a poster announced the play's premiere; **od kilku dni** ~**owano jego przyjazd do kraju** his visit to the country had been publicized for several days ⇒ **zaanonsować** ② Myślis. (o psie) ~**ować zwierzynę** to give tongue

◪ **anonsować** się książk. to announce one's arrival; **wszedł, nie** ~**ując się** he came in without announcing himself ⇒ **zaanonsować się**

anorak *m* Moda anorak

anoreksj|a *f sgt* Med. anorexia; **atak** ~**i** a bout of anorexia; **cierpieć na** ~**ę** to suffer from anorexia

anorektycz|ka *f* Med. anorexic, anorectic

anormalnoś|ć *f sgt* książk. abnormality *C/U*

anormaln|y *adi.* ① książk. *[zachowanie, wygląd, warunki]* abnormal ② (chory psychicznie) unbalanced

anortozy|t *m (G* ~**tu)** Geol. anorthosite

anorty|t *m (G* ~**tu)** Miner. anorthite *U*

anosmi|a *f sgt (GD* ~**i)** Med. anosmia

ans|a *f (Npl* ~**e** a. ~**y)** grudge; **czuć** a. **mieć do kogoś** ~**ę** to have a grudge against sb; ~**e** a. ~**y personalne** personal grudges

ansambl *m (G* ~**u)** ① Teatr (scena zbiorowa) ensemble ② przest. ensemble; ~ **instrumentalny/wokalny** an instrumental/a vocal ensemble

anszlus *m (G* ~**u)** Hist. Anschluss

antabus *m sgt (G* ~**u)** Farm. disulfiram, Antabuse®

antagoni|sta **Ⅱ** *m pers.* książk. adversary, antagonist; **dawni ~ści** the former adversaries; **ostro zaatakował swojego ~stę** he delivered a sharp attack against his adversary
Ⅲ *m inanim.* Anat. (mięsień) antagonist; (ząb) opposing tooth
antagonist|ka *f* (przeciwniczka) książk. adversary, antagonist
antagonistycznie *adv.* książk. antagonistically; **być ~ nastawionym do kogoś/czegoś** to be antagonistically disposed a. inclined towards sb/sth; **leki działające ~** drugs acting antagonistically
antagonistyczn|y *adi.* książk. ☐ *[siły]* antagonistic; *[kierunki]* opposing ☐ Chem., Med. *[środki]* antagonistic
antagonizm *m* (G ~u) ☐ (wzajemna niechęć) antagonism *C/U* (**między kimś a kimś** between sb and sb); **~ klasowy** class antagonism; **~ płci** the battle of the sexes; **podsycać/rozpalać ~** to stir up/arouse antagonism ☐ Fizj. antagonism
antagoniz|ować *impf vt* książk. (wywoływać wrogość) to antagonize; (skłócać) to divide, to set [sb] at loggerheads; **nowa sytuacja ~uje społeczność** the new situation is antagonizing the community ⇒ **zantagonizować**
antał|ek *m* (na piwo) keg; (na wino) small cask
Antarkty|da *f* Geog. Antarctica
Antarkty|ka *f* Geog. the Antarctic
anten|a **Ⅱ** *f* aerial, antenna US, Austral; **~a kierunkowa** a directional antenna; **~a nadawcza/odbiorcza/telewizyjna** a transmitting/receiving/TV aerial; **~a satelitarna** a satellite aerial, a satellite dish
Ⅲ anteny *plt* Zool. antennae
■ **być na ~ie** Radio, TV to be on the air; **wejść na ~ę** Radio, TV to go on the air; **zdjąć program z ~y** to take a programme off the air
antena|t *m*, **~tka** *f* książk. ancestor
antenow|y *adi.* ☐ Techn. *[maszt, gniazdko]* aerial *attr.*, antenna *attr.* US, Austral ☐ Radio, TV *[czas]* broadcast; *[działalność]* broadcasting; **najlepszy czas ~y** prime (broadcasting) time
antidot|um *n* (Gpl ~ów) ☐ książk. (środek zaradczy) antidote; **~um na nudę** an antidote to boredom ☐ Farm. antidote; **~um przeciw truciźnie** an antidote to poison
antologi|a *f* (GDGpl ~i) anthology (**czegoś** of sth)
antonim *m* (G ~u) Jęz. antonym
antonimiczn|y *adi.* Jęz. antonymous
antonów|ka *f* Ogr. Antonovka (*apple and apple tree*)
antracy|t *m* (G ~tu) anthracite *U*
antracytow|y *adi.* anthracitic; **węgiel ~y** anthracite coal
antrak|t *m* (G ~tu) ☐ Teatr interval GB, intermission US; entre'acte rzad. **przeczytać program w ~cie** a. **podczas ~tu** to read the programme during the interval ☐ przen. interlude ☐ (utwór muzyczny) interlude, entr'acte
antraktow|y *adi.* Teatr interval GB *attr.*, intermission US *attr.*
antresol|a *f* (Gpl ~ a. ~i) ☐ (półpiętro) mezzanine, entresol ☐ (pomieszczenie mieszkal-

ne) mezzanine; (pawlacz) storage space beneath a ceiling
antropo- *w wyrazach złożonych* anthropo-; **antropolatria** Relig. anthropolatry; **antropometria** Antrop. anthropometry
antropocentrycznie *adv.* anthropocentrically
antropocentryczn|y *adi.* anthropocentric
antropocentryzm *m sgt* (G ~u) Filoz. anthropocentrism
antropolo|g *m* (Npl ~dzy a. ~gowie) anthropologist
antropologi|a *f sgt* (GD ~i) anthropology ❏ **~a filogenetyczna** evolutionary anthropology; **~a fizyczna** physical anthropology; **~a kulturowa** cultural a. social anthropology; **~a ontogenetyczna** a. **rozwojowa** developmental anthropology
antropologicznie *adv.* anthropologically
antropologiczn|y *adi.* *[badania, studia]* anthropological
antryko|t *m* (G ~tu) Kulin. (wołowy) (mięso) rib steak *U*, prime rib *U*; (potrawa) entrecôte (steak); (cielęcy) (mięso) best end (of neck) *U* a. best end of loin (of veal) *U*; (potrawa) veal cutlet
anturi|um *n* (Gpl ~ów) Bot. anthurium
anty **Ⅱ** *adi. inv.* pot. (przeciwny) anti pot.; **zawsze i wszędzie był ~** he's always been anti everything; **myśleli, że film będzie ~** they thought the film would be rather anti; **zmienił swoje nastawienie z ~ na pro** he changed his position from anti to pro
Ⅲ anty- *w wyrazach złożonych* anti-; **antybodziec** anti-stimulant; **antygen** antigen
antybiogram *m* (G ~u) Med. antibiogram
antybiotyk *m* (G ~u) Farm. antibiotic; **stosować ~i** to use antibiotics
antybioty|kowy, ~czny *adi.* Farm. antibiotic; **kuracja ~kowa** a course of antibiotics
antybioz|a *f sgt* Biol. antibiosis
antybohate|r *m* (Npl ~rzy a. ~rowie) książk. anti-hero
antychry|st *m* ☐ *sgt* Relig. the Antichrist, Satan ☐ (Npl ~sty) pot. (zły człowiek) scoundrel pejor.; villain ☐ (Npl ~sty) pot., pejor. (niewierzący) heathen, pagan ☐ (Npl ~sty) pot. (diabeł) devil
antycypacj|a *f* (Gpl ~i) ☐ książk. (przewidywanie, zapowiedź) anticipation *U*; **~a wojny/późniejszego stanu rzeczy** anticipation of a war/future events; **wiersz jest ~ą śmierci poety** the poem anticipates the author's death ☐ Filoz. supposition, a priori assumption ☐ Jęz. (okazjonalna) anticipation error; (utrwalona) regressive assimilation ☐ Literat. prolepsis *U* ☐ Muz., Psych. anticipation *U*
antycyp|ować *impf vt* ☐ książk. (przewidywać) to anticipate *[skutki, wyniki]* ☐ książk. (zapowiadać) *[dzieło, fragment]* to anticipate ☐ Filoz. to make an a priori assumption
antyczn|y *adi.* ☐ (starożytny) *[epoka, świat]* ancient, classical; *[literatura, tragedia, poeta]* classical ☐ (zabytkowy) *[mebel, zegar]* antique ☐ żart. (staromodny) *[sweter, kapelusz]* ancient
antydat|ować *pf, impf vt* to predate, to antedate *[dokument, umowę]*

antydemokratycznie *adv.* *[rządzić]* undemocratically
antydemokratyczn|y *adi.* (niezgodny z zasadami demokracji) *[rządy, system]* undemocratic; (zwalczający demokrację) *[działalność, siły]* antidemocratic
antydepresyjn|y *adi.* *[lek, środek]* antidepressant
antydiuretyn|a *f sgt* Biol., Chem. vasopressin
antydopingow|y *adi.* ☐ *[kontrola, badania, test]* dope *attr.* ☐ (zwalczający doping) *[akcja, propaganda]* anti-doping, anti-drug
antyfaszy|sta *m*, **~stka** *f* antifascist
antyfaszystows|ki *adi.* *[działalność, organizacja]* anti-fascist
antyfemini|sta *m*, **~stka** *f* anti-feminist
antyfeministyczn|y *adi.* anti-feminist
antyfeminizm *m sgt* (G ~u) anti-feminism, antifeminism
antyfon|a *f* Relig. antiphon
antygen *m* (G ~u) Biol., Med. antigen
antyhistaminow|y *adi.* Med. antihistamine *attr.*
antyhitlerows|ki *adi.* anti-Nazi, anti-Hitler
antyk *m* (G ~u) ☐ *sgt* (starożytność) antiquity; **w (okresie) ~u** in antiquity ☐ (zabytkowy przedmiot) antique; **sklep z ~ami** an antique(s) shop; **kolekcjonować ~i** to collect antiques ☐ pejor. (bezużyteczny przedmiot) piece of junk pot., pejor.
antyklerykalizm *m sgt* (G ~u) anticlericalism
antyklerykaln|y *adi.* *[pogląd, hasła]* anticlerical
antykomunistyczn|y *adi.* *[działalność, wiec]* anti-communist
antykoncepcj|a *f sgt* ☐ (zapobieganie ciąży) contraception ☐ (środki, metody) contraceptives *pl*; **stosować ~ę** to use contraceptives, to practise contraception
antykoncepcyjn|y *adi.* contraceptive; **środki ~e** contraceptives
antykorozyjnie *adv.* **samochód był zabezpieczony ~** the car had an anti-corrosion seal
antykorozyjn|y *adi.* *[powłoka, farba]* rustproof, anticorrosive
antykw|a *f sgt* Druk. roman; **druk ~ą** a roman type
antykwaria|t *m* (G ~tu) ☐ (księgarnia) (z używanymi książkami) second-hand bookshop GB, second-hand bookstore US; (z cennymi książkami) antiquarian bookshop GB, antiquarian bookstore US ☐ (sklep z antykami) antique shop
antykwariusz *m* (Gpl ~y a. ~ów) antiquary, antiquarian; (sprzedawca antyków) antique dealer; (sprzedawca używanych książek) antiquarian bookseller, second-hand bookseller
antykwarski → **antykwaryczny**
antykwaryczn|y *adi.* *[talent, zamiłowanie]* antiquarian; *[sklep, giełda, aukcja]* antique(s) *attr.*; **księgarnia ~a** (z książkami używanymi) a second-hand bookshop; (z cennymi książkami) an antiquarian bookshop
antylop|a *f* antelope
antylopi *adi.* *[skóra, rogi]* antelope *attr.*
antymolow|y *adi.* *[preparat, środek, worek]* mothproof

antynomi|a *f* (*GDGpl* **~i**) [1] książk. anti-nomy książk.; paradox **~a wolności i konieczności** the antinomy of free will and necessity; **~a dobra i zła** the dichotomy between a. of good and evil książk. [2] Log. antinomy

antynomicznie *adv.* książk. antinomically książk.

antynomiczno|ść *f sgt* książk. (pojęć, twier-dzeń) opposition, conflict

antynomiczn|y *adi.* książk. *[sądy, pojęcia]* antinomic, contradictory

antypaństwow|y *adi. [hasła, okrzyki, działalność]* anti-state, anti-national

antypati|a *f* (*GDGpl* **~i**) [1] (niechęć) antipathy *U* (**do kogoś/czegoś** to a. to-wards sb/sth); aversion *U* (**do kogoś/ czegoś** to sb/sth); **czuć** a. **mieć do kogoś silną ~ę** to feel a. have a strong aversion to sb [2] (osoba) bête noire; **kiedy tu praco-wałem, była moją ~ą** she used to be my bête noire when I worked here

antypatycznie *adv. [wyglądać]* awful *adi.*; *[zachowywać się]* awfully, very unpleasantly

antypatyczn|y *adi. [wygląd, zachowanie]* awful, repulsive; *[twarz]* unpleasant; **~y typ** an unpleasant a. loathsome character

antyperspiran|t *m* (*G* **~tu**) antiperspir-ant

antypo|da [I] *m pers.* (*Npl* **~dzi** a. **~dy**) [1] przest. (mieszkaniec drugiej półkuli) *someone who lives on the opposite side of the globe* [2] przen. (przeciwieństwo) (complete) opposite; **ona i ja to ~dy** she and I are like chalk and cheese [II] **antypody** *plt* książk. [1] Geog. antipodes; **mieszkać na ~dach** to live on the other side of the globe a. earth [2] przen. (przeciwne poglądy) diametrically opposed views; **stać na ~dach** to be poles a. worlds apart

□ **~dy optyczne** Chem. enantiomers

antypols|ki *adi.* anti-Polish

antypoślizgow|y *adi. [opona, powierzch-nia]* anti-skidding

antyrada|r *m* (*G* **~ru**) Techn. radar jammer

antyram|a *f* książk. clip frame

antyrządow|y *adi. [manifestacja, plakat, spisek]* anti-government

antysemic|ki *adi.* anti-Semitic

antysemi|ta *m*, **~tka** *f* anti-Semite

antysemityzm *m sgt* (*G* **~u**) anti-Semit-ism

antyseptycznie *adv.* antiseptically; **dzia-łać ~** to act as an antiseptic

antyseptyczn|y *adi.* antiseptic; **środki ~e** antiseptics

antyseptyk *m* (*G* **~u**) Med. antiseptic *C/U*

antysepty|ka *f sgt* Med. antisepsis

antysocjalistyczn|y *adi. [propaganda, stronnictwo]* anti-socialist

antyspołeczn|y *adi.* pejor. (wrogi społe-czeństwu) *[działalność, jednostka]* antisocial; (aspołeczny) *[postawa, wybryk]* asocial, anti-social

antystatyczn|y *adi. [materiał, wykładzina]* anti-static

antytalen|t [I] *m pers.* (*Npl* **~ty**) dunce; **być ~tem matematycznym** a. **do mate-matyki** to be a dunce at maths [II] *m inanim.* (*G* **~tu**) (brak uzdolnienia) lack of talent; **mieć ~t do czegoś** to have no talent for sth

antyterrory|sta *m* counter-terrorist

antyterrorystyczn|y *adi. [brygada, akcja]* anti-terrorist, counter-terrorist

antytetyczno|ść *f sgt* książk. antithetical quality książk.

antytetyczn|y *adi.* książk. *[zdanie, twierdze-nie]* antithetical książk.; **moje poglądy są ~e względem oficjalnego stanowiska partii** my views are antithetical to a. opposed to the official party line

antytez|a *f* [1] książk. (przeciwieństwo) antith-esis książk.; **być ~ą czegoś/kogoś** to be the antithesis of sth/sb [2] Filoz., Literat., Log. antithesis *C/U*

antytoksyczn|y *adi.* antitoxic

antytoksyn|a *f* Biol., Med. antitoxin

antyutleniacz *m* Chem. antioxidant

antywirusow|y *adi.* Med., Komput. anti-virus

antywłamaniow|y *adi. [alarm, blokada]* antiburglar

antywojenn|y *adi. [manifestacja, literatura, działacz]* antiwar

antyżydows|ki *adi. [afisz, nagonka, polity-ka]* anti-Jewish

anul|ować *pf, impf vt* [1] książk. to annul *[prawo, małżeństwo, głosowanie, umowę]*; to revoke, to rescind *[zarządzenie, przepisy]*; **~ować zamówienie/dług** to cancel an order/debt; **~ować paszport** to cancel a passport; (jako karę) to revoke a passport [2] Komput. to cancel

anyż *m* (*G* **~u**) [1] *zw. sg* Bot. anise *U*, aniseed *U* [2] *sgt* (przyprawa) aniseed [3] *sgt* (olejek) oil of anise

□ **~ gwiazdkowaty** Bot. (roślina, owoc) star anise

anyż|ek *m dem.* (*G* **~ku**) [1] *zw. sg* (roślina) aniseed *U*, anise *U* [2] *sgt* (przyprawa) aniseed [3] *sgt* (olejek) oil of anise [4] *zw. pl* (ciastko lub cukierek) aniseed sweet *zw. pl*

anyż|kowy, ~owy *adi. [smak, zapach]* aniseed *attr.*; **przyprawa ~kowa** aniseed

anyżów|ka *f* anisette *U*

anżeli|ka *f sgt* Bot., Kulin. angelica

aor|ta *f* Anat. aorta

apanaż|e *plt* (*G* **~y**) [1] książk. (dochody) emoluments książk.; **poselskie/dyrektor-skie ~e** MPs'/directors' emoluments [2] Hist. (królewskie) a(p)panage

apanażow|y *adi.* a(p)panage *attr.*

aparacik *m dem.* (*G* **~u**) **~ fotograficzny** a (small) camera; **~ ortodontyczny** a brace GB, braces *pl* US; **~ słuchowy** a hearing aid

apara|t [I] *m pers.* (*Npl* **~ty**) pot. (osoba) nutter pot., (right) card pot.; **co za ~t!** what a nutter!

[II] *m inanim.* (*G* **~tu**) [1] (urządzenie) apparatus *C/U*, device; **~t fotograficzny** a camera; **~t ortodontyczny** a brace GB, braces *pl* US; **~t ortopedyczny** an ortho-paedic appliance; **~t projekcyjny** a pro-jector; **~t telefoniczny** a telephone; **~t telewizyjny** a television set [2] (instytucje) apparatus, machine; **~t biurokratyczny** the bureaucratic machine; **~t państwowy** the state apparatus, the machinery of the state; **~t partyjny** the party machine a. apparatus; **~t sprawiedliwości** the justice system; **~t ścigania** law enforcement bodies [3] (matematyczny, pojęciowy) methods *pl*; **~t dowodowy** (body of) evidence *U*; **~t krytyczny** (critical) apparatus *C/U* [4] Anat.

(trawienny, mięśniowy) system; **~t oddechowy** the respiratory system a. apparatus

□ **~t chordotonalny** Zool. chordotonal organ; **~t cyfrowy** Fot. digital camera; **~t czułkowy** Biol. lophophore; **~t fotogra-ficzny miechowy** Fot. folding camera; **~t małoobrazkowy** Fot. 35mm camera; **~t ra-towniczy** breathing apparatus; **~t rentge-nowski** Techn., Med. X-ray machine; **~t sądowy** Prawn. the court system; **~t słu-chowy** Med. hearing aid, deaf aid GB; **~t stereoskopowy** Fot. stereocamera; **~t tle-nowy** Med. oxygen apparatus

aparatczy|k *m* (*Npl* **~cy** a. **~ki**) pot., pejor. apparatchik

aparatczykows|ki *adi.* apparatchik *attr.*

aparat|ka *f* pot. bundle of tricks pot.; **to jest dopiero ~ka!** she's a right bundle of tricks, that one

aparatu|ra *f* (laboratoryjna, diagnostyczna) ap-paratus *U*; (oświetleniowa, nagłaśniająca) equip-ment *U*, system; (pomiarowa) equipment *U*

apartamencik *m dem.* (*G* **~u**) (small) luxury flat

apartamen|t *m* (*G* **~tu**) [1] (mieszkanie) (luxury) apartment [2] (hotelowy, prezydencki) (luxury) suite, apartment

□ **~ty królewskie** the royal apartments

aparthei|d /a'partxejd/ *m sgt* (*G* **~du**) Polit. apartheid

aparycj|a *f sgt* książk. appearance; **osoba o miłej ~i** a person of pleasant appearance; **kobieta o bardzo atrakcyjnej ~i** a very attractive-looking woman

apasz|ka *f* (damska) scarf, neckerchief; (męska) cravat

apati|a *f sgt* (*GD* **~i**) książk. apathy; **popaść w ~ę** to become apathetic; **otrząsnąć się z ~i** to snap out of one's apathy

apatycznie *adv.* książk. apathetically; **le-żał, ~ wpatrując się w sufit** he lay there staring apathetically at the ceiling

apatyczn|y *adi.* książk. *[osoba, usposobienie]* apathetic, listless; **~y wyraz twarzy** a dull expression (on sb's face); **dziecko stało się ~e** the child became apathetic

apeks *m* (*G* **~u**) Astron. apex także przen.

apel *m* (*G* **~u**) [1] (odezwa) appeal (**o coś** for sth); **wystosować ~** to issue an appeal; **odpowiedzieć na ~** to respond to an appeal; **zwrócić się z ~em do społe-czeństwa o pomoc dla ofiar** to make an appeal to the public for aid for the victims [2] (zbiórka) (uczniów) assembly; (żołnierzy) par-ade, muster; **zwołać ~** to call an assembly; **stawić się do ~u** a. **na ~** to assemble for parade [3] Wojsk. (sygnał) the assembly; (na trąbce) bugle call [4] Myślis. obedience (*of a hound or gun dog*); **pies z dobrym ~em** a highly obedient a. well trained dog a. hound

□ **~ karny** *punitive assembly of soldiers or prisoners*; **~ poległych** *calling of a roll of honour*

apelacj|a *f* (*Gpl* **~i**) Prawo appeal *C/U* (**od czegoś** against sth); **prawo do ~i** the right of appeal; **wnieść ~ę od wyroku** to lodge a. make an appeal against a sentence

■ **bez ~i** (ostatecznie) without (the right of) appeal; **wydalili go z uczelni bez ~i** he was expelled a. sent down from his college without right of appeal; (bez sprzeciwu) unquestioningly; **woli ojca poddawała**

się bez ~i she submitted to her father's will unquestioningly

apelacyjn|y adi. [sąd, postępowanie] appeal(s) attr.

apel|ować impf vi [1] (wzywać) to appeal (**do kogoś/czegoś** to sb/sth); to call (**o coś** for sth); **~ować o spokój/wyrozumiałość/rozwagę** to call for calm/understanding/caution; **~ują, aby jak najszybciej ukarano winnych** they're calling for the culprits to be punished as soon as possible ⇒ **zaapelować** [2] (odwoływać się) to appeal (**do czegoś** to sth); **~ować do czyjejś dobroci/czyjegoś rozsądku** to appeal to sb's goodness/common sense; **publikacja ~uje do uczuć odbiorcy** the publication appeals to the reader's emotions ⇒ **zaapelować** [3] Prawo to appeal; **~ować od wyroku** to appeal against a sentence GB, to appeal a sentence US ⇒ **zaapelować**

apelow|y adi. [plac] parade attr.

Apenin|y plt (G ~ów) Geog. the Apennines

apenińs|ki adi. **Półwysep Apeniński** the Italian Peninsula

apepsj|a f sgt Med. apepsia, apepsy

apercepcj|a f (Gpl ~i) Filoz., Psych. apperception

aperitif m (G ~u) aperitif, appetizer

apetycznie adv. grad. [1] (o potrawach) [pachnieć, wyglądać] appetizing adi.; **~ przyrządzone potrawy** dishes prepared in an appetizing way [2] (o osobach) [wyglądać] attractive adi.; **~ wyglądająca brunetka** an attractive-looking brunette

apetyczn|y adi. grad. [1] (smakowity) [dania, potrawy] appetizing [2] (ponętny) [kobieta] attractive, appealing

apety|t m (G ~tu) [1] (chęć do jedzenia) appetite C/U; **mieć dobry ~t** to have a good appetite; **pobudzać ~t** to stimulate the appetite; **tracić ~t** to lose one's appetite; **być przy ~cie** pot. to have an appetite; **widocznie jest przy ~cie** he's obviously got an appetite pot.; **jeść z ~tem/bez ~tu** to eat sth with relish/without relish; **~t komuś dopisuje** sb has a good appetite, sb is a hearty eater; **mieć ~t na czekoladę/banana** to fancy some chocolate/a banana [2] pot., przen. (ochota) appetite C/U; **~t na przygodę** an appetite for adventure; **niejedno muzeum ma ~t na ten zbiór** a number of museums have their eye on a. are after the collection [3] pot., przen. (pożądanie) (sexual) appetite C/U, (sexual) desire C/U; **~t na seks** an appetite for sex; **mieć ~t na żonę szefa** to be after a. to fancy the boss's wife; **ładna i zgrabna, budziła męskie ~ty** slim and pretty, she aroused men's desires ■ **~t rośnie w miarę jedzenia** przysł. appetite comes with eating przysł., the more you have, the more you want pot.

apiać adv. pot. again; **a on – to samo?** is he on about the same thing again? pot.; **muszę ~ przepisać całą stronę** I'll have to write out the whole (damn) page again

apiterapi|a f sgt (GD ~i) apitherapy

aplauz m (G ~u) książk. [1] (uznanie) acclaim U; **zyskać ~ publiczności** to gain public acclaim; **sztukę przyjęto z wielkim ~em** the play met with great acclaim;

przyjąć coś z ~em to applaud sth [2] (na sali) applause U; acclamation U książk.; **skończył przemówienie wśród ogólnego ~u** he finished the speech to the sound of general applause

aplikacj|a f (Gpl ~i) [1] (wzór naszyty na tkaninę) appliqué design; **bluzka z ~ami** an appliquéd blouse [2] Prawo (sędziowska, adwokacka) legal training a. apprenticeship, pupilage GB; **odbyć/zrobić ~ę adwokacką** to serve one's articles a. pupilage GB, to train as a solicitor/barrister GB [3] Komput. application (program); **otworzyć/zamknąć ~ę** to open/close an application [4] książk. (podanie) application; **złożyć ~ę o przyznanie stypendium** to submit an application for a grant [5] książk. (metod) application U

aplikacyjn|y adi. [technika, zdobienie] appliqué attr.

aplikan|t m legal trainee

aplikantu|ra f Prawo legal training; **odbyć ~rę adwokacką** to serve one's articles a. pupilage GB, to train as a solicitor/barrister GB

aplikato|r m (przyrząd) applicator; **tampon z ~rem** an applicator tampon

aplik|ować impf [] vt [1] książk. (stosować) [lekarz] to administer książk. [kurację, lekarstwo] (**komuś** to sb); (zalecać) recommend [kąpiele morskie] (**komuś** to sb); **~ować komuś kazanie** przen., żart. to treat sb to a sermon ⇒ **zaaplikować** [2] (nakładać aplikację) to appliqué; **makatka ~owana skórą** a tapestry appliquéd with leather ⇒ **zaaplikować** [] vi (u adwokata) to serve one's articles a. pupilage GB, to train as a solicitor/barrister GB

apodyktycznie adv. [postępować] overbearingly; [mówić] peremptorily

apodyktyczno|ść f sgt (charakteru) overbearing nature; (twierdzeń) categorical nature

apodyktyczn|y adi. [osoba, charakter] overbearing, domineering; [głos, ton] peremptory

apoge|um n (Gpl ~ów) [1] książk. (szczyt) apogee U książk.; zenith U; **osiągnąć ~um** to reach its apogee a. zenith; **~um popularności/sławy** the height a. zenith of one's popularity/fame; **~um twórczości** the height of one's creative powers a. creativity [2] Astron. apogee

apokalips|a f sgt książk. [1] Bibl. (the) Apocalypse; **Apokalipsa św. Jana** the Revelation of St John the Divine [2] przen. (kataklizm) cataclysm, apocalypse; (przepowiednia) apocalyptic vision, apocalypse ❑ **czterech jeźdźców Apokalipsy** Bibl. the Four Horsemen of the Apocalypse

apokaliptycznie adv. (budząc grozę) [przedstawiać, opisywać] apocalyptically; (przybierając wielkie rozmiary) catastrophically; **epidemia rozprzestrzenia się ~** the epidemic is assuming apocalyptic proportions

apokaliptyczn|y adi. [wizja, obraz, literatura] apocalyptic; [rozmiary] catastrophic, apocalyptic

apokaliptyczno|ść f sgt (proroctwa, poezji) apocalyptic character

apokryf m (G ~u) [1] (tekst naśladujący księgi biblijne) book of the Apocrypha; **~y the**

Apocrypha [2] (utwór rzekomo autentyczny) apocryphal work

apokryf|iczny, ~owy adi. [ewangelia, literatura] apocryphal

apolitycznie adv. apolitically; **wypowiadać się ~** to take an apolitical stance

apolityczno|ść f sgt (armii, komitetu) political neutrality; **zachować ~ć** to preserve political neutrality

apolityczn|y adi. [osoba, stanowisko] apolitical; [gazeta] non-political, apolitical

apologe|ta m [1] książk. (obrońca) apologist; **~ci socjalizmu** apologists for communism [2] Hist. (pisarz chrześcijański) (Christian) apologist

apologetyczn|y adi. [wykład, wystąpienie, pisma] apologetic

apologety|k [] m pers. → apologeta [] m inanim. (G ~u) książk. (pismo) apologia książk., apology książk.; (mowa) apologetic(s) książk.; defence **~k kapitalizmu** an apologia for capitalism

apologi|a f (GDGpl ~i) książk. apology książk., apologia książk. (**czegoś** for sth)

apopleksj|a f sgt Med. stroke; apoplexy U przest.

apoplektycznie adv. apoplectically rzad.; [wyglądać] red in the face

apoplektyczn|y adi. [1] Med. **atak ~y** a stroke [2] (o gwałtownym temperamencie) [starzec] hot-tempered, dyspeptic; apoplectic pot.; (świadczący o gwałtownym temperamencie) [twarz] hot and flustered, dyspeptic; apoplectic przest.

apoplekty|k m (po wylewie) stroke victim; (o gwałtownym temperamencie) hot-tempered person

apor|t¹ [] m (G ~tu) (czynność) retrieve; (zwierzyna) (shot) game U; **pies nauczony ~tu** a dog trained to retrieve [] inter. (przynieś) fetch!

apor|t² m (G ~tu) [1] Ekon. contribution; **wnieść ~t** to make a contribution [2] (w okultyzmie) apport

aport|ować impf vt [pies] to retrieve [upolowaną zwierzynę]; to fetch [patyk, piłeczkę] ⇒ **zaaportować**

aposta|ta m książk. apostate

apostazj|a f (Gpl ~i) książk. apostasy U

apostols|ki adi. [1] (dotyczący apostołów) [pisma] apostolic; **praca ~ka** missionary work; **Listy Apostolskie** the Epistles; **Skład Apostolski** the Apostles' Creed [2] (dotyczący papieża) [administrator, nuncjusz, wikariat] apostolic

apostolstw|o n sgt [1] (krzewienie wiary) proselytization, missionary activity [2] książk. (posłannictwo) advocacy, campaigning

apostoł m (Npl ~łowie) [1] Bibl. Apostle; **dwunastu ~łów** the twelve disciples a. Apostles; **święty Paweł ~ł** the Apostle Paul, Paul the Apostle [2] (krzewiciel chrześcijaństwa) apostle, missionary [3] książk., iron. (propagator) apostle; **~ł postępu/rewolucyjnego ładu** an apostle of progress/revolution

apostoł|ować impf vt Relig. to evangelize także przen.

apostrof m (G ~u) Druk. apostrophe

apostrof|a f Jęz., Lit. apostrophe

apoteoz|a f książk. [1] (gloryfikacja) deification U, glorification U; **wiersz jest ~ą**

wolności the poem is a paean to liberty [2] Antycz. (władcy, bohatera) apotheosis książk.

apoteoz|ować *impf vt* (gloryfikować) to glorify, to deify *[czyn, ideę, osobę]*; to apotheosize *rzad.*; **~ować przeszłość** to glorify a. idealize the past

apraksj|a *f* (*Gpl* **~i**) Med. apraxia *U*

apres|ki *plt* (*G* **~ek**) Moda apres-ski

apretu|ra *f* Techn. [1] (substancja) finish [2] *sgt* (wykańczanie materiału) finish

apriorycznie *adv.* książk. a priori; **przyjmować coś ~** to assume sth a priori

aprioryczność *f sgt* książk. (sądów, zdań) apriority

aprioryczn|y *adi.* książk. a priori; **~e założenia/sądy** a priori assumptions/judgements

aproba|ta *f sgt* książk. approval; approbation książk.; **potakiwać z ~tą** to nod with approval; **uśmiechnąć się/słuchać z ~tą** to smile/listen approvingly; **uzyskać czyjąś ~tę** to win sb's approval; **projekt spotkał się z ~tą gości** the plan met with the approval of the guests

aprobatywnie *adv.* książk. *[wypowiadać się]* approvingly; **ustosunkować się do czegoś ~** to endorse sth

aprobatywn|y *adi.* książk. *[opinia, ocena]* positive; **głos ~y** a voice of approval

aprob|ować *impf vt* książk. to approve, to (give) consent to *[projekt, wydatki]*; to agree to, to accept *[zmiany w tekście]*; to approve of *[poglądy, pomysł, działalność]*; **~ować w pełni** to fully a. entirely approve ⇒ **zaaprobować**

aprobująco *adv. [skinąć, uśmiechnąć się]* approvingly, with approval

aprobując|y [] *pa →* **aprobować**
[] *adi. [spojrzenie]* approving; *[gest]* of approval

aproksymacj|a *f sgt* [1] książk. (przybliżenie) approximation; **opis ten jest raczej ~ą niż wierną rekonstrukcją** the description is an approximation rather than a faithful reconstruction [2] Mat. approximation

aproksymatywn|y *adi.* Mat. approximate

à propos /ˌaproˈpo/ książk. [] *adi. inv.* (stosowny) apropos; **to porównanie było całkiem ~** the comparison was extremely apt a. apropos; **twoja propozycja jest zupełnie nie ~** your proposal is completely inappropriate
[] *adv.* (na temat) to the point; **mówić ~** to say sth to the point
[] *praep.* (w związku z) apropos (of), concerning; **uwagi ~ wczorajszych zdarzeń** remarks apropos (of) yesterday's events
[] *part.* incidentally, by the way; **~ kogoś/czegoś** talking of sb/sth, apropos (of) sb/sth; **~, czy wiesz dlaczego on wyjechał do Australii?** incidentally, do you know why he left for Australia?; **wyjeżdżam w góry – ~, czy możesz pożyczyć mi narty?** I'm going to the mountains – talking a. apropos of which, can you lend me some skis?; **~ Schulza – wczoraj kupiłem jego opowiadania** talking a. apropos of Schulz – yesterday I bought a collection of his stories

aprowizacj|a *f sgt* książk. [1] (zaopatrywanie) supply(ing); (w żywność) provision(ing); **~a sklepów w towary** supplying shops with

goods [2] (żywność) provisions *pl*, (food) supplies *pl*; **dostawa/rozdział ~i** delivery/distribution of provisions

aprowizacyjn|y *adi.* [1] (związany z zaopatrzeniem) *[trudności]* supply *attr.* [2] (żywnościowy) food *attr.*; **artykuły ~e** food articles

a psik *inter.* [1] (naśladując kichnięcie) atishoo! GB, ahchoo! US [2] (odpędzając kota) shoo!

apsy|da [] *f* Archit. apse
[] **apsydy** *plt* Astron. apsides

aptecz|ka *f* (domowa) medicine cabinet, medicine chest; (podręczna, samochodowa) first-aid kit

apteczn|y *adi.* chemist's *attr.* GB, drugstore *attr.* US, pharmacy *attr.*

apte|ka *f* chemist GB, chemist's GB, drugstore US, pharmacy; **pójść do ~ki** to go to the chemist's

aptekars|ki *adi.* pharmaceutical, pharmacy *attr.*; **przemysł ~ki** the pharmaceutical(s) industry; **zawód ~ki** pharmacy; **~ka dokładność** minute exactitude; **rozliczyć kogoś z ~ką wręcz dokładnością** to settle up with sb to the last penny; **po ~ku** very exactly a. precisely; **dzielić/wymierzyć coś po ~ku** to divide/measure sth very precisely

aptekarstw|o *n sgt* (zawód, sztuka) pharmacy, pharmaceutics

apteka|rz *m*, **~rka** *f* (*Gpl* **~rzy**, **~rek**) (pracownik, właściciel) (dispensing) chemist GB, druggist US, pharmacist

a|r *m* Miary are Hist.

a|ra *f* Zool. macaw

Arab *m*, **~ka** *f* (*Npl* **~owie**, **~ki**) Arab

arab *m* (koń) Arab

arabes|ka *f* [1] Szt. *zw. pl* arabesque; **dywan w ~ki** a carpet with arabesque designs [2] Muz., Taniec arabesque

arabeskow|y *adi. [malowidło, polichromia]* arabesque *attr.*

Arabi|a Saudyjsk|a *f sgt* (*GD* **Arabii Saudyjskiej**) Geog. Saudi Arabia

arabi|sta *m*, **~stka** *f* Arabist

arabistyczn|y *adi. [studia]* Arabic

arabisty|ka *f sgt* (nauka) Arabic studies; (wydział) department of Arabic Studies

arabizacj|a *f sgt* książk. Arabization

arabs|ki [] *adi. [literatura, sztuka]* Arabic; **kraje a. państwa ~kie** the Arab countries a. states; **Półwysep Arabski** the Arabian Peninsula; **Pustynia/Zatoka Arabska** the Arabian Desert/Gulf; **studiować język ~ki** to study Arabic; **zasłaniać twarz po ~ku** to veil one's face Arab-style
[] *m sgt* [1] (język) Arabic; **po ~ku** in Arabic; **mówić po ~ku** to speak Arabic; **tłumaczyć na ~ki** to translate into Arabic [2] pot. (lekcje) Arabic (lessons)

arachi|d *m* (*G* **~du**) [1] Bot. (roślina) peanut, groundnut GB [2] *zw. pl* (owoc, nasienie) peanut *zw. pl*

arachidow|y *adi. [olej]* peanut *attr.*; **orzeszki ~e** peanuts

arafat|ka *f* pot. a kerchief à la Yasser Arafat

aragoni|t *m* (*G* **~tu**) Miner. aragonite *U*

arak *m sgt* (*G* **~u**) arrack *U*, arak *U*

arakow|y *adi.* arrack *attr.*, arak *attr.*

arali|a *f* (*GDGpl* **~i**) Bot. Aralia

aranż *m* (*G* **~u**) środ., Muz. arrangement; **~ instrumentalny** an instrumental arrangement

aranżacj|a *f* (*Gpl* **~i**) [1] Muz. arrangement; **melodie ludowe w ~i na orkiestrę symfoniczną** folk melodies arranged for symphony orchestra [2] (układ) arrangement *U*; (mieszkania, domu) decor *U*; (obrazu, fotografii) composition *U*; **~a kwiatowa** flower arrangement; **~a wnętrz** interior decoration a. design; **~a wystaw sklepowych** window dressing

aranżacyjn|y *adi.* [1] Muz. arrangement *attr.*; **utwór ~y** an arrangement [2] *[pomysł, rozwiązanie]* design *attr.*

aranże|r *m*, **~rka** *f* (*Npl* **~rowie** a. **~rzy**, **~rki**) [1] (organizator) organizer, arranger; **~r przedstawienia** a. **spektaklu** the organizer of an event a. a show; **być ~rem spotkania** to arrange a meeting [2] (dekorator) designer; **~r ekspozycji/wystawy** a display/an exhibition designer [3] Muz. (utworu) arranger

□ **~r wnętrz** interior decorator a. designer

aranż|ować *impf vt* [1] książk. (organizować) to arrange *[spotkanie]* ⇒ **zaaranżować** [2] (niejawnie) to arrange; to fix pot.; **~owany mecz** a fixed match; **~owana walka** a fixed fight; **potajemnie ~ował spotkanie** he secretly arranged a meeting ⇒ **zaaranżować** [3] (urządzać) to design *[wnętrze, mieszkanie]*; to arrange *[wystawę sklepową, kwiaty]*; **~ować ujęcie filmowe** to set up a film shot ⇒ **zaaranżować** [4] Muz. to arrange *[utwór, piosenkę]*; **~ować utwór na orkiestrę** to arrange a piece for orchestra ⇒ **zaaranżować**

araukari|a *f* (*GDGpl* **~i**) Bot. araucaria

arbit|er *m* [1] (*Npl* **~rzy** a. **~rowie**) książk. (znawca) arbiter; **~er dobrego smaku/mody** an arbiter of good taste/fashion; **~er w dziedzinie filmu** an expert on film [2] (*Npl* **~rzy** a. **~rowie**) książk. (rozjemca) mediator, arbiter; **premier jest ~rem w sporach między ministrami** the Prime Minister is the final arbiter in ministerial disputes [3] (*Npl* **~rzy** a. **~rowie**) Prawo arbitrator, mediator [4] (*Npl* **~rzy**) środ., Sport (piłkarski, ringowy) referee

□ **~er elegantiarum** książk. arbiter elegantiarum, arbiter elegantiae, arbiter of taste

arbitralnie *adv.* książk. *[postępować, rozstrzygać, podejmować decyzję]* arbitrarily, in an arbitrary manner; *[stwierdzać]* peremptorily

arbitralność *f sgt* książk. (sądów) arbitrariness; (wypowiedzi) peremptoriness książk.; **zarzucać komuś ~ć** to accuse sb of being arbitrary

arbitraln|y *adi.* książk. *[osoba]* despotic, dictatorial; *[decyzja, ocena, postępowanie]* arbitrary; *[ton]* peremptory książk., imperious książk.

arbitraż *m* (*G* **~u**) Prawo arbitration *U*, mediation *U*; **odwołać się do ~u** to go to a. call for arbitration; **podjąć się ~u** to agree to act as arbitrator; **sprawę rozstrzygnięto przez ~** the issue was settled by arbitration

□ **~ gospodarczy** Prawo commercial arbitration; **~ walutowy** a. **dewizowy** Ekon. arbitrage

arbitrażow|y *adi. [postępowanie, trybunał]* arbitration *attr.*

arboret|um *n* (*Gpl* **~ów**) Ogr. arboretum

arbuz m (A ~ a. ~a) [1] Bot. watermelon U; (owoc) watermelon [2] pot., żart. (głowa) nut pot. ■ dać komuś ~a to refuse sb przest.; dostać a. zjeść ~a przest. to be refused przest.

archaicznie adv. [1] (jak dawniej) archaically rzad.; **brzmieć** ~ to sound archaic; ~ **budowane zdania** sentences with an archaic structure; **stylizować utwór** ~ to write a work in archaic style [2] (nienowocześnie) pejor. **ubierać się** ~ to wear old-fashioned clothes; ~ **wyposażone laboratorium** a laboratory with obsolete equipment

archaiczność f sgt [1] (dawność) archaic quality, archaism (czegoś of sth) [języka, stylu] [2] pejor. (przestarzałość) (urządzenia) obsolescence; (poglądów, metod) old-fashionedness

archaiczny adi. [1] (dawny) ancient, archaic; ~y język archaic language; ~a końcówka an archaic ending; ~a kultura (an) ancient a. archaic culture; **kolekcjonował** ~ą broń he collected ancient weapons [2] pejor. (przestarzały) [przepisy, metody] outdated, archaic; [sprzęt, urządzenie] obsolete, antiquated; [samochód] ancient pot.; [sposób myślenia] old-fashioned; **mieć** ~e **poglądy na coś** to have old-fashioned views about sth

archaizacja f sgt książk. archaizing, archaism; ~a języka a. językowa w powieści historycznej archaizing of the language in a historical novel

archaizacyjny adi. książk. archaizing; **zabiegi** ~e **nadają mowie podniosły ton** the use of archaisms gives the speech an elevated tone

archaizm m (G ~u) [1] Jęz. archaism [2] pejor. (przeżytek) anachronism; ~y w **systemie prawnym** legal anachronisms

archaizować impf vt Literat. to archaize [język, styl]; **utwór napisany** ~owaną **polszczyzną** a work written in archaized Polish

archanielski adi. archangelic; **śpiewać** ~kim głosem przen. to sing in an angelic voice

archanioł m (Npl ~ołowie a. ~oły) Relig. archangel; ~oł Gabriel the Archangel Gabriel

archeolog m (Npl ~dzy a. ~gowie) archaeologist GB, archeologist US

archeologia f sgt (GD ~i) [1] (nauka) archaeology GB, archeology US [2] (wydział) archaeology department

archeologicznie adv. archaeologically GB, archeologically US

archeologiczny adi. [badania, odkrycie, wykopalisko] archaeologic(al) GB, archeologic(al) US

archetyp m (G ~u) [1] książk. (topos) archetype; ~y z Biblii/mitów biblical/mythical archetypes; **ucieleśniać** ~ **władcy** to be an archetypal ruler książk. (pierwowzór) prototype, forerunner; **to** ~ **współczesnych łodzi** this is a prototype of modern boats [3] Psych. archetype

archetypiczny, ~owy adi. [1] książk. archetypal, archetypical; ~iczny **motyw walki dobra ze złem** the archetypal motif of the struggle between good and evil [2] Psych. [wzorce, obrazy] archetypal

archidiakon m (Npl ~owie a. ~i) Relig. archdeacon

archidiakonat m (G ~tu) Relig. archdeaconry

archidiecezja f (Gpl ~i) archdiocese

archidiecezjalny adi. archdiocesean

archikatedra f ≈ a metropolitan cathedral a. church (the principal church of an archbishop's see)

archikatedralny adi. [budynek] cathedral attr.; **kościół** ~y a metropolitan a. cathedral church

archipelag m (G ~u) archipelago; ~ **Samoa** the Samoan archipelago; **Archipelag Arktyczny** the Arctic archipelago

architekt m (G ~a) [1] (zawód) architect [2] książk., przen. architect; **główny** ~t **porozumienia pokojowego** the chief architect of a. behind the peace agreement □ ~t **krajobrazu** landscape architect, landscape gardener; ~t **wnętrz** interior designer a. decorator

architektonicznie adv. architecturally; architectonically rzad.; **budowla ciekawa** ~ an interesting building architecturally

architektoniczny adi. [styl, plan, detale, wystrój, konstrukcja] architectural; **porządek** ~y a classical order (of architecture)

architektura f sgt [1] (projektowanie, nauka) architecture; **studiować** ~rę to study architecture [2] (epoki, obszaru) architecture U; ~ra **gotycka/baroku** Gothic/baroque architecture [3] (domu, wieżowca) architecture, architectural style; **dom o prostej** ~rze a house of plain architectural style [4] książk., przen. (struktura) structure, architecture; ~ra **powieści** the structure of a novel; ~ra **współczesnych komputerów** the design of modern computers; ~ra **wszechświata** the structure a. architecture of the universe □ ~ra **krajobrazu** Ogr. landscape architecture; ~ra **wnętrz** interior design a. decoration; **mała** ~ra architectural details a. ornament; (ogrodu) architectural features

architraw m (G ~u) Archit. architrave

archiwalia plt (G ~ów) archive records, archive material

archiwalny adi. [badania, dokumenty] archival; [film] archive attr.; **materiały/nagrania/źródła** ~e archive a. archival material/recordings/sources; **listy o dużej wartości** ~ej letters of significant archival value

archiwista m, ~stka f (badacz) archivist; (pracownik) archive worker

archiwistyka f sgt archive studies

archiwizować impf vt [1] (przechowywać) to archive [dokumenty, akta] ⇒ **zarchiwizować** [2] Komput. to archive [pliki, dane] ⇒ **zarchiwizować**

archiwolta f Archit. archivolt

archiwum n (G ~ów) [1] (zbiór dokumentów) archive zw. pl.; ~um **policyjne** police files a. records; ~um **prasowe** press archives; ~um **rodzinne** a family archive; ~um **sądowe** court records; **wertować** ~a to go through the archives [2] (instytucja) archive, archival agency □ ~um **dźwiękowe** Radio sound library a. archives; ~um **filmowe** film library a. archive

arcy- w wyrazach złożonych [1] książk. (wzmocnienie) extremely; **arcyciekawy** extremely interesting [2] (w tytułach i funkcjach) arch-, archi-; **arcyksiężniczka** an archduchess; żart. **arcyłotr** an arch-villain

arcybiskup m Relig. (osoba, tytuł) archbishop □ ~ **mniejszy** titular archbishop; ~ **większy** archbishop

arcybiskupi adi. [urząd] archiepiscopal; [szaty, pierścień] archbishop's

arcybiskupstwo n Relig. [1] (archidiecezja) archbishopric, archdiocese [2] sgt (urząd arcybiskupa) archbishopric

arcydzieło n [1] (literatury, filmu, sztuki) masterpiece, masterwork; ~ło **literatury światowej** a masterpiece of world literature [2] przen. (postępowanie) master stroke; (wytwór) masterpiece, work of art; ~ło **dyplomacji/taktu** a master stroke of diplomacy/tact; **każda scenka jest** ~łem **sztuki aktorskiej** every scene is a masterpiece of acting; **opakowanie tych perfum to prawdziwe** ~ło the bottle for this perfume is a real work of art

arcydzięgiel m (G ~la a. ~lu, Gpl ~li a. ~lów) Bot. angelica

arcykapłan m Relig. (główny kapłan) archpriest; (w judaizmie) high priest

arcykapłański adi. (dotyczący najwyższego kapłana) archpriest's; (w judaizmie) high priest's

arcyksiążę m (D ~ęciu, V ~ążę, Gpl ~ążąt) (osoba, tytuł) archduke

arcyksiężna f (Gpl ~ych) (osoba, tytuł) archduchess (wife of an archduke)

arcymistrz m, ~yni f (Npl ~owie, ~ynie) [1] (artysta, rzemieślnik) great master; ~ **niedościgły w czymś** an unrivalled master in a. of sth; **był** ~em **wśród portrecistów** he was a great master of the portrait; **ta biżuteria to robota** ~a this jewellery is the work of a great master [2] Gry (w szachach) (osoba, tytuł) grandmaster

arcymistrzowski adi. [1] (znakomity) masterly; ~ka **robota** a masterly piece of work [2] (w szachach) [turniej, tytuł] grandmaster attr.

areał m (G ~łu) Roln. acreage U

à rebours /are'bur/ książk. back to front, in reverse; inverted książk.; **czytać jakiś wyraz** ~ to say a word back to front; **kino współczesne opowiada** ~ **o rzeczywistości** modern cinema gives us a back-to-front account of reality

arena f [1] (w cyrku, amfiteatrze) arena [2] sgt przen. (zawód cyrkowca) the circus; **marzyć o** ~ie **cyrkowej** to dream of joining the circus; **wycofać się z** ~y to retire from the circus [3] Antycz. arena [4] przen. (obszar działania) arena; ~a **polityczna** the political arena; ~a **dziejów** the stage of history; **odnosić sukcesy polityczne na** ~ie **międzynarodowej** to achieve political success in the international arena; **stać się** ~ą **czegoś** to become the scene a. centre of sth ■ **zejść z** ~y **życia** to depart this life

areopag m (G ~u) [1] Antycz. Areopagus [2] książk. (grono autorytetów) prestigious assembly; ~ **muzyków** a prestigious a. distinguished assembly of musicians

areszt m (G ~tu) [1] sgt Prawo (kara) jail, custody; **otrzymać trzy miesiące** ~tu to receive three months in jail; **nałożyć** ~t

na kogoś przest. to place sb under arrest, to take sb into custody; **~t ścisły** close arrest ② (pomieszczenie) jail, prison; **przebywać w ~cie** to be in jail; **podejrzanych osadzono w ~cie** the suspects were jailed a. put in jail; **wypuścić kogoś z ~tu** to release sb from jail ③ sgt Prawo (zajęcie własności) distraint, distress; **~t na majątku** a. **na majątek** the distraint of sb's property; **obłożyć ~tem czyjeś dobra** to distrain (on) sb's goods

❏ **~t domowy** Prawo house arrest; **~t statku** Prawo arrest of ship; **~t tymczasowy** a. **śledczy** Prawo remand

aresztanc|ki adi. [cele] prison attr.; [strój] prisoner's

aresztan|t m prisoner

areszt|ować pf, impf vt ① (o policji) to arrest [podejrzanego] (**za coś** for sth); **~ować kogoś pod zarzutem morderstwa** to arrest sb on a charge of murder; **jest pan ~owany** you're under arrest ⇒ **zaaresztować** ② Prawo to distrain [majątek, towary, fundusze]; to arrest [statek] ⇒ **zaaresztować**

aresztowa|nie ▯ sv → **aresztować**

▮ n arrest; **policja przeprowadziła kilka ~ń** the police made several arrests; **nakaz ~nia** a warrant for sb's arrest

aresztowan|y ▯ pp → **aresztować**

▮ **aresztowan|y** m, **~a** f prisoner; **~ych doprowadzono do komisariatu** those arrested were taken to the police station

Argentyn|a f Geog. Argentina

Argenty|ńczyk m, **~nka** f Argentine, Argentinian

argentyńs|ki adi. Argentine, Argentinian

argenty|t m (G **~tu**) Miner. argentite U

arginin|a f sgt Chem. arginine

argot /arˈgo/ n, m inv. sgt Jęz. argot

argumen|t m (G **~tu**) ① (dowód) argument; **~t nie do odparcia** an irrefutable argument; **~t przeciwko komuś/czemuś** an argument against sb/sth; **obalić** a. **zbić ~t** to demolish an argument; **rozważać ~ty za i przeciw** to weigh up the arguments for and against; **wysunąć ~t** to put forward an argument; **mieć ~ty na uzasadnienie czegoś** to have arguments to support sth a. back sth up; **poprzeć coś ~tami** to support a. back up sth with arguments; **żadne ~ty do niego nie trafiały** no arguments could persuade him; **to kolejny ~t na to, że on nie ma racji** this is yet another argument indicating that he's wrong ② (powód) reason, argument; **dobra praca w przyszłości jest ważnym ~tem, żeby się kształcić** the prospect of a good job in the future is an excellent reason a. argument for studying; **dzieci nie powinny być ~tem przetargowym w sprawach rozwodowych** children shouldn't be used as bargaining counters in divorce cases ③ Filoz., Log., Mat. argument

■ **~t siły** a. **siłowy** force, violence; **stosować ~t siły** to use force a. violence; **szeleszczący ~t** pot. backhander pot.

argumentacj|a f (Gpl **~i**) (uzasadnianie) argumentation U, reasoning U; (argumenty) argument(s), argumentation U; **~a na poparcie jakiejś tezy** arguments in sup-

port of a theory; **sposób ~i** the method of argument; **przekonała go jej logiczna i chłodna ~a** he was convinced by her cool, logical reasoning; **twoja ~a trafiła mi do przekonania** I was convinced by your reasoning; **nie sposób tu przytoczyć całej ~i sędziego** it's impossible here to cite all the judge's arguments

argument|ować impf ▯ vt (uzasadniać) to justify, to defend; **jak prezes ~ował swoją odmowę?** how did the chairman justify his refusal?; **decyzja była odmowna, ~owana ryzykiem wielkich strat** the decision was negative, and was explained a. justified on the grounds of the risk of considerable losses; **~ować coś czymś** to plead sth as a/the reason for sth ⇒ **uargumentować**

▮ vi (przedstawiać argumenty) to argue; **~ować za czymś/przeciwko czemuś** to argue for/against sth; **~ować rzeczowo/przekonująco** to argue clearly/convincingly; **próbował ~ować, że budowa fabryki jest konieczna** he tried to argue that the building of the factory was essential

ari|a f (GDGpl **~i**) Muz. ① (pieśń) aria; **~a z „Carmen"** an aria from 'Carmen' ② (utwór instrumentalny) air

arian|in Relig. ▯ m (Gpl **~**) ① Arian, Anti-Trinitarian ② Hist. (w dawnej Polsce) Arian

▮ **arianie** plt Hist. (bracia polscy) Arians, Polish Brethren

arianizm m sgt (G **~u**) Relig. ① Arianism ② Hist. (w dawnej Polsce) doctrine of the Polish Brethren

arian|ka f Relig. ① Arian, Anti-Trinitarian ② Hist. (w dawnej Polsce) Arian

ariańs|ki adi. Arian

ariergar|da f Wojsk. rearguard

ariet|ka f Muz. arietta, ariette

ar|ka f Bibl. the ark

❏ **arka Noego** Bibl. Noah's ark; **Arka Przymierza** Bibl. the Ark of the Covenant, the Ark of the Testimony

■ **arka przymierza** książk. link, bridge; **arka przymierza współczesności z tradycją** a link between tradition and the present day

arka|da f ① Archit. arch; **~dy** an arcade ② pot. (podcienie z arkadami) arcade, colonnade; **księgarnia pod ~dami** the bookshop under the arches

❏ **ślepa ~da** Archit. blind arch

Arkadi|a f sgt (GD **~i**) Antycz. Arcadia

arkadi|a f sgt (GD **~i**) książk. (raj) Arcady poet., Arcadia poet.

arkadow|y adi. arcade attr.; [dziedziniec] arcaded, cloistered; **~e krużganki** cloisters

arkadyjs|ki adi. ① Literat. Arcadian ② książk. (sielankowy) [dzieciństwo, miłość, pieśń] Arcadian poet.

arkan m (G **~u**) lasso

arkan|a, ~y plt (G **~ów**) książk. (tajniki) arcane knowledge U książk., arcana (+v sg/pl) książk.; mysteries secrets; **~a sztuki/rzemiosła** the secrets a. mysteries of an art/craft; **wprowadzać** a. **wtajemniczać kogoś w ~a tenisa/boksu** to initiate sb into the mysteries of tennis/boxing

arktyczn|y adi. [powietrze, wiatr, prąd] Arctic; **ekspedycja ~a** an expedition to the Arctic

Arkty|ka f Geog. the Arctic

arkusik m dem. small sheet, slip; **~ papieru/bibułki** a small sheet of paper/blotting paper

arkusz m ① (papieru, blachy) sheet ② (zestawienie) report; **~ sprawozdawczy** a report sheet; **~ ocen** a mark GB a. grade US sheet; **figurować w ~u ewidencyjnym** to be in the records

❏ **~ autorski/wydawniczy** Druk. standard units of text length, roughly equivalent to 40,000 characters; **~ drukarski** Druk. quire; **~ kalkulacyjny** Fin., Komput. spreadsheet

arkuszow|y adi. [blacha, folia] sheet attr.

arlekin ▯ m pers. (Npl **~y** a. **~i**) Teatr Harlequin

▮▮ m anim. Zool. harlequin Great Dane

▮▮▮ **arlekiny** plt pot. trashy love stories

arlekina|da f ① Teatr harlequinade ② (błazenada) buffoonery U; harlequinade przest.

arma|da f ① (flota wojenna) fleet of warships, armada; **Wielka** a. **Niezwyciężona Armada** the (Spanish) Armada ② (grupa statków) fleet; **~da żaglowców** a fleet of sailing boats

arma|ta f Wojsk. cannon, (heavy) gun; **~ty przeciwlotnicze** anti-aircraft cannon(s) a. guns

■ **ciebie to tylko nabić w ~tę i wystrzelić** pot. (a) fat lot of use you are!, what am I going to do with you?; **wytoczyć ~tę** a. **~ty (przeciwko komuś/czemuś)** to bring out the big guns (against sb/sth)

armat|ka f ① dem. Wojsk. (small) cannon, (small) gun ② Techn. gun; **jeden strzał z ~ki i harpun dosięga wieloryba** one shot from the gun and the harpoon hits the whale

❏ **~ka śnieżna** a. **śniegowa** Sport snow cannon; **~ka wodna** water cannon

armatni adi. [lufa, pocisk] cannon attr., gun attr.; **rozległy się 24 salwy ~e** a 24-gun salute was heard

armato|r m Żegl. shipowner

armators|ki adi. [firma, przedsiębiorstwo] shipping attr.

armatu|ra f ① Techn. (przemysłowa, wodociągowa, drzwiowa) fittings pl; **~ra łazienkowa** bathroom fittings ② Budow. reinforcement U ③ Szt. (rzeźby, witrażu) armature

Armeni|a f sgt (GD **~i**) Geog. Armenia

Arme|ńczyk m, **~nka** f Armenian

armeńs|ki adi. Armenian

armi|a f (GDGpl **~i**) ① Wojsk. (wojsko) the armed forces, the armed services; (lądowe siły zbrojne) the army; **siły powietrzne ~i** the air force; **służyć w ~i** to serve in the armed forces/army; **powołać** a. **wcielić kogoś do ~i** to conscript sb into the armed services/army; **~a wyzwoleńcza** liberation army ② Wojsk. (jednostka organizacyjna) (army) corps; **oddziały ~i pancernej** units of the armoured corps ③ (ekspedycyjna, interwencyjna) (armed) forces; **~a okupacyjna** the occupation a. occupying forces; **nękać ~ę przeciwnika** to harry (the) enemy forces ④ (gromada) army; **~a młodzieży/robotników** an army of young people/workers

❏ **~a ciemności** Bibl. the forces of darkness; **Armia Krajowa** Hist. the Home Army (Polish resistance organization during World War II); **Armia Ludowa** Hist. the People's

Army (*Polish socialist resistance organization during World War II*); **Armia Zbawienia** the Salvation Army

armijn|y *adi.* armed services *attr.*; *[oddział, dowódca, sprzęt]* military

arni|ka *f* [1] Bot. arnica [2] *sgt* Farm. arnica

arogancj|a *f sgt* (lekceważenie) arrogance; (zuchwałość) impudence, impertinence; **traktować kogoś z ~ą** to treat sb arrogantly a. with arrogance; **odezwać się z ~ą** to say sth in an impudent manner; **odpowiedzieć z ~ą** to answer impudently a. in an impudent manner

arogan|cki *adi.* *[osoba, zachowanie]* arrogant; *[odpowiedź]* impudent, impertinent

arogancko *adv.* *[traktować, patrzeć]* arrogantly; *[odpowiedzieć]* impudently

arogan|t *m*, **~tka** *f* arrogant person

aromacik *f dem.* (*G* **~u**) aroma

aroma|t *m* (*G* **~tu**) [1] (przyjemny zapach) aroma, fragrance; **~t kawy** the aroma of coffee; **roztaczać** a. **wydzielać ~t** to give off an aroma; **kwiaty wydzielały niepowtarzalny ~t** the flowers gave off a unique fragrance a. scent [2] *zw. pl* (substancja) aromatic substance *zw. pl*; **~ty spożywcze** cooking essences; **~t cytrynowy/waniliowy** lemon/vanilla essence; **~t identyczny z naturalnym** nature identical flavour

aromatoterapi|a *f sgt* (*GD* **~i**) aromatherapy

aromatycznie *adv. grad.* fragrantly; **pachnieć ~** to have a fragrant smell

aromatyczn|y *adi.* *[zioła, napój]* aromatic

aromatyzacj|a *f sgt* Chem. aromatization

aromatyz|ować *pf, impf vt* to flavour GB, to flavor US *[potrawę, herbatę, wino]*; to aromatize *rzad.*; **~ować ciasto esencją waniliową** to flavour a cake with vanilla essence; **produkt ten jest sztucznie ~owany** the product contains artificial flavourings

aromatyzowan|y [1] *pp →* aromatyzować
[2] *adi.* *[herbata]* flavoured GB, flavored US; *[mydło]* scented; **tort ~y rumem** a rum-flavoured gateau

aroni|a *f* (*GDGpl* **~i**) Bot. chokeberry

arras *m* (*G* **~u**) Szt. tapestry, arras

ars amandi książk. the art of loving

arsen *m* (*G* **~u**) Chem. arsenic

arsena|ł *m* (*G* **~łu**) [1] (skład broni) arsenal [2] (zasób broni) arsenal, weapons; **~ł broni chemicznej** chemical arsenal [3] *przen.* arsenal; **~ł kosmetyków/leków** an arsenal of cosmetics/medicines

arsen|ek *m* (*G* **~ku**) Chem. arsenide

arsenopiry|t *m* (*G* **~tu**) Miner. arsenopyrite *U*

arszenik *m sgt* (*G* **~u**) Chem. arsenic (trioxide)

arszenikow|y *adi.* arsenic(al)

art. (= artykuł) Prawo art.

artefak|t *m* (*G* **~tu**) książk. artefact GB, artifact US

arteri|a *f* (*GDGpl* **~i**) [1] (droga komunikacyjna) artery, (main) line of communication; (główna ulica miasta) main road a. thoroughfare, traffic artery; (przelotowa) through route, arterial route; (szosa główna) (main) artery, arterial road, trunk road; (kolejowa) (main) artery, arterial line, main a. trunk line;

(wodna) (main) waterway, (main) water route; **~a handlowa** a trade route [2] Anat. artery; **~a serca** a cardiac artery

arterialn|y *adi.* *[ciśnienie]* arterial, artery *attr.*; *[krew]* arterial

arteriografi|a *f sgt* (*GD* **~i**) Med. arteriography; **~a nerkowa** renal arteriography

arteriosklerotyczn|y *adi.* Med. arteriosclerotic

arterioskleroz|a *f sgt* Med. arteriosclerosis

artretyczn|y *adi.* *[bóle, pacjent]* arthritic, arthritis *attr.*; *[dłonie]* arthritic

artrety|k *m*, **~czka** *f* arthritis sufferer, arthritic

artretyzm *m sgt* (*G* **~u**) Med. arthritis

artrologi|a *f sgt* (*GD* **~i**) Med. arthrology

artropati|a *f sgt* (*GD* **~i**) Med. arthropathy

artroz|a *f sgt* Med. arthrosis

arty|cha *augm. pot.* [1] *m pers.* (*Npl* **~chy**)
[1] (twórca) artist [2] (mistrz) artist, master; **to prawdziwy ~cha w swoim fachu** he's a real artist at his job
[2] *m, f* (osoba ekscentryczna) character *pot.*, artist *pot.*; **niezły/niezła ~cha** a right character a. artist

artyficjalizm *m sgt* (*G* **~u**) Psych. artificialism

artykulacj|a *f* (*Gpl* **~i**) [1] Jęz. articulation; **~a samogłosek/spółgłosek** the articulation of vowels/consonants [2] książk. (poglądów, myśli) articulation *U*; **nie był zdolny do ~i własnych uczuć** he wasn't capable of articulating his (own) feelings a. emotions [3] Stomat. bite *U*, occlusion *U* [4] Muz. (sposób wykonania) manner of performance *U*; (w śpiewie) articulation *U*

artykulacyjn|y *adi.* [1] (o wymawianiu głosek) articulatory [2] (dotyczący zgryzu) occlusal [3] (w muzyce) articulation *attr.*; **znaki a. oznaczenia ~e** musical directions

artykulik *m dem.* (*G* **~u**) [1] (w gazecie) (short) article [2] (w słowniku) entry; (w encyklopedii) entry, article

artyku|ł *m* (*G* **~łu**) [1] (w gazecie) article (o czymś on a. about sth); **~ł krytyczny/polemiczny** a critical/polemical article; **napastliwy ~ł** a scathing article; **kropnąć** a. **wyciąć ~ł** *pot.* to bash out an article *pot.* [2] *zw. pl* (produkt) article *zw. pl*; **~ły biurowe/przemysłowe** office/industrial goods a. articles; **~ły spożywcze** groceries; **~ły gospodarstwa domowego** household articles a. goods; **~ły zbytku** luxury goods [3] Prawo article; **skazany/oskarżony z ~łu 139 kodeksu karnego** sentenced/charged under article 139 of the penal code [4] Relig. article
❏ **~ł hasłowy** Wyd. (w słowniku) entry; (w encyklopedii) entry, article; **~ł wiary** Relig. article of faith; **~ł wstępny** Dzien. editorial
■ **~ły pierwszej potrzeby** the basic necessities

artykuł|ować *impf vt* [1] Jęz. to articulate *[głoski]* ⇒ **wyartykułować** [2] książk. (wyrażać) to articulate książk. *[poglądy, myśli, uczucia]*; to express, to voice *[zastrzeżenia, wątpliwości, zaniepokojenie]* ⇒ **wyartykułować** [3] Muz. to articulate *[dźwięki]*

artykułowan|y [1] *pp →* artykułować
[2] *adi.* *[mowa]* clearly articulated, articulate; *[dźwięki]* clearly articulated

artyleri|a *f sgt* (*GD* **~i**) Wojsk. [1] (wojsko) (the) artillery; **oddział ~i** an artillery unit; **służyć w ~i** to serve in the artillery; **zaciągnąć się do ~i** to join the artillery [2] (działa) artillery *U*; **walczyć pod ogniem ~i** to fight under artillery fire; **ciężka/lekka ~a** heavy/light artillery
■ **~a niebieska** żart. thunderclaps; **ciężka ~a** *pot., przen.* (o osobie) sluggard

artyleryjs|ki *adi.* *[oddział, wojska, ostrzał]* artillery *attr.*; **działo ~kie** an artillery gun a. piece

artylerzy|sta *m* artilleryman, artillerist

arty|sta *m*, **~stka** *f* [1] (twórca) artist; **~sta fotografik** a (professional) photographer; **~sta malarz** an artist, a painter; **~sta plastyk** (malarz) a painter; (rzeźbiarz) a sculptor; **prace ludowych ~stów** works by folk artists [2] (filmowy, teatralny) artist, actor; (kabaretowy, cyrkowy) artiste; **~sta baletu** a ballet dancer; **~sta ekranu/sceny** a screen/stage actor; **~sta estrady** an entertainer; **~sta opery** an opera singer; **~sta teatru** a theatre actor [3] *przen.* (mistrz) artist, master [4] *pot.* (ekscentryczna osoba) character *pot.*, artist *pot.*; **niezły z niego ~sta** he's a right character a. artist
❏ **~sta amator** Szt. amateur painter, Sunday painter
■ **~sta słowa** a writer

artystow|o *n sgt* książk., pejor. formalism

artystows|ki *adi.* książk. *[twórczość, koncepcje, postawa]* formalistic; *[proza]* aesthetic

artystycznie *adv.* [1] (pod względem artystycznym) artistically, in artistic terms; **ambitny ~ teatr** artistically ambitious theatre; **ta sztuka jest ~ słaba** from an artistic point of view the play is weak [2] (zgodnie z zasadami piękna) *[zdobiony, wymodelowany, pleciony]* artistically, aesthetically; **~ wysmakowane wnętrze** a tastefully appointed interior

artystyczn|y *adi.* [1] (związany ze sztuką) *[twórczość, talent, ambicje, osiągnięcie, dojrzałość]* artistic; *[forma]* art *attr.*; **prądy/kierunki ~e** artistic trends/movements; **wydarzenie ~e tego sezonu** the artistic event of the season; **życie ~e miasta** the artistic life of the city; **film odniósł sukces ~y** the film was an artistic success; **przemysł ~y** arts and crafts industry; **rzemiosło ~e** handicraft, craftwork [2] (piękny) *[kreacja, fryzura, projekt]* artistic

artyzm *m sgt* (*G* **~u**) [1] (kunszt) artistry; **~ poety/muzyka** a poet's/musician's artistry [2] (piękno) artistry; **~ utworu** a work's artistry; **coś odznacza się** a. **wyróżnia się ~em** sth is full of artistry

Aryj|czyk *m*, **~ka** *f* [1] (członek starożytnego ludu) Aryan [2] Hist. (w ideologii hitlerowskiej) Aryan

aryjs|ki *adi.* [1] *[lud, plemię, język, rasa]* Aryan [2] Hist. *[wygląd, papiery]* Aryan; **po stronie ~kiej** on the Aryan side (*in Polish cities containing ghettos during World War II*)

arystokracj|a *f sgt* [1] (warstwa społeczna) aristocracy [2] przen. (finansowa, umysłowa) elite [3] Antycz. (forma rządów) aristocracy

arystokra|ta *m*, **~tka** *f* [1] (członek arystokracji) aristocrat; **~ta w każdym calu** every inch an aristocrat [2] przen. aristocrat; **~ta**

A

sztuki/literatury one of the aristocrats of art/literature

arystokratycznie *adv.* aristocratically; **~ brzmiące nazwisko** an aristocratic-sounding name; **~ urodzona panna** a young lady of aristocratic birth

arystokratyczność *f sgt* aristocratic nature

arystokratyczn|y *adi.* *[sfery, pochodzenie, maniery, nos]* aristocratic; **rodzina z ~ymi tradycjami** a family with aristocratic traditions

arystokratyzm *m sgt* (*G* **~u**) [1] (pochodzenie) aristocratic birth [2] (elitarność) aristocratism rzad.; haughtiness pejor.; **~ ducha** nobility of spirit

Arystoteles *m* Aristotle

arystotelesows|ki *adi.* Aristotelian

arystotelizm *m sgt* (*G* **~u**) Filoz. Aristotelianism, Aristotelism

arytmetycznie *adv* [1] *[obliczyć]* arithmetically [2] pot. (liczbowo) in figures; **przedstawić ~ wyniki sondażu** to present the results of the survey in figures

arytmetyczn|y *adi.* *[działanie, zadanie]* arithmetic(al)
❑ **ciąg** a. **postęp ~y** Mat. arithmetic series a. progression

arytmety|ka *f* [1] *sgt* (dział matematyki) arithmetic; **zadanie z ~ki** an arithmetic problem [2] *sgt* przen. (obliczanie) arithmetic, calculation; **codzienna ~ka wydatków** daily calculation of expenses; **~ka wyborcza** parliamentary arithmetic [3] pot. (podręcznik) arithmetic textbook

arytmi|a *f sgt* (*GD* **~i**) [1] Med. arrhythmia [2] książk. (nierytmiczność) irregularity; **~a w pracy maszyny** irregularity in the working of a machine

arytmicznie *adv.* książk. *[oddychać]* arrhythmically; *[biec, iść]* out of rhythm

arytmiczność *f sgt* książk. arrhythmicity

arytmiczn|y *adi.* książk. *[muzyka, utwór, tętno]* arrhythmic

arywi|sta *m*, **~stka** *f* książk., pejor. careerist pejor.; arriviste

as¹ [I] *m pers.* (*Npl* **asy**) (mistrz) ace pot.; **as lotnictwa/wywiadu** a flying/an intelligence ace; **był asem w strzelaniu bramek** he was a prolific a. an ace goal scorer; **był asem atutowym polskiej komedii przedwojennej** he was the ace a. king of Polish pre-war comedy
[II] *m inanim.* (*A* **asa**) [1] Gry (karta) ace; **as karo** a. karowy the ace of diamonds; **as kier/pik/trefl** the ace of hearts/spades/clubs; **wyjść asem** a. **z asa** to lead with an ace [2] Sport (serw) ace
■ **mieć asa w rękawie** to have an ace up one's sleeve; **wyciągnąć asa z rękawa** to play one's trump card

as² *m* (*A* **asa**) Antycz. (jednostka ciężaru) as; (moneta) as

as³ *n inv.* Muz. A flat
❑ **As-dur** Muz. A flat major; **as-moll** Muz. A flat minor

asafety|da *f sgt* Farm. (środek uspokajający) asafoetida, asafetida

asan → acan

asce|ta *m*, **~tka** *f* [1] Relig. ascetic [2] (wiodący surowy tryb życia) ascetic (person); **żyć jak ~ta** to live as an ascetic; **nie bądź**

---

taką ~tką don't be such a stick-in-the-mud pot.

ascetycznie *adv.* [1] (jak asceta) ascetically; *[wyglądać]* ascetic *adi.*; **żyć ~** to live an ascetic a. austere life [2] (bez upiększeń) starkly; *[wyglądać]* stark *adi.*, austere *adi.*; *[ubierać się]* starkly, plainly; **~ urządzone wnętrze** a starkly arranged interior; **~ zwięzła sztuka** a minimalist play

ascetyczność *f sgt* [1] (trybu życia) asceticism [2] (surowość) starkness (**czegoś** of sth) *[dekoracji]*

ascetyczn|y *adi.* *[życie]* ascetic, spartan; *[twarz]* ascetic, austere; *[wnętrze, scenografia, strój]* stark

ascetyzm *m sgt* (*G* **~u**) [1] Relig. asceticism; **praktykować ~** to practise asceticism [2] książk. (surowość, prostota) starkness, severity (**czegoś** of sth) *[formy]*

ascez|a *f sgt* [1] Relig. asceticism [2] (surowy tryb życia) asceticism, ascetic way of life [3] (surowość, prostota) starkness, severity; **~a w ubiorze** severity of dress

aseksualizm *m sgt* (*G* **~u**) książk. asexuality

asekuracj|a *f sgt* [1] (zabezpieczenie się) safeguard, precautionary measure (**przed kimś/czymś** against sb/sth); **~a przed złodziejami** a safeguard against thieves; **~a na wypadek utraty pracy** a precautionary measure a. safety net in case one loses one's job; **postawa ~i** a play-safe attitude [2] Sport (alpinisty, gimnastyka) safety measure(s); (urządzenia) safety gear, safety device(s) [3] pot., przen. (osoba, grupa osób) back-up (team); **stanowili dla siebie nawzajem ~ę** they acted as mutual protection a. support for one another; (rzecz) security (for the future); insurance (policy) **cenne znaczki czy obrazy są pewną ~ą** valuable stamps or paintings are a kind of security a. insurance policy [4] Ubezp. insurance (**od czegoś** against sth); **~a na wypadek powodzi** insurance against flooding, flood insurance

asekuracyjn|y *adi.* [1] (ostrożny) (postawa) play-safe pot.; (styl walki) defensive [2] (zabezpieczający) *[urządzenia, środki, lina]* safety *attr.*; **przedsięwzięto różne środki ~e, by chronić prezydenta** various security measures were taken to protect the President [3] Ubezp. *[polisa, towarzystwo]* insurance *attr.*, assurance *attr.*

asekuranc|ki *adi.* pejor. *[postawa, zachowanie, wypowiedzi]* equivocal książk.; non-committal; play-safe pot.

asekurancko *adv.* pejor. *[postępować, zachowywać się]* equivocally książk.; non-committally

asekuranctw|o *n sgt* pejor. equivocation książk., prevarication książk.; playing safe

asekuran|t *m* [1] pejor. prevaricator książk.; hedger [2] Sport back-up (partner), support [3] przest., Ubezp. insurer

asekur|ować *impf* [I] *vt* [1] (chronić) to protect; (pilnować) to stand by *vi*, to watch (out for); (o urządzeniu) to protect; **prezydent ~owany przez ochronę** the President protected by his bodyguards; **liny ~ują nas przed upadkiem** the ropes protect us from falling; **wchodź po drabinie, a ja cię będę ~ował** you go up the ladder, and I'll

---

hold it steady a. support it (for you) [2] przest., Ubezp. to insure *[transakcje, inwestycje]*

[II] **asekurować się** [1] (zabezpieczać się) to protect oneself, to insure oneself; (uchylać się od decyzji) to play safe, to hedge one's bets; to cover one's back pot.; **~ować się na wypadek roszczeń ze strony klientów** to protect a. safeguard oneself against potential claims from clients [2] Sport (ubezpieczać jeden drugiego) to back one another up, to protect one another; **alpiniści ~owali się związani liną** roped together, the mountaineers protected one another [3] przest., Ubezp. to take out an insurance policy (**u kogoś** with sb); (samego siebie) to insure oneself

asenizacj|a *f sgt* książk. (usuwanie fekaliów) sewage disposal

asenizacyjn|y *adi.* książk. *[pracownik]* sanitation *attr.*; *[wóz]* sewage *attr.*; **dół ~y** a cesspit

aseptycznie *adv.* aseptically; **~ czyste pomieszczenie** an aseptic a. sterile environment

aseptyczność *f sgt* Med. (narzędzi chirurgicznych, pomieszczeń) sterility

aseptyczn|y *adi.* Med. (jałowy) *[środek, rana]* aseptic; *[opatrunek]* sterile, aseptic; (sterylny) *[laboratorium, pomieszczenie]* sterile

asepty|ka *f sgt* Med. (stan, postępowanie) asepsis

asertywnie *adv.* assertively

asertywność *f sgt* Psych. assertiveness; **trening ~ci** assertiveness training

asertywn|y *adi.* *[zachowanie, postawa, osoba]* assertive

asfal|t *m* (*G* **~tu**) [1] zw. sg (nawierzchnia) asphalt *U*, tarmac *U* [2] pot. (beton asfaltowy) bituminous concrete [3] Geol., Tech. asphalt, bitumen

asfalt|ować *impf vt* [1] (pokrywać asfaltem) to asphalt, to tarmac, to blacktop US *[drogę, ulicę]* ⇒ **wyasfaltować** [2] Techn. to bituminize *[rury]*; **papier ~owany** bitumen paper

asfaltow|y *adi.* *[nawierzchnia, szosa]* asphalt *attr.*, tarmac *attr.*; **papa ~a** bitumen paper

asfiksj|a *f sgt* Med. asphyxia

askarydoz|a *f* Med., Wet. ascariasis *U*

asocjacj|a *f* (*Gpl* **~i**) [1] Psych. (skojarzenie) association; **~e słów** word associations; **luźne ~e** loose associations; **~a przez podobieństwo/kontrast** association through similarity/contrast [2] (zespół) association; **~a poetów** a poets' association [3] Chem. (molecular) association
❑ **~a gwiazd** Astron. association; **~a mineralna** Geol. (mineral) association; **~a roślinna** Bot. association

asocjacjonizm *m sgt* (*G* **~u**) Psych. associationism

asocjacyjnie *adv.* by (way of) association

asocjacyjn|y *adi.* *[pamięć, myślenie]* associative

asonans *m* (*G* **~u**) Literat. assonance

asortymen|t *m* (*G* **~tu**) [1] Handl. range, assortment; **oferować bogaty ~t mebli/kosmetyków/usług** to offer a wide range of furniture/cosmetics/services [2] książk., żart. (repertuar) range; **bogaty ~t obelg** a wide range a. rich assortment of insults

asortymentowo *adv.* in terms of range

asortymentow|y _adi._ selected; **~y sklep** a shop with a selected range of goods

asparagin|a _f sgt_ Chem. asparagine

asparagus _m_ Bot. asparagus _U_; **gałązki ~a** asparagus shoots

aspek|t _m_ (_G_ **~tu**) [1] książk. (punkt widzenia) aspect; **~t prawny/gospodarczy zagadnienia** the legal/economic aspect of a problem; **uwzględnić wszystkie ~ty czegoś** to consider all aspects a. every aspect of sth; **rozpatrywać coś w dwóch ~tach** to examine sth from two points of view a. aspects; **jest drugi ~t tej sprawy** there's another side a. facet to this question [2] Astrol., Jęz. aspect

aspektow|y _adi._ Jęz. aspectual

aspergiloz|a _f sgt_ Med., Wet. aspergillosis

aspermi|a _f sgt_ (_GD_ **~i**) Med. aspermia

aspiracj|a [I] _f_ (_Gpl_ **~i**) [1] Jęz., Med. aspiration _U_ [2] Techn. (przewietrzanie zboża) winnowing _U_

[II] **aspiracje** _plt_ (ambicje) aspirations; **~e artystyczne/polityczne** artistic/political aspirations; **mieć ~e do pióra** to aspire to be a writer; **ona ma ~e, żeby zrobić karierę polityczną** she has political aspirations

aspiranc|ki _adi._ [praca, studia] postgraduate

aspiran|t [I] _m pers._ [1] książk. (kandydat) aspirant książk. (do czegoś to sth); candidate (do czegoś for sth); **~ci do fotela prezydenckiego** aspirants to the presidency; **~t do zawodu scenografa** an aspirant set designer [2] (w policji) ≈ inspector; (w straży pożarnej) ≈ fire officer [3] Uniw. (pracownik naukowy w Rosji) postgraduate student (in Russia); **~t matematyki** a postgraduate maths student

[II] _m inanim._ (drzewo) ≈ nursery tree

aspirantka _f_ → **aspirant** [1][3]

aspirantu|ra _f sgt_ [1] Uniw. postgraduate studies, postgraduate studentship [2] (w policji) _rank and post of inspector_; (w straży pożarnej) _rank and post of fire officer_

aspira|ta _f_ Jęz. aspirate

aspirato|r _m_ Techn., Med. aspirator, suction apparatus

aspir|ować _impf_ [I] _vt_ Jęz. to aspirate; **spółgłoski ~owane** aspirated consonants [II] _vi_ książk. (ubiegać się) to aspire (do czegoś to sth) [władzy, miana pisarza]; **~ować do roli znawcy** to aspire to the role of expert; **państwa ~ujące do członkostwa w UE** countries aspiring to membership of the EU; **nigdy nie ~ował do wyróżnień i stanowisk** he never aspired to honours or position

aspiryn|a _f_ Farm. [1] _sgt_ (lek) aspirin [2] pot. (tabletka) aspirin (tablet); **wzięła dwie ~y** she took two aspirins

aspołecznie _adv._ [zachować się] asocially

aspołeczność _f sgt_ asocial nature

aspołeczn|y _adi._ [osoba, postawa] asocial

astazj|a _f sgt_ Med. astasia

asteni|a _f sgt_ (_GD_ **~i**) Med., Psych. asthenia

asteniczn|y _adi._ asthenic, ectomorphic

asteni|k _m_ Psych. asthenic (type), ectomorph

astenopi|a _f sgt_ (_GD_ **~i**) Med. asthenopia

astenotymi|a _f sgt_ (_GD_ **~i**) Psych. ≈ hypersensitive nature

ast|er _m_ (_A_ **~er** a. **~ra**) Bot. aster; (chiński) China aster

astereognozj|a _f sgt_ Psych. astereognosis, astereognosia

asteryks _m_ (_G_ **~u**) Druk. asterisk

astm|a _f sgt_ Med. asthma; **atak ~y** an asthma attack; **on choruje na ~ę** he suffers from asthma

❑ **~a oskrzelowa** Med. (bronchial) asthma; **~a sercowa** Med. cardiac asthma

astmatycznie _adv._ [kaszleć] asthmatically

astmatyczn|y _adi._ (chory na astmę) [dziecko, staruszek] asthmatic; (świadczący o astmie) [kaszel] asthmatic; **~y oddech** asthmatic breathing

astmaty|k _m_, **~czka** _f_ asthmatic (sufferer)

astragal _m_ (_G_ **~u**) Archit. astragal

astraln|y _adi._ Astrol., Astron., Relig. astral; **ciało ~e** one's astral body; **światło ~e** stellar light

astro- _w wyrazach złożonych_ astro-; **astrobiologia** astrobiology; **astronawigacja** astronavigation

astrofizyczn|y _adi._ Astron., Fiz. [obserwacje, instrumenty, badania] astrophysical

astrofizy|ka _f sgt_ Astron. astrophysics

astrokompas _m_ (_G_ **~u**) Lotn., Żegl. astrocompass

astrolabi|um _n_ (_Gpl_ **~ów**) Hist. astrolabe

astrolari|a _f sgt_ (_GD_ **~i**) Relig. astrolatry

astrolo|g _m_ (_Npl_ **~dzy** a. **~gowie**) astrologer, astrologist

astrologi|a _f sgt_ (_GD_ **~i**) astrology

astrologiczn|y _adi._ [przyrząd, wykres] astrological

astromancj|a _f sgt_ książk. astromancy

astrometri|a _f sgt_ (_GD_ **~i**) Astron. astrometry

astronau|ta _m_, **~tka** _f_ astronaut

astronautyczn|y _adi._ astronautical

astronauty|ka _f sgt_ astronautics

astronom _m_ (_Npl_ **~owie**) astronomer

astronomi|a _f sgt_ (_GD_ **~i**) [1] (nauka) astronomy [2] pot. (wydział) astronomy department

❑ **~a gwiazdowa** Astron. stellar astronomy; **~a nautyczna** Żegl. nautical astronomy; **~a podczerwona** Astron. infrared astronomy; **~a pozagalaktyczna** Astron. extragalactic astronomy; **~a rentgenowska** Astron. radar astronomy

astronomicznie _adv._ (ogromnie) astronomically pot.; **~ wysoka suma** an astronomically large sum

astronomiczn|y _adi._ [1] Astron. [obserwatorium, obserwacje, obliczenia] astronomical [2] przen. (ogromny) [suma, koszty, rachunek] astronomic(al) pot.

astygmatyczn|y _adi._ [soczewka, oko] astigmatic

astygmatyzm _m sgt_ (_G_ **~u**) Fiz., Med. astigmatism

asump|t _m sgt_ (_G_ **~tu**) książk. (impuls, bodziec) rise, cause; **dać ~t do dyskusji** to give rise to discussion; **swoim zachowaniem dał ~t do żartów** his behaviour gave rise to a. cause for amusement; **~tem do tej debaty stały się dwie sprawy** two issues gave rise to the debate; **dać ~t do szerszych rozważań** to prompt a. stimulate broader deliberations

asygna|ta _f_ [1] Ekon. (dokument) cash transaction slip, voucher [2] (przydział, talon) coupon, voucher; **członkowie partii dostawali samochody na ~ty** party members were able to acquire cars with special coupons [3] przest., książk. (pieniądz papierowy) banknote

asygn|ować _pf, impf vt_ [1] książk. (przeznaczać pieniądze) to allocate, to assign; **~ować pieniądze z kasy miejskiej na budowę dróg** to allocate money from city a. municipal funds for road construction ⇒ **wyasygnować** [2] (zlecić wypłatę) to issue, to make out [czek]

asymetri|a _f sgt_ (_GD_ **~i**) asymmetry

asymetrycznie _adv._ asymmetrically

asymetryczność _f sgt_ asymmetry

asymetryczn|y _adi._ [wzór, kompozycja, ornament] asymmetric(al)

asymilacj|a _f sgt_ [1] Biol., Psych., Socjol. assimilation, absorption [2] Jęz. assimilation

❑ **~a magmowa** Geol. magmatic assimilation

asymilacyjn|y _adi._ [proces] assimilative; [aparat] assimilatory, assimilation _attr._

asymil|ować _impf_ [I] _vt_ [1] Biol., Psych., Socjol. to assimilate, to absorb; **był żydowskiego pochodzenia, z rodziny ~owanej** he was of Jewish descent, from an assimilated family ⇒ **zasymilować** [2] Jęz. to assimilate ⇒ **zasymilować**

[II] **asymilować się** [1] (przystosowywać się) to become assimilated, to assimilate; **z trudem ~ował się w nowym środowisku** he had difficulty assimilating into his new surroundings; **dobrze ~owali się do panujących warunków** they adapted well to prevailing conditions [2] (wchłaniać się) to be absorbed, to be(come) assimilated; **pokarm płynny ~uje się łatwiej niż stały** liquids are more easily absorbed than solids

asynergi|a _f sgt_ (_GD_ **~i**) Med. asynergia, asynergy

asyst. (= asystent) asst.

asy|sta _f sgt_ książk. [1] (orszak) entourage; **w ~ście kogoś** accompanied by, in the company of; **król w ~ście dworzan** a king attended by his courtiers; **lekarz w ~ście pielęgniarek** a doctor accompanied by nurses [2] (towarzyszenie) company, presence; **nie znosić czyjejś ~sty** to detest sb's company; **przywyknąć do czyjejś ~sty** to grow accustomed to sb's company a. presence

asystenc|ki _adi._ [posada, pensja, etat] junior lecturer's _attr._; **hotel ~ki** university junior staff accommodation

asysten|t _m_ [1] Uniw. (stanowisko, osoba) junior lecturer, assistant lecturer [2] (tytuł służbowy, osoba) assistant; **~t redaktora** an assistant editor [3] (pomocnik) assistant; **~t reżysera/chirurga** an assistant director/an assisting surgeon

asystent|ka _f_ [1] (pomocnica) assistant; **~ka stomatologa** a dental assistant [2] Uniw. junior lecturer, assistant lecturer

asystentu|ra _f_ [1] Uniw. junior lectureship, assistant lectureship [2] (praca pomocnika) post of assistant

asyst|ować _impf vi_ [1] (towarzyszyć) to accompany _vt_; **szefowi gangu zawsze ~owali dwaj goryle** the gang boss was

A

always accompanied by two gorillas pot.; **mąż ~ował przy porodzie** her husband was present at the birth ② (pomagać) to assist vt; **~ować przy operacji** to assist during an operation ③ przest. (zalecać się) to court vt; **~ować pannie** to court a young lady

Asyż m (G **~u**) Geog. Assisi

atak m (G **~u**) ① (napaść) attack, assault (**na kogoś/coś** on sb/sth); **~ chuliganów/ wilków** an attack by hooligans/wolves ② (wojska, policji) attack, assault; **~ bombowy/rakietowy/atomowy** a bomb/missile/ nuclear attack; **~ lotniczy** an air strike; **~ czołgów/samolotów** a tank/plane attack; **~ na wroga** an attack on the enemy; **~ na bagnety** a bayonet attack; **frontalny ~** a frontal attack; **iść do ~u** to go into attack; **przypuścić ~ na coś** to launch an attack a. make an assault on sth ③ przen. (prasy, krytyków) attack; **~ na pisarza** an attack on a writer; **~ propagandowy** a propaganda attack; **~i polityczne** political attacks; **frontalny ~** a full-scale a. an all-out attack (**na coś** on sth); **ostre/werbalne ~i przeciwko komuś** sharp/verbal attacks on sb ④ (domaganie się czegoś) campaign; **przypuścić ~ do rodziców o pozwolenie na coś** to wage a campaign against one's parents for permission to do sth ⑤ (zaburzenie) attack, fit; (o pogodzie) sudden spell; **~ nerwowy** an attack of nerves; **~ serca** a heart attack; **~ śmiechu** a fit of laughter; **mieć ~ duszności** to be unable to breathe; **mieć ~i kaszlu** to have coughing fits; **dostać ~u szału** to get in a rage; **rzucić się na kogoś w ~u furii** to go for sb in a fit of rage; **~ mrozu/upałów** a sudden spell of cold weather/hot weather ⑥ Sport (akcja) attack; **~ na bramkę przeciwnika** an attack on the opponents' goal; **~ skrzydłami** an attack down the wings a. sides; **~ wieżą/królem** an attack with a. by the rook/king; **~ na szczyt nie powiódł się** the assault on the peak failed ⑦ sgt Sport (zawodnicy) attack; **grać w ~u** to play in attack

atak|ować impf vt ① (napadać) to attack [bezbronnego]; **~ować kogoś nożem** to attack sb with a knife ⇒ **zaatakować** ② (o wojsku) [żołnierze, oddziały, pluton, eskadry, czołgi] to attack [nieprzyjaciela, twierdzę, bunkier] ⇒ **zaatakować** ③ (krytykować) [dziennikarze, prasa] to attack [osobę, poglądy]; **~ować kogoś za jego poglądy** to attack a. criticize sb for their views; **był ~owany z wielu stron** he was attacked a. criticized from all sides; **powieść ~uje tradycyjną moralność mieszczańską** the novel attacks traditional middle-class morals ④ (silnie oddziaływać) [choroby, erozja, rdza] to attack; **reumatyzm ~uje serce** rheumatism attacks the heart; **zima ~uje** winter is making itself felt ⑤ Sport to attack [przeciwnika, bramkę]; (podejmować próbę pobicia) to attempt; **drużyna ~uje środkiem boiska** the team are attacking in midfield; **~ować rekord świata/szczyt Mount Everest** to attempt the world record/ the summit of Mount Everest ⇒ **zaatakować**

ataksj|a f sgt Med. ataxia, ataxy

ataman m Hist. ataman (Cossack chieftain) **□ ~ koszowy** a. **siczowy** Hist. ataman of the Zaporozhian Cossacks

atamańs|ki adi. [strój, sława] ataman's attr.

ataraksj|a f sgt Filoz. ataraxia, ataraxy

atasza|t m (G **~tu**) (urząd) the office of attaché; (biuro) attaché's office

atawistyczn|y adi. [lęk, pęd, odruch] atavistic

atawizm m (G **~u**) Biol. atavism U

atei|sta m, **~stka** f atheist

ateistyczn|y adi. [światopogląd] atheistic(al)

ateizacj|a f sgt atheizing rzad.; **postępująca ~a społeczeństwa** the increasing godlessness of society

ateizm m sgt (G **~u**) atheism

atelier /ˌateˈlje/ n inv. ① (pracownia) studio, atelier ② Kino (film) studio(s)

atelierow|y adi. [zdjęcia, sceny] studio attr.; [dekoracje] set attr.

atencj|a f sgt książk. deference książk.; respect (**dla kogoś** for sb); **okazywać komuś ~ę** to show deference a. respect for sb; **traktować kogoś z ~ą** to treat sb with deference

Aten|y plt (G **~**) Geog. Athens

ate|ńczyk m, **~nka** f Athenian

ateńs|ki adi. Athenian

ate|st m (G **~stu**) ① (dokument) seal of approval, certificate; **produkt z ~stem/ bez ~stu** a product with/without a seal of approval; **te leki mają ~st Ministerstwa Zdrowia** these drugs have been approved by the Ministry of Health ② Prawo (poświadczenie) attestation

atestacj|a f (Gpl **~i**) (działanie) approval; (dokument) attestation

atest|ować pf, impf vt ① (potwierdzać jakość) to approve [towar, produkty] ② (przeprowadzać kontrolę) to inspect [stanowiska pracy]

ateusz m (Gpl **~y** a. **~ów**) przest. atheist

atlantyc|ki adi. [szelf, wybrzeże, sojusz] Atlantic

Atlanty|da f Mitol. Atlantis

Atlantyk m (G **~u**) Geog. the Atlantic

atlas m (G **~u**) ① (geograficzny, historyczny) atlas; **~ świata** a world atlas, an atlas of the world; **~ samochodowy** a road atlas ② (zbiór tablic, rysunków) atlas; **~ anatomiczny/botaniczny** an anatomical a. botanical atlas; **~ grzybów/ryb** an illustrated guide to mushrooms/fish ③ Anat. atlas (vertebra) ④ Sport (przyrząd do ćwiczeń) multigym; **ćwiczyć na ~ie** to exercise on a multigym ⑤ Archit. atlas **□ ~ lingwistyczny** Jęz. linguistic atlas

atle|ta m ① (siłacz) strongman; **cyrkowi ~ci** circus strongmen ② Sport heavyweight athlete

atlet|ka f ① (siłaczka) strongwoman ② Sport athlete

atletycznie adv. [zbudowany] athletically; [wyglądać] athletic adi.

atletyczn|y adi. ① (dobrze rozwinięty fizycznie) [osoba] athletic; [kark] muscular; **wysoki, ~y mężczyzna** a tall, athletic (looking) man; **człowiek ~ej budowy** a person of athletic build ② (związany z atletyką) [ćwiczenia, klub] athletic; [zawody, pokazy] athletics attr.

atlety|ka f sgt (ćwiczenia) physical exercise(s); (dziedzina sportu) athletics **□ ciężka ~ka** Sport wrestling, boxing, and weightlifting; **lekka ~ka** Sport (light) athletics GB, track (and field) US

atłas m sgt (G **~u**) (jedwabny) satin; (bawełniany) sateen; **suknia z ~u** a satin dress; **gładki/delikatny jak ~** as smooth as satin/as delicate as silk ■ **szkoda czasu i ~u** przysł. it's a waste of time and effort

atłas|ek m sgt (G **~ku**) ① (nici) (do haftowania) cotton embroidery thread; (do szydełkowania) cotton crochet thread ② (haft wypukły) raised embroidery

atłaskow|y adi. [serwetka] cotton-embroidered; [haft] raised; **ścieg ~y** satin stitch

atłasow|y adi. ① [suknia, obrus, pantofelki] (z atłasu jedwabnego) satin attr.; (z atłasu bawełnianego) sateen attr. ② przen. [skóra] satiny

atmosfe|ra f ① sgt Astron. (powłoka gazowa) atmosphere; **~ra ziemska** the (earth's) atmosphere; **zawartość ozonu w ~rze** the amount of ozone in the atmosphere; **emisja zanieczyszczeń do ~ry** the release of pollutants into the atmosphere ② sgt pot. (powietrze) atmosphere; **duszna ~ra w pokoju** the stuffy atmosphere in a room ③ sgt przen. (nastrój) atmosphere; **~ra agresji** a hostile atmosphere; **oczyścić ~rę** to clear the air; **rozładować ~rę** to ease the tension; **w firmie panuje rodzinna ~ra** the firm has a family atmosphere about it; **spotkanie upłynęło w miłej ~rze** the meeting passed off in a pleasant atmosphere; **film nie oddaje ~ry tamtych lat** the film doesn't convey the atmosphere of those times; **reżyser umiejętnie podgrzewa ~rę grozy** the director skilfully cranks up the sense of terror ④ Fiz. (jednostka ciśnienia) atmosphere **□ ~ra fizyczna** Fiz. standard atmosphere; **~ra techniczna** Fiz metric atmosphere

atmosfer|ka f sgt pot., iron. air, atmosphere; **~ka udawanej życzliwości** an air of phoney goodwill

atmosferyczn|y adi. [zjawiska, zanieczyszczenia] atmospheric

atol m (G **~u**) atoll

atoli coni. przest. however; howbeit przest.

atom m ① (G **~u**) Chem., Filoz., Fiz. atom; **rozbicie ~u** the splitting of the atom ② przen. (odrobina) atom, particle; **próbowała doszukać się w nim choćby ~ów ludzkich uczuć** she tried to detect the slightest trace a. vestige of human feeling in him **□ ~ asymetryczny** Chem. asymmetric atom; **~ centralny** Chem. central atom; **~ egzotyczny** Fiz. mesic atom; **~ gorący** Fiz. hot atom; **~ odrzutu** Fiz. recoil atom; **~ promieniotwórczy** Chem., Fiz. radioactive atom; **~ wzbudzony** Fiz. excited atom; **~ znaczony** Chem., Fiz. labelled atom

atomistyczn|y adi. ① Fiz. atomic ② Filoz. atomistic

atomisty|ka f sgt ① Filoz. atomism ② Fiz. atomic physics

atomizacj|a f sgt ① książk. (rozpad) atomization książk.; fragmentation; **~a wielkomiejskich społeczności** the atomization of urban communities ② książk. (drobiazgowa analiza) dissection *U*, detailed analysis *C/U*; **psychologiczna ~a** psychological analysis ③ Techn. (cieczy) atomization

atomiz|ować *impf* **Ⅱ** *vt* ① książk. (rozdrabniać) to atomize książk.; to fragment *[społeczeństwo]* ⇒ **zatomizować** ② książk. (drobiazgowo analizować) to dissect *[rzeczywistość, psychikę]* ⇒ **zatomizować** ③ Techn. to atomize *[ciecz, paliwo]* ⇒ **zatomizować**

Ⅲ atomizować się to fragment, to disintegrate; **polska emigracja ~uje się** the Polish émigré community is disintegrating

atomow|y *adi.* ① *[jądro]* atomic; *[energia, reaktor, fizyka]* nuclear, atomic; **bomba ~a** the atom bomb, an atomic bomb; **broń ~a** nuclear a. atomic weapon(s); **guzik ~y** the nuclear button; **mocarstwa ~e** nuclear nations; **schron ~y** a nuclear (fallout) shelter ② pot. (w sporcie) *[strzał]* blistering

atonalność *f sgt* Muz. atonality

atonaln|y *adi.* Muz. atonal

atoni|a *f sgt (GD ~i)* Med. atonia

atrakcj|a *f (Gpl ~i)* attraction; **~a turystyczna/cyrkowa** a tourist/circus attraction; **~a wieczoru/programu** the main attraction of the evening/programme

atrakcyjnie *adv. grad. [spędzić czas]* enjoyably; *[wyglądać]* attractive *adi.*; **wieczór zapowiada się ~** the evening promises to be interesting

atrakcyjność *f sgt (książki, filmu)* attraction *U*, appeal *U*; **~ć seksualna** sexual attraction; **na tym polega ich ~ć** that's what makes them so appealing a. interesting; **zyskać ~ć** a. **na ~ci** to become more attractive; **tracić ~ć** a. **na ~ci** to become less attractive, to lose one's attraction; **nadawany od roku program stracił ~ć** a. **na ~ci** after a year on the air the programme had lost some of its appeal

atrakcyjn|y *adi. grad. [kobieta, mężczyzna, towar, cena, nagrody]* attractive; **~e towarzystwo** interesting a. good company; **miejscowość ~a turystycznie** a tourist resort; **oferta ~a finansowo** a financially attractive offer; **wciąż jeszcze był ~ym mężczyzną** he was still quite an attractive man

atramen|t *m (G ~tu)* ink *U* ❑ **~t sympatyczny** Chem. invisible ink

atramentow|y *adi.* ① *[plama]* ink *attr.*; *[zapis]* in ink; **drukarka ~a** an ink-jet printer ② przen. (o kolorze) black; *[chmury]* inky

atrap|a *f* ① (imitacja) dummy; (na wystawie) dummy (display item); **bomba okazała się ~ą** the bomb turned out to be a dummy; **miłe słowa były tylko ~ą** przen. all the kind words were just a sham a. pretence ② Aut. (obudowa chłodnicy) radiator grill(e)

atrepsj|a *f sgt* Med. atrepsy

atrezj|a *f sgt* Med. atresia

atrialn|y *adi.* Archit. atrial

atri|um *n (Gpl ~ów)* Archit. atrium

atrofi|a *f sgt (GD ~i)* ① Med. atrophy; **~a mięśni** muscular atrophy ② książk. atrophy, degeneration; **~a uczuć** emotional atrophy; **~a więzi rodzinnych** the weakening a. disintegration of family ties

atropin|a *f sgt* Farm. atropine

atropinow|y *adi.* atropine *attr.*

atrybu|t *m (G ~tu)* ① książk. (cecha) attribute; **film był komedią romantyczną ze wszystkimi ~tami tego gatunku** the film was a romantic comedy, with all the attributes of the genre ② książk. (symbol) attribute, symbol; **berło i korona to ~ty władzy królewskiej** the sceptre and crown are attributes of royal power ③ Filoz., Jęz. attribute

atrybutywn|y *adi.* Jęz. *[forma, związek]* attributive

attaché */ˌataˈʃe/ m inv.* (wojskowy, kulturalny, prasowy) attaché

atty|ka *f* Archit., Budow. (ścianka) attic

attykow|y *adi.* Archit. attic *attr.*

atu Gry **Ⅱ** *n inv.* (kolor) trumps *pl*; (karta) trump (card); **wyjść w ~** to play a trump; **mieć ~ i trzy piki** to have a trump and three spades

Ⅲ *adi. inv.* trump *attr.*

atu|t *m (G ~tu)* ① Gry (kolor) trumps *pl*; (karta) trump (card); **bić ~tem** to trump sth ② przen. chief asset, trump card; **jej ~tem była znajomość języków/młodość** her chief asset was her knowledge of languages/her youth; **~t polityczny** a political asset ■ **mieć wszystkie ~ty w ręku** to hold all the aces

atutow|y *adi.* trump *attr.*; **karta ~a** a trump (card); **kolor ~y** trumps; **król ~y** the king of trumps

audiencj|a *f (Gpl ~i)* audience; **~a u prezydenta** an audience with the President; **papież udzielił im prywatnej ~i** they were granted a private audience with the Pope

audienc|jonalny, ~yjny *adi.* presence *attr.*; **sala ~yjna** presence chamber

audio *adi. inv.* audio *attr.*

audiotele *n inv.* a TV phone-in quiz

audio-video *adi. inv.* audio-visual

audiowizualn|y *adi. [pokaz, prezentacja]* audio-visual

audycj|a *f (Gpl ~i)* ① (radiowa, telewizyjna) programme, broadcast; **~a rozrywkowa/popularno-naukowa** an entertainment/a popular-science programme; **~a dla dzieci** a children's programme; **~a na żywo** a live programme a. broadcast ② Muz. (koncert) concert *(private performance in a music school)* ③ Muz. (przesłuchanie utworu) hearing

audy|t *m (G ~tu)* Ekon. audit

audytori|um *n (Gpl ~ów)* książk. ① (słuchacze) audience; **wystąpić przed licznym ~um** to appear in front of a large audience ② (sala wykładowa) lecture theatre, auditorium US

audytoryjn|y *adi.* książk. *[sala]* lecture *attr.*, auditorium *attr.* US

augi|t *m (G ~tu)* Miner. augite *U*

augustian|in Relig. **Ⅱ** *m* Augustinian (friar)

Ⅲ augustianie *plt* Augustinian order

augustian|ka *f* Relig. Augustinian nun

augustiańs|ki *adi.* Augustinian

aukcj|a *f (Gpl ~i)* auction *C/U*; **~a dzieł sztuki** an auction of works of art; **~a koni** a horse auction; **wystawił obraz na ~ę** he put a painting up for auction

aukcjone|r *m* auctioneer

aukcyjn|y *adi. [kupno, sprzedaż, dom]* auction *attr.*

aul|a *f (Gpl ~i)* ① (sala) lecture theatre ② Hist. (w bazylikach) hall *(for religious disputes)* ③ Antycz. (wewnętrzny dziedziniec) inner courtyard; (pałac) palace

au|ra *f sgt* ① książk. (pogoda) weather; **jesienna/deszczowa aura** autumn/rainy weather ② książk. (nastrój) aura, air; **aura sensacji** an air of sensation ③ Med. (zespół objawów) aura

aureol|a *f (Gpl ~i)* ① Szt. halo, aureole ② (księżyca, lampy) aureole, halo ③ przen. blaze; **wrócił z wojny w ~i sławy** he returned from the war crowned in glory a. in a blaze of glory; **piłkarze wrócili do kraju w ~i zwycięstwa** the footballers returned home in a blaze of victory

auspicj|e *plt (G ~ów)* ■ **pod czyimiś ~ami** książk. under the auspices of sb; **pod ~ami ONZ** under the auspices of the UN; **pod dobrymi/złymi ~ami** under favourable/bad auspices; **kadencja prezydenta rozpoczęła się pod złymi ~ami** the President's term of office got off to an inauspicious a. unpropitious start

Australi|a *f sgt (GD ~i)* Geog. Australia

Australij|czyk *m,* **~ka** *f* Australian

australijs|ki *adi.* Australian

australopitek *m (Npl ~i)* Antrop. australopithecine

Austri|a *f sgt (GD ~i)* Geog. Austria

austriac|ki *adi.* Austrian ■ **~kie gadanie** przest. (a lot of) nonsense, fiddle-faddle

Austria|k *m,* **~czka** *f* Austrian

au|t */awt/ m (G autu)* Sport (w piłce nożnej, tenisie) **na aut** out of play; **posłać piłkę na aut** to send the ball out of play; (w piłce nożnej) to kick the ball into touch; **stać na aucie** to stand on the sidelines; **rzut z autu** (w piłce nożnej) a throw-in ■ **znaleźć się na aucie** to be left on the sidelines

autekologi|a *f sgt (GD ~i)* autecology

autentycznie *adv.* ① *[wyglądać, brzmieć]* authentic *adi.*, genuine *adi.*; **bądź sobą, zachowuj się ~** be yourself, behave naturally ② (faktycznie) genuinely; **był ~ wstrząśnięty** he was genuinely shocked; **~ nie nadążał z robotą** he genuinely a. just couldn't keep up with the work

autentyczność *f sgt* authenticity; **potwierdzić/zakwestionować ~ć czegoś** to confirm/question the authenticity of sth; **~ć czyichś uczuć** the sincerity of sb's feelings

autentyczn|y *adi.* ① (prawdziwy) *[historia]* authentic, true; *[wydarzenie]* true, actual; *[uczucie]* genuine; **~a hrabina** a genuine countess; **~y miłośnik sztuki** a true a. genuine art lover; **film oparty jest na ~ych wydarzeniach** the film is based on true events; **w tej rodzinie panuje ~a bieda** this family is genuinely poor ② (oryginalny) *[akt, nagranie, podpis]* authentic, genuine; **załączono ~y dokument** the original document was enclosed ③ (szczery) *[zainteresowanie, radość]* genuine; **dzieci są ~e** children are genuine a. sincere ④ (niewątpliwy) genuine; **miał ~y talent** he had real a. genuine talent; **była ~ą indywi-**

A

dualnością she had genuine a. real personality

autentyk m (G ~**u**) (dzieło sztuki) original; (dokument) original a. genuine document; **ten obraz to** ~ this painting is an original

autentyzm m sgt (G ~**u**) książk. (zdarzeń, realiów) authenticity; **film pozbawiony ~u** a film devoid of authenticity

autk|o n dem. runabout

au|to [I] n (osobowe, sportowe) car; (ciężarowe) truck, lorry GB

[II] **auto-** w wyrazach złożonych [1] (samo-) self-; **autoanaliza** self-analysis, autoanalysis; **autodestrukcja** self-destruction; **autorefleksja** self-reflection [2] (samochodowy) car attr. **automyjnia** car wash

autoagresj|a f sgt Med. autoimmunity

autoalarm[1] m (G ~**u**) Aut. car alarm

autoalarm[2] m (G ~**u**) Techn. (na statku) auto-alarm

autobiografi|a f (GDGpl ~**i**) autobiography

autobiograficzn|y adi. [powieść, film] autobiographical

autobus m (G ~**u**) (miejski, podmiejski) bus; ~ **dalekobieżny** a coach GB, a long-distance bus US; ~ **piętrowy/przegubowy** a double-decker/an articulated bus; ~ **pospieszny** an express bus

autobusow|y adi. [przystanek, dworzec, trasa, połączenie] bus attr., coach attr.

autocamping /ˌawtoˈkampiŋ/ m (G ~**u**) campsite GB, campground US, camping ground Austral

autocasco /ˌawtoˈkasko/ n inv. Aut., Ubezp. ≈ comprehensive motor insurance

autocenzu|ra f sgt self-censorship

autochton m, ~**ka** f zw. pl Antrop. autochthon spec.; indigenous inhabitant

autochtoniczn|y adi. Antrop. [ludność] autochthonous, indigenous

autocross /awˈtokros/ m sgt (G ~**u**) Sport autocross

autodrom m (G ~**u**) racetrack

autograf m (G ~**u**) [1] (podpis, rękopis autora) autograph; **poprosić kogoś o** ~ to ask sb for his/her autograph [2] Techn. (przyrząd fotogrametryczny) stereoplanigraph

autoironi|a f sgt (GD ~**i**) self-mockery, self-ridicule

autoka|r m (G ~**ru**) coach GB, bus US; **wycieczka ~rem** a coach a. bus trip a. tour

autokarow|y adj [wycieczka, bilet] coach attr., bus attr. US

autokemping → autocamping

autoklaw m (G ~**u**) Med., Chem. autoclave

autokomis m (G ~**u**) garage

autokracj|a f sgt Polit. autocracy

autokra|ta m, ~**tka** f [1] Polit. autocrat [2] przen. tyrant, autocrat; **ojciec/mąż ~ta** a tyrant of a father/husband

autokratycznie adv. [rządzić] autocratically

autokratyczn|y adi. [władca, reżim, ustrój] autocratic

autokratyzm m sgt (G ~**u**) [1] Polit. autocracy [2] przen. tyranny, autocracy; **pracownicy zarzucali dyrektorowi** ~ the workers accused the director of being autocratic

autokuszet|ka f sgt Kolej. Motorail

automacik m dem. small (automatic) machine

automa|t m (G ~**tu**) [1] (urządzenie) (automatic) machine; ~**t do frankowania przesyłek pocztowych** a franking machine GB, a postage meter US; ~**t telefoniczny** a public (tele)phone; ~**t do gry** a gaming machine, a fruit machine GB [2] pot. (aparat telefoniczny) payphone; **dzwonić z ~tu** to call a. ring from a payphone [3] pot. (pralka automatyczna) automatic (washing machine) [4] pot. (do sprzedawania) slot machine, vending machine; ~**t z biletami/napojami** a ticket/drinks machine [5] pot. (pistolet maszynowy) sub-machine gun [6] (robot) robot także przen., automaton także przen.; **jak ~t** [poruszać się, stać] like an automaton a. robot

automatycznie adv. [1] (samoczynnie) automatically; **urządzenie było sterowane** ~ the device was controlled automatically; **drzwi rozsuwane** ~ automatic doors [2] (odruchowo, rutynowo) mechanically, automatically; **on automatic pilot** a. autopilot pot.; ~ **wykonywać codzienne czynności** to go through the day's chores on automatic pilot a. autopilot; **jej mąż potakiwał** ~ her husband automatically nodded in agreement [3] (w konsekwencji) automatically, inevitably; **zwiększa się bezrobocie i** ~ **rośnie przestępczość** unemployment is rising and automatically a. inevitably the crime figures go up; **jeśli nie będzie narkotyków,** ~ **zmaleje liczba narkomanów** if there are no drugs, the number of drug addicts will automatically decrease

automatyczn|y adi. [1] Techn. (samoczynny) [urządzenie, pralka, broń, regulacja] automatic; [montowanie] automated; ~**a skrzynia biegów** an automatic gearbox a. transmission [2] (machinalny) [krok, ruchy] mechanical, automatic; ~**a praca, wyjaławiająca umysł** mindless a. mechanical, soul-destroying work [3] (nieuchronny) automatic, inevitable; **po podwyżkach benzyny nastąpił ~y wzrost cen żywności** following the petrol-price increases, there was an automatic rise in the price of food

automaty|ka f sgt [1] (dział techniki) automation; **specjaliści w zakresie ~ki** automation specialists [2] (urządzenia automatyczne) automatic devices pl; **kuchnie gazowe z pełną ~ką** fully-automatic gas cookers ❏ ~**ka pneumatyczna** Mech. pneumatics

automatyzacj|a f sgt Techn. automation, automatization; ~**a produkcji/procesu technologicznego/pomiarów** production/process/measurement automation

automatyzm m sgt (G ~**u**) Fizj., Psych. automatism

automatyz|ować impf [I] vt [1] (wprowadzać automaty) to automate [pracę, produkcję, zakład] ⇒ **zautomatyzować** [2] (wykonywać machinalnie) to make automatic [swoje ruchy, czynności]

[II] **automatyzować się** [1] [zakład, przedsiębiorstwo] to become automated [2] [czynności, ruchy] to become automatic

automobil m (G ~**u**) [1] przest. (samochód) motor (car) GB, motorcar US, automobile [2] (samochód starego typu) vintage car; **kolekcja ~i** a collection of vintage cars

automobili|sta m przest., Sport (motor) racing driver

automobilizm m sgt (G ~**u**) Sport motor sport(s), motor racing

automobilklub m (G ~**u**) Sport automobile club, motor(ing) club

automobilow|y adi. [klub] automobile attr., motor(ing) attr.; [rajd, wyścig] motor attr. GB, automobile attr. US

autonomi|a f sgt (GD ~**i**) [1] Admin., Filoz., Fin., Polit. autonomy [2] książk. autonomy, independence; ~**a Kościoła** the autonomy of the Church; **utrata ~i** loss of autonomy a. independence; **uszanować czyjąś ~ę** to respect sb's autonomy; **dzieci też mają prawo do ~i** children also have the right to autonomy

autonomicznie adv. [1] (na zasadzie autonomii) [działać] autonomously [2] (samodzielnie) [działać] independently

autonomiczn|y adi. [1] [region, terytorium, rząd] autonomous; ~**e związki zawodowe** independent trade unions [2] [sąd, wybór, pogląd] independent, autonomous; **to była jego ~a decyzja** it was his own independent decision [3] [bank] independent; [oddział, wydział] independent, separate

autoparodi|a f sgt (GD ~**i**) self-parody

autopilo|t m (A ~**ta**) Lotn., Żegl. autopilot, automatic pilot

autopopraw|ka f (w ustawodawstwie) own amendment; (pisarza) author's revisions pl

autoportre|t m (G ~**tu**) (malarza, pisarza, reżysera) self-portrait

autopsj|a f sgt Med. post-mortem (examination), autopsy C/U; **z ~i** książk. [znać, wiedzieć] from personal observation a. experience

auto|r m, ~**rka** f [1] (klasyczny, współczesny, anonimowy) author [2] (inicjator) author, initiator; ~**r planu/pomysłu** the author of the plan/idea; ~**r projektu** the initiator of the scheme [3] kryt. (sprawca) perpetrator; **zatrzymano ~rów napadu** the perpetrators of the raid have been caught

autoramen|t m sgt (G ~**tu**) [1] książk. (pokrój) type, sort; **człowiek starego ~tu** one of the old school; **panie wiadomego ~tu** women of ill repute; **rzeczy różnego ~tu** various kinds a. types of things [2] Hist. (zaciąg) recruitment; **wojsko narodowego/cudzoziemskiego ~tu** a national/foreign contingent

autoreklam|a f sgt self-advertisement

autors|ki adi. [honorarium] author's attr.; [projekt] original

autorsko adv. from a creative point of view

autorstw|o n sgt authorship; **ustalić ~o listu** to establish the authorship of a letter; **przypisywać komuś ~o artykułu** to attribute a. assign the authorship of an article to sb; **utwory czyjegoś ~a** sb's works

autorytarnie adv. książk. dictatorially

autorytarnoś|ć f sgt książk. authoritarianism

autorytarn|y adi. książk. [władca, rządy, państwo, decyzję] authoritarian

autorytaryzm m (G ~**u**) sgt książk. authoritarianism

autorytatywnie *adv.* książk. *[rozstrzygnąć, stwierdzić, ustalić]* authoritatively; *[rządzić]* dictatorially

autorytatywnoś|ć *f sgt* książk. [1] (wiarygodność) authoritativeness [2] (autorytarność) imperiousness, authoritarianism

autorytatywn|y *adi.* książk. [1] (wiarygodny) *[opinia, decyzja, źródła]* authoritative [2] (nieznoszący sprzeciwu) *[rodzice, nakazy, ton, rządy]* authoritarian

autoryte|t *m* (*G* ~**tu**) [1] *sgt* (prestiż) authority, standing; **cieszyć się ~tem** to have considerable standing; **zdobyć ~t** to gain authority a. respect; **podkopać** a. **podważyć czyjś ~t** to undermine sb's authority; **powoływać się na czyjś ~t** to cite a. quote sb as an authority [2] (osoba, instytucja) authority; **był ~tem w dziedzinie prawa administracyjnego** he was an authority in the field of administrative law; **przestał być ~tem dla otoczenia** he lost all (his) standing a. authority with those around him; **żaden z niego ~t** he's no authority; **upadek dotychczasowych ~tów** the collapse of previously recognized authorities; **Pismo Święte nie może być ~tem w dziedzinie nauk przyrodniczych** the Bible cannot be regarded as authoritative in the study of natural science

autoryzacj|a *f sgt* [1] (pozwolenie) permission, authorization [2] Ekon. franchise, authorization

autoryz|ować *pf, impf vt* [1] (zezwalać) to authorize *[publikację, przekład, inscenizację]*; **~ować wywiad** to clear a. authorize an interview for publication; **~owana wypowiedź** an official a. authorized statement [2] Ekon. to franchise, to authorize

autoryzowan|y [I] *pp* → **autoryzować**
[II] *adi. [firma, dealer, serwis]* authorized

autoserwis *m* (*G* ~**u**) [1] *sgt* (techniczna obsługa) garage services *pl*, car servicing [2] (punkt) garage, service station

autostop *m* (*G* ~**u**) *sgt* hitch-hiking; **jechać/podróżować ~em** to hitch-hike, to hitch pot.

autostopowicz *m*, ~**ka** *f* hitch-hiker
autostopow|y *adi.* hitch-hiking *attr.*

autostra|da *f* motorway GB, expressway US, freeway US

autostrzykaw|ka *f* Med. auto-injector

autosugesti|a *f sgt* (*GD* ~**i**) książk. autosuggestion; **ulegać ~i** to be influenced by auto-suggestion

autoszczepion|ka *f* Med. autovaccine

autow|y *adi.* Sport **linia ~a** (w tenisie) (boczna) the sideline; (na końcu kortu) the baseline; (w piłce nożnej) the touchline; **piłka ~a** a ball that has gone out of play; **sędzia ~y** (w tenisie) line judge; (w piłce nożnej) linesman; **kopnął piłkę poza linię ~ą** he kicked the ball into touch a. out of play

autsajder → **outsider**
autsajderka → **outsiderka**

autystyczn|y *adi.* Psych. autistic; **dzieci ~e** autistic children; **myślenie ~e** autistic thinking

autyzm *m sgt* (*G* ~**u**) Psych. autism

a vista /a'vista/ [I] *adi. inv.* Fin. *[rachunek]* current GB, checking US; **wkłady ~** current account deposits
[II] *adv.* [1] książk. (od razu) straight away;

czytać nuty ~ to sight-read [2] Fin. *[płatny]* on demand

avocado → **awokado**

awangar|da *f* [1] (grupa ludzi) avant-garde *U*, vanguard *U*; **należeć do ~dy literackiej** to be a member of the literary avant-garde; **iść** a. **kroczyć w ~dzie** to be at the forefront a. in the vanguard (**czegoś** of sth) [2] *sgt* Literat., Muz., Szt. (kierunek, zjawiska) the avant-garde [3] Wojsk. vanguard

awangardowo *adv.* książk. *[przedstawić, wyreżyserować]* in an avant-garde way

awangardowoś|ć *f sgt* książk. avant-gardism

awangardow|y *adi.* [1] książk. *[film, przedstawienie, balet, twórca]* avant-garde [2] Literat., Muz., Szt. *[pismo, twórczość, estetyka]* avant-garde

awangardysta → **awangardzista**

awangardyzm *m sgt* (*G* ~**u**) Literat., Muz., Szt. avant-gardism

awangardzi|sta *m*, ~**stka** *f* Literat., Muz., Szt. avant-gardist

awans [I] *m* (*G* ~**u**) [1] (na wyższe stanowisko) promotion; **otrzymał ~ na dyrektora/majora** he was promoted to director/major; **możliwości ~u** promotion prospects [2] *sgt* (zdobycie ważniejszej pozycji) (social) advance; **~ materialny** improved material status; **~ cywilizacyjny wsi** technological progress a. advance in the countryside [3] (w klasyfikacji) promotion; **~ piłkarzy do pierwszej ligi** the team's promotion to Division One; **wywalczyć ~ do finału** to fight one's way through to the final
[II] **awanse** *plt* przest. attentions; **robić** a. **czynić komuś ~e** to be extremely civil to sb
[III] **awansem** *adv. [zapłacić, otrzymać]* in advance
❏ **~ społeczny** Socjol. social advance a. advancement

awans|ować *pf, impf* [I] *vt* (na wyższe stanowisko służbowe) to promote; **~ować kogoś na kapitana** to promote sb to captain; **~owano go do stopnia pułkownika** he was promoted to the rank of colonel
[II] *vi* [1] (na wyższe stanowisko) to be promoted, to advance; **szybko ~ował na stanowisko dyrektora** he advanced a. rose rapidly to the position of director [2] Sport (w rozgrywkach eliminacyjnych) to advance, to go through; (do wyższej grupy, klasy) to be promoted, to go up; **~ować do finału** to go through a. advance to the final; **~ować do pierwszej ligi** to be promoted to Division One; **~owali o jedno miejsce** they went up (by) one place [3] (zdobyć wyższą pozycję) to rise; **~ował wysoko w hierarchii społecznej** he rose high in the social hierarchy

awansow|y *adi.* promotion *attr.*; **wniosek ~y** an application for promotion

awantu|ra *f* [1] (kłótnia) row; **zrobił mi karczemną ~rę** he kicked up a tremendous row, he made a terrible scene [2] (bójka) brawl, fight; **kiedy jest pijany, zawsze szuka pretekstu do ~r** he always picks a fight when he's drunk [3] pejor. (w polityce) affair, incident [4] książk. (przygoda) adventure
■ **~ra arabska** żart. a right old ding-dong GB pot.

awantur|ka *f dem.* [1] (kłótnia) squabble; (bójka) tussle, scuffle; **niegroźna ~ka** a harmless squabble [2] książk. (przygoda) escapade; **miłosne ~ki** romantic escapades

awanturnic|a *f* [1] (złośnica) spitfire, vixen [2] książk. (skandalistka) hussy

awanturnictw|o *n sgt* [1] (skłonność do kłótni) unruliness, belligerence [2] książk. (zamiłowanie do przygód) adventurousness [3] pejor. (w polityce) (political) adventurism

awanturniczo *adv. [zachowywać się]* belligerently

awanturniczoś|ć *f sgt* [1] (skłonność do kłótni) unruliness, belligerence [2] pejor. (w polityce) (political) adventurism

awanturnicz|y *adi.* [1] *[charakter, usposobienie]* unruly, belligerent [2] książk. (pełen przygód) *[film, powieść]* adventure *attr.*; **prowadził ~e życie** he led an adventurous life [3] pejor. (w polityce) adventurist

awanturni|k *m* [1] pejor. (wszczynający awantury) troublemaker [2] książk. (lubiący przygody) adventurer [3] pejor. (w polityce) (political) adventurist, (political) adventurer

awantur|ować się *impf v refl.* [1] (kłócić się) to (kick up a) row; (bić się) to fight, to brawl; **~ować się z byle powodu** to make a scene about the slightest thing; **on wiecznie ~uje się o coś z bratem** he's always rowing a. fighting about something with his brother; **o co ona się tak ~uje?** what's she kicking up such a row a. fuss about? [2] przest. (prowadzić życie pełne przygód) to lead a life of adventure

awanturyn *m* (*G* ~**u**) Miner. aventurine *U*, goldstone

awari|a *f* (*GDGpl* ~**i**) (uszkodzenie) damage; (zepsucie się) (mechanical) failure; (pojazdu) breakdown; **~a sieci elektrycznej** a failure in the power supply; **huragan spowodował ~ę sieci elektrycznej** the hurricane caused damage to the electricity grid a. caused a power failure; **~a silnika** engine failure a. trouble; **monterzy usunęli ~ę silnika** the mechanics repaired the engine; **~a elektrowni atomowej** a nuclear accident; **~a wodociągu** a burst water pipe a. main

awaryjnie *adv.* in an emergency; **samolot lądował ~ na łące** the plane made an emergency landing in a field

awaryjn|y *adi. [ekipa, oświetlenie, wyjście]* emergency *attr.*; **światła ~e** hazard (warning) lights; **usuwać szkody ~e** to clear up the (resulting) damage

awenturyn → **awanturyn**

awers *m* (*G* ~**u**) (monety) obverse; (haftu) face side

awersj|a *f sgt* książk. aversion *C/U*, (intense) dislike *C/U*; **żywić do kogoś ~ę** to have an aversion to sb; **mam ~ę do wszystkiego, co zielone** I detest a. can't stand anything green

awiacj|a *f sgt* przest. aviation

awionet|ka *f* Lotn. light aircraft

awista → **a vista**

awitaminoz|a *f* Med. avitaminosis, vitamin deficiency

awiz|o[1] *n* (*Gpl* ~**ów**) [1] Poczta (zawiadomienie o nadejściu przesyłki) advice (note) [2] Fin., Handl. (zawiadomienie o operacji) notification, advice

awiz|o[2] *n* (*Gpl* ~ów) Żegl. (do służby patrolowej) patrol vessel; (do eskortowania) escort vessel

awiz|ować *pf, impf vt* [1] Handl., Poczta to notify; **hurtownia ~owała im dostawę towaru** the warehouse notified them of the delivery ⇒ **zaawizować** [2] książk. (zapowiadać) to announce; **~ować czyjeś przybycie** to announce sb's arrival

awokado *n inv.* Bot. (drzewo) avocado; (owoc) avocado (pear)

azali|a *f* (*GDGpl* ~i) Bot. azalea

azbe|st *m* (*G* ~stu) Miner. asbestos *U*

azbestow|y *adi.* asbestos *attr.*

azbestoz|a *f sgt* Med. asbestosis

Aze|r *m*, **~rka** *f* (*Npl* ~rowie, ~rki) Azeri

Azerbejdżan *m* (*G* ~u) Geog. Azerbaijan

Azerbejdżan|in *m*, **~ka** *f* Azerbaijani

azerbejdżańs|ki *adi.* Azerbaijani

Azj|a *f* Geog. Asia; **~a Mniejsza** Asia Minor

Azja|ta *m*, **~tka** *f* Asian

azjatyc|ki *adi.* Asian

azoospermi|a *f sgt* (*GD* ~i) Med. azoospermia

azo|t *m* (*G* ~tu) *sgt* Chem. nitrogen
❑ **~t atmosferyczny** Chem. atmospheric nitrogen; **~t wolny** Chem. free nitrogen

azotan *m* (*G* ~u) Chem. *[ołowiowy, potasowy, sodowy]* nitrate

azot|ek *m zw. pl* (*G* ~ku) Chem. nitride

azotow|y *adi.* Chem. nitric

azulan *m sgt* (*G* ~u) Farm. camomile tincture

azyl *m* (*G* ~u) [1] *sgt* Polit. (dla cudzoziemców) (political) asylum; **poprosić o ~** to ask for asylum [2] *sgt* przen. refuge; **dom na wsi to jego ~** the house in the country is his retreat a. bolt-hole; **literatura była dla niej ~em** she took refuge in literature, literature was her refuge; **~ dla psów/kotów** a shelter for dogs/cats [3] Hist. (dla przestępców, psychicznie chorych) asylum
❑ **~ dyplomatyczny** Polit. diplomatic asylum

azylan|t *m* Polit. *political refugee granted asylum*

azymu|t *m* (*G* ~tu) [1] Astron., Geog. azimuth [2] książk. (kierunek) direction; **~ty polskiej polityki zagranicznej** the overall direction of Polish foreign policy
❑ **~t astronomiczny** Astron. astronomical azimuth; **~t geograficzny** Geog. true azimuth; **~t magnetyczny** Fiz. magnetic azimuth

azymutaln|y *adi.* Astron., Fiz., Geog. azimuthal

aż[1] *coni.* [1] (dopóki nie) until, till; **dopóty ją błagał, aż się zgodziła** he kept begging her until a. till she agreed; **poczekaj, aż wrócę** wait until a. till I get back; **czekają, aż (on) umrze** they are waiting until he dies a. for him to die; **nie czekając, aż ogień się rozprzestrzeni, wezwała straż** she called the fire brigade GB a. fire department US before the flames had a chance to spread; **aż w końcu** a. **aż wreszcie** until at last; **aż tu (nagle)** all of a sudden, suddenly; **opalała się w ogrodzie, aż tu nagle jak nie lunie** she was sunbathing in the garden, when all of a sudden the rain came pouring down;

rozmawiamy sobie, aż tu słyszę: ktoś woła there we were talking, when all of a sudden I heard someone calling [2] (tak bardzo, że) **parskał ze śmiechu, aż mu się broda trzęsła** he chortled so much that his chin was shaking; **pioruny waliły, aż cały dom trząsł się** the thunder was so loud that the whole house trembled; **wrzeszczał, aż uszy puchły** he was screaming his head off; **ziewnął, aż mu żuchwa zatrzeszczała** he yawned so widely that his jaws cracked
[II] *part.* [1] (z określeniem odległości) as far as, all of; **do najbliższej wioski jest aż dwadzieścia kilometrów** it's as far a. as much as twenty kilometres to the nearest village; **zatrzymał się aż pod lasem** he got as far as the forest before he stopped; **nie sądziłem, że granice miasta sięgają aż tak daleko** I didn't realize the town borders reached so far [2] (z określeniem zakresu) **aż do/z Berlina** all the way to/from Berlin; **aż po czubek głowy** right to the top of one's head; **aż po szyję** right up to the neck; **aż do samego ministra** right up to the minister himself; **od sprzątaczki aż po dyrektora** from the cleaner (right) up to the director; **od prezesa wielkiej firmy aż do właściciela małego warsztatu** from the president of a large company right down to the owner of a small workshop [3] (z określeniem czasu) **aż do XVI wieku** (right) up until the sixteenth century; **aż do jego śmierci w 1887 roku** (right up) until his death in 1887; **aż do czasu uchwalenia budżetu** until such time as the budget is passed; **nie było go w Warszawie aż do lipca** he was away from Warsaw right up until July; **spał aż do południa** he didn't get up before noon, he slept until a. till noon; **obiecał jej wierność aż po grób** he promised her he would remain faithful to the grave a. until death [4] (w określeniach ilości) (z policzalnymi) as many as, no fewer than; (z niepoliczalnymi) as much than; **aż dziewięciu uczniów** as many as a. no fewer than nine pupils; **aż 70%** as much as a. no less than 70 per cent; **„to będzie kosztować 2000 złotych" – „aż tak dużo?"** 'it's going to cost 2,000 zlotys' – 'as much as that?'; **aż za dużo** more than enough; **nie powinieneś aż tyle pracować** you shouldn't work as much as that [5] (określające stopień nasilenia) positively; **pola aż złote od dojrzewającej pszenicy** fields positively golden with ripening wheat; **bogactwo aż kapie** incredible wealth a. wealth dripping out of their ears; **w domu aż pachnie od czystości** it's so clean in the house that you could eat your dinner off the floor; **był ostrożny aż do przesady** he was unduly a. exaggeratedly cautious; **opowieść przejmująca aż do bólu** a painfully gripping a. poignant story; **było zimno aż nie do wytrzymania** it was unbearably cold; **uczuł taki zawrót głowy, że aż się zachwiał na nogach** he felt so dizzy that he swayed on his legs; **aż do skutku** for as long as it takes, to the bitter end; **będziemy**

negocjować aż do skutku we'll continue negotiations until we get what we want; **zajadał, że aż miło** the way he was eating it was a pleasure to watch; **ciemno/zimno (że) aż strach** terribly a. awfully dark/cold; **aż strach pomyśleć** it doesn't bear thinking about, one shudders to think; **aż nadto** more than enough; **trunków było aż nadto** there was more than enough to drink; **jest aż nadto powodów, żeby wątpić w jego obietnice** there's more than enough reason for doubting his promises; **dziewczyna aż nadto uprzejma** an exceedingly polite girl; **aż nadto dobrze** only too well; **znała go aż nadto dobrze** she knew him too well; **aż taki** a. **aż tak głodny/gruby** so a. that hungry/fat; **on nie jest aż taki beznadziejny** he's not that hopeless; **wcale nie jest aż tak zimno** it's not that cold

ażeby [I] *coni.* książk. [1] (dla wyrażenia celu) in order to a. that, so that, so as to; **kupiłam ci kożuch, ~ś nie marzł w zimie** I bought you the sheepskin so that you wouldn't feel the cold in (the) winter; **pokryj kratę lakierem, ~ nie rdzewiała** varnish the grating to prevent it from getting rusty; **~ odrzucić weto prezydenckie, potrzebna jest...** in order to reject the presidential veto, we need...; **~ nie** so as not to; lest książk.; **przyjąłem jego zaproszenie, ~ go nie obrazić** I accepted his invitation so as not to offend him a. lest he should be offended; **~ nie było żadnych nieporozumień** lest there should be any misunderstandings, so that there should be no misunderstandings [2] (dla wyrażenia woli, sądu) **chcę, ~ś wrócił przed północą** I want you to come back before midnight; **nie prosiłem, ~ mi pomagała** I didn't ask her to help me; **nie sądzę, ~ście go znali** I don't think you know him; **wątpię, ~ ten eksperyment się udał** I doubt if this experiment is going to work [3] (wyrażające następstwo) only to; **deszcz przestał siąpić, ~ po chwili rozpadać się ponownie** it stopped drizzling only to start again a minute or two later [4] (dla wyrażenia intensywności) **(ona) na tyle dobrze zna polski, ~ swobodnie się porozumieć** she knows Polish well enough to be able to communicate without difficulty; **byli zbyt zajęci, ~ zauważyć jej wejście** they were too busy to notice her enter a. come in; **łóżko jest zbyt szerokie, ~ście mogli je tam wstawić** the bed's too wide to fit a. go in there
[II] *part.* pot. **~ go cholera!** a. **~ go pokręciło!** damn him! pot.; **~ to cholera!** damn it! pot.

ażu|r *m* (*G* ~ru) (~**rek** *dem.*) [1] (wzór) openwork pattern, openwork design [2] *sgt* (tkanina) openwork fabric [3] (haft) openwork (embroidery) *U* [4] (plecionka jubilerska) piece of openwork jewellery

ażurow|y *adi.* *[serweta, konstrukcja]* openwork *attr.*

B

B, b *n inv.* [1] (litera) B, b [2] (w numeracji) mieszkanie **3B** flat 3B; B, b [3] Muz. B; **B-dur** Muz. B flat major; **b-moll** Muz. B flat minor; **preludium b-moll** a prelude in B flat minor

b. [1] (= były) former [2] (= bardzo) very

ba [I] *part.* książk. (emfatyczne) (and) even; nay przest., książk.; **dziesiątki, ba, setki ludzi** tens, even hundreds of people; **to zajmie miesiące, ba, lata całe** it will take months, even years

[II] *inter.* (niepewność) well; (rezygnacja) oh well; **ba, żebym to ja wiedział** oh well, if only I knew

bab∣a[1] *f* [1] pot., pejor. (kobieta) woman; **wstrętna/paskudna ~a** a horrid/horrible woman; **nie cierpię tej ~y** I can't stand that woman [2] pot. (żona) old lady pot.; (kochanka) woman pot.; **jego ~a znowu zrobiła mu awanturę** his old lady had another go at him pot.; **ma jakąś ~ę** he's got some woman; **latać za ~ami** pot. to chase (after) women [3] pot. (wieśniaczka) countrywoman, peasant (woman) [4] pot. (handlarka) street trader [5] pot. (stara kobieta) (old) biddy pot., pejor.; hag obraźl. [6] pot. (żebraczka) bag lady pot.; beggar [7] pot., obraźl. (zniewieściały mężczyzna) sissy pot., pejor., (old) woman pot., pejor.; pussy US pot., obraźl.; **przestań płakać, nie bądź ~ą** stop crying, you sissy [8] augm. (ciasto) cake [9] augm. (z piasku) sandcastle [10] Techn. tup

❑ **Baba Jaga** a. **~a-jaga** witch

■ **masz ~o placek** pot. just my luck; **~a z wozu, koniom lżej** przysł. that solves that (problem), that's that problem out of the way przysł.; **nie miała ~a kłopotu, kupiła sobie prosię** przysł. ≈ now we're/you're in trouble

bab∣a[2] *f* Archeol. ancient stone figure of a woman with a cup

bab∣cia *f* (Gpl ~ć a. ~ci) pieszcz. [1] (babka) grandmother; grandma pot.; nan(ny) GB pot.; **zostać ~cią** to become a grandmother [2] (stara kobieta) old lady

babcin∣y *adi.* grandma's pot., granny's pot.

babecz∣ka *f* [1] dem. pot., pieszcz. (atrakcyjna kobieta) doll pot., babe pot. [2] (ciastko) fairy cake GB, cupcake US

babi *adi.* pot., pejor. women's

babiarz *m* (Gpl ~y) pot., pejor. ladies' man, womanizer

babi∣eć *impf vi* pot., pejor. to become womanish ⇒ **zbabieć**

Babilon *m* sgt (G ~u) Babylon

babiloński *adi.* Babylonian

babin∣a *f* (~ka dem.) poor old woman; **schorowana ~a** an ailing old woman

babi∣niec *f* żart. nest of women pot.

bab∣ka *f* [1] (babcia) grandmother; **(czyjaś) ~ka ze strony ojca/matki** sb's grandmother on their father's/mother's side [2] (stara kobieta) old woman [3] (żebraczka) beggar; bag lady pot. [4] pot. (atrakcyjna kobieta) chick pot., doll pot.; **szałowa/równa ~ka** a classy/nice chick [5] przest. (akuszerka na wsi) village midwife [6] (kobieta usuwająca ciążę) abortionist [7] (ciasto) cake; **~ki wielkanocne** Easter cakes; **~ka drożdżowa** a yeast cake; **~ka ponczowa** a baba; **~ka kartoflana** hash browns US; **~ka marmurkowa** marble cake [8] (z piasku) sandcastle; **stawiać ~ki z piasku** to make sandcastles [9] Bot. (roślina) plantain [10] Bot. (grzyb) birch bolete a. boletus [11] Zool. (ryba) goby [12] Zool. (owad) dragonfly [13] Górn. stone blocking the entrance to a mine [14] Techn. double-faced hammer

❑ **ślepa ~ka** (zabawa) blind man's buff

■ **moja ~ka jego ~ce podawała gruszki w czapce** przysł. ≈ we're very distant relatives; **na dwoje ~ka wróżyła** przysł. it's up in the air, your guess is as good as mine; **nie poznała ~ka swojej wnuczki w tańcu** przysł. fancy that!

babochłop *m* (D ~u a. ~owi, Npl ~y) pot., pejor butch woman/girl pot.; **ależ z niej ~!** she's so butch!

bab∣rać *impf* pot. [I] *vt* [1] (brudzić) to get [sth] messy pot.; **~rać ręce/ubrania błotem** to get one's hands/clothes muddy; **~rać ręce w czymś** to get one's hands messy a. sticky; **nie znoszę ~rania rąk** I hate getting my hands all messy a. sticky ⇒ **ubabrać** [2] (robić coś źle) to make a mess of pot., to mess up pot.; **przestań już malować, tylko ~rzesz te ściany** stop painting, will you, you're just messing up the walls

[II] *vi* (grzebać) pejor. to mess about pot., to mess around pot. (**w czymś** with sth); **~rać łyżką w zupie** to poke one's spoon around in one's soup; **~ranie w glinie to dla niej przyjemność** she enjoys messing about a. around with clay

[III] **babrać się** [1] (brudzić się) to get oneself messy pot.; **~rać się błotem** to get oneself muddy; **~rać się farbą** to get paint (all) over oneself ⇒ **ubabrać się** [2] (grzebać się) to mess about pot., to muck around pot. (**w czymś** with sth); **lubił ~rać się w ogródku** he liked messing around a. pottering around in the garden [3] (długo zajmować się) to mess around pot., to muck around pot. (**z czymś** with sth); **~rał się z tym samochodem przez dwie godziny** he was messing around a. tinkering (about) with the car for two hours [4] pejor. (interesować się) to poke around; **~ranie się w rodzinnych brudach** digging up family dirt

babranin∣a *f sgt* pot. (nieprzyjemna praca) grind pot.; drudgery

babs∣ki *adi.* pot. [spodnie, choroby, robota] women's; **~ka ciekawość** (a) woman's a. female curiosity; **~kie gadanie** woman a. women's talk, female prattle; (przesąd) an old wives' tale; **~kie gospodarstwo** an all-woman a. female household; **po ~ku** [myśleć, zachować się, załatwiać coś] like a woman

babsk∣o *n* pot., obraźl. (old) bag pot., obraźl.

babsztyl *m* (Gpl ~i a. ~ów) pot., obraźl. (old) cow pot., obraźl.; **wstrętny ~!** (you) horrid old cow!

babul∣a *f* pot., pieszcz. [1] (kobieta ze wsi) (peasant) woman [2] (babcia) granny pot., pieszcz., nanny GB pot., pieszcz.

babule∣ńka *f* pieszcz. [1] (staruszka) old dear pieszcz. [2] (babcia) granny pot., pieszcz., nanny GB pot., pieszcz.

babu∣nia *f* dem. [1] pieszcz. (babka) granny pot., pieszcz., gran pot., pieszcz. [2] (stara kobieta) little old lady, old dear pieszcz.

babus *m* pot., pejor. (old) hag obraźl.

babu∣sia *f dem.* pieszcz. granny, gran

baby-sitter /ˌbejbiˈsiter/ *f inv.* baby-sitter

bac∣a *m* (Npl ~owie) senior shepherd in Polish Carpathians

bach *inter.* bump!, plonk!; **wazon ~ na dywan** the vase landed (with a) bump on the carpet; **chłopczyk zrobił ~ na podłogę** the little boy fell to the floor with a bump a. plonk

bachanali∣a, ~e *plt* (Gpl ~i a. ~ów) [1] Antycz. Bacchanalia [2] książk. (zabawy) bacchanalia, bacchanal

bachant∣ka *f* Antycz. Bacchant

bachiczn∣y *adi.* [1] Antycz. [kult, orszak] Bacchic [2] książk. (związany z zabawą) bacchanal(ian)

bachma∣t *m* [1] książk. (rumak) steed książk. [2] Hist. Tatar horse

bacho∣r *m* (Npl ~ry) pot., pejor. brat pejor.

■ **zrobić** a. **zmajstrować komuś ~ra** posp. to get sb up the duff GB pot.; to knock sb up US pop.

bachusow∣y *adi.* książk. [uczta, śmiech] bacchanal(ian)

bacik *m dem.* (small) whip, (small) thong

baców∣ka *f* [1] (szałas) shepherd's hut [2] (schronisko) mountain shelter

bacz∣ek *m zw. pl* sideburn zw. pl, sideboard zw. pl

bacznie *adv. grad. [patrzeć, słuchać, obserwować]* closely, intently; **nadstawił ~ uszu** he pricked up his ears

baczność | *f sgt* **stać (w postawie) na ~ć** to stand at a. to attention **|** *inter.* Wojsk. (stand at a. to) attention! ■ **mieć się na ~ci** to be on one's guard **(przed kimś/czymś** against sb/sth)

baczn|y *adi. grad.* książk. *[widz, obserwator]* attentive; *[wzrok]* intent; **zwrócić na coś ~iejszą uwagę** to pay closer attention to sth; **jego ~e oko lustrowało bez przerwy stan oddziału** his sharp eyes kept controlling the number of soldiers in the unit ■ **mieć ~e oko na kogoś/coś** to keep a sharp eye on sb/sth

bacz|yć *impf vi* książk. to heed *vt* **(na coś** sth); **~yli, aby wszystko szło sprawnie** they paid a lot of heed to make things go smoothly; **nie ~ąc na coś** heedless of sth; **mówił dalej, nie ~ąc na jej gniew** he went on, heedless of her anger

b|ać się *impf* (**boję się, boisz się**) *v refl.* **1** (czuć strach) to be afraid; to be scared **(kogoś/czegoś** of sb/sth); **bać się ojca/ nauczyciela** to be afraid of one's father/ teacher; **bać cię ciemności/duchów** to be afraid of the dark/of ghosts; **bać się kary** to be afraid of being punished; **nie pójdę, boję się** I'm not going, I'm scared; **boję się zostawać w domu sama** I'm afraid of being left home alone; **bać się czegoś jak ognia** a. **diabeł święconej wody** to be scared stiff of sth **2** (niepokoić się) to worry, to be anxious **(o kogoś/coś** about sb/sth); **bać się o dzieci** to be anxious about one's children; **z taką pensją nie musisz bać się o przyszłość** with a salary like that, you don't need to worry about the future; **nie bój się, ona na pewno sobie poradzi** don't worry, she'll manage all right; **bał się, że nie wygra** he was afraid that he wouldn't win; **boję się, czy to nie jest czyjaś zła wola** I'm afraid somebody might have done it out of spite **3** (nie mieć śmiałości) to be afraid; **bać się odpowiedzieć** to be afraid to answer; **bał się spojrzeć jej w oczy** he was afraid to look her in the eye także przen.; **bała się wyznać, co ją dręczy** she was afraid to reveal what was bothering her **4** (być nieodpornym) (o roślinach, zwierzętach) **nie bać się czegoś** to be resistant to sth *[mrozu, suszy, deszczu]* ■ **bój** a. **bójcie się Boga!** for the love of God!, in God's name!; **bać się o własną skórę** pot. to look after number one pot.; **bać się własnego cienia** to be afraid of one's own shadow

badacz *m,* **~ka** *f (Gpl ~y, ~ek)* (prowadzący badania) researcher, research worker; (naukowiec) scholar; **~ starożytności** ancient historian

bada|ć *impf* **|** *vt* **1** (dokładnie poznawać) to examine, to study *[problem, zjawisko]*; to test *[teorię, hipotezę]*; **~ć coś pod mikroskopem** to study a. study sth under a microscope; **~ć język/zachowanie zwierząt** to study a language/the behaviour of animals; **~ć poziom cukru we krwi** to test sugar levels in blood ⇒ **zbadać 2** (sprawdzać dokładnie) to study, to examine *[dokumenty]*; to check *[temperaturę]*; to explore, to recon-

noitre *[teren]*; **zanim się odezwał, przez długą chwilę ~ł mnie wzrokiem** he scrutinized me for a long while before he said anything; **starannie ~ł, czy go ktoś nie śledzi** he carefully checked to see if anyone was following him; **~ć dno nogą** to test the bottom with one's foot; **~no ten preparat na małpach** the preparation was tested on monkeys **3** Med. (kontrolować stan zdrowia) to examine *[pacjenta]*; **~ć puls** to take a. feel sb's pulse; **~ć sobie krew/ wzrok** to have a blood/an eye test ⇒ **zbadać 4** (zadawać pytania) to question, to examine *[oskarżonego, świadka]* **|** **badać się 1** (oglądać się nawzajem) to observe one another, to eye one another **2** Med. (być badanym) to be examined, to have a check-up; **~ć się u kardiologa** to have a cardiological check-up ⇒ **zbadać się**

bada|nie | *sv* → **badać |** *n* (rentgenowskie, mikroskopowe) examination; (antydopingowe, krwi, moczu) test; **iść do szpitala na ~nia** to go into hospital for tests; **zrobić ~nie krwi** to have a. go for a blood test; **~nia na obecność białka/cukru w moczu/krwi** urine/blood test for presence of protein/sugar **|** **badania** *plt* (naukowe, teoretyczne, szczegółowe) research; **prowadzić ~nia** to carry out a. conduct a. do research; **~nia nad sposobami leczenia AIDS** research into a. on ways of treating AIDS; **poddać ~ niom kogoś/coś** to have sb/sth tested ❏ **~nie przedmiotowe** Med. medical examination

badan|y | *pp* → **badać |** **badan|y** *m,* **~a** *f* (w eksperymencie) subject; (odpowiadający na pytania) respondent; **u większości ~ych nastąpiła poprawa** there's been an improvement in the majority of subjects; **większość ~ych uważa, że...** the majority of the respondents said that...

badawczo *adv.* **1** (naukowo) scientifically; **pył kosmiczny jest interesujący ~** cosmic dust is interesting from a scientific a. research point of view **2** (przenikliwie) *[przyglądać się]* searchingly, closely; **spojrzała na mnie ~** she gave me a searching look

badawcz|y *adi.* **1** *[zespół, wyprawa, ośrodek, praca]* research *attr.*; **statek ~y** a research vessel **2** *[wzrok]* searching, inquiring; **omieść** a. **obrzucić kogoś ~ym spojrzeniem** to give sb a searching look

badminton *m sgt* Sport badminton; **rakieta do ~a** a badminton racket; **grać w ~a** to play badminton

badmintoni|sta *m,* **~stka** *f* Sport badminton player

badmintonow|y *adi. [klub, mecz]* badminton *attr.*

badyl *m* **1** pot. (łodyga pozbawiona liści) dried stalk; **nogi cienkie jak ~e** spindly legs; **w ciągu trzech miesięcy wysechł jak ~** in three months he's become as thin as a rake **2** pejor., pot. (roślina) weed **3** Myślis. *leg of an elk or deer*

badylar|ka *f* **1** pot., pejor. (ogrodniczka) market gardener GB, truck farmer US **2** Zool. harvest mouse

badylarstw|o *n sgt* pot. (ogrodnictwo) market gardening GB, truck farming US

badylarz | *m pers. (Gpl ~y)* pot. (ogrodnik) market gardener GB, truck farmer US **|** *m anim.* Myślis. *elk or stag with palmate antlers*

baedeker /be'deker/ → **bedeker**

bagatel|a | *f sgt* **1** (drobiazg, błahostka) trifle, triviality; **wychować czworo dzieci to nie ~a** bringing up four children is no small thing a. achievement; **ten egzamin to nie ~a** the exam is no pushover pot. **2** Archit. *garden or parkland pavilion popular in 18th and 19th centuries* **3** Muz. bagatelle **|** *part.* iron. (podkreślenie) a mere bagatelle iron.; a trifle (really) iron.; **odziedziczył, ~a, kilka milionów** he inherited a few million, a trifle really

bagataliz|ować *impf vt* (nie doceniać) to underestimate *[niebezpieczeństwo]*; (lekceważyć) to ignore *[opinię]*; to make light of *[chorobę]*; **pierwsze objawy są często ~owane przez rodziców** the early signs are often not taken seriously by parents ⇒ **zbagatelizować**

bagatel|ka | *f dem.* (drobiazg) trifle **|** *inter.* a trifle (really)

bagateln|y *adi. [sprawa, suma]* trifling, trivial

bagaż *m (G ~u)* **1** (rzeczy) luggage GB, baggage US; **~ ręczny** hand luggage; **nadać ~** to check in luggage; **opłata za ~** luggage fee a. payment **2** *sgt* (zasób) przen. store, fund; **~ przesądów/wspomnień** a store a. fund of superstition/memories; **szkołę opuściła z niewielkim ~em wiedzy i doświadczeń** she left school with little knowledge or experience; **jego ~ doświadczeń** his accumulated experience

bagażnik *m* **1** (komora) (w samochodzie) boot GB, trunk US; (w autobusie) luggage locker; **włożyć coś do ~a** to put sth in the boot; **wyjąć coś z ~a** to take sth out of the boot; **pełny ~** a full boot **2** (konstrukcja z prętów) (na dachu samochodu) roof rack; (na rowerze, motocyklu) (luggage) carrier; **zamontował rower na ~u** he mounted the bicycle on the roof rack

bagażowni|a *f (Gpl ~)* (przechowalnia) left-luggage (office)

bagażow|y | *adi. [wagon, wózek]* luggage *attr.*, baggage *attr.*; **kwit ~y** a luggage receipt GB, a baggage check US **|** *m* **1** (pracownik kolei) porter **2** (pracownik przechowalni) left luggage attendant GB, luggage clerk US

bagażów|ka *f* **1** pot. (taksówka) *a van with driver that can be hired to transport large or bulky items* **2** środ., Kolej. (wagon kolejowy) luggage van GB, baggage car US

bagien|ko *n dem.* **1** (małe mokradło) bog, marsh **2** *sgt* pejor. (nieetyczne postępowanie) (dirty) mess pot., (dirty) business pot.

bagienn|y *adi.* **1** *[roślinność, opary]* marsh *attr.* **2** *[teren, droga]* boggy, marshy

bagiet|ka *f* **1** (pieczywo) baguette, French loaf a. stick **2** (narzędzie laboratoryjne) glass rod

bagnecik *m dem.* bayonet

bagne|t *m (G ~tu)* bayonet; **pchnąć** a. **ugodzić kogoś ~tem** to bayonet sb, to stab sb with a bayonet; **iść** a. **ruszyć na ~ty** to charge the enemy with bayonets; **~t na broń!** fix bayonets!

bagni|sty adi. [łąka, staw] boggy, marshy; ~**sty brzeg** a marshy bank

bag|no n [1] (teren) bog, marsh; **ugrzęznąć w ~nie** to get bogged down [2] Bot. (roślina) ledum [3] sgt pejor. (niemoralna sytuacja) (dirty) mess pot., (dirty) business pot.; **tkwimy w tym ~nie po uszy** we're in it a. in this mess up to our necks; **wpakowałeś się w niezłe ~no** you've got yourself into a right old mess a. business [4] sgt pejor. (podejrzane środowisko) the lowest of the low, the dregs of society pl; **wciągnąć kogoś w ~no** to drag sb into a mess
❑ ~**no zwyczajne** Bot. Labrador tea

baj m przest. (opowiadający baśnie) storyteller
■ ~, ~**u (będziesz w raju)** jackanory

ba|ja[1] f augm. [1] (bajka) fairy tale [2] pot., pejor. (kłamstwo) tall story, tale

ba|ja[2] f sgt (tkanina bawełniana) baize, fustian

baj|ać impf (~ę a. ~am) vi książk. [1] (opowiadać baśnie) to tell stories (**o kimś/czymś** about sb/sth) [2] (opowiadać głupstwa) to talk nonsense; **co ty mi ~esz?** who do you think you're kidding exactly? pot.

bajade|ra f bayadere

bajader|ka f ≈ chocolate sponge-ball

bajar|ka f storyteller

bajarz m (Gpl ~y) storyteller

baj|da f zw. pl [1] pot. (bzdura) tall story (**o czymś** about sth); **pleść ~dy** to tell tall tales; **wierzyć w ~dy** a. ~**dom** to believe (in) fairy tales [2] pejor. (bajka, baśń) fairy tale (**o kimś/czymś** about sb/sth)

bajdak m (G ~a a. ~u) a boat with sails and oars formerly used on the rivers of Belarus and the Ukraine

bajdurz|yć impf vi pot., pejor. to drivel (on) pot., pejor. (**o czymś** about sth)

bajduś → **klituś-bajduś**

bajecz|ka f dem. [1] (bajka) story [2] zw. pl pot. (kłamstwo) tale

bajecznie adv. [bogaty, piękny, kolorowy] fabulously

bajeczno|ść f sgt [1] (bajkowość) fairy-tale quality [2] (niezwykłość) fabulousness; **uderzyła go ~ć jej urody** he was struck by her fairy-tale beauty

bajeczn|y adi. [1] (istniejący w bajce) fairy-tale attr.; ~**e dzieje** legends, legendary tales [2] (niezwykły) [humor, powodzenie, zabawa] fabulous

baje|r m (G ~ru) pot. [1] (zmyślona historia) tall story; **wstawiać** a. **wciskać komuś ~r** to spin sb a yarn [2] (ozdoba) frill zw. pl

bajeranc|ki adi. pot. swanky pot., snazzy pot.

bajerancko adv. pot. swankily pot., snazzily pot.; **ona ~ tańczy** she's a great a. neat dancer

bajer|ować impf vt pot. (blagować) to make up; (nabierać) to kid pot., to have [sb] on GB pot., to put [sb] on US pot.; **nie ~uj!** stop making it up!; **babcię możesz ~ować, ale nie mnie** you can try it on with Grandma, but you can't fool me; ~**ował, że ma wielu znajomych za granicą** he was trying to make out that he had lots of friends abroad pot. ⇒ **zbajerować**, **zabajerować**

bajg|iel m (Gpl ~li a. ~lów) bagel

baj|ka f [1] (baśń) fairy tale; ~**ka na dobranoc** a bed-time story; ~**ka o śpiącej**

królewnie/brzydkim kaczątku the fairy tale of a. about the Sleeping Beauty/the ugly duckling [2] Literat. fable; ~**ki Ezopa** Aesop's Fables [3] (plotka) tale, story; (kłamstwo) fib; **opowiadać ~ki** to tell fibs

bajkopisarstw|o n sgt fable writing

bajkopisarz m (Gpl ~y) writer of fables, fabulist

bajkowo adv. idyllically; [wyglądać] fairy-tale-like, idyllic; ~ **piękny krajobraz** a landscape of fairy-tale beauty

bajkowoś|ć f sgt fairy-tale character

bajkow|y adi. [1] (występujący w bajkach) [rycerz] fairy-tale attr. [2] (dotyczący bajki) [motyw] fable-like attr., fabulous [3] (nierzeczywisty) [widok] fabulous

bajor|ko n dem. puddle

bajo|ro n (overgrown) pond

bajow|y adi. baize attr., fustian attr.

bajpas → **by-pass**

bajram m (G ~u) Bairam

baj|t m (G ~tu a. ~ta) Komput. byte; **plik o wielkości 1000 ~tów** a file of 1,000 bytes

bajtl|ować impf [I] vt (nabierać) to kid pot., to have [sb] on GB pot., to put [sb] on US pot.
[II] vi (dużo mówić) to prattle on (**o czymś** about sth); to blather (on) pot., pejor. (**o czymś** about sth)

bajz|el m (G ~lu) [1] posp. (dom publiczny) brothel [2] pot. (bałagan) tip; **masz straszny ~el w szufladach** your drawers are a right tip

bajzelmam|a f wulg. madam

bak m (G ~u) [1] (zbiornik) (petrol) tank [2] (ilość cieczy) tank, tankful (**czegoś** of sth) [3] zw. pl (zarost) sideburn zw. pl, sideboard zw. pl

bakalars|ki adi. [1] przest., żart. (nauczycielski) [obowiązki, zdolności] teaching attr.; [posiedzenie, zebranie] teachers' [2] Uniw. [dyplom, strój, stopień] bachelor's

bakalarstw|o n przest., żart. teaching

bakalaurea|t m (G ~tu) [1] (stopień naukowy) bachelor's degree, baccalaureate [2] (dyplom) baccalaureate

bakali|e plt (Gpl ~i) nuts and dried fruit as used in cooking

bakaliow|y adi. containing nuts and dried fruit

bakcyl m (Gpl ~i a. ~ów) przest. bacillus
■ **połknąć** a. **złapać ~a** książk. to catch a. be bitten by a bug pot.; **połknąć ~a teatru** to be bitten by the theatre bug

bakałarz m (Gpl ~y) [1] Uniw. bachelor [2] żart., pejor. (nauczyciel) teacher

bakan m (G ~u) Żegl. beacon, buoy

bakara|t m (G ~tu) sgt [1] Gry baccara(t) [2] (szkło kryształowe) Baccarat crystal

bakaratow|y adi. Baccarat crystal attr.

bakczysz m (G ~u) baksheesh

bakeli|t m (G ~tu) Bakelite®

bakelitow|y adi. Bakelite®attr.

bakłażan m (G ~a a. ~u, A ~ a. ~a) aubergine GB, eggplant US

baks m (A ~a) pot. dollar; buck US, Austral pot.

bakszysz → **bakczysz**

bakteri|a f zw. pl (GDGpl ~i) Biol. bacterium; ~**e chorobotwórcze/symbiotyczne** pathogenic/symbiotic bacteria; **szczep ~i** a strain a. type of bacteria
❑ ~**e autotroficzne** Biol. autotrophic bac-

teria; ~**e błonicze** Med. diphtheria bacteria; ~**e chromogeniczne** Biol. chromogenic bacteria; ~**e gnilne** Biol. putrefactive bacteria; ~**e ropotwórcze** Med. pyogenic bacteria

bakteriemi|a f sgt (GD ~i) Med. bacteraemia GB, bacteremia US

bakteriobójczo adv. antibacterially, germicidally

bakteriobójcz|y adi. Med. [środek, płyn, maść] antibacterial, germicidal

bakteriofag m zw. pl Biol. bacteriophage

bakteriolitycznie adv. Biol. in a bacteriolytical way

bakteriolityczn|y adi. Biol. bacteriolytic

bakterioliz|a f sgt Biol. bacteriolysis

bakteriolizyn|a f zw. pl Biol. bacteriolysin

bakteriolo|g m (Npl ~dzy a. ~gowie) bacteriologist

bakteriologi|a f sgt (GD ~i) Biol. bacteriology

bakteriologicznie adv. Biol. bacteriologically

bakteriologiczn|y adi. Biol. [badanie] bacteriological

bakterioryz|a f sgt Biol. nitrogen fixation C/U, dinitrogen fixation C/U (by bacteria)

bakterioskopi|a f sgt (GD ~i) Biol. microscopic study of bacteria

bakteriostatycznie adv. Biol. bacteriostatically

bakteriostatyczn|y adi. Biol. [leki, środki] bacteriostatic

bakteryjn|y adi. bacterial; **zakażenie ~e** (a) bacterial infection

baktrian m Zool. Bactrian camel

bal[1] m (G ~u) [1] (zabawa taneczna) ball; ~ **dobroczynny** ≈ a charity ball; ~ **kostiumowy** a fancy dress ball, a costume ball US; ~ **maskowy** a masked ball, a masquerade; **wyprawić** a. **wydać ~** to organize a ball; **iść na ~** to go to a ball
❑ ~ **maturalny** ≈ an end of school ball; ≈ a prom US pot.
■ **a to ~!** a. **ładny ~!** pot. (wyraz niemiłego zaskoczenia) a fine state of affairs!, a fine mess!; **i koniec ~u!** pot. and that's it!; **mieć z kimś ~** to have a right time with sb pot.; **sprawić** a. **wyprawić komuś ~** (zrobić awanturę) to haul a. rake US sb over the coals; (dać lanie) to give sb a dressing-down pot.; (dać lanie) to give sb a hiding pot.; **zrobić sobie ~** to give oneself a treat

bal[2] m (belka) beam; **strop z ~i** a beam ceiling

balan|ga f pot. party; bash pot., rave-up GB pot.; **iść na ~gę** to go to a bash; **wyprawić ~gę** to put on a bash

balans m (G ~u) [1] Sport (drąg) balancing pole; (równoważnia) beam [2] Techn. (w zegarze) balance wheel [3] sgt (balansowanie ciałem) keeping one's balance [4] sgt przen. maintaining a balance (**między czymś a czymś** between sth and sth)

balans|ować impf vi [1] (utrzymywać równowagę) to balance (**na czymś** on sth); ~**ować na linie** to balance on a tightrope; ~**ować ciałem** to keep one's balance [2] (zręcznie omijać) to weave in and out; **kelner ~ował między stolikami** the waiter weaved in and out between the tables [3] przen. (skłaniać się) to waver; ~**ować między prawdą a**

kłamstwem to balance between the truth and a lie; **~ować na granicy prawa** to operate on the edge of the law; **~ować na krawędzi katastrofy** to teeter on the brink a. edge of disaster

balas m (**~ek** dem.) ① pot., żart. (stolec) turd wulg. ② Archit. (słupek balustrady) baluster

bala|st m (G **~stu**) ① sgt Lotn., Żegl. (obciążenie) ballast ② sgt przen. burden; (kompleksów, przesądów) baggage; **duży bagaż jest niepotrzebnym ~stem w podróży** a lot of luggage is an unnecessary burden when travelling ③ Żegl. (zbiornik) ballast tank; **opróżnić ~sty** to empty the ballast tanks ④ sgt Kolej., Techn. (żwir) ballast

balastow|y adi. ballast attr.; **zbiornik ~y** a ballast tank; **jacht ~y** a ballasted yacht

baldachim m (G **~u**) ① (ozdobna osłona) baldachin, baldaquin, canopy; **łoże z ~em** a four-poster bed ② Lotn. (górny płat) wing canopy ③ Archit. (dekoracyjny element) canopy

baldachimow|y adi. ① (tkanina) baldachin attr., baldaquin attr., canopy attr. ② Archit. baldachined

balejaż m (G **~u**) streaks; **zrobić sobie ~** to get one's hair streaked

balerin|a f ① (tancerka) ballerina ② (obuwie) pump GB, ballet shoe

balerin|ka f dem. pump GB, ballet shoe

baleron m (G **~u**) ≈ cured pork shoulder

bale|t II m (G **~tu**) ① (przedstawienie) ballet; **wystawić ~t** to put on a ballet ② (zespół) ballet (company); **wstąpić do ~tu** to join a ballet company ③ sgt (dziedzina) ballet; **~t nowoczesny/klasyczny** modern/classical ballet; **~t romatyczny** romantic ballet; **uczyć się ~tu** to learn ballet; **chodzić na naukę ~tu** to go to ballet a. have ballet lessons
III **balety** plt pot. ① (zabawa taneczna) shindig pot., rave pot. ② (orgia) orgy, wild party

balet|ka f ballet shoe

baletmistrz m ballet master

baletmistrzows|ki adi. ballet master attr.

baletmistrzy|ni f ballet mistress

baletni|ca f (**~czka** dem.) ballet dancer

baletow|y adi. [spektakl, zespół, muzyka, szkoła] ballet attr.

bali|a f (GDGpl **~i**) ① (naczynie do prania) washtub ② (zawartość) tub; **~a wody** a tub(full) of water

balij|ka f dem. washtub

balistokardiograf m (G **~u**) Med. ballistocardiograph

balistokardiografi|a f sgt (GD **~i**) Med. ballistocardiography

balistokardiograficzn|y adi. Med. [badanie, metoda, zapis] ballistocardiographic

balistokardiogram m (G **~u**) Med. ballistocardiogram

balistyczn|y adi. ballistic; **krzywa ~a** a ballistic curve

balisty|ka f sgt ballistics (+ v sg)

balkon m (G**~u**) ① (domu, pałacowy) balcony; **drzwi na ~** balcony door(s); **mieszkanie z ~em** a flat with a balcony; **wyjść na ~** to go (out) on to the balcony ② (w kościele) gallery; (w teatrze, filharmonii) (pierwszy) dress circle, mezzanine US; (drugi) upper circle, balcony US; (trzeci) gallery; (w kinie)

balcony, circle; **miejsca na ~ie** seats in the circle/balcony

balkonik m (G **~a** a. **~u**) ① dem. (mały balkon) (small) balcony ② Med. walking frame, walker, Zimmer (frame)® GB; **chodzić z ~iem** to use a walking frame a. walker

balkonow|y adi. [barierka] balcony attr.; **miejsca ~e** circle/balcony seats; **drzwi ~e** balcony door(s), French windows GB, French doors US; **scena ~a** a balcony scene

balneolo|g m (Npl **~dzy** a. **~gowie**) Med. balneologist

balla|da f Literat., Muz. ballad

balladowo adv. ballad-style, ballad-like

balladowoś|ć f sgt balladic qualities a. characteristics

balladow|y adi. balladic, ballad attr.

balladyczność f sgt Literat. balladic quality

balladyczn|y adi. balladic, ballad attr.

balla|dysta, ~dzista m, **~dystka, ~dzistka** f ① (autor) balladist ② (piosenkarz) balladeer, balladist

balneologi|a f sgt (GD **~i**) Med. balneology

balon m (G**~u**) ① Lotn. (hot-air) balloon; **lecieć ~em** to balloon ② (do zabawy, dekoracji) balloon; **nadmuchać ~** to inflate a. blow up a balloon; **sprzedawca ~ów** a balloon-seller ③ (kopuła) dome; **nad basenem był rozpięty biały ~** a white dome covered the swimming pool ④ Sport balloon (shot) ⑤ Techn. (szklane naczynie) balloon (flask); (do przechowywania żrących cieczy) carboy; (do robienia wina) demijohn; (metalowe naczynie do przechowywania gazów) bottle; **~ z wodą sodową** a soda siphon ⑥ Techn. (opona samochodowa, rowerowa) balloon tyre GB a. tire US ⑦ Żegl. balloon jib
❑ **~ na uwięzi** captive balloon, tethered balloon; **~ wolny** free balloon; **~ zaporowy** Wojsk. barrage balloon; **~-sonda** Meteo. sounding balloon
■ **robić z kogoś ~a** a. **kogoś w ~a** pot. (nabierać) to make a monkey (out) of sb, to make a fool (out) of sb; (oszukiwać) to put one a. something over on sb pot., to pull the wool over sb's eyes pot.; **nie rób ze mnie ~a** stop trying to make a monkey out of me

baloniars|ki adi. Sport ballooning attr.

baloniarstw|o n sgt Sport hot-air ballooning

baloniarz m (Gpl **~y**) ① (sprzedawca) balloon-seller ② Sport (pilot) balloonist

balonik m ① dem. (statek powietrzny) (small) balloon ② dem. (do zabawy, dekoracji) balloon; **pęknięty ~** a burst balloon ③ pot. (przyrząd) breathalyser GB, Austral, Breathalyzer® US; drunkometer US pot.; **dmuchać w ~** to blow a. breathe into a breathalyser

balonikow|y adi. breathalyser attr. GB, Austral, Breathalyzer® attr. US; **test ~y** a breath a. breathalyser test

balonow|y adi. ① [pilot] balloon attr.; [zawody] ballooning attr. ② [opona] balloon attr.

balo|t m (G **~tu**) pallet, block

balotaż m sgt (G **~u**) (secret) ballot

ball|ować impf vi pot., żart. ① (bawić się na balu) to go to a ball; **~ować do białego rana** to dance the night away (at a ball) ② (spędzać

czas na zabawach) to go partying pot. (**z kimś** with sb) ⇒ **zabalować**

balowicz m pot. ① (uczestnik zabawy) reveller ② żart. (lubiący zabawy) party animal

balowo adv. elegantly

balow|y adi. ball attr.; **sala ~a** a ballroom; **suknia ~a** a ballgown

bals|a f ① Bot. (drewno) balsa ② Żegl. (tratwa) balsa

balsam m (G **~u**) ① (naturalny) balsam ② Farm. balsam, balm ③ przen. (pociecha) balm ④ Kosmet. lotion; **~ do ciała** body lotion; **~ do rąk** hand care lotion a. cream ⑤ (do konserwowania zwłok) embalming fluid
❑ **~ kanadyjski** Farm. Canada balsam, balsam of fir; **~ peruwiański** Farm. balsam of Peru; **~ tolutański** Farm. Tolu balsam, balsam of Tolu

balsamicznie adv. [pachnieć] like balm a. balsam

balsamiczn|y adi. [zapach] balsamic, balsam attr.; [powietrze] balmy, balsamic

balsam|ować impf vt to embalm [zwłoki] ⇒ **zabalsamować**

balsamow|y adi. balsamic, balsam attr.

balsow|y adi. balsa attr.

baltolo|g m (Npl **~dzy** a. **~gowie**) specialist in Baltic languages and literature

baltologi|a f sgt (GD **~i**) Baltic studies (+ v pl)

balustra|da f (**~dka** dem.) (drewniana, kamienna) balustrade; (drewnianych schodów wewnętrznych) banister(s), balustrade; **balkon z ~dą** a balcony with a balustrade

balustradow|y adi. balustrade attr.

balwierz m (Gpl **~y**) przest. barber

Balzakows|ki adi. poss. Balzac's

balzakows|ki adi. Balzacian; **wiek ~ki** a mature age (used of women in their thirties)

bałabajka → **bałałajka**

bałagan m (G **~u**) pot. mess; **~ organizacyjny** an organizational mess; **co za ~!** what a mess!; **narobić ~u** to make a mess

bałagania|ra f pot. ① (niedbająca o porządek) slut obraźl., pejor.; messy a. untidy person ② (roztrzepana) scatterbrain pot.

bałaganiars|ki adi. disorganized, disorderly

bałaganiarsko adv. in a disorganized a. disorderly fashion

bałaganiarstw|o n sgt untidiness

bałaganiarz m (Gpl **~y**) ① (niedbający o porządek) slob pot., pejor.; messy a. untidy person ② (roztrzepany) scatterbrain pot.

bałaga|nić impf vi pot. ① (robić bałagan) to make a mess ⇒ **nabałaganić** ② (zachowywać się niegrzecznie) to misbehave

bałałaj|ka f Muz. balalaika

bałałajkow|y adi. [zespół] balalaika attr.

bałamu|cić impf II vt ① pot., pejor. (uwodzić) to lead [sb] on, to trifle with; **~cić dziewczynę** to lead a girl on ⇒ **zbałamucić** ② (oszukiwać) to lead [sb] on (**czymś** with sth); to string [sb] along pot. (**czymś** with sth); **~cić obietnicami** to lead sb on with promises ⇒ **zbałamucić** ③ (kusić) to entice; to lure pejor.; **~cić kogoś wizją zysków** to entice sb with visions of profit ⇒ **zbałamucić**
II vi (próżnować) to idle away vt; **znowu ~ci zamiast pracować** he's idling away his

time again, instead of working ⇒ **zbała-mucić**

bałamuctw|o *n* [1] pot. *(niejasna informacja)* tall story [2] *(sposób zachowania)* coquetry

bałamu|t *m* (*Npl* ~**ty**) przest. seducer; philanderer przest.

bałamutnie *adv. [opowiadać, informować]* misleadingly

bałamutn|y *adi.* [1] *(wprowadzający w błąd)* misleading [2] *(zalotny)* coquettish

bałto-słowiańs|ki *adi.* Balto-Slavic

Bałkan|y *plt* (*Gpl* ~**ów**) the Balkans

bałkańs|ki *adi.* Balkan *attr.*

bałtyc|ki *adi.* Baltic *attr.*

Bałtyk *m sgt* (*G* ~**u**) the Baltic

bałtysta → **baltolog**

bałtystyka → **baltologia**

bałwan Ⅱ *m pers.* (*Npl* ~**y**) pejor. *(głupiec)* blockhead

Ⅲ *m inanim.* [1] (*A* ~**a**) *(figura ze śniegu)* snowman [2] (*A* ~**a**) *(figura bożka)* graven image, pagan idol [3] *zw. pl* (*G* ~**a** a. ~**u**, *A* ~**a** a. ~) *(fala)* breaker [4] (*A* ~**a**) Myślis. decoy (bird)

bałwan|ek *m* (*A* ~**ka**) [1] *(figurka ze śniegu)* (little) snowman [2] Myślis. *(figurka kaczki)* decoy duck

bałwanic|a *f* pot. idiot, moron

bałwańs|ki *adi.* pot., obraźl. *[pomysł]* moronic

bałwochwalc|a *m* książk., pejor. [1] Relig. idolater [2] przen. idolizer

bałwochwalczo *adv.* idolatrously

bałwochwalcz|y *adi.* idolatrous; **mieć** a. **żywić dla kogoś** ~**ą cześć** to idolize a. worship sb

bałwochwalstw|o *n sgt* książk., pejor. [1] Relig. idolatry [2] przen. idolatry książk., adulation książk.

bambetl|e *plt* (*G* ~**i**) pot. [1] *(rzeczy osobiste)* stuff, gear [2] *(niepotrzebne stare rzeczy)* junk, rubbish

bambosz *m* (*A* ~ a. ~**a**) carpet slipper

bambosz|ek *m dem.* *(dziecięcy)* bootee

bambuko *n inv.* **zrobić kogoś w** ~ pot. to make a fool of sb

bambus Ⅱ *m pers.* (*Npl* ~**y**) obraźl. *(Murzyn)* coon posp., obraźl.; spade pot., obraźl.

Ⅲ *m inanim.* (*G* ~**a** a. ~**u**) [1] Bot. *(roślina)* bamboo *U* [2] *sgt* *(łodyga)* bamboo; **stolik/ laska z** ~**a** a bamboo table/cane

bambusow|y *adi.* *[trzcina, pędy]* bamboo *attr.*

banaliz|ować *impf vt* to trivialize, to belittle *[sytuację, problem]* ⇒ **zbanalizować**

banalnie *adv. grad.* *(nieciekawie, trywialnie)* banally; **brzmieć** ~ to sound banal; **po-wieść napisana** ~ a novel written in a banal style; **to jest** ~ **proste** it's dead easy a. simple pot.

banalnoś|ć *f sgt* banality *C/U*

banaln|y *adi. grad.* [1] pejor. *(nieoryginalny)* *[frazes, rozmowa]* trite, banal; **byli** ~**i w swoich wypowiedziach** they were full of banalities [2] *(nieistotny)* *[szczegół]* trivial, trifling; *[sprawa]* trivial, banal [3] *(łatwy)* *[zadanie]* straightforward

bana|ł *m* (*G* ~**łu**) pejor. [1] *(frazes)* banality pejor., cliché pejor.; **opowiadał** ~**ły** he was speaking in clichés a. platitudes [2] *sgt* *(brak oryginalności)* banality, cliché; **powieść razi**

~**łem** the novel is full of clichés; **popadać w** ~**ł** to slip into cliché(s) a. banality

banan *m* (*A* ~ a. ~**a**) Bot. *(roślina, owoc)* banana; **sałatka z** ~**ów** banana salad; **zdjąć skórkę z** ~**a** to peel a banana; **skórka** ~**a** a. **od** ~**a** a banana skin

bananow|iec *m* Bot. banana tree, banana palm

bananow|y *adi. [drzewo, kolor, sok]* banana *attr.*

ban|d /bend/ *m* (*G* ~**du**) Muz. *(jazzowy)* band

ban|da *f* [1] *(złodziei, włamywaczy)* gang; band; **prowodyr** ~**dy** the ringleader; **należeć do** ~**dy** to belong to a gang [2] pot., pejor. *(chuliganów, kibiców)* bunch pot., load pot.; **była ich cała** ~**da** there was a whole bunch a. load of them [3] pot. *(przyjaciół, studentów)* bunch pot., gang pot.; **robić coś całą** ~**dą** pot. to do sth all together; **pojechaliśmy całą** ~**dą** a whole bunch a. lot of us went pot. [4] Wojsk. *(partyzantów)* band [5] Sport *(lodowiska)* board; *(toru wyścigowego)* rail; *(stołu bilardowego)* cushion

❏ **cywil** ~**da** środ., Wojsk. a bunch of civilians pot.

bandaż *m* [1] *(opatrunek)* bandage; **założyć** ~ to put a bandage on; **obwiązać** a. **owinąć rękę** ~**em** to bandage a hand; ~ **elas-tyczny** elasticated bandage [2] Techn. ban-dage [3] Żegl. shroud

bandaż|ować *impf vt* [1] to bandage *[ranę, nogę]* ⇒ **zabandażować** [2] Techn. to rein-force *[rury]* ⇒ **zabandażować**

bande|ra *f* [1] Żegl. *(flaga)* ensign, flag; ~**ra handlowa/wojenna** a merchant/war a. military ensign; **podnieść/opuścić** ~**rę** to hoist/lower a flag; **pływać/służyć pod polską/angielską** ~**rą** to sail/serve under the Polish/British flag [2] przen. *(statek)* ship

banderol|a *f* [1] *(opaska)* band; *(na alkoholu, papierosach)* excise band [2] Szt. banderole, streamer

banderow|iec *m* pot. a member of the Ukrainian extreme nationalist organization founded by Stepan Bandera during World War II

banderows|ki *adi.* concerning members of the Ukrainian extreme nationalist organization founded by Stepan Bandera during World War II

bandy *n inv.* Sport bandy

bandyc|ki *adi. [postępowanie, metody]* crim-inal *attr.*; ~**ka szajka** a gang of thugs; **dokonać** ~**kiego napadu** to carry out armed robbery

bandy|ta *m*, ~**tka** *f* thug, bandit; **napad** ~**tów** an attack by thugs

❏ **jednoręki** ~**ta** pot. a one-armed bandit pot.

bandytyzm *m sgt* (*G* ~**u**) violent crime, banditry; **wypadki** ~**u** violent incidents; **walka z** ~**em** the battle against (violent) crime

bandzio|r *m* (*Npl* ~**ry**) posp. thug; hood-lum pot., hood US pot.

bandżo → **banjo**

Bangladesz *m sgt* (*G* ~**u**) Bangladesh

ba|nia *f* (*Gpl* **bań** a. **bani**) [1] *augm.* *(naczynie, zawartość)* can; **bania z mlekiem** a milk churn [2] *(kula)* **banie cerkwi** the onion domes of an Orthodox church; **nogi spuch-ły mu jak banie** his legs swelled up like

---

balloons [3] *(bąbel)* blister [4] pot. *(dynia)* pumpkin; **zupa z bani** pumpkin soup

■ **to jest do bani** pot. a fat lot of good it is!; **na bani** pot. ≈ tanked up

baniak *m* [1] *(naczynie)* can [2] *(zawartość)* can(ful) [3] posp. *(głowa)* big head

banialuk|i *plt* (*G* ~) pot. gibberish *U* pot.; **pleść** ~**i** to talk gibberish a. nonsense

bania|sty *adi.* pot. *[lampa, głowa]* bulbous; *[naczynie]* squat

banicj|a *f sgt* książk. banishment, exile; **skazać kogoś na** ~**ę** to banish a. exile sb; **wyrok** ~**i** the sentence of exile

bani|ta *m* książk. exile; outlaw daw.

banjo /'bandʒo/ *n inv.* Muz. banjo

bank *m* (*G* ~**u**) [1] *(instytucja, budynek)* bank; ~ **centralny** the central bank; ~ **kredy-towy/inwestycyjny/hipoteczny** a credit/ an investment bank/a mortgage; **ulokować oszczędności w** ~**u** to put one's savings in the bank; **otworzyć/zamknąć konto w** ~**u** to open/close a bank account; **podjąć pieniądze z** ~**u** to withdraw money from a. take money out of the bank; **oddać utarg do** ~**u** to deposit takings in the bank; **napad na** ~ a bank raid [2] *(zbiór, zapas)* bank; ~ **danych** Komput. a data bank; ~ **krwi/spermy/szpiku kostnego** a blood/ sperm/bone marrowbank [3] Gry bank; **trzymać** ~ to hold the bank; **po** ~**u!** banco!; **rozbić** ~ to break the bank

■ **na** ~ pot. honest pot; **oddam ci jutro, na** ~ I'll give it back tomorrow, honest; **masz to jak w** ~**u!** it's a dead cert! pot., it's in the bag! pot.

bankiecik *m dem.* (*G* ~**u**) (small) ban-quet, (small) reception

bankie|r *m* [1] *(bankowiec)* banker [2] Gry banker

bankiers|ki *adi. [rodzina, kantor]* banking

bankierstw|o *n sgt* [1] *(zawód)* banking [2] przest. *(ogół bankierów)* banking profession

bankie|t[1] *m* (*G* ~**tu**) *(przyjęcie)* banquet, reception

bankie|t[2] *m* (*G* ~**tu**) [1] Inż. banquette, berm [2] Budow. benched foundation [3] Kolej. berm

bankietow|y[1] *adi. [sala, stolik, goście]* banquet *attr.*

bankietow|y[2] *adi.* Budow. banquet *attr.*, berm *attr.*

bankno|t *m* (*G* ~**tu**) (bank)note GB, bill US; ~**t dwudziestozłotowy** a twenty-zloty note a. bill; ~**t pięciofuntowy/pięciodo-larowy** a five-pound note/five-dollar note a. bill

bankoma|t *m* (*G* ~**tu**) cash machine a. dispenser GB, ATM US; **wyjąć** a. **pobrać pieniądze z** ~**tu** to get money out of the cash machine

bankow|iec *m* *(urzędnik)* bank official; *(ekspert)* banking expert

bankowo *adv.* pot. (as) sure as eggs is eggs

bankowoś|ć *f sgt* banking; **uczył się** ~**ci** he was studying banking

bankow|y *adi. [kredyt, pożyczka, operacja]* bank *attr.*

bankrof|t *m* Kulin., Bot. Bancroft (apple)

bankructw|o *n* [1] *(upadłość, niewypłacalność)* bankruptcy *C/U*, insolvency *U*; **ogłosić** ~**o firmy** to declare a company bankrupt [2] *(utrata majątku)* bankruptcy *U*; **doprowa-**

B

dzić **kogoś do ~a** to cause sb to become bankrupt 3 przen. (moralne, politycznie) bankruptcy U, insolvency U

bankru|t m 1 (o przedsiębiorcy) bankrupt; **ogłosić kogoś ~tem** to declare sb bankrupt; **stać się ~tem** to become (a) bankrupt, to go bankrupt 2 przen. (moralny, polityczny) bankrupt; **~t życiowy** a failure (in life)

bankrut|ować impf vi 1 [osoba, firma, instytucja] to go a. become bankrupt, to become insolvent ⇒ **zbankrutować** 2 przen. (tracić wpływy, znaczenie) to go bankrupt; **~ujące pokolenie** a fading generation ⇒ **zbankrutować**

Bantu plt inv. (grupa plemion) Bantu U

bantu adi. inv. [języki] Bantu

ba|ńka f 1 (naczynie) can, churn 2 (zawartość) can(ful), churn(ful) 3 Med. cupping-glass przest.; **stawiać/postawić komuś bańki** to cup sb przest. 4 (pęcherzyk powietrza) bubble; **bańka mydlana** a soap bubble; **puszczać bańki** to blow (soap) bubbles 5 (szklane, kuliste naczynie) bulb 6 posp. (milion złotych) million zloties a. zloty

■ **na bańce** pot. ≈ tanked up

baobab m (G ~u) Bot. baobab (tree)

baon m (G ~u) Wojsk. battalion; **żołnierz drugiego ~u** a soldier of the second battalion

baonow|y adi. [dowódca, siedziba] battalion attr.

bapty|sta m, **~stka** f Relig. Baptist

baptysteri|um n (Gpl ~ów) Archit., Relig baptist(e)ry

ba|r¹ m (G baru) 1 (lokal) bar, café; **w dworcowym barze** at the station bar 2 (część lokalu) bar; **musiał usiąść przy barze** he had to sit at the bar a. counter □ **bar kawowy** coffee bar, coffee shop; **bar mleczny** milk bar; **bar szybkiej obsługi** fast food bar

ba|r² m sgt (G baru) 1 Chem. (pierwiastek chemiczny) barium 2 Fiz. (jednostka ciśnienia) bar

barach|ło /bɑrɔx'wɔ/ n sgt pot., pejor. 1 (o rzeczach) rubbish, junk; **wyrzucić ~ło na śmietnik** to throw rubbish on the dump 2 (o ludziach) scum, shower

barak m (G ~u) barrack, Nissen hut

barakow|óz m (G ~ozu) portacabin, Portacabin® GB

Baran 1 m pers. (Npl ~y) Astrol. Aries; **~y są opiekuńcze** Aries (people) are protective

1 m inanim. sgt (A ~a) 1 (znak zodiaku) Aries, the Ram; **on jest spod (znaku) ~a** he's an Aries 2 (gwiazdozbiór) Aries, the Ram

baran 1 m pers. (Npl ~y) pot., obraźl. (o osobie) idiot pot.; fool; **ty ~ie jeden!** you (damn) fool!; **ten ~ niczego nie rozumie** that idiot doesn't understand anything

1 m anim. Zool. ram GB, tup Scot; **~ kastrowany** a wether; **~ jednoroczny** a teg; **~ prowadzący stado owiec** the bell-wether; **dać się wziąć** a. **związać jak ~** to go like a lamb to the slaughter; **leźć za kimś jak stado ~ów** to follow sb like (a flock of) sheep; **liczyć ~y** (żeby zasnąć) to count sheep

1 m. inanim. 1 zw. pl pot. (skóra) sheepskin U; **strzyżone ~y** beaver lamb 2 zw. pl

(kożuch) sheepskin coat 3 sgt pot., żart. (fryzura) frizz

□ **~ angielski** Zool. a breed of rabbit with long, drooping ears; **~ francuski** Zool. a breed of rabbit with long, drooping ears bred for food

■ **wziąć/nieść kogoś na ~a** to give sb a piggyback/carry sb piggyback

baran|ek 1 m pers. (Npl ~ki) pot., pieszcz. (o osobie) lamb

1 m anim. dem. (jagnię) lamb; **potulny/łagodny jak ~ek** as meek as a lamb a. as Moses

1 m inanim. 1 zw. pl Meteo. cirrus cloud 2 zw. pl (biały grzebień fali) white horses pl 3 zw. pl (skóra) lambskin U 4 zw. pl (kożuch) lambskin coat 5 dem. sgt pot., żart. (fryzura) frizz; **mieć ~ka na głowie** to have a frizzy hairdo 6 środ., Budow. (rodzaj tynku) roughcast (surface)

□ **Baranek Boży** Relig. the Lamb (of God); **~ek paschalny** paschal lamb; **~ek wielkanocny** a miniature figure of a lamb representing Jesus Christ, made of sugar and placed in a small basket to be blessed in church at Easter

barani adi. 1 [runo] sheep's; [rogi] ram's; **trząść się jak ~ ogon** to shake like a jelly a. leaf 2 [kożuch, czapka, kołnierz] sheepskin attr.; [kotlety] mutton attr.; [udziec] of mutton; [skóra do oprawy książek] roan; **~ łój** mutton suet

■ **~a głowa** a. **~ łeb** pot., obraźl. muttonhead pot., obraźl.; thickhead pot.; **~ wzrok** pot. a dumb look; **patrzeć na kogoś/coś ~m wzrokiem** to gawp at sb/sth; **śpiewać ~m głosem** pot. (płakać) to bleat like a sheep, to whine; (śpiewać, fałszując) to sing off-key a. out of tune; **na Nowy Rok przybywa dnia na ~ skok** przysł. ≈ from the New Year the days start getting longer

baranic|a f 1 (czapka) sheepskin hat 2 (kożuch) sheepskin (coat); **nosić ~ę** to wear sheepskin 3 (okrycie) sheepskin rug

barani|eć impf (~eję, ~ał, ~eli) vi pot. to be stupefied, to be taken aback ⇒ **zbaranieć**

baranin|a f (~ka dem.) sgt (mięso, potrawa) mutton

baraszk|ować impf vi 1 (bawić się) [dzieci, zwierzęta] to romp (about), to frolic ⇒ **pobaraszkować** 2 euf. (uprawiać seks) to romp pot. ⇒ **pobaraszkować**

baraż m (G ~u) Sport (w szermierce, wioślarstwie, konkursie hipicznym) barrage; (w sportach zespołowych) play-off

barażow|y adi. play-off attr.

barbakan m (G ~u) Archit. barbican

barbaryzm m (G ~u) pejor., Jęz. barbarism

barbarzyńc|a m 1 zw. pl Hist. (cudzoziemiec) barbarian zw. pl 2 pejor. (nieokrzesany) barbarian pejor. 3 pejor., (okrutny) savage pejor. 4 przest. (dzikus) savage przest., obraźl.

barbarzyńs|ki adi. 1 Hist. barbarian, barbarous 2 pejor. (okrutny) barbaric

barbarzyńsko adv. barbarically

barbarzyństw|o n sgt pejor. 1 (postępowanie) barbarity, barbarousness 2 (brak kultury) barbarism, barbarousness

barbór|ka f dial. 1 **Barbórka** (święto) ≈ Miner's Day (in Poland St Barbara's Day, 4 December) 2 (zabawa) ≈ Miner's Day celebration(s)

barbórkow|y adi. [uroczystości, zabawa] ≈ Miner's Day attr.

barchan¹ m (G ~u) Włók. barragon a. barragan U, barracan U

barchan² m (G ~u) Geol. barchan

barchanow|y adi. barragon attr., barracan attr.

barczat|ka f Zool. lasiocampid

□ **~ka sosnówka** Zool. pine lappet (moth)

barczy|sty adi. [mężczyzna] broad-shouldered

bar|ć f (Gpl ~ci) a hollow in a tree where bees live

bar|d m (Npl ~dowie) 1 (celtycki poeta, pieśniarz) bard 2 książk. (poeta) bard

bardak m sgt (G ~u) pot. (bałagan) mess C/U; (zamieszanie) commotion

Bardot|ka f sgt pot. (Brigitte) Bardot

bardot|ka f pot. (biustonosz) push-up bra

bardz|o 1 adv. grad. [wysoki, jasny, szczęśliwy, późno, uprzejmie] very; [lubić, cieszyć się, zmienić się, przejąć się] very much; **~o kochany/szanowany/potrzebny** much-loved/-respected/-needed; **być ~o zakochanym** to be very much in love; **jest ~o podobna do matki** she's very much like her mother; **w ~o podobny sposób** in very much the same way; **~o dobrze** very well; **~o dobrze poinformowany** well-informed; **~o nienawidzić** to very much a. profoundly hate; **~o zachwalać** to praise (very) highly; **~o starać się** to try very hard; **~o płakał** he cried a lot pot.; **czy ~o boli?** does it hurt much?; **koncert/obiad ~o się udał** the concert/dinner went (off) very well; **~o potrzebować pomocy** to be badly in need of help; **~o proszę o spokój/ciszę** could you/everyone please be quiet; **~o dziękuję** thank you very much; **przepraszam ~o, która godzina?** excuse me, what time is it?, I'm sorry to bother you, but what time is it?; **„czy mogę otworzyć okno?" – „proszę ~o"** 'can I open the window?' – 'by all means'; **jak ~o za nim tęsknię** how much I miss him; **tak ~o** so much; **tak ~o boli** it hurts so much; **tak ~o chciałem** I wanted so much; **tak ~o jak przedtem** as much as before; **za ~o** too much; **za ~o zmęczony/śpiący/najedzony, żeby...** too tired/sleepy/full-up to...; **za ~o się tym przejmujesz** you worry about it too much; **nie ~o** not much, not really; **nie (za) ~o o nich dba/martwi się tym** he is not very a. much concerned about them/worried about it; **nie za ~o podobało mi się to, co widziałem** I didn't much like what I saw; **nie ~o rozumiem** I don't quite understand; **nie ~o rozumiem, o co ci chodzi** I don't quite grasp a. get your meaning; **nie ~o zrozumiałem jej ostatnią książkę** I didn't really understand a. couldn't make much of her last book; **„interesujesz się samochodami?" – „nie za ~o"** 'are you interested in cars?' – 'not really'; **„zimno ci?" – „zimno, nawet ~o"** 'are you cold?' – 'yes, I am, very (cold)'; **„znasz go?" – „znam, nawet ~o dobrze"** 'do you know him?' – 'yes, in fact I know him very well'; **najbardziej lubi banany/matematykę**

s/he likes bananas/mathematics most of all; **najbardziej interesujący/kontrowersyjny/znany twórca młodego pokolenia** the most interesting/controversial/famous artist among the younger generation; **obawy te uważam za jak najbardziej uzasadnione** I think those fears are very well founded książk.; **„chcesz z nami pójść?" – „jak najbardziej"** pot. 'do you want to go with us?' – 'of course I do!'

III bardziej adv. comp. more; **~iej interesujący niż...** more interesting than...; **dużo ~iej interesujący** much more interesting; **coraz ~iej** more and more; **tym ~iej** all the more; **tym ~iej, że...** (all) the more so because...; **a tym ~iej** much less; **nigdy go nie widziałem, a tym ~iej nie rozmawiałem z nim** I've never seen him, much less spoken to him; **im ~iej nalegali, tym ~iej...** the more they insisted, the more...

bar|ek m (G ~ku) [1] dem. (lokal) bar; **~ek dla pracowników** the staff canteen [2] dem. (część lokalu) bar; **przy ~ku tłoczyło się kilka osób** several people were crowded around the bar [3] (stolik na kółkach) trolley [4] (szafka) drinks cabinet, drinks cupboard; **ma znakomicie zaopatrzony ~ek** his drinks cabinet is extremely well stocked

baret|ka f (medal) ribbon

barie|ra f [1] (zapora, przegroda) barrier; (wzdłuż drogi) crash barrier GB, guard rail US; **u-stawić** a. **postawić ~rę** to put up a barrier; **~ra odzielająca coś od czegoś** a barrier separating sth from sth [2] (naturalna przeszkoda) barrier; **~ra naturalna/gór** a natural/mountain barrier; **~ra lodowa** an ice barrier [3] przen. barrier, obstruction; **~ra językowa** a language barrier; **~ra wiekowa** an age limit a. barrier; **~ry architektoniczne** architectural barriers; **~ra na drodze postępu** a barrier to progress; **znieść/obalić ~rę** to remove/break down a barrier; **przełamać ~ry psychiczne** to overcome a psychological barrier [4] Geol. (pas lądu) barrier

❑ **~ra celna** Ekon. tariff a. trade barrier; **~ra dźwięku** Lotn. the sound barrier; **~ra immunologiczna** Med. immunoreaction

barier|ka f dem. (ogradzająca) fence, barrier; (zabezpieczająca) rail, railing

bark[1] **I** m (G ~u) Anat. shoulder; **kości ~u** shoulder bones

II barki plt [1] (ramiona) shoulders; **mieć szerokie ~i** to be broad-shouldered; **szeroki w ~ach** broad-shouldered [2] przen. (o związkach) **brać** a. **wziąć coś na swoje ~i** to take sth on one's shoulders; **dźwigać coś na swoich ~ach** to shoulder sth; **złożyć coś na czyjeś ~i/zdjąć coś z czyichś ~ów** to burden sb with sth/to lift sth from sb's shoulders; **spoczywać na czyichś ~ach** to rest on sb's shoulders; **wziąć na swoje ~i duży ciężar** to take a lot on one's shoulders

bark[2] m (G ~u) Żegl. barque

bar|ka f Żegl. barge; **~ka rybacka** a fishing boat

❑ **~ka desantowa** Wojsk. landing craft

barkow|y[1] adi. Anat. shoulder attr.; **staw ~y** a shoulder joint; **pas ~y** the shoulder belt

barkow|y[2] adi. Żegl. barge attr.

barł|óg m (G ~ogu) [1] (posłanie) shakedown; **spać w ~ogu** a. **na ~ogu** to sleep in a shakedown [2] Myślis. lair (of bear or wild boar)

barman m barman GB, bartender US

barman|ka f barmaid GB, bartender US

barocyklonomet|r m (G ~ru) Techn. barocyclonometer

barograf m (G ~u) Techn. barograph

barogram m (G ~u) Techn. barogram

barok m sgt (G ~u) (the) baroque; **malarze/muzyka ~u** baroque painters/music

barokowo adv. [1] Literat., Szt. in the baroque manner [2] przen. ornately, in a baroque manner

barokow|y adi. [1] Literat., Szt. baroque; **~y ogród** an 18th century formal garden; **~y kościół** a baroque church [2] przen. baroque, highly ornate

baromet|r m (G ~ru) Techn. (rtęciowy) barometer; **~r idzie do góry** a. **podnosi się** a. **idzie na pogodę** the barometer is rising; **~r spada** a. **idzie na niepogodę** the barometer is falling

❑ **~r sprężynowy** Techn. aneroid barometer

barometri|a f sgt (GD ~i) barometry

barometryczn|y adi. [1] Techn. barometric; **rurka ~a** barometric tube [2] Meteo. barometric; **ciśnienie ~e** atmospheric a. barometric pressure

baron m (Npl ~owie a. ~i) [1] (osoba, tytuł) baron [2] przen. **~ narkotykowy** a drug a. narcotics baron; **~ przemysłu** an industrial tycoon

barone|t m baronet

baronostw|o[1] plt (GA ~a, L ~u) (baron z żoną) baron and baroness

baronostw|o[2] n sgt (tytuł, godność barona) baronage, barony

baronow|a f baroness

baronows|ki adi. [tytuł korona dobra, włości] baronial

baronów|na f baron's daughter

barow|y[1] adi. bar attr.; **...ale wystrój miała raczej ~y** ...but the décor was rather bar like; **bułka ~a** ≈ a French stick

barow|y[2] adi. Chem. barium attr.; **biel ~a** barium sulphate

barszcz m (G ~u) [1] Kulin. borsch(t), beetroot soup; **~ z uszkami** borsch with ravioli; **~ zabielany** borsch with sour cream [2] Bot. cow parsley a. parsnip, hogweed

❑ **~ biały** white borscht (made of vegetables and fermented rye); **~ czerwony** borscht; **~ polski** daw. sour soup made from cow parsley; **~ ukraiński** Ukrainian borscht

■ **tani jak ~** dirt cheap pot.

barszczyk m dem. (G ~u) borsch(t), beetroot soup

bartnictw|o n sgt daw. forest bee-keeping

bartnicz|y adi. daw. forest bee-keeping attr.

bartni|k m daw. forest bee-keeper

barw|a **I** f [1] książk. (kolor) colour GB, color US, hue; **~y ciepłe** warm colours; **~y zimne** cool colours; **martwe ~y** dull colours; **orgia ~** a riot of colour(s); **natężenie/intensywność ~y** colour in-

tensity [2] Muz. (brzmienie dźwięku) tone (colour), timbre; **~a głosu** timbre [3] (na owocach) down [4] Myślis. (krew) blood (from a wounded animal); **ślady ~y na śniegu** bloodstains on the snow

II barwy plt (państwa, stowarzyszenia) colours GB, colors US; **~y narodowe** national colours; **~y klubowe** club colours; **~y polskie** the national colours of Poland; **grać w ~ach Anglii** to play in England's colours

❑ **~a ochronna** Zool. protective coloration U; Wojsk. camouflage; **~a samogłoski** Jęz. vowel colour; **~y dopełniające się** Fiz. complementary colours

■ **przedstawiać coś w jaskrawych ~ach** a. **jaskrawymi ~ami** to blow sth up (out of all proportion); **widzieć coś w różowych** a. **jasnych ~ach** to see sth through rose-coloured spectacles; **przedstawiać coś w ciemnych** a. **czarnych ~ach** to paint a gloomy picture of sth

barw|ić impf **I** vt książk. to colour GB, to color US [szkło, ubranie, policzki]; to dye [tkaninę]; **~ić coś na zielono** to dye sth green ⇒ **zabarwić**

II vi Myślis. [ranne zwierzę] to bleed

III barwić się książk. to become coloured GB a. colored US, to take on a colour GB a. color US; **~ić się na czerwono** to turn red ⇒ **zabarwić się**

barwin|ek m Bot. periwinkle

barwi|ony **I** pp → **barwić**

II adi. coloured GB, colored US; **dywan ~ony na niebiesko** a carpet coloured (sky) blue

barwnie adv. grad. [1] (kolorowo) colourfully GB, colorfully US; **dzieci ~ pokolorowały swoje obrazki** the children painted their pictures in a variety of colours [2] przen. (interesująco) [opowiadać] colourfully GB, colorfully US, vividly

barwnik m dye; **~ naturalny** a natural dye; **~ spożywczy** a food colouring

barwnoś|ć f sgt [1] (różnorodność kolorów) colourfulness GB, colorfulness US, variety of colour [2] (obrazowość) vividness

barwn|y adi. grad. [1] (kolorowy) colourful GB, colorful US; [zdjęcia, odbitka] colour attr. GB, color attr. US [2] (o określonej barwie) coloured GB, colored US; [filtr] colour attr. GB, color attr. US [3] przen. (interesujący) colourful GB, colorful US; **~y opis** a vivid description; **~y język** vivid language

barwoślepo|ta f sgt colour blindness GB, color blindness US

bar|y plt (G ~ów) (broad) shoulders; **szeroki w ~ach** broad-shouldered; **krzepkie ~y** strong shoulders; **wziąć się z kimś za ~y** to grapple with sb; **brać się z czymś za ~y** to get to grips with sth; **wziął się z życiem za ~y** he came to grips with life

baryczn|y adi. Meteo. barometric; **sytuacja ~a** atmospheric conditions; **niż ~y** a depression; **wyż ~y** high pressure

baryka|da f barricade (**z czegoś** of sth); **postawić** a. **wznieść** a. **zbudować ~dę** to set up a. erect a. construct a barricade; **~da z książek utrudniała dostęp do okna** przen. a pile of books barred access to the window; **iść** a. **pójść na ~dy** to man the barricades; **„na ~dy!"** 'man the barricades!'; **stanąć po drugiej** a. **przeciwnej stronie ~dy** przen. to go over to the other camp; **być/walczyć po przeciwnej stronie ~dy** przen. to be/fight on the other side

barykad|ować impf [] vt to barricade (**czymś** with sth); **~ować okna workami z piaskiem** to barricade windows with sandbags ⇒ **zabarykadować**

[] **barykadować się** to barricade oneself (**w czymś** in a. into sth); **ludzie ~owali się w domach** people barricaded themselves inside their homes ⇒ **zabarykadować się**

bary|ła f augm. [1] (beczka, pojemność) cask [2] pot., pejor. (osoba) fatso pot., pejor.; **zrobiła się z niego ~ła** he has become a right fatso

baryłecz|ka f dem. [1] (beczka) (small) barrel [2] (zawartość) (small) barrel (ful) (**czegoś** of sth)

barył|ka f [1] (beczka) keg [2] (zawartość) keg(ful) (**czegoś** of sth) [3] Miary barrel

baryton Muz. [] m pers. (Npl **~y**) (śpiewak) baritone

[] m inanim. (G **~u**) [1] (głos męski) baritone [2] (saksofon) baritone sax

barytonow|y adi. Muz. [aria] baritone attr.

bas Muz [] m pers. (Npl **~y**) (śpiewak) bass

[] m inanim. (G **~u**) [1] (najniższy głos męski) bass [2] (niski dźwięk) (low) rumble [3] (gitara) bass

[] **basy** plt [1] (rejestr dźwięków) bass [2] (guziki w akordeonie) bass studs a. buttons

basałyk m (Npl **~i**) żart., pieszcz. (dziecko) brat

baseball /ˈbejzbol/ m sgt (G **~u**) baseball; **mecz ~u** a baseball match; **grać w ~** to play baseball

baseballi|sta m /ˌbejzboˈlista/ m Sport baseball player

baseballow|y /ˌbejzboˈlovɨ/ adi. baseball attr.; **mecz ~y** a baseball match; **kij ~y** a baseball bat

basen m (G **~u**) [1] (pływalnia) (swimming) pool; **~ kryty/odkryty** an indoor/outdoor swimming pool; **na ~ie** at the swimming pool; **iść na ~** to go to the pool; **pływać w ~ie** to swim in a pool [2] Sport (długość basenu) length; **przepłynąć 10 ~ów** to swim 10 lengths [3] (przenośny, dmuchany) paddling pool GB, wading pool US [4] (zbiornik) basin, tank [5] Med. (naczynie) bedpan; **podać choremu ~** to give the patient a bedpan [6] Geog., Geol. basin [7] Żegl. basin, dock; **~ portowy** a wet dock

❑ **~ imersyjny** Techn. immersion pool; **~ modelowy** Żegl. model basin a. tank; **~ oceaniczny** ocean basin; **~ olimpijski** Sport olympic-sized pool; **~ paszowy** Roln. silage pit, silo

basenik m dem. (G **~u** a. **~a**) paddling pool

basetl|a f (Gpl **~i**) Muz. ≈ double bass (folk instrument larger than a cello and smaller than a double bass)

basi|sta m, **~stka** f Muz. bass player, bassist

baskijs|ki [] adi. Basque

[] m (język) Basque; **mówić po ~ku** to speak Basque

baskin|ka f Moda basque

basow|y adi. [1] Muz. bass attr. [2] przen. [dźwięk] rumbling; **~e wycie syren** the low wail of the sirens

basse|t /ˈbaset/ m basset, basset hound

basta inter. enough!; **~! wystarczy tych kłótni** enough of your arguing – cut it out! pot.; **już tak dłużej nie mogę, ~!** I can't take it any more! I've (just about) had it!; **...i ~!** ...and that's that!; **nie zapłacę więcej i ~!** I won't pay any more, and that's that!; **masz mnie słuchać i ~!** you'll do as I tell you, and that's all there is to it!

bastar|d [] m pers. (Npl **~dzi** a. **~dy**) [1] przest. (nieślubne dziecko) bastard; **~d królewski** a royal bastard [2] Antrop. (mieszaniec europejsko-hotentocki) Khoikhoi-European half-caste

[] m anim. Zool. hybrid animal with impaired fertility

bastardow|y adi. przest. [potomstwo, dziedzictwo] bastard attr.

bastardyzacj|a f sgt Zool. cross-breeding animals of different species

bastion m [1] (G **~u**) Hist., Wojsk. bastion [2] przen. bastion (**czegoś** of sth); **ostatni ~ cywilizacji** the last bastion of civilization

bastionow|y adi. bastion attr.

basz|a m (V **~o**, Npl **~owie**) [1] Hist. pasha, pacha (a Turkish officer of high rank) [2] przen. grandee; **jak ~a** (butnie) haughtily; **żyć jak ~a** to live like a lord; **rozparł się jak ~a** he sprawled like a grand panjandrum

basz|ta f Archit., Hist. tower; (donżon) keep; **~ta narożna** a corner tower; **okrągła ~ta** a round tower

baśniowo adv. [szczęśliwy, piękny] fabulously; [wyglądać] fabulous adi.

baśniowoś|ć f sgt (posiadanie cech baśni) fairy-tale character; (cudowność) fabulousness

baśniow|y adi. [1] (występujący w baśniach) [skarby, rycerze, świat] fairy-tale attr., legendary [2] (dotyczący baśni) [motyw, materiał, tradycja] fairy-tale attr., fabular [3] (cudowny, tajemniczy) fairy-tale attr., fabulous

baś|ń f (Gpl **~ni**) [1] (bajka) fairy tale [2] Literat. (utwór epicki) (epic) story, (fairy) tale

ba|t[1] [] m (rzemień przymocowany do kija) whip; **strzelić z bata** to crack whip; **zdzielić kogoś batem** to lash sb, to lick sb (with a whip)

[] **baty** plt [1] (uderzenie batem) whipping; **zasłużyłeś sobie na baty** you deserve a right hiding [2] pot. (klęska) hiding

■ **jak z bata strzelił** pot. in a flash

ba|t[2] m (G **batu**) [1] Żegl. (łódź) barge, lighter [2] (łódź morska) ≈ trawler, ≈ smack US

batali|a f (GDGpl **~i**) [1] przest. (bitwa, walka) battle; (ciąg bitew) campaign; **stoczyć ciężką ~ę** to fight a heavy a. hard battle [2] przen. strife, struggle; **toczyć ~ę o coś** to battle for sth; **~a wokół czegoś** a conflict about sth; **rozpętała się ~a o ustawę** there was a dispute over the statute; **rozpocząć ~ę przeciwko dyskryminacji kobiet** to begin a campaign to end discrimination against women

batalion [] m anim. (ptak) ruff

[] m inanim. (G **~u**) Wojsk. battalion; **sztab ~u** the battalion headquarters

batalionow|y adi. battalion attr.

batali|sta m Szt. battle scene painter

batalistyczn|y adi. Szt. [malarstwo] battle scene attr.; [scena] battle attr.; **obraz ~y** a battle piece

batalisty|ka f sgt Szt. battle scene painting

bata|t m (G **~tu**) Bot. sweet potato

bateri|a f (GDGpl **~i**) [1] Elektr. battery; **radio na ~e** a battery-operated radio; **ponownie naładowć ~e** to recharge batteries; **~a się rozładowała** the battery has run down; **~a do latarki** a torch battery [2] (kurki) mixer tap GB, (mixing) faucet US [3] (zestaw urządzeń) battery; **~a flaszek** pot., żart. a collection of bottles [4] Wojsk. battery; **~a armat** a gun battery ❑ **~a słoneczna** Techn. solar battery; **~a szeregowa** Elektr. series battery; **~a zenitowa** Wojsk. anti-aircraft unit

bateryj|ka f dem. (small) battery

bateryjn|y adi. [1] Elektr. [zasilacz, radio, zegar] battery operated [2] Wojsk. battery attr.

batik m (G **~u**) [1] sgt (technika) batik, batik dyeing [2] (materiał) batik; **spódnica z ~u** a batik skirt

batikow|y adi. batik attr.; **technika ~a** batik

batog m książk. scourge US przest.; bullwhip US

batome|r m (G **~ru**) Meteo. bathometer

baton m (**~ik** dem.) (G **~u** a. **~a, ~ika** a. **~iku**, A **~** a. **~a, ~ik** a. **~ika**) bar (of chocolate); **~ nadziewany orzechami** a walnut chocolate bar

batoż|yć impf vt przest. to lash; **~yć konia** to lash a horse ⇒ **wybatożyć**

batu|t m (G **~tu**) trampoline; **skakać na ~cie** to trampoline

batu|ta f [1] (dyrygencka) baton; **pod ~tą Lutosławskiego** [grać] under the baton of Lutoslawski; [orkiestra] conducted by Lutoslawski; **podawać takt ~tą** to mark the beat with a baton [2] Sport (w szermierce) ≈ time thrust

batymetr → **batometr**

batymetri|a f sgt (GD **~i**) Meteo. bathymetry

batymetryczn|y adi. [pomiar, mapa, badanie] bathymetric, bathymetrical

batyskaf m (G **~u**) bathyscaph(e); **opuścić ~** to lower a bathyscaphe

baty|st m (G **~stu**) Włók. batiste, cambric; **chusteczka z ~stu** a batiste handkerchief

batystow|y adi. batiste, cambric

baue|r /ˈbawer/ m pot. rich farmer (in Germany)

Bawari|a f sgt (GD **~i**) Bavaria

Bawar|ka f Bavarian (woman)

bawar|ka f sgt ≈ tea with milk

bawars|ki adi. Bavarian

bawełn|a f sgt cotton; (krzew) cotton plant; **plantacja ~y** a cotton plantation; **uprawiać ~ę** to cultivate cotton; **zbiór ~y** (zbieranie) cotton-picking; (plon) cotton harvest; **sukienka z ~y** a cotton dress; **motek ~y** a cotton spool ❑ **~a strzelnicza** Chem. gun cotton ■ **nie owijać (czegoś) w ~ę** to speak bluntly

bawełnian|y adi. cotton attr.; **~a tkanina** cotton fabric

bawełnicz|ka f Włók. cotton (yarn)

bawialni|a f (Gpl **~**) przest. drawing room; parlour GB, parlor US przest.

baw|ić *impf* **I** *vt* [1] (uprzyjemniać czas) to entertain [gości, dzieci]; **~ić kogoś czymś** to entertain sb with sth [rozmową, śpiewem]; **~ił wnuki** he was looking after his grandchildren [2] (interesować, zajmować) [czynność, przedmiot, książka] to amuse; **~i mnie chodzenie po sklepach/obserwowanie ludzi** I enjoy shopping/watching people; **to mnie nie ~i** it's not much fun for me **II** *vi* (przebywać) to stay, to remain; **~ić na wakacjach** to be away on holiday; **~ił u nas (przez tydzień)** he stayed with us (for a week) **III** **bawić się** [1] (uprzyjemniać sobie czas) [osoba, dziecko] to play (**czymś** with sth); **~ić się w chowanego/ciuciubabkę** to play at hide and seek/blind man's buff; **~ić się w Indian/w sklep** to play at Indians/at keeping shop; **~ić się z kolegami** to play with friends [2] (czuć zadowolenie, mieć uciechę) to enjoy oneself, to have fun; **~ić się czymś** to enjoy sth; **~ić się czyimś zakłopotaniem** to laugh at sb's distress; **~ić się kimś** to toy with sb; **~ić się czyimś kosztem** to laugh at sb's expense [3] (poruszać bez celu) **~ić się ołówkiem** to play a. **fiddle with a pencil**; **~ić się jedzeniem** to play a. **toy with one's food** [4] (hulać, bankietować) to have a good time, to enjoy oneself; **~ić się na balu** to have a good time at a ball; **~ się dobrze!** have a good time!; **~ić się do upadłego** to party until one drops pot.; to have a thoroughly good time; **dobrze się z nimi ~iłeś?** did you have a good time with them? [5] (zajmować się niepotrzebnie) **~ić się w coś** to waste time on sth [morały, szczegóły]; **nie ma czasu ~ić się w formalności** there's no time for indulging in formalities [6] (zajmować się dla przyjemności) **~ić się w kucharza/ogrodnika** to try one's hand at cooking/gardening; **~ić się w malarza** to dabble in painting ■ **~ić oko** to please the eye, to be pleasing to the eye; **~ić się z kimś w kotka i myszkę** to play cat and mouse with sb

bawidam|ek *m* książk., żart. ladies' man

bawol|i *adi.* [1] [skóra] buffalo *attr.*; **róg ~i** a buffalo horn [2] (jak u bawołu) **oczy ~e** melting a. buffalo eyes; **siła ~a** the strength of an ox

bawolic|a *f* (female) buffalo

baw|ół *m pers. (Npl ~oły)* oaf **II** *m anim. (G ~ołu)* Zool. buffalo; **ryczeć jak zarzynany ~ół** (krzyczeć) to scream one's head off; (płakać) to cry one's head off ❏ **~ół afrykański** a. **kafryjski** Zool. Cape buffalo; **~ół domowy** Zool. water buffalo a. ox

baz|a *f* [1] (podstawa) base, basis; **na ~ie czegoś** on the basis of sth; **środki kosmetyczne na ~ie alg** algae-based cosmetics; **farby produkowane na ~ie żywic akrylowych** acrylic paints; **~a teoretyczna/praktyczna** a theoretical/an empirical basis [2] (remontowa, lotnicza, zaopatrzeniowa) base; (alpinistów) base camp, base; **zjechać do ~y** to return to base; **(turystyczna) ~a noclegowa** (tourist) accommodation [3] Ekon. base, basis; **~a przemysłowa** industrial base; **~a produkcyjna/gospodarcza** production/economic basis;

~a i nadbudowa basis and superstructure [4] Archit. base (**czegoś** of sth) [5] Wojsk. base; **~a wojskowa/marynarki wojennej** a military/naval base [6] Techn. (powierzchnia, linia odniesienia) datum ❏ **~a artykulacyjna** Jęz. articulatory setting a. set; **~a danych** Komput. database; **~a erozyjna** Geol. base level (of erosion)

bazal|t *m (G ~tu)* basalt; **nagrobek z ~tu** a basalt tombstone

bazaltow|y *adi.* basaltic, basalt *attr.*; **skała ~a** basaltic rock

baza|r *m (G ~ru)* (targowisko) market, market place; (ze starociami) bazaar, market; (na Wschodzie) bazaar; **kupować warzywa na ~rze** to buy vegetables at the market; **pójść na ~r** to go to the market

bazar|ek *m (G ~ku)* market square, market place

bazarow|y *adi.* [1] market *attr.*, market square *attr.*; **język ~y** vulgar language

bazg|rać *impf (~rzę) vt* pot. to scrawl, to scribble; **~rać kredą po tablicy** to scribble sth on a blackboard; **~rał coś na marginesie** he was scribbling something in the margin; **ale ~rzesz!** ≈ your handwriting is terrible! ⇒ **nabazgrać**

bazgra|ła *m, f (Npl m ~ły, Gpl m ~ł a. ~łów; Npl f ~ły, Gpl f ~ł)* pot. [1] (osoba pisząca niewyraźnie) scribbler, scrawler [2] pejor. (autor) scribbler pejor.

bazgranin|a *f* [1] sgt (pismo, rysunek) scrawl, scribble; **nie da się odczytać tej ~y** this scrawl is illegible [2] pejor. (tekst literacki) scribbling pejor., scribble pejor.

bazgrol|ić *impf vt* to scrawl, to scribble; **~ić coś w zeszycie** to scribble sth in a notebook ⇒ **nabazgrolić**

bazgroł|y *plt (G ~ów)* pot. [1] (pismo, rysunek) scribble, scrawl [2] pejor. (tekst literacki) scribbling pejor., scribble pejor.

bazi|a *f zw. pl (Gpl ~)* catkin; pussy-willow pot.; **drzewa okryły się ~ami** the trees were covered in catkins

bazook|a /ba'zuka/ *f* Wojsk. bazooka

baz|ować *impf vi* [1] (opierać się) **~ować na czymś** [osoba] to rely on sth, to base oneself a. one's findings on sth; [metoda, polityka] to be based on sth; **~ować na obietnicach/lojalności** to rely on promises/loyalty; **~ować na doświadczeniu** to rely on/be based on experience [2] Wojsk. (stacjonować) **~ować w czymś** to be based in sth; **oddział ~uje w lesie** the unit is based in the forest

bazow|y *adi.* [1] (podstawowy, wyjściowy) base *attr.*; **elementy ~e** basic elements; **stawka/kwota/cena ~a** a base rate/sum/price [2] (w alpinizmie) **obóz ~y** base camp

bazyli|a *f sgt (GD ~i)* Bot., Kulin. (sweet) basil; **świeża ~a** fresh basil; **suszona ~a** dry basil

bazylian|in Relig. **I** *m* (zakonnik) Basilian, Basilian monk **II bazylianie** *plt* (zakon) Basilian order, the Basilians

bazylian|ka Relig. **I** *f* (zakonnica) Basilian nun **II bazylianki** *plt* (zakon) Basilian order

bazyliańs|ki *adi.* Relig. Basilian

bazyli|ka *f* Archit. basilica; **~ka św. Piotra w Rzymie** St. Peter's basilica in Rome

bazylikow|y *adi.* basilican

bazylisz|ek **I** *m pers. (Npl ~ki)* cockatrice **II** *m anim.* [1] (potwór) basilisk, cockatrice; **wzrok ~ka** a basilisk stare [2] Zool. basilisk

bazyliszkow|y, ~aty *adi.* basilisk *attr.*; **~y wzrok/spojrzenie** a basilisk gaze/stare

bażanci *adi.* pheasant's, pheasant *attr.*; **~e mięso** pheasant meat

bażan|t *m* pheasant; **polowanie na ~ty** pheasant shooting; **pieczony ~t** a roast pheasant

bąb|el **I** *m pers. (Npl ~le, Gpl ~li)* żart. (mały chłopiec) tot **II** *m inanim.* [1] (w cieczy) bubble [2] (na ciele) blister; **pokryty ~lami** [skóra, ręce] blistered, covered in blisters [3] Techn. (wada wewnętrzna) bubble

bąbel|ek *m dem.* [1] (w cieczy) bubble; **~ki gazu** gas bubbles [2] (na skórze) blister

bącz|ek **I** *m pers. (Npl ~ki)* pieszcz. (małe dziecko) little one, mite **II** *m anim.* [1] *dem.* (owad) small bumblebee [2] Zool. (ptak) little bittern **III** *m inanim. (A ~ka)* [1] *dem.* (zabawka) top [2] Żegl. tender

bądź **I** → **być** **II** *coni.* or; **urodził się w Warszawie ~ pod Warszawą** he was born in Warsaw or on the outskirts of Warsaw; **chodził na wycieczki ~ (to) samemu, ~ (to a. też) z kolegami** he went hiking – either by himself or with his friends **III** *part.* any; **co ~** anything (at all); any old thing pot.; **kto ~** anybody a. anyone at all; **gdzie ~** anywhere at all; any old where pot.; **kiedy ~** any time; any old time pot.; **jak ~** anyhow; any old how pot.; **jaki ~** any; any old pot.; **za jaką ~ cenę** for whatever price you can get; **zapytaj którego ~ sąsiada** just ask any(one) of the neighbours; **połóż je gdzie ~** just put them anywhere; **ubrał się jak ~** he dressed any old how; **~ co** after all, when all is said and done; **żyjemy ~ co ~ w cywilizowanym kraju** after all we live in a civilized country

bąk **I** *m pers. (Npl ~i)* żart. (małe dziecko) sprog, tot; **~ uprzykrzony** a tiresome little sprog **II** *m anim.* [1] Zool. (buczący owad) buzzing insect; (bąk bydlęcy) horsefly [2] pot. (trzmiel) bumblebee [3] Zool. (ptak) (European) bittern **III** *m inanim. (A ~a)* [1] (zabawka) spinning top, top; **puścić ~a** to spin a top [2] *augm.* Żegl. tender ■ **opić się jak ~** to drink one's fill; **puścić ~a** pot. to break wind euf.; to fart pot.; **zbijać ~i** to fool around, to hang around

bąk|nąć *pf* — **bąk|ać** *impf* **I** *vt* (mówić cicho, niewyraźnie) to mumble [słowo, powitanie]; **~nął coś, czego nie mogłem zrozumieć** he mumbled something which I didn't catch; **~ać coś pod nosem** to mumble a. mutter sth under one's breath **II** *vi* [1] (mówić cicho, niewyraźnie) to mumble [2] (napomknąć) **~nąć o czymś** to mention sth casually, to make a passing reference to sth; **~nąć, że...** to drop a hint that...; **~ano o nadchodzących zmianach** it was whispered that changes were coming

bdb (= bardzo dobry a. bardzo dobrze) Szkol. (ocena) ≈ A

be *inter.* [1] dziec. (wyrażające wstręt) ugh! pot.; **nie bierz tego do buzi, to jest be** don't put it in your mouth, it's dirty [2] (onomatopeiczne) **be** a. **bee** baa!

■ **ani be, ani me (ani kukuryku)** a. **ni me, ni be (ni kukuryku)** pot. not a dicky bird a. a squeak pot.; **siedział cały wieczór i ani be, ani me do nikogo** he sat there all evening long, and not a dicky bird to anyone; **po węgiersku to ja ani be, ani me** I don't speak a word of Hungarian

bea|t /bit/ *m sgt* (*G* **~tu**) Muz. beat

beatow|y /bi'tovɪ/ *adi.* [*muzyka, zespół*] beat *attr.*

beatyfikacj|a *f* (*Gpl* **~i**) Relig. beatification *U*; **~a ojca Kolbego** the beatification of Father Kolbe

beatyfikacyjn|y *adi.* [*uroczystości*] beatification *attr.*; [*proces*] of beatification

beatyfik|ować *pf, impf vt* Relig. to beatify; **papież ~ował królową Jadwigę** the Pope beatified Queen Jadwiga

bebech pot. [I] *m* (brzuch) gut pot.

[II] **bebechy** *plt* [1] (wnętrzności) guts pot., insides pot. [2] (szafy, walizki, materaca) contents; **z materaca wychodziły wszystkie ~y** the contents of the mattress were all coming out

■ **~y się we mnie przewracają** a. **skręcają** pot. my stomach turns; **~y mi się przewracają na jego widok** he makes my stomach turn; **być dobrym a. poczciwym z ~ami** pot. to be all heart; **wypruwać z siebie ~y** pot. to sweat a. work one's guts out pot.

bebesz|yć *impf vt* pot. [1] (usuwać wnętrzności) to gut [*zwierzę*] ⇒ **wybebeszyć** [2] (opróżniać) to empty [*kieszenie, szafę*] ⇒ **wybebeszyć**

bechow|iec *m* pot. *member of Bataliony Chłopskie (BCh), a Polish resistance formation during World War II*

bechows|ki *adi.* pot. *connected with BCh – Bataliony Chłopskie*

becik *m baby's sleeping bag*

beczeć¹ *impf* → **beknąć**

becz|eć² *impf* (**~ysz**, **~ał**, **~eli**) *vi* pot. [1] (płakać) to blubber pot.; to bawl; **~eć jak bóbr** to cry one's heart out; **nie ~!** stop blubbering! [2] (brzydko śpiewać) to sing out of tune a. off-key

becz|ka *f* [1] (naczynie) barrel; **gruby jak ~ka** as big as a barrel; **jak śledzie w ~ce** like sardines in a tin [2] (zawartość) barrel(ful) [3] Lotn. (figura) barrel-roll

❑ **~ka śmiechu** hall of mirrors

■ **~ka bez dna** bottomless pit; **~ka prochu** powder keg; **zacząć z innej ~ki** to try a different a. another tack; **a tak z innej ~ki...** oh, by the way...; **zjadłem z nim ~kę soli** he and I go back a long way

beczk|ować *impf vt* to barrel [*wino, żywność*]

beczkowan|y [I] *pp* → **beczkować**

[II] *adi.* [*wino*] draught *attr.*; [*śledzie*] barrelled GB, barreled US

beczkowato *adv.* **~ sklepiona brama** a barrel-vaulted gateway

beczkowa|ty *adi.* [*kufel, wazon*] barrel-shaped; **~te sklepienie** barrel vault

beczkow|óz *m* (*G* **~ozu**) water cart; **przewozić wodę ~ozem** to carry water

in a water cart; **~óz straży pożarnej** a fire engine

beczkow|y *adi.* [1] (przechowywany w beczce) barrelled GB, barreled US; **piwo ~e** draught beer [2] (odnoszący się do beczki) barrel *attr.*

beczuł|ka *f dem.* small barrel, keg; firkin przest.

bedeke|r *m* Turyst. guidebook; **czytać ~r** a. **~ra** to read a guidebook

bedekerow|y *adi.* guidebook *attr.*; **~e wydawnictwa** guidebook publications

bedł|ka *f* [1] Bot. agaric [2] pot. (coś łatwego) piece of cake pot.; **ten egzamin to dla mnie ~ka** this exam is a piece of cake [3] pot. (głupstwo) nothing; **plama to ~ka, łatwo się spierze** the stain is nothing, it'll come off easily

bednars|ki *adi.* [*warsztat, narzędzia*] cooper's; hooper's daw.; **wyroby ~kie** coopery

bednarstw|o *n sgt* cooperage

bednarz *m* (*Gpl* **~y**) cooper; hooper daw.

Beduin *m*, **~ka** *f* Beduin, Bedouin

befsztycz|ek *m dem.* Kulin. (small) steak

befsztyk *m* (*G* **~a** a. **~u**) Kulin. (kotlet) (beef) steak; (z mielonego mięsa) rissole; **~ po angielsku** a rare steak; **krwisty ~** a rare steak; **półkrwisty ~** a medium rare steak; **~ tatarski** a. **po tatarsku** steak tartare

begoni|a *f* (*GDGpl* **~i**) Bot. begonia

behapow|iec *m* pot. health and safety inspector

behapows|ki *adi.* [*szkolenie, regulamin, instruktor*] health and safety *attr.*

behawiory|sta *m* Psych. behaviourist GB, behaviorist US

behawiorystyczn|y *adi.* behaviouristic GB, behavioristic US

behawioryzm *m sgt* (*G* **~u**) behaviourism GB, behaviorism US

bej *m* (*Npl* **~owie**) Hist. bey

bejc|a *f* [1] (do drewna) wood stain *U*; **pociągnąć coś ~ą** to coat sth with wood stain, to stain sth; **meble sosnowe zrobione ~ą na ciemno** pine furniture coated a. painted with dark wood stain [2] Roln. seed fungicide [3] Techn., Włók. mordant [4] Kulin. marinade *U*

bejc|ować *impf vt* [1] Techn. (barwić) to stain [*drewno*]; **~ować szafki** to stain cupboards ⇒ **zabejcować** [2] Techn. (czyścić) to pickle [*skórę*] ⇒ **zabejcować** [3] Roln. to disinfect [*nasiona*]

bejcowan|y [I] *pp* → **bejcować**

[II] *adi.* [*drewno*] stained; **stół ~y na czarno** a table stained black

bejsbol → **baseball**

bejsbolista → **baseballista**

bek *m* (*G* **~u**) [1] (głos kozy, barana) bleat [2] *sgt* pot. (głośny płacz) blubbering; **ona o byle co uderza w ~** she'll burst into tears over any old thing

be|k *f augm* [1] (duża beczka) vat; **gruby jak beka** pot., pejor. (as) fat as a pig pot., pejor. [2] pot., pejor. (grubas) pudge pot.

bekać *impf* → **beknąć²**

bekas *m* snipe; **polowanie na ~y** snipe shooting

bekasi *adi.* [*dziób, pióro*] snipe's

bekhen|d *m* (*G* **~du**) Sport backhand; **odbić ~dem a. z ~du** to play a backhand return

bekliwie *adv.* **śpiewać ~** to sing out of tune; **~ brzmiący głos** a bleating voice

bekliw|y *adi.* pot. [1] [*głos, śpiew*] bleating [2] (skłonny do płaczu) [*dziecko*] weepy pot.

be|knąć¹ *pf* — **be|czeć¹** *impf* (**beknęła, beknęli** — **beczę**) *vi* [1] [*owca, koza*] to bleat [2] [*dudy, kobza*] to drone [3] Myślis. [*daniel*] to bleat; [*bekas*] to squawk

bek|nąć² *pf* — **bek|ać** *impf* (**~nęła, ~nęli** — **~am**) [I] *vi* pot. (czkać) to burp pot.; **~nął na głos** he burped out loud; **głośno mi się ~nęło** I burped loudly a. noisily; **nosić niemowlę, aż mu się ~nie** to carry a baby around to burp him/her

[II] **bekać się** *impf* Myślis. (o jeleniu) to rut

bek|nąć³ *pf vi* pot. (ponieść karę) to pay (the price); **grubo ~ie za to** s/he'll pay dearly for that

bekon *m* (*G* **~u**) Kulin. bacon *U*; **jaja na ~ie** bacon and eggs

bekonow|y *adi.* bacon *attr.*; **świnia ~a** a baconer; **chipsy o smaku ~ym** bacon(-flavoured) crisps

beks|a *m, f* (*Npl m* **~y**, *Gpl m* **~** a. **~ów**; *Npl f* **~y**, *Gpl f* **~**) pot. cry-baby pot.

bel|a *f* [1] *augm.* beam; **masywna ~a** a massive beam [2] (zwój) roll, bale; **~a tkaniny** a roll of fabric, a bale of cloth; **~a blachy** a roll of sheet metal [3] (sprasowany materiał) bale; **wełna w ~ach** bales of wool, wool bales [4] Miary (ciężaru) bale; (papieru) ten reams

■ **pijany jak ~a** (as) drunk as a lord a. newt

belcan|to /bel'kanto/ *n, n inv. sgt* Muz. bel canto

belecz|ka *f dem.* [1] (belka) beam; **~ki kadłubowe modelu samolotu** the fuselage frame of a model plane [2] pot. (naszywka) stripe

beletrystyczn|y *adi.* fictional; **utwór ~y** a piece of fiction

beletrysty|ka *f sgt* Literat. fiction; **czytać ~kę** to read fiction

belf|er *m* (*Npl* **~rowie**; obraźl. **~ry**) pot., pejor. teacher

belfer|ka *f* [1] pot., pejor. (nauczycielka) teacher; schoolmarm US pot. [2] *sgt* pot. (zawód nauczyciela) teaching

belfers|ki *adi.* pot., pej. teacher's

Belg *m*, **~ijka** *f* Belgian

belg *m* Zool. (koń) Belgian

Belgi|a *f sgt* (*GD* **~i**) Belgium

belgijs|ki *adi.* Belgian; **~kie czekoladki** Belgian chocolates

bel|ka *f* [1] (drewniana, metalowa) beam; (w konstrukcjach, maszynach) girder; **~ka z drewna/betonu** a wooden beam/a concrete girder [2] pot. (naszywka) stripe

belk|ować *impf* Budow. **~ować podłogę** to lay floor beams a. joists; **~ować sufit** to lay ceiling beams a. joists; **~owany sufit** a beam(ed) ceiling

belkowa|nie *n* [1] Archit. entablature [2] Budow. beam structure; **~nie stropu/mostu** roof/bridge beams

belkowan|y *adi.* [*strop, sufit, pułap*] beam *attr.*

belladon|a *f* Bot. deadly nightshade, belladonna

belwede|r *m* (*G* **~ru**) Archit. belvedere

B

Belzebub m [1] sgt Relig. Beelzebub [2] (Npl ~y) belzebub (diabeł) demon, fiend; **idź do ~a!** go to hell!

bełkocik m dem. (G ~u) pejor. gobbledegook U pot.

bełko|t m (G ~tu) [1] pejor. (niewyraźna mowa) gibbering, raving zw. pl [2] przen. (niezrozumiała wypowiedź) gibberish U [3] Myślis. (głos cietrzewia) gobbling

bełko|tać impf (~czę a. ~cę) vi [1] (mówić niewyraźnie) to mumble; **~tał coś przez sen** he mumbled something in his sleep ⇒ **wybełkotać, zabełkotać** [2] pot., pejor. (mówić nielogicznie) to jabber (away) pejor.; to gabble (on) pot.; (pisać nielogicznie) to write gibberish pot.; to waffle (on) GB pot., pejor. [3] Myślis. (o cietrzewiu) to gobble

bełkotliwie adv. [1] (niewyraźnie) in a mumble; mumblingly rzad.; **powiedzieć coś ~** to mumble something [2] pejor. (niezrozumiale) incoherently, without making sense

bełkotliwoś|ć f sgt pejor. (tekstu, recenzji) pretentiousness

bełkotliw|y adi. [1] [mowa, głos] inarticulate, incoherent [2] pejor. [tekst, przemówienie] pretentious pejor., pseudo-intellectual pejor.

beł|t¹ m [1] (G ~tu) (szum) murmur; **~t morza** the murmur of the sea; **monotonny ~t wody** the monotonous sound of running water [2] (G ~tu) Hist. (strzała) bolt [3] (A ~ta) pot. (tanie wino) plonk pot.; **wypić ~ta** to drink a bottle of plonk

beł|t² m (G ~tu) Geog. strait; **Wielki/Mały Bełt** Great/Little Belt

beł|tać impf (~tam a. ~czę) **I** vt to slosh [sth] about pot.; **~tać mleko w dzbanku** to slosh milk about in a jug; **~tać chochlą kompot** to stir compote with a ladle ⇒ **zabełtać, zbełtać**

II vi to stir; **~tać łyżką w garnku z zupą** to stir soup around in a pot with a spoon; **~tać komuś w głowie/myślach** przen. to put ideas into sb's head ⇒ **zabełtać, zbełtać**

III bełtać się (o płynie, wodzie) to slosh about pot.; **mleko ~tało się w bańkach** milk was sloshing about in the churns ⇒ **zbełtać się**

bemol m Muz. flat; **~ podwójny** double flat

benedyktyn I m pers. Relig. Benedictine (monk)

II m inanim. sgt (likier) Benedictine®

III benedyktyni plt Relig. the Benedictines

benedyktyn|ka I f [1] Relig. Benedictine (nun) [2] (likier) Benedictine®

II benedyktynki plt Relig. the Benedictines

benedyktyńs|ki adi. [1] [zakon, klasztor, opactwo] Benedictine [2] przen. [praca, trud] painstaking; **~ka cierpliwość** great patience

beneficj|ant, ~ent m [1] (osoba czerpiąca korzyści) beneficiary; **~anci fundacji** the beneficiaries of the fund; **~anci konfliktu zbrojnego** those benefiting from the armed conflict [2] (artysta) an artist in whose honour a benefit is held [3] Hist., Relig. beneficiary

beneficj|um n (Gpl ~ów) książk. [1] Hist. benefice [2] (w kościele) benefice [3] (korzyść) benefit

benefis m (G ~u) (koncert) benefit concert; (przedstawienie) benefit performance; **~ zna-**

nego aktora a benefit performance honouring a well-known actor

benefisow|y adi. [przedstawienie, koncert] benefit attr.

bengals|ki adi. Bengali

beniamin|ek m (Npl ~kowie a. ~ki) [1] (najmłodsza osoba) baby; (faworyt) favourite GB, favorite US; **był ~kiem całej rodziny** he was the baby of the family; **przedstawiam państwu naszego ~ka** please meet the baby of the family; **~ek klasy** the baby of the class [2] Sport (drużyna) newcomers pl; **~ek I ligi** newcomers to the First Division

bentos m (G ~u) sgt Biol. benthos

bentosow|y adi. Biol. [flora] benthic

benzen m sgt (G ~u) benzene

benzyn|a f sgt petrol GB, gas(oline) US; **~a bezołowiowa** unleaded petrol; **~a silnikowa** petrol; **~a wysokooktanowa** high-octane petrol; **zatankować ~ę** to fill up (with petrol); **mam bak pełen ~y** my petrol tank is full; **zabrakło mi ~y** I've run out of petrol

❑ **~a apteczna** Chem. solvent naphtha; **~a ekstrakcyjna** Chem. extraction naphtha; **~a etylizowana** Chem. leaded petrol GB, leaded gas US; **~a syntetyczna** Chem. synthetic petrol GB, synthetic gasoline US

benzynow|y adi. [silnik, stacja] petrol attr. GB, gas attr. US; **paliwo ~e** petrol (fuel); **zapalniczka ~a** a petrol lighter

be|ra f zw. pl Bot., Kulin. Beurré (variety of pear)

berbe|ć m pot. toddler, (tiny) tot

berberys m (G ~u) [1] Bot. (krzew) berberis U, barberry [2] (owoc) barberry

❑ **~ zwyczajny** European a. common barberry

berberysow|y adi. [1] [zarośla, żywopłot] barberry attr. [2] [sok, syrop] barberry attr.

berdysz m Hist. battleaxe

berecik m. dem. (small) beret

ber|ek I m pers. (Npl ~ki) it; **~ek!** you're 'it'!

II m inanim. sgt (zabawa) tag U, tig U GB; **bawić się w ~ka** to play tag a. tig

bere|t m (G ~tu) beret; **nosić ~t** to wear a beret; **wełniany ~t** a woollen beret

❑ **czerwone ~ty** pot. ≈ paratroopers; paras pot.; **niebieskie ~ty** pot. the coastguard

berlin|ka f Hist. (powóz) berlin

ber|ło n [1] (królewskie) sceptre GB, scepter US; (rektorskie) staff (of office) [2] książk. (władza) reins of power a. government; **~ło dyrektora artystycznego przeszło w jego ręce** he took over the position of art director; **dzierżyć a. trzymać ~ło** to wield power a. control

bermud|y plt (G ~ów) (spodnie) Bermuda shorts

bermudz|ki adi. Bermudan, Bermudian; **Trójkąt Bermudzki** the Bermuda Triangle; **ożaglowanie ~kie** Bermuda rig

bermyc|a f Wojsk. bearskin

bernar|d m St Bernard (dog)

bernardyn I m pers. Relig. Observant

II m anim. St Bernard (dog)

III bernardyni plt Relig. Observants, Friars Minor of the Observance

bernardyn|ka I f Relig. Observant

II bernardynki plt Relig. Observants

bernardyńs|ki adi. [kościół, klasztor] Observantine; **zakon ~ki** Order of Friars Minor

beryl m (G ~u) [1] sgt Chem. beryllium [2] Miner. beryl U

berylow|y adi. Chem. [związki] beryllium attr.

beskidz|ki adi. Beskid attr.

bess|a f [1] Ekon. fall a. decline in the market [2] książk. (zastój) slump, lull; **~a na rynku sztuki** a slump in the art market

besti|a f (GDGpl ~i) [1] (zwierzę) (wild) beast, wild animal [2] pejor. (okrutnik) animal, brute [3] pot., żart. beast pot., żart.; creature żart.; **sprytna z ciebie ~a** you're such a clever little beast a. creature; **mądra ~a z tego psa!** he's a clever (little) beast, that dog!; **ale się ~a spił!** he's blind drunk, the swine! pot., żart.

bestials|ki adi. pejor. [napad, czyn] bestial pejor.; savage; [zbrodniarz] brutal; **~ki mord** a brutal murder; **po ~ku** brutally; **został po ~ku zamordowany** he was brutally murdered

bestialsko adv. pejor. brutally

bestialstw|o n [1] sgt pejor. (okrucieństwo) bestiality pejor.; brutality; **odznaczał się wyjątkowym ~em** he was exceptionally brutal [2] zw. pl. (brutalny czyn) heinous a. bestial act pejor., act of bestiality pejor.; **~a okupantów** the heinous acts of the invaders

bestsell|er, ~ler m best-seller

bestsell|erowy, ~lerowy adi. best-selling; **~erowa książka** a best-seller

beszamel m sgt (G ~u) Kulin. béchamel a. white sauce; **pod ~em** in béchamel sauce

beszamelow|y adi. béchamel attr.

beszta|ć impf vt pot. to tell [sb] off pot.; **~ć kogoś za coś** to tell sb off for sth; **~ł ją za bałagan** he told her off for making a mess a. about the mess; **~ć pracownika z powodu spóźnienia** to give an employee a dressing-down for being late pot. ⇒ **zbesztać**

be|t I m (G beta a. betu) baby's sleeping bag

II bety plt pot. (pościel) bedclothes; (ciuchy) togs pot.; **leżeć w betach** to lie a. be in bed; **już południe, a ty jeszcze w betach** it's midday and you're still in bed!; **ściągać bety** to take off one's togs

be|ta f beta; **promieniowanie beta** beta radiation

bet|ka f pot. [1] (głupstwo) joke; **to ~ka, nie ma o czym mówić** it's just a joke, think nothing of it; **przy jego pensji moje dochody to ~ka** in comparison to what he earns, my income's a joke [2] (łatwizna) doddle GB pot; nothing; **zdobycie sponsora to ~ka w porównaniu ze skompletowaniem fachowego zespołu** getting a sponsor is nothing a. a doddle compared with assembling a professional team

betlejems|ki adi. Bethlehem attr.; **stajenka ~ka** the stable in Bethlehem; **gwiazda ~ka** the Star of Bethlehem

beton I m pers. sgt pot., pejor. [1] (przeciwnik reform) hardliner, diehard; **nie przekonasz go, to ~** you won't persuade a. convince that hardliner [2] (grupa osób) hardliners pl;

popierał ich partyjny ~ he was supported by the party hardliners a. diehards **Ⅲ** *m inanim.* (*G* **~u**) (materiał budowlany) concrete *U*; **płyty z ~u** concrete panels; **nawierzchnia z ~u** a concrete(d) surface ❑ **~ gipsowy** Budow. ≈ breeze; **~ strunowy** Budow. prestressed concrete; **~ trocinowy** Budow. sawdust concrete; **~ zbrojony** Budow. reinforced concrete

betoniar|ka *f* [1] Techn. concrete mixer, cement mixer [2] pot. (samochód) cement mixer

betoniarz *m* (*Gpl* **~y**) concreter

beton|ować *impf vt* to concrete; (pokrywać betonem) to concrete [sth] over; (osadzać w betonie) to concrete [sth] in

betonow|y *adi.* [*masa, podłoga, schron*] concrete *attr.*; **słup ~y** a concrete pillar a. post

b|ez¹ *m* (*G* **bzu**) common lilac; **krzak bzu** a lilac bush; **bukiet bzu** a bunch of lilac; **zaczął kwitnąć bez** the lilac (has) started to bloom a. blossom ❑ **bez chebd** Bot. dwart (Eurasian) elder, danewort; **czarny bez** Bot. (black) elder; **dziki bez** Bot. elder

bez² **Ⅰ** *praep.* [1] (wyrażające brak) without; **~ kogoś/czegoś** without sb/sth; **~e mnie** without me; **poszedł ~ niej** he went without her; **rozmowa odbyła się ~ świadków** the conversation took place without witnesses; **koszula ~ kieszeni** a shirt without pockets; **sukienka ~ rękawów/pleców** a sleeveless/backless dress; **pantofle ~ pięt** slingback shoes; **~ wysiłku** without (any) effort, effortlessly; **~ końca** endlessly; **~ przerwy** non-stop; **~ smaku** tasteless; **~ żadnej pomocy** without any help, unaided; **zupełnie ~ pieniędzy** without any money at all; **mięso ~ kości** boned meat; **piwo ~ alkoholu** alcohol-free beer, non-alcoholic beer; **sok ~ cukru** sugar-free juice; **pijesz kawę z cukrem czy ~?** do you take your coffee with sugar or without?; **niebo ~ najmniejszej chmurki** a completely cloudless sky; **dzień ~ papierosa** a non-smoking day, a cigarette-free day; **dzień ~ samochodu** a car-free day; **panna ~ posagu** a girl without a dowry; **wszystko odbyło się ~ zakłóceń/opóźnień** everything went without any mishaps/delays; **włóczyli się ~ celu** they wandered around a. about aimlessly; **pracowała ~ wynagrodzenia** she worked without pay; **pozostali ~ środków do życia** they were left with no means of subsistence; **i ~ tego mam niewiele czasu** I don't have much time as it is; „**co u ciebie?**" – „**~ zmian**" 'how are things with you?' - 'same as ever'; **obchodzić** a. **obywać się ~ kogoś/czegoś** to (make) do a. manage without sb/sth; **obejdę się ~ twojej pomocy** I'll manage without your help; **zabójstwo nie może ujść ~ kary** murder cannot go unpunished a. be left unpunished; **~ atu** Gry no trumps; **dwa ~ atu** two no trumps [2] (wyrażające zanieczanie) without; **wejść ~ pukania** to enter without knocking; **odejść ~ pożegnania** to leave without saying goodbye; **wziąć coś ~ pytania** to take something without asking a. permission;

zniosła **rozstanie ~ płaczu** she bore the separation a. parting without tears [3] (wyrażające pomniejszenie, pozbawienie) less, minus; **trzy miesiące ~ dwóch dni** three months less two days; **300 ~ 26** 300 less a. minus 26; **wrócił do domu ~ dwóch zębów z przodu** he came back home minus two front teeth pot.; (**być**) **~ dwóch/trzech** (w grze w brydża) (to be) two/three down [4] (w wyrażeniach wykrzyknikowych) **spokojnie, ~ paniki!** don't panic!, keep calm!; **tylko ~ wygłupów!** pot. no messing (around) though! pot.; **~ dyskusji!** no arguing!; **~ obaw!** definitely!; no problem a. sweat pot.; **~ przesady!** don't exaggerate! **Ⅱ nie bez** not without; **nie ~ talentu/powodu** not without talent/reason; **nie ~ strachu** not without fear; **on sam jest nie ~ winy** he's not without blame himself; **nie ~ znaczenia jest fakt, że...** it is not without significance that...; **nie ~ tego, żeby czasem czegoś nie spsocił** it's not that he never did any mischief **Ⅲ bez-** w wyrazach złożonych **bezbiałkowy** protein-free; **bezczasowy** timeless ■ **~ pracy nie ma kołaczy** przysł. he that would eat the fruit must climb the tree przysł.; **nie ma róży ~ kolców** przysł. there is no rose without a thorn przysł.

bez|a *f* meringue

bezalkoholow|y *adi.* [1] [*piwo, wino, szampan*] alcohol-free; **napoje ~e** soft drinks; non-alcoholic beverages książk. [2] [*dzień, sala*] alcohol-free

bezapelacyjnie *adv.* [*rozstrzygnąć, zwyciężyć*] conclusively, decisively; [*powiedzieć, orzec*] categorically; **to ~ najlepszy uczeń w klasie** he's undoubtedly a. without doubt the best pupil in the class; **polecenia szefa wykonywano ~** the boss's orders were carried out without question a. argument

bezapelacyjn|y *adi.* [1] (niebudzący zastrzeżeń) [*przewaga*] decided, undisputed; **~a wyższość komputera nad maszyną do pisania** the undoubted a. undisputed superiority of the computer over the typewriter; **odniósł ~e zwycięstwo nad przeciwnikiem** he scored a decisive a. an unqualified victory over his opponent [2] (nieodwołalny) **~y wyrok** a sentence without right of appeal; **jego decyzje były ~e** his decisions weren't open to question

bezawaryjnie *adv.* [*pracować, jeździć*] without breakdown, without malfunctioning; **przejechał ~ prawie milion kilometrów** he has driven almost a million kilometres without a single breakdown

bezawaryjn|y *adi.* [*przebieg, praca*] failure-free

bezbarwnie *adv.* [*ubierać się*] plainly, nondescriptly; [*wyglądać*] nondescript *adi.*, grey *adi.*; [*opowiadać*] flatly, uninspiringly; [*uśmiechać się*] blandly, limply; **w tej sukience wygląda tak nieciekawie i ~** she looks drab and uninteresting in that dress; **uśmiechnął się ~** he gave a limp smile; **mówił cicho i ~** he spoke in a quiet, flat voice

bezbarwnoś|ć *f sgt* [1] (bladość) paleness; (przezroczystość) colourlessness GB, colorlessness US [2] przen. blandness, dullness;

irytowała **ją ~ć tego człowieka** the man's insipid nature irritated her

bezbarwn|y *adi.* [1] (przezroczysty) [*lakier, gaz, ciecz*] colourless GB, colorless US; [*pasta do butów*] neutral [2] przen. [*tłum, osoba*] faceless; [*postać*] bland, drab; [*budynek*] nondescript, grey; [*styl, proza*] bland, dull; **mówiła ~ym głosem** she spoke in a flat a. dull voice; **interpretacja mazurka była płaska i ~a** the interpretation of the mazurka was flat and colourless

bezbłędnie *adv.* [1] (poprawnie) [*odpowiadać*] correctly [2] pot. (świetnie) **~ się ubierać** to be a great dresser pot.

bezbłędnoś|ć *f sgt* (poprawność) correctness

bezbłędn|y *adi.* [1] (niezawierający błędów) [*odpowiedź, rozwiązanie, rozumowanie*] correct; **współczesna nauka nie jest ~a** modern science is not infallible [2] pot. (świetny) superb, great; **jest ~ym kierowcą** he's a superb driver; **wykazuje ~y instynkt w interesach** he shows a great feel for business

bezbolesnoś|ć *f sgt* painlessness; **~ć zabiegu** the painlessness a. painless nature of the operation

bezbole|sny *adi.* [*poród, wspomnienia, przemiany*] painless, painfree

bezboleśnie *adv.* painlessly

bezbożnictw|o *n sgt* godlessness

bezbożnie *adv.* książk. [*postąpić*] sinfully, immorally

bezbożni|k *m*, **~ca** *f* przest., pejor. heathen pejor.; godless person

bezbożn|y *adi.* przest. [*książki, słowa*] heathen, godless; **~y postępek** an immoral act; **człowiek ~y** a man/woman without God, a godless man/woman; **nie chciał słuchać ich ~ych rozmów** he didn't want to listen to their godless talk

bezbramkowo *adv.* **mecz zakończył się ~** the match ended in a goalless draw

bezbramkow|y *adi.* [*wynik, remis*] goalless

bezbronnie *adv.* [*wyglądać*] defenceless *adi.* GB, defenseless *adi.* US

bezbronnoś|ć *f sgt* defencelessness GB, defenselessness US

bezbronn|y *adi.* [1] (niemogący się bronić) [*osoba, pisklę, kraj*] defenceless GB, defenseless US [2] (bezradny) [*spojrzenie, wygląd*] helpless

bezbrzeżnie *adv.* książk. utterly

bezbrzeżn|y *adi.* książk. [1] [*morze, przestrzeń*] boundless; **niczego nie widziałam w ~ej ciemności** I could see nothing in the pitch blackness [2] [*radość*] utter, infinite; **~a rozpacz** utter a. infinite despair; **~a miłość** boundless love; **w jej oczach krył się jakiś ~y smutek** there was some sort of immense sadness in her eyes

bezcelowo *adv.* [1] [*chodzić, błąkać się*] aimlessly [2] (daremnie) **podjąć wysiłki ~** to exert oneself to no purpose; **nie jest tak, że działamy ~** it's not (true) that our actions are without effect a. to no purpose a. effect

bezcelowoś|ć *f sgt* [*wysiłków, starań*] fruitlessness, pointlessness

bezcelow|y *adi.* [1] (daremny) [*wysiłki, starania*] fruitless, pointless; **ta dyskusja jest**

~a this discussion is pointless; **twoje prośby są ~e, nigdzie nie pójdziesz** it's pointless asking because you're not going anywhere ② (bez określonego celu) [błądzenie] aimless; **odbyłem długi, ~y spacer** I went on a long, aimless walk

bezcen pot. **za ~** for next to nothing, for a song

bezcenn|y adi. [dzieło sztuki, skarb] priceless; [informacje] invaluable; **to zdjęcie jest dla mnie ~ą pamiątką** this photo is a very special memento to me; **moja sąsiadka to ~e źródło informacji** my neighbour is an invaluable source of information

bezceremonialnie adv. [traktować] unceremoniously; **zachowywać się ~** to behave in a rough-and-ready kind of way

bezceremonialnoś|ć f sgt unceremonious manners a. behaviour; **drażniła ją ~ć ciotki podczas przyjęcia** she was shocked by her aunt's boldness a. forwardness at the party; **ofuknęłam go za taką ~ć** I reprimanded him for such impertinent behaviour

bezceremonialn|y adi. [powitanie, słowa, gest] brusque, unceremonious; **~e zachowanie** rude behaviour; **był dość ~y w swoim zachowaniu** he was rather overfamiliar in his behaviour; **jej ojciec był człowiekiem prostym i ~ym** her father was an unsophisticated, brusque kind of person; **zawsze był dość ~y w stosunku do kobiet** he was always rather forward with women

bezchmurnie adv. cloudlessly; **dzień zapowiada się ~** it looks like a cloudless day (today)

bezchmurnoś|ć f sgt cloudlessness

bezchmurn|y adi. [niebo, lato, dzień] cloudless

bezcłowo adv. duty-free

bezcłow|y adi. [eksport, kontyngent, strefa] duty-free

bezczelnie adv. grad. [dowcipkować, odpowiadać, śmiać się] insolently, impudently; **kłamałem coraz ~j** my lies became more and more blatant

bezczelnoś|ć f sgt insolence, impudence; **to szczyt ~ci** this is the height of insolence a. impudence; **to ~ć mówić takie rzeczy!** it's sheer impudence a. impertinence to say such things!

bezczeln|y adi. grad. [uczeń, list, śmiech] insolent, impudent; **~a odpowiedź** an insolent a. impudent reply; **to ~e kłamstwo** that's a blatant lie

bezcze|ścić impf vt książk. to desecrate; **~ścić czyjąś pamięć** to desecrate a. defile sb's memory; **~ścić cmentarz/kaplicę** to desecrate a cemetery/chapel; **~szczenie grobów** the desecration of graves ⇒ **zbeszcześcić**

bezczynnie adv. [siedzieć, patrzeć] idly; **nie stójże tak ~, zrób herbatę** don't just stand there doing nothing, make some tea; **~ przyglądał się, jak złodziej wyrywa staruszce torebkę** he looked on passively as the thief snatched the old lady's handbag

bezczynnoś|ć f sgt inactivity, idleness; **wymuszona ~ć** forced inactivity a. idleness; **całe życie spędził w ~ci** he spent his whole life doing nothing

bezczynn|y adi. inactive, idle; **~e dni** the days of inactivity a. idleness; **~e siedzenie w domu było dla niej udręką** sitting at home doing nothing was sheer torment for her; **tu nikt nie jest ~y** nobody is idle here

bezdech m sgt (G **~u**) Med. apnea; **~ senny** sleep apnea

bezdennie adv. pejor. [głupi, naiwny] utterly, infinitely; **film był (tak) ~ nudny** the film was (such) a crashing bore pot.

bezdenn|y adi. ① książk. [otchłań, głębia, studnia] bottomless; **~y ocean** the fathomless ocean; **~a pustka** a bottomless void także przen. ② [smutek, głupota] utter, infinite; **~y głupiec** an utter fool; **~a pycha** boundless pride; **ogarnęło go ~e zdumienie** he was utterly astonished

bezdomnoś|ć f sgt homelessness

bezdomn|y Ⅱ adi. ① (niemający gdzie mieszkać) [osoba] homeless ② [zwierzę] stray Ⅲ **bezdomn|y** m, **~a** f zw. pl **~i** the homeless

bezdroż|e n zw. pl (Gpl **~y**) książk. roadless tract, wilderness zw. sg; **sprowadzić kogoś na ~a** to lead sb astray

bezdusznie adv. callously; **urzędniczka potraktowała mnie ~** the official treated me very unsympathetically a. offishly pot.

bezdusznoś|ć f sgt callousness, heartlessness; **wśród ludzi widać coraz więcej okrucieństwa i ~ci** people are becoming increasingly cruel and unfeeling

bezduszn|y adi. ① (bezwzględny) [biurokrata] heartless, callous; [twarz, przepisy] impersonal ② (szablonowy) [pisarstwo, spektakl] soulless, lifeless; [naśladownictwo] blind; **gra aktorów była ~a i sztuczna** the acting was wooden and artificial

bezdyskusyjnie adv. (bez sprzeciwu) [zgodzić się] unquestioningly; (z całą pewnością) unquestionably

bezdyskusyjn|y adi. unquestioned, unquestionable

bezdzietnie adv. [umrzeć] childless adi.

bezdzietnoś|ć f sgt childlessness

bezdzietn|y adi. [kobieta, małżeństwo] childless

bezdźwięcznie adv. ① książk. silently, soundlessly; **winda ruszyła ~ do góry** the lift moved silently upwards; **drzwi zamknęły się ~** the door closed silently a. without a sound ② Jęz. [wymawiać] without voice

bezdźwięcznoś|ć f sgt Jęz. voicelessness

bezdźwięczn|y adi. ① książk. [głos, szept, kaszel] muffled; **~y płacz/śmiech/krzyk** silent crying/a silent laugh/a silent a. voiceless scream ② Jęz. [głoski, spółgłoski] voiceless

bezeceństw|o n przest., pejor. ① sgt (nikczemność) heinousness książk., iniquity C/U książk. ② zw. pl (haniebny czyn) ③ zw. pl (nieprzyzwoita wypowiedź) obscenity zw. pl

bezecnie adv. grad. ① (nieprzyzwoicie) [zachowywać się, postąpić] shamefully, disgracefully; **uśmiechnął się do niej ~** he leered at her; **wykorzystał ~ tę biedną dziewczynę** he used the poor girl for his own vile purposes; **postąpił wobec niej ~** he treated her disgracefully a. outrageously ② przest. (bez czci) dishonourably

bezecn|y adi. grad. [czyn, postępek] shameful, disgraceful; [język] disgraceful, obscene; **~e zabawy/postępki** lascivious games/indecent acts

bezgłow|y adi. [manekin, potwór, śrubka] headless

bezglutenow|y adi. [chleb, mąka, dieta] gluten-free

bezgłos m sgt (G **~u**) Med. aphonia

bezgłos|y adi. [stworzenie, zwierzę, istota] mute

bezgłośnie adv. [stąpać, poruszać się, skradać się] silently, noiselessly

bezgłośn|y adi. [ruch warg, płacz, stąpanie] silent

bezgorączkowo adv. Med. [przebiegać] without a temperature a. fever

bezgorączkow|y adi. Med. [przebieg choroby, stadium choroby, grypa] feverless

bezgotówkowo adv. [płacić, dokonać płatności] without cash

bezgotówkow|y adi. [transakcja, kredyt] cashless

bezgranicznie adv. [ufać, wierzyć] totally, implicitly; [kochać] unconditionally; **~ głupi** incredibly stupid; **zaufała mu ~** she trusted him completely a. unconditionally

bezgraniczn|y adi. książk. ① (rozległy) [step, pustynia, ocean] endless, boundless; **jezioro wydawało się ~e** the lake seemed boundless a. to have no end ② (całkowity) [zaufanie] utter, boundless; **~e zmęczenie** utter exhaustion; **~a cześć** unbounded respect; **~y dureń** a complete and utter jerk pot., an absolute git GB pot.; **jesteś ~ym głupcem** you're an utter a. downright fool; **ich głupota jest ~a** their stupidity knows no limits; **jego lenistwo było ~e** his laziness knew no bounds; **jej przywiązanie do starej matki było ~e** she was utterly attached to her old mother

bezgrzesznie adv. książk. without sin, sinlessly; **święty żył i umarł ~** the saint lived and died without sin

bezgrzesznoś|ć f książk. sgt sinlessness

bezgrzeszn|y adi. książk. sinless, pure; **~e myśli/uczucia/marzenia** innocent thoughts/feelings/dreams; **~e lata** the innocent years

bezguści|e n sgt pot., pejor. ① (brak gustu) bad taste; **dać dowód ~a** to show (evidence of) one's lack of taste; **spójrz na jej kreację – co za kompletne ~e!** look at her outfit – what unbelievably bad taste! ② (szmira) rubbish; **ta wystawa to zupełne ~e** this exhibition is total rubbish

bezgwiezdn|y adi. [niebo, noc] starless

bezhołowi|e n sgt pot. bedlam; **wszędzie szerzy się ~e** chaos is spreading everywhere; **ktoś powinien zapanować nad tym ~em** somebody should take charge of this mess

bezideow|iec /bezide'ovjets/ m (Npl **~cy**) person devoid of values

bezideowoś|ć /bezide'ovostɕ/ n sgt (sztuki, twórczości) lack of values a. direction

bezideow|y /bezide'ovɨ/ adi. [literatura, środowisko, ludzie] devoid of values a. ideals

bezik m (A **~a**) Gry (gra w karty) bezique

bezimiennie /bezi'mjennɛ/ adv. anonymously; **pochowano go ~** he was buried in a nameless grave

B

bezimienn|y /bezi'mjennı/ *adi.* [*żołnierz, bohater*] unknown; [*datek, broszura*] anonymous; ~**a mogiła** a nameless a. an unknown grave; ~**y utwór** an anonymous work; **kronikę napisał ~y mnich** the chronicle was written by an unknown monk; **jego wzrok prześlizgiwał się po ~ym tłumie** his glance ran over the faceless crowd

bezinteresownie /bezintere'sovɲe/ *adv.* [*pomagać*] selflessly

bezinteresowność /bezintere'sovnoctɕ/ *f sgt* disinterestedness; **był człowiekiem wielkiego serca i ~ci** he was a man of great generosity of spirit and altruism; **kierował się w życiu ~cią i uczciwością** he was guided in life by selflessness and honesty

bezinteresown|y /bezintere'sovnı/ *adi.* [*osoba*] unselfish; [*uczucie, parada*] disinterested; [*pomoc, przyjaźń*] selfless

bezkarnie *adv.* with impunity; **przestępcy mogą teraz działać zupełnie ~** nowadays criminals can act with impunity a. do just as they please; **myślał, że mu to ujdzie ~** he thought he'd get off scot-free; **nie ujdzie ci to ~!** you won't get away with it!

bezkarność *f sgt* impunity

bezkarn|y *adi.* [*występek, chuligan*] unpunished; ~**a zbrodnia/zuchwałość** an unpunished crime/audacious a. brazen impudence; **jak to się dzieje, że chuligani są ~i?** how is it that hooligans go unpunished?; **przecież teraz przestępcy są ~i** after all, criminals (seem to) get off scot-free nowadays

bezklasowość *f sgt* classlessness

bezklasow|y *adi.* [*społeczeństwo, osoba*] classless

bezkolizyjnie *adv.* [*krzyżować się*] at different levels

bezkolizyjnoś|ć *f sgt* ~**ć ruchu samochodowego** traffic separation

bezkolizyjn|y *adi.* [*skrzyżowanie*] grade-separated; [*ruch uliczny*] separated

bezkompromisowo *adv.* uncompromisingly; ~ **rozprawiał się z wrogami** he dealt ruthlessly with his enemies; ~ **walczyli z korupcją** they were uncompromising in their fight against corruption; **zawsze postępował uczciwie i ~** he was always honest and uncompromising in his actions

bezkompromisowoś|ć *f sgt* uncompromising nature; uncompromisingness rzad.

bezkompromisow|y *adi.* [*osoba, krytyka*] uncompromising; **wszystkie jego decyzje były ~e** he was (absolutely) uncompromising in his decisions; **szanował jej ~ą postawę** he respected her uncompromising stance; ~**a walka** an all-out fight/struggle

bezkonfliktowo *adv.* [*współżyć*] peacefully; **ich współpraca przebiegała ~** they worked together without disagreements

bezkonfliktow|y *adi.* [*stosunki, osoba*] peaceful

bezkonkurencyjnie *adv.* peerlessly, in an unrivalled fashion; **pianistka grała ~** the pianist's playing was peerless

bezkonkurencyjn|y *adi.* [*zawodnik, produkt, wyrób*] unrivalled; **młoda skrzypacz-**

ka była ~a the young violinist was in a class of her own

bez kozery książk. **nie ~** not without reason

bezkres *m* (*G* ~**u**) książk. boundlessness *U*

bezkresn|y *adi.* książk. [*ocean, puszcza*] boundless, endless

bezkręgow|iec *m* Zool. invertebrate

bezkrólewi|e *n sgt* interregnum; **w kraju panuje ~e** przen. there's a power a. political vacuum in the country

bezkrwawo *adv.* [*odbywać się, przeprowadzać*] bloodlessly

bezkrwaw|y *adi.* [*rewolucja, walka, ofiara*] bloodless; ~**e łowy** przen. wildlife photography

bezkrytycznie *adv.* [*akceptować, uznawać*] uncritically, unquestioningly; **wielbić kogoś ~** to worship sb uncritically; ~ **wierzył we wszystko, co mu mówiła matka** he unquestioningly believed everything his mother told him; ~ **stosował się do zaleceń mody** he slavishly followed the dictates of fashion; **nie przyjmuj wszystkiego ~** don't take everything at face value

bezkrytycznoś|ć *f sgt* lack of criticism; ~**ć wiary/przekonań/sądu** blindness of faith/the blindness of sb's convictions/blindness of judgement; **denerwowała go jej kompletna ~ć** he found her uncritical acceptance of everything intensely irritating

bezkrytyczn|y *adi.* [*czytelnik, widz*] uncritical, unquestioning; [*miłość, uwielbienie*] blind

bezksiężycow|y *adi.* [*noc*] moonless

bezkształtnie *adv.* (nieforemnie) [*rysować się, przedstawiać się*] indistinctly, vaguely; [*wyglądać*] indistinct *adi.*, vague *adi.*

bezkształtnoś|ć *f sgt* [1] (niewyraźność kształtów) shapelessness, formlessness [2] (nieuchwytność, brak sprecyzowania) vagueness

bezkształtn|y *adi.* [1] (nieforemny, niekształtny) [*postać, nos, szczyt*] shapeless [2] przen. (trudno uchwytny) [*myśl, pragnienie, protest*] vague

bezleśn|y *adi.* [*krajobraz, obszar, równina*] woodless

bez liku książk. countless, innumerable; **kłopotów miał ~** he had endless problems a. no end of problems; **ochotników/problemów było ~** there were countless volunteers/problems; volunteers/problems were legion książk.

bezlito|sny *adi.* [*sędzia, kara, los*] merciless; ~**sny uśmiech** a cruel a. merciless grin

bezlistn|y *adi.* [*drzewo, krzew, gałąź*] leafless

bezlitośnie *adv.* mercilessly; ~ **wyśmiała jego miłość** she laughed scornfully at his love; **los obszedł się z nimi ~** fate dealt harshly with them

bezludnie *adv.* [*wyglądać*] uninhabited *adi.*; **o świcie w centrum jest całkowicie ~** the town centre is completely deserted at dawn

bezludn|y *adi.* [*ulica, teren, wyspa*] deserted

bezludzi|e *n* deserted spot, wilderness; **zamieszkał na kompletnym ~u** he lived at the back of beyond

bezła|d *m sgt* (*G* ~**du**) chaos; ~**d myślowy** disorganized thinking; **w mieszkaniu panował ~d** the flat was in a state of

disorder; **na stole leżały rzucone w ~dzie książki** a pile of books had been slung untidily on the table; **po przegranej bitwie wojsko uciekło w ~dzie** following the defeat the army fled in disarray

bezładnie *adv.* grad. [*mówić, opowiadać*] chaotically, disjointedly; **ludzie rzucili się ~ do wyjścia** people made a disorderly rush for the exit

bezładn|y *adi.* chaotic, disorganized; ~**e myśli** disorganized a. muddled thoughts; ~**e krzyki** confused shouts; ~**e rozmowy** disjointed conversations; **wybuchła ~a strzelanina** isolated firing broke out; **szli ~ą grupą** they walked along in a ragged a. an untidy group

bezmia|r *m* (*G* ~**ru**) książk. [1] (przestrzeń) vast expanse; ~**r nieba/pustyni/oceanu** the vastness a. boundlessness of the sky/desert/ocean [2] przen. ~**r frustracji/rozpaczy/okrucieństwa** a sea of frustration/despair/cruelty; ~**r pogardy** infinite contempt

bezmiernie *adv.* książk. immensely; **patrzył na nią ~ zdumiony** he looked at her in complete astonishment; **zapadło ~ kłopotliwe milczenie** an excruciatingly awkward silence fell

bezmiern|y *adi.* książk. [*bogactwo, przestrzeń*] immense, vast; [*radość, rozpacz*] immense, boundless; **stali zupełnie sami pośrodku ~ej plaży** they stood totally alone in the middle of the vast beach

bezmię|sny *adi.* [*danie, potrawa, dieta*] meatless, meat-free; **dzień ~sny** a fast day, a meat-free day

bezmocz *m sgt* (*G* ~**u**) Med. [1] (niewytwarzanie, niewydalanie moczu) anuria [2] (brak moczu w pęcherzu) anuresis

bezmyślnie *adv.* [*gapić się*] vacantly, vacuously; [*zrobić coś*] unthinkingly; **zabrał ołówek zupełnie ~** he took the pencil absent-mindedly a. without thinking

bezmyślnoś|ć *f sgt* mindlessness; **zrobił to przez ~ć** he did it without thinking (about it)

bezmyśln|y *adi.* pejor. [*utwór, twórczość*] mindless pejor.; vacuous książk., pejor.; [*naśladownictwo*] slavish pejor.; [*slogany*] empty; vacuous książk., pejor.; ~**e postępowanie** mindless a. senseless behaviour; ~**y wzrok/wyraz twarzy** a vacant glance/a vacant a. blank expression (on sb's face); **ten chłopak jest zupełnie ~y** that boy just doesn't think

beznadziej|a *f sgt* [1] (brak nadziei) despair, hopelessness; **poddać się ~i** to give in to despair; **panowała ogólna ~ja** pot. there was a general feeling of hopelessness; **byłem w tych slumsach; ale tam ~ja** pot. I went to those slums: it's really awful a. desperate there [2] pot. (lichota) tripe pot.; crap posp.; **byłem na tym nowym filmie, ale ~ja!** I went to that new film – God, it was hopeless a. crap!

beznadziejnie *adv.* grad. hopelessly, terribly; **egzamin poszedł mi ~** the exam went terribly; **była ~ chora** she had no hope of recovery; **kochał ją ~** he loved her without hope

beznadziejnoś|ć *f sgt* hopelessness

beznadziejn|y *adi.* hopeless, awful; **moja praca jest ~a** my job's hopeless a. awful; **~a pogoda** awful weather; **~a rozpacz/tęsknota** terrible a. awful despair/longing; **sytuacja jest ~a** it's a hopeless situation

beznamiętnie *adv. [patrzeć, przyglądać się]* dispassionately; **słuchała jego skarg ~** she listened without emotion to his complaints; **opowiadała ~ o swoim ciężkim życiu** she spoke without emotion a. dispassionately about her hard life

beznamiętn|y *adi. [charakter, gracze]* unemotional; **~y ton** a detached a. an unemotional (tone of) voice; **~y wyraz twarzy** an impassive a. a detached expression

bezno|gi *adi. [osoba, jaszczurka, stolik]* legless

bezobjawowo *adv.* Med. *[przebiegać]* without symptoms, asymptomatically

bezobjawow|y *adi.* Med. *[zakażenie, kiła, wrzody]* asymptomatic

bez ochyby przest. for sure, doubtless

bezodrzutow|y *adi.* Wojsk. *[broń, działo]* recoilless

bezokolicznik *m* Jęz. infinitive; **czasownik w ~u** a verb in the infinitive; **jak brzmi ~ tego czasownika?** what's the infinitive of this verb?; **pełna postać ~a** the full form of the infinitive

bezokolicznikow|y *adi.* Jęz. infinitive *attr.* **~a forma** a. **postać czasownika** the infinitive form of a verb; **konstrukcje ~e** infinitive constructions

bezołowiow|y *adi. [benzyna]* unleaded, lead-free

bezosobnik *m* Jęz. impersonal verb form

bezosobowo *adv.* impersonally, indirectly; **czemu mówiłeś do niego ~?** why were you talking to him so impersonally?; **lekceważy go i traktuje ~** he ignores him and treats him impersonally; **zwracać się do kogoś ~** to address sb through the use of impersonal forms a. indirectly

bezosobow|y *adi.* [1] *[krytyka]* impersonal; **suchy, ~y raport** a dry, impersonal report [2] Jęz. impersonal; **~a forma czasownika** an impersonal verb form; **konstrukcja ~a** an impersonal construction

bezowocnie *adv.* książk. fruitlessly; **trudzić się ~** to toil in vain; **~ szukał odpowiedzi na to pytanie** he sought in vain for an answer to the question

bezowocnoś|ć *f sgt* książk. fruitlessness, futility; **poddał się, widząc ~ć swoich wysiłków** seeing the futility of his efforts, he gave up

bezowocn|y *adi.* książk. fruitless, futile; **poszukiwania okazały się ~e** the search turned out to be fruitless; **nie mamy czasu na ~e eksperymenty** we don't have time for futile experiments

bezow|y *adi* meringue; **tort ~y** a meringue gateau a. pie

bezpańs|ki *adi.* ownerless; **~ki pies** a stray dog; **~kie dobra** ownerless goods; **~kie pole** a field not owned by anyone

bezpaństwow|iec *m* stateless person

bezpaństwowoś|ć *f sgt* statelessness

bezpaństwow|y *adi.* stateless

bezpardonowo *adv.* ruthlessly; **walczyć ~** to fight dirty a. rough; **~ wyśmiano sztukę** the play was mercilessly jeered

bezpardonowoś|ć *f sgt* ruthlessness; **~ć tej krytyki** the harshness of the criticism

bezpardonow|y *adi. [osoba, postawa]* ruthless, uncompromising; *[walka]* fierce, merciless; **pojedynek był zacięty i ~y** it was a vicious fight with no holds barred

bezpartyjn|y [] *adi.* (nienależący do żadnej partii) non-party, politically non-aligned; (nienależący do partii komunistycznej) non-Party *attr.*; **lepiej mu w roli ~ego lewicowca** he feels a lot better as an independent left-winger

[] **bezpartyjn|y** *m*, **~a** *f* (nienależący do żadnej partii) independent; (nienależący do partii komunistycznej) non-Party member

bezpestkow|y *adi. [winogrona, mandarynki]* seedless

bezpieczeństw|o *n sgt* [1] (brak zagrożenia) safety, security; **~o narodowe** national security; **~o publiczne** public safety; **poczucie ~a** (sense of) security; **środki ~a** security measures; **~o na drogach** road safety; **zapewnić ~o** to ensure a. provide security; **zapewnić dzieciom ~o** to give children security; **czuwać nad czyimś ~em** to watch over sb's safety; **zadaniem armii jest dbałość o ~o kraju** the army's task is to ensure national security; **zadaniem policji jest troska o ~o obywateli** the police's task is to ensure public safety [2] Polit. **aparat** a. **służba ~a** security service; **siły ~a** security forces; **przedstawiciel organów ~a** a member of the security services; **za PRL-u pracował w służbie ~a** under the Communists he worked for the secret police

❏ **stróż ~a** pot. a guardian of the law; **~o i higiena pracy** ≈ industrial safety

bezpiecznia|k *m* pot., pejor. secret police agent

bezpiecznie *adv.* grad. safely; **muszą ~ przedostać się za granicę** they must get across the border safely; **tu jest/tu nie jest ~** it's safe/not safe here; **nie czuliśmy się w górach ~** we didn't feel safe in the mountains

bezpiecznik *m* [1] Elektr. fuse, cut-out; **~ automatyczny** an automatic cut-out; **~ topikowy** a fuse; **wkręcić ~** to screw in a fuse; **zmienić ~** to change a fuse; **przepalił się ~** a fuse has blown [2] Sport safety binding [3] Wojsk. safety catch [4] Techn. (zawór bezpieczeństwa) safety valve

bezpiecznikow|y *adi.* [1] Elektr. **skrzynka ~a** a fuse box a. board; **gniazdko ~e** a fused socket [2] Sport **wiązania ~e** safety (ski) bindings

bezpieczn|y *adi.* grad. [1] (niezagrożony) safe, secure; **nie bój się, jesteś tu ~y** don't be afraid, you're safe here; **czuję się przy nim ~a** I feel safe with him, he makes me feel secure; **granica nie jest ~a** the border isn't secure [2] (niezagrażający) safe; **~a ulica/odległość** a safe street/distance; **~e schronienie** a safe shelter; **~y dla dziecka** safe for children; **~y dla środowiska** environment-friendly; **~y seks** safe sex; **złoto jest ~ą lokatą kapitału** gold is a secure capital investment

bezpie|ka *f sgt* pot., pejor. the secret police in former Communist countries

bezplanowo *adv. [pracować, działać]* in a disorganized way a. fashion, chaotically

bezplanowoś|ć *f sgt* lack of planning

bezplanow|y *adi. [gospodarka, zabudowa]* unplanned

bezpłatnie *adv.* free (of charge), gratis; **nasz katalog prześlemy państwu ~** we'll send you a free copy of our catalogue; **niektórzy nauczyciele dają korepetycje ~** some teachers give individual tuition for free pot. a. without charge; **~ oferować poradę prawną** to offer free legal advice

bezpłatn|y *adi.* free (of charge); **~a porada lekarska** free medical advice; **~y przejazd** a free ride; **~y bilet** a free a. complimentary ticket; **udało mi się dostać kilka ~ych biletów** I managed to get a few tickets for free pot.; **~y dodatek do gazety codziennej** a free supplement to a daily paper; **dodatek do tej gazety jest ~y** the paper's supplement comes free (of charge); **urlop ~y** unpaid leave

bezpłciowo *adv.* [1] *[rozmnażać się]* asexually [2] *[wyglądać]* nondescript *adi.*, bland *adi.*

bezpłciowoś|ć *f sgt* [1] (brak płci) asexuality [2] (brak cech wyróżniających) blandness

bezpłciow|y *adi.* [1] Zool. (niemający płci) *[mrówka, pokolenie]* asexual, neuter [2] pot. (niewyróżniający się) *[facet, babka, rozmowa]* nondescript, bland

bezpłodnie *adv. [spędzać czas]* fruitlessly, unfruitfully

bezpłodnoś|ć *f sgt* [1] Med. infertility, sterility [2] przen. fruitlessness, futility

bezpłodn|y *adi.* [1] Med., Wet. (niezdolny do rozrodu) *[mężczyzna, kobieta, osobnik]* infertile, sterile [2] (niewydający owoców) *[krzew, roślina]* fruitless; *[ziemia]* barren [3] (niedający wyników) *[spory, dyskusja]* fruitless

bezpodstawnie *adv. [aresztować, oskarżyć]* wrongfully; **mojego klienta oskarżono ~** my client was wrongfully accused a. accused without evidence; **założenia ~ optymistyczne** groundlessly optimistic assumptions

bezpodstawnoś|ć *f sgt* groundlessness, baselessness; **~ć oskarżenia** the groundlessness of the charge

bezpodstawn|y *adi. [pretensje, zarzuty]* groundless, baseless; *[przesłanka, twierdzenie]* unsubstantiated, unsupported; *[działanie, pytanie]* unreasonable, unjustified; **~e wzbogacenie** Prawo unjust enrichment

bezpośredni *adi.* [1] (dotyczący wprost) direct; **~ kontakt** a direct contact; **mieć ~ związek z czymś** to be directly linked with sth; **brać w czymś ~ udział** to be directly a. actively involved in sth; **materiał tej książki opiera się na źródłach ~ch** the contents of the book are based on first-hand sources [2] (najbliższy) *[otoczenie, sąsiedztwo]* immediate; **Niemcy są ~m sąsiadem Polski** Germany is one of Poland's immediate neighbours; **był jej ~m zwierzchnikiem** he was her immediate superior [3] (szczery) direct, open; **w kontaktach była ~a** she was direct in dealings with other people; **poezja musi być czytelna i ~a** poetry must be clear and direct

B

❑ ~**e połączenie** Transp. direct link a. connection; Telekom. direct dialling a. comection; **demokracja** ~**a** Polit. direct democracy; **głosowanie** ~**e** Polit. direct vote a. voting

bezpośrednio adv. ① (wprost, osobiście) [stykać się, kierować] directly; **wtedy zetknął się z nimi** ~ he then came into direct contact with them; ~ **kierował organizacją** he was directly in charge of the organization; **malować** ~ **z natury** to paint directly from nature ② (blisko) directly, immediately; **siedziała** ~ **za mną** she was sitting directly a. immediately behind me; **las zaczynał się** ~ **za polem** the forest began directly beyond the field ③ (zaraz, natychmiast) directly, immediately; ~ **po wojnie** directly a. immediately after the war

bezpośrednioś|ć f sgt directness (of manner); **urzekła go jej** ~**ć** he was charmed by her straightforward manner; ~**ć gospodarza czasem krępowała gości** the host's directness sometimes embarrassed his guests

bezpotomnie adv. [umrzeć] heirless adi.
bezpotomn|y adi. heirless
bezpowrotnie adv. książk. irretrievably, irrevocably; ~ **utracona szansa/możliwość** an irretrievably lost chance/opportunity; **dawne czasy minęły** ~ the old days are gone for ever; **myślał, że stracił ją** ~ he thought he had lost her for ever
bezpowrotn|y adi. książk. ① (miniony) [chwile] irretrievable książk.; **te czasy to** ~**a przeszłość** those days are gone for ever ② (nie do wynagrodzenia) irretrievable książk.; **nie mógł przeboleć tej** ~**ej straty** he couldn't get over this irreparable loss

bezprawi|e n sgt ① (anarchia) anarchy ② (czyn sprzeczny z prawem) infringement ③ (niesprawiedliwa sytuacja) travesty of justice
bezprawnie adv. illegally
bezprawnoś|ć f sgt unlawfulness, illegality
bezprawn|y adi. unlawful, illegal
bezprecedensowo adv. unprecedentedly; **w** ~ **szybkim czasie** in an unprecedentedly short period a. space of time
bezprecedensowoś|ć f sgt lack of precedent; ~**ć sytuacji/zjawiska** the unprecedented nature a. novelty of the situation/phenomenon; **sąd był przekonany o** ~**ci tego przypadku** the court was convinced that the case had no precedent a. was unprecedented
bezprecedensow|y adi. unprecedented, without precedent; ~**a sytuacja** an unprecedented situation; ~**a decyzja władz miasta** an unprecedented decision by the city authorities; **ta sprawa jest** ~**a i prawnicy są bezradni** the case is without precedent and the lawyers are at a loss
bezpretensjonalnie adv. unpretentiously, unassumingly; **ubierała się prosto i** ~ she used to wear simple, unpretentious clothes; **zachowywał się** ~ he acted unpretentiously a. unaffectedly
bezpretensjonalnoś|ć f sgt unpretentiousness; **jej** ~**ć była ujmująca** her unpretentiousness was charming

bezpretensjonaln|y adi. [zachowanie, ubiór] unpretentious, unassuming; ~**a suknia** an unpretentious dress; ~**y gust** simple good taste; **spodobał nam się jej** ~**y styl** we liked her unpretentious style
bezproblemowo adi. easily, without problems a. difficulty; **wszystko traktuje** ~ s/he treats everything lightly a. doesn't make a problem out of anything; **załatwi ci to** ~ **i tanio** s/he'll fix it for you cheaply and without any problems
bezproblemowoś|ć f sgt ① pejor. (banalność) banality, triviality; ~**ć filmu/książki** the triviality of a film/book ② pejor. (beztroska) casualness, carefree manner a. attitude; ~**ć młodzieży** the carefree attitude of young people
bezproblemow|y adi. ① [osoba] easygoing, carefree; **oni to mają** ~**e życie!** they've got it easy a. made! pot.; **szef jest** ~**y i nie będzie robił ci przeszkód** the boss is easy-going, he won't make things difficult for you ② (banalny) banal, trivial; **tomik płytkich i** ~**ych opowiastek** a small volume of shallow, banal stories
bezproduktywnie adv. książk. (bez efektów) unproductively, unprofitably; (bezczynnie) idly; **spędzać czas wolny** ~ to spend one's free time unproductively; ~ **tracić czas** to waste one's time; **maszyny stoją** ~ the machines stand idle
bezproduktywn|y adi. książk. unproductive, unprofitable; ~**e wysiłki** fruitless a. vain efforts; ~**a strata czasu** an unproductive waste of time
bezpruderyjnoś|ć f sgt ① (otwartość) lack of prudishness a. prudery, (sexually) liberated attitude ② euf. (sexual) immodesty; (sexual) wantonness przest., pejor.
bezpruderyjn|y adi. ① (otwarty) sexually liberated, (sexually) broad-minded ② euf. immodest; loose przest., pejor., wanton przest., pejor.
bezprzedmiotowo adv. książk. without reason, for no reason; **sprzeczali się** ~ they were arguing for no reason
bezprzedmiotowoś|ć f sgt pointlessness; ~**ć rozmowy/sporu** the pointlessness of the discussion/dispute
bezprzedmiotow|y adi. książk. [rozmowa, spór] pointless; ~**a dyskusja** a pointless discussion
bezprzewodow|y adi. [telefon, wyłącznik, czajnik] cordless
bezprzykładnie adv. książk. [mądry, pracowity, zuchwały] exceptionally, outstandingly; **był człowiekiem** ~ **uczciwym** he was an outstandingly honest man
bezprzykładn|y adi. książk. exceptional, outstanding; **odznaczają się** ~**ą ofiarnością** they're exceptionally dedicated; **cerkiew została poddana** ~**ym prześladowaniom** the Orthodox Church suffered unparalleled persecution
bezradnie adv. helplessly; **stał uśmiechając się** ~ he stood there smiling helplessly
bezradnoś|ć f sgt helplessness; **dziecięca/starcza** ~**ć** a child's/an old person's helplessness; **poczucie** ~**ci** a sense of helplessness

bezradn|y adi. ① [dziecko, starzec] helpless; **kobiety są zwykle** ~**e wobec przemocy** women are usually helpless in the face of violence ② [uśmiech] helpless, hopeless; **zdobył się jedynie na** ~**y gest** a gesture of helplessness was all he could manage
bezrdzenn|y adi. non-medullated, non-myelinated
bezrękawnik m ① (sukienka) sleeveless dress; (zakładana na inne ubranie) pinafore (dress) ② (kamizelka) sleeveless cardigan; (ocieplana) body warmer
bezrę|ki adi. (bez ramienia) armless; (bez dłoni) handless
bezroboci|e n sgt unemployment; **masowe/płynne/regionalne** ~**e** mass(ive)/frictional/regional unemployment; **strukturalne/ukryte** ~**e** structural/hidden unemployment; **rosnące/spadające/wysokie/niskie** ~**e** mounting a. rising/falling/high/low unemployment; **wzrost/spadek** ~**a** a rise/fall in unemployment; **poziom/zjawisko** ~**a** the level/phenomenon of unemployment; **wyeliminować/zmniejszać** ~**e** to eliminate/reduce unemployment; **zagrożenie** ~**em** a threat of unemployment; **wskaźnik** ~**a** the unemployment rate; **wskaźnik** ~**a wynosi około 11%** the unemployment rate stands at about 11 per cent; **firmie grozi plajta, jej pracownikom** ~**e** the company is going broke and its workers are threatened with unemployment
bezrobotn|y ▯ adi. [urzędnik, robotnik, kobieta] unemployed, jobless
▯▯ **bezrobotn|y** m, ~**a** f unemployed person; ~**i** the unemployed; **zasiłek dla** ~**ych** unemployment benefit; ~**i rejestrują się w urzędzie pracy** the unemployed sign on at the jobcentre
bezroln|y ▯ adi. [chłop, służba folwarczna] landless
▯▯ m landless peasant
bezrozumnie adv. (bezsensownie) unreasonably, irrationally; (tępo) vacantly, stupidly; **postępujesz** ~ you're behaving unreasonably; **patrzył na mnie** ~ he gazed at me vacantly
bezrozumn|y adi. ① (pozbawiony inteligencji) irrational; ~**y tłum** an unthinking crowd; **mówią, że zwierzęta są** ~**e** animals are said to be unreasoning ② (nielogiczny, szalony) [postępek, pragnienie, strach] irrational, senseless; ~**y lęk** an irrational fear; **nie mogłem pojąć tego** ~**ego okrucieństwa** I couldn't comprehend this senseless cruelty
bezruch m sgt (G ~**u**) ① (brak ruchu) stillness; **zastygnąć w** ~**u** to freeze in one's tracks; **zmącić** ~ **wody/popołudniowej sjesty** to break the stillness of the water/afternoon siesta ② (zastój) slump, lull; **letni** ~ **na rynku** a summer slump a. lull in the market
bezrybi|e n sgt lack of fish
■ **na** ~**u i rak ryba** przysł. beggars can't be choosers przysł., half a loaf is better than no bread przysł.
bezsennoś|ć f sgt Med. sleeplessness; (chroniczna) insomnia; **skarżyła się lekarzowi na** ~**ć** she complained to the doctor of

sleeplessness; **dokucza mi ~ć** I suffer from insomnia

bezsenn|y _adi._ _[noc, podróż]_ sleepless; **zmęczony po ~ej nocy w pociągu** tired after a sleepless night on a train

bezsens _m_ (_G_ ~u) ▯1 (_czynu, postępowania, sytuacji_) senselessness, absurdity; **to, co zrobiłeś wczoraj, było szczytem ~u** what you did yesterday was absolutely absurd; **zastanawiał się nad ~em życia** he was wondering about the pointlessness a. meaninglessness of life ▯2 (_brednie_) nonsense; **dłużej nie będę słuchał tych ~ów** I'm not going to listen to this nonsense any longer

bezsensownie _adv._ _grad._ _[odpowiedzieć, postąpić]_ nonsensically; **zachować się ~** to behave irrationally a. idiotically pot.; **~ niszczyć coś** to want only destroy something; **powiedzieć coś ~** to say something idiotic a. meaningless

bezsensowność|ć _f_ _sgt_ ▯1 (_bezcelowość_) pointlessness, senselessness; **~ć takiego protestu** the pointlessness of such a protest; **~ć nadziei** the pointlessness a. futility of hoping ▯2 (_brak znaczenia_) **~ć wypowiedzi** the meaninglessness of a statement

bezsensown|y _adi._ _grad._ _[pomysł]_ pointless, absurd; _[zachowanie]_ nonsensical, senseless; **trudno o bardziej ~y komentarz** it would be difficult to imagine a more senseless commentary; **~e włóczenie się po ulicach** wandering a. roaming the streets aimlessly; **~e myśli** nonsensical a. meaningless thoughts; **~e pytania** nonsensical a. pointless questions

bezsilnie _adv._ ▯1 (_bezradnie_) _[płakać, uśmiechać się]_ helplessly a. impotently; **~ patrzeć na czyjąś krzywdę** to look on helplessly. impotently while sb is wronged; **~ zaciskać pięści** to clench one's fists helplessly ▯2 (_bezwładnie_) _[osunąć się]_ weakly, limply; **~ oparł się o ścianę** he leaned weakly against the wall; **~ opadła na fotel** she slumped limply into an armchair

bezsilnikow|y _adi._ _[statek, pojazd, lot]_ engineless, motorless

bezsilność|ć _f_ _sgt_ ▯1 (_bezradność_) helplessness, impotence; **poczucie ~ci** a sense of helplessness a. impotence ▯2 (_brak wpływu_) powerlessness, impotence; **~ć policji wobec handlarzy narkotykami** the powerlessness of the police against drug dealers

bezsiln|y _adi._ ▯1 (_bezradny_) _[osoba, złość]_ helpless, impotent; _[władza]_ powerless; **był ~y wobec jej uporu** he was helpless against her obstinacy; **wezbrał w nim ~y gniew** a helpless rage welled up inside him; **w konflikcie z wielką sztuką cenzura jest ~a** in a confrontation with great art, the censors are powerless ▯2 (_słaby_) weak, limp

bezskrzydł|y _adi._ wingless; apterous spec.

bezskutecznie _adv._ without success, in vain; **~ dobijać się do drzwi** to hammer a. bang on the door in vain; **~ poszukiwać zatrudnienia** to search in vain for employment; **zabiegać o coś ~** to strive for sth in vain

bezskuteczność|ć _f_ _sgt_ ineffectiveness, fruitlessness; **~ć czyichś działań** the inefficacy a. ineffectiveness of sb's actions;

~ć czyichś wysiłków the futility of sb's efforts; **widząc ~ć swoich próśb, zrezygnował** he gave up when he saw that his appeals were producing no results a. were ineffective

bezskuteczn|y _adi._ _[poszukiwania, usiłowania]_ fruitless, ineffective; **~e starania o pracę** fruitless a. futile efforts to find a job; **~e próby nawiązania kontaktu** ineffective a. vain attempts to make contact; **moje namowy okazały się ~e** my powers of persuasion proved ineffective

bezsoczność|ć _f_ _sgt_ Med. achlorhydria spec.; gastric anacidity

bezsoln|y _adi._ _[dieta]_ salt-free, saltless

bezspornie _adv._ _[dowieść czegoś, udowodnić coś]_ indisputably, unquestionably

bezsporn|y _adi._ (_niepodlegający dyskusji_) _[dowód, fakty, wina]_ indisputable, incontrovertible

bezsprzecznie _adv._ (_w sposób niewątpliwy_) unquestionably

bezsprzeczn|y _adi._ ▯1 (_niedający się zaprzeczyć_) _[rozwój, wina, dowód]_ indisputable, unquestionable ▯2 (_niewkwestionowany_) _[przywódca, lider]_ indisputable

bezstresowo _adi._ in a stress-free way

bezstronnie _adv._ _[sądzić]_ impartially; _[przedstawić sprawę]_ objectively; **spór rozstrzygnięto ~** the dispute was settled impartially; **list ~ relacjonował wydarzenia** the letter reported the events objectively

bezstronność|ć _f_ _sgt_ impartiality, objectivity; **~ć sędziów/krytyków** the impartiality of judges/critics

bezstronn|y _adi._ _[ocena, opinia, obserwator]_ impartial, objective; **sędziowie powinni być ~i** judges should be impartial

bezstylowość|ć _f_ _sgt_ lack of style, stylelessness

bezstylow|y _adi._ styleless, devoid of style; **~y dwór** a mansion devoid of style

bezszelestnie _adv._ noiselessly, silently; **śnieg padał ~** snow fell silently

bezszelestn|y _adi._ noiseless, silent; **ptak kołował nad nami ~ym lotem** a bird circled silently above us

bezśnieżn|y _adi._ _[zima]_ snowless

beztalenci|e _n_ pot., obraźl. ▯1 (_Gpl_ ~) (_osoba_) nonentity pejor.; untalented person; **polityczne ~e** a political nonentity a. lightweight pot., pejor.; **kompletne z niego ~e** he's totally useless pot. ▯2 _sgt_ (_brak talentu_) lack of talent; **ukrywać swoje muzyczne ~e** to conceal one's lack of musical talent

bezterminowo _adv._ for an indefinite period; **pożyczać coś komuś ~** to lend sb sth for an indefinite period

bezterminow|y _adi._ _[urlop, pożyczka]_ indefinite, permanent

beztlenow|iec _m_ Biol. anaerobe

beztlenow|y _adi._ Biol. _[komora, bakterie, pierwotniaki]_ anaerobic

beztłuszczow|y _adi._ _[dieta, ciasto]_ fat-free

beztreściow|y _adi._ _[werbalizm]_ empty

beztros|ka _f_ _sgt_ ▯1 (_pogoda_) serenity, carefreeness; **~ka lat dziecięcych** the carefree days of childhood ▯2 pejor. (_niefrasobliwość_) carefree manner a. attitude, casualness; **twoja ~ka w końcu cię zgubi** your

casual a. couldn't-care-less attitude will be the ruin of you

beztros|ki _adi._ ▯1 (_pogodny_) _[zabawa]_ lighthearted; blithe książk.; _[życie]_ serene, carefree; _[dziecko, młodzież]_ carefree ▯2 pejor. (_niefrasobliwy_) casual, careless; slap-happy pot.; **był ~kim lekkoduchem** he was an irresponsible a. idle good-for-nothing pot.

beztrosko _adv._ ▯1 (_pogodnie_) serenely; blithely książk.; **mówić ~** to speak idly a. casually; **~ nucić** to troll blithely ▯2 pejor. (_niefrasobliwie_) casually, carelessly; **zbyt ~ podchodzisz do życia** you're too casual in your approach to life

bez trzymanki pot. _[jechać na rowerze]_ without holding the handlebars

bezu|chy _adi._ ▯1 (_człowiek, zwierzę_) earless ▯2 (_przedmiot_) without handles, handleless; **~chy garnek** a pot without handles

bez ustanku endlessly, incessantly; ceaselessly książk.

bezustannie _adv._ constantly, continually; **~ przenosili się z miejsca na miejsce** they were constantly a. continually on the move

bezustann|y _adi._ _[deszcz, kłótnia, praca]_ continuous, constant; **~y brak czasu** constant lack of time; **~y szum drzew** the continuous rustle of the trees; **~y spór** an unending dispute

bezużytecznie _adv._ _[spędzić popołudnie, leżeć]_ idly; **kupują rzeczy, które w gospodarstwie walają się ~** they buy things that just lie around the house gathering dust; **większość czasu spędziłam zupełnie ~** I spent most of the time idly doing nothing

bezużyteczność|ć _f_ pointlessness, uselessness

bezużyteczn|y _adi._ _[ubranie, rupieć, książka]_ worthless; **czuć się/być ~ym** to feel/to be worthless a. useless

bezwartościow|y _adi._ _[dokument, dzieło]_ worthless; **malował ~e obrazy** he painted worthless pictures; **pracownik okazał się ~y** the worker turned out to be worthless

bezwarunkowo _adv._ _[zgodzić się, załatwić, wykonać]_ unconditionally

bezwarunkow|y _adi._ _[kapitulacja]_ unconditional; _[posłuszeństwo]_ absolute

bezwiednie _adv._ unknowingly książk.; (_niechcący_) unintentionally, accidentally; (_nieświadomie_) instinctively, involuntarily; **~ nadepnęłam mu na nogę** I accidentally trod on his foot; **~ zniżył głos** he lowered his voice instinctively

bezwiedn|y _adi._ _[niechęć]_ instinctive; _[ruch, uśmiech]_ involuntary, unconscious; **~y gest** an involuntary gesture; **czuła do niego ~e zaufanie** she instinctively trusted him; **~e oddawanie moczu i kału** incontinence

bezwłos|y _adi._ _[osoba]_ bald, hairless; _[zwierzę, skóra, głowa]_ hairless

bezwietrznie _adv._ windlessly; **jest gorąco i ~** it's hot and windless

bezwietrzn|y _adi._ _[dzień, popołudnie, pogoda]_ windless

bezwizow|y _adi._ ▯1 (_niewymagający wizy_) _[ruch]_ non-visa ▯2 (_niemający wizy_) _[turysta]_ without a visa

bezwła|d m sgt (G ~**du**) [1] (niechęć do ruchu) lethargy, apathy [2] Med. (utrata siły mięśniowej) paralysis

bezwładnie adv. [zwisać, kołysać się, dyndać] torpidly, inertly; **łódź kołysała się** ~ the boat swayed a. rocked gently

bezwładnościow|y adi. inertial

bezwładnoś|ć f sgt [1] (utrata władzy w członkach) numbness, paralysis; ~**ć ciała/nóg/rąk** paralysis of the body/legs/hands [2] Fiz. (zdolność ciała materialnego) inertia [3] Fiz. (opóźnienie czasowe) lag

bezwładn|y adi. [ciało, osoba] paralysed, numb

bezwolnie adv. [dostosowywać się] passively, submissively; **poddawać się komuś** ~ to yield submissively to sb

bezwolnoś|ć f sgt submissiveness, passiveness

bezwoln|y adi. [1] [osoba] passive, submissive; **jego syn był całkowicie** ~**y** his son was totally submissive; **być** ~**ym narzędziem w czyichś rękach** to be (like) putty in sb's hands [2] [gest] involuntary

bezwonn|y adi. [gaz] odourless; [kwiat] scentless

bezwsty|d m sgt (G ~**du**) shamelessness

bezwstydnic|a f pot. (shameless) hussy przest., pejor.; **ta** ~**a za dużo sobie pozwala** that hussy has gone too far

bezwstydnie adv. shamelessly; **znudzona publiczność ziewała** ~ the bored audience were yawning shamelessly; ~ **obcisła sukienka** a provocatively tight dress

bezwstydni|k m pot. man with a. of no shame; **załóż coś na siebie,** ~**ku!** put some clothes on, you exhibitionist!

bezwstydn|y adi. [osoba, zachowanie] shameless, unseemly; [kłamstwo] barefaced, brazen; ~**i krętacze** brazen swindlers; **opowiadał** ~**e historie o swoich miłosnych podbojach** he used to tell lewd a. unseemly stories about his love affairs

bezwyjątkowo adv. without exception, absolutely; **nie ma ludzi** ~ **dobrych i** ~ **złych** there are no absolutely good or bad people

bezwyjątkowoś|ć f sgt absoluteness, unconditionality

bezwyjątkow|y adi. [zasady, reguły] absolute, without exception

bezwyznaniow|iec m unbeliever, nonbeliever

bezwyznaniowoś|ć f sgt non-denominational character a. nature; ~**ć szkoły** the non-denominational character of the school

bezwyznaniow|y adi. [1] (niewierzący) [osoba] irreligious [2] (niezwiązany z żadną religią) [szkoła, instytucja, organizacja] secular

bezwzględnie [I] adv. grad. (okrutnie) [postępować, traktować] ruthlessly

[II] adv. [1] (całkowicie) [konieczny, podporządkowany] absolutely; ~ **tak!** pot. yes, absolutely! [2] (koniecznie) definitely; **powinieneś** ~ **tam pójść** you should definitely go there [3] (nie względnie) in absolute terms

bezwzględnoś|ć f sgt ruthlessness; **potraktować kogoś z całą** ~**cią** to treat sb ruthlessly

bezwzględn|y [I] adi. grad. (okrutny) [osoba, zachowanie] ruthless; ~**y wobec** a. **w**

stosunku do kogoś ruthless towards sb

[II] adi. [1] (całkowity) absolute; ~**y zakaz/~e posłuszeństwo** absolute ban/obedience [2] (niewzględny) absolute; ~**e prawdy/wartości** absolute truths/values; ~**a liczba zgonów** the absolute number of deaths; ~**y błąd pomiaru** the absolute error of measurement; **wartość** ~**a liczby** Mat. the absolute value of a number; ~**a większość w parlamencie** Polit. an absolute majority in parliament

bezzałogow|y adi. [pojazd opancerzony, statek kosmiczny, lot] unmanned

bezzapachow|y adi. odourless GB, odorless US

bezzasadn|y adi. [twierdzenie, żądanie] groundless; [niepokój] unjustified

bezzębi|e n sgt Med. toothlessness

bezzębn|y adi. toothless

bezzwłocznie adv. immediately

bezzwłoczn|y adi. [działanie, decyzja] prompt, immediate

bezzwrotn|y adi. [zaliczka] non-returnable; [zapomoga] non-repayable

bezżennoś|ć f sgt unmarried status, bachelorhood; **żyć w** ~**ci** to be unmarried a. a bachelor

beż [I] m (G ~**u**) beige

[II] adi. inv. beige

beżow|y adi. beige

bęb|en [I] m pers. pot. (dziecko) (z niechęcią) little brat pot. (z sympatią) tot pot.

[II] m inanim. [1] Muz. drum; ~**en wielki** a bass drum; ~**en mały** a side drum, a snare drum; **uderzanie** a. **walenie w** ~**en** drumming, beating the drum; **grać na** ~**nie** to drum [2] posp. (duży brzuch) pot-belly [3] Archit. (podstawa kopuły, część kolumny) drum, tambour [4] Techn. (część maszyny) (betoniarki, pralki, garbarski) drum; (maszyny drukarskiej) cylinder; (w zegarku) barrel; ~**en hamulcowy** a brake drum [5] Techn. (do nawijania liny, kabla) reel, drum; ~**en wyciągarki** a winding drum, winch

❏ ~**en magnetyczny** a. **pamięciowy** Komput. magnetic drum; ~**en mieszalny** Techn. revolving drum (in a mixer)

bęben|ek m dem. [1] Muz. (small) drum; (bęben mały) side drum; (zabawka) (toy) drum [2] pot. (błona bębenkowa) eardrum; **hałas, że** ~**ki pękają** an earsplitting noise; **przestań krzyczeć,** ~**ki mi popękają** stop yelling, you're bursting my eardrums [3] (do połowu ryb) a small fishing net with an oval supporting frame [4] Techn. (w rewolwerze) cylinder; (w maszynie do szycia) bobbin case; (w kołowrotku) spool

❏ ~**ek baskijski** Muz. tabour, tambourine

■ **podbijać komuś** ~**ka** przest. to flatter sb

bębenkow|y adi. [1] Anat. tympanic; **błona** ~**a** the tympanic membrane [2] Tech. drum attr., barrel attr.; **rewolwer** ~**y** a revolver

bębnic|a f sgt Med. tympanites, meteorism

bębni|ć impf (~**sz**) vi [1] (uderzać) to drum; (walić, łomotać) to pound; **deszcz** ~ **o szyby** rain is drumming against the window panes; ~**ć palcami po stole** to drum one's fingers on the table; ~**ć pięściami w drzwi** to pound (on) the door with one's fists; ~**ć na fortepianie/maszynie do pisania** to bang a. pound (away) on the piano/the typewriter [2] (grać na bębnie) to

drum; ~**ć na bębenku** to play a drum, to drum [3] (wydawać głośne dźwięki) [fortepian, działo] to pound (away) [4] pot. (rozgłaszać) ~**ć o czymś** to broadcast sth żart.; **on wszystkim** ~ **o swoich sukcesach zawodowych** he's always crowing about his career

bębnow|y adi. Techn. [wirnik, uzwojenie] drum attr.; **pamięć** ~**a** Komput. drum memory; **oczyszczarka** ~**a** a tumblingbarrel

bęc inter. thump!; plonk! GB pot.; ~**! pudło spadło na podłogę** the box went thump a. plonk on the floor; **stracił równowagę i** ~ **na ziemię** he lost his balance and fell flat a. smack pot. on the floor

bęcwa|ł m (Npl ~**ły**) pejor., pot. lummox pot., dope pot.

bękar|t m (Npl ~**ty**) [1] (nieślubne dziecko) bastard [2] obraźl. (niegrzeczne dziecko) (little) bastard obraźl. [3] Druk. widow

bhp, BHP /ˌbexaˈpe/ (= bezpieczeństwo i higiena pracy) ≈ industrial safety; **inspektor** ~ Health and Safety Inspector GB

biada inter. książk. woe przest., żart.; ~ **mi!** woe is me!; ~ **mu, jeżeli...** woe betide him if...; ~ **temu, kto...** woe betide the person who...

biada|ć impf vi książk. to bemoan vt książk.; to lament vt; ~**ć nad czymś** to lament sth; ~**ł nad swoim losem** he bemoaned his fate; ~**ł nad swoim nieszczęściem** he bewailed his misfortune; ~**ła, że brakuje jej pieniędzy** she lamented that she had no money

biadol|ić impf vi pot. to moan; to bellyache pot.; ~**ić nad czymś** a. **z powodu czegoś** a. **na coś** to moan about sth; ~**iła na ciężkie czasy** she was moaning about times being hard; ~**ił, że go bolą nogi** he was moaning about his legs aching; **przestań** ~**ić** stop (your) bellyaching

bialutki → **bielutki**

białacz|ka f Med. leuk(a)emia; **być chorym na/mieć** ~**kę** to suffer from/to have leukaemia

białaczkow|y adi. Med. leuk(a)emic

białas m (Npl ~**y**) pot. (o jasnych włosach) fair-haired person; (o jasnej skórze) fair-skinned person

białawo adv. whitely

biaław|y adi. [niebo, światło] whitish

biał|ko n [1] (część jaja) (egg) white; albumen spec.; **oddzielić** ~**ko od żółtka** to separate the (egg) white from the yolk; **ubić** ~**ka na pianę** to beat the whites to a light froth [2] (część oka) white of the eye; ~**ka jej oczu** the whites of her eyes; **miał przekrwione** ~**ka** the whites of his eyes were bloodshot [3] Biol., Chem. (związek organiczny) protein; **bogaty/ubogi w** ~**ko** high-/low-protein; **niedobór** ~**ka** protein deficiency; ~**ko roślinne upostaciowane** textured vegetable protein

❏ ~**ko proste** Chem. protein

białkomocz m sgt (G ~**u**) Med. albuminuria, proteinuria

białkow|y adi. [1] (z białek jaj) **ciasto** ~**e** a fatless sponge cake mixture; **maseczka** ~**a** a facial mask made of egg white [2] Biol., Chem. [łańcuch, związek, pasza, pokarm] protein attr.

białków|ka *f* Anat. sclera

bi|ało [] *adv. grad.* in white; **w ogrodzie rosły biało kwitnące krzewy** shrubs with white blossom grew in the garden

[] **biało-** *w wyrazach złożonych* white-; **biało-zielony** green and white; **białoszary** whitish grey

biało-czerwon|y [] *adi.* white and red; **flaga biało-czerwona** (jakakolwiek) a red-and-white flag; (polska) the Polish flag

[] **biało-czerwoni** *plt* pot. (o sportowcach) the Poles; **drużyna biało-czerwonych** the Polish team

białogł|owa *f* [1] żart. (kobieta) lady [2] daw. (kobieta zamężna) married woman, matron

Białorusin *m*, **~ka** *f* B(y)elorussian, White Russian

białorus|ki [] *adi.* B(y)elorussian, White Russian

[] *m sgt* (język) B(y)elorussian

Białoru|ś *f sgt* Belarus, B(y)elorussia, White Russia

białoś|ć *f sgt* whiteness

białowłos|y *adi.* white-haired, white-headed

bi|ały [] *adi. grad.* [1] (kolor) white; **biały jak śnieg** (as) white as snow; **bielszy od śniegu** whiter than snow [2] (blady) [osoba] white, pale; **biały jak ściana/płótno** (as) white as a sheet; **biały jak lilia** lily-white; **biała płeć** przest. the fair a. gentle sex przest., żart.; **białe dłonie** white a. pale hands [3] (siwy) **białe włosy** white hair [4] Kulin. white; **biała mąka** white flour; **biały chleb** white bread; **białe mięso** white meat; **biały ser** ≈ curd cheese

[] *m* [1] (osoba) white (man) [2] Hist. (członek stronnictwa w czasie powstania styczniowego) White (*an advocate of the necessity for 'organic work' in cooperation with the Russians prior to the January Uprising, 1863-64*)

■ **czarno na białym** in black and white; **białe plamy** (na mapie) uncharted territory; (w dziejach) blank pages (of history); **biała śmierć** (kokaina) white death pot.; (cukier) (white) sugar; **białe szaleństwo** skiing

biat|hlon, ~lon /ˈbjatlon/ *m sgt* (G **~hlonu, ~lonu**) biathlon

biat|hlonista, ~lonista /ˌbjatloˈnista/ *m* biathlete

biat|hlonowy, ~lonowy /ˌbjatloˈnovɪ/ *adi.* [zawody] biathlon attr.

bibelo|t *m* (**~cik** dem.) (G **~tu, ~ciku**) knick-knack, trinket; **~ty** bric-a-brac *U*; **na kredensie stały różne ~ty** various knick-knacks stood on the sideboard

bib|ka *f* (**~a** augm.) pot. (drinks) party; shindig pot.; **dzisiaj wieczorem urządzamy ~kę** we're having a party this evening

bibli|a *f* (GD **~i**) [1] *sgt* **Biblia** (Pismo Święte) the (Holy) Bible; **przysięgać na Biblię** to swear on the Bible [2] (Gpl **~i**) (egzemplarz Pisma Świętego) bible [3] (Gpl **~i**) przen. (książka, wyrocznia) bible przen.; **~a młodego pokolenia** the bible of the younger generation [4] (Gpl **~i**) przen. (gruba księga) (great) tome ❑ **Biblia brzeska** the Brest Bible (*Polish translation of the Bible published in 1563*); **Biblia królowej Zofii** Queen Zofia's Bible (*Polish translation of the Bible published in 1454*); **Biblia Leopolity** the Leopolita

Bible (*a Polish version of the Bible by John of Lemberg published in 1561*)

biblijn|y *adi.* biblical; **papier ~y** Druk. Bible paper

biblio- *w wyrazach złożonych* biblio-; **bibliologia** bibliology; **biblioman** a bibliomaniac; **bibliobus** przest. a mobile library GB, a bookmobile US

bibliofil *m* bibliophile, book-lover

bibliofils|ki *adi.* bibliophilic; **~kie wydanie** a luxury edition

bibliofilsko *adv.* **~ wydana książka** a luxury edition of a book

bibliofilstw|o *n sgt* bibliophily

bibliografi|a *f* (GDGpl **~i**) bibliography

bibliograficznie *adv.* [opracować] bibliographically

bibliograficzn|y *adi.* [opracowanie, poszukiwania] bibliographic(al); **dane ~e** bibliographical data; **przypis ~y** a bibliographical note

bibliotecz|ka *f* [1] (zbiór książek) library; (mała) book collection [2] (mebel) bookcase; **przeszklona ~ka** a glass bookcase [3] (seria wydawnicza) library, series

biblioteczn|y *adi.* library attr.

bibliote|ka *f* [1] (instytucja, pokój, księgozbiór) library; **~ka szkolna/uniwersytecka/publiczna** a school/university/public library; **Biblioteka Narodowa** the National Library; **on pracuje w ~ce** he works at a. in a library; **miał kilka białych kruków w swej ~ce** he had several rare editions in his (book) collection [2] (mebel) bookcase [3] (seria wydawnicza) library; **Biblioteka Poezji** the Poetry Library

bibliotekar|ka *f* (female) librarian

bibliotekars|ki *adi.* library attr.; [praca, kurs] librarian's; **środowisko ~kie** library circles; **zawód ~ki** the profession of librarian, librarianship

bibliotekarstw|o *n sgt* [1] (zawód) librarianship [2] (dziedzina wiedzy) library science

bibliotekarz *m* (Gpl **~y**) librarian

bibliotekoznawc|a *m* library science specialist

bibliotekoznawcz|y *adi.* [prace] librarian attr.; **studia ~e** library science

bibliotekoznawstw|o *n sgt* library science

bibli|sta *m* biblical scholar; biblist rzad.

biblistyczn|y *adi.* [studia, badania, wiedza] biblical

biblisty|ka *f sgt* biblical studies

bibosz *m* (Gpl **~y** a. **~ów**) przest. toper przest.

bibu|ła *f* [1] (do atramentu) blotting paper *U*; (do filtrowania) filter paper *U*; (do odsączania) absorbent paper *U* [2] zw. sg (druki, ulotki) underground pamphlets a. publications [3] (krepina) crêpe paper *U*; **róża z ~ły** a rose made out of crêpe paper

bibuł|ka *f* [1] (do papierosów) cigarette paper [2] (do ozdób) crêpe paper; (do pakowania, serwetkowa) tissue paper [3] (przebitkowa) copying paper ❑ **~ka krepowa** crêpe paper

bibułkow|y *adi.* [ozdoby] crêpe paper attr.; **filtr ~y** filter (paper)

biceps *m* biceps; **prężyć** a. **napinać ~y** to flex one's biceps

bi|cie [] *sv* → **bić**

[] *n* [1] (serca) beating *U*, beat; (zegara) striking *U*; (dzwonów) ringing *U*, peal; **z biciem serca** with beating heart; **przyspieszone bicie serca** accelerated heart-beat [2] Gry (w szachach, warcabach) taking *U*; (w kartach) beating *U*

bicykl *m* [1] przest. bicycle [2] Hist. penny-farthing GB, ordinary US

bicz *m* horsewhip; **trzasnąć ~em** a. **strzelić z ~a** to crack a whip; **chłostać coś ~em satyry** to satirize sth ❑ **~ Boży** książk. the scourge of God; **~e szkockie** a. **wodne** Med. ≈ power shower

■ **jak z ~a trzasnął** a. **trzasł** pot. in (less than) no time; **ukręcić ~ na siebie** to make a rod for one's own back

bicz|ować impf [] *vt* to scourge; Relig. to flagellate

[] **biczować się** to flagellate oneself

biczowni|k *m* Relig. flagellant, flagellator

biczyk *m* [1] (mały bicz) whip [2] Biol. flagellum

biczysk|o *n* [1] (trzonek) whipstock, whip handle [2] augm. (duży bicz) whip

bi|ć impf (**biję**) [] *vt* [1] (zadawać ciosy) (ręką, kijem) to hit; (pięścią) to punch; (batem) to whip; (pasem) to beat; **bić kogoś w twarz/po twarzy** to punch/hit sb in the face; **bić ile wlezie** to beat a. knock the (living) daylights out of sb pot.; **bić do upadłego** to beat sb until he drops; **bij, zabij!** przest. charge!; up boys and at 'em! przest., pot. ⇒ **zbić** [2] (zabijać) to slaughter, to kill [bydło, świnie]; to kill [muchy] ⇒ **ubić** [3] (wyciskać w metalu) to mint, to strike [monety]; to strike [medal]; (drukować) to strike off ⇒ **wybić** [4] (wbijać) to bang a. knock in [pale] ⇒ **wbić** [5] Kulin. to whip, to beat [krem, jajka]; **bić białko** a. **piankę** to whisk a. beat egg whites ⇒ **ubić** [6] (zwyciężać w walce) to beat, to defeat [wojsko, kraj] [7] (przewyższać) to beat, to outdo; **bić na głowę kogoś/coś** to beat sb/sth hands down pot., to knock spots off sb/sth GB pot.; **ten lek bije wszystkie inne pod względem skuteczności działania** in terms of effectiveness this medicine beats/outdoes all the others; **ona bije męża inteligencją** she outshines her husband in intelligence [8] Gry (w kartach) to beat; (w szachach, warcabach) to take; **bić króla asem** to beat a king with an ace; **dama bije waleta** a queen beats a jack; **w szachach nie można bić króla** the king cannot be taken in chess ⇒ **zbić**

[] *vi* [1] (uderzać) to strike, to hit (**czymś w coś** sth with sth); **bić kilofem w skałę** to strike (at) rock with a pickaxe; **bić pięścią w stół** to bang one's fist on the table; **biją w dzwony** they're ringing the bells, the bells are ringing; **deszcz bije w okna** the rain is beating against the windows; **fale biją o brzeg** the waves are beating against the shore; **pies bił ogonem o ziemię** the dog was beating its tail on a. against the ground; **bić czołem przed kimś** przen. to bow (down) to a. before sb, to make a low bow to sb [2] (wydawać dźwięk) [dzwon] to ring (**na coś** for sth); [zegar] to strike; **dzwony biją na mszę/na trwogę** the bells are ringing for Mass/are ringing a tocsin daw. [3] pot. [licznik] to run; **zgaś światło, bo**

licznik bije turn the light out, you're running up the meter 4 (tętnić) to beat; **puls chorego bije słabo** the patient's pulse is weak; **ale mi bije serce!** my heart's really beating/racing!; **dopóki mi serce bije w piersi** as long as I have breath in my body a. as I draw breath 5 (wydobywać się gwałtownie) [woda, źródło] to spurt, to gush; [ogień] to spout, to spurt; [zapach, blask] to be given off; **fontanna bije wysoko** the fountain spurts a. gushes high into the air; **od lampy bije silny blask** the lamp gives off an intense glare; **alkohol za bardzo mu bije do głowy** alcohol goes straight to his head 6 (dać się zauważyć) **z jego twarzy biła radość** his face was radiant with joy; **z jej postawy bije pewność siebie** she exudes self-confidence 7 Wojsk. (strzelać) to fire, to shoot (**w coś/po czymś** at sth); (z armat) to shell (**w coś/po czymś** sth); **działa biły przez cały dzień** the cannons were firing all day (long)

III bić się 1 (uderzać samego siebie) to slap vt; **z radości bił się dłońmi po udach** he slapped his thighs with joy; **bił się ogonem po bokach** it beat its tail from side to side 2 (uderzać jeden drugiego) to fight (**z kimś o coś/kogoś** with sb over sth/sb); **często bił się z kolegami** he often got into fights with other children 3 (walczyć podczas wojny) to fight (**z kimś o coś** with sb for sth); **bić się za ojczyznę** to fight for one's country 4 Hist. (w pojedynku) to duel (**z kimś o coś/kogoś** with sb over sth/sb); **bić się na szable** to duel with swords; **bić się na pistolety** to fight a duel with pistols ■ **bić brawo** to clap, to applaud; **bić brawo na stojąco** to give a standing ovation; **bić pokłony komuś** (kłaniać się) to bow (down) to a. before sb, to make a low bow to sb; (korzyć się) to bow and scrape to sb pejor.; to kowtow to sb pot., pejor.; **bić w kogoś/coś** [mówca, krytyk] to hammer sb/ sth pot., to slam sb/sth pot.; [sytuacja, zmiana] to hit, to hurt; **nowe przepisy biją w drobnych przedsiębiorców** the new regulations are hitting a. hurting small business(es); **bić w oczy** przen. to strike a. hit sb; **ich niekompetencja bije w oczy** the first thing that strikes you is their incompetence; **bić się z myślami** to be in two minds, not to be able to make up one's mind; **nie wiem, co zrobić, biję się z myślami** I don't know what to do, I can't make up my mind

bida f pot. poverty, misery

bide|t m (~cik dem.) (G ~tu, ~ciku) bidet

bidon m (G ~u) water bottle

bidul|a f pot. poor little thing

bie|c, ~gnąć impf (~gnę, ~gniesz, ~gł, ~gła, ~gli) vi 1 (poruszać się) to run; **~c truchtem** [osoba] to jog; [koń] to jogtrot; **~c co sił w nogach** to run as fast as one can a. as fast as one's legs can carry one 2 pot. (iść szybko) to run, to rush; **~c na pomoc** a. **z pomocą** to run to sb's aid a. assistance 3 (posuwać się) to run; **obłoki ~gną po niebie** clouds are speeding a. scudding across the sky; **śpiew ~gnie w dal** the singing floats away into the distance; **mój**

wzrok ~gnie po sali my eyes sweep over the room; **łzy ~gły jej po policzkach** tears ran a. were running down her cheeks 4 (rozciągać się) to run; **droga ~gnie wśród pól** the road runs through the fields; **przez policzek ~gła mu szrama** a scar ran across/down his cheek 5 książk. (trwać) [czas, życie] to pass; **okres ważności ubezpieczenia ~gnie od...** the insurance policy becomes valid from... 6 książk. (kierować się) to turn; **w takich chwilach myśl chrześcijanina ~gnie ku Bogu** at such moments a Christian's thoughts turn to God

bie|da f 1 sgt (ubóstwo) poverty; **żyć w ~dzie** to live in poverty; **doskwierała mu ~da** he was poverty-stricken 2 (kłopot) trouble C/U; **wpakować się w ~dę** to get into trouble; (cała) **~da w tym, że...** the problem a. trouble a. snag is...; **napytać sobie ~dy** to make trouble for oneself; **sam sobie napytał ~dy** he brought it on himself; **napytać komuś ~dy** to cause sb trouble 3 sgt pot. (biedacy) poor people, the poor 4 przest. (dwukółka) small, horse-drawn two-wheeled cart

■ **~da z nędzą** (osoba) a poor wretch; (sytuacja) utter a. grinding poverty; **u nich ~da z nędzą** a. **~da aż piszczy** they're (living) on the breadline, they don't have two pennies to rub together; **klepać ~dę** to live from hand to mouth; **od ~dy** (w braku czegoś lepszego) for want of anything better; **to ujdzie od ~dy** it'll do, just about a. for want of anything better; **pół ~dy** the least of one's worries; **pół ~dy z materiałami, dużo gorzej znaleźć ekipę** the materials are the least of our worries, the worst thing is finding the men; **to jeszcze pół ~dy** that's not so bad; „**co słychać**"? – „**stara ~da**" 'how are things?' – 'same as ever'; **z ~dą** (w braku czegoś lepszego) just about; (niechętnie) if one (really) has to; (z trudnością) [robić coś, radzić sobie] just about, only just

biedactw|o n pot. poor thing

biedacz|ek m (Npl ~ki) poor fellow

biedacz|ka f poor thing

biedaczyn|a m, f (Npl ~y) poor wretch

biedaczysk|o m, n (D ~u, Npl ~a, Gpl ~a. ~ów) poor thing

bieda|k m (Npl ~cy a. ~ki) 1 (cierpiący biedę) poor man; **dzielnica ~ków** the poor district 2 (człowiek nieszczęśliwy) poor man a. devil; (zwierzę) poor thing

biedermeier /ˌbider'majer/ m 1 sgt (G ~u) Szt. (styl) Biedermeier style 2 (A ~a) (mebel) piece of Biedermeier furniture

biedermeierows|ki /ˌbidermaje'rofski/ adi. Biedermeier

biednie adv. grad. poorly; **wyglądać ~** (ubogo) to look poor; (chorowicie) to look poorly

biedni|eć impf (~eję, ~ał, ~eli) vi to become poor a. impoverished ⇒ **zbiednieć**

biedniut|ki adi. dem. pieszcz. 1 (skromny, lichy) [mieszkanie] humble; [sprzęty] broken-down, run-down; [ubranie] threadbare 2 (nieszczęśliwy) poor thing

biedniutko adv. dem. poorly

biedn|y II adi. grad. 1 (ubogi) poor; **~y jak mysz kościelna** (as) poor as a church mouse 2 (skromny, lichy) [mieszkanie] modest,

humble; [ubranie] shabby; [sprzęty] dilapidated, run-down; **nosił na sobie ~e ubranie** he was poorly a. shabbily dressed 3 (nieszczęśliwy) poor; **o ja ~a!** poor me!

III m poor man; **~i** the poor

■ **~emu zawsze wiatr (wieje) w oczy** it never rains but it pours

biedo|ta f 1 sgt (ludzie biedni) the poor; **dzielnica ~ty** the poor district 2 pot. (człowiek biedny) poor person

bied|ować impf to live from hand to mouth, to live in poverty

biedron|ka f (~eczka dem.) ladybird, ladybug US

biedul|a f (~ka dem.) poor (old) thing

bie|dzić się impf v refl. **~dzić się nad czymś** to toil over sth [pracą, książką]; **~dzić się nad zrobieniem czegoś** to have a tough a. hard time doing sth; **~dzili się nad tym, skąd wziąć pieniądze** they racked their brains trying to work out where to get the money from

bieg II m (G ~u) 1 (osoby, zwierzęcia) run, running U; **poranny ~** a morning run; **szybki/forsowny ~** a fast/tiring run; **zdyszany od ~u** a. **po ~u** breathless from running; **puścić się ~iem** to set off at a run/trot; **poruszać się szybkim ~iem** to run fast; **zwolnić/przyspieszyć ~** a. **~u** to slow down/speed up; **poderwać żołnierzy do ~u** to get soldiers on the move; **w pełnym ~u** in full flight 2 (pojazdu) **pociąg zwolnił/przyspieszył ~** a. **~u** the train slowed down/gained speed; **wyskoczyć/wysiąść w ~u** (z autobusu/tramwaju/pociągu) to jump off/get off a moving bus/tram/train 3 Sport (w lekkoatletyce) race, run; (w narciarstwie) race; (w jeździectwie) race; **~ sztafetowy** a relay race; **~ przez płotki** a hurdle race, the hurdles; **~ z przeszkodami** an obstacle race; **~ na przełaj** a cross-country race; **~ na 100 metrów** the 100 metres sprint, the 100-meter dash US; **~ po zdrowie** pot. a fitness run 4 Techn. gear; **~ wsteczny** reverse gear; **jechać na drugim/trzecim ~u** to drive in second/third gear; **wrzucić drugi/trzeci ~** pot. to get a. shift into second/third gear; **przerzucić ~i** to change gear; **włączać ~i** to get into gear; **zmieniać ~i** to change gear; **zmiana ~ów** a gear change; **dźwignia zmiany ~ów** a gear lever GB, a gearstick GB, a gear shift US; **zredukować ~** to change down GB, to shift down US 5 (nurt) course, reaches pl; **w górnym/dolnym ~u rzeki** in the upper/ lower reaches of the river; **iść z ~iem rzeki** to go downstream a. downriver 6 książk. (ciąg wydarzeń) course; **~ historii** the course of history; **naturalny/zwykły ~ rzeczy** the natural/usual course of events; **z ~iem lat** a. **czasu** over the course of the years, in a. over the course of time

III biegiem adv. pot. in a hurry; at a. on the double pot.; **posprzątaj tu, ale ~iem** get this cleared up, and be quick a. look sharp about it pot.

III w biegu adv. pot. on the run pot.; **ubierał się/jadł śniadanie w ~u** he (got) dressed/ate breakfast on the run

❏ **~ jałowy** Techn. neutral; **~ zjazdowy** Sport downhill race

■ **nadać ~ sprawie** (w sądzie, urzędzie) to set the wheels in motion; **zostawić sprawy własnemu ~owi** a. **~owi zdarzeń** to let matters take their own course

biegacz ▯ *m pers.* (*Gpl* **~y** a. **~ów**) Sport runner; (w zawodach) racer; (uprawiający jogging) jogger

▯▯ *m anim.* Zool. (chrząszcz) ground beetle

▯▯▯ *m inanim.* Bot. tumbleweed

biegacz|ka *f* Sport (woman) runner; (w zawodach) racer; (uprawiająca jogging) jogger

biega|ć *impf* ▯ (być biegaczem) to run; **~ć na krótkie dystanse** to do sprinting ▯ Sport (pokonywać dystans) to run; **już od kilku lat ~ 200 metrów poniżej 21 sekund** he's been running the 200 metres in under 21 seconds for a few years now

bieganin|a *f sgt* pot. running about, bustling about; **~a po schodach** running up and down stairs

biegle *adv. grad.* [*czytać, mówić*] fluently; [*grać*] skil(l)fully; [*pisać na maszynie*] proficiently; **mówić ~ po angielsku** to speak English fluently a. fluent English

biegłoś|ć *f sgt* proficiency (**w czymś** at a. in sth); expertise (**w czymś** in sth); (w obcym języku) fluency (**w czymś** in sth); **nabrać ~ci** to achieve proficiency, to gain expertise; **wykonywać coś z ~cią** to do sth proficiently

biegł|y ▯ *adi. grad.* proficient (**w czymś** at a. in sth); (w obcym języku) fluent (**w czymś** in sth)

▯▯ *m* (specjalista) expert

❑ **~ły sądowy** Prawo expert witness

biegnąć → **biec**

biegow|y *adi.* (o biegach) racing *attr.*; (o narciarstwie, nartach) cross-country *attr.*; **konkurencje ~e** racing competitions; (na bieżni) track events

biegów|ka *f zw. pl* Sport cross-country ski; **przypiąć ~ki** to put on cross-country skis

biegun ▯ *m anim.* daw. (rumak) steed daw.

▯▯ *m inanim.* ▯ (płoza) rocker; **fotel/koń na ~ach** a rocking chair/a rocking horse ▯ Geog. pole; **~ chłodu** a. **zimna** the cold pole, the pole of cold; **~ magnetyczny (Ziemi)** the magnetic pole; **~ południowy** the South Pole; **~ północny** the North Pole; **wyprawa na ~ północny** an expedition to the North Pole; **zdobyć ~ północny** to reach the North Pole ▯ Elektr., Fiz. pole; **~ dodatni** the positive (pole); **~ ujemny** the negative (pole)

❑ **~ animalny** Biol. animal pole; **~ niebieski** a. **świata** Astron. celestial pole

■ **dwa ~y** (o zjawiskach, cechach) polar opposites; **oni to dwa ~y** they are poles a. worlds apart

biegun|ka *f* Med. diarrh(o)ea *U*; **mieć ~kę** to have diarrhoea; **dostać ~ki** to get diarrhoea

❑ **~ka niemowląt** Med. infantile diarrhoea; **(biała) ~ka piskląt** Wet. pullorum disease, (bacillary) white diarrh(o)ea

biegunowo *adv.* **~ odmienny** polar; **różnić się między sobą ~** to be poles a. worlds apart

biegunowoś|ć *f sgt* polarity

biegunow|y *adi.* ▯ [*koń, fotel*] rocking ▯ Elektr., Fiz., Geog. polar; **koło ~e** a polar

circle ▯ przen. completely different, diametrically opposed

biel ▯ *f sgt* ▯ (kolor) white; **~ śniegu/ alabastru** the white(ness) of snow/alabaster; **w ~i** [*osoba*] (dressed) in white; **śnieżna/oślepiająca ~** snowy/dazzling whiteness ▯ Chem., Techn. (pigment) white

▯▯ *m sgt* Bot. (warstwa drewna) sapwood, alburnum

❑ **~ cynkowa** Techn. white zinc; **~ indygowa** Chem. indigo white

bielak *m* Zool. mountain hare, Arctic hare

biel|eć *impf* (**~eje, ~ał, ~eli**) *vi* ▯ (stawać się białym) [*lis, sierść*] to turn white ⇒ **zbieleć** ▯ (siwieć) [*włosy*] to turn grey GB a. gray US ⇒ **zbieleć** ▯ (wyróżniać się bielą) [*śnieg, budynek*] to show white; **między drzewami ~ał dom** the house showed white between the trees

biel|ić *impf* ▯ *vt* ▯ (malować) to whitewash, to lime(wash) [*ściany, tynki, budynek*] ⇒ **pobielić** ▯ Ogr. to treat with limewash [*drzewa*] ⇒ **pobielić** ▯ Chem., Techn. to bleach [*papier, materiał*]; to refine [*cukier*] ⇒ **wybielić** ▯ Techn. (cynować) to blanch, to tin

▯▯ **bielić się** [*żagle, pola*] to show white

bielid|ło *n* przest. ▯ (do czyszczenia) whit(en)ing *U*; (do prania) bleach *U* ▯ (puder) ceruse przest.; white lead

bielik *m* ▯ Roln. white rust *U* ▯ Zool. white-tailed (sea) eagle

bielin|ek Zool. ▯ *m* pierid

▯▯ **bielinki** *plt* pieridae

❑ **~ek kapustnik** Zool. cabbage white (butterfly), large white (butterfly)

bieli|zna *f sgt* ▯ (ubranie) underwear, underclothes; (atrakcyjna, damska) lingerie; **~zna osobista** underwear; **~zna nocna** nightclothes, nightwear; **~zna męska** men's underwear; **~zna z jedwabiu** silk lingerie ▯ (domowa) linen; **~zna pościelowa/stołowa** bedlinen/table linen; **~zna kościelna** liturgical linen

bieliźnian|y *adi.* linen *attr.*; **szew ~y** a French seam

bieliźniar|ka *f* ▯ (mebel) linen chest ▯ przest. (kobieta) seamstress (*making household linen or underwear*)

bieliźniars|ki *adi.* [*pracownia, kurs*] sewing *attr.*; [*wyroby, tkaniny*] linen *attr.*; **przemysł ~ki** linen production

bieliźniarstw|o *n sgt* ▯ (szycie bielizny pościelowej i stołowej) making of household linen; (szycie bielizny osobistej) making of underwear ▯ Przem. linen production

bielm|o *n* ▯ (na oku) leucoma ▯ Bot. endosperm

■ **~o spadło mu z oczu** the scales fell from his eyes; **mieć ~o na oczach** to be blind przen.; **zdjąć komuś ~o z oczu** to open sb's eyes

bielnic|a *f sgt* Med. candidiasis, thrush

biel|ony ▯ *pp* → **bielić**

▯▯ *adi.* [*pokój*] whitewashed

bielu|tki (**~teńki, ~sieńki, ~śki**) *adi. dem.* lily-white; **~tki jak śnieg** snow-white

bielutko *adv. dem.* **~ pomalowane ściany** walls painted white; **na podwórzu jest ~ od śniegu** the yard is completely white from the snow a. with snow

biennale *n inv.* biennial event, biennial; **~ plakatu** a biennial exhibition of posters

bier|ka Gry ▯ *f* ▯ (w. szachach) chess piece, chessman; (w warcabach) draught GB, checker US ▯ (w grze w bierki) spillikin

▯▯▯ **bierki** *plt* spillikins, jackstraws GB

biernie *adv.* passively

biernik *m* Jęz. accusative *U*

biernikow|y *adi.* Jęz. accusative; **forma ~a** the accusative

biernoś|ć *f sgt* ▯ (brak zaangażowania) passivity; **~ć wobec czegoś** passivity in the face of sth ▯ Chem. passivity

biern|y *adi.* ▯ (pasywny) [*osoba*] passive; **~y obserwator** a (passive) bystander; **~a postawa** passivity; **~a znajomość języka** ≈ a reading knowledge of a language ▯ Jęz. passive; **strona ~a** the passive (voice); **w stronie ~ej** in the passive ▯ Chem. passive, inert

bierwion|o *n* log; **chata z ~** a log cabin

bierzm|ować *pf, impf vt* Relig. to confirm, to administer confirmation to

bierzmowa|nie *n* Relig. confirmation *U*

bierzmowan|y *adi.* Relig. confirmed

bies *m* fiend, demon; **jakiś ~ go opętał** the devil's got into him, he's possessed

biesia|da *f* książk. ▯ (przyjęcie) feast ▯ (spotkanie) evening, gathering; **~da muzyczna/ poetycka** a musical/poetry evening

biesiadni|k *m* książk. reveller

biesiadn|y *adi.* książk. [*sala, stół*] banquet *attr.*; [*piosenka*] drinking *attr.*

biesiad|ować *vi* książk. to revel, to feast

bieszczadz|ki *adi.* **~kie lasy** the forests of the Bieszczady mountains

bieżąco *adv.* **na ~** systematically; **prowadzić księgi/dziennik na ~** to keep financial records/a diary; **załatwiać sprawy na ~** to deal with matters as they arise; **informować kogoś na ~** to keep sb informed; **być na ~** to be up to date a. in the swim

bieżąc|y *adi.* ▯ książk. (obecny) [*miesiąc, rok, stulecie*] current; **w ~ym roku** this year a. in the current year; **list z 3 ~ego miesiąca** a letter dated the 3rd of this month a. the 3rd instant przest. ▯ (aktualny, teraźniejszy) [*sprawy*] current; [*prace, negocjacje*] in progress; **~e naprawy** running repairs; **rachunek ~y** a current account GB, a checking account US; **~y numer magazynu** the current issue of the magazine ▯ (płynący) **~a woda** running water

bieżni|a *f* (*Gpl* **~**) ▯ Sport (running) track ▯ (przyrząd do ćwiczeń) treadmill ▯ Techn. (w łożysku) race ▯ Roln. (dla zwierząt) run ▯ przest. (warstwa opony) tread

bieżnik *m* ▯ (serweta) (table) runner ▯ Techn. (warstwa opony) tread ▯ Żegl. winch

bigami|a *f sgt* (*GD* **~i**) bigamy; **żyć w ~i** to live in bigamy

bigamiczn|y *adi.* [*związek, małżeństwo*] bigamous

bigami|sta *m*, **~stka** *f* bigamist

big-band /'bigbend/ *m* (*G* **big-bandu**) Muz. big band

bigbandow|y /ˌbigben'dovɪ/ *adi.* Muz. big-band *attr.*

big-bea|t /'bigbit/ *m sgt* (*G* **big-beatu**) przest. rock (music), beat (music) (*of the 1960s*)

B

big-beatowy /ˌbigbi'tovɪ/ → **bigbitowy**

bigbit → **big-beat**

bigbitow|iec m przest. rock'n'roller

bigbitow|y adi. przest. rock attr., beat

big|iel m przest.

■ **z ~lem** pot. (o działaniu) with gusto; (o osobie) lusty, full of vigour

bigos m (G ~u) [1] Kulin. stewed dish made of sauerkraut and/or fresh cabbage, meat and mushrooms [2] przen. mess; **narobić ~u** to mess things up, to make a mess of things

bigosik m dem. (G ~u) → **bigos** [1]

bigo|t m, **~tka** f pejor. religious hypocrite pejor., bigot pejor.

bigoteri|a f (GD ~i) sgt pejor. religious bigotry pejor., religious hypocrisy pejor.

bigoteryjn|y adi. pejor. religiously bigoted pejor.; **~a religijność** religious bigotry

bijak m [1] (część młotka) head (of a hammer); (część młota mechanicznego) ram; (w dzwonie) clapper [2] (część cepa) swipple, beater [3] (młotek drewniany) mallet [4] Sport (kij) bat

bijaty|ka f pot. brawl; punch-up pot.; **wszcząć ~kę** to start a fight; **na meczu doszło do ~ki** there was a fight a. punch-up at the match

bikini n inv. [1] Moda bikini [2] Kosmet. bikini line

bikiniars|ki adi. [strój] flashy, showy; [sposób bycia] extravagant

bikiniarz m (Gpl ~y) ≈ teddy boy

bil m Sport cue

bil|a f (Gpl ~ a. ~i) billiard ball; (do gry w snookera) snooker ball; **~a czarna/żółta** the black/yellow (ball)

bilans m (G ~u) [1] Ekon., Fin., Księg. (zestawienie) balance C/U; (dokument) balance sheet; **~ otwarcia/zamknięcia** an opening/a closing balance; **~ roczny** an annual balance sheet; **sporządzić ~** to draw up a balance sheet [2] (stosunek zużycia do produkcji) balance U, ratio; **~ cieplny** heat balance [3] (podsumowanie) (osiągnięć, wyników) assessment; (działań) outcome

❑ **~ czynny** a. **dodatni** Księg. active balance; **~ energetyczny** energy balance; **~ gospodarki narodowej** Ekon. the balance of the national economy; **~ handlowy** Ekon. trade balance; **~ księgowy** Księg. balance sheet; **~ płatniczy** Ekon. balance of payments; **~ siły roboczej** Ekon. manpower balance; **~ ujemny** Księg. deficit; **~ wodny** water balance

bilans|ować impf [] vt [1] Ekon., Fin., Księg. to balance [rachunki, księgi, budżet] ⇒ **zbilansować** [2] książk., przen. (porównywać) to assess; **~ować osiągnięcia i porażki** to sum up one's a. take stock of one's achievements and failures ⇒ **zbilansować**

[] **bilansować się** [rachunki, księgi, budżet] to balance; **korzyści ~ują się z kosztami/ryzykiem** the benefits balance out the costs/risks ⇒ **zbilansować się**

bilansow|y adi. Księg. [metoda] balance attr.; [rachunek, zysk] balance sheet attr.; **zestawienie ~e** a balance sheet

bilar|d m (G ~du) [1] sgt Gry billiards; (snooker) snooker, pool; **grać w ~d** to play billiards [2] pot. (stół) billiard table; (do gry w snookera) snooker table, pool table

❑ **~d elektryczny** pinball; **~d karambolowy** carom billiards

bilardow|y adi. billiard; (do gry w snookera) snooker, pool; **sala ~a** a billiard-room, a poolroom; **kij ~y** a cue; **stół ~y** a billiard table

bilardzi|sta m billiard player

bilateraln|y adi. książk. bilateral

bilecik m [1] dem. (do kina, na koncert) ticket [2] (liścik) card; **~ z zaproszeniem** an invitation

bile|t m (G ~tu) [1] (kolejowy, tramwajowy, do kina) ticket; **~t do teatru** a theatre ticket; **~t na pociąg** a train ticket; **~t miesięczny** a monthly season ticket; **~t ulgowy** a reduced-fare (ticket); **cały ~t** pot. a full price ticket; **~t powrotny** a return ticket, a return GB, a round trip ticket US; **~t wieloprzejazdowy** a travel card; **automat do sprzedaży ~tów** a ticket machine; **skasować ~t** to punch one's ticket (in a ticket machine); **kontrola ~tów** ticket inspection [2] przest. (liścik) note

❑ **~t skarbowy** Fin. (pieniądz) treasury note; (bon skarbowy) treasury bill; **~t towarowy** token, voucher; **~t wizytowy** visiting card GB, calling card US

bilete|r m usher

bileter|ka f usherette

biletow|y adi. ticket attr.; **kasa ~a** Kolej. the ticket office; Kino, Teatr the box a. ticket office

bilingwizm m sgt (G ~u) Jęz. bilingualism

bilion m [1] (tysiąc milionów) billion, thousand million [2] (milion milionów) trillion US; billion GB przest. [3] zw. pl (duża liczba) billion pot.; **na niebie widać było ~y gwiazd** you could see billions of stars in the sky

bilionow|y num. ord. trillionth

bilirubin|a f sgt Biol. bilirubin

biliwerdyn|a f sgt Biol. biliverdin

billboar|d /'bilbord/ m (G ~du) billboard

billing m (G ~u) Telekom. [1] sgt (rejestracja połączeń) telephone billing [2] (wydruk) itemized (tele)phone bill

bilon m sgt (G ~u) coin C/U; Fin. specie; **100 złotych w ~ie** 100 zlotys in coin(s); **garść ~u** a handful of coins

bim inter. ding-dong!; **~-bam!** a. **bim-bom!** ding-dong!; **rozległy się wszystkie dzwony: ~, bam, bom** all the bells rang out: ding-dong! ding-dong!

bimba|ć impf vi pot. not to give a hoot pot.; **~ć (sobie) z czegoś** to make light of sth; **~ć sobie z kogoś** to snub sb

bimb|er m sgt (G ~ru) ≈ moonshine pot.; **pędzić ~er** to brew moonshine

bimbrowni|a f (Gpl ~) illicit distillery a. still

bimorficzn|y adi. dimorphic

bimorfizm m sgt (G ~u) dimorphism

binarn|y adi. książk. binary; **~y system liczbowy** the binary system

bingo [] n inv. Gry bingo; **grać w ~** to play bingo; **wygrać w ~** to win at bingo [] inter. pot. bingo!

binokl|e plt (G ~i) pince-nez

bio- w wyrazach złożonych bio-; **biogeneza** biogenesis; **biosynteza** biosynthesis

bioastronauty|ka f sgt bioastronautics

biocenologi|a f sgt (GD ~i) biocoenology GB, biocenology US

biocenotyczn|y adi. [zespół, układ] biocoenotic GB, biocenotic US

biocenotyka → **biocenologia**

biocenoz|a f biocoenosis GB, biocenosis US

biochemi|a f sgt (GD ~i) biochemistry

biochemicznie adv. biochemically

biochemiczn|y adi. [badania, eksperyment] biochemical, biochemic

biochemi|k m, **~czka** f biochemist

biocybernetyczn|y adi. [badania] biocybernetic

biocybernety|k m biocyberneticist

biocybernety|ka f sgt biocybernetics (+ v sg)

biodegradacj|a f sgt biodegradation

biod|ro n hip; **szerokie/wąskie/chłopięce ~ra** broad/narrow/boyish hips; **sukienka za ciasna/za luźna w ~rach** a dress too tight/loose at the hips

biodrow|y adi. Anat. hip attr.; **talerz ~y** Anat. ilium

biodrów|ka [] f sgt [1] Kulin. a cut of meat from the back of a pig [2] Moda (spódniczka) low-waisted skirt [] **biodrówki** plt Moda (spodnie) hipsters GB, Austral, hip-huggers US

biodrza|sty adi. pot. [dziewczyna] broad-hipped; **być ~stym** to be broad in the beam pot.; **~sta kobieta** a woman with large hips

bioelektroni|ka f sgt bioelectronics

bioelektryczn|y adi. [prąd] bioelectric

bioenergety|ka f bioenergetics

bioenergoterapeu|ta m, **~tka** f ≈ practitioner of alternative medicine (healing by touch)

bioenergoterapeutyczn|y adi. bioenergetic

bioenergoterapi|a f sgt (GD ~i) bioenergetics; (uzdrawianie przez dotyk) touch healing

biofiltracj|a f sgt Techn. biofiltration

biofizyczn|y adi. biophysical

biofizyk m biophysicist

biofizy|ka f sgt biophysics

biogenetyczn|y adi. biogenetic

biogeniczn|y adi. biogenic

biogeochemi|a f sgt (GD ~i) biogeochemistry

biogeografi|a f sgt (GD ~i) biogeography

biogeograficzn|y adi. biogeographic, biogeographical

biograf m, **~ka** f Literat. biographer; **~owie Szekspira** Shakespeare's biographers

biografi|a f (GDGpl ~i) Literat. biography (kogoś of sb); **autoryzowana ~a** an authorized biography

❑ **~a dokumentalna** Literat. factual biography; **~a zbeletryzowana** Literat. fictionalized biography

biograficzn|y adi. biographical; **notka ~a** a biographical note; **słownik ~y** a biographical dictionary; **film ~y** a biographical film; a biopic pot.

biografisty|ka f sgt Literat. biography, biographical writings

biogram m (G ~u) Literat. biographical entry (in a dictionary, encyclopaedia)

bioinżynieri|a f sgt (GD ~i) bioengineering; **~a kosmiczna** astronautical bioengineering

biokatalizato|r m zw. pl biocatalyst

bioklima|t m (G ~tu) bioclimate

bioklimatologi|a *f sgt* (*GD* ~i) bioclimatology

bioklimatologiczn|y *adi.* Biol. bioclimatological

bioklimatyczn|y *adi. [warunki]* bioclimatic

biokorozj|a *f sgt* Biol., Fiz. biological corrosion

biokosmonauty|ka *f* bioastronautics (+ *v sg/pl*)

biolo|g *m* (*Npl* ~dzy a. ~gowie) biologist

biologi|a *f* [1] *sgt* (*GD* ~i) biology [2] (*Gpl* ~i) Szkol. (lekcja) biology *U*, biology class a. period

❑ ~a kosmiczna Biol exobiology; ~a molekularna Biol molecular biology

biologicz|ka *f* pot. biology teacher

biologicznie *adv.* biologically

biologiczn|y *adi. [badania, eksperyment, wiedza, atak]* biological; ~e zwalczanie szkodników biological pest control

biologistyczn|y *adi.* biologistic

biologizm *m* (*G* ~u) Psych., Socjol. biologism

biologiz|ować *impf vt* to view [sth] from a biological perspective a. within a biological context

bioluminescencj|a *f sgt* bioluminescence

bioluminescencyjn|y *adi. [reakcja, zjawisko]* bioluminescent

biom *m* Biol. (*G* ~u) biome

biomas|a *f sgt* biomass

biomechani|ka *f* biomechanics (+ *v sg*)

biometeorolo|g *m* (*Npl* ~dzy a. ~gowie) biometeorologist

biometeorologi|a *f sgt* (*GD* ~i) Meteor. biometeorology

biometeorologiczn|y *adi. [warunki, prognozy]* biometeorological

biometri|a *f sgt* (*GD* ~i) Biol. biometry, biostatistics

bionik *m* specialist in bionics

bioni|ka *f sgt* bionics (+ *v sg/pl*)

biopierwiast|ek *m zw. pl* Biol., Chem. micronutrient

biopolime|r *m zw. pl* (*G* ~ru) biopolymer

bioprą|d *m zw. pl* (*G* ~du) bio-electricity

biopsj|a *f sgt* Med. (badanie) biopsy

biorc|a *m* Med. recipient, host; ~a krwi/narządu a blood/an organ recipient

biorytm *m zw. pl* (*G* ~u) biorhythm

bios *m* (*G* ~u) Biol. bios

biosfe|ra *f* biosphere; ~ra Ziemi the Earth's biosphere

biostratygrafi|a *f sgt* (*GD* ~i) biostratigraphy

biosyntez|a *f sgt* biosynthesis

biotechni|ka *f sgt* biotechnics (+ *v sg*)

biotechnologi|a *f sgt* (*GD* ~i) biotechnology

biotechnologiczn|y *adi.* biotechnological

bioterapeuta → bioenergoterapeuta

bioterapeutyczny → bioenergoterapeutyczny

bioterapia → bioenergoterapia

biotop *m* Biol. (*G* ~u) biotope

biotyczn|y *adi.* Biol. biotic

biotyp *m* (*G* ~u) Biol. biotype

birbanc|ki *adi.* przest., żart. *[żywot]* roistering przest.

birban|t *m* przest., żart. roisterer przest.; reveller

bire|t *m* (*G* ~tu) biretta

Birma|ńczyk *m*, ~nka *f* Burmese

birmańs|ki *adi.* Burmese

bis [1] *m* [1] (*G* ~u) (utwór) encore; **wykonać/zaśpiewać/zagrać coś na** ~ to perform/to sing/to play sth as an encore [2] Muz. bis [1] *adi. inv.* (dodatkowy) **autobus linii 68** ~ bus number 68A; **PRL** ~ iron. Communist Poland all over again iron. [1] *inter.* encore!

biseks *m* (*Npl* ~i a. ~y) pot. bi pot., AC/DC pot.

biseksuali|sta *m*, ~stka *f* bisexual

biseksualizm *m sgt* (*G* ~u) bisexuality, bisexualism; **skłonności do** ~u bisexual tendencies

biseksualn|y *adi.* [1] *[skłonności, zachowania, doświadczenia]* bisexual [2] przest. (o zwierzętach, roślinach, osobach) androgynous, hermaphroditic

bisio|r *m sgt* (*G* ~ru) [1] Biol. byssus [2] Hist., Włók. byssus

biskup *m* bishop

❑ ~ koadiutor coadjutor (bishop); ~ ordynariusz ordinary; ~ rzymski the Bishop of Rome; ~ sufragan suffragan bishop, bishop suffragan

biskupi *adi. [godność, pałac]* episcopal, bishop's; **kolor** ~ amaranthine purple

biskupstw|o *n* (okręg) bishopric, diocese; (godność) bishopric

biskwi|t *m* (*G* ~tu) [1] (herbatnik) biscuit [2] Techn. (porcelana) biscuit *U*, bisque *U* [3] Szt. biscuit ware *U*

biskwitow|y *adi.* biscuit attr.

bis|ować *impf* [1] *vt* to give an encore of, to encore *[utwór, piosenkę]*

[1] *vi* to give a. perform an encore, to encore; **po koncercie piosenkarz kilkakrotnie** ~ował after the concert the singer gave several encores

bisto|r *m* (*G* ~ru) Włók. ≈ crimplene® *U*

bist|ro *n, n inv.* bistro

bisurman *m* przest., żart. (urwis) scamp pot.

biszkopcik *m dem.* sponge finger

biszkop|t *m* (*G* ~tu) (rodzaj ciasta, wypiek) sponge (cake) [2] (*G* ~ta a. ~tu) (suche ciastko) sponge finger

biszkoptow|y *adi. [ciasto, tort]* sponge attr.

bi|t¹ *m* (*G* bitu) → beat

bi|t² *m* (*G* bitu) Komput. bit

bitewn|y *adi.* książk. battle attr.; **pole** ~e a battlefield

bit|ka *f* [1] pot. (bójka) brawl; **od dzieciństwa był skory do** ~ki he was always ready a. spoiling for a fight, even as a child [2] zw. pl Kulin. *a fried cutlet made from poorer quality meat tenderized by beating*

bitnoś|ć *f sgt* przest. (żołnierza, armii, wojska) valour

bitn|y *adi. grad. [żołnierz, armia]* valorous, valiant

bitow|y¹ *adi.* pot. *[muzyka, sekcja]* beat

bitow|y² *adi.* Komput. *[układ]* bit attr.

bitumiczn|y *adi.* Chem. bituminous

bit|wa *f* [1] (starcie wojsk) battle; ~wa lądowa/morska a land/sea battle; **wydać/stoczyć** ~wę to give/do a. engage in battle; ~wa pod Grunwaldem the Battle of Grunwald; ~wa o miasto a battle for a

town [2] przen. (zorganizowana akcja) battle, fight; ~wa o klientów/głosy wyborców the battle for customers/votes [3] przen., żart. (bójka) battle, fight; ~wa na śnieżki a snowball fight

bit|y [1] *pp* → bić

[1] *adi.* [1] (ubity) *[śmietana]* whipped [2] pot. (cały) whole; **czekać** ~y **kwadrans** to wait a whole quarter of an hour; **list na** ~e **cztery strony** a letter a whole four pages long; **do miasta (jest)** ~y **kilometr** it's a whole a. good kilometre into town

biuletyn *m* (*G* ~u) (prasowy, radiowy, rządowy) bulletin; **biuro prasowe rządu wydało** ~ **o stanie zdrowia premiera** the government press office issued a statement about the prime minister's health

biuletynow|y *adi. [wydawnictwo]* bulletin attr.

biurali|sta *m*, ~stka *f* przest., iron. pen-pusher pot., paper-pusher US pot.

biur|ko *n* (~eczko *dem.*) bureau GB, desk; ~ko z mahoniu a mahogany desk; **siedzieć za** ~kiem a. **przy** ~ku to sit at a. behind a desk; **wstać zza** ~ka to get up from (behind) one's desk

■ **człowiek zza** ~ka pot., pejor. jack-in-office GB

biu|ro *n* [1] (instytucja) office; (dział) bureau; **pracować w** ~rze to work in an office [2] (miejsce, pracownicy) office; **będę czekał przed** ~rem I'll be waiting outside the office; **nasze** ~ro **przenosi się do nowych budynków** our office is moving to new premises

❑ ~ro matrymonialne marriage a. matrimonial agency a. bureau; ~ro podróży travel agency a. bureau, travel agent's GB; ~ro prasowe press office; ~ro rzeczy znalezionych lost property office; ~ro tłumaczeń translation agency a. bureau

biurokracj|a *f sgt* pejor. bureaucracy; red tape pejor.

biurokra|ta *m* pejor. bureaucrat

biurokratycznie *adv. [traktować]* bureaucratically

biurokratyczn|y *adi.* [1] pejor. (bezduszny) *[stosunki, atmosfera]* bureaucratic; ~e przepisy bureaucratic regulations; red tape pejor. [2] *[struktury, aparat]* bureaucratic

biurokratyzacj|a *f sgt* pejor. bureaucratization

biurokratyzm *m sgt* (*G* ~u) pejor. bureaucratism

biurokratyz|ować pejor. *impf* [1] *vt* to make [sth] bureaucratic *[pracę, administrację, instytucję]* ⇒ **zbiurokratyzować**

[1] **biurokratyzować się** to become bureaucratized a. bureaucratic

biurow|iec *m* pot. office block

biurow|y *adi. [lokal, praca, meble]* office attr.

biurw|a *f* pot., obraźl. officious old bag a. cow pot., obraźl.

biu|st *m* (*G* ~stu) [1] (piersi kobiece) bosom, bust; **mały/jędrny** ~st a small/firm bust; **obfity** ~st an ample a. a full bust; **obwisły** ~st a sagging bust (line); **bluzka z haftem na** ~ście a blouse with embroidery across the chest a. front [2] (rzeźba) bust; ~st z marmuru a marble bust

biustonosz *m* bra, brassiere; **rozpiąć/ zapiąć ~** to unhook a. unfasten/to fasten one's bra

biwak *m* (*G* **~u**) [1] (obozowanie) camping; **uwielbiam ~i pod gołym niebem** I love to camp under an open sky [2] (miejsce obozowania) camp; **rozłożyć się ~iem** to set up camp

biwak|ować *impf vi* (pod gołym niebem) to bivouac; (w namiotach) to camp; **~ować w lesie/nad jeziorem** to camp in a forest/at a. by a lake

biwakow|y *adi.* camp *attr.*; **~e ogniska** campfires

Bizancjum *n inv.* Hist. (miasto) Byzantium; (państwo) Byzantine Empire

bizantyjs|ki *adi.* [1] Hist. [*cesarz, sztuka*] Byzantine [2] książk., przen. (odznaczający się przepychem) opulent książk.; grandiose pejor.

bizantyjskoś|ć *f sgt* Byzantinism

bizantyński → bizantyjski

biznes *m* (*G* **~u**) [1] *zw. sg* (działalność, przedsięwzięcie) business; **siedzieć w jakimś ~ie** to be in some business; **pracować w jakimś ~ie** to work in some business [2] pot. (małe przedsiębiorstwo) (small) business; **~ z warzywami** a vegetable business; **mieć własny ~** to have one's own business a. firm; **prowadził mały ~** he ran a small business; **zamykam ten ~ o 16.00** I'm shutting up shop at four pot. [3] pot. (korzyść) profit; **wielkiego ~u z tego nie mam** I don't get a lot out of it; **dla mnie to żaden ~** it's just not worth my while [4] *sgt* (biznesmeni) business, business people *pl*; **ludzie ~u** business people; **środowisko ~u** the business world a. environment; **spotkanie z lokalnym ~em i przedstawicielami władz** a meeting with local business and the authorities; **obracał się w kręgach ~u** he moved in business circles [5] pot. *sgt* (sprawa) business; **to nie twój ~!** that's none of your business!; **mam do ciebie ~** there's something I want to ask you a. talk over with you

biznesmen *m* businessman

biznesmen|ka *f* pot. businesswoman

biznesow|y *adi.* business *attr.*

biznesplan *m* (*G* **~u**) środ., Handl. business plan

bizneswoman /ˌbiznesˈwumen/ *f inv.* businesswoman

bizon *m* buffalo, bison

biżuteri|a *f sgt* (*GD* **~i**) jewellery; **~a z platyny** platinum jewellery; **sztuczna ~a** costume jewellery

bla|cha *f* [1] Techn. (wyrób metalowy) metal sheet, metal sheeting *U*; (cynowa) tin *U*; **~cha cynowana** tinplate; **okuć ~chą** to plate (with metal); **pokryć dom ~chą** to put metal roofing on a house; **dom/pałac/ willa pod ~chą** a metal-roofed house/ palace/villa; **drzwi okute ~chą** a metal-plated door [2] (nakrycie pieca) hob; **postawić czajnik na ~sze** to put the kettle on the hob; **zostawić garnek na ~sze** to leave a pot on the stove; **napalić pod ~chą** to light the stove [3] Kulin. (do ciasta) baking tin; (do ciasteczek) baking tray; (do mięsa) roasting tin [4] pot. (karoseria samochodowa) (car) shell, (car) body; **ta ~cha nadaje się już tylko do wymiany** this shell's only fit for scrap

[5] *sgt* Muz. (instrumenty) (the) brass [6] *sgt* posp. (pieniądze) dough pot.; brass GB przest., pot

❑ **~ cha cienka** Techn. sheet metal; **~cha falista** Techn. corrugated iron (sheet); **~cha gruba** Techn. plate metal; **~cha platerowana** Techn. plated sheet; **~cha uniwersalna** Techn. gauge plate; **biała ~cha** Techn. galvanized sheet metal

■ **dać komuś ~chę w czoło** to slap sb on the forehead; **wykuć coś na ~chę** pot. to learn sth inside out a. by heart

blachar|ka *f sgt* pot. bodywork

blachars|ki *adi.* [*roboty, warsztat*] bodywork *attr.*

blacharstw|o *n sgt* Techn. sheet-metal work

blacharz *m* (*Gpl* **~y** a. **~ów**) [1] (samochodowy) panel beater GB; auto-body mechanic US; **pojechać do ~a** to take one's car (in) to a (repair) garage a. body shop US [2] (wyrabiający przedmioty) metalsmith; (specjalizujący się w cynie) tinsmith; (pokrywający dachy blachą) roofer [3] pot., obraźl. (policjant) pig pot., obraźl.

bladnąć → blednąć

bla|do I *adv. grad.* [1] (marnie) [*wyglądać*] pale *adi.*; **wyglądała ~dziej niż zwykle** she looked paler than usual [2] (słabo) weakly; **uśmiechnąć się ~do** to smile wanly a. weakly; **wypaść/wypadać ~do** to give a weak a. lame performance

II **blado-** *w wyrazach złożonych* pale; **bladoróżowy** pale pink; **bladoniebieski** pale blue

bladoś|ć *f sgt* paleness; **śmiertelna/trupia ~ć** deathly/deathlike pallor a. paleness

bl|ady *adi. grad.* [1] [*twarz, policzki, cera*] pale, pallid; **blady jak ściana/płótno** (as) white as a sheet; **blady jak kreda/papier** (as) white as chalk/paper; **blady jak śmierć/trup** (as) pale as death/a corpse; **blady jak upiór** (as) white a. pale as a ghost; **z każdym dniem była bledsza** she grew paler by the day; **leżała bez ruchu, bledsza niż płótno pościeli** she lay motionless, whiter than white; **blady z gniewu** pale with anger; **ogarnął go blady strach** he was gripped by an uncontrollable fear; **blady strach padł na winnych/ przestępców** the culprits/criminals were scared out of their wits a. quaking in their boots [2] (słaby) pale; wan książk.; **blade światło księżyca** the pale a. wan light of the moon; **blady uśmiech** a wan a. weak smile; **gadali/pracowali do bladego świtu** they talked/worked into the early a. small hours (of the morning); **robić coś bladym świtem** to do sth at the crack of dawn; **wyruszyli bladym świtem** they set off at the crack of dawn; **nie mieć bladego pojęcia o czymś** not to have the slightest a. foggiest idea about sth; **nie mam bladego pojęcia, kiedy wrócą** I don't have the slightest a. foggiest idea when they'll be back; **czy masz bladę pojęcie, ile to może kosztować?** żart. do you have any idea (at all) a. the slightest idea what that might cost?

■ **blada twarz** a paleface

bladziutki → bledziutki

bla|ga *f* pot. claptrap pot., baloney pot.; **mówić bez ~gi** to tell it straight pot.

blagier *m*, **~ka** *f* pot. yarn-spinner pot.; storyteller

blagiers|ki *adi.* made-up; **~kie wywody** tall stories pot., yarns pot.

blagierstw|o *n* pot. [1] (fantazjowanie) yarn-spinning *U* pot. [2] (kłamstwo) storytelling *U*

blag|ować *impf* pot. to tell stories; **~ował o swoim powodzeniu u dziewczyn** he would brag about his success with the girls

blak|nąć *impf* (**~ł** a. **~nął**, **~ła**) [*kolory, wspomnienia, zmartwienia*] to fade; **kolorowe zasłony ~ną od słońca** coloured curtains fade in the sun ⇒ **zblaknąć, wyblaknąć**

blamaż *m* (*G* **~u**) książk. discredit książk.; disgrace

blam|ować się *impf* książk. to make a fool of oneself (**wobec kogoś** a. przed kimś in front of sb) ⇒ **zblamować się**

blank *m* (*G* **~u**) [1] *zw. pl* Archit. (zakończenie murów) merlon; **~i** battlements [2] Techn. (wyprawiona skóra) saddle leather

blan|ka *f* Archit. merlon

blankie|t *m* (*G* **~tu**) [1] (do wypełnienia) form; (z nadrukiem firmy) headed writing paper a. notepaper; **wypełnić ~t** to fill in GB a. fill out US a form [2] przest. (rewers) bill of exchange

blask *m* (*G* **~u**) [1] (jasność) (bright) light *U*, brightness *U*; **~ księżyca** (glittering) moonlight; **~ gwiazd** the light a. glitter of the stars; **~ złota/luster** the glitter of gold/ mirrors; **słoneczny ~** bright a. brilliant sunlight; **w ~u słońca** in bright sunlight, in the blaze of the sun; **w ~u dnia** in the full light of day; **w ~u lampy** in the glare of the lamp; **lampa rzucała słaby/skąpy ~ na stół** the lamp cast a weak light on the table; **złocenia utraciły dawny ~** the gold pieces have lost their former shine a. brilliance; **zimny ~ diamentów** the cold glitter of diamonds [2] (wyraz oczu, twarzy) **~ gniewu** a blaze of anger; **jego oczy płonęły ~iem gniewu** his eyes blazed with anger; **jej oczy straciły dawny ~** her eyes have lost their old sparkle a. glitter; **jego oczy żarzyły się niezdrowym ~iem** his eyes glittered unhealthily; **dziwny ~ bił z jej twarzy** a strange radiance emanated from her face [3] przen. (splendor) splendour *U* GB, splendor *U* US, brilliance *U*; **jej uroda nabrała ~u** her beauty took on a new brilliance; **nazwisko poety błyszczy a. lśni pełnym ~iem** the poet's name is on everyone's lips a. is up in lights pot.; **obecność gwiazd filmowych dodawała ~u przyjęciu** the presence of the film stars added lustre a. a bit of glamour to the reception; **wrócił z wojny w ~u chwały** he returned from the war in a blaze of glory; **jako bohater wojenny chodził w ~u chwały** he was hailed as a war hero wherever he went; **przyćmić czyjś ~** to put sb in the shade, to make sb look pale by comparison

■ **~i i cienie czegoś** the good side and the bad side of sth

blastem|a *f* Biol. blastema

❑ **~a regeneracyjna** regenerative bud

blastocel *m* (*G* **~u**) Biol. blastocoel

blastome|r *m* (*G* **~ru**) Biol. blastomere

blastul|a *f* Biol. blastula

blaszak m pot. [1] (barak) (corrugated) tin hut; (szopa) tin shed; (kiosk) (corrugated) tin kiosk [2] (kubek) tin mug [3] (samochód) ≈ delivery van

blaszan|ka f tin GB, can

blaszan|y adi. [kubeł, wiadro] tin attr.; [dach] metal attr., tin attr.; [miednica] metal attr.

blasz|ka f [1] pot. (kawałek blachy) flat piece of metal; (z wybitym numerem) (metal) plate; (przy butach) steel cap, metal tip [2] zw. pl Biol. (warstwa kostek) scale zw. pl; (liścia) leaf blade; lamina spec.; (grzyba) gill [3] Geol. lamina [4] dem. pot. (do ciasta) baking tin; (do mięsa) roasting tin
□ ~ka sitowa Anat. the cribriform plate

bla|t m (G ~tu) (stołu, biurka) top; (w kuchni, w warsztacie) work surface; **stolik ze szklanym ~tem** a glass-topped coffee table; **zakupy zostawiłam na ~cie szafki kuchennej** I left the shopping on top of the kitchen cabinet

bl|ednąć impf (bladł a. blednął, bladła a. bledła, bledli) vi [1] (o kolorze skóry) to go a. turn pale, to pale; **blednąć jak ściana** to go as white as a sheet ⇒ **zblednąć** [2] (tracić intensywność) to fade, to pale; **kolory bladły z czasem** in time the colours faded; **wspomnienia bledną z upływem czasu** memories fade with time ⇒ **zblednąć**

blednic|a f sgt Med. chlorosis, green sickness

bledziut|ki adi. dem. pale, whiter than white

blef m (G ~u) sgt bluff; **pokerzysta zastosował ~, żeby wygrać** the poker player used bluff to win

blef|ować impf to bluff; **~ować przy grze w pokera** to bluff at poker

blejtram m (G ~u) Szt. (wedged a. canvas) stretcher

bleko|t m (G ~tu) Bot. fool's parsley
■ **plecie, jakby się ~tu najadł** a. **objadł** he's talking gibberish pot.

blen|da f Miner. ~da cynkowa blende, sphalerite; ~da smolista a. uranowa pitchblende

bleze|r m (G ~ra a. ~ru) cardigan; ~r z dekoltem w serek a V-necked cardigan

blicht|r m (G ~ru) sgt książk. show U, sham C/U; **skusił go ~r wielkiego miasta** he was tempted by the glitter a. lights of the big city

blin m zw. pl (A ~a) blini

bli|ski I adi. grad. [1] (sąsiedni) close, near; ~scy sąsiedzi close neighbours, all neighbours; **kupuję gazety w najbliższym kiosku** I buy my papers at the nearest kiosk; **najbliższe okolice miasta są mi bardzo dobrze znane** I know the city's immediate environs very well; **w ~skim sąsiedztwie** in the (immediate) vicinity [2] (niedaleki w czasie) (w przeszłości) [czasy, lata] recent; (w przyszłości) immediate; **wydarzenia ~skie naszym czasom** events occurring not long ago a. in the recent past; **trzy wypadki kolejowe w ~skich odstępach** three railway accidents at short intervals; ~skie plany immediate plans, plans for the near future; ~skie zamiary immediate intentions; **najbliższa przyszłość** the near(est) a. immediate future; **najbliższe**

zadania immediate tasks [3] (serdeczny, zażyły) [przyjaźń, stosunki, znajomość] close; ~ski przyjaciel/znajomy a close friend/acquaintance; ~ska współpraca close co-operation a. collaboration; **najbliżsi współpracownicy/koledzy** one's closest co-workers; ~ski krewny a close relative a. relation; (czyjaś) ~ska rodzina sb's close a. immediate family; **zaprosił tylko najbliższą rodzinę/tylko bliskie osoby** he only invited (his) close family/invited close friends and family; ~skie pokrewieństwo close blood ties, a close blood relationship; **ta sprawa jest ~ska memu sercu** it's a cause/subject (very) close to my heart; **z biegiem lat stał mi się bardzo ~ski** he became very dear a. close to me over the years; **utracił wszystko, co było mu ~skie i drogie** he lost everything (that was) near and dear to him [4] (zbliżony) close; ~ski związek a close connection a. relationship; **między tymi sprawami zachodzi ~ski związek** there's a close connection between the two things; **wartości ~skie zeru** values close to zero; **sceny filmowe ~skie realiom** realistic film scenes; **hipoteza ~ska/bliższa prawdy** a hypothesis close/closer to the truth; **być ~skim płaczu** to be close to tears, to be on the verge of tears; **być ~skim omdlenia/załamania** to be close to fainting/a breakdown, to be on the verge of fainting/a breakdown; **być ~skim zwycięstwa** to be close to winning a. victory, to be on the verge of winning a. victory; **nasze stanowiska są w istocie bardzo ~skie** actually our positions are very close (on this issue); **obyczaje ~skie polskiej tradycji** customs close to Polish tradition; **występ łyżwiarki był ~ski ideału** the skater's performance was almost perfect a. close to ideal; **patrzył na mnie w sposób ~ski politowania** he looked at me with an expression bordering on pity
II bliższy adi. comp. pot. ~sze szczegóły/informacje further details/further a. detailed information; **czy wiesz coś ~sze go o tej książce?** do you know something more about that/this book?; **podaj mi jakieś ~sze szczegóły na temat wyjazdu** tell me about the trip in greater detail; **przy ~szym poznaniu** on closer acquaintance; **mają teraz czas na ~sze poznanie (się)** now they have time to get to know one another better
III bliscy, najbliżsi plt family and friends, loved ones; **być z dala od rodziny i ~skich** a. **najbliższych** to be far from family and friends; **spędzać święta Bożego Narodzenia w gronie najbliższych** to spend Christmas with family and friends
■ ~sza ciału koszula niż sukmana przysł. close sits my shirt, but closer my skin przysł., przest., near is my shirt, but nearer is my skin przysł., przest.

bli|sko II adv. grad. [1] (w przestrzeni) (w pobliżu) close, near; **mieszkali ~sko parku** they lived near the park; **dzieci bawiły się ~sko** the children were playing nearby; **nie podchodź za ~sko** don't come too close a. near; **dom był już ~sko** we/they were already close to home; **stąd masz/jest**

już ~sko it's not far from here; **mieszkać ~sko od szkoły** to live close to school a. near the school; **sklep jest ~sko od stadionu** the shop is close to a. near the stadium; **mam ~sko od** a. **do dworca, więc nie jeżdżę samochodem** I live close to the station, so I don't go by car; **stałem ~sko płotu** I was standing near a. by the fence; **stoisz zbyt ~sko urwiska** you're too close to a. near to the precipice; **siedział ~sko niej** he was sitting right up close to her; **sędzia był ~sko akcji** the referee was on the spot; **z rynku było wszędzie ~sko** the market place was centrally located; **przez las jest ~sko nad jezioro/na plażę** it's close to the lake/beach when you go through the forest; **stąd jest znacznie ~żej** it's much nearer from here; **tędy jest/będzie/masz ~żej** that way it's quicker/it'll be quicker; **chciała mieszkać ~żej córki** she wanted to live closer to her daughter; **podszedł ~żej, żeby lepiej zobaczyć** he went up closer to get a better look; **tłum był coraz ~żej** the crowd was drawing closer a. nearer; **jak najbliżej** as close a. near as possible; **budynek położony najbliżej rzeki** the building standing closest to the river; ~sko osadzone oczy close-set eyes [2] (w czasie) not far off; **jesień już ~sko** autumn's not far off; **święta już ~sko** a. **coraz ~żej** Christmas/Easter is approaching fast a. getting closer and closer; **było ~sko północy, gdy usłyszał krzyki** it was close on a. just before midnight when he heard the screams; **im było ~żej jego przyjazdu, tym stawała się niecierpliwsza** the closer it got to his visit, the more impatient she became [3] (o związkach) closely; (silnie) intimately; **wpółpracować z kimś ~sko** to work closely a. in close cooperation with sb; **zetknąłem się z nim blisko na studiach** I came into close contact with him at university; **być z kimś ~sko** to be (very) close to sb, to be on close/intimate terms with sb; **w dzieciństwie byłyśmy ze sobą** a. **byłam z nią ~sko** we were close childhood friends/I was a close childhood friend of hers; **przyjaźnić się ~sko z kimś** to be sb's close a. intimate friend; **zaprzyjaźnić się z kimś ~żej** to form a. forge a close friendship with sb; ~sko związany z kimś/z czymś closely connected/linked with sb/sth; **świadek był ~sko powiązany z oskarżonymi** the witness had close links with a. was closely linked with the accused; **ta historia jest ~sko związana z wydarzeniami sprzed roku** this story is closely related to a. connected with the events of last year; ~sko spokrewniony closely related; **ludzie, którzy są ~sko prezydenta** people who are close to the president [4] przen. close; **był ~sko pięćdziesiątki** he was almost a. approaching fifty; ~żej jej do czterdziestki niż do trzydziestki she's closer to a. nearer thirty than forty; **było już całkiem ~sko do zwycięstwa** we/they were on the verge of victory; **jesteś ~sko prawdy** you're close to a. not far from the truth; **byłem ~sko ich spraw** I knew a lot about their affairs a. lives
II part. (prawie) close on, nearly; ~sko

godzinę/tydzień/rok close on a. nearly an hour/a week/a year; **~sko połowa/sto osób** nearly half the people/close on a. nearly a hundred people; **~sko pięć milionów** close on a. nearly five million; **miał ~sko 50 lat** he was almost a. approaching fifty; **znamy się ~sko 20 lat** we've known each other for close on a. almost twenty years; **wrócił po ~sko dwuletnim pobycie za granicą** he came back after almost a. nearly two years abroad **III bliżej** *adv. comp.* (lepiej) better; **poznać kogoś ~żej** to get to know sb better; **zapoznać się ~żej ze sprawą/z zagadnieniem/z dokumentami** to take a closer look at a. become better acquainted with the matter/problem/documents; **~żej nieznany/nieokreślony** unidentified/undefined; **mówili o sprawach ~żej mi nieznanych** they were talking about things I knew very little about; **wyjechał na czas ~żej nieokreślony** he went away for an indefinite period of time **IV z bliska** *adv.* [1] (z małej odległości) *[patrzeć, widzieć]* (from) close up; **z ~ska widać, że...** from close up you can see that...; **dopiero z ~ska dostrzegła, jak bardzo się zestarzał** it was only (from) close up that she noticed how he had aged; **oglądał z ~ska każdy bibelot** he examined a. inspected every trinket closely [2] (dokładnie) well; **znać się/poznać się z ~ska (z kimś)** to know/get to know (sb) well a. closely; **przyjrzeć się z ~ska czemuś** to take a good a. close a. closer look at sth

bliskoś|ć *f sgt* [1] (w przestrzeni) closeness, proximity; **w ~ci lasu** close to a forest [2] (szybkie następstwo w czasie) closeness; **czuł ~ć śmierci** he felt the closeness of death [3] (zażyłość) closeness

bliskowschodni *adi. [kraje]* Near East *attr.*, Near Eastern, Middle East *attr.*, Middle Eastern

bliskoznacznoś|ć *f sgt* closeness of meaning

bliskoznaczn|y *adi.* close in meaning; **wyrazy ~e** synonyms

bliziutko *adv. dem.* (very) close; **stał ~ koło mnie** he stood very close to me

bli|zna *f* [1] (po ranie) scar [2] Bot. cicatrix

bliźni *m* książk. neighbour; **miłość ~ego to nakaz moralny** it is a moral obligation to love one's neighbour

bliźniactw|o *n sgt* [1] (rodzenie się bliźniąt) giving birth to twins [2] (bycie bliźniakiem lub bliźniaczką) being a twin

bliźniacz|ka *f zw. pl* twin; **mieć siostrę ~kę** to have a twin sister

bliźniaczo *adv. [urządzony]* identically; **~ podobny** almost identical

bliźniacz|y *adi.* [1] (dotyczący bliźniąt) *[ciąża, brat]* twin [2] *[okręty, przedmioty]* identical [3] (złożony z dwóch części) *[dom, willa]* semi-detached

Bliźnia|k *m pers.* (Npl **~ki**) pot. (w horoskopach) Gemini

bliźnia|k II *m pers.* (Npl **~ki, ~cy**) twin; **mój brat ~k** my twin brother **II** *m inanim.* [1] (dom) semi-detached (house) GB [2] Moda twinset

bliźni|ę *n* (G **~ęcia**) zw. pl twin
❑ **~ęta dwujajowe** fraternal twins; **~ęta jednojajowe** identical twins

bln (= bilion) b.

blocz|ek *m* [1] (mały zeszyt) (note)pad, block GB [2] Techn. (maszyna) block

blok *m* (G **~u**) [1] Budow. (budynek) block (of flats) GB, (apartment) block US; **~ mieszkalny** a residential a. an apartment block [2] (bryła) block; **~ chałwy** a block of halva; **~ lodowy** a. lodów a block of ice cream; **~ granitu** a. granitowy a block of granite, a granite block; **~i skalne** blocks of rock [3] (wydzielone miejsce) block; **~ operacyjny** Med. an operating block a. wing [4] Radio,TV (zbiór) block [5] (zeszyt) pad, block GB; **~ rysunkowy** a drawing a. sketch pad, a sketching block GB [6] Polit. (unia) bloc; **~ narodowodemokratyczny** a national democratic bloc; **~ północnoatlantycki** the North Atlantic bloc(k) [7] (barak) barracks (block); **wyprowadzono więźniów z ~u** the prisoners were led out of the block [8] Techn. block; **~ napędowy samochodu** a car's cylinder a. engine block [9] Med., Psych. block, blockade; **~ emocjonalny** an emotional block, stop [11] Sport (urządzenie na bieżni) (starting) block zw. pl; **~i startowe** starting blocks; **zawodnicy ustawili się w ~ach** the athletes settled into the starting blocks [12] Druk. book block [13] Kolej. block signals
❑ **~ śmierci** death row; **~ zasilania** Techn. power amplifier, power unit

bloka|da *f* [1] (izolacja) blockade; **~da lądowa/powietrzna/morska** a land/an air/a sea blockade; **~da ekonomiczna** an economic embargo a. blockade; **~da portu/drogi** a port/road blockade [2] Druk. block [3] Kolej. block system [4] Med. nerve block, blockade; **~da chemiczna** (a) chemical blockade [5] Sport (gra obronna) block, stop [6] Techn. block; **~da zapłonu** Aut. an immobilizer; **~da kierownicy** Aut. a steering lock [7] (psychiczna) (mental a. psychological) block [8] (uniemożliwianie) block(ing); **~da konta** a. **rachunku** a block on an account; **nie mogła podjąć pieniędzy z powodu ~dy konta** she couldn't withdraw any money, as her account had been blocked

blokdiagram *m* (G **~u**) Geog. cross-sectional diagram

blok|ować *impf* **II** *vt* [1] (utrudniać przejście) to block *[przejście, dojazd]* ⇒ **zablokować** [2] Sport to block *[podanie]*; to stop *[piłkę, krążek]* ⇒ **zablokować** [3] (utrudniać) to obstruct; **brak środków finansowych ~uje plany rozbudowy śródmieścia** a lack of money is holding up plans for rebuilding the city centre ⇒ **zablokować** [4] (powodować zaprzestanie działania) to stop *[licznik, urządzenie]*; to jam *[mechanizm, drzwi]* ⇒ **zablokować** [5] (niepotrzebnie zajmować miejsce) to take up space; **on nie nadaje się do pracy, tylko ~uje etat** he can't do the work, he's just keeping somebody else out of a job; **cały dzień ~ował telefon swoimi rozmowami z dziewczyną** he hogged the phone all day with his calls to his girlfriend ⇒ **zablokować** [6] (uniemożliwiać kontakty) to blockade *[państwo, teryto-*

rium] ⇒ **zablokować** [7] Fin., Księg. to block, to freeze *[konto]* ⇒ **zablokować**
II *vi* [1] Sport (w siatkówce) to block [2] Druk. to block
III blokować się to jam ⇒ **zablokować się**

blokowisk|o *n* pejor. high-rise a. tower block GB housing estate

blokow|y II *adi.* [1] (dotyczący budynku) block *attr.*; **zabudowa ~a** ≈ high-rise building [2] (połączony) modular; **nauka systemem ~ym** a modular learning system
II blokow|y *m*, **~a** *f prisoner acting as a barrack warden in a concentration camp*

blond *adi. inv. [włosy, wąsik, warkocz]* blond(e), fair; *[osoba]* blond(e), fair-haired; **włosy koloru ~** blonde hair; **zrobiła się na ~** she dyed her hair blonde

blondas *m* (**~ek** dem.) pot. blonde (person), fair-haired person; (dziecko) blond(e) boy/girl

blondyn *m* blonde (man), fair-haired man; **świński ~** pot., obraźl. ≈ blondie pot.

blondyn|a *f augm.* blonde

blondyn|ek *m dem.* blond(e) boy, fair a. fair-haired boy

blondyn|ka *f* (**~eczka** dem.) [1] (kobieta) blonde, fair-haired woman; **jasna/ciemna ~ka** a light/dark blonde [2] przest. (wesz) louse, nit [3] żart. (świniak) piglet, porker

blot|ka *f* Gry plain card; **miał same ~ki** he didn't have any high cards

blues /blus/ *m* (A **~a**) Muz. blues U

bluesowo /blu'sovo/ *adv. [śpiewać]* in blues style, in a blues way

bluesow|y /blu'sovɪ/ *adi.* Muz. *[utwór, piosenka, melodia]* blues *attr.*, bluesy; **zespół ~y** a blues group a. band

bluff /blef/ → **blef**

bluffować /ble'fovatɕ/ → **blefować**

bluszcz *m* (G **~u**) Bot. ivy U; **trujący ~** poison ivy
■ **kobieta ~** a clingy a. clinging woman

bluszczowa|ty *adi.* [1] *[roślina]* climbing, creeping; *[pnącza]* ivy [2] książk., przen. (niesamodzielny) *[natura]* clingy

bluszczowoś|ć *f sgt* clinginess

bluszczow|y *adi.* [1] (z bluszczu) *[wieniec, altana]* ivy [2] książk., przen. (bezradny) *[natura, dusza]* clingy, clinging

bluz|a *f* [1] (sportowa, dresowa) sweatshirt, tracksuit top [2] (robocza) top; **~a harcerska** a scout shirt

bluzecz|ka *f* (dziecięca) top; (jedwabna) blouse; **~ka na guziczki** a top with buttons, a buttoned top

bluzgać *impf* → **bluznąć**

bluzg|i *plt* (G **~ów**) pot. insults; **rzucać ~i na kogoś** to hurl a. fling insults at sb

bluznąć *impf* → **bluznąć**

bluz|ka *f* (jedwabna, bawełniana) blouse; (sportowa) top; **~ka z jedwabiu** a silk blouse; **żółta ~ka z łódkowym dekoltem** a yellow boat-neck top; **~ka koszulowa** a shirt-blouse

blu|znąć, blu|zgnąć *pf* — **blu|zgać** *impf* [1] (**~źniesz** a. **~zgniesz, ~z(g)nęła, ~z(g)nęli** — **~zgam**) *vi* [1] *[płyn]* to spurt, to spout; **z kranu ~znęła brudna woda** dirty water spurted a. spouted out of the tap; **krew ~zgała z rany** blood was spurting a. spouting out of the wound; **~znęła**

B

mu winem prosto w twarz she threw her (glass of) wine a. tossed her wine in his face; **~zgać jadem/nienawiścią** przen. to spout venom/hatred przen. [2] pot. (kląć) to swear; **stali tam i ~zgali wulgarnymi słowami na przechodzących ludzi** they stood there showering abuse on passers-by

bluźni|ć impf vi [1] (uwłaczać) to blaspheme; **~ć przeciwko komuś/czemuś** to blaspheme against sb/sth; **nie ~j Bogu!** don't blaspheme (against God)! [2] (przeklinać) to swear

bluźnierc|a m blasphemer

bluźnierczo adv. blasphemously; **jego słowa zabrzmiały ~** his words sounded blasphemous

bluźniercz|y adi. [okrzyki, słowa, wypowiedź] blasphemous

bluźnierstw|o n blasphemy; **rzucać ~a** a. **~ami** to curse and blaspheme; **~o przeciwko Bogu/religii/prawdzie** (a) blasphemy against God/religion/the truth

bł. (= błogosławiony)

błaga|ć impf vt to beg; to implore książk.; **~ć kogoś o przebaczenie** to beg sb for forgiveness; **~ć pomocy** to beg for help; **~ła o litość dla swoich dzieci** she begged for mercy for her children; **~łam go, żeby nie wychodził** I begged a. implored him not to go

błagalnie adv. [patrzeć, prosić] imploringly książk., beseechingly książk.; beggingly; **~ wyciągnięte ręce** beseechingly outstretched hands; **modliła się ~** she prayed imploringly a. earnestly; **spojrzała na niego ~** she looked at him imploringly a. beseechingly

błagaln|y adi. [prośba, modlitwa, list] imploring książk., beseeching książk.; **peszył mnie jego ~y wzrok** I was put off by his imploring a. beseeching look; **wpatrywał się w nią ~ym wzrokiem** he gazed at her imploringly

błahost|ka f książk. trifle; **pokłócili się o zupełną ~kę** they fell out over a mere trifle; **to zadanie to dla mnie ~ka** this problem's a piece of cake (for me)

błahoś|ć f sgt. triviality; **~ć tematu** the triviality of the subject a. matter

błah|y adi. grad. książk. [przyczyna, sprawa] trivial, trifling; **powód kłótni był zupełnie ~y** the argument was caused by something completely trivial; **podał jej masę ~ych informacji** he gave her a whole load of trivial information pot.

błam m (G ~u) (karakułowy, z jagniąt) fur lining

bławat|ek m (A ~ek a. ~ka) dial. cornflower, bluebottle; **miała oczy jak ~ki** she had cornflower-blue eyes

bła|zen m (Npl ~zny a. ~źni) [1] (w cyrku) clown; **występ ~znów** a clown act [2] pejor. (zachowujący się niepoważnie) fool pejor., clown pejor.; buffoon przest., pejor.; **robić z siebie ~zna** to make a fool of oneself; **wyjść na ~zna** to look like a fool; **zadając to pytanie, wyszedł na ~zna** he looked like a right fool, coming out with a question like that [3] Hist. (trefniś) fool, jester; **~zen nadworny** a court jester

błazena|da f książk., pejor. tomfoolery U pejor., buffoonery U pejor.; **twoje zacho-**

wanie to czysta ~da your behaviour is completely idiotic

błazeńs|ki adi. pejor. [strój, mina, czapka] clownish pejor.; buffoonish przest., pejor.; **~kie wygłupy** clownish a. idiotic pranks; **stroić ~kie miny** to make funny faces

błazeńsko adv. pejor. [śmiać się] clownishly pejor., in a foolish a. idiotic way pejor.; **~ niedorzeczny pomysł** an utterly ludicrous idea; **zachował się zupełnie ~** he acted like a complete idiot

błazeństw|o n (wygłupianie się) tomfoolery U pejor., idiotic behaviour U pejor.; **ciągle wyprawiał jakieś ~a** he was always doing something idiotic a. ridiculous; **twoje zachowanie to czyste ~o** the way you're acting is just a. utterly ridiculous

błazn|ować impf vi pejor. (wygłupiać się) to clown about a. around pejor., to play a. act the fool pejor.; **~ować na lekcji** to act the goat in class pot.

błaź|nić się impf v refl. pejor. to make a fool of oneself; **~nić się wobec kogoś a. przed kimś** to make a fool of oneself in front of sb; **~nić się w czyichś oczach** to make a fool of oneself in sb's eyes ⇒ **zbłaźnić się**

błą|d m (G błędu) [1] (pomyłka) mistake, error; **błąd ortograficzny/interpunkcyjny** a spelling/punctuation mistake; **błąd rachunkowy a. w obliczeniach** a miscalculation; **błąd wymowy a. w wymowie** a pronunciation error, an error in pronunciation; **zrobić/popełnić błąd** to make a mistake a. an error; **poprawić błąd** to correct a. rectify a mistake; **list roił się od błędów** the letter was full of mistakes; **czeski błąd** transposition of characters; **błąd zecerski** a typo pot. [2] (złe postępowanie) mistake; **błędy wychowawcze** mistakes in upbringing; **błędy młodości** the sins of youth; **błąd w sztuce** a professional error, professional incompetence; **błąd polityczny** a political mistake a. error; **zrobić/popełnić błąd** to make a mistake; **popełnił fatalny błąd, rezygnując z pracy** he made a fatal mistake leaving his job; **naprawić błąd** to rectify a mistake; **pozwól mi naprawić moje błędy** just let me make up for my mistakes; **przyznać się do błędu** to admit to having made a mistake; **po wielu latach wreszcie przyznał się do błędu** many years later he admitted the error of his ways; **wyznać komuś swoje błędy** to confess one's mistakes to sb; **wybaczyć komuś błędy** to forgive sb's mistakes a. sb for their mistakes; **uczyć się na błędach** to learn by a. from one's (own) mistakes; **uczyć się na cudzych błędach** to learn from the mistakes of others; **powtarzać stare błędy** to repeat a. to make the same (old) mistakes; **przyczyną wypadku był błąd człowieka** the accident was caused by human error [3] (fałszywe przekonanie) misconception, misapprehension; **być w błędzie** to be mistaken; **wykorzenić błędy** to eradicate mistakes a. misconceptions; **trwać w błędzie** to be (labouring) under a misapprehension; **wprowadzić kogoś w błąd** to mislead sb; **wyprowadzić kogoś z błędu** to put sb right; **lepiej nie wyprowadzać ich z błędu** I don't think it's

worth putting them right a. enlightening them iron. [4] (zły wynik, złe wskazanie) error; **błąd statystyczny** a statistical error; **błąd metody** a methodological error; **błąd odczytu** a misreading; **błąd aparatury** a mechanical error; **margines błędu** a margin of error

błą|dzić impf vi [1] (szukając drogi) to wander about a. around, to wander around a. go round in circles; **~dzić po lesie** to wander around in the forest; **~dzić uliczkami nieznanego miasta** to wander around lost in the backstreets of a strange town; **~dził, nie mogąc trafić do hotelu** he wandered around in circles, unable to find the hotel; **~dziła w ciemnościach, szukając kontaktu** she stumbled around in the dark, looking for the light switch ⇒ **zabłądzić** [2] (chodzić bez celu) to wander, to roam; **lubił ~dzić pustymi ulicami** he loved to wander a. wandering the empty streets; **mucha ~dziła po suficie** a fly wandered (all) over the ceiling [3] przen. (robić coś bezmyślnie) to wander, to roam; **~dzić gdzieś myślami** to let one's thoughts wander; **~dzić wokół tematu** to skirt around the subject a. issue; **uśmiech ~dził mu po twarzy** a smile played on his face; **~dziła oczami a. wzrokiem po twarzach zebranych** her eyes wandered a. roamed over the faces of the guests [4] (mylić się) to go astray, to be mistaken; **~dził w swym rozumowaniu** he was mistaken in his reasoning; **~dził w swych dociekaniach** he went astray in his research a. investigation; **w młodości ~dziła** she went astray a. lost her way in her youth; **~dzić jest rzeczą ludzką** to err is human ⇒ **zbłądzić**

błąka|ć się impf v refl. [1] (tułać się) to wander, to roam; **~ć się od wsi do wsi** to roam from village to village; **po ulicach ~ją się bezdomne psy** stray dogs roam the streets ⇒ **zabłąkać się** [2] (błądzić) to wander; **~ć się po lesie** to wander in the forest [3] przen. **różne myśli ~ły mu się po głowie** various thoughts were going a. wandering through his mind; **na jej twarzy ~ł się uśmiech** a smile played on her face

błędnie adv. [1] (nieprawidłowo) [wypełnić, napisać] incorrectly, wrongly; **~ obliczyć coś** to miscalculate sth; **~ obliczył dochód** he calculated his earnings a. income incorrectly; **~ zapisał jej telefon** he didn't write down her number correctly [2] (nieprzytomnie) vacantly, blankly; **patrzył ~ przed siebie, nikogo nie poznając** he stared a. looked blankly ahead without seeing anyone

błędnik m [1] Anat. (część ucha) labyrinth [2] Ogród. (labirynt) maze

błędnikow|y adi. Med. [objawy] labyrinthine

błędnoś|ć f sgt incorrectness; fallaciousness książk.

błędn|y adi. [1] (niepoprawny) [odpowiedź] incorrect, wrong; [założenie, hipoteza] false; erroneous książk.; [rozumowanie] unsound; fallacious książk.; **~y domysł** a misapprehension, a false conjecture; **~e mniemanie** a misconception, a misguided opinion; **~e obliczenie** a. **~y wynik**

a miscalculation, a faulty calculation; **~e użycie wyrazu** misuse a. incorrect use of a word 2 (nieprzytomny) [spojrzenie] vacant, blank; **patrzył na nią ~ym wzrokiem** he looked at her with a vacant stare; **miała ~e, nieprzytomne oczy** she had blank, vacant eyes; **chodził jak ~y, nie wiedząc, co robić** he walked around in a daze, not knowing what to do

błęki|t m (G ~tu) 1 książk. (kolor) blue C/U; **~t morza/nieba/jej oczu** the blue of the sea/the sky/her eyes; **ubierać się w ~ty** to wear blue(s) a. to dress in blue(s); **w tym sezonie ~ty są znowu modne** this season blues are again fashionable a. in fashion 2 sgt książk. (niebo) sky; the blue książk. 3 (barwnik) blue U
❑ **~t indygowy** Chem. indigo; **~t kobaltowy** cobalt blue; **~t metylenowy** Chem. methylene blue; **~t pruski** Chem. Prussian blue

błękitnawo adv. [świecić, mienić się] with a bluish tinge; **jezioro połyskiwało ~** there was a bluish shimmer on the lake

błękitnaw|y adi. [mgiełki, cienie] bluish

błękitnie adv. grad. bluely; **rzeka błyszczała ~** the river shone blue

błękitno II adv. bluely; **pomalować coś na ~** to paint sth blue

III **błękitno-** w wyrazach złożonych **błękitnoszary/błękitnozielony** bluish grey/green; **błękitno-biały** blue and white; **błękitnooki/błękitnoskrzydły** blue-eyed/blue-winged

błękitność f sgt blueness

błękitn|y adi. sky blue, light blue; **~e niebo** the blue sky; **w jego żyłach płynie ~a krew** przen. he has blue blood in his veins przen.

bło|cić impf II vt to muddy [podłogę, buty, płaszcz]; **~cić korytarz** a. **w korytarzu** to muddy the corridor, to make the corridor muddy; **zdejmij buty, strasznie ~cisz!** take your shoes off, you're leaving a trail of mud behind you! ⇒ **ublocić, zabłocić**
II **bło|cić się** 1 (brudzić siebie samego) to get muddy a. dirty ⇒ **ublocić się, zabłocić się** 2 (być błoconym) [ubranie, buty] to get a. become muddy; **strasznie się ~ci w korytarzu** pot. the corridor's getting all muddy ⇒ **ublocić się, zabłocić się**

błock|o n sgt pot. mud

bło|gi adi. [nastrój, spokój, sen] blissful; **na jego twarzy zagościł ~gi uśmiech** a blissful a. beatific smile materialized on his face; **dnie spędzał w ~gim lenistwie** he spent whole days in blissful idleness

błogo adv. [uśmiechać się, spać] blissfully; [czuć się] blissful adi.; **po obiedzie poczuł się ~** after dinner he felt wonderful

błogosław|ić impf II vt 1 (czynić znak krzyża) to bless; **ksiądz ~ił młodą parę/przyniesione dary** the priest blessed the newlyweds/the offerings ⇒ **pobłogosławić** 2 książk. (być wdzięcznym) to be grateful (kogoś za coś to sb for sth); **~ię go za to, że pomógł mi w najtrudniejszym momencie mojego życia** I'm eternally grateful a. indebted to him for helping me at the worst moment of my life
II vi książk. (życzyć szczęścia) to give one's

blessing; **~ić czyimś planom** to give one's blessing to someone's plans

błogosławieństw|o n 1 Relig. (obrzęd) blessing; benediction U książk.; **udzielić ~a** to administer a blessing; **w geście ~a** in a gesture of benediction; **wypowiedzieć ~o** to pronounce a blessing a. benediction 2 (życzenie szczęścia) blessing; **matczyne/ojcowskie ~o** maternal/paternal blessing; **prosić kogoś o ~o** to ask for sb's blessing; **matka dała mu swoje ~o** his mother gave him her blessing 3 (łaska) blessing; **prosić Boga o ~o dla całej rodziny** to ask for God's blessing on the whole family 4 (dobrodziejstwo) blessing; **późne macierzyństwo było dla niej ~em** late motherhood came as a blessing for her 5 pot. (zgoda) blessing przen.; okay pot.; **mam ~o szefowej na kupno nowego faksu** I've got the boss's okay to buy a new fax machine
❑ **osiem ~** the Beatitudes

błogosławi|ony II pp → **błogosławić**
II adi. 1 książk. (pomyślny) [czas, chwila] blessed; (zbawienny) beneficial; **zapadła ~ona cisza** (a) blessed silence fell; **ta pomyłka okazała się dla mnie ~ona** that mistake turned out to be a blessing in disguise (for me) 2 (dobry, łagodny) dear, blessed; **to ~ony człowiek** s/he's a dear a. blessed creature! 3 Relig. (święty) blessed; **~eni ubodzy duchem** Bibl. blessed are the poor in spirit; **~onej pamięci** of blessed memory książk.; **w ~onym stanie** przen. pregnant; in a delicate a. an interesting condition daw.
III **błogosławi|ony** m, **~ona** f Relig. (święty) a blessed person; **~eni** the Blessed; **obrazy ~onych wisiały na ścianach** images of the Blessed hung on the walls

błogostan m (G ~u) sgt (state of) bliss; **czuł totalny ~** he felt in a state of complete a. utter bliss

błogoś|ć f sgt bliss; felicity książk.; **czuć ~ć w sercu** to feel bliss in one's heart; **ogarnęła go ~ć** he experienced a feeling of felicity

błon|a f 1 Anat. (tkanka) membrane 2 Fot. (taśma) film
❑ **~a dziewicza** Anat. hymen; **~a fotograficzna** Fot. photographic film; **~a komórkowa** Biol. cell membrane; **~a małoobrazkowa** Fot. ≈ 35 mm film; **~a płodowa** zw. pl Biol. fetal membrane, extraembryonic membrane; **~a śluzowa** Biol. mucous membrane; tunica mucosa spec.

błonia|sty adi. Biol. [twór, skrzydła, organ] membranous

błonic|a f 1 sgt Med. diphtheria; **być chorym na ~ę** to have diphtheria 2 Bot. (ulwa) ulva
❑ **~a krtani** Med. laryngeal diphtheria; **~a sałatowa** Bot. ulva lactuca

błoni|czy, ~cowy adi. [zakażenie, objawy] diphtherial, diphtheritic

bło|nie n zw. pl (Gpl ~ń a. ~ni) common (land); **~nia pod miastem** a common a. common land outside the town a. city; **~nia nad rzeką** a riverside common; **dzieci bawiły się na ~niach** the children were playing on the common

błon|ka f Biol. thin membrane

błonnik m sgt Biol. fibre GB, fiber US; cellulose spec.; **dieta bogata w ~** a high-fibre diet

błotnik m 1 (w rowerze, motocyklu) mudguard; **przedni/tylny ~** the front/rear mudguard 2 (w samochodzie) wing GB, fender US; **jakiś łobuz zarysował mi lewy ~** some hooligan scratched the left wing of my car

błotnistoś|ć f sgt (okolicy, terenu) muddiness U

błotni|sty adi. 1 (wypełniony błotem) [koleiny, kałuże, ulica] muddy; **~sta droga/łąka** a muddy road/meadow 2 (mający cechy błota) muddy; **woda miała ~stą barwę** the water had a muddy colour (to it)

błotn|y adi. 1 (wypełniony błotem) [kałuża, koleina, droga] muddy, mud-filled 2 (żyjący w błotach) [rośliny, żółw] marsh attr.; limicolous spec.; **~e ptactwo** marshbirds; **gaz ~y** marsh gas

bło|to II n sgt mud; **grząskie ~to** sticky mud; **ugrzęznąć w ~cie** to get bogged down a. stuck in some mud; **był cały utytłany ~tem** pot. he was all covered in mud; **zapadała się w ~to** she was sinking down into the mud; **brnął w ~cie po kolana** he waded knee-deep in mud
II **błota** plt marsh C/U, marshland C/U
❑ **~to lecznicze** therapeutic mud
■ **obrzucać kogoś ~tem** to throw a. fling a. sling mud at sb; **rzucać/wyrzucać pieniądze w ~to** to throw money down the drain; **zmieszać kogoś z ~tem** (naubliżać) to hurl abuse a. insults at sb; (oczernić) to drag sb through the mud, to blacken sb's name a. character a. reputation

błysk m (G ~u) 1 (odblask światła), flash, gleam; **~ pioruna** a lightning flash a. a flash of lightning; **zobaczył ją w ~u reflektorów** he saw her in the headlights 2 przen. (iskra) spark, flash; **~ wrogości/radości w czyichś oczach** a flash a. glint of hostility/joy in someone's eyes 3 pot. (szybkość) **~iem sprzątnął mieszkanie** he cleaned the flat in a flash; **„muszę się przebrać" – „ale to ma być jeden ~"** 'I have to change' – 'well, just make it snappy a. quick' 4 (połysk) shine; **wypolerować na ~** to polish sth to a shine 5 Ryboł. spinner; **łowić ryby na ~** to catch fish with a spinner

błyskać impf → **błysnąć**

błyskawic|a f 1 (błysk) flash of lightning, lightning U; **w świetle ~ widać było całą okolicę** the whole area was lit up by the lightning; **~a rozdarła niebo** lightning ripped the sky; **był szybki jak ~a** he was as quick a. as fast as lightning; **z szybkością ~y** with lightning speed; **lotem ~y** as quick as a flash; **rozchodzić się lotem ~y** [wieść, plotka, wiadomość] to spread like wildfire a. with lightning speed 2 (osoba) whirlwind; **ale z niego ~a!** he's like greased lightning pot.
■ **z oczu sypały mu się ~e** a. **jego oczy miotały ~e** his eyes flashed (with anger)

błyskawicznie adv. in a flash, with lightning speed; **podbiegł do niej ~** he raced up to her as quick as lightning; **wypadki potoczyły się ~** things progressed with alarming rapidity

błyskawiczn|y *adi. [refleks, reakcja, szybkość]* lightning; **szermierz wykonał ~e pchnięcie** the fencer made a lightning thrust; **ogień rozprzestrzenił się z ~ą szybkością** the fire a. flames spread with tremendous a. lightning speed; **po wojnie wielu zrobiło ~ą karierę** after the war many had meteoric careers

błyskot|ka *f pot. (ozdoba)* trinket, bauble; **lubiła obwieszać się ~kami** she liked wearing lots of baubles

błyskotliwie *adv. grad.* [1] *[rozmawiać]* brilliantly, wittily; **~ inteligentny** brilliantly a. dazzlingly intelligent; **~ napisany esej/felieton** a brilliantly written a. sparkling essay/column piece; **rozpocząć ~ karierę zawodową** to make a brilliant start to one's (professional) career; **~ zagrała rolę Ofelii** she gave a brilliant performance as Ophelia; **~ odpowiadał na pytania dziennikarzy** he answered the journalists' questions with dazzling a. incisive wit [2] *(połyskliwie)* shiningly *rzad.*, sparklingly *rzad.*; **lód lśnił a. skrzył się ~ w słońcu** the ice sparkled in the sun(light)

błyskotliwoś|ć *f sgt* brilliance, (sparkling a. brilliant) wit; **~ć wywodów/pomysłu** the brilliance of the line of argument/of the idea; **z właściwą sobie ~cią odpowiedział** he replied with characteristic wit

błyskotliw|y *adi. grad.* (olśniewający) *[osoba]* brilliant, dazzling; *[rozmowa]* witty, sparkling; **~y umysł** a brilliant mind; **~y rozmówca** a brilliant conversationalist; **~a replika/riposta/uwaga** a witty a. brilliant retort/riposte/remark; **~y artykuł/pomysł** a brilliant article/idea; **~e rozwiązanie** a brilliant a. ingenious solution; **~e poczucie humoru** a brilliant a. sparkling sense of humour; **~e wykonanie utworu** a superb a. brilliant rendition; **~a kariera zawodowa/artystyczna/naukowa** a brilliant a. dazzling professional/artistic/academic career

błyskow|y *adi.* **światło ~e** flashlight; **lampa ~a** a flashgun; **bomba ~a** a photo flash bomb

błys|nąć *pf* — **błys|kać** *impf* (**~nęła, ~nęli** — **~kam**) **[] vi** [1] *(świecić)* to flash; *[gwiazda]* to twinkle; *[oczy]* to sparkle; **~kać złotymi zębami** to flash (one's) gold teeth; **na niebie ~nął piorun** lightning flashed in the sky; **za drzwiami ~nęło jakieś światełko** a light of some kind glimmered behind the door [2] *(wyróżniać się)* to shine; **~kać dowcipem** to be brilliantly witty; **~nął w matematyce** he shone at maths [3] *(wyrażać uczucie)* *[oczy]* to shine (**czymś** with sth) *[podnieceniem]*; to burn (**czymś** with sth) *[gniewem]*; **radość ~kała mu z oczu** his eyes shone with joy, joy sparkled in his eyes; **na moje słowa jego oczy ~nęły nienawiścią** when he heard what I said his eyes gleamed with hatred a. hate

[] **błysnąć się** — **błyskać się** *v impers.* **~nęło się** there was a flash of lightning; **~kało się bez przerwy całą noc** lightning flashed continually through the night

błyst|ka *f Ryboł.* spinner

błyszcz *m (G ~u)* [1] *Ryboł.* spinner [2] *Techn.* solution (*used for giving a gloss to hides*) [3] *(minerał)* glance *U*

błyszcząco *adv.* shinily; shiningly *rzad.*; **wypolerować buty na ~** to polish shoes to a shine

błyszcząc|y [] *pa →* **błyszczeć**
[] *adi. [kostium]* shiny

błyszcz|eć *impf* (**~ysz, ~ał, ~eli**) *vi* [1] *(świecić)* to shine; **na polach ~ały krople rosy** dewdrops glistened in the fields; **śnieg ~y w słońcu** snow sparkles in the sunlight [2] *(wywoływać zachwyt)* to radiate *vt*, to exude *vt*; **ich mieszkanie ~y bogactwem** their flat just radiates a. exudes wealth; **w dzisiejszym meczu nasz zespół nie ~ał** our team did not shine in today's match

błyszcz|ka *f Ryboł.* spinner
❑ **~ka jarzynówka** *Zool.* silver moth

błyszczyk *m (G ~u)* [1] *Kosmet.* lipgloss [2] *Ryboł.* spinner

bm. (= bieżącego miesiąca) of this month; inst. przest.

bo [] *coni.* [1] *(ponieważ)* because, as; for przest., książk.; **mów wolniej, bo nic nie rozumiem** speak more slowly, because I can't understand anything; **pewnie już wyszedł, bo jego płaszcza nie ma na wieszaku** he's probably (already) gone, because his coat's not on the hanger; **niepraktyczna, bo jasna, suknia** an impractical dress, because it's a light colour [2] *(w przeciwnym razie)* or (else), otherwise; **uważaj, bo zrobisz sobie krzywdę** be careful or you'll hurt yourself; **weź coś na uspokojenie, bo inaczej zwariujesz** take a sedative or you'll go round the bend pot.; **ścisz radio, bo można ogłuchnąć** turn the radio down or we'll all go deaf [3] *(mimo, w przeciwstawieniu)* **kobieciarz, bo kobieciarz, ale dobry człowiek** he's a womanizer, it's true a. I know, but he's a good sort; **ładna, bo ładna, ale głupia** pretty enough, but foolish with it; **rzadko, bo rzadko, ale jednak uczestniczę w tych zebraniach** I don't attend the meetings often, it's true, but I do go

[] *part.* [1] pot. *(przeczące)* **bo ja wiem?** I don't really know; **bo to prawda?** is that really true?; **bo on zapłacił?** he didn't pay, did he?, you mean he actually paid?; **a bo to źle być dzieckiem?** is it so bad a. that bad, being a child? [2] pot. *(wyrażające bezcelowość)* **nie odpowiedziałem mu, bo i po co?** I didn't answer him – what's the point?; **przestali mówić, bo i o czym?** they stopped talking, I mean what could they say? a. what was there to say?; **zabrałem ich do siebie, bo niby gdzie mieli pójść?** I took them to my place, (I mean) where else could they go?

[] **(a) bo co?** *inter.* pot. why?; **„mówił coś o mnie?" – „a bo co?"** 'did he say something about me?' – 'why do you ask?' a. 'why, what if he did?'; **„nie stój tutaj" – „a bo co?"** 'don't stand here' – 'why shouldn't I?' a. '(and) why not?'

boa [] *m inv. Zool. (wąż)* boa
[] *n inv. (szal)* boa; **~ z piór** a feather boa
❑ **~ dusiciel** *Zool.* boa constrictor

boazeri|a *f (GDGpl ~i)* wood(en) panelling *U*; **~a z sosny** pine panelling; **ułożyć ~ę** to install wood panelling; **ściana wyłożona ~ą** a panelled wall

boazeryjn|y *adi. [drewno, deska, płyta]* panel *attr.*

bobas *m (~ek dem.)* pot. (tiny) tot pot.

bob|ek *m zw. pl (grudka odchodów)* **kozie/owcze ~ki** goat/sheep droppings

bob|er *m sgt (G ~ru)* dial. broad bean *C/U*

bobkow|y *adi. [wieniec, gałąź, liść]* laurel *attr.*, bay *attr.*

bobo *n inv.* pot., pieszcz. (tiny) tot

bobr|ować *impf vi* [1] pot., żart. *(szperać)* to rummage (**po/w czymś** through sth); to ferret about a. around; **ktoś ~ował w moich rzeczach** somebody's been going through my things [2] Myślis. *[pies]* to quest (**za czymś** after/for sth)

bobrow|y *adi.* [1] *[sierść, gniazdo]* beaver's [2] *[kołpak, futro]* beaver *attr.*

bobrz|y *adi. [siedlisko]* beaver's; *[osady]* beaver *attr.*

bobslei|sta *m* bobsleigh rider, bobsledder; **drużyna amerykańskich ~stów** an American bobsleigh team

bobslej [] *m (G ~ja a. ~ju, Gpl ~jów a. ~i)* Sport bobsleigh, bobsled; **kierować ~jem** to steer a bobsleigh; **jeździć na ~jach** to ride a bobsleigh
[] **bobsleje** *plt (dyscyplina)* bobsleigh, bobsledding

bobslejow|y *adi.* bobsleigh *attr.*; **czwórki/dwójki ~e** *(konkurencja)* two-man/four-man bobsleds; **sanie ~e** a bobsleigh, a bobsled; **tor ~y** a bob(sleigh) run

boch|en *m augm.* a (large) loaf (of bread)

bochen|ek *m* a loaf (of bread)

bocian *m* [1] *Zool.* stork; **mieć nogi jak ~** to have legs like a stork [2] *Techn.* a bar and knee turning tool
❑ **~ biały** *Zool.* white stork; **~ czarny** *Zool.* black stork
■ **wierzyć w ~y** to believe that storks bring babies

bociani *adi.* [1] *[klekot]* stork's; *[piskle]* stork *attr.*; **~e gniazdo** a stork's nest [2] przen. *[krok]* stork-like, storkish; **przechadzał się na swoich długich ~ch nogach** he was walking around on his long, stork-like a. spindly legs

bocianiąt|ko *n dem.* pieszcz. baby stork

bocianic|a *f* female stork

bocia|niec *m Żegl.* crow's nest

bocianię *n (G ~ęcia)* stork nestling

bo|ciek *m* pot. stork

bocz|ek [] *m (G ~ku)* [1] *dem.* side; **na ~ku** on the side pot.; **zarabiać na ~ku** to earn something on the side; **robić interesy na ~ku** to do business on the side a. under the counter [2] *Kulin.* bacon *U*; **jajka na ~ku** eggs fried with bacon; **jajecznica z ~kiem** scrambled egg(s) and bacon [3] *Druk.* marginal title, side-heading
[] **boczki** *plt* pot. illegal income
[] **boczkiem** *adv.* stealthily; **zerkać na kogoś/coś ~kiem** to look at sb/sth out of the corner of one's eye; **wymknąć się ~kiem** to steal away; to slope off pot.

bocznic|a *f* [1] *Kolej.* siding; **pociąg zjechał na ~ę** the train pulled into a siding [2] *(boczna ulica)* side street; *(boczna droga)* side

B

road, byroad; **skręciła w ~ę** she turned into a side street [3] Med. ≈ collateral vessel
bocznie *adv.* laterally
bocznik *m* Elektr. shunt
boczn|y *adi. [ulica, wejście, kieszeń]* side *attr.*; **~y wiatr** a crosswind; **lusterko ~e** a wing mirror; **~a linia boiska** a sideline; **nawa ~a** an aisle; **jechał ~ymi drogami** he took the back roads; **wszedł ~ymi drzwiami** he came in by a side entrance; **~e skrzydło dworu spłonęło** the side wing of the palace burnt down
bocz|yć się *impf v refl.* pot. to be cross pot.; **~yć się na kogoś o/za coś** to be cross with sb about/for sth
boć *coni.* przest., książk. because, since; for przest., książk.
boćwina → botwina
boćwinka → botwinka
bodaj [I] *part.* [1] (chyba) maybe, perhaps; **widziałem go ~ trzy tygodnie temu** I saw him maybe three weeks ago; **to ~ najlepszy jego film** I think it's probably a. I think perhaps it's his best film; **spotkali się ~ w Paryżu** they met in Paris, I think a. believe; **miał ~(że) jakieś kłopoty** it seems he had some problems; **był wtedy ~(że) nauczycielem** I think he was a teacher at the time [2] (przynajmniej) at least; **czy ona ~ wyszła za bogatego?** did she at least marry someone wealthy?; **pożycz mi trochę, ~ sto złotych** lend me some money, will you? – even if it's only a hundred zlotys [3] pot. (żeby) **~by wszyscy byli tacy** if only we were all like that; **~ go cholera wzięła!** damn him! pot.; **~by to piorun strzelił!** blast and bugger it! GB pot.; **~by/~byście zdechli!** I wish they'd/you'd just drop dead! pot.; **~byś kark skręcił!** obraźl. I hope you break your neck! obraźl.; **~ go tam nikt nie skrzywdził!** as long as a. just so long as no one there harms him!; **~by odpocząć choć przez tydzień!** I wish I could have a rest, even for just a week! a. even if only for a week!
[II] *coni.* (chociażby) say; **odwiedź mnie kiedyś, ~by w przyszłym tygodniu** come and see me some time, next week say a. say next week; **masz coś do czytania, ~ gazetę** have you got anything to read, a newspaper say? a. like a newspaper?
bodajby *part., coni.* → bodaj [I][3], [II]
bodajże *part.* → bodaj [I][1]
body *n inv.* (bielizna) body
bo|dziec *m* [1] (czynnik) stimulus; **bodziec fizyczny/wzrokowy/świetlny** a physical/visual/light stimulus; **pacjent nie reaguje na bodźce** the patient doesn't react to stimuli [2] (zachęta) incentive, spur (**do czegoś** to sth); **porażka stała się dla niego bodźcem do rozwoju** the defeat acted as a spur to his (further) development ❏ **bodziec bezwarunkowy** Psych. unconditioned stimulus; **bodziec podprogowy** Psych. subliminal stimulus, subthreshold stimulus; **bodziec warunkowy** Psych. conditioned stimulus; **bodźce ekonomiczne** a. **materialnego zainteresowania** Ekon. financial incentives
bodzisz|ek *m* Bot. cranesbill

bodźcow|y *adi.* [1] *[działanie, leczenie]* stimulative; **zastrzyk miał działanie ~e** the injection acted as a stimulant [2] *[system, premia]* incentive *attr.*; **~a rola podwyżki** the incentive (role) a. motivational role of a pay rise
boga|cić *impf* [I] *vt [osoba]* to enrich *[kolekcję, zbiory, słownictwo, umysł]* ⇒ **wzbogacić**
[II] **bogacić się** [1] (stawać się bogatym) to grow rich/wealthy; **~cić się na handlu** to grow wealthy through trade ⇒ **wzbogacić się** [2] (zwiększać się) to expand, to increase; **zbiory muzealne nieustannie ~cą się o nowe eksponaty** museum collections are continually expanding with new exhibits ⇒ **wzbogacić się** [3] książk. (stawać się lepszym) to enrich oneself, to grow; **~cić się w doświadczenia** to gain experience ⇒ **wzbogacić się**
bogactw|o [I] *n* [1] *sgt* (zamożność) wealth, affluence; **pracowała ciężko i szybko osiągnęła ~o** she worked hard and soon attained considerable wealth; **żył w ~ie** he lived in affluence a. opulence książk. [2] przen. (skarb) treasure, asset; **język to jedno z największych ~ narodu** its language is one of a nation's greatest treasures a. riches; **głos to całe moje ~o** my voice is my one real asset [3] *sgt* (myśli) (rich) abundance, wealth; (towarów, barw) variety, diversity; (form, kształtów) wealth, multiplicity; (języka, dźwięków) richness; (przyrody) lushness, luxuriance; **~o odcieni** a rich diversity of shades
[II] **bogactwa** *plt* [1] (kosztowności) riches; **gromadzić ~a** to accumulate a. amass riches; **odziedziczył ~a** he inherited great riches [2] (zasoby środowiska naturalnego) resources, riches; **~a naturalne** natural resources a. wealth; **~a kopalne** a. **mineralne** mineral resources a. assets
bogacz *m* (Gpl **~y**) rich a. wealthy man; **~ całą gębą** pot. a man of means, a real plutocrat
bogacz|ka *f* rich a. wealthy woman
bogat|ka *f* Zool. great tit
boga|to *adv. grad.* [1] (majętnie, zamożnie) wealthily, affluently; **ożenić się/wyjść za mąż ~to** to marry well; to marry money pot.; **żyć ~to** to live in affluence [2] (kosztownie, strojnie) richly, sumptuously; **~to odziany** richly a. sumptuously attired [3] (obficie, suto) lavishly, generously; **~to zastawiony stół** a sumptuously laid table
boga|ty [I] *adi. grad.* [1] (majętny) rich, wealthy; **~ty jak Krezus** as rich as Croesus [2] (kosztowny, wystawny) rich, sumptuous; **~ty wystrój wnętrza** the rich a. sumptuous decor of the interior; **~ty strój** rich a. sumptuous attire [3] (obfity, różnorodny) rich (**w coś** in sth); abounding (**w coś** in with sth); **~ta biblioteka** a library with rich a. extensive collections; **~te słownictwo** a rich a. an extensive vocabulary; **potrawy ~te w wapń** calcium-rich meals; **~ta osobowość** a colourful personality; **~ty w ropę naftową** oil-rich; **być ~tszym o coś nowego** to be enriched by sth new
[II] **bogaci** *plt* the rich, the wealthy
bogdan|ka *f* przest., żart lady-love przest., żart., true-love przest., żart
bogi|ni *f* goddess także przen. **~ni miłości/wojny** the goddess of love/war

bogin|ka *f* Mitol. nymph; **~ki rzek i strumieni** river and stream nymphs
bogobojnie *adv. grad.* książk. *[żyć]* piously, religiously
bogobojnoś|ć *f sgt* książk. godliness, piety
bogobojn|y *adi. grad.* książk. *[osoba]* God-fearing, pious; *[uczynki]* pious; **~e życie** a pious life
bogoojczyźnian|y *adi.* iron., pejor. *[frazesy, patriotyzm]* jingoistic
bohate|r *m* (Npl **~rowie** a. **~rzy**) [1] (narodowy, wojenny) hero [2] (powieści, filmu, sztuki) main character, hero; **~r negatywny** a villain [3] (zdarzenia) central figure; **~r dnia/wieczoru** the hero of the day/evening; **~r wielu skandali** the central figure of a. player in numerous scandals; **cichy ~r** an unsung a. a silent hero [4] Mitol. hero, demigod
bohater|ka *f* [1] (narodowa, wojenna) heroine [2] (powieści, filmu, sztuki) main character, heroine [3] (zajścia, awantury) central figure
bohaters|ki *adi. [czyn, postawa]* heroic; **po ~ku** like a hero, heroically; **znosił ból po ~ku** he bravely endured the pain
bohatersko *adv.* *[zginąć, zachować się]* like a hero, heroically; **~ stawiał czoła przeciwnościom losu** he fought valiantly against the onslaughts of fate książk.
bohaterstw|o *n sgt* heroism; **bezprzykładne ~o** unprecedented a. unparalleled heroism
bohaterszczy|zna *f sgt* iron., pejor. foolhardiness; **ich zachowanie było tanią ~zną** their conduct amounted to an act of cheap heroism
bohem|a *f sgt* książk. (artystyczna) bohemia
bohemi|sta *m*, **~stka** *f* Nauk. specialist in Czech studies
bohemistyczn|y *adi.* Nauk. *[studia]* Czech
bohemisty|ka *f sgt* Nauk. Czech studies
bohemizm *m* (G **~u**) Jęz. Czech borrowing
bohomaz *m* (G **~u** a. **~a**) pejor. daub
boiken *m* (A **~a**) Bot. Boiken (*variety of apple*)
boisk|o *n* [1] (siatkowe) court; (piłkarskie, do hokeja na trawie) pitch; (szkolne) (sports) field; **~o do piłki nożnej** a football pitch [2] (część stodoły) threshing floor
boiskow|y *adi.* field *attr.*
boj *m*
■ **mieć ~a** pot. żart. to be scared a. frightened; to have cold feet pot.
bo|ja *f* (**~jka** *dem.*) (Gpl **boi**) Żegl. buoy ❏ **boja cumownicza** Żegl. mooring buoy
boja|r *m* (Npl **~rzy** a. **~rowie**) Hist. boyar ❏ **~r putny** Hist. *free peasant in eastern Poland*
bojars|ki *adi.* Hist. boyar *attr.*
bojaźliwie *adv. grad. [patrzeć]* timidly, apprehensively; **uchyliła drzwi ~** she opened the door timidly
bojaźliwoś|ć *f sgt* timidity
bojaźliw|y *adi. grad.* (lękliwy) *[dziecko]* timid; timorous książk.; *[spojrzenie]* apprehensive, timid; (tchórzliwy) faint-hearted; soft pot.
bojaź|ń *f sgt* książk. fear (**przed czymś** of sth); **żyła w ~ni o swoje dzieci** she lived in fear for her child; **ogarnęła go ~ń** he was overcome with fear; **przejmować**

kogoś ~nią to strike sb with fear, to put the fear of God into sb pot.; **~ń Boża** the fear of God

boje|r [] *m* Sport iceboat

[] **bojery** *plt* iceboating U

bojerow|iec *m* Sport iceboater

bojerow|y *adi.* [mistrzostwa, zawody] Sport iceboating *attr.*

bojko|t (*G* **~tu**) boycott; **~t wyborów** a boycott of an election; **stosować ~t** to impose a boycott; **wzywać do ~tu** to call for a boycott; **~t towarzyski** social ostracism

bojkot|ować *impf vt* to boycott [osobę, instytucję, organizację]; (towarzysko) to ostracize, to send [sb] to Coventry GB ⇒ **zbojkotować**

bojle|r *m* (elektryczny, gazowy) boiler

bojow|iec [] *m pers.* (armed) combatant, (armed) fighter

[] *m anim.* Zool. fighting cock, gamecock

bojownicz|ka *f* (armed) combatant, (armed) fighter

bojowni|k [] *m pers.* fighter (**o coś** for sth); **~k o wolność** a fighter for freedom, a freedom fighter; **~k o niepodległość** a fighter for independence

[] *m anim.* [1] (ptak) ruff; **samica ~ka** a reeve [2] (ryba) (Siamese) fighting fish, Siamese fighter

bojowo *adv.* [1] Wojsk. operationally, militarily; **być przygotowanym ~** to be ready for battle [2] [przemawiać, zachowywać się] militantly; combatively książk.; **~ nastawieni antyglobaliści** militant antiglobalists

bojowoś|ć *f sgt* (żołnierzy) fighting spirit; (przemówienia) militant a. defiant tone; (zawodników) aggressiveness, competitiveness

bojow|y *adi.* [1] (związany z walką) battle *attr.*, combat *attr.*; **okrzyk ~y** a war a. battle cry; **pogotowie ~e** combat a. battle readiness; **szyk ~y** battle array; **samolot ~y** a fighter a. combat plane; **stanowisko ~e** action stations GB, battle stations US [2] [postawa, nastrój] militant; combative książk.; **duch ~y** fighting spirit; **minę miał niezbyt ~ą** he didn't exactly look ready to do battle

bojów|ka [] *f* hit squad; **~ki hitlerowskie** the Nazi storm-troopers; **lewicowe/prawicowe ~ki** left-wing/right-wing terrorist group

[] **bojówki** Moda combat trousers GB, combat pants US

bojówkars|ki *adi.* terrorist *attr.*, hit-squad *attr.*

bojówkarz *m* (Gpl **~y**) terrorist, hit-squad member; (hitlerowski) storm-trooper

bok [] *m* (*G* **~u**) [1] (osoby, zwierzęcia) side, flank; **coś go boli w lewym ~u** he's got some kind of pain in his left side; **przewrócił się na prawy ~** he turned over onto his right side [2] (strona) side; **na ~/na ~u** aside; **porozmawiać z kimś na ~u** to have a quiet word with sb; **zjechać na ~** to pull over to the side; **łódź ustawiła się ~iem do fali** the boat turned broadside to the waves; **na ~!** step aside! [3] (szafy, półki, stołu) side [4] Mat. side

[] **boki** *plt* pot. ≈ money earned on the side pot.; **mam teraz trochę ~ów** I've got one or two extra things on the go at the moment pot.

[] **bokiem** *adv* sideways; **ominąć coś ~iem** to sidestep sth; **patrzeć na kogoś/coś ~iem** to look askance at sb/sth

■ **brać się** a. **łapać się za ~i ze śmiechu** to clutch one's sides laughing a. with laughter; **zrywać ~i (ze śmiechu)** pot. to split one's sides (laughing); **mieć coś pod ~iem** pot. to have sth close at hand a. close by; **mieć kogoś na ~u** pot. to have sb on the side pot.; to have sb close; **odłożyć/uzbierać coś na ~u** to put a. lay sth aside; **pozostawać z ~u** to stay in the background; **robić ~ami** (o zwierzęciu) to pant; pot. to be struggling financially; **stać/trzymać się z ~u** to stand/remain on the sidelines; **trzymać się czyjegoś ~u** to remain at sb's side; **znajdować się u czyjegoś ~u** to be at sb's side; **zarabiać na ~u** pot. to make something on the side pot.; **zostawić coś na ~u** to put sth aside

bokobrod|y *plt* (*G* **~ów**) sideburns, sideboards GB

boks[1] *m sgt* (*G* **~u**) Sport boxing; **uprawiać ~ zawodowo** to box professionally

❏ **~ tailandzki** Sport Thai boxing

boks[2] *m* (*G* **~u**) (pomieszczenie) box; (stajenny) (loose) box, stall; (szpitalny, w szatni) cubicle; (w pracy) section, partition

bokse|r [] *m pers.* Sport boxer; **~r wagi ciężkiej/średniej/koguciej/muszej/piórkowej** a heavyweight/middleweight/bantamweight/flyweight/featherweight (boxer)

[] *m. anim.* (pies) boxer

boksers|ki *adi.* Sport boxing; **walka ~ka** a boxing contest, a fight

boks|ować *impf* [] *vt* to box [przeciwnika]; **zacięcie ~ował worek treningowy** he was pounding the punchbag fiercely

[] *vi* (być bokserem, walczyć) to box

[] **boksować się** to box (**z kimś** with sb)

bolącz|ka *f* pot. complaint, ill *zw. pl*; malady książk., przen.; **~ki społeczne** social ills, the ills a. maladies of society; **~ki dnia codziennego** everyday problems a. obstacles; **wysłuchiwać czyichś ~ek** to listen to sb's complaints; to listen to sb's woes żart.; **~ką szkoły jest brak sali gimnastycznej** one of the school's main problems a. deficiencies is the lack of a gymnasium

bol|ec *m* Techn. pin; (z gwintem) bolt; **połączyć coś ~cami** to bolt sth together; **nakrętki na ~ce** nuts

bol|eć[1] *impf* (**~i, ~ał**) *vi* to hurt; **od rana ~i mnie głowa** I've had a headache since this morning; **uderzyłem się i teraz ~i mnie noga** I took a knock and now my leg hurts; **~ały ją ostre słowa, które usłyszała od matki** her mother's harsh words hurt her

■ **serce ją/mnie ~i** it breaks her/my heart; **niech cię o to głowa nie ~i** pot. don't worry (your head) about it; **oczy ~ą patrzeć/spojrzeć** it's a real eyesore; **taki jaskrawy materiał, oczy ~ą na to patrzeć** it gives you a headache just looking at such garish fabric; **uszy ~ą słuchać** it's enough to give you a headache

bol|eć[2] *impf* (**~eję, ~ał, ~eli**) *vi* to worry (**nad czymś** over sth); **~eć nad czyimś losem/nieszczęściem** to bemoan someone's fate/bad luck; **~eję, że tak późno**

zdecydowaliśmy się na operację I regret that we took the decision to operate so late

bolejąco *adv.* książk. [pytać] with a pained expression

bolejąc|y [] *pa* → **boleć**

[] *adi.* [mina, spojrzenie, głos] mournful

bole|ń *m* Zool. (gatunek ryby) asp

boler|ko *n* Moda bolero (jacket)

bole|ro *n* [1] Muz., Taniec bolero [2] (kamizelka) bolero [3] (kapelusz) *a hat with raised edges and pompoms*

bolesnoś|ć *f sgt* (zabiegu) pain; (problemu) painfulness; **~ć gardła/oczu/mięśni** pain in the throat/eyes/muscles

bole|sny *adi. grad.* [1] [kuracja] painful; [rana] painful, sore; **~sne miejsce** a sore a. painful spot [2] [temat, wspomnienie] painful; [słowa] hurtful [3] [westchnienie, spojrzenie] pained, hurt

boleściwie *adv. grad.* książk. [wzdychać, spoglądać] mournfully; sorrowfully książk.

boleściw|y *adi. grad.* książk. [mina, spojrzenie, głos] mournful; woeful książk., woebegone książk.

boleś|ć [] *f sgt* książk. pain, distress; **czuła ~ć w sercu** her heart ached a. was heavy

[] **boleści** *plt* przest. (stomach) pains

■ **od siedmiu ~ci** żart. pathetic pot., pejor.; **stać/być jak posąg ~ci** to stand/be numb(ed) with pain

boleśnie *adv. grad.* [1] [uderzyć się, skaleczyć się] badly [2] [urazić] badly [3] [łkać, szlochać] pitifully, in pain

boli|d *m* (*G* **~du**) [1] (samochód) ≈ racing car [2] Astron. bolide

Boliwij|czyk *m*, **~ka** *f* Bolivian

boliwijs|ki *adi.* Bolivian

bolszewic|ki *adi.* Hist., Polit. Bolshevik

bolszewi|k *m* [1] Hist. Bolshevik [2] *zw. pl* przest., pejor. Soviet *zw. pl*

bolszewizm *m sgt* (*G* **~u**) Bolshevism

bom[1] *inter.* bim-bom! ding-dong!

bom[2] *m* (*G* **~u**) [1] Żegl. boom [2] Żegl. **~ ładunkowy** derrick a. cargo boom [3] Sport bar

bomb|a [] *f* [1] (pocisk, materiał wybuchowy) bomb; **~a głębinowa** a depth charge a. bomb; **~a pułapka** a booby trap (bomb); **podłożyć ~ę** to plant a bomb; **zrzucać ~y** to drop bombs; **~a atomowa** the atom bomb; **wpaść/wypaść jak ~a** to burst a. storm in/tear a. storm out [2] pot., przen. (sensacyjna wiadomość) bombshell; (o osobie, wydarzeniu) sensation; **ta wiadomość to była prawdziwa ~a** the news came as an absolute bombshell; **ta aktorka to ~a sezonu** this actress is the sensation of the season [3] (przedmiot o kształcie kulistym) ball [4] Kulin. bombe [5] Sport (w tenisie) rocket serve; (w siatkówce) spike; (w piłce nożnej) rocket (of a) shot, bomb of a shot

[] *inter.* pot. (that's) fantastic! pot., ace! pot.

❏ **~a cezowa** Med. caesium therapy a. telecaesium unit; **~a kalorymetryczna** Chem. bomb calorimeter; **~a kobaltowa** Med., Fiz. cobalt therapy a. telecobalt unit; cobalt bomb pot.; **~a piwa** jar GB pot.; large beer; **~a wodorowa** Chem., Techn. hydrogen bomb, H-bomb; **~a wulkaniczna** Geol. (volcanic) bomb; **~a zegarowa** time bomb także przen.; **seks-bomba** sex bomb pot.

■ **~a (poszła) w górę!** Wyś. Kon. they're off!

bombar|da f Hist. [1] (w średniowieczu) siege catapult [2] (działo) bombard

bombardie|r [I] m pers. [1] (żołnierz, stopień) (w artylerii) bombardier; (w lotnictwie) bomb-aimer GB, bombardier US [2] Hist. bombardier [3] środ., Sport ace marksman pot.
[II] m anim. Zool. bombardier beetle

bombardiers|ki adi. Lotn. bomb-aimer's GB, bombardier's US

bombard|ować impf vt [1] (zrzucać bomby) to bomb, to bombard; **nieprzyjacielskie samoloty ~owały miasto** enemy aircraft bombed the city ⇒ **zbombardować** [2] (pociskami artyleryjskimi) to shell, to bombard [3] (rzucać) to pelt; **~ować kogoś kulami śnieżnymi** to pelt sb with snowballs [4] Sport to bombard [5] przen. (niepokoić kogoś) to bombard przen., to inundate przen.; **wyborcy ~owali telefonami biuro posła** the MP's office was inundated with calls from constituents

bombardowa|nie [I] sv → bombardować
[III] n air raid, air strike

bombastyczność f sgt książk., pejor. bombast książk., pejor.; pomposity pejor.

bombastyczn|y adi. grad. [metaforyka, styl] bombastic pejor., pompous pejor.

bombaż m (G ~u) swelling a. bulging of a tin can

bombia|sty adi. [rękaw] puffed, full; [spódnica] full

bomb|ka f [1] (ozdoba) (gaudy) bauble [2] dem. (pocisk) (small) bomb

bombl|ować impf vi pot., żart. to mooch around, to loaf about

bombonier|ka f box of chocolates

bombow|iec m Lotn. bomber; **eskadra ~ców** a bomber squadron

bombow|y adi. [1] [zamach] bomb attr. [2] Wojsk. [dywizjon] bomber attr.; **nalot ~y** an air raid [3] pot. (wywołujący entuzjazm) [fryzura, książka, wiadomość] fantastic, terrific

bombram- w wyrazach złożonych Żegl. topgallant-; **bombramreja** topgallant yard; **bombramżagiel** topgallant (sail); **bombramstenga** topgallant (mast)

bon m (G ~u) [1] (talon) voucher; **~y stołówkowe** ≈ luncheon vouchers; **w nagrodę dostał ~y książkowe** he was given a. got book tokens as a prize [2] (papier wartościowy) bond, debenture US

bon|a f przest. nursemaid

bonanz|a f [1] (żyła złota) bonanza [2] pot., przen. (źródło korzyści) bonanza

bonifika|ta f [1] Handl. discount, (price) reduction; **udzielać ~ty na coś** to give a discount on sth; **sprzedawać coś z ~tą** to sell sth at a discount; **kupił pralkę z piętnastoprocentową ~tą** he bought a washing machine at a discount of 15 per cent [2] Sport bonus

bonifik|ować impf vt to give a discount on [sth]

bonifrat|er Relig. [I] m (zakonnik) Knight Hospitaller
[III] m bonifratrzy plt (zakon) the Knights Hospitallers

bonifraters|ki adi. Knights Hospitallers'

bonus m (G ~u) książk. bonus

boni|ować impf vt Budow. to rusticate

bonit|ować impf vt Roln. ≈ to grade [gleby, drzewostan, zwierzęta hodowlane]

bonusow|y adi. książk. bonus attr.

bonz|a m [1] Relig. bonze (a Buddhist monk or priest) [2] przen., pejor. apparatchik pejor.; mandarin przen., pejor.

bonżur|ka f przest. smoking jacket

boogie-woogie /ˌbugiˈwugi/ n inv. Muz., Taniec boogie-woogie; **tańczyć boogie-woogie** to do the boogie-woogie

bookmacher /bukˈmaxer/ → **bukmacher**

boom /bum/ m (G ~u) Ekon. boom; **~ inwestycyjny** an investment boom; **kraj przeżywa ~ gospodarczy** the country is going through an economic boom

BOR m sgt (G **BORU**) (= Biuro Ochrony Rządu) Government Security Agency, Secret Service US

boraks m sgt (G ~u) Chem. borax
❑ **~ rodzimy** Geol., Miner. borax ore; tincal spec.

boraksow|y adi. [mydło] borax attr.

bordo [I] n inv. [1] Wina Bordeaux (wine) [2] (kolor) claret
[III] adi. claret, claret-coloured

bordowo adv. **ubierać się na ~** to wear claret

bordow|y adi. claret, claret-coloured

borelioz|a f sgt Med., Wet. Lyme disease

borg|ować impf vt przest. to give [sth] on credit, to give [sth] on tick GB

born|y adi. inv. boric, boracic

boromeusz|ka [I] f Sister of St Charles Borromeo
[III] f **boromeuszki** plt (zgromadzenie) Sisters of St Charles Borromeo

bor|ować impf vt to drill [ząb]; **bać się ~owania** to be afraid of the dentist's drill

borowik m Bot. boletus a. cep (mushroom), porcini mushroom
❑ **~ ceglastopory** Bot. dotted bolete; Boletus erythropus spec.; **~ grubotrzonowy** Bot. bitter bolete; Boletus calopus spec.; **~ ponury** Bot. lurid bolete; Boletus luridus spec.; **~ szatański** Bot. Devil's bolete; Boletus satanas spec.; **~ szlachetny** Bot. boletus a. cep (mushroom), porcini mushroom

borowikow|y adi. boletus a. cep (mushroom) attr., porcini mushroom attr.; **sos ~y** wild mushroom sauce

borowi|na [I] f [1] sgt Bot. (czerwona) cowberry C GB, lingonberry C, mountain cranberry C; (czarna) bilberry C, whortleberry C [2] Med. (torf leczniczy) therapeutic mud U [3] zw. pl Med. (kąpiele, okłady) mud treatment, mudbath
[III] **borowiny** plt Geol. limestone soil U

borowinow|y adi. [1] Bot. [krzak] (czerwonej borówki) cowberry attr. GB, lingonberry attr., mountain cranberry attr.; (czarnej borówki) bilberry attr., whortleberry attr. [2] Med. (therapeutic) mud attr.; **okłady ~e** mud packs

borow|y[1] adi. książk. [drzewo] sylvan książk.
[III] m dial. forester

borow|y[2] adi. Chem. boric, boracic
❑ **kwas ~y** Chem. boric acid, boracic acid; **nawóz ~y** boron fertilizer

borówczan|y adi. [krzew] (czerwonej borówki) cowberry attr. GB, lingonberry attr., moun-

tain cranberry attr.; (czarnej borówki) bilberry attr., whortleberry attr.

borów|ka f [1] Bot. (owoc, roślina) (czerwona) cowberry GB, lingonberry, mountain cranberry; (czarna) bilberry, whortleberry [2] Kulin. cowberry sauce U
❑ **~ka amerykańska** Bot. blueberry; **~ka brusznica** Bot. cowberry GB, lingonberry, mountain cranberry; **~ka czernica** Bot. bilberry, whortleberry

borówkow|y adi. [przecier, krzak] (z czerwonej borówki) cowberry attr. GB, lingonberry attr., mountain cranberry attr.; (z czarnej borówki) bilberry attr., whortleberry attr.

borsucz|y adi. [nora] badger's; [sierść, pędzel] badger attr.

borsuk m [1] Zool. badger [2] przen. lone wolf przen.; loner

boryka|ć się impf v refl. książk. to contend książk. (**z czymś** with sth); to wrestle (**z czymś** with sth); **~ć się z problemami finansowymi** to contend with financial problems; **od dłuższego czasu ~ się ze zdrowiem** s/he has been battling against ill-health for a long time

bosak[1] m (żeglarski) boathook; (pożarniczy) fire hook

bosak[2] → **na bosaka**

bos|ki [I] adi. [1] (dotyczący Boga) [opieka, wszechmoc, wyroki] divine, God's; **~ka opatrzność** Providence; **wola ~ka** God's will, the hand of God; **kara ~ka** divine punishment, the hand of God; **na litość** a. **miłość ~ką!** for the love of God!, for God's a. heaven's sake; **niech cię ręka ~ka broni!** God a. heaven forbid! [2] (dotyczący bóstwa lub boga) [pochodzenie, moc] divine [3] przen. (wspaniały, cudowny) super pot.; divine pot., przest.
[III] m Hist. (tytuł) the Divine (in imperial titles)

bosko adv. pot. brilliantly pot.; divinely pot., przest.; [wyglądać, czuć się] super adi. pot., fabulous adi. pot.; divine adi. pot., przest.

boskoś|ć f sgt divinity, divine nature C

bosm. (= bosman)

bosman m Żegl. (osoba, stopień, tytuł) boatswain, bosun

bosmana|t m (G ~tu) Żegl. ≈ harbour authorities GB, ≈ harbor authorities US

bosmanma|t m Żegl. (osoba, stopień, tytuł) boatswain's a. bosun's mate

bosmańs|ki adi. boatswain's, bosun's; **ławka ~ka** the boatswain's a. bosun's chair

boso adv. [chodzić, biegać] barefoot(ed); **~ ale w ostrogach** poor but genteel

boss /bos/ m pot. boss pot.

bossa nova /bosaˈnova/ f sgt Muz., Taniec bossa nova

boston m (A ~a) Muz. boston

bos|y adi. [osoba] barefoot(ed); **~e nogi** bare feet

bośniac|ki adi. Bosnian

Bośnia|k m, **~czka** f Bosnian

bot m zw. pl (lined) boot; **zimowe/ciepłe ~y** winter/warm boots

botaniczn|y adi. botanic(al); **ogród ~y** botanic a. botanical garden; **klasyfikacja ~a** botanical classification

botani|k m botanist

botani|ka f sgt botany

bot|ek m zw. pl (lined) boot; **damskie ~ki** women's winter boots

botwin|a f [1] (warzywo) young beet greens a. leaves pl [2] Kulin. beet green soup U [3] Bot. beet

botwin|ka f dem. [1] (warzywo) young beet greens a. leaves pl [2] Kulin. beet green soup U

bouclé /bu'kle/ **[]** adi. inv. [wełna] bouclé attr.

[] n inv. (tkanina) bouclé

boutique /'butik/ → **butik**

bowiem coni. książk. because, since; for przest., książk.

boy /boj/ m (hotelowy) bellboy, bellhop US

Bozi|a m, f (V ~u) dziec. [1] sgt (Bóg) God; **jak ~ę kocham!** pot. I swear (to God) [2] (Gpl ~) bozia (medalik) religious medal

boż|ek m [1] Relig. (istota) god; (wizerunek) idol [2] przen., pejor. god przen., idol przen.

bożnica → **bóżnica**

bożonarodzeniow|y adi. [rekolekcje, kolędy, choinka] Christmas attr.; **obrzędy ~e** Christmas customs a. traditions

boż|y adi. [wola, wyroki, mądrość] God's, divine; **po ~emu** righteously, honestly; **żyć po ~emu** to live righteously; **dom ~y** a house of God; **~a rola** przest. God's Acre przest.; **cały ~y dzień/tydzień/rok** all day/week/year long; **czekać zmiłowania ~ego** to wait for some kind of miracle także iron.; **dary ~e** daily bread; **kara ~a**. **skaranie ~e z tym leniuchem!** damn a. blast that good-for-nothing!; **niech się dzieje wola ~a!** God's will be done! także iron.; here goes nothing! pot.; **zapomnieć o całym ~ym świecie** to be oblivious (to the world)

bożyszcz|e n (Gpl ~y a. ~) [1] Relig. god, idol [2] przen. idol przen.; **~e tłumów** an/the idol of the masses; **aktorka wkrótce stała się ~em Ameryki** the actress soon became America's sweetheart

b|ób m (G bobu) [1] sgt (roślina) broad bean C [2] (nasienie) broad bean

■ dać a. **zadać komuś bobu** pot. to give sb what for pot.

b|óbr **[]** m Zool. beaver; **płakać jak bóbr** to cry one's eyes out

[] bobry plt (futro) beaver (fur) C/U

b|óg m (D bogu a. bogowi, V boże) [1] sgt Relig. **Bóg**, God; **Bóg Ojciec** God the Father; **Bóg Zastępów** Lord (God) of hosts; **Bóg Żywy** living God; **bać się Boga** to fear God; **Bogiem a prawdą** to tell the truth, as a matter of fact; **Bogu ducha winien** (as) innocent as the day sb/one was born, (as) innocent as a lamb; **Bóg (jeden) wie** a. **Bóg (jeden) raczy wiedzieć** Lord a. heaven (only) knows; **Bóg zapłać** (podziękowanie) God bless you; **bój się** a. **na dla Boga** for God's a. heaven's sake; **broń (Panie) Boże** a. **niech Bóg broni** a. **uchowaj Boże** God a. heaven forbid!; **chwała Bogu!** praise the Lord!, praise be to God!; **dzięki Bogu!** thank God!; **daj Boże, żebyśmy wyszli z tego cało** God help us get out of this alive; **daj Boże wyjdziemy z tego cało** God willing, we'll get out of this alive; **idź/idźcie z Bogiem** go away; **jak Boga kocham** honest to God pot., I swear to God pot.; **Bóg mi świadkiem** a. **niech mnie Bóg skarze** as God is my witness!; **tak mi dopomóż Bóg** so help me God!; **jak Bóg da** God willing; **jak**

Bóg na niebie (as) sure as there's a God in heaven; (as) sure as (God made) little green apples pot.; **jak Bóg przykazał** pot. piously, religiously; **jak go Pan Bóg stworzył** in his birthday suit pot., żart.; **jak u Pana Boga za piecem** (as) snug as a bug in a rug pot.; **miły Boże** a. **na miły Bóg** a. **jak mi Bóg miły** (zdumienie, zaskoczenie) good God!, my God!; (oburzenie) for God's a. heaven's sake!, for the love of God!; **nie mieć Boga w sercu** to be ruthless, to have no conscience; **niech cię Bóg ma w swojej opiece** God be with you; **niech cię Bóg broni** God a. heaven forbid!; **pójść do Boga** a. **stanąć przed Bogiem** a. **spocząć w Bogu** a. **oddać duszę Bogu** książk. to (go to) meet one's maker euf.; **robić coś za Bóg zapłać** to do sth for free pot.; **szczęść Boże** God bless!; **uchowaj Boże!** God a. heaven forbid!; **wielki Boże!** good God a. Lord!; **zaklinać się na Boga** to swear solemnly a. to God; **pożal się Boże** pot., iron. ≈ 'a sorry excuse for' [2] Relig. (istota) god; (wizerunek) idol [3] przen. (osoba, rzecz) god przen., idol przen.

■ człowiek strzela, Pan Bóg kule nosi przysł. man proposes, God disposes przysł.; **jak Kuba Bogu, tak Bóg Kubie** przysł. tit for tat; **kto rano wstaje temu Pan Bóg daje** przysł. the early bird catches the worm przysł.; **Pan Bóg nierychliwy, ale sprawiedliwy** przysł. the mills of God grind slowly, but they grind exceeding small przysł.; **Panu Bogu świeczkę i diabłu ogarek** przysł. it's what's known as hedging one's bets

b|ój m (G boju) [1] książk. battle także przen., fight także przen.; **bój z kimś** a. **między kimś a kimś** a battle with sb a. between sb and sb; **bój o coś** a fight for a. over sth; **zażarty/krwawy bój** an intense/bloody battle; **toczyć/stoczyć bój** to fight; **bój na śmierć i życie** a fight to the death; **plac boju** a battlefield, a battleground; **toczyć bój** a. **boje z kimś/czymś o coś** to (go to) battle with sb/sth for a. over sth książk. [2] Sport attempt

■ boje homeryczne a. **homeryckie** long and bloody battles

bój|ka f scuffle; scrap pot.; **wdawać się w ~ki** to get into a fight a. **scuffle; doszło do ~ki** it came to blows; **wywiązała się ~ka** a scuffle ensued

ból m (G ~u) [1] pain C/U, ache C/U; (lekki) discomfort C/U; **dotkliwy/ostry/przejmujący ~** a nagging/sharp/piercing pain; **rozdzierający ~** excruciating pain; **~ nie do zniesienia** unbearable pain; **~ głowy** a headache; **~ zęba/ucha/żołądka** (a) toothache/(an) earache/(a) stomach ache; **~ gardła** a sore throat; **~ w klatce piersiowej** chest pain; **cierpieć straszny ~** to be in great pain; **bez ~u** painlessly [2] sgt (cierpienie) pain, suffering; **sprawiać komuś ~** to cause sb pain, to hurt sb; **(jej) ~ po stracie matki** her pain over the death of her mother; **ukoić/uśmierzyć ~** to relieve/soothe (the) pain; **dzielić z kimś ~** to share sb's pain a. suffering; **serce mi/jej pęka z ~u** my/her heart is breaking; **z ~em serca** with a heavy heart

bólow|y adi. pain attr.; **objawy ~e** pain

b|ór m (G boru) forest, woods; **nieprzebyty/odwieczny bór** an impenetrable/ancient forest

■ iść a. **chodzić borem, lasem** to roam about the world; **za borami, za lasami** over the hills and far away poet., żart.

bóstw|o n [1] sgt Relig. (natura boska) divinity, Godhead a. godhead [2] Relig. (pogańskie) deity, divinity; **składać ofiary ~om** to make sacrifices to the gods [3] przen. (o kobiecie) goddess przen.; (o osobie lub rzeczy) idol przen.; **wyglądać jak ~o** to look divine przen., przest.; **robić się na ~o** pot. to doll oneself up pot.; **była zrobiona na ~o** she was all dolled up pot.

b|ość impf (bodę, bodziesz, bódł, bodła, bodli) **[]** vt [1] [krowa, byk] to gore; [baran, koza] to butt (w coś sth) ⇒ **ubość, pobość** [2] (kłuć) to poke, to jab; (ranić) to stab; **co chwila bodła konia ostrogą** she kept jabbing her spurs into the horse

[] bóść się to butt each other

bóżnica f Relig. synagogue, shul

bp (= biskup) Bp

br. (= bieżącego roku) (of) this year

brach m pot. mate GB pot., bro US pot.

bracisz|ek m dem. (Npl ~kowie) [1] (brat) little a. baby brother [2] (zakonnik) monk

bractw|o n [1] sgt książk. żart. company książk., żart.; gang pot. [2] Relig. brotherhood [3] Hist. (kupieckie, rzemieślnicze) guild

□ **~o kurkowe** Hist. longbow fraternity, (civilian) archers' fraternity; **~o św. Łukasza** Szt. St Luke's Fraternity (an association of painters, founded in 1925 in Tadeusz Pruszkowski's studio in the Warsaw Academy of Fine Arts)

brać impf → **wziąć**

brajl m sgt pot. Braille; **nauczyć się ~a** to learn (to read/write) Braille

brajlows|ki adi. [alfabet, pismo] Braille attr.

brak [] m (G ~u) [1] sgt (pieniędzy, żywności) lack, shortage C; (doświadczenia, dowodów, snu) lack; (witamin) deficiency C/U; **cierpieć na/odczuwać ~ czegoś** to lack sth; **odczuwać ~ kogoś** to miss sb; **cierpieć na ~ pieniędzy/czasu** to be pressed for money/time; **cierpieć na ~ rąk do pracy** to be short-handed; **z ~u czegoś** for want of sth, for a. through lack of sth [2] (produkt wybrakowany) defective product

[] praed. **~ mi słów** I'm at a loss for words; **~ mi ciebie** I miss you; **ludzi tu nie ~** there are plenty of people here; **~ mi kilku groszy** I'm short a few pence a. a few pence short; **nie ~ mu niczego** he has everything; he wants for nothing książk.; **~ jej piątej klepki** she's a few sandwiches short of a picnic pot.; she has a screw loose pot.; **nie ~ jej pomysłów** she's full of ideas

[] braki plt (w uzębieniu) gaps pl; (w wykształceniu) gaps pl; (jakościowe) defects; **miał poważne ~i w matematyce** he was way behind in maths

brakars|ki adi. [kurs, dział] quality control attr.; [stanowisko] quality controller attr.

braka|rz m, **~rka** f (Gpl ~rzy, ~rek) quality controller

brak|nąć pf (~ło) v imp. **po całym dniu pracy ~ło mu sił** he was exhausted after a whole day's work; **pod koniec miesiąca**

~ło nam pieniędzy by the end of the month we were short of money; **autorowi ~ło pomysłów** the author was short of ideas; **do dostania się na studia ~ło mi jednego punktu na egzaminie** I needed (just) one more point in the exam to get into university

brakor|ób m (Npl ~oby) pot., pejor. waster pot., pejor., good-for-nothing pot., pejor.

brakoróbstw|o n sgt pot., pejor. sloppy work pot., pejor.

brak|ować impf **I** vt to sort [towar]; **produkty są ~owane w dziale kontroli technicznej** products are sorted for rejects in the quality control department **II** v imp. **~uje mi czasu na czytanie książek** I don't have time to read books; **~uje mu dobrego wychowania** he lacks (good) manners; **w tej zupie ~uje mi pieprzu** this soup isn't peppery enough for me; **w tym tekście ~uje przecinków** there are no commas in the text; **stołowi ~uje jednej nogi** the table is missing a leg; **~uje mi pięciu lat do emerytury** I have five years left a. to go before I retire; **~uje mu piątej klepki** pot., żart. he has a screw loose pot., żart., he's lost his marbles pot., żart.; **~uje tu tylko...** pot., iron. all that's missing is... iron.; **nic mu/temu nie ~uje** there's nothing wrong with him/it; **niewiele ~owało** it was a close shave a. thing pot.; **niewiele ~owało, żebym się przewrócił** almost went over; **niewiele mu ~uje** pot. he's at death's door; **tylko tego ~uje/~owało!** iron. that's all we need!/needed! iron.

brakując|y adi. [osoby] absent; [części] missing; **~e ogniwo** przen. the missing link przen.

bram- w wyrazach złożonych Żegl. top-; **bramreja** topgallant (mast); **bramżagiel** topgallant (sail)

bram|a f **1** (do budynku) door(way), entrance; (na podwórze, wjazdowa, miejska) gate, gateway (**do czegoś** to sth); **~a triumfalna** the triumphal gate; **teatr otworzył/zamknął (swoje) ~y** the theatre has opened/closed its doors to the public **2** przen. książk. gateway; **~a do sławy/sukcesu** a gateway to fame/success

bramin m Relig. Brahmin, Brahman

braminizm m sgt (G ~u) Relig. Brahminism, Brahmanism

bramińs|ki adi. Relig. brahminic(al), brahmanic(al)

bram|ka f **1** (w ogrodzeniu) gate; (przy stadionie sportowym) turnstile; (w sklepie) gate **2** Sport (w grach zespołowych) goal; **stać na ~ce** to be in a. keep goal; **wygrać różnicą dwóch ~ek** to win by two goals; **~ka samobójcza** an own goal; **strzelić ~kę** to score a goal **3** Sport (w kajakarstwie, narciarstwie) gate **4** pot. (wejście) entrance; **dorabiał sobie stojąc na ~ce w dyskotece** he earned a bit on the side acting as a bouncer for a disco pot. ❑ **~ka honorowa** Sport consolation goal

bramkar|ka f (woman) goalkeeper

bramkars|ki adi. [zdolności, doświadczenie] goalkeeper's, goalkeeping attr.

bramkarz m (Gpl ~y) **1** (gracz) goalkeeper **2** pot. (ochroniarz) bouncer pot.

bramkow|y adi. goal attr.; **pole ~e** the goal area

bram|ować impf vt przest. to trim, to edge; **płaszcz ~owany futrem** a coat trimmed a. edged with fur

brandy /'brendi/ f inv. **1** (napój alkoholowy) brandy C/U **2** (porcja) snifter a. shot of brandy; **wypiła dwie ~** she had two brandies

bran|ka f Hist. **1** (do wojska) impressment U (into the Russian army, particularly the conscription of January 1863) **2** (kobieta) captive woman

bransole|ta f bracelet

bransole|tka **I** f bracelet **II bransoletki** plt pot., przen. (kajdanki) bracelets pot., przen.

branż|a f **1** Handl. (budowlana, metalowa) business, trade **2** (zajęcie) business, line (of business); **człowiek z ~y** pot. a professional colleague

branżowo adv. **zakłady ~ pokrewne** related factories

branżow|y adi. [pismo, przedstawiciel] trade attr.

bras|ować impf vt Żegl. to brace

braszpil m (G ~u, Gpl ~i a. ~ów) Żegl. windlass

bra|t m (Gpl ~ci, Ipl ~ćmi) **1** (krewny) brother; **~t cioteczny** a cousin; **przyrodni ~t** a half-brother; **jak ~t z ~tem** like brothers; **radził mi jak ~t** he gave me some brotherly advice **2** pot. (sposób zwracania się) mate GB pot., buddy US pot.; **brother 3** przen., książk. (bliźni) brother; **~cia w Chrystusie** brothers in Christ; **nasi ~cia protestanci** our Protestant brothers a. brethren **4** (zakonnik) brother; **~t Albert** Brother Albert **5** przen. (mający podobne cechy) brother przen., sister przen.; **sen – ~t śmierci** sleep – the brother a. sister of death ❑ **~t mleczny** a boy breastfed by the same wet nurse as another child ■ **ani ~t, ani swat** no brother of...; **ja tam ani wasz ~t ani swat...** you're nothing to do with me

brata|ć się impf v refl. to fraternize

bratan|ek m (Npl ~kowie) nephew, brother's son

bratanic|a f niece, brother's daughter

brat|ek **I** m pers. sgt przest., żart. brother pot., przen.; mate GB pot. **II** m inanim. Bot. pansy

braters|ki adi. **1** książk. (związany z bratem) brotherly, brother's; **~kich uczuć między nimi nie było** there was little brotherly love between them **2** (przyjazny, życzliwy) brotherly; **po ~ku** in a brotherly way, like a brother

bratersko adv. in a brotherly way; **zachowywał się wobec mnie ~** he treated me like a brother

braterskoś|ć f sgt brotherhood, fraternity

braterstw|o n sgt brotherhood, camaraderie ■ **~o broni** brotherhood of arms; **~o krwi** blood brotherhood; **byli związani ~em krwi** they were blood brothers

bratni adi. **1** (brata) brother's **2** przen. (bliski) sister przen.; **~e religie/organizacje** sister religions/organizations; **~a dusza** a kind-

red spirit; **podać ~ą dłoń** to lend a helping hand

bratobój|ca m, **~czyni** f fratricide

bratobójcz|y adi. [walka, pojedynek] fratricidal

bratobójstw|o n fratricide U

bratow|a f sister-in-law, brother's wife

brauning → browning

braw|ko n dem. zw. pl applause U; **słabe/niemrawe ~ka** faint/desultory applause

braw|o **I** n zw. pl applause U; **bić ~o** to applaud **II brawa** plt (uznanie) applause U; **duże ~a** przen. well done!, good job!; **„a teraz duże ~a dla..."** 'and now let's have a big hand for a. give a big hand to...' **III** inter. bravo **IIII** inter. bravo

brawu|ra f sgt (ryzykanctwo) bravado, daring; (werwa) dash, verve

brawurowo adv. with bravado; **jeździł ~ na motocyklu** he rode the motorbike with bravado

brawurow|y adi. (zuchwały) daring

Brazyli|a f sgt (GD ~i) Brazil

Brazylij|czyk m, **~ka** f Brazilian

brazylijs|ki adi. Brazilian

brąz m (G ~u) **1** (stop) bronze; **epoka ~u** Hist. the Bronze Age **2** zw. pl (wyrób) bronze **3** (kolor) bronze C/U; **opaliła się na ~** she had a bronze tan a. was heavily bronzed; **w tym sezonie modne są ~y** browns are in this season

brąz|ować impf vt **1** (pokrywać) to bronze **2** przen., pejor. (idealizować) to glorify pejor.; to eulogize książk.

brązowan|y adi. bronzed; **~y lichtarz** a bronzed candlestick

brąz|owić impf **I** vt **1** (nadawać kolor) to bronze; **słońce ~owiło ludziom twarze** the sun bronzed a. tanned people's faces; **upał ~owił trawę** the heatwave turned the grass brown **2** przen., pejor. (idealizować) to glorify pejor.; to eulogize książk. **II brązowić się** to show a. appear brown; **coś się ~owiło w oddali** something brown appeared in the distance

brązowi|eć impf (~eję) vi **1** (przybierać kolor brązowy) to turn a. go brown **2** (wydawać się brązowym) to show a. appear brown

brązownictw|o n sgt **1** (rzemiosło artystyczne) bronze work **2** (technika powlekania przedmiotów) bronzing **3** przen. (apoteozowanie) glorification, idolizing (**kogoś/czegoś** of sb/sth)

brązownicz|y adi. **1** [warsztat] bronze; **rzemiosło ~e** bronzeworking **2** przen. [artykuł] eulogistic [wizerunek] idealized

brązowni|k m **1** (rzemieślnik) bronze worker **2** przen. (pisarz, krytyk) idolizer

brązowo **I** adv. brown adi.; **farbuje włosy na ~** she dyes her hair brown; **ubierać się na ~** to dress in brown (colours) **II brązowo-** w wyrazach złożonych brown-; **brązowowłosa dziewczyna** a brown-haired girl; **brązowozłoty szal** a browny-gold shawl; **brązowo-biały pies** a brown and white dog

brązow|y adi. **1** (zrobiony z brązu) bronze attr. **2** (kolor) brown

break /'brejk/ inter. Sport (komenda w boksie) break!

breakdan|ce /'brejkdens/ *m* (*A* ~ce a. ~ce'a) break-dancing *U*; **tańczyć ~ce** to break-dance

bredni|a *f* (*Gpl* ~) *zw. pl* pot. rubbish pot.; **mówić** a. **opowiadać ~e** to talk rubbish; **co za ~e!** what a load of rubbish!

bre|dzić *impf vt* [1] (w gorączce) to rave *vi*; ~**dzić przez sen** to ramble a. rave in one's sleep; ~**dzenie w gorączce** delirious a. feverish ravings [2] pejor. (mówić rzeczy głupie) to blather GB pot.; to babble; **co ty ~dzisz?** what are you blathering a. going on about? pot.; ~**dzić trzy po trzy** to talk complete rubbish GB pot.

bre|ja *f sgt* muck, goo; (stopniały śnieg) slush; **brodzić po kostki w brudnej ~i** to wade through dirty slush; **pokrywać się ~ją** to become covered with slush

brelocz|ek *m dem.* (przy bransoletce) charm; (do kluczy) key ring

brelo|k *m* (do zegarka) pendant; (do kluczy) key ring

bretnal *m* Techn. spike

br|ew *f* (*Gpl* **brwi**) eyebrow, brow; **gęste/ krzaczaste brwi** thick/bushy brows; **zmarszczyć** a. **ściągnąć brwi** to knit one's brows, to frown; **ruszyć brwiami** (w zdziwieniu) to lift a. raise an eyebrow; **podnieść brwi w górę** to arch one's eyebrows; **patrzeć spod brwi** to look from under one's brows; **regulować sobie brwi** to pluck a. tweeze one's eyebrows; **ołówek do brwi** an eyebrow pencil

breweri|e *plt* (*G* ~**i**) (bójka) brawl; (kłótnia) row; **wyprawiać** a. **urządzać ~e** to kick up a row a. rumpus; **dość tych ~i!** cut out the row a. racket!

brewiarz *m* Relig. breviary

brewiarzow|y *adi.* Relig. breviary *attr.*

brezen|t *m* (*G* ~**tu**) Włók. tarpaulin *U*

brezentow|y *adi.* tarpaulin *attr.*; **płaszcz ~y** a macintosh, a waxed coat

bridż → **brydż**

brie /bri/ *m inv.* Kulin. Brie

briefing /'brifiŋg/ *m* (*G* ~**u**) press briefing (**na temat czegoś** about a. on sth)

brn|ąć *impf* (~**ęła**, ~**ęli**) *vt* [1] (iść z trudem) to wade [2] przen. to get lost przen.; **zaciągał coraz więcej pożyczek, ~ął w długi** he borrowed more and more money, gradually getting lost in debt; ~**ąć w kłamstwa** to get bogged down in lies

brocz|yć *impf vi* [1] *[krew]* to flow; (intensywnie) to gush; **krew ~yła mu ze skaleczonej stopy** blood gushed from his injured foot [2] *[osoba, rękaʔ]* to bleed badly a. profusely; **ranny ~ył krwią** the injured man was bleeding badly

br|oda *f* [1] (część twarzy) chin; **nieogolona broda** an unshaven chin; **gładko wygolona broda** a smooth-shaven chin; **oprzeć brodę na dłoni** to rest a. cup one's chin on a. in one's hand; **broda się jej trzęsła (ze wzruszenia)** her chin quivered (with emotion) [2] (zarost na twarzy) beard; **gęsta/rzadka broda** a thick/sparse beard; **nosić brodę** to wear a beard; **zapuścić brodę** to grow a beard; **ogolić/przyciąć brodę** to shave off/ trim one's beard [3] (u zwierząt) beard

■ **kawał z brodą** an old chestnut, a stale joke; **pluć sobie w brodę** to kick oneself pot.; **musi pluć sobie w brodę, że**

sprzedał dom he must be kicking himself for selling the house

brodacz [1] *m pers.* (*Gpl* ~**y**) bearded man
[2] *m anim.* bearded animal
❑ ~ **monachijski** a. **olbrzymi** giant schnauzer

broda|ty [1] *adi.* [1] *[mężczyzna]* bearded; **być ~tym** to have a beard [2] *[zwierzę, ptak]* bearded
[2] *m* (mężczyzna) bearded man

brodaw|ka *f* [1] (sutek) nipple [2] Anat. *[językowa, włosa]* papilla; ~**ka nerkowa** a renal papilla [3] Bot. (na liściach, łodygach) wart, nodule; (na korzeniach) nodule; ~**ki korzeniowe** root nodules [4] Med. wart; verruca spec.; **usuwać ~ki** to remove warts; **miała twarz pokrytą ~kami** her face was covered with warts
❑ ~**ka sutkowa** Anat. nipple

brodawkow|y *adi.* [1] (związany z brodawką sutkową) mammillary [2] Anat., Med. (dotyczący wypustki tkanki łącznej) papillary [3] Bot. nodular [4] Med. (o narośli skórnej) wartlike
❑ **bakteria ~a** Biol. rhizobium

bro|dzić *impf vi* to paddle; (głęboko) to wade

brodzik *m* (*G* ~**a** a. ~**u**) [1] (płytki basen) paddling pool GB, wading pool US [2] (płytka wanna) footbath; (z prysznicem) shower base, shower-tray US

bro|ić *impf vi* to misbehave; **dzieci ~iły na podwórku** the children were mucking about a. messing around in the yard pot.

brojle|r *m* broiler, broiler chicken

broka|t *m* (*G* ~**tu**) [1] (tkanina) brocade *U*; **suknia z ~tu** a brocade gown [2] (środek dekoracyjny) glitter *U*

brokatow|y *adi.* *[zasłony, obicia, suknia]* brocade *attr.*

broke|r *m* Ekon., Handl., Ubezp. broker; ~**r ubezpieczeniowy/giełdowy** an insurance broker/a stockbroker

brokers|ki *adi.* Ekon., Handl., Ubezp. broking *attr.*; **działalność ~ka** brokerage; **firma ~ka** a brokerage firm

broku|ł *m* (*G* ~**łu**) *zw. pl* Bot., Kulin. (sprouting) broccoli *U*

brom *m sgt* (*G* ~**u**) [1] Chem. (pierwiastek) bromine [2] Farm. (środek uspokajający) bromide

bromural *m sgt* (*G* ~**u**) Farm. (potassium) bromide

bron|a *f* [1] Roln. harrow [2] Hist. (podnoszona krata) portcullis
❑ ~**a kolczasta** Roln. rotary harrow; ~**a parowa** Ogr. soil sterilizer; ~**a sprężynowa** Roln. spring-tooth harrow; ~**a talerzowa** Roln. disc harrow; ~**a zębata** a. **zębowa** Roln. spike-tooth harrow

bronchi|t *m* (*G* ~**tu**) Med. bronchitis *U*

bronchitow|y *adi.* Med. bronchial

bro|nić *impf* [1] *vt* [1] (walcząc) to defend; ~**nić miasta przed atakiem nieprzyjaciela** to defend a town from enemy attack; **wały ~nią miasta przed powodzią** dykes protect the town from flooding ⇒ **obronić** [2] Prawo (przed sądem) to defend; **ten adwokat ~nił w największych procesach** this lawyer has appeared a. acted for the defence a. was the defence counsel in some of the most celebrated cases [3] (zakazywać) to forbid; (nie pozwalać) to prevent; ~**nił córce czytać po nocach** he forbade his daughter to read at night; ~**nić komuś**

wstępu na salę to stop a. prevent sb (from) entering the hall [4] Sport (w piłce nożnej, hokeju) to defend ⇒ **obronić**

[2] **bronić się** [1] (w walce, w sądzie) to defend oneself; ~**nił się szablą** he defended himself with his sword; **oskarżony powiedział, że będzie się ~nił sam** the accused said he would defend himself ⇒ **obronić się** [2] (zabezpieczać się) ~**nić się od smutnych myśli** to ward off depressing thoughts [3] środ., Uniw. to defend a thesis/ dissertation, to have an open viva (voce) ⇒ **obronić się** [4] pot. (być słusznym) to be redeemed; **ten film ~ni się udanym scenariuszem** this film is redeemed a. saved by the wonderful screenplay

■ ~**ń Boże!** God a. heaven forbid!; **niech Pan Bóg a. ręka boska ~i!** przest. God/ heaven forbid!; **jego dziecko jest takie niegrzeczne, że niech ręka boska ~i** his child is so awful, God save him

bron|ować *impf vt* to harrow

bro|ń *f sgt* [1] (do ataku, obrony, zabijania) weapon; (zbiorowo) arms; **z ~nią w ręku** armed; **bez ~ni** unarmed; **skrzyżować ~ń** to cross swords; **magazyn ~ni** an arsenal; **wydać komuś ~ń** to issue weapons to sb; **załadować ~ń** to load a weapon; (po strzale) to reload (a weapon); **chwycić za ~ń** to take up arms; **składać ~ń** to lay down one's arms; **stać z ~nią u nogi** to be armed and ready; **wytrącić komuś ~ń z ręki** pot. to leave sb without a leg to stand on; **zawieszenie ~ni** a ceasefire, a truce; **rzuć ~ń!** throw down your weapon!; **na ramię ~ń!** shoulder arms!; **prezentuj ~ń!** present arms! [2] (formacja) arm [3] przen. weapon przen.; **kłamstwo to niebezpieczna ~ń** lies are a dangerous weapon
❑ ~**ń bakteriologiczna** bacteriological weapons; ~**ń biała** cold steel; ~**ń długa** machine gun; ~**ń krótka** small arms; ~**ń masowego rażenia** a. **masowej zagłady** weapons of mass destruction

brosz|a *f* (*Gpl* ~ a. ~**y**) [1] brooch; (fibula) fibula; **przypiąć ~ę** to pin on a brooch [2] Archit. boss

broszecz|ka *f dem.* small brooch

brosz|ka *f* brooch; ~**ka z brylantem** a diamond brooch

■ **to nie moja ~ka** pot. it's nothing to do with me

broszu|ra *f* [1] (książeczka) booklet; (z ilustracjami) brochure [2] (wydawnictwo propagandowe) pamphlet [3] Druk. (książka w miękkiej oprawie) paperback

broszur|ka *f* (książeczka) booklet; (z ilustracjami) brochure; (propagandowa) pamphlet; (ulotka) leaflet

broszur|ować *impf vt* to bind; **książka w oprawie ~owanej** a paperback book

broszurow|y *adi.* [1] (w formie książeczki) brochure *attr.* [2] Druk. *[okładka, oprawa]* paperback *attr.* [3] (propagandowy) pamphlet *attr.*

browa|r *m* (*G* ~**ru**) [1] (przedsiębiorstwo) brewery; **właściciel ~ru** a brewer [2] pot. (piwo) beer *C/U*, brew *C/U*; (porcja, kufel) jar GB pot.; beer; **cuchnąć ~rem** pot. to smell like a brewery pot.

browar|ek *m dem.* (*G* **~ku**) pot. (piwo) beer *C/U*, brew *C/U*; (porcja, kufel) jar GB pot.; beer

browarnian|y *adi.* brewing *attr.*; **chmiel ~y** (brewer's) hops

browarnictw|o *n sgt* brewing, the brewing industry

browarn|y *adi.* [*jęczmień*] brewing

browning /'brawŋiŋ/ *m* Browning (automatic)

br|ód |] *m* (*G* **brodu**) ford; **przeprawić się przez** a. **przejść rzekę w bród** to ford a river

|| **w bród** (pod dostatkiem) in abundance, in plenty; **mieć czegoś w bród** to have plenty of sth

bród|ka *f dem.* |1| (część twarzy) (little) chin |2| (zarost) (small) beard; (spiczasta) pointed beard |3| Bot. beard

❑ **~ka hiszpańska** imperial; **kozia ~ka** Bot. (grzyb) goatsbeard; (broda) goatee (beard)

brr *inter.* (wyrażające obrzydzenie) ugh! pot., yuck! pot.; **~! ale tu zimno!** brr!, it's cold in here!

bru|d |] *m* (*G* **~du**) |1| (zanieczyszczenie) dirt *U*; (intensywny, trwały) filth *U*; **warstwa/plamka ~du** a layer/speck of dirt; **pokryty warstwą ~du** covered with (a layer of) dirt; **~d za paznokciami** dirt under sb's fingernails; **oczyścić buty z ~du** to clean the dirt off one's shoes; **mieszkać a. żyć w ~dzie** to live in filth; **zarastać ~dem** to get filthy; **wszystko było lepkie od ~du** everything was dirty and sticky; **ile tu ~du!** it's filthy in here!; **~d, smród i ubóstwo** a pigsty pot., przen.; a (real) dump pot. |2| przen. (zło) dirty dealings *pl*; **~d moralny** moral depravity

|| **brudy** *plt* |1| (brudna bielizna) (dirty) laundry; **kosz na ~dy** a laundry basket |2| (śmieci, odpadki) rubbish *U*; **posprzątać ~dy** to clean out the rubbish |3| (zło, złe uczynki) dirty dealings; **wyciągać** a. **wywlekać ~dy o kimś** to dig up some dirt on sb pot.

■ **tyle co ~du za paznokciem** pot. next to nothing; **prać swoje ~dy publicznie** to wash one's dirty linen in public

brudas *m* (*Npl* **~y**) slob pot., pejor., (dirty) pig pot., pejor.

brudas|ek *m* (*Npl* **~ki**) messy thing pot.

brudas|ka *f* (kobieta) slob pot., pejor., slut pot., pejor.; (dziewczynka) messy thing pot.

bruderszaf|t *m* (*G* **~tu**) *a ceremony which involves drinking alcohol and kissing, performed by two people before they pass to first name terms*; **wypić z kimś ~t** to get on first-name terms with sb (*over a drink*)

brudnaw|y *adi.* a bit dirty a. soiled; **koszula jest ~a** the shirt is a bit soiled

brudnic|a *f* Zool. gypsy moth

brudn|o |] *adv. grad.* dirty *adi.*; **w pokoju było ~o** the room was dirty

|| **w wyrazach złożonych** **brudno-** (w odcieniu szarym) greyish; (w odcieniu brunatnym) brownish; **brudnozielony kolor** a muddy green

||| **na brudno** *adv.* **pisać na ~o** to do a (first) draft; **pisać coś na ~o** to draft sth

brudnobiał|y *adi.* muddy a. dirty white, greyish white

brudnopis *m* (*G* **~u**) (rough) draft

brudnosza|ry *adi.* muddy a. dirty grey, brownish grey

brudnożół|ty *adi.* muddy a. dirty yellow

brudn|y *adi. grad.* |1| (pełen brudu) dirty; **być ~ym od kurzu** to be covered with a. in dust; **buty ~e od błota** muddy shoes; **niesamowicie ~y** filthy dirty; **~y jak nieboskie stworzenie** dirty as a pig; **mieć ~e ręce** to have one's hands dirty także przen.; **~a robota** dirty work także przen.; **odwalać za kogoś ~ą robotę** to do sb's dirty work (for him/her) |2| (o kolorze) muddy a. dirty |3| (niemoralny, nieuczciwy) dirty; **~y interes** a dirty business; **~e myśli** dirty thoughts; **mieć ~e myśli** to have a dirty mind, to think dirty; **~e pieniądze** pejor. dirty money; filthy lucre pejor.; **prać ~e pieniądze** to launder dirty money

bru|dzić *impf* |] *vt* to dirty, to get [sth] dirty [*ubranie*]; to soil [*książki*]; **~dzić podłogę błotem** to get mud on the floor, to muddy the floor

|| *vi* euf. to mess euf., to make a mess euf.

||| **brudzić się** to get dirty, to dirty; **jasne ubrania łatwo się ~dzą** light-coloured clothes get dirty easily

brudzi|o *m dem.* pot., żart. **wypić ~a** to get on first-name terms (with sb) (*over a drink*)

bruk *m* (*G* **~u**) |1| *sgt* (nawierzchnia) (z kamienia) cobbled (road) surface, cobbles; (z kostki) stone sett surface a. paving; **układać ~i** to pave a road with cobbles/setts |2| Geog., Geol. pavement

■ **leżeć na ~u** to be there for the asking a. taking; **pieniądze leżą na ~u** the money is there for the taking; **szlifować ~i** (próżnować) to loaf around, to roam the streets; (być bezrobotnym) to walk the streets looking for work; **wyrzucić kogoś na ~** (z mieszkania, domu) to throw sb out on a. onto the street; (z pracy) to throw sb out of work; **znaleźć się na ~u** to find oneself out on the street

bruka|ć *impf* książk. |] *vt* |1| (brudzić) to soil książk.; to get [sth] dirty; (plamić) to stain ⇒ **zbrukać** |2| przen. to tarnish; to sully książk.; **~ć czyjąś/swoją reputację** to tarnish a. sully sb's/one's reputation ⇒ **zbrukać**

|| **brukać się** to sully oneself książk., to soil one's hands książk. (**czymś** with sth) ⇒ **zbrukać się**

brukars|ki *adi.* [*prace, roboty*] paving

brukarstw|o *n sgt* paving

brukarz *m* (*Gpl* **~y** a. **~ów**) paver, paviour

bruk|iew *f* Bot., Kulin. swede *C/U* GB, rutabaga US

bruk|ować *impf vt* to pave (**coś czymś** sth with sth) ⇒ **wybrukować**

brukowan|y |] *pp* → **brukować**

|| *adi.* paved (**czymś** with sth); (kamieniem naturalnym) cobbled

brukow|iec *m* |1| (kamień naturalny) cobble, cobblestone |2| (czasopismo) pejor. tabloid; rag pot.; **~ce** the tabloids; the gutter press pejor. |3| Kulin. (pierniczek) round gingerbread cake

brukow|y *adi.* |1| (do brukowania) paving *attr.*; **kamień ~y** a cobble(stone); **kostka ~a** a sett (stone) |2| (pokryty brukiem, brukowany) [*dziedziniec*] cobbled |3| pejor. (sensacyjny, plotkarski) [*wiadomość, plotka*] tabloid pejor.; **pismo ~e** a tabloid; **prasa ~a** the gutter press pejor.; **dziennikarstwo ~e** gutter

journalism pejor. |4| obraźl. (pospolity, wulgarny) [*słownictwo, styl*] gutter *attr.*; **literatura ~a** pulp fiction

Bruksel|a *f sgt* Brussels

bruksel|ka *f* zw. sg Bot., Kulin. Brussels sprout zw. pl; **gotować ~kę** to boil (Brussels) sprouts; **kupiłam kilogram ~ki** I bought a kilogram of (Brussels) sprouts

bruksels|ki *adi.* Brussels *attr.*

brukwi|any, ~owy *adi.* swede *attr.* GB, rutabaga *attr.* US

brulion *m* (*G* **~u**) |1| (zeszyt) exercise book GB, notebook |2| (pierwsza wersja, szkic) (rough) draft

brulionow|y *adi.* |1| [*okładka*] exercise book *attr.* GB, notebook *attr.*; **kartka ~a** a page in an exercise book a. notebook |2| [*szkic, wersja*] rough

brunatn|o *adv. grad.* **~o zabarwiony** dark brown coloured; **farbować/malować coś ~o** to dye/to paint sth dark brown; **ubierać się na ~o** to dress in dark brown

brunatnoś|ć *f sgt* brownness

brunatn|y *adi.* |1| (o kolorze) (dark) brown |2| Hist. (hitlerowski) [*terror, faszyzm*] Nazi, Brownshirt

brune|t *m* (**~cik** *dem.*) black-haired man

brunet|ka *f* |1| (kobieta) black-haired woman |2| (pchła) żart. flea

brusznic|a *f* cowberry, red whortleberry, mountain cranberry US; **dżem z ~y** cowberry jam

brusznicow|y *adi.* cowberry *attr.*, red whortleberry *attr.*, mountain cranberry *attr.* US

brutal *m* (*Gpl* **~i** a. **~ów**) pot. animal, brute

brutalizacj|a *f sgt* brutalization

brutalizm *m sgt* (*G* **~u**) brutality, brutalness

brutaliz|ować *impf* |] *vt* to brutalize

|| **brutalizować się** to become brutal

brutalnie *adv. grad.* [*traktować*] brutally

brutalnoś|ć *f sgt* brutality *C/U*; **akt ~ci** an act of brutality; **~ć policji** police brutality

brutaln|y *adi. grad.* [*osoba, napad, słowa, traktowanie*] brutal

brutto *adi. inv.* gross; **cena ~** Handl. gross price; **ciężar** a. **waga ~** Handl. gross weight; **pojemność statku** a. **tonaż rejestrowy ~** Żegl. gross (register) tonnage; **zysk ~** Handl. gross profit

|| *adv.* gross; **zarobić 3000 złotych ~** to earn 3000 zlotys gross

bru|zda *f* |1| Roln. furrow |2| (na twarzy) furrow, deep wrinkle; **czoło poprzecinane ~zdami** a furrowed forehead a. brow |3| (na wodzie) ripple |4| (zagłębienie) groove, channel; **~zdy w skale wyżłobione przez spływającą wodę** grooves worn in the rock by flowing water |5| Techn. (wyżłobienie) groove; (na instalację) chase; **~zda gwintu** Techn. thread groove

❑ **~zda niskiego ciśnienia** Meteo. trough

bru|ździć *impf* |] *vt* |1| (robić bruzdy) to furrow; **dziki ~żdżą pole, poszukując pożywienia** wild boars root the field looking for food |2| (powodować powstawanie zmarszczek) to wrinkle; **zmartwienia ~żdżą człowiekowi twarz** worries wrinkle a person's face

Ш *vi* pot. (przeszkadzać) to hinder *vt*, to hamper *vt*

brwiow|y *adi.* (dotyczący brwi) eyebrow *attr.*; **łuk ~y** the superciliary arch; **miał rozcięty łuk ~y** there was a. he had a cut over his eye

bryczes|y *plt* (G **~ów**) jodhpurs *pl*, riding breeches *pl*; **para ~ów** a pair of jodhpurs

brycz|ka *f* britz(s)ka (*an open carriage with a folding top*)

brydż *m sgt* (A **~a**) Gry, Sport bridge; **grać w ~a** to play bridge

brydżow|y *adi.* Gry, Sport bridge *attr.*; **stolik ~y** a bridge table; **turniej ~y** a bridge tournament

brydżyk *m dem. sgt* (A **~a**) pot. Gry bridge; **partia ~a** a short game of bridge

brydży|sta *m*, **~stka** *f* Gry, Sport bridge player; **zagorzały ~sta** an ardent bridge player

bryg *m* (G **~u**) Żegl. brig

bryga|da *f* [1] Wojsk. brigade; **~da piechoty/kawalerii** an infantry/a cavalry brigade [2] (grupa osób) (robotników) gang; (remontowa, monterów) team; (transportowa) crew; **~da antyterrorystyczna** an anti-terrorist squad a. brigade

❑ **~da ścianowa** Górn. longwall team

brygadie|r *m* [1] Hist., Wojsk. brigadier GB, brigadier general US [2] Przem. (brygadzista) foreman

brygadier|ka *f* Przem. forewoman

brygadiers|ki *adi.* [1] Hist., Wojsk. brigadier's [2] Przem. foreman's

brygadow|y *adi.* [1] [*system pracy*] team *attr.* [2] Wojsk. brigade *attr.*

brygadzi|sta *m* Przem. foreman

brygadzist|ka *f* Przem. forewoman

brygantyn|a *f* Żegl. brigantine

bry|ja *f sgt* pot. goo pot., gunge GB pot.; (stopniały śnieg) slush

bryk¹ *m* środ., Szkol. (ze streszczaniami) abstract, condensation; (z rozwiązaniami zadań) maths aid pot.; (z tłumaczeniami) crib GB pot., pony US pot.

bryk² *inter.* jump!; **chłopak ~ do łóżka/do autobusu** the boy leapt into bed/hopped onto a bus

bryk|a *f* [1] przest. (wóz) (do przewożenia towarów) cart; (do przewożenia ludzi) carriage [2] pot. (samochód) wheels pot.; **czy to twoja nowa ~a?** are these your new wheels?

bryka|ć¹ *impf* → **bryknąć**

bryka|ć² *impf vi* (bawić się) to frolic

brykieciar|ka *f* Techn. briquette press

brykieciarni|a *f* (Gpl **~**) Techn. briquette plant a. works

brykie|t *m* (G **~tu**) zw. pl Techn. briquette

brykiet|ować *impf vt* Techn. to briquette; **siano ~uje się po wysuszeniu** hay is baled after drying

bryk|nąć *pf* — **bryk|ać¹** *impf* (**~nęła**, **~nęli** — **~am**) *vi* [1] (poderwać tylne nogi) to break into a run [2] pot. (uciec) to bolt (away)

brylancik *m dem.* diamond

brylan|t *m* (G **~tu**) [1] (kamień) diamond; brilliant rzad.; **pierścionek z ~tem** a diamond ring; **naszyjnik z ~tów** a diamond necklace; **bransoleta wysadzana ~tami** a diamond-encrusted bracelet; **~t czystej wody** a diamond of the first water [2] przen. (osoba) gem; diamond pot.; **~t**

nie kobieta! that woman's a real gem a. diamond! [3] (szlif brylantowy) brilliant, brilliant cut [4] Druk. brilliant daw.

brylantowo *adv.* brilliantly

brylantow|y *adi.* [1] [*kolczyk, pierścień*] diamond *attr.*; **~y szlif** the brilliant cut [2] (błyszczący) [*krople, łzy*] glistening, diamond(-like); **~y blask** diamond light [3] przen. (bez skazy) whiter than white

❑ **~e gody** a. **wesele** diamond wedding (anniversary)

brylantyn|a *f sgt* przest. brilliantine przest.; **nakładać ~ę na włosy** to put brilliantine on one's hair; **włosy przylizane ~ą** brilliantined hair

bryl|ować *impf vi* to shine; **jak zwykle ~ował dowcipem** he was his usual witty self

bry|ła *f* [1] (węgla, betonu, sera) lump (**czegoś** of sth); (ziemi, gliny) lump, clod (**czegoś** of sth); **~ła lodu** an ice block; **~ła złota** a lump of gold [2] Mat., Fiz. solid [3] Szt. mass; **ciężka ~ła zamku** the bulky mass of the castle

❑ **~ła obrotowa** Mat. solid of revolution

brył|ka *f dem.* lump; **~ka złota** a gold nugget

❑ **~ka korzeniowa** Roln. root ball

bryłkowa|ty *adi.* lumpy

bryłowato *adv.* **wyglądać ~** to look very bulky

bryłowatoś|ć *f sgt* [1] [*kształtów, budynku*] bulkiness [2] [*gleby*] lumpishness

bryłowa|ty *adi.* lumpish, lumpy

bryndz|a *f sgt* [1] (ser) ewes' milk cheese [2] pot. (bieda, zła sytuacja) poverty; **odkąd stracił pracę straszna u nich ~a** their situation's been absolutely hopeless since he lost his job

brystol *m* (G **~u**) Bristol (board)

bry|t *m* (G **~tu**) gore

brytan *m* [1] (pies rasowy) mastiff [2] (pies podwórzowy) hound

brytfan|na *f* (**~ka** *dem.*) roasting tin

Brytyjczy|k *m* British man, Britisher US; **~cy** the British (people); **być ~kiem** to be British

Brytyj|ka *f* British woman; **być ~ką** to be British

brytyjs|ki *adi.* British; **Wyspy Brytyjskie** the British Isles

bryz|a *f* breeze

bryzg *m zw. pl* splash (**czegoś** of sth) [*fal, błota, wody*]

❑ **~i chromosferyczne** Astron. flocculi

bry|znąć *pf* — **bry|zgać** *impf* (**~znęła**, **~znęli** — **~zgam**) *vi* to splash; **woda ~zga z czegoś/na coś** water splashes from sth/onto sth; **~znął jej w twarz wodą** he splashed water in her face

bryzol *m* (G **~u**, Gpl **~i** a. **~ów**) Kulin. ≈ steak

brzan|a *f* [1] Zool. barbel [2] dial. (dziewczyna) lass, lassie

brzask *m* (G **~u**) (poranek, blask słońca) dawn, daybreak; **o ~u** at the break of day a. crack of dawn; **~ jutrzenki** the dawn's early light; **~ wschodzącego dnia** the dawn of the coming day

brząkać *impf* → **brzękać, brzęknąć¹**

brzdąc *m* (Npl **~e**) pot., kiddie pot.; toddler

brzdąkać *impf* → **brzdąknąć**

brzdąk|nąć *pf* — **brzdąk|ać** *impf* (**~nę-ła**, **~nęli** — **~am**) *vi* [1] pot. (na gitarze) to strum (away) (**na czymś** on sth); (na fortepianie) to plonk (away) (**na czymś** on sth) [2] (wydać dźwięk) [*monety, klucze*] to jingle; [*garnki, pokrywki*] to clang

brzdęk **Ш** *m* (G **~u**) (dźwięk) twang, bang; **usłyszeliśmy ~** we heard a twang; **z ~iem** with a twang

Ш *inter.* (naśladujący uderzenie) bang!; (naśladujący brzdąkanie) twang!; **wazon ~ na podłogę** the vase crashed to the floor

brzdękać *impf* → **brzdąkać, brzdąknąć**

brzdękn|ąć *pf* (**~ęła**, **~ęli**) *vi* pot. (upaść) to fall (down); **~ął jak długi** he fell splat on the floor a. flat on his face pot.

brzechw|a *f* książk. (w pocisku, strzale) vane

brzeg *m* (G **~u**) [1] (nad rzeką) bank; (nad jeziorem, morzem) shore; **stromy, urwisty ~** a steep, precipitous bank; **~ rzeki** a river bank; **nad ~iem rzeki/jeziora** on the river bank/lake shore; **dotrzeć do ~u** to reach (the) shore; **spacerować ~iem morza** to walk along the seashore; **rzeka wystąpiła z ~ów** the river overflowed a. broke its banks; **rzeka podmyła ~** the river had washed the bank away; **przybić do ~u** to tie up to the bank; **odbić od ~u** to cast off from the bank [2] (stołu, pola, monety, książki) edge; (szklanki, filiżanki, krateru) rim, brim; (rany) edge, lip; (chusteczki, pola) border; **~ przepaści** the edge of a precipice; **napełnił szklankę po ~i** he filled the glass to the brim; **napełniony po ~i** (**czymś**) filled a. full to the brim (with sth); **spał z ~u** he slept on the outside (of the bed); **siadł na ~u łóżka** he sat on the edge of the bed

■ **na tamtym ~u** euf. (zmarły) on the other side przen.; **nie wiadomo, kto z ~u** a. **~a** pot. you never know when your number's a. time's up pot.; **pierwszy z ~u** [*osoba*] the first person to come along, anyone; [*przedmiot*] any; **weź pierwszą z ~u książkę** take the first book you see a. that comes to hand; **wpadł do pierwszej z ~u bramy** he rushed into the first gateway he came to

brzegow|y *adi.* (rzeki, kanału) bank *attr.*; (morza, jeziora) shore *attr.*; **nasyp ~y** an embankment; **linia ~a** a shoreline

brzemiennoś|ć *f sgt* książk. pregnancy

brzemienn|y *adi.* książk. [1] (w ciąży) [*kobieta*] pregnant [2] (obfitujący) **~y w wydarzenia** a. **wypadki** eventful; **~y w wydarzenia historyczne/ważne wydarzenia** full of historical/striking events; **~y w następstwa** a. **skutki** fraught with consequences [3] (obciążony) heavy (**czymś** with sth); **chmury ~e deszczem** clouds heavy with rain

brzemi|ę *n* (G **~enia**) [1] (ciężar) load; burden książk.; **dźwigać ~ę czegoś** to carry the load a. the burden of sth [2] przen. burden (**czegoś** of sth) [*odpowiedzialności, winy, żalu*]; **dźwigać ~ę czegoś** to bear a. carry the burden of sth; **przygnieciony ~eniem winy** burdened down with guilt

brzeszczo|t *m* (G **~tu** a. **~ta**) [1] (broni siecznej) blade (**czegoś** of sth) [2] Techn. (piły) blade (**czegoś** of sth); **wymienny ~t** a detachable blade

brzezin|a f [1] sgt (drewno) birch, birch wood [2] (las) birch wood

brzezin|ka f dem. (small) birch wood

brzezinow|y adi. birch attr.

brzeż|ek m dem. (G ~ku a. ~ka) edge; (chusteczki) border

brzęcz|eć impf vi [1] [mucha, pszczoła] to buzz; [dzwonek] to ring; ~ą szyby w oknach the window panes rattle [2] pot. (wydawać niemiły dźwięk) to drone (on); **nie ~ mi do ucha** don't drone on like that

brzęcz|ka f Zool. Savi's warbler

brzęczyk m (G ~u) Techn. buzzer

brzęk [I] m (G ~u) [1] (ostry dźwięk) (metalu) clank, clang; (szkła) clink, chink; (monet) jingle [2] pot. (brzęczenie owada) buzz(ing), drone [II] inter. (wyraz naśladujący dźwięk) (metalu) clank, clang; (szkła) clink, chink; (monet) jingle

brzęk|ać impf → brzęknąć¹

brzęk|nąć¹ pf — **brzęk|ać** impf (~nął, ~nęła, ~nęli — am) vi [1] [osoba] to rattle vt [talerzami, łyżkami]; ~ać kluczami w kieszeni to jingle keys in one's pocket; ~anie szklankami i monetami the clinking of glasses and coins [2] [talerze, łyżki] to rattle; [klucze] to jingle; [metal] to clang; [szklanki, kieliszki] to clink, to chink [3] pot. (na gitarze) to strum (away) (na czymś on sth); (na fortepianie) to plonk (away) (na czymś on sth)

brzęk|nąć² impf (~ł) vi to swell (up); **widziałem, jak jej twarz ~nie od płaczu** I could see her face swell up from crying

brzmi|eć impf (~sz, ~ał, ~ała) [1] (być słyszanym) [głos, muzyka] to sound; [dzwon] to ring, to sound; [kroki, echo] to resound; **w oddali ~ała muzyka** music sounded in the distance; **wciąż jeszcze ~ały mi w uszach jego słowa** his words were still ringing in my ears ⇒ **zabrzmieć** [2] (wydawać dźwięki) [instrument] to sound; **skrzypce ~ą przenikliwie** the violin produces a piercing sound; **czysto/głośno ~ący** clear/loud sounding ⇒ **zabrzmieć** [3] (wyrażać treść) [zdanie, tekst] to read, to run; **zdanie powinno ~eć następująco...** the sentence should read as follows...; **rozkaz ~ał: nie strzelać!** the order was: 'don't shoot'; **to ~ banalnie/cudownie/źle** that sounds banal/wonderful/bad; **odpowiedź ~ nie!** the answer is no! ⇒ **zabrzmieć**

brzmie|nie [I] sv → brzmieć [II] n sgt (muzyki) sound (czegoś of sth); (instrumentu) tone, sound (czegoś of sth); **piękne ~nie tych skrzypiec** the beautiful tone of this violin

brzmieniowo adv. tonally

brzmieniow|y adi. [możliwości, aspekt] tonal

brzoskwi|nia f (owoc, roślina) peach; **sok z ~ni** peach juice

brzoskwiniow|y adi. [1] [sok, nektar, drzewo, sad] peach attr. [2] (w kolorze brzoskwini) peach, peach-coloured [3] przen. [cera] peach-like

brzo|st m (G ~stu) Bot. wych elm, Scotch elm

brzostow|y adi. wych elm attr.

brz|oza f Bot. (drzewo, drewno) birch ❑ ~oza brodawkowa(ta) Bot. silver birch

brzozow|y adi. birchen, birch attr.

---

brzóz|ka f young birch

brzuch m [1] Anat. stomach; belly pot.; abdomen spec.; **ból ~a** a stomach-ache; **burczy mi w ~u** my stomach is rumbling; **nie powinieneś ćwiczyć z pełnym ~em** you shouldn't exercise on a full stomach; **leżeć na ~u** to lie on one's stomach a. face down; **wystający ~** a protruding stomach, a paunch; **muszę wciągnąć ~, żeby...** I have to hold in my stomach to...; **~ mu rośnie** he's getting a paunch; **~ mu spadł** he's lost weight [2] Zool. abdomen ■ **leżeć do góry ~em** pot. to lie a. laze about a. around pot.; **wiercić komuś dziurę w ~u** pot. to keep on at sb; **żona wierci mi dziurę w ~u, żebym kupił nowy samochód** my wife keeps on at me about buying a new car; **kobieta z ~em** posp. a woman with a bun in the oven pot., a woman in the family way pot.

brzucha|ty adi. [1] [osoba] big-bellied, pot-bellied [2] [czajnik] round, spherical; [dzbanek] bulbous

brzuchomów|ca m, **~czyni** f ventriloquist

brzuchomówstw|o n sgt ventriloquism

brzu|siec m (garnka) belly; (palca) pad

brzusz|ek m dem. tummy pot.; **pan z ~kiem** a man with a paunch

brzuszn|y adi. Med. abdominal

brzydactw|o n (przedmiot, budynek) eyesore, monstrosity; (osoba) ugly one

brzydal m (Npl ~e, Gpl ~i a. ~ów) [1] (brzydki mężczyzna) ugly man, ugly one; (okropny) ~ z niego he's really a. so ugly [2] (źle postępujący) horror pot., żart.; rascal żart.

brzyd|ki adi. grad. [1] (nieładny) ugly; ~ka pogoda bad a. foul weather; ~ki dzień a miserable day; ~ki jak noc a. jak siedem grzechów as ugly as sin a. night [2] (zły, niemoralny) [czyn] dirty, mean; ~ka sprawa a dirty business; **kłamstwo to rzecz ~ka** lying is ugly [3] (nieprzyzwoity) [słowa, wyrazy] foul, dirty ■ **płeć ~ka** żart. the sterner a. rougher sex

brzy|dko adv. grad. [1] (nieładnie) [urządzony, wykonany] in an ugly manner; [pisać, rysować, zachowywać się] ugly; [wyglądać] ugly adi.; **jest ~dko na dworze** the weather is ugly [2] (źle) meanly; ~dko postąpił he behaved meanly; ~dko z nią postąpił he was unfair to her [3] euf. (niecenzuralnie) ~dko się wyrażać a. mówić to use foul language

brzyd|nąć impf (~ł a. ~nął, ~ła, ~li) vi [1] (stawać się brzydkim) [budynek, miejsce] to become ugly, to grow ugly; [osoba] to lose one's looks, to lose one's beauty ⇒ **zbrzydnąć** [2] (budzić niechęć) **praca/życie na walizkach mu ~nie** he's sick and tired of his work/nomadic life ⇒ **zbrzydnąć**

brzydo|ta f [1] sgt (cecha) ugliness [2] (rzecz) eyesore, monstrosity; (osoba) ugly one

brzydul|a f (~ka dem.) pot., żart. plain Jane pot.; plain(-looking) girl/woman

brzy|dzić impf [I] vt to disgust; ~dzi mnie ich zachowanie I'm disgusted with their behaviour, I find their behaviour disgusting [II] **brzydzić się** to be disgusted (czymś by sth); ~dziła się jeść koninę she found eating horse(meat) repulsive; ~dzę się robaków I can't stand insects

---

brzyt|wa f [1] (do golenia) cut-throat razor GB, straight razor US; **ostry jak ~wa** razor-sharp; **ostrzyć ~wę** to hone a. sharpen a razor; **golić się ~wą** to shave with a razor [2] przen., pot. (osoba wymagająca) slave-driver pot. [3] przen., pot. (osoba błyskotliwa) a sharp one pot.; **z niego jest prawdziwa ~wa** he's razor-sharp, that one ❑ ~wa Ockhama Filoz. Ockham's razor ■ **golić bez ~wy** przest. to cheat; ~wy się chwytać to clutch at straws; **tonący ~wy się chwyta** przysł. a drowning man clutches at straws przysł.

bub|ek m (Npl ~ki) pot. upstart pejor.; **zarozumiały ~ek** an arrogant upstart

bub|el m zw. pl pot., pejor. (piece of) trash

buc m (Npl ~e) pot., pejor. arrogant jerk pot., pejor., arrogant swine pot., pejor.

buch inter. [1] (onomatopeiczne) thump!, bang! [2] (nagle) **a on ~ mnie w szczękę** and then he thumped me in a. on the jaw; **Adam ~ pismo do prezydenta** Adam dashed off a letter to the president there and then a. just like that; **wtedy ona ~ kardynała w rękę** with that she planted a kiss on the cardinal's hand

buchać impf → buchnąć

buchalte|r m przest. bookkeeper

buchalteri|a f (GDGpl ~i) [1] przest. book-keeping [2] przen., pejor. (liczenie) petty bookkeeping

buchalters|ki adi. przest. bookkeeper's

buchalteryjn|y adi. bookkeeping attr., accountancy attr.; **księgi ~e** account books

buch|nąć¹ pf — **buch|ać** impf (~nęła, ~nęli — am) vi (wydobywać się) to burst; ~ać ogniem/dymem to belch fire/smoke; ~nąć płaczem/śmiechem to burst into tears/laughter; **z okien ~nął śmiech** a burst of laughter came thorough the windows; **iskry ~nęły z komina** sparks were flying out of the chimney

buchn|ąć² pf (~ęła, ~ęli) pot. [I] vt [1] (ukraść) to lift pot., to nick GB pot. [2] (uderzyć) to thump; ~ął mnie w ramię he thumped me on the shoulder; ~ąć kogoś w mankiet żart. to give sb a smack on the hand pot. [II] vi [1] (runąć) to drop; ~ąć na ziemię/na kolana to drop to the ground/to one's knees; ~ąć w wodę/na piasek to plop into the water/onto the sand [2] (skoczyć, rzucić się) to shoot; ~ąć w krzaki to shoot into the bushes

bucik m dem. [1] (mały but) (little) shoe [2] (but dziecięcy) bootee

bucio|r m augm. boot

bucz|eć impf (~ysz, ~ał, ~eli) vi [1] (wydawać niski dźwięk) [syrena] to wail; [owad] to buzz [2] (z dezaprobatą) to boo [3] pot. (głośno płakać) to blubber, to wail

bucz|ek¹ m dem. Bot. young beech (tree)

bucz|ek² m Techn. buzzer

buczyn|a f [1] sgt (drewno) beech [2] (las) beech wood

bu|da f [1] (na narzędzia, sprzęt) shed; (stary, zaniedbany dom) ramshackle house; (jarmaczna) stall [2] (psia) kennel GB, doghouse US; **do budy!** go to your kennel! [3] środ., Szkol. school [4] (nakrycie pojazdu) (folding) hood GB, (folding) top US [5] pot. (samochód policyjny) Black Maria GB pot., paddy wagon US pot.

■ **zdać się psu na budę** pot. to be a dead loss pot.; **ta praca psu na budę się zda** that job is a dead loss

buddyjs|ki adi. Relig. Buddhist

buddy|sta m, ~**stka**, ~**jka** f Relig. Buddhist

buddyzm m sgt (G ~**u**) Relig. Buddhism; **on jest wyznawcą** ~**u** he is a Buddhist

bud|ka f dem. [1] (na narzędzia) small shed; (do mieszkania) hut, shack [2] (małe pomieszczenie) box; ~**ka telefoniczna** a telephone booth GB, a telephone box; ~**ka wartownicza** a. **strażnicza** a sentry box; ~**ka suflera** a prompt box [3] (kiosk uliczny) kiosk [4] (dla ptaków) ~**ka lęgowa** a nesting box

bud|owa f [1] zw. sg Budow. (działalność) building U, construction U (czegoś of sth); ~**owa dróg** road building; (być) w ~**owie** (to be) under construction [2] Budow. (obiekt z terenem) building site [3] sgt (komórki, atomu, tkanki, wyrazu) structure (czegoś of sth); (maszyny, aparatu, urządzenia) structure, design (czegoś of sth); (ciała człowieka) build; **on ma atletyczną** ~**owę** he has an athletic build

bud|ować impf [I] vt [1] (wznosić) to build, to construct; to erect książk.; ~**ować domy/ most/drogę** to build a. construct houses/a bridge/a road; ~**ować statek** to build a. construct a ship; ~**ować rurociąg** to build a. lay a pipeline ⇒ **zbudować** [2] (tworzyć) to build (up), to create; ~**ować socjalizm** to build (up) socialism; ~**ować ustrój/nowe struktury państwowe** to create a political system/new state structures; ~**ować lepszą przyszłość** przen. to build a better future; ~**ować akcję/atmosferę/postać** to build up the action/the atmosphere/a character; ~**ować zaufanie (do siebie)** to build up mutual trust; **wartości/mity, które** ~**ują tożsamość narodową** the values/myths that make up a nation's identity; **elementy, które** ~**ują obraz całości** elements that go together to make up a. create the whole picture; ~**ować swoje życie na przykazaniach Bożych** to base one's life on a. live one's life in accordance with God's commandments ⇒ **zbudować** [3] (konstruować) to construct; ~**ować silniki samochodowe/ roboty do prac podwodnych** to construct car engines/robots for underwater work ⇒ **zbudować** [4] Mat. (kreślić) to construct; ~**ować trójkąt/trapez** to construct a triangle/trapezium ⇒ **zbudować** [5] przen. to inspire; to edify książk.; ~**ować kogoś swoim przykładem** to inspire sb with one's example; ~**ujące słowa/przykłady** inspiring a. uplifting words/examples; ~**ująca opowieść** an inspiring a. heartwarming novel; ~**ujące kazanie** an inspiring sermon; ~**ujące jest, że tyle osób zadeklarowało pomoc ofiarom powodzi** it's (very) heartening a. reassuring that so many people have pledged to help the flood victims ⇒ **zbudować**

[II] **budować się** [1] (stawiać sobie dom) to build a house; ~**ują się już od roku** they've been building their house for a year now; **wiele osób** ~**uje się teraz pod Warszawą/za miastem** lots of people are having houses built outside Warsaw/outside town these days [2] (być budowanym) to be built; **koło nas** ~**uje się nowa szkoła/nowe osiedle**

mieszkaniowe a new school/housing estate is being built not far from us [3] przen. ~**ował się jej zachowaniem** he found her conduct (to be) an edifying example

budowl|a f (Gpl ~**i**) (budynek, fabryka) building; (most, tunel, wieża) structure; **podziemna** ~**a** an underground building; ~**a nawodna** Archit. construction on stilts

budowla|niec m pot. builder, building worker

budowlan|ka f pot. building school

budowlan|y Budow. [I] adi. building attr.; **materiały** ~**e** building materials; **przedsiębiorca** ~**y** a building contractor; **inżynier** ~**y** a building a. construction engineer; **działka** ~**a** a building plot

[II] m zw. pl builder, building a. construction worker

budownictw|o m sgt [1] Budow. (budowanie) building, construction [2] Budow. (zabudowa, budynki) buildings; **piękne** ~**o Krakowa** the beautiful buildings of Cracow; **dawne** ~**o** old buildings [3] Archit., Budow. (styl, charakter budowli) architecture; **nowoczesne** ~**o** modern architecture; ~**o ceglane/drewniane/kamienne** brick/wooden/stone buildings a. architecture; **mieszkają w starym** ~**ie** they live in an old residential quarter [4] Budow. (gałąź przemysłu) construction, the construction industry; ~**o mieszkaniowe** housing construction; ~**o przemysłowe** industrial architecture; ~**o sanitarne/wojskowe** sanitary/military engineering; ~**o komunikacyjne** ≈ civil engineering; ~**o okrętowe** shipbuilding; ~**o indywidualne** private house building; ~**o wodne** hydroengineering [5] (konstruowanie instrumentów muzycznych) instrument-making; ~**o skrzypiec** violin-making [6] przen. building (czegoś of sth) [ustroju, państwa]

budownicz|y m (Npl ~**owie**) [1] Budow. builder; ~**y dróg** a road builder; ~**owie stoczni** shipyard builders [2] (instrumentów muzycznych) maker; (organów) builder; ~**y skrzypiec** a violin-maker [3] przen. (twórca, organizator) architect (czegoś of sth)

budrysów|ka f Moda duffle a. duffel coat

budua|r m (~**rek** dem.) (G ~**ru**, ~**rku**) boudoir

buduarow|y adi. [intrygi] boudoir attr.; **tajemnice** ~**e** bedroom secrets

budująco adv. [działać, wpływać] as an inspiration, inspirationally

budulcow|y adi. [materiał] building

budul|ec m sgt [1] Budow. building material(s) [2] książk., przen. (składnik, substancja) building blocks (czegoś of sth)

budyn|ek m (~**eczek** dem.) (G ~**ku**, ~**eczku**) Budow. building

budyniow|y adi. Kulin. ≈ blancmange attr.

budy|ń m (G ~**niu**, Gpl ~**ni** a. ~**niów**) Kulin. (deser) ≈ blancmange U (milk pudding thickened with potato flour); (proszek) blancmange powder

budzeni|e [I] sv → **budzić**

[II] n sgt wake-up call; **zamówić** ~**e na siódmą** to book a wake-up call for seven

bu|dzić impf [I] vt [1] (przerywać sen) to wake (up); **budzić kogoś ze snu/z drzemki** to wake sb from their sleep/from a snooze pot.; **budzić kogoś do pracy** to wake sb up for work; **budzić kogoś na śniadanie** to

wake sb up for breakfast; **mąż budził ją codziennie pocałunkiem w usta** her husband would wake her every morning with a kiss on the lips ⇒ **obudzić** [2] (stymulować) to rouse; **budzić do życia** to life; **budzić kogoś z zadumy/z zamyślenia** to rouse sb from their meditations/ thoughts ⇒ **obudzić** [3] (wywoływać) to arouse [litość, podejrzenia]; to raise [wątpliwości, nadzieję]; to inspire [zaufanie, zapał] ⇒ **obudzić**

[II] **budzić się** [1] (przestawać spać) to wake (up); **zwykle budzę się około szóstej rano** I usually wake up around six; **niedźwiedź budzi się z zimowego snu w marcu** the bear wakes from hibernation in March; **budzić się z zamyślenia** przen. to rouse oneself from one's thoughts ⇒ **obudzić się** [2] (tęsknota, marzenia) to awake ⇒ **obudzić się**

budzik m alarm clock; **nastawić** ~ **(na szóstą)** to set the alarm (clock) (for six); ~ **nie zadzwonił** the alarm clock didn't ring; **wewnętrzny** ~ an internal clock

budże|t m (G ~**tu**) budget C/U; ~**t domowy** household budget; ~**t państwa** the Budget; **skromny** ~**t** a tight budget; **przekroczyć** ~**t** to go over budget; **cięcia w** ~**cie** budget cuts; **dziura w** ~**cie** a hole in the budget

budżetow|y adi. [deficyt, debata, komisja, cięcia] budget attr.; [polityka, ograniczenia] budget attr., budgetary; **dziura** ~**a** a budget deficit książk.; a hole in the budget

budżetów|ka f pot. ≈ the public sector

buf|a f (~**ka** dem.) (rękaw) puff(ed) sleeve; **bluzki z** ~**ami u rękawów** blouses with puff(ed) sleeves

bufe|t m (G ~**tu**) [1] (pracowniczy) canteen; (dworcowy) buffet, snack bar; (teatralny) buffet; ~**t na dworcu** a station buffet [2] (lada w sklepie, restauracji) counter; **wypić piwo/kawę przy** ~**cie** to have a beer/coffee at the counter [3] (posiłek na przyjęciu) buffet; (zastawiony stół) buffet table; ~**t z kanapkami** a buffet table laid out with sandwiches; ~**t z sałatkami** (w restauracji) a salad bar [4] (kuchenny blat) worktop GB, counter US

❑ **angielski** a. **zimny** ~**t** cold buffet; **szwedzki** ~**t** smorgasbord

■ **oprzeć sprawę o** ~**t** a. **przeprowadzić sprawę przez** ~**t** ≈ to wine and dine sb

bufetow|y [I] adi. buffet attr.; **sala** ~**a była pusta** the buffet was empty

[II] **bufetow|y** m, ~**a** f (w barze) ≈ buffet attendant

buffo adi. inv. [1] [utwór teatralny, postać] buffo, comic; **włoska opera** ~ Italian opera buffa a. comic opera [2] [tenor, rola] buffo; **bas** ~ buffo bass a. basso buffo

bufiasto adv. ~ **uszyte rękawy** puff(ed) sleeves; **spodnie** ~ **zebrane w kostce** trousers gathered at the ankle

bufia|sty adi. [spódnica, suknia] full, puffed; [spodnie] baggy; ~**sty rękaw** a puff(ed) sleeve

bufon m książk., pejor. braggart, turkeycock; **to nadęty** ~ he's a stuck-up turkeycock

bufona|da f sgt książk., pejor. braggadocio

bufo|r [I] m (G ~**ra** a. ~**ru**) [1] Kolej. buffer [2] Komput. buffer (memory) [3] przen. buffer; **ojciec był** ~**rem między mną a matką** my father acted as a buffer between my mother and me

III bufory *plt* pot. (piersi) knockers pot.

buforow|y *adi.* [pamięć, terytorium] buffer *attr.*

bugenwill|a *f* (Gpl ~i) Bot. bougainvillea

buhaj *m* (stud) bull

bujak *m* pot. (fotel) rocker pot.

bujan|y III *pp* → **bujać**

III *adi.* fotel ~y a rocking chair

bujać¹ *impf* → **bujnąć**

buja|ć² *impf* **III** *vi* [1] książk. (w powietrzu) to soar; ptaki ~jące w przestworzach birds soaring in the air [2] książk. (chodzić) to roam; ~ć po świecie to roam the world [3] (rosnąć) to soar; dookoła ~ dżungla all around the jungle soars above

III bujać się pot. (kochać się) to have a crush pot. (w kimś on sb); mówią, że Hanka ~ się w swoim szefie they say Hanna fancies her boss GB pot.

■ ~ć w obłokach pot. to daydream

buj|da *f* pot. fib, eyewash *U*; opowiadać ~dy to tell fibs; ~da na resorach a whopping (great) lie pot., eyewash pot.

buj|nąć *pf* — **buj|ać¹** *impf* (~nęła, ~nęli — ~am) **III** *vt* pot. [1] (w kołysce) to rock; (na huśtawce) to swing; wysokie fale ~ały statkiem large waves were rocking the ship; nie ~aj nogami siedząc przy stole don't swing your legs when you're at the table [2] (kłamać) to kid pot.; ~asz! you're making it up a. kidding!; nie ~aj stop making it up; czasem lubi sobie ~ać he likes kidding around a. pulling people's legs sometimes pot.

III bujnąć się — **bujać się** (kołysać się) to rock; ~ać się w fotelu na biegunach to rock in a rocking chair; ~ać się na krześle to rock (back) in one's chair

bujnie *adv. grad.* [1] [kwitnąć, rosnąć] luxuriantly; [rozrastać się] vigorously [2] przen. [rozwijać się] vigorously; (różnorodnie) richly

bujnoś|ć *f sgt* [1] (obfitość) luxuriance; ~ć kształtów sławnej aktorki żart. the ample curves of a famous actress [2] przen. (różnorodność) richness

bujn|y *adi. grad.* [1] [roślinność, trawa] luxuriant, lush; [chwasty] rank; [włosy, broda] luxuriant [2] przen. [życie] eventful, rich; [wyobraźnia] vivid, fertile; ~y rozwój literatury faktu the untrammelled growth of non-fiction

buk *m* [1] (G ~a a. ~u) (drzewo) beech, beech tree [2] *sgt* (G ~u) (drewno) beech, beechwood; parkiet z ~u a beech parquet

buka|t III *m anim.* zw. pl. (sztuka bydła) calf (bred for slaughter); dorodne ~ty fine young beef cattle; mięso z ~tów veal

III *m inanim.* (G ~tu) *sgt* (skóra) calf(skin); portfel z ~tu a calfskin wallet

bukatow|y *adi.* [buty] calf(skin) *attr.*; [rękawiczki, torebka] calfskin *attr.*; skóra ~a calfskin

bukieciars|ki *adi.* floral; wyroby ~kie flower arrangements; ozdoba ~ka a floral a. flower ornament

bukieciarstw|o *n sgt* flower arranging; kurs ~a a course in flower arranging

bukiecia|rz *m*, ~rka *f* (Gpl ~rzy, ~rek) flower arranger

bukiecik *m dem.* (G ~u) posy, nosegay; ~ fiołków a posy of violets

bukie|t *m* (G ~tu) [1] (pęk kwiatów) bunch; (starannie ułożony) bouquet; ~t róż a bouquet a. bunch of roses; układać ~t to arrange a bouquet [2] (zapach wina) bouquet, nose [3] Myślis. doe's tail

bukini|sta *m* second-hand bookseller (selling in the street)

bukłak *m* [1] (skórzany worek) skin; ~ na wino wine-skin [2] (zawartość) skin(ful)

bukmache|r *m* bookmaker; bookie pot.

bukmachers|ki *adi.* bookmaker's; firma ~ka a bookmaker's

buk|ować¹ *impf vt* (ustalać konkretny termin) to book [bilet lotniczy, lot] ⇒ zabukować

buk|ować² *impf vi* środ., Myślis. (o łosiach, jeleniach) to rut

bukow|y *adi.* [las] beech; [meble] beech (wood) *attr.*

buks|ować *impf vi* [koło] to spin

bukszpan *m* (G ~u) [1] (roślina) box (tree), boxwood; żywopłot z ~u a box(wood) hedge [2] *sgt* (drewno) box(wood)

bukszpanow|y *adi.* boxwood *attr.*; drewno ~e box(wood)

bul *inter.* ~, ~ bubble bubble

bula|j *m* (G ~ja a. ~ju, Gpl ~jów a. ~i) Żegl. bull's-eye

buldog *m* (English) bulldog

buldoż|ek *m* [1] (rasa) French bulldog [2] *dem.* (szczenię) bulldog puppy

buldoże|r *m* bulldozer

bulgo|t III *m sgt* (G ~tu) (przelewającej się cieczy) gurgling, glugging; (gotującej się cieczy) bubbling; w łazience ktoś z ~tem płukał sobie gardło somebody was gargling in the bathroom

bulgo|tać *impf* (~czę a. ~cę) *vi* [1] [płyn] to bubble [2] [indyk] to gobble

bul|ić *impf vt* pot. to fork out a. up pot., to cough up pot.; ~ić ciężką forsę to fork out a hell of a lot of money

bulik *m* Sport face-off spot a. circle

bulimi|a *f* (GD ~i) Med. bulimia (nervosa)

bulimicz|ka *f* Med. bulimic (girl)

bulimi|k *m* Med. bulimic

bulion *m* (G ~u) [1] Kulin. bouillon *U*; (wywar, koncentrat) stock *U*, broth *U*; (zupa) broth *U*; ~ z mięsa meat consommé; ~ z torebki instant a. powdered broth; kostka ~u a stock cube, a bouillon cube US [2] Biol. broth; pożywka z ~u broth culture [3] przest. (ozdoba) bullion *U*, bullion fringe *C/U*

bulionow|y *adi.* [1] Kulin. [ekstrakt] stock *attr.*; [smak] of broth, of bouillon [2] Biol. broth *attr.*; pożywka ~a broth culture [3] przest. [wykończenie, szlify] bullion *attr.*, bullioned

bull|a *f* (Gpl ~i) [1] Relig. (papieska) bull [2] Hist. (pieczęć) bulla

bulterie|r *m* bull terrier

bulw|a *f* [1] Bot. (podziemna łodyga) tuber, bulb [2] Bot. (roślina) Jerusalem artichoke [3] pot. (zgrubiałość) lump; ~a na nodze/policzku a lump on sb's leg/cheek

bulwa|r *m* (G ~ru) [1] (ulica) boulevard [2] (umocnienie) embankment

bulwarow|y *adi.* [literatura, czasopisma] pulp *attr.*; [komedia] knockabout; [sensacja, plotki] vulgar; prasa ~a the tabloid press, the gutter press GB

bulwers|ować *impf vt* [osoba, zachowanie, wiadomość] to shock [osobę, społeczeństwo]; to outrage [opinię publiczną] ⇒ zbulwersować

bulwersująco *adv.* książk. outrageously, appallingly; działać ~ na kogoś to appal sb

bulwersując|y III *pa* → **bulwersować**

III *adi.* książk. outrageous, appalling; ~y temat a controversial a. prickly issue

bulwiasto *adv.* like a bulb; korzeń buraka jest ~ rozszerzony the beet has a swollen bulb-shaped root

bulwia|sty *adi.* [1] (podobny do bulwy) [łodyga, korzeń] bulb-like; [nos, narośl] bulbous; [twarz] lumpy [2] Bot. [roślina] tuberous

bu|ła *f* [1] *augm.* pot. (bułka) (bread) roll; buła z serem a cheese roll [2] (bryła) nodule; (zgrubienie) bulge; buła wosku a ball of wax; bicepsy napęczniałe jak buły bulging biceps; policzki jak buły chubby cheeks

bułan|ek *m* (koń) dun

bułan|y *adi.* dun; ~y koń a dun (horse); koń o ~ej maści a dun-coloured horse

buław|a *f* [1] (oznaka godności) baton; ~a marszałkowska (oznaka władzy) baton; otrzymać ~ę marszałkowską to receive a marshal's baton [2] Hist. (broń) mace

bułecz|ka *f dem.* (bread) roll; (słodka, okrągła) bun; chrupiąca ~ka a crisp a. crispy roll; sprzedawać się jak ciepłe a. świeże ~ki to sell a. go like hot cakes

Bułga|r *m*, ~rka *f* Bulgarian

Bułgari|a *f sgt* (GD ~i) Bulgaria

bułgars|ki III *adi.* Bulgarian

III *m sgt* (język) Bulgarian

bułgary|sta *m*, ~stka *f* [1] (specjalista) specialist in Bulgarian studies [2] (student) student of Bulgarian language and culture

bułgarystyczn|y *adi.* Bulgarian studies *attr.*

bułgarysty|ka *f sgt* Bulgarian studies *pl*

buł|ka *f* (zwykła) (bread) roll; (okrągła, słodka) bun; ~ka barowa a. paryska a French loaf; ~ka grahamka a wholewheat roll, a wholemeal roll GB a. graham roll US; ~ka z makiem a poppy-seed roll; ~ki z kiełbasą/serem salami/cheese rolls; ~ki na hamburgery hamburger rolls a. buns

❑ ~ka tarta Kulin. breadcrumbs *pl*

■ ~ka z masłem pot. a piece of cake pot.

bułgaryz|ować *impf vt* to Bulgarize

bum *inter.* boom!, bang!; ~ i budynek wyleciał w powietrze boom! and the house blew up; orkiestra ~ w bębny boom went the drums in the orchestra

buma|ga *f* (~żka *dem.*) pot., żart. official document

bumelanctw|o *n sgt* pot., pejor. shirking pejor.; skiving GB pot.

bumelan|t *m*, ~tka *f* pot., pejor. shirker; skiver GB pot.

bumel|ka *f* pot., pejor. (nieobecność) absence (from work); skive GB pot.; (niedbała praca) slapdash work

bumel|ować *impf vi* pot. to shirk; to skive (off) GB pot.

bumerang *m* (G ~u a. ~a) boomerang; wracać jak ~ to turn up like a bad penny

bungalow /bun'galov/ *m* (G ~u) bungalow

bunk|ier m [1] (G ~ra) Wojsk. (schron) bunker; **schronił się do ~ra** he took cover in the bunker [2] (G ~ra) (zbiornik) (na węgiel, rudy) bunker; (na ziarno) silo [3] (G ~ra) (pomieszczenie więzienne) starvation bunker (*in a Nazi concentration camp*) [4] (G ~ra) Żegl. (zbiornik na paliwo) bunker; **tankować paliwo do ~ra statku** to refuel a. bunker a ship [5] (G ~ru) Żegl. (paliwo płynne) fuel oil U; (paliwo stałe) bunkers pl

bun|t m (G ~tu) [1] (wewnętrzny sprzeciw) protest, rebellion (**przeciwko czemuś** against sth); **wzmagała się w nim chęć ~tu** his desire to rebel grew stronger [2] (nieposłuszeństwo) rebellion U, defiance U; (akcja polityczna, społeczna) revolt, rebellion; (na statku, w armii) mutiny; **~t więźniów** a prison riot; **w jego słowach wyczuwało się ~t** his words carried a defiant tone; **na statku/w więzieniu doszło do otwartego ~tu** an open mutiny broke out on the ship/in the prison; **chłopi podnieśli ~t przeciwko panu** the peasants rose in revolt against their lord; **zrywać się** a. **porywać się do zbrojnego ~tu** to rise in armed rebellion; **podburzać do ~tu** to incite to stir up a revolt; **stłumić ~t** to crush a. quash a revolt a. a rebellion; **iskra** a. **pochodnia** a. **zarzewie ~tu** książk. the seeds of revolt; **ogień** a. **płomień ~tu** książk. the flames of revolt

bunt|ować impf [I] vt to incite to rebel a. revolt [chłopów, robotników]; to incite to mutiny [marynarzy, żołnierzy] ⇒ **zbuntować**

[II] **buntować się** [uczniowie, syn] to rebel; [żołnierze, marynarze] to revolt, to mutiny; **robotnicy ~ują się przeciw obniżkom płac** the workers are protesting against the pay cuts ⇒ **zbuntować się**

buntowniczo adv. (z protestem) rebelliously; (nieposłusznie, prowokująco) defiantly; **być nastawionym ~** to be rebellious

buntowniczoś|ć f sgt [1] (skłonność) rebelliousness; (wyrażanie niezgody) defiance; **~ć młodzieńczego wieku** the rebelliousness of youth [2] (w publikacji, działaniach) subversiveness, subversion; **cenzura dopatrzyła się w utworze ~ci** the censors considered the work to be subversive

buntownicz|y adi. (skłonny lub nakłaniający do sprzeciwu) rebellious; (wyrażający sprzeciw) [gest, odpowiedź] defiant; [idee, zachowanie] rebellious; **przyjąć postawę ~ą** to take a defiant stand; **~y wyraz twarzy** a defiant expression

buntowni|k m [1] (osoba protestująca) rebel, rioter; (na statku, w armii) mutineer; **urodzony ~k z niego** he's a born rebel [2] (osoba nakłaniająca do protestu) agitator, subversive

buńczucznie adv. grad. książk. [potrząsać głową] cockily, defiantly; [odpowiadać] impertinently, cockily

buńczuczność f sgt książk. (zawadiackość) swagger, bluster; (zuchwałość) impertinence, cockiness

buńczuczn|y adi. grad. książk. [osoba] swaggering, swaggery; [mina, odpowiedź] impertinent, cocky

buńczuk m [1] Hist. (drzewce) horsetail [2] Hist. (ozdoba szyszaka) panache [3] Muz. (instrument perkusyjny) jingling Johnny, Turkish crescent

bu|ra f pot. reprimand; dressing-down GB pot.; **dać komuś burę** to give sb a dressing-down; **dostać** a. **oberwać burę za spóźnienie** to get a rocket for being late

buraczan|y adi. [liście, pola] beet attr.; (z buraka ćwikłowego) [sok, plamy] beetroot attr. GB, beet attr.

buracz|ek [I] m dem. (A ~ka) (small) beetroot GB, (small) beet

[II] **buraczki** plt Kulin. **~ki w occie** pickled beetroot; **zasmażane ~ki** a vegetable dish of grated beetroot with fried onion

buraczkow|y adi. [kolor, bluzka] claret; [plama, policzki, twarz] beetroot attr. GB, beet attr.; **na twarz wystąpiły jej ~e rumieńce** she went a. turned beetroot (red) GB, she went a. turned as red as a beet US

burak [I] m pers. (Npl ~i) obraźl. (country) bumpkin

[II] m inanim [1] (roślina) beet [2] (jadalny korzeń) beetroot; **czerwony jak ~** as red as a beetroot

❏ **~ cukrowy** sugar beet; **~ pastewny** mangold

burcz|eć[1] impf → **burknąć**

burcz|eć[2] impf (~ysz, ~ał, ~eli) vi pot. [1] (wydawać dźwięk) [żołądek] to rumble; [rury, silnik] to rattle; **radio ~y zamiast odbierać program** the radio is picking up interference rather than channels; **~y mi/jej w brzuchu** my/her stomach's rumbling pot. ⇒ **zaburczeć** [2] (narzekać) pot. to grumble, to growl; **~ał, że mu ktoś zepsuł radio** he grumbled that somebody had broken his radio; **~ała na dzieci, że bałaganią** she grumbled at the children for making (such) a mess

burczymu|cha m, f (Npl m ~chy, Gpl m ~ch a. ~chów; Npl f ~chy, Gpl f ~ch) przest., żart. (gderliwy człowiek) grouch, grumbler; (kapryśne dziecko) whiner pejor.

bur|da f (bójka) brawl; (kłótnia) fight, row; **wszcząć** a. **urządzić ~dę** to start a. pick a fight; **pijacka ~da** a drunken brawl; **urządzać uliczne ~dy** to brawl in the streets

burdel m (G ~u, Gpl ~i a. ~ów) pot. [1] (dom publiczny) brothel; knocking shop GB pot., cathouse US pot. [2] sgt pejor. (bałagan) shambles (+ v sg) pot., brothel Austral pot.; **ale masz ~ w mieszkaniu!** your flat's (in) a total shambles; **w tej instytucji jest ~ na kółkach** this institution is a complete shambles

burdelik m dem. (G ~u) pot. brothel; knocking shop GB pot., cathouse US pot.

burdelmam|a f pot. madam

burdelow|y adi. [salon, pokój] in a brothel; [wystrój] suitable for a brothel

bur|ek m pot. (mongrel) dog

burgrabi|a m (G ~ego a. ~, D ~emu a. ~, Npl ~owie) Hist. burgrave

burgrabiows|ki adi. [służba, rodzina] burgrave's; **~ki urząd** burgraviate a. the office of burgave

burgun|d m [1] Wina burgundy U [2] (porcja) burgundy

bur|ka f Hist. hooded cloak

bur|knąć pf — **bur|czeć[1]** impf (~knęła, ~knęli — ~czę) vi (powiedzieć) (niewyraźnie) to growl; (opryskliwie) to grunt; **~knął coś pod nosem** he mumbled a. muttered

something under his breath; **~knął, żeby się nie wtrącać w jego sprawy** he grunted something about not interfering in his affairs

burles|ka f Literat., Szt. burlesque

burleskow|y adi. [rola, scena, utwór] burlesque attr.; [dowcip] satirical

burmistrz m (Npl ~e a. ~owie) mayor; **wybrano go na ~a** he was elected mayor; **~ Warszawy** the mayor of Warsaw

burmistrzows|ki adi. [obowiązki] mayor's, mayoral; **wybory na urząd ~ki** a mayoral election; **kandydować na urząd ~ki** to run for the office of mayor

burnu|s m burnous, burnoose US

buro adv. **~ pomalowany płot** a fence painted in a dull brownish-grey; **~ ubrany mężczyzna** a man dressed in dark grey

buroś|ć f sgt (kolor) brownish grey; **~ć jesiennego dnia** the greyness of an autumn day

burs|a f przest. hall (of residence) GB, (school) boarding house GB, dormitory US; **mieszkać w ~ie** to live in hall a. a hall of residence

bursztyn m (G ~u) amber U; **sznur ~ów** an amber necklace; **broszka z ~em** an amber brooch

bursztyn|ek m dem. small piece of amber

bursztynow|y adi. [1] [broszka, wisiorek] amber attr. [2] [oczy] amber

❏ **~y szlak** a. **trakt** amber trade route

bur|ta f [1] Żegl. (boczna ściana) (ship's) side, broadside; **lewa/prawa ~ta** port (side), starboard (side); **okręt kładzie się na lewą ~tę** the ship is listing to port; **~ta nawietrzna/zawietrzna** the weather side/ the lee (side); **dobić do ~ty** to come alongside; **ster prawo na ~tę!** helm to starboard!; **~ta w ~tę** broadside to broadside; **człowiek za ~tą!** man overboard!; **być/znaleźć się poza ~tą** przen. to be cast off; **wyrzucić kogoś za ~tę** przen. to give sb the cold shoulder [2] Żegl. (górna krawędź) side [3] Żegl. (strona jachtu) side; **lewa ~ta** port; **prawa ~ta** starboard; **~ta nawietrzna/zawietrzna** windward U/leeward U; **ląd z prawej ~ty** land to starboard [4] Lotn. (bok samolotu) (prawy) starboard; (lewy) port; **pochylić samolot na prawą ~tę** to bank an aircraft to starboard [5] (w samochodzie ciężarowym) (tył) back; (bok) sideboard [6] (krawędź kanału, grobli) bank [7] Budow. (brzeg bruku) kerb, curb US; (kamień okładzinowy) kerbing U, curbing U US

burtow|y adi. Żegl. side attr.; **poszycie ~e** skin

bur|y adi. [zwierzę] brownish grey; [niebo] dark grey

burz|a f [1] Meteo. storm, tempest; **~a gradowa** a. **z gradem** a hailstorm; **śnieżna ~a** a snowstorm; **~a z piorunami** a thunderstorm; **zanosiło się na ~ę** a storm was gathering; **czuje się ~ę w powietrzu** there's thunder in the air; **schronić się przed ~ą** to take shelter from a storm; **~a się rozpętała/rozszalała** a storm broke; **~a przeszła bokiem** the storm passed over; **wpadł do domu jak ~a** przen. he stormed a. flew into the house like a hurricane [2] przen. (wstrząs dziejowy) turmoil C/U, upheaval C/U; **wojenna ~a** the turmoils of war ③ przen. (gwałtowna reakcja) storm; **~a oklasków/protestów** a storm of applause/protest; **ściągnął na siebie ~ę komentarzy** he brought down a shower of criticism upon himself; **~a uczuć** an emotional turmoil ④ przen. (kwiatów, myśli) host; **~a włosów** a shock of hair ❏ **~a magnetyczna** Meteo. magnetic storm; **~a piaskowa** Meteo. sandstorm; **~a podzwrotnikowa** Meteo. tropical storm ■ **~a mózgów** (metoda) brainstorming; (burzliwa dyskusja) stormy discussion; (sesja) brainstorming session; **mieliśmy ~ę mózgów** we did some brainstorming; **~a w szklance wody** a storm in a teacup GB, a tempest in a teapot US

burzliwie adv. grad. stormily, tempestuously; **tydzień upłynął ~** it's been a turbulent a. tumultuous week; **~ spędzona młodość** a tempestuous youth; **jego życie przebiegało ~** he's had a stormy life

burzliwoś|ć f sgt ① (usposobienia, życia, związku) stormy a. tempestuous nature; **~ć (jego) charakteru** his fiery temperament ② (przemian) tumultuous character; (dyskusji) rowdiness, stormy nature ③ (o pogodzie, klimacie) storminess, tempestuousness ④ (o morzu) roughness, turbulence

burzliw|y adi. ① (z burzami) [pogoda, noc] stormy, turbulent; **lato było ~e** it was a stormy summer ② przen. (bogaty w wydarzenia) [życie, przeszłość] stormy, tempestuous; [czasy, historia, okres] tumultuous, turbulent ③ przen. (o gwałtownym przebiegu) [debata, spotkanie, romans, kłótnia] stormy; [powitanie] tumultuous; **wybuchły ~e oklaski** there was a burst of thunderous a. tumultuous applause ④ przen. (nieopanowany) [charakter, usposobienie] stormy, tempestuous ⑤ (wzburzony) [morze, woda] turbulent

burzowo adv. **robi się ~** a storm is gathering

burzow|y adi. [niebo, okres, pogoda, nastrój] stormy; [napięcie] mounting; **~e chmury** storm clouds

burzyciel m (Gpl **~i**) książk. (uznanych norm, tradycji) iconoclast; (w polityce) subversive, destructionist

burzyciels|ki adi. książk. [idee, teorie] iconoclastic; (w polityce) subversive

burz|yć impf **Ⅰ** vt ① (powodować rozpadanie się) to demolish; **bomba ~ąca** demolition bomb ⇒ **zburzyć** ② przen. to shatter [szczęście, spokój] ⇒ **zburzyć** ③ (poruszać) to churn (up), to agitate [wodę]; to ruffle [włosy] **Ⅱ burzyć się** ① (gwałtownie się poruszać) [woda] to be churned up; [włosy] to be ruffled; [fermentujące wino] to effervesce ② (buntować się) to revolt, to rebel ③ (złościć się) to seethe; **~ył się ze złości** he was seething with anger ■ **~yć krew komuś** a. **w kimś** książk. to make sb's blood boil

burżuazj|a f (GD **~i**) Hist., Socjol. bourgeoisie (+ v sg/pl); middle class(es); **wywodzić się z francuskiej ~i** to come from the French bourgeoisie

burżuazyjn|y adi. bourgeois

burżuj m, **~ka** f iron., pejor. (członek burżuazji) bourgeois (pig), pejor.; (bogacz) plutocrat pejor.; richie US pot.

burżujs|ki adi. iron., pejor. bourgeois pejor.

bus m pot. minibus

business /'biznes/ → **biznes**

businessman /biz'nesmen/ → **biznesmen**

businesswoman /ˌbiznes'wumen/ → **bizneswoman**

busol|a f ① (przyrząd) compass ② przen. lodestar; **(czyjaś) życiowa ~a** the lodestar of sb's life ❏ **~a inklinacyjna** Fiz. inclinometer, dip circle

busz m sgt (G **~u**) the bush; **pożar ~u** a bush fire; **zgubić się w ~u** to get lost in the bush

busz|ować impf vi to rummage about a. around; **~ować po szufladach/w kubłach na śmieci** to rummage a. root through drawers/dustbins; **lis ~ował po ogrodzie za jeżami** a fox was rooting around in the garden for hedgehogs

bu|t m shoe; (z cholewą) boot; **chodzić w butach po mieszkaniu** to walk around the flat with shoes on; **który nosisz numer butów?** what size shoe(s) do you take?; **długie buty** boots; **długie buty do konnej jazdy** riding boots; **łyżka do butów** a shoehorn ❏ **but szpilkowy** Techn. pegged shoe; **buty hiszpańskie** Hist. boots; **buty oficerskie** knee-length boots (formerly worn by army officers); **siedmiomilowe buty** seven-league boots ■ **głupi jak but (z lewej nogi)** (as) thick as a brick a. as two (short) planks GB pot.; **szewc bez butów chodzi** przysł. the shoemaker's children are ill-shod przysł.; **takie buty!** pot. so that's it!, well I never! pot.; **wchodzić** a. **włazić** a. **ładować się komuś z butami w życie** pot. to interfere in sb's private life pot.

bu|ta f sgt overweening arrogance pejor.; **być pełnym buty** to be full of arrogance

butan m sgt (G **~u**) Chem. butane; **kuchenka na ~** a Calor gas store

butelczyn|a f dem. pejor. ① (mała butelka) small bottle ② (alkohol) bottle (of spirits)

buteleczk|a f dem. ① (mała butelka) little bottle; (fiolka) phial, vial; **~ka z lekarstwem** a phial of medicine ② pot., żart. (butelka alkoholu) bottle of alcohol

butel|ka f ① (naczynie) bottle; **~ka na mleko/na wodę** milk-bottle/water-bottle; **~ka ze smoczkiem** a baby's bottle; **karmić ~ką** to bottle-feed; **pociągać z ~ki** pot. to take to the bottle; **postawić ~kę** pot. to buy a bottle (of booze/of the hard stuff); **wysuszyć ~kę** pot. to down a bottle; **zaglądać do ~ki** pot. to hit the bottle ② (zawartość) bottle ❏ **~ka lejdejska** Leyden jar ■ **nabić kogoś w ~kę** pot. to take sb in

butelk|ować impf vt to bottle [piwo, sok]; **maszyna do ~owania napojów** a bottling machine

butelkowan|y Ⅱ pp → **butelkować Ⅲ** adi. [mleko, wino] bottled

butelkow|y adi. ① (dotyczący butelki) bottle attr. ② (sprzedawany w butelce) bottled ③ (ciemnozielony) bottle-green

butik m (G **~u**) boutique

butikow|y adi. [bluzka, spodnie] bought in a boutique; [ceny, odzież, sprzedawcy] boutique attr.

butl|a f (Gpl **~i**) ① (duża butelka) demijohn ② (zawartość) demijohn ③ (do przechowywania gazu) cylinder ④ (zawartość takiego naczynia) cylinder(ful)

butnie adv. grad. pejor. [zachowywać się] overbearingly pejor.; presumptuously

butnoś|ć f sgt pejor. overbearing manner pejor.

butn|y adi. pejor. overweeningly arrogant pejor.; **mieć ~ą minę** to have a supercilious expression on one's face

butonier|ka f (dziurka) buttonhole; **kwiat w ~ce** a buttonhole a. boutonnière

butwi|eć impf (**~ał**) vi to decay, to rot ⇒ **zbutwieć**

buzdygan m (G **~a** a. **~u**) Hist. (broń, oznaka godności) mace

bu|zia f (Gpl **buź** a. **buzi**) ① pieszcz., żart. (usta) mouth; **otworzyć** a. **rozdziawić buzię** to open one's mouth wide; **patrzeć/gapić się z rozdziawioną buzią** to watch/stare with one's mouth agape; **ułożyć buzię w ciup** to prim up one's lips a. mouth książk. ② pieszcz. (twarz) face; **uśmiechnięte buzie dzieci** the smiling faces of children; **dziewczę z buzią jak malina** a ruddy-cheeked girl ③ pieszcz. (całus) kiss; **dać/dostać buzi** to give/get a kiss; **wyglądasz tak, że buzi dać!** you look just perfect!

buzia|k m (**~czek** dem.) pot. ① pieszcz. (twarz) (little) face ② (całus) kiss; **dać komuś ~ka** to give sb a kiss

buz|ować (się) impf vi [ogień, płomienie] to roar

bu|źka f dem. ① (usta) mouth ② (twarz) face ■ **(duża) buźka** pot. (przy pożegnaniu) see you pot., cheers! GB pot.; (podziękowanie) thanks, cheers GB pot.

by Ⅱ coni. ① (dla wyrażenia celu, skutku) (przed bezokolicznikiem) to, in order to, so as to; (przed zdaniem) so that; **biegł przez całą drogę, by zdążyć na pociąg** he ran all the way to catch the train; **załóż czapkę, byś się nie zaziębił** put your hat on so (that) you don't catch cold; **by schudnąć, codziennie biegała** (in order) to lose weight, she went running every day; **~ nie** lest książk.; **nie powiedziałem im prawdy, by ich nie obrazić** I didn't tell them the truth lest I (should) offend them a. in order not to offend them ② (dla wyrażenia woli, sądu) **chcą, byś przyszedł na zebranie** they want you to come to the meeting; **nie prosiłem, by mi pomagała** I didn't ask her to help me; **nie wydaje mi się, byście go znali** I don't think you (would) know him; **wątpię, by się zgodził** I doubt if he's going to a. that he will agree ③ książk. (wyrażające następstwo) only to; **wrócił z wyprawy, by wkrótce wyruszyć na następną** he came back from one expedition, only to embark on another one soon ④ (dla wyrażenia intensywności) to; **była zbyt zmęczona, by ugotować obiad** she was too tired to cook dinner; **znasz polski na tyle dobrze, byś mógł się swobodnie porozumieć** you know Polish well enough to be able to communicate without difficulty a. with ease; **łóżko jest zbyt szerokie, byście mogli je**

wnieść przez drzwi the bed is too wide for you to carry through the door [5] (z wtrąceniem) to; **polityczna poprawność, by użyć dzisiejszego pojęcia...** political correctness, to use today's terminology...; **jego brak rozwagi, by nie rzec głupota, doprowadzał nas do szału** his rashness, not to say stupidity, drove us round the bend pot.

III part. [1] (w formach trybu warunkowego) should, would; **trzeba by już wracać** we should go back now, it's time to go back; **bez parasola by zmokła** she would get/would have got wet without an umbrella; **kurs ukończono by we wrześniu** the course would have ended in September; **według projektu dotąd by miała dochodzić droga** according to the plan, the road would reach a. have reached as far as here; **masz rację, ale by to zrobić, trzeba więcej czasu** you're right, but in order to do it you need more time; **nie rób tego, byś potem nie żałował** don't do that, otherwise a. or you may regret it later on; **cokolwiek by o nim powiedzieć, nie jest głupcem** whatever you might a. may say about him, he's not a fool [2] pot. (z partykułą nie) **co by nie powiedzieć, to doskonała sztuka** whatever you (might) say, it's an excellent play; **jak by nie liczyć, wychodzi tysiąc złotych** however you add it up, it comes to a thousand zlotys; **z której strony by na to nie patrzeć...** whichever way you look at it...; **jak by nie było** after all, when all's said and done

bycie **II** sv → być
III n sgt (czyjś) styl ~a sb's manner; **swobodny sposób** ~a an easy manner

byczek m dem. [1] Roln. (młody samiec) bull calf [2] pot., pejor. (mężczyzna) bull of a man [3] zw. pl pot. (konserwa) tinned fish in a spicy tomato sauce

byczo adv. pot., przest. divinely pot., przest., swell US pot., przest.; **na ostatniej prywatce było** ~ the last do was divine

byczy adi. [1] [krew, rogi, skóra] bull's [2] (potężny) bullish; **mężczyzna o** ~ym **karku** a bull-necked man [3] pot., przest. (wspaniały) great pot., fantastic pot.

byczyć się impf v refl. pot. to laze about a. around; ~yć się w łóżku to laze around in bed; ~yć się cały dzień to spend the whole day loafing about pot.

byczysko n augm. (Gpl ~ów a. ~) [1] (byk) bull [2] pot., żart. (mężczyzna) (real) bull of a man

być impf (jestem, jesteś, jest, jesteśmy, jesteście, są, byłem, byłeś, był, byliśmy, byliście, byli, będę, będziesz, będzie, będziemy, będziecie, będą) **II** vi [1] (istnieć, żyć) to be; **jest wielu znanych aktorów** there are many well known actors; **nie ma nikogo, kto mógłby to zrobić** there's no one who could do it; **czy jest Bóg, czy go nie ma?** does God exist, or not?; **był sobie kiedyś stary król** there was a. lived once an old king; **nie było cię jeszcze wtedy na świecie** this was before you were born; **kiedy mnie już z wami nie będzie** euf. when I am no more a. I am no longer with you euf.; **myślę, więc jestem** I think, therefore I am; **być albo nie być** to be or

not to be; **to dla nas być albo nie być** this is our to be or not to be, this is our Waterloo; **nie ma już dla niej ratunku** nothing can save her now; **jest wiele powodów do zadowolenia** there's good reason to be happy; **nie ma obaw** a. **strachu** pot.! no problem! pot., not to worry! pot.; **nie ma powodu do obaw** there is no reason a. need to worry; **są sprawy, których nigdy nie zrozumiesz** there are (certain) things that you'll never understand; **nie ma co płakać/gadać** it's no use crying/talking (about it); **nie ma co żałować** (there's) no need to be sorry; **nie ma co** a. **czego żałować** it's no great loss; **nie ma czemu się dziwić, że...** it's no surprise a. wonder that...; **nie ma o co się kłócić** there's nothing to quarrel about; **nie ma czym się martwić/czego się bać** there's nothing to worry about/to be afraid of; **nie ma z czego być dumnym** (it's) nothing to be proud of; **nie ma z czego się cieszyć/śmiać** there's nothing to rejoice/to laugh about; **„dziękuję za podwiezienie"** – **„nie ma za co"** 'thanks for the lift' – 'don't mention it' a. 'you're welcome'; **„przepraszam, że panu przerwałem"** – **„nie ma za co"** 'sorry I interrupted you' – 'that's all right'; **już cię nie ma!** off with you! [2] (przebywać, znajdować się) to be; **być w pracy/szkole** to be at work/at school; **być w teatrze/na koncercie** to be at the theatre/at a concert; **teraz wychodzę, ale będę w domu o piątej** I'm going out now, but I'll be home at five; **dzisiaj nie ma go w biurze** he's not in the office today; **w pokoju nikogo nie ma/nie było** there is/was no-one in the room; **jest już piąta, a jego jak nie ma, tak nie ma** it's already five, and he's still not here a. there's still no trace of him; **„czy jest Robert?"** – **„nie, nie ma go, jest jeszcze w szkole"** 'is Robert in?' – 'no, he's not, he's still at school'; **„są jeszcze bilety na ostatni seans?"** – **„niestety, już nie ma"** 'do you still have tickets for the last showing?' – 'sorry, all sold out'; **czy będziesz jutro w domu?** 'will you be at home a. in home tomorrow?'; **kiedy (ona) będzie znowu w Warszawie?** when will she be in Warsaw again?; **byłem wczoraj u Roberta/u babci** I was at Robert's/granny's yesterday, I went to see Robert/granny yesterday; **był przy narodzinach swojej córki** he was present at the birth of his daughter; **nigdy nie byłem w Rosji** I've never been to Russia; **„skąd jesteś?"** – **„(jestem) z Krakowa/Polski"** 'where are you from?' – '(I'm) from Cracow/Poland'; **„gdzie jesteś?"** – **„tutaj!"** 'where are you?' – '(I'm) here!'; **„jestem!"** (przy odczytywaniu listy) 'here!', 'present'; **będąc w Londynie, odwiedziłem Annę** when a. while I was in London I went to see Anna; **biblioteka jest w budynku głównym** the library is in the main building; **w jednym pudełku jest dziesięć bateryjek** there are ten batteries in a packet; **w domu nie było nic do jedzenia** there was nothing to eat at home a. in the house; **co jest w tym pudle?** what's in this box?; **gdzie jest**

moja książka/najbliższa apteka? where's my book/the nearest chemist's?; **co jest dzisiaj na lunch?** what's for lunch today?; **wczoraj na kolację był dorsz** there was cod for dinner yesterday; **„dużo masz tych ziemniaków?"** – **„oj, będzie"** pot. 'got a lot of those spuds?' – 'loads' pot.; **będzie, będzie, więcej się nie zmieści** pot. that's plenty a. that'll do, there's no room for any more [3] (trwać, stawać się) to be; **jest godzina druga po południu** it's two in the afternoon a. two p.m.; **nie ma jeszcze szóstej rano** it's not yet six a.m.; **zanim dotrzemy do domu, będzie ósma wieczorem/północ** it'll be eight p.m./midnight by the time we reach home; **był maj** it was in May; **to było w grudniu 1999** it was in December 1999; **to było dawno, dawno temu** this was a long, long time ago; **jest piękny ranek** it's a fine morning; **jest mroźno/upalnie** it's nippy/hot; **wczoraj był deszcz/mróz** it was raining/freezing yesterday; **ciekawe, czy jutro będzie pogoda** I wonder if it's going to be fine tomorrow; **nie pamiętam dokładnie, to było dość dawno temu** I can't really remember, it was some time ago; **z niego jeszcze coś będzie** he'll turn out all right; **co z niego będzie?** how will he turn out?, what will become of him?; **będzie z niego dobry pracownik** he'll be a good worker; **kuchmistrz to z ciebie nie będzie** you'll never make a chef; **z tych kwiatów nic już nie będzie** these flowers/plants have had it pot.; **z naszych planów/wakacji nic nie będzie** nothing will come of our plans/holidays; **nic z tego nie będzie** it's hopeless; **nic dobrego z tego nie będzie** nothing good will come of it; **tyle pracy i nic z tego nie ma** (he's done) so much work and nothing to show for it [4] (odbywać się, zdarzać się) to be; **koncert/egzamin jest jutro** the concert/exam is tomorrow; **zebranie było w sali konferencyjnej** the meeting was (held) in the conference room; **jutro nie będzie** a. **nie ma lekcji** there are no classes tomorrow; **był do ciebie telefon** there was a phone call for you; **czy były do mnie jakieś telefony?** has anyone called me?; **był wypadek w kopalni** there was an accident in the mine; **co będzie, jeśli zdasz egzaminu?** what's going to happen if you fail the exam?; **co będzie, jeśli ktoś nas zobaczy?** supposing a. what if someone sees us?; **nie martw się, wszystko będzie dobrze** don't worry, it'll be a. it's going to be fine; **w życiu bywa rozmaicie** you never know what life may bring; **opowiedziałem jej wszystko, tak jak było** I told her everything just as it happened; **co ci/jej jest?** what's the matter with you/her?; **coś mi/jemu jest** something's the matter with me/him; **czy jemu coś jest?** is anything the matter with him?; **nic mu nie będzie, to tylko przeziębienie** he'll be fine, it's only a cold [5] (uczestniczyć, uczęszczać) to be; **być na weselu/zebraniu** to be at a wedding/meeting; **wczoraj byliśmy na przyjęciu** we were at a reception yesterday; **być w liceum/na uniwersytecie** to be at secondary school/at university; **być na studiach** to be a student a. at college; **być** na prawie/medycynie to study law/medicine; **był na trzecim roku anglistyki** he was in his third year in the English department; **być na kursie komputerowym** to be on a computer course; **być na wojnie** to go to war 6 (przybyć) to be, to come; **być pierwszym/drugim** to be the first/second to arrive; **był na mecie trzeci** he came third; **czy był już listonosz?** has the postman been a. come yet? 7 (znajdować się w jakimś stanie) to be; **być pod urokiem/ wrażeniem kogoś/czegoś** to be charmed/ impressed by sb/sth; **być pod wpływem kogoś/czegoś** to be under the influence of sb/sth; **prowadzić samochód, będąc pod wpływem alkoholu** to drive while under the influence of alcohol; **być w ciąży** to be pregnant; **być w dobrym/złym humorze** to be in a good/bad mood; **nie być w nastroju do zabawy** not to feel like going out a. partying; **być w doskonałej formie** to be in excellent form a. in fine fettle; **być w strachu** to be scared; **być w rozpaczy** to be in despair; **bądźmy dobrej myśli** let's hope for the best; **jestem przed obiadem** I haven't had my lunch yet; **jestem już po śniadaniu** I've already had breakfast; **był siedem lat po studiach** he had graduated seven years earlier; **być po kielichu/po paru kieliszkach** pot. to have had a drop/a few euf.; **być na diecie** to be on a diet; **być na kaszce** a. kleiku to be on a diet of gruel; **być na emeryturze/rencie** to be on a pension; **sukienka jest do kolan** the dress is knee-length; **wody było do kostek** the water was ankle-deep; **firanka była do połowy okna** the net curtain reached halfway down the window; **chwila nieuwagi i było po wazonie** one unguarded moment and the vase was smashed to pieces; **jest już po nim/nas!** it's curtains for him/us! pot.; **jeszcze chwila i byłoby po mnie** another instant and it would have been curtains for me a. would have been all up with me pot. **II** *v aux.* 1 (łącznik w orzeczeniu złożonym) to be; **być nauczycielem/malarzem** to be a teacher/painter; **kiedy dorosnę, będę aktorem** when I grow up, I'll be an actor; **być Polakiem/Duńczykiem** to be Polish/ Danish; **borsuk jest drapieżnikiem** the badger is a predator; **nie bądź dzieckiem!** don't be childish a. such a child!; **jestem Anna Kowalska** I'm Anna Kowalska; „**cześć, to ty jesteś Robert?**" – „**nie, jestem Adam**" 'hi, are you Robert? a. you're Robert, are you?' – 'no, I'm Adam'; **co to jest – ma cztery nogi i robi „miau"?** what (is it that) has four legs and says 'miaow'?; **była wysoka/niska** she was tall/short; **jest autorką cenioną przez wszystkich** she's an author appreciated by all a. everybody; **mój dziadek był podobno bardzo przystojnym mężczyzną** my grandfather is said to have been a very handsome man; **wciąż jest taka, jaką była za młodu** she's still her old self; **kwiaty były żółte i czerwone** the flowers were yellow and red; **pizza była całkiem dobra** the pizza was quite good; **pojemnik był z drewna/plastiku** the container was made of wood/plastic; **z tych listewek byłby**

ładny latawiec these slats could make a fine kite; **wszystko to były jedynie domysły** it was all only conjecture; **czyj jest ten samochód?** whose car is this?, who does this car belong to?; **ta książka jest jej/Adama** this book is hers/Adam's, this is her/Adam's book; **żona była dla niego wszystkim** his wife was everything to him; **nie naśladuj innych, bądź sobą** don't imitate others, be yourself; **ta zupa jest zimna** this soup is cold; **Maria jest niewidoma** Maria is blind; **jesteś głodny?** are you hungry?; **Robert jest żonaty/ rozwiedziony** Robert is married/divorced; **są małżeństwem od dziesięciu lat** they've been married for ten years; **bądź dla niej miły** be nice to her; **bądź tak dobry** a. uprzejmy would you mind; **bądź tak miły i otwórz okno** would you mind opening the window?; **czy byłby pani uprzejma podać mi sól** would you be kind enough a. would you be so kind as to pass me the salt?; **nie bądź głupi!** don't be a fool!; **cicho bądź!** be quiet!; **być w kapeluszu/kaloszach/spodniach** to be wearing a hat/rubber boots/trousers; **była w zielonym żakiecie/czarnym berecie** she was wearing a green jacket/black beret, she had a green jacket/black beret on; **być za kimś/czymś** (opowiadać się) to support sb/sth, to be for sb/sth; **byłem za tym, żeby nikomu nic nie mówić** I was for not telling anyone anything; **dwa razy dwa jest cztery** two times two is four 2 (w stronie biernej) **artykuł jest dobrze napisany** the article is well written; **ściany pokoju były pomalowane na różowo** the walls of the room were painted pink; **dzieci, które są maltretowane przez rodziców** children who are abused by their parents; **tak jest napisane w gazecie** that's what it says in the paper; **samochód będzie naprawiony jutro** the car will be repaired by tomorrow; **to musi być zrobione do czwartku** this must be done by Thursday; **sukienka była uszyta z czarnej wełenki** the dress was made of black wool 3 (w czasie przyszłym złożonym) shall; will; **będzie pamiętał** a. **pamiętać tę scenę przez całe życie** he will remember this scene all his life; **będziemy długo go wspominali** a. **wspominać** we shall a. will long remember him 4 przest. (w czasie zaprzeszłym) **w Krakowie mieszkał był przed trzema laty** he would have been living a. was living in Cracow three years ago 5 (w trybie warunkowym) **byłbym napisał** a. **napisałbym był do ciebie, gdybym znał twój adres** I would have written to you, had I known your address a. if I had known your address; **co by się było stało, gdyby nie jego pomoc** what would have happened if it hadn't been for his help; **byłaby spadła ze schodów** (omal nie) she almost fell down the stairs; **byłbym zapomniał! zabierz ze sobą śpiwór** I almost a. nearly forgot! take a sleeping bag with you 6 (w zwrotach nieosobowych) **było już późno** it was already late; **jest dopiero wpół do ósmej** it's only half past seven; **nie było co jeść** there was nothing to eat; **za ciepło będzie ci w tym swetrze** you'll be too hot in this jumper;

byłoby przyjemnie zjeść razem obiad it would be nice to have lunch together; **wychodzić po zmierzchu było niebezpiecznie** it was dangerous going out after dark; **nie kupić tego mieszkania będzie niewybaczalnym błędem** not to buy that a. the flat would be an inexcusable mistake; **z chorym było źle/coraz gorzej** the patient was bad/getting worse; **z dziadkiem jest nienajlepiej** grandfather is poorly; **wszystko będzie na niego** he'll get all the blame; **żeby nie było na mnie** I don't want to get the blame; **na imię było jej Maria** her name was Maria; **było dobrze po północy** it was well after midnight; **będzie z godzinę/trzy lata temu** an hour or so/some three years ago; **będzie kwadrans jak wyszedł** he must have left fifteen minutes or so ago, it's been fifteen minutes or so since he left; **do najbliższego sklepu będzie ze trzy kilometry** it's a good three kilometres to the nearest shop; **nie ma tu gdzie usiąść** there's nowhere here to sit; **w tym mieście na ma dokąd pójść wieczorem** there's nowhere to go at night in this town; **nie ma komu posprzątać/zrobić zakupy** there's no-one to clean/to do shopping; **nie ma z kim się bawić** there's no-one to play with 7 (z czasownikami niewłaściwymi) to be; **trzeba było coś z tym zrobić** something had to be done about it; **trzeba było od razu tak mówić** why didn't you say so in the first place?; **czytać można było tylko przy świecach** one could read only by candlelight; **jest gorzej niż można było przypuszczać** it's worse than might have been expected

■ **bądź zdrów!** (pożegnanie) goodbye!, take care!; **być bez forsy/przy forsie** pot. to be penniless/flush pot.; **być do niczego** (bezużyteczny) [osoba, przedmiot] to be useless a. no good; (chory, słaby) [osoba] to be poorly a. out of sorts; **być może** perhaps, maybe; **być może nam się uda** perhaps we'll succeed; **być może** a. **może być, że...** it may happen that...; **być niczym** [osoba] to be a nobody; **znałem ją, kiedy jeszcze była nikim** I knew her when she was still a nobody; **być przy nadziei** a. **być w poważnym** a. **odmiennym** a. **błogosławionym stanie** książk. to be in an interesting condition a. in the family way przest.; to have a bun in the oven euf., pot.; **było nie było** (tak czy owak) when all's said and done, after all; (niech się dzieje co chce) come what may, be that as it may; **było nie było, to już ćwierć wieku od naszego ślubu** when all's said and done a. after all, it's twenty-five years since we got married; **było nie było, idę pogadać z szefem o podwyżce** come what may, I'm going to the boss to talk about a rise; **było siedzieć w domu/nie pożyczać mu pieniędzy** pot. serves you right, you should have stayed at home/shouldn't have lent him money; **było nic mu nie mówić** you should have told him nothing; **co będzie, to będzie** whatever will be, will be; **co było, to było** let bygones be bygones; **co jest?** pot. what's up? pot.; **co jest, do jasnej cholery? dlaczego nikt nie otwiera?** what the hell's going on? – why doesn't anyone open the door? pot.; **co jest? przyjacielowi paru groszy żałujesz?** what's wrong? – can't spare a friend a few pence? pot.; **coś w tym jest** a. **coś w tym musi być** there must be something in it; **coś w tym musi być, że wszyscy dyrektorzy będą na tym zebraniu** there must be something in it, if all the directors are going to the meeting; **jakoś to będzie** things'll a. it'll work out somehow pot.; **nie ma co** a. **rady** oh well; **nie ma co, trzeba brać się do roboty** oh well, time to do some work; **nie ma co!** well, well!; **mieszkanie, nie ma co, widne i ustawne** well, well, not a bad flat, airy and well laid out; **ładnie się spisałeś, nie ma co!** iron. well, well, you've done it now, haven't you!; **nie ma (to) jak kuchnia domowa/kieliszek zimnej wódki** nothing beats a. you can't beat home cooking/a glass of cold vodka; **nie ma (to) jak muzyka klasyczna** give me classical music every time; **nie ma to jak wakacje!** there's nothing like a holiday!; **nie może być!** (niedowierzanie) I don't believe it!, you don't say!; **niech będzie!** oh well!; **niech ci/wam będzie!** have it your own way!; **niech mu/jej będzie!** let him/her have his/her own way!; **niech tak będzie!** (zgoda) so be it!; **tak jest!** (owszem) (that's) right!; „**to jest pańskie ostatnie słowo**" – „**tak jest, ostatnie**" 'is that your final word?' – 'yes, it is', 'that's right; **tak jest, panie pułkowniku/generale!** Wojsk. yes, sir!; **to jest** książk. that is, that is to say; **główne gałęzie przemysłu, to jest górnictwo i hutnictwo** the main branches of industry, that is (to say) mining and metallurgy

bydełk|o n dem. sgt cattle
bydlak [] m. pers. (Npl ~i) pot., obraźl. swine pot., obraźl., bastard pot., obraźl.
[] m anim. rzad. (zwierzę rogate) horned animal
bydląt|ko n dem. (little) horned animal
bydl|ę n (G ~ęcia) [] (zwierzę rogate) horned animal [] pot. (groźne zwierzę) beast [] pot., obraźl. (o osobie) swine pot., obraźl., animal pot., obraźl.; **spić** a. **urżnąć się jak ~ę** to get blind drunk pot.
bydlęc|y adi. [] [choroba, hormon] cattle attr.; bovine spec.; [ryk] animal; **~a skóra** cowhide [] (niegodny człowieka) [zachowanie] brutish; [życie] of an animal
bydl|ło n sgt [] (zwierzęta) cattle [] pot., obraźl. (ludzie) animals pot., obraźl.
❏ **~ło białogrzbietowe** a Polish breed of cattle
Byk [] m. pers. (Npl ~i) Astrol. Taurus
[] m inanim. [] (znak zodiaku) Taurus (the Bull) [] (gwiazdozbiór) Taurus (the Bull)
byk [] m. pers. [] pot., pejor. (mężczyzna) (tęgi, silny) hulk pejor.; (głupi, leniwy) lump pot.; lummox pot. pejor.; **taki zdrowy ~, a rodzice muszą go utrzymywać/a boi się wojska** imagine, a big, strong hulk like him living off his parents/trying to wriggle out of the army [] pot., żart. (kolega) mate GB pot.; **cześć stary ~u, kopę lat!** good to see you, old mate! it's been ages
[] m anim. (samiec) (buhaj) bull; (jeleń) stag, buck; (renifer) stag, bull; (łoś) bull (elk a. moose US); **walki ~ów** bullfights; **silny**

jak ~ (as) strong as a horse; **wielki jak ~** (as) big as a house; **zdrowy jak ~** (as) fit as a fiddle, (as) sound as a bell
[] m inanim. [] (A ~a) pot. (błąd) slip-up pot., boob GB pot.; (w maszynopisie, druku) typing mistake; typo pot.; **zrobić ~a** to slip up; (w druku) to make a typo; **narobił masę ~ów w dyktandzie** he made a (whole) lot of mistakes in the dictation pot.; **palnąć** a. **strzelić ~a** pot. to put one's foot in it pot.; **ale palnąłeś ~a!** you've really put your foot in it now! [] sgt pot. (uderzenie) butt (in the stomach); **dać komuś ~a** to butt sb in the stomach
■ **chwycić** a. **wziąć** a. **złapać ~a za rogi** to take the bull by the horns; **tu jest jak ~ napisane, że...** it says here in black and white that...; **leżeć martwym ~iem** pot. (odpoczywać) to be taking a rest a. be flopped out US pot.; (być w złym stanie) to be out for the count pot.; **gospodarka leży martwym ~iem** the economy is in the doldrums; **po ~u** (wielki) stupendous pot., whopping great pot.; **chałupa po ~u** a whopping great house; **działać na kogoś jak (czerwona) płachta na ~a** to be like a red rag to a bull; **z ~a spadłeś?** pot. are you off your head a. rocker? pot.

byle [] coni. [] (wyrażające warunek) providing a. provided (that), (just) as long as; **wyjdzie za każdego, ~ miał pieniądze** she'll marry anyone, providing a. as long as he's got money; **kup sobie jakiś garnitur, ~ nie czarny** buy yourself a suit, just as long as it's not black; **możesz wziąć tę płytę, ~ś ją jutro oddał** you can take that record, as long as you return it tomorrow [] (wyrażające życzenie) if only; **zrobi wszystko, ~ dziecko było zdrowe** she'll do anything, just as long as the child gets better; **~byś mnie kochał, bylibyśmy szczęśliwi** if only you loved me, we could be happy a. as long as you loved me, we would be happy; **każdy, ~ nie on** anybody but him a. as long as it's not him; **wszystko, ~ nie to** anything but that [] (wyrażające cel) (przed bezokolicznikiem) to, in order to, so as to; (przed zdaniem) so that; **zrobiłem to, ~ś była zadowolona** I did it (in order) to please you; **ukryła się w głębi ogrodu, ~ mąż jej nie zobaczył** she hid deep in the garden so that her husband wouldn't see her; **on zrobi wszystko, ~ osiągnąć swój cel** he'll do anything to reach his goal a. objective; **gadać, ~ gadać** to talk for the sake of talking; **(ona) narzeka, ~by narzekać** she complains for the sake of complaining
[] part. [] (wyrażające życzenie) I just wish, if only; **~ś o tym więcej nie wspominał!** I just wish you wouldn't mention a. (please) just don't mention it again!; **~ dojechać do skrzyżowania!** if we could just get to the crossroads!; **~śmy się nie spóźnili!** I just hope we won't be late!; **~ do piątku!** I just wish a. if only it were Friday; **zrób to, ~ szybko!** do it, (and) just be quick about it! [] (dowolny) any; (kiepski) any old pot., pejor.; **wystarczy ~ wytrych** any skeleton key will do; **~ dziecko/głupiec to potrafi** even a child a. a mere child/any old fool can do that; **~ sekretarka nie będzie**

mnie pouczać I won't be lectured to by some a. a mere secretary; **~ drobiazg był dla nich powodem do kłótni** the slightest thing could trigger off an argument between them; **~ podmuch zwieje papiery z biurka** the slightest waft of air will blow the papers off the desk; **z ~ powodu** for the slightest reason, for no reason at all; **pod ~ pretekstem** on any old a. the slightest pretext, at the slightest excuse; **przy ~ sposobności** whenever the a. an opportunity presents itself [] (z zaimkami) **~ co** (cokolwiek) (just) anything; any old thing pot.; **mówić** a. **opowiadać ~ co** to say any old thing; **(on) ~ czym nie da się zbyć** you can't pass any old thing off on him; **śmiać się z ~ czego** to laugh at anything a. for the slightest reason; **zawsze kupujesz ~ co** you're always buying junk; **to nie ~ co** it's no small thing a. no joke pot.; **poczęstowali go nie ~ czym – kawiorem** they gave him caviar, not any old thing a. food; **~ kto** anyone, anybody; **zadawać się z ~ kim** to associate with (just) anybody; **to nie ~ kto** s/he's not just anybody; **~ gdzie** anywhere; any old where a. place pot.; **połóż to ~ gdzie** put it anywhere a. wherever you like; **~ kiedy** any time; any old time pot.; **~ jaki** (pierwszy z brzegu) any; (kiepski) rotten pot., lousy pot.; **nie ~ jaki** (wyjątkowy) some, no mean; **to nie ~ jaki wyczyn** that's some a. no mean feat; **jest nie ~ jakim pianistą** he's no mean pianist; **(ona) ma nie ~ jaki apetyt** she really has an appetite; **stoją przed nie ~ jakim problemem** they're facing a. they're faced with no small problem; **~ jak** anyhow; any old how pot.; **zrobili to ~ jak** they did it any old how
byleby coni., part. → **byle**
bylejakoś|ć f sgt mediocrity; **~ć pracy** mediocrity of the work a. workmanship
bylic|a f Bot. sagebrush
bylin|a f Bot. perennial (plant)
by|ły [] adi. [prezydent, wojskowy, dyrektor] former, ex-; [współmałżonek] ex-, former; **kraje byłego ZSRR** the countries of the former USSR; **nie rozmawia ze swoim byłym mężem** she's not on speaking terms with her ex-husband
[] by|ły m, była f pot. (o mężu, chłopaku, żonie, dziewczynie) ex pot.; **spotkałem dziś moją byłą** I ran into my ex today
bynajmniej książk. [] part. by no means, not at all; **nie jest to problem ~ prosty** it's by no means a simple problem a. matter; **czynniki te ~ nie sprzyjają rozwojowi przemysłu** such factors are hardly a. in no way conducive to the development of industry; **ta sprawa mnie ~ nie interesuje** I'm not at all a. the slightest bit interested in the matter; **nie należę ~ do jego zwolenników** I'm far from being a. I'm not by any means one of his supporters; **tego się ~ nie spodziewałem** I wasn't expecting that a. I didn't expect that at all
[] inter. not at all, far from it; „**czy to już wszystko?**" – „**~**" 'is that all?' – 'far from it'; „**chcesz, żeby wrócił (do ciebie)?**" – „**~**" 'do you want him back?'

– 'not at all a. in the slightest'; **nie był skromny; ~, pycha go rozpierała** he wasn't (exactly) modest; on the contrary, he was puffed up with self-importance

by-pass /'bajpas/ *m* Med. bypass (operation)

bysi|o *m* pot. hulk pejor.; lummox pot., pejor.

byst|ro *adv. grad.* [1] (uważnie) keenly; **wpatrywał się w nią ~ro** he looked at her keenly [2] (o wodzie) swiftly, rapidly; **strumyk płynął ~ro** the stream flowed swiftly

bystroś|ć *f sgt* [1] (żywość umysłu) (mental) acuity książk. [2] (ostrość wzroku, słuchu) acuity książk.; keenness [3] książk. (wartkość) speed, swiftness; **~ć nurtu** the speed a. swiftness of the current

byst|ry *adi. grad.* [1] *[rozum, umysł]* quick, sharp; *[osoba]* bright, sharp(-witted) *[dowcip, odpowiedź]* clever; **miała ~ry umysł** she was (really) bright a. sharp(-witted) a. quick-witted; **był bardzo ~rym człowiekiem** he was a very bright a. sharp(-witted) person [2] *[wzrok, ucho, obserwator]* keen, sharp; **~rym uchem łowił najdalsze szmery** his sharp ears picked up the faintest murmurs [3] książk. **~ry nurt/ strumień** a swift a. rapid current/stream; **~ry potok** a rushing mountain stream

bystrzak *m* pot. clever clogs (+ *v sg*) GB pot., smarty(-pants) pot., whiz(z) pot.

by|t *m* (*G* **bytu**) [1] (warunki materialne) standard of living, living standards *pl*; **zapewnić komuś skromny/dostatni byt** *[osoba]* to provide modestly/quite well for sb; *[praca, renta, dochody]* to provide sb with a modest/an ample income; **polepszyć czyjś/swój byt** to improve sb's/one's standard of living; **byt określa świadomość** social conditions determine consciousness [2] *sgt* (istnienie) existence; **walka o byt** the struggle for survival, the struggle to survive; **niepodległy byt** independence, sovereignty; **racja bytu** raison d'être, justification; **stracić rację bytu** to lose one's raison d'être [3] *sgt* Filoz. being, existence; **byt absolutny/względny** absolute/relative existence ❑ **byt społeczny** Socjol. social conditions

bytnoś|ć *f* książk. (pobyt) sojourn książk.; stay, visit; (obecność) presence, attendance; **podczas swej ostatniej ~ci w Krakowie mieszkała u nas** she stayed with us during her last visit to Cracow

byt|ować *impf vi* książk. to live; to dwell książk.; **~ować w mieście/na wsi** to live in town/in the country; **~ować w skrajnej nędzy** to live in abject poverty; **warunki ~owania** (ludzi) living conditions; (zwierząt) conditions of life; **nasze ziemskie ~owanie** our life here on earth

bytow|y *adi.* living; **warunki ~e** standard of living, living standards

bywa|ć *impf* [I] *vi* [1] (w jakimś miejscu) to be; **~ć na koncertach/zebraniach** to go to concerts/meetings; **~ł w teatrze/kinie raz w miesiącu** he was at the theatre/cinema once a month, he went to the theatre/ cinema once a month; **~ł na wykładach pięć razy w roku** he attended lectures five times a year; **niechętnie ~ła w domu** she

didn't like staying at home; **często ~ć w jakiejś restauracji/klubie** to frequent a. patronize a. haunt a restaurant/club; **puby, w których ~ją żołnierze** pubs frequented a. patronized by soldiers; **on rzadko tu ~** he's not here often, he doesn't come here often [2] (w jakimś stanie, położeniu) to be; **~ć czasem w dobrym/złym humorze** to be sometimes a. occasionally in a good/bad mood; **rzadko ~li tego samego zdania** they were rarely of the same view a. opinion [3] (utrzymywać kontakty towarzyskie) to go out; **~ć u kogoś** to visit sb, to call on sb; **ona często u nas ~** she often calls on us, she often comes to see us; **ostatnio dużo ~liśmy** recently we've been going out quite often; **~ć w świecie** a. **między ludźmi** to lead an active social life [4] (zdarzać się) to be; **~ją i tacy jak on niezaradni** there are other people as inept as he is; **ranki ~ją chłodne** the mornings are sometimes cold; **~, że...** it sometimes happens that...; **~ło, że całą noc nie spałem** sometimes I didn't a. there were times when I didn't sleep the whole night; **codziennie grali w pokera, ~ło – do rana** they played poker every night, sometimes until the morning; **~ i tak** too bad, that's the way it goes (sometimes); **„bardzo się wczoraj upiłem" – „~!"** 'I got really drunk yesterday' – 'it happens (to the best of us)!'; **jak to czasem/zawsze ~** as sometimes/always happens [II] *v aux.* to be; **często ~ć smutnym** to be often sad; **~ło gwarno/wesoło** sometimes it used to be noisy/jolly; **~ło czasem tak gorąco, że...** sometimes it was a. it used to be so hot that...; **~ło gorzej!** we've seen worse; **roślina ta używana ~ła w medycynie ludowej** this plant was once used in folk medicine [III] **bywaj!, bywajcie!** *inter.* [1] (pożegnanie) goodbye! farewell! książk.; **~j zdrów!/~jcie zdrowi!** take care! look after yourself/ yourselves! [2] (powitanie) welcome!

bywalczy|ni *f* regular; habituée książk.; **~ni premier/opery** a regular first-nighter/opera-goer

bywal|ec *m* [1] (stały gość) regular; habitué książk.; **stały ~ec** a regular (customer); **~ec wyścigów** a regular racegoer [2] (światowiec) welltravelled person, welltraveled person US

bywa|ły *adi.* (w świecie) well travelled, well traveled US; (w towarzystwie) urbane; (doświadczony) experienced, worldly(-wise)

bzde|t *m* (*G* **~tu**) pot., pejor. [1] (drobiazg bez wartości) worthless trinket pejor.; trashy item pot., pejor.; **znowu kupujesz jakieś ~ty** there you go buying trash a. junk again pot., pejor. [2] (głupstwo) rubbish *U* GB pot., pejor., garbage *U* pot., pejor.; junk *U* pot., pejor.; **nie przejmuj się, to ~t!** don't pay any attention to that rubbish!; **napisał same ~ty** everything he wrote was (just) garbage

bzdu|ra [I] *f* pot. [1] *zw. pl* (brednia) rubbish *U* GB pot., pejor.; rot *U* GB pot., pejor., baloney *U* pot., pejor.; **opowiadać** a. **pleść ~ry** to talk rubbish a. rot; **plótł same ~ry** he was

talking absolute rubbish a. nothing but rubbish [2] (błahostka) rubbish *U*, trifle [III] *inter.* pot. baloney! pot., pejor.; **~ra, nic takiego nie powiedziałam!** (what) rubbish, I never said anything of the kind!

bzdurnoś|ć *f sgt* absurdity; **~ć oskarżenia** the absurdity of the accusation

bzdurn|y *adi. grad.* pot. [1] (bezsensowny) *[pomysł, piosenka]* idiotic pot.; ridiculous; **opowiadał jakiś ~y dowcip** he told an idiotic joke; **to chyba najbzdurniejsza opowieść, jaką słyszałem** that's about the most ridiculous story I've ever heard [2] (błahy) silly, trivial

bzik [I] *m pers.* (*Npl* **~i**) przest. (dziwak) crank, eccentric [II] *m inanim. sgt* (*A* **~a**) pot. [1] (mania) **mieć ~a na punkcie czegoś** to have a thing about sth pot.; to have a mania for sth [2] (niezrównoważenie psychiczne) **ona ma ~a** she's nuts a. crazy pot.; **dostaję ~a z przepracowania** all this work is driving me crazy a. round the bend pot.

bzik|ować *impf vi* pot. [1] (tracić równowagę psychiczną) to be losing one's marbles pot., to be going crazy a. nuts pot.; **od tej pracy już zupełnie ~ujemy** this job is driving us all nuts a. round the bend pot. ⇒ **zbzikować** [2] (interesować się) **~ować na punkcie czegoś** to be potty about sth GB pot., to be crazy about sth pot.; **~uje na punkcie zdrowej żywności** s/he's a health-food nut a. freak pot.; (chwilowo) s/he's on a health-food kick pot. ⇒ **zbzikować** [3] (wygłupiać się) to horse a. clown around pot.; **przestańcie ~ować** stop horsing a. clowning around

bzow|y *adi.* *[gąszcz, krzak, zapach]* lilac *attr.*; *[powidła, wino, sok]* elder(berry) *attr.*

bzyczeć *impf* → **bzyknąć**

bzyk [I] *m* (muchy) buzz; (pocisku) whizz; **~ owadów** the buzz(ing) a. hum(ming) of insects; **kula z ~iem przeleciała mu obok głowy** a bullet whizzed past his head [II] *inter.* (o owadzie) buzz!; (o pocisku) whizz!

bzykać[1] *impf* → **bzyknąć**

bzyka|ć[2] *impf posp.* [I] *vt* to bonk GB pot. [II] **bzykać się** to bonk GB pot.; to get it on pot. (**z kimś** with sb) (**z kimś** sb a. with sb) to get it on pot.

bzy|knąć *pf* — **bzy|czeć, bzyk|ać**[1] *impf* (**~knęła, — ~czy, ~ka**) *vi* [1] *[owady]* to buzz, to hum; **~kanie komara** the buzzing a. whining of a mosquito [2] *[pocisk, pojazd]* to whiz(z); *[mechanizm]* to buzz, to hum; **~czenie maszynki do golenia** the buzz(ing) of an electric shaver

bzyknię|cie *n* buzz, buzzing *U*, hum, humming *U*; **~cie komara** the whine/ whining of a mosquito; **~cie muchy/ pszczoły/trzmiela** the buzz(ing) of a fly/ bee/bumblebee; **usłyszał nad uchem ~cie kuli** he heard a bullet whizz past his ear

bździągw|a *f* pot., obraźl. cow pot., obraźl.

b|ździć *impf* (**bżdżę, bździsz**) *vi* pot. to fart pot.

bździn|a *f* pot. fart pot.; **wypuścić ~ę** to fart pot., to cut the cheese US pot.

C

C, c *n inv.* [1] (litera) C, c [2] (w numeracji) C, c;
strony 8 i 8c pages 8 and 8c [3] Muz. C;
C-dur C major; **c-moll** C minor; **symfonia c-moll** a symphony in C minor
C [1] (cyfra rzymska) C [2] (= Celsjusza) C
ca /ˈtsirka/ (= circa) ca, c
caberne|t /ˌkaberˈne/ *m, m inv.* (*A* ~**t** a.
~**ta**) Wina Cabernet
cacan|y *adi.* pot., żart. [1] (ładny) *[ubranie]*
dinky GB, cute US [2] (grzeczny) *[dziecko,
chłopiec]* sweet GB, cute US; ~**y synek
mamusi** mummy's little boy
cacka|ć się *impf v refl.* pot. [1] (ceregielić się)
to make a fuss; ~**ć się z kimś/czymś** to
make a fuss of sb/sth; **za bardzo ~sz się
ze swoim zdrowiem** you make too much
fuss over your health; **nie ~ć się z przestępcami** to not pussyfoot around with
criminals pot.; **niech pani mówi wprost,
nie ma się co ~ć** say it straight out,
there's no point (in) beating about the
bush [2] (grzebać się) to make a fuss (**z czymś**
of sth) *[robotą, pakowaniem]*
cac|ko *n* (~**uszko** *dem.*) [1] (bibelot) trinket,
ornament [2] przen. gem; **elektroniczne
~ko** an electronic gadget; **rokokowe
~ko** a rococo gem [3] przest. (ozdoba choinkowa)
bauble [4] przest. (zabawka) toy, plaything
cacy pot. **I** *adi. inv. [dzidziuś, kotek, garni-
turek]* sweet, adorable
II *adv.* nicely; **wszystko będzie ~** everything will be (just) fine; **zrobić coś na ~**
to do sth really nicely; **na ~** for good;
utknęliśmy tu na ~ we're stuck here for
good; **tym pytaniem załatwiła go na ~**
she really got him with that question pot.
■ **cacy-cacy** iron. hunky-dory; **niby
wszystko było cacy-cacy, a jednak
czuł, że go nie lubią** everything seemed
hunky-dory, yet he could feel that they
didn't like him
cady|k *m* (*Npl* ~**cy** a. ~**kowie**) Relig.
(t)zaddik (*Hasidic spiritual leader*)
cafeteri|a /ˌkafeˈterja/ → **kafeteria**
cajg *m* (*G* ~**u**) przest. (cotton) drill U
cajgow|y *adi. [spodnie, tkanina]* drill *attr.*
cak|iel *m* a breed of Carpathian sheep
cal *m* Miary [1] (miara długości) inch [2] (miara
grubości desek) *a unit of measurement for determining the thickness of planks, equal to 16mm*
■ **ani ćwierć ~a** not a bit, not the tiniest
bit; **ani na ~** not a bit; **nie ustąpić ani
na ~** not to budge a. give an inch; **być na
a. o ~ od czegoś** to be within inches of
sth *[zguby]*; to be within yards of sth
[domu]; ~ **po ~u** inch by inch, bit by bit;
w każdym ~u every inch; **elegancki w
każdym ~u** elegant in every respect a.

detail; **to gentleman/arystokrata w
każdym ~u** he's every inch a gentle-
man/an aristocrat; **przypominać kogoś
w każdym ~u** to resemble sb in every
way a. detail
cal. (= kaloria) cal
call girl /ˈkolgerl/ *f inv.* call girl
calow|y **I** *adi.* [1] *(linijka, podziałka)* inch
attr. [2] *[deski, gwoździe]* one-inch *attr.*
II -**calowy** w wyrazach złożonych -inch;
dwucalowy gwóźdź a two-inch nail;
półcalowa deska a half-inch plank
calów|ka *f* [1] (linijka) inch ruler, inch rule
[2] pot. (gwóźdź) one-inch nail; (deska) one-inch
plank
calu|tki (~**teńki**, ~**sieńki**, ~**śki**) *pron.
dem.* all, whole; ~**tki dzień padał deszcz**
it was raining all a. the whole day long;
siedziałem tutaj ~tki czas I've been
sitting here all a. the whole time; **przetań-
czyć ~teńką noc** to dance the whole night
through; **jestem ~sieńka mokra** I'm wet
through a. all wet; ~**sieńka podłoga
zalana była wodą** there was water all over
the floor
calvados /kalˈvados/ *m* (*G* ~**u**) Wina
calvados
calypso /kaˈlipso/ *n inv.* Taniec calypso;
tańczyć/śpiewać/grać ~ to dance/sing/
play a calypso
cał|ka *f* Mat. integral
❏ ~**ka nieoznaczona** a. **nieokreślona**
Mat. indefinite integral; ~**ka okrężna** Mat.
*the line integral of a vector round a closed
curve*; ~**ka oznaczona** a. **określona** Mat.
definite integral; ~**ki elementarne** Mat.
elementary integrals
całkiem *adv.* [1] (zupełnie) *[zapomnieć, zmoknąć, załamać się]* completely, entirely; **nie ~**
not quite a. entirely; **nie ~ się z tobą
zgadzam** I don't entirely agree with you; ~
osamotniony quite alone [2] (dosyć) quite,
really; ~ **możliwe** (it's) quite possible; **w
tej sukni wyglądasz ~ nieźle** you don't
look at all bad in that dress
■ ~ **~** pot. quite well; **dziewczyny
poczynały sobie ~ ~** the girls were doing
quite well; **facet był ~ ~** the guy was
really quite attractive pot.
całkowicie *adv.* [1] (do końca) completely,
wholly; **zerwać ~ z przeszłością** to break
completely with the past; **po ślubie ~ się
zmienił** after he got married he completely
changed a. changed completely; **poświęciła
się ~ rodzinie** she devoted herself entirely
a. completely to her family [2] (w pełni)
entirely, fully; ~ **zadowolony** completely
a. entirely satisfied; ~ **podzielać czyjeś**

obawy to entirely share sb's misgivings; ~
się z tobą zgadzam I entirely agree with
you; **sprawa jest ~ jasna** the issue is
absolutely a. entirely clear
całkowi|ty *adi.* [1] *[cisza, ciemność, kwota]*
total; *[zakaz, brak]* complete; ~**te zaćmie-
nie Słońca** a total eclipse of the sun; **miał
~tą rację** he was absolutely a. perfectly
right; **obowiązuje ~ta dyskrecja** absolute
discretion is required [2] Mat. *[wartość]*
integral
całkow|y *adi.* Mat. integral *attr.*
cało **I** *adv.* in one piece; **wyjść ~ z
katastrofy** to walk away from an accident
in one piece, to emerge unscathed from an
accident; **wyjść ~ z opresji** to get away in
one piece
II cało- w wyrazach złożonych [1] -long;
całogodzinny hour-long; **całomiesięczny**
month-long [2] all-; **całosezonowy** all-
season [3] full-; **całokolumnowy** full-col-
umn
całodniowy → **całodzienny**
całodobow|y *adi. [dyżur, praca]* round-
the-clock *attr.*, 24-hour *attr.*; **sklep ~y** an
all-night shop
cało|dzienny, ~**dniowy** *adi.* [1] *[kurs,
wycieczka]* all-day *attr.*, day-long [2] *[utrzy-
manie, zarobek]* daily; ~**dzienne wyżywienie** full board
całokształ|t *m sgt* książk. (*G* ~**tu**) entirety;
~**t stosunków Wschód – Zachód** East-
West relations taken as a whole a. in their
entirety; **mieć przed oczyma ~t sytuacji**
to have the entire picture before one;
otrzymać Oskara za ~t twórczości to
win an Oscar for lifetime a. career achievement
całonocn|y *adi. [podróż, dyżur, czuwanie]*
all-night *attr.*; *[dyskusje]* night-long
całopaleni|e *n sgt* Relig. [1] (złożenie ofiary)
sacrifice [2] (ofiara) burnt offering
całopaln|y *adi. [ołtarz, stos]* sacrificial;
[ofiara] burnt
całoroczn|y *adi.* [1] *[pobyt, przerwa, choro-
ba]* year-long [2] *[dochód, opad]* annual
[3] (noszony przez cały rok) all-year-round; ~**a
odzież** clothes for all seasons
całost|ka *f* [1] (samodzielna część) whole;
entity książk.; **odrębna ~ka** a self-contained whole a. entity [2] Poczta first-day
cover
całostronicow|y *adi. [artykuł, ogłoszenie,
reklama]* full-page *attr.*
całościowo *adv.* [traktować, przedstawiać,
opisywać] as a whole, comprehensively
całościow|y *adi. [opracowanie, ujęcie]* com-
prehensive, exhaustive; ~**y charakter**

czegoś the overall character of sth; **~y obraz czegoś** an overall a. global picture of sth

całoś|ć f [1] (Gpl **~ci**) (całokształt) whole, entirety; **tworzyć zamkniętą ~ć** to form a self-contained whole; **szczegóły układają się w jednolitą/harmonijną ~ć** all the details fit together into a uniform/harmonious whole; **~ć kompozycji/kosztów** the entire composition/cost(s); **połknąć coś w ~ci** to swallow sth whole; **uregulować rachunek w ~ci** to pay the bill in full; **fragment został przytoczony w ~ci** the extract was quoted in its entirety; **kostium można kupić tylko w ~ci** the suit can only be bought as a set; **niemal w ~ci** almost completely a. entirely [2] sgt (nienaruszalność) integrity książk., inviolability książk.; **~ć naszych granic** the integrity a. inviolability of our borders [3] sgt Filoz. whole [4] Mat. integer, whole number; **działania na ~ciach** simple division

■ **iść na ~ć** pot. to go the whole way a. whole hog pot.

cał|ować impf [I] vt to kiss; **~ować czyjeś usta** a. **kogoś w usta** to kiss sb on the lips a. mouth; **~ować kogoś w policzek/rękę** to kiss sb on the cheek/hand; **~ować kogoś na dobranoc/pożegnanie** to kiss sb goodnight/goodbye; **~ował ją po włosach** he kissed her hair; **~ować krzyż/ sztandar** to kiss the cross/flag ⇒ **pocałować, ucałować**

[II] vi (żegnać) (przez telefon) to say goodbye; (listownie) to sign off; **~uję, muszę już iść** I'll say goodbye now, I have to go; **~uję, muszę już kończyć** (listownie) I must finish now, with love; **wujek cię pozdrawia i ~uje** your uncle sends his love; **~ujemy Was serdecznie** with all our love and best wishes

[III] **~ować się** to kiss (**z kimś** sb); **~owali się namiętnie** they were kissing passionately ⇒ **pocałować się**

■ **~uję rączki** przest. (przy powitaniu, pożegnaniu) good day, madam; **~uj psa** a. **mnie w nos** pot. do me a favour GB pot., give me a break pot.; **powinien ~ować ją/go po rękach** he should be grateful to her/him, he should be kissing the ground she/he walks on

całun m (G **~u**) [1] (do owijania zwłok) shroud; (do przykrywania trumny) pall [2] sgt książk., przen. shroud, pall; **pola okryte ~em śniegu/ mgły** fields shrouded in mist/snow [3] przest. (odzież mnicha) frock

❏ **Całun Turyński** Relig. the Turin Shroud

całus m (A **~a**) pot. kiss; **dać/posłać komuś ~a** to give/blow sb a kiss; **przesyłam moc ~ów dla babci** lots of love (and kisses) for grandma; **skraść** a. **ukraść komuś ~a** to steal a kiss from sb; **nawet marnego ~a nie dostałem** I didn't even get one lousy kiss

całus|ek m (A **~ka**) [1] pieszcz. kiss [2] zw. pl. (okrągły pierniczek) a small, round gingerbread cake [3] zw. pl. pot. (damska rękawiczka) glove with a hole on the back of the hand

cały [I] pron. [1] (wszystek) [dzień, świat, prawda] all, whole adi.; **siedziałem tutaj cały czas** I've been sitting here all the time a. the whole time; **boli mnie całe ciało** my

whole a. entire body aches; **spóźniłem się o całe pół godziny** I was a whole half-hour late; **całe lato nie było deszczu** it didn't rain all a. the whole summer; **całymi godzinami/dniami/latami** for hours/days/ years on end; **płakać całymi nocami** to cry night after night; **jesteś cały mokry** you're all wet; **kobieta cała w czerni** a woman dressed all in black; **figurka cała ze złota** a figure made entirely of gold; **całą duszą/sercem** a. **z całej duszy/serca** with all one's heart a. one's whole heart; **iść na całego** pot. to go the whole way a. whole hog pot.; **zabawa była na całego** the party was a total rave pot.; **nie ma co, zawaliłeś na całego** there's no doubt about it, you've completely fouled up pot. [2] (pełny) whole adi.; **całe wiadro węgla/wody** a whole bucket(ful) of coal/water [3] (kompletny) [zbiór, zestaw] entire, complete [4] (jedyny) all, only; **całe umeblowanie pokoju stanowiły stół i krzesła** the only furniture in the room consisted of a table and chairs; **to cały mój dobytek** that's all (that) I have a. possess; **to moja cała pociecha** that's all the comfort I have; **to jest cała jej wiedza na ten temat** that represents her entire knowledge on the subject [5] (duży) whole adi.; **mam cały stos listów do wysłania** I've got a whole stack of letters to send off; **mam całą masę rzeczy do załatwienia** I've got a whole mass of things to arrange a. settle; **całe szczęście, że przyszedłem w porę** luckily, I came just in time; it was (damn) lucky I arrived in time pot.

[II] adi. [1] (nieuszkodzony) [ubranie, buty, osoba] in one piece; [dach] intact; **wazon spadł, ale jest cały** the vase fell, but it's still in one piece a. intact; **uciekaj, pókiś cały!** get out, while you're still in one piece!; **miał szczęście, że wrócił cały z tej wyprawy** he was lucky to return from the trip unscathed a. in one piece; **wrócił cały i zdrów** he returned safe and sound [2] (całkowity) complete; **z całą pewnością** with complete certainty; **robić coś z całym spokojem** to do sth completely calmly; **wyznać z całą szczerością** to confess in all sincerity [3] pot. (w jednym banknocie, w jednej monecie) **mam całe dziesięć złotych** I've only got a ten-zloty note [4] pot. (w maksymalnym stopniu) **była cała w nerwach/w uśmiechach/we łzach** she was all nerves/ smiles/in tears [5] pot. (przejawiający typowe cechy) all over; **to cały Marek** that's Marek all over pot.; **popatrz jak się uśmiecha – cały dziadek** the way he smiles – he's just like his grandpa

❏ **cała naprzód** Żegl. full speed ahead!; **cała wstecz!** Żegl. full speed astern!

■ **całym/całą sobą** with one's whole being; **chłonął jej słowa całym sobą** his whole being soaked up her words; **czuła całą sobą, że już go nie zobaczy** she felt with her whole being that she would never see him again; **na całe gardło** a. **cały głos** at the top of one's voice; **tego całego Jacka nie było** pejor. that twit Jacek wasn't there pot.; **co mnie obchodzi ten cały kierownik/ta cała twoja praca** pejor. what do I care about the bloody manager/

that damn job of yours pot.; **z całej siły** a. **całych sił** with all one's might

camember|t /kamãˈber/ [I] adi. inv. Camembert attr.; **nie lubię sera ~t** I don't like Camembert cheese

[II] m (G **~ta** a. **~tu**) Camembert (cheese) U

camor|ra /kaˈmorra/ f the Camorra

camping /ˈkempiŋg/ → **kemping**

campingowy /kempiŋˈgovɪ/ → **kempingowy**

campus /ˈkampus/ m (G **~u**) campus C/U; **mieszkać w ~ie** to live on campus

canoe /kaˈnu/ → **kanu**

Canoss|a /kaˈnossa/ f **pójść do ~y** książk. to eat humble pie

canzon|a /kanˈtsona/ → **kancona**

cap[¹] [I] m pers. (Npl **~y**) [1] pot., obraźl. (old) goat pot.; **ty (stary) ~ie!** you (stupid) old goat! [2] pot. (brodacz) beardie GB pot.

[II] m anim. [1] (kozioł) billy goat, he-goat; (baran) ram; **głupi jak ~** (as) thick as two short planks Myślis. buck

cap[²] m Techn. [1] hook attached to a rope for hoisting a drill [2] przest. (czop) tenon

cap[³] inter. zap! pot.; **ochroniarz ~ zło-dzieja za kołnierz** zap! – the guard grabbed the thief by the collar

capi adi. [rogi, bek, bródka] goat's; **człowiek z ~ą bródką** a man with a goatee

capn|ąć pf (**~ęła, ~ęli**) vt pot. [1] (złapać) to grab, to snatch; **~ąć psa za kark** to grab a dog by the scruff of its neck; **~ąć kogoś za kołnierz** to collar sb pot.; **policja ~ęła go i teraz siedzi** he was pinched a. nabbed by the police and now he's doing time pot. [2] (ukraść) to pinch pot.; to make off with; „**ktoś ~ął mi portfel!**" 'somebody's pinched my wallet!'; **~ęli jej torbę** they made off with her bag; **kot ~ął plaster szynki z talerza** the cat pinched a slice of ham from the plate

cappucino /kaputˈʃino/ [I] adi. inv. [lody, tort, likier] cappuccino attr.

[II] n inv cappuccino C/U

capriccios|o /kapriˈtʃjoso/ Muz. [I] n, n inv. capricio, caprice

[II] adi. inv. capriccioso; **rondo ~o** a rondo capriccioso

[III] adv. capriccioso; **grać utwór ~o** to play a piece capriccioso

capstrzyk m (G **~u**) [1] (sygnał) (w wojsku) the last post; (na obozie harcerskim) bugle call [2] (przemarsz) torchlight procession, torchlit procession

ca|r m (Npl **carowie**) Hist. (osoba, tytuł) tsar, czar

carat m (G **~u**) sgt Hist. (system rządów) tsarism, czarism

carewicz m (Npl **~e** a. **~owie**) Hist. tsarevich, czarevich

cargo /ˈkargo/ n inv. [1] Lotn., Żegl. cargo U [2] Ubezp. cargo insurance U

cario|ca /kaˈrjoka/ Taniec carioca; **grać/ tańczyć ~kę** to play/dance the carioca

carow|a f (Gpl **~ych**, Ipl **~ymi**) Hist. tsarina, czarina

cars|ki adi. [władza, rząd, urzędnik, policja] tsarist, czarist; [pałac, dwór, tron] tsar's, czar's

caryc|a f Hist. tsarina, czarina, tsaritsa

casus /ˈkasus/ m (G **~u**) [1] książk. case, incident; **~ Serbii winien być przestrogą dla świata** the case of Serbia a. the events in Serbia should be a warning for the entire world [2] Prawo case

cąż|ki plt (G ~ków a. ~ek) [1] (do paznokci) nail clippers [2] dem. (narzędzie) nippers

ccm (= centymetr sześcienny) cc, c.c.

CD /si'di/ m inv., f inv. CD

cd. (= ciąg dalszy) cont.

cdn. (= ciąg dalszy nastąpi) to be continued

CD-ROM /ˌsidi'rom/ m, m inv. (**CD-ROM-u**) CD-ROM

ceb|er m [1] (naczynie) wooden tub, wooden pail [2] (zawartość) tub(ful), pail(ful) (**czegoś** of sth)
■ **leje jak z ~ra** pot. it's raining cats and dogs, it's bucketing down

ceber|ek m dem. [1] (naczynie) small wooden tub, small wooden pail [2] (zawartość) small tub(ful), small pail(ful)

cebion m (G ~u) Farm. vitamin C (preparation)

ceb|rzyk m (~erek dem.) [1] (naczynie) small wooden tub, small wooden pail [2] (zawartość) small tub(ful), small pail(ful)

cebul|a f [1] (warzywo) onion C/U; **kilo ~i a** kilo of onions; **na wiosnę obsadzili pole ~ą** in spring they planted the field with onions [2] Bot. (bulwa) bulb; **~e tulipanów** tulip bulbs [3] pot., przen. (zegarek) pocket watch; (kopuła) onion dome; **błyszczące ~e cerkwi** the shining (onion) domes of Orthodox churches
■ **ubierać się na ~ę a. ~kę** to wear several layers of clothing

cebularz [I] m pers. (Gpl ~y) [1] daw. onionseller [2] pot. onion-grower
[II] m inanim. (A ~a) Kulin. a kind of oniontopped roll or flatbread

cebula|sty adi. [kopuła, wazon] onion attr., onion-shaped; [nos] bulbous

cebul|ka f [1] dem. (warzywo) (small) onion; **stek z ~ką** steak and onions [2] dem. Bot. (bulwa) bulb [3] (część włosa) bulb spec.; hair root; **odżywka wzmacniająca ~ki włosowe** a conditioner for strengthening hair roots

cebulic|a f Bot. scilla, wood squill

cebulkowa|ty adi. [1] [nosek] bulbous; [wazonik] onion attr., onion-shaped [2] [rośliny] bulbous

cebulkow|y adi. [1] [sałatka] onion attr. [2] Bot. [rośliny, kwiaty] bulbous

cebulowa|ty adi. [zegarek, solniczka] onion-shaped

cebulow|y adi. [zupa, łupina] onion attr.; **warzywa ~e** alliums

cech m (G ~u) [1] (zrzeszenie rzemieślników) guild [2] (budynek) guildhall

ce|cha f [1] (właściwość) feature, quality; (osoby) characteristic, trait; **cecha charakterystyczna czegoś** a distinctive a. characteristic feature of sth; **cecha dodatnia/ ujemna** a positive/negative feature a. characteristic; **cecha narodowa/rodzinna** a national/family characteristic; **cecha charakteru** a (character) trait, a characteristic; **cechy dziedziczne** inherited characteristics; **cechy wrodzone** innate a. inborn characteristics a. qualities; **druga ważna cecha to...** the second important feature is...; **utwór ma wiele cech powieści historycznej** the work has many of the

characteristics a. features of a historical novel; **mimo pewnych cech wspólnych są to jednak odrębne style** despite certain common features, these are nevertheless different styles; **odznaczać się cechami przywódczymi** to show leadership qualities; **miał cechy dobrego organizatora** he had the qualities of a good organizer; **odziedziczyła wiele cech po matce** she inherited a lot of her mother's qualities a. characteristics [2] (znak) (urzędu) (official) stamp; (fabryki) trademark; **cecha (probiercza) metalu a. stopu** a hallmark [3] Filoz. quality [4] Geog. spot height [5] Techn. tool for marking trees for cutting
❑ **absolutna cecha rzeczy** Filoz. primary quality; **cecha legalizacyjna** Techn. verification mark; **cecha logarytmu** Mat. characteristic; **cecha recesywna** Biol. recessive (trait); **cechy nabyte** Biol. acquired characteristics; **cechy palingenetyczne** Biol. ancestral characteristics repeated in the embryonic development of an animal; **cechy podobieństwa/przystawania trójkątów** Mat. the properties of similar/congruent triangles; **wtórne cechy płciowe** Biol. secondary sexual characteristics

cech|ować impf [I] vt [1] (charakteryzować) to characterize; **~ują ją spokój i opanowanie** her chief qualities are calmness and level-headedness; **przedsiębiorczość i odwaga ~ują wszystkie jego poczynania** all his endeavours are marked a. characterized by enterprise and courage [2] (znaczyć) to stamp, to mark [wyroby]; to hallmark [złoto, srebro]; **~ować drzewa do wyrębu** to mark trees for cutting
[II] **cechować się** to be marked a. characterized (**czymś** by sth); **styl ~ujący się prostotą** a style characterized by simplicity

cechow|y adi. [prawo, chorągiew] guild attr.

cede|t m (G ~tu) pot. abbreviated name for the largest department store in Warsaw in the 1950s and 1960s (Centralny Dom Towarowy)

ced|ować impf vt Prawo to cede, to relinquish [majątek, prawa, ziemię] (**komuś** a. **na kogoś** to sb) ⇒ **scedować**

ced|r m (G ~ru) [1] Bot. cedar (tree) C/U [2] sgt (drewno) cedar (wood); **szkatułka z ~ru** a cedar casket

cedrow|y adi. [las] cedar attr.; [meble] cedar(wood) attr.

cedu|ła f [1] Fin. stock exchange index, share price index; **~ła giełdy londyńskiej** the London Stock Exchange index [2] Transp. waybill, consignment note

cedzak m [1] pot. strainer; (z dwoma uchwytami) colander, cullender [2] Ryboł. (sieć rybacka) sieve net

cedzakow|y adi. [1] (służący do cedzenia) straining attr.; **łyżka ~a** skimmer, skimming ladle [2] Ryboł. [sieć] sieve attr.

ce|dzić impf vt [1] (odsączyć) to strain [mleko, ziemniaki, makaron]; **cedzić coś przez cedzak/sito** to strain sth through a strainer/sieve ⇒ **przecedzić** [2] (pić) to sip [mleko, kawę, drinka]; **cedzić herbatę małymi łykami** to sip tea; **siedzieli, cedząc piwo** they were sitting there sipping beer [3] (mówić wolno) to drawl; **cedzić słowa** to drawl (out) one's words; **mówił głośno, dobitnie cedząc każde słowo** he spoke in

a loud voice, clearly enunciating every word; **cedzić słowa przez zęby** to hiss through clenched teeth ⇒ **wycedzić**

cedzin|y plt (G ~) sediment U

cegielni|a f (Gpl ~) brickyard

cegielnian|y adi. [robotnicy, pomieszczenia, tereny] brickyard attr.; **przemysł ~y** the brick-making industry

cegielnictw|o n sgt Budow. (przemysł) the brickmaking industry; (rzemiosło) brickmaking

cegielnicz|y adi. [przemysł, specjalista] brickmaking attr.; [wyroby] brick attr.

cegieł|ka f [1] dem. (mała cegła) (small) brick [2] przen. (datek) donation (**na coś** for a. to sth); (dowód wpłaty) donation certificate; **sprzedawać ~ki na budowę szpitala** to collect (donations) for a new hospital [3] przen. (udział) share, contribution; **dołożyć a. dorzucić ~kę do czegoś** to make one's contribution to sth; **mieć w czymś swoją ~kę** to have a share in sth [4] przest. (kostka) brick; **~ka mydła** a bar of soap [5] Budow. facing brick

ceglan|y adi. [mur, dom, gruz] brick attr.

ceglasto [I] adv. [pomalowany] brick red adi.
[II] **ceglasto-** w wyrazach złożonych **ceglastoczerwony** brick-red; **ceglastopomarańczowy** ≈ dark orange

cegla|sty adi. [1] (kolor) brick-red, brick attr.; **~sta czerwień dachówek** the bright red of the roof tiles; **~ste rumieńce/ wypieki** a bright red blush/flush [2] (powstały z cegły) [żwir, nawierzchnia, mur] brick attr.

ceg|ła f [1] Budow. brick; **mur/dom z ~ły** a. **~ieł** a brick wall/house [2] (kostka) brick; **~ła lodu** a block of ice [3] pot., pejor. (książka) (źle się sprzedająca) remainder; (gruba) tome iron.
❑ **~ła ceramiczna** Budow. ceramic brick; **~ła dolomitowa** Budow. dolomite refractory brick; **~ła dynasowa** Budow. silica brick; **~ła dziurawka** Budow. airbrick; **~ła kominowa** radial brick; **~ła silikatowa** Budow. sand-lime brick; **~ła szamotowa** Budow. firebrick; **surowa ~ła** Budow. raw brick

Cejlo|ńczyk m, **~nka** f Sri Lankan

cejloń|ski adi. [herbata] Ceylon attr.; [kultura] Sin(g)halese; [szafir] Celyonese

cekaem m (G ~u) Wojsk. heavy machine gun

cekaemi|sta m Wojsk. heavy machine gunner

cekaemow|y adi. [ogień, seria] heavy machine gun attr.

cekin m [1] (G ~a a. ~u) sequin, spangle; **suknia wyszywana ~ami** a sequined dress [2] (A ~a) Hist. (moneta) sequin, zecchino

cekinow|y adi. sequin attr., spangle attr.

cel [I] m (G ~u) [1] (obiekt, do którego się strzela) target; **ruchomy ~** a moving target; **~e naziemne/powietrzne** ground/air targets; **trafić w ~** a. **do ~u** to hit the target; **chybić ~u** to miss the target; **brać kogoś/ coś na ~** to aim at sb/sth [2] (marzeń, dążeń) aim, goal; **~ życia** one's aim in life; **od tej pory ~em jego życia była zemsta** from that time on his aim in life was revenge; **dążyć do wyznaczonego ~u** to pursue a defined goal; **dążyć do wyższych ~ów** to aspire to high a. lofty ideals; **dopiąć ~u** to achieve one's purpose; **osiągnąć ~** to achieve one's goal a. aim; **stanąć** a. **być u ~u** to achieve one's aim, to attain one's goal; **gdy byliśmy już prawie u ~u, zabrakło funduszy na dalsze badania** we were very near to achieving our aim, when our research funds ran out; **mieć coś za ~** a. **na ~u** to be aimed at sth a. at doing sth; **rozmowy mające na ~u rozwiązanie sporu** talks aimed at solving the conflict; **wytknąć** a. **postawić sobie jakiś ~** to set oneself a target, to set one's sights on sth; **za główny cel obrał sobie zrobienie kariery politycznej** he chose a career in politics as his main goal a. ambition; **dla ~ów statystycznych/leczniczych/kosmetycznych** for statistical/therapeutic/cosmetic purposes; **na ~e dobroczynne** for charity; **wydatki na ~e socjalne** welfare expenditure; **wydatki na ~e inwestycyjne** investment outgoings 3 (podróży, marszu) destination; **dotrzeć/dojść do ~u** to reach one's destination; **chodzić** a. **włóczyć się bez ~u** to walk a. wander around aimlessly; **za pół godziny będziemy u ~u** we'll be there in half an hour 4 (obiekt działań) target; **stać się ~em ataków** to become the target of attacks; **wziąć** a. **obrać kogoś za ~ kpin/żartów** to make sb the butt a. target of one's jokes

III inter. Wojsk. **~! pal!** aim... fire!

■ **mijać się z ~em** to be pointless, to defeat the purpose; **dalsze czekanie mija się z ~em** there's no point in waiting any longer; **spełniać ~** a. **odpowiadać jakimś ~om** to serve a. answer a purpose; **w ~u** a. **~em robienia czegoś** książk. (in order) to do sth, with the aim of doing sth; **napisali do niego w ~u nakłonienia go do powrotu** they wrote to him (in order) to try and get him to come back; **w jakim ~u?** what for?; to what purpose? książk.; **w tym celu musisz...** in order to do that, you need to...; **zmierzać (wprost) do ~u** to get (straight) to the point; **~ uświęca środki** przysł. the end justifies the means

cel|a f (więzienna, klasztorna) cell; **~a śmierci** a death cell; **wspólna** a. **zbiorowa ~a** a shared cell

celeb|ra f 1 (obrzędu, nabożeństwa) celebration, officiation 2 (nabożeństwo) ceremonial service; (msza) High Mass 3 sgt pot. (powaga) ceremony; **robić coś z ~rą** to do sth with ceremony

celebracj|a f książk. 1 sgt (powaga) ceremony 2 (Gpl ~i) zw. pl. (czynność) solemnity; **wygłosił mowę bez zbytnich ~i** he made a speech without excessive pomp

celebracyjn|y adi. książk. [styl] ceremonious

celebran|s, ~t m Relig. celebrant

celebr|ować impf vt 1 (odprawiać) to celebrate; **~ować mszę** to celebrate Mass; **~ować nabożeństwo** to conduct a service 2 książk. (świętować) to celebrate [święto, rocznicę] 3 książk. (wykonywać z powagą) to make a ritual (out) of, to draw out; **~ować posiłek** to draw out a. make a ritual of a meal; **nie ~uj tak śniadania, bo się spóźnisz do pracy** don't take so long over breakfast, or you'll be late for

work; **bramkarz ~uje wybicie piłki z linii bramkowej** the goalkeeper's taking his time over the goal kick

celiaki|a f sgt (GD ~i) Med. coeliac disease GB, celiac disease US

celiba|t m sgt (G ~tu) 1 Relig. celibacy 2 (wstrzemięźliwość płciowa) celibacy; **żyć w ~cie** to be celibate, to live in celibacy

celibatow|y adi. [przepisy] celibacy attr., of celibacy; **~e życie** a life of celibacy, a celibate life

cellulitis /ˌtseluˈlitis/ m, m inv. sgt (G ~u) Med. cellulite

celnictw|o n sgt customs (+ v sg/pl)

celnicz|ka f customs officer

celnicz|y adi. [urząd] customs attr.; **budynek ~y** customs building, custom(s) house

celnie adv. grad. 1 [strzelać, rzucać, uderzać] accurately 2 (trafnie) appositely, pertinently; **argumentował ~ i przekonująco** his arguments were pertinent and convincing

celni|k m 1 (urzędnik) customs officer 2 Antycz., Hist. (poborca) publican, tax collector

celnoś|ć f sgt 1 (strzału, karabinu) accuracy; (osoby) marksmanship; **~ć oka/ręki** the accuracy of sb's aim 2 (argumentów, działań) aptness; pertinence książk.; **~ć pytań** the pertinence of the questions; **~ć odpowiedzi** the appositeness of the answers książk. 3 książk. (gry, wykonania) excellence, brilliance

celn|y¹ adi. grad. 1 [strzał, broń, strzelec] accurate; **~y rzut! brawo!** good shot! well done!; **uderzenie było ~e, ale za słabe** Sport the shot was on target, but it was too weak; **mieć ~e oko** to have a good eye 2 [uwaga, przykład] apt; pertinent książk., apposite książk.; **mieć ~y dowcip** to have a sharp wit 3 książk. [proza, dzieło, pisarz] excellent, brilliant; **twórczość najcelniejszych pisarzy epoki** the work of the most brilliant writers of the era

celn|y² adi. [urząd, przepisy, urzędnik] customs attr.; **odprawa ~a** customs clearance

celofan m (G ~u) sgt cellophane®; **owinięty ~em** a. **w ~** wrapped in cellophane

celofanow|y adi. [papier, opakowanie, torebka] cellophane® attr.

celom|a f Anat. coelom

cel|ować impf vi 1 (mierzyć) to aim (do kogoś/czegoś at sb/sth); **~ować w kogoś/coś** to aim at a. for sb/sth; **~ować do kogoś z rewolweru/karabinu** to aim a revolver/rifle at sb; **~ować w serce/głowę** to aim for the heart/head; **~ować (za) wysoko** przen. to aim (too) high ⇒ **wycelować** 2 (być skierowanym) to point (w kogoś/coś at sb/sth); **jej palec ~ował we mnie** her finger was pointing at a. towards me 3 (przodować) to excel (w czymś at a. in sth); **~ować w sporcie/naukach ścisłych** to excel at sport/in the sciences 4 pot. (starać się zdążyć) to aim; **~owaliśmy na ostatni autobus, ale się spóźniliśmy** we were aiming to get the last bus, but we were too late; **sportowcy ~owali z formą na olimpiadę** the athletes were aiming to be on form in time for the Olympics ⇒ **wcelować**

celownicz|y I adi. sighting, targeting; **przyrządy ~e** sights II m Wojsk. (gun-)layer

celownik m 1 Wojsk., Techn. sight(s) 2 Fot. (view)finder 3 Sport finish, finishing line 4 Jęz. the dative (case)

celownikow|y adi. 1 Fot. (view)finder attr. 2 Jęz. dative

celowo adv. intentionally, on purpose; **zrobił to ~** he did it on purpose a. deliberately; **~ mi o tym nie powiedział** he kept it from me on purpose

celowoś|ć f sgt 1 (działania, postępowania) appropriateness, advisability; **kwestionować ~ć akcji zbrojnej** to question the need for military action 2 (przydatność) functionality, usefulness; **~ć dalszych badań** the usefulness of further research 3 Filoz. purpose

celow|y adi. 1 (zamierzony) [zmiana, postępowanie] intentional, deliberate 2 (stosowny) appropriate; **uznał za ~e poinformować ich o swojej decyzji** he considered it appropriate to inform them of his decision; **ekspedientka nie uznała za ~e odpowiedzieć mi na pytanie** the shop assistant didn't deign to answer my question 3 [fundusz] special

Celsjusz m sgt **skala ~a** Celsius, the Celsius scale; **39 stopni ~a** 39° Celsius a. centigrade

Cel|t m (Npl ~towie) Celt

cel|ta f (heavy) canvas U

celtolo|g m (Npl ~dzy a. ~gowie) Celticist, Celtist

celtologi|a f sgt (GD ~i) Celtic studies pl

celtow|y adi. [płaszcz, namiot, pokrowiec] (heavy) canvas attr.

celtyc|ki adi. [języki, mitologia, monety, muzyka] Celtic

celująco adv. **napisać/zdać egzamin ~** to pass an exam with flying colours

celując|y II pa → celować
III adi. 1 (wzorowy) excellent; **~y uczeń** a model a. first-class student 2 [ocena] top; **~a odpowiedź** an excellent answer
III m Szkol. ≈ starred A (grade); **ocenić pracę na ~y** to give a piece of work a starred A (grade); **dostać ~y z matematyki** to get a starred A for maths

celularn|y adi. Biol. cellular, cell attr.

celulaz|a f sgt Biol. cellulase

celuloi|d /ˌtseluˈlojit/ m sgt (G ~du) Techn. celluloid

celuloidow|y /ˌtseluloiˈdɔvɨ/ adi. [błona fotograficzna, taśma filmowa, lalka] celluloid attr.

celuloz|a f sgt Chem. cellulose; **~a sosnowa** pine cellulose

celulozow|y adi. [włókno, masa, przemysł] cellulose attr.

cembrowacz m (Gpl ~y) worker employed on the casing of wells

cembr|ować impf vt to case [studnię]; to shore up, to reinforce [brzeg rzeki] ⇒ **ocembrować**

cembrowa|nie II sv → cembrować
III n → cembrowina

cembrowan|y II pp → cembrować
III adi. [studnia] cased; [brzeg rzeki] reinforced; [basen] lined

C

cembrowin|a *f* (studni) (well) casing; (rzeki) embankment, reinforced bank; (kanału, basenu) lining

cemen|t *m* *sgt* (*G* ~**tu**) Budow., Stomat. cement

❏ ~**t magnezjowy** Chem. magnesia cement; ~**t portlandzki** Budow. Portland cement; ~**t szybkowiążący** Budow. quick-setting cement

cement|ować *impf* **[I]** *vt* **[1]** (spajać cementem) to cement *[płyty]* ⇒ **scementować** **[2]** (osadzać w cemencie) to cement (in) *[wspornik, słupy, filary]* **[3]** (wypełniać cementem) to cement (over) *[dziury, szczeliny, spoiny]*; (zalewać cementem) to cement (over), to concrete (over) *[strop, fundamenty]* ⇒ **zacementować** **[4]** Geol. to cement *[minerały, skały]*; **piaskowiec ~owany krzemionką** sandstone cemented by a. with silica; **~owanie osadu skalnego** cementation of rock sediment **[5]** przen. to cement, to seal *[związek, przyjaźń]*; to seal, to cement *[umowę, porozumienie]*; **~ować wspólnotę rodzinną** to strengthen a. reinforce a. cement family ties ⇒ **scementować** **[6]** Techn. to case-harden, to cement *[stal]*

[II] cementować się **[1]** (być spajanym za pomocą cementu) to bond, to become cemented ⇒ **scementować się** **[2]** książk., przen. *[związek]* to be cemented; *[więzi]* to strengthen, to become stronger; *[grupa ludzi]* to be drawn (closer) together, to be brought (closer) together

cementowni|a *f* (*Gpl* ~) cement plant, cement works

cementow|y *adi.* **[1]** *[przemysł, zaprawa, podłoga]* cement *attr.* **[2]** Stomat. cement *attr.*

cen|a *f* **[1]** price (**czegoś** of sth); **~a okazyjna/wygórowana** a bargain/an exorbitant price; **~a promocyjna** a special price; **~a wywoławcza** a reserve (price); **~y konkurencyjne** competitive prices; **przystępne ~y** reasonable a. affordable prices; **słone ~y** steep prices; **~a kupna/detaliczna** purchase/retail price; **~a wstępu** (price of) admission; **~y biletów** ticket prices; **~y na zboże** grain prices; **~a za metr/kilogram** the price per metre/kilogram; **podwyżka/obniżka ~** a price rise/reduction; **sezonowa obniżka ~** a sale; **kupić coś za pół ~y** to buy sth half price; **sprzedać coś po ~ie kosztów własnych** to sell sth at cost price; **komplet w ~ie 1000 złotych** 1,000 zlotys for the set **[2]** przen. price, cost; **płacić za coś wysoką ~ę** to pay a high price for sth; **zanieczyszczenie środowiska to ~a, jaką płacimy za postęp techniczny** environmental pollution is the price we pay for technological progress; **za ~ę czegoś** at the cost of sth; **zdobył fortunę za ~ę zdrowia** he made a fortune at the cost of his own health ❏ **~a fabryczna** Ekon. cost price; **~a gwarantowana** Ekon. guaranteed price; **~a limitowa** a. **limitowana** Ekon. threshold price; **~a netto** Handl. net price; **~a nominalna** Ekon. nominal a. face value ■ **naznaczyć** a. **wyznaczyć ~ę na czyjąś głowę** to put a price on sb's head; **być bez** a. **nie mieć ~y** to be priceless; **prawdziwa przyjaźń nie ma ~y** you can't put a price on true friendship; **być w ~ie** to be in

(great) demand; **informatycy/lekarze są teraz w ~ie** computer scientists/doctors are very much in demand these days; **w tym roku zboże nie jest w ~ie** there's not much demand for grain this year; **za każdą** a. **wszelką ~ę** at all costs, at any cost; **chciał to osiągnąć za wszelką ~ę** he was determined to do it, regardless of the cost; **za wszelką ~ę chciał tam pojechać** he was absolutely determined to go; **za żadną ~ę** not at any price; **za żadną ~ę nie chciała się zgodzić na wyjazd córki** she didn't want to let her daughter go at any price

cenestetyczn|y *adi.* *[wrażenia]* coenaesthetic

cenestezj|a *f* *sgt* Psych. coenaesthesis, coenaesthesia

ce|nić *impf* **[I]** *vt* **[1]** (szanować) to value; **cenić kogoś za coś** to value sb for sth; **wysoko kogoś/coś cenić** to think highly of sb/sth; **którego z poetów ceni pani najbardziej?** which of the poets do you value most highly?; **była wysoko ceniona jako pielęgniarka** she was highly valued as a nurse; **cenić sobie czyjeś zdanie** to value sb's opinion; **cenić w kimś rzetelność/prawdomówność/odwagę** to value sb for their reliability/truthfulness/courage **[2]** (szacować) to price, to value; **cenić coś na dwa miliony** to value sth at two million; **na ile pan to ceni?** how much are you asking for it? ⇒ **wycenić**

[III] cenić się **[1]** (znać swoją wartość) to know one's own worth; **cenić się wysoko/nisko** to have a high/low opinion of oneself **[2]** pot. (wyznaczać cenę za swoją pracę) to charge; **drogo/tanio się ceni** s/he charges high/low prices

ceni|ony **[I]** *pp* → **cenić**

[II] *adi.* **[1]** *[antyki, towary, futra]* (highly) valued, sought-after; **obrazy wysoko ~one przez krytyków** paintings highly valued by critics **[2]** *[artysta, fachowiec]* highly regarded

cennik *m* price list, list of prices

cennikow|y *adi.* price-list *attr.*; **pozycje ~e** the items on a price list

cenn|y *adi. grad.* **[1]** (kosztowny) *[biżuteria, obraz]* valuable, precious; *[kamień szlachetny]* precious; **~e futro** an expensive fur; **~e przedmioty** valuables **[2]** (ceniony) *[rada, uwaga, współpracownik]* valuable; *[czas]* valuable, precious; *[pamiątka]* treasured, precious; *[zabytek]* treasured, prized; **rower był najcenniejszą rzeczą jaką posiadał** the bicycle was his most prized possession

cenocy|t *m* (*G* ~**tu**) Biol. **[1]** (komórczak) coenocyte **[2]** (pierwotniak pasożytniczy) plasmodium

cenogenez|a *f* *sgt* Biol. caenogenesis

cenotaf *m* (*G* ~**u**) cenotaph

cenotwórcz|y *adi.* *[czynnik, mechanizm]* price-determining, price-related

cenow|y *adi.* *[katalog, wykaz]* price *attr.*

cenoz|a *f* *sgt* Biol. biotic community

cen|t *m* (*A* ~**ta**) **[1]** (moneta) cent **[2]** Fiz. cent **[3]** Muz. cent ■ **wydać co do ~ta** to spend everything, down to the last penny

centau|r *m* (*Npl* ~**ry** a. ~**rowie**) Mitol. centaur

centnar → **cetnar**

cent|ra *f* **[1]** środ., Sport centre GB, center US **[2]** pot. (w rowerze) buckled wheel

central|a *f* (*Gpl* ~**i** a. ~) (instytucja) head a. central office; headquarters (+ *v* *sg/pl*); (magazyn) main depot, main warehouse; **musimy czekać na zarządzenie ~i** we need to wait for instructions from head a. central office ❏ **~a telefoniczna** Telekom. (budynek) telephone exchange; (urządzenie) (telephone) switchboard; **wielofunkcyjna ~a cyfrowa** Telekom. a multi-functional digital switchboard

centralistycznie *adv.* *[rządzić]* centrally; **gospodarka sterowana ~** a centrally planned economy

centralistyczn|y *adi.* *[władza, system, rządy]* centralist, centralized; *[tendencje, dążenia]* centralist

centralizacj|a *f* *sgt* książk. (władzy, gospodarki, kraju) centralization ❏ **~a kapitału** Ekon. centralization of capital

centralizacyjn|y *adi.* książk. *[zarządzanie]* central, centralized

centralizm *m* *sgt* (*G* ~**u**) Polit. centralism ❏ **~ demokratyczny** Polit. democratic centralism

centraliz|ować *impf* *vt* książk. to centralize *[państwo, produkcję]* ⇒ **scentralizować**

central|ka *f* **[1]** (aparatura) (sygnalizacyjna, pożarowa) equipment *U* **[2]** (pomieszczenie) control room ❏ **~ka telefoniczna** Telekom. switchboard

centralnie *adv.* **[1]** *[położony, usytuowany]* centrally, in the centre; **budynek ogrzewany ~** a centrally heated building **[2]** Ekon., Polit. *[zarządzać, sterować]* centrally

centraln|y **[I]** *adi.* **[1]** (środkowy) central; **~e miejsce na stole/ścianie** the middle of the table/wall; **opady w ~ej Polsce** precipitation in central Poland **[2]** (główny) central, main; **~a postać w dramacie** the main a. central character in a drama; **~a baza danych** central database **[3]** (nadrzędny) *[władza, urząd]* central **[4]** Ekon., Polit. *[zarządzanie, gospodarka]* centralized; *[planowanie]* central **[5]** Techn. **~e ogrzewanie** central heating; **~y zamek** central locking

[II] centralne *n* *sgt* pot. central heating ❏ **~y układ** a. **system nerwowy** Anat. central nervous system

centrolewic|a *f* Polit. Centre-Left *U* (+ *v* *sg/pl*) GB, Center-Left *U* (+ *v* *sg/pl*) US

centrolewicow|y *adi.* Centre-Left *attr.* GB, Center-Left *attr.* US

centrome|r *m* (*G* ~**ru**) Biol. centromere

centroprawic|a *f* Centre-Right *U* (+ *v* *sg/pl*) GB, Center-Right *U* (+ *v* *sg/pl*) US

centroprawicow|y *adi.* Polit. Centre-Right *attr.* GB, Center-Right *attr.* US

centrosom *m* (*G* ~**u**) Biol. centrosome

centr|ować *impf* **[I]** *vt* Techn. to centre GB, to center US, to align; **~ować koło** to align a wheel ⇒ **scentrować**

[II] *vi* Sport to centre *vt* GB, to center *vt* US; **~ować do środkowego napastnika** to centre the ball to a striker ⇒ **zacentrować**

centrow|y _adi._ _[partia]_ centre _attr._ GB, center _attr._ US; _[polityk]_ centrist, moderate

centr|um _n_ _(Gpl_ _~ów)_ [1] (środek) centre GB, center US; **w ~um parku** in the centre of the park; **w ~um kraju** in the central part of the country; **~um (miasta)** the city centre GB, downtown US; **znajdować się w ~um uwagi** to be the centre of attention [2] (ośrodek) centre GB, center US; **~um przemysłowe/polityczne/handlu** an industrial/a political/a commercial centre; **~um handlowe** a shopping centre; **~um badań naukowych** a scientific research centre; **~um życia kulturalnego** a cultural centre; **Centrum Sztuki Współczesnej** the Centre for Contemporary Arts [3] Polit. the centre GB, the center US
❑ **~a nerwowe** Anat. nerve centres

centusiow|y _adi._ pot., pejor. _[nawyki]_ penny-pinching pot., pejor.

centu|ś _m_ pot., pejor. penny-pincher pot., pejor.

centy- _w wyrazach złożonych_ Miary centi-; **centygram** centigram; **centylitr** centilitre GB, centiliter US

centym _m_ _(A_ _~a)_ centime

centymet|r _m_ [1] (jednostka) centimetre GB; centimeter US; **szpary w dachu miały pół ~ra szerokości** the cracks in the roof were half a centimetre wide [2] (taśma) tape measure, measuring tape; **~r krawiecki** a tailor's measuring tape _a._ tape measure
❑ **~r kwadratowy/sześcienny** square/ cubic centimetre; **silnik o pojemności 1500 ~rów sześciennych** a 1500 cc engine

centymetrow|y _adi._ [1] _[odstęp, szczelina]_ (one-)centimetre _attr._ GB, (one-)centimeter _attr._ US [2] _[linijka, podziałka]_ centimetre _attr._ GB, centimeter _attr._ US
III -centymetrowy _w wyrazach złożonych_ -centimetre GB, -centimeter US; **półtoracentymetrowa szpara** a one-and-a-half-centimetre gap; **w sześćdziesięciocentymetrowej odległości** sixty centimetres away

cenzo|r _m pers._ _(Npl_ _~rzy_ _a._ _~rowie)_ [1] (książek, filmów, audycji) censor [2] Antycz. censor
III _m inanim._ Psych. censor

cenzor|ka _f_ censor

cenzors|ki _adi._ [1] _[uwagi, skreślenia]_ censor's [2] Antycz. censor's; **urząd ~ki** the office of censor

cenzu|ra _f_ [1] _sgt_ Admin., Polit. censorship; **przejść przez ~rę** to get past the censors; **każda jego książka podlegała ~rze** every one of his books was censored [2] _sgt_ pot. (urząd) the censorship board; the censor(s) pot.; **~ra zatrzymała sztukę** the censors withheld permission for the play to go ahead; **jego książki całymi latami leżały w ~rze** his books lay around for years at the censor's office [3] _sgt_ przen. (ocena) appraisal, criticism [4] Szkol. school report [5] _sgt_ Psych. censorship [6] _sgt_ Relig. canonical censure
❑ **~ra prewencyjna** Admin., Polit. preventive _a._ preventative censorship; **~ra represyjna** Admin., Polit. censorship; repressive censorship rzadk.

cenzuralnie _adv. grad._ (przyzwoicie) _[wyrażać się]_ decently

cenzuraln|y **II** _adi._ Admin., Polit. _[ustawa, przymus, ograniczenia]_ censorship _attr._
II _adi. grad._ (przyzwoity) _[zachowanie, słowo]_ decent; **~e dowcipy** clean jokes; **słowo było dosadne, ale ~e** the word was strong, but not improper

cenzur|ka _f_ [1] _dem._ Szkol. (school) report [2] (opinia) appraisal, judgement; (negatywna) censure C/U; **wystawiać komuś ~kę** to appraise sb, to judge sb; (negatywnie) to pass censure on sb

cenzur|ować _impf vt_ [1] to censor _[filmy, gazety, książki]_ ⇒ **ocenzurować** [2] przen. to criticize; to censure książk. _[osobę, postępek, zachowanie]_; **~ować czyjś wygląd** to criticize sb's appearance ⇒ **ocenzurować**

cenzurowan|e
■ **być na ~ym** książk. ≈ to be in the spotlight _a._ public eye; **czuć się jak na ~ym** to be in the hot seat pot.

cenzus _m_ _(G_ _~u)_ książk. [1] _[majątkowy, naukowy]_ qualification; **~ wieku/wykształcenia** an age/educational qualification [2] (świadectwo) diploma, certificate; **dziennikarz/informatyk z ~em** a qualified journalist/computer specialist [3] Hist. census
❑ **~ wyborczy** Polit. voting _a._ electoral qualifications

cep **II** _m pers._ _(Npl_ _~y)_ pot., obraźl. blockhead pot., dolt pot.
III _m inanim._ [1] zw. pl Roln. flail [2] przest., Wojsk. flail [3] Roln., Techn. beater

Cepeli|a (= Centrala Przemysłu Ludowego i Artystycznego) _the central guild of folk arts and crafts_

cepelia|da _f Polish folk art and craft festival (organized by Cepelia)_

cepeliows|ki _adi._ _[narzuta, stół, ceramika]_ Cepelia _attr._

cep|er _m_ _(Npl_ _~ry)_ dial., pejor. lowlander; townee GB pot., pejor.; townie US pot., pejor.

cepers|ki _adi._ pejor. townee _attr._ GB pot., pejor.; townie _attr._ US pot., pejor.; tourist's

cepisk|o _n_ przest. [1] (cep) flail [2] (dłuższy kij cepa) flail staff, flail handle

cepowa|ty _adi._ przest. _[pięść]_ flailing

cepowisk|o _n_ przest. flail staff, flail handle

ce|ra[1] _f sgt_ (o skórze twarzy) complexion, skin _U_; Kosmet. skin _C/U_, complexion, skin _U_; **blada/rumiana/smagła cera** a pale/ruddy/swarthy complexion; **cera mieszana** Kosmet. combination skin
■ **nabrać cery** to take on some colour

ce|ra[2] _f_ (w tkaninie) darn

ceramiczn|y _adi._ [1] _[przemysł, wydział, piec, tworzywo]_ ceramic, ceramics _attr._ [2] _[wyroby, cegły, rury]_ ceramic

cerami|k _m_ ceramicist, ceramist

cerami|ka _f sgt_ [1] (sztuka) ceramics, pottery; (przemysł) the pottery _a._ ceramics industry [2] (wyroby) ceramics _pl_, pottery
❑ **~ka architektoniczna** architectural ceramics; **~ka budowlana** sanitary ware, bricks and tiles; **~ka grzybkowa** Archeol. combed ware; **~ka sznurowa** Archeol. corded ware; **~ka wstęgowa** Archeol. ribbon ware

ceramografi|a _f sgt_ _(GD_ _~i)_ ceramic painting

cera|ta _f_ (do nakrywania stołu) (tkanina) oilcloth _U_, plastic cloth _U_; (kawałek tkaniny) oilcloth cover, plastic (table)cloth; (do produkcji fartuchów, pokrowców) (tkanina) oilskin _U_; (kawałek tkaniny) a piece of oilskin; (pod prześcieradło) plastic sheet

cerat|ka _f_ (do kompresów) _small piece of plastic or other waterproof material used to cover compresses_; (pod pieluszkę niemowlęcą) waterproof nappy wrap GB, waterproof diaper wrap US
❑ **~ka elektroizolacyjna** Tech. varnished cloth

ceratow|y _adi._ _[fartuch, pokrowiec, torba]_ oilskin _attr._, oilcloth _attr._

Cerbe|r _m_ Mitol. Cerberus

cerbe|r **II** _m pers._ watchdog
III _m inanim._ Szt. _piece of art representing Cerberus_

cerebraln|y _adi._ Anat. _[krążenie]_ cerebral

ceregiel|e _plt_ _(G_ _~i)_ pot. fuss _U_; (performance _sg_; **przyjęła prezent po długich ~ach** she accepted the gift after making a big fuss (over it); **robić** _a._ **stroić ~e** to make a fuss; **robić z kimś/czymś ~e** to make a fuss over _a._ of sb/sth; **bez (żadnych/zbędnych) ~i** (bezceremonialnie) without ceremony _a._ further ado; (bez skrupułów) without thinking twice, without any qualms

ceregiel|ić się _impf v refl._ [1] pot. (postępować zbyt uprzejmie) to make a fuss; to make a performance pot.; **~ić się z kimś/czymś** to make a fuss over _a._ of sb/sth; **w szkole nie będą się z tobą tak ~ić, jak w domu** you won't be made such a fuss of at school as you are at home (krygować się) [2] to refuse out of politeness; **~ił się trochę, ale wziął jeszcze jeden kawałek** he refused at first (out of politeness), but then he helped himself to one more piece [3] (robić coś wolno) to take a long time (z czymś over sth); **~ić się z obiadem/ze sprzątaniem** to take a long time over dinner/the cleaning

ceremoni|a **II** _f (GDGpl ~i)_ [1] (uroczystość) ceremony; **~a chrztu/koronacji** a christening/coronation ceremony; **~a zaślubin** a wedding _a._ marriage ceremony; **żałobna ~a** a funeral ceremony; **~a wręczenia Oscarów** the Oscar ceremony [2] (czynność) ceremony; **~a powitania/prezentacji gości** the ceremony of greeting/introducing the guests; **~a pożegnania** the ceremony of saying goodbye
III ceremonie _plt_ (w zachowaniu) ceremony _sg_; **przywitać kogoś z wielkimi ~ami** to greet sb with much ceremony; **nie rób ~i, siadaj** (nie wstawaj) don't bother getting up; **po długich ~ach zgodził się wreszcie zaśpiewać** after making a lot of fuss, he finally agreed to sing; **robić z kimś/czymś ~e** to make a fuss over _a._ of sb/sth; **bez ~i** (nie krępując się) without any fuss; (zwyczajnie) without ceremony _a._ further ado; **przyjęła zaproszenie bez ~i** she accepted the invitation without any fuss; **mów bez ~i, o co ci chodzi** don't beat about the bush, say what's on your mind; **oznajmił mi bez ~i, że jestem już wolny** he announced without ceremony that I was free to go
■ **chińskie ~e** the niceties, punctilio(s)

ceremonialnie _adv._ ceremonially
ceremonialnoś|ć _f sgt_ ceremony

ceremonialn|y *adi.* [1] (uroczysty) ceremonial [2] (konwencjonalny) *[zachowanie, ukłon]* ceremonious

ceremonia|ł *m* (*G* ~**łu**) [1] (etykieta) ceremonial *U*, etiquette *U*; **przestrzegać ~łu** to observe the rules of etiquette; **zgodnie z ~łem młoda para pokroiła tort** in accordance with the time-honoured tradition, the young couple cut the cake [2] (uroczystość) ceremonial, ceremony; **~ł zmiany warty** the ceremony of the changing of the guard [3] żart. (przesadna powaga) ceremony *U*; **~ł wspólnych posiłków/ odjazdu** the ceremony attending communal meals/a departure; **~ł picia herbaty** the ceremonial drinking of tea

ceres *m sgt* (*G* ~**u**) *former brand name for a Polish cooking fat made from copra*

cer|ka *f* [1] *dem.* (mała cera w ubraniu) darn [2] (rodzaj mereżki) darning stitch

cerk|iew *f* [1] Archit. (obrządku prawosławnego) Orthodox church; (obrządku greckokatolickiego) Uniat(e) church [2] Relig. (prawosławna) the (Eastern) Orthodox Church; (greckokatolicka) the Uniat(e) Church

cerkiewizm *m* (*G* ~**u**) Jęz. Old Church Slavonic borrowing

cerkiew|ka *f dem.* (small) Orthodox/Uniat(e) church

cerkiewn|y *adi.* (prawosławny) Orthodox; (greckokatolicki) Uniat(e); **~y obraz** an icon; **~a kopuła** the dome of an Orthodox/a Uniate church

cerkiewszczy|zna *f sgt* pot. [1] (język cerkiewny stosowany w liturgii) Church Slavonic [2] (język staro-cerkiewno-słowiański) Old Church Slavonic

cerowacz|ka *f* [1] (zajmująca się cerowaniem odzieży) darner [2] (wykańczająca tkaniny fabryczne) finisher

cer|ować *impf vt* to darn *[skarpetki, dziurę]* ⇒ **zacerować**

cerów|ka *f dial.* darning needle

certol|ić się *impf v refl.* pot. [1] (traktować ceremonialnie) to make a fuss (**z kimś** of sb); **przestań się ~ić** stop making a fuss! [2] (robić powoli) to make a fuss (**z czymś** over sth); **nie ~ się tak z tym malowaniem** don't make such a fuss over the painting

cert|ować się *impf v refl.* [1] (wzbraniać się) to hesitate; (odmawiając) to make a show of refusing; (to hum and haw GB pot.; **~owały się przy drzwiach, która ma pierwsza wejść** they hesitated at the door, unsure who should go in first; **~ował się z przyjęciem propozycji** he hummed and hawed over the offer; **nie ~uj się, weź!** don't be silly! – take it [2] (okazywać względy) to make a fuss (**z kimś** over sb); **z nikim się zbytnio nie ~ował** he didn't make much fuss over anyone

certyfika|t *m* (*G* ~**tu**) [1] książk. (zaświadczenie pisemne) certificate, written certification; **~t ubezpieczeniowy** a certificate of insurance, an insurance certificate; **~t imigracyjny** an immigration permit a. certificate; **~t jakości** a quality (control) certificate; **otrzymać/wystawić ~t** to receive/issue a certificate [2] Ekon. (obligacja państwowa) government bond [3] Handl. (potwierdzający pochodzenie towaru) certificate of origin
❑ **~t bezpieczeństwa** Żegl. safety certifi-

cate; **~t okrętowy** Żegl. ship's certificate of registry

cesarka *f* pot. (cesarskie cięcie) Caesarean, Caesarian

cesars|ki *adi.* *[dwór, pałac, korona]* imperial; *[doradcy, rozkaz]* emperor's

cesarstw|o[1] *n* (państwo) empire; (system) imperial rule; **w stylu ~a** Szt. in the Empire style; **meble z epoki ~a** Szt. Empire furniture

cesarstw|o[2] *plt* (*GA* ~**a**, *L* ~**u**) (cesarz z żoną) the imperial couple, the Emperor and Empress; **oboje ~o zwiedzili Paryż** both the Emperor and the Empress visited Paris

cesarz *m* (*Gpl* ~**y**) Polit. (osoba, tytuł) emperor

cesarzow|a *f* (*Gpl* ~**ych**) Polit. (osoba, tytuł) empress

cesarzów|na *f* emperor's daughter

cesj|a *f* (*Gpl* ~**i**) [1] Prawo (majątku, nieruchomości, wierzytelności) transfer, conveyance [2] Prawo (terytorium, miasta) cession

cetna|r *m* [1] (sto kilogramów) quintal; centner rzad. [2] (pięćdziesiąt kilogramów) metric hundredweight; centner rzad.; **~r amerykański** a quintal, a short hundredweight; **~r angielski** a (long) hundredweight
■ **lepszy funt szczęścia niż ~r rozumu** przysł. ≈ sometimes it's best to throw caution to the winds and simply trust to luck

cetnarow|y *adi.* centner attr.

cetyn|a *f sgt* freshly detached conifer branches

cetynow|y *adi.* *[pokrycie szałasu]* conifer branch attr.

cew|ka *f* [1] Anat. tubule; (łzowa, wydalnicza) duct; **~ka moczowa** the urinary tract [2] zw. pl Bot. tracheid [3] Elektr. (indukcyjna, magnesująca) coil [4] Myślis. (noga sarny) a roe deer's leg [5] Myślis. (sidła) snare [6] Włók. (w krawiectwie) reel, spool; (w tkactwie) (walcowa) bobbin; (stożkowa) cone [7] (rurka) tube, pipe
❑ **~ka nerwowa** Biol. neural tube; **~ka wątkowa** Włók. (czółenka tkackiego) pirn (*the spool of a shuttle*); **~ka zapłonowa** Elektr. ignition coil

cewkowa|ty *adi.* *[kształt, przedmiot, część, serce]* tubular

cewkow|y *adi.* [1] Elektr. *[mikrofon]* tube attr., moving-coil attr. [2] Włók. **szpula ~a** bobbin, spool

cewnik *m* Med. catheter

cewnik|ować *impf vt* Med. to catheterize *[pacjenta, serce, żyłę]*; **~owanie** catheterization; **~owanie moczu** ureteral catheterization; **~owanie serca** cardiac a. heart catheterization; **~owanie żył nerkowych** catheterization of the renal veins

cewnikow|y *adi.* catheter attr.

cez *m* (*G* ~**u**) *sgt* Chem. caesium GB, cesium US

ceza|r *m* (*Npl* ~**rowie**) Antycz. Caesar

cezariańs|ki *adi.* książk. *[okres, epoka]* Caesarean, Caesarian

cezow|y *adi.* caesium GB attr., cesium US attr.; **zegar ~y** caesium clock

cezu|ra *f* [1] książk. (granica) dividing line; (punkt zwrotny) turning point, landmark; **wynalezienie druku stanowiło wyraźną ~rę w dziejach ludzkości** the invention of printing was a turning point a. watershed in the history of mankind; **trudno wskazać ostrą ~rę między tymi epokami** it is difficult to point to any clear dividing line

between these two eras; **~ra nowej epoki** the dawn(ing) of a new era [2] Literat. caesura [3] Muz. caesura, rest

cęg|i *plt* (*G* ~**ów**) [1] (narzędzie) pincers [2] Zool. incisors

cęt|ka *f zw. pl.* spot; **w ~ki** spotted; **w czarne ~ki** with black spots, spotted with black

cętkowan|y *adi.* spotted

cha *inter.* ~, ~! ha ha!

chabanin|a *f sgt* pot. (mięso gorszego gatunku) inferior-quality meat; (mięso nieświeże) rotten meat, bad meat

chaba|ź *m* pot. weed

chab|er *m* (*G* ~**ra** a. ~**ru**) Bot. cornflower

chabe|ta *f* pot. nag pot.

chabrow|y *adi.* [1] (kolor) cornflower blue [2] *[bukiet]* cornflower attr.

cha-cha /ˈtʃatʃa/ → **cza-cza**

chacha|r *m* (*Npl* ~**ry**) dial., pejor. vagrant

chachmę|cić *impf vi* pot., pejor. to twist things, to fence; **nie ~ć, powiedz jak było naprawdę** stop fencing and tell me what really happened ⇒ **zachachmęcić**

chadecj|a *f sgt* Polit. Christian Democracy; (partia) Christian Democratic Party

chadec|ki *adi.* Polit. *[partia, rządy]* Christian Democratic; **polityk ~ki** a Christian Democrat

chade|k *m* Polit. Christian Democrat

chadza|ć *impf vi* [1] (chodzić) to go; **~ć do teatru/na dyskotekę** to go to the theatre/ discos [2] (nosić) to wear; **~ć w sukience/ szortach** to wear dresses a. a dress/shorts

chalaz|a *f* Biol. chalaza

cha|ła *f* [1] (bułka) plait GB, challah US [2] pot., pejor. (o filmie, obrazie, książce) trash pot., rubbish *U* pot.; **ten film to straszna ~ła** it's absolute rubbish, that film

chała|t *m* (~**cik** dem.) (*G* ~**ta** a. ~**tu**, ~**cika** a. ~**ciku**) [1] (wierzchnie okrycie) gaberdine, gabardine [2] pot. (luźny fartuch) smock, overall GB; (luźny płaszcz ochronny) white coat, lab(oratory) coat, overall GB

chałatow|y [1] *adi.* gaberdine attr., gabardine attr.
[2] *m* pot. (gaberdine-clad) Jew

chał|ka *f* (bułka) plait GB, challah US

chałow|ato, ~**o** *adv.* pot. lousily pot.; **film był wyreżyserowany ~ato** the film was lousily a. hopelessly directed; **mieszkanie było wykończone niestaranniе**, ~**ato** the flat was badly decorated, cheap-looking; „**jak spędziłeś urlop?**" – „~**o, prawie cały czas lało**" 'how was your holiday?' – 'hopeless – it rained practically the whole time'

chałowa|ty *adi.* pot., pejor. *[książka, film, utwór muzyczny]* lousy pot., rubbish(y) pot.

chałow|y *adi.* pot., pejor. *[magnetofon]* lousy pot., useless pot.; *[sweter, koncert]* crap(p)y posp.; hopeless pot.; **ale ~a pogoda!** what a lousy weather!

chałtu|ra *f* (~**rka** dem.) pot., pejor. [1] (praca) work on the side *U* pot., sideline [2] (efekt) potboiler pot., (piece of) hackwork

chałtur|niczy, ~**owy** *adi.* pot., pejor. *[piosenkarz, pisarz]* hack attr.; *[koncert]* money-spinning

chałtur|nik, ~**szczyk** *m* pot., pejor. moonlighter pot.; (artysta) hack pot.

chałturz|yć *impf vi* pot., pejor. [1] *[artysta, aktor]* to go where the money is pot. [2] *(dorabiać)* to work on the side pot., to moonlight pot.

chałturzy|sta *m*, **~stka** *f* pot. moonlighter pot.; *(artysta)* hack

chałup|a *f* [1] *(wiejska chata)* peasant cottage [2] pot. *(zniszczony dom)* ramshackle dwelling [3] pot., żart. *(dom)* home

chałupin|a *f* (**~ka** *dem.*) *(wiejska)* peasant cottage; *(zniszczona)* tumbledown cottage

chałup|ka *f dem.* *(wiejska)* peasant cottage; *(zniszczona)* ramshackle cottage

chałupnictw|o *n sgt* outwork

chałupniczo *adv.* **pracować ~** to do outwork; **szyć ~** to be an outwork machinist

chałupnicz|y *adi.* outwork *attr.*; **praca ~a** outwork; **rzemiosło ~e** a cottage industry

chałw|a *f sgt* halva

cham *m* (*Npl* **~y**) [1] pot., obraźl. *(prostak)* (uncouth) lout, (filthy)pig; *(mocniej)* swine pot., obraźl.; **facet zachowuje się jak ~** he behaves like a real lout; **to kawał ~a** he's a real swine, that one; **ty ~ie jeden!** you (ignorant) swine! [2] daw. obraźl. *(chłop)* churl daw.; peasant pot.
■ **robić coś na ~a** pot. to do sth without any regard for anyone else; **zupełnie na ~a** completely regardless

chami|dło, **~sko** *n* pot., obraźl. ignorant swine pot., obraźl.; uncouth lout pot.

chami|eć *impf* (**~eję**, **~ał**, **~eli**) *vi* pot., pejor. to become boorish, to become loutish ⇒ **schamieć**

cham|ka *f* [1] pot., obraźl. *(prostaczka)* cow pot., obraźl. [2] daw., obraźl. *(chłopka)* churl daw.; peasant pot.

chamowa|ty *adi.* pot., pejor. loutish, boorish

champion /'tʃɛmpjɔn/ **II** *m pers.* Sport champion
III *m anim.* prizewinner

champion|ka /'tʃɛmpjɔnka/ *f* [1] Sport champion [2] *(zwierzę)* prizewinner

chams|ki *adi.* [1] pot., pejor. *(grubiański)* loutish, boorish; **po ~ku** like a lout [2] *(chłopski)* daw., obraźl. peasant *attr.*
■ **~kie nasienie** obraźl. scumbag pot., obraźl.

chamstw|o *n sgt* [1] pejor. *(grubiaństwo)* loutishness, boorishness [2] daw., obraźl. *(chłopi)* the rabble, the peasants *pl*

chamu|ś *m* pejor., iron. ignorant swine pot., obraźl.; uncouth lout obraźl.

chan *m* (*Npl* **~owie**) Hist. khan

chana|t *m* (*G* **~tu**) Hist. *(rządy, państwo)* khanate

chand|ra *f* pot. depression *U*; the blues *pl* pot., the hump GB pot.; **mieć ~rę** to feel down pot., to have the blues; **napadła** a. **naszła** a. **opadła go/ją ~ra** he/she has the hump a. an attack of the blues

chaos *m sgt* (*G* **~u**) [1] *(zamęt)* chaos, turmoil; **pogrążyć się w ~ie** to be thrown into chaos; **w jego życiu panuje całkowity ~** his life is totally chaotic; **mam ~ w głowie** I'm completely confused a. muddled [2] Filoz., Mitol. Chaos

chaotycznie *adv. grad.* *[mówić, uczyć się, pisać]* chaotically

chaotycznoś|ć *f sgt* chaotic nature; **~ć wykładu/rozmowy** the chaotic nature of a lecture/conversation

chaotyczn|y *adi. grad.* [1] *(bezładny)* *[działanie, myśli, wypowiedź]* chaotic, disjointed [2] *(niezorganizowany)* *[osoba]* disorganized, chaotic

chap *inter.* snap!; **pies ~ go za nogę** the dog snapped at his leg

chapać *impf* → **chapnąć**

chap|nąć *pf* — **chap|ać** *impf* (**~nęła**, **~nęli** — **~ię**) *vt* pot. [1] *(złapać)* to grab, to snatch; **pies ~nął go za nogawkę** the dog snapped at his leg [2] *(zjeść)* to grab pot. *[kanapkę]*; to wolf down *[obiad]* [3] *(ukraść)* to swipe pot., to pinch pot.; **dyrektor ~nął sporo grosza** the manager pocketed a tidy sum

chaps *inter.* → **chap**

charakte|r II *m pers.* (*Npl* **~ry**) [1] przen. *(człowiek)* character; **to twardy ~r** he's a tough character [2] Literat. character
II *m inanim.* (*G* **~ru**) [1] *(usposobienie)* character *C/U*, nature *C/U*; **cechy ~ru** personality traits; **mieć silny/słaby ~r** to have a strong/weak character; **ma gwałtowny ~r** he has a violent nature, he's violent by nature; **(nie) leżeć w czyimś ~rze** to (not) be in sb's character a. nature; **nie mógł tak postąpić, to nie leży w jego ~rze** he couldn't have done it, it's not in his nature; **mieć** a. **wykazać ~r** to have character; **siła ~ru** willpower [2] *sgt* *(cechy)* character; **~r wypowiedzi** the character a. nature of a statement; **impreza o ~rze dochodowym** a profit-making event; **nabrać/nabierać ~ru** to acquire more character; **po remoncie mieszkanie nabrało ~ru** the renovation gave the flat more character; **mieć/przybrać ~r czegoś** to be in/take on the character a. nature of sth; **demonstracje przybrały ~r rewolucji** the demonstrations took on the nature of a revolution a. became revolutionary in character; **stereotyp polskiego ~ru narodowego** a stereotype of the Polish national character; **~r pisma** handwriting [3] *sgt* *(funkcja)* capacity; **pracuje w ~rze doradcy** he works as an aide; **zatrudnić kogoś w ~rze asystentki** to employ sb in the capacity of assistant książk.
■ **czarny ~r** *(w filmie, powieści)* villain; *(zły człowiek)* villain; *(aktor)* heavy; **żelazny** a. **stalowy ~r** an iron will, a will of iron; **człowiek bez ~ru** a spineless character; **człowiek ~ru** a. **z ~rem** a person of a. with character; **mieć ~r w nogach** żart. *(umieć szybko biegać)* to run like the wind; *(być skłonnym do ucieczki)* to be ready to do a runner pot.

charakter|ek II *m pers.* (*Npl* **~ki**) iron. charming character iron.; **niezgorszy z ciebie ~ek!** you're really something, you know
III *m inanim.* (*G* **~u**) iron. charming character iron.

charaktern|y *adi.* pot. tough, spirited

charakterolo|g *m* (*Npl* **~dzy** a. **~gowie**) Psych. characterologist

charakterologi|a *f sgt* (*GD* **~i**) Psych. characterology

charakterologicznie *adv.* characterologically; *[zbadać, przedstawić]* from the point of view of character; **wnikliwy ~ portret postaci** a penetrating character study

charakterologiczn|y *adi.* [1] Psych. *[studium]* characterological [2] *(dotyczący charakteru)* *[badania]* character *attr.*

charakteropa|ta *m* person suffering (from) personality disorder

charakteropati|a *f* (*GDGpl* **~i**) Psych. personality disorder

charakteropatyczn|y *adi.* personality disorder *attr.*; **wykazywać cechy ~e** to show signs of personality disorder

charakterystycznie *adv.* characteristically; **uśmiechać się ~** to have a distinctive a. characteristic smile

charakterystycznoś|ć *f sgt* unique character; **~ć czyichś zachowań** the unique character of sb's behaviour; **~ć roli** the larger-than-life quality of a role

charakterystyczn|y II *adi.* [1] *(typowy)* characteristic, typical (**dla kogoś/czegoś** of sb/sth); **cechy ~e klimatu** the characteristics a. characteristic features of a climate [2] *(szczególny)* distinctive, distinguishing; **cecha ~a** a distinguishing a. distinctive feature; **~y wygląd/uśmiech** a distinctive appearance/smile; **~y sposób mówienia** a distinctive a. characteristic way of speaking; **rzecz ~a, że...** a. **jest rzeczą ~ą, że...** it's interesting a. worth noting that...; **aktor ~y** a character actor
III charakterystyczne *praed.* *(godne uwagi)* interesting, unusual; **~e, że nowe budynki mają bardzo malownicze elewacje** interestingly, the new buildings have very attractive facades

charakterysty|ka *f* [1] *(opis)* characterization, description; **~ka techniczna** a technical description; **sporządzić ~kę terenu/obiektu** to draw up a profile of an area/building [2] *(w książce, filmie, sztuce)* characterization; **schematyczna ~ka bohaterów sitcomów** the schematic characterization prevalent in sitcoms; **ogólna ~ka (twórczości) malarza** an overall description a. general characterization of a painter's output [3] *(wypracowanie szkolne)* character study, character description [4] *zw. pl.* Mat. characteristic [5] Mat., Techn. *(zależność)* characteristic(s), performance; *(wykres)* characteristic (curve), performance graph; **~ka silnika** engine performance

charakteryzacj|a *f* [1] *sgt* *(zabiegi)* make-up; **~a na wampira trwała parę godzin** being made up as a vampire took a good few hours [2] (*Gpl* **~i**) *(wygląd)* make-up *U*; **nie poznałem jej w tej ~i** the way she was made up, I didn't recognize her [3] (*Gpl* **~i**) *(akcesoria)* make-up (accessories)

charakteryzato|r *m* make-up artist, make-up man, make-up person

charakteryzator|ka *f* make-up artist, make-up girl, make-up person

charakteryzators|ki *adi.* make-up *attr.*

charakteryz|ować *impf* **II** *vt* [1] *(opisywać)* to describe; to characterize książk.; **~ować kogoś jako pedanta** to describe sb as a pedant ⇒ **scharakteryzować** [2] *(cechować)* to mark; to be characteristic (**coś** of sth); **~owała go odwaga** courage was one of his chief qualities; **poezję romantyczną ~owała nastrojowość** Romantic poetry was marked a. characterized by an atmospheric mood ③ (zmieniać wygląd) to make [sb] up; **~owano ją na staruszkę** she was made up to look like an old woman ⇒ **ucharakteryzować**

III charakteryzować się ① (opisywać siebie samego) to describe oneself ② (opisywać się wzajemnie) to describe each other ③ (cechować się) to be characterized, to be distinguished (**czymś** by sth); **papugi te ~ują się pięknym ubarwieniem** these parrots are distinguished by. noted for their beautiful colouring ④ (zmieniać wygląd) [aktor] to make (oneself) up ⇒ **ucharakteryzować się**

■ **~ować się na kogoś** to pose as sb, to pass oneself off as sb; **~owała się na dziewczynę z bogatego domu** she made herself out to be a. passed herself off as a girl from a rich family

charci adi. [pysk, węch] greyhound's
charcic|a f greyhound bitch
charcicz|ka f pieszcz. greyhound bitch
charcik m whippet
charcz|eć impf (**~ysz**, **~ał**, **~eli**) vi ① (rzęzić) [człowiek, zwierzę, urządzenie] to wheeze ⇒ **zacharczeć** ② (mówić ochrypłym głosem) to wheeze (out), to say [sth] hoarsely; **milcz!** – **~ał** 'be quiet!' he rasped ⇒ **wycharczeć**
charkać impf → **charknąć**
charka|nie n wheeze, wheezing
chark|nąć pf — **charkać** impf (**~nęła**, **~nęli** — **~am**) vi ① (odkrztusić) to hawk, to cough (**czymś** sth up) [flegmą, śliną]; **~nął i splunął na ziemię** he hawked and spat on the ground; **chory ~nął krwią** the patient coughed (up) blood ② (powiedzieć opryskliwie) to rasp, to cough out
charko|t m (G **~tu**) wheeze, wheezing C/U, laboured breathing U; **~t konającego zwierzęcia** the laboured breathing of a dying animal
charko|tać impf (**~czę** a. **~cę**) vi (rzęzić) [człowiek, zwierzę, urządzenie]
charkotliwie adv. [odzywać się] hoarsely, raspingly; **~ rzucane komendy** the barking out of orders
charkotliw|y adi. [głos, dźwięk] hoarse, wheezy; **~y ryk** a hoarse scream
charleston /tʃarlston/ m ① Taniec the charleston; **zatańczyć ~a** to do a. dance the charleston ② Muz. charleston music U
charlestonow|y /tʃarlstonovi/ adi. [rytmy, kroki] of the charleston
char|t m greyhound; **wyścigi ~tów** greyhound racing
❑ **~t afgański** Afghan hound; **~t gonny** greyhound
■ **biec** a. **pędzić jak ~t** to run like the wind
charytatywn|y adi. [instytucja, organizacja] charity attr., charitable; [przedstawienie] charity attr., benefit attr.; [działalność] charity attr., charitable; **zbierać pieniądze na cele ~e** to raise money for charity
charyzm|a f sgt charisma; **polityk/przywódca z ~ą** a charismatic politician/ leader; **mieć ~ę** to have charisma; **czło-**

wiek obdarzony ~ą a person (endowed) with charisma
charyzma|t m (G **~tu**) ① Relig. charisma; **~t uzdrawiania chorych** the charisma of healing the sick ② (charyzma) charisma
charyzmatyczn|y adi. ① Relig. charismatic; **~y dar prorokowania** the charismatic gift of prophecy ② [przywódca, mówca] charismatic
chasy|d m Relig. Hasid, Chas(s)id
chasydyzm m sgt (G **~u**) Relig. Hasidism, Chas(s)idism
chasydz|ki adi. Relig. Hasidic
chaszcz|e plt (G **~y** a. **~ów**) (krzaki) thick bushes, thicket sg; (zarośla) scrub U, undergrowth U; **ukryć się w ~ach** to hide in the bushes
cha|ta f ① (chłopska) (peasant) cottage, cabin ② pot. (mieszkanie) place pot.; **szukać ~ty** to be looking for a place to live; **zaprosić kogoś na ~tę** to invite sb back to one's place; **idę do ~ty** I'm going home; **mam dziś wolną ~tę** my parents are away today
❑ **kurna ~ta** przest. a cottage without a chimney
■ **czym ~ta bogata, tym rada** przysł. ≈ whatever we've got, you're welcome to it
chat|ka f dem. (small peasant) cottage, cabin; (pasterska) hut
■ **~ka na kurzej stopce** a. **nóżce** (w bajkach) a hut built on a hen's foot
chatyn|ka f pieszcz. tumbledown cottage
chcąc|y II pa → **chcieć**
III m anyone wishing, anyone inclined; **dla ~ych studiować oferujemy stypendia naukowe** we offer grants for those wishing to study a. those who want to study
III adv. (z rozmysłem, specjalnie) on purpose, deliberately; **potrącali go, jedni – ~y, inni – niechcący** they pushed and shoved him – some on purpose, others by accident
■ **dla ~ego nie ma nic trudnego** przysł. where there's a will there's a way przysł.; if you want something badly enough, you'll get it pot.
chcic|a f posp. ① (chęć) (strong) craving (**na coś** for sth) ② (popęd seksualny) (sexual) desire C/U, lust U
chc|ieć impf (**~iał**, **~ieli**) II vt ① (mieć chęć, ochotę) to want; **~ieć chleba/spokoju** to want some bread/some peace; **~ieć mieć dziecko** to want a child; **~ieć dla kogoś zdrowia/szczęścia** to wish sb health/happiness; **~ieć dobrze** to mean well; **~ieć jak najlepiej** to want what's best (**dla kogoś** for sb); **wiesz, że ojciec ~e jak najlepiej** you know father only wants what's best; **~ieć, żeby było lepiej** to want things to be better, to wish things were better; **~ieć coś robić** to want to do sth; **~ę iść do kina/wyjechać/studiować prawo/być dobrym ojcem** I want to a. I'd like to go to the cinema/to go away/to study law/to be a good father; **~ecie może herbaty?** maybe you'd like some tea?; **nie ~iała go za męża** she didn't want to marry him a. want him for a husband; **~esz dostać w ucho?** pot. do you want a clout round the ear? pot.; **mogą zostać na noc, jeśli ~ą** they can stay the night if they like a. want; **rób, co ~esz, wolno ci**

do what you want a. like, you're a free person; **~iała, żeby córka poszła w jej ślady** she wanted her daughter to follow in her footsteps; **~ę, żebyś potrzymała to przez sekundę** I want a. I'd like you to hold this for a second; **nie ~ę, żebyś wychodził tak często** I don't want you going out a. to go out so often; **~ę/ ~iałam/~iałabym cię o coś prosić** I want/I wanted/I'd like to ask you a favour; **~ę/~iałem/~iałbym serdecznie powitać wszystkich widzów** I want/I'd like to give a warm welcome to everyone in the audience; **na zakończenie ~iałbym powiedzieć...** to round off I'd like to say...; **~ieliby skończyć (to) do piątku** they'd like to finish (it) by Friday; **nie wiem, czy jesteśmy tutaj ~iani** I don't know if we're wanted a. welcome here ② (domagać się, żądać) to want; **robotnicy ~ą podwyżek płac** the workers want better wages; **bezrobotni ~ą pracy** the unemployed want work; **~iał, żebym mu oddał pożyczone książki** he wanted me to return the books I'd borrowed; **czego ode mnie ~esz, daj mi spokój!** what do you want from me, leave me alone! ③ (zamierzać) to want to; **~ieć coś robić** to want to do sth, to be going to do sth; **~iał mnie uderzyć!** he was going to hit me!; **~iał wyskoczyć, ale go przytrzymałem** he wanted to a. was going to jump out, but I stopped him; **właśnie ~ieć coś robić** to be (just) about to do sth, to be just going to do sth; **właśnie ~iałem wyjść, gdy zadzwonił telefon** I was just about to go out a. just going out when the phone rang ④ (o rzeczach nieożywotnych) **nie ~ieć** to not want to; **samochód nie ~e (mi) zapalić** the car doesn't want to start a. won't start; **wtyczka nie ~e wejść** the plug doesn't want to go in a. won't go in; **rana nie ~e się goić** the wound doesn't want to heal up a. won't heal up; **fotel nie ~iał wejść do windy** the armchair wouldn't go in a. didn't go into the lift
III chcieć się v imp. **~e mi się jeść** I feel like eating something, I feel hungry; **~e mi się pić** I'm thirsty, I feel thirsty; **~e mi się spać** I feel sleepy, I want to (go to) sleep; **tak mi było smutno, że ~iało mi się płakać** I was so sad I wanted to cry a. felt like crying; **jest tak ładnie, że ~iałoby się pójść na spacer** it's so nice, it makes you want to go for a walk; **~e ci się iść taki kawał?** do you really want to go all that way?; **nie ~e mu się uczyć** he won't study, he's not interested in school; **ludziom nie ~e się pracować** people don't want to work; **zupełnie mi się nie ~e jeść** I don't feel at all hungry; **nie ~iało mi się** I didn't feel like it a. want to
■ **~ąc nie ~ąc** pot. like it or not; **~ąc nie ~ąc musiałem iść do sklepu** like it or not I had to go to the shop; **~ąc nie ~ąc poszła na spacer, bo musiała wyprowadzić psa** like it or not, she went for a walk because she had to take the dog out; **co/cóż ~esz?** pot. what do you expect?; **czego tu ~esz?** pot. what are you doing here?, what do you want (here)?; **„czego tu ~esz? zabieraj się stąd!"** 'what are you doing

here? clear off!' pot.; **jak (sobie) ~esz** please yourself, (you) do what(ever) you want; **nie idziesz? jak sobie ~esz** aren't you coming? please a. suit yourself; „**rezygnuję z tej pracy**" – „**jak ~esz, ale jeszcze się zastanów**" 'I'm giving up this a. that job' – 'that's up to you a. it's your decision, but I'd think about it if I were you'; **...jak chce autor** ...as the author would have it; **jak ~e legenda/ zwyczaj** according to legend/custom; **los** a. **traf** a. **pech ~iał, że...** as luck would have it...; **los ~iał, że spotkali się tego dnia jeszcze raz** as luck would have it, they met again that day; they were fated to meet once more that day; **~ieć to móc** przysł. where there's a will there's a way przysł.

chciejstw|o n sgt [1] książk. wishful thinking [2] pot. (żądza posiadania) greediness

chciwie adv. grad. [1] pejor. (pazernie) greedily; **~ zgarniał pieniądze ze stołu** he greedily gathered up the money from the table; **~ wpatrywał się w kosztowności** he stared covetously at the jewels [2] (zachłannie) [pić, jeść] greedily; (z uwagą) [przysłuchiwać się] eagerly, keenly; **chłonął ~ każde jej słowo** he drank in her every word

chciw|iec m (V **~cze** a. **~cu**) pot. (żądny) greedy so-and-so pot.; (żądny pieniędzy) money-grubber pot.; miser

chciwoś|ć f sgt greed; avarice książk., cupidity książk.

chciw|y [] adi. grad. [1] pejor. (pazerny) greedy (**na coś** for sth); avaricious książk., covetous książk.; **~e spojrzenie** an avaricious look; **~y uśmiech** a greedy smile; **~y na pieniądze** money-grubbing pot.; **patrzeć (na coś)** a. **przyglądać się (czemuś) ~ym okiem** to look covetously at sth [2] (żądny) greedy, eager (**czegoś** for sth); **~y sławy** thirsty for fame; **turyści ~i wrażeń** tourists eager for excitement; **~ymi uszami chłonął najświeższe wiadomości** he eagerly lapped up the latest news [] **chciw|y** m, **~a** f greedy person ■ **~ego nie nasycisz** przysł. ≈ a greedy person cannot be satisfied; **~emu nigdy dosyć** przysł. ≈ a greedy person never has enough

che inter. **~**, **~** he-he!, ha-ha!

chedda|r /'tʃedar/ m sgt Cheddar (cheese)

cheeseburge|r /tʃiz'burger/ m (A **~ra**) cheeseburger

chełbi|a f (GDGpl **~**) Zool. aurelia

chełp|ić się impf vi pejor. to boast; to brag pot.; **~ić się swoim bogactwem** to boast about one's wealth; **~ić się swoimi osiągnięciami** to boast of one's achievements; **~i się, że jest najsilniejszy w klasie** he boasts that he's the strongest in the class; **~ił się przed kolegami nowym rowerem** he showed off to his friends with his new bike

chełpliwie adv. grad. pejor. boastfully; cockily pejor.; **~ opowiadał o swoich sukcesach** he talked boastfully of his successes

chełpliwoś|ć f sgt pejor. (samochwalstwo) boastfulness; (zarozumiałość) cockiness pejor.

chełpliw|y adi. grad. pejor. boastful; cocky pejor.; **~y młodzik** a cocky young fellow; **~y ton/uśmiech** a cocky tone/smile

chemi|a f (GD **~i**) [1] sgt Nauk. chemistry; **lekcja ~i** a chemistry lesson [2] sgt Chem. (skład) chemistry; **~a węgla/atmosfery** the chemistry of coal/the atmosphere [3] sgt pejor. chemicals pl; **niektóre produkty spożywcze to sama ~a** some foodstuffs are just chemicals [4] (Gpl **~i**) pot. (lekcja) chemistry; **spóźnić się na ~ę** to be late for chemistry [5] (Gpl **~i**) pot. (chemioterapia) chemo pot.
□ **~a analityczna** Chem. analytical chemistry; **~a farmaceutyczna** Chem. pharmaceutical chemistry; **~a fizyczna** Nauk. physical chemistry; **~a gospodarcza** Chem. domestic detergents; **~a jądrowa** Nauk. nuclear chemistry; **~a nieorganiczna** Chem. inorganic chemistry; **~a ogólna** Chem. general chemistry; **~a organiczna** Chem. organic chemistry; **~a radiacyjna** Fiz. radiation chemistry; **~a stosowana** Chem. applied chemistry; **~a teoretyczna** Nauk. theoretical chemistry

chemicz|ka f pot. chemistry teacher

chemicznie adv. [1] [czysty, czynny] chemically [2] (bez wody) **prać/czyścić ~** to dry-clean

chemiczn|y adi. [1] Chem. [analiza, proces, reakcja] chemical [2] **czyszczenie ~e** dry-cleaning; **pralnia ~a** a dry-cleaner's

chemi|k m [1] Nauk. chemist [2] pot. chemistry teacher

chemikali|a plt (G **~ów**) chemicals; **woda skażona ~ami** water polluted with chemicals

chemioterapeutyczn|y adi. [lek, preparat, leczenie] chemotherapeutic

chemioterapeuty|k m chemotherapeutic agent, chemotherapeutic drug

chemioterapi|a f sgt (GD **~i**) Med. chemotherapy

chemo- w wyrazach złożonych chemo-; **chemoreceptor** chemoreceptor; **chemotropizm** chemotropism

chemosterylizacj|a f sgt Biol. chemosterilization

chemoterapeutyczny → chemioterapeutyczny

chemoterapeutyk → chemioterapeutyk

chemoterapia → chemioterapia

chemotropiczn|y adi. Biol. [reakcja, działanie] chemotropic

chemotropizm m sgt (G **~u**) Biol., Chem. chemotropism

cherlac|ki adi. pot. [zdrowie] poor, frail

cherlactw|o n sgt sickliness, feebleness

cherla|ć impf vi to be sickly; **~ł od dzieciństwa** he had been sickly since childhood

cherla|k [] m pers. (Npl **~cy** a. **~ki**) pot., pejor. weakling; weed pot. [] m anim. Myślis. weakling

cherlaw|y adi. [1] (słaby) [osoba] sickly, frail; [zdrowie] poor; **~e drzewka** sickly a. puny little trees [2] przen. [życie] feeble; **~a gospodarka** an ailing economy

cherry /'tʃeri/ f inv. cherry brandy U

cherub, ~in m (Npl **~owie** a. **~i** a. **~y, ~ini** a. **~iny**) Relig. cherub

cherubin|ek m (Npl **~ki**) Szt. cherub także przen.; **mieć twarz ~ka** to have a cherubic face; **wyglądać jak ~ek** to look like a cherub; **ładny jak ~ek** as cute as an angel

cherubinkow|y adi. Szt. [uroda] cherub attr.

cherubinow|y adi. Relig. [chóry, skrzydła] cherub attr.

chę|ć f (Gpl **~ci**) [1] (ochota) willingness U, readiness U (**do czegoś** to do sth); (wola) will U (**do czegoś** to do sth); (pragnienie) desire C/U (**czegoś** for sth); urge (**czegoś** to do sth); (nagła) impulse (**do czegoś** to do sth); **~ć zwrócenia na siebie uwagi** a desire to attract attention (to oneself); **dogadzać czyimś ~ciom** to satify sb's desires a. whims; **mieć ~ć na lody/ kurczaka/pizzę** to feel like some ice cream/chicken/pizza; **nie mam ~ci na spacer** I don't feel like a walk; **mieć ~ć zrobić coś** to feel like doing sth; **nabrać ~ci na coś** to have the urge to do sth; **z początku nie chciała tańczyć, ale potem nabrała ~ci** at first she didn't want to dance, but then she got into the mood; **odebrać komuś ~ć** to put sb off (doing) sth; **pałać/płonąć ~cią** to have a burning desire (to do sth); **stracić ~ć do życia** to lose the will to live; **brak mu/jej ~ci do życia** he's/she's tired of living; **z (miłą) ~cią** (most) gladly; **zrobię to z miłą ~cią** I shall be (very) glad to (do that); **z największą ~cią** with the greatest of pleasure [2] zw. pl (zamiary) intentions; **mimo najszczerszych (jego) ~ci** despite his best intentions; **zrobić coś w dobrej ~ci** to do sth in good faith; **zrobić coś z własnej ~ci** to do sth of one's own volition; **nie było w tym złej ~ci** it wasn't deliberate ■ **dobrymi ~ciami piekło (jest) wybrukowane** przysł. the road to hell is paved with good intentions przysł.

chędo|gi adi. przest., książk. (schludny) tidy, neat; (czysty) clean(ly)

chędogo adv. przest. [ubrać się] neatly; [wyglądać] neat adi., tidy adi.

chędoż|yć impf vt [1] przest. [osoba] to tidy (up), to clean (up) [ubranie, izbę, obejście]; [ptak] to preen [pióra] [2] euf. (mieć stosunki płciowe z kobietą) to knock (off) pot., euf., to poke pot., euf. [żonę, gosposię]; **~ył swoją babę codziennie** he was knocking off his old woman every day

chęt|ka f pot. itch pot.; urge; **mieć ~kę coś zrobić** to be itching to do sth; **mieć ~kę na coś** to fancy sth [lody, czekoladę]; **naszła ją ~ka, żeby uciec** she felt the a. an urge to run away; **przyszła mi ~ka potańczyć** I suddenly felt like dancing

chętnie [] adv. grad. readily, gladly; **~ się uczy/pracuje** s/he likes a. enjoys studying/ work; **~ ci pomogę, ale teraz jestem zajęta** I'll be glad to help you, but I'm busy right now; **~ się z tobą przejdę** I'd be glad to take a walk with you [] inter. with pleasure; „**może wpadniesz jutro?**" – „**bardzo ~**" 'perhaps you could drop in tomorrow?' – 'yes, I'd be glad to'; „**kawy?**" – „**~**" 'coffee?' – 'I'd love some'

chętn|y [] adi. grad. [1] (ochoczy, skory) willing, eager (**do czegoś** to do sth); **~y**

uczeń a keen pupil; **~y do pomocy/pracy** willing to help/work [2] przest. (życzliwy) well-disposed, kind (**komuś/czemuś** to a. towards sb/sth); **słuchać (czegoś) ~ym uchem** a. **dawać (czemuś) ~e ucho** to drink sth in

[II] *m* (kandydat) applicant; (reflektant) prospective buyer; **~ych do pracy nie brak** there's no shortage of people looking for work; **szukam ~ych na wycieczkę** I'm looking for people to go on a trip; **czy są ~i?** is anyone interested?; **nie ma ~ych** nobody's interested

chi *inter.* **~, ~!** hee-hee!, tee-hee!

chichocik *m dem.* (*G* ~u) (wesoły) titter, stifled giggle; (do siebie) (short) chuckle; (nieprzyjemny) snicker, (short) snigger

chicho|t [I] *m pers.* (*Npl* ~ty) (człowiek) joker, giggler; **to poważny chłopak, nie żaden ~t** he's a serious lad, he's not the joking type

[II] *m inanim.* (*G* ~tu) (wesoły) stifled giggle, titter; (do siebie) chuckle; (nieprzyjemny) snigger, snicker

chicho|tać *impf* (~czę a. ~cę) [I] *vi* (nerwowo) to giggle, to titter; (kpiąco, szyderczo) to snigger, to snicker; (do siebie) to chuckle (**z czegoś** at a. over sth); **~tać z byle czego** to giggle at anything

[II] **chichotać się** pot. (nerwowo) to giggle, to titter; (kpiąco, szyderczo) to snigger, to snicker; (do siebie) to chuckle (**z czegoś** over sth)

chichot|ka [I] *f* pot. (o dziewczynie) giggler

[II] **chichotki** *plt* (chichotanie się) (the) giggles

chichotliwie *adv. grad.* [opowiadać] with a giggle

chichotliwoś|ć *f sgt* giggly behaviour

chichotliw|y *adi.* [1] (lubiący chichotać) [panienka] giggly; [usposobienie] gigglish [2] (przypominający chichot) [śmiech, głos] giggly

chichra|ć się *impf v refl.* pot. (nerwowo) to giggle, to titter; (kpiąco, szyderczo) to snigger, to snicker; (do siebie) to chuckle (**z czegoś** over sth)

chich|y *plt* (*G* ~ów) pot. the giggles

chief /tʃif/ *m* (*Npl* ~**owie**) środ., Żegl. chief pot.

chili /'tʃili/ *n inv.* Kulin. (przyprawa) chilli *C/U* GB, chili *C/U* US; (sos) chilli sauce *C/U* GB, chili sauce *C/U* US

Chilij|czyk /tʃi'lijtʃik/ *m*, **~ka** *f* Chilean

chilijs|ki /tʃi'lijski/ *adi.* Chilean

Chime|ra *f* Mitol. chimera

chime|ra [I] *f sgt* [1] Szt. chimera [2] książk. (urojenie) chimera; **gonić za ~rą** to chase after shadows; **żyć w świecie ~r** to live in a dreamworld [3] Biol. (roślinna, zwierzęca) chimera [4] Zool. (ryba) chimera, rabbitfish, ratfish

[II] **chimery** *plt* pot., pejor. (fochy) whims, caprices; **stroić/mieć ~ry** to be moody; **znosić czyjeś ~ry** to put up with sb's moods

chimerycznie *adv.* [1] pejor. (kapryśnie) [zachowywać się] capriciously, whimsically [2] książk. chimerically; **przedstawiać rzeczywistość ~** to represent reality in a chimeric manner

chimerycznoś|ć *f sgt* [1] pejor. (kapryśność) capriciousness [2] książk. (nierealność) unreality

chimeryczn|y *adi. grad.* [1] pejor. [natura, usposobienie, nastrój] capricious, whimsical;

[gracz] inconsistent, uneven [2] książk. [plany, marzenia] chimeric(al); [idee, nadzieje] fanciful

chimery|k *m*, **~czka** *f* pejor. capricious a. whimsical person

chimeryzm *m sgt* (*G* ~u) Biol. chimerism

chinidyn|a *f sgt* Chem., Farm. quinidine

chinin|a *f sgt* Chem., Farm. quinine

Chin|ka *f* Chinese

chinozol *m sgt* (*G* ~u) Farm. quinoline

Chin|y *plt* (*G* ~) China

■ **za ~y (Ludowe)** pot. for all the tea in China

Chińczy|k *m* Chinese

chińczy|k *m* (*A* ~a) Gry [1] *sgt* (gra) ludo; **grać w ~a** to play ludo [2] (elementy) ludo board and pieces; **rozłożyć ~a** to set up a ludo board

chińs|ki [I] *adi.* [herbata, porcelana] Chinese; **Chińska Republika Ludowa** the People's Republic of China

[II] *m sgt* (język) Chinese; **lekcja ~kiego** a Chinese lesson; **uczyć się ~kiego** to learn Chinese; **pisać po ~ku** to write in Chinese; **mówić po ~ku** to speak (in) Chinese

■ **za ~kiego boga** pot. for all the tea in China

chińszczy|zna *f sgt* [1] (kultura) Chinese culture; (sztuka) Chinese art; (język) Chinese; (jedzenie) Chinese food; **bar z ~zną** a Chinese takeaway; **masz ochotę na pizzę, czy wolisz ~znę?** do you fancy a pizza, or would you prefer a Chinese? [2] (motywy chińskie) chinoiserie [3] pot., przen. (coś zawiłego, niezrozumiałego) double Dutch GB pot.; **to dla mnie ~zna** it's all Greek a. double Dutch to me [4] przen. (przesadna grzeczność) obsequiousness

chionosfe|ra *f sgt* Geog. accumulation zone

chip /tʃip/ *m* (*A* ~a) Komput., Elektron. (micro)chip, silicon chip

chipow|y /tʃi'povɨ/ *adi.* (micro)chip *attr.*, silicon chip *attr.*; **karta ~a** a smart card

chips /tʃips/ *m zw. pl* Kulin. (potato) crisp *zw. pl* GB, (potato) chip *zw. pl* US; **paczka ~ów** a packet of crisps

chirag|ra *f sgt* Med. thumb arthritis; arthritis of the thumb (basal joint) spec.

chiromancj|a *f sgt* palmistry, chiromancy

chiroman|ta *m*, **~tka** *f* chiromancer, palmist

chirur|g *m* surgeon

chirurgi|a *f* (*GD* ~i) [1] *sgt* (dział medycyny) surgery; **~a ogólna/serca/szczękowa/endoskopowa/laserowa** general/heart/dental/keyhole/laser surgery [2] (*Gpl* ~i) pot. (oddział) surgical ward pot.; **leżeć na ~i** to be in the surgical ward

❏ **~a kostna** a. **twarda** Med. bone surgery; **~a miękka** soft tissue surgery; **~a plastyczna** Med. plastic a. cosmetic surgery; **~a urazowa** Med. traumatology; (oddział) casualty (ward); **mała ~a** Med. minor surgery

chirurgicznie *adv.* [leczyć] surgically

chirurgiczn|y *adi.* [gabinet] surgeon's; [narzędzia, oddział] surgical; **zabieg ~y** surgery

chityn|a *f sgt* Biol. chitin

chitynow|y *adi.* [pancerzyk] chitinous

chl|ać *impf* (~am a. ~eję) *vt* pot., pejor. to guzzle pot., to swill (down) pot. [piwo]; to swig pot., to knock back pot. [wódkę] ⇒ **wychlać**

chlap|a *f* pot. (jesienna) bad a. foul weather *U*

chlapa|ć¹ *impf* → **chlapnąć¹**

chlap|ać² *impf* (~ię) [I] *vt* [1] (rozlewać) to spill; **~ać wodę z wiadra** to spill a. slop water from a bucket ⇒ **wychlapać** [2] (brudzić) to splatter, to spatter; **samochody ~ały przechodniów błotem** the cars spattered pedestrians with mud ⇒ **pochlapać**

[II] *vi* [1] (poruszając się) to splash, to slosh (**po czymś** through sth); **owce ~ały po błocie** the sheep splashed through the mud; **szli ~iąc po błocie** they sloshed through the mud [2] pot. (o deszczu) to rain, to drizzle; **od rana ~ie** it's been drizzling since the morning

[III] **chlapać się** [1] (siebie samego) to splash oneself (**czymś** with sth) [2] (jeden drugiego) to splash each other (**czymś** with sth); **dzieci ~ały się nawzajem wodą** the children were splashing each other with water [3] (w wannie, błocie) to splash about, to slosh around

chlapanin|a *f sgt* [1] (zabawa) splashing (around) *U*; **dzieci, skończcie z tą ~ą** children, stop that splashing around [2] (brzydka pogoda) bad a. foul weather *U*

chlap|nąć¹ *pf* — **chlap|ać¹** *impf* (~nęła, ~nęli — ~ię) [I] *vt* [1] (nalać) to slosh; **~nął trochę zupy do miski** he sloshed some soup into the bowl [2] pot. (powiedzieć niepotrzebnie) to blab (out) pot., to babble (out) pot.; **~ać językiem** a. **ozorem** to wag one's tongue; **~ać bez zastanowienia** to babble on a. blabber on (about nothing); **jeśli nawet ~nie, że ze mną rozmawiał, to wyprę się** even if he does blab out that he talked to me about it, then I'll just deny it; **brat pewnie znowu ~nie coś nieodpowiedniego** my brother will probably come out with the wrong thing again; **następnym razem zastanów się, zanim coś ~niesz** next time, think twice before you open your big mouth

[II] *vi* (rozpryskać) to splash (**czymś na coś** sth on sth); **~nąć błotem** to spatter a. to splatter mud; **~nąć farbą na podłogę** to splash paint on(to) the floor; **~nąć komuś wodą w twarz/oczy** to splash water in sb's face/eyes; **nie ~ tak** stop splashing like that; **~nąć farbą na płótno** to slap paint onto a canvas; **~nąć (nogą) w kałużę** to step into a puddle; **o mały włos nie ~nąłem sosem na spodnie** I almost splashed sauce on my trousers

chlapn|ąć² *pf* (~ęła, ~ęli) [I] *vt* (nalać) to slosh; **~ął trochę zupy do miski** he sloshed some soup into the bowl

[II] *vi* [1] (wylać się) [płyn] to splash; **farba ~ęła na podłogę** the paint splashed onto the floor; **woda ~ęła mi na rękaw/w oczy** the water splashed (onto) my sleeve/in(to) my eyes [2] pot. (wypić) **~ąć sobie jednego** to knock back a glass of vodka; **chodź, ~iemy sobie po jednym** come on, let's go for a quick one pot.; **czasem lubi sobie ~ąć** he likes knocking it back from time to time; **ale jak sobie ~ą, to są**

całkiem do rzeczy but they're all right when they've had a few

III chlapnąć się (siebie samego) to splash oneself (**czymś** with sth); **znowu się ~ałeś farbą po ubraniu!** you've splashed a. spilt paint on your clothes again!

chla|snąć pf — **chla|stać** impf (~snęła, ~snęli — ~stam a. ~szczę) pot. **II** vt **1** (uderzyć) (biczem) to lash (at); (szablą) to slash (at); **~snąć kogoś w twarz** to swipe sb across the face; **gałęzie ~stały nas po twarzach** the branches lashed our faces; **~snęła psa smyczą** she swiped the dog with the lead **2** (rozciąć) to slash [skórę, tkaninę] **3** pot. (wyciąć) to cut [tekst]

II vi [fale, woda] to lash; **deszcz ~stał o szyby** the rain lashed against the window panes

III chlasnąć się — **chlastać się** **1** (uderzyć siebie samego) to lash oneself (**czymś** with sth); **koń ~stał się ogonem po bokach** the horse swished its tail from side to side **2** (kaleczyć samego siebie) to slash oneself (**czymś** with sth); **~snął się przy goleniu** he cut himself (while) shaving **3** (uderzyć jeden drugiego) to lash (at) a. swipe (at) each other (**czymś** with sth); **~stali się mokrymi ręcznikami** they swiped each other with wet towels **4** (ranić jeden drugiego) to slash each other (**czymś** with sth); **~stać się szablami podczas pojedynku** to slash at each other with swords during a duel

■ **~stać językiem** (mówić nieostrożnie) to blab; (mówić ostro) to give sb a piece of one's mind

chleb m **1** bread U; (bochenek) loaf; **świeży/czerstwy ~** fresh/stale bread; **bochenek ~a** a loaf (of bread); **kromka/pajda ~a** a slice/thick slice of bread; **kup dwa ~y** buy two loaves; **skórka (od) ~a** the crust; **piętka** a. **przylepka ~a** the (end) crust a. heel (of a loaf); **~ z miodem** bread and honey; **smarować ~ masłem** to butter some bread **2** sgt przen. (utrzymanie) bread and butter, livelihood C/U; **robić coś dla ~a** to do something for money; **zarabiać/pracować na ~** to work for one's living, to earn one's daily bread; **być** a. **żyć na czyimś/własnym ~ie** to live off sb else's/one's earnings; **wyjechał z kraju za ~em** he left the country to work abroad; **odbierać komuś ~** to take the bread out of sb's mouth **3** sgt przen. (praca zarobkowa) work, job; **dziennikarski ~** the work of a journalist; **nauczycielski ~** the job of teaching **4** sgt (zboże) corn

❑ **biały ~** white bread; **~ pszenny** wheat bread; **~ pytlowy** a type of white bread; **~ razowy** wholemeal bread; **~ świętojański** Bot. (drzewo) carob (tree), locust tree; (strąk) carob (bean); **~ chrupki** crispbread, diet bread; **czarny ~** black bread; **~ żytni** rye bread

■ **~a i igrzysk** bread and circuses; **powszedni** (jedzenie) one's daily bread; (środki do życia) one's daily bread, bread and butter; (codzienna rzecz) quite a normal thing, nothing unusual; **lekki ~** (lekka praca) easy money, money for jam a. old rope pot.; euf. (prostytuowanie się) prostitution; **łaskawy** a. **gotowy ~** living on sb's charity; **być u**

kogoś na łaskawym ~ie to live on sb's charity; **suchy ~** dry bread; przen. a diet of bread and water; **ciężki** a. **trudny kawałek ~a** a hard way to earn a living; **łamanie ~a** Relig. the breaking of bread; **łamać z kimś ~** to break bread with sb daw., to be on close terms with sb; **być potrzebnym jak ~** to be as vital as the air we breathe; **chodzić po proszonym ~ie** to lead the life of a beggar; to beg one's bread daw.; **darmo jeść czyjś ~** to live off sb; **pójść na swój ~** to start earning one's own living; **żyć o ~ie i wodzie** to live on bread and water; **~ go/ich bodzie** ≈ riches make him/them proud; **z niejednego pieca ~ jadł** he's seen quite a few things (in his time); he's knocked around (the world) a bit pot.; **czapką, ~em i solą ludzie ludzi niewolą** przysł. ≈ kindness wins hearts; **głodnemu ~ na myśli** przysł. ≈ well, we all know what's on your mind a. what you're thinking; **kto na ciebie kamieniem, ty na niego ~em** przysł. ≈ to turn the other cheek, ≈ to answer a. meet insult with kindness; **nie samym ~em żyje człowiek** Bibl. man does not live a. one cannot live by bread alone; **z tej mąki ~a nie będzie** przysł. nothing (good) will come of it

chlebak m (harcerski, żołnierski) knapsack, haversack

chleb|ek m dem. bread U

chlebodaw|ca m, **~czyni** f przest., żart. employer

chlebow|y adi. [zapach] of bread; [piec] bread attr.; **~y order** żart. a decoration which entitles the holder to an increased pension

chlew m (G ~u a. ~a) **1** (pomieszczenie) pigsty, pigpen US **2** sgt pot., pejor. pigsty pot., pejor.; tip pot.; **jak ~ a. w ~ie** like a pigsty; **mieszkać jak w ~ie** to live like a pig pot., to live in a pigsty pot.

chlewik m dem. (pig)sty, pigpen US

chlewni|a f **1** (Gpl ~) (pomieszczenie) piggery, pig farm **2** sgt (trzoda chlewna) pigs pl, swine pl

chlip inter. **~, ~** (głośne picie) slurp, slurp! pot.; guzzle, guzzle! pot., pejor.; (płacz) snivel, snivel!, sniffle, sniffle!

chlip|nąć pf — **chlip|ać** impf (~nęła, ~nęli — ~ię) **I** vt (głośno pić) [osoba] to slurp pot. [zupę, herbatę]; [zwierzę] to lap (up) [wodę, mleko]

II vi (popłakiwać) to snivel

chlipnięci|e **II** sv → **chlipnąć**

II n snivelling U

chlo|r m sgt (G ~ru) **1** Chem. chlorine **2** Fot. chloride paper

chlor|ek m (G ~ku) **1** Chem. chloride **2** pot. (proszek do dezynfekcji) chloride ❑ **~ek (bielący)** Chem. bleaching powder; chloride of lime spec., chlorinated lime spec.; **~ek sodu** Chem. sodium chloride; **~ek winylu** Chem. vinyl chloride; **~ki metali** Chem. metal chlorides; **~ki niemetali** Chem. non-metal chlorides

chlorofil m sgt (G ~u) Biol. chlorophyll

chlorofilow|y adi. Biol. chlorophyll attr., chlorophyllous; **barwnik ~y** chlorophyll pigment

chloroform m (G ~u) sgt Chem., Farm. chloroform

chloroformow|y adi. Chem., Farm. [narkoza] chloroform attr.

chlorotetracyklin|a f sgt Farm. chlortetracycline

chlor|ować impf vt **1** (dezynfekować) to chlorinate [wodę]; **raz w miesiącu dozorca ~uje zsypy** once a month the caretaker disinfects the rubbish chutes with chlorine **2** Chem. to chlorinate

chlorow|y adi. **1** Chem. chloric **2** Fot. chloride attr.

chlub|a f sgt książk. **1** (duma) pride, boast; **~a polskiego sportu** the pride of Polish sport; **była ~ą rodziców** she was the pride (and joy) of her parents; **katedra jest ~ą miasta** the cathedral is the boast of the town **2** (zaszczyt) credit, honour; **przynosić ~ę rodzinie** to bring credit a. honour to one's family; **przynosić ~ę ojczyźnie** to bring honour to one's country; **takie zachowanie nie przynosi ci ~y** that kind of behaviour does you no credit at all; **poczytywać sobie coś za ~ę** to regard sth as an honour

chlub|ić się impf vi książk. to pride oneself (**czymś** on sth); to take pride (**czymś** in sth); **Paryż ~i się wieżą Eiffla** Paris takes pride in the Eiffel Tower; **Polacy ~ią się gościnnością** Poles pride themselves on their hospitality a. on being hospitable; **~ił się doskonałą pamięcią** a. **tym, że ma doskonałą pamięć** he prided himself on his perfect memory a. on the fact that he had a perfect memory; **nie masz się czym ~ić** you have nothing to be proud of

chlubnie adv. grad. książk. commendably książk., creditably książk.; **zapisać się ~ w pamięci ludzi** to make a memorable impression on people; **zdać ~ egzamin** to pass an exam with flying colours

chlubn|y adi. grad. książk. [tradycje, zwycięstwo] glorious; [czyn, postawa] commendable, praiseworthy; **~y wyjątek** a notable a. commendable exception

chlup inter. (dźwięk wpadania do wody) splash!; plash!; książk.; (dźwięk uderzającej o coś wody) slosh! pot., splosh! GB pot.; (błota) squelch!; **rozpędził się i ~ do wody** he took a run and splashed into the water

■ **no to ~ (w ten głupi dziób)!** posp. here's mud in your eye! pot.; down the hatch! pot.

chlup|nąć pf — **chlup|ać** impf (~nęła, ~nęli — ~ię) **I** vi **1** (uderzać) [woda] to lap, to splash (**o coś** against sth); (przelewać się) [woda] to slop (about), to slosh (about); (bulgotać) [woda, błoto] to squelch; **fale ~ały o burtę łodzi** the waves lapped against the side of the boat; **na dnie butelki ~ało jeszcze trochę mleka** there was still a bit of milk slopping about at the bottom of the bottle; **woda ~nęła mi pod nogami** the water squelched under my feet; **zmokłam tak, że ~ie mi w butach** I got so wet my shoes are squelching **2** (pluskać) [osoba] to splash (around); **~ał nogami w wodzie** he splashed his feet around in the water; **dziecko ~ało kijem w kałuży** a child was splashing around with a stick in a puddle; **koń ~ał kopytami w błocie** the horse's hooves splashed in the mud **3** (skoczyć w wodę) to dive; (wpaść w wodę) to plop;

C

kamień **~nął w wodę** a stone plopped into the water ④ (wylewać się) to slop, to slosh; **potknęła się i zupa ~nęła na parkiet** she tripped, and the soup sloshed onto the parquet flooring; **gdy się zanurzył, woda ~nęła z wanny na podłogę** when he got into the bath, water sloshed onto the floor ⑤ (bryzgać, chlustać) to splash, to splatter; **błoto ~nęło spod kół** mud splattered from under the wheels; **~nąć błotem na kogoś** to splash sb with mud; **~nęła mu winem w twarz** she threw the wine in his face

II chlupać się (pluskać się) to splash about (**w czymś** in sth)

chlupo|t m (G **~tu**) sgt (wody) splash(ing); (mleka w bańkach) slosh(ing); splosh(ing) GB pot.; (błota) squelch(ing), slurp; (fal) wash, lap(ping)

chlupo|tać impf (**~cze** a. **~ce**) vi (uderzać) [ciecz] to lap, to splash (**o coś** against sth); (przelewać się) to slop (about), to slosh (around); (bulgotać) to squelch; **woda ~tała o zbutwiałe belki** the water was lapping against the rotting beams; **błoto ~tało pod stopami idących** the mud squelched underfoot ⇒ **zachlupotać**

chlu|snąć[1] pf (**~snęła, ~sneli**) **II** vt pot. (uderzyć) to whack pot., to slosh GB pot.; **~snąć kogoś po plecach** to whack sb across the back; **~snąć kogoś w gębę** to smack sb in the gob pot.; **~snąć konia batem** to lash a horse with a whip

II vi pot. (wypić alkohol) to knock it back pot.; **ona czasem lubi sobie ~snąć** she likes to knock it back from time to time

■ **~śniem bo uśniem** pot. down the hatch! pot.

chlu|snąć[2] pf — **chlu|stać** impf (**~snęła, ~sneli — ~stam**) **II** vt (wylać) (z pojemnika) to fling, to throw (**czymś na coś** sth on sth); **~snąć wodą na ogień** to throw a. fling water on a fire, to douse a fire; **~snąć wodą na podłogę** to fling a. slosh water over the floor; **~snąć mydlinami z wiadra** to throw dirty water out of a bucket; **~snąć komuś wodą w twarz** to throw water in sb's face; **~snęła mu w twarz kubek wody** she flung a mug of water in his face

II vi [1] (wylać się) [woda] to spill, to spurt (**z czegoś** from sth); (intensywnie) to gush, to spout (**z czegoś** from sth); (uderzyć o coś) [woda, morze] to splash (**na coś** on(to) sth); (intensywniej) to crash (**o coś** against sth); **z rany ~snęła krew** blood spurted from a. gushed out of the wound; **szampan ~snął z butelki** the champagne spurted out from the bottle; **woda ~stała na podłogę** the water splashed onto the floor; **fale ~stały o burtę** the waves splashed a. slapped against the side of the boat [2] pot. (skoczyć) [osoba, zwierzę] to plunge, to jump (**w coś** into sth) [wodę, błoto] [3] pot. (zakląć) to hurl obscenities (**na kogoś** at sb); **~snąć stekiem przekleństw** to let loose (with) a. unleash a stream of obscenities; **~snąć stekiem wyzwisk** to unleash a. let loose a torrent of abuse; **~snął wyzwiskami na sąsiada** he hurled abuse at his neighbour

III chlustać się (siebie samego) to splash about, to slosh around; **lubił ~stać się w**

wannie he liked splashing about in the bath

chlust inter. whoosh! pot., slosh! pot.

chłam m sgt (G **~u**) pot., pejor. (filmowy, literacki, muzyczny) trash; (tandeta) gimcracks pl pejor.; junk pot., pejor.; **wśród tego ~u zdarza się czasami jakiś wartościowy przedmiot** sometimes you can pick up something valuable among all the trash

chłep|tać impf (**~czę** a. **~cę**) vt [zwierzę] to lap (up) [mleko, wodę]; [osoba] to gulp (down) [zupę]; **pies ~tał wodę z miski** the dog lapped up the water from the bowl ⇒ **wychłeptać**

chłod|ek m (G **~ku**) pot. (miły, poranny) coolness U; **jest przyjemny ~ek** it's nice and cool; **powiało ~kiem** there was a cool breeze

chłodni|a f (Gpl **~**) (pomieszczenie) cold store, freezer; (pojazd) **wagon ~a** a refrigerator wagon a. van, a refrigerator car US; **statek/samochód ~a** a refrigerator ship/truck

□ **~a kominowa** cooling tower; **~a szafkowa** refrigerator, cooler US

chłodnic|a f [1] Aut. radiator; **wymienić wodę w ~y** to change the water in the radiator [2] Fiz. radiator

chłodnicz|y adi. [aparat] cooling; [technika] cold storage attr.; [pomieszczenie] cold, refrigeration attr.; [przemysł] refrigerating; **jaja/mięso ~e** cold storage eggs/meat; **lada ~a** cold/cool shelf

chłodni|k **II** m pers. środ., Techn. refrigeration engineer

II m inanim. [1] Kulin. a vegetable or fruit soup prepared with sour cream and served cold [2] Techn. cooler

chłodn|o adv. grad. [1] cool, chilly; **w mieszkaniu było ~o** it was cool a. chilly in the flat; **przez cały tydzień było ~o i deszczowo** it was wet and chilly the whole week; **zrobiło mi się ~o** I felt a. got chilly; **~o mi w nogi** my feet are cold; **pod wieczór zrobiło się ~iej** it got cooler a. chillier in the evening [2] przen. (oziębłe) coldly, coolly; (z opanowaniem) coolly, calmly; **potraktować kogoś ~o** to treat sb coolly, to give sb the cold shoulder; **krytycy ~o przyjęli jego nowy film** the critics gave his new film a cool reception; **przywitać kogoś ~o** to give sb a cold welcome; **zachowywać się ~o wobec kogoś** to be cool towards sb; **robić coś na ~o** to do sth calmly; **muszę się na ~o zastanowić nad tą propozycją** I have to step back and consider the offer calmly; **starał się na ~o ocenić swoje szanse** he tried to evaluate his chances objectively a. dispassionately

■ **~o, głodno i do domu daleko** przysł. ≈ I'm cold, hungry and a long way from home

chłodn|y adi. grad. [1] (nieco zimny) cool, chilly; (rześki) fresh; **~e noce/poranki/dni** cool a. chilly nights/mornings/days; **~y wiatr od północy** a cool a. chilly wind from the north; **~e i wilgotne powietrze** cold damp air; **mieć ~e ręce/stopy** to have cold hands/feet; **z przyjemnością zanurzyła się w ~ej wodzie** she immersed herself in the nice cool water [2] przen. (nieprzyjazny) cool, cold; (opanowany)

cool, dispassionate; **~y uśmiech/ton/wzrok** a cool smile/tone/look; **~e powitanie** a cool a. cold a. chilly welcome a. reception; **~e słowa** cool a. cold words; **zawsze był dla mnie ~y** he's always been rather cool towards me; **była ~a i wyniosła** she was cool and condescending; **od tamtej sprzeczki nasze stosunki są ~e** since our last quarrel relations between us have been rather cool; **poddać coś ~ej analizie** to analyse something dispassionately; **starała się spojrzeć na to, co się wydarzyło, ~ym okiem** she tried to view what had happened with a cool, dispassionate a. detached eye [3] przen. [odcień] cool, cold; **~y blask srebra** the cool sheen of silver; **~e światło księżyca** the cold a. cool light of the moon

□ **~e kolory** a. **barwy** cool colours

chłodząc|y **II** pa → **chłodzić**

II adi. [napój, okład, kąpiel] cooling

chłodziar|ka f [1] Handl. refrigerator, cooler US; **przechowywać żywność w ~ce** to keep food in a refrigerator [2] Handl., Przem. refrigerating machine a. unit, chiller; **~ka do mleka** a milk cooler a. chiller

□ **~ka sprężarkowa** Techn. compression refrigerator

chł|odzić impf (**~odzę** a. **~ódź**) **II** vt [1] (studzić, ochładzać) to cool (down) [zupę, osobę]; (schładzać) to chill [wino]; (zamrażać) to refrigerate [jedzenie]; **~odziła dłonie w wodzie** she cooled her hands in the water; **zimny okład ~odził jej głowę** the cold compress cooled her forehead ⇒ **ochłodzić** [2] [wiatr, napój] to cool; **wiatr przyjemnie ~odził im twarze** the wind was pleasantly cool on their faces

II chłodzić się [osoba] to cool (down), to cool off; [jedzenie] to cool (down); **~odził się wodą/piwem** he cooled himself off with a drink of water/beer; **~odziła się wachlarzem** she cooled herself with a fan; **napoje ~odzą się w lodówce** the drinks are chilling in the refrigerator ⇒ **ochłodzić się**

chło|nąć impf (**~nęła, ~nęli**) vt [1] (absorbować) to absorb, to soak up [wilgoć, wodę]; to absorb [zapach, pokarm]; **pierwotniaki ~ną pokarm całą powierzchnią ciała** protozoons absorb nourishment with the entire surface of their bodies [2] przen. to soak up [wiedzę]; to drink in [słowa, widoki]; to imbibe książk. [idee]; **~nęła wszystko, co usłyszała** she drank in everything she heard; **~nęła oczami zmieniający się krajobraz** she took in the changing landscape

chłon|ka f sgt Biol. lymph

chłonnoś|ć f sgt [1] (zdolność wchłaniania) (bibuły, gąbki, piasku) absorbency, absorptivity; **duża ~ć** high absorbency [2] Ekon., Tech. absorption capacity, absorption level [3] przen. (artystyczna, intelektualna) receptivity, acquisitive powers pl; **~ć umysłu** receptivity of the mind

chłonn|y adi. grad. [1] (mający właściwości wchłaniania) [gąbka, pieluchy] absorbent; [powierzchnia, system] absorptive [2] przen. [umysł] receptive; [wyobraźnia, uczniowie] eager, receptive; [rynek] ready; **~y jak gąbka** highly receptive

C

chłop [I] *m* [1] (*Npl* ~**i,** obraźl. ~**y**) (rolnik) peasant; **był z pochodzenia** ~**em** he came from peasant stock; **kupować ziemniaki/ mięso prosto od** ~**a** to buy potatoes/meat straight from the farm [2] (*Npl* ~**y**) pot. (mężczyzna) bloke GB pot., guy pot.; man; **równy** a. **swój** ~ a nice bloke a. guy; **stu/dwustu** ~**a** a hundred/two hundred men; **tylko** ~**y jej w głowie** all she thinks about is men a. blokes; **ma** ~ **szczęście** he's a lucky bloke, that one; **nie ufaj żadnemu** ~**u** never trust a man; **wysoki na** ~**a** as high a. tall as a man; **drzewo wysokie na siedmiu** ~**a** a tree as tall as seven men [3] (*Npl* ~**y**) pot. (mąż, sympatia) man pot.; **pilnować swojego** ~**a** to keep an eye on one's man; **mój** ~ **wyjechał na delegację** my man's away on a business trip
[II] **chłopi** *plt* peasantry *U*, peasants
■ **chce się jej** ~**a** posp. she wants a man; ~ **jak dąb** a. **jak świeca** a man sturdy as an oak; ~ **swoje, czart swoje** przysł. the devil takes his own; **stali tak** ~ **w** ~**a wysocy/wpatrzeni w dal** they stood there each as tall as a house/all a. each of them staring into the distance

chłopacz|ek *m dem.* (*Npl* ~**ki**) [1] (dziecko) (little) boy [2] pejor. (młody mężczyzna) boy

chłop|aczyna, ~**czyna** *m* (*Npl* ~**aczyny,** ~**czyny**) pot. boy; lad pot.

chłopaczysk|o *n, m augm.* pot., pejor. brat pejor.; (z politowaniem) **biedne** ~**o** poor boy

chłopa|k *m* (*Npl* ~**ki,** przest. ~**cy**) pot. [1] (dziecko) boy; **jej syn to bardzo zdolny** ~**k** her son's a very gifted boy; **żona urodziła wczoraj** ~**ka** my wife gave birth to a baby boy yesterday [2] (młody mężczyzna) boy; lad pot.; **mogła mieć każdego** ~**ka** she could have had any boy she wanted; **idę z** ~**kami na mecz/do kina** I'm going to the cinema/match with (some of) the lads; **na** ~**ka** like a boy; **ubierać się na** ~**ka** to dress like a boy; **mieć fryzurę** a. **ostrzyc się na** ~**ka** to have a boyish hairstyle a. haircut [3] (sympatia) boyfriend; **ma nowego** ~**ka** she's got a new boyfriend; **właśnie zerwała ze swoim** ~**kiem** she's just broken up with her boyfriend; **ilu miałaś** ~**ków, zanim wyszłaś za tatę?** how many boyfriends did you have before you married Dad? [4] przest. (sklepowy, na posyłki) boy; (stajenny) lad

chłopczyc|a *f* tomboy; **fryzura** a. **uczesanie** a. **włosy na** ~**ę** a boyish haircut a. hairstyle

chłopczyk *m dem.* (*Npl* ~**i**) pieszcz. (little) boy; (little) lad pot.

chłopczykowa|ty *adi.* [*zachowanie, wygląd*] boyish

chłop|ek *m* (*Npl* ~**kowie,** obraźl. ~**ki**) peasant
■ ~**ek-roztropek** iron. a fly one GB pot.; one who knows all the angles

chłop|iec *m* (*D* ~**cu,** *V* ~**cze**) [1] (dziecko) boy; **gdy byłem** ~**cem...** when I was a boy...; **mają dwóch** ~**ców i dziewczynkę** they've got two boys and a (little) girl [2] pot. (młody mężczyzna) boy; lad pot.; ~**cy już się za nią oglądają** she's already beginning to turn the heads of the boys [3] pot. (sympatia) boyfriend; **kiedy nam przedsta-**

wisz swojego ~**ca?** when are you going to introduce your boyfriend to us? [4] przest. (okrętowy, na posyłki) boy; (stajenny) lad; ~**iec hotelowy** bellboy GB, bellhop US; ~**iec do wszystkiego** an office boy
❏ ~**iec do butów** (przyrząd do zdejmowania butów) bootjack
■ ~**iec do bicia** a whipping boy; ~**cy z lasu** (partyzanci) partisans

chłopi|eć *impf* (~**eję,** ~**ał,** ~**eli**) *vi* [1] (ubożeć) [*szlachta*] to become impoverished ⇒ **schłopieć** [2] (o mentalności, stylu życia) to become countrified ⇒ **schłopieć**

chłopi|ę *n* (*G* ~**ęcia**) przest. boy; **troje/ dwoje** ~**ąt** two/three boys

chłopięc|o *adv.* boyishly, boylike; **wyglądać** ~**o** to look boyish

chłopięctw|o *n sgt* książk. boyhood; **lata** ~**a spędził na wsi** he spent his boyhood (years) in the country

chłopięc|y *adi.* [1] (dotyczący chłopca) [*wdzięk, głos, figura*] boyish, boylike; [*lata*] boyhood attr.; [*obuwie, ubranie, zabawy*] boys'; **po** ~**emu** like a boy; **ubierać się po** ~**emu** to dress like a boy [2] (złożony z chłopców) [*chór, zespół, drużyna*] boys'

chłopin|a *m* (*Npl* ~**y**) pot. (drobny, wątły) guy pot.; man

chłopisk|o *n, m* (*Gpl* ~**ów**) *augm.* pot. (ogromny, tęgi, barczysty) bloke GB pot., guy pot.; man

chłop|ka *f* [1] (kobieta) peasant (woman) [2] przest. *a dress with a tight-fitting bodice and skirt gathered into folds*

chłopoma|n *m a fervent idealizer of the peasantry*

chłopoma|nia *f,* ~**ństwo** *n sgt* (*G* ~**nii,** ~**ństwa,** *D* ~**nii,** ~**ństwu**) *excessive idealization of the peasantry*

chłopomańs|ki *adi. pertaining to excessive idealization of the peasantry*

chłoporobotnicz|y *adi. pertaining to peasant farmers who work in factories*

chłoporobotni|k *m,* ~**ca** *f a peasant farmer who works in a factory*

chłops|ki *adi.* [1] (dotyczący chłopów-rolników) [*rodzina, pochodzenie, gwara*] peasant attr.; [*rewolucja, klasa, partia*] peasant attr.; ~**ki spryt** peasant cunning; ~**ka wytrwałość/ zawziętość** peasant perseverance/stubbornness; **po** ~**ku** [*mówić, ubierać się*] like a peasant, in peasant fashion [2] pot. (męski) man's attr.; ~**kie podejście do życia** a man's way of looking at things, a man's attitude to life; **murarstwo to** ~**ka, nie babska robota** bricklaying is a man's not a woman's job
■ ~**ki rozum** pot. common sense; **na (mój)** ~**ki rozum to on się na tym wcale nie zna** common sense tells me that he doesn't know anything about it

chłopskoś|ć *f sgt* [1] (cechy, sposób bycia) peasant ways, rusticity [2] (pochodzenie) peasant origin; **był dumny ze swojej** ~**ci** he was proud of his peasant origins

chłopstw|o *n sgt* [1] (ogół chłopów) peasantry [2] (cechy, sposób bycia) peasant ways, rusticity [3] (pochodzenie) peasant origin

chłopt|aś, ~**yś** *m* (*Npl* ~**asie** a. ~**asiowie,** ~**ysie** a. ~**ysiowie**) [1] pieszcz. (chłopiec) boy [2] iron., żart. (młodzieniec) boy

chło|sta *f* [1] Hist. (bicie) flogging *C/U*; (batem) whipping *C/U,* lashing *C/U;* (rózgą) birching *C/U;* **kara** ~**sty** the lash, flogging [2] przen. (surowa krytyka) (verbal) lashing, pasting; ~**sta opinii publicznej** the rod of public opinion

chło|stać *impf* [I] *vt* [1] (bić) to flog, to lash [*skazańca, chłopa, poddanych, konia*] (**za coś** for sth); to cane, to whip [*ucznia*] (**za coś** for sth); ~**stać kogoś (batem)** to lash a. flog sb (with a whip); ~**stać kogoś (rózgą)** to flog sb (with a birch rod), to birch sb ⇒ **wychłostać** [2] przen. [*wiatr, deszcz*] to whip, to lash; **wiatr** ~**stał żagle** the wind whipped the sails; **choć** ~**stała ich ulewa, nie przerwali pracy** though they were pelted a. lashed by the rain, they didn't stop work ⇒ **wychłostać** [3] książk. (surowo krytykować) to lambast(e) książk., to castigate książk. [*wady, głupotę, korupcję*]; ~**stać biczem satyry** to lampoon, to satirize
[III] **chłostać się** to flog oneself, to whip oneself ⇒ **wychłostać się**

chł|ód *m* (*G* ~**odu**) [1] (niska temperatura) coolness *U,* chill; **fala** ~**odów** a wave of cool air; ~**ód nocy** the cool of the night; **panuje tu przeraźliwy** ~**ód** it's very cold in here; **od rzeki ciągnie** ~**odem** there's some cold air coming off the river; **czuł** ~**ód** he felt cold [2] *sgt* przen. (dreszcz) chill, shiver; **poczuł** ~**ód na plecach** shivers went down his spine [3] *sgt* przen. (brak życzliwości) coldness (of manner), coolness; ~**ód w kontaktach/stosunkach z kimś** coolness in one's relations with sb; **miała w sobie** ~**ód** there was a certain coldness about her; **w jej głosie/spojrzeniu wyczuł lodowaty** ~**ód** he felt an icy chill in her voice/glance

chłyst|ek *m* (*Npl* ~**ki**) pejor. pipsqueak pot., pejor.; (young) whippersnapper przest., pejor.; **nie będzie mi tu byle** ~**ek rozkazywał!** I won't have some young pipsqueak ordering me about!

chma|ra *f* [1] (komarów, much) swarm, cloud; (ludzi) crowd, horde(s); (dzieciaków) swarm(s); (ptactwa) swarm, flock; (psów) pack; (rzeczy) host [2] Myślis. flock

chmiel *m sgt* [1] (*G* ~**u**) Bot. (roślina) hop; (szyszki) hops *pl;* **uprawiać** ~ to cultivate hops [2] (*A* ~**a**) dial. *a folk wedding song or dance*

chmielow|y *adi.* [*pędy, napój*] hop attr; **wysoki jak tyka** ~**a** as tall as a beanpole pot.

chmu|ra *f* [1] Meteo. cloud; **niebo zasnuło się** ~**rami** the sky clouded over; **słońce skryło się za** ~**rą** the sun hid a. disappeared behind a cloud; **słońce wyszło** a. **wyjrzało zza** ~**r** the sun emerged a. came out from behind the clouds [2] (dymu, pyłu, kurzu) cloud, pall; **z rury wydechowej uniosła się** ~**ra spalin** a cloud of fumes rose up from the exhaust pipe [3] przen. (mnóstwo) cloud, swarm; ~**ra owadów** a cloud a. swarm of insects; ~**ra ptactwa** a swarm of birds; **łucznicy wypuścili** ~**rę strzał** the archers let loose a hail of arrows [4] przen. (na twarzy) cloud; ~**ra smutku/ przygnębienia** a cloud of sadness/depression; ~**ra przebiegła mu po twarzy** his face clouded over for a second; **czoło**

zaszło mu ~rą his brow darkened; **jak ~ra gradowa** with a face as black as thunder [5] zw. pl przen. (zagrożenie) cloud; **czarne** a. **ciemne ~ry gromadzą się nad kimś/czymś** dark clouds gather over sb/sth
❏ **~ra radioaktywna** radioactive cloud; **~ry kłębiaste** Meteo. cumuli; **~ry niskie** Meteo. low clouds; **~ry pierzaste** Meteo. cirri; **~ry warstwowe** Meteo. nimbostratus, stratus; **~ry wysokie** Meteo. high clouds
■ **urwanie** a. **oberwanie (się) ~ry** a cloudburst; **chodzić z głową w ~rach** to walk about with one's head in the clouds; **z dużej** a. **wielkiej ~ry mały deszcz** przysł. much cry and little wool przysł.

chmur|ka f dem. [1] small cloud, cloudlet; **na niebie nie było ani jednej ~ki** there wasn't a (single) cloud in the sky [2] (dymu, kurzu) (little) cloud [3] przen. cloud, frown; **~ka na twarzy/na czole** a frown on one's face/brow a. forehead; **~ka niezadowolenia przemknęła mu po twarzy** a cloud of dissatisfaction crossed his face
■ **pod ~ką** pot. in the open air; **spaliśmy na plaży, pod ~ką** we slept on the beach, under the stars; **bar pod ~ką** an open-air bar

chmurnie adv. grad. książk., przen. [patrzeć, odpowiedzieć] sulkily; **~ ściągnięte brwi** knitted (eye)brows

chmurni|eć impf (**~eje, ~ał, ~eli**) vi [1] książk. (pokrywać się chmurami) [niebo] to cloud over; [dzień] to become overcast [2] (przybierać ponury wyraz twarzy) to become gloomy (**na myśl o czymś** at the thought of sth)

chmurn|o adv. książk. cloudily; **było ~o i deszczowo** it was cloudy and rainy

chmurn|y adi. książk. [1] (zachmurzony) [dzień, niebo] cloudy, overcast; **~a jesień** a cloudy autumn [2] przen. (ponury) [osoba, twarz, wzrok] sulky, surly; **był ~y przez cały dzień** he was sullen the whole day; **mieć ~ą minę** to look sulky; **po jego ~ej minie poznali, że nie udało mu się niczego załatwić** they could tell by his gloomy expression that he hadn't managed to fix anything [3] przen. (groźny) [wieści] black, ominous [4] przen. (wzniosły) lofty, elevated; **~e ideały** lofty ideals; **~e teorie** abstract theories

chmurz|yć impf [I] vt książk. przen. [1] (czynić posępnym) [zmartwienia, kłopoty] to darken [czoło]; **to cloud** [twarz] ⇒ **zachmurzyć** [2] (napędzać chmury) [burza, wiatr] to cause to become overcast książk.; to darken [niebo]
[II] **chmurzyć się** [1] (pokrywać się chmurami) [niebo] to cloud over, to become overcast; **znów zaczęło się ~yć** it started to cloud over again ⇒ **zachmurzyć się** [2] przen. (wyrażać niezadowolenie) to sulk; **~y się bez powodu** he lours a. his face clouds over for no reason; **czemu się tak ~ysz?** why (are you) so gloomy?; **nie ~ się dłużej** stop scowling ⇒ **nachmurzyć się**

chmurzysk|o n augm. (wielkie, ciężkie) cloud

choch|la f (Gpl ~li) **~elka** dem.) dial. (łyżka wazowa) ladle; **nalewać zupę ~lą** to ladle out soup, to serve soup with a ladle

chochlik m goblin, imp
■ **~ drukarski** printing gremlin; **~i w oczach** sparkling eyes

chochl|ować impf vt pot., dial. (jeść) to shovel (down) pot. [jedzenie]; to guzzle (down) pot. [zupę]

chochol|i adi. Literat. pertaining to the Straw Man in S. Wyspiański's 'Wesele'
■ **~i taniec** ≈ slow dance

chocho|ł m [1] Ogr. (słomiane okrycie) ≈ straw covering [2] (snopek) ≈ sheaf cap [3] Zool. desman [4] Literat. **Chochoł** Straw Man (a character in S. Wyspiański's play 'Wesele')

chociaż [I] coni. although, (even) though; **~ był głodny, prawie nic nie zjadł** though he was hungry, he hardly touched his food; **są hojni, ~ biedni** though poor, they're generous; **sytuacja, ~ napięta... though** a. while tense, the situation...; **~ może to się wydać dziwne...** strange though a. as it may seem...; **~ bardzo bym chciał zobaczyć ten film, to nie mam czasu** much as I'd like to see the film, I don't have (the) time; **~ bardzo były mu potrzebne te pieniądze, nie chciał o nie prosić** much as he needed the money, he wouldn't ask for it
[II] part. at least; **~ w niedzielę pospię sobie dłużej** at least on Sunday I can sleep longer; **mogli ~ zadzwonić do mnie** they might at least have phoned me, they could have phoned me at least; **~ tyle mogłem dla niej zrobić** it was the least I could do for her

chociażby coni. → **choćby**

choć coni. książk. → **chociaż**

choćby [I] coni. [1] (nawet gdyby) even if; **~ś mnie błagał na klęczkach, nie ustąpię** even if you were to go down on bended knees, I wouldn't give in; **skończę książkę, ~m miał czytać całą noc** I'll finish this book, even if I have to read all night; **~ najbiedniejszy/najtrudniejszy** even the poorest/most difficult; **każdy sen, ~ najpiękniejszy, musi się kiedyś skończyć** every dream, even the most beautiful, must come to an end [2] (na przykład) **sprawdź to gdzieś, ~ w encyklopedii** check it somewhere, in an encyclopaedia, say; **połóż to byle gdzie, ~ na stole** just put it anywhere, like on the table
[II] part. [1] (przynajmniej) if only, even; **~ miesiąc/dwa dni** if only (for) a. even (for) a month/two days; **wstąp do nas ~ na chwilę** drop in on us, even if it's just a. only for a moment; **~ nie wiem gdzie/jak/co** no matter where/how/what; **~ś nie wiem co robił, nie dorównasz jej** no matter what you do, you won't measure up to her [2] (na przykład) for instance, say; **porozmawiajmy ~ o polityce** let's talk about politics, say a. for instance

choda|k m (**~czek** dem.) clog

chodliwoś|ć f sgt pot. saleability, popularity

chodliw|y adi. pot. [towar, książki] fast-selling; **te sukienki nie są ~e** those dresses don't sell well; **kawalerki są bardziej ~e niż duże mieszkania** one-room flats sell faster a. are in greater demand than large apartments

chodnicz|ek m dem. [1] (w ogrodzie) (stone/gravel) path [2] (dywanik) runner

chodnik m [1] (część ulicy) pavement GB, sidewalk US, footpath; **ruchomy ~** trave-

lator; **~ z desek** wooden promenade, boardwalk US; **iść ~iem** a. **po ~u** to walk on a. along the pavement [2] (dywanik) [3] Górn. drift, gallery [4] zw. pl Bot. gallery
❏ **~ eksploatacyjny** a. **wybierkowy** Górn. extraction gallery

chodnikow|y adi. [1] [płyta, kostka] paving; [artysta] pavement attr. [2] [tkanina, wzór] carpet attr. [3] Górn. [ściana] gallery attr., drift attr.

chodn|y adi. Zool. [odnóża] ambulatory

chodząc|y [I] pa → **chodzić**
[II] adi. **~a dobroć/doskonałość/niewinność** the embodiment a. personification of goodness/perfection/innocence
[III] m środ., Med. (pacjent) a patient who can walk

chodzia|rz m, **~rka** f (Gpl ~rzy, ~rek) Sport race walker

cho|dzić impf [I] vi [1] (stawiać kroki) [osoba, zwierzę] to walk, to go; **zaczął ~dzić, gdy miał rok** he started walking when he was a year old; **pacjent zaczyna już ~dzić** the patient's beginning to walk; **~dzić pieszo** a. **piechotą** a. **na piechotę** to go on foot; **~dzić po lesie/górach** to walk in the forest/mountains; **~dzić po pokoju/po mieszkaniu** to walk around the room/flat; **~dzić po drzewach** to climb trees; **~dzić po zakupy** to go shopping; **~dzić na czworakach** to crawl on all fours; **~dzić na palcach/na rękach** to walk on tiptoe/on one's hands; **~dzić o lasce** to use a walking stick; **~dzić o kulach** to walk on a. go about on crutches; **~dzić z kimś** to go out with sb; **ta piosenka ~dzi za mną cały dzień** that song's been going around in my head all day; **od rana ~dzi za mną coś słodkiego** I've been longing for something sweet to eat since this morning; **~dzić za czymś** pot. to be looking for sth; **~dziłem za jakimś ładnym drobiazgiem dla mamy** I've been looking for something nice for Mum [2] (uczęszczać, bywać) to go; **~dzić do pracy/szkoły/biura** to go to work/school/the office; **~dzić do kościoła** to go to church; **~dzić do podstawówki/gimnazjum/liceum** to go to primary school/middle school/upper school; **~dzić do kina/teatru** to go to the cinema/theatre; **~dzić na uniwersytet** to go to university; **~dzić na wykłady/zajęcia** to attend a. go to lectures/classes; **raz w tygodniu ~dzę na angielski** I have a. I go to English lessons once a week; **~dzić na zebrania/na koncerty** to go to meetings/concerts; **~dzić na basen** to go swimming; **~dzić na masaże** to go to massage sessions; **~dzić na wagary** to play truant; **~dzić na wycieczki** to go on walks/walking tours; **~dzić po kawiarniach/dyskotekach** to go round coffee bars/discos; **~dzić po znajomych** to go round visiting friends; **~dzić na grzyby** to go mushroom picking; **~dzić na jagody** to go berrying, to pick blueberries; **~dzić na ryby/polowanie** to go fishing/hunting; **~dzić na zwiad** to go on reconnaissance trips a. missions; **w niedzielę ~dzimy z wizytą do teściów** on Sundays we visit my in-laws; **on często do nich ~dzi** he often visits them [3] (kursować) [autobus, pociąg] to go, to run; *[statek]* to sail; ~dzić dokądś to go somewhere; dokąd ~dzi ten tramwaj? where does this tram go to?; w dni świąteczne autobusy ~dzą rzadziej the buses don't run so often on holidays; metro ~dzi do północy the metro runs until midnight 4 *(funkcjonować)* to work; klucz w zamku lekko ~dzi the key turns easily in the lock; zegar dobrze/źle ~dzi the clock keeps/doesn't keep good time 5 *(poruszać się) [piersi]* to heave; *[grdyka]* to bob; szczęki mu ~dziły z wściekłości his chin quivered in fury; wino ~dzi pot. the wine is fermenting 6 *(krążyć) [plotki]* to go around; ~dzą wieści, że zginął there are rumours going around that he's died; ~dzą słuchy, że zagra główną rolę pot. everyone's saying that s/he'll play the main part; ~dzą mi po głowie różne pomysły I've got various ideas floating around in my head 7 *(nosić)* to wear; ~dzić w płaszczu/ spodniach to wear a coat/trousers; ~dzić w czerni/bieli to wear black/white; ~dzić w żałobie to be in a. wear mourning; cały miesiąc ~dziła w gipsie she had to wear a plaster cast for a whole month 8 *(dbać, zabiegać)* pot. to look after; ~dzić koło kogoś to look after sb; ona umie ~dzić koło dzieci she's (very) good with children; chyba się zakochał, bo ~dzi koło niej jak psiak I think he's in love – he runs around her like a little dog; ~dzić koło własnych spraw/interesów to look after one's own affairs/interests 9 środ. Żegl. *(pływać)* to sail; ~dzić pod żaglami to sail **II** *v imp.* ~dzić o coś to be about sth, to concern sth; ~dzi o to, że(by)... the point is that...; ~działo o to, że szef niektórych faworyzował the point was that certain people were favoured by the boss; nie ~dzi o to, żeby... it's not that...; o co ~dzi? what's up, what's the problem a. matter?; nie rozumiem, o co ~dzi w tym filmie I don't get a. understand that film at all; ~dzi o nasze zarobki... it's about our earnings...; ~dzi o sąsiada – właśnie miał wypadek it's about our neighbour – he's had an accident; tu ~dzi o sprawę najwyższej wagi we're talking about an issue of the utmost gravity; ~dzi o jej szczęście/dobro it's her happiness/well-being that's at issue; jeśli o mnie ~dzi, to wolę jechać pociągiem as far as I'm concerned, I'd prefer to go by train; (to w ogóle) nie o to ~dzi that's not the point (at all); o co ci ~dzi? what do you mean?; nie o to mi ~dziło that's not what I meant; ~dzi nam o dywan we'd like to buy a carpet **III** chodź/chodźcie *inter.* come on, let's go; dziewczyny, ~dźcie popływać come on, girls, let's go for a swim; ~dź, pokażę ci całe mieszkanie come on, I'll show you the whole flat; ~dźcie jeść! let's (go and) get something to eat; ~dź no tutaj! come here, will you!

❑ ~dzić krótko a. przy nodze Myślis. to walk a. keep to heel

■ ~dzić po prośbie a. po proszonym a. na żebry przest. to beg; ~dzić po świecie *(wędrować)* to roam; przen. *(istnieć)* to walk the earth; ~dzić własnymi drogami przen. to

do things a. go one's own way; po ile ~dzą teraz dolary? what's the going rate for the dollar? pot.; dobrze a. nieźle ~dzić pot. to sell well; takie kurtki dobrze ~dzą na bazarze jackets like these sell well at the market; ~dzić w parze z czymś to go hand in hand with sth else; nieszczęścia a. wypadki ~dzą po ludziach przysł. ≈ you never know what the future may hold

chodzik *m* (baby) walker

chodzon|y *m* Taniec *an old Polish folk dance*

choin|a *f* Bot. 1 *(sosna)* pine (tree) 2 *(las)* pine wood 3 *sgt (ścięta gałąź)* pine branch

❑ ~a kanadyjska Bot. eastern spruce, Canadian a. Canada hemlock

choinecz|ka *f dem.* 1 *(sosna)* pine; *(świerk)* spruce 2 *(świąteczna)* Christmas tree

choin|ka *f* 1 *(sosna)* pine (tree); *(świerk)* spruce 2 *(świąteczna)* Christmas tree; prezent pod ~kę a Christmas present; dostać coś pod ~kę to get something for Christmas; co dostałeś pod ~kę? what did you get for Christmas?; ozdoby na ~kę Christmas tree decorations; zapalić lampki na ~ce to turn on the Christmas tree lights; ubierali ~kę they were decorating the (Christmas) tree 3 *(zabawa)* (children's) Christmas party

■ urwać się z ~ki pot. to be living on a different planet; patrzyli na mnie, jakbym się urwał z ~ki they looked at me as if I'd just landed a. come down from Mars

choinkow|y *adi.* 1 *[zagajnik]* pine *attr.* 2 *[bombki, świeczki, zabawa]* Christmas *attr.*; lampki ~e Christmas tree lights

choja|k *m* (~czek *dem.*) *(sosna)* pine (tree); *(świerk)* spruce

choja|r *m* pot. *(sosna)* pine (tree); *(świerk)* spruce

chojrac|ki *adi.* pot., iron. *[facet]* tough; macho pot.; *[zachowanie]* tough-guy *attr.*; macho pot.

chojra|k *m* (Npl ~ki a. ~cy) pot., iron. tough guy pot., macho pot.

cholangiografi|a *f sgt* (GD ~i) Med. cholangiography

cholecystografi|a *f sgt* (GD ~i) Med. cholecystography

cholemi|a *f sgt* Med. cholaemia GB, cholemia US

cholemiczn|y *adi.* Med. cholaemic GB, cholemic US

chole|ra **I** *f* 1 *sgt* Med. cholera; epidemia ~ry a cholera epidemic; chorować/umrzeć na ~rę to suffer from/die of cholera 2 obraźl. *(wyzwisko)* jerk pot.; ty ~ro jedna! you stupid jerk! 3 posp. *(o rzeczach)* damn(ed) thing pot.; bloody thing posp.; znowu się ta ~ra zepsuła the damn thing's broken (down) again **II** *inter.* posp. *(przekleństwo)* damn (it)! pot., oh, hell! pot.; ~ra jasna! a. jasna ~ra! bloody hell! GB posp., goddammit! US pot.; do (jasnej) ~ry! for Christ's sake!

❑ ~ra drobiu chicken a. fowl cholera, fowl pest

■ zimno jak ~ra pot. (as) cold as hell; był zły jak ~ra pot. he was angry as hell; leje jak ~ra pot. it's chucking it down a. pissing down posp.; do/od ~ry (i trochę) posp. loads pot., tons pot. (czegoś of sth); idź do ~ry! posp. go to hell! pot.; na a. po

(jaką) ~rę posp. what the hell for? pot.; ni ~ry posp. not a damn bit pot.; ni ~ry nie rozumiał, co mówię he didn't understand one damn word of what I was saying; za ~rę posp. never; za ~rę się nie przyzwyczają they'll never get used to it (in a million years); żeby cię/go/ją/ich ~ra wzięła! posp. to hell with you/him/ her/them!; ~ra (go/ją/ich) posp. wie God (alone) knows, (I'm) damned if I know; ~ra wie, ile go to kosztowało God (alone) knows how much it cost him; „przyjdą?” – „~ra ich wie” posp. 'will they come?' – 'damned if I know (what they'll do)'; bierze a. trzęsie mnie ~ra pot. it makes my blood boil pot.; bierze a. trzęsie go ~ra he really loses his rag pot.; sadzić a. rzucać ~rami posp. to cuss and swear pot.; to eff and blind pot., żart.; ~ry można dostać pot. it's enough to drive you crazy a. drive you up the wall pot.; ~ry można dostać z tym telefonem this phone's driving me up the wall; swędzi mnie tak, że ~ry można dostać this itching's driving me round the bend pot.

cholernic|a *f* pot. 1 pejor. *(złośnica)* spitfire, hothead 2 obraźl. cow pot., obraźl.; ty ~o jedna! you silly cow!

cholernie *adv. grad.* pot. 1 *(ogromnie)* really; damn(ed) *adi.* pot.; bloody *adi.* posp.; ~ trudny problem a damn tricky problem; być ~ przerażonym to be damn scared; jest ~ zdolna she's damn clever; jest tak ~ z siebie zadowolony he's so damned pleased with himself; musiało go to ~ wkurzyć he must have been really pissed off posp.; mam ~ mało czasu I haven't got enough damn time; będziesz tego ~ żałować you're really going to regret this 2 *(kiepsko, marnie)* terribly; czuć się ~ to feel really a. bloody awful posp.; sytuacja wyglądała ~ things looked really bad a. terrible

cholerni|k *m* (Npl ~cy a. ~ki) pot. pejor. *(piekielnik)* hothead; ten ~k wciąż robi mi awantury that damn hothead's always getting on at me

cholern|y *adi.* pot. 1 *(przeklęty)* damn pot.; bloody posp.; ~y świat! damn (it)!; ~y świat, gdzie to się podziało? damn it, where's it gone?; to dla mnie ~a strata czasu it's just a damn waste of my time; ~e okno, znowu się otworzyło (that) damn window, it's blown open again; co za ~y idiota! what a damn a. bloody idiot! 2 *(wielki, ogromny)* incredible, terrible; miałeś ~e szczęście, że nic ci się nie stało! you were incredibly a. damn lucky not to get hurt!; miał ~ego pecha he was terribly a. damn unlucky; kto zostawił ten ~y bałagan? who left this terrible a. awful mess?; to było ~e przeżycie it was an awful a. terrible experience

choler|ować *impf vi* pot., żart. to cuss and swear pot. (na kogoś at sb); to eff and blind pot., żart.

cholerstw|o *n* pot. damn(ed) thing pot.; bloody thing GB pot.; nie wiem, jak to ~o otworzyć I don't know how to open the damn thing; złapałem jakieś ~o, muszę iść do lekarza I've picked up some bug, I'll have to go to the doctor's

C

cholerycz|ka f spitfire, hothead
cholerycznie adv. ☐ Med. ~ **zmieniona twarz** a face changed by cholera ☐ pot. (gwałtownie, impulsywnie) fierily, impulsively
choleryczn|y adi. ☐ [objawy, zaburzenia, szpital] cholera attr. ☐ pot. (wybuchowy) [usposobienie, temperament] fiery, impulsive
cholery|k m ☐ (raptus) hothead ☐ przest. cholera sufferer
choleryn|a f sgt Med. Asiatic cholera, cholerine
cholesterol m sgt (G ~**u**) Biol. cholesterol; **podwyższony poziom** ~**u we krwi** a high cholesterol level
cholesterolow|y adi. [złogi] cholesterol attr.
cholew|a f leg (of boot); **buty z** ~**ami** knee(-high) a. calf-length boots
■ **znać** a. **poznać pana po** ~**ach** przysł. ≈ manners maketh man przysł.; **robić z gęby** ~**ę** pot. to break one's word
cholew|ka f upper
☐ ~**ki piłkarskie** leg warmers
■ **smalić do kogoś** ~**ki** żart. to make advances towards sb
cholewkars|ki adi. concerning the making of shoe uppers
cholewkarstw|o n sgt the making of shoe uppers
cholewkarz m (Gpl ~**y**) craftsman a. worker making shoe uppers
cholow|y adi. Med. cholic
chomą|to n (część uprzęży) (horse) collar
☐ **krakowskie** ~**to** an ornamental horse collar
chomik Ⅱ m pers. (Npl ~**i**) hoarder
Ⅲ m anim. Zool. hamster
☐ ~ **syryjski** Zool. golden hamster
chomik|ować impf vt żart. to hoard, to squirrel away; **dziadek** ~**uje na strychu różne starocie** Grandad hoards lots of old stuff in the attic ⇒ **zachomikować**
chomikowa|ty Ⅱ adi. [wygląd, zwyczaj] hamster-like
Ⅲ **chomikowate** plt Zool. Cricetinae
chondrobla|st m (G ~**stu**) zw. pl Biol. chondroblast
chondrologi|a f sgt (GD ~**i**) Biol., Anat. chondrology
chopini|sta /ʃopeˈɲista/ → **szopenista**
chor. (= chorąży) WO
chora|ł m (G ~**łu**) Muz. (śpiew) plainsong U; (utwór) chorale
☐ ~**ł gregoriański** Gregorian chant, plainsong
chorałow|y adi. Muz. [muzyka, śpiew, zapis] chorale attr., plainsong attr.
chorąg|iew f (Gpl ~**wi**) ☐ (flaga) flag, ensign; (sztandar) standard; (proporzec) banner, streamer; **biała** ~**iew** a white flag, a flag of truce ☐ (harcerska) regiment ☐ Hist., Wojsk. (husarska) company
☐ ~**iew kościelna** church banner
chorągiew|ka f ☐ dem. (flaga) flag, ensign; (sztandar) standard; (proporzec) banner, streamer; ~**ka sygnalizacyjna** a signal(ling) flag; **dzieci machały kolorowymi** ~**kami** the children waved little coloured flags ☐ Muz. hook ☐ Zool. vane
■ ~**ka na wietrze** weathercock pejor.; trimmer; **być zmiennym jak** ~**ka na dachu/wietrze** to be as changeable as a

weathercock; **zwijać** ~**kę** to throw in the towel, to cut one's losses; **zwinął** ~**kę i zamknął firmę** he cut his losses and closed down the firm
chorągwian|y adi. ☐ [drzewce, barwy] flag attr. ☐ (w harcerstwie) regimental ☐ Hist., Wojsk. company attr.
chorąż|y m (Npl ~**owie**, Gpl ~**ych**) ☐ Wojsk. (osoba, stopień, tytuł) warrant officer, ensign ☐ Wojsk. standard-bearer, cornet Scot ☐ Hist. a state official in Poland who was entrusted with the national, court or land ensign ☐ Hist. a title of honour in early modern Poland ☐ (w procesji) standard-bearer
choreograf m, ~**ka** f (Npl ~**owie**, ~**ki**) Moda, Taniec, Teatr choreographer
choreografi|a f sgt (GD ~**i**) Moda, Taniec, Teatr choreography
choreograficzn|y adi. Moda, Taniec, Teatr choreographic; **układ** ~**y** a choreographic routine; ~**e opracowanie baletu** the choreography a. choreographic design of a ballet
chor|oba Ⅱ f ☐ (zły stan zdrowia) illness U, sickness U; (schorzenie) illness U, disease C/U; (dolegliwość) complaint; (zaburzenie) disorder C/U; ~**oba skóry** a. **skórna** a skin disease; ~**oba nerwowa** a nervous illness a. disease; ~**oba wrodzona** a. **dziedziczna** a hereditary disease; ~**oba zakaźna** an infectious disease; ~**oba gardła** a throat condition; ~**oba nowotworowa** cancer; ~**oba oczu** an eye disease a. disorder; ~**oba serca** a heart disease a. condition; ~**oba wątroby** a liver disease a. complaint; **przewlekła/nieuleczalna/śmiertelna** ~**oba** a chronic/an incurable/a fatal illness a. disease; **nawrót** ~**oby** a relapse; **źródło** a. **ognisko** ~**oby** the source of an illness a. disease; **być podatnym na** ~**obę** to be prone to illness; **być przeżartym** ~**obą** to be riddled with disease; **być złożonym** ~**obą** to be bedridden; **cierpieć na** ~**obę** to suffer from a disease; **nabawić się** ~**oby** to come down with an illness; **pielęgnować kogoś w** ~**obie** to nurse sb a. look after sb during an illness; **przebyć** ~**obę** to get over an illness; **symulować** ~**obę** to malinger; **umrzeć na** ~**obę** to die of a disease; **zarazić się** ~**obą** to catch a disease; **zapaść na ciężką** ~**obę** to come down with a serious illness; ~**oba pozbawiła go słuchu/wzroku** the disease deprived him of his hearing/sight; **historia** ~**y** Med. medical record, case history ☐ przen. (negatywne zjawisko) disease C/U, malady
Ⅲ inter. pot. euf. (przekleństwo) heck pot., euf.; sugar euf.; ~**oba, gdzie ja to położyłem?** where the heck did I put it?; **o** ~**oba, nie wziąłem kluczyków** oh heck a. sugar, I didn't take my keys; **na** a. **po** ~**obę ci to?** what the heck do you need that for?; **do jasnej/ciężkiej** ~**oby** bloody hell! posp.
☐ ~**oba cywilizacyjna** a disease associated with the progress of civilization; ~**oba górska (wysokościowa)** altitude sickness, mountain sickness; ~**oba Graves-Basedova** Med. Graves' disease, exophthalmic goitre spec.; ~**oba Heinego-Medina** polio(myelitis); ~**oba kawalerska** przest., euf. syphilis; ~**oba kesonowa** Med

decompression sickness, caisson disease; ~**oba kiełbasiana** Med. botulism; ~**oba krwotoczna noworodków** Med. haemolytic disease of newborn infants; ~**oba lokomocyjna** Med. travel-sickness, motion sickness; ~**oba morska** seasickness; ~**oba motylicza** Med., Wet. distomiasis, (liver) rot; ~**oba mozaikowa** Bot. mosaic (disease); ~**oba odzwierzęca** Med. zoonosis; ~**oba papuzia** Med. parrot fever; ~**oba Parkinsona** Med. Parkinson's disease; ~**oba popromienna** Med. radiation sickness; ~**oba przestrzeni** Psych. agoraphobia; ~**oba reumatyczna** Med. rheumatoid a. rheumatic disease, rheumatism; ~**oba społeczna** Med. social disease; ~**oba św. Wita** przest., Med. St. Vitus's dance przest.; Sydenham's chorea; ~**oba tropikalna** Med. tropical disease; ~**oba weneryczna** Med. venereal disease; ~**oba wewnętrzna** Med. internal disease; ~**oba wieńcowa** Med. coronary disease; ~**oba wrzodowa** Med. peptic ulcer; ~**oba zawodowa** Med. industrial disease, occupational disease; ~**oby tropiczne** przest. Med. tropical diseases; ~**oba cukrowa** przest. Med. (sugar) diabetes, sugar disease; ~**oba szpitalna** a. **hospitalizacyjna** Med. psychological illness resulting from prolonged institutionalization; **francuska** ~**oba** przest. venereal disease, syphilis; **ostra** ~**oba** acute disease; **wstydliwa** ~**oba** przest., euf. VD; ~**oba Alzheimera** Med. Alzheimer's disease; ~**oba bornaska** Wet. horse sickness; **angielska** ~**oba** przest., Med. the English disease; rickets; ~**oba Burgera** Med. Buerger's disease
■ **być na** ~**obie** pot. to be off sick; **każda** ~**oba ma swoje lekarstwo** przysł. there's more than one way to skin a cat
chorobliwie adv. [ciekawy] morbidly; [ambitny] pathologically, unhealthily; [zazdrosny] insanely; ~ **błyszczące oczy** eyes glittering with fever
chorobliw|y adi. [apetyt] abnormal; [lęk, wstręt] morbid, pathological; ~**a otyłość** pathological obesity; ~**a podejrzliwość** pathological suspicion; ~**a zazdrość** insane jealousy
chorobotwórczo adv. Med. [działać] pathogenically
chorobotwórczoś|ć f sgt Med. pathogenicity
chorobotwórcz|y adi. Med. pathogenic
chorobow|e n sgt pot. ☐ (zasiłek) sick pay, sick a. sickness benefit ☐ (zwolnienie) sick leave; **być na** ~**ym** to be off sick; **iść na** ~**e** to go on sick leave
chorobowo adv. [zmieniony] pathologically
chorobow|y adi. [objawy, zmiany] pathological, morbid; [ubezpieczenie] sickness attr., health attr.; **karta** ~**a** a patient's chart; **stan** ~**y** morbidity; **torebka** ~**a** a sick bag; **zwolnienie** ~**e** sick leave
chorologi|a f sgt (GD ~**i**) Nauk. chorology
chor|ować impf vi ☐ (ciężko, lekko) to be ill GB, to be sick US; ~**ować na grypę** to have (the) flu; ~**ować na raka/AIDS** to have cancer/AIDS; ~**ować na nerki/wątrobę/żołądek** to have a kidney/stomach/liver complaint a. condition; ~**ować na oczy/gardło** to have an eye/a throat condition;

~ować od wódki/od palenia (papierosów)/od dźwigania to be ill from drinking/smoking/too much lifting; **~ować z powodu wady serca** to suffer from a. be ill on account of a heart defect; **~ować z przejedzenia/przepracowania** to be ill from overeating/overwork; **~ować obłożnie** to be bedridden; **nie mogła sobie pozwolić na ~owanie** she couldn't afford to be ill ⇒ **zachorować** [2] pot., przen. (bardzo czegoś chcieć) to be dying pot. (**na coś** for sth a. to do sth); **~ować na coś słodkiego** to be dying for sth sweet to eat; **~ować na nową sukienkę/nowy samochód/na wyjazd do Ameryki** to be dying for a new dress/to get a new car/to go to America; **nasz nastoletni syn zaczyna ~ować na dorosłość** our teenage son can't wait to grow up a. become an adult ⇒ **zachorować** [3] przen. (o instytucjach) to suffer (**na coś** from sth); **nasze szkolnictwo ~uje na brak pieniędzy** our education system suffers from lack of money

chorowitoś|ć f sgt [1] (słabe zdrowie) poor health [2] (o wyglądzie) sickliness; **~ć cery** the sickliness of sb's complexion

chorowi|ty adi. [1] (słabowity) sickly, frail; **była wątła i ~ta** she was frail and sickly [2] [wygląd, cera] sickly, unhealthy

choróbsk|o n augm. pot., pejor. awful a. nasty disease pot.; **znowu przyplątało się do niego jakieś ~o** he's come down with some awful disease again

chorwac|ki adi. Croatian attr., Croat attr.

Chorwa|t m, **~tka** f Croat, Croatian

cho|ry [] adi. [1] (odczuwający dolegliwości) ill, sick; **~re drzewo/zwierzę** a sick tree/animal; **być ~rym na gruźlicę** to have TB; **być ~rym na raka** to have cancer; **być ~rym na serce** to have a. to suffer from a heart condition; **być ~rym na żołądek** to have a stomach complaint; **być ~rym z przejedzenia/ze zmęczenia** to be ill from overeating/overtiredness; **być ~rym z zazdrości** to be sick with jealousy; **być psychicznie/śmiertelnie ~rym** to be mentally/terminally ill; **być ~rym od upału** to have sunstroke; **obłożnie ~ry** bedridden; **~ry z miłości/tęsknoty** przen. lovesick/homesick; **on jest ~ry** he's ill GB a. sick US; **jest bardziej ~ry niż sądziłem** his condition is worse than I thought; **od tego twojego gadania jestem już ~ra** pot. your chattering is driving me round the bend pot., I'm sick (to death) of your chattering pot. [2] [noga, oczy, serce] bad; [nerka] diseased; [gardło] sore [3] pot., przen. (usilnie pragnący czegoś) dying (**na coś** for sth); **jest ~ry na nowy samochód** he's dying for a. to get a new car; **jest ~ra na punkcie modnych ciuchów** she's crazy about trendy clothes [4] pot., przen. (na myśl o czymś) sick; **jestem ~ra, jak pomyślę o załatwieniu tego odszkodowania** the very thought of applying for that compensation makes me feel ill; **na myśl o wypełnianiu PIT-u jestem ~ry** I feel sick at the very thought of filling out US a. in GB my tax forms [5] przen. [gospodarka, ustrój, prawo, wyobraźnia] sick; **żyjemy w ~rej rzeczywistości** we live in a sick

world [6] pejor. (o osobie) mad; sick pot.; **ty chyba ~ry jesteś** you must be mad; **to ~ry facet** he's (really) sick

[] **cho|ry** m, **~ra** f (chory człowiek) sick person; (pacjent) patient; **~rzy** the sick, patients

□ **~ry umysłowo** psychiatric patient

■ **~ry z urojenia** a hypochondriac

chorze|ć impf (**~eje, ~ał, ~eli**) vi przest. to be ill przest.; **~eć ciężko** to be gravely ill

chowa|ć impf [] vt [1] (kłaść) to put (away); (głęboko) to stow (away); **~ć coś na miejsce** to put sth back a. away; **~ć coś do kieszeni/szafy** to put sth in one's pocket/in the cupboard; **~ć rewolwer do kabury** to put a gun in its holster ⇒ **schować** [2] (przechowywać) to keep, to put; **~ć coś w szafie/pod łóżkiem** to keep sth in the cupboard/in a drawer/under the bed; **~ć jedzenie na zapas** to keep some spare food; **termometr ~my w apteczce** we keep the thermometer in the medicine cabinet; **w której szufladzie ~sz sztućce?** which drawer do you keep a. put the cutlery in?; **mieszkanie jest maleńkie, nie ma gdzie ~ć rzeczy** the flat's tiny, there's nowhere to put anything (away) ⇒ **schować** [3] (ukrywać) to hide, to keep [biżuterię, pieniądze]; to harbour, to hide [zbiega, przestępcę]; **~ć cukierki/zapałki przed dziećmi** to hide sweets/matches from the children; **pieniądze były ~ne w różnych miejscach** the money was stowed (away) a. concealed in different places ⇒ **schować** [4] (nie ujawniać) to keep, to hide [tajemnicę]; **~ć coś w tajemnicy** to keep sth (a) secret; **ciekawe, jakie tajemnice ~sz przede mną** I wonder what secrets you're keeping a. hiding from me [5] (zasłaniać) to bury [twarz]; **~ć głowę w/pod poduszkę** to bury one's head in/under the pillow; **~ć twarz w dłoniach** to bury one's face in one's hands ⇒ **schować** [6] pot. (wychowywać) to bring up, to raise US; **~ć kogoś surowo** to bring sb up strictly; **~ć dzieci na porządnych ludzi** to bring one's children up to be decent people ⇒ **wychować** [7] (trzymać, hodować) to rear, to raise, to keep [świnie, drób, bydło]; to keep [psa]; **~ć owce na wełnę** to raise a. keep sheep for their wool [8] (składać do grobu) to bury ⇒ **pochować** [9] książk. (żywić uczucia) to harbour [gniew, żal] (**do kogoś** towards sb); to bear, to harbour [urazę] (**do kogoś** against sb); to cherish [wspomnienia] (**o czymś** of sth); **~ć urazę do kogoś** to feel bitter towards sb, to harbour a grudge against sb książk.; **~ć w pamięci wspomnienia z dzieciństwa** to cherish one's childhood memories

[] **chować się** [1] (znikać z pola widzenia) to disappear, to go; (chronić się) to (take) shelter; **słońce ~ się za lasem** the sun is going down behind the forest; **~ć się do cienia** to try and find some shade ⇒ **schować się** [2] (ukrywać się) to hide; **~ć się przed policją** to hide a. be in hiding from the police; **dzieci ~ły się, a inne ich szukały** some children hid and the others looked for them; **gdzieś ty się ~ła cały ten czas?** przen. where have you been (hiding) all this time? ⇒ **schować się**

[3] pot. (wychowywać się) to be brought up, to be raised US; **~ć się u ciotki** to be brought up by an aunt; **~ć się na wsi/w mieście/w Poznaniu** to be brought up a. be raised in the country/in the city/in Poznań; **wtedy panny ~ły się na powieściach sentymentalnych** in those days young ladies were brought up on sentimental novels ⇒ **wychować się** [4] (rozwijać się, rosnąć) [krowy, konie] to be reared; [dzieci] to grow up; **dobrze się ~ć** [dziecko, zwierzę] to thrive; **jak im się chłopaki ~ją?** how are their lads getting on? [5] (być grzebanym) to be buried; **polecić/kazać się ~ć w rodzinnej wsi** to ask/give instructions to be buried in one's native village

■ **~ć głowę w piasek** to bury one's head in the sand; **~ć coś pod sukno** to sweep sth under the carpet a. rug

chowan|y [] pp → **chować**

[] m sgt Gry hide-and-seek; **bawić się w ~ego** to play hide-and-seek

chow-chow /tʃaw'tʃaw/ m inv. chow (chow)

chó|d [] m (G **chodu**) [1] (sposób chodzenia) gait, walk; **chód konia** a horse's gait; **mieć ciężki/lekki chód** to have a light/heavy step; **poznałam go po chodzie** I recognized him by his walk [2] Sport race walking; **chód na 20 kilometrów** a 20-kilometre walking race [3] Gry move [4] sgt (zegarka) movement; **(być) na chodzie** pot. [urządzenie] (to be) in working a. running order; [osoba] to be in good form; **dziadek jest jeszcze na chodzie** Grandad is still alive and well a. alive and kicking pot.; **kupił ciężarówkę, starą, ale na chodzie** he bought a truck which was old but still in running order; **trzymać motor na chodzie** to keep the engine running

[] **chody** plt [1] pot. (dojście) connections; **mieć chody w ministerstwie** to have connections at the ministry; **musiałem użyć swoich chodów, żeby mi wydano wizę** I had to use my connections to get a visa [2] Myślis. (przejścia) runs; **podziemne chody kreta** moles' runs [3] Myślis. legs of a hunting dog

[] **chodu** inter. pot. run for it!; **złapał czapkę i chodu za drzwi** he grabbed his hat and ran for it pot.

■ **mieć długie chody** pot. to take long strides

chó|r m (G **~ru**) [1] (zespół) choir, chorus; **~r męski/żeński/chłopięcy/mieszany** a male/female/boys'/mixed choir; **~r szkolny/kościelny/amatorski** a school/church/amateur choir [2] (śpiew) choral singing; (utwór) choral piece a. work, chorus [3] przen. (dźwięków, głosów) chorus; **~r ptaków/syren fabrycznych** a chorus of birds/factory sirens; **mówić/odpowiadać ~rem** to speak/answer in chorus, to chorus [4] Archit. (galeria w kościele) organ gallery [5] (prezbiterium) chancel, choir [6] Archit. (galeria dla orkiestry) gallery [7] Antycz. chorus [8] (instrumentów) chorus

□ **~r a capella** Muz. a cappella choir; **~r gregoriański** Gregorian choir; **~ry anielskie** Relig. heavenly a. angelic host(s), host(s) of heaven

chóralnie *adv.* [1] Muz. chorally [2] przen. (zbiorowo) in unison, in chorus; **odpowiadać ~** to answer in unison a. chorus

chóraln|y *adi.* [1] *[pieśń, zespół]* choral [2] przen. (zbiorowy) *[śmiech, wrzask]* general

chór|ek *m dem.* (*G* **~ku**) [1] (zespół) choir, chorus [2] (utwór) chorus; **~ek na trzy głosy** a chorus for three voices [3] Archit. (galeria w kościele) organ gallery [4] Archit. (galeria dla orkiestry) gallery

chórzy|sta *m*, **~stka** *f* choir a. chorus singer, chorister

ch|ów *m sgt* (*G* **chowu**) Roln. (bydła, drobiu) breeding; **chów ptaków** aviculture; **czy to krowa własnego chowu?** did you breed this cow yourself?

■ **domowego chowu** (prymitywny) primitive; **angielszczyzna domowego chowu** primitive English; **swojskiego** a. **swego chowu** (nieogładzony) rough and ready

chrabąszcz *m* (**~yk** *dem.*) Zool. cockchafer, May bug

chrap|a *f zw. pl* [1] (konia, łosia) nostril [2] Żegl. snorkel, schnorkel [3] Roln. limestone soil *U*

chrapać *impf* → **chrapnąć**

chrap|ka *f* [1] *dem. zw. pl* (konia, łosia, dziecka, kobiety) nostril [2] przest., pot. (ochota, chętka) **mieć ~kę na coś** to fancy sth pot.

chrapliwie *adi. grad.* *[śmiać się, mówić]* hoarsely, huskily; **oddychać ~** to wheeze

chrapliwoś|ć *f sgt* hoarseness, huskiness

chrapliw|y *adi. grad.* *[głos]* hoarse, husky, throaty; *[oddech]* wheezy; **mówić ~ym głosem** to speak with a hoarse voice, to wheeze

chrap|nąć *pf* — **chrap|ać** *impf* (**~nęła, ~nęli** — **~ię**) *vi* [1] (podczas snu) to snore; **nie mogę spać, jak ktoś ~ie** I can't sleep when somebody's snoring; **~nął przewracając się na drugi bok** he gave a snore as he turned over; **słychać było ~anie** you could hear somebody snoring [2] pot., żart. (spać) to snooze pot., to snore (away) pot.; **połóż się i ~nij trochę** lie down and have a snooze; **już dziesiąta, a on dalej ~ie** it's already 10 and he's still snoring away; **dość ~ania, trzeba wstawać!** enough of this lounging in bed, time to get up! [3] (charczeć) *[chory, ranny, konający]* to wheeze [4] (o koniach) to snort [5] Myślis. *[łosza]* to bleat

chrobo|t *m* (*G* **~tu**) (myszy, pazurów) scratch(ing) *U*; (klucza) scraping *U*, scrape *U*; (klocków, lodu, kluczy, piły) rattle *U*, rattling *U*; (czołgu, łańcucha) clank(ing) *U*, rattling *U*; (zgrzyt) grating (sound); **~t klucza w zamku** the scraping a. grating of a key in the lock; **drzwi otwierały się z ~tem** the door opened with a grating sound

chrobo|tnąć *pf* — **chrobo|tać** *impf* (**~tnęła, ~tnęli** — **~czę**) *vi [myszy]* to scratch; to scrape; *[łańcuch, okna na wietrze, klocki]* to rattle; *[łyżka]* to scrape; *[drzwi]* to grate, to grind; **~tnął klucz w zamku i drzwi otworzyły się** a key rattled a. scraped in the lock and the door opened; **szufla ~tnęła o kamień** the shovel scraped against a stone; **lód ~tał w kubełku** the ice rattled in the bucket

chrob|ry *adi.* przest. *[rycerz, serce]* bold, valiant

chrom II *m sgt* (*G* **~u**) [1] Chem. chromium, chrome [2] (skóra) chrome (leather)

III **chromy** *plt* (rzeczy zawierające chrom lub pokryte chromem) chrome objects

chroma|ć *impf vi* książk. to limp; **~ć na jedną nogę** to have a game leg przest.

chromani|e II *sv* → **chromać**

III *n sgt* Med. limping, lameness; claudication spec.; **~e przestankowe** intermittent claudication

chromatopsj|a *f sgt* Biol. chromatic vision, colour vision

chromatyn|a *f sgt* Biol. chromatin

chromogen *m* (*G* **~u**) Biol., Chem. chromogen

chromogeniczn|y *adi.* Biol., Chem. chromogenic, chromogen *attr.*

chromol|ić *impf vt* posp. not to give a toss GB pot.; not to give a monkey's pot.; **~ę to, co sobie o mnie pomyślą** I don't give a toss what they think of me; **ale ma samochód! ja ~ę** bloody hell! – what a car s/he's got!

chromoprotei|d *m* (*G* **~du**) Biol., Chem. chromoprotein

chromosom *m* (*G* **~u**) Biol. chromosome; **~ X** the X chromosome

chromosomalny → **chromosomowy**

chromosomow|y *adi.* Biol. *[aparat]* chromosomal; *[badania]* chromosome *attr.*; **~a teoria dziedziczności** the chromosomal theory of heredity a. inheritance

chromotaksj|a *f sgt* Biol. (ruch kierunkowy organizmu) chromotropism

chromotropizm *m sgt* (*G* **~u**) Biol., Chem. chromotropism

chrom|ować *impf vt* Techn. to chrome, to chromium-plate

chromowan|y II *pp* → **chromować**

III *adi.* *[zderzak]* chrome, chromium-plated

chromow|y *adi.* [1] Chem. *[kwas, tlenek]* chromic; *[stal]* chrome *attr.* [2] (odnoszący się do skóry) *[buty, cholewki]* chrome *attr.*

chrom|y II *adi.* [1] książk. *[staruszek, noga]* lame [2] przest. (niedoskonały, ułomny) lame

III **chrom|y** *m*, **~a** *f* (osoba kulejąca) lame person

chronicznie *adv.* *[chorować]* chronically; **~ się spóźnia** s/he's always late; **jest ~ zaziębiony** he's got a permanent cold

chroniczn|y *adi.* *[choroba, ból głowy]* chronic; **~y katar** a chronic a. an acute cold; **~a bieda** abject poverty; **objawy ~ego kryzysu** symptoms of an acute crisis; **narzekał na ~y brak czasu/pieniędzy** he complained of a chronic shortage a. an acute lack of time/money

chro|nić *impf* II *vt* [1] (strzec) to protect; **~nić kogoś/coś przed czymś/od czegoś** to protect sb/sth against/from sth; **~nić dziecko przed niebezpieczeństwem** a. **od niebezpieczeństwa** to protect a child from danger; **matka ~niła go przed złym wpływem kolegów** his mother protected him from the bad influence of his friends ⇒ **ochronić, uchronić** [2] (osłaniać, zabezpieczać) to shelter, to protect; **~nić kogoś/coś przed czymś** to shelter sb/sth from sth; **drzewa ~nią dom przed wiatrem** the trees shelter the house from the wind; **buty ~nią nogi od zimna** shoes protect your feet from the cold; **~nić oczy przed słońcem** to shield one's eyes from the sun ⇒ **ochronić**

III **chronić się** [1] (strzec się) to protect oneself; **~nić się przed czymś** a. **od czegoś** to protect oneself against a. from sth; **~nić się przed grypą** to (safe)guard against flu ⇒ **ochronić się, uchronić się** [2] (szukać schronienia) to shelter, to take shelter a. cover (**przed czymś** from sth); **~nić się w cień przed słońcem** to shelter in the shade from the sun ⇒ **schronić się**

chroni|ony II *pp* → **chronić**

III *adi.* *[gatunki, rośliny, zwierzęta, teren]* protected

chrono- *w wyrazach złożonych* chrono-; **chronometria** chronometry; **chronoskop** chronoscope

chronologi|a *f sgt* (*GD* **~i**) [1] (następstwo) sequence, chronology; **wbrew ~i** out of sequence; **ustalić ~ę wypadków** to establish the sequence of events [2] Hist. chronology

chronologicznie *adv.* *[przedstawić, uporządkować]* chronologically

chronologiczn|y *adi.* *[porządek, opis]* chronological; **w kolejności ~ej** in chronological order

chronologizacj|a *f* książk. (zdarzeń, procesów) chronological arrangement

chronomet|r *m* (*G* **~ru**) [1] Techn. chronometer [2] przest. pocket watch

❑ **~r morski** Żegl. (marine) chronometer

chropaw|o *adv. grad.* [1] (niegładko, nierówno) coarsely, roughly; *[malować]* unevenly [2] (matowo, niemelodyjnie) harshly, hoarsely; **brzmieć ~o** to sound harsh

chropawoś|ć *f sgt* [1] (ściany, tynku) coarseness, roughness [2] (głosu) harshness, hoarseness [3] (języka, sposobu zachowania) coarseness, crudeness

chropaw|y *adi. grad.* [1] (grudkowaty) lumpy, nodular; (o powierzchni) rough, coarse; (zgrubiały) leathery [2] (o głosie) harsh, gravelly [3] (niedoskonały) coarse, crude; **~a angielszczyzna** crude a. poor English

chropowa|to *adv. grad.* [1] (niegładko) coarsely, roughly; (nierówno) unevenly [2] (matowo, niemelodyjnie) harshly, hoarsely; **brzmieć ~to** to sound harsh

chropowatoś|ć *f sgt* [1] (szorstkość) coarseness, roughness; (nierówność) unevenness; **~ć papieru** the coarseness of the paper; **~ć ściany** the unevenness a. roughness of the wall [2] (matowość, niemelodyjność) harshness, hoarseness [3] (brak ogłady, prostactwo) coarseness, crudeness [4] Techn. surface roughness

chropowa|ty *adi.* [1] (grudkowaty) lumpy, nodular; (nierówny, szorstki) coarse, rough [2] (matowy, niemelodyjny) harsh, hoarse [3] (bez ogłady, prosty) coarse, crude; **~ty styl utworu** the work's uneven style

chrup *inter.* (przy gryzieniu) (przez osobę) munch!, crunch!; (przez konia) munch!; (o cichym trzasku) crunch!; **Zosia ~, ~ i ciasteczka już nie ma** Zosia goes crunch, crunch, and the biscuit's gone

chrupać[1] *impf* → **chrupnąć**

chrup|ać[2] *impf vt* (gryźć) to crunch, to munch *[jabłko, grzankę]*,; **głośno ~ała herbatnika** she was crunching a. munching noisily on a biscuit ⇒ **schrupać**

chrupiąc|y adi. [bułeczki] crispy, crunchy

chrup|ka f zw. pl [1] (z grysiku kukurydziane-go) ≈ puff (snack) zw. pl; (z mąki ziemniacza-nej) potato puff zw. pl [2] (pieczywo) crisp-bread

chrup|ki adi. [pieczywo] crisp(y); [liście sałaty, wafle] crisp; [śnieg, ciasteczka, jabłka, marchewki] crisp, crunchy; [lód] crunchy

chrupko adv. crunchily, crisply; **kurczak na ~** crispy a. crisp fried chicken

chrupkoś|ć f sgt crisp(i)ness, crunchiness

chrup|nąć pf — **chrup|ać¹** impf vi (zatrzeszczeć) to crunch, to crack; **szkło ~ało mu pod butami** glass was crunching under his feet; **złamana kość ~nęła** the bone broke with a crunch; **w stawach mu ~nęło** his joints cracked a. made a crack-ing noise; **~iące bułeczki** crispy a. crusty bread rolls; **~iąca marchewka** a crunchy carrot

chrupo|t m sgt (G ~tu) (lodu pod nogami) crunch(ing); (łamanych gałęzi) crunch(ing), crack(ing); **~t gryzionych cukierków** the crunching of sweets; **słychać było ~t łupanych orzechów** you could hear the crunching of nuts being cracked

chrupo|tać impf (~czę a. ~cę) [] vt [dziecko] to munch (on), to crunch (on) [cukierek, ciasteczko, grzankę]; [zwierzę] to munch [owies]; [pies] to crunch [kość] [] vi [suche gałęzie] to crunch; [myszy] to scratch, to scrape; **skorupy ~tały pod stopami** the shells crunched underfoot; **lód ~tał w miednicy** the ice rattled in the bowl

chru|st m (G ~stu) [1] sgt (suche gałęzie) brush, brushwood; **wiązka ~stu** a faggot [2] (zarośla) przest. brush, brushwood [3] Kulin. crisp pastry fried in hot oil

chruścian|y adi. [płot, dach] wattle attr.

chry|ja f [1] pot. (kłótnia) row GB pot.; fight US; (bójka) punch-up GB pot., set-to pot.; **ale była ~ja!** there was a right old ding-dong! GB pot. a. dust-up! pot. [2] Antycz. a collection of aphorisms by famous people or anecdotes from their lives [3] Hist. a kind of school rhetorical exercise in the Middle Ages

chryp|a f (~ka dem.) sgt hoarseness; **mieć ~ę** to be hoarse, to have a sore throat; **to have a frog in one's throat** pot.; **nie mogę mówić z powodu ~y** I can't speak, I've got a frog in my throat

chryp|ieć impf (~isz, ~iał, ~ieli) vi [1] [osoba] to speak in a hoarse voice, to croak; **był chory i strasznie ~iał** he was ill and awfully hoarse; **głos mu lekko ~iał z przejęcia** there was a catch in his voice, he was so overcome; **~iący głos** a hoarse voice ⇒ **zachrypieć** [2] [głośnik, megafon] to crackle, to rasp ⇒ **zachrypieć**

chrypliwie adv. (o głosie) hoarsely, husk-ily; (o dźwięku) harshly, with a grating sound

chrypliwoś|ć f sgt hoarseness, huskiness

chrypliw|y adi. [1] [głos] hoarse, husky [2] [dźwięk] harsh, grating

chryp|nąć impf (~nęła, ~nęli) vi [1] (dostawać chrypy) to go hoarse; **~nąć z a. od krzyku** to shout oneself hoarse ⇒ **o-chrypnąć, zachrypnąć** [2] Myślis. of a grouse: to give a hoarse cry at the end of the breeding season

chrystianizacj|a f sgt książk. Christianiza-tion

chrystianizacyjn|y adi. książk. [misja] Christianizing

chrystianizm m sgt (G ~u) książk. Relig. Christianity

chrystianiz|ować pf, impf [] vt książk. to Christianize [kraj, ludność, kulturę] [] **chrystianizować się** książk. to Christia-nize; **Polska ~owała się w X w. n.e.** Poland was Christianized a. adopted Chris-tianity in the tenth century

Chryst|us m (V ~usie a. ~e) Bibl., Relig. Christ; **narodzenie ~usa** the birth of Christ; **przed ~usem** before Christ; **po ~usie** after Christ; **(Jezu) ~e!** Christ Almighty!, (Jesus) Christ!; **(Jezu) ~e, coś ty zrobiła!** Christ Almighty, what have you done?!

Chrystusik m (wizerunek) an image of Christ, especially one emphasizing his human side; **~ frasobliwy wystrugany z drewna** a wooden figure of Christ in sorrow

Chrystusow|y adi. Relig. [przykazania, uczniowie] Christ's

chrystusow|y adi. [wygląd, bródka] Christ-like
■ **~y wiek** a. **~e lata** the age of 33 (when Christ died on the Cross)

chryzantem|a f zw. pl. Bot. chrysanthe-mum

chryzantemow|y adi. chrysanthemum attr.

chryzoli|t m (G ~tu) Miner. (minerał) chry-solite U; (kamień) chrysolite; **bransoletka z ~tów** a chrysolite bracelet

chryzolitow|y adi. Miner. chrysolite attr.

chrzan m sgt (G ~u) Bot., Kulin. horseradish
■ **zły jak ~** pot. (absolutely) livid pot., foaming at the mouth pot.; **być do ~u** pot. to be hopeless a. lousy pot.; **życie jest do ~u** life is shitty wulg.

chrza|nić impf posp. [] vt [1] (pleść bzdury) to bullshit GB posp.; to talk crap posp. a. tripe pot. vi; **nie ~ń!** don't give me that crap! posp.; **~nisz, to niemożliwe!** you're bullshitting me, that's impossible! [2] (par-taczyć) to cock up GB pot., to screw up pot. [robotę] ⇒ **schrzanić** [3] (lekceważyć) not to give a toss posp.; not to give a shit wulg.; **~nię go!** sod a. bugger him! posp.; **~nię to, znajdę inną robotę!** stuff it, I'll find another job! GB pot. [] **chrzanić się** [1] (cackać się) to mess about GB a. around (z czymś with sth); to bugger about a. around posp. (z czymś with sth) [2] (plątać się) to get confused a. mixed up; **wszystko mi się ~ni** I'm all confused ⇒ **pochrzanić się** [3] (psuć się) to turn crappy posp.; **pogoda się ~ni** the weather's turning crappy

chrzanow|y adi. [sos] horseradish attr.

chrząk|nąć pf — **chrząk|ać** impf (~nęła, ~nęli — ~am) vi [1] [osoba] (charkać) to hawk, to clear one's throat; (dla przyciągnięcia uwagi) to (give a slight) cough; to hem przest.; (z zakłopotania, niezdecydowania) to hum and haw [2] [świnia] to grunt, to oink

chrząknięcie [] sv → **chrząknąć** [] n [1] (charknięcie) act of hawking; (dla przyciągnięcia uwagi) slight cough, hem; (z zakłopotania, niezdecydowania) slight cough, hum [2] (świni) grunt, oink

chrząst|ka f Anat. [1] sgt (tkanka) cartilage [2] (narząd) cartilage; **~ka nosa/ucha** nasal/ear cartilage; **~ki stawowe** joint cartilages [3] (w mięsie) gristle
□ **~ka nalewkowa** Anat. arytenoid carti-lage; **~ka tarczowata** Anat. thyroid carti-lage

chrząstkowa|ty adi. [1] (podobny do chrząst-ki) gristly [2] (mający wystającą chrząstkę) [nos, ucho] cartilaginous

chrząstkow|y adi. Anat. [część ucha, połą-czenie kości] cartilaginous; chondral spec.

chrząstkozro|st m (G ~stu) Anat. synch-ondrosis

chrząszcz Zool. [] m (~yk dem.) beetle, cockchafer [] **chrząszcze** plt Coleoptera pl

chrzciciel m (Gpl ~i) książk. baptist rzad.; **Jan Chrzciciel** St John the Baptist

chrz|cić impf (~czę, ~cisz) [] vt [1] Relig. to baptize, to christen; **kiedy ~cicie córkę?** when are you going to have your daughter christened? ⇒ **ochrzcić** [2] przen. (nadawać nazwę) to christen, to name [statek] ⇒ **ochrz-cić** [3] pot., żart. (rozcieńczać wodą) to water down [wino, mleko] ⇒ **ochrzcić** [] **chrzcić się** Relig. to be baptized ⇒ **o-chrzcić się**

chrzcielnic|a f Relig. (baptismal) font

chrzcin|y plt (G ~) [1] (przyjęcie) christen-ing party [2] pot., żart. (lanie) hiding pot.; **sprawić komuś ~y** to give sb a hiding

chrzcz|ony [] pp → **chrzcić** [] adi. [1] Relig. [dziecko, osoba] baptized, christened [2] żart. [piwo, mleko] watered down

chrz|est m (G ~tu) [1] Relig. baptism C/U, christening C/U; **świadectwo** a. **metryka ~tu** baptism certificate; **udzielić ~tu** to administer baptism; **trzymać** a. **podawać dziecko do ~tu** to present an infant for baptism; **ubranko do ~tu** a christening robe/dress; **przyjąć ~est** [naród] to accept Christianity a. the Cross [2] przen. baptism; (statku) christening; **~est bojowy** a baptism of fire; **(czyjś) ~est morski** sb's first taste of the sea
□ **~est równikowy** jocular ceremony per-formed on ship for those crossing the equator for the first time

chrzestn|y Relig. [] adi. [imię] Christian, baptismal; [obrzęd] baptismal; **(czyjaś) córka ~a** sb's goddaughter; **(czyjaś) matka ~a** sb's godmother a. sponsor; **(czyjś) ojciec ~y** sb's godfather a. sponsor; **(czyiś) rodzice ~i** sb's god-parents; **(czyjś) syn ~y** sb's godson [] m pot. godfather; **prosili mnie na ~ego** they asked me to be godfather [] **chrzestna** f pot. godmother [] **chrzestni** plt pot. godparents

chrześcijan|in m, **~ka** f (Gpl ~, ~ek) Relig. Christian; **być dobrym ~inem** to be a good Christian

chrześcijańs|ki adi. Relig. [wartości, filozo-fia, pogrzeb] Christian; **kościoły ~kie** Christian Churches; **wiara ~ka** the Chris-tian faith, Christianity; **świat ~ki** the Christian world; **postępować po ~ku** to act like a Christian

chrześcijaństw|o *n sgt* [1] (religia) Christianity [2] (chrześcijanie) the Christian world; Christendom *przest.*

chrześni|aczka, ~ca *f* pot. goddaughter

chrześnia|k *m* pot. godson

chrzę|st *m* (*G* ~**stu**) (żwiru, piasku, łamanych gałęzi, suchej trawy) crunch(ing) *U*; (kluczy uderzających o siebie) jangle *U*, jangling *U*; (zbroi) clang(ing) *U*, clank(ing) *U*; (czołgu) clank(ing) *U*, rattle *U*; (klucza w zamku) grating *U*, grinding *U*

chrzę|stnąć, chrzę|snąć *pf* — **chrzę|ścić** *impf* (~**s(t)nęła, ~s(t)nęli** — ~**szczę**) *vi* (żwir, szkło, śnieg) to crunch; (mechanizm) to grind; (kości) to grate, to crunch; **żwir ~ścił pod nogami** the gravel crunched underfoot; **rycerska zbroja ~stnęła** the knight's armour made a clanking a. clanging sound

chrzęstniak *m* Med. chondroma

chrzęstn|y *adi.* Anat. cartilaginous, cartilage *attr.*

chuch *m* (*G* ~**u**) pot. [1] (wydech) puff, breath [2] (ciężki, kwaśny) (bad) breath *U*; **masz taki przepity ~** your breath reeks of drink

chuchać¹ *impf* → **chuchnąć**

chuch|ać² *impf vi* pot., przen. (troszczyć się) to lavish care (and attention) **na kogoś/coś** on sb/sth); ~**ać na kwiaty w ogródku** to lavish attention on the flowers in the garden; **Anna ~a na dzieci, a one i tak chorują** Anna lavishes so much care on the children, but they still fall ill; ~**ała na swojego jedynaka** she pampered a. mollycoddled her only son; **brat ~a na swój nowy samochód/swoje nowe mieszkanie** my brother's extremely fussy about his new car/flat

chuch|nąć *pf* — **chuch|ać¹** *impf* (~**nęła, ~nęli** — ~**am**) *vi* to breathe; ~**ać na okulary/zamarzniętą szybę** to breathe on one's glasses/on a frozen windowpane; ~**nęła w zgrabiałe dłonie** she blew a. breathed on her numb hands; **ty coś piłeś!** ~**nij!** you've been drinking – breathe out!; ~**nąć komuś w twarz** to breathe in(to) sb's face; **nie ~aj mi prosto w twarz** don't breathe right into my face like that!; ~**nął okropnym, tytoniowym oddechem** he breathed out these awful tobacco fumes

chuch|ro *n* (~**erko** *dem.*) pot. weakling, frail individual

chuchrowato *adv.* pot. [wyglądać] frail *adi.*, puny *adi.*

chuchrowa|ty *adi.* pot. frail(-looking), puny

chu|ć *f* (*Gpl* ~**ci**) przest. sexual urge(s); **folgować swoim ~ciom** to satisfy one's sexual urges

chuderla|k *m* (*Npl* ~**cy** a. ~**ki**) pot. weed pot., pejor.; scrag pejor.

chuderlawoś|ć *f sgt* scrawniness

chuderlaw|y *adi.* [osoba, zwierzę] scrawny, scraggy

chudeusz *m* (*Gpl* ~**y** a. ~**ów**) pot., żart. bag of bones pot.

chud|nąć *impf* (~**ł** a. ~**nął, ~ła, ~li**) *vi* [1] [osoba, zwierzę] to lose weight, to grow thin; ~**nąć w zastraszającym tempie** to lose weight at an alarming rate; ~**ła z dnia**

na dzień she became a. grew thinner by the day; **zaczął ~nąć z (powodu) niedojadania** he began to grow thinner from undernourishment ⇒ **schudnąć** [2] przen. [zapasy] to get lower, to dwindle; [dochód] to shrink; **mój portfel ~nie** I'm more and more out of pocket

chu|do *adv. grad.* [1] (szczupło) [wyglądać] thin *adi.* [2] przen. [żyć, jeść] frugally, meagrely GB, meagerly US; **u nas ~do z pieniędzmi** we're hard-pressed for money [3] (bez tłuszczu) [gotować] without fat; **jadać ~do** to eat food without fat

chudob|a *f* przest. (dobytek) (modest) belongings; (gospodarstwo) smallholding; **całą swoją ~ę mógł zmieścić w jednej walizce** he could pack all his worldly possessions in one suitcase

chudopachoł|ek *m* (*Npl* ~**ki** a. ~**kowie**) [1] pot., żart. (biedak) peasant pot.; pleb zw. *pl* pot., pejor. [2] daw. (ubogi szlachcic) impoverished nobleman

chudoś|ć *f sgt* [1] (osoby, rąk, książki) thinness; **człowiek przeraźliwej ~ci** a terribly thin person [2] przen. (posiłków) frugality, meagreness GB, meagerness US

chu|dy [I] *adi. grad.* [1] (szczupły, cienki) [osoba, ręka, nos] thin; [książka] slim; ~**dy jak patyk** a. **tyka** a. **szczapa** (as) thin as a rake; ~**da szkapa** a skinny jade [2] przen. (nieobfity) [zbiory] lean; [racje] meagre GB, meager US; [posiłek] frugal [3] przen. (biedny) [dobytek] modest, meagre GB, meager US; ~**de lata** lean years; ~**dy literat** a penniless writer; ~**dy rok** a lean year; **u nas ~da kiesa** we've hardly got two pennies to rub together [4] (nietłusty) [mięso] lean; [ser] low-fat; ~**de mleko** skimmed a. low-fat milk [5] (nieurodzajny) [gleba, ziemia] barren [6] (ubogi w składniki) [glina, węgiel, pasza] poor(-quality)

[II] *m* thin man

[III] **chuda** *f* thin woman

■ **nim tłusty schudnie, ~dego diabli wezmą** przysł. before the fat man gets thin, the thin man will die

chudziel|ec *m* pot. skinny person pot.; scrag pejor.; (wysoki) beanpole pot.

chudzin|a *m, f* pot. [1] (osoba, zwierzę) skeleton; starveling przest. [2] przen. (nieborak) poor thing

chudziut|ki *adi. dem.* [1] [dziewczyna, ręka] slim, slender; [staruszek] slight, slightly built [2] [mięso, szynka] lean

chuj wulg. [I] *m pers.* obraźl. (osoba) prick wulg., fucker wulg.; **ten ~ złamany jeszcze mnie popamięta!** that fucking prick a. cunt won't forget me in a hurry! wulg.

[II] *m inanim.* (*A* ~**a**) (penis) prick wulg., cock wulg.

[III] *inter.* fuck (it)! wulg.

■ ~ **ci w dupę** wulg. fuck you wulg.; **po ~a** a. **na ~ ci to** wulg. what the fuck do you need that for? wulg.; **to jest ~a warte** wulg. it's not worth a fuck wulg.

chujowo *adv.* wulg. [czuć się] fucking awful *adi.* wulg., really shitty *adi.* wulg.; [traktować kogoś] like shit wulg.; ~ **jest, żadnej pracy ani perspektyw** it's fucking hopeless, no work and no prospects

chujow|y *adi.* wulg. [żarcie, impreza, marynarka, telewizor] shitty wulg., fucking awful wulg.

chuligan *m,* ~**ka** *f* (*Npl* ~**i** a. ~**y, ~ki**) pejor. hooligan, hoodlum

chuliganeri|a *f sgt* (*GD* ~**i**) pejor. (chuligani) hooligans, hoodlums; (zachowanie) hooliganism

chuliga|nić *impf vi* pejor. to act like a hooligan; **rzucił szkołę i zaczął ~nić** he left school and started making a name for himself as a hooligan; ~**nić po pijanemu** to act like a hooligan when drunk

chuligańs|ki *adi.* pejor. loutish; ~**ka młodzież** young hooligans; ~**kie wybryki** acts of hooliganism a. vandalism; **zachowywać się po ~ku** to behave like a hooligan

chuligaństw|o *n sgt* hooliganism

chu|sta *f* scarf; (większa) shawl; (na głowę) headscarf

❑ ~**sta harcerska** scout scarf; ~**sta trójkątna** Med. sling

chustecz|ka *f dem.* [1] (do użytku osobistego) ~**ka (do nosa)** (z tkaniny) handkerchief; hanky pot.; (jednorazowa) tissue, paper hanky pot.; ~**ka higieniczna** tissue; **paczka/pudełko ~ek higienicznych** a packet/box of tissues; **wycierać nos ~ką** a. **w ~kę** to wipe one's nose with a handkerchief [2] (na głowę) headscarf

chust|ka *f* scarf; ~**ka na głowę** a headscarf; ~**ka na szyję** a scarf, a neckerchief; ~**ka do nosa** a handkerchief

chuścin|a *f* pot. tatty scarf

chwac|ki *adi.* przest. [chłopak, żołnierz] plucky, dashing; [mina] rakish

chwacko *adv.* przest. boldly, dashingly; **wyglądać ~** to look dashing a. bold

chwalc|a *m* książk. eulogist książk.; devotee; **bezkrytyczny ~a czyjejś twórczości** an uncritical devotee of sb's work

chwalebnie *adv. grad.* książk. [1] (przykładnie) commendably; **postąpił ~, przekazując nagrodę na cele dobroczynne** he behaved very commendably a. nobly, donating the award to charity [2] (zaszczytnie) gloriously; **polec** a. **zginąć ~** to die a glorious death

chwalebn|y *adi. grad.* książk. [1] (godny pochwały) [wysiłki] praiseworthy, commendable, meritorious; ~**e zachowanie** commendable behaviour, laudable conduct; ~**e zamiary** worthy intentions [2] (przynoszący chwałę) [śmierć, rany] glorious; [czyn] of valour, meritorious

chwal|ić *impf* [I] *vt* [1] (oceniać dodatnio) to praise [dziecko, książkę, dzieło sztuki]; ~**ić czyjąś uczciwość/oszczędność** to praise sb's honesty/thriftiness; ~**ić kogoś za fachowość/dokładność** to praise sb for their professionalism/accuracy; ~**iła go, że świetnie gotuje** she praised his excellent cooking; **nauczyciel ~ił ucznia przed dyrektorem/przed całą klasą** the teacher praised the pupil to the head/in front of the whole class; **film ~ono za dobry scenariusz** the film was praised for its interesting screenplay ⇒ **pochwalić** [2] książk. (wielbić) to praise; to sing the praises of książk. [Boga, Pana, Stwórcę]

[III] **chwalić się** (chełpić się) to boast (**czymś** about sth); ~**ić się swoimi pieniędzmi/znajomościami** to boast about one's money/about the people one knows; ~**ić** się swoim dorobkiem życiowym to boast about a. of one's achievements; **lubi ~ić się sąsiadom swoim ogrodem** he likes boasting to the neighbours about his garden; **~ił się kolegom, że dostał premię** he boasted to his workmates about getting a bonus; **~ił się przed znajomymi swoim nowym samochodem** he showed off his new car to his friends; **nie ma się czym ~ić** it's nothing to be proud of a. to boast about; **nie chcę się ~ić, ale to wszystko dzięki mnie** I don't want to boast a. brag (about it), but this is all thanks to me; **nie ~ąc się** without wishing to boast, with all due modesty ⇒ **pochwalić** ■ **~ić Boga** książk. thank heavens; praise be (to God) przest.; **~ić sobie coś** to be (very) happy with sth, to be (very) satisfied with sth; **~ić sobie hotel/samochód** to be (very) happy a. satisfied with the hotel/one's car; **~ić sobie życie na wsi** to be happy living in the country; **to jej się ~i** książk. she deserves credit for it, it's to her credit; **~i mu się przede wszystkim śmiałość, z jaką przystąpił do tematu** above all he deserves credit a. praise for his bold approach to the topic; **cała praca już skończona? to się ~i** is all the work finished? good for you; **nie ~ a. nie ~i się dnia przed zachodem słońca** przysł. don't speak a. crow too soon, don't count your chickens (before they are hatched) przysł.; **wszelki duch Pana Boga ~i** przest. (God) bless my soul! przest., well, I'll be blessed! przest.

chwalipię|ta m, f pot., iron. show-off pot.; braggart

chwa|ła f sgt [1] (cześć) glory; **okryć się ~łą** to cover oneself in a. with glory; **okryty ~łą** covered in glory; **powód do ~ły** something to be proud of; **głosić ~łę dawnych bohaterów** to sing the praises of former heroes; **śpiewać psalmy na bożą ~łę** to sing psalms in praise of God; **~ła poległym żołnierzom** in memory of the fallen; **chcieli nam pomóc i ~ła im za to** they wanted to help us and all credit to them for that [2] (chluba) pride (kogoś/czegoś of sb/sth); **była ~łą swoich rodziców** she was the pride of her parents; **przynosić komuś ~łę** to do sb credit, to do credit to sb; **takie zachowanie wobec starszych nie przynosi ci ~ły** behaving like that towards your elders doesn't do you any credit
❏ **~ła Boża** the glory of God
■ **Bóg wziął** a. **powołał go/ją do swojej ~ły** książk. he/she has passed away a. gone to his/her final resting place książk.; **Bóg powołał ją do swej ~ły dwa lata temu** she passed away two years ago; **~ła Bogu** glory a. praise be (to God)!; thank God! pot.; **ku ~le Ojczyzny** ≈ for King and Country; **polec** a. **zginąć na polu ~ły** książk. to die on the field of battle książk.; **polegli na polu ~ły** książk., Wojsk. those who died on the field of battle książk., the glorious dead książk.; **przenieść się do boskiej** a. **wiecznej ~ły** książk. to go to glory

chwa|st[1] m (G ~stu) Bot. weed; **zarośnięty ~stami** a. **~stem** overgrown with weeds;

wyrywać ~sty to pull up weeds, to weed
❏ **~st rybny** a. **rybi** unwanted fish in a fish-breeding pond

chwa|st[2] m (G ~stu a. ~sta) przest. (kita, frędzla) tassel; **zdobiony ~stami** tasselled

chwa|t m (Npl ~ty) książk. daredevil, madcap

chwi|ać impf (~eję, ~ejesz, ~ali) [] vt to shake (czymś sth) [drzewami, stołem]; to rock (czymś sth) [łodzią]; **wiatr ~ał masztem** the wind caused the mast to sway [] **chwiać się** [1] (kołysać się) [stół, szafka, stos książek] to wobble; [konstrukcja, rusztowanie] to be rickety; [łódź] to rock; [ząb] to be loose; [płomień] to flicker, to waver; **~ać się na wietrze** to sway in the wind; **~ać się na nogach** to be unsteady on one's legs, to be shaky on one's feet; **~eje mi się ząb** I've got a loose tooth; **drabina trochę się ~eje** the ladder's a bit unstable [2] przen. (słabnąć) [rząd, reżim] to be unstable, to totter; [imperium] to (be on the) wane, to decline; [waluta] to fluctuate; **jego pozycja ~ała się** his position was under threat [3] przen. (wahać się) to waver; to vacillate książk.; **~ać się w swych postanowieniach/w swej wierze** to waver in one's determination/belief

chwiejnie adv. [1] (kołysząc się) unsteadily, shakily; **ruszył ~ w kierunku drzwi** he moved unsteadily towards the door [2] (wahając się) [postępować, zachowywać się] indecisively

chwiejnoś|ć f sgt [1] (kołysanie się) unsteadiness; **~ć (czyichś) ruchów** the unsteadiness of sb's movements [2] przen. (niezdecydowanie) indecision, irresolution, (niestabilność) fragility; (zmienność) fickleness, changeability; **~ć charakteru** irresoluteness of character; **~ć ludzkiego losu** the fragility of human fate; **~ć czyichś uczuć/sądów** the fickleness of sb's feelings/opinions; **czyjaś ~ć polityczna** sb's political wavering

chwiejn|y adi. [1] (kołyszący się) [drabina] unstable, wobbly; [chód] unsteady; [konstrukcja, kładka] rickety, shaky; [pismo, ręka] shaky; [płomień] flickering, wavering; **iść ~ym krokiem** to totter [2] przen. (niestabilny) fragile; (niezdecydowany) wavering, irresolute; **~a równowaga polityczna** the fragile political balance; **jego ~a postawa nie budzi zaufania** his indecisive attitude doesn't inspire confidence; **jest zbyt ~y, nie sprawdzi się na kierowniczym stanowisku** he's not decisive enough for a managerial post; **być ~ym w swych postanowieniach** to waver in one's resolve, to vacillate

chwil|a [] f [1] (moment) moment, instant; **dogodna/odpowiednia ~a** a suitable/an appropriate moment; **~a prawdy** the moment of truth; **~a wytchnienia** a breather pot.; **robić coś bez ~i wytchnienia** to do sth without a moment's rest; **co ~a** every now and then a. again; **lada ~a** any moment a. minute (now); **poczekaj, on przyjdzie lada ~a** hang on, he'll be here any minute; **~ę temu** a. **przed ~ą** just now, a minute ago; **dobrą ~ę** for a good few seconds a. minutes; **przyglądał mi się dobrą ~ę** he sized me up for a good few seconds; **na ~ę** for a moment a.

second; **zatrzymać się na ~ę** to stop for a moment a. second; **po ~i** after a bit a. while a. minute; **zasnął po ~i** after a bit a. while he fell asleep; **przez ~ę** for a moment; **nawet przez ~ę nie myślałem, że...** I didn't think for a. one moment that...; **od tej ~i** (od teraz) from this moment on; (od kiedyś) from that time on; **od tej ~i masz się do mnie nie odzywać** from this moment on I don't want you talking to me; **obraził się i od tej ~i nie rozmawiamy ze sobą** he took offence, and from that time on we haven't spoken to each other; **w ~i słabości** in a moment of weakness; **w jednej ~i** in a flash; **zdecydowała się w jednej ~i** she decided in a flash; **w każdej** a. **dowolnej ~i** (at) any time a. moment; **w ostatniej ~i** at the last moment a. minute; **dotarłam na dworzec w ostatniej ~i** I got to the station at the last moment; **w ostatniej ~i zmieniła zdanie** she changed her mind at the last moment; **został powiadomiony o terminie spotkania niemal w ostatniej ~i** he was informed of the date of the meeting at the last possible moment; **zawsze pakujesz (się) w ostatniej ~i** you always leave your packing to the last minute; **wiadomość z ostatniej ~i** some last-minute news; **w tej ~i** (w tym momencie) at the moment; (obecnie) at present; (natychmiast) this instant, at once; **w tej ~i nie mogę** I can't at the moment; **chodź tu(taj) w tej ~i!** come here this instant!; **nie w tej ~i!** not now!; **w tej samej ~i** at that very moment a. instant; **za ~ę** in a minute a. moment; **wrócę za ~ę** I'll be back in a minute a. moment; **pod wpływem ~i** on the spur of the moment; **z każdą ~ą** (with) every moment, by the minute; **z każdą ~ą czuła się gorzej** she felt worse every minute; **nadeszła krytyczna ~a** the critical moment had arrived [2] zw. pl (okres, pora) time(s); **dobre/szczęśliwe ~e** good/happy times; **ciężkie** a. **trudne ~e** difficult times a. moments; **wolne ~e** free time; **~e milczenia/zwątpienia/szczęścia/grozy** moments of silence/doubt/bliss/terror; **w takich ~ach** at times like this; **żyć w przełomowej** a. **epokowej ~i** to live at a turning point in history [] **chwilami** adv. at times, now and then; **~ami bywa bardzo denerwujący** he can be really irritating at times

chwilecz|ka [] f dem. second; **to potrwa tylko ~kę** it'll only take a second [] **chwileczkę** inter. [1] (stop) just a minute!; **~kę! jeszcze nie skończyłem** just a minute, I haven't finished yet!; **~kę! nie odpowiedział pan na pytanie** hold on (a minute), you haven't answered the question!; **zaraz, ~kę! minutę temu mówiłaś zupełnie co innego** wait a minute, just now you were saying something completely different! [2] (za moment) one second!, just a minute!; **~kę, już idę** one second, I'm just coming; **zaraz, ~kę** okay, just (give me) a minute

chwil|ka f dem. moment, second; **wrócę za ~kę** I'll only be a second

chwilowo adv. [1] (tymczasowo) temporarily [2] (przez chwilę, na chwilę) [wypogodzić się, *zapomnieć]* for a moment ③ (w tej chwili) *[zajęty]* at the moment, for the moment

chwilowoś|ć *f sgt* temporariness, temporary nature; **~ć sytuacji** the temporary nature of a situation; **~ć wrażenia/uczucia** the fleeting nature of an impression/a feeling

chwilow|y *adi.* ① (trwający chwilę) *[wahanie, opóźnienie, cisza, uczucie]* momentary; **~a dekoncentracja** a momentary lapse of concentration; **~y nastrój** a passing mood; **~y postój** a short stop; **~e pragnienie/wrażenie** a fleeting desire/impression; **~a przerwa** a short break ② (tymczasowy) *[zatrudnienie, ulga, poprawa, brak]* temporary

chwy|cić *pf* — **chwy|tać** *impf* **Ⅰ** *vt* ① (złapać) to get hold of, to take hold of; (bardziej zdecydowanie) to catch hold of, to grab (hold of) *[torbę, talerz, krzesło, dziecko, zwierzę]*; to catch *[piłkę, jabłko]*; to seize, to grasp *[nóż, szablę]*; *[dźwig]* to pick up *[kontener]*; **~tać piłkę obiema rękami** a. **w obie ręce** to catch a ball with a. in both hands; **~tać (za) czapkę/kij** to grab one's cap/a stick; **~cić za klamkę** to grab the door handle; **~tać linę** to catch a. grab (at) a rope; **~cić rzucony cukierek** to catch a sweet; **~cić kogoś za włosy/kark** to grab sb by the hair/(the scruff of) the neck; **~cić kogoś za kołnierz/płaszcz** to grab (hold of) a. get hold of sb by the collar/ to grab (hold of) sb's coat; **~cić kogoś za rękę** to grip sb's hand, to grasp sb by the hand; **~cić kogoś za ramię** to grip sb's arm, to seize sb by the arm; **~cić kogoś w objęcia** to grasp a. clasp sb in an embrace; **pies ~cił go za nogawkę spodni** the dog caught his trouser leg in its teeth ② (wędką, pułapką, sidłem) to catch *[rybę, zwierzę, motyla]*; **~tać ryby siecią/w sieć** to catch fish with/in a net; **~tać konia na lasso** to lasso a. rope in a horse ③ (spinać) to pin up *[brzegi sukni]* ④ *przen.* (postrzegać) to catch *[dźwięki, spojrzenia]*; **~tać uchem coś** to catch the sound of sth; **~cić coś kątem oka** to catch sth out of the corner of one's eye; **~cić zapach czegoś w nozdrza** (o zwierzęciu) to catch the smell of sth ⑤ *przen.* (pojmować) to grasp; to get *pot.*; **~cić żart** to get a joke; **~tać, o co komuś chodzi** to get what sb means; **~cić coś w lot** to grasp sth immediately; to catch on (to sth) at once a. immediately *pot.*; **~tać rytm tańca** to pick up the rhythm of a dance ⑥ *przen.* (zauważać) to catch; **~cić kogoś na czymś** to catch sb doing sth ⑦ (przyciągać) *[dywan, zasłony]* to pick up, to attract *[kurz]* ⑧ *przen.* (ogarniać, opanowywać) **~ta go dolegliwość** he is coming down with an illness; **~tały go bóle/konwulsje** he was gripped by pain/seized by convulsions; **chyba ~ta mnie grypa** I think I'm coming down with a. I'm getting the flu; **~cił go kaszel** he had a coughing fit; **~ciły ją dreszcze** she started shivering; **kobietę w ciąży często ~tają mdłości** pregnant women often suffer from bouts of sickness; **mojego kota ~ciła jakaś choroba** my cat has caught a. picked up some disease; **~ta go sen** he feels sleepy; **położył się do łóżka i od razu ~cił go sen** as soon as he got into bed he fell asleep

a. he was overcome by sleep *książk.*; **~ta ją żal/wzruszenie** she's overcome with sorrow/emotion; **gdy mróz ~ta, na ulicach robi się ślisko** when it's frosty a. there's a frost the streets become slippery; **w lutym ~ta zwykle kilkunastostopniowy mróz** in February the temperature usually falls to 10 or 15 degrees below zero **Ⅱ** *vi* ① *przen.* (przywrzeć) *[farba, emulsja, barwnik]* to take; *[klej]* to set, to stick; *[taśma klejąca]* to stick; *[cement]* to set; **poczekaj, aż klej ~ci** wait until the glue sets; **ten klej nie ~ta metalu** this glue doesn't stick to a. adhere to metal; **farba nie ~ciła** the dye didn't take ② *pot., przen.* (zyskać uznanie) *[idea, pomysł, moda, reklama]* to catch on pot.; *[towar, film]* to take off *pot.*; *[propozycja]* to be accepted; **idea rządu koalicyjnego nie ~ciła** the idea of a coalition government fell through a. didn't take off **Ⅲ** **chwycić się** — **chwytać się** ① (siebie samego) to clutch, to grasp; **~tać się za głowę z bólu** to clutch one's head in pain; **~tać się za bolącą nogę** to grasp a. clutch an aching leg; **~tać się pod boki ze śmiechu** to clutch one's sides laughing, to hold one's sides with laughter ② (jeden drugiego) to grasp one another, to hold one another; **~tać się za ręce** to take hold of a. clasp one another's hands ③ (dla utrzymania równowagi) to hold on to, to cling to *[mebli, poręczy, płotu, gałęzi]*; **~cił się stołu, żeby nie upaść** he caught hold of the table so as not to fall ④ (dać się złapać) *[ryba, zwierzę]* to be caught ⑤ *przen.* (robić wszystko) to try (out), to resort to; **~tać się różnych pomysłów** to try (out) different ideas; **~tać się różnych sposobów** to resort to various methods a. means; **~tać się różnych zajęć** to take on a. up various activities; **~tać się myśli/nadziei** to cling to a. hold on to an idea/a hope; **prezydent ~cił się pomocy wojska** the president turned to the army for help ⑥ *pot.* (spostrzegać w sobie) to catch oneself (**na czymś** doing sth); **~tać się na myślach o śmierci** to catch oneself thinking about death

■ **~cić byka za rogi** to take the bull by the horns; **~cić wiatr** *Myślis.* *[pies]* to catch the scent, to get the scent; *Żegl.* to catch the wind; **~tać oddech** a. **powietrze** to gasp (for breath), to catch one's breath; **ranny z ledwością ~tał powietrze** the injured man could hardly catch his breath; **~tać kogoś za słowa** a. **słówka** to pick sb up on every word (they say); **nie ~taj mnie za słowa, tylko uważnie mnie wysłuchaj** just listen to what I'm saying and stop picking me up on every word; **~tać coś na gorąco** *pot.* (w mediach) to cover sth as it happens, to be where the action is *pot.*; **dobry reporter powinien ~tać życie na gorąco** a good reporter should always be there on the spot; **~tać na gorąco relacje świadków** to get eyewitness reports on the spot a. at the scene; **~cić za broń/pióro/pędzel** to take up arms/writing/painting; **~tać kogoś za gardło** *[emocje]* to bring a lump to sb's throat; **~tać kogoś za serce** a. **duszę** *[słowa, widok]* to pull a. tug at sb's heartstrings; **~tać kogoś za serce** *[osoba]* to play on

sb's heartstrings; **żadne choroby się go nie ~tają** he's totally immune to illness; **nie ~tają się go żadne nasze tłumaczenia** none of our explanations seem to (be) get(ting) through to him; **tonący brzytwy się ~ta** *przysł.* a drowning man will clutch at a straw *przysł.*

chwy|t *m* (*G* **~tu**) ① (chwycenie, złapanie) grip(ping), grasp(ing); (piłki) catch; **silny ~t** a strong grip ② (sposób chwytania) (rakiety, rakietki) grip ③ *Sport* (w zapasach, judo) hold; (we wspinaczce) handhold ④ (fortel) trick, dodge; (środek) device; **tani ~t** a cheap a. dirty trick; **~t reklamowy** a sales gimmick; **~t literacki/stylistyczny** a literary/stylistic device; **wszystkie ~ty (są) dozwolone** no holds barred ⑤ (na instrumencie) fingering ⑥ *Włók.* feel, touch
❑ **~t pistoletowy** *Wojsk.* pistol grip; **~t powietrza** *Lotn., Techn.* air scoop; **~ty bronią** *Wojsk.* the manual of arms

chwytak *m* *Techn.* (część urządzenia) grip(per); (część dźwigu, żurawia, koparki) grab; (w kamerze, projektorze) sprocket wheel

chwytakow|y *adi.* *Techn.* *[dźwig, koparka]* grab *attr.*

chwytliwoś|ć *f sgt* ① (palców, dłoni, rąk) quickness ② *przen.* (umysłu) quickness, sharpness ③ *przen.* (hasła, sloganu) catchiness, catchy quality

chwytliw|y *adi. grad.* ① *[palce, ucho]* quick ② *[umysł]* quick; *[pamięć]* receptive ③ *[hasło, slogan, melodia]* catchy

chwytnoś|ć *f sgt* grip, gripping capacity (**czegoś** of sth); **faktura poprawiająca ~ć rękawic** a texture improving the grip of the gloves
❑ **~ć kończyn** *Biol.* prehensility

chwytn|y *adi.* ① *[kończyna, ogon]* prehensile ② *przen.* *[umysł]* quick

chyba Ⅰ *part.* ① (przypuszczenie) **on ~ teraz śpi** I think he's sleeping at the moment; **~ wreszcie doszliśmy do porozumienia** it seems we've finally reached an agreement; **miał ~ ze sto lat** he looked as if he were a hundred; **~ tutaj zostawiłem klucze** I think I left my keys here; **~bym tego dłużej nie wytrzymał** I don't think I could bear it any longer; **~ tylko głupiec mógłby to zrobić** only a fool could do (a thing like) that; **~ tak/nie** I think so/I don't think so ② (emfatyczne) surely; **~ w to nie wierzysz!** surely you don't believe that!; **~ żartujesz!** you must be joking!, you're joking, of course! **Ⅱ** **chyba że/żeby** *coni.* unless; **wieczorami nie wychodzę z domu, ~ że muszę** I don't go out at night, unless I have to; **naprawię to jutro, ~ żebym miał gości** I'll repair it tomorrow, unless I have visitors

chybcik *m* *pot.* **zrobić coś na ~a** (szybko) to do sth quickly; (niedbale) to do sth in a slapdash manner; **tylko coś zjem na ~a i idziemy** I'll just eat something quickly and we'll be going; **na ~a skręcony stół/regał** a shoddily-made table/shelf, a table/shelf that is shoddily put together; **zrobić coś ~iem** to do sth sharp(ly); **nie chciał się z nimi spotkać, więc ~iem wyszedł** he didn't want to see them, so he nipped out sharp *pot.*

chybi|ć _pf_ — **chybi|ać** _impf vi_ to miss; **strzelił do niego, ale ~ł** he shot at him, but missed; **~ć celu** to miss the target; **kilka razy z rzędu ~łem celu** I missed the target several times in a row; **kula ~ła celu o włos** the bullet missed the target by a hair's breadth; **~ać celu** _przen._ to miss a. fall wide of the mark, to be off target; **cały mój zamysł ~łby celu, gdyby nie twoja pomoc** my entire plan would have been off target, if it hadn't been for your help
■ **ani ~** _książk._ for certain; **awans go za to czeka ani ~** he's bound a. sure to be promoted for that; **ani ~ jest to jakiś znak** it has to be some kind of sign; **na ~ł trafił** at random

chybi|ony _adi._ 1 (nieudany) _[wysiłek]_ fruitless, vain; _[praca]_ pointless; to a. of no avail _książk._; _[uwaga, porównanie]_ inept, inappropriate; _[plan, pomysł]_ abortive; _[decyzja]_ unwise, poor; **ten film jest całkowicie ~ony** the film's a complete disaster; **to ~ony pomysł** the idea is pointless 2 (niecelny) **~ony strzał** a. **rzut** a miss

chyb|ki _adi._ _przest._ 1 (szybki) _[jeleń, młodzieniec, ruchy]_ agile, swift 2 (chybotliwy) _[kładka]_ unsteady, shaky

chybko _adv._ _przest._ _[uciekać]_ agilely, swiftly
chybkoś|ć _f sgt przest._ agility
chybo|t _m_ (_G_ **~tu**) (stołu) wobbling; (statku) sway(ing); (igły kompasu) swing(ing)

chybo|tać _impf_ (**~czę**) I _vt książk._ to shake _[drzewem, samolotem]_; to rock _[łodzią]_ ⇒ **zachybotać**
II _vi [żyrandol]_ to swing; _[mostek]_ to sway; _[konstrukcja, drzewo]_ to shake, to sway; _[łódź]_ to rock; _[płomień]_ to flicker, to waver; **bielizna ~tała na sznurze** the washing swayed on the line ⇒ **zachybotać**
III **chybotać się** _[żyrandol]_ to swing; _[mostek]_ to sway; _[konstrukcja, drzewo]_ to shake; _[łódź]_ to rock; _[płomień]_ to flicker, to waver; **huśtawka ~cze się** the swing is wobbly a. wobbling; **~tała się z osłabienia** she was swaying from weakness ⇒ **zachybotać się**

chybotliwie _adv. grad._ unsteadily
chybotliw|y _adi. grad._ _[drabina, mostek]_ shaky, wobbly; _[stół]_ rickety, wobbly; _[cień, płomień, światło]_ flickering

chyl|ić _impf_ I _vt_ to bow _[głowę]_; to bend (down) _[gałęzie]_; **wiatr ~ił łódź na bok** the wind pushed the boat to one side ⇒ **pochylić** ⇒ **przechylić**
II **chylić się** 1 (zginać się) _[drzewa]_ to bend (down); _[chata]_ to lean over; **gałęzie ~iły się pod ciężarem owoców** the branches bowed down under the weight of the fruit; **~ić się w ukłonach** to bow 2 _książk., przen._ (kończyć się) to decline; **~ić się ku końcowi** to come to an end; **~ić się ku upadkowi** to be on the decline; **gospodarstwo ~iło się ku upadkowi** the farm was falling into ruin; **dzień ~i się ku zachodowi** the day is drawing to a close 3 _książk., przen._ (skłaniać się) to tip; **zwycięstwo** a. **szala zwycięstwa ~i się na nasza/ich stronę** the scales of victory are tipping a. are tipped in our/their favour ⇒ **przechylić się**

chyłkiem _adv. książk._ (ukradkiem) stealthily; **wymknąć się ~ z przyjęcia** to sneak away from a. out of a party; **zakraść się ~**

do budynku to creep stealthily into a building, to sneak into a building 2 (potajemnie) quietly; **on the quiet** _pot._; **~ wycofać się ze sprawy** to withdraw quietly from an affair

chytroś|ć _f sgt_ 1 (przebiegłość) craftiness, cunning(ness) 2 _pot., pejor._ (chciwość) greed, cupidity

chytrus _m_, **~ka** _f_ (_Npl_ **~y** a. **~i**) _pot., pejor._ 1 (cwany) sly one; cunning so-and-so _pot._; **a to ~!** that sly old devil! 2 (chciwiec) greedy so-and-so _pot._; (skąpiec) stinge _pot._; miser; **nie bądź taka ~ka!** don't be such a stinge!

chytrus|ek _m_ (_Npl_ **~ki**) _pot., pieszcz._ (little) slyboots _pot._, (old) slyboots _pot._; **lisek ~ek** sly little fox

chyt|ry _adi. grad._ 1 (przebiegły) _[człowiek]_ wily, sly; _[spojrzenie, uśmiech]_ sly; _[wybieg, sztuczka]_ cunning; **~ry jak lis** a. **wąż** (as) sly a. cunning as a fox 2 _pot., żart._ (pomysłowy) crafty, artful; **~re urządzenie** an ingenious device 3 _pot., pejor._ (chciwy) stingy _pot._; mean; **~ry na pieniądze** mean with money

chytrze _adi. grad._ 1 (przebiegle) slyly 2 _pot., żart._ (pomysłowo) craftily, artfully

chytrz|yć _impf_ (**~ę, ~ysz, ~** a. **~yj**) _vi_ _pejor._ 1 (postępować podstępnie) to scheme _pot._; to cheat; **jak zawsze ~ył i kręcił** as always he was cheating and lying 2 (być skąpym) to be stingy _pot._; **~yć na czymś** to be stingy with sth

chyżo _adv. książk._ _[biec, uciekać]_ swiftly
chyżoś|ć _f sgt książk._ swiftness
chyż|y _adi. książk._ _[chart, ptak, galop, kroki, łódź]_ swift

ciach _inter._ (o nożu) slash!; (o siekierze) chop!, hack!; (o kosie) swish!; (o biczu) lash!; (o nożyczkach) snip!; (o kiju) swipe!; **~, ~ i już cebula pokrojona** chop, chop and the onion's sliced; **~ go pałaszem!** cut him down!; **no to ~** (przy toastach) down the hatch! _pot._, chin-chin! _pot._; (jako zachęta do czynności) come on then!, chop-chop! _pot._

ciach|nąć _pf_ — **ciach|ać** _impf_ (**~nęła, ~nęli — ~am**) _pot._ I _vt_ 1 (ciąć) (nożem) to slash _[materiał, papier]_; to chop _[cebulę]_; (siekierą) to chop, to hack; (nożycami, kosą) to slash; (nożyczkami) to snip; **~ać na plasterki** to slice, to cut into slices; **~ać drzewo siekierą** to chop a tree (with an axe), to hack (at) a tree with an axe; **~nąć kawał mięsa** to chop up a piece of meat; **~nąć włosy nożyczkami** to chop off a. lop off hair with some scissors; **kilka ~nięć nożyczkami** a few snips with the scissors; **~nęła sobie żyły na przegubach** she slashed her wrists; **~nął szablą przeciwnika** he slashed his opponent with his sword 2 (uderzać czymś długim) to lash, to whip; **~nąć konia batem** to lash a horse (with a whip); **gałęzie drzew ~ały go po policzkach** the branches of the trees lashed his cheeks
II **ciachnąć się** — **ciachać się** 1 (kaleczyć się) to cut oneself (**czymś** with sth); (drastycznie) to slash oneself (**czymś** with sth); **~nąć się w palec** to cut one's finger; **~nąć się (żyletką) przy goleniu** to cut oneself (with a razor while) shaving 2 (ranić się wzajemnie) to slash (at) one another (**czymś** with sth); **chuligani ~ali się**

nożami the hooligans slashed (at) each other with knives

ciacho _n augm._ _pot._ cake _C/U_

ciał|ko _n_ 1 _dem._ pieszcz. (tkanka) flesh; (organizm) (little) body; **delikatne ~ko niemowlęcia** the delicate body of a small baby; **malec o chudym ~ku** a toddler with a thin little body 2 _Biol._ body; **~ka tłuszczowe** fatty bodies
❏ **białe/czerwone ~ka krwi** _Biol._ white/red blood cells; **~ka zieleni** _Biol._ chloroplasts; **~ko nerkowe** _Biol._ Malpighian corpuscle a. body (of the kidney), renal corpuscle; **~ko szkliste** _Anat._ vitreous humour, vitreous body; **~ko żółte** _Biol._ corpus luteum, yellow body of the ovary

ci|ało _n_ 1 (tkanka mięsna) flesh _U_; **jędrne ciało** firm flesh; **żywe ciało** raw flesh; **na całym ciele** all over the body; **pasek wrzynał się jej w pulchne ciało** the belt cut into her ample flesh; **nabierać ciała** a. **przybierać na ciele** to put on weight; **spadać** a. **opadać z ciała** to lose weight 2 (organizm) body; **ciało ludzkie** the human body; **budowa ciała** build; **części ciała** body parts; **waga ciała** body weight 3 (materialny aspekt życia) flesh, body; **dusza i ciało** body and spirit a. soul; **grzechy ciała** the sins of the flesh; **potrzeby ciała** bodily needs; **była obecna ciałem, ale zupełnie nieobecna duchem** she was present in body, but her mind was somewhere else entirely 4 _książk._ (grupa osób) body; **ciało ustawodawcze** a legislative body; **ciało dyplomatyczne** the diplomatic corps; **ciało pedagogiczne** the teaching staff 5 (zwłoki) (dead) body, corpse; **złożyć ciało do grobu** to lower a coffin into a grave 6 _Chem., Fiz._ body
❏ **Boże Ciało** _Relig._ Corpus Christi; **ciała acetonowe** a. **ketonowe** _Fizj._ acetone a. ketone bodies; **ciała polimorficzne** _Chem., Geol._ polymorphous substances; **ciało algebraiczne** _Mat._ algebraic number field; **ciało bezpostaciowe** a. **amorficzne** _Fiz., Geol._ amorphous substance; (ciało stałe) amorphous solid; **Ciało Chrystusa** _Relig._ The Body of Christ; **ciało ferromagnetyczne** _Fiz._ ferromagnetic body; **ciało gazowe** _Fiz._ gaseous body; **ciało izomorficzne** _Chem._ isomorph; **ciało liczbowe** _Mat._ number field; **ciało niebieskie** celestial a. heavenly body, celestial object; **ciało obce** _Med._ foreign body; **ciało odpornościowe** _zw. pl Med._ immune body, antibody; **ciało płynne** _Fiz._ liquid body; **ciało stałe** _Fiz._ solid (body); **ciało stałe krystaliczne** _Chem._ crystalline solid; **ciało szkliste** _Anat._ vitreous body; **ciało sztywne** _Fiz._ rigid body
■ **a słowo ciałem się stało** _Relig._ and the word was made flesh; (w zaskoczeniu) well I never!; (coś doszło do skutku) lo and behold _iron._; **dogadzać ciału** to pamper oneself a. one's flesh; **na duszy i ciele** in body and spirit; **poświęcać się czemuś duszą i ciałem** to throw oneself into sth heart and soul; **stawać się ciałem** a. **przyoblekać się w ciało** _książk._ _[pomysł, plan]_ to materialize, to come to fruition; _[marzenia]_ to come true; **świecić gołym ciałem** to wear ragged clothes; **bliższa ciału koszula**

C

niż sukmana przysł. blood is thicker than water przysł.; **cierp ciało, kiedy ci się chciało** przysł. that's the price you pay; no pain, no gain US; **przejadłeś się? – cierp ciało, kiedy ci się chciało** eaten too much? – that's the price you pay

ciamaj|da m, f pot. pejor. (niezaradny) bungler pot., pejor.; duffer pot.; (ślamazarny) slouch pot.; (ofiara) ninny pot., lemon pot.; **ten ~da nic nie potrafi** that bungler a. duffer can't do anything; **nie stójcie jak ~dy** don't stand there like (a load of) lemons; **ty ~do, nawet piłki nie umiesz porządnie kopnąć!** you duffer a. booby, you can't even kick a ball properly!; **znów się potknęła ta ~da** that slouch has had another fall; **chodzi jak ~da** s/he slouches along

ciamajdowa|ty adi. pot., pejor. (niezaradny) bungling, bumbling; (ślamazarny) sluggish; wet pot., pejor.; **~ty bramkarz** a fumbling a. bungling goalkeeper; **~ty maminsynek** a helpless mummy's boy GB, a mama's boy US

ciamka|ć impf vi pot. [1] (mlaskać) to smack one's lips; **przestań tak ~ć, jedz cicho** stop smacking your lips like that, eat quietly [2] (chlupotać) [błoto] to squelch

ciap inter. (odgłos uderzania o wodę, błoto) smack!; (odgłos chodzenia po błocie) squelch!; (odgłos chodzenia po wodzie, śniegu) slosh!, splosh!; **~, ~ – ktoś brnął po rozmiękłym śniegu** splish, splosh! – somebody was trudging through the slushy snow

ciap|a m, f pot. (niezaradny) drip pot., wet pot.; (powolny) dawdler; slowcoach GB pot., slowpoke US pot.; **to ~a, niczego nie załatwi** he's a drip, he won't get anything done; **~o jedna, znów czekamy tylko na ciebie!** come on, slowcoach, we're all waiting for you again!

ciapać¹ impf → ciapnąć

ciap|ać² impf (~ię) vi pot. [1] (iść powoli) (po błocie) to squelch; (po wodzie, roztopionym śniegu) to slosh pot. [2] (jeść głośno) to eat noisily, to smack one's lips; **przestań tak ~ać przy jedzeniu** stop making so much noise when you eat

ciap|ka f zw. pl (plamka) fleck; (punkt) dot, spot

ciap|nąć pf — **ciap|ać¹** impf (~nęła, ~nęli — ~ię) pot. [] vt (ostrym narzędziem) to chop, to cut [drewno na opał, patyki na podpałkę]; (czymś cienkim i długim) to swipe, to slash [pokrzywy] (czymś with sth); **~nął drzewo, ale siekiera utkwiła w pniu** he chopped at the tree, but the axe got stuck in the trunk

[] vi [1] (o powierzchnię wody) to hit vt, to smack vt; **~nąć patykiem o wodę** to hit water with a stick; **~nąć łopatką o błoto** to smack a. slap mud with a spade; **~ać nogami w wodzie** to splash one's legs about in water [2] (spadać) to fall splat a. with a splat pot.; **jabłko/ciastko z kremem ~nęło na podłogę** an apple/a cream cake fell splat onto the floor

ciapowa|ty adi. pot., pejor. wet pot., drippy pot.; **była trochę ~ta** she was a bit wet a. a bit of a drip; **~ty marzyciel żyjący we własnym świecie** a hopeless (day-)dreamer living in his own private

world; **praca w marketingu nie jest dla ~tych** marketing is not a job for wimps pot.

ciar|ka f Bot. (owoc tarniny) sloe

ciar|ki plt (G ~ek) (dreszcze) shivers; **~ki mi chodzą od tego po plecach** a. **grzbiecie** it sends shivers (up) and down my spine

ciasnawo adv. [1] (wąsko) a bit tight adi.; **~ mi w tych spodniach** these trousers are a bit tight (for me) [2] (w pomieszczeniu) a bit cramped; **~ mają w swoim pokoju** it's a bit cramped in their room

ciasnaw|y adi. [pokój] poky, cramped; [ubranie] tight(-fitting); **te buty są ~e** these shoes are a bit (too) tight

cia|sno adv. grad. [1] (wąsko, przylegając ściśle) tight adi.; **~sno mi w tym ubraniu** these clothes are (too) tight; **~sno związany** tightly bound [2] (w pomieszczeniu, na ulicy) **było bardzo ~sno** it was a tight squeeze; **w pokoju robi się ~sno od książek** the room's being taken over by books; **w poczekalni zrobiło się ~sno** the waiting room had become crowded [3] (ściśle, zwarcie) [upakowany, zwinięty, układany, tkany] tightly, closely; **w tramwaju stali ~sno stłoczeni ludzie** the tram was jam-packed with passengers [4] przen. (niepewnie, niebezpiecznie) **zbiegowi było coraz ~śniej** they were closing in on the fugitive; **na rynku robi się ~sno** the market is becoming tighter a. getting tight; **w tej chwili jest ~sno z terminami** a. **z dotrzymaniem terminów** time's running out if we want to meet the deadlines [5] pejor. (bez szerszej perspektywy) [pojmować, rozumieć] in a narrow-minded way, narrow-mindedly; **za ~sno było jej w nowej pracy** in her new job she felt hemmed in; **patrzeć ~sno na świat** to have a blinkered outlook (on the world)

ciasno|ta f sgt [1] (ograniczona przestrzeń) cramped conditions; **mieszkać/podróżować w ~cie** to live/travel in cramped conditions [2] przen. parochialism, insularity; **~ta umysłowa** narrow-mindedness; **~ta horyzontów myślowych** a blinkered attitude a. outlook; **czy zdajesz sobie sprawę z ~ty swoich poglądów?** do you realize how parochial your views are?

cia|sny adi. grad. [1] (nieobszerny) [ubranie, buty] tight(-fitting); [pomieszczenie] cramped; **za ~sne w pasie** too tight in the waist; **sukienka jest trochę za ~sna** the dress is a bit too tight [2] (ściśnięty, zwarty) [krąg, szeregi] tight; [ścieg, szyk] close; **~sny warkocz** a tightly-plaited braid; **~sna zabudowa** a heavily built-up area [3] przen. [definicja, program] narrow, restricted [4] przen., pejor. [poglądy, pojęcia] narrow(-minded), parochial; **mieć ~sny umysł** to be narrow-minded; **ten świat jest dla mnie za ~sny** this place is too parochial for me ■ **kochać kogoś jak psy dziada w ~snej ulicy** pot. not to be able to bear a. stand (the sight of) sb

ciastkar|nia f (Gpl ~ni a. ~ń) cake shop

ciast|ko n (~eczko dem.) [1] (nieduży słodki wypiek) cake; (porcja z większej całości) slice of cake, piece of cake; **~ko z kremem** a cream cake; **~ko z serem** a cheesecake [2] (wypiek z kruchego ciasta) (miękkie) (small)

pastry; (twarde) biscuit GB, cookie US; **~ka z makiem/cukrem** poppyseed/sugared biscuits; **kruche/słone ~eczka** shortbread/ savoury biscuits
❑ **~ko francuskie** French pastry, puff pastry GB, puff paste US; **~ko francuskie z jabłkiem** an apple puff; **~ko tortowe** cream slice, small layered cake

ci|asto n [1] sgt (gęsta masa) dough; (na wypieki słodkie) pastry, paste; (na placki) batter; **ciasto na chleb/bułki/makaron** bread/roll/pasta dough; **ciasto na naleśniki** pancake batter; **zagniatać ciasto** to knead dough; **miesić/wyrabiać ciasto** to mix/make pastry; **wałkować ciasto** to roll out pastry [2] (wypiek) cake; **ciasto biszkoptowe** sponge (cake); **ciasto drożdżowe** a raised cake; **ciasto z kruszonką/ze śliwkami** a crumble/plum cake; **ciasto z owocami** a fruit pie; **kruche ciasto** shortcrust (pastry); **paszteciki z francuskiego ciasta** vol-au-vents, puff pastries [3] (dowolna masa powstała ze zmieszania materiału sypkiego z płynnym) paste, dough
❑ **ciasto wapienne** Budow. lime putty

ciastowa|ty adi. doughy, pasty

ci|ąć¹ impf (tnę, cięła, cięli) [] vt [1] (krajać) to cut [materiał, szkło, metal, kwiaty] (czymś with sth); **ciąć papier nożyczkami** to cut paper with scissors; **ciąć coś na kawałki** to cut sth up; **ciąć coś na plasterki** to slice sth (up); **ciąć drzewo piłą** to saw wood; **artykuł jest za długi – trzeba go ciąć** przen. the article's too long – we need to cut it; **nóż do cięcia papieru** a knife for cutting paper, a paperknife [2] (kąsać, kłuć) [komar] to bite; [pszczoła] to sting ⇒ **uciąć** [3] przen. (przebijać się) to cut through, to shoot through [powietrze, fale]; **pociski ze świstem cięły powietrze** the missiles whistled through the air

[] vi [1] przen. [deszcz, wiatr] to lash, to sting (w coś sth); [mróz, śnieg] to sting (w coś sth); **wiatr ciął śniegiem w twarz** the wind stung his/her face with snow; **deszcz ~ął ostro** the rain was pelting a. driving down (hard) [2] pot. (robić coś z werwą) [orkiestra] to bash out [stare przeboje]; [tancerze] to whisk through, to spin through [oberka]; **ciąć w karty** pot. to play at cards

[] **ci|ąć się** [1] (jeden drugiego) to slash (at) each other (czymś with sth); **wilki cięły się** the wolves went at each other tooth and claw [2] pot., przen. (kłócić się) to lash out at each other; **podobno się lubiły, ale cięły się o byle co** apparently they liked each other, but they would go for each other over the merest trifle

ci|ąć² pf, impf [] vt (uderzyć) (nożem, szablą) to slash, to cut; (batem) to lash, to slash; **ciąć konia batem w grzbiet** a. **po grzbiecie** a. **przez grzbiet** to lash a horse across the back (with a whip); **rycerz ciął wroga szablą w ramię** the knight slashed his opponent's arm a. slashed his opponent across the arm

[] **ci|ąć się** (siebie samego) (nożem, żyletką) to cut oneself; **ciąć się biczem przez plecy** to flog a. scourge oneself

ciąg m (G ~u) [1] (w przestrzeni) row, stretch; **~ komunikacyjny** a traffic route; **~ handlowy** a shopping precinct; **~ pieszy**

a pedestrian way a. precinct; **~ spacerowy** a walkway, a promenade; **~ sklepów** a row a. stretch of shops; **~ betonowych słupów** a line a. row of concrete pillars; **pisać w ~u** to run on ⟨2⟩ (w czasie) (wydarzeń) chain, sequence; (nieszczęść, wypadków, zwycięstw, rozczarowań) series, string; (scen, zdjęć, odpowiedzi, głosek) sequence; **w ~u rozmowy/dochodzenia** during the course of conversation/ an investigation; **w ~u ostatniego dziesięciolecia** during the last decade; **musisz odpowiedzieć w ~u czterech dni** you have to answer within four days; **dojdziemy tam w ~u godziny** we'll get there within an hour; **(czyjś) ~ myśli** sb's train of thought; **ustawiczne pytania zakłócały mu ~ myśli** the constant questions upset his train of thought; **~ przyczynowo-skutkowy** cause and effect; **~ dalszy** (przedłużenie) continuation; (następny film, książka) sequel; **~ dalszy nastąpi** to be continued; **jednym ~iem** pot. [oglądać, czytać] (bez przerwy) in one go; [wypić] in one gulp; **w dalszym ~u still; w dalszym ~u jestem bez pracy** I still don't have a job ⟨3⟩ sgt Techn. (powietrza) current of air; (w kominie) draught GB, draft US; (wody, gazu) flow; **w kominie jest dobry ~** the chimney draws well ⟨4⟩ Zool. (wędrówka zwierząt) migration; (ryb) run; (ptaków) passage, flight ⟨5⟩ sgt Lotn. **~ siła ~u** thrust; **~ wsteczny** reverse thrust ⟨6⟩ Mat. sequence; **~ malejący/nieskończony** a decreasing/an infinite sequence ⟨7⟩ Żegl. fall-rope ⟨8⟩ pot. (okres pijaństwa, brania narkotyków) bender
❑ **~ produkcyjny** Techn. production process; **~ technologiczny** Techn. production line
ciąga|ć impf pot. **Ⅰ** vt ⟨1⟩ (włóczyć) to drag, to pull; **~ć coś po podłodze** to drag a. pull sth along the floor ⟨2⟩ (zabierać ze sobą) to drag [sb] around; **~ła męża po sklepach** she dragged her husband round the shops; **wszędzie ~ła ze sobą dzieci** she dragged her children along with her everywhere ⟨3⟩ (szarpać) to pull; **~ć kogoś za włosy/brodę/wąsy** to pull sb's hair/ beard/moustache; **~ć kogoś za uszy** to pull sb by the ears; **~ć kota za ogon** to pull a cat by the tail
Ⅱ ciągać się ⟨1⟩ (włóczyć się) to traipse (**po czymś** round sth); **~ć się po mieście** to traipse around town; **~ć się po knajpach** to go from one bar to another ⟨2⟩ (szarpać jeden drugiego) to pull one another; **~ć się za włosy** to pull each other's hair; **psy ~ły się za uszy** the dogs were grabbing each other by the ears ⟨3⟩ (być wleczonym) [welon, pasek] to trail
■ **~ć kogoś po sądach** to drag sb through the courts; **ledwo ~ć nogi** a. **nogami** to shamble (along)
ciągle adv. ⟨1⟩ (bez przerwy) [zmieniać się, pracować] continuously; **od dwóch dni ~ leje** it's been raining non-stop a. continuously for two days; **~ o niej myśli** he thinks of her continuously ⟨2⟩ (bardzo często) [kłócić się, chorować, odnawiać się] constantly, continually; **~ powracający motyw** a constantly recurring motif; **~ powtarzający się rytm** a constantly repeated rhythm ⟨3⟩ (wciąż) still; **~ to samo** the same old

story, it's always the same; **~ tylko praca i praca** nothing but work, work, work, all the time; **być ~ w ruchu** to be on the move all the time; **wspomnienia o zmarłym mężu są ~ żywe** her memories of her late husband are still very much alive; **~ czekamy na odpowiedź** we're still waiting for a reply; **~ popełniał te same błędy** he kept making the same mistakes; **jej słowa ~ brzmią mi w uszach** her words are still ringing in my ears; **~ jednak tęsknię za nim** I still miss him all the same; **~ jeszcze brakuje funduszy na ten projekt** there are still no funds for the project
ciągliwoś|ć f sgt (metali) ductility, malleability; (skóry) pliability; (ciasta) stringiness
ciągliw|y adi. [stal] ductile, malleable; [cukierek] chewy, stick-jaw attr.; [ciecz] stringy; **~e ciasto** stringy dough
ciągłoś|ć f sgt continuity; **~ć historyczna** historical continuity; **~ć prawna** the continuity of the law; **~ć produkcji/państwa** continuity of production/the existence of the state; **~ć ruchu** the flow of traffic; **poczucie ~ci czasu/kultury/tradycji** a sense of the continuity of time/culture/ tradition; **zachować ~ć narodowych tradycji** to maintain the continuity of national traditions
❑ **~ć pracy** Admin. unbroken employment record
ciągł|y adi. ⟨1⟩ (bezustanny) [hałas, praca, produkcja, ruch] continuous; [zagrożenie, ryzyko] continual, constant; **~ły ogień artyleryjski** continuous artillery fire; **~łe dokształcanie się** professional updating, continuing education; **kultura jest ~łym dialogiem** culture is a continuing dialogue; **żyć w ~łym napięciu** to live under constant strain; **żyć w ~łym strachu** to live in constant a. continual fear ⟨2⟩ (powtarzający się) [przerwy, wyjazdy, podróże, zabawy] constant; **miała dość ~łych awantur** she'd had enough of the constant a. continual rows ⟨3⟩ (nieprzerwany) [linia] unbroken, continuous; **~ła zabudowa** ribbon development
ciągn|ąć impf **Ⅰ** vt ⟨1⟩ (przesuwać, wlec) to drag, to pull [osobę, zwierzę]; to draw, to pull [wóz, wagon]; to tow [przyczepę]; **~ąć kogoś za rękę** to drag sb (along) by the hand; **~ąć kogoś za nogi** to drag sb by the legs; **~ąć kogoś za płaszcz** to pull sb by the coat; **~ąć coś po ziemi** to drag sth along the ground; **~ąć zabawkę na sznurku** to pull a toy along on a string; **~ąć palcem po czymś** to draw one's finger along sth; **sanie ~ięte przez dwa konie** a sleigh drawn by two horses ⇒ **pociągnąć** ⟨2⟩ (zabierać kogoś ze sobą) to drag [sb] along; **~ąć kogoś do kina** to drag sb along to the cinema; **~ął rodzinę ze sobą** he dragged his family along with him; **~ąć kogoś na wódkę** to drag sb off for a drink; **~ąć kogoś do ołtarza** żart. to drag sb to the altar żart. ⇒ **zaciągnąć** ⟨3⟩ (prowadzić, wieść) to carry out [pracę]; to carry on [naukę]; to run, to carry on [gospodarstwo]; **on ledwo ~ie** pot. he just gets by; **~ęła życie samotnie** she led a solitary life ⟨4⟩ (wydobywać, wybierać) to draw; **~ąć wodę ze studni** to

draw water from a well; **~ąć sieci z jeziora** to draw in (fishing) nets from a lake ⟨5⟩ (wchłaniać) to drink, to sip [napój, herbatę]; to consume [elektryczność]; **~ąć lemoniadę przez słomkę** to drink a. suck lemonade through a straw; **~ąć wódkę** pot. to knock back vodka pot.; **rośliny ~ą pożywienie z ziemi** plants draw sustenance from the earth; **~ąć dym z fajki/papierosa** to draw on a pipe/cigarette ⟨6⟩ (przyciągać) to draw; **magnes ~ie metale** a magnet attracts metals; **ciężki plecak ~ął ją do tyłu** her heavy rucksack pulled her backwards; **wir rzeki ~ął go na dno** the river eddy was sucking him under ⟨7⟩ (pociągać, wabić) [lektura, sport] to draw; **~ie ją scena/estrada/cyrk** she's drawn to the theatre/stage/circus; **~eło go do alkoholu** he was drawn to alcohol; **papierosy nigdy mnie nie ~ęły** I was never interested in a. drawn to smoking; **~ie go złe towarzystwo** he's drawn to bad company; **nie ~nie mnie tam** I've no desire to go there ⟨8⟩ (szarpać, targać) to pull, to tug [osobę]; **~ąć kogoś za rękaw/włosy** to pull sb's sleeve/hair; **~ąć psa za ogon** to pull a dog's tail; **~ąć gwóźdź obcęgami** to pull at a nail with pliers ⟨9⟩ (rozciągać) to draw out, to stretch (out) [sznur, gumę] ⟨10⟩ (przedłużać) to carry on, to continue [przedstawienie, roboty, poszukiwanie]; **~ąć dalej opowiadanie** to carry on with a story; **nie chciałem ~ąć rozmowy** I didn't want to prolong the conversation; **nie ma sensu ~ąć tego tematu** there's no point in drawing a. dragging the issue out ⇒ **pociągnąć** ⟨11⟩ (uzyskiwać) to derive [zyski, korzyści, dochody] (**z czegoś** from sth) ⇒ **wyciągnąć** ⟨12⟩ (zakładać) to run, to lay [kabel, linię kolejową]; (budować) to run (up), to build [mur, ścianę, komin] ⟨13⟩ Techn. to draw [drut] ⟨14⟩ Górn. to haul [materiały, urobek]
Ⅱ vi ⟨1⟩ (wiać, dmuchać) **z ogrodu ~ęła woń róż** the scent of roses wafted in from the garden; **chłód ~ie od morza** there's a cool breeze in off the sea; **od rzeki ~ęło chłodem** there was a cool breeze off the river; **piec dobrze/źle ~ie** the chimney draws well/doesn't draw well; **ależ tu ~ie** it's so draughty in here ⟨2⟩ (przemieszczać się) to head; **wojska ~ęły na północ** the troops have headed a. pushed north; **szosami ~ęły tłumy uchodźców** crowds of refugees were moving along the roads; **ranny łoś ~ął w las** the wounded elk headed off a. made off into the forest ⟨3⟩ (nadchodzić) [burza, chmury] to draw near, to near ⟨4⟩ (być amatorem) **~ąć do czegoś** to be drawn to [sportu, lekkiego życia] ⟨5⟩ (mówić dalej) to continue, to go on; **czy mogę ~ąć dalej?** may I continue? ⟨6⟩ pot. (jechać) [samochód] to do pot.; **~ąć setką** to be doing a hundred
Ⅲ ciągnąć się ⟨1⟩ (zajmować obszar) [las, pustynia, droga] to stretch (out); **~ąć się kilometrami** to stretch for miles; **~ąć się w nieskończoność** to stretch into infinity; **kolejka ~ie się do końca budynku** the queue goes right to the end of the building; **korek ~ie się do skrzyżowania** the traffic jam goes up to the roundabout; **droga ~ie się aż do jeziora** the road goes

all the way to the lake [2] (wlec się) to trail; **~ąć się z tyłu** to trail behind; **pociąg z sapaniem ~ął się pod górę** the train chugged its way uphill [3] (szarpać jeden drugiego) to pull one another; **~ąć się za włosy** to pull each other's hair [4] (trwać długo) [spotkanie, film] to drag on; [dzień, wieczór] to wear on; **~ąć się bez końca** to go on forever; **dyskusja ~ęła się w nieskończoność** the discussion dragged on and on; **obiad ~ął się w milczeniu** dinner dragged on in silence; **proces ~ął się przez kilka lat** the trial dragged on for several years [5] (unosić się) [chmura, dym, kurz] to drift; [zapach] to waft; **ta sprawa będzie się jeszcze długo za nim ~ęła** the affair will hang over him for a long time to come [6] (być wleczonym) to trail; **~ąć się za kimś** to trail behind sb; **pasek od płaszcza ~ął się za nim po ziemi** his coat belt was trailing on the ground behind him [7] (być ciągliwym) [substancja] to be stringy; [cukierek] to be chewy; **~ący się klej** thick glue

■ **~ąć losy** a. **węzełki** to draw lots; **~ąć ton** a. **nutę** to hold a note; **~ąć weksel** Handl. to draw a bill; **~ąć w swoją stronę** to look after one's own interests; **nie dojdą do porozumienia, bo każdy ~ie w swoją stronę** they won't reach an agreement because they're pulling in different directions; **mówią, że działają dla dobra ogółu, ale wiadomo, że każdy ~ie w swoją stronę** they say they're acting for the good of society, but everyone knows they're all just looking after number one; **~ąć kogoś za język** to draw sb (out); **~ąć kogoś za uszy** to pull sb through; **~ąć za sobą nogi** to shamble (along); **(natura) ~ie wilka do lasu** przysł. a leopard cannot change his spots przysł.

ciągnie|nie n [1] (w loterii) draw; **~nie losów** the drawing of lots, a ballot [2] sgt Techn. (rur, prętów) drawing [3] sgt Górn. (urobku) haulage

ciągnik m [1] (rolniczy, kołowy, gąsienicowy) tractor; **~ artyleryjski** a prime mover, a towing vehicle; **~ drogowy** a tractor (unit), a towing vehicle; **~ siodłowy** a tractor unit GB, a truck tractor US [2] Górn. tractor

ciągnikow|y adi. tractor attr.

ciągot|ki plt (G ~ek) pot., żart. [1] (skłonność) bent; **skąd u niego te teatralne ~ki?** where does he get that theatrical bent from?; **seksualne ~ki** sexual urges; **miał ~ki do córki sąsiada** he fancied the neighbour's daughter pot. [2] przest. (dreszcze) the shivers

ciągot|y plt (G ~) pot. [1] pot. (pociąg płciowy) sexual urge, sexual desire; **czuć ~y do kogoś** to fancy sb pot. [2] pot., przen. (skłonność) bent, fondness C/U (**do czegoś** for sth); **~y literackie** a literary bent, a bent for literature; **~y lewicowe/prawicowe** leftist/rightist tendencies; **~y plastyczne** artistic leanings; **~y podróżnicze** the urge to travel; **mieć ~y do śpiewu/teatru/magii** to be drawn to singing/the theatre/magic [3] przest. (dreszcze) shivers

ciągut|ka f zw. pl a kind of chewy fudge sweet

ciąż|a f Fizj. pregnancy C/U; **~a rzekoma** a. **urojona** a phantom pregnancy, a pseudo-pregnancy; **niechciana ~a** an unwanted pregnancy; **zaawansowana ~a** an advanced pregnancy; **przerwanie ~y** termination of a pregnancy, abortion; **zapobieganie ~y** birth control, contraception; **donosić ~ę** to carry a pregnancy to (full) term; **kobieta w ~y** a pregnant woman; **być w ~y** to be pregnant; **przerwać** a. **usunąć ~ę** to terminate a pregnancy, to have an abortion; **zajść w ~ę** to become pregnant; **zaszła w ~ę ze swoim chłopakiem** she became pregnant by her boyfriend; **jest pani w trzecim miesiącu ~y** you're two months pregnant; **która to pani ~a?** how many times have you been pregnant before?; **~a była wynikiem gwałtu** the pregnancy resulted from rape

❑ **~a jajowodowa** Fizj. tubal pregnancy; **~a mnoga** Fizj. multiple pregnancy; **~a pozamaciczna** Fizj. ectopic (pregnancy)

ciążeni|e [] sv → **ciążyć**

[] n sgt Fiz. **~e powszechne** (universal) gravitation; **siła ~a** the gravitational force; **prawo (powszechnego) ~a** the law of universal gravitation

ciążow|y adi. pregnancy attr.; **test ~y** a pregnancy test; **sukienka ~a** a maternity dress

ciąż|yć impf vi [1] (przytłaczać ciężarem) **~yć komuś** to press heavily on sb, to weigh sb down; **~ył mi ten kożuch/plecak** this sheepskin coat/rucksack was weighing me down; **głowa mi ~y** my head feels heavy; **powieki mu ~yły** his eyelids were heavy a. drooping [2] przen. (skłaniać się) to lean (**ku czemuś** towards sth); **nasza grupa wyraźnie ~yła ku socjalizmowi** our group was clearly leaning a. clearly leaned towards socialism [3] (dawać się we znaki) [obowiązki, odpowiedzialność] to be a burden, to get [sb] down; **opieka nad ojcem ~yła jej coraz bardziej** looking after her father became more and more of a burden; **~yły im ciągle wizyty** the constant visits began to get them down; **dojazdy autobusem do miasta bardzo mu ~yły** the bus rides into town were very trying for him [4] (moralnie) [obowiązek] to rest (**na kimś** with sb); **odpowiedzialność za dzieci ~y na rodzicach** responsibility for children rests with their parents; **~ą na nich długi** they're saddled with debts; **na nim ~y zarzut morderstwa** he stands accused of murder [5] (zagrażać) [niebezpieczeństwo, groźba] to hang (**nad kimś/czymś** over sb/sth); **nad krajem ~yło fatum** a sense of doom hung over the country

cich|aczem, ~cem adv. [1] (bezgłośnie) quietly, noiselessly; **gdy dziecko usnęło ~aczem wyszła z pokoju** when the baby was asleep, she slipped quietly out of the room [2] przen. (potajemnie) [wyjechać, uciec, spiskować] secretly, clandestinely; **spotkać się z kimś ~cem** to meet sb secretly a. clandestinely; **prowadzić ~aczem działalność wywrotową** to carry out clandestine revolutionary activities; **~aczem wynosił z domu różne cenne przedmioty** he secretly took various valuable things from home

cich|nąć impf (~nął a. **~ł, ~ła, ~li**) vi [1] (milknąć) [dźwięki, muzyka, kroki] to die away; [osoba] to fall silent, to quieten down; [miejsce] to become quiet; **płaczące dziecko nie ~ło ani na chwilę** the child didn't stop crying for a single minute; **ujadanie psów powoli ~ło** the yelping of the dogs slowly ceased; **dom ~ł dopiero około północy** it was only around midnight that the house became quiet; **nocą miasto ~nie** at night the city quietens down ⇒ **ucichnąć** [2] przen. (słabnąć) [wiatr, burza] to die away; [ból, rozpacz, gniew] to subside ⇒ **ucichnąć**

ci|cho [] adv. grad. [1] (bez hałasu) [mówić, grać, poruszać się] quietly; **cicho zamknął za sobą drzwi** he closed the door quietly behind him; **śmiała się cicho do samej siebie** she chuckled quietly to herself; **dziecko cicho popłakiwało** the toddler was snivelling quietly; **w domu było cicho** the house was quiet; **tu jest tak cicho** it's so quiet here [2] przen. (spokojnie) quietly; **życie płynęło mu cicho** he led a quiet life [3] przen. (bez rozgłosu) [odbywać się, obchodzić coś] quietly, with little fanfare; **ślub odbył się cicho, tylko w gronie najbliższych** it was a quiet wedding, with just close friends and family

[] adv. przen. (dyskretnie) [popierać] quietly, tacitly

[] inter. quiet!; **cicho, sza** hush!

[] z cicha [uśmiechać się, szumieć] quietly

■ **być cicho** także przen. to keep a. stay quiet; **bądź cicho!** be quiet!; **było cicho jak makiem zasiał** you could have heard a pin drop; **siedzieć cicho** pot. to keep quiet; **siedź cicho! nie wtrącaj się!** keep out of it! a. keep quiet! don't interfere!; **cicho siedź! nikt cię nie pyta o zdanie** pipe down! a. keep quiet! nobody's asking you; **ja tam wolę siedzieć cicho, po co mam się wychylać** I prefer to keep quiet about it, why should I stick my neck out?; **siedzieć cicho jak mysz pod miotłą** a. **jak trusia** to sit as quiet as a mouse; **z cicha pęk** a dark horse; **ale z cicha pęk z niego** he's a dark horse, that one; **to taki z cicha pęk, nigdy nie wiem, czym mnie zaskoczy** he's full of surprises, that one, I never know what he's going to do next; **żartowniś z cicha pęk** a bit of a joker on the quiet; **dowcip/uwaga z cicha pęk** a joke/remark out of the blue; **odezwać się/powiedzieć coś z cicha pęk** to say sth out of the blue

cichobieżn|y adi. Mech. noiseless

cichociemn|y m Hist. a soldier trained in the West and parachuted over Nazi-occupied Poland to join the resistance forces

cichodaj|ka f pot. woman on the game GB pot., hooker US pot.

cichoś|ć f sgt książk. quietude książk.; silence

■ **w ~ci (ducha)** książk. in one's heart of hearts; **w ~ci ducha liczyła na więcej** in her heart of hearts a. deep down she was hoping for more

cichu|tki (~teńki, ~sieńki, ~ski) adi. dem. [1] (ledwie słyszalny) very quiet, hushed; **~tka muzyka** very soft music; **~tkim szeptem** in a tiny whisper; **po ~tku** without a sound [2] (zaciszny) [miejsce, miejscowość] very quiet [3] przen. (spokojny) quiet, placid; **wygląda na ~tką dziewczynę, ale pozory mylą** she looks like a nice quiet girl, but appearances can be deceptive; **~sieńka noc** the quietest of nights

cichu|tko (**~teńko**, **~sieńko**, **~śko**) adv. dem. [mówić, szeleścić] very softly; [poruszać się] without a sound; **nucić coś ~tko** to hum sth softly; **zrobiło się ~tko** everything became quiet

ci|chy [1] adi. grad. [1] [głosy, dźwięk, muzyka] quiet, soft; [urządzenie] noiseless; [pukanie] gentle; **cichy płacz** soft crying; **tylko cichy śmiech zdradzał jego obecność** only a quiet laugh betrayed his presence; **usłyszała za sobą ich cichy śmiech** she heard their suppressed laughter behind her; **pokój cichej nauki** a private study room GB, a study hall US; **po cichu** quietly; **czytać po cichu** to read quietly a. to oneself [2] przen. (spokojny) [dom, dzielnica, wieczór] quiet; [życie] quiet; [morze] calm [3] przen. (skromny) [osoba] quiet, gentle; **cichy i potulny** meek and mild; **ciche, nieśmiałe dziecko** a quiet, shy child; **marzył o cichej starości gdzieś w górach** he dreamt of a quiet retirement in the mountains somewhere [4] przen. (pozbawiony rozgłosu) [uroczystość, ślub] quiet, low-key; **cichy bohater** an unsung hero; **ciche bohaterstwo/poświęcenie** quiet heroism/sacrifice

[2] adi. przen. (niejawny) [zmowa, układ] tacit, unspoken; [poplecznik] tacit; [transakcje, interesy] secret, under-the-counter; [adorator, wielbiciel] secret; [rozpacz] quiet; **cichy wspólnik** a sleeping partner GB, a silent partner US; **byli w cichej zmowie** they were in league with each other; **miał ich cichą zgodę** he had their tacit consent; **w zespole wywiązało się ciche współzawodnictwo** hidden rivalry developed within the group; **mam cichą nadzieję, że...** I'm secretly hoping that...; **moim cichym życzeniem jest...** my secret wish is...; **po cichu** on the quiet; **handlował po cichu walutą** he dealt in foreign currency on the black market

■ **cicha woda** a deep one; **cicha woda brzegi rwie** przysł. still waters run deep przysł.; **ciche dni** the period when husband and wife aren't talking to each other

cie|c, cie|knąć impf (**~knie**, **~kł** a. **~knął**) vi [1] (spływać) [woda, płyn] to run; (kroplami) to drip; **~c po czymś** to run a. roll down sth; **zobaczyłam, że łzy mu ~kną po policzkach** I could see tears rolling down his cheeks; **krew mu ~knie z nosa/ucha** his nose/ear is bleeding; **cały czas ~knie mi z nosa** my nose keeps running; **pot ~kł jej po plecach** sweat was running down her back [2] (przeciekać) [rynna, zbiornik] to leak; **ten wazon ~knie** that vase leaks; **cholera, znowu dach ~knie** the roof's leaking again, damn it!; **~knący dach** a leaky roof; **~knący kran** a dripping a. leaking tap [3] Myśliw. [zwierzyna] to flee, to dart

■ **ślinka mi ~knie na myśl o tym** the very thought of it makes my mouth water

ciecz f (rzadka, brudna, mętna) liquid; (gęsta, lepka, zawiesista) fluid; **krew jest ~ą** blood is a fluid; **czy ciało stałe może się**

---

zamienić w ~? can a solid body change into a liquid?

❏ **~ krystaliczna** Chem. liquid crystal; **~ przechłodzona** Fiz. supercooled liquid; **~ przegrzana** Fiz. superheated liquid; **~ zwilżająca** Fiz. wetting fluid, wetting liquid

ciecz|ka f Zool. heat U, oestrus U; **nasza suczka ma ~kę** our she dog is in a. on heat

cieczow|y adi. [termometr] liquid attr.

cie|ć m pot., obraźl. [1] (stróż) caretaker GB, janitor US [2] (mężczyzna) jerk pot.

ciek m (G **~u**) flow, current; **~ okresowy** periodic flow; **~ podziemny** underflow, groundwater flow; **~ stały** permanent flow

ciekaw → **ciekawy**

ciekaw|ić impf [1] vi to interest; **bardzo/mało kogoś ~ić** to be of great/little interest to sb; **~i mnie, dlaczego/jak...** I'm curious to know why/how...; **~i mnie, co będzie dalej** I wonder what will happen next; **to wcale mnie nie ~i** it doesn't interest me in the slightest; **wszystkich ~i, kim jesteś z zawodu** everyone's curious about what you do for a living ⇒ **zaciekawić**

[2] **ciekawić się** to take an interest, to be interested (**czymś** in sth); **~ić się światem** to be interested in the world (around one); **~ił się wszystkim, co hiszpańskie** he was interested in all things Spanish; **nie wyglądało na to, by się ~iła muzyką** she didn't look as if she'd be interested in music; **zaczęli zanadto ~ić się jej życiem** they began to take an excessive interest in her life ⇒ **zaciekawić się**

ciekawie adv. grad. [1] (z zaciekawieniem) [przyglądać się] curiously; **dziecko wypytywało ~ o wszystkie szczegóły** the child was curious to know all the details [2] (interesująco) [mówić, opowiadać] engagingly, interestingly; [skonstruowany, skomponowany] interestingly; **w filmie wypadło to ~j niż w książce** this was more interestingly done in the film than in the book; **weekend nie zapowiadał się zbyt ~** the weekend didn't look as if it was going to be too interesting

ciekawost|ka f (przedmiot) curiosity; (informacja) titbit GB, tidbit US; **~ki ze świata przyrody** curiosities from the world of nature; **~ki z życia gwiazd** titbits from the lives of the stars; **~ką jest (to), że...** it's an interesting point a. detail that...; **i tu ~ka, otóż...** an interesting thing here is that...; **jako ~kę powiem/dodam, że...** as an interesting side note, I can add that...; **zakończył wykład, opowiadając kilka ~ek** he rounded off the lecture with a few interesting facts; **na koniec kilka ~ek...** one or two interesting facts a. side notes to finish off with...; **film długo był ~ką techniczną** the film was of technical interest for a considerable time

ciekawoś|ć f sgt curiosity; **~ć czegoś** curiosity about sth, interest in sth; **z ~ci** a. **przez ~ć** out of curiosity; **z (czystej) ~i spytam** I'm just curious (that's all); **zwykła zawodowa ~ć** plain professional curiosity; **zaspokoić swoją ~ć** to satisfy one's curiosity; **obserwować coś z (rosnącą) ~cią** to observe sth with (growing)

---

curiosity; **reżyser podsyca ~ć, nie zamierzając jej zaspokoić** the director arouses our curiosity, without any intention of satisfying it

■ **umierać z ~ci** to be dying of curiosity a. dying to know; **~ć pierwszy stopień do piekła** przysł. curiosity killed the cat przysł.; **bez ~i nie ma mądrości** przysł. ≈ curiosity is the source of all wisdom

ciekaws|ki pot., pejor. [1] adi. [dziennikarz] nosy pot.; prying; [spojrzenie] inquisitive; **~ki wzrok** prying eyes; **~kie pytania** nosy questions; **zajrzał tu jakiś ~ki reporter** some nosy reporter poked his head in here; **ta rozmowa nie jest przeznaczona dla takich ~kich uszu jak twoje** this conversation's not meant for inquisitive little ears like yours

[2] **ciekaws|ki** m, **~ka** f zw. pl rubberneck US pot.; inquisitive onlooker; **tłum ~kich** a crowd of inquisitive onlookers

ciekaw|y [1] adi. grad. [1] (dociekliwy) [osoba] curious; [umysł, spojrzenie] inquisitive, inquiring; **być ~ym czegoś** to be curious about sth [2] (interesujący) [książka, przedstawienie] interesting, engaging; [postać, okres, pomysł] interesting; **niezbyt ~e spotkanie** not a very interesting meeting; **wieść ~e życie** to lead an interesting life; **twój sąsiad to ~y człowiek** your neighbour's an interesting character; **rozglądamy się za ~szą pracą** we're looking around for more interesting work; **~a rzecz, jak/że...** it's interesting a. curious how/that...

[2] **ciekaw** adi. praed. curious (**czegoś** about sth); **~ jestem, dokąd oni poszli** I wonder where they've gone; **~a jestem, jak on wygląda** I wonder what he looks like; **wcale nie jesteśmy tego ~i** we're not the slightest bit interested

[3] **ciekawe** adi. praed. interesting; **to bardzo ~e, prawda?** that's interesting, isn't it?; **a to ~e** now that's (very) interesting; **~e, czy zdam** I wonder if I'll pass; **~e, czy sam to wymyślił** I wonder if he thought that up himself; **~e, jaka jutro będzie pogoda** I wonder what the weather will be like tomorrow; **tylko ~e, ile by za to chciał** but I wonder how much he'd want for it; **~e, im więcej o tym myślę, tym mniej rozumiem** it's curious, the more I think about it the less I understand; **~e, że już tydzień temu mnie ostrzegał** curiously enough, he warned me a week ago; **i co ~sze, nigdy wcześniej tam nie był** even more interestingly, he'd never been there before; **i co najciekawsze, okazał się moim dalekim krewnym** and the oddest thing of all is that he turned out to be a distant relative of mine

[4] **ciekaw|y** m, **~a** f zw. pl (gap) onlooker; **wokół przemawiającego zebrała się grupa ~ych** a group of onlookers gathered round the speaker; **ślub zgromadził mnóstwo ~ych** the wedding attracted a crowd of onlookers

ciek|i plt (G **~ów**) Myśliw. legs (of gallinaceous bird)

ciek|ły adi. [substancja] liquid, fluid; [paliwo] liquid; [gaz] liquefied, liquid; [metal] molten; **~ły smar** lubricating oil, liquid lubricant

cieknąć → **ciec**

cielacz|ek *m dem.* (krowa, byk) calf; (sarna, łoś, łania) fawn

ciela|k [U] *m pers.* (*Npl* **~ki**) pot., obraźl. (chłopak) dope pot.; **taki ~k, gdzie go popchną, tam pójdzie** he's such a dope, he'd do anything you told him to [U] *m anim.* (krowa, byk) calf; (sarna, łoś, łania) fawn

cieląt|ko *n dem.* [1] pieszcz. (krowa, byk) (little) calf; (sarna, łoś, łania) (little) fawn [2] (osoba) ninny pot., goose pot.; **głupiutkie ~ko** silly (little) thing a. goose

ciel|ec *m przest* calf
■ **złoty ~ec** Bibl. the golden calf; książk., przen. (bogactwo) (the) golden calf, Mammon

cielesnoś|ć *f sgt* książk. corporeality; corporality rzad.; **duchowość i ~ć człowieka** the spiritual and corporeal nature of man; **dotkliwie odczuwać swoją ~ć** to be painfully aware of one's corporality

cielesn|y *adi.* książk. [1] (fizyczny) [potrzeby, cierpienia] bodily; [kara] corporal; **obraże- nia ~e** bodily injuries; **nietykalność ~a** personal inviolability; **tortury ~e** physi- cal torture [2] (zmysłowy) [miłość, przyjem- ności] carnal; **sycić ~e żądze** to satisfy one's carnal desires; **pociąg ~y** physical a. sexual attraction

cieleśnie *adv.* książk. [1] (fizycznie) physically, in body; **piękny ~** physically beautiful; **silny ~** physically strong, strong in body; **cierpieć ~** to suffer physically [2] (zmysło- wo) physically; **oddać się komuś ~** to give oneself to sb bodily a. physically; **obcować z kimś ~** to have carnal relations with sb

ciel|ę *n* (*G* **~ęcia**) [1] (krowa, byk) calf; (sarna, łoś, łania) fawn [2] pot. (osoba) ninny pot.; **głupie ~ę z ciebie** you silly billy pot.
■ **gapić się (na kogoś/coś) jak ~ę na malowane wrota** to gawp (at sb/sth); **~ę na niedzielę** a. **boże ~ę** pot. (głupi) nitwit pot.; (niezaradny) drip pot., duffer pot.

cielęcin|a *f* [1] *sgt* Kulin. veal; **pieczona ~a** roast veal [2] pot., obraźl. (młoda osoba) dozy lump pot.; **ta ~a niczego nie potrafi załatwić** that dozy lump can't fix a. arrange anything; **ruszaj się, ~o** move yourself, you sack of potatoes

cielęcin|ka *f dem.* → **cielęcina** [1]

cielęc|y *adi.* [1] (z cielaka) veal attr.; **nóżki ~e w galarecie** calf's-foot jelly; **skóra ~a** calf(skin); **rękawiczki z ~ej skóry** calf- skin gloves [2] przen. childish; **~y rozum** the mind of a child; **~e spojrzenie** a. **~y wzrok** goo-goo eyes pot.
■ **~y wiek** a. **~e lata** książk. salad days; **~y zachwyt** a. **~e uwielbienie** blind admiration

cielętnik *m* enclosure for calves

ciel|ić się *impf v refl.* [krowa] to calve; [sarna, łania, łosza] to fawn ⇒ **ocielić się**

cieli|sty *adi.* [rajstopy, pończochy] flesh- coloured; **kolor ~sty** flesh colour

cieln|y *adi.* (o krowie) in calf, with calf; (o sarnie, łani, łoszy) in fawn

cielsk|o *n augm.* [1] (ciało) bulk, hulk; **(czyjeś) olbrzymie ~o** sb's huge bulk (of a body); **z trudem uniósł swoje ~o z krzesła** he heaved his large bulk out of the chair; **opasłe ~o wieloryba** the massive

bulk of a whale [2] przen. mass, bulk; **~o bombowca** the massive bulk of a bomber; **szare a. burzowych chmur** grey masses of storm clouds

ciemiącz|ko *n* Anat. fontanelle GB, fontanel US

ciemieniow|y *adi.* Anat. parietal; **kość ~a** a parietal (bone)

ciemieniu|cha *f sgt* Med. cradle cap; crusta lactea spec.

ciemi|ę *n* (*G* **~enia**) crown, top of the head; **miał włosy przerzedzone na ~eniu** his hair was rather thin on the crown
■ **być nie w ~ę bitym** pot. to be no(body's) fool; **to chłopak nie w ~ę bity** the boy's no fool; **nie jestem w ~ę bity** I wasn't born yesterday; **do tej pracy potrzebny byłby ktoś nie w ~ę bity** we need someone with their wits about them for this job

ciemię|ga *m, f* (*Npl* **~gi**) pot., pejor. (ślamazarny) laggard; (niezdarny) (clumsy) oaf, gawk; (niedołęga) twerp pot., twit GB pot., goof US pot.

ciemięstw|o *n* książk. oppression U, tyr- anny U; **~o tyranów** the oppression of tyrants; **~o caratu** the tyranny of tsardom

ciemię|zca, ~życiel *m* (*Gpl* **~zców** a. **~życieli**) książk. oppressor, tyrant; **~zca chłopów/narodu** an oppressor of the peasants/the people

ciemięż|yć *impf vt* książk. to oppress, to tyrannize [poddanych, społeczeństwo, naród]; **naród ~ony przez najeźdźców** a nation oppressed by invaders ⇒ **uciemiężyć**

ciemnawo *adv.* darkish *adi.*; **było ~** it was darkish

ciemnaw|y *adi.* [1] [pomieszczenie, ulica] dimly-lit, gloomy [2] [kolor, włosy, skóra] darkish

ciemni|a *f* (*Gpl* **~**) darkroom
❑ **~a optyczna** lightproof box

ciemniactw|o *n sgt* pot., pejor. (zacofanie) backwardness, ignorance

ciemnia|k *m* (*Npl* **~cy** a. **~ki**) pot., obraźl. ignoramus; **o czym z takim ~kiem rozmawiać** what can you talk about with an ignoramus like that?

ciemnic|a *f* [1] książk. (więzienie) (black) hole, dark cell; **zamknąć kogoś w ~y** to lock sb up in a dark cell [2] *sgt* pot. (ciemność) pitch- blackness, pitch-darkness; **zabłądzić w ~y** to get lost in the dark; **~a taka, że strach wychodzić z domu** it's so pitch-black outside you'd be afraid to go out [3] pot. (pomieszczenie) pitch-dark room

ciemni|eć *impf* (**~eje, ~ał, ~ała**) [U] *vi* (tracić jasność) [1] to darken, to grow dark; **niebo ~ało** the sky was growing dark ⇒ **ściemnieć** [2] [kolor, włosy, meble, skóra] to grow darker; **srebro ~eje na powietrzu** silver darkens on exposure to air ⇒ **ściemnieć, pociemnieć** [3] (odcinać się ciemnym kolorem) to stand out dark(ly), to show dark; **na podłodze ~ała spora kałuża krwi** a large pool of blood showed dark on the floor; **las ~ał na horyzoncie** a forest showed dark on a. against the horizon; **~ejące w oddali drzewa** trees standing out darkly in the distance [4] (o wzroku, oczach) to blur; **komuś wzrok ~eje** a.

oczy ~eją sb's vision blurs a. is blurred; **widziała, jak mu oczy ~eją z gniewu** she saw his expression cloud over in anger ⇒ **pociemnieć**
[U] *v imp.* **na dworze ~eje** it's getting a. growing dark outside; **~ało jej w oczach, czuła, że za chwilę zemdleje** everything went black, and she felt she was going to faint

ciemniow|y *adi.* darkroom attr.; **lampa ~a** darkroom lamp, safelight

ciemn|o¹ *n sgt* darkness, dark; **boję się ~a** I'm afraid of the dark

ciemn|o² [U] *adv. grad.* [1] (bez światła) dark *adi.*; **tu jest ~o** it's dark (in) here; **robi się ~o** it's getting dark; **w pokoju było ~o od dymu** the room was thick with (cigarette) smoke; **zrobiło mu się ~o przed oczami** he felt dizzy; **~o widzę przyszłość** przen. the future looks bleak to me [2] (w ciemnym kolorze) dark *adi.*, darkly; **~o zabarwiony** dark-coloured; **~o ubarwiony ptak** a dark- coloured bird; **farbować coś na ~o** to dye sth a dark colour; **była zawsze ~o ubrana** she always wore dark clothes; **~o opalona skóra** deeply-tanned skin
[U] **ciemno-** *w wyrazach złożonych* dark-; **ciemnobrązowy** dark-brown; **ciemnooki** dark-eyed
■ **~o, choć oko wykol** a. **~o jak w grobie** a. **~o, choć pysk daj** (as) dark as pitch, pitch-dark; **było ~o, choć oko wykol** it was pitch-dark; **strzał w ~o** a shot in the dark; **randka w ~o** a blind date pot.; **kupować coś w ~o** to buy sth on spec pot.; **jechałem tam zupełnie w ~o** I went there without any idea of what to expect; **można w ~o założyć, że...** you can bet your life that...

ciemnoblond *adi. inv.* [włosy, warkocze] dark blonde

ciemnogr|ód *m* (*G* **~odu**) pejor. [1] (środo- wisko) reactionary circles *pl*; (ludzie) reaction- aries *pl* [2] *sgt* (zacofanie) ignorance, back- wardness; obscurantism książk.

ciemnoskó|ry *adi.* [rasa, ludy] dark- skinned, black; [plażowicz] swarthy, well- tanned; **~ra miss Ameryki** a black Miss America

ciemnoś|ć *f* [1] (*Gpl* **~ci**) (brak światła) darkness U, (the) dark; **~ć zapadła** darkness fell; **bać się ~ci** to be afraid of the dark; **uciec pod osłoną ~ci** to escape under cover of darkness; **nic nie widzie- liśmy w ~ci** we couldn't see anything in the dark(ness); **miasto tonie w ~ciach** the city has been plunged into darkness; **poruszać się** a. **błądzić w ~ciach** także przen.; to grope in the dark [2] *sgt* przen. (niezrozumiałość) obscurity; **~ć czyjejś wy- powiedzi/czyjegoś stylu** the obscurity of sb's statement/style [3] *sgt* książk. (zło) dark- ness; (głupota) ignorance; **siły ~ci** the forces of darkness
■ **egipskie ~ci** pitch-darkness; **w domu panowały egipskie ~ci** it was pitch-dark in the house

ciemno|ta *f sgt* pejor. [1] (brak oświaty) ignorance; **tam panuje zabobon i ~ta** the place is rife with superstition and ignorance [2] (środowisko) ignoramuses *pl* [3] (niedorzeczność) drivel pot., hogwash pot.;

C

przestań wciskać mi ~tę! don't give me that drivel a. hogwash!

ciemnowłos|y adi. dark-haired

ciemn|y [I] adi. grad. [1] (pozbawiony światła) [noc, ulice, pokój, okna] dark [2] (prawie czarny) [włosy, oczy, chmury, suknia] dark; [oświetlenie, światło] dim; ~y chleb brown bread; ~e okulary dark glasses, sunglasses; ~e piwo brown ale [3] pot. (negatywny) [interes, sprawa] shady pot.; ~y typ a shady customer; ~e strony jego osobowości/charakteru the dark side of his personality/character; życie z nią ma także ~e strony living with her also has its downside; zabory to ~a karta historii Polski the partitions are a dark chapter in Poland's history [4] (nasycony) [kolor, odcień] dark; ~y błękit/brąz dark brown/blue; ~y rumieniec a deep flush [5] (brązowy) [karnacja, cera] dark, brown; ~a opalenizna a deep tan; twarz ~a od słońca a face brown from the sun; o ~ej cerze dark-complexioned [6] (o barwie głosu) deep; ma ~y alt she has a deep alto [7] (niezrozumiały) [wyjaśnienie, styl] obscure, opaque [8] (smutny) [myśli] dark, gloomy; malować świat w ~ych kolorach to paint the world in dark colours

[II] adi. pot. pejor. (ograniczony) [osoba, lud] illiterate, ignorant

[III] ciemn|y m, ~a f pot. dimwit pot.; tej ~ej niczego nie wytłumaczysz! that dimwit will never understand!

[IV] ciemne n pot. (piwo) brown (ale); proszę dwa ~e two brown ales, please

■ ~a masa pot. thickhead(s) pot.; ~y jak tabaka w rogu pot. (as) thick as a brick a. two short planks pot.

cieni|eć impf (~eję, ~ejesz, ~ał, ~ała) vi [1] (zmniejszać się) to grow thin, to become thin; chory bladł i ~ał z dnia na dzień the patient became paler and thinner by the day; lód ~ał coraz bardziej the ice was becoming thinner and thinner ⇒ ścienieć [2] [głos, dźwięk] to become shrill ⇒ ścienieć

cieni|ować impf vt [1] Szt. to shade (in) [rysunek, detale, materiał] ⇒ wycieniować [2] przen. (modulować) to modulate [ton, głos, nastrój] ⇒ wycieniować [3] przen. (ukazywać niuanse) to shade in; reżyser subtelnie ~uje psychologiczny kontekst sztuki the director subtly shades a. sketches in the psychological context of the play; aktorka po mistrzowsku ~owała rolę the actress brought out all the subtleties of the role in masterly fashion ⇒ wycieniować [4] Ogr. to shade [sadzonki, inspekty]; sosny ~ują ruń leśną pine trees shade the forest undergrowth [5] (strzyc) to layer [włosy] ⇒ ścieniować, wycieniować

cieniowan|y [I] pp → cieniować

[II] adi. [rysunek, obraz, litery] shaded

cieni|sty adi. grad. [1] (zacieniony) [aleja, droga, weranda] shaded, shady; ukryć się w ~stych zaroślach to hide in the shady thickets [2] (rzucający cień) [lipa] shady, shade-giving; ~ste rzęsy long, thick eyelashes

cieniście adv. grad. shadily; w lesie było chłodno i ~ it was cool and shady in the forest

cieniu|tki (~teńki, ~sieńki, ~ski, ~chny) adi. dem. [1] (niegruby) [linia, szyjka, sukienka] very thin; [rysa] hairline attr.; [plasterek] wafer-thin, paper-thin; [włókno, nić] ultrafine; [igła] superfine; [pończochy] sheer; ~tka warstwa pudru/szminki/kremu a very thin layer of powder/lipstick/cream [2] (wysoki) [głos, dźwięk] high and thin, reedy; (piskliwy) shrill; ~tkie tony fletu the high-pitched notes of a flute [3] (mało pożywny) [herbata, bulion] thin, watery [4] pot. (marny) [film, impreza] poor; rop(e)y GB pot.; [dowcip, fabuła] weak, thin

cieniutko adv. dem. [1] (nie grubo) [smarować, kroić] thinly; ~ zarysowane brwi finely drawn eyebrows [2] (o głosie) (wysoko) in a high thin voice; (piskliwie) shrilly; ~ śpiewać to sing in a high thin voice; dziecko popłakiwało ~ the baby cried in a high thin voice

cien|ki adi. grad. [1] (niegruby) [drut, warstwa, ściana, patyk, materiał] thin; [nić, linia] fine; ~nka w talii slim-waisted; ~nki w pasie slim in the waist [2] (lekki) [sweter, sukienka, paletko, rajstopy] thin [3] (chudy) [nogi, ręce] thin [4] [głos, ton, dźwięk] (wysoki) high and thin, reedy; (piskliwy) shrill [5] (mało pożywny) [kawa, zupa] thin, watery; [posiłek, obiad] meagre [6] pot. (marny) [film, impreza] poor, rop(e)y GB; [dowcip, fabuła] weak, thin; [fachowiec] poor; być ~nkim z czegoś to be poor at sth; on jest ~nki z fizyki/niemieckiego he's poor at physics/German [7] kryt. (trudny do zauważenia) [granica] thin; ~nka aluzja a subtle allusion; ~nka ironia subtle irony

■ mieć ~nką skórę to be thin-skinned

cien|ko [I] adv. grad. [1] (niegrubo) [kroić, smarować] thinly; [ubierać się] lightly [2] [mówić] (wysoko) in a high, thin voice; (piskliwie) shrilly; pisnęła ~ko she cried out shrilly [3] pot. (niepomyślnie) tight adi.; u mnie ~ko z pieniędzmi things are a bit tight money-wise; ~ko z nim było he was in a tight spot

[II] cienko- w wyrazach złożonych thin-, fine-; cienkoprzędny Włók. fine-spun; cienkonogi [osoba] thin-legged; cienkościenny [budynek] thin-walled

■ ~ko prząść pot. (biedować) to live from hand to mouth; (chorować) to be on one's last legs; ~ko śpiewać pot. (biedować) to have a hard a. thin time of it; (pokornieć) to sing small; gdzie ~ko, tam się rwie przysł. it never rains but it pours przysł.

cienkopis m (G ~u) (flamaster) fine felt-tip pen; (długopis) fine ballpoint pen

cienkusz m (G ~a a. ~u) przest., pot. (wino) watery wine; (piwo) watery beer; (miód) thin honey

cie|ń m [1] (ciemne odbicie) shadow; rzucać ~ń to cast a. throw a shadow; ~ń latarni padał na maskę samochodu the shadow of a lamp post fell on the bonnet of the car [2] sgt (zacienione miejsce) shade; 30 stopni w ~niu 30 degrees in the shade; drzewa dawały dużo ~nia the trees gave a lot of shade [3] sgt przen. (odrobina) trace, shadow; ~ń podejrzenia the shadow of suspicion; ~ń szansy the slightest chance; nie ma w tym ~nia prawdy there isn't a grain of truth in it; na jej twarzy pojawił się ~ń

uśmiechu a flicker of a smile appeared on her face; bez ~nia uśmiechu without the ghost a. a trace of a smile; bez ~nia wątpliwości without a. beyond a shadow of (a) doubt; nie ma ~nia wątpliwości there isn't a shadow of (a) doubt; był już tylko ~niem samego siebie he was a shadow of his former self [4] sgt (ciemność) darkness, shadows pl [5] (na obrazie, fotografii) shadow U, shade U; gra świateł i ~ni the play of light and shade a. shadow; (niewyraźny zarys) (dark) shape, shadow; (czyjś) ~ń zniknął w mroku sb's shadow disappeared in the dark(ness); w strugach deszczu rysował się ~ń budynku the dark outline of a building showed through the pouring rain [7] książk. (zjawa, duch) ghost; shade książk.; zniknąć jak ~ń to vanish like a ghost [8] (do powiek) eyeshadow U; nałożyła zielony ~ń she put on some green eyeshadow [9] Myślis. decoy (artificial bird or rabbit)

❏ chińskie ~nie a. teatr ~ni Teatr shadow theatre

■ ~nie pod oczami shadows under one's eyes; blaski i ~nie the pros and cons (czegoś of sth); bać a. lękać się własnego ~nia to be frightened a. afraid of one's (own) shadow; być czyimś ~niem to be sb's shadow; narzeczony był jej ~niem her fiancé followed her everywhere; być a. pozostawać a. trzymać się w ~niu to stay in the background; musiała pogodzić się z życiem w ~niu męża she had to reconcile herself to living in her husband's shadow; chodzić za kimś jak ~ń (towarzyszyć) to follow sb like a shadow; (śledzić) to shadow sb; ~ń ~nia the slightest trace; nie istniał nawet ~ń ~nia dowodu jego winy there wasn't the slightest trace of evidence to prove him guilty; nie istniał nawet ~ń ~nia prawdopodobieństwa, że... there wasn't the slightest a. remotest chance that...; kłaść się ~niem na czymś książk. to cast a shadow over sth; przeżycia z dzieciństwa kładły się ~niem na jej dalszym życiu her childhood experiences cast a shadow over the rest of her life; rzucać ~ń na kogoś książk. to cast suspicion on sb, to put sb under a cloud; ostatnie niefortunne decyzje rzucają na niego ~ń his recent unfortunate decisions have put him under a cloud; kontaktowali się z przestępcami i to rzuca na nich ~ń they were in contact with known criminals and that alone casts suspicion on them a. that puts them in a bad light; usuwać kogoś/coś w ~ń to push sb/sth into the background a. aside; wyglądać jak ~ń to look like a ghost a. skeleton; wyjść z czyjegoś ~nia to come a. get out from under sb's shadow; miał odwagę wyjść z ~nia ojca he had the courage to get out from under his father's shadow

ciepełk|o n dem. sgt [1] (o temperaturze) warmth, warm glow; od pieca biło przyjemne ~o a pleasant warmth radiated from the stove [2] przen. (atmosfera) cosiness GB, coziness US; (serdeczność) warmth; list pełen ~a a heart-warming letter; rodzin-

ne a. **domowe ~o** a warm family atmosphere

cieplar|nia f (Gpl **~ni** a. **~ń**) (heated) greenhouse; (większa) hothouse, (heated) glasshouse

cieplarnian|y adi. [1] [rośliny, kwiaty, warzywa] greenhouse attr., hothouse attr. [2] przen. over-protective; **~a atmosfera w rodzinnym domu** an over-protective atmosphere at home; **~e warunki pracy** ideal work conditions

ciepln|y adi. [1] Fiz. [energia, przewodnictwo, izolacja] thermal; [silnik, pompa, obróbka] heat attr. [2] (do ogrzewania) [sieć, magistrala] heating attr.

cieplut|ki adi. dem. [wieczór, powiew] balmy; [ubranie, rękawiczki] warm; **~ki chleb** freshly baked bread; **~kie łóżko** a nice warm bed

cieplutko adv. dem. [1] (o temperaturze) nice and warm adi.; **w pokoju było ~ i przytulnie** it was warm and cosy in the room; **~ mi w tym swetrze** I'm nice and warm in this sweater [2] przen. (serdecznie) [mówić] in a warm voice; [wspominać] warmly

ciepławo adv. fairly warm adi., warmish adi.; **w jesienne dni w słońcu jest jeszcze ~** on autumn days it's still fairly warm in the sun

ciepław|y adi. [napój, barszcz] lukewarm; [dzień, wietrzyk] fairly warm, warmish

ciep|ło¹ n sgt [1] (temperatura dodatnia) warmth; (pogoda) warm weather; **miłe ~ło** a pleasant warmth; **trzymać coś w ~le** to keep sth warm; **na zewnątrz jest 20 stopni ~ła** it's 20 degrees outside [2] przen. (serdeczność) warmth (of feeling); **~ło czyjegoś głosu/jesiennych barw** the warmth of sb's voice/of autumn colours; **~ło domowego ogniska** hearth and home; **pełne ~ła opowiadania** short stories full of (human) warmth; **mieć w sobie dużo ~ła** to be full of warmth; **okazać komuś ~ło i zrozumienie** to show warmth and understanding towards sb [3] (ogrzewanie) central heating; **podwyżka cen ~ła** an increase in central heating charges; **ograniczyć zużycie ~ła** to limit central heating consumption; **dostawca/odbiorca ~ła** a central heating supplier/consumer [4] sgt Fiz. heat; **przewodnictwo** a. **przewodzenie ~ła** heat conduction

❏ **~ło atomowe** Fiz. atomic heat; **~ło parowania** Fiz. heat of vaporization; **~ło przemiany fazowej** a. **~ło utajone** Fiz. latent heat; **~ło topnienia** Fiz. heat of fusion; **~ło właściwe** Fiz. specific heat capacity

ciep|ło² adv. grad. [1] (o temperaturze) warm adi.; **dzisiaj jest ~ło** it's warm today; **czy jest ci ~ło?** are you warm (enough)?; **„podawać na ~ło"** Kulin. 'serve hot' [2] przen. (serdecznie) [odezwać się, uśmiechnąć się, uścisnąć rękę] warmly; **przywitać kogoś ~ło** to give sb a warm welcome; **zrobiło jej się ~ło około serca** it warmed the cockles of her heart [3] (zabezpieczając przed zimnem) warmly; **ubrać się ~ło** to dress warmly [4] pot. (niebezpiecznie) **robi się ~ło, uciekajmy!** things are hotting up, let's get out of here! pot.

■ **~ło, ~ło...** (naprowadzając kogoś) you're getting warmer; **trzymaj się ~ło** pot., żart. take care!, keep well!; **~ło jak w uchu** (as) warm as toast

ciepłolubn|y Biol. [ptaki, ryby, rośliny] stenothermic, stenothermal

ciepło|ta f sgt Med. **~ta ciała** body temperature

ciepłowni|a f (Gpl **~**) thermal power station

ciepłownictw|o n sgt Przem., Techn. heat engineering

ciepłownicz|y adi. Przem., Techn. heating; **instalacja ~a** heating plant

ciep|ły adi. grad. [1] [dzień, wiatr, klimat, kraje, pokój, ubranie] warm; **~łe posiłki** hot meals; **ja zawsze mam ~łe ręce** my hands are always warm; **zapakowała synowi ~ły sweter/~łe buty** she packed a warm sweater/some warm boots for her son; **~łe barwy** a. **kolory** przen. warm colours [2] przen. [słowa, spojrzenie, głos, barwa głosu] warm; **spotkać się z ~łym przyjęciem** to meet with a warm welcome; **jest bardzo ~łą osobą** s/he's a very warm person; **miała ~ły stosunek do ludzi** she was very warm-hearted [3] pot. (przynoszący zyski) **~ła posada** a cushy job pot. [4] pot. (dopiero wydany) [gazeta, książka] hot off the press

■ **~łe kluchy** a. **kluski** pot. spineless person pejor., wimp pot., pejor.; **dać coś ~łą ręką** (za życia) to give sb sth while one is still alive

cierni|k m Zool. three-spined stickleback

cierniow|y adi. [zarośla] thorny, thorn attr.; **płot ~y** a hedge of thorn bush; **~a droga do sukcesu** the thorny road to success

cierni|sty adi. [1] [krzew, zarośla, gałąź] thorny; [kaktus, płetwa] spiny [2] książk., przen. (trudny) thorny; **~ste lata szkoły** the tough years at school; **~sta droga do sławy** the thorny road to success

ciern|y adi. Tech. [napęd, sprzęgło] friction attr.; **materiały ~e** high-friction materials

cier|ń m [1] (kolec) thorn, prickle; **~ń wbił mu się w palec/stopę** a thorn got stuck in his finger/foot [2] zw. pl pot. (roślina) thorn, brier; **żywopłot z ~ni** a thorn hedge; **dróżka zarosła** a. **zarośnięta ~niami** a path overgrown with thorns [3] książk., przen. (zadra) thorn; **nosić ~ń w sercu** to have a thorn in one's side a. flesh; **myśl o tym była dla niego bolesnym ~niem** the mere thought of that was an irritation to him

cierpiąc|y [I] pa → cierpieć

[II] adi. [1] książk. [osoba] ill, suffering; **od kilku dni jest ~y** he's been ill for several days [2] [mina, wygląd, spojrzenie] of pain

[III] **cierpiąc|y** m, **~a** f sufferer; **nieść ulgę ~ym** to bring relief to the suffering

cierp|ieć impf (**~isz**, **~iał**, **~ieli**) [I] vt książk. (znosić) to endure, to suffer [głód, nędzę]; to put up with, to suffer [niewygody]; **jak ona może ~ieć w domu takiego człowieka?** how can she live with someone like that?; **nie ~ieć kogoś/czegoś** to detest a. not be able to stand sb/sth; **nie ~ię go, bo jest złośliwy** I can't stand him – he's spiteful; **nie ~iał mleka, gdy był**

dzieckiem he couldn't stand milk when he was a child; **nie ~ię, gdy się obgaduje nieobecnych** I can't stand it when people talk about others behind their back; **sprawy niecierpiące zwłoki** issues a. matters requiring urgent attention

[III] vi [1] (doznawać bólu) to suffer, to be in pain; **~ieć z powodu rany w nodze** to be suffering with a leg wound; **~ieć za popełnione winy** to suffer for one's sins; **on bardzo ~i** he's in great pain; **~i, bo rozstał się z ukochaną** he can't get over splitting up with his girlfriend [2] (chorować) to suffer (**na coś** from sth); **~ieć na schizofrenię/bezsenność/bóle głowy** to suffer from schizophrenia/insomnia/headaches; **na co pani ~i?** what's troubling you? [3] (odczuwać brak lub nadmiar) to suffer; **~ieć na chroniczny brak pieniędzy** to suffer from an acute shortage of money; **teatry/muzea ~ią na niedoinwestowanie** theatres/museums suffer from under-investment; **wystawa ~i na nadmiar eksponatów** the exhibition contains too many exhibits [4] (smucić się) to be mortified (**nad czymś** by sth); **~iała nad każdym siwym włosem/każdą zmarszczką** she was mortified by every grey hair/every wrinkle [5] (ponosić stratę) suffer (**na czymś** from sth); **przez te delegacje ~i moje życie osobiste** my private life is suffering through these business trips ⇒ **ucierpieć**

[III] **cierpieć się** (znosić) **nie ~ieć się** not to able to stand one another; **oni się nie ~ią** they can't stand one another

■ **~ieć coś do kogoś** przest. to have a. bear a grudge against sb; **nie wiem, co ona do mnie ~i** I don't know what she's got against me

cierpie|nie n [1] (nieszczęście) suffering U, anguish U; **przysporzyć komuś ~ń** to inflict suffering on sb, to cause suffering to sb [2] (ból) suffering U, pain U; **ulżyć komuś w ~niach** to ease sb's suffering; **umierać w ~niach** to die in great pain

cierpiętnictw|o n sgt pejor. martyrdom iron.

cierpiętnicz|y adi. pejor. [mina, wyraz twarzy] pained; martyred pejor.

cierpiętni|k m, **~ca** f pejor. martyr iron.; **nie rób z siebie ~ka** stop making a martyr of yourself

cierpkawo adv. [smakować] tartish adi.; [pachnieć] acrid adi.

cierpkaw|y adi. [smak] tartish; [zapach] pungent

cierp|ki adi. [1] [owoc, smak] tart; [zapach] pungent, acrid [2] przen. (złośliwy) [uwaga, słowa, ton] acrid, tart; [mina] sour; [uśmiech, głos, humor] sardonic, nasty; **być dla kogoś ~kim** to be nasty towards a. short with sb [3] przen. (bolesny) [doświadczenie, prawda] bitter

cierpko adv. [1] [smakować] tart adi.; [pachnieć] pungent adi., acrid adi. [2] [uśmiechać się] sourly, sardonically; [odpowiedzieć] tartly, caustically; [przywitać] curtly

cierpkoś|ć f sgt [1] (potrawy, napoju, owocu) tartness [2] przen. tartness, acridity

cierpliwie adv. grad. [tłumaczyć, wyjaśniać] patiently; **~ na kogoś czekać** to wait patiently for sb; **znosić coś ~** to put up with a. endure sth patiently; **~ odpowiadała na wszystkie pytania dziennikarzy** she patiently answered all the journalists' questions

cierpliwoś|ć **I** *f sgt* patience; **mieć świętą** a. **anielską ~ć** to have the patience of a saint a. of Job; **nie mieć ~ci do kogoś/czegoś** to have no patience with sb/sth; **brakuje mi ~ci do szycia** I don't have the patience to do sewing; **tracić ~ć** to lose (one's) patience; **nadużywać czyjejś ~ci** to try sb's patience; **uzbroić się w ~ć** to be patient; **jego ~ć się wyczerpała** his patience had run out

II cierpliwości *inter.* patience; **~ci, przyjdzie na nas kolej** just be patient, our turn will come

cierpliw|y *adi. grad.* patient; **była ~a i wyrozumiała** she was patient and understanding

cierp|nąć *impf* (**~ł** a. **~nął, ~ła, ~li**) *vi* **1** (drętwieć) to go numb; **~nąć z zimna** to be numb with cold; **~ła na mrozie** she went numb in the freezing cold; **~ną mi nogi, gdy długo siedzę po turecku** my legs go numb when I sit cross-legged for too long; **od kwaśnego jabłka ~ły mu zęby** his teeth were (all) on edge after eating a sour apple ⇒ **ścierpnąć** **2** *przen.* (bać się) to be numb; **~nąć z przerażenia** to be numb with fear; **~ł na samą myśl o egzaminie** he went numb (with fear) at the very thought of the exam

■ **skóra mu/jej** a. **na nim/niej ~nie** his/her flesh crawls a. creeps; **skóra mi ~nie na jego widok** he makes my flesh creep

ciesiels|ki *adi.* [narzędzia, ołówek] carpenter's; **roboty ~kie** carpentry, woodwork

ciesielstw|o *n sgt* carpentry

ciesz|yć *impf* **I** *vi* to please; **~y mnie, że wróciłeś** I'm pleased a. glad that you're back; **~ył ją cały świat** the whole world was a source of delight to her; **~yć oko** a. **oczy** a. **wzrok** to delight a. gladden the eye; **~yć oko krajobrazem** to feast one's eyes on the landscape ⇒ **ucieszyć**

II cieszyć się **1** (odczuwać radość) to be pleased, to be glad (**z czegoś** with sth); **~ę się, że cię spotkałem** a. **widzę** I'm glad I met you a. to see you; **umieć ~yć się życiem** a. **z życia** to have the ability to make the most out of life; **~ę się tym, co mam** I'm happy with what I've got; **~yć się na coś** to look forward to sth; **już ~ą się na wakacje** they're already looking forward to the holidays; **~yć się jak dziecko** a. **dzieci** to be (as) pleased as Punch; **~yć się jak nagi w pokrzywach** pot., iron. to have nothing to smile about ⇒ **ucieszyć się** **2** (mieć) to enjoy (**czymś** sth); **~yć się zainteresowaniem/dobrym zdrowiem** to enjoy popularity/good health; **~ył się dużą popularnością wśród młodzieży** he was very popular with young people a. the young; **~yć się złą** a. **ponurą sławą** to have a bad reputation

cieśl|a *m* (*Gpl* **~i** a. **~ów**) carpenter; **~a okrętowy** a shipwright

cieśnin|a *f* strait; **~a Bosfor** the Bosp(h)orus; **Cieśnina Gibraltarska** the Straits of Gibraltar

cietrzew *m* black grouse; (samiec) blackcock; (samica) greyhen

cietrzewi *adi.* [skrzydło, pióro] black grouse's; (dotyczący samca) blackcock's; (dotyczący samicy) greyhen's

cię|cie **I** *sn* → **ciąć**

II *n* **1** (ruch) (noża, szabli) slash, cut; (szpady, miecza) stroke; (batem) lash, slash **2** Med. incision, cut **3** (miejsce) cut; (długie) slash; (głębokie) gash, deep cut; (blizna) slash, gash; **~cia na głowie** cuts about the head; **mieć ~cie przez cały policzek** to have a gash a. deep cut all down one's cheek **4** *zw. pl* (budżetowe) cut(back) *zw. pl*; **~cia inwestycyjne** cuts in investment, investment cuts; **~cia kadrowe** staff cuts; **~cia w wydatkach na oświatę/obronę** cuts a. cutbacks in education/defence expenditure **5** (w filmie, artykule) cut **6** Ogr. pruning *C/U*, cutting-back *U*; (drzew) clearing *C/U*

❑ **cesarskie ~cie** Med. Caesarean (section); **urodziła troje dzieci, wszystkie przez cesarskie ~cie** she has had three children, all of them by Caesarean a. all of them Caesarean births

cięciw|a *f* **1** (łuku, kuszy) (bow)string; **napiąć ~ę** to draw a bowstring (back) **2** Mat. chord

cięg|i *plt* (*G* **~ów**) **1** (bicie) przest. tanning *sg* pot.; belting *sg* pot.; **dostać** a. **otrzymać** a. **brać** a. **zbierać ~i** to get a belting a. tanning (**od kogoś** from sb); **dać** a. **sprawić komuś ~i** to give sb a belting a. tanning, to tan sb's hide (**za coś** for sth) **2** przen. knocks, blows; **dostałem niezłe ~i od życia** I've taken some hard knocks in (my) life; **szef bierze teraz ~i od swoich zwierzchników** the boss is being hauled over the coals by his superiors

cięg|no *n* Techn. band; **~no napędowe** wrapping connector

❑ **~no kotwiczne** Techn. anchor cable

ciętoś|ć *f sgt* (języka) sharpness; (stylu) pungency

cię|ty **I** *pp* → **ciąć**

II *adi.* **1** (ostry, zjadliwy) [satyryk, publicysta] biting; [pisarz] caustic; [uwaga, riposta] cutting, caustic; [odpowiedź, artykuł, dowcip] scathing, caustic; [język] sharp; **mieć ~te pióro** to be a caustic writer **2** pot. (rozgniewany) snappish; shirty GB pot.; **dziewczyna ~ta na chłopaka** a girl at daggers drawn with her boyfriend; **czemuś dzisiaj taki ~ty?** why are you so shirty today?; **kierownik coś dzisiaj na mnie ~ty** the manager seems to have it in for me today pot.; **coś ty taki ~ty na tych z prowincji?** why are you so hard on people from the provinces?

cięża|r **II** *m* (*G* **~ru**) **1** (waga) weight; **uginał się pod ~rem bagażu** was sagging under the weight of the luggage **2** (ciężki przedmiot) weight, heavy object; **dźwigać ogromne ~ry** to lift heavy objects; **nie podniesiesz tego ~ru** you won't lift a heavy weight like that **3** przen. (brzemię) burden, weight; **~r odpowiedzialności/obowiązków** the burden of responsibility/duties; **~r starości/sławy/zbrodni** the burden of old age/fame/a crime; **być/stać się dla kogoś ~rem** to be/become a burden to sb; **wziąć na siebie ~r**

utrzymywania kogoś/opieki nad kimś to take on the burden of supporting sb/looking after sb; **na jej barkach spoczywał ~r wychowania młodszego rodzeństwa** the burden of bringing up her younger brothers and sisters rested on her shoulders **4** (obowiązek) (podatkowy, pańszczyźniany) burden, obligation; **~r płacenia podatków** tax burden; **nałożyć na kogoś ~r podatku** to impose taxes on sb

II ciężary *plt* pot. weights; **trenować ~ry** to lift weights, to pump iron pot.

❑ **atomowy ~r drobinowy** Chem., Fiz. relative molecular mass; **~r atomowy** Chem., Fiz. atomic weight; **~r właściwy** Chem., Fiz. specific gravity

■ **~r gatunkowy** weight; **sprawy o dużym ~rze gatunkowym** matters of great weight; **spadł mi/jej z głowy/piersi/serca ~r, gdy...** it took a. was a (tremendous) load a. weight off my/her mind/chest when...; **zdjąć** a. **zrzucić ~r z serca** to cast off a. get rid of a burden

cięża|rek **II** *m* **1** (do obciążania) weight; **~ki zegara** the weights of a clock; **~ki u wędki** the weights of a fishing rod **2** dial. (odważnik) weight; **kilogramowy ~ek** a one-kilogram weight

II ciężarki *plt* (hantle) dumb-bells

ciężarn|y *adi.* **1** [kobieta, brzuch] pregnant; **~a suka** a bitch in pup; **~a krowa** a cow in calf **2** książk. (obciążony) laden, heavy (**czymś** with sth); **kłosy ~e ziarnem** ears of corn laden with grain

III ciężarna *f* pregnant woman

ciężarow|iec *m* Sport weightlifter

ciężarow|y *adi.* **1** [wóz] load-carrying; [ruch, transport, wagon] goods *attr.*; **samochód ~y** a lorry GB, a truck **2** [sport, sprzęt] weightlifting *attr.*

ciężarów|ka *f* pot. lorry GB, truck

ciężkawo *adv.* [poruszać się, iść] heavily, sluggishly; **~ wyglądająco dziewczyna** a heavy-looking girl; **czyta się to ~** it makes heavy reading

ciężkaw|y *adi.* **1** (nieco ciężki) heavyish, heavy **2** (ociężały) (fizycznie) heavy, sluggish; (umysłowo) slow; **zawsze po obiedzie robię się ~y** I always feel rather heavy a. sluggish after dinner; **na starość zrobił się ~y** with old age he became rather slow on his feet **3** przen. [rozmowa, styl, artykuł] heavy; **mieć ~y dowcip** to have a heavy-handed sense of humour

cięż|ki *adi. grad.* **1** (dużo ważący) heavy; **~ki bagaż** heavy luggage; **~ki worek** a heavy sack; **ona jest ode mnie ~sza** she's heavier than I am **2** (masywny) [meble, chmury] heavy; **mieć ~ką sylwetkę** to be heavily built; **~ka, przeładowana ozdobami suknia** przen. a heavy dress laden with ornaments **3** (gruby) [ubrania] heavy, thick; **w pokoju wisiały ~kie zasłony** heavy a. thick curtains hung in the room **4** (ociężały) [chód, powieki] heavy; **wstał i ruszył ~kim krokiem** he got up and moved with a heavy step a. sluggishly; **być ~kim na umyśle** przen. to be slow-witted; **on jest ~ki do rozmowy** przen. he's difficult to talk to **5** przen. (trudny) [czasy, obowiązki, praca] hard, difficult; **ma ~kie życie z tym pijakiem** she has a hard a.

tough time with that drunkard; **najcięższe walki toczyły się w górach** the hardest (fought) a. toughest battles took place in the mountains; **skazać kogoś na ~kie roboty** to sentence sb to hard labour; **~ka sprawa, trzeba się zastanowić** pot. that's a tough one, we'll have to think about it pot.; **~kie przeżycia z dzieciństwa** traumatic experiences from childhood; **mieć ~ki charakter** to have a difficult character, to be difficult 6 przen. (trudny w odbiorze) *[styl, książka, film]* heavy, heavy-going 7 przen. (poważny) *[cios, strata]* heavy, serious; *[choroba, zarzut, problem]* serious; **~kie powikłania** serious complications; **miała ~ki poród** she had a difficult delivery; **ranny jest w ~kim stanie** the casualty is in a serious a. critical condition 8 przen. (pełen napięcia) *[atmosfera]* heavy, oppressive; **~kie milczenie** a heavy a. an oppressive silence 9 przen. (głośny) *[głos, dźwięk]* heavy; **~kie sapanie** (heavy) panting; **~kie westchnienie** a heavy a. deep sigh 10 (silny) *[uderzenie, chwyt]* heavy, hard; **wymierzyć komuś ~ki policzek** to strike sb hard across the face 11 (ciężkostrawny) *[potrawa, kolacja]* heavy, stodgy 12 (duszny) heavy, stuffy; **ale dziś ~kie powietrze** the atmosphere is so heavy a. stuffy today 13 przen. (duszący) *[zapach]* heavy, overpowering

■ **~ki frajer** posp. a total loser pot.; **~ki głupiec** a. **idiota** posp. a right fool a. idiot pot.; **do ~kiej cholery** a. **do licha ~kiego** posp. for God's sake; (mocniej) for Christ's sake; **mieć ~ką rękę** to be heavy-handed; **zarabiać ~kie pieniądze** pot. to earn oodles of money pot.

cięż|ko adv. grad. 1 (z obciążeniem) heavily; **wóz ~ko wyładowany** a heavily laden cart; **weź ode mnie tę torbę, bo mi ~ko** take this bag, it's too heavy for me 2 (masywnie) heavily; **schody/budowle wyglądają ~ko** the stairs/buildings look massive; **gorąco mi, za ~ko się ubrałem** I'm hot, I put too many clothes on 3 (ociężale) heavily; **usiadł ~ko na krześle** he sat down heavily in a chair; **ptak ~ko łopotał skrzydłami** the bird flapped its wings ponderously 4 (z trudem) *[chodzić, poruszać się]* arduously; **~ko pedałował pod górę** he pedalled arduously uphill; **zamek w drzwiach ~ko chodzi** the door lock's rather stiff 5 (z wysiłkiem) hard, with difficulty; **~ko oddychać** to breathe with difficulty; **pracował ~ko przez całe życie** he worked hard all his life; **nauka zawsze szła mu ~ko** he's always had difficulties with learning; **to bardzo ~ko myślący człowiek** he's a very slow thinker; **na początku było nam ~ko** it was hard for us in the beginning; **rozmowa szła ~ko** pot. the conversation was really laborious; **~ko z nią współpracować, ciągle zmienia zdanie** pot. it's hard working with her – she's always changing her mind; **~ko powiedzieć** pot. (it's) hard to say pot. 6 (poważnie) severely, seriously; *[obrazić, zawinić]* seriously, gravely; **~ko zgrzeszyć** to comit a grievous sin; **~ko chory/ranny** seriously a. gravely ill/injured 7 (bez polotu) heavily; **przekład brzmiał ~ko** the translation sounded heavy a.

ponderous 8 (smutno) **~ko mu żyć samemu** it's hard for him living (all) alone; **jest jej ~ko na sercu/duszy** she's heavy-hearted a. downhearted 9 (głucho) heavily; **koła ~ko dudniły po bruku** the wheels clattered heavily over the cobblestones; **brzmieć ~ko** to sound heavy

ciężkostrawnoś|ć f sgt (potraw, dań) heaviness, stodginess

ciężkostrawn|y adi. *[potrawa, posiłek]* heavy, indigestible; stodgy GB

ciężkoś|ć f sgt 1 (ciężar) heaviness, weight; **mimo swej ~ci poruszał się lekko i zgrabnie** in spite of his heaviness a. weight, he was light and deft in his movements; **siła ~ci** the force of gravity, gravitation; **środek ~ci** the centre of gravity 2 (ociężałość) (powiek, ruchów) heaviness; **czuć ~ć w nogach** to feel a heaviness in the legs 3 (budowli) heaviness, massiveness 4 (stylu, języka) heaviness

cimelium /tsi'meljum/ → **cymelium**

cineram|a /ˌtsine'rama/ f sgt Cinerama®

cinkciars|ki adi. pot. black-market money changer's

cinkciarz m (Gpl ~y) pot. black-market money changer

cio|cia f 1 pieszcz. (siostra matki lub ojca) auntie pot., aunty pot.; aunt; **~cia Zosia** Auntie a. Aunt Zosia 2 pieszcz. (żona wuja lub stryja) auntie pot., aunty pot., aunt; **czy zrobić ~ci herbaty?** can I make you some tea, Auntie? 3 pot. (towarzyszka życia ojca) ≈ auntie pot., aunty pot. 4 pot. (dalsza krewna) aunt; (znajoma rodziców) auntie pot., aunty pot.

ciocin|y adi. *[pokój, uwagi, ciasto]* aunt's; auntie's pot., aunty's pot.

cioł|ek II m pers. pot., obraźl. dimwit pot., clot GB pot.; **ty ~ku jeden!** you silly clot!; **ten ~ek znowu zrobił wszystko na odwrót** that dimwit's done everything back to front again

III m anim. 1 środ., Roln. (byczek) calf 2 Myślis. (łoś, jeleń, żubr) calf

cios m (G ~u) 1 (uderzenie) blow; (pięścią) punch; (siekierą) blow, stroke; (nożem) thrust, stab; **~ ręką/ręki** a blow with/of the hand; **~ pałką/siekierą** a blow with a truncheon/an axe; **~ pałki/siekiery** the blow of a truncheon/an axe; **~ w brzuch** a blow to a. in the stomach; **~ w głowę** a blow to a. on the head; (nożem) a stab in the back; **zadać komuś ~ w plecy** (nożem) to stab sb in the back; **zadać/wymierzyć komuś ~** to strike sb, to give/deliver sb a blow; **otrzymać** a. **dostać ~** to receive a. get a. take a blow; **otrzymać od kogoś ~ w plecy** (nożem) to be stabbed in the back by sb; **odeprzeć/odparować ~** to ward off/parry a blow także przen.; **zasłonić się przed ~em** to shield oneself from a blow; **wystawić się na ~y** to expose oneself to attack także przen.; **powalił go jednym ~em** he knocked him down with one blow 2 przen. blow; **utrata pracy to dla niego prawdziwy ~** the loss of his job a. losing his job is a real blow to a. for him; **śmierć matki była dla nich ogromnym ~em** the death of their mother was a tremendous blow for them; **dosięgnął** a. **dotknął ich/nas straszny ~** they/we have suffered a

terrible blow 3 Archit., Budow. block; **piaskowcowe ~y** sandstone blocks 4 Geol. (spękana skała) jointed rock; (blok skalny) joint-block, jointed block 5 Zool. (kieł) tusk

■ **~ poniżej pasa** (w boksie) blow a. punch below the belt, low blow; pot., przen. low blow, blow below the belt; **zadać (komuś) ~ poniżej pasa** to hit (sb) below the belt, to deliver a low blow (to sb); **taki argument to ~ poniżej pasa** an argument like that is (way) below the belt; **iść za ~em** pot., przen. to keep going, to follow sth up; **po uzyskaniu stopnia magistra poszedł za ~em i podjął studia doktoranckie** after getting his degree, he decided to keep going and started a postgraduate programme; **trzeba iść za ~em, bo sytuacja jest teraz bardzo korzystna** we should follow up this advantage while we can

ciosa|ć impf vt to hew *[drewno, kamień]* ⇒ **ociosać**

■ **~ć komuś kołki na głowie** to browbeat sb, to bully sb; **grubo** a. **z gruba ~ny** *[osoba]* (prostacki) rough and ready, rough-hewn; (zwalisty) hulking pot.; *[rzecz]* rough and ready; **grubo ~na twarz** rough-hewn features; **język z gruba ~ny** coarse language

ciosan|y II pp → **ciosać**

III adi. *[drewno, kamień]* hewn

ciosow|y adi. ashlar attr.; **kamień ~y** an ashlar

cio|ta wulg. II f 1 obraźl. (zła, brzydka kobieta) (old) bag pot., obraźl., hag pot., obraźl. 2 wulg. (miesiączka) the curse pot.

III m, f obraźl. queer pot., obraźl.

ciotczyny adi. *[mieszkanie, suknie, złośliwości]* aunt's

ciotczysk|o n pot. auntie pot., aunty pot.; (old) aunt; **biedne ~o** poor old auntie; **to wstrętne ~o** that horrible (old) aunt of mine

ciotecz|ka f pieszcz. auntie pot., aunty pot.

cioteczn|y adi. **~y brat** (syn ciotki lub wuja) (male) cousin *(son of mother's brother or sister)*; pot. (dalszy krewny) distant (male) cousin *(on mother's side of family)*; **~e rodzeństwo** cousins; **~a siostra** (córka ciotki lub wuja) (female) cousin *(daughter of mother's brother or sister)*; pot. (dalsza krewna) distant (female) cousin; **~a babka** great-aunt

ciot|ka f 1 (siostra matki lub ojca) aunt; **po śmierci rodziców wychowywała go ~ka** after his parents had died, he was brought up by his aunt 2 (żona wuja lub stryja) aunt; auntie pot., aunty pot.; **~ka Anna** Aunt a. Auntie Anna 3 pot. (dalsza krewna) aunt; (znajoma rodziców) auntie pot., aunty pot. 4 wulg. (miesiączka) the curse pot.; **nie idzie na basen, bo ma ~ę** she's not going swimming, she's got the curse a. she's on the rag wulg.

ciotu|chna, ~nia f pieszcz. auntie pot., aunty pot.

cip inter. (nawołując kury) **~, ~!** cheep! cheep!

cip|a f wulg. 1 (narząd płciowy) cunt wulg., pussy wulg. 2 obraźl. (kobieta) piece (of ass a. tail) wulg., obraźl.; piece of cunt wulg., obraźl. 3 obraźl. (oferma) twat wulg., obraźl.; prat GB pot., obraźl.

cip|ka f wulg. 1 (narząd płciowy) pussy wulg. 2 wulg., obraźl. (kobieta) tart pot., obraźl.; **głupia**

~ka! stupid tart a. bitch! pot., obraźl. [3] pot. (kura) pullet

circa /'tsirka/ *praep.* książk. circa

cirkaram|a /ˌtsirka'rama/ *f sgt* Circarama®

cirrus /'tsirrus/ *m* Meteo. cirrus cloud, cirrus *U*

cis[1] *m* [1] (*G* **~a** a. **~u**) Bot. yew (tree) [2] *sgt* (*G* **~u**) (drewno) yew

cis[2] /'tsis/ *m inv.* Muz. C sharp

ci|snąć[1] *pf* — **ci|skać** *impf* (**cisnęła, cisnęli** — **ciskam**) [I] *vt* (rzucać) to hurl, to fling; **ciskać w kogoś kamienie** a. **kamieniami** to fling a. hurl stones at sb; **cisnąć kogoś na ziemię** to fling sb to the ground; **morze cisnęło go o głazy** the waves hurled him onto the rocks; **pociąg trząsł i ciskał pasażerami** the train lurched along, jolting the passengers around; **ciśnij ten łach i kup sobie coś nowego** get rid of those rags and buy yourself something new; **ciskać przekleństwa/obelgi** przen. to hurl a. fling insults at sb [II] **cisnąć się** to throw a. fling oneself; **cisnął się na łóżko i natychmiast zasnął** he threw a. flung himself (down) on the bed and went straight off to sleep [III] **ciskać się** [1] pot. (złościć się) to rant and rave, to fume; **nie ciskaj się na mnie** stop ranting and raving (at me); **ciskała się o pieniądze** she was ranting and raving about a. over money [2] (poruszać się gwałtownie) to thrash around; **zwierzę ciskało się w klatce** the animal thrashed around in its cage ■ **ciskać groszem** a. **pieniędzmi** to throw one's money about a. around

ci|snąć[2] *impf* (**cisnęła, cisnęli**) [I] *vt* [1] (dławić) to press; **cisnął rękami bijące mocno serce** he pressed his hands against his racing heart; **coś mnie ciśnie za gardło** I have a lump in my throat ⇒ **przycisnąć** [2] pot. (zmuszać) to force, to press; **cisną mnie, żebym się wreszcie oświadczył** they're trying to press me into proposing; **cisnąć kogoś o oddanie długu** to press sb to pay back their debt ⇒ **przycisnąć** [3] (gnębić) to oppress, to grind down; **cisnąć kogoś podatkami** to overtax sb; **cisnęły ich choroby i głód** they were oppressed by disease and hunger [II] *vi* [1] (o obuwiu, ubraniu) to pinch; **buty mnie cisną (w palce)** my shoes pinch (my toes); **żakiet cisnął ją pod pachami** her jacket was (too) tight under the arms [2] (wywierać nacisk) to press; **para ciśnie na ściany kotła** the steam presses against the sides of the boiler [III] **cisnąć się** [1] (tłoczyć się) to swarm, to throng; **tłum cisnął się do wyjścia** the crowd swarmed towards the exit [2] przen. to fill; **łzy cisnęły się mu do oczu** his eyes filled with tears; **myśli/wspomnienia cisną się komuś do głowy** thoughts/memories fill sb's mind; **słowa cisnęły się mi/jej/mu na usta** I/she/he couldn't wait to get the words out [3] (tulić się) to huddle; **dzieci cisnęły się do siebie** the kids huddled together

cisow|y *adi.* (aleja, meble) yew *attr.*

cisz|a [I] *f sgt* [1] (brak dźwięków) silence *C/U*; **zupełna/głęboka/śmiertelna ~a** utter/ profound/dead(ly) silence; **martwa/grobo-** wa **~a** a deathly hush a. silence; **złowroga/ złowróżbna ~a** a sinister/an ominous silence; **~a dzwoniąca w uszach** a deafening silence; **zakłócać ~ę** to disturb a. break the silence; **zarządzono absolutną ~ę** absolute silence was ordered; **na sali zapanowała kompletna ~a** silence reigned over the room; **w bibliotece panuje niczym niezmącona ~a** inside the library an atmosphere of complete and utter silence prevails; **nad jeziorem zaległa ~a** (a) silence hung over the lake; **po jego wypowiedzi zaległa długa ~a** after he'd finished speaking a long silence hung in the air; **na froncie panowała ~a** a silence hung over the front; **w słuchawce panowała ~a** the phone was dead [2] (w towarzystwie) silence *C/U*; **krępująca ~a** an awkward a. embarrassing silence; **przerwać ~ę** to break a. interrupt the silence; **uczcić czyjąś pamięć minutą ~y** to observe a minute's silence in memory of sb; **prosić o ~ę** to ask for quiet a. silence; **proszę o ~ę** quiet a. silence, please; **rozeszli się w ~y** they parted in silence; **co taka ~a?** why (is everyone) so quiet?; **i ma tu być ~a!** and I want (some) quiet in here! [3] przen. (spokój) (peace and) quiet; **~a klasztornego życia** the (peace and) quiet of monastic life; **~a wiejskiego zakątka** the peace and quiet of a country village; **~a domowego ogniska** the tranquillity of domestic life; **u nas na razie ~a – nic się nie dzieje** things are quiet at the moment – nothing much is happening [4] książk., przen. (stan równowagi) inner silence, inner calm; **nic nie zakłócało jej wewnętrznej ~y** nothing disturbed her inner silence a. peace; **twarz pełna ~y** a peaceful a. calm countenance [5] przen. (brak wiadomości) not a word, complete silence; **w prasie panowała na ten temat zupełna ~a** there was nothing (said) about it in the press; **mieli się odezwać, a tu nic, ~a** they were supposed to get in touch, but I haven't heard a word (from them); **mieli zaprotestować, ale jak dotąd nic, ~a** they were supposed to be raising a protest, but so far they haven't done a thing [6] (brak wiatru) calm; **nastała ~a** a calm set in; **~a morska** a. **na morzu** a calm at sea [II] *inter.* silence!, quiet!

☐ **~a nocna** quiet hours *pl*, lights-out period; **~a poobiednia** afternoon rest period, quiet hour (*especially for children in nursery school*); **~a w eterze** radio silence ■ **~a** a. **cicho jak makiem zasiał** deathly hush, deathly silence; **zapadła ~a jak makiem zasiał** a deathly hush fell; **~a przed burzą** przen. the calm before the storm

ciśnie|nie *n* [1] Fiz., Meteo. pressure; **~nie atmosferyczne/barometryczne/hydrostatyczne** atmospheric/barometric/hydrostatic pressure; **wysokie/niskie ~nie** high/low pressure; **strefa** a. **obszar wysokiego ~nia** a high pressure area; **gotowanie pod ~niem** pressure cooking [2] Med. (blood) pressure; **podwyższone** a. **wysokie/niskie ~nie** raised a. high/low blood pressure; **mierzyć pacjentowi ~nie** to take a patient's blood pressure [3] przen.

(wpływ) pressure; **działać pod ~niem opinii publicznej** to act under the pressure of public opinion

ciśnieniomierz *m* manometer

ciśnieniow|iec *m* pot. person with high blood pressure; hypertensive spec.

ciśnieniow|y *adi.* [komora, naczynia] pressure *attr.*

city /'siti/ *n inv.* financial centre, financial district; (w Londynie) the City

ciuch pot. [I] *m* garment; **nosić modne ~y** to wear fashionable clothes; **kto tu zostawił te brudne ~y?** who left these dirty clothes here? [II] **ciuchy** *plt* pot. (bazar) second-hand clothes market; **kupić kurtkę na ~ach** to buy a jacket at a second-hand clothes market

ciuchci|a *f* (*Gpl* **~**) pot. [1] pieszcz. choo-choo dziec., puff-puff GB dziec. [2] (pociąg wąskotorowy) narrow-gauge (steam) train

ciuchow|y *adi.* bazar **~y** a second-hand clothes market; **sukienka ~a** a second-hand dress

ciuciubab|ka *f sgt* [1] (zabawa) blind man's buff GB, blind man's bluff US; **grać** a. **bawić się w ~kę** to play blind man's buff [2] (gracz) it ■ **bawić się** a. **grać z kimś w ~kę** to lead sb up the garden path pot.

ciul *m* (*Npl* **~e**, *Gpl* **~i** a. **~ów**) pot., obraźl. prick wulg., obraźl.; **odsuń się, ty ~u!** out of my way, you prick!

ciułactw|o *n sgt* penny-pinching

ciułacz *m* **~ka** *f* (*Gpl* **~y** a. **~ów**, **~ek**) hoarder, miser; **drobni ~e** small(-time) savers

ciuła|ć *impf vt* to scrimp (and save) *vi*; **~ć pieniądze na wycieczkę/nowy samochód** to scrimp and save to go on a trip/ for a new car; **~nie nie leży w mojej naturze** it's not in my nature to scrimp and save ⇒ **uciułać**

ciup przest.
■ **buzia** a. **usta** a. **wargi w ~** (wyraz skromności) with mouth primmed; (wyraz niezadowolenia) with pursed lips; **buzia w ~ i koniec dyskusji!** pot. all right, end of discussion – button it! a. your lip! pot.

ciup|a [I] *f* pot. [1] (więzienie) clink pot.; **wsadzić kogoś do ~y** to put sb in (the) clink; **siedzieć w ~ie** to be in clink [2] (pomieszczenie) cubbyhole GB, cubby US [II] **ciupy** *plt* Gry jacks

ciupa|ga *f* alpenstock

ciupasem *adv.* pot. under escort a. guard; **odesłać kogoś ~** to send sb back under guard

ciup|ka *f dem.* pot. cubbyhole GB, cubby US

ciur *inter.* (odgłos kapania) drip-drop!; **~, ~, ~, kapała woda z kranu** drip-drop, drip-drop, water was leaking from the tap

ciu|ra *m* (*Npl* **~ry**) [1] daw., Wojsk. camp follower [2] pejor. nobody, lightweight

ciurka|ć *impf vi* [1] [ciecze] to trickle; (intensywniej) to run, to flow; **~ć po ścianach** to trickle/run down the walls; **czy to ~nie dochodzi z naszej łazienki?** is that trickling sound coming from our bathroom? [2] [ptaki] to chirp, to chirrup

ciurkiem *adv.* [1] (gęstymi kroplami) in a stream; **łzy płynęły mi ~ po policzkach**

tears rolled a. streamed down my face; **pot spływał jej ~ po plecach** sweat was running a. pouring down her back; **krew ~ puściła mu się z nosa** blood was pouring from his nose [2] pot., przen. (bez przerwy) non-stop; **~ oglądał telewizję** he watched TV non-stop; **~ gadała** she never stopped babbling

ciusz|ek *m dem.* garment; **modne ~ki** fashionable clothes

ciut *adv.* pot. a bit; **~ więcej** a bit more; **przesunąć się ~ w prawo** to move a bit to the right; **~, ~ a tiny bit; jeszcze ~, ~ i będziemy na miejscu** just a tiny bit longer and we'll be there

ci|zia *f* pot. chick pot., bit of fluff a. stuff GB pot.

ciżb|a *f sgt* przest. crowd, throng; **zwarta ~a ludzi** a throng a. dense crowd of people; **zgubić się w ~ie** to get lost in the crowd; **przedzierał się przez ~ę** he pushed a. pressed his way through the crowd a. throng

ciż|ma *f* (**~emka** *dem.*) Hist. crakow, poulaine (*long, pointed shoe worn in the Middle Ages*)

c.k. /tse'ka/ (= cesarsko-królewski) Austro-Hungarian

ckliw|ie, ~o *adv. grad.* [1] pejor. *[uśmiechać się, recytować]* in (a) mawkish a. maudlin fashion, mawkishly [2] (niedobrze) sickly; **zrobiło mu się ~ie** he felt sick

ckliwoś|ć *f sgt* [1] pejor. (czułostkowość) (powieści, spojrzenia) mawkishness [2] (mdłości) sickness; **widok krwi wywołuje u niego ~ć** the sight of blood makes him sick

ckliw|y *adi. grad.* [1] (przesadnie sentymentalny) *[słówka, pochwały]* mawkish; **~y film** a mawkish film; **~a powieść** a mawkish novel; a tear jerker pot. [2] (mdły) *[zapach]* nauseating

cl|ić *impf vt* to impose a customs duty on *[towary]* → **oclić**

clip /klip/ → **klip**

clochard /'kloʃard/ → **kloszard**

cl|ony [1] *pp* → **clić** [1] *adi. [towary]* liable to customs/duties, dutiable

clou /klu/ *n inv.* (programu, koncertu, imprezy) high point, highlight; **~ wieczoru stanowił pokaz mody** the highlight a. high spot of the evening was the fashion show

clown /klawn/ → **klown**

clownada /klawnada/ → **klownada**

c|ło *n* customs (duty), tariff (**na coś** on sth); **nałożyć cło na samochody/komputery** to impose a duty on cars/computers; **obłożyć towary wysokimi cłami** to impose heavy duties on goods; **towary zwolnione od cła** duty-free goods; **cło przywozowe** a. **importowe** import duty; **cło wywozowe** a. **eksportowe** export duty
□ **cło fiskalne** Ekon. revenue tariff; **cło ochronne** Handl. protective tariff; **cło preferencyjne** Ekon. preferential tariff; **cło protekcyjne** a. **prohibicyjne** Ekon. protective tariff; **cło retorsyjne** Ekon. retaliatory tariff a. duty

cm (= centymetr) cm

cmentarn|y *adi.* [1] *[mur, alejka, kaplica]* graveyard *attr.*, cemetery *attr.* [2] (ponury) *[cisza, nastrój]* deathly; **~e żarty** gallows humour

cmentarz *m* [1] (przykościelny) graveyard, churchyard; (komunalny, wojskowy) cemetery, burial ground; **~ katolicki/żydowski/protestancki** a Catholic/Jewish/Protestant cemetery [2] (miejsce tragedii) graveyard; **całe miasto to jeden wielki ~** the whole town is one big graveyard

cmentarzyk *m dem.* (przykościelny) (small) graveyard; (komunalny, wojskowy) (small) cemetery; **pochowali ją na wiejskim ~u** they buried her in a small village graveyard

cmentarzysk|o *n* [1] Archeol. burial mound a. ground [2] (miejsce tragedii) graveyard, burial ground; **ta łąka to ~o ofiar katastrofy lotniczej** this meadow is the burial ground of the victims of an air crash [3] przen. (złomowisko) (samochodów, maszyn) breaker's yard

cmok|nąć *pf* — **cmok|ać** *impf* (**~nęła, ~nęli — ~am**) pot. [1] *vt* [1] (pocałować) to kiss; **~nął matkę w rękę** he kissed his mother's hand; **~nął ją w policzek** he kissed her on the cheek, he gave her a peck on the cheek [2] (ssać) to suck *[cukierka]*; **~ać fajkę** to suck at a. on a pipe
[1] *vi* [1] (wydać odgłos ustami) to smack one's lips; **~nąć z podziwu** to smack one's lips in admiration; **~ała, jedząc zupę** she made smacking sounds while eating her soup [2] (na zwierzęta) to beckon (*with clicking sounds*) (**na coś** sth)
[1] **cmoknąć się — cmokać się** to kiss; **~nęli się w usta** they kissed on the lips; **~ały się przy powitaniu** they kissed each other hello

cmoknię|cie [1] *sv* → **cmokać** [1] *n* smack

cmokta|ć *impf* pot. [1] *vt* [1] (pić) to slurp pot. *[zupę, wino]* [2] (ssać) to suck *[cukierki]*; **~ć fajkę** to suck at a. on a pipe [3] żart. (całować) to kiss; **~ć kogoś po policzkach/w rękę** to kiss sb on the cheeks/hand
[1] *vi* (mlaskać) to smack one's lips; **~ć przy jedzeniu** to eat noisily; **oblizywali palce, głośno ~jąc** they licked their fingers, making loud smacking noises

cn|ota *f* książk. [1] *sgt* (prawość) virtue; **człowiek wielkiej cnoty** a man of great virtue; **praktykować cnotę** to lead a life of virtue; **iść drogą cnoty** to follow the path of virtue; **sprowadzić kogoś z drogi cnoty** to lead sb from the path of virtue; **chodząca cnota** żart. a paragon of virtue [2] (zaleta) virtue, merit; **cnota umiaru/wstrzemięźliwości** the virtue of moderation/restraint; **ona ma wiele cnót** she has many virtues; **największą cnotą jest cierpliwość** patience is the greatest virtue; **wpajać młodzieży cnoty obywatelskie** to instil civic virtues in young people [3] *sgt* (dziewictwo) chastity; virtue daw.; **stracić/zachować cnotę** to lose/preserve one's chastity a. virtue
□ **cnoty kardynalne** Relig. cardinal virtues; **cnoty teologiczne** Relig. theological virtues
■ **jest to cnota nad cnotami trzymać język za zębami** przysł. silence is golden przysł.

cnot|ka *f* pot., żart., iron. goody-goody pot., pejor.; **nie udawaj takiej ~ki** don't make out you're such a goody-goody

cnotliwie *adv. grad.* virtuously; **żyć ~ to** lead a virtuous life

cnotliwoś|ć *f sgt* [1] (prawość) virtuousness; **~ć czyjegoś postępowania** the integrity of sb's conduct [2] (niewinność) innocence, purity; **chodząca ~ć** żart. a paragon of virtue

cnotliw|y *adi. grad.* książk. [1] (szlachetny) *[życie, człowiek]* virtuous, righteous [2] (niewinny) *[kobieta]* innocent, virtuous; **~e myśli** a. virtuous thoughts

cn|y *adi.* przest. (szlachetny) noble; (niewinny) virtuous; **cni obywatele** noble a. worthy citizens; **cna niewiasta** a chaste a. virtuous woman

c.o. /tse'o/ (= centralne ogrzewanie) central heating *U*

co [1] *pron.* [1] (w pytaniach) what; **co to (jest)?** what's this/that?; **co jest na górze?** what's upstairs?; **co robisz?** what are you doing?; **co mi kupiłaś?** what did you buy for me?; **co się dzieje?** what's going on a. happening?; **co ci po tym?** what do you need it for?; **o co chodzi?** what's the problem a. matter?, what's going on?; **w co się ubierzesz?** what are you going to wear?; **czego szukasz?** what are you looking for?; **czego on chciał?** what did he want?; **czego** a. **co** pot. **chcesz w zamian?** what do you want in exchange?; **do czego służy ten guzik?** what is this button for?; **z czego jest ta koszula?** what is this shirt made of?; **czemu się tak przyglądasz?** what are you looking at?; **czym mam otworzyć tę puszkę?** what shall I open this tin with?; **czym żywią się wieloryby?** what do whales feed on?; **czym to się skończy?** how will it (all) end?; **o czym oni mówią?** what are they talking about?; **co to za maszyna?** what's this/that machine?; **co to za kamień?** what kind of stone is this?; **co ty na to?** what do you say a. think?; **co u ciebie?** how are you?, what's new?, how's life (treating you)?; **co z tobą?** źle się **czujesz?** what's wrong (with you)?, don't you feel well?; **psa zabierzemy ze sobą, ale co z kotem?** we can take the dog with us, but what about the cat?; **co z tego?** a. **no to co?** what of a. about it? pot.; **co z tego, że kocha?** so what, he's in love, so what? pot.; **co on, oszalał, żeby tyle forsy przepuścić!** pot. he must be mad blowing all that money pot.; **czego tam nie ma na strychu!** there are all sorts of things in the attic; **czym to on w życiu nie był!** he's done all sorts of things in life; **co ty mi tu przyniosłeś?** what on earth have you brought me?; **po co** a. **na co?** what for?; **po co jedziesz do Krakowa?** what are you going to Cracow for?; **na co ci ten scyzoryk?** what do you need this penknife for?; **i na co wam to było?** what did you have to (go and) do that for?; **czego tam poszłaś?** pot. what did you go there for?; **czemu płaczesz?** what are you crying for?; **czemu nie?** why not?; „**idziesz z nami?**" – „**czemu nie**" 'are you coming with us?' – 'why not?' [2] (w mowie zależnej) what; **powiedz, co chcesz na śniadanie** tell me what you want for breakfast; **zapytaj go, co zrobił z nożyczkami** ask him what he's done with the scissors; **dobrze byłoby wiedzieć, o co właściwie mu chodzi** it would be good to know what he really wants; **przysłuchiwał się, o czym rozmawiają** he was listening in on their conversation; **nie wiem, co to była za ryba** I don't know what kind of fish it was; **nie rozumiem, po co tu przyszedł** I don't understand why he came here a. what he came here for; **powiem mu jutro, co i jak** I'll tell him tomorrow what's what; **wiesz co?...** (do) you know what?... pot., (I'll) tell you what... pot. ③ (w zdaniu podrzędnym zawężającym) that; **wszystko to, co chciał zrobić** everything (that) he wanted to do; **mam coś, co cię zainteresuje** I've got something that'll interest you; **nie zrobiłam nic, czego musiałabym się wstydzić** I did nothing (that) I ought to be ashamed of; **rób, co chcesz** do what you want; **czym była kiedyś łacina, tym stał się dziś język angielski** what Latin was once, English is today; **co jest naprawdę nieznośne, to myśl, że...** what is really maddening is the thought that...; **z czego będziemy żyć, to mój kłopot** what we're going to live on is my problem; **co się stało, to się nie odstanie** what's done is done ④ (w zdaniu podrzędnym rozwijającym) which; **powiedział, że pożyczył mi pieniądze, co nie było prawdą** he said he had lent me some money, which wasn't true; **zdał ostatni egzamin, czym bardzo ucieszył rodziców** he passed the last exam, which made his parents very happy ⑤ (ile, jak, jaki) as; **on ma tyle samo wrogów, co przyjaciół** he has as many enemies as he has friends; **zatrudniamy tyle samo pracowników, co rok temu** we employ as many people as we did a year ago; **mam dwa razy tyle pracy, co ty** I have twice as much work as you (have); **kapelusz tego samego koloru, co płaszcz** a hat the same colour as the coat; **mieszkam w tym samym domu, co on** I live in the same building as he does; **rodzice tyle go widywali, co na obiedzie** his parents only saw him at dinner time ⑥ pot. (kto, który) who; **ktoś, co nigdy nie był w wojsku** someone who has never been in the army; **znam kogoś, co to chętnie zrobi** I know someone who'll be glad to do it; **gdzie się podział ten chłopak, co u was mieszkał?** what happened to the boy who used to live with you?; **wiesz, co ty dla niego jesteś?** do you know what you are to him?; **ten młyn, co to w nim teraz jest hotel** that mill that's a hotel now ⑦ pot. (dlaczego, w jakim celu) why; **co się tak kręcisz?** why can't you sit still?; **co tak wcześnie wstałaś?** why did you get up so early?; **coś taki wesoły?** why are you so cheerful?, what are you so cheerful about? ⑧ (w wyrażeniach emfatycznych) what (a); **co to za dureń z niego!** what a clown he is! pejor.; **co za niespodzianka!** what a surprise!; **nie masz pojęcia, co to za rozkosz!** you've no idea what a delight it is

II *praep.* every; **co dzień/sobota** every day/Saturday; **co dziesięć minut/dwa tygodnie** every ten minutes/two weeks; **co chwilę** a. **chwila** every couple of minutes, every now and then; **przystawał**

co krok he stopped with each a. every step; **co jakiś czas tu zagląda, żeby sprawdzić, co robimy** he looks in every now and then to check on us; **opuszczał co drugą stronę** he was skipping every other page

III *adv.* (bardziej) **co ciekawsze fragmenty/książki** some of the more interesting sections/books; **co wytrwalsi zostali do końca sztuki** only the most persevering stayed till the end of the play

IV *conj.* (jak) as; **(ona) pracuje w tej samej firmie co ja** she works for the same company as me; **ten sam/to samo co zawsze** the same as always; **taki sam jadłospis co przed tygodniem** the same menu as a week ago; **to już nie ten człowiek, co dawniej** he's not the man he used to be; **jest równie inteligentny, co przebiegły** he's as intelligent as he is crafty; **mogła mieć równie dobrze trzydzieści co czterdzieści lat** she could just as well have been thirty as forty; **co ciekawe/dziwne...** what's interesting/strange...; **co gorsza...** what's worse...; **co więcej...** what's more...

V *part.* pot. (jako równoważnik zdania) **boisz się, co?** you're afraid, eh? pot.; **ale ona urosła, co?** she's really grown, hasn't she? pot.; **będziemy w kontakcie, co?** we'll be in touch, right? pot.; **miłe dzieciaki, co nie?** nice kids, eh? pot.; **nie poznajesz mnie, co?** you don't recognize me, do you?; **wszyscy gdzieś jadą na wykacje, a my co?** everyone's going somewhere on holiday, and what about us?; **kto cię tu wpuścił, co?** who let you in, eh? pot.; **i co, zdałeś egzamin?** well, did you pass (the exam)?; **co ty, chcesz oberwać od ojca?** you don't want to get it from your father, do you? pot.; **a ty co? dzwonka nie słyszałeś?** what are you doing? – didn't you hear the bell?

VI co do *praep.* ① (jeśli chodzi o) as for, as far as [sb/sth] is concerned; **co do mnie, nigdy w horoskopy nie wierzyłem** as for me, I've never believed in horoscopes; **co do pańskiego artykułu...** as for your article... a. as far as your article is concerned... ② (w sprawie) regarding, concerning; **mamy zastrzeżenia co do ostatniej partii towaru** we have some reservations regarding the last consignment; **jego uwagi co do nowelizacji ustawy** his remarks regarding a. concerning the amendment of the law ③ (pod względem) regarding, concerning; **ustalenia co do zakresu prac** details regarding a. concerning the scope of the work; **druga co do wielkości partia polityczna** the second largest party; **dziesiąte co do wielkości państwo świata** the world's tenth largest state ④ (dokładnie) to; **co do godziny/dnia** to the hour/day; **o siódmej co do minuty** at seven o'clock sharp; **przyszedł punktualnie co do minuty** he came a. arrived right on the dot pot.; **oddał mi wszystko co do grosza** he gave me back every single penny; **powtórzyła wszystko co do słowa** she repeated everything word for word; **zginęli wszyscy co do jednego** not one of them survived

VII co..., (to) ... *conj.* ① (ile razy) each time;

co wstawał, robiło mu się słabo each time he got up, he felt faint; **co otworzył gazetę, wszędzie o Iraku** every time he opened a newspaper, there was something about Iraq; **co strzelił, to chybił** every time he fired, he missed; **co wspiął się wyżej, to zsuwał się** each time he climbed up, he slipped down again; **co premiera, to sukces** each new production is/was a success ② (dla podkreślenia) **co praca, to praca** work is work (after all); **co chłop, to chłop** you can't beat a man (about the place); **co głowa, to głowa** you can't beat good brains; **co prawda, to prawda** I'll second that; **co dyrektor, to nie zwykły robotnik** a director's not just any worker

VIII czym..., tym... *conj.* kryt. **czym starszy, tym głupszy** the older he gets, the more foolish he becomes; **czym większy przywódca, tym groźniejszy jego upadek** the greater the leader, the further he has to fall ■ **a co tam** what do I care?, what does it matter?; **chciała pokazać, co to nie ona** she wanted to show what she was made of; **co jak co, ale ciasto robisz pyszne** say what you like, but you make delicious cake; **czego jak czego, ale pieniędzy im nie brakuje** whatever they're short of, it's not money; **co najmniej** at least; **co najwyżej** at most; **co to, to nie!** pot. that's out of the question!; no way! pot.; **co (proszę)?** pot. (w odpowiedzi) what?; **„Adam!" – „co?"** 'Adam!' – 'what?'; **„jesteś tam?" – „a co?"** 'are you there?' – 'what do you want?'; **co (takiego)?** (wyrażając zdziwienie) what?, really?; **dopiero** a. **tylko** a. **ledwo co** only just; **goście dopiero co wyjechali** the guests have not long gone, the guests have only just left

coca-col|a /ˌkokaˈkola/ *f* ① *sgt* (napój) Coca-Cola® ② (porcja) Coca-Cola®; Coke® pot.

cocker-spaniel /ˌkokerˈspanel/ *m* cocker (spaniel)

cocktail /ˈkoktajl/ → **koktajl**

cocktail-ba|r /ˈkoktajlˈbar/ *m* (*G* **cocktail-baru**) cocktail bar

cocktail party /ˌkoktajlˈparti/ *n inv.* cocktail party

codziennie *adv.* ① (każdego dnia) every day, daily; **~ się gimnastykuję** I exercise every day a. daily; **przez tydzień ~ padał deszcz** it rained every day for a week; **~ wirusem zakaża się kilka tysięcy osób** every day several thousand people are infected with the virus; **lekarz przyjmuje ~ oprócz czwartków** the doctor has surgery hours every day except Thursdays; **z kortów można korzystać ~ od 9.00 do 20.00** the courts are open daily from 9 a.m. to 8 p.m. ② pot. (zwyczajnie) **~ ubrana kobieta** a woman in everyday clothes

codziennoś|ć *f sgt* ① (powszednie życie) daily life, everyday life; **szara ~ć** the everyday humdrum; **poezja ~ci** the poetry of everyday life; **problemy dotyczące ~ci** problems connected with daily a. everyday living; **oderwać się od ~ci** to get away from the cares of daily life; **zmęczyła mnie ~ć, potrzebuję zmiany** I'm tired of the daily routine, I need a change; **strzelaniny stały się ~cią** shootings became a part of everyday life a. a daily occurrence

[2] (powszedniość) daily presence, prevalence; **~ć widoków śmierci** the daily sight of death

codzienn|y adi. [1] (powtarzający się co dzień) [praca, gazeta, kontakty] daily; **~e bóle głowy** daily headaches; **~a modlitwa** daily prayer [2] (powszedni) [zajęcia, obowiązki, życie] everyday; **~e ubranie** everyday a. casual clothes; **artykuły ~ego użytku** everyday articles; **mowa ~a** everyday speech a. language

cofać impf → **cofnąć**

cof|ka f Geog. [1] (podniesienie się zwierciadła wody) backwater [2] (obszar) backwater area

cof|nąć pf — **cof|ać** impf (**~nęła, ~nęli** — **~am**) **[]** vt [1] (przesunąć do tyłu) to move back; **~nąć rękę** to withdraw one's hand; **~nąć samochód** to reverse a. back up a car; **~nąć taśmę** to rewind a tape; **~nij, nie wiedziałam ostatniej sceny** rewind it a bit, I didn't see the last scene; **~nąć zegarek** to put one's watch back; **~nąć zegarki** to put back the clocks; **~nąć czas** przen. to turn back the clock a. time [2] (zawrócić) to turn back; **~nięto nas z granicy** we were turned back at the border [3] (odwołać) to reverse [decyzję]; to take back; to retract książk. [obietnicę]; to rescind, to cancel [rozkaz]; to lift [zakaz]; to withdraw [oskarżenie, zgodę, koncesję]; to withdraw, to cut off [stypendium, zasiłek, kredyt]; **~am to, co powiedziałem** I take back what I said; **tego, co się stało, nie można ~nąć** what's done cannot be undone **[]** **cofnąć się** — **cofać się** [1] (przesunąć się w tył) to move back; **~nąć się o krok** to take a step backwards; **dziewczyna ~nęła się na jego widok** the girl drew back when she saw him; **~nijcie się!** stand a. get back!; **wojska ~ały się przed nieprzyjacielem** the army fell back a. retreated before the enemy; **samochód ~nął się** the car reversed a. backed up; **wzbierająca woda ~nęła się** the flood waters have receded [2] (osłabnąć) [choroba] to recede; [kryzys] to ease; **objawy choroby ~nęły się po kilku dniach** the symptoms abated after a few days [3] (powracać) to go back (**do czegoś** to sth); **~nijmy się w wyobraźni do XVII wieku** let's imagine that we're back in the seventeenth century; **~nijmy się w narracji o kilka miesięcy** let's go back a couple of months in the narrative; **~nąć się myślą a. pamięcią do czegoś** to think back to sth; **moda ~nęła się do lat sześćdziesiątych** fashions looked back a. went back to the sixties; **~ać się w rozwoju** to regress [4] (powstrzymać się) to shrink; to refrain książk.; **nie ~nął się nawet przed krzywoprzysięstwem** he was even willing to commit perjury; **nie ~ać się przed niczym** to stop at nothing

cogodzinn|y adi. [karmienie, sygnał] hourly

cokolwiek [] pron. [1] (obojętnie co) anything; **czy on potrafi zrozumieć ~?** does he understand anything?; **nie macie czegokolwiek do picia?** have you got anything to drink? [2] (byle co) anything; any old thing pot.; „**co mam mu powiedzieć?**” – „**~, na przykład, że nie masz czasu**” 'what am I to tell him?' – 'anything a. any old thing, like you haven't got time' [3] (bez

względu na to, co) whatever; **~ powiesz/ zrobisz** whatever you say/do; **czegokolwiek się dowiesz, powiadom mnie natychmiast** whatever you learn, let me know at once

[] adv. (trochę) somewhat, slightly; **~ rozczarowany/zaskoczony** somewhat a. slightly disappointed/surprised

cok|ół m (G **~ołu**) [1] (podstawa) (pomnika) base, pedestal; (filaru, nagrobka) base; **rzeźba na wysokim ~ole** a sculpture on a high pedestal; **nie mógł odczytać napisu wyrytego w ~ole** he couldn't make out the inscription engraved on the pedestal [2] Archit., Budow. (podmurówka) base course, plinth; **~ół budynku** the base course of a building [3] Techn. (żarówki) (screw) base

cokwartaln|y adi. [zebranie, premia] quarterly; **~a indeksacja płac** (the) quarterly indexing of wages

col|a /'kola/ f sgt cola C/U

collage /'kolaʒ/ → **kolaż**

college /'koledʒ/ m (G **~'u**) [1] (szkoła półwyższa) college C/U; **~ językowy** (a) language college; **~ nauczycielski** a college of education; **uczyć się w ~'u** to study at college [2] (uniwersytetu) college GB

collie /'koli/ m inv. collie

col|t /kolt/ m (A **~ta**) Colt®

comb|er m Kulin. [1] (mięso) saddle; **~er barani/jagnięcy** a saddle of mutton/ lamb; **~er z sarny/zająca** a saddle of venison/hare [2] (ciasto) kind of rectangular chocolate sponge cake

combi /'kombi/ → **kombi**

comiesięcznie adv. every month, monthly; **~ wpłacał na jej konto 500 złotych** he paid 500 zlotys into her account every month a. monthly

comiesięczn|y adi. [sprawozdanie, spotkanie, raty] monthly; **~e wyciągi bankowe** monthly bank statements

cominutow|y adi. every minute; **~y błysk światła/impuls** a flash of light/an impulse every minute; **w ~ych odstępach** at one-minute intervals

compact /'kompakt/ → **kompakt**

compactowy /ˌkompak'tovɪ/ → **kompaktowy**

confetti /kon'fetti/ n inv., plt inv. confetti U; **obsypać kogoś kolorowym a. kolorowymi ~** to shower sb with coloured confetti

coniedzieln|y adi. [msza, wycieczka, koncert] Sunday attr.; **po obiedzie zabrał dzieci na ~y spacer** after lunch he took the children on their (regular) Sunday walk

co niemiara no end; plenty pot.; lots pot.; **ludzi było ~** there were no end of people; **kłopotów mieli ~** they had no end of problems; **hałasowali ~** they were making no end of noise

conocn|y adi. [seans, zabawa] nightly

consensus /kon'sensus/ m sgt (G **~u**) książk. [1] (porozumienie) agreement, compromise; **~ polityczny** a political compromise; **dążyć do ~u** to try to reach an agreement; **doprowadzić do ~u** to lead to a compromise; **wielogodzinne negocjacje doprowadziły wreszcie do ~u** after many hours of negotiations, a compromise was finally reached a. worked out; **poszukiwać ~u** to

search for a. seek a compromise; **obie strony osiągnęły ~** the two sides have reached an agreement a. compromise; **wszelkie próby osiągnięcia ~u nie przyniosły rezultatu** all attempts to arrive at a. reach a compromise have failed [2] (zgodne stanowisko) consensus (of opinion); **~ wśród lekarzy** a consensus of opinion among doctors

constans /'konstans/ Mat. **[]** m inv. constant

[] adi. inv. constant; **liczba ~** a constant number; **prędkość jest w tym wypadku ~** speed in this case is constant; **jej uczucie do niego jest już od wielu lat ~** przen. her affection for him has remained constant for many years

consulting /kon'sulting/ → **konsulting**

continuum /kon'tinuum/ → **kontinuum**

contra /'kontra/ → **kontra**

copyright /'kopɪrajt/ m (G **~u**) copyright U (**na coś** in a. on sth); **~ na tę powieść ma wydawca** the publishers have a. hold a. own the copyright on a. for the novel

coraz adv. [1] (bardziej) more and more; **śmiech stawał się ~ wyraźniejszy** the laughter became more and more distinct; **podobał jej się ~ bardziej** she liked him more and more; **leki są ~ droższe** medicines are becoming dearer and dearer a. more and more expensive; **~ lepiej** better and better; **robi się ~ cieplej** it's getting warmer and warmer; **pociąg jechał ~ szybciej** the train was travelling faster and faster [2] książk. (co chwila) every now and then, every now and again; **~ (to) patrzył na zegarek** every now and then he glanced at his watch; **~ to poprawiała włosy** every now and again she adjusted her hair; **wychodziła z przebieralni w ~ to innym stroju** she kept coming out of the changing booth in different clothes

cornflakes /'kornflejks/ (G **~ów**) plt cornflakes

corocznie adv. every year, annually; **~ wyjeżdżają na wczasy** they go on holiday every year; **organizacje ekologiczne otrzymują ~ około 200 tysięcy złotych na swoją działalność** environmental organizations receive around 200,000 zlotys annually for their activities

coroczn|y adi. [zjazd, spotkanie] annual

corri|da /ko'rrida/ f corrida, bullfight

cortlan|d /'kortland/ m (A **~d** a. **~da**) (jabłoń) Cortland (apple) tree; (jabłko) Cortland (apple)

coś [] pron. [1] (rzecz nieokreślona) something; (w pytaniach) anything; **mieć coś do zrobienia/ czytania** to have something to do/read; **coś go rozśmieszyło** something made him laugh; **czy w tym pudełku coś jest?** does this box contain anything?; **weźcie coś do pisania** take something to write with; **masz coś do pisania?** have you got something to write with?; **mam ci coś do powiedzenia** I've got something to tell you; **bał się czegoś** he was afraid of something; **czegoś tu nie rozumiem** there's something I don't understand here; **jak będziesz czegoś a. coś pot. chciał, to krzyknij** if you want anything, give me a shout; **bunt przeciwko czemuś, co jest**

nieuniknione rebellion against something that's inevitable; **walnął czymś w ścianę** he banged on the wall with something; **coś ciekawego/nowego** something interesting/new; **marzę o czymś zimnym** I'm dying for something cool pot.; **w niej jest coś dziwnego** there's something odd about her; **coś innego** something else; **to znaczy coś innego** this means something else; **coś innego niż...** something other than...; **idzie o coś innego niż wybór nowego prezydenta** it's more than just the question of electing a new president; **coś podobne do czegoś** a. **w rodzaju czegoś** something like sth, a kind of sth; **coś w rodzaju kanapy/rewolucji** something like a sofa/revolution, a kind of sofa/revolution; **(lub) coś w tym rodzaju** a. **coś podobnego** (or) something of the kind, (or) something like that; **coś jak** a. **jakby** a. **jak gdyby** something like; **to coś jak gdyby tragedia grecka** it's something like a Greek tragedy; **poczuł coś jakby smutek** pot. he felt a kind of sadness; **takie coś** pot. (rzecz trudna do nazwania) thing; thingy pot.; **takie coś do otwierania butelek** this thingy for opening bottles [2] (rzecz istotna) something; **ona ma w sobie coś** she's got a certain something; **w tym, co on mówi, coś jest** a. **musi być** there's something in what he says, there must be something in it; **to było coś!** that was (really) something!; **to o czymś świadczy** that proves a. shows something; **żeby do czegoś dojść, trzeba ciężko pracować** you have to work hard to achieve anything [3] (z liczbami) something; **coś około 100 kilogramów** somewhere around a hundred kilos; **coś ponad/poniżej 200 złotych** something over/under 200 zlotys; **dwadzieścia kilometrów/sto lat z czymś** something over twenty kilometres/a hundred years, twenty something kilometres/a hundred and something years; **1000 złotych lub coś koło tego** a thousand zlotys or thereabouts GB a. thereabout US

II part. pot. **coś małe to mieszkanie** it's a bit on the small side, this flat; **ostatnio coś wychudł** he's grown somewhat thin lately; **coś mi dzisiaj praca nie idzie** I can't get down to work today somehow; **coś długo jej nie widać** she's taking her time coming; **coś mi się widzi, że...** something tells me that...

III czegoś part. pot. (bez powodu) for some reason, somehow; **jest zawsze czegoś zły** somehow he's always angry; **ona czegoś im się nie spodobała** they didn't like her for some reason

IV czemuś part. pot. (z nieznanych powodów) somehow, for some reason; **ona czemuś nas ostatnio unika** for some reason she's been avoiding us lately

■ **coś niecoś** a little, a bit; **coś niecoś wiem na ten temat** I know a thing or two about sth; **coś takiego** a. **podobnego!** well, I never! pot., you don't say! pot.; **coś ty!** pot. (zaskoczenie) you're kidding! pot; (oburzenie) don't be ridiculous!; **...czy coś** pot. ...or something pot.; **podobno były na**

niego jakieś naciski czy coś apparently they put pressure on him or something

cotygodniowo adv. every week; **zamek odwiedza ~ dwa tysiące turystów** 2,000 tourists visit the castle every week; **~ uzupełniany zbiór danych** a database updated weekly

cotygodniow|y adi. [spotkanie, wykład, sprawozdanie] weekly

country /'kantri/ **I** n inv. sgt Muz. country (music), country and western

II adi. inv. country (and western) attr.; **ballady ~** country (and western) ballads; **festiwal ~** a country music festival; **muzyka ~** country music

country'ow|y /kan'trovi/ adi. [zespół, muzyka] country (and western) attr.

coupé /ku'pe/ n inv. [1] (samochód) coupé, coupe [2] (nadwozie) coupé car body

cowboy /'kovboj/ → **kowboj**

cór|a f [1] książk. (dziecko) daughter; **przyszłam pokazać moją córę** I've come to show off my daughter [2] przen. daughter; **córa Kościoła** a daughter of the Church; **literatura to córa ludzkiej wyobraźni** literature is the daughter of human imagination

■ **córa Koryntu** książk., iron. lady of the night a. evening iron.

cór|cia, ~eńka, ~uś f dem. pieszcz. (do własnego dziecka) sweetie, darling; (do dziewczynki, młodej kobiety) sweetie, love(ly)

córecz|ka f dem. (little baby) daughter, (little baby) girl; **~ko** (do własnej córki) sweetie; (do innej dziewczynki) sweetie, little girl

cór|ka f [1] (dziecko) daughter, girl; **biologiczna/rodzona/przybrana/nieślubna ~ka** sb's biological/own/adopted/illegitimate daughter; **~ka chrzestna** a goddaughter; **nieodrodna ~ka swoich rodziców** a chip off the old block pot.; **~ko, co się z tobą dzieje?** what's got into you, young lady? [2] książk., przen. daughter; **prawdziwa ~ka wolności** a true daughter of freedom; **~ki naszego narodu/miasta** our nation's daughters/the daughters of our town [3] (dziewczynka, młoda kobieta) (little) girl, child; **módl się ~ko** pray, my child a. daughter

córu|chna, ~nia f pieszcz. (do własnego dziecka) sweetheart, darling; (do dziewczynki, młodej kobiety) sweetheart

córz II pron. [1] (co) what on earth, whatever; **córz to jest?** what on earth is a. whatever's that?; **córz cię tu sprowadza?** what (on earth) a. whatever brings you here?; **czegóż więcej ci potrzeba?** what more do you want?; **po córześ przyjechał?** what exactly did you come for?; **czemuż zawdzięczam ten honour?** to what do I owe this honour?; **córz ciekawego mogli mu powiedzieć?** what could they (possibly) say to him (that was) of any interest?; **czegóż tu nie ma: meble, porcelana...** you've/they've got everything here: furniture, china...; **czegóż to ludzie nie wymyślą** whatever will they think of next?; **córz to za hałasy?** what on earth is that noise?; **córz to za miłe dziecko!** what a nice child!; **córż za bzdura!** what absolute rubbish! GB pot.; **córz to za jeden, ten człowiek towarzyszący dyrektorowi?** who's that

man accompanying the director?; **córz po pistolecie, skoro nie ma nabojów?** what use is a gun without ammunition?; **i córz z tego?** and what of it (exactly)? pot.; **córz z tego, że ona zarabia więcej ode mnie?** so what if she earns more than I do?; **córz poradzić, takie jest życie** what can one a. you do, that's life; **córz ty na to?** what do you say to that a. think of that?; **po córz** a. **na córz** what for?, whatever for?; **po córz mi samochód?** what a. whatever do I need a car for?; **po córż się wysilać?** why make the effort? [2] pot. (dlaczego) why; **córz to nic nie mówisz?** why don't you say something?; **córżeś taka blada?** why are you so pale?; **czegoż tak się gapisz?** why are you gaping like that?; **czemuż mnie nie zapytałeś?** why didn't you ask me?

II inter. (oh) well; **córz, to się zdarza** oh well, it happens; **ciekawa książka, lecz córz, zbyt droga** it's an interesting book, still it's too expensive

cracovian|a /krako'vjana/ plt (G ~ów) documents and manuscripts relating to Cracow

crawl /krawl/ → **kraul**

credo /'kredo/ n inv. sgt [1] Relig. (the) Creed; **odmówić ~** to repeat a. recite the Creed [2] książk. creed, credo; **polityczne/artystyczne ~** a political/an artistic creed a. credo; **jego życiowe ~ brzmiało: sukces i pieniądze** his motto in life was: money and success

■ **jak Piłat w ~** [czuć się] out of place, like a fish out of water; [być potrzebnym] like a hole in the head pot.

crescend|o /kre'ʃendo/ **I** n, n inv. [1] Muz. crescendo (passage) [2] książk. (narastanie) crescendo; **emocjonalne ~** a crescendo of emotion(s)

II adv. [1] Muz. crescendo [2] książk. in a crescendo; **irytacja narastała we mnie ~o** my irritation gradually rose to a crescendo

cross /kros/ m (G ~u) Sport [1] sgt (motorowy) motocross; (w lekkoatletyce) cross-country (running) [2] (w tenisie) cross(-court) shot; **wymiana piłek po ~ie** a cross-court rally

crossow|y /kro'sovi/ adi. [wyścig, tor] motocross attr.; [bieg] cross-country; [odbicie] cross(-court); **podanie ~e** a cross; **długie, ~e piłki** long crosses

cu|cha f dial. loose woollen embroidered jacket traditionally worn by Tatra highlanders

cuchn|ąć impf vi to stink, to reek (**czymś** of sth); **~ąć wódką/benzyną** to stink of vodka/petrol; **~ie jej z ust** she's got bad breath; **~ęło od niego papierosami** he reeked of cigarettes; **co tu tak ~ie?** what's that awful smell?; **wyrzuć to mięso, bo już ~nie** throw out that meat, it smells bad; **~ący oddech** foul a. bad breath; **brudne, ~ące pomieszczenie** a dirty, foul-smelling room

cu|cić impf **I** vt to revive, to bring [sb] round GB, to bring [sb] around US; **cucić kogoś z omdlenia** to bring sb round from a faint; **cucono ciocię wodą** they brought Auntie round with some water ⇒ **ocucić**

II cucić się książk. (odzyskać przytomność) to come to, to revive; (ze snu) to awaken; **ranny cucił się na chwilę, by znów zapaść w**

omdlenie the wounded man came to for a moment, only to fall unconscious again

cu|d [] *m* (*G* **cudu**) [1] (nadnaturalne zjawisko) miracle; **jego nagłe wyzdrowienie uznano za cud** his sudden recovery was regarded as a miracle; **święty zasłynął cudami** the saint became famous for his miracles; **nie wierzę w cuda** I don't believe in miracles [2] (szczęśliwy zbieg okoliczności) miracle, wonder; **liczyć na cud** to count on a. hope for a miracle; **to graniczy z cudem** it's miraculous a. bordering on the miraculous; **(to) cud, że nikomu nic się nie stało** it's a miracle (that) nobody was hurt [3] (to, co godne podziwu) wonder, miracle; **cud gospodarczy** an economic miracle; **cud doskonałości/piękności** a miracle of perfection/beauty; **cud narodzin** the miracle of birth; **cuda przyrody/techniki** the wonders a. marvels of nature/modern technology; **to dziewczyna cud** she's a marvel a. wonder, that girl

[] **cuda** *plt* pot. amazing things pot.; **dokonywać** a. **dokazywać cudów** to work miracles, to perform marvels; **dokonywać cudów męstwa/odwagi** to perform amazing deeds of valour/acts of bravery; **opowiadać cuda o czymś** to tell sb amazing things about sth; **cuda się tam dzieją** pot. all sorts of strange a. weird things go on there pot.; **nie ma cudów** pot. there's no getting away from it pot.; **cuda niewidy** pot. (all sorts of) weird and wonderful things pot.

[] **cudem** *adv.* miraculously; **cudem uniknął śmierci** he miraculously escaped death; **ocaleliśmy cudem** we survived by a miracle; **jakim cudem** how come?, how can that be?; **jakim cudem się tu znalazł?** how come he turned up here?; **nie wiem, jakim cudem, ale się udało** I don't know how, but we did it

■ **cud, miód** a. **cud, miód, ultramaryna** pot., żart. out of this world pot.; **ta jego nowa dziewczyna to cud, miód, ultramaryna** that new girlfriend of his is just out of this world; **pogoda zapowiada się cud, miód, ultramaryna** it looks as if the weather's going to be absolutely perfect; **cud nad Wisłą** Hist. the Miracle of the Vistula (*when Piłsudski against all odds repulsed the Soviet Army at Radzymin in August 1920*); **ósmy cud świata** the eighth wonder of the world; **siedem cudów świata** the Seven Wonders of the World

cudac|ki *adi.* pot. [pomysły, zachowanie się] crackpot pot.; [strój, maniery] peculiar, bizarre

cudactw|o *n* pejor. peculiarity C/U, quirk, quirkiness U; **~o czyichś przyzwyczajeń** sb's quirky habits; **przywyknąć do czyichś ~** to get used to sb's quirks a. peculiarities; **raziło mnie ~o kostiumów w tej sztuce** one thing I didn't like about the play was the outlandish costumes

cudacznie *adv.* grad. [ubierać się] strangely, oddly; [wyglądać] peculiar *adi.*; **~ urządzony pokój** an oddly arranged room; **~ pomalowany samochód** an oddly painted car

cudaczność|ć *f sgt* (stroju) peculiarity; (zachowania) quirkiness; (języka) bizarre quality

cudaczn|y *adi.* grad. [wygląd, ubiór] peculiar, funny; **opowiadać ~e historie** to tell strange a. bizarre stories; **~y z niego człowiek** he's a peculiar a. funny sort of character; **nosiła takie ~e nazwisko** she had some funny kind of surname; **stroić ~e miny** to pull funny faces

cuda|k *m* pot. freak pot.; (bizarre) character; **w tym stroju wyglądasz jak ~k** you look like a real freak in that get-up

cude|ńko *n zw. pl.* (ładny drobiazg) attractive ornament; (dziw) amazing thing; **~ńka ze złota przyciągały wzrok kobiet** attractive items of gold jewellery caught the eyes of the women; **opowiadano o nim ~ńka** amazing things were said of him

cudnie *adv.* grad. [śpiewać] wonderfully, marvellously GB, marvelously US; [wyglądać] wonderful *adi.*, marvellous *adi.* GB, marvelous *adi.* US; **~ ci w tym** you look marvellous in it; **latem jest tam ~** it's wonderful there in the summer; **co tak ~ pachnie?** what's that wonderful smell?

cudn|y *adi.* grad. [kobieta, kwiat] gorgeous, beautiful; [książka, krajobraz, zapach] marvellous GB, marvelous US, wonderful

cu|do *n* pot., żart. knockout pot., stunner pot.; **ta dziewczyna to istne cudo!** she's a real stunner a. knockout, that girl!; **twoje dziecko to cudo** your child's a real marvel a. wonder; **miała na sobie suknię prawdziwe cudo** she was wearing a real knockout of a dress; **znalazłam to cudo w sklepie z używaną odzieżą** I found this little gem in a second-hand clothes shop; **jego nowy samochód to prawdziwe cudo** his new car's a real beauty; **jaką prędkość rozwija to cudo?** how fast does this thing go? pot.; **pokaż wreszcie to swoje cudo!** show us this wonder of yours at last!; **jak to cudo działa?** how does this box of tricks work? pot.

cudotwór|ca *m*, **~czyni** *f* miracle-worker także przen., wonder-worker także przen.; **nie jestem ~cą** I'm not a miracle-worker, you know

cudotwórcz|y *adi.* [zdolności, właściwości, moc] miraculous; **jakiś nowy ~y lek** some new miracle a. wonder drug

cudotwórstw|o *n sgt* miracle-working, wonder-working; **to, co robicie, graniczy z ~em** what you're doing borders on the miraculous

cud|ować *impf vi* [1] pot., pejor. (wydziwiać) to exaggerate, to carry on; **nie ~uj z tą fryzurą, wyglądasz dobrze** don't do any more to your hair, it looks good as it is; **ludzie mają pieniądze, to ~ują** when people have money, they do the strangest things [2] przest. (dziwić się) to marvel (**nad kimś** at sb)

cudownie *adv.* grad. [1] (niespodziewanie) miraculously [2] (wspaniale) [wyglądać, pachnieć] wonderful *adi.*, marvellous *adi.* GB, marvelous *adi.* US; [śpiewać] wonderfully, marvellously GB, marvelously US; **~ prosty** marvellously simple; **czułam się tam ~** I felt fantastic there; **~, że przyjechałeś** it's wonderful to see you

cudown|y [] *adi.* grad. [kobieta, bukiet, krajobraz] beautiful; [pomysł, artysta, nauczy-

cielka] wonderful, marvellous GB, marvelous US; **dziękuję, jesteś ~a** thanks, you're great a. fantastic!

[] *adi.* [wydarzenie, uzdrowienie, ocalenie] miraculous; **~y lek** a miracle a. wonder drug; **wodzie z tego źródła przypisuje się ~e właściwości** the water from this spring is supposed to have miraculous properties; **~y obraz Matki Boskiej w Częstochowie** the miraculous painting of the Blessed Virgin in Częstochowa

cudzoł|ożyć *pf, impf vi* książk. to commit adultery (**z kimś** with sb)

cudzołóstw|o *n sgt* książk. adultery; **popełnić z kimś ~o** to commit adultery with sb

cudzoziem|iec *m*, **~ka** *f* (*V* **~cu** a. **~cze, ~ko**) foreigner, alien; **ożenił się z ~ką** he married a foreign girl a. foreigner; **kursy języka polskiego dla ~ców** Polish courses for foreigners

cudzoziems|ki *adi.* [turysta, nazwisko, zwyczaj] foreign; **mówić z ~im akcentem** to speak in a. with a foreign accent; **po ~ku** [ubierać się] like a foreigner

cudzoziemszczy|zna *f sgt* pejor. foreign influence(s); **bezmyślne naśladowanie ~zny** the slavish imitation of foreign trends; **zwalczać ~znę** to fight against foreign influences; **zaśmiecać język ~zną** to adulterate a language with foreign borrowings

cudzożywnie *adv.* Biol. [odżywiać się] heterotrophically

cudzożywnoś|ć *f sgt* Biol. heterotrophy, heterotrophism

cudzożywn|y *adi.* Biol. heterotrophic

cudz|y [] *adi.* [1] (należący do kogoś innego) other people's, someone else's; **~ym kosztem** at someone else's expense; **uczyć ~e dzieci** to teach somebody else's/other people's children; **liczyć na ~ą pomoc** to rely on someone else's help; **żyć na ~y koszt** to live at someone else's expense; **żyć z ~ej pracy** to live on a. off other people; **pod ~ym nazwiskiem** under an assumed name; **nie interesują mnie ~e sprawy** I'm not interested in other people's business [2] przest. (obcy) [ludzie, kraje] foreign

[] **cudze** *n sgt* other people's property; **nie sięgaj po ~e** do not touch what doesn't belong to you; **pracować na ~ym** to work for sb (else)

■ **~e chwalicie, swego nie znacie** przysł. the grass is always greener on the other side of the fence przysł.

cudzysł|ów [] *m* (*G* **~owu**) quotation marks; **ująć coś w ~ów** to put sth in quotation marks; **napisz to w ~owie** write that in inverted commas; **otworzyć/zamknąć ~ów** to open/close quotation marks

[] **w cudzysłowie** *part.* iron. (in) inverted commas GB, iron., quote unquote iron.; (przy głośnym czytaniu) quote unquote; **to jest dzieło sztuki, oczywiście w ~owie** it's a work of art, quote unquote

cug *m* (*G* **~u**) *sgt* [1] pot. (w piecu, w kominie) draught GB, draft US; **dobry ma ~ ten piec?** does that stove draw well? [2] pot. (przeciąg) draught GB, draft US; **zamknij drzwi, bo robisz ~** close the door, you're

C

creating a draught ③ przest. (zaprzęg) team of horses; (para koni) pair (of horses)

■ **wpaść w** ~ pot. (o alkoholiku) to go on a bender a. a drinking spree pot.; (o narkomanie) to go on a drug-taking spree pot.

cugl|e plt (G ~**i**) rein(s); **skrócić** a. **ściągnąć** ~**e** to shorten the reins; **popuścić koniowi** ~**e** a. ~**i** to give a horse its head; **chwycić za** ~**e** to take the reins ■ **popuścić komuś** ~**i** to give (a) free rein to sb; **popuścić** ~**i fantazji** to give free rein to one's imagination; **wziąć kogoś/ coś w** ~**e** a. **trzymać kogoś/coś w** ~**ach** to keep a tight rein on sb/sth, to keep sb/sth on a tight rein

cuk|ier Ⅱ m sgt (G ~**ru**) ① (słodka substancja) sugar; **gruby/miałki** ~**ier** coarse/fine sugar; ~**ier kryształ** granulated sugar; ~**ier puder** icing sugar GB, confectioner's a. powdered sugar US; **głowa** ~**ru** przest. a sugar loaf przest.; **kostka** ~**ru** a sugar cube a. lump; ~**ier w kostkach** lump sugar; **figurki z** ~**ru** sugar figurines; **herbata z** ~**rem/bez** ~**ru** tea with sugar/without sugar; **migdały/orzechy w** ~**rze** sugared a. candied almonds/nuts; **owoce w** ~**rze** candied a. crystallized fruit; **brać dwie łyżeczki/kostki** ~**ru do herbaty** to take two spoons/lumps of sugar in one's tea; **kupić** ~**ier** (porcję) to buy some sugar; **kupić/pożyczyć** ~**ru** (trochę) to buy/borrow some sugar ② Med. sugar; glucose spec.; ~**ier we krwi** blood sugar, (blood) glucose; ~**ier w moczu** urine sugar, urine glucose; **poziom** ~**ru we krwi** (the) blood sugar a. blood glucose level; **spadek poziomu** ~**ru we krwi** a drop in the blood sugar level; **badanie na poziom** ~**ru we krwi** a blood sugar a. glucose test; **badanie na zawartość** ~**ru w moczu** a urine sugar a. urine glucose test

Ⅲ **cukry** plt Chem. sugars; ~**ry proste/ złożone** simple/compound sugars

❑ ~**ier buraczany** a. **burakowy** Chem. beet sugar; ~**ier gronowy** Chem. glucose, dextrose, grape sugar; ~**ier mlekowy** Chem. lactose, milk sugar; ~**ier owocowy** Chem. fructose, fruit sugar; ~**ier słodowy** Chem. maltose; ~**ier trzcinowy** Kulin. cane sugar; ~**ier waniliowy** Kulin. vanilla sugar

■ **nie jest z** ~**ru** żart. s/he is not so fragile; **no to co, że pada, nie jestem z** ~**ru** so what if it's raining, I won't dissolve, you know

cukierecz|ek m dem. pieszcz. sweetie GB, dziec.; candy US

cukier|ek m (A ~**ek** a. ~**ka**) sweet GB, (sugar) candy US; ~**ki miętowe** mint sweets; ~**ki nadziewane** soft-centred sweets; **chrupać/ssać/zjeść** ~**ek** a. **ka** to munch/suck/eat a sweet; **objadać się** ~**kami** to gorge oneself on sweets; **papierki po** ~**kach** sweet wrappers; **rozwinąć** ~**ek z papierka** to unwrap a sweet

cukieren|ka f dem. (sklep) (small) cake shop, (small) patisserie; (kawiarnia) coffee shop, tea room

cukierkowa|ty adi. [uroda] sugary, saccharine; [film, romans, zakończenie] sickly; mushy pot.

cukierkowo adv. **uśmiechać się** ~ **to** give a sugary(-sweet) smile; ~ **słodkie pejzaże** chocolate-box landscapes

cukierkow|y adi. ① [masa] sweet attr. GB, candy attr. US; [smak] sugary ② przen. [uroda, uśmiech] sugary, saccharine; [film, romansidło] mushy pot.; slushy; [kolor] sickly

cukier|nia f (Gpl ~**ni** a. ~**ń**) ① (sklep) cake shop, patisserie; (kawiarnia) coffee shop, coffee house, tea room ② (wytwórnia ciast) bakery GB, bakeshop US

cukiernian|y adi. [ciastka, stoły] patisserie attr.; [bywalec, atmosfera] coffee shop attr., coffee house attr.

cukiernic|a f sugar bowl

cukiernictw|o n sgt (przemysł) the confectionery industry; (zawód) confectionery, the confectionery trade

cukiernicz|ka¹ f dem. (naczynie) (small) sugar bowl

cukiernicz|ka² f pot. (kobieta cukiernik) pastry cook, confectioner

cukiernicz|y adi. [szkoła, pracownia, stoisko, mistrz] confectionery attr.; [zawód, dyplom] confectioner's; **pieczywo** ~**e** bread made with sugar; **przemysł** ~**y** the confectionery industry; **sklep** ~**y** a sweet shop GB, a confectioner's (shop); **wyroby** ~**e** confectionery (products)

cukierni|k m pastry cook, confectioner

cukini|a f (GDGpl ~**i**) courgette C/U GB, zucchini C/U US

cukromocz m sgt (G ~**u**) Med. glycosuria, glucosuria

cukr|ować impf vt to sugar [ciastka]

cukrowni|a f (Gpl ~**i**) sugar factory

cukrownictw|o n sgt the sugar industry

cukrownicz|y adi. [zakład, przemysł] sugar attr.

cukrow|y adi. sugar attr.; **baranek** ~**y** a sugar lamb

cukrz|ony Ⅱ pp → **cukrzyć**
Ⅲ adi. [herbatnik] sugared

cukrzyc|a f sgt Med. diabetes

cukrzycow|y adi. [dieta] diabetic

cukrz|yć impf Ⅱ vt to sugar [herbatę, kawę] ⇒ **pocukrzyć**
Ⅲ **cukrzyć się, cukrować się** [miód, konfitury] to crystallize ⇒ **scukrzyć się**

cukrzy|k m pot. diabetic; **dieta/poradnia dla** ~**ków** a diabetic diet/clinic

cum|a f Żegl. hawser; (do mocowania do nabrzeża) mooring line; (do holowania) towing line; **rzucić** a. **zarzucić** ~**y** to tie up; **statek stoi na** ~**ach** the ship is in moorings

cum|ować impf Ⅱ vt ① Żegl. to moor [łódź] (**do czegoś** to sth); to berth, to moor [statek]; ~**ować jacht do mola** to moor a yacht to a pier ⇒ **przycumować, zacumować** ② to moor [balon, sterowiec] ⇒ **przycumować, zacumować**
Ⅲ vi [łódź] to be moored; [statek] to be at berth, to be moored; **statek** ~**uje w porcie** the ship is lying in port; **przy nabrzeżu** ~**uje kilka motorówek** a few motor boats are moored to the bank ⇒ **zacumować**

cumownic|a f Żegl. mooring post

cumownicz|y adi. [liny, urządzenia] mooring attr.; **węzeł** ~**y** clove hitch

cumow|y adi. [boje, haki] mooring attr.

cumulus /ku'mulus/ m (G ~**a** a. ~**u**) Meteo. cumulus cloud, cumulus U

cup inter. ① (stłumiony odgłos uderzenia) thwack!, thump! ② (oznaczający gwałtowne przykucnięcie, ukrycie się) **chłopiec** ~**! – za murek** the boy ducked behind a wall; **zając** ~ **w zboże** the hare bolted into the corn

curieterapia /kyrite'rapja/ f sgt (GD ~**i**) Med. radium therapy

curiosum /kur'jozum/ → **kuriozum**

curry /'kari/ n inv. sgt Kulin. ① (przyprawa) curry powder; **sos** ~ curry sauce; **kurczak w** ~ curried chicken; **dodać** ~ **do potrawy** to add curry powder to a dish; **przyprawić mięso/rybę** ~ to season meat/fish with curry powder ② (potrawa) curry; ~ **z kurczaka** chicken curry

CV /si'vi/ (= curriculum vitae) CV; **oferty zawierające** ~ job applications with CVs

cwa|ł m sgt (G ~**łu**) gallop; **konie przeszły w** ~**ł** the horses broke into a gallop; **biec** a. **gnać** a. **ruszyć** ~**łem** to gallop; **puścić się** ~**łem** a. **w** ~**ł** to break into a gallop

cwał|ować impf vi ① (o koniu, jeźdźcu) to gallop; **myśliwi** ~**owali w kierunku lasu** the hunters galloped off in the direction of the forest; ~**ujące stado zebr** a galloping herd of zebras ⇒ **pocwałować** ② żart. (o ludziach) to gallop; ~**ować do pracy/w kierunku dworca** to gallop off to work/ towards the station ⇒ **pocwałować**

cwaniac|ki adi. pot., pejor. [mina, sposoby] sly, cunning; ~**ki spryt** cunning(ness); **miał** ~**ki uśmieszek na twarzy** he had a sly smirk a. grin on his face

cwaniactw|o n sgt pot., pejor. cunning, slyness

cwania|czka, ~ra f pot., pejor. sharp one, sly one

cwania|k m (~**czek** dem.) pot., pejor. con man pot., sharp operator pot.; **ty** ~**ku!** you crafty swine!; ~**cy kuci na cztery nogi** regular con artists; **nie daj się wykiwać temu** ~**kowi** don't let that con man take you in

cwanie adv. grad. pot., pejor. cunningly, artfully; **trzeba przyznać, że to** ~ **pomyślane** you've got to admit it's cleverly a. artfully done

cwa|ny adi. grad. pot., pejor. sharp, wily; ~**ny lis** (that) cunning monkey pejor.; **jeśli będziesz** ~**ny, to sobie poradzisz** if you play your cards right, you'll be all right

cwibak m dial., Kulin. a kind of fruit cake

cybernetycznie adv. [udoskonalony, generowany] cybernetically

cybernetyczn|y adi. [układ, maszyna] cybernetic

cybernety|k m cyberneticist, cybernetician

cybernety|ka f sgt cybernetics (+ v sg)

cyborg m (Npl ~**i**) cyborg

cybori|um n (Gpl ~**ów**) ① Relig. (kielich) ciborium; (tabernaculum) tabernacle ② Archit. ciborium

cybuch m ① (część fajki) stem; (fajka) pipe ② Techn. blowpipe

cyc m augm., zw. pl (A ~ a. ~**a**) wulg. tit zw. pl wulg.; boob pot.

cyca|ty adi. posp. [kobieta] busty pot.

cyc|ek m (A ~**ek** a. ~**ka**) ① pot. (sutek zwierzęcia) teat ② posp. (pierś) tit zw. pl wulg.; boob zw. pl pot.; **ale ma** ~**ki!** she's got some tits!; **dać dziecku** ~**ka** to breast-

feed a baby; **odstawić dziecko od ~ka** to take a baby off the breast; **dziecko przy ~ku** a breastfed a. nursing baby
■ **odstawić kogoś od ~ka** pot. to stop wet-nursing sb pot.

cydr m sgt (G ~**ru**) Wina cider

cyferbla|t m (G ~**tu**) clock face, dial

cyfer|ka f dem. [1] (znak) digit, figure [2] zw. pl przest. (inicjał) initial

cyf|ra f [1] (znak) digit, figure; **kolumna ~r** a column of figures; **~ry arabskie/rzymskie** Arabic/Roman numerals; **wykręcił pierwsze trzy ~ry i odłożył słuchawkę** he dialled the first three digits and hung up [2] kryt. (liczba) number, figure; **nakład gazety osiągnął ~rę pół miliona** the newspaper's circulation reached the half million mark [3] dial. (deseń) (ornamental) flourish, embellishment [4] zw. pl przest. (inicjał) initial; **postawić swoje ~ry na dokumencie** to initial a document; **papier listowy z ~rami właściciela** monogrammed a. initialled writing paper

cyfrowo adv. [1] [zapisać, przedstawić] in figures, numerically [2] Techn. [nagrywać] digitally

cyfrow|y [I] adi. [1] [kod, szyfr] numerical, number attr. [2] Techn. [zegar, przyrząd, technika] digital [3] przest. (szyfrowany) in cypher, coded; **depesza ~a** a coded cablegram
[II] **-cyfrowy** w wyrazach złożonych -digit; **liczby sześciocyfrowe** six-digit numbers

Cygan m gypsy; **czarny jak ~** (as) dark as a gypsy
■ **dla towarzystwa dał się ~ powiesić** przysł. in for a penny, in for a pound przysł.; **szewc a. kowal ukradł, a ~a powiesili** przysł. give a dog a bad name (and hang him) przysł.

cygan m pot. [1] (Npl ~**ie** a. ~**y**) (o śniadej cerze i czarnych włosach) dark(-looking) man, swarthy man [2] (Npl ~**ie** a. ~**y**) (włóczęga) vagabond, tramp; **żyć jak ~** to live like a gypsy [3] (Npl ~**y**) pejor. (krętacz) (lying) cheat pejor.; twister GB pot.

Cyganecz|ka f dem. (little) gypsy girl

cyganecz|ka f dem. (o śniadej cerze i czarnych włosach) dark(-looking) girl, dark-complexioned girl; **ta mała ~ka to ich córka** that swarthy-skinned little girl is their daughter

cyganeri|a f (GDGpl ~**i**) (a group of) bohemians; **~a artystyczna/literacka** a group of bohemian artists/writers

Cyganiąt|ko n pot. (little) gypsy child

cyganiąt|ko n pot. (o śniadej cerze i czarnych włosach) dark(-looking) child, dark-complexioned child

Cygani|cha f pejor. gypsy woman; **czarna jak ~cha** (as) dark as a gypsy

cygani|cha f żart. (o śniadej cerze i czarnych włosach) dark(-looking) woman, brunette

cyga|nić impf vi pot. (kłamać) to lie; (oszukiwać) to cheat; **~nić w kartach** to cheat at cards; **kogo ty ~nisz – mnie czy siebie?** who are you deceiving – me or yourself? ⇒ **ocyganić**

Cygan|ka f gypsy (woman)

cygan|ka f pot. [1] (o śniadej cerze i czarnych włosach) dark(-looking) woman, dark-complexioned woman [2] (wiodąca życie nieuporząd-

kowane) vagabond, tramp [3] pejor. (krętaczka) (lying) cheat

cygańs|ki adi. [1] [tabor, pieśń, kapela] gypsy attr.; **wieść ~kie życie** to lead a gypsy life; **po ~ku** like a gypsy; **mówić po ~ku** to speak Romany [2] [uroda] gypsy attr., gypsyish [3] [żywot] vagabond [4] (dotyczący cyganerii) bohemian [5] [podstęp, wybieg] cunning, sly

cygaństw|o n pot., pejor. (oszustwo) shenanigans pl pot.; (kłamstwo) lie; **nie wierz tym ~om** don't believe that pack of lies!

cygarnic|a f [1] przest. (na cygara) cigar case; (na papierosy) cigarette case [2] → **cygarniczka**

cygarnicz|ka f cigarette-holder

cyga|ro n (~**rko** dem.) cigar; **hawańskie ~ro** a Havana (cigar)

cygarow|y adi. [dym, tytoń] cigar attr.

cyjan|ek m (G ~**ku**) Chem. cyanide U; **~ek potasu** a. **potasowy** potassium cyanide; **~ek sodu** a. **sodowy** sodium cyanide

cyjanowod|ór m sgt (G ~**oru**) Chem. hydrocyanic acid, hydrogen cyanide

cyjanoz|a f sgt Med. cyanosis

cyk inter. [1] (o zegarze) tick!; „**~, ~, ~**" **zegar nie pozwalał jej zasnąć** 'tick-tock, tick-tock', the sound of the clock kept her awake [2] (o owadach) chirp!; „**~, ~, ~**" **odezwały się koniki polne** 'chirp, chirp, chirp!' went the grasshoppers [3] pot. (o szybkiej czynności) in a trice pot., in a flash pot., in a tick GB pot.; **założymy opatrunek, ~ i po krzyku** we'll put a bandage on and it'll all be over in a trice a. flash; **~ i już naczynia umyte!** two shakes and the dishes are done! [4] (pijąc alkohol) cheers! pot., chin-chin! GB pot.; **no to ~, na lewą nogę!** here's mud in your eye!
■ **na ~u** pot. tipsy pot.; **od razu się zorientowałem, że jest na ~u** I realized straight away that s/he was tipsy; **wrócił z pracy na ~u** he came home from work tipsy

cykać impf → **cyknąć**

cyka|da f Zool. cicada, cicala

cyka|ta f sgt candied peel

cykl m (G ~**u**) [1] (powtarzający się) cycle; **~ wydawniczy/produkcyjny** a publishing/production cycle; **~ dwuletni** a two-yearly cycle; **~ miesiączkowy** the menstrual cycle [2] (jednorazowy) series; **~ zdarzeń** a series of events; **~ koncertów/wykładów** a concert/lecture series, a series of concerts/lectures; **~ spotkań na temat medycyny niekonwencjonalnej** a series of meetings on alternative medicine; **audycja z ~u „Muzyka klasyczna"** a programme from the series 'Classical Music' [3] Literat., Muz., Szt. series, cycle; **~ nokturnów/obrazów** a series a. cycle of nocturnes/paintings; **~ powieściowy** a novel cycle; **grafiki stanowią zamknięty ~** the drawings represent a self-contained series
❑ **~ geomorfologiczny** Geol. the cycle of erosion; **~ księżycowy** Astron. the Metonic cycle, the cycle of the moon; **~ rozwojowy** Biol. the life cycle; **~ słoneczny** Astron. the solar cycle, the cycle of the sun

cyklamen m (G ~**u**) [1] Bot. cyclamen C/U [2] (kolor) cyclamen U

cyklamenowo adv. [mienić się, połyskiwać] like cyclamen

cyklamenow|y adi. [bukiet, kolor] cyclamen attr.

cyklicznie adv. cyclically; **powtarzać się ~** to follow a cyclical pattern

cyklicznoś|ć f sgt [1] (powtarzalność) cyclical nature; **~ć opadów/przypływów/zmian hormonalnych** the cyclical nature of rainfall/tides/hormonal changes [2] Muz. cyclic form

cykliczn|y adi. [1] [proces, praca] cyclic(al); [program, audycja] weekly/monthly [2] Literat., Muz. cyclic; **poemat ~y** a cyclical poem

cyklin|ować impf vt to sand [parkiet, deski, podłogę] ⇒ **wycyklinować**

cykli|sta m, **~stka** f przest. cyclist, cycler

cyklistów|ka f przest. cycling cap

cyklofreni|a f sgt (GD ~**i**) Med., Psych. bipolar manic-depressive disorder, manic-depressive psychosis

cyklomorfoz|a f sgt Biol. cyclomorphosis

cyklon m (G ~**u**) [1] Meteo. cyclone, hurricane; **~ tropikalny** a. **zwrotnikowy** a tropical cyclone a. hurricane [2] sgt Chem. Zyklon B [3] Techn. (do oczyszczania gazu) cyclone

cykloniczn|y adi. cyclonic

cyklop [I] m pers. (Npl ~**i** a. ~**y**) Mitol. Cyclops
[II] m anim. Zool. (skorupiak) cyclops

cyklop|owy, ~i adi. [1] Mitol. Cyclopean [2] (olbrzymi) cyclopean

cyklotymi|k m Psych. cyclothymic, manic depressive

cyk|nąć pf — **cyk|ać** impf (~**nęła, ~nęli** — **~am**) [I] vt pot. [1] (dać w małej ilości) to let have [pieniądze]; to utter, to let out [słowa]; **ojciec ~nął mi tylko kilka złotych** my father only let me have a few zlotys; **nie mogę się z nią dogadać, ~a po jednym słowie!** I can't get anywhere with her, she hardly utters a. says a word!; **~nął tylko dwa słowa na temat jutrzejszego przyjęcia** he hardly let out a. uttered a word about the party tomorrow [2] (sfotografować) to take a snap(shot), to snap; **~nąć kogoś** to take a snap(shot) of sb, to snap sb; **~nął nam parę zdjęć** he took a few snaps of us; **te zdjęcia ~nęliśmy w Rzymie** these snaps were taken in Rome [3] (pić po trochu) to sip; **~ała kawę małymi łykami** she sipped her coffee
[II] vi [1] [zegar, licznik] to tick; **~anie zegara** the ticking of the clock [2] [świerszcz, cykada] to chirp; **~anie koników polnych** the chirping of grasshoppers
[III] **cykać się** posp. to be chicken pot.; to be scared; **~ać się szefa** to be scared of the boss; **nie ~aj się, skacz!** don't be chicken, jump!

cyko|r [I] m pers. (Npl ~**ry**) pot. (tchórz) chicken pot.; (u dzieci) scaredy (cat) pot.
[II] m inanim. sgt pot. (strach) **mieć ~ra** to be chicken pot.

cykori|a f (GDGpl ~**i**) [1] Bot. chicory C/U, succory C/U; **~a sałatowa** witloof [2] sgt (ekstrakt) chicory; **kawa z ~ą** chicory coffee

cykoriow|y adi. chicory attr.

cyko|t m sgt (G ~**tu**) (odgłos chodzącego zegara) tick(ing)

cyko|tać impf (~**ta** a. ~**cze**) [zegar] to tick

cyku|ta f [1] Bot. cowbane U, water hemlock U [2] sgt (trucizna) hemlock
■ **wypić czarę** a. **kielich ~ty** książk. to drink a. drain the cup of sorrow to its dregs
cylind|er m (~**erek** dem.) [1] (kapelusz) top hat [2] (rzecz w kształcie walca) cylinder [3] Techn. cylinder; **~er wysokiego ciśnienia** a. **wysokoprężny** a high-pressure cylinder; **samochód o sześciu ~rach** a six-cylinder car
❑ **~er miarowy** Fiz. measuring cylinder
cylindrow|y [1] adi. [1] [pojemnik] cylindrical [2] Tech. [pierścień, uszczelka] cylinder attr.
[1] -**cylindrowy** w wyrazach złożonych -cylinder; **silnik czterocylindrowy** a four-cylinder engine
cylindrycznie adv. cylindrically
cylindryczn|y adi. [naczynie] cylindrical; **o kształcie ~ym** cylinder-shaped, cylindrical
cymba|ł [1] m pers. (Npl ~**ły**) pot., obraźl. dope pot.; oaf; **ty ~le!** you dope!
[1] m inanim. (G ~**łu**) Muz. dulciana
[1] **cymbały** plt Muz. dulcimer
cymbałk|i plt (G ~**ów**) Muz. chimes; **grać na ~kach** to play the chimes
cymbergaj m sgt (A ~**a**) przest. Gry shove-halfpenny
cymeli|um n (Gpl ~**ów**) zw. pl książk. (druk) rare print, rare publication; (rękopis) rare manuscript; **~a** cimelia spec.
cymes m (G ~**u**) [1] pot. (rarytas) the tops pot.; **ci aktorzy to sam ~** these actors are (just) the tops; **pyszna zupa, sam ~** great soup, really tasty [2] (potrawa) Jewish sweet dish made from carrots, dried fruit, and honey
cyn|a f sgt [1] Chem. tin [2] Techn. (tin-lead) solder U
cynader|ka f zw. pl. Kulin. kidney(s)
cynad|ra f [1] Zool. kidney [2] zw. pl. Kulin. kidney(s)
cynamon m sgt (G ~**u**) Kulin. cinnamon; **laska ~u** a cinnamon stick
cynamonow|y adi. [1] [ciastko, smak] cinnamon attr. [2] (kolor) cinnamon attr.
cynfoli|a f sgt (GD ~**i**) tinfoil
cyng|iel [1] m [1] (spust) trigger; **pociągnąć za ~iel** to pull the trigger; **trzymać palec na ~lu** to have one's finger on the trigger [2] Zool. (ryba) zingel
[1] **cyngle** plt pot. (okulary) specs pot.
cyni|a f (GDGpl ~**i**) Bot. zinnia
cynicznie adv. (nieetycznie) cynically; (drwiąco) cynically, derisively; **oszukiwał ~ swoich bliskich** he deceived those close to him in a most cynical fashion; **uśmiechać się ~** to smile cynically; **~ skomentował decyzję szefowej** he made a derisive a. sarcastic comment about the boss's decision
cyniczność f sgt cynical nature, cynicism; **~ć postępowania/wypowiedzi** the cynical nature of sb's behaviour/statements
cyniczn|y adi. [1] [osoba, metody, postępowanie] cynical; [uśmiech, uwaga] cynical, derisive [2] Filoz. Cynic
cyni|k m [1] (o osobie) cynic [2] Filoz. Cynic
cynizm m sgt (G ~**u**) [1] (o postawie życiowej) cynicism; **~ młodego pokolenia** the cynicism of the younger generation; **~ postępowania** the cynicism behind a.

underlying sb's conduct; **zarzucać komuś ~** to accuse sb of cynicism [2] Filoz. Cynicism
cynk[1] m sgt (G ~**u**) Chem. zinc
cynk[2] m pot. (poufna wiadomość) tip-off pot.; **dostać ~** to receive a tip-off; **dawać komuś ~** to tip sb off
cynk|ować impf vt Techn. to galvanize ⇒ **ocynkować**
cynkowan|y [1] pp → **cynkować**
[1] adi. [stal] galvanized; **blacha ~a** galvanized a. zinc-plated sheet metal
cynkow|y adi. [1] Chem. [sole, tlenek] zinc attr. [2] [blacha] zinc-plated, zinced
cynob|er m sgt (G ~**ru**) [1] (kolor) cinnabar, vermilion [2] Miner. cinnabar
cynobrow|y adi. (kolor) cinnabar attr., vermilion attr.
cyn|ować impf vt Techn. to tinplate, to tin ⇒ **ocynować**
cynowan|y [1] pp → **cynować**
[1] adi. [rura, nikiel] tinplated
cynow|y adi. [1] Chem. [związki, kwas] tin attr. [2] [rura] tinplated, tinned; [łyżka] tin attr.
cyp|el m [1] Geog. (wąska część lądu) headland, promontory; (kontynentu) cape; (wyspy) tip; (piaszczysty) spit (spiczasty) point; **na najdalej wysuniętym na południe/północ ~lu** on the southernmost/northernmost tip of the island [2] książk. (spiczasty, sterczący koniec) tip; (góry) peak, tip
cypel|ek m Geog. (mały cypel) (small) headland; (zaostrzony, spiczasty) tip, point; (piaszczysty) spit
Cypryj|czyk m, ~**ka** f Cypriot
cypryjs|ki adi. Cypriot
cyprys m (G ~**a** a. ~**u**) Bot. cypress (tree)
cyprysow|y adi. [gaj, stół] cypress attr.
cyranecz|ka f Zool. (green-winged) teal
cyran|ka f Zool. garganey
cyrk m (G ~**u**) [1] (miejsce pokazów) circus; **dwa bilety do ~u** two tickets for a. to the circus [2] (zespół artystów) circus; **do miasteczka przyjechał ~** a circus came to town; **uciec do ~u** to run away and join the circus [3] pot. (heca) lark pot.; (zamieszanie) scene; (bałagan) farce; **ale ~!** what a lark! a. farce!; **nie rób ~u, wszyscy na nas patrzą** don't make a scene, everyone's looking at us; **istny ~ z tymi naszymi zarobkami** it's a right farce, the money we earn! [4] Antycz. circus
❑ **~ lodowcowy** Geol. cirque, corrie
cyrk|iel m [1] (przyrząd) compass(es); ~**iel drążkowy** a beam compass [2] środ., Moda (dolna krawędź) hemline; ~**iel sukienki** the hemline on a. of a dress
cyrkl|ować impf [1] vt [1] pot. (odmierzać) to measure out [proporcje] ⇒ **wycyrklować** [2] środ., Moda (wyrównywać długość) to even up; ~**ować dolny brzeg spódnicy** to even up the hemline of a skirt ⇒ **wycyrklować**
[1] vi pot. (celować) to calculate, to work out; ~**ował tak, żeby się nie spóźnić** he worked it out a. gauged it so he wouldn't be late ⇒ **wycyrklować**
cyrkon m sgt (G ~**u**) [1] Chem. zirconium [2] Miner. zircon
cyrkoni|a f (GDGpl ~**i**) cubic zirconia U; **pierścionek z ~ami** a cubic zirconia ring
cyrkonow|y adi. [1] Chem. zirconium attr. [2] Miner. zircon attr.

cyrk|owiec m, ~**ówka** f (V ~**owcu** a. ~**owcze, ~ówko**) circus performer; **popisy ~owców** circus acts
cyrkowo adv. acrobatically, agilely; **jeździ ~ na rolkach** he's very agile on his roller skates
cyrkow|y adi. [1] [występy, zespół, namiot] circus attr.; **artyści ~i** circus artistes; **kariera ~a** a career in the circus; **wóz ~y** a circus caravan [2] (akrobatyczny) [jazda, umiejętności] acrobatic; **~a zręczność** tremendous agility
cyrkulacj|a f (Gpl ~**i**) [1] książk. (wody, ciepła) circulation; (ludzi) circulation U, movement U; ~**a powietrza w atmosferze** the circulation of air in the atmosphere; ~**a krwi w organizmie** the circulation of blood in the system [2] Ekon. (pieniądza) circulation U, movement U [3] Żegl. turning manoeuvre of a ship
cyrkulacyjn|y adi. [ruch] circulatory, circulating; **woda ~a** circulating water
cyrku|ł m (G ~**łu**) Hist. [1] (komisariat) police station [2] (dzielnica) district
cyrl|a f (Gpl ~**i**) dial. mountain glade, (mountain) clearing
cyrograf m (G ~**u**) przest., żart. bond; (w bajkach) pact with the devil; **podpisać ~ własną krwią** to sign a pact in one's own blood
cyruli|k m przest. barber-surgeon
cyrylic|a f sgt Cyrillic (alphabet); **pisać ~ą** to write in Cyrillic
cyrylic|ki adi. [alfabet, druk] Cyrillic
cy|sta f Biol., Med. cyst
cyster|ka Relig. [1] f Cistercian nun
[1] **cysterki** plt the Cistercians
cystern|a f [1] (zbiornik) tank; ~**a na mleko/benzynę** a milk/fuel tank [2] (samochód) tanker (lorry) GB, tank truck US
cysternow|y adi. [wagon] tank attr.
cysters Relig. [1] m Cistercian monk
[1] **cystersi** plt the Cistercians
cysters|ki adi. Cistercian
cystoskop m (G ~**u**) Med. cystoscope
cystoskopi|a f (Gpl ~**i**) Med. cystoscopy
cystotomi|a f (GDGpl ~**i**) Med. cystotomy U
cyt inter. (uciszając kogoś) hush!, shush!, shh!; (powstrzymując przed mówieniem) not a word!; ~**, chyba coś słyszę!** shh! I think I (can) hear something; ~**, dzieciaki, tata śpi** quiet, children, Daddy's sleeping; **ale o tym ~!** but not a word to anyone!
cytadel|a f Hist., Wojsk. citadel
cytadelow|y adi. [załoga] citadel attr.
cyta|t m, ~**ta** f (G ~**tu**, ~**ty**) quotation; quote pot.; ~**t** a. **ta** przest. **z Mickiewicza/Słowackiego** a quotation from Mickiewicz/Słowacki; **posłużyć się ~tem** to give a quotation; **film roił się od ~tatów** the film was full of quotations; **koniec ~tu** end of quotation
cyto- w wyrazach złożonych Biol. cyto-; **cytochemia** cytochemistry; **cytofizjologia** cytophysiology
cytobla|st m (G ~**stu**) Biol. (cell) nucleus; cytoblast rzad.
cytodiagnostyczn|y adi. Biol., Med. [metoda] cytodiagnostic
cytodiagnosty|ka f sgt Biol., Med. cytodiagnosis, cytodiagnostics (+ v sg)

cytogenetyczn|y *adi.* Biol. cytogenetic, cytogenetical

cytogenety|ka *f sgt* Biol. cytogenetics (+ *v sg*)

cytokinez|a *f sgt* Biol. cytokinesis

cytolo|g *m* (*Npl* ~dzy a. ~gowie) Biol., Med. cytologist, cell biologist

cytologi|a *f sgt* (*GD* ~i) ☐ (nauka) cytology ② (*Gpl* ~i) pot. (badanie) (cervical) smear GB, pap smear US

cytologiczn|y *adi.* Biol., Med. cytological; **badanie ~e** cervical smear GB, smear test GB, pap smear US

cytoplazm|a *f sgt* Biol. cytoplasm

cyt|ować *impf vt* ☐ (przytaczać) to quote [*przysłowie, aforyzmy*]; to cite książk.; **~ować fragmenty Biblii** to quote (passages) from the Bible; **~ować z pamięci** to quote from memory; **~ować za kimś** to quote after sb; **jeden z najczęściej ~owanych autorów na świecie** one of the most frequently quoted authors in the world; **premier powiedział, ~uję: nie mam związku z tą sprawą** the Prime Minister said, quote, 'I have nothing to do with this matter' ⇒ **zacytować** ② (wymieniać) to quote [*tytuły, nazwy, nazwiska*]; to cite książk.; **~ować przykłady** to quote a. cite examples; **wykaz ~owanych prac** a list of references a. works cited

cyt|ra *f* Muz. zither; **grać na ~rze** to play a zither

cytrus *m* (*A* ~ a. ~a) ☐ Bot. (roślina) citrus ② *zw. pl* (owoc) citrus (fruit)

cytrusow|y *adi.* [*drzewo, owoce*] citrus *attr.*, citrous

cytryn *m* (*G* ~u) (minerał) citrine *U*; (kamień) citrine, false topaz (stone); **pierścionek z ~em** a citrine ring

cytryn|a *f* (~ka *dem.*) ☐ Bot. (roślina) lemon tree ② (owoc) lemon; **herbata z ~ą** lemon tea, tea with lemon; **sok z ~y** lemon juice; **woda z ~ą** water with a splash/slice of lemon; **wyciskacz do ~** a lemon-squeezer

cytryna|da *f przest.* lemonade *U*

cytryn|ek *m* Zool. brimstone (butterfly)

cytrynowo *adv.* lemon (yellow) *adi.*; **malować/farbować coś na ~** to paint/dye sth lemon (yellow); **ubierać się na~** to dress in lemon (yellow)

cytrynow|y *adi.* [*drzewo, koncentrat, sok*] lemon *attr.*; [*smak*] lemon *attr.*, lemony; [*kolor*] lemon (yellow), lemony; **~e cukierki/biszkopty** lemon sweets/sponge biscuits a. cakes; **napój o smaku ~ym** a lemon-flavoured drink, lemonade; **perfumy o zapachu ~ym** lemon-scented perfume; **~y motyl** a lemon-yellow butterfly; **~a sukienka** a lemon-yellow dress; **~e zasłony** lemon curtains; **tapeta ~ego koloru** lemon-coloured wallpaper ☐ **kwas** a. **kwasek ~y** Chem. citric acid

cytrynów|ka *f* lemon-flavoured vodka

cytrzy|sta *m*, ~**stka** *f* Muz. zither player, zitherist

cywil *m* (*Gpl* ~ów a. ~i) civilian; civvy pot. ■ **być w ~u** pot. to be dressed in civilian clothes; to be (dressed) in civvies pot.; **chodzić w ~u** pot. to wear civilian clothes; to wear civvies pot.; **iść/wracać do ~a** pot. to return to civilian life; to return to Civvy Street pot., przest.

cywili|sta *m* środ., Prawo civil lawyer

cywilistyczn|y *adi.* civil law *attr.*

cywilisty|ka *f sgt* Prawo civil law studies *pl*

cywilizacj|a *f* ☐ *sgt* (poziom rozwoju) civilization; ~**a przemysłowa/techniczna** industrial/technological civilization ② (*Gpl* ~i) (kultura, społeczeństwo) civilization *C/U*; ~**e pozaziemskie** extraterrestrial civilizations; ~**a zachodnia** Western civilization; **starożytne ~e** ancient civilizations

cywilizacyjnie *adv.* in terms of civilization; **kraj zacofany/rozwinięty ~** a backward/civilized country

cywilizacyjn|y *adi.* [*postęp, zdobycze*] of civilization; **zagrożenia ~e** the hazards of a. connected with civilization

cywiliz|ować *impf* ☐ *vt* to civilize [*dzikie plemiona, barbarzyńców*] ⇒ **ucywilizować** ☐☐ **cywilizować się** to become civilized ⇒ **ucywilizować się**

cywilizowan|y ☐☐ *pp* → **cywilizować** ☐☐☐ *adi.* [*kraj, społeczeństwo*] civilized; **świat ~y potępił tę agresję** the civilized world condemned the aggression

cywilnie *adv.* [*ubrać się*] in civilian clothes, in civilian dress

cywilnoprawn|y *adi.* Prawo civil law *attr.*; **stosunek ~y** a relation under civil law; **skutki ~e małżeństwa** the legal a. civil-law consequences of marriage

cywiln|y *adi.* ☐ (niewojskowy) civilian; **ludność ~a** the civilian population, civilians *pl*; **lotnisko ~e** a civilian airport; **lotnictwo ~e** civil aviation; **ubranie ~e** ordinary a. civilian clothes; **(ubrany) po ~emu** (o żołnierzu) (dressed) in civilian clothes; (o policjancie) (dressed) in plain clothes; **obrona ~a** civil defence ② Prawo [*kodeks, odpowiedzialność, powództwo, sprawa*] civil; **ślub ~y** a civil marriage ③ Admin. civil; **stan ~y** marital status; **urząd stanu ~ego** register office GB; registry office GB pot.; office of vital statistics US; **akta stanu ~ego** register office records GB, vital statistics records US; **odwaga ~a** moral courage; **śmierć ~a** civil death

cyzelators|ki *adi.* ☐ [*narzędzia, pracą*] metal-polishing *attr.* ② przen. polishing

cyzelatorstw|o *n sgt* ☐ (rzemiosło) metal-polishing ② przen. (wykańczanie) (the act of) adding finishing touches; (poprawianie) (the act of) polishing (up)

cyzel|ować *impf vt* ☐ Techn. to file, to polish ⇒ **wycyzelować** ② przen. to polish (up), to put the finishing touches to [*wiersz, utwór*] ⇒ **wycyzelować**

cz. (= część) pt

cza|cha *f* pot. nut pot.; **gdzie rozbiłeś sobie ~chę?** where did you crack your nut?

cza-cz|a /'tʃatʃa/ *f* Muz., Taniec cha-cha; **zatańczyć cza-czę** to (dance the) cha-cha

cza|d *m sgt* (*G* ~du) ☐ (gaz) carbon monoxide; **zatrucie ~dem** carbon monoxide poisoning ② (swąd) smell of burning; **~d od palących się świec** the smell of burning candles ③ *sgt* pot. (o muzyce rockowej) **więcej ~du!** pot. rock it! pot., let it rock! pot.; **ale ~d!** far out! pot., (it's) really funky! pot.; **dać ~du** to rock out pot.

czad|or *m*, ~**ra** *f* (*G* ~oru, ~ry) (ubranie kobiet muzułmańskich) chador, chadar

czadow|y *adi.* ☐ [*gazy*] carbon monoxide *attr.* ② pot. [*impreza, koncert*] rave *attr.* pot.; [*muzyka, kapela*] rocking pot., funky pot.

czadra → **czador**

cza|ić się *impf v refl* ☐ (czekać w ukryciu) [*osoba, zwierzę*] to lie in wait, to lurk; ~**ić się na kogoś/coś** to lie in wait for sb/sth; **napastnik ~ił się na ofiarę za drzewem** the assailant a. attacker was lying in wait behind a tree; ~**ić się w cieniu/w krzakach** to lurk a. skulk in the shadows/bushes; ~**ić się do skoku** to be poised for the leap ⇒ **zaczaić się** ② przen. (zagrażać) to lurk; **niebezpieczeństwo ~i się za każdym rogiem** danger lurks around every corner ③ (kryć się) to lie behind, to lurk; **za wszystkimi jego działaniami ~i się strach** fear lies behind his every move ④ (o zapowiedzi, o oznakach) **w jej oczach ~ił się śmiech** there was a hint of laughter in her eyes ⑤ pot. (krępować się) to hide; **nie ~j się, mów śmiało!** come on now, out with it! pot.; **on się z niczym nie ~i** he never makes a secret about anything

czaj|ka[1] *f* Zool. (northern) lapwing, peewit GB, green plover GB

czaj|ka[2] *f* a type of Cossack canoe

czajnicz|ek *m* ☐ (naczynie) teapot ② (zawartość) pot(ful) (**czegoś** of sth); teapotful

czajnik *m* ☐ (naczynie) kettle ② (zawartość) kettle(ful) (**czegoś** of sth)

czak|o *n* (ułańskie) shako

czama|ra *f* Hist. *men's long-sleeved, fitted, braided outer garment, fastened at the neck, worn by Polish noblemen during 17th-19th centuries*

czambu|ł *m* (*G* ~łu) Hist. *unit of armed Tartars* ■ **potępić wszystkich w ~ł** to condemn every last one of them/us

czap|a *f* ☐ *augm.* (nakrycie głowy) hat; (z daszkiem) cap; ~**a z futra** a fur hat/cap ② (pokrywa) (lodowa, śnieżna) cap; ~**a chmur** (heavy a. thick) cloud cover ③ *sgt* pot., przen. (wyrok śmierci) death sentence; **dostać ~ę** to get the death sentence, to be sentenced to death ■ **dać** a. **przyłożyć komuś w ~ę** pot. to beat sb up; **dostać** a. **oberwać w ~ę** pot. to get beaten up; **dostać ~ę** pot. (zostać rozstrzelanym) to be shot; to get the chop GB pot.; **dać ~ę** pot. (rozstrzelać) to shoot

czapecz|ka *f* ☐ *dem.* cap; (zawiązywana pod brodą) bonnet ② Bot. root cap

czap|ka *f* hat; (z daszkiem) cap; ~**ka materiału** a cloth cap; ~**ka z papieru** a paper hat; ~**ka bobrowa** a beaver (hat); ~**ka z pomponem** a bobble hat; ~**ka z nausznikami** a hat with ear flaps; ~**ka uszatka** a. **uszanka** a hat with ear flaps; **ukłonić się (komuś) ~ką** to greet sb with a tip of the cap ☐ ~**ka frygijska** Hist. Phrygian bonnet a. cap, liberty cap; ~**ka niewidka** (w baśniach) cap of invisibility ■ ~**ki z głów!** hats off!; **przed takim męstwem ~ki z głów!** hats off to such bravery; **panowie ~ki z głów!** **oto geniusz** gentlemen, hats off, here is a genius!

C

czapkars|ki *adi.* *[rzemiosło]* capmaking; *[czeladnik]* capmaker's

czapkarstw|o *n sgt* capmaking

czapkarz *m* (*Gpl* ~y a. ~ów) capmaker

czapk|ować *impf vi* [1] (*kłaniać się*) to raise one's hat; to doff one's hat *przest.* [2] (*być uniżonym*) to kowtow *pot.*, *przen.*, *pejor.*; to bow and scrape *pejor.*; ~ował szefowi, bo liczył na jego poparcie he kowtowed to the boss in the hope of winning his support

czap|la *f* (*Gpl* ~li a. ~el) Zool. heron □ ~la siwa Zool. grey heron

czapl|i *adi.* *[gniazdo, jaja, pióra]* heron's

czapnictw|o *n sgt* capmaking

czapnicz|y *adi.* *[stragan]* capmaker's

czapnik *m* capmaker

cza|r *m* (*G* ~ru) [1] *zw. pl* (*magiczne działania*) sorcery *U*, witchcraft *U*, magic *U*; (*pojedynczy*) spell, charm; **rzucić** ~r to cast a. put a spell (**na kogoś** on sb); **zdjąć** ~r z kogoś to lift a spell from sb [2] (*urok*) (*kobiety, przyrody, wspomnień*) charm *U*, enchantment *U*, spell; **roztaczać** ~r to turn on one's a. the charm; ~r prysł the spell broke a. was broken

cza|ra *f* [1] Hist. (*do picia*) goblet; (*misa*) bowl [2] (*ilość*) goblet(ful), bowl(ful) (**czegoś** of sth) [3] Muz. (*puzonu, klarnetu*) ~ra głosowa bell

czarci *adi.* *[sztuczki]* devil's

czarczaf *m* (*Gpl* ~a a. ~u) (*zasłona na twarz*) charshaf (*as worn by Turkish women*)

czardasz *m* (*A* ~a) Muz. csardas, czardas

czardaszow|y *adi.* *[rytm]* csardas *attr.*, czardas *attr.*

czar|ka *f* (~eczka *dem.*) [1] (*naczynie*) (*shallow*) bowl; (*z nóżką*) dessert cup [2] (*ilość*) bowl(ful), cup(ful) (**czegoś** of sth)

czarniaw|y *adi.* blackish

czarniu|tki (~teńki, ~sieńki, ~śki) *adi. dem.* (*całkiem czarny*) *[włosy, oczka, kruk, ptak]* (jet-)black, coal-black; (*mający ciemną skórę lub ciemne włosy*) dark(-looking); ~tka dziewczynka a dark little girl

czarn|o [1] *adv. grad.* [1] (*w kolorze węgla*) black *adi.*; blackly *rzad.*; ~o nakrapiana sierść a black spotted coat; **na** ~o *[farbować]* black; **wysmarować sobie twarz na** ~o to black (up) one's face; **być ubranym na** ~o to be dressed in black; **nosić się na** ~o to wear black; **od wielu lat nosi się wyłącznie na** ~o she's been wearing nothing but black for years now [2] (*ciemno*) darkly; **na jasnym niebie odcinały się** ~o **wieże i mury Krakowa** the towers and city walls of Cracow showed darkly against the bright sky; **w lesie było aż** ~o **od jagód** the forest was black with berries [3] (*mroczno*) dark *adi.*, black *adi.*; **na dworze zrobiło się** ~o it turned dark outside [4] (*brudno*) black *adi.*, dirty *adi.*; **w kuchni było** ~o **od sadzy** the kitchen was black with soot; **miał** ~o **za paznokciami** he had dirty nails a. black fingernails [5] (*pesymistycznie*) darkly; ~o **widzieć swoją przyszłość** to see a black future before one [1] **czarno-** *w wyrazach złożonych* [1] (*wskazując na ciemny odcień*) dark; **czarnobrązowy** dark brown; **czarnozielony** dark green [2] (*wskazując na czarny kolor*) black-; **czarnobrewy** black-browed; **czarnogrzywy** black-maned; **czarnoskrzydły** black-winged [3] (o

czymś dwukolorowym) **czarno-żółty** black and yellow

■ ~o **na białym** *[napisane]* in black and white; **widział** ~o **na białym, że żarty się skończyły** he could see plainly that things had turned serious; **opalić się na** ~o to go as brown as a berry

czarno-bia|ły *adi.* [1] (*dwukolorowy*) black and white; **czarno-białe paski** black-and-white stripes; **czarno-biała kratka** a black-and-white check [2] *[film, fotografia]* black-and-white, monochrome *attr.*; **czarno-biały telewizor** a black-and-white TV set [3] *przen.* *[rzeczywistość, schematy]* black and white

czarnogiełdow|y *adi. pot.* black market *attr.*

czarnogiełdziarz *m* (*Gpl* ~y) *pot.* black marketeer

czarnogłow|y *adi.* *[ptak]* black-headed

czarnogrzyw|y *adi.* *[koń]* black-maned

czarnoksięs|ki *adi.* *[sztuka, laska, różdżka, księga]* magic, sorcerer's *attr.*

czarnoksięstw|o *n sgt* sorcery, magic

czarnoksiężni|k *m* wizard, sorcerer

czarnolic|y *adi. poet.* (*mający czarną twarz*) black-faced; (*mający ciemną twarz*) dark-faced

czarnooki *adi.* *[piękność]* dark-eyed, black-eyed

czarnorynkowy *adi.* *[ceny, handlarz]* black-market *attr.*

czarnoskó|ry [1] *adi.* *[muzyk, polityk]* black [1] **czarnoskó|ry** *m*, ~ra *f* black

czarnoś|ć *f sgt* [1] (*czarny kolor*) black(ness), black colour [2] (*brak światła*) blackness, darkness; **nieprzenikniona** ~ć **nocy** the impenetrable darkness of (the) night [3] (*opalenizny*) darkness, brownness

czarnowidz *m* (*Npl* ~owie a. ~e) prophet of doom, pessimist

czarnowidztw|o *n sgt* doom and gloom, pessimism

czarnowłosy *adi.* black-haired

czarnoziem *m* (*G* ~u) black earth *U*, chernozem *U*

czarnoziemn|y *adi.* *[gleba]* chernozemic, black-earth *attr.*

czarnuch *m* (*Npl* ~y) *pot., obraźl.* nigger *pot., obraźl.*, spade *pot., obraźl.*

czarnu|cha *f* (~szka *dem.*) *pot.* dark(-looking) woman

czarnul|a *f* (~ka *dem.*) *pieszcz.* dark woman; **moja kochana** ~ko my dark beauty

czarn|y [1] *adi. grad.* [1] (*kolor*) *[farba, włosy, kot]* black; *[oczy]* dark, black [2] (*ciemny*) *[chmury, drzewa]* dark, black [3] (*nieoświetlony*) *[noc, ulica, wnętrze]* black, dark [4] *[osoba]* (*z ciemnymi włosami*) dark-haired; (*czarnoskóry*) black, dark-skinned [5] (*ubrudzony*) black, filthy; ~y **od błota** filthy(-black) with mud; ~y **od sadzy/węgla** black with soot/coal; **ściany domu były** ~e **od dymu** the walls of the house were black with smoke [6] (*niegodziwy*) *[niewdzięczność]* foul, black [7] (*złowieszczy*) *[myśli, rozpacz]* black, dark; *[wizja]* dark, bleak; (*smutny*) *[wieści, rok]* bad, sad [1] **czarn|y** *m*, ~a *f pot.* black (person) □ ~a **skrzynka** black box; **mała** ~a (*kawa*) small black coffee; (*sukienka*) little black dress; ~y **humor** black humour

czarodziej *m* (*Gpl* ~i a. ~jów) [1] (*w bajkach*) wizard, magician; (**zły**) ~j a sorcerer [2] *przen.* charmer; **prawdziwy z niego** ~j! he's a real a. an absolute charmer!; ~j **skrzypiec** a violin wizard

czarodziej|ka *f* [1] (*w bajkach*) enchantress, sorceress [2] *przen.* enchantress, witch

czarodziejs|ki *adi.* [1] (*dotyczący czarów*) *[pałeczka, różdżka, ziele, zaklęcie]* magic [2] *książk.* *[kraina, muzyka]* magical, enchanted; *[wieczór, widok]* enchanting, magical

czarodziejsko *adv. książk.* *[zajaśnieć]* magically; *[błyszczeć]* enchantingly; *[wyglądać]* enchanting *adi.*

czarodziejstw|o *n sgt* sorcery, witchcraft, magic

czar|ować *impf* [1] *vt* [1] (*wzbudzać zachwyt*) to charm, to enchant; ~ować **kogoś czymś** to charm sb with sth; ~ował **ją swym głosem i uśmiechem** he charmed her with his voice and smile ⇒ **oczarować** [2] *pot., iron.* (*zwodzić*) to sweet-talk *pot.*; to beguile *książk.*; ~ował **matkę, że od jutra zabierze się do pracy** he sweet-talked his mother, saying he'd get down to work the next day; **dyrektor** ~ował **załogę obietnicami podwyżek** the director beguiled the workers with promises of rises; ~ował **naiwne kobiety, obiecując im małżeństwo** he led naive women on a. strung naive women along with promises of marriage *pot.*; **przestań mnie wreszcie** ~ować **i powiedz, jak było naprawdę** stop leading me up the garden path a. stop having me on GB *pot.* and tell me what really happened; **nie** ~uj**, i tak ci nikt nie uwierzy!** stop trying to pull the wool over our eyes, nobody will believe you anyway [1] *vi* (*czynić czary*) to cast spells, to work magic; **umieć** ~ować to have magical powers [1] **czarować się** *pot.* (*łudzić się*) to fool oneself; to kid oneself *pot.*; **nie ma się co** ~ować – **ten film jest kiepski** let's not kid ourselves, it's a bad film; **nie** ~ujmy **się, nie mamy szans na zwycięstwo** let's be honest, we don't stand a chance of winning

czarownic|a *f* [1] Hist. witch; **procesy** ~ witch trials [2] (*w bajkach*) witch, sorceress [3] *pot., obraźl.* (old) witch *pot., obraźl.* ■ **polowanie na** ~e witch-hunt(ing)

czarownie *adv.* *[uśmiechnąć się]* charmingly, enchantingly; *[pachnieć]* wonderful *adi.*

czarowni|k *m* [1] (*w bajkach*) sorcerer [2] (*mężczyzna czyniący czary*) witch doctor, medicine man

czarown|y *adi.* *[widok, okolica, noc, woń, uśmiech]* charming, enchanting; *[moc, chwila]* magic(al), enchanted

czar|t *m* (*Npl* ~ci a. ~ty) *przest. książk.* fiend *książk.*; devil; **co do** ~ta? what the devil a. blazes...? *przest., pot.*; **idź do** ~ta! go to the devil! a. to blazes! *przest., pot.*; **jak u** ~ta **tu wszedłeś?** how the devil a. deuce did you get in here? *przest., pot.*

czarte|r *m* (*G* ~ru) [1] Handl. (*wynajem, umowa*) charter *C/U* [2] (*rejs samolotem*) charter (flight); (*rejs statkiem*) charter voyage [3] (*samolot*) charter(ed) plane, charter; (*statek*) charter(ed) boat, charter; **lecieć ~rem** to take a charter flight

czarter|ować *impf vt* Handl. to charter; **~ować samolot od jakiejś firmy** to charter a plane from some firm; **~ować samolot komuś** to charter a plane to sb ⇒ **wyczarterować**

czarterow|y *adi. [lot, umowa]* charter *attr.*; *[samolot]* charter(ed)

czartows|ki *adi.* książk. *[moce, praktyki]* devilish, fiendish

czarująco *adv.* (ujmująco, uroczo) charmingly, enchantingly; (zachwycająco) delightfully, ravishingly; **wyglądasz ~** you look charming/ravishing; **uśmiechała się ~ do gości** she smiled charmingly at the guests; **było ~** it was delightful

czarując|y Ⅱ *pa* → **czarować**

Ⅱ *adi. [uśmiech]* charming, enchanting; *[wygląd]* lovely, charming; **to był ~y wieczór** it was a lovely a. delightful evening; **był ~ym, pogodnym dzieckiem** he was a charming, easy-going child

czar|y-mar|y Ⅱ *plt* (G **czarów-marów**) pot., iron. hocus-pocus U; mumbo-jumbo U pot.; **nie wierzę w te czary-mary** I don't believe in all that mumbo-jumbo

Ⅱ *inter.* (formułka) abracadabra!, hey presto!; **wydaje ci się, że powiesz: „czary-mary" i wszystko będzie dobrze** you think you can just say 'hey presto', and everything will be all right

czas Ⅱ *m* (G **~u**) ① *sgt* (trwanie) time; **~ płynie** time passes a. goes by; **kawał ~u** pot. a long time; **proces rozłożony w ~ie** a process continuing over time; **trwonić/marnować ~ na coś** to waste time on sth; **spędzać ~ na czymś** to spend time on sth; **~ mijał im na rozmowach o życiu** they whiled away the time talking about life; **z ~em** a. **z biegiem** a. **upływem ~u** with (the passing of) time ② *sgt* (moment, pora) the time; **odjazdu/przyjazdu** arrival/departure time; **spojrzał na słońce, żeby określić ~** he looked at the sun to determine the time; **określić przybliżony ~ wybuchu** to determine the approximate time of the explosion; **od ~u skończenia studiów** after graduating; **rok minął od ~u ich ostatniego spotkania** a year had/has passed since their last meeting; **co jakiś ~** once in a while; **od ~u do ~u** from time to time, every now and then, occasionally; **od tego ~u** since then a. that time; **do ~u naszego wyjazdu** (w przyszłości) before we leave; (w przeszłości) before we left; **do tego ~u nie dowiedzieliśmy się.../nie dowiemy się.../nie wiedzieli** we still don't know even now a. still haven't learnt.../we won't know a. find out before then/up to that time they didn't know ③ *sgt* (odpowiedni moment) time; **żniw/zbiorów** harvest time; **nadszedł ~, żeby stąd wyjechać** the time has come to leave this place; **o ~ie** on time a. schedule; **koncert rozpoczął się o ~ie** the concert began a. started on time; **przyszliśmy po ~ie/przed ~em** we arrived late/ahead of time; **do ~u** (ostrzeżenie) ≈ you'll/they'll find out a. see (one day)!; **póki ~** while there's still time ④ *sgt* (odcinek czasu) time, duration; **po jakimś ~ie** after some time; **w tym ~ie** at

that time; **od dłuższego ~u** for a long time; **przez cały ~** all the time; **w ~ie** during; **w ~ie wakacji/podróży** during a holiday/trip a. journey; **ona będzie pod ścisłą obserwacją na ~ leczenia** she will be under close observation for the duration of the treatment; **na ~ remontu możesz zamieszkać u mnie** you can stay with me while the building work is being carried out ⑤ *sgt* (ilość czasu) time; **mieć ~ na coś/dla kogoś** to have time for sth/sb; **nie mieć ~u na coś/dla kogoś** to have no time for sth/sb; **mieć mało ~u** to be pressed for time; **mieć dużo ~u** to have lots of time a. time on one's hands; **dawać** a. **dać komuś trzy dni/dwie godziny ~u na coś** to give sb three days/two hours to do sth; **przygotowania zajęły mi mnóstwo ~u** the preparations took up a lot of my time; **zabrakło nam ~u** we ran out of time; **panie pośle, pański ~ się skończył** Sir, your time's up ⑥ *Sport* (wynik) time; **uzyskał najlepszy ~** he had the best time; **jaki masz ~ na 100 metrów?** what's your time for the 100 metres? ⑦ *Sport* (przerwa w grze) timeout; **trener poprosił o ~** the coach asked for a timeout ⑧ *sgt* Astrol., Geog. time; **~ letni** summer time GB, daylight-saving time US; **~ zimowy** standard time; **~ miejscowy** local time ⑨ *Jęz.* tense; **przeszły/przyszły/teraźniejszy/zaprzeszły** past/future/present/pluperfect a. past perfect tense

Ⅱ *praed.* (pora) **nie ~ na żarty** this is no time for joking around; **~ spać** it's bedtime, it's time to go to sleep; **~, żeby poważnie pomyśleć o przyszłości** it's time to do some serious thinking about the future; **taksówka czeka, ~ na dworzec** the taxi's waiting, it's time to go to the station; **~ na mnie/nas** it's time for me/us to go; **najwyższy** a. **wielki ~** iron. (it's) about time (too) ron.; **najwyższy ~, żebyś się ożenił/żebyśmy poszli do domu** it's high a. about time you got married/we went home; **~ (jest) po temu** książk. it's (high) time; it's about time pot.

Ⅲ **czasy** *plt* (okres) times, days; **ciężkie ~y** hard times; **od niepamiętnych ~ów** since time immemorial a. time out of mind; **po wieczne** a. **wsze** a. **wszystkie ~y** książk. for ever; **to były ~y!** those were the days; **w ~ach minionych** in days gone by; **w dzisiejszych ~ach** nowadays, in this day and age; **w ostatnich ~ach** a. **ostatnimi ~y** lately; **z ~ów czegoś** dating back to sth; **dziennik/broń z ~ów wojny** a diary/weapons dating back to the war; **za czyichś ~ów** in sb's time a. day; **za dawnych ~ów** in days of old; **za wszystkie ~y** as if there was no tomorrow; **pamiętać lepsze ~y** przen. to have seen better days; **wyprzedzić swoje ~y** to be ahead of one's time

Ⅳ **czasami** *adv.* (nieraz, niekiedy) sometimes, on and off

Ⅴ **czasem** *adv.* ① (nieraz, niekiedy) sometimes, now and then ② (przypadkiem) by any chance; **czy nie masz ~em zapalniczki?** do you have a lighter by any chance?, do you happen to have a lighter?; **nie zgub ~em tych pieniędzy** mind a. be careful you don't lose that money

❑ **~ gwiazdowy** Astron. sidereal time; **~ ochronny**; Myślis. closed season; **~ strefowy** Astron. zone time; **~ uniwersalny** Astron. universal time, Greenwich Mean Time, G.M.T.; **średni ~ słoneczny** Astron. mean (solar) time

■ **na ~** (punktualnie) on time; (szybko) in a hurry a. rush; **nie róbmy tego na ~, zróbmy to dobrze** let's not rush it, let's just do it well; **swego** a. **swojego ~u** once, in one's time a. day; **swego ~u był to ruchliwy port** in its time a. day it was a (very) busy port; **w swoim ~ie** (niegdyś) once, in one's time a. day; (w odpowiednim momencie) in due time a. course; **w swoim ~ie był przystojnym mężczyzną** he was a handsome man in his day; **dowiesz się wszystkiego w swoim ~ie** you'll learn everything in due course a. when the time comes; **onego ~u** przest., książk. in the olden days książk.; **wszech ~ów** all-time; **aktor/serial wszech ~ów** an all-time favourite actor/series; **gest był nie na ~ie** the gesture was ill-timed a. untimely; **kapelusze są teraz na ~ie** hats are in right now pot.; **narkomania to temat na ~ie** drug addiction is a very topical issue; **wyścig z ~em** a race against time a. against the clock; **~ leczy** a. **goi rany** przysł. time heals all wounds, time cures all things; **~ to pieniądz** przysł. time is money; **szkoda ~u i atłasu** przysł. it's a waste of time and money, it's not worth the trouble

czasochłonnoś|ć *f sgt* specjaliści określili ~ć różnych prac specialists determined how much time various jobs required

czasochłonn|y *adi. [praca, obowiązki]* time-consuming

czasomierz *m* timer; (stoper) stopwatch

czasopi|smo *n* magazine, periodical; **~smo literackie** a literary magazine a. journal; **~smo fachowe** a professional journal; **~smo dla dzieci** a children's magazine

czasopiśmiennictw|o *n sgt* periodical press

czasopiśmiennicz|y *adi. [rynek]* periodical press *attr.*

czasoprzestrzenn|y *adi.* książk. *[model, porządek]* space-time *attr.*

czasoprzestrze|ń *f sgt* ① Fiz. space-time (continuum); **zakrzywienie ~ni** space-time curvature ② książk. Literat., Teatr (w utworze) setting

czasownik *m* Jęz. verb; **odmiana ~ów** verbal inflection; **~ trzeciej koniugacji** a third conjugation verb

❑ **~ atematyczny** athematic verb; **częstotliwy** a. **wielokrotny** iterative verb; **~ dokonany** perfective verb; **~ inchoatywny** inchoative verb; **~ jednokrotny** momentary verb; **~ kauzatywny** causative verb; **~ niedokonany** imperfective verb; **~ nieprzechodni** a. **intranzytywny** intransitive verb; **~ posiłkowy** auxiliary verb; **~ przechodni** a. **tranzytywny** transitive verb; **~ zwrotny** reflexive verb; **~i nieregularne** irregular verbs; **~i stanowe** verbs of state; **~i ułomne** defective verbs

czasownikowo *adv.* as a verb; **wyraz użyty ~** a word used as a verb

czasownikow|y _adi. [formy, rdzeń, temat]_ verb _attr._, verbal

czasowo _adv._ [1] (pod względem czasu) (in terms of) time [2] (chwilowo, tymczasowo) temporarily; **być gdzieś zameldowanym ~** to be registered temporarily at a given address; **telefon mamy ~ nieczynny** our phone is temporarily out of order; **zawiesiliśmy naszą działalność tylko ~** we have suspended our activities only temporarily

czasow|y _adi._ [1] (związany z czasem) temporal; **akcja powieści toczy się w dwu planach ~ych** the plot of the novel takes place on two temporal planes [2] (chwilowy, tymczasowy) temporary; **meldunek~y** Admin. temporary registration at a given address; **~a niezdolność do pracy** temporary disability; **nawet pobyt ~y wymaga zezwolenia władz** even a temporary stay requires an official permit

czastusz|ka _f_ chastushka (_a lively two- or four-line Russian or Ukrainian poem or ditty on a topical, humorous or lyrical theme_)

czasz|a _f_ [1] (kielich) cup [2] (misa) bowl [3] (wypukłość) (lodowców) cap; (parasola) dome [4] Archit. (kopuły) dome [5] Lotn. (spadochronu) canopy [6] Mat. spherical cap

czasz|ka _f_ [1] Anat. cranium, skull [2] pot., żart. (głowa) skull pot.

czaszkow|y _adi._ Anat. _[nerwy]_ cranial

cza|t _m_ (_G_ **~tu** a. **~ta**) pot. (w Internecie) chat; **być na ~cie** to chat on the Web

cza|ta [I] _f_ Wojsk. daw. watch; **rozstawić ~ty** to post the watch [II] **czaty** _plt_ (czatowanie) lookout, watch; **być** a. **stać na ~tach** to be on the watch a. lookout

czat|ować[1] _impf vi_ [1] (czaić się) to lie in wait a. ambush (**na kogoś/coś** for sb/sth); **~ować na zwierzynę** to lie in wait for game [2] (wyczekiwać) to wait (**na coś** for sth); **~ować na dogodną sposobność** to watch for one's chance

czat|ować[2] _impf vi_ pot. (w Internecie) to talk a. chat on the Web

cząb|er _m_ (_G_ **~ra** a. **~ru**) _sgt_ Bot., Kulin. savory; **świeży/suszony ~er** fresh/dried savory

❏ **~er ogrodowy** Bot. summer savory

cząstecz|ka _f_ [1] Chem. molecule; **~ka DNA** a molecule of DNA [2] Fiz. particle [3] _dem._ fraction, small part; **~ka sukcesu** a bit of success

cząsteczkow|y _adi._ [1] Chem. molecular [2] Fiz. corpuscular

cząst|ka _f_ [1] (mała część) particle; (pomarańczy) segment; **dzielić coś na ~ki** to divide sth into pieces; **człowiek jest ~ką przyrody** man is a part of nature [2] Fiz. particle; **~ki elementarne** elementary particles; **~ki alfa/beta** alpha/beta particles [3] Jęz. particle

■ **wybrać** a. **obrać lepszą ~kę** to make the better choice

cząstkowo _adv._ partially

cząstkow|y _adi._ fragmentary, partial

czciciel _m_, **~ka** _f_ (_Gpl_ **~i**, **~ek**) (totemów, przeszłości) worshipper; (idei, tradycji) advocate, champion; (poety, malarza) admirer, devotee; **~e Słońca** sun worshippers

cz|cić _impf_ (**czczę**) _vt_ [1] (oddawać boską cześć) to worship, to adore; (otaczać szacunkiem) to revere, to venerate; **czcić pamięć zmarłych** to revere the memory of the deceased; **czcij ojca swego i matkę swoją** Bibl. honour thy father and thy mother [2] (świętować) to celebrate, to commemorate _[rocznicę]_ ⇒ **uczcić**

czcigodnie _adv._ książk. _[zachowywać się]_ in a dignified manner, with dignity; _[wyglądać]_ dignified _adi._; **~ wyglądający starszy pan** a dignified-looking a. venerable-looking elderly gentleman

czcigodn|y _adi._ książk. _[gość]_ honoured książk., esteemed książk.; _[mówca]_ honourable książk., august książk.; _[staruszka]_ venerable książk.; dignified(-looking); **mój ~y przedmówca** my esteemed friend, the previous speaker

czcion|ka _f_ Druk. [1] (materiał zecerski) type (character), (type) type; (w maszynie do pisania) type; **tekst drukowany metalowymi ~kami** a text printed with metal type [2] (krój pisma) type(face), font; **maszyna (do pisania) z rosyjską ~ką** a typewriter with a Russian typeface a. font

czcionkow|y _adi._ Druk. type _attr._

czcionnik _m_ Druk. (type)case

czczo _adv._ **na ~** on an empty stomach; **na badanie trzeba się zgłaszać na ~** you need to do the test before you've eaten

czczoś|ć _f sgt_ [1] (w żołądku) emptiness; **czuję ~ć w żołądku** my stomach feels empty [2] przen. (wypowiedzi, przechwałek, pogróżek) emptiness; (plotek) baselessness

czcz|y _adi._ [1] (o żołądku) empty; **pić na ~y żołądek** to drink on an empty stomach [2] książk. (beztreściowy) _[słowa, formułki, gadanina]_ empty, meaningless

❏ **jelito ~e** Anat. jejunum

Cze|ch _m_, **~szka** _f_ Czech

czechi|sta _m_ [1] Nauk. (znawca) _specialist in Czech language and culture_ [2] (nauczyciel) Czech teacher [3] (student) student of Czech

czechizacj|a _f sgt_ Czechization rzad.

czechizm _m_ (_G_ **~u**) Jęz. Czech expression

Czeczen _m_ Chechen

Czeczeniec → **Czeczen**

czeczeński _adi._ Chechen

czeczot|ka _f_ [1] Zool. common redpoll [2] _sgt_ (gatunek drewna) _a kind of birch-wood_ [3] (wyrób) _an item of birch-wood furniture_

czego → **co**

czegoś → **coś**

czegoż → **cóż**

czegóż → **cóż**

czek _m_ (_G_ **~u**) cheque GB, check US; **wystawić ~** to make out a cheque; **wypisać ~** to write a cheque; **płacić ~iem** to pay by cheque; **zrealizować ~** to cash a cheque; **~ na 300 złotych** a cheque for 300 zlotys; **~ na współmałżonka/wierzyciela** a cheque made out to a spouse/creditor; **indosować ~** to endorse a cheque; **~ imienny (na kogoś)** a cheque made out in sb's name a. to sb

❏ **~ bez pokrycia** bounced cheque GB pot., rubber check US pot.; przen. empty promise; **~ in blanco** blank cheque; **~ kasowy** a. **gotówkowy** counter cheque; **~ na okaziciela** bearer's cheque; **~ podróżniczy** traveller's cheque; **~ potwierdzony** certified a. banker's cheque; **~ rozrachunkowy** a. **do rozliczenia** a. **zakreślony** clearing a. crossed cheque

czeka|ć _impf_ [I] _vi_ [1] (być w stanie gotowości) to wait (**na kogoś/coś** for sb/sth); **jak długo pani ~?** how long have you been waiting?; **~m na ciebie od godziny** I've been waiting an hour for you; **taksówka ~** the taxi's waiting; **on tylko na to ~ (żeby się pomylił)** that's exactly what he's waiting for (for me to make a mistake); **~ć, aż ktoś coś powie** to wait for sb to say sth; **~liśmy, kiedy zabłyśnie pierwsza gwiazda** we were waiting for the first star to appear; **kazać na siebie ~ć** to keep sb waiting; **dom ~ na remont** the house is in need of repair(s) [2] (spodziewać się) to wait; to await książk.; **~ć na wiadomość** to wait for news; **~ć na decyzję w sprawie pracy** to wait for a decision about a job; **~ć na kogoś do późna** to wait up for sb; **każdej zimy ~m na wiosnę** every winter I look forward to the spring ⇒ **poczekać, zaczekać** [3] (mieć w perspektywie) _[przykrości, obowiązki]_ to wait; **w domu ~ na niego mnóstwo roboty** there's a lot of work waiting for him at home; **~ją nas wielkie wydatki** we're facing a. in for pot. a lot of expense; **~ go proces/więzienie/kara śmierci** he's facing (a) trial/a prison sentence/the death sentence; **~ ją przykra niespodzianka** she has an unpleasant surprise coming; she's in for an unpleasant surprise pot. [4] (zwlekać) to wait (**z czymś** with sth); **~ł z odbyciem rozmowy na sprzyjające okoliczności** he was waiting for a good moment to have the talk; **~ć na kogoś z obiadem/kolacją** to wait with lunch/dinner (until sb arrives); **na co ~sz, chodź!** what are you waiting for? come on! [5] przest. (w napięciu) to await książk.; **~ła listu od syna** she was eagerly awaiting a letter from her son; **~li decyzji pełni nadziei** they awaited the decision full of hope [II] **czekaj, czekajcie** _inter._ pot. [1] (powstrzymać działanie) hold on, wait; **~j, ja sam to zrobię** hold on, I'll do it myself [2] (przerywając wypowiedź) hang on a minute pot., just a sec pot. [3] (zastanawiając się) **~j, coś sobie przypomniałem** wait, I've just remembered something [4] (jako pogróżka) **~j no, łobuzie!** pot. just you wait, you bum! pot.

■ **~ć na Godota** książk. to wait till doomsday pot.; **~j tatka latka** iron. that'll be the day iron.; **tylko ~ć, jak wrócą/przyjdą** they'll be back/here any moment

czekan _m_ [1] (do wspinaczki górskiej) ice axe [2] Hist. _a long-helved hatchet used as a weapon_ [3] Muz. _a kind of flute_

czekola|da _f_ [1] _sgt_ (masa) chocolate; **cukierki w ~dzie** chocolate-covered a. chocolate-coated sweets [2] (tabliczka) chocolate bar, bar of chocolate; **~da biała** a bar of white chocolate; **~da gorzka** a bar of plain a. dark chocolate; **~da mleczna/z orzechami laskowymi/nadziewana** a milk/hazelnut/cream-filled chocolate bar [3] _sgt_ (napój) (drinking) chocolate; **filiżanka gorącej ~dy** a cup of hot chocolate

czekolad|ka f [1] (kostka, kulka) chocolate; **pudełko ~ek** a box of chocolates [2] pieszcz. (tabliczka) choccy bar dziec.

czekoladowo [I] adv. [1] [pachnieć] like chocolate, chocolat(e)y adi. [2] (w kolorze ciemnobrązowym) chocolate brown adi., dark brown adi.; **pomalować pokój na ~** to paint a room dark brown a. chocolate brown; **znad morza wróciła opalona na ~** she came back from the seaside as brown as a berry

[III] **czekoladowo-** w wyrazach złożonych **czekoladowobrązowy** chocolate-brown, dark-brown

czekoladow|y [I] adi. [1] (zrobiony z czekolady) [lody, polewa, budyń, cukierki] chocolate attr.; (mający smak czekolady) chocolate(-flavoured) [2] (kolor) [garnitur, samochód, opalenizna] dark-brown; [sukienka, kamizelka] chocolate(-coloured), chocolate-coloured

czekow|y adi. [karta] cheque attr.; **książeczka ~a** chequebook GB, checkbook US; **konto ~e** current account GB, checking account US

czeladnicz|y adi. journeyman attr.

czeladni|k m journeyman; **wyzwolić się na ~ka** to qualify as a journeyman (by examination)

czeladn|y adi. przest. [izba] servants'

czela|dź f sgt Hist. domestic a. household servants

czelnoś|ć f książk. audacity
■ **mieć ~ć coś zrobić** książk. to have the audacity a. the cheek a. the nerve to do sth

czeluś|ć f książk. [1] (wielki otwór) gulf; (jaskini, wulkanu) mouth; **~ć przepaści** the depths of the precipice [2] (głębia) (piekielna) abyss książk.; (oceanu) depths

czempion → **champion**
czempionka → **championka**
czemu → **co**
czemuś → **co**
czemuż → **cóż**

czepecz|ek m dem. [1] (pielęgniarski) cap [2] Hist. mob cap, bonnet [3] (dziecięcy) (baby a. baby's) bonnet

czep|ek m [1] (pielęgniarski, kąpielowy) cap; **~ek pod prysznic** a shower cap [2] Hist. mob cap, bonnet; **nocny ~ek** a nightcap [3] (dziecięcy) (baby a. baby's) bonnet [4] Bot. root cap [5] Med. caul
■ **w ~ku urodzony** born with a silver spoon in one's mouth

czep|ić się pf — **czep|iać się** impf v refl. [1] (chwytać się) to cling (**kogoś/czegoś** (on) to sb/sth); **mały chłopiec ~iał się fartucha matki** the little boy clung to his mother's apron; **pies ~ił się zębami nogawki spodni** the dog clung (on) to his/her trouser leg with its teeth [2] (przywierać) to cling, to stick (**kogoś/czegoś** to sb/sth); **mokry śnieg ~iał się butów** the wet snow clung a. stuck to his/her shoes; **fasola ~ia się tyczek** string beans twine around the stakes [3] pot. (krytykować) to carp, to niggle; **~iać się kogoś** to carp at sb; to get at sb pot.; **~iać się każdego słowa** to pick at every word; **czego się ~iasz?** what's your problem?, why do you keep on like that?; **przestań się ~iać!** stop getting at me a. picking on me!; **bez przerwy o coś się ~ia** s/he's always having a go (about

sth) a. carping (on about sth pot.); **nikt się mnie nie ~ia, że się spóźniam** nobody says anything about me turning up a. being late [4] przen. to cling, to hang on (**czegoś** to sth) [nadziei, życia]

czep|iec m [1] Relig. coif [2] Hist. mob cap, bonnet [3] Bot. root cap [4] Med. caul [5] Zool. reticulum

czepig|i plt (G ~) przest. plough-stilts przest.; plough-handles

czepliwoś|ć f sgt (właściwość czepiania się) clinginess; (opon) grip, holding power

czepliw|y adi. [1] (mający właściwości czepiania się) [gałązki, materiał] clinging, clingy [2] pot., Austral. pot.; (skłonny do zaczepek) prickly; stroppy GB, Austral. pot.; **zostaw mnie w spokoju, nie bądź taki ~y** leave me alone, stop picking on me

czepn|y adi. clingy, clinging; [błoto] sticky; **~y bluszcz** creeping ivy, clinging ivy; **organy ~e** Bot. suckers

czere|cha f (drzewo, owoc) wild (sweet) cherry, gean

czere|da f pejor., żart. (dzieci) tribe pot., żart.; bunch pejor., żart.; (wilków) bunch pejor., żart.; pack

czerem|cha f Bot. bird cherry

czeremchow|y adi. [zagajnik, wino] bird-cherry attr.

czerep m (G ~u) książk. [1] (głowa) pate przest., żart.; **koński ~** a horse's head [2] (skorupa) potsherd [3] (odłamek bomby lub granatu) shell a. casing fragment [4] Techn. body

czereśni|a f (Gpl ~) [1] (owoc) cherry [2] (drzewo) cherry (tree)

czereśniow|y adi. [dżem, konfitura, sad] cherry attr.

czerniak m [1] Med. (malignant) melanoma [2] Wet. (benign) melanoma

czer|nić impf [I] vt to darken, to blacken [brwi, rzęsy, wąsy] ⇒ **poczernić**
[III] **czernić się** [1] (wyglądać czarno) to show black; **na jego policzkach ~nił się zarost** the stubble showed black on his cheeks; **las ~ił się na tle nieba** the forest loomed black against the sky [2] (stawać się czarnym) to turn black, to blacken

czernidlak m Bot. ink cap

czernid|ło n przest. [1] (do butów) blacking U przest.; (czarny barwnik) black U [2] Techn. black wash, facing

czerni|eć impf (~eję, ~ał, ~eli) vi [1] (stawać się czarnym) to turn black, to blacken; **garnek ~ał od dymu** the saucepan was turning black from the smoke ⇒ **sczernieć** [2] (wyglądać czarno) to show black; **~ejący w oddali wiatrak** a windmill showing black in the distance

czer|ń f [1] (Gpl ~ni) (kolor) black U; sable U książk. [2] (Gpl ~ni) (ubranie, tkanina) black; **ubrana była w ~ń** she was dressed in black [3] sgt książk. (czarność) black(ness), pitch-blackness, pitch-darkness [4] (Gpl ~ni) Chem. (anilinowa) black (pigment) U
❏ **~ń platynowa** Chem., Fiz. platinum black; **~ń rzepakowa** Bot. (crucifer) black spot; **~ń zbożowa** Bot. (cereal) black rust

czerp|ać impf vt [1] (wydobywać) to draw [wodę]; (nabierać) to ladle [zupę]; to scoop [mąkę] [2] (uzyskiwać) to draw [prąd, wodę]; to obtain [gaz, energię]; **~ać witaminy/mikroelementy z pożywienia** to

absorb vitamins/trace elements from food [3] przen. (zdobywać) to obtain, to get [wiadomości]; to derive [korzyści, przyjemności]; **~ać wiedzę z książek** to draw one's knowledge from books; **~ać z doświadczeń poprzednich pokoleń** to draw on the experience of previous generations; **~ać pełnymi** a. **całymi garściami z tradycji literatury romantycznej** to draw extensively on the romantic literary tradition

czerpak m [1] (naczynie z rączką) scoop, ladle [2] Techn. (część koparki) (shovel) bucket, scoop

czerpakow|y adi. bucket attr.; **pogłębiarka ~a** a bucket dredger

czerstwi|eć impf (~eję, ~ał, ~eli) vi [1] [pieczywo] to become a. go hard a. stale ⇒ **sczerstwieć** [2] przen. (krzepnąć, zdrowieć) to take on colour

czerstwo adv. grad. [wyglądać] hale and hearty adi., robust adi.

czerstwoś|ć f sgt [1] (pieczywa) hardness, staleness [2] (twarzy, policzków) ruddiness, colour; (ciała) robustness

czerstw|y adi. [1] [chleb, bułka] hard, stale [2] (zdrowy, rumiany) hale and hearty; [staruszek] robust; [twarz, policzki, cera] ruddy, florid

czerw m [1] Zool. grub, maggot; (w pszczelarstwie) brood U [2] przest. (pasożyt) worm; (w drzewie) woodworm

czerwcow|y adi. [wieczór] June attr.

czerw|iec m [1] (miesiąc) June; **urodził się/pobrali się w ~cu** he was born/they got married in June; **przyjeżdża 15 ~ca** he's arriving on 15 June [2] Bot. knawel [3] Zool. coccus, scale insect
❏ **~iec koszenilowy** Zool. cochineal (insect); **~iec lakowy** Zool. lac insect; **~iec polski** Zool. Polish cochineal

czerwie|nić impf [I] vt (nadawać czerwony kolor) to turn [sth] red, to redden; **zachodzące słońce ~ni chmury** the setting sun is turning the clouds red; **mróz ~nił nam nosy** the frost turned our noses red ⇒ **zaczerwienić**
[III] **czerwienić się** [1] (ze wstydu, złości) to turn a. go red, to redden; to flush; (z wysiłku) to go red; **~nić się z zażenowania** to go red with embarrassment ⇒ **zaczerwienić się** [2] (odznaczać się na czerwono) to show red; **w zbożu ~niły się maki** red poppies stood out against the corn [3] (stawać się czerwonym) [jabłka, pomidory, bandaż] to turn red ⇒ **zaczerwienić**

czerwieni|eć impf (~eję, ~ał, ~eli) vi [1] (stawać się czerwonym) to turn a. go red, to redden; **liście ~eją jesienią** the leaves turn red in the autumn; **bandaż ~eje** the bandage is turning red ⇒ **poczerwienieć** [2] (ze wstydu, złości) to turn a. go red, to redden, to flush; (z wysiłku) to go red; **~ał z oburzenia** he flushed with indignation ⇒ **poczerwienieć** [3] (odznaczać się na czerwono) to show red; **w dolinie ~ały dachy domów** the roofs of the houses stood out red in the valley

czerwienn|y adi. Gry pot. [as, król] of hearts

czerwie|ń f [1] sgt (kolor) red; **ognista ~ń** a fiery red [2] (Gpl ~ni) pot. (kier) hearts [3] (Gpl ~ni) (barwnik) red; **przygaszone ~nie** muted reds; **malować ~nią** to paint sth red [4] sgt (tkanina, ubranie) red U; **kim jest**

ta kobieta w **~ni?** who's that woman in red?

czerwonawo *adv.* reddishly rzad.

czerwonaw|y *adi.* *[odcień, światło]* reddish

czerwon|ka *f sgt* Med. dysentery; **~ka pełzakowa** amoebic dysentery

czerw|ono **I** *adv. grad.* red *adi.*; redly rzad.; **na ~ono** *[malować, farbować]* red; *[ubierać się]* in red (colours)

II **czerwono-** *w wyrazach złożonych* **czerwono-zielony** red and green; **czerwonobrązowy** red-brown; **czerwonowłosy** red-haired

czerwonoarmi|sta *m*, **~stka** *f* Red Army soldier

czerwonobrunatn|y *adi.* red-brown, reddish brown

czerwonogwardyjs|ki *adi.* Hist. Red Guard *attr.*

czerwonogwardzi|sta *m* Hist. Red Guard

czerwonokrzys|ki *adi.* Red Cross *attr.*

czerwonono|gi *adi.* *[bocian]* red-legged

czerwonoskó|ry **I** *adi.* (o Indianach) red-skinned przest., pejor.

II **czerwonoskó|ry** *m*, **~ra** *f* redskin przest., pejor.

czerwonoś|ć *f sgt* **1** (czerwony kolor) red(ness), red colour; **rozżarzyć metal do ~ci** to heat metal up until it is red-hot **2** przen. (lewicowość) leftist views *pl*

czerw|ony **I** *adi. grad.* red; **~ony na twarzy** red-faced; **był ~ony ze wstydu/złości** he was red with shame/anger

II *adi.* pot., pejor. red pot., pejor., commie pot., pejor.; **~ona szmata** a commie rag; **obaj mieli ~oną przeszłość** both had had a communist past

III **czerw|ony** *m*, **~ona** *f* pot., pejor. red pot., pejor., commie pot., pejor.; **~oni** reds

■ **~ony jak burak/piwonia/rak** red as a beetroot GB a. a beet US/a peony/a lobster a. a crab

cze|sać *impf* (**~szę**) **I** *vt* **1** (grzebieniem) to comb; (szczotką) to brush; **~sać włosy** to comb a. do one's hair; **dziewczynka ~sała lalkę** the little girl was combing the doll's hair; **~sała włosy szczotką** she was brushing her hair; **~sać psa** to brush a. comb a dog ⇒ **uczesać** **2** (robić fryzurę) to do a. style [sb's] hair; **~sała córkę w koński ogon** she did a. arranged her daughter's hair in a ponytail **3** Włók. to comb *[len, konopie, wełnę]*; **wełna ~sana** combed wool ⇒ **sczesać**

II **czesać się** **1** (grzebieniem) to comb one's hair, to do one's hair; (szczotką) to brush one's hair **2** (nosić jakąś fryzurę) **~sać się w koński ogon/w warkocz** to wear one's hair in a ponytail/plait; **~sać się gładko** to comb one's hair flat; **teraz ~szę się z grzywką** now I have a fringe; **~szę się u kogoś** pot., żart. to have one's hair done just like sb (else) **3** (chodzić do fryzjera) to have one's hair done; **zawsze ~sała się u tej fryzjerki** she's always had her hair done at that hairdresser's

czesalni|a *f* (*Gpl* **~**) Włók. **1** (pomieszczenie) (do czesania bawełny) carding shop, carding room; (do czesania lnu) flax dressing shop, heckling shop **2** (maszyna) (do czesania bawełny) carding machine, combing machine; (do

czesania lnu) heckling machine, hackling machine

czesalnicz|y *adi.* (do czesania bawełny) carding; (do czesania lnu) hackling

czesan|ka *f* Włók. **1** (taśma) sliver, combing wool *U* **2** (tkanina wełniana) worsted *U*

czesankow|y *adi.* *[materiał, przędza]* worsted

czesar|ka *f* Włók. (do czesania bawełny) carding a. combing machine, comber; (do czesania lnu) heckling a. hackling machine

czes|ki **I** *adi.* *[kultura, państwo, literatura]* Czech; **język ~ki** Czech; **po ~ku** in the Czech manner a. fashion

II *m sgt* (język) Czech; **mówić/czytać po ~ku** to speak/read Czech

■ **~ki film** pot. ≈ a screwball comedy pot.

czesne *n sgt* tuition fee(s)

czesucz|a *f* Włók. a kind of raw silk

cz|eść **I** *f sgt* (*G* **czci**) **1** (szacunek) reverence książk., veneration książk.; **mieć kogoś/coś w wielkiej czci** to hold sb/sth in great veneration; **otaczać kogoś czcią** to venerate sb książk.; **oddawać komuś cześć** to worship a. adore sb; **opisywano go w książkach z czcią i podziwem** he was described in books with reverence and awe; **cześć bohaterom** may the names of these heroes live on; **na cześć** a. **ku czci kogoś/czegoś** in honour of sb/sth, in sb's/sth's honour; **wznieśli toast na cześć gościa** they drank a toast in honour of the guest; **pomnik ku czci powstańców** a monument in honour of the insurgents **2** (uwielbienie) worship, adoration; **ucałować z czcią medalik** to kiss a medallion in adoration; **otaczać czcią świętego** to venerate a saint książk.; **religia ich polega na czci sił nadprzyrodzonych** their religion is based on the worship of supernatural powers; **oddawali królowi cześć boską** they worshipped the king as a god **3** książk. (honor) virtue, honour GB, honor US; **kobieta broniła swej czci** the woman defended her virtue; **jest bardzo wrażliwy na punkcie czci i honoru** he's very sensitive about virtue and honour; **człowiek bez czci i wiary** pot. a man (totally) without scruple; **odsądzać kogoś od czci i wiary** pot. to call sb every name under the sun pot.

II *inter.* (na powitanie) hello!; hi! pot.; (na pożegnanie) bye! pot., cheers! GB pot.; **cześć, co słychać?** hi, what's new?; **cześć (wam), chłopaki, do jutra** bye, guys, see you tomorrow

■ **cześć jego/jej/ich pamięci** may he/she/they rest in peace; **cześć pracy!** pot., żart. hello!, hi! pot.; **i cześć** pot. and that's that; **tak postanowiłem i cześć** what I've decided and that's that a. all there is to it; **powiesz im byle co i cześć** just tell them anything

często *adv. grad.* **1** (w krótkich odstępach czasu) often, frequently, oftentimes US; **dość ~sto** quite often; **w dzieciństwie ~sto chorował** he was often a. frequently ill as a child; **jak ~sto spotykał się pan z oskarżonym?** how often did you meet the accused?; **mógłbyś nas ~ściej odwiedzać** you might a. could visit us a little more often **2** (wielokrotnie) frequently; **~sto powtarza-**

jący się motyw a frequently occurring a. recurring motif

■ **często-gęsto** a. **często gęsto** pot. (bardzo często) very often; (dosyć często) quite often

częstochows|ki *adi.* Częstochowa *attr.*

■ **rymy ~kie** pejor. doggerel

częstok|ół *m* (*G* **~ołu**) → **ostrokół**

częstokroć *adv.* książk. not infrequently, more often than not; oftentimes daw.

częstomocz *m sgt* (*G* **~u**) Med. polyuria, pollakiuria

częstoskurcz *m sgt* (*G* **~u**) Med. tachycardia

❑ **~ napadowy** Med. paroxysmal tachycardia

częstoś|ć *f sgt* **1** (zjawisk, zdarzeń) frequency; **wysoka ~ć zachorowań na grypę** a high incidence of flu **2** Fiz. frequency

częstotliwoś|ć *f* **1** *sgt* (zjawisk, zdarzeń) frequency; **~ć zachorowań na raka** incidence of cancer; **~ć ruchu pojazdów** the rate of traffic flow; **metro kursuje z dużą ~cią** the metro trains run very frequently; **z jaką ~cią powtarzają się ataki?** how often do the attacks occur? **2** (radiowa, telewizyjna) frequency; **pasma ~ci** frequency bands; **nadawać na niskich/wysokich ~ciach** to broadcast at low/high frequencies **3** *sgt* Fiz. frequency; **~ć infradźwiękowa** an infrasonic frequency; **jednostką ~ci jest hertz** the hertz is the unit of frequency; **drgania o niskich ~ciach** low-frequency vibrations

częst|ować *impf* **I** *vt* **1** (proponować) to give, to offer; **zawsze ~uje nas kawą i czekoladkami** s/he always gives a. offers us coffee and chocolates; **~ować kogoś obiadem** to give sb dinner ⇒ **poczęstować** **2** przen. (opowiadać) to entertain; **~ował współpasażerów historiami ze swojego życia** he entertained his fellow-travellers with stories from his life **3** przen. (wyrządzić krzywdę) **~ować kogoś pięścią** to give sb a knuckle sandwich pot.; **~ować kogoś wyzwiskami** to heap a. shower abuse on sb; **telewizja ciągle ~uje nas scenami przemocy** television constantly bombards us with scenes of violence ⇒ **poczęstować**

II **częstować się** **1** (przyjmować poczęstunek) to help oneself (**czymś** to sth); **proszę, ~ujcie się** please, help yourselves; **proszę, ~uj się ciastem** please, have some cake ⇒ **poczęstować się** **2** (jeden drugiego) **~owali się wzajemnie papierosami** they offered one another cigarettes; **~owali się wyzwiskami** przen. they exchanged a. traded insults with each other ⇒ **poczęstować się**

czę|sty **II** *adi. grad.* *[przypadek, błąd, objaw, motyw]* frequent; **bóle głowy są moją ~stą dolegliwością** I often suffer from headaches; **grzmoty były coraz ~stsze** the thunder became more and more frequent; **najczęstszą przyczyną wypadków jest przekraczanie szybkości** the most frequent cause of accidents is exceeding the speed limit

II *adi.* (o ludziach) frequent, regular; **~sty bywalec restauracji/hotelu** a regular guest at a restaurant/hotel; **jest ~stym klientem (tego sklepu)** he's a regular

C

customer (of this shop); **był ~stym gościem w Zakopanem** he was a frequent visitor to Zakopane

częściowo *adv.* partly, partially; **~ za-tarte napisy** partly erased inscriptions; **~ sparaliżowany** partially paralyzed; **jest ~ odpowiedzialna za ten wypadek** she's partly responsible for the accident; **całą drogę przebył w tydzień, ~ rowerem, ~ na piechotę** he did the whole journey in a week – partly by bike and partly on foot; **zapłacił ~ gotówką, a ~ czekami** he paid part of the sum in cash and part a. the rest by cheque

częściow|y Ⅱ *adi.* partial, part *attr.*; **~e zaćmienie Księżyca** a partial eclipse of the moon; **płatność ~a** a part payment; **to tylko ~a prawda** that's only part of the truth; **~y zanik pamięci** (a) partial loss of memory

Ⅲ -**częściowy** *w wyrazach złożonych* -piece, -part; **dwuczęściowy kostium kąpielowy** a two-piece swimsuit

częś|ć *f* ① (wycinek całości) part, piece; **frontowa ~ć domu** the front (part) of the house; **północna ~ć Polski** the northern part of Poland; **podzielił tort na równe ~ci** he cut the birthday cake into equal pieces; **szukaj w środkowej ~ci kredensu** look in the middle section of the cupboard ② (utworu muzycznego) movement; **w trzech ~ciach** in three movements ③ (element) part, piece; **~ć garderoby** a piece of clothing; **~ci zamienne** a. **za-pasowe do maszyny** the spare parts for a machine; **złożyć zegarek/radio z ~ci** to assemble a watch/radio; **rozłożyć rower na ~ci** to take a bike apart, to strip down a bike; **mikser nie działa, chyba brakuje jakiejś ~ci** the mixer isn't working, some element a. part must be missing ④ (pewna ilość) part *C/U*; **przez ~ć roku w ogóle nie pracował** for part of the year he didn't work at all; **to tylko ~ć prawdy** that's only (a) part of the truth; **~ć tych utworów zaginęła** some of the works are missing; **mężczyźni w przeważającej ~ci pracują na budowach i w fabrykach** the majority of the men work on construction sites or in factories; **sprostał wymaga-niom tylko w znikomej ~ci** he only carried out a fraction of what was required of him; **po a. w ~ci** in part, partly ⑤ (miar-ka) part; **zmieszać jedną ~ć proszku i dwie ~ci wody** to mix one part powder to two parts water

❏ **~ci ciała** Anat. the parts of the body; **~ci mowy** Jęz. the parts of speech; **~ci świata** Geogr. the parts of the world; **~ci zdania** Jęz. the parts of a sentence

■ **pewna ~ć ciała** euf. (tyłek) sit-upon pot., żart.; behind pot.; **dostaniesz w pewną ~ć ciała, to się uspokoisz** you'll calm down soon enough if I give you one on the behind

czkać *impf* → **czknąć**

czkaw|ka *f sgt* ① hiccup zw. pl, hiccough zw. pl; **napad ~ki** an attack of (the) hiccups; **dostać ~ki** to get (the) hiccups; **złapała go ~ka** he got the hiccups ② przen. (niesmak) bad taste; **być jak ~ka** (budzić niesmak) to leave a bad taste in sb's mouth;

(powracać) to keep coming back, to not go away; **wspomnienie to było jak ~ka** the memory left a bad taste in the mouth/kept coming back a. (just) wouldn't go away

■ **odbijać się (komuś) ~ką** to leave its mark (on sb); **i tu odbija nam się ~ką komunizm** and this is where communism has left its mark on us all; **wspomnienie tamtych zajść odbijało mu się ~ką** the memory of those events left a bad taste in his mouth; **zrezygnowano z finansowa-nia sportu, co do dzisiaj odbija się ~ką** funding for sport was cut, the effects of which can still be felt to this day; **cała ta sprawa odbija mi się ~ką już od dwóch lat** the whole affair has been haunting a. dogging me for the last two years

czk|nąć *pf* — **czk|ać** *impf* (**~nęła, ~nęli** — **~am**) *vi* to hiccup

czknię|cie *n* hiccup

człap|ać *impf* (**~ię**) *vi* pot. ① (iść z trudnością) [osoba, zwierzę] to trudge, to plod; **~ po piachu** to trudge through a. across sand ② (klapać, stukać) (pantoflami) to flap (along), to slap (along); (chodakami) to clatter (along), to clack (along)

człapak *m* pot. (koń) ambling horse, ambler

człap-człap, człapu-człapu *inter.* ① (o ciężkich, powolnych krokach) clump-clump!, clump-clump!; (o luźnym obuwiu, spadającym z nóg) slap-slap!, flip-flop!

człap|y *plt* (G **~ów**) pot. old shoes

człecz|ek *m* (Npl **~ki**) pejor., żart midget; midge pot.

człeczyn|a *m* (Npl **~y**, Gpl **~ów** a. **~**) little man

człe|k *m sgt* (D **~kowi** a. **~ku**, V **~ku** a. **~cze**) ① książk. (człowiek) fellow; chap GB pot.; **był to ~k stateczny i zamożny** he was a respectable, well-off fellow ② pot. (o sobie) you, one; (do kogoś) man; **~k się rodzi, żyje i umiera, nieświadomy niczego** you're born, you live, and you die without learning anything at all; **~k by wypoczął, poje-chał gdzieś** it would be good to take a break, go away somewhere; **i po co ty się, ~ku, starasz, i tak nikt tego nie doceni** and what are you flogging your guts out for, man a. old son? – nobody's going to appreciate it pot.

człekokształtn|y *adi.* ① Zool. anthropoid; **małpa ~a** an anthropoid (ape) ② [manekin, kukła] human-shaped

człon *m* (G **~u**) element, segment; **pękł któryś z ~ów rury** one of the pipe elements has broken; **ciało tasiemca składa się z główki i ~ów** the body of a tapeworm consists of head and segments; **oba ~y tego wyrazu są odmienne** both elements of this compound are declined; **~y wyrażenia matematycznego** the terms of an expression

człon|ek Ⅱ *m pers.* (organizacji, grupy) member; **ilu ~ków liczy wasze stowarzyszenie?** how many members are there in your association?; **~ek zarządu** a member of the board a. board member; **~ek rodziny** the members of a family; **Rosja nie jest ~kiem NATO** Russia isn't a member of NATO; **~ek honorowy Pol-skiej Akademii Nauk** an honorary mem-ber of the Polish Academy of Science(s);

skreślić kogoś z listy ~ków to deprive sb of membership

Ⅱ *m inanim.* pot. (penis) member, penis

Ⅲ **członki** *plt* (części ciała) limbs; **rozpro-stować zdrętwiałe ~ki** to stretch one's limbs

❏ **~ek męski** Anat. (male) member

członki|ni *f* member; **~ni partii/klubu** a member of a party/club

członkostw|o *n sgt* membership; **~o (w) partii/organizacji** membership of a party/organization; **uzyskać ~o stowarzysze-nia** to be admitted to a. granted member-ship of an association

członkows|ki *adi.* [składki, opłaty] mem-bership *attr.*; **legitymacja ~ka** a member-ship card

członow|y Ⅱ *adi.* [budowa] segmental

Ⅲ -**członowy** *w wyrazach złożonych* -part; **nazwisko dwuczłonowe** a double-bar-relled surname

człowiecz|ek *m* (Npl **~ki**) ① dem. (niski, niepozorny) little chap GB, little guy; (dziecko) nipper pot.; **drzwi otworzył niski gruby ~ek** a little fat guy opened the door; **nie interesują się życiem ~ka, który wzrasta obok** they take little interest in the life of the little person growing up alongside them ② pejor., żart. (person) geezer pot.; **zapijaczony ~ek** a well-oiled guy; **śmieszny ~ek** a funny guy

człowieczeństw|o *n sgt* książk. ① (natura ludzka) humanity; **system obozowy miał na celu odebrać ludziom ~o** the labour camps were designed to deprive people of their humanity ② (bycie człowiekiem) human-ity, humanness; **~o Chrystusa** the humanity of Christ

człowiecz|y *adi.* książk. [dola, los] human

człowieczyn|a *m* pot. (Npl **~y**, Gpl **~ów** a. **~**) guy pot., chap GB pot.

człowie|k Ⅱ *m* (V **człowieku** a. **człowie-cze**) ① (Gpl **ludzi**, Ipl **ludźmi**) (istota ludzka) person, human (being); **co z niego za dziwny człowiek** what a strange person he is; **była dobrym człowiekiem** she was a good person; **na świecie żyje ponad pięć miliardów ludzi** there are over five thousand million people in the world; **na plaży leżało dwoje ludzi** two people were lying on the beach; **łabędzie przyzwy-czaiły się do ludzi** the swans have grown accustomed to people; **Konstytucja gwa-rantuje przestrzeganie praw człowieka** the Constitution guarantees the observance of human rights; **owszem, grzeszymy, w końcu jesteśmy tylko ludźmi** we sin, it's true – after all we're only human; **nie jesteś godny miana człowieka** you don't deserve to be called human; **człowiek pierwotny/cywilizowany** primitive/civi-lized man; **człowiek z ulicy** the (ordinary) man in the street; **święto ludzi pracy** a workers' holiday ② (Gpl **ludzi**, Ipl **ludźmi**) (mężczyzna) man; **stary/starszy człowiek** an old/elderly man; **dwóch ludzi wniosło szafę na drugie piętro** two men carried the wardrobe up to the second floor; **młody człowieku, ustąp miejsca** give up your seat, young man, will you? ③ (Gpl **ludzi**, Ipl **ludźmi**) (wartościowa jednostka) man, decent person; **być (prawdziwym) człowiekiem**

to be a (really) decent person; **wyrosnąć na człowieka** to grow up to be a decent person; **okazać się** a. **pokazać się człowiekiem** to prove to be a. show oneself to be a decent person; **wyjść na ludzi** to do well (for oneself a. in life); **zrobić z kogoś człowieka** to make a man (out) of sb; **wojsko zrobi z niego człowieka** the army will make a man (out) of him; **pokierować** a. **wykierować** a. **wyprowadzić kogoś na człowieka** a. **na ludzi** to bring sb up to be a decent person; **matka wychowała nas na ludzi** mother brought us up well; **będą z niego/niej ludzie** he/she'll do well in life; **wielki człowiek** a great man ④ (*Gpl* **ludzi**, *Ipl* **ludźmi**) (osoba zaufana) pot. man; **znał wielu ludzi prezydenta** he knew many of the president's people a. men a. aides; **zostaw ją, to nasz człowiek** leave her alone, she's one of us ⑤ (*Gpl* **ludzi**, *Ipl* **ludźmi**) pot. (pracownik) man, worker; **musieliśmy wziąć paru ludzi, sami nie dawaliśmy rady** we had to hire some men: we couldn't manage on our own; **przyjął człowieka do pomocy** he hired a worker to help him ⑥ *sgt* pot. (o sobie) you, one; (do kogoś) man; **człowiek cały dzień haruje, i po co?** you work like the clappers all day, and what for?; **człowiek całe życie się uczy** you never stop learning (in this life); **człowieku, zastanów się, co to ma być?** come on, man, what are you playing at?; **wytrawny rum, człowieku, co za smak** dry rum, mate, there's nothing like it

II ludzie *plt* ① (opinia publiczna) people; **ludzie mówią, że jest bardzo bogaty** they a. people say he's very rich; **nie zależało mu, co ludzie powiedzą** he didn't care what people would say; **na czułości nie wypada sobie pozwalać przy ludziach** you shouldn't show affection in public ② pot. (środowisko) people; **u nas w firmie ludzie nie lubią żadnych zmian** the people in our company don't like change; **ludzie nie pójdą na to, będzie strajk** the workers/men won't agree to that – there'll be a strike

☐ **biały człowiek** Antrop. Caucasian; **człowiek jaskiniowy** Antrop. caveman; **człowiek kopalny** Antrop. fossil man; **człowiek neandertalski** Antrop. Neanderthal (man); **człowiek śniegu** (the) yeti, (the) Abominable Snowman

■ **człowiek czynu** a man/woman of action; **człowiek gór** a highlander; **człowiek honoru** a man of honour; **człowiek interesu** a man of business, a business person; **człowiek lasu** a woodsman; **człowiek renesansu** a Renaissance man; **człowiek z głową** a smart one pot.; **człowiek z krwi i kości** (only) flesh and blood; **być podobnym do ludzi** pot. to look decent, to look halfway human pot.; **ogarnij się trochę i umaluj, żebyś była podobna do ludzi** tidy yourself up a bit and put some make-up on, so you look halfway human; **ksiądz też człowiek, może zgrzeszyć** priests are human too, and occasionally they sin; **robić coś jak człowiek** pot. to do sth properly; **nareszcie wyspałam się jak człowiek** I've finally had a proper night's sleep; **zachowuj się**

jak człowiek behave yourself (properly); try and act like a human being pot.

czmych *inter.* **dzik ~ w krzaki** a wild boar bolted into the bushes

czmych|nąć *pf* — **czmych|ać** *impf* (~nęła, ~nęli — ~am) *vi (osoba, zwierzę)* to dart, to make off; (bardzo szybko) to bolt; (przed pogonią) to flee, to get away; **kot ~nął na drzewo/przez okno** the cat darted up a tree/through the window; **zając ~nął spod krzaka** a hare bolted from under a bush; **~ać ukradkiem** to nip out/away/off

czoch|ra *f* Włók. (grzebień ręczny) ripple, hackle

czochra|ć *impf* **I** *vt* ① (mierzwić) to ruffle, to rumple; **~ć psa** to ruffle a dog's hair; **~ł zmierzwioną fryzurę** he ran his fingers through his tousled hair ⇒ **rozczochrać** ② (ocierać) [*zwierzę*] to rub; **kotka ~ła łebek o panią** the cat was rubbing its head against its owner

II czochrać się ① (mierzwić włosy) to ruffle one's hair ② (ocierać się) to rub; **pies ~ł się o krzesło/meble** the dog rubbed itself against the chair/furniture

czołg *m* (*G* ~**u**) Wojsk. tank

czołga|ć się *impf v refl.* ① (na brzuchu) to crawl; **~ć się po podłodze** to crawl along the floor; **żołnierze ~li się w kierunku lasu** the soldiers were crawling towards the forest; **opary ~ją się po łące** przen. the mist drifts a. creeps over the meadow ② przen., pejor. (zachowywać się uniżenie) to grovel, to crawl; **~j się przed nią, a będzie cię szanowała** don't grovel to her and she'll respect you; **~ć się u czyichś stóp** to grovel at sb's feet

czołgi|sta *m* Wojsk. tank soldier, tankman

czołgow|y *adi.* [*załoga*] tank *attr.*

cz|oło II *n* ① (część twarzy) forehead, brow; **wysokie/niskie czoło** a high/low forehead; **płaskie/wypukłe czoło** a receding/protruding forehead; **przetarła spocone czoło** she wiped the sweat from her forehead a. mopped her brow; **czoło pokryte zmarszczkami** a wrinkled forehead; **nosił kapelusz zsunięty na czoło** he wore a hat pulled down over his eyes; **nosić czapkę z czoła** to wear a cap pulled back; **czesać się z czoła** to wear one's hair swept back; **marszczyć czoło** to frown ② *sgt* (*L* **czele**) (przód) head; **czoło pochodu/lodowca** the head of a parade/glacier; **na czele czegoś** at the head a. top of sth; **kroczył na czele pochodu** he led the parade; **od początku na czele znajdowały się dwie Amerykanki** the two Americans have been in the lead from the beginning; **stać na czele czegoś** przen. to head a. lead sth; **po wyborach stanęła na czele związku** after the elections she became head of the union; **cała klasa, z wychowawczynią na czele, wpłaciła datki** przen. led by their form teacher the whole a. entire class, made donations; **wysuwać** a. **wybijać się na czoło** przen. to lead the way a. field

II czołem *inter.* (przy powitaniu) hello; (przy pożegnaniu) see you pot., cheers! GB pot.; **cześć, czołem, do jutra** cheers, see you tomorrow; **czołem, żołnierze** ≈ good morning/afternoon, men

☐ **czoło burzy** Meteo. storm front; **czoło fali** Fiz. wave front

■ **bić czołem komuś/czemuś** a. **przed kimś/czymś** to bow (down) before a. to sb/sth; **chylić czoło** a. **czoła przed kimś/czymś** to take one's hat off to sb; **puknij** a. **stuknij się w czoło** pot. you must be off your rocker a. out of your mind! pot.; **stawić czoła** a. **czoło komuś/czemuś** to face (up to) sb/sth; **z podniesionym czołem** with head held high

czołobitnie *adv.* pejor. [*kłaniać się, zachowywać się*] obsequiously, servilely

czołobitnoś|ć *f sgt* pejor. (zachowania) servility, obsequiousness; **uśmiech pełen ~ci** an obsequious a. ingratiating smile

czołobitn|y *adi. grad.* pejor. [*ukłon, zachowanie*] obsequious; **popełnił utwór ~y wobec władzy** żart. he spawned a work that kowtowed to the authorities

czołowo *adv.* head-on; **samochody zderzyły się ~** the cars collided head-on

czołow|y *adi.* ① (główny) [*przedstawiciel, ośrodek*] foremost, leading; [*miejsce, pozycja*] leading; **mamy aż pięciu Polaków w ~ej piętnastce** there are as many as five Poles in the top fifteen; **~y zawodnik drużyny** the top player in a team; **firma awansowała na ~ą pozycję wśród producentów komputerów** the firm has taken over the leading position among computer manufacturers ② (przedni) [*elewacja*] front *attr.*; **zderzenie ~e** a head-on collision; **jednostki ~e dotarły wreszcie do Warszawy** the advance units finally reached Warsaw ③ Anat. [*kość, płaty*] frontal

czołów|ka *f* ① (grupa osób wybitnych) **~ka polskich aktorów/polityków** leading a. the top Polish actors/politicians; **Szwajcaria nadal utrzymuje się w światowej ~ce producentów sera** Switzerland is still one of the foremost cheese producers in the world; **pałac ten należy do ścisłej ~ki zabytków architektonicznych** this palace is one of the finest architectural monuments; **nasi zawodnicy należą do światowej ~ki w tej dyscyplinie** our athletes are among the world leaders in this event ② (filmu) opening credits, title sequence; **tancerka nie była wymieniona w ~ce** the dancer's name didn't appear in the opening credits ③ *zw. pl* (w gazecie) lead story; **ich ślub trafił na ~ki gazet całej Europy** their wedding hit the headlines all over Europe; **sensacyjne tytuły na ~kach** sensational banner headlines ④ Sport lead; **nasi zawodnicy biegną w ~ce** our runners are in the lead

czop *m* (*G* ~**a** a. ~**u**) ① (korek) bung, stopper; **wyjąć ~ z beczki** to pull the bung a. stopper out of a barrel ② (zatykający otwór) plug, obstruction; **~ woskowiny w uchu** an accumulation a. a plug of earwax; **ktoś wetknął szmaciany ~ w rurę wydechową samochodu** somebody has stuffed a piece of rag into the exhaust pipe ③ Med. (stożek ropny) abscess, pustule; (ropne) **~y w gardle** abscesses a. pustules in the throat ④ Techn. tenon

czop|ek *m* ① (zatyczka) *dem.* bung, (small)c stopper ② Farm. (lek) suppository; **~ki przeciwbólowe** analgesic suppositories; **lekar-**

stwo w ~kach a medicine in suppository form

czop|ować *impf vt* to bung (up), to stop (up) *[beczki, kadzie]*

czopow|y *adi.* ⊡ stopper *attr.* ⊟ Techn. *[piła]* tenon *attr.*; **gniazdo ~e** a mortise

czor|t *m* pot. ⊡ (zły duch) (the) devil, evil spirit; **bać się ~tów** to be afraid of evil spirits; **brzydki jak ~t** as ugly as the devil; **idź do ~ta!** go to the devil!, go to blazes!; **~t wie (co/kto/jak/gdzie/dla-czego/po co)** the devil knows (what/who/ how/where/why/what for); **opowiada lu-dziom ~t wie jakie cuda** he tells people all kinds of weird stories; **ki** a. **jaki ~t!?** what the devil...!?; **ciekawe, co za ~t dzwoni** I wonder who the devil a. heck is calling ⊟ przen. (young) devil pot.; (małe dziecko) (little) devil pot., (little) monkey pot.; **to ~t wcielony!** he's the devil incarnate!; **to dopiero ~t!** he's a real little devil!; **to ~t nie dziecko** he's a right little monkey, that child ⊟ (sprytny człowiek) sly (old) devil pot., (old) slyboots pot.

◼ **do** a. **u ~ta** pot. (in) the devil! pot.; **skąd to wiesz, do ~ta?** how the devil a. heck do you know that?; **co się u ~ta stało z tą dziewczyną?** what the devil has happened to that girl?; **co u ~ta, nie można się już odezwać?** can't I even open my mouth to say anything, damn it?; **~ go wie** the devil (only) knows pot.; God (only) knows pot.; **może się uda, ~t wie** maybe it'll work, the devil (only) knows; **~t wie, czy ktoś przyjdzie** God knows if anyone'll come; **~t go wie, jak teraz postąpi** the devil a. God only knows what he'll do now; **no więc ~t z nim** pot. so to hell with him; **jeden ~t** it's all the same; **przyjdzie, nie przyjdzie – jeden ~t** it's all the same, whether s/he comes or not; **po ~ta** pot. what the devil for? pot.; **po ~ta tam lazłeś?** what the devil a. hell did you go there for?

czosn|ek *m* (G ~ku) sgt Bot., Kulin. garlic; **główka ~ku** a garlic bulb; **ząbek ~ku** a clove of garlic; **rozgniatacz do ~ku** a garlic press; **posypać mięso ~kiem** to add some garlic to the meat

czosnkow|y *adi. [zapach, smak]* garlic *attr.*; **masło/pieczywo ~e** garlic butter/bread; **nie lubię ~ych potraw** I don't like garlicky food

czółen|ko *n* ⊡ *dem.* (small) canoe ⊟ (pantofel) court shoe GB, pump US ⊟ Techn. (krosna) shuttle ⊟ (do wyrobu koronek, sieci) (tatting) shuttle

czółenkow|y *adi.* **maszyna ~a** shuttle sewing machine

czół|ko *n* pieszcz. forehead

czół|no *n* dugout (canoe)

czterdziest|ka *f* ⊡ (liczba) forty ⊟ pot. (oznaczenie) (number) forty; **mieszka pod ~ką** he lives at number forty; **dojedziesz do nas ~ką** you (can) take a number forty (bus/tram) to get to us; **uczniowie z ~ki** the pupils from (school) number forty ⊟ (grupa) forty; **cała nasza ~ka zdała egzamin** the whole forty of us passed the exam ⊟ sgt pot. (wiek) forty; **zbliżał się do ~ki** he was getting on for forty; **chuda kobieta po ~ce** a thin woman in her

forties; **stuknęła mu ~ka** he's turned forty; **życie zaczyna się po ~ce** life begins at forty ⊡ pot. (szybkość) forty; **jechał ~ką** he was doing forty; **zwolnić do ~ki** to slow down to forty ⊡ pot. (rozmiar) (size) forty

❑ **ryczące ~ki** Meteo., Żegl. the Roaring Forties

czterdziesto- *w wyrazach złożonych* forty-; **czterdziestostopniowy** forty-degree

czterdziestogodzinn|y *adi. [szkolenie, podróż]* forty-hour *attr.*

czterdziestokrotnie *adv. [wzrosnąć, zmaleć]* fortyfold; **powtórzyć coś ~** to repeat sth forty times

czterdziestokrotn|y *adi.* ⊡ *[zwycięzca]* forty-times *attr.* GB, forty-time *attr.* US ⊟ *[zysk, spadek, wzrost]* fortyfold

czterdziestolat|ek *m pers.* (Npl ~ko-wie* a. **~ki**) forty-year-old (man); **spotka-nie w gronie ~ków** a get-together for people in their forties; **lista przebojów ~ków** golden hits for the forty-plus gen-eration a. the over-forties; **na balu naj-lepiej bawili się ~kowie** a. **bawiły się ~ki** the best time at the ball was had by the over-forties

⊟ *m anim.* (zwierzę) forty-year-old animal; (drzewo) forty-year-old tree; **dąb ~ek** a forty-year-old oak

czterdziestolat|ka *f* forty-year-old (woman); (po czterdziestce) woman in her early forties

czterdziestoleci|e *n sgt* ⊡ (rocznica) for-tieth anniversary (czegoś of sth); **~e ślubu** a fortieth wedding anniversary ⊟ (okres) forty years, four decades; **pierwsze ~e istnienia firmy** the first forty years a. four decades of the company's existence

czterdziestoletni *adi.* ⊡ *[osoba, zwierzę]* forty-year-old *attr.* ⊟ *[okres]* forty-year *attr.*

czterdziestotysięczn|y ⊔ *num. ord. [klient, obywatel]* forty-thousandth ⊔ *adi. [tłum, pochód]* forty-thousand-strong

czterdzie|sty ⊔ *num. ord. [rocznica, lokata]* fortieth; **kończy ~sty rok życia** he's just turning forty; **zachorował w ~stym roku życia** he fell ill when he was thirty-nine (years old); **w roku tysiąc dziewięćset ~stym** in nineteen forty; **był w Stanach w latach ~stych** he was in the States in the forties; **lata ~ste XVIII wieku** the seventeen-forties ⊔ *adi. [część]* fortieth ⊔ **czterdziesta** *f* (w ułamkach) fortieth; **jedna ~sta** one fortieth; **dwa i trzy ~e** two and three-fortieths

czterdzie|ści *num.* forty; **~stu/~ścioro ludzi** forty people; **miał ~ści lat** he was forty (years old)

czterdzieścior|o *num. mult.* → **czter-dzieści**

czterechsetleci|e *n sgt* ⊡ (rocznica) quad-ricentennial, four hundredth anniversary; **świętować ~e urodzin pisarza** to cele-brate the quadricentennial of a writer's birth ⊟ (okres) four hundred years, four centuries

czterechsetletni *adi.* ⊡ *[zabytek, zamek]* four-hundred-year-old ⊟ *[okres]* four-hun-dred-year *attr.*

czterechsetn|y ⊔ *num. ord. [rocznica, klient]* four-hundredth ⊔ *adi. [część]* four-hundredth ⊔ **czterechsetna** *f* (w ułamkach) four-hundredth; **jedna ~a** one four-hundredth; **trzy ~e** three four-hundredths

czternast|ka *f* ⊡ (liczba) fourteen ⊟ pot. (oznaczenie) (number) fourteen; **mieszkała na parterze pod ~ką** she lived at number fourteen on the ground floor; **masz klucz ~kę?** have you got key (number) fourteen?; **czy jeździ koło was ~ka?** does the number fourteen (bus/tram) go your way?; **uczniowie z ~ki** the pupils of school (number) fourteen ⊟ (grupa) fourteen; **~ka jego wychowanków** his fourteen pupils; **cała nasza ~ka** the whole fourteen of us

czternasto- *w wyrazach złożonych* four-teen-; **czternastodniowa wycieczka** a two-week a. fourteen-day excursion; **czter-nastozgłoskowiec** a fourteen-syllable verse

czternastokrotnie *adv. [wzrosnąć, zma-leć]* fourteen times; **w górach był już ~** he'd been to the mountains fourteen times already; **cena była ~ wyższa** the price was fourteen times higher

czternastokrotn|y *adi.* ⊡ *[zwycięzca]* fourteen-times *attr.* GB, fourteen-time *attr.* US ⊟ *[wzrost, spadek]* fourteenfold

czternastolat|ek ⊔ *m pers.* (Npl ~kowie* a. **~ki**) fourteen-year-old (boy); **w konkur-sie ortograficznym wzięli udział także ~kowie** a. **wzięły udział także ~ki** even these fourteen-year-olds took part in the spelling contest ⊔ *m inanim.* (drzewo) fourteen-year-old tree; (zwierzę) fourteen-year-old animal; **koń/dąb ~ek** a fourteen-year-old horse/oak

czternastolat|ka *f* ⊡ (dziewczynka) four-teen-year-old (girl) ⊟ (zwierzę) fourteen-year-old animal; **krowa ~ka** a fourteen-year-old cow

czternastoletni *adi.* ⊡ *[uczeń, drzewo, zwierzę]* fourteen-year-old ⊟ *[okres, wojna]* fourteen-year *attr.*

czternastowieczn|y *adi. [zamek, pisarz, strój]* fourteenth-century *attr.*

czternast|y ⊔ *num. ord. [rocznica, dzień, wiek]* fourteenth; **jutro obchodzi ~e urodziny** he'll be fourteen tomorrow ⊔ *adi. [część]* fourteenth ⊔ *m* (data) the fourteenth; **~ego każdego miesiąca przychodziła jego renta** his pension came on the fourteenth of each month; **dziś piątek, ~ego maja** today's Friday, the fourteenth of May; **do ~go** up to/before the fourteenth; **po ~ym** after the fourteenth; **przed ~ym** before the fourteenth ⊔ **czternasta** *f* ⊡ sgt (godzina) two (o'clock) p.m.; **o ~ej** at two p.m. ⊟ (w ułamkach) fourteenth; **jedna ~a całej sumy** one fourteenth of the total; **dwie ~e** two fourteenths

czterna|ście *num.* fourteen; **~stu/~ścio-ro uczniów** fourteen pupils; **miała ~ście lat** she was fourteen (years old)

czternaścior|o *num. mult.* → **czternaś-cie**

cztero- *w wyrazach złożonych* four-, quad-r(i)-; **czteropiętrowy dom** a four-storey

C

house; **czterosylabowy** four-syllable, quadrisyllabic

czteroaktow|y adi. four-act attr.; **komedia/sztuka ~a** a comedy/play in four acts

czterodniow|y adi. [1] [niemowlę, szczenię] four-day-old [2] [podróż, urlop] four-day attr.

czterokołow|y adi. [pojazd, wózek] four-wheel(ed)

czterokonn|y adi. four-horse attr.; **~y zaprzęg** a four-horse team; **~a karoca** a coach drawn by four horses, a coach and four

czterokrotnie adv. [wzrosnąć, zmaleć] fourfold; **~ strzelił na wiwat** he shot in the air four times; **zażądała za dom ~ więcej, niż jest wart** she wanted four times more for the house than it was worth

czterokrotn|y adi. [1] [zwycięzca, laureat] four-times attr. GB, four-time attr. US; **~e pukanie do drzwi** four knocks at the door; **jest ~ym rozwodnikiem** he's been divorced four times [2] [wzrost, spadek] fourfold, quadruple

czterolat|ek [I] m pers. (Npl **~ki**) four-year-old (boy) [II] m anim. (drzewo) four-year-old tree; (zwierzę) four-year-old animal

czterolat|ka f [1] (dziewczynka) four-year-old (girl) [2] (zwierzę) four-year-old animal; **klacz ~ka** a four-year-old mare

czteroletni adi. [1] [dziecko, drzewo, dom] four-year-old [2] [studia, okres] four-year attr.

czterolistn|y adi. [koniczyna, ornament] four-leaf attr., four-leaved

czteromiesięczn|y adi. [1] [niemowlę, szczenię] four-month-old [2] [rejs, stypendium] four-month attr.

czterono|gi, ~żny adi. [stół, stołek] four-legged

czteroosobow|y adi. [1] (dla czterech osób) four-person attr.; **~y samochód** a four-seater (car); **pokój ~y** a four-bed room [2] [zespół, drużyna] four-man attr.

czteropokojow|y adi. [mieszkanie, dom] four-room attr.

czterosuw m (G **~u**) (silnik) four-stroke (engine) GB, four-cycle (engine) US; (pojazd) four-stroke (vehicle) GB, four-cycle (vehicle) US

czterosuwow|y adi. [silnik, model] four-stroke GB, four-cycle US

czterotaktow|y adi. [1] Muz. [motyw] four-bar attr. [2] Techn. [silnik] four-stroke GB, four-cycle US

czterotygodniow|y adi. [1] [niemowlę, szczenię] four-week-old [2] [urlop, szkolenie] four-week attr.

czterotysięczn|y [I] num. ord. [klient, obywatel] four-thousandth [II] adi. [tłum, pochód] four-thousand-strong

czterowiersz m quatrain

czterowymiarow|y adi. [przestrzeń] four-dimensional

czter|y [I] num. four; **~ej mężczyźni** a. **~ech mężczyzn** four men; **dała im po ~y cukierki** she gave them each four sweets; **jego dziecko ma ~y lata** his child is four (years old) [II] n sgt (ocena) B; **zdał egzamin na ~y** he got a B for the exam
■ **~y litery** pot., euf. bum GB pot., behind pot.

czteryst|a num. four hundred; **~tu kandydatów/~a kandydatek** four hundred (male/female) candidates

czterystu- w wyrazach złożonych four-hundred-; **czterystuletni zabytek** a four-hundred-year-old monument; **czterystu-metrowa powierzchnia** an area of four hundred square metres

czterystumetrow|iec m Sport 400-metre runner

czub [I] m pers. (Npl **~y**) pot., pejor. (idiota) nutter pot., nutcase pot.
[II] m inanim. [1] (włosów) topknot; (piór) crest; **koguci ~** a cock's crest; **loki ułożone w ~** hair arranged in a knot on the top of the head [2] (na choinkę) Christmas tree spire [3] (wierzchołek) tip, peak; **~y butów** the tips of the shoes; **~y drzew** the tops of the trees; **~ łodzi** the prow of a boat; **zanurzyła łyżkę w cukiernicy i nabrała z ~em** she took a heaped spoonful of sugar from the sugar bowl
■ **brać** a. **wziąć się za ~y** pot. to start going for one another pot.; **dać/dostać po ~ie** pot. to give sb/get a bash on the head pot.; **dymi mu się** a. **kurzy mu się z ~a** pot. he is stewed GB pot. a. plastered pot.; **mieć w ~ie** pot. to be well oiled pot.

czubaj|ka f Bot. **~ka kania** parasol mushroom

czubat|ka f Zool. crested hen; **sikora ~ka** crested tit

czubato adv. [1] (spiczasto) **~ uszyta czapka** a pointed cap; **~ stercząca góra** a sharp-peaked mountain; **ostrzygł się śmiesznie, ~** he got a funny haircut with a spike on top [2] (kopiasto) **~ naładowany wóz** a fully loaded cart

czubaty adi. [1] (z kępką piór na głowie) [kaczka, kura] crested, tufted [2] (ostro zakończony) [dach, kopiec] pointed, peaked [3] (napełniony) [talerz] heaped-up; [łyżka] heaped; [wóz] fully loaded

czub|ek [I] m pers. (Npl **~ki**) pot., pejor. (idiota) nutcase pot., head case pot.
[II] m inanim. [1] (wierzchołek) tip, top; **~ki palców** the tips of one's fingers/toes; **~ek buta** the tip a. toe of a shoe; **~ek nosa** the tip of one's nose; **~ek głowy** the top of the a. one's head; **~ek drzewa** the top of a tree; **~ek noża** the point of a knife; **chodzić na ~kach palców** to walk on tiptoe [2] (piór) crest; **~ek sójki** a jay's crest
[III] **czubki** plt pot., pejor. (szpital dla chorych psychicznie) nuthouse pot., loony bin pot., obraźl.; **odwieźli go do ~ków** he was taken to a nuthouse; **skończę u ~ków, to pewne** I'll end up in the nuthouse one day, I'm sure of it
■ **po ~ek głowy** from head to toe, from top to toe; **opatulony w koc po ~ek głowy** wrapped from head to toe in a blanket

czubi|ć się impf vi [1] (kłócić się) to bicker, to squabble (**z kimś** with sb); **bracia stale się ~ą** the brothers are always bickering a. squabbling; **ciągle się o coś ~my** we're continually fighting about sth [2] (o ptakach) to peck each other

czuci|e [I] sv → **czuć**
[II] n sgt (the sense of) feeling, sensation; **~e w palcach/nodze** (the) feeling a. (the) sensation in one's fingers/leg
■ **paść** a. **upaść bez ~a** przest. to faint away przest., to swoon przest.

czuciow|y adi. [włókna, komórki] sensory

czu|ć impf [I] vt [1] (doznawać wrażeń zmysłowych) to feel; (węchem) to smell; **~ć głód/pragnienie** to feel hungry/thirsty; **~ć ból** to feel pain; **~ć zapach czegoś** to smell sth; **~ł gorycz w ustach** he felt a bitter taste in his mouth; **~ła, jak jej serce bije** she felt her heart beating; **był cały mokry, ale nie ~ł zimna** he was wet through but he didn't feel the cold; **~ję, że ktoś wbija mi łokieć w plecy** I can feel somebody's elbow poking in my back; **~ła pieczenie powiek** her eyes were smarting; **~jesz, jak pachnie jaśmin?** can you smell jasmine?; **~ję od ciebie alkohol** you smell of alcohol, I can smell alcohol on your breath ⇒ **poczuć** [2] (doznawać uczuć) to feel; **~ć miłość/nienawiść do kogoś** to feel love/hatred towards a. for sb; **~ła, jak wzrasta w niej gniew** she could feel herself swelling with anger; **~ł, że się czerwieni** he felt himself blushing; **ilekroć przejeżdżam przez tę okolicę ~ję wzruszenie** whenever I pass a. I'm passsing through this area, I feel a pang of nostalgia; **nie umiem powiedzieć co tak naprawdę do niego ~ję** I can't really define what I feel for him; **~ć do kogoś żal** to bear a grudge against sb; **~ć wyrzuty sumienia** to have a guilty conscience ⇒ **poczuć** [3] (uświadamiać sobie) to feel; **~ł, że słabo mu idzie** he felt he was doing badly; **~ła, że nie powinna zadawać mu tego pytania** she felt she shouldn't ask him that question; **~ł jej oddech na swoich plecach** he felt her breath on his back; **~łem, że coś jest nie tak z tym tekstem** I had the feeling that something was wrong with the text ⇒ **poczuć** [4] (przeczuwać) to feel, to sense; **~ła nadchodzącą wiosnę** she felt spring coming; **~ję, że nie wyjdzie nam ta rozmowa** I can feel that this conversation isn't going to work out; **nie widziałem go, ~łem tylko jego obecność** I didn't see him, I just felt he was there a. just sensed his presence; **pies ~je zbliżanie się pana** a dog can sense its master approaching ⇒ **poczuć** [5] pot. (rozumieć) to have a feel(ing) (**coś** for sth); **jest świetnym reżyserem i, co ważne, ~je aktorów** he's a fine director and, what's more, he has a feel for actors; **nie może być dobrym rzeźbiarzem, nie ~je formy** he can't be a good sculptor, he has no feel for form; **jej ruchy są sugestywne, ~je taniec** her moves are really expressive, she seems to have a feel for dancing
[II] praed. [1] (śmierdzieć) to smell (**czymś** of sth); **kogoś/coś ~ czymś** sb/sth smells of sth; **~ć ich było wódką/czosnkiem/potem** they smelt of vodka/garlic/sweat; **w kuchni ~ć kapustą/gazem** there's a smell of cabbage/gas in the kitchen; **w pokoju ~ć wilgocią** a. **wilgocią** there's a smell of damp(ness) in the room; **tę rybę/to mięso już ~ć** that fish/meat is beginning to smell [2] przen. (przejawiać cechy) to smell (**czymś** of sth); **~ć go jeszcze**

wojskiem he still smells of the army; **~ć od niego szpiclem na kilometr** you can tell he's a spy

Ⅲ czuć się ① (być w określonym stanie) to feel; **jak się pan ~je?** how are you feeling?; **~ję się dobrze** I'm (feeling) fine; **~ł się nieswojo** he felt ill at ease; **nie ~ję się bezpiecznie na ulicy** I don't feel safe in the street; **~łem się tak, jakby mnie ktoś pobił** I felt as if somebody had beaten me up; **~ł się zażenowany** he felt embarrassed; **~ję się winnym** a. **winny kłótni** I feel as if the argument was my fault ② (mieć świadomość) to feel, to consider; **~ł się dziennikarzem z powołania** he felt he was a journalist with a vocation; **~ła się Polką/artystką** she considered herself (to be) a Pole/an artist

■ **~ć coś do kogoś** to feel something for sb; **już nic do ciebie nie ~ję** I don't feel anything for you any more; **nie ~ć rąk/nóg** not to be able to feel one's arms/legs (*through tiredness*); **~j duch** attention!

czuj *m*

■ **mieć ~a** pot. to have a good nose; **na ~a** pot. by sense a. intuition; **trafię tam na ~a** pot. I'll just follow my nose

czuj|a *f* ① zw. pl (strażnik) sentry, lookout; (zwiadowca) scout; (oddział) reconnaissance party, picket; **rozstawić ~ki** to post lookouts ② Techn. sensor, detector; **~ka pożarowa** a fire detector; **~ka włamaniowa** a burglar alarm

czujnie *adv. grad. [obserwować]* vigilantly, watchfully; **pies ~ nadstawił uszu** the dog pricked up its ears; **spać ~** to be a light sleeper

czujnik *m* ① Techn. sensor, detector; **~ dymu** a smoke detector; **~ przeciwpożarowy** a fire alarm ② Włók. weft feeler

czujnoś|ć *f sgt* vigilance; **wzmożona ~ć** increased vigilance; **~ć wobec nieprzyjaciela** vigilance against the enemy; **podejrzany hałas obudził jego ~ć** a suspicious noise put him on his guard; **uśpić czyjąś ~ć** to cause sb to relax their vigilance

czujn|y *adi. grad.* ① (uważny) vigilant, alert; **~y stróż/pies** a vigilant guard/dog; **wychował się pod ~ym okiem babki** he grew up under the vigilant a. watchful eye of his grandmother; **był ~y na wszystko, co się dookoła niego działo** he was alert to everything that was going on around him; **kelnerzy ~i na każdy gest gościa** waiters watching for a guest's every move ② (wrażliwy) sensitive; **~e ucho** a sharp ear; **mieć ~y sen** to be a light sleeper; **jego ~e nerwy reagowały na każdy hałas** his sensitive a. delicate nerves reacted to every sound

czule *adv. grad. [uśmiechać się, żegnać się]* affectionately, tenderly; **~ kogoś obejmować** to hug sb affectionately; **szeptać do kogoś ~** to whisper to sb affectionately a. tenderly; **~ kogoś wspominać** to remember sb with affection; **~ kogoś pozdrawiać** to give sb one's love; **pogłaskał ją po głowie** he stroked her head affectionately; **nazywali go ~ Jasieńkiem** their pet name for him was Jasieńko

czul|ić się *impf vi* to cuddle, to caress; **dziecko ~iło się do matki** the child cuddled up to its mother; **narzeczeni ~ili się do siebie** the couple were caressing a. fondling each other; (mówiąc do siebie) the couple were billing and cooing

czuł|ek *m* ① zw. pl Biol. tentacle, feeler ② Bot. mimosa

czułost|ka *f zw. pl* endearment zw. pl; **szeptać komuś ~ki** to whisper endearments a. sweet nothings to sb

czułostkowo *adv. [uśmiechać się]* mawkishly, sentimentally

czułostkowoś|ć *f sgt* mawkishness, sentimentality (**czegoś** of sth); **~ć w poezji/sztuce** sentimentality in poetry/art

czułostkow|y *adi. [usposobienie]* maudlin; *[romanse]* mawkish, sentimental

czułościow|y *adi.* **parametry ~e** sensitivity parameters

czułoś|ć Ⅱ *f sgt* ① (uczuciowość) tenderness, affection; **mówić o kimś z ~cią** to speak of sb with affection; **traktował ją z ~cią i atencją** he treated her with tenderness and deference; **posłała mu spojrzenie pełne ~ci** she gave him a glance full of affection; **nie okazywali mu wiele ~ci** they didn't show much affection for him; **nie zaznał nigdy macierzyńskiej ~ci** he was deprived of motherly a. maternal love ② (precyzyjność) sensitivity; **~ć termometru** the sensitivity of a thermometer; **waga laboratoryjna o dużej ~ci** precision laboratory scales ③ Fot. (film) speed

Ⅲ **czułości** *plt* (pieszczoty) caresses; (słowa) endearments; **obsypywać kogoś ~ciami** to shower sb with caresses

czuł|y *adi. grad.* ① (serdeczny) *[kobieta, gest, spojrzenie]* tender, affectionate; **~ła opieka** tender loving care; **przesyłać komuś ~łe pozdrowienia** to send sb one's love a. tender(est) regards; **być ~łym dla** a. **wobec** a. **w stosunku do dzieci** to be tender and loving towards one's children; **szeptać komuś ~łe słówka** to whisper endearments in(to) sb's ear a. to sb; **~ła para** a loving couple; **~ły mąż/syn** a loving husband/son ② (wrażliwy) sensitive (**na coś** to sth); **rośliny ~łe na mróz** plants sensitive to frost; **był ~ły na kobiece łzy** he was sensitive to women's tears; **była niezwykle ~ła na punkcie swojego wyglądu** she was extremely sensitive about her looks; **~ły odbiorca sztuki teatralnej** a sensitive and well-informed theatre-goer; **poezja ta dotyka najczulszych zakamarków duszy** this poetry affects the most sensitive recesses of the soul; **zapach spalenizny podrażnił jego ~łe nozdrza** the smell of burning irritated his sensitive nostrils; **~łe miejsce** a. **~ły punkt** przen. a weak point, a weakness; **ona też na pewno ma jakiś ~ły punkt** she must have some weakness; **znaleźć ~łe miejsca systemu** to discover the weaknesses of a system ③ (precyzyjny) *[termometr, waga]* sensitive; **barwniki ~łe na światło** light-sensitive dyes; **załóż bardziej ~ły film** use a high-speed a. fast film

czupirad|ło *n* pot. fright; scarecrow pot.; **była nie umyta, nie uczesana, istne ~ło** she was unwashed and uncombed – (she looked) a real fright

czupryn|a *f* ① (włosy) mop (of hair), shock of hair ② (głowa) head; nut pot.; **dać komuś po ~ie** to give sb one on the nut

■ **kurzy mu się z ~y** he's tipsy; he's half-cut GB pot.

czupryn|ka *f dem.* (włosy) mop (of hair), shock of hair

czupurnie *adv. grad. [zachowywać się, odzywać się]* truculently, pugnaciously; **odpowiadał ~ na pytania rodziców** he answered his parents' questions in a truculent manner

czupurnoś|ć *f sgt* truculence, pugnaciousness

czupurn|y *adi. grad. [brat, mina]* truculent, pugnacious

czusz|ka *f* ① Bot. red pepper C/U ② sgt Kulin. ≈ cayenne (pepper)

czuwa|ć *impf vi* ① (być czujnym) to be on the alert, to be on the lookout ② (pilnować) to watch (**nad kimś** over sth); to oversee, to supervise (**nad czymś** sth) *[badaniami]*; to stand guard, to keep watch (**przy czymś** at a. over sth) *[bramie, sterze]*; **~ć przy chorym** a. **nad chorym** to watch over a. nurse a sick person; **wojsko ~ nad bezpieczeństwem kraju** the army is responsible for national security; **psy ~ły przy domu** dogs guarded the house; **~ł nad każdym swoim słowem, aby nikogo nie urazić** he was watching every word, so as not to offend anyone; **gospodarz ~a, żeby wszyscy mieli pełne kieliszki** the host makes sure everyone has a full glass; **do obowiązków rodziców należy ~nie nad bezpieczeństwem dzieci** one of the responsibilities of parents is looking after a. to look after their children's safety ③ (nie spać) to stay awake; (czytając, pracując) to stay up; **chciał ~ć do rana, ale zasnął** he wanted to stay awake until morning, but he dropped off; **okresy ~nia i snu** periods of waking and sleeping

Ⅲ **czuwaj!** *inter. form of greeting and farewell used by Polish boy scouts and girl guides*

czuwa|nie Ⅱ *sv* → **czuwać**

Ⅲ *n* ① (całonocne) (all-night) vigil ② sgt (stan urządzenia elektrycznego) stand-by (mode); **przechodzić w stan ~nia** to go into stand-by mode

czw. (= czwartek) Th., Thur(s).

czwartacz|ka *f sgt* Med. quartan malaria

czwart|ek *m* (G ~ku) Thursday; **w przyszły** a. **następny ~ek** next Thursday; **w ubiegły ~ek** last Thursday; **dzisiaj jest ~ek** today's Thursday; **wracam w ~ek** I'll be back on Thursday; **umówiłem się z nim na ~ek** I'm meeting him on Thursday; **spotykamy się co ~ek** we meet every Thursday; **jej wykłady odbywają się w ~ki** her lectures are held a. take place on Thursdays; **zarezerwuj mi nocleg ze środy na ~ek** book a hotel for me for Wednesday night

❑ **tłusty ~ek** the last Thursday of carnival; **Wielki Czwartek** Relig. Holy Thursday, Maundy Thursday

czwartkow|y *adi. [popołudnie, przyjęcie]* Thursday attr.

czwartoklasi|sta *m*, **~stka** *f* (szkoły podstawowej) fourth-year (pupil) GB, fourth-grader US; (szkoły średniej) fourth-former GB, fourth-year (pupil) GB, twelfth-grader US

czwartorzęd m Geol. the Quaternary

czwartorzędn|y adi. [sprawa, problem] trivial, trifling; [malarz, twórca] fourth-rate, mediocre

czwartorzędow|y adi. Quaternary

czwar|ty Ⅰ num. ord. [wiek, urodziny, klasa] fourth; **po ~te** fourthly

Ⅱ adi. [część] fourth

Ⅲ m sgt ① (w datach) the fourth; **przed/po ~tym** before/after the fourth; **do ~tego** up to/before the fourth; **od ~tego** from the fourth; **urodziłem się ~tego listopada 1956 roku** I was born on the fourth of November 1956; **~tego będzie nasza rocznica** we're celebrating our anniversary on the fourth ② Gry fourth (player); **~ty do brydża** a fourth (player) for bridge

Ⅳ **czwarta** f ① sgt (godzina) four o'clock; **była ~ta po południu** it was four p.m. a. four in the afternoon; **była ~ta nad ranem** it was four (o'clock) in the morning; **umówiliśmy się o ~tej** we're meeting at four; **dochodzi ~ta** it's almost four ② (w ułamkach) quarter, fourth; **jedna ~ta** a quarter, one fourth; **trzy ~te** three quarters a. fourths

czworaczk|i plt (G ~ów) quadruplets

czworak m zw. pl przest. living quarters for farm labourers

■ **na ~ach** on all fours

czwora|ki adi. fourfold; **ten mikser ma ~kie zastosowanie** the mixer has four functions; **~kie rozwiązanie zadania** four possible solutions to a problem

czworako adv. in four ways

czwor|o Ⅱ num. mult. four; **mieć ~o rodzeństwa** to have four siblings; **matka z ~giem dzieci** a mother with four children; **dzielić coś na ~o** to divide sth into four parts a. pieces; **składać obrus/chusteczkę na ~o** to fold a tablecloth/handkerchief in four; **pójdziemy tam we ~o** all four of us will go

Ⅱ **czworo-** w wyrazach złożonych quadr(i)-; **czworokanciasty** four-sided, four-edged

■ **zgiąć** a. **skulić się we ~o** to bend double, to stoop (down)

czworoboczn|y adi. [wieża, dziedziniec] four-sided, quadrilateral

czworobok m (G ~u) ① Mat. quadrilateral ② (kształt) square; **uczniowie ustawili się w ~** the pupils formed into a square; **~ budynków** a quadrangle; **~ ulic** a square ③ Wojsk. square

❑ **~ przegubowy** Techn. four-bar linkage

czworokącik m dem. (small) square

czworoką|t m ① Mat. quadrangle ② (kształt) square; **~t budynków** a quadrangle; **~t ulic** a square

czworokątn|y adi. [wieża, dziedziniec] quadrangular

czworono|gi adi. four-legged; **~gi przyjaciel** a four-legged friend

czworonożn|y adi. [ssak, zwierzę] four-legged, quadrupedal

czworon|óg m zw. pl quadruped; **właściciele psów obserwowali harce swoich ~ogów** the dog owners observed the antics of their four-legged charges

czworościan m (G ~u) Mat. tetrahedron; **~ foremny** regular tetrahedron

czwó|ra f augm. środ., Szkol. B; **dostał ~rę z fizyki** he got a B for physics

czwórb|ój m (G ~oju) Sport four-event competition

czwór|ka f ① (liczba) four ② pot. (oznaczenie) (number) four; **mieszka pod ~ką** he lives at number four; **dojeżdża do pracy ~ką** he takes a (bus/tram) number four to get to work; **noszę ~kę** I wear (a) size four a. take a (size) four ③ (grupa) four; **~ka koni** a four-horse team; **dzieci maszerowały ~kami** the children went along in fours; **cała nasza ~ka zdała egzamin** all four of us passed the exam ④ pot. (bieg w samochodzie) fourth; **dodaj gazu i wrzuć ~kę** speed up and change into fourth ⑤ Sport (łódka, załoga) four; **Polska ~ka bobslejowa** the Polish bobsleigh four ⑥ (ocena) B; **dostał ~kę z matematyki/klasówki** he got a B for maths/the test ⑦ Druk. quarto ⑧ (w kartach) **~ka pik/trefl** the four of spades/clubs; **wyjść ~ką** to play a four

❑ **~ka redakcyjna** Wydaw. ≈ acknowledgements page

czwórkow|y adi. ① (złożony z czterech osób lub zwierząt) **drużyna ~a** a four-man team; **zaprzęg ~y** a four-horse team ② Szkol. **~y uczeń** a 'B' student

czwórnasób m książk.

■ **w ~** fourfold

czy Ⅰ part. ① (w pytaniu) **~ pada deszcz?** is it raining?; **~ znasz go?** do you know him?; **~ byłeś kiedyś w Indiach?** have you ever been to India?; **~ widziałeś go wczoraj?** did you see him yesterday?; **~ pójdziesz ze mną do kina?** will you go to the cinema with me?; **~ możesz wyłączyć radio?** can a. could you turn the radio off?; **~ byłby pan łaskaw zamknąć okno?** would you mind closing the window?; **~ście** a. **~ wyście powariowali?** pot. are you out of your mind? pot. ② (w zdaniu złożonym) if, whether; **ciekawe, ~ przyjdą** I wonder if they'll come; **wątpię, ~ on wróci** I doubt if he'll be back; **sprawdź, ~ drzwi są zamknięte na klucz** check to see if the door is locked; **zastanawiam się, ~ pisać do niego, ~ nie** I'm wondering if a. whether I should write to him or not; **nasłuchiwała, ~ dziecko nie płacze** she was listening for sounds of the baby crying

Ⅱ coni. or; **tak ~ nie** yes or no; **prędzej ~ później** sooner or later; **chcesz kawę ~ herbatę?** would you like coffee or tea?; **idziesz z nami ~ zostajesz?** are you coming with us or staying here?; **było ich piętnastu ~ dwudziestu** there were fifteen or twenty of them; **spał, ~ udawał, że śpi** he was asleep, or pretended to be; **zwolniłeś się sam ~ś został zwolniony?** did you resign or were you dismissed?; **~ ..., ~ ...** (zarówno) whether ... or ...; **~ szyje, ~ robi na drutach, zawsze zakłada okulary** whether she's sewing or knitting, she always wears her glasses; **~ to ..., ~ to ...** (bądź) either ... or ...; **~ to autobusem, ~ pociągiem** either by bus or by train; **w taki ~ inny sposób** a. **tak ~ inaczej** one way or the other a. another; **z tego ~ innego powodu** for one rea-

son or another; **ten ~ ów nie dawał wiary jej słowom** there were some (people) who didn't believe her; **~ co** a. **jak** pot. or what?, or something?; **zgłupiałeś ~ co** a. **jak?** are you stupid or what a. something?; **~ co tam jeszcze** pot. or whatever pot.; **pisał pieśni, kwartety, sonaty ~ co tam jeszcze** he wrote songs, quartets, sonatas and whatever else; **~ coś takiego** pot. or something pot.; **poszła na zakupy ~ coś takiego** she went shopping or something; **...., ~ jak mu/jej tam** pot. ...whatever he's/she's called, ...or whatever his/her name is; ...or what d'yer call him/her pot.; **tak ~ inaczej** a. **tak ~ owak** a. **tak ~ tak** a. **tak ~ siak** one way or the other a. another

czyha|ć impf vi ① (czaić się) to lie in wait, to lurk; **tygrys ~ na antylopę** a tiger lies in wait for an antelope; **w parku złodzieje ~ją na przechodniów** robbers lurk in the park, waiting for passers-by; **~ć na czyjeś życie** to be out to kill sb pot. ② (wyczekiwać) to wait, to watch (**na coś** for sth); **tylko ~ła na sposobność, żeby mu dokuczyć** she was just waiting for an opportunity a. a chance to get at him pot.; **~ć na spadek akcji na giełdzie** to wait for a fall in share prices ③ książk. (zagrażać) to await (**na kogoś** sb); **śmierć ~ła na nich na każdym kroku** death lay in wait for them at every turn; **ile pokus ~a na nich w wielkim mieście** how many temptations await them in a big city

czy|j pron. whose; **~ja to książka?** whose book is this?; **~ja teraz kolej?** whose turn is it (now)?; **o ~ich walizkach mówicie?** whose cases are you talking about?; **nie mam pojęcia, ~je to okulary** I've no idea whose glasses they are; **nie pamiętam, z ~jego wiersza pochodzi ten cytat** I don't remember whose poem this quotation comes from

czy|jkolwiek pron. anyone's, (just) anybody's; **niezależnie od ~ichkolwiek poglądów** irrespective of anyone's views; **czy korzystaliście z ~jejkolwiek pomocy?** has anyone helped you?; **~jakolwiek to książka, powinieneś ją oddać** no matter whose book it is a. whoever the book belongs to, you should return it

czy|jś pron. (osoby nieznanej) somebody's, someone's; (cudzy) somebody else's, someone else's; **~jś pomysł/długopis** somebody's a. someone's idea/pen; **usłyszałem ~jś szept** I heard somebody a. someone whispering; **nie będę używać ~jegoś ręcznika** I'm not going to use somebody a. someone else's towel; **nie chcę być ~imś dłużnikiem** I don't want to be in debt to anyone

czyli coni. ① (definiujące) or, that is; **celuloza, ~ błonnik** cellulose, or fibre a. that is, fibre; **„Julia, ~ Nowa Heloiza"** 'Julie: or, The New Eloise' ② (wprowadzające wniosek) which means (that), in other words; **nie poszedł do dentysty, ~ stchórzył** he didn't go to the dentist, ~ in other words a. which means (that) he chickened out pot.; **nie wzięła kluczy, ~ że zostawiła drzwi otwarte** she didn't take her keys, which means she left the door unlocked

czym → **co**

czyn *m* (*G* **~u**) książk. **1** (uczynek) act, deed; **~ chwalebny** a praiseworthy act a. deed; **~y bohaterskie** heroic deeds a. exploits; **pomagać komuś słowem i ~em** to support sb in word and deed; **poprzeć słowa ~em** to back up one's words with action(s) a. deeds; **przejść od słów do ~ów** to put a. translate words into action(s); **osądzać ludzi na podstawie ~ów** to judge people by their actions a. deeds; **liczą się ~y, nie słowa** actions speak louder than words przysł.; **~ zbrojny** armed action **2** (występek) act, offence GB, offense US; **~ karalny** a punishable offence; **dopuścić się haniebnego ~u** to commit a shameful a. despicable act; **popełniać ~y lubieżne** to commit indecent acts; **oskarżony nie przyznaje się do zarzucanych mu ~ów** the defendant doesn't admit to the offences he is charged with; **chłopak dopuścił się karygodnego ~u** the boy committed a reprehensible act; **jest pełnoletni, może odpowiadać za swoje ~y** as an adult he's answerable for his own deeds ❑ **~ społeczny** community action; **drogę zbudowano w ~ie społecznym** the road was built through community action ■ **wprowadzać** a. **wcielać coś w ~** to put sth into action a. practice; **zamienić się w ~** to come true

czynel|e *plt* (*G* **~i**) Muz. cymbals

czy|nić *impf* książk. **I** *vt* **1** (robić) to make, to do; **~nić hałas** to make a noise; **~nić honory domu** to do the honours pot.; **~nić komuś krzywdę** to harm sb, to do sb harm; **~nić postępy** to make progress; **~nić przygotowania do czegoś** to make a. carry out preparations for sth; **~nić spostrzeżenia/uwagi na temat czegoś** to make observations/comments about sth; **~nić z czegoś użytek** to make use of sth; **~nić komuś wstręty** (trudności) to put obstacles in sb's way a. path; (przykrości) to make things uncomfortable for sb; **~nić dla kogoś/czegoś wyjątek** to make an exception for sb/sth; **~nić wrażenie na kimś** to make an impression on sb; **ich przechwałki nie ~niły na niej żadnego wrażenia** their bragging made no impression on her whatsoever; **~nił wrażenie niedorozwiniętego** he seemed retarded a. gave the impression of being retarded; **pałac ~nił wrażenie ruiny** the palace looked like a ruin; **~nić wszystko, co możliwe** to do everything possible a. everything one possibly can; **~nić zamęt** to stir up trouble; **wysiłki ~nione na rzecz pokoju** efforts towards peace; **odsunął się trochę, ~niąc mi miejsce** he moved up a little to make room for me; **nie ~nił tajemnicy ze swych zamiarów** he made no secret of his intentions; **~nili, co mogli** they did what they could; **nie ~ń mu nic złego** don't do him any harm; **przebacz im, Boże, bo nie wiedzą, co ~nią** Bibl. forgive them, Lord, for they know not what they do; **propozycje te ~nią zadość naszym żądaniom** these proposals satisfy our demands; **nie powinnaś mu ~nić próżnych nadziei** you

shouldn't raise his hopes like that; **~nić komuś awanse** przest. to bestow one's attentions a. favours on sb przest.; **~nić cuda** [osoba] to work a. perform miracles także przen.; [lek, kuracja, osoba] to do a. work wonders; **wiara ~i cuda** faith works miracles ⇒ **uczynić 2** (nadawać cechy) to make, to turn [sb/sth] into; to render książk.; **~nić coś bezużytecznym** to render sth useless a. worthless; **kłopoty ~niły go odpornym na trudy życia** his troubles made a. rendered him impervious to life's hardships; **głód ~nił zwierzęta odważnymi** hunger made the animals more daring; **~nili z nich posłuszne sobie narzędzia** they turned them into mere tools in their hands ⇒ **uczynić II** *vi* **1** (postępować) to do; **~nił tak zawsze** he always did that; **słusznie pan ~ni, że dba pan tak o swoje zdrowie** you're quite right to be so health conscious **2** (stanowić) to make; **to ~ni razem dwieście złotych** that makes a. comes to 200 zlotys altogether **III czynić się 1** (stawać się) to become, to get; **wrzask ~nił się coraz donioślejszy** the scream became louder and louder; **~niło się coraz ciemniej** it was getting darker and darker ⇒ **uczynić się 2** (zacząć istnieć) to turn into; **i nagle z kaczki ~ni się królewna** all of a sudden the duck turns into a princess ⇒ **uczynić się** ■ **nie ~ń drugiemu, co tobie niemiło** przysł. do as you would be done by przysł.; treat others as you would like to be treated yourself przysł.

czynieni|e *sv* → **czynić**
■ **mieć do ~a z kimś/czymś** to deal with sb/sth; **trudności, z jakimi mamy do ~a na co dzień** the difficulties we have to face a. deal with on a daily basis; **nie wiedzieliśmy, że mamy do ~a z psychopatą** we didn't realize we were dealing with a psychopath; **jeśli się nie uspokoisz, będziesz miał ze mną do ~a** you'll have me to deal with if you don't behave yourself; **nigdy nie miał do ~a z bronią** he'd never handled a weapon (before)

czynnie *adv.* actively; **~ w czymś uczestniczyć** to participate actively a. to take an active part in sth; **~ wypoczywać** to engage in active recreation; **~ przeciwstawiał się bezprawiu** he actively opposed lawlessness; **zajął się ~ wędkarstwem** he became a keen angler; **opanować język ~** to learn to speak a language; **znać język ~** to be able to speak a language ■ **znieważyć kogoś ~** przest. to assault sb

czynnik *m* **1** (element) factor; **~i klimatyczne** weather conditions; **~i ekonomiczne/polityczne** economic/political factors; **~i istotne w psychoterapii** crucial factors in psychotherapy; **~i warunkujące rozwój dziecka** the factors a. elements determining a child's development; **~i rozwoju danej gałęzi wiedzy** the factors determining the development of a given branch of knowledge; **w inwestowaniu nieodłącznym ~iem jest czas** time is a key factor in investments; **element in investments; ~ rakotwórczy** a carcinogen **2** zw. pl książk. (instytucja) authority zw. pl; **nie ulegli na-**

ciskom ~ów oficjalnych they resisted pressure from the authorities; **~i państwowe** the state authorities; **~i rządowe** governmental bodies a. organizations **3** Mat. factor
❑ **~ chłodniczy** Techn. coolant, cooling agent; **~ etiologiczny** Med. aetiological factor; **~ patogeniczny** a. **patogenny** Med. pathogen(e); **~i abiotyczne** Biol. abiotic factors; **~i autogeniczne** Biol endogenous factors; **~i biotyczne** Biol biotic factors; **~i ektogeniczne** Biol exogenous factors; **~i pierwsze** Mat. prime numbers; **rozłożyć liczbę na ~i pierwsze** to factorize a number; **wspólny ~** Mat. common factor a. divisor
■ **rozłożyć coś na ~i pierwsze** (analizować) to break sth down into its constituent parts; pot., żart. (rozebrać) to strip sth down (to its component parts)

czynnościowo *adv.* **narządy współzależne od siebie ~** functionally interdependent organs

czynnościow|y *adi.* functional; **zaburzenia ~e serca** a functional disorder of the heart; **stany ~e organizmu** the functional states of an organism

czynnoś|ć I *f* **1** (działanie, praca) activity, action *U*; **nauczanie jest ~cią pracochłonną, ale satysfakcjonującą** teaching is a painstaking yet rewarding activity; **kleptoman nie kradnie dla zysku, ale dla samej tej ~ci** a kleptomaniac doesn't steal for profit, but just for the act of stealing; **zwykle wykonywał wiele ~ci naraz** he usually did lots of things at once **2** zw. pl (obowiązek) duty zw. pl; **rada zawiesiła w ~ciach prezesa spółki** the board has suspended the president of the company from his duties; **zaniedbanie ~ci służbowych** neglect of professional duties **3** zw. pl Med. function *C/U*, activity; **~ci serca** heart function(s); **zaburzenia ~ci narządów wewnętrznych** functional disorders of the internal organs; **~ci obronne organizmu** the immune response of an organism
II czynności *plt* (oficjalne działania) action *U*, measures; **~ci przygotowawcze** preparatory action; **rozpoczęły się rutynowe ~ci zmierzające do ustalenia sprawcy** routine measures have been taken to identify the offender; **trwają ~ci policji** a police investigation is under way

czynn|y I *adi. grad.* **1** (aktywny) [osoba] active; [postawa] dynamic, proactive; **~y wypoczynek** an active a. activity holiday; **brać w czymś ~y udział** to take an active part in sth; **przez wiele lat brał ~y udział w działaniach związku** he was an active member of the union for many years; **odgrywał ~ą rolę w organizacji studenckiej** he played an active role in the students' organization; **wycofał się z ~ego życia zawodowego** he's retired from active working life; **okazać komuś ~ą pomoc** to actively support sb; **~a znajomość języka** the ability to speak a language **2** (zajęty) busy; **wszyscy byli ~i, krzątali się** everyone was busy and bustling around **3** Chem. [substancja, pierwiastek] active

II *adi.* [1] (funkcjonujący) *[sklep]* open; *[urządzenie]* working; **telefon jest ~y całą dobę** our lines are open round the clock; **urząd jest ~y od 8.00 do 19.00** the office is open from 8 a.m. to 7 p.m.; **fabryka ~a od 8.00 do 19.00** a factory working from eight a.m. to seven p.m. [2] Geol. active; **~y wulkan** an active volcano; **obszar ~y sejsmicznie** a seismically active area [3] (zawodowo) active; *[lekarz, prawnik]* practising GB, practicing US; **~y żołnierz** a serving a. active soldier; **kobieta ~a zawodowo** a professionally active woman [4] Jęz. *[imiesłów]* active; **strona ~a** the active (voice) [5] Ekon. *[kapitał, bilans]* active ■ **~a zniewaga** przest. assault and battery

czynsz *m* (*G* **~u**) rent; **płacić 400 zł ~u** to pay a rent of 400 zlotys; **zalegać z ~em** to be in arrears with a. on one's rent; **podnieść komuś ~** to raise sb's rent

czynszow|y *adi. [umowa, zaległości]* rent *attr.;* **opłata ~a** rent; **kamienica ~a** a tenement (house)

czyraczność|ć *f sgt* Med furunculosis

czyraczn|y *adi.* Med. furuncular; *[guz, wyprysk]* furunculous

czyrak *m* Med. boil; furuncle spec. ❏ **~ mnogi** Med. carbuncle

czyrakowa|ty *adi.* [1] (podobny do czyraka) *[guzek, narośl]* boil-like; furuncle-like spec. [2] pot. (pokryty czyrakami) *[noga, kark]* boil-ridden pot., boil-infested pot.

czyrakow|y *adi.* Med. *[guzek]* furunculous, furuncular

czyst|ka *f* pot. purge; **~ka w partii/armii** a purge of a. within a party/an army; **~ka etniczna** ethnic cleansing

czy|sto **II** *adv. grad.* [1] (bez brudu) neatly; **~sto utrzymany ogród** a neatly a. nicely kept garden; **w ich małym domku jest ~sto i miło** their small house is clean and pleasant; **droga jest ~sto zamieciona z liści** the road has been swept clean of leaves; **pisz (od razu) na ~sto** write it out (straight away); **przepisać coś na ~sto** to make a clean a. fair copy of sth [2] (bez zniekształceń) *[brzmieć, dźwięczeć]* pure *adi.;* **śpiewać ~sto** to sing a. be in tune; **nadwozie ma modną sylwetkę, zarysowaną lekko i ~sto** the chassis looks stylish with its light, clean lines [3] (bez domieszek) purely; **~sto lazurowe niebo** a clear blue sky; **kostiumy z ~sto wełnianych tkanin** costumes made of pure wool; **mówić ~sto po francusku/angielsku** to speak proper a. correct French/English [4] (uczciwie) *[grać]* fair; *[postępować]* fairly; **rywalizowali ze sobą ~sto** they competed fairly with each other [5] pot. (zupełnie) purely; **to ~sto osobista sprawa** it's a purely personal matter; **działał z ~sto egoistycznych pobudek** he acted out of purely egotistical motives

II do czysta pot. **biuro wymiecione do ~sta** an office swept clean; **udało się jej doprać do ~sta poplamioną bluzkę** she managed to get the stained blouse completely clean; **miska z zupą była wyjedzona do ~sta** the soup dish was completely emptied ■ **wyjść na ~sto** to break even; **zarabiać na ~sto dwa tysiące dolarów** pot. to earn

---

$2,000 clear a. a clear $2,000; **ile wychodzi wam na ~sto?** pot. how much do you clear?

czystopis *m* (*G* **~u**) fair copy

czystoś|ć *f sgt* [1] (brak zanieczyszczeń) cleanness, cleanliness; **wzorowa ~ć** high standards of cleanliness; **dbać o ~ć** to have high standards of cleanliness; **utrzymywać ~ć w pokoju** a. **pokój w ~ci** to keep a room clean; **utrzymywać w kuchni wzorową ~ć** to keep the kitchen spick and span; **~ć w pociągach podmiejskich pozostawia wiele do życzenia** standards of cleanliness on suburban trains leave a lot to be desired; **podłogi lśnią ~cią** the floors are shining clean; **koszula/obrus nie pierwszej ~ci** a none too clean shirt/cloth; **środki ~ci** household detergents a. cleansing agents; **kot nauczony ~ci** a clean a. house-trained cat [2] (brak zniekształceń) purity, pureness; **~ć stylu/dźwięku/głosu** purity of style/sound/voice [3] (brak domieszek) purity; **~ć języka** purity of language; **~ć roztworu** the purity of a solution [4] (uczciwość) fairness, integrity; **~ć moralna** moral integrity; **~ć gry** fair play; **wątpiła w ~ć jego intencji** she had doubts about the purity of his intentions [5] książk. (powściągliwość płciowa) chastity, purity; **śluby ~ci** vows of chastity; **żyć w ~ci** to live in chastity

czy|sty **II** *adi. grad.* [1] (niezabrudzony) *[koszula, paznokcie, woda, powietrze]* clean; **dzieciaki są już ~ste i nakarmione** the kids are already washed and fed; **kot to bardzo ~ste zwierzę** cats are very clean animals; **nie mam zbyt ~stej pracy** I don't have a very clean job [2] (dźwięczny) *[głos, dźwięk, śmiech]* pure [3] (bez obcych wpływów) pure; **koń ~stej krwi arabskiej** a pure Arab horse; **~sty gotyk/romantyzm** pure Gothic/Romanticism; **mówić ~stą angielszczyzną** to speak perfect English [4] (wyraźny) *[niebo, kolor]* clear, pure; **~sty dzień/poranek** a clear day/morning; **~sty miętowy zapach** a pure mint smell; **suknia o eleganckiej, ~stej linii** a dress with elegant, clean lines; **patrzył na jej twarz o ~stym rysunku** he studied the clean a. classic lines of her face; **~ste powietrze umożliwiało daleką widoczność** the clear atmosphere made for excellent visibility [5] (uczciwy) *[pobudki, zamiary, myśli]* pure; *[gra]* fair; *[walka]* fair, clean; **był człowiekiem nieskazitelnie ~stym** he was a man of spotless reputation; **prowadzić ~stą grę** to play fair; **~sty jak łza** a. **kryształ** as honest as the day is long [6] pot. (nieobciążony podejrzeniami) clean pot.; **on jest ~sty, policja nic na niego nie ma** he's clean, the police haven't got anything on him; **najbezpieczniej zanieść towar do jego mieszkania, jest ~ste** the best bet would be to take the stuff to his place, it's safe there [7] pot. (oczywisty) sheer, pure; **~sty nonsens** sheer a. pure nonsense; **przez ~sty przypadek** by pure chance a. sheer accident; **~sty wariat** a complete a. total nutter pot.; **w tej sytuacji to ~ste szaleństwo** with things as they are, it's sheer a. pure madness; **poszedł tam z ~stej cieka-**

---

wości he went there out of sheer curiosity [8] książk. *[kobieta]* chaste, pure **III** *adi.* [1] (bez domieszek) *[wełna, jedwab, żelazo]* pure; **~sta wódka** pure vodka; **spirytus ~sty chemicznie** chemically pure alcohol; **poproszę szklankę ~stej wody** just a glass of (plain) water, please [2] (niezapisany) blank; **~sta dyskietka/kaseta** a blank disk/cassette; **~sty formularz** a blank form; **~sty papier** a clean a. blank sheet of paper [3] *[filozofia, nauka, sztuka, poezja]* pure [4] (niezadłużony) **hipoteka na dom jest ~sta** there are no outstanding debts on the property

III czysta *f* pot. (wódka) (pure) vodka ❏ **~sty dochód** net income; **~sty zysk** clear a. net profit ■ **~stej wody** of the first order a. water; **mieć ~stą hipotekę** pot. to have a clean record; **mieć ~ste ręce** to have clean hands; **mieć ~ste sumienie** to have a clear conscience

czyściciel *m* (*Gpl* **~i**) [1] (zajmujący się czyszczeniem) cleaner; **~ obuwia** a. **butów** a shoeshiner [2] (kastrator) gelder

czyściciel|ka *f* (woman) cleaner

czy|ścić *impf* **II** *vt* [1] (usuwać brud) to clean; **~ścić zęby** to clean a. brush one's teeth; **~ścić buty do połysku** to polish one's shoes; **~ścić dywan odkurzaczem** to vacuum a carpet; **~ścić coś chemicznie** a. **na sucho** to dry-clean sth; **ten dywan trudno się ~ści** this carpet doesn't clean well ⇒ **wyczyścić** [2] Wet. to geld

II *v imp.* Med. **~ści ją/go** she's/he's got diarrhoea; **leki ~szczące** laxatives ⇒ **przeczyścić**

III czyścić się (doprowadzać się do czystości) to clean (oneself) up; **po przyjściu do domu ~ścił się z błota** when he got home he cleaned the mud off (himself)

czyś|ciec *m* [1] *sgt* Relig. purgatory; **modlitwa za dusze w ~ćcu** a prayer for the souls of those in purgatory [2] *sgt* przen. hell, purgatory; **od lat przechodził ~ciec w małżeństwie** for years he'd been going through hell in his marriage; **przechodziła ~ciec za życia** her life was a living hell; **wojenny ~ciec** the hell of war [3] Bot. stachys

czyścio|ch *m* (**~szek** *dem.*) pot. stickler for cleanliness pot.

czyścio|cha *f* pot. [1] (kobieta dbająca o czystość) stickler for cleanliness pot. [2] (wódka) (pure) vodka

czyściosz|ka *f* pieszcz., pot. stickler for cleanliness pot.

czyściut|ki, ~eńki *adi.* (nice and) clean; **miała pokoik mały, ale jasny i zawsze ~ki** her room was small, but bright and always sparkling clean a. spotlessly clean

czyściut|ko, ~eńko *adv.* cleanly; **~ko ubrane dziecko** a child in nice clean clothes; **~ko wysprzątana piwnica** a spotlessly clean basement a. cellar

czyśćcow|y *adi. [męka, kara, ogień]* purgatorial; **dusze ~e** the souls in purgatory

czyt. (= czytaj) pronounced; **F. Liszt (~ list)** Franz Liszt (pronounced list)

czyta|ć *impf* **II** *vt* [1] (zapoznawać się z treścią tekstu) to read *[książkę, gazetę, wiersze, list]*; **ona dużo ~** she reads a lot; **lubię ~ć**

wieczorami I like to read in the evening(s); **powieści tego pisarza chyba nikt nie ~** I don't think anyone reads this author a. this author's novels; **~łem gdzieś, że...** I read somewhere that...; **chyba ~łam coś o tym** I think I've read something about that; **~ć głośno/płynnie** to read loudly/fluently; **~ć na głos** to read aloud, to read out loud; **~ć w myśli** to read to oneself; **~ć od deski do deski** to read [sth] from cover to cover; **tę książkę łatwo/przyjemnie się ~** it's an easy/a pleasant (book to) read; **to się ~ jak dobrą powieść** it reads like a good novel; **to nie daje się ~ć** it's unreadable; **na wsi ~ się o wiele mniej niż w mieście** people read much less in the country than in the city; **~ło się o tym nieraz** there's been a lot in the press about it; **to słowo inaczej się ~ po angielsku** you pronounce a. say this word differently in English; **~nie książek** reading books, book-reading; **nie mam nic do ~nia** I don't have anything to read; **pożycz mi coś do ~nia** lend me sth to read ⇒ **przeczytać** [2] (interpretować znaki, symbole) to read; **~ć nuty** to read music; **~ć schemat elektroniczny** to read a circuit diagram; **~ć ślady zwierzęcia** to read the tracks of an animal; **~ć przyszłość** to read the future; **~ć przyszłość z ludzkiej dłoni** to read palms [3] Komput. to read *[dyskietkę, program]*

II *vi* (rozpoznawać zapisane słowa) to (be able to) read; **kiedy dzieci zaczynają ~ć?** when do children start to read?; **nasz czteroletni syn już ~** our four-year-old son can

already read; **nauka ~nia** (uczenie się) learning to read; (nauczanie) reading lessons ■ **~ć w czyichś myślach** to read sb's thoughts, to read sb's mind; **~ć w czyichś oczach** to read [sth] in sb's eyes; **~ć w czyimś sercu** to see into sb's heart; **~ć między wierszami** to read between the lines; **książka/czasopismo jest w ~niu** (w bibliotece) the book/journal is out a. in use

czytad|ło *n* pejor. easy read; trashy novel pejor.

czyta|nie II *sv* → **czytać**

III *n* [1] (w parlamencie) reading [2] (mszalne) reading

czytan|ka *f* [1] (w podręczniku szkolnym) short reading text, (children's) short story [2] (książka, podręcznik) (children's) storybook, (children's) reader

czytankowo *adv.* *[przedstawiać]* as simply as possible

czytankow|y *[bohater]* storybook *attr.*

czytelni|a *f* (*Gpl* ~) reading room; **~a naukowa** an academic reading room; **~a prasy** a newspaper reading room; **~a dla dzieci** a children's reading room

czytelnian|y *adi.* reading room *attr.*

czytelnictw|o *n sgt* książk. reading; **wzrost ~a gazet** an increase in newspaper readership

czytelnicz|y *adi.* reader's; **klub ~y** a reading a. readers' club; **romanse cieszą się niemałą poczytnością w kręgach ~ych** love stories are quite popular with a. among readers

czytelnie *adv. grad.* [1] (wyraźnie) *[pisać]* legibly; **podpisać się ~** to sign one's name

legibly [2] (jasno) clearly; **~ sformułowane prawa** clearly defined rights

czytelni|k *m*, **~czka** *f* reader; (w bibliotece) member; **~cy Szekspira** Shakespeare readers; **chociaż to mała biblioteka, mamy wielu ~ków** although it's a small library, we have a large membership

czytelnoś|ć *f sgt* [1] (pisma) legibility, readability [2] (aluzji, tekstu) clearness, clarity

czyteln|y *adi. grad.* [1] *[pismo, napis]* legible, readable; **~y podpis** a legible signature [2] przen. *[strategia, system]* clear

czytnik *f* Techn. reader; **~ mikrofilmów** a microfilm reader, a microreader; **~ kart magnetycznych** a magnetic card reader; **~ kodu paskowego** a light pen

czyt|ywać *impf vt* to read; **nie ~uję tej gazety** I don't read that (news)paper; **lubiła ~ywać powieści detektywistyczne** she liked reading detective novels

czyż[1] *part.* książk. **~ to nie piękny widok?** isn't that a magnificent view?; **~ można było przyglądać się temu obojętnie?** how could one possibly look on with indifference?; **~ mało miała powodów do rozpaczy?** she had plenty of cause for despair; **~byście już o tym zapomnieli?** (surely) you can't have forgotten about it?!

czyż[2], **~yk** *m* Zool. siskin

czyżby książk. **II** *part.* **~ to był nieszczęśliwy zbieg okoliczności?** could it really have been an unfortunate coincidence?; **~ się myliła?** could she really be wrong?; **~śmy się spóźnili?** are we really late?

III *inter.* iron. oh, really? iron., is that so? iron.

Ć

ćma *f* [1] (*Gpl* **ciem**) (motyl) moth [2] *sgt* książk. (duża liczba) horde; **~ ludzi** a horde of people; **~ komarów** a swarm of gnats a. mosquitoes [3] *sgt* książk. (ciemność) darkness; **przedwieczorna ~** twilight, dusk; **~ nocy** the dead of night

ćmiąc|y [I] *pa* → **ćmić**
[II] *adi. [ból]* nagging

ćmi|ć *impf* [I] *vt* (palić) to smoke *[papierosa, fajkę]*
[II] *vi* [1] (tlić się) *[papieros, ognisko]* to glow; *[lampa, gwiazdy]* to glimmer; **~ące ogniki papierosów** glowing cigarettes; **światła ~ły słabym blaskiem** the lights glimmered faintly [2] (pobolewać) to nag; **ten ząb ~ mnie od dwóch dni** my tooth has been nagging me for two days; **~ mnie dzisiaj w głowie** I've got a slight a. this dull headache
[III] **ćmić się** (żarzyć się) *[papieros, ognisko]* to smoulder GB, to smolder US, to glow; *[lampa]* to glimmer
■ **~ mi/jej się w oczach** a. **głowie** I feel/she feels a. I'm feeling/she's feeling dizzy; **oczy ~ą mi/jej się łzami** my/her eyes are blurred with tears

ćpa|ć *impf* pot. [I] *vt* (jeść żarłocznie) to wolf (down), to gobble (up); **przestań tak ~ć** stop gobbling your food like that
[II] *vi* (używać narkotyków) to do drugs pot.; to be on drugs; **od kiedy ~sz?** how long have you been on drugs?; **~nie** drug-taking

ćpun *m* (*Npl* **~y**) pot., pejor. junkie pot., druggy pot.

ćw., ćwicz. (= ćwiczenie)

ćwiart|ka *f* [1] (czwarta część) quarter; **~ka chleba/arbuza** a quarter of a loaf/melon; **~ka masła** a quarter of a kilo of butter; **~ka świniaka** a quarter of a pig; **podzielić coś na ~ki** to divide sth into quarters; **złożyć papier w ~kę** to fold a sheet of paper in four [2] pot. (wódki) (small) bottle of vodka (*250 ml*); **postawiła ~kę na stole** she put a small bottle of vodka on the table; **wypił ~kę czystej** he drank a small bottle of (pure) vodka [3] Muz. crotchet GB, quarter note US [4] Druk. quarto

ćwiart|ować *impf vt* [1] to cut up (into quarters) *[mięso]*; to cut up (into pieces) *[ofiary]* ⇒ **poćwiartować** [2] Hist. to quarter *[zbrodniarzy, zdrajców]* ⇒ **poćwiartować**

ćwiartuch|na *f* pot., żart. small bottle of vodka

ćwiczebn|y *adi.* [1] (będący ćwiczeniem) training *attr.*; **rejs/lot ~y** a dummy run [2] (do ćwiczeń) exercise *attr.*, training *attr.*; **granat ~y** a dummy a. training grenade; **samolot ~y** a training plane; **teren ~y** an exercise area

ćwicze|nie [I] *sv* → **ćwiczyć**
[II] *n* [1] *zw. pl* (gimnastyczne, jogi) exercise; **~nia fizyczne** physical exercise(s); **~nia na mięśnie brzucha** exercises for the stomach muscles; **~nia na drążku/poręczach** horizontal bar/parallel bar exercises; **grać ~nia pięciopalcowe** to play five-finger exercises [2] (w nauce) exercise; **~nie z angielskiego/polskiego** an English/a Polish exercise
[III] **ćwiczenia** *plt* [1] (na uniwersytecie) (university) class; **~nia z historii literatury/z logiki/z ekonomii** a history of literature/a logic/an economics class [2] (wojskowe) exercises, manoeuvres GB, maneuvers US; (obrony przeciwlotniczej) exercises; (obrony cywilnej) drills, exercises; **~nia w terenie** field exercises

ćwiczeniow|y *adi.* exercise *attr.*; **plac ~y** an exercise ground; **podręcznik ~y** an exercise book; **zeszyt ~y** a workbook; **zestaw ~y** a set of exercises; **materiał ~y** practice material

ćwicz|yć *impf* [I] *vt* [1] (kształcić, doskonalić) to train *[dzieci]*; to train, to drill *[żołnierzy]*; to train, to exercise *[umysł]*; **~yć pamięć** to train one's memory; **~yć sprawność fizyczną organizmu** to exercise the a. one's body; **~yć jakąś umiejętność** to practise a skill; **~yć żołnierzy w strzelaniu** to give soldiers training in shooting ⇒ **wyćwiczyć** [2] (trenować) to practise GB, to practice US; **~yć biegi** to practise running; **~yć gamy** to practise the a. one's scales; **~yć rzut dyskiem** to practise discus throwing a. the discus ⇒ **poćwiczyć** [3] pot. (być wymagającym) *[profesor, szef]* to keep [sb] on their toes *[asystentów, podwładnych]*; (traktować surowo) *[podoficerowie]* to put [sb] through it a. the mill pot. *[szeregowców]* [4] przest. (bić) to beat, to whip; **~yć kogoś batem/rózgą** to beat sb with a whip/birch (rod); **~yć konia batem** to lash a. whip a horse ⇒ **oćwiczyć**
[II] *vi* (gimnastykować się) to (take) exercise, to work out; **codziennie rano ~ę dziesięć minut** I exercise a. do exercises for ten minutes every morning; **~yli w a. na sali gimnastycznej** they were working out in the gym ⇒ **poćwiczyć**
[III] **ćwiczyć się** to practise GB, to practice US (w czymś sth); **~yć się w szermierce/we francuskim** to practise fencing/one's French

ćwiecz|ek *m dem.* small nail, tack
■ **za króla Ćwieczka** once upon a time, a long time ago; **działo się to za króla Ćwieczka** this happened long (long) ago; **stosować metody z czasów króla Ćwieczka** to use medieval methods pot.

ćwiek *m* [1] (gwóźdź) clout nail; (do butów) hobnail [2] (nit) stud; **kurtka nabijana ~ami** a studded jacket
■ **mieć ~a (w głowie)** pot. not to be able to get sth out of one's mind; **wybić komuś ~a z głowy** pot. to get sb to stop thinking about sth; **zabić komuś ~a (w głowę)** pot. to set sb thinking; to get sb worried pot.

ćwiek|ować *impf vt* [1] (wbijać ćwieki) to nail *[obcasy]*; to stud *[pas, kurtkę]* [2] Budow. to stud; **~ować mur kamykami/szkłem** to stud a wall with pebbles/glass

ćwier|ć [I] *f* quarter; **podzielił jabłko na ~ci** he cut the apple into quarters; **panował w ostatniej ~ci XI wieku** he reigned in the last quarter of the eleventh century
[II] *num. inv.* quarter; **~ć chleba** a quarter of a loaf; **~ć szklanki mleka** a quarter of a glass of milk; **kup ~ć kilo cukru** buy a quarter of a kilo of sugar; **fundację założyli przed ~ć wiekiem** the foundation was established twenty five years ago
[III] **ćwierć-** w wyrazach złożonych quarter-; **ćwierćlitrowa butelka** a quarter-litre bottle
■ **wyglądać jak trzy ~ci do śmierci** żart. to look like death warmed up pot., żart.; **brakuje jej/mu trzy ~ci do śmierci** she/he looks like death warmed up

ćwierćfinali|sta *m*, **~stka** *f* quarter-finalist

ćwierćfina|ł *m* (*G* **~łu**) (the) quarter-final(s); **~ł hokeja na lodzie** the ice hockey quarter-finals

ćwierćfinałow|y *adi. [mecz, spotkanie]* quarter-final *attr.*

ćwierćinteligenc|ki *adi.* pejor. lowbrow pejor.

ćwierćinteligen|t *m*, **~tka** *f* obraźl. pea-brain pot., lamebrain pot.

ćwierćnut|a *f* Muz. crotchet GB, quarter note US

ćwierćnutow|y *adi.* crotchet *attr.* GB, quarter note *attr.* US

ćwierćwiecz|e *n* quarter of a century; **rozwój miasta nastąpił w drugim ~u XVII stulecia** the town developed in the second quarter of the seventeenth century; **obchodzono wtedy ~e panowania króla** the king's silver jubilee was being celebrated at the time

ćwierk *m sgt* (*G* **~u**) chirrup(ing), tweeting; (wróbli) chirp(ing), twitter(ing)

ćwierkać[1] *impf* → **ćwierknąć**

ćwierka|ć[2] *impf vi [dzieci, młode kobiety]* to twitter (away), to chirp; **nie ~j mi nad uchem!** stop twittering in my ear!; **wczoraj się kłóciły, a dzisiaj ~ją do siebie** yesterday they quarrelled, and today they're cooing to each other

ćwierkliw|y *adi.* [1] (często ćwierkający) chirpy [2] (o dźwięku) chirping, twittering

ćwierk|nąć *pf* — **ćwierk|ać**[1] *impf* (**~nęła, ~nęli — ~am**) *vi [ptaki]* to chirp, to chirrup, to twitter; *[świerszcze]* to chirp; **~anie wróbla** the chirping of a sparrow

■ **(wszystkie) wróble ~ają o czymś** everyone's talking about sth; **wszystkie wróble w mieście ~ają o czymś** the whole town's talking about sth; **wróble ~ają o dymisji premiera** word has it (that) a. the word is (that) the prime minister is about to resign

ćwierknię|cie *n* (pojedynczy dźwięk) chirp, tweet

ćwik|ła *f sgt* Kulin. *grated cold beetroot, usually prepared with horseradish*

ćwir *inter.* (o ptakach) chirp!, tweet!; (o owadach) chirp!; **~, ~ zaćwierkał wróbel** tweet-tweet, chirped a sparrow

ćwok *m* (*Npl* **~i**) pot., obraźl. berk GB pot., obraźl., (stupid) oaf pot., obraźl.; **wiejski ~** a country bumpkin pejor., a hick US pot., pejor.

D

D, d *n inv.* [1] (litera) D, d [2] (w numeracji) D, d [3] Muz. D; **D-dur** D major; **d-moll** D minor; **sonata d-moll** a sonata in D minor; [4] **d...** euf. bum GB pot., butt US pot.; **pocałuj mnie w d...** kiss my bum a. arse GB wulg. a. ass US wulg.

D (cyfra rzymska) D

dach *m* (*G* ~**u**) [1] (budynku, pojazdu) roof; ~ **blaszany** a. **z blachy** a tin roof; ~ **słomiany** a. **ze słomy** a thatched roof; **pokój pod ~em** an attic room; **samochód z otwieranym ~em** a convertible (car); **wejść na** ~ to get a. go onto the roof; **spaść z ~u** to fall off a roof; ~ **przecieka** the roof's leaking; **dzieci bawiły się pod ~em** the children were playing indoors; **w ciągu paru miesięcy budynek stanął pod ~em** in the course of a couple of months, the building was roofed over [2] *sgt* przen. (sklepienie) roof, canopy; **siedzieliśmy pod ~em z gałęzi drzew** we were sitting under a canopy of trees; ~ **świata** the roof of the world [3] przen. (dom) roof; **mieć** ~ **nad głową** to have a roof over one's head; **nie mieć ~u nad głową** to have no roof over one's head, to be homeless; **stracić** ~ **nad głową** to be without a roof over one's head, to lose one's home; **mieszkać pod jednym** a. **wspólnym ~em** to live under one a. the same roof; **przyjąć kogoś pod swój** ~ to take sb in; **przybyć pod czyjś** ~ to arrive at sb's place; **pierwsze tygodnie za granicą spędził pod ~em przyjaciela** he spent his first weeks abroad at a friend's place

❑ ~ **czterospadowy** Budow. hip(ped) roof; ~ **dwuspadowy** Budow. gable roof; ~ **mansardowy** Archit. mansard (roof) GB, gambrel (roof) US; ~ **naczółkowy** Budow. hipped-gable roof, jerkin head roof; **dach jednospadowy** Budow. pent roof; ~ **siodłowy** Budow. saddle roof, saddleback (roof)

dach|ować *pf, impf vi* (o samochodzie) to overturn; **stracił panowanie nad kierownicą i samochód ~ował** he lost control of the steering and the car overturned; **mieć ~owanie** to overturn a car

dachow|iec *m* żart. alley cat

dachow|y *adi.* [konstrukcja, roboty] roof *attr.*; **bagażnik ~y** a roof rack; **okno ~e** a skylight; **pokrycie ~e** roofing; **wiązanie ~e** a roof structure

dachów|ka *f* (pojedyncza) roof tile; (pokrycie) roof tiling *U*; **dom był kryty czerwoną ~ką** the house was roofed with red tiles, the house had a red-tiled roof

❑ ~**ka holenderska** Budow. pantile; ~**ka rzymska** Budow. Roman tile

dacz|a *f* (*Gpl* ~**y**) dacha, datcha

da|ć *pf* — **da|wać** *impf* (**dam** — **daję**) 🔲 *vt* [1] (przekazać, darować) to give; **dać komuś coś** to give sth to sb, to give sb sth; **dać napiwek** to give a tip; **dać zaliczkę** to leave a. put down a deposit; **na urodziny rodzice dali mi encyklopedię** my parents gave me an encyclopedia for my birthday; **dała mi to zdjęcie na pamiątkę** she gave me this photo as a memento; **dał nam paczkę dla ojca** he gave us a parcel for Father a. our father; **prosiłam, ale nie dał mi ani grosza** I asked him, but he didn't give me a penny; **w zamian za pocztówki dał mi serię znaczków** in exchange for the postcards he gave me a series of stamps; **dużo/wszystko bym dał za pewność, że sprawa zostanie załatwiona** I'd give a lot/anything to be sure that things will be settled okay; **dać z siebie wszystko** to do one's utmost, to give one's all [2] (podać) to give, to pass; **daj mi rękę** give me your hand; **daj (mi) gazetę/nożyczki/sól** pass (me) the newspaper/scissors/salt; **daj mi chleb** (całość) pass (me) the loaf, will you?; **daj mi chleba** (trochę) pass me some bread, will you?; **lekarz dał mi antybiotyki** pot. the doctor gave me some antibiotics; **dać komuś zastrzyk** pot. to give sb an injection; **dajcie mi tu Malinowskiego** pot. get Malinowski in here pot.; **daj mi ojca do telefonu** pot. put your father on, will you? pot.; **dawać przykłady** to give examples [3] (udostępnić) to give; **dać komuś swój adres/telefon** to give sb one's address/phone number; **dać komuś kwaterę** to give sb a room; **dać komuś nocleg** to give sb a room for the night; **ojciec dał mi samochód na cały dzień** Dad let me have the car for the whole day; **dać komuś jeść/pić** to give sb something to eat/drink [4] (umożliwić) to give; **dać komuś okazję do czegoś** to give sb a chance a. opportunity to do sth; **dać komuś pracę** to give sb a job; **studia dają możliwość lepszej pracy** higher education gives you the chance of a better job; **to stanowisko daje pewne przywileje** the post gives you a. offers certain privileges; **jej zachowanie dało powód do wielu plotek** her behaviour gave rise to many rumours; **festiwal daje (artystom) okazję wybicia się** the festival gives artists the chance to make a name for themselves; **biegacz nie dał szans rywalom** the runner didn't give his rivals a chance; **dałem jej czas do namysłu** I gave

her some time to think it over; **dane mi było współpracować z wielkimi aktorami** książk. I had the opportunity of working with some outstanding actors; **nie dane mu było zaznać spokoju** książk. he was never to know peace [5] (udzielić) give; **dać komuś awans/rozwód** to give sb (a) promotion/a divorce; **dać komuś błogosławieństwo** to bless sb, to give sb one's blessing; **dać komuś dymisję** to dismiss sb; **dawać lekcje/korepetycje** to give (private) lessons a. tuition; **dać komuś naganę** to reprimand sb; **dać komuś odpowiedź** to give sb one's a. an answer; **muszę dać odpowiedź w ciągu trzech dni** I have to give my answer within three days; **dać komuś ślub** to marry sb; **sędzia dał im łagodny wyrok** the judge gave them a light sentence; **dać komuś imię/przezwisko** to give sb a name/nickname; **dać dziecku (na) imię Edward** to give a child the name (of) Edward [6] (oddać) to take; **dać bieliznę pościelową do pralni** to take a. send the bed linen to the laundry; **dać buty do szewca** to take one's shoes to the cobbler's a. a shoe repair shop; **dać samochód do warsztatu** to take one's car to a garage; **dać ogłoszenie do prasy** to put an advert in the paper; **dać dziecko do prywatnej szkoły** pot. to send a child to a private school; **nie dam dziadka do domu starców** pot. I won't put Grandad in a. send Grandad to an old people's home [7] (przynieść) to give, to bring [rezultat, wynik]; **dać zysk** to yield a. bring in a profit; **leczenie nie dało efektu** the treatment didn't produce the desired effect; **dawać komuś przyjemność** to give sb pleasure; **praca z dziećmi dała jej dużo satysfakcji** working with children gave her a lot of satisfaction; **dać komuś wiedzę/wyobrażenie o czymś** to give sb knowledge/an idea of sth; **dwa plus dwa daje cztery** two plus two makes a. equals four; **to nic nie daje** that's no use a. good; **dyskusja z nim nic nie da** talking to him won't do any good [8] (wystąpić) to give [koncert, wykład, przedstawienie]; **dać pokaz** a. **popis czegoś** przen. to give a demonstration a. display of sth; **piłkarze dali pokaz nieudolności** the footballers gave a display of incompetence [9] (ocenić) to give; **nauczyciel religii dawał nam same dobre stopnie** the religion teacher gave us all good marks; **za referat daję ci szóstkę** I'm giving you an A for your talk in class; **za ten skok sędziowie nie dadzą jej dużo punktów** the judges won't give her many points for that jump; **jurorzy jedno-myślnie dali mu pierwszą lokatę** the judges unanimously awarded him first place [10] (wytworzyć) to give, to produce; **krowy dają mleko** cows give milk; **ogień daje dużo ciepła** fire gives out a. off a lot of heat; **drzewo dawało przyjemny cień** the tree gave us some pleasant shade [11] (umieścić) to put; **tu damy stół, a tam fotel** we'll put the table here and the armchair there; **spis treści damy na początku** we'll put the table of contents at the front; **na dno garnka dajemy trochę oleju** we put a little oil in the bottom of the saucepan [12] pot. (sprzedać) to sell; **sklepikarka daje mi na kredyt** the shopkeeper sells me things on credit; **w tym sklepie dają telewizory na raty** in this shop you can get TV sets on hire purchase [13] (przesunąć) to move; **dać dźwignię do przodu/tyłu** to move a lever forwards/backwards; **daj trochę w tył** move (it) back a bit; **dał krok do przodu** he took a step forward [14] pot. (zapłacić) to give, to pay; **ile dałaś za ten płaszcz?** how much did you give a. pay for that coat?; **dałeś za to więcej, niż było warte** you gave a. paid more for it than it was worth; **dają mu krocie za każdy obraz** he gets a fortune for every painting; **dać komuś łapówkę** to bribe sb, to give sb a bribe; **kto da więcej?** (w licytacji) any advance on that?

II vi [1] (pozwolić) to let, to allow; **dać komuś coś zrobić** to let sb do sth, to allow sb to do sth; **pies nie dał mi wejść** the dog wouldn't let me in; **rodzice nie dali mi głośno słuchać muzyki** my parents didn't allow me to listen to loud music; **nie przerywaj, daj mi powiedzieć do końca** stop interrupting and let me finish what I'm saying; **dał się prowadzić jak dziecko** he allowed himself to be led like a child; **a ja, idiota, dałem im się oszukać** and I, like an idiot, let them trick me; **jest ambitna i nie daje sobą kierować** she's ambitious and won't let anyone control her; **dała sobie obciąć/ufarbować włosy** she had her hair cut/dyed [2] (uderzyć) to give [sb] one pot.; **dać komuś w twarz** to give sb one in the face; **nie wytrzymał i dał mu w zęby** he lost his patience and gave him one in the teeth; **jak to jeszcze raz ruszysz, dam ci po łapach** if you touch that again, I'll rap your knuckles [3] posp. (o kobiecie) (odbyć stosunek) to sleep (**komuś** with sb); to give oneself przest. (**komuś** to sb); **dała mu/nie dała mu** he had it off/didn't have it off with her GB wulg.; **daje, komu popadnie** she sleeps around a lot pot.

III dać się — dawać się pot. [1] (można) to be possible; **drzwi nie dają się otworzyć** the door won't open; **tego nie da się przewidzieć** that's impossible to predict; **tego nie da się wyjaśnić** it can't be explained; **w oddali dał się słyszeć warkot samochodu** the throbbing of a car's engine could be heard in the distance; **ile się da** as much/many as possible; **robić/jeść co się da** to do/eat what one can; **musimy uciekać, gdzie się da** we'll have to escape wherever we can; **zadzwoń**

do mnie, jak się da give me a call if you can; **jak tylko się da, to przyjadę** if it's at all possible, I'll come; **dokuczali jej jak się (tylko) da** they annoyed her in every possible way; **da się zrobić** it can be done; **czemu ma się nie dać?** why shouldn't it be possible? [2] (poddać się) **nie daj/dajcie się** don't give in a. up

IV daj inter. (here,) let; **daj, pomogę ci** here, let me help you; **daj, pozmywam/ posprzątam** here, I'll wash up/clean up

■ **dałbym jej 40 lat** I'd say she was 40; **dać komuś lekcję** a. **nauczkę** to teach sb a lesson; **dać nogę** a. **drapaka** a. **dyla** pot. to leg it pot., to do a runner pot.; **dać nura** a. **nurka** pot. (do wody) to dive; (ukryć się) to dive (**w coś** into sth); **dać komuś przykład** to set an example for sb; **dajmy na to** (na przykład) (let's) say; (przypuśćmy) suppose, supposing; **spotkajmy się, dajmy na to jutro** let's meet, say tomorrow; **dajmy na to, że dostaniesz tę pracę** suppose a. let's say you do get the job; **dać komuś szkołę** to put sb through the mill pot., to give sb a hard time pot.; **ja ci/mu dam!** pot. I'll teach a. show you/him!; **jak się da, to się zrobi** pot., żart. ≈ let's see the colour of your money first

dada Literat., Szt. **I** adi. inv. [estetyka, ruch] Dada attr.

II m inv., n inv. sgt Dada, Dadaism

dada‖sta m Literat., Szt. Dadaist

dadaistycznie adv. Dadaistically

dadaistyczn‖y adi. [ruch, poeta] Dadaist, Dada attr.; [utwór] Dadaistic; **manifest ~y** a Dada a. Dadaist manifesto

dadaizm m sgt (G ~u) Literat., Szt. Dadaism, Dada

dafni‖a f (Gpl ~) Zool. daphnia

dag (= dekagram)

daktyl m [1] (A ~ a. ~a) (owoc) date; **zjeść ~** a. **~a** to eat a date [2] Literat. dactyl; **wiersz napisany ~em** a poem in dactyls

daktyloskopi‖a f sgt (GD ~i) dactyloscopy

daktyloskopijn‖y adi. [badania, metoda] dactyloscopic

daktylow‖iec m (A ~iec a. ~ca) Bot. date (palm) C/U

daktylow‖y adi. [palma, pestki] date attr.

dal książk. **I** f (Gpl ~i) distance; **gdzieś w ~i śpiewał ptak** a bird's singing could be heard in the distance; **patrzyła w morską ~** she looked out to sea; **statek zniknął w ~i** the ship vanished in(to) the distance; **w ~i spostrzegł niewyraźną sylwetkę** in the distance he made out a hazy figure; **z ~i słychać było tętent koni** the sound of galloping horses could be heard in the distance; **z ~i wyłoniła się jakaś postać** a figure loomed out of the distance; **odejść w siną ~** żart. to up and leave pot.

II z dala (daleko) **z ~a słychać było trąbkę** the sound of a trumpet could be heard in the distance; **znajdować się z ~a od czegoś** to be a long way from sth; **budynek stał z ~a od drogi** the building was a long way from the road; **żyć z ~a od zgiełku miasta** to live far away from the noise a. hubbub of the city; **mieszkał z ~a od rodziny i przyjaciół** he lived a

long way from family and friends; **trzymać się z ~a od kogoś/czegoś** przen. to keep well away from sb/sth; **lepiej trzymaj się od nich z ~a** just keep away from them, that's all; **trzymała się z ~a od wszelkich konfliktów** she steered clear of any kind of conflict; **od tamtej kłótni omijam ją z ~a** I've been giving her a wide berth since the argument

dalece adv. książk. highly, much; **jest to ~ nierozsądne posunięcie** it's a highly irrational move; **twoje zaangażowanie jest ~ niewystarczające** your commitment is far from satisfactory; **przejął się tak ~, że przez dwa dni nie wychodził z domu** he was so concerned that he didn't leave his house for two days; **nie wiem, jak ~ możemy mu zaufać** I don't know how far we can trust him; **jak ~ ukształtowało to jego osobowość?** to what extent did it influence his personality?; **oto przykład, jak ~ wysiłki ludzkie idą na marne** it's an example of the extent to which human endeavours are futile

dalejże inter. książk. [1] (zachęta) come on!; **~, bierzmy się do dzieła!** come on, let's get down to work! [2] (nagły początek) **kobiety ~ w krzyk** the women suddenly start a. started shouting; **a ona ~ mi wymyślać** and all of a sudden she starts abusing me

dal‖eki I adi. grad. [1] (odległy) [kraje, strony] distant, far(away); [odgłos] distant; [podróż] long; [plan] long-term; **~eki gość** a guest from afar; **~ekie grzmoty** distant thunder; **pójść na ~eki spacer** to go for a long walk; **wybrać się w ~eką podróż** to go on a long journey; **pojechać w ~eki świat** to travel a long way (from home); **przed nami ~eka droga** we've got a long journey ahead of us; **~eki kuzyn/znajomy** a distant cousin/acquaintance; **to jej ~eka rodzina** those are her distant relations; **łączy mnie z nim ~ekie pokrewieństwo** I'm distantly related to him; **w ~ekiej przeszłości** in the distant past; **cofnąć się w ~ekie czasy** to go back into the (distant) past; **zajmować ~ekie miejsce w klasyfikacji** to come low down in the rankings [2] (obcy) indifferent, remote; **~ekie mi problemy/sprawy** problems/ issues about which I am totally indifferent; **~ekie mi ideały** ideals that are (completely) foreign to me; **~eki mi człowiek** a (complete) stranger to me; **po latach rozłąki stał się jej ~eki** after years of separation, he became a stranger to her

II adi. [1] (nieobecny) [uśmiech, spojrzenie] distant, faraway; **nie usłyszała pytania, bo była ~eka myślami** she didn't hear the question because she was miles away [2] (niepodobny) far (od czegoś from sth); **postępowanie ~ekie od doskonałości** far from perfect behaviour; **jej słowa ~ekie były od kokieterii** her words were far from being coquettish; **jego relacja jest ~eka od prawdy** his account falls a long way short of the truth; **~eki był od chęci zemsty** he was far from wanting revenge; **~ecy są od roztkliwiania się nad swoim losem** they're a long way off feeling sorry for themselves; **jestem ~eki od**

tego, by pozować na intelektualistę I have no intention of posing as an intellectual

III dalszy *adi. comp.* (następny) further; **~sze badania/plany** further research/plans; **~sza rozmowa nie ma sensu** further discussion is pointless; **a teraz ~sze informacje...** and now for some other news...; **myślał o ~szym kształceniu się** he was thinking about continuing his education; **jej ~sze losy nie są mi znane** I don't know what became of her after that; **rozwinięcie tego wątku znajdziesz w ~szych rozdziałach** you'll find this theme developed in subsequent chapters; **nie będę zdradzał ~szych szczegółów** I can't give you any more details

dale|ko II *adv. grad.* ① (w znacznej odległości) far, a long way; **mieć ~ko do pracy/szkoły** to have a long way to go to work/school; **pozostać ~ko w tyle** to be left far behind; **to jeszcze ~ko** it's a long way yet; **jak ~ko jest (stąd) do dworca?** how far is it (from here) to the railway station?; **mieszka ~ko stąd/od centrum** he lives a long way from here/from the town centre; **zostawił pogoń ~ko za sobą** he left his pursuers far behind; **gdzieś ~ko rozbrzmiewały wystrzały** shots could be heard somewhere in the distance; **~ko szukać tak dobrego pływaka** you won't find another swimmer like him in a long while, you'd go a long way to find another swimmer like him ② *przen.* far; **zapędzić** a. **posunąć się za ~ko** to go too far; **sprawy zaszły za ~ko** things have gone too far; **mówią, że zaszła ~ko** they say she's gone far; **~ko temu do luksusu, do jakiego są przyzwyczajeni** it's a far cry from the luxury to which they are accustomed; **~ko mu do ciebie/do doskonałości** he's nowhere near you/perfect; **posunęli się ~ko w badaniach** they've made good progress in their research; **być ~ko od spraw politycznych** to take no interest in politics; **znajdować się ~ko w klasyfikacji** to come low down in the rankings; **~ko idące wpływy/skutki** far-reaching impact/results; **~ko posunięta choroba** an illness in its advanced stages; **jesteśmy ~ko spokrewnieni** we're distantly related ③ (odległe w czasie) far; **tak było zawsze, jak ~ko sięgnę pamięcią** it's always been like that, as far back as I can remember; **do świąt jeszcze ~ko** Christmas is still a long way a. far off

II *adv.* (znacznie) książk. far (and away); **ma się ~ko lepiej** he feels far better

III dalej *adv. comp.* ① (nadal) **jeśli ~j mamy się spierać, to...** if we're going to keep on arguing, then...; **mów ~j** go on; **brawo, tak dalej ~j** well done, keep it up a. stick to it ② (potem) then, afterwards ③ (poza tym) further, furthermore

IV dalej *inter.* **a one ~j w śmiech** and they just burst out laughing; **~j, bierz się do roboty** pot. come on, get moving pot.

V najdalej *adv. sup.* at the (very) latest; **jutro, a najdalej pojutrze musimy jechać** we'll have to go away tomorrow or the day after, at the (very) latest

VI z daleka *adv.* leżeć z ~eka od czegoś to be situated a long way from sth; **trzymać się z ~eka od kogoś/czegoś** to keep away from sb/sth; **przyglądałem się jej z ~eka** I observed her from a distance; **przyjechali z ~eka** they came from far away a. from afar książk.; **z ~eka słychać było dzwony** the sound of bells a. some bells could be heard in the distance

■ i tak ~j and so on a. so forth, and so on and so forth; **nie ~j niż** only; **rozmawiałem z nim nie ~j niż wczoraj** I was talking to him only yesterday

dalekobieżn|y II *adi.* [pociąg, autobus] long-distance

II *n* (pociąg) long-distance train; (autobus) long-distance bus a. coach

dalekomors|ki *adi.* [rybołóstwo, połowy] deep-sea *attr.*; [statek] ocean-going; **podróż ~ka** an ocean voyage

dalekopis *m* (G ~u) ① (aparat) teleprinter GB, teletypewriter US ② (wiadomość) telex

dalekopisow|y *adi.* teleprinter *attr.* GB, teletypewriter *attr.* US

dalekosiężnie *adv.* [myśleć, planować] far ahead, far into the future

dalekosiężnoś|ć *f sgt* ① (planów, wniosków) foresight, far-sightedness ② (pocisków, fal) long range

dalekosiężn|y *adi.* ① [plan, inwestycja, cel] long-range, long-term; [skutki] far-reaching ② [pocisk] long-range; [łączność] long-distance

dalekowidz *m* long-sighted person GB, far-sighted person US

dalekowschodni *adi.* Far Eastern; **~e sztuki walki** Oriental martial arts

dalekowzrocznie *adv.* [myśleć, planować] far ahead, far into the future

dalekowzrocznoś|ć *f sgt* ① (zdolność przewidywania) far-sightedness; **~ć rządu** the government's far-sightedness ② Med. long-sightedness GB, far-sightedness US; hypermetropia spec.

dalekowzroczn|y II *adi.* ① [polityk, plan, projekt] far-sighted ② [osoba, oko] long-sighted GB, far-sighted US

II dalekowzroczny *m*, **~a** *f* (dalekowidz) long-sighted person GB, far-sighted person US

dali|a *f* (GDGpl ~i) Bot. dahlia C/U

dalibóg *inter.* przest. honest to God!; upon my word! przest.

dalmac|ki *adi.* przest. Dalmatian

Dalmaty|ńczyk *m*, **~nka** *f* Dalmatian

dalmatyńczy|k *m* (pies) Dalmatian

dalmatyńs|ki *adi.* Dalmatian

dalmierz *m* rangefinder

daltoni|sta *m*, **~stka** *f* colour-blind person GB, color-blind person US

daltonistyczn|y *adi.* colour-blind GB, color-blind US; daltonic spec.

daltonizm *m sgt* (G ~u) Med. colour blindness GB, color-blind US; daltonism spec.

dam|a *f* ① (elegancka kobieta) lady; **zachowywać się jak przystało ~ie** to behave like a lady ② (kobieta z wyższych sfer) lady; **~a dworu** a lady-in-waiting; **udawać/robić z siebie wielką ~ę** to act the fine lady; **wielka mi ~a** iron. some grand lady! ③ przest. (partnerka) dancing partner ④ Gry (w kartach, szachach) queen; (w warcabach) king

❏ **~a do towarzystwa** companion; **~a**

kameliowa przest. courtesan książk.; lady of pleasure daw.; **~a klasowa** przest. form mistress

■ ~a czyjegoś serca Hist. sb's lady, sb's mistress; żart. sb's lady (friend)

dam|ka *f* ① Gry (w warcabach) king ② pot. (rower) lady's a. woman's bike pot.

dams|ki *adi.* [garderoba, obuwie] women's; **fryzjer ~ki** a women's a. ladies' hairdresser; **krawiec ~ki** a dressmaker; **~kie towarzystwo** female company; **~ka toaleta** the Ladies GB, the ladies' room US; **po ~ku** like a woman; **jeździć konno po ~ku** to ride side-saddle

damsko-męs|ki *adi.* euf. [edukacja, skandal] sex *attr.*; [sprawy] sexual

damul|a *f* pot., żart. (wystrojona, wymalowana) tarted-up woman GB pot., pejor.; (napuszona, zarozumiała) stuck-up woman pot., pejor.; fine lady iron.

damul|ka *f* pot. Lady Muck pot., pejor., stuck-up madam pot., pejor.

dancing /'dansiŋ/ → **dansing**

dancingowy /ˌdansiŋ'govɪ/ → **dansingowy**

dandys *m* (Npl ~i a. ~y) książk. dandy, beau

dandysowa|ty *adi.* książk. [młodzieniec, strój, wygląd] foppish, dandyish; [wdzięk] dandified

dandysows|ki *adi.* książk. [strój, wygląd] dandyish

da|nie II *sv* → **dać**

II *n* (potrawa) dish; (część obiadu) course; **danie mięsne/rybne** a meat/fish dish; **danie jarskie** a vegetarian dish; **danie barowe** a bar meal; **danie firmowe** a speciality of the house; **zimne/gorące dania** cold/hot dishes a. meals; **obiad z trzech dań** a three-course dinner; **pierwsze danie** the first course; **drugie danie** the main course GB, entrée US; **na pierwsze/drugie danie** for the first/main course; **karta dań** a menu

daniel *m* Zool. fallow deer

danin|a *f* ① Hist. (dla panującego) duty, rent; (dla najeźdźcy) tribute; **płacić ~ę w zbożu** to pay rent in grain; **najeźdźcy nałożyli na kraj wysokie ~y** the invaders imposed a high tribute upon the country ② książk., przen. (ofiara) sacrifice; **złożyć ~ę życia** to sacrifice one's life

dansing /'dansiŋ/ *m* (G ~u) ① (zabawa) dance, dancing U; **pójść na ~** to go to a dance, to go dancing ② (lokal) nightclub

dansingow|y /ˌdansiŋ'govɪ/ *adi.* [sala, muzyka] dance *attr.*, dancing

dantejs|ki *adi.* Dantean, Dantesque

■ piekło a. **sceny ~kie** (absolute) pandemonium

dan|y II *pp* → **dać**

II *adi.* (określony) given, particular; **~a osoba** a given person; **~y produkt** a given product; **o ~ej godzinie** at a given hour a. time; **w ~ym momencie** at that particular moment; **jak postąpić w ~ej sytuacji** what to do in such a situation; **na ~y temat** on the topic in question; **w ~ym wypadku** in the case in question

III dane *plt* ① (informacje) (biograficzne, personalne) details, information U; (eksperymentalne, empiryczne) evidence U; (statystyczne, techniczne)

data *U/pl*; **~e o czymś** information about sth [2] Komput. data *U*; **przetwarzanie ~ych** data processing; **baza ~ych** database

■ **mieć (wszelkie) ~e (po temu), aby odnieść sukces/wygrać wyścig** to have every reason to expect a. believe that one will succeed/win the race

da|ń *f* [1] książk. (dar) gift; **złożyć coś komuś w dani** to present sb with sth [2] przest. (danina) (dla panującego) duty, rent; (dla najeźdźcy) tribute

da|r *m* (*G* daru) [1] (prezent) gift, present; **złożyć komuś coś w darze** to present sb with a gift of sth; **otrzymała w darze haftowany obrus** she was given an embroidered tablecloth as a gift; **życie jest największym darem** life is the greatest gift [2] zw. pl. (ofiara) (rzecz) gift; (pieniądze) donation, contribution; **dary dla powodzian** gifts for flood victims; **przekazać dary na odbudowę Starówki** to give money towards the rebuilding of the Old Town [3] sgt (talent) gift, talent (**do czegoś** for sth); **mieć dar zjednywania sobie ludzi** to have a gift for winning people over; **nie miał daru do muzyki** he had no talent for music; **dar słowa** a. **wymowy** a. **opowiadania** a silver tongue, a way with words

❑ **dar języków** Relig. the gift of tongues; **siedem darów Ducha Świętego** Relig. the gifts of the Holy Spirit

■ **dary boże** a. **dar boży** ≈ daily bread; **dary fortuny** a. **losu** the gifts of fortune; **dary morza** the fruits of the sea książk.; **dary natury** a. **ziemi** (bogactwa naturalne) natural resources; (płody) the fruits of the earth

dar|cie [II] *sv* → **drzeć**

[III] *n* pot. (ból) shooting pain(s); **czuć ~cie w nogach** to have shooting pains in one's legs

dardanels|ki *adi.* **Cieśnina Dardanelska** the Dardanelles

■ **osioł ~ki** pot., obraźl. a complete ass pot.

daremnie *adv.* [czekać, szukać] in vain, (all) for nothing; **~ się trudzisz, i tak nie zmienię zdania** you can save yourself the trouble — I won't change my mind anyway

daremnoś|ć *f* sgt pointlessness, futility

daremn|y *adi.* [żal, nadzieja, ambicja] vain, futile; **wszystkie moje prośby były ~e** all my requests were in vain

darmo *adv.* [1] (bezpłatnie) free of charge, for free; **za ~** for free; **bilety są za ~** the tickets are free; **kupić/sprzedać coś (za) pół ~** to buy/sell sth for a song; **dziesięć złotych za książkę to prawie ~** ten zlotys for a book is really nothing; **mieć ~ wyżywienie** to get free meals; **mieć ~ mieszkanie** to live in free accommodation; **leczyć kogoś za ~** to treat someone without charge [2] (daremnie) in vain, (all) for nothing; **(na) ~ tracicie czas** you're just wasting your time (for nothing); **~ o tym mówić** there's no use talking about it; **nie (na) ~** książk. not for nothing; **nie ~ starał się o pozwolenie** (było potrzebne) not for nothing was he trying to get permission; (udało mu się) it wasn't in vain that he applied for permission

■ **nie jeść chleba ~** to earn one's daily bread

darmo|cha *f* sgt pot. freebie pot.; **za ~chę** for free; **nie ma za ~chę, musisz na to zapracować** you'll have to sing for your supper przen.

darmow|y *adi.* [bilet, posiłek, przejazd] free

darmozja|d *m* (*Npl* **~dy**) pot., pejor. scrounger pot., sponger pot.

darnin|a *f* sgt turf, sod; **obłożyć grób ~ą** to cover a grave with turf

darniow|y *adi.* [ziemia] turf attr.

dar|ń *f* turf, sod

dar|ować *pf* — **dar|owywać** *impf vt* [1] (dać) to give; **~ować komuś książkę/maskotkę** to give sb a book/mascot; **darować więźniom wolność** to give prisoners their freedom; **~ował mi psa na urodziny** he gave me a dog a. presented me with a dog for my birthday [2] (zrezygnować z wyegzekwowania) to waive; to remit książk.; **~owano mu resztę kary** he was pardoned from serving the remainder of his sentence, the remainder of his sentence was waived; **~ować skazańcowi życie** przen. to spare a condemned prisoner his life [3] (przebaczyć) to forgive, to let [sb] off; **~ować komuś winę/złe zachowanie/spóźnienie** to forgive sb for making a mistake/for their bad behaviour/for being late; **tym razem ci ~uję** I'll let you off this time

■ **~ować sobie coś** pot. to give sth a miss pot., to skip sth pot.; **~uję sobie ten film/wyjazd** I think I'll give that film a miss/I'll skip that trip; **nie mógł sobie ~ować, że przepuścił taką okazję** he could have kicked himself for missing such an opportunity pot.; **nigdy bym sobie nie ~owała, gdybym...** I'd never forgive myself if I...; **~uje pan/pani, ale...** książk. forgive me, but... książk.; **~uj, ale nie masz racji** książk. forgive me, but you're wrong a. mistaken książk.

darowi|zna *f* [1] (datek) donation, gift; **dać komuś ~znę** to make a donation to sb; **~zna na rzecz szpitala/kościoła** a donation to a hospital/church; **dokonać ~zny na cele społeczne** to make a donation to charity [2] Prawo deed of gift

darowywać *impf* → **darować**

darz|yć *impf* [I] *vt* [1] (czuć) **~yć kogoś uczuciem** to feel affection for sb; **~yć kogoś sympatią** to like sb; **~yć kogoś zaufaniem** to trust sb; **~yć kogoś szacunkiem** to respect sb; **~yć kogoś względami** (faworyzować) to favour sb; przest. (adorować) to be attracted to sb [2] przest. (obdarowywać) to present (**kogoś czymś** sb with sth)

[II] **darzyć się** książk. **~y im się** they're prospering a. thriving; **wszystko mu się ~y** he's doing very well

dasz|ek *m* (*G* **~ka** a. **~ku**) [1] dem. (small) roof; **ganek z ~kiem** a covered porch [2] (część czapki) peak GB, visor US; **czapka z ~kiem** a peaked cap; **~ek przeciwsłoneczny** a visor [3] (osłona lampy, świecy) shade [4] Druk. circumflex (accent)

da|ta *f* (termin) date; **data historyczna** a historic date; **wczorajsza/jutrzejsza data** yesterday's/tomorrow's date; **data urodzenia** date of birth; **data ważności** (the) expiry date; **data płatności** (the) date of payment; **poglądy starej/świeżej daty** outdated/up-to-date views; **człowiek starej a. starszej daty** przen. someone of the old school, an old-fashioned person; **wyznaczyć datę** to fix a date; **dokument nosi datę 20 grudnia 2002** the document is dated a. bears the date of 20 December 2002; **decyduje data stempla pocztowego** the date on the postmark is what counts; **czy podała datę wyjazdu?** did she give the date of her departure? a. her date of departure?

■ **być pod dobrą datą** pot. to be well oiled pot.

dat|ek *m* (*G* **~ku**) [1] (jałmużna) alms; **prosić o ~ek** to beg for alms; **żebracy wyciągali ręce po ~ki** the beggars held out their hands for money [2] (ofiara) donation (**na coś** to a. for sth); **zbierać ~ki** to collect donations; **zbierać ~ki od wiernych** to collect donations from the congregation; **zbierać ~ki na budowę kościoła/pomnika** to collect donations for the building of a church/monument

dat|ować *pf, impf* [I] *vt* [1] (wpisać datę) to date [dokument, pismo]; **list jest ~owany z Krakowa** the letter was franked a. postmarked in Cracow [2] (określić datę) to date; **znalezisko ~owano na I w.n.e.** the find was dated to the 1st century

[II] **datować się** to date; **znalezisko ~uje się na XIV w.** the find dates back to a. dates from the 14th century; **od tego dnia ~uje się nasza przyjaźń** our friendship started that day

datownik *m* (przyrząd) date stamp; (stempel) date stamp

dawać *impf* → **dać**

daw|ca *m*, **~czyni** *f* [I] [1] (narządu, tkanek) donor; **~ca krwi/nerki/serca** a blood/kidney/heart donor; **honorowy ~ca krwi** a voluntary blood donor [2] książk. (pieniędzy, daru) donor, donator

[II] **-dawca** w wyrazach złożonych **kredytodawca** a creditor; **krwiodawca** a blood donor; **pracodawca** an employer

daw|ka *f* [1] (lekarstwa, narkotyku, promieniowania) dose, dosage; **podawać lekarstwo w małych ~kach** to administer medicine in small doses; **zażył śmiertelną ~kę trucizny** he took a lethal dose of poison [2] przen. (nastroju, uczucia) dose; **film dostarcza sporej ~ki emocji** the film is full of excitement

❑ **~ka pokarmowa** Roln. feed ration; **~ka uderzeniowa** Med. megadose

dawk|ować *impf vt* to administer, to give a dose of [lekarstwo]; to dose (**komuś coś** sb with sth); **~ować pochwały** to be sparing in one's praise

dawn|o [I] *adv. grad.* (w przeszłości) [istnieć, zdarzyć się] a long time ago, long ago; **to nie było tak ~o (temu)** it wasn't so long ago; **~o, ~o temu** (w bajkach) once upon a time; **to było ~o i nieprawda** pot. that's ancient history pot.

[II] *adv.* (długo) for a long time; **~o cię nie widziałem** I haven't seen you for a long time; **jak ~o tu mieszkasz?** how long have you been living here?

[III] **dawniej** *adv. comp.* (kiedyś) before, formerly; **wszystko jest jak ~iej** everything's (just) like it used to be; **~iej był nauczycielem/krawcem** he was a teacher/tailor before; **~iej spotykaliśmy się dość często** we used to meet quite often (before); **Wołgograd (~niej Stalingrad)** Volgograd (formerly Stalingrad)

IV *od dawna adv.* for a long time; **znana od bardzo ~a reguła** an old-established rule; **od** a. **z dawien ~a** książk. from time immemorial a. out of mind; **mieszkają tu od dawien ~a** they've lived here for ages (and ages)

dawnoś|ć *f sgt* [1] (odległość w czasie) great age, antiquity [2] książk. (przeszłość) antiquity; **dom miał urok ~ci** the house had an antique a. old-world charm about it

dawn|y [1] *adi. grad.* [1] (stary) *[zabytki kultury]* ancient; *[przyjaciel, znajomy]* old; **działo się to w ~ych czasach** it happened a long time ago; **porozmawiajmy, jak za ~ych czasów** a. **lat** let's talk like we did in the old days; **~ymi czasy** a. **laty** książk. in former days a. times książk.; **~e, dobre czasy** the good old days; **od najdawniejszych czasów** since a. from time immemorial; **po ~emu** as before; **nic się nie zmieniło, wszystko zostało po ~emu** nothing had changed, everything was the same as before a. as it had been; **„co słychać?" – „wszystko po ~emu"** 'how are things?' – 'the same as ever'; **ta historia to ~e dzieje** that story's ancient history pot. [2] (poprzedni) *[nazwa, adres, wygląd]* former, previous; **wszystko szło ~ym trybem** everything was the same as it used to be

II *adi.* (były) former; **teren ~ej Kongresówki** the territory of the former Congress Kingdom of Poland

dawstw|o *n sgt* donation; **honorowe ~o krwi** (voluntary) blood donation

d|ąb *m* (G **dębu**) [1] (drzewo) oak (tree); **dąb szypułkowy/bezszypułkowy** a sessile a. durmast/pedunculate a. common oak; **dąb korkowy** a cork oak [2] *sgt* (drewno) oak; **podłoga/sufit z dębu** an oak floor/ceiling; **jadalnia wyłożona dębem** an oak-panelled dining room

■ **rosły/wielki jak dąb** (as) large as an oak; **silny jak dąb** (as) strong as an oak; **stawać dęba** *[koń]* to rear up; *[osoba]* to bristle; to get (all) riled up pot.; **ze strachu włosy stanęły mu dęba** his hair stood on end with fright

dąb|czak, ~ek *m dem.* (small) oak

dąbr|owa *f* oak wood

d|ąć *impf* (**dmę, dęła, dęli**) [1] *vi* [1] (o wietrze) to blow; **wiatr dmie w żagle** the wind fills the sails; **dmie śniegiem** it's blowing with snow ⇒ **zadąć** [2] (wydobywać dźwięk) to play *vt*, to blow *vt*; **dąć w trąbkę** to play a. blow a trumpet; **dąć w obój** to play an oboe ⇒ **zadąć** [3] (dmuchać) **dąć miechem w palenisko** to fan a fire with a (pair of) bellows

II **dąć się** pot. (być zarozumiałym) to be puffed up; **dąć się wobec dawnych kolegów** a. **przed dawnymi kolegami** to look down on one's former colleagues

■ **dąć w czyjąś dudkę** pot. to echo sb

dąsa|ć się *impf v refl.* pejor., żart. to sulk (**o** a. **za coś** over a. about sth); **~ć się na kogoś** to be cross with sb

dąs|y *plt* (G **~ów**) pejor., żart. the sulks; **nie masz powodów do ~ów** there's no reason for you to be sulky a. to sulk; **o co te dąsy?** what's all the sulking for?

dąże|nie [1] *sv* → **dążyć**

II *n zw. pl.* aspiration *zw. pl.*, aim; **~nia niepodległościowe dawnej kolonii** the former colony's aspirations for a. to independence

dążnoś|ć *f sgt* książk. desire, determination

dąż|yć *impf vi* [1] (zmierzać) to aspire, to strive; **~yć do wzbogacenia się** to aspire to riches; **~yć do objęcia władzy** to aspire to take power; **~yć do doskonałości** to strive after perfection; **wszyscy ~ymy ku temu, aby było lepiej** we're all striving to make things better [2] książk. (kierować się) to head, to make one's way; **zwierzęta ~ą do wodopoju** the animals are heading for the watering hole [3] Mat. (o ciągu, funkcji) to approach (**do czegoś** sth); **~yć do nieskończoności/zera** to approach infinity/zero

db, db. (= dobry a. dobrze) (ocena) ≈ B

dba|ć *impf vi* [1] (troszczyć się) to care (**o kogoś/coś** for sb/sth); **~ć o dom/samochód** to look after one's house/car; **~ć o porządek** to keep things in order; **~ć o czyjeś zdrowie** (przejmować się) to care for sb's health; (zajmować się) to take care of sb; **~ć o czyjeś interesy** to look after sb's interests; **zawsze bardzo o siebie ~ł** he's always taken good care of himself a. looked after himself; **nigdy nie ~ała specjalnie o swój wygląd** she never cared too much about her appearance ⇒ **zadbać** [2] (przywiązywać wagę) to care (**o coś** about sth); **~m, co ludzie powiedzą** I don't care what people will say; **~ć o coś jak pies o piątą nogę** a. **jak o zeszłoroczny śnieg** pot. to not care a. give a hoot about sth pot.

dbałoś|ć *f sgt* care (**o kogoś/coś** of sb/sth); attention (**o kogoś/coś** to sb/sth); **ze szczególną ~cią** with particular care; **~ć o szczegóły** attention to detail

dba|ły *adi. [osoba]* caring, attentive; *[opieka]* attentive; solicitous książk.

dca [1] (= dowódca) CO [2] (= doradca) adviser

dcm (= decymetr) dm

de- *w wyrazach złożonych* [1] (odwrotność) de-; **deglacjacja** deglaciation; **dekompresja** decompression [2] (pochodzenie) de-; **dewerbalny** deverbal

deale|r /'diler/ *m* [1] Handl. dealer; **~rzy samochodowi** car dealers; **autoryzowany ~r** an authorized dealer [2] pot. (narkotyków) pusher pot.; drug pedlar

dealers|ki /di'lerski/ *adi.* dealer *attr.*

deba|ta *f* debate *C/U*, discussion *C/U*; **być przedmiotem ~ty** to be under debate a. discussion; **rozpoczęto/zamknięto ~tę nad projektem ustawy** the debate on the bill was begun/closed; **~ta o stanie gospodarki** a debate on the state of the economy

debat|ować *impf vi* [1] (dyskutować) to debate (**nad czymś** sth); **~ować o problemach ekonomicznych** to debate a.

discuss economic issues; **parlament ~ował nad projektem ustawy przez dwa dni** Parliament debated the new bill for two days; **dalsze ~owanie nad tą kwestią nie ma sensu** there's no point in debating the issue any further [2] (rozmyślać) to debate, to deliberate; **nad czym tak ~ujesz? – siadaj i pisz** what are you waiting for? – sit down and start writing

deb|el *m* (A **~la**) Sport [1] (gra) doubles *pl*; **grać w ~lu** to play doubles; **finał ~la** the doubles final; **zdobyć mistrzostwo w ~u** to win the doubles championship [2] (para) doubles team [3] (łódź) double skull

debe|t *m sgt* (G **~tu**) [1] (dług) overdraft; **być na ~cie** to be overdrawn; **mieć/ zrobić ~t** to overdraw one's account; **pobrał pieniądze na ~t** he overdrew his account [2] Ekon. debit; **zapisać coś na ~t a. ~cie** a. **w ~t** to debit sth

debil *m*, **~ka** *f* (Gpl **~i** a. **~ów, ~ek**) [1] pot. obraźl. moron pot. obraźl., imbecile pot. obraźl. [2] przest., Med. moron przest.

debilizm *m sgt* (G **~u**) [1] pot., pejor. (nonsens) nonsense *C/U*; **ten pomysł to czysty ~** the idea is absolute nonsense; **jego ~ wyprowadza mnie z równowagi** his moronic a. imbecile behaviour drives me round the bend [2] przest., Med. moronism przest.

debilnie *adv.* pot., pejor. *[uśmiechać się, zachowywać]* moronically pot., pejor.

debiln|y *adi.* [1] pot., pejor. *[pomysł, zachowanie]* moronic pot., pejor., imbecile pot., pejor. [2] przest., Med. *[pacjent, dziecko]* moronic przest.

debilowato *adv.* pot. moronically pot.

debilowa|ty *adi.* pot., pejor. *[uśmiech, zachowanie]* moronic pot., pejor., imbecile pot., pejor.

debiu|t *m* (G **~tu**) [1] *[aktorski, estradowy, pisarski]* debut; **udany/obiecujący ~t** a successful/promising debut; **~t filmowy** sb's screen debut; **~t parlamentarny** sb's debut in Parliament, sb's maiden speech; **to jego ~t w roli przewodnika** it's his first engagement as a guide [2] (książka) (writing) debut, debut book; (film) debut film; **~t dramatopisarski** sb's playwriting debut [3] Gry (w szachach) opening move

debiutanc|ki *adi. [film, występ]* debut *attr.*; *[powieść, wystawa]* first

debiutan|t *m* debutant, novice; **być ~tem w czymś** to be a beginner at sth

debiutant|ka *f* debutante, novice

debiut|ować *pf, impf vi [aktor, sportowiec]* to make one's debut, to debut; **~ować jako aktorka/reżyser** to make one's debut as an actress/a director; **~ować na scenie** to make one's stage debut; **~ował w roli Poety w „Weselu"** he made his debut as the Poet in 'The Wedding'; **~owała zbiorem opowiadań** her first publication was a collection of stories ⇒ **zadebiutować**

debli|sta *m*, **~stka** *f* Sport [1] (w tenisie, badmintonie) doubles player [2] (w wioślarstwie) double sculler

deblow|y *adi. [partner, pojedynek]* doubles *attr.*

decentralizacj|a *f sgt* książk. decentralization

D

decentralizacyjn|y adi. książk. [program] of decentralization; [reformy, tendencje] decentralizing

decentraliz|ować impf vt książk. to decentralize [administrację, przemysł] ⇒ **zdecentralizować**

dech m sgt (G **tchu**) ⊡ (oddech) breath; (oddychanie) breathing U; **chwytać/wstrzymywać dech** to catch/hold one's breath; **chory z trudem chwytał dech** the patient could hardly catch his breath; **nabrać tchu** to take a breath; **tańczyć do utraty tchu** to dance until one is breathless; **nie mógł złapać tchu** he couldn't catch his breath, he was short of breath; **z wrażenia zaparło mu dech** he held his breath in amazement; **była tak piękna, że zaparło mi dech** she was so beautiful it took my breath away; **nalewka tak mocna, że aż dech zapiera** flavoured vodka so strong it burns your throat; **zapierający dech w piersiach widok** a breathtaking view ⊡ książk., przen. (powiew) breath, waft; **wiosenny dech wiatru** a breath of spring air

■ **bez tchu** (tracąc oddech) out of breath, breathless; (bez przerwy) without stopping; **padł bez tchu** he fell down out of breath; **bez tchu przebiegł pięć kilometrów** he ran five kilometres without stopping; **co tchu** a. **ile tchu** as quickly as one can; **jednym tchem** (szybko) in one go; (jednym łykiem) in one gulp; **wymienił tytuły/ nazwiska jednym tchem** he reeled off the titles/names in one go; **wypił lekarstwo jednym tchem** he drank the medicine in one gulp; **ostatnim tchem** at one's last gasp; **sprinter ostatnim tchem dobiegł do mety** the sprinter reached the finish line at his last gasp; **póki tchu** a. **do ostatniego tchu** to the last, until one's dying breath; **będę walczył o wolność kraju póki tchu w piersi** I will fight for my country's freedom till my dying breath; **z zapartym tchem** with bated breath

de|cha f ⊡ augm. plank ⊡ pot., obraźl. (kobieta) flat-chested woman; **ładna, szkoda tylko, że taka decha** nice, pity she's so flat-chested though ⊡ pot. (klatka piersiowa) chest

■ **babka (była) w dechę** pot. (she was) an absolute stunner a. knockout pot.; **zagranie w dechę** pot. a fantastic serve pot.; **na imprezie było w dechę** pot. the party was really cool pot.; **wciskać gaz do dechy** pot. to put one's foot down pot., to step on it a. on the gas US

decybel ⊡ m (Gpl ~i a. ~ów) decibel; **hałas w kabinie nie może przekroczyć 85 ~i** the noise in the cabin can't go above a. exceed 85 decibels

⊡ **decybele** plt pot. (hałas) noise; **będę musiał wrócić do miasta – do ~i, dymu i kurzu** I'll have to go back to the city – to the noise, smoke, and dust

decybelow|y ⊡ adi. ⊡ [fala, wytrzymałość] decibel attr. ⊡ pot. (o hałasie) high-decibel; **~a muzyka** high-decibel music

⊡ **-decybelowy** w wyrazach złożonych -decibel; **dwudziestodecybelowy** twenty-decibel

decydenc|ki adi. książk. governing; **ośrodek ~ki** a centre of power; **stanowisko ~kie** a position of power

decyden|t m książk. (osoba) decision-maker; (w polityce) policy-maker; (instytucja) governing body, ruling body

decyd|ować impf ⊡ vi ⊡ (postanawiać) to decide (**o czymś** on sth); **ty ~uj, dobrze?** you decide, okay?; **w końcu ~uje, że nie wyjdzie za niego** in the end she decides not to marry a. against marrying him; **~ować za kogoś** to decide for sb; **o wysokości podatków ~uje parlament** Parliament determines the level of taxation; **~ować o sobie** to make one's own decisions ⇒ **zadecydować, zdecydować** ⊡ (przesądzać) to decide, to determine (**o czymś** sth); **ta ocena jeszcze o niczym nie ~uje** this mark won't decide anything as yet; **czasami przypadek ~uje o zwycięstwie** sometimes victory is determined by pure chance; **co ~uje o sukcesie w życiu?** what is it that determines whether a person is successful (in life) or not?; **o sukcesie filmu ~ują w dużej mierze świetne zdjęcia** the film's success is due in large measure to the splendid camerawork; **o tym będzie ~ował poziom inflacji** that will be determined by the level of inflation; **~ować o czyimś losie** to control sb's future ⇒ **zadecydować, zdecydować**

⊡ **decydować się** ⊡ (dokonywać wyboru) to decide (**na coś** on sth); to make up one's mind (**na coś** to do sth); **~ować się na dziecko** to decide to have a baby; **~uj się, bo czas ucieka** make your mind up, because time's running out ⇒ **zdecydować się** ⊡ (rozstrzygać się) to be decided, to be determined; **w tej chwili ~uje się twój los** your fate is being decided at this very moment

decydująco adv. decisively; **wpłynąć ~ na coś** to have a decisive effect a. influence on sth

decydując|y ⊡ pa ⇒ **decydować**

⊡ adi. [moment, atak, krok] decisive; **barwa i kształt mają tu ~e znaczenie** colour and shape are decisive a. all-important here; **w tej sprawie ~y głos ma prezydent** the final word in this matter rests with the President; (w sporcie) **~y punkt** a decider; **~y mecz** a decider, a deciding match

decymet|r m Miary decimetre GB, decimeter US; **~r kwadratowy/sześcienny** a square/ cubic decimetre

decymetrow|y adi. one-decimetre attr. GB, one-decimeter attr. US

decyzj|a f (Gpl ~i) decision (**o czymś** on a. about sth); **podjąć** a. **powziąć ~ę** to make a. take a decision; **podjęli ~ę co do kupna domu** a. **o kupnie domu** they've made the decision to buy a house; **~a w tej sprawie należy do ciebie** the decision rests with you; **zapadła ~a budowy fabryki** a decision has been taken concerning the construction of a new factory; **~ą kogoś** by (the) decision of sb; **~ą sądu został skazany na dożywocie** the court sentenced him to life imprisonment

decyzyjn|y adi. książk. [proces] decision-making attr.; [ośrodek] governing, ruling

dedukcj|a f sgt deduction, inference; **drogą ~i doszli do ciekawych wniosków** by a process of deduction they arrived at some

interesting conclusions; **metodą prostej ~i domyślił się, kto to zrobił** by a process of simple deduction, he guessed who had done it

dedukcyjnie adv. [wnioskować, uzasadniać] deductively, by (way of) deduction

dedukcyjn|y adi. [wnioskowanie, rozumowanie] deductive

deduk|ować impf ⊡ vt to deduce, to infer; **z przedstawionych faktów ~owaliśmy motywy zbrodni** from the facts presented, we were able to deduce the motive for the crime ⇒ **wydedukować**

⊡ vi to deduce; **~ował, że eksperyment się uda** he deduced that the experiment would work ⇒ **wydedukować**

dedykacj|a f (Gpl ~i) ⊡ (na podarunku) inscription ⊡ (autorska) dedication (**dla kogoś** to sb)

dedykacyjn|y adi. ⊡ (w formie dedykacji) dedicatory; **tekścik ~y** a dedicatory inscription; **wiersz ~y** a rhymed inscription ⊡ (odautorski) [notka] dedicatory

dedyk|ować pf, impf vt to dedicate [utwór, kompozycję] (**komuś** to sb); **tę książkę ~uję mojej matce** this book is dedicated to my mother ⇒ **zadedykować**

defek|t f (G ~tu) ⊡ (usterka) defect; **~t genetyczny** a genetic defect; **~t silnika** an engine defect; **~t wymowy/skóry** a speech/skin defect; **towar z ~tem** defective goods ⊡ środ., Druk. (książka, gazeta) (uszkodzony) damaged copy; (niekompletny) defective copy

defektow|y adi. [towar, egzemplarz] defective

defenso|r m środ., Sport defender, back

defensyw|a f sgt ⊡ Wojsk. defence GB, defense US także przen.; **być w ~ie** to be on the defensive; **nieprzyjaciel przeszedł do ~y** the enemy has gone on the defensive; **zepchnięty do ~y rząd musiał bronić swoich koncepcji** forced onto the defensive, the government had to vindicate its concepts ⊡ Sport (obrona) defence GB, defense US; (zawodnicy) the defence GB, the defense US; **zawodnicy przeszli pod swoją bramkę do ~y** the players moved back to defend their goal; **popisali się świetną grą w ~ie** they exhibited some superb play in defence

defensywnie adv. defensively także przen.

defensywnoś|ć f sgt defensiveness; **~ć działań bojowych/gry była przyczyną klęski** defensive combat/playing tactics were the reason for the defeat

defensywn|y adi. ⊡ [akcja, broń, strategia] defensive; **~e działania zbrojne** defensive military action(s) ⊡ przen. [rozumowanie, postawa] defensive ⊡ [gra, zawodnik] defensive; [linia] defence attr. GB, defense attr. US

defety|sta m książk. defeatist

defetystyczn|y adi. książk. [postawa, nastrój] defeatist

defetyzm m sgt (G ~u) książk. defeatism; **szerzyć ~** to spread defeatism

deficy|t m (G ~tu) ⊡ sgt Ekon. deficit (**w czymś** in sth); **~t budżetowy państwa** a country's budget deficit; **~t bilansu płatniczego** a balance-of-payments deficit; **powiększa/zmniejsza się ~t w handlu ze Wschodem** the deficit in trade with the

East is widening/narrowing [2] (niedobór) shortage; **~t żywności/energii** a food/energy shortage; **~t siły roboczej** a manpower a. labour shortage

deficytowoś|ć *f sgt* [1] Ekon. lack of profit, unprofitability [2] (niedobór) shortage, scarcity; **~ć surowcowa** a shortage of raw materials

deficytow|y *adi.* [1] (niedochodowy) (o gospodarce) running a deficit; *[przedsiębiorstwo]* unprofitable, loss-making; *[produkt]* loss-making; *[budżet]* deficit *attr.* [2] (brakujący) *[towary, surowce]* scarce, in short supply

defila|da *f* (wojsk., sportowców) parade (**przed kimś** before sb); **~da lotnicza** a fly-past; **~da czołgów** a tank parade; **~da piechoty** a march past of infantry; **~da okrętów** a naval review; **przyjmować ~dę** to take the salute

defiladow|y *adi. [szyk]* parade *attr.*; **krok ~y** goose-step

defil|ować *impf vi* [1] (maszerować) to parade, to march (past); **przed trybunami ~owały formacje różnych wojsk** various military formations marched past the reviewing stand ⇒ **przedefilować** [2] (paradować) to parade, to strut; **~ować w futrze/biżuterii** to parade a. strut around in one's fur coat/jewellery; **~ować po korytarzu/ulicy** to parade through the corridor/street ⇒ **przedefilować** [3] Myślis. (o zwierzęciu) to walk into the line of fire

definicj|a *f* (*Gpl* **~i**) definition; **dać/sformułować ~ę czegoś** to give/formulate a definition of sth; **z ~i** książk. by definition
❑ **~a klasyczna** Log. impredicative definition; **~a realna** Log. real definition; **~a realnoznaczeniowa** Jęz. semantic definition; **~a zakresowa** Log. nominal definition

definicyjn|y *adi.* definitional; **cechy ~e** definitional properties; **~e określenie** a descriptive definition

defini|ować *impf vt* [1] (objaśniać znaczenie) to define *[pojęcie, wyraz]* ⇒ **zdefiniować** [2] książk. (określać) to define, to describe *[uczucia, zjawiska]*; **nawet nie próbuję ~ować tego, co czuję** I won't even try and describe what I feel ⇒ **zdefiniować**

definitywnie *adv.* [1] (ostatecznie) *[opisać, wypowiadać się, rozstrzygnąć]* definitively; **~ załatwić coś** to settle sth conclusively a. once and for all; **~ rozproszyć czyjeś nadzieje** to finally put paid to sb's hopes [2] (całkowicie) *[zmienić]* radically, fundamentally; **~ zmienił podejście do życia** he radically changed his attitude to life

definitywn|y *adi.* [1] (ostateczny) *[decyzja, odpowiedź]* definitive; **to był ~y koniec naszej znajomości** that was the absolute end of our friendship [2] (całkowity) *[zmiana, odmiana]* radical, fundamental

defloracj|a *f* (*Gpl* **~i**) książk., Med. defloration książk.

deformacj|a *f* (*Gpl* **~i**) deformation; **~a stopy/kręgosłupa** a deformation of the foot/spine; **~a rzeczywistości** a distortion of reality; **~a osobowości** a personality disorder; **ulec ~i** (o przedmiotach) to become distorted a. misshapen; (o częściach ciała) to become deformed a. misshapen

deform|ować *impf* **Ⅰ** *vt* to deform *[kształt]*; to distort *[znaczenie, odbicie]*; **wilgoć ~uje drewniane ramy** the damp warps the wooden frames; **pamięć ~uje to, co minęło** memory distorts the past; **w swoim tłumaczeniu ~ował sens oryginału** in his translation he distorted the sense of the original; **~ować psychikę dziecka** to warp a child's mind ⇒ **zdeformować**
Ⅱ deformować się (o częściach ciała) to become deformed; (o przedmiotach) to lose shape, to become distorted a. misshapen ⇒ **zdeformować się**

defraudacj|a /ˌdefraw'datsja/ *f* (*Gpl* **~i**) książk. embezzlement *U*

defraudanc|ki /ˌdefraw'dantski/ *adi.* książk. *[działalność, zysk]* embezzler's *attr.*

defraudan|t /de'frawdant/ *m*, **~tka** *f* książk. embezzler

defraud|ować /ˌdefraw'dovate/ *impf vt* książk. to embezzle *[pieniądze, majątek]* ⇒ **zdefraudować**

degeneracj|a *f sgt* [1] książk. degeneration, deterioration; **~a życia kulturalnego** the deterioration of cultural life; **~a moralna** moral degeneration a. degeneracy [2] Biol. (gatunku, populacji) degeneration [3] Biol., Med. (tkanki, komórek) degeneration; **~a narządu węchu** degeneration of the olfactory cells

degenerac|ki *adi.* pejor. *[osoba, wygląd]* degenerate

degeneracyjn|y *adi.* [1] książk. *[procesy, zmiany]* degenerative [2] Biol., Med. *[choroby, procesy]* degenerative

degenera|t *m*, **~tka** *f* pejor. degenerate

degener|ować *impf* **Ⅰ** *vt* książk. to corrupt *[ludzi, systemy]*; **bogactwo ~owało arystokrację** the aristocracy were corrupted by wealth; **brak pracy ~uje człowieka** lack of work degrades a person; **alkoholizm ~uje człowieka** alcoholism destoys a. cripples a person ⇒ **zdegenerować**
Ⅱ degenerować się [1] *[osoba]* to be corrupted, to become depraved; *[system]* to degenerate; **~ować się w środowisku pijaków i złodziejów** to be corrupted by an environment of drunks and thieves ⇒ **zdegenerować się** [2] Biol., Med. to degenerate, to deteriorate; **rośliny szybko ~ują się w nieodpowiednich warunkach** plants rapidly deteriorate in unsuitable conditions ⇒ **zdegenerować się**

degradacj|a *f* [1] (*Gpl* **~i**) (w hierarchii) demotion; **~a kapitana do stopnia szeregowca** demotion of a captain to the rank of private [2] *sgt* (spadek wartości, pozycji) decline; **~a poezji** the decline of poetry; **~a wartości moralnych** the decline in a. degeneration of moral values; **~a zawodu nauczyciela** a decline in the prestige of the teaching profession [3] *sgt* książk. (proces niszczenia) degradation; **~a lasów/wód** forest/water degradation; **~a środowiska naturalnego** degradation of the environment [4] Chem., Geol. degradation; **postępująca ~a gleby** progressive soil degradation
❑ **~a psychiczna** Psych. mental deterioration

degradacyjn|y *adi.* [1] (obniżający poziom, rangę) *[proces]* of decline, of deterioration [2] Chem., Geol. *[procesy, czynniki]* degradation *attr.*

degrad|ować *impf* **Ⅰ** *vt* [1] (zmniejszać wartość) to undermine, to downgrade; (zmniejszać rangę, poziom) to downgrade, to relegate; **rola artysty w społeczeństwie jest ~owana** the role of the artist in society is undervalued; **takie podejście ~uje człowieka do jednego z wielu gatunków zwierząt** such an approach reduces humankind to the level of just another animal species; **brak wykształcenia ~ował go w jej oczach** his lack of education disqualified him in her eyes ⇒ **zdegradować** [2] (pozbawiać stanowiska) to demote *[żołnierza]*; to downgrade *[pracownika]*; **~ować oficera do stopnia szeregowca** to demote an officer to the rank of private ⇒ **zdegradować** [3] książk. (niszczyć) to degrade *[środowisko]* ⇒ **zdegradować**
Ⅱ degradować się to decline; **~ujące się moralnie społeczeństwo** a morally degenerate a. corrupt society ⇒ **zdegradować się**

degrengola|da *f sgt* książk. moral decay

degustacj|a *f sgt* książk. (ocena) tasting; (kosztowanie) savouring; **~a wina/serów** a wine/cheese tasting; **zaprosiła mnie na ~ę jej pączków** she invited me over to sample a. savour żart. her doughnuts

degustacyjn|y *adi.* książk. tasting *attr.*; **ocena ~a win** a wine tasting

degustato|r *m*, **~rka** *f* książk. taster; **~r win** a wine taster

degust|ować *impf vt* książk. to taste, to sample *[wino, potrawy]*

dehumanizacj|a *f sgt* książk. dehumanization

dehumanizacyjn|y *adi.* książk. *[procesy, wpływ]* dehumanizing

dehumaniz|ować *impf* książk. **Ⅰ** *vt* to dehumanize; **media ~ują ludzką tragedię** the media dehumanize human tragedy ⇒ **zdehumanizować**
Ⅱ dehumanizować się to become dehumanized ⇒ **zdehumanizować się**

deifikacj|a *f sgt* książk. deification

deifik|ować *impf vt* książk. to deify *[zwierzęta, słońce, osobę]*

dei|sta *m* Filoz. deist

deistyczn|y *adi.* Filoz. deistic(al)

de iure /de'jure/ książk. de jure

deizm *m sgt* (*G* **~u**) Filoz. deism

deka **Ⅰ** *n inv.* pot. ten gram(me)s
Ⅱ deka- w wyrazach złożonych Miary deca-; **dekalitr** a decalitre

deka|da *f* książk. [1] (dziesięć dni) ten days; **w pierwszej ~dzie lipca** in the first week or so of July; **w drugiej ~dzie kwietnia** in mid-April, in the middle of April; **w trzeciej** a. **ostatniej ~dzie marca** towards the end of March [2] (dziesięć lat) decade; **w pierwszej/ostatniej ~dzie XX wieku** in the first/final decade of the 20th century [3] (dziesięć tygodni) ten weeks [4] (dziesięć miesięcy) ten months [5] Antycz., Hist. decade

dekadencj|a *f sgt* [1] książk. (schyłek) decadence, decadency; **~a Imperium Rzymskiego** the decline a. fall of the Roman Empire [2] Literat., Szt. (late nineteenth-century) decadence, the Decadent movement

dekadenc|ki *adi.* [1] (schyłkowy) *[nastrój, społeczeństwo]* decadent [2] Literat., Szt. Decadent *attr.*, fin-de-siècle

dekaden|t *m* [1] (pesymista) decadent [2] Literat., Szt. Decadent

dekadentyzm *m sgt* (*G* ~**u**) Literat., Szt. (late nineteenth-century) decadence, the Decadent movement

dekadow|y *adi.* (dziesięciodniowy) *[plan, sprawozdanie]* ten-day *attr.*; (dziesięcioletni) decade *attr.*

dekagram *m* Miary ten grams, ten grammes GB; decagram spec.

dekagramow|y [1] *adi.* ten-gram *attr.*
[1] **-dekagramowy** *w wyrazach złożonych* **dziesięciodekagramowa paczka kawy** a (one-)hundred-grams packet of coffee; **dwudziestodekagramowa porcja sałatki** a two-hundred-gram portion of salad

dekalog *m* (*G* ~**u**) [1] Relig. **Dekalog** the Ten Commandments, the Decalogue; **przestrzegać Dekalogu** to keep the (Ten) Commandments [2] książk. (kodeks) canon, code; ~ **współczesnego prawa** the canons of contemporary law; **zasady żołnierskiego** ~**u** the rules of soldierly conduct, the soldier's code

dekapitalizacj|a *f sgt* Ekon. depreciation; ~**a maszyn/budynków** depreciation of machines/buildings

dekapitaliz|ować *impf* [1] *vt* Ekon. to depreciate *[maszyny, budynki]* ⇒ **zdekapitalizować**
[1] **dekapitalizować się** *[maszyna, urządzenie]* to depreciate ⇒ **zdekapitalizować się**

dekars|ki *adi. [narzędzia]* roofing; **mistrz** ~**ki** a master tiler, a qualified roofing worker; **roboty** ~**kie** roofing works a. jobs

dekarz *m* (*Gpl* ~**y**) roofer, roofing contractor

dek|iel *m* (*Gpl* ~**lów** a. ~**li**) [1] (na koło) hubcap [2] pot. (pokrywka) lid [3] Hist. (czapka) *student's cap with a small peak and embroidered top*

deklamacj|a *f* (*Gpl* ~**i**) [1] (wiersza, utworu) recitation, declamation; ~**a poezji współczesnej** a recital of modern poetry [2] zw. pl. pejor. (frazes) rhetoric *U*

deklamacyjnoś|ć *f sgt* pejor. pompousness

deklamacyjn|y *adi.* [1] *[klub, szkoła, sztuka]* declamatory książk. [2] pejor. (nieszczery) rhetorical, declamatory

deklamato|r *m*, ~**rka** *f* [1] (wiersza, utworu) reciter, declaimer; **znany** ~**r poezji patriotycznej** a known reciter of patriotic verse [2] książk., pejor. (posługujący się frazesami) rhetorician

deklamators|ki *adi.* [1] *[sztuka, umiejętności]* declamatory; ~**kie ozdobniki** stage effects przen. [2] książk., pejor. (nieszczery) *[hasła, ton]* rhetorical, declamatory

deklamatorsko *adv.* książk., pejor. (nieszczerze) rhetorically, declamatorily

deklamatorstw|o *n sgt* książk., pejor. rhetorical a. declamatory a. bombastic style

deklam|ować *impf* [1] *vt* (recytować) to declaim, to recite *[wiersz, utwór]* ⇒ **zadeklamować**

[1] *vi* pejor. (mówić frazesy) to rant, to go on (**o czymś** about sth); to sound off pot. (**o czymś** about sth) ⇒ **wydeklamować**

deklaracj|a *f* (*Gpl* ~**i**) [1] (wyraz woli, poglądów) declaration; ~**a lojalności wobec władz** a declaration of loyalty to the authorities; **różnica między jego publicznymi** ~**ami a prywatnymi poglądami** the difference between his public declarations and his private beliefs [2] (pisemne oświadczenie) declaration; ~**a podatkowa** a declaration of income, tax return; ~**a celna** a customs declaration; **wypełnić/złożyć** ~**ę podatkową** to fill in/submit a. file US an income tax return; **parlamentarzyści zobowiązani są złożyć** ~**ę o stanie majątkowym** members of Parliament are obliged to submit a declaration about their financial status [3] (proklamacja) declaration, proclamation; ~**a niepodległości** a declaration of independence; **wydać** ~**ę** to issue a proclamation a. decree [4] przest. (oświadczyny) proposal; **złożyć komuś** ~**ę** to ask for sb's hand (in marriage)
❏ ~**a akcesyjna** Prawo declaration of accession

deklaracyjn|y *adi. [blankiet, wniosek]* declaration *attr.*

deklaratywizm *m sgt* (*G* ~**u**) książk. declarative character; ~ **przedwyborczych obietnic** the declarative a. declaratory character of pre-election promises

deklaratywnie *adv.* książk. half-heartedly; **wielu** ~ **antykomunistycznych polityków ma komunistyczną przeszłość** many politicians who declare themselves to be anti-communist were at one time communists

deklaratywnoś|ć *f sgt* książk. half-heartedness

deklaratywn|y *adi.* książk., pejor. half-hearted; ~**y charakter obietnic** half-hearted promises

deklar|ować *impf* [1] *vt* [1] (ogłaszać) to declare, to pledge; ~**ować lojalność wobec kogoś** to pledge allegiance to sb; **rząd** ~**uje rozpisanie nowych wyborów** the government declares its intention to call an election ⇒ **zadeklarować** [2] (przeznaczać) to pledge *[datki, dary]*; **każdy z nas** ~**uje coś na rzecz pogorzelców** we've all made pledges to the victims of the fire ⇒ **zadeklarować**
[1] **deklarować się** [1] (przyznawać się) to declare oneself; ~**ował się jako Niemiec/socjalista** he declared himself (to be) a German/socialist; **politycy, którzy wcześniej** ~**owali się po stronie koalicji** politicians who had earlier declared themselves to be for the coalition ⇒ **zdeklarować się** [2] książk. (obiecywać) ~**owała się, że przyjedzie po nas na lotnisko** she promised she would pick us up at the airport ⇒ **zadeklarować się** [3] przest. (oświadczać się) to declare oneself przest.; ~**ować się o czyjąś rękę** to ask for sb's hand (in marriage)

deklasacj|a *f sgt* książk. declassing

deklas|ować *impf* [1] *vt* [1] książk. (obniżać pozycję) to declass; **to małżeństwo** ~**uje go towarzysko** his marriage degrades his

social status ⇒ **zdeklasować** [2] środ., Sport (pokonywać) to outclass *[przeciwnika, rywala]* ⇒ **zdeklasować**
[1] **deklasować się** (tracić pozycję) to be declassed a. déclassé, to lose caste a. (one's) social standing; **w tych trudnych czasach nawet najstarsze rody się** ~**ują** nowadays even the oldest families are losing their social standing ⇒ **zdeklasować się**

deklinacj|a *f* (*Gpl* ~**i**) [1] Jęz. declension *C/U*; ~**a mieszana/żeńska/spółgłoskowa** a mixed/feminine/consonantal declension [2] Astron. declination
❏ ~**a magnetyczna** Geog. magnetic declination, magnetic variation

deklinacyjn|y *adi.* [1] Jęz. *[formy, końcówki]* declensional [2] Astron. declinational

deko *n inv.* → **deka**

dekode|r *m* Techn. decoder
❏ ~**r adresu** Komput. address decoder; ~**r operacji** Komput. operation decoder; ~**r teletekstu** Telekom. teletext decoder

dekod|ować *impf vt* Techn. to decode *[sygnały, informacje]*

dekolonizacj|a *f sgt* książk. decolonization

dekolonizacyjn|y *adi.* of decolonization; **ruchy** ~**e** decolonization movements; **proces** ~**y** process of decolonization

dekol|t *m* (*G* ~**tu**) [1] (wycięcie) neckline, neck; **bluzka z** ~**tem** a low-cut blouse; **sweter z** ~**tem w szpic** a V-neck a. V-necked jumper; **suknia miała głęboki** ~**t z przodu** the dress was cut low at the front a. had a low neckline a. décolletage [2] (część ciała) **krem do pielęgnacji szyi i** ~**tu** cream for the neck and shoulders

dekompon|ować *impf* [1] *vt* książk. to upset, to fragment
[1] **dekomponować się** to disintegrate, to fragment

dekompozycj|a *f sgt* książk. disintegration; ~**a koalicji rządzącej** the break-up of the coalition; ~**a akcji powieści** the disintegration of the plot

dekompozycyjn|y *adi.* książk. disintegrative

dekomunizacj|a *f sgt* Polit. decommunization

dekomunizacyjn|y *adi.* Polit. *[hasła, postulaty]* of decommunization; **polityka/ustawa** ~**a** policy/act of decommunization

dekomuniz|ować *impf* [1] *vt* Polit. to decommunize *[administrację, gospodarkę]* ⇒ **zdekomunizować**
[1] **dekomunizować się** to be decommunized ⇒ **zdekomunizować się**

dekoncentracj|a *f sgt* [1] (uwagi) distraction; **każdy dzwonek telefonu powoduje jego** ~**ę** every time the phone rings it distracts him; **wystarczyła chwila** ~**i i samochód znalazł się w rowie** a moment's distraction sufficed and the car ended up in the ditch; ~**a uwagi** lack of concentration [2] Ekon. decentralization; ~**a przemysłu** decentralization of industry [3] Wojsk. scattering, dispersal

dekoncentr|ować *impf* [1] *vt* [1] (rozpraszać) to distract; **hałas mnie** ~**uje** noise distracts me ⇒ **zdekoncentrować** [2] książk. decentralize *[produkcję, działania]* ⇒ **zdekoncentrować**

III dekoncentrować się to lose (one's) concentration; **on łatwo się ~uje** he's easily distracted ⇒ **zdekoncentrować się**

dekonspiracj|a f sgt unmasking; **chronić agenta przed ~ą** to protect a. shield an agent from exposure a. being discovered; **~a tajnego związku/siatki wywiadowczej** exposure a. unmasking of a secret organization/spy network

dekonspir|ować impf **II** vt to unmask, to expose [szpiega, plany]; **nie chciałem ~ować miejsca spotkania** I didn't want to give away the meeting place a. the meeting place away ⇒ **zdekonspirować**

III dekonspirować się to be unmasked, to be exposed ⇒ **zdekonspirować się**

dekoracj|a f **1** (Gpl ~i) (ozdoby) decoration; **~a świąteczna/stołu** Christmas/ table decoration; **te róże będą bardzo efektowną ~ą** these roses will make a very attractive decoration **2** zw. pl. (Gpl ~i) (teatralna, filmowa) scenery U, decor U; **zmiana ~i** a change of scenery; **ustawić ~e** to build some scenery **3** sgt (odznaczanie) decorating; **prezydent dokonał ~i żołnierzy krzyżami walecznych** the President decorated the soldiers with the Military Cross **4** sgt (ozdabianie) decoration, decorating; **być odpowiedzialnym za ~ę sali** to be responsible for decorating the room

dekoracyjnie adv. decoratively

dekoracyjnoś|ć f sgt decorativeness

dekoracyjn|y adi. **1** (zdobiący) [motywy, sztuka] decorative; [rośliny] ornamental **2** (piękny) decorative, attractive

dekorato|r m, **~rka** f decorator; **~r wnętrz** an interior decorator a. designer; **~r wystaw sklepowych** a window dresser; **~r teatralny** a scene designer

dekorators|ki adi. [prace] decoration attr.; [pracownia] decorator's

dekoratywnoś|ć f sgt książk. decorativeness

dekoratywn|y adi. książk. [element, motyw] decorative

dekor|ować impf vt **1** (ozdabiać) to decorate; **~ować tort czekoladą** to decorate a cake with chocolate; **jej czoło ~owały liście** her forehead was decorated with leaves ⇒ **udekorować** **2** (odznaczać) to decorate, to confer an order on; **~ować żołnierzy medalami za odwagę** to decorate soldiers for bravery; **ceremonia ~owania zwycięzców** the award ceremony ⇒ **udekorować**

dekorowan|y II pp → **dekorować**

II adi. [suknia, tort] decorated (**czymś** with sth)

dek|ować impf **II** vt **1** pot. (ukrywać) to harbour GB, to harbor US [dezertera, zbiega, przestępcę] ⇒ **zadekować** **2** Roln. to mulch [pola, łąki]

III dekować się pot. (ukrywać się) to skulk, to shirk one's duty; (unikać służby wojskowej) to scrimshank GB pot. ⇒ **zadekować się**

dekowni|k m pot., pejor. skulker, shirker; (unikający służby wojskowej) scrimshanker GB pot., draft dodger US pejor.

dekow|y pot. **II** adi. ten-gram attr.

II -dekowy w wyrazach złożonych **dziesięciodekowa paczka herbaty** a (one-)-

hundred-gram packet of tea; **dwudziestodekowy ciężarek** a two-hundred-gram weight

dekre|t m (G ~tu) **1** Polit. decree, edict (**o czymś** of a. on sth); **wydać ~t** to issue a decree a. an edict; **~tem** by decree; **chłopi otrzymali prawa ~tem królewskim** the peasants were granted their rights by royal decree a. an edict **2** Hist. (sądowy) decree; **~t egzekucyjny** an executive decree

delegacj|a f (Gpl ~i) **1** (grupa) delegation, deputation; **~a powitalna** welcoming committee **2** (wyjazd) business trip; **pojechać w** a. **na ~ę** to go on a business trip; **mąż jest w ~i** my husband's away on business **3** pot. (wydatki) expenses; **firma zwróciła mi ~ę** the company reimbursed my expenses

delegacyjn|y adi. [stawki, blankiet] expense account attr.

delegalizacj|a f sgt (partii, organizacji, działalności) banning, making [sth] illegal

delegaliz|ować impf vt to ban, to make [sth] illegal [partie, organizację, działalność]; **~ować handel alkoholem** to prohibit the sale of alcoholic beverages ⇒ **zdelegalizować**

delega|t m, **~tka** f delegate, representative; **wybrać ~tów na zjazd** to elect delegates to the convention; **~t apostolski** the apostolic delegate

delegatu|ra f branch (office)

deleg|ować pf, impf vt **1** (wysyłać) to delegate; **firma ~owała go na rozmowy w sprawie kontraktu** his company delegated a. appointed him to negotiate the contract ⇒ **wydelegować** **2** książk. (przekazywać) to delegate [obowiązki, uprawnienia]; **~ować pracownikom zadania** to delegate responsibilities to the staff

delekt|ować się impf v refl. (smakować) to savour GB, to savor US; (rozkoszować się) to relish; **~ował się winem** he savoured a. relished the taste of the wine; **~ował się francuskimi winami** he delighted in drinking French wines; **~ował się wygraną w wyborach** he was relishing his victory at the election(s)

delfic|ki adi. Mitol. Delphic, Delphian; **wyrocznia ~ka** the Delphic oracle, the Oracle at Delphi

delfin¹ m **1** Zool. dolphin **2** sgt Sport butterfly (stroke) **3** Szt. dolphin

delfin² m Hist. (osoba, tytuł) dauphin

delfinari|um n (Gpl ~ów) dolphinarium

delfin|ek m dem. (zwierzę) (small) dolphin

deli|a f (GDGpl ~i) Hist. fur-lined coat

deliberacj|a f (Gpl ~i) książk. zw. pl. deliberation C/U; **po długich ~ach** after much deliberation

deliber|ować impf vi książk. to deliberate (**nad czymś** on a. about a. over sth); **nie ma o czym ~ować** there's no point deliberating; **można długo ~ować, dlaczego...** one could deliberate endlessly as to why...

delicj|a f (Gpl ~i) **1** zw. pl. (przysmak) delicacy, dainty; **~e!** delicious! **2** (ciastko) Jaffa Cake®

delikates II m (G ~u) zw. pl. przest. delicacy, dainty; **dostała w prezencie**

kosz ~ów she was given a basketful of delicacies

III delikatesy plt (sklep) delicatessen

delikatesow|y adi. **artykuły ~e** delicacies, dainties

delikatnie adv. grad. **1** (taktownie) [postępować, upomnieć] gently; **~ mówiąc** to put a. putting it mildly; **stwierdzenie to, mówiąc ~, wydaje się niepoważne** to put it mildly, this statement sounds ridiculous **2** (uważnie) **~ obchodzić się z czymś** to handle sth with care; **~ przemyć ranę** to wash the wound carefully; **~ otworzyć/ zamknąć drzwi** to open/shut the door gently **3** (nieznacznie) **w oddali ~ rysowały się kontury gór** the soft outlines of the hills/mountains could be seen in the distance; **chusteczka ~ pachniała lawendą** the handkerchief had a delicate scent of lavender; **~ różowa suknia** a dress in a delicate shade of pink **4** (lekko) **w tej sukience wyglądała krucho i ~** she looked delicate and fragile in that dress **5** (o potrawach, napojach) **mięso królika smakuje ~** rabbit meat has a delicate flavour

delikatnoś|ć f sgt **1** (takt) gentleness; **trzeba nie mieć ~ci, żeby go o to nagabywać** it's tactless to question him about that; **przez ~ć nie nawiązywano do jego kłopotów** everybody tactfully refrained from mentioning his troubles **2** (wrażliwość) **~ć psychiczna** sensitivity; **~ć i nieśmiałość młodej dziewczyny** the sensitivity and shyness of a young girl **3** (staranność) **z wielką ~cią rozplątywała stare koronki** she untangled the old lace very carefully **4** (kształtów, barw, światła) softness; **pieczeń zachwyciła ~cią smaku** the roast delighted everybody with its delicate flavour

delikatn|y adi. grad. **1** (taktowny) [osoba, natura] gentle, considerate; **~a ironia/ aluzja** subtle irony/allusion **2** (mało odporny) [zdrowie, budowa ciała] delicate; **~a porcelana** delicate china; **~ą skórę łatwo podrażnić** sensitive skin is easily irritated; **to ~a osoba i łatwo ją zranić** she's sensitive and easily hurt **3** (miły w dotyku) [futro, skóra, materiał] delicate, soft **4** (drobny) **~e rysy twarzy** delicate fine features **5** (słaby) [podmuch, światło, zapach] delicate, soft; **~y meszek/wąsik** fine hair; **~y róż/ fiolet** a delicate (shade of) pink/purple **6** (o smaku) [mięso, wino] delicate **7** (drażliwy) [sprawa, kwestia] delicate **8** [kosmetyki, środki chemiczne] soft; **środek wybielający o ~ym działaniu** a mild bleaching agent

delikwen|t m, **~tka** f pot., żart. rogue pot., rascal pot.; **przyłapać ~tów na gorącym uczynku** to catch the rascals red-handed

delirium n inv. sgt delirium; **być w ~** to be delirious a. in a state of delirium

□ **~ tremens** delirium tremens

delir|ka f pot. (choroba alkoholowa) the DTs pot., the jim-jams pot.

deliryczn|y adi. [stan, przywidzenia] delirious; **zdradzać objawy ~e** to show signs of delirium

del|ta f **1** Geog. (rzeki) delta; **~ta Nilu/ Amazonki** the Nile/Amazon delta; **żyzne**

gleby w ~cie Wisły fertile soil of the Vistula delta [2] Mat. delta [3] Lotn. (układ) delta wing; (samolot) delta-winged aircraft

demago|g m (Npl ~dzy a. ~gowie) [1] pejor. demagogue GB, demagog US [2] Antycz. demagogue

demagogi|a f sgt (GD ~i) pejor. demagoguery, demagogy

demagogicznie adv. pejor. demagogically

demagogiczn|y adi. pejor. [przemówienie, argumenty] demagogic, demagogical

demarkacyjn|y adi. **linia ~a** demarcation line; **obszar ~y** demarcated territory a. demarcation zone

demaskato|r m, ~rka f exposer, unmasker; **~r obłudy** an exposer a. denouncer of hypocrisy; **~r spisku** the exposer of a conspiracy

demaskators|ki adi. [publikacja] revealing; **pasja ~a** a passion for unmasking a. exposing the truth; **~ki artykuł w prasie** an exposé

demaskatorsko adv. **~ napisany artykuł** an article designed to expose the true facts

demaskatorstw|o n sgt unmasking, exposure

demask|ować impf [] vt to unmask, to expose [spisek, przestępcę]; **~ować czyjeś prawdziwe zamiary** to expose a. reveal sb's true intentions; **szyja kobiety ~uje jej wiek** przen. a woman's neck reveals her true age ⇒ **zdemaskować**

[] **demaskować się** to reveal one's true intentions, to reveal oneself in one's true colours ⇒ **zdemaskować się**

demencj|a f sgt książk., Med. dementia; **starcza ~a** senile dementia

dementi n inv. książk. denial, disclaimer; démenti książk.; **złożyć ~** to issue a denial a. disclaimer

dement|ować impf vt książk. to deny [informację, plotki] ⇒ **zdementować**

demilitaryzacj|a f sgt demilitarization

demilitaryzacyjn|y adi. [traktat, pakt] demilitarization attr.

demilitaryz|ować impf vt to demilitarize [obszar, strefę, organizację] ⇒ **zdemilitaryzować**

demiurg m (Npl ~owie) [1] książk. (twórca) (great) master; **~ sztuki filmowej** a great master of the art of film [2] Filoz. demiurge [3] Antycz. (rzemieślnik) craftsman; (urzędnik) demiurg

demiurgiczn|y adi. [cechy, moc] demiurgic(al)

demo [] adi. inv. [kaseta, nagranie, program komputerowy] demo attr.

[] n inv. pot. demo

demobil m (G ~u) pot. army surplus (store a. company); **plecak/jeep z ~u** an army surplus backpack/jeep

demobilizacj|a f (Gpl ~i) [1] Polit. (kraju, gospodarki) demilitarization U [2] Wojsk. demobilization U; demob U GB pot. [3] (marazm) lethargy U; lassitude U książk., torpor U książk.; **ogarnęła mnie całkowita ~a** I was completely overcome by lethargy; **poczuł postępującą ~ę** he felt a growing lassitude

demobilizacyjn|y adi. [1] Polit. demilitarization attr.; **rozporządzenie ~e** demili-

tarization decree [2] Wojsk. demobilization attr.; demob GB pot.; **rozkaz ~y** demobilization orders

demobiliz|ować impf [] vt [1] Wojsk. to demobilize [armię] ⇒ **zdemobilizować** [2] (odbierać gotowość) to dishearten, to discourage [robotników, uczniów, sportowców] ⇒ **zdemobilizować**

[] **demobilizować się** [1] (rozbrajać się) to be demobilized ⇒ **zdemobilizować** [2] (tracić motywację) to become discouraged a. disheartened, to lose motivation ⇒ **zdemobilizować się**

demograf m (Npl ~owie) Socjol. demographer

demografi|a f sgt (GD ~i) Socjol. demography

demograficzn|y adi. Socjol. demographic, demographical

demokracj|a f (Gpl ~i) democracy; **zaprowadzić/wprowadzić ~ę** to introduce/establish democracy; **być zwolennikiem/przeciwnikiem ~i** to be an advocate/an opponent of democracy

❑ **~a bezpośrednia** Polit. direct democracy; **~a ludowa** Polit. people's democracy; **~a parlamentarna** Polit. parliamentary a. representative democracy; **~a socjalistyczna** Polit. socialist democracy; **~a szlachecka** Hist. democracy of the nobility a. nobles; **chrześcijańska ~a** Polit. Christian democracy

demokra|ta m, ~tka f [1] Polit. democrat [2] (członek partii demokratycznej) democrat; (w USA) Democrat

demokratycznie adv. democratically

demokratyczn|y adi. democratic

demokratyzacj|a sgt Polit. democratization

demokratyzacyjn|y adi. [dążności, posunięcia, działania] democratizing

demokratyzm m sgt (G ~u) democratism

demokratyz|ować impf [] vt to democratize ⇒ **zdemokratyzować**

[] **demokratyzować się** [życie polityczne, stosunki społeczne] to become democratized ⇒ **zdemokratyzować się**

demol|ka f pot. (niszczenie) shambles U pot., havoc U; **to kompletna ~ka!** it's a complete shambles!; **czy znów dojdzie do ~ki na stadionie?** is there going to be another riot at the stadium?; **zrobić ~kę w pokoju** to smash up a. demolish a room pot.

demol|ować impf vt to wreck, to smash up; to vandalize [cudzą własność] ⇒ **zdemolować**

demolu|d m (G ~a a. ~a) Hist., pot., pejor. Communist a. Soviet bloc country

demon m [1] Relig. demon, fiend [2] przen. demon; **~ szybkości** a speed fiend pot.

demonicznie adv. demonically, demoniacally, fiendishly; **~ zły** demonically evil

demoniczność f sgt demonic a. demoniac character a. nature, fiendishness

demoniczn|y adi. demonic, demoniac; **z ~ym wyrazem twarzy/śmiechem** with a demonic a. fiendish expression/laugh

demonizacj|a f sgt demonization; **~a komunizmu** the demonization of communism

demonizm m sgt (G ~u) [1] (wiara w złe duchy) demonism [2] (demoniczność) demonic a. demoniac quality

demoniz|ować impf vt to demonize; **~owanie przeciwnika** the demonization of one's opponent; **~owanie choroby** exaggerated fear of a disease; **~owanie trudności** the exaggerating of difficulties

demonologi|a f sgt (GD ~i) demonology

demonologiczn|y adi. demonological

demonopolizacj|a f sgt break-up of a. dismantling (of) monopolies; demonopolization rzad.

demonstracj|a f (Gpl ~i) [1] (uliczna) demonstration; **rozpędzić a. rozegnać a. rozproszyć ~ę** to break up a. disperse a demonstration [2] (niezadowolenia, pogardy) display, demonstration [3] (prezentacja) demonstration, display; **~a wynalazku/urządzenia** the demonstration of a new invention/of new equipment; **~a siły** a show a. display of strength także przen. [4] Wojsk. show

demonstracyjnie adv. (ostentacyjnie) ostentatiously; (jako sprzeciw) in protest

demonstracyjność f sgt ostentatiousness

demonstracyjn|y adi. [1] (ostentacyjny) ostentatious, pointed [2] [okrzyki, hasła, transparenty] protest attr. [3] [sala, egzemplarz] demonstration attr., demonstrational; **tylko do celów ~ych** for demonstrational purposes only

demonstrant m, ~tka f (uczestnik manifestacji) demonstrator

demonstr|ować impf [] vt [1] (prezentować produkt) to demonstrate; **~ować klientowi działanie komputera** to demonstrate a computer for a customer; **modelki ~owały ubiory z nowej kolekcji wiosennej** the models were presenting the new spring collection; **córki ~owały nam swoje nowe ciuchy** our daughters modelled their new outfits for us ⇒ **zademonstrować** [2] (okazywać) to display, to demonstrate; **~ować niechęć wobec kobiet** to display one's aversion to women; **nie powinno się ~ować uczuć** one shouldn't display a. demonstrate one's feelings ⇒ **zademonstrować** [3] (wykazywać) to demonstrate, to display [dobrą formę, umiejętności] ⇒ **zademonstrować**

[] vi (zbiorowo) to demonstrate (**przeciw czemuś** against sth); **~ować w obronie czegoś** to hold a rally a. demonstration in defence of sth; **~ować na cześć zagranicznego gościa** to turn out in crowds to welcome a foreign visitor

demontaż m (G ~u) [1] Techn. disassembly U, dismantlement U; **~ skrzyni biegów** disassembly a. dismantling of the gearbox [2] przen. dismantling U

demontażow|y adi. disassembly attr., dismantlement attr.

demont|ować impf vt [1] Techn. to dismantle, to disassemble [maszynę, urządzenia] [2] przen. to dismantle [system, strukturę] ⇒ **zdemontować**

demoralizacj|a f sgt (moral) corruption, moral decay; **szerzyć ~ę** to spread (moral) corruption

demoraliz|ować impf [] vt to corrupt, to deprave; **bogactwo i sława ~ują** money

and fame corrupt ⇒ **zdemoralizować**
III demoralizować się to become corrupt, to become depraved ⇒ **zdemoralizować się**
demoralizująco adv. **działać/wpływać** ~ to have a corrupting effect/influence
demoralizując|y III pa → **demoralizować**
III adi. (morally) corrupting
dena|r m denar
dena|t m, **~tka** f [1] Prawo the deceased, the victim, the body; (samobójca) suicide (victim); (ofiara zabójstwa) (murder) victim; (ofiara wypadku) (accident) victim; **brakowało obrączki (na palcu) ~ta** the deceased's ring was missing; **kiedy ostatnio rozmawiał pan z ~tką?** when did you last talk to the deceased? [2] pot., żart. (o osobie zmęczonej, pijanej) wreck pot.; **jestem ~t** I'm wrecked pot.
denatura|t m (G **~tu**) methylated spirit(s) U; meths U GB pot.
denerw|ować impf **III** vt to irritate, to annoy; **hałas uliczny mnie ~uje** street noise gets on my nerves; **babka ~owała go swoją hipochondrią** his grandmother's hypochondria was getting on his nerves ⇒ **zdenerwować**
III denerwować się [1] (odczuwać niepokój) to be nervous (**czymś** a. **z powodu czegoś** about sth); (martwić się) to be anxious a. worried (**czymś** about sth); **~owała się (przed) wizytą teściów** she was nervous about her in-laws' forthcoming visit; **~owała się, bo syn nie wrócił na czas** she was anxious a. worried because her son hadn't come home on time; **nie ~uj się** don't get upset; calm down (now) [2] (złościć się) to be irritated a. annoyed (**czymś** by sth) ⇒ **zdenerwować się**
denerwująco adv. irritatingly, annoyingly
denerwując|y III pa → **denerwować**
III adi. [śmiech, zachowanie, głupota] irritating, annoying
denim m (G **~u**) Włók. denim
den|ko n (spód) bottom; (góra) top; (kapelusza) crown
dennie adv. pot. **na imprezie było ~** it was a lousy party pot.
denn|y adi. [1] [zbiorniki, ryby, morena, erozja] bottom attr. [2] pot. (wyjątkowo kiepski) lousy pot., crummy pot.
denominacj|a f sgt Ekon. (currency) denomination; **~a złotego/funta** the redenomination of the zloty/the pound
denty|sta m, **~stka** f dentist; **muszę pójść do ~sty** I have to go to the dentist
dentystyczn|y adi. [fotel] dentist's; [zabieg] dental; **gabinet ~y** a dental surgery GB, a dentist's office US; **nici ~e** dental floss
denuncjacj|a f (Gpl **~i**) denunciation; **złożyć ~ę na kogoś** to denounce sb
denuncjato|r m, **~rka** f informer
denuncjators|ki adi. informer's; **list ~ki** a letter of denunciation; **na podstawie ~kich informacji** on the basis of denunciations
denuncj|ować impf vt książk. to denounce, to inform on; **~ować kolegów** to denounce a. inform on one's friends ⇒ **zadenuncjować**
departamen|t m (G **~tu**) [1] Admin. (dział w

ministerstwie) office, department [2] (ministerstwo) department [3] (jednostka podziału terytorialnego) department
depesz|a f [1] (telegram) telegram, cable, wire US [2] Dzienn. dispatch
depesz|ować impf vi to send a telegram; **~ować do kogoś** to cable a. wire US sb ⇒ **zadepeszować**
depilacj|a f sgt [1] Kosmet. depilation, hair removal; **~a nóg/bikini/pach** leg/bikini (line)/underarm depilation a. hair removal; **~a laserowa** laser depilation [2] (w garbarstwie) depilation
depilacyjn|y adi. [1] Kosmet. depilatory, hair removing; **zabiegi ~e na twarz/ciało** facial/body depilation a. hair removal (treatments); **środki ~e** depilatories [2] (w garbarstwie) depilatory
depilato|r m (kosmetyk) depilatory; (w kremie) depilatory cream; (w aerozolu) depilatory spray; (wosk) depilatory wax; (narzędzie) (electric) depilator
depil|ować impf vt Kosmet. to depilate; **~ować włosy pod pachami** to depilate one's underarms, to remove (one's) underarm hair ⇒ **wydepilować**
depon|ować impf vt książk. to deposit; **~ować pieniądze w banku** to deposit money in a bank; **~ować testament u adwokata** to file a. deposit one's will with an attorney ⇒ **zdeponować**
deportacj|a f (Gpl **~i**) [1] Admin., Polit. deportation [2] Hist. (zesłanie) deportation, transportation
deportacyjn|y adi. [1] Admin., Polit. deportation attr.; **postępowanie ~e** deportation proceedings [2] Hist. deportation attr., transportation attr.; **do Australii przybyli statkiem ~ym** they came to Australia on a (convict) transport ship
deport|ować impf vt to deport; **~owanie nielegalnych imigrantów** the deportation of illegal immigrants
deportowan|y III pp → **deportować**
III m Admin., Polit. deportee
depozy|t m (G **~tu**) [1] Fin. deposit [2] (oddany na przechowanie) deposit; **odebrał swój ~t** he picked up the item(s) he'd left on deposit a. for safe keeping [3] (przechowanie) (safe) deposit; **oddał klejnoty do ~tu w banku** he put the jewels in safe deposit at the bank
❑ ~t sądowy escrow deposit
depozytow|y adi. [kwit, bank] deposit attr.
deprawacj|a f sgt książk. (moral) corruption; depravation książk.; **~a nieletnich** Prawo corruption a. depravation of minors
depraw|ować impf **III** vt to corrupt; to deprave książk. ⇒ **zdeprawować**
III deprawować się to become corrupt a. depraved ⇒ **zdeprawować się**
deprecjacj|a f sgt książk. depreciation
❑ ~a pieniądza Ekon. currency depreciation
deprecjon|ować impf vt książk. to deprecate, to belittle; **~ować czyjś dorobek naukowy** to deprecate a. belittle sb's scientific a. scholarly achievements
depresj|a f (Gpl **~i**) [1] Astron., Ekon., Geog., Med. depression [2] Mat. **kąt ~i** angle of depression [3] Meteo. depression, low-pressure area

❑ ~a cykliczna Med. cyclical depression; **~a poporodowa** Med. post-natal depression, PND; baby blues pot.; **~a reaktywna** Med. reactive depression; **~a sezonowa** Med. seasonal affective disorder, SAD; **~a tektoniczna** Geol. tectonic depression
depresyjnie adv. depressively
depresyjn|y adi. [1] Med. depressive; **nastrój ~y** a depressive mood [2] Ekon. depressive; **koniec okresu ~ego** the end of a period of depression [3] Geog. **lej ~y** cone of depression
deprym|ować impf książk. **III** vt [1] (odbierać optymizm) to demoralize, to dispirit [2] (wywoływać zakłopotanie) to make [sb] feel uncomfortable, to discomfit; **~ował mnie jego sztuczny uśmiech** his artificial smile made me uncomfortable
III deprymować się to become discouraged a. demoralized
deprymująco adv. książk. **działać na kogoś** ~ to have a demoralizing a. dispiriting effect on sb
deprymując|y III pa → **deprymować**
III adi. książk. depressing, demoralizing; **~y widok** a depressing sight; **mieszkanie robiło ~e wrażenie** the flat was a depressing sight
dep|tać impf (**~czę** a. **~cę**) vt [1] (przygniatać) to tread (**coś** a. **po czymś** on sth); **nie ~tać trawników!** keep off the grass!; **~tać komuś po nogach** to step a. tread on sb's toes [2] przen. to trample on; **~tać prawa obywateli** to trample on the rights of citizens ⇒ **zdeptać**, **podeptać** [3] (chodzić) **~tać szlaki turystyczne** to follow the tourist trails; **~tać miejskie bruki** to walk the city streets [4] (zostawiać brudne ślady) to dirty; **~tać dywan zabłoconymi butami** to tread mud onto the carpet [5] Zool. (zapładniać) to tread
■ ~tać komuś po piętach (tropić) to be hot on sb's heels, to be breathing down sb's neck; (znajdować się tuż za) to be close on sb's heels
deptak m (G **~a** a. **~u**) pot. promenade, boardwalk US
deputacj|a f (Gpl **~i**) przest. deputation
deputa|t m (G **~tu**) part of wages paid to workers in kind
deputatow|y adi. provided in kind as part of one's wages
deputowan|y m, **~a** f Polit. deputy; **~y do Parlamentu Europejskiego** Member of the European Parliament, MEP
de|ra f augm. (futrzana) rug; (końska) horse blanket
deratyzacj|a f sgt pest control, rat extermination
deratyzacyjn|y adi. pest control attr.
derbow|y adi. [1] Wyś. Kon. [wyścig, gonitwa, koń] Derby attr. [2] Sport **spotkanie ~e** match
derby n inv. [1] Wyś. Kon. Derby [2] Sport (w piłce nożnej) local derby
deresz m roan
der|ka f (w saniach, powozie) lap rug; (dla konia) horse blanket; (stary koc lub narzuta) blanket
derkacz m Zool. corncrake
derm|a f leatherette
dermatolo|g m dermatologist
dermatologi|a f (G **~i**) dermatology

D

dermatologicznie *adv.* dermatologically
dermatologiczn|y *adi. [leki, leczenie]* dermatological; *[szpital, klinika]* dermatology *attr.*
derwisz *m (Gpl ~y)* Relig. dervish
desan|t *m (G ~tu)* Wojsk. [1] (operacja wojskowa) landing; **dokonać ~tu** to make a landing; **~t lotniczy/morski** an air/a sea landing [2] (oddziały) landing force; **~t spadochronowy** a paratroop drop
desantow|y *adi.* Wojsk. *[oddziały, sprzęt]* assault *attr.*, landing *attr.*; *[okręt]* assault *attr.*; **barka ~a** a landing craft; **wojska ~e** assault a. landing troops a. forces
desecz|ka *f dem.* [1] (kawałek drewna) small plank, small board [2] (do krojenia) (chopping) board
□ **~ka tkacka** Techn. ≈ a primitive loom
■ **w ~kę** first-class, top-rate; **bawiłem się w ~kę** I (really) had a ball a. a whale of a time
deseniow|y *adi. [haft, tkanina]* patterned
dese|ń *m (G ~niu* a. *~nia)* [1] (ozdobny wzór) pattern, design; **geometryczny/kwiatowy ~ń** geometric a. geometrical/floral pattern [2] przest. (wzór, szablon) pattern
■ **w ten ~ń** pot. like that
dese|r *n (G ~ru)* dessert, pudding GB; **co będzie na ~r?** what's for dessert a. pudding?
deser|ek *m dem. (G ~ku)* dessert, pudding GB
deserow|y *adi.* dessert *attr.*; **talerzyki ~e** dessert plates
desinteressement /ˌdezēteres'mā/ *n inv.* [1] (obojętność) indifference; **okazać/wyrazić swoje ~ dla czegoś** to be indifferent to sth [2] Polit. renunciation a. lack of interest; **Polska zgłosiła swoje ~ w sprawie unii Białorusi z Rosją** Poland announced that it had no interest a. was disinterested in the matter of a union between Belorus and Russia
des|ka *f* [1] (kawałek drewna) plank, board; **~ka podłogowa** a floorboard [2] (do krojenia) (chopping) board; **~ka do chleba/serów** a breadboard/cheeseboard [3] pot. (narta) ski; (deskorolka) skateboard; (snowbordowa) snowboard; **jeździć na ~kach** to ski; **jeździć na ~ce** to skateboard/snowboard
□ **~ka do prasowania** ironing board; **~ka kreślarska** drawing board; **~ka okorkowa** Techn. slab, flitch; **~ka rozdzielcza** control panel; **~ka sedesowa** toilet seat; **~ka surfingowa** Sport surfboard; **~ka windsurfingowa** Sport surfboard
■ **zabity ~kami** pot. in the sticks pot., out in the boondocks US pot.; **kąt zabity** a. **dziura zabita ~kami** the back of beyond a. of nowhere pot.; **~ki sceniczne** a. **teatralne** książk. the stage; the boards pot.; **cztery ~ki** pot. (trumna) wooden overcoat pot.; **do grobowej ~ki** pot. till death, to the end of one's days; **ostatnia/jedyna ~ka ratunku** sb's only/last hope a. resort; **przeczytać coś od ~ki do ~ki** to read sth from cover to cover
deskorol|ka *f* skateboard; **jeździć na ~ce** to ride a skateboard; **mistrz ~ki** a skateboard champion
deskow|y *adi. [pomost]* made of boards a. planks

deskrypcj|a *f (Gpl ~i)* książk., Log. description
deskrypcyjn|y *adi.* książk. descriptive
deskryptywnie *adv.* książk. descriptively
deskryptywn|y *adi. [gramatyka, etyka]* descriptive
despek|t *m (G ~tu)* przest. slight; **uczyniłeś mi ~t swoim zachowaniem** I was offended by your behaviour
desperacj|a *f sgt* desperation, despair; **z ~ą/w ~i** *[zrobić, powiedzieć]* in a. out of despair a. desperation
desperac|ki *adi. [zachowanie, działanie, decyzja, krok]* desperate; **po ~ku** *[walczyć, bronić się]* desperately
desperacko *adv.* desperately
despera|t *m,* **~tka** *f* a desperate man/woman; **tylko ~t zgodziłby się na takie warunki** you'd have to be really desperate to agree to those terms
desper|ować *impf vi* to despair (**z powodu czegoś** of sth)
despo|ta *m,* **~tka** *f* [1] Polit. despot [2] (człowiek bezwzględny) despot; **mąż/szef ~ta** a despot of a husband/boss
despotycznie *adv.* despotically
despotyczność|ć *f sgt* [1] Polit. despotism [2] (bezwzględność) despotic behaviour; **musieli znosić ~ć nauczycieli** they had to put up with the teachers' domineering attitude
despotyczn|y *adi.* despotic
despotyzm *m (G ~u)* despotism
dessous /de'su/ *n inv.* książk. (ladies') underwear *sgt*
destabilizacj|a *f sgt* destabilization
destabilizacyjn|y *adi.* książk. destabilizing
destabiliz|ować *impf vt* książk. to destabilize; **~owanie spokoju społecznego** undermining the social order ⇒ **zdestabilizować**
destrukcj|a *f (Gpl ~i)* (zniszczenie) destruction; (rozpad) disintegration; (rozprężenie) disruption; Chem. decomposition, dissociation
destrukcyjnie *adv. [działać]* destructively
destrukcyjność|ć *f sgt* (krytyki) destructiveness; (zachowania) disruptiveness
destrukcyjn|y *adi. [wpływ, działalność, czynnik]* destructive, disruptive; **masz ~y wpływ na klasę** you are a disruptive influence in class
destruktywny → **destrukcyjny**
destylacj|a *f sgt* distillation
□ **~a frakcyjna** Chem. fractional distillation; **sucha ~a** Chem. dry a. destructive distillation
destylacyjn|y *adi. [aparatura, kocioł, piec]* distillation *attr.*
destyl|ować *impf vt* Chem. distil GB, distill US; **~owanie** distillation ⇒ **przedestylować**
destylowan|y *pp* → **destylować**
adi. distilled; **woda ~a** distilled water
desu → **dessous**
desus|y *plt (G ~ów)* pot. żart. undies pot.
desygnacj|a *f (Gpl ~i)* książk. designation; **jego ~a na premiera** his designation as premier
desygna|t *m (G ~tu)* Jęz., Log. designatum
desygn|ować *pf, impf vt* książk. to designate; **~ować kogoś na ministra/członka**

zarządu to designate sb as minister/a member of the board
deszcz *m (G ~u)* [1] rain; **~ wiosenny** spring shower; **~ przelotny** shower; **~ ze śniegiem** sleet; **ulewne ~e/ulewny ~** heavy a. pouring rain; **zacinający ~** driving rain; **cały dzień padał ~** it rained all day; **zbiera się** a. **zanosi się na deszcz** it looks like rain [2] przen. (obelg, pochwał) shower, flood; (łez) flood; **spadł na niego ~ pochwał/obelg** they lavished praise on him/heaped insults on him
□ **~ zenitalny** Meteo. tropical rain; **kwaśne ~e** Ekol. acid rain
■ **spaść z ~em** to turn up unexpectedly; **trafić z ~u pod rynnę** to fall out of the frying pan into the fire pot.; **z dużej chmury mały ~** the whole thing amounts to nothing, a lot of fuss over nothing
deszczowni|a, **~ca** *f (Gpl ~,* **~c)** Techn. sprinkler
deszczowo *adv.* rainy; **było zimno i ~** it was cold and rainy; **maj zapowiada się ~** it looks as though we're going to have a wet May
deszczow|y *adi. [dzień, jesień, niebo]* rainy; **chmury ~e** rain clouds; **woda ~a** rainwater
deszczów|ka *f sgt* [1] (woda deszczowa) rainwater [2] (rura) rainwater drain
deszczuł|ka *f* slat
□ **~ki posadzkowe** Budow. parquet blocks, woodblocks
deszczyk *m dem. (G ~u)* drizzle
deszyfr|ować *impf* to decode *[depeszę, komunikat]*
detal *m (G ~u)* [1] (szczegół) detail; **opowiedzieć coś ze wszystkimi ~ami** to go into all the details; **oszczędź mi ~i** spare me the details; **nie wdawaj się w ~e** don't go into details [2] Archit. detail [3] pot. Handl. retail; **cena pelargonii w ~u** the retail price of geraniums [4] (drobny przedmiot) **~e** bits and pieces, bits and bobs
detalicznie *adv.* Handl. *[sprzedawać, kupować]* retail
detaliczn|y *adi.* Handl. *[handel, sprzedaż]* retail *attr.*; **punkt sprzedaży ~ej** a retail outlet; **cena ~a tego modelu wynosi 1500 złotych** this model retails at 1,500 zlotys
detali|sta *m* Handl. retailer
detekto|r *m* [1] Fiz. detector, detecter [2] Radio demodulator
detektyw *m* (w policji) detective; (prywatny) private detective; private investigator US; **wynająć prywatnego ~a** to hire a private detective
detektywistyczn|y *adi.* [1] *[praca, talent]* investigative; *[agencja]* detective *attr.* [2] *[powieść]* detective *attr.*
detergen|t *m (G ~tu)* Chem. detergent
determinacj|a *f sgt* [1] (zdecydowanie) determination, resoluteness; **z ~ą dążyć do celu** to pursue an aim doggedly; **mieć w sobie dużo odwagi i ~i** to have a lot of courage and determination [2] (rezygnacja) resignation [3] Biol. determinate growth, determination [4] Filoz. determination

D

❏ **~a płci** Biol. sex determination; **~a rozwojowa** Biol. developmental determination

determinan|t *m*, **~ta** *f* (*G* **~tu, ~ty**) ① (czynnik) determinant ② Biol., Mat. determinant

deterministyczn|y *adi.* Filoz. deterministic

determinizm *m* (*G* **~u**) Filoz. determinism

❏ **~ środowiskowy** Socjol. environmental determinism; **~ techniczny** a. **technologiczny** Socjol. technical a. technological determinism

determin|ować *impf vt* książk. to determine ⇒ **zdeterminować**

detonacj|a *f* (*Gpl* **~i**) ① (dźwięk) explosion ② (wybuch) explosion, detonation ③ Chem. detonation ④ Techn. (w silniku) detonation

detonato|r *m* detonator

deton|ować *impf* **Ⅰ** *vt* ① (powodować eksplozję) to detonate, to set off *[bombę, ładunek wybuchowy]* ⇒ **zdetonować** ② książk. (onieśmielać) to disconcert, to put [sb] out; **~owały go ironiczne uśmieszki na ich twarzach** he was put off a. out by the smirks on their faces ⇒ **zdetonować**
Ⅱ *vi* ① *[materiał wybuchowy]* to explode, to detonate ⇒ **zdetonować** ② Muz. to sing/play out of tune

detronizacj|a *f sgt* Polit. dethronement, deposition

detronizacyjn|y *adi.* dethronement *attr.*

detroniz|ować *impf vt* ① (pozbawić władzy) to dethrone *[monarchę]*; to depose *[dyktatora]* ⇒ **zdetronizować** ② przen. to supersede, to dethrone ⇒ **zdetronizować**

develope|r /deve'loper/ *m* developer

developers|ki /develo'perski/ *adi.* *[firma]* development *attr.*

dewaluacj|a *f sgt* ① Ekon., Fin. devaluation; **~a złotówki** devaluation of the zloty ② przen. debasement; **~a słów** (the) debasement of the meaning of words; **~a zasad moralnych** the debasement of moral values

dewaluacyjn|y *adi.* devaluation *attr.*

dewalu|ować *impf* **Ⅰ** *vt* ① Ekon. to devalue, to devaluate *[walutę]* ⇒ **zdewaluować** ② książk., przen. to devalue; **życie ~owało jego ideały** life has devalued his ideals ⇒ **zdewaluować**
Ⅱ **dewaluować się** to become devalued ⇒ **zdewaluować się**

dewastacj|a *f* (*Gpl* **~i**) (dóbr kulturalnych, gospodarki) devastation *U*

dewastacyjn|y *adi.* destructive

dewast|ować *impf vt* to vandalize, to destroy *[wagony, ławki, budkę telefoniczną]*; to devastate, to destroy *[lasy]* ⇒ **zdewastować**

dewetyn|a *f* doeskin

dewiacj|a *f* (*Gpl* **~i**) ① (zachowanie) deviation *U*, deviant behaviour *U* ② (magnetyczna) deviation *U*

dewiacyjn|y *adi.* książk. *[zachowanie]* deviant

dewian|t *m* deviant; (seksualny) pervert

dewiz|a *f* **Ⅰ** *f* (zasada postępowania) motto
Ⅱ dewizy *plt* ① Fin. foreign currency *U*; **handel ~ami** foreign exchange dealings ② pot. (twarda waluta) hard currency *U*

dewiz|ka *f* watch chain, fob; **zegarek z ~ką** watch and chain, fob watch

dewizow|iec *m* pot. ① przest. (Polak) ≈ foreign currency account holder ② *a visitor to Poland using foreign currency to cover the cost of his stay*

dewizow|y *adi.* Fin. *[gospodarka, polityka]* foreign exchange *attr.*; *[konto, dochody, wydatki]* foreign currency *attr.*; **klient/turysta ~y** client/tourist paying in hard currency; **wpływy ~owe** foreign exchange revenues, foreign exchange income

dewocj|a *f sgt* sanctimoniousness książk., pejor.; pietism książk.

dewocjonali|a *plt* (*G* **~ów**) Relig. devotional items a. objects

dewocyjn|y *adi.* *[pobożność, religijność]* sanctimonious książk., pejor.; churchy pot., pejor.

dewo|t *m*, **~tka** *f* (religious) bigot pejor.; pietist książk.

dez- *w wyrazach złożonych* dis-

dezabil *m sgt* (*G* **~u**) przest., żart. déshabillé, dishabille; **w ~u** in a state of undress

dezaktualizacj|a *f sgt* książk. **ulec ~i** to become outdated a. outmoded

dezaktualiz|ować *impf* książk. **Ⅰ** *vt* to cancel out; **fizyka Einsteina ~uje fizykę klasyczną** Einsteinian physics superseded classical physics ⇒ **zdezaktualizować**
Ⅱ dezaktualizować się to become outdated a. irrelevant ⇒ **zdezaktualizować się**

dezaproba|ta *f sgt* książk. disapprobation książk.; disapproval; **z ~tą** *[patrzeć, słuchać]* disapprovingly, reprovingly; **wyrazić (swoją) ~tę dla czegoś/wobec kogoś** to express (one's) disapproval of sth/sb; **pełen ~ty** disapproving, reproving; **przyglądał się im pełen ~ty** he watched them with a look of thorough disapproval

dezaprob|ować *impf vt* książk. to disapprove (*coś* of sth); to deprecate książk.; **~ować czyjeś zachowanie/decyzje** to disapprove of sb's behaviour/decisions

dezawu|ować *impf vt* książk. to disavow książk.; to disown, to repudiate; **~ować czyjeś publiczne wystąpienie** to repudiate sb's public statement ⇒ **zdezawuować**

dezercj|a *f* (*Gpl* **~i**) Wojsk. desertion także przen.; **~a z frontu** desertion from the front (line)

dezerte|r *m* Wojsk. deserter

dezerter|ować *impf vi* Wojsk. to desert także przen.; **~ować z wojska/z pola bitwy** to desert (from) the army/from the battlefield; **chcesz ~ować teraz, gdy masz szansę wygrać proces?** do you want to back out now that you have a chance of winning the case? ⇒ **zdezerterować**

dezertes|ki *adi.* Wojsk. deserter *attr.*; **grupa ~a** a group of deserters

dezinformacj|a *f* (*Gpl* **~i**) książk. ① *sgt* (wprowadzenie w błąd) misinformation ② (*Gpl* **~i**) (nieprawda) disinformation *U*; **artykuł pełen ~i** an article spreading disinformation

dezinformacyjn|y /,dezinforma'tsıjnı/ *adi.* książk. *[działania, techniki]* disinformation *attr.*

dezinform|ować /,dezinfor'movate/ *impf vt* książk. to misinform *[opinię publiczną, prasę]*

dezintegracj|a /,dezinte'gratsja/ *f* (*Gpl* **~i**) ① książk. (rozkład) disintegration ② Geol. disintegration

❏ **~a psychiczna** Psych. psychological disintegration; **~a społeczna** Socjol. social disintegration

dezintegracyjn|y /,dezintegra'tsıjnı/ *adi.* książk. *[czynniki, objawy, proces]* disintegration *attr.*

dezintegr|ować /,dezinte'grovate/ *impf vt* to disintegrate *[grupę, środowisko, społeczeństwo]* ⇒ **zdezintegrować**

dezintegrująco /,dezintegru'jontso/ *adv.* książk. **działać/wpływać ~ na coś** to have a disintegrating effect on sth

dezintegrując|y /,dezintegru'jontsı/ **Ⅰ** *pa* → **dezintegrować**
Ⅱ *adi.* książk. *[czynniki, wpływ]* disintegrative

dezodoran|t *m* (*G* **~tu**) ① (kosmetyk) deodorant, antiperspirant; **~t intymny** feminine deodorant; **~t do ciała** body spray; **~t do ust** breath freshener; **~t do stóp** foot deodorant a. spray; **~t w sztyfcie** deodorant stick; **~t w kulce** roll-on deodorant; **stosować ~t** to use a. apply a deodorant ② (do odświeżania powietrza) airfreshener

dezorganizacj|a *f sgt* disruption, disorganization; **~a państwa/armii/gospodarki** disruption of the country/within the army/of the economy; **~a ruchu drogowego wywołana śnieżycą** disruption to road traffic a. traffic disruption(s) caused by a snowstorm

dezorganiz|ować *impf* **Ⅰ** *vt* to disrupt, to disorganize *[pracę, życie, gospodarkę]* ⇒ **zdezorganizować**
Ⅱ dezorganizować się to become disorganized a. disrupted ⇒ **zdezorganizować się**

dezorientacj|a *f sgt* ① książk. (brak orientacji) disorientation; (błędne przekonanie) confusion; **to tylko dowodzi jego zupełnej ~i w przepisach celnych** it only proves his total confusion about a. over customs regulations ② Psych. (state of) confusion

dezorient|ować *impf* **Ⅰ** *vt* to disorientate, to confuse ⇒ **zdezorientować**
Ⅱ dezorientować się to become disorientated, to get confused ⇒ **zdezorientować się**

dezydera|t *m* (*G* **~tu**) książk. demand; desideratum książk.; **przedstawić/przyjąć/odrzucić ~ty** to make/accept/reject demands a. requests

dezynfekcj|a *f sgt* disinfection

dezynfekcyjn|y *adi.* disinfection *attr.*; **komora ~y** decontamination chamber; **środki ~e** disinfectants

dezynfek|ować *impf vt* to disinfect ⇒ **zdezynfekować**

dezynsekcj|a *f sgt* pest control, extermination of insects

dezynsekcyjn|y *adi.* pest control *attr.*; **środki ~e** pesticides

dezynwoltu|ra *f sgt* książk. casualness, offhand manner; **odnosić się do kogoś** a. **traktować kogoś z ~rą** to treat sb offhandedly

dębczak m [1] (młody dąb) oak sapling [2] (kij dębowy) oak stick

dębi|eć impf (~eje, ~ał) vt [1] pot. (ze zdziwienia) to be struck dumb ⇒ **zdębieć** [2] (o potrawach) to get stale ⇒ **zdębieć**

dębin|a f [1] (las) oak wood, oak forest [2] sgt (drewno) oakwood [3] sgt (gałąź) oak, oak leaves

dębow|y adi. [las, aleja] oak attr. [stół, klepka] oaken, oak attr.

dęt|ka f [1] (rowerowa, samochodowa) (inner) tube; **przebić ~kę** to get a puncture a. flat tyre; **zmienić ~kę** to replace an inner tube [2] (w piłce) bladder [3] pot. (osoba zmęczona) **po tym sprzątaniu jestem ~ka** I'm done in after this cleaning [4] (ignorant) pot. **z matmy jestem ~ka** I'm really lousy at maths

dętologi|a f (GD ~i) sgt żart. overblown style

dęt|y adi. [1] (napełniony powietrzem) [piłka, materac] inflated; **instrument dęty** wind instrument [2] pot. (pozbawiony wartości) inflated; **dęte przemówienie** overinflated speech [3] pot. (zarozumiały) presumptuous; **ależ z niego dęty facet!** what a presumptuous guy!

diabelnie adv. pot. [ciężki, nudny, sprytny] devilishly, awfully; **~ mi się to podoba** I really like that; **~ mi to smakuje** it tastes awfully good pot.

diabeln|y adi. pot. [przemyślność, zdolności] stupendous; [kłopoty, zimno, pech] infernal; **mieć ~e szczęście** to have the devil's own luck

diabels|ki adi. [1] (dotyczący diabła) [ogon, rogi] devil's; [moc, sztuczka, siła] devilish [2] pot. (ogromny, straszny) infernal; **co za ~ki hałas!** what an infernal row!
■ **~ki młyn** big wheel, Ferris wheel; **~kie nasienie** a. **~ki pomiot** pot., obraźl. devil's spawn przest.

diabelsko adv. [1] (jak diabeł) devilishly, fiendishly; **uśmiechnął się ~** he smiled fiendishly a. devilishly [2] pot. (ogromnie, strasznie) horribly, terribly; **~ czarujący/przystojny** awfully charming/terribly good-looking

diabelstw|o n [1] sgt (diable cechy) devilishness [2] pot. abomination, infernal contraption; **uważaj, to ~o zaraz wybuchnie!** watch out! that infernal contraption's about to explode!

diab|eł m (D ~łu, Npl ~li a. ~ły) [1] (upadły anioł) devil; **wierzyć w ~ły** to believe in evil spirits; **zapisać** a. **zaprzedać duszę ~łu** to sell one's soul to the devil; **~eł go opętał** a. **~eł w niego wstąpił** he's acting as if possessed by the Devil a. as if the Devil has got into him; **nie ma i już, ~eł ogonem nakrył** it's just disappeared, vanished into thin air; **sam ~eł** a. **żaden ~eł nie zrozumie/nie znajdzie** the Devil himself wouldn't understand it/find it; **niech cię/go/to ~li porwą** a. **wezmą** pot. to hell with you/him/it [2] przen. little fiend; **to dziecko to istny ~eł** a. **to ~eł wcielony!** this child is the/a devil incarnate!; **ten ~eł mało jej nie udusił** the little fiend nearly strangled her; **ten ~eł, nauczył się angielskiego w trzy miesiące!** the clever devil managed to learn English in just three months
❏ **~eł tasmański** Zool. Tasmanian devil

■ **do ~ła (i trochę)** pot. (bardzo dużo) heaps pot.; lots; **do ~ła z nim/tym!** pot. to hell with him/it!; **co do ~ła** a. **u ~ła tu robisz?** pot. what the hell are you doing here?; **kim ty do ~ła** a. **u ~ła jesteś?** pot. who the hell are you?; **na ~ła** a. **po (kiego) ~ła?** pot. what the devil?, what the hell?; **po (kiego) ~ła ci ten zepsuty rower?** what the devil do you need that broken bike for?; **po ~ła się wtrącasz?** why the devil a. hell are you interfering?; **ni ~ła nie można zrozumieć** pot. the Devil himself wouldn't understand; **za ~ła nie chciał powiedzieć/podpisać** pot. he refused point-blank to say/sign; **~ła tam!** pot. damn!; **jeden ~eł** pot. same thing; **on czy jego brat, jeden ~eł** him, or his brother, makes no difference!; **ki** a. **jaki ~eł?** pot. who the hell?; **ki ~eł o tej porze?** who the hell can that be at this time of night?; **idź do ~ła** a. **do stu ~łów** a. **w ~ły** pot. go to hell!, to hell with you!; **mieć ~ła za skórą** to be totally unbearable; **posłać kogoś do ~ła** a. **do stu ~łów** a. **w ~ły** to tell sb to go to hell; **rzuć do ~ła** a. **w ~ły tę robotę!** pot. ditch the job!; **~eł go/ją podkusił** a. **~li go/ją podkusili** what the hell possessed him/her to...; **~li ją nadali** a. **~li ją przynieśli** pot. what a damn nuisance; **~li (go) wiedzą** pot. who the hell knows; **~li go/ją wiedzą kto/gdzie/jak** pot. who the hell knows who/where/how; **jak (wszyscy) ~li** a. **jak sto ~łów** pot. as hell; **być złym jak sto ~łów** to be absolutely furious; to be on the warpath pot.; **on jest ~ła wart/to jest ~ła warte** pot. he's/it's totally worthless; **tam, gdzie ~eł mówi dobranoc** in the middle of nowhere; **~eł tkwi w szczegółach** the devil's in the detail; **co nagle, to po ~le** przysł. more haste, less speed; **gdzie ~eł nie może, tam babę pośle** przysł. ≈ where the Devil cannot go himself, he sends a woman; **jak się człowiek spieszy, to się ~eł cieszy** przysł. more haste, less speed; **nie taki ~eł straszny (jak go malują)** przysł. the devil's not so black as he is painted

diabeł|ek m (Npl ~ki) [1] dem. (złośliwy duszek) imp, little fiend [2] żart. (psotne dziecko) little devil

diabetolo|g m (Npl ~dzy a. ~gowie) Med. diabetes specialist

diabetologi|a f sgt (GD ~i) Med. treatment of diabetes

diabetologiczn|y adi. [oddział, klinika] diabetes attr.

diabety|k m Med. diabetic; **potrawy dla ~ków** diabetic dishes

diabl|ę n (~ątko dem.) (G ~ęcia) little devil, imp także przen.

diabl|i adi. przest. [ogon, czary] devil's; [urok, spryt] devilish; **~e szczęście** the devil's own luck

diablic|a f (uosobienie zła) she-devil; przen. (sekutnica) shrew, hag

diablik m imp

diablo adv. pot. (bardzo) [trudny, przystojny] fiendishly, deuced; **to mnie ~ nudzi** that bores me to tears; **to ~ daleko** it's a hell of a long way; **to ~ mało** it's precious little

diabolicznie adv. książk. diabolically; **jego oczy lśniły ~** he had a wicked gleam in his eye

diaboliczn|y adi. książk. [1] (diabelski) infernal; **motywy ~e w literaturze/malarstwie** satanic motives in literature/art [2] (przebiegły) [uśmiech, spojrzenie, pomysł] infernal

diadem m (G ~u) [1] (korona) diadem [2] (ozdoba) circlet, tiara; **~ z pereł** a tiara encrusted with pearls

diagno|sta m [1] (lekarz) diagnostician [2] przen. analyst

diagnostyczn|y adi. Med.,Techn. diagnostic; **sprzęt ~y** diagnostic tools; **badania ~e** diagnostic tests

diagnosty|ka f sgt [1] Med. diagnostics [2] Techn. diagnostic testing

diagnoz|a f [1] Med. diagnosis; **postawić właściwą/błędną ~ę** to make a correct/incorrect diagnosis [2] książk., przen. evaluation, assessment; **to celna ~a sytuacji politycznej w kraju** that's an excellent assessment of the country's political situation

diagnoz|ować impf vt [1] Med. to diagnose [pacjenta, chorobę]; **nowa metoda ~owania raka** a new method for diagnosing cancer ⇒ **zdiagnozować** [2] (oceniać) evaluate; **~ować sytuację** to assess a. evaluate a/the situation ⇒ **zdiagnozować**

diagonal m (G ~u, Gpl ~i a. ~ów) Włók. diagonal

diagonalnie adv. książk. [ustawić, przesunąć] diagonally

diagonaln|y adi. książk. [kompozycja, linie] diagonal

diagram m (G ~u) [1] (wykres) diagram, graph; **~ wahań temperatury** a graph of temperature changes [2] (krzyżówka) grid; **wpisać litery do ~u** write the letters in the squares

dia|k m Relig. (psalmista) psalmist, reader; (sługa cerkiewny) sacristan, cleric

diakon m Relig. deacon

dialek|t m (G ~tu) dialect; **~ty ludowe** regional dialects; **mówić ~tem śląskim** to speak in the dialect of Silesia, to speak the Silesian dialect

dialektaln|y adi. dialectal; dialectual rzad.; **różnice ~e** dialectal differences; **cechy ~e** dialectal characteristics

dialektolo|g m (Npl ~dzy a. ~gowie) Jęz. dialectologist

dialektologi|a f sgt (GD ~i) Jęz. dialectology; **~a historyczna** historical dialectology

dialektologicznie adv. dialectically

dialektologiczn|y adi. [badania, prace, zapisy] dialectological

dialektycznie adv. [myśleć, rozpatrywać] dialectically

dialektyczn|y adi. [1] (oparty na dialektyce) dialectical [2] przest. (dialektowy) [różnice, cechy] dialectal

dialekty|k m [1] Filoz. dialectic [2] (badacz) dialectitian

dialekty|ka f sgt [1] Filoz. dialectic, dialectics (+ v sg); **~ka Hegla** Hegelian dialectics [2] książk. (argumentacja) reasoning; **zręczna/pokrętna ~ka** skilled/convoluted reasoning

dialektyzm m (G ~**u**) Jęz., Literat. linguistic variant

dializ|a f sgt Chem., Med. dialysis; **~a otrzewnowa** Med. peritoneal dialysis

dialog [] m (G ~**u**) [1] (rozmowa) dialogue; **prowadzili ożywiony ~ na temat...** they had an animated a. lively conversation about... [2] Filoz., Literat. dialogue [3] książk. (negocjacje) dialogue; **~ rozbrojeniowy** disarmament talks

[] **dialogi** plt Kino dialogue U

◻ **~ ekumeniczny** Relig. ecumenical dialogue; **~ sokratyczny** Socratic dialogue

dialogow|y adi. dialogue attr., dialogic

diamencik m dem. (G ~**a** a. ~**u**) (small) diamond

diamen|t m (G ~**tu**) [1] Miner. diamond [2] (brylant) diamond; **pierścionek z ~tem** a diamond ring [3] Techn. diamond [4] sgt Druk. diamond

■ **czarny ~t** (węgiel) black diamond

diamentowo adv. like a diamond a. diamonds

diamentow|y adi. [1] [kolia, ostrze] diamond attr. [2] [połysk] diamond-like

diametralnie adv. [1] Mat. diametrically; **~ przeciwległe punkty** diametrically opposite points [2] książk. (skrajnie) diametrically; **~ zmienił poglądy** he's completely changed his opinion, he's changed his opinions diametrically; **różnić się ~** to be completely different, to be poles apart

diametraln|y adi. [1] Mat. diametric, diametrical [2] (krańcowo różny) radical

diapazon m (G ~**u**) [1] Muz. (skala dźwięków) diapason [2] Muz. (kamerton) tuning fork [3] kryt. (rozpiętość) scope, range

diariusz m książk. (dziennik) diary

◻ **~ sejmowy/parlamentarny** official record of parliamentary proceedings, Hansard GB

diariuszow|y adi. diary attr.; **~e zapiski** diary notes

dias|ek m przest., euf. devil

■ **do ~ka** a. **u ~ka!** hang it!; **co się tu, u ~ka, dzieje?** what on earth is going on here?

diaskop m (G ~**u**) Fot. slide projector

diaspo|ra f sgt [1] książk. (Żydów) the Diaspora; przen. diaspora [2] Bot. diaspore

diatryb|a f Literat. diatribe

dictum /ˈdiktum/ n inv. książk. dictum, pronouncement

didaskali|a plt (G ~**ów**) Literat. stage directions

didżej /ˈdidʒej/ m, **~ka** f środ., Muz. DJ, deejay

diecezj|a f (Gpl ~**i**) [1] Relig. diocese [2] Hist. diocese

diecezjaln|y adi. [duchowieństwo, kościół] diocesan

dies|el /ˈdizel/ f (Gpl ~**li**) [1] Techn. (silnik) diesel (engine); **pompy wtryskowe do ~li** diesel injection pumps; **oleje do ~li** diesel oil, diesel fuel [2] (samochód) diesel (car)

dieselows|ki /diˈzlofski/ adi. [spaliny] diesel

die|ta¹ f [1] (specjalna) diet; **~ta odchudzająca/niskotłuszczowa** a slimming/low-fat diet; **~ta bezmięsna/bezmleczna** a meat-free/milk-free diet; **być na ~cie** to be on a diet; **przestrzegać ~ty** to stick to a diet;

przejść na ~tę to go on a diet [2] (sposób odżywiania) diet; **urozmaicona ~ta** a varied diet

die|ta² f zw. pl. [1] (w podróży służbowej) (business) expenses pl [2] (wynagrodzenie dzienne) (daily) allowance, (daily) expenses pl

◻ **~ty poselskie** Polit. MP's (daily) allowance

dietetycznie adv. dietetically; **odżywiać się ~** to have a healthy a. balanced diet

dietetyczn|y adi. [1] (związany z dietetyką) dietetic; [potrzeby, wymagania] dietary; **~e leczenie cukrzycy** (the) dietary treatment of diabetes [2] (zdrowy) healthy; (nietuczący) low-fat; **pieczywo ~e** (niskokaloryczne) crispbread; **~e sałatki i serki** low-fat salads and cheeses

dietety|k m, **~czka** f dietitian, dietician

dietety|ka f sgt dietetics (+ v sg)

dina|r m (A ~**ra**) Fin., Hist. dinar

dingo m inv. Zool. dingo

dinozau|r m [1] Zool. dinosaur [2] przen. dinosaur; **~ry rocka** the dinosaurs of rock

dio|da f (~**dka** dem.) Techn. diode

diodow|y adi. [układ, lampa] diode attr.

dioptri|a f (GDGpl ~**i**) Fiz. dioptre GB, diopter US; **soczewka o mocy dwóch ~i a** lens of +2 dioptres

disc jockey /disk'dʒokej/ m Muz. disc jockey

disco /ˈdisko/ [] adi. inv. (muzyka, taniec) disco attr.

[] n inv. sgt (typ muzyki) disco (music); **słuchać ~** to listen to disco (music)

disco polo /ˌdiskoˈpolo/ n inv. sgt type of Polish disco music with simple melody and lyrics

diw|a f książk. diva

dkg (= dekagram)

dla praep. [1] (przeznaczony) for; **~ kogoś** for sb; **pokój ~ dzieci** a room for children, a children's room; **krem do twarzy ~ kobiet po czterdziestce** a face cream for women over forty; **książki ~ dzieci** books for children, children's books; **film ~ dorosłych** a film for adults, an adult film; **zasiłki ~ bezrobotnych** unemployment benefits; **zasiłki ~ samotnych matek** benefits for single mothers; **pomoc ~ powodzian** aid for flood victims; **kurs ~ początkujących/zaawansowanych** a beginners'/an advanced course; **przedział ~ palących/niepalących** a smoking/non-smoking compartment; **„~ panów/pań"** (napis na drzwiach toalety) 'ladies/gentlemen'; **lekarstwo ~ mojego ojca** some medicine for my father; **~ kogo są te kwiaty?** who are these flowers for?; **kupiła prezenty ~ całej rodziny** she bought presents for the whole family; **przesyłam ukłony ~ małżonki** książk. please give my regards to your wife [2] (w celu zapewnienia) for; **~ czegoś** for sth; **~ pozoru** for the sake of appearance; **~ własnego dobra** for one's own good; **zrobić coś ~ efektu/wygody/zysku** to do sth for effect/for the sake of convenience/for profit; **grać na skrzypcach ~ przyjemności** to play the violin for (one's own) pleasure; **wyjść za mąż/ożenić się ~ pieniędzy** to marry for money; **tupać nogami ~ rozgrzewki** to stamp one's feet to get warm; **wypić coś ~ ochłody** to drink sth to cool off; **wystawa została**

zorganizowana ~ uczczenia stulecia uczelni the exhibition was mounted for the university's centenary celebrations; **nosić broń ~ własnego bezpieczeństwa** to carry arms for one's own safety; **zażywać witamin dla wzmocnienia organizmu** to take vitamins to strengthen one's body [3] (wobec, względem) for; **podziw/szacunek ~ kogoś** admiration/respect for sb; **sympatia/miłość dla kogoś** liking/love for sb; **poparcie ~ partii/wniosku** support a. backing for a party/motion; **nie ma usprawiedliwienia ~ takiego zachowania** there's no excuse for such behaviour; **miły/uprzejmy ~ kogoś** nice/kind to sb; **przyjemny dla oka/ucha** pleasing to the eye/ear; **przyjazny ~ środowiska** environment-friendly; **szkodliwy ~ środowiska/zdrowia** harmful a. damaging to the environment/to health [4] (jeśli chodzi o) for; **~ kogoś/czegoś** for sb/sth; **podjazd dogodny ~ inwalidów/wózków** a ramp (convenient) for the handicapped/for prams; **sytuacja korzystna/niekorzystna ~ przedsiębiorstwa** a favourable/an unfavourable situation for the company; **tragiczna ~ obrońców klęska** a tragic defeat for the defenders; **charakterystyczny ~ kogoś/czegoś** characteristic of sb/sth; **to ~ niego typowe** it's typical of him; **z typowym** a. **charakterystycznym ~ siebie optymizmem** with (his/her) typical a. characteristic optimism; **nie ~ kogoś** not for sb; **nie ~ mnie takie życie** that's no life for me; **gotowanie – to nie ~ mnie** cooking is not for me a. not my kind of thing; **to nie jest facet ~ ciebie** this is not the (right) guy for you; **to nie jest praca ~ ciebie** this is not the/a job for you; **obszar niedostępny ~ turystów** an area out of bounds GB a. off limits US to tourists; **dźwięki niesłyszalne ~ ludzkiego ucha** sounds inaudible to the human ear; **myśliwce niewykrywalne ~ radaru** fighters undetectable by radar [5] (w opinii) for, to; **~ kogoś** for a. to sb; **to był ~ niej wielki szok** it was a great shock to a. for her; **~ mnie nie ma nic piękniejszego od tych wierszy** to a. for me there's nothing more beautiful than those poems; **~ nich liczą się tylko pieniądze** for a. with them, money is the only thing that counts; **będzie to ~ nich dowód, że mam rację** this will show them a. prove to them that I'm right; **(jak) ~ mnie ten film był zbyt długi** as far as I'm concerned a. for me, the film was too long [6] (z powodu, dla dobra) for; **~ kogoś/czegoś** for sb/sth; **porzuciła go ~ jakiegoś cudzoziemca** she dropped him for some foreigner; **poświęcić wszystko ~ rodziny** to sacrifice everything for (the sake of) one's family; **oddać życie ~ ojczyzny** to sacrifice one's life for one's country; **stracić głowę ~ kogoś** to lose one's head over sb [7] [pracować] for (kogoś/czegoś sb/sth); **(ona) kręci filmy ~ telewizji** she makes films for television; **(on) tłumaczy ~ firmy prawniczej** he does translations for a law firm [8] książk. (przyczyna) for, because of; **~ czegoś** for a. because of sth; **ryby hodowane ~ smacznego mięsa** fish bred for their tasty flesh; **rośliny uprawiane ~ jadalnych owoców** plants grown for their edible fruit; **na dziki polowano ~ mięsa** wild boar were hunted for their meat; **~ ważnych powodów odłożył spotkanie** important considerations caused him to postpone the meeting

dlaczego *pron.* why; **~ jesteś smutny?** why are you sad?; **~ jej nie lubisz?** why don't you like her?; **nie wiem, ~ wyjechała** I don't know why she went away; **nie pytaj mnie ~** don't ask me why; **~ (by) nie?** (yes) why not?; **„może go zaprosimy do nas?" – „~ by nie?"** 'perhaps we should invite him over?' – '(yes,) why not?'

dla niepoznaki (żeby nie można było poznać) to avoid recognition, as a disguise; (żeby zatrzeć ślady) so as to cover one's tracks; **dla ~ki włożył ciemne okulary** he put on some dark glasses to avoid being recognized; **przebrać się dla ~ki za księdza** to disguise oneself as a priest; **podatek dla ~ki zwany opłatą manipulacyjną** a tax misleadingly called a handling charge

dlań = **dla niego**

dlatego **I** *pron.* that is why, therefore; **~ przyszedłem** that's why I came; **czy to ~ dzwoniła?** is that why she phoned?; **nie ~ pytałem** that's not why I asked; **właśnie ~!** that's why!; **lało, ~ wziął parasol** it was pouring with rain, so he took his umbrella; **~, że** because; **jeżeli wspominam o tym, to ~, że wydaje mi się ważne** if I mention it, it's because I think it's important; **tylko ~ ci to mówię, że jesteś moim przyjacielem** I'm only telling you this because you're my friend

II **dlatego że** *coni.* because; **szedł szybko, ~ że było późno** he was walking quickly because it was late; **„dlaczego?" – „~ że ja tak mówię"** 'why?' – 'because I say so'

dł. (= długość) l.

dławiąco *adv.* chokingly

dławiąc|y *pa* → **dławić**

II *adi.* **1** (duszący) choking; **~y dym/zapach** choking smoke/suffocating smell **2** książk. choking; **~a nienawiść/cisza** choking hatred/a suffocating silence

dław|ić *impf* **I** *vt* **1** (dusić) to choke, to throttle [osobę, przeciwnika]; **~ić kogoś rękami** to choke a. strangle sb with one's (bare) hands; **powróz ~ił mu szyję** the rope was choking him; **czuł, że coś go ściska i ~i za gardło** he felt as if something were strangling him ⇒ **zadławić** **2** (męczyć) to choke; **~i go w gardle** he's choking; **smak tak obrzydliwy, że aż w gardle ~i** the taste is so awful it makes you choke; **~iła go nienawiść** he was choking with hate; **~ił ją płacz** she was choked a. choking with tears; **~iło ją uczucie wstydu** she was overcome a. overwhelmed with shame **3** (powstrzymywać) to stifle [krzyk]; **~ić płacz** to stifle a. choke back one's tears; **~ić w sobie żal** to suppress one's bitterness ⇒ **zdławić** **4** przen. (tłumić) to suppress [powstanie, opozycję]; **~ić protesty** to stifle protests ⇒ **zdławić** **5** Techn. to choke

II dławić się **1** (jedzeniem) to choke; **~ić się ością/wodą** to choke on a fish bone/on some water ⇒ **udławić się, zadławić się**

2 przen. (tracić mowę) **~ić się ze śmiechu/ze złości/ze wzruszenia** to choke with laughter/hatred/emotion; **~ić się łzami** to choke on with one's tears ⇒ **udławić się** **3** (zatykać się) [silnik] to throttle back a. down; **sznury samochodów, od których ~ią się wąskie uliczki** lines of cars choking (up) the narrow streets

dław|iec *m* Med. croup

□ **~iec rzekomy** Med. spasmodic croup *U*

dło|ń *f* (*Ipl* **~ńmi** a. **~niami**) palm; (ręka) hand; **wierzch/wnętrze ~ni** the back of the hand/the palm of the hand; **wsunąć komuś coś w ~ń** to slip sth into sb's hand; **złożyć ~nie do modlitwy** to join one's hands in prayer; **załamywać ~nie** to wring one's hands; **przesunęła ~nią po poręczy fotela** she ran her hand over the arm of the sofa; **przejechał wierzchem ~ni po policzku** he passed his hand over his cheek; **co trzymasz w ~ni?** what have you got in your hand?; **ucałował jej ~ń** he kissed her hand; **uściśnijcie sobie ~nie** shake hands

■ **(jasne) jak na ~ni** (oczywiste) as plain as a pikestaff; **bratnia a. przyjazna a. życzliwa ~ń** a helping hand; **podać komuś bratnią a. przyjazną ~ń** (wesprzeć) to offer sb one's support; (pomóc) to lend a. give sb a helping hand; **kalać a. plamić czymś ~nie** to sully one's hands with sth; **mieć serce na ~ni** to be open-hearted; **rzucać a. rozdawać coś hojną a. pełną a. całą a. otwartą ~nią** to be generous with sth; **ująć a. uchwycić coś w swoje ~nie** to take control of sth, to take sth into one's own hands; **czytać a. wróżyć z ~ni** to read palms; **wróżka wyczytała mi z ~ni, że będę żyć ponad sto lat** a fortune-teller read my palm and told me I'd live to be over a hundred; **~ń mnie świerzbiała, żeby go uderzyć/tego dotknąć** my hand was a. my fingers were itching to spank him/to touch that; **prędzej włosy mi na ~ni wyrosną niż wygracie** all the hell will freeze over before you win

dłub|ać *impf* (**~ię**) **I** *vi* **1** (w otworze) to pick, to poke; **~ać (palcem) w nosie** to pick one's nose; **~anie w nosie to brzydki zwyczaj** picking one's nose is a nasty habit; **~ać w zębach** to pick one's teeth; **~ał patykiem, jakby czegoś szukał** he poked a. was poking with a stick as if looking for sth **2** pot. (majstrować) to tinker; **stale ~ał przy swoim samochodzie** he was always tinkering (about) with his car; **po pracy lubił sobie ~ać w warsztacie w piwnicy** after work he liked to tinker around a. potter about in his workshop in the cellar

II *vt* to carve (out); **~ał łódeczki z kory dla swoich dzieci** he carved out little boats from tree bark for his children; **czółna ~ane z jednego kawałka drewna** hollowed-out canoes made from single pieces of wood ⇒ **wydłubać**

III dłubać się pot. to mess a. fiddle around; to dilly-dally pot.; **on już pięć lat ~ie się z pisaniem pracy doktorskiej** he's been messing a. fiddling around writing his PhD thesis for the past five years; **wszyscy czekają na ciebie, a ty się ~iesz**

everyone's waiting for you and you're messing about doing nothing!

dłubanin|a *f* pot. **1** (praca) tedious work; **zajęci ~ą przy rozmontowanym skuterze** busy tinkering around with a dismantled scooter; **czyszczenie srebra to straszna ~a** cleaning silver is really tedious work a. a really tedious job **2** (wytwór takiej pracy) dreary a. run-of-the mill piece (of work)

dłuban|y *adi.* [łodzie] dugout *attr.*, hollowed-out

dłub|ek *m* pot. plodder

dług *m* (*G* **~u**) **1** Fin. debt; **~ krótkoterminowy/długoterminowy** short-term/long-term debt; **~ hipoteczny/wekslowy** a mortgage debt/bill of exchange dues; **prolongować ~** to renew a loan, to prolong the repayment date of a debt; **wywiązać się z ~ów** to pay off a. clear one's debts **2** (zaciągnięta pożyczka) debt; **spłata ~u** the repayment of a. paying off of a debt; **~i karciane** gambling debts; **ojciec wyciągnął go z ~ów** his father got him out of debt; **tonąć w ~ach** to be up to one's ears in debt **3** (zobowiązanie moralne) debt; **miał wobec niej ~ wdzięczności** he was indebted to her; **spłacić ~ wobec ojczyzny** to pay one's duty to one's country □ **~ honorowy** debt of honour; **~ publiczny a. narodowy a. państwowy** Ekon. national debt

dług. (= długość) l.

długa|chny, ~śny *adi. augm.* pot. lengthy

dłu|gi *adi. grad.* **1** (o kształcie, wielkości) long; [trawa] tall; high; **~gie włosy/rzęsy/paznokcie** long hair/eyelashes/nails; **~gie ręce/nogi** long arms/legs; **ma nogi ~gie do samej szyi** żart. she's got legs right up to her neck pot., żart.; **~ga suknia/spódnica** a long dress/skirt; **~gie spodnie/rękawy** long trousers/sleeves; **~gie kalesony** long johns pot.; **~gie skarpety/buty** long socks/high a. long boots; **~gi a. ~ższy bok** the long a. longer side; **trzeba poszukać ~ższych gałęzi** you need to look for longer branches; **~gie kolejki do kas** long queues to the cash desks; **drzewa rzucały ~gie cienie na drogę** the trees cast long shadows on the road; **~ższy o 5 cm od planowanego/niż chciałeś** 5 centimetres longer than planned/than you wanted; **weź ten ~ższy płaszcz, będzie ci cieplej** take the longer coat, it'll be warmer **2** (z wielu elementów) long; **~ga książka/powieść/lista** a long book/novel/list; **produkcja ~gich serii** long (production) runs; **pisał ~gimi/za ~gimi zdaniami** he wrote (in) long sentences/his sentences were too long **3** (o odległości) long; **~ga droga** a long way; **sadzić ~gie susy** to take long strides; **szli nierówno, bo Adam miał ~ższy krok** they were out of step because Adam had a longer stride; **wybrali ~ższą trasę** they chose a longer route **4** (o czasie) long; **~ga podróż/wędrówka** a long journey/ramble; **~gie oczekiwanie** a long wait; **bardzo ~gi film** a very long film; **toczyli ze sobą ~gie rozmowy** they had long talks with each other; **przez ~gie miesiące nie miałem od nich wiadomości** I've not had any news from them for months and months; **mieliśmy za sobą ~gie godziny jazdy w deszczu** we'd driven through rain for many (long) hours; **~gie nocne Polaków rozmowy** the Poles' long deliberations through the night; **jak dzień/rok ~gi** the whole a. all day long/all year (long) 5 Jęz. *[samogłoska, sylaba]* long 6 pot., żart. (wysoki) tall; **~gi i chudy jak tyczka chłopak** a beanpole of lad

■ **poślizgnął się i upadł jak ~gi** he slipped and fell flat on his face a. and measured his length

dłu|go II *adv. grad.* 1 (o wielkości, odległości) a long way, far; **łąki ciągnęły się ~go i szeroko** the meadows stretched far and wide 2 (o czasie) long, a long time; **żył ~go** he had a long life; **żył ~go, prawie sto lat** he lived a long time, to nearly a hundred; **dwie godziny to ~go** two hours is a long time; **~go nie miałem od was listu** I haven't had a letter from you for ages; **wszystko to bardzo ~go trwało** everything took so long; **~żej tak być nie może/tego nie wytrzymam!** this can't go on/I can't stand it any longer!; **nie mogę ~żej czekać, przyjdę jutro** I can't wait any longer, I'll come tomorrow; **już ~go się znamy** we've known each other for a long time; **im ~żej go znam, tym mniej/ bardziej go lubię** the more I know him the less/more I like him; **przecież tak ~go się znamy** after all we've known each other for ages; **wyjechać na ~go/~żej** to go away for a long time; **na ~go mnie popamiętasz!** you won't forget me in a hurry!; **na ~go mi wystarczy podróży** iron. I've had enough travelling to last me a lifetime a. last me for a long time; **zapasów wystarczy/nie wystarczy na ~go** there are enough supplies to last for ages/the supplies won't last very long; **jak ~go tam będziesz?** how long will you be there?; **jak ~go spałem?** how long did I sleep?

III długo- *w wyrazach złożonych* long-; **długookresowy** long-term

■ **nosić się ~go** to wear long dresses/ skirts

długobro|dy *adi. [mężczyzna]* long-bearded

długodystansow|iec *m* Sport. long-distance runner

długodystansow|y *adi.* 1 *[marsz]* long-distance; *[odrzutowiec]* long-range, long-distance 2 (długofalowy) *[plany, zamierzenia]* long-term, long-range

długofalowo *adv. [programować, inwestować]* (over the) long term; **myśleć ~** to think (in the) long term; **przewidywać ~** to look ahead to the future, to think long term

długofalowoś|ć *f sgt* long-term nature; **~ć inwestycji** the long-term nature of the investment; **~ć programu rozwoju gospodarczego** the long-term nature of the economic development programme

długofalow|y *adi.* 1 Fiz. long-wave *attr.*; **promieniowanie ~e** long-wave radiation; **nadajnik ~y** a long-wave transmitter 2 (zaplanowany na dłużej) *[program, planowanie]* long-term; (trwający długo) *[współzawodnictwo, współpraca]* long-standing, long-lasting

długogrając|y *adi.* **płyta ~a** long-playing record

długoletni *adi. [przyjaźń]* long(-standing), of many years

długono|gi *adi.* long-legged

długopis *m* (*G* **~u**) ballpoint (pen); **pisać ~em** to write with a ballpoint (pen); **wkład do ~u** a ballpoint refill

długopisow|y *adi. [tusz]* ballpoint *attr.*

długoś|ć *f* 1 (odległość między skrajnymi punktami) length; **jednostki ~ci** units of length; **~ć trasy/ulicy** the length of a journey/ street; **wstążka długości 50 cm** a ribbon 50 cm long; **most o ~ci 800 m** a bridge 800 metres long a. in length; **konar ponad dwumetrowej ~ci** a branch more than two metres long; **granica strzeżona na całej ~ci** a frontier guarded along its entire length; **spódnica rozpruła mi się na całej ~ci** the whole seam came apart a. undone all the way up my skirt; **podeszła blisko, na ~ć ręki** she came within arm's reach; **sweter skurczył/rozciągnął się na ~ć** the sweater shrank/stretched; **wyprostować/wyciągnąć się na całą ~ć** to stretch out fully 2 (liczba elementów) **streszczenie ~ci około 250 słów** a 250 words précis a. summary 3 (ubrania, włosów) length; **modna jest ~ć do kostek/do pół łydki/nad kolano** ankle-length/calf-length/knee-length is in fashion; **włosy średniej ~ci** medium-length hair 4 (czas trwania) **średnia ~ć życia człowieka** the average human lifespan; **latem ~ć dnia rośnie, a potem maleje** in the summer the days get longer and then shorter again 5 (bycie długim) **wybacz mi ~ć tego listu** I'm sorry this letter is so long; **słuchacze byli zmęczeni ~ią wystąpień** the audience was exhausted by the long speeches 6 Sport length; **przepłynął 10 ~ci basenu** he swam 10 lengths of the pool; **prowadzić/wygrać o dwie ~ci** *[koń, łódź]* to lead/win by two lengths 7 Jęz. length

□ **~ć ekliptyczna** Astron. celestial longitude, ecliptic longitude; **~ć fali** Fiz. wavelength; **~ć geograficzna** longitude

długoterminow|y *adi.* long-term

długotrwałoś|ć *f sgt* (efektów) long-lasting a. long-term nature, durability; (procesów) lengthy duration, protracted nature; **~ć choroby** the prolonged a. protracted nature of the illness

długotrwa|ły *adi. [deszcz, hałas, choroba, występowanie]* prolonged, persistent; *[efekt, bezrobocie, konsekwencje]* long-term, long-lasting; *[przyjaźń]* lasting; *[układ, rywalizacja, zaangażowanie, konflikt]* long-standing; *[skutki psychiczne]* lingering; *[tradycja, zjawisko, bunt]* long-lived; *[proces]* long-drawn-out, long-lasting

długowiecznoś|ć *f sgt* longevity

długowieczn|y *adi.* long-lived

długowiekow|y *adi. [tradycja, więzy, nienawiść]* age-old; *[rozwój, spór, walka]* centuries-old

długowłos|y *adi.* long-haired

dłut|ko *n* (small) chisel

dłu|to *n* chisel; **wyjść spod czyjegoś ~ta** to be sculpted by sb; to come from sb's chisel książk.

dłużni|k *m*, **~czka** *f* debtor

□ **~k solidarny** Prawo joint (and several) debtor

dłużn|y *adi.* 1 (winien pieniądze) in debt; **była im ~a dwa tysiące** she owed them two thousand 2 (zobowiązany) indebted; **jesteśmy ci ~i za to, co dla nas zrobiłeś** we're indebted to you for what you've done for us; **jestem wam ~a do końca życia** I'm for ever in your debt; **nie pozostawać (komuś) ~ym** to give as good as one gets 3 Fin. (obciążony długiem) *[sumy]* owing; **skrypt ~y** debenture GB; IOU pot.

dłuży|ć się *refl. impf* to drag (on); **zebranie ~ło się** the meeting dragged on; **czas oczekiwania ~ł im się bez końca** they seemed to be waiting interminably a. for an eternity

dłużyzn|a *f* pejor. long-drawn-out bit a. passage; longueur książk.; **akcja filmu jest wartka, na szczęście bez ~** the film's action is well-paced, without any long-drawn-out bits; **sztuka jest źle napisana i pełna ~** the play is badly written and drags on (and on)

dm (= decymetr) dm

dmuchać¹ *impf* → **dmuchnąć¹**

dmucha|ć² *impf* **I** *vt* 1 (wypełniać powietrzem) to blow up *[balonik, materac]* ⇒ **nadmuchać** 2 wulg. to screw wulg., to poke wulg.; **~łeś ją?** did you screw her?

II *vi* pot. (grać) to play *vt*, to blow *vt*; **~ć w trąbę/puzon** to play a. blow a trumpet/to play a trombone

III dmuchać się wulg. to screw wulg., to have it away a. off GB wulg.; **na pewno się z nią ~ł** I'm sure he was screwing her a. having it off with her ⇒ **wydmuchać**

dmuchan|y *adi. [materac, łódka]* inflatable

dmuchaw|a *f* 1 Techn. (do sprzężania gazów) (blast) blower 2 Techn. (do przenoszenia materiałów sypkich) blower 3 pot. (do ogrzewania) fan heater

□ **~a chłodząca** Mech. cooling fan

dmuchaw|iec *m* pot. (mniszek) dandelion; (przekwitły) (dandelion) clock GB; blow-ball pot.

dmuch|nąć¹ *pf* — **dmuch|ać¹** *impf* (**~nęła, ~nęli** — **~am**) 1 (wydychać powietrze) to blow (**na coś** on sth); **~nąć komuś w nos dymem papierosowym** to blow cigarette smoke in sb's face; **zgasił wszystkie świeczki na torcie jednym ~nięciem** he blew out all the candles on the cake in one go 2 (o wietrze) to blow; **wiatr mocno ~nął i zerwał mi czapkę z głowy** a strong gust of wind blew my cap off; **z otwartego okna ~nęło zimnem** cold air blew in through the open window; **~nięcie wiatru** a gust of wind

■ **~ać na zimne** to play (it) safe, to make doubly sure; **nie w kij ~ał** pot. (it's) no joke a. laughing matter

dmuch|nąć² *pf* (**~nęła, ~nęli**) pot. **I** *vt* (ukraść) to pinch GB pot., to nick GB pot.; **ktoś mi ~nął teczkę** somebody pinched my briefcase

II *vi* (uciec) to do a bunk GB pot.; **cała klasa ~nęła z lekcji** the whole class bunked off (classes)

dn. (= dzień) d

dn|a *f sgt* Med. gout

dni|eć *impf v imp.* to dawn; **zasnąłem dopiero, kiedy na dworze ~ało** I only fell asleep at daybreak

-dniow|y *w wyrazach złożonych* **kilkudniowy** lasting several days, several-daylong; **pięciodniowy** five-day-long, five-day *attr.*

dniów|ka *f* [1] (dzień pracy) working day; **wynajmować robotników na ~kę** to hire workers for a day a. on a daily basis [2] (wynagrodzenie) daily rate; **u nas ~ka wynosi...** our daily rate is..., our rate per day is... [3] *przest.* (wypoczynek) a day's rest ❑ **~ka robocza** working day

dniówkow|y *adi.* **pracownik ~y** a worker paid by the day; **płaca ~a** daily pay

d|no *n* [1] (morza, jeziora, rzeki) bottom, bed; (doliny) floor; (zbiornika, naczynia, łodzi) bottom; **walizka miała podwójne dno** the suitcase had a double a. false bottom; **do dna!** bottoms up! pot.; **pijmy do dna** down the hatch pot.; **wychylił kieliszek do dna** he drained a. downed his glass [2] *przen.* **zepchnąć kogoś na dno nędzy** [wojna, kryzys] to reduce sb to extreme a. abject poverty; **zupełne dno!** pot. the (absolute) pits! pot. ❑ **dno kwiatowe** Bot. receptacle, torus; **dno lasu** Bot. forest floor; **dno oka** Med. fundus

■ **studnia** a. **worek bez dna** (rzecz wymagająca nakładów) bottomless pit; (niewyczerpane źródło) endless a. bottomless source; **iść/pójść na dno** pot. [okręt, osoba] to go down, to go under; **spaść** a. **stoczyć się na samo dno** to end up in the gutter a. on skid row US pot.

do¹ *praep.* [1] (w kierunku) to; **pojechać do Warszawy/Francji** to go to Warsaw/France; **pójść do kina/teatru** to go to the cinema/theatre; **pójść do domu** to go home; **chodzić do szkoły** to go to school; **Anna już wyszła do pracy** Anne has already left for work; **podejść do kogoś** to come up to a. approach sb; **chodźmy do mnie** let's go to my place; **przyszedł do mnie wczoraj Robert** Robert came to see me yesterday; **pójść do lekarza/dentysty/szewca/fryzjera** to go to the doctor's/dentist's/cobbler's/hairdresser's; **pójść do prawnika** to go and see a lawyer, to go to see a lawyer; **napisać do kogoś** to write to sb; **rzucić/podać piłkę do kogoś** to throw/pass a ball to sb; **zatelefonować/zwrócić się do kogoś** to phone/address sb; **celować/strzelić do kogoś** to aim/shoot at sb; **odprowadzić kogoś do drzwi** to see sb to the door; **piąć się do góry** to climb up; **podnieść rękę do góry** to put one's hand up; **ręce do góry!** hands up!; **włosy zaczesane do góry** upswept hair; **odległość od punktu a do b** the distance from A to B a. between A and B [2] (do środka) in, into; **wejść do pokoju/mieszkania** to go into a. enter a room/flat; **wsiąść do samochodu** to get into a car; **wsiąść do autobusu/pociągu/samolotu** to get on(to) a bus/a train/a plane; **włożyć coś do koperty/walizki/szafy/kieszeni** to put sth in(to) an envelope/a suitcase/a wardrobe/one's pocket; **wlać wodę do filiżanki/butelki/czajnika** to pour water into a cup/bottle/kettle; **wsypać cukier do herbaty/kawy** to put sugar in(to) one's/sb's tea/coffee; **wlać komuś coś do gardła** to pour sth down sb's throat [3] (z określeniami czasu) [pracować] till, until; [dostarczyć] by; **zostanę tutaj do jutra/poniedziałku/wiosny** I'll be here till a. until tomorrow/Monday/spring; **mieszkał w Krakowie do śmierci** he lived in Cracow to the end of his life; **skończę tłumaczenie do środy** I'll finish the translation by Wednesday; **do rozpoczęcia meczu zostało pięć minut** it's/it was five minutes to the beginning of the match; **do jutra/do czwartku!** see you tomorrow/Thursday!; **do widzenia** a. **zobaczenia!** goodbye!; see you! pot.; **do tego czasu nie wolno ci wychodzić z domu** until then you mustn't go out; **do tego czasu skończymy malowanie** by then we shall have finished the painting; **tradycja ta sięga wstecz do XVII wieku** this tradition goes back to the seventeenth century; **do ostatniej chwili** till the last moment, until the last; **wpół do drugiej/szóstej** half past one/five [4] (do określonej granicy) (o ilości policzalnej) up to, as many as; (o ilości niepoliczalnej) up to, as much as; (o odległości) up to, as far as; (o wysokości) down/up to; **do dwudziestu pacjentów dziennie** up to a. as many as twenty patients a day; **do 100 złotych** up to a. as much as one hundred zlotys; **inflacja spadła z dziesięciu do siedmiu procent** inflation went down from ten to seven per cent; **do tamtego drzewa** up to a. as far as that tree; **do kolan** [buty, spódnica] knee-length; [śnieg, woda] up to one's knees; [warkocze, włosy] down to one's knees; **od stu do dwustu ludzi/kilometrów** from one hundred to two hundred people/kilometres, between one hundred and two hundred people/kilometres; **zmierzyć coś z dokładnością do milimetra** to measure sth to within a. to an accuracy of one millimetre; **do ostatniego tchu** to the last gasp; **do ostatniego człowieka** to a man, to the last man [5] (przeznaczenie) for; **telefon/list do ciebie** a phone call/letter for you; **piłka do drewna/metalu** a saw for (cutting) wood/metal; **coś do jedzenia/picia** something to eat/drink; **nie mieć nic do jedzenia/picia** to have nothing to eat/drink; **do czego to jest?** what is this for?; „**do czego używasz tej szmaty?**" – „**do mycia podłogi**" 'what do you use this rag for?' – 'for washing the floor'; **to nie jest do zabawy** that's not for playing with; **kluczyki do samochodu** car keys; **przybory do pisania** writing implements; **pasta do butów/podłóg** shoe/floor polish; **muzyka do tańca** dance music; **miejsce do siedzenia/spania** a place to sit/sleep; **opiekunka do dziecka** a nanny a. childminder; „**zatrudnię gosposię do prowadzenia domu**" 'housekeeper wanted'; **jednostka do zadań specjalnych** a commando unit; **asystent do specjalnych poruczeń** a special assistant; **Komisja do Spraw Zbrodni Wojennych** War Crimes Commission [6] (cel, zadanie) **mieć lekcje do odrobienia** to have (one's) homework to do; **mieć coś do zrobienia** a. **do roboty**

have something to do; **nie masz nic lepszego do roboty?** haven't you got anything better to do?; **mamy kilka spraw do omówienia** we've got a few things to discuss; **sekretarka przyniosła mu dokumenty do podpisania** the secretary brought him some documents to sign; **sprawę przekazano do ponownego rozpatrzenia** the case was sent back a. returned for reconsideration; **czy masz coś do prania/prasowania?** have you got anything that needs to be washed/ironed?; **wziąć się do pracy** to get down to work; **oddałem buty do naprawy** I took the shoes in to be repaired; **pozowała mu do portretu** she was sitting for him [7] (wyrażające możność lub niemożność) **do/nie do naprawienia** repairable/irreparable; **możliwy/niemożliwy do zrealizowania** feasible/unfeasible; **nienadający się do jedzenia** uneatable; **wyrażenie nie do przetłumaczenia** an untranslatable phrase; **hałas nie do wytrzymania** unbearable noise; **przeszkody nie do pokonania** insurmountable obstacles; **propozycja nie do przyjęcia** an unacceptable proposal; **to jest nie do załatwienia** this is impossible (to arrange) [8] (z wyrażeniami uczucia) for, to, towards; **miłość/szacunek do kogoś** love/respect for sb; **nienawiść do kogoś** hatred for a. of sb; **jego stosunek do rodziców/pracy** his attitude towards his parents/to(wards) (his) work; **mieć** a. **odczuwać wstręt do pająków** to hate a. be afraid of spiders; **tęsknić do czegoś** to long a. yearn for sth [9] (przynależność) to; **należeć do stowarzyszenia** to belong to a. to be a member of an association; **należeć do partii** to be a member of a party; **od dziesięciu lat należy do Partii Zielonych** he's been a member of the Green Party for ten years; **zapisać się do chóru/klubu** to join a choir/club; **zaciągnąć się do wojska** to enlist in the army; **zaliczać kogoś do swoich przyjaciół** to count sb among one's friends [10] (przyłączenie) to; **przymocować/przywiązać coś do czegoś** to attach/tie sth to sth; **dodatek do pensji** an allowance a. bonus on top of sb's wages/salary; **był przystojny, do tego jeszcze nie stary** he was good looking, and not so old either; **do tego wszystkiego** (na domiar złego) on top of all that [11] (w porównaniach) to, with; **porównać kogoś/coś do kogoś/czegoś** to compare sb/sth to sb/sth; **a do b tak się ma jak x do y** a to b is like x to y [12] (określając proporcje) to; **mapa w skali 1 do 2500** a map on a scale of 1 to 2500; **makieta w skali jeden do pięciu** a one-fifth scale model; **Legia wygrała dwa do jednego** Legia won 2-1 [13] (w wyrażeniach wykrzyknikowych) **do broni!** to arms!; **do łóżka, ale już!** off to bed now!; **do roboty!** let's get down to work!; let's go! pot.

■ **co ci do tego?** what's it got to do with you?; what business is it of yours? pot.; **jemu nic do naszych spraw** he has no business interfering in our affairs; **do niczego** pot. rotten pot.; useless

do² *n inv.* Muz. doh

d|oba *f* (*Gpl* **dób**) [1] (24 godziny) twenty-four hours, day (and night); **podróż trwała trzy**

doby the journey took three days; **na dobę** a day; **sypiali tylko cztery godziny na dobę** they only slept four hours a day; **24 godziny na dobę** twenty-four hours a day, round the clock; **czynne całą dobę** open 24 hours (a day); **doba hotelowa kończy się o drugiej** check-out time (at the hotel) is 2 p.m., the hotel day ends at 2 p.m. [2] przen. (epoka) age, era; **wynalazki doby nowożytnej** discoveries of the modern age; **doba pozytywizmu/romantyzmu** the age a. era of positivism/romanticism [3] Geol. era ❏ **doba gwiazdowa** Astron. sidereal day; **doba średnia słoneczna** Astron. mean solar day

doberman m Zool. Dobermann (pinscher)
dobi|ć¹ pf — **dobi|jać** impf (~ję — ~jam) **ǁ** vt [1] (przyśpieszyć śmierć) to finish [sb] off [wroga]; (skrócić cierpienia) to put [sth] out of its misery [ranne zwierzę] [2] przen. (załamać) to devastate, to crush; **utrata pracy całkiem go ~ła** losing his job has completely devastated him; **~jesz go tą wiadomością** the news will come as a real blow to him; **~ja mnie ta pogoda** this weather is killing me a. getting me down pot. [3] (docisnąć przez uderzenie) to drive in [gwóźdź] [4] Sport to drive in pot., to put away pot. [piłkę, krążek]
ǁ vi [1] (dopłynąć) [statek, łódź] to pull in; **zaraz ~jemy do brzegu** we'll pull in to shore a. reach shore in a minute [2] (dotrzeć) to make it pot.; **wreszcie ~liśmy do domu** we finally made it home [3] (przyłączyć się) to join vt; **przed wymarszem ~ły do nas jeszcze dwie dziewczyny** two more girls joined us before we set off
ǁǁǁ dobić się — dobijać się [1] (zdobyć) to attain vt [pozycji]; to acquire vt książk. [pozycji]; **po latach pracy ~ł się fortuny/uznania** after years of work he acquired a. amassed a fortune/gained recognition [2] (dotrzeć) to make one's way; **~ić się do wsi** to make one's way to a village **ǁ∨ dobijać się** [1] pot. (uderzać) to hammer, to bang; **~jać się do drzwi** to hammer a. bang on a door; **kto się tak ~ja?** who's that hammering on the door? [2] (starać się) to make a bid; to bid (**o coś** for sth); **~jać się o czyjeś względy** to curry favour with sb; **~jać się o nowe kredyty** to try to obtain new loans
dobi|ć² pf vt Druk. to print off; **~ić jeszcze 5000 egzemplarzy książki** to print another 5000 copies of the book
dobie|c, dobie|gnąć pf — **dobie|gać** impf (~gnę — ~gam) vi [1] (dotrzeć) **~c do czegoś** to run (up) to a. as far as sth, to reach sth; **~c do mety** to reach the finish(ing) line [2] (o dźwięku, zapachu) to reach vt [3] (osiągnąć) **~c końca** to come to an end; **~gać końca** to near the end; **~gać osiemdziesiątki** to be getting on for eighty [4] (zbliżać się) **~ga czwarta/północ** it's close on a. it's approaching four o'clock/midnight
dobiegać impf → **dobiec**
dobiegnąć impf → **dobiec**
dobierać impf → **dobrać**
dobijać impf → **dobić¹**
dobit|ka f Sport rebound shot; **Majewski efektowną ~ką umieścił piłkę w bram-**

ce Majewski put the ball away on a. with a spectacular rebound shot
■ na ~kę a. **na ~ek** on top of all that, to make matters a. things worse
dobitnie adv. grad. [powiedzieć] (z mocą) forcibly, emphatically; (wyraźnie) clearly; [świadczyć, dowodzić] distinctly
dobitnoś|ć f sgt (emfaza) forcefulness, emphasis; (wyrazistość) distinctness
dobitn|y adi. grad. [głos] distinct, clear; [dowód, przykład] clear
doborow|y adi. select, choice; **~e towarzystwo** select company; **~e potrawy** choice dishes
dobosz m (Gpl ~y a. ~ów) drummer boy
dobow|y ǁ adi. twenty-four hour; (powtarzający się co dobę) daily; **~e opóźnienie** a twenty-four hour delay **rytm ~y** the daily rhythm; Fizj. circadian rhythm; **średnia ~a temperatura** the average daily temperature
ǁǁ -dobowy w wyrazach złożonych **dwudobowy** two-day, two-day-long
dob|ór m (G ~oru) sgt (uczniów, aktorów, kandydatów na studia) selection; (eksponatów, pamiątek, rekwizytów) selection, assortment; **~ór słów** choice of words
❏ **~ór naturalny** Biol. natural selection; **~ór płciowy** Biol. sexual selection; **~ór sztuczny** Biol. selective breeding
dob|rać pf — **dob|ierać** impf (~iorę — ~ieram) **ǁ** vt [1] (wziąć więcej) to have some more; (jedzenia) to have seconds a. another helping; **musimy ~rać benzyny/wody** pot. we must get some more petrol/water; **~ierz ziemniaków** have some more potatoes; **dziękuję, jak będzie mało, to sobie ~iorę** that's okay, if it's not enough I'll take more [2] (wybrać) to select [przyjaciół, współpracowników]; **starannie ~ierać dodatki** Moda to select one's accessories carefully; **dobrze/źle ~rana apaszka** a good/bad choice of scarf; **~rać szkła** [okulista, optyk] to select the appropriate lenses
ǁǁ dobrać się — dobierać się [1] (odpowiadać sobie) to make a perfect match; **~rać się jak w korcu maku** to be perfect for each other, to make an ideal match [2] pot. (znaleźć dostęp) to get (**do czegoś** to a. at sth) [skarbca, spiżarni]
dobranoc ǁ f → **dobranocka**
ǁǁ inter. goodnight!; **~ Adamie** goodnight, Adam
ǁǁǁ na dobranoc (przed zaśnięciem) **pocałował ją na ~** he kissed her goodnight; **bajka na ~** a bedtime story
dobranoc|ka f TV Polish TV or radio evening programme for children
dobranockow|y adi. pot. **~a kreskówka/bajka** an evening cartoon/story for children
dobran|y ǁ pp → **dobrać**
ǁǁ adi. [para] well-matched, well-suited
dobrn|ąć pf vi [1] (dotrzeć) to get (**do czegoś** to sth); to reach vt (**do czegoś** sth); **wreszcie ~ęli na szczyt** they finally got to a. reached the summit [2] (dotrwać) **~ąć do końca studiów** to make it to the end of one's degree course pot.
d|obro (Gpl **dóbr**) **ǁ** n [1] sgt (wartość) good; **walka dobra ze złem** the struggle between good and evil [2] sgt (cecha) goodness,

kindness; (dobre czyny) good deeds, kind acts; **czynić dobro** to do good; **wyświadczyć komuś wiele dobra** to show sb a lot of kindness [3] sgt (pomyślność) good, interest; **robić coś dla czyjegoś dobra** to do sth for sb's (own) good a. for sb's sake; **przedkładać własne dobro nad interes innych ludzi** to put one's own interests first; **kierować się dobrem dzieci** to always think of one's children first; **dla dobra sprawy** for the sake a. good of the cause, in the interests of the cause; **dla dobra śledztwa policja nie ujawnia żadnych szczegółów** the police won't disclose any details so as not to jeopardize the investigation; **leży mu na sercu dobro kultury** he's deeply concerned about the best interests of culture [4] zw. pl (rzecz potrzebna do życia) **dobra konsumpcyjne** consumer goods; **dobra doczesne** worldly goods a. things; **dobra kulturalne** cultural achievements; **dom stanowił wspólne dobro całej rodziny** the house was the joint property of the whole family
ǁǁ dobra plt książk. (majątek ziemski) estate; **dobra królewskie** the Crown lands, the royal demesnes
dobroby|t m sgt (G ~tu) prosperity, wellbeing; **w kraju panował powszechny ~t** the country was very prosperous; **zapewnił dzieciom ~t** he secured a high standard of living for his children
dobroczynnie adv. książk. (korzystnie) beneficially, favourably GB, favorably US; **zioła ~ wpływają na włosy** herbs have a beneficial effect on the hair
dobroczynnoś|ć f sgt charity, charitableness
dobroczynn|y adi. [1] (charytatywny) [bal, koncert, akcja] charity attr., benevolent; **na cele ~e** for charity a. charitable purposes; **instytucja ~a** a charitable a. benevolent institution, a charity; **prowadzić działalność ~ą** to work for charity [2] książk. (korzystny) [wpływ, klimat] favourable GB, favorable US; (zbawienny) [sen, odpoczynek] beneficial
dobroczyńc|a m książk. benefactor; **~a ludzkości** a benefactor of mankind; **anonimowy ~a** an anonymous benefactor
dobro|ć ǁ f sgt (życzliwość) goodness, kindness; **okazywać komuś ~ć** to be kind to sb; **Robert to chodząca ~ć** pot. Robert is kindness personified; **z ~ci (serca)** out of the goodness a. kindness of one's heart
ǁǁ dobrocie plt pot. (smakołyki) goodies pot.
ǁǁǁ po dobroci pot. [1] (dobrowolnie) of one's own accord, voluntarily; **opuścić salę po ~ci** to leave the room of one's own accord a. of one's own free will [2] (łagodnie) **radzę/mówię ci po ~ci: lepiej tego nie ruszaj** I'm telling you for your own good – leave it alone
dobrodusznie adv. grad. [uśmiechać się, patrzeć] good-naturedly, kind-heartedly
dobrodusznoś|ć f sgt good nature, kind-heartedness; **uosobienie ~ci** the (very) soul of good nature; **liczyć na czyjąś ~ć** to rely on sb's kind-heartedness
dobroduszn|y adi. [osoba, uśmiech] good-natured, kind-hearted

D

dobrodziej *m* przest. [1] (dobroczyńca) benefactor, patron [2] (tytuł grzecznościowy) squire GB pot., guv'nor GB pot.; **panie ~u** squire GB pot., guv'nor GB pot.; **witam księdza ~a** good day, Your Reverence

dobrodziej|ka *f* przest. [1] (patronka) benefactress [2] (tytuł grzecznościowy) good lady; **pani ~ko** my good lady

dobrodziejstw|o *n* [1] (przysługa) kindness; **wyświadczyć komuś ~o** to do sb a kindness a. favour [2] (korzyść) benefit; **~a nauki/pokoju** the benefits of science/peace ❑ **~o inwentarza** Prawo benefit of inventory

■ **wziąć coś/zgodzić się na coś z (całym) ~em inwentarza** to take sth on with all its obligations/agree to sth in all its consequences

dobrotliwie *adv.* [tłumaczyć, uśmiechać się] good-naturedly

dobrotliwoś|ć *f sgt* [1] (dobroć) good-naturedness, kind-heartedness [2] (korzystny wpływ) value; **doceniać ~ć wypoczynku** to appreciate the beneficial effects of rest

dobrotliw|y *adi.* [1] (dobroduszny) [osoba, uśmiech] good-natured, kind-hearted; **patrzeć na kogoś z ~ym wyrazem twarzy** to regard sb with a benign expression (on one's face) [2] (przyjemny) [sen, wypoczynek, wpływ] beneficial

dobrowolnie *adv.* [zgodzić się, zrezygnować, zrzec się] voluntarily, of one's own free will; **ustąpić ~ ze stanowiska** to resign from office voluntarily; **podjąć się czegoś ~** to undertake sth voluntarily

dobrowolnoś|ć *f sgt* freedom (of choice); **~ć decyzji** freedom of decision; **~ć wyboru zajęć** freedom to choose one's classes; **~ć zrzeszania się** freedom of association

dobrowoln|y *adi.* [składki, praca] voluntary; [decyzja] free, voluntary; **~e zrzeczenie się stanowiska** voluntary resignation from office; **~a współpraca z kimś** voluntary cooperation with sb

dobry [] *adi. grad.* [1] (spełniający oczekiwania) [odpowiedź, pomysł, wzrok, słuch] good; **radio nie działało, chociaż baterie były dobre** the radio wasn't working even though the batteries were still good; **mieć dobre zdrowie** a. **cieszyć się dobrym zdrowiem** to be healthy a. in good health; **to dobry środek na przeziębienie** it's a good remedy for colds; **pochodzić z dobrej rodziny** a. **z dobrego domu** to come from a good family; **dobre dziecko** a good a. well-behaved child; **dobre maniery** a. **obyczaje** good manners; **liczą się dobre maniery** good manners count; **ze względu na dobre obyczaje sprawie nie nadano rozgłosu** to spare (any) embarrassment the case was hushed up; **w dobrym stylu** in good style; **przynoszenie gospodyni kwiatów wciąż jest w dobrym stylu** a. **tonie** it's still good form to give the hostess flowers; **dobry gust** a. **smak** good taste; **w dobrym guście** [ubiór, makijaż, wnętrze] in good taste; **zmierzać ku dobremu** to be going a. heading in the right direction; **wszystkiego dobrego** all the best; **wszystkiego najlepszego** best wishes; **wszystkiego najlepszego z okazji** a. **w dniu urodzin** Happy Birthday!; **wszystkiego dobrego/najlepszego z okazji świąt (Bożego Narodzenia)** Merry a. Happy Christmas!; **wszystkiego dobrego/najlepszego z okazji Nowego Roku** Happy New Year! [2] (korzystny) good; **surowe warzywa i owoce są dobre dla zdrowia** raw fruit and vegetables are good for your health; **zrobić coś dobrego dla kogoś** to do sb a good turn; **zmiana na lepsze** a change for the better; **zmienić się na lepsze** to change for the better; **nie martw się, teraz wszystko zmieni się na lepsze** don't worry, everything will get better a. improve from now on; **wyjść komuś/czemuś na dobre** to do sb/sth good; **nie okazywał strachu, co zwykle wychodziło mu na dobre** he never showed any fear, which usually paid off; **zmiana pracy nie wyszła mu na dobre** changing jobs didn't do him any good; **nic dobrego z tego nie wyjdzie** a. **nie będzie** no good will come (out) of it; **nie wróżyć nic dobrego** to not augur well; **mina ojca nie wróżyła nic dobrego** the expression on father's face didn't augur well; **nie wróżył sobie nic dobrego po tej rozmowie** he didn't expect anything good to come out of the talk; **w najlepszym razie** a. **wypadku** at best [3] (wysokiej jakości) [książka, uczelnia, samochód] good;; **wełna/drewno w dobrym/najlepszym gatunku** the good/best quality wool/timber; **dobry gatunek wina** good wine [4] (odpowiedni) good, suitable; **to nie jest dobry/najlepszy moment** it's not a good time/the most suitable moment; **jest teraz dobry czas na żniwa** this is a good time for the harvest; **każdy pretekst jest dobry** any excuse will do; **może to będzie dobre zamiast młotka?** maybe this will do instead of a hammer? [5] (optymistyczny) [wiadomość, nastrój, humor] good; **gorączka spadła, to dobry znak** his/her temperature's gone down, that's a good sign [6] (życzliwy) [osoba, uczynki] good, kind; **dobre chęci** a. **zamiary** good intentions; **mimo najlepszych chęci, nie udało mi się tego zrobić** try as I might, I couldn't do it; **mieć dobre serce** to be kindhearted; **był dobry dla zwierząt** he was good to animals; **bądź tak dobry i podaj mi książkę** would you (be so kind as to) pass me that book?; **zasługiwać na lepsze traktowanie** to deserve better (treatment); **dobrym traktowaniem zdobędziesz ich zaufanie** you'll gain their confidence by treating them well; **radzę ci po dobremu – oddaj pieniądze** I'm telling you for your own good – give back the money [7] (intratny) [zawód, interes] good; **poszukać sobie lepszego fachu** to look for a better trade a. profession [8] (kompetentny) good; **dobry lekarz/nauczyciel** a good doctor/teacher; **być dobrym z francuskiego** to be good at French; **być lepszym z matematyki niż z historii** to be better at maths than history; **być dobrym w tenisie/siatkówce** to be good at tennis/volleyball; **być dobrym w swoim fachu** to be good at one's job a. trade [9] (bliski) [przyjaciel, kolega] good, old [10] (pozytywny) [opinia, wrażenie] good; **dobre oceny** good marks; **cieszyć się dobrą sławą** to have a good reputation; **przedstawić** a. **ukazać kogoś/coś w dobrym/w najlepszym świetle** to show a. present sb/sth in the best light; **znać swoje dobre strony** to know one's strengths; **dać się poznać od dobrej/najlepszej strony** to reveal a. show one's good side/one's finest qualities; **ta tenisistka ma dobre notowania** this tennis player has a high rating [11] (smaczny) good, tasty; **mam ochotę na coś dobrego** I feel like something (really) tasty [12] Szkol. good mark GB, good grade US; **ocena dobra/bardzo dobra** B/A; **dyplom z oceną bardzo ~ą** a first class degree [] *adi.* pot. (znaczny) good; **czekał na nią dobrą godzinę** he waited for her for a good hour; **schudł dobre pięć kilo** he's lost a good five kilos [] *m pers.* good man; **świat nie dzieli się na dobrych i złych** the world isn't just made up of the good and the bad; **tłumaczyć komuś coś jak komu dobremu** pot. to explain sth to sb very patiently; **tłumaczyłam jak komu dobremu, a on swoje** I explained to him as best (as) I could, but it was no use a. it didn't make any difference [] *m inanim.* Szkol., Uniw. grade B; **bardzo dobry** Szkol. grade A [] **lepszy** *adi. comp.* pot. [1] iron. szlachetnymi trunkami częstował tylko lepszych gości he only served selected guests the choice wines; **obraca się teraz w lepszym towarzystwie** he keeps better company nowadays [2] pejor. (niezły) quite; **lepszy z niego cwaniak** he's a real sly one a. real crafty bugger pot. [] **na dobre** *adv.* [osiąść, wyprowadzić się] for good; **zakochał się w niej na dobre** he really fell for her; **zachmurzyło się** a. **niebo zachmurzyło się na dobre** it's really clouded over; **rozpadało się na dobre** it's really coming down [] **w najlepsze** *adv.* oblivious to everything; **zacząć się bawić w najlepsze** to get into the swing of things; **kłamać w najlepsze** to lie through one's teeth [] **dobra** *inter.* pot. **dobra, dobra** okay, okay; **dobra, dobra, nie wciskaj kitu** yeah, yeah, tell it to the marines pot.; **dobra nasza** a. **dobra jest** good for us

■ **na dobre i na złe** Relig. for better and for worse; **być z kimś na dobre i na złe** to stick with sb through thick and thin; **dobre** a. **dobry sobie!** iron. that's a good one, I like that!; **dość tego dobrego!** pot. that's enough (of that); **nic dobrego** good-fornothing; **być już dobrym** a. **pod dobrą datą** pot. to be well oiled pot., to be far gone pot.; **iść** a. **walczyć z kimś o lepsze** to compete a. vie with sb; **być w najlepszych rękach** to be well looked after; **przenieść się do lepszego świata** książk. to go the way of all flesh książk.; **dobremu wszędzie dobrze** przysł. a good man is always a happy man; **lepsze jest wrogiem dobrego** przysł. the best is the enemy of the good przysł.; **wszystko dobre, co się dobrze kończy** przysł. all's well that ends well przysł.

dobrze [] *adv. grad.* [1] (właściwie, odpowiednio) [zachowywać się, ubierać się] well; **dobrze utrzymany ogród** a well-kept garden; **do-**

brze/lepiej płatna praca a well-/better-paid job; **dobrze wychowane dziecko** a well-behaved child; **dobrze mi radzisz** that's good a. sound advice; **dobrze postąpiłeś** a. **zrobiłeś** you did the right thing; **chciał dobrze, ale nie wyszło** he meant well, but it didn't work out; **lepiej być nie może/mogło** things a. it couldn't be/couldn't have been better; **nie lepiej byłoby poczekać trochę (z tym)?** wouldn't it be better to wait a bit (with that)?; **w nowej szkole szło mu całkiem dobrze** he was doing quite well in the new school; **dobrze ci w zielonym/tej sukience** you look good in green/that dress; **lepiej/najlepiej jej w niebieskim** blue suits her better/best; **dobrze wygląda w tym garniturze** he looks good in that suit; **równie** a. **zupełnie dobrze mógłby studiować w Paryżu** he could just as well study in Paris; **dobrze jest mieć inne rozwiązanie w zapasie** it's good a. advisable to have a back-up solution; **jeśli dobrze pójdzie** if all a. everything goes well; **dobrze mówię?** pot. am I right?; **mieć dobrze w głowie** to have one's head screwed on the right way; **nie mieć dobrze w głowie** to be not right in the head pot.; **najlepiej będzie, jeśli...** it'll be best if...; **zrobił to najlepiej jak potrafił** he did it as well as a. as best he could [2] (umiejętnie) [gotować, śpiewać, grać] well; **dobrze skrojony garnitur** a well-tailored a. well-cut suit; **dobrze się uczyć** to be a good student, to do well at school; **dobrze się znać na czymś** to know quite a bit a. (quite) a lot about sth; **dobrze mu wygarnęła** pot. she gave him a good bawling-out a. rollicking GB; **wszystko wie/wiedział lepiej** he always knows/knew better; **mówiła po niemiecku lepiej niż ja** a. **ode mnie** she spoke German better than me [3] (dokładnie) [pamiętać] well; [przeczytać] properly, right; **dobrze się znamy** we know each other well; **on dobrze wie, co mu grozi** he's well aware of a. knows very well what could happen to him; **dobrze wiesz, o co mi chodzi!** you know very well what I mean!; **trzeba by dobrze się zastanowić** we/you need to think about it (very) carefully [4] (zdrowo) [czuć się, wyglądać] well; **przeszedł ciężką operację, ale już jest z nim dobrze** he underwent a serious operation, but he's recovered now a. he's doing well now; **urlop dobrze ci zrobi** it'll do you good to have a holiday; **poranna gimnastyka dobrze mi robi** morning exercise a. a morning workout does me (a power a. world of) good [5] (miło) **dobrze się bawić** to have a good time; **dobrze mi tutaj, nigdzie nie idę** I'm fine right here, I'm not going anywhere; **z nikim mi nie było tak dobrze, jak z tobą** nobody ever made me feel as good as you did; **tobie to dobrze, nie musisz chodzić do pracy** you're lucky, you don't have to go to work; **gdzie ci będzie lepiej niż tu?** where would you be better off than here? [6] (pozytywnie) [skończyć się, układać się] well; **dobrze usposobiony człowiek** a good-natured a. an amenable person; **dobrze komuś życzyć** to wish sb well;

wszyscy wypowiadali się o nim bardzo dobrze everyone spoke very well of him; **dobrze jest mieć sąsiadów** it's good to have neighbours; **byłoby dobrze, gdyby zechciał się pan nią zająć** it would be good if you could take care of her; **on się żeni – to dobrze** he's getting married – good for him a. that's good; **uda im się wygrać, to dobrze, nie uda się, to drugie dobrze** if they win, all well and good, and if they don't, then it doesn't matter a. then too bad; **to nie jest dobrze widziane** it isn't done, it's frowned upon; **nie będzie dobrze widziane, jak przyjdziesz bez uprzedzenia** it won't go down (too) well if you turn up without warning; **przychodzenie bez uprzedzenia nie jest dobrze widziane** it isn't the done thing a. it's frowned upon to turn up without warning [7] (bez wysiłku) well; **bawełnę dobrze się prasuje** cotton irons well a. is easy to iron; **tę książkę dobrze się czyta** this book is a good read, the book reads well

II adv. [1] pot. (bardzo) well pot.; **jest dobrze po pierwszej/po północy** it's well past one/after midnight; **wstać dobrze przed świtem** to get up well before sunrise a. dawn; **dobrze się naszukaliśmy tego domu** we spent hours trying to find the right house [2] Szkol. **ocenił pracę na dobrze/dobrze plus** a. **z plusem/bardzo dobrze** he gave the work a B/a B+/an A

III inter. [1] (zgoda) okay pot., all right; **no, dobrze, zgadzam się** well, all right, I agree; **niech mi pan nie przerywa, dobrze?** don't interrupt me, okay?; **jak tylko będę wiedział, zadzwonię, dobrze?** I'll call as soon as I find out, okay?; **no dobrze, to nie pójdziemy** okay, so we won't go; **no dobrze, (ale) nie musisz tak krzyczeć** okay, you don't have to shout like that; **dobrze, dobrze!** all right, all right!; okay, okay! pot.; **dobrze, dobrze, już idę!** okay, okay a. all right, all right, I'm going!/I'm coming; **„ile razy mam ci mówić?" – „dobrze, dobrze!"** 'how many times do I have to tell you?' – 'okay, okay!'; **dobrze, dobrze, zobaczymy, jak ty sobie poradzisz** iron. yeah, yeah, we'll just (wait and) see how (well) you do pot., iron. [2] (aprobata) good, right; **„jak się nazywa stolica Urugwaju?" – „Montevideo" – „dobrze!"** 'what's the capital of Uruguay?' – 'Montevideo' – 'right! a. good!'; **dobrze, oby tak dalej** well done, keep it up [3] (przerwanie wypowiedzi) all right; okay pot.; **no dobrze, ale pani tak mówi, bo nie chce być szczera** all right a. okay, but, you're saying that because you don't want to be honest; **dobrze, dobrze, pożartowaliśmy, a teraz do rzeczy** all right a. okay, we've had our joke a. a laugh, let's get down to business; **dobrze już, nie płacz** there, there a. there, now, don't cry

IV lepiej comp. [1] (raczej) rather; **lepiej już wychodź, bo się spóźnisz** you'd better go, or you'll be late; **lepiej się zastanów** you'd better think about it; **powiedzieli mu, żeby się lepiej przyznał** they told him he'd better own up a. confess [2] pot. (więcej) more; **dziesięć lat albo i lepiej** a. **jak nie lepiej** ten years or even more

■ **dobrze zbudowany** well-built; **być dobrze z kimś** pot. to be on good terms with sb; **być z kimś (jak) najlepiej** to be the best of friends a. on the best of terms with sb; **być z kimś nie najlepiej** to not be on very good terms with sb; **wyjść na czymś dobrze/lepiej/najlepiej** pot. to come off well/better/best out of sth; **mieć się dobrze** (być bogatym) to be well-off; (być zdrowym) to be a. feel well; **mieć dobrze w głowie** a. **czubie** to be well away a. far gone pot.; **robić komuś dobrze** euf. to make sb feel good euf.; **jest z nią dobrze** she's fine; **już jest z nią lepiej** she's feeling better now; **było z nią nie najlepiej** she wasn't feeling too good; **zrobiło mu się lepiej** pot. he felt better; **dobrze ci/mu/jej tak** pot. it serves you/him/her right; **nie ma tak dobrze** pot. it doesn't work like that a. that way, it's not as simple a. easy as that; **lepiej nie mówić** pot. it doesn't bear talking about; **lepiej późno niż wcale** a. **nigdy** przysł. better late than never przysł.

dobudow|a f [1] sgt (dobudowanie) addition; **plany ~owy bocznego skrzydła do szpitala** plans for adding a new wing to the hospital [2] (część budynku) extension

dobud|ować pf — **dobud|owywać** impf vt to build on, to add [piętro, garaż, werandę] (do czegoś to sth); **później ~owano piętro** a new floor was added later

dobudowywać impf → dobudować

dobudów|ka f extension

dobu|dzić pf **I** vt to wake (up); **trudno go rano ~dzić** it's hard to wake him up in the morning **II** **dobudzić się** to wake (up); **nie mogłam się ~dzić** I couldn't wake (myself) up

dob|yć pf — **dob|ywać** impf (~ędę — ~ywam) książk. **I** vt (wyjąć) to take out, to draw; **z szybów ~ywano rudę** ore was extracted from the shafts; **~yć szabli/miecza** to draw one's sabre/sword; **~yć coś ze wspomnień** a. **z pamięci** a. to think back to sth; **nie mógł ~yć głosu** przen. he couldn't say a word a. find his voice; **~ył resztek** a. **ostatka sił, żeby się podnieść** he summoned (up) all his strength to stand up **II** **dobyć się** — **dobywać się** (wydostawać się) [dym, woda] to escape, to get out; [głos, dźwięk] to come out, to issue

dobyt|ek m sgt (G ~ku) [1] (mienie) belongings, possessions, goods and chattels GB [2] (inwentarz) livestock

dobywać impf → dobyć

doc. (= docent)

docelowo adv. [1] (kończąc się) ~ **podróż miała się skończyć w Rzymie** Rome was to be the journey's final stop a. ultimate destination [2] książk. (w efekcie) ultimately

docelow|y adi. [1] [rynek, port] destination attr.; **miejsce ~e** destination [2] książk. [program, wydajność] target attr. ❑ ~y lot a. przelot Sport target flight

docencik m pejor. ≈ Reader GB, ≈ associate professor US

doceniać impf → docenić

doce|nić pf — **doce|niać** impf **I** vt to appreciate, to value; **nie ~niać kogoś/**

czegoś to underestimate a. underrate sb/sth **II docenić się — doceniać się** to have high self-esteem; **nie ~niasz się** you're selling yourself short

docen|t m (osoba, tytuł) ≈ Reader GB, ≈ associate professor US

docentu|ra f ≈ Readership GB, ≈ associate professorship US

dochodowoś|ć f sgt profitability

dochodow|y adi. [1] [podatek] income attr. [2] [przedsiębiorstwo, towar] profitable, lucrative; **to przedsięwzięcie nie będzie ~e** this enterprise will not bring in a profit

dochodząc|y II pa → **dochodzić** **II** adi. **~a opiekunka do dziecka** a (non-live-in) nanny; **~a gosposia** a daily (help); **"~ą bez gotowania"** 'daily needed no cooking'

dochodze|nie II sv → **dochodzić** **II** n (policyjne, sądowe) inquiry, investigation; **wyniki ~nia** the results of the investigation; **~nie w sprawie o zabójstwo** a murder investigation a. inquiry; **wszcząć/ prowadzić ~nie** to launch/conduct an inquiry a. investigation; **umorzyć ~nie** to call off a. discontinue an inquiry a. investigation

dochodzeniow|y adi. [wydział] investigation attr.; [ekipa, czynności] investigative

dochodzić[1] impf → **dojść**

dochodz|ić[2] pf vi [1] (prowadzić) [droga, ulica] to lead (**do czegoś** to sth); **łąka ~i do rzeki** the meadow leads down to a. stretches to the river [2] (kursować) [pociąg, autobus] to go as far (**do czegoś** as sth); to go all the way (**do czegoś** to sth); **winda ~i tylko do piątego piętra** the lift only goes as far as the fifth floor; **czy tam ~i autobus miejski?** do the town a. city buses go there? [3] (zbliżać się) to get on for; **~i południe/ północ** it's getting on for noon/midnight; **~i piąta** it's almost five (o'clock); **~iła piąta** it was almost a. was getting on for five (o'clock); **"która godzina?" – "~i jedenasta"** 'what time is it?' – '(it's) almost eleven'

dochow|ać pf — **dochow|ywać** impf **II** vt [1] (przechować) to keep; **~ać depozyt w całości** to keep a deposit intact; **~ał powierzone mu dokumenty do końca wojny** he kept the documents he had been given till the end of the war [2] (dotrzymać) to keep [tajemnicy, przyrzeczenia]; **żołnierze ~ali wierności krajowi** the soldiers kept faith with their country; **~ać wierności żonie** to remain faithful to one's wife; **~ywać postów** to observe fasts **II dochować się — dochowywać się** [1] (przetrwać) to survive, to be preserved; **oryginał nie ~ał się do naszych czasów** the original no longer exists [2] (wyhodować) to rear [bydła]; to cultivate, to grow [uprawy]; **~ał się trójki dzieci** he's brought up three children

dochowywać impf → **dochować**

doch|ód m (G ~odu) (zarobki) income, earnings pl; (zysk) profit, proceeds; **czyjś miesięczny/roczny ~ód** sb's monthly/ annual income; **~ód z akcji** share earnings; **hodowla arabów jest źródłem wielkich ~odów** breeding Arab horses is very profitable

❏ **~ód narodowy** Ekon. national income; **~ód państwowy** Ekon. government revenue GB, internal revenue US

dochrap|ać się pf — **dochrap|ywać się** impf v refl. pot. to land (oneself) pot.; **~ać się wielkich pieniędzy** to get one's hands on a lot of money; **po dziesięciu latach ~ał się w końcu kierowniczego stanowiska** after ten years he finally landed himself a managerial post

dochrapywać się impf → **dochrapać się**

do|ciąć pf — **do|cinać** impf (dotnę, docięła, docięli — docinam) **II** vt [1] (dokończyć cięcie) to finish cutting; **kosiarze docinali ostatnie skrawki żyta** the reapers were cutting the last clumps of rye [2] (uciąć więcej) to cut (some) more; **dociąć kwiatów do bukietu** to cut more flowers for a bouquet [3] (dopasować) to cut; **szklarz dociął szybę do okna** the glazier cut the pane to the size of the window; **dotnij dokładnie te kafelki, żeby pasowały** cut these tiles to size a. to fit **II** vi przen. (przygadać) **teściowa wciąż jej docinała** her mother-in-law kept picking on her; **"szybę wybiłeś przez pomyłkę?" – dociął zjadliwie** 'so you broke the window by mistake?' he said sarcastically

dociągać impf → **dociągnąć**

dociąg|nąć pf — **dociąg|ać** impf **II** vt [1] (zacisnąć) to tighten (up) [paski, sznurki, śruby]; **~nąć hamulec** to pull hard on a brake [2] (dowlec) to drag up, to pull up; **koń ~nął wóz do zagrody** the horse pulled the cart up to the farm [3] (doprowadzić) to run [linię kolejową, autobusową]; to lay [kabel, gaz, prąd] (**do czegoś** to sth); **~nąć budowę do końca** przen. to finish off the building work; **ostatni tom kronik, ~nięty do roku 1455** przen. the last volume of the chronicles, ending in 1455 **II** vi [1] (dotrzeć) to drag (oneself) (**do czegoś** to sth); **po wielu trudach ~nęli do domu** after many hardships, they finally managed to drag themselves home [2] pot. (dożyć) to live (**do czegoś** to sth); **chory nie ~nie do rana** the patient won't make it through the night a. won't last the night; **jego matka ~a osiemdziesiątki** his mother is almost eighty [3] pot. (poradzić sobie) to get by; **z trudem ~ają do pierwszego** they have difficulty getting by till a. to the end of the month; **martwił się, jak ~nąć do pierwszego** he was worried about how to make his money last till the end of the month **III dociągnąć się — dociągać się** (dotrzeć) to drag oneself (**do czegoś** to sth)

dociążać impf → **dociążyć**

dociąż|yć pf — **dociąż|ać** impf vt [1] (obciążyć dodatkowo) to ballast, to load down [2] przen. (zlecić dodatkową pracę) to burden, to saddle; **~ono go dodatkowymi obowiązkami** he was burdened a. saddled with extra duties

docie|c pf — **docie|kać** impf **II** vi książk. to inquire (**czegoś** into sth); to investigate (**czegoś** sth); **~kać przyczyn...** to look into a. investigate the reasons...; **~kać prawdy** to search for the truth; **nie mógł ~c, dlaczego drzewa w jego ogrodzie**

więdną he couldn't work out why the trees in his garden were dying **II** vi (dopłynąć) [woda] to leak, to drip; **woda z niedokręconego kranu ~kła na parter** water from the dripping tap leaked down to the ground floor

dociekać impf → **dociec**

dociekа|nie II sv → **dociekać** **II dociekania** plt książk. (naukowe, filozoficzne) inquiry U, investigation(s), inquiries

dociekliwie adv. grad. [badać] in depth, penetratingly

dociekliwoś|ć f sgt inquisitiveness, penetration; **~ć chłopca szła w parze z wielkim darem obserwacji** the boy's inquiring mind went hand in hand with a great gift for observation

dociekliw|y adi. [czytelnik, badacz] discerning, inquisitive; [pytania] penetrating, incisive; [umysł] inquiring, penetrating

docinać impf → **dociąć**

docin|ek m zw. pl. cutting remark, biting remark; **tylko bez ~ków!** without any snide remarks, please! pot.

docisk m (G ~u) [1] sgt (dociskanie) pressure; **siła ~u** force of pressure [2] Techn. clamp, holdfast

dociskać impf → **docisnąć**

doci|snąć pf — **doci|skać** impf **II** vt [1] (zbliżyć) to press; **~snął płytkę do podłoża** he pressed the plate against the surface; **~snął wieko walizki kolanem** he forced down the lid of the suitcase with his knee [2] (gnębić) to squeeze, to harass; **bieda nas ~snęła** we've been reduced to poverty; **rząd ~ska nas wysokimi podatkami** the government squeezes us with high taxes **II** vi pot. (nalegać) to press; **"mówisz szczerze?" – ~skał** 'are you being completely honest?' he pressed **III docisnąć się — dociskać się** (dostać się) to push one's way through (**do czegoś** to sth)

do cna adv. [zmoknąć, zniszczyć] completely, utterly

docu|cić pf vt to bring round, to revive; **~cić kogoś z omdlenia** to bring sb round after fainting

doczek|ać pf — **doczek|iwać** impf **II** vi [1] (dotrwać) to wait; **nie ~ał do końca filmu** he left before the film was over; **~ał, aż wszyscy się zgromadzili** he waited until they had all got together [2] (dożyć) to live (**czegoś** to sth); **~ać końca wojny/ upadku komunizmu** to live through the war/to see the fall of communism; **~ać późnej starości** to live to a ripe old age; **chory chyba nie ~a rana** the patient may not live until the morning; **~a dnia, kiedy jej prośby zostaną wysłuchane** she'll (live) to see the day when all her prayers are answered **II doczekać się** [1] (dotrwać) to wait (until); **~ać się Marty/odpowiedzi** to wait until Marta comes/the answer a. a reply comes; **~ał się odpowiedzi na list** he finally got a reply to his letter; **odszedł, nie ~awszy się jej** he left before she came; **nie mogę się ~ać wakacji/powrotu brata** I can't wait to go on holiday/for my brother to come back; **nie może się ~ać, kiedy**

będzie miał 18 lat he can't wait to be 18 [2] *(zdobyć)* to accomplish, to achieve (**czegoś** sth); **~ali się licznego potomstwa** they had many offspring; **jego dzieło ~ało się czternastu wydań** there were fourteen editions of his book; **kościół ~ał się wreszcie remontu** the church was finally renovated [3] *(doigrać się)* to bring [sth] (up)on oneself; **~ała się skandalu** she brought the scandal upon herself; **jeszcze się ~asz, że wezwę policję** just you wait – one day I'll call the police

doczekiwać *impf* → **doczekać**
doczepiać *impf* → **doczepić**
doczep|ić *pf* — **doczep|iać** *impf vt* [1] *(przyłączyć)* to couple up *[przyczepę, wagony]* (**do czegoś** to sth); **~iliśmy jeszcze kilka ogniw do choinkowego łańcucha** we added a few links to the paper chain for the Christmas tree [2] *przen., pejor.* to tack on, to tag [sth] on; **coś napisał, a potem ~ił do tego jakąś teorię** he wrote something and then tacked on some theory to go with it

doczep|ka *f* *pot.* **na ~kę** in tow *pot.*; **przyprowadzić kogoś na ~kę** to bring sb in tow; **przyjść z kimś na ~kę** to tag along with sb

doczesność *f sgt* *książk.* earthly a. mortal life

docze|sny *adi.* *książk.* *[życie, istnienie]* earthly; *[sprawy]* worldly; **dobra ~sne** worldly possessions a. goods; **~sne szczątki** mortal remains

doczołga|ć się *pf v refl.* [1] *(na brzuchu)* to crawl (**do czegoś** (up) to sth) [2] *przen., pot.* *(dotrzeć)* *[osoba]* to drag oneself; *[pojazd]* to crawl (**do czegoś** to sth)

doczyszczać *impf* → **doczyścić**
doczy|ścić *pf* — **doczy|szczać** *impf* **I** *vt* to clean thoroughly; **~ścić buty** to give the shoes a thorough clean; **udało jej się ~ścić poplamioną sukienkę** she managed to get the stained dress completely clean

II **doczyścić się** — **doczyszczać się** to come up spotless; **podłoga nie chce się ~ścić** I can't get the floor properly clean

doczyt|ać *pf* — **doczyt|ywać** *impf* **I** *vt* [1] *(przeczytać do końca)* to read to the end, to finish reading; **~ać książkę do końca** to finish (reading) a book [2] *(przeczytać dodatkowo)* to read (some) more; **musiał ~ać jeszcze dwa artykuły do egzaminu** he had to read another two articles for the exam

II **doczytać się** — **doczytywać się** [1] *(dowiedzieć się)* to find out, to discover; **~ać się w gazecie ciekawych informacji** to read something interesting in the paper; **nie mogę ~ać się sensu w tym artykule** I can't get the drift of this article [2] *(wyobrażać sobie)* **~ywać się wszędzie aluzji na swój temat** to interpret everything as an allusion to oneself

doczytywać *impf* → **doczytać**
doda|ć *pf* — **doda|wać** *impf* **I** *vt* [1] *(dołożyć)* to add; **„~j cukier i sól do smaku"** 'add sugar and salt to taste'; **do samochodu firma ~ła za darmo komplet opon** the company threw in a free set of tyres with the car; **dyrektor ~ł nam do**

pensji 100 zł the director gave us a pay rise of 100 zlotys; **~ł sobie dwa lata życia** *przen.* he pretended to be two years older; **zmartwienia ~ły jej lat** worry added years to her [2] *(powiedzieć)* to add; **jeśli można coś ~ć...** if I could add something...; **pragnę ~ć, że...** I'd like to add that...; **czy ktoś z Państwa chciałby coś ~ć do wypowiedzi kolegi?** would anyone like to add anything to what your colleague said?; **~m jeszcze, że...** I would like to add that...; **nie mam nic do ~nia** I've nothing more to add [3] *(powiększyć)* to give (**komuś czegoś** sb sth); **~ć komuś pewności/odwagi** to give sb confidence/courage; **~ć komuś wiary we własne możliwości** to boost sb's confidence; **~ć komuś otuchy** to encourage a. uplift sb; **makijaż ~ł jej uroku** the make-up made her more attractive; **jesień ~ła urody drzewom** autumn lent beauty to the trees [4] *(zsumować)* to add (up), to sum (up); **~ć dwie liczby** to add two numbers; **~ć trzy do siedmiu** to add three and seven

II **dodać** *coni.* to add; **dwa ~ć dwa** two plus two; **siedem ~ć trzy** seven plus three

dodat|ek **I** *m* (*G* **~ku**) [1] *(uzupełnienie)* addition (**do czegoś** to sth); *(do gazety, czasopisma)* supplement; **~ek ilustrowany** a colour supplement; **~ek nadzwyczajny** a special supplement; **sok pomarańczowy z ~kiem witamin** orange juice with added vitamins; **na ~ek** a. **w ~ku** as well, to boot; **filmy trudne i na ~ek nudne** difficult films and boring as well a. to boot [2] *sgt* *(dodanie)* addition; **z ~kiem czegoś** with the addition of sth; **z ~kiem ziół zupa nabrała smaku** with the addition of herbs, the soup improved in flavour; **~ek ostrych przypraw zepsuje to danie** adding piquant spices will spoil the dish [3] *(pieniądze)* bonus, extra (money); **~ek do pensji** an allowance a. a bonus on top of sb's wages/salary

II **dodatki** *(do ubrania)* accessories; **~ki krawieckie** haberdashery

❑ **~ek funkcyjny** management allowance; **~ek rodzinny** family allowance; **~ek rozłąkowy** separation allowance; **~ek stażowy** seniority bonus a. allowance; **~ek uznaniowy** premium, bonus; **~ek wyrównawczy** cost of living allowance a. bonus; **~ek zmianowy** shift pay; **~ek za uciążliwą pracę** danger money, danger pay US

dodatkowo *adv.* additionally, in addition
dodatkow|y *adi.* additional, supplementary; *[pieniądze, wypłata, opłata]* extra

dodatni *adi.* [1] *(korzystny)* *[cecha, strona]* positive, good [2] *(pozytywny)* *[ocena, opinia]* good [3] *(większy od zera)* *[liczba, wartość]* positive; **~a temperatura** temperature above zero [4] *Med.* positive; **wynik badania był ~i** the test was positive [5] *Fiz.* *[ładunek, elektroda, biegun]* positive

dodatnio *adv.* [1] *(korzystnie)* *[wpływać, działać]* positively, beneficially [2] *(pozytywnie)* positively; **oceniać coś ~** to have a good opinion of sth [3] *Fiz.* positively

dodawać *impf* → **dodać**
dodawa|nie **II** *sv* → **dodać**
III *n sgt (działanie)* addition, sum

❑ **~nie logiczne** *Log.* logical sum, disjunction; **~nie zbiorów** *Mat.* union, join

dodruk *Druk.* **I** *m sgt* (*G* **~u**) additional printing

II **dodruki** *plt* *(egzemplarze)* additional copies

dodruk|ować *pf* — **dodruk|owywać** *impf vt* [1] *(wydrukować więcej)* to print (some) more; **~wać plakaty/zaproszenia** to print more posters/invitations; **~wano 100 000 egzemplarzy słownika** 100,000 additional copies of the dictionary were printed; **~wać pieniądze** to print more (paper) money [2] *(dodać)* to print; **~wać brakujące strony** to print some missing pages

dodrukowywać *impf* → **dodrukować**
dodzwaniać się *impf* → **dodzwonić się**
dodzw|onić się *pf* — **dodzw|aniać się** *impf v refl.* [1] *(przez telefon)* to get through (**do kogoś** to sb); **od razu ~oniłem się na policję** I got through to the police straight away a. immediately [2] *(do drzwi)* **nie wiem, czy się ~onisz, bo telewizor gra na cały regulator** I don't know if they'll hear the bell, the TV's on full blast

dofinans|ować *pf* — **dofinans|owywać** *impf vt* to fund (partially), to subsidize; **koncerty ~ane przez sponsorów** concerts partially funded by sponsors

dofinansowywać *impf* → **dofinansować**

dog *m* Great Dane; **~ arlekin** a harlequin Great Dane; **~ pręgowany** a brindle Great Dane; **~ niemiecki** a Great Dane

dogad|ać *pf* — **dogad|ywać** *impf* **I** *vt* *(ustalić)* to agree on *[szczegóły, sprawę]*; **~ałem z nim szczegóły akcji promocyjnej** we've agreed on the details of the advertising campaign; **wszystko jest już ~ane** everything's been arranged

II *vi* *(robić uwagi)* to make a remark, to comment; *(złośliwie, żartobliwie)* to jibe (**komuś** at sb); to make fun (**komuś** of sb); **~ywali mu z powodu jego niskiego wzrostu** they teased him because he was short

III **dogadać się** — **dogadywać się** [1] *(dojść do porozumienia)* to reach an agreement, to come to an agreement (**z kimś** with sb); **jakoś się ~amy** I'm sure we can agree on something a. come to some sort of arrangement [2] *(w obcym języku)* to make oneself understood; to communicate (**z kimś** with sb); **potrafił się ~ać po angielsku** he was able to communicate in English; **jakoś się dogadali** somehow they managed to communicate

dogadywać *impf* → **dogadać**
dogadzać¹ *impf* → **dogodzić**
dogadza|ć² *impf vi* *książk.* *(odpowiadać)* to be convenient (**komuś** for sb); to suit (**komuś** sb); **czy zechciałby pan nas odwiedzić, oczywiście kiedy to panu ~** perhaps you'd like to pay us a visit, whenever it's convenient for you, of course; **jeżeli to pani ~, możemy...** if it's convenient for you, we can...; **~ło jej, że nie musi tam iść samotnie** it suited her that she didn't have to go there by herself; **nie bardzo mu ~ło mieszkanie wspólnie z teściami** living with his in-laws didn't exactly suit him

doganiać *impf* → **dogonić**

D

dogasać *impf* → dogasnąć

doga|sić *pf* — **doga|szać** *impf vt* to extinguish, to put out *[ognisko, pożar]*; **dopiero ulewny deszcz ~sił pożar lasu** it was only a good downpour of rain that finally put out the forest fire; **strażacy ~szali pożar przez całą noc** firemen worked all night to extinguish the flames

doga|snąć *pf* — **doga|sać** *impf* (**~snęła, ~snęli** — **~sam**) *vi* [1] *[świeca, ognisko, lampy]* to burn out, to die down; **ognisko ~sło i zrobiło się ciemno** the campfire burnt out and it became dark; **pożar powoli ~sał** the fire slowly died down a. burnt itself out [2] *książk., przen. [dyskusja, rozmowa, spór, powstanie]* to die down; *[dzień, lato]* to fade (away), to wane; **podtrzymać ~sające życie** to keep a waning life going

dogaszać *impf* → dogasić

dogi|ąć *pf* — **dogi|nać** *impf* (**~nę, ~ięła, ~ięli** — **~inam**) **[I]** *vt* to bend; **~nij te druty, bo ktoś się pokaleczy** bend those wires back, or somebody will scratch themselves; **bez kombinerek nie da się ~iąć blachy** you need pliers to bend the tin into shape **[III] dogiąć się** — **doginać się** to bend

doginać *impf* → dogiąć

dogląda|ć *impf vt* to look after, to tend (**czegoś/kogoś** sth/sb) *[ogrodu, chorego]*; **kto będzie ~ł krów pod naszą nieobecność?** who's going to look after the cows while we're not here?; **sąsiad ~ł mieszkania podczas mojej nieobecności** the neighbour kept an eye on a. minded the flat while I was away; **~ć kotła/garnków** to watch a. keep an eye on the pot/saucepans; **~ć załadunku lekarstw** to supervise the loading of medicines; **~li, czy nie brakuje czegoś gościom** they made sure the guests had everything they needed

dogłębnie *adv. grad.* [1] *[badać, analizować, przedyskutować]* in depth, thoroughly; **~ coś opisać** to describe sth in depth a. (great) detail; **~ coś przeanalizować** to go into sth deeply; **przemyśl ~ moją propozycję** think about my proposition very carefully, will you?; **filozofia ~ antyidealistyczna** a profoundly a. thoroughly anti-idealistic philosophy [2] *[różnić się, zmienić się]* completely, profoundly

dogłębn|y *adi.* [1] *[wiedza]* profound, deep; *[analiza]* in-depth, thorough(going); **~a znajomość tematu** a thorough familiarity with the subject [2] *[przemiana, reforma]* far-reaching, thoroughgoing; **~a restrukturyzacja systemu bankowości** a complete overhaul of the banking system [3] *[wrażenie, uczucie]* profound, deep [4] *[nurkowanie]* deep-sea *attr.*

dogma|t *m* (*G* **~tu**) [1] *Filoz., Relig.* dogma; **~ty wiary** the dogmas of faith, the tenets of belief; **ogłosić ~t** to pronounce a dogma; **~t (o) niemylności papieża** the dogma of papal infallibility [2] *pejor.* dogma U, gospel U; **przyjąć coś za ~t** to accept sth as dogma a. gospel; **każde jej słowo było dla niego ~tem** every word she uttered was sacred to him; **nauka skrępowana ~tami** science fettered by dogma

dogmatycznie *adv.* [1] *Filoz., Relig. [określić, sformułować]* dogmatically, as a dogma [2] *pejor. [myśleć]* dogmatically; **trzymać się ~ jakiejś teorii** to stick dogmatically to a theory; **~ lewicowy punkt widzenia** a dogmatically leftist point of view

dogmatyczność *f sgt pejor.* dogmatism; **~ć religijna** religious dogmatism

dogmatyczn|y *adi.* [1] *Filoz., Relig.* dogmatic [2] *pejor. [poglądy, osąd, postawa, osoba]* dogmatic

dogmaty|k *m* [1] *pejor.* (doktryner) dogmatist; **polityczni/partyjni ~cy** political/party dogmatists [2] *Filoz., Relig.* dogmatist

dogmaty|ka *f sgt* [1] (zbiór dogmatów) dogma; **~ka marksistowska** Marxist dogma [2] *Relig.* dogmatics, dogmatic theology

dogmatyzm *m sgt* (*G* **~u**) *pejor.* dogmatism; **popaść w ~** to slip into dogmatism

dogmatyz|ować *impf vt książk.* to dogmatize *[twierdzenia, poglądy]* ⇒ **zdogmatyzować**

dogna|ć *pf vt pot.* to catch [sb/sth] up; **~łem ją, jak wsiadała do tramwaju** I caught her up a. caught up with her as she was getting on the tram; **psy ~ły zającą nad rzeką** the dogs caught up with the hare on the river bank

dogodnie *adv. grad.* [1] (wygodnie) *[ulokować, umieścić]* conveniently; **~ położony kamping** a conveniently situated campsite; **~j** a. **bardziej ~** **podróżować** to travel in greater comfort [2] (korzystnie) favourably GB, favorably US; **~ oprocentowany kredyt** a low-interest loan; **~ coś kupić/sprzedać** to buy/sell sth at a good price; **udało nam się sformułować warunki umowy ~ dla obu stron** we were able to formulate the terms of the agreement so that they were satisfactory to both parties

dogodność *f sgt* convenience; **~ć spłat** the easy terms of repayment; **korzystać z ~ci nowej formy sprzedaży** to take advantage of the convenience of a new method of purchase

dogodn|y *adi. grad.* [1] (odpowiedni) *[położenie, termin]* convenient, good; **hotel z ~ym dojazdem** a hotel within easy reach; **szukać ~ego miejsca do lądowania** to look for a suitable a. convenient place to land; **wybrali ~e miejsce i rozbili namioty** they chose a suitable a. convenient spot and put up the tents; **~a pora na spotkania towarzyskie** a good time for meeting friends; **to nie jest ~y moment na rozmowę** it's not a good moment to talk; **rozwiązania architektoniczne ~e dla niepełnosprawnych** architectural features catering to the needs of the handicapped; **po przeprowadzce będziemy mieli ~iejszą komunikację** after the move we'll have better transport connections; **kupić ~iejsze** a. **bardziej ~e mieszkanie** to buy a more comfortable flat; **najdogodniejszym miesiącem do zwiedzania Włoch jest wrzesień** the best month to see Italy is September [2] (korzystny) *[oferta, propozycja, cena]* attractive, good; *[warunki]* favourable GB, favorable US; **~e warunki kupna/dzierżawy** favourable purchase/lease terms; **kredyt spłacany na ~ych warunkach** credit payable on

easy terms; **kupić coś za ~ą cenę** to buy sth at a good price; **przyjąć ~iejszą propozycję** to accept a better offer

dog|odzić *pf* — **dog|adzać**[1] *impf vi* (spełnić oczekiwania) to indulge; **~odzić czyimś zachciankom** to indulge sb's whims; **niczym mu nie można było ~odzić** he was impossible to please; **nie jestem w stanie ~odzić wszystkim** I can't please a. satisfy everyone; **matka ~adzała jej, jak mogła** her mother did everything to indulge her; **nikt ci tak nie ~adzał jak ja** nobody's ever satisfied your every need like I have; **~adzała mu praca w redakcji** editing work suited him; **~odzić podniebieniu** to indulge one's taste buds; **~odzić sobie** *iron.* to overindulge (oneself), to overdo it ■ **jeszcze się taki nie narodził, co by wszystkim ~odził** *przysł.* there's not a man living who can please everyone

dog|onić *pf* — **dog|aniać** *impf vt* [1] (dopędzić) to catch [sb/sth] up; **idź, zaraz cię ~onię** you go on, I'll catch you up in a minute; **złapali taksówkę i ~onili nas** they took a taxi and caught up with us; **~oni nas w końcu starość** *przen.* sooner or later we all grow old, old age catches up with all of us in the end [2] *przen.* (dorównać) to catch [sb] up; **mimo długiej choroby ~onił kolegów w nauce** despite his long illness, he caught up with his schoolmates; **próbujemy ~onić kraje wysoko rozwinięte** we're trying to catch up with the more developed countries; **wkrótce ~onisz wzrostem ojca** you'll be catching your father up soon

dogorywa|ć *impf vi książk.* [1] (umierać) to die; **chory ~a** the patient is fading away; **jęki ~jących żołnierzy** the groans of dying soldiers [2] (gasnąć) to die down, to burn out; **pożar ~a** the fire is dying down a. burning out; **gdy strażacy przybyli na miejsce, dom ~ł** when the firefighters arrived on the scene, the house was almost burnt out; **w słabym świetle ~jącej świeczki prawie nie widział jej twarzy** in the pale light of the waning candle, he could hardly see her face [3] *przen. [powstanie, bunt]* to die down, to peter out; **wrócił do miasta, gdy powstanie ~ło** he returned to the town when the uprising was almost over

dogot|ować *pf* — **dogot|owywać** *impf* **[I]** *vt* [1] (ugotować do końca) to cook properly, to boil properly; **już ~owuję obiad** I've almost finished cooking dinner [2] (ugotować więcej) to cook (some) more, to boil (some) more; **~ować wody na herbatę** to put some more water on for tea; **~tuj ziemniaków, na obiedzie będą goście** do some more potatoes, we'll be having guests for dinner **[II] dogotować się** — **dogotowywać się** (ugotować się do końca) to be ready for serving; **obiad już się ~owuje** dinner's almost ready

dogotowywać *impf* → dogotować

dogr|ać *pf* — **dogr|ywać** *impf* (**~am** — **~ywam**) *vt* [1] (nagrać dodatkowo) to overdub a. dub over, to record (**do czegoś** onto sth); **do głosu wokalisty ~amy później chó-**

rek we'll overdub a. dub over the chorus onto the vocalist's voice later; **~ać podkład muzyczny** to add a backing track; **sceny do serialu ~ywano nad morzem** additional scenes for the serial were shot on the coast ② (dokończyć) to finish (playing) *[grę, utwór muzyczny, koncert]*; **z trudem ~ał sonatę** he had difficulty finishing the sonata; **~ajmy tę partię i chodźmy spać** let's just finish this game a. round and go to bed ③ pot. (dogadać) to wrap up pot. *[sprawę]*; **~ać szczegóły umowy** to wrap up the details of an agreement; **mam nadzieję, że do piątku wszystko będzie ~ane** I hope everything will be wrapped a. sewn up by Friday ④ środ., Sport (podać) to pass *[piłkę, krążek]* (**do kogoś** to sb)

dogrywać *impf* → **dograć**

dogryw|ka *f* ① Sport (część meczu) extra time *U* GB, overtime *U* US; (mecz) play-off; **grać/zarządzić ~kę** to play/order extra time ② (w wyborach, konkursie) run-off; **przeprowadzić ~ę** to organize a run-off

dogryzać *impf* → **dogryźć**

dogry|źć *pf* — **dogry|zać** *impf* (**~zę, ~ziesz, ~zł, ~zła, ~źli — ~zam**) pot. **[]** *vt* (skończyć jeść) to finish (off a. up eating) *[jabłko, kanapkę]*; **~zł bułkę i wstał od stołu** he finished off a. ate up his roll and rose from the table; **pies ~zał kość** the dog was finishing off his bone

[] *vi* ① (dociąć) to taunt (**komuś** sb); **~zali mu z powodu jego niskiego wzrostu** they taunted him because he was short; **nie lubili się i wzajemnie sobie ~zali** they didn't like each other and were always taunting one another; „**nigdy nie byłaś zbyt bystra**" — **~zł jej** 'you never were very bright,' he jibed ② (dać się we znaki) to dog *vt* (**komuś** sb); **od śmierci ojca ~za nam bieda** since my father's death we've been dogged by poverty; **już mi ~zły te ciągłe kłótnie z teściową** these constant quarrels with my mother-in-law have begun to get me down pot.

dogrz|ać[1] *pf* — **dogrz|ewać** *impf* (**~eję — ~ewam**) **[]** *vt* ① (dostarczyć ciepło) to heat (up), to warm up *[mieszkanie, pokój]*; **w zimie zawsze musieliśmy ~ewać** we always had to use extra heating in the winter ② (rozgrzać) to warm [sb] up; **przytuliła maleństwo, żeby je ~ać** she cuddled the little mite to warm him up ③ (ogrzać dodatkową ilość) to heat up (some) more, to warm up (some) more *[wody]*; **~ać zupy na obiad** to heat up some more soup for dinner; **~ać dziecku jeszcze trochę mleka** to heat up a drop more milk for the baby

[] *vi* (przygrzewać) *[słońce]* to beat down; **widzę, że ci ~ało** pot. I see you're all hot

[] **dogrzać się** — **dogrzewać się** (rozgrzać się) to warm (oneself) up; **zimą ~ewamy się piecykiem** in the winter we use an extra fire (to warm up); **przemarzł i długo nie mógł się ~ać** he was frozen, and it was a long time before he could warm himself up again

dogrz|ać[2] *pf* (**~eję**) *vi* pot. (pobić) to rough up, to do over (**komuś** sb); **na przerwie mu ~ejemy** we'll get him during the

break; **~ał koniowi batem** he lashed the horse with a whip

dogrzeb|ać się *pf* — **dogrzeb|ywać się** *impf* (**~ię się — ~uję się**) *v refl.* ① (dokopać się) to dig; **jamnik ~ał się do końca lisiej nory** the dachshund dug through to the end of a fox's earth; **drużyny ratownicze usiłują ~ać się do tych, którzy jeszcze żyją** rescue teams are trying to dig their way through to those who are still alive; **robotnicy ~ywali się do przewodów gazowych** the workers were digging their way down to the gas pipes; **~ała się do starych rachunków** she dug out a. rummaged out her old bills ② przen. (odnaleźć) to dig up pot.; **~ać się (do) ciekawych informacji** to dig up some interesting information; **~ać się prawdy** to dig up the truth; **~ywać się do przyczyn wydarzeń sprzed lat** to get to the bottom of events that took place years ago

dogrzebywać się *impf* → **dogrzebać się**

dogrzewać *impf* → **dogrzać[1]**

dohol|ować *pf* — **dohol|owywać** *impf vt* ① (dociągnąć) to tow *[samochód, barkę]*; **jednostki ratownicze ~owały prom do portu** rescue units towed the ferry into port; **wędkarz ~ował szczupaka na płytszą wodę** the angler dragged the pike into shallower water ② pot., żart. (doprowadzić) to haul pot., żart.; to drag; **~ować pijanego do domu** to haul a drunk off home; **~owałem ciotkę na dworzec** I managed to get my aunt to the station; **skręcił nogę i musiałam go ~ować do przychodni** he twisted his ankle and I had to help him to a clinic

doholowywać *impf* → **doholować**

d|oić *impf vt* ① to milk *[krowę, kozę, owcę]* ⇒ **wydoić** ② pot. (pić łapczywie) to guzzle pot., to swig (down) pot. *[piwo, wino, wodę]*; **już od rana doi wódkę** he's been swigging (back) vodka since this morning; **dziecko doiło mleko z butelki** the baby was guzzling milk from a bottle ⇒ **wydoić** ③ pot., pejor. (wyłudzać) to milk; to fleece pot.; **doić kogoś z pieniędzy** to milk a. fleece sb of their money; **doić pieniądze z a. od kogoś** to milk money out of a. from sb; **doić forsę od naiwnych** to fleece those who are gullible; **wnuki doiły go jak mleczną krowę** his grandsons milked him for all he was worth ⇒ **wydoić**

doigra|ć się *pf v refl.* to get what's coming to one, to go one step too far; **~ć się zawału/zapalenia płuc** to give oneself a heart attack/pneumonia; **jak będzie dalej kradł, to się w końcu ~** if he goes on stealing, he'll finally get what's coming to him; **no i się ~ł!** he finally got what was coming to him!; **nie igraj, bo się ~sz** don't play around, or you'll go one step too far a. you'll be sorry

doinform|ować *pf* — **doinform|owywać** *impf* **[]** *vt* to (fully) inform; **~ować społeczeństwo w sprawie reformy zdrowia** to fully inform people about the health system reforms; **zdających nie ~owano o zasadach rekrutacji** the candidates were not fully informed about the selection criteria; **powinniśmy być lepiej**

~owani, co nam grozi we should be better informed as to what to expect **[]** **doinformować się** — **doinformowywać się** ① (siebie samego) to learn (all the details); **~owować się w sprawie wyjazdu/egzaminu** to learn everything about a trip/an exam ② (jeden drugiego) to (fully) inform one another

doinformowywać *impf* → **doinformować**

doinwest|ować *pf* — **doinwest|owywać** *impf vt* to (fully) invest (**coś** in sth) *[przedsięwzięcie, fabrykę]*; **należy ~ować rolnictwo** there should be greater investment in agriculture; **~ować z budżetu kopalnie/huty** to subsidize a. provide government subsidies for mines/steel plants; **obecnie brakuje środków na ~owanie górnictwa** mining is underinvested at the present time

doinwestowywać *impf* → **doinwestowywać**

dojadać *impf* → **dojeść**

dojar|ka *f* ① (urządzenie) milker, milking machine ② (kobieta) milker; milkmaid przest.

doj|azd *m* (*G* **~azdu**) ① (podróż) journey; commute pot.; **~azd do pracy/szkoły** the journey to school/work; **~azd z lotniska do hotelu autokarem** transport from the airport to the hotel by coach; **zwracać/pokrywać koszty ~azdu** to reimburse/cover travelling costs a. expenses; **mieć dobry ~azd** to have good transport connections; **metro zapewnia szybki ~azd do centrum** the underground GB a. subway US means the journey into town is very quick; **traci teraz mniej czasu na ~azdy do pracy** he doesn't waste so much time now commuting to work; **~azd do rodziców zajmuje mi godzinę** the journey to my parents' takes an hour; **spóźnił się, bo miał kłopoty z ~azdem** he was late, as he had trouble getting here ② (droga) road; (do domu, garażu) drive, driveway

dojazdow|y *adi.* *[droga, trasa]* approach *attr.*, access *attr.*; **trudności ~e** travel problems

❑ **kolejka** a. **kolej ~a** Kolej. local train

doj|eżdżać[1] *pf* — **doj|eżdżać** *impf* (**~adę, ~edzie — ~eżdżam**) *vi* (dotrzeć) to arrive, to get; **on jeszcze nie ~echał** he hasn't arrived yet; **mam nadzieję, że ~edziemy na czas/przed zmrokiem** I hope we get there on time/before nightfall; **jak mogę ~echać do centrum?** how can I get to the city centre?; **musi pan ~echać do skrzyżowania i skręcić w lewo** you have to go to the roundabout and turn left; **już dojeżdżamy do granicy** we're now approaching the border; **zimą można tam ~jechać tylko saniami** in the winter you can only get there by sleigh; **w soboty ~eżdża do rodziny na wieś** on Saturdays he visits his family in the country; **my wyruszamy dzisiaj, a oni ~adą do nas w piątek** we're leaving today, and they're joining up with us on Friday; **~eżdżać codziennie do pracy** to commute to work; **codziennie ~eżdżam do Warszawy z Łodzi** I commute to Warsaw from Łódź every day; **osoby ~eżdżające do pracy** commuters; **winda nie ~eżdża na ostat-**

D

nie piętro the lift doesn't go to the top floor

doj|echać[2] *impf* (~**adę**, ~**edzie**) *vi* [1] (osiągnąć) to reach, to get to (**do czegoś** sth); ~**echać do (liczby) 500** to reach (the number) 500; ~**echać do połowy książki** to get halfway through a book; **na razie robię 10 pompek, ale chcę** ~**echać do 100** at the moment I do 10 press-ups, but I want to get (it) up to 100 [2] pot. (dokuczyć) to provoke, to needle (**komuś** sb); ~**echać komuś swoim zachowaniem** to provoke sb with one's behaviour; ~**echał jej ostro w swym felietonie** he really slammed her in his article pot.

doj|eść *pf* — **doj|adać** *impf* (~**em**, ~**esz**, ~**adł**, ~**adła**, ~**edli** — ~**adam**) [] *vt* (zjeść do końca) to finish (off eating); **już idę, tylko** ~**em kanapkę** I'm coming, I'll just finish my sandwich; ~**eść śniadanie** to finish (off) one's breakfast; ~**edli resztki z talerzy** they finished off a. ate up the leftovers on the plates

[] *vi* [1] (zjeść dodatkowo) to eat (some) more; ~**adać między posiłkami** to eat between meals [2] (nasycić się) to eat enough; **nie** ~**adać** to be hungry [3] (dokuczyć) to taunt, to needle (**komuś** sb) pot.; **kiedy mu** ~**adano, milczał** when they taunted him he remained silent; ~**adali sobie wzajemnie** they taunted each other; ~**adł mi wczoraj do żywego** he really got on my wick yesterday pot.

dojeżdżać *impf* → **dojechać**[1]

dojmująco *adv.* książk. intensely; **boleć** ~ to be intensely painful; **krzyczeć** ~ to give a piercing scream; **noce stały się** ~ **zimne** the nights became intensely cold

dojmując|y *adi.* książk. [krzyk, zimno] piercing; [żal] overwhelming; ~**y ból** (an) acute pain; ~**a porażka** a resounding defeat; ~**a tęsknota** an intense longing, a strong yearning; ~**e uczucie osamotnienia/strachu** an overwhelming feeling of isolation/fear

dojn|y *adi.* [krowa] milking *attr.*, milch *attr.*; [koza] milch *attr.*

dojrzale *adv.* [1] [wyglądać] ripe *adi.*; **jabłka były** ~ **czerwone** the apples were ripe red [2] [myśleć, zachowywać się] maturely

dojrzałoś|ć *f sgt* [1] (biologiczna) (człowieka, rośliny, zwierzęcia) maturity; (owocu) ripeness; ~**ć fizyczna** physical maturity; **osiągnąć** ~**ć płciową** to reach a. attain sexual maturity [2] (emocjonalna) (emotional) maturity; ~**ć psychiczna** psychological maturity; ~**ć duchowa/artystyczna/polityczna** spiritual/artistic/political maturity; ~**ć myślowa** maturity of thought a. judgment; ~**ć sądów/wniosków/wypowiedzi** the maturity of sb's judgments/conclusions/statements; ~**ć utworu** the maturity of a composition; ~**ć reżyserskiej wizji** the maturity of the director's vision [3] (sera) maturity, ripeness; (wina) maturity, mellowness

dojrzał|y [] *adi. grad.* [1] (gotowy do zbiorów) [owoce, pomidory, zboże] ripe; **zrywać najdojrzalsze jabłka** to pick the ripest apples [2] (biologicznie) [osoba, owad, komórka] mature; (emocjonalnie) [młodzież] mature; **podobały mu się** ~**łe kobiety** he liked mature

women; **lubił towarzystwo ludzi** ~**łych** he liked mature company; **była już** ~**ła do tego, aby samodzielnie zarabiać na życie** she was mature enough to earn her own living; **być** ~**łym politycznie** to be politically mature [3] (ukształtowany) [utwór, dzieło, umysł, decyzja, postępowanie] mature; [demokracja] stable; ~**ły talent** a mature talent; ~**łe średniowiecze** the height of the Middle Ages; **dzieło** ~**łe artystycznie** an artistically mature work; **formułować** ~**łe sądy** to formulate mature judgments [] *adi.* [1] [ser] mature, ripe; [wino] mature, mellow [2] euf. (stary) [kobieta, mężczyzna] mature euf.

■ **lata** ~**łe** a. **wiek** ~**ły** książk. sb's mature years

dojrz|eć[1] *pf* — **dojrz|ewać** *impf* (~**eję**, ~**ał**, ~**eli** — ~**ewam**) *vi* [1] (rozwinąć się) to ripen; **owoce/zboża** ~**ały** the fruit/corn is ripe [2] (wydorośleć) to mature; **dzieci teraz szybciej** ~**ewają** children mature more quickly nowadays; **wiek** ~**ewania** adolescence [3] (emocjonalnie) to mature; **nie** ~**ał do tego, aby być ojcem** he's not mature enough to be a father; ~**eć do podjęcia decyzji o zmianie pracy** to be ready to change one's job [4] (o serze) to mature, to ripen; (o winie) to mature, to mellow; (o drewnie) to be seasoned; **sery** ~**ewające** ripening cheeses [5] (o uczuciach, poglądach, talencie) to mature, to ripen; **sytuacja** ~**ała już do tego, by coś postanowić** the situation has reached a point where something needs to be settled; **w jej myślach** a. **głowie** ~**ewał pewien plan** a certain plan was taking shape a. evolving in her head; ~**ewający talent** a maturing talent

dojrz|eć[2] *pf* (~**ysz**, ~**ał**, ~**eli**) [] *vt* (zobaczyć) to make out, to spot; ~**eć kogoś w tłumie** to spot sb in a crowd; ~**eć błąd w rachunkach** to spot an error in the accounts; **nie mógł** ~**eć numeru rejestracyjnego** he couldn't make out the number plate; ~**ał w dali brzozowy gaj** he made out a. discerned a birch grove in the distance; **przez szybę** ~**eli, że ktoś jest w pokoju** they saw through the window that somebody was in the room

[] *vi* (uświadomić sobie) to see, to recognize; ~**eć w kimś przyjaciela** to see a friend in sb; ~**eć w kimś ukryty talent** to see hidden talent in sb; **nauczyciel** ~**ał w uczniu wielkie zdolności** the teacher saw great talent in his student

dojrzewać *impf* → **dojrzeć**[1]

dojś|cie [] *sv* → **dojść**

[] *n* [1] (ścieżka) approach, access (**do czegoś** to sth); ~**cie do zamku** the approach to a castle; ~**cie do rzeki** access to a river; **wykopali w śniegu** ~**cie do domu** they dug a path to the house through the snow [2] *sgt* (dostęp) access (**do czegoś** to sth); **muszę mieć** ~**cie do półek** I must have access to the shelves; **mieć** ~**cie do tajnych informacji** to have access to secret information; **zastawić** ~**cie** to block the way; **zastawił krzesłami** ~**cie do drzwi** he blocked the way to the door with chairs [3] zw. pl pot. (kontakt) connection zw. pl; **mieć** ~**cia w ministerstwie** to have

connections in the ministry; **poszukaj do niego** ~**ć** try to find some way of being introduced to him

do|jść *pf* — **do|chodzić**[1] *impf* (**dojdę, dojdziesz, doszedł, doszła, doszli** — **dochodzę**) [] *vi* [1] (dotrzeć) to reach (**do czegoś** to sth), to arrive; **dojść do domu** to reach a. get home; **jak mogę dojść do dworca?** how can I get to the railway station (from here)?; **dochodząc do szkoły, usłyszał dzwonek na lekcje** on reaching school he heard the bell ring for lessons [2] (ogień, woda) to reach, to come (**do czegoś** up to sth); **pożar dochodził już do strychu** the fire was already reaching up to the attic; **woda doszła do samych drzwi** the water came right up to the door; **opatrunek jest za ścisły i krew nie dochodzi do nogi** the dressing is too tight and the blood isn't flowing to the leg [3] [list, przesyłka, wiadomość] to reach (**do kogoś** sb); **jego list jeszcze nie doszedł** his letter hasn't arrived yet; **czy pieniądze już doszły?** has the money arrived yet?; **doszło do moich uszu, że przenosi się pan do Paryża** I heard that you're moving to Paris; **doszły mnie słuchy, że wyszłaś za mąż** I hear you got married; **dochodzą (do) nas plotki o jej życiu prywatnym** we hear various rumours about her private life; **mało z tego, co mu tłumaczę, dochodzi do niego** not much of what I say gets through to him; **wreszcie doszło do jego świadomości, że...** it finally got through to him that...; **program dochodzi przez satelitę** the programme's transmitted by satellite [4] (dolecieć) [dźwięk, zapach] to come; **z ogrodu dochodził miły zapach kwiatów** a pleasant smell of flowers was coming from the garden; **uliczny hałas tu nie dochodzi** you can't hear the traffic here; **dziwny dźwięk doszedł do jego uszu** he heard a strange sound [5] (dołączyć) to join (**do czegoś** sth); **do naszego zespołu doszli nowi zawodnicy** some new players have joined our team; **doszedł nam nowy temat do dyskusji** we have a new topic to discuss; **do pensji dochodzi premia oraz różne dodatki** on top of the salary there's a bonus and various additions; **po urodzeniu się dziecka dojdą nam nowe obowiązki** after the baby's born, we'll have additional obligations [6] [liczba, temperatura, cena] to amount, to come (**do czegoś** to sth); **liczba ofiar w wypadkach drogowych w tym miesiącu doszła już do 1000** the number of road accident victims this month has already reached 1,000; **jego długi dochodziły do dwóch milionów złotych** his debts amounted a. came to almost two million zlotys; **kurs dolara doszedł do 4 zł** the exchange rate for the dollar went up to a. reached 4 zlotys; **upał dochodził do 40°C** the temperature was approaching 40°C [7] (osiągnąć) to achieve, to attain (**do czegoś** sth); **dojść do perfekcji w czymś** to achieve a. attain perfection in sth; **dojść do bogactwa** to become rich; **dojść do pełnoletności** to come of age; **dojść do punktu kulminacyjnego/zenitu** to reach a high/zenith; **dojść z kimś do porozu-**

mienia a. **zgody** to reach a. come to (an) agreement a. an understanding with sb; **po długich negocjacjach rząd i związki dochodzą do porozumienia** after protracted negotiations, the government and unions are coming to an understanding; **dojść do sławy** to become famous; **dojść do władzy** to come a. rise to power; **jak on doszedł do takich pieniędzy?** how did he come into that kind of money?; **tylko najwytrwalsi do czegoś dochodzą** only the most persevering people achieve anything (in this world); **jego wściekłość dochodziła do obłędu** his fury verged on madness [8] (domagać się) to demand; **dochodzić zwrotu długu** to demand the settlement of a debt; **dochodzić swoich praw na drodze sądowej** to pursue one's rights in a court of law; **dochodzić sprawiedliwości** to seek a. demand justice [9] (ustalić) to find out; **dochodzić prawdy** to search for the truth; **nie dojdziesz prawdy** you'll never find out a. know the truth; **postanowił dojść, o co im chodzi** he resolved to find out what they meant; **trudno dojść, jak jest naprawdę** it's hard to find out what the real situation is; **dojść do wniosku** a. **przekonania** to reach a. come to a conclusion [10] (dogonić) to catch up; **dojść kogoś** to catch sb up a. catch up with sb; **dochodził biegnącego przed nim Francuza** he was catching up with the French runner in front of him; **dojść do piłki/podania** to get to the ball [11] (o potrawie, mięsie, ryżu) to be ready; **ziemniaki jeszcze twarde, ale zaraz dojdą** the potatoes are still a bit hard, but they'll be ready in a minute; **zostaw mięso w piecu, niech dojdzie** leave the meat in the oven to finish off for a bit [12] (dojrzeć) [zboże, owoce, warzywa] to ripen; **zboża już dochodzą** the corn will be ripe soon [III] v imp. (zdarzyć się) to happen, to come about; **nie wiem, jak do tego doszło** I've no idea how it happened a. came about; **po operacji doszło do powikłań** some complications arose after the operation; **często dochodziło pomiędzy nimi do spięć** there were often arguments between them; **na tym skrzyżowaniu często dochodzi do wypadków** accidents often occur at this crossroads; **dochodzi do tego, że dzieci kłócą się z nauczycielami w szkole** it's coming to the point a. reaching the stage where children are quarrelling with their teachers at school; **doszło do tego, że nikt nie podał mu ręki** in the end no one shook his hand; **do czego to doszło!** what (on earth) are things coming to!

■ **dojść z czymś do ładu** to get to grips with sth; **dojść do ładu ze swymi myślami** to get a. bring one's thoughts under control; **dojść z kimś do ładu** to reach an understanding with sb; **gdy się upił, trudno było z nim dojść do ładu** when he got drunk, it was difficult to get through to him; **nie dojdę z tym chłopakiem do ładu, nie chce mnie w ogóle słuchać** I can't cope with that boy, he doesn't want to listen to me at all; **dojść do siebie** (po chorobie) to recover, to recuperate; (po zemdleniu) to come round a. to

dok m (G **~u**) dock
❑ **~ pływający** Żegl. floating dock; **suchy ~** Żegl. dry dock
dokańczać impf → dokończyć
dokarmiać impf → dokarmić
dokarm|ić pf — **dokarm|iać** impf [I] vt [1] (karmić) to feed [zwierzęta, ptaki]; **~iać zimą sarny** to feed the roe deer in winter; „**prosimy nie ~iać małp**' 'please do not feed the monkeys' [2] (skończyć karmienie) to finish feeding; **już idę, tylko ~ię małą** I'm coming, I just need to finish feeding the baby [3] (karmić dodatkowo) to give extra food to; **~iać niemowlę butelką** to bottle-feed a baby (as a supplement to breast-feeding)
[II] **dokarmić się** — **dokarmiać się** (samemu) to fill oneself up (**czymś** with sth)
doka|zać pf — **doka|zywać**[1] impf (**~żę** — **~zuję**) vi (osiągnąć) to achieve, to accomplish; **~zał tego, co sobie zamierzył** he achieved what he had intended to; **~zać cuda** a. **cudów** to work a. perform miracles a. marvels
dokazywać[1] impf → dokazać
dokaz|ywać[2] impf vi (figlować) to romp, to frolic; **~ywać w trawie/w piasku/na dywanie** to frolic in the grass/in the sand/on the carpet; **dzieci ~ywały w ogrodzie** the children were romping a. chasing around in the garden; **chłopcy ~ywali z dziewczętami** the boys were frolicking with some girls
dokąd pron. [1] (cel) where (to); (odległość) how far; **~ wybierasz się na urlop?** where are you going for your holiday?; **~ prowadzi ta ścieżka?** where does this path lead (to)?; **ty ~?** where are you off to?; **ciekawe, ~ on poszedł** I wonder where he's gone; **idź, ~ chcesz** go wherever you want; **nie miała ~ pójść** she had nowhere to go; **wrócił z Moskwy, ~ pojechał w maju** he's returned from Moscow, where he went in May; **wszędzie tam, ~ dociera kolej** everywhere that a. wherever the railway runs; **~ sięga ten sznurek?** how far does this (piece of) string reach? [2] (do kiedy, jak długo) (w pytaniach) how long; (w zdaniach twierdzących) as long as; **~ planujesz tutaj zostać?** how long are you planning to stay here?; **~ będziesz się na nią gniewał?** are you going to be cross a. angry with her for long a. for much longer?; **tańczyła, ~ grała orkiestra** she danced for as long as the orchestra played; **możesz tu mieszkać, ~ chcesz** you can stay here as long as you wish; **dotąd, ~** as long as, until; **dotąd, ~ nie będzie nowej ustawy** until there is a new law
dokądkolwiek pron. [1] (w dowolne miejsce) anywhere; **nie lubił, kiedy wypuszczała się ~ sama** he didn't like her going anywhere by herself; **wyślij dzieci na wakacje ~** send the children away anywhere on holiday [2] (dokąd tylko) wherever; **~ pojechał, witały go tłumy** wherever a. no matter where he went he was cheered by the crowds
dokądś pron. [1] (do miejsca) somewhere; (w pytaniu) anywhere; **ta droga przecież ~ prowadzi** the road must lead somewhere; **~ poszła, tylko dokąd?** she went off somewhere, only where?; **czy on ~ poje-**

chał **we wrześniu?** did he go anywhere in September? [2] (do czasu) some time; **~ to potrwa, ale w końcu zwyciężymy** it will take some time, but we'll win in the end
doke|r m docker GB, longshoreman US
dokers|ki adi. docker's GB, longshoreman's US; **załoga ~ka** a team of dockers
dokle|ić pf — **dokle|jać** impf vt [1] (dolepić) to stick (**coś do czegoś** sth to sth); **~eić znaczki na kopercie** to stick some stamps on an envelope; **~eić sobie (sztuczne) wąsy** to stick a. glue on a false moustache [2] (dołączyć) to tack on (**coś do czegoś** sth to sth); **wątek kryminalny robi wrażenie ~jonego na siłę** the crime element gives the impression of having been tacked on artificially
doklejać impf → dokleić
dokładać impf → dołożyć
dokład|ka f second helping; seconds pl pot.; **prosić o ~kę** to ask for seconds; **~ka deseru/mięsa** a second helping of dessert/meat

■ **na ~kę** pot. (dodatkowo) for good measure; (w dodatku) on top of that; **na ~kę kupił winogrona** he bought some grapes for good measure; **był zbyt młody, a na ~kę bez grosza** he was too young, and on top of that he was broke pot.; **spóźnił się na pociąg, a na ~kę zgubił walizkę** he was late for the train, and on top of that he lost his suitcase
dokładnie [I] adv. grad. (drobiazgowo) [opisać, pamiętać] precisely, accurately; [obejrzeć, przeczytać, umyć] carefully; [omówić, zbadać] thoroughly; **wiedzieli ~, co ich czeka** they knew precisely what would happen to them; **zrobiłem ~ to, o co prosiłeś** I did exactly as you asked a. wanted; **znał ~ termin...** he knew the exact date of...; **musisz celować ~j** you need to aim more accurately
[II] part. [1] (akurat) precisely, exactly; **zostało nam ~ dwadzieścia minut** we have precisely 20 minutes left; **wszystko odbyło się ~ tak, jak przewidywaliśmy** everything went exactly as we had foreseen; **iść/płynąć ~ na południe** to go/sail directly south [2] (ściślej) to be precise, to be exact; **dwadzieścia lat temu, ~ 21 lipca 1969 roku** twenty years ago, on 21 July 1969 to be precise a. exact
[III] inter. kryt. (właśnie) precisely, exactly; „**myślą, że są zupełnie bezkarni**' – „**~**' 'they think they can do just as they please' – 'precisely' a. 'that's right'; „**pan chce otworzyć konto, tak?**' – „**~**' 'you want to open an account, sir, do you?' – 'exactly' a. 'that's right'
dokładnoś|ć f sgt [1] (precyzja) accuracy, precision; **~ć wyników/pomiarów/przekładu** the accuracy of the results/measurements/ translation; **z maksymalną ~cią** with (a) maximum (of) accuracy; with maximal accuracy książk.; **pomiarów dokonano z ~cią do jednej setnej milimetra** the measurements were made within a. to an accuracy of one hundredth of a millimetre; **podać wynik z ~cią do czterech miejsc po przecinku** to give an answer (accurate) to four decimal places [2] (skrupulatność) exactitude, meticu-

D

lousness; **wytykał jej błędy z drobiazgo-wą ~cią** he pointed out her errors with meticulous exactitude; **znana była ze swej pracowitości i ~ci** she was known for her diligence and meticulousness

dokładn|y adi. grad. [1] (precyzyjny) *[opis, pomiary]* accurate, precise; *[wymiary, odległość, czas]* exact; (staranny) *[przegląd]* thorough; **~y zegarek/mapa** an accurate watch/map; **~e obliczenia** exact a. detailed calculations; **~y przekład** an accurate a. a close translation; **~a kopia oryginału** an exact copy of the original; **~y strzał** an accurate shot; **podaj mi swój ~y adres** give me your exact address [2] (skrupulatny) *[osoba]* thorough, meticulous; **być ~ym w sprzątaniu** to be thorough about cleaning; **pracuje szybko, ale nie jest zbyt ~y** he works fast, but he's not very thorough

dokoła adv., praep. → **dookoła**

dokon|ać pf — **dokon|ywać** impf (**~am** — **~uję** a. **~ywam**) [] vt [1] (osiągnąć) to achieve, to accomplish; **~ać bohaterskiego czynu** to perform a. commit an act of heroism; **~ać cudów** to work a. perform miracles a. marvels [2] książk. (zrobić) to make *[odkrycia, wyboru, rezerwacji]*; to carry out *[napadu, zamachu, egzekucji]*; **~ać uroczystego otwarcia sesji parlamentu** to perform the opening ceremony of Parliament; **~ać morderstwa/zbrodni** commit murder/a crime [3] (spowodować) to cause, to bring about; **wynalazek ten ~ał przewrotu w technice** this invention brought about a technological revolution

[] **dokonać się** — **dokonywać się** (wydarzyć się) *[rewolucja, przemiany, reformy]* to take place, to occur; *[zbrodnia]* to be perpetrated

■ **~ać życia** a. **żywota** a. **swoich dni** książk. to depart (from) this life książk.

dokona|nie [] sv → **dokonać**

[] n zw. pl (osiągnięcie) achievement, accomplishment; **była dumna z ~ń syna** she was proud of her son's achievements; **ta rola to jego największe ~nie aktorskie** that role is his greatest acting achievement

dokonanoś|ć f sgt Jęz. (czasownika) perfective aspect; (czynności) completedness

dokonan|y [] pp → **dokonać**

[] adi. Jęz. *[czasownik, aspekt, forma]* perfective

dokonywać impf → **dokonać**
dokończać impf → **dokończyć**
dokończe|nie [] sv → **dokończyć**

[] n (powieści, artykułu) conclusion, ending

dok|ończyć pf — **dok|ańczać, do-k|ończać** impf vt to finish (off), to complete *[pracę, budowę, powieść]*; **~ończyć jedzenie obiadu** to finish eating dinner; **zaczął mówić, ale nie ~ończył** he started talking, but he didn't finish; **reforma musi być ~ończona** the reform must be completed; **właśnie ~ańczał pisać list, gdy zadzwonił telefon** he was just finishing (off) his letter, when the phone rang

dokoopt|ować pf — **dokoopt|owywać** impf vt książk. to co-opt; **został ~owany do zarządu firmy jako przedstawiciel załogi** he was co-opted onto the board of the firm as a workers' representa-

tive; **~owano ją do delegacji rządowej w ostatniej chwili** she was invited to take part in the government delegation at the last minute

dokop|ać pf — **dokop|ywać** impf (**~ię** — **~uję**) [] vt [1] (skończyć kopać) to finish digging; **~ać tunel do końca** to finish digging a tunnel; **robotnicy ~ali dół do głębokości jednego metra** the workmen dug a hole to a depth of one metre; **~cie rów do tego miejsca i na dzisiaj koniec** dig the ditch up to here and we'll call it a day [2] (wykopać dodatkową ilość) to dig up (some) more *[ziemniaków, marchwi]*

[] vi pot. [1] (kopnąć wiele razy) to kick; **koledzy ~ali mu bez litości** his friends kicked him mercilessly; **tak mu ~ali, że wylądował w szpitalu** they kicked him so badly that he ended up in hospital [2] (dokuczyć) to get at, to have a go at; (zaszkodzić) to put the boot in pot., to kick [sb] in the teeth pot.; **on ~uje mi przy każdej okazji** he's always getting at me; **znowu ci szef ~ał?** has the boss been having a go at you again?; **~ać swoim przeciwnikom** to set back a. bring down one's opponents [3] (pokonać) to thrash pot.; to trounce; **~ali naszej reprezentacji 3:0** they thrashed us by three goals to nil

[] **dokopać się** — **dokopywać się** [1] (natrafić) to dig; **~ać się do podziemnego źródła** to dig down to an underground spring; **górnicy ~ali się do pokładów węgla** the miners dug down to the coal seams; **w końcu ~ano się do zasypanych lawiną** they finally dug their way through to those buried by the avalanche [2] przen. (odnaleźć) to dig up pot.; **~ać się (do) informacji/materiałów** dig up some information/material

dokrajać pf → **dokroić**
dokrawać impf → **dokroić**
dokrewn|y adi. *[gruczoł]* endocrine
dokręcać impf → **dokręcić**

dokrę|cić pf — **dokrę|cać** impf [] vt [1] (przykręcić) to screw in (properly), to tighten (up) *[śrubę]*; to turn off (properly) *[kran]* [2] Kino to shoot (another) *[ujęcie, wersję]*; **~cić jeszcze jedną scenę do filmu** to shoot one more scene for a film; **reżyser zmienia zakończenie, ~ca nowe** the director is changing the ending, he's shooting a new one

[] **dokręcić się** — **dokręcać się** (o śrubie) to screw in properly, to go in properly; (o kranie) to turn off properly

dokr|oić pf — **dokr|awać** impf (**~oję** a. **~aję** — **~awam**) vt [1] (dodatkowo) to cut (some) more *[chleba, wędliny]*; **~oić ci pasztetu?** shall I cut some more pâté for you?; **~oił sobie następny kawałek tortu** he cut himself another slice of cake [2] (do końca) to cut, to finish cutting; **zaraz przyjdę, tylko ~oję marchewkę** I'll be there in a minute, I just have to cut a. finish cutting the carrots

dokształcać impf → **dokształcić**
dokształ|cić pf — **dokształ|cać** impf [] vt to train; **~cić pracowników w zakresie obsługi komputera** to give employees computer training; **kursy ~cające dla pielęgniarek/nauczycieli** in-

service training courses a. additional training for nurses/teachers

[] **dokształcić się** — **dokształcać się** to train; **ciągle się ~cać** to improve one's skills all the time

dokto|r m, f inv. [1] (Npl **~rzy** a. **~rowie**) Uniw. (osoba, tytuł, stopień) Doctor; **~r filozofii/matematyki** a Doctor of Philosophy in Philosophy/in Mathematics; **~r prawa** a. **praw** a Doctor of Law [2] (Npl **~rzy**) pot. (osoba, tytuł) doctor; **powinieneś pójść do ~ra** you should go and see a doctor; **~r zalecił mi zmianę klimatu** the doctor recommended a change of climate; **nie bój się pani ~r** don't be afraid, the doctor won't hurt you

doktoranc|ki adi. *[praca]* doctoral, PhD attr.; *[studia, stypendium]* postgraduate GB, graduate US

doktoran|t m, **~tka** f Uniw. doctoral student, PhD student

doktora|t m (G **~tu**) Uniw. [1] (stopień) doctorate; **uzyskać ~t z geografii** a. **na wydziale geografii** to gain a doctorate in geography a. from the geography department; **zrobić ~t z antropologii** pot. to do a doctorate in anthropology [2] (praca naukowa) doctoral thesis, doctoral dissertation; **zbierać materiały do ~tu** to gather material for one's doctoral thesis

doktor|ek m (Npl **~kowie** a. **~ki**) pejor. doc pot., medic pot.

doktors|ki adi. Uniw. *[praca, stopień]* doctoral; **egzamin ~ki** a doctoral a. PhD exam

doktoryz|ować się pf, impf v refl. Uniw. to get one's doctorate, to take one's doctorate (**z czegoś** in sth); **~ował się w zakresie** a. **dziedzinie prawa karnego u znanego profesora** he took his doctorate in penal law, studying under a well-known professor

dokt|ór m kryt. doctor

doktryn|a f [1] książk. doctrine C/U; **~na filozoficzna/religijna/polityczna** (a) philosophical/religious/political doctrine; **wyznawać/głosić ~ę** to profess/preach a doctrine [2] pejor. dogma

doktrynalnie adv. [1] książk. *[wywodzić się]* doctrinally [2] pejor. (dogmatycznie) dogmatically; **rząd traktował politykę społeczną zbyt ~** the government approached social policy in too dogmatic a. doctrinaire a fashion

doktrynaln|y adi. [1] *[system, spór]* doctrinal [2] pejor. (dogmatyczny) dogmatic pejor., doctrinaire pejor.; **zająć w jakiejś sprawie stanowisko ~e** to adopt a doctrinaire stance on some issue

doktryne|r m pejor. doctrinaire pejor.

doktryners|ki adi. pejor. *[pogląd, umysł]* doctrinaire pejor.

doktrynersko adv. pejor. *[myśleć]* dogmatically pejor.; **ma ~ ciasny umysł** he's a narrow-minded doctrinaire

doktrynerstw|o n sgt pejor. doctrinairism pejor.

dokuczać impf → **dokuczyć**

dokuczliwie adv. grad. [1] (uporczywie) *[boleć, swędzić]* unbearably; **jest ~ zimno** it's bitingly a. unbearably cold; **komary cięły ~** the mosquitos a. gnats kept biting mercilessly [2] (nieznośnie) *[zachowywać się,* _postępować]_ in an irritating a. exasperating manner

dokuczliwoś|ć _f_ [1] _sgt_ (charakteru, zachowania) spitefulness; (klimatu) oppressiveness [2] _zw. pl_ (przykrość) unpleasantness _U_

dokuczliw|y _adi._ _grad._ _[zimno, wiatr]_ biting, unbearable; _[ból, swędzenie]_ nagging, irritating; _[dziecko]_ vexing, exasperating; _[sąsiad]_ annoying

dokucz|yć _pf_ — **dokucz|ać** _impf vi_ [1] (sprawić przykrość) to tease, to annoy; **powiedział to, żeby mi ~yć** he said that just to annoy me; **~ali mu z powodu jego niskiego wzrostu** they teased him because he was short; **koledzy mu ~ali i przezywali go** his schoolmates picked on him a. bullied him and called him names [2] (nękać) to torment; **~ały nam chmary muszek** we were tormented a. plagued by swarms of little flies a. gnats; **w tym roku ostra zima ~yła wszystkim** everyone felt the bitter winter this year [3] (doskwierać) _[głód, pragnienie]_ to nag (**komuś** (at) sb); _[samotność]_ to bother (**komuś** sb); **od kilku dni ~a mu serce/wątroba/reumatyzm** his heart/liver/rheumatism has been bothering a. troubling him for several days

dokumencik _m_ _dem._ (_G_ **~u**) _pot._ [1] (urzędowy) document, paper [2] _zw. pl_ (stwierdzający tożsamość) document _zw. pl_, paper _zw. pl_; **kontrola drogowa, ~i proszę** traffic check, can I see your papers, please?

dokumen|t _m_ (_G_ **~tu**) [1] (urzędowy) document; **tajny ~t** a secret document; **dostarczyć niezbędne ~ty** to hand in the necessary documents a. documentation; **wystawić/podpisać ~t** to issue/sign a document [2] (zapis informacji) document; (naukowy, historyczny) record; **pisane ~ty o niektórych dawnych prorokach** written records concerning certain ancient prophets [3] (świadectwo) evidence _U_, proof _U_; **zdjęcia są wstrząsającym ~tem tamtych dni** the photographs are an appalling record of those times; **jego książka jest ~tem walki, jaką ze sobą stoczył** his book documents the struggle he had with himself [4] _zw. pl_ (stwierdzający tożsamość) document _zw. pl_, paper _zw. pl_; **~ty wozu** car a. vehicle papers; **kontrola ~tów** document check; **lewe ~ty** _pot._ false papers; **sprawdzić komuś ~ty** to check sb's papers; **wydać komuś ~ty** to issue sb with documents a. papers [5] _sgt pot._ (film) documentary (film) [6] Komput. document

❑ **~t epoki** true testimony of the times

dokumentacj|a _f_ [1] (zbiór dokumentów) documentation _U_, records _pl_; **~a techniczna** a specification sheet; **~a sprawy rozwodowej** divorce (case) papers a. records [2] _sgt_ (gromadzenie dokumentów) documentation, documenting; **~a naukowa** scientific documentation; **prowadzić ~ę zabytków** to carry out (the) documentation of historic monuments

dokumentacyjn|y _adi._ [1] _[materiały, źródła]_ documentary; **mieć znaczenie/ wartość ~ą** to have documentary significance/value [2] _[prace]_ documentative; _[badania]_ documentary

dokumentali|sta _m_ [1] (filmowiec) documentary film-maker, documentarian [2] (archiwista) documentalist

dokumentalisty|ka _f_ _sgt_ [1] (zbieranie dokumentów) documentation [2] Kino documentary film-making, documentary film

dokumentalizm _m_ _sgt_ (_G_ **~u**) (powieści, filmu) documentary character

dokumenta|lność, ~rność _f_ _sgt_ (reportażu, filmu) documentary character

dokumenta|lny, ~rny _adi._ _[zdjęcia, relacja]_ documentary, documental; **program ~lny** a documentary programme; **zebrać materiał ~lny** to collect documentary material

dokumentnie _adv._ _pot._ completely, absolutely; **samochód ~ zatarasował drogę** the car completely blocked the road; **wrócił ~ przemoczony** he came back absolutely soaked; **~ się ośmieszył** he made a complete fool of himself; **przeszukał jej torebkę ~** he turned her bag inside out

dokumentn|y _adi._ _pot._ _[bałagan]_ complete, absolute; **~a bzdura** absolute a. unadulterated rubbish

dokument|ować _impf vt_ [1] (być świadectwem) _[film, fotografia, list]_ to testify (**coś** to sth); to be evidence (**coś** of sth) [2] (potwierdzać) to substantiate, to confirm; **~ować niewinność oskarżonego** to substantiate a. confirm a defendant's innocence; **czasopismo ~uje to zdjęciami** the magazine backs this up with photographs ⇒ **udokumentować** [3] (zamieszczać materiały) to provide documentation for _[książkę, rozprawę naukową]_ ⇒ **udokumentować** [4] książk. (dowodzić) to prove, to demonstrate _[wyższość, przewagę]_; **sumienną pracą ~uje lojalność wobec firmy** his conscientious work reveals his loyalty to the company ⇒ **udokumentować**

dokumentowan|y pp → **dokumentować**

adi. documented; **dobrze ~a monografia** a well-documented monograph

dokup|ić _pf_ — **dokup|ywać, dokup|ować** _impf vt_ to buy (some) more; **~ywać ziemi/zboża** to buy some more land/grain; **~ili dwa krzesła do kompletu** they bought two more chairs to make up a set; **trzeba ~ić farby, bo zabrakło** we need to buy some more paint as there's none left; **~ić kartę** Gry to buy a card

dokupować _impf_ → **dokupić**

dokupywać _impf_ → **dokupić**

dokwater|ować _pf_ — **dokwater|owywać** _impf vt_ to quarter _[sublokatora]_; to billet _[żołnierzy]_; **do mieszkania młodego małżeństwa ~owano dwie osoby** two people were quartered on the newly-weds

dokwaterowywać _impf_ → **dokwaterować**

dol|a _f sgt_ [1] (los) lot, fortune(s); **ciężka ~a biedaków** the (terrible) plight of the poor; **przeklinać swoją ~ę** to curse one's fate; **ulżyć komuś w ciężkiej ~i** to help sb through a bad patch [2] _pot._ (część) share; whack GB; **otrzymać swoją ~ę** to get one's share

■ **~a i niedola.** **~e i niedole** life's ups and downs; **towarzyszyć komuś w ~i i**

niedoli to stick by sb through thick and thin

dol|ać[1] _pf_ — **dol|ewać** _impf_ (**~eję** — **~ewam**) _vt_ [1] (dodać) to pour, to add; **~ać mleka/śmietanki do kawy** to pour some milk/cream into one's coffee; **do pełna ~ać wody do szklanki** to fill up a glass with water; **~ała szklankę wody do czajnika** she poured a glass of water into the kettle [2] (nalać powtórnie) to top up pot.; to pour (some) more; **~ała mu wina do kieliszka** she topped up his wine a. topped him up with wine pot.; **nie zapomnij ~ać benzyny** don't forget to top up the petrol (tank) a. to top up with petrol; **~ać ci jeszcze zupy?** would you like some more soup?

dol|ać[2] _pf_ (**~eję**) _vi pot._ (zbić) to bash _vt pot._, to slosh _vt_ GB pot.; **złapał go i porządnie mu ~ał** he caught him and gave him a good thumping

dola|r _m_ (_A_ **~ra**) dollar; **symbol ~ra** the dollar sign

dolarow|y [1] _adi._ _[konto, banknot]_ dollar attr.

[2] -dolarowy _w wyrazach złożonych_ -dollar; **banknot studolarowy** a hundred-dollar banknote

dolarów|ka [1] _f_ (moneta) dollar (coin); (banknot) dollar (note) GB, dollar (bill) US; **srebrna ~ka** a silver dollar

[2] -dolarówka _w wyrazach złożonych_ -dollar; **srebrna półdolarówka** a silver half-dollar

dolatywać _impf_ → **dolecieć**

dol|ecieć _pf_ — **dol|atywać** _impf_ (**~ecisz, ~eciał, ~eli** — **~atuję**) _vi_ [1] (dotrzeć) _[ptak, samolot, osoba]_ to reach _vt_; _[kamień, pocisk]_ to reach _vt_, to hit _vt_; _[dźwięk, zapach]_ to reach _vt_, to come; **samolotem ~ecę do Paryża szybciej niż pociągiem** I'll get to Paris faster by plane than by train; **kula ~eciała do celu** the bullet hit the target a. found its target; **patyk nie ~eciał do szyby** the stick fell short of a. didn't reach the window; **do jego uszu ~atywały jedynie oderwane słowa** only a few isolated words reached his ears; **z szosy ~eciał warkot przejeżdżających samochodów** the drone of passing cars came from a. could be heard from the road [2] _pot._ (dobiec) to run; (szybciej) to rush; **w pięć minut doleciał do szkoły/domu** he ran to school/ran home in five minutes; **zwykle pierwszy ~atywał do telefonu** he was usually the first to rush to the phone; **~eciał do mnie na ulicy jakiś facet i dał mi w twarz** some bloke ran up to me in the street and bashed me in the face pot.

dolega|ć _impf vi_ [1] (o chorobie) to bother, to trouble; **ból gardła ~ mu coraz bardziej** his sore throat is bothering him more and more; **co ci/panu ~?** what's a. what seems to be the trouble?; **nic mi nie ~** I'm all right [2] przen. (doskwierać) to bother, to trouble; **samotność trochę mu ~** he feels his loneliness sometimes; **te wizyty mu ~ły** he found the visits a bit of a burden a. nuisance

dolegliwoś|ć _f zw. pl_ [1] (ból) complaint, ailment; **~ci serca** a heart condition, heart

D

trouble; **~ci wątroby/żołądkowe** a liver/ stomach complaint [2] przen. (problem) problem, affliction; **~ci podatkowe** tax problems; **~ci życia w mieście** the disadvantages a. inconveniences of city life

dolegliw|y *adi. książk. [ból, tęsknota]* nagging

dolepiać *impf* → **dolepić**

dolep|ić *pf* — **dolep|iać** *impf vt* to stick (**coś do czegoś** sth on sth); **~ić komuś wąsy** to stick a (false) moustache on sb; **~ić sobie wąsy** to stick on a (false) moustache

dolewać *impf* → **dolać**¹

dolew|ka *f* (zupy) second helping; seconds *pl* pot.; (herbaty) refill; **prosić o ~kę** to ask for seconds a. a second helping; **dostać ~kę** to get a second helping

do|leźć *pf* — **do|łazić** *impf* (**dolezę, doleziesz, dolazł, dolazła, doleźli — dołażę**) *vi* pot. to drag oneself, to crawl (**do czegoś** to sth); **zasapał się, zanim dolazł na czwarte piętro** he was out of breath before managing to drag himself up to the third floor

doleż|eć *pf* (**~ysz, ~ał, ~eli**) *vi* to lie (in); **~eć w łóżku do południa** to stay in bed until noon

doliczać *impf* → **doliczyć**

dolicz|yć *pf* — **dolicz|ać** *impf* **[]** *vt* (dodać) to add (**coś do czegoś** sth to sth); **do ceny ~ono podatek VAT** the price includes VAT; **do wydatków ~yli koszty podróży** they added travelling costs to their expenses **[]** *vi* (skończyć liczenie) to count (up) (**do czegoś** to sth); **~yła do stu i zasnęła** she counted to a hundred and fell asleep **[]** **doliczyć się** (ustalić) to count up; **z trudem ~ył się, ile jest w kasie** he had difficulty counting up how much was in the till; **nie mogę się ~yć trzech książek** I'm three books short; **nie mogła się ~yć jednego pierścionka** she was missing one ring

dolin|a *f* valley; **~a Wisły** the Vistula valley; **wioska leży w ~ie** the village lies in a valley ❏ **~a Jozafata** a. **Józafata** Bibl. the Valley of Jehoshaphat; **~a krasowa** Geog. karst valley; **Dolina Królów** Archeol. the Valley of the Kings; **Dolina Krzemowa** Silicon Valley ■ **~a łez** a. **płaczu** książk. a vale of tears książk.

dolin|ka *f dem.* (small) valley

doln|y *adi.* [1] (znajdujący się u dołu) *[szuflada, półka]* bottom attr.; *[pokład, warga, szczęka, powieka]* lower, bottom attr.; **woda zalała ~e piętro budynku** the water flooded the building's ground floor [2] (minimalny) *[próg, granica wieku]* lower, minimum attr.; **~a wartość graniczna** the lower limit a. threshold [3] (końcowy) *[bieg rzeki]* lower; **~a Wisła** the Lower Vistula [4] Geog. Lower; **~y Egipt** Lower Egypt [5] Geol. *[jura, kreda, dewon]* Lower [6] Muz. *[nuta]* lower; **~e c** middle C; **~e rejestry głosu** the lower registers of sb's voice

doład|ować *pf* — **doład|owywać** *impf* **[]** *vt* [1] (dołożyć) to load (some) more; **~ować piasek/cement na przyczepę** to load some more sand/cement onto a trailer; **~ować kilka rzeczy do plecaka** to pack a

few more things into a rucksack; **~ować kilka ton węgla na statek** to load a few more tons of coal onto a ship [2] (dokończyć ładowanie) to finish loading *[wagon, ciężarówkę]* [3] (uzupełnić energię) to charge (up), to recharge *[akumulator, baterię]* **[]** **doładować się — doładowywać się** *[akumulator, bateria]* to recharge, to charge up

doładowywać *impf* → **doładować**

dołazić *impf* → **doleźć**

dołączać *impf* → **dołączyć**

dołącz|yć *impf* — **dołącz|ać** *pf* **[]** *vt* [1] (dodać) to attach (**coś do czegoś** sth to sth); **do wniosku należy ~yć życiorys** please enclose your CV with the application [2] (doczepić) to join (**coś do czegoś** sth on a. to sth); **do pociągu ~ono dodatkowe wagony** additional carriages were joined a. coupled on (to the train) **[]** *vi* [1] (przyłączyć się) to join; **ona ~y do nas w Gdańsku** she'll join (up with) us in Gdańsk; **~yli do jakiejś wycieczki** they attached themselves to some excursion; **~yła do grupy kobiet bitych przez mężów** przen. she joined the ranks of women who have been battered by their husbands [2] (brać udział) to join in; **~yć do rozmów** to join in negotiations [3] (wystąpić jednocześnie) to add (**do czegoś** to sth); **do gorącego powietrza ~ył zaduch toalet** in addition to the heat there was the stench of the toilets **[]** **dołączyć się — dołączać się** [1] (przyłączyć się) to join; **~yli się do wycieczki/ grupy turystów** they joined a. attached themselves to an excursion/a group of tourists [2] (brać udział) to join in; **~yć się do śpiewu w kościele** to join in the singing in church; **chcę się ~yć do waszych podziękowań** I'd like to be included in your vote of thanks; **~yć się do składki na kwiaty/prezent** to chip in towards flowers/a present pot. [3] (wystąpić jednocześnie) to be added (**do czegoś** to sth); **do jego dotychczasowych funkcji ~yły się obowiązki dyplomatyczne** diplomatic duties were added to his previous functions

dołecz|ek *m pieszcz.* (na policzku, w brodzie) dimple

doł|ek *m* [1] (zagłębienie) hole, hollow; (golfowy) hole; **jezdnia pełna ~ków** a road full of potholes [2] (na policzku, w brodzie) dimple [3] pot. (brzuch) tummy pot., belly pot.; **boli a. gniecie a. ściska go w ~ku** he's got a tummy ache a. upset; **uderzył go w ~ek** he hit him in the belly; **ze zdenerwowania/strachu ściskało ją w ~ku** she had a sick feeling/a knot in the pit of her stomach [4] pot. (kryzys) (psychiczny) the doldrums *pl*; (bad patch GB pot.); (finansowy) the (financial) doldrums *pl*, financial straits *pl*; **być w (psychicznym) ~ku** to be feeling low, to be in the doldrums; **pomógł mi wyjść z ~ka** he helped me through a bad patch; **w końcu wyszła z ~ka psychicznego po stracie córki** she eventually came out of her depression after the loss of her daughter; **nasza firma od jakiegoś czasu znajduje się w ~ku finansowym** our firm has been in finan-

cial trouble for some time [5] Techn. sprue ❏ **~ek łzowy** Anat. lacrimal fossa; **~ek nadobojczykowy** Anat. supraclavicular fossa; **~ek podkolanowy** Anat. popliteal fossa; **~ek podsercowy** the pit of the stomach; **~ek siodłowy** Anat. fossa hypophyseos; **~ek startowy** Sport ≈ starting mark; **~ek strzelecki** Wojsk. the pit of the shoulder ■ **kopać pod kimś ~ki** to dig a pit for sb; **kto pod kim ~ki kopie, (ten) sam w nie wpada** przysł. ≈ (it is/was a case of) the biter bit

doł|ować *impf* **[]** *vt* [1] pot. (przygnębiać) to get [sb] down, to depress; (dokuczać) to pick on; to get at GB pot.; **ta sytuacja mnie ~uje** the situation's really getting me down; **nie chodzi o to, żeby kogoś ~ować** it's not a question of picking on a. getting at anyone; **szef często ~uje ludzi, którzy nie słuchają jego poleceń** the boss often gives people a hard time if they don't obey his orders ⇒ **zdołować** [2] (zakopywać) to bury, to pit; **~ować kartofle/warzywa na zimę** to bury potatoes/vegetables for the winter [3] Ogr. to heel in; **~ować sadzonki/ rośliny** to heel seedlings/plants in **[]** *vi* [1] (o broni palnej) to fire low [2] Astron. (o planecie, Słońcu) to reach (its) lower culmination

doł|ożyć *pf* — **do|kładać** *impf* **[]** *vt* (powiększyć) to add, to put (some) more; **do stosu dokumentów szef dołożył jeszcze dwa sprawozdania** the boss added two more reports to the pile of documents; **dołożyć ciasta/kanapek na talerz** she put some more cake/sandwiches on the plate; **dołożyć drew do ogniska** to put some more wood on the (camp)fire; **do kupionego towaru sprzedawczyni dołożyła mi tabliczkę czekolady gratis** the shop assistant threw in a free a. complimentary bar of chocolate with the goods I'd bought; **dołożyć starań/wysiłków/trudu** przen. to make efforts a. an effort; **dołożył wszelkich starań, aby zapewnić im bezpieczeństwo** he made every effort to safeguard their security **[]** *vi* [1] (dopłacić) to contribute (**do czegoś** to sth); to chip in pot. (**do czegoś** towards sth); **dołożył do komputera, żeby móc z niego korzystać** he chipped in towards the computer so that he would (also) be able to use it; **jeśli dołożysz tysiąc złotych, możesz kupić model z poduszką powietrzną** if you pay an extra thousand, you can purchase a version with an air bag; **dokładać do interesu** to run a business at a loss [2] pot. (zbić) to wallop *vt* pot.; to thrash *vt*; **dołożyć komuś kijem/ pasem** to thrash sb with a stick/belt; **nasi piłkarze dołożyli im 5:0** pot., przen. our team hammered a. thrashed them 5-0 pot. [3] pot. (dokuczyć) to hammer *vt* pot., to clobber *vt* pot.; **ale im dołożyłeś tym artykułem** you really hammered a. demolished them with that article pot. **[]** **dołożyć się — dokładać się** (dopłacić) to contribute (**do czegoś** to sth); to chip in pot. (**do czegoś** towards sth); **dokładać się na utrzymanie rodziny** to chip in towards the household expenses

dom _m_ (_G_ **~u**) ① (budynek) building; (mieszkalny) house; **~ drewniany/z cegły** a wooden/brick house; **~ jednorodzinny** a detached house; **musiał sprzedać ~ rodzinny** he had to sell the family house ② (mieszkanie) home; **poszedł do ~u** he went home; **zostanę w ~u** I'll stay at home; **przebywać poza ~em** to be away from home; **kręcić się po ~u** to hang around the flat/house; **pantofle/ubranie na po ~u** pot. indoor a. house shoes/clothes; **po ~u zwykle nosiła dres** she usually wore a tracksuit at home ③ (rodzina) home, family; **pochodzić z dobrego ~u** to come from a good home a. family; **młodzież ze szlacheckich ~ów** young people from upper class families; **być bogatym z ~u** to come from a rich family; **dzieci wychowuje nie tylko ~** it's not only the home that contributes to a child's upbringing; **w moim ~u rodzinnym nie obchodziło się imienin** in my family we didn't celebrate name days; **postawić cały ~ na nogi** to wake up the whole house; **założyć ~** to set up home a. house ④ (gospodarstwo domowe) household, house; **~ jest ważniejszy niż praca** home is more important than work; **zajmować się ~em** to keep house; **prowadzić ~** to run a. manage a household ⑤ (instytucja) house; **~ mody/wydawniczy/bankowy** a fashion/publishing/banking house; **~ akademicki** a hall of residence GB, a dormitory US; **~ maklerski** a brokerage; **~ poprawczy** a young offenders' institution; **~ publiczny** a brothel; **~ towarowy** a department store; **~ dziecka** a children's home; **~ gry** a gaming house, a casino; **~ kultury** a community centre; **~ starców** an old people's home ⑥ (ród) (królewski, szlachecki, książęcy) house; **~ Habsburgów** the house of Habsburg, the Habsburg dynasty; **~ Jagiellonów** the Jagiellonian dynasty; **~ panujący** the ruling house; **potomek królewskiego ~u** a descendant of a royal house; **z ~u Kowalska** née Kowalska; **zawsze pytano ją, jak nazywa się z ~u** people were always asking her what her maiden name was ⑦ książk. (ojczyzna) home, homeland □ **Biały Dom** the White House; **Dom Boży** książk. house of God; **~ bez klamek** pot. madhouse pot.; **~ wariatów** pot. (szpital psychiatryczny) madhouse pot., loony bin pot.; przen. (chaos) madhouse pot.; bedlam _U_ ■ **czuć się jak (u siebie) w ~u** to be a. feel at home; **czuj się jak u siebie w ~u** make yourself at home; **jestem/jesteśmy w domu!** pot. now I/we get the picture! pot.; **gość w ~, Bóg w ~** przysł. you're very welcome; **wszędzie dobrze, ale w ~u najlepiej** przysł. East, (or) West, home's best przysł., there's no place like home przysł.

domaga|ć się _impf v refl._ ① (żądać) to demand; **~ć się zwrotu pieniędzy** to demand one's money back; **~ć się odszkodowania** to demand compensation, to claim damages; **~ł się, żeby winni zostali ukarani** he demanded that the culprits be punished; **inni ~li się, żeby tego nie robić** others insisted that it shouldn't be done ② (wymagać) to need, to require; **jego**

ciało ~ło się ruchu his body required exercise; **rośliny ~ją się deszczu/słońca** the plants need a. require rain/sunlight

domal|ować _pf_ — **domal|owywać** _impf vt_ ① (malując dodać) to paint in; **~ować tło do obrazu** to paint in the background of a picture; **~ować wąsy na czyimś portrecie** to paint in a moustache on sb's portrait ② (dokończyć malowanie) to finish (off) painting; **poczekaj, ~uję tylko taboret/pudełko** wait a minute, I'll just finish painting this stool/box

domalowywać _impf_ → **domalować**

domato|r _m_, **~rka** _f_ stay-at-home pot., home bird GB pot., homebody US pot.

domatorstw|o _n sgt_ domesticity

domawiać _impf_ → **domówić**

dom|ek _m dem._ (_G_ **~ku**) (small) house; **~ek letniskowy** a holiday cottage a. home; **~ek dla lalek** a doll's house □ **~ek fiński** Budow. prefab (house); **~ek kempingowy** cabin; **~ek na kurzej nóżce** witch's house; **~ek z kart** house of cards także przen. ■ **wolnoć Tomku w swoim ~ku** przysł. a man's house is his castle

domen|a ① _f sgt_ książk. (dziedzina) domain, province; **być czyjąś ~ą** to be sb's domain a. province ② Fiz. (magnetic) domain ③ Komput. domain ② **domeny** Hist. domains

domia|r _m_ (_G_ **~ru**) pot. (podatek) back tax _C/U_; **dołożyli mi ~r** I had to pay back tax ■ **na ~r złego** to cap it all, on top of all that

domierzać _impf_ → **domierzyć**

domierz|yć _pf_ — **domierz|ać** _impf vt_ ① (odmierzyć) to measure (off); **nie ~yć czegoś** to measure off sth imprecisely; **sprzedawca nie ~ał i nie doważał** the shop assistant didn't measure or weigh the goods properly ② (dodać) to measure off (some) more; **proszę ~yć jeszcze ze dwa metry kabla/taśmy** can you add another couple of metres of cable/tape, please?

domiesz|ka _f_ ① (dodatkowy składnik) additive, admixture; **woda ta zawiera wiele niepożądanych ~ek** this water contains a lot of undesirable additives; **herbata z ~ką rumu** tea with a dash of rum; **mieć ~kę krwi innej rasy** to be of mixed blood ② przen. (odcień) touch, hint; **mówił o przeszłości z ~ką żalu/ironii** he talked about the past with a touch of remorse/irony

domięśniowo _adv._ Med. [wstrzyknąć, podać] intramuscularly

domięśniow|y _adi._ Med. [zastrzyk] intramuscular

dominacj|a _f sgt_ ① (przewaga) (cech, zjawisk) dominance, predominance (**nad czymś** over sth); **~a kina amerykańskiego nad europejskim** the dominance of American cinema over European cinema ② (panowanie) domination (**nad kimś/czymś** of sb/sth); dominion (**nad kimś/czymś** over sb/sth); **~a nad światem** world domination; **~a Japonii w tej części świata** the dominance a. domination of Japan in this part of the world

dominacyjn|y _adi._ [dążenia] for a. of domination; **tendencje ~e w polityce**

zagranicznej expansionist tendencies in foreign policy

dominan|ta _f_ ① książk. (cecha) predominant feature, dominant feature; **~ta znaczeniowa wyrazu** the semantic import of a word ② Stat. mode ③ Biol. dominant ④ Fiz. dominant wavelength ⑤ Muz. (w psalmach, tonacji) dominant; **~ta górna** submediant; **~ta dolna** subdominant

dominikan|in Relig. ① _m_ Dominican (friar), Black Friar ② **dominikanie** _plt_ (zakon) the Dominicans, the Black Friars

dominikan|ka Relig. ① _f_ Dominican (nun) ② **dominikanki** (zakon) the Dominicans

dominikańs|ki _adi._ [klasztor, szkoła] Dominican

domini|um _n_ (_Gpl_ **~ów**) ① Polit. (kolonia) dominion ② Hist. (posiadłość) dominion _zw. pl._

domin|o _n_ ① _sgt_ Gry dominoes; **grać w ~o** to play dominoes ② (kostka) domino; **zasada/efekt ~a** the domino theory/effect ③ (płaszcz) domino

domin|ować _impf vi_ ① książk. (przeważać) to dominate; **w obrazach ~uje kolor błękitny** blue is the dominant a. prevailing colour in these pictures ⇒ **zdominować** ② (panować) to dominate; **Rosja chciała ~ować politycznie nad tym terytorium** Russia was interested in political domination of this territory; **osoba ~ująca w związku** the dominant person in a relationship; **w tym małżeństwie żona ~uje nad mężem** it's the wife who dominates the husband in this marriage ⇒ **zdominować** ③ przen. to dominate; **wieża ~uje nad miastem** the tower looms over a. dominates the town

dom|knąć _pf_ — **dom|ykać** _impf_ ① _vt_ to close shut, to close properly; **nie ~knęła okna** she left the window slightly ajar; **zostawić niedomknięte drzwi** to leave the door ajar; **niedomknięte powieki** half-closed eyes; **~knąć dyskusję** przen. to close a discussion; **~knąć budżet** przen. to balance one's budget ② **domykać się** (o drzwiach, oknach, pudełku) to close properly; **drzwi się nie ~ykają** the door doesn't close properly

domniema|nie _n_ ① książk. (przypuszczenie) conjecture książk., supposition książk.; **to, co powiedziałem, to tylko moje ~nie** what I said is mere conjecture a. supposition on my part; **jego ~nia nie potwierdziły się** his conjectures turned out to be false; **~nia prasy, że...** press speculation that...; **istnieją ~nia, że...** there is (good) reason to believe that... ② Prawo presumption; **~nie niewinności** (the) presumption of innocence

domnieman|y _adi._ książk. ① (rzekomy) [sprawca, zabójca, przestępca] alleged ② (prawdopodobny) [przyczyna, powód] supposed; **wciąż bombardują ~e pozycje nieprzyjaciela** they're still bombing supposed a. assumed enemy positions

domniemywa|ć _impf vt_ książk. to surmise, to conjecture; **można ~ć, że nie żyje** one may assume that he's dead, it's probably a fair assumption to say that he's dead; **~ne cele polityki rosyjskiej** the apparent a. putative objectives of Russian policy

D

domofon *m* (*G* ~**u**) entryphone® GB, intercom

domokrążc|a *m* pot., pejor. hawker, pedlar GB, peddler US

domoro|sły *adi.* pejor. [1] (niewykształcony) [malarz] self-taught, unschooled; [lekarz] self-taught; [talent] home-grown [2] (zaściankowy) [sztuka, dramat] provincial

domostw|o *n* [1] (gospodarstwo) homestead, farmstead [2] książk. (duży dom) mansion (house)

domowni|k *m* household member; **pozostali ~cy jeszcze śpią** the rest of the household is a. are still sleeping; **traktować kogoś jak ~ka** to treat sb like (a member of the) family

domow|y *adi.* [1] (związany z domem) [adres, telefon] home attr.; **sprzęty ~e** domestic appliances; **~e ubranie/buty** indoor a. house clothes/shoes; **po ~emu** in a casual way, informally; **ubierać się po ~emu** to dress casually, to wear casual clothes [2] (rodzinny) [tradycje, atmosfera] family attr. [3] (związany z prowadzeniem domu) [budżet, obowiązki, wydatki] household attr.; **prace ~e** housework; **gospodyni ~a** a housewife [4] (hodowany w domu) [zwierzęta, ptactwo] domestic; **rośliny ~e** house plants [5] (zrobiony w domu) [ciasto, dżem] home-made; **wino ~ej roboty** home-made wine; **pieczywo ~ego wypieku** home-made bread; **~e piwo** home brew, home-brewed beer

dom|ówić *pf* — **dom|awiać** *impf* **I** *vt* [1] (dopowiedzieć) to finish saying; **nie zdążyła ~ówić pacierza** she didn't manage to finish her prayer [2] pot. (ustalić) to talk through, to agree on [sprawę, szczegóły]; **~ówić z kimś warunki umowy** to work out the details of a contract with sb

II domówić się — **domawiać się** pot. to reach an agreement, to come to an agreement (**z kimś** with sb); **w tej sprawie spróbujcie się ~ówić między sobą** try and sort the matter out between yourselves

domy|ć *pf* — **domy|wać** *impf* (~**ję** — ~**wam**) **I** *vt* to clean (properly), to wash (properly); **nie mogę ~ć podłogi** I can't clean the floor properly

II domyć się — **domywać się** to clean oneself (properly), to wash oneself (properly); **jeszcze nie ~ł się z pyłu węglowego** he hasn't managed to wash a. get all the coal dust off yet

domykać *impf* → **domknąć**

domy|sł *m* (*G* ~**słu**) guess; **snuć ~sły** to guess, to speculate; **gubić się w ~słach** to make wild guesses; **wszystko to opiera się na ~słach** all this is pure guesswork a. speculation; **w ~śle** which is to say; **akcja filmu toczy się tuż przed wybuchem wojny (w ~śle II wojny światowej)** the film's action takes place just before the outbreak of war (that's to say a. that is, the Second World War); **mówimy reorganizacja, a w ~śle zwolnienia** we talk of reorganization, meaning a. when we mean staff cutbacks

domyślać *impf* → **domyśleć**

domyślać się *impf* → **domyślić się**

domyśl|eć *pf* — **domyśl|ać** *impf* (~**isz**, ~**ał**, ~**eli** — ~**am**) *vt* (dopracować) to think through [projekt]; to think out [szczegóły]

domyśl|ić się *pf* — **domyśl|ać się** *impf* *v refl.* to work out, to guess; **~ić się prawdy** to work out the truth; **czy ~a się pan, kim jestem?** can you guess who I am?; **wyczuł z mojego zachowania, że czegoś się ~am** he knew by my behaviour that I suspected something; **nie trudno się ~ić, skąd ona pochodzi** it's not hard to guess where she comes from; „**to ona puściła tę plotkę**" – „**~ałam się tego**" 'it was her that started the rumour' – 'I guessed that was the case'; **~am się, że chodzi o coś poważnego** I presume a. assume it's something serious; **~am się, co mogła przeżywać, gdy dowiedziała się o wypadku** I can just imagine what she must have gone through when she heard about the accident; „**to był dla mnie koszmar**" – „**(tak) ~am się**" 'it was an absolute nightmare' – '(yes) I can imagine'

domyślnie *adv.* [1] (przewidująco) thoughtfully; **~ podsunął jej krzesło** he thoughtfully offered her a seat [2] (znacząco) [mrugnąć, uśmiechać się] knowingly [3] (domyślając się) by guessing, through guesswork [4] Nauk. by default

domyślnoś|ć *f sgt* intelligence; perspicacity książk.; **liczyć na czyjąś ~ć** to rely on sb's intelligence

domyśln|y I *adi.* grad. (bystry) bright, quick-witted

II *adi.* [1] (znaczący) [uśmiech, mrugnięcie] knowing [2] (przypuszczalny) supposed; putative książk. [3] Nauk. [wartość] default

domywać *impf* → **domyć**

donaszać *impf* → **donosić**

donic|a *f* [1] augm. (do kwiatów) flowerpot, plant pot [2] Kulin. (do ucierania) mixing bowl; (do pieczenia) ceramic baking dish [3] Techn. monkeypot

donicz|ka *f* flowerpot, plant pot
❏ **~ka torfowo-ziemna** Ogr. growbag GB, Gro-bag® GB

doniczkow|y *adi.* [kwiaty, rośliny] pot attr. GB, potted

doniesie|nie II *sv* → **donieść**

II *n* [1] (powiadomienie) notification (**o czymś** of a. about sth); **~nie o przestępstwie** a report of a crime a. an offence; **złożyli na niego ~nie do prokuratury** they notified the public prosecutor that he had committed a crime a. an offence; **złożył ~nie, że wśród towaru znajdowała się kontrabanda** he submitted a report that there was contraband among the goods a. the goods contained contraband [2] zw. pl książk. (wiadomość) (news) report; **z ~ń wynika...** according to (the) reports, ...; **najnowsze ~nia pokazują, że...** the lastest reports show that...; **według wstępnych ~ń...** according to (the) preliminary reports...; **~nia ze sportu** a sports report; **~nia prasowe o wojnie** press reports on the war; **minister zdementował ~nia, że...** the minister denied reports that...

don|ieść *pf* — **don|osić¹** *impf* **I** *vt* [1] (dostarczyć) to carry; **~ieść rannego do szpitala** to take a wounded a. injured person to the hospital; **wciąż ~oszono lżej rannych** the lightly wounded a. injured kept on being brought in; **~iósł całe wiadro wody i nic nie wylał** he managed to bring a bucket full of water without spilling any; **nie ~iosę tej walizki do dworca** I won't be able to a. can't carry this suitcase to the station [2] (przynieść więcej) to bring (some) more, to deliver (some) more; **~iósł wody, bo się kończyła** the water was runnning low, so he brought some more; **krzesła ~iesie się później** chairs will be brought later; **~ieść potrzebne dokumenty** to submit further a. additional documents; **zaświadczenie o zarobkach ~iosę jutro** I'll bring you a statement of my earnings tomorrow

II *vi* [1] książk. (przekazać wiadomość) to inform (**o czymś** about a. of sth); [reporter, prasa] to report (**o czymś** on sth); **na samym wstępie ~osi mi o śmierci ojca/ślubie siostry** at the very beginning he tells me of his father's death/his sister's wedding; **jak ~osi agencja Reutera, ...** according to a Reuter's report, ...; **szpiedzy ~oszą o koncentracji wojsk nad granicą** the spies have reported a concentration of troops on a. at the border [2] pejor. (złożyć donos) to report (**na kogoś** sb); to inform (**na kogoś** on a. against sb); **~iósł nauczycielce, że Janek palił w szatni** he told the teacher that Johnny had been smoking in the cloakroom pot.; **~ieść na kogoś policji/do urzędu skarbowego** to inform on a. denounce sb to the police/the tax office; **nie wiem, jak się dowiedział, ktoś musiał ~ieść** I've no idea how he found out, somebody must have told him; **robił różne świństwa, ale nie ~osił** he did all sorts of foul things but he wasn't an informer [3] [pociski, strzały] to reach, to hit (**do czegoś** sth); **pociski nie ~osiły do celu** the shells fell short of the target; **pociski ~osiły** the shells hit their target

III donieść się — **donosić się** [dźwięki] to be heard; **z daleka ~iósł się gwizd parowozu** the whistle of a locomotive a. steam engine could be heard in the distance

donikąd *pron.* nowhere; (po przeczeniu) anywhere; **leśne ścieżki, wiodące ~** forest paths leading nowhere; **jałowe dyskusje, które prowadzą ~** a. **które ~ nie prowadzą** pointless discussions leading nowhere a. that lead nowhere; **nie spieszyli się ~** they weren't in a a. any hurry to get anywhere; **droga ~** a road to a. leading nowhere także przen.

doniosłoś|ć *f sgt* (chwili) significance, importance; (zmian, wydarzeń) momentousness

donio|sły *adi.* grad. [1] (ważny) [chwila, zmiana] significant, important; **~słe wydarzenie** a momentous occasion a. event, a significant a. an important event [2] (silny) [głos, dźwięk] sonorous

donio|śle *adv.* grad. [1] [świętować] solemnly [2] [powiedzieć] sonorously; [brzmieć] sonorous *adi.*

donkiszo|t *m* (*Npl* ~**ci** a. ~**ty**) Don Quixote

donkiszoteri|a *f sgt* (*G* ~**i**) pejor. quixotism

donkiszotows|ki *adi.* [zachowanie, poza] quixotic

donn|a *f* przest., żart. young lady; lady-love przest., iron.

donos m (G ~u) pejor. denunciation C/U (na kogoś of sb); ~ o przestępstwie a report of a crime; złożyć na kogoś ~ do władz/na policję to denounce sb to the authorities/the police; pisać na kogoś ~y to write letters denouncing sb; złożył ~ o malwersacjach kolegi he denounced his friend as an embezzler

donosiciel m, ~ka f (Gpl ~i, ~ek) informer; ~e tajnej policji secret police informers

donosiciels|ki adi. informer's; list ~ki a letter of denunciation; raport ~ki a report from an informer

donosicielstw|o n sgt informing; parać się ~em to be an informer

donosić¹ impf → donieść

don|osić² pf — don|aszać impf vt ① (nosić po kimś) zawsze ~aszał rzeczy po starszym bracie he always wore clothes handed down from his elder brother ② (zniszczyć nosząc) to wear out, to get the last of [ubranie, buty]; chcę te buty w tym sezonie ~osić I want to wear out a. to get the last bit of wear out of these shoes this year

dono|sić³ pf vt [ciężarna] to carry to term [ciążę, dziecko]; ciąża ~szona a full-term pregnancy

donosik ① m (G ~u) dem. pot. denunciation (na kogoś of sb); napisał ~ na sąsiada he wrote a letter denouncing his neighbour ② donosiki plt przen. (intrygi) double-dealing, intrigues

donośnie adv. grad. [mówić, dzwonić] sonorously; [krzyczeć] loudly

donośnoś|ć f sgt ① (głosu, dzwonu) sonorousness, sonority ② Wojsk. (karabinu, artylerii) range □ ~ć bomby Wojsk. destructive capacity of a bomb

donośn|y adi. grad. [głos] sonorous, carrying; [krzyk] loud

donżuan m książk., żart. Don Juan; ladykiller pot.; zachowywać się jak ~ to act like a Don Juan

donżuaneri|a f sgt (GD ~i) książk., pejor. womanizing pejor.; gallantry

donżuańs|ki adi. książk., żart. [styl, pozy] Don Juan attr.

doń =do niego

dookoła ① adv. around, round GB; wszędzie ~ all around a. round; rozglądać się ~ to look (all) around a. round about; ~ rozciągały się lasy all around there were forests; obejść jezioro ~ to walk around a lake; opłynąć świat ~ to sail (a)round the world; wszyscy ~ wiedzą o tym everyone (around) knows about it; słyszy się a. słychać ~, że... everyone (around) says that...
② praep. around, round GB; siedzieć ~ stołu to sit around a. round a table; ~ domu rosły róże roses grew round the house; Ziemia obraca się ~ Słońca the Earth goes round the Sun; zebrali się ~ mówcy they gathered around a. round the speaker; ~ siebie miał straszny bałagan there was a terrible mess all around a. about him; zrobili ~ całej sprawy dużo szumu they made a big fuss over the whole thing; (on) potrafi kręcić się ~ własnych interesów he knows how to look after

number one pot.; dyskusja kręciła się ~ tych samych tematów the discussion revolved around the same topics; rejs ~ świata a round-the-world cruise; „W 80 dni ~ świata" 'Around the World in Eighty Days'
■ ~ Wojtek over and over (again), all over again; najpierw on jej szuka, potem ona jego, i tak ~ Wojtek first he's looking for her, then she's looking for him, the same thing over and over again; a ona znowu swoje, ~ Wojtek here a. there she goes again

dookreślać impf → dookreślić

dookreśl|ić — **dookreśl|ać** impf vt książk. to specify [znaczenie]; to pojęcie trzeba ~ić this concept needs further clarification

dopadać¹ impf → dopaść

dopada|ć² pf v imp. (o deszczu) to rain more; (o śniegu) to snow more; jeśli jeszcze ~, rzeka wyleje if it rains any more, the river will burst its banks; w nocy ~ło 20 cm śniegu another 20 cm of snow fell during the night

dopalać impf → dopalić

dopal|ić pf — **dopal|ać** impf ① vt (dokończyć palenie) to finish off [papierosa, cygaro]; nie ~ił papierosa i wyszedł he left without finishing (off) his cigarette; zaraz przyjdę, tylko ~ę I'll be right there, I'll just finish my cigarette a. smoke pot.
② dopalić się — dopalać się (skończyć się palić) to burn out; pożar ~ił się już the fire has already burnt itself out; świece ~ają się nierówno the candles are not burning out evenly

dopal|ony ① pp → dopalić
② adi. [ciało, szczątki] burnt

dopas|ować pf — **dopas|owywać** impf ① vt (kształtem) to fit, to adjust (coś do czegoś sth to sth); (kolorem, stylem) to match (up) (coś do czegoś sth to sth); ~ować szybę do ramy to cut a window pane to fit the frame, to cut a window pane to size; ~ować zasłony do mebli to match the curtains to the furniture
② dopasować się — dopasowywać się (dostosować się) to adapt (do czegoś to sth); to accommodate (do czegoś to sth)

dopasowan|y ① pp → dopasować
② adi. [suknia, ubranie] fitted

dopa|ść pf — **dopa|dać¹** impf (~dnę, ~dniesz, ~dł, ~dła, ~dli — ~dam) ① vt ① (schwytać) to catch, to get; policja w końcu go ~dła the police finally caught him; psy ~dły zwierzynę the dogs caught their prey a. quarry; zobaczysz, kiedyś cię ~dnę I'll get you one day a. in the end ② (napotkać) to catch up; ~dł mnie na korytarzu i zaczął opowiadać nudne historie he caught up with me in the hall and started rattling on; akwizytorzy ~dają nas teraz wszędzie: w domu, w pracy, na ulicy door-to-door salesmen accost us everywhere: at home, at work, in the street ③ (doświadczyć) [choroba, nieszczęście] to strike (down), to afflict; [uczucie] to seize; ~dła go grypa he's got the flu; ~dł go atak malarii he was struck down by malaria; ~dła ich bieda, gdy ojciec

stracił posadę when father lost his job they became poverty-stricken
② vi (dobiec) to catch vt; ~dła do niego z krzykiem she run up screaming and grabbed him; do pociągu ~dł w ostatniej chwili he caught the train at the very last minute a. moment

dopatrzeć → dopatrzyć

dopatrywać impf → dopatrzyć

dopat|rzyć, dopat|rzeć pf — **dopat|rywać** impf ① vi (dopilnować) to see (czegoś to sth); policja nie ~rzyła jakichś formalności the police had failed to go through all the formalities; pojechał ~rzyć, czy wszystko jest gotowe he went to make sure that everything was ready; trzeba ~rzyć wszystkiego everything must be seen to
② dopatrzyć się — dopatrywać się ① (znaleźć) to discern vt; ~rzyć się w czymś uchybień to find fault with sth; trudno ~rzyć się podobieństwa pomiędzy siostrami it's hard to see any resemblance between the sisters ② (wyobrażać sobie) to discern vt; we wszystkim ~ruje się aluzji do siebie she thinks everything alludes to her; ~rywała się w nim drugiego Paganiniego she saw him as a. in him a second Paganini

dop|chać, dop|chnąć pf — **dopy|chać** impf (~chnął, ~chnęła, ~chnęli — ~ycham) ① vt ① (przesunąć) to push; ~chał samochód do garażu he pushed his car into the garage; ~chnąć drzwi ręką/nogą to push the door shut with one's hand/foot ② (dołożyć więcej) to pack (some) more, to cram (some) more (do czegoś in a. into sth); ~chał jeszcze kilka koszul do walizki he crammed a few more shirts into the suitcase; ~chnij jeszcze tę torbę do bagażnika stuff this bag in the boot too pot.
② dopchać się — dopychać się (dotrzeć) to push one's way, to elbow one's way (do czegoś to sth); udało mu się jakoś ~chać do drzwi he managed to push a. elbow his way to the door; zawsze otaczały go tłumy wielbicieli, trudno się było do niego ~chać because he was always surrounded by fans it was difficult to get close to him

dopchnąć → dopchać

dopełniacz m ① Jęz. genitive (case), possessive (case); ~ cząstkowy partitive genitive; rzeczownik w ~u a noun in the genitive case, a genitive noun ② Biol. complement ③ Chem. filler ④ Techn. filler ⑤ Fot. replenisher (solution)

dopełniaczow|y adi. Jęz. genitive attr., genitival

dopełniać impf → dopełnić

dopeł|nić pf — **dopeł|niać** impf ① vt ① (dolać) to fill (up) [naczynie, zbiornik]; nalał whisky do szklanki i ~nił ją wodą he poured some whisky into the glass and topped it up with water ② książk. (wykonać) to go through (czegoś sth) [formalności]; to discharge (czegoś sth) [obowiązku, zobowiązania]; ~nić dzieła to complete the task ③ (uczynić kompletnym) to complement; stroju ~niały kapelusz i rękawiczki a hat and gloves completed her/his outfit; ten konflikt ~nił miary jego udręczeń that conflict was the last a. final straw

Ⅲ dopełnić się — dopełniać się
1 (uzupełniać się) to complement each other
2 książk. (dobiec końca) [ceremonia, uroczystość] to be finished, to end; **czar się ~nił** the curse a. the spell worked; **po kilku latach ~nił się los stoczni – została zlikwidowana** several years later the fate of the shipyard was sealed – it was shut down

dopełnie|nie Ⅱ sv → **dopełnić**
Ⅲ n **1** (uzupełnienie) complement; **~nie encyklopedii** a supplement to the encyclopedia **2** Jęz. object; **~nie bliższe/dalsze** direct/indirect object
❏ **~nie kąta** Mat. complementary angle; **~nie kąta dodatniego** Mat. complement; **~nie zbioru** Mat. complement

dopełzać impf → **dopełznąć**
dopeł|znąć pf — **dopeł|zać** impf (~nął a. ~ł, ~ła, ~zli a. ~źli — ~am) vi **1** (doczołgać się) to crawl (**do czegoś** to sth) **2** (dosięgnąć) [roślina] to creep (**do czegoś** to sth); **bluszcz ~zł już do okien na piętrze** the ivy has already crept up to the first-floor windows

dopędzać impf → **dopędzić**
dopędz|ić pf — **dopędz|ać** impf vt **1** (dogonić) to catch (up); **~iła go paroma susami i dalej szli już razem** she caught up with him in a few leaps a. bounds and they walked on together; **pies ~ił zająca** the dog caught the hare; **~ić uciekający autobus** to catch a departing bus **2** pot., przen. (dorównać) to catch up (**kogoś/coś** with sb/sth); **~ić innych w nauce** to catch up with the others in one's studies

dopi|ąć pf — **dop|inać** impf (~nę — ~inam) Ⅱ vt **1** (zapiąć do końca) (na guziki) to button (up), to do up; (na zamek) to zip up; **~iąć bluzkę/marynarkę** to button up a. do up one's blouse/jacket; **~iąć spodnie** to zip up a. do up one's trousers; **~iąć guziki w koszuli** to do up the buttons on one's shirt; **pamiętaj o ~ięciu płaszcza pod szyją** remember to button your coat all the way up at the neck; **~nij mi suwak** zip me up, do up my zip **2** (dołączyć) to enclose (**do czegoś** sth); **~iąć treskę/warkocz/kok** to attach a hairpiece; **~iąć kopię do oryginału** (spinaczem) to clip the copy to the original; (zszywaczem) to staple the copy to the original; (w segregatorze) to clip the copy into the file together with the original; **~iął życiorys do podania** he clipped his CV to the application
Ⅲ dopiąć się — dopinać się (zapiąć się) to button (up) one's clothes; **nie mogę się ~iąć, chyba przytyłem** I can't do up my trousers: I must have put on weight; **marynarka się na nim nie ~ina** the jacket is too small for him
■ **~iąć swego** a. **celu** to have a. get one's own way; **~iąć coś (na ostatni guzik)** to button up sth a. sth up; **wszystko ~ięto na ostatni guzik** everything was ready right down to a T a. tee

dopi|ć pf — **dopi|jać** impf (~ję — ~jam) vt to drink up, to finish (drinking) [herbatę, kawę, wino]; **~j piwo i idziemy** finish (up) your beer and off we go

dopie|c pf — **dopie|kać** impf (~kę — ~kam) Ⅱ vt **1** (upiec do końca) to finish baking [ciasto, chleb]; to finish roasting

[mięso]; **ciasto trzeba jeszcze ~c** the cake still needs a little baking; **niedopieczone, zakalcowate ciasto** an underbaked, sad cake **2** (upiec więcej) to bake (some) more [ciasta, chleba]; to roast (some) more [mięsa]
Ⅱ vi **1** [słońce] to beat down **2** (dokuczyć) to upset, to unsettle; **te żarty musiały bardzo jej ~c** she must have been very upset by the jokes; **~c komuś do żywego** to cut sb to the quick
Ⅲ dopiec się — dopiekać się (skończyć się piec) [ciasto, chleb] to finish baking; [mięso] to finish roasting; **mięso się ~kło, już je wyjmuję** the meat is done, I'm taking it out

dopiekać impf → **dopiec**
dopieprzać impf → **dopieprzyć**
dopieprz|yć pf — **dopieprz|ać** impf Ⅱ vt (dosypać pieprzu) to pepper; to add (more) pepper (**coś** to sth)
Ⅱ vi posp. (pobić) to beat up pot., to lay into pot.
Ⅲ dopieprzyć się — dopieprzać się posp. (przyczepić się) to rip into pot., to lay into pot.; **starzy wciąż się ~ają do mnie o spóźnienia** my folks keep laying into me for being late

dopierać impf → **doprać**
dopierdalać impf → **dopierdolić**
dopierd|olić pf — **dopierd|alać** impf wulg. Ⅱ vi (pobić) **~olić komuś** to kick a. beat the shit out of sb wulg.
Ⅲ dopierdolić się — dopierdalać się (skrytykować) to slag (off) GB pot.; **~olić się do kogoś** to slag sb (off)

dopiero Ⅱ part. **1** (nie wcześniej) only, not until a. till; **wyjeżdżam ~ jutro** I'm not leaving till tomorrow; **~ wczoraj/w zeszłym tygodniu** only yesterday/last week; **~ teraz/wtedy** only now/then; **~ wtedy zrozumiałam** it was only then that I understood; **~ wtedy, gdy** only when; **zauważył, że zgubił parasol ~ wtedy, gdy dotarł na dworzec** only when he got to the station did he notice that he'd lost his umbrella; **wróci ~ za dwa tygodnie** he won't be back for (another) two weeks; **~ co** only just; **~ co wstała** she's only just got up; **~ co kupiony płaszcz** a newly bought coat **2** (nie nikt inny) only; **~ ojciec pożyczył jej pieniądze** no one but her father lent her money **3** (zaledwie) only, just; **ona ma ~ dwa lata** she's only two; **woda jest ~ letnia** the water's just lukewarm
Ⅱ part. **a to ~!** well, I never!; **to ~ pech!** that really is bad luck!; **a to ci ~ historia!** what a turn-up (for the books)! GB pot.; **poczekaj, wróci ojciec, ~ ci się dostanie** you just wait till father gets back, you'll be (in) for it GB pot.
Ⅲ a co ~ cóż — let alone, to say nothing of; **jest za słaba, żeby stanąć, a co ~ chodzić** she's too weak to stand, let alone walk; **w październiku bywa już zimno, a co ~ w grudniu** it gets cold enough in October, let alone December

dopieszczać impf → **dopieścić**
dopie|ścić pf — **dopie|szczać** impf vt **1** (okazać czułość) to caress, to pamper; **była niekochana i niedopieszczona** she was deprived of love and affection **2** pot., przen. (dopracować) to perfect; to add a. put the

finishing touches (**coś** to sth); **projekt ~szczony w każdym szczególe** a project perfect in every detail; **w każdą wolną chwilę poświęcała na ~szczanie mieszkania** she spent all her spare time getting the flat shipshape **3** pot., przen. (dowartościować) **~ścić kogoś** to boost a. inflate sb's ego

dopijać impf → **dopić**
dopiln|ować pf — **dopiln|owywać** impf vt **1** (opiekować się) to look after [dzieci, młodzież]; **2** (kontrolować) to see to; **~ować, żeby wszystko było gotowe na czas** to see to it a. make sure that everything is ready in time; **~ować płatności** to make sure the bills are paid on time; **~ować własnych interesów** to look after one's own affairs

dopilnowywać impf → **dopilnować**
dopinać impf → **dopiąć**
doping m sgt (G ~u) **1** (zachęta) encouragement C/U (**do czegoś** to sth); **~ do pracy** encouragement to work; **~ kibiców/ trybun** the cheers of the supporters/audience **2** Sport doping; **stosować ~** to take drugs **3** pot. (środki) dope U pot.; drugs

doping|ować impf vt to encourage (**do czegoś** to do sth); **kibice ~owali swoją drużynę** the supporters cheered on their team; **swoim przykładem ~ował ich do walki** he encouraged them to fight by setting an example ⇒ **zdopingować**

dopingow|y adi. [afera, kontrola] doping attr.; **środki ~e** drugs

dopingująco adv. [działać] encouragingly; **wyzwania zawsze działały na nią ~** challenges always motivated her

dopingując|y Ⅱ pa → **dopingować**
Ⅲ adi. **1** (dopingowy) **środki ~e** drugs **2** (zachęcający do działania) encouraging, motivating; **czynnik ~y** an incentive

dopi|sać pf — **dopi|sywać** impf (~szę — ~suję) Ⅱ vt **1** (skończyć pisać) to finish (writing) **2** (dodać) to add, to write in; **~sywał swoje uwagi na marginesie** he wrote his comments in the margin; **pod życzeniami ~sała, że otrzymała mój list** she added to her good wishes a note to say that she had received my letter
Ⅱ vi (spełnić oczekiwania) to be good; **pogoda nie ~sała i zawody trzeba było odwołać** the weather was bad so the competition had to be called off; **zdrowie/apetyt mu ~suje** he is blessed with good health/has a good appetite; **wzrok mu nie ~suje** his sight is failing; **cały czas ~sywało nam szczęście** we've been in luck a. lucky all the time; **goście/słuchacze ~sali** the guests/audience turned up in large numbers
Ⅲ dopisać się — dopisywać się (dodać od siebie) to add a note; **dziecko ~sało się do listu matki** the child added a note to his mother's letter

dopis|ek m (G ~ku) (uwaga) note, comment; (w liście) postscript; **robił ~ki na marginesie** he made notes in the margin

dopisywać impf → **dopisać**
dopłacać impf → **dopłacić**
dopła|cić pf — **dopła|cać** impf vt **1** (zapłacić dodatkowo) to pay extra (**do czegoś** for sth); **~cić złotówkę za plastikowy kubek** to pay an extra zloty for a plastic cup; **do biletu musiał ~cić z własnej**

kieszeni he had to pay a. fork out pot. the difference for the ticket (out of his own pocket); **zostawię dwieście, a resztę ~cę jutro** I'll give you two hundred now and pay the rest tomorrow [2] (pokryć część kosztów) to pay part a. portion of the costs; **~cać do rolnictwa** to subsidize farming

dopła|ta f [1] (dopłacenie) surcharge, extra charge (**do czegoś** for a. on sth); **zrobić ~tę** to make a surcharge, to pay extra; **~ta do biletu/przesyłki** an excess fare/postage; **zamienić mieszkanie na większe z ~tą** to part-exchange one's flat for a larger one [2] (pieniądze) extra money, extra payment; **pracownicy otrzymali ~ty do wczasów** the employees received a holiday bonus; **~ty dla rolników** subsidies for farmers

dopły|nąć pf — **dopły|wać** impf vi [1] (przypłynąć) [osoba] to swim (up) (**do czegoś** to sth); [łódź, statek] to reach vt, to make vt (**do czegoś** sth); **~nąć do brzegu** to reach the shore; **statek ~nął do portu** the ship made port [2] [gaz, prąd] to flow, to come (**do czegoś** to sth); **woda nie ~wa na dziesiąte piętro** there's no water on the tenth floor [3] przen. (docierać) [wiadomości, pieniądze] to come in

dopływ m (G ~u) [1] sgt (cieczy, prądu, gazu) inflow (**do czegoś** to sth); **bez ~u świeżego powietrza uduszę się w tym pudle** I'm going to suffocate in this box without any fresh air; **odciąć ~ wody/gazu do budynku** to cut off the water/gas supply to a building [2] sgt przen. inflow, influx; **~ taniej siły roboczej** an influx of cheap labour; **spodziewam się sporego ~u gotówki** I'm expecting a fairly large amount of cash [3] Geog. tributary; **prawy/lewy ~ Wisły** a right-/left-bank tributary of the Vistula

dopływać impf → dopłynąć

dopływow|y adi. [rury, kanał] inflow attr., inlet attr.

dopomagać impf → dopomóc

dopominać się impf → dopomnieć się

dopom|nieć się pf — **dopom|inać się** impf v refl. [1] (domagać się) to claim, to demand (**o coś** sth); **~inać się o swoje prawa** to assert one's rights; **~inać się o zwrot pieniędzy** a. zwrotu pieniędzy to claim one's money back; **~nieć się o czyjąś krzywdę** to demand satisfaction for sb [2] przen. (odczuwać brak) to demand, to need; **(mój) organizm ~inał się snu** every cell in my body craved sleep

dopom|óc pf — **dopom|agać** impf vi książk. to assist vt, to help vt (**w czymś** in a. with sth); **~óc losowi** to take matters into one's own hands; **skrycie ~agał partyzantom** he secretly helped the partisans; **na początku trochę ~agali im rodzice** their parents helped them a bit at first; **tamta wyprawa niejednemu ~ogła w karierze** that expedition helped the careers of many people; **Boże, ~óż mu, żeby przestał pić** I wish to God he would stop drinking; **tak mi ~óż Bóg** so help me God!

dopowiadać impf → dopowiedzieć

dopowi|edzieć pf — **dopowi|adać** impf vt (dodać) to add; **jeśli można, chciałbym coś ~edzieć** excuse me, I'd

like to add something; **historia nie ~edziana do końca** an unfinished story; **nic nie zostaje/wszystko zostaje ~edziane do końca** nothing is resolved/there is no doubt left; **nietrudno było sobie ~dzieć, że...** it wasn't hard to guess that...; **resztę możesz sobie ~edzieć** you can guess the rest

dopóki coni. książk. (do czasu kiedy) as long as, while; **~ świeciło słońce, było ciepło** as long as while the sun was shining, it was warm; **~ nie znamy faktów, możemy tylko snuć przypuszczenia** until we know the facts, we can only make conjectures; **~ była zdrowa, brała udział w zawodach** while she was healthy, she took part in competitions; **~ nie** (jak długo nie) until, till; **zaczekaj, ~ nie wrócę** wait till I come back; **będę cię przekonywać, ~ nie zmienisz zdania** I won't stop trying to convince you until you change your mind; **~ nie wyszła za mąż, mieszkała z rodzicami** before she got married, she lived with her parents

dopóty coni. książk. **~ (...), dopóki** (for) as long as, while; **~ (...), dopóki nie** until; **~, dopóki starczało im żywności** for as long as their food supplies lasted; **~, dopóki nie zabrakło im żywności** until their food supplies ran out; **~ go prosiła, aż się zgodził** she kept (on) asking him until he agreed

doprac|ować pf — **doprac|owywać** impf [1] vt (opracować) to touch up [artykuł, obraz]; to refine [plan, szczegóły]; **niedopracowane projekty** rough designs; **starannie ~owane projekty ustaw** carefully prepared draft laws; **wymagać ~owania** [szczegóły, kwestie, zagadnienia] to require polishing up; **pewne szczegóły/kwestie wymagają jeszcze ~owania** certain details/matters still need touching a. polishing up; **publikacja ~owana pod względem edytorskim** a carefully edited book

[II] vi (pozostać zatrudnionym) **~ować do emerytury/ukończenia 60 lat** to work until retirement age/until one is 60 (years old); **~ować do końca roku** to work until the end of the year a. year's end

[III] **dopracować się** — **dopracowywać się** (osiągnąć) to earn a. achieve by work [stanowiska]; **~ować się majątku** to make a fortune; **~ować się teorii/koncepcji** to work out a theory/concept; **~wać się właściwego rozwiązania** to work out a. find the correct solution

dopracowywać impf → dopracować

dop|rać pf — **dop|ierać** impf (~iorę, ~ierzesz — ~ieram) [1] vt (w wodzie) to wash thoroughly; (na sucho) to clean thoroughly; **~rać obrus do czysta** to get the table cloth completely clean; **plamy po wiśniach trudno ~rać** cherry stains are hard to wash out a. off; **tych plam już się nie ~ierze** these stains won't come out; **tej spódnicy już się nie ~ierze** this skirt will never get clean; **te plamy można ~rać tylko chemicznie** only dry-cleaning will get these stains out

[II] **doprać się** — **dopierać się** [pranie, ubranie] to come up spotless; [plama] to wash out, to wash off

dopraszać impf → doprosić

doprawdy [1] part. książk. really, truly; **~ tego nie rozumiem** I really don't understand it; **to ~ nie moja wina** it's really not my fault; **był ~ wielkim artystą** he was truly a great artist

[II] inter. (zdziwienie) really?; is that so? książk.; (niedowierzanie) you don't say!

doprawiać impf → doprawić

dopraw|ić pf — **dopraw|iać** impf [1] vt [1] Kulin. to season, to flavour [potrawę, sos] (**czymś** with sth); **~ić sałatkę sokiem z cytryny** to dress a salad with lemon juice; **~ do smaku** season to taste [2] Techn. **~ić glebę przez zastosowanie obornika/nawozów** to prepare the soil by adding manure/fertilizer; **zaprawa cementowa ~iona wodą do odpowiedniej gęstości** cement mixed with water to the required consistency [3] przen. **historia miłosna ~iona sensacją i horrorem** a love story spiced with intrigue and horror; **styl pop ~ony latynoamerykańskimi rytmami** pop music with a Latin American beat

[II] **doprawić się** — **doprawiać się** pot. [1] żart. (upić się) to get drunk good and proper pot. [2] (zachorować) **nie wychodź na ten deszcz, bo się ~isz** don't go out in the rain – you'll only make yourself worse

doprawi|ony [1] pp → doprawić

[II] adi. pot., żart. (pijany) plastered pot.

doprecyz|ować pf — **doprecyz|owywać** impf vt (uściślić) to specify more precisely, to clarify [sformułowanie, założenia, plan]

doprecyzowywać impf → doprecyzować

dopr|osić pf — **dopr|aszać** impf [1] vt pot. (zaprosić dodatkowo) to invite (some) more

[II] **doprosić się** — **dopraszać się** (prosić) to entreat, to beg; **z trudem ~osił się o ciszę** he had difficulty getting them to be silent; **~aszać się swoich praw** to demand one's rights; **nie mogła się ~osić męża o pieniądze** she couldn't get her husband to give her any money; **dawniej nie można się go było ~osić, żeby wyrzucił śmieci** at one time you couldn't get him to take out the rubbish

doprowadzać impf → doprowadzić

doprowa|dzić pf — **doprowa|dzać** impf [1] vt [1] (przyprowadzić) **przewodnik ~dzi was na sam szczyt/do wioski** the guide will take you to the very top/the village; **~dzę cię do szosy, dalej sama trafisz** I'll take you as far as the road, and then you'll be able to find the way; **~dził statek do portu** he took the ship into port; **~dzić armię do zwycięstwa** to lead an army to victory [2] Admin., Prawo **~dzić podejrzanego na przesłuchanie** to take a suspect (in) for questioning [3] (zainstalować) **~dzić gaz/prąd do budynku** to supply gas/electricity to a building [4] (dostarczyć) **~dzać krew do serca** to supply blood to the heart [5] (skierować) to lead; **ślady opon muszą nas ~dzić do wioski** the tyre tracks have to lead to a village; **wieloletnie obserwacje ~dziły uczonych do wniosku/hipotezy, że...** many years of research led scholars to the conclusion/hypothesis that... [6] (spowodować)

D

~dzić firmę/rodzinę do bankructwa to lead a. bring the company/family to bankruptcy; ~dzić zwaśnione strony do pojednania to reconcile the parties, to bring about reconciliation between the parties; ~dzić negocjacje/projekt do skutku to bring the negotiations/project to a conclusion; ~dzisz się do choroby ciągłym zamartwianiem się you'll make yourself sick worrying; ten tryb życia w końcu ~dzi cię do zawału this lifestyle will give you a heart attack; co zacznę, muszę ~dzić do końca I have to finish what I begin; ~dzić wodę do wrzenia to bring the water to the boil; ~dzić kogoś do płaczu a. łez to reduce sb to tears; ~dzić kogoś do rozpaczy to reduce sb to despair; ~dzić kogoś do szału/do białej gorączki to make sb mad/furious; twoje ciągłe narzekanie ~dza mnie do szału your constant moaning is driving me mad; ~dzić kogoś do (szewskiej) pasji to make sb furious; nie ~dzaj mnie do ostateczności! don't make me mad a. furious ⑦ (zmienić) ~dzić coś do ładu/do porządku to put something in order/to set sth right; umyła się i ~dziła fryzurę do porządku she washed herself and tidied her hair; ~dzić się do porządku to tidy oneself up ⑧ (kontynuować) ~dzić czyjeś dzieje do roku... to take sb's biography up to the year...

Ⅱ vi ~dzić do równowagi między podażą a popytem to balance supply and demand; ~dzić do pożądanego efektu/skutku to get a. obtain the desired effect/result; ~dzić do czyjejś śmierci to cause a. bring about sb's death; ~dzić do wojny/konfliktu między państwami [wydarzenia] to lead to a. to bring about war/an international conflict; to do niczego dobrego nie ~dzi this will not lead anywhere, this is to no avail

dopu|st m (G ~stu) plague; ~st boży divine retribution; traktować kogoś/coś jak ~st boży to treat sb as a necessary evil; ~st losu a blow of fate

dopuszczać impf → dopuścić

dopuszczalnoś|ć f sgt (przyzwalanie) admissibility; (tolerowanie) acceptability

dopuszczaln|y adi. (akceptowalny) acceptable; (możliwy) permissible; ~e normy hałasu (maximum) permissible noise levels; ~e zachowanie/metody acceptable behaviour/methods; nie tylko ~e, ale wręcz konieczne not only acceptable but necessary; przekroczyć ~e granice to exceed acceptable a. permissible limits; ~y limit zadłużenia wynosi the credit limit is; ~e dowody admissible evidence; przerwanie ciąży jest ~e, gdy... abortions are permissible if...

dopu|ścić pf — **dopu|szczać** impf **Ⅱ** vt ① (pozwolić się zbliżyć) to admit, to allow; (ona) cały czas rozmawia, nie ~szcza nikogo do telefonu she's talking all the time, she won't let anyone get to the phone; konsula nie ~szczono do aresztowanych the consul wasn't allowed to see those who'd been arrested; pies ~szczał do swojej miski tylko właściciela the dog only let a. allowed its owner near its dish;

czy możesz mnie ~ścić do szafy/zlewu? can you let me get to the cupboard/sink?; niezatrudnionych nie ~szcza się do pracowni/do aparatury only employees are allowed in(to) the workshop/near the equipment; (on) nie ~szcza nikogo do zakaźnie chorych he keeps the highly infectious in total isolation ② (pozwolić uczestniczyć) ~ić kogoś do zawodu to admit sb to a profession; ~ić kogoś do egzaminu to allow sb to sit an exam; ~ścić kogoś do głosu to allow sb to speak; mówił przez pół godziny, nie ~szczając mnie do głosu he spoke for half an hour and I couldn't get a word in edgeways; ~ścić kogoś do tajemnicy to let sb in on a secret ③ (zatwierdzić) to pass; produkty ~szczone do spożycia products passed as fit for human consumption; ~ścić reaktor do eksploatacji to certify a reactor fit for use; ~ścić coś do obrotu to authorize the sale of sth ④ (uznać za możliwe) to allow (coś for sth); to permit (coś of sth); autorzy ~szczają inne rozwiązanie the authors admit that another solution is possible; ~szczać wyjątki to allow for exceptions ⑤ (przyjąć do wiadomości) nie ~szczać do siebie przykrych myśli/faktów to put unpleasant thoughts/events out of one's mind; nie chcieli ~ścić do swojej świadomości beznadziejności położenia they didn't want to admit that they were in a hopeless situation; nie ~szczaj do siebie myśli, że on może cię opuścić don't even think about his walking out on you

Ⅱ vi (pozwolić) to let, to allow; nie ~szczę do tego I won't let it happen; nie wolno ~ścić do tej sytuacji we can't allow such a situation to arise; urzędnicy, którzy ~ścili do przecieku tych informacji, zostaną zwolnieni the officials who leaked this information will be dismissed; nie ~szczę, żeby moją córką tak pomiatano I won't let anybody push my daughter around like that

Ⅲ dopuścić się — dopuszczać się (popełnić) to perpetrate vt [zbrodni]; to commit vt [zdrady]; prezydent ~ścił się łamania praw obywatelskich the president violated civil rights

dopychać impf → dopchać

dopyt|ać pf — **dopyt|ywać** impf **Ⅱ** vt [nauczyciel, egzaminator] to finish examining [ucznia]

Ⅱ vi (zadawać pytania) to enquire, to question; ~ywać kogoś o coś to enquire sb about sth; nigdy nie ~ywał mnie o sprawy osobiste he never asked me any personal questions; muszę go ~ać o szczegóły I'll have to ask him about the details; przepraszam, że tak ~uję, ale... I'm sorry I keep asking, but...; dzieci ciągle ~ują, kiedy będziemy na miejscu a. kiedy dojedziemy the children keep on asking when we're going to arrive

Ⅲ dopytać się — dopytywać się (zadawać pytania) to enquire, to ask (o coś about sth); zadzwonił, żeby ~ać się o moje plany he phoned to enquire about my plans; „ale dlaczego?", ~ywał się co chwilę 'but why,' he kept asking; ~ywanie się,

dlaczego ktoś się nie ożenił, jest nietaktowne it's tactless to question somebody about why he hasn't got married

dopytywać impf → dopytać

dorabiać impf → dorobić

doradc|a m adviser; ~a premiera/prezydenta an adviser to the Prime Minister/President; ~a inwestycyjny an investment consultant; ~a podatkowy a tax adviser; ~a prawny/finansowy/ubezpieczeniowy a legal/financial/insurance adviser; ~y prezydenta do spraw bezpieczeństwa narodowego the national security advisers to the President; zespół/sztab ~ów a team/board of advisers; gniew/niecierpliwość jest złym ~ą książk., przen. anger/impatience is a makes a poor adviser książk., przen.

doradcz|y adi. [organ, zespół, uprawnienia] advisory; z głosem ~ym in an advisory capacity

doradzać impf → doradzić

dora|dzić pf — **dora|dzać** impf vt to advise (komuś sb); to recommend (komuś to sb); ~dziła mu, jak powinien postąpić she advised him on the best way to proceed; ~dził turystom, którędy mają iść dalej he advised the tourists on which way to go; starsi ~dzali ostrożność the elders advised caution; prawnik ~dził mi wycofanie pozwu the lawyer advised me to drop the case; fryzjerka ~dziła mi ten szampon my hairdresser recommended this shampoo; a co' ty byś mi ~dził? and what would you advise a. recommend?; wszyscy tylko ~dzają, a nikt nie kwapi się do pomocy everybody's full of advice but no one wants to help; dobrze/źle mi ~dziłeś that was good/bad advice (you gave me)

doradztw|o n sgt consultancy; ~o ekonomiczne/finansowe/personalne economic/financial/personnel consultancy; ~o w sprawach zarządzania management consultancy; zajmować się ~em ekonomicznym to be an economic consultant; oferować fachowe ~o to offer a consulting service

dorastać[1] impf → dorosnąć

dor|astać[2] impf vi ① (osiągać rozmiary) [rośliny, zwierzęta] ~astać do 50 cm wysokości to reach a height of up to 50 cm ② (wychowywać się) to grow up; ~astał w latach sześćdziesiątych he grew up in the 60s

dorastając|y **Ⅱ** pa → dorosnąć

Ⅱ adi. (nastoletni) [syn, córka] adolescent, teenage; ~a młodzież teenagers, adolescents

doraźnie adv. ① (chwilowo) [zyskać, stracić, rozwiązać problem] temporarily, on a short-term basis; ~ zatrudnić kogoś to hire sb temporarily a. on a short-term basis; ~ załagodzić spór to bring about a short-term a. provisional agreement; to bring about a ceasefire a. lull in hostilities przen.; lek pomaga ~ the medication provides temporary a. short-term relief; maszyny były konserwowane sporadycznie i ~ the machinery was serviced sporadically on an ad hoc basis ② Prawo karać ~ to inflict a summary punishment; wymierzyć

~ sprawiedliwość to administer summary justice
doraźnoś|ć f sgt (rozwiązań, działań) temporary a. provisional character [2] (potrzeb, spraw) immediacy, immediateness
doraźn|y adi. [1] (chwilowy) [rozwiązanie, środki] temporary, short-term; [cel, korzyść] short-term; [problemy, potrzeby, sprawy] immediate; **udzielić komuś ~ej pomocy** to give first aid to sb; **~a pomoc lekarska** emergency medical care a. treatment; **~a pomoc dla uchodźców/powodzian** (emergency) relief for refugees/flood victims; **~a pomoc dla bezrobotnych** short-term a. temporary unemployment benefits a. relief; **na użytek ~y** [nauczyć się, zastosować teorię] for the purposes at hand, for one's immediate needs; **przeznaczony do ~ego użytku** [sprzęt, materiały] for short-term use; **zarządzenie ma charakter ~y** the order is provisional in nature [2] Prawo [postępowanie, sąd] summary; **rozpatrywać sprawę w trybie ~ym** to try a case summarily
doręczać impf → **doręczyć**
doręczyciel m (Gpl ~i) [1] książk. delivery man; (listów) postman GB, mailman US, letter-carrier US; **prenumeratę miesięcznika można opłacić bezpośrednio u ~a** the subscription fee can be paid directly to the postman [2] (posłaniec) messenger; **dokumenty daj ~owi tego listu** please give the documents to the bearer of this letter; **~ prezentu zniknął** the person who had delivered the present was nowhere to be found
doręczyciel|ka f [1] książk. delivery woman; (listów) postwoman GB, letter-carrier US [2] (kobieta posłaniec) messenger
doręcz|yć pf — **doręcz|ać** impf vt to deliver [list, przesyłkę, bukiet]; **kwiaty obiecano ~yć do południa** they promised to deliver the flowers by a. before noon; **~yć komuś wezwanie do sądu** to serve a summons on sb; **o której ~ają wam pocztę?** what time does the post a. mail come?
dorob|ek m sgt (G ~ku) [1] (mienie) **~ek (całego) życia** all (of) one's possessions, everything one owns; **w pożarze straciła cały swój ~ek** she lost all her possessions a. everything she owned in the fire; **ten samochód to cały mój ~ek** this car is all I have [2] (w sztuce) output, oeuvre; (w nauce) achievements; **(czyjś) ~ek literacki/poetycki/muzyczny** sb's literary/poetic/musical oeuvre a. works; **mieć poważny ~ek naukowy** to have considerable academic a. scholarly achievements to one's credit; **pisarz o bogatym ~ku** a prolific writer; **ma w swoim ~ku filmy dokumentalne i fabularne** her works include both documentaries and feature films; **~ek polskiej muzyki rockowej/kinematografii** the achievements of Polish rock music/cinematography
❑ **wspólny ~ek** Prawo joint property
■ **być na ~ku** pot. to work one's way up pot.
dor|obić pf — **dor|abiać** impf [I] vt [1] (zrobić więcej) to make (some) more [kanapek, naleśników] [2] (zrobić coś brakującego) to make; **~obić półkę do regału** to make

an additional shelf for the bookcase; **~obić kołnierz do swetra** to add a collar to a jumper; **~obić klucze** to make duplicate keys; **~obić nowe zakończenie powieści** to make up a new ending for a novel; **~obić ideologię do czegoś** przen. to come up with a justification for sth; **~abiał części samochodowe** he made a. manufactured spare parts for cars; **uzasadnienie ~obiono potem** they came up with the justification after the fact a. event
[II] vi pot. (zarobić dodatkowo) to earn (some) extra money; **~abiać szyciem/korepetycjami/tłumaczeniami na utrzymanie** to do some sewing/tutoring/translations to make ends meet; **~abiać nadgodzinami (do pensji)** to earn (some) extra money by working overtime; **~abiać sobie na boku** to earn money on the side pot.; **~obić (sobie) parę złotych na drobne wydatki** to earn a bit of pin money pot.; **~abiać do stypendium/renty** to supplement one's scholarship/pension; **~abiała jako kelnerka/barmanka** she earned extra money moonlighting as a waitress/barmaid a. bartender US; **ile można ~obić nie tracąc prawa do emerytury/zasiłku?** how much are you allowed to earn before you lose your (retirement) pension/(unemployment) benefits?
[III] **dorobić się** — **dorabiać się** pot. [1] (wzbogacić się) to make a fortune; to make a pile pot.; **~obić się majątku** to make a fortune; **imigranci ~abiali się, budowali piękne domy** the immigrants were getting rich and building themselves fine houses; **powoli ~abiali się ciężką pracą** they gradually made money by working hard; **~obił się na piwie/handlu** he made a fortune on beer/trade [2] (osiągnąć) to acquire [przezwiska]; **powoli ~abiałem się pokaźnej biblioteki** I was gradually building up an impressive library; **miasto ~obiło się nowej sali kinowej** the town finally has a. boasts a new cinema [3] (nabawić się) to catch, to come down with [kataru, grypy, zapalenia płuc]; to develop [reumatyzmu]; **życiem w stresie ~obił się wrzodów żołądka** his stressful lifestyle gave him ulcers; **z takim katarem nie chodź do pracy, bo się ~obisz** don't go to work with that head cold, because you'll come down with something worse ⇒
dorobkiewicz m pejor. nouveau riche pejor., parvenu pejor.
dorobkiewiczostw|o n sgt pejor. (chęć wzbogacenia się) greed pejor., money-grubbing pejor.; (nowobogactwo) nouveau riche attitudes a. lifestyle
dorobkiewiczows|ki adi. pejor. [luksus, styl] nouveau riche pejor., parvenu attr. pejor.
dorocznie adv. [odbywać się, organizować] annually, yearly; **nagrody przyznawane ~** prizes awarded annually, annual prizes
doroczn|y adi. [festiwal, zjazd, targi] annual, yearly; **~y raport o stanie państwa** an annual report on the state of the nation
dorodnie adv. grad. [wyglądać] robust adi.; **grzyby wyrosły w tym roku ~** we've had some good mushrooms this year
dorodnoś|ć f sgt (ludzi, zwierząt) robustness; (owoców) ripeness, lushness

dorodn|y adi. (zdrowy i urodziwy) [osoba, zwierzę] fine-looking, healthy-looking; [drzewo] splendid; [owoc] ripe
dorosłoś|ć f sgt maturity, adulthood; **wchodzić w ~ć** to become adult
doro|sły [I] adi. [1] (dojrzały) [osoba] adult, grown-up; [zwierzę] adult, full-grown; [zachowanie, decyzja, odpowiedź] mature, adult; **~śli ludzie często zachowują się gorzej niż dzieci** adults often behave worse than children; **całe swoje ~słe życie poświęcił lotnictwu** he's devoted his entire adult life to aviation [2] (pełnoletni) adult; **około 40 procent ~słych Polaków pali papierosy** about 40 per cent of adult Poles smoke cigarettes; **wstęp tylko dla osób ~słych** adults only
[II] **doro|sły** m, **~sła** f adult, grown-up; **przychodnia dla dzieci i ~słych** health centre for both children and adults; **film tylko dla ~słych** an adults-only film
dor|osnąć pf — **dor|astać¹** impf (~ósł — ~astam) vi [1] (osiągnąć dojrzałość) to grow up; (osiągnąć pełnoletność) to come of age; **dzieci z rozbitych domów szybko ~astają** kids from broken homes grow up early a. fast [2] (osiągnąć wysokość) to reach (do czegoś sth); **dziewczynka ledwo ~astała do stołu** the little girl's head barely reached the table; **jabłonka ~osła już do wysokości dachu** the apple tree already reaches the roof; **córka już ~osła do moich ubrań** my daughter's already grown into my clothes [3] przen. (dorównać) **nie ~osnąć do kogoś** to not be a patch on sb; **nie ~astać do czegoś** to not live a. measure up to sth [4] przen. (nadawać się) **nie ~osnąć do czegoś** to not be equal to a. up to sth; **nie ~astał do trudnych zadań i ofiar, jakich wymagała sytuacja** he wasn't equal to the difficult tasks and sacrifices (that) the situation required; **większość z nich nie ~osła do tego, by poznać prawdę** the majority of them weren't ready to face a. capable of handling the truth
■ **nie ~astać komuś do pięt** to be no match for sb; **nie ~astał jej do pięt** he couldn't hold a candle to her pot.
dorośle adv. grad. [postępować] maturely, in an adult manner; [wyglądać] mature adi., adult adi.
dorośl|eć impf (~eję) vi [dziecko] to grow up ⇒ **wydorośleć**
dorozum|ieć się pf — **dorozum|iewać się** impf (~iem się, ~iał się, ~ieli się — ~iewam się) v refl. przest. (domyślić się) to guess, to work a. figure out; **~ieli się, że...** they worked out that...; **nie mogła się ~ieć, o co im chodzi** she couldn't get their point
dorozumiewać się impf → **dorozumieć się**
doroż|ka f droshky; Hist. cab
dorożkars|ki adi. bryczka ~ka a hackney cab a. carriage attr.; **koń ~ki** a cab horse
dorożkarz m (Gpl ~y) hackney (cab) driver; **kląć jak ~** to swear like a trooper
dorówn|ać pf — **dorówn|ywać** impf vi to equal vt, to rival vt; **~ać komuś w czymś** to be sb's equal in a. at sth; **nikt mu**

D

nie **~ywał w tangu** nobody could rival a. match a. equal him as a tango dancer; **~ujesz jej urodą** your beauty equals a. rivals hers

dorównywać *impf* → **dorównać**

dorsz *m* (*Gpl* **~y** a. **~ów**) cod(fish) *C/U*

dorszow|y *adi. [łowiska]* cod(fish) *attr.*

dor|wać *pf* — **dor|ywać** *impf* (**~wę** — **~ywam**) **I** *vt* ① (zerwać więcej) to pick (some) more *[kwiatów, owoców]* ② *pot.* (znaleźć) to lay one's hands on *pot.*, to track down *pot.*; **chciałbym ~wać tego łajdaka** I wish I could get my hands on the bastard; **~wała w końcu książkę, której szukała** she finally tracked down the book she was looking for

II dorwać się — dorywać się *pot.* (dobrać się) **~wać się do czegoś** to get into a. at sth *pot.*; **dzieci ~wały się do cukierków** the kids got at a. into the sweets; **~wać się do władzy** to seize power

dorys|ować *pf* — **dorys|owywać** *impf* *vt* (dodać) to draw (**do czegoś** on sth); to add (**do czegoś** to sth); **dziecko popatrzyło na swój rysunek i ~owało jeszcze duże oko** the child looked at his drawing and added a large eye to it

dorysowywać *impf* → **dorysować**

dorywać *impf* → **dorwać**

dorywczo *adv.* (nieregularnie) *[działać, pomagać]* occasionally, off and on; **pracować ~** to do odd jobs, to work off and on

dorywcz|y *adi.* (okazjonalny) *[działanie, pomoc]* irregular, occasional; *[praca]* casual, irregular; **~y pracownik** a casual a. temporary worker

dorzecz|e *n* Geog. catchment area, drainage a. river basin

dorzecznie *adv. grad. [odpowiadać]* sensibly; **mówił ~** he was making a. talking sense; **chłopak wyglądał ~** the young man looked a. seemed all right

dorzecznoś|ć *f sgt* (good) sense

dorzeczn|y *adi. grad. [zachowanie]* sensible; *[wypowiedź]* sensible, to the point; **całkiem ~y ten nowy dyrektor** the new director seems quite all right

dorzucać *impf* → **dorzucić**

dorzu|cić *pf* — **dorzu|cać** *impf* **I** *vt* ① (dołożyć) to throw a. toss in (**do czegoś** into sth); to add (**do czegoś** to sth); **~cił drewien do ogniska** he threw a. tossed some (more) logs onto the bonfire; **~cić do pieca** to stoke the stove a. furnace ② (dopowiedzieć) to throw in, to add; **~cił półgłosem kilka słów** he threw in a few words in an undertone; **~cił, że blisko wsi jest jaskinia** he added that there was a cave near the village; **„to się zdarzyło przedwczoraj" – ~cił** 'it happened the day before yesterday,' he added ③ (rzucić, tak aby doleciało) to throw (**do czegoś** as far as sth a. all the way to sth); **~cisz piłkę z piłką tak daleko/do tej linii?** can you throw the ball that far/all the way to that line?; **tory były tak blisko, że kamieniem ~cić** the tracks were a stone's throw away ④ *pot.* (dodać) to throw in; **~ci pan jeszcze dwie stówy i będziemy kwita** throw in two hundred more and we're even a. quits

II dorzucić się — dorzucać się *pot.*

(dołożyć się) to chip in (**do czegoś** toward(s) sth); **~cić się do prezentu** to chip in toward(s) the present

dorzynać *impf* → **dorżnąć**

do|rżnąć *pf* — **do|rzynać** *impf* (**dorżnęła, dorżnęli — dorzynam**) **I** *vt* ① (do końca) to saw through; **dorżnij do tego sęka i wystarczy** saw down a. up to that knot and that'll do; **dorżnę tylko pręty i koniec** I will just finish sawing through the bars and it's finished a. I'm through ② (naciąć więcej) to cut (some) more *[sieczki, siana]* ③ (dobić) to finish off *[zwierzę, rannego]* ④ *pot., pejor.* (zniszczyć ostatecznie) to botch (up) hopelessly *pot.*; **dorżnęli artykuł tłumacząc go słowo po słowie** they botched the article up even more by translating it word for word

III dorżnąć się — dorzynać się *pot., pejor.* (zrujnować się) to go under; **dorżnąć się finansowo** to overcommit oneself

dosadnie *adv. grad. [powiedzieć, sformułować]* bluntly, plainly; *[zakląć]* crudely; **ująć coś ~** to put sth bluntly

dosadnoś|ć *f sgt* (wypowiedzi, sformułowań) bluntness, plainness; (żartów) crudeness

dosadn|y *adi. [zdanie, opinia, sformułowanie]* blunt, plain; *[język, słowo]* crude

dosadzać *impf* → **dosadzić**

dosa|dzić *pf* — **dosa|dzać** *impf* *vt* ① (zasadzić więcej) to plant (some) more *[kwiatów, drzew]*; **do brzóz, które już zastał, ~dził lipy i sosny** he planted some lime trees and pines next to the birches that were already growing ② (posadzić więcej) to seat (some) more *[osób, gości]*; **do stolika ~dzono jeszcze jedną osobę** one more person was seated at the table

dosalać *impf* → **dosolić**

dos|chnąć *pf* — **dos|ychać** *impf* (**~echł — ~ycham**) *vi [pranie, zboże, siano]* to dry off

dosiadać *impf* → **dosiąść**

dosiadywać *impf* → **dosiedzieć**

dosi|ąść *pf* — **dosi|adać** *impf* (**~ądę, ~ądziesz, ~adł, ~adła, ~edli — ~adam**) **I** *vi* ① (wsiąść) to mount *vt*; to get on *[konia, motocykla, roweru]* ② (dołączyć) to join *vt*; **po drodze ~adło jeszcze kilku pasażerów** some more passengers got on along the way; **po drodze ~adają koleżanki i do pracy jedziemy razem** our colleagues join us on the way and we travel to work together

II dosiąść się — dosiadać się ① (przyłączyć się) to join *vt*; **koleżanki ~adły się (do nas) po drodze** our colleagues joined us along the way ② (przysiąść się) to sit (down) (**do kogoś** next to sb); **~adł się do stołu i zaczął podrywać moją siostrę** he joined us at the table and started trying to pick up a. coming on to my sister; **czy mogę się ~ąść?** may I join you?

dosi|edzieć *pf* — **dosi|adywać** *impf* (**~edział, ~edzieli — ~aduję**) *vi* (dotrwać) to sit through (to the end), to wait (until the end); **tylko parę osób ~edziało do końca seansu** only a few people sat through the whole film; **z trudem ~edział do końca ostatniej lekcji** he could hardly wait until the last class was over, he could hardly sit through the last class

dosięgać *impf* → **dosięgnąć**

dosię|gnąć *pf* — **dosię|gać** *impf* (**~ła** a. **~nęła, ~li** a. **~nęli — ~am**) **I** *vt* ① (dotknąć) to reach, to get at (**czegoś** a. **do czegoś** sth); **pierścionek upadł za daleko, żeby ~nąć go ręką** the ring fell out of reach; **bez drabiny nie ~nę sufitu** without a ladder I won't be able to reach the ceiling; **muszę przesunąć fotel, nie ~gam (do) pedałów** I have to move the seat forward – my feet barely reach the pedals ② (dotrzeć) to reach *vt*; **ogień ~nął pierwszych zabudowań** the fire had reached the first buildings; **psy ~ły dzika** the dogs caught up with the boar; **w Neapolu ~ła go wiadomość o wybuchu powstania** he was in Naples when news of the uprising reached him; **~ły ich mściwe ręce powstańców** the vengeance of the rebels caught up with them ③ *przen.* (doświadczyć) to affect; **powódź ~nęła wszystkich mieszkańców wioski** the flood affected all the villagers; **kara/zemsta ~nęła winnych** the culprits didn't escape punishment/retribution; **~ła go śmierć** he met (with) his death

II *vi* (osiągnąć) to reach *vt*; **babcia ~ała już dziewięćdziesiątki** granny was getting on for ninety; **napięcie ~gło zenitu** the tension's reached its peak

■ **~nąć celu** to achieve a. attain one's goal; **~nąć czegoś okiem** a. **wzrokiem** to catch sight of sth

doskakiwać *impf* → **doskoczyć**

dosk|oczyć *pf* — **dosk|akiwać** *impf* *vi* (przyskoczyć) to leap, to jump (**do kogoś** at sb); **~oczyć do drzwi/furtki** to get to the door/gate in one leap

■ **~oczyć do kogoś z pazurami** a. **pięściami** *pot.* to jump at sb with claws bared a. fists flying

doskok *m* (*G* **~u**) ① (skok) leap; **krótkim ~iem dopadł auta** with one short leap he was in the car ② Sport landing

■ **z ~u** *pot.* on and off, off and on

doskonale **I** *adv.* ① (wspaniale) very well, perfectly; **znać się ~ na muzyce/malarstwie** to be an expert on music/painting; **znać się ~ na samochodach** to know cars inside out; **(ona) mówi ~ po polsku** she speaks excellent Polish; **czuję się ~** I feel great a. wonderful; **uczył się ~** he was an excellent student; **~ zbudowany chłopak** a very well a. splendidly built young man; **~, że przyjechałeś** it's excellent that you're here ② (absolutnie) very well, perfectly; **znam go ~** I know him very well; **~ biała tkanina** perfectly white fabric; **kobieta była ~ piękna** the woman was a flawless beauty

II *inter.* (świetnie) excellent!, fine!

doskonal|ić *impf* **I** *vt* (czynić lepszym) to improve, to perfect *[umiejętności, grę, język obcy]*; **kursy ~enia zawodowego** in-service (training) courses

II **doskonalić się** (stawać się lepszym) *[technika, umiejętności]* to develop; *[osoba]* to improve, to develop; **~ić się duchowo** to develop spiritually; **~ić się zawodowo** to improve a. develop one's professional career a. skills; **od dzieciństwa ~liła się w**

śpiewie she's been developing her singing voice since her childhood

doskonałoś|ć f sgt (cecha) excellence, perfection; **dążyć do ~ci** to pursue excellence a. perfection; **osiągnąć ~ć** to achieve excellence a. perfection; **daleko im do ~ci** they're far from perfect; **temu rozwiązaniu daleko do ~ci** this solution is far from perfect [2] (osoba) perfection, ideal

doskona|ły adi. grad. [1] (wspaniały) [metoda, pisarz, powieść, wino, wynik, forma, zawodnik, humor] excellent, splendid; [specjalista] outstanding; [posada] ideal; **przestępstwo/ morderstwo ~łe** a perfect crime/murder; **~ła znajomość rosyjskiego** an excellent command of Russian; **mieć ~ły wzrok/ słuch** to have perfect vision a. eyesight/ hearing; **człowiek jest najdoskonalszym tworem Boga** man is the most perfect of God's creations [2] (absolutny) [cisza, próżnia] perfect, total

doskwiera|ć impf vi [tęsknota, bieda] to plague vt (**komuś** sb); **susza najbardziej ~ rolnictwu** drought takes the heaviest toll on agriculture

do|słać pf — **do|syłać** impf (**doślę — dosyłam**) vt to send [pieniądze, książki]

dosładzać impf → **dosłodzić**

dosł|odzić pf — **dosł|adzać** impf vt to add more sugar; **~odzić kawę/herbatę** to put more sugar in one's coffee/tea; **~odziła truskawki jeszcze jedną łyżeczką cukru** she put another spoonful of sugar on the strawberries; **~odź sobie** have a. take (some) more sugar

dosłownie **I** adv. [1] (w podstawowym znaczeniu) literally; **~ i w przenośni** (both) literally and figuratively [2] (co do słowa) [cytować, powtarzać] word for word, verbatim; [tłumaczyć] word for word, literally [3] pejor. (na serio) literally; **brać wszystko ~** to take everything literally

II part. (nie przesadzając, faktycznie, dokładnie) literally; **przybiegli ~ na minutę przed odjazdem pociągu** they arrived literally a minute before the train left; **mężczyźni ~ biją się o nią** men literally have fist fights over her; **wszyscy, ~ wszyscy wylegli na ulice** everybody, literally everybody, took to the streets

dosłowność f sgt [1] (zgodność) literality, literalness; **kwestionowali ~ć przekładu** they had doubts about the literalness of the translation; **wydawcy zależało na ~ci przekładu** the publishers were anxious that the translation should be literal [2] pejor. (brak symboliczności) literalism; **sztuka odchodzi od ~ci** art is departing a. moving away from literalism

dosłown|y adi. [1] (nieprzenośny) literal; **w ~ym sensie** in the literal sense; **odbierać coś w bardzo ~y sposób** to take sth very literally [2] [przytoczenie] literal, verbatim; [przekład] literal, word for word; **w ~ym brzmieniu** verbatim [3] (ścisły) literal; **~e rozumienie/wypełnianie poleceń** literal understanding/compliance with instructions; **~e stosowanie przepisów** adherence to the letter of the law; **jakiś ty ~y, nie miałam nic złego na myśli** you're so literal-minded, I didn't mean anything by it

dosłuch|ać pf — **dosłuch|iwać** impf **I** vt to listen to all of; to listen [to sth] all the way through [koncertu, audycji, wykładu]; **nie ~ał taśmy do końca** he didn't listen to the tape to the end, he didn't listen to the whole tape

II dosłuchać się — dosłuchiwać się [1] (doszukiwać się) to seek; **w jego wierszach ~iwano się ukrytych treści** people read hidden meanings into his poems [2] (usłyszeć) to catch vt, to detect vt; **lekarz ~ał się u niej szmerów w płucach** the doctor detected a murmur in her lungs

dosłuchiwać impf → **dosłuchać**

dosługiwać impf → **dosłużyć**

dosłu|żyć pf — **dosłu|giwać** impf **I** vi [żołnierz, urzędnik] to serve; **~żyć w wojsku do wiosny** to serve in the army until spring; **~żył do końca kadencji** he served his term of office

II dosłużyć się — dosługiwać się (osiągnąć) to be promoted (**czegoś** to sth); **~żył się stopnia oficerskiego** he was promoted to officer rank; **~żyć się następnej gwiazdki** przen. to get a promotion

dosłysz|eć pf vt to catch, to get; **czy dobrze ~ałem pana nazwisko?** did I get a. hear your surname right?; **zdołałem ~eć jedynie, że podwyżek nie będzie** I've only managed to catch that there won't be any pay rises; **nie ~ała, jak wszedł do kuchni** she didn't hear him enter the kitchen; **nie ~ałem, o co tam chodziło** I didn't catch what it was about

dosmażać impf → **dosmażyć**

dosmaż|yć pf — **dosmaż|ać** impf **I** vt [1] (usmażyć do końca) to finish frying [mięso, jajecznicę, ryby]; to fry (until done); **niedosmażona jajecznica** runny a. undercooked scrambled eggs; **niedosmażona ryba/mięso** undercooked a. underdone fish/meat [2] (usmażyć więcej) to fry (some) more [naleśników, pączków]

II dosmażyć się — dosmażać się [mięso, jajka] to finish frying; **hamburgery muszą się ~yć** the hamburgers aren't done yet

dos|olić pf — **dos|alać** impf **I** vt [1] (posolić dodatkowo) to add (some) more, to add (some) more salt (**coś** to sth); **niedosolony rosół** unsalted broth [2] (skończyć solenie) to finish salting [śledzie, mięso]

II vi pot. [1] (uderzyć) to bash vt pot., to slug vt pot., US; **zdrowo mu ~olili** they did him over well and good pot.; **jak ci ~olę, to się nogami nakryjesz** I'll knock your arse over tip pot. [2] (skrytykować) to chew [sb] out vt; **ale mu ~oliłeś!** you sure gave him an earful!; **on to potrafi każdemu ~olić** he gives everyone a hard time

do|spać pf — **do|sypiać** impf (**dospię, dośpisz — dosypiam**) vi [1] (dotrwać śpiąc) to sleep; **dospał do 10.** he slept till ten a. through to ten; **już nie może dospać do rana** he can't sleep all through the night any more [2] (wyspać się) **nie dosypiać** not to get enough sleep; **nie dojadali i nie dosypiali, cały czas zajęci pracą** they were so busy working they didn't have time to get enough food or sleep; **niedospane noce** sleepless nights

dossier /do'sje/ n inv. [1] (dokumenty) dossier, files pl; **mafijne ~** a dossier on the Mafia;

~ aktora/artysty an actor's/artist's portfolio; **~ modela/modelki** a modelling portfolio [2] (teczka) casebook, casefile

dosta|ć¹ pf — **dosta|wać** impf (**~nę — ~je**) **I** vt [1] (otrzymać) to get, to receive; **~ć list/paczkę** to get a. receive a letter/parcel; **~ć odpowiedź** to get an answer; **~ć wymówienie** to be given notice; **~ć piątkę z matematyki** to get an A in maths; **~ć jeść/pić** to get a. be given something to eat/drink; **~ć pieniądze (za pracę)** to get paid (for one's work); **~wać rentę** to get a pension; **~ć odszkodowanie za zniszczony samochód/za wypadek** to receive compensation for the car/ accident; **~ć karę** to be punished; **~ć zastrzyk** to have a. get an injection; **~wał zastrzyki co drugi dzień** they gave him an injection every other day; **chory ~ł antybiotyki** the patient was given antibiotics; **~ł na chrzcie imię Stefan** he was christened Steven; **na gwiazdkę ~ła pluszowego misia** she got a. was given a teddy bear for Christmas; **~liśmy rozkaz ewakuacji** we were ordered to evacuate, we received evacuation orders; **za włamanie ~ł dwa lata** he got two years in prison for breaking and entering; **nie może ~ć pracy** he can't get a. find a job; **~liśmy trzy dni na pomalowanie domu** we've got three days to paint the (whole) house; **~ć lanie** to get a hiding pot.; (klapsa) to get a spanking; **~ła od życia nauczkę** life has put her through the mill [2] (kupić) to get; **w gospodzie można ~ć tani obiad** you can get a cheap dinner at the inn; **za piętnaście funtów nie ~niecie lepszego pokoju** you won't get a better room for 15 pounds [3] (znaleźć) to find; **nigdzie nie mogę ~ać ich pierwszej płyty** I can't find their first record anywhere [4] (złapać) to get, to catch; **~ć kogoś w swoje ręce** to lay one's hands on sb; **niech ja cię tylko ~nę w swoje ręce!** just (you) wait (un)til I get my hands on you!; **żywego mnie nie ~ną** they won't take me alive [5] przest. (wydobyć) to get out, to take out; **~ł z szafy flaszkę z koniakiem** he got a bottle of cognac out of the cabinet

II vi [1] (oberwać) to be hit, to be beaten (up); **~ć w twarz** to be slapped a. hit in the face; **~ć w zęby** to be punched in the mouth a. teeth; **~ć po głowie** to be hit on the head; **~ć serią z automatu** to get a round from sb's automatic; **~ł w rękę/w nogę** he got a. was hit in the arm/leg; **~ć za swoje** to get one's just deserts, to get what one deserves; **~ło mu się** he got a scolding a. an earful [2] (nabawić się) to get vt [choroby, dolegliwości]; **~ć zawrotów głowy** to get dizzy; **~ć kataru/grypy/gorączki** to come down with a headcold/the flu/a fever; **~ć zawału** to have a heart attack; **~ć wypieków** to flush, to turn red; **~ć gęsiej skórki** to get gooseflesh; **cholery można ~ć (od tego hałasu)!** przen., posp. this noise is driving me nuts a. up the wall [3] (sięgać) to reach (**do czegoś** sth); **był tak wysoki, że głową prawie ~wał sufitu** he was so tall that his head almost touched the ceiling

III dostać się — dostawać się [1] (dotrzeć) to get (**do czegoś** (in)to sth); **ścisk taki, że**

ledwo **~łam się do autobusu** the bus was so full that I barely managed to get on; **woda ~ła się do środka** (some) water got inside; **nie mogę ~ć się do najwyższych półek bez drabiny** I can't reach the highest shelves without a ladder [2] (trafić) to get; **jak mam ~ć się stąd do dworca?** how do I get to the railway station from here?; **~ć się do niewoli** to be taken captive a. prisoner; **~ć się do więzienia** to be imprisoned a. put in prison; **~ć się na studia** to be admitted to university; **chciała studiować na akademii sztuk pięknych, ale się nie ~ła** she wanted to go to art school, but she didn't get in; **~ć się pod autobus/samochód** to be run over by a bus/car; **~ć się w czyjeś ręce** przen. to fall into sb's hands przen. [3] (przypaść) **~ła mu się niezła posada** he got himself a pretty good job pot.; **~ła mu się gospodarna żona** he's got a thrifty wife pot.

■ **~ć nóg** przen., żart. to grow legs and walk away (by oneself/itself); **nie ~je mu cierpliwości/talentu** przest. he lacks patience/talent; **dziełu nie ~je oryginalności** the work is lacking in originality

dost|ać² *pf* (**~oję, ~oisz**) *vi* (wytrwać) to stay, to wait (**do czegoś** until sth); **z trudem ~ał do końca nabożeństwa** he could hardly wait until the service was over

dostałły *adi.* książk. (dojrzały) [*owoce*] ripe; [*wino*] mellow

dostarczać *impf* → **dostarczyć**

dostarcz|yć *pf* — **dostarcz|ać** *impf vt* [1] (przywieźć) to deliver; **~yć coś komuś** to deliver sth to sb; **problemem jest ~anie robotników na plac budowy** the problem is how to get the workers to the site; **okoliczni chłopi ~ają nam mleka i mięsa** the local farmers supply us with milk and meat [2] (być źródłem) to provide; **~ać komuś czegoś** to provide sb with sth [*argumentów, wzorów*]; **~ać komuś rozrywki** to be a (constant) source of amusement for sb; **produkty ~ające wapń** a. **wapnia** products rich in calcium

dostarczyciel *m*, **~ka** *f* (towarów, żywności) supplier; (usług, świadczeń medycznych) provider; (informacji) source

dostatecznie [] *adv.* [*znać, przygotować się*] sufficiently, adequately; **~ blisko/bliski** close enough; **~ mocno/mocny** strong enough; **jesteś ~ dorosły, żeby...** you're old enough to...

[] *n* (ocena) pass mark, C

dostateczn|y [] *adi.* [1] (wystarczający) [*fundusze, ilość, powód, motywacja*] sufficient, adequate; **nie było ~ych powodów do wszczęcia śledztwa** they didn't have adequate a. sufficient grounds to start an investigation; **pomieszczenie ~e dla pięćdziesięciu osób** a room large enough for 50 people; **pieniądze ~e do kupna samochodu** enough money to buy a car [2] Szkol. **ocena ~a** pass mark, C [3] Log. [*warunek*] sufficient

[] *m* (ocena) pass mark, C

dostat|ek *m sgt* (*G* **~ku**) [1] (dobrobyt) affluence, wealth; **żyć w ~ku** to be well-off, to be wealthy a. affluent [2] przest. (wystarczająca ilość) abundance, plenty; **jadła**

u nas ~ek we have food in abundance; **strumyk dostarczał ~ek wody** the stream supplied plenty of water

■ **mieć czegoś pod ~kiem** to have sth in abundance, to have plenty of sth; **fachowców w tej dziedzinie jest pod ~kiem** there are plenty of experts in this field; **opływać w ~ki** to live in the lap of luxury

dostatni *adi. grad.* (zamożny) [*życie, dom*] affluent

dostatni|o *adv. grad.* **żyć ~o** to live a life of ease

dostaw|a *f* [1] *sgt* (dostarczanie) (towarów, urządzeń, przesyłek) delivery; (gazu, prądu) supply; **ceny z ~ą** prices include delivery [2] (dostarczane produkty) supplies *zw. pl*; **~y wody/żywności dla miasta zostały odcięte** the town's water/food supplies have been cut off

dostawać *impf* → **dostać¹**

dostaw|ca *m*, **~czyni** *f* (ropy, maszyn, żywności) supplier; **~ca pizzy** a pizza delivery man; **~ca usług internetowych** Komput. Internet Service Provider; provider pot.

dostawcz|y *adi.* [*transport, usługi*] delivery *attr.*; **samochód ~y** (ciężarówka) delivery truck; (furgonetka) delivery van

dostawiać *impf* → **dostawić**

dostaw|ić *pf* — **dostaw|iać** *impf* [] *vt* [1] (przystawić) to add; **trzeba ~ić jeszcze dwa krzesła** we need two more chairs; **~ić wagony do pociągu** to add some carriages to the train; **~ić kolejny regał** to add another bookcase [2] (dostarczyć) to deliver [*towar*] [3] (przyprowadzić) to bring, to take (**do kogoś/czegoś** to sb/sth); **~ić oskarżonego/aresztowanego na salę rozpraw** to conduct the accused/detainee to the courtroom; **ofiarę wypadku należy jak najszybciej ~ić do szpitala** the casualty should be taken to hospital as soon as possible

[] **dostawiać się** pot., pejor. (zalecać się) to chase *vt* pot. (**do kogoś** sb a. after sb)

dostaw|ka *f* [1] pot. (łóżko) additional bed; (krzesło) additional seat [2] pot. (dostawiony element) attachment, extension; **gotycki kościółek z nowoczesną ~ką z boku** a small Gothic church with a modern side aisle [3] Stomat. dentures, dental plate

dost|ąpić *pf* — **dost|ępować** *impf vi* książk. [1] (osiągnąć) to gain *vt*, to attain *vt* [*łaski, zbawienia*]; **~ąpił zaszczytu spotkania z Jego Wysokością** he was granted the honour of meeting His Highness [2] (podejść) to approach (**do kogoś/czegoś** sb/sth); to come up (**do kogoś/czegoś** to sb/sth)

dostęp *m sgt* (*G* **~u**) [1] (możliwość dotarcia) access (**do czegoś** to sth); **łatwy ~ do budynku** easy access to the building; **przesuń biurko, żeby był ~ do okna** move the desk so we have access to the window; **~u do zatoki broni rafa koralowa** a coral reef protects a. shelters the mouth of the bay; **kraj z ~em/bez ~u do morza** a country with a sea coast a. with access to the sea/a landlocked country; **Czechy nie mają ~u do morza** the Czech Republic is a landlocked country; **proces fermentacji zachodzi bez ~u**

powietrza fermentation takes place in anaerobic conditions a. when there's no access of a. to oxygen; **roślina ma wtedy lepszy ~ powietrza** the plant has better access to air [2] (możliwość korzystania) access, accessibility; (**do czegoś** to sth); **~ do Internetu/do informacji** access to the Internet/to information; **kod/kontrola ~u** access code/monitored access; **ograniczenie (prawa) ~u** limited access; **mieć ~ do akt** to have access to the files; **~ do zawodu lekarza/prawnika** access to the medical/legal profession [3] (możliwość kontaktu) access (**do kogoś** to sb); **~ do lekarza/pediatry/onkologa** access to a doctor/pediatrician/oncologist; **nie wszyscy pracownicy mają ~ do dyrektora** not all employees have access to the director; **~u do dyrektora broniły dwie sekretarki** there were two secretaries to get around a. past if you wanted to see the director; **zwątpienie i przygnębienie nie miały do niego ~u** przen. he was immune a. impervious to doubt and depression

dostępnie *adv. grad.* [1] (dogodnie) [*ulokować, umieścić*] conveniently [2] (zrozumiale) [*wytłumaczyć*] accessibly, comprehensibly

dostępnoś|ć *f sgt* [1] (możliwość korzystania) availability, accessibility; **~ć świadczeń medycznych/taniej siły roboczej** access to a. the availability of medical care/cheap labour; **~ć kredytów/narkotyków/broni palnej** access to a. the availability of credit/drugs/guns; **~ć szkolnictwa** access to a. the availability of schooling a. education [2] (możliwość dotarcia) accessibility [3] (przyjazny charakter) approachability, accessibility [4] (możliwość kontaktu) availability [5] (zrozumiałość) accessibility, clarity

❑ **~ć biologiczna** Farm., Med. bioavailability

dostępn|y *adi. grad.* [1] (osiągalny) [*towar, książka, tekst, lek*] available; [*dane, informacje, źródła, archiwa*] accessible (**komuś** to sb); **~y za gotówkę** cash (payment a. sales) only; **~y bez recepty/tylko w aptekach** available without a prescription/only in pharmacies; **~y na rynku** (available) on the market; **model jest ~y w różnych kolorach** this model is available in a range of colours; **ogólnie ~y** [*towar*] readily available; **ogólnie ~a informacja** publicly a. readily available information; **walczyć o coś wszelkimi ~ymi środkami** to fight for sth by all available means [2] [*miejsce, budynek*] accessible (**dla kogoś** to sb); **łatwo/trudno ~e szczyty** easily accessible/inaccessible mountain tops; **ogólnie ~e biblioteki/tereny rekreacyjne** public libraries/recreation areas open to the public; **~y dla zwiedzających** open to the public a. to visitors; **gaśnica musi znajdować się w ~ym miejscu** fire extinguishers must be kept within easy reach; **zebranie było ~e dla wszystkich pracowników** the meeting was open to all (the) employees [3] (możliwy) accessible (**dla kogoś** to sb); **sport ~y jedynie dla nielicznych** a sport accessible to only a few, a sport within the reach of only a few; **edukacja ~a dla wszystkich** education accessible to all [4] (przyjazny) approachable, accessible; **uwa-**

żano go za zamkniętego w sobie i trudno **~ego** he was considered reserved and distant a. aloof [5] (z którym łatwo się skontaktować) available; **dyrektor/minister jest teraz trudno ~y** it is difficult these days to gain access to the director/minister; **być ~ym perswazjom/podszeptom** przen. to be susceptible to persuasion/wheedling [6] (zrozumiały) accessible, comprehensible (**dla kogoś** a. **komuś** to sb); **~y podręcznik/wykład/tekst** a clear a. accessible textbook/lecture/passage; **wiedza ~a tylko dla wtajemniczonych** knowledge accessible only to the initiated

dostępować impf → **dostąpić**

dostojeństw|o [I] n sgt [1] (osoby, zachowania, wyglądu) eminence, dignity [2] książk. (sztuki, dzieła, poezji) grandeur, dignity [II] **dostojeństwa** plt książk. (stanowiska, urzędy) (high) position a. rank

dostojnie adv. grad. [chodzić, zachowywać się] in a dignified a. stately manner; **wyglądać ~** to look dignified; **~ piękna twarz** a face of dignified beauty

dostojni|k m dignitary

dostojnoś|ć f [1] sgt (osoby) dignity, stateliness; (chwili) grandeur [2] przest. (władca) **Wasza/Jego/Jej Dostojność** Your/His/Her Highness a. Eminence; **Jego Dostojność marszałek sejmu** the Honourable Speaker of the House

dostojn|y adi. grad. [starzec, twarz, krok] dignified, stately; [gość, jubilat] honourable GB, honorable US; [dom, pałac, drzewo] stately

dostos|ować pf — **dostos|owywać** impf [I] vt (dopasować) to adapt (**do czegoś** for a. to sth); to adjust (**do czegoś** to sth); **~owywać produkcję do potrzeb rynku** to adjust production to demand a. to the market; **~owywać normy techniczne do międzynarodowych standardów** to adjust technical specifications to meet international standards [II] **dostosować się — dostosowywać się** (przystosować się) to accommodate oneself (**do czegoś** to sth); to adapt (oneself) (**do czegoś** to sth); **~owywać się do grupy/wymagań/zmian** to accommodate oneself to the group/requirements/changes; **szybko ~ował się do nowych warunków** he quickly adapted (himself) to the new conditions; „**o której wyjedziemy?**" – „**ja się ~uję**" 'what time are we leaving?' – 'whenever you want a. it's up to you

dostosowan|y [I] pp → **dostosować** [II] adi. [rośliny, zwierzęta] (well) adapted (**do czegoś** for a. to sth)

dostosowywać impf → **dostosować**

dostrajać impf → **dostroić**

dostr|oić pf — **dostr|ajać** impf [I] vt [1] (poprawić brzmienie) to tune (up) [fortepian, gitarę, skrzypce] [2] (wyregulować) to tune (in) [radio, telewizor] [III] **dostroić się — dostrajać się** (dopasować się) to attune (**do czegoś** to sth); to adapt (oneself) (**do czegoś** to sth); **~oił się do towarzystwa/otoczenia** he adapted (himself) to his companions/surroundings; **~oił się do jej tonu/nastroju** he adapted (himself) to (suit) her tone/mood

---

dostrze|c pf — **dostrze|gać** impf (**~gę, ~żesz, ~gł, ~gła, ~gli — ~gam**) vt [1] (dojrzeć) to discern książk. [kształt, sylwetkę]; to make out [kształt, sylwetkę]; (zauważyć) to notice; **~c przestrach w czyichś oczach** to discern fear in sb's eyes; **~gł, że papiery leżały nie tam, gdzie je położył** he noticed that the papers weren't lying where he had left them; **udawał, że mnie nie ~ga** he pretended not to see me; **wytężył wzrok, usiłując ~c, co to takiego** he strained his eyes, trying to make out what it was [2] przen. (uświadomić sobie) to discern, to perceive; **~c czyjeś dobre intencje** to discern a. recognize sb's good intentions; **za późno ~gł, że jest tylko pionkiem w grze** he discerned a. realized too late that he was only a pawn in their game; **nie ~gamy, jakie niebezpieczeństwo nam grozi** we don't realize what danger we're in; **~gali u niego pierwsze objawy obłędu** they perceived the first symptoms of madness in him; **~gała w nim przyszłego wielkiego skrzypka** she saw the makings of a great violinist in him

dostrzegać impf → **dostrzec**

dostrzegalnie adv. [poprawić się, zmienić się] discernibly, perceptibly

dostrzegaln|y adi. discernible, perceptible

dosu|nąć¹ pf — **dosu|wać** impf vt (przysunąć) to push near (**do czegoś** to sth); to push close(r) (**do czegoś** to sth); **~nąć szafę do ściany** to push the closet closer to the wall; **akapit ~nięty do lewego/prawego marginesu** a paragraph aligned with a. to the left/right margin

dosu|nąć² pf vi pot. (zbić) **~nąć komuś** to biff sb pot., to slug sb pot.; **jak ci ~nę** I'll pop you one pot.

dosuwać impf → **dosunąć¹**

dosychać impf → **doschnąć**

dosyć → **dość**

dosyłać impf → **dosłać**

dosyp|ać pf — **dosyp|ywać** impf (**~ię — ~uję**) vt to add (**do czegoś** to sth); to sprinkle (more) (**do czegoś** into sth); **~ać suszonej pietruszki do sosu** to sprinkle some dried parsley into the sauce; **~ać cukru do kawy** to put more sugar in one's coffee; **~ać garść rodzynek do ciasta** to add a handful of raisins to the dough

dosypiać impf → **dospać**

dosypywać impf → **dosypać**

doszczętnie adv. completely, totally; **~ osiwieć** to turn completely grey; **samolot spłonął ~** the plane was burned out; **altana ~ spłonęła** the shed burned to the ground

doszczętn|y adi. [zniszczenia, straty] complete, utter

doszkalać impf → **doszkolić**

doszk|olić pf — **doszk|alać** impf [I] vt to give supplementary education a. training (**kogoś** to sb); to educate further (**kogoś** sb); **~alać kogoś w angielskim** a. **z angielskiego** to give sb extra English lessons; **kursy ~alające** training a. in-service courses [III] **doszkolić się — doszkalać się** to receive supplementary training; **~alać się na kursach wieczorowych** to take a.

---

attend evening classes to further one's education; **muszę się ~olić z nowych przepisów/geografii Polski** I need to study up on the new regulations/on Polish geography

doszlus|ować pf — **doszlus|owywać** impf vi pot. (przyłączyć się) to join vt; **~owali do nas dopiero wieczorem** they finally joined up with us in the evening

doszlusowywać impf → **doszlusować**

doszor|ować pf — **doszor|owywać** impf [I] vt (doczyścić) to scrub clean [ręce, podłogę] [II] **doszorować się — doszorowywać się** [1] (domyć się) to scrub oneself off, to give oneself a good scrubbing [2] pot. (doczyścić) to scrub clean; **nie mogła się ~ować podłogi** she couldn't scrub the floor completely clean

doszorowywać impf → **doszorować**

dosztukowywać impf → **dosztukować**

dosztuk|ować pf — **dosztuk|owywać** impf vt (doszyć) to sew (**do czegoś** (on)to sth); to add (**do czegoś** to sth); **~ować mankiety do za krótkich spodni** to lengthen the trousers by adding turn-ups GB a. cuffs US

doszuk|ać się pf — **doszuk|iwać się** impf v refl. [1] (dopatrzyć się) to discern, to detect; **~iwał się w twarzy córki podobieństwa do matki** he saw some resemblance to the mother in her daughter's features [2] (znaleźć) to find; **nareszcie ~ał się kierownika budowy** he finally found the site manager

doszukiwać się impf → **doszukać się**

doszy|ć pf — **doszy|wać** impf (**~ję — ~wam**) vt to sew (**do czegoś** (on)to sth)

doszywać impf → **doszyć**

dościgać impf → **doścignąć**

dościg|nąć pf — **dościg|ać** impf (**~nęła, ~nęli — ~am**) vt [1] (dogonić) to catch up (**kogoś** with a. to sb); **pogoń ~nęła uciekającego złodzieja** the pursuers caught up with the fleeing thief [2] przen. (dorównać) to catch up (**komuś/czemuś** with a. to sb/sth); **~nąć kogoś wzrostem** to (get to) be as tall as sb, to grow as tall as sb; **starał się ~nąć brata w nauce** he tried to catch up with a. to his brother in his studies

dość [I] adv. [1] (w dużym stopniu) quite; (raczej) rather; pretty pot.; **~ często/rzadko** quite a. rather a. pretty frequently/rarely; **~ wyraźnie napisane** quite clearly written; **~ brzydki/biedny/inteligentny/miły** quite a. rather ugly/poor/intelligent/nice; **~ ładny** quite a. rather pretty; **~ łatwo można udowodnić, że...** it's fairly easy to prove that...; **zdarzyło się to ~ dawno** it happened quite a long time ago; **było ~ późno** it was rather a. pretty a. quite late; **to ~ dużo kosztuje** this is quite expensive; **trzeba płacić ~ wysoki procent** you have to pay pretty high interest; **w ~ krótkim czasie** in quite a short time [2] (wystarczająco) enough; **~ długi** long enough; **jest już ~ duży, żeby go zostawiać samego w domu** he's big a. old enough to stay home alone; **jest już ~ duża** a. **dorosła, żeby decydować o sobie** she's old enough to decide for herself; **~ mi nadokuczał przez ten tydzień** he's caused me enough trouble this week; **budynek nie jest ~ reprezentacyjny do tego celu** the building isn't elegant enough for that purpose; **zareagowali za późno i nie ~ mocno** they reacted too late and not forcefully enough; **cierpiał, bo nie ~ go ceniono** he felt unappreciated **Ⅱ** _pron._ **cukru jest ~, ale mąki zabraknie** there's enough sugar but we're going to run out of flour; **ma ~ pieniędzy na bilet** he's got enough money for a. to buy a ticket; **mam ~ zmartwień bez tego** I've got enough to worry about already; **mam ~ czasu, żeby zwiedzić miasto** I've got enough time to see the town; **nie ~ ci kłopotów?** aren't you in enough trouble (already)? **Ⅲ** _praed._ **~ powiedzieć, że...** suffice it to say (that)...; **~ spojrzeć po sali, by odgadnąć wynik głosowania** it's enough to look around the room to know a. guess what the outcome of the vote will be **Ⅳ** _inter._ (wystarczy) (that's) enough!; **~ (o tym) na dzisiaj** enough (on that subject) for today; **~ tego dobrego!** enough of that! **Ⅴ ~ że** _conj._ **nie wiem, o co im poszło, ~ że przestali ze sobą rozmawiać** I don't know what the issue was a. what it's all about, just that they've stopped speaking (to each other); **nie ~, że mało płacą, to jeszcze z opóźnieniem** not only is the pay low, it's late as well; **nie ~, że przystojni, to jeszcze jacy eleganccy!** not only handsome but elegant too! **Ⅵ** _part._ **nie ~ na tym** on top of that, as if that weren't a. wasn't enough; **stracił cały majątek; nie ~ na tym, wkrótce zmarła mu żona** he lost everything he owned, then on top of that his wife died ■ **mieć kogoś/czegoś ~** to have had enough of sb/sth, to be fed up with sb/sth

dośpiew|ać _pf_ — **dośpiew|ywać** _impf_ **Ⅰ** _vt_ (dokończyć śpiewać) to finish singing [_piosenkę, kołysankę, arię_] **Ⅱ dośpiewać sobie** _vt_ (domyślić się) to guess, to work a. figure out; **~ać sobie resztę** figure out the rest; **możesz sobie ~ać, co się dalej działo** you can guess what happened next

dośpiewywać _impf_ → **dośpiewać**

dośrodk|ować _pf_ — **dośrodk|owywać** _impf_ **Ⅰ** _vt_ Sport to centre GB, to center US, to cross [_piłkę_] **Ⅱ** _vi_ **~ać na pole karne** to cross the ball to the penalty area; **~ać do kogoś** to centre the ball to sb

dośrodkowa|nie _Ⅱ_ _sv_ → **dośrodkować Ⅱ** _n_ Sport centre GB, center US, cross

dośrodkowywać _impf_ → **dośrodkować**

doświadczać _impf_ → **doświadczyć**

doświadczalnie _adv._ [_potwierdzić, ustalić, badać_] experimentally, empirically; [_wywołać, pozmieniać_] experimentally; [_przekonać się, sprawdzić_] firt-hand, for oneself; empirically książk.

doświadczaln|y _adi._ [_metoda, dane, badania, placówka_] experimental; **fizyka ~a** experimental physics; **zwierzęta ~e** laboratory animals; **poligon ~y** przen. testing ground

doświadcze|nie _Ⅱ_ _sv_ → **doświadczyć Ⅱ** _n_ ① (praktyka) experience U; **pracownik z**

piętnastoletnim ~niem an employee with fifteen years' experience; **lekarz/ nauczyciel z dużym ~niem** a doctor/ teacher with a lot of experience, a very experienced doctor/teacher; **nabrać/nabierać ~nia** to gain experience (**w czymś** at a. in sth); **zdobyć ~nie zawodowe** to gain professional experience; **to zdolny chłopak, ale brak mu** a. **nie ma ~nia** he's a capable kid, but he lacks experience; **mają duże ~nie w uczeniu dzieci** they have a lot of experience in teaching children; **wiedział z ~nia, że...** he knew from experience that... ② (przeżycie) experience; **wstrząsające/pouczające ~nie** a jarring/ an educational experience; **~nia wojenne** war experiences; **nauczona smutnym ~niem już się na to nie zgodzę** having learnt (my lesson) the hard way, I won't agree to that ③ (eksperyment) experiment, test (**nad czymś** on sth); **przeprowadzić ~nie** to carry out a. do an experiment; **~nia na zwierzętach** animal experiments; **wyniki ~ń wskazują...** experimental data indicate(s) a. point(s) to...; **wynik ~nia dowodzi, że...** the results of the experiment prove that...; **nowe ~nia ze szczepionką potwierdziły jej przydatność** new experiments with the vaccine have proved its effectiveness ④ _sgt_ Filoz. experience

doświadcz|ony _Ⅱ_ _pp_ → **doświadczyć Ⅱ** _adi._ [_lekarz, kierowca_] experienced, practised GB, practiced US; [_oko, ucho, ręka_] practised GB, practiced US; **być ~onym w kierowaniu firmą/sprawach publicznych** to be experienced at running a firm/in public affairs; **negocjator/polityk ~y w boju** przen. a veteran negotiator/ politician przen.

doświadcz|yć _pf_ — **doświadcz|ać** _impf_ _vt_ ① (doznać) to experience; **~yć głodu/ bólu** to endure a. suffer hunger/pain; **~yć uczucia radości/rozkoszy** to experience a feeling of joy/delight; **~yć czyjejś dobroci/przyjaźni** to experience sb's kindness/ enjoy sb's friendship; **~yć czegoś na własnej skórze** to experience sth first-hand a. for oneself, to learn sth the hard way; **na własnej skórze ~am jego okrutnych żartów/skutków tej decyzji** I've experienced his cruel jokes/the effects of that decision first-hand; **nie poznasz nigdy tego, czego nie ~ysz** you will never get to know anything without experiencing it; **~ał niemal fizycznego bólu na widok jej cierpień** he experienced a. felt almost physical pain at the sight of her suffering; **obyś nigdy nie musiała ~yć, jak czuje się kobieta zdradzona** I hope you'll never find out for yourself how it feels to be betrayed ② (narazić na cierpienia) książk. to afflict, to touch; **los go ciężko ~ył** life has tried him sorely; **ludzie ~eni przez wojnę/los** people who have bitter experience(s) of (the) war/of a. in life

dotacj|a _f_ (_Gpl_ **~i**) ① (subwencja) subsidy, grant; **~a z budżetu na zakup lekarstw** a government grant toward the purchase of medicines; **~a rządowa dla rolnictwa** a government a. state subsidy to agriculture, government a. state agriculture subsidy ② _zw. pl_ subsidy; **~e do czynszów**

mieszkaniowych housing subsidies; **~e do artykułów żywnościowych** food subsidies

dotąd Ⅱ _pron._ ① (do tego momentu) (up) until a. till now, up to now; (do tamtego momentu) (up) until a. till then, up to then; **~ wystawiał swoje obrazy jedynie w Polsce** up until now/then he has only shown his work in Poland; **czuł się jeszcze bardziej niż ~ samotny** he felt even more lonely than before; **jak ~** so far; (w przeszłości) until a. till then; **ciecz o nie ustalonym jak ~ składzie** a liquid whose composition has not yet been a. has so far not been established; **jak ~ powodziło im się całkiem dobrze** so far they were doing/had been doing really well; **wszystkie przeprowadzone ~ doświadczenia** all (the) experiments carried out to date a. thus far książk. ② (wciąż jeszcze) still; **~ jest za granicą** he is still abroad ③ (do tego miejsca) this far; (do tamtego miejsca) that far; **~ pociąg już nie dojeżdża** the train doesn't go this/that far; **obetniemy rękawy ~** we'll cut the sleeves up to here; **przeczytaj ~** read up to here; **mam tego ~!** I've had it up to here! pot.; **mam go/jej ~!** I've had it (up to here) with him/her! pot.; **stąd ~. odtąd ~** from here to here/ there; **odległość stąd ~ wynosi 10 kilometrów** the distance from there to here is ten kilometres; **nauczcie się wiersza na pamięć stąd ~** learn the poem by heart from here up to here **Ⅱ** _coni._ **~, dokąd** a. **aż** until; **problem będzie trwał ~, dokąd go nie rozwiążemy** the problem will persist until we solve it; **~ prosił, aż się zgodziła pójść z nim do kina** he kept on asking her until she agreed to go to the cinema with him

dotkliwie _adv. grad._ [_boleć, piec_] painfully, acutely; **~ odczuwał ból zęba** he had severe a. acute toothache; **jest ~ zimno** it's bitingly cold; **został ~ pobity** he was severely beaten; **~ odczuwał jej nieobecność** he was acutely a. painfully aware of her absence; **~ brakuje im amunicji** they're badly in need of ammunition

dotkliwoś|ć _f sgt_ (bólu, strat, klęski) severity, acuteness; (wspomnień) bitterness

dotkliw|y _adv. grad._ [_ból, brak, strata, smutek_] severe, acute; [_zimno, wiatr_] biting

dot|knąć _pf_ — **dot|ykać**[1] _impf_ (**~knęła, ~knęli** — **~ykam**) _vt_ ① (zetknąć) to touch; **~knąć ściany ręką** to touch a wall (with one's hand); **delikatnie ~ykał wargami jej warg** he delicately touched his lips to hers; **nikomu nie pozwalał ~ykać swoich rzeczy** he never allowed anybody to touch his things; **wyciągnął rękę, ale nie mógł ~knąć sufitu** he stretched his arm out but he couldn't touch the ceiling; **coś miękkiego ~knęło jego pleców** something soft touched his back; **lekko ~knięta zasłona poruszyła się** the curtain, lightly touched, moved; **słońce ~knęło (do) horyzontu** the sun touched the horizon ② przen. (poruszyć w rozmowie) to touch (up)on [_problemu, sprawy_] ③ przen. (urazić) to hurt, to wound; **~knąć kogoś do żywego** to hurt sb to the quick przen.; **jej**

uszczypliwe docinki bardzo mnie ~knęły I was hurt to the quick by her cutting remarks; nie czuł się ~knięty wykluczeniem z klubu he had no hard feelings about being barred from the club 4 przen. (doświadczyć) [choroba] to afflict; [powódź, klęska, nieszczęście] to afflict, to affect; kryzys ~knął również naszą rodzinę the crisis affected our family as well; ludzie ~knięci cukrzycą people suffering from diabetes 5 przen. (zająć się) nie ~knąć czegoś not to touch sth; wrócił późno i nawet nie ~knął obiadu he got back late and didn't even touch his dinner; już nigdy nie ~knę fortepianu I'll never touch the piano again ▊ dotknąć się — dotykać się 1 (zbliżyć się) to touch; niechcący ~knął się gorącego żelazka he inadvertently brushed against the hot iron 2 pot., przen. (zająć się) to undertake vt; to get down (czegoś to sth; nie pamiętam, żeby ~knęła jakiejś roboty I don't remember her ever getting down to any work; czego się ~knął, przynosiło zysk everything he touched turned a profit, everything he turned his hand to made money

dotleniać impf → dotlenić
dotle|nić pf — dotle|niać impf ▊ vt (dostarczyć tlen) to oxygenate, to aerate [wodę, krew]; to give oxygen (kogoś to sb); to ventilate spec. [pacjenta]
▊ dotlenić się — dotleniać się pot. [osoba] to get some fresh air
dotleni|ony ▊ pp → dotlenić
▊ adi. [krew, organizm] well oxygenated, well aerated; [osoba] refreshed; po długim spacerze czuł się ~ony he felt refreshed after a long walk
dot|ować pf, impf vt [państwo, instytucja] to subsidize [kulturę, oświatę, towary]
dotrwa|ć pf vi (doczekać) [osoba] to last out, to hold out; [zabytek, zwyczaj] to survive; sejm nie ~ł do końca kadencji the Parliament didn't last out its term; mościli się na podłodze, żeby ~ać do rana they settled down on the floor to wait it out until morning; niektóre zwyczaje ~ły do naszych czasów some of the customs have survived to this day
do|trzeć pf — do|cierać impf ▊ vt 1 (utrzeć dodatkowo) to grate (some) more; trzeba dotrzeć chrzanu, bo zabraknie we need to grate some more horseradish as there's not enough 2 (utrzeć do końca) to finish grating; jak dotrę marchew, pozmywam I'll do the washing-up as soon as I finish grating the carrots 3 Techn. to run in [silnik, samochód]
▊ vi 1 (znaleźć się w określonym miejscu) to reach vt; to get (do kogoś/czegoś to sb/ sth); zadzwonią po dotarciu do celu podróży they'll phone upon reaching their destination; dotrzeć do domu to reach a. get home; dotrzeć na szczyt to reach the top także przen.; taksówka w ciągu dziesięciu minut dotarła do szpitala the taxi made it to the hospital in ten minutes; pociąg dotarł do stacji końcowej the train arrived at the terminus; głębie oceanu, gdzie nie dociera światło the depths of the ocean where

light doesn't penetrate; telewizja satelitarna dotarła już do wszystkich zakątków świata satellite TV now reaches every corner of the globe 2 przen. (osiągnąć) to reach vt; to get (do czegoś to sth); dotrzeć do finału to get through to the finals; wreszcie dotarłem do ostatniej strony książki I finally reached the last page of the book; dotrzeć do źródła informacji to get to the source of the information; skoro dotarł do tych listów, postanowił je ujawnić since he'd unearthed the letters, he decided to make them public; dotarcie do wszystkich świadków tragedii trwało rok it took a year to track down all the witnesses of the tragedy 3 (dojść) [list, przesyłka, wiadomość] to get through (do kogoś to sb); docierają do nas różne pogłoski various rumours are reaching our ears; prawda docierała do nas stopniowo the truth was gradually dawning on us; dopiero po chwili dotarło do niego, że ktoś do niego mówił it took him a moment to realize someone was talking to him; może nie w pełni do pani dotarło, kim on jest naprawdę maybe you don't fully realize who he is; jego argumenty zupełnie do niej nie docierają his arguments don't get through to her at all; tylko groźby do nich docierają threats are the only things that get through to them; nie wiem już, jak mam do nich dotrzeć I don't know how to get through to them; „i żadnego wychodzenia wieczorem, dotarło?" 'and you're grounded! do you read me?! a. is that clear?!' pot.
▊ dotrzeć się — docierać się 1 (dopasować się) [osoby, zespół, małżeństwo] to adapt a. adjust (to each other); drużyna/ personel potrzebuje trochę czasu, żeby się dotrzeć the team/staff need(s) some time to get in synch 2 Techn. [silnik, samochód] to be run in
dotrzym|ać pf — dotrzym|ywać impf vt 1 (spełnić) to fulfil GB, to fulfill US [umowy]; to meet [warunków]; ~ać słowa/ obietnicy to keep one's word/promise; ~ać terminu/harmonogramu to meet the deadline/to stay a. keep on schedule 2 (przechować) to keep, to preserve; ~ała list nietknięty do jego powrotu she kept the letter intact until he got back; owoce udało się ~ać do zimy the fruit kept a. lasted until winter 3 przest. (wytrwać) [osoba] to wait (until); nie mogła ~ać do kolacji she couldn't wait to have supper a. for supper; czy te róże ~ają do jutra? will the roses keep a. last until GB a. through US tomorrow?
dotrzymywać impf → dotrzymać
dotychczas adv. still, to date; (już nie) previously, before; ~ nie odnaleziono rękopisu to date the manuscript hasn't been found, the manuscript still hasn't been found; sprawa jest ~ nie załatwiona the matter is still unresolved; jak ~ so far, to date; jak ~, problemu nie rozwiązano so far a. to date the problem remains unsolved; trzecia i jak ~ najlepsza powieść tego autora the author's third novel and best so far a. to date; uczył się teraz więcej niż ~ he was studying

more than before a. previously; nic już nie będzie takie, jak ~ nothing is (ever) going to be the same as it was a. used to be
dotychczasow|y adi. current; (niedawny) former, previous; ~e osiągnięcia achievements to date; ich ~e mieszkanie było całkiem wygodne the flat they'd been living in (so far) was quite comfortable; na ~ych zasadach on the same basis (as before); ulgi podatkowe dla małych firm będą obliczane na ~ych zasadach tax exemptions for small businesses will continue on the same basis as before; stracił swoją ~ą pracę he lost his (former a. previous) job; ta decyzja zmieniała całe moje ~e życie that decision changed my whole life
dotycz|yć pf vi to concern vt; szczegóły ~ące pochodzenia towarów details concerning the origin of the goods; dzisiejszy wykład ~y a. będzie ~ył... today's lecture concerns...; artykuły ~ące gospodarki światowej/najnowszych osiągnięć nauki articles concerning the global economy/ the latest scientific developments; wasze spory mnie nie ~ą your arguments are none of my business; te przepisy nie ~ą organizacji charytatywnych these regulations don't apply to charity organizations
dotyk m sgt (G ~u) 1 (dotknięcie) touch; wrażliwy na ~ sensitive to the touch; ~ tkaniny/gorącego piasku the feel of the fabric/hot sand; ~ mokrych gałęzi the touch of the wet branches; poczuła na plecach jego ~ she felt his touch on her back; materiał był miękki/miły/szorstki w ~u the fabric was soft/pleasant/rough to the touch; zły ~ bad touch 2 (zmysł) (the sense of) touch
dotykać[1] impf → dotknąć
dotyka|ć[2] impf vi (przylegać) to touch; aparatura nie powinna ~ć do ściany the apparatus shouldn't touch the wall; gałęzie drzew ~ją (do) okien the branches touch the windows; lasy ~ją samych brzegów jeziora the woods stretch to the very shores of the lake
dotykalnie adv. [objawiać się] tangibly; niemal ~ wyczuwał niechęć współpracowników his colleagues' aversion to him was almost tangible a. palpable
dotykalnoś|ć f sgt (namacalność) tangibility, tangibleness
dotykal|ny adi. [rzeczywistość, zjawisko, fakt] tangible; [obecność] palpable
dotykow|y adi. 1 [wrażenie, doznanie] tactile, tactual 2 [urządzenie, pomiary] tactile; [wyłącznik] touch attr. 3 Biol. [narząd, nerw, komórka] tactile
douczać impf → douczyć
doucz|yć pf — doucz|ać impf ▊ vt to tutor, to coach; popołudniami ~ał mniej zdolnych kolegów in the afternoons he helped his less capable schoolmates with their studies; ~ać kogoś (z) historii/ fizyki to tutor sb in history/physics
▊ douczyć się — douczać się (uzupełnić wiadomości) to learn; ~ać się angielskiego na kursach (doskonalić znajomość) to take extra courses to improve one's English; (uczyć się) to learn English by taking some

courses; **lekarz musi się ciągle ~ać** a doctor must keep abreast of his/her field

doustnie *adv. [podać, aplikować]* orally

doustn|y *adi. [lekarstwo, szczepionka]* oral

dowalać *impf* → **dowalić**

dowala|ć się *impf v refl.* pot. (zalecać się) **~ć się do kogoś** to come on to sb pot.; **przestań się do niej ~ć** leave her alone

dowal|ić *pf* — **dowal|ać** *impf* pot. **I** *vt* (dołożyć) to throw in (some) more; **~ić węgla do pieca** to throw more coal into the stove; **~ić komuś pracy/obowiązków** przen. to swamp sb with work/duties

II *vi* **1** (zbić) to beat up *vt*, to lay into *vt* pot.; **tak mi ~ił, że nie mogłem wstać** he beat me up so badly that I couldn't get up a. stand up; **~ić psu kamieniem** to chuck a stone at a dog pot. **2** (skrytykować) to lay into *vt* pot., to chew [sb] out *vt* US pot.; **~iła mu, że aż się zaczerwienił** she lay a. tore into him so hard that he blushed; **ale mu ~iłeś! nie wiedział, co powiedzieć** you really told him where to get off – he was speechless!

dowartości|ować *pf* — **dowartości|owywać** *impf* **I** *vt* **1** (wzmocnić poczucie wartości) **~ować kogoś** to boost a. bolster sb's confidence a. self-esteem **2** (podnieść rangę) to enhance a. raise the status of; **~ować zawód pielęgniarki** to enhance a. raise the status of nurses a. of the nursing profession

II dowartościować się — **dowartościowywać się** (poczuć się wartościowym) to feel (more) appreciated; **próbował się ~ować, działając w samorządzie klasowym** he tried to make himself feel more important by participating in the student council

dowartościowywać *impf* → **dowartościowywać**

doważać *impf* → **doważyć**

doważ|yć *pf* — **doważ|ać** *impf vt* to weigh out (some) more, to add a bit to make weight; **proszę ~yć jeszcze kilo mięsa** please give me another kilo of meat; **czy mam ~yć do kilograma?** shall I add a bit to make it an even kilo?; **nie ~yć** *[sprzedawca]* to give short weight; *[waga]* to weigh inaccurately; **sprzedawczyni znów mnie oszukała, nie ~yła pięciu deko** the shop assistant cheated me again, this time by 50 grammes

dowcip *m* (*G* **~u**) **1** (żart) (słowny) joke; (zachowanie) (practical) joke, prank; **opowiedzieć ~** to tell a joke; **~ rysunkowy** a cartoon; **~ słowny** a pun; **nieprzyzwoity/pieprzny/niesmaczny ~** a dirty/racy/crude joke; **~ polityczny** political humour *U*; **~y polityczne** political jokes; **~y o policjantach/blondynkach** jokes about policemen/blondes; **sypać ~ami** to crack jokes pot.; **w pracy krążą o nim głupie ~y** his workmates are telling silly jokes about him; **prosiła, żeby już nie robił jej głupich ~ów** she asked him not to play any more stupid tricks on her **2** *sgt* (poczucie humoru) wit; **mieć cięty** a. **ostry ~** to have a cutting a. sharp wit; **urzekł mnie ten pełen ~u staruszek** I was enchanted by that witty old man; **ostrzyć na kimś ~** to take the mickey out of sb GB pot., to make fun of sb; **jego felietony skrzą się ~em**

his columns sparkle with wit; **ma ciężki ~** he's got a plodding sense of humour

■ **(cały) ~ polega na tym, że tych pieniędzy nie ma** the snag a. hitch is that the money's gone pot.; **(cały) ~ polega na tym, żebyś skoczył na zgięte nogi** the (whole) trick is to bend your knees when you land

dowcipas pot., pejor. **I** *m pers.* (*Npl* **~y**) joker iron., comedian iron.

II *m inanim.* (*G* **~u**) wisecrack pot.

dowcipk|ować *impf vi* to joke, to tell a. crack jokes; **ja mówię poważnie, a ty ~ujesz** I'm serious and you're cracking jokes; **śmiać się i ~ować** to laugh and tell jokes

dowcipnie *adv. grad.* **1** *[opowiadać, pisać]* wittily **2** *[skonstruować, urządzić]* cleverly

dowcipni|ś *m* pot. joker

dowcipn|y *adi. grad.* **1** *[osoba]* witty, amusing; **ceniła sobie ~ych rozmówców** she enjoyed the company of witty conversationalists **2** (pełen dowcipu) *[powiedzenie, rozmowa, książka]* witty, amusing

dowiadywać się[1] *impf* → **dowiedzieć się**

dowiad|ywać się[2] *impf v refl.* (pytać) to inquire a. enquire regularly (**o coś** about sth); **codziennie ~ywał się o jej zdrowie** every day he inquired about how she was doing; **chodził tam ~ywać się, jak wyglądają nasze sprawy** he went there regularly to check on how our affairs were progressing; **nie ma jeszcze odpowiedzi, trzeba się ~ywać** there's still no answer, please check later

dowi|edzieć się *pf* — **dowi|adywać się**[1] *impf* (**~em się**, **~edział się**, **~dzieli się** — **~aduję się**) *v refl.* (uzyskać informację) to learn (**o czymś** of a. about sth); to find out (**o czymś** about sth); **~edzieć się czegoś** to learn a. to find out sth; **~edzieć się prawdy (o kimś/czymś)** to learn the truth (about sb/sth); **chciałem się czegoś od was o niej ~edzieć** I'd like you to tell me something about her; **jak się o tym ~edziałeś?** how did you find out about that?; **~edzieć się o czymś przypadkowo** to find sth out by chance; **o zmianach w rządzie ~edziałam się z prasy/radia** I learnt about the government reshuffle from the papers/radio; **z tej książki możesz ~edzieć się wielu ciekawych rzeczy o zwierzętach** you can learn a lot of interesting things about animals from this book; **~edziałem się, że chcesz jechać do Francji** I heard (that) you want to go to France; **nie ~adujemy się też z filmu, co jest przyczyną konfliktu** nor does the film tell us what the reasons for the conflict are

dowierz|ać *impf vi* **nie ~ać komuś/czemuś** to distrust a. mistrust sb/sth; **nie ~ać własnym zmysłom** not to trust one's own senses; **nie ~ał własnym oczom/uszom** przen. he couldn't believe his eyes/ears przen.; **nie ~am nikomu** I don't trust anybody

dowi|eść *pf* — **dow|odzić**[1] *impf* (**~iodę, ~iedziesz, ~iódł, ~iodła, ~iedli — ~odzę**) **I** *vt* (udowodnić) to prove *[teorii, założenia, zarzutów]*; to establish *[faktów,*

kolejności zdarzeń]; to prove, to establish *[winy, niewinności, słuszności]*; **~ieść własnej wyższości/nieomylności** to prove a. establish one's superiority/infallibility; **~ieść, że ktoś ma rację/myli się** to prove sb right/wrong; **~iódł, że umie budować oryginalne sceny filmowe** he has proved his ability to create original film sequences; **autor ~odzi, że Ziemię odwiedzili w starożytności kosmici** the author presents evidence to support the theory that aliens visited the Earth in ancient times; **~iódł jej, jak bardzo się myli** he proved how mistaken she was

II *vi* (świadczyć) to prove, to show; **ich zachowanie ~odzi braku wyobraźni** their behaviour shows that they don't have much imagination; **badania ~odzą/~iodły, że 55% Polaków popiera zakaz reklamy tytoniu** polls show/have shown that 55% of Poles support the ban on cigarette advertising

dow|ieźć *pf* — **dow|ozić** *impf* (**~iozę, ~ieziesz, ~iózł, ~iozła, ~ieźli — ~ożę**) *vt* **1** (przywieźć) to bring, to deliver; **~ieziono go do celi w kajdankach** he was brought to the prison in handcuffs; **kutry ~iozły ich do okrętu** the launches took them out to the ship; **marmur był ~ożony koleją do portu** the marble was delivered to the port by train; **żywność ~ożono nam samochodami** food supplies were delivered by car **2** (dostarczyć więcej) to deliver (some) more; **taksówki co chwilę ~oziły nowych gości** every moment the taxis brought new guests; **jeżeli nie ~iozą nam na czas amunicji/żywności, ...** if they don't bring us more ammunition/food in time...

dowl|ec *pf* — **dowl|ekać** *impf* (**~ekę, ~eczesz, ~ókł, ~okła, ~ekli — ~ekam**) **I** *vt* (donieść) to drag; **z trudem ~okła ciężki tobół do domu** she barely managed to drag the heavy bundle home

II dowlec się (dojść) to drag oneself

dowlekać *impf* → **dowlec**

Down /dawn/ *m* Med. **zespół ~a** Down's syndrome

dowodnie *adv.* książk. **1** (przekonująco) *[świadczyć]* plausibly, convincingly **2** (na podstawie dowodów) *[wykazać, przekonać się]* empirically

dowodow|y *adi. [wartość]* evidential, as evidence; **materiał ~y** the (body of) evidence

dowodzić[1] *impf* → **dowieść**

dow|odzić[2] *impf vt* **1** (sprawować zwierzchnictwo) to command, to lead; **~odzić plutonem/pułkiem** to command a platoon/regiment, to have command of a. be in command of a platoon/regiment; **kto tu ~odzi?** who's in command here?; **~odzić powstaniem** to lead an uprising; **sztab ~odzenia** headquarters **2** (przewodzić) to lead *[grupą ludzi, gangiem]*

dowolnie *adv.* **1** (swobodnie) *[interpretować, ustawiać]* freely **2** (przypadkowo) randomly; **~ wybrany numer** a randomly chosen number; **~ wysoka wartość** any value

dowolnoś|ć *f sgt* (swoboda) freedom; **dopuszczać ~ć interpretacji tekstu** to allow latitude in interpreting a passage;

pozwolono na ~ć w sprawie ubioru there was no dress code

dowoln|y adi. ① (swobodny) [temat, przekład] free; **jazda ~a mężczyzn/kobiet** men's/ women's free-style skating ② (jakikolwiek) [liczba, miejsce] any; **w ~ych ilościach** in unlimited quantities; **~y fragment z „Hamleta"** any (given) passage from 'Hamlet'

dowozić impf → dowieźć

dow|ód m (G ~odu) ① (przyjaźni, autentyczności, zdrady) proof U; (wdzięczności, szacunku) token; **niezbity ~ód** proof positive, conclusive evidence; **namacalny ~ód** tangible evidence; **uznać coś za ~ód czegoś** to take sth as proof a. evidence of sth; **potraktował list jako ~ód jej życzliwości** he took the letter as evidence a. a sign of her good will; **przedstawiać konkretne/niepodważalne ~ody** to present a. provide concrete/conclusive evidence; **brak ~odów na poparcie tej tezy** there's little evidence in support of a. to support the thesis; **dać ~ód** a. **składać ~ody odwagi/poświęcenia/zaangażowania** to demonstrate a. prove one's courage/devotion/commitment; **był zmęczony, najlepszy ~ód, że zasnął nawet nie zdejmując butów** he proved how tired he was by falling asleep without even taking his shoes off; **nie mam w ręku ~odów na to, że ona kłamie** I haven't any proof that she's lying; **na ~ód przytoczył kilka przykładów** as proof a. evidence he cited several examples; **w a. na ~ód wdzięczności/uznania** as a a. in token of one's gratitude/appreciation; **przyjmij, proszę, ten drobiazg w ~ód pamięci** please accept this (gift as a) small token of remembrance ② Prawo proof U, evidence U; **niezbity/niepodważalny ~wód** incontrovertible evidence; **~ody poszlakowe/ potwierdzające** cirumstancial/corroborating evidence; **~ód** a. **~ody obrony** material evidence for the defence; **~ód przeciwko komuś** the evidence against sb; **zwolniony z braku ~odów** released for a. due to lack of evidence; **gromadzić/przedstawiać ~ody** to gather a. amass/to give a. present evidence; **nie ma wystarczających ~odów, żeby go skazać** there's insufficient evidence to convict him ③ (dokument) (wpłaty, dostawy, odbioru przesyłki, zakupu) receipt; (własności) proof U; **~ód nadania przesyłki pocztowej** certificate of posting GB, registered mail receipt US; **~ód tożsamości** identification U, ID ④ Filoz., Mat. proof; **przeprowadzić ~ód twierdzenia Pitagorasa** to prove Pythagoras' theorem ❑ **~ód apagogiczny** a. **nie wprost** a. **pośredni** Log., Mat. indirect proof; apagogical proof rzad.; **~ód na istnienie Boga** Filoz., Relig. evidence a. proof of the existence of God; **~ód ontologiczny** Filoz., Relig. ontological argument; **~ód osobisty** Admin. ≈ (national) identity a. ID card; **~ód przez sprowadzenie do sprzeczności** Filoz. reductio ad absurdum; **~ód rejestracyjny** Aut. (vehicle) registration (document), logbook GB; **~ód z Pisma Świętego** Relig. scriptural evidence

■ **żądać od kogoś ~odu miłości** pot. to demand that sb prove their love by having sex; **dać komuś ~ód miłości** pot. to prove that one loves sb by having sex

dowódc|a m ① Wojsk. (pułku, dywizji, eskadry) commander, commanding officer; (floty) admiral, commander; (plutonu, drużyny) commander, leader ② (powstania, operacji, kampanii) leader, commander

dowódcz|y adi. ① [talent, cechy] leadership attr. ② [kadry, stanowisko] command attr.; **najwyższe kręgi ~e armii** the army high command

dowództw|o n sgt ① (stanowisko, władza) command; **otrzymać/objąć ~o czegoś** to be given/take command of sth; **sprawować/złożyć ~o czegoś** to be in command/ to relinquish command of sth; **pod ~em kogoś** under sb's command ② (zespół dowódców) command (+ v sg/pl); (sztab dowódcy) (central) command headquarters (+ v sg/pl); **generał pojechał do ~a armii** the general's gone to GHQ a. General Headquarters; **przyszedł rozkaz z ~a** an order's come in from command

dow|óz m (G ~ozu) (towarów) supply U; (osób) transport U

doz|a f sgt ① (ilość) measure; **pewna ~a nieufności/ryzyka** a certain measure of mistrust/risk; **z dużą ~ą sceptycyzmu** with a healthy dose a. large measure of scepticism; **z dużą ~ą prawdopodobieństwa** in all likelihood ② Med. (dawka) dose; **otrzymać podwójną/potrójną ~ę leku** to receive a double/triple dose of the medication

dozbrajać impf → dozbroić

dozbr|oić pf — **dozbr|ajać** impf Ⅱ vt ① Wojsk. to provide with more arms [armię]; **~oić oddział w broń i amunicję ze zrzutu** to airdrop additional arms and ammunition to the division; **protest przeciwko ~ajaniu partyzantów** a protest against further arming of the rebels ② Techn. to provide with more equipment [fabrykę] Ⅲ **dozbroić się — dozbrajać się** [kraj, oddział] to arm oneself; **w obliczu zagrożenia zaczęli się intensywnie ~ajać** in view of the threat they began arming themselves heavily

dozgonnie adv. [wspominać] everlastingly; [wierny] eternally; **być komuś za coś ~ wdzięcznym** to be eternally grateful a. forever indebted to sb for sth

dozgonn|y adi. [związek, przyjaciele] lifelong; [miłość] undying; **przyrzekli sobie ~ą przyjaźń/wierność** they vowed to remain friends/faithful for life; **zasłużył na ich ~ą wdzięczność/wrogość** he had earned their lifelong gratitude/enmity

dozna|ć pf — **dozna|wać** impf vt ① (przeżyć) to experience (czegoś sth) [bólu, radości, rozczarowania, pragnień, cierpienia, wrażeń]; **~ć olśnienia** to have a flash of insight; **~ł w życiu wiele dobrego** he's had a very good life ② (doświadczyć) to sustain (czegoś sth) [kontuzji, obrażeń, straty, szkód]; to suffer (czegoś sth) [porażki]

dozna|nie Ⅱ sv → doznać
Ⅲ n (duchowe, religijne) experience; (estetyczne) impression, experience; (zmysłowe) sensation, experience

doznaniow|y adi. [proces] experiential

doznawać impf → doznać

dozorc|a m ① (gospodarz domu) caretaker, janitor US ② (na parkingu, w muzeum) attendant; (w budynku, na budowie) watchman; (w więzieniu) warder GB, (prison a. jail) guard US; (w parku, zoo) keeper

dozorcostw|o n sgt caretaking; **wziąć ~o** to take a job as a caretaker; **wziąć nocne ~o w fabryce** to become a night watchman in a factory

dozorczy|ni f caretaker, janitor US

dozor|ować impf vt to supervise [robotników, pracę]; to guard [więźniów, zesłańców]; **~ować budowę** a. **budowy domu** to supervise the building of a house

doz|ować impf vt ① [automat] to dispense; [lekarz] to administer a dose of; **~ować komuś/sobie lekarstwo** to dose sb/oneself with medication ② przen. to provide regular doses (coś of sth); **~ować sobie/komuś przyjemności** to provide oneself/sb with regular doses of fun/pleasure; **reżyser umiejętnie ~uje napięcie** the director skillfully measures a. metes out the suspense

dozownik m (pojemnik) dispenser

doz|ór m (G ~oru) ① sgt książk. (nadzór) supervision (nad kimś/czymś over sb/sth); oversight książk.; **mieć** a. **sprawować ~ór nad kimś/czymś** to supervise a. oversee sb/sth [pracownikami, uczniami, projektem, kontrolą jakości]; **pozostawić dziecko bez ~oru** to leave a child unattended a. without supervision; **pozostawić chorego/piec/ samochód bez ~oru** to leave the patient/furnace/car unattended; **stadko kóz pasące się bez ~oru** a herd of goats grazing unattended; **przestępców przywieziono do sądu pod ~orem policji** the criminals were brought to court in police custody; **wymknął się spod ~oru żony** żart. he slipped off his wife's radar screen żart. ② sgt Prawo supervision; **~ór kuratora** (nad młodocianym przestępcą) (juvenile) probation; (po zwolnieniu warunkowym) parole ③ sgt Admin. (instytucja) supervisory staff (+ v sg/pl); **Urząd Dozoru Technicznego** the Office a. Bureau of Technical Inspection; **~ór górniczy** a. **kopalniany** mining a. mine(s) (safety) inspector; **~ór niższy/średni** junior/intermediate inspector; **pracownik ~oru technicznego** a technical supervisor a. overseer a. inspector ④ Wojsk. ≈ point of reference; **obrać drzewo/budynek na ~ór** to designate a tree/building as a point of reference
❑ **~ór policyjny** a. **policji** pre-trial police supervision of alleged offenders

dozwol|ony adi. [koszt, limit] allowed; [kara, norma, parkowanie, prędkość] permitted; [temat, maksimum] permissible; **film ~ony od lat 18** an NC-17 film US; an X-rated film pot.; **wszystkie chwyty ~one** no holds barred także przen.

dozymet|r m (G ~ru) Fiz., Techn. dosimeter, dosemeter

dozymetryczn|y adi. Fiz., Techn. dosimetric

doż|a m (Npl ~owie) Hist. doge; **Pałac Dożów w Wenecji** the Doges' Palace in Venice

D

dożyj|ć *pf* — **dožy|wać** *impf* (~ję — ~wam) *vi* to live to see *[wydarzeń, spełnienia, sukcesu]*; to reach *[starości, późnego wieku]*; ~ć **jutra** to live through the night, to see tomorrow; ~**wać swoich lat na wsi** to live out one's days in the country; ~**ć osiemdziesiątki** to live to be eighty; **spotkamy się za rok, jak** ~**ję** we'll meet in a year's time if I live

dożylnie *adv.* Med. intravenously; **wstrzyknąć/podać coś** ~ to give sth intravenously

dożyln|y *adi.* Med. *[zastrzyk, wlew, lek]* intravenous; **we wstrzyknięciach** ~**ych** intravenously; **żywienie** ~**e** intravenous feeding; parenteral alimentation spec.

dožyn|ki *plt* (G ~**ek**) Roln. (uroczystości, świętowanie) harvest festival, harvest home; (zbiory) harvest; harvest home książk.

dożynkow|y *adi. [wieniec, pieśń]* harvest festival *attr.*

dożywać *impf* → **dożyć**
dožywiać *impf* → **dożywić**
dožywi|ć *pf* — **dožywi|ać** *impf* (~ę — ~am) **[] vt** to feed more; ~**ać dzieci w szkole** to give (extra) meals to children at school; ~**ać zwierzęta zimą** to feed the animals in winter; **akcja** ~**ania w szkołach** school lunch campaign a. programme **[]] dożywić się** — **dožywiać się** to eat more, to have extra meals; **miał niskie stypendium, więc** ~**ał się u rodziców** his scholarship didn't amount to much, so he ate at his parents' (house) a lot

dožywoci|e *n* (Gpl ~) [] Prawo (nieruchomość) life estate, life interest; (wdowie) (estate in) jointure; (świadczenie pieniężne) annuity; **być na** ~**u** to be a life tenant, to have a. hold life tenancy rights; **otrzymać coś w a. na** ~**e** *przest.* to obtain sth as a lifehold [2] *pot.* (kara) life *U pot.*; **dostać/odsiadywać** ~**e** to get/be doing life

dožywotni *adi. [więzienie, renta]* life *attr.*; *[funkcja, stanowisko]* perpetual; *[zakaz, dyskwalifikacja]* for life

dožywotnio *adv. [wygnany]* in perpetuity; *[zdyskwalifikowany]* for life; ~ **sprawować urząd** to hold (an) office for life; **zostać** ~ **kustoszem muzeum** to become curator in perpetuity of a museum

d|ół []] m (G **dołu**) [] (wykopany w ziemi) hole; (większy, głębszy) pit; (grób) grave; **wykopać/zasypać dół** to dig/fill a hole; **wpaść do głębokiego dołu** to fall into a deep pit a. hole [2] Anat. (zagłębienie ciała) cavity; fossa spec.; **doły pachowe** armpits; axillae spec.; **doły oczne** eye sockets [3] (dolna część) (schodów, drabiny, szafy) bottom; (domu, budynku) downstairs *U*, ground floor; (twarzy, pleców, ściany) lower part; **na dole** a. **u dołu strony** at the bottom of the page; **na dole obrazu** at the bottom of the painting; **zejść na dół** (po schodach) to go downstairs; (zboczem) to go downhill; **strzałka pionowa w dół** an arrow pointing (straight) down; **schodzić/zjeżdżać w dół** to descend, to go down a. lower; **spadać w dół** to fall, to drop; **oczy zwrócone w dół** downturned eyes; **w dół a. ku dołowi prowadziła wygodna ścieżka** there was a convenient path (leading) down; **sąsiedzi z dołu** (z mieszkania niżej) neigh-

bours; (z parteru) neighbours on a. from the ground floor, groundfloor neighbours; **mieszkamy na dole** (niżej) we live downstairs; (na parterze) we live on the ground floor; **pokój gościnny będzie na dole** there'll be a guest room downstairs; **płaszcze i buty trzymamy na dole** we keep our coats and shoes downstairs; **zadzwonić z dołu** to phone from downstairs; **ból w dole pleców** pain in the lower back, lower back pain; **sukienka z rozkloszowanym dołem** a dress with a flared skirt; **spódnica z falbaną/haftem na dole** a skirt with a ruffled/embroidered hem; **wystrzępiony dół spódnicy** the frayed hem of a skirt; **spodnie rozszerzane na dole** flared trousers; **nogawki zwężające się/rozszerzające się ku dołowi** tapered/flared (trouser) legs; **rękawy dołem** a. **na dole wąskie** tapered sleeves; **patrzeć na kogoś z dołu** to look up at sb, to look at sb from below; **z dołu dochodziła głośna muzyka** loud music was coming from downstairs a. (down) below; **dołem biegła wąska ścieżka** there was a narrow path (down) below; **dołem** a. **w dole płynie potok** there a creek (down) below; **pójść dołem** to take the low road a. route; **przejść dołem (pod szlabanem)** to go under (a gate); **żeglować/płynąć w dół rzeki** to sail/swim down a river a. downstream; **w dole rzeki widzieliśmy rozległe pola** we saw the extensive fields that lay downriver; **z góry do dołu** *[przeczytać, sprawdzić]* thoroughly, all the way through; **zmierzyła go wzrokiem od dołu do góry** she looked him up and down; **na dole drabiny społecznej** on the bottom rung of the social ladder [4] *przen.* (mniej, później) **zaokrąglać a. równać w dół** to round down; **liczyć od pięciu w dół** to count down a. backwards from five; **ceny/akcje idą a. lecą w dół** prices/stocks are going down; **wynagrodzenie płatne z dołu** salary paid at the end of the pay period; **usługa jest płatna z dołu** the fee for the service is payable (up)on completion; **za dostarczony towar płacimy z dołu** we pay (for goods) on delivery [5] Muz. low a. bass notes **[]] doły** *plt pot.* (społeczne) hoi polloi *U*, riffraff *U pot.*; (partyjne, związkowe) grass roots *pl* **⏥ dół garbarski** tanning pit; **dół gnilny** septic tank; **wilczy dół** pitfall

dr (= doktor) Dr.

drab *m* (Npl ~**y**) *pot.*, *pejor.* (big) bruiser *pot.*, *pejor.*

drabin|a []] f [] (ze szczeblami) ladder; (składana, ze stopniami) stepladder; ~**a strażacka** a fire ladder; **wspinać się po** ~**ie** to climb a. go up a ladder; **schodzić po** ~**ie** to go down a ladder; **wejść na** ~**ę/zejść z** ~**y** to get up on/down off a ladder; **stać na** ~**ie** to be up (on) a ladder [2] (w stajni, na wozie) (hay) rack; **wkładać siano na** ~**ę** to stack (up) hay [3] *przen.* (hierarchia) ladder *przen.*; ~**a społeczna** the social ladder; **na szczycie** ~**y stanowisk w firmie** at the top of the corporate ladder; **na najniższym szczeblu** ~**y** on the bottom rung of the ladder *przen.* **[]] drabiny** *plt pot.* hay wagon

drabinia|sty *adi.* **wóz** ~**y** a (hay)rack wagon

drabin|ka []] f [] *dem.* (ze szczeblami) (small) ladder; (składana, ze stopniami) (small) stepladder; (ze sznura) rope ladder [2] (przyrząd gimnastyczny) gym ladder, wall bars *pl* [3] *dem.* (w stajni, na wozie) (hay) rack [4] (na towary w sklepie) rack [5] (haft) ladder stitch **[]] drabinki** *plt dem. pot.* handcart *(with openwork sides)*

drachm|a *f* [] Fin., Hist. drachma [2] Miary drachm

dracznie *adv. grad. pot.* [] (dziwacznie) freakily *pot. US*; ~ **ubrany człowiek** a man in freaky clothes [2] (zabawnie) ~ **tańczyli** the way they were dancing was just hysterical; ~ **opowiedział historię/wyrecytował wiersz/zaśpiewał piosenkę** the way he told the story/recited the poem/sang the song was a (real) riot a. hoot

draczn|y *adi. grad. pot.* [] (dziwny) freaky [2] (zabawny) hysterical(ly funny) *pot.*

dragon []] m pers. [] Hist., Wojsk. dragoon [2] (Npl ~**y**) *pot.*, *pejor.* (herod-baba) battleaxe *pot.*; (firebreathing) dragon *pejor.*; **chodzić/ruszać się jak** ~ to lumber (around) like a bear a. a piece of heavy artillery **[]] m inanim.** (G ~**a** a. ~**u**) (patka) belt at the back *(of a coat)*

dragońs|ki *adi. [wierzchowiec, czapka]* dragoon's; ~**ka chorągiew** a company of dragoons; **po** ~**ku** boorishly

dra|ka *f pot.* [] (awantura) rumpus *pot.*, free-for-all *pot.*; **wywołać** ~**kę** to start a free-for-all; **zrobić komuś** ~**kę** to give sb hell *pot.* [2] (coś zabawnego) **zrobić coś dla** ~**i** to do sth for the hell of it a. for laughs a. for kicks *pot.*; **szkolne** ~**ki** school pranks; ~**ki zrobione nauczycielom** pranks played on the teachers

drakońs|ki *adi. [przepis, zarządzenie, kara]* draconian

dratł|ować *impf vi pot.*, *żart.* (piechotą) to hoof it *pot.*, *żart.*; (śpiesznie) to hotfoot it a. hightail it *pot.*, to double-time *pot.* ⇒ **przydrałować**

drama|t *m* (G ~**tu**) [] Literat., Teatr, Kino (utwór) drama, play; **wystawić** ~**t Becketta** to stage a drama a. play by Beckett [2] *sgt* Literat. (rodzaj) drama; ~**t średniowieczny/brytyjski** medieval/British drama [3] (trudna sytuacja) (high) drama *C/U*; (tragiczna sytuacja) tragedy *C/U*; **robić** ~**t ze zwykłej pomyłki** to make a big scene a. thing out of a simple mistake *pot.*

⏥ ~**t charakterów** Literat. character study; ~**t groteskowy** Teatr grotesque drama; ~**t historyczny** Teatr historical drama; ~**t liturgiczny** Teatr liturgical drama; ~**t ludowy** Teatr folk drama; ~**t mieszczański** Teatr bourgeois drama; ~**t muzyczny** Teatr musical drama; ~**t poetycki** Teatr poetic drama; ~**t romantyczny** Literat. Romantic drama; ~**t satyrowy** Literat. satyr play

dramatopisars|ki *adi.* Literat., Teatr *[kunszt, twórczość]* dramatic

dramatopisarstw|o *n sgt* Literat., Teatr [] (twórczość) playwriting [2] (ogół utworów) (jednego autora) dramatic works a. productions *pl*; (kraju, epoki) drama

dramatopisa|rz *m*, ~**rka** *f* (Gpl ~**rzy**, ~**rek**) Literat., Teatr dramatist, playwright

dramatur|g m (Npl ~**gowie** a. ~**dzy**) Literat., Teatr dramatist, playwright; (związany z określonym teatrem) dramaturg(e)

dramaturgi|a f (GD ~**i**) [1] Literat., Teatr (twórczość) (autora, autorów) dramatic works a. productions pl; (kraju, okresu) drama [2] Literat. (napięcie) dramatic effect a. tension [3] Literat. (teoria dramatu) dramaturgy [4] przen. drama (**czegoś** of sth) [wydarzeń, meczu]

dramaturgicznie adv. Literat., Teatr [zwarty, dojrzały] dramatically

dramaturgiczn|y adi. Literat., Teatr [twórczość, dzieło] dramatic; **mieć talent ~y** to have a sense of the dramatic

dramatycznie adv. grad. dramatically

dramatyczno|ść f sgt [1] (cecha utworu) drama, dramatic quality [2] (cecha sytuacji, zachowania) drama, dramatics pl

dramatyczn|y adi. grad. [1] Literat., Teatr [utwór, przedstawienie, rola] dramatic; **aktor ~y** a dramatic actor; **teatr ~y** a theatre [2] (przykry, groźny) [przeżycia, sytuacja] dramatic, traumatic; **~y widok** a dramatic sight [3] (pełen napięcia) [gest, cisza] dramatic; **~a walka o życie** a dramatic life-and-death struggle [4] kryt. (gwałtowny) [wzrost, zmiana] dramatic

dramatyzm m sgt (G ~**u**) [1] (groza) dramatic nature, gravity; (napięcie) drama, dramatic tension; **~ sytuacji** the gravity of the situation; **pełne ~u krzyki** dramatic cries a. shouting [2] Literat., Teatr **~ opowiadania** the tale's drama

dramatyz|ować impf ▯ vt [1] Literat., Teatr to dramatize [utwór, powieść, legendę] ⇒ **udramatyzować** [2] (ubarwiać) to dramatize [sytuację, przeżycia, problem]

▯ vi (przesadzać) to be (melo)dramatic; **opowiadać coś, nie ~ując** to give an unemotional account of sth; **nie ~uj!** cut out the dramatics!

▯▯ **dramatyzować się** książk. [sytuacja] to become dramatic

dramatyzowan|y ▯ pp → **dramatyzować**

▯ adi. Literat., Teatr [relacja, scenki] dramatized

dra|ń m (Gpl ~**ni** a. ~**niów**) pot., pejor. bastard posp., pejor., arsehole GB posp., pejor., asshole US posp., pejor.; **zimny ~ń** a cold-hearted bastard

drańs|ki adi. pot., pejor. [1] [zachowanie, metody] low-down pot., pejor.; rotten pejor. [2] [choroba] wretched, rotten

draństw|o n pot., pejor. [1] (nikczemny postępek) dirty trick pot., pejor.; **to ~o nie oddać długu** it's a really dirty trick not to pay back a debt [2] sgt (łobuzeria) riff-raff pejor., rabble pejor.

drapacz m [1] Roln. cultivator [2] Żegl. grapnel

❏ **~ chmur** skyscraper; **~ lekarski** Bot. blessed thistle

drap|ać¹ impf (~**ię**) ▯ vt [1] (by oczyścić powierzchnię) to scrape [ściany, lakier] [2] Włók. to comb [len, wełnę, tkaninę]; to teasel przest.; **~ana bawełna** combed cotton [3] (drażnić) **kurz/dym ~ie mnie w oczy** dust/smoke makes my eyes itch; **~ie mnie w gardle** I have a tickle in my throat, I have a scratchy throat

▯▯ **drapać się** (wspinać się) to scramble; **~ać się na drzewo/na strych** to scramble up a tree/up into an attic ⇒ **wdrapać się**

drapać² impf → **drapnąć¹**

drapak m pot. [1] (zdarta szczotka, miotła) worn-out brush [2] (druciak do szorowania) scourer, scouring pad a. brush [3] (stary samochód) heap pot. [4] (choinka) thin and shabby Christmas tree [5] Techn. (strug) toothing plane

■ **dać ~a** to fly the coop pot., to skedaddle pot.

draperi|a f (GDpl ~**i**) [1] zw. pl. (fałda) fold [2] (tkanina) drapery; (zasłona) drapes pl

drapichru|st m (Npl ~**sty**) książk., żart. rogue

drapieżc|a m książk. [1] (zwierzę) predator; (ptak) raptor [2] (napastnik) assailant; (rabuś) plunderer

drapieżnie adv. grad. rapaciously

drapieżni|k m (zwierzę) predator, beast of prey; (ptak) raptor, bird of prey

drapieżno|ść f sgt [1] (zwierząt) predacity, predaciousness [2] (chciwość) rapacity, rapaciousness

drapieżn|y adi. grad. [1] Biol. predatory; **ptaki/zwierzęta ~e** predatory birds/animals, birds of prey/predators [2] przen., pejor. [osoba] predatory, rapacious; [zachowanie, spojrzenie] predatory; [artykuł, wypowiedź] scathing

drap|nąć¹ pf — **drap|ać²** impf (~**nęła**, ~**nęli** — ~**ię**) ▯ vt [1] (skrobnąć wydając dźwięk) (paznokciami) to scratch; (pazurami) to scrabble vi; **~ać kogoś po plecach/kota za uchem** to scratch sb's back/a cat behind the ear [2] (zostawiając ślad, raniąc) to scratch [skórę, karoserię, napastnika]; to graze [kolana, łokcie]; **~ać ręce do krwi** to scratch one's hands until they bleed

▯▯ **drapnąć się — drapać się** (skaleczyć się) to scratch (oneself); **~nąć się w rękę** to scratch one's hand

■ **~ać się po głowie** to scratch one's head (in amazement) pot.; **choćbyś ściany** a. **ścianę ~ał** you might as well bang a. beat your head against a brick wall

drap|nąć² pf pot. ▯ vt [1] (ukraść) to nab pot., to pinch GB pot., to nick GB pot.; **~nęli mi auto** my car's been pinched [2] (złapać) to nab pot.; **~nęli go u pasera** they nabbed him when he contacted his fence

▯ vi (uciec) to fly the coop pot.; **~nął z więzienia** he busted out of prison pot.

drap|ować impf ▯ vt to drape [zasłonę, suknię, tkaninę] ⇒ **udrapować**

▯▯ **drapować się** [1] (ubierać się) to drape oneself (**w coś** in a. with sth); to dress (**w coś** in sth) [2] książk., przen. (przybierać pozę) to affect (**w coś** sth); **~ować się w powagę** to affect a serious a. solemn demeanour [3] (układać się) [tkanina, szal] to drape

drapowa|nie ▯ sv → **drapować**

▯ n (ozdoba) drapery C/U; (fałd) drape U, draping U

drapowan|y ▯ pp → **drapować**

▯ adi. draped

dra|snąć pf (~**snęła**, ~**snęli**) ▯ vt [1] (skaleczyć) [pocisk, strzała] to graze; [osoba] to wound (slightly), to cut; **~snąć kogoś szablą** to wound a. cut sb slightly with a sword ⇒ **zadrasnąć** [2] (urazić) to hurt;

~snąć kogoś boleśnie przykrymi słowami to wound sb with harsh words ⇒ **zadrasnąć**

▯▯ **drasnąć się** to cut oneself (**czymś** with sth); **~snąć się w palec** to cut a. graze one's finger; **~snąć się przy goleniu** to nick oneself (while) shaving ⇒ **zadrasnąć się**

drastycznie adv. grad. [1] (radykalnie) drastically [2] (rażąco) [przedstawiać, obrazować] graphically, explicitly; [traktować, naruszać prawo] severely

drastyczno|ść f sgt [1] (opisu, sceny, filmu) graphic a. explicit nature; (dowcipu) vulgarity, explicit nature [2] (środków, metod) drastic nature; (przepisów, zarządzeń) (draconian) severity

drastyczn|y adi. grad. [1] (rażący) [opis, scena, szczegóły] graphic, explicit [2] (radykalny) [środki, redukcja] drastic; [przepis, zarządzenie] draconian, severe [3] Med. [metoda, środek] drastic

draśnię|cie ▯ sv → **drasnąć**

▯ n (na skórze, ciele) graze; (na politurze, farbie) nick

dratw|a f Techn. twine (used by shoemakers)

■ **siedzieć jak ~ą przyszyty** to sit motionless

drażet|ka f [1] (cukierek) drop; **~ki czekoladowe/cytrynowe** chocolate/lemon drops [2] Med. (tabletka powlekana) (coated) tablet; (do ssania) lozenge

drażliwo|ść f sgt (over)sensitivity (**na coś** to sth); touchiness (**na coś** about sth)

drażliw|y adi. grad. [1] [pytanie, kwestia, sytuacja] touchy, awkward [2] [osoba, charakter] (over)sensitive (**na temat czegoś** about sth); touchy (**na temat czegoś** about sth) [3] (poufny) [misja] sensitive

drażniąco adv. [1] (denerwująco) [zachowywać się] irritatingly, annoyingly [2] (szkodliwie) ~ **działać na skórę** to irritate the skin

drażniąc|y ▯ pa → **drażnić**

▯ adi. [1] [zachowanie, pomyłka] irritating, annoying [2] [dźwięk, głos] grating, jarring; [zaduch, dym, zapach] acrid, harsh [3] (podrażniający) irritant; **środek ~y** an irritant

drażni|ć impf ▯ vt [1] (wywoływać gniew) [osoba, sytuacja, okoliczność] to annoy, to irritate; **~ą mnie twoje ciągłe spóźnienia** your constant lateness is irritating a. annoying me; **~ mnie tym swoim ciągłym narzekaniem** his constant complaining is getting on my nerves [2] (dokuczać) to tease, to bother [osobę, zwierzę]; **~ć psa kijem** to tease a dog with a stick; „**nie ~ć zwierząt!**" 'don't tease the animals, leave the animals alone'; **lubił ~ć młodszego brata** he loved to tease his younger brother [3] (działać na zmysły, skórę) to irritate; **gryzący dym ~ł jej nozdrza** the harsh smoke irritated her nostrils; **zapach jedzenia ~ł i pobudzał jej apetyt** the smell of the food whetted her appetite [4] przen. to be an affront to [poczucie estetyki, poczucie sprawiedliwości]; to pique a. stir up [ambicję, dumę, poczucie sprawiedliwości]; **to ~ło moją kobiecą ambicję/ męską dumę** it was an affront to my female/male ego; **jej rzeźby/obrazy ~ą poczucie smaku** her sculptures/paintings are an affront to good taste

D

III drażnić się to tease (**z kimś** sb); **przestań się z nim ~ć i oddaj mu piłkę** stop teasing him and give him his ball back

drąg m pole, bar; (jako broń) club

drągal m (Gpl ~i) pot. beanpole pot.

drąż|ek m [1] (cienki pręt) rod [2] Sport bar; **ćwiczenia na ~kach** bar exercises [3] Taniec bar; **ćwiczenia przy ~ku** bar exercises

❏ **~ek dyszlowy** Aut. tow bar; **~ek kierowniczy** Aut. steering shaft; **~ek skrętny** Techn. torsion bar; **~ek steru** a. **sterowy** Lotn. control column; joystick pot.

drąż|ony II pp → **drążyć**

III adi. hollow(ed-out); [łódka] dugout; [owoc] cored, pitted

drąż|yć impf vt [1] (używając narzędzi, maszyn) to sink [szyb, studnię]; to bore [otwór]; to hollow (out) [łódź, drewno]; **~yć tunel w skale** to cut a. bore a. drive a tunnel through rock ⇒ **wydrążyć** [2] (usuwać środek, pestki) to core [jabłko, gruszkę]; to pit [oliwki, wiśnie]; to hollow (out) [dynię, bakłażana] ⇒ **wydrążyć** [3] (wypłukiwać) [woda, potok] to erode, to wear ⇒ **wydrążyć** [4] (zgłębiać) to go a. delve (deeper a. further) into [temat, kwestię] [5] (dokuczać) [wątpliwości, wyrzuty sumienia, ból] to gnaw at przen.; [problemy, choroba] to afflict; [zmartwienie, myśl, kwestia] to nag (away); **~y ją tęsknota/smutek/niepokój** she is consumed with longing/sorrow/anxiety; **~y go poczucie winy** he is consumed with guilt; **ból/choroba ~y jej ciało** her body is wracked with pain/disease [6] książk. (przenikać) to penetrate [mrok, ciszę]

■ **kropla ~y skałę** przysł. ≈ little by little does the trick przysł.

drelich m (G ~u) [1] sgt Włók. (na ubrania) drill; (na pokrowce) ticking; **kurtka z ~u** a drill jacket [2] (ubranie robocze) work clothes U; (strój więzienny) prison garb U, prison uniform

drelichow|y adi. [koszula] drill attr.

dren m (G ~u) Budow., Med. drain; Roln. (melioracyjny) drainage pipe

drenaż m (G ~u) drainage U

❏ **~ mózgów** brain drain pot.; **~ pieniędzy** a. **rynku** Ekon., Fin. draining money a. the market

drenażow|y adi. [prace, rurki, szyb] drainage attr.

dren|ować impf vt [1] Budow., Roln. to drain [grunt, ogród] ⇒ **wydrenować** [2] Med. to drain [ranę, serce] [3] Fin. [podwyżki, wysokie ceny, podatki] to be a drain (**coś** on sth); to drain [zasoby finansowe, dochody]; **akcyzy ~ują kieszeń podatnika** excise duties are a drain on the taxpayer's pocket

drenow|y adi. [system] drainage attr.

drep|tać impf (~czę a. ~cę) vi [1] (chodzić) [małe dziecko] to toddle around; (kołysząc się) to waddle; (stawiać małe kroki) to take short steps; (nienaturalnie) to mince (about a. around) [2] przen. **~tać wokół własnych spraw** to run around doing one's own stuff pot. ⇒ **podreptać**

■ **~tać w kółko** (być bezproduktywnym) to go round in circles; **~tać w miejscu** (nie rozwijać się) to get nowhere, to run on the spot

dreptanin|a f [1] (chodzenie) **o świcie zbudziła nas ~a gospodyni** we were woken by the toing and froing of our landlady [2] (zabieganie) grind (**wokół czegoś** of sth); **codzienna ~a wokół spraw powszednich** the hustle and bustle of everyday life

dres m (~ik dem.) (G ~u, ~iku) (treningowy, sportowy) tracksuit, sweatsuit; (z podszewką) shell suit; **bluza i spodnie od ~u** tracksuit top and bottom, a sweatshirt and sweatpants

dresow|y adi. **~a bluza** a sweatshirt; **~e spodnie** sweatpants

dreszcz m (G ~u) [1] zw. pl Med. shiver; **mieć ~e** to be shivering, to have a shivering fit [2] (wywołany strachem) quiver, shivers pl; (wywołany niepewnością, podnieceniem) quiver, thrill; **przyprawiać kogoś o ~e** to send shivers up a. down sb's spine; **~ mnie przechodzi** a. **przebiega po mnie na samą myśl, że...** (ze strachu) I shiver to think a. at the thought that...; **po plecach przebiegł jej ~ podniecenia** she felt a thrill of excitement; **na ten widok wstrząsnął nim ~ strachu** he quivered a. shook with fear at the sight

dreszczow|iec m spine-chiller, thriller

dreszczyk m dem. (G ~u) (wywołany strachem) quiver, quaver; (wywołany niepewnością) tingle; (wywołany podnieceniem) thrill, prickle; **opowieść/film z ~iem** a (spine-)chiller; **powieści kryminalne z ~iem** spine-chilling detective stories; **przygody z ~iem** spine-tingling adventures pot.; **poczuć ~ emocji** to feel a prickle of excitement; **przyprawiać kogoś o ~** to send a shiver a. shivers up a. down sb's spine

drewien|ko n dem. kindling, small stick, twig

drew|ko n zw. pl pot. small stick, twig

drewniacz|ek m dem. (little) clog

drewniak m [1] (but) clog [2] (dom) wooden a. timber house

drewnian|y adi. [1] [beczka, dom, mebel, ustnik] wooden; [belka, konstrukcja] timber attr. [2] [dźwięk] wooden; [głos, śmiech] flat, hollow [3] przen., pejor. [nogi, palce, ruchy] stiff [4] przen. [osoba] uptight

drewni|eć impf (~eję, ~ał, ~eli) vi [1] Bot. [łodyga, pęd] to lignify spec.; to become woody ⇒ **zdrewnieć** [2] (drętwieć) [część ciała] to become numb, to go to sleep; **widziała jak jego twarz ~eje** she saw his face stiffen ⇒ **zdrewnieć**

drew|no n [1] sgt (materiał) wood; (surowiec budowlany) timber; **~no opałowe/sandałowe/bukowe** firewood/sandalwood/beech; **szafa z dębowego/sosnowego ~na** an oak/a pine wardrobe; **rzeźbić w ~nie** to carve a. sculpt in wood; **obróbka ~na** timber processing [2] (na opał) (fire)wood U; **stos ~ien** a. **~na na ognisko** a pile of wood for a bonfire [3] sgt Bot. (tkanka roślinna) xylem [4] sgt środ., Muz. woodwind (+ v sg/pl)

❏ **~no impregnowane** Techn. impregnated a. pretreated wood a. timber; **~no kopalniane** Górn. mine a. pit timber, pit props; **~no okrągłe** Techn. stripped trunk; **~no późne** Bot. summer a. late wood; **~no prasowane** Techn. compressed a. densified wood; **~no użytkowe** Techn. usable timber; **~no warstwowe** Techn. plywood, laminate; **~no wczesne** Bot. spring a. early wood; **~no wtórne** Bot. secondary thickening

■ **być jak ~no** (nieczułym) to be as hard as nails; (sztywnym) to be as stiff as a board pot.; **twardy jak ~no** as hard as a rock; **mieć palce/ręce jak ~no** a. **jak z ~na** to have numb(ed) fingers/hands; **mieć język jak ~no** a. **jak z ~na** to become tongue-tied; **zeschnąć (się) na ~no** to be (as) dry as a bone

drewutni|a f (Gpl ~) woodshed

drezyn|a f trolley GB; (poruszana ręcznie) handcar US; (silnikowa) motor car US

dręczyciel m, **~ka** f pejor. tormentor

dręcz|yć impf II vt [1] (fizycznie lub psychicznie) to torment, to rack, to wrack; (psychicznie) to bedevil; **~yć kogoś pytaniami** to pester a. plague sb with questions; **~yć kogoś okrutnymi żartami** to plague sb with cruel jokes; **~ył ją swoją zazdrością** she was tormented a. plagued by his jealousy; **bito go i ~ono na przesłuchaniach** he was beaten and tortured during the interrogation; **przestań ~yć psa!** stop tormenting a. annoying the dog! [2] [obawy, smutek, złe sny] to torment, to afflict; [rozpacz, wspomnienia] to torture, to plague; [wątpliwości, wyrzuty sumienia] to gnaw przen. (**kogoś** at sb); **~y mnie myśl, że.../ciekawość/podejrzenie/niepokój** I am plagued by the thought that.../curiosity/suspicion/anxiety; **~ące pytanie** tormenting question; **~ący strach** gnawing fear; **~yła ją niepewność/zazdrość** she was tormented by anxiety/jealousy; **~y go poczucie winy** he is (w)racked with a. by guilt [3] [cierpienia] to afflict; to gnaw (**kogoś** at sb); **~ył ich głód/~yły ich choroby** they were afflicted by hunger/diseases

II dręczyć się [1] (siebie samego) to agonize (**czymś** over sth) [problemami]; to torture oneself (**czymś** with sth) [myślą]; **~yć się (tym), że nie wszystko jest tak, jak powinno** to be worried by the fact that not everything is as it should be [2] (jeden drugiego) to torment each other

drętw|a f Zool. torpedo (ray)

drętwi|eć impf (~eję, ~ał, ~eli) vi [1] (tracić czucie) [ręce, nogi] to become a. go numb; [kark] to stiffen (up); **~ał z zimna** he was numb with cold; **ze zmęczenia ~eją mi nogi** my legs are numb with fatigue ⇒ **zdrętwieć** [2] (wskutek emocji) to be numb a. petrified (**z czegoś** with sth); **widzowie ~eli z przerażenia** the audience was a. were paralyzed by fear; **~ał na myśl o karze** he was petrified at the thought of being punished ⇒ **zdrętwieć**

drętwo adv. [przemawiać] boringly; **patrzył ~ przed siebie** he stared into the distance; **na imprezie było ~** pot. it was a boring party

drętwo|ta f sgt [1] (zobojętnienie) lethargy; **ogarnęła go ~ta** a. **pogrążył się w ~cie** he became lethargic; **~ta uczuć** emotional indifference [2] pejor. (brak oryginalności) **~ta stylu/języka** clichéd a. hackneyed style/language [3] (brak czucia) numbness; **czuł**

~tę w całym ciele his whole body went numb

drętw|y _adi._ [1] (pozbawiony czucia) numb [2] pejor. _[przemówienie]_ boring; _[przyjęcie, zabawa]_ lame; dullsville US pot.; _[cisza, zachowanie]_ stiff; _[sytuacja]_ heavy going [3] pot. _[osoba]_ boring; **on jest trochę ~y** he's a bit uptight pot.
■ **~a mowa** pot., pejor. waffle GB

drg|ać¹ _impf_ → **drgnąć¹**

drg|ać² _impf vi_ _[światło, blask]_ to shimmer ⇒ **zadrgać** [2] _[głos, dźwięk]_ to tremble, to quaver (**czymś** with sth) _[uczuciem, drwiną, strachem]_; **w czyimś głosie ~a gniew** a. **czyjś głos ~a gniewem** sb's voice quivers with anger ⇒ **zadrgać** [3] Fiz. _[pole magnetyczne]_ to oscillate

drga|nie [] _sv_ → **drgać**
[] **drgania** _plt_ Fiz., Mech. (fal, obwodu elektrycznego, wahadła) oscillation _C/U_; (atomu, struny, skorupy ziemskiej) vibration _C/U_

drgaw|ka _f_ Med. **~ki** convulsions, tremor; **mieć ~ki** to have convulsions; **dostać ~ek** to go into convulsions; **wywoływać ~ki** to cause tremors a. convulsions
❏ **~ki kloniczne** Med. clonic convulsions; **~ki toniczne** Med. tonic convulsions

drgawkow|y _adi._ _[napady]_ convulsive; _[skurcz]_ spasmodic

drg|nąć¹ _pf_ — **drg|ać¹** _impf vi_ (poruszyć się szybko) _[powieka, nozdrze, mięsień, ręka]_ to twitch; _[budynek, pociąg, grunt]_ to shudder; _[struna, wiązadła głosowe, maszyna]_ to vibrate; **oficer ~nął na dźwięk ojczystej mowy** the officer started at the sound of his native tongue

drg|nąć² _pf_ [1] (poruszyć się) to budge; **wskazówka ani ~nie/~nęła** the needle a. hand won't budge/didn't flicker a. budge; **chciałem przesunąć biurko, ale ono ani (nie) ~nęło** I wanted to move the desk, but it wouldn't budge [2] pot. (zmienić się) to change; **w bankowości nic nie ~nęło/ coś ~nęło** nothing/something has changed in the banking system

drink _m_ (_A_ **~a**) drink (alcoholic)

drobiazg _m_ (_G_ **~u**) [1] (w mieszkaniu) knick-knack, nick-nack; (biżuteria, ozdoba) trinket; (ozdóbka, zabawka) novelty; (wykończeniowy) final detail; **szuflada/pudełko na różne ~i** a drawer/box for odds and ends a. bits and pieces a. bits and bobs; **mam dla ciebie taki ~** I've got a little something for you [2] (błahostka) trifle; **przejmować się ~ami** to worry about trifles; **tracić czas na ~i** to waste time on trivialities; **czepiać się ~ów** to nit-pick pot.; „**dziękuję ci bardzo**" – „**to ~**" 'thanks a lot' – 'don't mention it' [3] _sgt_ (dzieci) little ones _pl_; brood pot.; **czworo/sześcioro ~u** a brood of four/six
■ **rozsypać się** a. **rozwalić się w ~i** to fall to pieces a. bits

drobiazgowo _adv._ _[analizować, opisywać]_ in detail; _[rozliczać się, opracowywać, planować]_ meticulously

drobiazgowoś|ć _f sgt_ (ukazanie szczegółów) fullness a. minuteness of detail; (dbałość o szczegóły) meticulousness; (wnikanie w szczegóły) painstakingness; **sceny przedstawione z realistyczną ~cią** the scenes portrayed with painstaking accuracy

drobiazgow|y _adi._ [1] _[badania, przygotowania]_ meticulous, painstaking; _[opis, analiza]_ detailed; _[śledztwo, relacja]_ minute [2] _[osoba]_ punctilious; (nadmiernie) pedantic; nit-picking pot.; **nie bądź taki ~y!** (dokładny) don't be so meticulous; (obrażalski) don't be so petty

drobiażdż|ek _m dem._ (_G_ **~ku**) [1] (w mieszkaniu) knick-knack, nick-nack; (biżuteria, ozdoba) trinket; **~ki** bits and pieces a. bobs [2] żart. mere trifle

dr|obić _impf_ [] _vt_ [1] (rozdrabniać) to crumble _[chleb, bułkę]_ ⇒ **podrobić** [2] (dreptać) **drobić kroki** to walk with very short steps
[] _vi [dziecko]_ to toddle around; _[dorosły]_ to walk with very short steps; (nienaturalnie) to mince (about a. around)

drobin|a _f_ (**~ka** _dem._) [1] (kurzu) speck; (łupieżu) fleck; (brudu, farby) speck, fleck; (soli, piasku) grain [2] pieszcz. mite

drobiow|y _adi._ [1] Kulin. _[filety, wątróbki, pasztet, rosół]_ poultry _attr._; **podroby ~e** giblets [2] Roln. **ferma ~a** a poultry farm; **karma ~a** chicken feed

drobnic|a _f sgt_ [1] Transp. packaged a. unitized cargo a. load [2] pot. (zwierzęta, osoby) small fry _pl_ [3] pot., przen. (drobne sprawy) trifles _pl_ [4] (drewno) branches and small pieces of timber

drobnicow|iec _m_ Transp., Żegl. general cargo carrier a. ship

drobnicow|y _adi._ Transp. _[ładunek, towary]_ packaged, unitized; _[barka, statek]_ general cargo _attr._

drobniu|tki (**~teńki**, **~sieńki**) _adi. dem._ [1] _[krok, kawałek, pismo]_ tiny; _[cząstka, insekt, włókno]_ minute; _[piasek, kropelki, ziarenka]_ fine; _[puder]_ superfine [2] _[postać, dziecko]_ diminutive; _[kobieta]_ petite

drobniutko _adv. dem._ _[kroić]_ very fine(ly); _[pisać]_ small; _[zmielony]_ finely

drobn|o [] _adv. grad._ _[mielić, siekać]_ fine(ly); _[pisać]_ small; _[zmielony, pocięty]_ finely; **~o zadrukowany** in fine a. small print; **~o krojone warzywa** finely chopped vegetables
[] **drobno-** _w wyrazach złożonych_ fine-, small-; **drobnoziarnisty** fine-grained; **drobnowzorzysty** small-patterned

drobnomieszczan|in _m_ (_Gpl_ **~**) [1] Socjol. petit bourgeois, member of the lower middle class [2] pejor. petit bourgeois

drobnomieszczańs|ki _adi._ [1] Socjol. _[środowisko, rodzina]_ petit a. petty bourgeois, lower middle-class [2] pejor. _[gust, moralność]_ petit a. petty bourgeois

drobnomieszczaństw|o _n sgt_ [1] Socjol. the petit(e) a. petty bourgeoisie (+ _v sg/pl_), the lower middle class [2] pejor. narrow-mindedness, petit a. petty bourgeois mentality

drobnomieszczuch _m_ (_Npl_ **~y**) pot., pejor. narrow-minded petit bourgeois

drobnost|ka _f_ mere trifle; bagatelle rzad.

drobnoustr|ój _m_ (_G_ **~oju**) zw. _pl_ Biol. micro-organism

drobnoziarni|sty _adi._ _[film, papier, stal]_ fine-grained; _[minerał]_ close-grained; _[pszenica, len]_ with small grains; **skała ~sta** fine-grained a. small-grained rock

drobn|y [] _adi. grad._ [1] _(mały)_ _[jabłka, pismo, ziarna]_ small; _[deszcz, pył, siatka]_ fine; _[piasek, sól]_ fine-grained; _[ilość]_ minute; **~e opady (deszczu/śniegu)** rain/snow showers [2] (delikatny) _[osoba, budowa]_ slight, dainty; _[kobieta]_ petite; _[figura]_ diminutive; **twarz o ~ych rysach** fine-featured face [3] (na małą skalę) _[inwestor, przedsiębiorca]_ small; _[przemysł, wytwórczość, producent]_ small-scale; _[oszust, przestępca]_ small-time; **~e przestępstwo** petty crime, a minor offence; **~y kupiec** a tradesman; **~i posiadacze** smallholders [4] (mało znaczący) _[rana, wzrost, szansa]_ slight; _[ból, przypadłość, zadrapanie, zmiana]_ minor; _[kłamstwo, kłopot, szczegół]_ trivial; _[błąd, wykroczenie, zdarzenie]_ minor, trivial; _[grzech]_ venial; **~i urzędnicy** petty a. minor officials; **~e ogłoszenie** a classified a. small ad; **~y złodziejaszek** a petty a. small-time thief [5] _[ruch, gest, krok]_ small [6] (o małej wartości) _[suma, ilość pieniędzy]_ trifling, small; _[koszty, sumy]_ trivial; **~e monety** a. **pieniądze** small change _U_; **~e wydatki** minor expenses; **pieniądze na ~e wydatki** pocket money; (w firmie) ≈ petty cash; **dać dziecku na ~e wydatki** to give one's child pocket money
[] **drobne** _plt_ small change _U_; **rozmienić banknot na ~e** to get change for a banknote; **wydać resztę ~ymi** to give (the) change

drocz|yć się _impf v refl._ [1] (kłócić się) to bicker (**o coś** about sth); **~yła się z braćmi o każde głupstwo** she bickered over everything with her brothers; **przestańcie się ~yć!** stop bickering! [2] (drażnić) to tease _vt_; (żartować) to banter (**z kimś** with sb); **nie ~ się z nią więcej i powiedz, co to jest** stop teasing her and tell her what it is; **ona się tylko tak ~y** she's only teasing; **zawsze się tak ~ą** they always banter with each other

dr|oga [] _f_ [1] (z twardą nawierzchnią) road; (bita, leśna, polna) track; (wąska, wiejska) lane; **droga asfaltowa/tłuczniowa** a tarmac/macadam road; **polna droga** a cart a. field track, a bypath; **boczna droga** a byway, a side road; **główna droga** (w mieście, między miastami) a main road; (przelotowa, krajowa) a trunk road GB, a highway US; **droga wyłącznie dla rowerów** a cycle track; **droga z pierwszeństwem przejazdu/podporządkowana** a road with/without right of way; **droga gruntowa** a dirt road, a track; **skrzyżowanie dróg** a crossroads; **droga publiczna/prywatna/dojazdowa** a highway/private road/access a. service road; **droga bez przejazdu** a blind alley, a cul-de-sac; **droga szybkiego ruchu** a. **ekspresowa** a dual carriageway a. clearway GB, a freeway US; **znak „roboty na drodze"** a 'Roadworks' sign; **droga wiedzie** a. **prowadzi** a. **biegnie ku rzece** the road leads to the river; **droga skręca w lewo** the road turns left; **droga rozwidla się** the road forks; **proszę jechać dalej tą drogą i skręcić w lewo przy zrujnowanej stodole** go straight ahead and turn left at the derelict barn [2] (szlak komunikacyjny) (wodny) waterway; (morski) seaway, sea route; (powietrzny, lotniczy) airway, air route; (lądowy) overland route; (kolejowy) railway GB, railroad US; **droga karawanowa** a caravan route; **podróżować drogą morską/lotniczą/ko-**

lejową to travel by sea/by air/by rail; **podróżować drogą lądową** to travel overland; **transportować coś drogą powietrzną** to transport sth by air; **odkryć nową drogę morską** to discover a new sea route ③ (kierunek) way; (trasa) route; **iść/jechać okrężną drogą** to take a circuitous a. roundabout route; **nałożyć** a. **nadrobić drogi** to go the long way round; **po drodze** (na trasie) [odwiedzić, zrobić zakupy, spotkać] on the a. one's way, along the way; przen. (przy okazji) [nauczyć się, poznać] along the way; **po** a. **w drodze do Dublina** on the way a. en route to Dublin; **na pocztę jest mi nie po drodze** the post office is out of my way; **nam było z nim nie po drodze** przen. we went our separate ways; **pytać kogoś o drogę na dworzec** to ask sb the way to the railway station; **znać drogę/nie znać drogi (do domu)** to know/not know the way home; **wskazać komuś drogę** to tell a. show sb the way; **pomylić drogę** to go the wrong way; **zgubić drogę** to lose one's a. the way; **odnaleźć drogę do domu** to find one's a. the way home; **planować drogę ucieczki** to plan one's escape route; **droga ewakuacyjna** an evacuation route; **droga wspinaczkowa** Sport a climbing route ④ (podróż, wędrówka) way; **kawał** a. **szmat** a. **świat drogi** pot. a heck of a long way; **dzień/kilka godzin drogi od miasta** (piechotą) a day's/several hours' march away from town; (samochodem) a day's/several hours' drive away from town; **być w drodze** (w podróży) to be on one's a. the way; [ustawa, premiera] to be in the pipeline przen.; **dziecko jest w drodze** przen. the baby's on its way; **jedzenie na drogę** provisions; **ruszać w drogę** to set off a. out (on a journey); **być gotowym do drogi** to be ready to set off a. out; **w drodze powrotnej** on the way back; **droga tam i z powrotem zajęła nam godzinę** the round trip took us an hour; **w drogę!** (wyruszając) time to go!; (kontynuując) on we go!; **szerokiej drogi** have a safe journey a. trip! ⑤ (możliwość poruszania się) **zajechać komuś drogę** to drive out in front of sb; **zastawić/ zablokować drogę** to block the way a. road, to bar the way; **ustąpić komuś drogi** to give way to sb; **zejść komuś z drogi** to get out of sb's way; **odciąć komuś drogę** to cut sb off; **z drogi!** get out of the way!, clear the way!, make way!; **droga wolna!** (w ruchu publicznym) the road is clear!; (brak niebezpieczeństw) the coast is clear!; (rób jak chcesz) suit yourself! ⑥ (sposób) means; (tryb) channel; **droga do (osiągnięcia) celu/ zdobycia popularności** the means of achieving one's aims/of gaining popularity; **pokątne drogi zdobywania informacji/ zarabiania pieniędzy** devious ways a. means of obtaining information/earning money; **najlepsza droga rozwiązania konfliktu** the best way to settle a conflict; **mieć przed sobą tylko jedną drogę** to have no alternative; **mieć przed sobą dwie drogi** to have two possibilities a. choices; **drogą dyplomatyczną/służbową** through (the) diplomatic/official channels; **droga prawna** a. **sądowa** Prawo legal action; **odstąpić od drogi prawnej** to settle a case

a. dispute out of court; **wstąpić na drogę prawną** to take legal action; **rozstrzygać sprawę drogą polubowną** Prawo to settle a case out of court; **w drodze przetargu/ losowania** by tender/drawing lots; **w drodze wyjątku** as an exception, exceptionally; **choroby przenoszone drogą płciową** sexually transmitted diseases; **drogą radiową** over the radio ⑦ (ciąg wydarzeń, los) road, way; **na drodze do gospodarki rynkowej** on the road to a/ the market economy; **pomóc komuś w drodze do sławy/sukcesu** to help sb on the road to fame/success; **ich drogi się rozeszły** they have drifted apart ⑧ Fiz., Mat. path

Ⅱ **drogi** plt Med. (moczowe, łzowe, żółciowe) ducts; **drogi oddechowe** airway

❑ **droga bita** Techn. a surfaced a. paved road; **droga hamowania** Aut. stopping a. braking distance; **droga (do) kołowania** Lotn. taxiway; **Droga Krzyżowa** Bibl. Via Dolorosa, Way of the Cross; Relig., Szt. Stations a. way of the Cross; przen. via dolorosa, trials and tribulations; **Droga Mleczna** Astron. the Milky Way; **droga startowa** Lotn. runway; **droga żelazna** przest. railway, railroad US

■ **ostatnia droga** funeral rites pl a. obsequies pl; **być w drodze** przen. to be on the way; **swoją drogą** any way, while we're about it; **tylko kaszlesz, ale swoją drogą mógłbyś pójść do lekarza** you're only coughing, but while you're about it you could go to the doctor('s); **być na dobrej/ złej drodze** to be on the right/wrong track; **chadzać** a. **chodzić własnymi drogami** to go one's own way, to be a lone wolf; **sprowadzić** a. **zwieść kogoś na złą drogę** to lead sb astray; **zejść na złą drogę** to stray from the straight and narrow; **zawrócić ze złej drogi** to get back on the straight and narrow; **szukać drogi/znaleźć drogę do kogoś** to try to find/to find a way of making contact with sb; **znaleźć się na rozstajnych drogach** a. **na rozstajach dróg** to be at a crossroads; **komu w drogę, temu czas** time to hit the road a. trail US pot.; **nie tędy droga** we/you are off a. way off beam pot.; we/you are on the wrong track; **wstąpił do piekieł, po drodze mu było** przysł. ≈ he couldn't have gone a longer way round; **wszystkie drogi prowadzą do Rzymu** przysł. all roads lead to Rome przysł.; **droga do serca mężczyzny wiedzie przez żołądek** przysł. the way to a man's heart is through his stomach przysł.

drogeri|a f (GDGpl ~i) ≈ chemist a. chemist's GB, ≈ drugstore US; **kupić coś w ~i** to buy sth at the chemist's

drogeryjn|y adi. **artykuły ~e** articles on sale at the chemist's GB a. in a drugstore US

dro|gi adi. grad. ① (kosztowny) [towar, usługa] expensive, costly; [fryzjer, architekt, miasto, kraj, restauracja] expensive; [kredyt] high-cost, high-interest; **ten hotel jest dla mnie za ~gi** this hotel is too expensive a. pricey pot. for me; **to ~gi sklep** this shop is expensive; **jak ~gi będzie ten wyjazd?** how much will the trip cost?; **pożyczki w bankach są ~gie** bank loans carry high interest; **kosztować ~gi grosz** a. **~gie**

pieniądze to cost a pretty penny pot.; **kupić coś za ~gi grosz** a. **~gie pieniądze** to pay a fortune a. the earth for sth ② (cenny) [kamienie] precious; **mój czas jest dla mnie ~gi** my time is precious; **każda chwila jest ~ga** every moment is precious ③ (bliski) [osoba, pamiątka, miejsce] dear; **~gi/ najdroższy przyjaciel** a close/closest a. dear/dearest friend; **ludzie, którzy są nam ~dzy** those dear to us, those we love; **rzeczy, które są mu ~gie** things he holds dear a. he prizes; **ten człowiek/ten drobiazg jest ~gi mojemu sercu** this man/ this trinket is close a. dear to my heart; **jesteś mi bardzo ~gą osobą** you are very dear a. precious to me ④ (w zwrotach grzecznościowych) dear; **~dzy państwo** ladies and gentlemen!; **~dzy rodzice/przyjaciele** (my) dear parents/friends; **~ga pani/ ~gi panie/~dzy państwo** Dear Madam/ Dear Sir/Ladies and Gentlemen; **mylisz się, mój ~gi/pan się myli, ~gi panie** iron. you're mistaken, my dear boy/sir; **Drogi Adamie!** Dear Adam; **najdroższa!** Dearest!; **najdroższy!** Dearest!; **jak się masz, moja ~ga/mój ~gi?** how are you, my dear?; **moja najdroższa/mój najdroższy** my darling; **przepraszam, moi ~dzy, za spóźnienie** sorry, folks a. guys US, for being late pot.

dro|go adv. grad. ① [kupić, wycenić] expensively; [sprzedać] at a high price; **~go zapłacić** to pay dear a. a high price; **~go kosztować** to cost a lot of money; **~go brać** a. **liczyć sobie** to charge a lot of money; **zapłacić za coś (o wiele) ~żej** to pay (a lot) more for sth; **to dla mnie za ~go** it's too expensive a. pricey pot. for me ② przen. dearly; **ambicje ~go go kosztują** a. **~go płaci za swoje ambicje** his ambitions cost him dear a. dearly; **~go zapłacił za ten błąd** a. **ten błąd go ~go kosztował** he paid dearly a. a high price for his mistake

■ **~go sprzedać (swoje) życie** to sell one's life dearly

drogocenno|ść Ⅰ f sgt preciousness, high value

Ⅱ **drogocenności** plt valuables

drogocenn|y adi. grad. [antyk, klejnot, czas, pamiątka, rady] valuable, precious

drogow|iec m pot. ① (pracownik służby drogowej) road-mender ② (specjalista budowlany) civil engineer

drogowskaz m (G ~u) ① (na autostradzie, drodze, szlaku) signpost ② przen. lodestar przen.; **służyć komuś za ~** a. **być komuś ~em** to be sb's lodestar

drogowskazow|y adi. **tablice ~e** signposts

drogow|y adi. [mapa, sieć, tłuczeń, transport, warunki, wypadek] road attr.; [wykroczenie, zator] traffic attr.; **policja ~a** traffic police; **funkcjonariusz/funkcjonariuszka policji ~ej** a traffic policeman/policewoman; **robotnik** a. **pracownik ~y** a road-mender; a roadman GB przest.; **roboty** a. **prace ~e** roadworks; **ruch ~y** (road) traffic; **światła ~e** full beam headlights GB, high beams US; **walec ~y** a road roller; **węzeł ~y** an intersection; (bezkolizyjny) an interchange;

wykroczenie ~**e** a driving a. traffic offence; **znaki** ~**e** traffic a. road signs

drogów|ka f pot. traffic police

dromade|r m Zool. dromedary

drop m Zool. bustard

dropia|ty adi. speckled, spotted

drops m (owocowy) fruit drop GB, hard fruit candy US; (miętowy) mint (humbug) GB, peppermint candy US

dro|zd m Zool. thrush
❏ ~**zd śpiewak** song thrush

drożdż|e plt (G ~y) 1 Biol., Kulin. yeast U; **bułki/wino pachnące** ~**ami** yeasty rolls/wine 2 Med. candida U
❏ ~**e piwne** a. **piwowarskie** Farm., Przem. brewer's yeast; ~**e winiarskie** a. **winne** Farm., Przem. wine yeast
■ **rosnąć jak na** ~**ach** to shoot up

drożdżow|y adi. 1 Kulin. [ekstrakt] yeast attr.; [zapach, smak] yeasty; **ciasto** ~**e** (surowe) dough; (gotowe) cake; **babka** ~**a** teacake; **bułka** ~**a** a bun 2 Biol. [grzybki] yeast-like

drożdżów|ka f ≈ teacake a. bun

droż|eć impf (~**eje**, ~**ał**) vi [towar, usługi] to become more expensive, to increase in price; [akcje] to advance; [koszty] to go up; **bilety** ~**eją o 10 procent/z 10 zł na 11** the tickets are going up (by) 10 per cent/from 10 to 11 zlotys ⇒ **podrożeć, zdrożeć**

drożność|ć f sgt 1 Med. patency 2 Transp. condition of being passable; **informacje o** ~**ci dróg w centrum miasta** information on traffic conditions in the city centre
❏ ~**ć systemu kształcenia** regulation of qualifications at other levels in the education system

drożn|y adi. 1 Med. patent 2 [ulica, trasa] passable, unobstructed

drożyn|a f książk. (wąska droga) track; (ścieżka) path

droży|zna f sgt pot. high prices pl; **na targowisku panuje jeszcze większa** ~**zna** prices in the market are even higher

dr|ób m sgt 1 Przem., Roln. poultry; **przemysłowa hodowla drobiu** factory farming of poultry; **drób z hodowli przemysłowej/ekologicznej** battery/free-range poultry a. fowls; **ferma drobiu** a poultry farm 2 Kulin. fowl, poultry; **sztuka drobiu** a (domestic) fowl; **pieczony/wędzony drób** roast/smoked chicken; **rosół z drobiu** chicken stock, consommé 3 przest., Kulin. (podroby) giblets pl

dr|ób|ki plt (G ~**ek**) pot. giblets

dróż|ka f track, path

dróżni|k m, ~**czka** f level crossing attendant GB, grade crossing attendant US

druciak m (druciany, metalowy) wire a. steel wool U; (plastikowy) scourer

drucian|y adi. wire attr.; **okulary w** ~**ej oprawie** steel-rimmed glasses

drucik m dem. wire; (w żarówce) filament

drucz|ek m dem. 1 (G ~**ka**) (blankiet) form 2 sgt (G ~**ku**) (drobny druk) fine a. small print

dru|gi II num. ord. second; ~**gie miejsce** second place; **zająć** ~**gie miejsce** to take second place, to come second; **wydanie** ~**gie** second edition; **planować** ~**gie wydanie powieści** to plan another a. second edition of a novel; **jej** ~**gi mąż**

her second husband; **wyjść za mąż/ożenić się po raz** ~**gi** to get married a second time; **syn/córka z** ~**giego małżeństwa** son/daughter from a second marriage; **po** ~**gie, ...** secondly; **tym zagadnieniem zajmiemy się jako** ~**gim** we'll deal with this later; ~**gie piętro** second floor; **mieszkają pod** ~**gim** they live at number 2; ~**ga klasa** (w szkole) second form a. class GB, second grade US; (w pociągu) second a. standard class; (w samolocie) economy class; (na statku) cabin class; przen. second-class, second-rate; **bilet** ~**giej klasy** a second-class a. standard ticket; **podróżować** ~**gą klasą** to travel second-class a. standard; ~**ga potęga** square; **do** ~**giej potęgi** to the power of 2; ~**ga zmiana** (w systemie dwuzmianowym) night shift; (w systemie trzyzmianowym) afternoon shift; **pracować na** ~**giej zmianie** to work the second shift; ~**ga osoba** Jęz. second person; **w** ~**giej osobie** in the second person; ~**gi obieg (wydawniczy)** Polit. underground publishing; **wydać coś w** ~**gim obiegu** to publish sth underground; **prasa** ~**giego obiegu** the underground press; ~**gi pilot** Lotn. a co-pilot; ~**gi plan** the background; **zejść na** ~**gi plan** to fade into the background; ~**gie skrzypce** Muz. second violin; przen. second fiddle; ~**gie śniadanie** (zapakowane) packed lunch; (posiłek) elevenses GB pot.; **co** ~**gi dzień** every second day; **na** ~**gi dzień/tydzień** the following a. next day/week; **a na** ~**gi raz...** pot. next time

II adi. 1 (jeden z dwóch) [brzeg, strona, koniec] (the) other; [wspomniany później] the latter; **oba są ładne, ale ten** ~**gi kot podoba mi się bardziej** both are nice, but I like that other cat more; ~**ga teoria jest bardziej prawdopodobna** the second theory is the more probable 2 (mniej ważny) second; **towar** ~**giego gatunku** a second a. seconds; **obywatel** ~**giej kategorii** a second-class citizen

III pron. 1 (inny) the other; **jeden śpiewa,** ~**gi rysuje** one's singing, the other's drawing; **oba pasują, ale ten** ~**gi jest elegantszy** both fit, but that one is smarter; **bronić/winić** ~**gich** to defend/blame the others 2 (w wyliczeniach) the latter; **pierwszy (z wymienionych) należy do gadów,** ~**gi do płazów** the former is a reptile, the latter is an amphibian

IV m sgt (data) the second; **ona ma urodziny** ~**giego lutego** her birthday is on the second of February

V **drug|a** f 1 sgt (godzina) two o'clock; **jest** ~**ga po północy** it's two (o'clock) in the morning; **być w domu na** ~**gą (po południu/w nocy)** to be home by two (in the afternoon/in the morning) 2 (w ułamkach) **trzy i jedna** ~**ga** three and a half; **jedna** ~**ga pucharu UEFA** the UEFA Cup Semi-final

VI **drugie** n (danie) main course; **na** ~**gie była kaczka po pekińsku** Peking duck was served as a main course
■ **moja** ~**ga ojczyzna** my adopted country; **moje** ~**gie ja** my alter ego; ~**gie tyle** [kandydatów, jabłek] the same number (again); [pracy, wody] the same amount (again); **złapać** ~**gi oddech** to get one's second wind; **przyjdzie, dobrze, nie przyjdzie,** ~**gie dobrze** it's all the same whether he comes or not

drugo- w wyrazach złożonych **formacja drugorzędowa** Geol. a Mesozoic formation; **drugorzędowe cechy płciowe** Anat. secondary sexual characteristics

drugoklasi|sta m, ~**stka** f Szkol. second-year a. second-form pupil GB, second-grader US

drugoligow|y adi. Sport [piłkarz] second-division attr.; [baseballista] minor-league attr.

drugoplanowo adv. **traktować problem** ~ to treat a problem as being minor a. as a matter of secondary importance

drugoplanow|y adi. 1 [element obrazu, widok] in the background 2 Kino [rola, aktor] supporting

drugorocznia|k m (Npl ~**cy**) środ., Szkol. pupil who has to repeat a year at school

drugoroczn|y adi. Szkol. [uczeń] repeating a year at school

drugorzędnie adv. **traktować coś** ~ to treat sth as minor a. secondary

drugorzędność|ć f sgt 1 (mniejsze znaczenie) lesser importance; ~**ć problemu/zadania** the fact that the problem/task is less important 2 (gorsza jakość) second-rate quality, inferiority

drugorzędn|y adi. 1 (mniej ważny) [droga, znaczenie] secondary; [problem, detal] minor; **to rzecz** a. **sprawa** ~**a** it's a side issue 2 (gorszy) [hotel, status] second-class; [teatr, artysta, dzieło] second-rate; [literatura] middlebrow

druh m (Npl ~**owie**) 1 (harcerz) scout; ~ **zastępowy/drużynowy** (w zuchach) a sixer, a pack leader; (w harcerstwie) a patrol a. troop leader 2 książk. (przyjaciel) familiar, friend

druh|na f 1 (na weselu) bridesmaid; **starsza** ~**na** a chief bridesmaid, a maid of honour; **prosić kogoś na** ~**nę** to ask sb to be one's bridesmaid 2 (harcerka) girl guide GB, girl scout US

drui|d m Druid

druk m (G ~**u**) 1 sgt Druk., Wyd. (proces) press, process of printing C; **wynalazek** ~**u** the invention of printing; **omyłka** ~**u** a misprint a. printing error; **nadający/nienadający się do** ~**u** printable/unprintable; **teksty/książki są gotowe do** ~**u** the texts/books are ready to go to press; **jego teksty ukazały się** ~**iem** his texts have appeared in print a. have got into print; **wydać** a. **ogłosić coś** ~**iem** to publish sth 2 sgt Druk., Wyd. (czcionka) print, type, font a. typeface; (znaki na stronie) printed matter; ~ **tłusty/półtłusty** bold/semibold print a. type; ~ **rozstrzelony** a. **rozstawiony** spaced out type; **duży/drobny** ~ large/small print; **uwagi dużym/drobnym** ~**iem** comments in large/fine a. small print; ~ **na obu stronach kartki** printed matter on both sides of a page; **pisać** ~**iem** to write in capitals a. block capitals 3 sgt Druk. (technika, metoda) printing; ~ **wielobarwny** colour a. process printing 4 zw. pl Druk., Wyd. (powielony materiał) printed matter U; (formularz) form; (odbitka) print; **cenne/stare** ~**i** valuable/old prints; ~**i reklamo-**

D

we/ulotne handbills a. flyers/leaflets; „**~**" (na kopercie) 'Printed matter'; **wysłać coś jako ~** to send sth printed-paper rate 5 sgt Techn., Włók. (zdobienie tkanin, skór) printing on fabrics; **~ stemplowy** block printing 6 Włók. (wzór na tkaninie) printed pattern a. design

❑ **~ akcydensowy** (biurowy, urzędowy) headed stationery; (użytkowy) short-run (printed) material a. matter; **~ batikowy** Techn., Włók. batik; **~ offsetowy** Druk. offset (printing); **~ płaski** Druk. lithography, planographic printing; **~ ścisłego zarachowania** a numbered and registered official form or document; **~ urzędowy** (official) form; **~ wklęsły** Druk. intaglio; **~ wypukły** Druk. letterpress, relief printing

drukaren|ka f 1 (zabawka) toy printing blocks pl 2 Druk. (drukarnia) (small) print shop

drukar|ka f 1 Elektron., Techn., Telekom. printer; **~ka komputerowa/wierszowa** a computer/line printer; **~ka atramentowa/igłowa/laserowa** an ink-jet/a dot matrix a. needle/a laser printer; **papier do ~ki** printing paper 2 Techn., Włók. cloth printing machine

drukar|nia f (Gpl **~ni** a. **~ń**) 1 Druk. (większa) printing house; (mniejsza) print shop; **~nia działowa** a press; **~nia akcydensowa** a short-run print shop 2 Włók. printery, printworks (+ v sg/pl)

drukars|ki adi. Druk., Wyd. [klisza, maszyna, papier, przemysł] printing; [farba, stop] printer's; **błąd ~ki** a printer's a. typographical error; **pachnieć jeszcze farbą ~ką** to be hot off the press; **chochlik ~ki** printing gremlin

drukarstw|o n sgt 1 Druk. (zawód, technika, sztuka) typography 2 Druk., Techn. (powielanie) printing; (przemysł) printing industry

drukarz m (Gpl **~y**) Druk., Techn. printer

druk|ować impf vt 1 Druk. [osoba, drukarnia, drukarka] to print; **~ować książkę w tysiącu egzemplarzach** to print a thousand copies of a book ⇒ **wydrukować** 2 Wyd. [gazeta, wydawca, autor] to publish; **~ować program telewizyjny** to publish a TV guide; **powieść była ~owana w odcinkach** the novel was serialized a. printed in instalments ⇒ **wydrukować** 3 Włók. to print [tkaninę, bawełnę]

drukowan|y ❙ pp → **drukować**
❙❙ adi. 1 Druk., Wyd. [książka, tekst, wzór] printed; **~e litery** print; **pisać ~ymi literami** to print 2 Włók. [tkanina] printed (**w coś** with sth); **~y materiał** a print

dru|t m (G **~tu**) 1 (miedziany, stalowy) wire U; **zwój ~tu** a coil of wire 2 pot. (przewód) wire; **~ty wysokiego napięcia** high tension a. voltage wire 3 zw. pl knitting needle; **robić szalik na ~tach** to knit a scarf; **lubię robić na ~tach** I like knitting; **zrobiony na ~tach czy maszynowo?** hand made or machine made?

❑ **~t elektryczny** Elektr. electric wire; **~t kolczasty** barbed wire; **~t telefoniczny** telephone wire

■ **pogoda jak ~t** pot. mega a. brill GB weather pot.; **za ~tami** [znaleźć się] behind bars; **zamknięto za ~tami tysiące ludzi** thousands of people were imprisoned a. put behind bars; **prosty jak ~t** pot. (as)

easy a. simple as ABC; **ciągnąć** a. **obciągać** a. **szarpać komuś ~ta** wulg. to give sb a blow job wulg.

druzgocąco adv. [pokonać, zaatakować] overwhelmingly; [skuteczny, szczery] devastatingly

druzgocąc|y ❙ pa → **druzgotać**
❙❙ adi. 1 (surowy) [krytyka, odpowiedź, uwaga] crushing, devastating; [spojrzenie] crushing 2 (niszczący) [przeżycie] crushing, devastating; [argument, efekt, rozpacz, wieści] devastating; [przewaga, siła] overwhelming; **być dla kogoś ~ym ciosem** przen. to come as a crushing blow to sb przen.; **zadać komuś ~ą klęskę** to inflict a devastating defeat on sb

druzgoczący → **druzgocący**

druzgo|tać impf (**~czę**, **~cze** a. **~ce**) vt to crush a. shatter ⇒ **zdruzgotać**

drużb|a m (Npl **~owie**) best man

druż|ka f bridesmaid

drużyn|a f 1 (sportowa) team; (w meczu) side; (ratownicza) party, team; (harcerska) pack; **~a gospodarzy/gości** a home/visiting team; **~a rezerwowa** the reserve team, the seconds 2 Wojsk. squad 3 Hist. ≈ (a group of) sergeants-at-arms a. serjeants-at-arms 4 przest. (kompania) party

drużynowo adv. [pracować, zwyciężyć] as a team

drużynow|y ❙ adi. Sport team attr.
❙❙ m **drużynow|y**, **~a** f (w harcerstwie) leader; (dorosły) Scouter

dr|wa plt (G **drew**) książk. firewood U
■ **gdzie drwa rąbią, tam wióry lecą** przysł. you can't make an omelette without breaking eggs przysł.

drwal m (Gpl **~i**) woodcutter, lumberjack US

drwalni|a f (Gpl **~**) woodshed

drwiąco adv. (lekceważąco) [uśmiechać się] mockingly; [traktować] with mockery, derisively; [obserwować] sneeringly; [powiedzieć] with a sneer, with derision

drwiąc|y ❙ pa → **drwić**
❙❙ adi. (lekceważący) mocking; (złośliwy) sneering, derisive

drwi|ć impf vi 1 (wyśmiewać) to mock vt (**z kogoś/czegoś** sb/sth); (szydzić) to sneer (**z kogoś/czegoś** at sb/sth); **~ć z religii/ze starości** to sneer at religion/old age ⇒ **zadrwić** 2 przen. (lekceważyć) to laugh in the face przen. (**z czegoś** of sth) [niebezpieczeństwa, prawa]; to disregard (**z kogoś/czegoś** sb/sth) [słów, obowiązków]; **~ć (sobie) z kogoś** to laugh in sb's face ⇒ **zadrwić**

drwin|a f (**~ka** dem.) mockery U; **z ~ą w głosie** (wyśmiewając) in a mocking voice; (szydząc) with a sneer; **z lekką ~ą** with a hint of mockery; **być przedmiotem ~** to be a laughing stock

dryblas m (Npl **~y**) pot. beanpole pot.

dryble|r m Sport dribbler

drybling m (G **~u**) Sport dribbling; **~iem przebiegł całe boisko** he dribbled the ball all the way down the pitch

drybl|ować impf Sport ❙ vt to dribble vi (**kogoś** past sb) [przeciwnika, obrońców]

❙❙ vi to dribble vt; **~ować na polu karnym** to dribble the ball inside the penalty area

dryf m (G **~u**) sgt 1 Geog. drifting 2 Geol. continental drift, plate tectonics sg 3 Żegl. (zboczenie z kursu) drift; (pod wpływem wiatru) leeway; **leżeć** a. **stać w ~ie** to heave to

dryf|ować impf vi 1 Żegl. to drift; **łódź ~uje/zaczęła ~ować** a boat is adrift/went adrift 2 przen. [gospodarka, firma] to drift

dryg m (G **~u**) sgt pot. knack; **mieć ~ do czegoś** to have a (happy) knack for sth; **mieć ~ do szycia/muzyki** to have a knack for dressmaking/for music; **nie mieć ~u do czegoś** to not be cut out for sth pot.; **złapać ~ do czegoś** to get the knack a. hang of sth

dryl m (G **~u**) sgt (w wojsku) drill, harsh military discipline; (w domu, szkole) strict discipline; **pruski ~** Prussian drill

dryl|ować impf vt to stone GB, to pit US [czereśnie, oliwki, śliwki]; **przyrząd do ~owania owoców** a fruit-stoner GB, a fruit-pitter US ⇒ **wydrylować**

drylowan|y adi. [śliwki, czereśnie] stoned

drynd|a f pot. 1 (dorożka) (horse-drawn) hackney cab a. carriage; cab przest. 2 pejor. (samochód) banger pot.

dryndziarz m (Gpl **~y**) pot. cabman przest.

drzaz|ga f (drewniana, metalowa, szklana) splinter; (do rozpalania) splint
■ **strzaskać** a. **rozbić coś na** a. **w ~gi** to reduce sth to matchwood

d|rzeć impf (**darty**) ❙ vt 1 (niszczyć) to tear [papier, materiał]; **drzeć coś w** a. **na strzępy** to tear sth into pieces ⇒ **podrzeć** 2 (zużywać) to wear out [ubrania, buty] ⇒ **podrzeć** 3 (zdzierać) to strip [tapety, korę] ⇒ **zedrzeć** 4 (oddzielać) **drzeć pierze** to pluck feathers 5 (drapać) to scratch; **drzeć ziemię pazurami** to scratch the ground with claws 6 pot. (szarpać) to pull; **drzeć kogoś za włosy/uszy** to pull sb's hair/ears 7 pot. (żądać wysokiej ceny, opłaty) **drzeć z kogoś skórę** a. **pieniądze** to rip sb off pot.; **drą z nas nieludzko** they fleece us ⇒ **zedrzeć** 8 pot. (boleć) [staw] to throb with pain; **drą go kolana** a. **drze go w kolanach** his knees throb with pain

❙❙ vi (pędzić) to storm; **drzeć przez las/pod górę** to storm through the woods/uphill

❙❙❙ **drzeć się** 1 [materiał, papier] to tear ⇒ **podrzeć się** 2 [ubrania, buty] to wear out ⇒ **podrzeć się** 3 pot. (wrzeszczeć) to bawl; (ze złości) to bellow (**na kogoś** at sb); **drzeć się jak stare prześcieradło** a. **jak opętany** to bawl one's guts a. head off pot.

■ **drzeć gębę** a. **mordę** a. **pysk** pot., pejor. to bawl one's head off pot.; **drzeć z kimś koty** to be at loggerheads a. at odds with sb; **drzeć pasy z kogoś** to tan sb's hide; **gęba mu się drze** he is yawning his head off pot.

drzem|ać impf vi 1 to doze; to snooze pot. 2 przen. [siły, talent] to lie dormant (**w kimś** in sb); **wykorzystał ~iące w nim możliwości** he made use of his latent talents

drzem|ka f (cat)nap, doze; snooze pot.; **poobiednia ~ka** an afternoon nap; **zapaść w ~kę** to doze off; **uciąć sobie ~kę** to take a little nap

drzewc|e *n* [1] (sztandaru, flagi) flagpole, flagstaff; (dzidy, lancy) shaft; (kosy) pole [2] Żegl. spar

drzew|ko *n* [1] *dem.* young tree [2] (choinka) Christmas tree

drzewn|y *adi.* [1] (drzewa) of a tree; **pień ~y** a tree trunk; **kora ~a** bark of a tree [2] *[przemysł]* timber *attr.*; *[wełna, wióry]* wood *attr.*; *[ornament]* wooden

drzew|o *n* [1] Bot. tree; **~o iglaste/liściaste** a coniferous/deciduous; **~o owocowe** a fruit tree [2] *zw. sg* (materiał) wood; **~o bukowe/dębowe** beech/oak; **~o na opał** firewood [3] *zw. sg* środ., Muz. woodwind (+ *v sg/pl*)

❏ **~o bobkowe** a. **laurowe** Bot. bay (tree) a. bay laurel a. sweet bay; **~o balsamowe** Bot. balsam; **~o chinowe** Bot. cinchona; **~o chlebowe** Bot. breadfruit tree; **~o figowe** Bot. fig tree; Bibl. sycamore a. sycamore (fig); **~o genealogiczne** (rodziny, rodu) family a. genealogical tree; (zwierząt, roślin) genealogical tree a. table; (rodowód) pedigree; **~o kamforowe** Bot. camphor tree; **~o sandałowe** sandalwood; **~o szlachetne** hardwood

■ **~o wiadomości dobrego i złego** Bibl. the tree of knowledge (of good and evil); **na pochyłe ~o wszystkie kozy skaczą** przysł. ≈ people will just walk all over you if you let them

drzewory|t *m* (*G* **~tu**) Szt. [1] *sgt* (technika) woodcut, wood engraving [2] (odbitka) woodcut, wood engraving

❏ **~t sztorcowy** Szt. wood engraving; **~t wzdłużny** a. **słojowy** a. **langowy** Szt. woodcut

drzeworytnictw|o *n sgt* Szt. art of making woodcuts; xylography rzad.

drzeworytnicz|y *adi. [odbitka, ilustracja]* woodcut *attr.*, woodblock *attr.*; xylographic rzad.

❏ **deska ~a** a. **klocek ~y** woodblock

drzewostan *m* (*G* **~u**) (tree) stand; **~ iglasty/dębowy** a stand of conifers/oaks

drzwi *plt* (*G* **~**) [1] (zamknięcie) door *sg*; **~ do kuchni/stajni** a kitchen/stable door; **dwoje/troje ~** two/three doors; **~ wejściowe/kuchenne** a front/kitchen door; **~ balkonowe** French window(s) GB; **~ od szafy/serwantki** a cupboard door; **pukać do ~** to knock at a. on the door; **otworzyć/zamknąć ~** to open/close a. shut the door; **otworzyć komuś ~** (wpuścić) to open the door to sb, to answer the door; (przepuścić) to open the door for sb; **mieszkać z kimś ~ w ~** to live next door to sb; **zamknąć a. zatrzasnąć komuś ~ przed nosem** to shut a. slam the door in sb's face; **zamknąć przed kimś ~** to shut the door on sb także przen.; **wyrzucić kogoś za ~** to throw sb out, to turn sb out; **za ~!** get out!; **nie wiedział, co znajduje się za ~ami** he didn't know what there was behind the door; **~ uchyliły/otworzyły/zatrzasnęły się** the door opened slightly/opened/slammed shut; **trzasnąć ~ami** to slam the door; „**nie trzaskać ~ami**" 'don't slam the door'; **przy ~ach otwartych** *[rozprawa]* in open court; **przy ~ach zamkniętych** a. **za zamkniętymi ~ami** behind closed doors, in camera [2] (otwór) doorway *sg*; **stanąć/pojawić się w ~ach**

to stand/appear in the doorway; **stać w ~ach** to stand in the doorway; **przepuścić kogoś w ~ach** to let sb in/out; **minęłam się z nim w ~ach** I was going out just as he was coming in/he was going out as I was coming in [3] przen. (możliwość) **otworzyć/zamknąć przed kimś ~ do czegoś** to open the door to sth for sb/to close a. shut the door on sth; **ta rola otworzyła przed nim ~ do kariery** that role was a springboard to a career a. opened the doors to a career for him

❏ **~ dwuskrzydłowe** a. **podwójne** double door(s); **~ jednoskrzydłowe** single door; **~ obrotowe** revolving door; **~ harmonijkowe** folding door; **~ rozsuwane** sliding door; **~ wahadłowe** swing door, swinging door US

■ **chodzić od ~ do ~** to go from door to door; **cisnąć się** a. **włazić ~ami i oknami** pot. to flock; **dostać się** a. **wejść kuchennymi ~ami** to get in by the back door; **dostać się** a. **wejść tylnymi ~ami** to sneak in by a. through the back door; **~ się nie zamykają** it's all go GB; **pokazać** a. **wskazać komuś ~** to show sb the door; **nie kładź palca między ~** don't stick your neck out; **te ~ stoją przed tobą/nimi otworem** you/they are always welcome

drzwicz|ki *plt* (*G* **~ek**) (small) door *sg*; **~ki zegara** a clock door; **otwórz ~ki do piekarnika** open the oven door

drzwiow|y *adi.* door *attr.*

drżącz|ka *f* [1] (drżenie) tremor, shiver; **dostać ~ki** to start shivering; **dostałem ~ki kolan** my knees started to tremble [2] pot. (obawa) shakes *pl* pot. [3] Bot. quaking grass *U*

❏ **~ka poraźna** a. **porażenna** Med. Parkinson's disease *U*; shaking palsy *U* przest.

drż|eć *impf* (**~ysz**, **~ał**, **~eli**) *vi* [1] (trząść się) to tremble; (z podniecenia, ze strachu) to shiver; (z bezsilności, ze złości) to quiver; *[ziemia, ręce]* to tremble; *[dom, samolot]* to shudder; *[mięsień]* to have a tremor; **~eć z zimna** to shiver a. tremble with cold; **~eć na całym ciele** to shake all over; **szyby ~ały w oknach** the windows were shaking a. rattling; **~eć jak w febrze** to shiver uncontrollably; **~eć jak liść (na wietrze)** a. **jak osika** to shake a. tremble like a leaf ⇒ **zadrżeć** [2] (obawiać się) to fear (**o kogoś/coś** for sb/sth); **~eć o czyjeś zdrowie/życie** to fear for sb's health/life; **~eć na myśl o czymś** to shudder at the thought of sth; **~ę na myśl o tym, co się wydarzy** I shudder to think what will happen ⇒ **zadrżeć** [3] (bać się) to be terrified (**przed kimś** of sb); **~eć przed czymś** a. **na myśl o czymś** to be trembling a. terrified at the thought of sth ⇒ **zadrżeć** [4] *[głos]* to quaver, to quiver; *[dźwięk, ton]* to quaver, to waver; **~ącym głosem** in a trembling a. tremulous voice; **głos mu ~ał** there was a tremor a. quaver in his voice, his voice wobbled; **głos jej ~y ze złości/strachu** her voice quivers with indignation/shakes with terror ⇒ **zadrżeć** [5] *[światło, płomień]* to waver, to flicker ⇒ **zadrżeć**

ds. (= do spraw) *[komitet, komisja]* for; **Wysoka Komisja ONZ ~ Uchodźców**

United Nations High Commission for Refugees; **Komisja Kongresowa ~ Działalności Antyamerykańskiej** House Anti-American Activities Committee; **doradca/specjalista ~ zarządzania** a management consultant/analyst

dst, dst. (= dostateczny, dostatecznie) Szkol. ≈ pass mark

dual *m* (*G* **~u**) [1] (w szachach) double check [2] *sgt* Jęz. dual (number)

dualis *m inv.* Jęz. dual (number)

dualistyczn|y *adi.* Filoz. dualistic

dualizm *m* (*G* **~u**) *sgt* [1] Filoz., Relig. dualism [2] Fiz. duality; **~ falowo-korpuskularny** wave-particle duality [3] Polit. duality

dualn|y *adi.* Jęz. *[forma]* dual

dubbing /'dabiŋ/ *m* (*G* **~u**) *sgt* Kino (praktyka, technika) dubbing; (ścieżka dźwiękowa) dub *C*; **filmy z ~iem** dubbed films, films with dubbing

dubbing|ować /dabiŋ'govatɕ/ *impf vt* Kino to dub

dubbingowan|y /dabiŋgo'vanɪ/ **I** *pp* → **dubingować** **II** *adi.* Kino *[film, wersja]* dubbed

dubbingow|y /dabiŋ'govɪ/ *adi.* Kino *[film]* dubbed; *[rola]* dubbing *attr.*

dubeltowo *adv.* przest. double; **~ mocny/pewny** double strength/doubly certain

dubeltow|y *adi.* przest. double

dubeltów|ka *f* Myślis. double-barrelled shotgun

duble|r *m*, **~rka** *f* [1] Kino double, stand-in [2] Teatr understudy

duble|t *m* (*G* **~tu**) [1] (identyczny egzemplarz) duplicate [2] (wyrób jubilerski) doublet; **ten brylant jest tylko ~tem** this is only an imitation diamond [3] (kielich) *a wine glass in the shape of two goblets joined at the bottom* [4] Jęz. alternant, variant [5] Sport double; **wygrać ~tem** to win the double [6] Myślis. doublet

❏ **~t akcentowy** Jęz. stress variant; **~t słowotwórczy** Jęz. (derivational) doublet; **~t widmowy** Fiz. doublet

dubl|ować *impf* **I** *vt* [1] (powtarzać) to duplicate; **na tej trasie metro ~uje autobusy** both buses and the underground cover the same route ⇒ **zdublować** [2] Teatr to understudy *[aktora, rolę]* [3] Kino to stand in for [4] Sport (w biegach, wyścigach) to lap ⇒ **zdublować** [5] (podwajać) to double *[stawkę, liczbę]* ⇒ **zdublować** **II dublować się** [1] *[prace, działania, wyniki]* to overlap [2] *[liczba, ilość]* to double

dub|y *plt* (*G* **~ów**) książk. **pleść** a. **prawić ~y smalone** to talk a load of rot, to talk balderdash

duch *m* [1] (zjawa) ghost, spirit; **~ zamordowanego rycerza** the ghost of a murdered knight; **historie o ~ach** ghost stories; **wywoływać ~y** to conjure up ghosts a. spirits; **bać się ~ów** to be frightened of ghosts; **wierzyć w ~y** to believe in ghosts a. spirits; **w ~y wierzysz!** iron. you must be joking, are you kidding? [2] Mitol., Relig. spirit; **~ przodków** ghosts of ancestors; **dobre/opiekuńcze ~y** good/tutelary spirits; **~ Boży** Bibl. the spirit of God; **~ nieczysty** Bibl. unclean spirit; **zły ~** evil spirit także przen.; **on jest twoim**

D

złym ~em he's a bad influence on you ③ Relig. (dusza) soul; **ubodzy ~em** Bibl. the poor in spirit; **oddać ~a (Bogu)** książk. to die; **wyzionąć ~a** pot. to give up the ghost; **upał był taki, że mało ~a nie wyzionąłem** a. **że myślałem, że ~a wyzionę** pot. it was so hot I thought I was going to drop dead a. give up the ghost on the spot pot.; **leżeć bez ~a** to lie (as if) lifeless; **paść bez ~a** to collapse ④ Filoz. (przeciwieństwo materii) spirit ⑤ sgt (psychika) spirit, mind; (nastrój) spirits pl; **wolny/niespokojny ~** a free spirit; **przymioty czyjegoś ~a** the attributes of sb's spirit; **pogoda ~a** cheerfulness; **być pokarmem dla ~a** to be good for the soul; **w ~u** [wierzyć, sądzić, uważać] in one's heart of hearts; **śmiać się w ~u** to laugh up one's sleeve; **w głębi ~a** in one's heart of hearts; **nieobecny ~em** miles away przen.; **młody ~em** young at heart; **osoba małego/wielkiego ~a** a narrow-minded/a generous-spirited person; **podnieść kogoś na ~u** to raise sb's spirits; **tracić ~a** a. **upadać na ~u** to lose heart; **jest mi raźniej na ~u** my spirits have risen; **jest im ciężko na ~u** they are in low spirits, their spirits have sunk ⑥ (nastawienie) spirit; **~ współpracy/wspólnoty** team/community spirit; **mieć w sobie ~a przekory** to be a contradictory spirit; **okazywać ~a walki/współzawodnictwa** to show a fighting/competitive spirit; **robić coś w ~u optymizmu/pokory/przebaczenia** to do sth in a spirit of optimism/humility/forgiveness; **w ~u społecznym/patriotycznym** in a public-spirited/patriotic way ⑦ sgt (odwaga) spirit; **człowiek wielkiego/małego ~a** a faint-hearted/courageous person a. individual; **okazać hart ~a** to show spirit; **złamać czyjegoś ~a** to break sb's spirit; **tracić ~a** to lose spirit a. heart; **upadać na ~u** to become dispirited; **nabrać ~a** to recover one's courage ⑧ sgt (kultury, społeczności) spirit (**czegoś** of sth); (języka, narodu, epoki) genius książk. (**czegoś** of sth); **~ liberalizmu/chrześcijański** liberal/Christian spirit; **~ czasu** the spirit of the times a. age; **iść z ~em czasu** to move with the times; **w ~u lat 60.** in the spirit of the 1960s; **przestrzegać ~a prawa/umowy** to be in the spirit of the law/agreement; **złamano ~a ustawy** the law has been broken in spirit; **przekład nie oddaje ~a oryginału** the translation is not true to the original a. is not in the spirit of the original ⑨ (osoba) genius
❑ **Duch Święty** Relig. the Holy Spirit a. Ghost
■ **co ~** a. **~em** przest. instanter przest.; with all speed; **wszelki ~ (Pana Boga chwali)** as I live and breathe!; **ani żywego ~a** not a soul; **nowy ~ wstąpił w** a. **ożywił kogoś** sb has taken heart

ducho|ta f sgt (w pomieszczeniu) stuffiness; (na dworze) sultry weather
duchowieństw|o n sgt clergy (+ v sg/pl); **~o świeckie/zakonne** the lay/religious clergy
duchown|y Ⅰ adi. [stan, szaty] clerical; [funkcje, obowiązki] priestly; **ojciec ~y** a

(father) confessor; **seminarium ~e** a seminary
Ⅲ m (ksiądz) clergyman, cleric; (zakonnik) monk
duchowo adv. [rozwijać się] intellectually; [pocieszać] spiritually
duchowoś|ć f sgt spirituality
duchow|y adi. ① [kontakt, wartości, potrzeby, przeżycie] spiritual; **~a równowaga** a balanced state of mind; **czyjś ~y stan** sb's frame of mind; **siła ~a** fortitude a. strength of mind ② Relig. [opieka, stolica] spiritual
■ **~a strawa** spiritual nourishment; **~y przywódca** a. **przewodnik** spiritual leader
dud|ek m Zool. hoopoe
■ **wystrychnąć kogoś na ~ka** to make a fool of somebody, to deceive sb
dud|ka Ⅰ f ① Muz. pipe ② (część pióra) quill
Ⅲ **dudki** plt Kulin. lights
■ **dąć** a. **grać w czyjąś ~kę** to play sb's tune
dudni|ć impf vi ① [pociąg, koła, grzmot] to rumble; [deszcz, grad] to beat down ⇒ **zadudnić** ② [głos, krzyki] to boom; [głośnik, muzyka] to blare; **~ć na fortepianie** to hammer out on the piano ⇒ **zadudnić**
dudnieć → **dudnić**
dud|y plt (G ~) Muz. bagpipe zw. pl
dudziarz m (Gpl ~y) piper
due|t m (G ~tu) ① Muz. (muzycy, utwór) duet, duo; **występować w ~cie** to sing/play a duet ② (para) duo; **stanowić dobrany ~t** to make a well-matched duo a. pair
dufn|y adi. grad. książk. overconfident (**w coś** in sth); **~y w siebie** self-confident a. assured; **~y w swoją wiedzę** confident in one's knowledge
duka|ć impf Ⅱ vt (mówić) to stammer [przemówienie, wyjaśnienie]; (czytać) to falter; **~ć po niemiecku** to speak faltering a. halting German; **dziecko powoli ~ło czytankę** the child slowly faltered through the primer ⇒ **wydukać**
Ⅲ vi (czytać) to falter; (mówić) to stammer
duka|t m (G ~ta) Hist. ducat
dukatow|y adi. **~e złoto** pure a. 24-carat gold
duk|t m (G ~tu) forest track; **szli piaszczystym ~tem** they walked along a sandy track
dul|ka f Żegl. rowlock, oarlock US
dulszczy|zna f sgt pejor. ≈ Grundyism
dum|a f ① sgt (satysfakcja) pride (**z kogoś/czegoś** of sb/sth); **napawać kogoś ~ą** to make sb feel proud; **to wbija go w ~ę** he takes pride in it; **rozpierała ją ~a** she was bursting with pride ② sgt (źródło satysfakcji) pride; **~a miasta** the pride of the town; **być ~ą rodziny** to be the pride of the family; **syn jest jej ~ą** her son is her pride and joy ③ sgt (ambicja) pride; **~a rodowa** family pride; **urazić czyjąś ~ę** to hurt a. wound sb's pride; **~a nie pozwala jej prosić o pomoc** she's too proud to ask for help ④ Literat., Muz. lament ⑤ Polit. Duma
duma|ć impf vi książk. to ponder (**nad czymś** over sth); to muse (**nad czymś** on sth); **~ć nad książkami** to pore over a. through books
dum|ka f Literat., Muz. dumka

dumnie adv. proudly; **~ podniesiona głowa** a head held up high; **„ja", powiedział ~** 'I,' he said proudly; **~ wznosząca się wieża zamkowa** stately tower of the castle; **~ brzmiąca nazwa** a proud sounding name; pejor. a haughty-sounding name pejor.
dumn|y adi. ① (zadowolony) proud (**z kogoś/czegoś** of sb/sth); **~y jak paw** as proud as a peacock; **być z siebie ~ym** to be proud of oneself; **możesz być z siebie ~y** you can be proud of yourself także iron. ② (dostojny) proud, majestic; **~e rody** proud families; **~y ton** a proud tone of voice; **~e spojrzenie** a proud look a. glance; **polanę otaczały ~e, strzeliste sosny** majestic, lofty pines surrounded the glade
dumping /'dampiŋ/ m sgt (G ~u) Handl. dumping; **stosować ~** to dump goods
dumpingow|y /ˌdampiŋˈgovɪ/ adi. [ceny] dumping attr.
Du|ńczyk m, **Du|nka** f Dane; **on jest Duńczykiem/ona jest Dunką** he/she is Danish
duńs|ki Ⅱ adi. Danish
Ⅲ m (język) Danish; **mówić po ~ku** to speak Danish; **tłumaczyć tekst z ~kiego/na ~ki** to translate a text from/into Danish
dup|a Ⅱ f wulg. ① (pośladki) arse GB posp., ass US posp.; **latać z gołą ~ą** to run around bare-arsed GB posp., bare-assed US posp.; **spodnie z dziurą na ~ie** trousers with a hole in the bum a. arse GB pot. a. butt a. ass US pot.; **dać komuś w ~ę** to kick sb's arse; **dostał od ojca w ~ę** he caught it from his father pot.; **jeszcze nie dostał od życia w ~ę** he's had it real easy up to now pot.; **strasznie dostali w ~ę po podniesieniu podatków** the rise in taxes really hit them; **tylko siedzi na ~ie i nic nie robi** he just sits on his arse doing nothing; **pocałuj mnie w ~ę!** (you can) kiss my arse!; **nogi mu z ~y powyrywam!** I'll kick the shit out of him! posp. ② (odbyt) arse(hole) GB posp., ass(hole) US posp.; **mam go/to w ~ie** przen. I don't give a shit about him/it posp.; **możesz to sobie wsadzić w ~ę!** stick a. shove it up your arse wulg.; **to można zrobić z palcem w ~ie** it's a piece of piss GB posp.; **ciemno tu jak (u Murzyna) w ~ie** it's pitch-black a. pitch-dark here ③ obraźl. (kobieta) nice bit (of stuff) GB pot., obraźl.; piece of ass a. tail US posp., obraźl.; **niezła z niej ~a** she's a nice piece pot., pejor. ④ pejor. (oferma) arsehole GB posp., asshole US posp.; **ale z niego ~a!** he's such an arsehole!; **~a wołowa** a prat GB pot., pejor.; a wanker GB posp., pejor.; dipshit US pot., pejor.
Ⅲ inter. posp. **myślałem, że będzie ładna pogoda, a tu ~a!** I thought it'd be nice weather, but it's piss-awful posp.
■ **do ~y z taką robotą/pogodą!** sod this job/weather! GB posp., screw this job/weather! posp.; **on/to jest do ~y!** he/it sucks! posp.; **o w ~ę!** oh, shit! wulg.; **dawać komuś ~y** (sypiać z kimś) to sleep with sb; (podlizywać się) to lick a. kiss sb's arse wulg.; **ona każdemu daje ~y** she'll do it with just about anybody pot.; **ale daliśmy ~y!** (o nieudolnym działaniu) we really cocked a. buggered it up GB posp.; we really screwed

D

(it) up US pot.; **dobrać się komuś do ~y** to come down on sb (like a ton of bricks) pot.; **obrobić komuś ~ę** to smear sb; to do a hatchet job on sb pot.; **robić komuś koło ~y** (intrygować przeciwko) to try to fix sb pot.; (szkalować) to run sb down; **rozmawiać o ~ie Maryni** to talk about some meaningless crap posp.; **wchodzić** a. **włazić komuś w ~ę (bez mydła** a. **bez wazeliny)** to kiss sb's arse; **wyglądać jak ~a** a. **pół ~y zza krzaka** to look really weird pot.; **wziąć kogoś za ~ę** to put the screws on sb pot., to get sb by the short and curlies a. by the short hairs pot.; **wziął ~ę w troki i wyjechał z miasta** he got his arse out of town GB posp., he hauled ass out of town US posp.; **rusz ~ę!** move your arse! posp.; **takie pomysły to o ~ę** a. **kant ~y potłuc!** these ideas are a total waste of time! pot.

dup|ek posp. **[I]** *m pers.* (*Npl* **~ki**) posp., obraźl. (oferma) prat GB pot., pejor.; dipshit US posp., pejor.; **co ona widzi w tym ~ku?** what does she see in that prat? **[II]** *m inanim.* (*A* **~ka**) (walet) jack; **~ek żołędny/dzwonkowy/czerwienny** a jack of clubs/diamonds/hearts
■ **~ek żołędny** posp., obraźl. (oferma) prat GB pot., pejor.; dipshit US posp., pejor.

duperel|e *plt* (*G* **~i**) posp., pejor. (drobiazgi) trifles; odds and sods GB pot.; (bzdury) crap *U* posp., pejor.; **zawracać komuś głowę ~ami** to trouble sb over trifles; **zajmować się ~ami** to waste time on trifles; **opowiadać ~e** to talk crap

duperel|ki *plt* (*G* **~ek**) posp. **[1]** (drobne przedmioty) bits and pieces; bits and bobs GB pot. **[2]** (drobiazgi) trifles; (bzdury) crap *U* posp., pejor.

dupereln|y *adi.* posp. trivial; piddling pot.; **~e pogawędki** idle chat pot.

dupia|sty *adi.* posp. [kobieta] big-arsed GB posp., big-assed US posp.

dup|ka *f* **[1]** dem. posp., pieszcz. arse GB posp., ass US posp. **[2]** pot. (od chleba) heel (*of a loaf of bread*)

duplika|t *m* (*G* **~tu**) duplicate (**czegoś** of sth); **wymieniać się ~tami znaczków** to exchange duplicate stamps; **~t prawa jazdy** a duplicate driving license

dupowato *adv.* posp., obraźl. **zachowywać się ~** to act like a prat GB pot., pejor.; to act like a dipshit US posp., pejor.

dupowatoś|ć *f sgt* posp., obraźl. (niezdarność) cack-handedness GB pot., pejor.; clumsiness; **gdyby nie jego ~ć...** if he weren't such a prat...

dupowa|ty *adi.* posp., obraźl. (niezdarny) cack-handed GB pot., pejor.; clumsy; **być ~tym** (niezaradnym) to be a prat GB pot., pejor.; to be a dipshit US posp., pejor.; **mieć ~tą minę** to look like a prat

dupsk|o *n augm.* wulg. (fat) arse GB posp., (fat) ass US posp.

du|r¹ Muz. **[I]** *n inv.* (skala muzyczna) major (scale) **[II]** *adi.* [tonacja, gama, trójdźwięk] major; **wszystkie gamy dur i moll** all the major and minor scales

du|r² *m* (*G* **duru**) Med. **dur plamisty** typhus *U*, spotted fever *U*; **dur brzuszny** typhoid (fever) *U*

---

duraluminiow|y *adi.* Duralumin® attr.
duraluminium *n inv. sgt* Duralumin®

dur|eń [I] *m pers.* (*Gpl* **~niów** a. **~ni**) pot., obraźl. (stupid) fool obraźl.; stupid git GB posp.; dummy US pot.; **robić z kogoś ~nia** (ośmieszać) to make a fool a. an ass of sb; (oszukiwać) to rip sb off pot.; **zrobić z siebie ~nia** to make a fool a. an ass of oneself; **wyjść na ~nia** to look like a fool a. an idiot pot.
[II] *m inanim. sgt* (gra w karty) ≈ war; **grać w ~nia** to play war

durni|eć *impf* (**~eję, ~ał, ~eli**) *vi* pot. **[1]** (stawać się głupszym) to get dumber pot.; **on z dnia na dzień ~eje** he gets dumber every day ⇒ **zdurnieć [2]** (wariować) to go crazy pot.; **koty ~eją, gdy poczują walerianę** cats go crazy when they smell valerian; **~eje na widok ładnej dziewczyny** he goes crazy when he sees a pretty girl ⇒ **zdurnieć [3]** (być zaskoczonym) to be stupefied a. **dumbfounded**; to be gobsmacked GB pot.; **zwykle ~eję w takich sytuacjach** situations like that usually knock me for six GB pot. ⇒ **zdurnieć**

durnoś|ć *f sgt* pot., pejor. stupidity pejor., idiocy pejor.

durnowatoś|ć *f sgt* pot., pejor. daftness GB pot., pejor.; inanity pejor.; **opowiadać ~ci** to talk rubbish GB pot. a. garbage pot.

durnowa|ty *adi.* pot., pejor. [osoba, pomysł] daft GB pot., pejor.; silly pejor., idiotic pejor.

durn|y *adi.* grad. pot., pejor [osoba, pomysł, rada] stupid pejor., idiotic pejor.; dumb US pot.

durow|y *adi.* Muz. major

dursztak *m* colander

durz|yć się *impf v refl.* przest., książk. **~yć się w kimś** to be enamoured of a. infatuated with sb ⇒ **zadurzyć się**

duse|r *m* (*G* **~ru**) przest., książk. **prawić komuś ~ry** to whisper sweet nothings to sb

dusiciel [I] *m pers.* (*Gpl* **~i**) strangler **[II]** *m anim.* Zool. constrictor; **boa ~** a/the boa constrictor

du|sić *impf* **[I]** *vt* **[1]** (ściskać szyję) to strangle; (zatykać usta i nos) to smother; **dusić kogoś paskiem** to strangle sb with a belt; **dusić kogoś poduszką** to smother sb with a pillow ⇒ **udusić [2]** (utrudniać oddychanie) [dym, zapach] to stifle, to choke; **dusił go kaszel** he was out of breath coughing; **strach dusił go w gardle** he was breathless with fear **[3]** (gnieść, przyciskać) to crush; **dusić czapkę pod pachą** to crush one's cap under one's arm; **dusić kogoś w uściskach** to crush a. **smother sb with a bear hug**; **dusiła w dłoni słuchawkę telefoniczną** she clutched the receiver in a death grip; **niedopałki dusili o ziemię** they stamped out their cigarettes **[4]** przen. to overburden [osobę, kraj] (**czymś** with sth); **dusić obywateli podatkami** to impose crushing taxes on the citizens **[5]** (ukrywać) **dusić w sobie emocje** to bottle up one's emotions; **dusić w sobie problemy** to cover up one's problems ⇒ **zdusić [6]** Kulin. to stew [mięso, warzywa, grzyby]; **dusić coś w maśle/śmietanie** to cook sth slowly in butter/stew sth in cream ⇒ **udusić [II] dusić się [1]** (nie mieć czym oddychać) to suffocate; **dusić się od dymu** to be stifled a. choked by the smoke ⇒ **udusić się**

---

[2] książk., przen. (nie mieć perspektyw) to suffocate przen.; **duszę się tutaj** I'm suffocating here; **czuł, że się dusi w Londynie** he felt suffocated by London **[3]** Kulin. [mięso, warzywa, grzyby] to stew ⇒ **udusić się**
■ **dusić pieniądze/złoto** to hoard money/gold

dusigrosz *m* (*Gpl* **~y** a. **~ów**) pot., pejor. skinflint pot., pejor.; cheapskate pot., pejor.

dusz|a *f* **[1]** (duch) soul; **nieśmiertelność ~y** the immortality of the soul; **zbawienie ~y** the salvation of the soul; **wędrówka ~** the transmigration of souls; **mroczne zakamarki ludzkiej ~y** the dark corners of the human soul; **choroba ~y** a torment of the soul; **~a narodu** the soul of a nation; **polska/rosyjska ~a** the Polish/Russian soul; **zaprzedać ~ę diabłu** to sell one's soul to the Devil; **~ę by oddał, żeby móc się z nią ożenić** he'd sell his soul to marry her; **Panie świeć nad jego/jej ~ą!** may he/she rest in peace; **~a mu się do niej wyrywała** he was dying to see her; **w (głębi) ~y** in my/his/her heart (of hearts); **w głębi ~y był jej wdzięczny** in his heart of hearts he was grateful to her; **było mu ciężko/lekko na ~y** his heart was heavy/light; **wkładać w coś całą ~ę** to put one's heart and soul into sth; **oddać się czemuś ~ą i ciałem** to throw oneself into sth heart and soul; **pragnąć z całej ~y** a. **całą ~ą, żeby...** to wish with all one's heart that...; **dziękować komuś z całej ~y** to thank sb with all one's heart; **otworzyć przed kimś ~ę** to bare one's soul to sb; **piszę o tym, co mi w ~y gra** I write from the heart; **ona jedna wie, co mu w ~y gra** she's the only person who knows what's in his heart; **mieć wszystko, czego ~a zapragnie** to have everything one's heart desires; **jeść/pić, ile ~a zapragnie** to eat/drink to one's heart's content **[2]** (natura) soul; **jego rogata ~a** his rebellious soul; **mieć ~ę poety** to have the soul of a poet; **mieć artystyczną/wrażliwą ~ę** to have the soul of an artist/to be a sensitive soul; **wyczułem w nim pokrewną ~ę** I sensed he was a kindred spirit **[3]** (osoba) soul; **wrażliwa ~a** a sensitive soul; **to jakaś poczciwa ~a** she/he must be really kind-hearted; **jakaś poczciwa ~a posprzątała dom** some kind soul has cleaned the house; **nie było tam żywej ~y** there wasn't a living soul there **[4]** (przywódca) (whole) soul; **był ~ą całego przedsięwzięcia** he was the soul of the whole project **[5]** (w żelazku) slug; **żelazko na ~ę** a slug-heated iron **[6]** Hist. (mieszkaniec) ≈ serf; **wieś licząca 200 ~** a village of 200 serfs **[7]** Muz. (w skrzypcach) sound post **[8]** (rdzeń) core; **~a liny** the rope core **[9]** Budow. *the clearance between the inside handrails on switchback stairs* **[10]** euf. **do ~y z taką robotą** to heck with this job euf.; **mam to w ~y, co o mnie mówią** I don't give a fig what they say about me euf.
■ **martwe ~e** fictitious people (*in an official register*); **bratnia ~a** soulmate; **~a człowiek** kind-hearted soul; **być ~ą towarzystwa** to be the life and soul of the party; **hulaj ~a!** przest. let's party!; **miałem ~ę na ramieniu** my heart was in

my mouth; **widzieć coś oczyma ~y** to see sth in one's mind's eye

duszący ∐ *pa* → **dusić**

Ⅲ *adi.* [*dym, smog, zapach*] choking, suffocating

dusz|ek *m* (bajkowa istota) sprite; (duch) spirit; **leśne ~ki** forest spirits

duszkiem *adv.* **wypić coś ~** to down sth in one draught GB, to down sth in one gulp

dusznic|a *f sgt* Med. angina

❏ **~a bolesna** Med. angina pectoris

dusznicow|y *adi.* [*ból, objaw*] angina *attr.*, anginal

duszn|o *adv.* grad. **ale tu ~o!** (w pomieszczeniu) it's so stuffy (in) here; (na dworze) it's so muggy here; **~o mi** I can't breathe

duszność *f* [1] *sgt* (brak powietrza) airlessness; (w pomieszczeniu) stuffiness; (na dworze) mugginess [2] Med. *zw. pl* dyspnoea *U* spec., dyspnea *U* US spec.; breathlessness *U*; **atak ~ci** a dyspnoeic attack; **mieć ~ci** to have difficulty breathing

duszn|y *adi.* [1] [*dzień, pomieszczenie, zapach*] stifling, oppressive; [*pomieszczenie*] stuffy; [*dzień*] muggy [2] *przen.* [*atmosfera*] stifling, oppressive

dusz|ony ∐ *pp* → **dusić**

Ⅲ *adi.* Kulin. [*mięso, warzywa, grzyby*] stewed

duszpasters|ki *adi.* Relig. [*praca, obowiązki*] pastoral

duszpasterstw|o *n* Relig. [1] *sgt* (działalność) pastoral work; **~o rodzinne** pastoral family counselling [2] (forma organizacyjna) chaplaincy; **~o młodzieży** a youth chaplaincy; **~o akademickie** a university chaplaincy

duszpasterz *m* (*Gpl* **~y**) Relig. (katolicki, anglikański) priest; (protestancki) pastor, minister; **~ naszej parafii** *książk.* our parish priest; **~ w więzieniu** a prison chaplain; **~ akademicki** a university chaplain

duszycz|ka *f dem.* pieszcz. soul

dużo ∐ *adv.* grad. (w dużym stopniu) [*pić, mówić*] a lot; **~ pływać/czytać** to swim/read a lot; **za ~ jeść/gadać** to eat/talk too much; **trochę za ~ zapłaciłeś** you paid a bit too much; **powinieneś więcej pracować** you should work harder; **im więcej o tym myślę, tym mniej rozumiem** the more I think about it, the less I understand; **coraz więcej wiemy** we know more and more; **najwięcej pracowałem po nocach** I worked mostly at night

Ⅲ *adv.* [1] (znacznie) far; **~ więcej osób/samochodów/domów** far a. many more people/cars/houses; **~ więcej czasu/miejsca/pieniędzy** far a. much more time/space/money; **~ mniej osób/samochodów/domów** far fewer people/cars/houses; **~ mniej czasu/miejsca/pieniędzy** far a. much less time/space/money; **~ bardziej/mniej skomplikowany** far a. much more/less complicated; **~ lepszy/gorszy** far a. much better/worse; **tutaj czuję się ~ bezpieczniejsza** I feel much safer here; **~ więcej się tu nauczyłem** I learnt far more here [2] *pot., iron.* fat lot *pot., iron.*; **ty akurat ~ wiesz!** a fat lot you know!; **~ mi możesz zrobić!** a fat lot you can do to me!

Ⅲ *pron.* (wiele) a lot (**czegoś** of sth); lots *pot.* (**czegoś** of sth); **~ osób/samocho-**

dów/domów a lot of a. many people/cars/houses; **~ czasu/miejsca/pieniędzy** a lot of time/space/money; **przyszło ~ ludzi** a lot of people came; **mamy jeszcze ~ czasu** we still have a lot of time; **~ się od tej pory zmieniło** a lot has changed since then; **~ się od niego nauczyłem** I learnt a lot from him; **mamy jeszcze ~ do roboty** *pot.* a. **do zrobienia** we still have a lot to do; **(on) zawsze ma ~ do powiedzenia** (jest gadatliwy) he always has a great deal a. a lot to say; **on ma tu ~/najwięcej do powiedzenia** (jest wpływowy) he has a big/the biggest say around here; **w jabłkach jest ~ witamin** apples are rich in vitamins; **nie ma tu zbyt ~ miejsca** there isn't too much room here; **coraz więcej osób uczy się angielskiego** more and more people are learning English; **przynieś trochę więcej drewna** bring some more firewood; **zarabiam więcej niż ona** I earn more than she does; **najwięcej kosztują mieszkania w centrum** flats in the city centre are the most expensive; „**ile masz książek?**" – „**~**" 'how many books have you got?' – 'lots'; „**ile mamy czasu?**" – „**~**" 'how much time have we got?' – 'a lot'; **mieć za ~ pracy/zmartwień** to have too much work/too many problems; **zostało nam nie więcej niż sto złotych** we have no more than 100 zlotys left; **jest więcej niż ładna** she's more than pretty

Ⅳ więcej *adv. comp.* (już) **więcej tam nie pójdę** I won't go there any more; **już jej nigdy więcej nie zobaczyłem** I haven't seen her since; **lubię ją i nic więcej** I like her and that's all; **Słońce jest tylko gazową kulą i niczym więcej** the Sun is nothing more than a gaseous sphere

Ⅴ więcej *part.* (mało tego) **co więcej...** what's more...; **to doskonałe, więcej, genialne!** that's great – no, it's downright brilliant!; **był wtedy w Londynie, a co więcej mieszkał w tym samym hotelu** he was in London then and what's more he stayed in the same hotel

■ **co za ~ – to niezdrowo** przysł. ≈ everything in moderation przysł.

du|ży ∐ *adi.* grad. [1] (pod względem rozmiarów) [*miasto, przedmiot, budynek, posiłek, osoba*] big, large; **życie w dużym mieście** life in the big city; **ta koszula/spódnica jest za duża** that shirt/skirt is too big; **czy mają państwo większe rozmiary?** have you got any larger sizes?; **jak duży jest twój dom?** how big is your house?; **X jest większe lub równe trzy** X is greater than or equal to three; **to największy budynek w mieście** this is the biggest a. largest building in (the) town [2] (poważny, ważny) [*błąd*] big, serious; [*skandal*] major, great; [*zainteresowanie*] great; considerable *książk.*; **największe wydarzenie sezonu** the (biggest) event of the season; **to duża różnica** that makes a big a. great difference; **zaszły tam duże zmiany** great a. a lot of changes took place there; **ten fakt miał duże znaczenie w jej życiu** this fact a. circumstance played a significant role in her life; **miał duże szanse na zwycięstwo** he had (a) very good chance of winning; **duży kłopot** a lot of trouble, considerable difficulty;

będziesz miała duży kłopot ze sprzedażą tego domu you're going to have a lot of trouble a. serious problems selling that house [3] (dorosły) big; **jesteś już dużym chłopcem** you're a big boy now; **jesteś za duża, żeby cię trzeba było karmić** you're big enough to feed yourself; **kiedy będę duży, zostanę lekarzem** I'm going to be a doctor when I grow up; **zrozumiesz, kiedy będziesz większy** you'll understand when you're older [4] (liczny) [*rodzina, grupa*] big, large; **mamy duży wybór tkanin** we offer a large range of fabrics; **zarabiać duże pieniądze** to earn a lot of money [5] [*szybkość, gorączka, natężenie*] high; [*wysiłek, stres*] major, serious; **jechać z dużą prędkością** to drive at high speed; **gotować na dużym ogniu** to cook on a high heat; **będzie duże zachmurzenie** it's going to be a very cloudy day; **operacja na dużą skalę** a large-scale operation; **ona ma duży talent** she has a lot of talent; **dostać duże brawa** to receive loud applause; to get a big hand *pot.*

Ⅲ *adi.* [*litera*] capital; **duże A/B** a capital A/B; **pisać coś dużą literą** to capitalize sth; **sztuka przez duże S** art with a capital A

Ⅲ większy *adi. comp.* *pot.* (spory) **była większa rozróba** there was quite a brawl; **nie było żadnych większych problemów** there weren't any serious problems

Ⅳ co większa *part.* *pot.* (co więcej) what's more; **była inteligentna, a co większa umiała to wykorzystać** she had a good mind and what's more, she knew how to use it

❏ **duża przerwa** a. **pauza** Szkol. ≈ lunch break

DVD /ˌdiviˈdi/ *m inv.*, *f inv.* DVD; **film na płycie ~** a DVD version of a film

dw|a ∐ *num.* two; **ulicą szło dwóch mężczyzn** a. **szli dwaj mężczyźni** two men were walking down the street; **na stole leżały dwa jabłka** there were two apples on the table; **kupiłem dwa/dwie** I bought two of them; **za dzień lub dwa** in a day or two; **zrobić coś dwa razy** to do sth twice; **dwa razy większy/szybszy** twice as big/fast; **służyć dwóm panom** to serve two masters; **zrobili to we dwóch/zrobiły to we dwie** (just) the two of them did it; **pracować za dwóch** to do the work of two, to work like a horse a. dog; **jeść za dwóch** to eat like a horse; [*ciężarna*] to be eating for two; **powiedzieć dwa słowa** a. **zdania o czymś** to say a couple of words about sth; **wytłumaczyć coś w dwóch słowach** a. **zdaniach** to explain sth briefly; **nie ma co do tego dwóch zdań** there's no doubt about it; **to bez dwóch zdań najlepszy samochód** this is the best car without a doubt; **nie trzeba mu tego dwa razy powtarzać** he doesn't need to be asked twice; **to o dwa kroki stąd** it's just a stone's throw away a. from here

Ⅲ *n inv. sgt* Szkol. (ocena niedostateczna) poor a. bad mark a. grade, ≈ F; (ocena mierna) below-average mark a. grade, ≈ D; **praca na dwa** (niedostateczna) an F paper; (mierna) a D paper

■ **dwa ognie** ≈ dodgeball; **to proste jak**

dwa razy dwa cztery it's as simple as two plus two

dw|adzieścia *num.* twenty; **dwadzieścia dwa/trzy** twenty-two/three

dwadzieścioro *num. mult.* → **dwadzieścia**

dwakroć *adv.* książk. twice; **po ~ powtarzałem, że...** I said twice that...; **~ większy** twice as big

dw|anaście Ⅱ *num.* twelve
Ⅲ Dwunastu *plt* Bibl. the Twelve (Apostles)

dwanaścioro *num. mult.* → **dwanaście**

dw|ieście *num.* two hundred; **dwieście pięćdziesiąt** two hundred (and) fifty

dw|oić *impf* **Ⅱ** *vt* Techn. to split *[skóry]*
Ⅲ dwoić się (rozdwajać się) **dwoi mi się w oczach** I see double
■ **dwoić się i troić, żeby coś zrobić** to go to no end of trouble (in order) to do sth

dwoistość *f sgt* duality (**czegoś** of sth)

dwoi|sty *adi. [natura, rola]* dual; **mieć ~sty stosunek do czegoś** to have an ambiguous attitude towards sth

dwoiście *adv.* **rozumieć coś ~** to interpret sth in two ways; **oceniać coś ~** to have mixed feelings about sth, to be ambivalent about sth

dwojaczk|i *plt* (*G* **~ów**) [1] (bliźniaki) twins; **urodzić ~i** to have twins [2] *dem.* Hist. double pot *(for carrying food)*

dwoja|ki[1] *adi.* **można to zrobić w ~ki sposób** it can be done in two ways; **produkty/organizacje ~kiego rodzaju** two kinds of products/organizations

dwojak|i[2] *plt* (*G* **~ów**) Hist. double pot *(for carrying food)*

dwojako *adv.* in two ways

dwoj|e *num. mult.* two; **~e drzwi/ludzi** two doors/people; **wakacje dla ~ga** a holiday for two; **robić coś we ~e** to do sth together; **złożyć coś na ~e** to fold sth in half; **przełamać coś na ~e** to break sth in two a. in half; **zgiąć się we ~e** to bend (over) double; **no to jedno z ~ga!** it's an either-or situation, you can't have it both ways; **z ~ga złego wolę matematykę** maths is the lesser of two evils, as far as I'm concerned
■ **na ~e babka wróżyła** ≈ it's anybody's guess, your guess is as good as mine

dwora|k *m* [1] przest., pejor. (dworzanin) courtier [2] przest. (parobek) farmhand *(on an estate)*; (służący) servant *(in a manor house)* [3] przen., pejor. (sługus) lackey pejor., flunkey pejor.

dworcow|y *adi. [budynek, bufet, poczekalnia]* station *attr.*

dwor|ek *m dem.* (*G* **~ku**) (small) manor house

dwor|ka *f* Hist. [1] (szlachcianka) lady-in-waiting [2] (we dworze) maidservant przest. *(in a manor house)*

dworkow|y *adi. [architektura]* manor *attr.*

dwornie *adv. grad.* książk. courteously, chivalrously; **ukłonić się ~** to give a courtly bow książk.

dworność *f sgt* książk. courtliness książk.; courtesy; **z przesadną ~cią** with exaggerated courtesy

dworn|y *adi. grad.* książk. *[gest, ukłon, maniery]* courtly książk.; courteous, chivalrous; *[młodzieniec]* gallant, chivalrous

dwor|ować *impf vi* książk. **~ować (sobie) z kogoś** to make fun of sb

dwors|ki *adi.* [1] Hist. (należący do majątku) **~kie pola** the manor lands; **~ki ekonom** an estate supervisor a. factor a. steward; **~ka służba** servants in the manor house [2] (związany z dworem królewskim) *[urzędnik, teatr, etykieta]* court *attr.* [3] przest. (dworny) *[ukłon, maniery]* courtly książk.; courteous

dworsko *adv.* przest. *[zachowywać się]* in a courtly manner książk.; courteously, chivalrously

dworskoś|ć *f sgt* przest. courtliness książk.; courtesy

dworzan|in *m* (*Gpl* **~**) courtier

dwo|rzec *m* station; **~rzec kolejowy** a railway station; **~rzec autobusowy** a bus station a. terminal; **~rzec lotniczy** an airport; **~rzec promowy** a ferry terminal; **na ~rcu** at the station; **wyjść po kogoś na ~rzec** to meet sb at the station; **pojechać na ~rzec** to go to the station

dwóchsetleci|e *n* [1] (okres) two-hundred-year period [2] (rocznica) bicentenary, bicentennial (**czegoś** of sth)

dwóchsetny → **dwusetny**

dwój|a *f augm.* pot., Szkol. (ocena niedostateczna) poor a. bad mark a. grade, ≈ F; (ocena mierna) below-average mark a. grade, ≈ D

dwój|ka *f* [1] (cyfra) two; **napisać ~kę** to write the number two a. a two [2] (ocena niedostateczna) poor a. bad mark a. grade, ≈ F; (ocena mierna) below-average mark a. grade, ≈ D; **~ka z matematyki/chemii** an F/a D in maths/chemistry; **postawić komuś ~kę** to give sb an F/a D; **dostać ~kę** to get an F/a D; **zdać egzamin na ~kę** to get a D for an exam [3] (oznaczenie) two; **~ka pik/kier** the two of spades/hearts; **wsiąść w ~kę** (tramwaj, autobus) to take the number two tram/bus; **mieszkać pod ~ką** to live in room/flat (number) two; **z ~ki wypadła mi plomba** a filling fell out of one of my top front teeth; **co jest** a. **co dają na ~ce?** what's on Channel 2? [4] (pokój dwuosobowy) double room [5] (para) **~ka dzieci/szczeniąt** two children/puppies; **poszliśmy tam w ~kę** the two of us went there; **iść ~kami** to walk two by two [6] pot. (dwa złote, dolary) two zlotys/bucks [7] pot. (bieg w samochodzie) second gear; second pot.; **jechać ~ką** to be in second; **wrzucić ~kę** to shift into second [8] Sport **~ka podwójna** a double scull; **~ka pojedyncza** a pair; **~ka wagi lekkiej** a lightweight double scull; **~ka ze sternikiem/bez sternika** a coxed/coxless pair; **~ka bobslejowa** a two-person bobsleigh team GB a. bobsled team US; **wyścig ~ek bobslejowych** a two-person bobsleigh event GB a. bobsled event US

dwójkowicz *m* pot. (z ocenami niedostatecznymi) very poor student; (z ocenami miernymi) poor student

dwójkow|y *adi.* [1] Komput., Mat. *[system, format]* binary [2] (w parach) *[występy, ćwiczenie]* paired, in pairs [3] Szkol. **~y uczeń** (z ocenami niedostatecznymi) a very poor student; (z ocenami miernymi) a poor student; **~a praca** (niedostateczna) a very poor paper; (mierna) a poor paper

dwójnasób → **w dwójnasób**

dw|ór *m* (*G* **dworu**) [1] (ziemiański dom) manor house; (majątek ziemski) (landed) estate; **pracować we dworze** (być służącym) to be a servant in a manor house; (być parobkiem) to be a farmhand on a landed estate [2] (władca i otoczenie) court; **na dworze cesarskim/królewskim/wiedeńskim** at the imperial/royal/Viennese court; **stosunki między kościołem a dworem** the relations between the Church and the court; **malować/komponować dla dworu** to be the court painter/composer; **służyć na dworze** to serve at the court [3] (świeże powietrze) **spędzać czas/jeść na dworze** to spend time/eat outside a. outdoors; **na dworze jest zimno/gorąco** it's cold/hot outside; **wyjść na dwór** to go outside; **wrócić z dworu** to come back inside

dwórka → **dworka**

dwu- *w wyrazach złożonych* two-, double-, bi-, di-; **dwustronicowy** two-page; **dwugwiazdkowy** two-star; **dwupokładowy** double-decked; **dwucyfrowy** double-digit; **dwubiegunowy** bipolar; **dwumian** a binomial; **dwuzasadowy** dibasic; **dwuatomowy** diatomic

dwuaktow|y *adi. [sztuka]* two-act *attr.*

dwubarwn|y *adi. [materiał, druk]* two-colour a. bicolour(ed) GB, two-color a. bicolor(ed) US

dwuboi|sta *m,* **~stka** *f* Sport biathlete

dwub|ój *m* (*G* **~oju**) Sport biathlon; **uzyskać 200 kg w ~oju** *[ciężarowiec]* to lift a total of 200 kilos
❑ **~ój klasyczny** Nordic combined; **~ój zimowy** biathlon

dwuczęściow|y *adi. [kostium]* two-piece; *[książka, film]* two-part *attr.*

dwuczłonow|y *adi. [nazwa]* two-word *attr.*; *[nazwisko]* hyphenated, double-barrelled GB

dwudaniow|y *adi. [posiłek, obiad]* two-course *attr.*

dwudniow|y *adi.* [1] (trwający 2 dni) *[nieobecność, konferencja]* two-day *attr.* [2] (mający 2 dni) *[niemowlę, zarost]* two-day-old

dwudrzwiow|y *adi. [szafa, samochód]* two-door *attr.*

dwudzielność *f sgt* duality

dwudzieln|y *adi.* (dwuczęściowy) *[przedmiot]* two-part *attr.*; *[struktura]* dual; **~e drzwi** double doors

dwudziest|ka *f* [1] (liczba, cyfra) twenty [2] pot. (oznaczenie) (the number) twenty; **mieszka pod ~ką** he/she lives at no. 20; **dojechał ~ką aż do pętli** he took the no. 20 tram/bus to the end of the line a. terminus [3] (grupa) twenty, a score; **była nas ~ka** there were twenty of us; **zająć miejsce w pierwszej ~ce** to finish in the top twenty [4] pot. (wiek) twenty; **skończyć ~kę** to turn a. be twenty [5] pot. (moneta) twenty pot.; (banknot) (o funtach) a twenty-pound note; (o dolarach) a twenty-dollar bill US; **możesz mi rozmienić ~kę?** could you change a twenty for me?; **zapłacił ~kami** he paid in twenties; **rozmienić setkę na ~ki** to change a hundred into twenties [6] posp. (kobieta) a twenty-year-old woman

D

dwudziesto- *w wyrazach złożonych* twenty-; **dwudziestostopniowy** twenty-degree; **dwudziestogodzinny** twenty-hour

dwudziestoczterogodzinn|y *adi. [dyżur, strajk]* twenty-four-hour *attr.*

dwudziestogroszow|y *adi.* **moneta** ~**a** a twenty-grosz coin

dwudziestogroszów|ka *f pot.* a twenty-grosz coin

dwudziestokrotnie *adv.* [1] *[startować, próbować]* twenty times [2] *[szybszy, większy]* twentyfold, twenty times; ~ **przekroczyć normę** to be twenty times over the limit

dwudziestokrotn|y *adi.* [1] *[zwycięzca, mistrz]* twenty-times *attr.* GB, twenty-time *attr.* US [2] *[wzrost, spadek]* twentyfold

dwudziestolat|ek [1] *m pers.* (*Npl* ~**ko-wie** a. ~**ki**) twenty-year-old; **pierwszy raz głosowali** ~**kowie** a. **głosowały** ~**ki** twenty-year-olds voted for the first time; **pokolenie** ~**ków** twenty-year-olds, people in their twenties [II] *m anim.* (zwierzę) twenty-year-old animal; (drzewo) twenty-year-old tree

dwudziestolat|ka *f* twenty-year-old

dwudziestoleci|e *n* [1] (okres) twenty-year period; **minione** ~**e** the last twenty years [2] Hist. (okres 1919-1939) ~**e (międzywojenne)** the interwar period; **literatura** ~**a** literature of the interwar period [3] (rocznica) twentieth anniversary (**czegoś** of sth); **obchodzić** ~**e czegoś** to celebrate the twentieth anniversary of sth

dwudziestoletni *adi.* [1] *[wojna, okres]* twenty-year *attr.* [2] *[osoba, drzewo, budynek]* twenty-year-old

dwudziestopięcioleci|e *n* [1] (okres) twenty-five year period [2] (rocznica) twenty-fifth anniversary

dwudziestotysięczn|y [1] *num. ord.* twenty thousandth [II] *adi.* ~**y dług/kredyt** (w złotych) a twenty-thousand-zloty debt/loan; (w euro) a twenty-thousand-Euro debt/loan [III] **dwudziestotysięczna** *f* (w ułamkach) **jedna** ~**a** one twenty-thousandth

dwudziestowieczn|y *adi. [budynek, pisarz]* twentieth-century *attr.*

dwudziestozłotowy *adi.* [1] *[banknot, moneta]* twenty-zloty *attr.* [2] *[grzywna, opłata]* twenty-zloty *attr.*

dwudziestozłotów|ka *f pot.* (banknot) twenty-zloty note GB, twenty-zloty bill US; (moneta) twenty zloty coin

dwudzie|sty [1] *num. ord.* twentieth [II] *adi.* **lata** ~**ste** the twenties; **lata** ~**ste (XX wieku)** the 1920s, the nineteen twenties [III] *m* (data) the twentieth; **przyjdź** ~**stego** come on the twentieth; **dziś jest** ~**sty lutego** today is the twentieth of February [IV] **dwudziesta** *f* [1] (godzina) 8 p.m.; (w rozkładach jazdy, oficjalnych dokumentach) twenty hundred hours [2] (w ułamkach) twentieth; **trzy** ~**ste** three twentieths

dwudźwięk *m* (*G* ~**u**) Muz. double note

dwugarbn|y *adi. [wielbłąd]* two-humped, Bactrian

dwugłos *m* (*G* ~**u**) [1] (dyskusja) dialogue; ~ **w sprawie czegoś** a dialogue about sth [2] Muz. duet

dwugłos|ka *f* Jęz. diphthong

dwugłoskow|y *adi.* Jęz. *[artykulacja, sylaba]* diphthongal

dwugłosow|y *adi.* **śpiew** ~**y** duet

dwugłow|y *adi.* two-headed; dicephalous spec.; ~**y orzeł** a two-headed eagle; **mięsień** ~**y** Anat. biceps

dwugroszów|ka *f pot.* two-grosz coin

dwuizbow|y *adi.* [1] *[mieszkanie, budynek, szkoła]* two-room *attr.* [2] Polit. *[parlament]* bicameral, two-chamber *attr.*

dwujajow|y *adi.* **bliźnięta** ~**e** fraternal twins

dwujęzyczność|ć *f* bilingualism

dwujęzyczn|y *adi. [osoba, kraj, słownik]* bilingual

dwukierunkowo *adv.* in two directions; **ruch odbywa się** ~ the traffic moves in both directions; **działać** ~ przen. to act independently (for a common purpose)

dwukierunkowoś|ć *f sgt* **zasada** ~**ci ruchu** the principle of two-way traffic

dwukierunkow|y *adi.* [1] *[ruch, ulica]* two-way; *[proces]* bidirectional; **ta ulica jest** ~**a** it's a two-way street [2] (rozwijający się w dwóch kierunkach) **ich działania były** ~**e** they acted in two directions, they acted independently (for a common purpose)

dwukolorow|y *adi.* two-coloured GB, two-colored US

dwukołow|y *adi. [pojazd, wózek]* two-wheeled

dwukonn|y *adi. [zaprzęg, pojazd]* two-horse *attr.*

dwukół|ka *f* Hist. two-wheeled carriage, gig

dwukrop|ek *m* colon

dwukrotnie *adv.* [1] *[startować, próbować]* twice, two times [2] *[wzrosnąć, zmaleć, zwiększyć]* twofold; ~ **szybszy/większy** twice as fast/big, two times faster/bigger

dwukrotn|y *adi.* [1] *[laureat, mistrz]* two-time; ~**y zwycięzca** a two-time winner; ~**a próba** two attempts [2] *[wzrost, spadek]* twofold

dwulat|ek [1] *m pers.* (*Npl* ~**ki**) two-year-old; **zabawka dla** ~**ków** a toy for a two-year-old a. for two-year-olds [II] *m anim.* (zwierzę) two-year-old animal; (drzewo) two-year-old tree; **wyścigi** ~**ków** race for two-year-olds

dwulat|ka *f* [1] (dwuletnia dziewczynka) two-year-old [2] (samica) two-year-old; **klacz/krowa** ~**ka** two-year-old mare/cow [3] pot. (dwuletnia szkoła) two-year school

dwuletni *adi.* [1] *[wojna, okres]* two-year *attr.* [2] *[osoba, drzewo, budynek]* two-year-old

dwulicowoś|ć *f sgt* duplicity, double-dealing

dwulicow|y *adi.* pejor. *[osoba]* two-faced, double-faced; *[postępowanie]* two-faced

dwumasztow|iec *m* Żegl. two-master

dwumasztow|y *adi.* Żegl. *[statek]* two-masted

dwumiarow|y *adi.* [1] Muz. *[takt]* duple [2] Literat. *[wiersz]* consisting of dimeters

dwumiesięcznik *m* bimonthly

dwumiesięczn|y *adi.* [1]*[przerwa, wyjazd]* two-month *attr.* [2] *[dziecko, zwierzę]* two-month-old

dwunast|ka *f* [1] (cyfra) twelve [2] (oznaczenie) the number twelve; **mieszka pod** ~**ką** he/she lives at no. 12; ~**ka dojeżdża do**

centrum miasta the no. 12 (bus/tram) goes to the city/town centre [3] (12 osób, przedmiotów) twelve, dozen [4] Wyd. (format książki) twelvemo, duodecimo

dwunastnic|a *f* Anat. duodenum; **zapalenie** ~**y** duodenitis; **owrzodzenie** ~**y** duodenal ulceration; **wziernikowanie** ~**y** duodenoscopy

dwunasto- *w wyrazach złożonych* twelve-; **dwunastomiesięczny** *[osoba, zwierzę]* twelve-month-old; **dwunastogodzinny** twelve-hour

dwunastokrotnie *adv.* [1] *[startować, próbować]* twelve times [2] *[szybszy, większy]* twelve times; ~ **przekroczyć normę** to be twelve times over the limit

dwunastokrotn|y *adi.* [1] *[rekordzista, medalista]* twelve-times *attr.* GB, twelve-time *attr.* US; ~**y zwycięzca** a twelve-time winner; ~**e próby** twelve attempts [2] *[wzrost, spadek]* twelvefold

dwunastolat|ek [1] *m pers.* (*Npl* ~**kowie** a. ~**ki**) twelve-year-old; **szkołę skończyli** ~**kowie/skończyły** ~**ki** the twelve-year-olds finished school [II] *m anim.* (zwierzę) twelve-year-old animal; (drzewo) twelve-year-old tree

dwunastolat|ka *f* twelve-year-old

dwunastoletni *adi.* [1] *[wojna, okres]* twelve-year *attr.* [2] *[osoba, drzewo, budynek]* twelve-year-old

dwunastomiesięczny *adi.* [1] *[pobyt, wyjazd]* twelve-month *attr.* [2] *[dziecko, zwierzę]* twelve-month-old

dwunastowieczn|y *adi. [zamek, budowla]* twelfth-century *attr.*

dwuna|sty [1] *num. ord.* twelfth [II] *m* (data) the twelfth; **przyjdź** ~**stego** come on the twelfth; ~**sty stycznia to data moich urodzin** the twelfth of January is my birthday [III] **dwunasta** *f* [1] (godzina) twelve o'clock; **robić coś za pięć** ~**sta** przen. to do sth at the last minute; ~**sta w dzień/w nocy** twelve a.m./p.m. [2] (w ułamkach) twelfth; **trzy** ~**ste** three twelfths

dwunawow|y *adi.* Archit. *[kościół]* two-aisle *attr.*, two-aisled

dwunogi → **dwunożny**

dwunożnie *adv.* Zool. *[poruszać się]* bipedally

dwunożnoś|ć *f sgt* Zool. bipedalism

dwunożn|y *adi.* Zool. two-legged, bipedal

dwuosobow|y *adi.* [1] *[pokój]* double; *[kajak]* two-man *attr.*; ~**a wycieczka** (dla dwóch osób) a trip for two [2] *[zespół, drużyna]* two-man

dwupartyjnoś|ć *n sgt* Polit. two-party system

dwupartyjn|y *adi.* Polit. *[system, rząd]* two-party *attr.*, bipartisan

dwupasmow|y *adi.* ~**a droga** a dual carriageway GB

dwupasmów|ka *f pot.* dual carriageway GB; **jechać** ~**ką** to drive along the dual carriageway

dwupła|t *m* (*G* ~**tu** a. ~**ta**) → **dwupłatowiec**

dwupłatow|iec *m* Lotn. biplane

dwupłatow|y *adi.* Lotn. **samolot** ~**y** a biplane

dwupłciowoś|ć *f sgt* Biol. hermaphroditism

dwupłciow|y *adi.* Biol. *[kwiaty, zwierzęta, organizm]* bisexual; hermaphroditic(al) książk.

dwupokojow|y *adi.* *[mieszkanie]* two-room *attr.*

dwupoziomowo *adv.* *[zaprojektować]* on two levels

dwupoziomow|y *adi.* *[konstrukcja]* two-level *attr.*; **mieszkanie ~e** a split-level flat, a duplex US; **~e skrzyżowanie** an interchange

dwuramienn|y *adi.* *[świecznik, dźwignia]* double, two-armed

dwurodzajow|y *adi.* 1 Jęz. *[rzeczownik]* common-gender *attr.* 2 książk. bigeneric

dwurur|ka *f przest.* double-barrelled shotgun

dwurzędow|y *adi.* 1 Moda *[kurtka, marynarka, płaszcz]* double-breasted 2 *[okręt, galera]* having two banks of oars, birema *attr.*

dwurzędów|ka *f* pot. double-breasted jacket

dwuset|ka *f* 1 (zapis liczby) two hundred 2 pot. (banknot 200-złotowy) a two-hundred-zloty note; **rozmień mi ~kę** change me a two-hundred-note 3 (grupa) **znalazł się w ~ce uczniów przyjętych do szkoły** he was among the two hundred pupils who got into the school

dwusetn|y II *num. ord.* two hundredth
II *adi.* **~a część grama** two hundredth of a gramme
III **dwusetna** *f* (w ułamkach) (one) two hundredth

dwusieczn|y II *adi.* *[miecz, topór]* double-edged, two-edged
II **dwusieczna** *f* Mat. bisector; **~a kąta** bisector

dwuskładnikow|y *adi* *[klej, lakier]* two-component *attr.*

dwuskrzydłow|y *adi.* *[drzwi]* double; *[budynek]* two-wing *attr.*

dwuspadow|y *adi.* **~y dach** a gable roof; **dom z ~ym dachem** a gabled house

dwustopniowo *adv.* in two stages

dwustopniowoś|ć *f sgt* **~ć procesu** two stages of a process

dwustopniow|y *adi.* 1 (dwuetapowy) *[proces, selekcja]* two-stage *attr.* 2 (na skalach) **~y mróz** two degrees below zero a. of frost

dwustronnie *adv.* **zapisany ~** printed on both sides

dwustronnoś|ć *f sgt* bilateralism, two-sidedness (**czegoś** of sth)

dwustronn|y *adi.* 1 (mający dwie strony) *[taśma klejąca, dyskietka]* double-sided; *[materiał, tkanina]* double-faced 2 (dotyczący dwóch stron) *[umowa, stosunki]* bilateral

dwustu- *w wyrazach złożonych* **dwustuzłotowy banknot** a two-hundred-zloty note; **dwustustronicowa książka** a two-hundred-page book

dwustuletni *adi.* 1 (trwający 200 lat) *[okres]* two-hundred-year *attr.*; **~e panowanie brytyjskie** two hundred years of British rule 2 (mający 200 lat) *[drzewo, budynek]* two-hundred-year-old

dwustutysięczn|y II *num. ord.* two hundred thousandth

II *adi.* **~y dług/kredyt** (w złotówkach) a two-hundred-thousand-zloty debt/loan; (w euro) a two-hundred-thousand-Euro debt/loan; **~e miasto** a city with two hundred thousand inhabitants

III **dwustutysięczna** *f* (w ułamkach) (one) two hundred thousandth

dwustuzłotów|ka *f* pot. two-hundred-zloty note GB, two-hundred-zloty bill US

dwusuw *m* (*G* **~u**) pot. (silnik) two-stroke engine; (samochód) car with a two-stroke engine

dwusuwow|y *adi.* *[silnik]* two-stroke

dwuszereg *m* (*G* **~u**) two lines (*one behind the other*); **ustawić się w ~u** to form two lines; **stać w ~u** to be standing in two lines

dwuszpaltow|y *adi.* *[artykuł]* two-column *attr.*

dwuśla|d *m* (*G* **~du**) pot. four-wheeled vehicle

dwuśladow|y *adi.* *[pojazd]* four-wheeled

dwutak|t *m* (*G* **~tu**) 1 pot. (silnik) two-stroke engine; (samochód) car with a two-stroke engine 2 Sport **rzut z ~tu** a lay-up; **wykonać ~t** to drive to the basket

dwutaktow|y *adi.* 1 Muz. *[fraza, fragment]* two-bar *attr.* 2 Aut. *[silnik]* two-stroke

dwutlen|ek *m* (*G* **~ku**) Chem. dioxide; **~ek węgla/siarki** carbon/sulphur dioxide

dwutomow|y *adi.* *[encyklopedia, słownik, powieść]* two-volume *attr.*

dwutorowo *adv.* *[przebiegać, działać]* in two directions; **prace nad projektem są prowadzone ~** the teams are working concurrently on the project

dwutorowoś|ć *f sgt* **~ć narracji/akcji** double narration/plot

dwutorow|y *adi.* 1 *[linia kolejowa]* double-track *attr.* 2 *[działalność]* two way

dwutygodnik *m* Dzien. fortnightly a. biweekly (magazine)

dwutygodniow|y *adi.* 1 (trwający dwa tygodnie) *[wycieczka, nieobecność, choroba]* two-week *attr.*; **~y urlop** a fortnight's holiday, two weeks off 2 (mający dwa tygodnie) *[dziecko, kurczak]* two-week-old

dwutysięczn|y II *num. ord.* two thousandth

II *adi.* 1 (złożony z dwóch tysięcy jednostek) *[tłum]* two-thousand-strong 2 (stanowiący ułamek) two thousandth; **~a część sekundy** two thousandth of a second 3 *[banknot, dług]* (w złotych) two-thousand-zloty

III *f* (w ułamkach) **jedna ~a** (one) two thousandth

dwuwargow|y *adi.* Jęz. bilabial

dwuwiersz *m* 1 Literat. (utwór, strofa) couplet 2 (dwa wiersze) two lines

dwuwładz|a *f sgt* Polit. diarchy

dwuwymiarowoś|ć *f sgt* two-dimensionality

dwuwymiarow|y *adi.* two-dimensional

dwuzłotow|y *adi.* *[moneta, składka]* two-zloty *attr.*

dwuzłotów|ka *f* pot. two-zloty coin

dwuzmianowoś|ć *f sgt* two-shift system

dwuzmianow|y *adi.* *[praca]* two-shift *attr.*; **pracować w systemie ~ym** to work a two-shift system

dwuznacznie *adv.* 1 (niejasno) *[sformułować, odpowiedzieć]* ambiguously 2 (niejednoznacznie) *[zachowywać się, uśmiechać się]* am-

biguously 3 (nieprzyzwoicie) *[uśmiechać się, żartować, zachowywać się]* suggestively

dwuznacznoś|ć *f sgt* 1 (niejasność) ambiguity (**czegoś** of sth) 2 (nieprzyzwoitość) (żartu, uwagi, zachowania) suggestiveness (**czegoś** of sth)

dwuznaczn|y *adi.* 1 *[wypowiedź, odpowiedź]* ambiguous, equivocal 2 *[uśmiech, sytuacja]* ambiguous; **to bardzo ~a postać** s/he's a very ambiguous character 3 (nieprzyzwoity) *[gest, żart, uwaga, zachowanie]* suggestive

dwuznak *m* (*G* **~u**) Jęz. digraph

dwużeństw|o *n sgt* (karalne) bigamy; (niekaralne) ≈ polygamy; having two wives

dyb|ać *impf* (**~ię**) *vi* książk. **~ać na kogoś** to lie in wait for sb; **~ać na czyjś majątek/czyjąś duszę** to be after sb's money/soul

dyb|y *plt* (*G* **~ów**) Hist. the stocks; **zakuć kogoś w ~y** to put sb in the stocks

dy|cha *f* pot. 1 (dziesiątka) ten; **dycha karo** the ten of diamonds 2 (dziesięć złotych) ten zlotys; a tenner GB pot.

dychawic|a *f sgt* Med. asthma
❑ **~a oskrzelowa** Med bronchial asthma; **~a sercowa** Med. cardiac asthma, cardioasthma

dychawicznie *adv.* *[sapać, dyszeć]* wheezily

dychawiczn|y *adi.* 1 Med. (astmatyczny) *[kaszel, oddech]* asthmatic, wheezy 2 (słaby) *[osoba, koń]* short-winded

dychotomi|a *f* (*GD* **~i**) *sgt* książk. dichotomy; **~a postaw** a dichotomy of attitudes; **~ pomiędzy czymś a czymś** a dichotomy between sth and sth

dychotomicznie *adv.* książk. *[traktować, ujmować, postrzegać]* dichotomously

dychotomicznoś|ć *f sgt* książk. dichotomy (**czegoś** of sth)

dychotomiczn|y *adi.* książk. *[podział]* dichotomous

dydaktycznie *adv.* 1 Szkol. *[poprawny, pożyteczny]* didactically; **być przygotowanym ~** to be qualified to teach 2 (moralizatorsko) didactically; **oddziaływać ~ na kogoś** *[zabawa, grupa rówieśnicza]* to have an educational impact on sb

dydaktycznoś|ć *f sgt* (utworu, filmu) didacticism (**czegoś** of sth)

dydaktyczn|y *adi.* 1 (związany z uczeniem) *[umiejętności, szkolenie, teoria]* teaching *attr.*; **zajęcia ~e** classes; **materiały ~e** teaching materials; **do celów ~ych** for educational purposes; **pracownicy ~i** teaching staff 2 (moralizatorski) didactic; **mieć charakter/wydźwięk ~y** to be didactic in nature/tone

dydakty|k *m* 1 (specjalista w zakresie dydaktyki) education(al)ist, teaching and learning specialist 2 (nauczyciel) educator

dydakty|ka *f sgt* 1 (dział pedagogiki) didactics, teaching; **~ka nauk przyrodniczych** teaching natural sciences 2 (moralizatorstwo) didacticism

dydaktyzm *m sgt* didacticism

dyfteryt *m sgt* (*G* **~tu**) Med. diphtheria

dyfterytyczn|y *adi.* Med. diphtheritic, diphtheric; **błony ~e** diphtheritic membranes

D

dyg m (G ~u) curtsy; **wykonać głęboki ~** to give a deep curtsy

dygać impf → dygnąć

dyg|nąć pf — **dyg|ać** impf (~nęła, ~nęli — ~am) **[]** vt pot. (dźwignąć, taszczyć) to hump around a. about pot.; **nie mogliśmy tego ~nąć** it was too heavy to lift; **~ać siaty po schodach** to hump the shopping bags up the stairs **[]** vi **[1]** (ukłonić się) [dziewczyna, kobieta] to curtsy; **~nąć przed kimś** to curtsy to sb **[2]** pot. (pobiec) to run along pot.; **~aj po piwo!** run along and get some beer!

dygnię|cie [] sv → dygnąć **[]** n curtsy; **przywitać kogoś ~ciem** to greet sb with a curtsy

dygnitars|ki adi. **~kie domy** houses of dignitaries; **po ~ku** like a dignitary

dygnitarz m (Gpl ~y) dignitary; **wysoki ~** a high dignitary; **~e kościelni/państwowi** church/state dignitaries

dygo|t m (G ~tu) (człowieka, rąk) trembling; (maszyny, silnika) vibration; **dostał ~tu rąk** his hands began to tremble; **wpadła w ~t** she started shivering

dygo|tać impf (~cę a. ~czę) [osoba, nogi] to tremble, to shiver; [silnik, budynek] to shake; **~tać z zimna/ze strachu/z podniecenia** to tremble a. shiver from the cold/with fear/with excitement; **powstrzymać ~tanie kolan** to keep one's knees from trembling; **ręce mi ~czą** a. **~cą** my hands are trembling ⇒ **zadygotać**

dygresj|a f (Gpl ~i) digression; **polityczne/filozoficzne ~e** political/philosophical digressions; **uczynić ~ę** to make a digression, to digress; **chciałbym tu uczynić ~ę na temat...** at this point I would like to make a digression on...; **tyle ~i** back to the point

dygresyjnie adv. **powieść jest napisana ~** the novel is full of digressions

dygresyjnoś|ć f sgt digressiveness (czegoś of sth)

dygresyjn|y adi. [wstawka, utwór] digressive

dykcj|a f sgt diction, enunciation; **~a sceniczna** stage delivery; **uczyć się/kogoś ~i** to have elocution lessons/to teach sb elocution; **mieć nienaganną ~ę** to have perfect diction, to enunciate perfectly

dyk|ta f **[1]** sgt (materiał) plywood; **okna zabite ~tą** windows boarded up with plywood **[2]** (płyta) sheet of plywood

dyktafon m (G ~u) tape recorder, Dictaphone®

dyktan|do n Szkol. (ćwiczenie) dictation (exercise); (sprawdzian) spelling test; **pisać ~do** to write a dictation; **zrobić komuś ~do** to give sb a spelling test; **dostać piątkę z ~da** to get an A in a spelling test ■ **robić coś pod czyjeś ~do** to do sth at sb's bidding

dykta|t m (G ~tu) książk. diktat, dictate; **obcy/komunistyczny ~t** a foreign/communist diktat; **ulec ~towi** to yield to a diktat; **~t mody** dictates of fashion

dyktato|r m **[1]** Polit. (autokrata) dictator; **~r Haiti** the dictator of Haiti **[2]** przen. tyrant; **mąż/szef ~r** a tyrant of a husband/boss ❑ **~r mody** famous fashion designer

dyktators|ki adi. [rządy, metody, ton, zachowanie] dictatorial; **zachowywać się/rządzić po ~ku** to act/rule dictatorially

dyktatu|ra f Hist., Polit. dictatorship; **~ra wojskowa** a military dictatorship; **~ra Cromwella** Cromwell's dictatorship; **~ry Ameryki Łacińskiej** Latin American dictatorships; **zaprowadzić/obalić ~rę** to establish/overthrow a dictatorship ❑ **~ra proletariatu** dictatorship of the proletariat

dykteryj|ka f książk. anecdote; **opowiadać zabawne ~ki** to tell amusing anecdotes

dykt|ować impf vt **[1]** to dictate [list, notatkę] (komuś to sb) ⇒ **podyktować [2]** [narzucać] to dictate [ceny, warunki]; **~ować tempo** to set the pace; **postępować/robić, tak jak ~uje rozsądek** to be guided by common sense; **nikt nie będzie mi ~ować, co mam robić** no one's going to dictate to me; **rób, co ci serce ~uje** do what your heart tells you ⇒ **podyktować [3]** Sport to award [rzut karny, rzut wolny] ⇒ **podyktować**

dyl m **[1]** (drewniany bal) timber **[2]** Budow. plank, deal ■ **dać ~a** pot. to scarper pot.

dylema|t m (G ~tu) **[1]** książk. dilemma; **stanąć przed ~tem** to face a. confront a dilemma; **mieć ~t** to be in a. to have a dilemma **[2]** Log. dilemma

dyletanc|ki adi. książk., pejor. [podejście, sposób] dilettantish pejor., amateurish pejor.; **po ~ku** unprofessionally

dyletancko adv książk., pejor. in an unprofessional a. an amateurish way pejor.

dyletanctw|o n sgt książk., pejor. dilettantism pejor., amateurism pejor.

dyletan|t m, **~tka** f książk., pejor. dilettante pejor., dabbler pejor.; **być ~tem w sprawach** a. **w dziedzinie polityki** to be a dilettante as far as politics are concerned

dyletantyzm m sgt (G ~u) książk., pejor. dilettantism pejor. a. amateurism pejor.

dyliżans m (G ~u) Hist. stagecoach; **~ pocztowy** mail coach

dym m **[1]** (G ~u) smoke; (drażniący, szkodliwy) fume zw. pl.; **gryzący/gęsty ~** acrid/thick smoke; **kłęby ~u** clouds a. billows of smoke; **słup ~u** a column a. pillar of smoke; **~ ogniska** bonfire smoke; **~ papierosowy** a. **z papierosa** cigarette smoke, smoke from a cigarette; **zaciągnąć się ~em** to inhale smoke from a cigarette; **z komina bije** a. **unosi się ~** smoke is coming a. rising from the chimney; **pójść z ~em** [budynek, las, plany, nadzieje] to go up in smoke także przen.; **rozwiać się jak ~** [marzenia, plany] to go up in smoke przen.; **puścić coś z ~em** to send sth up in smoke **[2]** (A ~a) pot. (papieros) smoke pot. **[3]** (G ~u) daw. (dom) **wieś liczyła 200 ~ów** there were 200 homes in the village ❑ **~ bojowy** Wojsk. smokescreen ■ **ani ~u, ani popiołu po nim** he vanished in a puff of smoke; **iść** a. **walić do kogoś jak w ~** pot. to go straight to sb; **nie ma dymu bez ognia** przysł. there's no smoke without fire; where there's smoke, there's fire

dyma|ć impf **[]** vt wulg. to knock wulg. ⇒ **wydymać**

[] vi pot. to leg it pot.; **~ć na stację** to leg it to the station **[]** **dymać się** wulg. to bonk pot. (**z kimś** with sb)

dym|ek m **[1]** dem. (G ~ku) smoke; **cieniutki ~ek** a thin wisp of smoke **[2]** (w komiksie) balloon; **słowa w ~kach** words in balloons **[3]** dem. (A ~ka) pot. (papieros) smoke pot.; **wyjść na ~ka** to go out for a quick smoke

dym|ić impf **[]** vi **[1]** [piec, komin, parowóz, samochód] to smoke **[2]** (zadymiać) **~ić papierosem w pokoju** to fill a room with cigarette smoke ⇒ **nadymić [3]** (parować) [zupa, garnek] to steam; **miska ~iącej zupy** a bowl of steaming soup **[]** v imp. **~i z pieca** the stove smokes **[]** **dymić się [1]** [drewno, hubka] to smoke; **~i się z pieca** the stove smokes **[2]** (parować) [zupa, obiad] to steam

dymisj|a f (Gpl ~i) (zwolnienie) dismissal; (ustąpienie) resignation; **udzielić komuś ~i** to dismiss sb; **otrzymać ~ę** to be dismissed; **podać się do ~i** a. **złożyć ~ę** to hand in one's resignation

dymisjon|ować pf, impf vt to dismiss [ministra, urzędnika]; **prezydent ~ował swojego rzecznika** the president dismissed his spokesman; **~owany pułkownik** a cashiered colonel ⇒ **zdymisjonować**

dym|ka f spring onion

dymnik m **[1]** (okienko) skylight **[2]** Hist. (otwór w dachu) smoke hole **[3]** (ujście przewodu) roof vent

dymn|y adi. **[1]** [słup, sygnał,] smoke attr. **[2]** [przewód] smoke attr.

dynamicznie adv. grad. **[1]** (szybko) [rosnąć] dynamically; [rozwijać się] rapidly **[2]** (w ruchu) [traktować, ukazywać, przedstawiać] dynamically **[3]** [zagrać, powiedzieć] dynamically

dynamicznoś|ć f sgt (energia) dynamism

dynamiczn|y adi. grad. **[1]** (szybki) [wzrost] dynamic; [rozwój] rapid **[2]** (żywiołowy, energiczny) [osoba, muzyka, zagranie] dynamic **[3]** (ruchomy, zmienny) [obraz, energia, ciśnienie] dynamic **[4]** Muz. [akcent] dynamic

dynami|ka f sgt **[1]** (tempo) dynamics; **~ka eksportu/produkcji** export/production dynamics **[2]** (żywiołowość) dynamism; **rzeźba pełna ~ki** a sculpture full of movement **[3]** Fiz. dynamics; **zasady ~ki Newtona** Newton's Laws of Motion

dynami|t m (G ~tu) **[1]** (materiał wybuchowy) dynamite; **laska ~tu** a stick of dynamite; **wysadzić coś przy pomocy ~tu** to blow sth up with dynamite; **kruszyć skałę/lód ~tem** to dynamite the rock/ice **[2]** przen. (zagrożenie) dynamite przen.; **polityczny ~t** political dynamite

dynamizm m sgt (G ~u) **[1]** książk. (szybkość, żywiołowość) dynamism; **~ zmian** the dynamism of changes; **główną zaletą filmu jest ~ akcji** the film's main asset is its dynamic plot; **dodawać czemuś ~u** to add dynamism to sth **[2]** Filoz. dynamism

dynamiz|ować impf vt książk. to dynamize [proces, produkcję]; **~ować czyjąś kampanię** to make sb's campaign more dynamic ⇒ **zdynamizować**

dynam|o n dynamo; **~o do roweru** a bicycle dynamo

dynamomet|r *m* (*G* **~ru**) Techn. dynamometer

dynamometryczn|y *adi. [badanie, pomiar]* dynamometric(al)

dynasti|a *f* (*GDGpl* **~i**) [1] (ród królewski) dynasty; **~a Habsburgów/Jagiellonów** the Habsburg/Jagiellonian dynasty; **założyć ~ę** to found a. establish a dynasty; **być ostatnim z ~i** to be the last of the dynasty; **król z ~i Karolingów** a king of the Carolingian dynasty [2] (sławna rodzina) dynasty; **~a bankierów/muzyków** a family of bankers/musicians; **~a Kennedych** the Kennedy dynasty

dynastycznie *adv. [powiązany]* dynastically; **myśleć ~** to think in dynastic terms

dynastyczn|y *adi. [interes, polityka, władca]* dynastic; **tron ~y** dynastic successsion to the throne; **ród ~y** dynastic line

dynda|ć *impf* **[I]** *vi* [1] (machać) to dangle *vt*, to swing *vt*; **~ć czymś** to dangle sth; **~ć nogami w powietrzu** to swing one's legs ⇒ **zadyndać** [2] (zwisać) to dangle; **~ć komuś na szyi/w uchu** to dangle from sb's neck/ear ⇒ **zadyndać** [3] pot. (na szubienicy) to be hanged ⇒ **zadyndać**
[II] dyndać się to dangle

dyndol|ić *impf vi* pot., pejor. to scrape (away) pot.; **~ić na skrzypcach** to scrape away at one's violin

dyngus *m* (*A* **~a**) *Easter Monday custom of drenching people with water*

dyngusow|y *adi. [obyczaj, zabawa]* Easter Monday *attr.*

dy|nia *f* (roślina, owoc) pumpkin; **pestki z dyni** pumpkin seeds; **gruby jak dynia** as fat as a pig

dyplom *m* (*G* **~u**) [1] (dokument) diploma, certificate; **uzyskać ~ czeladnika** to receive a qualified craftsman's diploma; **dostarczyć kopię ~u** to submit a copy of one's diploma. a degree certificate [2] Uniw. (stopień) degree; (egzamin) final a. graduation exam; (rzeźba, projekt) graduation work; **~ uniwersytecki** a university degree; **mieć ~ z fizyki/chemii** to have a degree in physics/chemistry; **otrzymać ~ magisterski** to receive a. get one's Master's degree; **zrobić ~ z psychologii na Uniwersytecie Warszawskim** to get a degree in psychology from the University of Warsaw; **rok po ~ie** a year after graduation [3] (wyróżnienie) certificate of merit a. distinction

dyplomacj|a *f sgt* [1] Polit. (działalność, służby) diplomacy; **kariera w ~i** a diplomatic career; **pracować w ~i** to work in the diplomatic service; **szef polskiej/francuskiej ~i** Polish/French foreign minister [2] (takt) diplomacy; **wykazać się ~ą** to be diplomatic a. tactful

dyploma|ta *m* [1] Polit. diplomat; **spotkanie z zagranicznymi ~tami** a meeting with foreign diplomats [2] przen. (osoba taktowna) diplomat przen.; **czasem trzeba być ~tą** sometimes you have to be diplomatic

dyplomat|ka *f* [1] Polit. diplomat [2] przen. (taktowna kobieta) diplomat przen. [3] (teczka) attaché case [4] Moda overcoat

dyplomatycznie *adv. [postępować, przemilczeć]* diplomatically

dyplomatyczn|y *adi.* [1] Polit. *[służba, stosunki, paszport, wiza]* diplomatic; **język ~y** diplomatic language, the language of diplomacy; **zabiegi ~e** diplomatic efforts; **zerwać/nawiązać stosunki ~e z ościennymi państwami** to break/establish diplomatic relations with neighbouring states a. countries [2] (taktowny) *[zachowanie]* diplomatic; **zachować ~e milczenie** to maintain a diplomatic silence; **udzielić komuś ~ej odpowiedzi** to give sb a diplomatic answer

dyplomowan|y *adi. [pielęgniarka, położna]* registered GB, certified

dyplomow|y *adi. [egzamin, film, przedstawienie]* graduation *attr.*; **praca ~a** (rozprawa) thesis, dissertation; (rzeźba, projekt) graduation work

dyptyk *m* (*G* **~u**) [1] książk. (dwuczęściowe dzieło) diptych [2] Szt. (ołtarz) diptych [3] Hist. (tabliczki do pisania) diptych

dyr. (= dyrektor)

dyrdy *plt* pot.
■ **w ~** at full pelt a. tilt; **pobiegł w ~ do domu** he ran home at full pelt

dyrdyma|ły *plt* (**~ki** *dem.*) (*G* **~ł** a. **~łów**, **~łek**) pot. [1] (bzdury) rubbish *U* pot., baloney *U* pot.; **opowiadać** a. **pleść ~ły** to talk rubbish a. rot pot. [2] (sprawy błahe) nonsense *U*; rubbish *U* pot.; **zajmować się ~łami** to waste time on rubbish; **wypisuje w swoich książkach różne ~ły** he writes a lot of rubbish in his books

dyrekcj|a *f* (*Gpl* **~i**) [1] (kierownictwo) (firmy) management; (w administracji państwowej) authorities *pl*, administration; (urząd) authority; **~a kopalni/huty** the management of a mine/steelworks; **zarządzenie ~i** a management directive; **siedziba ~i** head office; **skarga do ~i** a complaint to (the) management; **minęło pół roku działalności teatru pod nową ~ą** it's been six months since the theatre started operating under new management [2] *sgt* (kierowanie) management; **za jego ~i zakład rozkwitał** the company prospered under his management; **pod jego ~ą Muzeum Narodowe przeżywało swój złoty wiek** the National Museum had its heyday a. Golden Age under his management [3] Muz. **orkiestra/chór pod czyjąś ~ą** an orchestra/choir conducted by sb

dyrekto|r *m, f inv.* [1] (osoba, tytuł) director; (oddziału) manager; **~r fabryki/przedsiębiorstwa** a factory/company manager; **~r szkoły** a headmaster/headmistress, a head (teacher) GB, a principal; **~r teatru/muzeum** a theatre/museum director; **~r banku** (oddziału) a bank manager; **Dyrektor Generalny** a. **Naczelny** the Managing Director; **powołać kogoś na stanowisko ~ra** to appoint sb manager/director; **~r departamentu** the head of a department; **~r do spraw sprzedaży** the sales manager; **~r do spraw finansowych** the financial director; **łączę z gabinetem ~a Nowaka/~ Nowak** I'll put you through to the office of our director, Mr Nowak/Ms Nowak [2] Hist. director

dyrektor|ka *f* **~ka szkoły** a headmistress, a head (teacher) GB; a principal; **~ka przedszkola** the head of a nursery school

dyrektors|ki *adi. [stanowisko]* managerial, directorial, management *attr.*; [gabinet] manager's, director's; **~kie krzesło** a. **~ki fotel** a. **stołek** przen. an executive office a. suite przen.

dyrektyw|a *f* książk. directive; **tajne ~y** confidential a. top-secret directives; **~y polityczne** political directives; **~a moralna** a moral directive a. imperative; **postępować zgodnie/niezgodnie z ~ami** to follow/to disregard directives, to comply with/to not comply with directives

dyrektywn|y *adi.* książk. **zarządzanie ~e** management by delegation; **~a wypowiedź** a verbal a. an oral directive

dyr|o *m* pot. (dyrektor szkoły) beak GB pot.

dyrygenc|ki *adi. [pulpit, podium, sztuka]* conductor's; **pałeczka ~ka** a baton

dyrygen|t *m*, **~tka** *f* Muz. conductor

dyrygentu|ra *f* [1] *sgt* (sztuka) conducting [2] (stanowisko) conductorship; **objąć ~rę w Teatrze Wielkim** to accept the position of conductor at the Teatr Wielki; **w czasie jego ~ry filharmonia podupadła** under his conductorship the Philharmonic (orchestra) deteriorated [3] pot. (wydział) the conducting department

dyryg|ować *impf vt* [1] Muz. to conduct *[orkiestrą, chórem]* [2] pot. (rozkazywać) to boss about, to boss around; **przestań mną ~ować, sam wiem, co mam robić!** stop bossing me around, I know what to do!; **reżyser nie przyjechał, wszystkim ~ował jego asystent** the director didn't show up, so his assistant took charge of everything; **ostry głos, przywykły do ~owania** a sharp voice, accustomed to giving orders

dyscyplin|a *f* [1] *sgt* (rygor) discipline; **ślepa ~a** blind a. indiscriminate discipline; **~a szkolna/wojskowa** school/military discipline; **~a pracy** work discipline; **~a myślowa** mental discipline; **autorowi brakuje ~y myślowej i językowej** the author lacks (both) mental and linguistic discipline; **~a wewnętrzna** self-discipline; **utrzymywać/łamać ~ę** to maintain/flout discipline; **zaprowadzić/przywrócić ~ę** to impose/restore discipline; **nowy szef zaprowadził w biurze żelazną ~ę** the new boss established iron a. rigorous discipline in the office; **przestrzegać ~y** to observe discipline; **w szkole panowała wzorowa ~a** the school boasted excellent discipline [2] (dziedzina nauki, wiedzy) discipline, branch [3] Sport sport; **~a sportu** a sport, a sports discipline; **jaką ~ę sportu uprawiasz?** what sport are you into pot., what sport do you practice?; **pięciobój jest już ~ą olimpijską** the pentathlon is now an Olympic sport a. event [4] przest. (bat) whip

dyscyplinarnie *adv.* **zwolnić kogoś ~** to dismiss sb for disciplinary reasons a. on disciplinary grounds

dyscyplinarn|y *adi. [kara, postępowanie, komisja]* disciplinary; **zwolnienie ~e** a dismissal for disciplinary reasons a. on disciplinary grounds

D

dyscyplin|ować *impf vt* to discipline *[uczniów, pracowników]*; **te działania ~owałyby gospodarkę** these measures could impose some discipline on the economy; **~ować świadków poprzez wymierzanie grzywien za niestawienie się w sądzie** to discipline the witnesses by fining them for not appearing in court ⇒ **zdyscyplinować**

dyscyplinująco *adv.* **wpływać na kogoś ~** to have a disciplinary a. salutary effect on sb

dyscyplinując|y **[I]** *pa* → **dyscyplinować**

[III] *adi. [przepisy, środki]* disciplinary

dysertacj|a *f* książk. *(Gpl ~i)* [1] (rozprawa) dissertation, thesis; **~a o Heglu** a dissertation on Hegel; **~a doktorska na temat stosunków polsko-niemieckich w XIX w.** a doctoral thesis on Polish-German relations in the 19th century [2] pejor. dissertation iron. (**o czymś** on sth); digression (**o czymś** on sth)

dysertacyjn|y *adi.* **praca ~a** a dissertation

dysgrafi|a *f sgt (GD ~i)* Med., Psych. dysgraphia, disgraphia

dysharmoni|a /dɪsxarˈmɔɲja/ *f sgt (GD ~i)* [1] (rozdźwięk) disharmony, dissonance (**między czymś a czymś** between sth and sth); **~a psychiczna/duchowa** psychological/spiritual disharmony a. dissonance a. discord; **~a rozwojowa** Psych. developmental dissonance; **w ~i z naturą** in disharmony with nature [2] Muz. discord, dissonance

dysharmoniczn|y *adi.* Muz. *[kompozycja]* disharmonic

dyshono|r *m sgt (G ~ru)* książk. dishonour GB, dishonor US; **przyjęcie ode mnie pomocy uznałby za ~r** he would consider it demeaning to accept my help; **dla próżniaka każda praca to ~r** no job a. work is good enough for an idler; **poczytywać sobie czyjeś słowa za ~r** to take sb's words as an affront, to feel slighted by sb's words

dysk *m (G ~u)* [1] Sport (przyrząd) discus; **rzut ~iem** discus throwing [2] pot. (konkurencja) the discus; **ogłoszono wyniki ~u** the discus results have been announced [3] (kształt) disc, disk US [4] Komput. disk; **zapisać plik na ~** a. **na ~u** to save a file (on)to the (hard) disk [5] środ. (płyta gramofonowa) disc, disk US, record [6] Anat. (intervertebral) disc, (intervertebral) disk US
❑ **~ elastyczny** Komput. floppy a. flexible disk; **~ magnetyczny** Komput. magnetic disk; **~ optyczny** Komput. optical disk; **~ twardy** Komput. hard disk

dyskiet|ka *f* Komput. floppy (disk), diskette

dyskobol *m*, **~ka** *f (Gpl ~i* a. **~ów, ~ek)** Sport discus thrower

dyskografi|a *f (GDGpl ~i)* discography

dyskomfor|t *m sgt (G ~tu)* książk. discomfort C/U; **~t fizyczny/psychiczny** physical/psychological discomfort; **uczucie ~tu** a feeling of discomfort; **odczuwać ogromny ~t** to feel deep discomfort; **nagła zmiana wywołała w niej uczucie ~tu** the sudden change caused her (deep) discomfort

dyskont|ować *pf vt* [1] książk. (wykorzystywać) to turn to one's advantage; **~ował błędy przeciwnika** he turned the opponent's mistakes to his (own) advantage; **~ować swoją pozycję w firmie** to take advantage of one's position in the firm [2] Ekon., Fin. *[bank]* to discount *[weksle]*

dyskopati|a *f sgt (GD ~i)* Med. slipped disk

dyskote|ka *f* (zabawa, lokal) disco(theque); **pójść na ~kę** to go to the disco; **bawili się wczoraj w ~ce** they were partying last night at the disco

dyskotekow|y *adi. [muzyka, taniec]* disco *attr.*

dyskow|y *adi.* Komput. *[pamięć]* disk *attr.*

dyskrecj|a *f sgt* discretion; **zachować ~ę** to be discreet; **być ucieleśnieniem ~i** to be the soul of discretion; **gdyby tylko udał, przez ~ę, że niczego nie widział** if only he'd discreetly pretend not to have seen anything; **sprawa wymaga ~i** the matter requires discretion; **czy mogę prosić o ~ę w tej sprawie?** can I count on your discretion in this matter?, can I ask you to be discreet about this?

dyskrecjonaln|y *adi.* książk. *[rozmowa, narada]* confidential

dyskredyt|ować *impf vt* książk. to discredit *[przeciwnika, poglądy, zasługi]* ⇒ **zdyskredytować**

dyskretnie *adv. grad.* discreetly; **milczeć ~** to remain discreetly silent; **odwrócić się ~** to turn around a. away discreetly; **malować się ~** to wear discreet make-up; **~ wsunęła mu 50 zł do kieszeni** she discreetly slipped 50 zlotys into his pocket

dyskretn|y *adi.* [1] (taktowny) *[osoba, pytanie, głos, szept]* discreet [2] (tajny) *[misja, porozumienie]* secret [3] (delikatny) *[perfumy, makijaż, gest]* discreet; *[zapach, światło]* discreet, soft [4] Fiz., Mat. *[sygnał]* discrete

dyskryminacj|a *f sgt* [1] (ograniczanie praw) discrimination; **~a kobiet/chrześcijan** discrimination against women/Christians; **~a rasowa** race a. racial discrimination; **~a religijna** religious discrimination; **~a etniczna** discrimination on ethnic grounds [2] Handl. restrictions; **~a handlowa** trade restrictions

dyskryminacyjn|y *adi.* [1] *[polityka, działania, przepisy]* discriminatory [2] Handl. *[taryfa]* discriminatory

dyskrymin|ować *impf vt [osoba, prawo, ustawa]* to discriminate *vi* (**kogoś** against sb); **~ować kobiety/homoseksualistów** to discriminate against women/homosexuals

dyskurs *m (G ~u)* książk. discourse (**o czymś** (up)on sth); **~ filozoficzny/polityczny** a philosophical/political discourse; **prowadzić z kimś ~ o sztuce** to discourse with sb (up)on art

dyskursywnie *adv.* książk. *[wyrażać, formułować]* discursively

dyskursywnoś|ć *f sgt* książk. (utworu) discursiveness

dyskursywn|y *adi.* książk. *[myślenie, język, tekst]* discursive

dyskusj|a *f (Gpl ~i)* (debata) discussion C/U, debate C/U (**o** a. **nad czymś** about a. on sth); (spór) argument, dispute (**o** a. **nad czymś** about a. over sth); **prowadzić** a.

toczyć z kimś ~ę to have a. hold a discussion with sb; **wdać się w ~ę z kimś** (w debatę) to get into a debate with sb; (w spór) to get into an argument with sb; **sprawa do ~i** a matter open to discussion; **być przedmiotem ~i** to be under discussion a. debate; **nie podlegać ~i** to be indisputable a. unarguable; **poddać sprawę ~i** a. **pod ~ę** to bring a matter up for discussion a. debate; **zabrać głos w ~i** (oficjalnie) to take the floor; (nieoficjalnie) to say something, to take part in a discussion; **nie brał udziału w ogólnej ~i** he didn't take part in the general discussion; **nie ma co się wdawać w ~e** there's nothing to be gained by arguing; **bez ~i!** and that's final!; **bez ~i, sama nie pojedziesz** you're not going alone and that's final; **nie chcę słyszeć żadnych ~i na ten temat** I don't want to hear any more about it a. any more discussion on the subject

dyskusyjnoś|ć *f sgt* [1] (kontrowersyjność) (rozwiązań, działań) disputability, debatability [2] euf. (niesłuszność) dubiousness euf.

dyskusyjn|y *adi.* [1] *[kółko, klub]* discussion *attr.*; *[zebranie]* debating *attr.* [2] *[zagadnienie]* disputable, arguable; **być ~ym** a. **kwestią ~ą** to be debatable, to be a moot point [3] euf. (nieuzasadniony) *[wniosek, twierdzenie]* dubious; (niesprawiedliwy) *[metoda, rozwiązanie]* dubious, controversial

dyskutan|t *m*, **~tka** *f* discussant

dyskut|ować *impf* **[I]** *vt* (rozmawiać) to discuss, to debate; **~ować projekt ustawy** to debate a bill; **można by ~ować, czy jest to etyczne** whether (or not) it's ethical is debatable, the ethics of it are arguable a. debatable; **prywatyzacja jest dziś sprawą najbardziej ~owaną** privatization is currently a very topical issue ⇒ **przedyskutować**

[II] *vi* [1] (rozmawiać) to discuss *vt* (**o** a. **nad czymś** sth); to debate (**o** a. **nad czymś** (about) sth); **~ować z kimś** to have a discussion with sb; **~ować o literaturze/sztuce** to have a discussion about literature/art; **politycy ~owali z sobą zawzięcie nawet w kuluarach** the politicians carried on a spirited discussion a. debate even outside the chamber; **z tym poglądem można ~ować** that opinion is debatable [2] (spierać się) to argue; **nie będę z tobą ~ować na ten temat** I'm not going to argue the issue with you; **nie ~uj, tylko rób co ci każą** don't argue – just do what you're told to do

dyskwalifikacj|a *f (Gpl ~i)* [1] (zawodnika) disqualification [2] (przedmiotów, towarów) rejection

dyskwalifik|ować *impf vt* [1] (ujawniać brak) *[czyny, wypowiedzi, cechy]* to disqualify; **to go ~uje jako polityka/wychowawcę/ojca** that disqualifies him as a politician/teacher/father ⇒ **zdyskwalifikować** [2] (oceniać jako bezwartościowe) to disparage; **artykuł krytyka ~ował jego poezję** the critic's article disparaged his poetry ⇒ **zdyskwalifikować** [3] Sport to disqualify *[zawodnika]* ⇒ **zdyskwalifikować**

dysleksj|a *f sgt* Med., Psych. dyslexia

dyslektyczn|y *adi. [dziecko, objawy]* dyslexic, dyslectic

dyslekty|k *m* dyslexic, dyslectic

dysonans *n* (*G* **~u**) [1] Muz. dissonance *U*, discord *C/U*; **muzyka oparta na ~ie** music based on dissonance [2] (brak zgodności) clash; disparity *C/U* książk., dissonance książk.; **stanowić ~** to constitute a jarring note; **przyjęcie przebiegało spokojnie, bez żadnych ~ów** the party went off smoothly, without any upsets a. conflicts [3] (nieporozumienie) conflict *C/U*; discord *U* książk., dissonance *U* książk.; **~e w rodzinie** discord a. conflicts within the family; **przy kieliszku szampana znikły wszelkie ~e** all differences disappeared over a glass of champagne

❑ **~ poznawczy** Psych. cognitive dissonance

dysonansowoś|ć *f sgt* Muz. dissonance

dysonansow|y *adi.* Muz. *[akord]* dissonant

dyspens|a *f sgt* Relig. dispensation *C/U*; **udzielić komuś ~y** a. **dać komuś ~ę** to grant sb a dispensation; **~a od postu** a dispensation from (the obligation of) fasting; **małżeństwo z bratową wymagało papieskiej ~y** a marriage with one's sister-in-law required papal dispensation; **ożenił się z wdową za ~ą** he was given dispensation to marry a widow

dyspon|ować *impf vt* [1] książk. (rozporządzać) to possess, to have (at one's disposal) (**czymś** sth); **~ować pieniędzmi/kontem żony** to have one's wife's money/account at one's disposal, to have access to one's wife's money/account; **rodzice często nie ~ują środkami na pokrycie kosztów studiów swoich dzieci** parents often don't have enough money to provide for their children's higher education; **szpital ~uje 100 łóżkami/najnowszym sprzętem diagnostycznym** the hospital has 100 beds/ the latest diagnostic equipment; **chwilowo nie ~ujemy zamówionymi przez Państwa towarami** the items you ordered are temporarily out of stock; **ośrodek wypoczynkowy ~uje żaglówkami** the recreation centre is equipped with sailing craft a. boats; **nie ~ował wolnym czasem** he didn't have any free time; **nie ~uję żadną wiedzą na ten temat** I have no knowledge of this subject [2] (zarządzać) to order, to decree; **„jedziemy do nas", ~uje ojciec** 'we're going to our place,' father decrees; **dostał do ręki kartę i ~ował potrawy dla siebie i damy** he was given a menu and ordered food for himself and his companion ⇒ **zadysponować**

dysponowan|y [1] *pp* → **dysponować**
[2] *adi.* [1] (w dobrej formie) fit, in good form; **nasz zawodnik był słabo ~y** our player wasn't in good form [2] (usposobiony) **nie jestem dziś ~y do poważnych rozmów** I'm in no mood a. fit state for serious discussion(s)

dyspozycj|a *f* (*Gpl* **~i**) *zw. pl* [1] (polecenie) order, instruction; **wydała mu dokładne** a. **szczegółowe ~e co do obiadu** she gave him exact instructions regarding dinner [2] (cechy) predisposition (**do czegoś** to a. towards sth); **miał wrodzoną ~ę do chorób serca/otyłości** he had an inborn predisposition to heart disease/obesity

■ **mieć kogoś/coś do ~i** książk. to have sb/

sth at one's disposal; **pozostawać w** a. **do czyjejś ~i** książk. to be at sb's disposal

dyspozycyjnoś|ć *f sgt* (pracownika) availability; **od pracowników oczekujemy pełnej ~ci** evening and weekend availability is a must

dyspozycyjn|y *adi.* [1] *[pracownik]* flexible [2] (wydający dyspozycje) **ośrodek ~y** headquarters [3] (do dyspozycji) **jednostka ~a** Wojsk. (jednej dywizji) attached unit; (samodzielny) detached unit; **fundusz ~y** discretionary fund(s)

dyspozyto|r *m* dispatcher; **~r ruchu** a traffic controller; **kolejowy ~r ruchu** a train dispatcher

dyspozytor|ka *f* Transp. dispatcher; **~ka pogotowia** an emergency service a. ambulance dispatcher

dyspozytorni|a *f* (*Gpl* **~**) control room

dysproporcj|a *f* (*Gpl* **~i**) disproportion *C/U*; **~a wymiarów** a disproportion in the dimensions; **~e figury** figure flaws; **~a pomiędzy ambicją a zdolnościami** a disproportion between ambition and one's capabilities, ambition disproportionate to one's capabilities; **~e w podziale środków finansowych** a disproportion in the division of funds

dyspu|ta *f* książk. debate *C/U* (**o czymś** about sth); disputation książk. (**o czymś** about sth); **prowadzili długie ~ty o sensie życia** they had long debates about the meaning of life; **właśnie toczy się ~ta na ten temat** this matter is currently under debate; **niepotrzebnie wdałem się z nim w tę ~tę** I shouldn't have got into that argument with him

dysput|ować *impf vi* książk. to debate *vi/vt* (**o czymś** (about) sth)

dystans *m* (*G* **~u**) [1] *sgt* (odległość) distance *C/U*; **samolot pokonuje ~ 5 000 km bez tankowania** the plane can fly 5,000 km without refuelling; **sprawy ocenia się inaczej z pewnego ~u czasowego** things seem different given a. after some time [2] Sport distance; **biegał na długich ~ach** he was a long-distance runner; **Amerykanie są dobrzy na krótkich ~ach** the Americans are good at short distances; **wygrał bieg na ~ie 3000 m** he won in the 3,000 metres [3] *sgt* przen. (różnica) disparity *C/U*, gap; **~ między szkołami w mieście i na wsi** the gap between urban schools and their rural counterparts; **zmniejszający się ~ między filmem artystycznym a popularnym** the narrowing gap between artistic and popular cinema; **pod względem wykształcenia dzieli ich ogromny ~** there's an enormous disparity in their education; **~ Polski do najbogatszych krajów świata** the gap between Poland and the richest countries in the world; **nie będzie łatwe zmniejszenie ~u technologicznego w stosunku do USA** it won't be easy to bridge the gap in modern technology between our country and the USA [4] *sgt* (oficjalny stosunek) distance; **patrzyć na kogoś z ~em** to look at sb with reserve; **trzymać kogoś na ~** to keep sb at a distance, to keep sb at arm's length; **trzymać się na ~** to keep one's distance,

to remain aloof; **zachować ~ wobec obcych** to keep aloof a. one's distance from strangers [5] *sgt* (rezerwa) distance, aloofness (**do** a. **wobec czegoś** from sth); **mieć ~ do sprawy** to maintain detachment from a matter

dystans|ować *impf* [1] *vt* [1] (wyprzedzić) *[biegacz, zwierzę]* to outdistance, to outrun; **to świetny zawodnik, zawsze ~uje rywali** he's a great runner who always outdistances his rivals ⇒ **zdystansować** [2] przen. (przewyższyć) to outdistance, to surpass *[przeciwnika, konkurencję]*; **~ował kolegów w naukach ścisłych** he outdistanced his classmates in the sciences; **inne kraje ~ują nas pod względem rozwoju ekonomicznego** other coutries are way ahead of us a. have outdistanced us in terms of economic development ⇒ **zdystansować**

[2] **dystansować się** książk. (zachowywać rezerwę) to distance oneself (**od kogoś/czegoś** from sb/sth); **~ował się od wypowiedzi swoich poprzedników** he dissociated himself from his predecessors' statements; **młodzież ~uje się od polityki** young people are becoming apolitical ⇒ **zdystansować się**

dystansow|y [1] *adi.* **kliny ~e** distance-marking wedges
[2] **-dystansowy** *w wyrazach złożonych* **długodystansowy** long-distance; **krótkodystansowy** short-distance

dystrybucj|a *f sgt* [1] (rozdział) distribution *C/U*; **~a towarów** the distribution of goods; **~a żywności** the distribution of food a. foodstuffs, food distribution [2] Jęz. distribution; **~a komplementarna** complementary distribution

dystrybucjonizm *m sgt* (*G* **~u**) Jęz. descriptive a. taxonomic linguistics, distributionism

dystrybucyjn|y *adi.* *[firma, instytucja, przedsiębiorstwo]* distribution *attr.*

dystrybuto|r [1] *m pers.* (osoba, instytucja) distributor; **~r filmów/kosmetyków** a film/cosmetics distributor
[2] *m inanim.* [1] (na stacji benzynowej) petrol pump GB, gas pump US [2] (automat) dispenser; **~r kawy/soków** a coffee/juice dispenser

dystrybutor|ka *f* (osoba, instytucja) distributor

dystrybutors|ki *adi.* **firma ~ka** a distributor

dystryk|t *m* (*G* **~tu**) Admin. district

dystych *m* (*G* **~u**) Literat. [1] (strofa) distich; **wiersz napisany ~em** a poem written in distich; **~ elegijny** elegiac distich a. couplet [2] (wiersz) closed couplet, distich

dystyngowan|y *adi.* *[osoba, towarzystwo, twarz]* distinguished; *[maniery, ruchy]* dignified

dystynkcj|a *f* (*Gpl* **~i**) [1] *zw pl.* (odznaka) insignia; **~e majora/porucznika** major's/ lieutenant's insignia(s) [2] *sgt* książk. (wytworność) distinction, gentility [3] *zw. pl* książk. (różnica) distinction

dystynkcyjn|y *adi.* **oznaki ~e** insignia(s)

D

dysydenc|ki *adi.* [1] (opozycyjny) *[ruch, literatura]* dissident [2] Hist., Relig. *[ruch]* (religious) dissenting

dysyden|t *m* [1] Pol. dissident [2] Hist., Relig. dissenter

dysza *f* Techn. nozzle; **~a miernicza** a. **pomiarowa** a flow nozzle; **~a paliwowa** a fuel injection nozzle

dysz|eć *impf* (**~ysz**, **~ał**, **~eli**) *vi* [1] (oddychać głośno) to puff, to pant; **~eć z wysiłku/ze zmęczenia** to pant from exertion/fatigue; **wspinał się, ciężko ~ąc** he climbed up panting heavily [2] przen. (pałać) to pant; **~eć nienawiścią** to pant with hatred; **~eć żądzą zemsty** to pant for revenge; **~ał z gniewu** he fumed with anger [3] przen. (być przepełnionym) to breathe; **powietrze ~ało upałem** the air breathed heat; **ogród ~ał wiosną** the garden was breathing spring
■ **ledwo** a. **ledwie ~eć** (być bliskim śmierci) to be more dead than alive, to be barely breathing; (być bliskim omdlenia) to be ready to pass out; (z trudem funkcjonować) *[samochód, maszyna]* to be decrepit

dysz|el *m* [1] (wozu, bryczki, sań) shaft, pole [2] (przyczepy) tow bar

dyszkan|t *m sgt* (*G* **~tu**) [1] daw., Muz. descant, treble; **śpiewać ~tem** to sing treble a. soprano [2] (piskliwy głos) shrill voice, squeaky voice; **zawołała go nieprzyjemnym ~tem** she called him in a shrill voice; **,,niech żyje pan marszałek"**, **zapiszczał ~tem** 'long live the marshal,!' he piped

dytyramb *m* (*G* **~u**) [1] Literat. dithyramb; **~ na cześć pokoju/zwycięstwa** a paean to peace/victory [2] Antycz. dithyramb [3] *zw. pl* (pochwała) panegyric, paean; **zapędził się za daleko w swoich ~ach na cześć autora** he went (a bit) overboard singing the author's praises a. with his paeans to the author

dytyrambiczn|y *adi.* [1] Literat. *[utwór]* dithyrambic [2] Antycz. dithyrambic [3] iron. (pochwalny) *[oracja]* panegyric

dywagacj|a *f* (*Gpl* **~i**) *zw. pl* książk. digression (**o czymś** on a. about sth); **snuł ~e o swoim dzieciństwie** he digressed at length about his childhood

dywag|ować *impf vi* książk. to digress (at length) (**o** a. **nad czymś** on a. about sth); **nie będziemy ~ować, co by się stało, gdyby ustawa została uchwalona** we're not going to dwell on a. digress about what would happen if the bill were passed

dywan *m* (*G* **~u**) [1] (tkanina) (na całą podłogę) carpet; (mniejszy) rug; **perski ~** a Persian carpet a. rug; **~ igłowy** a. **igłowany** a tufted carpet [2] przen. (kwiatów, mchów, traw) carpet; **koło krzaków bzu rozciąga się cały ~ fiołków** there's a carpet of violets next to the lilac bushes [3] Hist. (urząd, podwyższenie) diwan, dewan (*government council in the Middle East or India*) [4] Literat. divan (*a Middle Eastern book of verse by one author*) [5] *sgt* Geol. sapropel
❑ **~ kwiatowy** Ogr. carpet of flowers; **~ modlitewny** Relig. prayer rug a. mat
■ **latający ~** magic a. flying carpet

dywanik *m dem.* rug, mat; **~ modlitewny** a prayer rug a. mat; **~ pod łóżko** a bedside rug
■ **wziąć** a. **wezwać kogoś na ~** pot. to call sb on the carpet pot., to carpet sb pot., to give sb a carpeting GB pot.

dywanow|y *adi.* [1] *[przemysł, materiał]* carpet *attr.*; **wykładzina ~a** carpeting; **nalot ~y** carpet-bombing [2] Literat. *[literatura, gatunek]* divan *attr.* spec.

dywersan|t *m*, **~tka** *f* saboteur; **oddział ~tów** a saboteur a. sabotage unit

dywersj|a *f sgt* [1] (akcja, działalność) sabotage *U*; **~a polityczna/gospodarcza** political/economic sabotage; **~a ideologiczna** subversive activities a. activity; **akty ~i** acts of sabotage [2] (grupa osób) sabotage unit

dywersyjn|y *adi.* *[akcja, oddział, działanie]* sabotage *attr.*

dywetyn|a *f sgt* velveteen

dywiden|da *f* Ekon. dividend; **podjąć/wypłacić ~dę** to receive/pay a dividend; **~da roczna w wysokości 8%** an annual dividend of 8%

dywiz *m* (*G* **~u**) Druk. hyphen

dywizj|a *f* (*Gpl* **~i**) Wojsk. division; **~a piechoty** an infantry division

dywizjon *m* (*G* **~u**) Wojsk. (w wojskach lądowych) battalion; (w lotnictwie) squadron; (w marynarce) division

dywizyjn|y *adi.* Wojsk. *[manewry, działa]* divisional

dyzenteri|a *f sgt* (*GD* **~i**) Med. dysentery

dyżu|r *m* (*G* **~ru**) duty *U*; **~r na oddziale** ward duty; **miał a. pełnił nocny ~r w szpitalu** he was on a. he had night duty at the hospital; **24-godzinny ~r apteki** the chemist's a. pharmacy's 24-hour shift; **apteka pełni ~ry świąteczne** the chemist's is open during holidays; **ostry ~r** ≈ (hospital) emergency department; **zawieźć kogoś na ostry ~r** to take sb to the casualty department; **który szpital ma dziś ostry ~r laryngologiczny?** which hospital has laryngology standby duty today?; **matka pełniła ~r przy chorym dzieckiem** przen. the mother watched over her sick child; **mieć** a. **pełnić ~r w kuchni** (na obozie) to be on a. have kitchen duty, to be on a. have KP duty US; **w kuchni będą ~ry: jednego dnia ja zmywam, drugiego ty** we'll take turns in the kitchen: one day I'm washing up, the next day you are

dyżur|ka *f* (w szpitalu) staffroom; (strażnika) guardroom

dyżurn|y [] *adi.* [1] (pełniący dyżur) **lekarz ~y** the doctor on call a. on duty; **~a pielęgniarka** a. **siostra** the duty nurse; **~y lekarz kraju** national medical officer; **ratownik ~y pogotowia górskiego** the mountain rescue service volunteer on duty; **oficer ~y** the duty officer; **podoficer ~y kompanii** the company duty non-commissioned officer; **~y policjant/sierżant** duty officer/sergeant; **~y synoptyk** the (on-)duty meteorologist; Wojsk. duty (weather) forecaster; **~y inżynier (w elektrowni)** the on-duty engineer (at a power plant); **~y radiotelegrafista** the on-duty radiotelegraph operator; **~y urzędnik (ambasady)** the embassy duty officer; **~a bibliotekarka** the duty librarian; **redaktor**

~y the duty editor [2] przen., pot., pejor. (stale wykorzystywany) tried-and-tested pot. iron., standard-issue pot. iron.; **~y temat/problem** a (good old) standby topic/problem iron.; **~ym tematem stała się obecnie reforma szkolnictwa** education reform is the current standby topic of choice; **~a anegdota** a tried-and-tested a. standard-issue anecdote; **znowu opowiadał te swoje ~e dowcipy** he hauled out his tried-and-tested jokes again; **~y felietonista/eseista/krytyk** a tried-and-tested columnist/essayist/critic [3] przen., pot. (zapasowy) spare; **~y materac/parasol (dla gości)** a spare mattress/umbrella (for guests)

[] *m* [1] (na posterunku) (oficer) duty officer; (podoficer) the duty non-commissioned officer; (ratownik) the rescuer on duty [2] (w szkole) monitor; (na obozie, kolonii) a camper on kitchen duty GB a. KP-duty US

[] **dyżurna** *f* (w szkole) monitor; (na obozie, kolonii) a camper on kitchen duty GB a. KP-duty US
❑ **~y ruchu** Kolej. train dispatcher

dyżur|ować *impf vi [lekarz, pracownik]* to be on duty, to be on call; **ojciec i matka na zmianę ~owali przy łóżku umierającego dziecka** the parents took turns watching over their dying child; **~ujący szpital** a hospital on (emergency) standby (duty)

dzban *m* [1] (na wino, wodę) jug GB, pitcher US; (na kwiaty) vase; **na stołach stały ~y z winem** there were jugs of wine on the tables [2] (zawartość) jug(ful) GB, pitcher US; **~ wina** a jugful of wine
■ **póty ~ wodę nosi, póki się ucho nie urwie** przysł. the pitcher went once too often to the well przysł.

dzban|ek *m dem.* [1] (na kwiaty) vase; (na wino, wodę) jug GB, pitcher US; **~ek do kawy** a coffee pot; **~ek do herbaty** a teapot [2] (zawartość) jug(ful) GB, pitcher US; **~ek wody** a jugful of water; **~ek kawy** a pot of coffee

dzbanusz|ek *m* [1] *dem.* (small) jug GB, (small) pitcher US; **~ek do śmietanki** a cream jug [2] Archit. *a pillar impost in the shape of a jug*

dziabać *impf* → **dziabnąć**

dziab|nąć *pf* — **dziab|ać** *impf* (**~nęła**, **~nęli** — **~ię**) *vt* pot. [1] (ugryźć) *[zwierzę, owad]* to bite; (użądlić) to sting [2] (zadać cios) to stab; **~nąć kogoś nożem** to stab sb (with a knife); **~ać nożem w ścianę** to stab at the wall with a knife

dzi|ać się *impf* [] (zdarzyć się) to happen, to go on; **to się ~ało wiele lat temu** it happened many years ago; **akcja powieści ~eje się w Wenecji** the novel is set in Venice; **na wojnie ~eją się rzeczy straszne** terrible things happen during a war; **co się tu ~eje?** what's going on here?; **co się ~ało/czy coś się ~ało w czasie mojej nieobecności?** what happened/did anything happen while I was gone?; **tyle nowego się teraz ~eje** there's so much to keep up with these days; **był tak zamyślony, że nie wiedział, co się wokół niego ~eje** he was so lost in thought that he didn't know what was going on around

D

him; **straciliśmy z nim kontakt, nie wiemy, co się z nim teraz ~eje** we haven't kept in touch with him and don't know what he's up to these days; **nie wiadomo, co ~ało się z dziadkiem po upadku powstania** nobody knows what became of (our) grandfather after the uprising was put down; **~ało się z nią coś dziwnego** there was something (strange) going on with her; **coś dziwnego ~eje się z komputerem/pralką/silnikiem** there's something wrong with the computer/washing machine/engine, the computer/washing machine/engine is acting up; **ból jest sygnałem, że ~eje się coś złego** pain is a signal that something's wrong; **opanuj się, co się z tobą ~eje?** pot. calm down, what's the matter with you?; **uważał, żeby nikomu nie ~ała się krzywda** he took care to ensure that no one suffered a. was wronged; **uważali, że ~eje im się krzywda** they felt they were being wronged **II** *v imp.* **w fabryce ~ało się coraz gorzej** the situation at the factory was getting worse and worse; **~eje się tak dlatego, że...** it's because (of the fact that)...; **słyszałem, że dobrze/nie najlepiej mu się ~eje** I've heard he's doing well/not doing too well; **jeśli będzie ci się źle ~ało, napisz** write to me if anything goes wrong; **niech się ~eje co chce** come what may

dzia|d [I] *m* [1] (*Npl* **~dowie**) książk., przest. (dziadek) grandfather [2] *zw. pl* (*Npl* **~dowie**) książk. (przodek) forefather *zw. pl*, forebears *plt*; **tu rodzili się nasi ~dowie i tu będą mieszkać nasze wnuki** this is where our ancestors were born, and our progeny a. grandchildren will live here as well; **z ~da pradziada trudnił się rękodzielnictwem** he was one of a long line of craftsmen; **był Polakiem z ~da pradziada** he was a Pole born and bred [3] (*Npl* **~dy**) pejor. (starzec) gaffer GB pot.; old coot pot., pejor. [4] (*Npl* **~dy**) pejor. (biedak) beggar, pauper; (żebrak) beggar; panhandler US pot., pejor. [5] (*Npl* **~dy**) pejor., obraźl. (mężczyzna) creep pot., pejor., jerk pot., pejor **III** **dziady** Hist. *a pagan festival in honour of ancestral spirits*
❑ **~d kalwaryjski** przest. beggar, pauper
■ **~da z babą** a. **~da i baby tylko tu brakuje** pot. all that's missing is the kitchen sink; **mówił ~d do obrazu** pot. it's like talking to a brick wall; **zejść na ~dy** pot. to go to the dogs pot.; **~d swoje, baba swoje** przysł. everyone talks but no one listens przysł.

dziad|ek [I] *m pers.* (*Npl* **~kowie**) (ojciec ojca lub matki) grandfather; grand(d)ad pot., pieszcz., grandpa pot., pieszcz.; **mój ~ek ze strony matki** my maternal grandfather a. grandfather on my mother's side; **gdzie jest ~ek? chcę mu pokazać te zdjęcia** where's grandad? I want to show him these pictures; **~ku, mogę wziąć twój samochód?** grandpa, do you need the car today? **II** *m inanim.* (*A* **~ka**) (w brydżu) dummy; **grać w brydża z ~kiem** to play dummy bridge **III** **dziadkowie** *plt* (dziadek i babcia) grandparents
❑ **~ek do orzechów** nutcracker

■ **nie śmiej się ~ku z czyjegoś wypadku, ~ek się śmiał i tak samo miał** przysł. ≈ you'll be laughing out the other side of your mouth a. face when the same thing happens to you przysł.

dziadkow|y *adi.* (należący do dziadka) grandfather's; grand(d)ad's pieszcz.

dziadostw|o *n sgt* pot. [1] (tandeta) rubbish; junk pot. [2] (nędza) poverty [3] pejor. (ubodzy) trash pejor., riff-raff pejor.

dziad|ować *impf vi* pot., pejor. [1] (biedować) to live in poverty, to live (from) hand to mouth a. a hand to mouth existence [2] (żebrać) to beg

dziadows|ki *adi.* [1] *[torba, kij, lament]* beggar's; **był ubrany po ~ku** he was dressed like a beggar a. shabbily [2] pot. (tandetny) *[urządzenie, ubranie]* tacky pot.; **zrobiony po ~ku** (tandetnie) shoddy

dziadów|ka *f* pot. beggar

dziaduni|o *m* [1] pieszcz. (dziadek) grand(d)ad pieszcz., grandpa pieszcz. [2] (staruszek) old boy pot., old timer pot.

dziady|ga *m* (*Npl* **~gi**) pejor. old geezer pot., pejor.

dziadzia → **dziadzio**

dziadzi|eć *impf vi* [1] pot., pejor. (starzeć się) to decay pejor., to fossilize przen., pot., pejor. ⇒ **zdziadzieć** [2] pot. (biednieć) to come down in the world ⇒ **zdziadzieć**

dziadzin|a *m* żart. old timer pot.

dziadzi|o *m* (*Npl* **~owie**) [1] pieszcz. (dziadek) grand(d)ad pieszcz., grandpa pieszcz. [2] (staruszek) old timer pot., old boy pot.

dziadzisk|o *n* pejor. (żebrak) (old) beggar

dziadziu|ś *m* pieszcz. grand(d)ad pieszcz., grandpa pieszcz.

dzia|ł *m* (*G* **~łu**) [1] (nauki, sztuki) branch; **~ł matematyki/biologii** a branch of mathematics/biology [2] (w czasopiśmie, książce) section; **jego opowiadanie wydrukowano w ~le literackim** his short story was printed in the literary section; **~ł sportowy/ekonomiczny gazety** the sports/economics section a. pages of a newspaper [3] (instytucji, sklepu) department; **~ł personalny/księgowości** the personnel/accounts a. accounting department; **~ł obuwniczy/meblowy** the shoe/furniture department [4] Prawo *zw. pl* (podział majątku) division; **~y rodzinne** the division of family property; **~y majątkowe** estate distribution; **dostać** a. **wziąć coś w ~le** to inherit sth [5] Prawo (część własności) portion, entitlement; **zrzec się ~łu** to relinquish one's portion a. inheritance
❑ **~ł wodny** a. **wód** Geog. watershed, divide US

działacz *m*, **~ka** *f* (*Gpl* **~y** a. **~ów**, **~ek**) activist; **~ partyjny/związkowy** a. **związku zawodowego** a party/trade union activist; **~ społeczny** a worker for voluntary causes; **zasłużony ~ opozycyjny** an eminent oppositionist

dział|ać *impf vi* [1] (wykonywać czynności) *[osoba, instytucja]* to act, to take action; **nigdy nie ~ł na własną rękę** he never acted on his own; **zawsze ~ł w pojedynkę** he always acted on his own; **ktoś, kto ~ szybko i skutecznie** somebody who acts quickly and efficiently; **w moim imieniu ~ adwokat** a lawyer is acting for me a. on

my behalf; **oskarżony utrzymywał, że ~ł w obronie własnej** the accused claimed to have acted in self-defence; **dyrektor/konsulat już coś ~ł w tej sprawie** pot. the director/consulate has already taken steps in this matter; **w szkole ~ drużyna harcerska i klub filmowy** the school has an active scout/guide troop and film club; **na uczelni ~ kilka organizacji studenckich** the college has several active student organizations; **~ już klub osiedlowy** the community club has already been opened; **przez kilka lat ~ł w związkach zawodowych** he was a trade union activist for several years; **w czasie wojny ~ł w konspiracji** he was active in the underground during the war; **~ć na czyjąś szkodę** to work against sb; **podstępnie ~ł na szkodę swoich kolegów** he was working against his colleagues behind their backs, he double-crossed his colleagues; **sytuacja polityczna ~ na naszą korzyść/niekorzyść** the political situation is working to our advantage/disadvantage; **czas ~ na naszą korzyść** time is on our side [2] (funkcjonować) *[urządzenie, maszyna]* to work, to operate; **magnetofon ~ bez zarzutu** the tape recorder works perfectly; **odkurzacz się zepsuł, w ogóle nie ~** the vacuum cleaner has gone wrong – it isn't working at all; **to urządzenie ~ na baterie** this appliance works a. runs on batteries a. is battery-operated [3] (obowiązywać) *[prawo, zasada]* to apply, to be valid; **prawo/ustawa nie ~ wstecz** the law/bill isn't retroactive [4] (wywierać wpływ) to act, to have an effect (**na kogoś/coś** on sb/sth); **benzen ~ rakotwórczo** benzene is carcinogenic; **mówił coraz wolniej, proszki nasenne widać zaczęły ~ć** he was talking more and more slowly, obviously the sleeping pills had begun to take effect; **zastrzyk przeciwbólowy przestał ~ć** the analgesic had stopped working a. worn off; **tutejszy klimat zbawiennie ~ na moje serce** the climate here has a beneficial effect on my heart; **ten lek ~ moczopędnie/przeciwzapalnie** this medicine has a diuretic/an anti-inflammatory effect; **siemię lniane ~ korzystnie na cerę i włosy** linseed is good for the complexion and hair; **ta muzyka ~ na wyobraźnię** this music stimulates the imagination ⇒ **podziałać** [5] Chem. to treat *vt*; **~ć czymś na coś** to treat a. combine sth with sth; **~ć wodą na dwutlenek siarki, aby wytworzyć kwas siarkowy** to add water to sulphuric dioxide to obtain sulphuric acid ⇒ **podziałać** [6] (podniecać) to arouse (sexually) (**na kogoś** sb)

działalnoś|ć *f sgt* [1] (osoby, grupy, instytucji) activity *C/U*; **~ć gospodarcza** business activity; **Centrum Sztuki rozpoczęło już swoją ~ć** the Art Centre has already opened; **prowadzić ~ć na rzecz ludzi potrzebujących** to conduct charitable activities; **prowadzimy różnorodną ~ć** we carry out a range of activity [2] (aktywność) activity; **wzmożona ~ć Słońca** increased solar activity

działa|nie [I] *sv* → **działać**
II *n* [1] Mat. calculation, (mathematical)

operation; **~nie arytmetyczne** an arithmetical operation; **wynik ~nia** the result of a calculation; **kolejność ~ń** order of operations; **~nia na liczbach ujemnych** (mathematical) operations performed on negative numbers; **wykonywać ~nia na liczbach** to perform mathematical operations ☑ Farm. Med. effect; **lek o ~niu przeciwzapalnym** anti-inflamatory medication; **~nie przeciwgorączkowe** fever reducing effect; an antipyretic effect spec.; **~nia uboczne** side effects

Ⅲ działania *plt* action *U*, activities; **podjąć ~nia** to take action; **~nia zbrojne** military action a. activities; **dywersyjne ~nia partyzantów** subversive guerila activity a. operations

dział|ka *f* ☐ (parcela) plot GB, lot US; **~ka rekreacyjna** a garden plot; **~ka budowlana** a building plot ☑ (ogródek) allotment GB; **jarzyny z ~ki** home-grown vegetables; **wszystkie weekendy spędzali na ~ce** they spent every weekend at a. on their allotment; **~ka pracownicza** an allotment rented from one's employer ☒ (w przyrządzie pomiarowym) division ☒ pot. (zakres obowiązków) department pot.; **gotowanie to twoja ~ka** cooking is your department; **to nie moja ~ka i nie zamierzam się tym zajmować** that's not my department and I don't want to have anything to do with it ☒ pot. (dola) rake-off pot.; **wziąć/dostać swoją ~kę w wysokości tysiąca dolarów** to get a rake-off of a thousand dollars ☒ pot. (kokainy) line pot.; (heroiny, amfetaminy) fix pot. ☒ Bot. sepal

dział|ko *n dem.* (small) cannon; **~ko wodne** a water cannon

❏ **~ko gaśnicze** Techn. fire extinguisher

działkow|icz, ~iec *m* allotment holder GB

działkow|y *adi. [jarzyny, owoce]* home-grown; **ogródek ~y** an allotment GB

dzia|ło *n* Wojsk. cannon, gun; **bić z ~ł** to fire one's guns a. cannons; **~ło samobieżne** a self-propelled gun

dział|on *m (G ~u)* Wojsk. gun crew

działow|y¹ *adi.* ☐ *[katalog, redakcja]* section attr. ☑ *[ścianka, linia]* partition attr.

działow|y² *adi. [amunicja, wózek]* cannon attr., gun attr.

dzianet *m* ☐ (rasa koni) Arabian (horse); jennet spec. ☑ pot. (rumak) steed książk.

dzianin|a *f* ☐ sgt (materiał) knitted material, knit; **suknia z ~y** a knitted dress ☑ (ubrania) knitwear *U*, knits; **~y są znowu modne** knits are in fashion again

dzianinow|y *adi. [sukienka, bluzka]* knitted; *[ścieg]* knitting

dzian|y *adi.* ☐ (zrobiony z dzianiny) *[płaszcz, suknia]* knitted ☑ pot. (bogaty) *[facet, gość]* loaded pot.

dziars|ki *adi. [osoba]* lively, energetic; *[krok, marsz]* brisk, lively; **śpiewać ~kie pieśni** to sing lively songs; **to jeszcze ~ki staruszek** he's still an energetic a. active old man

dziarsko *adv. [maszerować, kroczyć]* briskly, with vigour GB a. vigor US; **pomimo wieku nadal trzyma się ~** despite his age he's still lively a. full of vigour

dziarskoś|ć *f sgt* (kroku, ruchów) briskness, vigour GB, vigor US

dziat|ki *plt (G ~ek)* przest. children, youngsters

dziatw|a *f sgt* książk., żart. children, youngsters; **ze szkoły wybiegła roześmiana ~a** the children ran out of school laughing

dziąs|ło *n* gum; **zapalenie ~eł** inflammation of the gums; gingivitis spec.

dziąsłow|y *adi.* Jęz. spółgłoska **~a** an alveolar (consonant) spec.

dzicz *f sgt* ☐ pejor. (ludzie) savages pejor., barbarians pejor.; **pseudokibice piłkarscy to najgorsza ~** those gangs of pseudo football fans are the worst kind of barbarian(s) ☑ (miejsce) wilderness, the wilds; **żyć w ~y** to live in the wilderness

dzicz|eć *impf (~eję, ~ał, ~eli) vi* ☐ (wracać do stanu naturalnego) *[roślina, krajobraz, zwierzę]* to run wild, to go back to the wild; **nieuprawiony ogród ~eje** an uncultivated garden runs wild ⇒ **zdziczeć** ☑ (stawać się niecywilizowanym) to become brutish, to run wild; **ludzie ~eją w czasie wojny** war brings the worst in people a. reduces people to brutes; **pozbawiona pozytywnych wzorów młodzież ~eje** without positive role models young people run wild ⇒ **zdziczeć** ☒ przen. to become a recluse; **mieszkając samotnie człowiek ~eje** if you live alone, you find human relations more and more difficult ⇒ **zdziczeć**

dzicz|ka *f* Bot., Ogr. ☐ (do szczepienia) (tree) rootstock, understock ☑ (dzikie drzewo) wilding, wild tree ☒ (pęd) wild shoot

dzicz|y *adi. [trop, skóra]* wild boar attr.

dziczy|zna *f sgt* (mięso) game; **potrawy z ~zny** game dishes

dzi|da *f* spear

dzi|dzia *f (Gpl ~dzi* a. **~dź)** ☐ pieszcz., dziec. (niemowlę) baby ☑ pot., pejor. (kobieta) bimbo pot., pejor.

dzidziu|ś *m* pieszcz., dziec. baby

dzieciacz|ek *m* pieszcz. kid pot., kiddy pot.

dzieciaczyn|a *m, f* (poor) child; (poor) kid pot.

dzieciaczysk|o *n* pejor. (nieznośne) brat pejor.; pieszcz. (ze współczuciem) child; kid pot.

dzieciak *m (Npl ~i)* ☐ pot. (dziecko); kid pot.; child; **będą mieli ~a** they're going to have a kid a. baby; **miała z nim ~a** she had his kid a. baby; **zrobił ~a** he knocked her up pot., pejor. ☑ pejor. (o dorosłym) child, baby; **ale z niego ~!** he's such a child!

dzieciarni|a *f sgt* small fry *U* (+v pl); kids pot.

dziecia|ty pot. **Ⅱ** *adi.* with children; **był już starszym panem, żonatym i ~tym** he was an older man, married with children

Ⅲ *m* family man

dzieciątecz|ko *n* pieszcz. baby

dzieciąt|ko *n* pieszcz. baby; **Dzieciątko Jezus** the baby Jesus

dzieci|ę *n (G ~ęcia)* ☐ książk., żart. (dziecko) child ☑ książk., przen. child przen.; **~ę natury** a child of nature; **~ę wielkiego miasta** a big-city boy/girl; **~ę swojej epoki** a child of one's a. the times

dziecięco *adv. [uśmiechać się, pytać]* childishly, in a childlike way

dziecięctw|o *n sgt* przest. ☐ (bycie dzieckiem) youth; juvenescence książk. ☑ (bycie jak dziecko) youthfulness, childishness ☒ (dzieciństwo) childhood

dziecięc|y *adi.* ☐ (dziecka, dla dziecka) *[głos, uśmiech]* child's, children's; *[książki, obuwie, odzież, szpital]* children's; *[przyjaźń, zażyłość]* childhood attr.; **~e lata** childhood; **usłyszeliśmy radosny ~y głosik** we heard a happy childish voice; **słychać było (ich) dziecięce ~e głosiki** we could hear (the) children's voices; **z ufnym, ~ym uśmiechem na twarzy** with a trusting childlike smile ☑ (typowy dla dziecka) *[ufność, zachowanie]* childlike

dziecin|a *f, ~ka f* ☐ pieszcz. (dziecko) (little) child; kid pot. ☑ (o dorosłym) child; kid pot.

dziecina|da *f sgt* pejor. childishness

dziecinnie *adv. [zachowywać się, pytać]* childishly; **wygląda bardzo ~** she looks very childish; **to było ~ proste** a. **łatwe** it was as easy as pie pot.

dziecinni|eć *impf (~eję, ~ał, ~eli) vi* to be going through one's second childhood; to go gaga pot.; **~eć na starość** to become simple-minded in one's old age; **staruszek ~ał z roku na rok** year by year the old man was getting more and more childish ⇒ **zdziecinnieć**

dziecinn|y *adi.* ☐ (dla dziecka) **pokój ~y** child(ren)'s room, nursery ☑ (typowy dla dziecka) child(ren)'s; **~y głos/uśmiech** the voice/smile of a child; **~e zabawy** children's games; **ma jeszcze bardzo ~ą buzię** he still has a baby face; **jest jeszcze bardzo ~a** she's still very childish a. very much a child; **była ~a mimo swego poważnego wyglądu** she was childish despite her mature appearance; **był po ~emu naiwny/ufny** he was as naive/trusting as a child ☒ (łatwy) *[pytanie, zadanie]* easy ☒ pejor. *[wykręt, kłamstwo, pomysł]* childish; juvenile pejor.; **~e wymówki/wykręty/kłamstwa** childish a. juvenile excuses/lies; **to najbardziej ~y pomysł, jaki słyszałam** that's the most childish a. juvenile idea I've heard yet; **nie bądź ~a!** don't be such a child!, don't be so juvenile!

■ **~a pora** a. **godzina** żart. early evening

dzieciństw|o *n sgt* childhood; **przyjaciel/znajomy z ~a** a childhood friend; **uraz z ~a** childhood trauma; **~o spędził na wsi** he spent his childhood in the country; **mieszkam tu od ~a** I've lived here since childhood; **w ~ie wiele chorował** he was a sickly child; **pamiętam z ~a, jak...** I remember how in my childhood...

dzieciobój|ca *m,* **~czyni** *f* książk. infanticide książk.

dzieciobójstw|o *n sgt* książk. infanticide książk.

dziecior|ób *m (Npl ~oby)* pot., pejor. stud pot.

dziecisk|a *plt (G ~ów)* pot. kids pot.

dzieciuch *m (Npl ~y)* ☐ pot. (dziecko) kid pot. ☑ pot., pejor. (o dorosłym) child, baby

dzie|cko *n* ☐ (niedorosły człowiek) child; **kobieta z dwojgiem małych ~ci** a woman with two small children; **Ania to jeszcze ~cko** Annie is still a child; **od**

~cka from a child, since childhood; **znała go od ~cka** she has known him since he was a child; **jak ~cko** like a child, in a childlike manner a. way; **cieszyć się jak ~cko** to be (as) happy as a sandboy GB, to be (as) happy as a clam US; **płakać jak ~cko** to cry like a (little) child; **~ci do lat 12** children under 12; **ubrania/buty dla ~ci** children's clothes/shoes; **~cko w wieku szkolnym/przedszkolnym** a school-age/pre-school child; **wychowała dwoje ~ci** she's raised two children; **wziąć ~cko na wychowanie** to take in a foster child; **mieć troje ~ci na utrzymaniu** to have three children to support; **~cko zaniedbane/maltretowane** a neglected/ abused child; **znęcanie się nad ~émi/ ~ckiem** child abuse; **sąd przyznał ~cko matce** the court gave a. granted the mother custody of the child ② (płód) baby, child; **spodziewać się ~cka** to be expecting (a baby); **~cko (jest) w drodze** a baby (is) on the way pot.; **~cko z probówki** a test-tube baby pot.; **zrobić komuś ~cko** a. pot. to make a. get sb pregnant; **przyznawać/nie przyznawać się do ~cka** to acknowledge/ deny paternity ③ (syn lub córka) child; **dorosłe ~ci** grown-up a. adult children; **mieli troje ~ci** they had three children; **przybrane/nieślubne ~cko** a foster a. an adopted/illegitimate child; **dowiedziała się, że jest ~ckiem adoptowanym** she found out that she had been adopted; **czy mają ~ci?** do they have any children? ④ (niedorosłe zwierzę) young; **samica nie opuszcza gniazda i pilnuje ~ci** the female stays in the nest and looks after her young ⑤ pot., pejor. (osoba niedojrzała) child, baby; **nie bądź ~ckiem!** don't be such a child! ⑥ przen. (dzieło) baby pot.; brainchild; **ta książka to jego najukochańsze ~cko** this book is his favourite brainchild; **ten projekt to moje ~cko** this project is my brainchild ⑦ przen. (czasu, miejsca) child; **~cko natury/epoki** a child of nature/the times; **~cko ulicy** a child of the streets; a street urchin książk.; **~cko slumsów** a slum child; **~cko wojny** a war baby, a child brought up in wartime
❑ **~cko szczęścia** a lucky man; **~ci boże** Relig. children of God; **~ci-kwiaty** flower children; **dzikie ~ci** Antrop. feral children
■ **wylać ~cko z kąpielą** to throw the baby out with the bathwater; **małe ~ci – mały kłopot, duże ~ci – duży kłopot** przysł. little children, little problems, big children, big problems; **~ci i ryby głosu nie mają** przysł. children should be seen and not heard przysł.

dziedzic m ① przest. (właściciel majątku ziemskiego) squire; lord daw. ② (spadkobierca) heir; **~ olbrzymiej fortuny** (an) heir to a large fortune; **nie miał ~a, więc cały majątek przekazał na cele charytatywne** he had no heir so he bequeathed his entire estate to charity ③ przen. (tradycji, wartości, kultury) heir (czegoś to sth)

dziedzictw|o n książk. ① sgt (dorobek, spuścizna) legacy, heritage; **poeta czerpie z ~a kultury śródziemnomorskiej** the poet finds inspiration in the Mediterranean cultural legacy a. heritage; **partia chce**

zerwać z komunistycznym ~em the party wants to distance itself from the legacy of communism; **~o po kolonizatorach** the legacy of the colonists ② (spadek) inheritance, legacy; **otrzymał ~o po ojcu** he came into his inheritance from his father ③ sgt (prawo dziedziczenia) inheritance; **~o tronu** succession to the throne

dziedzicz|ka f ① (spadkobierczyni) heiress; **~ka wielkiego majątku** (an) heiress to a large fortune ② przest. (właścicielka majątku ziemskiego) lady daw.

dziedzicznie adv. ① [przekazywać, obciążyć] by heredity ② [panować, rządzić] by succession

dziedziczność|ć f sgt ① (urzędu, tytułu) hereditary nature; hereditariness rzad.; **~ć tronu** hereditary succession to the throne ② Biol. heredity; (cech, chorób) hereditariness spec.; **teoria ~ci** the theory of heredity; **prawa ~ci** the principles of heredity

dziedziczn|y adi. ① (odziedziczony) [majątek, ziemie] inherited ② [tron, tytuł, urząd, monarcha] hereditary ③ Biol. [cechy, choroby] hereditary, inherited; **~y talent** an inborn talent

dziedzicz|yć impf vt ① (otrzymać w spadku) to inherit [majątek, ziemię]; **dzieci ~ą po rodzicach** children come into their inheritance from their parents ⇒ **odziedziczyć** ② [władca] to succeed (po kimś sb); **~yć tron po ojcu/stryju** to succeed one's father/uncle to the throne ⇒ **odziedziczyć** ③ (przejmować po rodzicach) to inherit [cechy, choroby]; **~y skłonność do tycia po obojgu rodzicach** he inherited a tendency to gain weight from both his parents ⇒ **odziedziczyć** ④ przen. (przejąć) to inherit; **~yć doświadczenia** to inherit experience; **papieże ~ą ten obowiązek po cesarzach rzymskich** popes have inherited that duty from the Roman emperors ⇒ **odziedziczyć**

dziedzin|a f ① (sfera) field; **~a nauki/ wiedzy/techniki/sztuki/gospodarki/ przemysłu** a field of science/knowledge/ technology/art/economics/industry; **jedno z największych odkryć w ~ie medycyny** one of the greatest discoveries in the field of medicine; **jaką ~ę sportu uprawiasz?** what sport are you into pot. a. do you practise?; **miał w tej ~ie prawdziwy talent** he was really talented in this field; **miał duży zasób wiedzy z różnych ~** he was well-versed in many fields; **książka z ~y chemii** a book on chemistry ② Mat. domain

dziedzi|niec m court(yard); **~niec zamkowy/klasztorny** a castle/monastery courtyard; **na ~ńcu** in the courtyard
❑ **Dziedziniec Kapłanów** Relig. the Court of (the) Priests; **Dziedziniec Kobiet** Relig. the Women's Courtyard; **Dziedziniec Pogan** Relig. the Court of (the) Gentiles

dziedzińcow|y adi. **~e krużganki** a cloister

dziegciow|y adi. [mydło, maść] wood-tar attr.

dziegie|ć m sgt (G ~ciu) wood tar
■ **łyżka** a. **kropla ~ciu** a fly in the ointment, a blot on the landscape; **łyżka** a.

kropla ~ciu może zepsuć beczkę miodu przysł. one bad apple spoils the whole barrel przysł.

dziej|e plt (G ~ów) książk. ① (historia) history; **~e narodu/ludzkości** the history of a nation/of mankind; **~e panowania Stanisława Augusta** the history of Stanisław August's reign; **~e Ziemi** the history of the Earth; **stare ~e** pot. (dawne czasy) old times; (coś nieważnego) ancient history; **po co wspominać stare ~e** why revive ancient history?; **stare ~e!** that's old hat a. ancient history!; **od zarania ~ów** from the dawn of history; **z biegiem ~ów** zmienia się **stosunek człowieka do Boga** over the centuries humanity's a. man's attitude towards God has changed; **na przestrzeni ~ów** through the ages, throughout the course of history; **rozwój techniki na przestrzeni ~ów** the development of technology through the ages; **jedna z najbardziej dramatycznych postaci w ~ach kina** one of the most dramatic figures in the history of the cinema ② (losy) history, story; **rozgadał się o rodzinnych ~ach** he started telling family stories; **opowiedział jej swoje ~e** he told her his life story a. the story of his life pot., przen.
❑ **bajeczne ~e** legend(s); **Dzieje Apostolskie** Relig. Acts (of the Apostles)

dziejopis, ~arz m (Gpl ~ów, ~y a. ~ów) książk. historiographer, chronicler

dziejopisarstw|o n sgt książk. historiography, chronicles

dziejow|y adi. książk. ① (historyczny) [proces] historical ② (przełomowy) [misja, wydarzenia] historic

dziekan m ① Uniw. (osoba, tytuł) dean ② Relig. dean ③ Prawo ≈ president a. chairman of the (board of the) Bar Association US, ≈ president of the (council of the) Law Society GB ④ (w dyplomacji) ~ **korpusu dyplomatycznego** dean of the diplomatic corps

dziekana|t m (G ~tu) Relig. deanery; Uniw. dean's office, faculty office

dziekańs|ki adi. Relig., Uniw. [obowiązki, urząd] dean's

dziele|nie ∐ sv → **dzielić**
∐ n Mat. division

dziel|ić impf ∐ vt ① (wyodrębniać części) to divide, to split, to break up; **~ić wyraz** to divide a word; **~enie wyrazów** syllabification, word division; **~ić tort na 8 kawałków** to cut a (layer) cake into 8 pieces; **~ić pieniądze między pracowników** to divide a. split (up) the money among the employees; **spróbujmy racjonalnie ~ić między siebie pracę** let's try to divide (up) the work between us in a reasonable manner; **~ić czas pomiędzy pracę a obowiązki domowe** to divide one's time between work and running the household ⇒ **podzielić** ② (grupować) to divide, to separate (na coś into sth); **~ić ludzi na dobrych i złych** to divide people into good and evil ⇒ **podzielić** ③ Mat. to divide; **~ić coś przez coś** to divide sth by sth; **56 ~one przez 7 jest 8** 56 divided by 7 is 8 ⇒ **podzielić** ④ (rozgraniczać) to divide, to separate (od czegoś from sth); **rów ~ący szosę od zbocza góry** a ditch separating the road from the hillside; **widział wyraźnie jej twarz, choć ~iła ich scena** he could see her face clearly although they were separated by the stage; **ściany ~ą lokal na kilka pokoi** the walls divide the place into several rooms [5] (wyznaczać odległość) to separate (**od czegoś** from sth); **90 mil ~ących Kubę od Florydy** the 90 miles separating Cuba from Florida; **w tym momencie ~iło ich trzysta metrów** at that moment they were 300 metres apart; **~iły ich oceany** they were thousands of miles apart; **te dwie daty ~i zaledwie 17 dni** these two dates are only 17 days apart; **Homera od Wergiliusza dzieli okres siedmiuset lat** there's a gap of seven hundred years between Homer and Virgil [6] przen. (współuczestniczyć) to share *[obowiązki, przeżycia]*; **~ić z kimś mieszkanie/pokój** to share a flat/room with sb; **nie potrafił ~ić z nami radości** he wasn't able to share (in) our joy

III dzielić się [1] (na części) *[komórki]* to divide, to split; **rzeka ~i się tu na dwie odnogi** the river divides a. splits into two branches at this point; **pień ~i się na liczne gałęzie** the trunk splits a. divides into many branches ⇒ **podzielić się** [2] (składać się) to be divided (**na coś** into sth); to be composed (**na coś** of sth); **obszar państwa ~i się na 17 województw** the country is divided into a. composed of 17 provinces; **denar ~ił się na cztery sestercje** a denarius was worth four sesterces; **ludzie ~ą się na dobrych i złych** there are good and evil people; **rzeczowniki ~ą się na klasy** nouns are divided into classes [3] (oddawać część) to share; **~ić się czymś z kimś** to share sth with sb; **dzieci ~ą się cukierkami** the children are sharing the sweets (amongst themselves a. with each other); **~ił się z biednym ostatnim groszem** he shared everything he had with the poor; **~ić się z kimś opłatkiem** to share the holy wafer with sb (*a Polish Christmas-Eve custom*); **~ić się z kimś jajkiem** to exchange Easter eggs with sb; **~ić się z kimś wrażeniami/ refleksjami** przen. to share one's impressions/reflections with sb ⇒ **podzielić się** [4] Mat. *[liczba]* to be divisible; **osiem ~i się przez dwa i przez cztery** eight is divisible by two and four ⇒ **podzielić się**

■ **~ i rządź** divide and conquer

dzieln|a *f* Mat. dividend

dzielnic|a *f* [1] (część miasta) district, quarter; **~a mieszkaniowa** a residential district a. quarter; **~a handlowa** a shopping district; **~a portowa** dockland GB, a port district; **chińska ~a** Chinatown; **mieszkać w nowej/starej ~y** to live in a new/old part of town; **mieszkać w dobrej/złej ~y** to live in a good/bad neighbourhood; **mieszkała w północnej ~y miasta** she lived on the north side of town [2] Admin. district [3] Geog. district, region

dzielnicowo *adv.* Hist. **rozbita ~ Polska** Poland divided into several duchies

dzielnicow|y II *adi.* *[rada, odrębności]* regional; *[zawody]* interregional; **książęta ~i** the local princes

III *m* pot. (policjant) neighbourhood a. community policeman

dzielnie *adv. grad.* [1] *[walczyć, bronić się]* bravely, courageously; **~ znosił ból** he bore the pain very bravely [2] (sprawnie) skillfully; **~ dawała sobie radę z prowadzeniem domu** she was quite good at running the household; **~ się spisałeś** you did a good job

dzielnik *m* [1] Mat. divisor; **~ liczby naturalnej** a factor; **największy wspólny ~** the highest common denominator [2] Druk. hyphen

❑ **~ napięcia** Elektr. voltage divider

dzielnoś|ć *f sgt* bravery, courage

❑ **~ć morska** Żegl. seaworthiness

dzieln|y *adi.* [1] (odważny) brave, courageous [2] (odporny) brave; **mama jest bardzo chora, musisz być ~y** your mother is very ill, you've got to be brave; **był ~y, ból zniósł mężnie** he bore the pain very bravely

dziel|ony II *pp* → dzielić

III *adi.* *[oparcie, siedzenia]* divided

dzieł|ko *n dem.* (utwór) (minor) work, composition

dzie|ło *n* [1] (wynik pracy) work U; **nowy przekład jest ~łem znanego tłumacza** the new translation is the work of a well-known translator; **oba obrazy były ~łem tej samej ręki** both the pictures were painted by the same person; **~ła przyrody** the wonders of nature; **umowa o ~ło** a specific-task contract; **nie było to ~łem przypadku** it wasn't just a coincidence [2] (utwór) work, composition; **~ło literackie** a literary work; **~ło sztuki** a work of art; **zbiorowe wydanie ~ł Mickiewicza** an edition of Mickiewicz's collected works; **~ła zebrane Dickensa** the collected works of Dickens; **napisać/wydać ~ło** to write/publish a book [3] książk. (praca) work U; **podjąć się ~ła zrobienia czegoś** to undertake to do sth; **podjęli ~ło rozpoczęte przez ich poprzedników** they took up the work started by their predecessors; **jego ~ło nie poszło na marne** his work wasn't wasted; **nikt się nie kwapił do ~ła** nobody was eager to get down to work; **do ~ła!** let's get (down) to work!

dziennicz|ek *m* [1] *dem.* diary [2] (ucznia) ≈ pupil's record book, ≈ grade book US

dziennie *adv.* (na dzień) per day; (codziennie) every day, daily; **wydawać 50 euro ~** to spend 50 euro(s) a day; **dwa razy ~** twice a day; **dwa razy ~** twice a day; **brać lekarstwo trzy razy ~** to take medicine three times a day; **ostatnio pracował po 12 godzin ~** recently he has been working 12 hours a day

dziennik *m* [1] (gazeta) daily (paper) [2] (program) news; **~ wieczorny** the evening news; **~ radiowy/telewizyjny** radio/TV news; **w ~u pokazano odnaleziony obraz** the recovered painting has been shown on the news [3] (pamiętnik) diary, journal; **prowadzić ~** to keep a diary a. journal; **~ podróży** a travel journal; **zapis w ~u** an entry a. a note in a diary; **zapisać coś w ~u** to write sth in a diary [4] (księga urzędowa) register; **~ lekcyjny** a. **klasowy** a (class) register; **~ podawczy** a. **odbiorczy** a correspondence register

❑ **~ budowy** Budow. building diary; **~ okrętowy** Żegl. (ship's) log; **~ ustaw** Prawo ≈ law gazette

dziennikar|ka *f* [1] (kobieta dziennikarz) (prasowa) journalist; (telewizyjna, radiowa) reporter [2] *sgt* pot. (dziennikarstwo) journalism

dziennikars|ki *adi.* *[praca]* journalist's; *[gatunek, styl, studia]* journalistic; **szkoła ~ka** a school of journalism; **zawód ~ki** journalism; **praktyka ~ka** journalistic training; **język a. styl ~ki** journalistic style; **kariera ~ka** a career as a journalist; **~ki debiut** sb's debut as a journalist

dziennikarstw|o *n sgt* journalism

dziennikarz *m* (Gpl ~y) (prasowy) journalist; (telewizyjny, radiowy) reporter; **~ „Gazety Wyborczej"** a journalist for 'Gazeta Wyborcza'; **~ sportowy** a sports journalist

dziennikarzyn|a *m* pot., pejor. hack pejor.

dzienn|y *adi.* [1] (na dzień) **stawka ~a za pracę** the daily pay rate for work; **~a stawka za pobyt psa w pensjonacie** fee per day for keeping a dog in kennels; **~y nakład gazety** daily print run of papers; **~y utarg sklepu** (z danego dnia) daily takings; (przeciętnie) average takings [2] (odbywający się w ciągu dnia) *[połączenie, patrol]* daytime *attr.*; **pracować na ~ej zmianie** to work the day a. daytime shift; **zwierzęta ~e** diurnal animals; **szkoła ~a** a day school; **studia ~e** full-time courses in higher education; **ten kolor inaczej wygląda przy świetle ~ym** that colour looks different in daylight

dzień II *m* [1] (doba) day; **dzień powszedni** (roboczy) weekday; (zwykły) ordinary day; **pociąg kursuje wyłącznie w dni powszednie** the train only runs on weekdays; **tak wygląda nasz dzień powszedni** that's what a typical day is like; **dzień pracy** a. **roboczy** a working day GB, a workday US; **dzień wolny od pracy** a holiday; **autobus nie kursuje w święta i dni wolne od pracy** the bus does not run on Sundays or holidays; **dzień świąteczny** a holiday; **wziąć dzień urlopu** to take a day off; **tego dnia było pochmurno** it was a cloudy day; **pewnego dnia** one day; **pewnego dnia się o tym dowiecie** you'll get to know about it one day; **pewnego dnia obudzisz się i...** one day you'll wake up and...; **na drugi/trzeci dzień** a. **drugiego/trzeciego dnia** on the second/third day; **trzeciego dnia poczuła się lepiej** she felt better on the third day; **cztery dni później** four days later; **co drugi/co trzeci dzień** every second/third day; **lada dzień** any day now; **wydarzenie/temat/bohater dnia** event/topic/hero of the day; **mieć swój dzień** to have one's day; **to był mój wielki dzień** it was my big day; **mam dziś dobry dzień** today is my lucky day; **dziś mam zły dzień, robota mi się nie klei** this really isn't my day, work is heavy going; **pechowy/szczęśliwy dzień** unlucky a. bad/lucky day; **co dzień** every day, daily; **ubranie na co dzień** clothes for everyday use; **na co dzień chodziła w spodniach** she normally a. usually wore trousers; **wstał jak co dzień przed piątą** as usual he got up before five o'clock; **tak na co dzień pusto tu i ciemnawo** usually, it's an empty and dark place; **co dnia** książk. every day, daily; **spotykał ją co dnia** he met her every day; **dzień w dzień** day in day out, day by a. after day; **matka wydzwania do nas dzień w dzień** mother phones us every single day; **w tych dniach** one of these days, any day now; **wyjeżdża w tych dniach** he's leaving any day now; **na dniach** pot. any day now; **powinien wrócić na dniach** he should return any day now; **z dnia na dzień** (nagle) from one day to the next; (stopniowo) day by day; **odkładać coś z dnia na dzień** to delay doing sth; **żyć z dnia na dzień** to live from hand to mouth a. a hand-to-mouth existence; **z dnia na dzień nabierają wprawy** they are becoming more proficient by the day; **z dnia na dzień musiał zmienić mieszkanie** he had to move unexpectedly [2] (część doby, w czasie której się nie śpi) day; **ciężki/pracowity dzień** a hard/busy day; **spędzić dzień na zakupach/na plaży** to spend the day shopping/on the beach; **dobrze rozpocząć/zakończyć dzień** to begin the day/ end the day well; **było jeszcze ciemno, kiedy w szpitalu zaczął się dzień** it was still dark outside when the day began at the hospital; **przez cały dzień** the whole day; **przez cały dzień przygotowywała się do przyjęcia** it took her the whole day to get ready for the party; **uszycie sukienki zajęło jej cały dzień** it took her the whole day to sew the dress; **cały (boży) dzień** the whole day long; **siedzą cały dzień za biurkami i nic nie robią** they sit at their desks all day long doing nothing; **cały dzień spędził w łóżku/przed telewizorem** he spent the whole day in bed/ watching television; **całymi dniami** a. **po całych dniach** all day (long); **całymi dniami** a. **po całych dniach nie ma go w domu** he's never at home; **dzień i noc** a. **dniem i nocą** a. **dniami i nocami** day and night; **pracował dniami i nocami** he worked day and night; **krem na dzień** a day cream; **dzień dobry** good day; (rano) good morning; (po południu) good afternoon; **na dzień dobry** (na powitanie) in salutation; pot., przen. (na początek) for a start; **ukłonić się komuś/pocałować kogoś na dzień dobry** to greet sb/to greet sb with a kiss; **na dzień dobry dostał służbowy samochód** for starters he was given a company car; **już na dzień dobry przegraliśmy dwa mecze** we immediately lost two matches [3] (okres od wschodu do zachodu słońca) day; **słoneczny/deszczowy dzień** a sunny/ rainy day; **najkrótszy/najdłuższy dzień w roku** the shortest/longest day of the year; **dzień się wydłuża** the days are getting longer; **w listopadzie dnia ubywa** in November the days begin to draw in [4] (światło dzienne) daylight; **dzień wstaje** a. **wschodzi** a. **budzi się** dawn a. the day is breaking; **za dnia** by day, in a. during the daytime; **wrócimy jeszcze za dnia** we'll be back before nightfall; **za dnia wszystko lepiej widać** it's easier to see everything in the daylight; **skończymy do dnia** a. **przed dniem** we'll finish early in the morning; **wrócili nade** a. **przede dniem** he got back early in the morning [5] (data, termin) day;

dzień kalendarzowy calendar day; **jaki dziś dzień?** what day is it today?; **poznaliśmy się w dniu jego urodzin** we met on his birthday; **umowa z dnia 31 marca 1994** a contract dated a. of 31March 1994; **dzień wczorajszy/dzisiejszy/jutrzejszy** książk. yesterday/today/tomorrow; **na dzień dzisiejszy** książk. as of today; **żyć dniem dzisiejszym** przen. to live a day-to-day existence; **wspomnienia o dniu wczorajszym** przen. memories of the past [6] (odległość) day; **o dzień jazdy stąd jest oaza** there's an oasis one-day's ride away from here; **miasteczko leży dwa dni drogi stąd** the town is two days' journey away from here

II *dni* plt (okres życia) days; **dożywać ostatnich dni** to live out the rest of one's days; **pragnął zapomnieć o dniach poniewierki** he wanted to forget his days of misery

❑ **dzień polarny** Astron. polar day; **dzień rektorski** Uniw. *a day free from classes*; **Dzień Dziecka** Children's Day; **Dzień Matki** Mother's Day; **Dzień Kobiet** Women's Day; **Dzień Pański** Relig. Day of the Lord; **Dzień Pojednania** a. **Przebłagania** Relig. Day of Atonement, Yom Kippur; **dzień skupienia** Relig. day of retreat

■ **nie znać** a. **nie być pewnym dnia ani godziny** to be (living) on borrowed time książk.; **to know neither the day nor the hour**; **podobny jak dzień do nocy** as different as chalk and cheese

dzierga|ć *impf vt* pot. (na drutach) to knit; (na szydełku) to crotchet; (haftować) to embroider *[wzory]* ⇒ **wydziergać**

dziergan|y II *pp* → **dziergać**

II *adi.* *[robótki, serwetki]* (na drutach) knitted; (na szydełku) crocheted; (wyszywany) embroidered

dzierlat|ka *f* [1] przest., żart. wench przest., a chit of a girl [2] Zool. crested lark

dzierżaw|a *f* [1] *sgt* (użytkowanie) lease, tenancy; **wziął dom w ~ę** he took out a lease on a house; **ma w ~ie okoliczne łąki** he has the nearby meadows on lease; **oddać coś w ~ę** to lease sth [2] (opłata) rent; **zapłacić ~ę** to pay the rent

❑ **wieczysta ~a** Prawo 99-year a. perpetual lease

dzierżaw|ca *m*, **~czyni** *f* (użytkownik) leaseholder, lessee

dzierżawczość *f sgt* Jęz. possessive character

dzierżawcz|y *adi.* Jęz. *[zaimek, przymiotnik]* possessive; **zaimek ~y** (rzeczowny) a possessive pronoun; (przymiotny) a possessive adjective; **konstrukcja ~a** a possessive phrase

dzierżaw|ić *impf vt* to lease *[ziemię, budynek, las]*; **~ić ziemię osadnikom** to lease land to the settlers ⇒ **wydzierżawić**

dzierż|yć *impf vt* książk. [1] (trzymać w ręku) to wield, to hold; **w prawej dłoni ~ył drewnianą łyżkę** żart. he wielded a wooden spoon in his right hand; **pod pachą ~ył bombonierkę** żart. he was carrying a box of chocolates [2] przen. (sprawować) to wield *[władzę, rządy]*; **~yć prym** to wield control

dzierżymor|da *m* (Npl **~dy**) pot., pejor. tyrant

dziesiątak II *m* anim. Myślis. *deer with ten tines in its antler*

II *m inanim.* (A **~a**) pot. (moneta) dime

dziesiąt|ek *m* [1] (lat) decade, ten years; **ostatni ~ek jej życia** the last ten years of her life; **wynik ~ków lat pracy** the result of dozens a. tens of years of work; **w ostatnim ~ku lat** in the last decade [2] (grupa) ten; **~ek strzał utkwił w tarczy** ten arrows hit the target

dziesiąt|ka II *f* [1] (liczba, numer) ten [2] pot. (oznaczenie) (number) ten; **~ka pik/kier** the ten of spades/hearts; **dojeżdżam ~ką do pracy** I take a number ten bus/tram to get to work; **nad Bałtykiem wieje ~ka** a force ten wind is blowing over the Baltic; **zmieniłam mieszkanie, mieszkam teraz pod ~ką** I've moved, I'm now living at number ten; **maturę zdawał w ~ce** he took his A levels at school number ten; **mój brat ma bardzo dużą nogę, nosi ~kę** my brother has big feet – he wears size ten; **uzyskał niezły wynik w zawodach strzeleckich: dwie ~ki i jedna ósemka** he made a good score in the shooting competition: two bullseyes and one eight [3] (grupa) ten; **ustawić się ~kami** to form groups of ten, to get into groups of ten; **są wszyscy, cała ~ka** all ten are present – nobody is missing; **w pierwszej ~ce nie ma Polaków** there are no Poles in the first ten places [4] pot. (banknot, moneta) ten; **rozmienić setkę na ~ki** to change a hundred into tens [5] Żegl. *boat propelled by ten oars*

II dziesiątki plt [1] (duża ilość) tens, dozens; **zadawać ~ki pytań** to ask dozens of questions; **exodus ~ków tysięcy ludzi** the exodus of tens of thousands of people; **tłumaczyłem ci to ~ki razy** I've already explained it to you a dozen times [2] Mat. decimals

■ **trafić** a. **utrafić** a. **strzelić w ~kę** to hit a. score a bullseye, to hit the nail on the head

dziesiątk|ować *impf vt* książk. *[głód, wojna, choroby]* to decimate; **głód i choroby ~owały narody Afryki** hunger and disease decimated the African nations ⇒ **zdziesiątkować**

dziesiątkow|y *adi.* Mat. *[układ]* decimal

dziesią|ty II *num. ord.* tenth; **~ta rocznica ślubu** the tenth wedding anniversary; **~ty rozdział** chapter ten; **jest godzina ~ta piętnaście** it's a quarter past ten; **był ~ty na mecie** he was the tenth to cross the finishing line; **bramka padła w ~tej minucie meczu** the goal was scored ten minutes into the match

II *adi.* *[część]* tenth

III *m* (data) the tenth; **do ~tego każdego miesiąca** by the tenth of each month; **przed ~tym nie mogę wyjechać** I can't leave before the tenth; **jutro (jest) ~ty lipca** tomorrow's the tenth of July; **wrócę ~tego** I'll be back on the tenth

IV dziesiąta *f* [1] (godzina) ten o'clock; **o ~tej** at ten (o'clock); **wrócił przed ~tą** he got back before ten [2] (w ułamkach) tenth; **otrzymywać jedną ~tą zysków** to receive a tenth of the profits; **cztery/sześć ~tych** four/six tenths; **pracuję na sześć**

D

~tych etatu I'm working part time for five hours a day

■ **za ~tą górą, za ~tą rzeką** far, far away (in a distant land)

dziesięcin|a f Hist., Relig. tithe; **~a snopowa** predial tithe

dziesięcio- w wyrazach złożonych ten-; **dziesięciozłotówka** a ten-zloty coin; **dziesięciodniowy urlop** ten days' leave; **dziesięciopiętrowy budynek** a building with ten floors, a ten-storey building; **dziesięciooosobowa grupa** a group a. team of ten

dziesięcioboi|sta m Sport decathlete

dziesięciob|ój m sgt (G ~oju) Sport (the) decathlon

dziesięciogroszow|y adi. [moneta] ten-grosz attr.

dziesięciogroszów|ka f ten-grosz coin

dziesięciokrotnie adv. [1] [próbować, wygrać] ten times; **w Paryżu byłem ~** I've been to Paris ten times [2] [wzrosnąć, zmaleć] tenfold; [szybszy, większy] ten times; **~ częściej** ten times more often

dziesięciokrotn|y adi. [1] (powtórzony razy dziesięć) [zwycięzca] ten-times attr. GB, ten-time attr. US [2] (dziesięć razy większy) [wzrost, spadek] tenfold; **ta soczewka daje ~e powiększenie** this lens magnifies images ten times a. tenfold

dziesięciolat|ek [] m pers. (Npl ~kowie a. ~ki) ten-year-old (child); **rezolutny ~ek ciągle zadawał pytania** a clever ten-year-old kept asking questions; **to nie jest książka dla ~ków** this book is not suitable for ten-year-olds; **większość stanowiły ~tki** a. **stanowili ~tkowie** the majority were ten-year-olds

[] m anim. (zwierzę) ten-year-old animal; (drzewo) ten-year-old tree; **koń/świerk ~ek** a ten-year-old horse/spruce

dziesięciolat|ka f [1] (dziewczynka) ten-year-old (girl) [2] (samica) **krowa ~ka** a ten-year-old cow [3] (szkoła) ten-years school, ten-grade school US; **skończył ~kę w Moskwie** he graduated from a ten-grade school in Moscow

dziesięcioleci|e n [1] (rocznica) the tenth anniversary; **~e śmierci poety** the tenth anniversary of the poet's death [2] (okres) decade, ten years; **w ostatnim ~u** in a. over the last ten years; **w drugim/trzecim ~u XIX wieku** in the 1820s/in the 1830s; **w pierwszym/ostatnim ~u XIX wieku** in the first/last decade of the 19th century; **teatr ten istnieje już cztery ~a** the theatre has been in existence for forty years

dziesięcioletni adi. [1] (o wieku) [chłopiec, dziewczynka, zwierzę] ten-year-old [2] (o okresie trwania) [okres, staż] ten-year attr.

dziesięciomiesięczn|y adi. [1] (o wieku) [dziecko, zwierzę] ten-month-old [2] (o okresie trwania) [okres] ten-month attr.

dziesięciominutow|y adi. [program, audycja, przerwa] ten-minute attr.

dziesięcior|o num. mult. ten; **Dziesięcioro Przykazań** Relig. the Ten Commandments

dziesięciotysięczn|y [] num. ord. [klient, mieszkaniec] ten thousandth

[] adi. [tłum, pochód] ten-thousand-strong; **~y nakład** a newspaper circulation of ten thousand

[III] **dziesięciotysięczna** f (w ułamkach) **jedna ~a** one ten-thousandth

dziesięciozłotow|y adi. [moneta, banknot] ten-zloty attr.; **opłata/kaucja ~a** a fee/deposit of ten zlotys

dziesięciozłotów|ka f (moneta) ten-zloty coin; (banknot) ten-zloty note

dziesię|ć num. ten; **chłopiec miał ~ć lat** the boy was ten (years old); **w klasie jest ~ciu chłopców i ~ć dziewczynek** there are ten boys and ten girls in the class; **~cioro dzieci/kociąt** ten children/kittens; **przed ~cioma minutami** ten minutes ago; **stu ~ciu ludzi** a hundred and ten people; **po ~ć razy** ten times; **dziecko umie liczyć do ~ciu** the little boy/girl can count to ten; **pracować za ~ciu** to work like a dog a. trojan; **jeść za ~ciu** to eat like a horse; **gada za ~ciu** she talks nineteen a. ten to the dozen

dziesiętn|y adi. [system, przecinek] decimal; **liczba ~a** a decimal (fraction)

dziewann|a f Bot. common mullein C/U, Aaron's rod C/U

dziewczą|tko n pieszcz., iron. girl; girlie pot.

dziewcz|ę n książk. girl, lass

dziewczęco adv. [wyglądać] girlish adi.; [ubierać się, rumienić się] girlishly

dziewczęcoś|ć f sgt (ruchów, uśmiechu) girlishness

dziewczęc|y adi. [wygląd, uśmiech, sylwetka] girlish; **po ~emu** girlishly; **ubierać się po ~emu** to dress like a girl a. girlishly

dziewczyn|a [] f [1] (młoda kobieta) girl [2] (sympatia lub narzeczona) girl, girlfriend; **czy mogę przyjąć ze swoją ~ę** can I bring my girlfriend?; **ma przepiękną ~ę** he's got a gorgeous girlfriend

[] **dziewczyny** plt (koleżanki) the girls pot.; **umówiłam się dziś wieczorem z ~ami** I'm meeting the girls tonight; **słuchajcie, ~y, musimy opracować grafik urlopów** listen, girls, we've got to prepare the holiday schedule

dziewczynin|a f (poor) girl

dziewczynisk|o n augm. girl; **paskudne ~o** a nasty girl

dziewczyn|ka f [1] (dziecko) girl; **urodziła ~kę** she gave birth to a girl, she had a girl [2] (córka) girl, daughter; **nasze ~ki chodzą do szkoły muzycznej** our girls attend a music school; **starsza ~ka mojego brata** my brother's elder daughter a. girl [3] zw. pl pot. (prostytutka) tart pot., pejor.; whore pejor.; **iść na ~ki** to go whoring

dziewczyńs|ki adi. pot. [kaprysy, humory, zwyczaje] girlish; **rozmawiamy o naszych ~kich sprawach** we're discussing girl stuff; **po ~ku a. z ~ka** girlishly; **zaczerwienił się po ~ku** he flushed a. blushed like a girl; **matka ubiera go z ~ka** his mother dresses him like a girl

dziewecz|ka f pieszcz., przest. maid(en) daw.; lass

dziewiar|ka f [1] (osoba) knitter [2] Techn. knitting machine

dziewiars|ki adi. [maszyna, zakład, przemysł] knitting attr.; **wyroby ~kie** knitted goods

dziewiarstw|o n sgt (dział przemysłu) the knitwear a. knitting industry; (robienie dzianin) knitting

dziewiąt|ka f [1] (liczba, numer) nine [2] pot. (oznaczenie) (number) nine; **dojeżdżała do pracy ~ką** she took a number nine (bus/tram) to get to work; **mieszkał pod ~ką** he lived at number nine; **zaczęła chodzić do ~ki, a potem się przeniosła** she started attending school number nine, but then she moved; **~ka karo/pik** the nine of clubs/spades; **musisz mieć dużą nogę, skoro nosisz ~kę** you must have big feet if you wear size nine [3] (grupa) nine; **cała ~ka wybiegła ze szkoły z głośnym śmiechem** all nine (of them) ran out of school laughing loudly

dziewią|ty [] num. ord. ninth; **mija ~ty dzień podróży** it's the ninth day of the journey; **rozdział ~ty** chapter nine; **jest godzina ~ta dziesięć** it's ten past nine

[] adi. [część] ninth

[III] m (data) the ninth; **dziś czwartek, ~ty listopada** today's Thursday, the ninth of November; **zdążysz przed ~tym?** will you be ready before the ninth?; **zawody odbędą się ~tego** the competition will be held on the ninth

[IV] **dziewiąta** f [1] (godzina) nine o'clock; **o ~tej jestem już w łóżku** I'm usually in bed at a. by nine (o'clock); **pięć po ~tej** five past nine [2] (w ułamkach) ninth; **jedna ~ta** one ninth; **dwie/trzy ~te** two/three ninths

dziewic|a f virgin; **jak myślisz, czy ona jeszcze jest ~ą?** do you think she's still a virgin?; **Dziewica Maryja** The Virgin Mary

❑ **~a norymberska** Hist. iron maiden; **Dziewica Orleańska** Hist. the Maid of Orleans; **Święta Dziewica** Relig. The Blessed Virgin

dziewictw|o n sgt virginity; **zachować/stracić ~o** to keep/lose one's virginity; **pozbawić dziewczynę ~a** to deprive a girl of her virginity; to deflower a girl przest.

dziewiczo adv. [1] [zarumienić się] virginally, like a virgin; [wyglądać] virginal adi. [2] przen. **~ czysty śnieg** virgin snow; **~ wyglądający teren** virgin territory

dziewiczoś|ć f [1] (uczuć, pragnień, rumieńca) innocence [2] przen. purity

dziewicz|y adi. [1] [rumieniec, wstyd, niewinność] pure, innocent [2] przen. [las, teren, krajobraz] virgin; **~a biel śniegu** the virgin purity of snow [3] przen. (niezbadany) [obszar] virgin; **banki i ubezpieczenia to w Polsce obszar do niedawna ~y** recently Poland was virgin territory for banking and insurance; **~y temat** a fresh topic [4] (pierwszy) **~y rejs** maiden voyage

dziewięcio- w wyrazach złożonych nine-; **dziewięciometrowy kabel** a nine-metre-long cable; **dziewięciozgłoskowiec** a nine-syllable verse

dziewięciokrotnie adv. [1] [zdarzyć się, powtórzyć] nine times [2] [wzrosnąć, zmaleć] ninefold; [większy, mniejszy] nine times

dziewięciokrotn|y adi. [1] (powtórzony dziewięć razy) [medalista, zwycięzca, laureat] nine-times attr. GB, nine-time attr. US; **~a próba ucieczki nie powiodła się** none of the nine escape attempts was successful [2] (dziewięć razy większy) [wzrost] ninefold; **~y spadek cen** a ninefold fall in prices

D

dziewięciolat|ek □ *m pers.* (*Npl* ~kowie
a. ~ki) a nine-year-old (child); **wszystkie
~ki umiały** a. **wszyscy ~kowie umieli
już czytać i pisać** all the nine-year-olds
could read and write
□ *m anim.* (zwierzę) nine-year-old animal;
(drzewo) nine-year-old tree; **dąb/pies ~ek** a
nine-year-old oak/dog
dziewięciolat|ka *f* □ (dziewczynka) nine-
year-old (girl) ② (samica) **krowa ~ka** a
nine-year-old cow
dziewięcioletni *adi.* □ (o wieku) *[dziecko,
zwierzę, drzewo]* nine-year-old *attr.* ② (o
okresie trwania) *[okres, staż, służba]* nine-year
attr.
dziewięciomiesięczn|y *adi.* □ (o wieku)
[dziecko, szczeniak] nine-month-old *attr.* ② (o
okresie trwania) *[przerwa]* nine-month *attr.*
dziewięcioro *num. mult.* → dziewięć
dziewięciotysięczn|y □ *num. ord.*
[mieszkaniec, klient] nine thousandth
□ *adi [demonstracja, tłum]* nine-thousand
strong *attr.*
dziewię|ć *num.* nine; **znikło ~ć z dzie-
sięciu ciężarówek** nine out of ten trucks
disappeared; **poznali się przed ~cioma
laty** they met nine years ago; **w dziewięć-
dziesięciu ~ciu przypadkach na sto
wynik jest korzystny** the result is positive
ninety-nine times out of a hundred
dziewięćdziesi|ąt *num.* ninety; **starusz-
ka dożyła ~ęciu jeden lat** the old lady
lived to be ninety-one
dziewięćdziesiąt|ka *f* □ (liczba, numer)
ninety ② pot. (oznaczenie) (number) ninety;
pod ~ką mieszka znany adwokat a well-
known lawyer lives at number ninety;
żarówka ~ka a 90-watt bulb ③ pot. (wiek)
ninety; **zbliżał się do ~ki** he was getting
on for ninety; **mimo że przekroczył ~kę,
zachował jasność umysłu** although he
was in his nineties, he was still of sound
mind ④ pot. (szybkość) ninety; **jechał ~ką**
he was doing ninety; **zwolnić do ~ki** to
slow down to ninety
dziewięćdziesiąty □ *num. ord. [urodziny,
rocznica]* ninetieth; **~te piąte wydanie
magazynu** the ninety-fifth edition of the
magazine; **na stronie ~tej** on page ninety;
lata ~te the nineties; **w latach ~tych
XIX wieku** in the 1890s
□ *adi. [część]* ninetieth
□ **dziewięćdziesiąta** *f* (w ułamkach) ninetieth; **jedna ~ta** one ninetieth; **dwa i
cztery ~te** two and four ninetieths
dziewięćdziesięciolat|ek □ *m pers.*
(*Npl* ~owie a. ~ki) ninety-year-old, nonagenarian; **dobrze bawili się nawet
~kowie** a. **bawiły się nawet ~ki** even
the ninety-year-olds had a good time
□ *m anim.* (zwierzę) ninety-year-old animal;
(drzewo) ninety-year-old tree; **żółw/dąb ~ek**
a ninety-year-old turtle/oak
dziewięćdziesięcio- *w wyrazach złożonych* ninety-; **dziewięćdziesięciotonowy
statek** a ninety-tonne ship
dziewięćdziesięciokrotnie *adv* □ *[po-
wtórzyć]* ninety times; **satelita ~ okrążył
Ziemię** the satellite orbited the Earth
ninety times ② *[wzrastać, zmaleć]* ninetyfold; *[większy, mniejszy]* ninety times

dziewięćdziesięciokrotn|y *adi.* □ (po-
wtórzony 90 razy) ninety-times *attr.* GB, ninety-
time *attr.* US ② (90 razy większy) *[wzrost,
spadek, zysk]* ninetyfold
dziewięćdziesięciolat|ka *f* ninety-
year-old, nonagenarian
dziewięćdziesięcioleci|e *n* □ (rocznica)
the ninetieth anniversary; **~ śmierci
poety** the ninetieth anniversary of the
poet's death; **wystawa z okazji ~a
urodzin artysty** an exhibition held to
celebrate the artist's ninetieth birthday
② (okres) ninety years
dziewięćdziesięcioletni *adi.* □ (mający
90 lat) *[starzec, drzewo, kamienica]* ninety-
year-old *attr.* ② (trwający 90 lat) *[okres,
doświadczenie]* ninety-year *attr.*
dziewięćdziesięcioro *num. mult.* →
dziewięćdziesiąt
dziewię|ćset □ *num.* nine hundred; **~ciu-
set żołnierzy poległo w bitwie** nine
hundred soldiers were killed in the battle;
**działo się to jesienią tysiąc ~ćset
czterdziestego pierwszego roku** it happened in Autumn nineteen forty-one a. the
Autumn of 1941
□ **dziewięćset-** *w wyrazach złożonych*
nine-hundred-; **dziewięćsetlitrowy zbiornik** a nine-hundred-litre container
dziewięćsetleci|e *n* □ (rocznica) the nine-
hundredth anniversary; **~e śmierci świętego Stanisława** the nine-hundredth anniversary of St Stanislaw's death ② (okres)
nine hundred years
dziewięćsetletni *adi.* □ (o wieku) *[zabytek,
zamek]* nine-hundred-year-old *attr.* ② (o
okresie trwania) *[okres, historia]* nine-hundred-
year *attr.*
dziewięćsetn|y □ *num. ord. [rocznica,
klient]* nine hundredth
□ *adi. [część]* nine hundredth
□ **dziewięćsetna** *f* (w ułamkach) nine
hundredth; **jedna ~a** one nine hundredth
dziewięćsettysięczn|y □ *num. ord.*
nine-hundred-thousandth
□ *adi.* □ (część) nine-hundred-thousandth
② *[miasto]* nine-hundred-thousand *attr.*
dziewiętnast|a *f* □ (liczba, numer) nine-
teen ② pot. (oznaczenie) (number) nineteen;
mieszkam pod ~ką I live at number
nineteen; **na dworzec dojedziesz ~ką**
take a number nineteen bus/tram to get to
the railway station ③ (grupa) nineteen; **~ka
dzieciaków** nineteen kids ④ pot. (urodziny)
nineteenth birthday party ⑤ Muz. nineteenth
dziewiętnasto- *w wyrazach złożonych*
nineteen-; **dziewiętnastowieczny zabytek** a 19th-century monument
dziewiętnastokrotnie *adv.* □ *[powta-
rzać]* nineteen times; **~ próbowała powtórzyć swój rekord** she has made nineteen attempts to improve on her record
② *[zmaleć, wzrosnąć]* nineteenfold; *[większy,
mniejszy]* nineteen times; **stężenie zanie-
czyszczeń przekracza ~ normę** the
pollution is nineteen times over the accep-
table level
dziewiętnastokrotn|y *adi.* □ *[zwycięz-
ca, laureat]* nineteen-times *attr.* GB, nine-
teen-time *attr.* US ② (19 razy większy) *[spadek,
obniżka]* nineteenfold *attr.*

dziewiętnastolat|ek □ *m pers.* (*Npl* ~ki
a. ~kowie) nineteen-year-old, nineteen;
**~kowie mogli uczestniczyć w ostat-
nich wyborach** nineteen-year-olds could
vote in the last election
□ *m anim.* (zwierzę) nineteen-year-old animal; (drzewo) nineteen-year-old tree; **koń
~ek** a nineteen-year-old horse
dziewiętnastolat|ka *f* □ (dziewczyna)
nineteen-year-old ② (samica) **klacz ~ka** a
nineteen-year-old mare
dziewiętnastoletni *adi.* □ (o wieku)
[chłopak, student, drzewo] nineteen-year-old
attr. ② (o czasie trwania) *[okres, doświadczenie]*
nineteen-year *attr.*
dziewiętnastowieczn|y *adi. [teatr, pi-
sarz, sztuka, powstania]* 19th-century *attr.*
dziewiętna|sty □ *num. ord. [rocznica,
dzień]* nineteenth; **w przyszłym roku
obchodzę ~ste urodziny** I'll be nineteen
next year
□ *adi. [część]* nineteenth
□ *m* (data) the nineteenth; **pobrali się
~stego sierpnia** they got married on the
nineteenth of August; **ona dzwoni zawsze
po ~stym** she always calls after the
nineteenth
□ **dziewiętnasta** *f* □ (godzina) seven p.m.;
film zaczyna się o ~stej the film begins
at seven p.m. ② (w ułamkach) nineteenth;
jedna ~sta one nineteenth; **pięć ~stych**
five nineteenths
dziewiętna|ście *num.* nineteen; **nie mia-
ła jeszcze ~stu lat** she was under nineteen
dziewiętnaścioro *num. mult.* → dzie-
więtnaście
dziew|ka *f* przest. □ obraźl. (prostytutka) trollop
przest., tart przest. ② (służąca) wench przest.
dziewo|ja *f* (*Gpl* ~i) żart. wench żart.
dziewu|cha *f augm.* pejor. girl
dziewusz|ka *f* pieszcz. girl, lass
dziewuszysk|o *n augm.* girl
dzież|a *f* daw. kneading trough
dzież|ka *f* □ *dem.* daw. kneading bowl ② Bot.
(grzyb) **~ka pomarańczowa** orange (peel)
cup fungus
dzięcioł □ *m pers.* (*Npl* ~ły) pot., pejor.
(kujon) swot(ter) pot.; **ale z niego ~ł! –
stale kuje!** what a swot! he's always
studying!
□ *m anim.* Zool. woodpecker
dziękczynie|nie *n* książk. thanksgiving *U*
dziękczynnie *adv.* książk. in thanksgiving;
podniósł ręce ~ ku górze he raised his
hands in thanksgiving
dziękczynn|y *adi.* książk. *[modlitwa, nabo-
żeństwo, hymn]* thanksgiving *attr.*; **ofiara
~a** a thanksgiving offering; **list ~y** a letter
of thanks a. appreciation
dzięki □ *plt* książk. thanks; **składać komuś
~ (za coś)** to thank sb (for sth); to express
one's thanks to sb (for sth) książk.; **Bogu
niech będą ~!** Relig. thanks be to God!; **~
Bogu!** thank God! a. heaven!; **~ Bogu ból
głowy minął** thank God my headache's
gone
□ *inter.* pot. thanks; cheers! GB pot.; **~ za
wszystko!** thanks for everything!; **ser-
deczne/stokrotne ~!** thanks a lot!/mil-
lion a. many thanks! pot.
□ *praep.* thanks (**komuś/czemuś** to sb/

sth); **~ pomocy przyjaciół** thanks to help from one's friends; **~ szczęśliwemu zbiegowi okoliczności** thanks to a happy coincidence; **~ temu, że...** thanks a. owing to the fact that...; **zatrzymał się gwałtownie, ~ czemu uniknął zderzenia** he pulled up sharply, thus avoiding a collision

dzięk|ować *impf vi* to thank; **rodzice gorąco/wylewnie ~owali lekarzowi** the parents thanked the doctor warmly/effusively; **~ować komuś za pomoc/uwagę** to thank sb for their help/attention; **zaczęła się modlić, ~ując Bogu za ocalenie córki** she started to pray, thanking God for sparing her daughter; **to było bardzo ciekawe, co powiedziałeś, ~ujemy ci** thank you, your comments were very interesting; **~uję bardzo** thank you very much; **„napijesz się czegoś?" – „~uję, chętnie** 'would you like something to drink?' – 'with pleasure, thank you'; **„zjesz coś?" – „nie, ~uję"** 'would you like something to eat?' – 'no, thank you'; **„ślicznie dziś wyglądasz!" – „~uję ci bardzo"** 'you look lovely today' – 'thanks a lot'; **~uję, nie jadam cukierków** no thanks, I don't like sweets; **jeśli tak, to ja ~uję** *pot.* if that's the case, then forget it *pot., iron.*; **za taką pomoc to my ~ujemy** *pot., iron.* no thanks, we don't need that kind of help *iron.*; **pozostałym paniom ~ujemy i zapraszamy do udziału w następnym konkursie** we thank the other ladies and ask them to step down, although we invite them to take part in the next contest; **za dwóję na klasówce ~uj swojemu lenistwu** you (only) have your own laziness to thank for the D you got in the test; **nie wiem, jak ci (mam) ~ować** I don't know how I can thank you (enough) a. what I can do to thank you ⇒ **podziękować**

■ **~ować Bogu** a. **Bogu ~ować** książk. thank goodness a. God a. heavens!; **ja ~uję!** *pot.* I ask you! *pot.*; **ubranie/buty ~ują za służbę** przest. these clothes/shoes have seen better days

dzik Ⅱ *m anim.* Zool. (wild) boar
Ⅲ *m inanim.* (*A* **~a**) Ogr. (pęd) sucker; (roślina) wild(l)ing, escape

dzi|ki Ⅱ *adi. grad.* ① *[zwierzęta, rośliny, pędy]* wild; **rezerwat ~kich zwierząt** a (big) game a. wild animal reserve; **~ka jabłoń** a wild apple tree ② *[okolica, krajobraz, ogród]* wild; **~ka plaża** an unguarded beach ③ *[narody, ludy]* primitive, uncivilized; savage obraźl.; **spędził całe życie wśród ~kich plemion** he spent his whole life among primitive tribes ④ (nietowarzyski) *[osoba]* unsociable, aloof; *[maniery]* rough, uncouth ⑤ (niepohamowany) *[namiętność, radość, śmiech]* wild; **~kie porywy wiatru** wild gusts of wind; **~ka nawałnica** a wild a. fierce storm ⑥ (przerażający) *[hałas, wrzask]* piercing; *[walka]* fierce, ferocious ⑦ (nielegalny) *[organizacja]* illegal; **~ki strajk** a wildcat strike; **~ki lokator** a squatter ⑧ *pot.* (niezwykły) *[pomysł, strój, żart]* wild *pot.*
Ⅲ *m* savage obraźl., native obraźl.; **zachował się jak ~ki** he acted a. behaved like a savage

dziko *adv.* ① *[żyć, rosnąć]* wild *adi.*; **wzgórza prezentowały się ~ i niedostępnie** the hills looked wild and inaccessible; **zrywał ~ rosnącą pietruszkę** he picked some self-set parsley a. some parsley that was growing wild; **przygotować** a. **przyrządzić coś na ~** Kulin. to cook sth like game; **pieczeń wołowa na ~** roast beef à la game a. venison ② (nieufnie) *[zachowywać się]* unsociably, aloofly ③ (gwałtownie) wildly; **poczuła się ~ szczęśliwa** she felt wildly happy; **zaczęła ~ krzyczeć** she started to scream wildly; **reagował ~ i z furią** his reactions were wild and furious ④ (nielegalnie) **mieszkali ~ w pomieszczeniach po dawnej pralni** they were squatting in the old laundry; **pracować na ~** to work illegally ⑤ *pot.* (dziwacznie) *[ubierać się]* wildly, extravagantly; **czesać się ~** to sport wild hairstyles; **malować się ~** to use extravagant make-up

dzikoś|ć *f sgt* ① (zwierząt, roślin, krajobrazu) wildness ② (nieśmiałość) aloofness, reserve ③ (uczuć, zachowania, spojrzenia) wildness ④ *pot.* (fantazji, pomysłów) wildness *pot.*

dzikus Ⅱ *m pers.* (*Npl* **~y**) *pot.* ① (członek dzikiego plemienia) savage obraźl.; **otoczyła go grupa ~ów** he was surrounded by a bunch of savages ② (odludek) loner *pot.*; **stroni od ludzi jak jakiś ~** he stays away from people like some loner
Ⅲ *m anim.* (zwierzę) wild beast

dzikus|ka *f pot.* ① (członkini dzikiego plemienia) savage obraźl. ② (kobieta nieśmiała) loner *pot.*

dziobać¹ *impf* → **dziobnąć**

dziob|ać² *impf* (**~ię**) Ⅱ *vt* ① (jeść dziobem) to peck; **kury ~ały ziarno rozsypane po ziemi** the hens were pecking at the grain scattered on the ground ② *pot., przen.* (jeść wolno) to pick *pot.*, to peck *pot.* (**coś** at sth)
Ⅲ **dziobać się** *[ptaki]* to peck one another

dziobak Ⅱ *m anim.* Zool. (duck-billed) platypus
Ⅲ *m inanim.* Żegl. bowsprit

dzioba|ty *adi. [twarz, osoba]* pockmarked, pocked

dzi|obek *m* ① *dem.* (ptasi) (small) beak ② pieszcz., *pot.* (usta) lips; **daj ~obka** give me a kiss ③ (dzbanka, czajnika) lip, spout

dzi|obnąć *pf* — **dzi|obać**¹ *impf* (**~obnęła, ~obnęli** — **~obię**) *vt* ① *[ptak]* to peck; **dzięcioł ~obał pień sosny** the woodpecker was pecking at the pine trunk; **indyk ~obnął go w palec** a turkey pecked him on the finger ② (ukłuć) to jab (at), to prick; **~obnąć kogoś nożem** to jab sb with a knife; **~obnął widelcem ziemniaka** he pierced a. pricked a potato with his fork; **~obała widelcem w talerzu** she was poking (at) a. prodding (at) her food with a fork

dziobow|y *adi.* Żegl. *[ster, fala]* bow *attr.*

dzion|ek *m* pieszcz. day

dzi|ób Ⅱ *m* ① (ptasi) beak ② *pot.* (twarz) kisser *pot.*; (usta) gob GB *pot.*, trap *pot.*; **zamknij ~iób** shut your face a. trap; **daj ~oba** give me a kiss; **siedź cicho, bo dostaniesz w ~ób** keep your trap shut, or you'll get one in the kisser ③ (*G* **~u**) Żegl. bow, prow
Ⅲ **dzioby** *plt pot.* (po ospie) pockmarks,

pocks; **twarz miał całą w ~obach** he had a pockmarked face

dzióbać → **dziobać**
dzióbek → **dziobek**
dzióbnąć → **dziobnąć**

dziry|t *m* (*G* **~tu**) Hist. javelin

dzisiaj Ⅱ *adv.* ① (danego dnia) today; **jak jest ~ na dworze?** what's the weather like today?; **muszę jeszcze ~ posprzątać mieszkanie** I still have to clean up the flat today ② (obecnie) today, nowadays; **~ zagraża nam kryzys gospodarczy** today we are faced with an economic crisis; **historyczna świątynia Minerwy to ~ kupa gruzów** the historic temple of Minerva is just a heap of rubble nowadays
Ⅲ *n inv.* ① (dzień dzisiejszy) today; **od ~ nie wolno palić w pracy** starting (from) today, smoking in the workplace is forbidden; **na ~ miała mu przynieść znaczki, ale zapomniała** she was supposed to bring him the stamps (for) today, but she forgot ② (teraźniejszość) today, the present; **nad tymi sprawami nie od ~ pracują znani eksperci** renowned experts have been working on these issues for some time now

dzisiej|szy *adi.* ① (bieżący) *[gazeta, wydarzenia, mecz]* today's; **dzień ~szy** today; **umówiła się na ~sze popołudnie** she has an appointment this afternoon; **~szy ranek był deszczowy** it was rainy this morning; **nie mam planów na ~szy wieczór** I don't have any plans for tonight a. this evening; **do dnia ~szego** a. **po dzień ~szy** to this day, (right) up until today; **do dnia ~szego nie otrzymaliśmy odpowiedzi/pieniędzy** to this day we haven't received an answer/the money; **rękopisy zachowały się do dnia ~szego** the manuscripts have survived to this day; **te wydarzenia po dzień ~szy budzą emocje** even today the events still arouse strong emotions ② (współczesny) *[obyczaje]* present-day *attr.*; *[zagrożenia]* current; *[młodzież, pokolenie, społeczeństwo]* today's; **~szy teatr** the contemporary theatre; **w ~szych czasach** today, nowadays; **ubiera się nie po ~szemu** her way of dressing is rather old-fashioned

dziś Ⅱ *adv.* ① (danego dnia) today; **~ jest niedziela** today is Sunday; **~ rano padało** it was raining this morning; **~ wieczorem idę do kina** I'm going to the cinema tonight a. this evening; **nie ~, to jutro** if not today, then tomorrow; **~ mnie, jutro tobie** today it's me, tomorrow it could be you; **~ tu, jutro tam** here today, gone tomorrow; here one minute, gone the next ② (teraz) today, nowadays; **~ prawie nikt nie wierzy w czary** today hardly anyone believes in magic; **bogate ~ kraje długo pracowały na swój dobrobyt** today's wealthy nations worked long and hard to achieve prosperity; **do ~ dnia** a. **po ~ dzień** to this day, even today; **do ~ dnia nie mogę zrozumieć/zapomnieć...** even today I still can't understand/forget... ; **do ~ dnia nie odpisał na mój list** (to this day) he still hasn't replied to my letter
Ⅲ *n inv.* ① (dzień dzisiejszy) today; **mam już dość na ~** I've had enough for today; **oznajmił, że od ~ rzuca palenie** he

announced that starting (from) today he's quitting smoking; **znamy się nie od ~** we've known each other for ages [2] (teraźniejszość) today, the present; **wiele z tych obyczajów przetrwało do ~** many of these customs have survived to the present day; **od naszego ~ zależy nasze jutro** our future depends on today

■ **co mnie ~, tobie jutro** przysł. today it's me, tomorrow it could be you; **~ człowiek żyje, a jutro gnije** przysł. here today and gone tomorrow przysł.; **zrób ~, co masz zrobić jutro** przysł. never put off a. leave till tomorrow what you can do today przysł.

dziumǀdzia f (Gpl ~dzi a. ~dź) pot., obraźl. drip pot., wet blanket pot.

dziuplǀa f (Gpl ~i) [1] (w pniu) hole, hollow; **~a w dębie była pełna orzechów** the hollow in the oak was full of nuts [2] żart. (mieszkanie) hole pot. [3] pot. (kryjówka) hid(e)y-hole pot.

dziuǀra f [1] (otwór) hole; **wyciąć pilnikiem ~rę w desce** to make a. file a hole in a board; **zacerować ~rę w spodniach** to mend a hole in some trousers; **zrobiła mu się ~ra na kolanie** a hole wore through in the knee of his trousers; **kot przeszedł przez ~rę w płocie** the cat went through a hole in the fence [2] (zagłębienie) hole; **~ry w jezdni** potholes; **~ry w serze** cheese holes; **mysia ~ra** a mouse hole [3] pot. (w zębie) hole GB, cavity; **mieć ~rę w zębie** to have a hole in one's tooth, to have a cavity; **zaplombować ~rę w zębie** to fill a hole a. a cavity [4] przen. (brak czegoś) gap; **mieć ~ry w pamięci** to have memory gaps; **~ra budżetowa** a budget gap; **mam ~ry w notatkach** there are gaps in my notes [5] pot., pejor. (miejscowość) hole pot., pejor.; **urodziła się w jakiejś zapadłej ~rze** she was born in some godforsaken hole a. somewhere in the middle of nowhere [6] pot. (pomieszczenie) hole pot., den pot.; **nie wychylał nosa ze swojej ~ry** he never even stuck his head out of his hole for a moment

❏ **~ra powietrzna** Lotn. air pocket

■ **~ry w niebie nie będzie** the sky won't fall in; **to mi/wam/im potrzebne jak ~ra w moście** I/you/they need it like a hole in the head pot.; **szukać ~ry w całym** to pick holes (in sth)

dziurawǀić impf vt to make holes (**coś** in sth); to pierce; **~ić papier ołówkiem** to poke holes in a piece of paper with a pencil; **~ili ścianę, strzelając do niej z wiatrówki** they shot the wall full of holes with an air gun; **dzieci często ~ią ubrania** children often wear holes in their clothes ⇒ **przedziurawić**

dziurawǀiec m Bot. St John's wort; **napar z ~ca** an infusion of St John's wort

dziurawǀy adi. [płaszcz, sweter, most, chodnik] full of holes; [garnek, wiadro] leaky; **~a droga** a road full of (pot)holes; **z ~ego dachu kapała woda** water was dripping from the leaky roof; **ziemia jest ~a od bomb** the ground is riddled with bomb craters; **cerowała ~e skarpetki** she was darning socks; **polskie prawo jest ~e** przen. Polish law is full of loopholes

■ **~y worek** a bottomless pit; **własny**

dom to ~y worek having one's own house is like pouring money into a bottomless pit; **mieć ~ą kieszeń** pot. to spend money like water; **mieć ~e ręce** pot., pejor. to be a butterfingers pot.

dziurǀka f [1] dem. (w ubraniu, obrusie) (small) hole; **masz ~kę w swetrze** you have a small hole in your jumper; **wypalił papierosem ~kę w obrusie/obiciu** he burned a cigarette hole in the tablecloth/upholstery [2] (mały otwór) hole; **~ki w nosie** nostrils; **~ka od klucza** a keyhole; **~ka od guzika** a buttonhole; **~ka igły** the eye of a needle

■ **dwie ~ki w nosie i skończyło się** żart. and that was the end of that; **mieć czegoś/kogoś po ~ki w nosie** pot. to be fed up (to the back teeth) with sth/sb pot.; to have had enough of sth/sb

dziurkacz m (Gpl ~y a. ~ów) punch

dziurkarǀka f Techn. [1] (perforator) punch [2] (do guzików) buttonholer

dziurkǀować impf vt to perforate, to punch; **~ować papier dziurkaczem** to punch holes in sheets of paper ⇒ **podziurkować**

dziw m zw. pl (G ~u) [1] (coś niezwykłego) strange thing, marvel; **na oczach całego świata dzieją się ~y** strange things are happening for all to see; **zaczarowany zamek pełen ~ów** an enchanted castle full of marvels [2] (opowieść) tale; **opowiadać ~y** to tell tales; **dzieci chętnie słuchały baśniowych ~ów** the children loved fairy tales

■ **(aż) ~ (bierze), że...** it's a wonder (that)...; **nie ~, że...** it's little a. small wonder (that)...; **nie ~, że dobrze mu się powodzi, skoro pracuje w banku** small wonder (that) he's well off – he works at a bank

dziwǀa f obraźl. [1] pot. (duża, zwalista dziewczyna) (fat) cow pot. [2] wulg. (źle prowadząca się) slut pot., obraźl.; slag GB wulg., obraźl. [3] Mitol. ≈ (Slavonic) nymph

dziwactwǀo n pejor. [1] (dziwaczne zachowanie) eccentricity C/U, peculiarity C/U; **od lat znosi ~a chorej żony** he's had to put up with his sick wife's eccentricities for years [2] (rzecz dziwaczna) oddity; **założyła na głowę jakieś ~o** she's wearing some oddity on her head; **wygadywać jakieś ~a** to babble nonsense

dziwaczǀeć impf (~eję, ~ał, ~eli) vi pejor. to become eccentric; **stary coraz bardziej ~ał** the old man was getting more and more eccentric ⇒ **zdziwaczeć**

dziwacznie adv. grad. bizarrely, weirdly; **~ ubrana kobieta** a bizarrely dressed woman; **od paru dni zachowujesz się ~** you've been acting weirdly for the past few days

dziwacznoǀść f sgt bizarreness U, weirdness U

dziwacznǀy adi. grad. [osoba, ubranie, zachowanie] bizarre, weird; **opowiadać ~e rzeczy** to tell strange tales

dziwaczǀyć impf vi pejor. [1] (zachowywać się dziwnie) to act oddly [2] (kaprysić) to fuss; **przestań wreszcie ~yć i zjedz te kartofle!** will you stop fussing and eat your potatoes!

dziwadełǀko n dem. oddity

dziwadǀło n pot., pejor. [1] (dziwak) oddball pot.; oddity; **z tej twojej znajomej to jakieś ~ło** your friend is quite an oddball [2] (dziwoląg) oddity

dziwaǀk m (Npl ~cy a. ~ki) pejor. freak pejor., oddball pejor.; (stary) old crank pejor.

dziwǀić impf [1] vt to surprise; **nic mnie już nie ~i** nothing surprises me any more; **~i mnie, że nadal z nim pertraktujesz** it surprises me that you're still dealing with him ⇒ **zdziwić**

[1] **dziwić się** to be surprised; **~ię ci się, że przyjąłeś tę pracę** I'm surprised (that) you took that job; **nie ~ić się komuś (że...)** not to blame sb (for sth); **~ić się czemuś** to wonder a. be surprised at sth; **~ić się tutejszym zwyczajom** to wonder at the local customs ⇒ **zdziwić się**

dziwǀka f posp. [1] (prostytutka) tart GB pot., hooker pot.; **iść/pójść na ~ki** to go whoring przest. [2] obraźl. (puszczalska kobieta) tart GB obraźl., tramp US obraźl., slut obraźl. [3] obraźl. (wyzwisko) bitch obraźl.; **ty ~ko! doniosłaś na mnie glinom!** you bitch! – you shopped me to the cops! GB

dziwkarz m (Gpl ~y) posp., pejor. (kobieciarz) lech pot., pejor.; lecher pejor.

dziwnie adv. grad. [1] [wyglądać, pachnąć, smakować] strange adi., funny adi.; [zachowywać się] strangely, oddly; **zupa smakuje jakoś ~** this soup tastes kind of funny; **~ na niego patrzyła** she looked at him in a strange way a. strangely [2] (niezwykle) strangely; **czuli się ~ poruszeni** they felt strangely moved

dziwno adv. przest.

■ **~ mi** I'm a. I feel uneasy

dziwnoǀść f sgt strangeness, oddness

dziwnǀy adi. grad. strange, odd; **~y sposób bycia** quirky a. strange ways; **~y zbieg okoliczności** a strange coincidence; **mieć ~y charakter** to be (a bit) quirky a. strange; **~a rzecz** a. **(to) ~e** that's strange a. odd; **(to) ~e, że...** (it's) strange a. odd that...; **~e to tylko, że w mieście cierpisz na bezsenność** it's odd that you only suffer from insomnia in the city; **~ym trafem** just a. purely by chance; **nic ~ego** no a. small wonder; **nic ~ego, że jest chory – pracował całą noc w deszczu** no a. small wonder he's sick – he worked all night in the rain

dziwǀo n marvel, wonder; **patrzeć na kogoś/coś jak na ~o** to stare dumbfounded at sb/sth

■ **o ~o!** wonders never cease!, what do you know!; **i w końcu – o ~o! – oddał mi tę forsę** and finally – what do you know! – he paid me back

dziwoląg [1] m pers. (Npl ~i) pejor. (dziwaczna osoba) loony pot., weirdo pot., pejor.; freak pejor.

[1] m inanim. (A ~a) [1] (dziwaczna rzecz) oddity, curiosity; **nie wiedział, czy to dzieło sztuki czy po prostu jakiś ~** he didn't know whether it was a work of art or a mere curiosity [2] (dziwaczność) absurdity C/U, incongruity C/U; **połowa tych nowych przypisów to kompletne ~i** half of these new laws are complete absurdities; **~i językowe** stylistic incongruities

dziwo|ta *f przest.*

■ **nie ~ta** no a. small wonder; **nie ~ta, że dostał dwóję** no wonder he failed a. flunked US

dziw|ować się *impf v refl.* żart. to be astonished (**czemuś** at sth); **wszyscy się ~ują, że mu się tak powodzi** everyone's astonished at his success a. that he's so successful

dziwowisk|o *n* spectacle; **zrobić z siebie ~o** to make a (public) spectacle of oneself

dzwon Ⅱ *m* (*G* ~**u**) (kościelny, alarmowy) bell; **~y pogrzebowe** a. **żałobne** (death) knell; **~ na Anioł Pański** the Angelus (bell); **bić** a. **uderzać w ~y** to ring the bells; **brzmieć jak ~** (o głosie) to resonate

Ⅲ **dzwony** *plt* ① pot. (spodnie) flares pot.; bell-bottoms ② pot. (męskie narządy płciowe) nuts posp., goolies GB posp.

❏ **~y orkiestrowe** a. **rurowe** Muz. tubular bells

■ **od wielkiego ~u** pot. once in a blue moon pot.; **serce jak ~** pot. a heart as sound as a bell

dzwonecz|ek *m dem.* small bell; **~ki u sań** sleigh bells

dzwon|ek Ⅱ *m* ① (mały dzwon) (small) bell ② (elektryczny, alarmowy, roweru) bell; **~ do drzwi** a doorbell; **brzęk ~ka** the sound a. ring of a bell ③ (dźwięk) ring, ringing *U*; **trzy krótkie ~ki** three short rings; **nie dosłyszał ~ka do drzwi** he didn't hear the doorbell (ring) a. the ring at the door; **~ek telefonu** the sound of a phone ringing, the ringing of the (tele)phone ④ (w szkole, teatrze) the bell ⑤ Bot. campanula, bellflower ⑥ (w kształcie dzwonka) bell(-shaped object); **gencjana o fioletowych ~kach** gentian with blue bells ⑦ pot. (kolor w kartach) diamonds; **(karta) diamond**

Ⅲ **dzwonki** *plt* Muz. metallophones

■ **~ek alarmowy** an alarm bell, a warning signal a. bell; **kiedy go zobaczyła, w głowie zadzwoniły jej ~ki alarmowe** alarm bells went off in her head when she saw him; **ostatni ~ek** the last chance; **pierwszy ~ek** the first day of school

dzwo|nić *impf vi* ① (dzwonkiem) to ring *vt*; **~nić do drzwi** to ring the bell a. doorbell; **~nić na mszę/na lekcję/na przerwę** to ring the bell(s) for Mass/for class/for the break; **~nić na alarm/na trwogę** to sound the alarm ⇒ **zadzwonić** ② (czymś metalowym) to jingle *vt* [*kluczami, monetami, łańcuchami*]; to clank *vt*, to rattle *vt*; **kelner ~nił sztućcami, rozkładając nakrycia** the waiter clattered the cutlery while setting the table; **więźniowie ~nili kajdanami** the prisoners rattled their chains ⇒ **zadzwonić** ③ (telefonować) to ring [*sb*] (up) GB, to phone [*sb*] (up), to call [*sb*] (up); **~niła do ciebie jakaś pani** some lady rang you a. called for you ⇒ **zadzwonić** ④ (dźwięczeć) [*telefon*] to ring; [*dzwon*] to ring, to peal; [*budzik, alarm*] to ring, to go off; [*klucze*] to jingle; **odbierz, telefon ~ni** answer the phone, it's ringing; **zęby mu ~nią** his teeth are chattering; **~niła zębami z zimna/ze strachu** her teeth were chattering from the cold/from fear; **cisza ~ni** the silence is deafening ⇒ **zadzwonić**

■ **~ni mu/jej w uszach** his/her ears are ringing; **wiedzieć** a. **słyszeć, że ~nią, ale nie wiedzieć, w którym kościele** iron. to have a vague idea

dzwon|ko *n* Kulin. ≈ piece of fish

dzwonkowa|ty Ⅱ *adj.* ① (o kształcie) bell-shaped ② Bot. campanulate spec.

Ⅲ **dzwonkowate** *plt* Bot. (rodzina roślin) Campanulaceae

dzwonkow|y *adi.* ① Muz. [*instrument*] bell-like ② pot. (w kartach do gry) of diamonds

dzwonnic|a *f* Archit. belfry, bell tower; **na ~y zawieszono nowe dzwony** the belfry was given new bells

dzwonni|k *m* bell-ringer

dzwonow|y *adi.* ① bell *attr.*; **brąz ~y** bell metal ② [*dźwięk*] bell-like

dzyndz|el *m* (*Gpl* ~**li** a. ~**lów**) pot. (frędzel) tassel

dzyń *inter.* (dzwonek do drzwi) ding dong; (kasa, winda, mikrofalówka) ding, ping; (telefon, dzwonek szkolny, dzwoneczki u sań) dingaling, ting-a-ling

dźgać *impf* → **dźgnąć**

dźg|nąć *pf* — **dźg|ać** *impf* (~**nęła, ~nęli** — ~**am**) Ⅱ *vt* ① (poważnie zranić) to stab (**czymś** with sth) ② (ukłuć) to jab (**czymś** with sth); **~nął konia ostrogą** he spurred his horse ③ (uderzyć) to poke (**czymś** with sth); to prod (**czymś** with sth); **~nąć kogoś w bok/w brzuch** to poke a. prod sb in the side/in the belly; **~nął mnie łokciem w żebro** he poked a. jabbed me in the ribs with his elbow; **~nął ją palcem w oko** he poked her in the eye with his finger

Ⅲ **dźgnąć się** — **dźgać się** ① (poważnie zranić siebie samego) to stab oneself (**czymś** with sth); (ukłuć się) to jab oneself (**czymś** with sth); (uderzyć się) to poke oneself (**czymś** with sth); **~nąć się o coś** to bang into sth; **~nęła się boleśnie o kant stołu** she banged into the table edge painfully ② (poważnie zranić jeden drugiego) to stab one another (**czymś** with sth); (ukłuć jeden drugiego) to jab one another (**czymś** with sth); (uderzyć jeden drugiego) to poke one another (**czymś** with sth); **uczniowie ~ali się łokciami** the pupils poked one another with their elbows

dźwięczeć *impf* → **dźwięknąć**

dźwięczn|y *adi. grad.* ① [*okrzyk*] resounding; [*głos, instrument muzyczny*] resonant, sonorous; [*śmiech*] ringing ② Jęz. voiced; **spółgłoski ~e** voiced consonants

dźwięk *m* (*G* ~**u**) ① sound *C/U*; **czysty/przeraźliwy ~** a clear/shrill sound; **~ telefonu** the ring of a phone; **od dłuższego czasu nie dochodziły stamtąd żadne ~i** no sound could be heard there for quite a long time; **piszczałka wydała ostry ~** the pipe gave (out) a high-pitched sound; **człowiek wydał z siebie jakiś dziwny ~** the man issued a strange sound; **stłumione ~i rozmowy** muffled sounds of conversation ② Fiz. sound *C/U* ③ Muz. (ton) tone *C/U* ④ Jęz. (speech) sound ⑤ *sgt* Komput., Radio, TV sound

dźwię|knąć *pf* — **dźwię|czeć** *impf* (~**knęła, ~knęli** — ~**czał**) *vi* [*alarm, dzwonek, sygnał*] to sound, to go off; [*dzwon, dzwonek do drzwi*] to ring; [*dzwoneczki, klucze, monety*] to jingle; **alarm ~czy, gdy ktoś się zbliża** the alarm sounds a. goes off whenever someone approaches; **alarm samochodowy zaczął przeraźliwie ~czeć** the car alarm went off with a piercing noise; **jego słowa ~czą mi w uszach** his words ring in my ears

dźwiękochłonnoś|ć *f sgt* (materiału, pomieszczenia) sound-absorbent quality a. nature

dźwiękochłonn|y *adi.* sound-absorbent, soundproof; **całe studio było wyłożone materiałem ~ym** the whole studio was lined with sound-absorbent a. soundproof material

dźwiękonaśladowcz|y *adi.* [*wyraz*] onomatopoeic

dźwiękoszczelnoś|ć *f sgt* (drzwi, okna, pomieszczenia) soundproof quality

dźwiękoszczeln|y *adi.* [*drzwi, okna, pomieszczenie*] soundproof

dźwiękow|y *adi.* [*efekty, nagranie, fale*] sound *attr.*; **ścieżka ~a filmu** a soundtrack; **film ~y** a talking film a. picture

dźwig *m* (*G* ~**u**) ① (na budowie, portowy) crane ② Techn. (winda) lift GB, elevator US; **~ towarowy** a goods lift, a freight elevator

dźwigać¹ *impf* → **dźwignąć**

dźwiga|ć² *impf vt* ① (nieść) to carry, to lug; **lekarz zabronił mi ~ć** the doctor said I can't lift anything (heavy); **dokąd ~sz te walizki** where are you lugging those suitcases?; **sanitariusze ~li na ramionach żołnierza** the orderlies were carrying a soldier on their shoulders ② przen. (doświadczać) to bear; **wszyscy ~my w sobie winę** we all bear the burden of guilt; **~ła na sobie wielką odpowiedzialność** she carried the weight of great responsibility

dźwiga|r *m* (*G* ~**ru** a. ~**ra**) Budow. girder

dźwigarow|y *adi.* Budow. girder *attr.*; **konstrukcja ~a** girder construction

dźwigien|ka *f dem.* (small) lever; **przesunąć ~kę** to shift a lever

dźwig|nąć *pf* — **dźwig|ać¹** *impf* (~**nęła, ~nęli** — ~**am**) Ⅱ *vt* ① (podnieść) to lift; **nie mógł ~nąć tego ciężaru** he couldn't lift that heavy weight; **niemowlę ~nęło główkę** the baby lifted his head; **pod koniec trzeciego dnia marszu z trudem ~ał nogi** at the end of the third day of marching he could barely walk; **musiała ~nąć ciężar samotnego macierzyństwa** przen. she had to bear the burden of being a single parent ② przen. (poprawić stan czegoś) to improve [*oświatę, handel*]; **~nąć kogoś z nędzy** to lift sb out of poverty; **~nąć gospodarkę z kryzysu** to lift the economy out of crisis; **~nąć miasto/dom z gruzów** a. **ruin** to rebuild a city/house

Ⅲ **dźwignąć się** — **dźwigać się** ① (wstać) to rise; **ciężko ~nął się z podłogi** he rose (to his feet) from the floor with difficulty; **ranne zwierzę próbuje ~ąć się na łapy** the wounded animal is trying to stand up a. get up ② przen. (poprawić się) **~nąć się z nędzy/klęski** to struggle out of poverty/to recover from defeat; **miasto/dom ~a się z gruzów** a. **ruin** the city/house is being rebuilt

dźwigni|a *f* (*Gpl* ~) ① (rączka) lever; **~a zmiany biegów** a gear lever GB, a gear shift US; **~a hamulca** a brake lever; **przesunąć ~ę** to shift a lever; **zablokować ~ę** to block a lever ② przen. (czynnik,

który przyśpiesza rozwój) lever, mainspring; **konkurencja jest ~ą wzrostu produkcji** competition is the driving force of production growth; **reklama ~ą handlu** advertising is the mainspring of commerce ③ Techn. lever; **~a jednostronna** second-class lever
dźwigniow|y *adi. [przekładnia, przełącznik]* lever *attr.*
dźwigow|y ⚏ *adi.* (mający związek z dźwigiem) lift *attr.* GB, elevator *attr.* US; **szyb ~y** a liftshaft GB, an elevator shaft US ⚏ *m* (osoba obsługująca dźwig) crane operator; (osoba obsługująca windę) lift operator a. attendant GB, elevator operator US
dżdżownic|a *f* Zool. earthworm
dżdży|sto, ~ście *adv. grad.* drizzly *adi.*; **na dworze było ~sto i chłodno** it was cold and drizzly a. rainy outside
dżdży|sty *adi. [dzień, pogoda, niebo, pora]* drizzly, rainy; **w tym roku lato było ~ste** we had a rainy summer this year
dżdżyście → **dżdżysto**
dżem *m* (~ik *dem.*) (*G* ~u) Kulin. jam *U*; ~ **truskawkowy/śliwkowy** strawberry/plum jam; ~ **z czarnej porzeczki** a. **czarnych porzeczek** blackcurrant jam; **słoik ~u** a jar of jam; **posmarować ~em chleb** to spread jam on bread; **bułka z ~em** a roll with jam

dżentelmen *m* ① (kulturalny mężczyzna) gentleman ② żart. (mężczyzna) gentleman iron.; gent pot., żart.
dżentelmeńs|ki *adi. [zachowanie, maniery]* gentlemanly; **umowa ~ka** a gentleman's a. gentlemen's agreement; **po ~sku** in (a) gentlemanly fashion
dżersej *m* (*G* ~u) ① Włók. jersey *U*; **sukienka z ~u** a jersey dress ② Roln., Zool. Jersey
dżersejow|y *adi. [sukienka, garsonka]* jersey *attr.*
dże|t *m* (*G* ~tu) ① *zw. pl* bugle; **sweterek wyszywany ~tami** a sweater decorated with bugles ② Miner. jet *U*
dżez → **jazz**
dżezowy → **jazzowy**
dżin¹ *m* (*G* ~u) (wódka) gin *C/U*; **poproszę ~ z tonikiem** a gin and tonic, please
dżin² *m* (w bajkach) genie; **wyskoczył jak ~ z butelki** he popped up like a genie out of a bottle
dżins ⚏ *m sgt* (*G* ~u) Włók. denim *U*, jean *U*; **kurtka/spódnica z ~u** a denim jacket/skirt; **spodnie z ~u** denim trousers, jeans ⚏ **dżinsy** *plt* jeans; **chodzić w ~ach** to wear jeans; **sprane ~y** washed-out jeans

dżinsow|y *adi.* ① *[krój, fason]* jeans *attr.* ② *[kurtka, torba]* denim *attr.*, jean *attr.*; **~e spodnie** denim trousers, jeans
dżip → **jeep**
dżokej *m* Jeźdz. jockey
dżokej|ka *f* Jeźdz. ① (czapka) jockey cap ② (kobieta dżokej) jockey
dżokejs|ki *adi. [strój, czapka]* jockey *attr.*
dżoke|r *m* Gry joker
dżon|ka *f* Żegl. junk
dżudo → **judo**
dżudok → **judok**
dżudoka → **judoka**
dżu-dżitsu → **jujitsu**
dżum|a *f sgt* ① Med. the plague; **~a dymienicza** the bubonic plague; **~a płucna** pneumonic plague ② przen. (groźne zjawisko) curse, plague; **AIDS to ~a XX wieku** AIDS is the curse a. plague of the 20th century
dżungl|a *f* (*Gpl* ~i) ① (las) jungle; **~a amazońska** the Amazonian jungle ② *sgt* (zarośla) jungle, thicket; **ich ogród to ~a** their garden is a real jungle; **~a trzcin** a thicket of reed ③ *sgt* przen. (plątanina) jungle; **zgubić się w ~i przepisów** to get lost in the jungle of regulations; **~a wielkiego miasta** a concrete jungle

D

E

E, e [1] (litera) E e [2] Muz. e; **E-dur** E major; **e-moll** E minor; **sonata e-moll** a sonata in E minor

e inter. pot. [1] (zniecierpliwienie) oh pot.; **e, daj mi spokój!** oh, leave me alone! [2] (lekceważenie) oh, come on pot.; **e, jaka tam nagroda?!** oh, come on! what sort of prize is that?! [3] (zdziwienie) wow; **e, to z pana majster!** wow, you're a real expert! ■ **e tam** pot. oh pot., ah pot.; **e, nic ważnego** oh, never mind, it's not important

eboni|t m (G ~**tu**) sgt Techn. ebonite; **wtyczka z ~tu** an ebonite plug; **obudowa z ~tu** an ebonite casing

ebonitow|y adi Techn. [wtyczka, obudowa] ebonite attr.; **pałeczka ~a** an ebonite rod

ech inter. (zniechęcenie) oh well, ah well; (zniecierpliwienie) ah!; (oh) pooh! pot.; pshaw! przest.

ech|o [] n [1] sgt (odbity dźwięk) echo C; **odległe ~o** a distant echo; **przeciągłe ~o** a reverberating echo; **wywołać ~o** to raise an echo; **~o burzy odbija się od gór** the thunderstorm is echoed by the mountains; **powtarzać coś za kimś jak ~o** to repeat sth like a parrot [2] sgt Fiz. (zjawisko) echo C/U; **~o radaru/sonaru** a radar/sonar echo(es); **~o fal radiowych/sejsmicznych** radio/seismic echo(es) [3] Literat., Muz. (nawiązanie) echo, trace; **~a romantyzmu w jego poezji** traces of Romanticism in his poetry; **w tych pieśniach pojawiają się czasami ~a polskiego folkloru** in these songs there are occasional echoes of Polish folklore [4] sgt książk. (naśladownictwo) echo C [5] (rozgłos) news U, word U; **~a skandalu dotarły do prasy** word of the scandal had reached the press; **protest odbił się szrokim ~em za granicą** the protest got a lot of publicity abroad; **artykuł znajduje ~o w środowisku akademickim** the article has caused quite a stir in the academic community; **film przeszedł bez ~a** the film went unnoticed [] **echo-** w wyrazach złożonych echo-; **echosonda** sonic depth finder; **echolokacja** echolocation; **echocardiologia** Med. echocardiology ❏ **~o serca** Med. heart echo scan

ecu /eˈky/ n inv. sgt Fin. ecu

eden m (G ~**u**) sgt [1] Bibl. (raj) Eden [2] przen. (idealne miejsce) Eden C przen.; **dla przyrodników nasz rezerwat to prawdziwy ~** our preserve is a veritable Eden for naturalists

edukacj|a f sgt książk. education; **mieć braki w ~i** to have gaps in one's educa-

tion; **rozpocząć/zakończyć ~ę** to begin/complete one's education, to start/finish one's education; **uzupełnić luki w ~i** to fill in the gaps in one's education, to round out one's education; **odebrać staranną ~ę** to receive a thorough education; **nakłady na ~ę** investment in education; **~a permanentna** continuing a. ongoing education; **~a seksualna** sex(uality) education

edukacyjn|y adi. książk. [broszura, program, telewizja] educational; **system ~y** the education(al) system, the system of education; **działalność ~a** educational activity; **walory ~e parków narodowych** the educational value of scenic parks; **~y charakter gry** the educational nature of the game

eduk|ować impf [] vt książk. to educate [dziecko, społeczeństwo]; **nasi sąsiedzi chcą ~ować syna w szkole prywatnej** our neighbours want to educate their son in a private school; **~owała go ulica** he got his education on the streets ⇒ **wyedukować** [] **edukować się** książk. to be educated; **ich dzieci ~owały się za granicą** their children were educated abroad ⇒ **wyedukować się**

edycj|a f (Gpl ~**i**) [1] Wyd. edition; **~a jubileuszowa/wielotomowa** an anniversary/a multi-volume edition; **~a kieszonkowa** a pocket edition; **arcydzieła literatury światowej w luksusowej ~i** the classics of world literature in a de luxe edition; **powieść doczekała się już trzech ~i** the novel is already in its third edition [2] (konkursu, festiwalu) edition

edyk|t m (G ~**tu**) Hist. edict; **wydać** a. **ogłosić ~t** to issue an edict; **~t przeciwko innowiercom** an edict against the infidels; **teatr został powołany ~tem królewskim** the theatre was established by a royal edict

edyto|r [] m pers. Wyd. editor; **~r dzieł zebranych Norwida** the editor of the collected works of Norwid

[] m inanim. Komput. **~r tekstów** (program) word processor, word processing program a. software; (urządzenie) word processor daw.

edytors|ki adi. Wyd. [plany, zamierzenia] editorial; **~ka szata książki** the editorial layout of the book; **ta publikacja jest ~kim unikatem** this is a unique edition

edytorsko adv. książk. **~ to bardzo udana publikacja** it's a very well-edited publication; **podręcznik jest dobrze przygotowany ~** the textbook is well edited

edytorstw|o n sgt Wyd. editing; **~o muzyczne** musical editing; **~o naukowe** academic editing; **polepszył się poziom ~a książkowego i czasopiśmienniczego** the level of book and journal editing has improved

efeb m (Npl ~**owie**) [1] Antycz. (w starożytnej Grecji) ephebe [2] książk., przen. (urodziwy młodzieniec) ephebic youth; **chłopak o twarzy ~a** a youth with an ephebic face

efekciars|ki adi. [1] pejor. (obliczony na wywarcie wrażenia) [chwyt, gest, trik] slick; **~kie przemówienie** a slick speech; **~ka zagrywka** a slick move; **bardzo ~kie przedstawienie** a very slick production [2] [artysta, pisarz, reżyser] flamboyant; **to film bardzo ~kiego reżysera** this is a film by a very flamboyant director

efekciarsko adv. pejor. just for (the) effect; **grać ~** [actor] to ham it up pot., pejor.; **aktorzy lubią zachowywać się ~** actors like to show off pejor.; **wielu polityków przemawia ~** many politicians make grandiose speeches pejor.

efekciarstw|o n sgt pejor. showing off pejor., flashiness pejor.; **tanie ~o** cheap trick(s) pot., pejor; **krytycy nie lubią ~a** critics don't like cheap effects a. flashiness; **takie ~o nie gwarantuje dużej popularności** that kind of showing off isn't the key to popularity

efekciarz m (Gpl ~**y**) pejor. show-off pejor.

efek|t m (G ~**tu**) [1] (wrażenie) effect; **piorunujący ~t** a thunderous effect; **niezamierzony ~t humorystyczny/komiczny** unintentional humour/an unintentional comic effect; **wywołać ~t** to make an impression, to produce an effect; **tanie ~ty** cheap effects [2] (sposób wywarcia wrażenia) effect; **~ty świetlne** lighting effects [3] (wynik) effect; **spodziewany ~t** the anticipated effect a. result; **w ~cie** in the end; **w ~cie nigdzie nie wyjechali** the end a. final result was that they didn't go anywhere; **w ~cie rozmowy z szefem natychmiast wzięła się do roboty** the effect of the talk with the boss was that she got down to work immediately; **bez ~tu** to no avail, in vain; **starali się, ale bez ~tu** they tried, but to no avail a. in vain; **osiągać dobre ~ty** to get a. achieve good results; **spodziewać się (dobrych) ~tów** to expect (good) results; **(on) trenuje dopiero od roku i już ma ~ty** he's only been in training for a year but he's made a lot of progress; **siostra uprawia tenis od kilku lat i osiąga już dobre ~ty** my sister has been playing tennis for a couple of years and has become quite good at it; **ich prośby nie odniosły żadnego ~tu** their requests had no effect (at all)

❏ **~t cieplarniany** Fiz. the greenhouse effect; **~ jo-jo** Med. yo-yo dieting; **~ty dźwiękowe** Kino sound effects; **~ty specjalne** Kino special effects

efektownie adv. grad. [ubierać się] strikingly, stunningly; [przemawiać, występować] impressively; [wyglądać] striking adi., stunning adi.; **polska para bardzo ~ prezentowała się na lodzie** the Polish pair looked truly impressive on the ice

efektowność f sgt originality; **wszyscy cenią tego pisarza za ~ć stylu** everybody rates that writer highly for the bravura a. calculated originality of his style

efektowny adi. grad. [strój, występ, dziewczyna, gra świateł] striking, stunning; **pianistka wystąpiła w ~ej czarnej sukni** the pianist performed in a striking a. stunning black dress; **strajk okazał się ~ym, ale niezbyt efektywnym sposobem wyjścia z kryzysu** the strike was a spectacular but ineffectual response to the crisis

efektywnie adv. grad. [1] (z dobrymi wynikami) effectively; (wydajnie) efficiently; **pracować/uczyć się ~** to work/study effectively; **jak ~ zagospodarować niewielką przestrzeń?** how to organize a small space effectively a. efficiently? [2] (autentycznie) effectively; **płaca za ~ przepracowane godziny** pay for effective work hours a. for hours actually worked

efektywność f sgt (skuteczność) effectiveness; (wydajność) efficiency; **inwestorzy giełdowi nie są zadowoleni z ~ci spółki w drugim kwartale** stock market investors are not happy with the effectiveness of the company in the second quarter

❏ **~ć ekonomiczna** Ekon. economic effectiveness; **~ć inwestycji** Ekon. effectiveness of investments

efektywny adi. [1] (skuteczny) effective; (wydajny) efficient; **strajk okazał się niezbyt ~y** the strike was not very effective; **najbardziej ~ym pracownikom na koniec roku wypłacono premie** the most efficient employees were paid bonuses at the end of the year [2] (rzeczywisty) effective; **~y czas pracy nie powinien być dłuższy niż 8 godzin dziennie** effective work time should not be longer than 8 hours a day

efemerycznie adv. książk. ephemerally książk.; **pojawiło się wiele takich czasopism, niektóre tylko ~, inne na stałe** many such journals were published, some only ephemerally, some long-term; **większość małych firm istnieje jedynie ~** the vast majority of small firms have only an ephemeral existence

efemeryczność f sgt książk. ephemerality książk., transience książk.; **~ć fanzinów/popularności** the ephemeral nature of fanzines/popularity

efemeryczny adi. książk. [sława, popularność] ephemeral książk., transitory książk.; **zjawiska ~e** ephemera książk.; transitory a. ephemeral phenomena

efemeryda [I] f [1] książk. (krótkotrwałe zjawisko) ephemera książk.; **ten pomysł był tylko ~dą** it was only an ephemeral idea [2] Bot. (roślina) ephemeral [3] Zool. ephemerid

[II] **efemerydy** plt ephemerides pl

efemerydalny adi. książk. [1] (nietrwały) ephemeral książk.; transient; **wiele nowych partii politycznych ma charakter ~y** many new political parties are transient in nature [2] (krótkotrwały) fleeting; **przedstawienie cieszyło się ~ą popularnością** the show enjoyed a fleeting popularity

egalitarnie adv. książk. **inne kraje podeszły do tej kwestii bardziej ~** other countries took a more egalitarian approach to the issue

egalitarność f sgt książk. egalitarianism

egalitarny adi. książk. [ustrój, dążności, hasła] egalitarian; **społeczeństwo ~e** an egalitarian society

egalitarystyczny adi. książk. [idee, reformy, tendencje] egalitarian; **postawa ~a** an egalitarian attitude

egalitaryzm m sgt (G ~u) książk., Polit. egalitarianism; **głosić hasła/zasady ~u** to propagate egalitarian slogans/principles

egida f sgt książk. aegis

■ **pod czyjąś ~dą** under the aegis of sb

Egipcjanin m, ~ka f (Gpl ~, ~ek) Egyptian

egipski adi. Egyptian

egiptolog m (Npl ~dzy a. ~gowie) Egyptologist

egiptologia f sgt (GD ~i) Nauk. Egyptology; **profesor ~i** professor of Egyptology

egiptologiczny adi. [badania, studia] Egyptological

ego n inv. sgt [1] Psych. (jaźń) ego [2] (godność) ego, pride; **zranić czyjeś ~** to deflate sb's ego, to hurt sb's pride; **boję się, że ucierpi na tym jego ~** I'm afraid his pride will be hurt

egocentrycznie adv. książk. [traktować, zachowywać się] egocentrically, in an egocentric manner; **on jest nastawiony ~** he's egocentric; **zgadzam się, że postępowała bardzo ~** I agree that she acted a. behaved very egocentrically

egocentryczny adi. książk. [osoba, zachowanie] egocentric; **przyjąć postawę ~ą wobec innych** to adopt an egocentric attitude to a. towards others

egocentryk m, ~czka f książk. egocentric

egocentryzm m sgt (G ~u) książk. egocentrism, egocentricity

egoista m, ~stka f pejor. egotist, egoist; **jesteś skończonym ~stą** you're a complete egotist

egoistycznie adv. grad. [traktować, zachować się] egotistically, egoistically; **to może zabrzmieć a. zabrzmi ~, ale...** this might sound egoistic(al), but...

egoistyczny adi. [postępowanie, pobudki, zachowanie, postawa, charakter, osoba] egotistic(al), egoistic(al)

egoizm m sgt (G ~u) egotism, egoism; **kierować się ~em** to be governed by egotism; **przejaw czystego ~u** a display of sheer egotism

egz. (= egzemplarz)

egzaltacja f sgt gushiness, rapture; **popadać w ~ę** to go into raptures (**z powodu** czegoś about a. over sth); **mówiła z ~ą** she was gushing away, she went into raptures; **grać bez ~i** [aktor] to give an unpretentious performance

egzaltowany adi. książk. [usposobienie, zachowanie, osoba] effusive, gushing; [okrzyk, wypowiedź] rapturous, enraptured

egzamin m (G ~u) [1] (sprawdzenie wiedzy) examination, exam; **~ wstępny/końcowy/uniwersytecki** an entrance/a final/a university exam(ination); **~ ustny/pisemny** an oral/a written exam(ination); **~ poprawkowy** a resit; **~ konkursowy** a competitive exam(ination); **~ z matematyki** a maths GB a. math US exam(ination); **~ testowy** (z wyborem poprawnej odpowiedzi) a multiple-choice exam(ination); (wymagający krótkich odpowiedzi) a short-answer exam(ination); **~ do gimnazjum** a middle-school entrance exam(ination) GB, a high-school entrance exam(ination) US; **~ do liceum** a grammar-school a. secondary-school entrance exam(ination) GB, a high-school entrance exam(ination) US; **~y (wstępne) na studia** college a. university entrance exam(ination)s; **~ na uniwersytet/politechnikę/dziennikarstwo** a university/technical university/department a. school of journalism entrance exam(ination); **~ na prawo jazdy/kartę pływacką** a driving/swimming test; **~ na czeladnika/mistrza stolarskiego** a journeyman/master carpenter's qualifying exam(ination); **dopuścić kogoś do ~u** to admit sb to an exam(ination); **przeprowadzić ~** to conduct an exam(ination); **przystąpić do ~u** to sit (for) a. take an exam(ination); **zgłosić się na ~** to sit (for) a. take an exam(ination); **zapisać się na ~** to register for an exam(ination); **wyznaczyć termin ~u** to set a date for a. to schedule an exam(ination); **zdawać ~** to sit (for) a. take an exam(ination); **zdać ~ zaliczyć ~** to pass an exam(ination); **nie zdać ~u** to fail an exam(ination); **obciąć ~** oblać **kogoś na ~ie** to fail a. flunk US sb pot.; **oblać ~** pot. to fail a. flunk US an exam pot.; **składać ~** książk. to sit an examination [2] pot. (praca egzaminacyjna) exam(ination) paper [3] przen. (sprawdzian, test) test; **poddać kogoś/coś ~owi** to put sb/sth to the test; **zdać ~ z dorosłości** to prove oneself adult; **zdać/zdawać ~** pot. (okazać się adekwatnym) [urządzenie, procedura] to work (well); to pass muster, make the grade pot.; **czy nowy system kontroli jakości zdaje ~?** does the new quality-control system work?

❏ **~ dojrzałości** a. **maturalny** Szkol. Polish school-leaving examination; **~ dyplomowy** Szkol., Uniw. final exam(ination); **~ komisyjny** Szkol., Uniw. (w wyniku zakwestionowania oceny) a resit following an appeal to the examination review board; (przeprowadzony przez komisję) an examination conducted before or by an examination board; **~ magisterski** Uniw. MA a. master's exam(ination); **~ mistrzowski** Admin. master('s) qualifying exam(ination) (in a trade); **~ narzeczonych** a. **przedślubny** a prenuptial interview for a couple planning a Catholic wedding; **~ państwowy** state exam(ination); **~ zawo-**

E

dowy ≈ vocational a. professional qualifying exam(ination)
■ ~ **życiowy** (próba sprawdzająca przystosowanie do życia) a moment of truth, a crucial a. critical moment in one's life
egzaminacyjn|y adi. examination attr., exam attr.; **komisja ~a** an exam(ination) board; **praca ~a** an exam(ination) paper; **pytania ~e** exam(ination) questions; (na piśmie) an exam(ination) paper; **test ~y** (z wyborem poprawnej odpowiedzi) a multiple-choice exam(ination); (wymagający krótkich odpowiedzi) a short-answer exam(ination); **lista ~a** a list of examinees a. exam(ination) candidates
egzaminato|r m, **~rka** f (Npl **~rzy** a. **~rowie, ~rki**) examiner; **wymagający ~r** a demanding examiner; **~r z matematyki/historii** a mathematics/history examiner; **~r na prawo jazdy** a driving examiner; **prawo wyboru ~ra** Uniw. the right to choose a. elect an examiner; **dyrektor ma prawo wyznaczyć innego ~ra** the director has the right to designate a different examiner; **~r zewnętrzny** Szkol., Uniw. an external examiner
egzaminators|ki adi. examiner's; interrogator's przen.; **~ki ton** the tone of an interrogator; **~ki sposób pytania** asking questions as if it were an exam(ination)
egzamin|ować impf vi [1] (sprawdzać wiedzę) to examine [uczniów, studentów]; **~owali nas z teorii** they were examining us in theory; **być ~owanym z fizyki** to be examined in physics; **~owanie kandydatów** examining the candidates; **~ujący i ~owani** examiners and examinees ⇒ **przeegzaminować** [2] przen. (badać) to question; to cross-examine a. interrogate przen.; **tato, przestań mnie ~ować!** dad, stop cross-examining a. interrogating me!; **długo ~ował ją wzrokiem** he gave her a long probing a. questioning look
egzegetyczn|y adi. książk. exegetic(al) książk.
egzegez|a f książk. exegesis książk.; **~a tekstów religijnych** the exegesis of religious texts
egzekucj|a f [1] (Gpl **~i**) (wykonanie wyroku śmierci) execution; **publiczne/masowe ~e** public/mass executions; **~a skazańca** the execution of a condemned person [2] sgt Prawo execution, enforcement; **~a prawa** the enforcement of the law; **~a długów** debt collection; **grzywnę ściąga się na drodze ~i** the payment of the fine is enforced by a warrant of execution
egzekucyjn|y adi. [1] (wykonujący wyrok śmierci) **pluton ~y** a firing squad; **stanąć przed plutonem ~ym** to face the firing squad [2] Prawo [przepisy, prawo] enforcement attr.; [sprawa, nakaz] execution attr.; [należności] collection attr.; **nakaz ~y** a warrant of execution; **koszty ~e** collection costs; **wszcząć postępowanie ~e** to commence execution proceedings
egzekuto|r m [1] (komornik) collector; **~r długów** a debt collector; **~r urzędu skarbowego** a revenue collector GB, a tax collector US [2] (wykonawca) executor; **~r testamentu** the executor of a will; **bezwzględny ~r przepisów** a strict enforcer

of rules [3] (kat) executioner [4] dzien., Sport **etatowy ~r rzutów wolnych/karnych** a regular free-kick/penalty taker
egzekutor|ka f [1] (komornik) collector [2] (wykonawczyni) executrix książk.; **~ki testamentu** the executrixes a. executrices of a will
egzekutyw|a f sgt [1] (w partii) executive; pot. (zebranie) party executive meeting; **~a partyjna** the party executive [2] Polit. (władza wykonawcza) the executive [3] Prawo execution, enforcement; **przepisy o niskiej ~ie** hardly enforceable regulations; **zapewnić ~ę czyimś postanowieniom** to ensure the implementation of sb's decisions
egzekwi|e plt (G **~**) Relig. exequies pl książk., obsequies pl książk.
egzekw|ować impf vt [1] (wymagać) to enforce [prawo, przepisy]; **~ować długi** to collect debts; **~ować od kogoś jego zobowiązania** to enforce the fulfilment of sb's obligations; **~ować od kogoś należności** to exact a. collect payment from sb; **~ować swoje polecenia** to make sure that one's instructions are carried out; **~ować swoje postanowienia** to enforce one's decisions; **~ować swoje prawa** to exercise one's rights; **~ować obietnice wyborcze** [elektorat] to demand the fulfilment of sb's campaign promises ⇒ **wyegzekwować** [2] Dzien., Sport to take [rzut rożny, rzut karny]
egzem|a f Med. eczema U
egzemplarz m [1] (książka, czasopismo) copy; **umowę sporządzono w dwóch/trzech jednobrzmiących ~ach** the agreement has been drawn up in duplicate/triplicate; **nakład 10 tysięcy ~y** (gazety, czasopisma) circulation (of) 10,000; (książki) a print run (of) 10,000 (copies); **jeden z niewielu istniejących nieuszkodzonych ~y tego znaczka** one of the few undamaged specimens of this stamp in existence [2] (przedmiot, zwierzę, roślina) specimen; **wyjątkowo piękny ~ motyla** an exceptionally beautiful specimen of a butterfly; **poszczególne ~e tego auta robiono na zamówienie** each car was custom-built a. custom-made; **sprzedano 100 ~y książki** a a. one hundred copies of the book have been sold [3] pot. [osoba, zwierzę] specimen pot.; **wyjątkowy z niego ~** pot. he's a strange specimen pot.
❑ **~ autorski** Wyd. (complimentary) author's copy; **~ obowiązkowy** Wyd. obligatory copy (submitted by the publisher to the National Library); **~ okazowy** Wyd. (pierwszy egzemplarz) specimen copy; (promocyjny) promotional copy; **~ recenzyjny** Wyd. review copy; **~ próbny** Wyd. advance copy; **~ sygnalny** Wyd. proof copy; **~e wymienne** Wyd. exchange copies
egzemplifikacj|a f sgt książk. (przykłady) exemplification; **służyć jako ~a** a. **stanowić ~ę czegoś** to exemplify sth, to be an example of sth
egzemplifikacyjn|y adi. książk. [materiał] exemplificative książk.
egzemplifik|ować impf vt książk. [osoba, zjawisko] to exemplify [tezę, wywód]; **~ować coś danymi statystycznymi** to exemplify a. illustrate sth by using statistical data
egzorcy|sta m exorcist

egzorcyzm m (G **~u**) zw. pl exorcism; **odprawiać ~y** to perform an exorcism
egzotycznie adv. grad. [ubrany, piękny] exotically; **wyglądać ~** to look exotic; **~ brzmiące nazwy** exotic-sounding names
egzotyczno|ść f sgt exoticness, exoticism; **~ść obyczajów/strojów/potraw** the exotic nature a. exoticism of the customs/costumes/dishes
egzotyczn|y adi. [1] (z dalekich krajów) [strój, zwyczaje, potrawa, roślina, zwierzę, miejsca] exotic [2] (odmienny) exotic; **~a uroda** exotic looks; **~e hobby** an exotic hobby; **czasy te wydają się nam odległe i ~e** to us those times seem remote and exotic
egzoty|ka f sgt exoticness, exoticism; **~ka dalekich krajów** the exoticism of faraway climes; **fascynacja ~ką** a fascination with a. for the exotic
egzotyzm m (G **~u**) sgt [1] (egzotyka) exoticism [2] Jęz., Szt. exoticism
egzystencj|a f (Gpl **~i**) książk. [1] (istnienie) existence U; **republika weimarska nie miała szans na trwałą ~ę** the Weimar Republic didn't stand a chance of lasting survival [2] (życie ludzkie) existence U, life C/U; **tragizm ludzkiej ~i** the tragic quality of human existence; **zmagać się z codzienną ~ą** to struggle through (one's) daily life a. day-to-day existence; **wieść spokojną ~ę** to lead a peaceful a. uneventful existence; **pytania o sens ludzkiej ~i** questions about the meaning of human existence; **monotonia więziennej ~i** the monotony of prison life [3] (byt) standard of living, living standards; **zapewnić sobie minimum ~i** (barely) to manage to provide for oneself, to have a subsistence-level income; **zapewnić komuś minimum ~i** [osoba] (barely) to manage to provide subsistence for sb; [renta, pensja, dochody] to cover the (basic) necessities, to be enough to survive a. subsist on; **znacznie poprawiły się warunki naszej ~i** our standard of living has improved considerably [4] (to, co żyje) life C/U; **tyle się zmarnowało ludzkich ~i** so many (human) lives have been wasted [5] Filoz. existence U
egzystencjali|sta m, **~stka** f Filoz. existentialist
egzystencjalistyczn|y adi. [filozofia, poglądy] existential, existentialist
egzystencjalizm m sgt (G **~u**) Filoz. existentialism
egzystencjaln|y adi. [1] (dotyczący istnienia) existential; **pytania ~e** existential questions; **lęk ~y** existential anxiety [2] Filoz. [tezy, filozofia] existentialist, existential
egzyst|ować impf vi książk. [1] (utrzymywać się) to exist, to live; **~ować na granicy nędzy** to live on the brink of poverty; **potrafią świetnie ~ować w nowych warunkach** they're managing very well in these new circumstances; **nie zarabia tyle, aby móc normalnie ~ować** he doesn't earn enough money to live normally [2] (istnieć) to exist; **~ować w czyjejś świadomości** to exist in sb's consciousness; **mity romantyczne, ~ujące w naszej tradycji** the romantic myths existing in our tradition
eh → **ech**

eis *n inv.* Muz. E sharp; **Eis-dur** E sharp major; **eis-moll** E sharp minor

ej *inter.* hey! pot.; **ej ty! podejdź tu!** hey, you! come over here

ejakulacj|a *f (Gpl ~i)* Med. ejaculation

ejże *inter.* hey! pot.; **~, co się tu dzieje?** hey, what's going on here?

EKG, ekg /ˌekaˈgje/ [1] (= elektrokardiografia) electrocardiography [2] (= elektrokardiograf) ECG GB, EKG US [3] (= elektrokardiogram) ECG GB, EKG US

ekier|ka *f* set square GB, (drafting) triangle US; **przyłożyć ~kę do brzegu kartki** to line up a set square with the edge of the paper; **rysować przy ~ce** to draw using a set square

ekip|a *f* [1] (zespół) team; **~a dziennikarzy/archeologów** a team of reporters/archeologists; **~a sportowa** a sports team; **~a ratunkowa** a rescue team a. party; **~a poszukiwawcza** a search party; **~a sanitarna** an ambulance team a. crew US; **~a robotników/monterów** a crew of workers/fitters; **~a naprawcza** a maintenance a. repair crew; **~a drogowa** a road gang a. crew; **~a telewizyjna** a TV a. camera crew; **zmontować ~ę (na wycieczkę)** pot. to get a group together (for an outing) pot.; **przyszli całą ~ą** pot. the whole gang turned up pot.; **część/reszta naszej ~y została w obozie** part/the rest of our team stayed at the camp [2] pot. (rząd) government; **~a rządząca** the present government

eklektycznie *adv.* [tworzyć] eclectically

eklektyczn|y *adi.* [twórczość, sztuka, architektura] eclectic

eklekty|k *m* eclectic

eklektyzm *m (G ~u)* Filoz., Szt. eclecticism także pejor.

ekle|r *m* [1] (zamek) zip (fastener) GB, zipper US; **zapięcie na ~r** a zip (fastener) GB, a zipper US; **zapiąć kurtkę na ~r** to zip up a jacket; **kurtka zapinana na ~r** a zip jacket GB, a zip-up jacket US [2] (ciastko) eclair

ekler|ka *f,* **~ek** *m* eclair

eko- *w wyrazach złożonych* eco-; **ekosystem** an ecosystem; **ekopolityka** green politics

ekolo|g *m (Npl ~dzy* a. **~gowie)** [1] (specjalista w dziedzinie ekologii) ecologist [2] (działacz na rzecz ochrony środowiska) environmentalist, conservationist

ekologi|a *f sgt (GD ~i)* [1] Nauk. ecology [2] (morza, terenu) ecology; **~a Bałtyku** the ecology of the Baltic Sea

❑ **~a behawioralna** behavioural ecology GB, behavioral ecology US; **~a człowieka** human ecology; **~a drobnoustrojów** microbial a. microbe ecology; **~a ewolucyjna** evolutionary ecology; **~a fizjologiczna** physiological ecology; **~a ptaków** bird a. avian ecology; **~a radiacyjna** radioecology; **~a rolnicza** agroecology; **~a roślin** plant ecology, phytoecology; **~a społeczna** social ecology; **~a systemowa** systems ecology

ekologicznie *adv.* [1] (pod względem ekologii) ecologically; **teren jednorodny ~** an ecologically homogenous area [2] (zgodnie z naturą) organically; **produkcja ~ zdrowej żywności** the production of organic food

ekologiczn|y *adi.* [1] (dotyczący ekologii) [równowaga, warunki, badania] ecological; **katastrofa ~a** an ecological catastrophe a. ecocatastrophe; **zagłada ~a** ecocide U [2] (związany z ochroną środowiska) [problemy, edukacja] environmental; [organizacja, stowarzyszenie] ecology attr., environmental; **partia ~a** a green a. an ecology a. an environmental party; **ruch ~y** the ecology a. green movement, the ecomovement [3] (przyjazny dla środowiska) [produkty, paliwo, opakowanie] ecofriendly; [żywność] organic; **warzywa z upraw ~ych** organically grown vegetables

ekonom *m (Npl ~owie* a. **~i)** Hist. steward

ekonomi|a *f sgt (GD ~i)* [1] (nauka) economics (+ v sg); (praktyka) economics (+ v pl); (gospodarka) the economy; **studiować ~ę** to study economics; **teoria ~i** an economic theory „**Biznes i Ekonomia**" 'Business and the Economy'; **ekonomia ochrony środowiska** the economics of environmental protection [2] (oszczędność) economy; **~a gestu/słowa** economy of gesture/words; **~a środków artystycznych** an economy a. leanness of artistic expression

❑ **~a języka** Język. economy of language; **~a polityczna** Ekon., Polit. political economy; **~a zbawcza** Relig. divine economy, economy of salvation

ekonomicznie *adv.* [1] (pod względem gospodarczym) economically; **rolnictwo jest słabym ~ działem gospodarki** agriculture is an economically weak sector; **coraz więcej kobiet uniezależnia się ~** more and more women are becoming financially independent [2] (oszczędnie) [żyć, działać, pracować] economically; **nie umiem ~ gospodarować** I don't know how to be economical

ekonomiczność *f sgt* (produkcji, planu, maszyny, urządzenia) cost-effectiveness; **~ć środków wyrazu** Literat. economy of style

ekonomiczn|y *adi.* [1] [nauki, teorie] economic; **ukończył studia ~e** he has a degree in economics; **szkoła ~a** (teoria) a school of economics; **(wyższa) szkoła/akademia ~a** a school/college of economics; **dyrektor/doradca ~y** an economic director/adviser [2] [polityka, kryzys, rozwój] economic [3] [samochód, plan, działanie] economical

ekonomi|ka *f sgt* [1] (nauka) economics (+ v sg); (praktyka) economics (+ v pl); **~ka przedsiębiorstwa** business economics; **~ka przemysłu/rolnictwa/transportu** the economics of industry/agriculture/transport [2] (gospodarka) the economy

ekonomi|sta *m,* **~stka** *f* economist

ekosystem *m (G ~u)* Biol., Ekol. ecosystem

ekran *m (G ~u)* [1] (kinowy, telewizyjny, komputerowy) screen; **na ~ie komputera/telewizora** on the computer/TV screen; **telewizor z 24-calowym ~em** a 24-inch TV set; **~ projekcyjny** a screen; **rzucić przeźrocza na ~** pot. to show slides on a screen; **rozwinąć/spuścić ~** to raise/lower a screen; **umocować ~ na stojaku** to set up a screen on a stand; **na ~y kin wszedł właśnie jego najnowszy film** his latest film has just been released a. is now playing; **ten film właśnie zszedł z ~u** a.

~ów the film has just stopped playing [2] przen. (kino) the screen; **amant włoskiego ~u** an Italian screen lover; **gwiazda ~u** a film a. screen star; **przenieść sztukę/powieść na ~** to adapt a play/novel for the screen; **stworzył wiele ciekawych postaci, zarówno na ~ie, jak i na scenie** he's played many interesting characters on both screen and stage [3] Techn. screen; **~ ze szkła/azbestu** a glass/asbestos screen; **~y dźwiękochłonne** acoustic screens; **~ ochronny** a protective screen; **~ kominka** a fireguard, a fire screen; **~ wodny** waterwall [4] Fot. screen [5] Roln. screen [6] Elektr. screen (grid) [7] środ. (zabezpieczenie przed włamaniem) burglar alarm

❑ **duży ~** the big a. silver screen pot.; **mały** a. **szklany** a. **srebrny ~** the small screen pot.; television U; **szeroki** a. **panoramiczny ~** wide screen

ekranik *m dem. (G ~u)* (telewizora, komputera) (small) screen; (kalkulatora) display, LCD

ekranizacj|a *f* [1] sgt (opracowanie wersji filmowej) film adaptation C/U; **~a opowiadań Czechowa** the adaptation of Chekhov's short stories to a. for the screen [2] (Gpl ~i) (film) adaptation, version; „**Anna Karenina" ma wiele ~i** there have been many film adaptations a. versions of 'Anna Karenina'

ekraniz|ować *impf vt* to adapt [sth] to a. for the screen; **~ować powieść/sztukę** to adapt a novel/play to a. for the screen

ekranow|y *adi.* [1] (wyposażony w ekran) **monitor ~y** a monitor, a display (unit) [2] (filmowy) screen attr., on-screen; **~a wersja sztuki teatralnej** the film adaptation of a play; **~e przygody naszych ulubionych bohaterów** the on-screen adventures of our favourite heroes; **jej ~y partner jest jednocześnie jej mężem** her on-screen partner is also her husband in real life

eks- *w wyrazach złożonych* ex-; **eks-mąż** ex-husband; **eks-prezydent** ex-President

ekscelencj|a *f (Gpl ~i)* Excellency; **czy Wasza Ekscelencja jest gotów do odjazdu?** are you ready to leave, (Your) Excellency?; **Jego Ekscelencja ambasador Francji** His Excellency the Ambassador of France

ekscentrycznie *adv.* [1] [ubierać się, zachowywać się] eccentrically; [wyglądać] eccentric adi. [2] Mat. eccentrically

ekscentryczność *f sgt* [1] (wyglądu, ubioru, zachowania) eccentricity; **uważać coś za ~ć** to consider sth eccentric [2] Mat. eccentricity

ekscentryczn|y *adi. grad.* [1] [osoba, wygląd, strój, zachowanie] eccentric [2] Mat. [okręgi, tory] eccentric

ekscentry|k ⏀ *m pers.* eccentric ⏀ *n inanim.* Techn. eccentric

ekscerpcj|a *f sgt* książk. condensation C/U, digest C/U; **robiła ~ę z lektur szkolnych** she prepared a condensed version of a. selected passages from set texts; **słownik oparty na bogatej ~i literatury współczesnej** a dictionary based on a wide range of excerpts from contemporary literature

ekscerp|ować *impf vt* książk. to excerpt; **~ować cytaty z prasy codziennej** to excerpt quotes from the daily press;

E

~ować dawne źródła to excerpt source material ⇒ **wyekscerpować**

eksces m zw. pl (G ~u) książk. excess zw. pl, riot zw. pl; **chuligańskie ~y** hooligan excesses; **po meczu doszło do ~ów** riots broke out after the match

ekscytacj|a f sgt książk. excitement; **odczuwać ~ę** to feel excited; **nie ma powodu, żeby popadać w ~ę** there's nothing to be a. get excited about

ekscyt|ować impf książk. **[]** vi to excite; **aktor ~ował widzów grą** the actor's performance excited the audience; **ten typ urody ~uje wielu mężczyzn** a lot of men are excited by that particular type of beauty **[]** **ekscytować się** to be excited (**czymś** by a. about a. over sth); **~ować się wyścigiem kolarskim** to be excited by the cycling race; **nie ma się czym ~ować** there's nothing to get excited about

ekscytująco adv. excitingly, thrillingly; **~ piękna kobieta** a thrillingly beautiful woman

ekscytując|y [] pa → **ekscytować** **[]** adi. [podróż, film, atmosfera] exciting, thrilling

ekshibicjoni|sta m **1** Psych. (obnażający się publicznie) exhibitionist; flasher pot. **2** książk., przen. (ujawniający szczegóły swego życia) exhibitionist

ekshibicjonistk|a f książk., przen. (ujawniająca szczegóły swego życia) exhibitionist

ekshibicjonistycznie adv. [opowiadać, zwierzać się, zachowywać się] exhibitionistically; **~ opowiadać o czymś** to reveal every gory detail of sth pot., przen.; **zachowywać się ~** (prowokująco) to flaunt oneself; (żenująco) to make a spectacle a. an exhibition of oneself

ekshibicjonistyczn|y adi. [skłonności, upodobania, popisy] exhibitionistic

ekshibicjonizm m (G ~u) **1** Psych. (odchylenie) exhibitionism **2** przen. exhibitionism; **każdy aktor musi mieć w sobie odrobinę ~u** every actor has to be something of a. a bit of an exhibitionist

ekshumacj|a f (Gpl ~i) exhumation C/U, disinterment C/U; **~a zwłok** the exhumation of a body; **dokonać ~i ciał** to exhume the bodies

ekshumacyjn|y adi. [ekipa] exhumation attr., disinterment attr.

ekshum|ować pf, impf vt to exhume, to disinter [zwłoki, ciało]

ekskluzywnie adv. grad. exclusively; **~ urządzone mieszkanie** a luxury flat

ekskluzywnoś|ć f sgt (klubu, sklepu, sportu) exclusiveness, exclusivity

ekskluzywn|y adi. grad. [szkoła, sklep, dzielnica, klub] exclusive

ekskomuni|ka f Relig. excommunication C/U; **obłożyć kogoś ~ką** a. **poddać kogoś ~ce** to excommunicate sb

ekskomunik|ować pf, impf vt Relig. to excommunicate

ekskrement|y plt (G ~ów) książk. excrement U, excreta plt

ekslibris m (G ~u) bookplate, ex libris; **kolekcja ~ów** a collection of bookplates

eksmisj|a f (Gpl ~i) eviction C/U; **nakaz ~i** an eviction order a. notice; **dokonać ~i lokatorów** to evict the tenants

eksmisyjn|y adi. [nakaz, wyrok] eviction attr.

eksmit|ować impf vt to evict [lokatorów, mieszkańców] ⇒ **wyeksmitować**

ekspande|r m Sport expander

ekspansj|a f sgt **1** (państwa) expansion; **~a terytorialna/gospodarcza** territorial/economic expansion; **~a niemiecka na wschód** the German expansion to a. in the east **2** przen. expansion; **~a kulturalna/językowa** cultural/linguistic expansion **3** Fiz. expansion **4** Telekom. expansion **5** Ekon. expansion, economic growth

ekspansjonistyczn|y adi. Polit. [polityka, tendencje] expansionist

ekspansjonizm m sgt (G ~u) Polit. expansionism

ekspansywnie adv. grad. książk. [rozwijać się] expansively

ekspansywnoś|ć m sgt książk. **1** (państw, mocarstw) expansion, expansiveness; **~ć kolonialna** colonial expansion **2** (osoby, charakteru) expansiveness

ekspansywn|y adi. książk. **1** [polityka, gospodarka] expansive **2** [osoba, charakter] expansive

ekspatriacj|a f sgt książk. expatriation

ekspedien|t m, **~tka** f shop assistant GB, (sales) clerk US

ekspedi|ować impf vt książk. to dispatch, to ship [towary, przesyłki, oddziały]; **~ować dzieci na kolonie** pot., żart. to ship the kids off to a holiday camp pot., żart.; **~ować kogoś z domu** pot., żart. to bundle sb out of the house pot., żart. ⇒ **wyekspediować**

ekspedycj|a f (Gpl ~i) **1** (wyprawa) expedition; **~a naukowa/wojskowa** a scientific/military expedition; **~a na Antarktydę** an Antarctic expedition; **wziąć udział w ~i** to take part in an expedition; **odbył trzy ~e w głąb lądu** he's been on three expeditions to the interior; **na czele ~i stanął najbardziej doświadczony generał** the expedition was commanded a. led by the most experienced general; **~a karna** a punitive expedition **2** (grupa) expedition; **członkowie ~i** expedition members; **część ~i zawróciła** part of the expedition turned back **3** (wydział) dispatch, shipping department; **~a kolejowa** railway dispatch **4** sgt (wysyłanie) shipment, dispatch; **~a maszyn/towarów** the shipment of machines/goods; **~a poczty** distribution of mail; **~a bagażowa** baggage dispatch

ekspedycyjn|y adi. **1** [korpus, siły] expeditionary **2** [dział, firma] shipping, forwarding; **pracownicy ~i** dispatchers; **magazyn ~** a shipment warehouse

eksper|t m expert, authority; **~t w dziedzinie medycyny sądowej** an expert in a. on forensic medicine; **komisja ~tów** an expert committee; **na rozprawę wezwano ~ta sądowego** a court (appointed) expert was called in for the trial

ekspertyz|a f książk. (expert) opinion; **~a lekarska** a medical opinion; **graficzna ~a pisma** a graphological a. handwriting analysis; **przeprowadzić ~ę** to prepare an expert opinion a. evaluation; **~a wykazała**

a. **potwierdziła autentyczność obrazu** experts confirmed the authenticity of the painting; **oddać coś do ~y** to submit sth to expert evaluation

eksperymen|t m (G ~tu) **1** (doświadczenie) experiment C/U; **~t naukowy/chemiczny** a scientific/chemistry experiment; **~t z fizyki** a physics experiment; **~ty na zwierzętach** animal experiments, animal experimentation; **przeprowadzać ~t** a. **dokonywać ~tu** to carry out a. perform an experiment; **przeprowadzone ~ty potwierdziły naszą wstępną hipotezę** the experiments confirmed a. verified our original hypothesis **2** (próba) experiment, trial; **~t literacki/wychowawczy** an experiment in literature/education; **tytułem ~tu można ten program wprowadzić w kilku szkołach** the programme may be introduced in some schools on a trial basis; **~t z nowym systemem obliczania się nie udał** the experiment with a new calculating system has failed

eksperymentalnie adv. **1** [leczyć, konstruować] experimentally **2** [udowodnić, potwierdzić] experimentally, empirically

eksperymentaln|y adi. [proza, teatr, nauczanie, dowód, dane] experimental

eksperymentato|r m **1** (naukowiec) experimenter **2** (nowator) experimentalist

eksperymentators|ki adi. [działalność, twórczość] experimental

eksperyment|ować impf vi **1** (robić doświadczenia) to experiment (**na kimś/czymś** on sb/sth); **~ować na zwierzętach** to experiment on animals **2** (podejmować próby) to experiment (**z czymś** with sth); **~ować z narkotykami** to experiment with drugs; **teatr ~ujący** experimental theatre

ekspiacj|a f sgt (Gpl ~i) książk. expiation, atonement; **dokonywać ~i** to make expiation; **~a za grzechy** expiation for one's sins

ekspiacyjn|y adi. książk. [czyn, modlitwa] expiatory

ekspiracyjny adi. Jęz. [głoska, akcent] pulmonic

eksploatacj|a f sgt książk. **1** (wydobywanie) exploitation; **~a złóż siarki/gazu ziemnego** the exploitation of sulphur/natural gas deposits; **~a górnicza** mining **2** (urządzeń, sprzętu) use, operation; **~a maszyny** the operation of a machine; **samolot wejdzie do ~i w przyszłym miesiącu** the plane will come into use next month; **wycofać maszynę z ~i** to withdraw a machine from use; **~a tych samochodów jest bardzo kosztowna** the maintenance of these cars is very expensive **3** (wyzysk) exploitation; **nieludzka ~a ludzi i ziemi** the inhuman exploitation of people and land

eksploatacyjn|y adi. książk. **1** [prace, próby] exploitation attr.; **głębokość ~a** the depth of exploitation **2** (związany z eksploatacją urządzeń) **koszty ~e** operating a. maintenance costs; **opłata ~a** a service charge, maintenance fee

eksploat|ować impf książk. **[]** vt **1** (wydobywać) to exploit, to mine [złoża, minerały];

~ować przyrodę to exploit the natural resources ⇒ **wyeksploatować** [2] (użytkować) to utilize, to use *[budynki, sprzęt]*; to operate *[maszyny, urządzenia]* ⇒ **wyeksploatować** [3] (wyzyskiwać) to use, to exploit *[pracownika, niewolników]*; **system ~ujący pracowników** a system that a. which exploits employees [4] (nadużywać) to overuse *[pomysły, sprzęt]* ⇒ **wyeksploatować** **II eksploatować się** (przemęczać się) to slave (away)

eksplod|ować *pf, impf* **I** *vt* (detonować) to detonate, to explode *[pocisk, ładunek]* **II** *vi* [1] (wybuchać) *[pocisk, ładunek, bomba]* to explode [2] książk., przen. (pojawiać się gwałtownie) to explode przen.; to burst out; **jej nienawiść w końcu ~owała** her hatred has finally burst into the open

eksplozj|a *f (Gpl ~i)* [1] (wybuch) explosion, detonation; **~a atomowa** a nuclear a. an atomic explosion [2] przen. (przypływ) explosion, outburst; **~a uczuć** an outburst of emotion; **~a demograficzna** a population explosion [3] Jęz. plosion

eksplozywn|y *adi.* [1] *[zjawisko, ruch lawy]* explosive [2] *[reakcja, charakter, usposobienie]* explosive, volatile [3] Jęz. plosive, explosive

eksponat *m (G ~tu)* exhibit (item), showpiece

eksponatow|y *adi.* exhibit *attr.*, display *attr.*

eksponl|ować *impf vt* [1] (prezentować) to exhibit, to display *[obrazy, rzeźby]* ⇒ **wyeksponować** [2] (podkreślać) to show off, to emphasize; **~ować swoje szlacheckie pochodzenie** to emphasize a. make a point of one's aristocratic roots a. ancestry; **kobiety, które lubią siebie ~ować** women who like showing off their looks a. figures; **ta sukienka ~uje jej figurę** that dress shows off her figure (quite nicely) ⇒ **wyeksponować** [3] Fot. to expose *[film, błonę fotograficzną]*

eksponowan|y II *pp* → **eksponować** **III** *adi.* [1] (nieosłonięty) *[posterunek bojowy, placówka, odcinek frontu]* exposed; *[plakat, położenie]* prominent; **wyraźnie ~y napis/afisz** a prominently-displayed sign/bill a. poster [2] (ważny) *[stanowisko, pozycja społeczna]* prominent

ekspor|t *m sgt (G ~tu)* export, exportation; **~t węgla/żywności** the export of coal/food; **~t polskiej myśli technicznej** the export of Polish technology; **produkować coś na ~t** to produce sth for export; **dochody z ~tu** export revenue(s); **mięso przeznaczone na ~t** meat produced for export a. for the export market

eksportacj|a *f (G ~i)* książk. **uroczysta ~a zwłok** a. **trumny do kościoła** the ceremonial escort of the body a. coffin to the church

eksporte|r *m* exporter; **Brazylia jest ważnym ~rem kawy** Brazil is a major exporter of coffee

eksport|ować *impf vt* to export *[odzież, węgiel, zboże]*; **~ować swoje produkty do wielu krajów** to export one's products to many countries ⇒ **wyeksportować**

eksportow|y *adi. [produkty, handel, agent]* export *attr.*; **produkcja ~a** production for export

ekspozycj|a *f (Gpl ~i)* [1] (wystawa) exhibition, exposition, exhibit US; **~a muzealna** a museum exhibition; **~a Dalego/Rembrandta** the Dali/Rembrandt exhibition; **~a prac polskich plastyków** an exhibition of Polish paintings; **~a sztuki współczesnej** a contemporary art exhibition [2] książk. (przedstawienie) exposition, show(ing); **reklamy o bardzo krótkim czasie ~i** commercials of very short duration [3] książk. (budynku, stoku) exposure; **nasz dom ma południowa ~ę** our house has a southern exposure [4] Literat., Muz. exposition [5] Fot. exposure [6] Sport (rock) face, exposure

ekspozycyjn|y *adi.* [1] *[lokal, sala, powierzchnia]* exhibition *attr.*, display *attr.* [2] Literat. *[fragment, akt]* expository [3] Fot. *[czas]* exposure *attr.*

ekspozytu|ra *f* [1] (oddział) branch (office); **~ra firmy za granicą** a foreign branch of the company [2] (przedstawicielstwo władz) agency; **~ra rządu** a government agency; **~ra sądu** a local court

ekspres *m (G ~u)* [1] *sgt* pot. (wykonywanie usług) express (service); **oddał film do wywołania na ~** he took the film in for express developing; **życzy pan sobie ~?** would you like it express? [2] (pośpieszna przesyłka) express delivery letter/parcel; **jeżeli ma to być ~, to trzeba nakleić dodatkowy znaczek** if it's express delivery, it'll need another stamp on it [3] (pociąg) express (train); **międzynarodowy ~** an international express (train); **pojechał ~em do Krakowa** he went by express (train) to Cracow; **ile kosztuje ~ do Poznania?** how much is it to Poznań on the express?, how much is an express ticket to Poznań? [4] (do parzenia kawy) espresso, espresso machine a. coffee maker; **kawa z ~u** espresso (coffee)

ekspresj|a *f sgt* książk. [1] (wyraz) expression; **środki ~i artystycznej** modes of artistic expression; **~a słowna** verbal expression; **~a ciała ludzkiego** body language [2] (ekspresyjność) expression, expressiveness; **recytować z ~ą** to recite with expression; **głos o niebywałej ~i** a voice of unique expressiveness; **siła ~i** power of expression

ekspresjoni|sta *m,* **~stka** *f* Szt. expressionist

ekspresjonistycznie *adv. [malować, tworzyć]* expressionistically

ekspresjonistyczn|y *adi. [malarstwo, poezja, artysta]* expressionist(ic)

ekspresjonizm *m sgt (G ~u)* Szt. expressionism

ekspresowo *adv. [zrobić]* express; **~ wykonana usługa** (an) express service

ekspresow|y *adi. [termin, usługa, pociąg, przesyłka]* express; **~e czyszczenie odzieży** express dry-cleaning; **nowe połączenie ~e między Warszawą a Krakowem** a new express service from Warsaw to Cracow; **zrobić coś w ~ym tempie** to do sth in record a. double-quick time; **herbata ~a** tea bags

ekspresy|jnie, ~wnie *adv. grad.* książk. *[grać, czytać, recytować]* expressively, with feeling

ekspresy|jność, ~wność *f sgt* książk. (słowa, formy) expressiveness, expressivity

ekspresy|jny, ~wny *adi.* książk. *[barwa, głos, aktorstwo]* expressive

ekstatycznie *adv. [przeżywać, recytować, śpiewać]* ecstatically

ekstatyczność *f sgt* (charakteru) enthusiasm, exuberance; **~ć muzyki** the ecstatic character of the music

ekstatyczn|y *adi. [taniec, nastrój, stan]* ecstatic

ekstaz|a *f sgt* [1] (stan uniesienia duchowego) ecstasy; **~a religijna** religious ecstasy; **być w stanie ~y** to be in (a state of) ecstasy; **popadać w ~ę** to sink into a state of ecstasy; **wprowadzić tłum w stan ~y** to send the crowd into a state of ecstasy [2] (narkotyk) ecstasy; E pot.

ekstensywnie *adv. grad.* extensively

ekstensywność *f* Ekon. *sgt* extensiveness

ekstensywn|y *adi.* Ekon. extensive

eksterminacj|a *f* książk. extermination, annihilation; **dokonać** a. **dopuścić się ~i ludności getta** to exterminate the inhabitants of the ghetto

eksterminacyjn|y *adi.* książk. *[polityka, działanie]* exterminatory

ekstermin|ować *impf vt* książk. to exterminate *[ludność, mniejszości narodowe]*

ekstern → **eksternista**

ekstern|ista *m,* **~stka** *f* external a. extramural student GB, extern a. distance student US

eksternistycznie *adv. [studiować]* extramurally GB; **zdawać egzamin ~** to take an exam without being enrolled for classes

eksternistyczn|y *adi. [system, studia]* extramural a. extension GB; *[student]* external; **egzamin ~y** an exam taken without enrolment as a student

eksterytorialnoś|ć *f sgt* (ambasady, konsulatu) extraterritorial status, extraterritoriality; **pogwałcenie ~ci ambasady** a violation a. breach of the embassy's extraterritoriality

eksterytorialn|y *adi. [budynek, autostrada, obszar]* extraterritorial

ekstra pot. **I** *adi. inv.* [1] (dodatkowy) *[fundusze]* extra, additional; **dostać fundusze na ~ wydatki** to get money to cover extra a. additional expenditure [2] (świetny) super pot., fantastic pot.; **koncert był ~** the concert was super; **coś ~ dla miłośników rapu** something special for rap lovers **II** *adv.* [1] (dodatkowo) extra; **zapłacić komuś ~** to pay sb extra; **zarobić ~** to earn extra money [2] (świetnie) great pot., super pot.; **było ~, tylko żarcia mało** it was great, except there wasn't enough food **III** *inter.* (wspaniale) great! pot., super! pot. **IV ekstra-** *w wyrazach złożonych* super-, ultra-; **ekstramodny** ultra-trendy; **ekstraciuch** a super outfit

ekstradycj|a *f (Gpl ~i)* książk. extradition *C/U*; **umowa o ~i** an extradition agreement; **wystąpić o ~ę kogoś** *[państwo]* to apply for sb's extradition

ekstradycyjn|y *adi.* książk. *[prawo, traktat, wniosek]* extradition *attr.*

ekstrakcj|a *f (Gpl ~i)* Chem., Med. extraction

E

ekstrakcyjn|y *adi.* Chem. Med. extraction *attr.*

ekstraklas|a *f* Sport top a. first league a. division GB, major league US; **~a piłkarska** the premier (soccer) division GB; **koszyka-rze ~y** major-league basketball players US; **światowa ~a** the world league

ekstrak|t *m* (*G* **~tu**) [1] (substancja) extract (**z czegoś** of a. from sth); **~ty z roślin** plant extracts; **~t leczniczy** a medicinal extract [2] (esencja) extract *U*; **~t z kawy** a. **kawowy** coffee extract; **~t bulionu** beef extract [3] przen., książk. (istota) essence; **~t myśli ludzkiej** the essence of human thought; **muzyka Chopina jest ~tem polskości** Chopin's music captures the very essence of the Polish spirit

ekstrapolacj|a *f sgt* [1] książk. extrapolation; **~a trendów** the extrapolation of trends; **dokonać ~i** to extrapolate [2] Mat., Stat. extrapolation

ekstrapol|ować *impf vt* książk. to extra-polate; **~ować coś na coś** to extrapolate (from) sth to sth; **wyników doświadczeń ze zwierzętami nie można ~ować na ludzi** one cannot extrapolate from results of animal experiments to humans

ekstrawagancj|a *f* (*Gpl* **~i**) (stroju, wy-glądu, zachowań) extravagance *U*, flamboyance *U*; **ubierać się bez ~i** to dress unpreten-tiously; **~e młodych artystów** the ex-cesses of young artists

ekstrawaganc|ki *adi. [osoba, wygląd, strój]* extravagant, flamboyant; **~kie za-chowanie** extravagant a. flamboyant be-haviour

ekstrawagancko *adv. [ubierać się, zacho-wywać się]* extravagantly, flamboyantly

ekstrawertyczn|y *adi.* książk. *[osobowość]* extrovert(ed), extravert(ed)

ekstrawerty|k *m*, **~czka** *f* książk. extro-vert, extravert

ekstrawertyzm *m sgt* (*G* **~u**) książk. extroversion, extraversion

ekstrem *m* (*G* **~u**) książk. extreme; **do-prowadzać coś do ~u** to take sth to extremes

ekstrema *f* pot. extremists, fringe element *C*, the fringe *U*; **polityczna ~a** the political extremists a. fringe

ekstremalnie *adv.* książk. extremely, in the extreme; **~ wysokie ceny** extremely high prices; **ich poglądy różnią się ~** their views are extremely different a. differ radically

ekstremalnoś|ć *f sgt* książk. [1] (poglądów, zachowań, haseł) extremism [2] (warunków, sytua-cji) extremity, extremeness

ekstremaln|y *adi.* książk. [1] (skrajny) *[po-glądy, zachowanie]* extreme; **~y przykład tchórzostwa** an extreme example of cow-ardice [2] (radykalny) *[ugrupowanie, odłam, polityka]* extremist pejor.; extreme [3] (trudny) *[warunki, sytuacja]* extreme; **sporty ~e** extreme sports [4] Mat. **wartość ~a** funkcji an extreme, an extremum

ekstremi|sta *m*, **~stka** *f* [1] (radykał) extremist, radical [2] Polit. extremist

ekstremistycznie *adv.* radically; **~ sfor-mułowane postulaty** radically expressed demands; **jego żądanie zabrzmiało zbyt ~** his demand sounded too radical

ekstremistyczn|y *adi.* [1] (radykalny) *[za-chowanie, skłonności, młodzież]* extremist, radical [2] Polit. *[partia, polityka, działacze]* extremist, extreme

ekstremizm *m sgt* (*G* **~u**) [1] (skrajność) radicalism, extremism; **jego ~ w poglą-dach na sztukę** his radical views on art [2] Polit. extremism; **~ polityczny** political extremism

ekstrem|um *n* (*Gpl* **~ów**) [1] książk. (skraj-ność) extreme; **~a klimatyczne** climatic extremes [2] Mat. extreme, extremum; **funk-cja osiąga** a. **ma ~um w punktach 1 i –1** the function reaches its extrema a. extre-mums at points 1 and –1

ekumeniczn|y *adi.* Relig. *[ruch, nabożeń-stwo]* ecumenical

ekumenizm *m sgt* (*G* **~u**) Relig. ecumen-ism

ekwilibry|sta *m* [1] (akrobata) acrobat; equilibrist przest. [2] pot., przen. (kombinator) juggler przen., tightrope walker przen.

ekwilibrystyczn|y *adi.* [1] *[pokazy, ćwi-czenia, umiejętności]* balancing [2] przen. *[umie-jętności]* high-wire *attr.* przen.; *[konwersacja]* skilfully navigated

ekwilibrysty|ka *f sgt* [1] (akrobatyka) acro-batics *pl*, balancing acts *pl*; **dać pokaz ~ki** to perform acrobatics, to give a tightrope performance [2] (zręczność) acrobatic skill(s); **lądowanie w tak trudnych warunkach wymaga prawdziwej ~ki** landing in such difficult conditions requires real acrobatic skill; **~ka słowna** przen. a verbal balancing act przen.; **dokonywał cudów ~ki, próbu-jąc pogodzić ich sprzeczne interesy** he performed a real high-wire a. balancing act trying to reconcile their conflicting inter-ests

ekwip|ować *impf vt* to equip, to outfit (**w coś** with sth); **~ować statek** to equip a ship; **~ować żołnierzy w broń** to equip soldiers with weapons ⇒ **wyekwipować**

ekwipun|ek *m sgt* (*G* **~ku**) equipment, kit; **~ek turystyczny** camping a. hiking equipment; **~ek dla żołnierzy** a soldiers' kit

ekwiwalencj|a *f sgt* książk., Log. equiva-lence, equivalency

ekwiwalen|t *m* (*G* **~tu**) książk. [1] (równo-wartość) equivalent; **~t pieniężny** monetary equivalent; **~t w naturze/gotówce** the equivalent in kind/in cash [2] (odpowiednik) equivalent (**czegoś** of sth); **ziołowy ~t viagry** a herbal equivalent of Viagra®; **świadectwo jest ogólnie akceptowane jako ~t FCE** the certificate is generally accepted as an FCE equivalent [3] Ekon. equivalent [4] Jęz. equivalent (**czegoś** for sth); **~t słownikowy** ≈ a translation equivalent (*given in a bilingual dictionary*)

ekwiwalentnie *adv.* książk. commensur-ately książk. (**do czegoś** with sth); **wyna-gradzać pracowników ~ do ich wkła-du pracy** to pay one's employees com-mensurately with their efforts

ekwiwalentnoś|ć *f sgt* (waluty, słowa) equivalence, equivalency

ekwiwalentn|y *adi.* [1] książk. (równoważny) equivalent, equal (**do czegoś** to sth); **ta część utworu nie jest ~a do pozosta-łych** this part doesn't measure up to the

rest of the piece; **żądać ~ej rekompensa-ty** to claim equivalent compensation [2] Jęz. *[tłumaczenie]* equivalent

elabora|t *m* (*G* **~tu**) pejor., iron. screed pejor.; disquisition; **pisać ~ty o czymś** to write screeds (and screeds) on sth

elan|a *f sgt* Włók. (tkanina, włókno) polyester, Terylene® GB, Dacron® US; **sukienka z ~y** a Terylene dress

elanobawełn|a *f sgt* Włók. polycotton GB, polyester and cotton blend; **płaszcz z ~y** a polycotton a. polyester and cotton coat

elanobawełnian|y *adi. [płaszcz, kurtka]* polycotton *attr.* GB, polyester and cotton *attr.*

elanoll|en *m sgt* (*G* **~nu**) Włók. polyester and linen blend; **spodnie z ~nu** polyester and linen trousers

elanolnian|y *adi. [kostium, garnitur]* poly-ester and linen *attr.*

elastik *m sgt* (*G* **~u**) pot. (taśma) elastic; (tkanina) elasticated a. stretchy fabric GB, elasticized a. stretch fabric US; **spodnie z ~u** stretchy a. stretch trousers

elastycznie *adv.* grad. [1] *[wyginać się, połączyć]* flexibly, elastically [2] *[poruszać się, kroczyć]* springily, elastically [3] przen. *[zachowywać się, postępować, działać]* flex-ibly, elastically

elastycznoś|ć *f sgt* [1] (gumy, bandaża, skóry) elasticity, flexibility [2] (ruchów, kroku, chodu) springiness, elasticity [3] przen. (zachowania, poglądów) flexibility, elasticity; **~ć cen** price flexibility; **~ć czasu pracy** the flexibility of working hours [4] Ekon. (podaży, popytu) elasticity

elastyczn|y *adi.* [1] *[tworzywo, tkanina, włókna]* elastic, stretchy GB, stretch US; **ban-daż ~y** an elastic bandage; **~y kostium kąpielowy** an elasticated a. a stretchy swimming suit GB, an elasticized a. a stretch swimming suit US [2] *[krok, chód, ruchy]* springy, elastic [3] przen. *[polityka, poglądy, plan]* flexible, elastic; **w świecie biznesu trzeba być ~ym** in business you've got to be flexible; **~y system cen** flexible pricing

eldora|do *n, n inv. sgt* książk. El Dorado, eldorado; **to miejsce to wymarzone wędkarskie ~do** this place is a real El Dorado for anglers; **dwa pokoje z kuchnią to dla nas ~do** two rooms and a kitchen is a real El Dorado for us

elegancik *m* (*Npl* **~i**) iron. dandy pejor., fop pejor.

elegancj|a *f sgt* elegance; **~a stroju/ zachowania** elegant attire/manner; **ubie-rać się z ~ą** to dress elegantly; **ukłon pełen ~i** an elegant bow

eleganc|ki *adi.* [1] *[kobieta, strój, ukłon]* elegant; **był bardzo ~ki wobec kobiet** he was very gallant towards women [2] *[bal, sklep, mieszkanie]* elegant; posh pot. [3] (spryt-ny) *[plan, pomysł, rozwiązanie]* elegant

elegancko *adv.* [1] (gustownie) elegantly; **~ ubrany pan** an elegantly dressed man; **~ opakowany prezent** an elegantly wrapped gift; **niektóre dzieci jedzą bardzo ~** some children have very refined table manners; **będzie bardziej ~, jeśli po-dziękujesz w liście, a nie przez telefon** it'll be more elegant to write a thank-you note than to phone [2] (sprytnie) elegantly;

bardzo ~ **to rozwiązałeś** your solution was very elegant

elegan|t *m* fashionable dresser także iron.; dandy iron.

elegant|ka *f* fashionable dresser także iron.; fashion victim iron.

elegi|a *f (GDGpl ~i)* [1] Literat. elegy; **~e miłosne** (lyric) love poems; **napisał ~ę o śmierci kolegi** he wrote an elegy for his (dead) friend [2] Muz. elegy

elegijn|y *adi.* książk. [1] (żałobny) *[nastrój, ton]* elegiac książk.; mournful [2] Literat. elegiac

elekcj|a *f (Gpl ~i)* [1] książk. (wybory) election(s); **zbliżająca się ~a prezydenta** the upcoming presidential elections [2] Hist. election; **dokonać ~i króla** to elect a new king; **wolna ~a** a free (royal) election ❑ **~a faktyczna** Hist. *a royal election decided by battle*; **~a solenna** Hist. *election of a king by the nobility*; **~a vivente rege** Hist. *election of a new king during his predecessor's life*

elekcyjnoś|ć *f sg* Hist. (króla, urzędu) elective nature; **~ć tronu** the elective nature of the monarchy

elekcyjn|y *adi. [monarcha]* elective

elek|t *m* książk. the elect; **prezydent ~t** president elect

elekto|r *m* [1] Polit. elector; **kolegium ~rów** electoral college [2] Hist. (osoba, tytuł) elector; **wielki ~r** the Great Elector

elektora|t *m sg* [1] Polit. (wyborcy) electorate; **chłopski ~t** the rural a. peasant electorate; **~t socjalistów znacznie się skurczył** the socialist vote has dwindled considerably; **niezdecydowany ~t** floating voters GB, swing voters US [2] Hist. electorate

elektro- *w wyrazach złożonych* electr(o)-; **elektromagnes** electromagnet; **elektronarzędzia** power tools

elektrociepłowni|a *f (Gpl ~)* (combined) heat and power station a. plant

elektro|da *f* Elektr., Techn. electrode; **~da węglowa** a carbon electrode **~da dodatnia** a positive electrode; **~da ujemna** a negative electrode ❑ **~da chlorosrebrowa** Chem. silver chloride electrode

elektroencefalograf *m (G ~u)* Med. electroencephalograph, EEG

elektroencefalografi|a *f sg (GD ~i)* Med. electroencephalography

elektroencefalograficzn|y *adi.* Med. *[badanie, zapis]* electroencephalographic, EEG *attr.*

elektroencefalogram *m (G ~u)* Med. electroencephalogram, EEG

elektrokardiograf *m (G ~u)* Med. electrocardiograph, ECG GB, EKG US

elektrokardiografi|a *f sg (GD ~i)* Med. electrocardiography

elektrokardiograficzn|y *adi.* Med. *[badanie, obraz]* electrocardiographic, ECG *attr.* GB, EKG *attr.* US

elektrokardiogram *m (G ~u)* Med. electrocardiogram, ECG GB, EKG US

elektroli|t *m (G ~tu)* Chem., Fiz. electrolyte

elektroluks *m (G ~u)* przest., pot. vacuum cleaner

elektromagnes *m (G ~u)* Fiz. electromagnet

elektromagnetycznie *adv.* electromagnetically; **pole naładowane ~** an electromagnetic field

elektromagnetyczn|y *adi. [pole, fale, promieniowanie]* electromagnetic

elektromagnetyzm *m sg (G ~u)* [1] (zjawisko) electromagnetism [2] (nauka) electromagnetism, electromagnetics

elektromonte|r *m* installation electrician, wireman US

elektron *m (G ~u)* [1] Fiz. electron; **ładunek ~u** the electron charge; **wiązka ~ów** an electron beam [2] *sg* Techn. (stop) (magnezu i aluminium) Duralumin; (złota i srebra) electrum [3] *sg* Chem. (gatunek złota) white gold

elektronarzędzi|e *n zw. pl* electrical appliance, power tool

elektronicznie *adv. [sterować, obliczać]* electronically

elektroniczn|y *adi. [urządzenie, technika, sprzęt]* electronic; **przemysł ~y** the electronics industry; **zegarek ~y** a digital watch; **notes ~y** an electronic organizer; **~e przetwarzanie danych** electronic data processing; **poczta ~a** electronic mail, E-mail; **muzyka ~a** electronic music

elektroni|k *m* electronic(s) engineer

elektroni|ka *f sg* [1] (nauka) electronics, electronic engineering; **~ka jądrowa** nuclear electronics; **~ka roentgenowska** x-ray electronics [2] pot. (sprzęt elektroniczny) (home/office) electronics *plt*, electronic appliances *pl*; (w urządzeniach) high-tech gadgetry *U*; **samochód naładowany ~ką** a car loaded with high-tech gadgetry

elektronow|y *adi. [wiązka, powłoka]* electronic; **emisja ~a** the emission of electrons; **optyka ~a** optoelectronics; **mikroskop ~y** an electron microscope; **lampa ~a** a valve

elektrotechniczn|y *adi. [sprzęt]* electrotechnic(al); **przemysł ~y** the electrotechnical industry

elektrotechni|k *m* electrotechnician

elektrotechni|ka *f sg* electrotechnology, electrotechnics

elektrowni|a *f (Gpl ~)* power station, power plant; **~a atomowa** a. **jądrowa** an atomic a. a nuclear power station; **~a wodna** a hydroelectric power station; **~a cieplna** a (combined) heat and power station a. plant

elektrow|óz *m (G ~ozu)* Kolej. electric (railway) engine, electric locomotive

elektrowstrząs *m zw. pl (G ~u)* Med. electric shock; **leczenie ~ami** electroshock therapy

elektrowstrząsow|y *adi.* Med. *[terapia, leczenie]* electric shock *attr.*, electroshock *attr.*

elektrycznie *adv.* electrically; **ogrzewać dom ~** to heat a house electrically, to have electric heat a. an electric heating system; **urządzenie napędzane ~** an electrically powered a. electric(al) appliance; **cząsteczki ~ obojętne** electrically neutral particles

elektrycznoś|ć *f sg* [1] (energia elektryczna) electricity, electric current; **~ć wytwarzana przez generator** electricity produced by a generator; **dobry/zły przewodnik ~ci** a good/poor conductor of electricity [2] pot. (instalacja) electricity; **w tej wsi nie ma jeszcze ~ci** the village hasn't got

electricity yet; **założyć ~ć w domu** to instal electric wiring in a house [3] pot. (dopływ prądu) electricity; **w zimie często wyłączają nam ~ć** the electricity is often cut off in winter [4] (nauka) electricity ❑ **~ć dodatnia** Fiz. positive electricity; **~ć ujemna** Fiz. negative electricity; **~ć ziemska** Fiz. geoelectricity, earth electricity

elektryczn|y *adi.* [1] (związany z elektrycznością) *[prąd, ładunek, obwód, pole]* electric; *[energia, instalacja, urządzenie]* electric(al); **światło ~e** electric light; **przemysł ~y** the electric(al) industry; **gniazdko ~e** an electric socket; **sklep ~y** an electrical shop; **inżynieria ~a** electrical engineering [2] (zasilany prądem) *[czajnik, kuchenka, silnik]* electric; **zegar ~y** an electric(al) clock; **ogrzewanie ~e** electric heat(ing)

elektryfikacj|a *f sg* electrification; **~a kolei** railway electrification; **~a rolnictwa** the electrification of agriculture; **~a wsi** rural electrification

elektryfikacyjn|y *adi. [proces, projekt, inwestycja]* electrification *attr.*

elektryfik|ować *impf vt* to electrify *[wieś, linię kolejową]* ⇒ **zelektryfikować**

elektry|k *m* [1] (technik) electrician, wireman US [2] (inżynier) electrical engineer

elektryz|ować *impf* [I] *vt* [1] (wytwarzać nadmiar ładunków elektrycznych) to charge (up); **~ować bursztyn przez pocieranie** to charge amber by rubbing it ⇒ **naelektryzować** [2] przen. (wywierać wrażenie) to electrify, to thrill; **scena ta ~owała widzów** that scene electrified the audience; **~ować kogoś wzrokiem** to electrify sb with a look a. glance ⇒ **zelektryzować** [II] **elektryzować się** *[materiał, włosy]* to pick up static, to be full of static

elektryzująco *adv.* **działać na kogoś ~** to have an electrifying effect on sb

elektryzując|y [I] *pa* → **elektryzować** [II] *adi.* (ekscytujący) electrifying, thrilling; **~y występ aktora** the actor's electrifying performance; **~e spojrzenie** an electrifying look; **~a kobieta** a thrilling woman

elemencik *m dem. (G ~u* a. **~a)** (maszyny, urządzenia) (small) part

elemen|t [I] *m (G ~tu)* [1] (składnik) component, element; **podstawowym ~tem mózgu jest neuron** the neuron is the basic unit of the brain; **obce ~ty w języku** foreign elements in a language; **produkował metalowe ~ty balustrad** he produced the metal components of railings; **zabrakło mu kilku ~tów, aby złożyć samolot** he couldn't assemble the model plane because some parts were missing [2] (cecha) element; **gospodarka rynkowa jest jednym z ważnych ~tów kapitalizmu** a market economy is an important element of capitalism; **istnieje tu także ~t ryzyka** there's also an element of risk involved [3] książk., pejor. (grupa ludzi) element *zw. pl*; **zamieszki spowodowane przez ~t wywrotowy** disturbances caused by subversive elements [4] pot. (środowisko przestępcze) the underworld *U* [5] Filoz., Mat. element [II] **elementy** *plt* (wybrane informacje) elements; (podstawy) the fundamentals; **kurs z fizyki z ~tami astronomii** a physics course including elements of astronomy; **~ty informatyki** the elements of computer science ❏ **~t grzejny** Techn. (heating) element

elementarn|y adi. ⟦1⟧ (podstawowy) [potrzeby, oczekiwania] basic, fundamental; [wiedza, wiadomości, pojęcia] elementary, fundamental; **~e zasady sprawiedliwości** the fundamental principles of justice; **~e wykształcenie** basic a. rudimentary education; **~e pojęcia teorii mnogości** the fundamentals of set theory; **brak mu ~ej kultury** he has no manners at all ⟦2⟧ (najprostszy) [składniki] elementary; **cząstki ~e** elementary a. fundamental particles; **geometria/matematyka ~a** elementary geometry/mathematics

elementarz m ⟦1⟧ (książka) primer ⟦2⟧ przen. (podstawowe wiadomości) ABC, rudiments pl; **ta książka to ~ wiedzy o chemii** this book contains the ABC a. rudiments of chemistry

elew m (Npl **~i** a. **~owie**) Wojsk. cadet

elewacj|a f (Gpl **~i**) ⟦1⟧ Archit. elevation; **~a frontowa/tylna/boczna** the front/back/side elevation ⟦2⟧ Astron. elevation, altitude ⟦3⟧ Geol. elevation

elewacyjn|y adi. [płytki, roboty] elevation attr.

elewato|r m ⟦1⟧ Roln. silo, grain elevator US ⟦2⟧ Budow. elevator, hoist

elewatorow|y adi. ⟦1⟧ Roln. silo attr., grain elevator attr. US ⟦2⟧ Budow. elevator attr., hoist attr.

elf m Mitol. elf

eliksi|r m (G **~ru**) elixir; **~r młodości/życia** the elixir of youth/life

eliminacj|a f (Gpl **~i**) ⟦1⟧ sgt (usuwanie) elimination; **~a błędów** (poprawianie) the correction a. correcting of mistakes; (unikanie) the avoidance of mistakes; **dokonać ~i zbędnego materiału z magazynu** to eliminate the redundant material from a warehouse ⟦2⟧ zw. pl (wstępny etap konkursu) preliminary zw. pl, elimination round(s); (w sporcie) qualifier zw. pl, heat; **~e do zawodów** competition preliminaries, qualifying rounds; **odbyły się ~e do biegu na 100 m** the 100 m qualifiers were held; **~e do mistrzostw świata w piłce nożnej** the World Cup qualifiers; **do ~i stanęło dwudziestu zawodników** twenty contestants took part in the preliminaries; **nasz projekt odpadł już w ~ach** our project was eliminated in the preliminary a. qualifying stages ⟦3⟧ Chem., Mat. elimination

eliminacyjn|y adi. [zawody] preliminary; [mecz, bieg] qualifying

elimin|ować impf vt ⟦1⟧ (usuwać) to eliminate; **~ować źródła niebezpieczeństw** to eliminate the sources of danger; **~ować pomyłki z rękopisu** to correct the mistakes in the manuscript; **rozwódki są często ~owane z kręgu dotychczasowych znajomych** divorcees are often ostracized by their former acquaintances ⇒ **wyeliminować** ⟦2⟧ (wykluczać) [kontuzja, uraz, kara] to disqualify (**z czegoś** from sth); **trzy nieudane próby ~ują skoczka z zawodów** three unsuccessful attempts eliminate jumpers from the competition ⇒ **wyeliminować** ⟦3⟧ (wygrywać) [drużyna, zawodnik] to eliminate; **po drodze do**

finału **~ują** kolejno Greków, Bułgarów i Japończyków on their way to the finals they eliminated a. knocked out the Greek, the Bulgarian, and Japanese teams; **~owany w trzeciej rundzie** eliminated in the third round ⟦4⟧ Mat. to eliminate [niewiadomą, zmienną]

elips|a f ⟦1⟧ Mat. ellipse ⟦2⟧ Jęz., Literat. ellipsis

eliptycznie adv. Jęz., Literat., Mat. elliptically

eliptycznoś|ć f sgt Jęz., Literat., Mat. ellipsis, elliptic form

eliptyczn|y adi. Jęz., Literat., Mat. elliptic(al)

eli|ta f ⟦1⟧ książk. (grupa ludzi) elite, (high) society; **~ta polityczna** the political elite; **członkowie ~ty władzy** the members of the ruling elite; **należeć a. zaliczać się do ~ty** to belong to a. to be a member of the elite; **tworzyć ~tę kulturalną miasteczka** to constitute the town's cultural elite; **~ta towarzyska często organizuje spotkania** the social elite often hold a. holds get-togethers ⟦2⟧ Roln. elite seed

elitarnie adv. **jego córki były kształcone ~** his daughters received a very elite education; **w tym kurorcie jest drogo, ale bardzo ~** this holiday resort is expensive but very exclusive

elitarnoś|ć f sgt (szkoły, literatury) exclusiveness, elitism

elitarn|y adi. [szkoła, sztuka, literatura] elite attr.; [dzielnica, kawiarnia] exclusive

elitarystyczn|y adi. książk. [poglądy, dążenia] elitist

elitaryzm m sgt (G **~u**) książk. elitism

elizj|a f (Gpl **~i**) Jęz. elision

elokwencj|a f sgt książk. ⟦1⟧ (krasomówstwo) eloquence; **odznaczać się ~ą** to be noted for one's eloquence ⟦2⟧ iron. (gadatliwość) talkativeness, garrulousness; **sam dziwiłem się w duchu mojej ~i** I was surprised by my own eloquence; **mógłbyś powstrzymać chociaż na chwilę swoją ~ę** iron. could you contain your eloquence at least for a moment, please? iron.

elokwentn|y adi. książk. ⟦1⟧ (wymowny) eloquent ⟦2⟧ iron. (gadatliwy) talkative, garrulous

elżbietan|ka Relig. **II** f Sister of St Elizabeth

III elżbietanki plt (zakon) the Sisters of St Elizabeth

elżbietańs|ki adi. Hist. [epoka, teatr] Elizabethan; **Anglia ~ka** England in the Elizabethan period, Elizabethan England

e-mail /'imejl/ m (Gpl **e-maili** a. **e-mailów**) Komput. ⟦1⟧ (system) e-mail U; **wysłać wiadomość e-mailem** to send a message via a. by e-mail ⟦2⟧ (A **e-mail** a. **e-maila**) (poczta) e-mail; **odebrać e-maila** to receive an e-mail; **odpowiedzieć na e-maila** to reply to an e-mail ⟦3⟧ (A **e-mail** a. **e-maila**) (adres) e-mail address; **podaj mi swojego e-maila** give me your e-mail address

e-mailowy /imej'lovy/ adi. [poczta, wiadomość, adres] e-mail attr.

emali|a f (GD **~i**) ⟦1⟧ sgt (szkliwo) enamel U; **czajnik pokryty ~ą** an enamel kettle ⟦2⟧ (Gpl **~i**) (farba) gloss paint, enamel U; **drzwi pomalowane ~ą** a door painted with gloss paint; **~a do paznokci** nail polish, nail varnish GB ⟦3⟧ sgt Anat. enamel ❏ **~a drutowa** Techn. wire enamel

emali|ować impf vt to enamel [wannę, blachy]

emaliowan|y **II** pp → **emaliować**
II adi. [czajnik, broszka] enamel attr.; **naczynia ~e** enamelware

emaliow|y adi. [powłoka] enamel attr.; **farba ~a** enamel

emanacj|a f sgt książk. ⟦1⟧ (promieniowanie) emanation C/U; **~a światła/ciepła** emanation of light/heat ⟦2⟧ przen. (oddziaływanie) emanation C/U; **~a polskości w powieściach Orzeszkowej** emanations of the Polish spirit in the novels by Orzeszkowa; **obyczaje są zawsze ~ą swojej epoki** customs are always reflections a. manifestations of their epoch

emancypacj|a f sgt ⟦1⟧ (równouprawnienie) emancipation, liberation; **~a kobiet** women's emancipation a. liberation ⟦2⟧ książk. (uniezależnienie) emancipation; **~a klas niższych** the emancipation of the lower classes; **~a byłych krajów kolonialnych** the emancipation of former colonies

emancypacyjn|y adi. [ruchy, ideologia] emancipation attr., liberation attr.

emancypant|ka f suffragette, emancipationist

emancyp|ować się impf v refl. ⟦1⟧ [kobieta] to be(come) emancipated, to be(come) liberated ⇒ **wyemancypować się** ⟦2⟧ książk. (usamodzielniać się) to emancipate oneself; **~ować się spod wpływów dawnych kolonizatorów** [państwo, kraj] to become liberated from the influence of the former colonial powers; **~ujące się narody** emerging nations ⇒ **wyemancypować się**

eman|ować impf vi książk. ⟦1⟧ (emitować) to radiate, to emanate; **Ziemia ~uje ze swojego wnętrza ciepło** the interior of the earth radiates heat; **zielonkawa poświata ~ująca z elektronicznego zegarka** a greenish glow emanating from a digital watch ⟦2⟧ przen. (promieniować) to emanate, to exude; **jego twarz ~owała spokojem** his face exuded calm; **smutek, który ~ował ze wszystkich jego filmów** the sadness emanating from all his films

embarg|o n sgt ⟦1⟧ Handl. embargo; **nałożyć ~o na eksport zbóż** to impose a. put a. lay an embargo on grain exports; **wprowadzono ~o na dostawy broni do Iraku** an embargo has been imposed on arms shipments to Iraq; **znieść ~o** to lift a. end an embargo; **towary objęte ~iem** embargoed goods ⟦2⟧ Dzien. news embargo

emblema|t m (G **~tu**) emblem; **~t zwycięstwa/pracy** an emblem of victory/labour; **komplet porcelany z ~tami Warszawy** a set of china with the emblems of Warsaw; **~ty papieskie** papal insignia; **~ty saperskie na rękawie** sapper's insignia on the sleeve

emblematyczn|y adi. [postać, przedstawienie] emblematic; **sztuka ~a** emblematic art

embriolo|g m (Npl **~dzy** a. **~gowie**) Biol. embryologist

embriologi|a f sgt (GD **~i**) Biol. embryology

embriologicznie adv. Biol. embryologically

embriologiczn|y *adi.* Biol. *[badania]* embryological; **instytut ~y** an institute of embryology

embrion *m* (*G* **~u** a. **~a**) Biol. embryo

embrionaln|y *adi.* *[rozwój, stadium]* embryonic, embryonal; **pozycja ~a** the embryonic position

ementale|r *m* Emment(h)al (cheese) *U*

ementals|ki *adi.* **ser ~ski** Emment(h)al (cheese) *U*

emeryc|ki *adi.* *[legitymacja]* senior citizen's, (old age) pensioner's GB; **grono ~kie** a group of pensioners

emery|t *m*, **~tka** *f* senior citizen, (old age) pensioner GB

emerytaln|y *adi.* *[fundusz, system, świadczenia]* pension *attr.*; **wiek ~y** retirement age; **mężczyzna w wieku ~ym** a man of pensionable a. retirement age

emerytowan|y *adi.* *[nauczyciel, profesor, pułkownik]* retired

emerytu|ra *f* ① Admin. (świadczenie) (retirement) pension; **otrzymywać** a. **pobierać ~rę** to receive a. draw one's pension; **nabyć prawo do ~ry** to be of pensionable a. retirement age ② *sgt* (okres) retirement; **odejść** a. **pójść na ~rę** to go into retirement, to retire; **przejść na wcześniejszą ~rę** to take early retirement; **być na ~rze** to be retired; **od stycznia przenieśli ją na ~rę** she was pensioned off in January

emfatycznie *adv.* *[mówić, wyrażać się]* emphatically, with emphasis; *[deklamować, czytać]* theatrically

emfatyczność|ć *f* (przemówienia) emphatic style; **~ć stylu** an emphatic style

emfatyczn|y *adi.* ① (nadmiernie ekspresywny) (over)emphatic, stagy a. stagey; (nadęty, górnolotny) affected, pompous ② Jęz. emphatic; *[funkcja]* expressive

emfaz|a *f sgt* ① książk. **młodzieńcza ~a** a youthful urgency a. insistence; **powiedzieć coś z ~ą** to say sth emphatically; **mówić/ przemawiać z ~ą** to speak emphatically/ to make an emphatic speech; **ucałować kogoś z ~ą** (z głośnym cmoknięciem) to give sb a resounding kiss; (trochę teatralnie) to give sb a stagy kiss ② Jęz., Literat. emphasis

emigracj|a *f* (*Gpl* **~i**) ① (opuszczenie ojczyzny) emigration; (niedobrowolna) exile; **~a zarobkowa** emigration for economic reasons, economic migration; **~a sezonowa** seasonal migration; **przebywać (stale) na ~i** to be an expatriate a. émigré; (niedobrowolnie) to be in exile; **powrócić z ~i** to immigrate back to one's homeland, to repatriate (oneself); (niedobrowolnej) to return from exile; **~a wewnętrzna** przen. alienation ② (emigranci) emigrants *pl*, expatriate a. émigré community; **~a polska w Kanadzie** the Polish immigrant a. expatriate a. émigré community in Canada

emigracyjn|y *adi.* *[urząd, środowisko, literatura]* emigration *attr.*; **wyjazd ~y** emigration; (niedobrowolny) departure into exile; **rząd ~y** an émigré government, a government in exile

emigranc|ki *adi.* *[grupa, statek, szlak]* emigrant *attr.*, émigré *attr.*

emigran|t *m*, **~tka** *f* emigrant, émigré; **~t polityczny** a political emigrant a. an

émigré; **~ci z Polski** emigrants from Poland

emigr|ować *pf impf vi* to emigrate; **pisarz ~ował do Ameryki** the writer emigrated to America; **po upadku powstania ~owało kilka tysięcy osób** after the uprising was quelled several thousand people emigrated ⇒ **wyemigrować**

eminencj|a *m* (*Gpl* **~i**) (osoba, tytuł) Eminence; **cieszę się, że miałam zaszczyt poznać osobiście Waszą Eminencję** I'm delighted to have had the honour of meeting you personally, Your Eminence; **Jego Eminencja ksiądz kardynał przyjechał** His Eminence has arrived

❑ **szara ~a** grey eminence, éminence grise

emi|r *m* (*Npl* **~owie**) (tytuł, osoba) emir

emira|t *m* (*G* **~tu**) ① (kraj) emirate ② (urząd) emirate

emisariusz *m*, **~ka** *f* Polit. emissary; **~ tajnej organizacji/rządu** an emissary of a secret organization/the government; **wysłać ~a** to send an emissary

emisj|a *f* (*Gpl* **~i**) ① Ekon. issue *C/U*, emission *C/U*; **~a akcji gratisowych/ banknotów/praw poboru** Ekon. the issue of bonus shares/banknotes/subscription rights; **~a nowej serii znaczków** an issue of a new series a. set of stamps ② Muz. emission *U*; **~a dźwięku** sound emission; **dobra/zła ~a dźwięku** good/poor sound quality; **~a głosu** vocal emission ③ Radio, TV broadcast(ing); TV telecast, transmission; **rozpocząć ~ę nowego serialu** to begin broadcasting a. airing a new TV series; **przerwa w ~i** a break in transmission; **~a w odcinkach** serialization ④ Fiz. emission; **~a cząstek/elektronowa/jonów** particle/ electron/ion emission ⑤ (do atmosfery) discharge, emission; **~a gazów** the emission a. discharge of gases; **ograniczono ~ę dwutlenku węgla do atmosfery** carbon dioxide emission (into the atmosphere) was diminished

❑ **~a radiowa** Fiz. radio emission

emisyjn|y *adi.* ① Ekon. issue *attr.*; **kurs ~y** the rate of issue; **bank ~y** an issuing bank; **konsorcjum ~e** an underwriting syndicate; **prospekt ~y** a prospectus ② Fiz. *[procesy, zdolności]* emission *attr.*; **zdolność ~a substancji** the emissivity of a substance

❑ **widmo ~e** Fiz. emission spectrum

emit|ować *impf vt* ① Fiz. (wysyłać energię) to emit, to emanate; **ten izotop ~uje szkodliwe promieniowanie** this isotope emits dangerous radiation; **energia ~owana przez naszą planetę** the energy emitted by our planet; **~owanie ciepła** the emission of heat ⇒ **wyemitować** ② (wydzielać do atmosfery) to emit, to discharge, to exhale *[gaz]*; **zakłady przemysłowe ~ują zanieczyszczenia/tony pyłów** industrial plants emit pollution/tons of dust; **do atmosfery ~uje się za dużo tlenku węgla** too much carbon monoxide is emitted into the atmosphere ⇒ **wyemitować** ③ Ekon., Poczta (wprowadzić w obieg) to issue *[akcje, pieniądze, znaczki]*; **bank ~uje nowe banknoty** the bank is issuing new banknotes; **obligacje ~owane przez Skarb Państwa** treasury bonds ⇒ **wy-**

emitować ④ Radio, TV (nadawać) to transmit, to broadcast; **~ować program na żywo** to broadcast a programme live; **nasza rozgłośnia ~uje program na falach średnich** our radio station broadcasts on medium wave; **w telewizji ~owany jest ciekawy film** there's an interesting film on TV ⇒ **wyemitować**

emocj|a *f* (*Gpl* **~i**) zw. *pl* emotion; **pozytywne/negatywne/nieoczekiwane/silne ~e** positive/negative/unexpected/strong emotions; **~e rosną/opadają** emotions rise/fall; **dreszczyk/nadmiar ~i** a thrill/ an excess of emotion; **budzący ~e** emotive, stirring; **wyraz twarzy/głos niezdradzający (żadnych) ~i** an expressionless face/ voice; **bez ~i** *[robić coś]* unemotionally, dispassionately; **tylko bez ~i!** pot. stay calm, don't get (all) worked up a. excited; **opanować (swoje) ~e** to control a. contain a. master one's emotions; **przeżywać / wyrażać ~e** to feel/express emotion(s); **wzbudzać (czyjeś) ~e** to stir up sb's emotions; **dać się ponieść ~om** to be a. get carried away by one's emotions

emocjonalnie *adv.* *[dojrzewać, przeżywać, reagować]* emotionally; **przemówienie silnie nacechowane ~** a highly emotional a. emotive speech; **napięty ~** highly strung; **jest osobą niedojrzałą ~** he's emotionally immature

emocjonalność|ć *f sgt* emotionalism, emotionality; **~ć malarza/poety** a painter's/ poet's emotionalism; **sfera czyjejś ~ci** the sphere of sb's emotions; **opinie podszyte ~cią** opinions tinged with emotionality

emocjonaln|y *adi.* ① (dotyczący uczuć) *[stany]* emotional; **czynniki/zaburzenia ~e** emotional factors/disorders; **dystans ~y** emotional distance; **pobudzać aktywność ~ą dziecka** to stimulate a child's emotional activity ② (skłonny do wzruszeń, uczuciowy) *[psychika]* emotional, sensitive; **zaangażowanie ~e** (an) emotional commitment; **jego reakcje są bardzo ~e** his reactions are very emotional; **miała niezwykle ~ą naturę** she had an exceptionally emotional nature

emocjon|ować *impf* Ⅱ *vt* to excite; **~owały go zawody sportowe** sporting events excited him Ⅲ **emocjonować się** to be excited; **kibice ~owali się mistrzostwami piłkarskimi** the fans were excited about the championship; **zaczynała się tym pomysłem ~ować** she was beginning to warm to this idea

emocjonując|y *adi.* *[wydarzenie]* exciting; **film był bardzo ~y** the film was very exciting

emotywn|y *adi.* Jęz. *[funkcja języka]* emotive

empati|a *f sgt* (*GD* **~i**) Psych. empathy; **odczuwać/okazywać ~ę** to feel/show empathy

empiri|a *f sgt* (*GD* **~i**) książk. empirical knowledge; **literacka wizja Ameryki oparta na ~i** a literary vision of America based on empirical knowledge; **znać coś z ~i** to know sth from experience

empirycznie *adv.* książk. empirically; **dowieść/rozpatrywać/stwierdzić coś ~** to

E

prove/consider/establish sth empirically; **przekonać się ~ o czymś** żart. to learn sth the hard way pot.

empiryczn|y adi. Filoz. [badania, dowód] empirical; **nauki ~e** empirical sciences; **świat ~y** the empirical world

empiry|k m [1] (praktyk) pragmatist; **w dziedzinie krytyki literackiej jestem czystym ~kiem** when it comes to literary criticism I am a thoroughgoing pragmatist [2] Filoz. (empirysta) empiricist

empiry|sta m, **~stka** f Filoz. empiricist; **spór ~stów z racjonalistami** a dispute a. debate between empiricists and rationalists

empirystyczn|y adi. Filoz. empiricist; **~a teoria poznania** an empiricist theory of cognition

empiryzm m sgt (G **~u**) Filoz. empiricism; **~ logiczny/sceptyczny/współczesny** logical/sceptical/modern empiricism; **~ epistemologiczny/genetyczny/metodologiczny** epistemological/genetic(al)/methodological empiricism; **głosiciel ~u** an advocate of empiricism

emploi /ãˈplua/ n inv. Teatr specialization; **~ aktorskie/sceniczne** an actor's/a stage specialization; **aktor bez określonego ~** an actor without any specialization

ems|ki adi. of Ems (a German spa); **źródła ~kie mają właściwości lecznicze** the springs of Ems have a therapeutic effect; **sól ~ka** salts from the springs at the spa of Ems; **pastylki ~kie** ≈ tablets of Ems (salts from Ems in the form of tablets)

emu m inv. Zool. emu

emulsj|a f (Gpl **~i**) Chem. emulsion; (farba) emulsion (paint); **szampon ma konsystencję lekkiej ~i** a shampoo has the consistency of a light emulsion; **~a do opalania** a suntan lotion; **~a fotograficzna/światłoczuła** Fot. a photographic/light-sensitive emulsion; **~a korekcyjna** Kosmet. a correction fluid; **~a do pielęgnacji rąk/włosów** a hand/hair lotion; **~a po goleniu** an aftershave lotion

emulsyjn|y adi. emulsive, emulsion attr.; **farba ~a** emulsion (paint)

en bloc /ãˈblok/ książk. en bloc; **przyjmować czyjeś teorie ~** to accept sb's theories en bloc

encefalograf m (G **~u**) Med. encephalograph; **badanie ~em** an encephalograph examination

encefalografi|a f sgt (GD **~i**) Med. encephalography

encefalograficzn|y adi. Med. encephalographic; **pomiar ~y** an encephalographic measurement; **zapis ~y** an encephalogram

encefalogram m (G **~u**) Med. encephalogram

encefalopati|a f (GD **~i**) sgt Med. encephalopathy C/U; **~a gąbczasta bydła** bovine spongiform encephalopathy, BSE

encykli|ka f Relig. encyclical; **~ka papieska o miłosierdziu** a papal encyclical on mercy

encyklopedi|a f (GDGpl **~i**) encyclopedia, encyclopaedia; **~a jednotomowa/wielotomowa** a one-volume/multivolume encyclopedia; **~a ogólna/podręczna/powszechna** a universal/concise/popular ency-

clopedia; **~a przyrodnicza/rolnicza/techniczna/wojskowa** an encyclopedia of nature/agriculture/technology/military terms

■ **on jest chodzącą ~ią** żart. he's a walking encyclopedia żart.

encyklopedycznie adv. (wyczerpująco) comprehensively; (skrótowo) synoptically, in outline form; **przedstawić biografię artysty ~** to present a biography of the artist in an outline form

encyklopedyczność f sgt [1] (skrótowość) conciseness, concision; **~ć definicji/podręcznika** the conciseness of the definition/textbook [2] (wielostronność) compendiousness; **~ć wiedzy** erudition; **~ć czyjejś pamięci/czyjegoś umysłu** the retentiveness of sb's memory/mind

encyklopedyczn|y adi. [1] Wyd. encyclopedic, encyclopaedic; **dzieło/wydawnictwo ~e** an encyclopedic work/publication; **~a notatka/definicja** an encyclopedic note/definition; **słownik ~y** a lexicon [2] przen. **wiedza ~a** (erudycja) encyclopedic knowledge; (powierzchowna) mechanical a. perfunctory knowledge; **~y umysł** a good head for facts and figures; **~a pamięć** a good head/memory for facts and figures

encyklopedyj|ka f iron. small encyclopedia a. encyclopaedia

encyklopedy|sta m [1] (erudyta) polymath; **~sta wielkiego formatu** a polymath of (very) high calibre [2] Hist. Encyclopedist, Encyclopaedist [3] Wyd. encyclopedist, encyclopaedist

encyklopedyst|ka f [1] (erudytka) polymath [2] Wyd. encyclopedist, encyclopaedist

encyklopedyzm m sgt (G **~u**) [1] (w nauczaniu) perfunctory nature [2] Hist. Encyclopedism, Encyclopaedism

endecj|a f sgt (G **~i**) Hist., Polit. National Democratic Party (a right-wing Polish political party created at the turn of the 20th century)

endec|ki adi. Hist., Polit. National Democratic (relating to the right-wing Polish political party)

ende|k m Hist., Polit. National Democrat (a member of the right-wing Polish political party)

endemi|a f sgt (GD **~i**) Med., Wet. endemicity; **~a wola/malarii** the endemicity of goitre/malaria

endemicznie adv. Biol., Med. [panować, występować] endemically; **cholera od wielu wieków występowała ~ na terenie Indii** cholera has been endemic in a. to India for many centuries

endemiczn|y adi. [1] Med. endemic; **choroby ~e (występujące) na tym obszarze** diseases endemic to a. in this area [2] Biol. [organizmy, zwierzęta, rośliny] endemic; **gatunki ~e w tym rejonie** species endemic to this region [3] książk., przen. endemic; **obszary ~ego bezrobocia** regions of endemic unemployment

endokrynolo|g m Med. endocrinologist

endokrynologi|a f sgt (GD **~i**) Med. endocrinology

endokrynologiczn|y adi. Med. endocrinological; **poradnia ~a** an (outpatient) endocrinological clinic

energetycznie adv. **wydajny ~** energy-efficient; **wzbogacać posiłek ~** to increase the meal's calorie content

energetyczn|y adi. Przem., Techn. energy attr.; **gospodarka ~a** energy management; **przemysł/zakład ~y** the power industry/a power plant; **zasoby ~e** energy resources; **światowy kryzys ~y** the world energy crisis; **bilans ~y** energy balance; **linia ~a** a power line; **wartość ~a pożywienia** the caloric value of foods

energety|k m Techn. power engineer; **główny ~k zakładu** the chief power engineer of the industrial plant

energety|ka f sgt [1] Fiz. energetics; **konferencja poświęcona ~ce** a conference on energetics [2] Przem. power industry; **pracownik ~ki** a power industry worker a. employee; **~ka atomowa/jądrowa** the atomic/nuclear power a. energy industry; **~ka cieplna/wiatrowa/wodna** the thermal/wind/water power industry

energi|a f sgt (GD **~i**) [1] (żywotność) energy, vitality; **przypływ ~i** a burst a. surge of energy; **być pełnym ~i życiowej** to be full of energy a. vitality; **obudzić w kimś ~ę** to arouse sb's energy; **pochłaniać ~ę** to consume energy; **trwonić ~ę** to waste energy; **wziąć się do czegoś ze zdwojoną ~ią** to redouble one's efforts to do sth; **rozpiera go ~a** he's bursting with energy; **niespożyta ~a** indefatigable energy; **~a życiowa** vitality [2] Fiz., Przem. energy, power; **ilość/źródło ~i** the quantity/source of energy; **dostarczać/przetwarzać ~ę** to provide/process energy; **pochłaniać/ujarzmiać/wyzwalać/zużywać ~ę** to absorb/harness/release/consume energy; **~a chemiczna/cieplna/elektryczna** chemical/thermal/electric energy; **~a atomowa/jądrowa** atomic/nuclear energy; **~a kinetyczna/mechaniczna** kinetic/mechanical energy; **~a promienista/świetlna** radiant/light energy; **~a słoneczna/wiatrowa/wodna** solar/wind/water power; **~a całkowita/cząstki/fuzji** total/particle/fusion energy; **przerwa w dostawie ~i elektrycznej** a power cut a. failure, a blackout

energicznie adv. grad. energetically, vigorously; **~ zastukała do drzwi** she knocked vigorously at the door; **agencja pracuje coraz ~j** the agency is working more and more actively

energiczność f sgt energy, vigour; **~ć czyichś ruchów** the briskness of sb's movements

energiczn|y adi. grad. energetic, vigorous; **~y chód/głos/ruch** a brisk stride/voice/movement; **~y charakter/pracownik** a lively character/an energetic worker; **~e działanie/środki** energetic activity/measures

energochłonność f sgt Techn. energy consumption; **obniżyć ~ć przemysłu** to reduce industrial energy consumption

energochłonn|y adi. Techn. energy-intensive; **tworzywa ~e** energy-intensive materials; **~e gałęzie przemysłu/technologie** energy-intensive industries/technologies

energooszczędność f sgt energy efficiency; **~ć telewizji cyfrowej/oświetle-**

nia halogenowego the energy efficiency of digital television/halogen lighting

energooszczędn|y *adi. [żarówka]* energy-efficient, energy-saving; **~e oświetlenie/ technologie** energy-efficient lighting/technologies

en face /ãˈfas/ *książk.* en face *książk.*; frontal; **zdjęcie/portret ~** an en face photo/ portrait

enfant terrible /ãˈfã teˈribl/ *n inv. książk.* enfant terrible *książk.*; **ten reżyser to ~ włoskiego kina** this director is the enfant terrible of Italian cinema

enharmoni|a /ˌenxarˈmɔnja/ *f sgt (GD ~i)* Muz. enharmonics

enharmoniczn|y *adi. [dźwięki, gamy]* enharmonic

enigmatycznie *adv. książk.* enigmatically; **odpowiadać/uśmiechać się/wyrażać się ~** to respond/smile/express oneself enigmatically

enigmatyczność|ć *f sgt książk.* enigmatic nature; **~ć postaci/(czyjegoś) zachowania** the enigmatic nature of a character/sb's behaviour

enigmatyczn|y *adi. książk.* enigmatic; **~y uśmiech** an enigmatic smile; **~a kobieta/ mina/odpowiedź** an enigmatic woman/ expression/reply

enkawudzi|sta *m Hist., pot.* NKVD agent *(member of the Soviet security forces)*

enklaw|a *f książk.* enclave; **turecka ~a na greckim terytorium** a Turkish enclave on Greek territory; **~a lasów liściastych** an enclave of deciduous forest

enklityczn|y *adi.* Jęz. enclitic spec.

enklity|ka *f* Jęz. enclitic spec.

encliz|a *f* Jęz. enclisis spec.

ensembl|e /ãˈãsbl/ *m (G ~u, Gpl ~i a. ~ów)* Teatr ensemble; **reżyserować ~e** to direct an ensemble; **~e instrumentalny/ operetkowy/wokalny** an instrumental/an operetta/a vocal ensemble

ensemblow|y /ãsamˈblɔvɪ/ *adi.* Teatr ensemble *attr.*; **partia/scena ~a** an ensemble role/scene

entrée /ãˈtre/ *n inv.* [1] (efektowne wejście) *książk., żart.* entrance; **zrobić wielkie ~** to make a grand entrance [2] Muz. entrée, opening movement; **baletowe/walcowe ~** a ballet/waltz opening

entuzja|sta *m*, **~stka** *f* enthusiast, fan; **~sta romantyzmu/kina francuskiego/ sportowych samochodów** a Romantic literature/French film/sports car enthusiast; **być wiernym ~stą teatru** to be a dedicated theatre fan

entuzjastycznie *adv. grad.* enthusiastically; **przyjąć coś ~/niezbyt ~** to receive sth enthusiastically/unenthusiastically; **być ~ nastawionym do czegoś/kogoś** to be enthusiastic about sth/sb

entuzjastyczn|y *adi. grad.* enthusiastic; **~e powitanie** (an) enthusiastic welcome; **~e recenzje** enthusiastic reviews; **~y tłum** an enthusiastic crowd; **zbyt ~y** overenthusiastic

entuzjazm *m sgt (G ~u)* enthusiasm; **niezmierny/ogromny/żywiołowy ~** boundless/great/wild enthusiasm; **~ dla postępu technicznego/do pracy** enthusiasm for technological progress/for one's

job; **z ~em** enthusiastically, with enthusiasm; **bez ~u** unenthusiastically, halfheartedly; **być pełnym ~u** to be full of enthusiasm; **okazywać/stracić ~** to show/ lose enthusiasm; **budzić/ostudzić czyjś ~** to arouse/dampen sb's enthusiasm; **tryskać ~em** to be bursting with enthusiasm; **odnosić się z ~em do czegoś/kogoś** to show a. radiate enthusiasm for sth/sb; **uniesiony ~em** enthusiastic

entuzjazm|ować *impf* [I] *vt* to enthuse; **to mnie nie ~uje** it's not something I can enthuse over, it's not something I can be a. get enthusiastic about; **te idee zawsze ~owały masy** those ideas have always appealed to the masses

[II] **entuzjazmować się** (być wielbicielem) to be enthusiastic; (zachwycać się w danej chwili) to enthuse; **~ować się sportem/teatrem** to be enthusiastic about sports/the theatre; **„to wspaniały pomysł!” ~ował się** 'that's a great idea!' he enthused ⇒ **rozentuzjazmować się**

en|ty *adi. pot.* nth; **po raz enty** for the umpteenth time *pot.*; **do entej potęgi** to the nth degree

enuncjacj|a *f (Gpl ~i) książk.* enunciation, pronouncement; **~a prasowa** an announcement in the press; **oficjalne ~e** official announcements

enzym *m zw. pl (G ~u)* Biol. enzyme; **~y jamy ustnej/śliny/trawienne** oral/salivary/digestive enzymes; **~y soku trzustkowego i jelitowego** pancreatic and intestinal enzymes; **~y bakteryjne/katalizujące/krzepnięcia krwi/restrykcyjne** bacterial/catalytic/coagulation/restriction enzymes; **klasa ~ów** enzyme group

enzymatyczn|y *adi.* Biol. enzymatic, enzymic; **preparaty/reakcje/zaburzenia ~e** enzymatic preparations/reactions/disorders; **proszek ~y** a. **~y proszek do prania** enzymatic washing powder a. detergent

epat|ować *impf vt książk.* (wprawiać w podziw) to stun, to dazzle; (szokować) to shock, to stun; **~ować kogoś luksusami/bogactwem** to dazzle sb with luxuries/wealth; **~ować widza efektami specjalnymi** to dazzle the audience with special effects; **jego filmy ~ują okrucieństwem** his films are full of a. are a celebration of cruelty

epentetyczn|y *adi.* Jęz. epenthetic spec.

epentez|a *f* Jęz. epenthesis spec.

epicentraln|y *adi.* Geol. epicentral; **punkt ~y** the epicentre GB, the epicenter US

epicentr|um *n (Gpl ~ów)* Geol. epicentre GB, epicenter US; **~um trzęsienia ziemi** the epicentre of an earthquake GB, the epicenter of an earthquake US

epi|cki, ~czny *adi.* Literat. narrative; **gatunek/utwór ~cki** a narrative genre/ work

epickoś|ć *f sgt* Literat. narrative quality; **~ć wiersza** the narrative quality of a poem

epiczny → **epicki**

epidemi|a *f (GDGpl ~i)* [1] Med., Wet. epidemic; **~a grypy/cholery** a flu/cholera epidemic; **a dżumy** the bubonic plague; **wybuch ~i** the outbreak of an epidemic; **wywołać/kontrolować/opanować ~ę** to touch off a. trigger/control/contain an epi-

demic; **walczyć z ~ą** to fight an epidemic; **~a rozprzestrzeniała się błyskawicznie** the epidemic was spreading like wildfire; **osiągnąć rozmiary ~i** to reach epidemic proportions *także przen.* [2] przen. epidemic przen.; craze; **w szkołach szerzy się ~a narkomanii** an epidemic of drug addiction is spreading in our schools; **~a festiwali filmowych/muzyki disco** the craze for film festivals/disco music

epidemicznie *adv.* Med. in epidemic proportions; **choroby zakaźne szerzą się ~** contagious diseases are spreading in epidemic proportions

epidemiczn|y *adi.* Med., Wet. epidemic; **choroby/czynniki/ogniska ~e** epidemic diseases/factors/focuses a. foci

epidemiolo|g *m (Gpl ~owie a. ~dzy)* Med., Wet. epidemiologist

epidemiologi|a *f sgt (GD ~i)* Med., Wet. epidemiology

epidemiologiczn|y *adi.* Med., Wet. epidemiological; **badania ~e** epidemiological research; **stacja sanitarno-epidemiologiczna** a regional disease control centre

epidiaskop *m (G ~u)* Techn. epidiascope

epigon *m (Gpl ~i a. ~owie) książk.* (kontynuator) epigone *książk.*; (naśladowca) epigone *książk.*; imitator; **pozostał ~em wielkich romantyków** he remained a mere epigone of the great Romantic poets; **każdy wybitny twórca będzie miał ~ów** every outstanding artist will have epigones a. epigoni

epigonizm *m sgt (G ~u) książk.* imitativeness; **~ wobec czyjegoś dorobku literackiego** an epigonic relation to sb's literary works

epigońs|ki *adi. książk.* epigone *attr. książk.*, epigonic *książk.*; **~kie malarstwo/próby/ tendencje** epigonic painting/attempts/tendencies

epigoństw|o *n sgt* imitativeness

epigram, ~at *m (G ~u, ~atu)* Hist., Literat. epigram; **dowcipny ~at** a witty epigram

epigramatyczn|y *adi.* Literat. epigrammatic(al); **~a zwięzłość** an epigrammatic conciseness; **~y charakter utworu** the epigrammatic nature of the work

epi|k *m* writer of narrative literature

epi|ka *f sgt* Literat. narrative literature, narrative *C/U*; **~ka historyczna** historical narrative fiction/verse; **~ka ludowa** folk narratives/narrative poems; **~ka rycerska** chivalric narratives/narrative poems; **arcydzieło ~ki** an epic masterpiece

epilepsj|a *f sgt* Med. epilepsy; **atak a. napad ~i** (epileptic) seizure, epileptic fit a. episode; **mieć/cierpieć na ~ę** to have epilepsy, to suffer from epilepsy

epileptyczn|y *adi.* Med. *[atak, osoba, predyspozycje]* epileptic; **atak ~y** an epileptic seizure a. episode a. fit; **skłonności ~e a** predisposition to epilepsy

epilepty|k *m*, **~czka** *f* Med. epileptic; **jest ~kiem** he's (an) epileptic

epilog *m (G ~u)* [1] Literat., Teatr (końcowa część utworu) epilogue; Muz. coda; **do przeczytania został mi tylko ~** I've read everything but the epilogue [2] *książk.* (zakończenie) end; **jaki**

E

był ~ **tej awantury?** what was the outcome of that row?

episkop m (G ~**u**) Techn. episcope; **tekst piosenki wyświetlono nam na ~ie** the episcope was used to project the lyrics

episkopa|t m (G ~**tu**) ① Relig. (ogół biskupów) episcopate, episcopacy; **przedstawiciele ~tu** the representatives of the episcopacy; **polski ~t** the Polish Episcopate ② sgt (godność biskupa) episcopate; **sprawować ~t** to hold a bishopric a. an episcopate; **święcenia ~tu** episcopal ordination

epistemologi|a f sgt (GD ~**i**) Filoz. epistemology; **wykłady z ~i** lectures in epistemology; **wykładać ~ę** to lecture on epistemology

epistemologiczn|y adi. Filoz. [badania, problem, teoria] epistemological; ~**e podstawy nauk ścisłych** the epistemological basis of the sciences

epistolarn|y adi. Literat. epistolary; **powieść ~a** an epistolary novel; **spuścizna ~a pisarza** a writer's epistolary legacy

epistolografi|a f sgt (GD ~**i**) Literat. ① (sztuka pisania listów) letter-writing; **podręcznik ~i** a handbook on the art of letter-writing ② (zbiór listów) correspondence; epistolography spec.; ~**a poety** the poet's (collected) correspondence

epistolograficzn|y adi. Literat. ① (dotyczący sztuki pisania listów) letter-writing attr.; **umiejętności ~e** letter-writing skills; **sztuka ~a** the art of letter-writing; **zanika kunszt ~y** the art of writing letters is dying out ② (dotyczący zbioru listów) epistolary; epistolographic spec.; **dorobek ~y zmarłego poety** the late poet's epistolary legacy

episto|ła f ① żart. (długi, nudny list) epistle, missive; **wypisywał sążniste ~ły** he used to write lengthy epistles ② Relig. (część liturgii) Epistle; ~**łę przeczytał młody kleryk** the Epistle was read by a young cleric

epitafi|jny, ~**alny** adi. ① [napis] epitaphic; [malarstwo, tablica] funerary, commemorative; **portrety ~jne** a. ~**alne na drewnie** funerary portraits on wood; **w nawie kościoła wisiały tablice ~jne** a. ~**alne** commemorative plaques hung in the church nave ② [poezja, twórczość] epitaphic; **wiersz ~ny** a. ~**alny** an epitaphic poem

epitafi|um n (Gpl ~**ów**) (tablica, napis, utwór literacki) epitaph; ~**um ku czci X** an epitaph in memory of X; **kamienne ~a fundatorów kościoła** epitaphs of the church founders carved in stone; **na sarkofagu wyryto ~um** there is an epitaph engraved on the sarcophagus

epite|t m (G ~**tu**) ① Literat. epithet; **poeta użył samych banalnych ~tów** the poet used nothing but banal epithets ② zw. pl pot. (wyzwisko) abuse U, insults zw. pl; **obrzucać kogoś ~tami** to hurl abuse at sb; **obsypał mnie niewybrednymi ~tami** he hurled rude epithets at me

❑ ~**t metonimiczny** Literat. transferred epithet; ~**t stały** Literat. constant a. fixed epithet; ~**t zdobniczy** Literat. ornamental epithet; ~**t złożony** Literat. compound epithet

epizo|d m (G ~**du**) ① (zdarzenie o małym znaczeniu) episode, incident; **ciekawy/zabawny/smutny ~d** an intriguing/a funny/an unfortunate incident; **opowiedzieć ~d z podróży** to relate an episode from one's journey; **godny ubolewania ~d** a lamentable incident; **to był zaledwie drobny ~d** it was merely an insignificant episode ② Kino, Literat., Teatr (fragment) episode; **usunąć z powieści zbędne ~dy** to remove superfluous episodes from the novel; **film pozbawiony wartkiej akcji, złożony z ~dów** an episodically structured film without a fast-paced plot ③ Kino, Teatr (drobna rola) bit part, walk-on; **grywał zarówno role pierwszoplanowe, jak i drobne ~dy** he played leading roles as well as bit parts

epizodycznie adv. ① książk. (sporadycznie) sporadically; **występy odbywały się ~** the performances were given sporadically; ~ **wypowiadał się na tematy polityczne** he expressed his political opinions sporadically ② Kino, Literat., Teatr (na marginesie) episodically; **obrazki z życia wsi wprowadzone do powieści ~** pastoral episodes inserted in the novel; **postać potraktowana ~** a character treated episodically

epizodyczno|ść f sgt ① książk. sporadic a. episodic nature; ~**ć występowania choroby** the sporadic incidence of the disease ② Kino, Literat., Teatr episodic nature; ~**ć postaci/roli** the episodic nature of the character/part

epizodyczn|y adi. ① książk. (rzadki) sporadic, episodic; **charakter ~y** a sporadic a. episodic nature; **zmiany mogą być cykliczne lub ~e** Med. the symptoms may be cyclic(al) or episodic a. sporadic ② Kino, Literat., Teatr (uboczny) secondary; **postać ~a** a secondary character; **wątek ~y** a secondary theme; **rola ~a** a bit part, a walk-on; **wykonawca ról ~ych** a bit player; **grała tylko role ~e** she played only bit parts

epizodzik m dem. (G ~**u**) ① iron. (małe, nieważne wydarzenie) little episode; **byłem świadkiem tego ~u przed naszym domem** I witnessed that little episode in front of our house ② Literat. (nieistotny fragment) insignificant episode; **wtrącał do powieści sporo ~ów** he crammed a lot of insignificant little episodes into his novel ③ Kino, Teatr (mało znacząca rola) (silly little) bit part; **co, znowu dostałaś jakiś ~?** what, you got another silly little bit part?

epo|ka f ① Geol. epoch ② Archeol., Hist. age, period; ~**ka baroku/pozytywizmu** the baroque/positivist period; ~**ka wczesnego średniowiecza** the early medieval period; **człowiek z ~ki kamiennej** Stone Age man; **stroje/przedmioty z ~ki romantyzmu** costumes/objects from the Romantic period; **schyłek** a. **zmierzch ~ki** the twilight of a period; **przełom ~ki** the turn of two epochs; **rekwizyty/umeblowanie z ~ki** authentic period props/furniture; ~**ka lotów kosmicznych** the era of space travel; **wyprzedzać ~kę** to be ahead of one's time ③ Hist. (okres działalności) age, era, epoch; **ideały/wartości minionej ~ki** the ideals/values of a bygone era; ~**ka Edisona** the Edison era, Edison's era; ~**ka**

Szekspira/Napoleona the Shakespearean/Napoleonic era; ~**ka elżbietańska/wiktoriańska** the Elizabethan/Victorian era a. period; **renesans był ~ką wielkich twórców** the Renaissance was an age of great artists ④ (ważny okres) period; **studia stanowiły ważną ~kę w jego życiu** his university years were an important period in his life

❑ ~**ka brązu** Archeol. Bronze Age; ~**ka kamienia gładzonego** a. **neolityczna** Archeol. Neolithic (period), New Stone Age; ~**ka kamienia łupanego** Archeol. Palaeolithic (period), Old Stone Age; ~**ka kamienna** Archeol. Stone Age; ~**ka lodowa** a. **lodowcowa** Geol. Ice Age; ~**ka żelaza** Archeol. Iron Age

■ **być nie z tej ~ki** żart. to be a relic a. relict (of a bygone age)

epokow|y adi. epochal, epoch-making; ~**e dzieło/odkrycie/wydarzenie** an epoch-making work/discovery/event; ~**a podróż dookoła świata** an epochal journey around the world; **odegrać ~ą rolę** to play an epoch-making part

epole|t m (G ~**tu**) pl epaulette; **na jego ~tach widać było nowe dystynkcje** there were new insignia(s) on his epaulettes

epope|ja f (Gpl ~**i**) ① Literat. (poemat epicki) epic (poem); ~**ja heroiczna/komiczna/narodowa** a heroic/mock/national epic ② Kino, Literat. (monumentalne dzieło) epic; ~**ja o drugiej wojnie światowej/Rewolucji Francuskiej** a World War II epic/an epic set during the French Revolution ③ książk. (szereg doniosłych wydarzeń) epic; ~**ja napoleońska** the Napoleonic epic

❑ ~**ja fantastyczna** Literat. fantasy epic; ~**ja heroikomiczna** Literat. mock-heroic epic

epos m (G ~**u**) Literat. epic (poem); ~ **homerycki/ludowy/rycerski** a Homeric/folkloric/chivalric epic; **bohaterowie/fabuła ~u** the heroes/the plot of an epic

e|ra f ① Hist. age, era; **era kosmiczna** the space age, the Space Age; **era telewizji/wynalazków** the age a. era of television/inventions; **era przedchrześcijańska** the pre-Christian era; **era starożytna** antiquity; **era nowożytna** the modern era; **erę antybiotyków zapoczątkowało odkrycie penicyliny** the age of antibiotics began with the discovery of penicillin ② Geol. **era archaiczna** a. **azoiczna** the Archaean a. Azoic (era); **era proterozoiczna** the Proterozoic (era); **era paleozoiczna/mezozoiczna/kenozoiczna** the Paleozoic/Mesozoic/Cenozoic (era); **w erze proterozoicznej rozwinęły się na Ziemi najwcześniejsze formy życia** the earliest life forms evolved on the Earth in the Proterozoic (era)

erekcj|a f (Gpl ~**i**) ① Fizj. (wzwód) erection; **zaburzenia ~i** erectile dysfunction U ② (wzniesienie budowli) erection; ~**a pomnika/kościoła** the erection of a monument/church

erekcyjn|y adi. książk. [akt, przywilej] founding attr.; **tablica ~a wmurowana w ścianę szkoły** a foundation plaque fixed in the wall of the school

erem *m* (*G* ~**u**) remote a. isolated monastery; ~ **kamedułów** an isolated Camaldolite monastery

eremi|ta *m* Relig. eremite

ergo *coni.* książk. (a więc) that is (to say); (zatem) therefore; thus książk.; ergo książk., żart.

er|ka *f* pot. [1] (karetka) ambulance (*equipped for cardiopulmonary resuscitation*); **wezwać erkę** to call an ambulance [2] (oddział szpitalny) intensive care unit, ICU; **leżeć na erce** to be in intensive care [3] (rządowa linia telefoniczna) hotline, direct (telephone) line

erkaem *m* (*G* ~**u**) Wojsk. light machine gun; **krótka/długa seria z ~u** a long/short burst a. volley from a light machine gun; **strzelać z ~u** to fire a light machine gun

erogenn|y *adi.* książk. erogenous, ero(to)genic; **strefy ~e** erogenous zones

Eros *m sgt* [1] Mitol. Eros [2] (miłość fizyczna) **swoboda mówienia o sprawach ~a** openness in discussing sexual matters

erotoman *m* [1] Psych. erotomaniac [2] pot., pejor. sex maniac pot., pejor.

erotomani|a /ˌeroto'maɲja/ *f sgt* (*GD* ~**i**) Psych. erotomania

erotoman|ka *f* [1] Psych. erotomaniac [2] pot., pejor. sex maniac pot., pejor., nympho (maniac) pot., pejor.

erotomańs|ki *adi.* [1] Psych. erotomaniac [2] pot. erotic, sexual; ~**kie fantazje** erotic a. sexual fantasies; ~**kie przygody** sexual exploits

erotycznie *adv.* [pociągać, podniecać] sexually, erotically; **nacechowany ~** erotically charged; **gest ~ niedwuznaczny** an erotically explicit gesture

erotyczn|y *adi.* [1] [doświadczenie] erotic, sexual; **perwersje ~e** sexual perversions; **scena ~a** an erotic a. a sex scene; **sen ~y** an erotic a. a sex dream; **życie ~e** sex life; love life euf.; **miłośnik filmów ~ych** an erotic films enthusiast [2] [utwór] erotic; **wiersz ~y** an erotic poem

erotyk *m* (*G* ~**u**) [1] Literat. (wiersz) love poem; **po paru kieliszkach zaczął cytować frywolne ~i** after a few drinks, he started reciting frivolous poems about sex [2] (film erotyczny) erotic film

eroty|ka *f sgt* (miłość zmysłowa) eroticism, erotism; **w tej poezji ~ka splata się z mistycznym uniesieniem** in this poetry eroticism is intertwined with a mystical elation [2] (sztuka i literatura) erotica; ~**ka Iwaszkiewicza** Iwaszkiewicz's erotica

erotyzm *m sgt* (*G* ~**u**) eroticism a. erotism, sexuality; **znajomość podbarwiona ~em** a friendship tinged with eroticism; ~ **w literaturze i sztuce** eroticism in art and literature

erozj|a *f* (*Gpl* ~**i**) [1] Geol. erosion *U*; (wodna) erosion *U*, scour *U*; ~**a deszczowa/lodowcowa/morska/rzeczna** rain/glacial/coastal a. sea/river erosion; ~**a dna morskiego** tidal scour; ~**a eoliczna/powierzchniowa** wind/sheet erosion; ~**a śnieżna** nivation; ~**a gleby** soil erosion; ~**a wsteczna** headward erosion; **powodować ~ę skał** to erode cliffs [2] Techn. erosion, abrasion; ~**a metali** metal erosion a. abrasion

❑ ~**a elektryczna** Techn. spark erosion

erozyjn|y *adi.* [1] Geol. [*proces*] erosional, erosive; [*gleba, skała*] residual; **baza** a. **podstawa ~a** erosive base (level); **jeziora ~e** glacial lakes [2] Techn. erosion *attr.*, abrasion *attr.*; **obróbka ~a** erosion process

erra|ta Wyd. **I** *f* (arkusz poprawek) errata *pl*; **umieścić błędy w ~cie** to enumerate errors in the errata

II *plt* (*G* ~**tów**) książk. (błędy drukarskie) errata; **długi rejestr ~tów** a long list of errata

ersatz /'erzats/ → **erzac**

erudycj|a *f sgt* erudition; **mieć ~ę** to be erudite; **błyszczeć/popisywać się swoją ~ą** to parade/show off one's erudition; **mowa pełna ~i** a very erudite speech

erudycyjnie *adv.* eruditely; **pisać dowcipnie i ~** to write wittily and eruditely; **przemawiać ~** to speak eruditely

erudycyjnoś|ć *f sgt* erudition, eruditeness; ~**ć (czyjegoś) stylu/(czyjejś) odpowiedzi** the eruditeness of sb's style/reply; **uczone referaty przytłaczały słuchaczy ~cią** the scholarly lectures overwhelmed the audience with their erudition

erudycyjn|y *adi.* erudite; ~**y artykuł/esej** an erudite article/essay; ~**e przemówienie** an erudite speech

erudy|ta *m*, ~**tka** *f* erudite person, polymath

erupcj|a *f* (*Gpl* ~**i**) [1] Geol. eruption; ~**a eksplozywna/podmorska/wulkaniczna/wylewna** an explosive/a submarine/a volcanic/an effusive eruption; **ostatnia ~a Etny** the most recent eruption of Etna; **w tym regionie zdarzają się częste ~e** eruptions often occur in this region [2] przen. eruption, outburst; ~**a uczuć** an eruption a. outburst of feeling; ~**a talentu** an explosion of talent

erupcyjn|y *adi.* Geol. [*gazy, pary, materiał*] eruptive, volcanic; **skały ~e** eruptive a. volcanic rocks

eryni|a, Eryni|a *f zw. pl* (*GDGpl* ~**i**) Mitol. Erinys *zw. pl* rzad.; Fury *zw. pl*

erzac /'erzats/ *m* (*G* ~**u**) pot. ersatz, substitute; ~ **kawy** ersatz coffee, a coffee substitute; **gotowała tradycyjnie, nie używając żadnych ~ów** she cooked in the traditional way, without using any artificial ingredients

es *n inv.* Muz. (dźwięk) E flat

❑ **Es-dur** E flat major; **es-moll** E flat minor

esbecja *f* pot., pejor. *SB, the secret police in Communist Poland*

esbec|ki *adi.* pot., pejor. *connected with the secret police in Communist Poland*

esbe|k *m* pot., pejor. *a member of the secret police in Communist Poland*

eschatologi|a *f* (*GDGpl* ~**i**) Filoz., Relig. eschatology; ~**a chrześcijańska/średniowieczna/Platona** Christian/medi(a)eval/Platonic eschatology

eschatologiczn|y *adi.* [*dzieła, wiara*] eschatological; **wyobrażenia ~e** eschatological concepts/images

escud|o /e'skudo/ *m, n inv.* Fin. escudo

esei|sta *m*, ~**stka** *f* Literat. essayist

eseistycznie *adv.* Literat. **ująć wykład ~** to approach a lecture as if it was an essay

eseistyczn|y *adi.* Literat. [*proza, tekst*] essayistic; **książka o charakterze ~ym** a book written in an essayistic style; **ma on lekki, ~y styl** he's got a light, essayistic style of writing

eseisty|ka *f sgt* Literat. essay writing; ~**ka historyczna/krytyczna/naukowa** historical/critical/scholarly essay writing; **zbiór współczesnej ~ki francuskiej** a collection of contemporary French essays

esej *m* (*G* ~**u**) Literat. essay; **błyskotliwy ~** a witty essay; ~ **historyczny/filozoficzny/naukowy** a historical/philosophical/scholarly essay

esencj|a *f* (*Gpl* ~**i**) [1] (roztwór, wywar) essence *C/U*, extract *C/U*; ~**a bulionowa/cytrynowa/waniliowa/ziołowa** beef/lemon/vanilla/herbal extract; ~**a rumiankowa** c(h)amomile essence a. extract; ~**a owocowa/zapachowa** a fruit/an aromatic essence; ~**e spożywcze** flavourings GB, flavorings US, extracts [2] (napar) infusion; (herbaciana) brew, infusion; **mocna ~a** a strong brew; **wlać ~i do filiżanki i dopełnić gorącą wodą** pour a strong infusion of tea into the cup and add hot water [3] książk. (istota, sedno) essence; ~**a bytu/władzy** the essence of existence/power; ~**a i sens utworu literackiego** the essence and meaning of a literary work [4] Filoz. essence

❑ ~**a octowa** Chem., Przem. vinegar essence; ~**a perłowa** Przem. pearl essence

esencjaln|y *adi.* essential; ~**y związek człowieka z Bogiem** the essential relationship between man and God

esencjonaln|y *adi.* [1] Kulin. (nierozcieńczony) [*bulion, zupa, sos*] thick, strong; **mój żołądek woli potrawy mniej ~e** my stomach prefers meals that aren't so highly seasoned; **jeżeli wywar jest zbyt ~y, możemy go rozcieńczyć** if the broth is too strong, we can thin it down [2] (intensywny) strong; ~**y kolor** a vivid colour; ~**y zapach** an intense aroma [3] przen. (zwięzły, treściwy) [*artykuł, notatki, wykład*] pithy; **streszczenie musi być krótkie i ~e** a summary has to be short and pithy

esesman *m* Hist. SS man, member of the SS

esesman|ka *f* Hist. SS woman

esesmańs|ki *adi.* Hist. [*czapka, zbrodniarz*] SS *attr.*; **kopniak ~kiego buta** the kick of an SS man's boot

eskad|ra *f* Wojsk. (w lotnictwie) flight; (w marynarce) squadron; ~**ra bombowców/samolotów wroga** a bomber flight/a flight of enemy aircraft; **nad miastem krążyła ~ra myśliwców** a fighter flight was circling over the town; ~**ra krążowników/kutrów torpedowych/pancerników** a cruiser/torpedo boat/battleship squadron; **nocą nasza ~ra opuściła port** by night our squadron left the harbour

eskalacj|a *f sgt* książk. escalation; ~**a działań wojennych/przemocy** an escalation of military activity/violence; ~**a wojny** an escalation of the war; **powstrzymać ~ę konfliktu** to de-escalate the conflict

eskapa|da *f* (przygoda) escapade; (wycieczka) jaunt, outing; **ryzykowna/niebezpieczna**

E

~**da** a risky/dangerous escapade; **wybierać się na kilkudniową ~dę w góry** to take off for the mountains for a few days pot.; **zorganizować ~dę nad morze** to organize a trip a. jaunt to the seaside; **samotna ~da za miasto** a solo trip to the countryside

eskapistyczn|y *adi.* książk. escapist; **twórczość/postawa ~a** escapist writing/an escapist attitude; ~**y sposób myślenia** an escapist way of thinking

eskapizm *m sgt* (*G* ~**u**) książk. escapism; **studiowanie historii jest dla niego formą ~u** studying history is a kind of escapism for him

eskor|ta *f* [1] (konwój) (armed) escort, guard; ~**ta policyjna** a police escort; **więźniów zabrano pod ~tą** the prisoners were taken away under escort a. guard; **bez ~ty** unescorted [2] (asysta) entourage, escort; ~**ta prezydencka** the president's entourage; ~**tę króla stanowili jeźdźcy na koniach arabskich** the king's entourage consisted of riders on Arab horses [3] Wojsk. (zespół okrętów) escort; ~**tę konwoju stanowiło pięć niszczycieli** the convoy escort consisted of five destroyers

eskort|ować *impf vt* [1] (pilnować) to escort; ~**ować więźnia** to escort a prisoner; ~**ować pieniądze** to transport money under escort; ~**ować konwój** to escort a convoy; **być ~anym** to be escorted a. under escort; **więzień był ~any tylko przez jednego człowieka** the prisoner only had a one-man escort; ~**anie jeńców to zadanie dla wojska** escorting prisoners of war is a job for the army [2] (towarzyszyć) to escort, to accompany; ~**ować księcia/króla/prezydenta** to escort a prince/king/president; **kawaleria ~owała orszak księcia** the prince's retinue was escorted by the cavalry; **w drodze na lotnisko prezydenta ~ował oddział motocyklistów** a motorcycle escort accompanied the president to the airport

eskulap *m* (*Npl* ~**pi** a. ~**owie**) daw., żart. sawbones przest., żart.; **miejscowy ~ aplikował mi jakieś nieznane leki** the local sawbones was treating me with some strange medicines

esowato *adv.* like an S; **pręty wygięte ~** S-shaped rods

esowa|ty *adi.* S-shaped, S-like; ~**ty kształt/wzór** an S-like shape/pattern; ~**ty grzbiet gór** an S-shaped mountain ridge

espadryl *m*, ~**a** *m, f zw. pl* (*Gpl m* ~**i**, *Gpl f* ~**i**) espadrille

esperal *m sgt* Farm. disulfiram; **leczenie ~em** disulfiram treatment (*for alcoholism*)

esperanc|ki *adi.* [czasopismo, gramatyka, poeta] Esperanto attr.; ~**ka wersja językowa Biblii** an Esperanto version of the Bible; **światowy ruch ~ki** the world Esperantist movement

esperan|to *n, n inv. sgt* Jęz. Esperanto; **spektakl grany w ~to** a performance in Esperanto

esperanty|sta *m*, ~**stka** *f* Esperantist; **światowy ruch ~stów** the world Esperantist movement

estaka|da *f* [1] Transp. (wiadukt) flyover GB, overpass; ~**da o trzech pasmach ruchu** a

three-lane flyover; **autostradę przeprowadzono ~dą nad rondem** the motorway was carried over the roundabout by a flyover [2] Inż. (pomost) gantry

este|ta *m*, ~**tka** *f* aesthete, esthete US; **subtelna ~tka** a subtle aesthete

estetycznie [] *adv.* (pod względem estetyki) aesthetically, esthetically US; **publiczność niewyrobiona ~** an audience lacking (in) aesthetic discernment

[] *adv. grad.* (ładnie) aesthetically, esthetically US, tastefully; **ubierać się ~** to dress tastefully a. in an aesthetically pleasing way; ~ **dobrane dodatki** tastefully chosen accessories; **pokój wygląda ~** the room is aesthetically pleasing; ~ **urządzone mieszkanie** an aesthetically a. tastefully appointed flat; **ta szafa nie wygląda tu zbyt ~** that cupboard doesn't look too elegant here

estetyczność|ć *f sgt* [mieszkania, ubioru] aesthetic quality, taste; ~**ć czyjegoś wyglądu** the aesthetic quality of sb's appearance

estetyczn|y [] *adi.* [dociekania, poglądy, postawa] aesthetic, esthetic US; **doznania ~e** an aesthetic experience; **smak ~y** aesthetic taste; **zmysł ~y** aestheticism, aesthetic sense; **walory ~e dzieła sztuki** the aesthetic qualities of a work of art; **przeżycie ~e** an aesthetic experience; **medycyna ~a** a cosmetic surgery

[] *adi. grad.* (ładny) [ubiór, wygląd] aesthetic(ally pleasing), esthetic(ally pleasing) US; ~**y wygląd mieszkania** the aesthetic appearance of the flat

estety|k *m* Nauk. aesthetician, esthetician US

estety|ka *f sgt* [1] Filoz. aesthetics (+ *v sg*), esthetics (+ *v sg*) US; ~**ka jako dyscyplina wyodrębniła się w XVIII wieku** aesthetics emerged as a distinct field in the eighteenth century [2] (piękno) aesthetic qualities *pl*, beauty; ~**ka dnia codziennego** the aesthetics of everyday life; ~**ka ruchów tancerki** the beauty of the dancer's movements; **dbać o ~kę w miejscu pracy** to care about the aesthetic qualities of the workplace

Esto|ńczyk *m*, ~**nka** *f* Estonian

estońs|ki [] *adi.* Estonian

[] *m sgt* (język) Estonian; **przełożyć tekst na ~ki** to translate a text into Estonian; **mówić po ~ku** to speak (in) Estonian; **umowę spisano po ~ku** the contract was written in Estonian

estra|da *f* [1] (podium) stage; **występować na ~dzie** to appear on the stage; **wejść na ~dę** to come on (to the) stage; **zejść z ~dy** to leave a. go off the stage; **śpiewała na niemal wszystkich znaczących ~dach Europy/krajowych i zagranicznych** sang on almost all of the major stages in Europe/at home and abroad [2] *sgt* (przemysł rozrywkowy) **gwiazda ~dy** a stage a. show-business star; **związać się z ~dą** to become a professional (stage) performer; **po wieloletniej przerwie wróciła na ~dę** after an interval of many years she made a comeback

estradow|y *adi.* [aktor, piosenkarz] stage attr.; **artysta ~y** a stage performer a. artist;

widowisko ~e a stage production; **występy ~e** stage performances

estragon *m* (*G* ~**u**) [1] Bot. tarragon U [2] *sgt* Kulin. tarragon; **doprawić mięso ~em** to season meat with tarragon

estragonow|y *adi.* tarragon attr.; **ocet ~y** tarragon vinegar; **olejek ~y** tarragon essential oil

estym|a *f* książk. esteem książk.; **cieszyć się ~ą** to be (highly) esteemed, to be held in (high) esteem; **darzyć kogoś ~ą** to hold sb in (high) esteem; **wzbudzić w kimś ~ę** to rise in sb's estimation

es|y-flores|y *plt* (*G* **esów-floresów**) (deseń) curlicues, wavy a. serpentine design *sg*; (w piśmie odręcznym) (ozdobne zwijasy) curlicues, flourishes; (bazgroły) scribbles, squiggles; **tapeta w złote esy-floresy** wallpaper with gold curlicues on it; **narysuj pieska, nie te esy-floresy** draw a dog, not those squiggles

et *inter.* ah!

etamin|a *f sgt* Włók. ≈ muslin

etaminow|y *adi.* [bluzka, sukienka] ≈ muslin attr.

etap *m* (*G* ~**u**) [1] (część przebytej drogi) stage, leg; **podróżować ~ami** to make a trip in stages; **ostatni ~ naszej podróży był najdłuższy** the last leg of our journey was the longest; **górskie ~y wyścigu są najtrudniejsze** the mountain stages of the race are the most difficult [2] (faza, stadium) stage, phase; **kolejne ~y policyjnego śledztwa** the successive stages of a police investigation; **wczesny ~ rozwoju** an early stage of development; **rozłożyć coś na ~y** to break sth up into a. down into stages, to divide sth into phases; **wprowadzać/wycofywać coś ~ami** to phase sth in/out; **wygrać kolejny ~ w konkursie/wyścigu** to win the next stage in a competition/race; **zacząć nowy ~ w życiu** to begin a new phase a. stage in one's life; **być na ~ie prac wstępnych/przygotowań** to be in the initial stages [3] (miejsce postoju) resting place, staging post [4] Hist. (transport więźniów lub zesłańców) **odbyć drogę ~em** to be transported (to a penal colony); **co tydzień odchodziły tysięczne ~y na Syberię** every week transports of thousands of exiles left for Siberia

❏ ~ **rębny** Leśn. fell

etapowo *adv.* in a. by stages; **przeprowadzać coś ~** to carry sth out in stages a. phases [reformę, wycofywanie wojsk]; **prace prowadzone są ~** the work is proceeding in stages

etapowoś|ć *f sgt* division into stages; **ich plan zakłada ~ć prowadzonych prac** according to their plan, the work will be carried out in stages a. phases

etapow|y *adi.* [podróż] in stages; [proces] step-by-step, gradual

eta|t *m* (*G* ~**tu**) [1] (stałe zatrudnienie) (permanent) job; **pełny ~t** a full-time job, full-time employment; **część/pół ~tu** a part-time job; **pracować na całym ~cie/na części ~tu** to work full-time/part-time; **wolny ~t** a (job) vacancy; **redukcja ~tów** job cuts, staff reduction; **być na ~cie** to have a steady a. regular job; **mieć ~t w szkole/w klinice** to be (permanently) employed at a school/clinic [2] Wojsk. unit

etatowo *adv.* ~ **pracował jako kierowca** he had a steady a. regular job as a driver; **kandydat, który przejdzie eliminacje, zostanie zatrudniony** ~ the successful candidate will be employed full-time

etatow|y *adi.* ① (zatrudniony na etacie) ~**y pracownik** (na stałe) a permanent a. regular employee; (na pełnym etacie) a full-time employee, a full-timer ② *żart.* professional *żart.*, regular *żart.*; ~**y czarnowidz** a professional gloom-monger *pot., iron.*; a doom and gloom merchant *pot., żart.*; **nasz** ~**y podrywacz** a regular ladykiller; **nasz** ~**y wesołek** our resident joker a. prankster

etażer|ka *f* etagere; whatnot (shelf) *pot.*

etc. (= et cetera) etc.

et cetera /et'tsetera/ *książk.* et cetera

ete|r *m sg* (*G* ~**ru**) ① *Chem.* ether *C/U* ② (w dawnej fizyce) (a)ether ③ *Radio* the ether, the air(waves); **komunikat poszedł w** ~**r** the announcement went out on the air; **cisza w** ~**rze** radio silence; **na falach** ~**ru** through a. across the ether a. airwaves ④ *poet.* (czyste niebo) (a)ether *poet.*

  ❏ ~**r etylowy** (diethyl) ether

eterni|t *m sg* (*G* ~**tu**) *Budow.* asbestos-cement roofing material

eternitow|y *adi.* [dach, płyta] asbestos-cement *attr.*

eteryczn|y *adi.* ① *Chem.* etheric, ethereal; **olejki** ~**e** essential oils ② *książk.* (delikatny) [postać, wygląd] ethereal

ethos /'etos/ → **etos**

Etiop|czyk *m*, ~**ka** *f* Ethiopian

etiops|ki *adi.* Ethiopian

etiu|da *f* ① *Muz.* étude ② *Literat.* study

  ❏ ~**da filmowa** short film, film study a. étude; ~**da szkolna** film-school exercise

etnicznie *adv.* ethnically; **tereny** ~ **polskie/niemieckie** ethnically Polish/German regions

etniczn|y *adi.* [grupa, muzyka, mniejszość] ethnic; **czystki** ~**e** ethnic cleansing; **odrębność** ~**a** ethnicity; **zamieszki na tle** ~**ym** ethnic riots a. disturbances

etno- *w wyrazach złożonych* ethno-; **etnocentryzm** ethnocentrism; **etnogeneza** ethnogenesis; **etnolingwistyka** ethnolinguistics

etnograf *m* (*Npl* ~**owie**) ethnographer

etnografi|a *f sgt* (*GD* ~**i**) ethnography

  ❏ ~**a muzyczna** ethnomusicology

etnograficzn|y *adi.* [badania, wystawa] ethnographic(al); **muzeum/zbiory** ~**e** an ethnographic museum/collection

etnolo|g *m* (*Npl* ~**dzy** a. ~**owie**) ethnologist

etnologi|a *f sgt* (*GD* ~**i**) ethnology

etnologiczn|y *adi.* [badania, studia] ethnological

etnonim *m* (*G* ~**u**) *Jęz.* ethnonym

etnonimi|a *f sgt* (*GD* ~**i**) *Jęz.* ethnonymics (+ *v sg*), the study of ethnonyms

etol|a *f* (*Gpl* ~**i**) (z futra) stole, tippet; ~**a z norek** a mink stole

etos *m sgt* (*G* ~**u**) ethos; ~ **rycerski/Solidarności** the ethos of chivalry/of Solidarity; ~ **pracy** work ethics

etui /etu'i/ *n inv.* (na okulary, pierścionki, wizytówki) case; (na klucze, płyty CD, dyskietki) holder

etycznie *adv.* [zachować się, żyć] ethically, morally; **postępować** ~ to act ethically a.

morally; **ten czyn był usprawiedliwiony/wątpliwy** ~ from an ethical point of view the action was justified/questionable, the action was ethically justified/questionable

etyczność *f sgt* ethicality

etyczn|y *adi.* [zagadnienie, norma, zasada] ethical; **kodeks** ~**y naukowca** a scientist's code of ethics, a code of ethics for scientists

ety|k *m* moral philosopher, ethicist

ety|ka *f sgt* ① *Filoz.* ethics (+ *v sg*), moral philosophy ② (ogół ocen i norm moralnych) ethic(s); ~**ka lekarska/zawodowa** medical/professional ethics; **kodeks** ~**ki dziennikarskiej** a code of ethics for journalists a. of journalistic ethics; ~**ka mediów** (mass) media ethics; ~**ka biznesu** business ethics; ~**ka chrześcijańska** Christian ethics, the Christian ethic; **naruszenie zasad** ~**ki** a breach of ethics; **sejmowa komisja** ~**ki** the Seym's Ethics Committee

etykie|ta *f* ① (na produkcie) label ② *Komput.* label; ~**ta pliku** a file label; ~**ta nagłówkowa** a header label ③ *sgt* (normy zachowania) etiquette; **zasady** ~**ty** principles a. rules of etiquette; ~**ta dworska** court etiquette; **zgodnie/niezgodnie z** ~**tą** in accordance with/contrary to (the rules of) etiquette

  ❏ ~**ta językowa** *Jęz.* verbal etiquette

  ■ **przypięto** a. **przyczepiono mu/mi** ~**tę buntownika/reakcjonisty** he/I was labelled a rebel/reactionary

etykietaln|y *adi.* formal, ceremonious; ~**y ukłon** a formal bow; ~**e powitanie** a formal a. ceremonious welcome

etykiet|ka *f dem.* (small) label

etylin|a *f* leaded petrol GB, leaded gas(oline) US; ~**a super** leaded four-star petrol GB, super octane leaded gas(oline) US

etymolo|g *m* (*Npl* ~**gowie** a. ~**dzy**) etymologist

etymologi|a *f* (*DGGpl* ~**i**) ① *Jęz.* (pochodzenie wyrazu) etymology ② *sgt* (dział nauki) etymology

  ❏ ~**a ludowa** *Jęz.* folk etymology

etymologicznie *adv.* etymologically; ~ **Diana wywodzi się od Diviana** etymologically, Diana is a derivative of Diviana

etymologiczn|y *adi.* [słownik] etymologic-al

etymon *m* (*G* ~**u**) *Jęz.* etymon spec.

eucharysti|a /ˌewxa'rɪstja/ *f sgt* (*GD* ~**i**) *Relig.* ① (sakrament) the Eucharist; **sprawować Eucharystię** to celebrate the Eucharist ② (komunia) the Eucharist, Holy Communion; **przyjmować** ~**ę** to receive the Eucharist

eucharystyczn|y /ˌewxarɪs'trɪtʃnɪ/ *adi.* Eucharistic(al); **kongres** ~**y** a Eucharistic congress

eufemistycznie /ˌewfemis'tɪtʃne/ *adv.* [mówić, wyrażać się] euphemistically

eufemistyczn|y /ˌewfemis'tɪtʃnɪ/ *adi.* euphemistic; **wyrażenie** ~**e** a euphemistic expression; **zwrot** ~**y** a euphemistic term

eufemizm /ew'femizm/ *m* (*G* ~**u**) euphemism; **posłużyć się** ~**em** to employ a euphemism

eufoni|a /ew'fonja/ *f sgt* (*GD* ~**i**) *Jęz., Literat.* euphony

eufori|a /ew'forja/ *f sgt* (*GD* ~**i**) euphoria; **dać się ponieść** ~**i** (to allow oneself) to be carried away by euphoria; **wpaść w** ~**ę** to

become euphoric; **na wieść o tym ogarnęła go** ~**a** on hearing the news he became euphoric

euforycznie /ˌewfo'rɪtʃne/ *adv.* [reagować, oceniać] euphorically

euforyczn|y /ˌewfo'rɪtʃnɪ/ *adi.* [nastrój, stan] euphoric

eukaliptus /ˌewka'liptus/ *m* Bot. (drzewo) eucalyptus, gum tree

eukaliptusow|y /ˌewkaliptu'sovɪ/ *adi.* [las, drewno, olejek, cukierek] eucalyptus *attr.*

eunuch /'ewnux/ *m* (*Npl* ~**owie** a. ~**y**) eunuch

euro /'ewro/ *n inv.* Fin. euro

euro- *w wyrazach złożonych* Euro-; **eurorynek** Euromarket; **eurowaluta** Euro-currency

euroatlantyc|ki /ˌewroatlan'tɪtski/ *adi.* Euro-Atlantic

eurocentryczny /ˌewrotsen'trɪtʃnɪ/ → **europocentryczny**

eurocentryzm /ˌewro'tsentrɪzm/ → **europocentryzm**

Eurocity /ˌewro'sitɪ/ *m inv.* Kolej. EuroCity (train)

euroczek /ˌewro'tʃek/ *m* Fin. Eurocheque GB, Eurocheck US

europeizacj|a /ˌewropeji'zatsja/ *f sgt* Europeanization; **ulegać** ~**i** to undergo Europeanization, to become Europeanized; **postępująca** ~**a** increasing Europeaniza-tion

europeizm /ewro'pejizm/ *m* (*G* ~**u**) ① *Jęz.* European cognate ② (europejskość) Europeanism

europeiz|ować /ˌewropeji'zovatɕ/ *impf* Ⅰ *vt* to Europeanize; **trzeba** ~**ować nasz przemysł, aby mógł konkurować z zagranicznym** our industry needs to be Europeanized in order to keep up with foreign competition

Ⅱ **europeizować się** to Europeanize, to become Europeanized; **już wtedy jazz zaczął się** ~**ować** even then jazz was beginning to become Europeanized

Europej|czyk /ewro'pejtʃɪk/ *m*, ~**ka** *f* European; **pierwszy** ~**czyk, który opłynął południowy kraniec Afryki** the first European to navigate the Southern tip of Africa; ~**czyk w każdym calu** a European to the core; **klimat niekorzystny dla** ~**czyków** a climate that's hard on Euro-peans

europejs|ki /ewro'pejski/ *adi.* [język, cywilizacja, kultura] European; **ubrana po** ~**ku** dressed European-style

europejskoś|ć /ewro'pejskoɕtɕ/ *f sgt* Eur-opeanism

europocentryczno|ść /ewˌropotsen'trɪtʃnoɕtɕ/ *f sgt* Eurocentrism

europocentryczn|y /ewˌropotsen'trɪtʃnɪ/ *adi.* Eurocentric

europocentryzm /ewˌropo'tsentrɪzm/ *m sgt* (*G* ~**u**) Eurocentrism

euroregion /ˌewro'regjon/ *m* (*G* ~**u**) Euroregion

eutanazj|a /ˌewta'nazja/ *f sgt* euthanasia, mercy-killing

  ❏ ~**a eugeniczna** eugenic euthanasia

Ew|a *f* Eve; **być w stroju Ewy** [kobieta] to be naked

E

ewakuacj|a *f* (*Gpl* ~**i**) (budynku, terenu, ludności) evacuation; **proponuję natychmiastową** ~**ę** żart. let's get out of here a. take off! pot.

ewakuacyjn|y *adi.* **plany**~**e** evacuation plans; **droga** ~**a** evacuation route, emergency a. escape route

ewaku|ować *pf imp* **ǁ** *vt* to evacuate *[ludzi]*; ~**ować ludność cywilną z terenów zagrożonych atakiem nieprzyjaciela** to evacuate the civilian population from areas under threat of enemy attack; **po wybuchu wojny zostaliśmy** ~**owani w głąb kraju** when the war broke out we were evacuated to the interior

ǁ ewakuować się **1** (z zagrożonych terenów) to be evacuated, to evacuate; **szpital się** ~**uje, bo nieprzyjaciel zbliża się do miasta** the hospital is being evacuated because enemy forces are approaching the town **2** pot., żart. (wychodzić) to take off pot., to bail out US pot., żart.; **jeszcze jedno rozdanie i będziemy się** ~**ować** one more round and we'll be taking off

ewangeli|a *f* (*GD* ~**i**) **1** (*Gpl* ~**i**) Relig. (opis życia i nauki Chrystusa) Gospel; ~**e apokryficzne/kanoniczne** apocryphal/canonical Gospels; ~**e synoptyczne** the Synoptic Gospels, the Synoptics **2** *sgt* Relig. (wiara) Gospel; **głosić** ~**ę** to spread a. preach the Gospel **3** *sgt* Relig. (część nabożeństwa) the (Gospel) reading **4** *sgt* przen. gospel (truth); **słowa ojca traktował jak** ~**ę** he took his father's words as gospel; **wierzyć w coś** a. **przyjmować coś jak** ~**ę** to take sth as gospel (truth)

■ **kłaść głowę pod** ~**ę** książk. (narażać życie) to risk one's neck; (pakować się w trudną sytuację) to put a. lay one's head on the (chopping) block; **nie będę pakował zdrowej głowy pod** ~**ę** żart. I'm not going to put a. lay my perfectly good head on the (chopping) block żart.

Ewangeli|a *f* (*GD* ~**i**) **1** *sgt* (tekst czterech ewangelistów) the Gospel **2** (*Gpl* ~**i**) (jedna z czterech) Gospel; ~**a według św. Mateusza/Łukasza/Marka/Jana** the Gospel according to a. of St. Matthew/Luke/Mark/John

ewangelic|ki *adi.* Relig. *[cmentarz, duchowny, wyznanie]* evangelical; **Kościół** ~**ki** the Evangelical Church

ewangelicyzm *m sgt* (*G* ~**u**) Relig. evangelicalism

ewangeliczn|y *adi.* Relig. gospel *attr.*, evangelical; ~**a miłość bliźniego** evangelical love of one's neighbour; ~**a przypowieść o synu marnotrawnym** the gospel story a. parable of the prodigal son

ewangeli|k *m*, ~**czka** *f* Relig. evangelical

ewangeli|sta *m* Relig. (autor Ewangelii) Evangelist

ewangelizacj|a *f sgt* Relig. evangelization

ewangelizacyjn|y *adi.* Relig. evangelizing, proselytizing; **działalność** ~**a** evangelizing a. proselytizing (activity)

ewenemen|t *m* (*G* ~**tu**) phenomenon, sensation; ~**t towarzyski** a (major) social event a. sensation; the talk of the town pot.; **jego książka jest** ~**tem** his book is a real sensation a. made a big splash

ewentualnie ǀ *adv.* **spytałem, czy** ~ **uczyłby mnie muzyki** I asked if he might perhaps teach me music; **mam przejrzeć tekst i** ~ **nanieść poprawki** I have to go through the text and make any necessary corrections; **ustalić, czy i** ~ **jakie działania przedsięwziąć** to decide what action, if any, should be taken; **Anglia, Francja i** ~ **Niemcy** England, France, and possibly Germany; **mogę** ~ **z tobą pójść** I can go with you if you like/if need be; ~ **możemy wysłać dokumenty pocztą** if necessary, we could send the documents by post

ǁ *coni.* or, alternatively *adv.*; **zaproszenie powinno zostać doręczone osobiście,** ~ **przez posłańca** the invitation should be delivered personally or by a messenger

ewentualnoś|ć *f* (*Gpl* ~**ci**) (przewidywana sytuacja) eventuality; (możliwość) possibility; **musisz być przygotowany na wszystkie** ~**ci** you must be prepared for all eventualities; **istnieje taka** ~**ć** there is such a possibility; **nie można wykluczyć takiej** ~**ci** that possibility can't be ruled out

ewentualn|y *adi.* *[wojna, zmiany, szkody]* possible, potential; **dyskutować o** ~**ych zmianach w rządzie** to discuss possible changes in the cabinet

ewidencj|a *f* (*Gpl* ~**i**) Admin. (spis) register, record(s); ~**a pacjentów** patients' records; ~**a wydatków** a record a. account of expenditures a. expenses; ~**a ludności** the (population) census, population records; ~**a gruntów** land records; **dostęp do** ~**i** access to the records; **prowadzić** ~**ę czegoś** to keep records of sth; **sporządzić szczegółową** ~**ę czegoś** to make a detailed record of sth; **zajrzeć do** ~**i** to look up the records

ewidencjon|ować *impf vt* to inventory *[części zamienne, narzędzia]*; to keep a record of *[wydatki, transakcje]* ⇒ **zewidencjonować**

ewidencyjn|y *adi.* *[karta]* record *attr.*; *[numer]* identification *attr.*

ewidentnie *adv.* książk. *[zdenerwowany, winny, zły]* obviously, clearly; **to była** ~ **jego wina** it was obviously his fault; **dowody** ~ **przemawiają na jego korzyść** the evidence is clearly in his favour

ewidentn|y *adi.* książk. *[błąd, nonsens, dowód, korzyść]* evident, obvious

ewok|ować *impf vt* książk. *[poezja, autor, dzieło sztuki]* to evoke *[wspomnienie, nastrój]*

ewolucj|a *f* **1** *sgt* książk. evolution (**czegoś** of sth); ~**a jego poglądów politycznych** the evolution of his political views; **przechodzić (ciągłą)** ~**ę** to undergo (constant) evolution **2** *sgt* Biol. evolution; ~**a człowieka** human evolution, the evolution of man; **teoria** ~**i** the theory of evolution; **najważniejszym czynnikiem** ~**i jest**

dobór naturalny natural selection is the primary mechanism of evolution; **przebieg** ~**i** the course of evolution **3** *zw. pl* (*Gpl* ~**i**) acrobatics *pl/U*, acrobatic manoeuvres *pl* GB, acrobatic maneuvers *pl* US; ~**e powietrzne** (ptaków) aerial evolutions; ~**e lotnicze** a. **powietrzne** aerial acrobatics; **wykonywać** ~**e** to perform acrobatic manoeuvres

❑ ~**a emergentna** Filoz. emergent evolution

ewolucjoni|sta *m* evolutionist

ewolucjonistyczn|y *adi.* *[pogląd, system]* evolutionist

ewolucjonizm *m* (*G* ~**u**) *sgt* Biol., Filoz., Sociol. evolutionism

ewolucyjnie *adv.* **1** (stopniowo) *[zmieniać się, przebiegać]* gradually **2** Biol. *[odległy, różny]* in evolutionary terms, evolutionarily; **małpy są naszymi najbliższymi** ~ **krewniakami** in evolutionary terms apes are our closest relatives

ewolucyjn|y *adi.* **1** (stopniowy) *[zmiana, proces]* gradual, evolutionary; **przemiany przebiegają w sposób** ~**y** the process of transformation is a gradual one; **zmiany ustrojowe dokonały się w sposób** ~**y** the political changes took place in an evolutionary manner **2** Biol. *[proces, rozwój]* evolutionary

ewolu|ować *impf vi* książk. *[osoba, gatunek, poglądy]* to evolve; **pisarz** ~**ował od reportażu ku esejowi** the writer evolved from reportage towards essay writing

ex aequo /eg'zekfo/ **pierwszą nagrodę otrzymali** ~ **Lis i Cox** the first prize was awarded joint to Lis and Cox, Lis and Cox were joint winners; **dwóch biegaczy zajęło** ~ **trzecie miejsce** the two runners came (in) a. finished joint third; **w rankingu nasza firma zajęła piąte miejsce** ~ **z firmą z Lublina** in the ranking our firm occupied fifth place together with a company from Lublin; **Korea zajmuje szesnaste miejsce** ~ **z Japonią** Korea shares sixteenth place with Japan

ex definitione /,egzdefiˌni'tsjone/ by definition

Exodus /e'ksodus/ *m* (*G* ~**u**) Bibl. Exodus

exodus /e'ksodus/ *m sgt* (*G* ~**u**) książk. (emigracja) exodus; **masowy** ~ **ludności do sąsiednich krajów** a mass exodus of the population to neighbouring countries; **urlopowy** ~ żart. the holiday exodus żart.

explicite /eks'plitsite/ explicitly, expressly

exposé /,ekspo'ze/ *n inv.* Polit. policy statement; **wygłosić** ~ to deliver a policy statement

expres /'ekspres/ → **ekspres**

expressis verbis /eks'pressis 'verbis/ in express a. explicit terms

ezopow|y *adi.* Aesopian rzad.

ezoteryczноś|ć *f sgt* książk. esotericism książk., esoteric character książk.; **krytykowano jego poezję za zbytnią** ~**ć** his poetry was criticized as being too esoteric

ezoteryczn|y *adi.* książk. *[nauka, wiedza, stowarzyszenie]* esoteric książk.

F, f *n inv.* ① (litera) F, f ② (w numeracji) **punkt 5 i 5f** points 5 and 5f; **mieszkam pod numerem 5f** I live at 5f ③ Muz. F; **F-dur** F major; **f-moll** F minor; **koncert f-moll** a concerto in F minor

fa *n inv.* Muz. fah, fa

fabrycz|ka *f dem.* small factory, small plant; **~ka guzików/pończoch/opakowań** a small button/hosiery/packaging factory

fabrycznie *adv.* **wytwarzany** a. **produkowany ~** factory- a. machine-made; **~ wykonane hafty** machine embroidery; **~ zamknięte opakowanie** a factory-sealed package; **~ nowy** brand new

fabryczn|y *adi.* ① (odnoszący się do fabryki) *[teren, syrena, pracownicy]* factory *attr.*; **dzielnica ~a** a factory a. an industrial district; **usterka** a. **wada ~a** a manufacturing defect a. flaw; **znak ~y** a trade mark ② (wytworzony w fabryce) factory *attr.*; **haft ~y** machine embroidery

fabry|ka *f* ① (zakład) factory, plant; **~ka samochodów/obrabiarek** a car/machine tool factory; **~ka papieru** a paper mill; **~ka porcelany** a porcelain manufacturing works; **~ka pracuje pełną parą** the plant is working at full capacity a. (at) full steam ② (pracownicy) factory; **cała ~ka strajkuje od tygodnia** the whole factory has been on strike for a week ③ przen., pejor. mill przen., pejor., assembly a. production line przen., pejor.; **ta uczelnia to ~ka niedouczonych absolwentów** this university is (nothing but) a degree factory
■ **~ka snów/marzeń** (Hollywood) Dream Factory

fabrykanc|ki *adi.* przest. *[pałac, salon]* industrial baron's, industrialist's

fabrykan|t *m* przest. manufacturer, factory owner; **~t zabawek** a toy manufacturer

fabryk|ować *impf vt* ① (podrabiać) to fabricate *[alibi]*; to forge *[dokumenty, zaświadczenia, dzieła sztuki]*; **~ować dowody** to fabricate evidence ⇒ **sfabrykować** ② przest. (produkować) to produce, to manufacture *[tkaniny, meble]* ⇒ **sfabrykować**

fabularnie *adv.* *[przedstawić, ująć]* as a narrative, in narrative form; **biografia malarza przedstawiona ~** a fictionalized biography of the artist; **epizod stanowi zamkniętą ~ całość** the episode is a unified narrative whole

fabularn|y *adi.* ① (fikcyjny) fictional; **proza ~a** fiction; **film ~y** a feature film ② (odnoszący się do wątku, fabuły) plot *attr.*, story *attr.*; **konstrukcja ~a powieści** the plot struc-

ture of the novel; **wątek ~y** the storyline; **schemat ~y** a fictional pattern

fabularyzacj|a *f* książk. fictionalization; **ten film to udana ~a biografii Kopernika** the film is a successful fictionalization a. dramatization of Copernicus' life

fabularyz|ować *impf vt* to fictionalize *[historię, pamiętnik]*; **reżyser ~uje biografię kompozytora** the director is filming a fictionalized biography of the composer a. a dramatization of the composer's life

fabularyzowan|y Ⅱ *pp* → **fabularyzować**
Ⅲ *adi.* *[reportaż, film]* fictionalized; **~y dokument** fictionalized documentary; (w telewizji) docudrama; **~y dokument o romansie Kafki z Dorą Dymant** a docudrama about Kafka's romance with Dora Dymant

fabu|ła *f* (powieści, sztuki, filmu) plot, story, storyline; **powieść historyczna o sensacyjnej ~le** a historical novel that reads like a thriller

facecik *m dem.* (Npl **~i**) pot., żart. small a. little bloke GB pot., small a. little guy pot.

facecj|a *f* (Gpl **~i**) ① książk. (anegdota, żart) witty anecdote, funny story; **zabawiał nas ~ami** he amused us with witty anecdotes ② Literat. facetiae *zw. pl* spec.

facecjoni|sta *m* ① książk. (żartowniś, człowiek dowcipny) wit ② Literat. humorist

face|t *m* pot. bloke GB pot., guy pot.; **fajny ~t** a great guy; **porządny z ciebie ~t** you're a decent bloke

facet|ka *f* pot. woman; gal US pot.; **świetna ~ka** a great gal; **~ka od chemii** środ., Szkol. the chemistry teacher

fach *m* (G **~u**) trade, line of work; **kolega po ~u** a colleague in the same line of work; **krawiectwo damskie to dobry ~** dressmaking is a good trade; **nauczyć się (jakiegoś) ~u** to learn a trade; **zna swój ~ jak mało kto** he knows his job better than most
■ **mieć ~ w ręku** to have (learned) a trade

fachman *m*, **~ka** *f* pot. expert; whiz(z) pot.; **nie znasz jakiegoś ~a od telewizorów?** do you know of a good TV repairman?; **zajął się nią jakiś ~ od urazów kręgosłupa** some spine trauma wizard is taking care of her pot.; **to partacz a nie ~** he's no expert, he's a bungler pejor.

fachow|iec *m* ① (specjalista) specialist, expert; **dobry/ceniony ~iec** a good/highly regarded specialist; **kadra ~ców** professional staff; **musisz zatrudnić ~ca, a nie amatora** you need to hire an expert, not an amateur ② pot. (rzemieślnik) repairman; **po-**

psuł mi się kran i musiałem wezwać ~ca my tap broke and I had to call a repairman

fachowo *adv.* ① (specjalistycznie) *[wykształcony, przygotowany]* professionally ② (poprawnie) *[wykonać]* capably, competently; (jak zawodowiec) expertly, like a professional; **~ opatrzyć ranę** to dress a wound expertly a. like a pro pot.; **niczego nie umie zrobić ~** he can't do anything the way it should be done

fachowoś|ć *f sgt* professionalism, expertise; **~ć obsługi/załogi** the professionalism of the staff/crew; **wymagam ~ci i zaangażowania** I expect professionalism and commitment

fachow|y *adi.* ① (specjalistyczny) *[terminologia, wykształcenie]* specialist; **żargon ~y** professional jargon; **prasa ~a** specialist a. professional journals ② (kompetentny) *[firma, usługa]* professional, expert; **trzeba tu ~ej ręki elektryka** this needs the skills of a professional electrician

fachu|ra *m* (Npl **~ry**) pot. expert; whiz(z) pot.; **~ra od komputerów** a computer whiz(z); **to dobry ~ra, zna się na tej robocie** he's a real expert, he knows his job

facja|ta *f* ① Budow. garret, attic room ② pot., żart. (twarz) mug pot.; phiz(og) GB pot., żart. ③ daw. (frontowa ściana) facade a. façade; (część ściany) mansard, gambrel

facjat|ka *f dem.* Budow. (small) garret

facsimile /ˌfaksɪˈmiːle/ → **faksymile**

fagas Ⅰ *m pers.* (Npl **~y** a. **~i**) ① pot. (służący) footman, lackey ② pot., pejor. (pochlebca) yesman pot., pejor.; toady ③ pot., pejor. (kochanek) fancy man pot., pejor. ④ pot., obraźl. jerk pot., pejor., sap pot., pejor.
Ⅲ *m anim.* Zool. Pomeranian coarsewool sheep

fagoci|sta *m*, **~stka** *f* Muz. bassoonist

fago|t *m* (G **~tu**) Muz. bassoon; **grać na ~cie** to play the bassoon

fair /fer/ Ⅰ *adi. inv.* *[osoba, rywalizacja, gra]* fair; **nie był ~ wobec żony** he wasn't fair to his wife
Ⅲ *adv.* *[postępować, zachowywać się]* fair(ly)

fair play /fer'plej/ Ⅰ *adi. inv.* *[postawa, zachowanie]* fair
Ⅲ *n inv., f inv.* Sport fair play; **przestrzegać zasad ~** to adhere to a. stick to the principles of fair play

fa|ja *f* ① *augm.* (large) pipe ② pot., obraźl. (człowiek mało zaradny) wally GB pot., pejor., duffer pot., pejor.; **ale z ciebie faja!** what a duffer you are!

fajans m (G ~u) [1] (wyrób ceramiczny) faience U rzad.; earthenware U, pottery U; **talerz z ~u** a faience a. earthenware a. pottery plate; **~e holenderskie** delft U, Dutch faience [2] posp., pejor. (rzecz kiepskiej jakości) (piece of) crap posp., pejor., (piece of) junk posp., pejor.

fajansow|y adi. [kubek, talerz, serwis] faience attr. rzad.; earthenware attr., pottery attr.

fajcz|yć impf pot. **[1]** vi (palić tytoń) to smoke; **~y od wielu lat** he's been smoking for years
[III] **fajczyć się** [budynek, las] to be up in smoke pot. ⇒ **sfajczyć się**

fajecz|ka f dem. (small) pipe

fajer|ka f stove-lid
■ pot. **awantura na dwadzieścia cztery ~ki** a right old ding-dong GB pot., a knock-down drag-out (fight) US; **zrobił się skandal na dwanaście ~ek** it exploded into a full-blown scandal; **zabawa** a. **gra na cztery ~ki** the time of one's life

fajerwerk m (G ~u) [1] (sztuczny ogień) firework zw. pl; **pokaz ~ów** a firework(s) display; **puszczać ~i** to let off GB a. set off US fireworks [2] przen. (błyskotliwa uwaga) flash of wit; wisecrack pot.; **przy gościach wyrzucał z siebie ~i dowcipu** in company he would crack one joke after another

faj|ka f [1] pipe; **palić ~kę** to smoke a pipe; **pykać ~kę** to puff on a pipe [2] zw. pl pot. (papieros) fag GB pot., ciggy GB pot., smoke pot.; **paczka ~ek** a packet of smokes GB, a pack of smokes US; **skocz po ~ki, co?** go and get some ciggies, will you? [3] (do oddychania) snorkel [4] pot. (znak) tick GB, check (mark) US; **postaw ~kę w odpowiedniej kratce** tick the appropriate box GB, check the appropriate box US; **stawiała ~kę przy nazwiskach osób, które odesłały ankietę** she put a tick by a. against the names of those who had sent back the questionnaire
■ **~ka pokoju** peace pipe także przen.; **wypaliliśmy** a. **wypaliłem z nim ~kę pokoju** we decided to bury the hatchet

fajkow|y adi. [dym, tytoń] pipe attr.

fajn|ie, ~o adv. grad. pot. [śpiewać, pisać, ubierać się] great pot., in a cool way pot.; **~ie mieszkać** to live in a. have a cool place, to live in a. have a great flat/house; **~ie wyglądać** to look good a. great a. cool; **~ie, że już jesteś** it's great that you're here; „**wczoraj zdałem ostatni egzamin**" – „**~ie!**" 'I passed my last exam yesterday' – 'great!' a. 'cool!'

fajn|y adi. grad. pot. [osoba, książka, film, spodnie, samochód] cool pot.; great; **~a/ najfajniejsza zabawa** a good a. great time/the time of one's life

fajowo adv. grad. pot. in a cool a. far-out way pot.

fajow|y adi. pot. [osoba, książka, film, spodnie, samochód] cool pot., far out pot.

fajran|t m (G ~tu) pot. (koniec dnia pracy) knocking-off time GB pot., quitting time US pot.; **mamy ~t do poniedziałku** we're free a. we have time off till Monday

fajtłap|a m, f (Npl m ~y, Gpl m ~ a. ~ów; Npl f ~y, Gpl f ~) pot., pejor. (niezdara) butterfingers pot.; klutz US pot., pejor.; (nieudacznik) loser pot., pejor., deadbeat pot., pejor.; **ten ~a rozbił żarówkę** that butter-

fingers broke the lightbulb; **to ~a, nic nie umie załatwić** he's a loser, he can't get anything done

faki|r m (Npl ~rzy a. ~owie) [1] (asceta hinduski) fakir, faquir [2] (połykacz noży) sword-swallower; (połykacz ognia) fire-eater

faks m (G ~u) [1] (urządzenie) fax (machine), telefax; **numer ~u** a fax number; **spis numerów ~ów** a fax directory; **prześlij mi te dane ~em** send me the data by fax [2] (wiadomość) fax (message); **wysłać ~ komuś** a. **do kogoś** to send sb a fax, to fax sb

faks|ować impf vt to fax; **~ować notowania giełdowe** to fax the market quotes a. quotations; **~owali już (do nas) w tej sprawie** they've already faxed us regarding this matter ⇒ **przefaksować**

faksow|y adi. fax attr.; **linia ~a** a fax line; **papier ~y** fax paper

faksymil|e n (Gpl ~iów) facsimile; **~ia autografów/listów** facsimiles of autographs/letters

faksymilow|y adi. [wydanie, reprodukcja, wersja] facsimile attr.

fak|t m (G ~u) fact; **dziwny/niezwykły/ znany/mało znany ~t** a strange/peculiar/ well-known/little-known fact; **~t bezsporny/niezbity** an indisputable/irrefutable fact; **suche/nagie/ustalone ~ty** dry/the plain/the established facts; **~t historyczny/naukowy/społeczny** a historical/scientific/social fact; **~t dokonany** a fait accompli; **oparty na ~tach** based on fact a. the facts, factual; **zgodny/niezgodny z ~tami** factual/nonfactual; **po ~cie** after the fact, afterwards; **refleksja po ~cie** an afterthought; **literatura ~tu** non-fiction; **stać się ~tem** to become fact; **trzymać się ~tów** to stick to the facts; **przeinaczać/przytaczać/ustalić ~ty** to distort a. twist/cite/establish (the) facts; **popierać tezę/twierdzenie ~tami** to substantiate a thesis/statement; **uprzedzać ~ty** (w narracji) to get ahead of one's story; (przesądzać, przewidywać) to get ahead of oneself; **~t tem** a. (**to**) **~t** admittedly, it's true (that...); **liczyć się z ~tami** a. **stawić czoło ~om** to face the facts; **ja tylko stwierdzam ~ty** I'm only stating the facts; **~ty mówią same za siebie** the facts speak for themselves; **miał miejsce następujący ~t** the following event(s) took place; **dowodem jego zbrodni jest ~t, że... **the fact that... proves his guilt; **~tem jest, że budżet jest ograniczony, ale...** it's true that the budget is limited, but...
❏ **~t prawny** Prawo material fact

faktografi|a f sgt (GD ~i) [1] (gromadzenie faktów) fact-finding; **trzeba odróżnić ~ę od oceniania i interpretowania** it's necessary to distinguish fact-finding from assessment and interpretation [2] (zbiór faktów) factual material; **powieść nasycona ~ą** a novel full of factual material; **~a chopinowska** (the) collected facts about Chopin, a Chopin data bank; **czysta ~a** the plain a. unadorned facts

faktograficznie adv. (zgodnie z faktami) factually; **książka bogata ~** a book rich in factual material

faktograficzn|y adi. factual; **dokumentacja ~a** factual documentation; **rzetelność ~a** meticulous adherence to (the) facts

faktori|a f (GDGpl ~i) Handl., Hist. factory przest.; trading post; **portugalska załoga ~i kupieckiej** the Portuguese staff of a merchant trading post

faktu|ra f [1] Handl. (rachunek) invoice; **otrzymać/wystawić ~rę na zakupiony towar** to receive/issue an invoice for goods purchased; **wysłać ~rę** to send an invoice; **oryginał/kopia ~ry** an original a. duplicate invoice; **~ra pro forma** a pro forma invoice [2] Literat., Muz. (budowa dzieła) texture; **~ra powieści/filmu** the texture of a novel/film; **~ra polifoniczna** a polyphonic texture [3] Szt., Techn. (powierzchnia) texture; **~ra muru/obrazu** the texture of a wall/ picture; **~ra gładka/chropowata/prążkowana** a smooth/rough/striated texture

fakturow|y adi. [1] Handl. invoice attr.; **cena ~a netto** a net invoice price [2] Szt., Techn. textural; **cechy ~e muru/rysunku** the textural features of a wall/drawing; **ścieg ~y** a textural stitch; **kompozycja ~a** a textural composition

faktycznie pot. **[1]** adv. in fact, in reality; **rząd ~ nie robi nic** as a matter of fact the government is doing nothing
[III] part. indeed; **~, robi się późno** it's indeed getting late; **~, to nie był jego najlepszy film** you're right, it wasn't his best film

faktyczn|y adi. actual, real; **~y przywódca** the real leader; **stan ~y gospodarki** the actual state of the economy

fakultatywnie adv. książk. optionally; **uczyć czegoś ~** to offer sth as an optional course GB, to offer sth as an elective (course) US

fakultatywnoś|ć f sgt książk. (nieobowiązkowość) optionality, optional nature; **~ć wariancji morfologicznej/okoliczników** the optional character of morphological alternation/adverbials

fakultatywn|y adi. książk. (dowolny) optional; (nieobowiązkowy) non-obligatory, non-compulsory; **~e przedmioty szkolne** non-compulsory school subjects

fakulte|t m (G ~tu) [1] (wydział) faculty GB, department a. school US; **mieć ~t pedagogiczny** to have a degree in pedagogy; **ukończyć ~t prawny** to graduate from the law faculty GB, to graduate from law school US; **robić drugi ~t** (kolejne studia) to do a degree in a second subject; (studia równoczesne) to study two subjects a. in two departments, to study for a joint degree GB, to be on a joint-degree programme GB, to have a second major US, to be in a dual-degree program US [2] pot., Szkol. (zajęcia) exam prep course US pot.; Uniw. optional course, option GB, elective US

fal|a f [1] (na wodzie) wave; (drobna) ripple, wavelet; **~a morska/sztormowa/powodziowa** a sea a. an ocean/a storm/a flood wave; **~a przybojowa** a. **przyboju** a breaker, a beachcomber; **~a przybrzeżna** surf, a coastal wave; **~a przypływu** high water, high tide; **~a głębinowa** groundswell; **~a boczna/czołowa** a beam/head sea; **~a dziobowa/rufowa** a bow/stern wave; **wysoka ~a** a rough sea; **martwa ~a** a swell; **dziewiąta ~a** the ninth wave; **grzbiet ~i** the crest (of a wave); **grzywa ~i** a whitecap; **bryzg ~i** spindrift; **płynąć z ~ą/przeciw ~i** to swim/sail with/against the current; **pruć ~e** to plough the waves a. seas; **kołysać się na ~ach** to be rocked by the waves; **tratwa łagodnie kołysała się na ~ach** the raft was gently rocked by the waves; **pływanie na ~i przybojowej** body surfing; **~a uderzała** a. **~e uderzały o brzeg/łódź** the waves were crashing against the shore/boat ② (lok) wave; **~a włosów** the wave of one's hair; **modelować włosy w ~e** to set one's hair in waves; **ciemne ~e spłynęły jej na czoło** dark waves cascaded over her forehead; **układać (się) w ~e** to wave ③ (silnie oddziałujące zjawisko) wave; **~a mrozów** a cold wave; **~a upałów napływa** a heat wave is moving in; **~a demonstracji** a wave of demonstrations; **kolejna ~a mody na lata sześćdziesiąte** another revival of 60's fashions; **~a strajków rozprzestrzenia się** the wave of strikes is spreading ④ (grupa ludzi) wave; **~a imigrantów/jeńców** a wave of immigrants/captives; **wpuścić ~ę uchodźców** to let in an influx of refugees; **płynąć ~ą** to move/travel en masse ⑤ (przypływ uczuć, emocji) wave; (niezadowolenia, radości) tide; (wspomnień) flood; (złości) surge; **zalała nas ~a radości** a wave of joy swept over us; **ogarnęła go ~a gniewu** a surge of anger welled up in him; **po spotkaniu z nią przypłynęła ~a wspomnień** after meeting with her, the memories came flooding back ⑥ Fiz. wave; **~a akustyczna/radiowa/sejsmiczna/uderzeniowa** a sound/radio/seismic/shock wave; **~e elektromagnetyczne/harmoniczne** an electromagnetic/a harmonic wave; **~e świetlne/ultradźwiękowe** an light/an ultrasonic wave; **~e długie/średnie/krótkie** Radio long/medium/short waves; **~e ultrakrótkie** Radio ultra-high frequency; **~e Hertza** Hertzian waves; **długość ~i** wavelength; **wysokość** a. **amplituda ~i** wave amplitude; **widmo/emisja ~** wave spectrum/emission; **nadawać na tych samych/różnych ~ach** to transmit on the same wavelength/on different wavelengths ⑦ (w wojsku) (gnębienie) bullying; ≈ hazing US

❑ **nowa ~a** Kino new wave, nouvelle vague; **reżyserzy nowej ~i** new wave directors; **~a meksykańska** Sport Mexican wave

■ **być na ~i** (odnosić sukcesy) to be on a roll, to be riding high; (być modnym) to be popular, to be in vogue; **jest teraz pisarzem na ~i** he's now a popular writer; **firma jest na ~i** the company is on a roll; **na ~ach eteru** Radio on the air; **witam państwa na ~ach eteru** welcome to our radio transmission; **porozumiewamy się na ~ach eteru** we communicate by radio; **na ~i czegoś** on the (rising) tide of sth przen.; **na ~i społecznego niezadowolenia/ostatnich wydarzeń** on the rising tide of social unrest/in the wake of recent events; **na ~i entuzjazmu uchwalono nowe święto** on the wave of enthusiasm a

new holiday was established; **nadawać na tych samych ~ach** pot. to be on the same wavelength pot.; **utrzymać się na ~i** to keep one's head above water przen.

falan|ga f ① (gromada) phalanx; **~ga pieszych uciekinierów** a phalanx of refugees travelling on foot; **maszerować zwartą ~gą** to march in a solid phalanx ② Hist., Wojsk. (w starożytnej Grecji) phalanx; (w Hiszpanii) the Falange (Party); (w Libanie) the Phalange (Party)

falban|a f flounce, ruffle; **koronkowa/marszczona/szeroka ~a** a lace/gathered/wide a. deep ruffle a. flounce; **spódnica z ~a** a flounced skirt; **wykończyć coś ~ą** to trim sth with a ruffle a. flounce; **doszyć ~ę** to add a ruffle a. flounce

falbania|sty adi. ruffled, flounced; **~sta suknia** a ruffled a. frilly dress; **~ste rękawy/zasłony** ruffled a. flounced sleeves/curtains

falban|ka, **~eczka** f dem. frill, ruche; **obszyła mankiety bluzki koronkowymi ~kami** she edged the cuffs of the blouse with lace frills

fali|sto, **~ście** adv. grad. ① książk. (tworząc fale) wavily; **miała ~sto ułożone włosy** she had wavy hair; **~sto wykończone brzegi serwety** the scalloped edges of a tablecloth ② (pagórkowato) **ścieżka wiła się ~sto wśród wzgórz** a path undulated among the hills

falistoś|ć f sgt ① (kształt fal) (włosów) waviness; (blachy) corrugation ② (pagórkowatość) undulation; **~ć krajobrazu** the undulation of the landscape ③ (skręt włókien, wełny) crimp C/U

fali|sty adi. ① (w kształcie fal) [ornament, włosy] wavy; [metal] corrugated; **blacha ~sta** corrugated iron; **linia ~sta** a wavy line ② (pagórkowaty) rolling, undulating; **~sty krajobraz/teren** a rolling a. an undulating landscape/terrain

faliście → falisto

fallicz|ny adi. książk. phallic; **kształt/motyw ~y** a phallic shape/motif; **kult ~y** phallicism, phallism

fallus m (A ~a) książk. phallus

falochron m (G ~u) ① (na brzegu) breakwater; **~ betonowy/pneumatyczny** a concrete/pneumatic breakwater; **fale rozbijały się o ~** the waves crashed against the breakwater; **statek przybił do ~u** a ship reached the breakwater ② (na statku) bulwark zw. pl

fal|ować impf **Ⅰ** vt ① (poruszać) [wiatr] to ripple [powierzchnię wody]; **łagodna bryza ~owała toń morza** a gentle breeze was rippling the surface of the sea ⇒ **sfalować** ② (nadawać kształt fali) to corrugate [blachę]; **~owana dachówka** a pantile ⇒ **sfalować** ③ Włók. **~owanie dzianiny** loop sinking

Ⅱ vi ① (poruszać się faliście) [zboże] to wave, to ripple; [dym] to waft, to billow; [woda] to ripple, to roll; [drzewa, tłum] to sway; [pierś] to heave; [flaga] to wave; **tłum ~ował niespokojnie** the crowd swayed restlessly ⇒ **zafalować** ② (tworzyć fale) [włosy] to wave; [teren, droga] to undulate; **~ujące włosy** wavy hair; **~ująca łagodnie linia wzgórz** the gently rolling hills ③ przen.

(zmieniać się) to fluctuate, to oscillate; **nastroje społeczne ~ują** public moods a. sentiments fluctuate

falow|y adi. ① (rytmiczny) regular, periodic; **~y ruch wody** the regular movement of the water; **~e ataki lotnictwa** periodic air raids ② Fiz., Radio wave attr.; **ruch ~y** wave motion; **teoria ~a** wave theory; **zjawisko ~e** a wave phenomenon; **przełącznik zakresów ~ych** Radio a frequency a. (wave)band selection switch

falsecik m dem. (G ~u a. ~a) pejor., żart. high-pitched squeak pejor., żart.; **z tym pискliwym ~iem nie nadajesz się do pracy w teatrze** you can't work in the theatre with that high, squeaky voice

false|t m (G ~tu) ① Muz. falsetto; **śpiewać ~tem** to sing falsetto ② (piskliwy głos) falsetto, high-pitched voice; **zaśmiać się nieprzyjemnym ~tem** to laugh in an unpleasant falsetto; **głos wpadający w ~t** a voice bordering on falsetto

falsetow|y adi. Muz. falsetto attr.; **dysponować ~ym głosem** to have a falsetto voice

falstar|t m (G ~tu) ① Sport false start; **popełnić ~t** to make a false start ② przen. washout pot.; misfire przen.

falsyfikacj|a f (Gpl ~i) ① książk. (dokumentów) falsification; (dzieła sztuki, pieniędzy, paszportu) counterfeit, forgery ② Filoz. falsification, disproof

falsyfika|t m (G ~tu) (dokument) falsification; (dzieło sztuki, podpis) forgery; (banknot) counterfeit; **~t paszportu/podpisu** a forged passport/signature; **obraz uznano za ~t** the painting was deemed (to be) a forgery

fa|ł m (G ~łu) Żegl. halyard; **wybrać/luzować/rozbuchtować fały** to haul on a. away/loosen a. veer/uncoil the halyards

fał|d m (G ~du) ① (fałda) crease, fold; **~d skóry** a skin fold; **~d ubrania** a crease a. fold in a garment; **układać się w ~dy** to fall in folds; **udrapować tkaninę w ~dy** to drape fabric in folds ② Biol. **~d skórny** plica spec. ③ Geol. fold; **~d monoklinalny/siodłowy** a monoclinal/an anticlinal fold; **wypiętrzenie ~dów** fold uplift a. upthrust

fał|da f ① (zakładka) pleat; **spódnica (układana) w ~dy** a pleated skirt ② (nierówność) crease, fold; **~da koca/sukni** a fold a. crease in the blanket/dress; **~da skóry/tłuszczu** a fold of skin/fat; **miękka/cienka/gruba ~da** a soft/thin/thick fold; **sute ~y** rich folds; **~dy na policzkach** jowls

❑ **~da mongolska** Antrop., Med. epicanthus, epicanthic fold

fałd|ka f dem. crinkle, wrinkle; **w ~ki** crinkled; **ułożyć materiał w ~ki** to gather the fabric; **~ki tłuszczu** folds of fat

fałd|ować impf **Ⅰ** vt to crease, to fold; **~ować materiał** to gather a. fold the fabric; **wiatr ~uje powierzchnię jeziora** the wind is rippling the surface of the lake; **uśmiech ~ował mu twarz** a smile crinkled his face ⇒ **sfałdować**

Ⅱ fałdować się ① (układać się w fałdy) to crinkle, to fold; **czoło mu się ~uje** his forehead is creased; **ta tkanina łatwo się**

F

~uje this fabric drapes nicely ⇒ **sfałdować się** ② Geol. to fold; **~owanie się warstw skorupy ziemskiej** the folding of the Earth's crust ⇒ **sfałdować się**

fałdowa|nie [] *sv* → **fałdować**

[] *n* Geol. **~nie alpejskie** the Alpine orogeny

fałdowan|y [] *pp* → **fałdować**

[] *adi.* pleated; **~y rękaw bluzki** the full sleeve of a blouse; **~a spódnica** a full a. pleated skirt

fałdzi|sto, ~ście *adv.* voluminously; **~sto upięte kotary** deep swag a. deeply swagged curtains

fałdzistoś|ć *f sgt* fullness, voluminousness; **~ć płaszcza/peleryny/spódnicy** the fullness a. voluminousness of a coat/cloak/skirt

fałdzi|sty *adi.* full, gathered; **~sta spódnica/suknia/peleryna** a full a. pleated skirt/a billowy a. billowing dress/a billowy a. billowing cloak

fałdziście → **fałdzisto**

fałsz *m* (*G* **~u**) ① (kłamstwo) falsehood, lie; **~ historyczny** a historical falsehood; **to ~, nigdy mnie tam nie było** that's a lie, I've never been there ② (obłuda) insincerity *U*, falseness *U*; **wyczuć ~ w czyichś słowach** to sense insincerity a. a false note in sb's words; **zadać komuś ~** książk. to prove sb a liar ③ Muz. false note; clinker pot.; **słyszeć najdrobniejszy ~** to hear the slightest false note; **wpadać w ~** to slip out of tune a. off key ④ Filoz. falsity; **~ twierdzenia** the falsity of a proposition

fałszers|ki *adi.* forgery attr., counterfeiting; **arcydzieło sztuki ~kiej** a masterpiece of the art of forgery

fałszerstw|o *n* (podrabianie) forgery *C/U*, falsification *U*; (oszustwo) fraud *C/U*; **~o banknotów** banknote forgery, (the) counterfeiting of banknotes; **~o dokumentów** (the) falsification a. forging of documents; **~o paszportów** passport forgery; **~o obrazów** ≈ art forgery; **~o wyborcze** electoral fraud, vote-rigging; **wykryć ~o** to discover a forgery/fraud; **złapać kogoś na ~ie** to catch sb committing a. engaged in fraud; **nosić cechy ~a** to look like a forgery/fraud; **okazać się ~em** [banknot, czek] to turn out to be fake a. counterfeit a. forged; [obraz, rzeźba] to turn out to be a forgery a. a fake; [znalezisko archeologiczne, praca naukowa] to turn out to be bogus a. a fake

fałszerz *m* (*Gpl* **~y**) counterfeiter, forger; **~ dokumentów/obrazów** a forger of documents/an art forger; **~ pieniędzy** a counterfeiter; **paść ofiarą ~a/gangu ~y** to fall victim to a forger/a ring of counterfeiters

fałsz|ować *impf* [] *vt* ① (podrabiać) to forge, to counterfeit; **~ować dzieła sztuki/podpisy** to forge a. counterfeit works of art/signatures; **~ować pieniądze** to counterfeit money; **banknoty często są ~owane** banknotes are often counterfeited; **siedzieć w więzieniu za ~owanie pieniędzy** to be imprisoned for forging money ⇒ **sfałszować** ② (przedstawiać nieprawdę) to falsify, to distort; **~ować historię/prawdę** to distort history/the truth; **~ować wybory** to rig elections; **~ować**

dane to falsify a. manipulate the data; **~ować wyniki** to falsify a. distort the results ⇒ **sfałszować** ③ (dodawać inne substancje) to adulterate; **~ować miód** to adulterate honey; **~ować wino** to adulterate wine; (rozcieńczać wodą) to water down wine; **~owanie olejków eterycznych jest trudne do udowodnienia** the adulteration of essential oils is difficult to prove ⇒ **sfałszować** ④ Muz. to sing [sth] out of tune a. off key

[] *vi* Muz. (w śpiewie) to sing out of tune a. off key; (na instrumencie) to play out of tune a. off key ⇒ **sfałszować**

fałszowan|y [] *pp* → **fałszować**

[] *adi.* ① (podrobiony) falsified, fake; **~e dokumenty/dolary** falsified documents/counterfeit dollars ② [produkty] adulterated; adulterate; **~y miód** adulterated honey

fałszywie *adv. grad.* ① (kłamliwie) untruthfully, falsely; **~ pojmować coś** to misunderstand sth; **~ zeznawać** to give false evidence, to perjure oneself ② (obłudnie) insincerely; (sztucznie) artificially; **uśmiechać się ~** to smile insincerely; **zachowywać się ~** to be insincere; **~ skromny** coy ③ Muz. off-key, out of tune; **śpiewać ~** to sing out of tune; **~ brzmiący dźwięk** an off-key a. discordant sound

fałszyw|iec *m pot.* (pozer) sham; (obłudnik) two-faced sneak; (podstępny) double-crosser; **twój były wspólnik to okropny ~iec** your ex-partner is a real snake in the grass

fałszyw|ka *f* ① pot. (podróbka) fake; **~ka prawa jazdy** a fake driving licence; **zapłacili ~kami** they paid with counterfeit money ② Techn. (w odlewnictwie) odd side spec.

fałszywoś|ć *f sgt* ① (nieprawdziwość) falseness, falsity ② (kłamliwość) deceitfulness, untruthfulness; **~ć czyichś słów** sb's mendacity ③ (obłuda) insincerity, falseness; **~ć czyjegoś uśmiechu** the insincerity of sb's smile ④ Log. falsity; **~ć twierdzeń** the falsity of the propositions

fałszyw|y *adi.* ① (podrobiony) counterfeit, fake; **~y paszport** a fake a. false passport; **~e pieniądze** counterfeit money; **~e klejnoty** counterfeit jewels; **~e złoto** pinchbeck ② (nieprawdziwy, niewłaściwy) false; **~y dowód** manufactured evidence, a plant; **~y ślad** a red herring; **wyciągać ~e wnioski** to draw wrong conclusions; **złożyć ~e zeznanie** to give false a. perjured testimony; **podnieść ~y alarm** to raise a. sound a false alarm, to cry wolf; **uczynić ~y krok/ruch** to make a false step/move ③ (obłudny) insincere, false; **~y człowiek** an insincere man; **~y sprzymierzeniec** a false ally; **~y przyjaciel** a backstabber, a two-faced sneak; Jęz. a false friend; **~y pocałunek/uśmiech** an insincere kiss/smile; **~a skromność** coyness ④ (pozorny) false; **~y książę/prorok** a false prince/prophet; **~ świadek** a perjured witness; **obym był ~ym prorokiem** I hope I'm proved wrong ⑤ Muz. false; **zagrać ~ą nutę** to play a false note; **~e brzmienie** discordance

fam|a *f* książk. ① (pogłoska) rumour GB, rumor US; **~a głosi, że...** rumour has it that..., it's rumoured that...; **rozeszła się ~a o**

jej sukcesie news a. word of her success spread far and wide ② (rozgłos) celebrity *U*, renown *U*

famili|a *f* (*GDGpl* **~i**) przest., żart. tribe żart., clan; **na urodziny zjechała cała ~a** the whole clan arrived for the birthday party

familiarnie *adv. grad.* książk. with (easy/undue) familiarity; **traktować kogoś ~** to treat sb with (easy/undue) familiarity; **zachowywać się ~** to be (over-)familiar

familiarnoś|ć *f sgt* książk. familiarity; **pozwolić sobie na ~ć wobec podwładnych** to indulge in (over) familiarity towards one's subordinates

familiarn|y *adi.* książk. familiar; **~e stosunki** familiar terms; **być ~ym wobec kogoś** to be over-familiar with sb

familijnie *adv.* książk. in a familial manner; **być traktowanym ~** to be treated as (a member of the) family

familijn|y *adi.* ① książk., żart. (swobodny) family *attr.*, family-style; **~y nastrój** a family atmosphere ② książk. (dotyczący rodziny) family *attr.*; familial książk.; **narada ~a** a family meeting; **pamiątka ~a** a family keepsake

fan *m*, **~ka** *f* fan; **zagorzały ~** an ardent fan; **~ piłki nożnej** a soccer fan; **~ folku/rocka** a folk/rock fan; **~ zespołu** a fan of the group; **mieć wielu ~ów** to have many fans; **zostać ~em pływania** to become a swimming enthusiast, to take to swimming

fanaberi|a *f zw. pl* (*GDGpl* **~i**) caprice, whim, fad GB; **mieć ~e** to have (one's) whims; **stroić ~e** to be temperamental; **babskie ~e** pejor. old-womanish fussiness obraźl.

fanatycznie *adv. grad.* fanatically; **~ bronić czegoś** to defend sth fanatically; **~ oddany czemuś/zaangażowany w coś** fanatically devoted to sth/engaged in sth

fanatyczn|y *adi.* fanatic(al); **~y zwolennik/wielbiciel/wyznawca** a fanatic(al) supporter/admirer/believer; **~a miłość/nienawiść** a fanatic(al) love/hate; **być ~ym obrońcą czegoś** to be a fanatic(al) defender of sth

fanaty|k *m*, **~czka** *f* ① (ślepo oddany idei) fanatic, zealot; **~k polityczny/religijny** a political/religious fanatic a. zealot ② (wielbiciel) fanatic; buff pot.; **~k komputerów/żeglowania** a computer/sailing buff; **~k ćwiczeń gimnastycznych** a fitness buff; **jestem ~kiem jej talentu** I'm an ardent fan of hers

fanatyzm *m* (*G* **~u**) pejor. fanaticism, zealotry; **~ polityczny/religijny** a political/religious fanaticism a. zealotry; **obstawać przy czymś z ~em** to persist in sth fanatically

fanfa|ra *f* ① Muz. fanfare; **pompatyczna/triumfalna ~ra** a pompous/triumphal fanfare; **zagrać ~rę zwycięstwa** to play a victory fanfare; **zagrzmieć ~rą** przen. to sound a fanfare przen.; **wśród/bez ~r** przen. with/without fanfares przen. ② Muz. (mała orkiestra) *a small orchestra comprising brass and percussion instruments* ③ Muz. (trąbka) bugle; **grać na ~rze** to play the bugle

fanfaron *m* (*Npl* **~i** a. **~y**) pejor. brag(gart); blowhard US pejor.

fanfarona|da *f sgt* książk., pejor. ☐1 (zarozumialstwo) fanfaronade rzad., braggadocio rzad.; bragging; **dziecinna ~da** childish bragging; **mówić z ~dą** to bluster ☐2 (afiszowanie się odwagą) bravado, showing off; **mieć skłonność do ~dy** to be prone to displays of bravado; **unikać ~dy** to avoid showing off

fanfarzy|sta *m* Muz. bugler

fan|t *m* (*G* ~**tu** a. ~**ta**, *A* ~**t** a. ~**ta**) ☐1 (na loterii) prize; **wygrać kilka ~tów** to win a few prizes ☐2 (kara w grach towarzyskich) forfeit; **dać/wykupić ~t(a)** to give/buy back a forfeit; **wykupić się ~tem** to pay a forfeit ■ **co z tym ~tem zrobić?** what shall I do about this a. it?; **gospodarka słabnie, rząd nie wie, co z tym ~tem zrobić** the economy is shaky and the government don't a. doesn't know what to do about it

fantasmagori|a *f* (*GDGpl* ~**i**) książk. phantasmagoria książk.; **~a barw i świateł** a swirling kaleidoscope of lights and colours

fantasmagoryczn|y *adi.* książk. phantasmagoric(al) książk.; **~y obraz/pejzaż/widok** a phantasmagoric(al) image/landscape/sight; **~e opowiadania/sny** phantasmagoric(al) stories/dreams

fanta|sta *m*, **~stka** *f* (day)dreamer; **niepoprawny ~sta** an incorrigible (day)dreamer; **urojenia/wyobraźnia ~sty** the fantasies/imagination of a (day)dreamer

fantastycznie *adv.* ☐1 (nieprawdopodobnie) fantastically; **~ powyginane korzenie** fantastically twisted roots ☐2 (wyjątkowo) fantastically; **~ drogi/przebiegły/zdolny** fantastically expensive/cunning/clever ☐3 (wspaniale) **to ~!** that's fantastic!; **~ wyglądasz** you look fantastic a. fabulous

fantastycznonaukow|y *adi.* [literatura, opowiadanie] science fiction *attr.*, sci-fi *attr.*

fantastyczność *f sgt* ☐1 (nierealność) magic; fantasticality rzad.; **~ć widoków/krajobrazu** the magic of the views/landscape; **spektakl przesycony aurą ~ci** a performance full of magic ☐2 (wyjątkowość) originality; fantasticality rzad.; **~ć (czyichś) pomysłów/(czyjegoś) stroju** the originality of sb's ideas/clothes; **~ć (czyichś) osiągnięć** the brilliance of sb's achievements

fantastyczn|y *adi.* ☐1 (dziwaczny, nierealny) fantastic(al), marvellous; **~e postaci/teorie/wizje przyszłości** fantastic(al) characters/theories/visions of the future; **~e opowiadania/przygody** marvellous stories/adventures; **wiatr i woda wyrzeźbiły w skale ~e kształty** wind and water formed the rock into fantastic shapes ☐2 pot. (wyjątkowy) fantastic, awesome; **~y kolor/strój** a fantastic colour/fantastic clothes; **~a dziewczyna/pogoda** a marvellous girl/marvellous weather; **~e osiągnięcia** awesome achievements ☐3 Kino, Literat. fantasy *attr.*; **powieść ~a** a fantasy novel; **film ~y** a fantasy film

fantasty|ka *f sgt* Literat., Szt. fantasy, the fantastic; **mroczna ~ka legend/poezji** the dark fantasy of the legends/poetry; **świat ~ki** the world of fantasy, a fantasy world; **~ka naukowa** science fiction, sci-fi a. SF

fantasy /fanˈtazɪ/ **II** *f inv.* Literat. fantasy **III** *adi. inv.* Literat. fantasy *attr.*; **powieść ~ a** fantasy novel

fantazj|a *f* ☐1 *sgt* (zmyślenie) fantasy, imagination; **artystyczna/bujna/płodna ~a** an artistic/a wild/a creative imagination; **świat ~i** a world of fantasy a. fantasy world; **wytwór czyjejś ~i** a figment of sb's imagination; **mieć bogatą ~ę** to have a vivid imagination; **pobudzić czyjąś ~ę** to stir sb's imagination; **puścić wodze ~i** to indulge in fantasizing, to give free rein to one's imagination; **puściła wodze ~i** her imagination ran riot; **z ~ą** imaginatively ☐2 *sgt* (zuchwałość) daring, valour GB, valor US; **kawalerska a. ułańska ~a** a swashbuckling a. daredevil streak; **chłopak z ~ą** a daring a. valiant young man; **nie tracić ~i** to be unabashed, not to lose one's nerve; **nadrabiać ~ą** to brazen it out; **robić coś dla ~i** to do sth for the hell a. glory of it, to do sth just to show off; **robić coś z ~ą** to do sth with panache a. dash ☐3 (*Gpl* ~**i**) (kaprys) caprice, whim; **dzikie/pańskie ~e** wild/lordly whims; **miewać swoje ~e** to have one's whims a. caprices; **folgować czyimś ~om** to cater to sb's whims; **znosić czyjeś ~e** to bear with sb's caprices ☐4 (*Gpl* ~**i**) Muz. fantasy, fantasia; **wykonać ~ę** to play a fantasia

fantazj|ować *impf vi* ☐1 (marzyć, zmyślać) to fantasize; **~ować o czymś** to fantasize about sth; **dość tego ~owania** stop fantasizing; **~owanie** moonshine GB, a pipe dream ☐2 Muz. to improvise; **~ować na fortepianie** to improvise on the piano; **utwory ~owane na skrzypcach** improvised violin compositions

fantazma|t *m* (*G* ~**tu**) książk. phantasm książk.; **dziecięce/senne ~ty** childish illusions/dreamlike phantasms; **uciekać w ~ty** to escape into one's illusions

fantazmatyczn|y *adi.* książk. phantasmal, phantasmic; **~a scena** a phantasmic scene

fantazyjnie *adv. grad.* fancifully; **~ przystrojony/ubrany** fancifully decorated/dressed

fantazyjnoś|ć *f sgt* fancifulness; **~ć dekoracji/kształtów/czyjegoś ubioru** the fancifulness of decorations/shapes/sb's clothes

fantazyjn|y *adi.* fanciful; **~y deseń/kapelusz/kostium** a fanciful pattern/hat/costume

fantom *m* (*G* ~**u**) ☐1 (widziadło) apparition, phantom; **ludzki ~** a phantom in human form; **straszny ~** a frightening apparition ☐2 (przywidzenie) fantasy, phantom; **mgliste ~y wyobraźni** vague figments of one's imagination ☐3 Med. (model) man(n)ikin, anatomical model; **ćwiczenia na ~ie** training on a man(n)ikin

fantomow|y *adi.* Med. phantom *attr.*; **kończyna ~a** a phantom limb; **bóle ~e** phantom pains

fantow|y *adi.* forfeit *attr.*; **loteria ~a** tombola, prize draw

fa|ra *f* daw. parish church; **fary jednonawowe** single-nave parish churches

faraon *m* (*Npl* ~**owie** a. ~**i**) Hist. (tytuł, osoba) pharaoh

farb|a *f* ☐1 (do malowania) paint *C/U*; (do barwienia) dye *C/U*; **~a drukarska** printing ink; **~a ochronna** primer; **~a do drewna** wood stain; **~a do włosów** hair dye, hair colour(ant) GB, hair color(ant) US; **~y do jajek wielkanocnych** Easter egg dyes; **~a emulsyjna** emulsion (paint); **~y akwarelowe** watercolours; **~a klejowa** distemper; **~a kryjąca** base coat (paint); **~a laserunkowa** finish *C/U*, glaze *C/U*; **~y olejne** oil paints; **~y plakatowe** poster paints, poster colours GB, poster colors US; **~a sucha** powder(ed) paint; **~a temperowa** tempera (paint); **~y wodne** water-soluble paints; **~a ceramiczna** ceramic paint; **~a emaliowa** enamel (paint); **~y mineralne** mineral pigments; **~y roślinne** vegetable dyes; **pomalować coś czerwoną/białą ~ą** to paint sth red/white; **mieszać ~y na palecie** to mix paint on a palette ☐2 Myślis. blood; **ranne zwierzę znaczyło drogę ~ą** the wounded animal left a trail of blood a. blood trail ☐3 pot. (krew) blood; **puścić komuś ~ę z nosa** pot. to give sb a bloody nose ■ **malować coś czarnymi a. ciemnymi ~ami** to paint a grim picture of sth; **puścić ~ę** pot. to spill the beans pot., to let the cat out of the bag pot.; **użyć mocnych ~** to give a vivid description (of sth)

farbiar|nia *f* (*Gpl* ~**ni** a. ~**ń**) dyeworks

farbiars|ki *adi.* dyeing; **przemysł ~ki** the dyeing industry

farb|ka *f* pot. blu(e)ing *U*

farb|ować *impf* **II** *vt* ☐1 (zabarwiać) to dye [włosy, tkaninę]; **~ować włosy na czarno/rudo** to dye one's hair black/red; **~ować włosy henną** to henna one's hair; **oddała dwie bluzki do ~owania** she took two blouses to be dyed ⇒ **ufarbować** ☐2 (plamić) to stain; **nowe pantofle ~owały mi pięty na brązowo** my new shoes stained my heels brown ⇒ **zafarbować** **II** *vi* ☐1 (puszczać kolor) to bleed, to run; **sukienka ~owała w praniu** the (colours of the) dress ran in the wash ☐2 Myślis. [ranne zwierzę] to bleed **III** **farbować się** ☐1 (zabarwiać się) to dye; **wełna łatwo się ~uje** wool dyes a. takes colour easily; **woda zaczęła ~ować się na niebiesko** the water started to turn blue ⇒ **ufarbować się** ☐2 (farbować włosy) to dye one's hair; **zawsze ~owała się na czarno** she's always dyed her hair black ⇒ **ufarbować się**

farbowan|y **II** *pp* → **farbować** **II** *adi.* [blondynka] bleached, dyed; [ruda, brunetka] dyed

farfoc|el *m zw. pl* (*Gpl* ~**li** a. ~**lów**) pot. scrap, bit of stuff; **~le** (nitki) strands, wisps; (kłaczki) fluff *U*, fuzz *U*; (w zupie) stuff *U*, bits of stuff

farm|a *f* farm; **~a bawełny** a cotton farm; **owcza/kurza ~a** a sheep/chicken farm; **~a drobiarska** a poultry farm

farmaceu|ta /ˌfarmaˈtsewta/ *m*, **~tka** *f* pharmacist

farmaceutycznie /ˌfarmatsewˈtɨtʃnɛ/ *adv.* pharmaceutically

farmaceutyczn|y /ˌfarmatsewˈtɨtʃnɨ/ *adi.* [przemysł, rynek] pharmaceutical

farmacj|a _f sgt_ pharmacy _U_, pharmaceutics (+ _v sg/pl_)

farmakolo|g _m_ (_Npl_ **~dzy** a. **~gowie**) pharmacologist

farmakologi|a _f sgt_ (_GD_ **~i**) pharmacology

farmakologicznie _adv._ _[leczyć]_ pharmacologically

farmakologiczn|y _adi._ _[leczenie, środki]_ pharmacological

farmakope|a _f sgt_ książk. [1] (lista leków) pharmacopoeia GB, pharmacopeia US [2] (leki) pharmacopoeia GB, pharmacopeia US

farmazon książk. [**I**] _m_ (_Npl_ **~i** a. **~y**) (oszust) fraud, swindler

[**II**] **farmazony** _plt_ (brednie) balderdash _U_, drivel _U_; **opowiadać** a. **pleść ~y** to talk rubbish

farme|r _m_, **~rka** _f_ farmer

farmer|ki _plt_ (_G_ **~ek**) pot. dungarees

farmers|ki _adi._ _[rodzina, dom]_ farmer's; _[ziemia, zabudowania, okolice]_ farming; **~kie spodnie** dungarees

farmerstw|o _n sgt_ farming

farn|y _adi._ _[wieża, dzwon]_ church _attr._; **kościół ~y** a parish church

fars|a _f_ [1] (komedia) farce [2] pejor. (sytuacja) farce; **ich małżeństwo jest ~ą od wielu lat** their marriage has been a farce for years now; **dość tej ~y, chcę znać prawdę!** I've had enough of this farce, I want the truth!

farsowo _adv._ [1] (naśladując farsę) **zagrali to ~** they played it as a farce; **~ wyreżyserowana sztuka** a play directed as a farce [2] pejor. (niepoważnie) farcically; **zdarzenia potoczyły się ~** things became farcical; **nie zachowuj się ~** don't act like a clown

farsowoś|ć _f sgt_ [1] (sztuki, filmu) farcicality, farcical nature a. quality; **~ć postaci** the farcical nature of the character [2] pejor. (sytuacji, sceny) farcicality

farsow|y _adi._ [1] Kino, Teatr farce _attr._, farcical; **sztuka ma charakter ~y** the play has a farcical nature; **w filmie zastosowano kilka ~ych chwytów** some farcical gags were used in the film [2] pejor. _[sytuacja, zachowanie]_ farcical; **koniec wyścigu był ~y** the end of the race was a farce

farsz _m_ (_G_ **~u**) Kulin. stuffing _U_, filling _C/U_; **~ mięsny** a. **z mięsa** forcemeat (stuffing), meat stuffing; **~ do naleśników** pancake filling; **napełniać paprykę/indyka ~em** to stuff the pepper/turkey

far|t _m sgt_ (_G_ **~tu** a. **~ta**, _A_ **~t** a. **~ta**) pot. luck; (szczęśliwy traf) fluke pot.; **mieć ~t** a. **~ta** to be in luck; **nie miałem ~ta** I was out of luck a. unlucky; **przy odrobinie ~tu nikt nie zauważy** with a bit of luck no one will notice; **to nie kwestia braku ~tu, tylko słabego charakteru** it's not a matter of bad luck but of weakness of character; **to był ~t, że się spotkaliśmy** it was just a fluke that we met

fartownie _adv._ pot. flukily, by sheer luck; **~ rozegrał tę partię** it was sheer luck the way he played that hand

fartown|y _adi._ pot. _[rzut, wynik]_ lucky, fluk(e)y; _[osoba]_ jammy GB pot.; **miał ~y dzień** he had a lucky day

fartuch _m_ [1] (chroniący przód ubrania) apron; (z karczkiem) pinafore; **~ kuchenny** a kitchen

apron; **przypasać/odpasać ~** to put on/take off one's apron [2] (ubranie ochronne) gown, overall; **~ lekarski** a (doctor's) white a. lab coat; **~ chirurga** a surgical gown; **~ laboratoryjny** a lab(oratory) coat; **robotnicy w brudnych ~ach** workers in dirty overalls; **szkolny ~** a school overall, school coveralls US [3] (osłona) apron; **~y przeciwbłotne** mudflaps [4] Budow. apron flashing

■ **trzymać się czyjegoś ~a** to be tied to someone's apron strings

fartusz|ek _m dem._ apron; (z karczkiem) pinafore; **~ek szkolny** a school pinafore; **biały ~ek pokojówki/kelnerki** a maid's/waitress's white apron

faryze|jski, ~uszowski _adi._ książk., pejor. _[poglądy, postępek]_ pharisaic(al) książk., pejor.; hypocritical pejor.

faryzeusz _m_ (_Npl_ **~e** a. **~owie**, _Gpl_ **~y** a. **~ów**) [1] książk. pharisee książk., pejor.; hypocrite pejor. [2] Hist., Relig. Pharisee książk., pejor.

faryzeuszostw|o _n sgt_ książk., pejor. pharisaism książk., pejor., phariseeism książk., pejor.

fasa|da _f_ [1] Archit. facade, façade [2] _sgt_ przen., pejor. facade a. façade, front; **za ~dą uśmiechów i komplementów kryje się nadal wrogość** there's still hostility behind the facade of smiles and compliments; **jego grzeczność to tylko ~da** his kindness is just a front

fasadowo _adv._ książk. superficially; speciously pejor.; **ta impreza ma tylko ~ związek z literaturą** the event has only a superficial connection with literature

fasadowoś|ć _f sgt_ pejor. (zachowań, gestów) superficiality, pretentiousness

fasadow|y _adi._ [1] _[ściana, okno]_ facade a. façade _attr._ [2] przen., pejor. _[patriotyzm, optymizm]_ phoney pot.; **~y uśmiech** a false smile; **~a rzeczywistość** surface reality; **~a akcja** a front operation

fascynacj|a _f_ (_Gpl_ **~i**) fascination _U_; **~a sztuką/muzyką** fascination for a. with art/music; **popadać w ~cję** to become fascinated; **jego literackie ~e** his literary interests; **była obiektem ~i wielu mężczyzn** she fascinated a lot of men; **jej zainteresowanie muzyką barokową to tylko przelotna ~a** her interest in baroque music is just a passing fancy

fascyn|ować _impf_ [**I**] _vi_ to fascinate; **~owała wielu mężczyzn** a lot of men were fascinated by her; **cud narodzin wciąż ~uje człowieka** humankind is still fascinated by the miracle of (child)birth; **~uje mnie literatura** literature fascinates me ⇒ **zafascynować**

[**II**] **fascynować się** to be fascinated (czymś by sth) ⇒ **zafascynować się**

fascynująco _adv._ _[śpiewać, opisywać]_ captivatingly, in a fascinating way; _[wyglądać, brzmieć]_ fascinating _adi._; _[pisać]_ to write captivatingly; **jak on ~ opowiada!** he's such a captivating storyteller!; **mecz zapowiada się ~** it promises to be a. looks like it's going to be a fascinating match

fascynując|y [**I**] _pa_ → **fascynować**

[**II**] _adi._ _[przygoda, zjawisko, osoba]_ fascinating

fase|ta _f_ [1] Archit. (filaru, drzwi, okna) bevel spec.; (między ścianami) cove, coving [2] Techn. bezel, facet [3] Druk. flange, bevel edge

fasol|a _f_ [1] _sgt_ (roślina) bean _C_; **~a tyczkowa** runner bean, scarlet runner; **~a szparagowa** string a. green bean; **~a karłowa** dwarf bean [2] _sgt_ (nasiona, strąki) bean _zw. pl_; **łuskać ~ę** to shell beans; **ziarnko ~i** a bean; **~ę przed ugotowaniem należy namoczyć** beans should be soaked before cooking [3] (ziarno) bean

fasol|ka _f dem._ [1] _sgt_ (roślina) bean _C/U_; **~ka szparagowa** string a. green bean [2] _sgt_ (nasiona, strąki) bean _zw. pl_; **~ka z puszki** tinned beans GB, canned beans US [3] (ziarno) (small) bean

❑ **~ka po bretońsku** Kulin. _beans stewed with meat in tomato sauce_

fasoló|wka _f_ pot. bean soup

fason _m_ (_G_ **~u**) [1] (krój) cut; **~ płaszcza/kołnierzyka** the cut of a coat/collar; **nie podoba mi się ten ~ spodni** I don't like the cut of these trousers; **sukienka o sportowym ~ie** a sporty dress; **jego kapelusz stracił ~** his hat has lost its shape [2] _sgt_ (animusz) panache, dash; **mieć ~** to have style; **zajechał pod dom z ~em** he pulled up in front of the house with great panache; **robić coś dla ~u** to do sth for show; **trzymać ~** to keep one's chin up, to keep a stiff upper lip; **tracić ~** to lose one's spirit

■ **przerobić kogoś na swój ~** pot. to twist a. wrap sb around one's little finger pot.

fas|ować[1] _impf vt_ Wojsk. (wydawać) to issue; (pobierać) to be issued (with); **~ować broń/żywność z magazynu** to issue/be issued weapons/food from the stores; **żołnierzom ~owano bieliznę** underwear was issued to the soldiers, the soldiers were issued (with) underwear ⇒ **wyfasować**

fas|ować[2] _vt_ przest. [1] Farm. to measure out _[lek]_ [2] (przecierać) to sieve, to strain

fastry|ga _f_ [1] (ścieg) tack(ing), basting; **przyszyć/zszyć coś ~gą** to tack a. baste sth in place/together [2] (nić) tacking thread a. cotton GB, basting thread; **wyjąć** a. **wypruć ~gę** to remove a. unpick the tacking a. basting (threads)

fastryg|ować _impf vt_ [1] (zszywać) to tack, to baste; **~ować szew/nogawkę/rękaw** to tack a. baste a seam/leg/sleeve ⇒ **sfastrygować** [2] (przyszywać) to tack, to baste; **~ować mankiety do rękawów** to tack a. baste the cuffs to the sleeves

fasun|ek _m sgt_ (_G_ **~ku**) Wojsk. [1] (ubranie) issuance; (żywność) rations [2] (wydawanie) issuance, distribution; (pobór) receipt, collection; **~ek prowiantu/amunicji** the distribution/receipt of rations/ammunition

faszer|ować _impf_ [**I**] _vt_ [1] (nadziewać) to stuff; **~ować kaczkę** to stuff a duck; **~ować paprykę mielonym mięsem** to stuff peppers with mince a. with minced meat ⇒ **nafaszerować** [2] pot., przen. (karmić) to stuff pot., przen.; **~ować dziecko słodyczami** to stuff a child with sweets ⇒ **nafaszerować** [3] pot., przen. (dostarczać za dużo) to stuff; **~ować kogoś szczegółami/informacjami** to swamp a. deluge sb with details/information ⇒ **nafaszerować**

[**II**] **faszerować się** pot. (jeść zbyt dużo) to stuff oneself pot.; **dzieci ~owały się słodyczami** the kids stuffed themselves with

sweets; **~ować się lekarstwami/narko-
tykami** to down pills/drugs by the handful pot., przen.; **~ować się literaturą
brukową** przen. to devour pulp fiction
⇒ **nafaszerować się**
faszerowan|y � *pp* → **faszerować**
III *adi. [kaczka, papryka, jajka]* stuffed
faszyn|a *f sgt* Techn. fascine *C*
faszy|sta *m*, **~stka** *f* fascist
faszystows|ki *adi. [partia, państwo, bojów-
ki]* fascist
faszyzacj|a *f sgt* Polit. Nazification; **~a
aparatu państwowego** the Nazification of
the state machinery
faszyzm *m sgt* (*G* **~u**) Polit. fascism
❏ **brunatny** ~ Hist. brown(-shirt) fascism
rzad.; Nazism, Hitlerism
faszyz|ować *impf* **I** *vt* to Nazify; **~ować
partię/organizację** to Nazify a party/
organization
II *vi [partia, polityka]* to have fascist(ic)
tendencies; **~ujący rząd** a government
with fascist tendencies
III faszyzować się to Nazify, to become
fascist(ic)
fatali|sta *m*, **~stka** *f* fatalist
fatalistycznie *adv.* fatalistically; **podchodzić do czegoś** ~ to be fatalistic
about sth
fatalistyczn|y *adi. [wizja, pogląd, nastrój]*
fatalistic
fatalizm *m sgt* (*G* **~u**) ① Filoz. determinism, fatalism; **~ dziejów** a. **dziejowy**
historical determinism ② (pesymizm) fatalism; **popaść w** ~ to become fatalistic ③ (zły
los) doom; **na naszym przedsięwzięciu
od początku ciążył** ~ our project was
doomed a. ill-fated from the start
fatalnie *adv. grad.* ① (źle) *[grać, prowadzić]*
dismally, miserably; *[czuć się, wyglądać]*
awful *adi.*, terrible *adi.*; **wciąż** ~ **mówi
po francusku** his French is still terrible;
jak on ~ **pisze** (bazgrze) his handwriting is
so awful; (o stylu) he writes so badly; **był** ~
ubrany he was atrociously dressed; ~ **to
rozegrał** he played his cards very badly
przen.; **koncert wypadł** ~ the concert was
a dismal failure ② (niefortunnie) unfortunately ③ (tragicznie w skutkach) *[potłuc się]* badly;
[skończyć się] badly, disastrously; ~ **upaść**
to take a bad fall; ~ **skończyć** to come to a
bad end
fatalnoś|ć *f sgt* ① (pech) bad luck, mis-
fortune; **jest w tym jakaś ~ć, już trzeci
raz zaginął mój list do ciebie** we seem to
be dogged by misfortune, it's already the
third time a letter that I wrote to you has
been lost ② (nieunikniony los) doom, fatality;
mieć poczucie ~ci to have a sense of
doom
fataln|y *adi.* ① (nieodpowiedni) *[warunki,
organizacja]* awful, dreadful; **mówił po
francusku z ~ym akcentem** he spoke
French with an awful a. a dreadful accent;
co za ~a pogoda what awful a. dreadful
weather; **wywołać ~e wrażenie** to make
an awful a. a terrible impression ② (zły,
niekorzystny) *[błąd, krok]* disastrous; fatal przen.;
~a liczba an unlucky number; **mieć ~e
skutki/następstwa** to have disastrous re-
sults/consequences; **usytuowanie przejścia dla pieszych było ~e** the pedestrian

crossing was very badly situated; **cóż za ~y
zbieg okoliczności** what a disastrous
coincidence ③ (nieunikniony) *[siła]* irresistible;
[konieczność] inevitable, unavoidable; **~y
koniec** a. **kres** the inevitable end
fatałasz|ek *m zw. pl* pot. (ubranie) finery *U*
pot.; (dodatek) furbelows *pl*, frippery *C/U*
zw. *pl*; **kobiece ~ki** women's furbelows a.
fripperies
fatamorgan|a *f sgt* ① (obraz, zjawisko)
mirage *C*, Fata Morgana; **na pustyni
ukazała mu się ~a** he saw a mirage in
the desert; **brzeg, do którego płynęli,
okazał się ~ą** the land they were heading
for turned out to be just a mirage ② przen.
(wytwór wyobraźni) mirage, illusion; **wszystko,
do czego tęsknił, okazało się ~ą** everything he'd longed for turned out to be just a
mirage ③ Radio mirage effect
fatum *n inv. sgt* ① (zły los) fate, doom;
złowrogie ~ cruel fate; **ciążyło na niej
jakieś** ~ she was doomed a. ill-fated;
prześladuje go złe ~ he's dogged by ill
fate a. misfortune ② Mitol. Fate, Fatum
faty|ga *f sgt* bother, trouble; **zadali sobie
wiele ~gi, żeby przygotować to przy-
jęcie** they went to (all) the bother a. trouble
of giving this party; **szkoda ~gi** it's not
worth the trouble; **podziękował mu za
~gę** he thanked him for his trouble;
wynagrodził go za ~gę he rewarded
him for all the trouble he'd gone to; **to
dla pana, za ~gę** this is for you for your
trouble
fatygan|t *m* przest. swain przest., suitor przest.
fatyg|ować *impf* **I** *vt* to bother, to trouble;
przykro mi, że cię ~owałem I'm sorry to
have put you to all this trouble; **nie
chciała go tym ~ować** she didn't want
to bother him about it; **~ować kogoś do
siebie** książk. to ask sb to come
II fatygować się to bother; **nie ~ować
się** not to bother; **dziękuję bardzo, niech
pan się nie ~uje** thank you very much,
don't bother about a. with that; **niepotrzebnie pan się ~ował** you needn't have
bothered; **nie chciało mu się ~ować** he
didn't feel like going to a. taking the
trouble; **nie musisz ~ować się powita-
niem!** iron. don't bother to say hello
iron. ⇒ **pofatygować się**
faul /fawl/ *f* (*G* **~u** a. **~a**, *Gpl* **~i** a. **~ów**)
① Sport foul; **został usunięty z boiska za
~ na angielskim obrońcy** he was sent off
for a foul against a. on the English defender;
sędzia nie dopatrzył się ~u the referee
didn't notice the foul; **dopuścić się ~u na
kimś** to commit a foul against a. on sb
② przen., pejor. (postępek niezgodny z regułami)
dirty pool *U* US przen., pejor.; **zachowanie
prezesa odczytano jako ~** the president's behaviour was considered not
cricket GB
faul|ować /faw'lovate/ *impf vt* Sport to foul
[przeciwnika, zawodnika] ⇒ **sfaulować**
Faun /fawn/ *m sgt* Mitol. Faunus
faun /fawn/ *m* (*Npl* **~y** a. **~owie**) ① Mitol.,
Szt. faun ② książk., pejor. (lubieżnik) satyr książk.;
lecher pejor.
Faun|a /'fawna/ *f* Mitol. Fauna, Bona Dea
faun|a /'fawna/ *f sgt* fauna; **~a Bałtyku**
the fauna of the Baltic Sea; **~a stepowa**

the fauna of the steppes; **~a i flora** flora
and fauna
faux pas /fo'pa/ *n inv.* książk. faux pas;
popełnić okropne ~ to commit a serious
faux pas
fawor|ek *m zw. pl* Kulin. cenci *pl* (*deep-fried
pastry ribbons*)
faworkow|y *adi. [zapach, smak]* cenci *attr.*,
of cenci (*fried pastry*)
fawory|t **I** *m pers.* ① (osoba typowana na
zwycięzcę) favourite GB, favorite US; **~t
rządzącej partii** the ruling party's favourite GB; **~t wyścigu** the favourite in the
race; **jest ~tem do złotego medalu** he's
(the) favourite to win the gold medal;
**będziemy w tym biegu typować swoich
~tów** we're going to choose our favourites
in this race ② książk. (ulubieniec) favourite GB,
favorite US, darling; **być czyimś ~tem** to
be somebody's favourite; **królewski/cesar-
ski** ~ the royal/imperial favourite
II *m anim.* (koń typowany na zwycięzcę wyścigu)
favourite GB, favorite US; **nasz ~t był
pierwszy na mecie** our horse came in first
III faworyty *plt* przest. sideboards GB, side-
burns US
faworyt|a *f* książk. mistress; **królewska
~ta** the king's a. the royal mistress
faworyt|ka *f* ① (ulubienica) favourite GB,
favorite US, darling; **nasza mała córeczka
jest ~ką ojca** our little daughter is the
father's darling a. pet; **jest ~ką pani od
matematyki** she's her maths teacher's pet;
~ka publiczności the public's favourite
② (kobieta typowana do zwycięstwa) favourite GB,
favorite US; **~ka biegu na 100 m** the
favourite in the 100 metre race; **Rumunka
będzie jedną z ~ek do medalu** the
Romanian is one of the favourites to win
the medal ③ (klacz typowana do zwycięstwa
wyścigu) favourite GB, favorite US ④ (drzewo,
owoc) *a variety of American pear*
faworyz|ować *impf vt* to favour GB, to
favor US, to be biassed in favour of GB, to be
biassed in favor of US; **żadnego z rozwiązań nie ~ujemy** we have no bias in
favour of any of the proposals; **wykładowca wyraźnie ~uje studentki** the instructor blatantly favouritizes female students;
**kandydaci mężczyźni są ~owani kosz-
tem kobiet** male candidates are favoured
over their female counterparts
faz|a¹ *f* ① (etap) phase, stage; **początkowa
~a projektu** the initial phase of a project;
wojna wchodziła w ostateczną ~ę the
war had reached its final stage; **gospodarka weszła w ~ę ostrego kryzysu** the
economy is in a critical phase; **u niektórych chorych ~a początkowa przebiega
bez objawów** in some patients the initial
phase is symptomless; **~y rozwojowe
roślin** the stages of the plant development
② zw. *pl* Astron. phase; **~y Księżyca** the
phases of the Moon; **Księżyc w pierwszej
~ie** the Moon in its a. the first quarter
③ Elektr. phase; **nie działa jedna ~a** pot.
one circuit is broken; **jest ~a** pot. the
circuit is working ④ Chem., Fiz. phase
❏ **~a orogeniczna** Geol. orogenic phase
faza² *f* (gzymsu, kafla) bevel, cant
fazow|y *adi.* ① *[struktura, układ]* phasic
② Elektr. *[napięcie]* phase *attr.*

F

fe *inter.* yu(c)k pot., ick pot.; ~, **jakie to brudne!** yuck a. ick, it's so dirty; **a ~, cóż za paskudztwo** yuck a. ick, how revolting

feb|ra *f sgt* pot. [1] (gorączka) temp(erature) pot.; fever; (dreżenie) ague *U* przest.; chills, the shivers; **atak ~ry** a bout a. fit of (the) chills a. shivers; **dostać ~ry** to get (the) chills a. shivers; **trząść się jak w ~rze** to get (the) chills a. shivers [2] (malaria) malaria ❑ **żółta ~ra** Med. yellow fever; **zimna ~ra** Med. daw. malaria

febryczn|y *adi.* [gorączka] malarial; [objawy] fever attr.; [dreszcze, stan] feverish także przen.

fech(t)mistrz *m* (*Npl* ~owie) swordsman **fech(t)mistrzows|ki** *adi.* [cios] fencing attr.

fecht|ować się *impf v refl.* to fence; **książę ~ował się ze służącymi** the prince was fencing with his servants; **~ować się na kije** to fight a. fence with quarterstaffs

fechtun|ek *m sgt* (*G* ~ku) przest. swordplay, swordsmanship

federacj|a *f* (*Gpl* ~i) [1] (państwo) federation [2] (związek) federation; **~a związków zawodowych** the federation of trade unions; **Międzynarodowa Federacja Piłki Nożnej** the International Football Federation, FIFA

federacyjnie *adv.* federally; **~ połączone państwo** a federated state

federacyjn|y *adi.* [1] [państwo, rząd] federal; [unia] federated [2] [partner, statut] federation attr.

federali|sta *m*, **~stka** *f* [1] Polit. federalist [2] Hist. Federalist

federalistyczn|y *adi.* [system, idea] federalist

federalizm *m sgt* (*G* ~u) Polit., Socjol. federalism

federaln|y *adi.* [rząd, władza, policja] federal; **państwo ~e** a federal state; **Republika Federalna Niemiec** the Federal Republic of Germany

fedr|ować *impf vt* środ., Górn. to dig, to mine [węgiel]

feeri|a *f* (*GDGpl* ~i) [1] Teatr *a theatre production with a fantasy theme and elaborate special effects* [2] książk., przen. feast przen.; extravaganza; **~a barw/świateł/dźwięków** a feast a. extravaganza of colour/lights/sounds

feeryczn|y *adi.* [widok, obraz, dekoracja] glittering, shimmering; [muzyka] shimmering; **~a gra świateł** the shimmering play of lights

fekali|a *plt* (*G* ~ów) sewage *U*, faeces **felcze|r** *m*, **~rka** *f* ≈ (para)medic **felczers|ki** *adi.* **punkt ~ki** a first-aid station; **pomocnik ~ki** a doctor's assistant

feldmarszał|ek *m* (*Npl* ~kowie) Wojsk. (osoba, stopień, tytuł) field marshal

fele|r *m* (*G* ~ru) pot. defect, flaw; (w sprzęcie) bug pot.; **towar bez ~rów** perfect goods pot.; **ta szafa ma jakiś ~r** there is something wrong with this wardrobe; **ta kaseta ma jakiś ~r** this tape has some kind of defect; **jedynym ~rem jej urody był nieco przydługi nos** the only flaw in her beauty was her longish nose

felern|y *adi.* pot. [buty, urządzenie] duff GB pot., crummy pot.; [towar] tenth-rate pot.

fel|ga *f* (wheel) rim

felicjan|ka Relig. [1] *f* (zakonnica) *a nun of the Polish order of St Felix of Cantalicio* [2] **felicjanki** *plt* (zakon) *the Polish order of nuns of St Felix of Cantalicio*

felieton *m* (*G* ~ik dem.) (*G* ~u, ~iku) feature (article), column; **pisać ~y do gazety** to write features for the newspaper; **~y polityczne** political commentaries; **~ literacki** a literary column; **~ radiowy** a radio feature

felietoni|sta *m*, **~stka** *f* columnist; **~ta „Polityki"** a columnist for 'Polityka'

felietonisty|ka *f sgt* [1] (felietony) features a. feature articles, columns; **jego ~ka wyrażała poglądy liberalne** his features evinced his liberal views [2] (pisanie felietonów) feature a. column writing; **zrezygnował z pisania recenzji z koncertów dla ~ki** he gave up writing concert reviews to become a columnist

felietonowo *adv.* **pisać ~** to write in the style of a columnist; **potraktowałeś ten temat ~** you took a journalistic approach to the subject

felietonow|y *adi.* [forma, styl] feature attr., column attr.

femini|sta *m*, **~stka** *f* feminist **feministyczn|y** *adi.* [ruch, działaczka, poglądy] feminist

feminizacj|a *f sgt* książk. (szkolnictwa, mody) feminization; **~a zawodu nauczyciela** the feminization of the teaching profession

feminizm *m sgt* (*G* ~u) [1] (ruch) feminism [2] Med. feminization

feminiz|ować *impf* [1] *vt* (nadawać cechy żeńskie) to feminize; **klasyczne marynarki są ~owane za pomocą kobiecych dodatków** classic male jackets are feminized by the addition of women's accessories ⇒ **sfeminizować**
[2] **feminizować się** [1] [zawód, szkolnictwo] to become feminized; **zawód nauczyciela ~uje się** the teaching profession is becoming increasingly feminized ⇒ **sfeminizować się** [2] [moda, mężczyzna] to become feminine; **ubiory męskie wyraźnie się ~ują** men's clothes are becoming more and more feminine ⇒ **sfeminizować się**

fenig *m* (*A* ~a) Fin., Hist. pfennig

feniks *m* [1] Mitol. phoenix; **odradzać się** a. **powstać jak ~ z popiołów** książk. to rise like a phoenix from the ashes [2] Bot. date palm, phoenix palm

fenol *m* (*G* ~u) Chem. phenol, carbolic acid; **~e** phenols

fenomen [1] *m pers.* (*Npl* ~y) phenomenon; **~ aktorski/śpiewaczy** a phenomenal actor/singer, an acting/a singing phenomenon; **w nauce przeciętny, tylko w matematyce ~** a mediocre student, but a mathematical phenomenon a. genius [2] *m inanim.* (*G* ~u) [1] (osobliwość) phenomenon, wonder; **~ natury** a wonder of nature; **jego książki to ~ w skali światowej** his books are a worldwide phenomenon; **spotkanie z nią po latach uznał za ~** he thought it was extraordinary a. phenomenal that they should meet after so many years [2] książk. (zjawisko) phenom-

enon; **~ podkultury młodzieżowej** the phenomenon of youth subculture

fenomenalnie *adv.* phenomenally; **~ wszechstronny aktor** a phenomenally versatile actor; **~ rozwinięta pamięć wzrokowa** a phenomenal visual memory

fenomenaln|y *adi.* [wynik, głos, sukces] phenomenal, extraordinary; **to ~y śpiewak/pianista/gitarzysta** he's a phenomenal singer/pianist/guitarist

ferajn|a *f* pot. gang pot., crowd pot.; **zgrana ~a** a tight-knit gang; **na wakacje pojechali całą ~ą** the whole gang went on holiday together

feralnie *adv.* unluckily; **dzień rozpoczął się ~** the day got off to a bad start

feralnoś|ć *f sgt* (liczb, dni) bad luck, ill-fatedness

feraln|y *adv.* [liczba, dzień, rok] unlucky; **~a trzynastka** unlucky thirteen; **to ~e miejsce** it's an ill-fated place; **gdzie byłeś tego ~ego dnia?** where were you on this fateful day?

feri|e *plt* (*G* ~i) [1] (szkolne) holiday(s) GB, vacation *sg* US; (uniwersyteckie) vacation *sg*, break *sg*; **~e bożonarodzeniowe** the Christmas holiday(s) GB, the winter holiday US, the Christmas break a. vacation; **~e wielkanocne** the Easter holiday a. break a. vacation GB, the spring break a. vacation US; **~e letnie** the summer holidays GB, the long vacation GB, the summer vacation; **~e zimowe** the winter holidays a. vacation; **wyjechać na ~e** to go away for the holidays [2] Antycz. festival *sg*, feast *sg*

ferm|a *f* farm; **~a drobiu** a. **drobiowa** a poultry farm; **lisia ~a** a fox farm; **~a hodowlana ryb** a fish farm

fermen|t *m* (*G* ~tu) [1] *sgt* (niepokój) unrest, ferment; **~t polityczny/społeczny** political/social unrest; **wprowadzić/powodować ~t w państwie** to touch off/cause unrest a. turmoil in the country [2] zw. *pl* Biol., Chem. enzyme, ferment

fermentacj|a *f sgt* (wina, mleka, soku) fermentation ❑ **~a alkoholowa** Chem. alcoholic fermentation; **~a masłowa** Chem. butyric fermentation; **~a octowa** Chem. acetic fermentation

fermentacyjn|y *adi.* [przemysł, proces] fermentation attr.; **kadź ~a** a tun; **grzybki ~e** yeasts

ferment|ować *impf vi* [wino, sok] to ferment ⇒ **sfermentować**

fermow|y *adi.* [jajka, zwierzęta] farm attr.; **~a hodowla drobiu** chicken farming

fer|ować *impf vt* książk. **~ować sąd** to pass judgement także przen., to reach a verdict także przen.; **~ować wyrok** to pass (a) sentence, to pronounce a sentence; **nie można ~ować wyroków, dopóki nie pozna się wszystkich szczegółów (sprawy)** it's impossible to pass judgement without knowing all the details (of a case); **~owane przez nią sądy są zwykle krzywdzące** she's usually very harsh in her judgements

fertycznie *adv.* książk. [zachowywać się, poruszać się] briskly, nimbly

fertycznoś|ć *f sgt* książk. agility, nimbleness

fertyczn|y *adi.* [dziewczyna] agile, nimble; [chód, podskok] sprightly

ferwo|r *m sgt* (*G* **~ru**) fervour GB, fervor US; **wpaść w ~r** to get fired up *przen.*; **w ~rze walki nie dostrzegł ich rozpaczliwych gestów** in the heat of the fight he didn't notice their desperate gestures; **mówić z ~rem** to speak with fervour; **gestykulować w ~rze** to gesture fervently

fes *n inv.* Muz. F flat; **Fes-dur** F flat major; **fes-moll** F flat minor

fest *pot.* **Ⅰ** *adi. inv.* (świetny) terrific *pot.*, fantastic *pot.*; **powiedział, że jestem ~ chłopak** he said that I was a terrific guy; **zabawa była ~** the party was terrific **Ⅱ** *adv.* ① (mocno) hard, badly; **~ go pokaleczyło** he was badly hurt; **~ oberwał** he took a good hiding; **narobiłem się wtedy ~** I really put my back into it *pot., przen.*; **słońce ~ grzało** the sun was beating down ② (świetnie) great *pot.*; **chcą się tu ~ urządzić** they want to turn the place into a showcase a. palace *pot.*; **tylko zrób to ~** just do it right ■ **na ~** *pot.* once and for all; **wziąć się na ~ do nauki** to really crack the books *pot.*

festiwal *m* (*G* **~u**, *Gpl* **~i** a. **~ów**) ① (impreza kulturalna) festival; **~ filmowy/muzyczny** a film/music festival; **~ sztuki teatralnej** a drama festival; **~ piosenki w San Remo** the San Remo Music Festival; **film ten zdobył Złotą Palmę na ~u w Cannes** the film won the Palme d'Or at the Cannes Film Festival ② *kryt.* (pokaz) show; **~ mody sportowej** a leisure fashion show; **na rynku księgarskim trwa prawdziwy ~ tego pisarza** *przen.* this writer is having a real heyday sales-wise

festiwalow|y *adi.* [koncert, artyści] festival *attr.*

festyn *m* (*G* **~u**) fête GB, fair US; festivities *pl*; **~ pierwszomajowy** May-Day celebrations GB, May-Day festivities; **~ ludowy** folk festivities

fe|ta *f* celebration, gala; **feta urodzinowa** a birthday celebration; **jubileusz pisarza uczczono wielką fetą** a great jubilee celebration was held for the author; **urządzono fetę z okazji urodzin dyrektora** a gala was held to celebrate the director's birthday

feto|r *m sgt* (**~rek** *dem.*) (*G* **~ru**, **~rku**) stench; fetor *rzad.*; **z piwnic dochodził ~r gnijących owoców** the stench of rotting fruit exuded from the cellars

fet|ować *impf vt* ① (traktować uroczyście) to fête; **tłum ~ował zwycięzców** the winners were being fêted by the crowd; **~ował przyjaciół obiadem** he gave a dinner in honour of his friends ② (świętować) to celebrate [zwycięstwo, jubileusz]

fetysz *m* ① Antrop. fetish ② *przen.* (obiekt kultu) totem, icon ③ *pot.* (talizman) talisman, good luck a. lucky charm; (maskotka) mascot ④ Med., Psych. fetish

fetyszy|sta *m*, **~stka** *f* fetishist
fetyszystycznie *adv.* książk. **traktować coś ~** to make a fetish of sth
fetyszystyczn|y *adi.* fetishistic
fetyszyzacj|a *f sgt* fetishization także *przen.*; **~a techniki/przeszłości** fetishization of technology/the past
fetyszyzm *m* (*G* **~u**) fetishism także *przen.*

fetyszyz|ować *impf vt* książk. to make a fetish of, to fetishize; **~ować rolę giełdy** to make a fetish of the role of the stock exchange; **nie ~uję komputerów, uważam tylko, że stały się niezastąpionym narzędziem pracy** I don't fetishize computers, but I do think they've become indispensable to work

feudalizm *m sgt* (*G* **~u**) Hist. feudalism
feudalnie *adv.* **~ zorganizowane państwo** a feudal state
feudaln|y *adi.* [system, państwo, prawo] feudal; **pan ~y** a feudal lord; **renta ~a** feudal dues a. obligations
feuda|ł *m* (*Npl* **~łowie**) Hist. (feudal) lord
fez *m* (*G* **~u**) fez
fi *inter.* (lekceważenie) phooey; (podziw) phew, whew; **~, wielkie rzeczy** phooey, big deal; **~, ~, niezły jesteś** phew, you're pretty good

fiak|ier przest. **Ⅰ** *m pers.* (*Npl* **~rzy** a. **~ry**) (dorożkarz) cabman **Ⅱ** *m inanim.* (*A* **~ier** a. **~ra**) (dorożka) cab; fiacre *daw.*

fiask|o *n* fiasco, debacle; **przedsięwzięcie okazało się ~iem** the enterprise turned into a fiasco; **rozmowy zakończyły się ~iem** the negotiations ended in a fiasco; **~o przeprowadzonego w ubiegłą niedzielę referendum** the debacle in last Sunday's referendum; **~o naszych zawodników na olimpiadzie** our team's fiasco at the Olympics

fidrygał|ki *plt* (*G* **~ków**) *pot., pejor.* ① (ozdoby) trinkets, baubles ② (błahostki) trifles

fie|sta *f* (zabawa) fiesta
fif|ka *f pot.* cigarette holder
fifty-fifty /ˌfɪftɪ'fɪftɪ/ **Ⅰ** *adv. pot.* fifty-fifty; **łup podzielili ~** they divided the loot fifty-fifty; **podzielmy się ~** let's go fifty-fifty **Ⅱ** *adi. inv.* fifty-fifty; **zaproponowała mi podział przyszłych zysków ~** she offered me a fifty-fifty share of the future profits

fi|ga **Ⅰ** *f* ① (owoc) fig ② (drzewo) fig (tree) ③ *sgt* (nic) zilch *pot.*, zero *pot.*; **figa z jutrzejszego balu** nothing will come of tomorrow's ball; **figa z makiem** sweet Fanny Adams a. FA GB *pot.*; **dawali jej wszystko, co chciała, a mnie figę z makiem** they gave her everything she wanted and I got sweet Fanny Adams; **figę mnie to obchodzi** I don't care a. give a fig **Ⅱ** *inter.* (wcale nie) no way!; **„poddajesz się?" – „a figa!"** 'are you giving in?' – 'no way!' **Ⅲ** figi (majtki) briefs ■ **pokazać komuś figę** ≈ to give sb the finger *pot.*

fig|iel *m* (*Gpl* **~lów** a. **~li**) trick, prank; **tym dzieciakom tylko ~le w głowie** these kids are constantly getting into mischief; **spłatać komuś ~la** to play a trick a. prank on sb; **pogoda spłatała nam ~la** *przen.* the weather played a trick on us a. took us by surprise; **życie często płata ~le** *przen.* life often takes us by surprise; **psie ~le** mischief; **dzieci od rana płatały psie ~le** the kids have been up to mischief all day ■ **o mały ~iel** within an inch a. inches; **o**

mały ~iel cię nie wydałam I came within an inch of giving you away; **o mały ~iel, a runęłyby wszystkie nasze plany** all our plans were nearly ruined

figiel|ek *m dem.* trick, prank
figlarnie *adv.* [zachowywać się, uśmiechać się] playfully, mischievously; **~ zadarty nosek** a cheeky snub nose; **dziewczyna ~ strzelała oczami** the girl was glancing around playfully
figlarnoś|ć *f sgt* (zachowania, uśmiechu) playfulness, mischievousness
figlarn|y *adi.* [dziewczyna, zachowanie, uśmiech] playful, mischievous; **~e dzieciaki** mischievous kids
figla|rz *m*, **~rka** *f* (*Gpl* **~rzy** a. **~rzów**, **~rek**) prankster
figl|e-migle *plt* (*G* figlów-miglów a. figli-migli) pranks, tricks; **stroić figle-migle** to play tricks a. pranks
figl|ować *impf vi* to frolic; **dzieci ~owały z psem** the kids were frolicking with the dog ⇒ **pofiglować**
figow|iec *m* (*A* **~iec** a. **~a**) Bot. fig (tree)
figow|y *adi.* [dżem, drzewo, gaj] fig *attr.*; **listek ~y** a fig leaf także *przen.*
figu|ra *f* ① (rzeźba) figure, statue; **kamienna ~ra** a stone figure; **~ra świętego** a statue of a saint; **~ra woskowa** a waxwork ② (kształt ciała) figure, shape; **ma ~rę modelki** she's got the figure of a model; **kostium leżał znakomicie na jej dziewczęcej ~rze** the suit looked great on her girlish figure; **stracić/zachować ~rę** to lose/keep one's figure; **odzyskać ~rę** to get one's figure back; **kostium dopasowany do ~ry** a close-fitting suit; **chodzić do ~ry** to wear no topcoat ③ (osobistość) figure; **~ra urzędowa** a public figure; **w tamtych czasach był wielką ~rą** he was a great man a. a big fish a. big gun in his day *pot.*; **wpływowa ~ra** an influential figure; **nie był żadną ~rą** he was a nobody ④ (osoba) character *pot.*, type *pot.*; **ten facet to jakaś podejrzana ~ra** that guy is a shady character; **był malowniczą ~rą** he was a colourful character ⑤ (postać literacka) character; **galeria ~r komediowych** an array of comical characters ⑥ Gry (w kartach) court card GB, face card US; (w szachach) (chess) piece; **~ra dalekobieżna** major (chess) piece ⑦ Sport, Taniec figure; **walc z ~rami** waltz with figures; **zrobił pętlę i jeszcze jakieś ~ry** he executed a. performed a loop and some other figures ⑧ Mat. figure; **~ry geometryczne** geometric figures; **~ra geometryczna płaska** a plane figure; **~ry (geometryczne) podobne** similar figures; **~ry (geometryczne) przystające** congruent figures ❑ **~ra retoryczna** a. **stylistyczna** Literat. figure of speech
figuraln|y *adi.* ① Szt. [malarstwo, sztuka, dekoracje] figurative, figural ② Muz. figural
figuran|t *m*, **~tka** *f* figurehead *przen.*, puppet *przen.*
figur|ka *f* ① *dem.* (posążek) figurine, statuette; **porcelanowe ~ki** china figurines; **przydrożna ~ka Chrystusa** a roadside statuette of Christ ② *pieszcz.* (kształt ciała) figure; **jej pełna gracji ~ka** her graceful

F

figure; **mimo drobnej ~ki budziła postrach wśród uczniów** despite her diminutive figure she was the terror of her pupils

figur|ować *impf vi* to appear, to be (**w czymś** in sth); **ta pozycja nie ~uje w katalogu** that item isn't in the catalogue; **jej nazwisko ~owało na afiszu tuż pod tytułem sztuki** on the poster her name appeared a. was (printed) just below the title of the play; **to nazwisko nie ~uje na liście** that name isn't on a. doesn't figure in a. on the list

figurow|y *adi.* **łyżwiarstwo ~e** figure skating; **łyżwiarz ~y** a figure skater; **taniec ~y** figure dancing

figurów|ka *f zw. pl* pot. skate *zw. pl*

figuryn|ka *f* figurine, statuette
■ **~ka z saskiej porcelany** a little china doll

fik *inter.* (wh)oops!; **~, i już leży w śniegu** oops, and he fell down in the snow; **a on ~ na łóżko** and he hopped onto the bed
■ **fik-mik** in two ticks GB pot., in two shakes US pot.; **fik-mik, i wszystko gotowe** everything is ready in two ticks; **myślisz, że podanie pisze się tak fik-mik?** do you think that an application can be written in two ticks?; **wiesz jaki on jest, fik-mik z lasa, fik-mik do lasa, nie można na niego liczyć** you know him, always blowing hot and cold, you can't rely on him

fikać *impf → fiknąć[1]*

fikcj|a *f* [1] (*Gpl* ~**i**) (nierzeczywistość) fiction *C/U*; (złudzenie, mrzonka) delusion *C/U*, illusion *C/U*; **granica pomiędzy rzeczywistością a ~ą** the boundary a. borderline between fact and fiction; **żyć ~ą** to delude oneself, to be deluded; **nie ulegał żadnym ~om** he had no delusions a. illusions; **~a literacka** fiction; **bezpłatne studia to ~a** free education is a myth a. pure fiction; **te dotacje to ~a** you're deluded if you think those subsidies will materialize [2] *sgt* (pozór) pretence *C/U* GB, pretense *C/U* US, illusion *C/U*; **cała ta reforma to czysta ~a** the whole reform is only (a) pretence a. window-dressing; **rząd stwarzał ~ę pomyślnego rozwoju gospodarczego** the government created the illusion of a prospering economy; **podtrzymywać ~ę, że...** to keep up a. maintain the pretence that...; **dla dobra dzieci podtrzymywali ~ę małżeństwa** they kept up the pretence of being married for the sake of the children
■ **~a prawna** a. **prawnicza** Prawo legal fiction

fikcyjnie *adv.* fictitiously; **firma istniała tylko ~** the company was fictitious; **zatrudnić kogoś ~** to employ sb fictitiously

fikcyjnoś|ć *f sgt* [1] (fabuły, postaci) fictionality, fictitiousness [2] (zakazów, przepisów) fictitiousness

fikcyjn|y *adi.* [1] *[bohater, postać]* fictional, fictitious [2] *[nazwisko, adres, firma]* fictitious, false; **~e małżeństwo** a fictitious marriage

fik|nąć[1] *pf* — **fik|ać** *impf* (**~nęła, ~nęli** — **~am**) *vi* [1] (skakać) to frolic (about a. around), to cavort (about a. around); **~ać nogami** to kick one's feet; **dziecko ~ało**

bez przerwy the child kept cavorting about; **niósł dziecko pod pachą, a ono ~ało nogami** he carried the kicking child under his arm; **tancerki ~ały nogami** the dancers were kicking; **~ać kozły** a. **koziołki** to turn somersaults [2] pot. (sprzeciwiać się) to kick up a fuss pot., to be kicking and screaming pot., przen.; **ma, czego zapragnie, i jeszcze ~a** s/he's got whatever s/he wants and s/he's still kicking and screaming; **w firmie nikt mu nie ~nie** nobody in the company is going to say boo to him pot., przen.

fikn|ąć[2] *pf* (**~ęła, ~ęli**) *vi* pot. (spaść) to tumble (off a. down); **trzymaj się, bo ~iesz** hold on or you'll fall off; **malec ~ął z wysokiego stołka** the toddler tumbled off a high stool

fikoł|ek *m* pot. [1] (przewrót) somersault, tumble; **robić ~ki** to turn somersaults, to tumble (over); **~ki w tył** back(ward) somersaults [2] (drink) cocktail

fiksacj|a *f* [1] (*Gpl* ~**i**) pot. (wariactwo) **dostawać ~i** to go crazy a. mad pot.; **doprowadzać kogoś do ~i** to drive sb to distraction pot. [2] *sgt* Psych. fixation *C*

fiks|ować *impf vi* pot. [1] (wariować) to go mad pot., to go crazy pot.; **~ować z radości/ze szczęścia** to be deliriously happy; **ona chyba lekko ~uje** she seems to be going slightly mad ⇒ **sfiksować** [2] (szwankować) to act up pot.; **od czasu tej stłuczki samochód ~uje** our car has been acting up since that crash

fiksum-dyrdum *n inv. sgt* pot., przest.
■ **mieć ~** to be off one's rocker pot., to be off a. out of one's head pot.

fikus *m* Bot. [1] (figowiec sprężysty) rubber plant [2] (figowiec) fig (tree)

fikuśnoś|ć *f sgt* (wymyślność) fancifulness; (dziwaczność) bizarreness, outlandishness

fikuśnie *adv. grad.* (fantazyjnie) fancifully; (dziwacznie) bizarrely, outlandishly; **wyglądać ~** to look bizarre; **ubrała się ~** she was fancifully a. outlandishly dressed

fikuśn|y *adi.* (wymyślny) fanciful; (dziwaczny) bizarre, outlandish

filantrop *m*, **~ka** *f* philanthropist; **raz do roku, na święta, zmieniał się w ~a** iron. once a year, at Christmas, he played the philanthropist iron.

filantropi|a *f sgt* (*GD* ~**i**) philanthropy; (działalność) charity; **korzystać z czyjejś ~i** to benefit from sb's philanthropy; **zajmować się ~ą** to be involved in philanthropy; **przed wyborami wszyscy politycy chorują na ~ę** iron. before elections all politicians suffer from attacks a. fits of philanthropy iron.

filantropijn|y *adi. [działalność, organizacja]* philanthropic

fila|r *m* [1] (*G* ~**ra** a. ~**ru**) (słup) pillar, pier; **~ry mostu/wiaduktu** the piers of a bridge/flyover; **sklepienie oparte było na kilkunastu ~rach** the ceiling was supported by several pillars [2] przen. (podpora) pillar; **jest ~rem naszej rodziny** he's the pillar of our family; **był ~rem teatru** he was a pillar of the theatre [3] Górn. pillar

filar|ek *m dem.* (small) pillar, (small) pier

filateli|sta *m* philatelist, stamp collector

filatelistyczn|y *adi. [sklep, wystawa]* philatelic; **kolekcja ~a** stamp collection; **album ~y** a stamp album

filatelisty|ka *f sgt* philately, stamp collecting

filc [I] *m* (*G* ~**u**) felt *U*; **kapelusz z ~u** a felt hat
[II] filce *plt* felt boots

filc|ować się *impf v refl. [wełna, tkanina]* to felt, to mat ⇒ **sfilcować się**

filcow|y *adi. [kapelusz, kapcie]* felt *attr.*

filecik *m dem.* pieszcz. (small) fillet *C/U*, (small) filet *C/U* US

file|t *m* (*G* ~**ta** a. ~**tu**) [1] (ryba, mięso) fillet *C/U*, filet *C/U* US; **~ty rybne** fish fillets; **~ty śledziowe** herring fillets; **~t z makreli** (a) mackerel fillet, fillet of mackerel; **~t z łososia** (a) salmon fillet; **~ty z kurczaka** chicken breasts; **~ty cielęce** veal fillets, fillets of veal [2] (ozdoba na oprawie książki) fillet [3] Techn. fillet

filet|ować *impf vt* to fillet, to filet US, to bone *[rybę, mięso]*

filharmoni|a /ˌfilxarˈmɔɲja/ *f* (*GDGpl* ~**i**) [1] (instytucja) Philharmonic (Orchestra) [2] (budynek) concert hall

filharmoniczn|y *adi. [chór, orkiestra, zespół]* philharmonic

filharmoni|k *m* philharmonic musician a. performer

fili|a *f* (*GDGpl* ~**i**) branch; **~a banku** a bank branch (office); **studiować w ~i uniwersytetu** to study at a branch of the university; **kierownik ~i** a branch manager

filialn|y *adi. [sklep, punkt]* branch *attr.*; **zakłady ~e** subsidiaries

filigranow|y *adi.* [1] *[kobieta, dziewczyna]* petite; *[figura, kształty]* dainty; **być ~ej budowy** to have a delicate a. slight build, to be delicately a. slightly built [2] *[figurka, bibelot, broszka]* filigree *attr.*, filagree *attr.* [3] Techn. *[oprawa, biżuteria, technika]* filigree *attr.*, filagree *attr.*

filip *m*
■ **wyrwać się** a. **wyskoczyć jak ~ z konopi** to stop the conversation dead pot., to throw sb for a loop US pot.; (popełnić gafę) to put one's foot in it, to put one's foot in one's mouth US

Filipi|ńczyk *m*, **~nka** *f* Filipino, Pilipino

filipiń|ski *adi.* Philippine, Filipino a. Pilipino

filist|er *m* książk., pejor. philistine książk., pejor.

filisters|ki *adi.* książk., pejor. *[poglądy, mentalność, postawa]* philistine *attr.* książk., pejor.

filisterstw|o *n sgt* książk. pejor. philistinism książk., pejor.

filiżan|ka *f* (~**eczka** *dem.*) [1] (naczynie) cup; **~ka do herbaty** a teacup; **~ka do kawy** a coffee cup; **~ka z herbatą/gorącą czekoladą** a cup of tea/hot chocolate; **barszcz podano w ~kach** borsch(t) was served in cups; **komplet ~ek** a set of cups [2] (zawartość) cup(ful); **wypił ~kę kawy/herbaty** he drank a cup of coffee/tea

fille|r *m* (*A* ~**ra**) Fin. fillér

film *m* (*G* ~**u**) [1] (w kinie) film, movie US; **~y dla dzieci** children's films; **~ tylko dla dorosłych** an adult a. adults only film; **~ o ptakach** a film about birds; **oglądać**

F

~ **w telewizji** to watch a film on TV; **nakręcić** ~ to shoot a. make a film; **występować w** ~**ie** to appear in a film; **jako dziecko często występowała w** ~**ach** she was a child actress; **jego ostatni** ~ **właśnie wchodzi na ekrany** his latest film has just been released; **prawie we wszystkich kinach grają teraz** ~**y sensacyjne** thrillers are playing in almost every cinema at the moment; **pójść do kina na** ~ to go to (see) a film; **zaprosić kogoś na** ~ to invite sb to the cinema [2] *sgt* (kinematografia) the cinema, the movies US, film *U*; **francuska szkoła** ~**u** French cinema; **interesować się** ~**em** to be interested in film a. (the) cinema [3] (klisza) film *U*; **włożyć nowy** ~ **do aparatu** to put a new roll of film in(to) one's camera; **rolka** ~**u** a roll of film; **oddać** ~ **do wywołania** to have some film developed; ~ **barwny** colour film; ~ **negatywowy** (photographic) film [4] (taśma filmowa) film; ~ **się zerwał w połowie pokazu** the film broke in the middle of the screening [5] (warstwa ochrona) film; **ścianki rury pokryte są cienkim** ~**em** the pipe is coated inside with a thin film

❑ ~ **akcji** Kino action film; ~ **animowany** a. **rysunkowy** Kino cartoon; ~ **autorski** Kino auteur(ist) film; ~ **biograficzny** Kino biographical film, biopic GB pot.; ~ **długometrażowy** a. **pełnometrażowy** Kino featurelength film, full-length feature (film); ~ **dokumentalny** Kino documentary; ~ **drogi** Kino road film; ~ **dźwiękowy** Kino sound film; talkie pot.; ~ **edukacyjny** Kino educational film; ~ **epicki** Kino epic (film); ~ **fabularny** feature (film); ~ **fantastyczny** a. **fantastycznonaukowy** Kino science fiction film; ~ **grozy** Kino horror film; ~ **historyczny** Kino historical film; ~ **kostiumowy** Kino costume drama; ~ **krótkometrażowy** Kino short (subject); ~ **kryminalny** Kino detective a. gangster film; ~ **muzyczny** Kino musical film; ~ **niemy** Kino silent (film); ~ **nowelowy** Kino episodic film; ~ **obyczajowy** Kino drama; ~ **panoramiczny** a. **szerokoekranowy** Kino widescreen film; ~ **paradokumentalny** Kino semidocumentary (film); ~ **płaszcza i szpady** Kino costume adventure (film); ~ **przygodowy** Kino adventure film; ~ **przyrodniczy** Kino documentary a. nature film; ~ **rodzinny** Kino family film; ~ **stereoskopowy** Fot. stereoscopic film; ~ **telewizyjny** Kino film made for television; ~ **średniometrażowy** Kino medium-length film

■ ~ **mu/mi się urwał** pot. he/I got completely a. totally blotto

filmik *m* (*G* ~**u**) short (film); **krótkie** ~**i braci Lumière** shorts made by the Lumière brothers; ~ **reklamowy** a commercial

filmolo|**g** *m* (*Npl* ~**dzy** a. ~**gowie**) cinematologist, film expert

filmologi|**a** *f sgt* (*GD* ~**i**) cinematology, film studies

filmologiczn|**y** *adi.* [badania, wiedza] cinematology *attr.*, film studies *attr.*

filmote|**ka** *f* film library, film archive

film|**ować** *impf vt* [1] (utrwalać na taśmie) to film; ~**ować uroczystości rocznicowe** to film the anniversary celebrations; ~**ować kogoś z ukrycia** to film sb without their knowledge; **w muzeum nie wolno** ~**ować** filming is prohibited in the museum ⇒ **sfilmować** [2] (ekranizować) to make into a film; ~**ować powieść/opowiadanie** to make a novel/short story into a film; **„Panią Bovary"** ~**owano już wielokrotnie** there are many film versions of 'Madame Bovary' ⇒ **sfilmować**

filmow|**iec** *m* film-maker

filmowo *adv.* **wyglądać** ~ to look like a film star; **publiczność wyrobiona** ~ a discerning film audience

filmowoś|**ć** *f sgt* (sceny, prozy) cinematic quality

filmow|**y** *adi.* [1] [aktor, reżyser, szkoła] film *attr.*, cinema *attr.*, movie *attr.* US; **muzyka** ~**a** a soundtrack; **kronika** ~**a** a newsreel; **taśma** ~**a** (movie a. cine) film; **klatka** ~**a** a frame; **przemysł** ~**y** the film industry; **scenariusz** ~**y** a film script, a screenplay; ~**a adaptacja „Anny Kareniny"** a film version of 'Anna Karenina'; **gwiazda** ~**a** a film star; **festiwal** ~**y w Cannes** the Cannes Film Festival [2] [książka, proza] cinematic [3] pot. (jak z filmu) **to była** ~**a scena** it was like a scene from a film; **jej opowieść to zupełnie** ~**a historia** her story sounds like the plot of a film

filodendron *m* (*G* ~**u**) Bot. philodendron

filolo|**g** *m* (*Npl* ~**gowie** a. ~**dzy**) [1] (absolwent filologii) specialist in language and literature; ~**g angielski** an English philologist; ~**g klasyczny** a classicist; **liceum zatrudni** ~**gów** the secondary school is looking for language teachers [2] (uczony) philologist spec.

filologi|**a** *f* (*GDGpl* ~**i**) [1] (dyscyplina uniwersytecka) language and literature studies; (badania naukowe) philology spec.; ~**a angielska/romańska/klasyczna** English/French/Classical studies [2] (wydział) school a. department of (foreign) languages

filologicznie *adv.* [1] (według zasad filologii) philologically spec., rzad.; **opisać** ~ **rękopis/tekst źródłowy** to describe a manuscript/source text in philological terms [2] (językowo) linguistically; **przekład dokładny** ~ a (linguistically) meticulous translation

filologiczn|**y** *adi.* [1] [studia] (języków żywych) (foreign-) language *attr.*; (greki, łaciny) classics *attr.*, classical [2] [badania] philological spec., rzad.; (literackie) literary; **komentarz** ~ (historical/comparative) linguistic commentary, philological commentary; **analiza** ~ textual analysis; **metoda** ~ the philological method; **tłumaczenie** ~**e** a. **przekład** ~**y** literal translation; **zamiłowania** ~ **a love of** a. passion for languages/literature; **wydział** ~**y** the school a. department of (modern/foreign) languages; **miała wykształcenie** ~**e** she had a degree in (foreign) languages/a classical education

fil|**ować** *impf vi* [1] (kopcić) [lampa, świeca, knot] to smoke [2] pot. (patrzeć) to peek, to peep; **nie** ~**uj** stop peeking, don't peek; ~**ować przez dziurkę od klucza** to peep through a keyhole; **cały dzień łaził za**

mną i ~**ował** he followed me around all day long spying on me; **co chwila** ~**ował na dziewczynę siedzącą pod ścianą** he kept sneaking looks at the girl sitting by the wall

filozof *m* (*Npl* ~**owie**) [1] (uczony) philosopher [2] iron. (mędrek) philosopher iron., guru iron.; **nasz ojciec to prawdziwy** ~ our father is quite the philosopher; **zapytaj naszego** ~**a** ask our resident guru; **chłopski** ~ self-appointed guru; **patrzcie no,** ~ **się znalazł** look at that wise guy [3] pejor. (mądrala) wise guy GB pot., pejor., know-all GB pot., pejor., know-it-all US pot., pejor.

filozofi|**a** *f* (*GD* ~**i**) [1] (nauka) philosophy *U*; ~**a Kanta** the philosophy of Kant; ~**e Wschodu** Eastern philosophy; **studiować** ~**ę** to study philosophy; **wydział** ~**i** the philosophy department a. faculty; ~**a czysta** pure philosophy [2] (*Gpl* ~**i**) (teoria) philosophy *C/U*; ~**a kultury/sztuki/prawa** the philosophy of culture/art/law; ~**a polityki** political philosophy [3] *sgt* kryt. (koncepcja) concept, conception; **kilka uwag o** ~**i tego opowiadania** a few comments on the underlying concept of this story; ~**a państwa demokratycznego** the concept of a democratic state [4] (*Gpl* ~**i**) (poglądy) philosophy, outlook; **taką już ma życiową** ~**ę** that's his philosophy of life; ~**a Polaków objawia się w dowcipie** the Polish outlook (on life) manifests itself in humour [5] *sgt* pot. (trudność) **to żadna** ~**a** there's nothing to it pot.; **to żadna** ~**a zainstalować ten program** there's nothing hard a. complicated about installing the program; **na pewno potrafisz to zrobić, to przecież żadna** ~**a** I'm sure you can do it, there's nothing to it

❑ ~**a immanentna** Filoz. immanent philosophy

filozoficznie *adv.* [1] [badać, dociekać, wyjaśniać] philosophically, according to philosophical principles [2] (beznamiętnie) philosophically; ~ **wzruszyła ramionami** she shrugged philosophically; **traktował** ~ **wszystkie zmiany** he took a philosophical approach to all the changes; **„raz na wozie, raz pod wozem", dodał** ~ 'oh well, you can't win them all,' he added philosophically

filozoficzn|**y** *adi.* [1] [doktryna, system, studia] philosophical; **szkoła** ~**a założona przez Epikura** the Epicurean school of philosophy [2] (beznamiętny) philosophical; ~**y spokój** philosophical composure [3] [powiastka, bajka] philosophical

filozof|**ować** *impf* to philosophize (**nad czymś** on a. about sth); ~**ować o Bogu/miłości/nicości** to philosophize about God/love/nothingness; **przestań** ~**ować, weź się do pracy** iron. stop philosophizing and get down to work iron.

filt|**r** *m* (*G* ~**ru** a. ~**ra**) [1] (urządzenie) filter; ~**r do wody** a water filter; ~**r paliwowy do silnika** a fuel filter; **woda z sieci miejskiej przechodzi przez** ~**ry ozonowe i węglowe** the water from the mains passes through ozone and carbon filters; **stacja** ~**rów** a filtration plant; ~**r foto-**

graficzny a photographic filter; **~r akustyczny** an acoustic filter [2] (papierosa) filter (tip); **papierosy z ~rem** filter cigarettes a. tips; **papierosy bez ~ra** unfiltered ~, nonfilter(ed) cigarettes [3] (w kremie, olejku) filter; **~ UVA/UVB** UVA/UVB filter; **~r przeciwsłoneczny** sun filter; **krem/olejek z ~rem ochronnym** sunscreen (cream/oil) ❑ **~r elektrostatyczny** Techn. electrostatic filter; **~r rodzinny** Komput. family filter

filtracyjn|y adi. [bibułka, prasa] filter attr.; **warstwa ~a** filter bed

filtr|ować impf vt to filter [wodę, powietrze]

filtrow|y adi. płótno **~e** filter cloth

filu|t m, **~tka** f (Npl **~ty** a. **~ci, ~tki**) pot. joker, comedian

filuternie adv. [zachowywać się, śmiać się] playfully, light-heartedly; **mrugać do kogoś ~** to wink playfully at sb; **patrzeć na kogoś ~** to look playfully at sb

filuterność|ć f sgt high spirits plt, playfulness

filutern|y adi. [spojrzenie, uśmiech, mina, zachowanie] playful, light-hearted; **~e dziewczątko** a light-hearted a. fun-loving girl

Fin m, **~ka** f (Npl **~owie, ~ki**) Finn; **być ~em/ką** to be Finnish

finali|sta m, **~stka** f (zawodnik) finalist; **~sta konkursu ortograficznego/zawodów baloniarskich** a spelling contest/balloon race finalist; **~ści Pucharu Świata** the World Cup finalists; **spośród 1200 kandydatów wyłoniono stu ~stów** one hundred finalists were selected from among the 1200 entries

finalizacj|a f sgt książk. (umowy, transakcji, projektu) finalization, conclusion; **~a rozmów** the finalization of the talks; **~a prac** the completion of the works; **wkrótce należy się spodziewać ~i kontraktu** soon we can expect the contract to be finalized a. concluded

finalizacyjn|y adi. książk. [kontrakt] finalizing

finaliz|ować impf vt książk. to finalize, to conclude [umowę, transakcję, rozmowy] ⇒ **sfinalizować**

finaln|y adi. książk. [1] [sukces] ultimate; [werdykt, wniosek, stadium, faza, etap] final; [rozmowy] concluding; **naszym celem ~ym jest prywatyzacja wszystkich sektorów gospodarki** our ultimate goal is the privatization of all the sectors of the economy [2] kryt. [produkt] final, end attr.; [odbiorca] end attr.

fina|ł m (G **~łu**) [1] (koniec) end; **~ł rozmowy/uroczystości** the end of the conversation/celebrations; **wyprawa miała tragiczny ~ł** the expedition ended in tragedy; **sprawa znalazła swój ~ł w sądzie** the dispute ended up in court [2] (konkursu, zawodów) final; **~ł wyścigu kolarskiego/regat** the cycling/yacht race final; **wejść do ~łu** to reach the final; **~ły piłkarskich mistrzostw świata** the football world championships finals; **zakwalifikować się do ~łów** to qualify for the finals; **do ~łu biegu na 100 m zakwalifikowało się dwóch Polaków** two Poles qualified for the 100 metres

final [3] (filmu, książki) ending; (koncertu, opery) finale

finałow|y adi. [1] [wyścig, mecz] final [2] [monolog, scena] concluding

finans|e plt (G **~ów**) [1] Ekon. (środki pieniężne) funds; (zarządzanie) finances; **~e publiczne** public finance; **~e służby zdrowia** health service funds; **Ministerstwo Finansów** the Ministry of Finance; **minister ~ów** the minister of finance, the finance minister [2] pot. (pieniądze) funds, finances; **~e rodziny** the household budget; **moje ~e są już mocno nadszarpnięte** my finances are rather tight

finansi|sta m, **~stka** f [1] (bogacz) tycoon, magnate [2] (ekspert) financier, financial adviser

finansje|ra f sgt (high) finance, financial circles; **człowiek znany w świecie brytyjskiej ~ry** a person well-known in British financial circles

finans|ować impf vt to finance, to fund; **szpital ~owany przez państwo** a state-funded hospital; **~ować kluby piłkarskie** to sponsor football clubs; **fundacja ~owała wiele pożytecznych poczynań naukowych** the foundation financed many useful academic enterprises; **inwestycja jest w połowie ~owana z budżetu państwa** the enterprise is partly funded by the government ⇒ **sfinansować**

finansowo adv. [pomagać, wspierać] financially; **być samodzielnym ~** to be financially independent; **zakład podupadał ~** the factory was going downhill financially; **ten rok będzie kiepski ~** this is going to be a lousy year as far as finances go

finansow|y adi. [polityka, plan, trudności] financial; **krach ~y** a financial crisis, a (financial) crash; **doradca ~y** a financial adviser; **operacje ~e** financial transactions; **prowadzę zestawienie ~e, żeby wiedzieć, na co wydaję pieniądze** I'm keeping accounts in order to check my expenditure

fin de siècle /ˌfɛ̃deˈsjɛkl/ m sgt (G fin de siècle'u) Literat., Szt. fin de siècle; **poeci fin de siècle'u** fin-de-siècle poets; **salon w stylu fin de siècle'u** a fin-de-siècle style drawing room

findesieclow|y /ˌfɛ̃desjeˈklovɨ/ adi. [salon, ubranie, poeta] fin-de-siècle attr.

finezj|a f sgt książk. finesse, subtlety; **~a gry aktorów** the finesse a. subtlety of the actors' performance; **powieść napisana bez ~i** a novel lacking (in) subtlety

finezyjnie adv. [grać, wykonać] with (great) finesse

finezyjność|ć f sgt książk. finesse, subtlety; **~ć gry aktorskiej/fabuły/kształtu** the subtlety of the acting/plot/form

finezyjn|y adi. [gra aktorska, dowcip] sophisticated, subtle; [wykonanie] fine; **~e ruchy** delicate movements; **~y manewr** a deft a. an adroit manoeuvre

fing|ować impf vt książk. to fake [napad]; to feign [atak]; to fabricate [alibi]; **~ować włamanie/własną śmierć** to fake a break-in/one's own death; **~ować dowody** to fabricate evidence; **~ować proces** to fix a trial; **~ować chorobę** to feign a. fake an illness ⇒ **sfingować**

finisz m (G **~u**) [1] Sport (wyścigu, biegu) home straight GB, home stretch US, finish; **~ biegu na 800 metrów** the 800 metres finish; **na ~u nikt nie był w stanie dotrzymać mu kroku** nobody could keep up with him on the home straight; **najlepszym ~em popisał się obrońca tytułu** the former champion had the best finish of all; **rozpoczął długi samotny ~** he started the long lonely finish; **punktowane ~e** sprint stages [2] pot. (zakończenie) final stages pl, home straight GB przen., home stretch US przen.; **budowa fabryki jest już na ~u** the completion of the construction of the factory is in sight; **ciekawe, jaki będzie ~ tej sprawy** I wonder how the matter is going to end; **~ transakcji okazał się pomyślny dla obu stron** the deal turned out to be beneficial for both parties ❑ **lotny ~** Sport sprint (stage)

finisz|ować impf vi [1] Sport [zawodnik] to finish, to sprint [2] pot. (kończyć) to complete (**z czymś** sth); **już ~ują z remontem mieszkania** they're finishing (up) the redecoration of their flat; **budowa mostu już ~uje** the construction of the bridge is in the final stages

finiszow|y adi. [wiraż, minuty] final; **prędkość ~a** the finishing speed

fin|ka f sheath knife

fiń|ski [I] adi. [język, obywatelstwo, naród] Finnish; **chcieli mieszkać po ~ku** they wanted to live Finnish-style [II] m sgt (język) Finnish; **uczyć się ~kiego** to learn Finnish; **mówić/czytać po ~ku** to speak/read Finnish

fiole|t m (G **~tu**) [1] (kolor) purple, violet; **jasny/ciemny/głęboki ~t** a bright/dark/deep violet a. purple; **~t bzu** lilac [2] (barwnik) purple, violet; **roztwór ~tu** a violet solution [3] zw. pl (strój biskupi) purple ❑ **~t gencjanowy** a. **krystaliczny** Farm. gentian violet; **~t metylowy** Chem. methylene violet

fioletowo adv. **zabarwić coś na ~** to dye sth purple a. violet

fioletow|y adi. purple, violet; **~e niebo** a purple sky; **~y wrzos** purple heather; **~y ze złości** purple with anger

fiol|ka f phial, vial; **~ka laboratoryjna/szklana** a laboratory/glass phial a. vial; **~ka na lekarstwa** a medicine bottle; **wylał całą ~kę perfum** he poured out a whole vial of perfume

fio|ł pot. [I] m pers. (Npl **~ły**) (dziwak, oryginał) psycho pot., weirdo pot.; **kompletny ~ł** a complete weirdo; **wyglądać na ~ła** to look a bit of a psycho a. loony pot.; **zachowywać się jak ~ł** to behave like a nut pot.; **może to ~ł, ale jest dobrym fachowcem** he may be an oddball, but he's good at his job pot. [II] m inanim. (A **~ła**) (dziwactwo) craziness pot., nuttiness pot.; **dostać ~ła** to go mad a. nuts pot.; **mieć ~ła** to have a screw loose pot.; **mieć ~ła na punkcie samochodów/filmów science fiction** to be crazy about cars/sci-fi films pot.; **mieć ~ła na punkcie czystości/punktualności** to have a thing about cleanliness/punctuality pot., to have a bee in one's bonnet about

cleanliness/punctuality pot.; **masz chyba ~ła!** you must be nuts! pot.

fiołecz|ek *m dem.* small violet

fioł|ek *m* Bot. violet; **bukiecik ~ków** a bunch of violets
❑ **~ek alpejski** cyclamen; **~ek trójbarwny** wild pansy, wild violet; **~ek wonny** sweet violet

fiołkowo *adv.* **zabarwić się na ~** to turn violet

fiołkow|y *adi.* [1] *[kolor, oczy]* violet; **~y szal** a violet scarf [2] *[zapach, mydło]* violet *attr.*; **~e perfumy** violet perfume [3] Bot. violaceous

fior|d *m* (*G* **~du**) fjord, fiord; **głęboki/ norweski ~d** a deep/Norwegian fjord; **wybrzeże poszarpane ~dami** a rugged fjord coast(line)

fiordow|y *adi.* fjord *attr.*, fiord *attr.*; **wybrzeże ~e** a fjord coast(line)

firan|a *f* środ., Handl. net a. sheer curtain

firanecz|ka *f dem.* net a. sheer curtain; **delikatna/muślinowa ~ka** a delicate/ muslin curtain

firan|ka *f* net a. sheer curtain; **tiulowa/ wzorzysta/marszczona ~ka** a tulle/patterned/gathered curtain; **~ka z falbaną** a ruffled net a. sheer curtain; **taśma do ~ek** curtain tape; **~ka w oknie** a net a. sheer curtain in the window; **zawiesić ~ki** to hang net a. sheer curtains; **odsunąć/ zasunąć ~kę/~ki** to open/draw the curtain(s)

fircyk *m* (*Npl* **~i**) pejor. [1] książk. (lekkoduch) fribble GB pot.; ne'er-do-well; **zachowywać się jak ~** to behave like a fribble [2] przest. (modniś) dandy; fop pejor.; **zakochać się w ~u** to fall in love with a dandy

fircykowato *adv.* pejor. *[zachowywać się]* foppishly; *[wyglądać]* foppish *adi.*

fircykowa|ty *adi.* pejor. dandyish, foppish; **~ty wygląd** a dandyish appearance; **~te zachowanie** foppish behaviour

firm|a *f* [1] (przedsiębiorstwo) company, firm; **~a marketingowa/przewozowa/usługowa/wynajmująca samochody** a marketing/service/transport/car hire company; **nierentowna ~a** an unprofitable company, a lossmaker; **~a wiodąca** a market leader; **dynamiczna/konkurencyjna/renomowana/solidna ~a** a dynamic/competitive/renowned/reliable company; **dyrektor/właściciel ~y** a company manager/owner; **wizerunek ~y** the corporate image; **na koszt ~y** (bezpłatny) on the house; (opłacony przez pracodawcę) *[wyjazd, kurs]* at the company's expense; *[posiłek]* on the/one's expense account; **założyć/prowadzić ~ę** to establish/manage a. run a company; **małe ~y nie wytrzymują konkurencji z międzynarodowymi potentatami** small firms can't compete with big international conglomerates [2] (nazwa firmy) company name; **sprzedawać produkty pod marką znanej ~y** to sell products under a well-known brand name; **~a spółki to...** the company's name is... [3] pot., przen. (o człowieku) **solidna ~a** a reliable a. trustworthy person; **mieć/wyrobić sobie dobrą ~ę** to have/acquire a good reputation
❑ **firma-krzak** przen. a fly-by-night (company a. business) pejor.

firmamen|t *m sgt* (*G* **~tu**) [1] (niebo) książk. firmament książk.; **niebieski/przejrzysty ~t** a blue/crystal-clear firmament [2] przen. (scena) **~t polityczny** przen. the political firmament przen.; **nowa gwiazda na ~cie współczesnego kina** a new star in the cinema firmament

firm|ować *impf vt* [1] (użyczać nazwiska, nazwy) **~ować program własnym nazwiskiem** to lend one's name to a programme; **koncert ~owała znana agencja** the concert was organized under the auspices of a well-known agency [2] (wspierać autorytetem) to endorse, to support; **nie chcę ~ować ryzykownych transakcji** I'm not going to endorse any risky transactions; **reformy gospodarcze ~uje rząd** the economic reforms are supported by the Cabinet [3] (podpisywać) to sign; **~ować przelew** to sign a transfer

firmow|y *adi.* [1] (dotyczący danej firmy) company *attr.*; **nazwa ~a** a proprietary a. brand name; **papier ~y** a letterhead; **znak ~y** a trademark [2] (dobrej firmy) name-brand *attr.*, brand-name *attr.*; **~y komputer** a name-brand a. brand-name computer

fis *n inv.* Muz. F sharp; **Fis-dur** F sharp major; **fis-moll** F sharp minor

fisharmoni|a /ˌfiskar'mɔnja/ *f* (*GDGpl* **~i**) Muz. harmonium; **grać na ~i** to play the harmonium

fiskaln|y *adi.* [1] Ekon. fiscal; **polityka ~a** fiscal policy; **przepisy ~e** tax regulations [2] Handl. **kasa ~a** a cash register

fiskus *m sgt* (*A* **~a**) [1] Ekon. (skarb państwa) the Exchequer GB, the Treasury (Department) US [2] pot. (urząd podatkowy) revenue office a. Inland Revenue GB, the Internal Revenue Service a. IRS US; **płacić ~owi** to pay taxes [3] Hist. (skarb cesarza rzymskiego) fisc

fistasz|ek *m* (*A* **~ka**) zw. pl pot. peanut; **chrupać ~ki** to crunch peanuts

fistaszkow|y *adi.* peanut *attr.*; **masło ~e** peanut butter

fisz|a *f* pot. big fish a. noise a. shot pot.; **być ~ą** to be a big shot; **to wielka ~a** she's/ he's a big fish

fiszbin *m* (*G* **~u**) [1] Zool. whalebone *U*, baleen *U*; **~y** whalebone [2] Moda whalebone *U*; **gorset z ~ami** whalebone a. boned corset; **biustonosz z ~ami** an underwire(d) bra; **suknia na ~ach** a boned dress; **usztywnić coś ~ami** to bone sth

fiszbinow|y *adi.* [1] Zool. whalebone *attr.*, baleen *attr.*; **wieloryb ~y** a baleen whale; **płyty ~e** baleen a. whalebone (plates) [2] Moda **pręty ~e** boning, whalebone (strips)

fisz|ka *f* [1] (katalogowa) (index) card; **informacje/notatki na ~kach** information/ notes on cards [2] Gry chip; **płacić ~kami** to pay with chips

fi|s *m sgt* pot. **mieć fisia** to be crazy pot., to be off a. out of one's head pot.

fiu *inter.* [1] (odgłos gwizdania) chirp, chirrup; **~, zagwizdał ptak** a bird chirped a. chirruped [2] (okrzyk podziwu) wow, oh boy; **~, ~, niezły komputer!** wow, what a computer! [3] (nie ma) whoops, whoosh; **i pieniążki ~!** whoosh, and the money is gone!

■ **mieć ~, ~** a. **~ bździu w głowie** to be a birdbrain pot.

fiukać *impf* → fiuknąć

fiuk|nąć *pf* — **fiuk|ać** *impf* (**~nęła, ~nęli** — **~am**) *vi* pot. *[ptak]* to peep, to tweet; **usłyszał ~anie kosa** he heard a blackbird tweeting; **lokomotywa ~nęła i pociąg ruszył** the whistle blew and the train pulled out

fiu|t wulg. **I** *m pers.* (*Npl* **~ty**) (wyzwisko) prick wulg.; dick posp.
II *m inanim.* (*A* **~ta**) (prącie) prick wulg.; dick posp.

fiut|ek *m dem.* posp. (little) willy GB pot.; (little) dick posp.

fizjognomia → fizjonomia

fizjolo|g *m* (*Npl* **~gowie** a. **~dzy**) physiologist

fizjologi|a *f sgt* (*GD* **~i**) Biol., Med. physiology; **~a człowieka/mózgu/porównawcza** human/brain/comparative physiology; **~a komórki** cytophysiology; **~a płodu** embryophysiology; **~a patologiczna** pathophysiology; **~a roślin** phytophysiology

fizjologicznie *adv.* Med. physiologically

fizjologiczn|y *adi.* Med. physiological; **procesy/zmiany ~e** physiological processes/changes; **potrzeby ~e** physiological needs; **żółtaczka ~a** physiologic jaundice; **sól ~a** saline solution; **teoria ~a** physiological theory

fizjonomi|a *f* (*GDGpl* **~i**) książk. (twarz) physiognomy książk.; **piękna/ujmująca ~a** a beautiful/charming physiognomy książk.; **~a miasta** przen. the city's physiognomy książk.

fizjonomiczn|y *adi.* physiognomic(al); **cechy ~e** physiognomic(al) features

fizjoterapeu|ta /ˌfizjoteraˈpewta/ *m*, **~tka** *f* physiotherapist, physical therapist US

fizjoterapeutyczn|y /ˌfizjoterapewˈtɨtʃnɨ/ *adi.* physiotherapy *attr.*; **zabiegi ~e** physiotherapy treatment

fizjoterapi|a *f sgt* (*GD* **~i**) physiotherapy, physical therapy US; **poddać się ~i** to undergo physiotherapy

fizycz|ka *f* pot. (nauczycielka fizyki) physics teacher

fizycznie *adv.* [1] (cieleśnie) physically; **silny/słaby ~** physically strong/weak; **sprawny ~** (zdrowy) in good shape (physically); (wygimnastykowany) (physically) fit; **niesprawny ~** out of shape, unfit; **mężczyzna atrakcyjny ~** a physically attractive man; **pociągać kogoś ~** to be physically attracted to sb; **pracować ~** to do physical a. manual labour; **pracować ~ jako ~** to be a manual worker [2] (w związku z fizyką) in terms of physics; **ująć problem ~** to consider a problem in terms of physics a. from the standpoint of physics [3] (materialnie) physically; **~ niemożliwe** physically impossible; **być ~ obecnym** to be physically present

fizyczn|y *adi.* [1] (dotyczący fizyki) physics *attr.*, physical; **prawa ~e** the laws of physics; **wielkości ~e** (physics) quantities; **wzory ~e** physics a. physical formulae; **pracownia ~a** a physics laboratory; **che-**

F

mia ~a physical chemistry; **właściwości ~e gazów** the physical properties of gases ② (materialny) physical, material; **ciało/zjawisko ~e** a physical body/phenomenon; **środowisko ~e** the physical environment; **świat ~y** the physical a. material world; **~a niemożliwość** a physical impossibility; **~a obecność** physical presence ③ (dotyczący ciała ludzkiego) physical; **atrakcyjność ~a** physical attractiveness, an attractive (physical) appearance; **kondycja ~a** (physical) fitness; **siła ~a** physical strength; **pociąg ~y** physical attraction; **miłość ~a** physical love; **sprawność ~a** (physical) fitness; **kara ~a** corporal punishment; **cierpienie ~e** physical suffering; **obrażenia ~e** bodily harm; **wysiłek ~y** a physical effort; **praca ~a** physical a. manual labour; **przemoc ~a** physical violence; **pracownik ~y a** (physical a. manual) labourer; **wychowanie ~e** physical education; **antropologia ~a** physical anthropology ④ Geog. physical; **geografia ~a** physical geography; **mapa ~a** a physical map

fizy|k m ① (naukowiec) physicist; **zdolny ~k** a talented physicist; **~k jądrowy** a nuclear physicist; **zatrudnić ~ka** to hire a physicist ② pot. (nauczyciel fizyki) physics teacher ③ daw. (lekarz urzędowy) medical officer
■ **ryzyk-fizyk** hit-or-miss

fizy|ka f sgt Nauk. physics (+ v sg); **wykład z ~ki** a lecture in physics; **pracownia ~ki** a physics laboratory; **wydział/instytut ~ki** Uniw. the department a. school of physics, the physics department; **~ka klasyczna/Newtonowska** classical/Newtonian physics

❑ **~ka atomowa** atomic physics; **~ka ciała stałego** solid-state physics; **~ka cząsteczek elementarnych** particle physics; **~ka doświadczalna** a. **eksperymentalna** experimental physics; **~ka jądrowa** nuclear physics; **~ka kuli ziemskiej** geophysics; **~ka metali** metal physics; **~ka molekularna** molecular physics; **~ka plazmy** plasma physics; **~ka słońca** solar physics; **~ka stosowana** applied physics; **~ka teoretyczna** theoretical physics; **~ka wysokich energii** high energy physics

fizykalnie adv. książk. physically, in terms of physics; **rzeczywistość poznawana ~** physical reality

fizykaln|y adi. książk. physical; **~y opis świata** a physical description of the world; **rzeczywistość ~a** physical reality; **leczenie ~e** Med. physiotherapy, physical therapy US

fizykoterapeu|ta /ˌfizikoteraˈpewta/ m, **~tka** f Med. physiotherapist, physical therapist US

fizykoterapeutyczn|y /ˌfizikoterapewˈtɪtʃnɪ/ adi. Med. physiotherapy attr.; **zabiegi ~e** physiotherapy (treatment)

fizykoterapi|a f sgt (GD ~i) Med. physiotherapy, physical therapy US; **gabinet ~i** a physiotherapy room

fizylie|r m, **~rka** f Wojsk. fusilier; **kompania ~rów** a company of fusiliers; **służyć w ~rach** to serve in the fusiliers

fizyliers|ki adi. fusilier attr.; **mundur/pułk ~ki** a fusilier uniform/regiment

fla|cha f augm. ① (duża butla) big bottle; **pić prosto z ~chy** to drink straight from the bottle ② pot. (alkohol) (wódka) a bottle of the hard stuff pot.; (wino) a bottle of plonk pot.; **postawić komuś ~chę** to stand sb a bottle; **odbić/obciągnąć ~chę** to crack open/drain a bottle (of the hard stuff)

flacz|eć impf (~eję, ~ał, ~eli) vi pot. ① (wiotczeć) to sag, to go a. turn limp; **balon ~eje** the balloon is deflating; **gdy się nie ćwiczy, mięśnie ~eją** when you don't exercise, your muscles get flabby ⇒ **sflaczeć** ② (słabnąć) to weaken, to flag; **~ał z dnia na dzień** his energy was flagging a. failing from day to day ⇒ **sflaczeć**

flaczk|i plt (G ~ów) Kulin. (wołowe) tripe U; (wieprzowe) chitterlings pl; **znakomicie przyrządzone ~i** superbly prepared tripe a. chitterlings

fla|ga f flag; **~ga narodowa** the national flag; **~ga trójkolorowa** the tricolour; **~ga amerykańska** the American flag, the Stars and Stripes; **~ga brytyjska** the British flag, the Union Jack; **~ga admiralska** Wojsk. the/an admiral's flag; **~gi sygnałowe** signal flags

flag|ować impf vt to flag; **~ować budynek na znak protestu** to hang flags on a building as a sign of protest; **~ować obszary zagrożone przed opryskiwaniem** to flag ecologically sensitive areas before (pesticide) spraying ⇒ **oflagować**

flagow|y adi. flag attr.; **tkanina ~a** bunting; **maszt ~y** a flagpole; **oficer ~y** Żegl. a flag officer; **statek/okręt ~y** Żegl. a flagship; **sygnały ~e** Żegl. flag signals

flak ❚ m pers. (Npl ~i) pot. weakling; **zupełny z niego ~** he's totally feeble
❚❚ m inanim. pot. ① zw. pl (jelito) gut(s) ② (na kiełbasie) (sausage) skin a. casing; **zdjąć ~ z kaszanki przed smażeniem** to remove the skin a. casing of a black pudding before frying it ③ (opona) flat (tyre) GB, flat (tire) US
❚❚❚ **flaki** plt Kulin. (wołowe) tripe U; (wieprzowe) chitterlings pl
■ **nudny jak ~i z olejem** pot. (as) dull as dishwater a. ditchwater; [wykład, książka] (as) dry as dust; **~i się we mnie/w nim przewracają na ten widok/na taką bezczelność** posp. the sight/that kind of insolence makes my/his gorge rise a. turns my/his stomach; **wypruwać komuś ~i** posp. to nag sb (to death); **~i ci/mu wypruję!** posp. I'll have your/his guts for garters!; **wypruwać z siebie a. sobie ~i** posp. to work one's guts out

flakon m (G ~u) ① (na perfumy) flacon, flask; **~ wody kolońskiej** a flacon of (eau de) cologne ② (wazon) vase; **~ z różami** a vase of roses

flakonik m ① (na perfumy) vial; **~ perfum** a vial of perfume ② (mały wazon) small vase; **~ fiołków** a small vase of violets

flakowaci|eć impf vi pot. [mięśnie, brzuch, nogi] to get flabby

flakowato adv. pot. loosely

flakowa|ty adi. pot. [opony] flat; [mięśnie] flabby

flam|a f daw. ladylove daw.; **widziałeś jego nową ~ę?** pejor. have you seen his latest inamorata? iron.

flamast|er m felt-tip (pen), marker (pen); **mazać kolorowymi ~rami** to scrawl with coloured felt-tips

flamenco /flaˈmɛŋko/ n inv. Muz. flamenco; **tancerz ~** a flamenco dancer; **tony ~** a flamenco melody

flaming m Zool. flamingo; **kolonia ~ów** a colony of flamingo(e)s

flanc|a f Ogr. seedling; **~e bratków/pomidorów** pansy/tomato seedlings; **przesadzać ~e** to transplant seedlings

flanc|ować impf vt Ogr. (trans)plant; **~ować kapustę/astry** to plant cabbage(s)/asters; **pomidory są ~owane na wiosnę** tomatoes are planted in the spring

flanel|a f (Gpl ~i) flannelette U, flannel U; **miękka ~a** soft flannel; **wełniana ~a** flannel; **~a koszulowa** flannelette shirting; **kraciasta ~a** check(ed) flannel; **~a we wzory** patterned flannelette; **garnitur z ~i** a flannel suit

flanel|ka f dem. flannel U; **cieplutka ~ka** warm flannel

flanelow|y adi. flannel attr.; **~a koszula** a flannel shirt

flan|ka f ① Wojsk. (skrzydło szyku wojskowego) flank; **na prawej ~ce** on the right flank; **atak na ~kę** a flank attack; **atak z ~ki** a flanking attack; **osłaniać lewą ~kę** to cover the left flank ② Wojsk. (narożnik twierdzy) corner tower; (bok twierdzy) flank; **bronić północnej ~ki** to defend the northern flank ③ Sport wing; **ustawić zawodnika na ~ce** to put a player on the wing; **strzelać z ~ki** to shoot from the wing

flankow|y adi. ① Wojsk. (na flankę) flank attr.; (z flanki) flanking attr.; **ogień ~y** the enfilade ② Sport **napastnik ~y** a wing (forward), a flanker

flasz|a f augm. big bottle

flaszecz|ka f dem. small bottle

flasz|ka f pot. bottle; (smukła) flask; (z alkoholem) bottle (of alcohol); **płaska ~ka** a hip flask; **puste ~ki** dead men przen., pot.; empties; **kupić dwie ~ki** to buy two bottles of alcohol; **wypić ~kę** pot. to knock back a bottle of alcohol pot.

flausz /flawʃ/ m (G ~u) fleece C/U; **płaszcz z ~u** a fleece coat; **zmechacony ~** (a) pilled fleece

flauszow|y /flawˈʃovɪ/ adi. fleece attr.; **~y płaszcz** a fleece coat

flau|ta /ˈflawta/ f sgt Żegl. calm(s); **unieruchomiony przez ~tę** becalmed

fląd|ra f ① Zool. flounder, flatfish ② pot., obraźl. (niechlujna kobieta) slattern przest., obraźl.; (kobieta źle prowadząca się) slut obraźl.; **wyzywająca ~ra** a provocative slut

flecik m Muz. ① dem. small recorder ② piccolo

fleci|sta m, **~stka** f Muz. flautist, flutist US; **~sta jazzowy** a jazz flautist

flecze|r m (G ~ra a. ~ru) Stomat. temporary filling; **założyć ~r** to put in a temporary filling

flegm|a f ① sgt Med. (wydzielina) phlegm; (plwocina) gob a. glob of phlegm; **pluć ~ą** to spit (out) phlegm ② sgt pot., przen. (zimna krew) composure, level-headedness; **angielska ~a** the phlegmatic British character; a stiff upper lip przen.; **robić coś z ~ą** to do sth coolly a. with composure ③ pot., pejor. (człowiek opanowany) cold fish pejor.; (człowiek powolny) sluggard pejor.; **kiedyś byłem straszna ~a** I used to be a real cold fish

flegmatycznie adv. grad. (powoli) languidly; (z zimną krwią) coolly, with composure; (bez wyrazu) impassively, phlegmatically; (bez werwy) dully, phlegmatically; **mówić/robić coś ~** to speak/do sth impassively

flegmatycznoś|ć f sgt książk. composure, stolid a. phlegmatic character; **~ć Anglików** the phlegmatic English a. British character

flegmatyczn|y adi. (powolny) languid; (z zimną krwią) cool, composed; (bez wyrazu) stolid, phlegmatic; (bez werwy) dull, phlegmatic; **~e ruchy** languid movements; **~y temperament** a phlegmatic temperament

flegmaty|k m, **~czka** f ① Psych. phlegmatic type ② (osoba powolna) slowcoach GB pot., slowpoke US pot., sluggard; **szybciej, ty ~ku!** come on, slowcoach!

fle|ja f (Gpl **~i**) pot., pejor. slob pot. pejor.; **wyglądać jak ~ja** to look like a slob; **ale z niego ~ja!** he's such a slob!

flejtuch m (Npl **~y**) pot., pejor. scruff pot., pejor.; **ale z niej ~!** she's such a scruff!

flejtuchowato adv. pot., pejor. [wyglądać] slovenly adi.; [robić coś, ubierać się] sloppily

flejtuchowatoś|ć f sgt pot., pejor. slovenliness pot., pejor.; **~ć jego wyglądu** the slovenliness of his appearance

flejtuchowa|ty adi. pot., pejor. (osoba) slovenly pot., pejor.; (koszula, spodnie) sloppy pot., pejor.; **jego ~ty wygląd** his slovenly appearance

flejtusz|ek m dem. (Npl **~ki**) pot., żart. (chłopiec) messy boy; (dziewczynka) messy girl; **co to za ~ek tutaj jadł?** what messy boy/girl has been eating here?

flek m heel tip; **zdarte ~i** worn-out heel tips; **wymienić ~i w butach** to have the heel tips replaced in one's shoes
■ **być na ~u** pot. to be well-oiled pot.

fleksj|a f sgt Jęz. inflection

fleksyjnoś|ć f sgt Jęz. inflectional character

fleksyjn|y adi. Jęz. [forma, język] inflected; [morfem] inflectional

flesz[1] m (G **~a** a. **~u**, Gpl **~y** a. **~ów**) Fot. flash; **aparat z wbudowanym ~em** a camera with a built-in flash; **przywitały go błyski ~y** he was greeted by camera flashes

flesz[2] m (G **~a** a. **~u**, Gpl **~y** a. **~ów**) Sport. flèche (attack)

fle|t m (G **~tu**) Muz. flute; (prosty) recorder; **grać na ~cie** to play the flute; **koncert na ~t i orkiestrę** a concerto for flute and orchestra
❏ **~t podłużny** a. **prosty** end-blown recorder; **~t poprzeczny** (transverse) flute

fletni|a f (Gpl **~**) przest., Muz. recorder
❏ **~a Pana** pan pipes GB, panpipe US

flin|ta f przest., Myśliw. flintlock

flircia|ra, ~rka f pot. flirt; **straszna z niej ~ra** a. **~rka** she's a terrible flirt

flirciars|ki adi. pot. [rozmowa, ton, zachowanie] flirtatious

flirciarz m (Gpl **~y**) pot. ladykiller pot., ladies' man pot.; **jej mąż jest okropnym ~em** her husband is a terrible ladykiller

flircik m dem. (G **~u**) mild flirtation; **niewinny ~** an innocent flirtation

flir|t m (G **~tu**) ① (miłostka) flirtation; **mieć ~t z kimś** to have a flirtation with sb; **to było coś więcej niż ~t** this was more than just a flirtation ② przen. (krótkie zainteresowanie) flirtation (**z czymś** with sth); **krótki ~t z polityką** a brief flirtation with politics
❏ **~t towarzyski** game involving exchanging cards with flirtatious remarks

flirt|ować impf vi ① (zalecać się) to flirt (**z kimś** with sb); **siedzą tam i ~ują** they're sitting there flirting ② przen. to have a flirtation (**z czymś** with sth); **w młodości ~ował z komunistami** when he was young he had a flirtation with communism

flisac|ki adi. [pieśń, tradycja, zwyczaj] rafters'; [przystań, binduga] rafting; **tratwa ~ka** a raft

flisa|k m rafter

floks m (A ~ a. **~a**) Bot. phlox

flo|ra f sgt Bot. flora; **~ra krajowa/tropikalna/wodna** domestic/tropical/aquatic flora; **przedstawiciel ~ry alpejskiej** a specimen of alpine flora
❏ **~ra bakteryjna** Med. bacterial flora

floreci|sta m, **~stka** f Sport foilist, foil fencer

floren m (A **~a**) Fin., Hist. (florencki, holenderski) florin

flore|t m (G **~tu**) Sport ① (broń) foil ② sgt (dyscyplina) foil (fencing), foils (+ v sg); **brać udział w finale ~tu** to take part in the foils final

floretow|y adi. Sport foil attr., foils attr.; **narodowa drużyna ~a kobiet** the women's national foils team

flo|ta f ① (statki, okręty) fleet; **~ta rybacka/pasażerska** a fishing/passenger fleet; **polska ~ta handlowa** Polish merchant shipping; **~ta wojenna** a navy ② Wojsk. (związek operacyjny) fleet; **dowodzić ~tą** to command a fleet ③ sgt pot. (pieniądze) cash pot.; **mieć grubszą ~tę** to have a lot of cash
❏ **biała ~ta** passenger fleet

flotyll|a f (Gpl **~i** a. **~**) ① (grupa statków) flotilla; **~a jachtów** a flotilla of yachts ② Wojsk. (zespół okrętów) flotilla

flui|d m (G **~du**) ① zw. pl. (energia) vibrations; (atmosfera) aura; **wydzielać dobroczynne ~dy** to give off good vibrations ② Kosmet. liquid make-up a. foundation ③ daw., Fiz. aether, ether

fluktuacj|a f (Gpl **~i**) książk. fluctuation (**czegoś** of sth); **~a kursu walut** fluctuations in currency rates; **~a kadr** staffing fluctuation; **~a napięcia** voltage fluctuation; **~e klimatyczne** climatic fluctuations

fluktuacyjn|y adi. ① (zmienny) [kurs walut] fluctuating ② Fiz. [wartość, zmienna] fluctuation attr.; **odchylenie ~e temperatury** the temperature fluctuation variance

fluo|r m sgt (G **~ru**) Chem. fluorine; **związki ~ru** fluorine compounds; **pasta do zębów z ~em** a fluoride toothpaste

fluor|ować impf vt ① Chem. to fluorinate [metal, substancję] ② (dodawać związki fluoru) to fluoridate [wodę, sól] ③ Stomat. to fluoridate [zęby]

fluoryzacj|a f ① sgt (wody, soli) fluoridation ② (Gpl **~i**) Stomat. fluoridization, fluoridation; **pójść na ~ę** to go and get one's teeth fluoridated; **mieliśmy w szkole ~ę** we had our teeth fluoridated at school

fluoryz|ować impf Ⅰ vt ① (dodawać związki fluoru) to fluoridate [wodę] ② Stomat. to fluoridate [zęby]
Ⅱ vi (świecić) [substancja] to fluoresce; **~ujący ekran** a fluorescent screen

fobi|a f (GDGpl **~i**) książk., Psych. phobia; **mieć ~ę na punkcie czegoś** to have a phobia about sth

foch|y plt (G **~ów**) pejor. the sulks; **stroić ~y** to have the sulks; **znosić czyjeś ~y** to put up with sb's sulks; **artyści mają swoje ~y** artists tend to sulk at times

focz|ka f dem. pieszcz. seal; (młoda foka) seal pup

focz|y adi. [płetwy, mięso] seal attr.; **~e futro** sealskin

fok m Żegl. foresail

fo|ka Ⅱ f Zool. seal
Ⅲ **foki** plt ① (skórki) sealskin; (ubranie) sealskin coat ② przest. (pod nartami) skins
❏ **foka obrączkowana** Zool. ringed seal

fokmasz|t m (G **~tu**) Żegl. foremast

foksterie|r m (**~rek** dem.) fox terrier; **~r gładkowłosy/szorstkowłosy** a short-haired/wire-haired fox terrier

fokstro|t m (A **~ta**) ① Muz., Taniec foxtrot; **tańczyć ~ta** to foxtrot, to dance a foxtrot ② (kolor) fox-red

folde|r m (G **~ru**) ① Wyd. brochure, folder US; **~r reklamowy/turystyczny** an advertising/a travel brochure; **~r naszej firmy** our company's advertising brochure ② Komput. folder

folderow|y adi. **wydawnictwo ~e** a brochure

fol|ga f sgt ① przest., książk. **dać sobie ~gę** to indulge oneself; **dać komuś ~gę** (dać odpocząć) to rest sb przest.; **dawać komuś ~gę** to be soft on sb, to go easy on sb; **dać ~gę swojemu lenistwu/swoim pragnieniom** to indulge one's laziness/desires ② Techn. (luz) play; **~ga w łożyskach** play in the bearings

folg|ować impf vi ① książk. (dogadzać) to indulge; **~ować sobie** to indulge oneself; **~ować (swoim) pragnieniom** to indulge one's desires; **~ować przyjemnościom cielesnym** to indulge in carnal pleasures ⇒ **pofolgować** ② książk. (być łagodnym) **~ować komuś** to be soft on sb, to go easy on sb; **~ować przedsiębiorcom w zaległych opłatach** to be lenient with businessmen lagging behind with payment ⇒ **pofolgować** ③ przest. (słabnąć) [zima, mróz] to loosen its grip ⇒ **pofolgować**

foli|a f (GDGpl **~i**) ① (blaszka) foil; (plastik) (plastic) wrap; **~a aluminiowa** aluminium foil; **~a do żywności** food wrap; **~a samoprzylegająca** shrink-wrap, clingfilm GB; **~a izolacyjna** moisture barrier film; **zawinąć coś w ~ę** (aluminiową) to wrap sth up in foil; (plastikową) to wrap sth up in plastic; (samoprzylegającą) to shrink-wrap sth;

piec coś w ~i to bake sth in foil [2] (w biżuterii) foil [3] Ogr. plastic tunnel [4] (klisza) transparency

folia|ł *m* (*G* ~**łu**) Druk. volume; (w formacie folio) folio volume

folio *n inv.* [1] Druk. folio; **strona ~** a folio page; **in ~** in folio [2] Księg. folio

foli|ować[1] *impf vt* (pokrywać folią) to laminate *[dokument, papier, tkaninę]*; to shrink-wrap *[książkę, płytę]* ⇒ **zafoliować**

foli|ować[2] *impf vt* (Druk., Księg. (numerować) to paginate *[księgę, strony]*

foliowan|y [I] *pp* → **foliować**
[II] *adi.* *[dokument, papier, materiał]* laminated

foliowy[1] *adi.* (plastikowy) *[torebka]* plastic

foliowy[2] *adi.* Druk. *[wolumin]* folio *attr.*

foliowy[3] *adi.* Biol. folic

folk Muz. [I] *m sgt* (*G* ~**u** a. ~**a**) folk
[II] *adi. inv.* **muzyka ~** folk music

folklo|r *m sgt* (*G* ~**ru**) (legendy i mity) folklore; (zwyczaje) folk customs; (rękodzieło) folk handicraft; **polski ~r muzyczny** Polish folk music; **badał miejscowy ~r** he studied local customs and folklore

folklory|sta *m* folklorist

folklorystycznie *adv.* **region zróżnicowany ~** a region varied in terms of customs and folklore

folklorystyczn|y *adi.* [1] (ludowy) *[zespół, festiwal]* folk [2] (związany z folklorystyką) *[badania, zbiory]* folklore *attr.*

folklorysty|ka *f sgt* folklore studies
❑ **~ka literacka** folk literature studies

folkowo *adv.* Muz. **brzmieć ~** to have a folk sound

folkowy *adi.* *[zespół, muzyka, utwór]* folk

folksdojcz *m*, ~**ka** *f* (*Gpl* ~**ów** a. ~**y**, ~**ek**) Hist., pejor. Volksdeutscher (*citizen of a Nazi-occupied country registered as ethnic German*)

folwarczn|y *adi.* *[budynek, pracownik]* farm *attr.*

folwark *m* (*G* ~**u**) Hist. manor a. home farm; **traktować firmę/kraj/biuro jak własny ~** przen., pejor. to treat a company/ a country/an office as one's own property

fonendoskop *m* (*G* ~**u**) Med. phonendoscope

fonetycznie *adv.* Jęz. *[zapisywać]* phonetically; **wymowa ~ poprawna** phonetically correct pronunciation

fonetyczn|y *adi.* Jęz. *[zapis, alfabet, proces]* phonetic

fonety|k *m* phonetician

fonety|ka *f sgt* Jęz. [1] (dział językoznawstwa) phonetics [2] (system dźwięków) sound system [3] (wymowa) pronunciation; **~ka angielska/ francuska** English/French pronunciation

foni|a /ˈfɔɲa/ *f sgt* (*GD* ~**i**) [1] Radio, TV sound; **kiepska jakość ~i** poor sound quality; **oglądać coś z wyłączoną ~ią** to watch sth with the sound off [2] przest. (ludzki głos) speech transmission

foniczn|y *adi.* książk. *[urządzenie, łączność]* audio; **aparat ~y** Med. a speech device

fonografi|a *f* (*GD* ~**i**) [1] *sgt* Techn. (rejestrowanie dźwięków) phonography [2] *sgt* (produkcja płyt) record industry [3] (*Gpl* ~**i**) (dorobek twórczy) discography; **jego ~a obejmuje ponad dwadzieścia płyt** his

discography includes more than twenty albums

fonograficzn|y *adi.* [1] *[przemysł]* record *attr.* [2] Techn. (rejestrujący) *[urządzenie, wałek]* phonographic

fonote|ka *f* (sound) library

fontann|a *f* [1] (konstrukcja) fountain; **~a ogrodowa** a garden fountain [2] (strumień) fountain; **~a wody/błota** a fountain of water/mud; **z jej oczu trysnęły ~y łez** tears gushed from her eyes; **z rany biła ~a krwi** blood fountained from the wound

football /ˈfudbɔl/ → **futbol**

fora *inter.* pot. **~ ze dwora** a. **~ stąd!** get out of here! pot.

fordanse|r *m* książk. taxi dancer US

fordanser|ka *f* książk. taxi dancer US; hostess; **~ka w nocnym klubie** a hostess in a night club

forem|ka *f* [1] Kulin. (do pieczenia) mould GB, mold US; (do wycinania) pastry cutter, cookie cutter US; **~ki do pierniczków** gingerbread cutters; **~ka do babek** a cake tin; **~ka w kształcie serduszka** a heart-shaped pastry cutter [2] (zabawka) sandcastle mould GB, sandcastle mold US

foremnie *adv.* *[ułożyć, rozmieścić]* neatly

foremn|y [I] *adi. grad.* książk. *[nos, ciało]* shapely, well-shaped; *[budynek]* well-proportioned; **jej ~e kształty** her shapely body
[II] *adi.* Mat. *[wielokąt, wielościan]* regular

forhen|d *m* (*G* ~**du**) Sport forehand; **smecz/return/wolej z ~du** a forehand smash/return/volley; **zagrać z ~du** a. **~dem** to play a forehand; **serwować na czyjś ~d** to serve to sb's forehand

forin|t *m* (*A* ~**ta**) Fin. forint

form|a *f* [1] (postać, sposób) form; (kształt) form, shape; **ciasteczka w ~ie gwiazdek** star-shaped cakes; **różne ~y współpracy** different forms of cooperation; **powieść w ~ie pamiętnika** a novel in the form of a journal; **wydać coś w ~ie książkowej/ skróconej** to publish sth in book/abridged form; **przyjaźń może przybierać różne ~y** friendship can take various forms; **przybrać ~ę strajku/manifestacji** to take the form of a strike/demonstration; **potrzebna jest jakaś ~a kontroli** some form of control is needed; **to była ~a protestu** it was a form of protest [2] Literat. form; **~a i treść** form and content; **był mistrzem ~y** he was a master of form; **to jest przerost ~y nad treścią** it represents the triumph of form over contents [3] (utwór, dzieło sztuki) form; **małe ~y literackie/ teatralne** short literary/theatrical forms; **~y przestrzenne** spatial forms; **ograniczenia tej ~y literackiej** the limitations of this form [4] Jęz. form; **~y gramatyczne** grammatical forms; **~y czasu przeszłego** past tense forms; **~a dopełniacza** the form of the genitive; **poprawna/niepoprawna ~a** a correct/incorrect form; **w ~ie pytającej** in question form [5] Biol., Geol. form; **~y wodne i lądowe** aquatic and terrestrial forms; **~y skalne** rock forms [6] Kulin. tin; **~a do ciasta** a cake tin; **wlej ciasto do ~y** pour the mixture into a tin; **~a chlebowa** a bread pan [7] Techn. (do odlewów) mould GB, mold US; **~a wtryskowa** an injection mould [8] (wykrój)

pattern; **papierowa ~a** a paper pattern; **~a płaszcza/spódnicy** a pattern for a coat/skirt; **~a na sukienkę** a pattern for a dress [9] (samopoczucie, sprawność) form, shape; **być w dobrej/złej ~ie** to be in good/poor form a. shape; **być w ~ie** to be on form a. in shape; **nie być w ~ie** to be off form a. out of shape; **trzymać ~ę** to keep on form a. in shape [10] Sport form; **być/nie być w ~ie** to be on/off form; **być w dobrej/ słabej ~ie** to be in good/poor form; **utrzymać/stracić ~ę** to keep on/go off form; **wracać do ~y** to return to form; **przeżywać spadek ~y** to suffer a slump in form; **zaprezentował doskonałą ~ę** he showed he was in top form [11] (konwenanse) form; **~y towarzyskie** social conventions; good form przest.; **przestrzegać ~ to observe the form; **robić coś wyłącznie dla ~y** to do sth purely as a matter of form [12] Filoz. form [13] Mat. quantic [14] Druk. **~a (drukarska)** forme
❑ **~a recesywna** Jęz. recessive form; **~y supletywne** Jęz. suppletive forms

formacj|a *f* (*Gpl* ~**i**) [1] książk. (środowisko) background; **należą do tej samej ~i intelektualnej** they come from the same intellectual background [2] Polit. (ugrupowanie) group, grouping; **~a polityczna** a political group; **~a prawicowa/lewicowa** a right-wing/left-wing grouping [3] Socjol. (etap w rozwoju społeczeństw) system; **~a niewolnicza/feudalna** a system based on slavery/ the feudal system [4] Wojsk. (jednostka) unit; **~a piechoty** an infantry unit [5] Jęz. form; **~e dzierżawcze/odrzeczownikowe** possessive/adnominal forms [6] Bot. formation; **~a stepowa** a steppe formation [7] Geol. formation; **~a roponośna** an oil-bearing formation [8] Taniec formation; **taniec w ~ach** formation dancing; **turniej ~i tanecznych** a formation dancing competition

formalin|a *f sgt* formalin; **organy zanurzone w ~ie** organs preserved in formalin; **tkanki zakonserwowane w ~ie** formalin-fixed tissues

formali|sta *m*, ~**stka** *f* [1] pejor. stickler for rules; (urzędnik) jobsworth pot., pejor.; **nie bądź taką ~stką!** don't be so rigid! [2] Filoz., Szt. formalist

formalistycznie *adv.* [1] *[potraktować]* formalistically; **podeszli do sprawy zbyt ~** they approached the case too formalistically [2] Filoz., Szt. formalistically

formalistyczny *adi.* [1] *[osoba, podejście, decyzja]* formalistic [2] Filoz., Szt. *[sztuka, malarstwo]* formalist

formalizacj|a *f sgt* książk. [1] (przedstawienie w sposób formalny) formalization; **~a opisu/ kryteriów** the formalization of description/ criteria [2] (nadanie statusu prawnego) formalization; **~a ruchu społecznego** the formalization of a movement

formalizm *m sgt* (*G* ~**u**) [1] pejor. (drobiazgowość) formalism [2] Filoz., Szt. formalism; **~ w krytyce literackiej** formalism in literary criticism

formaliz|ować *impf* książk. [I] *vt* [1] (nadawać oficjalny charakter) to formalize *[stosunki, umowę]* ⇒ **sformalizować** [2] (przedstawić w formalny sposób) to formalize *[opis, kryteria]*;

F

~**ować zjawiska społeczne** to formally model social processes ⇒ **sformalizować** **III** **formalizować się** *[stosunki, język]* to become formalized ⇒ **sformalizować się**

formalnie *adv.* ① Literat., Szt. formally; ~ **wyrafinowany wiersz** a formally sophisticated poem ② (oficjalnie) *[ogłosić, rozpocząć, oświadczyć]* formally; **stwierdzam ~, że...** I formally declare that... ③ (ściśle) *[opisać, zdefiniować]* formally ④ pot. (autentycznie) really, truly; ~ **padam z nóg** I'm really exhausted

formalnoś|ć *f* ① *zw. pl* (procedura) formality; ~**ci prawne/celne** legal/customs formalities; **załatwić wszelkie ~ci** to complete all formalities; **nie dopełnić ~ci** to fail to comply with formalities; **po co tyle niepotrzebnych ~ci?** what are all these formalities for?, why all these unnecessary formalities? ② *sgt* (nieistotna czynność) formality; **zrobić coś dla ~ci** to do sth as a matter of form; **gwoli ~ci** a. **aby ~ci stało się zadość** for formality's sake; **ten egzamin to czysta ~ć** the exam is a mere formality a. is just a formality ③ *sgt* (bycie formalnym) formality; ~**ć języka logiki** formality of the language of logic

formaln|y *adi.* ① Literat., Szt. formal; **eksperymenty ~e** formal experiments ② (oficjalny) *[zakaz, protest, prośba, przysięga]* formal; *[błąd]* technical; **wymogi ~e** formal requirements; **nie dopełnić wymogów ~ych** to fail to comply with formal requirements; **z ~ego punktu widzenia** from a formal point of view; **zabrać głos w kwestii ~ej** to raise a point of order; „**w kwestii ~ej, panie przewodniczący!**" 'on a point of order, Mr. Chairman!' ③ (dla pozorów) *[uprzejmość, uśmiech]* formal ④ (ściśle) *[opis, język]* formal; ~**e modele matematyczne** formal mathematical models; **logika ~a** a formal logic ⑤ pot. (autentyczny) *[katastrofa, bitwa]* serious pot.; **to była ~a klęska!** that was a serious defeat!

forma|t *m* (*G* ~**tu**) ① Druk. format, size; **książka dużego ~tu** a large format book; **kartka ~tu A4** an A4 page a. sheet (of paper); **zdjęcie miało ~t 6x6** the format of the picture was 6x6; **wszystkie obrazy były zbliżone ~tem** all the pictures were of similar size a. had a similar format ② Techn. format; ~**t VHS** the VHS format ③ Komput. format; ~**t jpg/txt** jpg/txt format; **standardowy ~t wyświetlania** standard display format; **w ~cie tabeli** in tabular format ④ przen. (klasa) stature; **naukowiec wielkiego ~tu** a scientist of considerable intellectual stature; **pisarz jego ~tu nie musi tego robić** a writer of his stature doesn't have to do that; **dzieło światowego ~tu** a work of international stature

format|ować *impf vt* Komput. to format *[dysk, dyskietkę, tekst, akapit]*; ~**owanie akapitów** formatting of paragraphs ⇒ **sformatować**

form|ować *impf* **II** *vt* ① (nadawać kształt) to shape; ~**ować kulki z gliny** to shape clay into balls; ~**ować grządki** to form flower beds; ~**ować drut w kształcie haczyka** to shape wire into a hook ⇒ **uformować** ② (kształtować) to form *[osobę, charakter,*

upodobania]; **jednostka jest ~owana przez kulturę** an individual is formed by culture a. the cultural environment ⇒ **u-formować** ③ (organizować) to form *[rząd, armię, system]*; ~**ować nowy system ubezpieczeń społecznych** to form a new social security system; ~**owanie polskich sił zbrojnych** the forming of the Polish army ⇒ **sformować** ④ (ustawiać się) to form *[pochód, szereg, kolumnę]*; ~**ować krąg z czegoś** to form sth into a circle ⇒ **sformować, uformować** **III** **formować się** ① (powstawać) *[chmury, stalaktyty]* to form; **etapy ~owania się krateru** the stages of crater formation ⇒ **uformować się** ② (kształtować się) *[osoba, osobowość, upodobania]* to be formed ⇒ **uformować się** ③ (organizować się) *[rząd, organizacja, system]* to be formed ⇒ **sformować się** ④ (ustawiać się) *[procesja, demonstracja]* to form up; ~**ować się w szereg/pochód/krąg** to form a row/procession/circle ⇒ **sformować się, uformować się**

formularz *m* form; ~ **zamówienia** an order form; **załączony ~** an enclosed form; **wypełnić ~** to fill in a. out US a form

formu|ła *f* ① (sformułowanie, zasada) formula; ~**ła prawna** a legal formula; ~**ła przysięgi** the formula of an oath; **magiczne ~ły** magic formulas; **jej książki nie podają gotowych ~ł** her books don't offer any ready-made formulas ② Chem., Fiz., Mat. (wzór) formula; ~**ła chemiczna/matematyczna** a chemical/mathematical formula ③ (charakter) format; ~**ła programu/czasopisma** the format of a programme/magazine; ~**ła pisma jest dosyć pojemna** the scope of the magazine is rather wide ④ Kosmet. formula; **łagodna ~ła** a mild formula ⑤ Sport Formula; **Formuła 1** a. ~**ła pierwsza** Formula One; **kierowca/wyścigi ~ły pierwszej** a Formula One driver/Formula One racing

formuł|ka *f* (sformułowanie, regułka) formula; **wytarte ~ki** clichés; **wykuć ~kę na pamięć** pot. to learn a formula by heart; **na wszystko ma gotowe ~ki** he's got some clichés for all occasions

formuł|ować *impf vt* to formulate *[myśli, przepisy, prośbę]*; ~**ować swoje myśli na piśmie** to express one's thoughts in writing; ~**ować oskarżenia pod czyimś adresem** to formulate grievances against sb ⇒ **sformułować**

fornal *m* (*Gpl* ~**i**) Hist. farm worker

fornals|ki *adi.* Hist. *[koń]* farm worker's

forni|r *m* (*G* ~**ru**) veneer; ~**r dębowy/brzozowy** oak/birch veneer; **drzwi oklejone ~rem bukowym** a beech-veneered door

fornir|ować *impf vt* to veneer *[meble, płyty, drzwi]*

fornirowan|y **II** *pp* → **fornirować** **III** *adi.* *[płyta, meble]* veneered

fornirow|y *adi.* *[okleina, taśma]* veneer attr.

forpocz|ta *f* ① przest., Wojsk. (straż przednia) vanguard; (zwiadowcy) picket; **wysłać ~ty** to send out pickets ② przest., Wojsk. (wysunięta placówka) outpost ③ książk., przen. (zapowiedź) vanguard; **być ~tą postępu/rozwoju** to be in the vanguard of progress/development

fors|a *f sgt* pot. dosh pot.; cash; **kupa ~y** a heap of dosh; **gruba** a. **ciężka ~a** a big dosh pot., big bucks US pot.; **zapłacić za coś ciężką ~ę** to fork out big dosh for sth; **zbić** a. **zrobić na czymś ~ę** to make big money on sth; **być bez ~y** to be out of cash; **być przy ~ie** to be in the money pot.; **krucho u mnie z ~ą** I'm short of cash; **leżeć** a. **siedzieć** a. **spać na ~ie** to be rolling in it pot.; **mieć ~y jak lodu** to be made of money pot., to have money to burn pot.

forsia|sty *adi.* pot. (bogaty) filthy rich; **poderwać ~stego faceta** to pick up some filthy rich guy

fors|ować *impf* **II** *vt* ① Wojsk. (przekraczać) *[wojsko, armia]* to cross *[rzekę, kanał]* ⇒ **sforsować** ② (wyważać) to force *[drzwi, bramę]* ⇒ **sforsować** ③ (popierać) to push through, to force through *[pomysł, rozwiązanie]*; ~**ować swojego kandydata** to insist on the election of one's candidate ④ (męczyć) to strain *[struny głosowe, mięśnie]*; ~**ować drużynę nadmiernym treningiem** to push a team too hard with too much training ⇒ **sforsować** ⑤ Sport (narzucać) ~**ować tempo** to force the pace **II** **forsować się** (męczyć się) to strain oneself; **nie należy się zbytnio ~ować** you shouldn't strain yourself too much ⇒ **sforsować się**

forsownie *adv. grad.* *[trenować, ćwiczyć]* strenuously

forsown|y *adi. grad.* *[marsz, podejście, wysiłek]* strenuous; **prowadzić ~y tryb życia** to live a strenuous life

forsycj|a *f* (*Gpl* ~**i**) Bot. forsythia

for|t *m* (*G* ~**tu**) Wojsk. fort

fortalicj|a *f* (*Gpl* ~**i**) Hist., Wojsk. fortalice

forte Muz. **II** *n inv.* forte; **końcowe ~ drugiej części** the closing forte of the second movement **III** *adv.* *[grać]* forte

fortec|a *f* Wojsk. fortress także przen.; **potężna ~a** a mighty fortress; ~**a nie do zdobycia** an impregnable fortress; **ich willa była istną ~ą** their house was a veritable fortress ❑ **latająca ~a** Wojsk. flying fortress

forteczn|y *adi.* Wojsk. *[mury, bateria]* fortress attr.; **umocnienia ~e** fortifications

fortel *m* (*G* ~**u**) książk. stratagem, ruse; **uciec się do ~u** to resort to a ruse; **użyć ~u** to use a stratagem; **uzyskać coś ~em** to obtain sth by a stratagem

fortepian *m* (*G* ~**u**) Muz. (grand) piano; **grać na ~ie** to play the piano; **akompaniować komuś na ~ie** to accompany sb on the piano; **dawać lekcje ~u** to give piano lessons

fortepianow|y *adi.* Muz. *[utwór, koncert, pedał]* piano attr.

fortun|a *f* ① (majątek) fortune; **dorobić się ~y** to strike it rich; **dorobić się ~y** a. **zbić ~ę na czymś** to make a fortune on sth; **wydać ~ę** to spend a fortune; **roztrwonić ~ę** to squander one's fortune; **przepić/przegrać w karty rodzinną ~ę** to drink/gamble the family fortune away ② *sgt* książk. (los) fortune; ~**a się do nas uśmiechnęła** fortune smiled upon us ■ ~**a kołem się toczy** fortune is fickle

fortun|ka *f dem.* pieszcz. (small) fortune; **uciułać sobie ~kę** to amass a small fortune

fortunnie *adv. grad.* książk. **wszystko zaczęło/skończyło się niezbyt ~** it all started/ended rather unfortunately; **niezbyt ~ się wyraził** his choice of words was not very fortunate; **niezbyt ~ wybrany termin** not a very convenient time

fortunn|y *adi. grad.* książk. [1] (szczęśliwy, udany) [decyzja, wybór] fortunate; **niezbyt ~y termin** not a very convenient time; **to była mało ~a wypowiedź** those were rather unfortunate words; **ta decyzja nie była zbyt ~a** it wasn't a very fortunate decision; **to nie było najbardziej ~e sformułowanie** it wasn't the most fortunate of phrases [2] (mający sukcesy) [biznesmen] fortunate; **niezbyt ~y polityk** not a very successful politician

fortyfikacj|a Wojsk. **I** *f sgt* (czynność) fortification; **rozpoczęto ~ę miasta** they started to fortify the town
II fortyfikacje *plt* fortifications; **wznieść ~e** to build fortifications; **otoczyć miasto ~ami** to fortify a town

fortyfikacyjn|y *adi.* [prace, system, plany] fortification *attr.*

fortyfik|ować *impf* Wojsk. **I** *vt* to fortify [miasto, teren, obóz]; **~ować miasto murami** to fortify a town with walls ⇒ **ufortyfikować**
II fortyfikować się [żołnierze, oddział] to dig in; **~ować się na wzgórzu** to dig in on a hill ⇒ **ufortyfikować się**

for|um *n* (Gpl ~ów) [1] Hist. (plac) forum; **Forum Trajana** the Forum of Trajan; **Forum Augusta** the forum of Augustus; **~a cesarskie** the imperial fora [2] przen. forum; **~um dyskusyjne** a discussion forum; **omawiać coś na ~um publicznym** to discuss sth in an open forum; **służyć jako ~um wymiany poglądów** to act as a forum for exchanging ideas; **postawić sprawę na ~um międzynarodowym** to put an issue on the international agenda; **wystąpić na ~um zjazdu** to speak at a convention

for|y *plt* (G ~ów) (ułatwienie) advantage; **dać komuś ~y** to give sb an advantage a. a handicap; **dostać ~y** to be given an advantage a. a handicap
■ **mieć u kogoś ~y** (poparcie) to be in sb's good books

fos|a *f* Hist. moat; **zamek był otoczony ~ą** the castle was moated; **miasto otaczała ~a** the town was surrounded by a moat
❑ **~a orkiestrowa** Muz. orchestra pit

fosfo|r *m sgt* (G ~ru) Chem. phosphorus; **związki ~ru** phosphorus compounds

fosforyz|ować *impf vi* to phosphoresce spec.; [znak drogowy, wskazówka] to glow (in the dark); **~ująca strzałka/farba** a phosphorescent arrow/paint

fot. (= fotografia) **~ Adam Nowak** photograph by Adam Nowak

fotel *m* [1] (mebel) armchair; **skórzany/pluszowy ~** a leather/plush armchair; **~ z wikliny** a basket chair; **~ ogrodowy** a garden chair; **~ bujany** a. **na biegunach** a rocking chair, a rocker; **~ obrotowy** a swivel chair; **siedzieć w ~u** to be sitting in

an armchair; **rozsiąść się w ~u** to sink into an armchair [2] (w samochodzie, teatrze) seat; **~ samochodowy** a car seat; **~ kierowcy/pasażera** a driving/passenger seat; **przeciskać się między ~ami w kinie** to push one's way between the seats in the cinema [3] (do zabiegów) chair; **~ dentystyczny/fryzjerski/ginekologiczny** a dentist's/hairdresser's/gynaecological chair; **siedzieć na ~u u dentysty** to be sitting in a dentist's chair [4] (stanowisko) post; **~ dyrektorski/ministerialny** the managerial/ministerial post; **starać się o ~ prezesa** to seek the post of chairman; **ubiegać się o ~ prezydencki** to run for the presidency; **zasiadać w ~u ministra** to hold a ministerial post
❑ **~ anatomiczny** Aut. bucket chair; **~ klubowy** lounge chair, easy chair; **~ lotniczy** recliner (seat), reclining seat

fotelik *m* [1] *dem.* (small) armchair; **~ ogrodowy** a garden chair; **składany ~** a collapsible chair [2] (do karmienia dzieci) high chair; **posadzić dziecko w ~u** to put a baby into a high chair [3] (w samochodzie) **~ dziecięcy** a car safety seat

fotelow|y *adi.* [obicie, pokrycie] armchair *attr.*

fot|ka *f* pot. snap(shot), photo; **pstryknąć ~kę** to take a photo; **pokażę ci ~kę moich dzieci** I'll show you a photo of my kids

fotoamato|r *m*, **~rka** *f* amateur photographer; **podręcznik dla ~rów** an amateur photographer's guide

fotoamators|ki *adi.* [zdjęcia, filmy] amateur; **wystawa prac ~kich** an exhibition of amateur photography

fotochromow|y *adi.* [okulary, szkło] photochromic

fotochrom|y *plt* (G ~ów) pot. photochromic glasses

fotogeniczn|y *adi.* [osoba, profil, twarz] photogenic

fotograf *m* (Npl ~owie) (osoba) photographer; (zakład fotograficzny) photographer's (shop); (studio) photographer's studio; **muszę pójść do ~a** I must go and have my picture taken

fotografi|a *f* (GD ~i) [1] (Gpl ~i) (zdjęcie) photograph; **~a żony/dzieci** a photograph of one's wife/children; **~a ślubna** a wedding photograph; **na ~i** in the photograph; **pozować do ~i** to pose for a photograph; **znam go tylko z ~i** I only saw him in a photograph; **~a przedstawia...** the photograph shows...; **jest ~ą swego ojca** przen. he's the spitting image of his father; **film jest ~ą życia w małym miasteczku** przen. the film portrays life in a small town [2] *sgt* (technika) photography; **~a barwna/czarno-biała/cyfrowa** colour/black-and-white/digital photography; **~a artystyczna/reklamowa** art/commercial photography; **~a lotnicza** aerial photography; **wynalazek ~i** the invention of photography; **uczyć się ~i** to learn photography

fotograficznie *adv.* [dokładny, przedstawiony, odtworzony] photographically

fotograficznoś|ć *f sgt* książk. photographic precision; **~ć opisu** the photographic precision of the description

fotograficzn|y *adi.* [1] [papier, wystawa, agencja] photographic; **atelier ~e** a photographic studio; **zakład ~y** a photographer's shop; **błona ~a** a film; **aparat ~y** a camera; **album ~y** a photo album [2] przen. [pamięć, wierność] photographic; **zrobić coś z ~ą dokładnością** to do sth with photographic accuracy

fotografi|k *m* fine art photographer

fotografi|ka *f sgt* [1] (fotografia artystyczna) fine art photography [2] Szt. (technika graficzna) photographics

fotograf|ować *impf* **I** *vt* to photograph; **~ować przyrodę** to photograph nature; **~ować bawiące się dzieci** to take pictures of children at play; **„zakaz ~owania"** 'no photography' ⇒ **sfotografować**
II fotografować się [1] (robić sobie zdjęcia) to take pictures of oneself ⇒ **sfotografować się** [2] (być fotografowanym) to have pictures taken of oneself, to have one's picture taken; **lubi się ~ować z dziećmi** he likes to have pictures taken of him with children ⇒ **sfotografować się**

fotogram *m* (G ~u) [1] (zdjęcie artystyczne) art photograph [2] przest. (fotografia) photogram przest. [3] Techn. (naświetlona klisza) photogram [4] Techn. (zdjęcie fotogrametryczne) photogrammetric image

fotokomór|ka *f* photocell, photoelectric cell, electric eye; Sport photo finish; **urządzenie na ~kę** a photocell-controlled device; **drzwi na ~kę** an automatic door; **~ka wykazała, że był drugi na mecie** the photo finish showed that he came in second

fotokopi|a *f* (GDGpl ~i) photocopy; **zrobić ~ę czegoś** to photocopy sth

fotomodel|ka *f* photographic model

fotomontaż *m* (G ~u) [1] (zdjęcie) photomontage; **zdjęcie okazało się ~em** it turned out the picture had been doctored [2] Szt. (dziedzina sztuki) photomontage

fotomontażow|y *adi.* Fot. [zdjęcie, plakat] photomontage *attr.*

fotoplastykon *m* (G ~u) przest. peepshow przest.

fotoreportaż *m* (G ~u) picture story; **zamieścić ~ o czymś** [gazeta] to carry a picture story on sth

fotoreporte|r *m*, **~rka** *f* press photographer, photojournalist; **~r „Kroniki"** a Chronicle photographer; **u wejścia czekały tłumy ~rów** press photographers crowded at the entrance

fotoreporters|ki *adi.* [materiał, dokumentacja] photographic; [sprzęt] press photographer's

fotos *m* (G ~u) Kino still; **~y filmowe** film stills; **~y gwiazd filmowych** pictures of film stars

fotosyntez|a *f sgt* Bot. photosynthesis; **proces ~y** the photosynthesis process

foyer /fua'je/ *n inv.* Teatr foyer; **spotkaliśmy się w ~ opery** we met in the foyer of the opera

frach|t *m* (G ~tu) [1] (transport) freight *U*; **~t lotniczy/kolejowy/morski** air/rail/sea freight; **wysłać coś ~tem lotniczym/ kolejowym/morskim** to send sth by air/ rail/sea freight; **przewoźnicy walczą o lukratywne ~ty** operators compete for lucrative freight contracts [2] *sgt* (towar) freight; **tysiąc ton ~tu** a thousand tons of freight [3] *sgt* (opłata) freight; **zapłacić ~t** to pay the freight

frachtow|iec *m* (statek) freighter

frachtow|y *adi. [stawka, nota]* freight *attr.*; **statek ~y** a freighter; **list ~y** a bill of lading

fragmencik *m dem.* (*G* **~a** a. **~u**) (rozmowy) a small fragment (**czegoś** of sth); (utworu) (short) excerpt (**czegoś** of sth); **~ powieści/piosenki/filmu** a short excerpt of a novel/song/film; **to zaledwie ~ tego, co chciałam ci opowiedzieć** it's only a small portion of what I wanted to tell you

fragmen|t *m* (*G* **~tu**) [1] (kawałek) fragment (**czegoś** of sth); (wiersza, piosenki) excerpt (**czegoś** of sth); **~t pracy magisterskiej** a passage from an MA thesis; **usłyszałem jedynie ~t rozmowy** I only heard a fragment of the conversation; **powieść zachowała się jedynie we ~tach** only some fragments of the novel survived [2] Literat. (wyimek z większej całości) excerpt; (urywek niedokończonej całości) fragment

■ **stały ~t gry** Sport. set piece GB, dead-ball situation

fragmentarycznie *adv.* książk. **opisać coś ~** to give a fragmentary account of sth; **znać coś ~** to have a fragmentary knowledge of sth

fragmentaryczność *f sgt* fragmentary nature (**czegoś** of sth)

fragmentaryczn|y *adi. [zapis, notatki]* fragmentary; **~a znajomość czegoś** a fragmentary knowledge of sth

fraj|da *f sgt* pot. (zabawa) fun; **mieć wielką ~dę** to have a lot of fun; **to żadna ~da iść samemu** it's no fun going alone; **sprawić komuś wielką ~dę** to please sb no end; **to mi sprawiło prawdziwą ~dę** I really enjoyed it

fraje|r *m* (*Npl* **~rzy** a. **~ry**) pot., pejor. sucker pot. pejor.; **nie bądź ~rem** don't be a sucker; **szukają ~ra, który by to kupił** they're looking for a sucker to sell it to; **zrobić z kogoś ~ra** to dupe sb; **wyjść na ~ra** to make a fool of oneself

■ **to ~r** pot. (błahostka) it's nothing; **zrobić/ dostać coś za ~r** pot. to do/get sth for nothing; **to dla niego ~r** pot. (to łatwe) it's kids' stuff GB a. kid stuff US for him! pot.; **śmierć ~rom!** I'm not a sucker!

frajer|ek *m dem.* (*Npl* **~ki**) pot., pejor. sucker pot., pejor.

frajer|ka *f* pot., pejor. sucker pot. pejor.

frajers|ki *adi.* pot., pejor. **~ki interes** a sucker's deal pot., pejor.; **trzyma się z jakąś ~ką ekipą** he hangs around with a bunch of losers pot., pejor.

frajersko *adv.* pot., pejor. *[przegrać, zgubić]* stupidly

frajerstw|o *n sgt* pot., pejor. gullibilty

frak *m* tailcoat; tails pot.; **nosić/założyć ~** to wear/put on a tailcoat; **mężczyzna we ~u** a man in a tailcoat

frakcj|a *f* (*Gpl* **~i**) [1] Polit. faction; **~a parlamentarna** a parliamentary faction;

~a lewicowa/prawicowa a left-/right-wing faction; **~a wewnątrz partii** a faction within a party [2] Chem. fraction; **~e smoliste/olejowe** tar/oil fractions; **~a główna** the main fraction [3] Geol. fraction; **~e drobne/grube** fine-/coarse-grained fractions [4] Druk. **~a górna/dolna** superscript/subscript; **zapisać coś we ~i górnej/dolnej** to write sth in superscript/ subscript

frakcyjn|y *adi.* [1] Polit. *[rozgrywki, spory]* factional [2] Chem. *[destylacja, krystalizacja, wytrącanie]* fractional

frakow|y *adi. [koszula, kamizelka]* dress *attr.*

framu|ga *f* Budow. [1] (rama) casing; **~ga drzwi** a doorcase, a door frame; **~ga okienna** a window casing, a window frame [2] (otwór drzwi) doorway; (otwór okna) window recess

franc|a *f* pot. [1] (choroba) crud pot.; **jakaś ~a mu się przyplątała** he caught some kind of crud [2] (pryszcz) zit pot.; **jakaś ~a wyskoczyła mi na nosie** I've got a zit on my nose [3] obraźl. (kobieta) bitch pot., obraźl. [4] *sgt* przest. (syfilis) pox pot.

franciszkan|in Relig. **I** *m* (zakonnik) Franciscan, Grey Friar; **zakon ~ów** the Franciscan order

II franciszkanie *plt* (zakon) Franciscans; **wstąpić do ~ów** to join the Franciscans

franciszkan|ka Relig. **I** *f* (zakonnica) Franciscan nun

II franciszkanki *plt* (zakon) Franciscans, Poor Clares

franciszkańs|ki *adi.* [1] Relig. *[reguła, zakon, klasztor]* Franciscan [2] książk., przen. *[prostota, pokora]* humble

francowa|ty *adi.* pot., obraźl. *[przedmiot, osoba]* poxy pot., obraźl.

francus|ki **I** *adi. [język, zwyczaj, wino]* French; **kuchnia ~ka** French cooking, French cuisine; **ubierać się po ~ku** to dress in the French fashion; **wymawiać coś z ~ka** to pronounce sth in a French way

II *m* [1] (język) French; **mówić po ~ku** to speak French; **uczyć się ~kiego** to be learning French [2] pot. (lekcje) French (lessons); **chodzić na ~ki** to go to French (lessons), to be learning French [3] Szkol. (lekcja) French class

■ **być ~kim pieskiem** pejor. to be choosy pot.

francuskojęzyczn|y *adi. [kraj, osoba]* French-speaking, francophone; *[literatura]* francophone; **~y Kanadyjczyk** a French Canadian

francuszczy|zna *f sgt* [1] (język) French; **posługiwać się nienaganną ~zną** to speak impeccable French [2] (przedmioty, styl życia) French things; (jedzenie) French food; **moda na ~znę** Francomania; **uwielbiać ~znę** to be a Francophile

Francuz *m* Frenchman; **być ~em** to be French

francuz pot. **I** *m anim.* (owad) (German) cockroach

II *m inanim.* (*A* **~a**) (klucz francuski) monkey wrench

Francuz|ka *f* Frenchwoman; **być ~ką** to be French

frank *m* (*A* **~a**) Fin. franc; **~i szwajcarskie** Swiss francs

fran|t *m* (*Npl* **~ty** a. **~towie** a. **~ci**) [1] przest. (spryciarz) old fox pot.; **to jest ~t kuty na cztery nogi** he's a sly a. wily old fox [2] daw. (błazen) jester

■ **zapytałem z głupia ~t** I asked a deliberately naive question; **trafił ~t na ~a** he/she met his/her match

frantows|ki *adi.* [1] przest. (sprytny) *[sztuczka]* sly [2] *[komedia, utwór]* farcical

frap|ować *impf vt* książk. to fascinate, to intrigue *[osobę]*; **~owało go to zagadnienie** he was fascinated a. intrigued by this question; **~uje mnie, co się z nim stanie** I'll be fascinated a. intrigued to know what becomes of him ⇒ **zafrapować**

frapująco *adv.* książk. *[pisać, opowiadać]* excitingly, compellingly; **~ napisana książka** an excitingly a. compellingly written book

frapując|y **I** *pa* → **frapować**

II *adi.* książk. *[zagadnienie]* intriguing; *[książka, film, artysta]* fascinating, compelling

frasobliwie *adv.* przest. *[patrzyć]* sorrowfully

frasobliw|y *adi.* [1] przest. *[twarz, osoba]* sorrowful [2] Szt. **Chrystus ~y** Christ as the Man of Sorrows

fras|ować *impf* przest. **I** *vt* to distress *[osobę]* ⇒ **zafrasować**

II frasować się to be distressed ⇒ **zafrasować się**

frasun|ek *m* (*G* **~ku**) przest. (smutek) sorrow *U*; (troska) worry *U*

■ **na ~ek dobry trunek** przysł. ≈ drink is the cure for all sorrows

frasz|ka *f* [1] Literat. epigram [2] (błahostka) trifle; (łatwa praca) cinch pot.; **taka suma to dla mnie ~ka** such a sum a. a sum like that is a mere trifle for me; **to zadanie to dla mnie ~ka** this problem is a cinch for me; **wejść na szczyt to dla niego ~ka** it's a cinch for him to climb the peak; **zaspokoić jej wymagania to nie ~ka** it's not easy to satisfy her demands

fraz|a *f* [1] Jęz. (w składni) phrase; (w leksykografii) ≈ set phrase [2] Muz. phrase

frazeologi|a *f* (*Gpl* **~i**) [1] Jęz. phraseology [2] przen., pejor. empty a. fine words *pl*

frazeologiczn|y *adi.* [1] Jęz. phraseological; **zwrot ~y** a set phrase a. expression [2] przest. (pozbawiony głębszej treści) empty

frazeologizm *m* (*G* **~u**) Jęz. idiom, idiomatic expression

frazes *m* (*G* **~u**) [1] pejor. platitude pejor.; **puste ~y** empty platitudes; **wyświechtane** a. **wytarte** a. **oklepane ~y** hackneyed a. well-worn platitudes; **mieć usta pełne ~ów na temat czegoś** to mouth platitudes about sth; **jego przemówienie to same ~y** his speech was packed with platitudes [2] Jęz. (nadużywany zwrot) cliché [3] przest. (zwrot) phrase

frazow|y *adi. [struktura, akcent]* phrasal

frega|ta *f* [1] Hist., Żegl. frigate; **trzymasztowa ~ta** a three-masted frigate [2] Wojsk., Żegl. frigate [3] Zool. frigate bird, man-o'-war bird

frekwencj|a *f sgt* [1] Szkol. attendance; **mieć słabą ~ę** *[klasa, uczeń]* to have a poor attendance record [2] (uczestnictwo) attendance; Polit. turnout; **~a w kinie**

audience numbers in the cinema; **~ w kinach** cinema attendance; **niska/wysoka ~a wyborcza** a low/high voter turnout; **przedstawienie cieszy się olbrzymią ~ą** the show draws huge audiences; **film bije rekordy ~i** the film is breaking box-office records 3 Kino tape speed 4 książk. (częstotliwość występowania) frequency

frekwencyjn|y adi. 1 Kino, Teatr **sukces ~y** a box-office success 2 Jęz. [słownik] frequency attr.; **~a lista słów** a word frequency list

freon m (G ~u) Chem. freon, CFC; **emisja ~ów** the emission of CFC gases; **nie zawierać ~u** to be CFC-free

fresk m (G ~u) 1 Szt. (malowidło ścienne) mural; (na mokrym tynku) fresco 2 sgt Szt. (technika malarska) fresco 3 przen. (książka, film) epic; **wielki ~ filmowy** an epic film

fret|ka f Zool. ferret

freudy|sta /frojˈdɪsta/ m, **~stka** f Psych. Freudian

freudyzm /ˈfrojdɪzm/ m sgt (G ~u) Psych. Freudianism

frez m (G ~u) Techn. (milling) cutter; **~ do drewna/metalu** a wood/metal cutting blade

frezar|ka f Techn. milling machine; **~ka do drewna/metalu** a wood/metal milling machine

❑ **~ka glebowa** Roln. rotovator

freze|r m Techn. milling machine operator

frezj|a f (Gpl ~i) Bot. freesia

frędz|el m, **~la** f (**~elek, ~elka** dem.) (pojedynczy) tassel; (obszycie) fringe; **~le dywanu** a carpet fringe; **zasłony z ~lami** tasselled GB a. tasseled US curtains; **kapa obszyta ~lem** a. **~lami** a fringed bedspread

friko n inv. pot. **dostać/zrobić coś za ~ to** get/do sth for nothing a. free

fron|t m (G ~tu) 1 Wojsk. (rejon walk) front także przen.; **~t wschodni/zachodni** the eastern/western front; **linia ~tu** a front line; **walczyć na ~cie** to serve at the front; **wysłać kogoś na ~t** to send sb to the front; **przełamać ~t** to break through the front line; **~t przesunął się na północ** the front moved north; **walczyli na wszystkich ~tach drugiej wojny światowej** they fought on all fronts of the second world war; **na ~cie gospodarczym/reform** przen. on the economic/reform front; **~t ideologiczny** przen. an ideological battlefield; **zdezorganizować ~t robót** przen. to disrupt the works; **działać na różnych ~tach** przen. to be active on various fronts; **działać na dwa ~ty** przen., pejor. to be playing a double game; **sukces na wielu/wszystkich ~tach** przen. a success on many/all fronts a. counts; **ten film to klapa na wszystkich ~tach** przen. the film fails on all fronts 2 Wojsk. (związek taktyczny) front; **dowódca ~tu północnego** the commander of the northern front 3 (organizacja) front; **~t narodowy** a national front; **tworzyć wspólny ~t z kimś** to make a common front to line up with sb 4 Meteo. front; **ciepły/zimny ~t atmosferyczny** a warm/cold (weather) front; **~t znad Morza Północnego** a front from the North Sea;

szeroki ~t niżowy an extended low pressure front; **~t nadchodzący z zachodu** a front coming in a. approaching from the west 5 (przód) front; **~t budynku** the front of a building; **~t kolumny/pochodu** the front of a column/procession; **mieszkanie od ~tu** a flat at the front; **wejście od ~tu** a front entrance; **od ~tu jest mała kawiarenka** at the front there's a small café; **stać ~tem do kogoś/czegoś** książk. to stand facing sb/sth; **przejść przed ~tem kompanii honorowej** to walk past the guard of honour

■ **zmienić ~t** to make an about-turn pot., przen.

frontalnie adv. 1 Wojsk. [atakować, nacierać] frontally 2 książk. [oświetlony] frontally; **postać jest przedstawiona ~** the figure is shown frontally

frontaln|y adi. 1 Wojsk. [szturm, ostrzał, natarcie] frontal; **przypuścić ~y atak na kogoś/coś** to launch a frontal attack on sb/sth; **opozycja przypuściła ~y atak na prezydenta** przen. the opposition launched a direct a. head-on attack on the president 2 książk. (od przodu) [oświetlenie] frontal 3 Anat. frontal

fronton m (G ~u) Archit. 1 Antycz. pediment 2 (przód budynku) frontage; **~ pałacu** the frontage of a palace

frontow|iec m Wojsk. front-line soldier

frontow|y adi. 1 Wojsk. [oddział, żołnierze] front-line attr.; **opisał swoje doświadczenia ~e** he described his front-line experiences 2 (przedni) [drzwi, wejście, elewacja] front 3 Meteo. (występujący na granicy frontów) [pogoda, burza] frontal 4 przest. (od ulicy) [mieszkanie, ogród] front

froter|ka f floor polisher; **~ka elektryczna** an electric floor polisher

froter|ować impf vt to polish [podłogę, parkiet] ⇒ **wyfroterować**

froterowan|y II pp → froterować
III adi. [podłoga, parkiet] polished

frot|ka f pot. (do włosów) hairband; (na ręce) wristband, sweatband; **włosy związane różową ~ką** hair fastened with a pink band

frotow|y adi. pot. [ręcznik, szlafrok, skarpetki] terry attr.

frotté /ˈfrote/ II adi. inv. [skarpetki, szlafrok] terry attr.; **ręcznik ~** a terry towel
III n inv. terry

frr inter. whirr

fru|nąć (**~nęła, ~nęli**) II pf vi 1 [ptak, owad] (unieść się) to fly up, to soar; (polecieć) to fly (off); **~nąć w górę** to fly up a. soar into the air; **ptak ~nął na krzak/ziemię** the bird flew to a bush/the ground ⇒ **fruwać** 2 [pierze, piłka] to fly (up); **~nąć w powietrze** to fly (up) into the air; **papiery ~nęły na podłogę** the papers went flying down onto the floor ⇒ **fruwać**
III impf vi [ptak, owad] to be flying ⇒ **pofrunąć**

frustracj|a f (Gpl ~i) książk. frustration U; **głęboka/narastająca ~a** deep/growing frustration; **być w stanie ~i** to be frustrated; **przeżywać ~e** to experience frustrations; **nabawić się ~i** to become frustrated

frustracyjn|y adi. książk. [nastrój] frustrated; **przeżywać stany ~e** to experience frustrations

frustr|ować impf książk. II vt to frustrate [osobę]; **niskie płace ~ują nauczycieli** teachers are frustrated by low salaries ⇒ **sfrustrować**
II **frustrować się** to be frustrated (**czymś** over a. about sth) ⇒ **sfrustrować się**

frustrująco adv. książk. frustratingly; **wpływać na kogoś ~** to have a frustrating effect on sb

frustrując|y II pa → frustrować
II adi. książk. [poczucie] frustrating

frutti di mare /ˌfruttidiˈmare/ plt inv. Kulin. seafood

fruwa|ć impf vi 1 (latać) [ptak] to fly (about); [owad] to flit (about); **motyl ~ł nad kwiatkiem** a butterfly flitted about over the flower ⇒ **frunąć** 2 (unosić się w powietrzu) [papier, liść, gazeta] to fly (up); **śmieci ~jące po ulicy** rubbish flying a. blowing around in the street ⇒ **frunąć** 3 pot. (podróżować) [osoba] to knock about a. around pot.; **~ć po świecie** to travel all over (the world); **~j stąd!** pot. get lost! pot., clear off (out of it)! GB pot.

fryc m pot., obraźl. Fritz GB przest., pot., obraźl., Jerry GB przest., pot., obraźl., Boche przest., pot., obraźl.

frycow|e n sgt pot. **zapłacić ~e** to pay for one's inexperience

fry|ga f przest. (zabawka) spinning top; **biegać a. kręcić się jak ~ga** to move around like crazy; **zwinny jak ~ga** as agile as a monkey; **być ruchliwym jak ~ga** to be full of beans; **ale z niej ~ga!** przen. she's a real live wire!

frykas m zw. pl książk. (przysmak) delicacy

frykcyjn|y adi. Med. [ruch] frictional

frymarcz|yć impf vt książk., pejor. (zdradzać) to betray; **~yć własnymi ideałami/przekonaniami** to betray one's ideals/beliefs pejor.; **~yć własnym krajem** to betray one's country

fryt|ka f zw. pl Kulin. chip zw. pl GB; **małe/duże/średnie ~ki** small/large/medium chips a. (French) fries US

frywolnie adv. grad. [uśmiechać się] coquettishly książk.; flirtatiously; **zachowywała się ~** she was flirting a. being saucy pot.

frywolnoś|ć f sgt (humoru, dowcipów) raciness; (ubioru) provocativeness, skimpiness; (osoby) sauciness pot.

frywoln|y adi. grad. książk. [strój] provocative, skimpy; [książka, film] racy; [piosenka, żart] naughty pot., żart.; [uśmiech] flirtatious; coquettish książk.; [osoba, nastrój] saucy GB pot.; frivolous

fryz m (G ~u) Archit., Szt. frieze; **bogato zdobiony ~** a richly decorated frieze
❑ **~ arkadowy** Archit. arcaded frieze

fryzje|r m (osoba) hairdresser, hairstylist; (męski) barber; (zakład) hairdressing salon; (męski) barber's shop przest.; **~r damski** a women's hairdresser; **pójść do ~ra** to go to the hairdresser's/barber's; **czesała się u najlepszego ~ra** she had her hair styled by the best hairdresser

fryzjer|ka f hairdresser, hairstylist

fryzjers|ki *adi. [fach, akcesoria]* hairdressing *attr.*; **zakład ~ki** a hairdressing salon; (męski) a barber's shop przest.

fryzjerstw|o *n sgt* hairdressing

fryz|ować *impf* **[]** *vt* książk., żart. to coif *[osobę, włosy]* ⇒ **ufryzować**

[] **fryzować się** żart. to do a. coif one's hair ⇒ **ufryzować się**

fryzowan|y **[]** *pp* → **fryzować**

[] *adi.* żart. *[włosy, loki]* coiffed

fryzu|ra *f* hairstyle, haircut; (damska) hairdo pot.; **~ra w loczki** a curly hairstyle; **męska ~ra** a man's haircut; **krótka ~ra** short hair; **zmienić ~rę** to change one's hairstyle, to have one's hair restyled

fryzur|ka *f dem.* żart. hairstyle, haircut; (damska) hairdo pot.

fu|cha *f* pot. **[]** (dodatkowa praca) job on the side pot.; **brać fuchy** to take jobs on the side; **trafiła mu się niezła fucha** he's got a very cushy number pot. **[]** pejor. (niedbała praca) shoddy work *U*; (rezultat) shoddy job; **odstawić** a. **odwalić fuchę** to do a shoddy job

fufaj|ka *f* pot. padded work jacket

fu|ga *f* **[]** Muz. fugue **[]** Budow. (szczelina) joint; (zaprawa między cegłami) mortar *U*, pointing *U*; (zaprawa między kafelkami) grout *U*

fugow|y *adi.* **[]** Muz. fugal, fugue *attr.* **[]** Budow. joint *attr.*

Führer /'fyrer/ *m* Hist. the Führer

fuja|ra **[]** *f* **[]** *augm.* Muz. pipe **[]** posp. (penis) knob GB posp., pecker US posp.

[] *m, f* pot., obraźl. drip pot., pejor., dud pot., pejor.; **straszny** a. **straszna z niego ~ra!** he's such a drip!

fujar|ka *f* Muz. pipe; **~ka pasterska** a shepherd's pipe; **grać na ~ce** to play the pipe

fukać *impf* → **fuknąć**

fuk|nąć *pf* — **fuk|ać** *impf* (~nęła, ~nęli — ~am) *vi* **[]** (prychnąć) to snort; **~nąć na kogoś** to snort at sb; **kot ~nął groźnie** the cat spat a. hissed menacingly **[]** pot. (odezwać się) *[osoba]* to snort; **~nąć z obrzydzeniem** to snort in disgust; **„to nie twój interes", ~nął** 'that's none of your business,' he snorted

fuks **[]** *m pers.* (*Npl* **~y**) przest., pot. (nowicjusz) beginner; (na uczelni) first-year student

[] *m anim.* Wyś. Kon. outside winner, outsider

[] *m inanim.* (*A* — a. **~a**) pot. (szczęśliwy traf) fluke; **mieć ~a** to strike it lucky pot.; **wygrać ~em** to win by a fluke

ful[1] *m* (*A* **~a**) Gry full house; **mieć ~a** to have a full house

ful[2] *adv.* pot. **było ~ piwa** there was plenty of beer; **włączyć coś na ~** to turn sth on (at) full blast

fula|r *m* (*G* **~ru**) **[]** (chustka) cravat, neckerchief **[]** *sgt* Włók. (tkanina) foulard; **krawat z ~ru** a foulard tie

fularow|y *adi. [szalik, suknia, krawat]* foulard *attr.*

full /ful/ → **ful**

fum|y *plt* (*G* **~ów**) książk., pejor. the sulks *pl*; **stroić ~y** to have the sulks

fundacj|a *f* (*Gpl* **~i**) **[]** (instytucja) foundation; **Fundacja Kościuszkowska** the Kościuszko Foundation; **~a badań nad rakiem** a cancer research foundation;

ustanowić a. **utworzyć** a. **powołać ~ę** to establish a foundation **[]** przest. (ufundowanie) foundation *U*; **~a klasztoru** the foundation of a monastery; **biblioteka ~i naszej rodziny** a library founded by our family **[]** (darowizna) donation

fundacyjn|y *adi. [akt, dokument]* foundation *attr.*

fundamen|t *m* (*G* **~tu**) **[]** Budow. foundation; **położyć ~t pod coś** to lay the foundations for sth; **budynek ma mocny ~t** a. **mocne ~ty** the building has solid foundations **[]** książk. (podstawa) basis, foundation; **zaufanie jest ~tem przyjaźni** trust is the basis of friendship; **dekalog stanowi ~t moralności chrześcijańskiej** the Ten Commandments form the basis a. foundation of Christian morality

fundamentali|sta *m* fundamentalist

fundamentalistyczn|y *adi. [pogląd, ugrupowanie]* fundamentalist

fundamentalizm *m sgt* (*G* **~u**) fundamentalism

fundamentalnie *adv.* książk. fundamentally; **nasze poglądy różnią się ~** our views are fundamentally different

fundamentaln|y *adi.* książk. *[teza, problem, wartość]* fundamental; **mieć ~e znaczenie dla czegoś** to be fundamental to sth; **sprawa o ~ym znaczeniu** an issue of fundamental importance

fundamentow|y *adi.* Budow. *[wykop, mur, szalunek]* foundation *attr.*

fundato|r *m*, **~rka** *f* **[]** (założyciel) founder; (darczyńca) donor; (sponsor) sponsor; **~r kaplicy** the founder of a chapel; **szpital powstał dzięki ofiarności prywatnych ~rów** the hospital was built through the generosity of private donors; **~rem nagród jest...** the prizes are sponsored by... **[]** żart. (w restauracji, kinie) **być czyimś ~rem** to treat sb; **być ~rem lodów** to pay for the ice cream

fundn|ąć *pf* (**~ęła**, **~ęli**) *vt* pot., żart. to stand pot.; **~ąć komuś piwo** to stand sb a beer; **~ąć komuś wycieczkę** to pay for sb's trip; **~ąć sobie sobie nową sukienkę/torebkę** to treat oneself to a new dress/handbag

fund|ować *impf vt* **[]** (budować, zakładać) to found *[kościół, kaplicę, szpital]*; to endow *[nagrodę, stypendium]* ⇒ **ufundować** **[]** pot. (płacić rachunek) **~ować coś komuś** to treat sb to sth; **ja ~uję** this is on me pot.; **~ować sobie coś** to treat oneself to sth ⇒ **zafundować** **[]** pot. (dostarczać) **~ować coś komuś** to treat sb to sth; **~ować komuś niezłe widowisko** to treat sb to an unusual spectacle; **nie chcą ~ować sobie nowej wojny** they don't want to risk a new war ⇒ **zafundować**

fundusz **[]** *m* (*G* **~u**, *Gpl* **~y** a. **~ów**) fund; **~ pomocy ofiarom katastrof** a disaster fund; **założyć ~** to set up a fund; **zarządzać ~em** to administer a fund

[] **fundusze** *plt* funds; **~e prywatne/rządowe** private/government a. public funds; **~e na badania naukowe** funds for scientific research; **gromadzić ~e** to raise funds; **żyć z własnych ~ów** to have independent means of support; **brakuje nam ~ów** we are short of funds; **~e mi na**

to nie pozwalają I haven't got the money for that

❏ **~ amortyzacyjny** sinking fund; **~ dyspozycyjny** expense account; **~ emerytalny** pension fund; **~ gwarancyjny** indemnity fund; **~ inwestycyjny** investment fund; **~ odnawialny** revolving fund; **~ płac** payroll; **~ powierniczy** trust fund; **~ reprezentacyjny** entertainment allowance; **~ socjalny** social fund; **~ stypendialny** scholarship fund; **Międzynarodowy Fundusz Walutowy** International Monetary Fund

funkcj|a *f* (*Gpl* **~i**) **[]** (zastosowanie) function; **wychowawcza ~a teatru** the educative function of theatre; **komunikatywna/fatyczna/ekspresywna ~a języka** the communicative/phatic/expressive function of language; **~a wyrazu w zdaniu** a word's function in a sentence; **pełnić ~ę podmiotu** to function as a subject; **kuchnia może pełnić ~ę pokoju dziennego** the kitchen can function as a living room a. serve the purpose of a living room **[]** (stanowisko) post, function; **~a premiera/dyrektora** the post of prime minister/manager; **pełnić ~ę tłumacza/przewodnika** to serve as an interpreter/a guide; **powierzono mu/objął ~ę ministra spraw wewnętrznych** he was appointed to/took up the post of Home Secretary; **sprawował tę ~ę przez dwa lata** he performed this function for two years **[]** (działanie) function; **~a nagrywania/suszenia** a recording/drying function; **urządzenie jest wyposażone w tę ~ę** the device is equipped with this function; **~e życiowe** bodily functions; **~a serca polega na...** the function of the heart is to... **[]** Log., Mat. function; **wykres ~i** the graph of a function; **pochodna ~i** the derivative of a function; **być ~ą czegoś** książk., przen. to be a function of sth przen.

❏ **~a algebraiczna** Mat. algebraic function; **~a ciągła** Mat. continuous function; **~a ekstensjonalna** Log. extensional function; **~a elementarna** Mat. elementary function; **~a harmoniczna** Mat. harmonic function; **~a kwadratowa** Mat. quadratic function; **~a liniowa** Mat. linear function; **~a logarytmiczna** Mat. logarithmic function; **~a trygonometryczna** Mat. trigonometric function; **~a wykładnicza** Mat. exponential function; **~a zdaniowa** Log. propositional function

funkcjonalnie **[]** *adv. grad.* (praktycznie) *[umeblowany, urządzony]* functionally **[]** *adv.* książk. *[związany, skomplikowany]* functionally

funkcjonalnoś|ć *f sgt* functionality

funkcjonaln|y **[]** *adi. grad.* (praktyczny) *[mieszkanie, meble]* functional **[]** *adi. książk. [równowaga, analiza]* functional

funkcjonariusz *m* (*Gpl* **~y** a. **~ów**) **[]** książk. (urzędnik) official, functionary; **~ państwowy** a government functionary **[]** (policjant) officer; **~ policji** a police officer

funkcjonariusz|ka *f* (policjantka) officer; **~ka policji** a police officer

funkcjon|ować *impf vi* **[]** (pracować) to function; (być sprawnym) to be functional;

F

jego serce ~**uje normalnie** his heart is functioning normally; **nie ~owała klimatyzacja** the air conditioning wasn't functioning a. was out of order; **system ~ował bez zarzutu** the system was functioning flawlessly; **jakoś można z tym ~ować** you can live with it; **on nie jest w stanie samodzielnie ~ować** he's unable to manage on his own; **ja o tej porze już nie ~uję** żart. at this time of day I'm barely functional żart.; **dobrze ~ujące przedsiębiorstwo** an efficient company [2] (spełniać funkcję) to function; **~ować jako coś** to function as sth; **srebro ~owało jako środek płatniczy** silver functioned as a medium of exchange [3] pot. (być rozpowszechnionym) *[mit, pogląd]* to function, to prevail; **od lat ~uje przeświadczenie, że...** for years there's been a prevailing notion that...

funkcyjn|y [I] *adi.* [1] (spełniający specjalną funkcję) **klawisz ~y** Komput. a function key; **wyraz ~y** Jęz. a function word [2] (związany ze stanowiskiem) **dodatek ~y** an executive bonus [3] Mat. *[zależność]* functional [II] **funkcyjn|y** *m*, **~a** *f prisoner holding a work post*

funkow|y /faŋˈkovɪ/ *adi. [brzmienie, zespół]* funky pot.

funky /ˈfaŋki/ Muz. [I] *n inv. sgt* funk; **słuchać ~** to listen to funk [II] *adi. inv. [muzyka]* funky pot.

fun|t *m* (*A* ~**ta**) [1] Fin. pound; **~t szterling** a. **sterling** pound sterling [2] Miary (jednostka wagi) pound; **sprzedawać coś na ~ty** to sell sth by the pound

■ **to nie jest warte ~ta kłaków** pot. it's not worth a straw

funtow|y [I] *adi.* [1] *[moneta, upominek]* one-pound *attr.* [2] *[pakunek]* one-pound *attr.* [II] **-funtowy** *w wyrazach złożonych* -pound; **banknot pięciofuntowy** a five-pound note

fu|ra *f* [1] (wóz) wagon, cart; **fura z kartoflami/sianem** a wagon a. cart carrying potatoes/hay [2] (ilość ładunku) wagonload, cartload, cartful; **fura siana/buraków** a wagonload of hay/beetroot; **kupił dwie fury węgla na zimę** he bought two wagonloads of coal for the winter [3] pot. (duża ilość) load(s) pot., pile(s) pot. (**czegoś** of sth); **fura komplementów** loads/a shower of compliments; **w domu była fura dzieci** there was a whole crowd a. tribe of children in the house

furażer|ka *f* forage cap

furczeć *impf* → **furknąć**

furda *f inv.* przest. (głupstwo) small beer pot.; **twoje kłopoty to ~ w porównaniu z moimi** your problems are small beer compared with mine

furgon *m* (*G* ~**u**) [1] (samochód) van [2] (wóz konny) wagon

furgonet|ka *f* van; **~ka z ochroną** a security van; **~ka pocztowa** a mail van

furi|a *f* (*GD* ~**i**) [1] (*Gpl* ~**i**) *zw. pl* Mitol. Fury; **~e** the Furies; **wściekła/zła jak ~a** absolutely furious [2] *sgt* pot. (wściekłość) fury, rage; **napad ~i** a fit of rage; **dostać ~i** to fly into a rage; **doprowadzać kogoś do ~i** to infuriate sb; to drive sb mad pot.; **w ~i** in a fury; **z ~ą** furiously

furiac|ki *adi. [gniew]* furious, raging; **~ki napad** an attack of fury; **~kie zapamiętanie** a furious frenzy

furian|t *m sgt* Muz. furiant

furia|t *m* pot., pejor. madman, hothead; **ale z niego ~t!** he's such a madman!

furiat|ka *f* pot., pejor. madwoman

fur|ka *f dem.* przest. (small) cart

fur|knąć *pf* — **fur|czeć** *impf* (~**knęła**, ~**knęli** — ~**czał**, ~**czeli**) *vi [kołowrotek]* to whirr; *[maszyna, motor]* to whirr, to hum; *[flaga, żagiel]* to flap, to flutter; *[ptak]* to flutter; *[zwierzę]* to grunt, to snort; **ptaki ~knęły w górę** the birds fluttered into the air; **pracował, aż ~czało** he worked like the clappers GB pot.

furko|t *m sgt* (*G* ~**tu**) (trzepot) flutter(ing) (**czegoś** of sth); (warkot) whirr(ing); **gołębie odleciały z ~tem** the pigeons flew off with a flutter of wings

furko|tać *impf* (~**cze** a. ~**ce**) *vi [flaga, spódnica]* to flutter, to flap; *[kołowrotek, maszyna]* to whirr; *[ptak]* to flutter, to whirr

furman *m* cart driver, carter

furman|ka *f* [1] (wóz) wagon, cart; **~ka z kapustą/cegłą** a wagon carrying cabbages/bricks [2] (ilość ładunku) wagonload, cartload, cartful; **zrzucił ~kę węgla pod samymi drzwiami** he dumped a wagonload a. cartload of coal right in front of the door

furmańs|ki *adi. [bat, koń]* cart driver's

furo|ra *f sgt*

■ **robić ~rę** to be all the rage, to create a sensation

fur|ta *f* [1] *augm.* (w bramie) wicket (door a. gate); **~ta klasztorna** the monastery/convent gate [2] *augm.* (w ogrodzeniu) gate [3] Żegl. port

furt|ka *f* [1] (w murze, ogrodzeniu) gate; (w bramie) wicket; **~ka do ogrodu** the garden gate [2] przen. (wyjście z sytuacji) loophole; **znaleźć ~kę (w przepisach podatkowych)** to find a loophole (in the tax regulations); **zostawić sobie ~kę** to leave one's options open

fus|y *plt* (*G* ~**ów**) (po herbacie) tea leaves, dregs; (po kawie) (coffee) grounds; (na dnie butelki) sediment *sg*; **wróżyć z ~ów** to read coffee grounds, to engage in crystal-ball gazing

fusze|r *m* pot., pejor. bungler pejor.; botcher pot., pejor., cowboy GB pot., pejor.

fuszer|ka *f sgt* pot. [1] pejor. (partactwo) (praca) sloppy a. slapdash work pejor.; (wytwór) hash pot., pejor., botch(-up) GB pot., pejor., cock-up GB pot., pejor. [2] (fucha) job on the side pot.

fuszer|ować *impf vt* pot. to bungle; to botch pot. ⇒ **sfuszerować**

fuszers|ki *adi.* pot. *[robota]* bungled; botched (up) GB pot.

futbol *m sgt* (*G* ~**u**) (association) football GB, soccer; **mistrzostwa świata w ~u** the World Cup (competition); **najlepszy trener krajowego ~u** the best football coach in the country

❏ **~ amerykański** American football GB, football US

futboli|sta *m* footballer a. football player GB, soccer player

futbolow|y *adi.* football *attr.* GB, soccer *attr.*; **sędzia ~y** a football a. soccer referee

futeralik *m dem.* (little) case, holder; étui przest.; **~ na scyzoryk** a pocket-knife case a. holder; **~ na różaniec** a rosary case

futera|ł *m* (*G* ~**łu**) case; **~ł na broń** a gun case; **~ł na okulary** a. **do okularów** a glasses a. spectacle(s) case; **~ł na aparat fotograficzny** a camera case

futer|ko *n dem.* [1] *sgt* (sierść) fur; **królik o białym ~ku** a white-furred rabbit [2] (wyprawiona skórka) pelt [3] (ubranie) fur (coat)

futerkow|y *adi.* [1] *[kołnierz]* fur *attr.*, furry [2] Biol. **zwierzęta ~e** fur(-covered) animals

fut|ro *n* [1] *sgt* (gęsta sierść) fur [2] (wyprawiona skóra) pelt, skin; **~ro z piżmaków** muskrat; **~ro ze srebrnego lisa** silver fox; **~ro z fok** sealskin; **płaszcz podbity ~rem** a fur-lined coat; **kołnierz wykończony ~rem** a fur collar; **wyprawianie ~er** fur dressing [3] (ubranie) fur (coat); **sztuczne ~ro** an artificial a. fake fur coat; **chodzić w ~rze** to wear a fur coat

futrów|ka *f* [1] (w bucie) (boot) lining [2] Żegl. skin

futryn|a *f* Budow. [1] (drzwiowa) door frame, doorcase [2] (okienna) window frame a. casing

futrzak *m* (dywan, narzuta) fur rug

futrzan|y *adi.* [1] *[dywan, czapka, kołnierz]* fur *attr.* [2] *[przemysł]* fur *attr.*

futrzars|ki *adi. [przemysł, wyroby]* fur *attr.*

futrzarstw|o *n sgt* [1] Przem. the fur industry, furriery [2] pot. (rzemiosło) the fur trade

futurolo|g *m* (*Npl* ~**dzy** a. ~**gowie**) futurologist

futurologi|a *f sgt* (*GD* ~**i**) futurology

futurologiczn|y *adi. [prognozy]* futurological

futury|sta *m*, **~stka** *f* Futurist

futurystycznie *adv.* in Futurist style; futuristically przest.

futurystyczn|y *adi. [malarstwo, twórca]* Futurist; futuristic przest.

futuryzm *m sgt* (*G* ~**u**) Szt. Futurism

fuzj|a[1] *f* (*Gpl* ~**i**) (strzelba) rifle, fowling piece

fuzj|a[2] *f* (*Gpl* ~**i**) [1] Ekon. merger [2] Jęz. fusion

G

G, g /gje/ *n inv.* [1] (litera) G, g [2] Muz. G;
G-dur G major; **g-moll** G minor; **symfonia G-dur** a symphony in G major [3] *euf.*
g... na ten temat wiesz! you know sweet
FA about it!
g (= gram) g
g. (= godzina) hr(s); **pociąg odjeżdża o g.
14.00** the train leaves at 1400 h
gabardyn|a *f* Włók. gaberdine, gabardine
gabardynow|y *adi.* [kostium, płaszcz] gab-
erdine *attr.*, gabardine *attr.*
gabary|t *m zw. pl* (G ~tu) [1] Techn.
dimension *zw. pl*; **pojazd o dużych ~tach**
a bulky vehicle; ~**ty budynku** the dimensions of a building [2] *pot.* **ale ona ma ~ty!**
wow, she's got some body on her! *pot.*;
ubrania dla pań o większych ~tach
outsize clothes for women
gabinecik *m dem.* (G ~u) (w domu) study;
(w pracy) office
gabine|t *m* (G ~tu) [1] (w domu) study; (w
pracy) office; ~**t ministra/przewodniczą-
cego** the minister's/chairman's office; ~**t
profesora** (w domu) the professor's study; (na
uczelni) the professor's office; **dyrektor
wezwał ucznia do ~tu** the head(master)
summoned the pupil to his office [2] (do
przyjmowania pacjentów) ~**t lekarski/denty-
styczny** a doctor's/dentist's surgery GB, a
doctor's/dentist's office US; ~**t zabiegowy**
a treatment room [3] (z eksponatami) room,
hall; ~**t figur woskowych** a waxworks
room; ~**t (krzywych) luster** the hall of
mirrors; ~**t osobliwości** a cabinet of
curiosities [4] Polit. cabinet; **utworzyć nowy
~t** to form a new cabinet; **być na
posiedzeniu ~tu** to be at a cabinet
meeting; ~**t cieni** the shadow cabinet GB;
~**t ministra** a ministerial team [5] przest. (w
szkole) (class)room; ~**t biologiczny/fizycz-
ny** the chemistry/physics room
❑ ~**t kosmetyczny** beautician's (establishment) a. beauty parlour; ~**t masażu**
(terapeutyczny) massage therapist's (office a.
establishment); (erotyczny) massage parlour;
~**t odnowy biologicznej** (health and)
beauty spa a. parlour, (health and) beauty
treatment centre
gabinetow|y *adi.* [1] [meble] (w domu) study
attr.; (w pracy) office *attr.* [2] Polit. [zmiany,
kryzys] cabinet *attr.* [3] pejor. (o osobie) armchair *attr.*; ~**y detektyw** an armchair
detective
gablo|ta *f* [1] (oszklona szafka) display case a.
cabinet; **szklana ~ta** a glass case; **stojąca
~ta** a (free-standing) display case; **wisząca
~ta** a wall display (case); ~**ta informacyjna** a noticeboard GB, a bulletin board US;

~**ta wystawowa** a display case a. cabinet,
a showcase; **powiesić ogłoszenie w ~cie**
to put an announcement (up) on the
noticeboard [2] pot. (samochód) (set of) wheels
pl pot.; **jeździć nową ~tą** to be driving a
new set of wheels
gablot|ka *f dem.* (small) display case a.
cabinet; ~**ka informacyjna** a noticeboard
GB, a bulletin board US
gac|ek *m* dial. bat
❑ ~**ek wielkouch** Zool. brown long-eared
bat
gach *m* (Npl ~y) pejor. fancy man pot., pejor.
gaci|e *plt* (G ~) pot. [1] (długie kalesony) long
johns pot.; long underpants; (majtki) (damskie)
knickers GB pot., panties pot.; drawers przest.
żart.; (męskie) pants GB, underpants; drawers
przest., żart.; **ciepłe ~e** warm knickers a.
underpants [2] pejor. (spodnie) trousers, pants
US; **wciągnąć/ściągnąć ~e** to put on/take
off one's trousers
ga|d ** *m pers.* (Npl **gady) pejor. rat pot., pejor.,
reptile pot., pejor.; **ty zdradziecki gadzie!**
you snake in the grass! pejor.
 m anim. [1] Zool. reptile; **hodować ~dy**
to raise a. breed reptiles [2] (budzące lęk zwierzę)
slithery a. slimy creature
gada|ć *impf vi* pot. [1] (mówić, opowiadać) to gab
pot., to jabber pot.; **ciągle o czymś ~ć** to
keep going on about sth pot.; ~**ć głupstwa**
to talk rubbish; ~**ć, co ślina na język
przyniesie** to witter on about nothing GB
pot., to run off at the mouth US pot.; **ludzie
~ją, że...** the word on the street a. around
town is (that)..., people are saying that...;
ludzie ~ją, że macie się pobrać the
word around town is that you two are
getting married; ~**ć do rzeczy** to talk
sense; ~**ć od rzeczy** to ramble on, to
ramble off the point; **szkoda ~ć!** it's a
waste of breath pot.; ~**ć na kogoś** to run
sb down; **wciąż ~ła koleżankom na
męża** she was always running down her
husband to her friends; ~**łem jak do
ściany** it was like talking to a brick wall;
przestań wreszcie ~ć! why don't you
just stop yapping! pot. [2] (rozmawiać) to chat;
to (have a) natter GB pot.; ~**ć z kimś o
czymś** to chat to a. with sb about sth;
lubił ~ć z uczniami po zajęciach he
enjoyed chatting with the pupils after
class
 ■ ~**j do lampy** a. **do słupa!** tell it to the
marines! pot.; **nie ma co ~ć** a. **co tu dużo
~ć, przegraliśmy, bo jesteśmy kiep-
scy** let's face it – we lost because we're no
good; **co tu dużo ~ć, to cham i już** what

can you say? – he's a jerk pot.; ~**j zdrów!**
talk all you want, say what you like
gadanin|a *f sgt* pot. idle chatter; twaddle
pot.; **w całej tej ~ie nie ma słowa
prawdy** there's not a word of truth in all
that twaddle; **puścić czyjąś ~ę mimo
uszu** to ignore sb's idle chatter
gadan|y *adi.*
 ■ **mieć ~e** pot. to have the gift of the gab
pot. a. the gift of gab US
gadatliwoś|ć *f sgt* talkativeness, garrul-
ousness; **irytowała wszystkich swoją
~cią** she irritated everyone with her
garrulousness
gadatliw|y *adi.* talkative, garrulous
gadget /'gadʒet/ → **gadżet**
gad|ka *f* pot. [1] (rozmowa) chinwag GB pot.,
rap US pot.; **drętwa ~ka o niczym** pot. a
lot of hot air pot., pejor.; ~**ka szmatka**
twaddle pot.; **wstawiać (komuś) ~kę** to
chat sb up GB, to sweet-talk sb; **mieć ~kę**
to have the gift of the gab GB a. the gift of
gab US [2] (plotka) story pot. [3] (gawęda) fairy
tale; **ludowe ~ki** folk tales
gadu-gadu *n inv.* pot. chit-chat pot.; **my tu
gadu-gadu, a czas ucieka** here we are
chatting away, and time's flying
gadulstw|o *n sgt* garrulousness
gadu|ła *m, f* (Npl *m* ~**ły**, Gpl *m* ~**łów** a.
~**ł**; Npl *f* ~**ły**, Gpl *f* ~**ł**) pot. chatterbox pot.;
natterer GB pot.; windbag pot., pejor.
gadzi *adi.* [1] Zool. reptilian, reptile; **jad ~**
reptile venom [2] pejor. [zachowanie] reptilian
pejor.; slimy pot., pejor.
gadzin|a *f* [1] pot. (zwierzę pełzające) slithery a.
slimy creature pot. [2] pot., pejor. (o człowieku)
creep pot., pejor., toad pot., pejor. [3] *sgt* dial.
livestock
gadzinow|y *adi.* pejor. [zachowanie] reptil-
ian pejor.; slimy pot., pejor.; **prasa ~a** the
gutter press GB pejor., the yellow press pejor.;
Hist. the collaborationist press (*in Poland
during World War II*)
gadzinów|ka pot., pejor. (gazeta) rag pot.,
pejor.; Hist. collaborationist rag pot., pejor.
gadże|t *m* (G ~tu) gadget
gaf|a *f* blunder, gaffe; ~**a towarzyska** a
gaffe, a faux pas; **popełnić ~ę** to commit a
blunder a. gaffe; **strzelić ~ę** pot. to drop a
brick a. clanger pot.
gag *m* (G ~u) *zw. pl* Kino, Teatr gag; **stary ~
ze skórką od banana** that old banana-skin
gag
gaga|t *m* (G ~tu) Geol. jet *U*; **broszka z
~tem** a jet brooch
gagat|ek *m* (Npl ~ki) pot. imp, rascal
gagatow|y *adi.* Geol. jet *attr.*

gagow|y *adi.* *[humor, komedia]* slapstick *attr.*

gaik *m* (*G* ~**u**) 1 *dem.* (small) grove a. copse 2 (drzewko, gałąź) *a decorated tree or branch carried around villages during the Slavic spring festival*

gaj *m* (*G* ~**u**) 1 (niewielki las) grove, copse 2 (plantacja) grove; ~ **oliwny** an olive grove ■ **święty** ~ Relig. a sacred grove

gajow|y *m* (*Gpl* ~**ych**) forester, forest a. forestry worker

gajów|ka *f* 1 (dom) forester's lodge 2 Zool. garden warbler

Gal *m* (*Npl* ~**owie**) Hist. Gaul

gal|a *f* 1 (uroczystość) gala; **wielka** ~**a** a gala event; **otwierać** ~**ę** to open the festivities 2 *sgt* (strój wieczorowy) formal dress *U*, evening wear *U*; (mundur galowy) full dress uniform *U*; (oficjalny strój) full regalia *U*, full dress *U* 3 *sgt* Żegl. full ceremonial colours GB, full ceremonial colors US; **podnieść** ~**ę flagową** to dress ship ■ **w pełnej** ~**i** *[biskup, rektor, wódz plemienia]* in full regalia, in full dress; *[oficer]* in full dress uniform; *[goście]* in formal dress; dressed (up) to the nines pot.; *[damy]* in their (best) finery; *[panowie]* in black/white tie

galaktyczn|y *adi.* Astron. galactic

galakty|ka *f* Astron. galaxy; **nowo odkryta** ~**ka** a newly discovered galaxy; **przybysze z odległych** ~**k** visitors from remote galaxies

galanteri|a *f sgt* (*GD* ~**i**) 1 książk. chivalry, gallantry 2 (dodatki krawieckie) haberdashery GB, notions *pl* US; (dodatki do ubioru) accessories *zw. pl*; ~**a damska** women's accessories; ~**a skórzana** leather accessories

galanteryjn|y *adi.* **sklep** ~**y** a shop *dealing in fashion accessories*

gala|r *m* (*G* ~**ra**) Transp. lighter spec.; barge

galare|ta *f* 1 Kulin. aspic *U*, jelly *U*; ~**ta z nóżek wieprzowych** pig's trotters in aspic, jellied pig's feet; **karp/łosoś w** ~**cie** carp/salmon in aspic, jellied carp/salmon 2 Chem. gel *C/U* ■ **trząść się jak** ~**ta** to shake a. tremble like a (bowl of) jelly, to shake a. tremble like a leaf

galaret|ka *f dem.* 1 (o smaku owocowym) jelly *U* GB, jello *U* US, gelatin(e) dessert; ~**ka wiśniowa** cherry jelly GB, cherry jello US 2 *dem.* Kulin. (mięsna) aspic *U*, jelly *U* 3 *zw. pl* (cukierki) jelly *zw. pl*, jelly candy *zw. pl* US; ~**ki w czekoladzie** chocolate-covered jellies, jellies in chocolate

galaretowa|ty *adi.* gelatinous, viscous

galaretow|y *adi.* gelatinous

galeon *m* (*G* ~**u**) Hist., Żegl. galleon

gale|ra *f* Hist., Żegl. galley; **pływać na** ~**rze** to sail in a galley

galeri|a *f* (*GDGpl* ~**i**) 1 (sztuki) (art) gallery; ~**a sław** the Hall of Fame; ~**a postaci** przen. a collection of characters przen. 2 Archit. gallery; (pasaż) shopping arcade 3 (w teatrze) gallery, balcony; the gods GB pot.; **mieć miejsce na** ~**i** to have a seat in the gallery

galernicz|y *adi.* Hist., Żegl. galley *attr.* ■ **praca** ~**a** slave work

galerni|k *m* Hist., Żegl. galley slave

galeryj|ka *f dem.* 1 Archit. (balkonik) (small) gallery 2 (przed kominkiem) edge 3 (mała kolekcja) (small) art gallery 4 (w teatrze) (small) balcony 5 (mały pasaż) (small) shopping arcade 6 (we wspinaczce) ledge

galicyjs|ki *adi.* Hist. Galician (*in East-Central Europe*)

galicyzm *m* (*G* ~**u**) Jęz. Gallicism

Galij|ka *f* Hist. Gaul, Gallic woman

galijs|ki *adi.* Hist. Gallic

Galilej|czyk *m*, ~**ka** *f* Galilean

galilejs|ki *adi.* Galilean

galimatias *m sgt* (*G* ~**u**) pot. (nieporządek) mess *C*; shambles *sg* pot.; (zamieszanie) muddle *zw. sg*, chaos; (niezrozumiała wypowiedź) palaver pot.; rigmarole *zw. sg*; **w tym** ~**ie nic nie mogę znaleźć** I can't find anything among this junk pot.; **zrobił się straszny** ~ **na zebraniu** the meeting turned into total chaos; **nic nie rozumiem z tego** ~**u** I don't understand any of this palaver a. rigmarole; **mam** ~ **w głowie** my mind's all in a muddle

galon[1] *m* (*G* ~**u**) (ozdoba, naszywka) (gold/silver) braid *U*; **obszyć rękawy/dół żakietu** ~**em** to trim the sleeves/hem of a jacket with (gold/silver) braid; **kołnierz z** ~**ami** a collar edged with (gold/silver) braid

galon[2] *m* (*G* ~**u**) (jednostka objętości) gallon; ~ **wody** a gallon of water; **sprzedawać coś na** ~**y** to sell sth by the gallon

galonik *m dem.* (gold/silver) braid *U*; **czapka z** ~**iem** a cap trimmed with (gold/silver) braid

galop *m* 1 (*G* ~**u**) (koński) gallop; **konie przeszły z kłusa w** ~ the horses went from a trot to a gallop; ~**em** at a gallop 2 (*G* ~**u**) pot. (o człowieku) gallop; ~**em** in a rush a. hurry 3 (*A* ~**a**) Taniec galop spec. ■ **wziąć kogoś do** ~**u** pot. to ride sb hard pot., to put sb through it pot.

galopa|da *f* 1 (szybki bieg) gallop 2 przen. (natłok) cascade, whirl; ~**da zdarzeń/myśli** a whirl of events/thoughts

galop|ka *f* Muz., Taniec double time polka

galop|ować *impf vi* 1 *[koń]* to gallop ⇒ **pogalopować** 2 (na koniu) to gallop ⇒ **pogalopować** 3 pot. *[osoba]* to gallop, to dash ⇒ **pogalopować** 4 przen. (szybko się zmieniać) to race; **ceny** ~**ują** (w górę) prices are skyrocketing; (w dół) prices are plummeting; **jej myśli** ~**owały** her mind was racing 5 pot. (szybko coś robić) to rush; ~**ować z robotą** to rush through one's work (at a gallop)

galot|y *plt* (*G* ~**ów**) żart. 1 (kalesony) long johns pot.; (majtki) drawers przest., żart.; (długie damskie) bloomers przest., żart. 2 (spodnie) trousers, pants US

galowo *adv.* *[ubrać się]* (w strój wieczorowy) formally; (do szkoły) in one's best clothes; (w mundur galowy) in full dress uniform; (w oficjalny strój) in full regalia, in full dress

galow|y *adi.* *[koncert, przedstawienie]* gala *attr.*; *[strój]* formal

galwanicznie *adv.* **rury cynkowane** ~ galvanized pipes; **słup ze stali cynkowanej** a galvanized steel post

galwaniczn|y *adi.* 1 Techn. *[izolacja, separacja]* galvanic; **technika** ~**a** an electroplating a. galvanization technique; **obróbka**

~**a** galvanic a. electroplate processing; **powłoka** ~**a** electroplating a. electroplate finish, galvanized coating; **ocynk** ~**y** zinc electroplate a. electroplating a. galvanizing; **bateria** ~**a** a voltaic battery 2 Med. *[prąd]* galvanic

galwanizacj|a *f sgt* 1 Techn. galvanization, electroplating 2 Med. electrotherapy; galvanism przest.

galwanizacyjn|y *adi.* 1 *[warsztat, piec]* electroplating *attr.* 2 *[zabieg, leczenie]* electrotherapy *attr.*, electrotherapeutic

galwaniz|ować *impf vt* Techn. to galvanize, to electroplate; **zderzaki** ~**owane chromem** chromium-plated bumpers

gał|a *f* 1 *zw. pl* posp. (oko) peeper *zw. pl* pot.; **co tak wytrzeszczasz gały?** what are you gawping at? pot.; **wlepić w kogoś gały** to fix one's eyes on sb 2 środ., Szkol. (ocena niedostateczna) fail, unsatisfactory mark; **dostać gałę** to fail; to flunk US pot.

gałązecz|ka *f dem.* pieszcz. sprig, small twig

gałąz|ka *f dem.* twig, sprig; ~**ka oliwna** an olive branch; ~**ka lauru** a. **laurowa** a. **wawrzynu** a laurel branch; **złamać** ~**kę bzu/jałowca** to break off a sprig of lilac/juniper ❏ ~**ka nerwowa** Anat. nerve branch

gał|ąź *f* 1 (pęd drzewa) branch 2 Anat. branch; ~**ęzie tętnicy** arterial branches; ~**ęzie oskrzeli** (lobar) bronchial branches 3 (dział) branch, division; **nowe** ~**ęzie przemysłu lekkiego** new branches of light industry 4 (linia genealogiczna) branch, line; **pochodziła z bocznej** ~**ęzi rodu** she was descended from a lateral branch of the family 5 Myślis. (royal) antler ■ **powiesiłby go na suchej** ~**ęzi** he'd like to kill him przen.; **podcinać** ~**ąź, na której się siedzi** to saw off the branch one's sitting on; **skończyć na** ~**ęzi** to come to a bad a. sticky end

gałęzi|sty *adi.* branchy, branch-like

gałgan [I] *m pers.* (*Npl* ~**y** a. ~**i**) 1 pot. (urwis) rascal, scamp; (łajdak) rotter GB pot., pejor., swine pot., pejor.; **ty** ~**ie, już ja ci pokażę!** wait till I get my hands on you, you (little) swine!

[II] *m inanim.* 1 (szmata) rag *zw. pl* (zniszczone ubranie) tatters *zw. pl*, rags *zw. pl*

gałgan|ek *m dem.* 1 (szmatka) rag *zw. pl* pot. (ubranie kobiece) flippery *C/U*; **wydawać dużo forsy na** ~**ki** to spend a lot of money on clothes

gałgankow|y *adi.* rag *attr.*

gałgańs|ki *adi* pejor. (podły) *[zachowanie]* shabby pejor.; low-down pot., pejor.; *[osoba]* scoundrelly pejor., good-for-nothing pejor.; (psotny) scampish; ~**ki dowcip** a dirty trick pot., pejor.

gałgaństw|o *n* 1 pejor. (nikczemność) devilry *U* pejor., devilishness *U* pejor. 2 *sgt* (banda łobuzów) a pack of scoundrels

gał|ka *f* 1 (zakończenie) knob; ~**ka w drzwiach** a doorknob; **laska z** ~**ką z kości słoniowej** an ivory-knobbed cane; (pokrętło) ~**ka sterowania** a control knob; **przekręcić** ~**kę** to turn a knob 2 (porcja) ~**ka lodów** a scoop of ice cream; ~**ka tytoniu** a plug of tobacco ❏ ~**ka muszkatołowa** Kulin. nutmeg *U*; ~**ka oczna** Anat. eyeball

gam|a *f* [1] Muz. scale; **~a C-dur** the scale of C minor; **grać/śpiewać ~ę** to play/sing a scale; **ćwiczyć ~y** to practise (one's) scales GB [2] przen. (rozpiętość) range; **cała ~a środków humorystycznych** a whole range a. series of comic devices; **w pełnej ~ie kolorów** in a full range of colours
gambi|t *m* (*G* ~**tu**) Gry (opening) gambit; **~t hetmański** queen's gambit
gamma-globulin|a *f* sgt Med. gamma globulin *U*
gamoniowato adv. pot., pejor. cloddishly pot., pejor.; lumpishly pejor.; **gapił się na nas ~** he stared at us like a clod
gamoniowa|ty adi. pot., pejor. cloddish pot., pejor.; lumpish pejor.; **jego ~ty wygląd** his cloddish appearance
gamo|ń *m* (*Gpl* ~**niów** a. ~**ni**) pot., pejor. clod pot., pejor., berk GB pot., pejor.
ganc egal /ˌgantseˈgal/ pot. all the same; **jest mi ~** it's all the same to me
ganc pomada pot. all the same
ganecz|ek *m* dem. (*G* ~**ka** a. ~**ku**) (small) porch; **siedział na ~ku** he was sitting on the veranda GB a. porch US
gan|ek *m* [1] (*G* ~**ku**) (przybudówka) porch, stoop US; **wyszli na ~ek** they went out onto the veranda GB a. porch US [2] (*G* ~**ku**) (przejście na zewnątrz budynku) gallery; **górne piętro otoczone było ~kiem** a gallery ran round the upper floor [3] (*G* ~**ka**) (dźwig portowy) harbour crane GB, harbor crane US [4] (*G* ~**ku**) (w kopalni) passage [5] (*G* ~**ku**) (występ skalny) ledge
gang *m* (*G* ~**u**) gang; **~ złodziei samochodowych** a gang of car thieves; **szef ~u** the gang leader; **~i uliczne** street gangs
gangren|a *f* [1] Med. gangrene [2] obraźl. (o osobie irytującej) pest pejor.; blighter GB pot., pejor., pain (in the neck) pot., pejor.
■ **~a moralna** moral putrefaction a. decay
gangste|r *m* [1] (przestępca) gangster [2] (bezwzględna osoba) thug; hatchet man pot.
gangsters|ki adi. [1] [*napad*] by gangsters; [*porachunki*] gangland attr.; [*film*] gangster attr. [2] (bezwzględny) ruthless; **stosować ~kie metody** to use ruthless methods; **rozprawić się z kimś po ~ku** to deal ruthlessly with sb
gangsterstw|o *n* sgt [1] (działalność gangów) gangsterism [2] pejor. **~o gospodarcze** racketeering; **~o polityczne** political violence; **uprawiać polityczne ~o** to practice the politics of violence; to play hardball US pot.
gania|ć impf ▯ *vt* [1] (ścigać) to chase; **~ć kogoś/coś** a. **za kimś/czymś** to chase sb/sth a. after sb/sth [2] pot. (zmuszać) to keep on (**kogoś** at sb); **~ć kogoś do roboty** to keep on at sb to do their work; **~ć kogoś do nauki** a. **żeby się uczył** to keep on at sb to study; **~ł nas wcześnie do łóżek** he wanted to pack us off to bed early pot. [3] (pędzić) to drive [*bydło*]; **~ć żołnierzy po lesie/po błocie** to drive soldiers through the forest/the mud
▯ *vi* [1] pot. (biegać) (dla zabawy) to romp; (bez celu) to run about a. around; **~ć po lesie/ogrodzie** to run around a. about in the woods/garden; **cały dzień ~ła po mieście** she spent the whole day running around

town; **od rana ~m po sklepach** I've been running around the shops a. around shopping since the morning [2] pot., przen. to run pot. (**za kimś/czymś** after sb/sth); **~ć za dziewczynami** to run a. chase after girls; **~ć za pracą/zarobkiem** to hunt around for a job/source of income
▮ **ganiać się** (jeden drugiego) to chase one another; **dwa koty ~ły się po pokoju** two cats were chasing each other around the room
ga|nić impf *vt* to criticize; to reprove książk., to reprimand książk.; **ganić czyjeś postępowanie** to criticize sb's conduct a. behaviour; **ganić kogoś za coś** to reprove a. reprimand sb for sth ⇒ **zganić**
gap *m* zw. pl gawker pot., rubberneck pot.; **tłum ~iów** a crowd of rubbernecks; **przypadkowi ~ie** gawking passers-by pot.
gap|a ▯ *m, f* (*Npl m* ~**y**, *Npl f* ~**y**) pejor. (nieuważny) feather-brain, feather-head; (niepraktyczny) dreamer; (niezręczny) clumsy oaf; butterfingers pot.; **być strasznym/straszną ~ą i stłuc wazon** to be such a clumsy oaf as to break a vase
▮ *f* (gawron) rook
■ **jechać na ~ę** pot. to travel without a ticket; (autobusem, metrem, pociągiem) to dodge (paying) the fare; (w ukryciu) to stow away; **pasażer na ~ę** pot. fare dodger; (w ukryciu) stowaway
gap|ić się impf *v refl.* pot. to gape (**na kogoś/coś** at sb/sth); to gawk pot., to gawp GB pot. (**na kogoś/coś** at sb/sth); **~ić się na kogoś/na coś z otwartymi a. rozdziawionymi ustami** to gape openmouthed at sb/sth; **~ić się przed siebie** a. **w przestrzeń** to stare into space; **~ić się w ścianę/w sufit** to stare at the wall/at the ceiling; **~ić się za kimś/czymś** to gawp at sb/sth
gapiostw|o *n* sgt pejor. absent-mindedness; scattiness pot.
gapiowato → **gapowato**
gapiowaty → **gapowaty**
gapiows|ki adi. [1] [*tłum*] gawking pot., gawping GB pot.; **~kie spojrzenia** gawking a. wide-eyed stares [2] pejor. [*postępowanie*] absent-minded; [*wygląd*] silly
gapowato adv. [*uśmiechać się, patrzeć*] absent-mindedly, vacantly
gapowatoś|ć *f* sgt absent-mindedness; scattiness pot.
gapowa|ty adi. [*osoba*] feather-brained, feather-headed; [*zwierzę*] unobservant; [*dziecko, zachowanie, mina*] absent-minded; [*spojrzenie, uśmiech*] absent-minded, vacant
gapowe *n* sgt pot. **płacić ~** to pay for being such a feather-brain
gapowicz *m*, **~ka** *f* pot. [1] (pasażer bez biletu) fare dodger; (w ukryciu) stowaway [2] (widz bez biletu) gatecrasher
ga|r ▯ *m* pot. [1] augm. (do gotowania) (large) pot; (kamionkowy, gliniany) crock [2] augm. (zawartość) pot(ful); **gar zupy** a pot(ful) of soup [3] (w piecu hutniczym) hearth
▮ **gary** plt [1] (naczynia) dishes; **myć gary** to do the dishes [2] (gotowanie) cooking *U*; **stać przy garach** to slave over a hot stove
■ **dać po garach** pot. to put one's foot down GB pot., to step on the gas US pot.

garaż *m* (*G* ~**u**) garage; **wstawić samochód do ~u** to put a car in a garage; **wyjechać z ~u** to drive out of a garage
garaż|ować impf *vt* to garage; **~owany samochód** a car housed in a garage
garażow|y adi. [*drzwi, pomieszczenie*] garage attr.
garb *m* (*G* ~**u**) [1] (u człowieka) hump; **mieć ~** to have a hump a. hunchback [2] (u zwierząt) hump; **wielbłąd z dwoma ~ami** a two-humped camel [3] (w terenie) prominence; (na powierzchni) bump; **skaliste ~y** rocky prominences; **~y na drodze** bumps in the road [4] przen. (uciążliwość) burden, load; **nosić ~ przeszłości** to bear the burden of one's past; **pozbyć się ~u długów** to clear one's debts
garbaci|eć impf (~**eję**, ~**ał**, ~**eli**) *vi* to develop a hump, to become round-shouldered
garbarni|a *f* (*Gpl* ~) tannery
garbars|ki adi. [*przemysł, technologia*] tanning; [*zakład*] tanner's
garbarstw|o *n* sgt (garbowanie) tanning; (przemysł) the tanning industry
garbarz *m* (*Gpl* ~**y**) tanner
garbato adv. **trzymać się ~** to stoop; **wyglądać ~** to (seem to) have a stoop
garba|ty ▯ adi. [1] [*osoba*] hunchbacked; [*zwierzę*] humpbacked [2] [*nos*] hooked, aquiline; [*sosna, chałupa*] crooked; [*powierzchnia*] bumpy; [*teren*] undulating
▮ **garba|ty** *m*, ~**ta** *f* person with a hunchback
■ **pasuje jak ~ty do ściany** pot. it's totally out of place
garb|ek *m* dem. (na drodze) (low) hump; (w terenie) (small) prominence; **nos z ~kiem** a slightly hooked nose
garb|ić impf ▯ *vt* to hunch [*ramiona*]; to arch [*plecy*] ⇒ **zgarbić**
▮ **garbić się** [1] [*osoba*] to stoop; [*ramiona*] to bend forward; **~ić się nad książką** to lean a. be bent over a book; **~ić się pod ciężarem worka** to bend under the weight of a sack; **nie ~ się!** sit up/stand straight! ⇒ **zgarbić się** [2] [*podłoga*] to warp, to become warped
garbnik *m* tanning agent; (roślinny) (vegetable) tannin *C/U*
garbnikow|y adi. [*substancje*] tanning; **kwas ~y** tannic acid, tannin
garb|ować impf *vt* to tan [*skóry*] ⇒ **wygarbować**
garbowan|y ▯ *pp* → **garbować**
▮ adi. [*skóry*] tanned
garbus ▯ *m* pers. (*Npl* ~**i** a. ~**y**) pot., obraźl. hunchback obraźl.
▮ *m* inanim. pot. (samochód) beetle pot.
garbus|ka *f* pot., obraźl. hunchback obraźl.
gar|da *f* [1] (część rękojeści) guard [2] Sport guard; **podnieść ~dę** to take guard; **opuścić ~dę** to lower a. drop one's guard
gardeni|a /garˈdɛnja/ *f* (*GDGpl* ~**i**) Bot. gardenia
garder|oba *f* [1] sgt książk. (ubrania) wardrobe; **poszczególne części ~oby** individual items of clothing [2] (pokój w domu, teatrze) dressing room [3] przest. (szatnia) cloakroom
gard|ło *m* [1] Anat. throat; pharynx spec.; **zapalenie ~ła** sore throat; pharyngitis spec.; **płukać ~ło szałwią** to gargle with

G

an infusion of sage leaves [2] przen. throat przen.; **~ło cieśniny/zatoki** narrows of a strait/bay

■ **wąskie ~ło** bottleneck; **ta sprawa/ praca wychodzi** a. **wyłazi mu/jej ~łem** s/he is fed up (to the back teeth) with the matter a. issue/job; **drzeć** a. **zdzierać ~ło** to shout at the top of one's voice; **głos mi uwiązł w ~le** a. **nie chciał mi przejść przez ~ło** I was speechless with emotion; **słowa komuś więzną w ~le** a. **nie chcą przejść przez ~ło** the words stick in sb's throat; **jak psu z ~ła** (wyjęte a. **wyciągnięte**) all crumpled up; **jedzenie nie chce jej przejść przez ~ło** she can't stomach the food; **krzyczeć/śmiać się/ śpiewać na całe ~ło** to shout/laugh/ sing one's head off; **mieć nóż na ~le** to have one's back to a. up against the wall; **przepłukać ~ło** pot. to wet one's whistle pot.; **przykładać komuś nóż do ~ła** to have sb over a barrel pot.; **skakać sobie do ~eł** to be at each other's throats; **skoczyć komuś do ~ła** to grab a. take sb by the throat; **stanąć komuś kością** a. **ością w ~le** to stick in sb's throat a. craw; **strach złapał go/ją/mnie za ~ło** he/ she/I was petrified with fear; **serce podeszło mu/jej do ~ła** he/she had his/her heart in his/her mouth; **strach ścisnął mu/jej ~ło** s/he was filled with fear; **wtłoczyć** a. **wepchnąć komuś słowa do ~ła** to silence sb; **wydrzeć** a. **wyciągnąć coś komuś z ~ła** to wring sth from sb; **wzruszenie ścisnęło** a. **chwyciło mnie/ją za ~ło** I/she had a lump in my/her throat; **żołądek podszedł mi/jej do ~ła** I/she could feel my/ her gorge rising

gardł|ować impf vi zw. pejor. to clamour GB, to clamor US (**za czymś** for sth); to mouth off (**przeciwko czemuś** at sth)

gardłowo adv. [mówić, śmiać się] throatily

gardłow|y adi. [1] [śmiech, głos] throaty [2] [czyn] of dire consequences [3] Anat. pharyngeal spec.

■ **~a sprawa** (najwyższej wagi) a matter of life and death; (karana śmiercią) a hanging matter

gar|dzić impf vi [1] (nie szanować) to despise vt (**kimś/czymś** sb/sth); **~dziła konformistami** she despised conformists [2] (odrzucać) to disdain vt (**czymś** sth); **on ~dzi bogactwem/towarzystwem kobiet** he disdains wealth/feminine company; **nie ~dzić dobrym winem/łatwym zarobkiem** not to be averse to good wine/making easy money [3] (lekceważyć) to scorn vt (**czymś** sth); **~dził śmiercią/niebezpieczeństwami** he scorned a. was scornful of death/danger

gardziel f [1] Anat. throat; pharynx spec. [2] przen. narrow passage [3] Techn. (w piecu) stokehole; (w gaźniku) venturi

gardzioł|ko n, **~ek** m dem. throat

garkotłuk m (Npl **~i**) pot., pejor. clumsy cook

garkuchni|a f (Gpl **~**) pot., pejor. ≈ greasy spoon pot., ≈ hash house US pot.

garłacz m [1] Zool. pouter [2] Wojsk. blunderbuss

garmażeri|a f (GDGpl **~i**) (sklep gastronomiczny) ≈ delicatessen (selling popular sorts of prepared foods)

garmażer|ka f pot. [1] (stoisko w sklepie) ≈ delicatessen counter (selling popular sorts of prepared foods) [2] sgt (wyroby) ready-made a. prepared food; (przyrządzanie) production of ready-made a. prepared food

garmażeryjn|y adi. [wyroby] ready-made, prepared; [sklep, stoisko] delicatessen attr.

garn|ąć impf [1] vt (przytulać) to gather; (przysuwać) to draw a. gather to oneself; **kwoka ~ęła pisklęta pod skrzydła** the hen gathered the chicks under her wing

[3] **garnąć się** [1] (przytulać się) to cling (**do kogoś** to a. on to sb); **pisklęta ~ą się pod skrzydła kwoki** the chicks are huddling under their mother's wing [2] (zabiegać o towarzystwo) to feel drawn a. attracted (**do kogoś** to sb) [3] (interesować się) to feel drawn (**do czegoś** to sth); **~ąć się do nauki/ pracy** to be eager to study/work

garncars|ki adi. pottery attr.; fictile spec.; **piec ~ki** a (pottery) kiln; **rzemiosło ~kie** (the craft of) pottery; **wyroby ~kie** pottery, earthenware; **koło ~kie** a potter's wheel

garncarstw|o n sgt pottery

garncarz [1] m pers. (Gpl **~y**) potter

[3] m anim. Zool. hornero, ovenbird

garncz|ek m dem. pot. [1] (naczynie) (small) pot [2] (zawartość) pot(ful); **~ek smalcu** a pot of lard

garn|ek m [1] (naczynie) pot; (płytki) pan; (z rączką) saucepan; **gliniany/aluminiowy ~ek** an earthenware/aluminium pot; **~ek do gotowania na parze** a steamer; **jeść prosto z ~ka** to eat straight from the pot/ pan [2] (zawartość) pot(ful); **~ek zupy** a pot(ful) of soup

■ **nie mieć co do ~ka włożyć** to have nothing for the pot; **zawrzało** a. **zagotowało się jak w ~ku** there was a fracas a. an uproar

garn|iec m [1] Miary ≈ gallon (four litres) [2] daw. (miarka) four-litre a. -liter US measure; **~iec mleka** four litres of milk [3] (duży garnek) (large) pot

garnitu|r m (G **~ru**) [1] (ubranie) suit; **wizytowy/sportowy ~r** a formal/leisure suit [2] (komplet) set; **~r mebli** a suite; **~r przyjaciół** a circle of friends [3] (zespół ludzi) team; **pierwszy/trzeci ~r aktorów/polityków** first-rate/third-rate actors/politicians; **sięgać po ostatni ~r zawodników/graczy** to scrape (the bottom of) the barrel pot.

garnitur|ek m dem. (G **~ka** a. **~ku**) [1] (ubranie) suit [2] (komplet) set

garniturow|y adi. [materiał] for a suit; [spodnie] in a suit, suit attr.

garnizon m (G **~u**) Wojsk. garrison (+ v sg/pl), post US; **dostarczać żywność dla ~u** to supply a garrison with provisions

garnizonow|y adi. [kościół, miasto] garrison attr.

garnusz|ek m dem. [1] (kubek) mug; (zawartość) mug(ful); **~ek czegoś** a mug of sth [2] (garnek) (small) pot; (zawartość) (small) pot(ful); **~ek miodu** a small pot of honey

■ **jest na ~ku u rodziców/syna** he's

living off his parents/son; **być na własnym ~ku** to fend for oneself

garsonie|ra f przest. studio flat GB, studio apartment US

garson|ka f [1] (strój) woman's suit; costume przest. [2] przest. (fryzura) shingle przest.

garstecz|ka f dem. [1] pieszcz. (rączka) little hand [2] (ilość) small handful; **~ka czegoś** a small handful of sth; **~ka soli/pieprzu** a sprinkling of salt/pepper

garst|ka f dem. [1] (mała dłoń) little hand [2] (ilość) handful; **~ka czegoś** a handful of sth; **~ka entuzjastów** a handful of enthusiasts

garś|ć f [1] (zaciśnięta) fist; (ułożona do nabierania) cupped hand; **trzymać coś w ~ci** to have sth in the palm of one's hand; **ściskać coś w ~ci** to clutch sth [2] (ilość) handful, fistful; **~ć ludzi** a handful of people; **~ć mąki** a handful of flour

■ **czerpać pełną ~cią** a. **pełnymi ~ciami** (wyzyskiwać) to make liberal use (**z czegoś** of sth); (brać obficie) to take liberally a. freely; **czerpać pełnymi ~ciami z życia** to make the most of life; **dawać pełną ~cią** to give liberally a. open-handedly; **mieć** a. **trzymać kogoś w ~ci** pot. to have sb in one's grasp a. clutches pot.; **sypać pieniądze ~ciami** to throw one's money about a. around; to splash (money) out GB pot.; **włosy wyłażą jej/mi ~ciami** pot. her/my hair is falling out by the handful; **wziąć się w ~ć** pot. (opanować emocje) to pull oneself together; (przezwyciężyć złe nawyki) to clean up one's act; **weź się w ~ć!** pull yourself together!; get a grip on yourself! pot.

ga|sić impf vt [1] (chronić przed spłonięciem) to put out, to extinguish [płomienie, ogień, pożar]; (odcinając dopływ powietrza) to smother; (wodą) to douse; to quench książk.; **gasić płonący dom/las** to put out a burning building/to put out a. extinguish a forest fire; **gasić palące się firanki** to smother burning net curtains ⇒ **ugasić** [2] (przerywać palenie się) to turn out a. off, to put out [światło]; to turn off [gaz]; to stub a. put out, to extinguish [papierosa]; to switch off [lampę, światła]; (poprzez zdmuchnięcie) to blow out [świece, płomyk, zapałkę] ⇒ **zgasić** [3] pot. (wyłączać) to turn off [radio, motor]; to kill pot. [silnik] ⇒ **zgasić** [4] przen. (tłumić) to extinguish, to quench [nadzieję, entuzjazm, namiętność]; **gasić czyjś zapał** to dampen sb's zeal, to put sb off; **gasić piłkę** Sport to trap a ball; **gasić spadochron** Lotn., Sport, Wojsk. to gather one's parachute ⇒ **zgasić** [5] pot., przen. (lekceważyć) to snub; **gasić kogoś jednym słowem** to cut sb short ⇒ **zgasić** [6] przen. (przyćmiewać) to outshine [7] Techn. to slake [wapno]

ga|snąć impf (**gasł** a. **gasnął**) vi [1] (wypalać się) [ogień] to die down; [ognisko, płomień, iskra] to be dying (down) ⇒ **zgasnąć** [2] (nie świecić) [światło, lampa] to go out; [oświetlenie] to go off; [gwiazda] to fade (away) ⇒ **zgasnąć** [3] (nie działać) [silnik, samochód] to stall; [motor, silnik] to cut out ⇒ **zgasnąć** [4] (tracić atrakcyjność) to pale (**przy kimś/czymś** in a. by comparison with a. to sb/sth) ⇒ **zgasnąć** [5] książk. (umierać) [osoba] to fade away; [oczy] to glaze (over) ⇒ **zgasnąć** 6 (tracić intensywność) *[entuzjazm, zainteresowanie, nadzieja, pamięć]* to fade; *[napięcie, zapał, uczucie]* to drain away; *[wiara, zaufanie]* to wane; *[hałas, dźwięk, kolor]* to fade away; **uśmiech gaśnie na jego ustach** a smile fades from his lips ⇒ **zgasnąć**

gastarbeite|r /ˌgastarˈbajter/ *m* guest worker; (w Niemczech) Gastarbeiter

gastrolo|g *m* (*Npl* **~dzy** a. **~gowie**) gastroenterologist

gastrologi|a *f* (*GD* **~i**) 1 *sgt* (dział medycyny) gastroenterology 2 (*Gpl* **~i**) pot. (oddział) ≈ internal diseases ward

gastrologiczn|y *adi.* Med. gastroenterological

gastronomi|a *f* (*GD* **~i**) *sgt* 1 (sztuka kulinarna) gastronomy książk. 2 Handl. (działalność usługowa) catering; (lokal) catering establishments *pl*

gastronomiczn|y *adi.* culinary, gastronomic; **technikum ~e** a catering college; **zakład** a. **lokal ~y** an eating place; **sklep ~y** ≈ a delicatessen

gastroskopi|a *f* (*GD* **~i**) *sgt* Med. gastroscopy

gastroskopow|y *adi.* Med. gastroscopic

gastryczn|y *adi.* Med. gastric

gastry|k *m* Med. chronic gastro-enteric patient

gasz|ony I *pp* → **gasić**
II *adi. [wapno]* slaked

gaśnic|a *f* fire extinguisher; **~a pianowa** a foam (fire) extinguisher

gaśnicz|y *adi. [sprzęt, akcja]* firefighting *attr.*

gat|ki *plt* (*G* **~ek**) pot., żart. underpants

gatun|ek *m* (*G* **~ku**) 1 (rodzaj) kind; **nowy ~ek jabłek/muzyki** a new kind of apple/music; **popularne ~ki papierosów** popular brands of cigarettes; **jest z ~ku tych dziennikarzy, których cenię** he's the kind of journalist I think highly of 2 (jakość) quality; (cukru, nici, oliwy, soli, rudy) grade; **pierwszy/drugi ~ek** best a. top/second quality; **towary w pierwszym/drugim ~ku** firsts/seconds; **jedwab dobrego/najlepszego/pośledniego ~ku** good-quality/best-quality/poor-quality silk; **papier dobrego/najlepszego/pośledniego ~ku** high-grade/top-grade/low-grade paper; **doskonały ~ek tytoniu/wina** a superior grade of tobacco/a high quality of wine 3 Biol. species; **~ki ptaków** bird species; **w dżungli amazońskiej odkryto nowy ~ek orchidei** a new species of orchid has been discovered in the Amazon jungle
❑ **~ek literacki** Literat. literary genre

gatunkowo *adv.* **najlepsze/gorsze ~ wyroby** best-quality/poor-quality products

gatunkow|y *adi.* 1 Biol. species *attr.*; **nazwa ~a** the name of a species; **odrębność ~a** species distinctness; **przynależność ~a** species affiliation; **różnorodność ~a** species diversity; **pamięć ~a** species memory 2 Literat. **czystość ~a** a purity of genre; **stylizacja ~a** genre stylization 3 (dobrej jakości) *[artykuły spożywcze]* choice; *[alkohole, tytoń]* fine; *[piwo]* quality *attr.*

gaudeamus /ˌgawdeˈamus/ *n inv. sgt* Muz. *a medieval student song, now sung at academic ceremonies*

gawę|da *f* tale, story; **ludowa ~da** a folk tale; **opowiadać ~dy** to tell stories a. recount tales

gawędow|y *adi.* Literat. *[styl]* of storytelling; *[fragmenty]* narrative

gawędziar|ka *f* (opowiadająca) raconteuse; (autorka) storyteller

gawędziars|ki *adi. [styl, ton]* chatty; *[opowieść]* anecdotal; **~ki talent** a talent for recounting tales

gawędziarstw|o *n sgt* 1 (gadulstwo) idle talk a. chatter; chit-chat pot. 2 Literat. storytelling

gawędziarz *m* (*Gpl* **~y**) (opowiadający) raconteur; (autor) storyteller

gawę|dzić *impf vi* to chat

gawie|dź *f sgt* przest. rout *C* przest.

gaworz|yć *impf vi* 1 *[niemowlę]* to babble 2 (gawędzić) to chat; **~yli przy kominku** they were chatting by the fire

gawo|t *m* (*A* **~ta**) Muz., Taniec gavotte

gaw|ra *f* Myślis. bear's den a. lair

gawron *m* Zool. rook

gawroni *adi. [piskle, skrzydło]* rook's

gawrosz|ka *f* kerchief; **nosić ~kę na szyi/głowie** to wear a kerchief (a)round one's neck/on one's head

gaz I *m* (*G* **~u**) 1 Chem., Fiz. gas; **hel jest ~em** helium is a gas; **wybuch ~u w kopalni** a gas explosion in a mine 2 *sgt* (do gotowania, ogrzewania) gas; **ogrzewanie na ~** gas heat(ing); **gotować na ~ie** to cook with gas; **postawić/zostawić coś na ~ie** to put/leave sth on the hob a. cooker GB, to put/leave sth on the stove; **odkręcić/zakręcić ~** to turn on/off the gas; **rachunek za ~** the gas bill 3 *sgt* Aut. accelerator, gas (pedal) US pot.; **(do)dać ~u** to accelerate, to put one's foot down GB pot., to step on the gas US pot.; **zmniejszyć ~** to slow down; **zdjąć nogę z ~u** to take one's foot off the accelerator 4 pot. (szybkość) **dodać ~u** *[biegacz]* to put on a spurt pot.; **~u!** get a move on! pot.; **(pełnym) ~em** at full speed
II **gazy** *plt* (w jelitach) wind *U*, gas *U* US; **mieć/oddać ~y** to have/break wind
❑ **~ błotny** Chem. swamp gas; **~ kopalniany** fire damp, mine gas; **~ łzawiący** tear gas; **~ musztardowy** Wojsk. mustard gas; **~ płynny** Chem. liquid gas; **~ szlachetny** a. **obojętny** Chem. inert gas; **~ świetlny** a. **miejski** Techn. town gas, manufactured gas; **~ wysypiskowy** Techn. landfill gas; **~ ziemny** Techn. natural gas; **~y spalinowe** Techn. combustion gases
■ **być na ~ie** a. **pod ~em** pot. to be fuddled (with drink) pot.; **dać sobie w ~** pot. to get plastered pot.; **pójść** a. **trafić do ~u** pot. to be sent to the gas chambers

gaz|a *f* 1 Med. gauze; **~a opatrunkowa** dressing gauze 2 Włók. gauze; **sukienka z leciutkiej ~y** a dress of light gauze

ga|zda *m* (*Npl* **gazdowie**) dial. *a farmer in the Polish Carpathians*

gazeciars|ki *adi.* pot., pejor. *[frazes, styl]* journalistic; **~ki język** journalese pot. pejor.

gazeciarz *m* (*Gpl* **~y**) newsboy

gazel|a *f* (*Gpl* a. **~i**) Zool. gazelle

gaze|ta *f* Dzien. (pismo, instytucja) (news)paper; **~ta codzienna** a daily newspaper; a daily pot.; **~ta poranna/popołudniowa/sportowa** a morning/an evening/a sports paper; **pisywać do ~t** (artykuły) to write for the newspapers; (listy) to write letters to the editor; **~ta ukazuje się** a. **wychodzi od roku** the paper's been coming out for a year; **trafić na pierwsze strony ~t** to make the front pages (of the newspapers); **wszystkie ~ty o tym pisały** all the (news)papers covered it, it was written up in all the newspapers; **mam pierwszy numer tej ~ty** I have the first issue of that paper; **lokalna ~ta kupiła od niej zdjęcia z pożaru** she sold her photos of the fire to the local paper
■ **podać coś do ~t** to let the papers know about sth; **podam go do ~t!** I'll tell the papers a. let the papers know what he's up to!

gazet|ka *f dem.* news-sheet; **konspiracyjne ~ki** clandestine a. underground newspapers
❑ **~ka ścienna** classroom newsletter

gazetow|y *adi.* newspaper *attr.*; **kolumna** a. **szpalta ~a** a newspaper column; **felietonista ~y** a newspaper columnist

gazik¹ *m* (samochód) jeep

gazik² *m* (kawałek gazy) gauze pad

gazociąg *m* (*G* **~u**) Techn. (gas) pipeline

gazociągow|y *adi.* (gas) pipeline *attr.*

gazomierz *m* gas meter; **odczytać ~** to read the gas meter

gazon *m* (*G* **~u**) lawn

gaz|ować *impf* I *vt* 1 (zabijać) to gas *[osobę]* ⇒ **zagazować** 2 (nasycać dwutlenkiem węgla) to carbonate *[ciecz]* 3 (dezynfekować) **~ować glebę cyjanowodorem** to treat the soil with hydrogen cyanide
II *vi* pot. 1 (szybko jechać, biec) to tear (along) pot.; **czemu tak ~ujesz?!** where's the fire? iron.; **muszę ~ować, bo mi pociąg ucieknie** I've got to run or I'll miss my train 2 (pić wódkę) to booze pot.

gazowan|y I *pp* → **gazować**
II *adi. [napój]* carbonated, fizzy

gazowni|a *f* (*Gpl* **~**) gasworks (+ *v sg*)

gazownictw|o *n sgt* gas industry

gazownicz|y *adi. [piec, koks]* gas *attr.*, gas-producing *attr.*; *[przemysł]* gas *attr.*, gas production *attr.*; **sieć ~a** gas mains

gazow|y¹ *adi.* (z gazy) gauze *attr.*

gazow|y² *adi.* 1 *[stan, postać]* gaseous; *[paliwo]* gas *attr.* 2 *[lampa, kuchenka, palnik, piecyk]* gas *attr.*; **licznik ~y** the gas meter

gazyfikacj|a *f sgt* (dostarczanie gazu) gas-supply service; (doprowadzanie) installation of gas-supply lines/mains

gaździn|a *f* dial. *a farmer's wife in the Polish Carpathians*

gaźnik *m* Aut. carburettor GB, carburetor US

gaźnikow|y *adi. [silnik, urządzenie]* carburettor *attr.* GB, carburetor *attr.* US

gaż|a *f* (*Gpl* **~** a. **~y**) (aktora, żołnierza) pay; **pobierać ~ę** to get paid; **wypłacać komuś ~ę** to pay sb

gąbczasto *adv.* **~ miękki** soft and spongy

gąbcza|sty *adi. [grunt, chleb]* spongy; *[twarz]* puffy

gąbecz|ka *f dem.* (small) sponge; **~ka do makijażu** a make-up sponge

gąb|ka *f* [1] Zool. sponge [2] (do mycia) sponge; **namydlić ~kę** to put soap on a sponge; **myć się ~ką** to wash (oneself) with a sponge; **zetrzeć tablicę ~ką** to wipe a blackboard clean with a sponge; **nasiąkać czymś** a. **pić coś jak ~ka** *[ziemia]* to soak up sth like a sponge; **pić jak ~ka** *[osoba]* to drink like a fish; **chłonąć wiedzę jak ~ka** to absorb knowledge like a sponge [3] (tworzywo) sponge *U*, foam rubber *U*, sponge rubber *U* GB; **wykładzina podłogowa na ~ce** a carpet with foam-rubber padding a. backing

■ **wycisnąć kogoś jak ~kę** to suck sb dry

gąbkowa|ty *adi. [gleba, ciasto]* spongy

gąbkow|y *adi.* [1] Zool. *[kolonia]* sponge *attr.* [2] *[materac]* sponge *attr.*, foam rubber *attr.*, sponge rubber *attr.*

gąsecz|ka *f dem.* [1] pieszcz. (ptak) little goose [2] pot., pejor. (dziewczyna) little goose pot., pejor.

gąsienic|a *f* [1] Zool. caterpillar [2] Techn. caterpillar (track), track; **pojazd na ~ach** a tracked vehicle

gąsienicow|y *adi.* [1] *[kokon, ruchy]* caterpillar *attr.* [2] *[pojazd]* tracked

gąsienicz|ka *f dem.* (small) caterpillar

gąsio|r **Ⅰ** *m anim.* Zool. gander

Ⅱ *m inanim.* [1] (butla) demijohn; **~r wina** a demijohn of wine [2] Budow. ridge tile [3] Hist. (dyby) stocks

gąsior|ek *dem.* **Ⅰ** *m anim. dem.* [1] pieszcz. little gander [2] Zool. red-backed shrike

Ⅱ *m inanim. dem.* (butelka) demijohn

gąs|ka *f* [1] *dem.* (ptak) goose; (młody) gosling [2] *dem.* pot., pejor. (dziewczyna) **głupia ~ka** silly (little) goose pot., pejor.; **prowincjonalna ~ka** a provincial girl a. lass(ie); a hick chick US pot. [3] Bot. (grzyb) chevalier (mushroom), man on horseback (mushroom); **~ka gołębia** white knight cap (mushroom) [4] Techn. pig

gąszcz *m* (*G* **~u**) [1] (skupisko roślin) clump, thicket; **~ pokrzyw** a clump of nettles [2] *sgt* przen. (nagromadzenie) **~ papierów** a jumble of papers; **~ przepisów** a maze a. an impenetrable maze of regulations przen.; **~ sklepów** a cluster of shops; **~ włosów/myśli/faktów** a tangle of hair/thoughts/facts [3] *sgt* (osad) sediment

gbu|r *m* (*Npl* **~ry**) pot., pejor. boor pejor., lout pejor.

gburowato *adv. [zachowywać się, odpowiedzieć]* in a boorish a. surly manner

gburowatoś|ć *f sgt* boorishness

gburowa|ty *adi. [głos, śmiech]* boorish, surly

gdakać¹ *impf* → **gdaknąć**

gda|kać² *impf* (**~czę**, **~cze** a. **~ka**) *vi* pot. *[osoba]* to jabber pot.; **mam dość jej ciągłego ~kania** I'm sick of her constant jabbering

gda|knąć *pf* — **gda|kać¹** *impf* (**~knęła**, **~knęli** — **~czę**, **~cze** a. **~ka**) *vi* [1] *[kura]* to cluck [2] przen. *[karabin maszynowy, silnik]* to sputter

gdera|ć *impf vi* pot., pejor. to gripe pot., to whinge GB pot.; **~ć na kogoś/coś** to gripe about sb/sth; **stale ~ na dzieci/nieporządek w domu** she's always griping about the kids/the mess in the house; **przyzwyczaiłem się już do twojego ~nia** I've got used to your griping

---

gderliwie *adv. grad.* pot., pejor. *[mówić]* grouchily pot.; crabbily

gderliwoś|ć *f sgt* pot., pejor. grouchiness pot.; crabbiness

gderliw|y *adi. grad.* pot., pejor. *[osoba, głos]* grouchy pot.; crabby; **~e narzekania** grouching; **mój dziadek jest potwornie ~y** my grandfather is an awful grouch

gdy *coni.* [1] (o jednoczesnym zdarzeniu) when, as; **ściemniało się, ~ wrócili do domu** it was getting dark when they got back home; **~ wkręcała żarówkę, ktoś zadzwonił do drzwi** when a. as she was screwing in a new light bulb, someone rang the bell; **odwiedzę cię, ~ będę w mieście** I'll come and see you when I'm in town; **podczas ~** while; (w przeciwstawieniu) whereas; **podczas ~ rozmawiali** while they were talking; **on lubi koty, podczas ~ ja wolę psy** he likes cats while a. whereas I prefer dogs [2] (o wcześniejszym wydarzeniu) when, after; **przyjdę do ciebie, ~ skończę pracę** I'll come and see you when a. after I finish work; **~ tylko** as soon as; **~ tylko pies usłyszał hałas, schował się pod łóżkiem** as soon as the dog heard the noise, he hid under the bed; **~ tylko ona przyjedzie, zaraz do ciebie zadzwonię** I'll phone you as soon as she gets here [3] (rozwijające) when; **lata, ~ mógł pracować całe noce** the years when he could work all night long; **z chwilą, ~ wylądowali w Rzymie** the moment they touched down in Rome; **teraz, ~ jesteś już żonaty...** now that you are a married man...; **wtedy, ~ mnie zobaczył...** when he saw me... [4] (określające warunek) when; **ona otrzyma dyplom, ~ złoży ostatni egzamin** she'll receive her diploma when she passes her last exam

■ **~ chodzi o niego/to** when it comes to him/that, as far as he's/that's concerned; **~ mowa o nim/tym** as to him/that, as far as he's/that's concerned; **wtedy i tylko wtedy, ~** only when

gdyba|ć *impf vi* pot. to speculate; **przestańmy ~ć** let's not speculate; **takie ~anie do niczego nie prowadzi** such speculations lead you nowhere

gdyby **Ⅰ** *coni.* (w trybie warunkowym) if; **~m się spóźnił, nie czekaj na mnie** if I'm late, don't wait for me; **~ wybory odbyły się dwa lata temu, wygraliby socjaliści** if the election had taken place a. had the election taken place two years ago, the socialists would have won; **~ babcia żyła, cieszyłaby się z twojego sukcesu** if granny were alive she'd be delighted at your success; **~m był na twoim miejscu...** if I were in your shoes a. place...; **~ nadarzyła się sposobność** should the opportunity arise; **~ nie księżyc, (to) byłoby całkiem ciemno** but for the moon książk. a. if it weren't for the moon, it would be completely dark; **przyszłabym wczoraj, ~ nie wizyta ciotki** if my aunt hadn't paid a visit, I would have come yesterday; **~ nie to, że...** if it weren't for the fact that...; were it not for the fact that... książk.; **~ nawet** a. **nawet ~** even if; **postanowili walczyć do końca, nawet ~ mieli przegrać** they resolved to fight to the bitter end, even if they should lose

---

Ⅲ *part.* [1] (wyrażające możliwość) what if; **a ~ posadzić go koło Adama?** and what if I/we sit a. seat him next to Adam?; **a ~m ci nie uwierzył?** and what if I hadn't believed you? [2] (wyrażające pragnienie) if only; **~ tak mieć dużo pieniędzy!** if only I/we were rich!; **gdybym tylko dostał ich w swoje ręce!** if I could just get a. lay my hands on them!; **~m to ja wiedział!** if only I knew/had known!; **~ dało się przewidzieć, co z tego wyniknie!** if only we knew a. could tell what would come of it! [3] (wyrażające prośbę) if; **~ pan był taki uprzejmy i zamknął okno** if you would be kind enough to close the window; **~ś mógł coś zrobić w tej sprawie** if you could do something about it

gdybyż *part.* książk. if only; **~ to było takie proste!** if only it were that simple!; **~ wreszcie przestało padać!** if only it would stop raining at last!

gdyż *coni.* książk. because, since; **zrobiliśmy to, ~ uważaliśmy to za swój obowiązek** we did it because we felt it was a. to be our duty

gdzie **Ⅰ** *pron.* [1] (pytajny) where; **~ są klucze?** where are the keys?; **~ byliście na wakacjach?** where did you go for your holiday(s)?; **~ idziesz?** pot. where are you going?; **~ by to schować?** where can I hide it?; **~ście wczoraj były?** where were you yesterday?; **~ on nie był! w Indiach, Australii...** he's been everywhere – India, Australia...; **nie pamiętam, ~ położyłem tę książkę** I don't remember where I put that book; **a ~ kot?** (and) where's the cat? [2] (względny) where; **miasto, ~ spędził dzieciństwo** the town where he spent his childhood; **miejsce, ~ ścieżka rozwidla się** the point a. place where the path forks; **zgłosił się na posterunek, ~ natychmiast został aresztowany** he went to the police station, where he was immediately arrested; **kryli się, ~ kto mógł** they hid wherever they could; **zostań tam, ~ jest sucho** stay there, where it's dry; **tam, gdzie teraz mieszkam** where I live now; **spotkajmy się tam, ~ zawsze** let's meet at the usual place; **tam, ~ będzie to uzasadnione** where(ver) it's appropriate a. justified; **pojedźmy gdzieś, ~ nie ma ludzi** let's go somewhere where there are no people; **~ tylko człowiek pójdzie** a. **~by człowiek nie poszedł, wszędzie tłumy** wherever one goes, there are always crowds of people; **siadajcie, ~ chcecie** sit wherever you like; **wszędzie, ~ spojrzał** wherever he looked; **sytuacje, ~ może dojść do naruszenia praw człowieka** situations that could lead to human rights violations [3] (nieokreślony) somewhere; someplace US pot.; (w pytaniu) anywhere; (w przeczeniu) nowhere; **pojedźmy ~ na weekend** pot. let's go somewhere for the weekend; **masz ~ spać?** do you have anywhere a. somewhere to sleep?; **nie mam ~ się podziać z pracą** I have no space where I can work (properly); **czy jest tam ~ zaparkować samochód?** is there anywhere to park the car there?

Ⅱ *part.* **~ mi tam do żartów?** how could I joke about it?; **~ mi staremu do żeniacz-**

ki? (będzie trudno) where's an old man like me going to get married? pot.; (nie chcę) what would an old man like me want with marriage?; **~ mi do niego?** I'm not a patch on him pot.

■ **~ indziej** elsewhere, somewhere else; **~ spojrzeć...** wherever you look a. one looks...; **~ tam!** pot. what are you talking about!; **mało** a. **rzadko ~** hardly anywhere; **mało** a. **rzadko ~ zachowały się stare drewniane kaplice** the old wooden chapels have hardly survived anywhere; **~ Rzym, ~ Krym** ≈ they're two entirely different things

gdziekolwiek pron. [1] (gdzie bądź) anywhere (at all); any old where pot.; **połóż te paczki ~** put the parcels down anywhere; **nie wiemy, czy ~ poza Ziemią istnieje życie** we don't know whether life exists anywhere beyond the Earth [2] (wszędzie) wherever; **~ poszedł** wherever he went; **~ spojrzeć** wherever you look a. one looks

gdzieniegdzie adv. here and there, in places

gdzieś [1] pron. (nieokreślone miejsce) somewhere; someplace US pot.; (w pytaniu) anywhere; **ona jest tu ~** she's around (here) somewhere; **~ czytałam, że...** I read somewhere that...; **idziesz ~?** are you going somewhere?; **pojedźmy ~, gdzie jest gorąco** let's go somewhere where it's hot

[1] part. pot. (w przybliżeniu) somewhere; **~ około godziny dziesiątej** somewhere around ten o'clock; **~ pod koniec ubiegłego wieku** somewhere towards the end of the last century; **~ 80 do 100 osób** somewhere between 80 and 100 people pot.; **wrócę ~ za godzinę** I'll be back in an hour or so

■ **mieć kogoś/coś (głęboko) ~** posp. not to give a monkey's about sb/sth GB posp.; **możesz to sobie wsadzić ~** posp. you know where you can stick that! posp.; **pocałuj mnie ~!** posp. nuts to you! pot.; kiss my arse! GB wulg. a. ass US wulg.

gdzież [1] pron. książk. where on earth; **~eś położył tę książkę?** where on earth did you put that book?; **~ u licha się podziewałeś?** where the devil przest. a. on earth have you been?; **~ on nie bywał! w Wenecji, Padwie...** he's been everywhere – Venice, Padua...

[1] part. **~ mi do niego!** I'm not a patch on him! pot.; **~ tam!** what are you talking about!

gehenn|a f sgt [1] Relig. Gehenna [2] przen. Gehenna książk.; ordeal, hell; **~a wojenna** the Gehenna a. ordeal of war; **ich wspólne życie stało się ~ą** their life together became a living hell

gej m pot. gay pot.; **klub dla ~ów** a gay club; **środowisko ~ów** the gay community; **nie wiedzą, że jestem ~em** they don't know I'm gay

gejows|ki adi. pot. [czasopismo, klub, środowisko] gay pot.

gejsz|a f geisha; geisha girl daw., obraźl.

gejze|r m (G ~ru) [1] Geog. geyser [2] przen. geyser przen.; **~r wody** a geyser of water; **~r ognia/płomieni** a geyser a. jet of fire/flame(s); **~r pomysłów** (o człowieku) a

powerhouse of ideas przen.; (o tekście, wypowiedzi, dyskusji) a gush of ideas

gekon m Zool. gecko

gem m (A ~a) Sport (w tenisie) game; **wygrać/przegrać/oddać ~a** to win/loose/concede a game

gen m (G ~u) Biol. gene; **~y dominujące/recesywne** dominant/recessive genes

■ **mieć coś w ~ach** to have sth in one's genes

gen. (= generał) Gen.

gencjan|a f [1] sgt Farm. gentian violet; **posmarować ranę ~ą** to put gentian violet on a wound [2] Bot. gentian

gencjanow|y adi. gentian attr.

genealogi|a f książk. [1] (Gpl ~i) (historia rodu) genealogy; **~a rodów królewskich Europy** the genealogy of the royal families of Europe; **~a Jagiellonów/Tudorów** Jagiellonian/Tudor genealogy [2] sgt (pochodzenie) origin(s); **~a miasta/utworu** the origins of the town/work [3] sgt (nauka) genealogy

genealogiczn|y adi. genealogical

generacj|a f (Gpl ~i) [1] książk. (pokolenie) generation; **młodsza/starsza ~a** the younger/older generation; **konflikt dwu ~i** the generation gap [2] Komput., Techn. (typ) generation; **komputer piątej ~i** a fifth generation computer [3] sgt Fiz., Elektr. (wytwarzanie energii, prądu) generation

generacyjn|y adi. [1] (pokoleniowy) [przekrój, różnice] generational, generation attr. [2] Fiz., Elektr. generative

generali|a plt (G ~ów) [1] Fin. overall costs [2] (w klasyfikacji bibliotecznej) general catalogue [3] książk. (sprawy ogólne) broad overview; the big picture pot.

generalicj|a f sgt Wojsk. generals; **w naradzie wzięła udział tylko ~a** the meeting was attended only by generals; **parking/kwatery zarezerwowane dla ~i** pot. parking spaces/quarters reserved for generals a. the top brass pot.

generalissimus m (Npl ~owie) Wojsk. (osoba, stopień, tytuł) generalissimo

generaliz|ować impf książk. [1] vt to generalize [zjawiska, doświadczenia]

[1] vi to generalize; **jestem daleki od ~owania** I wouldn't want to generalize; **nie żebym ~owała, ale...** far be it from me to generalize, but... książk.

generalnie adv. [1] (ogólnie) generally, in general; **~ się z panem zgadzam, ale...** generally I agree with you, but...; **~ rzecz biorąc** generally speaking [2] (całościowo, gruntownie) [zmienić, wyremontować] completely

generaln|y adi. [1] (powszechny, całościowy) [zasada, strajk, przegląd] general; **~y remont** major renovation; **~y atak** an all-out attack [2] (ogólny) [zasada, zastrzeżenie, linia postępowania] general [3] (naczelny) [dyrektor, prokurator, konsultant, sekretarz] general

generals|ki adi. [mundur, stopień, rozkaz, adiutant] general's; **~kie dystynkcje** general's insignia; **stopnie ~kie** ≈ top ranks (from Brigadier upwards); **~ki krok** the stride of a general

genera|ł m (Npl ~łowie) [1] Wojsk. (osoba, stopień, tytuł) general; **~łowie wojsk lądowych/lotnictwa** army/air force generals;

awansował na ~ła he was promoted to general (rank); **tak jest, panie ~le!** yes sir!; **dokumenty dla pana ~ła** documents for the General [2] Relig. general; **~ł zakonu jezuitów** the general of the Jesuit order ❑ **~ł armii** Wojsk. ≈ General; **~ł broni** Wojsk. ≈ Lieutenant-General; **~ł brygady** Wojsk. ≈ Brigadier GB, ≈ Brigadier-General US; **~ł dywizji** Wojsk. ≈ Major-General

generato|r m [1] Techn. generator; **~r elektryczny małej mocy** a low-voltage generator [2] książk., przen. generator, powerhouse; **potężny ~r napięć społecznych** a tremendous generator a. powerhouse of social tension [3] Komput. generator; **~r liczb losowych** random numbers generator

gener|ować impf vt [1] książk. to generate [bezrobocie, straty] [2] Fiz. to generate [energię, falę magnetyczną] [3] Jęz. to generate [zdania]

genetycznie adv. [1] (pod względem genezy) genetically rzad. [2] Biol. genetically; **uwarunkowany ~** genetically conditioned

genetyczn|y adi. [1] (związany z genezą) [związek, źródła] genetic rzad. [2] Biol. [cecha, choroba, wada] genetic

genety|k m geneticist

genety|ka f sgt genetics (+ v sg/pl)

genez|a f książk. genesis książk.; origin; **u ~y tej powieści leżą wydarzenia z dzieciństwa** the novel had its genesis in his childhood experiences

genialnie adv. [1] (nieprzeciętnie) [zagrać] brilliantly; **~ utalentowany** exceptionally talented; **~ proste rozwiązanie** a wonderfully simple solution [2] pot. (świetnie) fantastically pot.

genialnoś|ć f sgt (człowieka, rozwiązania, koncepcji) genius, brilliance; **~ć uczonego** a scholar's genius; **na czym polega ~ć tego pomysłu?** what is it that makes this idea so brilliant?; what's so great about the idea? iron.

genialn|y adi. grad. [1] (wybitny) **~y aktor/księgowy** a brilliant actor/accountant; **~e dziecko** a child prodigy; **być ~ym** to be a genius [2] (wyjątkowy) [wynalazek, posunięcie, dzieło] brilliant; **ta książka to ~e dzieło** this book is a work of genius [3] pot. (świetny) fantastic pot., brill GB pot.; **to była ~a wycieczka** the trip was fantastic

genitali|a plt (G ~ów) genitals pl; genitalia pl spec.

genitaln|y adi. genital

geniusz [1] m pers. (Gpl ~ów a. ~y) [1] (osoba) genius; **~ muzyczny/wojenny** a musical/military genius [2] Mitol. genius

[1] m inanim. sgt (G ~u) genius; **w bitwie pod Waterloo zawiódł ~ wojenny Bonapartego** Napoleon's military genius failed him at Waterloo; **nikt nie odmawia Bachowi ~u muzycznego** nobody can deny Bach's musical genius

gen|re /ʒãr/ m (G ~re'u) książk. [1] Literat. genre [2] (styl) manner; **reprezentuje komiczny ~re gry aktorskiej** he's at his best in comic a. comedy roles [3] Szt. genre (painting)

gentleman /dʒen'telmen/ m gentleman; **prawdziwy ~** a real gentleman

geo- w wyrazach złożonych geo-; **geobotaniczny** geobotanic(al); **geochemia** geochemistry

G

geocentryczn|y *adi.* Astron. geocentric; **model ~y** a geocentric model

geocentryzm *m sgt* geocentrism

geode|ta *m*, **~tka** *f* geodesist, (geodetic) surveyor

geodezj|a *f sgt* geodesy, (geodetic) surveying

geodezyjn|y *adi.* *[plany, pomiary]* geodetic

geograf *m* (*Npl* **~owie**) [1] (badacz) geographer [2] pot. (nauczyciel) geography teacher

geografi|a *f sgt* (*GD* **~i**) geography ❑ **~a astronomiczna** a. **matematyczna** astronomical geography; **~a fizyczna** physical geography; **~a historyczna** historical geography; **~a regionalna** regional geography; **~a wojenna** military geography; **~a ekonomiczna** a. **gospodarcza** economic geography; **~a lingwistyczna** a. **językowa** linguistic geography, dialect geography

geograficz|ka *f* pot. geography teacher

geograficznie *adv.* geographically

geograficzn|y *adi.* *[atlas, nazwa, odkrycia]* geographic(al); **środowisko ~e** the geographical environment

geolo|g *m* (*Npl* **~dzy** a. **~gowie**) geologist

geologi|a *f sgt* (*GD* **~i**) [1] (nauka) geology; **~a dynamiczna** dynamic geology; **~a historyczna** historical geology; **~a podstawowa** elementary geology; **~a stosowana** applied geology [2] (budowa terenu) geology; **~a wyspy** the geology of the island

geologicznie *adv.* geologically; **tereny aktywne ~** geologically active areas

geologiczn|y *adi.* *[badania, budowa, ekspedycja]* geological; **epoka ~a/okres ~y** geological era/period; **formacja ~a/system ~y** geological formation/system

geomet|ra *m* przest. [1] (geodeta) surveyor, land surveyor [2] (matematyk) geometrician

geometri|a *f* [1] *sgt* (*GD* **~i**) Mat. geometry; **~a absolutna** absolute geometry; **~a analityczna** analytical a. coordinate geometry; **~a elementarna** a. **euklidesowa** Euclidean geometry; **~a nieeuklidesowa** non-Euclidean geometry; **~a różniczkowa** differential geometry; **~a rzutowa** projective geometry; **~a sferyczna** spherical geometry; **~a wykreślna** descriptive geometry [2] (kształt, układ) geometry; **~a toru wyścigowego** the geometry of a racecourse; **~a kół** wheel alignment [3] pot. (lekcja) geometry

geometrycznie *adv.* [1] (regularnie) geometrically; **szpalery ~ przyciętych buków** lines of geometrically trimmed beeches [2] Mat. geometrically; **prawidłowy ~ twór** an object constructed in accordance with the principles of geometry

geometryczn|y *adi.* [1] (regularny) *[motyw, wzór, kształt]* geometric(al) [2] Mat. geometric(al); **figury ~e** geometric figures

geopolityczn|y *adi.* *[koncepcja]* geopolitical; **sytuacja ~a Polski** the geopolitics of Poland

geopolity|ka *f sgt* Polit. geopolitics (*+ v sg*)

georgini|a /ˌgeorˈginja/ *f* (*GDGpl* **~i**) Bot. dahlia

gepar|d *m*, **~dzica** *f* Zool. cheetah

geraniow|y *adi.* geranium *attr.*; **olejek ~y** geranium oil

geranium /geˈranjum/ *n sgt* Bot. geranium, cranesbill

gerbe|ra *f* Bot. gerbera *C/U*

geriat|ra *m* geriatrician, geriatrist

geriatri|a *f sgt* (*GD* **~i**) Med. geriatrics

geriatryczn|y *adi.* *[profilaktyka, poradnia]* geriatric

German|in *m* (*Npl* **~owie** a. **~ie**) Hist. German

germani|sta *m*, **~stka** *f* [1] (znawca kultury niemieckiej) Germanist a. German specialist [2] (nauczyciel) German teacher [3] (student) Germanist, student of German

germanistyczn|y *adi.* *[studia]* German; **badania ~e** research in German studies

germanisty|ka *f sgt* German a. Germanic studies

germanizacj|a *f sgt* Hist. Germanization

germanizacyjn|y *adi.* *[proces, akcja]* of Germanization; **ruch ~y** Germanization (movement)

germanizm *m* (*G* **~u**) Jęz. Germanism

germaniz|ować *impf* **I** *vt* to Germanize *[ludność, szkolnictwo, ziemie]* ⇒ **zgermanizować**

II germanizować się *[społeczność, ziemie]* to be Germanized ⇒ **zgermanizować się**

germańs|ki *adi.* [1] Hist. *[plemię, wódz]* Germanic; **języki ~kie** the Germanic languages [2] żart. (niemiecki) German

gerundialn|y *adi.* Jęz. gerundive, gerundial

gerundi|um *n* Jęz. (*Gpl* **~ów**) gerund, verbal noun

ges *n inv.* Muz. G flat; **zagrać ~** to play (a) G flat

ge|st *m* (*G* **gestu**) [1] (ruch) gesture, sign; **zrobić gest** to make a gesture; **pokazać nieprzyzwoity gest** to make a rude gesture; **gestem zaprosił ją do wejścia** he gestured her to come in; **porozumiewać się gestami** to communicate by gestures; **czekać na gest współczucia** to wait for a gesture of sympathy; **zakryła twarz w geście rozpaczy** she hid her face in a gesture of despair; **aktorski** a. **teatralny gest** a (theatrical) flourish; **ukłonić się szerokim gestem** to make a sweeping bow [2] (zachowanie) gesture; **zaproponowali pomoc materialną, ale to był tylko kurtuazyjny gest** they offered financial support but it was only a polite gesture; **gest pojednania wobec biskupów niemieckich** a gesture towards reconciliation with the German bishops

■ **mieć (szeroki) gest** to be open-handed

gestapo *n inv.* Hist. [1] (policja) the Gestapo [2] (posterunek) Gestapo headquarters

gestapow|iec *m* Hist. Gestapo officer

gestapows|ki *adi.* *[oficer, samochód, metody]* Gestapo *attr.*

gestapów|ka *f* pot. Gestapo officer

gesti|a *f sgt* (*GD* **~i**) management; **przekazać szkoły podstawowe w ~ę samorządów** to transfer primary schools to management by the local authorities; **większość dróg znajduje się w ~i administracji państwowej** most roads come under government administration; **ostateczna decyzja leży w ~i prezydenta** it's the president who makes the final decision

gestykulacj|a *f sgt* gesticulation; **opowiadał z żywą ~ą** he told stories gesticulating wildly

gestykul|ować *impf vi* to gesticulate, to gesture; **wyjaśniał coś, żywo ~ując rękami** he was explaining something, gesticulating wildly

getr|y *plt* (*G* **~ów**) [1] (podkolanówki bez pięt) leggings [2] przest. (cholewki) gaiters

get|to *n* [1] (dzielnica) ghetto; **murzyńskie ~to** a black ghetto [2] Hist. ghetto; **~to warszawskie** the Warsaw Ghetto

gęb|a *f* (*Gpl* **gąb** a. **gęb**) [1] posp. (twarz) mug posp., kisser posp.; **zakazana gęba** an ugly mug; **dać komuś/dostać w gębę** to give sb one/to get one in the kisser a. face; **zamknij gębę!** shut your face! pot.; **ani razu nie otworzył gęby** he didn't open his trap once pot.; **przyglądał się im z rozdziawioną gębą** he stared at them with his mouth wide open [2] (pysk zwierzęcia) mouth, maw

■ **na gębę** pot. verbally; **to bogacz pełną gębą** he's as rich as they come; **aktorka pełną gębą** a born actress, an actor through and through; **nie mieć czego do gęby włożyć** to be starving; **nie mieć do kogo gęby otworzyć** pot. to have no one to talk to; **pójść** a. **pobiec** a. **polecieć z gębą na kogoś** pot. to tell on sb pot.; **śmiać się całą gębą** to laugh one's head off pot.; **trzymać gębę na kłódkę** pot., pejor. to keep one's trap shut pot.; **gęba na kłódkę!** keep your trap shut!; **wylecieć** a. **wyskoczyć na kogoś z gębą** pot. to bawl sb out pot.; **drzeć na kogoś gębę** to bawl sb out pot.; **zrobić** a. **dorobić** a. **przyprawić komuś gębę czegoś** to label a. brand sb (as) sth; **zamknąć** a. **zatkać komuś gębę** to shut sb up pot.; **trzeba mu zatkać gębę pieniędzmi** we'll have to give him some money to shut him up; **gęba się mu/jej nie zamyka** pot., pejor. he/she never stops yapping pot.

gębow|y *adi.* Zool. **otwór ~y** the mouth; **jama ~a** the mouth

gęgać *impf* → **gęgnąć**

gęg|nąć *pf* — **gęg|ać** *impf* (**~nęła**, **~nęli** — **~a**) *vi* [1] *[gęś]* to gaggle [2] pejor. (mówić przez nos) to talk through one's nose [3] *[stale]* (mówić nudno) to rattle on, to rattle away; **stale ~ali, że życie jest ciężkie** they rattled on and on about how hard life was

gęsi **I** *adi.* *[jajo, puch]* goose's; **~e pisklę** a gosling; **pisać ~m piórem** to write with a quill

II gęsiego *adv.* *[iść, jechać]* in (single) file

■ **mieć ~ą skórkę** to have (got) gooseflesh a. goose pimples; **czuł, jak dostaje ~ej skórki na całym ciele** he felt himself getting goose pimples all over

gesior → **gąsior I**

gęstni|eć *impf* (**~ał**, **~eli**) *vi* *[budyń, mgła, dym]* to thicken; *[tłum]* to close in; **nastrój w pokoju ~ał z każdą chwilą** przen. the atmosphere in the room was getting thicker and thicker ⇒ **zgęstnieć**

gę|sto **I** *adv.* grad. [1] (ciasno) densely; **staw gęsto porośnięty trzciną** a pond densely overgrown with reeds; **kartka gęsto zadrukowana** a page with dense print; **w poczekalni zrobiło się gęsto** the waiting room got crowded; **na ścianach jest gęsto od obrazów** the walls are crowded with paintings; **gęsto zaludniony obszar** a densely populated area; **śnieg padał coraz gęściej** the snow was getting thicker and thicker; **gęsto posplatane sieci** densely a. closely woven nets; **było aż gęsto od dymu papierosowego** the air was thick with cigarette smoke ② pot. (często) frequently, often; **biegli, gęsto strzelając** they fired frequently as they ran; **gęsto zrywały się brawa** people clapped a. applauded frequently

Ⅲ na gęsto [sos] thick adi.; **ugotować coś na gęsto** to cook sth until it thickens ■ **gęsto się tłumaczyć** pot. to have some explaining to do

gęstoś|ć f sgt ① (włosów, sosu, zupy) thickness; (zabudowy) density; **~ć zaludnienia** population density; **~ć zadrzewienia** the density a. thickness of a forest ② Fiz. density ③ książk. (tekstu, prozy, filmu) density, heaviness

gęstw|a f sgt książk. (krzewów) thicket; (włosów) mass; **~a ludzka** a throng a. mass of people

gęstwin|a f ① (zarośla) thicket; **ranne zwierzę zaszyło się w ~ie** the wounded animal hid in the thicket; **słowik śpiewa w ~ie liści** a skylark is singing among the leaves ② sgt przen. tangle, mass; **~a włosów** a mass of hair

gę|sty adi. grad. ① [las, włosy, trawa] thick; [tłum, druk] dense; [sos, gulasz, zupa] thick; **gęsty żywopłot** a thick a. dense hedge; **gęsty grzebień** a fine-tooth(ed) comb ② [tkanina, sieć, sito] thick ③ [dym, mgła, pył] thick, dense; **gęsty mrok** deep a. dense darkness; **ukryty w gęstym cieniu** hidden in (the) deep shadow; **stawać się coraz gęstszym** a. **gęściejszym** przen. [atmosfera] to be getting thicker and thicker przen. ④ [woń, zapach] heavy ⑤ książk. [tekst, proza] dense, heavy

gę|ś f (Ipl gęsiami a. gęśmi) ① Zool. goose; **dzikie gęsi** wild geese; **stado gęsi** a bevy of geese ② Kulin. (potrawa) goose; **gęś pieczona z jabłkami** roast goose with apples ③ pot., pejor., obraźl. (kobieta) goose pot., dumb-bell pot.; **co za głupia gęś** what a goose!

■ **niech cię/go/to gęś kopnie** damn you/him/it! pot., oh bother! pot.; **rozmawiać z kimś jak gęś z prosięciem** not to be on the same wavelength as sb

gęślarz m (Gpl **~y**) ≈ fiddler

gęśl|e plt (G **~i**) Muz. primitive fiddle

gi|ąć impf (gnę, gięła, gięli) **Ⅰ** vt to bend [drut, gałąź]; **wiatr gnie gałązki drzew** the branches are bending in the wind

Ⅲ giąć się ① [blacha, drut, gałąź] to bend; **dachy gną się pod ciężarem śniegu** the roofs are sagging a. caving in under the weight of the snow; **miedziana blacha łatwo się gnie** sheet copper bends easily ② (wykonywać ruchy całym ciałem) to twist; **gięła się i kręciła w rytm muzyki** she twisted and twirled to the music; **giąć się w ukłonach** to bow and scrape ③ [nogi] to feel weak; **gięły się pod nim kolana** he went weak at the knees pot.

gibać impf → gibnąć

gib|nąć pf — **gib|ać** impf (**~nęła, ~nęli** — **~am**) pot. **Ⅰ** vt to sway; **raz i drugi mną** **~nęło, ale się nie przewróciłem** I swayed to and fro but I kept my balance

Ⅲ gibnąć się – **gibać się** to sway, to lurch; **przestań ~ać się na krześle, bo spadniesz** stop rocking on the chair or you'll fall off; **~ać się przy muzyce** to bop to music

gib|ki adi. [ciało, kibić, ruchy, gimnastyczka] supple

gibko adv. [poruszać się, skoczyć] nimbly, suppl(el)y

gibkoś|ć f sgt (postaci, ciała) suppleness, litheness

gibon m Zool. gibbon

giczo|ł m zw. pl pot., pejor., żart. pins pot., żart.; **zabieraj stąd te ~ły** shift your pins

gieł|da f ① (instytucja) the stock exchange, the stock market; **londyńska/nowojorska ~da** the London/New York Stock Exchange; **warszawska ~da papierów wartościowych** the Warsaw Stock Exchange; **~da zbożowa** a corn exchange; **spadły ceny cukru na ~dzie** sugar prices have fallen on the (commodities) market; **sprzedał swoje akcje na ~dzie** he sold his shares on the stock exchange; **dokonywać transakcji na ~dzie** to trade on the stock exchange; **firma notowana na ~dzie** a listed a. public company; **grać na ~dzie** to play the market; **czarna ~da** black market ② (targi) fair; **~da owocowo-warzywna/ artykułów biurowych** an agricultural/ stationery fair ③ (rynek) market; **~da odzieży/rzeczy używanych** a second-hand clothes sale; **~da kwiatowa/warzywna** a flower/vegetable market; **~da pracy** a jobcentre; **kupić samochód na ~dzie** to buy a car at a second-hand car sale ④ przen. (wymiana informacji) **typowa dziennikarska ~da** a typical exchange of information between journalists; **wszystkie pytania zdobył na ~dzie egzaminacyjnej** he got all the questions from students who had already taken the exam

giełdow|y adi. ① [obroty, spekulacje] stock exchange attr., stock market attr.; **makler ~y** a (stock)broker; **gracz ~y** a trader ② (dotyczący sprzedaży na rynku) **ceny ~e samochodów** second-hand car prices

gier|ka f pot., pejor. ① (aktorska) ham acting U pot. ② (nieuczciwa) (little) game pot.; **te pogróżki były częścią ~ki, jaką prowadził** these threats were (a) part of his (little) game; **partyjne ~ki personalne** party intrigues

gierm|ek m (Npl **~kowie**) Hist. (e)squire, page

gieroj m pot., iron. tough guy pot., big shot pot.; **nie zgrywaj się na ~a** stop playing the hero a. the tough guy; **takiś ~? bijesz słabszych?** some tough guy!, hitting someone who's weaker!

g|iez m Zool. horsefly, gadfly

■ **giez go/ją ugryzł** a. **ukąsił** pot. he's/she's like a bear with a sore head; **zachowujesz się, jakby cię giez ukąsił** you're acting like a bear with a sore head

gięt|ki adi. grad. ① [gałąź, łodyga] pliable, pliant; [pręt] flexible; **człowiek o ~kim karku** przen. a pliant person ② [dziewczyna, talia, ruchy] supple, lithe ③ [polszczyzna, angielszczyzna] fluent; **mieć ~ki język** to

have the gift of the gab GB a. gift of gab US ④ przen., pejor. [osoba, polityk] pliable pejor.; pliant

giętko adv. [poruszać się, stąpać] nimbly, suppl(el)y

giętkoś|ć f sgt ① (gałązki, trzciny) pliability, pliancy; **~ć języka** przen. the gift of the gab GB a. gift of gab US; **z czasem jej język nabrał ~ci** przen. gradually she became a confident speaker ② (tancerki, gimnastyczki) suppleness, litheness ③ przen., pejor. (pracownika, polityka) pliability pejor.; pliancy

gię|ty Ⅱ pp → giąć

Ⅲ adi. [meble, oparcie] bentwood attr.

giga- w wyrazach złożonych giga-; **gigabajt** gigabyte

gigan|t Ⅱ m pers. ① (osoba wybitna) giant; **~t sportu/szachowy** a giant among sportsmen/chess players; **był ~tem pióra** he was a literary giant ② zw. pl Mitol. giant

Ⅲ m inanim. ① (A **~t** a. **~ta**) (kolos) giant; **~ty przemysłowe zatrudniają po kilkanaście tysięcy pracowników** the industrial giants have thousands of employees; **pomidory ~ty** giant(-sized) tomatoes; **Nowy Jork – miasto ~t** New York – a giant city ② Sport the giant slalom

■ **być na ~cie** pot. to run away from home; **dzieciaki na ~cie** pot. teenage runaways

gigantomani|a /gi,ganto'maɲja/ f sgt (GD **~i**) książk., pejor. grandiosity pejor.; monumentalism

gigantomańs|ki adi. książk., pejor. [budowla, projekt] grandiose pejor.; monumental

gigantycznie adv. gigantically; **~ rozbudowane miasto** a gigantic city

gigantycznoś|ć f sgt (projektu, planu, budowli) gigantic character

gigantyczn|y adi. grad. [budynek, koncert, wysiłek] gigantic

gigantyzm m sgt (G **~u**) ① książk. (budowli, projektu) gigantic character ② Biol., Med. gigantism

gigolo /'ʒigolo/ → żigolo

gil Ⅱ m anim. Zool. bullfinch

Ⅲ m inanim. pot. (w nosie) snot pot.; **masz ~a pod nosem** your nose is running; **wytarł ~a palcem** he wiped his nose with his finger

gilotyn|a f ① Hist. guillotine; **królowa została ścięta na ~ie** the queen was guillotined ② (do papieru) guillotine

gilotyn|ka f dem. (do papieru) (small) guillotine; **~ka do cygar** a cigar cutter

gilotyn|ować impf vt to guillotine [skazańca, króla] ⇒ zgilotynować

gimnastycz|ka f (woman) gymnast; **zawody ~ek** a women's gymnastic contest

gimnastyczn|y adi. ① [ćwiczenia, sprzęt] gymnastic ② (w szkole) [sprzęt, zajęcia] gym attr.; **sala ~a** the gym(nasium); **strój ~y** gym kit; **na zajęciach ~ych** during gym

gimnasty|k m gymnast

gimnastyk|a f sgt ① Sport (dyscyplina) gymnastics (+ v sg/pl) ② (ćwiczenia) (physical) exercises; **~a umysłowa** przen. mental exercise; **uprawiać ~ę co rano** to do (some) exercises every morning ③ środ. Szkol. gym

❑ **~ka artystyczna** rhythmic gymnastics; **~ka korekcyjna** ≈ physiotherapy exercises; **~ka na przyrządach** Sport apparatus gymnastics; **~ka sportowa** Sport gymnastics

gimnastyk|ować impf **Ⅱ** vt to exercise [mięśnie, nogi, głos]; **rozwiązywanie krzyżówek ~uje umysł** przen. doing crosswords exercises the mind

Ⅲ gimnastykować się ① (wykonywać ćwiczenia) to exercise; **codziennie się ~uję** I exercise every day ② pot. (wysilać się) to make an effort; **musi się nieźle ~ować, żeby wykonać plan** he has to make an all-out effort to carry out the plan; **~owałem się nad tym streszczeniem całkiem niepotrzebnie** I put so much effort into this summary and it was all in vain

gimnazjali|sta m, **~stka** f ① Szkol. senior (pupil), secondary school pupil ② przest. gymnasiast

gimnazjaln|y adi. [klasa, młodzież] ≈ secondary school attr.; ≈ gymnasial rzad.

gimnazj|um n (Gpl **~ów**) Szkol. ① (trzyletnia szkoła średnia) secondary school ② przest. gymnasium

gin /dʒin/ m (G **~u**) gin; **~ z tonikiem proszę** a gin and tonic, please

gi|nąć impf (**ginęła, ginęli**) vi ① (tracić życie) to die; **ginąć za ojczyznę** to die for one's country; **ginąć w walce** to be killed in action; **tysiące osób ginie w wypadkach samochodowych** thousands of people are killed in road a. traffic accidents; **część kotów ginęła z zimna i głodu** some of the cats died of a. from cold and hunger; **kwiaty giną bez wody** flowers die without water ⇒ **zginąć** ② (gubić się) to be lost, to disappear; **w tych lasach często giną turyści** hikers often get lost in this forest; **co chwila ginie mi jakieś narzędzie** my tools keep on disappearing ⇒ **zginąć** ③ (niknąć) to die out, to die away; **ginie przyjaźń, lojalność i zwykła ludzka życzliwość** values such as friendship, loyalty and human kindness are dying out; **wspominali dawną, ginącą architekturę** they reminisced about the old, vanishing styles of architecture ⇒ **zginąć** ④ (zostać ukradzionym) to be stolen; **kwiaty i wazony nagminnie giną z cmentarzy** flowers and vases keep on disappearing a. being stolen from the cemeteries; **pojazdy oznakowane giną rzadziej** marked cars are less frequently stolen ⇒ **zginąć** ⑤ (zanikać) [dźwięki, echo] to die away; **jego głos ginął w hałasie** his words were lost in the noise ⇒ **zginąć** ⑥ (stawać się niewidocznym) to disappear; **latarnie giną wśród drzew** the street lamps are lost among the trees; **jej sylwetka powoli ginęła nam z oczu** she gradually disappeared a. faded from view a. out of sight; **droga ginie na horyzoncie** the road fades out of sight ⇒ **zginąć**

■ **nic w przyrodzie nie ginie** przysł. things don't just disappear

ginekolo|g m gynaecologist GB, gynecologist US

ginekologi|a f (GD **~i**) ① sgt Med. gynaecology GB, gynecology US ② (Gpl **~i**) pot. (oddział) gynaecological ward GB, gynecological ward US

ginekologiczn|y adi. ① [zabieg, klinika] gynaecological GB, gynecological US ② [fotel, gabinet] gynaecologist's GB, gynecologist's US

gipiu|ra f sgt guipure (lace) U; **szal z ~ry** a guipure shawl

gipiurow|y adi. [kołnierzyk, firanka] guipure attr.

gips m sgt (G **~u**) ① (minerał) gypsum; **złoża ~u** gypsum deposits ② (budowlany) plaster; (opatrunkowy, artystyczny) plaster (of Paris); (sztukatorski) plaster, stucco; **~ dentystyczny** dental plaster; **figura z ~u** a plaster (of Paris) statue; **odlew z ~u** a plaster mould a. cast; **~ jastrychowy** anhydrous gypsum plaster; **sufit zdobią liczne ornamenty z ~u** the ceiling is decorated with numerous plaster ornaments ③ (opatrunek) (plaster) cast; **włożyć komuś rękę/nogę w ~** to put sb's arm/leg in a cast; **musimy założyć ~ na lewą stopę** we have to put your left foot in a cast; **mieć nogę/bark w ~ie** to have one's leg/shoulder in a cast; **zdjąć ~** to take the cast off ④ środ., Sport (śnieg) slush, sticky snow

■ **ładny ~** pot. what a fine state of affairs! iron.; what a fix (I'm/we're/they're in)! pot.; **to taki ~!** pot. now I get it pot., now I get the picture pot.

gips|ować impf vt ① Budow. to plaster [ścianę]; to fill in a. patch [sth] with plaster, to spackle US [dziurkę, pęknięcie] ⇒ **zagipsować** ② Med. to put [sth] in a (plaster) cast [nogę, rękę, obojczyk] ⇒ **zagipsować** ③ Roln. to amend [sth] with gypsum

gipsowan|y Ⅱ pp → **gipsować**
Ⅲ adi. [ściana, dziura, pęknięcie] plastered

gipsow|y adi. ① (z gipsu) plaster (of Paris) attr., stucco attr.; **mieszanka ~a** a plaster mixture; **model/odlew ~y** a plaster model/cast a. mould; **ozdoba ~a** a plaster decoration; **ornament ~y** a plaster ornament; **opatrunek ~y** a plaster cast ② Geol. [złoża, pokłady] gypsum attr., gypsiferous

gi|ra f zw. pl pot. **giry** (nogi) ≈ pins pl pot.; (stopy) ≈ plates (of meat) pl GB pot., ≈ dogs pl US pot.; **zabieraj te giry z kanapy** get your feet off the sofa

girlan|da f ① (na szyję) garland; (do rozwieszenia) garland, festoon; **salę przyozdobiono ~dami róż** the room was festooned with roses ② Archit., Szt. garland

girlas|ka f pot., żart. chorus girl

girl|sa /ˈgerlsa/ f pot. chorus girl

gis n inv. Muz. G sharp

gi|t Ⅱ m (Npl **gity**) pot. (gitowiec) a member of a 1970s Polish subculture inspired by the criminal underworld
Ⅱ adi. inv. posp. (bez zarzutu) cool pot.; **to był git człowiek** he was cool pot.
Ⅲ adv. posp. (dobrze) cool pot.; great pot.; **git, że przyszliście** it's really cool that you're here; **no to git, spotkamy się jutro** cool, we'll meet tomorrow
Ⅳ inter. posp. (zgoda) cool pot., okay a. OK pot.; **jutro o trzeciej, git?** tomorrow at three, okay?

gita|ra f Muz. guitar C/U; **~ra akustyczna/elektryczna** an accoustic/electric guitar; **~ra basowa** a bass (guitar); **~ra pedałowa stalowa** a pedal steel guitar; **pudło ~ry** the guitar (sound)box; **~ra klasyczna/hawajska** classical/slide guitar; **~ra**

prowadząca/rytmiczna lead/rhythm guitar; **koncert na ~rę i orkiestrę** a guitar concerto; **brzdąkać na ~rze** to strum the guitar; **brzdąkał coś na ~rze** he was strumming something on a guitar; **na ~rze basowej Lech Janerka** Lech Janerka on bass (guitar); **obaj grali na ~rze** they both played (the) guitar; **grali na starych ~rach** they were playing old guitars

■ **nie zawracaj ~ry!** pot. (to nieprawda) cut the baloney a. hogwash pot.; **zawracać komuś ~rę** (przeszkadzać) to bug sb pot.

gitarow|y adi. Muz. [muzyka, koncert, struna, akord] guitar attr.

gitarzy|sta m, **~stka** f Muz. guitarist, guitar player; **~sta klasyczny/rockowy/jazzowy** a classical/rock/jazz guitarist; **~sta basowy** a bass player a. bass guitarist

gites inter. pot. cool pot.

gitow|iec m pot. a member of a 1970s Polish subculture inspired by the criminal underworld

glac|a f pot. bald head; **goła ~a** completely bald head

gladiato|r m (Npl **~rzy** a. **~rowie**) Hist. gladiator; **walki ~rów** gladiator fights

gladiators|ki adi. [miecz, hełm, tarcza] gladiator attr., gladiator's

glam|ać impf (**~ię**) vi pot. to make smacking noises

glan m zw. pl posp. **~y** bovver boots pl GB pot.; army a. combat boots pl; **skini w ~ach** skinheads in bovver boots

■ **dostać z ~a** posp. to get kicked

glanc → **glans**

glancować → **glansować**

glancuś → **picuś-glancuś**

glans m sgt (G **~u**) przest. shine, gleam; **wyczyścić coś na ~** to polish sth to a shine; **do ~u** to polish sth to a shine; **podłoga ma być wyczyszczona na ~** the floor has to be polished to a shine

glans|ować impf vt przest. to polish [buty, sztućce] ⇒ **wyglansować**

glansowan|y Ⅱ pp → **glansować**
Ⅱ adi. przest. [buty, skóra] polished, gleaming; [papier] glossy

glazu|ra f sgt ① Techn. (szkliwo) glaze; **pokryć wazon ~rą** to glaze a vase ② Budow. (kafelki) tiles C; tiling; **włoska ~ra** Italian tiles a. tiling; **położyć ~rę w kuchni/łazience** to lay tiles in the kitchen/bathroom, to tile the kitchen/bathroom ③ Kulin. icing, glaze; **ciasto z różową ~rą** a cake with pink icing

❏ **~ra pustynna** Geol. desert glaze spec.

glazurnicz|y adi. [materiały, usługi, zakład] tiling attr., tile-laying attr.

glazurni|k m Budow. tiler, tile-layer

gleb|a f ① (ziemia) soil U; **urodzajna/żyzna/nieurodzajna ~a** fertile/rich/barren soil; **~a brunatna** brown earth a. soil; **~a ciężka/lekka/kwaśna** heavy/light/acid soil; **~a gliniasta/piaszczysta/bagienna** clay(ey)/sandy/boggy soil; **~a lessowa/torfowa/wulkaniczna** loess/peat/volcanic soil; **~a bielicowa/wyjałowiona** leached/exhausted soil; **~y preriowe** Geog. prairie soil; **~a rumoszowa** Geol. lithosol spec.; **uprawiać ~ę** to till the soil ② książk., przen. (podłoże) soil książk., przen. ③ sgt pot. (podłoga) floor, ground; **zwalili plecaki na ~ę** they tossed their backpacks on the floor

glebow|y adi. Roln. [zakwaszenie, profil] soil attr.; **żyto ma małe wymagania ~e** rye has few soil requirements

glej|t m (G ~tu) [1] Hist. safe conduct [2] pot. (pozwolenie) permit; **dostałem ~t na otwarcie budki z lodami** I got a permit to open an ice cream stand

glę|da pot. **I** m, f (Npl m ~dy, Gpl m ~dów a. ~d; Npl f ~dy, Gpl f ~d) (nudziarz) bore pejor.; windbag pot., pejor.; **nasz sąsiad to straszny ~da** our neighbour is a terrible bore

III f zw. pl (rozwlekła opowieść) rigmarole zw. sg pot., palaver U pot.; blather U

glę|dzić impf vi [1] pot. (mówić długo i nieciekawie) to witter (on) GB pot.; to blather, to ramble; **brat cały wieczór ~dził o wyborach** my brother wittered on about the election all evening [2] Myślis. [łania] to bleat

gliceryn|a f sgt Chem. glycerine, glycerin US; glycerol spec.; **mydło z dodatkiem ~y** soap with glycerine

glicerynow|y adi. [mydło, krem] glycerine attr., glycerin attr. US; glycerol attr. spec.; **krem ~y do rąk** glycerine hand cream

glin m sgt (G ~u) [1] Chem. (pierwiastek) aluminium GB, aluminum US; **związki ~u** aluminium compounds; **tlenek ~u** aluminium oxide; **chlorek ~u** aluminium chloride [2] Techn. (metal) aluminium GB, aluminum US

glin|a¹ f sgt [1] (surowiec ceramiczny) clay; **~a garncarska** potter's a. pottery clay; **tłusta ~a** fatty clay; **~a ogniotrwała** fireclay; **lepić dzbanki/miski z ~y** to make clay jugs/bowls, to make jugs/bowls out of clay [2] Geol. clay; **pokłady ~y** clay deposits [3] pot. (ciężka gleba) clay

■ **być ulepionym z jednej** a. **tej samej ~y** to be cut from the same cloth, to be (made a. cast) from the same mould; **być ulepionym z innej ~y** to be (made a. cast) from a different mould; **czy ty jesteś ulepiony z lepszej ~y?** what makes you think you're so special?, what makes you so high and mighty?

glin|a² m (Npl ~y) pot., obraźl. (policjant) cop pot., rozzer GB pot.; pig pot., obraźl.; **twardy ~a** a tough cop; **~y znowu za nami łażą** the cops are following us again

gliniak m pot. [1] (dzbanek) clay jug; (garnek) clay pot [2] (piec) clay stove

glinian|ka f [1] (dół) clay pit pond [2] (lepianka) mud a. clay hut

glinian|y adi. [naczynie, figurka, piec] clay attr.

■ **mieć ~e ręce** pot. to be all thumbs pot.

gliniarz m (Gpl ~y a. ~ów) pot. cop pot., rozzer GB pot.; **~ złapał go na gorącym uczynku** the cop caught him red-handed

glinia|sty adi. [1] (zawierający dużo gliny) [gleba, ziemia, pole] clayey, clayish [2] (lepki i gąbczasty) [chleb, bułka, ciasto] slack-baked [3] (żółtawoszary) [cera, skóra] sallow

glin|ka f (skała osadowa) white clay U; (gleba) white clay (soil) U

❑ **~ka kaolinowa** a. **porcelanowa** kaolin, china clay

glissan|do **I** n, n inv. glissando; **~do na skrzypcach** a violin glissando

II adv. [zagrać] glissando

gli|sta **I** f [1] Zool. ascarid spec. [2] Med., Wet. (pasożyt w jelicie) roundworm; **~sta ludzka/ końska** human/equine roundworm; **mieć ~sty** to have worms [3] obraźl. rat pot., obraźl.; snake (in the grass) pot.; (o kobiecie) slimy cow a. bitch pot., obraźl.

III glisty plt Zool. Ascaridae spec.

gliwie|ć impf (~je, ~ał, ~eli) vt [ser, twaróg] to go bad, to go off ⇒ **zgliwieć**

glizda → **glista** [2], [3]

glob m (G ~u) książk. globe, planet; **najdłuższa rzeka na całym ~ie** the longest river on the globe

■ **srebrny ~** książk. (the) silver orb poet.

globalnie adv. książk. [traktować, omawiać, obliczyć, podać] globally, in overall terms; **rozważmy to zagadnienie ~** let's consider the problem globally a. in overall terms

globaln|y adi. książk. [1] (światowy) global; **wojna ~a** global war; **polityka ~a** global politics; **~y konflikt/ład** global conflict/ order [2] (całkowity) [zysk, dochód, produkcja] total, overall

globtrote|r m, **~rka** f książk. globetrotter; **doświadczony ~r** an experienced globetrotter

globtroters|ki adi. książk. [żywot] globetrotting; [przygody] globetrotter's; **~kie zainteresowania** an interest in world travel

globtroterstw|o n sgt książk. globetrotting

globul|ka f Farm. vaginal suppository, pessary

globus m (G ~a a. ~u) [1] (model kuli ziemskiej) globe; **pokazać na ~ie miasto/ państwo/kontynent** to point out a city/ country/continent on the globe; **obrócić ~** to spin the globe [2] (A ~ a. ~a) pot., żart. (duża głowa) ≈ bonce GB pot., żart.; ≈ noggin pot.; **przesuń ~, bo zasłaniasz cały ekran** get that big bonce of yours out of the way: it's blocking the whole screen

globusik m dem. miniature globe

glon¹ m zw. pl (G ~u) Biol. alga zw. pl; **~y jadalne** edible algae; **kolonia ~ów** a colony of algae; **staw zarósł ~ami** the pond is overgrown with algae

glon² m (A ~a) dial., przest. a hunk of bread; **daj mi ~a z szynką** give me a hunk of bread with ham

glori|a f (GD ~i) [1] (Gpl ~i) Relig., Szt. (aureola) halo; nimbus książk.; glory rzad.; **złocista ~a wokół głowy świętego** the golden nimbus around a saint's head [2] sgt książk. (chwała) homage, honour GB, honor US; **mistrza świata powitano w ~i bohatera** the world champion was given a hero's welcome [3] sgt książk. (zwycięstwo) triumph C/U, victory C/U; **grunwaldzka ~a** the (great) victory at Grünwald [4] (Gpl ~i) Meteo. (zjawisko optyczne) halo

■ **chodzić w ~i** książk. to be famous; **mój szef chodzi w ~i wielkiego naukowca** iron. my boss glories in his reputation as a great scholar iron.

gloryfikacj|a f sgt [1] książk. (słuszna) extolling książk., extolment książk. (**kogoś/czegoś** of sb/sth); (high) praise (**kogoś/czegoś** of a. for sb/sth); (niesłuszna) glorification; aggrandizement książk., pejor.; **~a wojny/ przemocy** the glorification of war/violence [2] Relig. glorification; veneration książk.

gloryfik|ować impf vt [1] książk. (słusznie) to extol książk.; to praise; (niesłusznie) to glorify; to aggrandize książk., pejor.; **film ~uje przemoc fizyczną** the film glorifies violence [2] Relig. to glorify; to venerate książk.

glos|a f [1] książk. (dopisek) gloss, note; **~y na marginesach manuskryptów** marginal glosses to the manuscripts, glosses in the margins of the manuscripts [2] książk. (komentarz wyjaśniający) gloss, footnote; **bardziej szczegółowe uwagi zamieszczono w ~ach** more detailed comments are provided in the footnotes [3] Prawo commentary C/U; **~y do wyroku** commentaries on a judgement [4] Jęz. (tłumaczenie słowa) gloss

glosariusz m (Gpl ~y a. ~ów) [1] książk. (słownik) glossary; **~ terminologii prawniczej** a glossary of legal terms [2] Komput. glossary

glu|t m (A ~t a. ~ta) posp. (wydzielina z nosa) bog(e)y GB pot., booger US pot., snot U pot.; **zapłakany malec z ~tami pod nosem** a bawling toddler with snot running out of a. from his nose

gluten m sgt (G ~u) [1] (białko zbożowe) gluten; **uczulenie na ~** gluten intolerance; **mąka z dużą zawartością ~u** high-gluten a. strong flour [2] Techn. (składnik kleju) collagen

gład|ki **I** adi. grad. [1] (bez nierówności) [skóra] smooth; [droga, blat] smooth, level; **~ka powierzchnia ściany** the smooth surface of the wall; **~ka tafla jeziora** the smooth surface of the lake; **~ki jak jedwab** [skóra, ściana] (as) smooth as silk a. as a baby's bottom; **~ki jak lustro** [jezioro, woda] (as) smooth a. flat as a mirror; **~ki jak stół** [droga, jezdnia] (as) level a. flat as a table top [2] [włosy, sierść] smooth, sleek; **psy o ~kiej sierści** short-haired dogs; **~kie futro foki** the seal's sleek coat [3] (łatwy) [wygrana, sukces] easy; **~kie zwycięstwo wszystkich zaskoczyło** everybody was surprised by the easy victory [4] książk. (nieskomplikowany) [wyjaśnienie, tłumaczenie] straightforward, lucid; [życie] simple, uncomplicated; **~kie przejście** a smooth a. seamless transition; **~ka jazda** a smooth driving [5] książk. [wiersz, przekład, przemówienie] fluid książk.; flowing, elegant; **~ka poezja Szymborskiej** Szymborska's elegant a. graceful poetry [6] książk. (uprzejmy i układny) [mężczyzna, maniery] suave, polished; **~ki w obejściu** sauve, polished [7] przest. (urodziwy) [dziewczyna, kobieta] comely przest.; beauteous poet.

II adi. (bez wzorów) [materiał, apaszka] (in a) plain colour GB, (in a) plain colour US; [papier] plain, unruled a. unlined; (bez ozdób) [bluzka, sukienka] plain; **~ zeszyt** unruled notebook

gła|dko adv. grad. [1] (bez nierówności) smoothly; **~dko otynkowane ściany** smoothly plastered walls; **~dko wypolerowany kamyk** a smoothly polished stone, a stone polished smooth; **~dko oheblowane deski** smoothly planed boards, boards planed to a smooth finish; **~dko ogolony mężczyzna** a clean-shaven man [2] (bez trudności) **Polska ~dko wygrała z Francją** Poland beat France easily a. hands down; **wszystko ~dko poszło** everything went smoothly; **~dko coś przełknąć** to accept sth without protest;

to swallow sth without a peep (of protest) pot.; **wyrażać się ~dko** to express oneself elegantly

gładkoś|ć *f sgt* [1] (brak nierówności) smoothness; **~ć powierzchni/ścian** the smoothness of the surface/walls; **sprawdzić ~ć desek** check out how smooth the boards are; **podziwiać ~ć czyjejś skóry** to admire the smoothness of sb's skin, to admire how smooth sb's skin is [2] (włosów, sierści) smoothness, sleekness [3] książk. (tekstu, wypowiedzi) gracefulness, elegance [4] książk. (dobre maniery) suaveness, urbanity

gładkowłos|y *adi. [pies, kot]* short-haired

gła|dzić *impf* [1] *vt* [1] Techn. to smooth *[deskę, ścianę, blachę]* ⇒ **wygładzić** [2] (głaskać) to stroke; **~dzić dziecko po głowie** to stroke a/the child's head ⇒ **pogładzić** [3] Relig. **Baranku Boży, który ~dzisz grzechy świata** Lamb of God, who takest away the sins of the world ⇒ **zgładzić**

[1] **gładzić się** (samego siebie) **profesor ~dził się po brodzie** the professor was stroking his beard ⇒ **pogładzić się**

gładziusieńki → **gładziutki**
gładziusieńko → **gładziutko**
gładziuteńki → **gładziutki**
gładziuteńko → **gładziutko**
gładziu|tki (~teńki, ~sieńki) *adi. dem.*
[1] (bez nierówności) *[skóra, policzek]* nice and smooth, silky smooth; *[droga, blat, morze]* nice and smooth a. flat, perfectly smooth a. level [2] iron. *[tekst, wypowiedź]* facile pejor., slick pejor.

gładziu|tko (~teńko, ~sieńko) *adv. dem.* [1] (bez nierówności) *[wyszlifowany, oheblowany]* to a nice smooth finish; **~tko zaczesane włosy** nice smooth a. sleek hair; **~tko ogolona twarz** a perfectly cleanshaven face [2] (bez problemów) *[toczyć się, pójść]* nice and smoothly, without a hitch; *[jeździć, płynąć]* nice and smoothly; nice and smooth pot.; *[wygrać, zwyciężyć]* easily, hands down

gła|dź *f sgt* książk. (gładka powierzchnia) **~dź jeziora** the unruffled surface of the lake
❏ **~dź kowadła** Techn. anvil face; **~dź tynkowa** Techn. the (plaster) finishing coat

głagolic|a *f sgt* Jęz. Glagolitic (alphabet); **manuskrypty pisane ~ą** manuscripts (written) in the Glagolitic alphabet

gła|skać *impf* (~szczę a. ~skam) [1] *vt* [1] (gładzić) to stroke *[dziecko, psa, kota]*; **matka ~skała syna po głowie** the mother stroked her son's head ⇒ **pogłaskać** [2] przen. (chwalić) to flatter; **krytycy go nie ~skali** the critics were less than flattering; **~skać czyjąś dumę/próżność** to flatter sb's ego/vanity; to stroke sb a. sb's ego US pot.

[1] **głaskać się** [1] (siebie samego) **dziadek ~skał się po brodzie** grandpa stroked his beard ⇒ **pogłaskać się** [2] (być głaskanym) **kot pozwalał mi się ~kać** the cat let me stroke a. pet him ⇒ **pogłaskać się**
■ **życie nie ~skało jej po głowie** her life hasn't been a bed of roses

głaz *m* (*G* ~**u**) (duży) rock; (bardzo duży) boulder; **drogę zablokował olbrzymi ~** a huge boulder blocked the road; **być niewzruszonym** a. **twardym jak ~** książk. to be hard-hearted, to have a heart of stone;

być zimnym jak ~ to be stony, to be (as) cold as stone; **milczeć jak ~** książk. to be as quiet a. silent as the grave
❏ **~ narzutowy** Geol. erratic boulder

głąb[1] [1] *m pers.* (*Npl* ~**y**) (tępak, głupiec) pot., pejor. dimwit pot., pejor., pea-brain pot., pejor.; **ty ~ie kapuściany!** you nitwit pot., pejor.
[1] *m inanim.* cabbage stalk

głąb[2] [1] *f* książk. [1] (głębia) depths *pl* książk.; **głąb jeziora** the depths of the lake; **wynurzyć się z głębi morza** to emerge from the depths (of the sea) [2] (obszar oddalony od skraju) depths *pl* książk.; **harcerze wpatrywali się w ciemną głąb lasu** the scouts peered into the dark depths of the forest

[1] **w głąb** *adv.* deep into, into the heart a. depths; **wydrążono tunel na sześć metrów w głąb** a tunnel was bored to a depth of six metres; **sięgnął w głąb torby** he reached deep into the bag; **nieprzyjaciel wdarł się w głąb kraju** the enemy has penetrated deep into the country

głębi|a [1] *f* (*Gpl* ~) [1] książk. (głęboko położone dno) depths *pl* książk.; (oceanu, morza) depths *pl* książk., deeps *pl* książk.; **nurkowie zbadali ~ę jeziora** the divers explored the deeps of the lake [2] (duża odległość od skraju) depths *pl* książk.; heart; **~a lasu** the depths a. heart of the forest [3] zw. sg książk. (bogactwo myśli lub uczuć) depth *U*; **filmowi brakuje ~ i** the film lacks depth [4] zw. sg książk. (zaawansowanie) extent *U*; **~a przemian społecznych** the extent of social change

[1] **w głębi** *adv.* (w samym środku) deep in(side) a. within; (w tylnej części) in a. at the back, at the far end; **~ w ogrodu** at the far end of the garden; **w ~ sceny** at the back of the stage; **zajęliśmy stolik w ~ sali** we sat down at a table at the far end of the room

[1] **z głębi** *adv.* (z wnętrza) from (deep) inside a. within; **głos dobiegał z ~ domu/ jaskini** a voice called from inside the house/from deep inside the cave
❏ **~e morskie** Geog. ocean a. deep-sea trenches; **~a barwy** Fot., Szt. colour depth; **~a ostrości** Fot. depth of focus
■ **w ~ ducha** a. **duszy** książk. deep down (inside); **w ~ serca** książk. in one's heart of hearts poet.; **być oburzonym/przejętym do ~** książk. to be highly indignant/excited; **wzruszyć się do ~** książk. to be deeply moved

głębin|a *f* [1] (w morzu, rzece) depths *pl* książk. [2] zw. *pl* (wnętrze) **wydobyty z ~ ziemi** mined from deep underground; **~y życia duchowego** przen. spiritual heights

głębinow|y *adi.* (w morzu) *[prąd, ryba, nurek, osady]* deep-sea *attr.*; (pod wodą lub ziemią) at depth, depth *attr.*; **skała ~a** intrusive rock; **studnia ~a** a drilled well; **pompa ~a** a deep-well pump; **bomba ~a** a depth charge

głęb|oki [1] *adi. grad.* [1] (niepłytki) *[rzeka, rana, studnia, szafa]* deep; **~oki dekolt** a low a. plunging neckline; **~oki wdech** a deep breath; **proszę wziąć ~oki wdech** please take a deep breath; **twarz poorana ~okimi bruzdami** a deeply lined face; **spodnie z ~okimi kieszeniami** trousers with deep pockets; **rów ~oki na dwa**

metry a ditch two metres deep, a two-metre-deep ditch [2] (sięgający daleko od skraju) *[las]* deep; **~oka obrona** Sport, Wojsk. deep defence GB, deep defense US; **akcja rozgrywa się w ~okiej dżungli** the story is set deep in the jungle [3] (zamierzchły) *[starożytność, średniowiecze]* early; *[przeszłość]* distant [4] przen. (niepowierzchowny) *[przekonanie, przeświadczenie]* deep; *[wiedza]* profound, extensive; *[myśl, nienawiść, uczucie, wiara, wzruszenie]* deep, profound; **~oka znajomość tematu/zagadnienia** extensive knowledge of the topic/problem; **~oki ból** (a) severe pain; **~oki żal** deep a. profound regret; **~okie rozczarowanie** deep a. profound disappointment; **~okie przeżycie** a deeply moving experience; **łączy ich ~oka przyjaźń** they share a deep bond of friendship [5] (poważny) *[recesja, podział, kryzys]* deep(-seated), severe; **~oki konflikt małżeński** deep-seated marital conflict; **~okie uzależnienie od alkoholu** severe alcohol dependence; **~okie uzależnienie państwa od importu ropy naftowej** the country's extreme dependence on imported oil [6] (intensywny) *[zieleń, czerń, fiolet]* deep; **~oki cień** deep shade [7] przen. (niski) *[głos, ton, dźwięk]* deep [8] przen. (całkowity) *[cisza, ciemność]* deep, utter; **w sali zapadła ~oka cisza** a deep silence fell in the room; **~oka tajemnica** a deep (dark) secret; **powiedział mi to w ~okiej tajemnicy** he told me that in utter secrecy [9] przen. (późny) *[jesień, zima]* late, deep; **~oki zmierzch** deep twilight; **gdy skończyli, była już ~oka noc** they didn't finish until deep in the night

[1] **głębszy** *m* pot. shot (of vodka) pot.; **wypił kilka ~szych** he drank a couple of shots of vodka

głęb|oko *adv. grad.* [1] (niepłytko) *[zapadać się, kopać, wiercić, nurkować]* deep; **~oko osadzone oczy** deep-set eyes; **proszę oddychać ~oko** breathe deeply, please [2] (daleko od skraju) *[wejść, ukryć się]* deep; **harcerze rozbili namioty ~oko w lesie** the scouts pitched their tents deep in the forest [3] (całkowicie) *[kochać, wzruszyć się, ufać]* deeply; *[zastanawiać się, przemyśleć]* seriously; **~oko niesprawiedliwy/przekonany/wierzący/wstrząśnięty** deeply unjust/convinced/devout/shocked; **~oko upośledzony** severely a. profoundly disabled a. handicapped

głębokoś|ć *f* [1] (odległość od powierzchni) depth *C/U*; **~ć jeziora** the depth of the lake; **na ~ci** at depth; **na ~ci 12 metrów** at a depth of 12 metres; **górnicy pracują na dużych ~ciach** miners work at large depths; **studnia ma ~ć 28 metrów** the well is 28 metres deep a. in depth [2] (intensywność) depth; **~ć uczucia** depth of feeling; **~ć przemian gospodarczych** the depth a. extent of the economic transformation

głodniak → **na głodniaka**
głodn|o *adv. grad.* hungry *adi.*; **na ~o** hungry; **zaspałem i poszedłem do pracy na ~o** I overslept and went to work hungry
głodn|y [1] *adi. grad.* [1] (odczuwający głód) *[osoba, zwierzę]* hungry; **~y jak wilk** (as) hungry as a hunter GB, (as) hungry as a bear

G

2 (wskazujący na niedożywienie) hungry; *[twarz]* pinched, gaunt; **psy patrzyły na nas ~ym wzrokiem** the dogs watched us with a hungry look in their eyes

II *adi.* (pragnący bardzo mocno) hungry, starved (**czegoś** for sth); **dzieci były ~e miłości** the children were hungry for love; **byliśmy ~i nowin z kraju** we were dying for news from home

III głodn|y *m*, **~a** *f zw. pl* **~i** the hungry; **~ych nakarmić** to feed the hungry

IV na głodnego *adv.* pot. hungry *adi.*

głodom|ór *m* (*G* **~ory** a. **~orzy**) 1 pot. glutton; **czeka na mnie w domu trójka ~orów** there are three hungry mouths waiting for me at home 2 przest. starveling

głod|ować *impf vi [osoba, zwierzę]* (cierpieć głód) to starve; (jadać niedostatecznie) to go hungry; **wielu ludzi na świecie ~uje** people are starving all over the world

głodow|y *adi.* 1 *[strajk, marsz, bóle]* hunger *attr.*; *[śmierć]* by starvation; *[osłabienie]* due to starvation 2 *[racje żywnościowe, porcje, dieta, pensja, zapomoga]* starvation-level

głodów|ka *f* 1 (protest głodowy) hunger strike; **więźniowie rozpoczęli ~kę** the prisoners went on a hunger strike 2 (głód) hunger *U* 3 Med. (leczenie głodem) medically supervised fasting *U*

gł|odzić *impf* **I** *vt* to starve *[więźnia, dziecko, psa]* ⇒ **zagłodzić**

II głodzić się to starve oneself; **głodzi się, żeby schudnąć** he's starving himself to lose weight ⇒ **zagłodzić się**

głogow|y *adi. [krzaki, zarośla, nalewka, wino]* hawthorn *attr.*

głos *m* (*G* **~u**) 1 (osoby) voice; **niski/ wysoki ~** a deep/high-pitched voice; **piskliwy/chrapliwy ~** a shrill/husky voice; **mówić donośnym/drżącym/stanowczym ~em** to speak in a loud/trembling/firm voice; **w słuchawce usłyszałem męski/kobiecy ~** a man's/woman's voice came through the receiver; **~ drżał mu ze wzruszenia** his voice trembled with emotion; **nie móc (wy)dobyć z siebie ~u** to be unable to get a word out; **~ uwiązł mu/jej w krtani** a. **w gardle** his/her words stuck in his/her throat, he/she couldn't get the words out; **~ mu/jej się łamał** his/her voice was breaking (up) a. cracking (up); **podnieść/zniżyć ~** to raise/to lower one's voice; **stracić/odzyskać ~** to lose one's voice/to get one's voice back; **zawiesić ~** to pause (for effect); **na ~** *[czytać, liczyć]* aloud a. out loud; **na cały ~** *[krzyczeć, wrzeszczeć]* at the top of one's voice; **w ~** *[śmiać się, płakać]* loud, out loud 2 (zwierząt) cry; **myśliwy usłyszał ~ łani** the hunter heard the cry of a doe; **~y ptaków** bird calls 3 książk. (dźwięk) sound; **~ a. ~y miasta** the sound a. sounds of the city; **~ a. ~y ulicy** the sound a. sounds of the street; **~ a. ~y przyrody** the sound a. sounds of nature; **~ syren/trąb** the sound a. sounds of sirens/horns 4 książk., przen. (nakaz wewnętrzny) **~ rozsądku** the voice of reason; **~ serca/sumienia** one's heart/ conscience; **słyszeć ~ sumienia** to hear one's conscience speaking; **iść za ~em serca** to listen to a. follow one's heart; **~ wewnętrzny nakazywał mu zawrócić** a

(little) voice inside was telling him to turn back 5 książk. (zdanie) opinion; **~ znanego krytyka** the opinion of a well-known critic; **~ sprzeciwu** a dissenting opinion 6 (wypowiedź w dyskusji) comment; **czy są jeszcze jakieś inne ~y?** are there any other comments?; **do ~u zapisało się 10 osób** 10 people are signed up to speak; **zabrać ~** to speak, to take the floor; **~ doradczy** participation in a meeting without a vote; **chciałbym zabrać ~ w sprawie formalnej** I'd like to raise a point of order; **mieć ~** to have the floor; **~ ma minister finansów** the Minister of Finance has the floor; **dojść do ~u** to take the floor; **odebrać komuś ~** to take the floor away from sb; **udzielić komuś ~u** to give sb the floor; **zaraz panu udzielę ~u** I'll give you the floor in a minute; **dopuścić kogoś do ~u** to let sb say something; to let sb get a word in edgeways a. edgewise pot. 7 (udział w głosowaniu) vote; **większością ~ów** by a majority vote; **wniosek przeszedł większością ~ów** the motion was carried by a majority vote; **liczyć ~y** to count a. tally the votes; **oddać ~** to vote; **na kogo oddała pani ~?** who did you vote for?; **wstrzymać się od ~u** to abstain (from voting) 8 Muz. (linia melodyczna) part, voice; **utwór na dwa ~y** a piece for two voices; **śpiewać na dwa/trzy/cztery ~y** to sing in two/three/four parts; **śpiewać pierwszym/drugim ~em** to sing the first/second voice 9 Muz. (skala głosu wokalisty) voice; **~ altowy/ basowy/sopranowy** (the) alto/bass/soprano voice; **~ koloraturowy** a coloratura voice; **~ operowy** an operatic voice; **śpiewać pełnym ~em** to sing in a full voice

❑ **~ Stentora** a. **stentorowy** książk. stentorian voice

■ **mały ~** Muz. weak (singing) voice; **~ krwi** książk. (poczucie więzi) blood loyalties, blood ties; (popęd naturalny) (natural) instinct(s); **~ natury** książk. (natural) instinct; **~ wołającego na puszczy** Bibl. a voice crying in the wilderness poet.; **dojść do ~u** książk. (uzewnętrznić się) to come to the fore; (zdobyć popularność) to gain popularity; **mówić** a. **przemawiać własnym ~em** książk. to speak for oneself, to speak one's own mind; **odezwać się** a. **powiedzieć coś nie swoim ~em** pot. to speak in a strange voice; **wołać/krzyczeć/mówić wielkim ~em** pot. (domagać się) to plead; (ostrzegać) to warn; **zedrzeć ~** (uszkodzić) to strain one's voice, to talk oneself hoarse; **dzieci i ryby ~u nie mają** przysł. children should be seen and not heard przysł.; **psie ~y nie idą w niebiosy** przysł., przest. ≈ ill wishes never come true

głosiciel *m*, **~ka** *f* (*Gpl* **~i**, **~ek**) książk. proponent, advocate; **~ poglądów konserwatywnych/racjonalizmu** a proponent of conservative views/of rationalism; **~ Ewangelii** an evangelist

gło|sić *impf vt* 1 (upowszechniać) to propagate, to promote *[pogląd, przekonanie, zasadę]*; **~sić słowo Boże** to preach the word of God 2 (stwierdzać) to say, to state; **mądrość ludowa ~si, że prawdziwych**

przyjaciół poznaje się w biedzie the proverb says that a friend in need is a friend indeed; **ustawa ~si, że...** the bill states that...; **fama/wieść/plotka ~si, że...** rumour has it that... 3 książk. (uroczyście wygłaszać) to deliver *[kazanie, wykład]* 4 Myślis. (szczekać) to give voice; **~sić trop sarny/dzika** to give voice when tracking a deer/boar

głosik *m dem.* (*G* **~u**) (little) voice; **cienki ~** a shrill (little) voice; **radosny ~** a happy (little) voice; **słaby ~** a weak (little) voice; **dziecięcy ~** a childish voice

głos|ka *f* 1 Jęz. (dźwięk mowy) sound; **~ka dźwięczna/bezdźwięczna** a voiced/an unvoiced a. a voiceless sound; **~ka ustna/ nosowa** an oral/a nasal sound; **~ka miękka/twarda** a soft/hard sound; **wymawiać ~ki** to pronounce sounds; **studenci ćwiczyli wymawianie polskich ~ek** the students practised the pronunciation of Polish sounds 2 przest. (litera) letter; **zapisać się złotymi ~kami** książk. to go down in history

głoskow|y *adi.* Jęz. sound *attr.*, phonetic; **wymiana ~a** sound alternation

głos|ować *impf* **I** *vt* to vote on *[ustawę, projekt]*; **~ować wniosek o zmianę przewodniczącego** to vote on a motion to replace the chair; **~ować wotum nieufności dla rządu** to vote on a motion of no-confidence in the Cabinet ⇒ **przegłosować**

II *vi* 1 (brać udział w głosowaniu) to vote; **~ować nad czymś** to vote on sth; **~ować za czymś** to vote for a. in favour of sth; **~ować przeciwko czemuś** to vote against sth; **~ować jawnie/tajnie** to vote openly/ by secret ballot; **~ować przez aklamację/ podniesienie ręki** to vote by acclamation/ a show of hands; **~ować jednogłośnie za czymś** to vote unanimously in favour of sth; **~ować na kandydata** a. **za kandydatem** to vote for a candidate; **~ować na posła/senatora** to vote for a deputy a. representative/senator; **~ować w wyborach** to vote in the elections; **~ować nogami** przen. to vote with one's feet przen. ⇒ **zagłosować** 2 pot. (opowiadać się) to vote; **~uję za powrotem do domu/ ruszeniem w dalszą drogę** I vote we go home/keep going pot., I say let's go home/ keep going pot. 3 pot. (mówić) to bellow, to yell; **przestań tak ~ować!** stop yelling!

głosowa|nie *n* voting *U*, vote; **~nie bezpośrednie** a direct vote; **~nie jawne** an open vote, open voting; **~nie tajne** a (vote by) secret ballot, voting by secret ballot; **~nie powszechne** a general election, a public vote; **~nie nad ustawą** (czynność) a vote on the bill; (wynik) voting on the bill; **uprawniony/nieuprawniony do ~nia** entitled/not entitled to vote; **prawo do ~nia** the right to vote; **kabina do ~nia** a polling booth GB, a voting booth US; **karta do ~nia** a ballot (paper); **brać udział w ~niu** to vote, to take part in a vote; **przystąpić do ~nia** to proceed to a vote; **wstrzymać się od ~nia** to abstain (from voting); **poddać coś pod ~nie** to put sth to a vote; **odrzucić coś w ~niu** to vote sth down; **wniosek przepadł w ~niu** the motion was voted down a. defeated; **wybrać kogoś przez ~nie** a. **w ~niu** to elect sb, to vote sb in; **~nie było jednomyślne** the vote was unanimous

głosowo adv. [1] (ustnie) orally, verbally; **porozumiewać się ~** to communicate orally a. verbally; **system nawigacyjny sterowany ~** a voice-operated navigation system [2] Muz., Teatr vocally; voice-wise pot.; **aria trudna ~** a vocally demanding aria
głosow|y adi. [1] (dotyczący głosu ludzkiego) vocal; **doskonałe warunki ~e** excellent vocal abilities [2] przest. (fonetyczny) phonetic ❏ **struny** a. **wiązadła ~e** vocal cords
głośni|a f (Gpl ~) Anat. glottis
głośnik m (loud)speaker; **odtwarzacz CD/ komputer z wbudowanymi ~ami stereo** a CD player/computer with built-in stereo speakers; **z ~ów popłynęła muzyka Bacha** Bach was flowing from the speakers
głośnikow|y adi. (loud)speaker attr.; **kolumny ~e** (loud)speakers
głośn|o Ⅰ adv. grad. [1] (słyszalnie) [mówić] loud adi.; [chrapać, oddychać] loudly; **rozmawiać/śmiać się ~o** to talk loudly/ laugh out loud; **~o wzdychać/ziewać** to sigh/yawn loudly; **mów ~iej!** speak up!, talk louder!; **śpiewać/czytać ~iej** to sing/ read louder; **nastaw radio trochę ~iej** turn up the radio [2] (hałaśliwie) noisily, loudly; **nie rozmawiaj/nie śmiej się tak ~o** don't talk/laugh so loudly; **~o siorbał herbatę** he slurped his tea noisily; **w pokoju zrobiło się ~o** the room got noisy; **za ~o!** it's too loud!
Ⅱ adv. [1] (otwarcie) openly; **miała odwagę mówić o tym ~o** she had the courage to speak about it openly, she had the courage to speak up a. out about it [2] (na głos) aloud adi.; **~o czytać** to read aloud a. out loud; **~o myśleć** to think out loud
Ⅲ adv. praed. (powszechnie wiadomo) **w całej Polsce ~o o aferze łapówkarskiej** the whole country is talking about the bribery scandal; **w całym mieście było ~o o ich romansie/rozwodzie** their romance/divorce was the talk of the town
głośnoś|ć f sgt volume, loudness; (hałaśliwość) noise, noisiness; **~ć stanowisk pracy** noise levels in the workplace; **pokrętło ~ci** volume control; **poziom ~ci** volume a. sound level
głośn|y adi. grad. [1] (dobrze słyszalny) loud; **~y krzyk** a loud scream; **~y śmiech** loud laughter [2] (hałaśliwy) noisy; **~e dziecko** a noisy child; **ta ulica nawet w nocy jest ~a** the street is noisy even at night [3] przen. renowned, well known; **~y pisarz** a renowned a. well-known author; **aktorka ~a z urody** an actress famous for a. renowned for her beauty; **~y wypadek** a well-known case; **odbijać** a. **rozchodzić się ~ym echem** to cause a sensation; **wieść odbiła się ~ym echem** the news caused a sensation
Ⅱ adi. (wypowiadany na głos) **~a modlitwa** a prayer said aloud a. out loud; **ćwiczyć ~e czytanie** to practise reading aloud a. out loud
gł|owa f [1] (część ciała) head; **pokiwać głową** to nod (one's head); **pokręcić** a.

potrząsnąć głową to shake one's head; **pochylać głowę** to bow one's head; **podnosić głowę** to raise one's head; przen. to rebel, to revolt; **ból głowy** a headache; **cierpieć na ból głowy** to have a headache; **głowa mi/jej pęka** a. **puchnie od hałasu/ waszego gadania** all the noise/your chatter is giving me/her a splitting headache; **włożyć czapkę na głowę** to put a cap on; **chodzić z gołą** a. **odkrytą głową** to go bareheaded; **głową naprzód** [upaść, skoczyć] headlong, head first; **od stóp do głów** from head to toe a. foot; **zmierzyć kogoś wzrokiem od stóp do głów** to look sb up and down, to look sb over from head to foot; **ubrana na czerwono od stóp do głów** dressed in red from head to toe; **przerastać kogoś o głowę** (być wyższym) to be a head taller than sb; przen. to be head and shoulders above sb; **głowa ci/mu się kiwała** (ze zmęczenia) you were/he was nodding off; (po alkoholu) you were tipsy; **krew uderzyła mu/jej do głowy** the blood rushed to his/her head; **kręciło się jej/mi w głowie** she/I felt dizzy, her/my head was spinning; **szumiało mu w głowie** his head was spinning a. whirling; **leje mi się na głowę** my roof leaks; **(mieć) dach nad głową** (to have) a roof over one's head [2] (umysł) head, mind; **z głowy** (z pamięci, bez sprawdzania) from memory; **chodzi mi po głowie myśl** a. **pomysł, żeby zmienić pracę** I've been toying with the idea of changing jobs; **siedzieć komuś w głowie** [myśl, wydarzenie] to be on sb's mind, to weigh on sb's mind; **ten problem od tygodnia siedzi mi w głowie** I haven't been able to get my mind off the problem all week; **nie mieścić się komuś w głowie** to be unbelievable a. incredible, to boggle sb's mind; **nie mieści mi się w głowie, jak mogłeś zapomnieć o jej urodzinach** I can't believe you forgot her birthday; **nie postać komuś w głowie** [myśl, pomysł] to not occur to sb, to not enter sb's mind a. head; **nawet w głowie mi nie postało, żeby się jej sprzeciwiać** it never occurred to me to contradict her; **nic mi nie przychodzi do głowy** nothing comes to mind, I can't think of anything; **nie przyszło jej do głowy, żeby do niego zadzwonić** a. **że powinna do niego zadzwonić** it didn't occur to her to phone him a. that she ought to phone him; **przelecieć** a. **przemknąć komuś przez głowę** [myśl, pomysł] to cross sb's mind; **przeleciało** a. **przemknęło mu przez głowę, żeby do nich napisać** the idea of writing to them crossed his mind; **wchodzić/nie wchodzić komuś do głowy** [nauka, przedmiot szkolny] to come/to not come easily to sb; **daty zawsze łatwo wchodziły jej do głowy** she's always had a good head for dates; **języki obce łatwo wchodzą mu do głowy** he picks up foreign languages easily, foreign languages come easily to him; **matematyka w ogóle nie wchodzi mi do głowy** I have no head for maths; **wylecieć komuś z głowy** to slip sb's mind; **wszystko, czego się uczyłem, na egzaminie wyleciało mi z głowy** I'd studied really hard, but during

the exam my mind went blank, everything that I'd learned went out of my head during the exam; **wyleciało mi z głowy, że miałam pojechać po niego na lotnisko** I was supposed to pick him up at the airport but it completely slipped my mind; **kłaść** a. **wbijać coś komuś w głowę** a. **do głowy** to hammer sth into sb's head; **kłaść** a. **pakować coś komuś łopatą do głowy** to cram sth into sb's head; **kręcić** a. **mącić** a. **mieszać komuś w głowie** to mix sb up; to do sb's head in GB pot.; **miałam/miał/ miała pustkę w głowie** my/his/her mind went blank; **mieć mętlik w głowie** to be all mixed up; **moja w tym głowa, żeby...** it's up to me to...; **mieć coś z głową** to be off one's head; **mieć dobrze w głowie** to be sensible; **mieć głowę do czegoś** to have a (good) head for sth [matematyki, interesów]; **mieć głowę zajętą czymś/ kimś** to be preoccupied with sth/sb; **mieć spokojną głowę** to have nothing to worry about; **mieć wolną głowę** to have a clear head a. mind; **miesza** a. **mąci** a. **plącze mi/jej się w głowie** I'm/she's confused a. mixed up; **nabić** a. **zaprzątnąć sobie głowę czymś** to stuff one's head with sth; **nie mam teraz głowy do tego** I've got too many other things on my mind to think about that right now; **robić coś z głową/bez głowy** to use/to not use one's head a. one's common sense when doing sth; **wyjazd na wycieczkę zaplanowany z głową/zupełnie bez głowy** a well-/ thoughtlessly planned trip; **zaświtać komuś w głowie** [myśl, pomysł] to dawn on sb; **już mi coś zaczęło świtać w głowie** I was beginning to get the idea; **rozjaśniło mi/mu się w głowie** it became clearer to me/him; **po rozmowie z matką rozjaśniło mi się w głowie** talking to a. with my mother helped me sort it all out; **tracić głowę** pot. to lose one's head [3] (człowiek inteligentny) brain pot.; **człowiek z głową** a man/woman with a good head on his/her shoulders; **mądra głowa** a brain pot.; **tęga głowa** a brainbox GB pot., a brain pot.; **jej siostra to tęga** a. **mądra głowa** her sister is a real brain; **z tego matematyka to nie lada głowa** this mathematician is a real brain [4] (fryzura) hair(cut), hairstyle; **modnie uczesana głowa** a fashionable hairstyle; **miała głowę prosto od fryzjera** she'd just had her hair done; **zrób coś z tą głową, wyglądasz jak czupiradło** do something with your hair, you look a fright [5] (w wyliczeniach) **na głowę** a. **od głowy** each, per person; **do zapłacenia jest 100 zł na głowę** a. **od głowy** it costs 100 zlotys each a. per person; **dochód na głowę mieszkańca** per capita income; **spożycie alkoholu na głowę mieszkańca** per capita alcohol consumption [6] (przywódca) head; **głowa rodziny** the head of the family; **koronowane głowy** crowned heads; **głowa państwa** Polit. the head of state; **głowa kościoła anglikańskiego/(rzymsko)katolickiego** Relig. the head of the Anglican/ (Roman) Catholic church

■ **kapuściana** a. **ośla** a. **zakuta głowa** pot. obraźl. dimwit pot., obraźl., thickhead pot., obraźl.; **pójść** a. **skoczyć po rozum do głowy** pot. to see the light (of reason) iron.; **łamać sobie głowę nad czymś** pot. to puzzle over sth, to chew sth over; **łamać sobie głowę czymś** to (w)rack a. cudgel one's brain(s) about sth, to chew sth over; **mieć na tyle oleju w głowie, żeby...** pot. to have the wit(s) a. the brains a. the sense to... pot.; **nie mieć oleju w rozumu w głowie** pot. not to have the sense one was born with; **mieć źle a. niedobrze w głowie** pot. to need to have one's head examined pot.; **mieć zielono a. pstro w głowie** pot. to be an airhead pot.; **zawracać komuś głowę** to bug sb pot.; to bother a. pester sb; **suszyć komuś głowę** to nag sb; **przewracać komuś w głowie** [zaszczyty, pochlebstwa, sukcesy] to go to sb's head; **mieć coś/kogoś z głowy** pot. (pozbyć się) to get rid of sb/sth; (załatwić sprawę) to get sth out of the way a. over (and done) with pot.; **wybić się coś z głowy** pot. to get sth out of one's head pot.; **wybij sobie z głowy wakacje za granicą** you can just forget about going abroad for the holidays pot.; **wybić coś komuś z głowy** pot. to put sb off sth; **muszę mu wybić z głowy ten pomysł** I have to put him off that idea; **wziąć sobie kogoś/coś na głowę** pot. to take sb/sth on one's shoulders; **siedzieć komuś na głowie** pot. to stay with sb; **rodzina z Kanady siedzi mi na głowie od miesiąca** I've had relatives from Canada on my hands all month pot.; **zwalić się komuś na głowę** pot. to descend on sb; **mieć z kimś/czymś urwanie głowy** pot. to have one's hands full with sb/sth pot.; **w domu było urwanie głowy** there was bedlam in the house; **zachodzić w głowę** pot. to go nuts trying to figure sth out pot.; **zachodzę w głowę, gdzie mogłam wsadzić paszport/zostawić teczkę** I'm going nuts trying to figure out where I could've put my passport/left my briefcase; **zawrócić komuś w głowie** (zbałamucić) to lead sb astray; (rozkochać) to turn sb's head; **mieć głowę na karku** a. **nie od parady** to have one's head screwed on right a. screwed the right way, to have a good head on one's shoulders; **przewyższać kogoś o głowę** to be head and shoulders above sb; **(po)bić kogoś na głowę** to outdo sb; to run a. make rings (a)round sb pot.; **konkurencja bije nas na głowę pod względem liczby sprzedanych egzemplarzy/kontroli jakości** the competition is running rings around us in terms of sales/quality control; **mieć mocną/słabą głowę** to have/to not have a strong head (for alcohol), to hold/to not hold (one's) liquor well; **iść a. uderzać komuś do głowy** [alkohol] to go (straight) to sb's head; **kurzyło mu się z głowy** he was drunk; **dać głowę** (stracić życie) to lose one's life; **głowę dam, że...** I'm positive a. absolutely certain (that)...; **skrócić kogoś o głowę a. uciąć komuś głowę** to behead sb; **nadstawiać głowy a. głowę** to risk one's neck; **odpowiadać a. ręczyć głową za kogoś/coś** to stick one's neck out for sb/sth; **naznaczyć cenę na czyjąś głowę** to put a price on sb's head; **chodzić z**

głową w chmurach to have one's head in the clouds; **chować głowę w piasek** to bury one's head in the sand; **stać a. być postawionym na głowie** pot. to make no sense; **wisieć (komuś) nad głową** to be hanging over sb a. over sb's head; **nosić głowę wysoko** to hold up one's head a. to hold one's head (up) high; **rwać a. drzeć włosy z głowy** to tear one's hair out; **schylać a. pochylać głowę przed kimś** to bow (down) before sb; **stawać na głowie (żeby coś zrobić)** pot. to bend over backwards (to do sth), to break one's neck (to do sth); **tłuc a. walić głową o mur** to beat a. bang one's head against the wall a. against a brick wall; **ukręcić czemuś głowę** to hush sth up [sprawie, aferze]; to nip sth in the bud [plotce]; **wchodzić komuś na głowę** pot. to walk all over sb; **wylać komuś kubeł zimnej wody na głowę** pot. to bring sb (back) down to earth; **wylewać komuś pomyje na głowę** pot. to badmouth sb pot.; **wziąć kogoś za głowę** pot. to take sb in hand; **zmyć komuś głowę** pot. to give sb what for pot.; **woda sodowa uderzyła mu do głowy** pot. he's become big-headed pot.; **włos ci/mu z głowy nie spadnie** it won't harm a hair on your/his head; **włos się mi/jej na głowie jeży (od czegoś)** sth makes my/her hair stand on end, sth makes my/her hair curl; **życie los nie głaszcze go/jej po głowie** he/she doesn't have an easy life; **spokojna głowa** not to worry pot.; don't worry; **spokojna głowa, zdążymy** don't worry, we'll be on time; **niech cię o to głowa nie boli** that's not your problem, don't worry about it; **głowa do góry!** chin up!, cheer up!; **marzenie ściętej głowy** a pipe dream; **czapki z głów!** hats off!; **co dwie głowy to nie jedna** przysł. two heads are better than one przysł.

głowic|a f [1] Techn. head; **~a drukarki** a printer head; **~a zapisująca/odczytu/kasująca** the recording/playback/eraser head; **~a obrabiarki** a machine tool head; **~a magnetyczna** a magnetic head; **~a rewolwerowa** a turret a. capstan lathe [2] Wojsk. (war)head; **~a pocisku** a missile a. shell head; **~a nuklearna** an atomic warhead [3] (rękojeść broni siecznej) hilt; **~a miecza** the hilt of a sword [4] Archit. capital, head; **~a kolumny** the capital of a column

gł|owić się impf v refl. to try to figure out, to (w)rack a. cudgel one's brain(s); **głowić się nad problemem** to (w)rack one's brain(s) over a problem; **głowili się, jak rozwiązać zadanie** they were trying to figure out how to do the assignment

głowin|a f iron., pieszcz. (little) head; **dziecko przytuliło ~ę do matki** the child nestled his/her head against her mother; **to nie na twoją ~ę** don't worry your pretty (little) head about it iron.

głowi|zna f sgt Kulin. ≈ brawn GB, ≈ headcheese US; **~zna wieprzowa/wołowa** pork/beef brawn

głowni|a f (Gpl ~) [1] (polano) (fire)brand; **żarzące się ~e** glowing firebrands [2] (klinga) blade; **~a szabli** a sabre blade [3] Bot. smut U spec.

głowon|óg Zool. [I] m (mięczak) cephalopod [II] **głowonogi** plt (gromada) Cephalopoda

gł|ód m sgt (G **głodu**) [1] (łaknienie) hunger; (brak pożywienia) hunger, starvation; **dojmujący głód** sharp hunger; hunger pangs; **dokuczał a. doskwierał im głód** they were famished a. ravenous; **głód skręcał nam kiszki a. skręcało nas z głodu** hunger was gnawing at us; **morzyć kogoś głodem** to starve sb także przen.; **umierać a. ginąć z głodu** to be dying from hunger także przen., to be starving (to death) także przen.; **przymierać głodem** to be starving (to death) także przen.; **padać z głodu** przen. to be weak a. faint from hunger; **zaspokoić głód** to satiate one's appetite; **klęska głodu** famine [2] (pragnienie, potrzeba) craving C; **głód narkotyczny** a craving for drugs; **symptomy głodu narkotycznego** withdrawal symptoms; **być na głodzie** pot. to be going through withdrawal; **zmniejszyć głód nikotynowy** to reduce nicotine cravings; **głód wiedzy** przen. a thirst a. craving for knowledge

■ **o głodzie i chłodzie** książk. cold and hungry; **spędziła w lesie pięć dni o głodzie i chłodzie** she spent five cold and hungry days in the woods; **siedział w celi o głodzie i chłodzie** he was left cold and hungry in the cell; **głód (to) najlepszy kucharz** przysł. hunger a. appetite is the best sauce

gł|óg m (G **głogu**) [1] (roślina) hawthorn; **krzaki głogu** hawthorn bushes; **żywopłot z głogu** a hawthorn hedge [2] sgt (owoce) haw C, hawthorn berry C; **konfitury z głogu** hawthorn (berry) jam GB a. preserves US

głów|ka f [1] dem. (część ciała) (little) head; **dziewczęca ~ka** a little girl's head; **szpaki przekrzywiały ~ki** starlings cocked their heads; **~ka płodu** the foetus's head; **skoczyć na ~kę** to dive (head first); **skok na ~kę** a dive [2] Bot. (część rośliny) head; (pylnik) anther spec.; (kwiatostan graniasty) capitulum spec.; flower head; **~ka czosnku** a garlic bulb; **~ka maku** a poppy head; **~ka sałaty** a head of lettuce; **~ki szparagów** asparagus tips; **~ka kwiatu** the head of a flower [3] (część kapelusza) crown; **kapelusz z okrągłą ~ką** a hat with a round crown [4] (górna część) head; **~ka gwoździa** the head of a nail; **~ka szpilki** a pinhead; **laska ze srebrną ~ką** a cane with a silver head [5] Anat. **~ka kości** capitulum spec.; **~ka plemnika** the head of a sperm (cell) [6] Muz. (gitary, skrzypiec) head; **wymienić ~kę skrzypiec** to replace the violin head [7] Druk. (część czcionki) (type)face [8] (kija golfowego) head [9] (część maszyny do szycia) head [10] (rodzaj tamy) wing dam [11] Sport header; **strzelić gola ~ką** to score a goal with a header

❏ **~ka cegły** Budow. header, the end face of a brick

■ **~ka pracuje!** good thinking; **trupia ~ka** (owad) death's head (hawk)moth; (ssak) squirrel monkey; (symbol czaszki z piszczelami) skull and crossbones

głów|kować impf vi pot. [1] (zastanawiać się) to (w)rack a. cudgel one's brain(s) (**nad czymś** over sth); **~ować nad problemem/zagadką** to try to figure out a

G

solution to the problem/riddle pot.; **musieli niezłe ~ować** they really had to (w)rack their brains [2] Sport to head; **nasz napastnik ~ował celnie** our forward headed accurately

głównie adv. mainly, chiefly; **znany był ~ ze swoich sonat** he was known chiefly for his sonatas; **jeździ często za granicę, ~ do Hiszpanii** he frequently goes abroad, mainly to Spain

głównodowodząc|y m Wojsk. commander-in-chief; **~y sił zbrojnych USA/sił powietrznych** the commander-in-chief of the US armed forces/of the air force(s)

główn|y adi. [posiłek, ulica, wyjście, problem, pytanie] main; [bolączka, cel, przyczyna, powód] main, primary; [temat, wątek] main, central; [miasto, rzeka] principal; [rola, postać] main, lead(ing); [inżynier, księgowy] chief, head; **~y bohater** the main character; **dworzec ~y** the main (train a. railway) station; **~y wyłącznik** the master switch; **~e wydarzenia tygodnia** the main events of the week; **~ym zadaniem komisji jest analiza roszczeń** the committee's primary task is to assess the claims; **~ym zagadnieniem jest obniżka kosztów** the chief concern is how to cut costs; **akcent ~y** the primary (word) stress; **~a wygrana** (the) first prize

głuchaw|y adi. pot. hard of hearing; **być ~ym na jedno ucho** to be a bit deaf in one ear

głuch|nąć impf (~ł a. ~nął, ~nęła, ~nęli) vi [1] (tracić słuch) to lose one's hearing, to go deaf; **~nąć ze starości** to have age-related hearing loss; **~nąć od przebywania w hałasie** to lose one's hearing due to noise exposure; **nasze stare psisko już ~nie** our poor old dog is going deaf ⇒ **ogłuchnąć** [2] (cichnąć) to die down a. away, to fade away; **warkot silnika ~ł w oddali** the throb of the engine was dying a. fading away in the distance

głucho adv. [1] (w sposób przytłumiony) dully, hollowly; **jego głos brzmiał ~** his voice sounded dull a. flat; **nasze kroki dudniły ~** our steps echoed hollowly [2] przen. (cicho) **po wyjeździe dzieci w domu zrobiło się ~** the house seemed silent after the kids had gone; **~ od pewnego czasu o całej sprawie/jego wyjeździe/podwyżkach** there's been no mention of the matter/his departure/(pay) rises for some time
■ **zamknięte na ~** locked a. shut up tight; **drzwi były zamknięte na ~** the door was tightly locked

głuchoniem|y [I] adi. (profoundly) deaf; deaf mute daw., obraźl.; orally and aurally challenged euf.
[II] **głuchoniem|y** m, **~a** f (profoundly) deaf person; deaf mute daw., obraźl.

głucho|ta f sgt [1] (brak słuchu) deafness; **~ta całkowita/częściowa/jednostronna** total/partial/unilateral deafness a. hearing loss; **~ta nabyta/postępująca/wrodzona** acquired/progressive/congenital deafness a. hearing loss; **~ta muzyczna** tone-deafness; **~ta starcza/zawodowa** senile/occupational deafness a. hearing loss; **leczenie ~ty** the treatment of hearing loss [2] przen., pejor.

kompletna ~ta władz na potrzeby społeczeństwa the government's deafness to the needs of society

głu|chy [I] adi. [1] (niesłyszący) deaf, hearing-impaired; **całkowicie/częściowo ~chy** totally/partially deaf a. hearing-impaired; **~chy na jedno ucho** deaf in one ear; **~chy od urodzenia** deaf from birth; **~chy jak pień** as deaf as a post, stone deaf [2] pejor., żart. (obojętny) deaf (**na coś** to sth); **on jest ~chy na moje perswazje** he's deaf to my arguments [3] (przytłumiony) dull, hollow; **~chy kaszel** a hollow cough; **~chy stukot kopyt** the dull thud of hooves [4] przen. (cichy, milczący) silent, hushed; **~cha ulica** a silent street; **~cha cisza** dead silence [5] żart. (mówiony w tajemnicy) whispered, hushed; **~che plotki** whispered rumours [6] przen. (mocny i skrywany) ≈ deep(-seated); **~cha nienawiść** deep(-seated) hatred; **~cha rozpacz** deep(-seated) despair [7] żart. (bardzo oddalony) remote; God-forsaken pejor.; **~cha wieś** a God-forsaken village; **w ~chej puszczy** in the depths of the forest
[II] **głu|chy** m, **~cha** f deaf person; **szkoła dla ~chych** a school for the deaf a. hearing-impaired
■ **czego ~chy nie dosłyszy, to zmyśli** ≈ the mind abhors a vacuum (and guesses at missing information)

głup m (Npl ~y) posp. **rżnąć ~a** to play silly buggers posp., wulg.

głupaw|ka f pot. hilarity; **dostać ~ki** to be in fits pot.

głupawo adv. pejor. vacantly pejor., foolishly pejor.; **~ się uśmiechać** to grin foolishly; **gapić się ~** to gape vacantly

głupaw|y adi. pejor. foolish pejor., dop(e)y pejor.; **~y uczeń** a stupid pupil; **~y pies** a dumb dog; **~y uśmiech** a silly a. dop(e)y smile

głup|ek m (Npl ~ki) pot., pejor. dope pot., pejor., ass GB pot., pejor.; **zachowywać się jak ~ek** to act like a moron pot., pejor.; **wyjść na ~ka** to look like a fool; **zrobić z siebie ~ka** (ośmieszyć się) to make a fool a. an ass of oneself; **robić z siebie ~ka** (pajacować) to clown around pot.

głup|i adi. grad. [1] (nieinteligentny) stupid, foolish; (niepoważny) silly; daft GB pot.; (naiwny) silly, foolish; **~ia mina** a stupid/silly expression; **~ie pytanie** a silly question; **~i jak but** a. **jak stołowe nogi** a. **jak cielę** daft as a brush GB pot., (as) dumb as an ox pot.; **~iego robota!** (bezcelowa) it's pointless; it's pissing in the wind posp.; (żmudna) it's donkey work pot.; **jak ~i** (nieinteligentnie) like an idiot; (jak obłąkany) like a lunatic; **śmiać się jak ~i** to laugh like an idiot/like a lunatic; **biegać w kółko jak ~i** to run around (in circles) like a chicken with its head cut off a. a headless chicken pot.; **pracować jak ~i** to work like mad pot.; **udawać ~iego** to play the fool; to play dumb pot.; **~ie wymówki** a. **wykręty** silly excuses; **z ~iego zarozumiałego szczeniaka wyrósł na poważnego, odpowiedzialnego człowieka** that silly conceited little twit grew up into a serious, responsible young man; **przestała zadawać się z ~imi nastolatkami** she stopped hanging around with silly teenagers; **~ia**

byłam, że się na to zgodziłam it was stupid of me to agree to it; **nie ma ~ich!** who do you think you're fooling?!; **nie bądź ~i!** don't be silly/stupid!; **~a krowa** pot., obraźl. stupid cow! pot., obraźl.; **~i osioł!** pot., obraźl. stupid ass! GB pot., obraźl. [2] pot. (lekceważąco) silly, stupid; **~ia choroba/sprawa** a silly illness/matter; **nawet ~iego gwoździa nie umie wbić** he can't even get a stupid nail hammered in [3] pot., pejor. **~ią pogodę mamy tej zimy** it's really crazy weather this winter pot.; **wplątała się w jakiś ~i romans** she got involved in some stupid (love) affair; **przez ~i upór** through (one's own) pigheadedness; **przez ~i upór stracił okazję/pracę** it was through his own pigheadedness that he missed that opportunity/lost that job [4] (niezręczny, przykry) awkward, stupid; **~i błąd** a boob GB pot.; a stupid mistake; **~ia sytuacja** an awkward situation; **~ia wpadka** a stupid blunder; **~ie żarty/kawały/dowcipy** clumsy jokes [5] pot. (obłąkany) loony pot., crazy pot.
■ **śmiać się jak ~i do sera** to be happy as a sandboy GB, to be happy as a clam US; **~ich nie sieją, sami się rodzą** ≈ there's a sucker born every minute; **~i ma zawsze szczęście** pot. fortune favours fools przysł.; **~i sam się ze skóry łupi** a fool and his money are soon parted przysł.; **mądry ~iemu ustępuje** ≈ it isn't wise to stand in a fool's way; **wysoki jak brzoza, a ~i jak koza** ≈ all brawn (and) no brain

głup|iec m (V ~cze) fool, idiot; **ciężki ~iec** an utter fool; **~iec patentowany** a. **do kwadratu** a complete a. total idiot; **ten ~iec kazał nam dwie godziny czekać i marznąć** that idiot made us wait two hours in the freezing cold; **mieliśmy go za ~ca, a to on nas wykiwał** we thought he was a fool, but he took us all for a ride pot.

głupi|eć impf (~ał, ~eli) vi pot. (tracić sprawność umysłową) to turn stupid, to get silly; (tracić zdrowy rozsądek) to lose one's head; **~eć z miłości (do kogoś)** to lose one's head (completely) over sb; **ludzie ~eją od nagłej forsy** people often lose their heads when they come into a windfall; **człowiek ~eje, jak patrzy na te nowe przepisy** these new regulations are stupefying ⇒ **zgłupieć**

głupi|o adv. grad. [1] (bezmyślnie, niemądrze) stupidly, foolishly; [brzmieć, wyglądać] stupid adi.; **~o odpowiadać/uśmiechać się** to answer/smile stupidly; **~o postępować** to act stupid, to do sth stupid [2] (niezręcznie) **zrobiło mu się ~o** he was embarrassed; **czuć się ~o** to feel stupid
■ **z ~a frant** [powiedzieć, zapytać] (bez zastanowienia) out of the blue; (udając naiwnego) playing dumb pot.; playing the fool

głupiut|ki adi. dem. silly; **~kie dziecko** a silly child

głupkowato adv. pejor. stupidly, foolishly; **gapić się/śmiać się ~** to stare/laugh stupidly

głupkowatoś|ć f sgt pejor. silliness; dopiness pot.; **~ć dowcipu** the silliness of the joke

głupkowa|ty *adi.* pejor. silly; dopey pot.; **~te odzywki** silly retorts; **~ty uśmiech** an idiotic smile

głupol *m* (*Gpl* ~i a. ~ów) pot., pejor. berk GB pot., pejor.; fool pejor.; **ale z niego ~!** he's a real berk!

głupo|ta *f* [1] *sgt* (tępota lub jej przejaw) stupidity, foolishness; **czysta ~ta** sheer stupidity; **to świadczy o jego ~cie** that goes to show his foolishness [2] *zw. pl* pot. (bzdura, głupstwo) nonsense *U*; rubbish *U* pot.; **opowiadać ~ty** to talk nonsense; **nie powtarzaj tych ~t** don't repeat that rubbish; **przez taką ~tę stracić dobrą pracę** to lose a good job over something stupid like that

głupstew|ko *n dem.* trifle, trinket; **kupiła jakieś ~ka** she bought some trifles

głupstw|o *n* [1] (bzdura) nonsense *U*; rubbish *U* pot.; **przestań gadać ~a** stop talking rubbish [2] (nierozważny czyn) stupid thing (to do); (gafa) boob GB pot., goof(-up) US pot.; **palnąć ~o** to put one's foot in it a. in one's mouth; **zrobić ~o** to boob GB pot., to goof up US pot.; **popełniłam w życiu wiele ~** I've done a lot of stupid things in my life [3] (drobnostka) trifle; **sprzeczać się o byle ~o** to quarrel over the most trivial things; **przejmować się ~ami** to get worked up over nothing; **przestań zajmować się ~ami** stop messing around with trivialities; **tracić czas na ~a** to waste time on trifles; **wydawać pieniądze na ~a** to spend money on trifles

głupta|k **I** *m pers.* (*Npl* ~ki a. ~cy) pot., pejor. moron pot., thickhead pot.; **ten ~k o niczym nie ma pojęcia** that thickhead doesn't understand a thing
II *m anim.* Zool. gannet

głuptas *m* (*Npl* ~y) pot. silly (thing) pot.; **poczciwy, stary ~** a good-natured old fool; **Aniu, ty ~ie!** Ann, you silly thing!

głuptas|ek *m dem.* (*Npl* ~ki) pot. silly pot., silly billy pot., pieszcz.; **Ania jest jeszcze małym ~kiem** Ann is still a silly little girl

głusz|a *f* (*Gpl* ~ a. ~y) [1] (odludzie, pustkowie) wilderness, solitude; **w leśnej ~y** in a forested wilderness [2] *sgt* książk. (martwa cisza) stillness; **nocna ~a** the dead of night

głusz|ec *m* Zool. capercaillie (*a Eurasian grouse*)

głusz|yć *impf vt* [1] (wyciszać) [tkanina, płyta, izolacja] to muffle [hałas, dźwięki]; **dywan ~y kroki** the carpet muffles the sound of footsteps ⇒ **wygłuszyć** [2] (tłumić) [hałas] to drown out [dźwięki]; **ryk motoru ~ył jego słowa** the engine noise drowned out his words ⇒ **zagłuszyć** [3] (hamować wzrost) to choke [rośliny]; **chwasty ~ą nasze warzywa** weeds are choking our vegetables ⇒ **zagłuszyć** [4] (uderzeniem) to stun; **~yć wieprza** to stun a hog; **~yć króliki** Myślis. to stun rabbits ⇒ **ogłuszyć**

gmach *m* (*G* ~u) [1] (duży budynek) building, edifice; **~ państwowy** a government building; **~ sądu** a courthouse; **~ dworca** the railway station (building) [2] przen. edifice przen.; **~ prawa/ludzkiej wiedzy** the edifice of law/human knowledge

gmaszysk|o *n augm.* (big) building; barrack (of a building) pejor.; **ciężkie, ponure**

~o a vast gloomy barrack of a building; **ponure ~o więzienia** the dreary prison edifice

gmatwa|ć *impf* **II** *vt* [1] (utrudniać) to complicate [sprawy, wywód]; to muddle (up) [myśli]; **mów jasno, nie ~j** stop beating about a. around the bush; **podejrzani celowo ~li śledzwo** the suspects were impeding the investigation ⇒ **pogmatwać, zagmatwać** [2] (plątać) to tangle (up) [nić, sznurek] ⇒ **pogmatwać, zagmatwać**
II gmatwać się [1] (stawać się zagmatwanym) to get complicated; **sprawy się ~ją** things are getting complicated ⇒ **pogmatwać się, zagmatwać się** [2] (gubić się) to get bogged down; (popadać w sprzeczność) [świadek, oskarżony] to trip oneself up; **~ć się w zeznaniach** to trip oneself up while testifying ⇒ **zagmatwać się**

gmatwanin|a *f sgt* [1] (plątanina) knot *C*, tangle *C*; **~a kabli** a tangle of wires; **~a korzeni** a knot of roots [2] przen. muddle *C*, tangle *C*; **~a myśli** a tangle of thoughts; **~a ulic** a maze of streets; **~a wyrazów** a jumble of words

gme|rać *impf* (~ra a. ~rze) **II** *vi* pot. to mess about (przy czymś with sth); **~rała przy zamku** she was messing about with the lock; **~rał pogrzebaczem w piecu** he was poking (about) in the stove; **~rać przy samochodzie** to tinker with the car; **ktoś ~rał w moich papierach/w mojej szafie** someone's been messing about with my papers/in my wardrobe ⇒ **pogmerać**
II gmerać się to dawdle; **~rać się w łazience** to dawdle in the bathroom; **przestań się tak ~rać, bo się spóźnimy** stop dawdling, we're going to be late

gmin *m* (*G* ~u) [1] książk., pejor. rabble *U* pejor.; **zadawać się z ~em** to consort with the rabble [2] Hist. (chłopi) peasantry *U*; **człowiek z ~u** a commoner

gmin|a *f* [1] Admin. (administrative) district; **burmistrz ~y** a district mayor; **szkoła przejęta przez władze ~y** a school taken over by the district authorities [2] (mieszkańcy) community; **wysiłkiem ~y zbudowano drogę** the road was built thanks to the efforts of the whole community [3] pot. (urząd) local government; **pracować w ~ie** to work for the council a. for the local authority a. in local government [4] Relig. community; **~a chrześcijańska/żydowska** Christian/Jewish community; **~a pierwotna** the early Church

gminn|y *adi.* [1] (dotyczący jednostki administracyjnej) district *attr.*; **budżet ~y** the district budget; **rada ~a** the district council [2] Relig. community *attr.* [3] przest. (prostacki) common pejor., coarse pejor.; **~e zachowanie** common behaviour

gna|ć *impf* **II** *vt* [1] (zmuszać do pośpiechu) to drive; **~ć krowy na pastwisko** to drive the cows to the pasture; **wiatr ~ł chmury po niebie** the wind was driving the clouds across the sky [2] (zmuszać do działania) to drive (kogoś do czegoś sb to sth a. to do sth); to make (kogoś do czegoś sb do sth); **~ć dzieci do nauki** to make children learn; **~ny ambicją/ciekawością** driven by ambition/curiosity

III *vi* (pędzić) to race, to rush; **~ć bez wytchnienia/ile sił w nogach** to rush breathlessly/as fast as one can; **~ć na oślep/na złamanie karku** to rush blindly/headlong ⇒ **pognać**

gna|t *m* pot. [1] (kość) bone; **pies ogryzał ~t** the dog was gnawing (on) a bone; **gapić się jak sroka w ~t** to stare; **nie czuć ~tów** to be wiped out pot., to be knackered GB; **porachować komuś ~ty** to give sb a hiding pot.; **wyciągnąć ~ty** to have a stretch; **wyprostować ~ty** to stretch one's legs; **wszystkie ~ty mu/jej sterczą** she's/he's nothing but skin and bones pot.; **chyba połamałem sobie jakieś ~ty** I think I've broken something [2] przen. (pistolet) pistol; piece US pot.

gnębiciel *m* (*G* ~i) oppressor; **zemścić się na ~ach ze starszych klas** to get back at a. get one's own back on the bullies from the upper forms

gnęb|ić *impf* **II** *vt* [1] (prześladować) to oppress, to persecute; **~ić poddanych/podbite narody** to oppress one's subjects/conquered nations ⇒ **pognębić** [2] (martwić) to depress, to trouble; **~iły go myśli o śmierci** morbid thoughts were preying on his mind; **nie chciał powiedzieć, co go ~i** he didn't want to say what was troubling him; **~iony wyrzutami sumienia** plagued by remorse; **~iące go pytania/wątpliwości** the questions/doubts that were troubling him ⇒ **zgnębić** [3] [dolegliwości] to trouble; **~iły go skurcze żołądka** he had a bout of stomach cramps; **~iły ją częste bóle głowy** she was troubled by frequent headaches [4] przen., książk. to plague; **kraj ~iony wojnami/klęskami żywiołowymi** a country plagued by war/natural disasters
II gnębić się to be depressed, to be worried; **~ić się czyjąś chorobą** to be worried by sb's illness

gniadosz *m* bay (horse); **patrzył z zachwytem na dwa młode ~e** he looked with admiration at the two young bays

gnia|dy **II** *adi.* bay; **~dy źrebak** a bay foal
II gnia|dy *m*, **~da** *f* bay (horse); **odprowadź ~dego do stajni** take the bay to the stable

gniazd|ko *n* [1] *dem.* (małe gniazdo) (small) nest; **uwić ~ko** to build a nest [2] przen. (wygodne miejsce) nest przen.; **przytulne ~ko** a cosy nest; **~ko miłosne** a love nest; **uwić własne ~ko** to set up a home of one's own [3] Elektr. socket, (power) point GB; **podwójne ~ko** a double socket; **~ko z uziemieniem** an earthed socket; **~ko zapalniczki** Aut. the lighter socket

gni|azdo *n* [1] (schronienie zwierząt) nest; **bocianie ~azdo** a stork's nest; **orle ~azdo** an eyrie książk.; an eagle's nest; **~azdo żmij** a vipers' nest przen., a snakepit przen.; **~azdo os** a wasps' nest; **wilcze ~azdo** a wolf's lair; **~azdo na drzewie/pod dachem** a nest in the tree/under the eaves; **uwić ~azdo** to build a nest, to nest; **wylecieć z ~azda** to fly the nest także przen.; **zupa z ptasich ~azd** Kulin. bird's nest soup [2] (mieszkańcy gniazda) nest; **~azdo kuropatw/jaskółek** a nest of partridges/swallows [3] książk., przen. (dom

rodzinny) hearth książk., przen.; (kraj ojczysty) homeland; fatherland książk.; **wracać do rodzinnego ~azda** to return to the family hearth; **wylecieć z ~azda** to leave a. to fly the nest [4] (siedlisko) **~azdo buntu** a hotbed of revolt; **~azdo szpiegostwa** a nest of spies [5] (miejsce nagromadzenia) concentration, cluster; **~azdo borowików** a cluster a. patch of boletus (mushrooms); **~azdo karabinów maszynowych** Wojsk. a machine gun nest [6] Budow. mortise [7] Techn. (zespół stanowisk roboczych) section; **~azdo frezarek/montażowe** the milling/assembly section [8] Elektr. socket; **~azdo słuchawek** headphone jack (socket); **~azdo wyjściowe** an output a. outlet socket [9] Geol. pocket [10] (hodowla psów) kennel ❑ **bocianie ~azdo** Żegl. crow's nest; **~azdo nasienne** Bot. core; **Wilcze Gniazdo** Hist. the Wolf's Lair ■ **zły to ptak, co własne ~azdo kala** przysł. only a wicked bird fouls its own nest
gniazd|ować impf **[]** vt Jęz. to nest; (w słownikach, leksykonach) to make [sth] a subentry; **~ować wyrazy złożone/pochodne** to make compound/derivative sub-entries **[]** vi (zakładać gniazda) to (build a. one's) nest; **orzeł ~uje na skałach** eagles nest on cliffs; **miejsce ~owania** a nesting place
gniazdow|y adi. [1] (dotyczący gniazd ptasich) nest attr.; **ptak ~y** a nesting bird; **skupiska ~e** nest clusters [2] (skupiskowy) concentrated; **sadzenie ~e** Ogr. nest planting [3] Jęz. (hierarchiczny) nest attr.; **~y układ haseł** nesting of entries
gni|ć impf (~ję) vi [1] (rozkładać się) to decay; [żywność, zwłoki] to rot, to decompose; **rośliny zaczęły ~ć** the plants began to rot; **~cie systemu korzeniowego** the decay of the root system; **~jące ciało padłego zwierzęcia** a decomposing animal body; **~jąca rana** a festering wound ⇒ **zgnić** [2] przen. to rot przen.; **~ć w więzieniu** to rot in prison; **~ć w łóżku** pot. to loll about in bed pot. ⇒ **zgnić**
gni|da f [1] (jajo wszy) nit; **wyczesywać ~dy z czyichś włosów** to comb nits out of sb's hair [2] obraźl. louse pot., pejor., rat pot., pejor.
gnieciuch m pot. a cake that has failed to rise properly
gni|eść impf (~otę, ~eciesz, ~ótł, ~otła, ~etli) **[]** vt [1] (miażdżyć, odkształcać) to mash, to crush; **~eść owoce** to mash a. pulp fruits; **~ótł w palcach papierosa** he worked the cigarette in order to loosen the tobacco ⇒ **pognieść** [2] (miąć) (w kulkę) to crumple [papier, tkaninę]; (marszczyć) to crease, to wrinkle [tkaninę]; to wrinkle [papier]; **nerwowo ~iotła chusteczkę** she was nervously crumpling her handkerchief; **~ciesz świeżo wyprasowane rzeczy** you're getting the fresh ironing all wrinkled ⇒ **pognieść** [3] (wyrabiać) to knead; **~ieść ciasto/glinę** to knead dough/clay [4] (naciskać, ściskać) to press, to squeeze; **lekarz ~ótł mu brzuch** a doctor pressed his abdomen; **dzieci ~ecione w tłumie** children getting squashed in the crowd [5] (uwierać) **te buty mnie ~otą** these shoes are too tight; **kołnierzyk ~ótł go w szyję** the collar was chafing his neck [6] (dokuczać, przytłaczać) to bother, to trouble; **~ecie go w**

żołądku his stomach is troubling him; **~otła ją niepewność** she was bothered by uncertainty [7] książk. (ciemiężyć, nękać) to oppress; **~eść podbity naród** to oppress a conquered nation; **~otące jarzmo komunizmu** the crushing yoke of communism **[]** **gnieść się** [1] (tłoczyć się) to be squeezed, to be crushed; **~eść się w tramwaju** to be crushed in a crowded tram; **~eść się jak śledzie w beczce** to be packed in like sardines [2] (miąć się) to wrinkle, to crease; **jedwabne koszule łatwo się ~otą** silk shirts crease easily; **spódnica ci się ~ecie** your skirt is getting creased a. wrinkled ⇒ **pognieść się**
gniew m sgt (G ~u) anger, rage; **gwałtowny/nagły/ślepy ~** unbridled/sudden/blind anger a. rage; **napad/wybuch ~u** a fit/an outburst of anger a. rage; **w ~ie** in anger; **ogarnięty ~em** overhelmed by anger; **budzić/rozpalać (czyjś) ~ a. ~ (w kimś)** to rouse/stir up sb's anger; **czuć/okazywać ~** to feel/show anger; **trząść się z ~u** to quiver with rage; **kipieć ~em** to be seething (with anger); **pałać a. płonąć ~em** to be burning with anger; **wpaść w ~** to get angry, to fly into a rage; **wybuchnąć ~em** to explode with anger a. to lose one's temper; **wyładować swój ~** to vent one's anger; **hamować/tłumić ~** to contain/swallow one's anger; **powstrzymywać ~** to keep one's temper; **~ na kogoś/coś** anger at sb/sth, rage against sb/sth; **~ bogów** the wrath of the gods
gniewa|ć **[]** vi to anger; **zachowanie syna ~ło ją** her son's behaviour angered her; **nowe zarządzenia ~ły studentów** the students were enraged by the new rules ⇒ **rozgniewać** **[]** **gniewać się** [1] (złościć się) to be angry; **~ć się na nieposłuszne dziecko** to be angry with a. at a naughty child [2] (być w złych stosunkach) **~ć się z kimś** to be on bad terms with sb; **~ła się z teściami** she was on bad terms with her in-laws; **~ją się na siebie już od roku** they've been on bad terms for a year now ⇒ **pogniewać się**
gniewliw|y adi. [osoba] short- a. quick-tempered, irascible; **stał się ~y** he's got short- a. quick-tempered; **~e głosy** irate voices
gniewnie adv. grad. angrily; **spojrzał na mnie ~** he looked at me angrily
gniewn|y adi. grad. [1] (zagniewany) angry, enraged; **~y tłum** an angry mob; **~y król** the enraged king; **~e morze** przen. a/the raging sea; **młody ~y** an angry young man [2] (wywołany gniewem) angry; **~y gest/okrzyk** an angry gesture/shout
gniewosz m Zool. **~ plamisty** smooth snake
gnie|ździć się impf v refl. [1] (zakładać gniazdo) to nest; to inhabit vt; **na bagnach ~żdżą się różne gatunki ptaków** many species of bird(s) nest in the swamps; **szczury ~żdżą się w kanałach** rats inhabit the sewers [2] przen. **w jego głowie ~ździły się czarne myśli** he was dwelling on disturbing thoughts; **sześcioosobowa rodzina ~ździła się w dwóch pokojach** a family of six was crowded together in a two-room flat

gniln|y adi. putrefactive; **zmiany ~e** putrefactive changes; **bakterie ~e** putrefactive bacteria; **dół ~y** a septic tank; **proces ~y** putrefaction; **choroby ~e** soft rot
gnio|t m pot. [1] (ciasto) a cake that has failed to rise properly [2] (marny tekst) ≈ a lot of hot air pot.; **na sympozjum wygłosił pretensjonalny ~t** at the symposium he gave a pretentious, long-winded speech
gn|oić impf **[]** vt [1] pot. (znęcać się) to bully; **gnoić żołnierzy** to bully the soldiers ⇒ **zgnoić** [2] Roln. to manure [glebę, pole] [3] (dopuszczać do gnicia) to allow [sth] to rot [siano, zboże] ⇒ **zgnoić** **[]** **gnoić się** (jątrzyć się) to fester; **gnojąca się rana** a festering wound
gnojak m Zool. dung beetle, dor beetle
gnoj|ek m (Npl ~ki) pot., obraźl. little shit posp., obraźl.; (o małym chłopcu) little snot pot., obraźl.
gnojów|a f pot., obraźl. little shit posp., obraźl.; (o dziewczynie) little snot pot., obraźl.
gnojów|ka f [1] (dół z gnojem) cesspit, cesspool [2] zw. pl (nawóz) slurry U, liquid manure U
gnom m (Npl ~y) [1] (w bajkach) gnome, goblin; **brzydki jak ~** (as) ugly as sin [2] książk. gnome
gnostycyzm m sgt (G ~u) Filoz. Gnosticism
gnostyk m Filoz. Gnostic
gnoza f sgt Filoz. gnosis
gn|ój **[]** m pers. (Gpl gnojów a. gnoi) obraźl. shit posp., obraźl., snot pot., obraźl.; **taki gnój wygrał?!** that snot won?! **[]** m inanim. (G gnoju) pot. (odchody zwierzęce) dung U, manure U; (jako nawóz) manure U; **nawozić gnojem** to (fertilize with) manure; **oczyścić coś z gnoju** to muck sth out GB; **kupa gnoju** dungheap a. dunghill
gnu f inv. Zool. gnu, wildebeest
gnuśnie adv. grad. listlessly, indolently; **~ marnować czas** to idle one's time away; **żyjesz tak ~** you're so idle
gnuśni|eć impf (~eję, ~ał, ~eli) vi to grow listless a. slothful; **~eć w nieróbstwie** to grow idle ⇒ **zgnuśnieć**
gnuśność f sgt idleness, indolence; **senna ~ć** sleepy indolence
gnuśn|y adi. grad. indolent, idle; **~a atmosfera** a lazy atmosphere; **~e wyleginanie się przed telewizorem** lazing around in front of the TV
go n inv. Gry go (Japanese game); **grać w go** to play go
gobelin m (G ~u) Gobelin, (Gobelin) tapestry; **~ przedstawiający sceny religijne** a Gobelin depicting religious scenes
gobeliniars|ki adi. Gobelin tapestry attr.; **pracownia ~ka** a tapestry workshop
gobeliniarstw|o n sgt tapestry making
gobelinow|y adi. Gobelin attr., tapestry attr.; **tkactwo ~e** tapestry weaving; **tkanina ~a** a tapestry
gode|t m (G ~tu) Moda godet, gore; **suknia z ~tami** a godet a. gored dress
god|ło n emblem; (handlowe) logo, trademark; **opatrzyć coś ~łem** to put an emblem/logo on sth; **~ło państwowe** the national emblem

godnie *adv. grad.* [1] (stosownie) duly, with due respect; ~ **kogoś powitać/przyjąć** to welcome/receive sb with all due respect; ~ **uczcić czyjąś wizytę** to duly celebrate sb's visit [2] (z dumą) with dignity, proudly; **kroczyć** ~ to walk proudly; **zachowywać się** ~ to behave with dignity; **z** ~ **uniesioną głową** with one's head held high

godnoś|ć *f* [1] *sgt* (duma) dignity, pride; ~**ć człowieka** human dignity; **z** ~**cią** *[zachować się, powiedzieć]* with dignity; **bez** ~**ci** *[osoba]* lacking in dignity; *[zachowanie]* undignified; *[zachowywać się]* in an undignified manner; **pełen** ~**ci** dignified; **dodawać czemuś** ~**ci** to dignify sth, to lend sth dignity; **dodawać komuś** ~**ci** to give a. lend sb dignity; **uwłaczający** ~**ci** demeaning, humiliating; **urazić czyjąś** ~**ć** to hurt sb's pride [2] *sgt książk.* (nazwisko) (sur)name; **pana** ~**ć?** (what's) your name, please? [3] (*Gpl* ~**ci**) *książk.* (funkcja, urząd) office, rank; ~**ć marszałka/premiera** the office of marshal/prime minister; ~**ć królewska** royalty; **nadawać komuś** ~**ć kardynała** to confer the rank of cardinal on sb; **piastować** ~**ć** to hold an office; **składać** ~**ć** to hand in one's resignation; **być obsypanym** ~**ciami** to be showered with honours

godn|y [] *adi. grad.* (wzbudzający szacunek) ~**a kobieta** a woman of dignity; ~**e postępowanie** admirable behaviour; ~**a sprawa** a worthy cause

[] *adi. praed.* (zasługujący) worth (**czegoś** sth); worthy (**czegoś** of sth); ~**y naśladowania** exemplary; ~**y pochwały** a. **uznania** commendable a. praiseworthy; ~**y podziwu** admirable; **w sposób** ~**y podziwu** admirably; ~**y pogardy** contemptible; ~**y polecenia** recommendable; **restauracja** ~**a polecenia** a restaurant I (can) recommend; ~**y politowania** pitiable; ~**y potępienia** reprehensible, deplorable; Relig. damnable; ~**y pozazdroszczenia** enviable; ~**y pożałowania** regrettable, lamentable; ~**y szacunku** estimable; ~**y uwagi** notable, worth noting; ~**y współczucia** pathetic; ~**y zaufania** trustworthy; ~**y zauważenia** noteworthy; ~**y męża stanu** statesmanlike; ~**y tej nazwy** worthy of the name; **ta sprawa jest** ~**a dalszego rozważenia** the issue is worthy of further consideration a. worth considering further

godow|y *adi* Zool. *[okres, pora, rytuał]* mating; **upierzenie** ~**e** nuptial plumage

god|y *plt* (*G* ~**ów**) [1] Zool. mating; (u jeleni) the rut; **pora** ~**ów** the mating season; **jelenie odprawiające** ~**y** rutting stags [2] *przest.* (wesele) nuptials *książk.*

❑ **srebrne/złote/brylantowe** ~**y** silver/golden/diamond wedding anniversary

godz. (= godzina) hr; **2** ~ 2 hrs

g|odzić¹ *impf* [] *vt* [1] (jednać) to reconcile (**kogoś z kimś** sb with sb); **godzić zwaśnione strony** to reconcile the feuding parties ⇒ **pogodzić** [2] (łączyć) to combine (**coś z czymś** sth with sth); **godzić pracę z wychowywaniem dzieci** to combine a career with bringing up children; **godzić sprzeczne elementy w jedną całość** to combine conflicting elements together a. into a single whole; **jak ty godzisz te**

dwie role? how do you reconcile those two roles? ⇒ **pogodzić** [3] *przest.* (zatrudniać) to hire; **godzić kogoś do robienia czegoś** to hire sb to do sth; **godzić kogoś na gosposię** to hire sb as a housekeeper ⇒ **zgodzić**

[] **godzić się** [1] (jednać się) to be reconciled, to make up (**z kimś** with sb); **oni zawsze od razu się godzą** they always make up right away ⇒ **pogodzić się** [2] (łączyć się) to be combined (**z czymś** with sth); **to się nie godzi z powagą chwili** it doesn't befit the solemnity of the moment [3] (przyzwalać) to agree (**na coś** to sth); **godzić się z czymś postępowaniem** to go along with sb's behaviour; **nie można godzić się, żeby za nas decydowali** we can't allow them to decide for us; **nie gódź się na to!** don't agree to it! ⇒ **zgodzić się** [4] (akceptować) to reconcile oneself, to be resigned (**z czymś** to sth); **godzić się z myślą, że...** to reconcile oneself to the thought that...; **godzić się z losem** to resign oneself to one's fate ⇒ **pogodzić się** [5] *przest.* (zatrudniać się) to take a job; **godzić się do sprzątania** to take a cleaning job; **godzić się na pokojówkę** to take a job as a maid ⇒ **zgodzić się**

[] **godzi się** *v imp. przest., książk.* to befit *książk.*; **nie godzi się tak traktować ludzi** it ill befits you to treat people this way; **czy godzi się tak postępować?** is it right a. fitting to act like this?

g|odzić² *impf vi książk.* [1] (uderzać) to strike *vt*; to smite *vt książk.*; **godzić w kogoś mieczem** to smite sb with a sword [2] *przen.* (szkodzić) to harm *vt*, to damage *vt* (**w coś** sth); **to godzi w moje dobre imię** this is a slight to my reputation; **strajk godzi w naszą gospodarkę** the strike will harm a. damage our economy

■ **godzić na czyjeś życie** to be aiming to kill someone

godzien *adi. praed. książk.* → **godny** []

godzin|a [] *f* [1] Miary hour; **pół** ~**y** half an hour; **półtorej** ~**y** an hour and a half; **za** ~**ę/dwie** ~**y** in an hour/two hours; ~**ę/dwie** ~**y** temu an hour/two hours ago; **był tu** ~**ę temu** a. **przed** ~**ą** he was here an hour ago; **wyjść na** ~**ę/pół** ~**y** to go out for an hour/for half an hour; **spóźnić się o dwie** ~**y** to be two hours late; **przyszedł (na)** ~**ę przed rozpoczęciem zebrania** he came an hour before the meeting started; **przyjechał (w)** ~**ę po wypadku** he came an hour after the accident; **gdybyś przyszedł** ~**ę wcześniej/później** if you had come an hour earlier/later; **wyszedł i po** ~**ie wrócił** he went out and came back an hour later; **mamy jeszcze pół** ~**y do odjazdu pociągu** we still have half an hour before the train leaves; **macie półtorej** ~**y na napisanie pracy** you have an hour and a half to write the paper; **zrobię to w** ~**ę** a. **w ciągu** ~**y** I can do it within an hour; **dzwonisz po raz trzeci w ciągu** ~**y** that's the third time you've rung in an hour; **jeśli w ciągu** ~**y przestanie padać, to...** if it stops raining within the next hour, then...; **film trwał trzy** ~**y** the film was three hours long; **minęła kolejna** ~**a** another hour passed; **jechaliśmy (przez) dwie** ~**y**

we were driving for two hours; **autobus kursuje co** ~**ę/pół** ~**y** the buses run every hour/half hour; **jechać 100 kilometrów na** ~**ę** to drive at 100 kilometres an hour; **zarabiać 20 dolarów za** ~**ę** to earn 20 dollars an hour; **(całymi)** ~**ami siedzi przed telewizorem** he spends hours in front of the TV; **czekałem chyba z** ~**ę** I must have waited around an hour; **to mi zajęło dobre** a. **bite trzy** ~**y** it took me a good three hours [2] (moment dnia) **która (jest)** ~**a?** what time is it?, what's the time?; **jest** ~**a ósma** it's eight o'clock; **o której** ~**ie wróciłeś/skończyłeś?** at what time did you come back/finish?; **wybijać** ~**y** to strike the hours; **zegar bije tylko o pełnej** ~**ie** the clock strikes only on the hour; **przyszedł o wyznaczonej/umówionej** ~**ie** he arrived at the appointed/agreed time; **do** ~**y osiemnastej brakowało kilku minut** it was (still) a few minutes before 6 p.m.; **sytuacja zmieniała się z** ~**y na** ~**ę** the situation changed from hour to hour a. from one hour to the next; **opowiedział wszystko** ~**a po** ~**ie** he told the whole story as it had happened hour by hour [3] (pora) hour; **w** ~**ach porannych/wieczornych** in the morning/evening; **pracowali do późnych** ~ **nocnych** they worked until all hours; **byłem w mieście w** ~**ie największego tłoku** I was in the city during the heaviest traffic; **będą tu lada** ~**a** they'll be here any time now; **nadeszła** a. **wybiła** ~**a próby/zemsty** *książk.* the hour of trial/vengeance has come; **wybiła jej ostatnia** ~**a** *książk.* her time a. last hour has come; **zawiódł w** ~**ie próby** *książk.* he failed in his hour of trial [4] (odległość) hour; **to dwie** ~**y marszu stąd** it's two hours' walk from here; **następny przystanek jest (o)** ~**ę drogi stąd** the next stop is an hour (away) from here; **do stacji jest pół** ~**y samochodem/piechotą** the station is half an hour's drive/walk away [5] Szkol. (lekcja) hour; ~**a lekcyjna** forty-five minutes; **sześć** ~ **angielskiego tygodniowo** six hours of English a week; **siatka** ~ a timetable [6] Górn. (znak mierniczy) *kind of directional marker*

[] **godziny** *plt* hours; ~**y urzędowania** opening a. business hours; ~**y przyjęć** (lekarza) surgery hours; **w** ~**ach pracy** during working hours; **pracować po** ~**ach** to work after hours a. overtime

❑ ~**a policyjna** curfew; ~**a wychowawcza** Szk. form period GB; ~**a zegarowa** sixty minutes; ~**y dziekańskie/rektorskie** Uniw. *cancellation of classes by the dean/vice-chancellor*; ~**y nadliczbowe** overtime; ~**a** a. ~**y szczytu** rush hour; **w** ~**ach szczytu** in a. during the rush hour

■ ~**a zero** zero hour; **szara** ~**a** twilight, dusk; **powiedzieć coś w dobrą/złą** ~**ę** to say something at the right/wrong time; **nie znać** a. **nie być pewnym dnia ani** ~**y** not to be sure of anything; **zostawić coś na czarną** ~**ę** to keep sth for a rainy day

godzin|ka [] *f dem.* hour; **przyjdź za/na** ~**kę** come in/for an hour; **zostań jeszcze z** ~**kę** why don't you stay for another hour or so?

G

Ⅲ godzinki *plt* Relig. hours; **śpiewać ~ki** to say hours

godzinn|y Ⅱ *adi.* *[film, program, wykład]* an hour long; **~y spacer** an hour's walk; **~a drzemka** an hour's nap;

Ⅲ -godzinny *w wyrazach złożonych* **półgodzinne/trzygodzinne opóźnienie** a half-hour's/three-hour delay; **ośmiogodzinny dzień pracy** an eight-hour working day; **po wielogodzinnym oczekiwaniu** after many hours of waiting

godzinowo *adv.* hourly; **robotnicy płatni ~** workers paid by the hour a. on an hourly basis

godzinow|y *adi.* *[stawka, podziałka]* hourly; **wskazówka ~a** the hour hand

godziwie *adv. grad.* *[postępować, żyć]* honestly; **być ~ wynagradzanym** to be fairly paid

godziw|y *adi. grad.* książk. *[wynagrodzenie, cena, proces]* fair; *[rozrywka]* wholesome; *[praca]* (uczciwa) honest; (odpowiednia) decent

gof|r *m* (*A* **~ra**) Kulin. waffle; **~ry z bitą śmietaną** waffles with whipped cream

gogl|e *plt* (*G* **~i**) goggles; **dwie pary ~i** two pairs of goggles

gogusiowato *adv.* pejor. **był ~ przystojny** he was handsome in a pretty-boy way pot., pejor.

gogusiowa|ty *adi.* pejor. *[wygląd, strój]* pretty-boy *attr.* pot., pejor.

gogu|ś *m* (*Npl* **~sie** a. **~siowie**) pejor. pretty boy pot., pejor.

g|oić *impf* **Ⅱ** *vt* *[środek, ziele]* to heal *[ranę]* ⇒ **zagoić**

Ⅲ goić się *[rana, kolano]* to heal; **rana nie chce się goić** the wound won't heal ⇒ **zagoić się**

goj *m*, **~ka** *f* Gentile, goy pot., obraźl.

gokar|t *m* (*A* **~ta**) go-kart, kart; **wyścig ~tów** a kart race

gokartow|y *adi.* *[tor, sprzęt]* karting *attr.*; *[wyścig]* go-kart *attr.*, kart *attr.*; **sport ~y** karting

gol *m* (*A* **~a**) Sport goal; **~ samobójczy** an own goal; **~ honorowy** a consolation goal; **zwycięski ~** the winning goal; **strzelić** a. **zdobyć ~a** to score a. strike a goal; **strzelić wyrównującego ~a** to score an equalizer; **puścić ~a** to let in a goal

golar|ka *f* shaver; **~ka elektryczna** an electric shaver

golas *m* (*Npl* **~y**) pot. naked person; **na plaży było pełno ~ów** there were a lot of naked bodies on the beach; **chodzić na ~a** to walk around naked; **spać/pływać na ~a** to sleep/swim in the nude a. buff pot.

golas|ek *m* (*Npl* **~ki**) dem. pieszcz. naked child

golas|ka *f* pot. naked woman

gol|ec Ⅱ *m pers.* (*Npl* **~cy** a. **~ce**) **[1]** obraźl. (biedak) have-not pot. **[2]** (golas) naked person

Ⅲ *m inanim.* (skóra) rawhide

goleniow|y *adi.* *[kość]* shin *attr.*; tibial spec.

gole|ń *f* shin; tibia spec.

golf¹ *m* (**~ik** dem.) (*G* **~u**, **~iku** a. **~a**, **~ika**) **[1]** (sweter) polo neck a. roll-neck (sweater) GB, turtleneck **[2]** (kołnierz) (obcisły) polo neck a. roll-neck GB, turtleneck; (luźny) cowl neck, cowl collar; **sweter z ~em** a

polo neck (sweater)/a sweater with a cowl neck

golf² *m sgt* (*A* **~a**) Sport golf *U*; **grać w ~a** to (play) golf

golfi|sta *m* golfer, golf-player

golfow|y¹ *adi.* *[kołnierz]* roll-neck a. polo-neck *attr.* GB, turtleneck *attr.*; **obcisły ~y kołnierz** a polo neck GB, a turtleneck

golfow|y² *adi.* Sport *[piłka, kij, pole, klub]* golf *attr.*

golgo|ta *f sgt* książk. via dolorosa książk., przen.; **przeżywać** a. **przechodzić ~tę** to go through sheer hell

golia|t Ⅱ *m pers.* (*Npl* **~ci** a. **~ty**) książk. colossus książk., przen.

Ⅲ *m anim.* Zool. **[1]** (chrząszcz) goliath beetle **[2]** (żaba) goliath frog

Ⅲ *m inanim.* (*A* **~ta**) Wojsk. goliath tank

golibro|da *m* (*Npl* **~dy**) przest., żart. tonsorial artist książk., żart.; barber

g|olić¹ *impf* **Ⅱ** *vt* **[1]** (usuwać) to shave (off) *[włosy, zarost]*; **golić sobie brodę** to shave (one's beard), to shave off one's beard ⇒ **ogolić, zgolić** **[2]** (pozbawiać zarostu, owłosienia) to shave *[osobę, twarz, głowę]*; **golić sobie nogi/pachy** to shave one's legs/one's underarms; **krem/pędzel do golenia** shaving cream/a shaving brush; **płyn po goleniu** aftershave; **golić kogoś na łyso** to shave off sb's hair; **golić kogoś brzytwą/żyletką** to shave sb with a straight a. cutthroat razor/safety razor ⇒ **ogolić**

Ⅲ golić się to shave; **golić się dwa razy dziennie** to shave twice a day ⇒ **ogolić się**

golić² *impf* → **golnąć**

goli|zna *f* **[1]** *sgt* pot. (nagość) nudity; **świecić ~zną** to be in the altogether pot. **[2]** przen. (teren) deforested area; **nieurodzajne ~zny po pożarze lasu** areas of barren wasteland left by a forest fire **[3]** (zwierzęca skóra) (animal) skin; (skóra owcy, kozy) pelt spec. **[4]** pot. (brak pieniędzy) **u mnie ~zna** I haven't got two pennies a. brass farthings to rub together pot.

g|olnąć *pf* — **g|olić²** *impf* (**golnęła, golnęli** — **golę**) *vt* pot. to down pot.; to swig; **golnąć coś** a. **czegoś** to swig sth; **golił piwo/tanie wińsko/wódkę, aż miło** he was downing beer/plonk/vodka like nobody's business pot.; **golnął sobie kielicha** a. **jednego i poszedł** he knocked back a shot and was gone pot.; **golnąć prosto z butelki** to take a swig (straight) from the bottle; **golnąć coś duszkiem** to down sth in a a. one gulp

golon|ka *f* Kulin. pork hock, pork knuckle; **~ka w piwie** pork knuckle cooked in beer

golu|tki (**~sieńki, ~teńki**) *adi.* dem. **[1]** (bez ubrania) stark naked; in one's birthday suit żart. **[2]** (bez dodatków) *[ściany, pagórek]* bare; *[pensja]* base, basic **[3]** (bez pieniędzy) broke pot., skint GB pot.

goł|ąb Ⅱ *m pers.* (*Gpl* **~ębi**) Polit. dove

Ⅲ *m anim.* Zool. pigeon; dove książk.; **hodować ~ębie** to breed pigeons; **karmić ~ębie** to feed the pigeons; **siwy jak ~ąb** grey-haired GB, gray-haired US

❑ **~ąb pocztowy** racing a. homing pigeon; (przenoszący wiadomości) carrier pigeon; **~ąb pokoju** dove of peace

gołąbecz|ek Ⅱ *m pers. dem.* przest., pieszcz. (o kobiecie, mężczyźnie) (little) turtledove przest., pieszcz.; (o dziecku) lamb pieszcz.

Ⅲ *m anim. dem.* pieszcz. little dove, little pigeon

gołąb|ek Ⅱ *m pers.* przest., pieszcz. (o kobiecie, mężczyźnie) (little) turtledove przest., pieszcz.; (o dziecku) lamb pieszcz.

Ⅲ *m anim. dem.* Zool. small pigeon, small dove; (młody) young pigeon, young dove

Ⅲ *m inanim.* **[1]** zw. *pl* Kulin. stuffed cabbage; **[2]** Bot. russula mushroom

■ **pieczone ~ki nie lecą same do gąbki** przysł. ≈ there's no such thing as a free lunch przysł.

gołębi *adi.* **[1]** *[pióro, skrzydła, ślady]* pigeon *attr.*, dove *attr.*; *[gniazdo]* pigeon's, dove's **[2]** *[kolor]* dove, dove-grey GB, dove-gray US

■ **mieć ~e serce** a. **być osobą o ~m sercu** to be kind-hearted a. soft-hearted

gołębiars|ki *adi.* *[miesięcznik, klub, organizacja]* pigeon fancier's, pigeon racing *attr.*; *[zawody]* pigeon racing *attr.*, racing pigeon *attr.*; **sport ~ki** pigeon racing; **budka ~ka** a racing pigeon loft

gołębiarz Ⅱ *m pers.* (*Gpl* **~y**) **[1]** pot. pigeon fancier **[2]** Hist. *a German sniper firing from rooftops in occupied Poland*

Ⅲ *m anim.* Zool. northern goshawk

gołębic|a *f* **[1]** Zool. hen pigeon **[2]** przen. angel przen.; (turtle)dove przest., przen.; **łagodna jak ~a** as gentle as a dove

gołębnik *m* dovecote a. dovecot, pigeon loft

goło *adv.* **[1]** (bez ubrania) naked *adi.*; **chodzić/biegać ~** to walk/run around naked **[2]** (bez ozdób, surowo) bare *adi.*; **ściany/pola wyglądają ~** the walls/fields look bare **[3]** przen. (ubogo) **żyć ~** to live a no-frills life

gołoborz|e *n* (*Gpl* **~y**) **[1]** Ekol. deforested area **[2]** Geog. (na zboczu) scree; (na grzbiecie) ≈ boulder field

gołole|dź *f sgt* black ice; **burza powodująca ~dź** a storm of freezing rain, bringing black ice; **jezdnia pokryta ~dzią** an icy road

gołosłownie *adv.* **twierdzić/utrzymywać ~** to claim/state groundlessly a. baselessly; **jego zapewnienia/obietnice brzmią ~** his assurances/promises ring hollow

gołosłownoś|ć *f sgt* (obietnic, zapewnień) hollowness; (twierdzeń) baselessness, groundlessness

gołosłown|y *adi.* *[zarzut, twierdzenie]* baseless, groundless; *[obietnica]* hollow

gołowąs *m* (*Npl* **~y**) przest., żart. stripling przest., żart.

goł|y *adi.* **[1]** (bez ubrania) *[ramiona, plecy, skóra]* bare; *[osoba, ciało]* naked; **z gołą głową** bareheaded; **robić coś gołymi rękami** to do sth with one's bare hands **[2]** (nieporośnięty) *[głowa]* bald; *[pisklę, młode]* naked; *[pień, gałęzie, drzewo, pole, wzgórze]* bare; **gołe pędy** (still) leafless shoots; **ostrzyc kogoś do gołej skóry** to shave sb's head, to shave sb bald **[3]** (nieosłonięty) *[żarówka]* bare; **spał na gołej podłodze** he was sleeping on the bare floor **[4]** (bez ozdób, dodatków) *[ściany, pomieszczenie]* bare; **utrzymywać się z gołej pensji** to live on one's wages a. salary alone **[5]** pot. (biedny) skint GB pot., broke pot. **[6]** książk. *[miecz, szabla]* bare

■ **goła prawda** the naked truth; **gołe fakty** the bare facts; the bare bones przen.; **gołym okiem** [*dostrzec, obserwować*] with the naked eye; **pod gołym niebem** outdoors; **być gołym jak święty turecki** not to have a penny to one's name; **czuć się jak goły w pokrzywach** not to know where a. which way to look; **zostałem ~y i wesoły** iron. I was flat broke

gondol|a f (*Gpl* **~i**) 1 Żegl. gondola; **płynąć ~ą** to take a gondola ride a. to ride a gondola 2 Lotn. gondola; (mniejsza) basket 3 (w wyciągu narciarskim) cable car, gondola; **wjechać na szczyt w ~i** to take a cable car to the top
❑ **~a silnikowa** Lotn. engine pod

gondolie|r m gondolier

gondolow|y adi. [*wyciąg*] gondola attr.

gong m (*G* **~u**) 1 (orkiestrowy, sygnalizacyjny) gong; **uderzyć w ~** to sound a gong; **~ wzywający na posiłek** a dinner gong 2 (przy drzwiach) doorbell; **odezwał się ~** the doorbell rang

go|nić impf 1 vt 1 (ścigać) to chase [*złodzieja, zwierzynę*] 2 (starać się dorównać) to try to catch up vi (**kogoś/coś** with sb/sth) 3 pot. (ponaglać) to pressure, to prod; **gonić kogoś do nauki/pracy** to pressure sb to study/to do some work; **goni nas czas** we are running out of time; we're pressed for time pot. 4 przen. [*spojrzenia, dźwięki, słowa*] to follow

II vi 1 przen. **gonić za kobietami/chłopakami** to chase women/boys, to run after women/boys; **gonić za sławą** to be a publicity-seeker; to be a publicity hound pot.; **gonić za przyjemnościami/popularnością** to be a pleasure-seeker/popularity-seeker; **gonić za sensacją** to be a scandalmonger; **gonić za pieniędzmi** to be money-hungry pejor.; to be a money-grubber pot., pejor. 2 pot. (biec) to rush, to race; **gonić do szkoły/pociągu** to rush to school/to catch a train; **gonić za dzikiem/uciekinierem** to run after a. chase a boar/the fugitive

III **gonić się** 1 (ścigać się wzajemnie) to chase one another; **dwa koty goniły się po ogrodzie** two cats were chasing each other around the garden 2 pot. (o zwierzętach) to be on heat GB, to be in heat US

■ **gonić resztkami** a. **ostatkami** a. **ostatkiem** to be on one's beam ends GB; to be nearly broke pot.; **gonić resztkami sił** to be close to exhaustion, to be ready to drop; **gonić w piętkę** to be at sixes and sevens pot.; **goni mnie/ją** pot. I've/she's got the runs pot.

go|niec I m pers. (*V* **gończe** a. **gońcu**) 1 (w biurze) messenger, office assistant; office boy przest.; **przesłać komuś coś przez gońca** to send sb sth by messenger 2 (w wojsku) orderly, runner

II m inanim. (*A* **gońca**) 1 Gry bishop; **oddać skoczka za gońca** to exchange a knight for a bishop 2 Techn., Włók. picker

gonitw|a f 1 (bieganie) chase 2 Jeźdź. race 3 pot. pursuit; **~a za forsą** the rat race pot.
❑ **~a myśli** Med. knight's move thinking spec.; pot. racing thoughts

gon|t m (*G* **~tu**) Budow. shingle; **dach kryty ~tem** a shingled roof; **pokryć dach ~tem** to shingle the roof

gontow|y adi. Budow. [*dach*] shingled

gończ|y I adi. **pies ~y** a tracking dog; **list ~y** an arrest warrant, a warrant for (sb's) arrest

II m anim. hound

gorąc m sgt pot. (upał) heat, heatwave *C*; **ale dziś ~!** it's a real scorcher today! pot.

gorąc|o I n sgt heat; **pocił się z ~a** he was sweating in the heat

II adv. 1 (o temperaturze) hot; **jest mu/jej/nam ~o** he's/she's/we're hot; **w pokoju/na dworze jest dziś ~o** it's hot in the room/outside today; **jeść/podawać coś na ~o** to eat/serve sth hot; **czy można zjeść coś na ~o?** can I get something hot to eat?, can I get a hot meal? 2 (serdecznie) [*witać, pozdrawiać*] warmly; [*polecać, gratulować, dziękować*] heartily, wholeheartedly; [*przyjmować*] warmly, enthusiastically; [*oddany*] wholeheartedly, ardently; **~o zapraszamy** you are most warmly invited 3 (intensywnie) [*przeczyć, dyskutować*] hotly, vehemently; [*angażować się, pragnąć*] ardently, fervently; [*popierać, oczekiwać*] ardently; [*oklaskiwać*] enthusiastically; **~o proszę o szybką odpowiedź** I shall be most grateful for a prompt reply 4 (niebezpiecznie) **robiło się ~o** things were heating up pot. 5 (bezpośrednio) **na ~o** [*nadawać, transmitować*] live; **przedstawiać coś na ~o** to cover a story live, to report the news as it breaks; **na ~o mogę powiedzieć tylko, że...** all I can say for the moment is...

■ **chwytać** a. **brać życie na ~o** pot. to live for the moment

gor|ący adi. grad. 1 [*powietrze, żelazko, kawa, posiłek, kąpiel*] hot; **~ące śniadanie** a hot a. an English breakfast; **~ąca strefa klimatyczna** the torrid zone; **~ące źródła** hot a. thermal springs; **najgorętszy dzień w roku** the hottest day of the year; **mieć ~ące czoło** to have a burning forehead 2 [*powitanie, pozdrowienia, życzenia*] warm; [*podziękowania*] heartfelt, sincere; [*gratulacje*] hearty, wholehearted; [*miłość, pragnienie*] ardent, burning; [*przyjęcie, oklaski*] warm, enthusiastic; **cieszyć się ~ącą sympatią** to be immensely popular 3 (intensywny) [*debata, spór*] heated, vehement; [*przemówienie, pieśń, wiwaty*] rousing; [*patriotyzm, pragnienia*] fervent; [*poparcie, nacjonalista, zwolennik, wielbiciel*] ardent; **~ące prośby o pomoc** urgent pleas for help; **spotkać się z ~ącym protestem** to be hotly contested; **spotkać się z ~ącą krytyką** to be scathingly criticized; **~ący sezon** the high a. busy season 4 pot. (niebezpieczny) **sytuacja robiła się ~ąca** things were heating up pot. 5 środ., Dzien. [*wiadomość*] breaking, latest; [*temat*] hot

■ **~ąca krew** hot-headedness; **mieć ~ącą krew** to be hot-headed; **~ący umysł** a. **~ąca głowa** a hothead; **być w ~ącej wodzie kąpanym** to be hot-headed; **chwytać** a. **łapać kogoś na ~ącym uczynku** to catch sb red-handed a. in the act; **kuć żelazo, póki ~ące** (działać natychmiast) to strike while the iron is hot; (w pełni wykorzystać) to make hay while the sun shines

gorącz|ka I f sgt 1 Med. fever *C*; pyrexia spec.; **mieć ~kę** to have a. be running a fever; **dostać ~ki** to come down with a. develop a fever; **~ka (mu/jej) spada/rośnie** his/her fever is going down/up, his/her temperature is falling/rising; **~ka mu spadła** his fever has broken a. gone down; **zmierzyć komuś ~kę** to take sb's temperature 2 przen. fever *C* przen.; fever pitch; **pracować w ~ce** to be working at fever pitch; **wzrasta ~ka oczekiwania/pracy** the anticipation/work is reaching fever pitch; **~ka przygotowań do wyjazdu** the frenzy of preparations for the trip

II m sgt przest. (człowiek porywczy) hotspur przest.

❑ **biała ~ka** Med. delirium; **~ka błotna** Med. Weil's disease; **~ka maltańska** Med. Malta a. undulant fever; **~ka połogowa** Med. puerperal fever; **~ka złota** Hist. gold rush; przen. (chęć wzbogacenia się) gold fever

■ **dostać białej ~ki** to go ballistic pot., to go off the deep end pot.; **doprowadzić kogoś do białej ~ki** to send sb off the deep end pot.

gorączk|ować impf 1 vi to have a. run a fever, to be feverish

II **gorączkować się** to be (all) keyed up a. wound up (**czymś** about sth); **~ować się przed podróżą/występem** to be (all) keyed up before a journey/performance

gorączkowo adv. 1 Med. [*majaczyć*] feverishly 2 [*szukać*] frantically; [*szeptać, komentować*] excitedly; [*pracować*] feverishly

gorączkowoś|ć f sgt (w zachowaniu, gestach) feverishness; (młodzieńcza) avidity; (przedświąteczna) frenzy

gorączkow|y adi. 1 Med. [*rumieńce, majaczenia*] feverish; pyrexic spec.; [*stan*] feverish; febrile spec. 2 [*poszukiwania, usiłowania*] frantic, frenzied; [*działalność, pośpiech*] feverish, frenzied; [*styl życia, atmosfera*] hectic, frenzied; **trwać w ~ym oczekiwaniu** to wait with bated breath

Gorc|e plt (*G* **~ów**) the Gorce Mountains

gorczańs|ki adi. [*przyroda*] of the Gorce Mountains (*in southern Poland*); **Gorczański Park Narodowy** the Gorczański National Park

gorczyc|a f sgt Bot. mustard
❑ **~a sarepska** Bot. brown mustard, leaf mustard

gorczycow|y adi. [*okład, olej*] mustard attr.; [*materac*] mustard seed attr.

go|reć impf (**goreję, gorzeli, goreje** a. **gore**) vi przest., książk. 1 [*stodoła, las*] to be afire książk.; **gore!** fire! 2 [*oczy*] to glitter; **niebo goreje** a red glow is filling the sky; **krzak gorejący** Bibl. the burning bush

goreteks m (*G* **~u**) Gore-tex®; **kurtki/rękawice/buty z ~u** Gore-tex jackets/gloves/shoes

gorliwie adv. grad. 1 (sumiennie) [*uczyć się, słuchać*] eagerly; [*służyć, strzec*] zealously 2 (żarliwie) fervently; **~ zapewniał, że to się więcej nie powtórzy** he fervently swore that it wouldn't happen again

gorliw|iec m (*V* **~cze** a. **~cu**) pot. fanatic

gorliwoś|ć f sgt (polityczna, religijna) zeal, zealousness; (nadmierna) zealotry; (do pracy, pomocy) eagerness

G

gorliw|y *adi. grad.* ① (sumienny) *[student, pracownik]* eager, avid; **być ~ym w pracy** to work eagerly ② (żarliwy) *[propagator, zwolennik, modlitwa]* ardent, fervent; *[wysiłek, poszukiwania]* fervent; **~e wyznania miłosne** fervent declarations of love

gorseciar|ka *f* (female) corset-maker

gorseciars|ki *adi.* *[pracownia]* corset-maker's; **~kie rzemiosło** corset-making; **wyroby** a. **artykuły ~kie** corsetry *U*

gorseciarstw|o *n sgt* corsetry

gorsecik *m* (*G* **~u**) ① *dem.* (przedłużony stanik) corselette a. corselet GB, long line bra ② *dem.* (opinający talię i biodra) (elastyczny) (small) corset, (small) girdle; (z fiszbinami) stays *pl*, (small) corset ③ *dem.* (w stroju ludowym) (small) bodice ④ (sztywna taśma) waistband

gorse|t *m* (*G* **~tu**) ① (przedłużony stanik) corselette a. corselet GB, long line bra ② (opinający talię i biodra) (elastyczny) corset, girdle; (z fiszbinami) corset, stays *pl* ③ (w stroju ludowym) bodice ④ (pas ortopedyczny) (elastyczny) corset; (sztywny) brace ⑤ *przen.* (ograniczenie) straitjacket *przen.*, straightjacket *przen.*
❑ **~t gipsowy** a (plaster) cast

gorsetow|y *adi.* *[fiszbin, adamaszek]* corset *attr.*

gorsząc|y Ⅱ *pa* → **gorszyć**
Ⅲ *adi.* ① (oburzający) *[strój, film, ilustracje]* shocking, indecent; *[spory, konflikty]* unseemly; *[zachowanie, romans, wydarzenie]* scandalous; **~e przedstawienie wywołało ogromny skandal** the scandalous performance caused a huge uproar ② (demoralizujący) *[film, wpływ]* morally corrupting; **mieć na kogoś ~y wpływ** to deprave sb, to have a (morally) corrupting influence on sb

gorszy *adi. comp.* → **zły**

gorsz|yć *impf* Ⅱ *vt* ① (oburzać) to shock; (obrażać czyjeś poczucie przyzwoitości) to scandalize; **~yć kogoś czymś** to scandalize a. shock sb with sth; **~yły ich jej wyzywające stroje** they were scandalized by her provocative attire; **~yły ją zbyt śmiałe sceny w spektaklu** she was shocked by the risqué scenes in the show ⇒ **zgorszyć** ② (demoralizować) to deprave, to corrupt (the morals of) *[nieletnich, młodzież]* ⇒ **zgorszyć**
Ⅲ **gorszyć się** to be scandalized a. shocked (**czymś** by sth); **~ył się swobodnym zachowaniem młodzieży** he was scandalized by the young people's free and easy behaviour ⇒ **zgorszyć się**

gorycz *f* ① *sgt* (smak) bitterness; **poczuć ~ w ustach** to have a bitter taste in one's mouth; **~ strychniny** the bitter taste of strychnine ② *sgt przen.* bitterness; **być pełnym ~y** to be full of bitterness, to be embittered; **pytać/wspominać z ~ą** to ask/recollect bitterly; **z ~ą przyjąć czyjąś decyzję** to be bitter about sb's decision; **przeżywać ~ porażki** to taste the bitterness of defeat ③ *Farm.* bitters *pl*
■ **wypić** a. **wychylić (do dna) kielich ~y** *książk.* to drain a. drink a bitter cup *książk.*, to drain the bitter cup of sorrow *książk.*; **to dopełniło czary/przepełniło czarę ~y** *książk.* sb's cup of bitterness was filled to the brim/was overflowing *książk.*; **ostatnia**

kropla ~y *książk.* one a. the last drop of bitterness

goryczak *m* (*A* **~a** a. **~**) *Bot.* **~ żółciowy** bitter bolete (mushroom)

gorycz|ka *f* ① *dem. sgt* (smak) slightly bitter taste, slight bitterness; **smak z leciutką ~ką** a slightly bitter taste ② *Bot.* gentian ③ (substancja) bitters *pl*, gentian

goryczkow|y *adi. Bot.* gentian *attr.*
❑ **fiolet ~y** (barwnik) gentian violet *U*

goryl Ⅱ *m pers.* (*Gpl* **~i** a. **~ów**) *pot.* bodyguard; minder GB *pot.*; **dygnitarza otoczyli jego ~e** the official was surrounded by bodyguards
Ⅲ *m anim. Zool.* gorilla

gorza|łka *f* (**~łka** *augm.*) *sgt pot.* booze *pot.*; (podlejszego gatunku) hooch *pot.*; **ciągnąć** a. **żłopać ~łę** to (knock back the) booze

gorz|eć *impf* (**~eję, ~ał, ~eli**) *vi przest.* ① *[dom]* to be afire *książk.*; *[ognisko, świeca]* to flame, to blaze ⇒ **zgorzeć** ② *przen.* (uczuciem) *[osoba]* to be burning; *[oczy]* to shine; **~eć ze wstydu** to be burning a. hot with shame ③ (świecić) *[słońce, okna]* to glow ④ (rumienić się) *[twarz, policzki]* to glow red; **twarz ~ała jej od gorączki** her face glowed red with fever

gorzej *adv. comp.* → **źle**

gorzelni|a *f* (*Gpl* **~**) distillery

gorzelnian|y *adi.* *[robotnicy, sprzęt, produkty]* distillery *attr.*; **przemysł ~y** distilling

gorzelnictw|o *n sgt* distilling industry

gorzelnicz|y *adi.* **przemysł ~y** the distilling industry

gorzkawo *adv.* **~ smakować/pachnieć** to have a somewhat bitter taste/smell

gorzkaw|y *adi.* somewhat bitter

gorz|ki Ⅱ *adi.* ① *[woń, lekarstwo]* bitter; *[czekolada]* plain GB, bittersweet US; *[herbata, kawa]* unsweetened; *[dym, zapach]* acrid; **mieć ~ki smak** a. **być ~kim w smaku** to taste bitter, to have a bitter taste ② *przen.* *[łzy, doświadczenie, ironia, słowa, prawda]* bitter; **~kie wymówki/myśli** bitter reproaches/thoughts
Ⅱ **gorzka** *f* (wódka) bitters
■ **~ka wódka** a. **~kie wino** a traditional call at weddings encouraging the bride and groom to kiss; **osłodzić ~ą pigułkę** to sweeten the medicine, to sweeten the (bitter) pill; **połknąć** a. **przełknąć ~ką pigułkę** to swallow a bitter pill

gorzkn|ieć, ~ąć *impf* (**~ieję** a. **~ę**, **~iał** a. **~ął, ~ieli** a. **~eli**) *vi* ① *Kulin.* *[herbata, mleko]* to turn bitter ⇒ **zgorzknieć** ② *przen.* *[osoba]* to become bitter a. embittered ⇒ **zgorzknieć**

gorzko Ⅱ *adv.* ① **~ smakować/pachnieć** to taste/smell bitter, to have a bitter taste/smell; **mam ~ w ustach** I have a bitter taste in my mouth ② *przen.* *[rozczarować się, narzekać, płakać, żałować]* bitterly; **~ tego pożałujesz** you'll live to regret it
Ⅲ *inter.* (na weselu) a traditional call at weddings encouraging the bride and groom to kiss

gorzkoś|ć *f sgt* bitterness

gosp|oda *f daw.* inn; tavern *przest.*; **w wiejskiej ~odzie** at a country tavern a. inn

gospodarczo *adv.* *[zacofany, aktywny]* economically

gospodarcz|y *adi.* ① *Ekon.* *[reforma, plan, polityka, kryzys, zacofanie, przestępstwo]* economic; **indywidualna działalność ~a** a privately owned business (enterprise); **szara strefa ~a** the grey economy GB, the gray economy US ② *Roln.* *[zabudowania, prace]* farm *attr.*; *[artykuły, narzędzia]* farm *attr.*, farming *attr.*; **budynek ~y** an outbuilding; **pomieszczenie ~e** a utility room ③ *Zarządz.* *[prace]* administrative

gospodar|ka *f* ① *Ekon.* economy; **rynkowa/planowa ~ka** a market/planned a. command economy ② *Zarządz.* (materiałowa, pieniężna, leśna) management *U* ③ *Roln.* farm; **pracować na ~ce** to work on a farm
❑ **~ka czteropolowa** *Roln.* the four-field system; **~ka komunalna** public utilities *pl*; **~ka naturalna** *Ekon.* pre-industrial economy; **~ka rabunkowa** *Ekon.* overexploitation (of natural resources); **rabunkowa ~ka leśna/rolna** overfelling/overcropping; **~ka towarowa** *Ekon.* commodity economy; **intensywna/ekstensywna ~ka rolna** *Roln.* intensive/extensive farming

gospodarnie *adv. grad.* *[prowadzić dom, zarządzać firmą]* economically, thriftily

gospodarnoś|ć *f sgt* (w zarządzaniu surowcami) economy; (w wydawaniu pieniędzy) thrift

gospodarn|y *adi. grad.* *[gospodyni, rolnik]* thrifty, economical

gospodar|ować *impf vi* ① *Roln.* (prowadzić gospodarstwo) to run a farm, to farm; (uprawiać ziemię) to work the land; **~ować na 200 hektarach** to farm 200 hectares of land ② *Zarządz.* to manage *vt* *[pieniędzmi, zasobami]*; **źle czymś ~ować** to mismanage sth; **dobrze ~ować domowym budżetem** to manage the household finances well

gospodars|ki *adi.* ① *Roln.* *[zwierzęta, zabudowania, prace]* farm *attr.*; *[maszyny, sprzęt]* agricultural; **wiosenne/jesienne prace ~kie** spring(time)/autumn farm work ② *[rodzina, córka]* farmer's; *[zwyczaje, mentalność, kuchnia]* country *attr.*, rustic; **~kie ubranie** farm (work) clothes ③ *[troska, odpowiedzialność]* managerial; *[spojrzenie, oko]* experienced ④ *[rachunki, prace, sprzęty]* household *attr.*, domestic

gospodarstw|o *n* ① *Roln.* farm; (rozległe) farmstead; **~o warzywne** a. **warzywno-owocowe** a market garden; **~o rolnicze** a farm; an arable farm spec.; **prowadzić ~o mleczne** to run a dairy farm ② (dom) **~o domowe** a household; **prowadzić ~o domowe** to run a household, to keep house; **prowadzenie ~a domowego** housekeeping ③ (mienie) belongings a. possessions *pl* ④ *przest.* **trudnić się ~em** to be a farmer
❑ **~o indywidualne** *Roln.* privately owned farm; **~o małorolne** *Roln.* smallholding GB; **~o stawowe** *Ryboł.* fish farm; **~o średniorolne** *Roln.* a holding of 4-6 hectares

gospodarz *m* (*Gpl* **~y**) ① *Roln.* farmer; **drobny ~** a smallholder ② (pan domu) host ③ (własnej kamienicy, mieszkania) homeowner; (wynajmujący innym) landlord; (własnego pensjonatu, hotelu) proprietor, hotelier ④ (programu, audycji) frontman GB, MC; (imprezy, zawodów) host; **to miasto będzie ~em zimowej olimpiady** the town will host the Winter

Olympics [5] (zarządzający) administrator; **~e miasta/województwa** the town/voivodship administration [6] Biol. host [7] Sport **drużyna ~y** the home team

❏ **~ domu** Admin. porter; **~ klasy** Szkol. class a. form representative

gospodarz|yć *impf* **[]** *vi* [1] (jako rolnik) to farm; (w domu) to keep house; **~yć na farmie** to run a. manage a farm; **dobrze ~yć w mieście/przedsiębiorstwie** to be a good administrator a. manager of a town/company [2] przen. *[myszy, ptaki, koty]* to infest *vt*; **na strychu ~ą nietoperze/osy** the attic is infested with bats/wasps

[] **gospodarzyć się** Roln. to farm

gospody|ni *f* [1] (własnego domu) housewife; (przyjęcia, imprezy) hostess; (własnej kamienicy, mieszkania) homeowner; (wynajmująca innym) landlady; (własnego hotelu, restauracji) proprietress [2] (programu, audycji) MC [3] przest. (gosposia) housekeeper

❏ **~ni domowa** housewife

gospo|sia *f* housekeeper; (dochodząca) domestic help a. worker

go|ścić *impf* **[]** *vt* [1] (udzielać gościny) **gościć kogoś** to have sb staying; **gościłem go przez jedną noc** I put him up for one night; **Polska gościła w zeszłym tygodniu królową brytyjską** last week Poland played host to the British Queen ⇒ **u- gościć** [2] (częstować) to treat (**kogoś czymś** sb to sth); to give (**kogoś czymś** sth to sb a. sb sth); **gościć dzieci ciastem** to give the children some cake ⇒ **ugościć**

[] *vi* [1] (być gościem) to stay; **gościć u kogoś** to stay with sb, to be sb's guest; **delegacja rządu USA gościła w Polsce przez tydzień** the US government delegation stayed in Poland for a week; **gościłem u niego, dopóki nie wyjechał** I stayed at his place a. with him until he left ⇒ **za- gościć** [2] książk. (pojawiać się) to appear; to grace książk.; **jego komentarze często gościły na łamach gazety** his commentaries often appeared in the newspaper; **zbyt często na jej twarzy gości smutek** her features are too often clouded with sadness; **radość znowu gości przy naszym stole** joy once again graced our table; **w tym domu gości bieda** there is poverty in this house; **w jego głowie goszczą różne pomysły** his head is full of ideas ⇒ **zagościć**

goś|ciec *m sgt* Med. rheumatism

❏ **~ciec przewlekły postępujący** Med. rheumatoid arthritis

gościn|a *f sgt* [1] (odwiedziny, pobyt) visit; **idziemy w ~ę do moich rodziców** we're going to visit my parents; **wyjechał w ~ę do krewnych** he went to stay with some a. his relatives; **dziękujemy za ~ę** thank you for having us [2] (schronienie) shelter; **czy mogę skorzystać z twojej ~y?** may I impose on your hospitality? książk.; **po pożarze sąsiedzi udzielili im ~y** after the fire the neighbours took them in a. gave them a roof over their heads

gości|niec *m* [1] (droga) road; **główny ~niec** the high road; **przy ~ńcu** by the roadside; **gospoda przy ~ńcu** a roadside inn [2] (zajazd) (roadside) inn [3] przest. (podarunek) present, souvenir

gościnnie **[]** *adv. grad.* *[przyjmować]* hospitably; **przyjąć kogoś ~** to make sb welcome; **zaprosiła ich ~ do środka** she warmly invited them inside

[] *adv. [pojawiać się]* as a guest; **prowadzić ~ wykłady** to be a visiting lecturer/professor; **występować ~** to make a guest appearance; **w spektaklu ~ występuje słynna śpiewaczka** a famous singer is making a guest appearance in the show

gościnnoś|ć *f sgt* hospitality; **nadużyć czyjejś ~ci** to abuse sb's hospitality, to outstay one's welcome

gościnn|y **[]** *adi. grad.* (lubiący gości) hospitable; **to niezwykle ~y człowiek** he's an extremely hospitable man

[] *adi.* [1] (sprzyjający) **okolica była mało ~a** the surrounding area was not a. the surroundings were not very hospitable [2] *[pokaz, wykład]* guest *attr.*; **występ ~y** a guest performance [3] (przeznaczony dla gości) guest *attr.*; **spaliśmy w pokoju ~ym** we slept in the guest room

goś|ć **[]** *m* (*Gpl* **~ci**, *Ipl* **~ćmi**) [1] (osoba zaproszona) guest; **mile widziany/niespodziewany/nieproszony ~ć** a welcome/an unexpected/an uninvited guest; **~ć honorowy festiwalu/uroczystości** the guest of honour at the festival/ceremony; **~ć weselny** a wedding guest; **~cie panny młodej/pana młodego** the bride's/bridegroom's guests; **bawić** a. **być u kogoś w ~ciach** to stay with a. visit sb; **być u kogoś częstym/rzadkim ~ciem** to visit sb often/to rarely visit sb; **iść/pójść do kogoś w ~ci** to pay sb a visit; **zaprosić kogoś w ~ci** to invite sb over a. to visit; **spodziewać się ~ci** to be expecting guests a. visitors; **nie mogę rozmawiać, mam ~cia** I can't talk at the moment – I've got sb with me; **przyjechali do nas ~cie z Niemiec** we've got some guests over from Germany [2] (w restauracji) customer; (w sklepie) client; **~ć hotelowy** a hotel guest; **wpisać się do księgi ~ci (hotelowych)** to sign the (hotel) register a. guest book; **~cie zagraniczni** foreign guests a. visitors; **był stałym ~ciem paryskich kawiarni** he was a regular customer in Parisian cafés; **~cie pensjonatu poszli na plażę** the guests a. boarders have gone to the beach; **w tym roku w naszym kurorcie było mniej ~ci niż zwykle** this year there were fewer visitors to our resort than usual [3] pot. (człowiek) guy pot., bloke GB pot.; **to świetny** a. **równy ~ć** he's a great bloke a. regular guy US; **być równym ~ciem** to be one of the boys pot.; **atrakcyjny ~ć** a (real) hunk pot.; **lepszy** a. **ważny ~ć** a big shot pot.; **dziwny ~ć** a funny bloke; an odd a. queer fish GB przest.; **dzięki, koleś, porządny z ciebie ~ć** thanks a. cheers, mate, it's really good of you pot.; **zaczepił mnie jakiś ~ć** some guy a. bloke stopped me; **znasz tego ~cia?** do you know that guy?

[] **goście** *plt* Sport visitors; **wygrała drużyna ~ci** the away team a. visitors won

■ **być ~ciem we własnym domu** to hardly ever be at home; **z czym do ~cia** a. **~ci** pot., żart. ≈ it's nothing to brag about

pot.; **~ć nie w porę gorszy Tatarzyna** przysł. ≈ there's nothing worse than a guest turning up at the wrong time; **~ć w dom, Bóg w dom** przysł. ≈ our house is at your disposal, ≈ what's ours is yours

gośćcow|y *adi.* Med. rheumatic, rheumatoid; **choroba ~a** rheumatism

got|ować *impf* **[]** *vt* [1] (przyrządzać posiłek) to cook; **umiesz ~ować?** can you cook?; **ona marnie ~uje** she's a poor cook; **on codziennie ~uje obiady** he cooks dinner every day ⇒ **ugotować** [2] (doprowadzać do wrzenia) to boil, to bring [sth] to the boil; **~ować wodę na herbatę** to boil some water to make tea [3] (poddawać działaniu temperatury) to boil *[jajko, ziemniaki]*; to cook *[makaron]*; **~ować coś na wolnym ogniu** to cook sth on a low heat a. flame, to simmer sth; **~ować warzywa/rybę na parze** to steam vegetables/fish ⇒ **ugotować** [4] (odkażać) to boil *[bieliznę]*; to sterilize *[butelki]* [5] (szykować) to prepare, to plan *[wojnę, zagładę]*; **nie wiemy, co nam ~uje los** we don't know what fate has in store for us; **ciekawe, jaką tym razem niespodziankę mi ~uje** I wonder what surprise he's got in store for me this time

[] **gotować się** [1] (być gotowanym) *[ryż, makaron]* to be cooking; *[jajko, ziemniaki]* to be boiling; **obiad się ~uje** dinner's cooking ⇒ **ugotować się** [2] (wrzeć) *[woda, mleko]* to be boiling a. on the boil [3] pot. (pocić się) to swelter; to be a. feel boiling hot pot. ⇒ **ugotować się** [4] przen. (burzyć się) to seethe, to boil; **~owało się w całym kraju** the entire country was seething; **~ował się ze złości** he was absolutely seething a. was seething with fury; **krew się we mnie ~owała** my blood boiled, I was boiling with rage [5] książk. (przygotowywać się) to prepare (oneself), to get ready (**do czegoś** for sth); to make ready książk. (**do czegoś** for sth); **ona ~uje się do odjazdu/podróży** she's preparing for her departure/journey; **kraj ~ował się do wojny** the country was preparing for war; **~uj się na śmierć!** prepare a. get ready to die!; prepare yourself for death! książk. [6] przest. (zanosić się, nadchodzić) to come; **~ują się wielkie zmiany** great changes are coming a. are in the wind; **~uje się burza** there's a storm brewing a. on the way

■ **~uj broń!** przest. to arms!

gotowan|y **[]** *pp* → **gotować**

[] *adi.* cooked *[warzywa, mięso]*; boiled *[mleko]*; **trzy ~e posiłki dziennie** three cooked meals a day

gotowoś|ć *f sgt* [1] (stan pogotowia) readiness; **być w ~ci** to be ready a. on standby; **czerwona lampka wskazuje, że magnetowid jest w stanie ~ci** the red light indicates that the VCR is in standby mode; **pilot zgłosił wieży kontrolnej ~ć do startu** the pilot informed the control tower that he was ready for take-off; **pojazdy są w ciągłej ~ci do działania** the vehicles are on permanent a. constant standby; **odbiornik jest w ~ci** the receiver is operational [2] (chęć) willingness, readiness; **~ć współpracy** a. **do współpracy** (a) willingness a. readiness to cooperate; **~ć podjęcia pracy** (a) willingness to (take up)

G

work; **jego nieustanna ~ć pomocy innym** his constant readiness to help others

❏ **~ć bojowa** Wojsk. combat a. battle readiness; **~ć pamięci** Psych. memory readiness

got|owy Ⅰ *adi.* ① (zakończony, wykończony) *[książka, praca, projekt, budynek]* ready, finished ② (przygotowany) ready; **twój pokój jest ~owy** your room is ready; **obiad już ~owy** dinner's ready; **jestem ~owa do drogi** I'm ready to go; **~owy do skoku** poised to jump; **do biegu, ~owi, start!** on your marks, get set, go!; **na wszystko ma ~ową odpowiedź** he has a ready answer for everything ③ (nie na zamówienie) *[żakiet, sukienka]* ready-to-wear; ready-made przest.; **dania ~owe do spożycia** ready-made a. ready-cooked meals

Ⅱ **gotów** *adi. praed.* książk. ① (przygotowany) ready; **jestem ~ów/~owa, mów** (okay) I'm ready – fire away pot. ② (skłonny) ready, prepared; **jestem ~ów a. ~owy/~owa przyznać, że...** I'm ready a. willing to admit that...; **był ~owy a. ~ów na wszystko** he was ready for a. prepared to do anything; **jestem ~owy a. ~ów zrobić, co zechcesz** I'm ready to do whatever you want; **~owi byliśmy do największych poświęceń** we were willing a. prepared to make tremendous sacrifices ③ (w przypuszczeniu) liable; **~owy a. ~ów pomyśleć, Bóg wie co** he's liable to think anything, I don't know what he'll think; **w tym stanie ~owa jest popełnić samobójstwo** (in) the state she's in at the moment, she's liable to commit suicide; **ta ściana ~owa lada chwila runąć** the wall is liable to a. could collapse at any moment

Ⅲ **gotowe** *inter.* pot. ready!; **~owe! możesz włączyć światło** ready! you can turn on the light (now)

■ **przyjść/przychodzić na ~owe** to come after all the work's been done; **wypił kilka kieliszków i był ~owy** a. **~ów** pot. he drank a few glasses and he was well a. totally stewed pot.; **po kolejnym uderzeniu stalowym prętem był ~owy** a. **~ów** pot. after another blow with the steel bar, he was done for pot.; **skórka od banana na podłodze i nieszczęście ~owe** a banana skin on the floor and you've got an accident waiting to happen; **wystarczy zapałka i pożar ~owy** all it takes is one match and you've got a fire on your hands

gotów *adi. praed.* → gotowy

gotów|ka *f sgt* cash; **płynna ~ka** ready cash; **żywa ~ka** hard cash; **~ka od ręki** cash on the nail pot.; **~ka przy zamówieniu** cash with order; **przepływ/napływ/wypływ ~ki** cash flow/inflow/outflow; **nieoczekiwany przypływ ~ki** a windfall; **zastrzyk ~ki** a cash injection; **nie mieć ~ki** to be out of cash; **zamienić coś na ~kę** to cas sth; **płacić ~ką** to pay (in) cash; **płatne ~ką przy odbiorze** paid cash on delivery; **za ~kę** for cash; **sto tysięcy złotych w ~ce** one hundred thousand zlotys in cash

gotówkow|y *adi.* cash *attr.*; **wpłata ~a** a cash payment; **wkład ~y** a cash contribu-

tion; **aktywa/rezerwy ~e** cash assets/ reserves; **wpływy** a. **przychody ~e** cash takings a. earnings

gotując|y Ⅱ *pa* → gotować
Ⅱ *adi.* boiling; **wrzuć kluski do ~ej wody** put the noodles into boiling water
Ⅲ **gotując|y** *m*, **~a** *f* cook; **wszyscy ~y byli mężczyznami** all the cooks were men

gotyc|ki *adi.* ① *[styl, pismo]* Gothic; **kościół ~ki z XIV w.** a 14th century Gothic church ② Literat. *[powieść, proza]* Gothic ③ (związany z Gotami) Gothic

gotyk *m sgt* (*G* **~u**) ① Archit., Szt. Gothic (style); **to sklepienie jest typowe dla ~u** this vaulting is typical of the Gothic style ② (pismo) Gothic lettering a. type, Gothic script

gou|da /ˈgowda/ *f sgt* Kulin. Gouda

goździk *m* ① Bot. (kwiat) carnation, (garden) pink ② *zw. pl.* Kulin. (przyprawa) clove
❏ **~ brodaty** Bot. sweet william; **~ chiński** Bot. Chinese pink

goździkow|y *adi.* ① *[kolor]* carnation-pink *attr.*; **miała na sobie piękny ~y sweter** she was wearing a lovely carnation-pink sweater ② *[aromat, smak]* of cloves; **olejek ~y** oil of cloves

gó|ra Ⅰ *f* ① (wzniesienie) (wysokie) mountain; (niskie) hill; **stroma/wysoka/lesista góra** a steep/high/wooded mountain; **szczyt góry** the top a. summit of a mountain; **zbocze góry** the side of a mountain, a mountain slope; **chodzić po górach** to walk in the mountains; **wciąż schodzili z góry** they were going downhill all the time; **dźwigali bagaże pod górę** they carried their luggage uphill; **wejść/wspiąć się na górę** to climb a mountain; **zejść z góry** to come down a. descend książk. a mountain; **góry i doły** (na drodze) potholes; **góry i doliny** hills and dales; **góry Szkocji** the (Scottish) Highlands ② (sterta) pile, mountain; **góra śmieci** a heap of rubbish; **mieć górę naczyń do zmywania** to have loads a. mountains of washing-up to do pot.; **pod choinką leżała góra prezentów** there was a pile of presents under the Christmas tree ③ (górna część) top; **przeszukać coś od góry do dołu** to search sth from top to bottom; **zmierzyć kogoś wzrokiem od góry do dołu** to look sb up and down; **od góry do dołu w bloku zapaliły się światła** lights came on all over the block; **siedział u góry stołu** he sat at the head of the table; **na górze** at the top; **każda strona ma numer na górze** each page is numbered at the top; **list leżał na górze komody** the letter was lying on top of the chest (of drawers) ④ *sgt* (w budynku) upstairs; **zawsze urządzają przyjęcia na górze** they always hold their parties upstairs; **na górę** upstairs; **iść/przyjść z góry** to go/come downstairs; **z góry dobiegł go głos** a voice could be heard from upstairs; **poszli na górę już dawno temu** they went upstairs a long time ago ⑤ (miejsce, położenie) **powietrze na górze jest bardzo zimne** the upper air is very cold; **tam, na górze** up there; **w górę** up, upwards; **balon płynął w górę** the balloon floated upwards; **w górze rzeki** upriver; **w górę rzeki** upstream; **do góry** up; **w ładną pogodę**

dym idzie prosto do góry in fine weather the smoke rises straight up; **iść do góry po schodach/drabinie** to go up a. climb the stairs/a ladder; **do samej góry** to the very top; **tą stroną do góry!** (oznaczenie przesyłki) this side up!; **twarzą do góry** face up a. uppermost; **ku górze** upwards; **w górze** (w powietrzu) up in the air, in the sky; **w górze powoli płynęły obłoki** clouds were floating (by) slowly in the sky; **trzymaj ręce w górze!** keep your hands up!; **od góry** from above; **trzeba do wieży wejść od góry** you have to enter the tower from above; **z góry** from above; from on high książk.; **ceny idą w górę** przen. prices are going up; **pnie się w górę do władzy** przen. he's climbing (up) the power ladder; **idzie w górę w swojej firmie** przen. he's rising in his company; **barometr/licznik idzie w górę** przen. the barometric pressure/meter reading is rising ⑥ *sgt* (strych) przest. attic, loft; **zawsze rozwieszała pranie na górze** she always hung her washing out to dry in the attic; **ten stary fotel trzeba już wynieść na górę** you should put that old armchair (up) in the loft ⑦ *sgt* pot. (zwierzchnicy) the authorities; **rozkaz przyszedł z góry** the order came from above a. from upstairs iron. a. (down) from on high żart.; **góra szukała porozumienia ze strajkującymi górnikami** the authorities were seeking a compromise with the striking miners ⑧ środ., Muz. (wysokie tony) high notes *pl*, high register

Ⅱ *adv.* pot. (co najwyżej) at (the) most; max pot.; **miała góra pięćdziesiąt lat** she was fifty (years old) at the most

Ⅲ **górą** *adv.* (powyżej) overhead, up above; **górą leciał samolot** an airplane flew overhead; **kula przeszła górą** the bullet flew over his head/their heads a. passed overhead

Ⅳ **z górą** *adv.* (ponad, przeszło) over, upwards of; **było tam z górą dwadzieścia osób** there were over twenty people there

Ⅴ **z góry** *adv.* (zawczasu) in advance, beforehand; **wiedzieć coś z góry** to know sth in advance; **z góry wiedziałem, że tak się stanie** I knew beforehand that would happen; **dziękować komuś z góry** to thank sb in advance; **osądzić kogoś/coś z góry** to prejudge sb/sth; **cieszyć się na coś z góry** to look forward to sth; **to było z góry postanowione** it was foreordained; **to było z góry ukartowane** it was a put-up job GB pot.; **to było z góry wiadomo** it was to be expected; we knew that from the start a. the word go pot.

❏ **góra lodowa** iceberg; **góra świadek** Geol. inselberg, island mountain; **góry fałdowe** Geol. fold a. folded mountains; **góry kadłubowe** Geol. residual hills; **góry młode** Geol. young mountains; **góry stare** Geol. old mountains; **góry stołowe** Geol. tableland, table mountains

■ **do góry dnem** bottom up; **do góry nogami** upside down, wrong side up; **przewrócili dom do góry nogami** they turned the house upside down; **powiesił obraz do góry nogami** he hung the picture upside down; **głowa** a. **uszy do góry!** cheer up!; chin up! pot.; **ręce do**

góry! hands up!; brać górę (nad kimś/czymś) to get the upper hand over sb/sth, to get the better of sb/sth; **być górą** to have the upper hand a. advantage; **nasi górą!** our team is in the lead!; **leżeć do góry brzuchem** to lie on one's back pot., to lie around doing nothing pot.; **mieć pod górę** pot. to have a hard time (of it); **teraz mamy pod górę, ale później będzie lepiej** it's an uphill struggle a. a battle at the moment, but things will get better later; **obiecywać komuś złote góry** to promise sb the earth; **wiara góry przenosi** faith moves mountains; **patrzeć na kogoś z góry** to look down on sb; **wsiąść na kogoś z góry** to come down hard on sb a. down on sb like a ton of bricks; **za górami, za lasami** over hill, over dale; **za siódmą górą** over the hill and far away; **góra urodziła mysz** przysł. the mountain has brought forth a mouse przysł.; **jeżeli góra nie chce przyjść do Mahometa, to Mahomet musi iść do góry** przysł. if the mountain won't come to Muhammad, Muhammad must go to the mountain przysł.

góral **[I]** m pers. (Gpl ~i) **[1]** (mieszkaniec gór) highlander **[2]** środ., Sport (kolarz) climber; **jest świetnym ~em** he's a great climber; **koszulka najlepszego ~a wyścigu** the King of the Mountains jersey **[III]** m inanim. (A ~a) **[1]** pot. (rower) mountain bike **[2]** Hist., pot. *500-złoty note used during WW II*

góral|ka f highland woman, highlander

górals|ki **[I]** adi. [styl, gwara, legendy, taniec] highland attr.; **jego ~ki upór** his highland stubbornness; **dom w stylu ~kim** a highland-style house **[III]** m Polish highland dance

góralszczy|zna f sgt (kultura) Polish highland culture; (styl) Polish highland style

gór|ka f **[1]** dem. (wzniesienie) hill; **zjeżdżać (na sankach)/zbiegać z ~ki** to sledge/run downhill; **iść/jechać/pedałować pod ~kę** to walk/drive/pedal uphill **[2]** dem. (kupka) pile; **~ka brudnych ubrań** a pile of dirty clothes **[3]** (najwyższe piętro) **pokój na ~ce** a room upstairs; **mieszkać na ~ce** to live upstairs; **wynieść coś na ~kę** to put sth in the attic, to take sth up to the attic **[4]** pot. (mięso) loin; **~ka cielęca** loin of veal **[5]** Lotn. whipstall; **wykonać ~kę** to perform a whipstall ❏ **~ka rozrządowa** Kolej. hump ■ **na początku mieliśmy pod ~kę** pot. it was hard work a. uphill work at first; **miał do szkoły pod ~kę** żart., iron. he was a lazy student; **zbiegać z ~ki na pazurki** dzuc. to hurtle helter-skelter down the hill

górnictw|o n sgt **[1]** Górn. mining; **~o węgla** a. **węglowe/soli** coal/salt mining; **~o odkrywkowe** opencast mining; **trudnić się ~em** to be a miner **[2]** (dziedzina wiedzy) mining engineering; **studiować ~o** to study mining engineering

górnicz|y adi. [sprzęt, region, przemysł, rodzina] mining; [strój, lampka] miner's; [święto] miners'; **akademia ~a** a school of mining engineering

górni|k m **[1]** (robotnik) miner; **~k węglowy/solny** a coal/salt miner; **~k naftowy** an oil

rig worker **[2]** (specjalista) **inżynier ~k** a mining engineer

górnolotnie adv. grad. [wyrażać się, opisywać, nazywać] grandiloquently

górnolotnoś|ć f sgt grandiloquence; **~ć stylu** grandiloquent style

górnolotn|y adi. [słowa, frazesy, metafory] high-flown, grandiloquent

górn|y adi. **[1]** (będący na górze) upper; **~a kondygnacja budynku** the upper story of a building; **~a połowa ciała** the upper body; **~e światło** overhead light; **zagrać ~ą piłkę** Sport to play a high ball; **~a narta/krawędź** Sport the uphill ski/edge **[2]** Geog. upper; **w ~ym biegu rzeki** in the upper reaches of the river; **dopływy ~ego Renu** tributaries of the upper Rhine **[3]** (w nazwach geograficznych) upper; **Górny Śląsk/Egipt** Upper Silesia/Egypt **[4]** (maksymalny) [pułap, granica] upper; **~y limit emisji spalin** the upper limits of exhaust fume emission **[5]** książk. (ambitny) [ambicje, plany, zamiary] grandiose **[6]** książk. (górnolotny) [słowa, hasła] grandiloquent **[7]** Muz. high; **zaśpiewać ~e C** to sing a top C **[8]** Geol. upper; **~y pliocen** Upper Pliocene ❏ **dodana ~a** Muz. upper ledger line

gór|ować impf vi **[1]** (być wyższym) **~ować nad kimś/czymś** to tower over sb/sth; **zamek ~ujący nad miastem** a castle overlooking the city **[2]** (dominować) to predominate; **~ować nad kimś/czymś** to predominate over sb/sth; **~ował nad rówieśnikami inteligencją** he surpassed his peers in terms of intelligence **[3]** [głos, śpiew] to be the most prominent; **w chórze ~owały głosy dziewcząt** the choir was dominated by girls' voices **[4]** (w strzelaniu) [działo, karabin] to shoot high **[5]** Astron. [ciało niebieskie] to be at its zenith

górs|ki adi. [klimat, pasmo, miejscowość] mountain attr.

górzystoś|ć f sgt **~ć krajobrazu** a mountainous landscape

górzy|sty adi. [region, kraj, krajobraz] mountainous

gówien|ko n dem. posp. piece of shit wulg.; **cały parapet był w ptasich ~kach** the window sill was covered in bird shit

gównian|y adi. wulg. **[1]** [smród] shitty wulg. **[2]** (bardzo zły) [praca, fachowiec, film] crappy wulg.

gówniars|ki adi. wulg., obraźl. [zachowanie] punkish pot., obraźl.

gównia|rz m, **~ra** f (Gpl m ~rzy, Gpl f ~r) wulg., obraźl. snot pot., punk US, pot.; **to jeszcze ~rz/~ra** he's/she's still a snotty-nosed little brat; **zachowujesz się jak ~rz/~ra** you are acting like a snotty-nosed brat

gów|no n wulg. **[1]** (odchody) shit U wulg.; **wdepnąć w ~no** to step in shit; **na chodniku leżało psie ~no** there was a piece of dog shit on the pavement **[2]** (bezwartościowa rzecz) shit U wulg.; **po co kupiłeś to ~no?** what did you buy this shit for?; **~no z niego, nie lekarz!** what a shitty doctor!; **awanturować się o byle ~no** to kick up a row over nothing; **nie będę jadł tego ~na!** I'm not going to eat this shit! **[3]** sgt (podejrzana sytuacja) shit wulg.; **siedzę w tym ~nie po uszy** I'm knee deep a. up to

my ears in this shit **[4]** (nic) **~no mnie to obchodzi!** I don't give a shit about it! wulg.; **~no wiesz na ten temat!** you don't know a shit about it! wulg.; **~no dostaniesz!** you'll get fuck-all! wulg.; **to wszystko jest ~no warte!** it's all a load of shit! wulg. ■ **a ~no prawda!** wulg. bullshit! wulg.; **a ~no!** wulg. not on your life!

gr (= grosz)

g|ra f **[1]** (rozrywka) game; **gra hazardowa** a gambling game; **gra losowa** a game of chance; **gry komputerowe/planszowe** computer/board games; **gra w karty** a card game; **gra dla dwóch osób** a game for two players; **zasady gry w koszykówkę/tenisa** basketball/tennis rules **[2]** (przybory) game; **gra składa się z planszy i pionków** the game includes a board and a set of counters **[3]** sgt (granie) play; **zabijać czas grą w karty** to while away the time playing cards; **poprawić swoją grę** to improve one's game; **dobra gra w obronie** good defensive play; **dobra gra w ataku** good attacking; **gra na czas** time-wasting; **gra do jednej bramki** przen. a one-sided game; **wykluczyć kogoś z gry** to send sb off; **przerwać grę** to stop the game; **gra była wyrównana** the players were evenly matched; **gra toczyła się głównie na naszej połowie** most of the play took place in our half **[4]** (partia) game; **ostatni punkt w drugiej grze** the final point of the second game **[5]** sgt (na instrumencie) playing; **wspaniała gra na gitarze** excellent guitar playing; **uczyć się gry na fortepianie** to learn to play the piano; **słuchaliśmy jego gry** we listened to him play **[6]** sgt (aktorska) acting; **gra aktorów była kiepska** the acting was poor; **podoba mi się jej gra** I like her acting **[7]** (rozgrywka) game; **gra polityczna/parlamentarna** the political/parliamentary game; **gra giełdowa** playing the stock market; **gra miłosna** the courting game; **gra na czyichś uczuciach** playing on people's feelings; **prowadzić uczciwą grę** to play fair; **prowadzić podwójną grę** to play a double game; **w tej grze chodzi o wysoką stawkę** the stakes are high in this game; **gra idzie o nasze zdrowie i bezpieczeństwo** our health and safety are at stake; **nie dam się wciągnąć do waszej gry** I won't be dragged into your game; **on już wypadł z gry** he's out of the game; **gra skończona!** the game is up! **[8]** (udawanie) **jego zdumienie było tylko grą** he feigned surprise **[9]** (zmienność) play; **gra świateł/cieni** the play of light/shadows; **swobodna gra wyobraźni** the free play of the imagination **[10]** Myślis. mating call; **gra głuszca** the mating call of a capercaillie ❏ **gra mieszana** Sport mixed doubles; **gra podwójna** Sport doubles; **gra pojedyncza** Sport singles; **gra słów** play on words, pun; **gra wstępna** foreplay ■ **prowadzić grę z otwarte karty** to play an open hand; **to gra niewarta świeczki** the game's not worth the candle; **to gra warta świeczki** it's worth taking the risk; **to nie wchodzi w grę** that's out of the question; **to wchodzi w grę** it's possible; **w**

grę wchodzą trzej kandydaci there are three candidates worth considering

grab *m* (*G* **~u** *a.* **~a**) [1] *sgt* (drzewo) hornbeam [2] (drewno) hornbeam wood *U*

grab|a *f* pot. mitt pot.; **ma ~y jak łopaty** he's got such huge mitts; **daj ~ę!** give me your paw! pot.

graba|rz [I] *m pers.* (*Gpl* **~y**) gravedigger także przen.

[II] *m anim.* Zool. burying *a.* sexton beetle

■ **uciec ~owi spod łopaty** pot., żart. (uniknąć śmierci) to be snatched from death's door; (uniknąć niebezpieczeństwa) to be saved by the bell *a.* by the skin of one's teeth

grab|ić *impf vt* [1] (zgarniać) to rake (up) *[liście, siano]* [2] (wyrównywać) to rake *[ścieżki, grządki]*; **cały dzień ~ił w ogrodzie** he spent the whole day raking over the garden [3] książk. (kraść) to pillage, to plunder; **~ić opuszczone mienie** to pillage deserted properties [4] (okradać) to plunder, to pillage *[wsie, domy]*; to rob *[ludzi]*

grabi|e *plt* (*G* **~i**) [1] (narzędzie) rake [2] pot., pejor. (ręce) meat hooks pot.; **weź pan te ~e!** get your meat hooks off!

grabi|eć *impf* (**~eję, ~ał, ~eli**) *vi [ręce, palce]* to go *a.* grow numb; **~eć z zimna** to grow numb with cold; **palce mi ~ały** my fingers were growing numb ⇒ **zgrabieć**

grabież *f* książk. (kradzież) pillage *U*, plunder *U*; (ziemi) invasion; **~ cudzego mienia** plundering somebody else's possessions

grabieżc|a *m* książk. [1] (rabuś) pillager, plunderer [2] (najeźdźca) invader

grabieżcz|y *adi. [napad, najazd]* pillaging, plundering

grab|ki *plt dem.* (*G* **~ek**) (toy) rake

grabow|y *adi.* [1] *[lasek, liść]* hornbeam *attr.* [2] *[drewno, deska]* hornbeam *attr.*

grac|a *f* (**~ka** *dem.*) [1] Ogr. garden hoe [2] Budow. larry [3] Górn. rabble

graciar|nia *f* (*Gpl* **~ni** *a.* **~ń**) pot. [1] (graty) junk, lumber GB [2] (pomieszczenie) glory hole pot.; lumber room GB

gracj|a *f* [1] (*Gpl* **~i**) Mitol. **Gracja** Grace; **trzy Gracje** the Three Graces [2] (*Gpl* **~i**) przen., żart. (kobieta) graceful woman [3] *sgt* (wdzięk) grace; **poruszać się z ~ą** to move gracefully; **mieć wiele ~i** to be very graceful; **była pełna ~i** she was very graceful

grac|ki *adi.* przest. *[chłopak, dzieciak]* plucky

gracko *adv.* przest. **~ sobie poradziłeś!** you did a great job!

gracz [I] *m pers.* (*Gpl* **~y** *a.* **~ów**) [1] (uczestnik gry) player; (hazardzista) gambler; **namiętny ~ w pokera** a passionate poker player; **~ giełdowy** a stock market player [2] (strateg) strategist; **wytrawny ~ polityczny** a skilful political strategist [3] pejor. (przebiegła osoba) schemer pejor.; **uważaj, bo to chytry ~!** be careful, he's an old fox!

[II] *m anim.* Myślis. cunning animal

gra|ć *impf* [I] *vt* [1] (rozgrywać) to play *[partię, spotkanie]*; **~my dzisiaj mecz** we're playing a game today; **~my już trzeci set** we are playing the third set; **~liśmy dzisiaj świetną koszykówkę** pot. we played great basketball tonight; **(w) co ~my?** pot. what's trumps?; **~my (w) piki** pot. spades are trumps ⇒ **zagrać** [2] Kino, Teatr *[aktor]* to play *[rolę, Hamleta]*; **~ć w**

teatrze to act on stage; **~ć u Altmana** to appear in an Altman film; **~ł postać księdza** he played a priest; **role żeńskie ~ne przez mężczyzn** female roles played by men; **świetnie ~na sztuka** a very well-acted play; **aktorzy ~li fatalnie/świetnie** the acting was terrible/great; **kto ~ Bonda w „Goldeneye"?** who plays Bond in 'Goldeneye'? ⇒ **zagrać** [3] (udawać) to play; **~ć głupka/niewiniątko** to play the fool/the innocent; **~ć przed kimś komedię** to put on an act for sb; **~ć rolę dobrego przyjaciela** to play the good friend ⇒ **zagrać** [4] (spełniać funkcję) **~ć rolę czegoś** to serve as sth; **~ć rolę klasowego wesołka** to be the classroom clown; **walory estetyczne ~ją drugorzędną rolę** the aesthetic merit is of secondary importance; **największą rolę ~ją pieniądze** money is the key factor; **pieniądze nie ~ją roli** money is no object ⇒ **zagrać** [5] Kino, Teatr (wystawiać, wyświetlać) to play; **~my teraz „Sen nocy letniej"** we are playing 'A Midsummer Night's Dream'; **nasz teatr często ~ Szekspira** our theatre often plays Shakespeare; **co dzisiaj ~ją w kinie?** what's on at the cinema?; **w Odeonie ~ją dzisiaj „Gwiezdne Wojny"** 'Star Wars' is playing at the Odeon; **tego już nie ~ją** it's not playing any more [6] Muz. to play *[utwór, Mozarta]*; **często ~cie Bacha?** do you often play Bach? ⇒ **zagrać** [7] pot. (odtwarzać) to play; **w radiu bez przerwy ~ją tę piosenkę** they play the song all the time on the radio

[II] *vi* [1] (brać udział w grze) to play *vt*; **~ć w piłkę nożną/karty/szachy** to play football/cards/chess; **dobrze ~ć w brydża/tenisa** to be good at bridge/tennis; **~ć w ataku/na bramce** to play attack/(in) goal; **~ć z kimś w tenisa** to play tennis with sb; **~ć na wyścigach** to bet at the races, to put money on *a.* to play the horses; **~ć na pieniądze** to play for money; **~ć o mistrzostwo** to play for the title; **~ć środkiem boiska** to play down the centre; **~ć skrzydłami** to play down the wings; **~ć w Bayernie/reprezentacji** to play for Bayern/one's country; **Real ~ dziś z Barceloną** Real takes on *a.* plays Barcelona today; **z kim dzisiaj ~my?** who are we playing today?; **~sz z nami?** do you want to play with us? ⇒ **zagrać** [2] Muz. to play *vt*; **~ć na skrzypcach/gitarze/fortepianie** to play the violin/guitar/piano; **~ć do tańca** to play music for dancing; **~ć na cztery ręce** to play duets ⇒ **zagrać** [3] (dźwięczeć) *[muzyka, instrument, radio]* to play; **w tle cicho ~ła muzyka** some music was playing softly in the background; **radio ~ło na cały regulator** the radio was going at full blast; **~jący zegar** a musical clock; **monotonne ~nie silnika** the monotonous hum of an engine; **aż jej w piersiach** *a.* **płucach ~ło** przen. she was panting and wheezing ⇒ **zagrać** [4] pot. (być włączonym, działać) to be on; **telewizor ~ na okrągło** the TV is on all the time; **magnetofon nie chce ~ć** the tape recorder is out of order [5] Ekon., Fin. to play *vt*; **~ć na giełdzie** to play the stock market ⇒ **zagrać** [6] przen. (rywalizować) to play; **~ć uczciwie** to play

fair; **~my o wysoką stawkę** we're playing for high stakes ⇒ **zagrać** [7] (wykorzystywać coś) to play; **~ć na czyichś emocjach** to play on sb's emotions; **politycy umiejętnie ~jący na uczuciach narodowych** politicians who skilfully play on national sentiments ⇒ **zagrać** [8] książk. (być obecnym) **ciepłe tony ~ły w jego głosie** there was a caring note in his voice; **jej twarz ~ła tysiącem uczuć** all sorts of emotions flickered across her face ⇒ **zagrać** [9] książk. (mienić się) **jego pejzaże ~ją wszystkimi kolorami** his landscapes are full of ever-changing colours; **kolory ~ły w słońcu** the colours danced in the sunlight ⇒ **zagrać** [10] pot. (współgrać) to match; **te kolory świetnie ze sobą ~ją** the colours match perfectly [11] Myślis. *[pies myśliwski]* to bay; **psy ~ły w oddali** the hounds were baying in the distance; **~nie cietrzewi** mating calls of black grouse ⇒ **zagrać**

■ **~ć na czas** Sport to waste time; **~ć na zwłokę** to play for time; **w to mi ~j!** pot. it couldn't be better!, I love it!; **konkurencji tylko w to ~j** our competitors would love it; **coś tu nie ~** pot. something's wrong here; **wszystko ~!** pot. everything is shipshape! pot.; **co jest ~ne?** pot. what's going on?; **czas ~ na naszą korzyść/niekorzyść** time is on our side/we're running out of time

gra|d¹ *m sgt* (*G* **~du**) [1] Meteo. (zjawisko) hail; (kulki) hailstones; **~d wielkości grochu** pea-sized hailstones; **padał ~d wielkości kurzych jaj** hailstones the size of eggs were falling; **pada ~d** it's hailing [2] przen. hail przen.; **~d kul/kamieni** a hail *a.* volley of bullets/stones; **~d pocisków** a volley *a.* hail of missiles; **zasypać kogoś ~dem pytań** to shower sb with questions, to fire questions at sb

gra|d² *m* Mat., Miary gon spec.

gradacj|a *f* (*Gpl* **~i**) książk. [1] (stopniowanie) gradation; **~a barw** colour gradations; **istnieje ~a zła** there are gradations of evil [2] Biol. outbreak; **~a szkodnika** a pest outbreak [3] Fot. contrast; **zastosować odpowiednią ~ę papieru** to use a proper paper contrast [4] Geol. gradation [5] Literat. gradation, climax

gradobi|cie *n* hailstorm; **~cie zniszczyło większość upraw** the hailstorm destroyed most of the crops

gradow|y *adi. [chmura]* hail *attr.*; **burza ~a** a hailstorm

graf¹ *m* (*Npl* **~owie**) Hist. (tytuł, osoba) count; **nadano mu tytuł ~a** he was made a count

graf² *m* (*G* **~u**) [1] (diagram) graph [2] Mat. graph

graffiti *n inv.* [1] zw. pl (napisy, rysunki) graffiti; **kolorowe ~ na murach** colourful graffiti on the walls [2] Hist., Szt. graffiti

graficznie *adv.* [1] (w postaci rysunku) *[przedstawić, pokazać]* graphically [2] (pod względem graficznym) **opracować ~ książkę** to plan the layout of a book; **program został opracowany ~ przez...** the graphic design of the program was by... [3] książk. (w zarysie) **jej sylwetka rysowała się ~ na tle reflektora** her figure was silhouetted against the spotlight

graficznoś|ć f sgt ~ć obrazu the graphic style of a picture

graficzn|y adi. [1] (w postaci rysunku) graphic(al); **znak ~y firmy** a company's trademark; **przestawić coś w sposób ~y** to present sth graphically [2] Szt. graphic; **prace ~e artysty** the artist's graphic works; **techniki ~e** graphic techniques [3] Komput. [interfejs, dane, znaki] graphic; **akcelerator ~y** a graphics accelerator [4] Wyd. **szata ~a książki/czasopisma** the design of a book/magazine; **układ ~y strony/książki** the layout of the page/book [5] książk. (o wyraźnych konturach) graphic; **ten obraz jest bardzo ~y** the painting is graphic in style

grafi|k [I] m pers. graphic designer; (artysta) graphic artist; **~k reklamowy** a commercial artist

[II] m inanim. (G **~ku**) (plan) schedule; (podział obowiązków) rota, roster; **~k dyżurów** a duty roster; **~k sprzątania** a cleaning rota; **ustalić ~k** to work out a rota a. roster; **muszę sprawdzić w ~ku** I have to check the schedule

grafi|ka f [1] sgt (dział sztuki) **~ka (artystyczna)** graphic arts; **~ka reklamowa** commercial art; **~ka użytkowa** commercial design; **~ka komputerowa** computer graphics [2] Szt. (odbitka) engraving, print; **~ki Dürera** Dürer's engravings a. prints [3] Szt. (rysunek) drawing; **~ka komputerowa** a computer graphic [4] sgt Wyd. (wygląd) design; Komput. graphics; **ta książka ma bardzo porządną ~kę** the book is very well designed; **ta gra ma świetną ~kę** the game has excellent a. great graphics [5] sgt Komput. (narzędzia) graphics

grafion m (G **~u**) ruling pen
grafi|t m (G **~tu**) [1] sgt Miner. graphite [2] (w ołówku) lead; (wymienny) refill; **złamał mi się ~t w ołówku** the lead in my pencil is broken

grafolo|g m (Npl **~gowie** a. **~dzy**) [1] (w sądzie) handwriting expert [2] Psych. graphologist

grafologi|a f (GD **~i**) sgt [1] (identyfikacja) handwriting analysis [2] Psych. graphology
grafologiczn|y adi. **ekspertyza** a. **analiza ~a** a graphological analysis

grafoman m, **~ka** f pejor. talentless hack pot., pejor., literary wannabe US pot., pejor.
grafomani|a /ˌgrafoˈmaɲja/ f sgt (GD **~i**) pejor. [1] (kiepskie pisarstwo) talentless writing; **ta książka jest wytworem czystej ~i** the book is the work of a talentless hack pot., pejor.; **ta powieść ociera się o ~ę** the novel is of hardly any literary value [2] (utwór) **ten wiersz to czysta ~a** the poem lacks any artistic value
grafomańs|ki adi. pejor. [książka, powieść] worthless pejor.
grafomaństwo n sgt → grafomania
graham m (A ~ a. **~a**) Kulin. graham bread
graham|ka f Kulin. graham bread roll
grajdo|ł m (G **~łu**) augm. pot. [1] (na plaży) pit (dug on a beach as a windbreak) [2] pejor. (zacofana miejscowość) hole pot., pejor.; **zmarnujesz sobie życie w tym ~le** you'll waste your life in this hole of a town

grajdoł|ek m pot. [1] (na plaży) pit (dug on a beach as a windbreak) [2] pejor. (mała miejscowość) hole pot., pejor.; **w tym ~ku wszyscy się znają** everybody knows everybody in this hole (of a town)
grajdół → grajdoł
graj|ek m (Npl **~kowie** a. **~ki**) player; **ludowi ~kowie** folk musicians; **~ek uliczny** a busker
gram m [1] Miary gram, gramme GB; **dziesięć ~ów soli** ten grams of salt [2] przen. (odrobina) ounce; **na nim nie ma ani ~a tłuszczu** there isn't an ounce of fat on him
gramatu|ra f Techn. basis weight; **~ra 70** 70 gsm
gramatycznie adv. Jęz. [mówić, pisać] grammatically; **~ poprawny** grammatically correct
gramatyczn|y adi. Jęz. [rozbiór, błąd] grammatical
gramaty|k m grammarian
gramaty|ka f [1] sgt (nauka) grammar; **~ka języka polskiego** Polish grammar; **sprawdzian z ~ki** a grammar test [2] (podręcznik) grammar textbook [3] pot. (lekcja) grammar (lesson)
❏ **~ka generatywna** Jęz. generative grammar; **~ka historyczna** Jęz. historical grammar; **~ka opisowa** Jęz. descriptive grammar; **~ka porównawcza** Jęz. comparative grammar; **~ka transformacyjna** Jęz. transformational grammar
gramofon m (G **~u**) record player; gramophone przest.
gramofonow|y adi. [tuba, płyta, igła] gramophone attr. przest.
gramol|ić się impf v refl. pot. to clamber; (ze zmęczenia) to drag a. haul oneself; **~ić się do samochodu/z samochodu** to clamber into/out of the car; **~ić się komuś na kolana** to clamber onto sb's lap; **staruszek powoli ~ił się z fotela/po schodach** the old man dragged himself from his chair/up the stairs
gramow|y [I] adi. one-gram; **odważnik gramowy** a one-gram weight
[II] **-gramowy** w wyrazach złożonych -gram; **pięciogramowy odważnik** a five-gram weight; **dwudziestogramowy ciężarek** a twenty-gram weight
grana|t m (G **~tu**) [1] Bot. (roślina) pomegranate (tree) [2] (owoc) pomegranate; **sok z ~tów** pomegranate juice; **pestki ~tu** pomegranate seeds [3] (kolor) dark a. deep blue; **jasny ~t** ≈ royal blue; **ciemny ~t** ≈ navy blue; **~t nieba** the deep blue of the sky; **szkolny ~t** ≈ navy blue, ≈ blue-black [4] pot. (tkanina) dark a. deep blue fabric U [5] (kamień szlachetny) garnet; **naszyjnik z ~tów** a garnet necklace; **pierścionek z ~tem** a garnet ring [6] Wojsk. (pocisk) grenade; **~t ręczny/odłamkowy/karabinowy** a hand/shrapnel/rifle grenade; **~t przeciwpancerny** an anti-tank grenade; **odbezpieczyć ~t** to pull the pin on a grenade; **rzucić ~tem** to lob a. throw a grenade; **obrzucić bunkier/kolumnę czołgów ~tami** to bombard a bunker/a column of tanks with grenades; **wystrzelić ~t** to launch a grenade; **wybuch ~tu** a grenade explosion; **zginął od wybuchu ~tu** he was killed by

a grenade [7] Sport (sprzęt sportowy) dummy hand grenade; **rzut ~tem** the grenade throw; **zawody w rzucie ~tem** a grenade throwing competition
granatnik m Wojsk. grenade launcher; **~ przeciwpancerny** an anti-tank grenade launcher; **załadować ~** to load a grenade launcher; **wystrzelić z ~a** to fire a grenade launcher
granatowo [I] adv. na ~ [malować, farbować] dark blue adi., navy blue adi.; [ubierać się] in navy a. dark blue; **~ polakierowany samochód** a dark-blue car
[II] **granatowo-** w wyrazach złożonych **granatowo-biały** navy blue and white; **granatowoczarny** blue-black
granatow|y adi. [1] (zrobiony z granatów) garnet attr.; **~a biżuteria** garnet jewellery; **~y naszyjnik** a garnet necklace [2] (ciemnoniebieski) navy (blue), deep a. dark blue; **~y żakiet/sweter** a dark-blue jacket/sweater
gran|da f sgt (oszustwo) rip-off C pot.; **taki podatek to ~da!** that kind of tax is a rip-off!; **~da! kupiliśmy bilety, a ktoś zajął nasze miejsca** what a rip-off: we bought tickets but somebody took our seats [2] (awantura) stink C pot.; **zrobić straszną ~dę** to make a. kick up a big stink; **jak wrócę późno, będzie ~da** if I get back late there'll be hell to pay pot. [3] przest. (grupa chuliganów) a bunch of hooligans [4] przest. (duża grupa osób) gang pot., crew pot.
■ **wejść na ~dę** przest. (wejść bez zaproszenia) to gatecrash; (włamać się) to break in
grandilokwencj|a f sgt książk., pejor. grandiloquence książk.
grandilokwentn|y adi. książk. [styl, słownictwo, frazeologia] grandiloquent książk.
grand prix /grãˈpri/ n inv. first prize, grand prize; **zdobyć** a. **wygrać ~** to win the first a. grand prize; **ten film zdobył ~ na festiwalu w Wenecji** the film won the first a. grand prize at the Venice Film Festival
graniasto adv. with sharp edges; **~ oszlifowany rubin** a ruby cut with sharp edges
graniastosłup m Mat. prism; **objętość ~a** the volume of a prism; **pole powierzchni ~a** the surface area of a prism; **~ o podstawie trójkąta** a triangular prism
❏ **~ prawidłowy** Mat. regular prism; **~ prosty** Mat. right regular prism
grania|sty adi. [1] (z ostrymi kantami) [blok, bryła, głaz] angular [2] dial. (łaciaty) [krowa, jałówka, byk] spotted, piebald
granic|a f [1] (państwowa) border; (obszaru) boundary; **pilnie strzeżona ~a** a closely guarded border; **niestrzeżona ~a** an unguarded border; **~a lądowa/morska** the land/sea border; **~a polsko-niemiecka** the Polish-German border; **~a Polski z Czechami** the Polish-Czech border, the border between Poland and the Czech Republic; **rewizja ~** the redrawing of frontiers a. borders; **~e województwa/parku narodowego** the boundaries of the voivodeship/national park; **~a lasu** the tree line; **~a wiecznych śniegów** the (permanent) snow line; **lotnisko znajduje się poza ~ami miasta** the airport is

G

outside the city limits; **na ~y** on the border; **nad ~ą** close to a. near the border; **przy ~y** close to a. near the border; **baza wojskowa przy ~y z Rosją** a military base close to the Russian border; **przez ~ę** across the border; **wyznaczyć/wytyczyć ~** to draw/mark a. designate the border; **uznać ~ę** to recognize the border; **przekroczyć ~ę** to cross the border; **strzec ~y** to guard the border; **naruszyć ~e** Wojsk. to violate the borders; **być** a. **przebywać za ~ą** to be abroad; **w kraju i za ~ą** at home and abroad; **opuścić ~e kraju w ciągu 48 godzin** to leave the country within 48 hours; **otworzyć/zamknąć ~ę** to open/close the border; **~e zamknięto ze względu na epidemię** the borders have been closed because of the epidemic; **wyjechać za ~ę** to go abroad ② przen. (linia podziału) borderline, boundary; **~a pomiędzy dobrem i złem** the borderline between good and evil ③ (zasięg, zakres) limit; **~e ludzkiego poznania** the limits of human understanding; **dolna/górna ~a wieku** the minimum/maximum age limit, the lower/upper age limit; **górna ~a płac** the wage ceiling, the maximum a. upper wage limit; **jej rozpacz nie miała ~** her despair knew no bounds; **moje zaufanie do niego ma swoje ~e** my confidence in him has its limits; **była na ~y wytrzymałości nerwowej** she was on the brink of a nervous breakdown; **nienawiść/miłość/poświęcenie bez ~** boundless a. infinite hatred/love/devotion; **odwaga bez ~** boundless a. limitless courage; **kochać bez ~** to love without measure; **frekwencja wyborcza w ~ach 60%** a voter turnout in the area of 60%, a voter turnout of around 60%; **temperatury w ~ach 10-15 stopni** temperatures in the 10-15 degree range; **koszt w ~ach 1000 złotych** a cost in the region of 1000 zlotys, a cost of around 1000 zlotys; **wynik mieści się w ~ach błędu statystycznego** the results are within the margin of error; **działać w ~ach prawa** to act within the law; **wydawać pieniądze w ~ach rozsądku** to spend money within reason; **być wyczerpanym do (ostatnich) ~** to be at the limits of one's endurance; **doprowadzić kogoś do ostatecznych** a. **najdalszych ~** to push sb too far; **posunąć się do ostatecznych** a. **najdalszych ~** to go too far; **przekroczyć ~e dobrego smaku/dobrego wychowania/przyzwoitości** to overstep the boundaries of good taste/the boundaries of good manners/the bounds of decency; **jej skąpstwo przekracza** a. **przechodzi wszelkie ~** her stinginess knows no bounds ④ Mat. limit; **~a funkcji** the limit of the function; **~a lewostronna/prawostronna** the left-hand/right-hand limit; **~a ciągu/szeregu** the limit of a sequence/series; **~a całkowania** the limit of integration
❏ **~a naturalna** Geog. natural border
■ **zielona ~a** pot. illegal border crossing; **przejść przez zieloną ~ę** to cross the border illegally; **wszystko ma swoje ~e!** enough is enough!

graniczn|y adi. ① (dotyczący granicy państwa) [posterunek, słup, kontrola] border attr.; **przejście ~e z Niemcami** a border crossing to Germany; **straż ~a** the border guards; **stawiać słupy ~e** to put up border posts ② książk. (ostateczny) [termin, data] final ③ książk. (ważki) [punkt, moment] critical

granicz|yć impf vi ① (przylegać) [kraj, obszar, ogród, pole] to border (**z czymś** on sth); [pokój, pomieszczenie] to adjoin (**z czymś** sth); **od południa Polska ~y z Czechami i Słowacją** in the south Poland borders on the Czech Republic and Slovakia ② przen. (przypominać) to verge a. border (**z czymś** on sth); **~yć z obłędem/zuchwałością** to verge on madness/impertinence; **~yć z cudem** to verge on the miraculous, to be practically a miracle; **darzył ją sympatią ~ącą z uwielbieniem** his regard for her verged on adoration

grani|t m (G **~tu**) Geol. granite U; **nagrobek z szarego ~tu** a grey granite headstone

granitow|y adi. [skała, płyta, pomnik] granite attr.; **~e szczyty Tatr** the granite peaks of the Tatras

gran|t m (G **~tu**) grant; **~t na badania naukowe** a research grant; **starać się** a. **ubiegać się o ~t** to apply for a grant; **otrzymać ~t** to get a. receive a grant

granula|t m (G **~tu**) Farm., Techn. pellets pl; **nawóz sztuczny w ~cie** artificial fertilizer pellets; **~t szklany** granulated glass

granul|ka f zw. pl granule; **herbata w ~kach** granulated tea; **lekarstwo w ~kach** granulated medicine; **pasza dla zwierząt w ~kach** granulated animal feed

gra|ń f ① (grzbietu górskiego) ridge; (w alpinizmie) arete; **granica biegnie ~nią Karpat** the border follows the ridge of the Carpathian Mountains ② (krawędź) edge; **ostra ~ń bloku marmuru** the sharp edge of a slab of marble

grapefruit /'grejpfrut/ → **grejpfrut**

gras|ować impf vi ① [banda, gang] to prowl vt/vi, to operate; [morderca, gwałciciel] to prowl vt/vi, to roam vt/vi; **kieszonkowcy zwykle ~ują na dworcach kolejowych** pickpockets usually operate at railway stations; **w okolicy ~uje banda chuliganów** a gang of thugs is prowling the neighbourhood ② przen., przest. (szerzyć się) [grypa, zaraza] to be rife książk.; to be rampant; **w obozie uchodźców ~owała żółta febra** yellow fever was rife a. rampant in the refugee camp

gra|t I m pers. (Npl **~ty**) pot., obraźl. (decrepit old) wreck pejor.; **co ten stary ~t tu robi?** what is that decrepit old wreck doing here?
II m inanim. pot. (mebel, urządzenie) piece of junk pot., pejor.; (pojazd) heap pot., pejor., rustheap pot., pejor.; **stary ~t** an old piece of junk

gratis I m zw. pl (G **~u**) Wyd. free a. gratis copy
II adi. inv. pot. [przejazd, kurs] free
III adv. free (of charge) a. at no charge, gratis; **rozprowadzać coś ~** to distribute sth free of charge

gratisowo adv. pot. for free pot., for nothing pot.; **mechanik wymienił mi ~ olej w samochodzie** the mechanic changed the oil in my car for free

gratisow|y adi. pot. [egzemplarz, przejazd, usługa] free; **~a próbka kremu** a free sample of cream

grat|ka f (okazja) real bargain; (dla koneserów) treat; **ta wystawa to nie lada ~ka dla miłośników starych pojazdów** the exhibition is a real treat for antique-car enthusiasts; **otwarty samochód to ~ka dla złodzieja** an unlocked car is an invitation to thieves; **a to ci ~ka!** what a bargain!; **dobry samochód za pięć tysięcy to ~ka** a good car for five thousand zlotys is a real bargain

gratulacj|e plt (G **~i**) congratulations (**z okazji czegoś** on sth); **serdeczne/szczere/gorące ~e** heartfelt/sincere/warm(est) congratulations; **~e z okazji awansu** congratulations on your promotion; **list/telegram z ~ami** a congratulatory letter/telegram; **składać/złożyć komuś ~e** to congratulate sb; **otrzymywać** a. **przyjmować ~ od kogoś** to be congratulated by sb, to receive congratulations from sb

gratulacyjn|y adi. [telegram, list] congratulatory

gratul|ować impf vi to congratulate vt; **koledzy ~owali mi awansu** my colleagues congratulated me on my promotion; **~uję wygranej** my congratulations on your victory ⇒ **pogratulować**
■ **~ować sobie** to congratulate oneself, to be pleased with oneself; **~owała sobie ostrożności** she was pleased with herself for being/having been so cautious; **~uję dobrego samopoczucia** iron. I'm glad you're feeling so good about yourself/yourselves iron.

gratyfikacj|a f (Gpl **~i**) ① książk. (wynagrodzenie) bonus; **otrzymać ~ę** to receive a bonus ② euf. **spodziewać się od kogoś ~i** to expect something in return from sb

gratyfikacyjn|y adi. książk. [fundusz] bonus attr.; **premia ~a** a bonus

grawe|r m engraver

grawer|ować impf vt to engrave [napis, dedykację, datę] (**na czymś** on sth) ⇒ **wygrawerować**

grawerowan|y II pp → **grawerować**
III adi. [tabliczka, obrączka, zegarek] engraved

grawers|ki adi. [zakład, warsztat] engraver's; [narzędzie, technika, fach] engraving attr.

grawerun|ek m (G **~ku**) przest. engraving; **zegarek/obrączka z ~kiem** an engraved watch/ring

grawitacj|a f sgt Fiz. gravitation, gravity; **prawo ~i** the law of gravity; **~a Ziemi** a. **ziemska** the Earth's gravity

grawitacyjn|y adi. gravitational; **pole ~e Ziemi** the Earth's gravitational field; **oddziaływanie ~e Słońca** the Sun's gravitational force

grawit|ować impf vi ① Fiz. to gravitate (**ku czemuś** toward(s) sth) ② książk., przen. (skłaniać się) to gravitate książk. (**ku czemuś** toward(s) sth); **poglądy premiera ~ują ku liberalizmowi** the prime minister's views are leaning a. tending towards liberalism

grażdan|ka *f sgt* Hist. Cyrillic (alphabet); **książka pisana ~ką** a book printed in Cyrillic

grą|d *m* (*G* ~**du**) ① (las liściasty) broadleaved forest ② (pastwisko) high mountain pasture

grążel *m* (*A* ~ a. ~**a**) Bot. water lily; ~ **żółty** a yellow water lily

grdy|ka *f* Anat. Adam's apple; **wystająca ~ka** a protruding Adam's apple

grec|ki ⫼ *adi.* *[alfabet, bogowie, tragedia, krzyż]* Greek; *[amfora, architektura]* Grecian; **mity ~kie** Greek myths; **sałatka ~ka** a Greek salad

⫼ *m sgt* (język) Greek

■ (mieć) **~ki nos/profil** to have a Grecian nose/profile

greckokatolic|ki *adi.* Relig. *[kościół, nabożeństwo, duchowny]* Greek Catholic, Greek Uniat(e); **być wyznania ~kiego** to be a Greek Catholic

Greczyn|ka *f* Greek (woman)

gregoriańs|ki *adi.* Hist., Relig. *[kalendarz, chór, msza]* Gregorian

❏ **chorał** a. **śpiew ~ki** Muz. plainsong, Gregorian chant

grejpfru|t *m* (*A* ~**t** a. ~**ta**) ① Bot. (drzewo) grapefruit (tree) ② (owoc) grapefruit; **sok z ~ta** grapefruit juice; **wycisnąć sok z ~ta** to squeeze a grapefruit

grejpfrutow|y *adi.* *[sok, drzewo, plantacja]* grapefruit *attr.*

Gre|k *m* Greek; ~**k Zorba** Zorba the Greek
■ **udawać ~ka** pot. to play dumb pot.

gre|ka *f sgt* ① (język i literatura starogrecka) (ancient a. classical) Greek; ~**ka biblijna** Biblical Greek; **studiować ~kę** to study (classical) Greek; **uczyć się ~ki** to study a. learn (classical) Greek ② pot. (lekcja) Greek (class)

grekokatolicki *adi.* kryt. → **greckokatolicki**

grekokatoli|k *m*, ~**czka** *f* Relig. Greek Catholic

gremialnie *adv.* książk. *[powstać, brać udział, ruszyć]* en masse; **posłowie ~ wyszli z sali** members of parliament left the chamber en masse

gremialn|y *adi.* książk. *[udział, strajk, śpiew]* mass; ~**y protest pracowników stoczni** a mass protest of shipyard workers

gremi|um *n* (*Gpl* ~**ów**) książk. (wszyscy uczestnicy) members *pl*, membership *U*; (osoby pełniące funkcje kierownicze) executive committee; ~**um związkowe** the union members; ~**um doradcze** the advisory committee; ~**a opiniotwórcze** influential circles; **uchwała ~um** a members' resolution; **zasiadać w wysokich ~ach** to participate in high-level decision-making processes

grenadie|r *m* Hist., Wojsk. grenadier

grenadiers|ki *adi.* Hist., Wojsk. *[mundur, oddział, pułk]* grenadier *attr.*, grenadier's

greps *m* (*G* ~**u**) ① Film, Teatr gag, joke; (słowny) one-liner pot.; **komedia oparta na sytuacyjnych ~ach** a comedy based on situational gags ② pot. (dowcip) joke; (wise)crack pot.; **jego ~y powtarzała cała szkoła** the whole school told and re-told his jokes

gres *m sgt* (*G* ~**u**) milled rock tiles; **podłoga wyłożona ~em** a floor covered with milled rock tiles; **płytki z ~u** milled rock tiles

gręplarni|a *f* (*Gpl* ~**i**) Włók. carding mill

grępl|ować *impf vt* Włók. to card *[wełnę, bawełnę, len]*

gręplowan|y ⫼ *pp* → **gręplować**

⫼ *adi.* Włók. *[wełna, bawełna, len]* carded

grill *m* ① (przenośny ruszt) (barbecue) grill; **upiec coś na ~u** to grill a. barbecue sth; **upiekliśmy kiełbaski na ~u** we grilled a. barbecued some sausages; **z ~a** grilled, barbecued; **żeberka z ~a** barbecued ribs; **przyjdźcie do nas na ~a** come over for a cook-out a. a barbecue ② (ruszt w piekarniku) grill; **z ~a** grilled; **soczysta polędwica z ~a** juicy grilled tenderloin

grizzly /ˈgrizli/ *m inv.* Zool. grizzly (bear)

grob|la *f* (*Gpl* ~**li** a. ~**el**) Techn. (do spiętrzania wody) weir; (do przejazdu) causeway; **usypać ~lę** to build a causeway

grobow|iec *m* tomb, vault; ~**iec rodzinny** the family tomb a. vault; ~**ce królewskie na Wawelu** the royal tombs in Wawel Castle

grobowo *adv.* książk. **milczeć ~** to be dead silent, to be as silent as the grave

grobow|y *adi.* ① *[krypta, kaplica]* sepulchral; *[kamień, płyta]* tomb *attr.* ② przen. (pełen przygnębienia) *[nastrój, mina]* gloomy; sepulchral książk.; *[milczenie]* dead; **przemówił ~ym głosem** he spoke in a gloomy voice; **w pokoju panowała ~a cisza** there was a deathly silence in the room

■ **do ~ej deski** pot. till the day one dies

groch ⫼ *m sgt* (*G* ~**u**) ① Bot. (roślina) pea *C*; **grządka ~u** a bed of peas ② (strąki) pea *C*; **łuskać ~** to shell peas ③ (nasiona) pea *C*; **dwa ziarnka ~u** two peas; ~ **purée** puréed peas

⫼ **grochy** *plt* ① (wzór) polka dot; **sukienka w żółte ~y** a yellow polka dot dress ② (materiał) polka dot cloth a. fabric *U*; **kupiła ~y na bluzkę** she bought some polka dot fabric for a blouse

❏ ~ **cukrowy** Bot. sugar (snap) pea

■ ~ **z kapustą** pot. hotchpotch GB, hodge-podge US, mishmash; **rzucać ~em o ścianę** pot. to waste one's breath

grochodrzew *m* (*G* ~**u**) Bot. black locust, false acacia

grochówecz|ka *f dem.* pieszcz. (zupa) pea soup *U*

grochów|ka *f* pot. ① Kulin. (zupa) pea soup *U*; ~**ka z kiełbasą** pea soup with sausage; **wojskowa ~ka** army-style pea soup ② (gatunek jabłek) *a small sweet thick-skinned apple* ③ Ogr. (gatunek jabłoni) *an apple tree bearing small sweet thick-skinned apples*

grodow|y *adi.* Hist. **osada ~a** a fortified medieval settlement; **starosta ~y** medieval town reeve

gr|odzić *impf vt* ① (otaczać płotem) to fence (off) *[ogród, plac]*; **grodzić pastwiska** to fence off the pastures ② przest. (stanowić granicę) *[płot, siatka, zarośla, rów]* to enclose; **wysoki płot grodził plac budowy** the construction site was enclosed a. surrounded by a high fence

grodz|ki *adi.* ① Hist. (dotyczący grodu obronnego) *[brama, straż, fosa, mur obronny]* castle *attr.* ② (dotyczący miasta) *[rada]* town *attr.*, city *attr.*; *[prawo, urząd]* municipal; **sąd ~dzki** Prawo petty offence court; ≈ magistrates' court GB

grog *m* (*G* ~**u**) grog *U*

grom *m* (*G* ~**u**) przest. thunderbolt poet.

■ **mieć ciuchów/roboty od ~a** pot. to have loads a. tons of clothes/work pot.; **ludzi/mrówek było od ~a** pot. there were loads a. tons of people/ants pot.; **ciskać** a. **miotać** a. **rzucać ~y na kogoś/coś** to lambast(e) sb/sth; **ściągać ~y na siebie** a. **na swoją głowę** to incur sb's wrath książk.; **to make sb furious; ta decyzja ściągnie na niego ~y** a. **ściągnie ~y na jego głowę** that decision is going to get him in deep trouble; ~**y posypały się na niego** a. **mu na głowę** he was lambasted; **paść/stanąć jak rażony ~em** to be thunderstruck; **zamilknąć jak rażony ~em** to be dumbfounded a. struck dumb; **padł/stanął jakby w niego ~ strzelił** pot. he was thunderstruck; **ta wiadomość spadła na mnie jak ~ z jasnego nieba** the news was like a bolt out of a. from the blue

groma|da *f* ① (ludzi) bunch; ~**da rozwydrzonych dzieci** a bunch of rowdy children; **iść ~dą** to go (all) together ② (ptaków, owiec) flock; (psów, wilków) pack ③ Admin., Hist. (jednostka administracyjna) *the smallest administrative unit in Poland between 1954 and 1972* ④ Astron. cluster; ~**da kulista** a globular cluster; ~**da otwarta** a (galactic) cluster ⑤ Zool. class; ~**da głowonogów** the class Cephalopoda

gromad|ka *f dem.* cluster, small group; **zbita ~ka dzieci** a tight cluster of kids; **stać ~ką** to cluster; **zbić się w ~kę** to gather a. cluster closely together; **owce zbiły się w ciasną ~kę** the sheep clustered closely together

gromadnie *adv.* *[odwiedzać, zwiedzać, przybywać]* in large numbers; *[żyć]* gregariously

gromadn|y *adi.* ① (tłumny) crowded; ~**e przybycie gości** the arrival of crowds of guests; **nie lubił ~ych zabaw** he didn't like crowded parties ② Biol. *[życie, instynkt]* gregarious; **połowy ryb ~ych** shoal fishing

groma|dzić *impf* ⫼ *vt* ① (zbierać) to stock up on *[zapasy]*; to collect *[książki, dzieła sztuki]*; to amass *[pieniądze]*; **system ~dzenia i porządkowania danych** a data-gathering and organizing system ⇒ **zgromadzić** ② (skupiać) to concentrate *[wojsko, oddziały]*; *[serial, koncert]* to draw, to attract *[widzów, słuchaczy]*; ~**dzić wokół siebie zwolenników/wyznawców** to attract a following ⇒ **zgromadzić**

⫼ **gromadzić się** ① (zbierać się) to gather, to congregate; **protestujący ~dzą się przed budynkiem** protesters are gathering in front of the building; **ludzie ~dzą się na ulicy/na rynku/na stadionie** crowds are gathering in the street/in the market-place/at the stadium; **wieczorami cała rodzina ~dzi się przy kominku/przed telewizorem** in the evening the whole family gathers around the fireplace/in front

G

of the TV; **zakaz ~dzenia się** a ban on (public) assembly ⇒ **zgromadzić się** [2] (występować w dużej liczbie) to gather, to accumulate; **na niebie ~dziły się ciemne chmury** dark clouds were gathering in the sky; **pod łóżkiem łatwo ~dzi się kurz** dust gathers quickly under the bed; **na jej książkach ~dził się kurz** dust was accumulating on her books; **w organizmie ~dzą się zapasy tłuszczu** fat deposits accumulate in the body ⇒ **zgromadzić się**

grom|ić impf vt książk. [1] (krytykować) to reprimand [ucznia, pracownika, dziecko, parafianina]; **~ić kogoś spojrzeniem** a. **wzrokiem** to give sb a reprimanding look ⇒ **zgromić** [2] (zwyciężać) to rout [wroga, nieprzyjaciela, armię, najeźdźcę]

grom|ki adi. książk. [śmiech, okrzyk] thunderous; **gospodarzy powitały ~kie oklaski** the home team was greeted by thunderous applause

gromko adv. książk. [krzyknąć, zaśmiać się, skandować] loudly

gromnic|a f Relig. blessed candle

gromniczn|y adi. **świeca ~a** a blessed candle; **święto Matki Boskiej Gromnicznej** Candlemas

gromowładn|y adi. [1] Mitol. [bóg] thunder-wielding [2] książk., przen. (groźny) **~y kaznodzieja** a gloom-and-doom preacher, a hellfire(-and-damnation) preacher; **~y głos** a voice full of gloom and doom, a voice full of hellfire and damnation

gron|ko n dem. [1] (mała grupa ludzi) core group, inner circle; **spotkanie w wąskim ~ku rodzinnym** a meeting in the family circle [2] (porzeczek, kwiatów) cluster; (winogron) (small) bunch, cluster

gronkowcow|y adi. Med. [zakażenie] staphylococcus attr. spec., staphylococcal spec.; staph

gronkow|iec m Biol., Med. staphylococcus spec.

gron|o n [1] (grupa osób) circle; **ścisłe ~o kierownicze** the inner management circle; **wąskie ~o przyjaciół** a small circle of friends; **wąskie ~o specjalistów** a narrow circle of specialists; **~o nauczycielskie** the teaching staff; **w ~ie rodzinnym** in the family circle [2] (kiść drobnych owoców) bunch, cluster; **czerwone ~a jarzębiny** clusters of red rowanberries; **~a kwiatów akacji** clusters of acacia [3] Bot. cluster

gronostaj|j [I] m (Gpl ~ów a. ~i) Zool. ermine

[II] **gronostaje** plt [1] (wyprawiona skórka) ermine U; **płaszcz podszyty ~jami** an ermine-lined coat [2] (futro) ermine U; **rektor wystąpił w ~jach** the vice-chancellor of the university wore ermine robes

gronostajow|y adi. [1] [pyszczek, ogon] ermine attr., ermine's [2] [czapka, futro, kołnierz] ermine attr.; **~e podbicia szat królewskich** the ermine lining of the royal robes

gronow|y adi. [wino, napój, sok, cukier] grape attr.

gros¹ m (dwanaście tuzinów) gross; **~ agrafek** a gross of safety-pins; **dziesięć ~ów butelek** ten gross of bottles

gros² /gro/ n inv. (większość) majority; **~ miejscowej ludności** the majority of the local population; **~ czasu spędzał w kawiarni** he spent most of a. the majority of his time in the café; **~ książek rozeszło się na początku** most of a. the majority of the books were sold at the beginning

grosiw|o n sgt przest. pelf przest.; money; **uciułał sobie trochę ~a** he's put aside a little money

grosz m [1] (moneta polska) grosz (a Polish monetary unit) [2] (moneta austriacka) groschen (an Austrian monetary unit) [3] Hist. groschen [4] sgt pot. (pieniądze) money; **lichy** a. **nędzny** a. **marny ~** next to nothing, very little money; **ciężki** a. **ładny ~** good money; **uciułać trochę ~a** to put away a. aside a little money; **ciułać ~ do ~a** to save every penny

■ **wdowi ~** książk. widow's mite książk.; **co do ~a** pot. down to the last penny; down to the last (red) cent US pot.; **kupić coś za drogi ~** pot. to pay a pretty penny for sth; **kupić/sprzedać coś za ~e** to buy/sell sth for next to nothing; to buy/sell sth dirt cheap a. for peanuts pot.; **liczyć się z każdym ~em** pot. to count a. watch one's pennies; **nie mieć ~a przy duszy** pot. to be penniless, not to have a penny to one's name a. two pennies to rub together; **nie mieć wstydu/rozumu za ~** pot. to have no shame/sense; **nie śmierdzieć ~em** pot. to be broke pot., to be skint GB pot.; **wtrącać** a. **wtykać** a. **wsadzać (swoje) trzy ~e** pot. to add a. put in one's (two) pennyworth GB pot., to add a. put in one's two cents' worth US pot.; **nie ufam im za ~** pot. I don't trust them an inch pot.; **to nie jest warte trzech ~y** a. **złamanego ~a** pot. it's not worth a brass farthing GB pot., it's not worth a red cent a. a plugged nickel US pot.

groszak m (A ~a) pot. penny; **przez całe życie ciułał ~i** he's been saving pennies all his life

grosz|ek [I] m (G ~ku) [1] sgt (ziarna grochu) peas pl; **marchewka z ~kiem** peas and carrots; **~ek konserwowy** tinned peas GB, canned peas US [2] Bot. (kwiat) sweet pea [3] Górn. pea coal U

[II] **groszki** plt [1] dem. (deseń) (polka) dots pl, spots pl; **w ~ki** spotted; **sukienka w ~ki** polka-dot(ted) dress [2] (materiał) dotted a. polka-dot(ted) material U, spotted material U

❑ **~ek ptysiowy** Kulin. choux pastry balls spec.

groszkow|y adi. [1] (o kolorze) pea-green [2] (w groszki) dotted a. polka-dot(ted), spotted; **tkanina w ~y deseń** polka-dot(ted) fabric

groszor|ób m (Npl ~oby) pot., pejor. money-grubber pot., pejor.; **to beznadziejne ~oby, świata poza forsą nie widzą** they're hopeless money-grubbers, all they think about is money

groszoróbstw|o n sgt pot., pejor. money-grubbing pot., pejor.

groszow|y [I] adi. [1] (wart 1 grosz) **~a moneta** a one-grosz coin [2] (warty niewiele) [wydatki, sprawunki] petty, negligible; [pensja, zarobki, emerytura] paltry, pitiful; [sprawa] trivial, petty

[II] **-groszowy** w wyrazach złożonych **mone-**ta **dziesięciogroszowa/dwudziestogroszowa** a ten-/twenty-grosz coin

groszów|ka f (igła) ≈ darning needle

gro|t¹ m (G ~tu) [1] (strzały) (arrow)head; (włóczni) tip (of a spear) [2] Myślis. (antler) point [3] Techn. point chisel

gro|t² [II] m (G ~tu) Żegl. mainsail; **podnieść ~t** to hoist the mainsail

[III] **grot-** w wyrazach złożonych Żegl. main; **grotreja** a main yard

gro|ta f cave, cavern; (niewielka) grotto; **skalna ~ta** a rock(y) cave; **Wieliczka słynie z pięknych solnych ~t** Wieliczka is famous for its beautiful salt caverns

grotes|ka f [1] (utwór) Muz., Szt. grotesque piece a. work, piece a. work in the grotesque style [2] Archit., Szt. (ornament) grotesque spec. [3] książk., przen. grotesque a. grotesquery książk.; parody; **obchody tej rocznicy były ponurą ~ą** the ceremonies commemorating the event were a grim parody a. farce; **zakrawać na ~kę** to sound grotesque

groteskowo adv. [wykrzywiać się, powykręcany, zniekształcony] grotesquely; [wyglądać, brzmieć] grotesque adi.; **zachować się ~** to behave ludicrously; **generał przemówił ~ cienkim głosem** the general spoke in a ludicrously a. incongruously reedy voice

groteskowoś|ć f sgt [1] Literat., Muz., Szt. grotesqueness, grotesquerie; **~ć utworu/postaci** the grotesqueness of the work/character [2] przen. grotesquerie a. grotesquery, ludicrousness; **~ć sytuacji** the ludicrousness of the situation

groteskow|y adi. [1] Literat., Muz., Szt. [styl, utwór] grotesque [2] przen. grotesque, ludicrous; **(czyjeś) ~e zachowanie** sb's ludicrous behaviour; **~y pomysł** a ludicrous idea; **to spotkanie miało ~y charakter** the meeting was grotesque; **cała sytuacja była ~a** the whole situation was grotesque a. ludicrous

grotmasz|t m (G ~tu) Żegl. (na dwu- i trzymasztowcu) mainmast; (na pięciomasztowcu) (trzeci) middle-mast; (czwarty) mizzen-mast

grotołaz m (Npl ~i a. ~y) (sportowiec) caver, potholer GB, spelunker US; (badacz) speleologist

groz|a f sgt (poczucie zagrożenia) danger; (lęk) terror, dread; **atmosfera ~y** a pervasive sense of dread; **chyba nie pojmujesz ~y naszego położenia** I'm not sure you understand the danger we're in; **w miasteczku sieją ~ę bandyci** the town lives in terror of criminals; **stare zamczysko budziło ~ę** the old castle looked very forbidding; **scena pełna ~y** a terrifying scene; **zdjęty ~ą** seized with terror

gro|zić impf (~żę) vi [1] (straszyć) to threaten vt; **~zić komuś śmiercią/karą** to threaten to kill/punish sb; **~zić komuś nożem** to threaten sb with a knife [2] (przestrzegać) to threaten vt; **~ić komuś palcem** to shake a warning a. threatening finger at sb, to shake a finger at sb in admonishment; **~zić komuś batem/kijem** to threaten sb with a whip/stick ⇒ **pogrozić** [3] (w przepisach prawnych) **za ukrywanie poszukiwanego przestępcy ~zi kara pozbawienia wolności do lat pięciu** concealing a wanted criminal is punishable by up to five years in prison [4] książk. (stwarzać niebezpieczeństwo) **budynek**

~zi zawaleniem the building is in danger of collapsing; **dotknięcie przewodów elektrycznych ~zi śmiercią** touching power cables can be fatal [5] *(zagrażać)* **miastu ~zi powódź** the city is in danger of flooding; **firmie/systemowi ubezpieczeń społecznych ~zi bankructwo** the company/social security system is in danger of going bankrupt ■ **sukces/zwycięstwo/awans mu nie ~zi** iron. he's in no danger of succeeding/winning/getting promoted iron.

gr|ożba f [1] *(pogróżka)* threat; **list zawierał same grożby** the letter was full of threats; **czcze grożby** empty threats [2] *sgt (niebezpieczeństwo)* threat, menace; **grożba wybuchu epidemii** the threat of an epidemic; **pod grożbą** under threat; **zgodziła się pod grożbą utraty stanowiska** she complied under threat of losing her job ❑ **grożba karalna** Prawo unlawful menace

groźnie *adv. grad. [krzyknąć, spojrzeć, zmarszczyć brwi]* threateningly, menacingly; *[wyglądać, brzmieć]* threatening *adi.*, menacing *adi.*; **lew zaryczał ~** the lion roared menacingly

groźn|y *adi. grad.* [1] *(niebezpieczny) [przeciwnik]* dangerous; *[przełęcz, działalność]* dangerous, hazardous; *[choroba, rana]* serious; **~y stwór/rywal/wirus** a dangerous creature/rival/virus; **najgroźniejszy polski gangster** the most dangerous Polish gangster; **grypa może spowodować ~e komplikacje** the flu can lead to serious a. dangerous complications; **sytuacja ~a dla firmy/szkoły** a dangerous situation for the company/school [2] *(niepokojący) [spojrzenie, mina, twarz]* ominous, menacing; *[wieści, wróżba]* ominous; **~y głos** a menacing voice

gr|ób m (G **grobu**) [1] *(miejsce pochówku)* (ziemny) grave; *(grobowiec)* tomb, crypt; **odwiedzać groby bliskich** to visit one's relatives' graves; **chodzić na groby** to visit graves; **złożyła kwiaty na grobie matki** she put flowers on her mother's grave; **pochowano go w grobie rodzinnym** he was interred in the family grave/tomb; **już od dawna leży w grobie** s/he's been dead for quite some time now [2] *przen.* grave *przen.*; **małżeństwo jest grobem miłości** marriage is the grave of love [3] Relig. *a representation of the Holy Sepulchre displayed for veneration in Catholic churches on Good Friday and Saturday* ❑ **groby szkieletowe** Archeol. (Neolithic/Bronze Age) ossuaries spec.; **Grób Nieznanego Żołnierza** the Tomb of the Unknown Soldier; **Grób Święty** a. **Pański** the Holy Sepulchre GB, the Holy Sepulcher US ■ **będę ci wierny/wdzięczny po grób** I'll be faithful/grateful to you to the day I die; **będzie mi to wypominał po grób** I'll never hear the last of it; **miłość po grób** undying love; **wesoło jak w rodzinnym grobie** pot. about as lively a. cheerful as a funeral pot., iron.; **zza grobu** from beyond the grave; **głos/wołanie zza grobu** a voice/call from beyond the grave; **przewracać się w grobie** pot. to turn in one's grave; **spocząć w grobie** książk. to be laid to

rest; **spoczywać w grobie** to lie in the grave; **stać nad grobem** to have one foot in the grave; **wpędzić kogoś do grobu** to be the death of sb; **te ciągłe awantury/te dzieci wpędzą mnie do grobu** these constant fights/those kids are going to be the death of me; **kopać sobie grób** to dig one's own grave; **swoim zachowaniem sam kopie sobie grób** he's digging his own grave with that behaviour; **zabrać** a. **wziąć coś (ze sobą) do grobu** to take sth to the grave *[tajemnicę]*

gr|ód m (G **grodu**) [1] Hist. *(obronny)* castle; *(miasto)* town; **gród warowny** a fortified town [2] *książk. (miasto)* town, city; **gród Kraka** Cracow ❑ **syreni gród** książk. Warsaw

gruba|chny, ~śny *adi. pot., żart. [osoba]* chubby, plump; *[sweter]* thick, heavy; **~chny pień drzewa** a sturdy tree trunk

grubas m, **~ka** f (Npl **~y, ~ki**) pot. fat person; fatso pot., pejor.; fatty pot.; **w społeczeństwie przybywa ~ów** there are more and more fat people these days

grubas|ek m dem. (Npl **~ki**) pot. *(o dziecku)* (little) dumpling żart.

grubaśny → grubachny

grubaw|y *adi. [osoba]* chubby, (rather) heavy; *[zwierzę]* (rather) fat; *[sweter, materiał]* (rather) thick, (rather) heavy; *[głos]* (rather) deep; *[głos kobiecy]* (rather) masculine a. mannish

grubian|in m przest., pejor. *(niemiły)* churl książk., pejor.; *(źle wychowany)* boor pejor., oaf pejor.; **przestań zachowywać się jak ~in** stop acting so boorishly

grubian|ka f przest., pejor. *(niemiła)* churlish woman; *(źle wychowana)* boorish woman

grubiańs|ki *adi.* przest., pejor. *(niemiły)* churlish książk., pejor.; *(nietaktowny)* crude pejor., boorish pejor.; **~ka obelga** a crude insult

grubiańsko *adv.* przest., pejor. *(niemiło)* churlishly książk., pejor.; *(nietaktownie)* crudely pejor., boorishly pejor.

grubiańskoś|ć f sgt przest., pejor. *(brak życzliwości)* churlishness książk., pejor.; *(brak delikatności)* coarseness pejor., boorishness pejor.; **~ć czyjegoś zachowania** the boorishness of sb's behaviour

grubiaństw|o n przest., pejor. *(brak życzliwości)* churlishness książk., pejor.; *(brak delikatności)* coarseness pejor., boorishness pejor.; **był znany z ~a** he was known for his boorishness

grubi|eć *impf* (**~eję, ~ał, ~eli**) *vi* [1] *(zwiększać objętość)* to get thicker, to thicken; **lód na rzece stale ~eje** the ice on the river is thickening all the time; **futro lisa ~eje na zimę** a fox's fur gets thicker for the winter; **~ejące akta sprawy** the thickening case files ⇒ **zgrubieć, pogrubieć** [2] *(tyć)* to get fatter, to put on weight; **chłopiec coraz bardziej ~eje** the boy is getting fatter and fatter; **ostatnio coś ~eję** I've been putting on weight recently ⇒ **zgrubieć, pogrubieć** [3] *(tracić delikatność) [skóra, rysy]* to coarsen, to become coarse ⇒ **zgrubieć, pogrubieć** [4] *pot. [głos]* *(stawać się niższym)* to get deeper, to deepen; **głos chłopca ~eje w okresie dojrzewania** a boy's voice changes during puberty ⇒ **zgrubieć, pogrubieć**

grubiut|ki *adi. pieszcz. [niemowlę]* chubby; *[kotleciki]* nice and fat; *[koc]* nice and thick

grub|o [] *adv. grad.* [1] *[smarować]* thickly; *[trzeć, szatkować]* coarsely; *[ubrać, owinąć]* warmly; **~o mielona kawa** coarsely ground coffee; **~o pokrojone mięso** thick(ly) sliced meat; **~o tkana narzuta** a thick a. heavy coverlet [2] *[wyglądać]* fat *adi.* [3] *[mówić, śpiewać]* in a deep voice; *[brzmieć]* deep *adi.*; **jeleń zaryczał ~o** the stag gave a deep bellow

[] *adv.* [1] *pot. (znacznie)* **~o się mylić** to be seriously mistaken, to be completely wrong; **~o przesadzić** to exaggerate greatly; to go over the top GB pot.; **~o przepłacić za coś** to pay way over the top for sth GB pot.; **zarabiać ~o ponad 5 tysięcy miesięcznie** to earn way over five thousand a month pot.; **posiedzenie skończyło się ~o przed czasem** the session ended much a. a lot a. far earlier than expected [2] *(wulgarnie)* **~o żartować** to make crude jokes

grubokości|sty *adi.* big-boned, heavy-boned; **człowiek o ~stej budowie ciała** a big-boned person

gruboskórnoś|ć f sgt *(niewrażliwość)* thick skin przen.; toughness; *(brak taktu)* callousness, insensitivity

gruboskórn|y *adi. (niewrażliwy)* thick-skinned, tough; *(nietaktowny) [zachowanie, postępek]* callous, insensitive; **~e uwagi** callous remarks

gruboś|ć f sgt [1] *(wymiar)* thickness; **~ć murów** the thickness of the walls; **deska ma dwa centymetry ~ci** the plank is two centimetres thick; **blat kuchenny (o) ~ci trzech centymetrów** a worktop three centimetres thick; **zeszyt (o) ~ci 100 kartek** a 100-page notebook [2] *(tusza)* fatness; *(chorobliwa)* obesity [3] *(brzmienia)* deepness

groboziarni|sty *adi. [cukier, sól]* coarse-grained; *[skała]* rudaceous spec.; **chleb ~sty** coarse bread; **~sty papier ścierny** coarse sandpaper

grub|y [] *adi. grad.* [1] *(otyły)* fat, overweight; **była ~a w talii** she had a thick waist; **miał ~e nogi** he had fat legs; **~y jak bela** a. **beczka** (as) fat as a pig [2] *(nie cienki) [krata, warkocz, deska]* thick; **patrzył przez ~e szkła okularów** he peered through his thick (eye)glasses; **~y druk/~a czcionka** bold a. heavy print; **miała na twarzy ~ą warstwę pudru** she was wearing a thick layer of powder; **te mury są ~e na pół metra** the walls are half a metre thick [3] *(ciepły) [sweter, kurtka, spódnica]* thick, heavy [4] *[głos]* deep [5] *(nie drobny)* coarse; **~y cukier** coarse sugar; **kasza/mąka z ~ego przemiału** coarse a. coarsely ground groats/flour

[] *adi. pot.* [1] *(prostacki)* crude, coarse; **~e żarty** crude jokes; **~y kawał** a crude joke [2] *(duży)* **~a przesada** a gross exaggeration; **będę miała ~e nieprzyjemności** I'm going to be in serious trouble; **w ~ym uproszczeniu można powiedzieć, że...** at the risk of grossly oversimplifying, we could say... [3] *(o dużej sumie)* **odziedziczyć ~e miliony** to inherit millions; **wygrać ~e pieniądze** to win big money pot.; **wziąć**

~e odszkodowanie to get hefty compensation **III grub|y** *m*, **~a** *f* pot., pejor. fatso pot., pejor.; **~y, odsuń się!** get out of the way, fatso! **IV grube** *plt* pot. (o pieniądzach) ≈ big money pot.; **pozbyć się drobnych i zachować ~e** to get rid of the small change and keep the big notes **V z grubsza** *adv.* pot. (w przybliżeniu) roughly, in the neighbourhood of GB, in the neighborhood of US; (niedokładnie) more or less; **będzie cię to z ~sza kosztować jakieś dwa tysiące złotych** the cost will be in the neighbourhood of two thousand zlotys; **objaśnić coś z ~sza** to give a rough a. sketchy explanation of sth; **oceniać z ~sza koszty/zyski** to give a rough estimate of the costs/profits; **z ~sza już posprzątałam** I've given the place a quick once-over pot.

grucha|ć *impf vi* [1] (o gołębiach) to coo; **~nie gołębi** the cooing of the pigeons ⇒ **zagruchać** [2] *żart.* (o ludziach) to bill and coo przen.; to whisper sweet nothings; **godzinami ~ją ze sobą na ławce w parku** they bill and coo for hours on the park bench; **~jąca para zakochanych** a pair of lovebirds przen. ⇒ **zagruchać**

gruchn|ąć *pf* (**~ęła, ~ęli**) **I** *vt [orkiestra]* to blast a. blare out *[marsza]* **II** *vi* [1] (nagle zabrzmieć) *[śmiech]* to burst out; *[strzał, śmiech]* to ring out; **pluton ~ął z karabinów** the platoon fired their rifles [2] *[wiadomość]* (wyjść na jaw) to get out pot.; (w mediach) to break dzien.; (roznieść się) to get a go around pot.; to spread (like wildfire); **~ęła nowina, że mają zwalniać** word got out a. went around that there were going to be lay-offs [3] pot. (mocno uderzyć lub rzucić) to slam a. bang *vi/vt* (czymś sth); to slam a. bang [sth] down; **~ęła talerzem o ścianę** she hurled the plate at the wall; **~ąć kogoś w łeb** to bash a. smash sb over the head pot.; **~ąć pięścią w stół** to pound one's fist on the table [4] pot. (upaść) **cała sterta książek ~ęła o podłogę** the whole pile of books crashed to the floor; **potknął się i ~ął na ziemię** he tripped and crashed to the ground

grucho|t II *m pers.* (*Npl* **~ty**) pot., obraźl. ≈ decrepit old fossil pejor. **II** *m inanim.* [1] *sgt* (*G* **~tu**) (łoskot) clatter; **ściana zawaliła się z ~tem** the wall came crashing down [2] (*A* **~** a. **~ta**) [1] pot. (mebel, urządzenie) broken-down piece of junk pot.; (pojazd) banger GB pot., crate US pot., jalopy pot.

grucho|tać *impf* (**~czę** a. **~cę**) **I** *vt* (miażdżyć) to smash, to crush; **~tać komuś czaszkę** to crush sb's skull ⇒ **zgruchotać, pogruchotać** **II** *vi* (wydawać odgłos) to rattle; **w szklance ~tały kostki lodu** ice cubes rattled in the glass

gruczo|ł *m* (*G* **~łu**) Biol. gland ❑ **~ł hermafrodytyczny** Zool. hermaphroditic gland; **~ł krokowy** Anat. prostate (gland); **~ł łojowy** Anat. sebaceous gland spec.; oil gland; **~ł łzowy** Anat. lachrymal gland spec.; tear gland; **~ł mleczny** Anat. mammary gland; **~ł nadnerczowy** Anat.

adrenal a. suprarenal gland; **~ł potowy** Anat. sweat gland; **~ł przytarczowy** a. **przytarczyczny** Anat. parathyroid gland; **~ł sutkowy** Anat. mammary gland; **~ł ślinowy** Anat. salivary gland; **~ł śluzowy** Anat. mucous gland; **~ły dokrewne** Anat. endocrine a. ductless glands; **~ły rozrodcze** Anat. reproductive glands; gonads spec.; **~ły trawienne** Anat. digestive glands; **~ły wewnątrzwydzielnicze** Anat. endocrine glands; **~ły woskowe** Zool. wax glands

gruczołow|y *adi.* gland attr., glandular; **komórki ~e** gland cells; **wydzielanie ~e** glandular secretion

gru|da *f* [1] *sgt* przest. (zamarznięta ziemia) frozen ground; **wóz wolno toczył się po ~dzie** the carriage trundled slowly across the frozen earth [2] (bryła) lump; **~da złota** a lump of gold; **w kleiku porobiły się ~dy** there were lumps in the gruel [3] Wet. pastern dermatitis *U* ▪ **iść jak po ~dzie** *[nauka, działalność]* to be hard work a. hard going

grud|ka *f dem.* [1] (small) lump; **~ka ziemi** a lump a. clod of earth; **w sosie/owsiance porobiły się ~ki** the sauce/oatmeal turned lumpy [2] Med. papule

grudkowa|ty *adi.* [1] (zawierający grudki) lumpy; **~ty budyń/sos** lumpy pudding/gravy; **~ta mąka/sól** lumpy flour/salt; **~te ciasto** lumpy dough [2] (w formie grudek) **~ta wysypka** a bumpy rash

grudniow|y *adi.* December attr.

gru|dzień *m* December; **pierwszego ~dnia** on the first of December; **w ~dniu** in December

grun|t II *m* (*G* **~tu**) [1] (gleba) soil *U*; **~ty urodzajne** fertile soil; **próbka ~tu księżycowego** a sample of lunar soil [2] (teren) land *C/U*; **~ty uprawne** arable land; **gospodarka ~tami** land use; **~ty komunalne** communal property [3] (dno) bottom; **sięgać ~tu** to reach the bottom, to touch (the) bottom; **masz ~t?** can you touch (the) bottom? [4] (podkład) primer; **położyć ~t na płótnie** to apply primer to the canvas [5] (podstawa, zasada) basis; **strajki przygotowały ~t pod reformę prawa pracy** the strikes laid the ground for a reform of the labour laws [6] *sgt* (najważniejsze) the main thing; **~t to (mieć) zdrowie/pieniądze** health/money is the main thing; **~t to się nie przejmować** the main thing is not to worry; **~t, że się dobrze uczą** the main thing is that they're doing all right at school **II do gruntu** *adv.* (zasadniczo) thoroughly, through and through; **znać kogoś do ~tu** to know sb through and through **III z gruntu** *adv.* (zupełnie) completely, totally; (zasadniczo) thoroughly; **z ~tu zły** evil to the core a. to the bone; **z ~tu uczciwy chłopak** a thoroughly honest lad; **diagnoza z ~tu mylna** a completely mistaken diagnosis ▪ **~t pali się pod nogami** things are getting a little too hot; **czuł, że ~t usuwa mu się spod stóp** a. **że traci grunt pod nogami** (był w szoku) he felt as if his world was collapsing around him a. around his ears; (był niepewny) he felt all at sea; **poczuć (pewny) ~t pod nogami** a. **stopami** to be

on firm a. sure ground; **spotkać się na neutralnym ~cie** to meet on neutral ground; **trafić na podatny ~t** to be well received; **w ~cie rzeczy** in (actual) fact, essentially

grunt|ować *impf* **I** *vt* [1] (mierzyć głębokość) to sound the depth of *[rzekę, jezioro]* [2] (przygotowywać) to prime *[płótno, drewno, metal]*; **~ować ściany** to prime the walls ⇒ **zagruntować** [3] książk. (utrwalać) to consolidate, to reinforce *[władzę, wiedzę]*; **~ować swoją pozycję** to consolidate one's position ⇒ **ugruntować** **II** *vi* (przy pływaniu) to (be able to) touch the bottom

gruntownie *adv. grad.* thoroughly; **był ~ przygotowany do egzaminu** he had prepared thoroughly for the exam

gruntown|y *adi.* thorough; **przeprowadzono ~ą reformę szkolnictwa** a thorough reform of the education system was implemented

gruntow|y *adi.* [1] (dotyczący gruntu) *[warzywa]* soil-grown; *[renta, podatek]* land attr.; *[wędkarstwo, przynęta]* ledger a. leger attr.; **droga ~a** a dirt road; **wody ~e** groundwater [2] (dotyczący podkładu) primer attr.; **farba ~a** a primer

grup|a *f* [1] (osób lub rzeczy) group; **~a młodzieży/sympatyków/zwiedzających** a group of young people/fans/sightseers; **~a drzew** a group a. cluster of trees; **rozejść się ~ami** to break up into groups [2] (zespół ludzi) group; **~a przestępcza** a gang of criminals; **~a literacka** a literary group a. circle; **~a folklorystyczna** a folk group [3] (zbiorowość) group; **~a społeczna/rówieśnicza/religijna** a social/peer/religious group; **~a etniczna** an ethnic group [4] Wojsk. **~a operacyjna** an operational group; **~a szturmowa** a unit of storm troops; **~a wywiadowcza** an intelligence unit; **~a uderzeniowa** a strike force [5] Geol. system [6] (jednostka klasyfikacyjna) **witaminy z ~y B** B group vitamins; **słowiańska/germańska ~a językowa** the Slavic/Germanic language group; **gryzonie to najliczniejsza ~a ssaków** rodents comprise the largest order of mammals [7] Chem. (periodic) group ❑ **~a atomowa** Chem. atomic group; **~a krwi** Biol., Med. blood type; **~a metylowa** Chem. methyl group; **~a nacisku** Polit. pressure group; **~a nadtlenowa** Chem. peroxide group; **~a nitrowa** Chem. nitro group; **~a ryzyka** risk group; **~a wysokiego ryzyka** high risk group; **~a systematyczna** Nauk. taxonomic group, taxon; **~a zerowa** Med. blood type 0; (w klasyfikacji zabytków) Grade A (*in classification of landmarks*)

grup|ka *f dem.* (small) group; **ludzie stali w małych ~kach** people were standing around in little groups

grup|ować *impf* **I** *vt* [1] (łączyć w grupy) to group, to classify *[ludzi]*; to sort, to classify *[fakty, dane, dokumenty, przykłady]*; **~ować wyniki według daty** to sort the results by date; **~ować znaleziska według stopnia zniszczenia** to classify the artefacts according to their condition ⇒ **pogrupować** [2] (skupiać wokół siebie) to gather, to bring a.

G

draw together; **~ować wokół siebie przedstawicieli różnych dyscyplin/osoby o różnych poglądach politycznych/ osoby w różnym wieku** to bring together experts from various disciplines/people of assorted political views/people of various ages ⇒ **zgrupować**

II grupować się to gather (round a. around), to congregate; **ludzie ~owali się na rynku** people were congregating in the square; **wokół mówcy ~owali się liczni słuchacze** numerous listeners were gathering round the speaker ⇒ **zgrupować się**

grupowo adv. *[pracować, zwiedzać]* in a group, as a group

grupow|y II adi. *[zdjęcie, terapia, seks, zajęcia]* group attr.; **więź ~a** group ties; **interes ~y** group interests

II grupow|y m, **~a** f group leader; **był grupowym na koloniach** he was group leader at the summer camp

grusz|a f [1] Bot. (drzewo) pear (tree) [2] sgt (drewno) pearwood; **stół z ~y** a pearwood table

❑ **~a pospolita** Bot. wild pear

grusz|ka f [1] Bot. (owoc) (drzewo) pear tree [2] (kształt) bulb [3] (betoniarka) cement mixer *(on a truck)*; (zawartość betoniarki) cement mixer load [4] Sport (worek treningowy) punchbag GB, punching bag US

❑ **~ka do lewatywy** enema bag a. syringe; **~ka do nosa** nasal syringe; **~ka żarowa** Techn. hot bulb

■ **~ki na wierzbie** pot. pie in the sky pot.; **obiecywać komuś ~ki na wierzbie** to promise sb the earth; **wszystkie jego plany to ~ki na wierzbie** his plans are nothing but pie in the sky; **ni z ~ki, ni z pietruszki** pot. out of the blue; **wlazł na ~kę, rwał pietruszkę** pot. ≈ he's gone batty a. bats pot.

gruszkowa|ty adi. *[balon, wazon]* pear-shaped

gruszkow|y adi. *[kompot]* pear attr.

gruz II m sgt (G ~u) rubble, debris; **na placu leżały zwały ~u** there were heaps of rubble in the square

II gruzy plt (ruiny) ruins pl także przen.; **pod ~ami domów byli żywi ludzie** there were people still alive in the rubble; **dźwignąć** a. **podnieść coś z ~ów** to rebuild sth from ruins a. rubble; **miasto dźwignęło się z ~ów** the city rose from the ruins; **ich małżeństwo rozpadło się w ~y** their marriage was in ruins

■ **lec w ~ach** *[plany, nadzieje]* to fall apart, to come to nothing

gru|zeł m [1] (gruda) clod, lump; **rozgniatać ~zły ziemi** to break up clods of earth [2] zw. pl (nieforemne zgrubienie) bulge, protuberance; **na jego rękach było wyraźnie widać ~zły żył** you could see the veins bulging on his hands

gruzeł|ek m dem. [1] (grudka) (small) lump; (wyprysk) bump [2] Med. tubercle

gruzełkowa|ty adi. [1] *[twór, narośl]* lumpy, bulging [2] *[ziemia, gleba]* cloddy, lumpy

Gruzin m, **~ka** f Georgian

gruziń|ski II adi. *[pismo, mnich, cerkiew]* Georgian

II m sgt (język) Georgian

gruzłowa|ty adi. lumpy

gruzowisk|o n rubble heap; **~o zburzonego miasta** the ruins of the city

gruźlic|a f sgt Med. tuberculosis, TB; **prątek ~y** Koch('s) bacillus; tubercle bacillus spec. ❑ **~a jamista** Med. cavernous tuberculosis spec.; **~a otwarta** Med. open tuberculosis spec.; **~a prosówkowa** Med. miliary tuberculosis spec.; **~a zamknięta** Med. closed tuberculosis spec.; **~a zwierząt** Wet. animal tuberculosis

gruźlicz|y adi. Med. *[kaszel, rumieniec]* tuberculous, tubercular; *[objawy]* tuberculosis attr., TB attr.

gruźli|k m, **~czka** f Med. tuberculosis a. TB patient, tubercular; **sanatorium dla ~ków** a sanatorium for tuberculosis a. TB patients, a tuberculosis a. TB sanatorium

gryczan|y adi. buckwheat attr.; **kasza ~a** buckwheat groats

gryf¹ m Mitol. griffin, gryphon, griffon

gryf² m (G ~u) Muz. fingerboard

gry|ka f sgt Bot. buckwheat

grylaż m sgt (G ~u) ≈ praline

grylażow|y adi. *[cukierek]* ≈ praline attr.

grymas II m (G ~u) (na ustach, na twarzy) grimace; **~ niezadowolenia** a dissatisfied grimace; **~ bólu** a wince of pain; **~ rozpaczy** a grimace of despair

II grymasy plt (miny) faces; (narzekanie) moans, complaints; **stroić ~y** (robić miny) to pull faces GB, to make faces; (marudzić) to fuss, to sulk

gryma|sić impf vi [1] (okazywać niezadowolenie) to whine, to sulk; **~sić przy jedzeniu** to whine a. sulk about one's food [2] (nie móc się zdecydować) to be fussy, to be picky; **~sić przy zakupach** to be fussy a. picky when shopping

grymaśnie adv. grad. sulkily; *[brzmieć]* sulky adi., whiny adi.; **nie zachowuj się ~** don't be picky; **~ wydęła usta** she pouted sulkily

grymaśn|y adi. grad. (wybredny) fussy, choosy; (marudny) sulky, whiny; **~a klientka** a fussy client; **dziecko było ~e** the child was sulky

gryp|a f zw. sg. Med. influenza książk.; flu; **epidemia ~y** a flu epidemic; **zachorować** a. **zapaść na ~ę** to come down with (the) flu; **powikłania po ~ie** flu-related complications; **zaszczepić się przeciwko ~ie** to get a flu vaccination; **szczepionka na ~ę** a flu vaccination

❑ **~a koni** Wet. horse influenza a. flu; **~a prosiąt** Wet. swine influenza a. flu

gryp|ka f dem. [1] pot. flu [2] (przeziębienie) cold

grypow|y adi. Med. influenza attr., flu attr.; influenzal spec.; **infekcja ~a** a flu infection

gryps m (G ~u) pot. ≈ kite GB pot. *(a note smuggled in or out of prison)*

grypse|ra, ~rka f prison slang; **mówić ~rą** to speak prison slang

grys m (G ~u) [1] Budow. grit [2] Kulin. grits; **~ kukurydziany** corn grits

grysik m sgt (G ~u) [1] Kulin. grits [2] Górn. coal grit [3] Budow. grit

grysikow|y adi. Kulin. grits attr.

grysow|y adi. Budow. grit attr.

gryw|ać impf II vt [1] Kino, Teatr *[aktor]* to play *[Hamleta, rolę]*; **~ł czarne charaktery** he used to play the villain from time to time; **rzadko ~na sztuka** a rarely performed piece [2] Muz. to play *[koncert, sonatę]*; **~ł trochę po knajpach** he used to play in pubs from time to time

II vi [1] (w gry) to play vt; **~m w karty/ szachy/tenisa** I play cards/chess/tennis (from time to time); **~ć w drużynie** to play in a team (from time to time) [2] (na instrumencie) to play vt; **~m na skrzypcach/ fortepianie** I play the violin/the piano (from time to time)

gryza|k m (**~czek** dem.) teething ring

gryząc|y II pa → **gryźć**

II adi. [1] (piekący) *[dym, smak, zapach]* acrid [2] (złośliwy) *[dowcip, ironia, satyra]* biting [3] książk. (przejmujący) *[wstyd, żal, wspomnienie]* bitter

gryzipiór|ek m (Npl **~ki**) pejor. [1] (urzędnik) pen-pusher pot., pencil-pusher US pot. [2] (literat) scribbler pot.

gryzmol|ić impf pejor. II vt [1] (pisać, rysować niestarannie) to scribble (down) pot., to scrawl pot. *[litery, rysunek]*; **~ić napisy na murach** to scribble things on the walls; **~ił (coś) w notesie** he was scribbling a. scrawling (something) in his notebook ⇒ **nagryzmolić** [2] pejor. (pisać złe utwory) to scribble pot. *[wiersz]*; **dalej ~i te swoje artykuły** he still scribbles those articles of his ⇒ **nagryzmolić**

II vi (mieć brzydki charakter pisma) **strasznie ~isz!** you have terrible handwriting!

gryzmoł|y plt (G **~ów**) [1] (napis, rysunek) scribbles pot., scrawl pot.; **nie mogę odczytać twoich ~ów** I can't read your scribbles [2] (utwór) pejor. scribble pot.

gryzo|ń Zool. II m rodent

II gryzonie plt (rząd) rodents

gry|źć impf (**~zę, ~ziesz, ~zł, ~zła, ~źli**) II vt [1] (zaciskać zęby na czymś) to bite (into); (żuć) to chew *[chleb, mięso]*; *[pies]* to gnaw (on) *[kość]*; **koń ~zie wędzidło** the horse is champing on the bit; **bolący ząb utrudnia mi ~zienie** my aching tooth makes biting difficult; **~źć palce z bólu** to bite one's fingers in pain; **~źć wargi ze zdenerwowania** to bite one's lip nervously [2] (zadawać rany) *[pies, komar]* to bite; **~źć kogoś w rękę** to bite sb's hand; **czy ten pies ~zie?** does this dog bite?; **komary strasznie ~zą (nas) po nogach** the mosquitoes are biting our legs horribly; **usiądź koło niej, przecież ona nie ~zie** przen. you can sit next to her, she doesn't bite [3] (podrażniać) *[dym]* to sting; *[materiał, sweter]* to itch; **dym ~zł nas w oczy** the smoke stung our eyes; **wełniana bluzka mnie ~zie** this woollen shirt itches [4] (niepokoić) *[uczucie, tęsknota]* to nag (at); **sumienie go ~zie** his conscience is bothering him; **co cię ~zie?** what's eating you?; **~zie mnie, że ojciec nie rozumie moich problemów** it bothers a. irritates me that (my) father doesn't understand my problems

II gryźć się [1] (walczyć) *[psy]* to bite each other; **psy ~zły się na podwórku** the dogs were biting each other in the yard [2] (kłócić się) to bicker; **~zą się ze** a. **między sobą** they are bickering with each other a. amongst themselves ③ (nie pasować do siebie) *[elementy]* to clash; **kolory się ~zą** the colours clash ④ (martwić się) to fret (**czymś** over sth); **~źć się utratą pracy** to fret over the loss of a job

■ **~źć ściany** pot. to go hungry; **~źć ziemię** a. **piach** pot. to be six feet under pot.

grz|ać *impf* (**~eję**) **[] ** *vt* ① (podgrzewać) to heat up *[zupę, wodę]*; to warm (up) *[ręce, nogi]*; to mull *[wino, piwo]*; **~ać wodę grzałką elektryczną** to heat up water with an immersion heater; **siedzą i ~eją ręce nad ogniskiem** they're sitting warming their hands over the fire ② (powodować, że komuś jest ciepło) *[ubranie, kołdra]* to keep [sb] warm; **jemu nie jest zimno, bo tłuszcz go ~eje** he's not cold, his fat keeps him warm; **wypity alkohol ~eje człowieka** alcohol warms you up ③ (przygotowywać do działania) to warm up *[silnik]* ④ posp. (bić) to thrash; **~ać konia batem** to thrash a horse with a whip

[] *vi* ① (dostarczać ciepło) to heat; **~ać gazem/prądem elektrycznym** to heat with gas/electricity; **~ać w samochodzie** to have the heating on in the car; **kaloryfery nie ~eją** the heaters are off, radiators are cold; **już ~eją** pot. the central heating's already on; **słońce ~eje** the sun is warm ② pot. (strzelać) to blast (away) pot.; **~ać z karabinu** to blast away with a rifle ③ pot. (pędzić) *[osoba, pojazd]* to tear (along); pot. **kierowca ~ał chyba ze 100 km/godz.** the driver was tearing along at about 100 km/h ④ posp. (pić alkohol) **~li całą noc** they were boozing all night pot.

[] **grzać się** ① (ogrzewać się) to warm oneself; (z przyjemnością) to bask; **~ać się przy ognisku** to warm oneself in front of the fire; **~ać się w słońcu** to bask in the sun ② pot. (ogrzewać pomieszczenie) **~ać się piecykiem elektrycznym** to have an electric stove a. fire on ③ (być podgrzewanym) to heat up; **zupa się ~eje** the soup is heating up ④ (rozgrzewać się zbytnio) *[komputer, żarówka]* to overheat; **kable za bardzo się ~eją** the cables are overheating ⑤ (pocić się) *[zwierzę, produkt]* to sweat; **w złym opakowaniu surowiec się ~eje** the material sweats if it isn't packaged properly ⑥ pot. (bić się) to wallop each other pot.; **~ali się czym popadło** they were walloping each other with whatever came to hand ⑦ posp. (odbywać stosunek) to screw wulg.

■ **~ać ławę** Sport to sit on the bench

grzał|ka *f* immersion heater

grza|niec *m* (*A* **~ńca** a. **~niec**) pot. mulled wine

grzan|ka *f* ① (tost) piece a. slice of toast; **~ka z masłem** a piece a. slice of buttered toast; **dwie chrupiące ~ki** two crunchy pieces a. slices of toast; **~ka z serem** cheese on toast; **befsztyk z jajem na ~ce** steak with fried egg on toast ② zw. pl (dodatek do zupy) crouton zw. pl ③ (alkohol) mulled mead

grzan|y [] ** *pp* → **grzać

[] *adi.* Kulin. *[piwo, wino]* mulled

grząd|ka *f* ① Ogr. bed; **~ka kwiatowa** a flower bed; **~ka warzywna** a vegetable

patch a. bed; **~ka tulipanów** a bed of tulips; **~ka truskawek** a strawberry bed a. patch ② *dem.* (dla ptaków) (small) perch

grząs|ki *adi.* ① *[ziemia, grunt]* marshy, swampy; *[błoto]* sticky; **buty tonęły nam w ~kim błocie** our boots sank into the sticky mud ② przen. *[teren, grunt, sprawa]* sticky, tricky

grząsko *adv.* ostrożnie, bo tu ~! be careful, the ground here is swampy!

grzbie|t *m* (*G* **~tu**) ① (u ludzi, zwierząt) back; **zgięty/zgarbiony ~t** bent/stooping back; **kot wygiął ~t** the cat arched its back; **klepać konia po ~cie** to pat a horse on the back; **dźwigać na ~cie ładunek** to carry a load on one's back; **ściągać z ~tu koszulę** to take the shirt off one's back; **nie mogła rozprostować ~u** she couldn't straighten her back; **dreszcz przebiegł mu po ~cie** a shiver ran down his spine; **dostać po ~cie** to get whipped (across a. on the back) ② (dłoni, grzebienia, piły) back (**czegoś** of sth); (nasypu) ridge (**czegoś** of sth); **~t wydmy** the ridge of a dune; **~t fali** the crest of a wave ③ (w książce) spine ④ Geog. ridge; **~t górski** a mountain ridge ⑤ pot. (styl grzbietowy) backstroke; **pływać ~tem** to swim backstroke

❑ **~t śródoceaniczny** Geog. mid-ocean ridge

grzbietow|y [] ** *adi.* ① Anat., Zool. *[mięśnie, płetwa]* dorsal ② Druk. **margines ~y the inside margin

[] *m sgt* Sport (styl pływania) backstroke; **przepłynął ~ym 50 m** he swam backstroke for 50 m

grzeb|ać[1] *impf* (**~ię**) **[] ** *vt* ① (umieszczać w grobie) to bury; **~ać zmarłych** to bury the dead; **budynek zawalił się, ~iąc setki ludzi** the building collapsed, burying hundreds (of people); **upadek, ~iący jego szanse na zwycięstwo** przen. a fall that put paid to his chances of winning ⇒ **pogrzebać** ② (przysypywać) *[ziemia, lawina]* to bury ⇒ **pogrzebać** ③ przen. (niweczyć) to ruin; **~ać czyjeś/swoje szanse** to ruin sb's/one's chances ⇒ **pogrzebać**

[] *vi* (w piasku, ziemi) to dig (around) (**w czymś** in sth); (w śmieciach, kieszeni, szufladzie) to rummage (around a. about) (**w czymś** in sth); **~ać po kieszeniach, szukając czegoś** to rummage in one's pockets, looking for sth; **ktoś ~ał w moich rzeczach** someone's been going a. rummaging through my things; **~ać pogrzebaczem w piecu** to poke the fire; **~ać w słownikach** to dig about in dictionaries ⇒ **pogrzebać**

[] **grzebać się** ① (w piasku) to dig (around) (**w czymś** in sth); (w śmieciach) to rummage (around); **~ać się w czymś** to rummage through a. in sth; **dzieci cały dzień ~ały się w piasku** the kids spent the whole day digging around in the sand; **~ać się w starych rupieciach** to rummage through old junk ② pot. (nie śpieszyć się) to dawdle (around a. over); **~ać się ze śniadaniem** to dawdle over breakfast; **zawsze się ~ie z ubieraniem** he always takes his time getting dressed

grzebać[2] *impf* → **grzebnąć**

grzebanin|a *f sgt* pot. rigmarole; **dość miała tej ~y w archiwach** she was fed up with all this digging about in the archives

grzebie|ń *m* ① (do włosów) comb; **gęsty/ wyszczerbiony ~ń** a fine-toothed/tooth-less comb; **plastikowy/szylkretowy ~ń** a plastic/tortoiseshell comb; **przeczesać włosy ~niem** to comb one's hair; **~ń wpięty w czyjeś włosy** a comb stuck in sb's hair; **włosy, które nie pamiętają ~nia** hair needing a good comb ② Zool. crest; (u koguta) comb ③ (górna część) crest; **~ń fali** the crest of a wave; **~ń Tatr** the ridge of the Tatras; **~ń na hełmie** a crest on a helmet ④ Anat. bone crest ⑤ Archit. comb ⑥ Techn. comb

❑ **~ń do gwintów** Techn. screw pitch gauge; **~ń kierujący** Lotn. aerodynamic fence

grzeb|nąć *pf* — **grzeb|ać[2]** *impf* (**~nęła, ~nęli — ~ię**) *vi* to scratch (around) (**w czymś** in sth); **kura ~nęła pazurem w ziemi** the hen scratched around in the ground; **kury ~ały w ziemi, szukając pożywienia** the hens were scratching around in the ground, looking for food

grzebu|ła *m, f* (*Npl m* **~ły**, *Gpl m* **~ł** a. **~łów**; *Npl f* **~ły**, *Gpl f* **~ł**) pot. dawdler

grzeby|k, ~czek *m dem.* (small) comb

grzech *m* (*G* **~u**) Relig. sin; **~ ciężki** a cardinal sin; **~ pychy/gnuśności** the sin of pride/sloth; **~ przeciw czemuś** a sin against sth; **popełnić ~** to commit a sin; **wyznać swoje ~y** to confess one's sins; **żałować za ~y** to repent one's sins; **odpuścić komuś ~y** to absolve sb's sins; **zmazać czyjeś ~y** to cleanse sb of their sins; **to ~ mówić o kimś złe rzeczy** it's a sin to speak ill of somebody ② przen. sin; **~ zaniedbania** a sin of omission przen.; **~ przeciw dobremu smakowi** an affront to good taste

❑ **~ pierworodny** Relig. original sin; **~ powszedni** Relig. venal sin; **~ śmiertelny** Relig. mortal sin; **~y główne** Relig. deadly sins

■ **ona jest ~u warta** she's a real stunner pot.; **za jakie ~y...?** why on earth...?

grzecho|t *m* (*G* **~tu**) rattle; **~t dziecięcej grzechotki** the sound of a child's rattle; **oddalony ~t karabinów maszynowych** the distant rattle of machine-guns

grzecho|tać *impf* (**~czę, ~cze** a. **~ce**) *vi* to rattle; **~tać czymś** *[osoba]* to rattle sth; **cukierki ~tały w puszce** the sweets were rattling in the box; **~tały karabiny maszynowe** machine guns were rattling ⇒ **zagrzechotać**

grzechot|ka *f* ① (do potrząsania, obracania) rattle ② Techn. ratchet

grzechotnik *m* Zool. rattlesnake; rattler US pot.

grzeczni|e (**~utko** dem.) *adv. grad.* ① (uprzejmie) *[kłaniać się, odpowiedzieć]* politely ② (o dzieciach) *[bawić się]* nicely

grzeczniut|ki *adi. dem.* pieszcz. *[dziecko]* very good; iron. *[ukłon]* very polite; *[uśmiech]* saccharine

grzecznościow|y *adi. [formułka, zwrot]* polite; **ze względów ~ych** for politeness' sake

grzecznoś|ć [I] *f* [1] *sgt* (uprzejmość) politeness (**wobec kogoś** to sb); **zasady ~ci** rules of politeness, etiquette; **przyjąć kogoś z najwyższą ~cią** to give sb a very polite welcome; **zrobić coś z wymuszoną ~cią** to do sth with forced politeness; **przez ~ć** a. **z ~ci** out of politeness; **silić się na ~ć** to affect politeness; **~ć nakazuje wstać** politeness requires that you stand [2] *sgt* (dobre zachowanie dziecka) good behaviour [3] (przysługa) favour; **wyświadczyć komuś ~ć** to do sb a favour

[II] **grzeczności** *plt* (uprzejmości) politenesses; **wymiana ~ci** exchange of politenesses; **rozpływał się w ~ciach** he was politeness itself

■ **zrób mi tę ~ć i...** iron. do me a favour and... iron.

grzeczn|y *adi. grad.* [1] (uprzejmy) [osoba, obsługa, uśmiech] polite; **być ~ym wobec kogoś** to be polite to sb [2] (posłuszny) [dziecko] well-behaved; **bądź ~y!** be a good boy! [3] pejor. (konwencjonalny) [film, płyta] clichéd

grzejnik *m* heater, radiator; **~ elektryczny** an electric heater

grzejn|y *adi. Techn.* [komora, instalacja, przewód, urządzenia] heating *attr.*

grzesz|ek *m* (*G* **~ku**) petty sin; **~ki** peccadillos; **~ki młodości** sins of one's youth

grzesznie *adv.* sinfully

grzeszni|k *m*, **~ca** *f* sinner

grzesznoś|ć *f sgt* sinfulness

grzeszn|y *adi. grad.* [osoba, czyn, myśl] sinful

grzesz|yć *impf vi* [1] *Relig.* to sin; **~yć ciężko** to commit a mortal sin; **~yć myślą/uczynkiem** to sin in thought/in deed; **~yć przeciwko Bogu/piątemu przykazaniu** to sin against God/to break the fifth commandment ⇒ **zgrzeszyć** [2] (posiadać negatywną cechę) **~yć nieskutecznością/przesadą** to lack efficiency/moderation; **~yć brakiem taktu** to lack a. have no tact; **nie ~ą inteligencją/urodą** iron. they're not blessed with intelligence/good looks [3] (naruszać zasady) [osoba] to sin (**przeciw czemuś** against sth); **~yć przeciw zasadom dobrego wychowania** to be guilty of bad manners; **~yć przeciwko dobremu smakowi** [dobór kolorów, ilustracja] to be in bad taste ⇒ **zgrzeszyć** [4] książk. (cudzołożyć) to sin książk. (**z kimś** with sb)

■ **kto śpi, nie ~y** ≈ sleep is a good thing

grzewcz|y *adi.* [sezon, piec, instalacja] heating *attr.*

grzę|da *f* [1] (dla ptaków) roost, perch; **kurza ~da** a hen roost [2] *Ogr.* bed; **~da kwiatowa/jarzynowa** a flower bed/vegetable bed a. patch [3] *Geol.* bar; **~da piaszczysta/wydmowa** a sandbar/a dune bar [4] (w alpinizmie) rock ridge

grzęzawisk|o *n* [1] (bagno) quagmire [2] przen., pejor. quagmire przen., pejor.

grzęz|nąć *impf* (**~ął**) *vi* [1] (zagłębiać się) to get bogged down (**w czymś** in sth); **wozy ~ęzły w błocie** the wagons got bogged down in the mud ⇒ **ugrzęznąć** [2] przen. **~ęznąć w długach** to be up to one's ears in debt; **~ęznąć w kłamstwach** to be tangled in a web of lies; **~ęznąć w**

domysłach to be deep into guesswork ⇒ **ugrzęznąć**

grzmi|eć *impf* (**~sz**, **~ał**, **~eli**) [I] *vi* [1] (głośno brzmieć) [armata, oklaski] to thunder; **~ą brawa** there is a thunder of applause ⇒ **zagrzmieć** [2] (głośno mówić) [osoba] to thunder (**na kogoś/coś** at a. against sb/sth); **ksiądz ~ał z ambony** the priest thundered from the pulpit; **„nigdy!”**, **~ał** 'never!,' he thundered ⇒ **zagrzmieć**

[II] *v imp.* (podczas burzy) to thunder; **~i** it's thundering; **podczas burzy padało i ~ało straszliwie** during the storm it rained and thundered terribly ⇒ **zagrzmieć**

grzmo|cić[1] *impf wulg.* [I] *vt* (odbywać stosunek) to hump wulg., to bang wulg. [kobietę] ⇒ **wygrzmocić**

[II] **grzmocić się** *wulg.* (odbywać stosunek) to fuck wulg.

grzmocić[2] *impf* → **grzmotnąć**[1]

grzmo|t [I] *m pers.* (*Npl* **~y**) pot., pejor. (potężna osoba) hulk pot., pej.; **baba-grzmot** a hulk of a woman

[II] *m inanim.* [1] (*G* **~tu**) (huk) thunderclap; **nagle rozległ się ~t** suddenly a thunderclap was heard; **słychać było przytłumione ~ty** you could hear the muffled sound of thunder; **~t dział artyleryjskich** the thunder of artillery guns [2] (*A* **~ta**) pot., pejor. (duży przedmiot) hulk pot., pejor; **ten samochód to stary ~t** this is an old hulk of a car

[III] *inter.* pot. **nagle ona ~t na podłogę!** she suddenly fell with a thump to the floor

grzmo|tnąć[1] *pf* — **grzmo|cić**[2] *impf* (**~tnęła**, **~tnęli** — **~cę**) pot [I] *vt* [1] (uderzyć) to whack pot.; **~tnąć kogoś czymś** to whack sb with sth; **~tnąć kogoś w głowę** to whack sb on the head; **~cić kogoś pięściami po plecach** to pummel sb on the back; **~tnąć pięścią w stół** to pound one's fist on the table; **~tnąć głową w ścianę** to bang one's head against the wall [2] (rzucić) to hurl (**czymś** sth); **~tnąć czymś o podłogę** to hurl sth to the floor; **~tnęła talerzem o ścianę** she smashed the plate against the wall

[II] *vi* (huknąć) **~cić z karabinów maszynowych** to fire machine guns

[III] **grzmotnąć się** — **grzmocić się** to whack; **~tnąć się w głowę o coś** to bang one's head against sth; **~tnąłem się w kolano** I've whacked my knee

[IV] **grzmocić się** pot. (bić się) to whack each other pot. (**czymś** with sth); **~ili się kijami po głowach** they were whacking each other on the head with sticks; **~ili się pięściami** they were pummelling each other (with their fists)

grzmotn|ąć[2] *pf* (**~ęła**, **~ęli**) pot. [I] *vi* (upaść) to thump; pot. **~ąć na podłogę** [osoba] to fall with a thump to the floor; **talerz ~ął na ziemię** the plate smashed on the floor

[II] **grzmotnąć się** to thump pot.; **~ąć się na ziemię** to fall with a thump to the ground; **~ąć się na łóżko** to hit the bed pot.

grzyb [I] *m pers.* (*Npl* **~y**) pot. old fogey; **zrobił się z niego zupełny ~** he's become quite senile

[II] *m inanim.* (*A* **~a** a. **~**) *Biol.* fungus; (z

kapeluszem i nóżką) mushroom; **~y jadalne/trujące** edible/poisonous mushrooms; **zbierać ~y** to pick mushrooms; **chodzić na ~y** to go mushrooming; **z kapustą i ~ami** with cabbage and mushrooms; **~ na ścianach** mould on the walls

[III] **grzyby** *plt Biol.* (typ organizmów) fungi

❑ **~ atomowy** *Fiz.* mushroom cloud; **~ chorobotwórczy** *Med.* mycotic fungus; **~ prawdziwy** *Bot.* edible boletus; **~ skalny** *Geol.* rock mushroom

■ **dwa ~y w barszcz** too much of a good thing; **po (ja)kiego ~a?** pot. what (on earth) for?; **wyrastać** a. **rosnąć** a. **mnożyć się jak ~y po deszczu** to spring up a. pop up like mushrooms

grzyb|ek *m* (*A* **~ka** a. **~ek**) [1] *dem.* (mały grzyb) mushroom; **~ki solone/marynowane** salted/pickled mushrooms [2] (do cerowania) darning mushroom a. egg [3] *Kulin.* omelette (*made with beaten egg whites and flour*) [4] *Techn.* mushroom valve

■ **posłać kogoś na ~ki** pot. to sack sb; **pójść na ~ki** to be sacked, to get the sack

grzybia|rz *m* (*Gpl* **~y**) mushroom picker

grzybic|a *f Med.* mycosis; **~a skóry** dermatomycosis, dermatophytosis; **~a płuc** pneumomycosis

grzybi|cowy, ~czy *adi. Med.* [objawy, choroby] mycotic

grzybi|eć *impf* (**~eję**, **~ał**, **~eli**) *vi* [1] (pleśnieć) [ściana, budynek] to be attacked by fungus ⇒ **zagrzybieć** [2] pot. [osoba] to grow senile ⇒ **zgrzybieć**

grzybie|ń *m* (*A* **~ń** a. **~nia**) *Bot.* water lily

grzybkow|y *adi.* [1] *Biol.* [komórka, choroba] fungal [2] *Techn.* [zawór] mushroom *attr.*

grzybni|a *f* (*Gpl* **~**) *Biol.* mycelium

grzybn|y *adi.* [las] abounding in mushrooms; **dawno nie było tak ~ej jesieni** there hasn't been such a good autumn for mushrooms for years

grzybobra|nie *n* mushroom picking, mushrooming; **pojechać na ~nie** to go mushroom picking a. mushrooming

grzybow|y *Kulin.* [I] *adi.* [zupa, sos] (wild) mushroom *attr.*

[II] **grzybowa** *f* (wild) mushroom soup

grzyw|a *f* [1] (u zwierząt) mane; **lwia/końska ~a** lion's/horse's mane; **lew potrząsnął ~ą** the lion shook its mane [2] pot. (u człowieka) mane; **ognistoruda ~a** a mane of fiery red hair; **jego lwia ~a** his lion's mane [3] *Żegl.* (na falach) crest; **białe ~y fal** white crests of waves

grzywia|sty *adi.* [lew] long-maned; **~ste fale** white-crested waves

grzyw|ka *f* (damska) fringe GB, bangs US; **podciąć komuś ~kę** to trim sb's fringe a. bangs; **uczesanie z ~ką** a hairstyle with a fringe a. with bangs; **zapuszczać ~kę** to grow a fringe

grzyw|na *f Prawo* fine; **wymierzyć komuś ~nę** to fine sb; **podlegać ~nie** to be subject to a fine; **zapłacić ~nę w wysokości 100 dolarów** a. **zapłacić 100 dolarów ~y** to pay a hundred-dollar fine a. a fine of a hundred dollars

guan|o *n sgt* guano

gubernato|r *m Admin.* governor; **panie ~rze** governor

gubernators|ki *adi. [władza, pałac]* gubernatorial

guberni|a *f (Gpl ~)* Hist. (w Rosji) province □ **Generalna Gubernia** Hist. General-Gouvernement

gub|ić *impf* **I** *vt* [1] (tracić) to lose *[pieniądze, rękawiczki]*; **~ić tożsamość kulturową/poczucie rzeczywistości** przen. to lose one's cultural identity/sense of reality; **~ić pióra/sierść** *[ptaki, zwierzęta]* to shed feathers/hair, to moult; **~ić drogę** to lose one's way ⇒ **zgubić** [2] (uciec komuś) to lose *[pogoń, goniącego]* ⇒ **zgubić** [3] (doprowadzać do zguby) **ludzi ~i nadmierna pewność siebie** (people's) excessive self-confidence leads to disaster; **~i go własna lekkomyślność** his problem is carelessness ⇒ **zgubić**

II gubić się [1] (tracić rozeznanie) to get lost; **~ić się w lesie** to get lost in a forest; **~ić się w szczegółach/specjalistycznym słownictwie** przen. to get lost in details/specialist terminology ⇒ **zgubić się** [2] (tracić się z oczu) to lose sight of each other ⇒ **zgubić się** [3] (zapodziewać się) to be lost; **rękawiczki często się ~ią** gloves are easily lost; **jakoś ~i się w nas szczerość i spontaniczność** przen. somehow we lose our openness and spontaneity ⇒ **zgubić się** [4] (doprowadzać się do zguby) **ona ~i się przez własną głupotę** her stupidity is her own undoing ⇒ **zgubić się**

■ **~ić się domysłach** a. **przypuszczeniach** to be lost in conjecture; **~ić krok/rytm/takt** to lose the rhythm; **~ić myśl** a. **wątek** to lose track of one's thoughts; **~ić oczko** (niechcący) to drop a stitch; (celowo) to knit (two) stitches together

gul *inter.* [1] (dźwięk wylewanej wody) **~, ~, ~** gurgle, gurgle, gurgle [2] (dźwięk wydawany przez indyka) **~, ~, ~** gobble, gobble, gobble

gul|a *f* pot. bump; **nabić sobie/komuś ~ę na głowie** to get/give sb a bump on the head

gulasz *m (G ~u)* Kulin. goulash, stew

gulden *m (A ~a)* guilder, gulden

gulgo|t *m (G ~tu)* sgt [1] (zwierzęcia) gobble; **indyk zbliżał się z groźnym ~tem** the turkey came closer, gobbling threateningly [2] (cieknącego płynu) gurgle; (gotującej się wody) bubbling, bubble

gulgo|tać *impf (~czę, ~cze* a. **~ce)** *vi* [1] *[lejący się płyn]* to gurgle; *[gotująca się woda, zupa]* to bubble; **w kranie coś ~cze, ale woda nie leci** sth is gurgling in the tap, but there's no water ⇒ **zagulgotać** [2] *[indyk]* to gobble ⇒ **zagulgotać** [3] przen. *[osoba]* to gobble; **skończ z tym ~taniem, staraj się mówić wyraźniej** stop gobbling and try to talk clearly

gułag *m (G ~u)* Hist. Gulag; **więzień ~a** a prisoner in a gulag

gułagow|y *adi. [życie, wspomnienia, administracja]* gulag attr.

gum|a *f* [1] sgt (tworzywo) rubber; **tkanina z warstwą ~y** rubber-coated fabric; **buty na ~ie** rubber-soled boots [2] (do wycierania) rubber GB, eraser US [3] (taśma) elastic; **~a bieliźniana** sewing elastic; **gra w ~ę** *children's game in which you jump over a stretched elastic*

band [4] (opona) tyre GB, tire US; **przebita ~a** a flat tyre [5] pot. (pałka policyjna) rubber baton, rubber truncheon GB [6] pot. (prezerwatywa) johnny GB pot., rubber US pot.

□ **~a arabska** gum arabic; **~a balonowa** bubble gum; **~a do żucia** chewing gum; **~a naturalna** natural gum

■ **złapać ~ę** pot. to get a flat (tyre) pot.

gumiak *m* pot. welly GB pot.; rubber boot US; **~i** wellies GB; rubbers US pot.

gum|ka *f dem.* [1] (do wycierania) rubber GB, eraser US [2] (taśma) elastic; **~ka do bielizny** sewing elastic; **~ka do majtek** elastic for underpants; **~ka do włosów** elastic band for hair; **~ka recepturka** rubber band [3] pot. (prezerwatywa) johnny GB pot., rubber US pot.

gumofilc *m zw. pl* rubber-soled felt boot

gumow|iec *m* wellington (boot) GB, rubber boot US; **~ce** wellingtons a. wellington boots GB, rubber boots a. rubbers US

gumow|y *adi. [but, podeszwa, wąż, zakłady]* rubber attr.; **drzewo ~e** Bot. rubber plant a. tree

gu|nia *f (Gpl* **guni** a. **guń)** *traditional overcoat of Carpathian highlanders*

gupik *m* Zool. guppy

guru *m inv.* [1] Relig. guru [2] przen. guru przen.; **~ krytyki literackiej** a literary criticism guru

guś|ła *plt (Gpl ~eł)* książk. [1] (czary, wróżby) witchcraft; **czynić ~ła** to practice witchcraft [2] (zabobony) superstition; **wierzyć w ~ła** to be superstitious

gu|st *m (G gustu, Npl gusty* a. **gusta)** [1] (poczucie estetyki) taste; **dobry/zły gust** good/bad taste; **mieć (dobry) gust** to have (good) taste; **nie mieć gustu** a. **mieć zły gust** to have bad taste; **być w dobrym/złym guście** to be tasteful/in bad taste; **mieszkanie jest urządzone z gustem** the flat is furnished in a. with good taste; **trzeba być zupełnie pozbawionym gustu, żeby sobie pomalować mieszkanie na taki kolor** you have to be completely devoid of taste to paint your flat that colour [2] (upodobanie) taste; **to rzecz gustu** it's a matter of taste; **wyszukane/niewybredne gusta** a. **gusty** sophisticated/poor tastes; **schlebiać gustom** to pander to popular tastes; **nigdy nie schlebiał gustom publiczności** he never pandered to the tastes of the public; **jak na mój gust...** if you ask me... [3] (styl) fashion; **w guście francuskim** after the French fashion

■ **być w czyimś guście** *[piosenka, sukienka]* to be sb's kind of thing; *[osoba]* to be sb's type; **coś w tym guście** pot. something like that pot.; **przypaść komuś do gustu** to take sb's fancy; **są gusta** a. **gusty i guściki** pot. there is no accounting for taste

gust|ować *impf vi* książk. to have a liking (**w kimś/czymś** for sb/sth); **nie ~uję w powieściach historycznych** I don't care too much for historical novels ⇒ **zagustować**

gustownie *adv. grad.* tastefully; **ubierać się ~** to dress tastefully a. with good taste

gustown|y *adi. grad. [ubiór, wnętrze]* tasteful

guślarz *m (Gpl ~y)* ≈ shaman; **zaklęcia ~rza** a sorcerer's spells

guwernant|ka *f* przest. governess

guwerne|r *m* przest. (private) tutor

guwerners|ki *adi. [doświadczenie]* as a tutor

guz *m* [1] Anat. tuber spec.; protuberance; **~ ciemieniowy/czołowy/potyliczny** the parietal/frontal/occipital tuber spec.; **~ nadoczodołowy** the supraorbital torus spec.; **~ kulszowy/piętowy** the ischiadic/the calcanean tuber spec. [2] Med. tumour GB, tumor US; **~ nowotworowy** a neoplastic tumour; **~ czerniakowy/jajnika/kostny/mózgu** a melanotic/an ovarian/a bone/a brain tumour; **~ dobrotliwy/złośliwy** a benign/malignant tumour; **usunąć ~** to remove a tumour [3] (obrzmienie) bump, lump; **nabić sobie ~a na głowie** to give oneself a bump on the head; **nabić komuś ~a** przen. to give sb a beating a. hiding; **oberwać ~a** przen. (zostać pobitym) to get beaten (up); (doznać przykrości) to be kicked in the teeth przen.; **szukać ~a** przen. to be looking for trouble; to be cruising for a bruising US pot. [4] (duży guzik) large button [5] (gałka) knob

guzd|rać się *impf (~ra się* a. **~rze się)** *v refl.* to dawdle; (ociągać się) to lag behind; **~rać się w łazience** to dawdle a. waste time in the bathroom; **~rać się z robotą** to dawdle over a job

guzdra|ła *m, f (Npl m ~ły, Gpl m ~łów* a. **~ł; Npl f ~ły, Gpl f ~ł)** pejor. slowcoach GB pot., slowpoke US pot.; **pośpiesz się, ~ło!** come on, slowcoach!

guz|ek *m zw. pl* [1] (wypukłość) small bump; **~ki na powierzchni tworzywa** little bumps on the surface of the plastic [2] Med. nodule, tubercle; **~ek gruźliczy** a tubercle, a tuberculous nodule; **~ek krwawniczy** a haemorrhoid GB, a hemorrhoid US; **~ek zęba** Anat. the cusp (of a tooth)

guzicz|ek *m dem.* (small) button; **bluzka zapinana na ~ki** a blouse with buttons; **~ki telefonu** the buttons of the phone

gu|ziec *m* Zool. warthog

guzik *m* [1] (zapięcie) button; **kamizelka ze złotymi ~ami** a gold-buttoned waistcoat; **zapiąć ~i koszuli** to button up one's shirt; **rozpiąć ~i** to undo the buttons; **oberwał ci się ~** you've lost a button; **przyszyć ~** to sew on a button; **zapiąć coś na ostatni ~** przen. to button sth up przen., to tie up the loose ends przen. [2] (przycisk) (push-)button; **nacisnąć ~** to press a button; **~ dzwonka** a bell push; **przycisnąć ~ dzwonka** to ring a (door)bell; **telefon z ~ami** a push-button phone [3] pot., euf. (nic) **a ~ (z pętelką)!** (odmowa) forget it! pot.; (przeczenie) like hell! pot.; **~ dostaniesz** you'll get damn all GB pot., you'll get zilch pot.; **~ mnie to obchodzi** I don't give a damn a. a hoot pot.; **to jest ~ warte** it isn't worth a damn pot.

guzikow|y *adi.* [1] (dotyczący guzika do zapinania) button attr.; **zapięcie ~e** a button fastening [2] (dotyczący przycisku) (push-)button attr.; **telefon ~y** a push-button a. touch-tone phone

gwałciciel *m (Gpl ~i)* rapist; **wielokrotny ~ny** a serial rapist

gwał|cić *impf vt* [1] (zmuszać do stosunku) to rape ⇒ **zgwałcić** [2] (naruszać zasady) to violate *[umowę]*; to break *[prawo]*; **~cić zasady tolerancji** to violate the principles of tolerance; **~cić czyjeś uczucia religijne** to offend sb's religious feelings; **to ~ci moje poczucie piękna** this offends my aesthetic sense ⇒ **pogwałcić**

gwał|t *m* (*G* **~tu**) [1] (zmuszanie do stosunku) rape *C/U*; **~t na kobiecie/nieletniej** the rape of a woman/minor; **~t zbiorowy** a gang rape; **usiłowanie ~tu** (an) attempted rape; **dopuścić się ~tu** to commit (a) rape [2] *sgt* (przemoc) violence; **zadać ~t komuś/czemuś** to do violence to sb/sth; **~t na czyjejś wolności** przen. a violation of sb's freedom [3] pot. (pośpiech) haste; **zdążymy, po co ten ~t!** what's all the rush? we'll make it!; **~tem** a. **na ~t** at once; **na ~t potrzebował pieniędzy** he needed money urgently [4] (zamieszanie) **narobić ~tu** to make a fuss

gwałtownie *adv. grad.* [1] (porywczo) violently; **~ reagować na coś** to react violently to sth [2] (z dużym natężeniem) violently; **serce biło mu ~** his heart was beating violently [3] (nagle) suddenly; **~ się poderwać** to jump suddenly; **~ zachorować** to be suddenly taken ill; **nad ranem gorączka ~ mu spadła** his fever suddenly broke in the early hours of the morning; **otworzyć się ~** to burst open; **otworzyć ~ drzwi** to fling the door open; **samochód ~ zahamował** the car braked suddenly a. sharply

gwałtowność *f sgt* [1] (porywczość) hot-headedness; **~ć usposobienia** impulsiveness, impetuosity a. impetuousness [2] (duże natężenie) violence, force; **~ć burzy/wichru** the violence of the storm/tempest; **~ć miotających nią namiętności** the violence a. force of the passions that had seized her; **ogień rozprzestrzeniał się z niezwykłą ~cią** the fire was raging out of control [3] (nagłość) suddenness; **~ć zmian** the suddenness of the changes

gwałtown|y *adi. grad.* [1] (porywczy) violent; **mieć ~y charakter** to have a violent character a. disposition; **~e wybuchy gniewu** violent outbursts of anger [2] (mający duże natężenie) violent, fierce; **~y spór** a violent argument; **~a ulewa** a violent a. torrential downpour; **~y wiatr** a violent wind [3] (nagły) sudden; **~a śmierć/zmiana pogody** a sudden death/change in the weather; **~y rozkwit/wzrost** a boom/a sudden increase

gwa|r *m sgt* (*G* **~ru**) hubbub, noise; **~r głosów** the hubbub of voices; **~r ulicy** the hubbub of the street

gwa|ra *f* Jęz. [1] (dialekt) (local) dialect; **~ra śląska/warszawska** the Silesian/Warsaw dialect; **~ra londyńska** Cockney; **~ra mieszana/przejściowa** a mixed/transitional dialect [2] (żargon) jargon *U*, slang *U*; **~ra lekarska/zawodowa** medical/professional jargon; **~ra młodzieżowa** teenage slang; **~ra ulicy** street slang; **~ra uczniowska/studencka** school/students' slang; **~ra więzienna** prison slang; **~ra złodziejska** thieves' argot

gwarancj|a *f* (*G* **~i**) [1] (rękojmia, zapewnienie) guarantee; **nie mam ~i, że dotrzymasz słowa** I have no guarantee that you'll keep

your word; **nie mogę dać ci ~i, że wygrasz** I can't guarantee that you'll win; **~e bezpieczeństwa** safety guarantees [2] Handl. guarantee, warranty; **na ~i** under guarantee a. warranty; **lodówka/telewizor z ~ą** a refrigerator/TV with a warranty; **ten samochód ma trzyletnią ~ę** the car comes with a three-year warranty a. guarantee; **~a się skończyła** the guarantee a. warranty has expired; **udzielić pisemnej ~i** to issue a written guarantee [3] Ekon. guarantee; **~a bankowa** a bank guarantee; **~a na kredyty długoterminowe** a long-term credit guarantee; **posiadać ~ę banku/funduszu** Fin. to be underwritten by a bank/fund

gwarancyjn|y *adi.* [1] Handl. guarantee *attr.*, warranty *attr.*; **karta ~a** a warranty a. guarantee card; **serwis ~y** service under the (terms of the) guarantee; **umowa ~a** a guarantee contract, a warranty [2] Ekon., Prawo guarantee *attr.*; **fundusz ~y** a guarantee fund, an indemnity fund; **weksel ~y** a bill of exchange, a promissory note; **traktat ~y** Polit. a treaty of guarantee

gwaran|t *m*, **~tka** *f* [1] (poręczyciel) guarantor; **~ umowy** the guarantor of an agreement; **~ci pokoju** przen. the guarantors of peace; **wojsko jako ~t nienaruszalności naszych granic** the army as a guarantor of the inviolability of our borders [2] Handl. warrantor; **pieczęci i podpis ~ta** the stamp and signature of the warrantor

gwarant|ować *impf vt* to assure, to guarantee; **~uję ci, że nie stracisz** I can assure you that you won't lose; **~uję, że jest uczciwy** a. **za jego uczciwość** I guarantee that he's honest; **wyposażenie ~ujące bezpieczeństwo** equipment that ensures safety; **doborowa obsada ~uje świetną zabawę** the splendid cast guarantees that a good time will be had by all; **ceny minimalne ~owane przez państwo** minimum prices guaranteed by the state ⇒ **zagwarantować**

gwarantowan|y [I] *pp* → **gwarantować** [II] *adi.* pot. guaranteed; **~a jakość** quality guaranteed; **~y sposób na sprzedaż towaru** a sure-fire way to sell the goods pot.

gwardi|a *f* (*GDGpl* **~i**) [1] Hist., Wojsk. guard; **~a cesarska** the imperial guard; **~a honorowa** a guard of honour; **~a królewska** the royal guard; **członek ~i honorowej** a member of a guard of honour [2] (oddziały ochotnicze) militia; **~a chłopska** a peasant militia; **~a narodowa** the national guard; **członek ~i narodowej** a national guardsman; **zgłosić się do ~i** to volunteer for the militia
  ❑ **Gwardia Papieska** the Swiss Guard
  ■ **stara ~a** the old guard

gwardyjs|ki *adi.* Wojsk. guard(s) *attr.*; **mundur/oddział ~ki** a guard's uniform/a guard unit

gwardzi|sta *m* [1] Wojsk. guardsman, guard; **~a papieski** a Swiss Guard [2] (członek oddziału ochotniczego) militiaman, national guardsman

gwarn|o *adv. grad.* noisily; **w klasie zrobiło się ~o** there was a hubbub in the classroom; **w biurze było ~o** the office

was (all) abuzz (with talk)/was humming (with activity)

gwarn|y *adi. grad.* [1] (pełen gwaru) **~e miasteczko** a bustling town; **~a sala** a room (all) abuzz (with talk) [2] (ożywiony i głośny) noisy, lively; **~e rozmowy** lively conversations; **~y tłum** a noisy crowd

gwarowo *adv.* Jęz. dialectally; **mówić ~** to speak in (a) dialect

gwarow|y *adi.* Jęz. dialectal, non-standard; **słownictwo/zjawisko ~e** a dialectal vocabulary/phenomenon; **mowa ~a** non-standard speech

gwarz|yć *impf vi* to chat; to natter GB pot.; **~yć z przyjaciółmi/przy piwie** to chat with friends/over a glass of beer

gwi|azda *f* [1] Astron. star; **~azda olbrzym** a giant star; **~azda neutronowa/węglowa** a neutron/carbon star; **~azda nowa/supernowa** a nova/supernova; **~azda pierwszej wielkości** a star of the first magnitude; **~azda podwójna/wielokrotna** a binary a. double/multiple star; **~azda stała/zmienna** a fixed/variable star; **~azda zmienna zaćmieniowa** an eclipsing variable star; **~azda przewodnia** przen. a guiding light przen., a pole star przen.; **światło ~azd** starlight; **usiany ~azdami** starry [2] (dowolne ciało niebieskie) star; **~azda spadająca** a falling a. shooting star; **konstelacja ~azd** a constellation; **czytać w ~azdach** to read the stars; **oczy jak ~azdy** starry eyes; **łotr spod ciemnej ~azdy** a scoundrel of the deepest dye; **zobaczyć (wszystkie) ~azdy** przen. to see stars przen. [3] przen. (osoba popularna) celebrity, star; **~azda kina** a movie a. film star; **~azda teatru** a stage star; **~azda partnerująca** a co-star; **~azda światowego sportu** a world-famous sport(s) star; **~azda pierwszej wielkości** a star of the first magnitude; **wschodząca ~azda filmowa** an up-and-coming film star; **plejada ~azd** a host of stars [4] (kształt) star; **~azda pięcioboczna** a five-pointed star, a pentagram; **~azda szeryfa** a sheriff's star; **~azda z cynfolii/papieru** a tinfoil/paper star; **na planie ~azdy** (promienisty) in a radial pattern; **w kształcie ~azdy** star-shaped [5] (odznaczenie) star; **otrzymać krzyż kawalerski z ~azdą** to receive a Knight's Cross with a star [6] *sgt* przen. (przeznaczenie) star, destiny; **jego ~azda gaśnie** his star is on the wane; **urodzić się pod szczęśliwą ~azdą** to be born under a lucky star; **urodzić się pod nieszczęśliwą ~azdą** to be ill-starred; **wierzyć w swoją szczęśliwą ~azdę** to believe in one's lucky star [7] Techn. star connection [8] Bot. **~azda betlejemska** poinsettia [9] Sport cartwheel; **zrobić ~azdę** to do a. turn a cartwheel
  ❑ **Gwiazda Betlejemska** the Star of Bethlehem; **Gwiazda Dawida** the Star of David; **Gwiazda Polarna** the North a. Pole Star, Polaris; **Gwiazda Poranna** a. **Zaranna/Wieczorna** the morning/evening star; **Psia Gwiazda** the Dog Star

gwiazdecz|ka *f dem.* [1] (gwiazda, kształt) small star; **~ki śniegu** snowflakes [2] przen. (młoda aktorka) starlet

gwiazd|ka *f* [1] *dem.* (small) star; **~ki na niebie** the stars in the sky; **wypatrywać pierwszej ~ki** (w wieczór wigilijny) to look a. wait for the first star; **zabłysła pierwsza ~ka** the first star came out; **chcieć ~ki z nieba** przen. to want a. wish for the moon przen. [2] *dem.* (kształt) star; **~ki śniegowe** snowflakes; **koń z ~ką na czole** a horse with a star on its forehead; **materiał w ~ki** fabric with a star design; **papierowe/piernikowe ~ki** paper/gingerbread stars [3] (znak jakości) star; **hotel z trzema ~kami** a three-star hotel; **ile ~ek ma ten koniak?** how many stars has this cognac got? [4] Wojsk. star, pip GB; **dosłużył się następnej ~ki** he got a new pip [5] Druk. asterisk; **przypisy oznaczone ~ką** footnotes marked with asterisks [6] (Boże Narodzenie) Christmas; **spędzić ~kę u rodziców** to spend Christmas at one's parents; **co dostałeś na ~kę?** what did you get for Christmas? [7] (podarunek wigilijny) Christmas gift a. present [8] pot. (młoda aktorka) starlet

gwiazdkow|y *adi.* [1] (złożony z gwiazdek) star *attr.*, starred; **~y wzór** a star(red) pattern [2] (markowy) quality *attr.*, high-quality; **~y koniak** a (high-)quality cognac [3] (dotyczący Bożego Narodzenia) Christmas *attr.*; **zakupy/prezenty ~e** Christmas shopping/gifts a. presents

gwiazdo|r *m* [1] (artysta) star; **~r filmowy** a movie a. film star; **~r rocka** a rock star; **~r partnerujący** a co-star [2] przen., pot., pejor. ≈ prima donna pejor. [3] dial. (Święty Mikołaj) Santa Claus

gwiazdors|ki *adi.* [1] (bardzo dobry) star *attr.*, celebrity *attr.*; **~ka obsada** a star-studded cast [2] przen., pot., pejor. ≈ prima donna *attr.* pejor., ≈ prima donna-ish pejor.; **~ki sposób bycia** prima donna(-ish) behaviour; **~kie kaprysy** prima donna(-ish) whims

gwiazdorstw|o *n sgt* [1] pejor. (sposób bycia) prima donna(-ish) behaviour GB, ≈ prima donna(-ish) behavior US; (szukanie rozgłosu) limelight-seeking pejor.; **miał dosyć ~a starszej siostry** he was fed up with his older sister acting like such a prima donna [2] pejor. (sposób gry aktorskiej) ≈ affected acting [3] (sława) stardom

gwiazdow|y *adi.* [1] Astron. stellar, sidereal; **ekosfera ~a** the stellar ecosphere; **materia/masa ~a** stellar matter/mass; **czas ~y** sidereal a. stellar time; **dzień/miesiąc/rok ~a** a sidereal day/month/year; **fotometria ~a** stellar photometry; **wielkość ~a** star a. stellar magnitude [2] (w kształcie gwiazdy) star-shaped, starlike; **silnik ~y** a radial (engine)

gwiazdozbi|ór *m* (*G* **~oru**) Astron. constellation; **granice ~oru** constellation boundaries
❑ **Gwiazdozbiór Andromedy** (the constellation of) Andromeda

gwiaździ|sty *adi.* [1] (usiany gwiazdami) *[niebo]* starry; *[tkanina]* starred; **~sta noc** a starry night; **~sty wzór** a star(red) pattern; **Gwiaździsty sztandar** (hymn USA) the Star-spangled Banner; **~sty sztandar** (flaga USA) the Stars and Stripes [2] (o spojrzeniu) bright, sparkling; **~ste oczy** starry eyes; **~ste**

spojrzenie a sparkling look [3] (w kształcie gwiazdy) star-shaped; (promienisty) radial; **dwudziestościan ~sty** Mat. a stellated icosahedron; **sklepienie ~ste** Archit. a stellar a. star vault [4] Miner. star *attr.*; asteriated spec.; **~sty szafir/rubin** a star sapphire/ruby

gwiaździście *adv.* starlike; (promieniście) radially; **~ rozchodzące się ulice** streets in a radial pattern

gwiezdn|y *adi.* Astron. star *attr.*, stellar; **~a poświata** starlight; **pył ~y** stardust; **układ ~y** a star system; **wojny ~e** star wars

gwieździsty → **gwiaździsty**

gwin|t *m* (*G* **~tu**) (screw) thread; **~t lufy** the thread of a rifle barrel; **przekręcić ~t** to strip the thread
■ **pić z ~ta** pot. to drink straight from the bottle; **jestem zły jak jasny ~t** I'm bloody angry, I'm angry as hell; **jasny ~t!** pot. damn (it)! pot.

gwint|ować *impf vt* Techn. to thread; to tap; **~ować lufę** to rifle a barrel; **~ować rurę** to tap a. thread a pipe; **otwór/pręt ~owany** a threaded hole/rod ⇒ **nagwintować**

gwi|zd *m* (*G* **~zdu**) [1] (wydawany przez człowieka) whistle; **donośny/przenikliwy ~zd** a loud/shrill whistle; **przywołać kogoś ~zdem** to whistle sb up GB, to whistle for sb; **reagować na coś ~zdami** to hoot sth down, to (boo and) hiss at sth; **na widowni rozległy się ~zdy** the audience started hissing and booing [2] (sztucznie wywołany) blast, whistle; **~zd czajnika** the whistle of a kettle; **~zd lokomotywy/syreny na statku** a blast of the locomotive's whistle/ship's siren; **rozległ się ~zd** a whistle sounded [3] (wydawany przez zwierzęta) whistle; **~zd szpaka** the whistle of a starling; **~zd świstaka** a marmot's whistle [4] (świst) whistle, whiz(z); **~zd pocisku** the whiz(z) of a bullet; **~zd wiatru** the whistling of the wind [5] Myślis. wild boar's snout

gwi|zdać¹ *impf* → **gwizdnąć¹**

gwi|zdać² *impf* (**~żdżę**) *vt* pot. (lekceważyć) **~zdać na coś** to not care a. give a hoot about sth pot.; **on ~żdże sobie na wszystko** he doesn't give a damn about anything pot.; **~żdżę na nich** I don't give a damn a. two hoots about them pot.

gwizd|ek *m* whistle; **~ek bosmański** a boatswain's a. bosun's whistle; **~ek lokomotywy** a locomotive's whistle; **czajnik z ~kiem** a whistling (tea)kettle; **dawać sygnał ~kiem** to sound the signal on a whistle
■ **cała para poszła w ~ek** it was all just a lot of hot air; **pracować na pół ~ka** pot. (nie na pełnych obrotach) *[silnik]* to tick over GB pot.; to idle; *[zakład, załoga]* to work at half capacity; (miernie) to work below a. under par pot., to do a so-so job pot.; **robić coś na pół ~ka** pot. to do sth halfway

gwi|zdnąć¹ *pf* — **gwi|zdać¹** *impf* (**~zdnęła, ~zdnęli** — **~żdżę**) **[I]** *vt* to whistle *[melodię, piosenkę]*
[III] *vi* [1] *[osoba]* to whistle; (gwizdkiem) to (blow a) whistle; **~zdać na palcach** to whistle through one's fingers; **~zdać na psa** to

whistle (up) one's dog GB, to whistle for one's dog; **~zdnąć na widok ładnej kobiety** to (wolf-)whistle at a pretty woman [2] (wydawać wysoki dźwięk) to whistle; **czajnik zaczął ~zdać** the (tea)kettle started to whistle; **parowóz sapał i ~zdał** the steam engine was puffing and wheezing; **wiatr ~zdał w kominie** the wind was whistling in the chimney [3] *[zwierzę, ptak]* to whistle; **~zdanie kosa/świstaka** the whistling of a blackbird/marmot [4] (świstać) to whiz(z), to whistle; **kule ~zdały w powietrzu** bullets were whizzing a. whistling through the air

gwizdn|ąć² *pf* (**~ęła, ~ęli**) *vt* pot. [1] (ukraść) to lift pot., to pinch GB pot.; **ktoś ~ął mi długopis** someone's pinched my pen [2] pot. (uderzyć) to bash pot., to slosh GB pot.; **~ąć kogoś w ucho** to bash sb on the ear

gwoli *praep.* książk. **~ czemuś** a. **czegoś** for the sake of sth; **~ ścisłości/jasności** for the sake of accuracy/clarity, for accuracy's/clarity's sake; **~ prawdzie** a. **prawdy...** to tell the truth..., if the truth be told a. known...; **~ wyjaśnienia** by way of explanation; **spotkali się ~ podpisania porozumienia** they met for the purpose of signing an agreement książk.; **wspominam o tym ~ przypomnienia** I mention this by way of reminder; **~ sprawiedliwości trzeba dodać, że...** in all fairness, it should be added that...

gwoździk *m dem.* small nail; **~ tapicerski** an upholstery a. upholsterer's tack

gw|óźdź *m* nail; **gwóźdź tapicerski** an upholstery a. upholsterer's tack; **wbijać gwóźdź w deskę** to drive a nail into a plank; **zabić drzwi gwoździami** to nail up a door
■ **(ostatni) gwóźdź do trumny** (the final) nail in the coffin; **ostatnia decyzja stała się gwoździem do trumny całego rządu** the latest decision was a nail in the coffin for the whole government; **gwóźdź programu** the highlight, the main attraction; **jej występ był gwoździem programu** her performance was the highlight (of the show/event/evening)

g|zić się *impf* (**gżę się**) *v refl.* [1] (o zwierzętach) (ujawniać popęd płciowy) to be on heat GB, to be in heat US; (biegać niespokojnie) to run amok a. wild; **o tej porze roku konie się gżą** horses are on heat at this time of the year [2] posp., pejor. (o ludziach) to screw wulg., to have it away a. off GB wulg.

gzyms *m* (*G* **~u**) [1] Budow. cornice, moulding *U* GB, molding *U* US; **~ wieńczący ścianę** a cornice crowning a wall; **~ kordonowy** a string course [2] (element dekoracyjny) cornice, moulding *C/U* GB, molding *C/U* US; **~ nad kominkiem** a chimney piece GB, a mantelpiece [3] (karnisz) curtain rail; **z ~u zwieszały się ciężkie zasłony** heavy curtains hung from the curtain rod [4] (występ skalny) ledge; **wąski ~ skalny** a narrow rock ledge

gzymsik *m dem.* small cornice; **szafa miała fantazyjny ~** the wardrobe had a small fancy cornice

gżegżół|ka *f* dial. (kukułka) cuckoo

H

H, h *n inv.* [1] (litera) H, h [2] Muz. B; **H-dur** Muz. B major; **h-moll** B minor; **symfonia h-moll** a symphony in B minor
h (= hora) hr, h; **w ciągu 24 h** in 24 hrs
ha¹ *inter.* [1] książk. (wyrażające silne emocje) ha!, hah!; **ha, trudno!** ah (well), too bad! [2] (śmiech) **ha! ha!** ha! ha!
ha² (= hektar) ha
hab. (= habilitowany)
habilitacj|a *f* (*Gpl* ~**i**) Uniw. [1] (proces) habilitation *U* (*qualification as a university professor*) [2] (rozprawa) postdoctoral a. habilitation thesis
habilitacyjn|y *adi.* Uniw. postdoctoral, habilitation *attr.*; **kolokwium** ~**e** a postdoctoral oral examination; **przewód** ~**y** postdoctoral degree conferral procedures; **rozprawa** ~**a** a postdoctoral a. habilitation thesis
habilitan|t *m* Uniw. person who submits a postdoctoral a. habilitation thesis
habilit|ować *impf* **I** *vt* Uniw. ~**ować kogoś** to confer on sb their qualification as a university professor
II habilitować się to habilitate (*qualify as a university lecturer*)
habilitowan|y *adi.* Uniw. **doktor** ~**y** *person with a post-doctoral degree*
habi|t *m* (*G* ~**tu**) habit, frock; ~**t dominikanina** a Dominican's habit; **zakonnica w białym** ~**cie** a white-frocked nun; **przywdziać** ~**t** przen. to assume the habit, to enter a religious order
■ ~**t nie czyni mnicha** ≈ you can't judge a book by its cover
hac|el *m* horseshoe nail; **wkręcić** ~**le w podkowę** to drive nails into a horseshoe
hacker /'xaker/ → **haker**
haczyk *m* [1] (w ścianie) hook; ~ **na ręczniki** a towel hook; **powiesić obraz na** ~**u** to hang a picture on a hook [2] (do zamykania) catch, latch; **zamknąć furtkę na** ~ to fasten a gate latch [3] Ryboł. (fish-)hook; **łowić na** ~ to fish with a rod and line, to angle; **ryba połknęła** ~ a fish has taken the hook; **połknąć** ~ przen. to swallow a. rise to the bait [4] pot. (kruczek) catch; **w pytaniu krył się** ~ there was a catch in the question [5] (część haftki) hook [6] Biol. hamulus
haczykowato *adv.* ~ **zakrzywiony nos** a hook(ed) nose; ~ **zagięty pręt** a hooked rod
haczykowa|ty *adi.* hooked; ~**te palce/szpony** hooked fingers/claws; ~**ty nos** a hook(ed) nose
hafciar|ka *f* embroiderer

hafciars|ki *adi.* embroidery *attr.* **ścieg/wzór** ~**ki** an embroidery stitch/pattern
hafciarstw|o *n sgt* embroidery
haf|t *m* (*G* ~**tu**) [1] (wzór) embroidery *C/U*; ~**t angielski** broderie anglaise; ~**t artystyczny** needlecraft, needlework; ~**t ażurowy (richelieu)** open-work embroidery; ~**t krzyżykowy/łańcuszkowy** cross/chain stitch; ~**t płaski** flat stitch; ~**t supełkowy** French knot; ~**t sznureczkowy** stem stitch [2] *sgt* (czynność) embroidery
haft|ka *f* hook and eye; **zapiąć coś na** ~**kę** to fasten sth with a hook and eye
haft|ować *impf* **I** *vt* to embroider; ~**ować serwetkę/wzorki na bluzce** to embroider a serviette/patterns on a blouse; ~**ować maszynowo/ręcznie** to embroider by machine/by hand; ~**owany obrus** an embroidered tablecloth; **sztandar** ~**owany złotem** a flag embroidered with gold thread ⇒ **wyhaftować**
II *vi* pot. (wymiotować) to puke pot., to throw up pot.
hagiograf *m* (*Npl* ~**owie**) Literat. hagiographer także przen.; **pisarz miał swoich** ~**ów** żart. the writer had his hagiographers pejor.
hagiografi|a *f sgt* (*GD* ~**i**) Literat. hagiography także przen.
hagiograficznie *adv.* hagiographically; **wizerunki świętych przedstawione** ~ images of the saints presented hagiographically; **pisać o kimś** ~ żart. to write hagiographically about sb pejor.
hagiograficzn|y *adi.* hagiographic(al); **dzieło/źródło** ~**e** a hagiographical work/source; ~**y życiorys polityka** żart. a hagiographic biography of a politician
Haita|ńczyk *m*, ~**nka** *f* Haitian
haitańs|ki *adi.* Haitian
haj *m* (*G* ~**u**) pot. high pot.; **być na** ~**u** to be high
hajc|ować *impf* **I** *vi* pot. **przestań tak** ~**ować** stop stoking up the fire
II hajcować się pot. to be burning, to be on fire
hajdawer|y *plt* (*G* ~**ów**) przest., żart. (spodnie) bags
hajdu|k *m* (~**czek** *dem.*) (*Npl* ~**ki**, ~**czki**) Hist. [1] (żołnierz) *member of Polish infantry organized along Hungarian lines during 16th-17th centuries* [2] (służący) Heyduck (*Polish nobleman's servant dressed in Hungarian livery*)
hajtać się *impf* → **hajtnąć się**
hajt|nąć się *pf* — **hajt|ać się** *impf v refl.* pot. to get hitched pot.
hak *m* [1] (przyrząd) hook; ~ **holowniczy/rzeźniczy/wkręcany** a tow/meat/screw

hook; ~ **chirurgiczny** a retractor; ~ **wspinaczkowy** a piton; **zawiesić obraz na** ~**u** to hang a picture on a hook [2] (cios) uppercut; **prawy** ~ a right uppercut [3] *zw. pl* Myślis. (górne kły jelenia) a stag's upper teeth; (poroże kozicy) a chamois's horns
■ **z** ~**iem** pot. and a bit pot.; **tydzień z** ~**iem** a week and a bit; **trzydzieści kilometrów z** ~**iem** thirty kilometres and a bit; **mieć na kogoś** ~**a** to have sth on sb; **zagiąć na kogoś** ~**a** pot. to have (got) it in for sb pot.; **tych dwóch zagięło na was** ~**a** those two have it in for you; **znaleźć na kogoś** ~**a** to dig up some a. the dirt on sb pot.
hake|r *m* środ., Komput. hacker
hakowato *adv.* ~ **wydłużony nos** a hook(ed) nose; ~ **zakrzywione palce** hooked fingers
hakowa|ty *adi.* hooked; ~**ty dziób** a hooked beak
hal|a¹ *f* (pomieszczenie, budynek) hall; ~**a koncertowa** a concert hall; ~**a przylotów/odlotów** an arrivals/a departure hall; ~**a sportowa** a sports hall; ~**a dworcowa** a (railway) station concourse; ~**a fabryczna** a shop floor; ~**a montażowa** an assembly room a. shop; ~**a targowa** a (covered) market
hal|a² *f* (pastwisko) a mountain pasture
halabar|da *f* Hist. halberd
halabardni|k *m* Hist. halberdier
halerz *m* (*A* ~**a**) (moneta) haler
halibu|t *m* Zool., Kulin. halibut; ~**t mrożony/wędzony** frozen/smoked halibut
hal|ka *f* (~**eczka** *dem.*) Moda slip, petticoat; **jedwabna** ~**ka** a silk slip
hall /xol/ *m* (*G* ~**u**) lobby; (w teatrze) foyer; ~ **hotelowy** a hotel lobby; **zaczekać w** ~**u** to wait in the lobby
hallo → **halo**
haln|y Meteo. **I** *adi.* **wiatr** ~**y** föhn a. foehn (wind) (*in the Carpathians*)
II *m* foehn a. föhn (wind) (*in the Carpathians*); **przez ostatnie dni dął w Tatrach** ~**y** a foehn wind has been blowing in the Tatras for the past few days
halo¹ *inter.* [1] (dla zwrócenia uwagi) excuse me!; ~! **zostawił pan rękawiczki!** excuse me a. hello (there)! you've forgotten your gloves! [2] (przez telefon) hello, hallo GB, hullo GB; ~, **kto mówi?** hello, who's speaking? [3] Radio ~, **tu program I Polskiego Radia** hello, this is the Polish Radio Service, Programme One
■ **wielkie mi** ~ pot. big deal! pot.; **zrobić wokół czegoś wielkie** ~ pot. to make a. create a big fuss over a. about sth

halo[2] *m inv.* [1] Meteo. halo; **zjawisko ~** the halo phenomenon [2] Fot. halo; **efekt ~** the halo effect

halogen *m* [1] (*G* **~u**) Chem. halogen; **grupa ~ów** the halogen group [2] (reflektor) halogen light; (żarówka) halogen bulb

halogenow|y *adi. [reflektor, lampa, latarka]* halogen *attr.*

halow|y *adi.* Sport *[zawody, mistrzostwa]* indoor; **~y rekord świata w skoku wzwyż** the world indoor high jump record

hals *m* (*G* **~u**) Żegl. [1] (położenie żagli) tack; **na prawym/lewym ~ie** on the starboard/port tack; **iść** a. **płynąć prawym/lewym ~em** to tack to starboard/port; **zmienić ~** to change tack, to tack [2] (odcinek drogi) tack; **zrobić długi ~** to make a long tack [3] (lina) tack

halucynacj|a *f* (*Gpl* **~i**) hallucination; **~e wzrokowe/słuchowe** visual/auditory hallucinations; **mieć ~e** to have a. suffer from hallucinations, to hallucinate

halucynacyjn|y *adi.* hallucinatory; **przywidzenia ~e** hallucinatory visions

halucynogennie *adv.* książk. **działać ~** to have a hallucinogenic effect

halucynogenn|y *adi.* książk. *[środek, roślina, właściwości]* hallucinogenic; **grzybki ~e** hallucinogenic mushrooms

hałas *m* (*G* **~u**) [1] (głośny dźwięk) noise; **ogłuszający/piekielny ~** a deafening/an infernal noise; **~ bitewny** the noise of battle; **~ uliczny** street noise; **~y wielkiego miasta** the noises of a big city; **~ odsuwanych krzeseł** the noise of chairs being moved; **wejść/wyjść z ~em** to enter/leave noisily; **narobić (strasznego) ~u** to create a (terrible) noise; **tłumić ~** to muffle (a) noise [2] przen. noise przen.; **wiadomość narobiła ~u w prasie** there was a lot of noise about it; **wiele ~u o nic** much ado about nothing

hałas|ować *impf vi* [1] (zachowywać się głośno) to make a noise, to be noisy; **pijani mężczyźni ~owali w nocy** some drunks were making a din last night; **~ować czymś** to make a noise with sth; **nie ~uj!** hold your noise! [2] pot., przen. to create a fuss; to make a lot of noise pot., przen.; **~ować z powodu wysokich cen** to create fuss over high prices

hałast|ra *f* pejor. [1] (zgraja) (noisy) rabble; **~ra rozkrzyczanych wyrostków** a rabble of noisy youths; **ptasia ~ra** a noisy flock of birds [2] (hołota) rabble pejor.

hałaśliwie *adv. grad.* [1] *[zachowywać się, śmiać się]* noisily; **bawiono się coraz ~j** the party became noisier and noisier; **w pokoju zrobiło się rojno i ~** the room became crowded and full of noise [2] przen., pejor. (natarczywie) *[reklamować, ogłaszać]* noisily przen., pejor.

hałaśliwoś|ć *f sgt* noisiness; **~ć dzieci** the noisiness a. rowdiness of the children; **~ć ulicy** the noisiness of the street

hałaśliw|y *adi. grad.* [1] (głośny) *[osoba, muzyka, ulica, silnik]* noisy; **najhałaśliwsza część miasta** the noisiest part of the city [2] przen., pejor. (natarczywy) *[kampania, reklama]* noisy przen., pejor.

hał|da *f* slag heap; **~da kopalniana** a mine slag heap; **dymiąca ~da żużlu** a smouldering slag heap

hamak *m* hammock; **leżeć/spać w ~u** to lie/sleep in a hammock; **~ rozwieszony między dwoma drzewami** a hammock slung between two trees

hamburge|r *m* (*A* **~ra**) Kulin. (kotlet, kanapka) hamburger

hamburgerow|y *adi.* Kulin. *[bar, restauracja]* hamburger *attr.*

ham|ować *impf* **I** *vt* [1] (zatrzymywać) to rein in *[konia]* ⇒ **pohamować, zahamować** [2] (powstrzymywać) to suppress *[łzy, płacz, śmiech, wściekłość]*; to curb *[proces, rozwój]*; **rząd ~uje inflację** the government is trying to curb inflation; **~ować rozwój nowotworu** to curb cancer ⇒ **zahamować** [3] (utrudniać) to hinder, to hamper *[wzrost, rozwój]*; **przepisy ~ujące rozwój przedsiębiorczości** regulations hindering a. hampering business developments; **~ować ruch uliczny** to hinder the flow of traffic ⇒ **zahamować** [4] (łagodzić) to restrain *[osobę]*; **~ować kogoś w gniewie** to curb sb's temper ⇒ **pohamować**

II *vi* (zmniejszać prędkość) *[osoba, pojazd]* to brake; **~ować łagodnie** to brake smoothly; **~ować ostro** a. **gwałtownie** (mocno) to brake hard; (nagle) to slam on the brakes ⇒ **zahamować**

III hamować się *[osoba]* to restrain oneself; **~owała się, żeby go nie uderzyć** she was doing all she could to restrain herself from hitting him; **~uj się!** watch your temper! ⇒ **pohamować się**

hamująco *adv.* [1] (zmniejszając prędkość) **działać ~ na coś** to be a. act as a brake on sth [2] (utrudniając rozwój) **działać** a. **wpływać ~ na coś** to hinder a. hamper sth

hamując|y **I** *pa* → **hamować**

II *adi. [działanie]* hindering; **czynnik ~y rozwój gospodarki** a hindrance to economic development; **środek ~y agresję** a drug suppressing aggression

hamulcow|y *adi.* braking, brake *attr.*

hamul|ec *m* [1] Techn. brake; **~ec nożny/ręczny** a foot/hand brake; **~ec hydrauliczny/pneumatyczny/mechaniczny** a hydraulic/pneumatic/mechanical brake; **pedał ~ca** a brake pedal; **nacisnąć ~ec** to apply a. put on the brakes; **zwolnić ~ec** to release the brake; **spuść ~ec (ręczny)** release the hand brake; **dać po ~cach** pot. to slam on the brakes [2] przen. (przeszkoda) brake przen.; **być ~em postępu/rozwoju** to act as a brake on progress/development [3] (skrupuły) restraint; **~ce moralne/wewnętrzne** moral/inner restraints; **jedyny ~ec, jaki miał, to strach przed karą** his only restraint was fear of punishment

❏ **~ec bezpieczeństwa** emergency brake; **~ec szczękowy** shoe brake; **~ec tarczowy** disc brake

hand|el *m* (*G* **~lu**) *sgt* Handl. (kupno i sprzedaż) trade; (jako dział gospodarki) commerce; **~el detaliczny/hurtowy/międzynarodowy** retail/wholesale/international trade; **~el uliczny** street trading; **kwitnie ~el uliczny** there's a lot of street trading; **obroty ~lu światowego** global trade figures; **zastój w ~lu** a recession; **wycofać coś z**

~lu to withdraw sth from sale a. the market; **~el z Rosją** trade with Russia; **zajmować się ~lem** (prowadzić interes) to engage in trade; (w firmie, organizacji) to work in commerce; **dorobić się na ~lu** to make one's fortune in trade; **~el zbożem/artykułami spożywczymi** grain/food trade; **~el używanymi samochodami** the second-hand cars trade a. business; **pośredniczyć w ~lu nieruchomościami** to be a real estate agent; **kupić coś na ~el** to buy sth for resale

❏ **~el łańcuszkowy** pot. *trade involving many intermediaries*; **~el mieszany** Handl. mixed trade; **~el obnośny** peddling, itinerant trading; **trudnić się ~lem obnośnym** to be a pedlar a. peddler; **~el obwoźny** *selling goods directly from a car, van or truck*; **~el wewnętrzny** Handl. domestic trade; **~el zagraniczny** Handl foreign trade; **~el żywym towarem** slave trade; (do domów publicznych) white slave trade; **~el tranzytowy** a. **przewozowy** Handl. transit trade; **~el wymienny** a. **zamienny** Handl. barter; **wolny ~el** Ekon. free trade

handel|ek *m dem. sgt* (*G* **~ku**) pot., iron. petty trade

handicap /'χandikap/ *m* (*G* **~u**) Sport [1] (sztuczne wyrównanie szans) handicap; **stosować ~** to impose a. assign a handicap [2] (wyścig) handicap race [3] (ułatwienie) advantage; **nasza drużyna ma ~ w postaci własnego boiska** our team have/has the advantage of playing at home

handicapow|y /ˌχandika'povɪ/ *adi.* Sport. *[przelicznik]* handicap *attr.*

handla|ra *f augm.* pejor. trader

handlar|ka *f* trader; (na bazarze) stallholder; **uliczna ~ka** a street vendor a. trader; **~ka zieleniną** a greengrocer GB, a vegetable seller

handlars|ki *adi. [spryt]* tradesman's

handlarz *m* (*Gpl* **~y**) (drobny kupiec) tradesman, dealer; (na bazarze) stallholder; **domokrążny ~** a door-to-door salesman, a hawker; **wędrowny ~** a wandering a. roving trader; **~ bydłem/złomem/drewnem** a cattle/scrap/timber dealer a. merchant; **~ narkotyków** a drug dealer a. pedlar; **~ niewolników** a slave trader; **~ żywym towarem** a white slave trader; **~ ryb** a fishmonger

handl|ować *impf vi* to trade, to deal (**czymś** in sth); **~ować antykami** to trade a. deal in antiques; **~ować dziełami sztuki** to deal in works of art; **~ować owocami** to sell fruit; **~ować z kimś** to trade with sb; **~ować na bazarze** to be a market trader

handlow|iec **I** *m pers.* (pracownik) salesman; (specjalista) sales specialist

II *m inanim.* (statek handlowy) merchant ship

handlowo *adv. [atrakcyjny, skuteczny]* commercially; **podejść do czegoś ~** to treat sth as a business deal; **firma ~ dobrze zorganizowana** a company with good sales organization

handlow|y *adi. [umowa, stosunki, transakcje, operacje]* commercial, trade *attr.*; **wymiana ~a** trade exchange; **kontakty** a. **stosunki ~e z Rosją/Francją** trade rela-

tions with Russia/France; **przedstawiciel**
~y a sales representative; **dział ~y** a sales
department; **attaché ~y** a commercial
attaché; **statek ~y** a merchant ship;
szkoła ~a a business college a. school;
kursy ~e business courses; **placówka ~a**
a retail outlet; **dzielnica ~a** a commercial
a. shopping district; **centrum ~e** a shopping centre a. mall; **oferta ~a** a trade offer
handlów|ka *f* pot. business college
handrycz|yć się *impf v refl.* pot. to bicker;
~yć się z kimś o coś to bicker with sb
about a. over sth; **musiała się z nim ~yć,**
żeby mył zęby she had to keep on at him
a. keep nagging him to get him to clean his
teeth
hanga|r *m* (*G* **~ru**) (dla samolotów) hangar;
(dla łodzi) boathouse; (na towary) cargo shed
haniebnie *adv. grad.* [1] książk. (nikczemnie)
[oszukać, zdradzić] disgracefully [2] pot. (bardzo
źle) shamefully; **~ zły stan oświaty** the
shamefully bad state of education
haniebnoś|ć *f sgt* książk. disgracefulness;
ignominy książk.; **~ć tej propozycji** the
disgracefulness of the proposal; **~ć czynu**
the ignominy of the deed
haniebn|y *adi. grad.* [1] książk. (nikczemny)
[czyn, myśl, zbrodnia] disgraceful; *[zdrajca]*
shameful [2] pot. (bardzo zły) shameful
hantl|e *plt* (*Gpl* **~i**) dumb-bells; **ćwiczyć z**
~ami to work out with dumb-bells
hańb|a [] *f sgt* książk. (wstyd) dishonour GB
książk., dishonor US książk.; disgrace; **przy-**
nieść ~ę rodzinie to bring dishonour on
a. to the family; **okryć ~ą rodzinę** to cover
the family with shame książk.; **zmazać** a.
zmyć ~ę ze swojego nazwiska to clear
one's name of shame; **to dla niej**
prawdziwa ~a she thinks it's an absolute
disgrace; **to ~a, że nauczyciele zara-**
biają tak mało! it's a disgrace that
teachers should earn so little!
[] *inter.* **~a zdrajcom!** shame on the
traitors!; **wstyd i ~a!** shame!, shame!
hańb|ić *impf* książk. [] *vt* to disgrace
[nazwisko, dobre imię]; to dishonour
GB książk., to dishonor US książk. *[nazwisko,*
dobre imię]; **~ić swoją rodzinę** to dishonour one's family; **~iąca propozycja** a
disgraceful a. shameful proposal ⇒ **zhań-**
bić
[] **hańbić się** to disgrace oneself; **on**
nigdy nie ~ił się pracą iron. he's never
dirtied his hands with work ⇒ **zhańbić**
się
happening /'xepeɲiŋg/ *m* (*G* **~u**) Teatr
happening; **zorganizować ~** to organize a
happening
happeningow|y /ˌxepeɲiŋ'govɨ/ *adi.* Teatr
happening *attr.*
happy en|d /ˌxepi'end/ *m* (*G* **happy**
endu) happy ending; **kończyć się happy**
endem to have a happy ending; **film z**
happy endem a film with a happy ending
haracz *m* (*G* **~u**) [1] Hist. (podatek) tribute
(*imposed on a defeated country*); **sułtan**
nałożył na kraj wysoki ~ the Sultan
imposed a heavy tribute on the country
[2] (ściągany przez mafię) protection money *U*;
(okup) ransom; **ściągać ~ od kogoś** to
extort protection money from a. out of sb
[3] (wygórowana opłata) exorbitant charge;

płacić komuś ~ to pay exorbitant sums
to sb
harakiri *n inv.* hara-kiri; **popełnić ~** to
commit hara-kiri
haratać *impf* → **haratnąć**
harat|nąć *pf* — **harat|ać** *impf* (**~nęła,**
~ęli — **~am**) pot. [] *vt* to slash, to gash;
~nął go nożem he slashed him with a
knife; **~ała sobie stopy o ostre kamie-**
nie she gashed her feet on the sharp stones;
pociski ~ały mur bullets cut a. ripped
into the wall
[] **haratnąć się** — **haratać się** (samego
siebie) to slash oneself; (nawzajem) to slash (at)
each other; **podczas bójki chuligani ~ali**
się nożami during the brawl the hooligans
slashed at each other with knives
harc [] *m* (*G* **~u**) zw. *pl* Hist. single combat
(*before a battle*); **wyjść na ~** a. **~e** to come
out for single combat
[] **harce** *plt* (dokazywanie) frolics; **wyprawiać**
a. **urządzać ~e** *[dzieci, zwierzęta]* to caper a.
frolic about
harcer|ka *f* (girl) guide, (girl) scout (*in*
Poland); **obóz/drużyna ~ek** a girl guide
camp/troop
harcers|ki *adi. [działacz, mundur]* scout/
guide *attr.*; **zbiórka ~ka** a scout meeting;
krzyż ~ki the scout's/guide's cross (*emblem*
worn by Polish scouts and guides); **obóz ~ki** a
scout camp
harcerstw|o *n sgt* scouting/guiding (*in*
Poland); **być w ~ie** to be in the scouts/
guides; **wstąpić do ~a** to join the scouts/
guides
harcerz *m* (*Gpl* **~y**) (boy) scout (*in Poland*)
harcmistrz *m*, **~yni** *f* (*Npl* **~e** a. **~owie,**
~ynie) *highest scout instructor rank in Poland*
harc|ować *impf vi [dzieci, zwierzęta]* to
caper a. to frolic (about); **dzieci**
~owały na podwórku the children were
capering about a. around in the yard
har|do *adv. grad.* [1] (wyniośle) *[odpowiedzieć]*
proudly, haughtily; **~do podniosła głowę**
she raised her head proudly a. haughtily
[2] (zuchwale) *[odpowiadać, stawiać się]* impertinently
hardoś|ć *f sgt* (wyniosłość) pride; (zuchwałość)
impertinence
hard rock /'xardrok/ *m* (*A* **hard rock** a.
hard rocka) Muz. hard rock; **słuchać/grać**
hard rocka to listen to/play hard rock
hardrockow|y /ˌxardro'kovɨ/ *adi.* Muz.
[muzyk, zespół] hard rock *attr.*
hardwa|re /'xardwer/ *m* (*G* **~re'u**) Komput.
hardware
hardwarow|y /ˌxardwe'rovɨ/ *adi.* Komput.
hardware *attr.*
har|dy *adi.* [1] (dumny) proud, haughty
[2] (zuchwały) impertinent [3] Myślis. *[kuropat-*
wa] shy
hardzi|eć *impf* (**~eję, ~ał, ~eli**) *vi* to
become proud ⇒ **zhardzieć**
harem *m* (*G* **~u**) harem; **żyć w ~ie** to live
in a harem; **mieć liczny ~** to have a large
harem; **miał cały ~ kochanek** przen. he
had a (whole) harem of lovers
haremow|y *adi. [niewolnica, intryga]*
harem *attr.*
harf|a *f* Muz. harp; **struny ~y** harp strings;
grać na ~ie to play the harp

❏ **~a eolska** Mitol., Muz. aeolian harp; **~a**
pedałowa Muz. pedal harp
harfi|sta *m*, **~stka** *f* Muz. harpist
harfow|y *adi. [wirtuoz, technika]* harp *attr.*
harmid|er *m* (*G* **~ru** a. **~eru,** *L* **~rze** a.
~erze) *sgt* hullabaloo; **narobić ~eru** to
make a hullabaloo; **psy podniosły strasz-**
ny ~er the dogs made an awful racket
harmoni|a /xar'moɲja/ *f* (*GD* **~i**) [1] *sgt*
(ład) harmony; **~a barw/kształtów** a harmony of colours/forms; **~a panująca we**
wszechświecie the ordered harmony of
the universe; **~a w małżeństwie** harmony
in marriage; **żyć w ~i z czymś** to live in
harmony with sth; **~a między ludźmi** (a)
harmony between people [2] (*Gpl* **~i**) Muz.
(instrument) concertina [3] *sgt* Muz. (budowa
akordów) harmony; (dział teorii muzyki) harmon-
ics [4] *sgt* pot. (paczka banknotów) **~a pieniędzy**
a wad of banknotes; przen. a pile a. stack of
money pot., przen.
❏ **~a sfer** harmony of the spheres; **~a**
wokaliczna Jęz. vocalic harmony
harmoniczn|y *adi.* [1] Fiz. *[ruch, drganie,*
fala] harmonic [2] Muz. *[ton]* harmonic
harmonij|ka *f* Muz. **~ka (ustna)** harmon-
ica; **grać na ~ce** to play the harmonica
■ **złożony w ~kę** *[kartka papieru]* concertinaed; **zwinięty** a. **zmarszczony w**
~kę *[nogawka, rajstopy]* concertinaed
harmonijkow|y *adi.* Muz. *[melodia]* har-
monica *attr.*
❏ **drzwi ~e** concertina doors
harmonijnie *adv. grad. [zbudowany, do-*
brany] harmoniously; **współżyć ~** to live
harmoniously together
harmonijnoś|ć *f sgt* harmoniousness
harmonijn|y *adi. [prostota, kompozycja,*
dźwięki, ruchy, współpraca] harmonious;
łączyć się w ~ą całość combine into a
harmonious whole
harmonizacj|a *f sgt* [1] książk. harmoniza-
tion; **~a kolorystyczna** a. **kolorów** colour
harmonization [2] Muz. harmonization
harmoniz|ować *impf* książk. [] *vt*
[1] (zestrajać) to harmonize *[kolory]*; **~ować**
treść i formę to harmonize the form and
the content ⇒ **zharmonizować** [2] Muz. to
harmonize *[melodię]*
[] *vi* to harmonize (**z czymś** with sth);
niebieski sweter ~ował z kolorem jej
oczu the blue sweater matched her eyes
harmonogram *m* (*G* **~u**) schedule; **~**
robót budowlanych a building schedule;
ustalić a. **opracować ~** to draw up a.
make out a schedule; **według ~u** according to the schedule
harmosz|ka *f* pot., żart. concertina
harna|ś *m* (*Gpl* **~siów** a. **~si**) *a legendary*
leader of robbers in the Tatra mountains
har|ować *impf vi* pot. to slog away pot.;
~ował, żeby utrzymać rodzinę he
slogged away to support his family
harów|ka *f* (**~a** augm.) pot. slog pot.
harpagon *m* (*Npl* **~i** a. **~y**) książk.,
pejor. ≈ Scrooge
harpi|a *f* (*GDGpl* **~i**) [1] Mitol. harpy [2] przen.
(okrutna kobieta) harpy [3] Zool. harpy eagle
harpun *m* (ręczny) harpoon; (mechaniczny)
harpoon gun; **rzucać ~em** to throw a
harpoon; **upolować wieloryba przy uży-**
ciu ~a to harpoon a whale

H

har|t m sgt (G **~tu**) książk. (wytrzymałość) (psychiczna) fortitude; (fizyczna) stamina; **wykazać się ~tem (ducha)** to display fortitude; **znosić coś z wielkim ~tem (ducha)** to endure sth with great fortitude

hart|ować impf **I** vt **1** Techn. to temper, to harden [żelazo, stal, szkło]; **~ować siekierę wodą** a. **w wodzie** to temper an axe (by alternately heating it and immersing it in water) ⇒ **zahartować** **2** (uodparniać) to toughen up [dziecko, organizm]; to harden off [rośliny]; **~owała go kąpielami w chłodnej wodzie** she was building up his resistance by giving him lukewarm baths ⇒ **zahartować** **3** przen. (wzmacniać psychicznie) to toughen up, to strengthen [osobę, wolę, charakter]; **wierzył, że surowa dyscyplina ~uje młodych** he believed that strict discipline toughens youngsters up ⇒ **zahartować**

II **hartować się** **1** Techn. [stal, szkło] to harden ⇒ **zahartować się** **2** (siebie samego) to build up one's resistance, to toughen oneself up; (sam z siebie) [dziecko, organizm] to get strong(er), to toughen up; **~ować się, śpiąc zimą przy otwartym oknie** to build up one's resistance by sleeping with the window open all winter ⇒ **zahartować się**

hartowan|y II pp → **hartować**
II adi. Techn. [stal, żelazo, szkło] tempered

hasa|ć impf vi **1** [pies, zając, wiewiórka] to frolic, to gambol; [dziecko, pies] to cavort (around), to romp (around); **~ć na trawie/po łące** to cavort (around) on the lawn/the meadow **2** (tańczyć) to dance energetically; to dance up a storm US pot.; **~ć na weselu** to dance wildly at a wedding party

haseł|ko n dem. **1** pejor. slogan; **~ka bez pokrycia** empty slogans; **głoszenie ~ek** using slogans; sloganeering US pejor. **2** (w słowniku, encyklopedii) (tytuł) headword; (tekst) entry

ha|sło n **1** (idea) (patriotyczne, przewodnie) watchword, motto; (chwytliwe, modne, zwięzłe) catchword; buzzword pot.; (reklamowe, partyjne, wyborcze) catchphrase, slogan; **ostrożność to jej/ich hasło** caution is her/their watchword; **hasła na transparentach** slogans on banners; **hasła wywoławcze kampanii/akcji protestacyjnej** campaign/protest slogans; **działać/walczyć/zjednoczyć się pod hasłem walki o wolność** to act/fight/unite in the name of a. under the banner of freedom; **głosić/wysuwać hasła tolerancji religijnej** to propagate/advance the idea of religious tolerance **2** (wezwanie do działania) battle cry przen., rallying cry a. call; (sygnał) signal; **hasło do rozpoczęcia bitwy** the signal to attack; **dać hasło do przerwania pracy** to give the word to walk out; **dawać hasło do działania** to give the go-ahead; **swym artykułem dała feministkom hasło do walki** her article was a rallying cry a. call to arms for feminists **3** Komput., Wojsk. (rozpoznawcze) password; **podać/zmienić hasło** to give/change the password; **zapomnieć hasło** a. **hasła** to forget the a. one's password; **plik zabezpieczony hasłem** a password-protected file **4** (w encyklopedii, słowniku) (artykuł, tekst) entry; (tytuł) headword

5 Gry (w krzyżówce) (crossword) answer; (zakodowane) (hidden) message

hasłow|y adi. **1** (w słowniku, encyklopedii) **układ ~y** an encyclopedia-style format a. layout; **artykuł ~y** an entry; **wyraz ~y** a headword, an entry word **2** książk. [stwierdzenie, informacja] concise, succint

haszysz m sgt (G **~u**) hashish

hatchback /'xetʃbek/ m (G **~u**) Aut. **1** (rodzaj nadwozia) hatchback **2** (samochód) hatchback; **jeździć ~iem** to drive a hatchback

hau inter. bow-wow, woof

haubic|a f Wojsk. howitzer

hau|st m (G **~stu**) gulp, swig; **opróżnić kieliszek jednym ~stem** to empty a glass in one gulp a. at a gulp; **zaczerpnąć ~st powietrza** to gulp a lungful of air

hazar|d m sgt (G **~du**) **1** Gry gambling; **uprawiać ~d** to gamble; **mieć namiętność** a. **pociąg do ~du** to be an inveterate gambler **2** (ryzyko) risk, gamble; **mieć żyłkę ~du** to have a daredevil streak

hazardowo adv. **grać ~ w karty** to gamble at cards; **grać ~ na wyścigach konnych/na giełdzie** to gamble on the horses/the (stock) market

hazardow|y adi. **1** Gry [gra, system] gambling; **~y gracz** a gambler **2** (niebezpieczny) [zabawa, przedsięwzięcie, spekulacje] risky

hazardzi|sta m, **~stka** f **1** Gry gambler **2** (ryzykant) gambler, daredevil

he inter. **1** (wyrażające różne emocje) hey!, ho!; **he, he! doskonała robota** hey, nice piece of work! **2** (śmiech) ha-ha!, he-he! **3** (pytające) eh? GB pot.; (h)uh?

heavy-metal /ˌxevi'metal/ m sgt (G **heavy-metalu**) Muz. heavy metal; **słuchać heavy-metalu** to listen to heavy metal (music)

heavymetalow|y /ˌxevimeta'lovɨ/ adi. Muz. heavy metal attr.

heban m (G **~u**) **1** Bot. ebony **2** sgt (drewno) ebony; **meble z ~u** ebony furniture

hebanow|y adi. [las, skrzynia, włosy] ebony attr.

heb|el m Techn. plane

hebl|ować impf vt to plane; **~ować deski na drzwi** to plane planks for a door ⇒ **oheblować**

heblowan|y II pp → **heblować**
II adi. [deska] planed

hebrai|sta m, **~stka** f Hebraist

hebraistyczn|y adi. [pisma, literatura] Hebrew, Hebraic

hebraisty|ka f sgt Hebrew a. Hebraic studies

hebraizm m (G **~u**) Jęz. Hebraism

Hebrajczy|k m Hebrew

hebrajs|ki II adi. [język, plemiona] Hebrew **II** m sgt (język) Hebrew; **mówić po ~ku** to speak Hebrew

hec|a f **1** pot. (zabawne zdarzenie) lark GB pot., fun U; **wyprawiać ~e** to lark about; **robić coś dla ~y** to do sth for a lark a. for laughs; **ale ~!** a. **a to (ci) ~a!** what a lark! **2** żart. (awantura) row

hedoni|sta m, **~stka** f hedonist

hedonistycznie adv. hedonistically

hedonistyczn|y adi. hedonistic

hedonizm m sgt (G **~u**) hedonism

hegemon m książk. hegemonic leader

hegemoni|a /ˌxege'moɲja/ f sgt (GD **~i**) hegemony

hegemoni|czny, ~styczny adi. hegemonic

heinemedin|a /ˌxajneme'dina/ f sgt pot. (polio) polio

hej inter. **1** (powitanie) hi! pot., hey! pot.; (pożegnanie) see you! pot. **2** (zwrócenie uwagi) hey! pot.; hoy!; oi! GB pot.; **~! ~! jest tam kto?** hello! a. yoo-hoo! przest., pot. is anybody there? **3** (przy wysiłku fizycznym) (yo-)heave-ho! przest.; **~hop!** (podnosząc dziecko) up we go!, upsy-daisy!

hejna|ł m (G **~łu**) bugle call; **odegrać ~ł** to sound a bugle call

❏ **~ł mariacki** a. **krakowski** a. **z wieży mariackiej** a bugle call sounded daily from the tower of St Mary's Church in Cracow

hejże inter. książk. hoy!; hey! pot.; I say! przest., książk.; **~, co tam robisz?** hey, what are you doing there?

hekatomb|a f **1** książk. hecatomb przen. **2** Antycz. hecatomb spec.

hekta|r II m **1** Miary hectare **2** (powierzchnia) hectare of land; **plony z ~ra** the crop yield per hectare
II **hektary** plt pot. acreage U

hektarow|y adi. [ogród, gospodarstwo] one-hectare; **~y gospodarz** a small farmer

hektolit|r II m Miary hectolitre GB, hectoliter US
II **hektolitry** plt pot. gallons pot., oceans pot.; **~ry łez/potu** gallons a. oceans of tears/sweat; **wypił ~ry piwa** he drank gallons of beer

hektolitrow|y II adi. one-hectolitre attr. GB, one-hectoliter attr. US
II **-hektolitrowy** w wyrazach złożonych -hectolitre GB, -hectoliter US; **dwuhektolitrowy zbiornik** a two-hectolitre container

hektopaskal m Miary hectopascal

hel m sgt (G **~u**) Chem. helium

helikopte|r m helicopter; **~r jednowirnikowy/dwuwirnikowy** a single-rotor/twin-rotor helicopter

helikopterow|y adi. [śmigło, pilot] helicopter attr.

heliocentryczn|y adi. Astron. heliocentric; **system ~y** the heliocentric model; **teoria ~a** the heliocentric theory

heliocentryzm m sgt (G **~u**) Astron. heliocentrism

hellenistyczn|y adi. [epoka, sztuka] Hellenist; **studia ~e** Hellenistic studies

helleńs|ki adi. [kultura, wpływy] Hellenic

hełm m (G **~u**) **1** (bojowy, górniczy, rycerski) helmet; (motocyklowy) (crash) helmet; (strażacki) (fire) helmet **2** Archit. cupola, dome; **cebulaste ~y cerkwi** onion domes on a Russian Orthodox church

hełmofon m (G **~u**) headset

hematolo|g m (Npl **~dzy** a. **~gowie**) haematologist GB, hematologist US

hematologi|a f sgt (GD **~i**) Med. haematology GB, hematology US

hematologiczn|y adi. Med. [badania, zmiany] haematologic(al) GB, hematologic(al) US; [kongres, towarzystwa] haematological GB, hematological US

hemofili|a f sgt (GD **~i**) Med. haemophilia GB, hemophilia US; **mieć ~ę** a. **być chorym na ~ę** to be a haemophiliac

hemofili|k *m* Med. haemophiliac GB, hemo-philiac US

hemoglobin|a *f sgt* Biol. haemoglobin GB, hemoglobin US

hemoroid|y *plt* (*G* ~ów) Med. haemor-rhoids GB, hemorrhoids US, piles

hen *adv.* far; ~ **daleko** far away; ~ **wysoko** way up high; ~ **za lasem** far beyond the woods; ~ **za Warszawą** far (away) from Warsaw; ~ **głos/dźwięk docho-dzący** ~ **z dala** a voice/sound from far away

henn|a *f sgt* [1] Chem., Kosmet. (do włosów) henna [2] Kosmet. (do brwi i rzęs) eyebrow and eyelash dye [3] Kosmet. (zabieg) dyeing of eyebrows and eyelashes; **robić sobie ~ę u kosmetyczki** to have one's eyelashes and eyebrows dyed [4] Bot. henna

heraldyczn|y *adi.* Herald. heraldic

heraldy|k *m* Herald. heraldist

heraldy|ka *f sgt* Herald. heraldry

herb *m* (*G* ~u) [1] (godło państwa, miasta) coat of arms, emblem; **w ~ie Warszawy jest Syrena** the Warsaw coat of arms is charged with a mermaid, there is a mermaid on Warsaw's coat of arms [2] (znak rodowy) coat of arms, family crest; **pierścień/sygnet z ~em** a ring/signet ring with the family crest; **mają lwa/różę w ~ie** their coat of arms is charged with a lion/rose, they have a lion/rose on their coat of arms; **pieczę-tować się ~em Nałęcz** to bear the Nałęcz coat of arms; **był ~u Leliwa/Topór** he was one of the armigerous a. arms-bearing Leliwas/Topórs, he belonged to the noble clan of Leliwa/Topór

herbacian|y *adi.* [esencja, liście] tea *attr.*; **krzew ~y** a tea plant; **kolor ~y** a pale yellow colour

herbaciar|nia *f* (*Gpl* ~ni a. ~ń) tea room a. shop

herbari|um *n* (*Gpl* ~ów) [1] (zielnik) herbarium, hortus siccus *spec.* [2] (książka) herbal

herbarz¹ *m* Herald. armorial

herbarz² *m* przest. (zielnik) herbarium; (książ-ka) herbal

herba|ta *f* [1] (napój, napar) tea *C/U*; **szklanka/filiżanka/kubek ~ty** a glass/cup/mug of tea; **~ta z mlekiem/cytryną** tea with milk/lemon; **~ta z rumem** tea laced with rum; **robić ~tę** to make a. brew tea; **ziołowe/owocowe ~ty** herbal/fruit teas; **napijesz się kawy czy ~ty?** would you like coffee or tea?; **wypił szybko dwie ~ty** he gulped down two cups of tea [2] *sgt* Bot. tea, tea plant; **krzewy ~ty** tea plants [3] *sgt* (liście, pączki) tea; **~ta czarna/zielona** black/green tea; **~ta liściasta/granulowa-na** leaf/granulated tea; **paczka ~ty** a packet of tea; **parzyć ~tę** to make a. brew tea [4] (wizyta) tea; (przyjęcie) tea party; **proszona ~ta** a tea party; **wpadnij do nas na ~tę** come round for a cup of tea; **zaproszono nas na ~tę** we've been invited for tea

❑ **~ta ekspresowa** tea bags, tea in tea bags; **~ta mrożona** iced tea

■ **po ~cie** pot. it's too late

herbat|ka *f dem.* [1] (napój) tea; **napić się ~ki ziołowej** to have a cup of herbal tea [2] (przyjęcie) (afternoon) tea *U*, tea party;

poznać kogoś na ~ce to meet sb at an afternoon tea

herbatni|k *m* (~czek *dem.*) (*A* ~k a. ~ka, ~czek a. ~czka) Kulin. biscuit GB, cookie US

herbicy|d *m* (*G* ~du) Roln. herbicide

herbow|y *adi.* [1] Herald. [znaki] heraldic, armorial; **tarcza ~a** a shield a. escutcheon; **sygnet ~y/pieczęć** ~a a signet ring seal with a coat of arms [2] [szlachcic, szlachta] armigerous rzad.; entitled to (use) a coat of arms

herc *m* Fiz., Miary hertz

heretyc|ki *adi.* [1] Relig. heretical [2] przen. heretical przen.; unorthodox

herety|k *m*, ~**czka** *f* Relig. heretic także przen.

herezj|a *f* (*Gpl* ~i) Relig. heresy *C/U* także przen.; **potępić coś jako ~ę** to denounce sth as (a) heresy; **uznać coś za ~ę** to regard sth as heresy; **co za ~e wygadu-jesz!** pot. what heresy! żart.

herezjar|cha *m* (*Npl* ~chowie) książk. heresiarch książk.

hermafrody|ta *m* Biol., Med. hermaphro-dite; androgyne *spec.*

hermafrodytyzm *m sgt* (*G* ~u) Biol., Med. hermaphroditism

hermetycznie *adv.* [1] [zamknięty, uszczel-niony] hermetically [2] przen. [niedostępny, elitarny] hermetically przen.

hermetyczno|ść *f sgt* [1] (zamknięcia, uszczel-nienia) hermeticity; (przewodów paliwowych, insta-lacji wodnej) leak tightness [2] przen. (grupy, systemu) insularity; (języka, pojęć) esotericism

hermetyczn|y *adi.* [1] [zamknięcie, naczy-nie, drzwi] hermetic; [pomieszczenie, pojem-nik] hermetically sealed [2] przen. [grupa] hermetic przen.; insular; [utwór, język] eso-teric

hermetyzm *m sgt* (*G* ~u) [1] Filoz. esoteri-cism, hermeticism [2] książk. (dzieła, języka) hermeticism, esotericism; (grupy) hermeti-cism, insularity

herod-bab|a *f* pot. [1] (despotyczna) battleaxe pot., (fire-breathing) dragon pot. [2] (silna) strongwoman, Amazon

heroicznie *adv.* książk. heroically

heroiczno|ść *f sgt* książk. heroism

heroiczn|y *adi.* książk. [czyn, wysiłek, śmierć, walka] heroic

heroin|a¹ *f sgt* Farm. heroin; **przemycać ~ę** to smuggle heroin; **handlować ~ą** to deal (in) heroin, to traffic in heroin

heroin|a² *f* [1] (aktorka) lead(ing) actress, leading lady przest. [2] książk. (powieści, filmu, dramatu) heroine [3] przest. (bohaterska) heroine

heroinow|y *adi.* [uzależnienie] heroin *attr.*; **szlak ~y** a heroin pipeline przen.

heroizacj|a *f sgt* książk. (osoby) heroization książk.; (niesłuszna) aggrandizement, glorifica-tion

heroizm *m sgt* (*G* ~u) książk. heroism

heroiz|ować *impf vt* książk. to heroize książk. [osobę, rolę]; to aggrandize [rolę]; to glorify [osobę]; ~**ować czyn** to regard an act as heroic; (niesłusznie) to aggrandize a. glorify an act

herol|d *m* (*Npl* ~dowie a. ~dzi) [1] Hist. (poseł) town crier, bellman [2] Herald. (znawca) heraldist [3] przen. (zwiastun) herald, harbinger

heros *m* (*Npl* ~i a. ~y) [1] Mitol. demigod, hero [2] książk., przen. hero; ~ **narodowy** a national hero

hersz|t *m* (*Npl* ~ci a. ~ty) pot. boss, (ring)leader; ~**t bandy/gangu** the leader of the gang

het *adv.* przest. [1] (daleko) far (away); ~ **za rzeką** far beyond the river [2] (dawno temu) long ago; ~, ~, **przed wojną** long (long) ago, (back) before the war

hete|ra *f* [1] Antycz. hetaera [2] pot., pejor. harpy pot., pejor.

heterogenicznie *adv.* książk. heteroge-neously

heterogeniczno|ść *f sgt* książk. heterogen-eity, heterogeneousness

heterogeniczn|y *adi.* książk. heteroge-neous

heteroseksuali|sta *m* heterosexual

heteroseksualizm *m sgt* (*G* ~u) hetero-sexuality

heteroseksualn|y *adi.* [związki, stosunki, partnerzy] heterosexual

het|ka-pętel|ka *f* przest., książk. pipsqueak, lightweight

■ **uważać kogoś za hetkę-pętelkę** to look down on sb, to look down one's nose at sb

hetman Ⅰ *m* pers. Hist., Wojsk. hetman; **wielki ~ koronny** the great a. grand Crown hetman, the commander-in-chief; ~ **polny (koronny)** a (Crown) field het-man, a deputy hetman; ~ **sahajdaczny** an ataman

Ⅱ *m inanim.* (*A* ~a) Gry (w szachach) queen

hetmańs|ki *adi.* [1] Hist., Wojsk. hetman's [2] Gry (w szachach) queen's

hę *inter.* pot. eh? GB pot.; (h)uh?; **gdzie się cały dzień podziewałeś, hę?** and where have you been all day (long), eh?

hi *inter.* hi, hi! hee-hee!, tee-hee!

hiacyn|t *m* [1] (*G* ~ta a. ~tu) Bot. hyacinth [2] (*G* ~tu) Miner. jacinth *U*, hyacinth *U*

hiacyntow|y *adi.* [cebulka, zapach] hya-cinth *attr.*, hyacinthine

hibernacj|a *f sgt* [1] Biol. hibernation [2] Med. induced hypothermia; **znajdować się w stanie ~i** to be hibernating

hibernacyjn|y *adi.* Biol., Med. hibernation *attr.*

hic et nunc /ˌxiketˈnuŋk/ książk. [dziać się] here and now; [działanie, stan] immediate

hien|a *f* [1] Zool. hy(a)ena [2] przen., pejor. (o osobie) vulture przen., pejor.

■ ~**a cmentarna** pejor. ghoul pejor.; grave robber

hieni *adi.* [śmiech] hyena's; przen. hyena-like

hierar|cha *m* (*Npl* ~chowie) Relig. hier-arch spec.

hierarchi|a *f* (*GDGpl* ~i) [1] (skala) hier-archy; ~**a wartości/ważności/potrzeb** a hierarchy of values/importance/needs; **stać najwyżej w ~i** to be highest in the hierarchy [2] (kościelna, dworska) hierarchy

hierarchicznie *adv.* [uporządkowany, za-leżny] hierarchically

hierarchiczno|ść *f sgt* hierarchization; ~**ć stosunków społecznych** social hier-archization

hierarchiczn|y *adi.* [struktura, zależności] hierarchic(al)

hierarchiz|ować *impf vt* książk. to hierarchize książk.; to arrange in a hierarchy *[wydarzenia, zagadnienia]* ⇒ **uhierarchizować**

hieratycznie *adv.* książk. hieratically książk.

hieratyczność *f sgt* książk. hieratic character książk.

hieratyczn|y *adi.* książk. [1] *[powaga, godność]* hieratic książk. [2] *[pismo, tekst]* hieratic książk.

hieroglif [I] *m* (*G* ~**u**) [1] Antrop., Archeol., Jęz. (ideogram) glyph; (egipski) hieroglyph; (Majów, Azteków) ideogram, (hiero)glyph; (chiński) character, ideogram; **symbol przypomina egipski** ~ the symbol resembles an Egyptian hieroglyph; **chiński** ~**, który znaczy „zapach"** the Chinese character for 'fragrance'; ~**y** (pismo ideogramowe) hieroglyphics, ideographic writing *U* [2] Geol. (organiczny) trace fossil; (lodowcowy) stria(tion); (prądowy) (current) ripple mark; ~**y uderzeniowe** marks a. traces of impact (events) **[II] hieroglify** *plt* żart. (nieczytelne pismo) hieroglyphics żart.; **od godziny próbuję odczytać twoje** ~**y** I've been trying to decipher your hieroglyphics for an hour now

hieroglificzn|y *adi.* [*znak, pismo*] hieroglyphic, glyph *attr.*

hi-fi /xaj'fi/ **[I]** *adi. inv.* Elektron. hi-fi *attr.*, high-fidelity *attr.*

[II] *n inv.* Elektron. hi-fi

high life /'xajlajf/ *m sgt* (*G* **high life'u**) książk. high society, elite

higien|a *f sgt* [1] Med. hygiene; ~**a żywienia** eating a balanced diet [2] (czystość) hygiene; ~**a osobista** personal hygiene; ~**a jamy ustnej** dental hygiene; **środki** ~**y intymnej** feminine hygiene products

higienicznie *adv.* hygienically

higieniczn|y *adi.* hygienic, sanitary; **chusteczka** ~**a** a tissue, a Kleenex®; **papier** ~**y** toilet paper; **warunki** ~**e** sanitation; **prowadzić** ~**y tryb życia** to have a healthy lifestyle

higieni|sta *m* [1] (specjalista) public health expert, hygienist [2] pot. (mężczyzna dbający o czystość) a hygiene a. clean freak pot.; (a) Mr Clean pot., żart.

higienist|ka *f* [1] (specjalistka) public health expert, hygienist [2] pot. (kobieta dbająca o czystość) a hygiene a. clean freak pot. [3] (szkolna pielęgniarka) school nurse

higroskopijność *f sgt* hygroscopicity

higroskopijn|y *adi.* [*ciało, substancja*] hygroscopic; **wata** ~**a** absorbent cotton

himalai|sta *m*, ~**stka** *f* a Himalayan mountaineer

himalaizm *m sgt* (*G* ~**u**) Himalayan mountaineering

himalajs|ki *adi.* Himalayan

hindi *n inv. sgt* Jęz. Hindi

hindui|sta *m*, ~**stka** *f* [1] Relig. (wyznawca hinduizmu) Hindu [2] (filolog) specialist in Hindi a. Indian studies

hinduistyczn|y *adi.* [1] Relig. Hindu *attr.* [2] *[studia]* Hindi *attr.*, Indian

hinduisty|ka *f sgt* Hindi a. Indian studies *pl*

hinduizm *m sgt* (*G* ~**u**) Relig. Hinduism; **wyznawcy** ~**u** Hindus

Hindus *m*, ~**ka** *f* (mieszkaniec Indii) Indian

hindus *m*, ~**ka** *f* Relig. Hindu

hindus|ki *adi.* [1] (indyjski) Indian [2] Relig. Hindu *attr.*

hiobow|y *adi.* książk. woeful; ~**e wieści** woeful tidings książk.

hip *inter.* ~ ~ **hura!** hip hip hooray! a. hurrah!

hip|cio, ~**ek** *m* dem. hippo

hiper- w wyrazach złożonych hyper-; **hipertrofia** hypertrophy; **hiperkrytyczny** hypercritical

hiperbol|a *f* (*Gpl* ~ a. ~**i**) [1] Literat. hyperbole *U* [2] Mat. hyperbola; ~**a równoosiowa** an equilateral hyperbola

hiperbolicznie *adv.* Literat. hyperbolically

hiperboliczność *f sgt* Literat. hyperbolism

hiperboliczn|y *adi.* [1] Literat. hyperbolical [2] Mat. hyperbolic

hiperinflacj|a *f* Ekon. hyperinflation

hipermarke|t *m* (*G* ~**tu**) hypermarket GB, megastore

hiperpoprawność *f sgt* Jęz. hypercorrection

hiperpoprawn|y *adi.* [*wymowa*] hypercorrect

hipertek|st *m* (*G* ~**stu**) Komput. hypertext

hipertekstow|y *adi.* Komput. hypertext *attr.*

hipiczn|y *adi.* Jeźdz. horse riding *attr.*, equestrian

hipi|ka *f sgt* equestrianism

hipis *m*, ~**ka** *f* [1] Socjol. hippie a. hippy [2] przen. hippie a. hippy, freak

hipisows|ki *adi.* [*ruch, ideologia*] hippie a. hippy *attr.*

hipnotycznie *adv.* [1] Med. hypnotically [2] *[wpatrywać się]* hypnotically

hipnotyczn|y *adi.* [1] Med. hypnotic [2] *[wpływ, spojrzenie]* hypnotic, mesmerizing

hipnotyze|r *m*, ~**rka** *f* hypnotist

hipnotyzers|ki *adi.* hypnotist's

hipnotyz|ować *impf* **[I]** *vt* [1] Med. to hypnotize ⇒ **zahipnotyzować** [2] przen. (oczarowywać, zniewalać) to hypnotize przen., to mesmerize przen. ⇒ **zahipnotyzować**

[II] hipnotyzować się to hypnotize oneself ⇒ **zahipnotyzować się**

hipnoz|a *f sgt* Med. hypnosis; **wprowadzić kogoś w stan** ~**y** to put sb into a hypnotic trance; **leczenie** ~**ą** hypnotherapy

hipochondri|a *f sgt* (*GD* ~**i**) hypochondria

hipochondryczn|y *adi.* hypochondriacal

hipochondry|k *m*, ~**czka** *f* hypochondriac

hipokry|ta *m*, ~**tka** *f* hypocrite

hipokryzj|a *f sgt* hypocrisy, insincerity

hipopotam *m* Zool. hippopotamus

hipopotam|ek *m* dem. (baby) hippo

hipopotami *adi.* [*skóra*] hippopotamus *attr.*, hippopotamus's

hipotecznie *adv.* Fin., Prawo **pożyczka zabezpieczona** ~ a mortgage, a secured loan; **nieruchomości obciążone** ~ mortgaged property

hipoteczn|y *adi.* [1] Fin., Prawo **wierzyciel** ~**y** a mortgagee; **dług** ~**y** a mortgage, a secured loan; **kredyt** ~**y** mortgage credit, a mortgage [2] (związany z księgą hipoteczną) Land Registry *attr.*; **własność** ~**a** registered property

hipote|ka *f* [1] Fin., Prawo (zabezpieczenie) collateral *U*; **wziąć pożyczkę pod** ~**kę czegoś** to mortgage sth, to take out a mortgage on sth; **spłacić** ~**ę** pot. to pay off one's mortgage; **mieć czystą** ~**kę** *[nieruchomość]* to be unencumbered; przen., pot. *[osoba]* to have a good (track) record, to have a clean copybook; **mieć zaszarganą** ~**kę** przen., pot. to have a bad (track) record, to have blotted one's copybook; **wejść na** ~**kę** to foreclose on a mortgage, to repossess the collateral [2] Fin., Prawo (księga) central mortgage register; (wpis) the registration of a mortgage in the central mortgage register [3] (biuro) central mortgage registry office

hipoterapi|a *f sgt* (*GD* ~**i**) Med. hippotherapy spec.

hipotetycznie *adv.* hypothetically; **przyjmijmy** ~**, że...** let's assume hypothetically that...

hipotetyczność *f sgt* hypothetical nature; ~**ć twierdzeń** the hypothetical nature of the statements

hipotetyczn|y *adi.* hypothetical; ~**e twierdzenie** a hypothetical statement; ~**i sprawcy** the hypothetical perpetrators

hipotez|a *f* hypothesis; **postawić** ~**ę** to construct a. formulate a hypothesis; **wysunąć** ~**ę** to put forward a. propose a hypothesis

hippiczny → hipiczny

hippika → hipika

hippis → hipis

his *n inv.* Muz. B sharp

histeri|a *f* (*GD* ~**i**) [1] *sgt* Med. hysteria [2] (*Gpl* ~**i**) pejor. hysterics *pl*; **dostać** ~**i** to have hysterics; **to throw a wobbly** GB pot.

histerycznie *adv.* hysterically

histeryczn|y *adi.* hysterical

histery|k *m*, ~**czka** *f* hysteric

histeryz|ować *impf vi* [*osoba*] to be hysterical; to throw a wobbly GB pot.

histori|a *f* (*GD* ~**i**) [1] *sgt* (dzieje) history; ~**a Polski** the history of Poland; ~**a powszechna** world history; ~**a sztuki** art history, the history of art; ~**a filozofii/literatury** the history of philosophy/literature; ~**a ludzkości** the history of humanity a. humankind a. the human race; ~**a jej/jego życia** the story of his/her life; **fałszować** ~**ę** to falsify history a. the historical record; **wydarzenie, które zmieniło bieg** ~**i** an event that altered the course of history; **przejść** a. **wejść do** ~**i** to go down in history; **nasza przyjaźń należy** (już) **do** ~**i** you and I/he and I/she and I are history pot. [2] *sgt* (opracowanie) history *C*, account *C*; **dobrze udokumentowana** ~**a drugiej wojny światowej** a thoroughly researched history of World War II [3] (*Gpl* ~**i**) Szkol. (lekcja) history (class); **spóźnił się na** ~**ę** he was late for history a. for his history class [4] (*Gpl* ~**i**) pot. (opowiadanie) story; ~**e o duchach** ghost stories; ~**e miłosne** love stories; ~**a wyssana z palca** pot. (barwna) a tall tale a. story pot.; (kłamliwa) a cock-and-bull story pot.; **opowiedzieć zabawną** ~**ę** to tell a funny story; **opowiadać niestworzone** ~**e** (barwne) to spin yarns a. tall tales a. cock-and-bull stories pot. [5] (*Gpl* ~**i**) (zdarzenie) **(wiecznie/ciągle) ta sama** ~**a**

the same old story; **dziwna ~a** a strange a. funny thing; **ładna ~a!** pot. a fine kettle of fish pot.; **ale ~a!** pot. incredible! pot., unbelievable! pot.

❑ **~a choroby** Med case history; **~a naturalna** książk. natural history

■ **~a lubi się powtarzać** przysł. history repeats itself przysł.

historiograf m (Npl **~owie**) historiographer

historiografi|a f sgt (GD **~i**) historiography

historiograficzn|y adi. historiographic

historiozofi|a f sgt (GD **~i**) Filoz. philosophy of history C/U; historiosophy rzad.

historiozoficzn|y adi. Filoz. [koncepcje, rozważania, teza] historiosophic

historycz|ka f pot. history teacher

historycznie adv. historically; **być ~ udokumentowanym** [wydarzenia, procesy] to be a matter of historical record; **~ rzecz biorąc** a. **traktując** (looking at a. considering it) in historical terms

historycznoliterac|ki adi. [opracowanie] historico-literary

historyczność| f sgt [1] (autentyczność) historicity, historical nature; (znaczenie) historic nature [2] (czerpanie z przeszłości) historic nature; **~ć w malarstwie Matejki** historical motifs in Matejko's paintings

historyczn|y adi. [1] (odnoszący się do przeszłości) historical; **badania ~e** historical research; **malarstwo ~e** historical painting; **powieść ~a** a historical novel; **w filmie nie próbuje się pokazać prawdy ~ej** the film makes no attempt at historical veracity [2] (z przeszłości) [wydarzenia, epoka, budowle, pamiętniki, dokumenty] historic, historical; **fakty ~e** historical facts; **postać ~a** a historical figure; **meble ~e** period furniture [3] (odnoszący się do historii) history attr., historical; **świadomość ~a młodego pokolenia** the younger generation's knowledge of history; **szkolna olimpiada ~a** a school history competition [4] Nauk. historical; **geografia/gramatyka ~a** historical geography/grammar [5] książk. (ważny) historic, history-making; **było to ~e wydarzenie** it was a historic a. history-making event; **w tym ~ym momencie** at this historic moment

historyj|ka f dem. [1] (opowiadanie) story, tale; **~ka obrazkowa** a picture story, a story in pictures [2] (plotka) gossip U, story; **opowiadała o nim różne ~ki** she told me/us/them all kinds of gossip about him

history|k m [1] (uczony) historian [2] pot. (nauczyciel) history teacher

Hiszpan m Spaniard; **~ie** the Spanish (+ v pl); **być ~em** to be Spanish

Hiszpan|ka f Spaniard; **być ~ką** to be Spanish

hiszpan|ka f Med. Spanish influenza, Spanish flu

hiszpańs|ki II adi. Spanish; **~ka inkwizycja** Hist., Relig. the Spanish Inquisition; **~ka wojna domowa** Hist. the Spanish Civil War; **po ~ku** Spanish-style; **omlet po ~ku** a Spanish omelette; **mucha ~ka** Zool. Spanish fly

II m sgt (język) Spanish; **mówić po ~ku** to

speak Spanish; **uczyć się ~kiego** to learn Spanish

hi|t m (G **hitu**) (szlagier) hit; **ta piosenka okazała się hitem sezonu** the song turned out to be the hit of the season

hitlerow|iec m Hist. Nazi, Hitlerite; **~cy przystąpili do likwidacji getta** the Nazis began the liquidation of the ghetto

hitlerows|ki adi. [ideologia] Nazi, Hitlerian; [obóz zagłady, najeźdźcy] Nazi

hitleryzm m sgt (G **~u**) Hist. Nazism, Hitlerism

HIV /xiv/ m inv. Med. HIV; **jest zarażona (wirusem) ~** she's (tested) HIV-positive

hm inter. (wahanie) hm(m), h'm

ho inter. ho, ho! well, well!; wow! pot.; (oh) my! przest.

hobbi|sta m, **~stka** f hobbyist; **klub ~stów** a hobby club

hobbistycznie adv. as a hobby; **pisaniem zajmował się ~** writing was a hobby to him

hobbistyczn|y adi. [zainteresowania, kącik] hobby attr., amateur

hobby /'xɔbbi/ n inv. hobby; **filatelistyka to jego ~** his hobby is stamp collecting; **mieć jakieś ~** to have some kind of hobby/some hobbies

hobbysta → **hobbista**

hobbystka → **hobbistka**

hobbystycznie → **hobbistycznie**

hochsztaple|r m pejor. swindler pejor., impostor pejor.; **on jest ~rem, a nie naukowcem** he's a charlatan, not a scientist pejor.

hochsztapler|ka f pejor. [1] (oszustka) swindler pejor., impostor pejor. [2] sgt pot. (oszustwo) jiggery-pokery U GB pot.; swindle pot.; fraud C/U; **to, co robisz, to ~ka** what you're doing is fraud

hochsztaplers|ki adi. pejor. [pomysł, metody, sposoby] fraudulent pejor., bogus pejor.; **po ~ku sprytny/obrotny** wily, cunning

hochsztaplerstw|o n sgt pejor. fraud C/U pejor., sham C pejor.; **jego fachowość okazała się ~em** his qualifications turned out to be a sham

hock|i-klock|i plt (G **hocków-klocków**) pot. tomfoolery U, fun and games; **to poważna sprawa, a nie żadne hocki-klocki** this is no joke a. no laughing matter

hod|ować impf II vt [1] (rozmnażać) to breed, to raise [zwierzęta]; (uprawiać) to grow, to raise [rośliny]; **~ować bydło/kury** to breed a. raise cattle/chickens; **~ować psy/papugi/koty** to breed dogs/parrots/cats; **~ować własne arbuzy/zioła** to grow one's own watermelons/herbs; **pomidory ~owane w szklarniach** hothouse tomatoes; **~ować orchidee/hybrydy/bakterie** to cultivate orchids/hybrids/bacteria ⇒ **wyhodować** [2] (trzymać, wychowywać) to keep [zwierzęta]; (trzymać, pielęgnować) to have [rośliny]; **~ować psy/papugi/koty** to keep dogs/parrots/cats; **~ować pelargonie na balkonie** to have geraniums on one's balcony; **~ować nienawiść/złość/zazdrość** przen. to harbour a. nurture hatred/malice/jealousy

II hodować się [zwierzęta] to breed, to reproduce; **zdrowo się ~ować** to breed well; **króliki łatwo się ~ują** rabbits are

easy to breed; **fiołek afrykański trudno się ~uje** African violets are hard to cultivate a. require lots of care

hodowc|a m (zwierząt) breeder, farmer; (roślin) farmer, grower; **~a pszczół** a beekeeper; **~a gołębi** a pigeon fancier a. breeder; **~a ryb** a fish farmer

hodowl|a f (Gpl **~i**) [1] (zwierząt) (nauka, działalność) animal husbandry U, breeding U; (zakład) (breeding) farm; (psów) kennel; **~a ryb** (nauka, działalność) pisciculture spec.; fish farming; (zakład) breeding pond, fish farm; **~a jedwabników** (nauka, działalność) sericulture spec.; silkworm rearing a. raising; (zakład) a silkworm farm; **studiować ~ę** to study animal husbandry; **czerpać dodatkowe dochody z ~i kotów** to have some extra income from cat breeding; **dog z mojej ~i** a Great Dane from my kennel [2] (roślin) (nauka, działalność) plant breeding U, cultivation U; (rolna) crop husbandry U; (ogrodnicza) horticulture U; (zakład) farm, plantation; (sadzonek, drzew) nursery; **~a storczyków/nowych odmian róż** the cultivation of orchids/new varieties of roses ❑ **~a bakterii** Biol. bacterial a. bacteria culture; **~a czysta** Biol., Zool. pure breeding; axenic culture spec.; **~a tkanek** Biol. tissue culture

hodowlan|y adi. [zwierzęta, rasa] farm attr.; **ferma ~a drobiu** a poultry farm; **stawy ~e** fish breeding ponds

hojnie adv. grad. generously; **~ wspomagać potrzebujących** to be generous to the needy; **jest ~ obdarzony/obdarzona przez naturę** euf. he/she's well endowed euf.; **~ udzielać pochwał** to be generous with one's praise; **jeśli zrobisz to dobrze, ~ cię wynagrodzę** if you succeed, I shall reward you handsomely

hojność| f sgt generosity; **~ć sponsorów** the generosity of the sponsors

hojn|y adi. grad. [1] [osoba, dar, datek] generous; **ostatnio stała się dla nas ~iejsza** she's been more generous with us recently; **kelnerce dał ~y napiwek** he gave the waitress a generous tip; **wsparła biedaka ~ą jałmużną** she gave the poor guy a generous handout; **mieć ~ą rękę** to be open-handed a. free-handed; **dawać a. rozdawać coś ~ą ręką** to give generously

hokei|sta m Sport. hockey player

hokej II m sgt (A **~a**) Sport **~ na lodzie** ice hockey GB, (ice) hockey US; **~ na trawie** (field) hockey GB, field hockey US

II hokeje plt pot. (ice) hockey skates

hokejow|y adi. [kij, drużyna, mecz] hockey attr.

hokus-pokus II n inv. (sztuczki) (magic) tricks pl, hocus-pocus U; **robił różne hokus-pokus z kartami** he did various card tricks

II inter. (zaklęcie) hocus-pocus; **hokus-pokus, gdzie jest króliczek?!** hocus-pocus, and where's the rabbit?!

hol¹ m (G **~u**) (duży przedpokój) (entrance) hall; (poczekalnia) lounge (area); (reprezentacyjna sień) foyer, lobby; **~ hotelowy** a hotel lobby; **spotkać się w ~u kina** to meet in the cinema foyer; **w ~u opery znajdował się bufet** there was a snack bar in the opera house foyer

H

hol[2] *m* (*G* **~u**) ① (do ciągnięcia) tow(ing) rope, towline; **miękki ~** a tow rope; **sztywny ~** a tow bar; **wziąć na ~** to take in tow; **do warsztatu samochód dojechał na ~u** the car was towed to the garage; **dotrzeć na ~u do portu** to be towed into port ② (ciągnięcie sieci rybackiej) haul; **pierwszy ~ dał obfity połów** the first haul gave a good catch

hola *inter.* przest. hello (there)!; I say! przest., książk.; **~! tu nie wolno wprowadzać psów** hello (there)! a. I say! dogs are not allowed in here

holding *m* (*G* **~u**) Ekon. holding company; **międzynarodowy ~** an international company

holdingow|y *adi.* [spółka, firma] holding

Holend|er *m* Dutchman; **~rzy** the Dutch (+ *v pl*); **być ~rem** to be Dutch
■ **latający ~er** the Flying Dutchman; przen. drifter, rolling stone przen.; (klasa jachtu) Flying Dutchman (class)

holend|er [I] *m anim.* Zool. (byk) Holstein (bull), Friesian (bull) GB
[II] *m inanim.* (*A* **~ra**) ① Sport. rocker; **wykonać ~ra** to do a rocker ② pot. (wiatrak) smock a. Dutch (wind)mill ③ Techn. Hollander beater
[III] *inter.* pot. damn it pot.

Holender|ka *f* Dutchwoman; **być ~ką** to be Dutch

holender|ka *f* ① Zool. Holstein (cow), Friesian (cow) GB ② zw. pl (rodzaj łyżwy) rocker ③ Budow. pantile

holenders|ki [I] *adi.* Dutch; **sos ~ki** hollandaise (sauce)
[II] *m sgt* (język) Dutch; **mówić po ~ku** to speak Dutch; **uczyć się ~kiego** to learn Dutch

hollywoodz|ki /ˌxoli'wutski/ *adi.* ① [wytwórnia, aktor] Hollywood attr.; **była znaną ~ką gwiazdą** she was a famous Hollywood star ② przen. [film, pomysł, uroda] glitzy pot.; slick, Hollywood-style

holocau|st /'xɔ'lokawst/ *m sgt* (*G* **~stu**) ① (zagłada Żydów) the Holocaust; **pomnik ofiar ~stu** a monument commemorating the victims of the Holocaust; **dzieci ~stu** the hidden children (of the Holocaust) ② (ofiara całopalna) burnt offering

holografi|a *f sgt* (*GD* **~i**) Fiz. holography

holograficzn|y *adi.* Fiz. [technika, obraz] holographic; **~y film** holographic film

hologram *m* (*G* **~u**) Fiz. hologram; **~y zabezpieczające** security holograms

hologramow|y *adi.* Fiz. [błona, płyta, znaczek, ekran] hologram attr.; **efekt ~y** a hologram effect

hol|ować *impf vt* ① to tow [pojazd, statek]; **być ~owanym** to be towed; **samolot ~ujący szybowiec** an aircraft towing a glider ② pot. to have [sb] in tow pot. [osobę]

holownicz|y *adi.* tow attr., towing; **statek ~y** a tug(boat); **hak ~y** a tow hook; **lina ~a** a tow rope, a towline

holownik *m* Żegl. tugboat, tug
❑ **~ szybowców** Lotn. tug aircraft

hoł|d *m* (*G* **~du**) ① (wyraz czci, szacunku) homage *C/U*, tribute *C/U*; **zagrali koncert w ~dzie Milesowi Davisowi** their concert was a tribute to Miles Davis; **oddawać komuś ~d** to pay tribute a. homage to sb;

---

odebrać należne sobie ~dy to be paid well-deserved homage ② Hist. (lenny) homage *U*, tribute *U*; **składać ~d** to pay homage a. tribute
❑ **~d pruski** Hist. the Prussian Homage

hoł|dować *impf* [I] *vt* Hist. (czynić poddanym) to subjugate [kraje]
[II] *vi* ① książk. (być zwolennikiem) to uphold *vt*; to adhere (**czemuś** to sth) [ideałom, zasadom, prawdzie, tradycjom]; to follow *vt* [modzie, zwyczajom] ② Hist. (być poddanym) [książę] to pay homage a. tribute (**komuś** to sb)

hołdownicz|y *adi.* ① Hist. [książę, władca] liege; **kraj popadł z zależność ~ą** the country became a tributary state ② książk. [pokłony, uległość] obsequious, servile

hoło|ta *f* ① obraźl. (motłoch) rabble *U* pejor., riff-raff *U* pejor.; **nie mam zamiaru zadawać się z tą pijacką ~tą** I refuse to have anything to do with that drunken rabble ② przest. (pospólstwo) hoi polloi (+ *v pl/sg*) pejor.; commoners *pl*

hołub|ić *impf vt* ① książk. (otaczać opieką) to pamper, to coddle; (przesadnie) to mollycoddle pot.; to spoil [dzieci] ② (darzyć szczególnymi względami) to indulge, to pamper; **pisarka była ~iona przez krytykę** the author was the darling of the critics

hołub|iec *m zw. pl* (*A* **~ca**) Taniec (podskok) a jump with a click of the heels in mid-leap; **wywijać ~ce** to click one's heels (in mid-leap); przen. to prance, to cut a caper; **wyciął ~ca z radości** he cut a caper with joy

homa|r *m* Zool. lobster

homeopa|ta *m* homeopath, homoeopath

homeopati|a *f sgt* (*GD* **~i**) Med. homeopathy, homoeopathy

homeopatycznie *adv.* [leczyć] homeopathically, homoeopathically

homeopatyczn|y *adi.* [leki, leczenie] homeopathic, homoeopathic; **dawka ~a** a homeopathic dose

homiletyczn|y *adi.* książk. [wzory] homiletic

homilety|ka *f sgt* Relig. homiletics

homili|a *f* (*GDGpl* **~i**) Relig. homily; **~ę wygłosił ksiądz biskup** the bishop delivered the homily

homogenicznie *adv.* książk. homogeneously

homogeniczność *f sgt* książk. homogeneity, homogeneousness

homogeniczn|y *adi.* książk. [społeczeństwo] homogeneous; **system ~y** Komput. a homogeneous system; **proces ~y** Stat. a homogeneous process

homogenizacj|a *f sgt* ① (mleka, śmietany, sera) homogenization ② książk. (zatarcie różnic) homogenization przen.; **~a kultury** a homogenization of culture

homogeniz|ować *impf vt* Techn. to homogenize

homogenizowan|y [I] *pp* → **homogenizować**
[II] *adi.* [mleko] homogenized; **serek ~y** ≈ cream cheese

homologacj|a *f* (*Gpl* **~i**) ① (urzędowa próba prototypu) official prototype test ② (zezwolenie na eksploatację) certification of approval

---

homologacyjn|y *adi.* [formalności] certification attr.; **dokumenty ~e** certification papers

homolog|ować *pf, impf vt* to approve, to certify [samochody, oleje silnikowe]

homonim *m* (*G* **~u**) Jęz. homonym

homonimi|a *f sgt* (*GD* **~i**) Jęz. homonymy

homonimiczność *f sgt* Jęz. homonymy

homonimiczn|y *adi.* Jęz. homonymous

homo sapiens *m inv.* Antrop. Homo sapiens

homoseksuali|sta *m* homosexual

homoseksualizm *m sgt* (*G* **~u**) homosexuality

homoseksualn|y *adi.* [skłonności, związek, partner, stosunki] homosexual

homunkulus *m* (*A* **~a**) homunculus, homuncule

hono|r [I] *m* (*G* **~ru**) ① *sgt* (poczucie godności) honour GB, honor US; **plama na ~rze** a stain on one's/sb's honour; **był złodziejem, ale złodziejem z ~rem** he was a thief, but an honourable one ② (zaszczyt) honour GB, honor US; **to prawdziwy ~r gościć pana u nas** it's a great honour to have you as our guest
[II] **honory** *plt* ① (oznaki hołdu) ceremony *U*, honour *U* GB, honor *U* US; **przyjmować kogoś z należnymi ~rami** to receive sb with all due ceremony; **oddawać/oddać ~ry wojskowe** to salute sb; **pochowany z ~rami wojskowymi** buried with full military honours ② Gry honours GB, honors US
■ **na ~r!** przest. (upon) my word! przest.; **na słowo ~ru** pot. (ledwo) just barely, by the skin of one's teeth pot.; **ten obraz wisi na słowo ~ru** that picture is hanging by the skin of its teeth; **punkt ~ru** point of honour; **pełnić ~ry domu** książk. to do the honours; **swoim zachowaniem szargasz ~r rodziny** książk. your behaviour is a disgrace to the family; **unieść się ~rem** (poczuć się urażonym) to take offence; (postąpić szlachetnie) to behave honourably, to do the honourable thing; **wyjść z ~rem** to emerge with one's honour intact; **wycofać się z ~rem** (z umowy, zobowiązania) to back out without losing face; (w konflikcie) to retreat with honour, to make a. beat an honourable retreat; **czy mam ~r z...?** książk. przest. do I have the honour of addressing ...?

honorari|um *n* (*Gpl* **~ów**) fee, remuneration *U*; **~um autorskie** author's fee; **~um z góry** a fee paid/payable in advance; **żądać słonych ~ów za poradę** to charge steep consultation fees

honoraryjn|y *adi.* **fundusz ~y** remuneration fund; **stawki ~e** pay scale

honoris causa /ˌxonoris'kawza/ *m inv.* (honorowy tytuł) **doktor ~** the holder of an honorary doctorate; **doktorat ~** an honorary doctorate a. Ph.D.; **otrzymać doktorat ~ Akademii Sztuk Pięknych** to be awarded an honorary doctorate by the Academy of Fine Arts

honor|ować *impf vt* ① (uznawać) to honour GB, to honor US, to recognize [dokumenty, zaświadczenie]; to accept; to honour GB, to honor US [kartę płatniczą]; **tutaj nie ~ują czeków podróżnych** they don't accept travellers' cheques here; **legitymacja**

członkowska jest ~owana w 25 krajach the membership card is honoured in 25 countries [2] (okazywać szacunek) książk. to honour GB, to honor US *[bohaterów, wybitne osoby]* ⇒ **uhonorować** [3] (opłacać) **artykuły w czasopismach są ~owane od wiersza** magazine articles are paid by the line

honorowo *adv.* [1] (godnie) *[zachować się]* honourably GB, honorably US [2] książk. (bez zapłaty) *[pracować]* as a volunteer

honorow|y *adi.* [1] (mający poczucie honoru) honourable GB, honorable US [2] (zgodny z honorem) honourable GB, honorable US; **pokój zawarty na ~ych warunkach** peace with honour [3] (służący wyróżnieniu) **straż ~a** a guard of honour GB, a honor guard US; **nagroda ~a** a merit award; **~e wyróżnienie** honourable mention GB, honorable mention US; **zajął ~e miejsce przy stole** he occupied the place of honour at the table [4] (tytularny) *[przewodniczący, członek, doktorat, obywatelstwo]* honorary [5] (bez zapłaty) *[zajęcie]* volunteer *attr.*, voluntary; *[konsultant]* honorary, volunteer *attr.*; **~y dawca krwi** an honorary a. voluntary blood donor

hop *inter.* [1] (zachęta do skoku) jump!; **~! i już jesteśmy w środku** a little jump and we're in [2] (nawoływanie) **~! ~!** hello there!; **~! ~! gdzie jesteście?** hello there! where are you?

■ **nie mów ~, póki nie przeskoczysz** przysł. don't count your chickens before they're hatched przysł.

hop|el *m*

■ **mieć/dostać ~la** pot. to be/go off one's head a. rocker pot.; **co ty robisz, dostałeś ~la?** what are you doing, have you lost yours marbles?! pot.; **mieć ~la na punkcie kogoś/czegoś** pot. to be crazy a. nuts about sb/sth pot.;

hopk|i *plt* (*G* **~ów**) pot., żart. hopping *U*

hopla *inter.* (zachęta do skoku) jump!; (pomagając dziecku wstać) upsy-daisy!, ups-a-daisy!; **kot ~ na stół** the cat hopped onto the table

hops, ~a *inter.* jump!; **~(a) przez kałużę!** over the puddle we go!

hopsasa *inter.* hop!; **a teraz, ~, w kółeczko!** and now hop around in a circle!

hor|da *f* [1] Hist. (wojska) horde; **~dy Tatarów** Tartar hordes [2] pejor. (zgraja, tłuszcza) horde pejor.; **hitlerowskie ~dy** the Nazi hordes; **~dy turystów/kibiców** hordes of tourists/fans [3] Antrop. (koczująca grupa) horde, tribe

hormon *m* (*G* **~u**) Biol. hormone

❏ **~ melanotropowy** Biol. melanocyte-stimulating hormone, MSH; **~y gonadotropowe** Biol. gonadotropic hormones

hormonaln|y *adi.* *[zaburzenia, leki]* hormone *attr.*, hormonal; *[zmiany, substancje]* hormonal; **~a terapia zastępcza** hormone replacement therapy, HRT

horoskop *m* (*G* **~u**) [1] Astrol. horoscope; **stawiać a. układać komuś ~** to cast sb's horoscope [2] zw. pl przen. (przewidywania) forecast, prediction; **wbrew pesymistycznym ~om Warszawę odbudowano dosyć szybko** despite the pessimistic forecasts Warsaw was rebuilt fairly quickly

horoskopow|y *adi. [obliczenia, przepowiednia, charakterystyka]* astrological; **~e prognozy** astrological predictions

horrendalnie *adv.* książk. horrendously; **~ wysokie ceny** horrendously high prices

horrendaln|y *adi.* książk. *[awantura, pomyłka]* horrendous; **~e ceny** horrendous prices; **~e bzdury** utter nonsense

horro|r *m* (*G* **~ru**) [1] sgt (koszmar) horror *C/U*, nightmare; **~r na drogach** a nightmare on the roads [2] (film grozy) horror film a. movie

hortensj|a *f* (*Gpl* **~i**) Bot. hydrangea *C/U*

horyzon|t [I] *m* (*G* **~tu**) [1] sgt (widnokrąg) horizon; **linia ~tu** the skyline; **chmury nad ~tem** clouds above the horizon; **słońce skryło się za ~tem** the sun disappeared below the horizon; **na ~cie pojawiły się chmury** some clouds appeared on the horizon [2] (granice) range; **~t myślowy dziecka** the limits of a child's mental abilities; **książka nie wykracza poza ~ty dwudziestolecia międzywojennego** the book doesn't go beyond the interwar period [3] zw. pl (zakres zainteresowań) horizons; **mieć szerokie ~ty** to have broad horizons; **mieć ciasne a. wąskie ~ty** to have narrow horizons, to be narrowminded [4] sgt Geog. water level [5] Teatr backdrop, backcloth GB

[II] **horyzonty** *plt* (perspektywy) horizons, vistas; **otwierają się teraz przed nim nowe ~ty** new horizons a. vistas have opened up for him now; **wynalazek ten otworzył przed medycyną nieznane dotąd ~ty** this invention has opened up entirely new horizons for medicine

❏ **sztuczny ~t** Techn. artificial a. gyro horizon; **~t astronomiczny** Astron. true horizon

horyzontalnie *adv.* książk. horizontally

horyzontalnoś|ć *f* sgt książk. (pozycji, układu) horizontalness książk., horizontality książk.

horyzontaln|y *adi.* książk. *[układ, położenie]* horizontal; **lot ~y** horizontal flight

hospicj|um *n* (*Gpl* **~ów**) hospice; **~um dla chorych na raka** a hospice for cancer patients

hospicyjn|y *adi. [opieka, oddział, pracownik]* hospice *attr.*

hospitacj|a *f* (*Gpl* **~i**) Szkol. **~a z kuratorium** a visit from a school inspector; **~a lekcji** a class inspection

hospitalizacj|a *f* sgt książk. hospitalization; **pacjent wymagał natychmiastowej ~i** the patient required immediate hospitalization; **poddano go dwutygodniowej ~i** he was placed in hospital for two weeks

hospitalizacyjn|y *adi.* książk. **leczenie ~e** hospitalization, treatment in hospital

hospitaliz|ować pf, impf vt książk. to hospitalize *[pacjenta, chorego]*

hospit|ować impf vt książk. to sit on *[lekcję, wykład]*

hoss|a *f* [1] Ekon. run (**na coś** on sth); **~a na giełdzie** a. **rynku** a bull market [2] książk. (pomyślny okres) run of good luck, winning streak; **przeżywać ~ę** to have a run of good luck; **od trzech tygodni u mnie ~a** I've been on a winning streak for three weeks

hostess|a *f* hostess

hosti|a *f* (*GDGpl* **~i**) Relig. the Host

hotel *m* (*G* **~u**, *Gpl* **~i** a. **~ów**) hotel; **~ trzygwiazdkowy** a three-star hotel; **zarezerwować pokój w ~u** to book a hotel; **zatrzymać się w ~u** to stay in a hotel; **zameldować się w ~u** to book into a hotel; **~ robotniczy/pracowniczy** a workers' hostel

hotelars|ki *adi. [usługi, zawód]* hotel *attr.*; **szkoła ~ka** a hotel training school

hotelarstw|o *n* sgt the hotel trade a. industry; **trudnić się ~em** to work in the hotel trade

hotelarz *m* (*Gpl* **~y**) hotelier; (prowadzący) hotel manager; (właściciel) hotel owner

hotelik *m dem.* (*G* **~u**) (small) hotel

hotelow|y *adi. [restauracja, pokój, gość]* hotel *attr.*

hożo *adv.* książk. *[wyglądać]* robust *adi.*

hoż|y *adi.* książk. *[chłopak, dziewczyna]* robust; *[cera]* ruddy, sanguine

hr. (= hrabia)

hrabi|a *m* (*Npl* **~owie**) [1] (osoba, tytuł) count, earl GB; **jak ~a** like a lord a. king [2] Hist. count palatine

hrabian|ka *f* count's daughter, earl's daughter GB; **taka ~ka nie będzie przecież zmywała naczyń** iron. I don't suppose a fine lady like that is going to wash the dishes

hrabin|a *f* (osoba, tytuł) countess

hrabiostw|o[1] *n* sgt (tytuł, godność) countship, earldom GB

hrabiostw|o[2] *plt* (*GA* **~a**, *L* **~u**) (hrabia z żoną) count and countess, earl and countess GB

hrabiows|ki *adi. [herb, rodzina, dobra]* count's, earl's GB; **tytuł ~ki** countship, earldom GB

hrabstw|o *n* [1] Admin. (w Wielkiej Brytanii, Irlandii, USA) county; **mieszkać w ~ie Suffolk/Cheshire** to live in Suffolk/Cheshire [2] Hist. shire

hryw|na *f* Fin. hryvnya

hub|a *f* Bot. bracket fungus

hub|ka *f* touchwood *U*

hucze|ć[1] *impf* → **huknąć**[3]

hucze|ć[2] *impf* (**~ał**, **~eli**) [I] *vi [działa, wystrzały]* to boom (out); *[morze, wiatr]* to roar; **sala ~ała od oklasków** the hall was bursting a. roaring with applause; **~y mu/jej w głowie** a. **uszach** his/her head is thumping ⇒ **zahuczeć**

[II] *v imp.* **w mieście aż ~y od plotek** the (whole) town is buzzing a. abuzz with rumours; **kiedy ukazał się drugi artykuł, w redakcji ~ało** when the second article appeared, the editorial office was buzzing ⇒ **zahuczeć**

hucznie *adv.* grad. *[bawić się, świętować]* riotously, with revelry

huczn|y *adi.* grad. [1] (okazały) *[wesele, festyn, bankiet]* grand [2] (głośny) *[oklaski]* thunderous; *[śmiech]* raucous, wild

hufcow|y [I] *adi. [sztandar]* troop *attr.*

[II] **hufcow|y** *m*, **~a** *f* (scout) troop leader

huf|iec *m* [1] (harcerski) (scout) troop [2] daw. (oddział wojska) regiment; **~ce piechoty** infantry regiments

hufnal *m* stub nail

huj → **chuj**

huk *m* (*G* ~**u**) [1] (łoskot) thud; (dział, strzałów) boom, rumble; (fal, silnika, maszyn) roar, roaring *U*; ~ **pioruna** a rumble of thunder; ~ **końskich kopyt** the thud of horses' hooves; **książka upadła na podłogę z ~iem** the book fell to the ground with a thud; **pocisk rozerwał się ze strasznym ~iem** the shell exploded with a terrible bang [2] *sgt* pot. (zamieszanie) stir, commotion; **koło tej sprawy zrobił się straszny ~** there was a tremendous commotion a. fuss over the affair; **narobił wiele ~u swoim wystąpieniem** his speech caused a great stir; **nowa stacja telewizyjna wystartowała z wielkim ~iem** the new television station went on the air amid great excitement; **jubileusz obchodzono z wielkim ~iem** the anniversary was celebrated in grand style; **wyrzucono go z pracy z wielkim ~iem** he was thrown out on his ear pot. [3] pot. (bardzo dużo) load(s) pot.; pile(s); **mam ~ spraw na głowie** I've got a load a. loads of things on my mind; **czeka ich ~ roboty** they've got loads a. piles of work to do

hukać¹ *impf* → **huknąć¹**

huka|ć² *impf* (nawoływać) to shout, to yell

huk|nąć¹ *pf* — **huk|ać¹** *impf* (~**nęła**, ~**nęli** — ~**am**) *vi* [sowa, puszczyk] to hoot

hukn|ąć² *pf* (~**ęła**, ~**eli**) [] *vt* pot. (uderzyć) to thump, to bash pot., to whack pot.; ~**ąć kogoś w głowę** to bash sb on the head; ~**ął pięścią w stół** he thumped the table with his fist
[] *vi* [strzały, działo] to boom; [piorun] to strike; ~**ął drzwiami** he slammed the door
[] **huknąć się** pot. ~**ąć się w głowę** to bump a. bang one's head

hu|knąć³ *pf* — **hu|czeć¹** *impf* (**huknęła, huknęli** — **huczę**) *vi* to yell, to snap; „**jazda stąd" – huknął swoim tubalnym głosem** 'get out of here!' he roared a. yelled in his booming voice; **jeszcze nie skończyła, a on jak na nią nie huknie** she hadn't even finished and he just jumped on her a. jumped down her throat pot.; **kierownik huczał, żeby się pośpieszyli** the manager yelled at them to hurry up

hula|ć *impf vi* [1] [wiatr] to rage [2] (bawić się) to live it up pot.; to have a good time; to revel książk.; ~**ć do upadłego** to party until one drops pot., to have a night on the tiles pot. [3] (grasować) [złodziej, bandyta] to prowl *vt/vi*, to roam *vt/vi*; **pies ~ł po ogrodzie** the dog was prowling about in the garden
■ ~**j dusza!** książk. let's party! pot.

hula-hoop /ˌxulaˈxop/ *n inv.* (obręcz, zabawa) hula hoop, Hula-Hoop® US; **koło do hula-hoop** a (hula) hoop; **zabawa w hula-hoop** the hula hoop

hulajdusz|a *m, f* (*Gpl m* ~**ów** a. ~**y**, *Gpl f* ~**y**) przest. reveller; roisterer przest.

hulajno|ga *f* (zabawka dziecięca) scooter; (dla dorosłych) (unmotorized a. skate) scooter; **jeździć na ~dze** to ride a scooter

hula|ka *m* (*Npl* ~**ki**) przest., pejor. reveller; roisterer przest.

hulan|ka *f* przest. revel; **pijackie ~ki** drunken revels a. revelries

hulaszczo *adv.* pejor. **żyć ~** to live a. lead a riotous life

hulaszcz|y *adi.* pejor. [zabawa, biesiada] wild, riotous; **prowadzić ~y tryb życia** to lead a riotous life

hulta|j *m* (*Gpl* ~**jów** a. ~**i**) przest. ne'er-do-well przest.; good-for-nothing pot.

hultajs|ki *adi.* ~**ka banda/kompania** a bunch/gang of ne'er-do-wells a. good-for-nothings; **wieść ~kie życie** to lead a dissipated life

hultajstw|o [] *n sgt* przest., pejor. [1] (łajdactwo) villainy; roguery przest. [2] (chuliganeria) rabble, hooligans *pl*
[] **hultajstwa** *plt* roguish tricks przest.; **te ~a nie ujdą ci na sucho** you won't get away with your roguish tricks

humani|sta *m* [1] (naukowiec) specialist in the arts a. humanities [2] (osoba wykształcona) cultivated a. enlightened man [3] (w renesansie) humanist

humanist|ka *f* [1] (naukowiec) specialist in the arts a. humanities [2] (osoba wykształcona) cultivated a. enlightened woman

humanistycznie *adv.* **był wykształcony ~** he received a liberal education

humanistyczn|y *adi.* [1] [ideały, postawa] humanistic, humane [2] [poeta, ruch] humanist [3] [nauki, studia] liberal; humane książk.; **przedmioty ~e i przedmioty ścisłe** the (liberal) arts and the sciences

humanisty|ka *f sgt* the (liberal) arts *pl*, the humanities *pl*

humanitarnie *adv.* [postępować, traktować] humanely

humanitarn|y *adi.* [organizacja] humanitarian; [osoba, postępek] humane; **pomoc ~a** humanitarian a. relief aid

humanitaryzm *m sgt* (*G* ~**u**) humanitarianism

humanizacj|a *f sgt* książk. (pracy) humanization

humanizm *m sgt* (*G* ~**u**) [1] (postawa) humanism [2] (renesansowy) humanism

humaniz|ować *impf* [] *vt* książk. to humanize, to make more humane; ~**ować politykę** to humanize politics; ~**ować szkolnictwo** to place more emphasis on the arts a. the humanities in school education
[] **humanizować się** to become more humane

humanizowan|y [] *pp* → **humanizować**
[] *adi.* **mleko ~e** formula (milk)

humbug /ˈxumbug/ *m* (*G* ~**u**) książk. humbug *U*; **wiele naukowych prawd okazało się ~iem** many scientific theories have turned out to be just humbug

humo|r [] *m sgt* (*G* ~**ru**) [1] (cecha, usposobienie) humour GB, humor US; **mieć poczucie ~ru** to have a sense of humour; **masz uroczą babcię, zawsze pełną ~ru** you have a charming grannie, always so full of humour [2] (komizm) humour GB, humor US; ~**r sytuacyjny/słowny** situational/verbal humour; **groteskowy ~r Gogola** Gogol's grotesque humour [3] (dobry nastrój) good humour GB, good humor US, good mood; **tryskać ~rem** to be in a brilliant mood; **odzyskali ~r, jak tylko pogoda się poprawiła** they regained their good humour as soon as the weather improved;

była bez ~ru she was out of humour a. in a (bad) mood; **kapitan był nie w ~rze** the captain was in a (bad) mood [4] (nastrój) mood; **nie wiesz, w jakim ~rze jest dzisiaj szef?** you don't happen to know what mood the boss is in today?; **być w dobrym/złym ~rze** to be in a good/bad mood; **poprawić komuś ~r** to cheer sb up; **zepsuć komuś ~r** to spoil sb's mood, to put sb in a bad mood; **rozmowa z nią wprawiła go w dobry ~r** talking to her put him in a good mood
[] **humory** *plt* (dąsy) moodiness *U*, moods; **denerwowały go zmiennie ~ry żony** his wife's moodiness got on his nerves; **każdy ma swoje ~ry i złe dni** everybody has their moods and bad days; **ależ on ma dzisiaj ~ry** he's in one of his moods today

humor|ek *m sgt* (*G* ~**ku**) pieszcz. good humour GB, good humor US, good mood

humores|ka *f* [1] Literat. humorous sketch [2] Muz. humoresque

humory|sta *m* humorist, humorous writer

humorystycznie *adv.* humorously, comically; **cała ta sytuacja przedstawia się ~** the whole situation is just funny a. laughable

humorystyczn|y *adi.* [sytuacja, dialog, historia] humorous, comical

humorysty|ka *f sgt* humorous writing, satire; **dział ~ki w czasopiśmie** a satirical column in a magazine

humorza|sty *adi.* pot. moody

huncwo|t *m* (*Npl* ~**ty**) żart. scallywag GB pot., żart., scalawag US pot., żart.

hungary|sta *m*, ~**stka** *f* specialist in Hungarian studies

hungarystyczn|y *adi.* [studia] Hungarian

hungarysty|ka *f sgt* (nauka) Hungarian studies; (wydział) ≈ Department of Hungarian Studies

hura *inter.* hurrah!, hooray!, hurray!; ~**! niech żyje Adam!** hooray for a. to Adam!; **na cześć zwycięskiej drużyny trzykrotne: ~!** three cheers for the winning team!; **hip hip ~!** hip hip hooray a. hurrah!
■ **na ~** pot. (szybko) in a rush; (byle jak) any old how pot.

huragan *m* (*G* ~**u**) [1] (wiatr) gale, windstorm US; **wpadł do domu jak ~** przen. he stormed into the house [2] *sgt* przen. (wybuch) storm, outburst; **nagle rozległ się ~ śmiechu** there was a sudden gale a. storm of laughter; ~ **braw** a storm of applause [3] przen. (wstrząsy dziejowe) whirlwind przen.; ~ **wojenny** ravages of war; ~ **historii/rewolucji** the whirlwind of history/revolution

huraganow|y *adi.* [1] [moc, siła] hurricane *attr.*; ~**y wiatr** a hurricane-force wind [2] [oklaski, brawa] thunderous

huraoptymistyczny → **hurraoptymistyczny**

huraoptymizm → **hurraoptymizm**

hurapatriotyczny → **hurrapatriotyczny**

hurapatriotyzm → **hurrapatriotyzm**

hur|got *m* (*G* ~**gotu**, ~**kotu**) rumble *U*, clatter *U*; **wóz z ~gotem wjechał na podwórze** the carriage rumbled into the courtyard; ~**got maszyn** the clatter of machines

hurko|tać *impf* (~czę a. ~cę) *vi [wóz, młyn]* to rumble, to clatter

hurm|a *f* pot. horde; **dzieciaki ~ą biegały za samochodem** a horde of kids chased after the car

hurmem *adv.* pot. in a horde; **ludzie ~ wylegli na ulicę** crowds a. a horde of people took to the streets

hurra → hura

hurraoptymistyczn|y *adi.* książk. *[prognoza, nastrój]* over-optimistic, rosy

hurraoptymizm *m sgt* (G ~u) over-optimism

hurrapatriotyczn|y *adi.* książk. ultra-patriotic; jingoistic pejor.

hurrapatriotyzm *m sgt* (G ~u) ultra-patriotism; jingoism pejor.

hur|t Ⅱ *m sgt* (G ~tu) wholesale; **spółka zajmująca się ~tem książek** a company selling books wholesale; **spadła cena warzyw w ~cie** the wholesale price of vegetables has fallen
Ⅲ **hurtem** *adv.* pot. ① *[kupić, sprzedać]* wholesale ② *(za jednym razem)* at a. in one go; **wyliczyła ~tem tytuły filmów tego reżysera** she reeled off all the director's films in one go

hurtowni|a *f* (Gpl ~) *(przedsiębiorstwo)* wholesale company; *(magazyn)* warehouse; *(sklep)* wholesale outlet

hurtowni|k *m* wholesaler

hurtowo *adv.* *[kupować, sprzedawać]* wholesale

hurtow|y *adi.* *[handel, kupiec]* wholesale *attr.*; **sprzedaż ~a** wholesale (selling); **zakup ~y** wholesale a. bulk buying

hurys|a *f* ① Relig. houri ② przen. Venus przen.

husari|a *f* (GD ~i) *sgt* Hist., Wojsk. Polish winged Hussars *pl*, Polish winged cavalry *(in the 16th -17th centuries)*

husars|ki *adi.* Hist., Wojsk. *[zbroja, kopia]* (Polish) winged cavalry *attr.*, (Polish) winged cavalryman's; **~kie skrzydła** Polish Hussar wings

husarz *m* (Gpl ~y) Hist., Wojsk. Polish winged cavalryman a. Hussar *(in the 16th-17th centuries)*

husky /ˈxaski/ *m inv.* (pies) husky

husyc|ki *adi.* Hist., Relig. *[ruch, wojny]* Hussite

husy|ta *m* Hist., Relig. Hussite

husytyzm *m sgt* (G ~u) *sgt* Hist., Relig. Hussitism

hušta|ć *impf* Ⅰ *vt* (kołysać) to rock; (na wiszącej huśtawce) to swing; **matka ~ła dziecko na ręku** the mother was rocking the baby in her arms; **fale ~ły łódką** waves were rocking the boat ⇒ **pohuštać**
Ⅲ **huštać się** (kołysać się) to rock; (na wiszącej huśtawce) to swing; (na podpartej desce) to play

on a see-saw; **~ć się na krześle** to be rocking a. swaying in a. on one's chair; **~ć się w hamaku** to be rocking a. swinging in a hammock; **dzieci ~ły się w parku** the children were playing on the swings/the see-saw in the park; **łódka ~ła się na falach** the boat was rocking a. tossing on the waves ⇒ **pohuštać się**

huštaw|ka *f* ① (wisząca) swing; **siedzieć/ huštać się na ~ce** to sit/swing on a swing; **pójść na ~ki** to go and play on the swings ② (podparta deska) see-saw, teeter-totter US; **huštać się na ~ce** to play on the see-saw ③ przen. (ciągłe zmiany) see-saw przen.; **~ka nastrojów** an emotional see-saw; **~ka cen/temperatur** wildly swinging prices/ temperatures

hu|ta *f* Przem. mill, foundry; **huta żelaza** ironworks; (produkująca stal) steel mill, steel-works; **huta miedzi/cyny/aluminium** a copper/a tin/an aluminium smelter a. smelting plant
❑ **huta szkła** Przem. glassworks

hutnictw|o *n sgt* Przem. metallurgy; **~o żelaza** ferrous metallurgy spec.; the iron and steel industry; **~o metali kolorowych** non-ferrous metallurgy; **~o szkła** glass-making

hutnicz|y *adi.* Przem. smelting; **kombinat ~y** a smelting plant; **przemysł ~y** the smelting industry; **odpady ~e** smelter waste; **spieki ~e** sinter spec.

hutni|k *m* mill a. foundry worker; **~k żelaza** a steelworker; **~k szklarski** a glassworker

huza|r *m* Hist., Wojsk. hussar

huzars|ki *adi.* Hist., Wojsk. *[szabla, mundur]* hussar *attr.*, hussar's

huzia *inter.* ① Myślis. hoicks!, yoicks! ② pot. **chłopaki, ~ na nich** okay, lads, let's them have it a. let's get them pot.; **ledwo wrócił do domu, zaraz ~ na matkę** as soon as he got back home he let loose on his mother pot.; **wszyscy ~ na mnie** everybody is/was against me
■ **wszyscy byli przeciw niemu, ~ na Józia** everyone ganged up on him pot.

hybry|da *f* ① Biol. hybrid ② Jęz. hybrid ③ książk. (dziwaczny twór) hybrid

hyc *inter.* **a kot ~ na drzewo** the cat hopped up into the tree

hycać *impf* → **hycnąć**

hyc|el *m* (Gpl ~li) pejor. ① (rakarz) dog catcher ② pot., pejor. (łobuz) creep pot., pejor., rat pot., pejor.

hyc|nąć *pf* — **hyc|ać** *impf* (~nęła, ~nęli — ~am) *vi [zając, żaba]* to hop; **zając ~nął w krzaki** the hare hopped into the bushes

Hyd|ra *f sgt* Astron., Mitol. Hydra

hyd|ra *f* ① *sgt* książk. (many-headed) hydra książk.; **~ra nienawiści/biurokracji** the many-headed hydra of hate/bureaucracy ② Zool. hydra

hydran|t *m* (G ~tu) ① (zawór) hydrant; **~t przeciwpożarowy** a fire hydrant, a fire-plug US ② pot. (wąż) hose; **woda z ~tu** water from the hose

hydrauliczn|y /ˌxɪdrawˈlitʃnɪ/ *adi.* ① (dotyczący instalacji wodnych) *[narzędzia, usterki, przeróbka]* plumbing *attr.*; **usługi ~e** a plumbing service ② Techn. *[hamulec, urządzenie]* hydraulic

hydrauli|k /xɪˈdrawlik/ *m* plumber; **wezwać ~ka** to call (in) a plumber

hydro- *w wyrazach złożonych* hydro-; **hydrobiologia** hydrobiology; **hydrodynamika** hydrodynamics

hydroelektrowni|a *f* (Gpl ~) hydro-electric power plant

hydrofo|r *m* (G ~ru) Techn. hydrophore spec.

hydroforow|y *adi.* Techn. hydrophore *attr.* spec.

hydropa|ta *m* Med. hydropath spec.; hydrotherapist

hydropati|a *f* (GD ~i) *sgt* Med. hydropathy spec.; hydrotherapy

hydropatyczn|y *adi.* Med. *[zakład, kuracja]* hydropathic spec., hydrotherapeutic

hydroplan *m* (G ~u) Lotn. seaplane, hydroplane US

hydroterapeutyczn|y *adi.* Med. *[kuracja]* hydrotherapeutic

hydroterapi|a *f* (GD ~i) *sgt* Med. hydro-therapy

hymen *m* (G ~u) Anat. hymen; przen. virginity

hymn Ⅱ *m* (G ~u) ① (kraju, grupy) anthem; **~ górniczy** the miners' anthem; **odśpiewać/odegrać ~** to sing/play the (national) anthem ② (pochwalny utwór) hymn; **~ do Apollina** a hymn to Apollo; **~y gregoriańskie** Gregorian hymns
Ⅲ **hymny** *plt* przen. (pochwały) praises; paean *sg* książk.; **wygłaszać ~y pochwalne na cześć czegoś** to sing paens in praise of sth; **wygłaszać ~y zachwytu nad kimś/ czymś** to sing the praises of sb/sth; **pisać ~y na cześć Partii** to write a paean to the Party
❑ **~ państwowy** a. **narodowy** national anthem

hymniczn|y *adi.* *[utwór]* hymnic

hy|ś *m* (A hysia)
■ **mieć/dostać hysia** pot., żart. to be/go nuts a. bonkers pot.

hyź → **hyś**

Hz (= herc) Hz

I, i *n inv.* I, i

I (cyfra rzymska) I; **I wiek** 1ˢᵗ century

i **Ⅰ** *coni.* and; **filiżanki i spodki** cups and saucers; **lubię tańczyć i śpiewać** I like dancing and singing; **położył się i zasnął** he lay down and fell asleep; **widać stąd i miasto, i rzekę, i bulwary nadrzeczne** from here one can see the town, the river, and the boulevards along the river; **i w lecie, i w zimie** both in summer and in winter; **dotyczy to (zarówno) mężczyzn, jak i kobiet** this applies to both men and women a. to men and women alike; **on tylko śpi i śpi** all he does is sleep; **myślał i myślał o tym** he kept on thinking about it; **za lasem tylko pola i pola** beyond the forest there is/was nothing but fields; **należy zrobić to i to** such and such has to be done; **tego i tego dnia, o tej i o tej godzinie** on such and such a day, at such and such a time; **i to** (na dodatek) too, at that; **kupił sobie mieszkanie, i to w samym centrum** he bought a flat, right in the town centre, too; **ich syn ma dwa i pół roku** their son is two and a half; **trzy i trzy dziesiąte** three and three tenths; **masz trzydzieści osiem i pięć (stopni)** your temperature is thirty eight point five (degrees)

Ⅱ *part.* **①** (także) too, also; **i ty masz szansę zostać zwyciężcą** you too could be a winner; **i ciebie może to spotkać** this may happen to you, too; **znał się i na malarstwie** he also knew about painting; **intratna, ale i niebezpieczna praca** a lucrative, but also dangerous job **②** (z wyrażeniem wtrąconym) and; **zastanawiał się, i nie bez powodu, czy...** he was wondering, and not without reason, whether...; **prawdą jest, i temu zaprzeczyć się nie da, że...** the truth – and no one can deny it – is that...; **obrady, i tak spóźnione...** the debate, already running late,... **③** (w nawiązaniach) and; **mieszkam teraz sam, i fajnie jest** pot. I now live by myself, and it's great pot.; **i co?** and what?; **i jeszcze jedna sprawa** (and) one more thing; **„spotkała go kara" – „i słusznie"** 'he was punished' – '(and) quite rightly'; **„napijesz się herbaty?" – „i owszem"** 'will you have some tea?' – 'I wouldn't say no' **④** (nawet) even; **i ty możesz się pomylić** even you can make a mistake

Ⅲ **i tak** **①** (mimo to) still, anyway; **uczył się całą noc, a i tak nie zdał egzaminu** he studied all night and he still failed the exam; **po co się śpieszyć, i tak jesteśmy** już spóźnieni what's the point of rushing? – we'll be late anyway **②** (na przykład) and thus książk.; and so; **i tak św. Augustyn twierdzi, że...** and thus St Augustine claims that...

iberoamerykańs|ki *adi.* [pisarz, literatura, proza] Latin American, Ibero-American

ibery|sta *m,* **~stka** *f* Spanish and Portuguese scholar

iberystyczn|y *adi.* Spanish and Portuguese

iberysty|ka *f sgt* Iberian studies, Spanish and Portuguese studies

ibis *m* Zool. ibis

ich *pron.* **①** (osobowy) → **oni** **②** (dzierżawczy) (przed rzeczownikiem) their; (bez rzeczownika) theirs; **~ pokój/samochód** their room/car; **to był ~ pomysł** it was their idea; **namiot jest ~, ale rower należy do mnie** the tent is theirs, but the bike belongs to me; **jestem ~ krewnym/przyjacielem** I'm a relative/friend of theirs; **Ich Ekscelencje ambasadorowie Polski i Litwy** their Excellencies the Ambassadors of Poland and Lithuania; **Ich Królewskie Moście, król Filip i królowa Anna** Their Royal Majesties King Philip and Queen Ann

idare|d *m* (A **~d** a. **da**) (odmiana jabłka) Idared

ide|a *f* (Gpl **~i**) **①** (myśl przewodnia) idea; **~a książki/filmu** the central idea of a book/film; **~a przyświecająca autorom** the authors' guiding principle; **~a, że wszyscy ludzie są równi** the idea that all people are equal; **~a wolności prasy/równości społecznej** the idea of a free press/of social equality; **~e socjalizmu** socialist ideas; **~e oświecenia/reformacji** Enlightenment/Reformation ideas; **propagować ~ę tolerancji/pokoju** to promote the idea of tolerance/peace **②** Filoz. idea

■ **robić coś dla ~i** to do sth for idealistic reasons

ideali|sta *m* **①** Filoz. idealist **②** (marzyciel) idealist; **jest nieżyciowym ~stą** he's an impractical idealist

idealist|ka *f* (marzycielka) idealist

idealistycznie *adv.* **①** Filoz. idealistically **②** (marzycielsko) idealistically; **przedstawiać coś zbyt ~** to portray sth too idealistically; **podchodzić do życia zbyt ~** to be too idealistic about life

idealistyczn|y *adi.* **①** Filoz. [filozofia, pogląd] idealistic **②** (marzycielski) [stosunek, podejście] idealistic; **~e wyobrażenie o czymś** an idealized notion of sth

idealizacj|a *f* **①** *sgt* (gloryfikacja) idealization (**kogoś/czegoś** of sb/sth); **~a przeszłości** the idealization of the past **②** (Gpl **~i**) (model teoretyczny) idealization

idealizacyjn|y *adi.* **①** [tendencja] idealizing **②** (w nauce) [charakter, opis] idealizing

idealizm *m sgt* (G **~u**) **①** Filoz. idealism **②** Szt. idealism **③** (marzycielstwo) idealism; **młodzieńczy ~** youthful idealism

❑ **~ obiektywny** Filoz. objective idealism; **~ subiektywny** Filoz. subjective idealism; **~ transcendentalny** Filoz. transcendental idealism

idealiz|ować *impf vt* to idealize [osobę, naturę, rzeczywistość]; **miał skłonność do ~owania przeszłości** he tended to idealize the past ⇒ **wyidealizować**

idealnie *adv.* **①** (doskonale) [pasować, rozumieć się, zachowywać się] perfectly; **~ skrojony garnitur** a perfectly tailored suit; **to mi ~ pasuje do sukienki** it goes perfectly with my dress **②** (wzniośle) **traktować coś zbyt ~** to be too idealistic about sth

idealn|y *adi.* **①** (doskonały) [warunki, szef, nauczyciel] perfect, ideal; **~y do czegoś/robienia czegoś** perfect a. ideal for sth/doing sth; **zawsze miała w pokoju ~y porządek** her room was always in perfect order **②** Filoz. [byt, świat] ideal **③** (wzniosły) [miłość, cele, dążenia] sublime, exalted

ideał **Ⅰ** *m pers.* (Npl **~ły**) ideal, paragon; **jest moim ~łem** he's my ideal; **~ł pilności/zdrowego rozsądku** a paragon of diligence/common sense; **~ł pracownika/nauczyciela** an ideal employee/teacher; **wiem, że jestem daleki od ~łu** I know I'm (pretty) far from perfect

Ⅱ *m inanim.* (G **~łu**) **①** *sgt* (wzór) perfection, ideal C; **sięgać ~łu** to be near perfection a. nearly perfect; **warunki tu są dalekie od ~łu** the conditions here leave a lot to be desired; **niedościgniony ~ł kobiecej urody** an unattainable ideal of feminine beauty **②** *zw. pl* (cel dążeń) ideal; **~ły społeczne/naukowe/artystyczne** social/scientific/artistic ideals; **~ły naszej młodości** the ideals of our youth; **urzeczywistnić ~y** to realize ideals

idée fixe /i,de 'fiks/ *n inv.* książk. idée fixe książk.; **mieć ~** to have an idée fixe; **jego ~ to zorganizowanie koncertu charytatywnego** organizing a charity concert is his idée fixe

identycznie *adv.* [zachowywać się, traktować] identically; **wyglądać/brzmieć ~** to look/sound identical a. exactly the same; **~ ubrane/umeblowane** identically dressed/

furnished; **postępował ~ jak ja** he acted exactly like me; **wciąż wyglądasz ~** (bez zmian) you haven't changed a bit

identyczno|ść *f sgt* [1] (jednakowość) sameness, identicalness (**czegoś** of sth) [2] Mat. equality

identyczn|y *adi. [przedmioty, teksty, dźwięki, głosy, rysunki]* identical; **ten kapelusz jest ~y z tamtym** the two hats are identical; **uśmiech masz ~y jak on** your smile is identical to his; **on ma zawsze ~y wyraz twarzy** his facial expression is always exactly the same

identyfikacj|a *f sgt* [1] (ustalenie tożsamości) identification; **dokonać ~i ofiary/mordercy na podstawie kodu DNA** to establish the victim's/murderer's identity on the basis of DNA testing; **~a zwłok** the identification of the body [2] (rozpoznanie) identification; **~a genu odpowiedzialnego za to schorzenie** the identification of the gene responsible for the disease [3] Psych., Socjol. identification (**z kimś/czymś** with sb/sth); **~a widzów z bohaterami filmu** the viewers' identification with the characters in the film; **~a kulturowa** cultural identification; **potrzeba ~i** need to identify (with sth)

identyfikacyjn|y *adi.* [1] (potwierdzający tożsamość) *[dokument]* identification *attr.*, ID *attr.*; **karta ~a** an ID (card); **osobisty numer ~y** a PIN code a. number [2] (rozpoznawczy) *[znak, kod, numer]* identification *attr.*; (szczególny) *[znak, cecha]* identifying, distinguishing [3] Psych., Socjol. *[mechanizm, problemy]* identification *attr.*

identyfikato|r *m* [1] (plakietka) ID badge; **nosić/przypinać ~r** to wear/pin on an ID badge [2] Komput., Techn. identifier

identyfik|ować *impf* **Ⅱ** *vt* [1] (stwierdzać tożsamość) to identify *[przestępcę, sprawcę, przedmiot]*; **~ować kogoś na podstawie odcisków palców** to identify sb through fingerprints; **~ować zwłoki** to identify the body; **~ować coś bez wątpliwości** to identify sth conclusively ⇒ **zidentyfikować** [2] (utożsamiać) to identify (**z kimś/czymś** with sb/sth)

Ⅲ identyfikować się to identify (oneself) (**z kimś/czymś** with sb/sth); **~ować się z firmą/drużyną/ruchem politycznym** to identify oneself with a company/team/political movement; **~ować się z ofiarą/ze słabszymi** to identify with the victim/the underdog ⇒ **zidentyfikować się**

ideograficzn|y *adi.* Jęz. ideographic; **pismo ~e** an ideographic writing system

ideogram *m* (*G* ~u) Jęz. ideogram, ideograph

ideolo|g *m* [1] Polit. ideologist; ideologue pejor.; **partyjny ~g** a party ideologist/ideologue; **~dzy narodowego socjalizmu** Nazi ideologues [2] Filoz. ideologist

ideologi|a *f* (*GDGpl* ~i) ideology; **~a komunistyczna** communist ideology

ideologicznie *adv.* ideologically; **osoby niepewne ~** ideologically unreliable individuals

ideologiczn|y *adi. [walka, postawa, różnice]* ideological

ideologizacj|a *f* (*Gpl* ~i) książk. ideologization (**czegoś** of sth)

ideow|iec *m* idealist; **był prawdziwym ~cem** he was a stalwart supporter of the cause; **odezwał się w nim stary ~iec** it struck a chord with his long-standing beliefs

ideowo *adv.* [1] (ideologicznie) *[zaangażowany, podejrzany, niewłaściwy]* ideologically [2] (bezinteresownie) idealistically; **postąpić ~** to behave idealistically

ideowoś|ć *f sgt* [1] (postawa ideowa) ideological character [2] (oddanie idei) ideological zeal; **żarliwa ~ć** fervent ideological zeal

ideow|y *adi.* [1] (ideologiczny) *[postawa, świadomość, deklaracja]* ideological [2] (bezinteresowny) *[osoba, postawa]* idealistic

idioci|eć *impf* (~eję, ~ał, ~eli) *vi* pot., pejor. to go daft GB pot., to go goofy US pot., to go soft in the head pot.; **~eję od tego hałasu/bez towarzystwa** I'm going daft in this racket/without anyone to talk to ⇒ **zidiocieć**

idiom *m* (*G* ~u) Jęz. idiom

idiomatycznie *adv.* Jęz. idiomatically

idiomatyczno|ść *f sgt* Jęz. idiomatic nature

idiomatyczn|y *adi.* Jęz. *[wyrażenie, zwrot]* idiomatic

idiosynkrazj|a *f* (*Gpl* ~i) [1] Med. idiosyncrasy (**do czegoś** to sth) spec.; allergy (**do czegoś** to sth) [2] książk. (niechęć) aversion; **mieć** a. **odczuwać ~ę do kogoś/czegoś** to have a. feel an aversion to sb/sth

idio|ta *m* [1] przest., Med. idiot przest. [2] pot., obraźl. idiot pot., obraźl.; **skończony ~ta** a complete idiot; **ty ~to, coś ty narobił!** you idiot, look what you've done!; **to jakiś ~ta** he must be some kind of idiot

idiot|ka *f* [1] przest., Med. idiot przest. [2] pot., obraźl. idiot pot., obraźl.; **skończona ~ka** a complete idiot

■ **słodka ~ka** pot., pejor. ≈ bimbo pot., obraźl.

idiotycznie *adv. grad.* pot., pejor. *[uśmiechać się, wrzeszczeć]* idiotically, like an idiot; *[wyglądać, brzmieć]* idiotic *adi.*, like an idiot; **~ ubrany** dressed like an idiot, idiotically dressed; **zachowywać się/czuć się ~** to act/feel idiotic a. like an idiot

idiotyczno|ść *f sgt* pot., pejor. idiocy (**czegoś** of sth)

idiotyczn|y *adi. grad.* pot., pejor. *[śmiech, dowcip, zachowanie]* idiotic pejor.; **to najbardziej ~y** a. **najidiotyczniejszy dowcip, jaki kiedykolwiek słyszałem** that's the most idiotic joke I've ever heard

idiotyzm *m* (*G* ~u) [1] *sgt* przest., Med. idiocy przest. [2] *sgt* pejor. (głupota) idiocy pejor. (**czegoś** of sth); **~ sytuacji** the idiocy of the situation [3] pot., pejor. (coś głupiego) idiocy pejor.; **opowiadać ~y** to talk rubbish; **to, co mówisz, to czysty ~** what you're saying is sheer idiocy; **palenie papierosów to ~** smoking is idiotic

idol *m* (*Gpl* ~i) [1] Relig. (bożek) idol; **oddawać cześć ~om** to worship idols [2] (podziwiana osoba) idol, hero; **~ muzyki pop** a pop idol; **~ całego pokolenia** the idol of a whole generation; **młodzież uważa pana za swojego ~a** you're a hero to young people

idyll|a *f* (*Gpl* ~i) [1] *zw. sg* książk. idyll książk.; **nasza/ich ~a małżeńska** our/their idyllic marriage; **~a nie trwała długo** the idyll was a short one; **zakłócać/przerywać ~ę** to disturb/break sb's idyll [2] Literat. (sielanka) idyll

idyllicznie *adv.* książk. idyllically książk.

idyllyczno|ść *f sgt* książk. (utworu, poezji, relacji) idyllic style (**czegoś** of sth); (krajobrazu, pobytu, dzieciństwa) idyllic character a. quality (**czegoś** of sth)

idylliczn|y *adi.* [1] książk. *[życie, krajobraz]* idyllic książk. [2] Literat. *[utwór]* idyllic

igeli|t *m* (*G* ~tu) *sgt* Techn. PVC, plastic; **izolacja z ~tu** PVC insulation; **skakanie na ~cie** Sport ski jumping on plastic

igelitow|y *adi.* Sport artificial, synthetic; **nawierzchnia ~a** an artificial a. synthetic surface; **skocznia ~a** a ski jump with an artificial a. synthetic surface

igielnik *m* needle-case

igieln|y *adi.* książk. **ucho ~e** eye of a needle

■ **przejść** a. **przecisnąć się przez ucho ~e** to pass through the eye of a needle; **przejść przez ucho ~e cenzury** to make it through the censors' scrutiny

igieł|ka *f dem.* [1] (do szycia) (small) needle [2] Techn. pin [3] Med. (fine) needle [4] Bot. (small) needle

iglak *m* [1] (*A* ~a) (drzewo iglaste) pot. conifer; pine tree pot. [2] Techn. (pilnik) needle file

igla|sty *adi.* [1] Bot. *[drzewo, krzak]* coniferous; **las ~sty** a coniferous forest [2] (spiczasty) *[wieża, skała]* needle-shaped

iglic|a *f* [1] (do sieci rybackich) netting needle [2] Techn. pin; **~a mechanizmu** the mechanism's pin [3] Wojsk. (w broni palnej) firing pin [4] Archit. spire [5] Bot. stork's bill, (redstem) filaree [6] Geol. (skała) needle

❏ **~a zwrotnicy** Kolej. switch point

iglicow|y *adi.* [1] Techn. **zawór ~y** needle valve; **zamek ~y** firing pin mechanism [2] (w kształcie iglicy) *[hełm]* pointed; *[skała]* needle-shaped

igliwi|e *n sgt* książk. (igły drzew) (fallen) conifer needles *pl*; **wonne ~e sosen** fragrant pine needles

igloo /'iglo/ *n inv.* igloo

igł|a *f* [1] (do szycia) needle; **igła tapicerska** an upholsterer's needle; **nawlec igłę** to thread a needle [2] (element mechanizmu) needle; **igła cyrkla** the point of a compass; **igła kompasu** a compass needle [3] Med. needle; **igła jednorazowa/wyjałowiona** a disposable/sterilized needle [4] Bot. needle

❏ **igła dziewiarska** (w maszynie) latch needle; (ręczna) latch hook a. hook latch; **igła gramofonowa** phonograph needle; **igła magnetyczna** Fiz. magnetic needle; **igły lodowe** Meteo. ice needles

■ **wyglądać jak spod igły** to be dressed (up) to the nines; **prosto spod igły** *[ubranie]* brand-new; **robić z igły widły** pot. to make a mountain out of a molehill pot.; **szukać/szukanie igły w stogu siana** to look for/looking for a needle in a haystack

igłow|y *adi.* [1] Techn. *[łożysko, drukarka]* needle *attr.* [2] (wykonany igłą) *[koronka]* needlepoint *attr.*

ignorancj|a *f sgt* książk. ignorance; **wykazać się ~ą** to display one's ignorance;

I

praca świadczy o ~i autora the work testifies to the author's ignorance

ignoranc|ki *adi.* książk. *[artykuł, opinia]* ignorant

ignoran|t *m*, **~tka** *f* książk. ignoramus pejor.; **być ~tem w dziedzinie techniki komputerowej** to be an ignoramus where computers are concerned

ignor|ować *impf* **Ⅰ** *vt* to ignore *[osobę]*; to disregard *[fakty, rady, prośbę, rozkaz]*; **~ować zalecenie lekarza** to ignore a. disregard the doctor's advice; **~ować są-siadów** to ignore one's/the neighbours ⇒ **zignorować**

Ⅱ ignorować się (nawzajem) to ignore each other ⇒ **zignorować się**

igra|ć *impf vi* **①** przest. (bawić się) to play (around) (**kimś/czymś** a. **z kimś/czymś** with sb/sth); **~ć ze śmiercią** przen. to dice with death przen.; **~ć z ogniem** przen. to play with fire przen.; **~ć (z) sercem kobiety** to trifle with a woman's affections przest. **②** książk. *[uśmiech, promień]* to play książk.; to flash; **na jego ustach ~ł ironiczny uśmieszek** an ironic smile played on his lips

igrasz|ka *f* **①** zw. *pl* (zabawa) fun *U*, games *pl*; **niewinne ~ki** innocent fun; **~ki słowne** wordplay, puns **②** przen. (łatwizna) piece of cake pot., child's play *U* pot.; (błahostka) trifle, nothing; **praca domowa/ klasówka była dziecinną ~ką** the home-work/test was child's play pot.; **ostatnie zadanie było dziecinną ~ką** the last problem was child's play **③** przen. (zabawka) pawn przen., plaything przen.; **zawsze była ~ką w jego rękach** she's always been like putty in his hands; **stał się ~ką losu/historii** he was a pawn of destiny/ history

■ **~ki losu** the vagaries of fortune

Igrek *m* (*Npl* **~i**) (nienazwana osoba) Y (*an unspecified individual, as opposed to* X); **profesor Iks z doktorem ~** Professor X and Dr Y; **mówić o panu Iks i pani ~** to talk about Mr X and Ms Y

igrek **Ⅰ** *m, n inv.* (*A* **~a**) **①** (litera) (the letter) Y **②** (nienazwana rzecz) Y (*something unspecified, as opposed to* X); **nie wiadomo, czy przyczyną jest iks, czy ~** we don't know if the cause is X or Y **③** pot. (niewiadoma) Y (*an unknown quantity, as opposed to* X)

Ⅱ *pron. inv.* (ileś) X (number of); **przeczy-tał iks lub ~ książek** he read X (number of) books; **pracowała iks lat i opubliko-wała ~ artykułów** she's worked X (num-ber of) years and published Y (number of) articles

igrzysk|a *plt* (*G* **~**) **①** książk. (the) Olym-pics; **~a nowożytne** the modern Olympics a. Games; **~a zimowe** the Winter Olym-pics a. Games; **~a olimpijskie** the Olympic Games **②** Antycz. (w dawnej Grecji) (classical) games; (w starożytnym Rzymie) circus *sg*, games

igrzysk|o *n* przest. plaything; **świat to tylko Boże ~o** the world is just God's plaything

ikeban|a *f sgt* Szt. ikebana; **sztuka ~y** the art of ikebana

ikon|a *f* (**~ka** dem.) **①** Relig., Szt. icon a. ikon **②** Komput. icon; **kliknąć (w) ~ę programu** to click (on) the program icon

ikonostas *m* (*G* **~u**) Relig. iconostasis spec.

ik|ra *f* **①** Zool. spawn *U*, eggs *pl* **②** pot. (wigor, odwaga) gumption *U* pot., spunk *U* pot.; **chłop z ikrą** a guy with guts pot.; **mieć ikrę** to have gumption; to be spunky pot.; **robić coś z ikrą** to do sth with spirit

Iks *m* (*Npl* **~y**) (nienazwana osoba) X, so-and-so; **pan/pani ~** Mr/Ms X, Mr/Ms So-and-So

iks **Ⅰ** *m, n inv.* (*G* **~a**) **①** (litera) (the letter) X **②** (nienazwana rzecz) X; **urządzenie ~** device X **③** pot. (niewiadoma) X, unknown (quantity); **równanie z ~em** an equation with an X a. unknown

Ⅱ *pron. inv.* (ileś) X (number of); **robić coś ~ razy** to do sth an untold number of times; **to trwa od ~ czasu** it's been going on for ages

Ⅲ iksy *plt* pot. (krzywe nogi) knock knees, knock-kneed legs; **mieć nogi w ~y** to be knock-kneed, to have knock knees

Iksiń|ski *m*, **~ka** *f* (*Gpl m, f* **~kich**) pot. so-and-so pot.; (Mr/Ms) So-and-So pot.

iksowato *adv.* X-shaped; **~ wygięte nogi** knock knees

iksowa|ty *adi.* X-shaped; **~te nogi** knock knees; **~ty wzór** an X pattern; **~ty kształt** an X shape

ila|sty *adi.* Geol. argillaceous spec.; loamy, clayey a. clayish; **~ste podłoże** an argil-laceous bed

il|e **Ⅰ** *pron.* **①** (pytajny) (z policzalnymi) how many; (z niepoliczalnymi) how much; **ile drzew/jajek?** how many trees/eggs?; **ilu mężczyzn/nauczycieli?** how many men/ teachers?; **ilu was/ich było w samocho-dzie?** how many of you/them were there in the car?; **ile razy widziałeś ten film?** how many times have you seen this film?; **ile razy mam ci przypominać?** how many times a. how often do I have to remind you?; **powiedz mi, ilu masz uczniów** tell me how many pupils you have; **ile mleka/ pieniędzy?** how much milk/money?; **ile czasu wam to zajmie?** how long will it take you?; **ile czasu nam jeszcze zostało?** how much longer a. how much more time have we got?; **ciekawe, ile jest prawdy w tych pogłoskach** I wonder how much truth there is in these rumours; **ile to kosztuje?** how much is this/it?; **po** a. **na** pot. **ile są pomidory?** how much are the tomatoes?; how much for the tomatoes? pot.; **ile jestem ci winien?** how much do I owe you?; **ile jest siedem razy sześć?** how much is seven times six?; **ile masz lat?** how old are you?; **ile tu ludzi!** what a crowd!; **ile tu śmieci!** look at all this rubbish GB a. trash! US; **a ile przy tym było śmiechu!** it was such a laugh, though!; **ile jest stąd do Krakowa?** how far is it from here to Cracow?; **ile było dzisiaj rano?** what was the temperature this morning?; **same lekarstwa ile kosztują!** the medi-cines alone cost a packet! pot.; **nie wyobra-żasz sobie, ile pracuję** you've no idea how hard I work; **ile jeszcze mam czekać?** how much longer do I have to wait?; **ile można rozmawiać przez tele-fon!** how long can you spend talking over a. on the phone!; **o ile szybciej się teraz podróżuje!** how much quicker travelling

is nowadays! **②** (względny) (przed policzalnymi) as many; (przed niepoliczalnymi) as much; **weź, ile chcesz** take as many/much as you like; **zaproś tyle osób, ile pomieści sala** invite as many people as the hall will hold; **było w niej tyle uroku, ile zwykłej bezczelności** she had as much charm as she had barefaced impudence; **to jest warte tyle, ile ktoś jest za to gotów zapłacić** it's worth as much as anybody is prepared to pay for it; **liczba X jest o tyle większa od Y, o ile Y jest większe od Z** X exceeds Y by as much as Y exceeds Z; **z iloma osobami rozmawiałem, tyle róż-nych zdań usłyszałem** I heard a. got as many different opinions as the number of people I asked; **zaoferowali jej dwa razy tyle, ile w poprzedniej pracy** they offered her twice as much as she earned in her previous job

Ⅱ ile razy (zawsze kiedy) each a. every time, whenever; **ile razy prosił ją o pomoc, zawsze odmawiała** every time he asked her for help, she refused

Ⅲ na ile how, to what extent a. degree; **na ile sprawa jest poważna?** how serious a matter a. problem is it?; **nie wiem, na ile prawdziwe są te pogłoski** I don't know how accurate these rumours are; **trudno powiedzieć, na ile to miało wpływ na wyrok** it's difficult to say to what extent a. how far it influenced the verdict

Ⅳ o tyle, o ile a. **na tyle, na ile** pot. to the extent that, in so far as; (only) inasmuch as książk.; **interesował się tym problemem o tyle, o ile miało to związek z jego badaniami** he was interested in this problem to the extent that a. only in as much as it was connected with his research

Ⅴ nie tyle..., ile... → **tyle**

Ⅵ o ile (jeśli) as long as, provided, providing; (z przeczeniem) unless; **o ile firma nie zbankrutuje** as long as a. provided the firm doesn't go bankrupt; **farba wyschnie do rana, o ile nie będzie padać** the paint will be dry by the morning providing a. as long as it doesn't rain a. unless it starts raining; **o ile to będzie możliwe** if possible; (z powątpiewaniem) if it's a. that's (at all) possible; **o ile wiem** a. **o ile mi wiadomo,...** as far as I know...; **o ile dobrze pamiętam,...** as far as I remem-ber,..., if I remember correctly,...; **o ile się nie mylę,...** if I'm not mistaken,...; **o ile nie coś gorszego** if not something worse; **tysiące, o ile nie miliony** thousands, if not millions

Ⅶ o ile..., o tyle... a. **o ile..., to...** while...; **o ile Robert lubi westerny, o tyle Anna woli melodramaty** while Robert likes westerns, Anna prefers melodramas

■ **o tyle o ile** pot. *[interesować się, znać]* to a degree; up to a point; **„lubisz fizykę?" – „o tyle o ile"** 'do you like physics?' – 'it's okay a. all right' pot.

ilekolwiek *pron.* **①** (niezależnie ile) (z poli-czalnymi) no matter how many; (z niepoliczal-nymi) no matter how much; **~ by miał pieniędzy, wszystko roztrwoni** no matter how much money he has, he squanders everything [2] (nieokreślony) (z policzalnymi) any number; (z niepoliczalnymi) any amount

ilekroć *pron.* książk. whenever, each a. every time; **~ o niej myślał, (tylekroć) brała go złość** whenever a. every time he thought of her, he felt angry

il|eś *pron.* (z policzalnymi) a (certain) number of; (z niepoliczalnymi) a certain amount of; **iluś tam studentów nie zdało egzaminu** a number of students failed the exam; **ileś lat temu** a. **przed iluś laty** some years ago; **(ona) ma siedemdziesiąt ileś lat** she's seventy something; **zgubił ileś kilogramów** he's lost a certain amount of weight

ileż *pron.* książk. (z policzalnymi) how many; (z niepoliczalnymi) how much; **ileż książek/ drzew?** how many books/trees?; **ileż wysiłku/prawdy?** how much effort/ truth?; **ileż razy słyszeliśmy te obietnice!** how many times have we heard promises of that kind!; **ileż ja się napłakałam!** how many tears I shed!; **o ileż przyjemniej mieszkać na wsi!** how much nicer (it is) to live in the country!

ilo- → **ilu-**

iloczyn *m* (*G* **~u**) Mat. product; **~ wielomianów/zbiorów** a product of multinomials/sets

❑ **~ logiczny** Mat. a logical product; an AND operation spec.

iloraz *m* (*G* **~u**) Mat. quotient; **~ inteligencji** Psych. intelligence quotient, IQ; **mieć wysoki/niski ~ inteligencji** to have a high/low IQ

ilościowo *adv.* in terms of quantity, quantitatively; **określić** a. **wyrazić coś ~** to express sth quantitatively a. in terms of quantity; **definiować coś ~** to define sth quantitatively; **produkcja była ~ bardzo skromna** production was quite limited in terms of quantity; **kolekcja imponująca/ uboga ~ i jakościowo** an impressive/a meagre collection in terms of both quantity a. size and quality; **zbiory jabłek/ziemniaków/zbóż w tym roku są ~ i jakościowo wyjątkowe** this year's apple/potato/grain crop is exceptional in terms of both quantity and quality

ilościow|y *adi.* quantitative; **stosunek ~y soli do wody w roztworze** the ratio of salt to water in the solution; **zmiana ~a** a quantitative change

iloś|ć *f* [1] (wielkość) amount, quantity; **~ć wody/pokarmu/cukru** the amount of water/food/sugar [2] kryt. (liczba) number, quantity; **~ć sprzedanych egzemplarzy/godzin tygodniowo** the number of copies sold/hours per week

ilu- *w wyrazach złożonych* książk. **ilumetrowa** a. **ilometrowa odległość ich dzieli?** how many metres are there between them?; **iluprocentowy** a. **iloprocentowy przyrost odnotowano w lutym?** what was the growth rate in February? **iloletni to budynek?** how old is this building?;

iluminacj|a *f* (*Gpl* **~i**) [1] książk. (oświetlenie) illumination *C/U* książk.; lighting *U*; **odświętna ~a budynków** the buildings' special illuminations [2] książk., przen. (oświecenie) enlightenment *U*; illumination *C/U* książk., przen.; **doznała nagłej ~i** she had a

flash of insight [3] (ozdobna ilustracja) illumination

iluminacyjn|y *adi.* [1] (świetlny) light *attr.*, lighting *attr.*; **instalacja ~a** a light(ing) installation [2] przen. enlightening; illuminative książk.

iluminato|r [I] *m pers.* illuminator

[II] *m inanim.* Lotn., Żegl. porthole

iluminators|ki *adi.* Szt. illumination *attr.*; **zdolności ~kie** talent as an illuminator

ilumin|ować *impf vt* [1] książk. (oświetlać) to illuminate *[budynki]* książk.; to light up *[budynki]* [2] (ilustrować) to illuminate *[książki, rękopisy]*

iluminowan|y [I] *pp* → **iluminować**

[II] *adi.* [1] książk. (oświetlony) illuminated książk.; **~y pałac** the illuminated palace [2] (zdobiony) illuminated; **~y rękopis** an illuminated manuscript

ilustr. (= ilustracja) fig.

ilustracj|a *f* [1] (*Gpl* **~i**) (rysunek) illustration; **czasopismo z ~ami** an illustrated magazine; **~e do książek dla dzieci** illustrations for children's books [2] (*Gpl* **~i**) (przykład) illustration; **być żywą ~ą czegoś** *[zjawisko, rzecz]* to be a vivid illustration of sth; *[osoba]* to be a walking illustration a. example of sth [3] *sgt* (ilustrowanie) illustration; **zajmować się ~ą książek** to work as a book illustrator

❑ **~a muzyczna** Muz. illustrative music

ilustracyjnie *adv.* [1] (z ilustracjami) illustratively [2] (za pomocą przykładów) through illustrations a. examples; (jako przykład) as an illustration a. example; **wyjaśnić coś ~** to clarify something through illustrations a. examples

ilustracyjnoś|ć *f sgt* illustrative character a. nature *C*

ilustracyjn|y *adi.* [1] *[papier]* illustration *attr.*; *[styl]* illustrative; **muzyka ~a** illustrative music [2] (służący jako przykład) illustrative; **dobrać materiał ~y** to select illustrative material

ilustrato|r *m*, **~rka** *f* illustrator

ilustratorstw|o *n sgt* (the art of) illustration

ilustr|ować *impf vt* [1] to illustrate *[książki]* ⇒ **zilustrować** [2] (wyjaśniać, obrazować) to illustrate; **dane liczbowe ~ujące zmiany demograficzne** numerical data illustrating the demographic changes ⇒ **zilustrować**

ilustrowan|y [I] *pp* → **ilustrować**

[II] *adi.* illustrated; **magazyn ~y** an illustrated magazine, a pictorial

iluzj|a *f* (*Gpl* **~i**) [1] (złudzenie) illusion; **lustra stwarzają ~ę przestrzeni** mirrors create an a. the illusion of spaciousness [2] (błędne przekonanie) delusion, illusion; **twoje plany to czysta ~a** your plans are nothing but a pipe dream

iluzjoni|sta *m* [1] (sztukmistrz) magician, conjuror; illusionist książk.; **występ ~sty** a magician's act [2] Szt. illusionist rzad.; **malarze ~ści** illusionist(ic) painters

iluzjonistyczn|y *adi.* [1] (prestidigitatorski) magic, conjuring; **seans ~y** a magic show [2] Szt. illusionist(ic); **obraz ~y** an illusionist(ic) painting

iluzjonisty|ka *f sgt* magic, conjuring

iluzjonizm *m* (*G* **~u**) *sgt* [1] Szt. illusionism; **~ w malarstwie** illusionism in painting [2] (iluzjonistyka) magic, conjuring

iluzorycznie *adv.* książk. illusorily książk.; **rządzić ~** to rule only in name

iluzorycznoś|ć *f sgt* książk. illusoriness książk., illusory nature *C* książk.; **~ć władzy** the illusory nature of power

iluzoryczn|y *adi.* książk. illusory książk.; **~e plany** illusory plans

iluzyjnoś|ć *f sgt* książk. illusoriness książk.

iluzyjn|y *adi.* [1] (nieprawdziwy) illusory książk. [2] Szt. illusionist(ic)

i|ł *m* (*G* **iłu**) Geol. loam *U*, clay *U*

iłow|y *adi.* Geol. *[gleba, skała]* argillaceous spec.; loamy, clayey a. clayish

im. (= imienia) **Towarzystwo im. Fryderyka Chopina** the Frédéric Chopin Society; **szkoła im. Mikołaja Kopernika** the Nicolaus Copernicus School

im[1] *conj.* **im..., tym...** the... the...; **im więcej/szybciej, tym lepiej** the more/the sooner the better; **im więcej się uczę, tym mniej rozumiem** the more I learn, the less I understand

im[2] *pron.* → **oni**

ima|ć się *impf v refl.* książk. [1] (zaczynać wykonywać) to take on *vt*, to undertake *vt*; **~ła się każdej pracy, byle przeżyć** she took on any kind of work in order to survive [2] (chwytać się) to use *vt*, to make use of; (uciekać się) to resort (**czegoś** to sth); to stoop pejor. (**czegoś** to sth); **~ł się różnych sposobów, by zdobyć potrzebne informacje** he resorted to various means to get the information he needed [3] (oddziaływać) to have an effect (**kogoś** on sb); **choroby się go nie ~ją** he is unaffected by illness; **czas się go nie ~** time has no effect on him

imadeł|ko *n dem.* Techn. (hand) vice, vise US

imad|ło *n* [1] Techn. vice, vise US; **ściskać coś ~łem** to clamp a. grip sth in a vice; **trzymać coś w ~le** to hold sth in a vice; **trzymał moją rękę jak w ~le** he held my hand in a vice-like grip [2] Med. forceps *pl*

image /i'maʒ, 'imidʒ/ *m*, *m inv. sgt* (*G* **~'u**) książk. image; **długo pracował na swój ~** it took him a long time to develop his image

imaginacj|a *f sgt* książk. imagination; **być wytworem czyjejś ~i** to be a figment of sb's imagination

imaginacyjn|y *adi.* książk. [1] (urojony) imaginary [2] (związany z wyobraźnią) imaginative; **zdolności ~e** (sb's) imaginative powers

imbecyl *m* (*Gpl* **~i** a. **~ów**) [1] pot., obraźl. imbecile pejor, obraźl. [2] przest., Med. imbecile przest.

imbecyln|y [1] pot., obraźl. imbecilic pot., obraźl. [2] przest., Med. *[osoba]* imbecilic przest.

imbi|r (*G* **~ru**) *sgt* Bot., Kulin. ginger

imbirow|y *adi.* Bot., Kulin. ginger *attr.*, gingery; **ciasteczka ~e** ginger biscuits GB, ginger cookies a. snaps US; **olejek ~y** ginger oil

imbrycz|ek *m dem.* (small) teapot

imbryk *m* teapot

iment *m*

■ **do ~u** pot. totally; (up) to the hilt; **zgrać się do ~u** to ham it up to the hilt pot.

imieninow|y *adi.* name day *attr.*; **życze-nia/karty ~e** name day wishes/cards; **tort ~y** a name day cake

imienin|y *plt* (*G* ~) ① (święto) name day; **kiedy masz/obchodzisz ~y?** when is your name day?; **składać komuś najlep-sze życzenia z okazji ~** to wish sb all the best on their name day; **wszystkiego najlepszego z okazji ~** all the best (on your name day) ② (przyjęcie) a name day party; **kiedy wyprawiasz ~y?** when are you having your name day party?; **zapra-szam cię w sobotę na ~y** I'd like to invite you to my name day party on Saturday

imiennie *adv.* [*zaprosić, głosować*] by name

imienni|k *m*, **~czka** *f* namesake; **być czyimś ~kiem** to be sb's namesake; **być ~czką swojej prababki** to be named after one's great-grandmother

imienn|y *adi.* ① (zawierający imię, nazwisko, nazwę) **lista ~a** a list of names; **głosowanie ~e** a vote by roll-call, a roll-call vote; **akcje ~e** registered shares; **zaproszenie ~e** a personal invitation; **~y wykaz koni** a listing of the horses by name ② *Jęz.* nominal

imiesłowow|y *adi. Jęz.* [*forma, konstrukcja*] participial

imiesł|ów *m* (*G* ~owu) *Jęz.* participle; **~ów czynny/bierny** the active/passive participle; **~ów przeszły** the past participle; **~ów przysłówkowy uprzedni/ współczesny** the perfect(ive)/present participle

imi|ę *n* (*G* ~enia) ① (osoby) (first a. given) name; **drugie ~ę** middle name; **dać komuś jakoś na ~ę** to name sb; **dano mu na ~ę Jan** he was named John; **nosić ~ę po pradziadku** to be named after one's great-grandfather; **jak ci/mu/jej na ~ę?** what's your/his/her name?; **mam/ma na ~ę Maria** my/her name is Maria; **nadać/ nadawać komuś ~ę** to name sb; **być z kimś po ~eniu** to be on a first-name basis a. on first-name terms with sb; **zwracać się do kogoś po ~eniu** to call sb by their first name; **używać swojego drugiego ~nia** to go by one's middle name; **wymienić** a. **wspomnieć kogoś z ~nia i nazwiska** to give sb's full name ② (nazwa) name; **nazwać coś ~eniem kogoś** to name sth after sb; **fundacja/nagroda/szkoła ~enia Czesła-wa Miłosza** the Czesław Miłosz Founda-tion/Prize/School; **rozsławić ~ę Polski w świecie** to win a. earn Poland worldwide acclaim ③ *sgt przen.* (opinia) name; **(czyjeś) dobre ~ę** sb's/one's good name; **szargać dobre ~ę rodziny** to besmirch the family's good name; **zyskać ~ę dobrego tłumacza** to gain a good reputation a. to make a name as a translator ④ *Jęz.* name; nominal spec. ■ **w ~ę Ojca i Syna** (w modlitwie) in the name of the Father and of the Son; (wykrzyknienie) in God's name!, in the name of God!; **w ~eniu prawa** in the name of the law; **nazywać coś po ~eniu** to call a spade a spade; **robić coś w ~ę miłości** to do sth in the name of love; **robić coś w ~ę przyjaźni/zgody** to do sth for the sake of friendship/agreement; **robić coś w czyimś ~niu** to do sth on sb's behalf

imigracj|a *f* (*Gpl* ~i) ① (proces) immigra-tion *U*; **fale ~i** waves of immigration ② (imigranci) immigration *U*, immigrants a. émigrés *pl*; **dawna/nowa ~a** early/recent immigrants; **żyć wśród ~i** to live in the immigrant community

imigracyjn|y *adi.* [*ludność, przepisy*] immi-gration *attr.*

imigran|t *m*, **~tka** *f* immigrant

imigr|ować *pf, impf vi* to immigrate; **~ować do Kanady** to immigrate to Canada

imitacj|a *f* ① *sgt* (naśladowanie) imitation *C/U*, imitating; **~a czyjegoś sposobu mówienia/chodzenia** the imitating of sb's way of speaking/walking ② (*Gpl* ~i) (kopia oryginału) imitation; **~a skóry/złota** imitation leather/gold; **~e starej broni/ stylowych mebli** reproductions of antique weapons/period furniture ③ (*Gpl* ~i) *Muz.* imitation *C/U*

imitacyjn|y *adi.* ① (naśladowczy) imitative; **talent ~y** a talent for imitation ② *Muz.* featuring imitation, with imitative passages

imitato|r *m*, **~rka** *f* imitator

imitators|ki *adi.* imitative; **wykazał się ~kimi umiejętnościami** he had a talent for imitation

imitatorstw|o *n sgt* imitativeness

imit|ować *impf vt* ① (udawać) to imitate; **~ować głosy ptaków** to imitate bird(s') calls ② *Muz.* to imitate

immanentnie *adv.* książk. immanently książk.; inherently

immanentn|y *adi.* książk. immanent książk.; inherent; **cecha ~a** an immanent a. inherent trait

immatrykulacj|a *f* *Szkol., Uniw.* ① *sgt* matriculation spec. ② (*Gpl* ~i) matricula-tion (ceremony) spec.

immatrykulacyjn|y *adi. Szkol., Uniw.* ma-triculation *attr.* spec.; **księga ~a** the matriculation register

immatrykul|ować *pf, impf* **Ⅰ** *vt Szkol., Uniw.* to matriculate spec.
Ⅱ immatrykulować się *Szkol., Uniw.* to matriculate spec.

immobilise|r /ˌimmobiˈlajzer/ *m Techn.* immobilizer; **zamontować ~r** to install an immobilizer

immunite|t *m* (*G* ~tu) ① *Prawo* immunity ② *Hist. jurisdiction granted to a feudal lord* □ **~t dyplomatyczny** diplomatic immun-ity

immunolo|g *m* (*Npl* ~dzy a. ~owie) *Med.* immunologist

immunologi|a *f sgt* (*GD* ~i) *Med.* im-munology □ **~a transplantologiczna** *Med.* transplant immunology

immunologiczn|y *adi.* ① *Med.* [*choroby, tolerancja, zaburzenia*] immunologic; [*bada-nia, zagadnienia, bariera, stowarzyszenie*] immunological ② *Fizj.* [*system, reakcja*] im-mune; **preparaty wzmacniające układ ~y** substances that fortify the immune system

impas *m* (*G* ~u) ① (sytuacja) impasse, deadlock; **przełamać ~** a. **wyjść z ~u** to break a. resolve a stalemate a. deadlock; **znaleźć się w ~ie** to reach an impasse; **rozmowy zakończyły się ~em** the talks ended in an impasse; **twórczy ~** (a) creative block ② *Gry* finesse

impasow|y *adi. [sytuacja, położenie, okres*] deadlock *attr.*, stalemate *attr.*

imperato|r *m* (*Npl* ~rzy a. ~rowie) Hist. ① (w starożytnym Rzymie) emperor, imperator ② (w monarchiach) emperor

imperatorow|a *f* (*Gpl* ~ych, *Ipl* ~ymi) Hist. empress; **~a Rosji** the empress of Russia

imperators|ki *adi.* Hist. ① (w starożytnym Rzymie) imperial, imperatorial ② (cesarski) imperial

imperatyw *m* (*G* ~u) książk. imperative; **kierować się ~em moralnym** to be guided by a moral imperative □ **~ kategoryczny** Filoz. categorical im-perative

imperatywnie *adv.* ① książk. [*zażądać*] authoritatively, peremptorily; **postępować ~** to behave authoritatively ② Jęz. [*użyty*] in the imperative

imperatywnoś|ć *f sgt* książk. ① (nakazowość) authoritativeness; **~ć czyjegoś zachowa-nia** sb's authoritative behaviour ② (koniecz-ność) imperativeness, vital importance

imperatywn|y *adi.* książk. ① (rozkazujący, nakazujący) [*głos, ton*] authoritative, peremp-tory ② (konieczny) imperative, vital; **~a konieczność** an imperative necessity ③ Komput. **język ~y** an imperative lan-guage

imperiali|sta *m* Polit. pejor. imperialist pejor.; **zakusy ~stów** imperialist designs

imperialistyczn|y *adi.* Polit. imperialist; **~a polityka** imperialist policies

imperializm *m* (*G* ~u) *sgt* Polit. imperial-ism

imperialn|y *adi.* Polit. imperial

imperi|um *n* (*Gpl* ~ów) Ekon., Polit. empire; **~um prasowe** a publishing empire

impertynencj|a książk. **Ⅰ** *f sgt* impertin-ence, impudence; **swoją ~ą drażnił otoczenie** his impertinence annoyed everyone
Ⅱ impertynencje *plt* impertinent a. impudent remarks; **mówić** a. **prawić ko-muś ~e** to be impertinent a. impudent to sb; **mam dość (słuchania) twoich/tych ~i** I've had enough of your/this impertin-ence a. impudence

impertynenc|ki *adi.* książk. impertinent, impudent; **~kie zachowanie** impertinent behaviour

impertynencko *adv.* książk. impertin-ently, impudently; **odezwać się do ko-goś ~** to be impertinent to sb

impertynen|t *m*, **~tka** *f* impertinent person; **mieć opinię ~ta** to be considered impertinent

impe|t *m* (*G* ~tu) *sgt* momentum, impetus; **nabierać ~tu** to gain momentum a. impetus; **tracić (cały) ~t** to lose (all one's) momentum a. impetus; **całym ~tem uderzył w drzewo** he crashed into the tree at full speed; **wpadł do sali z ~tem** he burst into the room

implan|t *m* (*G* ~tu) Med. implant; **siliko-nowy ~t piersi** a silicone breast implant; **~ty stawów/kości** joint/bone implants

implantacj|a *f* (*Gpl* ~i) ① Med. (wszczepie-nie) implantation *U*; **~e elektrod do**

mózgu the implantation of electrodes in the brain; **dokonać ~i sztucznego serca/ sztucznej soczewki** to implant an artificial heart/lens ② Biol., Fizj. (zagnieżdżenie się) implantation *U*; nidation *U* spec.

❏ **~a jonów** Fiz. ion implantation

implicite /im'plitsite/ *adv.* książk. implicitly, by implication; **w jego słowach była ~ zawarta groźba** there was an implicit threat in his words

implikacj|a *f* (*Gpl* **~i**) ① książk. (konsekwencja) implication; ramification *zw. pl*; **praktyczne ~e tej teorii/twierdzenia Goedla** the practical implications of the theory/of Goedel's theorem; **rozważyć ~e proponowanej poprawki ustawy/reformy podatkowej** to weigh up the ramifications of the proposed amendment/tax reform ② Log. implication

implikacyjn|y *adi.* Log. implicational

implik|ować *impf vt* książk. ① (pociągać za sobą) to entail; (jako konsekwencję) to entail, to involve; **restrukturyzacja oddziału ~uje zmiany kadrowe** restructuring the department will entail personnel changes ② (przypisywać) to ascribe, to attribute (**komuś** to sb); **myśli te ~ował sobie ex post** he ascribed those thoughts to himself after the fact ③ (sugerować) to imply; **fragmenty, które ~ują cielesność Boga** passages that imply (a belief in) the corporeality of God ④ Log. to implicate

imponderabili|a *plt* (*G* **~ów**) książk. intangibles; imponderables książk.; **przywiązywać wagę do ~ów** to attach importance to the intangible

impon|ować *impf vi* ① (budzić podziw) to impress *vt*; **~ować komuś pracowitością/odwagą** to impress sb with one's diligence/bravery; **~owało nam to, co osiągnął** we were impressed with what he'd achieved ⇒ **zaimponować** ② pot. (pysznić się) to flaunt *vt*; **lubił ~ować swoim bogactwem** he liked to flaunt his wealth; **lubił ~ować znajomym/sąsiadom** he liked to impress his friends/ neighbours ⇒ **zaimponować**

imponująco *adv.* [ubrany, oczytany] impressively; [wyglądać, brzmieć] impressive *adi.*

imponując|y *adi.* [uroda, wygląd, zwycięstwo] impressive; [budowla, wielkość] imposing; [przyjęcie, uroczystość] grand

impor|t *m* (*G* **~tu**) *sgt* import, importation; **~t cytrusów/żywca** the import of citrus fruit/livestock; **towary z ~tu** imported goods, imports

importe|r *m* (osoba, przedsiębiorstwo) importer; (państwo) importing country, importer

import|ować *impf vt* ① (sprowadzać) to import [surowce, towary]; **towary ~owane z Polski** goods imported from Poland a. Polish imports ⇒ **zaimportować** ② przen. to import przen., to adopt przen. [idee, wynalazki, zwyczaje]

importow|y *adi.* ① [podatek, licencja, nadwyżki] import *attr.* ② [towary, usługi] imported

impotencj|a *f sgt* ① Med. impotence; **cierpieć na ~ę** to suffer from impotence ② przen. (twórcza, artystyczna) impotence; (władz)

impotence, powerlessness; **~a pisarska** writer's block

impoten|t *m* ① Med. impotent man; **stać się ~tem** to become impotent ② przen., pejor. **być artystycznym ~tem** to be artistically barren; **czuć się ~tem** to feel (completely) impotent a. powerless

impregnacj|a *f sgt* (materiałów, płótna, skóry) impregnation; (przeciw wilgoci) (water)proofing; (przeciw czynnikom atmosferycznym) weatherproofing; **środki do ~i drewna** wood preservatives; **regularna ~a butów** regular waterproofing of shoes/boots

impregnacyjn|y *adi.* [preparat, działanie] (przeciw wilgoci) (water)proofing; (przeciw czynnikom atmosferycznym) weatherproofing; (przeciw gniciu) preservative

impregn|ować *impf vt* to impregnate; (przeciw wilgoci) to (water)proof; (przeciw czynnikom atmosferycznym) to weatherproof; **~ować tropik namiotu środkiem owadobójczym** to impregnate a flysheet with an insecticide; **~ować drewno/tkaninę środkiem konserwującym** to impregnate wood/fabric with a preservative ⇒ **zaimpregnować**

impregnowan|y ② *pp* → **impregnować** ③ *adi.* ① impregnated; (przeciw wilgoci) (water)proofed; (przeciw czynnikom atmosferycznym) weatherproofed; **kombinezon ~y gumą** rubberized overalls ② przen., pejor. [osoba] impervious (**na coś** to sth); immune przen. (**na coś** to sth); **całkowicie ~y na nasze argumenty** absolutely impervious to our arguments

impresaria|t *m* (*G* **~tu**) ① (instytucja) (show business/artistic) management company; **~t muzyczny** a music management company; **prowadzić ~t wystaw** to run an exhibition management company ② *sgt* (działalność) (show business/artistic) management; **państwowy ~t** state patronage of the arts

impresari|o *m* (*Npl* **~owie**) Muz., Teatr manager, organizer; impresario książk.; Sport manager, organizer

impresj|a *f* (*Gpl* **~i**) książk. ① (wrażenie) impression; **~e z Moskwy/przedstawienia** impressions of Moscow/the performance; ② (malarska, filmowa, muzyczna) impressionistic work

impresjoni|sta *m*, **~stka** *f* Szt. Impressionist

impresjonistycznie *adv.* Szt. [przedstawiony] impressionistically; [malować] in the Impressionist style; **~ ująć temat** to treat the subject impressionistically

impresjonistyczn|y *adi.* ① Literat., Szt. [obraz, malarstwo, sztuka] Impressionist, Impressionistic; [malarz, twórca] Impressionist ② książk., pejor. (subiektywny) impressionistic

impresjonizm *m* (*G* **~u**) *sgt* Literat., Szt. Impressionism

impresyjnie *adv.* książk. [opisywać, przedstawiać] impressionistically, as a series of impressions; [odbierać] emotionally, subjectively

impresyjnoś|ć *f sgt* książk. (utworu, kompozycji) emotionality a. emotionalism, subjectivity

impresyjn|y *adi.* książk. [wiersz, sztuka] impressionistic; **~y esej** an impressionistic essay

imprez|a *f* ① (sportowa, rozrywkowa, kulturalna) event; **organizować ~ę** to hold an event ② pot. (towarzyska) party pot.; **do GB GB** pot.; **pójść z chłopakiem na ~ę** to go to a party with one's boyfriend ③ pot. (przedsięwzięcie) game, business; **pakować forsę w niepewną ~ę** to invest in a risky business

imprez|ować *impf vi* pot. to party pot.; **widać po nim, że ~ował do rana** he looks as though he was partying all night

imprezow|y *adi.* pot. [nastrój, atmosfera] party *attr.*; **~e towarzystwo** a partying crowd a. set; **~y chłopak** a party boy; **~a dziewczyna** a party girl

imprimatur *n inv.* Relig., Wyd. (aprobata) imprimatur; **dać swoje ~ dla (publikacji) tekstu** to give a manuscript one's imprimatur; **otrzymać ~** to be given an imprimatur także przen.

improwizacj|a *f* ① *sgt* Muz. (komponowanie) improvisation; **dar ~i** a gift for improvisation ② Muz. (utwór improwizowany) improvisation ③ przen. pejor. (nieprzemyślane działanie) slapdash a. slipshod affair

❏ **swobodna ~a** Muz. free improvisation

improwizato|r *m* improviser

improwizators|ki *adi.* ① (dotyczący improwizatora) improvisatory; **niezwykły talent ~ki** great talent as an improviser; **popisy ~kie** improvised performances ② [charakter utworu] improvisational, improvisatory

improwiz|ować *impf* ① *vt* Literat., Muz. to improvise, to extemporize [melodię, wiersz]; **~ować przemówienie** to improvise a. ad-lib a speech ⇒ **zaimprowizować** ② przen. to improvise [strój, przyjęcie]; (zmyślać) to concoct [wymówki] ⇒ **zaimprowizować** ③ *vi* ① Muz. to improvise; to extemporize książk.; [jazzman] to jam pot.; **~ować na saksofonie/fortepianie** to improvise on the saxophone/the piano ⇒ **zaimprowizować** ② [mówca, aktor] to improvise, to ad-lib; **~ować wierszem** to improvise a poem ⇒ **zaimprowizować**

impuls *m* (*G* **~u**) ① (wewnętrzny bodziec) impulse *C/U*; **robić coś pod wpływem ~u** to do sth on (an) impulse; **działać pod wpływem ~u** to act on (an) impulse; **ulec nagłemu ~owi** to yield to a sudden impulse; **ulegać ~om** to be an impulsive person ② (zewnętrzny czynnik) impetus *C/U* (**do czegoś** for a. to sth); **być silnym ~em** to be a. provide (a) strong impetus; **dać komuś ~ do czegoś/zrobienia czegoś** to spur sb to sth/to do sth ③ Fiz. impulse, pulse ④ Med. (nerwowy, psychiczny) impulse ❏ **~ telefoniczny** Telekom. call unit

impulsow|y *adi.* Fiz., Med. impulse *attr.*; Telekom. pulse *attr.*; **~e wybieranie numerów** pulse dialling

impulsywnie *adv. grad.* [decydować, krzyczeć, reagować] impulsively; **postępować ~** to behave impulsively

impulsywnoś|ć *f sgt* impulsiveness; **~ć czyjejś reakcji** the impulsiveness of sb's reaction

impulsywn|y *adi. grad.* [charakter, odpowiedź] impulsive

I

imput|ować *impf vt* książk. to impute książk.; **~ować coś komuś** to impute sth to sb; **co mi tu pan ~uje?!** what are you imputing (to me)?; **proszę mi nie ~ować czegoś, czego nie powiedziałem** don't put words in my mouth

in. [1] (= inni/inne) **i in.** and others; (wyliczając autorów) et al. [2] (= inaczej) aka

in abstracto /ˌinapˈstrakto/ książk. in abstracto książk.; **rozważać coś ~** to consider sth in abstracto

inaczej [I] *pron.* (w inny sposób) differently, another way; **z tymi krótkimi włosami (ona) wygląda zupełnie ~** she looks totally different with that short hair; **sformułuję to pytanie ~** let me rephrase the question a. put the question another way; **~ niż ktoś/coś** in a different way to sb/sth, unlike sb/sth; **zachowywał się ~ niż wszyscy** he behaved differently to anybody else; **zrób to ~** do it another way; **spotkanie przebiegało ~, niż planowaliśmy** the meeting didn't go as we had planned; **los chciał ~** fate decreed otherwise książk.; **nie ~** (na pewno) that's it a. right; **„chcesz powiedzieć, że go nie lubisz?" – „nie ~"** 'do you mean to say you don't like him?' – 'that's right' a. 'that's what I mean'; **nie ~ było z wujem** it was the same with my uncle; **dlatego zachowaliśmy się tak, a nie ~** that's why we behaved the way a. as we did; **stało się tak, a nie ~** what happened happened; **rozmowy nie mogły skończyć się ~ jak (tylko) kapitulacją** the negotiations could only end in capitulation; **tak czy ~** (w każdym razie) anyway, in any event; **tak czy ~ miałeś doskonały pomysł** anyway, it was a brilliant idea of yours; **tak czy ~ nie sądzę, żeby...** anyway a. in any event, I shouldn't think...; **tak czy ~ trzeba coś postanowić** one way or another we need to decide something; **jest to, tak czy ~, nasza wina** whichever way you look at it, it's our own fault; **~ mówiąc,...** in other words...; **~ śpiewać** a. **zaśpiewać** przen. to sing a different tune a. song przen.

[II] *coni.* [1] (w przeciwnym razie) otherwise, or (else); **musisz tam pójść, (bo) ~ będziesz miał kłopoty** you've got to go there, otherwise you'll be in trouble; **pośpiesz się, (bo) ~ się spóźnimy** hurry up, or (else) we'll be late [2] (innymi słowy) or, also known as; **subkultura młodzieżowa, czy ~: kultura alternatywna** youth subcultures, also known as alternative culture; **(to) może ~...** (well,) let me put it another way...

[III] *adv.* euf. **sprawni ~** the uniquely abled euf.; **ludzie, którzy kochają ~** gay people, gays

inauguracj|a *f* (*Gpl* **~i**) książk. (roku szkolnego, sezonu, sesji, wystawy, festiwalu) inauguration, opening; **uroczysta ~a** an inauguration (ceremony); **wystosować do kogoś zaproszenie na ~ę** to invite sb to the inauguration

inauguracyjn|y *adi.* książk. [*przemówienie, koncert, posiedzenie*] inaugural

inaugur|ować *pf, impf vt* książk. to inaugurate, to open [*sesję, wystawę, sezon, rok szkolny*]; **~owano jego prezydenturę** he

was inaugurated as president ⇒ **zainaugurować**

in blanco /inˈblaŋko/ **wystawić czek ~** to make out a blank cheque GB a. check US; **podpisać upoważnienie/zezwolenie ~** to sign a blank authorization/permit

incipi|t *m* (*G* **~tu**) książk. (piosenki, wiersza) first line; **spis według ~tów** an index of first lines

incognito /iŋkoˈɡnito/ książk. [I] *adv.* [*podróżować, działać*] incognito, in disguise [II] *n inv.* incognito, assumed name a. identity; **zachowywać ~** to remain incognito

incyden|t *m* (*G* **~tu**) książk. incident; **spotkał go przykry ~t** he experienced an unpleasant incident

incydentalnie *adv.* książk. [*spotykać*] incidentally; [*wspomnieć*] incidentally, in passing

incydentalnoś|ć *f sgt* książk. incidental nature a. character; **~ć zjawiska** the incidental nature of the phenomenon

incydentaln|y *adi.* [1] książk. [*sprawa, zjawisko*] incidental [2] Prawo incidental

indagacj|a *f* (*Gpl* **~i**) książk. prying U

indag|ować *impf vt* książk. **~ować kogoś** to ply sb with questions; **~ować kogoś w jakiejś sprawie/na jakiś temat** to ply sb with questions about sth

indeks *m* (*G* **~u**) [1] (spis) index; **~ cen** a price index; **~y rzeczowe/nazwisk** subject/name indexes a. indices; **sporządzać ~** to create an index [2] Uniw. ≈ student record book, ≈ (grade) transcript US; **ubiegać się o ~** to take university entrance exams; **dostać ~** to be admitted to a university; **wpisać studentowi zaliczenie do ~u** ≈ to enter a course credit in the student's record [3] Druk., Nauk. **~ górny/dolny** superscript/subscript [4] Ekon., Fin. index; **~ giełdowy** a share index, a stock exchange index; **Warszawski Indeks Giełdowy** the Warsaw Stock Exchange Index

❑ **~ a tergo** Jęz. reverse alphabetical index; **~ ksiąg zakazanych** Hist., Relig. Index Librorum Prohibitorum

■ **być** a. **znajdować się na ~ie** to be blacklisted

indeksacj|a *f* (*Gpl* **~i**) *sgt* Ekon. indexation, index-linking GB; **~a płac** indexation of wages

indeksow|y *adi.* index attr.; **wskaźnik ~y** an index a. indicator

indeterministycznie *adv.* Filoz. indeterministically; **ująć coś ~** to approach sth indeterministically

indeterministyczn|y *adi.* Filoz. indeterministic; **~e podejście do tematu** an indeterministic approach to the subject

indeterminizm *m* (*G* **~u**) *sgt* Filoz. indeterminism; **zwolennik ~u w biologii** a proponent of biological indeterminism

Indian|in *m*, **~ka** *f* (*Gpl* **~**, **~ek**) Native American; American Indian przest.; Amerindian spec.

indiani|sta *m*, **~stka** *f* specialist in Native American studies

indianistyczn|y *adi.* Native American; American Indian przest.; Amerindian spec.;

badania~e Native American studies a. research

indianisty|ka *f sgt* Native American studies *pl*

indiańs|ki *adi.* [*zwyczaj, terytorium, język*] Native American; American Indian przest.; Amerindian spec.

indochińs|ki *adi.* Indo-Chinese

indoktrynacj|a *f sgt* książk. indoctrination; **~a młodzieży** indoctrination of the young; **być poddawanym ~i** to be subjected to indoctrination; **być przedmiotem politycznej ~i** to be subject to political indoctrination

indoktryn|ować *impf vt* książk. to indoctrinate; **~ować młodzież/społeczeństwo** to indoctrinate young people/society; **byliśmy ~owani w szkole** we were indoctrinated at school

indolencj|a *f sgt* książk. indolence; **~a urzędnicza** bureaucratic indolence; **~a umysłowa** mental apathy; **wykazywać szczególną ~ę w jakiejś sprawie** to be particularly inept at doing sth

indolo|g *m* (*Npl* **~gowie** a. **~dzy**) Nauk. Indologist

indologi|a *f* (*GD* **~i**) *sgt* Nauk. Indology

Indonezyj|czyk *m*, **~ka** *f* Indonesian

indonezyjs|ki *adi.* Indonesian

indo|r *m* pot. turkeycock

■ **nadąć się jak ~r** to be all puffed up

indor|ek *m dem.* pieszcz. turkeycock

indukcj|a *f sgt* [1] Log. induction [2] Elektr. induction [3] Nauk. (wywoływanie) induction ❑ **~a elektromagnetyczna** Fiz. electromagnetic induction; **~a elektrostatyczna** Fiz. electrostatic induction; **~a elektryczna** Elektr. electric induction; **~a jądrowa** Fiz. nuclear induction; **~a magnetyczna** Fiz. magnetic induction; **~a matematyczna** Mat. mathematical induction

indukcyjn|y *adi.* [1] Log. [*teoria, metoda*] inductive; **wnioskowanie ~e** inductive reasoning [2] Fiz. induction attr., inductive

induk|ować *impf vt* [1] (wywoływać) książk. to induce [*zmiany, reakcję*] [2] Fiz. to induce [*prąd, pole magnetyczne*]

industrializacj|a *f sgt* książk. industrialization; **~a kraju** industrialization of a country

industrializ|ować *impf* [I] *vt* książk. to industrialize [*kraj, region*] ⇒ **zindustrializować** [II] **industrializować się** to be industrialized ⇒ **zindustrializować się**

industrialn|y *adi.* książk. [*miejscowość, problemy, pejzaż*] industrial

indycz|ę *n* (*G* **~ęcia**) (turkey) chick

indycz|ka *f* Zool. (turkey) hen

indycz|y *adi.* [*ferma, mięso, jajo*] turkey attr. ■ **piegowaty jak ~e jajo** pot. covered with freckles

indycz|yć się *impf v refl.* pot., żart. to be a. get stroppy pot.; **nie ~ się!** don't get stroppy! ⇒ **naindyczyć się**

indyferentn|y *adi.* książk [*osoba, postawa, stosunek*] indifferent

indyferentyzm *m* (*G* **~u**) *sgt* książk. indifference; **~ religijny/polityczny/moralny** religious/political/moral indifference

indyg|o [I] *n inv.*, *n sgt* (roślina, barwnik, kolor) indigo

[I] *adi. inv.* indigo *attr.*; **niebo/bluzka koloru ~o** indigo sky/blouse

indygow|y *adi.* indigo *attr.*

indyjs|ki *adi.* (odnoszący się Indii) Indian

indyk *m* Kulin., Zool. turkey; **pieczony ~** roast turkey; **udziec/pierś z ~a** turkey leg/breast

indywiduali|sta *m* [1] (człowiek samodzielny) individualist; **jest zbyt dużym ~stą, żeby...** he's too much of an individualist to... [2] Filoz. individualist (philosopher)

indywidualist|ka *f* individualist

indywidualistycznie *adv.* [1] książk. (samodzielnie) *[postępować, zachowywać się]* individualistically [2] Filoz. individualistically

indywidualistyczn|y *adi.* [1] książk. *[działanie, postępowanie]* individualistic, individualist; **~e podejście do problemu** individualistic approach to the problem [2] Filoz. individualistic, individualist

indywidualizacj|a *f sgt* książk. [1] (wyodrębnianie) individuation; **~a osobowości** personal individuation [2] (uwzględnianie specyfiki jednostek) individualization; **~a metod nauczania** individualization of teaching methods

indywidualizm *m* (*G* ~**u**) [1] Filoz. individualism [2] (postawa) individualism; **jego nadmierny ~** his excessive individualism

indywidualiz|ować *impf vt* książk. to individualize *[postaci utworu, cele, metody]*; **~ować zadania odpowiednio do możliwości uczniów** to individualize tasks according to the students' abilities ⇒ **zindywidualizować**

indywidualnie *adv.* *[oceniać, przyjmować]* individually; **te egzaminy zdaje się ~** these (oral) exams are arranged by appointment a. on an individual basis; **~ opracowany plan treningów** an individually designed training programme; **pracować ~** to work independently

indywidualnoś|ć *f* [1] *sgt* (wyjątkowość) individuality; **kształtować swoją ~ć** to develop one's individuality; **niszczyć ~ć** to destroy individuality [2] (człowiek) individual, personality; **wybitna ~ć** an outstanding individual a. personality; **~ci pisarskie/artystyczne** literary/artistic individuals a. personalities; **należy do największych ~ci muzycznych** s/he's one of the leading musical personalities

indywidualn|y *adi.* [1] (wyjątkowy) *[styl]* individual; *[odczucie, wrażenie]* personal [2] (pojedynczy) *[wyjazd, turysta, odpowiedzialność, terapia]* individual

indywidu|um *n* (*Gpl* ~**ów**) [1] książk. (jednostka) individual [2] pejor. (podejrzany typ) character pot.; **nieciekawe ~a** nasty characters

indziej *adv.* [1] (o miejscu) **gdzie ~ (mogą być)?** where else (can a. could they be)?; **gdzie(ś) ~** somewhere else; **gdziekolwiek ~** anywhere else; **nigdzie ~** nowhere else; **codziennie gdzie ~** every day in a different place [2] (o czasie) **spotkajmy się kiedy ~** let's meet some other time; **kiedy ~ mogę go spotkać, jak nie jutro?** when else shall a. could I meet him if not tomorrow?; **dziś jest to ważniejsze niż**

kiedykolwiek ~ nowadays it's more important than ever

ineksprymabl|e *plt* (*G* ~**i**) przest., żart. long johns pot.

inercj|a *f sgt* [1] książk. (bierność) inertia; **~a umysłowa/gospodarcza** intellectual/economic inertia; **pogrążyć się w ~i** to become inert, to have a feeling of inertia [2] Fiz. inertia

inercyjnie *adv.* [1] książk. (biernie) **zachowywać się ~** to be lethargic; **podchodzić do czegoś ~** to be apathetic towards sth [2] Fiz. inertly

inercyjnoś|ć *f sgt* książk. sluggishness

inercyjn|y *adi.* książk. *[system, postawa, zachowanie]* inert

infami|a *f* (*GDGpl* ~**i**) [1] Hist., Prawo (kara) infamy [2] przest. (hańba) infamy; **dopuścić się ~i** to commit an infamous deed

infan|t *m* Hist. infante

infant|ka *f* Hist. infanta

infantylizacj|a *f sgt* książk. [1] (dziecinnienie) infantilization [2] (upraszczanie) ≈ oversimplification

infantylizm *m sgt* (*G* ~**u**) [1] książk. (człowieka) infantilism; (fabuły, zachowania) infantility, childishness; **jest w nim jakiś ~** there is something infantile about him [2] Med. infantilism

infantyliz|ować *impf* **[I]** *vt* książk., pejor. to make *[sth]* look infantile *[problemy, przeszłość]*; to reduce to an infantile level *[język, treść książki]* ⇒ **zinfantylizować**

[II] infantylizować się to become infantile ⇒ **zinfantylizować się**

infantylnie *adv.* książk. *[zachowywać się]* childishly; *[wyglądać]* infantile *adi.*

infantylnoś|ć *f sgt* książk. infantility; **~ć zachowania** a. **w zachowaniu** infantile a. childish behaviour

infantyln|y *adi.* [1] książk. (dziecinny) *[osoba, zachowanie, wygląd]* infantile [2] Med. infantile

infekcj|a *f* (*Gpl* ~**i**) Med. infection; **~a bakteryjna/wirusowa** a bacterial/viral infection; **~a górnych dróg oddechowych** an infection of the upper respiratory tract; **podatność na ~e** vulnerability to infections; **złapać jakąś ~ę** pot. to get an infection

infekcyjn|y *adi.* Med. *[choroba, zapalenie płuc]* infectious

infek|ować *impf vt* książk. to infect *[osobę, bydło, rzekę]* ⇒ **zainfekować**

infiltracj|a *f sgt* książk. [1] (przesiąkanie) infiltration [2] (organizacji, środowiska) infiltration; **być poddawanym ~i** to be infiltrated; **uchronić organizację przed ~ą obcego wywiadu** to protect an organization from a. against infiltration by foreign intelligence services

infiltr|ować *impf vt* książk. to infiltrate (into) *[organizację, środowisko]*; **policja ~uje środowisko przestępcze** the police are infiltrating criminal gangs

inflacj|a *f sgt* Ekon. inflation; **galopująca/pełzająca ~a** galloping/creeping inflation; **miesięczna/roczna ~a przekracza 20%** the monthly/annual inflation rate exceeds 20%; **przy ~i rzędu 10%** with inflation running at 10%; **napędzać/powstrzymy-**

-wać ~ę to drive/curb inflation; **walka z ~ą** fighting a. battling against inflation

inflacyjn|y *adi.* Ekon. *[proces, impuls, luka]* inflationary; **~y wzrost cen** inflationary price increase

in flagranti książk. in flagrante delicto; in flagrante pot.; **przyłapać kogoś ~** to catch sb in flagrante (delicto)

informacj|a *f* (*Gpl* ~**i**) [1] (wiadomość) piece a. bit a. item of information; (w gazecie, radiu) report; **~e** information; **szczegółowe/poufne/tajne ~e** detailed/confidential/secret information; **źródło ~i** a source of information; **zdobywać/zbierać ~e** to obtain/gather information; **udzielić komuś bliższych ~i** to give sb more detailed information; **przekazywać tajne ~e** to pass on secret information; **gdzie mogę uzyskać ~e na temat...?** where can I get some information about...?; **do kogo należy zwrócić się o ~e?** who can give me some information?; **poszedł po ~e** he's gone to get a. for some information; **otrzymałem ~ę, że...** I was informed that...; **nie mam ~i na ten temat** I have no information about that; **nie mam wystarczających ~i, żeby odpowiedzieć na pytanie** I need more information to answer that question; **nie udzielamy ~i o naszych klientach** we don't divulge information about our clients; **radio podało ~ę, że...** the radio reported that...; **rzecznik rządu nie chciał skomentować ~i, jakoby...** the government spokesman refused to comment on the report that... [2] (biuro) information office a. bureau; (okienko) information desk; **~a telefoniczna** telephone information service; **~a turystyczna/kolejowa** tourist/railway information office a. bureau; **zadzwonić do ~i** to call the information service a. line [3] Techn. information ❏ **~a genetyczna** Biol. genetic information; **~a naukowa** Nauk. scientific information

informacyjn|y *adi.* *[agencja, biuro, biuletyn]* information *attr.*; **szum ~y** Dzien. information noise

informato|r **[I]** *m pers.* [1] (źródło informacji) source; **wiarygodny ~r** a reliable source; **według mojego ~ra** according to my source [2] (policyjny) informer [3] Nauk. (uczestniczący w badaniach) informant

[II] *m inanim.* (książka) guide; **~r o handlu zagranicznym** a foreign trade guide; **~r o kierunkach studiów** a compendium of university courses; **~r dla podróżnych/ turystów** a tourist guide

informator|ka *f* [1] (źródło informacji) source [2] (policyjna) informer [3] Nauk. (uczestnicząca w badaniach) informant

informatycznie *adv.* Komput. **przetworzony ~** computer-processed

informatyczn|y *adi.* Komput. *[studia]* computer *attr.*, information technology *attr.*, IT *attr.*; **system ~y** a computer system

informaty|k *m*, **~czka** *f* Komput. computer specialist, information technology specialist, IT specialist

informaty|ka *f sgt* Komput. computer science, information science, informatics

inform|ować *impf* **[I]** *vt [osoba, znak]* to inform; **~ować kogoś na bieżąco** to keep

I

sb informed; **gazety ~owały o podobnych przypadkach** the newspapers reported similar cases; **znaki drogowe ~ujące kierowców o...** road signs informing drivers about... ⇒ **poinformować**

II informować się (zasięgać informacji) to inquire, to enquire; **~ował się na lotnisku, kiedy będzie najbliższy samolot** he enquired at the airport about the next flight ⇒ **poinformować się**

infrastruktu|ra f infrastructure

❏ **~ra ekonomiczna** Ekon. economic infrastructure; **~ra społeczna** Admin. social infrastructure

infu|ła f [1] Relig. (nakrycie głowy, godność) mitre; **~ła biskupia** bishop's mitre [2] Antycz. mitre

ingerencj|a f (Gpl ~i) książk. interference; (wojskowa, policyjna) intervention; **~a cenzury** censor's interference; **~a państwa w życie obywateli** state interference in people's lives

inger|ować impf vi książk. to interfere (**w coś** in sth); **~ować w czyjeś życie** to interfere in sb's life; **~ować w wewnętrzne sprawy obcego kraju** to interfere in another country's internal a. domestic affairs

ingrediencj|a f (Gpl ~i) książk., żart. ingredient

ingres m (G ~u) Relig. installation; **~ biskupa** installation of a bishop

inhalacj|a f (Gpl ~i) Med. inhalation

inhalacyjn|y adi. Med. [kuracja, urządzenie, lek] inhalation attr.

inhalato|r m Med. inhaler, inhalator

❏ **~r tlenowy** Lotn. oxygen mask

inicjacj|a f (Gpl ~i) książk. [1] (początek) initiation; **~a narkotykowa** initiation into drugs; **~a seksualna** a. **erotyczna** sexual initiation [2] (uroczyste przyjęcie) initiation ceremony [3] (wejście w dorosłość) initiation; **~a w dorosłe życie** initiation into adulthood; **obrzęd ~i** initiation rite [4] Wojsk. (wywołanie detonacji) initiation

inicjacyjn|y adv. książk. [1] [obrzęd, ceremonia, rytuał] initiation attr., initiatory [2] Wojsk. [środki, substancje] initiation

inicjaln|y adi. książk. [pozycja, litera] initial

inicja|ł m (G ~łu) [1] (w księdze) initial [2] zw. pl initial; **list podpisany jego ~łami** a letter signed with his initials

inicjato|r II m pers. initiator; **~r kampanii/programu/strajku** initiator of a campaign/program/strike

III m inanim. Chem., Wojsk. (wybuchu) initiator ❏ **~r detonacji** Chem., Wojsk. explosive initiator; **~r polimeryzacji** Chem. polymerization initiator

inicjator|ka f (projektu, programu) initiator

inicjators|ki adi. [działalność, pomysł] initiatory

inicjatyw|a f [1] (pomysł) initiative; **śmiała ~a** a bold initiative; **poprzeć ~ę** to back an initiative; **~a zorganizowania wyprawy** initiative to organize an expedition; **wystąpić z ~ą** to put forward a proposal, to make a suggestion; **~a wyszła od nich** the initiative was theirs; **stać się/odbyć się z czyjeś ~y** to happen/take place on the initiative of sb; **podjąć ~ę zrobienia czegoś** to take the initiative to do sth;

przejąć ~ę to take a. seize the initiative; **robić coś z własnej ~y** to do sth on one's own initiative; **wziąć ~ę w swoje ręce** to take the initiative [2] (kreatywność) initiative; **człowiek z ~ą** a man of initiative; **być pełnym ~y** to have a lot of initiative; **wykazać się ~ą** to show one's initiative

❏ **~a prywatna** pot. private enterprise; **~a ustawodawcza** Prawo. right of legislative initiative

inicj|ować impf vt książk. [1] (zapoczątkowywać) to initiate [badania, budowę] ⇒ **zainicjować** [2] Wojsk. to initiate [wybuch] ⇒ **zainicjować**

inkasenc|ki adi. meter reader's

inkasen|t m meter reader

inkas|ować impf vt [1] (pobierać) to collect [pieniądze, należności]; **~ować czeki** to cash cheques ⇒ **zainkasować** [2] Sport, przen. to receive [ciosy] ⇒ **zainkasować**

inkau|st m (G ~stu) przest. ink

inklinacj|a f (Gpl ~i) [1] książk. (skłonność) inclination (**do robienia czegoś** to do sth); **~e artystyczne** artistic inclinations; **~a do tycia** a tendency to put on weight [2] książk. (do osób) predilection (**do kogoś** for sb) [3] Fiz. inclination

❏ **~a magnetyczna** Fiz. magnetic inclination

inkorporacj|a f (Gpl ~i) [1] Polit. incorporation (**czegoś** of sth); **~a Austrii do Niemiec** the incorporation of Austria into Germany [2] Prawo incorporation [3] Jęz. incorporation

inkorporacyjn|y adi. [1] Polit. **program/plan ~y** a programme/plan to incorporate [2] Prawo **akt ~y** a deed of incorporation [3] Jęz. [języki] incorporating

inkrustacj|a f Szt. [1] sgt (technika zdobnicza) encrustation, incrustation [2] (Gpl ~i) (motyw zdobniczy) encrustation, incrustation

inkrust|ować impf vt Szt to encrust, to incrust [stolik, komodę] (**czymś** with sth)

inkrustowan|y adi. Szt. [szkatułka, stolik] incrusted; **~y złotem/kością słoniową** ivory-/gold-encrusted; **bogato ~y** richly encrusted

inkryminowan|y adi. książk. [artykuł, czyn] incriminated

inkubato|r m [1] Med. incubator [2] Roln. incubator [3] przen. mine; **ta szkoła jest prawdziwym ~rem talentów muzycznych** this school is a real mine of musical talent

inkunabu|ł m (G ~łu) Druk. incunabulum

inkwizycj|a f sgt Hist., Relig. the Inquisition ❏ **Święta Inkwizycja** the Inquisition

inkwizycyjn|y adi. [metody] inquisitional; [proces] Inquisition attr.

inkwizyto|r m [1] Hist., Relig. Inquisitor; **wielki ~r** Inquisitor General [2] przen. modern inquisitor

inkwizytors|ki adi. [1] Hist., Relig. [sąd, trybunał] Inquisition attr. [2] przen. [spojrzenie, pasja] inquisitorial

in minus książk. [oceniać] unfavourably; [zmieniać] for the worse; [zaskoczony, poruszony] unpleasantly; [oddziaływać, wpływać] adversely

inn|ość f sgt otherness, distinctness; **akceptować czyjąś ~ć** to accept sb's individuality a. that sb is different

innowacj|a f (Gpl ~i) książk. [1] (wprowadzenie nowości) innovation; **zarzucono mu niechęć do ~i** he was accused of unwillingness to accept innovation [2] (nowość) innovation; **~e techniczne** technical innovations; **nie wprowadzono zasadniczych ~i w systemie szkolnictwa wyższego** no fundamental innovations have been introduced into higher education

innowacyjnoś|ć f sgt książk. (rozwiązań, poglądów) innovation, innovative character

innowacyjn|y adi. książk. [pomysł, rozwiązanie] innovative, innovatory

innowato|r m książk. innovator

innowierc|a m Relig. infidel

innowiercz|y adi. [kraj, wyznanie] infidel; **~a świątynia** a temple of the infidel

innowierstw|o n Relig. infidelity U

inn|y pron. [1] (odmienny) other, different; **mam ~e plany** I've got other plans; **nie mamy ~ego wyboru** we have no other choice; **w większości ~ych krajów** in most other countries; **rodzina jak wiele ~ych** a family like many others; **lekarze, pielęgniarki i ~i** doctors, nurses, and others; **ceny są takie, a nie ~e, i nic na to nie poradzisz** prices are as they are and there's nothing you can do about it; **~y niż ktoś/coś** different to a. from GB a. than US sb/sth, unlike sb/sth; **ona jest zupełnie ~a niż jej siostra** she's quite unlike her sister, she's totally different from a. to her sister; **czuć się ~ym człowiekiem** to feel a different man; **spojrzeć na kogoś/coś ~ymi oczami** to see sb/sth in a different light; **to ~a rzecz** a. **sprawa** a. **historia** that's another a. a different matter a. story; **to ~a para kaloszy** pot. that's a different kettle of fish pot. [2] (nie ten) (the) other; **koleżanka z ~ej szkoły** a friend from another school; **Polska i ~e kraje środkowej Europy** Poland and other Central European countries; **może ~ym razem** maybe some other time; **kto/nikt ~y** somebody/nobody else; **poza tobą nikt ~y o tym nie wie** other than a. apart from you nobody knows about it; **co/nic ~ego** something/nothing else; **to zupełnie co ~ego** that's completely different; **ja/on to co ~ego** it's different with me/him; **czym ~ym jest tłumaczenie na piśmie, a czym ~ym tłumaczenie ustne** written translation is one thing and interpreting is another; **co innego, gdyby...** it would a. might have been different if...; **wszystko ~e** everything else; **wszystko ~e zależy od niego** everything else depends on him; **wszystko ~e się nie liczy** nothing else counts; **wszyscy ~i** (the) others; **jest zdolniejszy od ~ych (z grupy)** he's more gifted than the others (in the group); **w ten czy ~y sposób** one way or another, somehow or other; **z tego czy ~ego powodu** for one reason or another; **~a rzecz/sprawa, że...** another thing is that... [3] (o ludziach) somebody else, someone else; (w pytaniu, przeczeniu) anybody else; **on kocha ~ą** he loves somebody else; **~i** other people, others; **robić coś dla ~ych** to do something for others

■ **~ymi słowy** in other words; **między ~ymi** (z żywotnymi) among others; (z nieżywotnymi) among other things; inter alia książk.

in plus książk. *[oceniać]* favourably; *[zmieniać]* for the better; *[zaskoczony, poruszony]* pleasantly; *[oddziaływać, wpływać]* advantageously

inscenizacj|a f (Gpl **~i**) Teatr [1] (dramatu, baletu) staging U, (stage) adaptation C/U [2] (spektakl) stage production; **obejrzeć sztukę graną w nowej ~i** to see a new production of a play; **~a powieści Dostojewskiego** a stage adaptation of a novel by Dostoevsky

inscenizacyjn|y adi. *[technika, środki]* (stage) production attr., staging; **pomysł ~y** a production a. staging concept

inscenizato|r m, **~rka** f Teatr producer

inscenizators|ki adi. *[wizja]* producer's; *[pomysł]* staging; **opracowanie ~kie dramatu** the staging concept for a play

insceniz|ować impf vt [1] Teatr to stage *[operę, utwór literacki]* [2] (zaaranżować) to arrange *[spotkanie]*; (upozorować) to fake *[porwanie]* ⇒ **zainscenizować**

insek|t m zw. pl insect pot., bug zw. pl pot.; **spray na ~ty** insect spray; **środki przeciwko ~tom** insecticides; **tępić ~ty** to kill a. exterminate insects

inskrypcj|a f (Gpl **~i**) inscription; **~a nagrobkowa** an inscription on a tombstone

inskrypcyjn|y adi. inscriptional, inscriptive

insp. (= inspektor) Insp.

in spe książk. **minister/premier ~** a future a. prospective minister/prime minister

inspekcj|a f (Gpl **~i**) [1] (kontrola) inspection; **~a sanitarna** a health inspection; **przeprowadzić ~ę** a. **dokonać ~i** to carry out a. make an inspection [2] (urząd) inspectorate; **Państwowa Inspekcja Handlowa** Trading Standards Department; **~a pracy** a work standards and safety inspectorate

inspekcyjn|y adi. *[oficer]* inspecting; *[grupa]* inspection attr.; **pracownicy ~i** inspectors

inspek|t m (G **~tu**) Ogr. zw. pl frame, hotbed US; **uprawiać rośliny w ~tach** to grow plants in frames

inspekto|r m (Npl **~rzy** a. **~rowie**) [1] (urzędnik) inspector; **~r sanitarny** a health a. sanitary inspector; **~r pracy** a factory inspector; **~r bhp** a health and safety inspector [2] (w policji) (osoba, tytuł, stopień) ≈ superintendent

inspektora|t m (G **~tu**) (urząd, okręg) inspectorate; (biuro) inspectorate office; **~t pracy** a factory inspectorate; **~t oświaty** the education inspectorate

inspektow|y adi. Ogr. *[rośliny]* frame attr.; *[warzywa]* grown in frames

inspicjenc|ki adi. *[pokój]* stage manager's; **prace ~kie** stage management

inspicjen|t m, **~tka** f Teatr, TV stage manager

inspiracj|a f [1] sgt (natchnienie) inspiration (**do czegoś** for sth); **~a twórcza** artistic inspiration; **wydarzenie to stało się ~ą dla pisarza** this event was a source of inspiration for the writer [2] (Gpl **~i**)

(wzorowanie się) inspiration; **~ą do filmu była dawno napisana powieść** the film was inspired by a novel written long ago; **~a modą lat siedemdziesiątych** the inspiration of seventies fashion [3] (Gpl **~i**) (sugestia) idea, suggestion; **przedsięwzięcie powstało z ~i reżysera** the project arose from an idea that the director had

inspiracyjn|y adi. *[doświadczenie]* inspiring; *[idea]* inspirational

inspirato|r m, **~rka** f initiator, guiding spirit; **~r nowej szkoły malarskiej** the initiator of a new school of painting; **~r spisku** the instigator of a plot

inspirators|ki adi. *[dzieło]* inspirational, inspiring; **~ka rola organizacji harcerskich** the inspirational role of scouting organizations

inspir|ować impf [] vt [1] (twórczo) to inspire; **~ować kogoś do czegoś** to inspire sb to do sth; **widoki gór ~owały go do pisania** the mountain views inspired him to write; **historia ta ~owała wielu twórców** the story has inspired many artists ⇒ **zainspirować** [2] (do działania) to inspire; **rzekomo to on ~ował zamach na prezydenta** he is said to be behind the attempt on the president's life; **działania ~owane przez lewicę** action inspired by leftists ⇒ **zainspirować**

[] **inspirować się** (czerpać natchnienie) to be inspired; **kompozytorzy ~ujący się poezją/sztuką** composers inspired by poetry/art

inspirująco adv. **oddziaływać na kogoś ~** to have an inspiring a. inspirational effect on sb

inspirując|y [] pa → **inspirować**

[] adi. *[osoba, wydarzenie]* inspiring, inspirational; **mieć na kogoś ~y wpływ** to have an inspiring a. inspirational effect on sb

instalacj|a f [1] (Gpl **~i**) (zespół urządzeń) system; **~a sanitarna** sanitary fittings; **~a wodna** a. **wodociągowa** a water system; **~a centralnego ogrzewania** a central heating system; **~a wodno-kanalizacyjna** plumbing; **~a elektryczna** wiring; **~a gazowa** gas fittings; **~e podsłuchowe** a bugging a. tapping a. listening system; **~a klimatyzacyjna** air conditioning [2] sgt (montowanie) installation; **~a wodomierzy w nowym domu** the installation of water meters in a new building; **~a programu komputerowego** the installation of a computer program [3] (Gpl **~i**) Szt. installation

instalacyjn|y adi. [1] (wchodzący w skład instalacji) **urządzenia ~e** fittings; **przewody ~e** wiring [2] *[roboty]* installation attr. [3] Szt. *[ekipa, prace]* installation attr.

instalato|r m fitter; **~r sieci elektrycznej/urządzeń gazowych** an electric/gas fitter; **~r sanitarny** a plumber

instalators|ki adi. *[prace]* fitting attr.; *[brygada]* of fitters

instalatorstw|o n sgt (elektryczne) (electric) wiring; (wodno-kanalizacyjne) plumbing

instal|ować impf [] vt [1] (montować) to install *[aparaturę, licznik]*; **~ować centralne ogrzewanie w budynku** to install a central heating system in a building ⇒ **zainstalować** [2] pot. (lokować) to install;

~ować powodzian w akademikach to house the flood victims in student halls of residence ⇒ **zainstalować**

[] **instalować się** (ulokować się) to install oneself, to settle in; **goście ~owali się w hotelu** the guests installed themselves in the hotel ⇒ **zainstalować się**

instancj|a f (Gpl **~i**) [1] Prawo **sąd pierwszej ~i** a court of first instance, trial court US; **sąd niższej ~i** a lower court; **sąd wyższej ~i** a higher court; **sąd najwyższej ~i** the supreme court [2] przest. (organizacja) authority, body; **odwołać się do wyższych ~i** to appeal to a higher authority; **urzędy gminne były najniższą ~ą administracyjną w kraju** local councils were the lowest administrative unit a. body in the country

■ **być ostatnią ~ą** to have the last a. final word, to be the final resort

instrukcj|a f (Gpl **~i**) [1] (wskazówka) instruction zw. pl; **otrzymali ~ę, by wszystkie informacje przekazywać wprost do centrali** they were given instructions to send all the information directly to headquarters; **czekają na ~e, jak postępować w takich wypadkach** they're waiting for instructions on how to act in such cases; **wydała ~ę, że może być obudzona o każdej porze** she gave instructions that she could be woken up at any time [2] (zbiór wskazówek) instructions pl, (instruction) manual; **postępować według ~i na opakowaniu** to follow the instructions on the package; **~a obsługi telewizora** a TV-set operating manual; **~a użytkowania kuchenki mikrofalowej** an instruction manual for a microwave oven; **~a przeciwpożarowa** fire regulations

instrukcyjn|y adi. *[ulotka]* instruction attr., instructional; **spotkanie ~e** a briefing; **popełnił błąd ~y** he didn't follow (the) instructions properly

instruktaż m sgt (G **~u**) [1] (szkolenie) briefing C/U, training; **otrzymać ~** to receive (a) briefing; **pracownicy banku dostali ~, jak postępować w czasie napadu** bank employees were trained on a. in how to act during a robbery [2] (instrukcje) instructions pl; **książka zawiera ~ obsługi sprzętu** the manual contains instructions on how to operate the equipment

instruktażow|y adi. *[film, literatura]* instructional; **narada ~a** a briefing

instrukto|r m, **~rka** f instructor; **~r narciarski** a. **jazdy na nartach** a skiing instructor; **~r jazdy** a driving instructor; **~r nauki pływania** a swimming coach a. instructor

instruktors|ki adi. *[doświadczenie, wiedza]* instructor's; **kurs/szkolenie ~kie** a course/training for instructors

instruktywnie adv. książk. **działać** a. **oddziaływać ~** to be informative a. illuminating

instruktywn|y adi. książk. *[uwagi, przykłady, wskazówki]* instructive, illuminating

instrumen|t m (G **~tu**) [1] (muzyczny) instrument; **~ty perkusyjne/dęte** percussion/wind instruments; **na jakim ~cie potrafisz grać?** which instrument do you play? [2] zw. pl (przyrząd) instrument; **~ty**

chirurgiczne/laboratoryjne surgical/laboratory instruments; **~ty nawigacyjne** navigational instruments [3] książk., przen. instrument, tool; **człowiek mimowolnie staje się ~tem władzy** one becomes an instrument a. tool of the authorities without even knowing it; **ludzkim ~tem poznania świata jest nauka** science is an instrument of human cognition

instrumentacj|a f sgt [1] Muz. instrumentation [2] Górn. fishing tool
❑ **~a głoskowa** Jęz., Literat. the figures of sound

instrumentacyjnie adv. **dopracować utwór ~** to finish off the instrumentation for a piece of music

instrumentacyjn|y adi. Muz. [technika] of instrumentation

instrumentali|sta m Filoz., Muz. instrumentalist

instrumentalist|ka f Muz. instrumentalist

instrumentalnie adv. książk., pejor. **traktować kogoś ~** to use sb, to treat sb like an object

instrumentaln|y adi. [1] [muzyka, utwór, zespół] instrumental [2] książk., pejor. **~e traktowanie kogoś** treating sb like an object

instru|ować impf [] vt to instruct, to brief; **~ować nowych pracowników** to train new employees; **świadkowie byli ~owani, jak składać zeznania** the witnesses were briefed on how to testify; **strażników ~owano, by zatrzymywali wszystkie podejrzane osoby** the guards have been instructed to stop any suspicious-looking persons; „**umów się najlepiej na jutro**" – **~uje go** 'it'd be best to make an appointment for tomorrow' – she instructed him ⇒ **poinstruować**
[] **instruować się** [1] (nawzajem) to instruct one another ⇒ **poinstruować się** [2] (wypytywać się o instrukcje) to be instructed, to be briefed; **najlepiej ~ować się u szefa** the best way is to get instructions a. find out directly from the boss

instynk|t m (G **~tu**) [1] (wrodzona zdolność) instinct C/U; **~t macierzyński** maternal instinct(s); **~t (samo)zachowawczy** the survival a. self-preservation instinct; **zwierzęta ~tem wyczuwają niebezpieczeństwo** animals can sense danger instinctively [2] (skłonność) instinct; **~t posiadacza** the possessive instinct; **zawsze miał ~t polityczny** he has always had a political instinct; **tkwiły w nim mordercze ~ty** he had the killer instinct [3] pot. (wyczucie) instinct; **ma ~t w robieniu interesów** s/he has an instinct for business; **chciał ją powstrzymać, ale ~t ostrzegł go, żeby tego nie robić** he wanted to stop her, but his instinct told him not to do it

instynktownie adv. [wyczuwać, reagować] instinctively; **~ pragnęła władzy** she instinctively yearned for power

instynktown|y adi. [zachowanie, reakcja, strach] instinctive; **~y wstręt do kłamstwa** an instinctive aversion to lies

instytucj|a f (Gpl **~i**) [1] (organizacja) institution; **~a finansowa** a financial institution; **~a charytatywna** a charitable

organization, a charity; **pracować w państwowej ~i** to work in a state-run institution [2] (zespół norm) institution; **~a małżeństwa/rodziny** the institution of marriage/the family [3] (funkcja) institution; **~a prezydenta** (the institution of) the presidency; **~a świadka koronnego** the institution of Queen's evidence
❑ **~a prawna** Prawo institution

instytucjonalizacj|a f sgt książk. (życia, przedsięwzięcia) institutionalization

instytucjonaliz|ować impf [] vt książk. to institutionalize [stowarzyszenie, urząd]
[] **instytucjonalizować się** [stowarzyszenie, urząd] to become institutionalized

instytucjonalnie adv. institutionally; **dyrektor zaangażował się w tę sprawę osobiście i ~** the director is involved in the matter both personally and institutionally

instytucjonalnoś|ć f sgt (stowarzyszenia, sądu) institutionalism

instytucjonaln|y adi. [struktury, urzędy] institutional

instytu|t m (G **~tu**) institute; **~t badawczy** a research institute; **Instytut Meteorologii** the Meteorological Office; **Instytut Historii Sztuki** the Institute of Art History

instytutow|y adi. [pracownik, badania] institute attr.; **ośrodek ~y** an institute

insulin|a f sgt Biol. insulin; **zastrzyk ~y** an insulin injection

insulinow|y adi. [kuracja, wstrząs, śpiączka] insulin attr.

insurekcj|a f (Gpl **~i**) Hist. insurrection C/U; **~a kościuszkowska** the Kosciuszko Insurrection a. Uprising

insurekcyjn|y adi. insurrection attr., insurrectionist; **zryw ~y** an insurrection

insygni|um n zw. pl (G **~ów**) insignia sg/pl; **~a władzy biskupiej** the insignia of the office of bishop; **~a królewskie** the royal insignia

insynuacj|a f zw. pl (Gpl **~i**) książk., pejor. insinuation C/U pejor., innuendo C/U pejor.; **~a pod czyimś adresem** an insinuating remark a. an insinuation about sb; **szerzyć ~e o** a. **na temat czyjejś przeszłości** to spread innuendoes about sb's past

insynuacyjn|y adi. książk., pejor. insinuating pejor.

insynu|ować impf vt książk. to insinuate; **czy coś mi ~ujesz?** what are you insinuating?; **~ujesz mu nieuczciwość?** are you insinuating that he's dishonest?; **~owano, że sprzedano fabrykę za bezcen** there were insinuations that the factory was sold for peanuts; **nieraz ~owano mi sądy, których nie wypowiedziałem** people have often imputed to me things I didn't say

inszoś|ć f sgt przest. → **inność**

insz|y pron. przest. → **inny**

■ (a) **to już ~a inszość** pot. that's a different kettle of fish

intarsj|a f [1] Szt. sgt (technika) intarsia U; **kredens ozdobiony ~ą** a cupboard decorated with intarsia; **~a sztukatorska** stucco inlay [2] (Gpl **~i**) (ozdoba) intarsia (work) U, inlay C/U

integracj|a f (Gpl **~i**) książk. [1] (scalanie się) integration U; **plan ~i przedmiotów ścisłych** a plan for integrating the sciences; **~a gospodarcza Polski z Europą Zachodnią** the economic integration of Poland into Western Europe [2] (przyłączenie się do grupy) integration U; **~a społeczna** social integration; **~a dzieci sprawnych i niepełnosprawnych w szkole** the integration of children with special needs into mainstream schools

integracyjn|y adi. książk. integration attr.; **proces ~y Polski z NATO** the process of Poland's integration into NATO; **polityka ~a wobec mniejszości narodowych** an integration policy for ethnic minorities; **szkoła ~a** an integrated school; **ośrodek ~y** a rehabilitation centre

integralnie adv. książk. integrally; **sceny ~ powiązane z muzyką i piosenką** scenes integrally interwoven a. fully integrated with the music and songs

integralnoś|ć f sgt książk. (granic) integrity; **~ć terytorialna państwa** a state's territorial integrity

integraln|y adi. książk. [składnik, część] integral, intrinsic; **sztuka nie jest ani ~a, ani niezależna** art is neither integral nor independent

integr|ować impf [] vt książk. to integrate, to bring together; **wspólne wycieczki ~ują rodzinę** trips out together can bring a. draw a family (closer) together; **ośrodek ten ~ował ludzi z różnych stron świata** the centre brought together people from different parts of the world; **~ować wysiłki poszczególnych osób** to pool the efforts of individuals ⇒ **zintegrować**
[] **integrować się** to integrate, to assimilate; **~ujące się państwo** a country in the process of integration; **wolno ~owali się z nowym środowiskiem** they slowly integrated a. assimilated into the new environment ⇒ **zintegrować się**

integrująco adv. książk. **wpływać na kogoś ~** to have an integrating effect on sb

integrując|y [] pa → **integrować**
[] adi. książk. [czynnik, rola] integrating

intelek|t m (G **~tu**) intellect, mental powers pl; **kształtować/rozwijać ~t** to develop one's intellect a. mental powers; **cenił w niej przenikliwość ~tu** he highly valued her penetrating mind

intelektuali|sta m, **~stka** f intellectual; highbrow pejor.

intelektualizm m sgt (G **~u**) [1] (powieści, filmu) intellectual nature, intellectuality [2] Filoz. intellectualism

intelektualnie adv. intellectually; **rozwijać się ~** to develop intellectually; **pomimo podeszłego wieku jest ciągle sprawny ~** despite his advanced years, he's still mentally a. intellectually active

intelektualn|y adi. [rozrywka, rozwój] intellectual; **elita ~a społeczeństwa** society's intellectual elite; **życie ~e miasta** the intellectual life of a city; **ten facet to ~e zero** that guy's completely brain-dead pot.

inteligencik m (Npl **~i**) pot., pejor. highbrow pejor.

inteligencj|a *f sgt* [1] (intelekt) intelligence, cleverness; **test na ~ę** an intelligence test; **współczynnik** a. **iloraz ~i** intelligence quotient; **dialogi skrzą się dowcipem i ~ą** the dialogues sparkle with wit and intelligence; **odznaczał się wyjątkową ~ą** he was exceptionally intelligent, he was a man of exceptional intelligence; **oprócz urody miała też wrodzoną ~ę** in addition to her good looks, she was innately intelligent [2] Socjol. (ludzie wykształceni) the intelligentsia (+ *v sg/pl*); **dzieje polskiej ~i** the history of the Polish intelligentsia; **problem dyskutowano wśród miejscowej ~i** the problem was discussed by the local intellectuals

■ **sztuczna ~a** Nauk. artificial intelligence
inteligenc|ki *adi.* **pochodził z rodziny ~kiej** he came from an educated family a. background; **środowisko ~kie** intellectual circles
inteligen|t *m*, **~tka** *f* educated person
inteligentnie *adv.* [*działać, odpowiadać*] intelligently, cleverly; **potrafił myśleć ~** he was an intelligent thinker; **~ przyłapał mnie na kłamstwie** he was clever enough to catch me out lying
inteligentn|y *adi.* [*osoba, twarz, odpowiedź*] intelligent; **delfiny to bardzo ~e zwierzęta** dolphins are very clever animals
intencj|a *f* (*Gpl* ~**i**) [1] (zamiar) intention *C/U*; **mieć dobre ~e** to have good intentions, to mean well; **on nie ma złych ~i** he doesn't mean any harm [2] Relig. **modlić się w czyjejś ~i** to pray for sb; **modliła się w ~i powrotu córki do zdrowia** she prayed for her daughter's recovery; **zamówić mszę w określonej ~i/na czyjąś ~ę** to request a Mass for one's (special) intention(s)/for sb; **odprawił mszę w ~i zmarłego** he said Mass for the deceased
intencjonalnie *adv.* książk. intentionally, deliberately; **działać ~** to act intentionally
intencjonalnoś|ć *f sgt* książk. intentionality książk.
intencjonaln|y *adi.* książk. intentional, deliberate
intendenc|ki *adi.* [*obowiązki*] (w biurze) ≈ purchasing manager *attr.*, ≈ purchasing manager's; (w armii) ≈ quartermaster *attr.*, ≈ quartermaster's
intenden|t *m* [1] (w firmie, biurze) ≈ purchasing manager; (zakupujący żywność) steward [2] Wojsk. ≈ quartermaster
intendent|ka *f* (w firmie, biurze) ≈ purchasing manager; (zakupująca żywność) steward
intendentu|ra *f* [1] (w firmie, biurze) (dział) purchasing department; (biuro) purchasing manager's office [2] Wojsk. commissariat
intensyfikacj|a *f sgt* książk. intensification (czegoś of sth); **z każdym dniem następowała ~a choroby** the illness was getting worse every day
intensyfik|ować *impf* **[]** *vt* książk. to intensify [*procesy, działania*] ⇒ **zintensyfikować**
[]] intensyfikować się [*działanie, ból*] to intensify, to become more intense ⇒ **zintensyfikować się**

intensywnie *adv. grad.* [*pracować, działać, żyć*] intensively, intensely; [*wpatrywać się, nasłuchiwać, wczytywać się*] intently; [*pachnieć, smakować*] intense *adi.*
intensywnoś|ć *f sgt* intensity *C/U*; **~ć wrażeń** the intensity of sb's/one's impressions
intensywn|y *adi. grad.* [1] [*kolor, hałas, zapach, światło*] intense, strong; **~e opady śniegu** heavy snowfall [2] [*trening, nauka, poszukiwania*] intensive; **~a opieka medyczna** intensive care [3] (aktywny) intensive, intense; **prowadzić ~e życie towarzyskie** to lead an intensive social life
interakcj|a *f* (*Gpl* ~**i**) książk. interaction *C/U*; **~a między aktorami a widownią** a. **aktorów i widowni** the interaction between the actors and the audience
□ **~a społeczna** Socjol. social interaction
interakcyjn|y *adi.* [*proces, programowanie*] interactive; **terapia ~a** interactive therapy; **zajęcia ~e** interactive lessons
Intercity, InterCity /ˌinterˈsiti/ *m inv.* InterCity® train GB, express (train)
interdyscyplinarnoś|ć *f sgt* książk. interdisciplinary nature a. character; **~ć wykładów** the interdisciplinary nature of the lectures
interdyscyplinarn|y *adi.* książk. interdisciplinary; **badania ~e** interdisciplinary research
interes *m* (*G* ~**u**) [1] (sprawa do załatwienia) business *U*; **załatwiać ~** a. **~y** to see to some business; **mieć pilny ~ (do załatwienia)** to have urgent business (to attend to); **to nie twój ~!** pot. it's none of your business; **pilnuj swojego ~u** pot. mind your own business; **mam do ciebie ~** I've got something I'd like to talk to you about [2] (korzyść) interest; **mieć na celu swój ~** to have one's self-interest a. one's own interest(s) in mind; **działać w czyimś (najlepszym) ~ie** to act in sb's (best) interest(s); **działać w ~ie czegoś** to act in the interests of sth; **obniżanie kosztów leży w naszym ~ie** it's in our interest(s) to lower our costs; **sprzeczny ze społecznym** a. **z publicznym ~em** contrary to the public interest [3] *zw. pl* (przedsięwzięcie) business *U*, dealing *zw. pl*; **człowiek ~u** business person; **człowiek stworzony do ~ów** a born business person; **mieć głowę do ~ów** to have a good head for business; **podróżować w ~ach** to travel on business; **prowadzić ~** a. **~y** to be a business person, to be in business; **prowadzić ~** a. **robić z kimś ~y** to do business with sb, to have (business) dealings with sb; **robić na czymś (dobry)** a. **(dobre) ~y** to make a profit on sth; **kręcić się** a. **chodzić koło swoich ~ów** pot. to look after one's (own) business; **ubić ~** to make a deal; **~y idą** a. **stoją dobrze/źle** business is brisk/slack [4] *zw. sg* pot. (firma) business; **prowadzić dochodowy/nieopłacalny ~** to run a profitable/unprofitable business; **założyć rodzinny/własny ~** to start up a. establish a family/one's own business [5] pot. (penis) thing euf.

■ **kokosowy** a. **złoty ~** pot. gold mine pot.; **zrobić na czymś kokosowy ~** to make a bundle on sth pot.; **ładny ~!** pot. a pretty a.

fine kettle of fish pot.; **nie ma karesu bez ~u** przysł. ≈ there's no such thing as a free lunch
interesan|t *m*, **~tka** *f* (w urzędzie) enquirer, inquirer; (w biurze) client; (składający podanie) applicant; „**przyjmowanie ~tów w godzinach 10.00 – 13.00**" 'office a. business hours: 10 am to 1 pm'
interesik *m dem.* (*G* ~**u**) pot. [1] (sprawa) business *U*, (little) matter; **mieć pilny ~ (do załatwienia)** to have an urgent bit of business to see to; **mam do ciebie ~** I've got something I'd like to talk with you about [2] (przedsięwzięcie) business, dealing *zw. pl*; **nielegalne ~i** shady a. under-the-counter deals [3] (firma) (small) business
interes|ować *impf* **[]** *vt* [1] (ciekawić) to interest (**kogoś** sb); **~uje go to** he's interested in it; **to ~uje tylko specialistów** it's of interest only to specialists; **nie ~uje go, gdzie jesteśmy** he's not interested in a. he doesn't care where we are; **~uje mnie twoje zdanie w tej sprawie** a. **na ten temat** I'd like to know what you think about it ⇒ **zainteresować** [2] (pociągać) **takie kobiety go ~ują** that's the kind of woman he's interested in ⇒ **zainteresować** [3] (satysfakcjonować) **pańska oferta/cena nas ~uje** we're interested in your offer; **naszą drużynę ~uje tylko złoty medal** our team isn't interested in anything but the gold medal ⇒ **zainteresować** [4] (mieć znaczenie) **~uje go dobra atmosfera w pracy** a good atmosphere at work is important a. matters to him; **zysk/sława jej nie ~uje** she's not interested in profits/fame; **uroda mnie nie ~uje** looks aren't important to me [5] (być tematem) **w ~ującym nas przypadku/okresie** in the case/period in question a. under discussion
[]] interesować się to be interested (**kimś/czymś** in sb/sth); **bardzo się kimś/czymś ~ować** to be very interested in sb/sth; **żywo ~ować się polityką/modą** to be keenly interested in politics/fashion; **nasz syn nie ~uje się jeszcze dziewczynami** our son isn't interested in girls yet; **~uje się nim policja** the police are interested in him; **~ował się kupnem tego domu** he showed an interest in buying this house ⇒ **zainteresować się**
interesownie *adv.* in a self-interested a. self-seeking manner; **postępować ~** to act out of self-interest
interesownoś|ć *f sgt* self-interest, self-seeking
interesown|y *adi.* [*osoba, czyn*] self-interested, self-seeking; [*przyjaźń, grzeczność*] self-interested; **zawsze była ~a** she's always been self-interested
interesująco *adv.* interestingly; [*wyglądać, brzmieć*] interesting *adi.*
interesując|y **[]** *pa* → **interesować**
[] *adi.* [*osoba, książka, teoria, rozmowa*] interesting
interferencj|a *f* (*Gpl* ~**i**) książk. interference *U*
□ **~a fal** Fiz. wave interference; **~a językowa** Jęz. language interference; (języka ojczystego) L1 interference, native language interference; **~a wirusowa** Biol. viral a. virus interference

I

interferencyjn|y _adi._ książk. interferential spec.

interlokuto|r _m_, **~rka** _f_ książk. interlocutor książk.

intern|a _f_ pot. [1] _sgt_ Med. (dział medycyny) internal medicine [2] pot. (w szpitalu) medical ward, (general) internal medicine ward; **leżeć na ~ie** to be in the medical ward

internacjonali|sta _m_ internationalist

internacjonalistycznie _adv._ **zorientowany ~** in touch with internationalist ideas

internacjonalistyczn|y _adi._ [hasła, idee] internationalist _attr._

internacjonalizm _m_ (G **~u**) [1] _sgt_ Polit. internationalism [2] Jęz. internationalism spec.

interna|t _m_ (G **~tu**) [1] (miejsce zamieszkania) boarding house, (boarding school) dormitory; **szkoła z ~tem** a boarding a. residential school [2] pot. (internowanie) detention, internment; (miejsce) lock-up pot.

internatow|y _adi._ [regulamin] (school) dormitory _attr._; **~i pedagodzy** house tutors

Interne|t _m sgt_ (G **~tu**) Komput. Internet _zw. sg_; **szukać informacji w ~cie** to search the Internet for information, to search for information on the Internet; **za pośrednictwem ~tu** through a. via the Internet

internetow|y _adi._ Komput. Internet _attr._; **banki/sklepy/zakupy ~e** online banks/shops/shopping

interni|sta _m_, **~stka** _f_ Med. specialist in internal medicine a. diseases, internist

internistyczn|y _adi._ [oddział] of internal medicine; **badania ~e** internal (medical) examinations

intern|ować _pf, impf vt_ to detain a. intern (**kogoś** sb); **był ~owany w okresie stanu wojennego** he was interned under martial law

internowan|y [] _pp_ → **internować**
[] **internowan|y** _m_, **~a** _f_ internee; **obóz dla ~ych** an internment camp

interpelacj|a _f_ (Gpl **~i**) Admin., Polit. (parliamentary) question; **zwrócić się z ~ą** a. **skierować ~ę do premiera** to address a parliamentary question to the prime minister

interpelacyjn|y _adi._ Admin., Polit. **posiedzenie ~e** ≈ parliamentary question time; **podczas ~ej części posiedzenia** at question time; **odpowiedź ~a** an answer to a tabled question

interpel|ować _impf vi_ to table a (parliamentary) question GB, to raise a (parliamentary) question US

interpersonaln|y _adi._ książk. interpersonal; **oddziaływanie ~e** interpersonal interactions

interpretacj|a _f_ (Gpl **~i**) [1] (wytłumaczenie) interpretation _C/U_; **różne ~e tego samego zdarzenia** various interpretations of the same event; **~a snów** dream interpretation; **znam/mogę przedstawić inną ~ę** I know/can offer a different interpretation [2] (filmowa, aktorska) interpretation; (dramatyczna) rendition; (muzyczna) interpretation, rendition; **wirtuozowska ~a sonaty** a virtuoso rendition of the sonata

interpretacyjnie _adv._ **aktor nie podołał ~ roli** the actor's interpretation didn't do justice to the role

interpretacyjn|y _adi._ [uwagi, tekst, trudności] interpretative; [teorie, model] interpretive; **nastręczać wiele problemów ~ych** to be very difficult to interpret

interpretato|r _m_ [1] Literat. (tekstu literackiego) ≈ literary commentator a. critic; (Biblii) Biblical commentator; hermeneutist spec. [2] Muz., Teatr performer; (roli, utworu muzycznego) interpreter; **był świetnym ~rem mazurków Chopina** he was an outstanding interpreter of Chopin's mazurkas

interpret|ować _impf vt_ [1] (wyjaśniać) to interpret; **błędnie coś ~ować** to misinterpret sth; **~ować przepis jako niezgodny z konstytucją** to interpret a regulation as unconstitutional ⇒ **zinterpretować** [2] (odtwarzać) to interpret [rolę, utwór, poezję, arię] ⇒ **zinterpretować**

interpunkcj|a _f sgt_ Jęz. punctuation

interpunkcyjn|y _adi._ [znaki, błędy] punctuation _attr._

intersubiektywnie _adv._ książk. intersubjectively spec.; **~ sprawdzalne fakty** intersubjectively verifiable facts

intersubiektywnoś|ć _f sgt_ książk. intersubjectivity spec.

intersubiektywn|y _adi._ książk. intersubjective spec.; **~e podejście** an intersubjective approach

interview /ˌintɛrˈvju/ _n inv._ interview; **przeprowadzać ~ z kandydatami na stanowisko księgowego** to interview candidates for the accountant position

interwa|ł _m_ (G **~łu**) [1] Muz. interval [2] książk. interval; **w równych ~łach czasowych** at regular (time) intervals

interwałow|y _adi._ Muz. intervallic; **~a skala dźwięków** an intervallic scale

interwencj|a _f_ (Gpl **~i**) książk. intervention _U_; **~a państwa w sprawy gospodarcze** state intervention in the economy; **~e banku centralnego na rynku walutowym** the intervention of the central bank in the currency market; **prosić kogoś o ~ę (w swojej sprawie)** to ask sb to intervene on one's behalf; **dokonać zbrojnej ~i w sąsiednim państwie** to undertake military a. armed intervention in a neighbouring country
❑ **~a ekonomiczna** Ekon., Polit. interventionist economic policy; **~a poselska** Polit. ≈ intervention by a member of parliament

interwencjonistyczn|y _adi._ Ekon., Polit. interventionist; **polityka ~a** an interventionist policy

interwencjonizm _m_ (G **~u**) _sgt_ Ekon., Polit. interventionism

interwencyjn|y _adi._ [1] książk. [fundusz, zakupy] emergency _attr._ [2] Polit. [wojska] intervention _attr._; **wojna ~a** military a. armed intervention; **patrol ~y** an intervention patrol

interweni|ować _pf, impf vi_ książk. to intervene; **~ować w czyjeś sprawie** to intervene on sb's behalf; **~ować u kogoś** to call on sb, to appeal to sb; **zbrojnie ~ować na terytorium obcego państwa** to undertake military a. armed intervention

in foreign territory; **policja ~owała, zanim wybuchły zamieszki** the police intervened a. moved in before a riot broke out

interwiew → **interview**

intonacj|a _f_ (Gpl **~i**) Jęz., Muz. intonation _C/U_; **rosnąca/opadająca ~a** rising/falling intonation; **fałszywa/czysta ~a altówki** poor/clean viola intonation

intonacyjn|y _adi._ [1] Muz. [czystość] intonation _attr._ [2] Jęz. [fraza, rytm] intonational

inton|ować _impf vt_ to intone [pieśń, słowa, modlitwę] ⇒ **zaintonować**

intratnie _adv._ grad. książk. [inwestować] profitably, lucratively

intratnoś|ć _f sgt_ książk. profitability

intratn|y _adi._ grad. książk. [posada] gainful; remunerative książk.; [handel, inwestycja] lucrative, profitable

introligato|r _m_ bookbinder

introligatorni|a _f_ (Gpl **~**) bookbinding workshop

introligators|ki _adi._ [maszyna, warsztat, usługa] bookbinding

introligatorstw|o _n sgt_ bookbinding

introspekcj|a _f_ (Gpl **~i**) Psych. introspection _U_

introspekcyjn|y _adi._ Psych. introspective

introwertyczn|y _adi._ Psych. [usposobienie, zachowanie] introvert(ed)

introwerty|k _m_, **~czka** _f_ Psych. introvert

introwertyzm _m_ (G **~u**) _sgt_ Psych. introversion

intruz _m_ intruder, interloper; (włamywacz) intruder; **czuć się ~em** to feel like an outsider a. intruder

intry|ga _f_ [1] (knowanie) intrigue _C/U_, scheme; **gabinetowe ~gi** cabinet intrigues; **dworskie ~gi** courtly intrigue(s); **motać ~gi** to scheme; **snuć ~gi przeciw komuś** to intrigue a. scheme against sb; **uknuć ~gę** to devise a scheme [2] Literat. (sub)plot; **miłosne ~gi w powieści** the love episodes in the novel

intryganc|ki _adi._ pejor. scheming pejor., duplicitous pejor.; **~kie zachowanie** duplicitous behaviour

intryganctw|o _n sgt_ pejor. intrigue, scheming; **w biurze kwitło ~o** the office was rife with intrigue

intrygan|t _m_, **~tka** _f_ pejor. intriguer, schemer

intryg|ować _impf vi_ [1] (spiskować) to intrigue, to scheme (**przeciw komuś** against sb) [2] (wzbudzać ciekawość) to intrigue; **~ował nas swoim milczeniem** his silence intrigued us; **jej postawa ~owała go** her bearing intrigued him ⇒ **zaintrygować**

intrygująco _adv._ [rozwijać się] in an intriguing way a. manner; [brzmieć, wyglądać] intriguing _adi._; **~ piękna** intriguingly beautiful

intrygując|y [] _pa_ → **intrygować**
[] _adi._ [zagadka, spojrzenie, osobowość, osoba] intriguing

intuicj|a _f_ [1] _sgt_ (zdolność) intuition; **mieć dobrą ~ę** to have good intuition; **wykazać się ~ą** to demonstrate one's intuitive faculties; **zawiodła mnie ~a** my intuition failed me; **~a podpowiada mi, że wy-**

gramy I have a hunch a. feeling we'll win; **to tylko kobieca ~a** żart. it's just women's a. a woman's a. womanly a. female intuition żart. [2] pot. (przeczucie) intuition, feeling; **nasze ~e się nie sprawdziły** our intuition proved false

intuicyjnie adv. *[rozumieć]* intuitively; *[poznawać]* by intuition; **wyczuć coś ~** to feel sth intuitively; to intuit sth książk.

intuicyjn|y adi. *[strach, podejście, zdolności, poznanie]* intuitive; **czyjeś ~e postępowanie** a. **zachowanie** sb's instinctive behaviour

intymnie adv. grad. *[rozmawiać]* intimately; **zrobiło się ~** the atmosphere became intimate

intymnoś|ć f sgt [1] (osobisty charakter) intimacy; **~ć czyichś stosunków** a. **w czyichś stosunkach** the intimacy of sb's relations [2] (prywatność) privacy; **naruszać czyjąś ~ć** to invade a. violate sb's privacy [3] euf. (erotyka) intimate relations *pl* euf.

intymn|y [I] adi. grad. *[zwierzenia, myśli]* intimate [II] adi. euf. *[życie]* sexual; *[sceny]* intimate

inwali|da m, **~dka** f invalid, disabled person; **~da wojenny** a war-disabled person; war invalid przest.

inwalidz|ki adi. **wózek ~ki** a wheelchair, an invalid chair; **renta ~ka** an invalidity pension; **zasiłek ~ki** invalidity a. disablement benefit

inwalidztw|o n sgt disablement, invalidity GB; **częściowe/trwałe ~o** partial/permanent disablement

inwazj|a f (Gpl **~i**) [1] książk. (agresja) invasion; **~a wojsk irackich na Kuwejt** Iraq's invasion of Kuwait; **we wrześniu 1939 roku Niemcy dokonały ~i na Polskę** in September 1939 Germany invaded Poland [2] książk. (plaga) invasion, influx; **~a szczurów/chwastów** an invasion of rats/weeds; **~a sezonowych gości na miejscowości wypoczynkowe** żart. the invasion of holiday resorts by seasonal visitors [3] książk., przen. (ekspansja) influx, expansion; **~a nowych mód/obyczajów** an influx of new trends/customs; **w latach 50. rozpoczęła się triumfalna ~a abstrakcji w malarstwie** the 1950s saw the triumphal expansion of abstract art [4] Med. invasion; **~a zarazków do przewodu pokarmowego** the invasion of the alimentary canal by germs

inwazyjn|y adi. [1] *[wojska, siły]* invading; **operacja ~a** an invasion [2] Med. *[leczenie, badanie]* invasive; **choroba ~a** an invasive illness

inwektyw|a f zw. pl książk. insult, invective U; **rzucać ~y na kogoś** to hurl insults at sb; **obrzucać kogoś ~ami** to shower insults on sb; **~y pod adresem dawnych kolegów** insults aimed at former colleagues

inwencj|a f sgt książk. [1] (pomysłowość) invention, ingenuity; **twórcza ~a** imagination; **przejawiać ~ę** to show a. display imagination; **niespodziewanie wykazał dużo ~i w nawiązywaniu znajomości** he was surprisingly imaginative when it came to making new friends; **dobór dodatków zależy od naszej ~i** the choice

of accessories depends on our ingenuity a. imagination; **człowiek bez ~i** an unimaginative person; **pokaż, że masz ~ę** show some imagination a. ingenuity [2] Muz. invention

inwentaryzacj|a f (Gpl **~i**) (towarów) stocktaking U; (majątku) inventorying U; **przeprowadzić ~ę zabytków** to make an inventory of historic monuments

inwentaryz|ować impf vt to inventory *[majątek, budynki, zabytki]*; to catalogue *[książki, pisma]* ⇒ **zinwentaryzować**

inwentarz m [1] sgt (zwierzęta) (live)stock; **drobny ~** small livestock; **hodowla żywego ~a** stockbreeding; **obrządzać ~** to feed livestock [2] (mienie) personal property; **dwa drewniane stoły i kilka stołków stanowią cały jego ~** two wooden tables and a few stools represent his entire personal property [3] książk. (rejestr) inventory; **sporządzić ~ majątku/zabytków** to make an inventory of a property/historic monuments [4] książk. (zasób) set, collection; **~ fonemów języka polskiego** the set of phonemes in Polish

❑ **martwy ~** deadstock; **żywy ~** livestock

■ **przyjąć coś z (całym) dobrodziejstwem ~a** to take sth as it comes

inwentarzow|y adi. [1] *[budynki, spis]* livestock attr. [2] *[numer, księga]* inventory attr.

inwesto|r m investor; **~r zagraniczny/giełdowy** a foreign/stock exchange investor; **drobni ~rzy** small investors

❑ **~r strategiczny** Ekon. strategic investor

inwestors|ki adi. *[prawa]* investment attr.

inwest|ować impf vt to invest (**w coś** in sth); **~ować w rozwój nowych technologii** to invest in the development of new technologies; **ostrożnie ~ował swoje pieniądze** he invested his money prudently ⇒ **zainwestować**

inwestycj|a f (Gpl **~i**) (lokowanie pieniędzy) investment C/U; (przedmiot) investment; **~e finansowe** financial investments; **robić ~e w przemyśle elektronicznym** to make investments in the electronic(s) industry; **kupno domu to poważna ~a** buying a house is a serious investment; **~e drogowe** road investments, investments in roads; **wyprzedaż zaniechanych ~i** a sale of abandoned investments; **poświęcenie roku na naukę języków obcych było dobrą ~ą** przen. devoting the year to intensive language learning was a good a. worthwhile investment (of time)

inwestycyjn|y adi. *[fundusz, bank, kredyt]* investment attr.; **nakłady ~e** capital spending a. outlay

inwigilacj|a f (Gpl **~i**) książk. surveillance U; **znajdować się pod stałą ~ą** to be under surveillance; **~a wysoko postawionych urzędników przez policję** police surveillance of prominent officials

inwigilacyjn|y adi. książk. *[akcja]* surveillance attr.; **nadzór ~y nad kimś** surveillance of sb

inwigilato|r m, **~rka** f detective; tail pot., przen.

inwigil|ować impf vt książk. *[władze, policja, wywiad]* to keep [sb] under surveillance

inwokacj|a f (Gpl **~i**) Literat. invocation (**do kogoś/czegoś** of sb/sth)

inwokacyjn|y adi. *[liryka, wiersz]* invocatory

inż. (= inżynier)

inżynie|r m (Npl **~rowie**) (osoba, tytuł) engineer; **~r elektryk/chemik** an electrical/a chemical engineer; **~r pożarnictwa** a fire safety engineer; **~r rolnik** an agricultural engineer; **~r budownictwa wodnego i lądowego** a civil engineer; **skończył studia z tytułem magistra ~ra** he has an engineering degree

inżynier|ek m dem. (Npl **~ki**) pejor. engineer

inżynieri|a f sgt (GD **~i**) engineering; **~a sanitarna** sanitary engineering; **~a środowiska** environmental engineering

❑ **~a chemiczna** Chem. chemical engineering; **~a genetyczna** Biol. genetic engineering; **~a leśna** forestry engineering; **~a materiałowa** materials engineering; **~a społeczna** Socjol. social engineering

inżyniers|ki adi. *[dyplom, tytuł]* engineering attr.; *[pensja]* engineer's; **skończyła studia ~kie** she has an engineering degree; **wyższa szkoła ~ka** ≈ college of advanced technology

inżynieryjn|y adi. *[roboty, prace]* engineering attr.; **wydział ~y** an engineering department

ipery|t m sgt (G **~tu**) Chem. mustard gas

ipsylon m (G **~u**) upsilon

irac|ki adi. Iraqi

Irakij|czyk m, **~ka** f Iraqi

Ira|ńczyk m, **~nka** f Iranian

irańs|ki adi. Iranian

ir|cha f [1] sgt (zamsz) chamois (leather); **rękawiczki z irchy** chamois gloves; **ściereczka z irchy** a chamois [2] (do czyszczenia) chamois (leather); shammy (leather) pot.

irchow|y adi. *[rękawiczki, futerał]* chamois attr.; **~a szmatka** a chamois (leather)

Irlandczy|k m Irishman

Irland|ka f Irishwoman

irlandz|ki [I] adi. Irish; **kawa po ~ku** Irish coffee [II] m sgt (język) Irish (Gaelic)

ironi|a /i'rɔnja/ f sgt (GD **~i**) [1] (sposób mówienia) irony; **w jego głosie wyczuła nutkę ~i** she felt a touch of irony in his voice; **mówić o kimś z ~ą** to talk with irony about sb [2] (sytuacja) irony; **~a losu** the irony of fate; **~a sytuacji** the irony of the situation; **jak na ~ę** ironically (enough); **czy to nie ~a, że taki ktoś zostaje prezesem?** isn't it ironic that someone like that should become president? [3] Literat. irony; **~a romantyczna** romantic irony

ironicznie adv. *[patrzeć, uśmiechać się, odpowiadać]* ironically

ironiczn|y adi. *[osoba, uwaga, uśmiech]* ironic

ironiz|ować impf vi to make ironic remarks; **~owała na temat jego ubioru** she made ironic remarks about the way he was dressed; **„naturalnie" – ~ował – „ty znowu nie masz się w co ubrać"** 'of course,' he said ironically, 'you've got nothing to wear again'; **~ował, że trudno musi być napisać taki tekst** he remarked

I

ironically a. tongue-in-cheek that it must be (really) hard to write something like that

irracjonalistyczn|y adi. książk. [nurt, filozofia] irrationalist

irracjonalizm m sgt (G ~u) Filoz. irrationalism

irracjonalnie adv. książk. [zachowywać się] irrationally; [bać się] for no reason

irracjonalnoś|ć f sgt książk. (poglądów) irrationality

irracjonaln|y adi. książk. [zachowanie, uczucie, pogląd] irrational; ~y strach przed wizytą u lekarza an irrational a. a visceral książk. fear of visiting the doctor

irreden|ta f książk., Hist. irredentism U

irygacj|a f (Gpl ~i) [1] Roln. irrigation [2] Med. irrigation, douche

irygacyjn|y adi. Roln. [system, sieć] irrigation attr.; rów ~y an irrigation ditch

irygato|r m Med. douche

irys m (A ~a) [1] Bot. iris, flag [2] (cukierek) a kind of toffee

irys|ek m dem. (A ~ka) pieszcz. (cukierek) a kind of toffee

irysow|y adi. [sadzonka] iris attr., flag attr.

irytacj|a f sgt irritation, annoyance; patrzył na to z rosnącą ~ą he watched with growing irritation; z ~i nie mógł doczytać listu do końca he was so irritated that he couldn't read the letter to the end; ona bardzo szybko wpada w ~ę she gets irritated very easily, she's very irritable; „mam tego dość" – powiedział z ~ą 'I've had enough of this a. it!' he said irritably

iryt|ować impf [] vt to irritate, to annoy; jego bezceremonialność mnie ~uje I find his offhand manner irritating ⇒ zirytować

[] **irytować się** to be irritated; ~ował się, gdy nie odpowiadała na jego pytania he became a. got irritated when she didn't answer his questions ⇒ zirytować się

irytująco adv. [zachowywać się, uśmiechać się] in an irritating way a. manner

irytując|y [] pa → irytować

[] adi. [osoba, zachowanie] irritating

ischias /'isxjas/ m sgt (G ~u) Med. sciatica

ischiasow|y /ˌisxja'sovɨ/ adi. [bóle] sciatic

iska|ć impf [] vt to search for lice/fleas vi

[] **iskać się** [osoba] to search for lice; [małpy] to groom

iskierecz|ka f dem. [1] (z ogniska) (small) spark [2] książk., przen. (odrobina) (tiny) spark, (tiny) glimmer; ~ka nadziei a (tiny) spark a. glimmer of hope

iskier|ka f dem. [1] (z ogniska) (small) spark [2] (w oczach) spark, sparkle; ~ki humoru sparks a. sparkles of humour; w oczach dziewczyny zabłysły wesołe ~ki the girl's eyes sparkled with joy [3] książk., przen. (odrobina) spark, glimmer; ~ka nadziei/odwagi a spark of hope/courage

isk|ra f [1] (rozżarzona cząstka) spark; ~ra z papierosa a cigarette spark; z ogniska strzelały w górę snopy ~ier showers of sparks were flying up out of the bonfire; żywy jak ~ra as lively as a cricket; to dziecko jest jak ~ra the kid's a real live wire pot. [2] (błysk) spark; metalowe zelówki butów krzesały ~ry na kamieniach the metal soles of the shoes produced

sparks on the stones [3] przen. (w oczach) spark, sparkle; w jej oczach pojawiły się ~ry złośliwości her eyes sparkled with malice [4] książk., przen. (odrobina) spark, glimmer; ~ra nadziei a spark a. glimmer of hope; ~ra szczęścia a bit a. stroke of luck [5] przen. (początek) spark; ~ra, która spowodowała zamieszki the spark that set off the street riots

❏ ~ra elektryczna Fiz. electric spark

■ mieć ~rę bożą to have a talent a. gift; robić coś tak, że aż iskry lecą a. idą ≈ to make (the) sparks fly; robić coś z ~rą w oku to do sth with one's whole heart

iskrow|y adi. wyładowania ~e spark discharge

iskrz|yć impf [] vi [przewód, maszyna] to spark; kamienie ~yły pod kopytami koni the horses' hooves produced sparks on the stones ⇒ zaiskrzyć

[] v imp. przen. ~y między kimś there's a lot of friction between sb and sb; ~enie między nimi zaczęło się, kiedy umarła mama the friction a. conflict between them started after (their) mother died ⇒ zaiskrzyć

[] **iskrzyć się** (świecić się) [brylant, woda] to sparkle; śnieg ~ył się w słońcu the snow sparkled in the sunlight; jej oczy ~yły się humorem her eyes sparkled with humour ⇒ zaiskrzyć się

islam m sgt (G ~u) Relig. (religia, wyznawcy) Islam

islams|ki adi. [kraje, sztuka, modlitwy] Islamic

Island|czyk m, ~ka f Icelander

islandz|ki [] adi. [sztuka, literatura] Icelandic

[] m sgt (język) Icelandic

istni|eć impf (~eję, ~ał, ~eli) vi [1] (być) to exist, to be; krasnoludki nie ~eją dwarfs don't exist; ta postać nie ~eje, to fikcja literacka this character doesn't exist, it's just fiction; nie wiadomo, czy ~eje kopia tego rękopisu we don't know whether a copy of this manuscript exists (anywhere); Cesarstwo Rzymskie ~ało pięćset lat the Roman Empire existed for five centuries; ~eje zależność pomiędzy ilością opadów a wzrostem roślin there's a relationship a. correlation between rainfall and plant growth [2] (być ważnym) nie ~eć dla kogoś to not exist for sb; odkąd się pokłóciliśmy, ona dla mnie nie ~eje since we split up, she doesn't exist as far as I'm concerned; dla niego nie ~eje teraz nic poza Szekspirem the only thing that exists for him at the moment is Shakespeare; czekolada może dla niego nie ~eć chocolate might as well not exist as far as he's concerned

istnie|nie [] sv → istnieć

[] n (istota) being; katastrofa pochłonęła ponad trzy tysiące ~ń ludzkich the crash caused the death(s) of over three thousand people

istn|y adi. książk. absolute, sheer; veritable książk., żart.; to ~y cud it's an absolute miracle; co za ulewa, ~y potop what a downpour – an absolute deluge; wpadł w ~y szał he got absolutely furious; miasto

było ~ym piekłem the town was sheer hell

isto|ta [] f [1] (stworzenie) being, creature; ~ta ludzka a human being; ~ty pozaziemskie extraterrestrial beings; ~ty żywe living beings a. creatures; małe dziecko jest bezbronną ~tą a small child is a defenceless creature; była ~tą słabą i bezradną she was a weak and helpless individual [2] książk. (osobowość) being U książk.; nature C/U, personality C/U; w głębi swej ~ty nie był zły he wasn't bad by nature a. bad deep down [3] sgt książk. (najważniejszy element) essence; praca stanowi ~tę życia człowieka work is the essence of human life; jaka jest ~ta sporu? what is the point at issue?; ~ta rzeczy the heart of the matter

[] w istocie adv. [1] (w gruncie rzeczy) in (actual) fact [2] (naprawdę) really

istot|ka f dem. (small) being, (small) creature

istotnie książk. [] part. (rzeczywiście) indeed, sure enough; książka jest ~ bardzo ciekawa the book is indeed very interesting; podejrzewałem, że się spóźni na pociąg i – spóźnił się I thought he'd miss the train and indeed a. sure enough he did; ~, masz rację quite so, you're perfectly right

[] adv. (bardzo) significantly, substantially; zmienić się/wzrosnąć ~ to change/grow significantly a. substantially

istotnoś|ć f sgt (sprawy, zarzutów) gravity

istotn|y [] adi. grad. [1] (ważny) [szczegół, element] essential, vital; jest ~e, aby kara była nieunikniona it's essential a. vital (that) punishment is (seen to be) inescapable; nie jest ~e, czy pan zrezygnuje, czy nie it doesn't matter a. it's not important whether you resign or not [2] (znaczący) [różnica, wzrost] substantial, significant

[] adi. (faktyczny) actual, real; to on jest ~ym sprawcą przestępstwa he's the real culprit

iście adv. książk. truly; żywot ~ spartański a truly spartan life; pomysł ~ szatański a truly devilish idea

i|ść impf (idę, idziesz, szedł, szła, szli) [] vi [1] (kroczyć) to go, to walk; iść na piechotę a. piechotą to go on foot; doktor idzie do swojego gabinetu the doctor is going to his surgery; idź do domu go home; szedł wolno, powłócząc nogami he was walking slowly, dragging his feet ⇒ pójść [2] (przemieszczać się) chmury szły nisko the clouds passed low in the sky; konie szły truchtem/galopem the horses were trotting/galloping; bezradnie patrzyli, jak ich rzeczy idą na dno they looked on helplessly as their things went under ⇒ pójść [3] (udać się w jakimś celu) to go; iść na mecz to go to (see) a match; iść na film to go to (see) a film; iść na koncert to go to a concert; iść po zakupy to go shopping; iść popływać/pojeździć na nartach to go swimming/skiing; idź po lekarstwa dla babci go and buy grandma's medicine/pills; bała się iść do zastrzyk she was afraid of having a. going for an injection; powinieneś iść do

lekarza you ought to go to a. go and see a doctor; **idę dziś z wizytą do cioci** I'm visiting my aunt today; **idę do koleżanki** I'm going to visit my friend; **iść do szpitala/więzienia** to go into hospital/to prison; **robi się późno, idź do łóżka** it's getting late, go to bed; **iść do ataku** a. **natarcia** to be on the attack ⇒ **pójść** [4] (odbywać się) to go; *[film, przedstawienie, słuchowisko]* to go out; **najpierw szły wiadomości sportowe** pot. the sports news came first; **program idzie na żywo** pot. the programme is going out live; **przypomina postać z filmu, który szedł niedawno w telewizji** pot. he resembles a character from a film that was recently shown on TV; **nikt się nie pchał, wszystko szło sprawnie** there was no pushing or shoving, every-thing went smoothly; **na początku interes szedł dobrze** pot. at the beginning business was going a. went well; **nie wszystko szło po jej myśli** not everything went as she would have liked; **w szkole nauka szła mu kiepsko** pot. he didn't do well at school; **„jak ci idzie?" – „w porządku"** pot. 'how's it going?' – 'okay' pot.; **nie szło mu jakoś to malowanie** pot. the painting seemed to take him a long time [5] (nadciągać) to approach; **idzie burza** there's a storm coming, a storm is approaching; **idzie na nas wyż ze wschodu** a high is approach-ing us from the east; **szła wysoka fala powodziowa** a high flood wave was approaching [6] przen. (dochodzić) *[zapach, dźwięk]* to come; **światło idące ze środka budynku** the light coming from the house; **klekot szedł od strony pałacu** the clatter came from the direction of the palace; **z Berlina idą niepokojące komunikaty** there are disturbing reports (coming) from Berlin [7] (funkcjonować) to run, to work; **maszyny idą pełną parą** the machines are running a. working at full speed; **zegar za szybko idzie** the clock's fast [8] (być przeznaczonym) to go; **większość dochodów szła na jedzenie i lekarstwa** most of his/her earnings went on food and medicine; **stare gazety idą na makulaturę** (the) old newspapers go for recy-cling; **wiele dzieł sztuki idzie pod młotek** many works of art are going under the hammer; **po sezonie narty idą w kąt** when winter's over, the skis go back in the cupboard ⇒ **pójść** [9] (ciągnąć się) *[droga, szlak]* to run; **tory idą przez las** the (railway) track a. line runs through a forest; **wzdłuż muru szedł napis: zwyciężymy** there was an inscription running along the wall: we shall overcome; **domy szły rzędem wzdłuż ulicy** the houses lined the street [10] (o planach, zamierzeniach) to go; **iść na studia** to go to university; **nikt z nas nie idzie na medycynę** none of us is going to study medicine; **powinna szybko skończyć szkołę i iść do pracy** she should leave school as soon as possible and find a job; **iść na lekarza/nauczyciela** pot. to study to become a doctor/teacher; **była dumna, że syn idzie do dyplomacji** she was proud that her son was to be a diplomat; **tylko głupi idzie do łopaty** pot. manual work is for those without brains;

iść za kogoś (za mąż) to marry sb; **po co było jej za niego iść?** what did she (go and) marry him for?; **chce, żeby córka szła za mąż** s/he wants her daughter to get married a. find a husband ⇒ **pójść** [11] przest. (postępować) to follow; **chciała iść śladem matki i zostać naukowcem** she wanted to follow in her mother's footsteps and become a scientist; **czy teatr ma brać wzory z kina, czy iść własną drogą?** should the theatre imitate the cinema or go its own way?; **iść z duchem czasu** to move with the times; **iść za kimś** to follow sb; **iść za porywem serca** to listen to a. follow one's heart ⇒ **pójść** [12] (zbliżać się) to approach, to come; **idą święta** Christmas/ Easter is approaching; **idzie ciepła jesień** a warm autumn is ahead of us a. on its way; **chyba idzie na deszcz** it looks as though it's going to rain, it looks like rain; **ile dziecko ma lat? – idzie mu piąty rok** pot. how old is the child? – s/he's getting on for five [13] (mijać) to go by; **czas idzie nie-ubłaganie naprzód** time goes marching on; **tego lata szły naprzemian dni słoneczne i deszczowe** this summer it was sunny one day and rainy the next [14] kryt. (występować w danej ilości) **iść w coś** to amount to sth; **odszkodowania idące w miliony złotych** damages amounting to millions of zlotys; **nakłady jego książek szły w setki tysięcy egzemplarzy** his books were sold in editions of hundreds of thousands ⇒ **pójść** [15] pot. (być sprzedawa-nym) to sell; **w tym roku ta literatura nie idzie** this kind of fiction isn't selling well this year; **po ile idą dziś dolary?** what's the going rate for the dollar today?

II *v imp.* pot. (udać się) **nie idzie czegoś zrobić** sth can't be done; **to był człowiek, z którym nie szło pracować** s/he was a (really) difficult person to work with; **piekielnie zimno, ale idzie wytrzymać** it's freezing outside, but it's not unbearable ■ **a co za tym idzie...** and, following on from this/that...; and consequently a. in consequence... książk.; **idzie mu/jej o coś** he/she means a. intends sth; **idzie mu o zdobycie władzy** he means a. intends to seize power; **był świadom stawki, o którą szło** he was aware of the stakes involved; **iść do ziemi** a. **piachu** pot. to kick the bucket pot.; **iść na coś** to agree to sth; **iść na współpracę z wrogiem** to agree to collaborate with the enemy; **iść na kompromis** to reach a compromise; **idź precz** a. **do diabła** a. **w cholerę!** pot. go to hell! pot.; go to the devil! przest.; **iść sobie** to go away; **iść w zapomnienie** a. **niepamięć** to be forgotten; **iść w górę/ dół** to go up/down; **wstąpił do partii i szybko szedł w górę** he joined the party and advanced rapidly

italiani|sta *m*, **~stka** *f* Italianist
italianisty|ka *f sgt* Italian studies
itd. (= i tak dalej) etc.
itp. (= i tym podobne) and the like
iw|a *f* Bot. goat willow
izb|a *f* [1] daw. (pomieszczenie mieszkalne) room; chamber przest.; **~a czeladna** a servants' room a. chamber [2] (stowarzyszenie) associa-tion, society; **~a lekarska** a medical

association; **~a handlowa** a chamber of commerce; **~a adwokacka** ≈ the Law Society [3] (urząd) chamber, office; **Najwyż-sza Izba Kontroli** ≈ Government In-spectorate; **~y skarbowe** the treasury offices [4] (w parlamencie) house, chamber; **~a niższa** the lower house a. chamber; **~a wyższa** the upper house a. chamber ❏ **~a chorych** Wojsk. sick ward; **~a deputowanych** Polit. lower house a. cham-ber; **~a pamięci** ≈ exhibition room; **~a porodowa** Med. ≈ rural maternity unit; **~a przyjęć** Med. ≈ admissions; **~a sena-torska** Hist. upper house, Senate; **~a wy-trzeźwień** detoxification detention centre, drunk tank US pot.

-izbow|y *w wyrazach złożonych* [1] (dotyczący pokoju) -room; **czteroizbowe mieszkanie** a four-room flat [2] (dotyczący parlamentu) -cameral, -chamber; **dwuizbowy parla-ment** a bicameral a. two-chamber parlia-ment; **jednoizbowy parlament** a single-chamber a. unicameral parliament
izdeb|ka *f dem.* (small) room, box room GB
izm *m* (*G* ~**u**) żart. ism pot., pejor.
izolacj|a *f* [1] *sgt* (odosobnienie) isolation, seclusion; **poczucie ~i** a feeling of isola-tion; **~a partii na scenie politycznej** the isolation of a party within the political arena; **~a dziecka od rodziców** isolation of a child from his/her parents; **żyć w ~i od świata** to live in isolation a. seclusion [2] *sgt* (zabezpiecznie) insulation; **~a elek-tryczna** electric(al) insulation; **~a cieplna** thermal a. heat insulation; **~a ścian przed wilgocią** damp-course treatment a. damp-proofing of walls; **~a akustyczna** sound insulation [3] (*Gpl* ~**i**) (materiał izolacyjny) insulation *U*, insulating material; **ściany wyłożone są korkową ~ą** the walls are lined with cork insulation; **~a piankowa** foam insulation [4] *sgt* Biol., Med., Roln. isolation
izolacjonistyczn|y *adi.* *[polityka, doktry-na]* isolationist
izolacjonizm *m sgt* (*G* ~**u**) Polit. isolation-ism
izolacyjn|y *adi.* [1] (oddzielający) *[polityka]* of isolation; **cela ~a** an isolation a. a seclusion cell [2] (zabezpieczający) *[taśma, warstwa]* in-sulating, insulation *attr.*; **materiał ~y** insulating material; **prace ~e** insulation work
izolat|ka *f* (w szpitalu) isolation ward; (w więzieniu) isolation a. seclusion cell
izolato|r *m* Techn. (materiał, urządzenie) insula-tor; **~r prądu/ciepła** an electricity/a heat insulator
izol|ować *pf, impf* **II** *vt* [1] (odosabniać) to isolate, to separate; **kraj ~owany na arenie międzynarodowej** a country isol-ated within the international arena ⇒ **od-izolować** [2] (oddzielać) to isolate, to sepa-rate; **~ować sztukę od życia** to isolate art from the real world; **~ować kuchnię od reszty pomieszczeń** to separate a. isolate the kitchen from the other rooms ⇒ **od-izolować** [3] (pokrywać izolacją) to insulate *[ściany, przewód]* [4] (wyodrębniać) *[naukowiec]* to isolate *[wirus]* ⇒ **wyizolować**
II *vi* (nie przepuszczać) to insulate; **warstwa ~ująca** an insulating layer; **styropian**

znakomicie ~uje polystyrene is an excellent insulator
III **izolować się** (separować się) to seclude oneself; **zawsze ~ował się od ludzi** he has always kept to himself ⇒ **odizolować się**
izolowan|y **II** *pp* → **izolować**
III *adi.* ① (pojedynczy) *[fakty, przypadki]*

isolated ② *[przewód, warstwa]* insulated ③ *[substancja]* isolated
izotop *m* (*G* ~**u**) Chem., Fiz. isotope; ~ **promieniotwórczy** a radioactive isotope; ~ **trwały** a stable isotope
izotopi|a *f sgt* (*GD* ~**i**) Fiz. isotopism
izotopow|y *adi. [wskaźnik]* isotopic
izotypi|a *f sgt* (*GD* ~**i**) Miner. isotypism

Izrael|czyk *m*, ~**ka** *f* Israeli
izraelic|ki *adi. [proroctwo, kapłan]* Jewish
izraeli|ta *m*, ~**tka** *f* przest., Relig. Jew; Israelite przest., pejor.
Izraeli|ta *m*, ~**tka** *f* Hist. Jew, Israelite
izraels|ki *adi.* Israeli
iż *coni.* książk. → **że**
iżby *coni.* książk. → **żeby**

J

J, j *n inv.* J, j

ja [I] *pron.* (jako podmiot) I; (w pozostałych przypadkach) me; **ja to zrobię** I'll do it; **nie ja to podpisałem** I didn't sign it, it wasn't me that signed it; **„wyjdź z pokoju!"** – **„ja?"** 'leave the room!' – '(who,) me?'; **„kto to?"** – **„to ja"** 'who is it?' – 'it's me'; **„kto pozmywał naczynia?"** – **„ja"** 'who washed the dishes?' – 'I did'; **ja sam to napisałem** I wrote it myself; **on mnie nie lubi** he doesn't like me; **mnie tego nie musisz tłumaczyć** you don't have to explain it to me; **daj to mnie** give it to me; **kupił mi kwiaty** he bought me some flowers; **mnie nie nabierzesz** you won't fool me; **dla mnie** for me; **o mnie** about me; **ze mną/beze mnie** with/without me; **ona jest starsza ode mnie** she's older than I am a. than me; **ja ci/wam pójdę na wagary** a. **dam wagary!** I'll give you play truant!

[II] *n inv.* (one's) self, the I; **świadomość własnego ja** a person's sense of self; **to godzi w moje własne ja** this is contrary to my true self; **moje drugie ja** my alter ego

[III] **mi** *part.* **idźże mi stąd!** (just) go away!; **żebyś mi zaraz wrócił!** just (make sure you) come straight back!; **tylko mi się nie zazięb** just don't catch a cold; **to mi zabawa!** what fun! także iron.; some fun this is! iron.; **ładny mi przyjaciel!** iron. some a. a fine friend you are/he is! iron.

jabłecznik *m* pot. [1] (wino) apple wine [2] (ciasto) ≈ an apple pie

jabł|ko *n* [1] (owoc) apple; **dojrzałe/pieczone/soczyste/winne ~ko** a ripe/baked/juicy/tart apple; **kompot z ~ek** apple compote; **zbiór ~ek** apple harvest; **zbierać ~ka** to pick apples [2] (symbol władzy królewskiej) orb [3] pot. (w kolanie) kneecap

❏ **~ko Adama** Adam's apple

■ **złote ~ko** książk. a gold mine przen.; **~ko niezgody** książk. the/an apple of discord; **zbić** a. **sprać** a. **stłuc kogoś na kwaśne ~ko** pot. to beat sb to a pulp pot.; **niedaleko pada ~ko od jabłoni** przysł. like father/mother, like son/daughter przysł.

jabłkow|y [I] *adi.* [1] [przecier, sok, kompot, wino] apple attr. [2] Chem. **kwas ~y** malic acid

[II] **jabłkowe** *plt* Bot. Pomoideae

jabłon|ka *f dem.* Bot. apple tree

jabło|ń *f* (*Gpl* **~ni**) Bot. apple tree; **kwitnąca ~ń** an apple tree in bloom; **dzika/rozłożysta ~ń** a crab/spreading apple tree

❏ **rajska ~ń** Bot. paradise apple

jabłusz|ko *n dem.* pieszcz. apple; **rumiany jak ~ko** as red as a cherry

❏ **rajskie ~ko** Bot. paradise apple

jachcik *m dem.* (*G* **~u**) pieszcz. (small) sailing boat GB, (small) sailboat US

jach|t *m* (*G* **~tu**) Żegl. sailing boat GB, sailboat US, yacht; **~t motorowo-żaglowy** a motor sailing boat, a motor-sailer; **~t regatowy/szkoleniowy** a racing/training yacht; **~t pełnomorski** an ocean-going yacht; **rejs ~tem po jeziorze** a sailing trip around the lake; **popłynęliśmy ~tem na Hel** we sailed to the Hel Peninsula; **pływać ~tem po zatoce** to sail around the bay ❏ **~t balastowy** Żegl. ballasted yacht; **~t kilowy** Żegl. keelboat; **~t mieczowy** Żegl. centreboard yacht GB, centerboard sailboat US

jachting *m sgt* (*G* **~u**) książk. sailing, yachting; **~ regatowy** yacht racing, sailboat racing; **pasjonował się ~iem** he was a sailing enthusiast

jachtklub *m* (*G* **~u**) Żegl. sailing club, yacht(ing) club; **Jachtklub Polski** the Polish Sailing Club a. Yacht Club

jachtow|y *adi.* Żegl. [przystań, port, basen, klub] sailing a. yachting, yacht attr.; [maszt] sailing boat attr. GB, sailboat attr. US, yacht attr.; **sport ~y** sailing

jacuzzi /dʒaˈkuzi/ *n inv.* jacuzzi®; **wzięła kąpiel w ~** she took a bath in the jacuzzi

ja|d *m* (*G* **jadu**) [1] Biol. (substancja trująca) venom *U*; **jad grzechotnika/skorpiona** rattlesnake/scorpion venom; **jad pszczeli** bee venom; **myśliwy wyssał jad żmii z rany** the hunter sucked the adder venom out of the bite [2] przen. venom przen., książk.; **jad nienawiści** the venom of hatred; **skąd u pana tyle jadu?** why are you so venomous?

❏ **jad kiełbasiany** Chem. botulin; **jad trupi** Chem. ptomaine

jadacz|ka *f* pot., obraźl. gob GB pot., obraźl., trap pot., obraźl.; **zamknij ~kę!** shut your gob a. trap!; **~ka ci się nie zamyka przez cały dzień** you haven't shut your gob a. trap all day

jada|ć *impf vt* to eat; **~ć trzy razy dziennie** to eat three times a day; **~ć regularnie/nieregularnie** to eat/not eat regularly, to eat/not eat regular meals; **~ć obiady w domu/u rodziców/w stołówce** to eat dinner at home/at one's parents' (place)/in a cafeteria a. canteen; **~ć poza domem/w barach szybkiej obsługi** to eat out/at fast-food places; **nie ~m mięsa/cielęciny** I don't eat meat/veal; **(z reguły) nie ~m o tak późnej porze** I don't (normally) eat this late in the evening; **od kilku miesięcy nie ~m pieczywa** I gave up eating bread a few months ago

jadalni|a *f* (*Gpl* **~**) [1] (pokój) dining room; **śniadanie podano w ~** breakfast was served in the dining room [2] (komplet mebli) dining room furniture *U*, dining room suite; **stylowa/stara ~a** elegant/old dining room furniture

jadaln|y [I] *adi.* [1] (nadający się do jedzenia) [grzyb, kasztan, korzeń, olej, owoc] edible; **~e jagody/pestki** edible berries/seeds; **tłuszcze ~e** edible fats [2] pot. (smaczny) palatable, eatable; edible iron.; **czy ten kotlet aby ~y?** żart. is this cutlet edible?; **jedzenie w stołówce szkolnej jest całkiem ~e** the food in the school cafeteria is quite fit for human consumption żart. [3] pot. (o pomieszczeniu) dining; **pokój ~y** the dining room

[II] *m* pot. (jadalnia) dining room; **goście przeszli do ~ego** the guests went to the dining room

jad|ło *n sgt* przest. victuals przest.; **stoły uginały się od ~ła** the tables were groaning with victuals

jadłodajni|a *f* (*Gpl* **~**) przest. eating place

jadłospis *m* (*G* **~u**) [1] (spis potraw) menu; **jednostajny/urozmaicony/bogaty ~** a monotonous/varied/rich menu; **~ stołówki** the cafeteria menu; **układać** a. **zestawiać ~** to put together the menu [2] pot. (potrawy) diet; **w ~ie unikam tłuszczu** I avoid fat in my diet

jadowicie [I] *adv. grad.* przen. (złośliwie) [uśmiechać się, mówić, sączyć słowa] venomously przen.

[II] *adv.* [1] (z jadem zwierząt lub roślin) **pająk ukąsił go ~ w nogę** a venomous spider bit him in the leg [2] przen. (rażąco) [lśnić, świecić] garishly, glaringly; **~ czerwony/fioletowy** glaring red/purple; **~ żółty/zielony** glaring a. venomous yellow/green

jadowitoś|ć *f sgt* przen. venom przen., venomousness przen.; **w jego słowach dało się wyczuć ~ć** there was venom in his words

jadowi|ty *adi.* [1] (wydzielający jad) [wąż, żmija, skorpion, pająk] venomous; **kobry są wyjątkowo ~te** cobras are extremely venomous; **~te rośliny** stinging plants; **~te korale/kolce** venomous corals/spines [2] książk. (trujący) [rośliny, owoce] toxic, poisonous [3] przen. (złośliwy) [uśmiech, spojrzenie, słowo, wypowiedź, wyraz twarzy] venomous przen.; **~te uwagi krytyka** the critic's venomous comments [4] przen. (ostry) [świat-

ło] glaring; *[żółty, zielony]* venomous przen.; garish, glaring; *[inne kolory]* garish, glaring

jadow|y adi. Zool. venom attr.; **gruczoł ~y** the venom gland; **ząb ~y** a (venom) fang

jaglan|y adi. millet attr.

jaglic|a f sgt Med. trachoma

jaglicz|y adi. Med. *[grudka, zmiana]* trachomatous

jagła [I] f zw. pl Med. conjunctival follicle; **leczenie ~ieł** the treatment of conjunctival follicles

[III] **jagły** plt przest. millet groats przest.

jagniąt|ko n dem. pieszcz. little lamb

jagnię [I] n (G **~ęcia**) [1] Zool. (potomstwo owcy) lamb; (kozy) kid; **~ę beczało żałośnie** the lamb bleated plaintively [2] (skóra z młodej owcy) lambskin; **czapka z ~ęcia** a lambskin hat

[III] **jagnięta** plt (futro ze skór jagnięcia) lambskin coat

jagnięc|y adi. *[beczenie]* lamb's; *[mięso]* lamb attr.; **~a skóra/wełna** lambskin/lambswool; **pieczeń ~a** roast(ed) lamb

jag|oda f [1] (czarna jagoda) bilberry GB, blueberry US; **ciasto z ~odami** bilberry cake; **naleśniki z ~odami** bilberry pancakes a. crêpes; **pierogi z ~odami** ≈ dumplings stuffed with bilberries; **iść na ~ody** to go bilberry picking; **dziewczyna jak ~oda!** the girl is as pretty as a picture; **policzki jak ~ody** rosy cheeks; **usta jak ~ody** lips (as) red as cherries; **turyści podeptali ~ody** the tourists trampled the bilberries [2] Bot. (rodzaj owocu) berry; **kiść ~ód jarzębiny** a bunch of rowan berries [3] zw. pl poet. (policzek) cheek

□ **wilcza ~oda** Bot. belladonna, deadly nightshade

jagodow|y adi. [1] Kulin. *[dżem, koktajl, kisiel, sok]* bilberry attr.; **lody ~e** bilberry ice cream [2] Bot. *[krzaki]* berry; **owoce ~e** berries

jagodzian|ka f Kulin. bilberry bun

jagód|ka f dem. (czarna) bilberry; (rodzaj owocu) berry

jagua|r [I] m anim. Zool. jaguar

[III] m inanim. (A **~ra**) (samochód) Jaguar

Jahwe m inv. sgt Relig. Yahweh, Yahveh

jajarz m (Gpl **~y**) pot. joker pot.; **ale z niego ~** he's a real joker

jajcarz → jajarz

jaj|co n zw. pl wulg. (jądro) bollock a. ballock zw. pl GB posp., ball zw. pl posp., nut zw. pl posp.; **kopnąć kogoś w ~ca** to kick sb in the balls; **robić sobie ~ca** to take the piss out of sb GB posp.

jajecz|ko n dem. [1] (jajko) egg; **zjedz ~ko** come on, eat the egg; **~ko z czekolady** a chocolate egg [2] Zool. (owada, ptaka) egg; **~ka muchy** a fly's eggs; **~ka wróbla** a sparrow's eggs [3] Biol. (u ssaków) egg, ovum

jajeczkowani|e n sgt Biol. ovulation

jajecznic|a f Kulin. scrambled eggs pl; **~a z szynką/na boczku** scrambled eggs with ham/bacon; **~a z czterech jaj** four scrambled eggs; **usmażyć ~ę** to scramble eggs

□ **~a na parze** Kulin. *scrambled eggs made in a double boiler*

■ **~a ze szczypiorkiem** żart. *a garish combination of bright green and yellow*

jajeczn|y [I] adi. Kulin. *[pasta, sałatka, potrawa]* egg attr.; **proszek ~y** powdered egg a. dried eggs; **masa ~a** pasteurized egg(s)

[III] **-jajeczny** w wyrazach złożonych **makaron czterojajeczny** pasta made with four eggs

jaj|ko n [1] Kulin. egg; **świeże ~ka** fresh eggs; **zepsute ~ko** a bad a. rotten egg; **~ko kurze** a hen's egg; **skorupka ~ka** an eggshell; **~ko faszerowane/na miękko/na twardo/sadzone** a stuffed/soft-boiled/hard-boiled/fried egg; **smażyć ~ko** to fry an egg; **gotować ~ko** to boil an egg; **zjesz gotowane ~ko?** will you have a boiled egg? [2] Zool. (komórka rozrodcza jajorodnych) egg; **bociane ~ka** storks' eggs; **znieść ~ko** to lay an egg; **wysiadywać ~ko** to incubate an egg [3] (przedmiot w kształcie jajka) **~ko z cukru** a sugar egg [4] zw. pl wulg. (jądro) bollock a. ballock zw. pl GB posp., ball zw. pl posp., nut zw. pl posp.; **oberwał w ~ka** he got hit in the nuts

□ **~ko Wielkanocne** a. **święcone** Relig. Easter egg; **~ko po wiedeńsku** Kulin. *soft-boiled egg served in a glass warmed up in hot water*; **~ko w koszulce** Kulin. poached egg

■ **~ko Kolumba** książk. ≈ (cutting) the Gordian knot książk.; **okazało się, że cały problem był ~kiem Kolumba** it turned out that there was a brilliantly simple solution to the problem; **dzielić się ~kiem** Relig. *to perform the Easter morning ritual of exchanging good wishes while sharing a hard-boiled egg blessed in church the day before*; **wmawiał** a. **wpierał mi jak w chorego ~ko, że Chopin był Francuzem** he wouldn't let go of the notion that Chopin was French; **nosić się z czymś jak kura z ~kiem** pot. to shilly-shally over a. about sth pot., to dither over a. about sth; **już drugi tydzień nosi się z decyzją jak kura z ~kiem** he's been dithering over the decision for two weeks; **obchodzić się z kimś jak z ~kiem** to handle a. treat sb with kid gloves; **świeci się jak psu ~ka** wulg. it's shiny enough to see your face in a. to shave in pot.; **~ko mądrzejsze od kury** pot. ≈ (young) upstart, ≈ whippersnapper; **nie kłóć się z matką! od kiedy to ~ko jest mądrzejsze od kury** ≈ since when do you know more than your mother?!

jajnik m Anat. ovary; **usunięcie ~ów** Med. an ovariectomy a. oophorectomy; **torbiel ~ów** an ovarian cyst

jaj|o n [1] Kulin. egg; **jajecznica z dwóch ~** two scrambled eggs; **potrawy z ~** egg dishes [2] Zool. (komórka rozrodcza jajorodnych) egg; **~o węża** a snake('s) egg; **znosić/wysiadywać ~a** to lay/incubate eggs; **wykluwać się z ~a** to hatch; **piegowaty jak indycze ~o** (as) freckled as a turkey egg; **była piegowata jak indycze ~o** she was all freckles [3] (żeńska komórka rozrodcza u ssaków) ovum, egg; **zapłodnione ~o** a fertilized egg [4] przen. (przedmiot w kształcie jaja) egg; **~o z marcepanu** a marzipan egg [5] zw. pl wulg. (jądro) bollock a. ballock zw. pl GB posp., ball zw. pl posp., nut zw. pl posp.; **muszę to zrobić, bo mi ~a urwą** I have to do it or they'll have my balls (for breakfast a. on a platter); **jak nie zapłaci,**

to go powiesimy za ~a if he doesn't pay, we'll hang him up by his balls

■ **podrzucić komuś kukułcze ~o** to foist work on sb; **ale ~a!** posp. bugger me (backwards) GB posp.; I'll be damned pot.; **ale ~a! odwołali mecz!** well, bugger me! they cancelled the match!; **dla ~** posp. (just) for the hell of it pot., (just) for kicks pot.; **zrobił to dla ~** he did it just for the hell of it; **poszedłem tam tak dla ~** I went there just for kicks; **robić sobie ~a** posp. (zachowywać się niepoważnie) to be screwing around pot.; (kpić) to be joking around pot.; (udawać, kłamać) to bullshit posp.; **robić sobie ~a z czegoś** posp. (kpić) to take the piss out of sth GB posp.; to make fun of sth pot.; **robić sobie ~a z kogoś** (ośmieszać) to take the piss out of sb GB posp.; to make fun of sb pot.; (traktować niepoważnie) to wind sb up GB pot., to pull a. yank sb's chain US pot.; to bullshit sb posp.; **przestań robić sobie ze mnie ~a i powiedz, co się stało** quit winding me up and tell me what happened; **~a sobie robią, znowu zamknięte** what bullshit, they're closed again; **z ~ami** posp. with balls posp.; **potrzebujemy szefa z ~ami** we need a boss with balls; **to była kobieta z ~ami** that woman really had balls; **z ~em** pot. scintillating; nifty pot., far out pot.; **film był z ~em** it was a far out film; **kapela grała z ~em** the band was all fired up pot.; **zrobić kogoś w ~o** posp. (oszukać) to muck sb about a. around GB pot., to jerk sb around US pot., to screw sb over pot., to take sb for a ride pot.; **dzieci zrobiły mnie w ~o** the kids took me for a ride; **bank/mój zarząd/mój były znowu robi mnie w ~o** the bank/the board/my ex is screwing me over again

jajogłow|y [I] adi. pot. (z owalną głową) **~y facet z brodą** a guy with an egg-shaped head and a beard

[III] m pot., pejor. (intelektualista) egghead pot.; **zarozumiali ~i** stuck-up eggheads

jajorodnoś|ć f sgt Zool. oviparity; **~ć ptaków** the oviparity of birds

jajorodn|y adi. Zool. oviparous spec.; egg-laying

jajowato adv. niektóre dinozaury miały **~ ukształtowane czaszki** some dinosaurs had egg-shaped skulls

jajowa|ty adi. *[głowa, liść, kształt]* oval, egg-shaped

jajow|ód m (G **~odu**) Anat., Zool. (u ssaków) Fallopian a. fallopian tube, oviduct; (u innych zwierząt) oviduct; **podwiązanie ~odów** tubal ligation spec.; tube-tying; **dała sobie podwiązać ~ody** she had her tubes tied

jajow|y adi. Biol. *[błona, skorupka]* egg attr.; **zapłodnienie komórki ~ej** the fertilization of the egg cell

jak[1] [I] pron. how; **~ to zrobiłeś?** how did you do it a. that?; **~ dojechać stąd na dworzec?** how do I get to the station from here?; **~ długo tu będziesz?** how long will you be here?; **~ daleko stąd do parku?** how far is it to the park from here?; **~ często chodzisz do kina?** how often do you go to the cinema?; **~ ci się udała wycieczka?** how was your a. the trip?; **~ było w Londynie?** what was it like in

London?, how was (it in) London?; **~ tam ojciec, zdrowy już?** how's your father – is he well now?; **~ twoja noga?** how's your leg?; **~ ona wygląda? – jest wysoka czy niska?** what does she look like: is she tall or short?; **~ wyglądam w tej sukience?** how do I look in this dress?; **zapytaj go, ~ się czuje** ask him how he is; **nauczył mnie, ~ kopiować pliki** he taught me how to copy files; **nie wiem, ~ długo się tam jedzie** I don't know how long it takes to get there; **to ~, idziemy do kina?** so, are we going to the cinema?; **„powiedziałeś jej o tym?" – „a ~ myślisz?"** 'have you told her about it?' – 'what do you think?'; **nie wiadomo / nie wiedzieć** a. **Bóg wie ~** nobody a. God (alone) knows how; **~ jej/mu tam** pot. what d'you call her/him pot.; what's her/his name pot.; **dzwonił Robert czy ~ mu tam** Robert (or) whatever his name is phoned; **śmiesz/~ pan śmie!** how dare you!; **~ mogłeś?** how could you?!; **o, ~ dużo już napisał!** look how much he's written (already)!; **tyle wydatków! ~ tu można cokolwiek odłożyć!** so many expenses! how can you save anything?; **~ tu gorąco!** it's so hot in here!, how hot it is here!; **~ ci nie wstyd!** shame on you!; **ty wyglądasz!** (just) look at you!; **~ nie pokochać takiego ślicznego bobasa?** you can't help loving such a cute little baby

II *praep.* as, like; (z przeczeniem) than; **czarny ~ węgiel** as black as coal; **oczy ~ gwiazdy** eyes like stars; **był dla mnie ~ ojciec** he was like a father to me; **płakała ~ dziecko** she cried like a baby; **samochód wygląda teraz ~ nowy** the car looks as good as new (now); **miał szansę dziesięć do jednego** he had a ten to one chance; **tak (samo) ~...** the same as...; **miał na imię Robert, tak (samo) ~ jego dziad** his name was Robert, the same as his grandfather's; **taki (sam) ~...** the same as...; **podobny ~ ktoś/coś** similar to sb/ sth; **pasek identyczny ~ mój** a belt exactly like mine; **nigdy nie spotkałem takiego maniaka sportu ~ on** I've never met a sports maniac like him; **b ~ Barbara/e ~ Edward** 'B' as in 'Barbara'/ 'E' as in 'Edward'; **to nie potrwa dłużej ~ godzinę** it won't take more than an hour; **nie ma nic obrzydliwszego ~ szantaż** there's nothing more repulsive a. despicable than blackmail; **nie ma ~ kuchnia domowa** there's nothing like home cooking, nothing beats home cooking; **nie chciała wyglądać inaczej ~ koleżanki** she didn't want to look different from her friends

III *coni.* [1] (porównanie) like, as; (z przeczeniem) than; **rzucało łodzią ~ łupiną orzecha** the boat was thrown around a. tossed about like a cockleshell; **w połowie kwietnia zrobiło się ciepło ~ w lecie** in mid April it became as warm as (in) summer; **znowu wszystko jest ~ dawniej** a. **kiedyś** everything is again like it used to be a. like it was before; **(tak) ~ co roku, pojechał do Londynu** he went to London as he did every year; **~ zawsze** as always, **~ zwykle**

as usual; **głodny byłem ~ rzadko** I was really a. extremely hungry; **stało się tak, ~ przypuszczałem** it happened (just) the way I expected; **tak ~ przewidywałem, tak się stało** everything turned out the way I had predicted; **zorganizujemy wszystko, (tak) ~ pan postanowi** we'll arrange everything (just) the way you want it; **~ postanowiono, tak i zrobiono** everything was done the way it had been planned a. decided; **tak blisko/szybko, ~ to jest/było możliwe** as close/quickly as possible a. as one possibly can/could; **dzień taki sam ~ każdy inny** a day like any other day; **podobnie ~ ja/Adam** like myself/Adam; **na wsi, podobnie ~ w mieście** in the country, just as in town; **przedsięwzięcie równie niepotrzebne, ~ beznadziejne** an undertaking as unnecessary as it is/was hopeless; **~ gdyby** as if a. though; **leżał nieruchomo, ~ gdyby spał** he lay motionless as if he were sleeping; **schylił się, ~ gdyby czegoś szukał** he bent down as if he were looking for something; **czuję się nie gorzej ~ wczoraj** I don't feel any worse than yesterday; **to potrwa nie dłużej ~ do piątej** it won't take a. last (any) longer than five o'clock; **skończę tłumaczenie nie później ~ jutro** I'll finish the translation tomorrow at the latest; **nie pozostało mi nic innego ~ zgodzić się** there was nothing else for me to do but agree; **nie dalej ~ wczoraj/dwa dni temu** only yesterday/two days ago [2] pot. (kiedy) when, as; **~ szliśmy przez las, zaczęło padać** when a. as we were walking through the forest, it began to rain; **porozmawiamy o tym, ~ wrócę** we'll talk about it when I get back [3] pot. (odkąd) since; **rok upłynął, ~ umarł dziadek** it's been/it had been a year since grandfather died; **już dwa miesiące, ~ wyjechał** it's (been) two months since he left; **~ tu mieszkam, nigdy jej nie spotkałem** I've never met her since I've been living here [4] pot. (jeżeli) if; **zadzwonię do ciebie, ~ się czegoś dowiem** I'll phone you if I learn anything; **~ nie dziś, to jutro** either today or tomorrow; if not today, then tomorrow; **gdzieś na pewno wyjadę, ~ nie w góry, to nad morze** I'll be going away somewhere: if not to the mountains, then to the coast a. seaside; **zaziębisz się, ~ będziesz chodził bez czapki** you'll catch a cold if you don't wear a hat; **(ona) zawsze coś gubi, ~ nie parasolkę, to rękawiczki** she's always losing something: if it's not her umbrella, then it's her gloves [5] pot. (skoro) as, since; **zrób to sam, ~ jesteś taki mądry** do it yourself if a. as you're so clever; **na pewno został tam na noc, ~ go do tej pory nie ma** he must have stayed the night, as he's not yet here [6] (we wtrąceniach, w dopowiedzeniach) as; **~ wiesz** you know; **~ wiadomo** as is known, obviously; **~ wspomniano wyżej** as mentioned above a. earlier; **~ się zdaje** as it seems; **radzisz sobie, ~ widzę, znakomicie** you're doing a. managing just fine, I see; **~ się okazało** as it turned out; as it transpired książk.; **~ sam o tym często**

mówił as he himself often said; **zjawił się w porze, kiedy, ~ sądził, ojca nie będzie w domu** he turned up at the time when, as he thought, his father would be out a. when he thought his father would be out; **przedstawiciele rządu, ~ premier, ministrowie...** government representatives, such as a. like the prime minister, ministers...; **pisał takie utwory, ~ fraszki, bajki i satyry** he wrote pieces such as a. things like epigrams, fables and satires; **...~ również...** as well as; **w Brazylii, Argentynie ~ również w Chile** in Brazil and Argentina, as well as in Chile; **zarówno w sobotę, ~ i w niedzielę** both on Saturday and Sunday, on Saturday as well as on Sunday [7] (w powtórzeniach) **na wojnie ~ na wojnie** war's war; **w szkole ~ w szkole, nic nowego** school's the same as usual a. always: nothing new; **mieszkanie ~ mieszkanie, ale łazienka wspaniała** the flat's so-so, but the bathroom is great pot.; **co ~ co, ale gest to on ma** whatever you think of him, he's not tight-fisted; **kto ~ kto, ale ty powinieneś mnie zrozumieć** you of all people should (be able to) understand me; **komu ~ komu, ale jemu możesz zaufać** you can trust him more than anyone; **kiedy ~ kiedy, ale jutro musisz być punktualnie** it wouldn't matter normally, but tomorrow you must be on time; **gdzie ~ gdzie, ale w Warszawie znam każda ulicę** other towns are okay too a. I know other towns fairly well, but I know Warsaw like the back of my hand; **~ siedział w fotelu, tak siedzi** he's still sitting in the same armchair; **~ kantowali, tak kantują** they're still short-changing us in the same old way pot.

IV *part.* pot. (emfaza) **~ to!?** what do you mean?; how come? pot.; **~ to, nie idziesz dziś do szkoły?** what do you mean you're not going to school today?; **~ to, już czwarta?** what, is it four (o'clock) already?; **(i) ~ nie lunie** pot. the sky suddenly opened up; **(i) ~ nie ryknie, ~ się nie wścieknie** pot. he suddenly started ranting and raving pot.

V *adv.* **~ najkrótszy/najdłuższy** the shortest/longest possible; **~ najtaniej/ najbliżej** as cheap/close as possible; **z sąsiadami żyli w ~ najlepszych stosunkach** they were on the best of terms with their neighbours; **nasze pożywienie powinno być ~ najbardziej urozmaicone** our diet should be as varied as possible; **miał o niej ~ najlepszą opinię** he had a very high a. the highest opinion of her

■ **~ ty komu, tak on tobie** przysł. you get what you deserve

jak² *m* Zool. yak

jakby **I** *coni.* [1] (jak gdyby) as if, as though; **zachowywał się (tak), ~ mnie tam nie było** he behaved as if a. though I wasn't there [2] (warunek) if; **~ś znalazł chwilę, wpadnij do nas jutro** pop in and see us tomorrow if you've got (the) time pot.; **~m miał psa, chodziłbym z nim na długie spacery** if I had a dog, I'd take it for long walks; **~ wczoraj wcześniej wyjechali,**

byliby już w Paryżu if they had left earlier yesterday, they would have been in Paris by now **II** *part.* kind of pot., sort of pot.; **od wczoraj jest ~ zdenerwowany** he's been kind of edgy since yesterday; **~ bez przekonania** sort of half-heartedly; **~ mimochodem** sort of casually; **w tym roku zimy tak ~ nie było** we hardly had any winter this year; **praca jest tak ~ skończona** the job is as good as done a. almost done pot. **III** *pron.* how; **~m mógł!** how could I?!; **~m pragnął z wami pojechać!** how I'd love to go with you!

ja|ki II *pron.* ① (w pytaniach) what; **jakiego koloru są ściany?** what colour are the walls?; **jaki to ma kształt?** what shape is it?; **jaka jest pogoda?** what's the weather like?; **jaki to samochód?** what kind of car is that?; **jaka ona jest/jacy oni są?** what is she like/are they like?; **na jaki temat jest ta książka?** what is this book about?; **w jaki sposób?** in what way?, how?; **po jakiemu oni mówią?** what language are they speaking?; **nie wiedziałem, w jakim języku rozmawiają** I didn't know what language they were speaking; **poradziła mi, jaki garnitur wybrać** she advised me what suit to choose ② (w zdaniach względnych) which, that; **powieści, jakie pisał pod koniec życia** the novels (which a. that) he wrote towards the end of his life; **pamiętam słowa, jakich użył** I remember the words (that) he used; **powódź, jakiej nie pamiętali najstarsi ludzie** a flood the likes of which even the oldest people had never seen ③ (emfatyczne) (przed przymiotnikiem) how; (przed rzeczownikiem) what; **jakie to ładne!** how pretty (this is)!; **jakiś ty miły!** how kind you are!; **nie masz pojęcia, jakie to straszne uczucie** you've no idea what an awful feeling it a. that is; **jaka hańba!** what a disgrace!; **popatrz, jaka duża ryba!** look, what a big a. large fish!; **„podobno masz psa?" – „jakiego psa? kota!"** 'I hear you have a dog?' – 'what dog? cat, you mean'; **jaki tam urlop, sześć dni to ma być urlop?** what holiday? you call six days a holiday? pot. ④ pot. (nieokreślony) some; **zatrzymaj się przed jakim sklepem** stop in front of some shop; **weź się do jakiej pracy** why don't you do some work!; **zachowywała się jak jaka hrabina** pot. she behaved like some grand lady ⑤ pot. (około) some; **jakie dziesięć lat/kilometrów** some ten years/kilometres; **za jaki tydzień/miesiąc** in a week/month or so; **będziemy w domu za jakie dwie godziny** we'll be home in two hours or so **III jaki taki** pot. passable, good enough

ja|kikolwiek *pron.* any; **jakikolwiek inny** any other; **w jakikolwiek sposób** in any way (whatsoever); **jeśli postawią jakiekolwiek warunki** if they impose any conditions at all; **wątpię, czy znajdę jakąkolwiek pracę** I doubt if I'll find any work at all; **jeśli, z jakiegokolwiek powodu, zrezygnujesz...** if you should resign for any reason at all a. whatsoever; **bez jakiegokolwiek powodu** without the slightest reason; **czy ma to w ogóle jakiekolwiek znaczenie?** does it have a.

is it of the slightest significance?; **jakakolwiek była tego przyczyna** whatever the reason; **jakąkolwiek cenę przyjdzie nam zapłacić** whatever (the) price we have to pay

ja|kiś *pron.* ① (nieokreślony) some; (w pytaniu, przeczeniu) any; **jakaś dziewczyna/jacyś chłopcy** some girl/boys; **był z jakąś kobietą** he was with some woman; **przez jakiś czas może pana boleć** it may be painful for some time; **to musi być jakieś nieporozumienie** it must be a misunderstanding of some kind; **czy macie jakieś pytania?** do you a. does anyone have any questions?; **dzwonił do ciebie jakiś pan Kwiatkowski/jakiś Adam** a Mr Kwiatkowski/someone called Adam rang (you); **jakiś idiota zostawił otwarte okno** some idiot left the window open; **to nie jakiś tam samochód, ale ferrari** it's not just any old car, it's a Ferrari® ② (około) some **jakieś dziesięć kilometrów/tygodni** some ten kilometres/weeks; **w jakiś tydzień/miesiąc potem** a week/month or so later ③ (trochę) kind of pot., sort of pot.; **ten artykuł jest jakiś mętny** the article is kind of vague; **on jest dzisiaj jakiś markotny** he's out of sorts a. kind of sad today

ja|kiż *pron.* książk. (przed przymiotnikiem) how; (przed rzeczownikiem) what; **jakaż ona była wtedy piękna** how beautiful she was then!; **jakież ma to dzisiaj znaczenie?** what does it matter now?

jakkolwiek II *pron.* ① (obojętnie jak) no matter how, how ever; **~ sprawa się zakończy** no matter how it all ends; **~ potoczą się rozmowy** how ever the talks a. negotiations go; **~ postąpisz** what ever a. whatever you do ② (byle jak) anyhow; **budować domy ~ i gdziekolwiek** to build houses anyhow and anywhere **II** *coni.* książk. (chociaż) although, though; **~ bardzo się starał, nie udało mu się** (al)though he tried extremely hard, he was unsuccessful

jako II *praep.* ① (w okresie życia) as; **~ dziecko/młody człowiek** as a child/ young man; **nauczył się francuskiego ~ dziecko** he learnt French when he was a child ② (w charakterze) as; in the capacity of książk.; **~ gospodarz/nauczyciel** as host/ teacher; **~ lekarz uważam, że...** in my capacity as (a) doctor, I believe that...; **zasłynął ~ aktor komediowy** he was famous as a comedy a. comic actor; **występował w procesie ~ tłumacz** he took part in the trial as an interpreter; **radzono się go ~ eksperta** he was consulted as an expert; **jego wystąpienie potraktowano ~ próbę nacisku** his statement was seen as an attempt to exert pressure; **~ kolejnego gościa mam zaszczyt powitać...** as my next guest, I have the honour to welcome...; **premier uczestniczył w uroczystości ~ osoba prywatna** the Prime Minister attended the ceremony in a private capacity **II** *coni.* as; **stany określane ~ depresyjne** conditions described as depressive; **~ pierwszy przyszedł mój brat** my brother was the first to arrive; **urodził się ~ pierwszy/ostatni z siedmiorga**

rodzeństwa he was born the oldest/ youngest of seven children; **~ taki** as such; **nie chodzi o politykę ~ taką** it's not a question of politics as such **III jako że** a. **iż** książk. as, since; **~ że dzień był pochmurny, paliły się wszystkie światła** as it was cloudy, all the lights were on; **wioska ocalała, ~ że leży wyżej** the village escaped damage as it lies higher up **IV jako tako** pot. ① (nie najgorzej) [czuć się] so-so pot.; [zachowywać się] tolerably; **„jak ci poszedł egzamin?" – „~ tako"** 'how did the exam go?' – 'so-so' ② (średnio) [inteligentny] fairly

jakoby książk. **II** *coni.* **krążą pogłoski, ~...** rumours are circulating that..., rumour has it that...; **zaprzeczył, ~ krajowi groziła wojna domowa** he denied that the country was on the brink of civil war **II** *part.* reputedly; **jest ~ bogaty** he's reputed to be rich; **wypróbowany ~ środek na porost włosów** a reputedly reliable hair restorer

jakoś II *pron.* somehow; **~ sobie poradzę** I'll manage somehow; **~ nie mogę w to uwierzyć** somehow I don't believe it; **tak się ~ zawsze dziwnie składa, że...** it always happens somehow that...; **czuł się ~ niewyraźnie** he felt out of sorts; **~ to będzie** things will work out, it'll be all right **II** *part.* **~ na początku przyszłego tygodnia** somewhere around the beginning of next week; **wysiadł z pociągu ~ przed Warszawą** he got off the train at some station before Warsaw

jakościowo *adv.* in terms of quality, qualitatively; **~ bardzo dobry produkt** a very good-quality product; **być ~ lepszym/gorszym** to be higher/lower quality; **być lepszym/gorszym ~ i cenowo** to be superior/inferior in terms of both quality and price; **~ zróżnicowane/porównywalne gleby** qualitatively diverse/comparable soils; **wyniki różnią się ~** the results are qualitatively different; **~ sprawdzony lek** a quality-tested medication

jakościow|y *adi.* [zmiany, analiza] qualitative; [normy, standardy] quality *attr.*; **braki ~e** qualitative shortcomings; **kontrola ~a** quality control

jakoś|ć *f sgt* quality; **niska ~ć** poor quality; **pierwszorzędna ~ć** top a. prime quality; **produkty najwyższej ~ci** the best quality products; **dbanie o ~ć usług** concern for the quality of service; **~ć wykonania** the quality of the workmanship

jakoż przest. **II** *part.* (i rzeczywiście) indeed, sure enough; **~ miałem rację** indeed a. sure enough I was right **II** *coni.* (dlatego też) so

jakże II *pron.* książk. how; **~ się to skończyło?** how did it (all) end?; **~ mógłbym zapomnieć?** how could I possibly forget?; **~ byłam naiwna!** how naive I was!; **~ się cieszę!** I'm so happy!; **~ to tak można?!** how can you/they?; **~ inaczej to nazwać?** what else can one (possibly) call it?; **~ go nie lubić?!** you can't but like him, you have to like him; **~ pańska matka/pański pokój?** how is your mother/room?

III *inter.* **a** ~! yes, indeed!; **„nie znam angielskiego"** – „~ **to? przecież tyle podróżowałeś"** 'I don't know English' – 'how's that? – you've travelled all over'

jakżeby *pron.* how; ~**m mógł cię skrzywdzić?** how could I possibly harm you?; ~ **pragnęła go spotkać!** how she longed to meet him!; ~ **inaczej** of course; **„zapłaciłeś mu?"** – „~ **inaczej"** 'did you pay him?' – 'of course I did'; **była kawa, herbata i, ~ inaczej, szarlotka** there was coffee, tea, and, of course, apple pie

jakżeż → **jakże**

jałmużn|a *f sgt* charity, handout *C*; alms *pl* przest.; **prosić o ~ę** to beg for alms; **dać komuś ~ę** to give sb a handout; **przyjąć ~ę** to accept charity a. handout; **utrzymujemy się z ~y** we live on charity; **nie potrzebuję ~y** I don't need (your) charity; **nie proszę o ~ę** I'm not asking for charity a. handouts; **emerytury nie mogą być ~ą** we can't regard pensions as (some kind of) charity

■ **pracować za ~ę** to earn starvation wages

jałowcow|y *adi.* *[gałęzie, jagody, dym, zapach]* juniper *attr.*; **gin o autentycznym, ~ym aromacie** gin with that authentic juniper flavour; **olejek ~y** juniper oil

jałowców|ka *f* 1 (wódka) juniper vodka; (holenderska) Dutch gin, genever; **~ka domowej roboty** home-made juniper vodka 2 Bot. (odmiana gruszy) a variety of pear tree 3 (owoc) a variety of pear

jałowic|a *f* książk. → **jałówka** 1

jałow|iec *m* 1 Bot. (krzew) juniper; **wonny ~iec** an aromatic juniper; **zarośla ~ca** a juniper thicket 2 Bot. (owoc) juniper berry

jałowi|eć *impf* (~ał) *vi* Roln. *[ziemia, grunty]* to turn barren; **nienawadniane pola ~eją** fields deprived of irrigation turn barren ⇒ **wyjałowieć**

jałowo *adv.* 1 (nieurodzajnie) *[wyglądać]* barren *adi.*, infertile *adi.* 2 przen. (bez efektu) *[narzekać, dyskutować]* unproductively, fruitlessly; *[płynąć]* unproductively, idly; *[spekulować]* idly; **dni mijały ~** days passed unproductively; **silnik pracuje (na) ~** the engine is idling 3 książk., Kulin. (bez przypraw i tłuszczu) *[przyrządzać]* blandly; *[smakować]* bland *adi.* 4 przen. (bez wyrazu) *[pisać, wykładać]* dully, insipidly; *[brzmieć]* dull *adi.*, insipid *adi.* 5 Med. (sterylnie) sterilely; **pobrała ~ próbki pokarmu/tkanek** she took sterile food/tissue samples; **rana opatrzona ~** a sterilely dressed wound

jałowoś|ć *f sgt* 1 Roln. (gleby) barrenness, infertility; (zwierząt) infertility, sterility; **~ć ziemi** the barrenness of the land; **~ć bydła** the infertility of the cattle 2 przen. (bezskuteczność, bezcelowość) futility, pointlessness; **~ć dyskusji politycznych** the pointlessness of political discussions 3 Kulin. (brak przypraw i smaku) blandness; **~ć kuchni szkolnej** the blandness of the school food 4 przen. (brak wyrazu) blandness, insipidness; (brak treści) vacuousness, vacuity; **~ć poezji współczesnej** the vacuousness of modern poetry 5 Med. (sterylność) sterility; **~ć narzędzi chirurgicznych** the sterility of surgical instruments

jałow|y *adi.* 1 (nieurodzajny) *[ziemia, pole, step]* barren, infertile; **~e pustkowia** a barren wasteland 2 przen. (bezskuteczny) *[działanie, rozmowa, rozważanie, dyskusja]* futile, pointless; **~e debaty polityków** futile political debates; **~e obietnice** empty promises; **~e ćwiczenia** pointless exercises; **~e spekulacje pseudouczonych** the would-be experts' idle speculation 3 przen. *[tekst, film, książka, przedstawienie]* (bez wyrazu) bland; (bez treści) meaningless, vacuous; **nudna i ~a opowieść** a boring and insipid story; **~e sprawozdania** meaningless reports 4 Med. (sterylny) *[gaza, wacik]* sterile; **~y opatrunek** a sterile dressing 5 Kulin. (bez tłuszczu i przypraw) *[kuchnia, potrawa]* bland; **~e jedzenie** bland hospital food 6 Techn. (niepracujący) *[koło, przebieg]* idle; **bieg ~y** neutral (gear); **na biegu ~ym** in the neutral (gear) 7 Roln. (niepłodny) *[krowa, owca]* infertile, sterile

jałów|ka *f* 1 Roln. (młoda krowa) heifer; (bezpłodna) dry cow; **dwuletnia ~ka** a two-year-old heifer 2 Myślis. *a female game animal without young*

jam|a *f* 1 książk. (zagłębienie) hollow książk.; **~a w skale/w ziemi** a hollow in the rock/the ground; **wpadli w głęboką ~ę** they fell into a deep hole 2 książk. (kryjówka zwierzęcia) burrow; **lisia ~a** a fox's burrow; **smocza ~a** a dragon's lair 3 Anat. (wolna przestrzeń w organizmie) cavity; **~a brzuszna/gardłowa/nosowa/ustna** the abdominal/pharyngeal/nasal/oral cavity; **ból w ~ie brzusznej** abdominal pain 4 Med. (ubytek spowodowany martwicą) cavity; **~a gruźlicza/pozapalna** a tubercular/an inflammatory cavity ❑ **~a chłonna** Zool. coelenteron spec., gastrovascular cavity; **~a otrzewnowa** Anat. peritoneal cavity

jam|ka *f dem.* 1 książk. (małe zagłębienie terenu) hole; **błotnista ~ka** a muddy hole 2 książk. (kryjówka małego zwierzęcia) hole, burrow; **mysia ~ka** a mouse hole; **krecia ~ka** a mole burrow 3 Bot. (zagłębienie w błonie komórkowej) lumen spec.; cell cavity

jamnicz|ek *m dem.* pieszcz. little dachshund

jamnicz|ka *f* Zool. female dachshund, dachshund bitch; **~ka z młodymi** a dachshund bitch with puppies

jamnik **II** *m anim.* Zool. dachshund; **~ długowłosy/krótkowłosy/szorstkowłosy** long-haired/smooth-haired/wire-haired dachshund

III *m inanim.* (*A* ~ a. ~**a**) 1 pot. (wąska długa torba z dużymi uszami) barrel bag, tote bag 2 pot. (przenośny magnetofon dwukasetowy) ≈ boom box pot. 3 pot. (stolik) (low) coffee-table

jamochłon *m* Zool. coelenterate

jancza|r **II** *m pers.* (*Npl* ~**rzy** a. ~**rowie**) Hist., Wojsk. (doborowy żołnierz turecki) janissary a. janizary (*a member of an elite army corps of the Ottoman Empire*); **rota ~rów** a troop of janissaries

III *m inanim.* książk. (dzwonek przy uprzęży) (harness) bell; **~ry brzęczały** the (harness) bells jingled

janczars|ki *adi.* Hist., Wojsk. *[pułk, chorągiew, oddział]* janissary a. janizary *attr.*; **szarża pułków ~kich** the charge of the janissary regiments; **kapela ~ka** a janissary band

jankes *m* 1 pot., pejor. (Amerykanin) Yank a. Yankee GB pot., pejor.; Yankee US pot.; **grupa hałaśliwych ~ów** a group of noisy Yanks 2 Hist. Yankee GB, Unionist

jankes|ki *adi.* 1 pot. (amerykański) *[optymizm, zespół, futbol]* Yank a. Yankee *attr.* GB pot., pejor.; Yankee *attr.* US pot.; **~ka koszykówka jest lepsza od naszej** Yankee basketball is better than ours 2 Hist., Wojsk. *[wojsko, oddział, żołnierz]* Yankee *attr.* GB, Union *attr.* US

janta|r *m sgt* (*G* ~**ru**) książk. amber; **złocisty ~r** golden amber

jantarow|y *adi.* książk. *[korale, broszka, pierścień]* amber *attr.*

Janusow|y *adi.* Mitol. *[podobizna]* Janus's, of Janus

janusow|y *adi.* 1 książk., pejor. (dwulicowy) Janus-faced książk., przen.; two-faced pejor.; **~e oblicze polityki** the Janus-faced nature of politics 2 książk. (mający dwa różne aspekty) *[sukces, posunięcie, stanowisko]* Janus-faced książk., przen.; **~a polityka zagraniczna** a Janus-faced foreign policy

jap|a *f posp.* kisser pot.; **dostał w ~ę** he got hit in the kisser

Japonecz|ka *f dem.* pieszcz. (dziewczynka) (little) Japanese girl; (kobieta) Japanese woman

japoni|sta *m*, ~**stka** *f* specialist in Japanese studies

japonistyczn|y *adi.* *[publikacja, konferencja]* Japanese studies *attr.*; **studia ~e** Japanese studies

japonisty|ka *f sgt* (studia) Japanese studies; (wydział) Japanese department, school a. department of Japanese studies; **ukończyła ~kę** she has a degree in Japanese studies

Japon|ka *f* Japanese woman; **właścicielką jest ~ka** the owner is Japanese

japon|ka *f zw. pl* pot. (klapek) flip-flop

Japończy|k *m* Japanese man; **być ~kiem** to be Japanese; **~cy przodują w elektronice** the Japanese excel in electronics

japońs|ki **II** *adi.* *[sztuka walki, przemysł, ogród, styl]* Japanese

III *m* 1 (język) Japanese; **mówić po ~ku** to speak Japanese 2 pot. (lekcje) Japanese (lessons); **chodzić na ~ki** to take Japanese lessons

japońszczy|zna *f sgt* pot. Japanese stuff pot.; everything Japanese; **sklep z ~zną** a shop with Japanese stuff

ja|r *m* (*G* **jaru**) Geol. ravine; **głęboki/przepaścisty jar** a deep/precipitous ravine; **leśny jar** a wooded ravine; **strome zbocza jaru** the steep sides of the ravine

jara|ć *impf* **II** *vt* pot. (palić papierosy) to smoke; **~ją jednego papierosa za drugim** they're smoking one cigarette after another

III jarać się pot. (palić się) *[dom, stodoła, chałupa]* to be on fire; **sklep się ~** the shop's on fire; **ale się ~** it's really burning ⇒ **zjarać się**

jar|d *m* (*G* ~**du**) Miary yard; **bieg na 100 ~dów** a 100-yard dash

jarmarcznie *adv.* pejor. *[wyglądać]* common *adi.* pejor.; tacky *adi.* pot., pejor.

jarmarczn|y *adi.* 1 *[stragan, dzień, widowisko, sprawunki]* (farmer's) market *attr.*; **przekupki ~e** farmer's market vendors 2 pejor. vulgar pejor., common pejor.; **gustują**

w ~ych rozrywkach they like vulgar entertainment

jarmark m (G ~u) [1] (doroczny targ) fair; ~ **antykwarski** an antique fair [2] (duży targ) (farmer's) market; ~ **odbywa się w środy** there's a farmer's market every Wednesday; **kupić coś na ~u** to buy sth at the farmer's market; ~ **koński** the horse market

❑ **Jarmark Dominikański** Saint Dominic's Fair (*traditionally organized in Poland by the Dominican friars*)

■ **czynić** ~ przest. to raise merry hell pot., przen.; **zacząć** ~ pot. to raise a ruckus a. commotion pot.

jarmuł|ka f yarmulke a. yarmulka, kippa(h)

jarosz m (Gpl ~ów a. ~y) książk. vegetarian; **dania dla ~y** vegetarian meals

jars|ki adi. książk. [*danie, kuchnia, dieta*] vegetarian; **potrawy ~kie** vegetarian meals

ja|ry adi. Roln. [*pszenica, jęczmień*] spring attr.; **zbiory zbóż jarych** the spring grain harvest

■ **stary, ale jary** pot. hale and hearty

jarz|ąb m (G ~ębu a. ~ęba) Bot. mountain ash

jarząb|ek m Zool. hazel grouse a. hen

jarzębow|y adi. [*owoce*] mountain ash attr.

jarzeniow|y adi. [*światło, lampa*] fluorescent

jarzeniów|ka f pot. fluorescent lamp; glow tube pot.

jarzębiak m (G ~u) rowanberry vodka

jarzębin|a f (~ka dem.) [1] Bot. (drzewo) rowan (tree) [2] (owoc) rowanberry; **korale z ~y** a necklace of rowanberries

jarzębinow|y adi. [1] [*aleja, lasek*] rowan attr. [2] [*sok, nalewka, konfitury*] rowan(berry) attr. [3] [*kolor*] rowan attr.

jarzębinów|ka f rowanberry vodka

jarz|mo n (Gpl ~em a. ~m) [1] przest. (uprząż) yoke; **zaprzęgać woły w ~mo** to put a yoke on oxen [2] przen. yoke; **zrzucić ~mo** to cast a. throw off the yoke; **pod obcym ~mem** under (a) foreign yoke; **małżeńskie ~mo** the yoke of marriage [3] Techn. (urządzenie) yoke

❑ ~**mo masztu** Żegl. mast yoke a. hasp; ~**mo szybowe** Górn. wall plate

jarz|yć się impf v refl. [1] (tlić się) [*papieros, węgle*] to glow ⇒ **zajarzyć się** [2] (błyszczeć, lśnić) to gleam; **staw ~ył się w słońcu** the pond was gleaming in the sunlight; **stół ~ył się w blasku świec** the table was gleaming in the candlelight; **miasto ~yło się światłami** a. **od świateł** the city was gleaming with lights; **na niebie ~yły się niezliczone gwiazdy** the sky was full of twinkling stars ⇒ **zajarzyć się** [3] (mienić się barwami) to glow (with colour); **ogród ~ył się od kwiatów** the garden glowed with flowers [4] przen. [*oczy*] to glow, to glimmer

jarzyn|a f (~ka dem.) Kulin. vegetable; **buraczki/marchew na ~ę** beetroot/carrot as vegetable a. as veg pot.; **kurczak z ~ami** chicken (casserole) with vegetables

jarzynow|y adi. [*kostka, sałatka, zupa*] vegetable; **tarka ~a** a (vegetable) grater

Ⅲ **jarzynowa** f pot. (zupa) vegetable soup

jaseł|ka plt (G ~ek) [1] (widowisko) nativity play; **wystawić ~ka** to present a nativity

play [2] (szopka) crib; (figurki) nativity play figurines

jasełkow|y adi. nativity-play attr.

ja|siek m [1] (poduszka) (small) pillow [2] sgt Bot. butter bean

jask|ier m (A ~ier a. ~ra) Bot. buttercup; **kępa ~rów** a clump of buttercups

jaski|nia f cave; ~**nia lwa** a lion's den

■ ~**nia gry** a. **hazardu** książk. a gambling den pejor.; ~**nia zepsucia** a. **rozpusty** a den of iniquity pejor.

jaskiniow|iec m [1] Antrop. caveman, cave-dweller [2] pejor. (prymityw) caveman pot.

jaskiniow|y adi. cave attr.; [*wody, źródła*] underground; **wyprawa ~a** a caving expedition

jaskółcz|ę n (G ~ęcia) Zool. swallow nestling, baby swallow

jaskółcz|y adi. [*świergot, lot*] swallow's

❑ ~**y ogon** a. **złącze** Techn. dovetail joint

jaskółecz|ka f dem. pieszcz. (tiny) little swallow

jaskół|ka f [1] Zool. swallow [2] przest., Teatr the gallery; the gods pot.; **bilety na ~ce** tickets in the gallery; **siedzieć na ~ce** to have a seat in the gallery [3] Sport (w łyżwiarstwie figurowym) arabesque [4] Druk. a review copy

■ **pierwsza ~ka** harbinger książk.; **forerunner; pierwsze ~ki modernizacji** the first harbingers of modernization; **jedna ~ka nie czyni wiosny** przysł. one swallow doesn't make a summer przysł.; **powiedziały ~ki, że niedobre są spółki** przysł. ≈ it's best to be your own man

jask|ra f sgt Med. glaucoma

jaskraw|o Ⅱ adv. grad. [1] (barwnie) [*ubrać się*] bright; garishly pejor., gaudily pejor.; **umalować się ~o** to overdo one's make-up, to put too much make-up on [2] (intensywnie) [*błyszczeć*] brightly, intensely; glaringly pejor. [3] przen. (ostro) [*ujawnić, uwydatnić*] starkly, sharply

Ⅲ **jaskrawo-** w wyrazach złożonych **jaskrawoczerwony/jaskrawozielony/jaskrawożółty** bright a. vivid red/green/yellow

jaskrawoś|ć f sgt [1] (kolorów) brightness; garishness pejor., gaudiness pejor. [2] (światła) brightness, intensity [3] przen. (poglądów, przekonań) extreme a. exaggerated nature

jaskraw|y adi. [1] [*kolor, strój*] bright; garish pejor., lurid pejor.; ~**a czerwień/zieleń/żółć** (a) bright a. vivid red/green/yellow; **przedstawiać coś w ~ych kolorach** to paint sth in exaggerated colours [2] [*światło*] glaring, garish [3] przen. (pogląd, przykład) extreme, exaggerated; **to, co mówisz, pozostaje w ~ej sprzeczności z zeznaniami innych** what you say stands in glaring a. stark contrast to evidence given by others

ja|sno Ⅱ adv. grad. [1] (o świetle) brightly; **palić się jasno** to burn brightly; **w pokoju było jasno** it was (very) bright in the room; **słońce świeci coraz jaśniej** the sun's getting brighter all the time [2] (o kolorze) brightly; **jasno malowany pokój** a brightly-painted room; **ufarbować włosy na jasno** to dye one's hair a light colour; **ubierać się jasno** a. **na jasno** to wear bright clothes [3] przen. (zrozumiale) [*mówić, pisać*] clearly, plainly; **wyrażać się jasno** to

express oneself clearly, to make oneself clear; **postawić sprawę jasno** to make it a. things (perfectly) clear, to be clear about things [4] przen. (radośnie) brightly, cheerfully; **patrzeć jasno w przyszłość** to look brightly towards the future [5] (dźwięcznie) brightly; **jej głos brzmiał jasno** her voice sounded bright

Ⅲ **jasno-** w wyrazach złożonych **jasnoczerwona szminka** (a) light red lipstick; **jasnooka dziewczyna** a girl with blue eyes, a blue-eyed girl; **jasnowłosa dziewczyna** a fair-haired girl

■ **jasno jak na dłoni** pot. plain for all to see

jasnoblond adi. inv. fair

jasnoś|ć f sgt [1] (światło, blask) brightness; ~**ć dnia** the brightness of the day; **oślepiająca ~ć neonów/słońca** the dazzling brightness of the neon lights/sun [2] (bladość) paleness; ~**ć skóry/cery** the paleness of sb's skin/complexion [3] przen. (zrozumiałość) clarity, lucidity; ~**ć stylu/wypowiedzi** the clarity of sb's style/statement; ~**ć myśli** clarity of thought; **mieć ~ć w czymś** a. **co do czegoś** to be (absolutely) clear about a. on sth [4] (głosu) clearness; (tonu, brzmienia) brightness [5] Astron., Fiz. luminosity

❑ ~**ć obiektywu** Fot. lens speed

jasnowidz m clairvoyant, psychic

jasnowidząc|y Ⅱ adi. clairvoyant, second-sighted

Ⅲ **jasnowidząc|y** m, ~a f clairvoyant, psychic

jasnowidzeni|e n sgt [1] (zdolność) clairvoyance, second sight; **dar ~a** the gift of clairvoyance a. second sight [2] (stan) clairvoyance; **chwila ~a** a moment of clairvoyance

jasnowidztw|o n sgt clairvoyance, second sight

jasnowłos|y adi. fair-haired, blond(e); ~**y chłopak** a fair-haired a. blond boy; ~**a dziewczyna** a blonde a. fair-haired girl; **z daleka widział jej ~ą głowę** he saw her blonde hair from a distance

ja|sny Ⅱ adi. grad. [1] (dający światło) [*ogień, lampa, słońce*] bright; **jasny jak słońce** as clear as day(light) [2] (widny) [*pomieszczenie*] bright, light [3] (bezchmurny) [*dzień, niebo, noc*] bright [4] (z dodatkiem bieli) [*kolor*] light; **jasny brąz/fiolet** (a) light brown/purple; **jasna czerwień/zieleń** (a) light red/green; **jasna bluzka** a light-coloured blouse [5] [*włosy*] fair, blond(e); [*skóra, cera*] pale, light(-coloured) [6] (przejrzysty) clear, transparent; **jasne szkło** clear glass [7] przen. (zrozumiały) clear, lucid; **jasny styl** a clear a. lucid style; **jasny tok rozumowania** sb's clear (line of) reasoning [8] przen. (bystry) bright; **jasny umysł** a bright mind [9] przen. (wesoły) bright; **jasny uśmiech/jasna twarz/jasne spojrzenie** a bright smile/face/look [10] przen. (pomyślny) bright; **jasne strony czegoś** the bright(er) side of sth; **jaśniejsze chwile w życiu** life's lighter a. brighter moments [11] (dźwięczny) [*głos, ton, dźwięk*] bright, clear; **jasne brzmienie skrzypiec** the clear tones of the violin

Ⅲ adi. przest. (w zwrotach grzecznościowych) **jaśni panowie** my dear sirs przest.

Ⅲ **najjaśniejszy** adi. sup. (w tytule) **naj-**

jaśniejszy pan/najjaśniejsza pani His/ Her Majesty; (do władcy) **najjaśniejszy panie/najjaśniejsza pani** Your (Royal) Highness **IV jasne** *n* (piwo) lager *C/U*; **wypić duże jasne** to drink a large lager **V jasne** *inter.* pot. (oczywiście) of course; sure pot.; **jasne, że wiem** of course I know ■ **jasna sprawa** of course, it goes without saying; **jasny interes** an honest deal a. business; **jasny piorun** a. **jasny gwint** a. **cholera jasna** posp. damn it! pot., bloody hell! GB pot.; **rzecz jasna** of course, sure (thing) US; **rzucać jasne światło na coś** a. **ukazywać coś w jasnym świetle** pot., kryt. to make sth as clear as daylight; **spaść jak grom** a. **piorun z jasnego nieba** to come like a bolt from the blue; **zobaczyć coś w jasnym świetle** to see sth clearly

jaspis *m* (*G* **~u**) Geol. jasper
jaspisow|y *adi.* jasper *attr.*
jastrz|ąb II *m pers.* (*Gpl* **~ębi**) Polit. hawk **III** *m anim.* Zool. hawk
jastrzębi *adi.* 1 Zool. hawk's 2 przen. *[wzrok]* sharp; **~ nos** a hook(ed) nose
jasy|r *m* (*G* **~ru**) *sgt* Hist. 1 (niewola) Tatar a. Turkish captivity 2 (ludzie w niewoli) captives of the Tatars a. Turks
jaszczu|r II *m anim.* książk. 1 (wymarły gad) saurian 2 (jaszczurka) lizard **III** *m inanim.* (*G* **~ru**) (skóra) shagreen *U*
jaszczurcz|y *adi.* 1 *[ogon]* lizard's; (skóra) lizard *attr.* 2 książk., przen. (uśmiech, spojrzenie) reptilian
jaszczurecz|ka *f dem.* Zool. young lizard
jaszczur|ka *f* 1 Zool. lizard; **~ka zwinka** a sand lizard 2 książk., obraźl. reptile pot. 3 Techn. spoon and square
ja|ś *m* (*A* **jasia**) pot. (fasola) butter bean ❏ **głupi jaś** pot. (zastrzyk) premedication
jaśmin *m* (*G* **~u**) 1 Bot. jasmine 2 Bot. (kwiat) jasmine blossom
jaśminow|y *adi.* 1 *[gałązka, krzew]* jasmine *attr.* 2 *[mydełko, herbata]* jasmine *attr.*
jaśnie *adi. inv.* 1 przest. **~ pan/pani** His Lordship/Her Ladyship 2 iron. **patrzcie ją, ~ pani się znalazła** just look at her – Lady Muck herself! pot.
jaśni|eć *impf* (**~eję**, **~ał**, **~eli**) **I** *vi* 1 (świecić) *[słońce, gwiazdy]* to shine; **wzdłuż całej ulicy ~ały neony** neon lights shone all along the street 2 (być oświetlonym) *[okna]* to shine 3 (odcinać się od tła) to stand out; **biała suknia ~ała w mroku** the white dress stood out in the darkness 4 (blednąć) *[kolor, włosy]* to fade ⇒ **pojaśnieć II** *v imp.* (świtać) to grow light ■ **~eć szczęściem** a. **radością** książk. *[osoba, twarz, oczy]* to glow a. radiate with joy; **~eć urodą/barwami** to glow a. sparkle with beauty/colour
jaśniepan *m* (*Npl* **~owie**) 1 iron. lordship iron. 2 przest. ≈ Lordship
jaśniepańs|ki *adi.* 1 iron. *[maniery, kaprysy]* hoity-toity pot., pejor. 2 przest. His Lordship's
jaśniepaństw|o *n* iron. 1 (osoby wyniosłe) Their Majesties *pl* iron.; (arystokraci) stuck-up aristocrats *pl* pot., pejor. 2 (styl bycia) airs and graces *pl* GB pejor.; fancy a. stuck-up ways pot., pejor.

jaśniut|ki *adi. dem.* 1 *[gwiazdy]* bright, clear 2 *[pokój]* bright 3 *[oczy]* bright, clear; *[włosy]* light, fair; *[cera]* pale, light
jat|ka *f* 1 przest. shambles GB przest.; butchery GB 2 przen. bloodbath; **przestępcy urządzili tam krwawą ~kę** the criminals turned the place into a slaughterhouse
jaw *m inv.* ■ **wyjść na ~** *[tajemnica, kłamstwo]* to come to light; **wyszło na ~, że jest żonaty** it came to light that he was married; **wyciągnąć** a. **wydobyć coś na ~** to expose a. uncover sth
jaw|a *f sgt* real world a. life, wakefulness; **na ~ie** in reality; **sen na ~ie** a daydream; **śnić na ~ie** to daydream
jaw|ić się *impf v refl.* książk. 1 (ukazać się) *[osoba]* to come into sight a. view; **postać na przemian ~i się w tłumie i znika** the figure alternately appears and disappears in the crowd; **~i mi się pomysł, żeby... i** a. the idea occurs to me that... 2 (być postrzeganym) to appear, to seem; **wieś ~i im się jako oaza spokoju** the country(side) appears to them as a peaceful oasis; **przytulny domek ~ił się jej pałacem** the cosy house was like a palace to her
jawnie *adv. grad.* 1 (otwarcie) openly; overtly książk.; **okazywać komuś ~ sympatię/niechęć** to openly like/dislike sb; **głosować ~** to vote openly 2 (ewidentnie) blatantly, openly; **postępowanie ~ obraźliwie** blatantly offensive behaviour a. conduct
jawnogrzesznic|a *f* 1 przest. harlot przest. 2 Bibl. the harlot
jawnoś|ć *f sgt* openness; overtness książk.; **~ć głosowania** the open nature of a ballot
jawn|y *adi. grad.* 1 (otwarty) open; overt książk.; **~e głosowanie** open ballot; **okazywała mu ~ą niechęć/pogardę** she was openly hostile/disdainful towards him 2 (oczywisty) blatant, patent; **~e pogwałcenie** a. **naruszenie prawa** a flagrant a. patent violation of the law; **~e kłamstwo** a blatant a. an outright lie
jawo|r *m* (*G* **~ru**) 1 Bot. sycamore 2 *sgt* (drewno) sycamore
jaworow|y *adi.* *[liście, stół]* sycamore *attr.*
j|azda II *f* 1 (przemieszczanie się) **jazda samochodem** (o kierowcy) a drive in a car; (o pasażerze) a ride a. drive in a car; **jazda autobusem/pociągiem** a ride on a bus/ train; **jazda konna** horse riding GB, horseback riding US; **jazda na łyżwach/wrotkach** ice/roller skating; **jazda na nartach** skiing; **jazda na rowerze/motorze** cycling/motorcycling; **szkoła nauki jazdy** a driving school; **egzamin z jazdy** a driving test 2 (ruch) ride; **jazda pociągu/samochodu** a train/car ride; **autobus zatrzymał się po 10 minutach jazdy** the bus stopped after a 10-minute ride; **jazda próbna** test drive 3 *sgt* Hist., Wojsk. cavalry; **ciężka/lekka jazda** heavy/light cavalry **III** *inter.* pot. clear off a. out! pot.; **jazda stąd!** get away from a. out of here! pot.; **no to jazda, ruszamy!** come on, let's go! ❏ **jazda egzaminacyjna** driving test; **jazda figurowa na lodzie** Sport figure skating; **jazda sprawnościowa** test

drive; **jazda szybka na lodzie** Sport speed skating
jazgarz *m* Zool. ruff(e)
jazgo|t *m* (*G* **~tu**) 1 pejor. (mieszanina głosów) yelling *U*; (dziecięce piski) squealing *U*; racket pot.; **~t kłócących się przekupek** the clamour a. hubbub of arguing street traders 2 (mieszanina dźwięków) (high-pitched) din; (psa) yapping *U*; (ptaka) cawing; (karabinu) rattle
jazgo|tać *impf* (**~oczę** a. **~ocę**) *vi* 1 pot., pejor. *[osoba]* to yap pot., to yammer pot. 2 pot. *[pies]* to yap; *[ptak]* to caw; *[karabin]* to clatter
jazgotliwie *adv. grad.* pejor. *[mówić]* shrilly, in a strident voice; **pies szczekał coraz ~j** the dog barked louder and louder
jazgotliw|y *adi. grad.* 1 pejor. *[osoba]* raucous; brash pejor. 2 *[głos, dźwięk]* shrill, strident
jazz /dʒez/ *m sgt* (*G* **~u**) Muz. jazz; **grać ~** to play jazz; **~ tradycyjny/nowoczesny** trad(itional)/modern jazz
jazz-ban|d /'dʒezbend/ *m* (*G* **jazz-bandu**) Muz. jazz band
jazzbandow|y /ˌdʒezben'dovɪ/ *adi.* Muz. jazz band *attr.*
jazzman /'dʒezmen/ *m* jazzman
jazzow|y /dʒe'zovɪ/ *adi.* Muz. *[orkiestra, muzyk]* jazz *attr.*
jaź|ń *f* (*Gpl* **~ni**) Psych. ego, self; **rozdwojenie ~ni** split a. dual personality
jaźw|iec *m* Zool. Eurasian badger
ją → ona
j|ąć *pf* **II** *vi* książk. to commence; **jęły nim targać wątpliwości** he began to have nagging doubts **II** **jąć się** książk. *[osoba]* to set about; **jąć się pracy** to set about work; to commence work książk. ■ **jąć się sposobów/środków** to resort to certain means
jąd|ro *m* 1 Anat. testicle; testis spec. 2 Bot. kernel 3 przen. crux, heart; **~ro sprawy/ problemu** the crux a. heart of the matter/ problem 4 Biol. nucleus; **podział ~ra komórkowego** division of a cell nucleus; **~ro miażdżyste** nucleus pulposus 5 Chem., Fiz. nucleus; **~ro atomowe** the nucleus of an atom; **~ro izomeryczne** isomer 6 Astron. nucleus; **~ro Ziemi** centrosphere 7 Komput. kernel
jądrow|y *adi.* 1 Biol. nuclear; **błona ~a** a nuclear membrane 2 Bot. kernel *attr.* 3 Fiz. nuclear; **fizyka/chemia ~a** nuclear physics/chemistry; **reakcja ~a** a nuclear reaction; **broń/energia ~a** nuclear weapons/ energy; **elektrownia ~a** a nuclear power plant a. station; **reaktor/silnik ~y** a nuclear reactor/engine; **statek o napędzie ~ym** a nuclear-powered ship
jąka|ć się *impf v refl.* 1 (mieć wadę wymowy) to stutter, to stammer 2 (mówić nieskładnie) to falter, to stammer
jąka|ła *f, m* (*Npl m* **~ły**, *Gpl m* **~ł** a. **~łów**; *Npl f* **~ły**, *Gpl f* **~ł**) pot. stutterer, stammerer
jątrz|yć *impf* **I** *vt* 1 Med. to inflame, to irritate *[ranę]* 2 książk. (podburzać, drażnić) to incense, to exasperate; **umiejętnie ~ył ich wzajemną niechęć** he was (very) good at inflaming their mutual animosity

J

III **jątrzyć się** 1 Med. *[rana]* to fester 2 książk. (wzmagać się) to fester; **~ące się spory/problemy** festering disputes/problems; **~ąca się nienawiść** festering hatred 3 książk. (irytować się) **~ył się, gdy wspominał tamten incydent** it irked a. galled him to think about the incident książk.

jeans /dʒins/ → **dżins**

jeb|ać *impf* (**~ię**) wulg. **II** *vt* 1 (o mężczyźnie) to fuck wulg., to screw wulg. ⇒ **wyjebać** 2 (boleć) to kill pot.; **ale mnie głowa ~ie** my head's fucking killing me wulg.

III **jebać się** 1 (mieć stosunek) to fuck *vt* wulg., to screw wulg. (**z kimś** sb) 2 (mylić się, plątać się) **wszystko mi się już ~ie** I'm totally fucked up at the moment wulg. ⇒ - **pojebać się**

■ **~ię takiego wspólnika/to wszystko** fuck him for a partner!/fuck it all! a. the whole thing! wulg.

jeban|y II *pp* → **jebać**
III *adi.* wulg. fucking wulg.; **w mordę ~y** *[osoba]* fucking wulg., cock-sucking wulg.; **gdzie jest ten ~y młotek!** where's that fucking hammer?!; **kurwy ~e!** fucking hell!

j|echać *impf* (**jadę, jedzie**) **II** *vi* 1 *[osoba]* to go, to travel; **jechać autobusem/pociągiem** to go a. travel by bus/train, to ride on a bus/on a train; **jechać samochodem** *[kierowca]* to drive (a car), to go by car; *[pasażer]* to go a. travel by car, to ride in a car; **jechać rowerem** a. **na rowerze** to go by bike, to cycle; **jechać konno** a. **na koniu** to ride (on horseback), to go on horseback; **jechać windą** to go by lift, to take the lift; **pierwszy raz jechał na deskorolce/na nartach** it was the first time he'd been skateboarding/skiing; **jechać na wycieczkę/na urlop** to go on a trip a. an outing/on holiday; **jechać nad morze/w góry** to go to the seaside/to the mountains; **jechać czterdziestką/sześćdziesiątką** (o szybkości) to be doing 40/60 pot. ⇒ **pojechać** 2 *[autobus, pociąg, samochód]* to go, to travel; (zbliżać się) to come; **czy ten tramwaj jedzie na dworzec?** is this tram going a. does this tram go to the station?; **coś jedzie z przeciwka** something's coming from the opposite direction; **winda już jedzie** the lift is just coming ⇒ **pojechać** 3 pot. (korzystać) to use; **jechał na opinii dobrego ucznia** he used his reputation as a good pupil; **jechali na resztkach amunicji** they were using up the last of their ammunition; **jak długo masz zamiar jechać na nazwisku ojca?** how long do you intend to cash in on pot. a. to go on exploiting your father's name? 4 pot. (zaczynać) to go pot.; **no, jedź już z tym tekstem!** (so) go ahead and read it! pot.; **nic się nie nagrało, jedziemy od początku!** we didn't get anything on the recording, so let's take it again from the beginning a. from the top (again) pot.

II *v imp.* pot. (brzydko pachnieć) to smell; to stink pot.; **jedzie od niego alkoholem/potem/czosnkiem** he smells a. reeks of alcohol/sweat/garlic; **ale od niego jedzie!** he's stinking the place out! pot.; **jedzie mu/jej z ust** he/she has bad breath; **z piwnicy jechało stęchlizną** a damp a. musty smell issued from the cellar

■ **jechać co koń wyskoczy** to ride as fast as one can; **jechać na kogoś** pot. to have a go at sb pot.; to tear sb off a strip GB pot.; **jechać noga za nogą** to go at snail's pace; **jechać z kimś na jednym wozie** a. **wózku** to be in the same boat as sb pot.

jed|en II *num.* one; **~en, dwa, trzy** one, two, three; **grać do dwudziestu ~en punktów** to play up to twenty-one points; **jeden z nich wyszedł/jedna z nich wyszła** one of them went out a. left; **wybierz ~en, dwa obrazy** choose one or two a. a couple of pictures; **kup ~en chleb** buy a. one loaf; **rękawiczka z ~nym palcem** a mitten; **po ~nym/~ej** one each; **wszyscy co do ~ego** each and every one of them

II *adi.* 1 (pierwszy z wielu) one; **przyjechał ~en autobus, potem drugi** one bus came, then another 2 (taki sam) same; **~en i ten sam** the very same, one and the same; **byliśmy w ~nej klasie** we were in the same class; **~en los nas czeka** the same fate awaits both/all of us książk.; **oni obaj mają ~en charakter** they both are similar characters 3 pot. (emfatyczne) one pot.; **podwórko było ~nym bajorem** the yard outside was one great puddle pot.; **babcia to ~en kłębek nerwów** grandma's just a bundle of nerves; **~en wielki bałagan/śmietnik** one great mess/rubbish tip 4 (jedyny) alone; **tylko on ~en mnie rozumie** he's the only one who understands me; **został na świecie sam ~en** he was left all alone in the world; **wybiegł z domu w ~nej koszuli** he ran out of the house with just his shirt on 5 pot. (w wyzwiskach) you; **łobuzie/leniu ~en!** you (damn) lout!/lazy so-and-so! pot.; **nie mów bzdur, kretynko ~na!** don't talk rubbish, you silly idiot a. don't talk wet, you stupid bitch! pot., obraźl.

III *pron.* 1 (pewien, jakiś) some; certain książk.; **~en pan/~na pani** a certain a. some (gentle)man/lady; **przeczytałem to w ~nej książce** I read it in some a. a book pot.; **~ni klaskali, drudzy gwizdali** some (people) clapped, others booed 2 (ktoś) some; **~en drugiego popierał** one (person) supported the other; **~en drugiemu pomagał** one (person) helped the other/another; **wchodzili do samolotu ~en po** a. **za drugim** they entered the plane one after another a. one by one; **zadawali pytania ~en przez drugiego** they all asked questions at the same time; **co wy sobie myślicie, ~en z drugim!** who do you think you are, both/all of you! pot.; **książki leżały ~na na drugiej** the books lay one on top of the other a. another; **co ~en to bogatszy/bardziej leniwy** each one richer/lazier than the one before; **co ~na to smaczniejsza/brzydsza** each one tastier/uglier than the one before; **był tu taki ~en/była tu taka ~na** some guy/woman was here pot.; **co to za ~en/~na?** who's that?; who's he?/she? pot.

IV *m sgt* pot. (kieliszek wódki) quick one pot., snifter pot.; **~en głębszy** a drop of the hard stuff pot.; **pójść/wpaść (gdzieś) na ~nego** to go/drop in (somewhere) for a quick one

V **jedna** *f* (w ułamkach) one; **~na druga** one half; **~na dziesiąta** one tenth

■ **~en za wszystkich, wszyscy za ~nego** all for one, one for all!

jedenast|ka *f* 1 (cyfra) eleven 2 (oznaczenie) (number) eleven; **dojedziesz tam ~ką** you can take a number 11 (bus/tram) there; **mieszkam pod ~ką** I live at (number) 11 3 (grupa) (group of) eleven; **~ka kolegów/pracowników** (a group of) eleven friends/workers 4 Sport (drużyna piłki nożnej) (football) team, side 5 Sport (rzut karny) penalty; **sędzia podyktował ~kę** the referee awarded a. gave a penalty

jedenasto- w wyrazach złożonych eleven-; **jedenastopiętrowy budynek** an eleven-storey building

jedenastokrotnie *adv.* *[powtórzyć]* eleven times; *[wzrosnąć]* elevenfold

jedenastokrotn|y *adi.* 1 *[medalista, laureat]* eleven times *attr.* 2 *[wzrost, spadek]* elevenfold

jedenastolat|ek II *m pers.* (Npl **~kowie** a. **~ki**) (chłopiec) eleven-year-old (boy)
II *m anim.* (zwierzę) eleven-year-old animal; (drzewo) eleven-year-old tree

jedenastolat|ka *f* 1 (dziewczynka) eleven-year-old (girl) 2 (samica) an eleven-year-old (female) animal

jedenastoletni *adi.* 1 *[dziewczyna, chłopiec]* eleven-year-old 2 *[okres]* eleven-year

jedenastowieczn|y *adi.* *[zabytek, kościół, ruiny]* eleventh-century *attr.*

jedena|sty II *num. ord.* eleventh; **~ste piętro** the eleventh floor; **jest ~sty na liście** he's eleventh on the list

II *adi.* *[część]* eleventh

III *m sgt* (data) the eleventh; **do ~stego** until a. up to the eleventh; **przed/po ~stym** before/after the eleventh

IV **jedenasta** *f* 1 *sgt* (godzina) eleven; **uczył się do ~stej wieczorem** he was studying until eleven at night; **spotkamy się o ~stej** we'll be meeting at eleven 2 (w ułamkach) **jedna ~sta** one eleventh; **dwie/trzy ~ste** two/three elevenths

jedena|ście *num.* eleven; **~stu chłopców** eleven boys

jedenaścior|o *num. mult.* → **jedenaście**

jedlin|a *f* 1 Bot. (drzewo) fir (tree); **gałązki ~y** branches of fir 2 *sgt* (drewno) fir wood 3 *sgt* (las) fir grove

jedlin|ka *f dem.* 1 (drzewko) (small) fir tree 2 (gałązka) fir twig

jedlinow|y *adi.* 1 *[gałązka, igła]* fir (tree) *attr.* 2 (z drewna) *[deski, stół]* fir-wood *attr.*

jedna|ć *impf* **II** *vt* książk. 1 (zdobywać) **~ć sobie popularność/zwolenników** *[osoba]* to win a. gain popularity/to attract followers (**wśród kogoś** among sb); **~ć sobie przychylność ludzi** a. **ludzką przychylność** to win people's favour; **jego bezpośredniość ~ła mu szacunek** his straightforwardness won him respect ⇒ **zjednać** 2 (godzić) to reconcile *[ludzi]* ⇒ **pojednać**

II **jednać się** to be reconciled (**z kimś** with sb) ⇒ **pojednać się**

■ **~ć się z Bogiem** to be reconciled with God

jednak [] *coni.* but, yet; **niewiarygodne, ~ prawdziwe** incredible but a. yet true; **słyszała o tym, ~ nie chciała w to wierzyć** she'd heard about it, but she didn't want to believe it; **cierpiał, a ~ się nie skarżył** he suffered, (and) yet he didn't complain [] *part.* however, after all; **recesja ~ jeszcze trwa** however, the recession is not yet over; **gdybyś ~ wolał przyjechać w sobotę...** if, however, you'd prefer to come on Saturday...; **a ~ ona mówi po francusku** she can speak French, after all; **„zdałem egzamin" – „a ~"** 'I passed the exam' – 'you see'

jedna|ki *adi.* przest. alike; **mężczyźni, wszyscy oni ~cy!** men, they're all alike!

jednako *adv.* przest. equally

jednakowo *adv.* [*ubrany, umeblowany*] identically; [*traktować, cenić*] equally; [*brudny, banalny*] equally; [*szybko, mało*] equally; **traktować wszystkich ~ (dobrze/źle)** to treat everybody equally (well/badly); **~ je kocham** I love them equally; **wyglądają ~** they look the same; **oba filmy są ~ nudne** both films are equally boring

jednakowoś|ć *f sgt* sameness (**czegoś** of sth)

jednakowoż *part.* przest., książk. however

jednakow|y *adi.* [*przedmioty, powody, argumenty*] identical; [*traktowanie, kryteria*] equal; **są ~i pod względem upodobań** they have identical a. the same tastes; **prawo powinno być ~e dla wszystkich** the law should be equal for all; **tu zawsze jest ~a pogoda** the weather is always the same here; **w ~ym stopniu** a. **~ej mierze** equally

jednakże → jednak

jedn|o [] *pron.* (jedna rzecz) one thing; (całość) one (whole); **myśleć/mówić tylko o ~ym** to think/talk only about one thing; **~o jest pewne** one thing is certain; **zlewać się ~o** to become one (whole); **~o z dwojga** one or the other; **~o z drugim nie ma nic wspólnego** the two things have nothing in common; **wychodzi na ~o** it comes a. amounts to the same thing, it works out the same; **wszystko ~o** it's all the same; **wszystko ~o kto/dlaczego** never mind a. it doesn't matter who/why; **wszystko mi ~o** it's all the same a. it makes no difference to me [] *jedno-* w wyrazach złożonych **jednoliterowy** one-letter; **jednolufowy** single-barrelled; **jednosegmentowy** unisegmental; **jednocukier** monosaccharide

jednoaktow|y *adi.* Teatr [*sztuka*] one-act attr.

jednoaktów|ka *f* Teatr one-act play

jednobarwn|y *adi.* [*fotografia, rysunek*] monochromatic; [*krawat, sukienka*] plain

jednobrzmiąco *adv.* [*kończyć się*] identically

jednobrzmiąc|y *adi.* [*wyroki, orzeczenia*] identical; [*wyrazy*] homophonous

jednocząco *adv.* **działać na kogoś ~** to have a unifying effect on sb

jednoczący|y [] *pa* → jednoczyć [] *adi.* [*miłość, siła, skutek*] unifying

jednoczesnoś|ć *f sgt* simultaneousness, simultaneity (**czegoś** of sth)

---

jednocze|sny *adi.* [*działanie, wymarsz*] simultaneous (**z czymś** with sth); **~sny atak z lądu, morza i powietrza** a simultaneous attack by land, sea, and air; **wzrost produkcji przy ~snej redukcji zatrudnienia** an increase in production parallel to a reduction in staff

jednocześnie *adv.* [] (w tym samym czasie) [*występować, odbywać się*] at the same time, simultaneously; **robić kilka rzeczy ~** to do several things at the same time; **śmiejąc się i płacząc ~** laughing and crying at the same time; **odbywać się ~ z czymś** to take place at the same time as sth a. simultaneously with sth; **rozległ się grzmot i ~ zaczęło padać** a thunderclap was heard and it started to rain; **wszyscy wyszli ~** they all left at the same time [] (zarazem) at the same time; **jest pochmurno i ciepło ~** it's cloudy but warm; **kochano go i bano się go ~** he was loved yet feared

jednoczęściow|y *adi.* [*kostium, kombinezon*] one-piece

jednoczłonow|y *adi.* Jęz. [*nazwa, zdanie*] one-word attr.

jednocz|yć *impf* [] *vt* [] (łączyć) to unite, to unify [*kraj, naród*]; **~yć wysiłki** to combine one's efforts; **muzyka ~y ludzi** music unites people ⇒ **zjednoczyć** [] (posiadać jednocześnie) **~yć w sobie coś** to unite a. combine sth [*cechy, elementy*] [] **jednoczyć się** to unite (**z kimś/czymś** with sb/sth); **~yć się w walce z czymś** to unite in the struggle against sth ⇒ **zjednoczyć się**

jednodaniow|y *adi.* Kulin. [*posiłek, obiad*] one-course attr.

jednodniow|y *adi.* [] (trwający jeden dzień) [*nieobecność, choroba*] one-day attr.; **~y urlop** a day off; **~a wycieczka** a day-trip [] (mający jeden dzień) [*dziecko, kurczak, zarost*] day-old

jednodniów|ka *f* [] Dzien. a one-off issue [] Zool. **jętka ~ka** a mayfly

jednodrzwiow|y *adi.* [*pomieszczenie, szafa*] single-door attr.

jednogarbn|y *m* Zool. **wielbłąd ~y** a one-humped a. single-humped camel, a dromedary

jednogatunkowoś|ć *f sgt* quality of being congeneric

jednogatunkow|y *adi.* [*las*] single-species attr.; congeneric spec.; **~e drewno** wood a. timber of a single species

jednogłosow|y *adi.* Muz. [*pieśń, muzyka*] monodic

jednogłośnie *adv.* [*uznać, wybrać, zgodzić się*] unanimously

jednogłośn|y *adi.* [*aplauz, wybór, potępienie*] unanimous

jednogodzinn|y *adi.* [*lekcja, zebranie*] one-hour attr.

jednoizbow|y *adi.* [] [*mieszkanie, budynek, szkoła*] one-room attr., single-room attr. [] Polit. [*parlament*] unicameral, single-chamber attr.

jednojajow|y *adi.* Biol. monozygotic, monozygous; **bliźnięta ~e** identical twins

jednojęzyczn|y *adi.* [*kraj, słownik*] monolingual

---

jednokierunkowo *adv.* [] (w jedną stronę) **ruch odbywa się ~** the traffic is one-way [] (w sposób niezróżnicowany) **wykształcony ~** having a one-sided education; **być ~ uzdolnionym** to be gifted only in one field; **myśleć ~** (o jednej sprawie) to have a one-tracked mind; (z jednego punktu widzenia) to think one-sidedly

jednokierunkowoś|ć *f* [] (procesu, światła laserowego) unidirectionality; **~ć ruchu** one-way traffic [] (zainteresowań, myślenia) narrowness; tunnel vision pot.; **~ć naszej polityki** our single-track a. unidirectional policy

jednokierunkow|y *adi.* [] [*ruch, ulica*] one-way; [*proces*] unidirectional; **ta ulica jest ~a** this is a one-way street [] (niezróżnicowany) [*wykształcenie*] one-sided; [*zainteresowania*] narrow; [*myślenie, polityka*] single-track, one-track

jednokolorow|y *adi.* [*materiał, dywan*] plain

jednokołow|y *adi.* [*przyczepa*] one-wheeled, single-wheeled

jednokomórkow|y *adi.* Biol. [*organizm*] unicellular, single-celled

jednokonn|y *adi.* [] (zaprzężony w jednego konia) [*wóz, sanie*] one-horse attr. [] Techn. [*silnik*] one-horsepower attr.

jednokrotnie *adv.* once

jednokrotn|y *adi.* [*pukanie, występ*] single; [*zwycięzca*] one-time

jednolat|ek [] *m pers.* (Npl ~ki) [] (dziecko) one-year-old; **zabawka dla ~ków** a toy for one-year-olds [] zw. pl (rówieśnik) peer; **jesteśmy ~kami** we're the same age [] *m anim.* (zwierzę, drzewo) yearling

jednolat|ka *f* [] (samica, drzewo) yearling [] zw. pl (rówieśnica) peer

jednolicie *adv.* grad. [*zabarwiony, zielony, wyposażony*] uniformly

jednolitoś|ć *f* uniformity

jednoli|ty *adi.* grad. [*system, standardy, zasady*] uniform; [*społeczeństwo*] homogeneous; [*masa, pasta*] uniform, homogeneous; **~ty etnicznie** ethnically homogeneous; **~te opłaty graniczne** harmonized customs duties

jednomasztow|iec *m* Żegl. one-masted a. single-masted sailing boat

jednomasztow|y *adi.* Żegl. one-masted, single-masted

jednomiesięczn|y *adi.* [] (mający jeden miesiąc) [*dziecko, źrebię*] one-month-old [] (trwający jeden miesiąc) [*pobyt, urlop*] one-month attr.

jednominutow|y *adi.* [*spóźnienie*] one-minute attr.

jednomyślnie *adv.* [*wybrać, zgodzić się*] unanimously

jednomyślnoś|ć *f sgt* unanimity; **zasada ~ci** the principle of unanimity

jednomyśln|y *adi.* [*uchwała, werdykt, wybór*] unanimous; **byli ~i w swojej ocenie/decyzji** they were unanimous in their opinion/decision; **w tej sprawie byli ~i** they agreed unanimously on the matter; **podjęli ~ą decyzję** they decided unanimously

jednonawow|y *adi.* Archit. [*budynek, kościół*] single-nave attr.

jednono|gi *adi.* [*osoba, stół*] one-legged

jednonożn|y _adi._ 1 Sport (grający tylko jedną nogą) _[zawodnik]_ one-footed 2 → **jednonogi**

jednoo|ki [] _adi._ _[osoba, monstrum]_ one-eyed III _m_ one-eyed man
■ **pomiędzy ślepcami ~ki królem** in the country of the blind the one-eyed man is king

jednoosobow|y _adi._ 1 _[kierownictwo]_ one-man; **~a firma** a one-man/one-woman company 2 _[łóżko, pokój]_ single; **~y bilet** a ticket for one person

jednopartyjność _f sgt_ Polit. one-party system

jednopartyjn|y _adi._ Polit. _[system, rząd, parlament, państwo]_ one-party attr.

jednopłaszczyznowo _adv._ **myśleć ~** to think superficially; **debata toczyła się ~** the debate focused on only one aspect of the problem

jednopłaszczyznowoś|ć _f sgt_ **~ć jego wywodu** the superficiality of his arguments

jednopłaszczyznow|y _adi._ 1 (płaski) _[obraz]_ two-dimensional 2 przen. _[ujęcie, interpretacja]_ one-sided

jednopła|t _m_ (_G_ ~tu a. ~ta) → **jednopłatowiec**

jednopłatow|iec _m_ Lotn. monoplane

jednopłatow|y _adi._ Lotn. _[samolot]_ single-wing attr.

jednopłciowo _adv._ **grupy dobrane ~** single-sex groups

jednopłciowoś|ć _f sgt_ Biol. unisexuality

jednopłciow|y _adi._ 1 (dotyczący jednej płci) single-sex attr. 2 Bot. _[kwiat]_ unisexual

jednopokojow|y _adi._ _[mieszkanie]_ one-room attr., single-room attr.

jednoramienn|y _adi._ _[latarnia, dźwignia]_ single

jednorazowo _adv._ _[wydawać, wypłacać]_ on a one-off basis

jednorazowoś|ć _f sgt_ singularity; **~ć zdarzeń** singularity of events

jednorazow|y _adi._ 1 _[bilet, premia, wysiłek]_ one-time; _[przejazd]_ single 2 _[pieluszka, talerz, strzykawka, igła]_ disposable; **do ~ego użytku** for use once only, disposable

jednorazów|ka _f_ pot. (igła) disposable needle; (strzykawka) disposable syringe; (porcja kosmetyku) sample

jednoręcznoś|ć _f sgt_ one-handedness

jednoręczn|y _adi._ 1 _[młotek, bekhend]_ one-handed 2 → **jednoręki**

jednorę|ki _adi._ _[osoba]_ one-armed; **~ki bandyta** (automat do gry) a one-armed bandit

jednoroczn|y _adi._ 1 (mający jeden rok) one-year-old 2 (trwający jeden rok) _[dochód, urlop]_ for one year; **roślina ~a** Bot. an annual (plant)

jednorodnie _adv._ grad. _[namagnesowany]_ homogeneously; **być ~ zbudowanym** _[planeta, skała]_ to be of a homogeneous composition

jednorodnoś|ć _f sgt_ homogeneity

jednorodn|y _adi._ _[masa, skała]_ homogeneous; **~y stylistycznie** stylistically consistent

jednorodzinn|y _adi._ _[dom]_ (single-)family attr.; **budownictwo ~e** (single-)family housing

jednoroż|ec _m_ (_A_ ~ca) Mitol. unicorn

jednorzędow|y _adi._ 1 (mający jeden rząd) _[siewnik]_ single-row attr.; **galera ~a** Hist. a one-banked galley; a unireme spec. 2 Moda _[marynarka, płaszcz]_ single-breasted

jednorzędów|ka _f_ Moda single-breasted jacket

jednoskładnikow|y _adi._ _[lek, klej]_ single-component attr.

jednoskrzydłow|y _adi._ _[budynek]_ single-wing attr.; _[drzwi]_ single

jednospadow|y _adi._ Budow. **dach ~a** a pentice przest.

jednostajnie _adv._ grad. 1 (monotonnie) _[szumieć, mówić]_ monotonously; **dni płyną ~** days pass monotonously 2 (jednolicie) _[zielony, płaski]_ uniformly

jednostajnoś|ć _f sgt_ monotony

jednostajn|y _adi._ grad. 1 (monotonny) _[ruchy, hałas, cykanie]_ monotonous; **prowadzić ~e życie** to lead a monotonous life 2 (jednolity) _[zieleń, ciemność, płaszczyzna]_ uniform

jednost|ka [] _f_ 1 (osoba) individual; **interesy/rozwój ~ki** individual interests/development; **słabe/wybitne ~ki** weak/outstanding individuals 2 Żegl. (statek) **~ka (pływająca)** a vessel 3 (całość organizacyjna) unit; **~ka administracyjna** an administrative unit; **~ka wojskowa** Wojsk. an army unit; **~ka desantowa** Wojsk. a landing unit a. detachment; **~ka gospodarcza** an economic unit; **~ka handlowa** a retail outlet; **~ka systematyczna** a. **taksonomiczna** Biol. a taxonomic category; **~ka chorobowa** Med. a disease entity 4 (wielkość) unit (**czegoś** of sth); **~ka siły/mocy** a unit of force/power; **~ki miar** units of measurement 5 Mat. (jedność) unit III **jednostki** _plt_ Mat. units
❑ **~ka astronomiczna** Astron. astronomical unit; **~ka biologiczna** Biol., Chem. unit of biological activity; **~ka monetarna** Fin. monetary unit

jednostkowo _adv._ _[traktować, badać]_ individually

jednostkowoś|ć _f sgt_ individuality; **~ć życia** individuality of human life

jednostkow|y _adi._ (dotyczący jednostki) individual; **~y koszt produkcji** the unit cost of production; **~e życie** an individual human life

jednostopniow|y _adi._ _[proces, reakcja]_ one-step attr.

jednostronnie _adv._ 1 (posiadając jedną stronę) **ruch odbywający się ~** one-way traffic; **~ zadrukowany** printed on one side 2 (w sposób uproszczony) _[traktować, patrzeć, oceniać]_ one-sidedly 3 (bez uwzględnienia drugiej strony) _[zdecydować, wycofać się]_ unilaterally

jednostronnoś|ć _f sgt_ 1 (ruchu) unidirectionality 2 (ocen, opinii, zainteresowań) one-sidedness

jednostronn|y _adi._ 1 _[ruch]_ one-way; _[moneta, druk]_ one-sided 2 (uproszczony) _[spojrzenie, opinia, podejście, dieta]_ one-sided; **jest ~y w swoich opiniach** he's biased in his opinions 3 (dotyczący jednej ze stron) _[decyzja, zobowiązanie]_ unilateral; **~e zerwanie umowy** unilateral breach of contract

jednostrzałow|y _adi._ Wojsk. _[pistolet, karabin]_ single-action

jednoś|ć [] _f sgt_ książk. 1 (jednolitość, spójność) unity; **~ć państwa** unity a. integrity of the state; **~ć człowieka z przyrodą** the communion of man and nature; **~ć czasu, miejsca, akcji** Literat. unity of time, place, and action 2 (jednomyślność) unanimity; **~ć opinii naukowców** the unanimity of scholarly opinion; **w ~ci siła** there's strength in unity; **stanowili ~ć w kwestii polityki** they were at one on the question of politics 3 Mat. (liczba 1) unity III **jedności** _plt_ Mat. (liczby od 1 do 9) (single) digits

jednośla|d _m_ (_G_ ~du) pot. two-wheel(ed) vehicle

jednośladow|y _adi._ two-wheel(ed)

jednotomow|y _adi._ _[encyklopedia, powieść, wydanie]_ one-volume attr., single-volume attr.

jednotonow|y _adi._ _[ciężar, ładunek, samochód]_ one-ton attr.

jednotorowo _adv._ przen. _[myśleć, działać]_ narrowly

jednotorowoś|ć _f sgt_ przen. narrowness, restricted scope

jednotorow|y _adi._ 1 Transp. single-track attr.; **kolejka ~a** a single-track railway (line) 2 przen. blinkered przen.; **~e myślenie** blinkered thinking; **~e działania policji** the blinkered a. unimaginative action taken by the police

jednotygodniow|y _adi._ 1 (żyjący od tygodnia) _[noworodek, szczenię]_ one-week-old 2 (trwający tydzień) _[kurs, rejs]_ one-week attr.; **urlop ~y** one week's leave a. holiday

jednou|chy _adi._ książk. (mający jeden uchwyt) with one handle; (mający jedno ucho) with one ear, one-eared; **~chy dzban** a pitcher with one handle; **~chy kot** a one-eared cat

jednowarstwow|y _adi._ _[ściana]_ single-ply attr.; _[tort]_ single-layer attr.

jednowymiarowo _adv._ pejor. _[myśleć, pisać]_ superficially pejor., in a shallow manner pejor.; **temat potraktowano zbyt ~** the topic was treated too superficially a. narrowly

jednowymiarowoś|ć _f sgt_ pejor. shallowness pejor.; flatness; **~ć postaci** shallowness a. flatness of the characters

jednowymiarow|y _adi._ 1 Mat. one-dimensional, unidimensional 2 pejor. one-dimensional pejor., shallow pejor.; **bohater powieści jest ~y** the novel's main character is rather one-dimensional

jednozłotow|y _adi._ _[moneta, bilet, kupon]_ one-zloty attr.

jednozmianowoś|ć _f sgt_ single-shift working

jednozmianow|y _adi._ _[produkcja, system]_ single-shift attr., one-shift attr.; **zakład działa w systemie ~ym** the plant operates a single-shift a. one-shift system

jednoznacznie _adv._ grad. _[określić, wyrazić]_ explicitly, unambiguously

jednoznacznoś|ć _f sgt_ 1 (brak wątpliwości) explicitness, clear-cut nature 2 Log. equivalence; **~ć sądów** equivalence of propositions

jednoznaczn|y _adi._ 1 (niebudzący wątpliwości) _[zachowanie]_ explicit, unambiguous; _[sytuacja]_ clear(-cut); **bohater sztuki nie jest postacią ~ą** the main character of the play is rather ambiguous; **odpowiedź była ~a** the answer was unequivocal [2] (synonimiczny) *[określenie, zwroty]* synonymous [3] (równoznaczny) tantamount (**z czymś** to sth); **zdobycie 12% głosów jest ~e z przegraną** gaining 12% of the votes is tantamount to failure

jednożeństw|o *n sgt* monogamy

jedwab *m* (*G* **~iu**) Włók. (tkanina) silk; (nić) silk (thread); **~ naturalny** real a. natural silk; **~ sztuczny** artificial silk; **suknia z ~iu** a silk dress; **malowidła na ~iu** silk paintings; **~ do haftowania** embroidery silk; **szyć/haftować ~iem** to sew/embroider with silk; **nosić ~ie** to wear silks; **skóra jak ~** skin as smooth as silk

jedwabistoś|ć *f sgt* książk. silkiness

jedwabi|sty *adi.* książk. *[sierść, włosy]* silky; *[rzęsy]* silk-like; *[głos, dźwięk]* silky; silken książk.; **~sta gładkość skóry** the silkiness of sb's skin

jedwabiście *adv.* książk. *[lśnić, połyskiwać]* like silk; *[miękki]* silky *adi.*; **~ gładka dłoń** a silky smooth hand

jedwabnik *m* Zool. silkworm; **kokon ~a** a silkworm cocoon; **hodowla ~ów** sericulture

❏ **~ dębowy** Zool. Chinese oak silkworm; **~ morwowy** Zool. domesticated silkworm

jedwabn|y *adi.* Włók. *[apaszka, bielizna, przędza]* silk *attr.*; **~e nici do haftowania** silk embroidery thread; **tkanina ~a** silk

jedynactw|o *n sgt* książk. being an only child

jedyna|k *m*, **~czka** *f* only child

jedynie **I** *adv.* książk. (wyłącznie) only; **~ słuszny pogląd** the only correct view **II** *part.* [1] (tylko) only; **czuł się dobrze ~ nad morzem** it was only at the seaside that he felt well; **lekarz przyjmuje ~ w piątki** the doctor only sees patients on Fridays; **wiadomo ~, że wyjechał** all we know is that he left [2] (zaledwie) merely; **na razie jest to ~ hipoteza** for now it's merely a hypothesis; **to kosztowało ~ dwa złote** it cost a mere two zlotys; **możemy to ~ opisać** all we can do is (to) describe it

jedyn|ka *f* [1] (cyfra) (number) one [2] (najniższa ocena) ≈ fail; **~ka z matematyki/ biologii** a fail for mathematics/biology; **postawić komuś ~kę** to fail sb; **dostać ~kę** to fail [3] (oznaczenie) number one; **mieszkam pod ~ką** I live at number one; **dojedziesz tam ~ką** you can take a number one (tram/bus) there; **uczniowie z ~ki** pupils from school number one; **obejrzeć film na ~ce** pot. to watch a film on Channel One [4] (pokój jednoosobowy) single room; **zarezerwowałem ~kę** I booked a single room [5] pot. (bieg w samochodzie) first (gear); **wrzuć ~kę** put the car into first (gear) [6] Sport single; **kajaki ~ki** kayak singles; **wyścig kanadyjek ~ek** a singles canoe race; **wioślarska ~ka** a skiff

jedynkow|y *adi.* Szkol. **uczeń ~y** *a pupil who fails everything*

jedynobóstw|o *n sgt* przest., Relig. monotheism

jedynoś|ć *f sgt* książk. uniqueness książk.

jedynowładc|a *m* książk. autocrat; monocrat książk.

jedynowładcz|y *adi.* książk. *[rządy, panowanie]* autocratic; monocratic książk.

jedynowładztw|o *n sgt* książk. autocracy, autocratic rule; monocracy książk.; **królewskie ~o** royal autocracy; **zaprowadzić ~o** to establish autocratic rule

jedyn|y **I** *adi.* [1] (tylko jeden) *[przyjaciel, dziecko, egzemplarz]* only; **~e wyjście z sytuacji to...** the only way out of a. the only solution to the situation is...; **to jest ~y hotel/bar w okolicy** it's the only hotel/bar in the area; **jesteśmy ~ymi ludźmi, którzy to widzieli/o tym wiedzą** we're the only ones who saw it/know about it; **jeden ~y** pot. just one (single); **mam tylko jedną ~ą prośbę...** I have just one single request; **~y w swoim rodzaju** unique, the only one of its kind; **to był człowiek ~y w swoim rodzaju** he was one in a thousand; **on jest ~y do tańca** pot. you can't beat him when it comes to dancing pot.; **do wygłupów to on jest ~y** pot. when it comes to acting the clown, he's unbeatable [2] (optymalny) *[sposób, metoda]* best, only; **~y sposób postępowania** the best a. the only way to proceed [3] (ukochany) *[córka, syn]* dearest przest.; darling pot.; **moja ~a córeczka!** my darling a. dearest daughter; **mój kochany, ~y skarbie!** my one and only darling!

II **jedyn|y** *m*, **~a** *f* przest. beloved przest., książk., żart.; **tęskniła za swoim ~ym** she longed for her beloved

III **jedyne** *n sgt* pot. the only thing; **~e, co mu zostało, to miłość** the only thing he is left with is love

jedzeni|e *n sgt* food; **zdrowe ~e** healthy food; **niezdrowe ~e** unhealthy food; junk food pot., pejor.; **wysokokaloryczne ~e** high-calorie a. calorie-rich food; **pożywne ~e** nourishing food; **apetyczne/smaczne/wyśmienite ~e** appetizing/tasty/delicious food; **stoły uginały się od ~a** the tables bowed under the weight of the food

jedzon|ko *n dem. sgt* pieszcz. chow pot.

jeep /dʒip/ *m* jeep

jego *pron.* [1] (osobowy) → **on** [2] (dzierżawczy) (o osobie) his; (o zwierzęciu) its, his; (o rzeczy) its; **~ dom/garnitur** his house/suit; **to ~ samochód** this is his car; **ta książka jest ~** this book is his; **to ~ przyjaciel** that's his friend; **Kraków i jego okolice** Cracow and its environs a. the surrounding district; **dzieło literackie i ~ interpretacja** a work of literature and its interpretation; **Jego Wysokość** His Majesty a. Royal Highness

jegomoś|ć *m* (*N pl* **~ciowie** a. **~cie**, *Gpl* **~ciów** a. **~ci**) [1] przest. (starszy mężczyzna) elderly gentleman książ.; [2] daw. (szlachcic) lordship; **~ć wrócił z Francji** his lordship has returned from France [3] daw. (ksiądz proboszcz) ≈ reverend

Jehow|a *m* (*Gpl* **~ych**) Relig. Jehovah; **Świadkowie ~y** Jehovah's Witnesses

jej[1] *pron.* [1] (osobowy) → **ona** [2] (dzierżawczy) (o osobie) (przed rzeczownikiem) her; (bez rzeczownika) hers; (o zwierzęciu) its, her; (o rzeczy) its; **to ~ sukienka** this is her dress; **ten komputer jest ~** this computer is hers; **to ~ przyjaciółka** that's her friend; **Warszawa**

i jej mieszkańcy Warsaw and its inhabitants; **Jej Królewska Mość Elżbieta II** Her Majesty a. Royal Highness Queen Elizabeth II

jej[2] *inter.* my!; **o ~!** oh dear!, oh my!; **(ona) piosenek zna tyle, że ~** she knows so many songs, it's amazing

jejku *inter.* dear me!, oh my!

jejmoś|ć *f* [1] przest., żart. (starsza i tęga kobieta) matron żart. [2] daw. (szlachcianka) lady; **witamy ~ć** welcome, my lady

jell|ec[1] *m* daw., Wojsk. cross guard

jell|ec[2] *m* Zool. dace

jeleni *adi.* deer's; **rogi ~e** (a deer's a. stag's) antlers; **udziec ~** a leg of venison

jeleń **I** *m pers.* (*Gpl* **~ni** a. **~niów**) pot., obraźl. dupe; mark US pot.; **szukać ~nia** to look for a likely dupe a. for easy prey

II *m anim.* Zool. (red) deer; (samiec) stag; **stado ~ni** a herd of deer

■ **~ń na rykowisku** *a byword for kitschy painting*

jeli|to *n* Anat. [1] (u kręgowców) intestine, bowel *zw. pl*; **~to cienkie/grube** the small/large intestine; **~to kręte** ileum [2] (u bezkręgowców) intestine

❏ **~to czcze** Anat. jejunum; **~to ślepe** Anat. caecum, blind gut

jelitow|y *adi.* *[pasożyty, bakterie, nabłonek]* intestinal; **soki ~e** intestinal juices

jelon|ek *m* Zool. [1] *dem.* (młody jeleń) fawn; **łania z ~kiem** a hind with her fawn [2] *zw. pl* stag beetle

❏ **~ek rogacz** Zool. common stag beetle

jełcz|eć *impf* (**~eje**, **~ał**) *vi [masło, tłuszcz, olej]* to go rancid ⇒ **zjełczeć**

jełop *m* (*Npl* **~y**) pot., obraźl. peasant pot., obraźl.; thickhead pot. obraźl.; **ty ~ie!** you (uncouth) peasant!

jełopa *m, f* → **jełop**

jemioł|a *f* Bot. mistletoe *U*

jemiołusz|ka *f* Zool. waxwing; **stado ~ek** a flock of waxwing

jemu → **on**

jen *m* (*A* **~a**) Fin. yen; **kurs ~a w stosunku do dolara** the exchange rate of the yen to the dollar

je|niec *m* Wojsk. prisoner of war, POW; **wzięli do niewoli dwóch jeńców** they took two prisoners; **obóz jeńców wojennych** a POW camp

jeno|t *m* Zool. raccoon dog

jeremia|da *f* książk. [1] *zw. pl* (narzekanie) lament *zw. pl* książk., lamentation *zw. pl* książk. [2] (utwór literacki) lament(ation) książk., threnody książk.; (artykuł) jeremiad książk.

jersey /dʒersej/ → **dżersej**

jerzyk *m* Zool. swift; **~ blady** pallid swift; **~ mały** little swift; **~ skalny** alpine swift

jesiennie *adv.* **zrobiło się ~** the weather turned autumnal książk. a. autumny pot.; **drzewa złociły się ~** the trees turned autumn gold

jesienn|y *adi.* [1] *[krajobraz, pogoda, liście]* autumn *attr.* GB, fall *attr.* US; autumnal książk. [2] przen. (przygnębiający) melancholy; **udzielił się jej ~y nastrój** a melancholy mood came over her

jesie|ń *f* autumn GB, fall US; **~nią** a. **na ~ni** in autumn; **pod ~ń** towards autumn; **~ń życia** książk., przen. the autumn of one's life przen.

J

❏ **~ń kalendarzowa** książk. astronomical autumn książk.

■ **złota, polska ~ń** *a warm spell of autumn weather in Poland, with richly coloured leaves*

jesion *m* (*G* **~u**) ① Bot. (drzewo) ash (tree); **~ amerykański** a white ash; **~ czarny** a black ash ② *sgt* (drewno) ash *U*; **podłoga z ~u** an ash parquet floor

jesionecz|ka *f dem.* pieszcz. spring coat

jesion|ka *f* spring coat

jesionow|y *adi.* ① (dotyczący drzewa) *[park, zagajnik]* ash; **~a aleja** an avenue lined with ashes ② (zrobiony z jesionu) *[mebel, klepka]* ash *attr.*; **podłoga z ~ych desek** a floor made of ash boards

jesiot|r *m* Zool. sturgeon

jest → być

jestestw|o *n sgt* książk. being książk.; **odczuwała radość całym swoim ~em** she felt joy with every fibre of her being

jeszcze Ⅰ *adv.* (o stanie trwającym) still; (z przeczeniem) yet; **~ spał, kiedy przyszli** he was still asleep when they came; **muszę ~ odrobić lekcje** I've still got some homework to do; **ciasto podajemy ~ ciepłe** serve the cake while still warm; **jesteś ~ młody** you're young yet a. still young; **zostańcie ~** stay a bit longer; **~ nie** not yet; **~ nie wiem** I don't know yet; **to ~ nie koniec** (o wydarzeniu) it's not over yet; (o opowieści) that's not all; **~ nie skończyłem** I haven't finished yet

Ⅱ *part.* ① (nie dalej jak) still, only; **~ wczoraj padał śnieg** it was still snowing yesterday; **~ w połowie listopada budżet nie był zatwierdzony** in mid November the budget still hadn't been approved; **~ dwa lata temu** only two years ago; **była tu ~ przed chwilą** she was here only a minute ago; **domy, w których ~ niedawno mieszkali ludzie** houses inhabited only a. until quite recently; **~ na kilometr przed metą** as much as a kilometre before the finishing line ② (już) still; (tak dawno jak) as early as, as far back as; **poznali się ~ jako dzieci** they met when they were still children; **jego list dostałam ~ w maju** I received his letter as early as May; **~ w średniowieczu** as far back as a. as early as the Middle Ages; **rzeźby te pochodzą ~ z czasów rzymskich** these sculptures date as far back as a. date back to Roman times ③ (dodatkowo, ponadto) still, more; **mamy ~ mnóstwo czasu** we still have plenty of time; **~ tylko pięć kilometrów i jesteśmy w domu** just five more kilometres a. another five kilometres and we'll be home; **dostał ~ dwie nagrody** he received two more a. another two prizes; **daj mi ~ trochę czasu** give me a little a. a bit more time; **~ chwila i spadłby z drabiny** a second or two more and he would have fallen off the ladder; **czy są ~ jakieś pytania?** are there any more questions?; **czy chcesz ~ coś powiedzieć?** did a. do you want to say anything more?; **dzwoniła ~ twoja siostra** your sister rang a. called, too; **~ raz** one more time, once more a. again; **kto/co ~?** who/what else?; **kogo ~ tam widziałeś?** who else did you see there?; **gdzie ~ byłeś?** where else did

you go?; **przypomniałem sobie coś ~** I remembered something else a. more; **nie dość że..., to ~ ... not only..., but...; nie dość, że (jest) przystojny, to ~ bogaty** he's not only good-looking, but rich into the bargain; **nie dość, że się spóźnił, ale ~ zachowywał się okropnie** not only was he late, but he also behaved abominably ④ (nawet) even, still; **~ większy/cięższy** even a. still bigger/heavier; **~ lepiej/gorzej** even a. still better/worse; **dziś jest ~ chłodniej niż wczoraj** today it's even colder than yesterday; **~ dziś widuje się takie samochody** you can still see such cars today ⑤ pot. (stosunkowo) even; **te róże są ~ najładniejsze ze wszystkich** these roses are the prettiest of the (whole) lot pot. ⑥ (zapowiedź) one day, one of these days; **~ będziesz z niej dumny** one of these days a. one day you'll be proud of her; **~ pożałujesz!** one day a. one of these days you'll be sorry!

■ **~ czego** forget it! pot.; some a. fat chance! pot., iron.; **~ jak** and how! pot.; **„czy on jest przystojny?" – „~ jak!"** 'is he good looking?' – 'he sure is!' pot.; **„warto to kupić?" – „~ jak warto!"** 'is this worth buying?' – 'it certainly is!'

j|eść *impf* (**jem, jesz, jadł, jadła, jedli**) Ⅰ *vt* ① (spożywać) to eat; **jeść nożem i widelcem** to eat with a knife and fork; **jeść z talerza** to eat from a. off a plate; **kot jadł z miski** the cat ate out of a bowl; **nie jem mięsa** I don't eat meat; **śniadanie jemy o ósmej** we have breakfast at eight; **jemy trzy razy dziennie** we eat three times a. meals a day; **chce mu się jeść** he's hungry ② pot., przen. (dokuczać) to torment; **jadło go sumienie** his conscience tormented a. nagged him ③ pot. (kąsać) to bite; **jadły ich komary** they were eaten alive by mosquitoes

Ⅱ *vi* (odżywiać się) to eat; **jemy bardzo zdrowo** we eat very healthy food

Ⅲ *n inv. sgt* pot. (jedzenie) food; **daj mi jeść** could you give me some food a. something to eat?; **daj psu jeść** could you feed the dog?

■ **jeść łaskawy a. cudzy chleb** książk. to live off other people pejor.; **jeść za dwóch/za dziesięciu** pot. to eat like a horse; **(z) czym to się je?** pot. what's it/that all about? pot.

jeśli *coni.* ① (określające warunek) if; **pomogę ci, ~ ładnie poprosisz** I'll help you, if you ask nicely; **pójdę z tobą, ~ chcesz** I'll go with you if you like; **~ się pośpieszysz, zdążysz na pociąg** if you hurry, you'll catch the train; **~ to możliwe** if it's possible; **czasami, ~ ma się szczęście ...** sometimes, if one is lucky a. if you are lucky...; **~..., to...** if..., then...; **nie pójdziesz do kina, ~ nie odrobisz lekcji** you won't be going to the cinema if you don't do your homework a. unless you do your homework; **kto nam pomoże, ~ nie on?** who's going to help us, if not him?; **większość z nich, ~ nie wszyscy** most of them, if not all (of them); **we środę, ~ nie wcześniej** on Wednesday, if not sooner; **(ona) ciągle na coś się skarży, ~ nie na ból głowy, to na ból brzucha** she's always

complaining about aches and pains – if it isn't a headache it's a stomach ache; **a ~** what if, supposing; **a ~ powiem nie?** what if a. supposing I say no?; **~ nawet** a. **nawet ~ even if; pojadę tam jutro, nawet ~ miałoby padać** I'll go there tomorrow, even if it's raining; **~ się nie mylę** if I'm not mistaken, unless I'm mistaken; **pan Kowalski, ~ się nie mylę** Mr Kowalski, I believe?; **~ dobrze pamiętam** if I remember rightly; **~ wolno mi coś radzić...** if I may make a suggestion...; **~ można jej wierzyć** if she can be believed; **~ o mnie chodzi** as far as I'm concerned; **~ chodzi** a. **idzie o kogoś/coś** as regards sb/sth, as far as sb/sth is concerned ② (skoro) if, since; **dlaczego sam tego nie zrobisz, ~ jesteś taki mądry** why don't you do it yourself, if a. since you're so clever; **~ nie zadzwonił, to znaczy, że się obraził** if he hasn't phoned, he must be offended ③ książk. (o ile) if; **~ w szkole zachowuje się skandalicznie, to w domu jest wyjątkowo grzeczny** if a. while he conducts himself outrageously at school, at home he is exceptionally well-behaved

jeśliby *coni.* if; **~ ktoś o mnie pytał, będę (z powrotem) za godzinę** if anyone asks a. should ask about me, I'll be back in an hour; **~ś wrócił wcześniej, obierz ziemniaki** if you got back earlier, peel the potatoes; **~ znaleźli go godzinę później, zamarzłby na śmierć** if they had found him a. had they found him an hour later, he would have been frozen to death

jezdni|a *f* (*Gpl* **~**) roadway GB, pavement US; **asfaltowa ~a** an asphalt roadway a. road surface; **brukowa ~a** a cobbled a. cobblestone roadway; **mokra ~a** a wet roadway a. road surface; **~a posypana piaskiem** a sanded road; **nie wybiegaj na ~ę** don't run out into the road; **po drugiej stronie ~** on the other side of the road a. street; **przejdź ostrożnie przez ~ę** mind how you cross the road

jezdn|y *adi.* ① Techn. **droga ~a** a roadway; **tabor ~y** rolling stock; **warunki ~e** driving conditions ② przest. (jadący na koniu) *[orszak, kolumna, oddział]* mounted ❏ **mechanizm** a. **układ ~y** Techn. suspension system

jezior|ko *n dem.* lakelet; **malutkie ~ko** a small lakelet ❏ **~ko spawalnicze** Techn. a weld pool

jeziorn|y *adi. [roślinność, rybołówstwo, wody]* lake *attr.*; Bot., Geol. lacustrine spec.; **misa ~a** a lake basin

jezio|ro *n* Geog. lake; **sztuczne ~ro** a man-made a. an artificial lake; **~ro słodkowodne/słone** a freshwater/salt lake; **na brzegu ~ra** on the shore of the lake ❏ **~ro polodowcowe** Geol. glacial lake; **~ro reliktowe** Geol. relict (lake); **~ro szczątkowe** Geog. dry lake

jezuic|ki *adi.* ① Relig. *[szkoła, seminarium, działalność, kościół]* Jesuit *attr.*; **~ki misjonarz** a Jesuit missionary ② książk., pejor. (obłudny) *[wykręt, zachowanie]* Jesuitical książk., pejor.; artful pejor.; **~kie podejście ministra** the Jesuitical attitude of the minister; **po ~ku** Jesuitically książk., pejor., like a Jesuit książk., pejor.

jezuickoś|ć *f sgt* książk., pejor. casuistry książk., pejor., Jesuitry książk., pejor.

jezui|ta ‖ *m* [1] Relig. (członek zakonu Jezuitów) Jesuit; **ojciec ~ta** a Jesuit priest; **szkoła ~tów** a Jesuit school [2] książk., pejor. (osoba obłudna) casuist książk., pejor., Jesuit książk., pejor.

‖ jezuici *plt* Relig. the Jesuits, the Jesuit Order

jezuityzm *m sgt* (*G* **~u**) książk., pejor. casuistry książk., pejor., Jesuitism książk., pejor., Jesuitry książk., pejor.

Jezu|s *m sgt* (*V* **~sie** a. **~s**) Bibl., Relig. Jesus; **~s Chrystus** Jesus Christ; **(o)** ~ a. **~sie** (oh) God!; **o ~s, zupełnie zapomniałem!** God! I completely forgot!; **(o)** **~s Maria!** God Almighty! pot.; **(o)** **~ Chryste!** Jesus (Christ)! pot., Christ Almighty! pot.

Jezusow|y *adi.* Relig. of Jesus, of Christ; **łaska ~a** the mercy of Jesus a. Christ, Christ's mercy; **królestwo ~e** the Kingdom of Christ a. Jesus, Christ's a. Jesus's Kingdom; **Kościół ~y** the Church of Christ a. Jesus, Christ's a. Jesus's church; **Towarzystwo ~e** the Society of Jesus

je|ździć *impf vi* [1] (środkiem lokomocji) to go, to travel; **jeździć samochodem** [kierowca] to go by car, to drive (a car); [pasażer] to go a. travel by car, to ride in a car; **jeździć autobusem/pociągiem** to go a. travel by bus/train; **jeździć rowerem** to go by bike, to cycle; **jeździć taksówką** to go by taxi, to take a taxi; **jeździć windą** to go by lift GB a. elevator US, to take the lift GB a. elevator US; **jeździć na wózku inwalidzkim** to use a wheelchair; **jeździć za granicę** to go a. travel abroad; **jeździć w delegację** to travel on business; **latem całą rodziną jeździmy nad morze/w góry** in the summer we all go a. the whole family goes to the seaside/mountains [2] (kursować) [autobus, pociąg] to run, to go; **tramwaje jeżdżą co pięć minut/do północy** the trams run every five minutes/until midnight [3] (prowadzić pojazd) to drive; **czy umiesz jeździć?** can you drive?; **jeździć dobrze/słabo** to drive well/not drive very well [4] Sport to ride; **jeździć konno** a. **na koniu** to ride a horse; **jeździć na rowerze/na hulajnodze** to ride a bike/scooter; **jeździć na nartach** to ski; **jeździć na łyżwach** to skate; **jeździć na deskorolce** to skateboard [5] pot., przen. (przesuwać) to run *vt*; **jeździć palcem po mapie** to run one's finger over a map [6] pot., przen. (ślizgać się) to slide, to slip; **dywanik jeździ po podłodze** the rug slides (around) on the floor
■ **jeździć komuś po głowie** pot. to walk all over sb pot.

jeź|dziec *m* rider; Sport (horse) rider; (mężczyzna) horseman; (kobieta) horsewoman

jeździec|ki *adi.* Sport (horse) riding *attr.* GB, (horseback) riding *attr.* US; **sport ~ki** (horse) riding GB, horseback riding US

jeździectw|o *n sgt* Sport (horse) riding GB (horseback) riding US; **nagroda/zawody w ~ie** a riding award/competition

jeż ‖ *m anim.* Zool. hedgehog; **nastroszyć się jak ~** to bristle, to adopt a defensive position
‖ *m inanim.* (*A* **~a**) [1] Roln. scarifier [2] Wojsk. entanglement; **ustawili ~e** they

set up entanglements [3] pot. (fryzura) crew cut; **obciąć się na ~a** to have a crew cut
■ **średnio na ~a** pot. so-so pot., okay pot.; **poszło mi średnio na ~a** I didn't do too badly

jeżeli książk. → **jeśli**

jeżeliby książk. → **jeśliby**

jeżow|iec Zool. ‖ *m* sea urchin
‖ jeżowce *plt* Echinoidea

jeżow|y *adi.* [pyszczek, igły, norka] hedgehog's

jeżozwierz Zool. ‖ *m* porcupine
‖ jeżozwierze *plt* Hystricidae

jeż|yć *impf* ‖ *vt* (stroszyć) to ruffle [sierść, pióra, włosy]; **kot ~ył ogon** the cat ruffled its tail ⇒ **zjeżyć**
‖ jeżyć się [1] (być nastroszonym) [sierść, grzywa] to bristle ⇒ **zjeżyć się** [2] (wznosić się) [kominy] to bristle; [budynki] to loom, to tower; **wszędzie ~yły się wieżowce** skyscrapers towered everywhere [3] pot. (przyjąć postawę obronną) to bristle; **~ył się na samą myśl o...** he bristled at the very thought of... ⇒ **najeżyć się, zjeżyć się** [4] przen. (być pełnym) to be fraught a. riddled with [problemami, trudnościami, przeszkodami]; **wypracowanie ~yło się od błędów** the work was riddled with mistakes

jeżyk *m dem.* [1] pieszcz. (jeż) little hedgehog [2] pot. (fryzura) crew cut; **obcięli go na ~a** they gave him a crew cut

jeżyn|a *f* Bot. [1] (krzew) blackberry bush [2] (owoc) blackberry; **dżem z ~** blackberry jam

jeżynow|y *adi* [dżem, sok, galaretka] blackberry *attr.*

jęczeć¹ → **jęknąć**

jęcz|eć² *impf* (**~ysz**, **~ał**, **~eli**) *vi* [1] przen. (cierpieć z powodu ucisku) to groan przen.; **Polska ~ała pod zaborami** Poland groaned under the yoke of the partitioning powers [2] (domagać się) to whine, to moan; **~ał, żeby mu kupić zabawkę** he kept whining about buying a toy for him

jęczmienn|y *adi.* [1] Roln. [kłosy, słoma] barley *attr.* [2] Kulin. [płatki, mąka] barley *attr.*

jęczmie|ń *m* [1] *sgt* Roln. barley; **~ń jary** spring barley; **~ń ozimy** winter barley [2] *sgt* (ziarno) barley; **~ń browarniany** malting barley [3] Med. (zapalenie) sty(e)

jędrni|eć *impf* (**~eję**, **~ał**, **~eli**) *vi* [ciało, skóra] to firm (up), to tone (up) ⇒ **zjędrnieć**

jędrnoś|ć *f sgt* [1] (sprężystość) firmness, suppleness; **~ć ciała** firmness a. suppleness of the body [2] przen. (rubaszność) robustness, earthiness; **~ć dialogów** the robust a. earthy dialogue

jędrn|y *adi.* [1] (sprężysty) [ciało, skóra] well-toned, supple [2] (twardy i świeży) [owoce] firm [3] przen. (rubaszny) robust; **~y styl** a robust a. an earthy style; **~y język** robust a. pithy language

jędz|a *f* [1] pot. (wiedźma) witch [2] pot., pejor. (old) hag pot., obraźl., (old) witch pot., obraźl.; **przestań, ~o, wrzeszczeć!** stop yelling, you stupid bitch a. you old hag!

jędzowato *adv.* pot. [zauważyć, odpowiadać] cattily pot., bitchily pot.; [uśmiechać się] meanly, nastily; [wyglądać] mean *adi.*, nasty *adi.*; **była ~ dokuczliwa tego dnia**

she was really in a bitchy a. catty mood that day

jędzowatoś|ć *f sgt* pot. meanness; bitchiness pot.

jędzowa|ty *adi.* pot. [1] [osoba] bitchy pot.; nagging; **była okropnie ~ta** she was a terrible nag(ger) pot., pejor. [2] [charakter, powierzchowność] mean, nasty [3] [uwaga] catty pot., snide pot.; [mina, spojrzenie] nasty, mean

jęk *m* (*G* **~u**) [1] (niezadowolenia) groan; (trwogi) moan; **cichy ~** a feeble moan a. groan; **głośny ~** a loud moan a. groan; **stłumiony ~** a stifled a. muffled groan a. moan; **~i rannych** the groans a. moans of the wounded; **wydać z siebie ~** to groan a. moan; **padł z ~iem na ziemię** he fell down with a groan; **publiczność wydała z siebie ~ zawodu** the audience groaned with disappointment [2] przen. (ptaka) plaintive call; (wiatru) wail, wailing *U*; (piły, maszyny) whine, whining *U*

jękliwie *adv. grad.* [mówić, dźwięczeć, grać] plaintively

jękliw|y *adi* (przypominający jęk) [głos, dźwięk, muzyka] groaning, moaning; (żałosny) plaintive

ję|knąć *pf* — **ję|czeć¹** *impf* (**jęknę** — **jęczysz, jęczał, jęczeli**) *vi* [1] (pod wpływem bólu) to groan, to moan; (z wysiłku) to groan; **chory jęczał** the patient was groaning; **jęknęła, podnosząc plecak** she groaned as she lifted the rucksack [2] przen. (brzmieć smutno) to wail, to whine; **jęknęły skrzypce** the violin wailed; **tapczan aż jęknął pod jego ciężarem** the divan groaned under his weight [3] przen. (skarżyć się) to moan, to whine; **odkąd stracił pracę, ciągle jęczał i narzekał** after losing his job, he was constantly moaning and groaning; **jęczała, że...** she was moaning that...

jęt|ka *f* [1] Zool. ephemerid [2] Budow. collar beam

jęzo|r *m augm.* [1] (zwierzęcia) tongue [2] (*A* **~** a. **~a**) pot. (człowieka) tongue; **pokazała mu ~** a. **~a** she poked her tongue out at him ❑ **~r lodowca** a. **lodowcowy** Geog. glacier tongue; **~r rumowiskowy** a. **skalny** Geog. rubble a. rock stream

języcz|ek *m* [1] *dem.* (little) tongue; **pocałunek z ~kiem** a French kiss; **całować się z ~kiem** to kiss with tongues touching [2] Anat. (palatine) uvula [3] Zool. (u owadów) tongue [4] Bot. (u traw i zbóż) ligule [5] Muz. reed, tongue [6] przen. **~ki ognia** little tongues of flame
❑ **~ek u wagi** (strzałka) (scale's) pointer; **być ~kiem u wagi** to tip a. turn the scales a. balance

język *m* [1] Anat. tongue; **obłożony ~** a coated tongue; **mlaskać ~iem** to click one's tongue; **pokazać komuś ~** to stick out one's tongue at sb, to put one's tongue out at sb [2] (mowa) language *C/U*; (specjalistyczny) language *U*, jargon *U*; **~ ojczysty** one's mother tongue; **~ obcy** a foreign language; **~ techniczny/prawniczy** technical/legal jargon; **~ propagandy** the language of propaganda; **~ filmu/miłości** the language of film/love; **mówić** a. **władać** a. **posługiwać się ~iem** to speak (in) a language; **przetłumaczyć tekst z ~a**

polskiego na angielski to translate a text from Polish into English ③ Komput., Log. language; **~ programowania** a programming language ④ przen. tongue; **w niebo strzelały ~i ognia** tongues of flames shot (up) into the sky; **urwał mi się ~ u buta** the tongue of my shoe has come off ⑤ daw., przen. (jeniec) **wziąć** a. **chwycić ~a** to take a captive to obtain information ⑥ pot. (nauka języka) language lessons a. classes; **mieć dobre stopnie z ~ów** to have good grades in languages

❑ **~ artystyczny** literary language; **~ cerkiewny** Jęz. Church Slavonic; **~ ciała** body language; **~ ezopowy** Literat. Aesopic a. Aesopian language; **~ fleksyjny** Jęz. inflecting language; **~ indoeuropejski** Jęz. Indo-European language; **~ książkowy** a. **pisany** formal a. written language; **~ literacki** educated a. sophisticated language; **angielski ~ literacki** the Queen's English; **~ maszynowy** Komput. machine code a. language; **~ migowy** sign language; **~ mówiony** Jęz. spoken language; **~ naturalny** Jęz. natural language; **~ potoczny** colloquial language; **~ spustowy** trigger; **~ staro-cerkiewno-słowiański** Jęz. Old Church Slavonic; **~ sztuczny** Jęz. (naśladujący naturalny) artificial language; Log. (konwencjonalny) artificial a. logical language; **~i aglutynacyjne** Jęz. agglutinative languages; **~i analityczne** Jęz. analytic languages; **~i klasyczne** a. **starożytne** classical languages; **~i syntetyczne** Jęz. synthetic languages; **martwy ~** dead a. extinct language; **żywy ~** living language

◼ **biegać** a. **gonić** a. **latać z wywieszonym ~iem** (mając wiele zajęć) to be off one's feet pot.; (pędzić bez tchu) to be out of breath (with) running; **ciągnąć kogoś za ~** to pump sb pot.; **rozwiązać komuś ~** to loosen sb's tongue; **~ się mu/jej rozwiązał** he's/she's started to talk; **~ go świerzbi** a. **swędzi** he feels the a. an urge to talk; **dostać się na ludzkie** a. **złe ~i** to be on everyone's tongue, to be talked about by everybody; **wziąć kogoś na ~i** to gossip about sb; **nie rób tego, bo wezmą nas na ~i** don't do that, or it'll set a. start tongues wagging; **~ się jej plątał** she was stumbling over her words; **kaleczyć ~ włoski/francuski** to speak broken Italian/French; **łamać sobie na czymś ~** to find it hard to get one's tongue (a)round sth; **mieć cięty** a. **ostry ~** to have a nasty a. (razor-)sharp tongue; **mieć długi ~** pejor. to have an unbridled tongue; **mieć za długi ~** pejor. to have a big mouth pot.; **mieć coś na ~u** a. **na końcu ~a** to have sth on the tip of one's tongue; **ostrzyć sobie na kimś ~** (obmawiać) to tell tales about sb; (dokuczać) to keep jibing at sb; **pleść** a. **gadać, co ślina na ~ przyniesie** to say whatever comes into one's head; **trzepać** a. **mleć ~iem** pejor. to babble (on); to blather (on) pot.; **przestań mleć ~iem, tylko weź się znów do roboty** stop your blathering and get back to work; **~ u niego/niej jak łopata** pot., pejor. he's/she's a right blabbermouth pot., pejor.; **polecieć** a. **pójść z ~iem na kogoś** to tell tales about sb; **rozpuścić ~**

pejor. to start gossiping; **mówić z kimś wspólnym** a. **tym samym ~iem** to speak a. talk the same language as sb; **znajdować z kimś wspólny ~** to find a common language with sb; **strzępić sobie ~** to waste one's breath; **trzymać ~ za zębami** to hold one's tongue pot.; **ugryźć się w ~** to bite one's tongue; **zapomnieć ~a w gębie** to lose one's tongue; **zapomniałeś ~a w gębie?** has the cat got your tongue?; **zasięgnąć ~a** to obtain information

językowo adv. [podobny, bliski] linguistically; **kształcić się ~** to study languages

językow|y adi. ① Anat. lingual; glossal spec.; [mięśnie] of the tongue ② [bariera, zdolności, laboratorium] language attr.; [geografia, poprawność] linguistic

językoznawc|a m, f linguist

językoznawcz|y adi. linguistic

językoznawstw|o n sgt linguistics; **~o synchroniczne/diachroniczne** synchronic/diachronic linguistics; **~o ogólne/stosowane/komputerowe** general/applied/computational a. computer linguistics

jidisz kryt. → **jidysz**

jidysz m, m inv. sgt (G **~u**) Jęz. Yiddish; **mówić/pisać w (języku) ~** to speak/write Yiddish; **film w ~** a. **~u** a film in Yiddish

jive /dʒajf/ m Muz. jive; **tańczyć ~'a** to (dance the) jive

joanni|ta ⓛ m Hist. Knight of (the Order of the Hospital of) St John of Jerusalem

ⓛ **joannici** (Knights of) the Order of St John of Jerusalem

jo|d m sgt (G **jodu**) Chem. iodine

jodeł|ka f ① dem. Bot. fir (tree) ② sgt (wzór) herringbone (pattern); **marynarka/wzór w ~ę** a herringbone pattern/jacket ③ (materiał) herringbone tweed U

jod|ła f ① Bot. fir (tree) ② sgt (drewno) fir (wood)

❑ **~ła balsamiczna** Bot. balsam fir

jodłować impf vi Muz. to yodel

jodłow|y adi. [las, szyszki] fir attr.

jodow|y adi. [kąpiel, preparat] iodine attr.

jodyn|a f sgt iodine

jog m (Npl **~owie**) Filoz. yogi

jo|ga f sgt ① Filoz. yoga ② (gimnastyka) hatha yoga; **uprawiać jogę** to practice a. do yoga

jogging /'dʒogiŋg/ m (G **~u**) jogging; **uprawiać ~** to jog

jogin m (Npl **~owie** a. **~i**) ① Filoz. yogi ② Sport yogi

jogin|ka, ~i f Sport yogi

jogur|t m (**~cik** dem.) (G **~tu, ~ciku**) ① sgt Kulin. yog(h)urt; **~t naturalny/malinowy** natural/raspberry yogurt ② (opakowanie) carton a. tub of yogurt

jogurtow|y adi yog(h)urt attr.; **mus ~y** yogurt mousse; **lody ~e** yogurt ice cream

joint venture /ˌdʒɔjnt'ventʃer/ n inv. Handl. joint venture (between parties from different countries); **spółki ~** a. **~s** joint venture companies

jojo n inv. (zabawka) yo-yo®

joker /'dʒoker/ → **dżoker**

jołop → **jełop**

jołopa → **jełop**

jon m (G **~u**) Chem., Fiz. ion; **~y wodorowe** hydrogen ions

jonatan m Bot. (drzewo) Jonathan apple tree; (owoc) Jonathan

Jorda|ńczyk m, **~nka** f Jordanian

jordańs|ki adi. Jordanian

jo|ta[1] f Jęz. (łacińska) the letter j; (grecka) iota

◼ **co do joty** [przestrzegany, zgodny] to the letter; **jota w jotę** [podobny] exactly the same, just like; [napisany] word for word; **ni** a. **ani na jotę** not one a. a jot

jo|ta[2] /'xota/ f Taniec jota

jowialnie adv. grad. [śmiać się, uśmiechać się] jovially; [wyglądać] jovial adi.

jowialnoś|ć f sgt joviality

jowialn|y adi. grad. [mężczyzna, twarz, uśmiech] jovial

Jowisz ⓛ m pers. Mitol. Jupiter, Jove

ⓛ m inanim. Astron. Jupiter

Jowiszow|y adi. Astron., Mitol. Jovian

jowiszow|y adi. książk. [oblicze, gniew, spojrzenie] stern

joystick /'dʒojstik/ m Komput. joystick

jr. (= junior) Jr

jub|el m (G **~lu** a. **~la**) pot. bash pot., do GB pot.; **urodzinowy ~el** a birthday bash

jubila|t m, **~tka** f person celebrating an anniversary

jubile|r ⓛ m pers. (rzemieślnik, sprzedawca) jeweller, jeweler US

ⓛ m inanim. sgt (A **~a**) pot. (sklep) jeweller's (shop)

jubilers|ki adi. ① [sklep, rzemiosło] jeweller's, jeweler's US; **wyroby ~kie** jewellery, jewelry US; **sztuka ~ka** jewellery, jewelry US; **lupa ~ka** a loupe ② przen. [precyzja, oko, dzieło] masterly

jubilerstw|o n sgt jewellery, jewelry US

jubileusz m (G **~u**) (rocznica) jubilee, anniversary; (uroczystości) jubilee celebrations pl; **~ dwudziestopięciolecia/pięćdziesięciolecia** a silver/golden jubilee; **~ osiemdziesięciolecia urodzin artysty** the 80th anniversary of the artist's birth; **święcić ~** to celebrate a jubilee; **obchodzić ~** to observe an anniversary

jubileuszow|y adi. [rok, uroczystości] jubilee attr.; **~y numer czasopisma** a (special) jubilee issue of a periodical

ju|cha ⓛ m, f (Npl **juchy**) posp., pejor. villain; scoundrel przest.; żart. rascal żart., rogue żart.

ⓛ f sgt ① (zwierzęca) blood ② posp., pejor. (ludzka) blood

◼ **psia jucha!** damn (it)! pot.

juch|t m sgt (G **~tu**) Russia leather, yuft

juchtow|y adi. [buty, torba] Russia leather attr., yuft attr.

juczn|y adi. pack; **~e zwierzę** a pack animal; **~y koń** a packhorse; **~e zwierzęta** pack animals, beasts of burden

judaic|a /ju'daika/ plt (G **~ów**) Judaica

judaika → **judaica**

judai|sta m ① Relig. Jew; Judaist rzad. ② Nauk. specialist in Judaic studies

judaistyczn|y adi. [prawo, studia, religia] Judaic

judaizm m (G **~u**) sgt ① (religia) Judaism ② (obyczaje) Jewish customs and traditions pl, Judaism

Judasz m Bibl. Judas (Iscariot)

judasz ⓛ m pers. (Gpl **~y** a. **~ów**) pot., pejor. Judas

ⓛ m inanim. judas (hole), peephole

judaszow|y, **~ski** adi. [uśmiech, knowania] treacherous; **~y** a. **~ski pocałunek** a Judas kiss; **postąpić po ~sku** to play Judas; **Judaszowe srebrniki** Bibl. thirty pieces of silver także przen.

judo /ˈdʒudo/ n inv. Sport sgt judo; **trenować ~** to practise a. do judo

judo|ka /dʒuˈdoka/, **~k** m Sport judo expert, judoka

ju|dzić impf vt pejor. to egg on; **judzić kogoś do czegoś** to put sb up to sth; **judziła go, żeby postawił się szefowi** she urged him to stand up to his boss; **synowa judziła męża przeciwko swojej teściowej** the daughter-in-law tried to drive a wedge between her husband and her mother-in-law ⇒ **podjudzić**

Jugosłowian|in m, **~ka** f Yugoslav(ian)

jugosłowiańs|ki adi. Yugoslav(ian)

juhas m ≈ young shepherd

ju-jitsu /dʒuˈdʒitsu/ n inv. Sport ju-jitsu

juk m (G **~u**) zw. pl saddlebag; **zdjął ~i z konia** he took the saddlebags off the horse

ju|ka f [1] Bot. yucca, Adam's needle [2] sgt Włók. yucca fibre

jumbo je|t /ˌdʒamboˈdʒet/ m Lotn. jumbo jet; jumbo pot.

junac|ki adi. [1] książk. [młodzian, brawura, wyczyn] dashing, swashbuckling; [twarz] rakish [2] Hist. relating to a former Polish vocational youth organization

junactw|o n sgt książk. (cecha) bravado, dash

junacz|ka f Hist. member of a former Polish vocational youth organization

juna|k m (Npl **~cy** a. **~ki**) [1] książk. young swashbuckler; **dzielne** a. **odważne ~ki** dashing young blades przest. [2] Hist. member of a former Polish youth organization

junio|r m (w rodzinie, w sporcie) junior; **mistrzostwa świata ~rów** world junior championships; **John F. Kennedy ~r** John F. Kennedy Junior

junior|ka f Sport junior

jun|ta /ˈxunta/ f pejor., Polit. junta

jupite|r m spotlight; **stanąć w świetle ~rów** to stand in the spotlight; **skierować na kogoś ~ry** to turn a/the spotlight on sb

ju|ra f sgt Geol. the Jurassic

❑ **jura górna** a. **biała** Geol. the late Jurassic period

jurajs|ki adi. [gad, okres, wapienie] Jurassic

jurnie adv. grad. książk. [zalecać się] lasciviously książk., pejor.; lustfully pejor.

jurnoś|ć f sgt książk. lustful nature pejor.; (mężczyzny) red-bloodedness; lust pejor.

jurn|y adi. grad. książk. [osoba, gest] lascivious książk., pejor.; [zaloty, młodość] lustful pejor.; **~y mężczyzna** a red-blooded a. lusting male pot.

juro|r m juryman, juror; **~rzy Konkursu Chopinowskiego** the jury of a Chopin Piano Competition

juror|ka f jurywoman, juror

jurors|ki adi. [werdykt] jury's

jur|ta f yurt; **rozbić ~tę** to put up a yurt

jury /ˈʒyˈri/ n inv. jury; **być członkiem ~** to be a member of a jury; **zasiadać w ~** to be a. serve on a jury; **ogłosiło werdykt** the jury announced its a. their verdict

jurysdykcj|a f (GDGpl **~i**) książk. [1] (uprawnienia) jurisdiction U (**nad kimś** over sb); **podlegać/nie podlegać czyjejś ~i** to be within/outside sb's jurisdiction [2] (obszar) (territory of) jurisdiction; **granice ~i** the boundaries of a jurisdiction

jurysdykcyjn|y adi. książk. jurisdictional

jury|sta m przest. jurist

ju|ta f sgt [1] Bot. (roślina, włókno) jute [2] (tkanina) jute; (workowa, tapicerska) hessian, gunny zwł. US; (cienka) burlap

jutow|y adi. [tkanina, sznur, worek] jute attr.

jut|ro [I] n sgt [1] (następny dzień) tomorrow; **odkładać coś do ~ra** to put sth off till tomorrow; **zrobię to do ~ra** I'll do it by tomorrow; **do ~ra!** see you tomorrow!, till tomorrow! [2] przen. (przyszłość) the future, tomorrow; **niepewne ~ro** an uncertain future a. tomorrow; **to oznacza dla nas niepewne ~ro** that means our future is not certain a. secure; **z nadzieją patrzeć w ~ro** to look with hope to the future; **nie myślę o ~rze** I don't think about tomorrow a. the future; **dręczyła ją niepewność ~ra** the uncertainties of the future preyed on her mind książk.; **walczą o lepsze ~ro** they're fighting for a better tomorrow

[II] adv. [1] (następnego dnia) tomorrow; **~ro z samego rana** first thing tomorrow; **~ro ma być zimno** it's going to be cold tomorrow; **przyjeżdżają nie ~ro, a we wtorek** they're not coming tomorrow, but on Tuesday [2] przen. (w przyszłości) tomorrow; **nie wiadomo, co będzie ~ro** who knows what tomorrow a. the future may bring

■ **~ro będzie futro** pot. jam tomorrow

jutrzej|szy adi. [uroczystość, wydarzenia] tomorrow's; **~sza prognoza pogody** the weather forecast for tomorrow

Jutrzen|ka f sgt książk. (Wenus) morning star

jutrzen|ka f sgt (zorza) dawn, first light

jutrzni|a f (Gpl **~i**) Relig. mat(t)ins U

juwenali|a plt (G **~ów**) [1] Antycz. Roman theatrical festival inaugurated by Nero [2] Uniw. ≈ student rag

juwenaliow|y adi. at a university students' festival

juwenili|a plt (Gpl **~ów**) książk. juvenilia

już [I] adv. [1] (o czynności trwającej lub zakończonej) already; (w pytaniach) yet; **mój syn chodzi ~ do szkoły** my son already goes to school; **tam ~ czekało dwóch oficerów** two officers were already waiting there; **~ skończyłem** I've (already) finished; **widziałem ~ ten film** I've already seen this film, I've seen this film before; **czy ona ~ przyjechała?** has she arrived yet?; **czy mogę ~ wejść?** can I go in now a. yet?; **noga ~ mnie nie boli** my leg has stopped aching now a. is no longer aching; **człowiek niemłody ~, ale pełen wigoru** a man getting on in years, but still full of life; **po wszystkim ~** it's all over; **~ po tobie/mnie** you're/I'm done for pot. [2] (niewiele brakowało) **~ miał otworzyć drzwi, kiedy...** he was about to open the door when...; **~ miała wychodzić...** she was about to leave a. on the point of leaving... [3] (prawie natychmiast) **złapał płaszcz i ~ pędzi na dworzec** he grabbed his coat and was off to the station [4] (ponaglenie) **złaź ~!** come down at once!; **~ cię tu nie ma!** be off with you! pot.; **ale ~!** right now!; double quick! GB pot.; **wynocha stąd, ale ~!** clear off out of it, right this minute! pot.; **~ idę** I'm coming; **„obiad na stole" – „~, ~"** 'dinner's ready' – 'just coming!'

[II] part. [1] (w przeszłości) already; **podjął decyzję ~ dwa dni wcześniej** he had already taken the decision two days before; **gazeta ukazuje się ~ od roku** the newspaper's been in circulation for a year now; **~ starożytni Grecy uważali, że...** (even) the ancient Greeks believed that... [2] (stosunkowo późno) already; **jest ~ godzina dziesiąta** it's ten o'clock already; **~ jako dorosły mężczyzna** (already) as a grown man; **do Warszawy przeniósł się ~ po wojnie** he moved to Warsaw after the war (was over) [3] (stosunkowo wcześnie) already, as early as; **~ w listopadzie spadł śnieg** it was already snowing in November; **~ niedługo!** not much longer now!; **do egzaminu zostały ~ tylko dwa tygodnie** it's only two weeks till a. to the exam (now); **„jak daleko jeszcze?" – „~ tylko pięć kilometrów"** 'how much further?' – 'only five more a. another five kilometres'; **~ niedługo** a. **wkrótce się spotkamy** we'll see each other very shortly a. soon [4] (aż) already; (z policzalnymi) as many as; (z niepoliczalnymi) as much as; **przebiegł ~ 10 kilometrów** he has already run ten kilometres; **to ~ dziewięćdziesiąta minuta meczu** the match is already in its ninetieth minute [5] (więcej) **nie dostaniesz ~ ode mnie ani grosza** you won't get another penny out of me; **nie ma ~ nic w lodówce** there's nothing left in the fridge; **„co jeszcze masz do powiedzenia?" – „~ nic"** 'what else have you got to say?' – 'nothing'; **skoro nie ma ~ więcej pytań...** since there are no more questions... [6] (emfatycznie) **będziemy tu mieszkać ~ do końca życia** we'll live here now to a. till the end of our days; **to ~ coś** that's (already) something; **liczy się ~ sam udział** participation itself counts; **to ~ wystarczy, żeby ją uniewinnić** that in itself is enough a. sufficient for her to be acquitted; **~ to, co powiedziałeś, świadczy o twojej uczciwości** what you've said in itself is proof of your honesty; **teraz ~ przesadziłeś** now that's an exaggeration (on your part); **a ~ kąpanie się w morzu w środku zimy, to na pewno wariactwo** and going as far as to swim in the sea in the middle of winter is sheer madness; **~ ja ci pokażę!** pot. I'll show you! pot.; **~ ja się postaram, żebyś tego pożałował!** pot. I'll make sure you regret this!; **~ ojciec ci dołoży!** pot. now you'll catch a. get it from father!

■ **i ~** and that's that; **powiedziała, że go kocha i ~** she said she loved him and that's that; **„skąd ty to wiesz?" – „wiem i ~!"** 'how do you know?' – 'I know, that's all!'; **nie i ~!** I said no, and that's that!; **~ to..., ~ to...** książk. sometimes... and sometimes..., either... or...; **postaci ~ to komiczne, ~ to tragiczne** characters that are sometimes comic, sometimes tragic; **cały dzień ~ to opalali się, ~ to grali w karty** all day long they were either sunbathing or playing cards

jw. (= jak wyżej) as above

J

K

K, k /ka/ *n inv.* ⓵ (litera) K, k ⓶ euf. (w zapisie mowy) **co ty mi tu k... opowiadasz?** what the f... are you saying?

k. (= koło) near

kabacz|ek *m* (*A* ~**ek** a. ~**ka**) Bot. (roślina, owoc) marrow

kabalar|ka *f* fortune-teller

kabali|sta *m* ⓵ Relig. cab(b)alist ⓶ (przepowiadający przyszłość) fortune-teller

kabalistyczn|y *adi.* ⓵ Relig. *[cyfry, pismo]* cab(b)alistic ⓶ (zagadkowy) *[znak, tajemnica]* cab(b)alistic

kabalisty|ka *f sgt* ⓵ Relig. cab(b)ala ⓶ (wróżenie) fortune-telling (using cards)

kaba|ła *f* ⓵ (wróżenie) fortune-telling (using cards); **stawiać** a. **kłaść** ~**łę** (to use cards) to tell fortunes ⓶ pot. (trudna sytuacja) quandary; pickle pot.; **wpakować się** a. **wplątać się** a. **wpaść w** ~**łę** to get into a pickle; **kupując ten samochód wpakowałeś się w** ~**łę** you've got yourself into a fine pickle buying that car ⓷ *sgt* Relig. cab(b)ala

kabanos *m* (*A* ~**a**) Kulin. *thin, dry, smoked, pepperoni-like sausage*

kabarecik *m dem.* (*G* ~**u**) ⓵ Teatr a little cabaret ⓶ (przedstawienie) a short cabaret performance

kabare|t *m* (*G* ~**tu**) ⓵ Teatr cabaret; ~**t polityczny/literacki/studencki** a political/literary/students' cabaret ⓶ (przedstawienie) cabaret performace ⓷ (miejsce) cabaret; **iść do** ~**tu** to go to a cabaret ⓸ *zw. sg* przen. circus pot., przen.; **ale** ~**t!** what a circus!

kabaret|ka Ⅱ *f* (pończocha) fishnet stocking Ⅲ **kabaretki** *plt* (rajstopy) fishnet tights

kabaretowo *adv.* in cabaret fashion

kabaretow|y *adi.* *[program, teatr, aktor]* cabaret *attr.*

kab|el Ⅱ *m pers.* pot., pejor. nark GB pot., pejor., fink US pot., pejor.; **uważaj, co przy nim mówisz – to** ~**el** mind what you say (in front of him) – he's a nark

Ⅲ *m inanim.* ⓵ (przewód) cable; (zasilający) lead; (łączący) (od drukarki, monitora) cable, lead; (od słuchawek) wire; **wsadzić** ~**el do kontaktu** to plug the lead into the socket; **wyciągnąć** ~**el z kontaktu** to take the lead out of the socket ⓶ Żegl. cable

kabel|ek *m dem.* (small) lead, cord

kabin|a *f* ⓵ (wydzielona część) cabin; (ciężarówki) (driver's) cab; (pasażerska) (passenger) cabin; ~**a reżyserska/mikserska** Radio the director's/a mixing booth; ~**a pilota** Lotn. the pilot's cabin a. cockpit; ~**a pierwszej/drugiej klasy** Lotn., Transp. a first-/second-class cabin; ~**a ciśnieniowa** Lotn. a pressure cabin; ~**a dźwigowego** Techn. a crane driver's cabin; ~**a kosmiczna** Astronaut. the crew compartment; ~**a projekcyjna** Kino a projection room a. booth ⓶ (budka) cubicle, booth; ~**a kąpielowa** a. **prysznicowa** a shower cubicle; ~**a telefoniczna** a (tele)phone booth; ~**a do głosowania** a voting booth; **wszystkie kabiny były zajęte** (w toalecie) all the cubicles were occupied

kabinow|y *adi.* ⓵ *[jacht]* cabin *attr.*; **personel** ~**y** Lotn. cabin crew; ~**a kolej linowa** a cable car railway ⓶ (w nauce języków) *[aparatura]* language-laboratory *attr.*; **tłumacz** ~**y** a conference interpreter; **tłumaczenie** ~**e** simultaneous translation

kabl|ować *impf vi* pot., pejor. to snitch pot., pejor., to grass GB pot., pejor., to fink US pot., pejor. (**na kogoś** on sb); ~**ował na kolegów z klasy** he snitched on his classmates; **wszystko** ~**owała przełożonym** she passed everything on to her bosses; ~**ował, że sekretarka za wcześnie wychodzi z pracy** he blew the whistle on the secretary for leaving work early ⇒ **zakablować**

kablow|y *adi.* *[osłona, obudowa, izolacja]* cable *attr.*; **telewizja** ~**a** cable television a. TV

kablów|ka *f* pot. cable (TV); **założyć (sobie)** ~**kę** to have cable TV installed

kabłąk *m* ⓵ (wygięcie w łuk) **pochylić** a. **zgiąć się w** ~ to arch one's back; **siedział z plecami zgiętymi w** ~ he sat there with his back hunched ⓶ (pałąk) arch; **koszyk z** ~**iem** a basket with a curved a. an arched handle ⓷ Techn. bail, bar ⓸ (przy spuście) trigger guard

kabotyn *m*, ~**ka** *f* książk., pejor. show-off pot., pejor.; buffoon pejor.; (aktor) ham (actor) pot., pejor., camp actor pot., pejor.

kabotynizm *m sgt* (*G* ~**u**) książk., pejor. showing off pot., pejor.; buffoonery pejor.

kabotyńs|ki *adi.* książk., pejor. *[sposób bycia, gest, ton]* ostentatious pejor.; phoney pot., pejor.; *[gra]* hammy pot., pejor., camp(y) pot., pejor.

kabotyńsko *adv.* książk., pejor. *[zachowywać się]* ostentatiously pejor.; like a show-off pot., pejor.

kabotyństw|o *n sgt* książk., pejor. ostentatiousness pejor.; phoniness pot., pejor.

kabriole|t *m* (~**cik** *dem.*) (*G* ~**tu**, ~**ciku**) ⓵ Auto convertible, soft top; cabriolet przest. ⓶ przest. (dorożka) cabriolet daw.

kabu|ra *f* Wojsk. holster; **schować pistolet do** ~**ry** to put a gun in a holster; **wyciągnął pistolet z** ~**ry** he drew his gun (out of the holster)

kabz|a *f* przest. pouch
■ **nabić** a. **napchać** ~**ę** pot., pejor. to line one's pockets

kac *m* (*A* ~**a**) pot. hangover; **mieć** ~**a** to have a hangover; **być na** ~**u** to be hungover; **obudzić się na** ~**u** to wake up with a hangover; **iść do pracy na** ~**u** to go to work with a hangover
■ **miał po tym spotkaniu moralnego** ~**a** he was disgusted with himself a. felt terrible after the meeting

kacap pot., pejor. Ⅱ *m pers.* (*Npl* ~**y**) Russki pot., pejor.
Ⅲ *m inanim.* (*A* ~**a**) ⓵ *sgt* (język) Russki (language) pot., pejor. ⓶ środ., Szkol. (lekcja) Russki class pot., pejor.

kacap|ka *f* pot., pejor. Russki pot., pejor.

kacaps|ki *adi.* pot., pejor. *[język, akcent]* Russki *attr.* pot., pejor.

kace|t *m* (*G* ~**tu**) pot. Nazi concentration camp

kacyk *m* (*Npl* ~**owie** a. ~**i**) ⓵ Antrop. cacique ⓶ pot., pejor. jumped-up bureaucrat pot., pejor., jack-in-office GB pot., pejor.; **powiatowy** ~ a/the local bigwig pot.

kacykows|ki *adi.* pot., pejor. *[rządy]* despotic, authoritarian

kaczan *m* ⓵ (kukurydzy) cob ⓶ dial. cabbage heart

kaczą|tko *n dem.* pieszcz. duckling; **nieopierzone** ~**ko** an unfledged duckling
■ **brzydkie** ~**ko** an ugly duckling

kacze|niec *m* (*A* ~**niec** a. ~**ńca**) Bot. marsh marigold

kacz|ę *n* (*G* ~**ęcia**) Zool. duckling; **stadko żółtych** ~**ąt** a flock of yellow ducklings

kacz|ka *f* ⓵ Zool. duck; **dzika** ~**ka** a wild duck ⓶ pot. (plotka) a piece of gossip; canard książk.; ~**ka dziennikarska** (a piece of) newspaper gossip ⓷ (naczynie na mocz) (male) urinal ⓸ Lotn. canard aeroplane
❑ ~**ka krzyżówka** Zool. mallard
■ **puszczać** ~**ki** to play ducks and drakes; **niech ją** ~**ki zdepczą!** posp. blast her!; **wszystko spływa po niej jak woda po** ~**ce** everything is like water off a duck's back to her

kaczkowato *adv.* pot. *[chodzić]* with a waddle

kaczkowa|ty *adi.* pot. *[chód]* waddling; *[głos]* ducklike

kaczo|r *m* Zool. drake

kaczor|ek *m dem.* little drake

kaczusz|ka *f dem.* little a. baby duck, duckling

kacz|y *adi.* ⓵ Zool. duck's ⓶ *[chód]* waddling
■ **strzelać** a. **bić jak w** ~**y kuper** pot. to

shoot a. fire at point-blank range, to hit sb close up a. up close

kadec|ki adi. [mundur] cadet's; **szkoła ~ka** military school GB, military academy US

kadencj|a f (Gpl ~i) [1] (władz, prezydenta, sejmu) term (of office), tenure U; **sprawować urząd przez dwie ~e** to hold office for two terms; **zostać wybranym na drugą ~ę** to be (re-)elected for a second term (of office) [2] Fonet. cadence, falling intonation U [3] Muz. cadence; **~a wirtuozowska** a cadenza

kade|t m [1] daw. cadet; **korpus ~tów** a cadet corps [2] Hist. cadet

kadłub m [1] Techn. body; **~ samolotu** a plane's fuselage; **~ statku** a ship's hull; **~ maszyny** a machine frame; **~ obrabiarki** a machine tool mounting [2] (człowieka) torso, trunk; (zwierzęcia) body, trunk

kadłubow|y adi. [1] Techn. body attr.; (o statku) hull attr.; (o samolocie) fuselage attr. [2] Hist., Polit. [rada] rump attr.

kad|r m (G ~ru) Kino [1] (klatka filmowa) frame; **~r ze znanego filmu** a still a. shot from a well-known film; **zatrzymać ~r** to freeze the frame [2] (obraz w kamerze) frame [3] (ujęcie) scene; **już w pierwszym ~rze widać głównego bohatera** the main character appears in the very first scene

kad|ra [I] f [1] (pracownicy) personnel (+ v pl); staff (+ v sg/pl); **~ra naukowa** research personnel; **~ra nauczycielska** (teaching) staff; **biuro ~r** the personnel a. human resources department [2] Wojsk. corps, cadre; **~ra oficerska** an officer corps [3] Sport. team; **~ra narodowa** national team a. squad

[II] **kadry** plt pot. personnel pot., human resources pot.

kadrowicz m, **~ka** f Sport. national squad member

kadrow|y [I] adi. [1] [decyzje, polityka, trudności] personnel attr., staff attr. [2] Wojsk. [oficer] cadre attr.

[II] **kadrow|y** m, **~a** f (urzędnik) personnel a. human resources employee a. worker; (kierownik) personnel a. human resources manager a. director

kadryl m (A ~a) Hist., Taniec quadrille

kaduceusz m (Gpl ~y a. ~ów) [1] Hist. caduceus [2] sgt Mitol. caduceus

kaduk m przest. devil; **tego już, u ~a, nie daruję!** I'll be damned if I'm going to let you get away with that! pot.; **po kiego ~a?** what the deuce a. blazes for? przest.

■ **prawem ~a** illegally, unlawfully

ka|dzić impf vi [1] (kadzidłem) to burn incense; (ziołami) to perfume the air with herbs ⇒ **okadzić** [2] pot., pejor. to butter up pot. (komuś sb); **odkąd został dyrektorem, wszyscy mu kadzą** ever since he was made director, everyone's been sucking up to him

kadzideł|ko n dem. (patyczek) incense a. joss stick

kadzidlan|y adi. [dym, zapach] incense attr.

kadzid|ło n incense U; **dym ~ła** incense smoke; **zapach ~eł** a smell of incense; **palić ~ła** to burn incense

■ **potrzebne** a. **pomoże mu/jej jak umarłemu ~ło** the last thing he/she needs

kadzielnic|a f censer, thurible

ka|dź f [1] (naczynie) vat; **kadź fermentacyjna** tun [2] (ilość) vat(ful)

kaem m (G ~u) pot. MG (machine gun)

kafa|r m Techn. (maszyna) piledriver; (blok) ram

kafarow|y [I] adi. piledriving, ram attr.

[II] m piledriver operator

kafej|ka f pot. (small) cafe

kaf|el m tile, tiling U; (piecowy) (stove) tile

kafel|ek m zw. pl tile, tiling U; **łazienka/ podłoga wykładana ~kami** a tiled bathroom/floor

kafelkow|y adi. [posadzka] tiled

kafeteri|a f (GDGpl ~i) cafeteria

kaflow|y adi. tile attr.; **piec ~y** a tile stove

kaftan m [1] (w męskim stroju ludowym) kind of long-sleeved, loose tunic [2] pot. (w ubraniu roboczym) (kurtka) long, loose jacket; (bluza) long-sleeved working tunic [3] (w strojach Wschodu) kaftan

❑ **~ bezpieczeństwa** straitjacket

kaftani|k m [1] (w kobiecym stroju ludowym) short, close-fitting jacket [2] (niemowlęcy) baby's top

kagan|ek m daw. cresset daw.

■ **nieść/zapalić ~ek oświaty** książk. to carry/light the torch of enlightenment

kaga|niec m muzzle; **nałożyć psu ~niec** to muzzle a dog; **nałożyć komuś ~niec** przen., pot. to muzzle sb

kajacz|ek m dem. (small) canoe

kaja|ć się impf v refl. książk. to apologize (za coś for sth); **musieli ~ć się publicznie z powodu zwłoki** they had to make a. issue a public apology on account of the delay; **za jakie grzechy tak się przed nim ~sz?** why do you have to demean yourself before him a. grovel to him like that? ⇒ **pokajać się**

kajak m [1] (łódź) kayak, (Alaskan) canoe; Sport canoe; **~ składany** a folding kayak [2] zw. pl pot. (duży but) clodhopper pot., dirty great shoe pot.; (duża stopa) (huge) plate of meat pot., dirty great foot pot.

kajakars|ki adi. Sport [zawody, drużyna, sprzęt] canoeing attr.

kajakarstw|o n sgt Sport canoeing

❑ **~o górskie** Sport white-water canoeing

kajaka|rz m, **~rka** f (Gpl ~y, ~rek) Sport canoeist

kajakow|y adi. [wiosło] kayak attr.; [spływ] canoeing attr.; **dwójki ~e** kayak pairs; **przystań ~a** a jetty, a landing stage

kajdan|ki plt (G ~ek a. ~ków) handcuffs; **nałożyć komuś ~ki** to handcuff sb, to put handcuffs on sb; **zdjąć komuś ~ki** to remove a. take off sb's handcuffs; **być w ~kach** to be handcuffed a. in handcuffs

kajdan|y plt (G ~ ~ów) [1] fetters, manacles; **zakuć kogoś w ~y** to put sb in fetters [2] książk., przen. chains przen.; fetters książk., przen.; **~y rodzinne** the chains a. fetters of (the) family

kaje|t m (G ~tu) przest. notebook

kajman m Zool. caiman

kajt|ek m (Npl ~ki) pot., żart. ladpot.

kaju|ta f (~tka dem.) cabin; **~ta pasażerska** a passenger cabin

kajutow|y adi. [pokład] cabin attr.

kajzer|ka f (~eczka dem.) Kulin. bread roll (with cross pattern on top)

kakadu f inv. Zool. cockatoo

kakał|ko n dem. sgt pot. cocoa

kakao n inv. sgt [1] (napój) cocoa [2] (ziarno) cocoa; **~ w proszku** cocoa powder; **paczka ~** a packet of cocoa; **~ rozpuszczalne** instant cocoa

kakaow|iec m Bot. cacao tree

kakaow|y adi. cocoa attr., cacao attr.; **ziarno ~e** cacao bean; **masło ~e** cocoa a. cacao butter

kakofoni|a /ˌkakoˈfɔɲa/ f sgt (GD ~i) Muz. cacophony także przen.

kakofoniczn|y adi. Muz. cacophonous także przen. cacophonous

kaktus m (A ~ a. ~a) Bot. cactus

■ **(prędzej) ~ mi na dłoni wyrośnie** pot. pigs might fly, till hell freezes over

kaktusik m dem. (A ~ a. ~a) (small) cactus

kaktusow|y adi. [zarośla, ogródek] cactus attr.; cactaceous spec.

kal|ać impf książk. [I] vt [1] (hańbić) to sully, to tarnish; **~ać czyjeś dobre imię** to tarnish sb's reputation; **~ał swym postępowaniem honor rodziny** his behaviour sullied his family's good name ⇒ **skalać** [2] (brudzić) to sully; **sprawdził, czy jakiś okruch nie ~a jego starannie utrzymanej brody** he made sure that no crumb sullied his well-kept beard ⇒ **skalać**

[II] **kalać się** (hańbić się) to disgrace oneself; **~ać się zbrodnią** to sully oneself a. one's reputation with crime

kalafio|r m (~rek dem.) Bot. cauliflower C/U

kalafiorow|y [I] adi. [liście, zupa] cauliflower attr.

[II] **kalafiorowa** f (zupa) cauliflower soup U

kalafiorów|ka f pot. cauliflower soup U

kalafoni|a /ˌkalaˈfɔɲa/ f sgt (GD ~i) Chem. rosin U, colophony U

kalafoniow|y adi. [emulgator, lakier] rosin attr.

kalambu|r m (G ~ru) pun

kalarep|a f (~ka dem.) Bot. kohlrabi C/U, turnip cabbage C/U

kalectw|o n sgt disability C/U, handicap C/U; **~o wrodzone/częściowe** inborn/ partial disability; **psychiczne/duchowe ~o** przen. mental a. psychological/spiritual disability; **~o życiowe** przen., pejor. helplessness; **jest dotknięta ciężkim ~em** she's severely disabled a. handicapped

kalecz|yć impf [I] vt [1] (zadawać rany) to cut (up), to injure; **~ył ręce, rwąc dla niej róże** he hurt his hands picking roses for her ⇒ **skaleczyć** [2] (powodować rany) to cut; **ostry żwir ~ył jej stopy** she cut her feet on the sharp gravel a. the sharp gravel cut her feet; **druty ~yły mu ręce** the wires were cutting into his hands ⇒ **skaleczyć**

[II] **kaleczyć się** [1] (zadawać sobie rany) to inflict self-injury ⇒ **okaleczyć się** [2] (ranić się) to cut oneself, to injure oneself; **~ył się o ostre kolce** he cut himself on the sharp thorns; **stolarze często ~czą się piłą** carpenters often cut a. injure themselves with their saws ⇒ **skaleczyć się**

K

■ **~yć język** a. **mowę** to murder language; **~yć francuski/angielski** to speak broken French/English

kalejdoskop m (G **~u**) kaleidoscope także przen.

■ **zmieniać się jak w ~ie** to chop and change

kalejdoskopow|y adi. [obraz, scena] kaleidoscopic

kale|ka m, f (Npl m **~cy** a. **~ki**, Gpl m **~ków**; Npl f **~ki**, Gpl f **~k**) [1] (dotknięty kalectwem) cripple; **~ka wojenny** a disabled serviceman [2] pot. (oferma) lame duck; **ale z nich ~ki życiowe** they are such lame ducks

kale|ki adi. [1] [osoba, stopy, nogi] crippled [2] (uszkodzony) [drzewo] broken, damaged [3] (słaby, nieudolny) deficient, inapt; **~kie tłumaczenie** an awkward translation; **~ka niemczyzna/angielszczyzna** broken German/English; **bez tego nasze życie byłoby ~kie** without that our life would lack something

kalendari|um n (Gpl **~ów**) książk. calendar, schedule; **~um spotkań/konferencji** a calendar a. schedule of meetings/conferences

kalendarz m [1] (metoda obliczania czasu) calendar; **chiński ~** the Chinese calendar [2] (spis dni) calendar, diary; **~ ścienny/kieszonkowy** a wall/pocket diary [3] (terminarz) calendar; **~ życia kulturalnego** a calendar of cultural events; **~ imprez sportowych** a calendar of sports events; **~ spotkań** a calendar of meetings; **~ kościelny** the Church calendar

❑ **~ gregoriański** Hist. the Gregorian calendar; **~ juliański** Hist. the Julian calendar; **~ księżycowy** Astron. the lunar calendar; **~ republikański** Hist. the Revolutionary calendar; **~ słoneczny** Astron. the solar calendar; **~ wyborczy** Polit. the election calendar

■ **kopnąć** a. **uderzyć** a. **stuknąć w ~** pot. to kick the bucket pot.

kalendarzowo adv. according to the calendar, by the calendar

kalendarzow|y adi. [1] [miesiąc, rok, dzień] calendar attr.; **~a wiosna** spring by the calendar [2] [zdjęcie, zapiski, notatki] calendar attr.

kalendarzyk m dem. pocket diary

❑ **~ małżeński** the rhythm method

kalenic|a f Budow. ridge

kaleson|ki plt dem. (**~ów**) undershorts

kaleson|y plt (**~ów**) (under)drawers; **długie ~y** long johns; **krótkie ~y** undershorts

kaletnictw|o n sgt leather-working

kaletnicz|y adi. leathercraft attr.; **wyroby ~e** leather goods, leathercraft items

kaletni|k m, **~czka** f leather worker

kali|a f (GDGpl **~i**) Bot. calla (lily), arum lily

kalib|er m (G **~ru**) [1] (broni, pocisku) calibre U GB, caliber U US; **mały/duży ~er** small a. low/large a. heavy calibre; **pistolet ~ru 7,6** a .76 calibre pistol; **pociski ciężkiego ~ru** large-calibre a. heavy-calibre ammunition [2] przen. (format) calibre U GB, caliber U US; **człowiek wielkiego ~ru** a man of high calibre; **wydarzenie artystyczne wielkiego ~ru** an artistic event of high calibre; **zarzut najcięższego ~ru** a charge of the highest gravity; **żart ciężkiego ~ru** a crude joke [3] (wielkość) size C/U; **walizki różnego ~ru** suitcases of assorted sizes

kalibr|ować impf vt [1] Techn. (regulować, skalować) to calibrate [narzędzia, przyrządy pomiarowe] [2] Techn. (dopasowywać) to size [rury] [3] (mierzyć) to sort a. grade according to size, to size [owoce, warzywa]

kalibrowan|y [] pp → kalibrować

[] adi. [menzurka, naczynie] calibrated

kalif m (Npl **~owie**) (osoba, tytuł) caliph

kalifa|t m (G **~tu**) [1] (państwo) caliphate [2] sgt (urząd) caliphate

kaligrafi|a f sgt (GD **~i**) calligraphy U, chirography U

kaligraficznie adv. calligraphically; **pisać ~** to write in calligraphic style

kaligraficzn|y adi. [pismo, ćwiczenia] calligraphic

kaligraf|ować impf vt to calligraph [litery, napis] ⇒ **wykaligrafować**

kalikan|t m daw. a person handling the bellows of a pipe organ

kalin|a f Bot. [1] (krzew) viburnum U [2] (owoc) viburnum fruit C/U

kalin|ka f dem. Bot. (small) viburnum U

kalinow|y adi. [zarośla, lasek] viburnum attr.

kal|ka f (Gpl **~k** a. **~ek**) [1] (papier) carbon (paper) C/U; **~ka maszynowa** carbon paper; **pisać list przez ~kę** to make a carbon (copy) of a letter; **pisz przez ~kę w czterech egzemplarzach** please make three carbon copies; **~ka techniczna** tracing paper U [2] przen. (powtórzenie) carbon copy; **melodramat posługuje się gotowymi ~kami sytuacji** a melodrama uses ready-made situational patterns [3] Jęz. loan translation, calque

kalkomani|a /ˌkalkoˈmaɲja/ f (GDGpl **~i**) [1] (obrazek) transfer GB, decal US; **nakleić ~ę na coś** to apply a transfer a. decal [2] sgt (technika) decalcomania

kalk|ować impf vt to trace [rysunek, napis]; **~ować wzór z papieru na płótno** to trace a pattern from paper onto canvas ⇒ **przekalkować**

kalkulacj|a f (GDGpl **~i**) [1] (obliczenie) calculation; **~e ekonomiczne** economic calculations; **dokonać ~i dochodów** to calculate income; **przeprowadzić ~ę sprzedaży** to calculate sales [2] przen. (plan) calculation zw. pl; **~e polityczne** political calculations; **chłodna ~a** cool calculation

kalkulacyjn|y adi. obliczenia **~e** calculations; **arkusz ~y** a spreadsheet

kalkulato|r [] m pers. [1] przest. estimator [2] przen. calculating person pejor.; **chłodny** a. **zimny ~r** a cold, calculating person

[] m inanim. calculator; **~r kieszonkowy** a pocket calculator; **obliczać coś na ~rze** to use one's pocket calculator to compute sth

kalkul|ować impf [] vt (ustalać) to calculate, to compute [zysk, cenę, koszt]; **zysk ~owano na 10 mld** the profit was calculated a. as 10 milliard GB a. billion US ⇒ **skalkulować**

[] vi (rozważać) to calculate, to estimate; **~owali, czy warto otworzyć ten interes** they were estimating a. working out whether it would be profitable to set up that business ⇒ **wykalkulować**

[] **kalkulować się** pot. [1] (wynikać z obliczeń) to work out; **nakład jest niewielki, więc książka ~uje się drogo** the edition is relatively small, so the book works out expensive [2] (opłacać się) to pay off; **kupno tego samochodu nie ~uje się** it won't pay off to buy this car

kalma|r m Zool. squid C/U; **sałatka z ~ów** a squid appetizer

kalori|a f zw. pl (GDGpl **~i**) Miary [1] (w pokarmach) (small) calorie; **liczyć ~e** to count calories; **spalać ~e** to burn calories; **puste ~e** empty calories [2] (kilokaloria) (large) calorie; **duża ~a** a large calorie

kalorycznie adv. grad. calorifically; **odżywiać się ~** to eat a high-calorie diet

kaloryczność f sgt (posiłku, potrawy) calorific value, energy value

kaloryczn|y adi. [1] [posiłek, potrawa] high-calorie attr., calorific GB [2] [wartość] calorific

kaloryfe|r m radiator; **włączyć/wyłączyć ~ry** to turn the radiators on/off; **w mieszkaniu było gorąco, bo wciąż grzały ~ry** the flat was hot because the radiators were still on; **~r olejowy** an oil heater

kalosz m [1] (gumowiec) wellington (boot) GB, rubber boot; **~e** rubbers US [2] (wierzchni but gumowy) galosh, overshoe

■ **(to) inna para ~y** (it's a. that's) a horse of a different colour, (it's a. that's) a different kettle of fish; **sędzia ~** pot., pejor. a poor referee

kalosz|ek m dem. [1] (gumowiec) welly GB pot., wellie GB pot. [2] (wierzchni but gumowy) galosh

kalumni|a f zw. pl (GDGpl **~i**) calumny, aspersion; **niecne/podłe ~e** ignoble/vile slander; **rzucać na kogoś ~ie** to cast aspersions on sb

kalwari|a f (GDGpl **~i**) [1] Relig. Calvary [2] książk., przen. (gehenna) calvary przen.; misery, suffering

kalwaryjs|ki adi. [stacja, kaplica] Calvary attr.

kalwin m, **~ka** f Relig. Calvinist

kalwini|sta m, **~stka** f Relig. Calvinist

kalwinizm m sgt (G **~u**) Relig. Calvinism

kalwińs|ki adi. [kościół, wyznanie, wiara] Calvinistic(al)

ka|ł m sgt (G **kału**) faeces GB, feces US, excrement

kałamarnic|a f Zool. squid C/U

kałamarz m [1] (na atrament) inkwell [2] Druk. ductor

kałasznikow m (A **~a**) Wojsk. Kalashnikov

kałdun m posp. breadbasket pot.; **napychał łapczywie swój wielki ~** he was stuffing himself greedily

kałmuc|ki adi. Kalmyk, Kalmuck; **język ~ki** Kalmyk, Kalmuck

Kałmu|k m Kalmyk, Kalmuck

kałmuk m (Npl **~i**) pot., pejor. [1] (mieszkaniec azjatyckiej części Rosji) an inhabitant of the Asian part of Russia [2] (głupek) blockhead pot., bonehead pot.

kałuż|a *f* [1] (po deszczu) puddle, pool; **po ulewie na jezdniach stały ~e** the downpour left the streets full of puddles [2] (rozlana ciecz) puddle, pool; **~a wody/piwa** a puddle of water/beer; **leżał w ~y krwi** he lay in a pool of blood

kamasz *m* przest. ankle-high boot
■ **pójść w ~e** pot. to be called up a. drafted US; **wziąć kogoś w ~e** pot. to call up a. draft US sb

kamasz|ek *m dem.* przest. ankle-high boot

kamasznictw|o *n sgt* przest. *the craft of making shoe uppers*

kamaszwicz|y *adi.* przest. *pertaining to the craft of making shoe uppers*

kamaszni|k *m* przest. *a craftsman skilled in making shoe uppers*

Kambodżan|in *m*, **~ka** *f* Cambodian

kambodżańs|ki *adi.* Cambodian

kambuz *m* Żegl. [1] (kuchnia) galley [2] (wachta) *watch in a galley*

kame|a *f* (*Gpl* **~i**) [1] (kamień) cameo [2] (broszka) cameo brooch; (wisior) cameo pendant; **spięła szal ~ą** she fastened her scarf with a cameo brooch; **na szyi nosiła aksamitkę z ~ą** she wore a cameo pendant on a velvet choker

kameduls|ki *adi.* [kasztor, mnisi, kongregacja] Camaldolese

kamedu|ła Relig. **I** *m* (zakonnik) Camaldolese monk, Camaldolite **II kameduli** *plt* (zakon) the Camaldolese order

kameleon I *m pers.* (*Npl* **~y**) pejor. cham(a)eleon pejor., trimmer pejor. **II** *m anim.* Zool. cham(a)eleon; **zmieniać się jak ~** to change like a chameleon

kameleonow|y *adi.* [1] [skóra] chameleon's [2] pejor. [natura, charakter] chameleon-like, chameleonic

kameli|a *f* (*GDGpl* **~i**) Bot. camellia *C/U*

kameliow|y *adi.* [drzewo, gaj] camellia *attr.*

kame|ra *f* [1] (do filmowania) camera; **~ra filmowa** a film a. movie camera; **~ra wideo** a video camera, a camcorder; **~ra telewizyjna** a TV camera; **~ra dźwiękowa** a sound camera; **~ra zarejestrowała próbę włamania** the camera caught sb trying to break in; **ukryta ~ra** candid camera [2] (aparat fotograficzny) camera [3] Hist. *the office in charge of Crown property*
❏ **~ra cyfrowa** digital camera; **~ra fotometryczna** photometric camera; **~ra lotnicza** aerial camera; reflex camera; **~ra obskura** camera obscura

kamerali|sta *m*, **~stka** *f* Muz. chamber musician

kameralisty|ka *f sgt* Muz. chamber music

kameralnie *adv. grad.* **w ogrodzie było bardzo ~** the garden was very cosy; **~ urządzone mieszkanie** a cosy flat; **spędzić święta ~ w domu** to spend Christmas in the family circle

kameralnoś|ć *f sgt* [1] (mieszkania, pokoju) cosiness; (zaułków) quietness [2] (spotkania) privacy

kameraln|y *adi.* [1] [kawiarnia, nastrój] cosy; **~a wystawa** a small exhibition; **~y teatr** a small theatre; **dyskusja/spotkanie w ~ym gronie** a discussion/meeting in a

narrow circle [2] Muz. [muzyka, orkiestra, koncert] chamber *attr.*

kamerdyne|r *m* butler; **drzwi otworzył ~r w liberii** the door was opened by a butler in livery

kamerdyners|ki *adi.* [posada, obowiązki] butler's; **strój ~ki** a butler's attire

kamerton *m* (*G* **~u**) Muz. [1] (urządzenie) **~ mechaniczny** a. **widełkowy** a tuning fork; **~ dmuchany** a pitch-pipe; **~ elektroniczny/gitarowy** an electronic/a guitar tuner [2] (dźwięk wzorcowy) reference pitch

Kameru|ńczyk *m*, **~nka** *f* Cameroonian

kameruńs|ki *adi.* Cameroonian

kamerzy|sta *m* camera operator, cameraman; **~sta filmowy/telewizyjny** a film/TV camera operator

kamfo|ra *f sgt* Farm. camphor; **~ra japońska/naturalna** Japan/natural camphor
■ **zniknąć jak ~ra** pot. to vanish into thin air

kamforow|y *adi.* camphor *attr.*; **olejek/spirytus ~y** camphor oil/spirit

kamic|a *f sgt* Med., Wet. lithiasis spec., calculi *pl* spec.; stones *pl*; **~a moczowa** urolithiasis a. urinary calculi spec.; stones in one's urinary tract; **~a nerkowa** nephrolithiasis a. renal calculi spec.; kidney stones; **~a ślinowa** sialolithiasis spec.; salivary (duct) stones; **~a żółciowa** cholelithiasis spec.; gallstones; **chorować na ~ę żółciową** to suffer from gallstones

kamicow|y *adi.* Med., Wet. **bóle ~e** pain caused by gallstones/kidney stones/urinary tract stones

kamieniars|ki *adi.* Budow. [1] [pomocnik, uczeń] (stone)mason's, stoneworker's; **mistrz ~ki** a master mason [2] [prace] (stone)masonry *attr.*, stonework *attr.*; **narzędzia/prace ~kie** masonry tools/work; **ornamenty ~kie** masonry dressing; **surowiec ~ki** masonry materials

kamieniarstw|o *n sgt* [1] (wydobycie i obróbka) quarrying; **żyć z ~a** to work in a quarry [2] Budow. masonry, stonework; **~o artystyczne/ozdobne** artistic/ornamental masonry; **piękny przykład ~a budowlanego** beautiful masonry a. stonework [3] (wykonywanie nagrobków) masonry, gravestone a. tombstone carving

kamieniarz *m* (*Gpl* **~y**) Budow. [1] (obrabiający kamienie) (stone)mason, stoneworker [2] (pracujący w kamieniołomie) quarryman [3] (wykonujący nagrobki) monumental mason, gravestone a. tombstone carver

kamieni|ca *f* (**~czka** *dem.*) Budow. tenement (house a. building); **stara/zabytkowa ~a** an old/a historic tenement

kamieniczni|k *m* landlord

kamieni|eć *impf* (**~eję**, **~ał**, **~eli**) *vi* [1] (twardnieć) [glina, beton, ziemia] to harden; [drewno, kość, żywica] to petrify ⇒ **skamienieć** [2] przen. (nieruchomieć) to be petrified przen.; **~eć z przerażenia** to be petrified with a. from fear; **~eć z rozpaczy** to be immobilized by despair przen. ⇒ **skamienieć** [3] książk. (obojętnieć) to become hardened; **~eć na krzywdę innych** to harden one's heart to the misfortunes of others

kamieniołom *m* (*G* **~u**) quarry; **~ gipsowy/piaskowy/wapienny/żwirowy** a

plaster/sand/limestone/gravel quarry; **pracownik ~u** a quarryman; **pracować w ~ie** to work in a quarry

kamieni|sty *adi.* [droga, grunt, pole] rocky, stony; **~e dno rzeki/zbocze** a rocky a. stony river bed/slope

kamienn|y *adi.* [1] (z kamienia) stone *attr.*; **~y krąg/mur/most** a stone circle/wall/bridge; **~a płyta chodnikowa** a flag(stone) [2] (o kolorze) ≈ slate grey, ≈ slate gray US; **~e niebo** the slate-grey sky [3] przen. (nieruchomy, niewzruszony) **~a twarz** a. **~y wyraz twarzy** an inscrutable expression; **~e serce** a hard heart, a heart of stone [4] przen. (głęboki, zupełny) **~a cisza** (a) dead silence; (wyrażająca dezaprobatę) (a) stony silence; **~e milczenie** (a) dead silence; (wyrażające dezaprobatę) (a) stony silence; **~y sen** a deep a. sound sleep; **spać ~ym snem** to be dead to the world; **~y spokój** a dead calm; **zachować ~y spokój** to keep a stiff upper lip

kamien|ować *impf vt* to stone [przestępcę] ⇒ **ukamienować**

kamie|ń *m* [1] (bryła skalna) rock, stone; **~ń budowlany** a building stone; **dom/podmurówka z ~nia** a stone house/foundation; **posąg wykuty w ~niu** a figure carved in stone; **ulica brukowana ~niami** a street paved with stone(s); **usiąść na przydrożnym ~niu** to sit on a rock by the road; **zmarznięty** a. **zmrożony na ~ń** frozen (rock) solid [2] (klejnot) stone, gem(stone); **~ń (pół)szlachetny** a (semi-)precious stone; **~ń syntetyczny** a synthetic gemstone; **~ń sztuczny** a. **czeski** a fake gemstone; **broszka wysadzana drogimi ~niami** a brooch set with precious stones; **zegarek na siedemnastu ~niach** a 17-jewel wristwatch [3] Techn. slide [4] *zw. pl* Med. calculus spec.; **~nie nerkowe** kidney stones; renal calculi spec.; **~ń żółciowy** a gallstone [5] *sgt* Stomat. **~ń nazębny** tartar; **usunąć ~ń nazębny** to remove tartar, to scrape and polish sb's teeth [6] *sgt* (osad) (lime)scale, fur GB; **~ń kotłowy** (lime)scale; **usunąć ~ń kotłowy** to descale a boiler [7] Gry piece [8] Górn. spoil *U*
❏ **siny ~ń** Chem. copper sulphate; **~ń ałunowy** Miner. alum rock a. stone, alunite; **~ń ciosowy** a. **ciosany** Geol. freestone; **~ń filozoficzny** philosopher's stone także przen.; **~ń hutniczy** a. **miedziowy** Chem. copper matte; **~ń litograficzny** Druk. lithographic (lime)stone; **~ń nagrobny** gravestone, tombstone; **~ń milowy** Miary milestone; przen. landmark, milestone; **~ń pamiątkowy** commemorative stone; **~ń piekielny** Chem., Farm. silver nitrate; lunar caustic daw.; **~ń probierczy** Miner. touchstone; przen. litmus test przen.; **~ń szlifierski** grindstone; **~ń węgielny** Budow. (narożny) cornerstone; (pierwszy) foundation stone także przen.
■ **~ń by się poruszył** a. **wzruszył** it would make a dead man a. a stone cry; **~ń młyński** (ciężar) millstone (round one's neck); **ciężki jak ~ń** (as) heavy as a stone; **twardy jak ~ń** (o chlebie) (as) hard as a rock; (o człowieku) (as) hard as nails; **ciążyć** a. **kłaść się** a. **leżeć komuś ~niem na sercu** to weigh on sb's mind; **~ń na ~niu**

K

nie został no stone was left unturned; **~ń spadł mu/mi z serca** it was a load a. weight off his/my mind; **zdjąć komuś ~ń z serca** to take a weight off sb's mind; **bodaj się tacy na ~niu rodzili** there should be more people like you/her/him/them (in the world); **być komuś ~niem u szyi** to be a millstone (a)round sb's neck; **(nie) być z ~nia** pot. (not) to be made (out) of stone, (not) to be a machine; **być** a. **stać się ~niem obrazy dla kogoś** to cause sb offence; **gryźć ~nie** pot. to go hungry; **robota idzie jak z ~nia** it's hard a. uphill work; **kląć w żywy ~ń** a. **w żywe ~nie** to turn the air blue, to curse a. swear like a sailor; **rzucić w kogoś ~niem** książk. to cast the first stone at sb; **przesiadywać** a. **siedzieć gdzieś ~niem** to hang around somewhere; **przesiadywać** a. **siedzieć nad czymś ~niem** to be totally absorbed a. wrapped up in sth; **spać jak ~ń** a. **~niem** to sleep like a log; **przepaść** a. **zniknąć jak ~ń w wodę** to vanish without a trace, to vanish into thin air, to sink like a stone

kamikadze m inv. kamikaze

kamikaze /kami'kadze/ → **kamikadze**

kamion|ka f [1] (glina) stoneware (clay); **naczynia z ~ki** stoneware vessels [2] (naczynie) stoneware U [3] (stos kamieni) heap a. pile of stones [4] Bot. stone bramble [5] Zool. stone a. beech marten

kamionkow|y adi. [naczynie, rura] stoneware attr.; **~y garnek** a stoneware pot

kamizel|a f augm. waistcoat, vest US

kamizel|ka f waistcoat, vest US; **damska/męska/skórzana/wełniana ~ka** a woman's/man's/leather/wool(len) waistcoat; **~ka z klapkami/z suwakiem** a lapelled/zip(ped) waistcoat; **~ka ocieplana** a thermal a. quilted waistcoat

❑ **~ka kuloodporna** bulletproof vest; **~ka ratunkowa** life jacket; (w sportach wodnych) buoyancy aid

■ **wypłakać się komuś w ~kę** to cry on sb's shoulder

kamizelkow|y adi. [krój] waistcoat attr., vest attr. US

kamor(r)a → camorra

kampani|a /kam'panja/ f (GDGpl ~i) [1] Wojsk. campaign; **~a wojenna** a military campaign; **~a zwycięska** a victorious campaign; **organizować/przeprowadzić ~ę** to organize/conduct a campaign; **~a wrześniowa** the (Polish) September Campaign (of 1939) [2] (akcja) campaign; **~a na rzecz oczyszczania miasta/przestrzegania praw człowieka** a city clean-up/human rights campaign; **~a oszczędnościowa/sprzedaży** an economy/a sales drive; **~a prasowa/promocyjna/reklamowa** a press/a promotion(al)/an advertising campaign; **~a wyborcza** an election a. electoral campaign; **~a cukrownicza/ziemniaczana** the sugar-beet/potato harvest; **prowadzić ~ę na rzecz kogoś/czegoś** to campaign for sb/sth; **prowadzić ~ę przeciwko komuś/czemuś** to campaign against sb/sth; **~ia oszczerstw** przen. a smear campaign; **szeroko zakrojona ~a** a major campaign

kampus → campus

kamra|t m (Npl ~ci a. ~ty) książk. comrade, companion; **~t mojego brata** a comrade a. companion of my brother's; **no, ~ci, kończcie robotę!** well, fellows, time to finish up!

kamuflaż m (G ~u) [1] Wojsk. camouflage U; **~ czołgów** tank camouflage [2] przen. camouflage U przen.; front; **firma stanowiła ~ dla nielegalnego handlu dziełami sztuki** the company acted as a front for the illegal art trade

kamuflażow|y adi. camouflage attr.; **barwy ~e** camouflage colours

kamufl|ować impf **Ⅱ** vt [1] (maskować) to camouflage, to disguise; **~ować swe dążenia** to camouflage one's aspirations; **uśmiechem ~ować swój niepokój** to disguise one's anxiety with a smile; **jego prawdziwe intencje były zręcznie ~owane** his true intentions were artfully concealed ⇒ **zakamuflować** [2] pot., żart. (chować) to conceal; **~ował smakołyki przed bratem** he was hiding the sweets and other favourite food from his brother ⇒ **zakamuflować**

Ⅲ kamuflować się [1] (maskować się) to hide vt; **~ował się ze swoimi zbrodniczymi zamiarami** he was hiding his vicious intentions ⇒ **zakamuflować się** [2] pot., żart. (chować się) to hide out pot.; **~owała się w swoim pokoju** she was hiding out in her room ⇒ **zakamuflować się** [3] pot. (ukrywać) to conceal vt; **długo ~ował się z chorobą** he concealed his disease for a long time

kamul|ec m (A ~ec a. ~ca) pot. rock, stone; **wybić szybę ~cem** to throw a rock through the window

kamycz|ek m dem. [1] (odłamek skalny) pebble; **dno rzeki usiane ~kami** a river bed covered with a. in pebbles [2] Gry piece; **~ki do gry w warcaby** draughts GB, checkers US

kamy|k m [1] dem. (odłamek skalny) pebble; **~ki rzeczne** river pebbles; **~ki na brzegu morza** pebbles on the beach [2] pot. (ozdoba) stone, gem(stone); **pierścionek z czerwonym ~kiem** a ring with a red stone [3] Gry piece

Kanadyj|czyk m, **~ka** f Canadian; **francuskojęzyczny ~czyk** a French Canadian

kanadyj|ka f [1] Moda windcheater GB, windbreaker US; **nosić ~kę** to wear a windcheater [2] Sport. Canadian canoe; **wyścig ~ek** a Canadian canoe race

kanadyjkarz m (Gpl ~y) Sport. canoeist

kanadyjs|ki adi. [polonia, literatura, lasy] Canadian; **~ki francuski/angielski** Canadian French/English

kanali|a m, f (GDGpl ~i, Npl ~e) obraźl. scoundrel pejor.; bastard pot., pejor., lowlife pot., pejor.

kanali|k m [1] dem. Roln. ditch; **~ki nawadniające** irrigation ditches a. channels [2] dem. Żegl. (small) canal [3] dem. Techn. (small) duct [4] Anat. duct, tubule; **~ łzowy/mleczny/potny** a tear/milk/sweat duct; **~ nerkowy** a kidney a. renal tubule

kanalizacj|a f (GD ~i) sgt [1] (sieć rur i kanałów) sewage system; **~a burzowa** a storm drain system; **~a deszczowa** a rain drain

system; **~a magistralna** a sewage main; **~a sanitarna** a sanitary sewage system; **wybudować/zainstalować ~ę** to construct/install a sewage system [2] (kopanie kanałów) canalization U; **~ rzeki** river canalization

kanalizacyjn|y adi. **rura ~a** a drain-(pipe); **sieć ~a** a sewer system, a sewage system; **studzienka ~a** a (drainage) catch pit; **system ~y** (w budynku) plumbing; (w mieście) sewer system; **szlam ~y** sludge

kanaliz|ować impf vt [1] Inż. to install a sewer system a. sewage system in [wieś, miasto, dzielnica]; to install plumbing in [budynek] ⇒ **skanalizować** [2] książk., przen. to (re)channel, to provide an outlet for; **~ować swój żal/gniew/strach** to rechannel one's resentment/anger/fear; **~ować niezadowolenie społeczne** to provide an outlet for social discontent ⇒ **skanalizować**

kana|ł m (G ~łu) [1] Roln. canal; **~ł nawadniający/osuszający** an irrigation/a drainage canal [2] Transp., Żegl. canal; **~ł żeglugowy** a navigation canal; **przepłynąć przez/przekopać ~ł** to cross/dig a canal [3] Geog. channel; **Kanał Sueski** the Suez Canal; **Kanał La Manche** the English Channel [4] (ściek) **~ł deszczowy** a drain pipe; **zejście do ~ów** a manhole; **pracować w ~łach** to work in the sewers [5] Budow., Techn. **~ł dymowy** a flue; **~ł odpływowy/spływowy** an outlet/outflow duct; **~ł wentylacyjny** an air duct a. shaft [6] Anat. canal; (w zębie) root canal; **~ł oddechowy** the respiratory passage; **~ł rdzeniowy/słuchowy** the spinal/ear canal [7] Radio, TV, Telekom. channel; **~ł radiofoniczny/telewizyjny** a radio/TV a. television channel [8] Techn. (do serwisu podwozia) service a. inspection pit [9] Teatr orchestra pit [10] przen. (droga) channel; **~ły dyplomatyczne** diplomatic channels; **~ły przerzutowe** illegal channels; **~ł przerzutu narkotyków** drug-smuggling channels; **~ły przerzutowe nielegalnych imigrantów** illegal immigration channels [11] pot. (nieprzyjemna sytuacja) mess; **ale ~ł!** what a mess!; **wpuścić kogoś w ~ł** to put sb in(to) a fix a. jam pot.; (oszukać) to hoax sb

❑ **~ł burzowy** a storm drain; **~ł ciepłowniczy** a heating duct; **~ł energetyczny** a flume; **~ł morski** Żegl. a marine canal; **~ł portowy** a harbour canal

kana|łek m dem. (G ~łku) Transp., Żegl. (small) canal

kanałow|y Ⅱ adi. [1] Roln. canal attr.; **~y system nawadniania pól** a canal irrigation system [2] Transp., Żegl. canal attr.; **połączenie ~e między portami** a canal linking the harbours [3] (ściekowy) sewer attr.; **otwór ~y** a manhole; **rury ~e** sewer pipes; **gaz ~y** sewer gas [4] Budow., Techn. duct attr. [5] Anat. canal attr.; **leczenie ~e (zęba)** Stomat. a root canal (treatment)

Ⅲ -kanałowy w wyrazach złożonych Telekom. -channel attr.; **wzmacniacz czterokanałowy** a four-channel amp(lifier)

kanap|a f couch, sofa; (rozkładana) sofa bed; **~a obita pluszem** a plush-upholstered sofa

kanapecz|ka *f dem.* Kulin. canapé; **podano zgrabne ~ki z kawiorem** dainty caviar canapés were served

kanap|ka[1] *f* Kulin. (z jednej kromki) open sandwich, canapé; (z dwóch kromek) sandwich; **podano ~ki z łososiem** salmon canapés were served; **~ka z serem/szynką/kiełbasą** a cheese/ham/sausage sandwich; **chleb na ~ki** a sandwich loaf, bread for sandwiches; **pojemnik na ~ki** a sandwich box

kanap|ka[2] *f dem.* (mebel) (small) couch a. sofa

kanapkow|y *adi. [bułka, chleb]* sandwich *attr.*, canapé *attr.*; **pasta ~a** sandwich spread; **bar ~y** a sandwich bar

kanapow|y *adi.* [1] (odnoszący się do kanapy) *[obicie, pokrycie]* couch *attr.*, sofa *attr.* [2] pot., iron. (udający) armchair *attr.* przen.; (niewielki) *[organizacja, partia]* cosy GB, cozy US; **~y anarchista** an armchair a. champagne anarchist; **namnożyło się tych ~ych stronnictw** these cosy little political parties have been springing up all over the place

kana|r II *m pers.* (*Npl* ~ry) pot., obraźl. (ticket) inspector

II *m inanim.* (*G* ~ru) *sgt* Bot. (roślina) canary grass; (nasiona) canary seed

kanar|ek *m* Zool. canary; **śpiew ~ka** a canary's song a. singing

kanarkow|y *adi.* [1] *[piórka, trele]* canary *attr.*, canary's; **słychać było ~y szczebiot** I/we/they could hear a canary chirping [2] *[kolor]* canary yellow; **~a bluzka** a canary-yellow blouse

kanarzyc|a *f* [1] Zool. female a. hen canary [2] pot., obraźl. (kontrolerka biletów) (ticket) inspector

kana|sta *f* Gry (gra) canasta *U*; (7 kart) canasta; **grać w ~stę** to play canasta

kancelari|a *f* (*GDGpl* ~i) [1] (biuro) office; **~ia kościelna** the church (administrative) office; **~ia sejmowa** the Sejm Office; **~ia adwokacka** a barrister's chambers GB, a law office; **~ia notarialna/prokuratorska** a notary's/prosecutor's office [2] (dla poczty) post room GB, mail room US; **~ia ambasady** the embassy post room [3] (pracownicy) office staff [4] przen. (zbiór akt) office files

kancelaryjn|y *adi.* office *attr.*; **papier ~y** A3 (size) paper GB; ≈ 11x16 (inch) paper US; **sprawy ~e** office matters a. business; **urzędnik ~y** a clerk

kance|ra *f* [1] (znaczek) damaged stamp [2] (uszkodzenie) fault, damage *U*; **znaczek miał ~rę** the stamp was damaged

kancer|ować *impf vt* [1] to damage *[znaczki]*; to cut *[blat, stół, siedzenie]* ⇒ **skancerować** [2] pot. (uszkadzać, kaleczyć) to cut, to scrape; **~ować ławki nożem** to cut the benches with a penknife; **~ować sobie kolana** to scrape one's knees

kanciap|a pot. cubbyhole; **~a strażnika/stróża** the guard's/watchman's cubbyhole

kanciarz *m* (*Gpl* ~y) pot., pejor. con man a. artist, grifter US; **dał się nabrać ~owi** he was duped by a con artist

kanciasto *adv.* [1] (ostro) angularly; *[wyglądać]* angular *adi.*; **miał ~ zarysowany podbródek** he had a sharp a. an angular chin [2] przen. awkwardly, clumsily; *[brzmieć]*

awkward *adi.*, clumsy *adi.*; **poruszać się ~** to move awkwardly a. clumsily

kanciastoś|ć *f sgt* [1] (ostrość) angularity; **~ć kształtu/linii** the angularity of the shape/line [2] (niezgrabność) awkwardness; **~ć (czyichś) ruchów** the clumsiness of sb's movements

kancia|sty *adi.* [1] (mający kanty) angular; **~e kontury zamku** the angular shape of the castle; **~a sylwetka** an angular figure [2] przen. (niezgrabny) awkward, clumsy; **~e ruchy** awkward a. clumsy movements

kancik *m dem.* (krawędź) edge; (na nogawce) crease

kanclers|ki *adi. [obowiązki, rządy, władza]* chancellor's; **sprawować urząd ~ki** to hold the office of chancellor, to be the chancellor

kanclerz *m* (*Gpl* ~y) [1] Polit. chancellor; **objąć/pełnić urząd ~a** to take/hold the office of chancellor [2] Hist. *in pre-19th century Poland, the official presiding over the Royal Chancellery, with a role equivalent to foreign minister and minister of the interior*

❏ **Lord Kanclerz** Polit. Lord Chancellor

kancon|a *f* Literat., Muz. canzone spec.

kandelab|r *m* (*G* ~ru) [1] (świecznik) candelabrum; **mosiężne ~ry** brass candelabra [2] (ozdobna latarnia) (candelabrum-shaped) street lamp

kandydac|ki *adi. [spotkanie, nabór]* candidate's; **odbyć staż ~ki** to complete the candidate's probationary period

kandyda|t *m* candidate; **~t do tronu/zarządu** a candidate for the throne/the board (of directors); **~ci do literackiej Nagrody Nobla** candidates for the Nobel Prize in Literature; **~t na posła** a parliamentary candidate; **~t na urząd prezydenta/premiera** a candidate for (the office of) president/prime minister; **~t na stanowisko dyrektora/prezesa** an applicant a. candidate for the post of director/president; **~ci na uniwersytet** applicants for admission to the university; **~t do (czyjejś) ręki** książk. a suitor; **dobry ~t na męża** żart. good husband material

kandydat|ka *f* candidate; **~ka na dyrektorkę szkoły** a candidate for the post of headmistress; **~ka na żonę/synową** a likely a. prospective wife/daughter-in-law

kandydatu|ra *f* candidacy, candidature; **zgłosić swoją/czyjąś ~rę** to announce one's/sb's candidacy; **przyjąć czyjąś ~rę** to accept sb as a candidate; **odrzucić czyjąś ~rę** to reject a. refuse sb's candidacy

kandyd|ować *impf vi* to run, to stand GB; **~ować do sejmu** to run for the Sejm; **~ować na urząd prezydenta** to run for president; **~ować z ramienia partii** to run a. stand as a party candidate

kandyz|ować *impf vt* to candy *[śliwki, morele]*; **~owane owoce** candied fruit(s)

kangu|r II *m anim.* Zool. kangaroo; **~r nadrzewny/olbrzymi/rudy** a tree/giant/red kangaroo

III *m inanim.* (*A* ~a) [1] Lotn. bounce, bump [2] pot. (przy ruszaniu) jerk, lurch

kangur|ek *m dem.* baby a. young kangaroo

kangurząt|ko *n* pieszcz. baby a. young kangaroo

kangurz|y *adi.* Zool. kangaroo *attr.*, kangaroo's; **~y skok** a kangaroo('s) jump; **~a torba** a kangaroo('s) pouch

kangurzyc|a *f* Zool. female kangaroo; flyer spec.; **~a z kangurzątkiem** a female kangaroo with her young

kani *adi.* kite *attr.*, kite's; **~e gniazdo** a kite's nest

ka|nia *f* [1] Zool. kite [2] Bot. parasol mushroom

■ **czekać** a. **wyglądać czegoś jak kania deszczu** a. **dżdżu** to be dying for something pot.

kanibal *m* (*Gpl* ~i a. ~ów) [1] (ludożerca) cannibal [2] przen. (okrutnik) savage, barbarian

kanibalistyczn|y *adi.* cannibalistic, cannibal *attr.*; **~e obrzędy/skłonności** cannibalistic rites/inclinations

kanibalizm *m* (*G* ~u) *sgt* Antrop., Zool. cannibalism

kanibals|ki *adi.* cannibal *attr.*, cannibalistic

kaniku|ła *f* [1] *sgt* książk. dog days *pl* poet.; hot weather; **nareszcie ~ła, jedziemy nad morze** at last it's hot, we're going to the seaside; **środek lipca to szczyt ~ły** mid-July is the hottest time of year [2] Antycz. dog days

kanion /'kaɲjon/ *m* (*G* ~u) canyon; **~ (rzeki) Kolorado** the Colorado (River) Canyon; **Wielki Kanion** the Grand Canyon; **potok płynący dnem ~u** a stream that flows through the canyon

kanist|er *m* (~erek *dem.*) can(ister); **~er na paliwo** a petrol can

kan|ka *f* dial. can, churn GB; **~ka mleka** a. **z mlekiem** a can of milk

kankan *m* (*A* ~a) Taniec cancan; **tańczyć ~a** to do the cancan

kankanow|y *adi. [krok, rytm]* cancan *attr.*

kanoe /ka'nu/ → **kanu**

kanon *m* (*G* ~u) [1] książk. (zasada) canon, principle; **~y współczesnej etyki** the canons of contemporary ethics; **przestrzegać ~ów moralności** to live in accordance with moral principles; **malował według ścisłych ~ów** he painted in the prescribed style; **~y prawa** the canons of law; **~y kobiecej urody** ideals of feminine beauty [2] (zbiór książek, filmów) canon; **~ lektur szkolnych** the canon of required reading; **~ klasyki filmowej** the canon of classic films [3] Relig. (zbiór ksiąg) canon; **~ Pisma Świętego** the canon of Holy Scripture; **~ biblijny** the biblical canon [4] Relig. (przepis) canon [5] Relig. (część mszy) canon (of the Mass) [6] Muz. canon, round; **śpiewać ~em** to sing a canon [7] *sgt* Druk. 36-point type

kanona|da *f* [1] (wystrzały) cannonade; gunfire *U*; **czołgi rozpoczęły ~dę** the tanks started a cannonade; **odgłos ~dy** the sound of gunfire [2] przen. (huk) rumble; **~da piorunów** the rumble of thunder; **~da zamykanych z hukiem drzwi** a cannonade of doors slamming

kanoni|a /ka'nɔɲja/ *f* (*GDGpl* ~i) [1] (urząd) canonry [2] przest. (dom kanoników) canons' house

kanoniczn|y *adi.* [1] książk. (obowiązujący) canonical, canonic; **~y tekst sztuki** the canonic(al) text of a play [2] Relig. *[obrzędy,* godziny] canonical, canonic; **prawo ~e** Canon Law ③ Relig. *[strój]* canon's

kanonie|r m ① Wojsk. (osoba, stopień) gunner, artilleryman ② Hist., Wojsk. cannoneer

kanonier|ka f Wojsk. gunboat

kanoniers|ki adi. **działo ~kie** a gun; **ostrzał ~ki** gunfire, a cannonade

kanoni|k m Relig. (osoba, tytuł) canon; **ksiądz ~k** a canon; **~k regularny** a canon regular, a regular canon

kanonizacj|a f (Gpl **~i**) Relig. canonization; **papież dokonał ~i biskupa męczennika** the Pope canonized the martyred bishop

kanonizacyjn|y adi. *[proces]* canonization attr.

kanoniz|ować pf, impf vt Relig. to canonize

kan|t m (G **~tu**) ① (krawędź) edge; **~t stołu/biurka** the edge of the table/desk ② (na nogawce) crease; **spodnie w ~t/bez ~ów** trousers with/without a crease; **prasować spodnie w ~t** to iron a. press a crease into (one's) trousers; **spodnie uprasowane w a. na ~t** trousers with creases ③ pot. (oszustwo) con (trick) pot., scam pot.; **robić ~ty** to pull a fast one pot.; **ta transakcja to ~t** the whole deal is a scam
■ **postawić się komuś ~tem** pot. to stand up to sb; **puścić kogoś ~em** pot. to dump sb pot., to walk out a. run out on sb pot.

kanta|ta f Literat., Muz. cantata; **grać ~ty Bacha** to play Bach cantatas

kantatow|y adi. *[twórczość, śpiewak]* cantata attr.

kanton m (G **~u**) Admin. canton

kantonaln|y adi. *[podział, republika, władza]* cantonal

kanto|r¹ m (G **~ru**) ① (wymiany walut) currency exchange (bureau), bureau de change GB; **sprzedać/kupić dolary w ~rze** to buy/sell dollars at a currency exchange bureau ② (instytucja pośrednicząca) agency, agent; **~r przewozowy** a shipping a. forwarding agent ③ przest. (biuro) office; **pracować w fabrycznym ~rze** to work in a factory office ④ przest. (lada) counter

kanto|r² m (Npl **~rzy** a. **~ rowie**) Relig. cantor

kantoraln|y adi. Relig. *[śpiew]* cantor's

kantor|ek m ① (do składania rzeczy) storeroom ② dem. przest. (biuro) (small) office ③ dem. przest. (w sklepie) (small) counter ④ daw. (typ biurka) ≈ writing stand

kantorow|y adi. currency exchange attr., foreign exchange attr.; **kurs ~y dolara** ≈ tourist exchange rate of the dollar

kant|ować impf vt ① pot. to screw [sb] over pot., to rip [sb] off pot.; **~ować wspólników** to rip off one's partners ⇒ **okantować** ② Techn. to turn *[deski, cegły]*

kantyn|a f canteen, mess

kanu /ka'nu/ n inv. ① (łódź indiańska) canoe ② Sport canoe

kanw|a f ① (do haftowania) canvas; **haftować na ~ie** to embroider on canvas ② przen. (osnowa) **własne przeżycia posłużyły Conradowi za ~ę opowiadań** Conrad's short stories are based on his personal experiences; **film powstał na ~ie wyda-**

rzeń historycznych the film is based on historical events

kańczug m przest. horsewhip

kaow|iec m pot. ≈ recreational leader

kap|a f ① (na łóżko) bedspread ② (na konia) (horse) blanket ③ (płachta na byka) (bullfighter's) cape ④ Żegl. companionway ⑤ Relig. cope

kapać¹ impf → kapnąć

kap|ać² impf vi ① (o deszczu) to drizzle, to spit GB, to sprinkle US; **jak tam za oknem, ~ie jeszcze?** what's the weather like? is it still drizzling? ② (ociekać) **~ać czymś** a. **od czegoś** to be dripping with sth; **mundury ~iące od złota** przen. uniforms dripping with gold braid przen.; **korona ~iąca klejontami** przen. a crown encrusted with jewels ③ pot. (przepuszczać wodę) *[kran, dach]* to leak, to drip; **~iący kran** a leaky a. dripping tap; **z kranu znów ~ie** the tap is dripping again

kapcan m (Npl **~y**) pot., obraźl. wally pot., pejor.

kapcani|eć impf (**~eję**, **~ał**, **~eli**) vi pot., pejor. to go to pot a. seed; **~ała w domu przy dzieciach** she's been vegetating at home looking after the kids ⇒ **skapcanieć**

kap|eć m (A **~eć** a. **~cia**) ① (domowy pantofel) slipper ② pot. (opona) flat (tyre GB, tire US); **(piłka)** deflated ball; **jechać na ~ciu** to drive with a flat

kapel|a f (Gpl **~i** a. **~)** ① (ludowa) folk band ② pot. (zespół rokowy) rock group

kapelan m Relig. chaplain; **~ wojskowy** a military chaplain; **~ więzienny** a prison chaplain

kapelańs|ki adi. *[urząd, obowiązek]* chaplain's

kapelmistrz m (Npl **~e** a. **~owie**) ① (kierujący orkiestrą) bandmaster; **~ wojskowy** a military bandmaster ② Hist. (na dworze) kapellmeister

kapelmistrzows|ki adi. *[pulpit, batuta]* bandmaster's

kapelusik m dem. (small) hat; **~ przeciwsłoneczny dla dziecka** a baby's sun bonnet

kapelusz m ① (nakrycie głowy) hat; **słomkowy/filcowy ~** a straw/felt hat; **~ z rondem** a brimmed hat; **~ panamski** a panama (hat); **~ kardynalski** a red hat; **włożyć ~** to put one's hat on; **włożyć ~ na bakier** to set one's hat at an angle, to tilt one's hat; **nasunąć ~ na czoło** to pull one's hat down over one's eyes; **ukłonił się, uchylając ~a** he tipped his hat ② (część grzyba) (mushroom) cap; pileus spec.
❏ **chiński ~** Muz. Turquish crescent

kapelusznictw|o n sgt hat-making

kapeluszniczy adi. *[zakład]* hatter's, hatmaker's

kapeluszni|k m hatter, hat-maker

kapeluszow|y adi. ① *[fason, forma]* of a hat, hat attr. ② *[grzyb]* pileate spec.

kap|er m (Npl **~rzy** a. **~rowie**) ① (pirat) pirate, corsair ② Hist. privateer(sman), corsair

kaper|ować impf vt pot. to poach; **~ować graczy do klubu** to poach another club's players ⇒ **skaperować**

kapers|ki adi. ① (piracki) *[statek]* pirate attr. ② Hist. *[flota, statek]* privateer(sman)'s

kaperstw|o n sgt ① (korsarstwo) piracy ② Hist. privateering; **uprawiać ~o** to be a pirate

kapiba|ra f Zool. capybara

kapiszon m (G **~u** a. **~a**) ① (do pistoletów-zabawek) cap; **strzelać z ~ów** to shoot caps ② (kaptur) hood; **płaszcz z ~em** a coat with a hood ③ Hist. (spłonka) percussion cap

kapiszonow|y adi. **pistolet ~y** a cap gun; **zamek ~y** a percussion lock

kapitali|sta m, **~stka** f capitalist

kapitalistycznie adv. capitalistically

kapitalistyczn|y adi. *[społeczeństwo, system, przedsiębiorstwo]* capitalist

kapitalizacj|a f sgt ① Ekon. (zmiana formy własności) privatization ② Ekon. (gromadzenie pieniędzy) capitalization ③ Fin. (odsetek) capitalization

kapitalizm m sgt (G **~u**) Ekon., Polit. capitalism; **~ monopolistyczny** monopoly capitalism; **~ państwowy** state capitalism; **~ z ludzką twarzą** capitalism with a humane face

kapitalnie adv. splendidly; *[wyglądać, brzmieć]* splendid adi.; **~ zagrał tę rolę** he was splendid in that role; **~ namalowany obraz** a splendid painting; **było ~!** it was splendid!

kapitaln|y adi. ① (wielki) *[znaczenie, warunek]* primary, fundamental; *[remont]* major; **naukowcy dokonali ~ego odkrycia** the scientists made a major discovery; **palnął ~e głupstwo** what he said was sheer nonsense ② pot. (świetny) *[pomysł, zabawa, książka]* terrific pot., fantastic pot.; **poznałem ~ą dziewczynę** I've met a terrific a. fantastic girl; **~e! jak na to wpadłeś?** terrific! how did you figure that out?

kapita|ł Ⅱ m (G **~łu**) ① (pieniądze) capital U; **zgromadzić ~ł** to amass capital; **~ł wzrasta/topnieje** the capital is growing/shrinking; **lokata ~łu** a capital investment; **ulokował cały ~ł w złocie** he invested all his capital in gold; **żyje z procentów od ~łu** he lives on the interest from his investments; **zbić na czymś ~ł** to make a fortune on sth a. out of sth ② sgt (grupa osób lub przedsiębiorstw) capital; **inwestycje ~łu zagranicznego w Polsce** investments made by foreign capital in Poland; **obcy/rodzimy ~ł** foreign/domestic capital ③ Ekon. capital; **martwy ~ł** dead capital; **~ł akcyjny** equity; **~ł finansowy** financial capital; **~ł obrotowy** working capital; **~ł pożyczkowy** loan capital; **~ł rezerwowy** reserve capital; **~ł stały** constant capital; **~ł trwały** capital a. fixed assets; **~ł zakładowy** seed capital; **~ł zmienny** variable capital; **żelazny ~ł** principle ④ książk. (dorobek) wealth; **dysponuje ~łem nie byle jakich doświadczeń** s/he has a wealth of valuable experience; **nagromadził ogromny ~ł wiedzy** he has an enormous wealth of knowledge
Ⅲ **kapitały** plt Fin. funds

kapitałochłonnoś|ć f sgt (przedsięwzięcia, inwestycji) capital-intensive nature a. character; **~ć produkcji** the capital-intensive nature of production

kapitałochłonn|y adi. *[inwestycja, przedsięwzięcie, produkcja]* capital-intensive

K

kapitałowo *adv.* in terms of capital; **rozwijać się ~** to develop one's capital base

kapitałow|y *adi. [rynek, inwestycje]* capital *attr.*; **spłacać raty ~e** to pay the principal instalments

kapitan *m (Npl ~owie)* [1] Wojsk. (osoba, stopień, tytuł) captain [2] (na statku) captain; skipper *pot.* [3] (samolotu) captain [4] (w drużynie) captain [5] (portu) harbour master GB, harbormaster US

kapitana|t *m (G ~tu)* (urząd portowy) harbour master's office GB, harbormaster's office US

kapitańs|ki *adi. [mundur, rozkaz]* captain's; **zaproszono nas do ~kiego stołu** we were invited to the captain's table

kapitulacj|a *f (Gpl ~i)* [1] (poddanie się) capitulation *U*, surrender *U*; **warunki ~i** the terms of surrender; **bezwarunkowa ~a** unconditional surrender; **zmusić przeciwnika do ~i** to force one's opponent to capitulate [2] (dokument) capitulation (agreement); **podpisać ~ę** to sign the capitulation [3] *przen.* (rezygnacja) capitulation, surrender; **~a wobec nieszczęść** succumbing to misery; **~a wobec trudności** giving up in the face of difficulties

kapitulacyjn|y *adi. [akt, układ, warunki]* of capitulation, of surrender

kapitulanc|ki *adi. pejor. [zachowanie, postawa]* submissive, concessive

kapitulanctw|o *n sgt pejor.* submissiveness, concessiveness

kapitulan|t *m* książk., pejor. [1] (skłonny do poddania się) defeatist; quitter *pot.* [2] (na wojnie, w bitwie) capitulator

kapituln|y *adi. [akta, dobra]* capitular

kapitul|ować *pf, impf vi* [1] (poddać się) to capitulate, to surrender; **~ować wobec przeważającej siły wroga** to capitulate in the face of superior force; **miasta ~owały przed wojskami najeźdźcy** the towns surrendered to the invading army ⇒ **skapitulować** [2] *przen.* (ustępować) to capitulate, to give in a. up; **wobec takich argumentów musiał ~ować** he had to capitulate in the face of such arguments; **gdy coś postanowiła, nie ~owała łatwo** once her mind was made up, she didn't give in a. up easily ⇒ **skapitulować**

kapituł|a *f* [1] Relig. (instytucja) chapter; **~ła katedralna** cathedral chapter; **~ła generalna/prowincjonalna** the general/provincial chapter; **Kapituła Kawalerów Maltańskich** the chapter of the Knights of Malta [2] Relig. (siedziba) chapter house [3] (kolegium honorowe) chapter; **członek ~ły** a chapter member; **~ła orderu/nagrody** the chapter of an order a. medal/award committee

kap|ka¹ *pot.* **[I]** *f* [1] (kropla) drop; **~ka stearyny/farby** a drop of wax/paint [2] (mała ilość) drop; (alkoholu) tot GB; **dolej mi ~kę mleka do kawy** I'd like my coffee with just a drop of milk, please; **może jeszcze ~kę koniaku?** would you like another tot of cognac?

[II] kapkę *adv.* (trochę) a little, a (little) bit; **posuń się ~kę** move a bit; **jeszcze ~kę dłużej i chyba bym oszalał** if it had taken any longer, I would've gone mad; **to**

dla mnie ~kę za słone it's a bit too salty for me

kap|ka² *f dem.* (small) bedspread

kaplic|a *f* [1] (część kościoła) chapel; **katedralna ~a** a cathedral chapel; **~a Matki Boskiej** the Chapel of the Virgin (Mary), the Lady Chapel [2] (pomieszczenie do nabożeństwa) chapel; **~a więzienna/zamkowa/szpitalna** the prison/castle/hospital chapel

kaplicz|ka *f* [1] *dem.* (small) chapel; **~ka cmentarna** a cemetery chapel [2] (przy drodze, na drzewie) shrine; **przydrożne ~ki** roadside shrines

kapliczkow|y *adi. [figura, święci]* shrine *attr.*

kapliczn|y *adi. [ołtarz, obraz]* chapel *attr.*

kapłan *m* [1] Relig. (osoba zajmująca się czynnościami kultowymi) priest; **pogańscy ~i** pagan priests; **~i buddyjscy** Buddhist lamas; **najwyższy ~** the high priest [2] książk., Relig. (w chrześcijaństwie) priest, clergyman; **został wyświęcony na ~a** he was ordained a priest [3] *przen.*, książk. (guru) guiding spirit; high priest *przen.*, *iron.*; **reżyser dla początkującego aktora jest ~em** a director is the guiding spirit for an aspiring actor; **ci artyści uważali się za ~ów sztuki** these artists considered themselves the high priests of art

kapłan|ka *f* Relig. priestess; **~ki Westy** the vestal virgins

kapłańs|ki *adi.* [1] Relig. (związany z kultem) priestly, sacerdotal; **stan ~ki** the priesthood [2] Relig. (w chrześcijaństwie) *[obowiązki, służba]* pastoral; sacerdotal książk.; *[szaty]* priestly; **stan ~ki** the priesthood; **święcenia ~kie** ordination, priestly vows

kapłaństw|o *n sgt* [1] (urząd kapłana) priesthood [2] (spełnianie czynności obrzędowych) priesthood; **obchodzi czterdziestolecie ~a** it's the fortieth anniversary of his ordination [3] (sakrament) ordination, priestly vows; **przyjąć ~o** to take priestly vows

kapłon *m* capon

kap|nąć *pf* — **kap|ać¹** *impf (~nę, ~nęła, ~nęli — ~ię) vi* [1] (spływać kroplami) to drip; **z listków ~ała woda** water was dripping from the leaves; **z dachu ~ały krople deszczu** rain was dripping from the roof; **pot ~iący z jego twarzy** the sweat dripping from his face; **z oczu ~ały jej łzy** tears were dripping down her cheeks; **świeca ~iąca woskiem** a candle dripping wax; **stearyna ze świecy ~ała na obrus** the candle wax was dripping on the tablecloth; **śnieg topniał, z dachu ~ało** the melting snow was dripping from the roof [2] *pot.* (o pieniądzach) **latem zawsze mi ~nie parę groszy** I can always count on a bit of extra money during the summer; **z korepetycji też zawsze coś niecoś ~nie** one can always earn a bit of extra cash from giving private lessons

kap|nąć się *pf (~nęła się, ~nęli się) v refl. pot.* (domyślić się) to catch on *pot.*, to figure out *pot.*, to suss out GB *pot.*; **~nęła się, że chcę ją oszukać** she figured out that he was trying to con her; **dopiero po chwili ~nął się, o co im chodzi** it took him a while to suss out what they were driving at; **nie bój się, nie ~nie się** don't worry, s/he won't catch on

kapo *m inv.* pejor., Hist. ≈ trusty (in a Nazi concentration camp)

kapok *m* [1] Żegl. life jacket; **włożyć ~** to put on a life jacket [2] *sgt* (włókno) kapok

kapo|ta *f (~tka dem.) pot.* coat; **stara, wytarta ~ta** a shabby old coat

kap|ować *impf vi pot.* [1] (rozumieć) to get pot.; **mało ~ował z tego, co się wokół niego działo** he didn't quite get what was going on around; **ona nic nie ~uje** she just doesn't get it; **do tej pory nie ~uje, że z nim jest tak krucho** he still doesn't get how much trouble he's in; **~ujesz, o co mu chodzi?** do you get what he's driving at?; **bank splajtował, ~ujesz?** the bank went bust, get it? ⇒ **skapować** [2] pejor. (donosić) to rat a. snitch pot. (na kogoś on sb); **~ował na kolegów szefowi** he kept ratting on his colleagues to the boss ⇒ **zakapować** [3] (przyglądać się) to keep one's a. an eye on; to clock GB pot.; **~uj na tamte drzwi, może będzie wychodził** keep an eye on that door, maybe you'll catch him leaving; **~uj, czy nauczyciel nie idzie!** see if the teacher's coming

kapowni|k *m pot.* (z kalendarzem) (engagement) diary, datebook US; (z adresami) address book; **sprawdzić coś w ~ku** to check sth in one's diary; **zapisać coś w ~ku** to put sth down in one's diary

kapral *m (Gpl ~i)* Wojsk. (osoba, stopień, tytuł) corporal; **starszy ~** master corporal GB, senior corporal US

❑ **mały ~** a. **Mały Kapral** Hist. the Little Corporal

kaprals|ki *adi. [mundur, czapka]* corporal's

kapraw|y *adi. pot. [osoba]* rheumy-eyed; *[oczy]* rheumy

kaprys [I] *m (G ~u)* [1] (zachcianka) whim; caprice książk.; **mieć ~ coś zrobić** to feel like doing sth; **taki mam ~** I feel like it; **~y rozpuszczonej pannicy** the whims of a spoiled little girl; **przelotny ~** a passing fancy; **dogadzać czyimś ~om** to indulge sb's whims; **zrobić coś dla ~u** to do sth on a whim [2] *zw. pl* (niespodziewana zmiana) whim; caprice książk.; **~y pogody** the whims of the weather; **zawsze ulegała ~om mody** she's always been a slave to the whims of fashion; **~y losu a. fortuny** fortune's whims [3] Muz. capriccio, caprice

[II] kaprysy *plt* (dąsy) sulks, sulking *U* sulkiness *U*; **co to za ~y? masz to zrobić i już** stop sulking and do as you're told; **cierpieć a. znosić czyjeś ~y** to put up with sb's sulking

kapry|sić *impf vi* to be fussy a. picky; **jeśli będziesz tak ~sił, nigdy się nie ożenisz** if you're going to be so fussy a. picky, you'll never get married; **dzieci ~siły przy jedzeniu** the kids were being fussy about the food; **nie mam za dużo pieniędzy i nie mogę ~sić z wyborem mieszkania** I don't have a lot of money so I can't be too fussy when it comes to renting a flat

kapryśnie *adv. grad.* [1] *[narzekać, złościć się]* petulantly; *[brzmieć]* petulant *adi.*; **~ wydęła usta** she sulkily pouted [2] (zmiennie) capriciously; **jego myśl biegła ~** he was in a capricious frame of mind

kapryśnoś|ć f sgt [1] (dąsanie się) petulance, sulkiness [2] (zmienność) capriciousness

kapryśn|y adi. grad. [1] [osoba, dziecko, chory] sulky, petulant; [charakter] fussy, picky [2] (zmienny) [moda, pogoda, los] changeable, fickle; **tegoroczna wiosna była bardzo ~a** we had very changeable weather this spring

kaps|el m bottle cap a. top, crown cap; **butelka na ~el** a crown-capped bottle; **zdjął ~el z butelki** he opened a bottle; **~le po piwie** beer-bottle caps

kapsl|ować impf vt [1] (zamykać) to cap [butelki] ⇒ **zakapslować** [2] Techn. to put [sth] in a saggar a. sagger [figurki, talerze, misy]

kapslowan|y [1] pp → kapslować
[1] adi. [butelka] capped

kapsuł|a f capsule; Astron., Żegl. (space) capsule; **~ła ratunkowa** a rescue capsule; **~ła czasu** a time capsule

kapsuł|ka f Farm. capsule; **witaminy w ~kach** vitamin capsules; **wziąć/połknąć ~kę** to take a capsule

kapt|ować impf vt pot. to win over, to win (a)round; **~ował sobie popleczników** he was trying to attract supporters; **~ować wyborców** to win over the voters ⇒ **skaptować**

kaptu|r m [1] (część płaszcza) hood; **płaszcz z ~rem** a coat with a hood, a hooded coat; **nasunął ~r na czoło** he pulled the hood low over his eyes [2] (osłona) hood; **blaszany ~r nad oknem** a metal hood over the window; **~r gaśnicy** a fire extinguisher hood [3] Myślis. hood

kaptur|ek m [1] dem. (część płaszcza) (small) hood; **płaszczyk z ~kiem** a little coat with a hood, a little hooded coat [2] (osłona) (small) hood; **nie zdjął z kamery ~ka zasłaniającego obiektyw** he didn't take the lens cap off the camera [3] pot. (środek antykoncepcyjny) cap pot., Dutch cap GB pot.

kapucyn [1] m pers. Relig. (zakonnik) Capuchin [1] m inanim. (A ~a) posp. (penis) prick posp., dong posp.; **trzepać ~a** to beat one's meat posp.
[1] **kapucyni** plt Relig. (zakon) the Capuchin order

kapucyn|ka f Zool. capuchin (monkey)

kapucyńs|ki adi. [reguła, działalność] Capuchin attr.

kapu|sta f Bot. cabbage C/U; **młoda ~sta** young cabbage, spring greens GB; **kiszona ~sta** sauerkraut, sour cabbage; **~sta włoska** savoy cabbage; **~sta pekińska** Chinese cabbage; **czerwona ~sta** red cabbage; **główka ~sty** a (head of) cabbage; **surówka z ~sty** grated cabbage, cabbage salad; **~sta faszerowana** stuffed cabbage; **szatkować ~stę** to grate cabbage

kapust|ka f dem. (small) cabbage

kapustnik m Zool. **bielinek ~** cabbage white (butterfly), large white (butterfly)

kapustn|y adi. brassica attr. spec.; cabbage attr.; **rośliny ~e** brassicas spec.; plants of the cabbage family

kapu|ś m pot., obraźl. (pracujący dla policji) grass GB pot., obraźl., rat US pot., obraźl.; (w szkole) sneak GB pot., obraźl.; snitch pot.

kapuścian|y adi. [liść, głąb] cabbage attr.
■ **~y głąb** a. **~a głowa** pot., pejor. blockhead pot., pejor.; dunderhead pot., pejor.

kapuśnia|k m (~czek dem.) (G ~ku) [1] (zupa) cabbage soup [2] (deszcz) drizzle; **od rana mżył ~k** it's been drizzling all day

kaput /ka'put/ pot. [1] n inv. (fiasko) washout pot.; **te reformy zrobią ~** these reforms will be a washout
[1] adi. praed. inv. (do niczego) [urządzenie] kaput pot.; [osoba] wiped out pot.; **samochód jest już ~** the car's gone kaput
[1] adv. (koniec) **z nim już ~** he's a goner pot., he's done for pot.
[1] inter. (i koniec) that was that!; **wpadł pod samochód no i ~!** he was run over and that was that!

kapuz|a f przest. cowl, hood; **płaszcz z ~ą** a coat with a hood, a hooded coat

ka|ra f [1] (konsekwencje złego czynu) punishment C/U (**za coś** for sth); **kara śmierci** capital punishment, the death penalty; **kara pozbawienia wolności** a prison sentence a. term; **za gwałt grozi kara pozbawienia wolności do lat piętnastu** rape is punishable by up to 15 years' imprisonment; **kara więzienia** imprisonment; **kara dożywotniego więzienia** a life sentence, life imprisonment; **kara grzywny** a fine; **kara pieniężna w wysokości 1000 złotych** a fine of one thousand zloty, a one-thousand-zloty fine; **kara cielesna** corporal punishment; **kara chłosty** flogging; **ujść** a. **uniknąć kary** to escape punishment; **darować komuś karę** to let sb off; **wymierzyć komuś karę** to punish sb; **odbyć karę** to serve one's (prison) sentence; **skazać kogoś na karę grzywny/pozbawienia wolności** to fine/imprison sb; **złagodzić komuś karę** to mitigate a. lighten sb's sentence; **zasłużyć na karę** to deserve to be punished, to deserve punishment; **wreszcie spotkała go zasłużona kara** he met his just deserts in the end; **wisi nad nią kara** she's awaiting punishment; **musiał zapłacić karę za przetrzymanie książki** he had to pay a fine for an overdue book; **robić coś za karę** to do sth as punishment; **za karę nie pójdziesz do kina** as punishment you're not allowed to go to the cinema; **pod karą czegoś** książk. on a. under pain a. penalty of sth; **palenie ognisk zabronione pod karą administracyjną** lighting fires is prohibited on penalty of a fine [2] Sport penalty; **po dwóch minutach kary ponownie wraca na boisko** after a two minute penalty he's back on the field
■ **kara boska z nim/tym** he's/it's a trial a. plague; **kara boska z tym chłopakiem, nikogo nie słucha** what a trial a. plague that boy is! he never listens to anybody

karabel|a f (Gpl ~i a. ~) Hist. Turkish sabre worn by Polish nobles

karabin m (G ~u) rifle, gun; **(ciężki) ~ maszynowy** a (heavy) machine gun; **ręczny ~ maszynowy** a light automatic rifle, a carbine; **załadować ~** to load a rifle; **odbezpieczyć ~** to cock a rifle; **strzelać z ~u** to fire a rifle
■ **mówić jak ~ maszynowy** pot. to talk a mile a minute pot.

karabin|ek m [1] (broń) carbine, rifle; **~ek sportowy** a sports rifle; **~ek pneumatyczny** an air rifle [2] sgt Sport rifle; **wyniki osiągnięte w ~ku przez juniorów** the juniors' scores in the rifle event [3] (karabińczyk) snap-hook

karabinie|r m [1] (włoski policjant) carabiniere [2] Hist., Wojsk. carabineer, carabinier

karabiniers|ki adi. [1] (dotyczący włoskiego policjanta) [brygada, oddział] of carabinieri [2] Hist., Wojsk. carabineer attr., carabinier attr.

karabinow|y adi. [ogień, strzały] rifle attr.; **amunicja ~a** rifle ammunition; **lufa ~a** a rifle barrel

karabińczyk m snap-hook, snap-link; **~ do kluczy** a key ring

karaczan m Zool. cockroach

ka|rać impf (karzę) [1] vt to punish (**za coś** for sth); Sport, Szkol. to penalize (**za coś** for sth); **karać kogoś grzywną/mandatem** to fine/ticket sb; **karać kogoś więzieniem** to imprison sb; **karać kogoś śmiercią** to execute sb; **był już dwukrotnie karany za włamania** he's already been sentenced twice for burglary ⇒ **ukarać**
[1] **karać się** to punish oneself; **karać się za własną głupotę** to punish oneself for one's own stupidity ⇒ **ukarać się**

karaf|ka f carafe, decanter; **~ka na wodę** a water carafe; **~ka do wina** a wine carafe a. decanter; **~ka z winem/wódką** a carafe a. decanter of wine/spirits; **~ka po likierze** a liqueur decanter

karak|on, ~an m przest. cockroach

karaku|ł [1] m anim. Zool. karakul, caracul
[1] m inanim. zw. pl (skóra) karakul a. caracul U, Persian lamb U; **czapka z ~ów** a karakul hat; **kołnierz/futro z ~ów** a karakul collar/coat
[1] **karakuły** plt (futro) karakul a. caracul a. Persian lamb coat; **nosić ~ły** to wear a karakul a. caracul coat

karakułow|y adi. [futro, czapka, kołnierz] karakul a. caracul attr., Persian lamb

karalnoś|ć f sgt [1] (czynu) criminality, illegality; (sprawcy) (criminal) liability; **~ć za posiadanie środków odurzających** criminal liability for possession of narcotics; **~ć przerywania ciąży** the criminality of abortion [2] (stopień wykrywania przestępstw) conviction rate; **wysoka ~ć wśród nieletnich** a high juvenile conviction rate; **wzrosła ~ć przestępstw podatkowych** the conviction rate for tax evasion has increased

karaln|y adi. [czyn] punishable, criminal

karaluch m Zool. cockroach
■ **~y pod poduchy, a szczypawki do zabawki** ≈ good night, sleep tight, don't let the bedbugs bite

karambol m (G ~u) [1] pot. (kraksa) pile-up pot. [2] Gry (rodzaj bilardu) (English) billiards pl GB, (carom) billiards pl US; (uderzenie) cannon (shot) GB, carom (shot) US; (czerwona kula) red

karan|y [1] pp → karać
[1] adi. [pracownik, żołnierz] with a criminal record
[1] **karan|y** m, **~a** f person with a criminal record

karasiow|y *adi. [jezioro]* crucian (carp) *attr.*

kara|ś *m* (**~sek** *dem.*) Zool. crucian (carp)

kara|t *m* Miary [1] (jednostka masy); **diament o wadze dziesięciu ~tów** a 10-carat diamond [2] *daw.* (miara czystości złota) carat, karat US

karate *n inv.* karate *U*; **cios ~** a karate chop; **trenować ~** to train in karate

karate|ka *m* Sport karate expert, karateka

karatow|y [I] *adi. [jednostka]* carat *attr.*

[III] **-karatowy** *w wyrazach złożonych* -carat; **szesnastokaratowy brylant** a 16-carat diamond

karawan *m* (*G* **~u**) hearse; **wlec się jak ~** *pot.* to move at a funereal pace *książk.*; to move at a snail's pace

karawan|a *f* [1] (na pustyni) caravan, convoy [2] (grupa pojazdów) caravan; **~a samochodów/wozów** a caravan of cars/carts

karawaniars|ki *adi.* [1] *[ubranie, konie]* undertaker's, mortician's US [2] *żart. [mina, nastrój]* mournful; lugubrious *książk.*

karawaniarz *m* (*Gpl* **~y**) undertaker, mortician US

karawaning *m sgt* (*G* **~u**) caravanning GB, trailer camping US

karawaningow|y *adi. [ekspedycja]* caravan *attr.* GB, trailer *attr.* US; **turystyka ~a** caravanning GB, trailer camping US

karawanow|y *adi. [szlak, droga]* caravan *attr.*

karawel|a *f* Żegl. caravel, carvel

karb *m* (*G* **~u**) *zw. pl* notch, groove; **wycinać ~y w drzewie/metalu** to make notches in wood/metal; **wycinał ~y na kiju** he was cutting a. making notches in a stick

■ **brać** a. **ujmować coś w ~y** to clamp down on sth; **brać** a. **ujmować kogoś w ~y** to take sb (well) in hand; **wziąć się w ~y** (uporządkować swoje życie) to get one's act together *pot.*; (opanować emocje) to get a grip on oneself, to pull oneself together; **składać** a. **kłaść** a. **zwalać coś na ~ czegoś** to put a. set sth down to sth; **niedopatrzenie złożyła na ~ zmęczenia** she put the oversight down to tiredness; **trzymać kogoś/coś w ~ach** to keep a tight rein on sb/sth

karbi|d *m sgt* (*G* **~du**) Chem. (calcium) carbide; **~dy** carbides

karbidow|y *adi.* carbide *attr.*
❏ **lampa** a. **lampka ~a** carbide lamp

karbidów|ka *f* carbide lamp

karbowan|y *adi.* corrugated; **~a blacha/tektura** corrugated iron/cardboard; **~a bibułka** crepe paper; **buty na ~ych podeszwach** shoes with corrugated soles

karcąco *adv. [patrzeć, mówić]* reprimandingly, reproachfully

karcąc|y [I] *pa* → **karcić**
[III] *adi. [wzrok, głos]* reprimanding, reproachful

karce|r *m* (*G* **~ru**) [1] (cela) seclusion cell a. room, punishment cell; **zamknąć/trzymać kogoś w ~rze** to put/keep sb in solitary (confinement) [2] *sgt* (kara) solitary confinement; solitary *pot.*; **dostał trzy dni ~ru** he was put in solitary confinement for three days

karcian|y *adi. [sztuczka, stolik]* card *attr.*; **figura ~a** a face card, a court card; **długi ~e** gambling debts

karciars|ki *adi. pot.* card-playing, card player's; **pasja ~ka** a passion for cards a. card playing

karcia|rz *m*, **~rka** *f* (*Gpl* **~rzy, ~rek**) *pot.* (inveterate) card player

kar|cić *impf* [I] *vt* to reprimand, to rebuke (**za coś** for sth); **często był ~cony za złe zachowanie** he was frequently reprimanded for misbehaviour; **~cić kogoś rózgą** to give sb a caning; **~cił syna złym spojrzeniem** he gave his son a reprimanding look ⇒ **skarcić**
[III] **karcić się** to reproach oneself; **~ciła się w duszy za nieroztropny krok** she reproached herself for having been so imprudent ⇒ **skarcić się**

karci|ęta *plt* (*G* **~ciąt**) *pot., żart.* (playing) cards *pl*

kar|czek *m* [1] *dem.* nape (of one's neck) [2] (bluzki, koszuli, sukienki) yoke

karczemn|y *adi.* [1] *[dotyczący karczmy] [izba, stół]* inn *attr.*, tavern *attr.* [2] *[kłótnia]* violent; **podczas zebrania wybuchła ~a awantura** a violent quarrel broke out during the meeting

karcz|ma *f* inn, tavern

karczmarecz|ka *f* pieszcz. (young) innkeeper

karczma|rz *m*, **~rka** *f* (*Gpl* **~y, ~ek**) innkeeper

karczoch *m* (*A* **~** a. **~a**) Bot., Kulin. (globe) artichoke

karcz|ować *impf vt* to fell *[drzewa]*; to clear *[teren]*; **~owali las, aby móc wysiać zboże** they cleared part of the forest in order to grow crops; **~ują sobie maczetami drogę przez dżunglę** they are clearing a path through the jungle with their machetes ⇒ **wykarczować**

kardamon *m* (*G* **~u**) [1] Bot. cardamom *U*, cardamum *U* [2] *sgt* Kulin. (nasiona) cardamom *U*, cardamum *U*

kardamonow|y *adi. [olejek, nasiona]* cardamom *attr.*, cardamum *attr.*; **ziarna ~e** cardamom seeds

kardiochirur|g *m* Med. cardiac surgeon, heart surgeon

kardiochirurgi|a *f* (*GD* **~i**) [1] *sgt* Med. cardiac a. heart surgery [2] (*Gpl* **~i**) *pot.* (oddział) heart surgery unit; **leżał na ~i** he was being treated in the heart surgery ward

kardiochirurgiczn|y *adi. [klinika, oddział]* cardiac a. heart surgery *attr.*, cardiosurgical

kardiolo|g *m* Med. cardiologist

kardiologi|a *f* (*GD* **~i**) [1] *sgt* Med. cardiology [2] (*Gpl* **~i**) *pot.* (oddział) coronary unit *pot.*; **na ~ę przywieziono nowego pacjenta** a new patient was brought to the coronary unit

kardiologiczn|y *adi.* Med. *[oddział, klinika, leczenie]* cardiological

kardynalnie *adv. książk.* **różnić się ~** to be fundamentally different; **mylić się ~** to be completely mistaken

kardynaln|y *adi. książk. [zasada, grzech, prawda, różnica]* cardinal, fundamental; **to była ~a pomyłka** it was a complete mistake

kardynals|ki *adi. [pierścień, przywilej]* cardinal's; **kapelusz ~ki** a cardinal's hat, the red hat; **kolegium ~kie** the Sacred College, College of Cardinals

kardyna|ł [I] *m pers.* (*Npl* **~łowie**) Relig. (osoba, tytuł) cardinal
[III] *m anim.* Zool. cardinal (grosbeak), redbird US

karencj|a *f* (*Gpl* **~i**) [1] *książk.* grace (period); **okres ~i** the grace period; **spłata całego kapitału rozpocznie się po pięcioletniej ~i** there's a five-year grace period for the capital repayment [2] Roln., Techn. waiting period; **dla tych lakierów okres ~i wynosi około 2 tygodni** the waiting period after using these varnishes is two weeks

karencyjn|y *adi. [termin, okres]* grace *attr.*

kare|ta *f* carriage; **jechać ~tą/w ~cie** to travel by carriage/in a carriage
■ **pasować jak wół do ~ty** *pot.* to be totally out of keeping (**do czegoś** with sth); to be hopelessly mismatched; **ten fotel pasuje do reszty mebli jak wół do ~ty** that armchair is totally out of keeping with the rest of the furniture; **granatowa marynarka do żółtych spodni pasuje jak wół do ~ty** a navy blue jacket just doesn't go with yellow trousers; **oni pasują do reszty grupy jak wół do ~ty** they just don't fit in with the rest of the group

karet|ka *f* [1] (samochód specjalny) van; **~ka pogotowia** an ambulance; **~ka reanimacyjna** an ambulance (*with resuscitation equipment*); **dzwoń po ~kę!** call an ambulance! [2] (maszyny do pisania) carriage; **powrót ~ki** carriage return; **klawisz/znak powrotu ~ki** Komput. carriage return key/character [3] *dem.* (small) carriage

karibu *n inv.*, *m inv.* Zool. caribou

karie|ra *f* [1] (awansowanie) career; **~ra teatralna/wojskowa** a theatrical/an army career; **marzyć o ~rze aktorskiej** to dream of an acting career; **zrobić ~rę w firmie konsultingowej/w marketingu** to have a career as a consultant/in marketing; **zrobić ~rę jako wydawca/jako dziennikarz** to have a career as a publisher/as a journalist; **piąć się po szczeblach ~ry** to move up the career ladder; **osiągnąć szczyty ~ry** to be at the height of one's career; **zakończyć ~rę** to retire; **przecierać/przetrzeć komuś drogę do ~ry** to smooth sb's path to a career; **zrezygnować z ~ry** to give up one's career; **wybierać między rodziną a ~rą** to choose between a family and a career; **ta afera zwichnęła mu ~rę** the scandal destroyed his career [2] *przen.* (popularność) success, popularity; **samych producentów zaskoczyła światowa ~ra walkmana** even the producers were taken by surprise by the worldwide success of the Walkman® **słowo to zrobiło ostatnio wielką ~rę** this term has become a buzzword a. catchword lately

karierowicz *m*, **~ka** *f* pejor. careerist

karierowiczostw|o *n sgt* pejor. careerism

karierowiczows|ki *adi.* pejor. *[środowisko]* careerist *attr.*; **mieć ~kie zapędy** to be a careerist

karima|ta *f* foam mattress GB, foam rubber mattress US; **spać na ~cie** to sleep on a foam mattress

karioka → **carioca**

kark *m* (*G* ~**u**) nape (of one's neck); *(szyja)* neck; **byczy ~** a bull neck; **znamię na ~u** a birthmark on the nape of sb's neck; **skręcić komuś ~** to break sb's neck; *przen.* to wring sb's neck

■ **mieć coś na ~u** *pot.* to have sth on one's hands; **mieć** a. **dźwigać sześćdziesiątkę/ siedemdziesiątkę na ~u** to be in one's sixties/seventies; **mieć kogoś na ~u** *pot.* (*być ściganym*) to have sb breathing down one's neck *pot.*; (*zajmować się*) to have sb on one's hands *pot.*; **mieć miękki** a. **giętki ~** to be submissive; **mieć sztywny ~** to be inflexible, to be stiff-necked; **nadstawiać ~u za kogoś/coś** to risk one's neck for sb/sth; **pędzić** a. **lecieć na złamanie ~u** *pot.* to go a. rush at breakneck speed; **podnieść** a. **prostować ~** to rebel; **siedzieć komuś na ~u** *pot.* (*być kłopotem*) to be a burden to sb; (*poganiać*) to breathe down sb's neck; **spaść** a. **zwalić się komuś na ~** *pot.* to land on sb's neck; **ciotka z Australii zwaliła mi się na ~** *pot.* I've been saddled with my aunt from Australia; **sprowadzić** a. **zwalić** a. **ściągnąć komuś coś na ~** to land a. saddle sb with sth *pot.*; **zwalili jej na ~ piątkę dzieci** *pot.* they've saddled her with the job of looking after five kids; **jego pomysły zawsze ściągają nam biedę na ~** *pot.* his ideas always get us in(to) trouble; **wsiąść komuś na ~** *pot.* to be in hot pursuit of sb, to be hot on sb's trail; **wziąć sobie kogoś/coś na ~** *pot.* to saddle oneself with sb/sth *pot.*; to take sb/sth on; **wzięła sobie na ~ taką ofermę!** *pot.* she saddled herself with a total loser!; **zgiąć** a. **ugiąć przed kimś ~u** to grovel to sb; to kowtow to sb *przen.*; **złamać** a. **skręcić ~** to break one's neck; **obyś ~ skręcił!** *pot.* damn you!; **złamania ~u!** *pot.* break a leg!

karkołomnie *adv.* **~ jeździć na nartach/prowadzić** to ski/drive recklessly; **schody piły się ~ ku górze** the stairs were dangerously steep; **projekt przedstawia się ~** *przen.* the enterprise seems risky

karkołomnoś|ć *f sgt* (*wyprawy, przedsięwzięcia, projektu*) risk(iness), danger

karkołomn|y *adi.* [1] (*niebezpieczny*) [*skok, akcja*] reckless, risky; [*droga*] arduous; [*prędkość*] breakneck; **~e popisy akrobaty** death-defying acrobatic stunts [2] *przen.* (*śmiały*) [*zadanie, plan, pomysł*] risky

karkonos|ki *adi.* [*pejzaż, szczyty*] Karkonosze Mountain *attr.*

karkow|y *adi.* Anat. [*muskulatura*] neck *attr.*; cervical *spec.*

karków|ka *f* Kulin. (*wieprzowa*) pork neck a. neck of pork; (*wołowa*) beef neck a. neck of beef; (*cielęca*) veal neck a. neck of veal; (*jagnięca*) lamb neck a. neck of lamb

karl|eć *impf* (**~eję, ~ał, ~eli**) *vi książk.* (*maleć*) [*roślina, zwierzę, osoba*] to be(come) stunted; **~eć duchowo** *przen.* to become spiritually stunted ⇒ **skarleć**

karl|i *adi.* **~i wzrost** (very) short stature; (*zahamowany*) stunted growth

karlic|a *f* (*bardzo niska kobieta*) (very) short woman; midget *daw., obraźl.*; (*dotknięta karłowatością*) woman of short stature; dwarf *spec., daw., obraźl.*

karłowaci|eć *impf vi* [*roślina, zwierzę*] to be(come) stunted; [*gospodarstwo*] to dwindle, to be whittled away ⇒ **skarłowacieć**

karłowatoś|ć *f sgt* (*człowieka*) (very) short stature; dwarfism *spec., daw., obraźl.*; (*roślin, zwierząt*) (specjalnie hodowanych) dwarfism; (*z powodu niesprzyjających warunków*) stuntedness

karłowa|ty *adi.* [1] [*osoba*] (very) short, of (very) short stature; dwarfish *daw., obraźl.* [2] [*roślina, zwierzę*] (specjalnie hodowany) dwarf *attr.*, pigmy *attr.*; (*z powodu niesprzyjających warunków*) stunted [3] *przen.* [*gospodarstwo, poletko*] (greatly) diminished (*through repeated subdivision*)

karm|a¹ *f* (*pokarm*) feed *U*; **~a dla bydła/ kur** cattle/chicken feed; **~a dla kanarków** birdseed

karm|a² *f* Relig. karma

karmazyn [I] *m pers.* Hist. *a Polish nobleman of ancient lineage entitled to wear crimson dress* [II] *m anim.* Zool. [1] (*ryba*) redfish [2] (*kura*) Rhode Island red [III] *m inanim.* (*G* ~**u**) [1] (*kolor*) crimson [2] *daw.* (*tkanina*) (cloth of) crimson *daw.*

karmazynow|y *adi.* crimson

karmel *m* (*G* ~**u**) Kulin. caramel *C/U*

karmel|ek *m* (*A* ~**ka**) caramel (drop)

karmelic|ki *adi.* Relig. [*kościół, klasztor*] Carmelite

karmeli|ta Relig. [I] *m* (*zakonnik*) Carmelite (friar) [II] **karmelici** *plt* (*zakon*) the Carmelites ❑ **~ci bosi** discalced Carmelites *spec.*; barefoot(ed) Carmelites; **~ci trzewiczkowi** calced Carmelites *spec.*; shod Carmelites

karmelitank|a Relig. [I] *f* (*zakonnica*) Carmelite (nun) [II] **karmelitanki** *plt* (*zakon*) Carmelite nuns

karmelitka *f* → **karmelitanka**

karmelkow|y *adi.* [1] [*masa, smak*] caramel *attr.* [2] *przen.* (*ckliwy*) [*styl*] syrupy *przen.*

karmelow|y *adi.* [*polewa*] caramel *attr.*

karmiciel *m* (*Gpl* ~**i**) [1] (*dostarczyciel pożywienia*) **~ słoni** an elephant feeder [2] *przest.* (*żywiciel*) provider

karmiciel|ka *f* feeder; **być ~ką niemowlęcia** (*własnego*) to breastfeed a baby; Hist. (*cudzego*) to be a wet nurse; **ziemia, nasza ~ka** *przest.* the earth, our provider

karm|ić *impf* [I] *vt* [1] (*podawać jedzenie*) to feed [*osobę, zwierzę*]; **~ić dziecko mlekiem w proszku** to formula-feed a baby; **~ić krowy świeżą trawą** to feed cows fresh grass; **~ić kogoś łyżeczką/butelką** to spoon-feed/bottle-feed sb; **~ić kogoś/coś na siłę** to force-feed sb/sth; **~ić ptaki z ręki** to feed birds from one's hand; **świnie ~ione kartoflami** pigs fed on potatoes ⇒ **nakarmić** [2] (*własnym mlekiem*) [*kobieta, matka*] to breastfeed, to nurse [*dziecko*]; [*samica*] to suckle [*małe*]; **~isz jeszcze swoje dziecko?** are you still breastfeeding your baby?; **matka ~iąca** a nursing a. breastfeeding mother; **dziecko ~ione piersią** a breastfed baby; **techniki ~ienia piersią** breastfeeding techniques [3] *przen.*,

pejor. to feed *przen.*, *pejor.*; **~ić kogoś propagandą/kłamstwami** to feed sb propaganda/lies *przen.*

[II] **karmić się** [1] (*jeść*) [*zwierzę*] to feed (**czymś** on sth); **pszczoły ~ią się nektarem** bees feed on nectar [2] *przen., książk.* to feed (**czymś** on a. off sth) *przen., książk.*; **~ić się nienawiścią/nadzieją** to feed on hate/hope

karmie|nie [I] *sv* → **karmić** [II] *n* (*posiłek*) feeding; **sześć ~ń dziennie** six feedings a. feeds a day; **po każdym ~niu** after each feeding

karmin *m* (*G* ~**u**) (*barwnik, kolor*) carmine

karminowo *adv.* **~ zabarwiony** carmine-tinted; **policzki płonęły jej ~** her cheeks were crimson; **usta/paznokcie pomalowane na ~** crimson lips/fingernails

karminow|y *adi.* carmine; **~e usta/ policzki** crimson lips/cheeks

karmnik *m* feeder; **~ dla ptaków** a bird feeder ❑ **~ automatyczny** Roln. automatic feeder a. feed dispenser

karnacj|a *f* (*Gpl* ~**i**) [1] (*cera*) complexion; **jasna/ciemna/delikatna ~a** a fair/dark/ delicate complexion; **osoby o ciemnej ~i** people of dark complexion, dark-complexioned a. skinned people US [2] Szt. flesh tints

karnawa|ł *m* (*G* ~**łu**) carnival; **bawić się w ~le** a. **w czasie ~łu** to go out to parties a. partying during carnival time

karnawałow|y *adi.* [*bal, zabawa, strój*] carnival *attr.*

karnecik *m dem.* (*G* ~**u**) *daw.* (*na balu*) dance card

karne|t *m* (*G* ~**tu**) [1] (*karta wstępu*) pass, ticket; (*na cały cykl*) season ticket; **~t do teatru/filharmonii** a theatre/symphony ticket; (*na cały cykl*) a season ticket to the theatre/symphony; **~t na festiwal filmowy** a film festival pass; **~t na wyciągi** a ski lift pass [2] *daw.* (*na balu*) dance card

karniak *m* (*A* ~**a**) *pot.* [1] (*kieliszek wódki*) penalty drink (*drunk by a latecomer to the party*); **wypić ~a** to have a penalty drink [2] Sport penalty; **strzelać ~a** to take a penalty

karnie *adv.* [1] (*za karę*) [*zwolniony, usunięty*] disciplinarily; **zostali ~ przeniesieni do innej szkoły** for disciplinary reasons they were transferred to another school [2] (*posłusznie*) [*iść, maszerować*] in a well-disciplined way

karnisz *m* curtain rod

karnoś|ć *f sgt* discipline; **przywrócić ~ć w oddziale** to restore discipline in the unit; **był wychowywany w ~ci** he was brought up under strict discipline

karn|y [I] *adi.* [1] (*będący karą*) [*zwolnienie, przeniesienie*] disciplinary; [*zakład, obóz, kolonia*] penal; [*sankcje*] punitive; [*punkt, runda*] penalty *attr.*; **kompania ~a** Wojsk. a penal company; **zostać pociągniętym do odpowiedzialności ~ej** to be brought to justice; **doliczyć komuś jeden punkt ~y** to penalize sb one point [2] Prawo penal, criminal justice *attr.*; **kodeks ~y** the penal a. criminal code; **mandat ~y** a fine; (*dla kierowcy*) a (traffic/parking) ticket; **prawo ~e** criminal law; **system ~y** the criminal justice system [3] Sport penalty *attr.*; **rzut ~y**

a penalty kick; **pole** ~**e** a penalty area a. box; **linia pola** ~**ego** the penalty (area) line; **w polu** ~**ym** inside the penalty area; **wykonywać rzut** ~**y** to take a penalty kick; **wykorzystać rzut** ~**y** to score a penalty kick; **nie wykorzystać rzutu** ~**ego** to miss a penalty kick; **przyznać** a. **podyktować rzut** ~**y** (**za faul**) to award a penalty kick; **gol z rzutu** ~**ego** a penalty kick goal [4] (zdyscyplinowany) [żołnierz, pies] (well-)disciplined

[II] *m* pot., Sport penalty; **strzelać** ~**ego** to take a penalty; **strzelić/nie strzelić** ~**ego** to score/miss a penalty; **strzelić gola z** ~**ego** to score a goal on a penalty

kar|o [I] *n, n inv* [1] Gry (kolor) diamonds; **licytować (dwa)** ~**o** a. ~**a** to bid (two) diamonds; **wyjść w** ~**o** a. ~**a** to lead diamonds [2] (dekolt) **suknia wycięta w** ~**o** a dress with a scoop neckline

[II] *n* Gry (karta) diamond; **miał trzy** ~**a** he had three diamonds

[III] *adi. inv.* Gry **król/as** ~**o** the king/ace of diamonds

karoc|a *f* daw. coach; **królewska** ~**a** the royal coach

karoseri|a *f* (GDGpl ~**i**) Aut. (car) body

karoseryjn|y *adi.* Aut [blacha, element, prasa] (car) body *attr.*

karot|ka *f* Ogr. carrot

karow|y *adi.* of diamonds; **dama/dziesiątka** ~**a** the queen/ten of diamonds

karp *m* Zool., Kulin. carp; ~ **w galarecie** jellied carp; ~ **po żydowsku** (Jewish-style) jellied carp, carp à la Juive

karpac|ki *adi.* [góral, pejzaż] Carpathian

karpi *adi.* [łuska, ogon] carp's, carp *attr.*; przen. [oczy, wargi] fishlike

karpik *m dem.* (small) carp

karpiow|y *adi.* [staw] carp *attr.*

kar|ta [I] *f* [1] (do gry) card; ~**ty do gry** (playing) cards; ~**ty do brydża** bridge cards; **talia** a. **a pack** a. deck of cards; **tasować/rozdawać/przełożyć** ~**y** to shuffle/deal/cut the cards; **rozdać po pięć** ~**t** to deal five cards to each player; **sztuczki z** ~**ami** card tricks; **mieć dobre/słabe** ~**ty** to have a good/poor hand; **zaglądać komuś w** ~**y** to look at sb's cards; ~**ta mi idzie/nie idzie** I keep getting good/bad cards; ~**ta się mu odwróciła** (na gorzej) the cards went against him; (na lepiej) he's got a better hand now także przen.; his fortunes have changed przen.; **znaczone** ~**ty** marked cards; **grać z** **kimś znaczonymi** ~**tami** przen. to play with marked cards a. with a stacked deck przen., to stack the deck against sb przen.; **mocna** ~**ta** a strong suit także przen.; ~**ta atutowa** a trump card także przen.; **mieć w ręku mocną** ~**tę** a. ~**tę atutową** przen. to have a trump card a. strong card to play także przen.; **wróżyć z** ~**t** to tell fortunes from cards; **postawić komuś** ~**ty** to read sb's fortune from cards [2] (kartonik) card; ~**ta katalogowa** an index a. file card; ~**ta wizytowa** a calling a. visiting card; ~**ta do głosowania** a ballot (card), a voting paper [3] (plastikowa) card; ~**ta magnetyczna** a magnetic card; ~**ta kredytowa/płatnicza** a credit a. charge/debit card; ~**ta do bankomatu** a cash card; ~**ta telefonicz-**

na a telephone card, a phonecard; **automat na** ~**tę** a cardphone GB, a phonecard-operated phone; **płacić** ~**tą (kredytową)** to pay by credit card [4] (dokument) card; (pozwolenie) licence; ~**ta wstępu** a ticket, a pass; ~**ta członkowska/biblioteczna** a membership/library card; ~**ta pływacka** ≈ a swimming certificate (required in order to hire a boat); ~**ta łowiecka** a hunting licence; ~**ta rowerowa** ≈ a bicyclist's licence (entitling one to ride a bicycle on public roads); **egzamin na** ~**tę pływacką/rowerową** a test required to obtain a swimming/bicyclist's licence; ~**ta jest ważna/nieważna** the licence is valid/expired; **przedłużyć** ~**tę** to extend the licence period [5] (spis potraw) menu; ~**ta win** a wine list; **wybrać danie z** ~**ty** to choose a dish from the menu; **czy mogę prosić o** ~**tę?** could I have a menu, please? [6] książk. (w książce) page, leaf; ~**ta tytułowa** the title page; **opisywać coś na** ~**tach swojej powieści** to describe sth in one's novel [7] przen. page, leaf; **wspaniałe/piękne/czarne** ~**ty w naszej historii** a. naszych **dziejach** glorious/beautiful/dark episodes in our history; **najczarniejsza** ~**ta** mojego **życia** the darkest hour of my life; **to otwiera nową** ~**tę w historii narodu** this opens a new page in the nation's history; **jego życie było jeszcze czystą** ~**tą** his life was still a blank page [8] (akt prawny) charter; ~**ta nauczyciela/pacjenta** the teacher's/patient's charter; ~**ta praw dziecka** the children's rights charter; **Karta Narodów Zjednoczonych** the Charter of the United Nations [9] Komput. (płytka) card; ~**ta dźwiękowa** a sound card; ~**ta graficzna** a graphics card

[II] **karty** *plt* (gra) cards; **grać w** ~**ty** to play cards; **przegrać majątek** a. **przepuścić pieniądze w** ~**y** to lose a fortune at cards; **siadać do** ~**t** to sit down to (play) cards; **spędzić wieczór na** ~**tach** to spend an evening playing cards a. at cards

❑ **dzika** ~**ta** Sport wild card; ~**ta choroby** a. **chorobowa** patient's chart, patient's record; ~**ta gwarancyjna** warranty; ~**ta kalkulacyjna** calculation chart; ~**ta mobilizacyjna** Wojsk. mobilization assignment; ~**ta obiegowa** clearance slip; ~**ta perforowana** perforated card; ~**ta pocztowa** postcard; ~**ta pracy** work record; ~**ta wcielenia** Wojsk. enlistment papers, draft card US; ~**ta zegarowa** time card; **zielona** ~**ta** green card

■ **wyłożyć** ~**ty na stół** to put a. lay one's cards on the table; ~**ta przetargowa** bargaining card; **grać** ~**tę patriotycznych uczuć/uprzedzeń rasowych** to play the patriotism/racism card; **grać z kimś w otwarte** ~**ty** to play straight with sb; **zawsze gram w otwarte** ~**ty** I always speak my mind; **zagrajmy w otwarte** ~**ty** let's make things clear; **odkryć** a. **odsłonić** ~**ty** to show one's hand; **postawić wszystko na jedną** ~**tę** to stake everything on one card a. one roll of the dice

kartacz *m* Hist., Wojsk. case-shot *U*

kartecz|ka *f dem.* slip of paper; ~**ki samoprzylepne** sticky notes, Post-It notes®

kartel *m* (G ~**u**) [1] Ekon. cartel; ~ **stalowy** a steel cartel; ~ **producentów miedzi** a copper producers' cartel; ~ **narkotykowy** a drug cartel [2] Prawo cartel

kartelow|y *adi.* [przedsiębiorstwo, umowa] cartel *attr.*

kartelusz|ek *m* pot. scrap of paper

karting *m sgt* (G ~**u**) Sport go-karting, go-carting

kartingow|y *adi.* Sport [wyścig, mistrzostwa] go-kart *attr.*, go-cart *attr.*

kart|ka *f* [1] (kawałek papieru) piece of paper; (arkusz) sheet (of paper); (w zeszycie, książce) page, leaf; ~**ka z zeszytu** a page from a notebook; **wyrwać** ~**kę z zeszytu** to tear a page from a notebook; **zapisana** ~**ka** a piece of paper with writing on it; (zużyta) a used piece of paper; **zapisać** a. **napisać coś na** ~**ce** to write sth (down) on a piece of paper; **mówić z** ~**ki** to read a speech; **mówić bez** ~**ki** to speak without notes; **opisany na** ~**kach książki** described in the pages of the book [2] zw. *pl* (kupon) ration coupon; ~**ki żywnościowe** food ration coupons; ~**ki na cukier/węgiel** sugar/coal ration coupons; **mięso jest na** ~**ki** meat is rationed

❑ ~**ka pocztowa** postcard; ~**ka świąteczna** (na Boże Narodzenie) Christmas card; (na Wielkanoc) Easter card; **czerwona** ~**ka** Sport red card; **żółta** ~**ka** Sport yellow card

kartk|ować *impf vt* to leaf through [książkę, akta] ⇒ **przekartkować**

kartkow|y [I] *adi.* [1] **katalog** ~**y** a card index [2] [sprzedaż, żywność] rationed

[II] -**kartkowy** w wyrazach złożonych **zeszyt stukartkowy** a 100-page notebook

kartków|ka *f* Szkol. (short) test; ~**ka z matematyki** a maths test; **zrobić** ~**kę** to give students a short test; **sprawdzić** a. **poprawić** ~**kę** to correct a test

kartof|el *m* (A ~**el** a. ~**la**) Bot., Kulin. potato; **pole** ~**li** a potato field; **sadzić/kopać** ~**le** to plant/dig potatoes; **obierać** ~**e** to peel potatoes; **młode** ~**le** new potatoes; **tłuczone** ~**le** mashed potatoes; ~**le w mundurkach** potatoes in their skins, potatoes in their jackets GB

kartofel|ek *m dem.* (A ~**ek** a. ~**ka**) pieszcz. (small) potato

kartoflan|ka *f* [1] pot. (zupa) potato soup [2] Bot. (odmiana cebuli) potato onion, multiplier onion

kartoflan|y *adi.* [pole, bulwa, zupa, placki] potato *attr.*

kartofisk|o *n* (pole kartofli) potato field

kartoflowa|ty *adi.* [1] (bezkształtny) [nos] bulbous [2] [smak] starchy

kartograf *m* (Npl ~**owie**) cartographer

kartografi|a *f* (GD ~**i**) sgt cartography

kartograficzn|y *adi.* [szkic, plan] cartographic

karton *m* (G ~**u**) [1] sgt (papier) (gruby) cardboard *U*; (cienki) Bristol board GB, construction paper *U* US; **dekoracje z** ~**u** decorations made of construction paper US; **okładka z** ~**u** a cardboard cover; **zrobiony z** ~**u** made of cardboard [2] (arkusz) sheet of cardboard; (cienki) sheet of Bristol board GB a. construction paper US [3] (pudło) carton, cardboard box; ~ **mleka** a carton of milk; **wypić cały** ~ **soku** to

K

drink a whole carton of fruit juice; **zapakować coś do ~ów** to pack sth in cardboard boxes [4] (opakowanie zbiorcze) carton; **~ papierosów** a carton of cigarettes

kartonik m dem. [1] (kartka) card; **zaproszenie wydrukowane na ozdobnym ~u** an invitation printed on a decorative card [2] (pudełeczko) (small) cardboard box; **~ soku** a small carton of fruit juice

kartonow|y adi. [pudło, teczka, okładka] cardboard attr.; [dekoracje, model] construction paper attr.

kartote|ka f file; **~ka biblioteczna** a library file; **~ka przestępców** a criminal file; **~ka policyjna** police files; **prowadzić ~kę czegoś** to keep a file of sth; **wprowadzić coś do ~ki** to enter sth in a file; **figurować w ~ce** to be on file; **mieć coś w ~ce** to have sth on file

kartuz Relig. [1] m (zakonnik) Carthusian (monk)
[III] **kartuzi** plt (zakon) the Carthusians

kartuzjańs|ki adi. Relig. [reguła, klasztor] Carthusian

karuzel|a f [1] (do zabawy) merry-go-round; roundabout GB, carousel US; **jeździć** a. **kręcić się na ~i** to ride on a merry-go-round [2] przen. merry-go-round przen.; **~a uczuć** an emotional merry-go-round; **~a stanowisk** a reshuffling of those in office a. in jobs; **~a decyzji** a whirl of decision-making; **~a cen i płac** the price-wage spiral

kar|y [II] adi. [koń] black
[III] m black horse

karygodnie adv. grad. [zachować się] reprehensibly, criminally; **~ lekkomyślny** inexcusably reckless

karygodnoś|ć f sgt reprehensible a. criminal nature (czegoś of sth)

karygodn|y adi. [zaniedbanie, czyn] criminal; [błąd, grzech] unforgivable; [postępek, opieszałość] reprehensible

karykatu|ra f [1] (portret, opis) caricature (**kogoś** of sb); **~ra obyczajowa/polityczna** social/political caricature; **~ra portretowa** caricature [2] sgt Szt. (gatunek) caricature U [3] przen., pejor. caricature przen., pejor.; **to jest ~ra rządu** it's a caricature of a government

karykaturalnie adv. [przedstawić, wyolbrzymić] grotesquely; **wyglądać ~** to look like a caricature; **~ długi nos** an exaggeratedly long nose

karykaturalnoś|ć f sgt grotesqueness, caricature

karykaturaln|y adi. [wyolbrzymienie, wyjaskrawienie] grotesque, caricatural

karykatur|ować impf vt to caricature [ludzi, rzeczywistość] ⇒ **skarykaturować**

karykaturzy|sta m, **~stka** f caricaturist

ka|rzeł [II] m pers. (Npl **karły**) [1] (bardzo niski człowiek) (very) short man; midget daw., obraźl.; (dotknięty karłowatością) man a. person of short stature; dwarf spec., daw., obraźl. [2] przen., pejor. moral midget przen., pejor.
[III] m inanim. (A **karła**) [1] (krasnal) dwarf [2] Astron. dwarf
❏ **biały karzeł** Astron. white dwarf; **czerwony karzeł** Astron red dwarf

karzeł|ek [II] m pers. dem. (Npl **~ki**) (bardzo niski człowiek) (very) short man; midget daw., obraźl.; (dotknięty karłowatością) man a. person of short stature; dwarf spec., daw., obraźl.
[III] m inanim. dem. (A **~ka**) (krasnoludek) dwarf

kas|a f [1] (sejf) safe; **~a ogniotrwała** a fireproof safe; **~a pancerna** a safe; **trzymać coś w ~ie** to keep sth in a safe [2] (budżet) **prowadzić** a. **trzymać ~ę rodzinną** to run the family finances; **mieć wspólną ~ę** to have joint finances [3] Księg. **obliczać ~ę** to count the takings; **sprawdzać stan ~y** to check the till; **prowadzić ~ę** to do the accounts; **zamknąć ~ę** to close the books; **~a się nie zgadza** the books don't balance [4] (pokój) cashier's office; (okienko) cashier's window a. counter; (w sklepie) cash desk GB; (na dworcu) (okienko) ticket window; (pokój) ticket office; (w kinie, teatrze) box office; **podjąć pieniądze w ~ie** to take out money at the cashier's window; **zapłacić w ~ie** to pay at the cash desk a. cashier's office [5] (urządzenie liczące) cash register, till; **~a fiskalna** a cash register [6] (instytucja) (w nazwach banków) bank; **~a zapomogowo-pożyczkowa** ≈ a mutual assistance fund GB, ≈ a savings and loan (association) US [7] pot. (pieniądze) cash; **nie mam ~y** I'm short of cash
❏ **Kasa Chorych** health-insurance fund
■ **zrobić ~ę** pot. to make a lot of money

kasacj|a f (Gpl **~i**) [1] (pojazdu) scrapping, writing-off (**czegoś** of sth); **samochód poszedł do ~i** the car was scrapped a. written off [2] Prawo annulment, revocation; **~a wyroku** the annulment a. revocation of a sentence [3] przest. → **kasata**

kasa|k m Moda tunic

kasandrycznie adv. książk. [brzmieć] ominous adi.

kasandryczn|y adi. książk. [wizja, przepowiednia] ominous

kasa|ta f przest. dissolution; **~ta zakonu** the dissolution of a religious order

kase|ta f [1] cassette; **~ta magnetofonowa/wideo** an audio/a video cassette; **~ta fotograficzna** a film cassette; **wypożyczalnia ~t wideo** a video rental shop; **nagrać ~tę** to record a tape; **puścić ~tę** to play a tape [2] (pudło) case; **~ta z dokumentami** a document case

kaset|ka f [1] (pudełko) case, casket GB; **~ka z biżuterią/pieniędzmi** a jewel(lery)/cash box [2] (półka) under-desk storage

kaseton m (G **~u**) Archit. (ceiling) coffer spec., (ceiling) panel

kasetonow|y adi. Archit. [strop, sufit] coffer attr. spec.; panel attr.

kasetow|y adi. [magnetofon] cassette attr.

kasiarz m (Gpl **~y**) pot. safe-breaker, safe-cracker

kasje|r m, **~rka** f cashier; (w supermarkecie) checkout assistant, checker US; (wypłacający pensje) wages clerk; (w kinie) ticket seller; **~r biletowy** a ticket clerk; **~r walutowy** a foreign currency cashier; **pracować jako ~r w banku** to work as a bank teller a. cashier

kasjers|ki adi. skrzynka **~ka** a cash box

kask m (G **~u**) helmet; **~ ochronny** a safety helmet; **~ rowerowy/motocyklowy** a bike/motorcycle helmet; **motocyklista w ~u** a helmeted biker; **nosić ~** to wear a helmet; **nałożyć ~** to put on a helmet

kaska|da f [1] (stopnie wodne) staircase lock [2] (wodospady) cascades [3] przen. cascade; **~dy słów/dźwięków/oklasków** cascades of words/sounds/applause; **wywołać ~dy śmiechu** to provoke cascades of laughter; **~da kwiatów/włosów** a cascade of flowers/hair; **~da blond włosów opadła jej na ramiona** her blond hair cascaded down her shoulders; **kwiaty ~dami opadały z tarasu** the flowers cascaded down from the terrace

kaskade|r m [1] Film stunt performer, stuntman [2] (akrobata) **~r cyrkowy** a circus acrobat

kaskader|ka f Film stunt performer, stuntwoman

kaskaders|ki adi. [skok, upadek] stunt attr.; **wyczyn** a. **popis ~ki** a stunt; **wykonać numer ~ki** to do a. perform a stunt

kaskaderstw|o n sgt stunt work; (zawód) the stunt profession

kasłać → **kaszlnąć**

kas|ować impf [II] vt [1] (jako opłata) to validate [bilet]; (stemplować) to stamp; (dziurkować) to punch; **~ować bilet w kasowniku** to punch one's ticket (in the machine); **tu ~ować bilet i zachować do kontroli** punch your ticket here and retain it for inspection ⇒ **skasować** [2] Audio, Komput. to erase [nagranie, piosenkę]; to erase, to delete [dane, plik]; **wirus ~uje wszystkie pliki z twardego dysku** the virus erases all the files on the hard disc ⇒ **skasować** [3] (likwidować) to dissolve, to close down [firmę, instytucję]; to eliminate [przystanek, linię autobusową, połączenie kolejowe]; **błędna odpowiedź ~uje dotychczas zdobyte punkty** a wrong answer cancels out your previous score [4] Prawo (uchylić) to revoke, to annul [wyrok] ⇒ **skasować** [5] Aut. to scrap, to write off [samochód, pojazd] ⇒ **skasować** [6] pot., przen. (brać pieniądze) to rake in pot.; **za każdą poradę/naprawę ~uje 100 złotych** s/he rakes in 100 zlotys for each consultation/repair job
[III] **kasować się** (likwidować się wzajemnie) to cancel each other out

kasownik m [1] (w autobusie, tramwaju) validating machine; (dziurkujący) ticket punch, ticket-punching machine; (stemplujący) stamping machine [2] Wyd. (znak korektorski) dele [3] Muz. natural

kasowoś|ć f [1] Księg. cash receipts a. register accounting; **kontrola ~ci** cash register control [2] (filmu, przedstawienia) box office value

kasow|y adi. [1] Księg. [obroty] cash attr.; **księga ~a** a petty cash ledger; **wpływy ~e** (w sklepie) takings; (w kinie, teatrze) box office takings a. receipts [2] **stanowisko/pomieszczenie ~e** a cash desk/room; **okienko ~e** (na dworcu) a ticket office a. window; (w kinie, teatrze) the box office [3] (dochodowy) money-making, commercially successful; [film, sztuka, płyta] hit attr. pot.; [aktor, reżyser, pisarz] bankable; **przebój ~y** (commercial) hit; (film, książka) a blockbuster; **była najbardziej ~ą artystką estradową** she was one of the most bankable names in show business; **film okazał się sukcesem ~ym** the film was a box office success

ka|sta *f* [1] Socjol. caste także przen.; **kasta kapłańska** the priestly caste; **kasta polityków** przen. the political caste przen. [2] Zool. caste; **kasta pszczół robotnic** the worker caste of bees

kastaniet|y *plt* (*G* **~ów**) Muz. castanets

kaste|t *m* (*G* **~tu**) knuckleduster, brass knuckles *plt* US

kastowoś|ć *f sgt* caste system

kastow|y *adi.* [społeczeństwo, ustrój] caste *attr.*

kastracj|a *f sgt* [1] Med. castration także przen. [2] Wet. gelding, castration; **~a ogierów** castrating a. gelding stallions

kastracyjn|y *adi.* castration *attr.*

kastra|t [1] *m pers.* [1] Med. castrate [2] Hist. eunuch [3] Hist., Muz. castrato

[2] *m anim.* gelding, castrate; **koguci ~t** a capon

kastr|ować *impf vt* [1] to castrate *[mężczyznę, byka, ogiera]* ⇒ **wykastrować** [2] Bot. to emasculate spec.; **~ować pąki** to emasculate the buds ⇒ **wykastrować** [3] książk. to mutilate przen. *[tekst, powieść]* ⇒ **wykastrować**

kastrowan|y [1] *pp* → **kastrować**

[2] *adi.* [osoba, zwierzę] castrated

kasyn|o *n* [1] (miejsce hazardu) casino; **poszedł grać do ~a** he went to try his luck at the casino [2] Wojsk. mess; **~o oficerskie** an officers' mess

kasz|a *f* [1] Kulin. (ziarna) groats *pl*, kasha *U*; (potrawa) porridge *U*, kasha *U*; **~a kukurydziana** grits; **~a manna** semolina; (potrawa) semolina (pudding); **~a gryczana/jęczmienna/jaglana** buckwheat/barley/millet (groats); **drobna ~a jęczmienna** fine(ly) ground barley, barley grits; **~a na mleku** milk porridge [2] przen. **~a śnieżna** (na ziemi) grainy snow; **~a lodowa** ice pellets ❑ **~a krakowska** Kulin. ≈ buckwheat grits; **~a perłowa** Kulin. pearl barley

■ **nadmuchać** a. **napluć komuś w ~ę** pot. (wtrącić się) to meddle with sb's affairs; **nawarzyć sobie ~y** pot. to get oneself into trouble; **on nie da sobie w ~ę dmuchać** pot. he won't be pushed around; **zjeść kogoś w ~y** pot. to walk all over sb pot.

kaszak *m* Med. sebaceous cyst

kaszalo|t *m* Zool. sperm whale, cachalot

kaszan|ka *f* Kulin. black a. blood pudding, blood sausage *(with buckwheat)*

kasz|el *m* (*G* **~lu**) cough; **suchy/mokry/astmatyczny ~el** a dry a. non-productive/a wet a. productive/an asthmatic cough; **mieć ~el** to have a cough; **zanosić się ~lem** to cough violently; **dostał ataku ~lu** he had a coughing fit; **chwycił go ~el** he started coughing; **dusi mnie ~el** I have a persistent, chesty cough; **syrop/pastylka na ~el** cough syrup/a cough drop

kaszel|ek *m* (*G* **~ku**) *dem.* cough

kasz|ka *f dem.* Kulin. (ziarna) groats *pl*; (potrawa) porridge *U*; **~ka manna na mleku** semolina (porridge) ❑ **drobna ~ka** pot. *game in which children whirl around in pairs*

■ **rozbić coś w drobną ~kę** to shatter sth into tiny pieces; **rozbić się w drobną ~kę**

to shatter into ting pieces; **to ~ka z mlekiem!** pot. it's a piece of cake!

kaszkiecik *m* (*G* **~u**) *dem.* Moda (flat-topped) peaked cap, newsboy cap

kaszkie|t *m* (*G* **~tu**) Hist., Wojsk. (flat-topped) peaked cap

kaszkowa|ty *adi.* [śnieg, substancja] grainy

kaszlać *impf* → **kaszlnąć**

kaszleć *impf* → **kaszlnąć**

ka|szlnąć *pf* — **ka|słać, ka|szlać, ka|szleć** *impf* (kaszlnęła, kaszlnęli — kaszlę) *vi* to cough; **kaszlnąć znacząco** to cough meaningfully; **kaszlnij mocno!** give a good cough!; **on bardzo kaszle** he has a bad cough; **kasłała przez całą noc** she was coughing all night; **rozległo się głośne kaszlnięcie** there was a loud cough

kaszmi|r *m* (*G* **~ru**) Włók. cashmere, fine wool; **suknia z ~ru** a cashmere a. woollen dress; **sweter z ~ru** a cashmere jumper

kaszmirow|y *adi.* [wełna, sweter, suknia] cashmere, fine wool *attr.*, fine woollen

kaszowa|ty *adi.* [śnieg] grainy

kasztan [1] *m anim.* (koń) chestnut (horse)

[2] *m inanim.* [1] Bot. (drzewo) (horse) chestnut; (jadalny) (sweet) chestnut [2] (*A* **~** a. **~a**) (owoc) conker GB, chestnut; (jadalny) (sweet) chestnut; **zbierać ~y** to gather chestnuts; **robić ludziki z ~ów** to make figures out of conkers; **pieczone ~y** roasted chestnuts

■ **wyjmować** a. **wyciągać ~y z ognia cudzymi rękami** to get other people to pull one's chestnuts out of the fire

kasztan|ek [1] *m anim. dem.* chestnut (horse)

[2] *m inanim. dem.* [1] (drzewo) (horse/sweet) chestnut [2] (*A* **~ek** a. **~ka**) (owoc) conker GB, (horse) chestnut; (jadalny) (sweet) chestnut

kasztan|ka *f* chestnut mare

kasztanowa|ty *adi.* [1] [sukienka, tkanina] chestnut *attr.*; [włosy] auburn, chestnut *attr.* [2] [koń, klacz] chestnut *attr.*

kasztanow|iec *m* (*A* **~iec** a. **~ca**) Bot. (horse) chestnut, (horse) chestnut tree

kasztanowłos|y *adi.* książk. [kobieta, dziewczyna] auburn-haired, chestnut-haired

kasztanow|y *adi.* [1] [liść] (horse/sweet) chestnut *attr.*; **~a aleja** a chestnut-lined road [2] [ludzik, zwierzątko] conker *attr.* GB, chestnut *attr.* [3] [beczka, meble] chestnut *attr.* [4] [oczy, dywan] chestnut *attr.*; [włosy] auburn, chestnut *attr.*

kasztelan *m* (*Npl* **~owie** a. **~i**) Hist. (urzędnik) castellan, chatelain; **~ krakowski** the castellan of Cracow

kasztelańs|ki *adi.* Hist. [gród, posiadłość] castellan's

Kaszub *m*, **~ka** *f* Kashubian

kaszubs|ki [1] *adi.* Kashubian

[2] *m sgt* (język) Kashubian

ka|t *m* (*D* **~tu** a. **~towi**) [1] Hist. executioner; (wieszający skazanych) hangman; **~cie, czyń swoją powinność!** now, hangman, do your work! [2] Hist. (torturujący) torturer [3] przen., pejor. butcher przen., pejor.; **kat z Oświęcimia** the butcher of Auschwitz; **relacja między katem a ofiarą** the relationship between the victim and the perpetrator

■ **u kata!** a. **tam do kata!** przest. damn it!;

co ty u kata robisz? what the devil do you think you are doing?

katafalk *m* (*G* **~u**) catafalque

kataklizm *m* (*G* **~u**) [1] cataclysm; **przeżyć ~** to survive a cataclysm [2] przen. cataclysm; **~y dziejowe** historical cataclysms; **teoria ~ów** catastrophism

katakumbow|y *adi.* [nisza, korytarz] catacomb *attr.*

katakumb|y *plt* (*G* **~**) Hist., Archit. catacombs; **pod kościołem odkryto ~y** catacombs were discovered under the church; **spoczywać w ~ach katedry** to be buried in the catacombs of the cathedral

katalizato|r *m* [1] Chem. catalyst; **~r dodatni** a positive catalyst; **~r ujemny** a negative catalyst, an inhibitor [2] Aut. catalytic converter, catalyser; **samochód z ~rem** a car with a catalytic converter [3] książk. catalyst; **być ~rem czegoś** to act as a catalyst for sth; **~r przemian społecznych** a catalyst for social change

❑ **~r kontaktowy** Chem. contact catalyst

katalog *m* (*G* **~u**) [1] (spis) catalogue, catalog US; **~ biblioteczny** a library catalogue a. index; **~ alfabetyczny/rzeczowy/przedmiotowy** an alphabetical/a subject/a classified catalogue a. index; **szukać czegoś/znaleźć coś w ~u** to look sth up/to find sth in a catalogue; **przeglądać ~** to look through a catalogue; **figurować w ~u** to appear in a catalogue [2] (broszura) catalogue, catalog US; **~ mody/nowości wydawniczych** a fashion/new publications catalogue; **~ wysyłkowy** a mail-order catalogue; **~ wystawy** an exhibition a. company catalogue; **wybrać coś z ~u** to select sth from a catalogue; **zamówić coś z ~u** to order sth by mail a. from a catalogue [3] Komput. directory; **utworzyć ~** to create a new directory; **przenieść plik do innego ~u** to move a file to another directory [4] przen. (zestaw) array; **cały ~ pytań, na które nie znamy odpowiedzi** a whole array of questions which we can't answer; **~ ciekawych postaci** an array of interesting characters

katalog|ować *impf vt* to catalogue, to catalog US [książki, zabytki, zbiory muzealne] ⇒ **skatalogować**

katalogow|y *adi.* [1] [numer, spis, karta] catalogue *attr.*, catalog US *attr.* [2] [oferta] catalogue *attr.*, catalog US *attr.*; [cena] list *attr.*; **sprzedawać/kupować po cenie ~ej** to sell/buy at the list a. catalogue price

katamaran *m* (*G* **~u** a. **~a**) Żegl. catamaran; **regaty ~ów** a catamaran race

katan|ka *f* [1] Hist., Wojsk. military jacket *(part of an 18th-century Polish uniform)* [2] (w stroju ludowym) short a. cropped jacket *(part of a folk costume)* [3] pot. jacket

katapul|ta *f* [1] Hist. catapult; **wyleciał z siodła jak z ~ty** he was catapulted out of the saddle; **wyleciał z domu jak z ~ty** he dashed out of the house [2] Lotn. (wyrzutnia) catapult [3] Lotn. (w czasie awarii) ejector seat [4] (do wyrzucania liny) line-throwing gun

K

katapult|ować się *pf, impf v refl. [pilot]* to eject; **zdążył się ~ować** he managed to eject

kata|r[1] *m* (*G* **~ru**) [1] (objaw przeziębienia) catarrh *U*; runny nose pot.; (zatkany nos) nasal congestion *U*; stuffy nose pot.; **chroniczny/ alergiczny ~r** chronic/allergic nasal congestion; **mieć ~r** to have a runny/stuffy nose; **lekarstwo na ~r** a decongestant, a cold remedy [2] Med. (nieżyt) inflammation; catarrh *U* przest.; **~r kiszek/żołądka** entritis/gastritis; Wet. intestinal/gastric catarrh *U* spec.

❑ **~r sienny** Med. hay fever

kata|r[2] *m* (*Npl* **~rowie** a. **~rzy**) Hist., Relig. Cathar; **herezja ~ów** the Catharist heresy

katarak|ta *f* [1] Geog. cataract; **~ty na Nilu** the Nile cataracts [2] Med. cataract

kataraln|y *adi.* Med. [stan, gorączka] inflammatory; Wet. catarrhal

katar|ek *m dem.* (*G* **~ku**) pieszcz. a sniffle a. the sniffles pot.; a slight head cold; **mieć ~ek** to have the sniffles

katarktycznie *adv.* książk. cathartically

katarktyczn|y *adi.* książk. [przeżycie, funkcja] cathartic

kataryniarz *m* (*Gpl* **~y**) organ-grinder

kataryn|ka *f* barrel organ; hurdy-gurdy pot.; **grać na ~ce** to play the barrel organ; **mówić jak ~ka** to chatter; **powtarzać coś jak ~ka** to repeat sth like a parrot a. parrot fashion

katarynkow|y *adi.* [1] [skrzynka, korbka, melodia] barrel organ *attr.* [2] pejor. [rym, melodia, rytm] repetitious, repetitive

katastrof|a *f* [1] (wypadek) disaster, catastrophe; **~a tankowca** an oil-tanker disaster a. catastrophe; **~a budowlana** a construction disaster; **największa ~a w historii górnictwa** the worst mining disaster a. catastrophe ever; **zginąć w ~ie lotniczej/kolejowej** to die in a plane/rail crash; **ulec ~ie** [samolot, pociąg] to crash; [statek] to sink, to go down; **przeżyć ~ę** to survive a/the catastrophe [2] (klęska, tragedia) disaster *C/U*, catastrophe; **~a ekologiczna** an ecological disaster a. catastrophe; **~a humanitarna** a humanitarian disaster; **obszar dotknięty ~ą** the area affected by the disaster; **kraj stanął w obliczu ~y** the country is on the verge a. brink of disaster; **i wtedy nastąpiła ~a** and then disaster struck; **uchronić świat przed ~ą** to save the world from disaster [3] (niepowodzenie) disaster *C/U*, catastrophe; **ich małżeństwo okazało się całkowitą ~ą** their marriage was a disaster [4] Literat. catastrophe

katastrofalnie *adv.* disastrously, catastrophically; **poziom wody podniósł się ~** the water level rose dramatically; **~ wysoki stopień bezrobocia** the disastrously high rate of unemployment; **sytuacja przedstawia się ~** the situation looks disastrous

katastrofaln|y *adi.* [1] [susza, pożar, trzęsienie ziemi] disastrous, catastrophic; **~e ulewy** disastrous a. catastrophic rains; **kraj nękały ~e powodzie** the country was plagued by disastrous a. catastrophic floods [2] przen. (bardzo zły) [stan, warunki] disastrous, catastrophic; **znaleźć się w ~ej sytuacji materialnej** to find oneself in a disastrous

a. catastrophic financial situation; **pociągnąć za sobą ~e skutki** to have dire a. disastrous consequences; **przybrać ~e rozmiary** to reach catastrophic proportions; **jej stan zdrowia był ~y** her health was in a dire state

katastroficzn|y *adi.* [wizja] catastrophic, apocalyptic; [przepowiednia, prognoza] dire, doom-laden; [zagłada] catastrophic; **~i prorocy** the prophets of doom; **film ~y** a disaster film; **~y koniec naszej cywilizacji** the catastrophic end of civilization as we know it

katastrofi|sta *m*, **~stka** *f* [1] (pesymista) doomsayer, prophet of doom [2] Biol., Filoz., Geol. catastrophist

katastrofizm *m sgt* (*G* **~u**) [1] (pesymizm) gloominess, doom and gloom [2] Biol., Filoz., Geol. catastrophism

kateche|ta *m*, **~tka** *f* Relig. religion a. religious instruction teacher, catechist

katechetyczn|y *adi.* [ośrodek, działalność] religious education a. instruction *attr.*; **sala ~a** the religious instruction room

katechez|a *f* [1] *sgt* Relig. religious education a. instruction [2] (lekcja religii) religious instruction lesson

katechizacj|a *f sgt* Relig. religious education a. instruction

katechizm *m* (*G* **~u**) [1] Relig. (zasady) catechism; (książka) catechism (book); **uczyć się ~u na pamięć** to learn the catechism by heart [2] przen. **podstawowa zasada ~u politycznego** the first rule of political conduct

katechizmow|y *adi.* [prawda, zasada] catechismal

kated|ra *f* [1] Archit., Relig. cathedral; **~ra pod wezwaniem świętego Jana** St. John's Cathedral; **~ra w Canterbury** Canterbury Cathedral; **gotyckie ~ry** gothic cathedrals [2] Uniw. department; (stanowisko) chair; **~ra kartografii** the cartography department; **objął ~rę fizyki teoretycznej** he took the chair of theoretical physics [3] Szkol., Uniw. (stół) teacher's desk, lecturer's bench; (pulpit) lectern; (podium) podium; **wejść na ~rę** to step up to the lectern; **mówić do kogoś jak z ~ry** to talk down to sb

katedraln|y *adi.* [kościół; wieża, dzwon] cathedral *attr.*; **szkoła ~a** a (medieval) cathedral school

kategori|a *f* (*GDGpl* **~i**) [1] (klasa) category; **~a wagowa** a weight category; **występować w niższej/wyższej ~i wagowej** to compete in a lower/higher weight category; **~a wiekowa** an age group; **restauracja pierwszej ~i** a first-class restaurant; **obywatel drugiej ~i** a second-class citizen; **Oskar w ~i najlepszego filmu zagranicznego** the Oscar for the best foreign-language film a. in the best foreign-language film category; **dostać ~ę A** Wojsk. to be classified fit for service [2] (pojęcie) category; **~a językowa/gramatyczna/semantyczna** a linguistic/grammatical/semantic category; **~e estetyczne** aesthetic categories; **~a piękna/prawdy** the category of beauty/truth; **myśleć w ~ach opłacalności** to think in terms of profit; **oceniać coś w ~ach dobra i zła** to

judge sth in terms of good and evil; **myślimy różnymi ~ami** we think in different terms

kategorialn|y *adi.* [podział, różnica] categorial

kategorycznie *adv.* [oświadczyć, odmówić] categorically; **chciałbym ~ oświadczyć, że...** I wish to state categorically...; **~ żądam...** I categorically demand...

kategoryczność *f sgt* **zaskoczyła mnie ~ć jego wypowiedzi** I was surprised by his uncompromising words

kategoryczn|y *adi.* [żądanie, rozkaz] categorical; [sądy, oceny] uncompromising; **obowiązuje ~y zakaz palenia** smoking is strictly prohibited; **on jest czasem zbyt ~y** he's sometimes too uncompromising

kategoryzacj|a *f sgt* książk. categorization (**czegoś** of sth); **dokonać ~i** a. **przeprowadzić ~ę (czegoś)** to categorize sth

kategoryz|ować *impf vt* książk. to categorize [osoby, rzeczy, zjawiska] ⇒ **skategoryzować**

katharsis /ka'tarzis/ *n inv.* [1] książk. catharsis *U*; **przeżyć ~** to experience catharsis [2] Psych. catharsis

katiusz|a *f* Wojsk. (rakieta) Katyusha rocket; (wyrzutnia) Katyusha rocket launcher

katolic|ki *adi.* (Roman) Catholic; **kościół ~ki** the (Roman) Catholic Church

katolicyzm *m* (*G* **~u**) *sgt* Relig. (Roman) Catholicism; **przejść na ~** to convert to Catholicism

katoli|k *m*, **~czka** *f* (Roman) Catholic
❑ **rzymski ~k** Roman Catholic

kator|ga *f* [1] Hist. penal servitude *U* (in exile); **po upadku powstania zesłano go na ~gę** after the failure a. suppression of the uprising he was sentenced to penal servitude [2] (udręka) torment *C/U*, torture *U*; **przeżywać ~gi** to go through torment [3] (ciężka praca) hell; nightmare pot.

katorżniczo *adv.* **pracować ~** to work like a slave; **trenował ~ przed Olimpiadą** he slogged his guts out training before the Olympics pot.

katorżnicz|y *adi.* [1] [roboty, zesłanie] convict's [2] [praca, trasa, zadanie] backbreaking, torturous

katorżni|k *m* Hist. transported convict

kat|ować *impf* **I** *vt* [1] (bić) to beat; (torturować) to torture; **~ować kogoś do nieprzytomności** to beat sb unconscious ⇒ **skatować** [2] (dręczyć) to torment, to plague; **~ować kogoś pytaniami** to torment a. pester sb with questions

II katować się to torment oneself (**czymś** with sth)

katowni|a *f* (*Gpl* **~i**) (obozowa, hitlerowska) torture cell; (więzienna) dungeon

katows|ki *adi.* [1] [miecz, topór, kaptur] executioner's [2] (oprawcy) torturer's; **~kie narzędzia** instruments of torture

katusz|a *f zw. pl* książk. (fizyczna, moralna) agony, torment *U*; **cierpieć ~e** to suffer agony

kaucj|a *f* (*Gpl* **~i**) [1] Prawo bail; **uwolnić kogoś za ~ą** to release a. free sb on bail; **wpłacić za kogoś ~ę** to put up bail for sb, to stand bail for sb [2] (zastaw) deposit; **~a za butelki** a bottle deposit

kauczuk m (G ~u) Chem. rubber; **naturalny/syntetyczny/chloroprenowy ~** India/synthetic/chloroprene rubber

kauczukow|y adi. [opona, dętka, uszczelka, lakier, klej] rubber attr.

kaukas|ki adi. [plemiona, języki, góry] Caucasian

kaw|a f [1] (napój) coffee U; **~a z cukrem/mlekiem/śmietanką** coffee with sugar/milk/cream; **biała/czarna/mocna/słaba ~a** white/black/strong/weak coffee; **zaprosić kogoś na ~ę** to invite sb for coffee; **~a po turecku/wiedeńsku/irlandzku** Turkish/Viennese/Irish coffee; **~a zbożowa** chicory coffee; **~a rozpuszczalna/mrożona** instant/iced coffee; **~a z ekspresu** (pod ciśnieniem) espresso; (filtrowana) filter coffee [2] (porcja napoju) coffee; **duża/mała ~a** a large/small coffee [3] sgt (ziarna) coffee (beans); **~a palona** roasted coffee [4] sgt Bot. coffee; **plantacja ~y** a coffee plantation; **uprawiać ~ę** to grow coffee
■ **~a na ławę** pot. without mincing words a. beating about the bush; **wyłożyć ~ę na ławę** to tell sb point-blank a. straight (out)

kawalarz m (Gpl ~y) pot. joker

kawalą|t|ek m dem. [1] pot. (tiny) bit, lick; **może jeszcze ~ek ciasta?** would you like some more cake? [2] pot. (odległość) bit; **z dworca do hotelu jest ~ek do przejścia** it's a short walk from the station to the hotel

kawałątk|o n dem. (tiny) bit, lick

kawale|r m (Npl ~rowie a.~rzy) [1] (nieżonaty) bachelor; **stary ~r** a confirmed bachelor [2] przest., żart. fellow [3] (osoba odznaczona orderem) knight; **~r Orderu Odrodzenia Polski** a Knight of the Polonia Restituta Order [4] Hist. knight

kawaleri|a f sgt (GD ~i) Wojsk. cavalry; **lekka/ciężka ~a** light/heavy cavalry; **~a powietrzna** air cavalry; **szarża ~i** a cavalry charge

kawaler|ka f [1] (mieszkanie) a bachelor a. one-room flat GB, (one-room) apartment US [2] sgt (młodzi kawalerowie) bachelors [3] sgt (stan kawalerski) pot. bachelor days a. years, bachelorhood

kawalers|ki adi. [1] (o stanie cywilnym) bachelor attr., unmarried; **stan ~ki** bachelorhood; **mieszkać po ~ku** to live bachelor style [2] przen. (brawurowy) adventurous; **~ka jazda** reckless driving; **wziął zakręt po ~ku** he took the bend at breakneck speed [3] przen. [krzyż] knight's [4] Hist. [słowo, honor] knight's
■ **~ka fantazja** a gross fantasy; **nasze ~kie!** pot. chin-chin przest.; **choroba ~ka** przest., euf. a venereal disease; **wieczór ~ki** stag a. buck's US night a. party

kawalerstw|o n sgt bachelorhood

kawaleryjs|ki adi. Hist., Wojsk. cavalry attr.; **parada wojsk ~kich** a cavalry parade

kawalerzy|sta m Hist., Wojsk. cavalryman

kawalka|da f cavalcade; **na moście stała ~da samochodów** there was a cavalcade of cars on the bridge

kawa|ł m (G ~łu) [1] (porcja) large piece; (mięsa, drewna, tynku) chunk, hunk; (ziemi, gliny) lump; **ukroił sobie ~ł chleba** he cut himself a (large) piece of bread [2] sgt pot. (duży odcinek lub część) a lot a. good deal

(czegoś of sth); **~ł drogi/czasu** a long way/time; **zwiedził ~ł świata** he saw a good part of the world [3] pot. (dowcip) joke; **sypać ~łami** to reel off jokes; **pieprzny/gruby/słony ~ł** a dirty a. smutty joke; **opowiadać ~ły** to tell jokes; **~ł z brodą** an old chestnut [4] (zabawna sytuacja) a practical joke, prank; **zrobić komuś ~ł** to play a joke on sb; **dla ~łu** for a laugh
■ **~ł drania/chama/świni** pot. a bit of a rascal/scoundrel/bastard; **~ł grosza** pot. a pretty penny, quite a packet; **~ł historii** pot. a good bit of history; **~ł chłopa** pot. a strapping lad

kawałecz|ek m dem. [1] (chleba, masła, sznurka) a little piece [2] pot. (odległość) short distance, short way; **odprowadzić kogoś ~ek** to walk with someone for a bit a. while, to walk part of the way with sb

kawał|ek m dem. [1] (część) piece, bit; (chleba, ciasta, mięsa) slice; (papieru) scrap; (drewna) chunk; **rozpaść się na ~ki** to break into pieces; **rozlecieć się na ~ki** to go a. fall to pieces; **pokroić coś na ~ki** to slice a. cut sth into pieces [2] pot. (odrobina) **~ek dalej** a bit further; **ani ~ka wolnego miejsca** not a bit of room, not a single free spot; **przejdźmy się ~ek** let's walk a bit [3] Muz., pot. ditty; **puścił niezły ~ek** he played a good track [4] (suma pieniędzy) pot. bite; slice pot.
■ **w jednym ~ku** a. **zrobione z jednego ~ka** one-piece; **dać się za kogoś porąbać** a. **posiekać w ~ki** to risk life and limb for sb; **pracować ciężko** a. **w pocie czoła na suchy ~ek chleba** to earn one's daily bread by the sweat of one's brow; **dzielić się z kimś ostatnim ~kiem chleba** to give a helping hand, to help a lame dog over a stile; **ćwierć wieku z ~kiem** pot. just over a quarter of a century; **dobry** a. **ładny ~ek drogi** quite a long way; **zobaczyć/zwiedzić ~łek świata** to see the world; **masz ~ek ołówka/noża?** pot. have you got a pencil/knife (on you)?; **mówić/opowiadać głodne ~ki** pot. to tell/make up/cook up stories

kawałk|ować impf vt [1] (porcjować) to cut a. slice sth into pieces ⇒ **pokawałkować** [2] przen. to break up

kawiaren|ka f dem. café; **~ka internetowa** an internet café

kawiar|nia f (Gpl ~ni a. ~ń) café, coffee house; **poszli na lody do ~ni** they went for ice cream to a café

kawiarnian|y adi. café attr.; **życie ~e** café life książk.

kawiarz m (Gpl ~y) pot. a coffee connoisseur

kawio|r m zw. sg (G ~ru) Kulin. caviar U; **czarny/czerwony ~r** black/red caviar

kaw|ka[1] f Zool. jackdaw

kaw|ka[2] f dem. a small coffee

kawon m (A a. ~a) Bot. watermelon U; (owoc) watermelon

kawow|y adi. [1] Bot. coffee attr.; **krzew ~y** a coffee bush a. shrub [2] [ziarno, smak, zapach, lody, krem, likier, tort] coffee attr. [3] [kolor] coffee-coloured

kawu|nia, ~sia f dem. pieszcz. a small coffee

Kaza|ch m, **~szka** f (Npl ~owie, ~szki) Kazakh

kazachs|ki adi. Kazakh attr.

kazaczok m (A ~a) Taniec kazachoc

ka|zać pf, impf (~żę) vi [1] (polecić) to order; **kazać komuś coś zrobić** to tell sb to do sth; **rób, co ci każą** do as you are told; **dowódca kazał wykonać rozkaz** the commander told us/them to carry out the order [2] (zmusić) to force, to make; **kazał na siebie czekać** he kept me/us waiting, he told me/us to wait for him; **nie każ się prosić, opowiadaj** don't make us beg for it, tell the story [3] (wymagać) to demand, to require; **dobre wychowanie każe ustępować miejsca starszym kobietom** good manners require us to give up our seat to elderly women; **jak zwyczaj każe** as custom requires a. dictates ⇒ **nakazać** [4] pot. (zamówić) to order; **kazał sobie podać dużą kawę** he ordered a big cup of coffee; **kazała sobie skrócić/zwęzić spódnicę** she told them to shorten/take in the skirt
■ **kazać się komuś kłaniać** to ask sb to remember one to sb; **kazał pan, musiał sam** przysł. to keep a dog and bark oneself; **pan każe, sługa musi** przysł. not to be one's own master

kazalnic|a f [1] Relig. pulpit [2] Geogr. ledge

kazamat|y plt (G ~) daw. casemates

kaza|nie n [1] Relig. sermon, homily; **wygłaszać ~nie** to sermonize, to preach; **~nie o Sądzie Ostatecznym** a Judgment Day sermon; **Kazanie na Górze** Bibl. the Sermon on the Mount [2] pejor. sermon; **prawić ~nia** to sermonize, to preach
■ **czuć się/siedzieć jak na tureckim ~niu** pot. to not have a clue about what is going on (around one) pot.

kazaski → **kazachski**

kazirodc|a m a person who commits incest

kazirodcz|y adi. [stosunki, związek, miłość] incestuous

kazirodztw|o n sgt incest

kaznodziej|a m [1] Relig. preacher [2] pejor. sermonizer

kaznodziejs|ki adi. [1] [mowa, talent] preacher's [2] pejor. [głos, ton] preachy, sermonizer's

kaznodziejstw|o n sgt [1] Relig. preaching [2] (zbiór kazań) book of homilies [3] pejor. preachiness pot.

kazuistyczn|y adi [1] książk., pejor. casuistic [2] Prawo [przepis] case-law attr. [3] przest., Med. case study attr.

kazuisty|ka f sgt [1] książk., pejor. casuistry [2] Prawo case law [3] przest., Med. case studies

kazus → **casus**

kaź|ń f sgt książk. [1] (tortury) torment, torture [2] (kara śmierci) slaying

każdorazowo adv. every/each (single) time

każdorazow|y adi. [trudność, dyskusja] every/each (single) time attr.

każd|y [I] pron. [1] (bez wyjątku) every; (z określonej grupy) each; **odpowiedziała na ~e pytanie** she answered every (single) question; **~emu tłumaczowi potrzebny jest słownik** every translator needs a dictionary; **~y kolejno składał podpis** each in turn added his signature; **dwie**

sypialnie, **~a z osobną łazienką** two bedrooms, each with its own bathroom; **~y z nich/nas** each of them/us, every one of them/us; **to dotyczy ~ego z was** that applies to every one a. all of you; **za ~ym razem, kiedy ją widzę** each a. every time I see her; **~y dzień/rok** each day/year; **~ego dnia/roku** every day/year; **w każdą sobotę** every Saturday; **z ~ym dniem/rokiem** with each passing day/year; **przypominała mu o tym przy ~ej okazji** she reminded him about it at every opportunity; **w ~ej sytuacji mogła na niego liczyć** she could always rely on him a. count on his help, whatever the circumstances a. situation; **kelner przychodził na ~e wezwanie** the waiter came whenever he was called; **na ~ym kroku** (wszędzie) everywhere; (ciągle) every step of the way [2] (dowolny) any; **w ~ej chwili** at any time a. moment; **o ~ej porze** (at) any time (of the day); **to jest warte ~ych pieniędzy** this is/it's worth any amount of money; **~y nauczyciel powie ci to samo** every a. any teacher will tell you the same

[II] **każd|y** *m*, **~a** *f*, **~e** *n* (bez wyjątku) (człowiek) everybody, everyone, each (one); (rzecz) each (one); **~y o tym dobrze wie** everybody knows that full well; **dla ~ego wystarczy** there's enough for everybody a. everyone; **nie ~emu dana jest taka szansa** not everybody a. everyone gets an opportunity like that; **rozstały się i ~a poszła w swoją stronę** they parted and each went her own way; **~y, kto przyjdzie, będzie mile widziany** whoever comes will be (most) welcome; **równie dobry jak ~y inny** as good as any other

kącik *m* [1] dem. (część pomieszczenia) corner; **~ pokoju** a corner of a room; **zaciszny ~** a quiet corner, a cosy nook [2] dem. przen. (mieszkanie) digs pot. [3] Anat. corner; **~ ust** the corner of the mouth; **~i oczu** the corners of the eyes [4] przen. (bezpieczne miejsce) nook, spot

■ **~ ciasny, ale własny** przysł. a poor thing but my own; **~ językowy/filatelistyczny/ sportowy** Wyd. a language/stamp collecting/sport column; **~ zabaw** a play area; **zajrzeć w każdy ~** to look into every nook and cranny

kądziel *f* [1] przest. distaff [2] Myśliw. buffalo's mane

■ **krewny/przodek po ~i** książk. on the distaff side

kąkol *m* Bot. corncockle

■ **każde pole rodzi ~e** przysł. the evil field will evil yield

kąp|ać impf (**~ię**) [I] *vt* [1] (myć) to bath, to bathe; **nie może rozmawiać, bo ~ie dziecko** s/he can't talk right now because s/he is bathing the child ⇒ **wykąpać** [2] Chem., Techn. [elementy metalowe] to bath ⇒ **wykąpać**

[II] **kąpać się** to bathe, to have GB a. take a bath; **~ać się w wannie** to have a bath, to bathe in the (bath)tub US; **~ać się w basenie** to take a dip in a pool; **~ać się w jeziorze/morzu** to swim in the lake/sea ⇒ **wykąpać się**

■ **~ać się w słońcu** a. **w promieniach słońca** książk. to be bathed in sunshine;

~ać się w złocie książk. to be rolling in money; **w gorącej wodzie** a. **w ukropie ~any** hot- a. quick-tempered

kąpiel *f* [1] (w wodzie) bath; **gorąca/chłodna ~** a hot/cool bath; **przygotować komuś ~** to run a bath for sb; **brać ~** to take a bath [2] Chem., Techn. bath; **~ galwaniczna** an electrolytic a. electroplating bath; **~ barwiąca/ołowiowa/przędzalnicza** a dye/lead/spinning bath [3] Med. bath; **~ błotna/nasiadowa** a mud/sitz bath; **~ lecznicza** balneotherapy *U*

■ **~ słoneczna** sunbath; **wylać/wylewać dziecko z ~ą** pejor. to throw the baby out with the bathwater

kąpielisk|o *n* [1] (miejscowość) bathing resort [2] (miejsce nad wodą) bathing beach; **zamknięto kilka ~ z powodu zanieczyszczenia** they closed several beaches because of the pollution a. the polluted water

kąpieliskow|y adi. [kurort, miejscowość] bathing attr.

kąpielow|y adi. [kostium, spodenki] bathing a. swimming attr.; **płaszcz ~y** a bathrobe; **ręcznik ~y** a bath towel

kąpiełów|ki plt (*G* **~ek**) bathing a. swimming trunks pl

kąs|ać impf [I] *vt* to bite, to nip; [owad] to sting ⇒ **pokąsać**

[II] *vi* przen. [mróz, wiatr, deszcz] to bite, to nip

kąs|ek *m* dem. titbit, nibble

■ **łakomy ~ek** tasty morsel przen.

kąśliwie adv. przen. mordantly, bitingly

kąśliwoś|ć *f* sgt mordancy

kąśliw|y adi. biting; stinging; przen. [uwaga, krytyka, recenzja, żart] mordant, biting

ką|t *m* [1] Mat. angle; **kąt prosty/ostry** right/acute angle; **kąt rozwarty/półpełny** obtuse/straight angle; **kąt wypukły/wklęsły** salient/re-entrant angle; **kąt dwuścienny/bryłowy** dihedral/solid angle; **kąty naprzemianległe/wierzchołkowe** alternate/apex angles; **kąt padania/odbicia** glancing/reflection angle; **kąt graniczny** critical angle; **kąt widzenia** angle (of sight) [2] (oka, ust) corner, angle; **obserwował ją kątem oka** he was watching her out of the corner of his eye [3] (między ścianami) corner; **biegać/chodzić z kąta w kąt** to walk back and forth; **rzucić/cisnąć coś w kąt** to throw sth away; **zaszyć się w kąt** to lie low; **zajrzeć w każdy kąt** to look into every nook and cranny; **gadać/szeptać po kątach** to spread rumours; **płakać po kątach** to snivel in corners; **postawić kogoś do kąta** to put sb in a. to send sb to the corner; **stać w kącie** to stand in a corner [4] pot. (mieszkanie) digs pl; **wycierać cudze/obce kąty** not to have a place of one's own; **mieszkać kątem** to be put up (u kogoś by sb); **mieć swój kąt** to have one's own place [5] pot. (miejscowość) spot; **odwiedzić stare kąty** to revisit old haunts

■ **cztery kąty** pot. digs pl; **cztery kąty a piec piąty** four bare walls; **robić coś pod kątem czegoś** to do sth paying special attention to sth

kąt|ek *m* dem. corner

kątomierz *m* Mat. protractor; Wojsk. dial sight

kątownik *m* [1] Budow., Techn. try square, bevel [2] Druk. V-shaped gauge

kątow|y adi. angle attr.

kB (= kilobajt) Komput. kB, kbyte

kcal (= kilokaloria) kcal

kciuk *m* Anat. thumb

■ **trzymać/ściskać ~i za kogoś** to keep one's fingers crossed for sb

keczup *m* (*G* **~u**) sgt Kulin. ketchup *U*

kefi|r *m* (**~rek** dem.) (*G* **~ru**) [1] sgt Kulin. kefir *U* [2] pot. (porcja) kefir *C*

kefirow|y adi. Kulin. [koktajl] kefir attr.

ke|ja *f* (*Gpl* **kei**) Żegl. quay; **dochodzić do kei** to dock at the quay; **stać przy kei** to stand at the quay(side)

keks *m* (*G* **~u** a. **~a**) Kulin. fruit cake

kelne|r *m* waiter; **skinąć na ~ra** to beckon to the waiter

kelner|ka *f* waitress

kelners|ki adi. [strój, obsługa] waiter's; **~ka zręczność** a waiter's dexterity

kemping *m* (*G* **~u**) camping site GB, campsite GB, campground US; **spędzić weekend na ~u** to spend the weekend camping a. at a campsite

kempingow|y adi. [urządzenia, teren] camping attr.; **domek ~y** a holiday chalet GB, a tourist cabin US; **pole ~e** a campsite; **goście ~i** campers; **przyczepa ~a** a (holiday) caravan GB, a trailer US

Keni|jczyk *m*, **~ka** *f* Kenyan

kenijs|ki adi. [sawanna, park narodowy, safari] Kenyan, Kenya attr.

kepi *n* inv. Hist., Wojsk. kepi

kergulen|a *f* Kulin., Zool. icefish

keson *m* (*G* **~u**) [1] Techn. caisson [2] Lotn. torque box [3] Wojsk. ammunition chest

kesonow|y adi. Techn. [roboty, robotnicy] caisson attr.; **choroba ~a** Med. caisson disease, decompression sickness; diver's bends pot., the bends pot.

ketchup /'ketʃup/ → **keczup**

keyboar|d /'kibord/ *m* (*G* **~du**) Muz. keyboard

kędzierzaw|y adi. [1] [włosy, fryzura] curly, frizzy [2] Bot. curled, curly

kędzio|r *m* (**~rek** dem.) frizz; **na czoło spadały mu ~ry** he had (tight) curls (falling) over his brow

kęp|a *f* (**~ka** dem.) [1] Bot. (drzew) clump, cluster; (trawy) tussock, tuft [2] (wyniosłość) hillock, hurst [3] (wysepka) islet [4] przen. tuft

kęs [I] *m* (*A* **~** a. **~a**) [1] (kawałek) mouthful, bite; **przełknął ostatni ~ bułki** he swallowed the last mouthful of his roll; **ugryzł ~ jabłka** he took a bite (out) of his apple [2] Przem. billet

[II] **kęsy** plt [1] Myśliw. canine teeth, jaw teeth (of predators) [2] Górn. a designation of coal size

kęs|ek *m* dem. (small) bite; **ugryzł ~ek bułki** he took a small bite of his roll

kg (= kilogram) kg

khaki /'kxaki/ [I] adi. inv. khaki attr.; **kurtka ~** a khaki jacket; **mundur w kolorze ~** a khaki uniform; **spodnie koloru ~** khakis, khaki trousers

[II] *n* inv. sgt (kolor) khaki

kHz (= kiloherc) kHz

kib|el *m* (**~elek** dem.) pot. [1] (ubikacja) bog GB pot., can US pot.; **muszę iść do ~la** I have to go to the bog [2] (sedes) bog GB pot., can US pot.

kibic *m* [1] (sportowy) supporter GB, fan; **stadion pełen ~ów** a stadium packed with fans; **~ piłki nożnej** a football fan; **~e Legii** supporters of Legia [2] przen. (obserwator) observer, onlooker; **był ~em tamtych wydarzeń politycznych** he was an observer of the political situation of the time

kibic|ować impf vi [1] Sport. to support vt (**komuś** sb); to root pot. (**komuś** for sb) [drużynie, sportowcom]; **jakiemu klubowi ~ujesz?** which team do you follow? [2] przen. (obserwować) to observe vt, to watch vt; **~ować przy brydżu/pokerze** to watch a bridge/poker game; **nie brał udziału w dyskusji, tylko ~ował** he didn't join in the discussion, he just listened

kibi|ć f książk. waist; **wiotka ~ć** a tiny waist; **otoczył ramieniem jej ~ć** he put his arm around her waist

kibit|ka f [1] (namiot) kibitka (a Tatar tent) [2] Hist. kibitka (a covered sledge for transporting prisoners)

kibl|ować impf vi posp. [1] (nie móc wyjść) to be cooped up pot.; **już od godziny ~uję tu bez klucza** I've been cooped up in here for an hour because I don't have the key [2] (w więzieniu) to do time pot., to do (one's) bird GB pot.; **~uje za kradzież** he's doing time for robbery; **~uje już trzeci rok** he's been in for a. he's done over two years already [3] (powtarzać klasę) to repeat a class, to repeat a year; **~owała w szóstej i siódmej klasie** she repeated the sixth and seventh forms

kibuc m (G ~u a. ~a) kibbutz

kic inter. hop!; **zając ~ przez jezdnię** the hare hopped across the road

kic|ać impf vi [królik, wiewiórka] to hop; **przez zagony kapusty ~ał zając** a hare was hopping through the cabbage patch ⇒ **pokicać**

ki|cha [1] f augm. pot. [1] (wędlina) black pudding U GB, blood a. black sausage [2] (jelito) guts pot.; **kichy mu wypruję, łobuzowi jednemu!** I'll have the bastard's guts for garters! [3] (wąskie pomieszczenie) narrow room [4] (dętka) flat; **w przednim kole mam kichę** one of the front tyres is flat [II] inter. (klapa) no such luck! pot., nothing doing! pot.

kich|nąć pf — **kich|ać** impf (**~nęła**, **~nęli** — **~am**) vi [1] (przy katarze) to sneeze; **~ali raz po raz** they kept sneezing; **~nął mi prosto w twarz** he sneezed right in my face; **~nąć w chusteczkę** to sneeze into one's handkerchief [2] przen. [silnik, motor] to cough przen.

■ **~ają na twoje problemy** pot. they couldn't care less about your problems; **~aj na niego, znajdziesz sobie kogoś lepszego** pot. never mind him, you'll find someone better; **gdy kto na jednym końcu miasta ~nie, na drugim mówią mu na zdrowie** przysł. word gets around fast, news travels fast

kichnię|cie n sneeze

kici inter. **~, ~** puss! puss! pot.

kici|a, ~unia f pieszcz. [1] (kot) kitty (cat) pieszcz., pussy (cat) pieszcz. [2] (o dziecku) sweetie(-pie) pieszcz.; (o dziewczynie lub kobiecie) kitten pieszcz.; **nie płacz, ~u** don't cry, sweetie

kiciu|ś [1] m pers. sweetie(-pie) pieszcz.; (o dziewczynie lub kobiecie) kitten pieszcz.; **teraz, ~ś** a. **~siu, nie mam czasu** sweetie, I don't have time right now

[II] m anim. (kot) kitty (cat) pieszcz., pussy (cat) pieszcz.

kickboxing, kick boxing /kigˈboksiŋg/ m sgt (G ~u) Sport. kick-boxing

kicz m (G ~u) pejor. [1] (obraz, film, utwór) kitsch; **gromadził wszystko, od ~u po prawdziwe dzieła sztuki** he collected everything, from kitsch to real works of art [2] (pojedynczy egzemplarz) piece of kitsch [3] sgt (cecha) kitschiness

kiczowato adv. pejor. [pisać, malować] in a kitschy style; **pejzaż na tym obrazie wygląda ~** the landscape in this painting looks kitschy

kiczowatoś|ć f sgt pejor. (obrazu, filmu, utworu) kitschiness

kiczowa|ty adi. pejor. [obraz, rzeźba, film, książka] kitschy, kitsch attr.

ki|ć m (A kicia) pot. [1] (więzienie) slammer pot., clink pot.; **siedzieć w kiciu** to do (one's) bird GB pot.; to be in the slammer; **pójść do kicia** to be put in the slammer [2] sgt (kara) time pot.; **dostali po dwa lata kicia** they were given two years

kidnape|r m kidnapper

kidnaperstw|o n sgt kidnapping

kidnaping m sgt (G ~u) → **kidnaperstwo**

kiec|ka f pot. dress

kiedy [1] pron. [1] (pytajny) when; **~ wrócisz?** when will you be back?; **~ jest koncert?** when is the concert?; **~ kupiłeś ten samochód?** when did you buy the car?; **nie pamiętam, ~ go ostatni raz widziałem** I don't remember when I last saw him; **nie zauważyłem, ~ wszedł** I didn't notice when he came in; **od ~ since when, (for) how long; wiem, że on mnie zdradza, ale nie wiem, od ~** I know he's unfaithful to me, but I don't know since when; **od ~ to z ciebie taki znawca?** iron. since when have you been such an expert? iron.; **„od ~ się znacie?" – „od roku"** 'how long have you known each other?' – 'for a year'; **od ~ ci mówię, żebyś się ustatkował!** how long have I been telling you to settle down!; **do ~ until when, by when; do ~ obowiązywał ten zakaz?** until when was this ban in force?, how long was this ban in force (for)?; **„biorę urlop" – „od ~ do ~?"** 'I'm taking some leave' – 'from when until when?'; **do ~ skończysz tłumaczenie?** when will you finish the translation (by)?; **na ~ to ma być gotowe?** when does it have to be ready (by)?; **nie wiem, na ~ są te bilety** I don't know when a. which day these tickets are for; **~ to się wraca do domu! już prawie północ** what time do you call this for getting in? – it's almost midnight pot. [2] (względny) (w trakcie) as, while; (po) when; **kula dosięgnęła go w chwili, ~ wsiadał do samochodu** the bullet hit him as a. when he was getting into the car; **oglądali mecz, ktoś zadzwonił do drzwi** as a. while they were watching the match, someone rang the bell; **przyjdę po ciebie, ~ skończę pracę** I'll call for you when I

finish work; **od ~ go poznała, wiele zmieniło się w jej życiu** her life has changed a great deal since she met him; **~ się porówna programy obu partii, to...** if a. when you compare the programmes of the two parties...; **wtedy, ~** when; **zawsze włącza radio wtedy, ~ chcę sobie poczytać** he always turns the radio on when I want to read; **w dniu, ~...** on the day when...; **zimą, ~ jest mróz** in winter, when there are sub-zero temperatures; **teraz, ~...** now that...; **teraz, ~ najgorsze jest już za nami** now that the worst is behind us; **~ tylko** (zaraz jak) as soon as; (kiedykolwiek) whenever; **~ tylko przyszedł, zabrał się do sprzątania** as soon as he came, he started cleaning; **~ tylko mam czas, chodzę na spacery** whenever I have (the) time, I go for walks [3] pot. (nieokreślony) some time, one day; (w pytaniu) ever; **zabierz mnie ~ ze sobą** take me with you some time a. one day; **widziałeś go ~?** have you ever seen him?

[II] coni. [1] (tymczasem) when, whereas; (jednak) when, if; **dyskutują, ~ tu trzeba szybko podjąć decyzję** they're talking all the time, when what we need is a quick decision; **dużo zarabia, cóż, ~ wszystko przepuszcza** he earns a lot, but what of it if a. when he blows it all? pot. [2] pot. (skoro) if, when; **~ jesteś taki ciekawy, to...** if you really want to know,... iron.; **jak mam się uczyć, ~ nie mam tej książki** how am I to study when a. if I haven't got the book?; **„miałeś posprzątać w swoim pokoju" – „~ już posprzątałem"** 'you were supposed to tidy up your room' – 'but I've already done it'

■ **~ indziej** some other time; **~ niekiedy** now and then, from time to time; **mało a. rzadko ~** rarely, hardly ever; **rzadko ~ są tu takie tłumy** it's rare for there to be such a crowd here; **(on) rzadko ~ pisze** he hardly ever writes

kiedykolwiek pron. [1] (nieokreślony) (w dowolnym czasie) (at) any time; (w ogóle) ever; **mogę ci pożyczyć tę książkę ~** I can lend you that book any time (you like); **gdybyś ~ potrzebował pomocy, ...** if you ever need any help, ...; **więcej/lepiej niż ~ (przedtem)** more/better than ever (before) [2] (względny) whenever; **~ prosiłam ją o pomoc, zawsze odmawiała** whenever I asked her for help, she always refused

kiedyś pron. [1] (w przeszłości) once, at one time; **była ~ piękną kobietą** at one time she was a beautiful woman; **~ paliłem** I used to smoke; **tak jak ~** like in the old days; **żył sobie ~ dobry król** once upon a time there lived a good king [2] (w przyszłości) some time, some day; **~ będziemy musieli to zrobić** we'll have to do that some time; **odwiedź nas ~** come and see us some time a. day

kiedyż pron. książk. whenever; **~ ten pociąg wreszcie przyjedzie?** whenever a. when on earth will the a. this train arrive?; **od ~** how long, since when; **od ~ to znasz się na tym?** iron. (and) since when have you been so knowledgeable about it? iron.

K

kielich *m* [1] (do picia) goblet, glass; ~ **mszalny** Relig. a chalice; **wypił ~ szampana** he drank a glass of champagne [2] (*A* ~**a**) pot. (porcja alkoholu) drink; (wódki) shot pot., pony pot.; **zaprosił go na ~a** he invited him for a drink; **pójść na ~a** to go and have a drink; **strzelić ~a** to toss back a shot [3] Bot. calyx

kielichowa|ty *adi. [kwiat, waza]* cuplike, goblet-shaped

kieliszecz|ek *m dem.* (small) glass

kielisz|ek *m* [1] (do picia alkoholu) glass; (do wina) wine glass; (do szampana) (wysoki) champagne flute; (płaski) champagne saucer spec.; champagne a. cocktail glass; (do setki wódki) shot glass, jigger; (do koniaku) brandy snifter; (do likieru) liqueur glass; **wypili po ~ku wódki** each of them had a shot of vodka [2] (do jajek) egg cup [3] (porcja alkoholu) drink; **pójdziemy na ~ek i wszystko mi opowiesz** we'll have a drink and you can tell me all about it; **zwierzać się przy ~ku** to bare one's soul over a drink; **po paru ~kach wygaduje różne bzdury** he talks complete rubbish after a drink or two [4] Techn. a pipe with the spigot and socket joint ■ **szukać pociechy** a. **zapomnienia w ~ku** pot. to drink to forget; **topić smutki** a. **zmartwienia w ~ku** pot. to drown one's sorrows

kielni|a *f* (*Gpl* ~) [1] Budow. trowel [2] Myślis. *beaver's tail*

k|ieł *m zw. pl* [1] (ząb) fang; Anat. canine (tooth); **pies wyszczerzył kły** the dog bared its fangs [2] (słonia, dzika) tusk [3] Techn. (lathe) centre GB, (lathe) center US; **kieł zderzaka** (bumper) overrider ■ **wziąć na kieł** pot. to set one's mind to sth pot.

kiełb *m* Zool. gudgeon ■ **mieć ~ie we łbie** pot. to be flighty, to be scatterbrained

kiełbas|a *f* (continental) sausage *C/U*; **wędzona ~a** smoked sausage; **pęto ~y** a ring-shaped sausage ❑ **biała ~a** ≈ raw sausage; **~a jałowcowa** ≈ juniper-smoked sausage; **~a sucha** ≈ dried smoked sausage ■ **~a wyborcza** Polit. pre-election bread and circuses

kiełbasian|y *adi. [zapach, smak]* sausage *attr.*; **jad ~y** botulin

kiełba|sić się *impf v refl.* pot., żart. **wszystko mi się ~si** I'm in a complete muddle today pot.; **w głowie mu się ~si od tej polityki** all this political stuff only mixes him up ⇒ **pokiełbasić**

kiełbas|ka *f dem.* sausage *C/U*; **~ka z rożna** grilled continental sausage

kiełbik *m* Zool. (small) gudgeon

kieł|ek *m* (*A* ~**ek** a. ~**ka**) (mała roślinka) shoot, sprout; **roślina wypuściła już ~ki** the plant has already begun to sprout; **~ki fasoli** bean sprouts ❑ **~ki słodowe** Przem. malt dust

kiełk|ować *impf vi* [1] *[rośliny, nasiona]* to sprout; **~ujące ziemniaki** sprouting potatoes ⇒ **wykiełkować** [2] przen. (rodzić się) *[myśl, nadzieja, pomysł]* to germinate; **plan wyjazdu ~ował w nim od dawna** the idea of leaving had long been germinating in his mind; **w jej sercu zaczęła ~ować**

nadzieja hope was kindled in her heart ⇒ **wykiełkować**

kiełkow|y *adi.* shoot *attr.*; **dieta ~a** a bean-sprout diet

k|iep *m* (*Npl* **kpy**) przest., pejor. simpleton pejor., halfwit pejor.

kieps|ki *adi.* pot., pejor. *[książka, film, muzyka, aktor, fachowiec]* crummy pot., pejor., lousy pot., pejor.; **być w ~kim humorze/nastroju** to be in a crummy a. lousy mood; **mieć ~kie zdrowie** to have weak health; **być ~kim w matematyce** to be lousy at maths; **mieszkał w ~kiej dzielnicy** he lived in a lousy neighbourhood; **to ~ki interes** it's a lousy deal

kiepsko *adv.* pot., pejor. poorly; **uczył się ~** he was a lousy a. crummy student pot., pejor.; **czuć się ~** to feel lousy a. crummy pot.; **z nim jest już ~** he's on his last legs pot.

kie|r Gry **I** *m* (*A* ~**r** a. ~**ra**) [1] *zw. pl* (kolor) heart *zw. pl*; **grać w ~ry** to play hearts; **szlem w ~ry** a grand slam in hearts; **wyjść w ~ry** to lead hearts [2] (karta) heart; **położył ostatniego ~ra** he played his last heart **II** *adi. inv.* (kierowy) of hearts; **dama/ dziesiątka ~r** the queen/ten of hearts

kiera|t *m* (*G* ~**tu**) [1] (urządzenie) treadmill [2] *sgt* przen. (codzienne obowiązki) treadmill przen.; grind; **domowy ~t** the (daily) domestic grind; **~t codziennych spraw** the daily grind ■ **chodzić jak w ~cie** to work like a (cart) horse

kieratow|y *adi. [konie, urządzenie, energia]* treadmill *attr.*

kierd|el *m* dial. flock; **~el owiec** a flock of sheep

kiermasz *m* (*G* ~**u**) sale, fair; **~ artykułów szkolnych** a back-to-school sale; **~ książek** a book sale a. fair; **~ produktów rolnych** a farmers' market; **~ dobroczynny** a bring-and-buy sale, a charity sale

kiermaszow|y *adi.* stoiska ~**e** fair booths; **sprzedaż ~a tkanin** fabric-fair sale

kier|ować *impf* **I** *vt* [1] (ustawiać) to point, to direct; **~ować reflektor w dół** to point the searchlight downwards; **lunety ~owane w niebo** telescopes pointed a. towards the sky; **~ował lufę karabinu w jej głowę** he aimed the gun at her head; **~ował wszystkie uderzenia w twarz przeciwnika** he aimed all his blows at his opponent's face ⇒ **skierować** [2] (wysłać) to dispatch, to send *[towary]*; to refer *[pacjenta, chorego, ustawę]*; to direct, to (re)route *[ruch]*; **towary ~owane do krajów Unii Europejskiej** goods dispatched to the EU countries; **niektóre linie autobusowe będą tymczasowo ~owane na objazdy** some bus lines will be temporarily diverted; **~ować projekt ustawy pod ponowne obrady sejmu** to refer the bill back to the parliament; **~ować sprawę do sądu** *[strona, adwokat, prokurator]* to bring a. take a case to court; *[policja, sąd niższej instancji]* to refer a case to (a higher) court; **~ować pacjenta do specjalisty** to refer a patient to a specialist; **~ować spojrzenie na kogoś/coś** to direct

one's gaze at sb/sth ⇒ **skierować** [3] (zwracać się) to direct, to aim *[słowa, myśli, uczucia]*; **przestrogę tę ~uję do ludzi lekkomyślnych** this is a warning to the reckless; **ataki ~owane na premiera** attacks aimed at the Prime Minister; **umiejętnie ~uje rozmowę na sprawę dla siebie najważniejszą** he skilfully steers the conversation to the topic that's most important to him; **~ować uwagę na coś** to turn one's/direct sb's attention to sth ⇒ **skierować** [4] (prowadzić) to steer, to drive (**czymś** sth) *[samochodem, motocyklem, autobusem]*; to navigate, to steer (**czymś** sth) *[statkiem, samolotem]* [5] (zarządzać) to manage, to run (**kimś/czymś** sb/sth); **~ować firmą** to run a. manage a company; **~ować zespołem młodych ludzi** to manage a team of young people; **~ował budową mostu** he was in charge of the construction of a bridge; **w domu żona ~owała wszystkim** his wife was in charge of everything at home ⇒ **pokierować** [6] (wpływać) to control (**kimś** sb); **ktoś musi nim ~ować, niemożliwe, żeby sam to wymyślił** somebody else must be behind this, he couldn't have come up with it on his own; **sądzi, że ma prawo ~ować moim życiem** he thinks he has a right to run my life; **prawo do ~owania własnym losem** the right to run one's own life; **~ować czyimiś krokami** to give sb instructions ⇒ **pokierować** [7] (powodować) *[uczucie, rozsądek]* to drive; **~owała nim ambicja/zazdrość** he was driven by ambition/jealousy; **~owana ciekawością, przeczytała wszystkie dokumenty** her curiosity got the better of her and she read all the documents [8] książk. (kształcić) **ojciec ~ował go na lekarza** his father was putting him through medical school ⇒ **wykierować** **II** **kierować się** [1] (ustawiać się) to be pointed, to be directed; **lufy dział ~owały się w stronę portu** the guns were aimed at the port; **wszystkie spojrzenia ~owały się na niego** all eyes were directed at him ⇒ **skierować się** [2] (iść) to head, to aim; **~ować się do wyjścia** to head for the exit; **~owali się w stronę lasu** they were heading for the forest ⇒ **skierować się** [3] (być adresowanym) *[słowa, myśli, uczucia]* to be directed; **jego złość ~owała się przeciwko kolejnym członkom rodziny** he turned his anger on one family member after another [4] (powodować się) **~ować się czymś** to be guided a. governed by sth *[logiką, współczuciem, instynktem]*; to be driven by *[ambicją, chytrością]*; **~ować się nienawiścią/zazdrością** to be driven by hatred/jealousy; **zawsze ~ował się rozsądkiem** he's always been guided a. governed by his common sense; **sąd ~ował się dobrem dzieci** the court was guided by the best interests of the children [5] książk. (kształcić się) to be trained, to study; **~ować się na lekarza** to train as a doctor, to train to be a doctor; **obie siostry ~owały się na śpiewaczki** both sisters were training to become singers ⇒ **wykierować się**

kierowc|a m (V ~o) driver; **~a ciężarówki/autobusu** a lorry/bus driver; **~a rajdowy** a racing driver

kierownic|a f [1] (w samochodzie) (steering) wheel; (w rowerze, motocyklu) handlebars; **siedzieć za ~ą** to sit a. behind the wheel; **chętnie siadał za ~ą** he was eager to take the wheel; **stracić panowanie nad ~ą** to lose control of the car [2] Kolej. checkrail, guardrail [3] Techn. (tama) training wall [4] Mat. directrix

kierownictw|o n [1] (zarząd) management; (związku) executive (committee); **posiedzenie ~a** a management meeting; **~o działu sprzedaży** the managers of the sales division [2] sgt (zarządzanie) management U; **objął ~o redakcji** he took over as editor; **pracować pod czyimś ~em** to work under sb's management

kierownicz|y adi. [1] [stanowisko, zdolności] managerial; **wyższa kadra ~a** senior management [2] (dotyczący kierownicy) [układ, przekładnia] steering attr.

kierowni|k m, **~czka** f manager, director; **~k artystyczny teatru** the artistic director of a theatre; **~k działu** a department manager; **~k działu sprzedaży/ eksportu** the sales/export manager; **~k budowy** the site manager

kierow|y adi. [as, dama, dziesiątka] of hearts

kierp|ec m zw. pl a shoe traditionally worn by Polish highlanders

kierun|ek m (G ~ku) [1] (strona) direction C/U; **iść w ~ku centrum** to go toward the town centre; **patrzeć w ~ku rzeki** to look in the direction of the river, to look towards the river; **spojrzał w moim ~ku** he looked toward me a. in my direction; **wiatr z ~ku wschodniego/południowo-wschodniego** an easterly/south-easterly wind, wind out of the east/south-east; **w ~ku południowym/ północnym** (to the) south/north, in a southerly/northerly direction; **widok w ~ku południowym/północnym** the view to the south/north; **idź w ~ku południowym/północnym** go south/north; **droga/ rzeka biegnie dalej w ~ku południowym/północnym** the road/river continues in a southerly/northerly direction; **jedziemy w przeciwnym ~ku** (niż ktoś inny) we're going the other way; (niewłaściwym) we're going the wrong way a. in the wrong direction; **w ~ku przeciwnym do ruchu wskazówek zegara** anticlockwise a. in an anticlockwise direction GB, counterclockwise a. in a counterclockwise direction US; **w ~ku ruchu wskazówek zegara** clockwise, in a clockwise direction; **zmienić ~ek** to change direction; **busola wskazywała mu ~ek** he used a compass to establish a course; **wskazywać/ustalać ~ek** to show/establish (the) direction; **~ek wiatru** the direction of the wind; **na tej drodze obowiązuje jeden ~ek ruchu** this is a one-way street; **szosa w ~ku Katowic** the road to a. for Katowice, the Katowice road; **szosa z ~ku Rzeszowa** the road from Rzeszów; **ruch w ~ku Wrocławia** Wrocław-bound traffic [2] (postępowanie) trend, direction; **~ki polityki zagranicznej** trends in foreign policy;

projekt ustawy zmierza w ~ku zliberalizowania kodeksu handlowego the bill aims to liberalize the commercial code [3] (w sztuce, muzyce, literaturze) movement, trend; (w nauce) trend, direction; **~ek literacki zwany symbolizmem** the literary movement known as symbolism; **nowe ~ki w lingwistyce** new trends a. directions in linguistics; **~ek studiów** Uniw. (przedmiot) subject, field of study, major US [4] Wojsk. line; **~ek ataku** a line of attack

■ **pod czyimś ~kiem** under sb's direction

kierunkowo adv. [1] (w kierunku) **antena ustawiona ~ w stronę nadajników** an aerial pointed at a. toward the transmitters [2] [kształcić] in a particular field

kierunkowoś|ć f sgt directionality

❏ **~ć struktury powierzchni** Techn. lay

kierunkowskaz m (G ~u) [1] (w samochodzie) indicator, turn signal US; **włączyć ~** to signal a turn, to switch on one's indicator; **włączył lewy/prawy ~** he signalled that he was turning left/right [2] (znak drogowy) signpost, guidepost

kierunkow|y [] adi. [1] [tablica, ruch] directional [2] (celowy) [założenia] guiding, operational; **przedmioty ~e** Szkol. the principal subjects, the core curriculum; **przedmiot ~y** Uniw. field of study, major US [3] Techn. [antena, mikrofon] directional

[]] m Telekom. (numer) telephone a. dialling code GB, area code US; **jaki jest ~y do Zamościa?** what's the telephone code for Zamość?

❏ **numer ~y** Telekom. telephone a. dialling code GB, area code US

kies|a f [1] daw. (sakiewka) purse [2] pot. (zasoby pieniężne) purse przen., pocket przen.; **państwowa ~a** the public purse; **resztę musi wyłożyć z własnej ~y** he has to pay the rest out of his own pocket

■ **mieć otwartą ~ę** pot. to be generous, to be open-handed; **potrząsnąć ~ą** pot. to loosen the purse strings przen.

kiesze|ń f [1] (na ubraniu, torbie, plecaku) pocket; **~ń spodni/płaszcza** a trouser/coat pocket; **tylna ~ń spodni** a hip pocket; **wyciągnął portfel z ~ni** he took his wallet out of his pocket [2] (zasoby pieniężne) pocket przen.; **wyłożył na to z własnej ~ni** he paid for it out of his own pocket; **obywatele z zasobnymi ~niami** citizens with deep pockets; **pusta ~ń** an empty pocket

■ **bić a. uderzać kogoś po ~ni** pot. to be hard on the pocket pot., to put a. burn a hole in sb's budget pot.; **nie na czyjąś ~ń** pot. too expensive for sb; too rich for sb's blood pot.; not for one's budget; **dostać po ~ni** pot. to shell out a fortune pot.; **mieć kogoś w ~ni** pot. to have sb in one's pocket; **zwycięstwo mają w ~ni** they will win as sure as eggs is eggs pot.; **mieć węża w ~ni** pot. to be tight-fisted, to be close-fisted; **siedzieć u kogoś w ~ni** pot. to be in sb's pocket; **trzymać się za ~ń** pot. to tighten the purse strings; **wypchać a. napchać a. nabić sobie/komuś ~ń a. ~nie** pot. to line one's/sb's pocket(s) pot.; **znać kogoś/coś jak własną ~ń** to know sb/sth like the back of one's hand, to know sb/sth inside out

kieszon|ka f dem. (small) pocket; **~ka na drobne** a change pocket

kieszonkow|iec [] m pers. [[]] m pot. (złodziej) pickpocket [[]] m inanim. (mała książka) pocket edition, pocket-size book

kieszonkow|y [] adi. [słownik, zegarek, latarka] pocket attr.; **kryminały mają często format ~y** crime novels are often published in pocket editions

[]] **kieszonkowe** n sgt pocket money GB, allowance US

kij [] m [1] (patyk) stick; (trzonek) handle; **bić kogoś ~em** to beat sb with a stick; **~ od miotły** a broomstick, a broomhandle; **szczotka na ~u** a broom; **kuśtykał o ~u** he was hobbling along on a. with a stick [2] Sport (hokejowy) stick; (baseballowy) bat; (golfowy) club; (bilardowy) cue [3] pot. (wędka) (fishing) rod; **moczyć ~** pot. to angle

[]] **kije** plt (kara) lashes; **został skazany na 50 ~ów** he received 50 lashes

■ **bez ~a ani przystąp** a. **nie podchodź** pot. steer clear of him/her/them, give him/ her/them a wide berth; **jakby ~ połknął** pot. (as) stiff as a poker a. ramrod; **~ samobij** a magic stick that beats people at the owner's command; **~em go/jej nie można zapędzić do nauki** pot. trying to get him/her to study is flogging a dead horse pot.; **metoda ~a i marchewki** the carrot and stick approach; **nie ~em go to pałką** pot. there's more than one way to skin a cat przysł.; **(to) nie w ~ dmuchał** pot. it is/was no mean feat; **wetknąć a. wsadzić a. włożyć ~ w mrowisko** to stir up a hornets' nest, to put a. set a cat among the pigeons

kijan|ka f [1] Zool. tadpole [2] daw. (do prania) paddle

kijasz|ek m książk. stick

kij|ek m [1] dem. (patyk) (small) stick [2] dem. pot. (fishing) rod [3] zw. pl (narciarski) ski pole

kijowo adv. posp. [czuć się, wyglądać] rotten adi.pot., lousy adi.pot.

kijow|y adi. posp. [pogoda, wakacje, miejsce] rotten adi., lousy pot.

kiks m pot. [1] (błąd) slip-up pot.; miscue przen.; (w mowie) slip (of the tongue) [2] Gry, Sport (w grze w piłkę) miscue, miskick; (w bilardzie) miscue; **zrobił ~a i odszedł od stołu** he miscued and left the table [3] (w śpiewie, grze na instrumencie) clinker pot.; false note

kiks|ować impf vi to slip (up), to blunder; (w grze w piłkę) to miscue, to miskick; (w grze na instrumencie) to hit a clinker pot. ⇒ **skiksować**

kiku|t m (A ~t a. ~ta) [1] (kończyny, palca) stump [2] zw. pl (pozostałość) stump, stub; **~ty spalonych drzew** stumps of burnt trees

kil m (G ~u a. ~a) Lotn., Żegl. keel; **przeciągnąć kogoś pod ~em** to keelhaul sb także przen.; **na równym ~u** Żegl. on an even keel

kilim m (~ek dem.) (G ~u) kilim a. kelim (carpet)

kilimiar|ka f kilim a. kelim carpet maker
kilimiars|ki adi. [warsztat] kilim a. kelim (carpet) making attr.

K

kilimiarstw|o *n sgt* kilim a. kelim carpet-making

kil|ka¹ *f* Kulin., Zool. sprat, common kilka

kilk|a² *pron.* some; (niewiele) a few; (więcej) several; **weź ~u ludzi i zróbcie porządek** take some/a few people and put everything in order; **daj mi ~a śliwek** give me some/a few plums; **przed ~oma dniami** several/a few days ago; **dziecko urodzi się za ~a miesięcy** the baby's due in a few months; **~a osób już mi to mówiło** I've heard that from several a. a few other people

kilk|adziesiąt *pron.* several dozen

kilkakroć *pron.* książk. → **kilkakrotnie**

kilkakrotnie *adv.* [powtarzać] repeatedly, several times; [wzrosnąć] several times; **~ dała mu do zrozumienia, że się z nim nie umówi** she'd let him know more than once that she wouldn't go out with him

kilkakrotn|y *adi.* ① [próby, ostrzeżenia] repeated; **~y medalista** a multiple medallist ② [zysk, dochód, obrót] multiple

kilk|anaście *pron.* a dozen or so, between ten and twenty; **jej syn ma ~anaście lat** her son is in his teens; **dom ma ~anaście lat** the house is ten or fifteen years old

kilkanaścior|o *pron.* a dozen, between ten and twenty

kilk|aset *pron.* several a. a few hundred

kilko- → **kilku-**

kilkodniowy → **kilkudniowy**

kilkogłosowy → **kilkugłosowy**

kilkogodzinny → **kilkugodzinny**

kilkoletni → **kilkuletni**

kilkometrowy → **kilkumetrowy**

kilkomiesięczny → **kilkumiesięczny**

kilkominutowy → **kilkuminutowy**

kilkomorgowy → **kilkumorgowy**

kilkonastoletni → **kilkunastoletni**

kilkoosobowy → **kilkuosobowy**

kilkopiętrowy → **kilkupiętrowy**

kilkoramienny → **kilkuramienny**

kilkor|o *pron.* several, a few

kilkostopniowy → **kilkustopniowy**

kilkotomowy → **kilkutomowy**

kilkotygodniowy → **kilkutygodniowy**

kilkotysięczny → **kilkutysięczny**

kilkowiekowy → **kilkuwiekowy**

kilku- *w wyrazach złożonych* several, a few; **kilkudniowy urlop** several/a few days' leave; **kilkupiętrowy dom** a low-rise building; **to tylko kilkuzłotowy wydatek** it's only a few zlotys, it only costs a few zlotys

kilkudniow|y *adi.* [urlop, zwolnienie] several/a few days'; **~e niemowlę** a newborn baby

kilkudziesięcio- *w wyrazach złożonych* several/a few dozen; **kilkudziesięciooso-bowa grupa** a few dozen people

kilkugłosow|y *adi.* Muz. [utwór, madrygał] for multiple voices a. parts

kilkugodzinn|y *adi.* [narada, podróż] of several/a few hours, several/a few hours long; **po ~ej dyskusji** after several hours of discussion; **~e spotkanie/nabożeństwo** a meeting/service (that was) several hours long; **po ~ej jeździe** after driving for several hours; **było ~e opóźnienie** there was a delay of several hours

kilkulat|ek ▯ *m pers* (Npl **~ki**) small child; (chłopak) little boy

▯ *m anim.* (zwierzę) animal several years old; (drzewo) sapling

kilkulat|ka *f* ① (dziewczynka) little girl ② (samica) **klacz ~ka** filly

kilkuletni *adi.* [pobyt, nauka, praca] several/a few years', of several/a few years; **~e dziecko** a small child; **~e drzewo** a sapling; **~ okres oczekiwania** several/a few years' wait; **~e doświadczenie** several/a few years' experience; **~a hossa** several/a few boom years; **~e bezowocne badania** several/a few years of fruitless research; **~a odsiadka** pot. several/a few years in the cooler pot.

kilkumetrow|y *adi.* [długość, szerokość, średnica] of several/a few metres GB, of several/a few meters US

kilkumiesięczn|y *adi.* [podróż, urlop] several/a few months', of several/a few months; **~e niemowlę** a baby a. an infant several months old; **~e starania** several months of effort

kilkuminutow|y *adi.* [odpoczynek, przerwa] several/a few minutes', of several/a few minutes; **~a cisza** a silence of several/a few minutes' silence, a silence of several/a few minutes; **~e opóźnienie** several/a few minutes' delay, a delay of several/a few minutes; **~e zamieszanie** several/a few minutes of confusion

kilkunasto- *w wyrazach złożonych* **kilku-nastoliterowy wyraz** a word of about fifteen letters; **kilkunastolitrowe wiadro** a bucket with a capacity of about fifteen litres

kilkunastodniow|y *adi.* [pobyt, wycieczka, urlop] a couple of weeks'; **~y źrebak** a two- or three-week-old foal

kilkunastogodzinn|y *adi.* over twelve hours, of fifteen hours or so; **~y lot** about a fifteen-hour flight; **~a podróż** a trip of around fifteen hours

kilkunastolat|ek ▯ *m pers.* (Npl **~kowie** a. **~ki**) teenager; (chłopak) teenage boy

▯ *m anim.* (zwierzę) animal of a dozen or so years of age; (drzewo) tree of a dozen or so years of age

kilkunastolat|ka *f* ① (dziewczyna) teenager, teenage girl ② (samica) (klacz) a fifteen- or twenty-year-old mare; (lwica) a ten- or fifteen-year-old lioness

kilkunastoletni *adi.* ① of ten or twenty a. of between ten and twenty years; **~ pobyt za granicą** ten or twenty a. between ten and twenty years abroad; **~e doświadczenie w kierowaniu biurem** over a decade of experience in office management ② [chłopiec, dziewczyna] teenage(d)

kilkunastostopniow|y *adi.* of about fifteen degrees; **panuje ~y mróz** (w stopniach Celsjusza) it's about fifteen below (zero) a. well below minus ten degrees outside; **może nastąpić ~y spadek/wzrost temperatury** we can expect the temperature to fall/rise (by) about fifteen degrees; **~e odchylenie od kursu** a fifteen- or twenty-degree deviation from course

kilkunastostronicow|y *adi.* ten or twenty pages long; **~a broszura** a brochure of a dozen or more pages

kilkunastotysięczn|y *adi.* of between ten and twenty thousand, of around fifteen thousand; **~y tłum** a crowd of between ten and twenty thousand; **~e miasto** a city of around fifteen thousand inhabitants

kilkuosobow|y *adi.* **zespół ~y** a team of several people; **pokój ~y** a multiple-occupancy room

kilkupiętrow|y *adi.* [budynek] low-rise

kilkuset- *w wyrazach złożonych* several hundred; **kilkusetstronicowa książka** a book several hundred pages long; **kilku-setzłotowa podwyżka** a (pay) rise of several hundred zlotys; **kilkusetzłotowy rachunek za telefon** a phone bill of several hundred zlotys; **kilkusetzłotowa nagroda** a reward of several hundred zlotys

kilkusetletni *adi.* several/a few hundred years', of several/a few hundred years; **~e drzewo** a tree several hundred years old; **~ okres** a period of several/a few hundred years

kilkusetmetrow|y *adi.* [dystans, odcinek] of several/a few hundred metres GB, of several/a few hundred meters US; **~e wzniesienie** a hill several/a few hundred metres high; **mieć ~ą przewagę nad rywalami** to be in the lead by several/a few hundred metres

kilkustopniow|y *adi.* of several/a few degrees; **~y mróz** several/a few degrees below freezing; **~e schody** several/a few steps

kilkutomow|y *adi.* [dzieło, wydanie, encyklopedia] in several/a few volumes

kilkutygodniow|y *adi.* [urlop, wyjazd, pobyt] several/a few weeks', of several/a few weeks

kilkutysięczn|y *adi.* of several/a few thousand; **~e miasto** a city of several/a few thousand inhabitants; **~y tłum** a crowd of several/a few thousand

kilkuwiekow|y *adi.* **~y rozwój miasta** the growth of the city over several centuries

kilo ▯ *n inv.* pot. kilo; **~ mąki i pół ~ cukru** a kilo of flour and half a kilo of sugar; **przytyć pięć ~** to put on five kilos

▯ **kilo-** *w wyrazach złożonych* kilo-; **kiloamper** kiloampere; **kiloherc** kilohertz; **kilowolt** kilovolt

kilobaj|t *m* Komput. kilobyte; **pamięć komputera miała 640 ~tów** the computer had a 640 kilobyte memory

kilof *m* pick(axe); **walić ~em w skałę** to pound on rock with a pickaxe

kilof|ek *m dem.* ① Górn. pick ② Ogr. dibble, dibber GB; **~kiem robić dziury w ziemi** to dibble the ground

kilogram *m* kilo(gramme) GB, kilo(gram) US; **ciężarek o wadze 10 ~ów** a 10-kilo(gramme) weight; **schudnąć pół ~a** to lose half a kilo(gramme); **ważyć 40 ~ów** to weigh 40 kilo(gramme)s; **zrzucić kilka ~ów** to lose a few kilo(gramme)s

kilogramow|y ▯ *adi.* (mający ciężar 1 kilograma) one-kilo(gramme) attr. GB, one-kilo(gram) attr. US; **~y odważnik** a one-kilo(gramme) weight; **w ~ych opakowaniach** in one-kilo(gramme) packs

▯ **-kilogramowy** *w wyrazach złożonych* -kilo(gramme) attr. GB, -kilo(gram) attr. US; **odważnik pięciokilogramowy** a five-kilogram(me) weight; **cukierki w**

torebkach półkilogramowych sweets in half-kilogram(me) bags

kilokalori|a f (GDGpl ~i) [1] Fiz. kilocalorie, large calorie [2] (w dietetyce) calorie; kilocalorie spec.; **dostarczać/zawierać/spalać ~e** to provide/contain/burn calories

kilomet|r m [1] (jednostka długości) kilometre GB, kilometer US; **licznik ~rów** ≈ a mil(e)ometer GB, an odometer US; **na piątym ~rze** at five kilometres; **obszar o powierzchni 20 ~rów kwadratowych** an area of 20 square kilometres; **od morza dzieli nas sto ~rów dżungli** there's a hundred kilometres of jungle between us and the sea; **plaża długa na 10 ~rów** a ten-kilometre long beach; **jechać 100 ~rów na godzinę** to go 100 kilometres per hour [2] przen. **~rami** [ciągnąć się] for miles; **na ~r** [słychać, czuć] miles away a. off pot.; **~ry korytarzy** miles of corridors; **~ry papieru** masses a. rims of paper

kilometraż m (G ~u) sgt Admin. ≈ mileage; **wyrabiać ~** to rack up mileage

kilometrow|y [] adi. [1] (o długości kilometra) one-kilometre attr. GB, one-kilometer attr. US; **~y odcinek drogi** a one-kilometre stretch of road; **~y dystans** a distance of one kilometre [2] (oznaczający odległość) kilometre attr. GB, kilometer attr. US; **słup ~y** a kilometre post; **licznik ~y** ≈ a mil(e)ometer GB, an odometer US [3] przen. endless przen.; **~a kolejka** an endless queue; **~e przemówienie** an endless speech

[] **-kilometrowy** w wyrazach złożonych -kilometre attr. GB, -kilometer attr. US; **pięciokilometrowa droga** a five-kilometre road; **wielokilometrowy spacer** a walk of several miles, several miles' walk; **kilkukilometrowe korki/plaże** miles-long traffic jams/beaches

kilos m pot. kilometre GB, kilometer US; **stąd do stacji będzie ze dwa ~y** it's about two kilometres from here to the station

kilowa|t m Fiz. kilowatt; **elektrownia wodna o mocy 350 000 ~tów** a 350,000 kilowatt hydroelectric power station

kilowatogodzin|a f Elektr. kilowatt-hour; **oszczędzać/zużywać ~y** to save/consume kilowatt-hours

kilow|y¹ [] adi. pot. (ważący jeden kilogram) kilo attr.; **~a paczka** a one-kilo parcel

[] **-kilowy** w wyrazach złożonych -kilo attr.; **dwukilowy chleb** a two-kilo loaf of bread; **pięćdziesięciokilowe worki** fifty-kilo sacks

kilow|y² adi. Żegl. keel attr.; **jacht ~y** a keelboat

kil|t m (G ~tu) kilt; **tradycyjny ~t w szkocką kratę** a traditional tartan kilt

ki|ła f sgt Med. syphilis; **~a nabyta/wrodzona/wczesna** acquired/congenital/early syphilis; **~a późna** syphilis tarda; **zarazić się ~ą** to catch a. contract syphilis

kiłow|y adi. Med. syphilitic; **objawy/zmiany ~e** symptoms of syphilis

kim|nąć pf — **kim|ać** impf vi pot. to (have a) kip GB pot., to (have a) snooze pot.; **~ać w autobusie** to kip in the bus; **~nął na lekcji** he conked out during the lesson

kimon|o n kimono; **włożyć/nosić ~o** to put on/wear a kimono

■ **uderzyć w ~o** pot. to crash (out) pot., to hit the hay pot.; **po obiedzie uderzył w ~o** he crashed after dinner

kimonow|y adi. [suknia, bluzka, sweter] kimono(-type) attr.; **krój ~y** a kimono cut

kindersztub|a f sgt książk. good manners, good breeding; **wychowany w ~ie** well brought up; **brak mu ~y** he lacks good manners

kindża|ł m (G ~łu) Hist. kanjar a. khanjar (dagger) (a traditional Middle Eastern weapon)

kinematografi|a f (GDGpl ~i) Kino cinematography; **arcydzieło ~i światowej** a masterpiece of world cinematography

kinematograficzn|y adi. Kino cinematographic; **jej twórczość ~a** her cinematographic works

kineskop m (G ~u) TV picture tube; **czarno-biały/kolorowy ~** a black and white/color tube; **płaski/wypukły ~** a flat/convex tube

kineskopow|y adi. TV **lampa ~a** (cathode ray) tube

kinetyczn|y adi. Fiz. kinetic; **energia ~a** kinetic energy; **~a teoria materii** kinetic theory

kinety|ka f Fiz. kinetics (+ v sg/pl); **~ka chemiczna** chemical a. reaction kinetics; **~ka cieczy** hydrokinetics

kinkie|t m (G ~tu) wall lamp; (ze świecą) sconce

kin|o n [1] (budynek) cinema, movie theater US; **~o non stop** a non-stop a. 24-hour cinema; **~o panoramiczne/samochodowe** a widescreen/drive-in cinema; **co grają w ~ie?** what's on at the cinema?; **iść do ~a** to go to the cinema GB, to go to the movies US; **na ekrany ~ wchodzi nowy film** a new film is being released [2] sgt (gatunek filmowy) cinema; **~o dźwiękowe/nieme/eksperymentalne** sound/silent/experimental cinema; **~o grozy** horror films; **~o prawdy** cinéma vérité [3] (seans filmowy) film, movie US; **jego ulubioną rozrywką było ~o** his favourite entertainment was going to the cinema; **pieniądze na ~o** money for a cinema ticket [4] przen. **ale ~o!** what a sideshow! przen.; **nie zrobię z siebie ~a** I'm not going to make a spectacle of myself

kinol m (A ~ a. ~a) pot. snoot pot., snout pot.; **zaprawił go w ~** he whacked him in the snoot

kinoman m, **~ka** f cinema-goer, moviegoer US, film buff; **zagorzały ~** an ardent film buff

kinomani|a /ˌkinoˈmaɲja/ f sgt (GD ~i) passion for the cinema; cinephilia rzad.

kinow|y adi. cinema attr., film attr., movie attr. US; **ekran ~y** a cinema screen; **kasa ~a** a box office; **organy ~e** a cinema organ; **projektor ~y** a film projector, a cine projector; **przebój ~y** a hit film, a box-office hit; **sala ~a** a screening room

kiosk m (G ~u) [1] (budka) stand, kiosk; **~ biletowy** a ticket booth; **~ z gazetami** a newsagent's stand GB, a newspaper stand, a news-stand; **~ z książkami** a bookstall; **kupować papierosy w ~u** to buy cigar-

ettes at a kiosk [2] Archit. (muzułmański pałacyk letni) kiosk [3] Archit. (altana egzotyczna) ≈ gazebo [4] Wojsk. conning tower [5] (stoisko) booth, stand; **~i wydawnictw muzycznych** music publishers' stands

kioska|rz m (Gpl ~y), **~rka** f ≈ newsagent GB; stall a. booth keeper

kioskow|y adi. news-stand attr., kiosk attr.; **sprzedaż ~a** news-stand sales

kip|er m (Npl ~erzy a. ~erowie a. ~rowie) (wine/tea/coffee) taster

kipers|ki adi. (wine/tea/coffee) tasting attr., (wine/tea/coffee) taster's; **umiejętności ~kie** (wine/tea/coffee) tasting skills; **zawody ~kie** a (wine/tea/coffee) tasting contest

kiperstw|o n sgt (wine/tea/coffee) tasting profession

kipi|eć impf (~isz, ~ał, ~eli) vi [1] (przelewać się) to boil over; **garnek/mleko ~** the pot/milk is boiling over; **~ący czajnik** a boiling kettle ⇒ **wykipieć** [2] książk. (burzyć się) to churn, to seethe; **~ąca rzeka/topiel** a churning river/whirlpool [3] przen. (z gniewu) [osoba] to be seething a. boiling; **~ieć gniewem/oburzeniem** a. **z gniewu/oburzenia** to be seething with anger/indignation; **głos ~iący gniewem** a voice brimming with anger; **~ieć energią/zdrowiem** [osoba] to be bursting with energy/health; **~ieć radością/zapałem** [osoba] to be brimming with joy/enthusiasm; **spojrzenie ~iące zadowoleniem** a look brimming with satisfaction; **miasto ~iało życiem** the city teemed a. throbbed with life ⇒ **zakipieć** [4] Myślis. [zając] to scamper, to scurry

kipiel f (Gpl ~i) (fale morskie) surf U; (wir) whirlpool; **wyłowić kogoś/coś z ~i** to pull sb/sth out of the surf

kipn|ąć pf (~nęła, ~nęli) vi pot. to conk out; **wszyscy myśleli, że ~ie** everyone thought s/he was going to conk out

ki|r m (G kiru) pall; **przykryć trumnę kirem** to place a pall over the coffin; **okryty kirem** covered with a pall

■ **okryć się kirem** książk. to go into mourning

kirasje|r m Hist., Wojsk. [1] (żołnierz ciężkiej jazdy) cuirassier [2] (gwardzista) guardsman

kirgis|ki adi. Kyrgyz, Kirghiz

Kirgiz m, **~ka** f Kyrgyz, Kirghiz

kirku|t m (G ~tu) Jewish cemetery

ki|sić impf [] vt [1] (marynować) to pickle, to marinate; **kisić ogórki** to pickle cucumbers; **kiszona kapusta** sauerkraut, sour cabbage ⇒ **ukisić** [2] pot., pejor. (żałować) to be stingy with sth pot., pejor.; **nie kiś tego wina** don't be stingy with the wine

[] **kisić się** [1] (marynować się) to marinate; **ogórki ładnie się kiszą** the cucumbers are marinating nicely ⇒ **ukisić się** [2] pot., pejor. (siedzieć bezczynnie) to vegetate; to moulder (away) przen.; **kisił się w domu z rodzicami** he was vegetating at home with his parents; **elita towarzyska kisiła się we własnym znudzonym gronie** the cream of society was suffocating in its insular little world

kisiel m (G ~u) Kulin. a type of gelatine dessert

■ **dziesiąta woda po ~u** ≈ a very distant relative

kisiel|ek m (G **~ku**) dem. Kulin. a type of gelatine dessert

ki|snąć impf (**kisła, kisnęli** a. **kiśli**) vi [1] pot. (ulegać fermentacji) to ferment; **wilgotne liście kisną na alejkach w parku** wet leaves are rotting on the paths in the park ⇒ **skisnąć** [2] pot. (siedzieć bezczynnie) to vegetate; to moulder (away) przen.; **kisnąć w marnej pracy** to moulder away in a lousy job; **kisnąć z nudów** to be bored to death a. to tears ⇒ **skisnąć**

kisz|ka f [1] (jelito) gut, belly; **boli mnie coś w ~kach** I've got a pain in my gut a. belly; **głód skręca mi/nam ~ki** I'm/we're starving; **~ki mi się przewracają na jego widok/na takie słowa** the very sight of him makes my stomach turn/it makes my blood boil a. my gorge rise when I hear something like that; **ślepa ~ka** pot. appendix; **blizna po operacji ślepej ~i** an appendectomy scar; **katar ~ek** Med. enteritis; **skręt ~ek** Med. volvulus [2] Kulin. (kaszanka) black a. blood pudding U; (pasztetowa) liver sausage [3] (długie wąskie pomieszczenie) narrow room [4] pot. (dętka) (inner) tube; **pękła mi ~ka w rowerze** my bicycle's got a flat
❑ **~ka prosta** a. **stolcowa** Anat. rectum
■ **~ki mi marsza grają** my tummy's rumbling, my belly thinks my throat's been cut

kiszkowa|ty adi. pot. long and narrow; **~ty pokój** a long narrow room; **~ty worek** a long narrow sack

kiszon|ka f [1] (karma dla zwierząt) silage; **karmić zwierzęta ~ką** to feed the animals silage [2] Kulin. pickle C/U; **~ka z kapusty pekińskiej** pickled Chinese cabbage

kiszon|y adi. Kulin. marinated, pickled; **~y ogórek** a pickle, a pickled cucumber

kiś|ć f (Gpl **~ci**) [1] Bot. bunch, cluster; **~ć akacji/jarzębiny/porzeczek** a cluster of acacia flowers/rowan berries/currants; **kiść winogron/bananów** a bunch of grapes/bananas [2] pot. (pęk) bunch; **~ć piór** a bunch of feathers [3] Anat. **~ć ręki** hand

ki|t m (G **~u**) sgt putty; **kit szklarski** glazier's putty; **kit szpachlowy** filler
❑ **kit pszczeli** propolis, bee glue
■ **do kitu** pot. crummy; **jedzenie do kitu** crummy food; **wciskać komuś kit** pot. to bullshit sb posp.; **nie wciskaj mi kitu!** don't give me that (malarkey)! pot.

ki|ta f [1] pot. (ogon) bushy tail; **puszysta kita wiewiórki** a squirrel's bushy tail; **lisia kita** a brush (of a fox) [2] Biol. tuft; **ogon zakończony białą kitą** a white-tipped tail [3] (ozdoba z piór lub włosia) crest; (pióropusz) plume; **kapelusz z pierzastą kitą** a hat with a plume [4] Bot. spike, tassel; **kity traw/trzcin** grass/reed spikes [5] augm. (uczesanie) (po bokach) pigtail zw. pl; (z tyłu) ponytail; **czesać się w kitę** to wear a ponytail
■ **odwalić kitę** pot. to kick the bucket pot., to snuff it GB pot.

Kitaj|ec m pot., pejor. chink pot., obraźl.; Chinaman przest., obraźl.

kitajs|ki adi. pot., pejor. chink attr. pot., obraźl.

kit|el m (**~elek** dem.) (ochronny) coverall(s), protective gown; (lekarski) (doctor's) lab coat; (chirurga) surgical gown, scrubs pl; **~tel**

laboratoryjny a lab coat; **pielęgniarka w białym ~lu** a nurse in a white gown

kit|ka f [1] dem. pot. (ogon) bushy tail [2] (ozdobną ~ką) a hat with a fancy tassel [3] Bot. spike, tassel; **żółta ~ka dziewanny** a yellow spike of mullein [4] pot. (uczesanie) (po bokach) pigtail zw. pl; (z tyłu) ponytail; **czesać się/wiązać włosy w ~kę** to wear a ponytail; **dziewczynka uczesana w ~ki** a little girl in pigtails

kit|ować impf **I** vt to putty; **~ować dziury** to putty holes; **~ować szybę** to fix a windowpane with putty ⇒ **zakitować**
II vi [1] pot. (mówić nieprawdę) to kid (around) pot., to have sb on GB pot., to put sb on US pot.; **~ować kolegę** to kid a. josh a friend pot.; **nie ~uj!** come off it!, you're having me on! ⇒ **zakitować** [2] pot., przen. (umierać) (to be about) to peg out pot. ⇒ **wykitować**

kitwa|sić się impf v refl. pot. [1] (tłoczyć się) to be cooped up; **~sić się w zatłoczonym autobusie** to be cooped up in a crowded bus [2] (ciągnąć się, przedłużać) to drag on (and on); **sprawa spadkowa ~siła się przeszło rok** the inheritance case dragged on over a year

kiwa|ć¹ impf vt pot. (oszukiwać kogoś) to double-cross; to con pot.; **wspólnik go ~ł** his partner was double-crossing him; **~ł nas wszystkich, że się na tym zna** he conned us all into thinking he was an expert ⇒ **wykiwać**

kiwać² impf → **kiwnąć**

kiwi I m inv. Zool. kiwi
III n inv. Bot. kiwi fruit

kiw|nąć pf — **kiw|ać²** impf (**~nęła, ~nęli** — **~am**) **I** vi [1] (machać) **~nąć głową** to nod; **~nąć ręką** to wave one's hand; **~ać nogami** to swing one's legs; **pies ~ał ogonem** the dog wagged its tail; **groźnie ~ać komuś palcem** to wag a finger threateningly at sb; **~ać głową nad kimś/czymś** to shake one's head (in dismay) over sb/sth; **~ać na kogoś** pot. (ręką) to wave at a. to sb; (palcem) to beckon to sb; **~ęła na syna, żeby wrócił** she waved her son back; **nie ~nąć palcem** to not lift a finger [2] Sport pot. to dribble; **~nął bramkarza** he dribbled past the goalkeeper
II kiwnąć się — kiwać się [1] (bujać się) to swing, to sway; **~ać się na krześle** (z krzesłem) to rock back in one's chair, to rock one's chair back; **~ać się na nogach** to sway on one's feet; **gałęzie ~ają się na wietrze** tree branches are swaying in the wind; **~ające się wahadło** a swinging pendulum; **głowa mu/jej się ~a** he/she is nodding off [2] (chwiać się) to wobble; **stół się ~a** the table is wobbling [3] Sport pot. to dribble

kizi|a f dem. kitty

klacz f Zool. mare; **~ czystej krwi arabskiej** a pure-bred Arabian mare; **~ zarodowa** a brood mare

klacz|ka f dem. Zool. (young) mare; **gniada ~ka** a young bay mare

klajst|er m (G **~ru**) sgt pot. [1] (klej) paste [2] (kleista substancja) pot. gloop GB pot., pejor., glop US pot., pejor.; **to ~er, a nie zupa!** you call this gloop soup?!

klajstr|ować impf vt pot. [1] to paste; **~ować tapetę** to paste wallpaper ⇒ **zaklajstrować** [2] przen. (tuszować) to whitewash przen.; **~ować czyjś życiorys** to whitewash sb's biography ⇒ **zaklajstrować** [3] przen. (prowizorycznie naprawiać) to patch up; **~ować bezwartościową ruderę** to patch up a worthless ruin

klajstrowa|ty adi. pejor. gluey; **~ta owsianka** gluey porridge

kla|ka f pot. claque; **mieć/urządzać ~kę** to have/organize a claque

klakie|r m claqueur rzad.; member of a claque

klakson m (G **~u**) horn, Klaxon® przest. **nacisnąć ~** to beep, to sound the horn

klamer|ka f dem. [1] (small) buckle, (small) clasp; **~ka do bielizny** a clothes peg GB, a clothespin US; **pantofelki na ~kę** buckled shoes [2] Med. staple

klam|ka f door handle; (kulista) doorknob; **pociągnąć za/nacisnąć ~kę** to pull/push (down) (on) a. press (down on) the door handle
■ **trzymać się** a. **czepiać się** a. **wisieć u czyjejś ~ki** to hang onto sb; **pocałować ~kę** pot. ≈ to find no one at home; **przyszliśmy za późno i pocałowaliśmy ~kę** we came too late and no one was at home; **~ka zapadła** the die is cast przysł.

klamot|y plt (G **~ów**) pot. clobber U GB pot., stuff U pot.; **zabierz te ~y** take this stuff away

klam|ra f [1] (zapięcie) buckle, clasp; **~ra u paska** a belt buckle; **~ra do włosów** a barette, a hair slide; **zapiąć/rozpiąć ~rę** to do up/undo the buckle [2] (zwora) cramp(-iron) [3] zw. pl (nawiasy) brace zw. pl, curly bracket zw. pl [4] Sport (przy wspinaczce) step iron [5] Sport (w boksie) clinch [6] Med. staple [7] książk. bridge, link

klamrow|y adi. buckle attr., buckled; **pas ~y** a buckle(d) belt; **nawiasy ~e** curly brackets

klan m (G **~u**) clan; **członek/członkini ~u** a clan member, a clansman/clanswoman; **należeć do ~u wtajemniczonych** przen. to belong to the in-group

klango|r m (G **~ru**) hong, honking, clang (of cranes, geese)

klanow|y adi. [1] Hist. clan attr.; **wspólnota ~a** a clan community [2] przen., pot. clannish przen., clan attr. przen.; **przynależność ~a** clan membership; **solidarność ~a** clannish solidarity

klap|a f [1] (pokrywa) flap, lid; **~a bagażnika** the boot lid GB, the trunk lid US; **~a sedesu** the toilet (seat) lid; **~a śmietnika** a dustbin lid GB, a garbage can lid US; **~a ciężarówki** a (lorry) tailgate; **~a czołgu** a tank hatch; **~a namiotu** a tent flap; **~a do piwnicy/na strych** the cellar trapdoor/the trapdoor to the loft; **podnieść/opuścić ~ę** to lift/lower a flap [2] zw. pl Moda lapel zw. pl; **~a marynarki/płaszcza** a jacket/coat lapel; **żakiet z wąskimi/szerokimi ~ami** a jacket with narrow/wide lapels; **chwycić kogoś za ~y** to grab sb by the lapels [3] Techn. valve plate a. flap; **~a bezpieczeństwa** a safety valve [4] Lotn. flap [5] Muz. key [6] sgt (klęska) flop pot.; disaster; **~a finansowa** a financial disaster; **sztuka zrobiła ~ę** the play flopped a. was a flop

klap|ać *impf* → **klapnąć**[1]

klap|ek *m* (domowy) mule; (plażowy) flip-flop

klap|ka *f dem.* [1] flap; (końska) blinker *zw. pl*, blinder *zw. pl* US [2] Moda (small) lapel [3] Techn. (small) valve plate a. flap; **~ka telefoniczna** a drop indicator [4] (packa) fly swatter, fly swat GB

■ **mieć ~ki na oczach** *pot.* to be blinkered GB, to have blinders on US

klap|nąć[1] *pf* — **kla|pać** *impf* (**~nęła, ~nęli — ~ię**) *vi* [1] (uderzyć czymś płaskim) to slap; **~nąć kogoś po ramieniu** to clap sb on the shoulder; **szedł korytarzem ~iąc kapciami** he went down the corridor, his slippers slapping on the floor [2] (poruszyć szczęką, dziobem) **~ał zębami z zimna** his teeth were chattering from the cold; **pies ~nął zębami na przechodnia/przejeżdżającego rowerzystę** a dog snapped at a passer-by/a passing cyclist

klapn|ąć[2] *pf vi pot.* to flop *pot.*, to plop *pot.*; **~nął na kanapę** he flopped down on the sofa; **dziecko ~ęło prosto w kałużę** the child plopped straight into the puddle; **~ij sobie** sit yourself down *pot.*, take a load off (your feet) *pot.*

klaps *m* (*A* **~a**) [1] (uderzenie) spank, smack; **dać dziecku ~a** to spank a child, to give a child a spanking [2] Kino clapperboard; (ujęcie) take; **~ numer 10** take 10 [3] (*A* **~a**) → **klapsa**

klaps|a *f* Bot. (drzewo) Clapp's Favourite (pear tree) GB, Clapp's Favorite (pear tree) US; (owoc) Clapp's Favourite

klarneci|sta *m*, **~stka** *f* Muz. clarinettist

klarne|t *m* (*G* **~tu**) Muz. clarinet; **~t altowy/basowy/kontrabasowy** an alto/a bass/a contrabass clarinet; **ćwiczyć/grać na ~cie** to practise/play the clarinet

klar|ować *impf* [I] *vt* (oczyszczać płyn z zawiesin) to clarify; **~ować sok/wino** to clarify juice/wine; **~owanie piwa** beer clarification ⇒ **wyklarować** [1] *pot.* (wyjaśniać) to clarify, to explain; **od godziny ~ował mu to samo** he'd been explaining the same thing to him for an hour ⇒ **wyklarować** [2] Żegl. (porządkować) to stow; **~ować cumy/foka/fał** to stow the mooring lines/jib/halyard; **~ować jacht** to stow the boat

[II] **klarować się** [1] (oczyszczać się) to clarify; **wino ~uje się w beczkach** the wine clarifies in barrels ⇒ **wyklarować się** [2] *pot.* (stawać się zrozumiałym) to become clear; **sytuacja zaczynała się ~ować** the situation was beginning to become clear ⇒ **wyklarować się** [3] *pot.* (wypogadzać się) to clear up; **pogoda się ~uje** the weather is clearing up ⇒ **wyklarować się**

klarownie *adv. grad.* clearly, lucidly; **mówić/pisać ~** to speak/write clearly a. lucidly

klarownoś|ć *f sgt* [1] clarity; **~ć wina** the clarity of the wine [2] (jasność, zrozumiałość) clarity, lucidity; **~ć obrazu** the clarity of the image; **~ć wyjaśnień** the lucidity of the explanations

klarown|y *adi. grad.* [1] (czysty) clear; (przezroczysty) transparent; **~e niebo** a cloudless sky; **~y sok** clear juice; **~a woda** crystalline water [2] (zrozumiały) clear,

lucid; **~y cel** a clear-cut objective; **~e wyjaśnienia** lucid explanations

klarys|ka Relig. [I] *f* (zakonnica) Poor Clare, sister of Saint Clare

[II] **klaryski** *plt* (zakon) the Order of (Franciscan) Poor Clares, the Order of Saint Clare

klas|a [I] *f* [1] (kategoria) class, category; **drewno sortowano na ~y według gatunku i jakości** the timber was graded according to type and quality; **jezioro o pierwszej ~ie czystości wód** a lake with first-class water quality; **sprzęt, który był o ~ę lepszy** equipment that was in a different class; **zabytek ~y zerowej** a Grade 1 listed monument [2] (w społeczeństwie) class; **~a średnia** the middle class; **~a robotnicza** the working class; **~a rządząca** the ruling class; **walka ~** class struggle [3] (oddział w szkole) year, form GB, grade US; **w której jesteś ~ie?** which year are you in?; **chodzi a. uczęszcza do pierwszej ~y** s/he's a first-form pupil a. first-grade student US; **z trudem przechodził z ~y do ~y** he had trouble moving up from year to year; **drugi rok chodziła do trzeciej ~y** she was kept back a. down for a year in the third form; **~a maturalna** the final year of secondary school; **~a o profilu humanistycznym** a class specializing in the humanities; **~a śpiewu/fortepianu/rysunku** a singing/piano/drawing class [4] (uczniowie) class; **to zdolna ~a** they're a clever class [5] (sala) classroom; **nauczyciel wszedł do ~y** the teacher entered the classroom [6] (w sporcie) class; **~a amatorska** an amateur class; **bez trudu wygrywali w swojej ~ie** they won easily in their class [7] *sgt* (wysoka jakość) class; **samochód tej ~y rzadko się psuje** this class of car rarely breaks down; **pokazał aktorstwo wysokiej ~y** he gave a first-class performance; **był światowej ~y specialistą** he was a world-class specialist; **obaj jazzmani reprezentują najwyższą światową ~ę** both of them are top world-class jazz players; **dziewczyna z ~ą** a classy a. stylish girl; **towar pierwszej ~y** first-class a. first-rate goods [8] (w środkach komunikacji) class; **wagon pierwszej/drugiej ~y** a first-class/second-class compartment; **podróżować pierwszą ~ą** to travel (in) first class; **bilet ~y turystycznej** an economy class ticket; **podróżować ~ą turystyczną** to travel economy class [9] Techn. grade [10] Biol. class [11] Log., Mat. class

[II] **klasy** *plt* Gry hopscotch; **grać w ~y** to play hopscotch; **gra w ~y** hopscotch

■ **być ~ą dla siebie** to be in a class by oneself a. of one's own; **kumpel (pierwsza) ~a** *pot.* a fantastic mate GB *pot.* a. buddy US *pot.*; **obsługa (pierwsza) ~a** first-class a. first-rate service; **mieć ~ę** *pot.* to have class; **robić wszystko z ~ą** to do everthing in a. with style

klase|r *m* (na znaczki) stamp album; (na monety) coin album

kla|snąć *pf* — **kla|skać** *impf* (**~snęła, ~snęli — ~szczę** a. **~skam**) *vi* [1] (dłonią o dłoń) to clap (one's hands); **widownia ~skała po każdej dowcipnej kwestii**

the audience applauded every witty line; **po przedstawieniu długo ~skano artystom** at the end of the show, the performers received lengthy applause; **~snęła w dłonie z zachwytu** she clapped her hands in delight; **~snął na służbę** he clapped his hands to call the servants; **~skać w rytm muzyki** to clap along to the music [2] (uderzać) to slap; **słychać było tylko ~skanie skrzydeł na wodzie** nothing could be heard but the slapping of wings on the water; **trampki ~snęły o mokre kamienie** his/her gym shoes slapped against the wet stones

klasowo *adv.* **społeczeństwo zróżnicowane ~o** a class(-based) society

klasowoś|ć *f sgt* **~ć społeczeństwa** the class structure of society

klasow|y *adi.* [1] Socjol. [*społeczeństwo, świadomość*] class *attr.*; **podziały/uprzedzenia ~e** class divisions/prejudices; **walka ~a** class struggle [2] Szkol. [*dziennik*] class *attr.*; **zadanie ~e** a. **praca ~a** a test; **średnia ~a** class average; **to ~y oferma** he's the clumsiest pupil in the class [3] *pot.* (najlepszy) [*zawodnik*] top-class *attr.*; **~a lekkoatletka/tenisistka** a top-class athlete/tennis player

klasów|ka *f* test; **pisać ~kę** to take a test; **~ka z matematyki** a maths test

klasycystyczn|y *adi.* [1] [*architektura, sztuka*] classical [2] (regularny) [*forma*] classicistic

klasycyzm *m* (*G* **~u**) *sgt* Literat., Muz., Szt. classicism, neo-classicism

klasycyz|ować *impf vi* **poeta ~ujący** a poet imitating the classical style; **~ujący budynek** a neo-classical building; **~ująca forma opowieści** the neo-classical form of a story

klasycznie *adv.* [1] (zgodnie z antycznymi kanonami) **świątynia zbudowana ~, w stylu jońskim** a classical temple built in the Ionic style; **malować/rzeźbić ~** to paint/sculpt in the classical style [2] (tradycyjnie) classically; **powieść napisana ~** a classically written novel [3] (typowo) classically; **symbolika ~ freudowska** classically Freudian symbolism a. symbols; **rozegrał sprawę ~** his behaviour was (absolutely) typical [4] (zgodnie z normą) classically; **tańczyli tango ~** they danced the classical tango; **czarna, uszyta ~ sukienka** a classic black dress; **miała ~ piękną twarz** she had a classically beautiful face

klasycznoś|ć *f sgt* [1] (rzeźby, architektury) classical style [2] (typowość) classic character; **~ć sytuacji** the classic nature of the situation [3] (tradycyjność) classic style; **w modzie znów zapanowała ~ć** fashion classics are back again

klasyczn|y *adi.* [1] [*architektura, sztuka, mitologia*] classical; **~a greka** classical Greek; **filologia ~a** Classical studies; **filolog ~y** a classicist [2] (tradycyjny) [*medycyna, ekonomia, balet*] classical; **~a powieść** a classic novel; **muzyka ~a** classical music [3] (typowy) [*przykład, sytuacja*] classic; **miał ~e objawy zatrucia** he had classic symptoms of food poisoning [4] (uznawany za wzór) [*sukienka, garnitur*] classic; **sukienka miała ~y krój** it was a classic dress; **uważano ją**

K

za ~ą piękność she was considered classically beautiful

klasyfikacj|a f (Gpl ~i) [1] (podział) classification C/U; ~a gatunków literackich classification of literary genres; **naukowa ~a** scientific classification; ~a roślin plant classification [2] (sportowców, drużyn) ranking; ~a pucharowa the cup rankings; **w ~i drużynowej prowadzą Anglicy** England is leader of the team table; **przez pewnien czas był na czele ~i** he's been the leader of his class/group for some time now

klasyfikacyjn|y adi. [system] classification attr.

klasyfik|ować impf vt [1] (kategoryzować) to classify, to categorize; **uczestników ~ujemy do poszczególnych grup w zależności od sprawności fizycznej** participants are classified into groups based on physical fitness; ~ować zjawiska na dobre i złe to classify a. categorize phenomena as being good or bad; ~ować dzieła według przyjętych zasad to classify works according to accepted rules ⇒ **zaklasyfikować** [2] (przypisywać jakieś cechy) to classify; **ten film nie może być ~owany jako dzieło sztuki** this film can't be classified as a work of art ⇒ **sklasyfikować** [3] (w konkursie, zawodach) to rank; **w kilku dziedzinach jesteśmy ~owani w światowej czołówce** in some sports we are ranked among the world's best ⇒ **sklasyfikować** [4] (oceniać) [nauczyciel] to give marks GB, to grade US; ~ować uczniów na koniec semestru to give end-of-term marks a. grades to students ⇒ sklasyfikować

klasyfikowan|y [] pp → klasyfikować [] adi. Szkol. allowed to move up to the next year

klasy|k m [1] (twórca) classic; **ten autor to ~k światowej sławy** this author is a world classic; ~cy rocka rock classics [2] (przedstawiciel klasycyzmu) classicist

klasy|ka f sgt classics pl; ~ka kina światowego world cinema classics; **grać ~kę** to play classical music

klaszto|r m (G ~ru) [1] (budynek) (dla zakonników) monastery; (dla zakonnic) convent, nunnery; ~r Benedyktynów a Benedictine monastery; ~r buddyjski a Buddhist monastery; ~r klarysek a Poor Clares convent [2] (zakon) (męski) (monastic) order; (żeński) convent, nunnery; **poszła a. wstąpiła a. ~ru** she's entered a convent ■ dłużej ~ra niż przeora przysł. ≈ the institution is more important than the individual

klasztor|ek m (męski) (small) monastery; (żeński) (small) convent, (small) nunnery

klasztorn|y adi. [1] [cela, reguła, życie] monastic/convent attr. [2] przen. (surowy) [warunki] monastic; **prowadzić ~y tryb życia** to live like a monk/nun

kla|ta m pot. (piersiowa) large chest

klat|ka f [1] (dla zwierząt) cage; ~ka dla ptaków a birdcage; ~ka na króliki a rabbit hutch; **zamknąć lwa w ~ce** to put a lion into a cage; **czuć się jak w ~ce** to feel caged in a. up [2] Anat. chest; thorax spec.; **męczył go straszny ból w ~ce**

piersiowej he felt an excruciating pain in his chest; **chudy młodzieniec o zapadniętej ~ce piersiowej** a thin young man with a hollow chest; **mężczyzna o potężnej ~ce piersiowej** a deep-chested man [3] Budow. stairs, staircase, (stair)well [4] pot. frame; **proszę po trzy odbitki z każdej ~ki** I'd like three prints of each frame [5] Elektr. squirrel cage [6] Górn. cage □ ~ka meteorologiczna Meteo. Stevenson screen; ~ka pochylniowa Żegl. cradle

klaun → klown

klaunada → klownada

klaustrofobi|a /ˌklawstroˈfɔbja/ f sgt (GD ~i) Med. claustrophobia

klaustrofobiczn|y /ˌklawstrofoˈbitʃnɨ/ adi. [lęk] claustrophobic

klauzul|a /klawˈzula/ f Prawo clause; **tajna ~a** a secret clause; **w umowie zawarta była ~a, że...** there was a clause in the contract stipulating that... □ ~a największego uprzywilejowania Prawo most-favoured nation clause

klauzu|ra /klawˈzura/ f Relig. [1] (zasada) enclosure; **ten żeński klasztor był objęty ścisłą ~rą** this order of nuns was subject to strict enclosure; **zakonnice żyjące w ~rze** nuns in an enclosed order [2] (część klasztoru) enclosure

klauzurow|y /ˌklawzuˈrovɨ/ adi. [zakonnice, zakon] enclosed

klawesyn m (G ~u) Muz. harpsichord

klawesyni|sta m, ~stka f Muz. harpsichordist

klawesynow|y adi. [muzyka, koncert] harpsichord attr.

klawiatu|ra f keyboard; ~ra komputera a computer keyboard; **pianista żywo przebierał palcami po ~rze** the pianist's hands moved swiftly over the keyboard

klawiaturow|y adi. [ćwiczenia] keyboard attr.; **klawisz ~y** a key

klawisz [] m pers. (Gpl ~y a. ~ów) (strażnik w więzieniu) pot., pejor. screw pot. [] m inanim. [1] (w instrumencie) key; **bębnić w ~e fortepianu** to bang on the piano [2] (w komputerze, telefonie) key; **nacisnąć ~ „Enter"** to press (the) enter (key); ~ spacji the space bar; ~e radioodbiornika the radio buttons; ~e telefonu komórkowego cellphone keys; **podświetlane ~e** illuminated keys

klawiszow|y adi. [instrument] keyboard attr.; **przełącznik ~y** a push button; **telefon ~y** a push-button phone

klawo [] adv. pot. [czuć się, wyglądać] great adi. pot., smashing adi. GB pot.; ~ **wyglądasz w mini** you look great in a mini; ~, **że przyszedłeś** it's great that you're here; **po dwóch szklankach alkoholu jest już ~** after two drinks everything is fine a. great [] inter. sure! pot., right! pot.

klaw|y adi. pot. [dziewczyna, zabawa, muzyka] great pot.

kl|ąć impf (klnę, klęła, klęli) [] vi [1] (złorzeczyć) to swear, to curse; **zaczął kląć na wszystkich, którzy go oszukali** he started cursing everybody who had deceived him; **psiakrew, klął bez ustanku** 'damn it!', he kept cursing; **klął z cicha, że to wszystko niepotrzebne** he swore under

his breath that it was all a waste of time ⇒ **zakląć** [2] (rzucać klątwę) to curse; **klnąc własną córkę, kazał jej się wynosić z domu** cursing his own daughter he told her to get out of the house [] **kl|ąć się** (przysięgać) to swear; **klnę się słowem honoru, że nic nie wiedziałem** I swear (that) I had no idea; **klęli się na wszystkie świętości** they swore by all that was sacred; **to wszystko są podłe kalumnie, klęła się** 'this is all just slander', she swore

kląsk|ać impf vi [1] [słowik] to warble [2] (stukać) to clatter; **szli ulicą ~ając butami o mokrą nawierzchnię** they went along the street clattering a. clicking their heels on the wet pavement; **kopyta końskie ~ały o bruk** horses' hooves clip-clopped along the road

klątw|a f [1] Relig. anathema, excommunication; **biskup obłożył króla ~ą** the bishop anathemized a. excommunicated the king [2] (przekleństwo) curse; **rzucić ~ę na kogoś** to put a curse on sb; **na rodzie tym ciążyła ~a** the family has been cursed a. under a curse

kle|cha m (Npl ~chy, Gpl ~chów a. ~ch) pot., pejor. Holy Joe pot.

klech|da f fable, legend; **opowiadać ~dy** to recount legends

kle|cić impf [1] (budować) to knock together, to throw together; ~**cić szałas/budę dla psa** to throw a shelter/kennel together ⇒ **sklecić** [2] przen. (układać) to throw together, to cobble together [wiersz, wypracowanie]; ~**cił jakieś nieudolne zdania** he threw together a few meaningless sentences ⇒ **sklecić**

kle|ić impf [] vt to glue (together); **ortalion można ~ić klejem do gumy** nylon can be stuck with rubber glue; ~**ić modele samolotów** to make model planes ⇒ **skleić** [] **kle|ić się** [1] (lepić się) to be sticky; **ręce ~iły mu się od farby** his hands were sticky with paint; **stół aż ~ił się od brudu** the table was all sticky with dirt; **rozmowa/robota się nie ~i** przen. the conversation/work is heavy going [2] (przywierać) to stick; **błoto ~iło się do butów** the mud stuck to his/her shoes ⇒ **przykleić** [3] pot. (przytulać się) to cling (do kogoś to sb); **na przyjęciu ~ił się do wszystkich dziewcząt** he was clinging to every girl at the party ■ **powieki a. oczy jej się ~ją** her eyelids are drooping

klei|k m (~czek dem.) (G ~ku) pap U, gruel U

klei|sty adi. [ciasto, kasza] glutinous; [błoto, ciecz] viscous

klej m (G ~u) glue U, adhesive C/U; ~ **biurowy** office gum a. glue; ~ **stolarski** joiner's glue; ~ **do glazury/drewna** tile/wood adhesive; **posmarować coś ~em** to apply glue to sth; **ten ~ dobrze trzyma** this glue sticks well

klejnocik m (G ~u a. ~a) dem. [1] (kamień szlachetny) (small) jewel, (small) gem; (wyrób jubilerski) (small) jewel [2] przen. (coś cennego) (small) jewel, (small) treasure

klejno|t [I] *m* (*G* ~**tu**) [1] (kamień szlachetny) jewel, gem; (wyrób jubilerski) piece of jewellery; **bezcenne ~ty** priceless jewels; **~t ze złota i pereł** a piece of jewellery made from gold and pearls [2] książk. (herb) coat of arms; **pieczętowali się ~tem Nałęcz** their coat of arms was Nałęcz [3] przen. (coś cennego) jewel, treasure; **ten pałac to prawdziwy ~t architektury** this palace is a real architectural gem; **tę szablę uważał za ~t w swojej kolekcji** he considered the sabre to be the jewel in the crown of his collection [II] **klejnoty** *plt* [1] (biżuteria) jewellery GB, jewelry US [2] pot. (genitalia) privates pot.
❑ **~ty koronne** crown jewels

klejon|y [I] *pp* → **kleić** [II] *adi.* [meble] edge-glued; **szyby ~e** laminated glass

klejow|y *adi.* [masa] glue *attr.*; **farba ~a** distemper

kleko|t *m* [1] *sgt* (*G* ~**tu**) (bociana) clatter-(ing) [2] *sgt* (*G* ~**tu**) (kołatki, okiennicy, kół) clatter, rattle; **~t wozu w koleinach polnej drogi** the rattling of a cart in the ruts of a field track [3] pot. (stary pojazd) banger pot., jalopy pot.

kleko|tać *impf* (~**czę** a. ~**cę**) *vi* [1] [bocian] to clatter [2] [maszyna, samochód, kołatka] to clatter, to rattle; **~tanie karabinów maszynowych** the rattle of machine-gun fire; **biegł, ~cząc sandałami po asfalcie** he ran along, his sandals slapping on the tarmac [3] (trajkotać) to chatter, to rattle; **ciągle ~tała, żeby pozwolił jej wyjechać** she kept on and on about him letting her go away pot.

kleks *m* (~**ik** *dem.*) (*A* ~ a. ~**a**) (ink) blot; **zrobił ~a w zeszycie** he blotted his exercise book

kle|ń *m* Zool. chub

klepać[1] *impf* → **klepnąć**

klep|ać[2] *impf* (~**ię**) *vt* [1] to hammer [blachę, kosę]; **~ać len/konopie** to beat flax/hemp ⇒ **wyklepać** [2] pot., pejor. (paplać) to prattle; **~ał coś, ale nikt go nie słuchał** he was prattling on and on but nobody was listening; **przestań wreszcie ~ać w kółko o tym samym** stop rattling on about the same thing all the time; **~ią pacierze** they're rattling off their prayers; **~ać trzy po trzy** to talk rubbish a. nonsense ⇒ **odklepać, wyklepać**
■ **~ać biedę** pot. to live from hand to mouth; **cała rodzina ~ie biedę** the whole family is really hard up

klepisk|o *n* [1] (do młócenia) threshing floor [2] (ubita ziemia) dirt floor, mud floor [3] Techn. screen

klep|ka *f* [1] (deseczka) (podłogowa) woodblock; (w beczce, łodzi) stave; **szpara między ~kami** a gap between the woodblocks; **parkiet wyłożono dębową ~ką** the floor was laid with oak woodblocks a. parquet [2] *sgt* pot. (materiał) woodblocks *pl*; parquet (flooring) [3] *sgt* pot. (podłoga) woodblock floor, parquet
■ **on ma wszystkie ~ki** pot. he's all there pot., his head is screwed on the right way pot.; **on nie ma** a. **brakuje mu piątej ~ki** pot. he's not all there pot., he has a screw loose pot.

klep|nąć *pf* — **klep|ać[1]** *impf* (~**nęła, ~nęli — ~ię**) [I] *vt* (uderzyć lekko dłonią) to pat; **przytulała go czule i ~ała po plecach** she hugged him affectionately and patted him on the back; **~nął go w ramię i życzył mu szczęścia** he patted him on the shoulder and wished him luck ⇒ **poklepać** [II] **klepnąć się** — **klepać się** [1] (uderzać się lekko) to pat oneself; **po jedzeniu ~ał się po brzuchu** he patted his stomach after he'd finished eating [2] (wzajemnie) to pat one another; **rzucali się sobie w objęcia, ~ali po plecach** they were hugging and patting one another on the back

klepsyd|ra *f* [1] (piaskowa) hourglass, sandglass; (wodna) water clock [2] (ogłoszenie o czyjejś śmierci) obituary

klepsydrow|y *adi.* **zegar ~y** a water clock

kleptoman *m*, **~ka** *f* kleptomaniac

kleptomani|a /ˌkleptoˈmanja/ *f sgt* (*GD* ~**i**) kleptomania

kle|r *m sgt* (*G* ~**ru**) Relig. clergy

kleryc|ki *adi.* [sutanna, zakon] clerical

klery|k *m* Relig. clerical student, seminarian

klerykalizacj|a *f sgt* (polityki, kultury, szkół) subjection to clerical influence

klerykalizm *m sgt* (*G* ~**u**) clericalism

klerykaliz|ować *impf* [I] *vt* to make [sth] clerical; to clericalize rzad. [II] **klerykalizować się** [szkoła, fundacja, kultura] to come under clerical influence

klerykaln|y *adi.* [1] pejor. (bliskie poglądom kleru) [środowisko, pogląd] clerical [2] (dotyczący kleru) [problematyka] clerical

klerykał *m* pejor. clericalist

kleszcz *m* Zool. tick; **wyciągnąć** a. **usunąć ~a** to pull out a. remove a tick

kleszcz|e *plt* (*Gpl* ~**y**) [1] (raka, skorpiona) pincers, nippers [2] (narzędzie) nippers, pliers; **~e do wyciągania gwoździ** pliers for pulling out nails; **~e do rwania zębów** dental forceps; **~e porodowe** forceps [3] Budow. tie beam

kleszczyk|i *plt dem.* (*Gpl* ~**ów**) tweezers; **~i chirurgiczne** forceps

klęcząc|y [I] *pa* → **klęczeć** [II] *adi.* [pozycja] kneeling

klęcz|eć *impf* (~**ysz, ~ał, ~eli**) *vi* to kneel; **~ał i modlił się** he was kneeling and praying

klęcz|ki *plt* (*Gpl* ~**ek**) **poruszać się na ~kach** to crawl on one's hands and knees; **upaść** a. **osunąć się na ~ki** to go down on one's knees; **wstać z ~ek** to get up off one's knees
■ **jest** a. **żyje na ~kach przed wszystkimi** he bows down to everybody; **błagała go na ~kach** she begged him on her knees

klęcznik *m* prie-dieu

klęk|nąć *pf* — **klęk|ać** *impf* (~**nęła** a. **~ła, ~nęli** a.**~li — ~am**) *vi* to kneel (down); **~nęła do modlitwy** she knelt (down) to say her prayers
■ **~ajcie narody!** pot., żart. lo and behold; **oto kobieta, ~ajcie narody!** what a woman, lo and behold!

klęp|a *f* [1] (samica łosia) (female) elk [2] pot., obraźl. (kobieta) frump; **stara ~a** an old frump

klęs|ka *f* [1] (niepomyślny wynik) defeat *C/U*; **bitwa zakończyła się sromotną ~ką** Krzyżaków the battle ended in a resounding a. ignominious defeat for the Teutonic Knights; **Francja stanęła w obliczu nieuchronnej ~ki** France was faced with (an) inevitable defeat; **ponieśli miażdżącą ~kę w meczu** they suffered a crushing defeat in the match [2] (niepowodzenie) defeat, misfortune; **rozważał swoje ~ki i sukcesy** he mused over his failures and successes; **była to ~ka jego marzeń** it was the end of his dreams [3] (żywioł) disaster *C/U*, calamity *C/U*; **~ka ekologiczna** an ecological disaster; **~ka żywiołowa** a natural disaster; **~ka nieurodzaju** (a) harvest a. crop failure; **~ka głodu** famine; **~ka bezrobocia** an unemployment crisis; **w XIX w. kraj nawiedziła ~ka** in the nineteenth century disaster struck a. befell the country; **~ka urodzaju** iron. (an) oversupply [4] (duży problem) disaster; **dla bezdomnych zima jest ~ką** winter is a disaster for the homeless

klien|t *m*, **~tka** *f* customer, client; **stały ~t** regular customer; patron książk.; **ten adwokat ma wielu ~tów** this lawyer/barrister has a lot of clients; **biuro obsługi ~ta** customer service (department)

klientel|a *f sgt* clientele (+ *v sg/pl*); **ta restauracja ma stałą ~ę** this restaurant has a regular clientele

klif *m* (*G* ~**u**) Geol. cliff

klifow|y *adi.* [wybrzeże] cliffy

kli|ka *f* pejor. (grupa osób) clique pejor.; (w polityce) political clique pejor.; **oni wszyscy są z jednej ~ki** they all belong to the same clique

klik|nąć *pf* — **klik|ać** *impf* (~**nę, ~nęła, ~nęli — ~am**) *vi* Komput. to click; **~nąć ikonę** to click on an icon; **~nąć dwa razy** a. **dwukrotnie** to double-click

klimaks *m sgt* (*G* ~**u**) pot., żart. the change of life euf.; climacteric; **męski ~** the male menopause

klimakterium *n sgt* Med. climacteric, the menopause

klimakteryczn|y *adi.* [objawy, zaburzenia] menopausal

klima|t *m* (*G* ~**tu**) [1] Meteo. climate; **~t ciepły/gorący/łagodny/surowy/zimny** a warm/hot/mild/severe/cold climate; **zdrowy/zabójczy ~t** a healthy/deadly climate; **ocieplenie ~tu** global warming; **wytrzymywać** a. **znosić dobrze suchy ~t** to tolerate a/the dry climate; **źle znoszę tropikalny ~t** I can't tolerate tropical conditions; **ten gatunek roślin rośnie a. występuje tylko w ~cie pustynnym** this species of plant grows only in desert climates [2] przen. (nastrój) atmosphere, climate; **~t kulturalny/polityczny** the cultural/political climate; **~t epoki swingu** the atmosphere of the swing era; **stworzyć odpowiedni ~t do pracy/odpoczynku** to create the right atmosphere for work/rest; **zmienił się ~t wokół posunięć nowego rządu** there's been a change in the climate of opinion on the new Cabinet's initiatives
❑ **~t kontynentalny** a. **lądowy** Meteo. continental climate; **~t monsunowy** Meteo. monsoon climate; **~t morski** a. **oceaniczny** Meteo. marine climate; **~t podzwrotnikowy** Meteo. subtropical climate; **~t solar-**

K

ny Meteo. solar climate; **~t śródziemno-morski** Meteo. Mediterranean climate; **~t umiarkowany** Meteo. temperate climate

klimatolo|g m (Npl **~dzy** a. **~gowie**) climatologist

klimatologi|a f sgt (GD **~i**) climatology

klimatycznie adv. climatically; **kraj zró-żnicowany ~** a climatically diverse country; **obszary podobne ~** climatically similar regions

klimatyczn|y adi. [anomalie, różnica, strefy, warunki] climatic; **leczenie ~e** a stay at a health resort; **stacja ~a** ≈ a health resort; **taksa ~a** a local health resort tax (paid by visitors)

klimatyzacj|a f sgt [1] air-conditioning; **zakładać** a. **instalować urządzenia do ~i w domu/fabryce** to air condition a house/factory [2] pot. (urządzenie do klimatyzacji) air conditioner; **samochód z ~ą** an air-conditioned car; **w hotelu nie było ~i** the hotel didn't have air conditioning

klimatyzacyjn|y adi. [urządzenie] air-conditioning attr.

klimatyzato|r m air conditioner

klimatyz|ować impf vt to air-condition [dom, pomieszczenie, halę fabryczną]; **~owany autokar/samochód** an air-conditioned coach/car

klin m [1] (narzędzie do łupania) splitting wedge [2] (do blokowania) wedge; (do mocowania) tenon spec.; **mocować elementy drewniane na ~y** to join the wooden parts with tenons [3] Moda (bryt) gore; (wstawka) gusset; **rajstopy z ~em/bez ~u** tights with/without a gusset GB, pantyhose with/without a (reinforced) panel US; **spódnica z ~ów** a skirt with **~y** a gored skirt; **wszyć** a. **wstawić ~** to sew in a gore [4] Meteo. ridge, wedge; **~ wysokiego ciśnienia** a ridge of high pressure [5] (A **~a**) pot. (porcja alkoholu na kaca) a hair of the dog (that bit you)

■ **~~em** pot. one nail drives out another przysł.; **najlepiej ~ ~em – zakochać się w kimś innym** one nail drives out another – fall in love with someone else; **wbić ~** a. **~a między nas/nich** pot. to drive a wedge between us/them; **zabiłeś mi ~a tą propozycją** pot. your offer really gave me something to think about; **zabiłeś mi ~a tym pytaniem** I was baffled by your question

klincz m (G **~u**) [1] Sport. clinch; **trzymać przeciwnika w ~u** to lock one's opponent in a clinch [2] przen. deadlock, stalemate

klin|ga f (szabli, szpady, floretu) blade; **uderzyć/przeciąć coś ~gą (miecza)** to hit/cut sth with a (sword) blade

klinicznie adv. clinically; **leki były ~ testowane na ludziach** the drugs were clinically tested on human subjects; **eksperyment okazał się ~ użyteczny** the experiment had clinically useful results

kliniczn|y adi. [1] [badania, testy] clinical; **lekarz ~y** a clinician; **leczyć się w szpitalu ~ym** to be treated at a research hospital [2] [objaw, obraz] clinical [3] przen. pathological przen.; **~y przykład obskuranckiego myślenia** a clinical a. textbook case of obscurantism

klini|ka f (szpital) (research) hospital; (oddział szpitalny) ward, clinic; **leczył się w najlep-**

szej ~ce he was treated in the best clinic; **prywatna ~ka** a private hospital a. clinic; **~ka weterynaryjna** a veterinary hospital; **~ka pediatrii/chirurgii/neurologii/dermatologii** the paediatric(s)/surgical/neurology/dermatology ward a. unit a. clinic

klinkie|r m (G **~ru**) sgt [1] (tworzywo ceramiczne) (ceramic) clinker; **~r drogowy** paving clinker [2] (półfabrykat do wyrobu cementu) clinker

klinkierow|y adi. [cegła, płytki] clinker attr.

klin|ować impf [1] vt (unieruchamiać za pomocą klina) to wedge; **~ować podłogę** to wedge joists; **~owanie stempli (w kopalni)** wedging the shores in place (in a mine) [2] **klinować się** [drzwi, zamek] (blokować się) to jam, to stick; **szuflada biurka się ciągle ~uje** the desk drawer is always jamming ⇒ **zaklinować się**

klinow|y adi. [1] (w kształcie lub o przekroju klina) wedge-shaped; **pasek ~** Aut. a fan belt [2] Hist., Jęz. [pismo, tabliczki] cuneiform

klip m (G **~u**) (teledysk) video clip; **nagrać ~** to make a video clip

klip|a f [1] sgt Gry tipcat; **grać w ~ę** to play tipcat; **grać z kimś w ~ę** przen., pot. to pull the wool over someone's eyes [2] Hist. (moneta) a square coin

klip|er m (G **~ra** a. **~eru**) Żegl. clipper

klips m [1] zw. pl (ozdoba) earring, clip-on; **nosić/założyć ~y** to wear/put on earrings [2] (uchwyt) clip; **pióro z pozłacanym ~em** a pen with a gilded clip; **podkładka do papieru z ~em** a clipboard; **~ do włosów** a. **fryzjerski** a hair clip

klisz|a f [1] Fot. plate; **~ fotograficzna/rentgenowska** a photographic/an X-ray plate; **wywołać ~ę** to develop a plate [2] (film) a roll of film; **włożyć ~ę do aparatu fotograficznego** to load the film; **oddać ~ę do wywołania** to have the film developed [3] zw. pl książk., przen. cliché; **~e propagandowe** propaganda clichés [4] Druk. block, plate; **~a kreskowa** line block

klit|ka f pot. cubbyhole; **mieszkać w ciasnej ~ce** to live in a cramped cubbyhole

klitu|ś-bajduś [1] m pers. pot., pejor., żart. (pleciuga) blatherer pejor., żart.; windbag pot., pejor.; **ale z niego klituś-bajduś, gada co mu ślina na język przyniesie** he's such a blatherer, he says whatever comes into his head

[2] n inv. pot. (brednia) baloney U pot., malarkey U pot.; **opowiadać/wypisywać niestworzone klituś-bajduś** to talk/write utter rot pot.

kliwia f (GD **~i**) Bot. Kaffir lily, clivia

klo n inv. pot. loo pot., john US pot.; **muszę iść do ~** I have to go to the loo

kloaczn|y adi. sewage attr.; **dół ~y** sewage pit; **fetor ~y** the stench of sewage

kloa|ka f [1] (dół) sewage pit [2] przen., pejor. cesspool przen., pejor.; cesspit GB przen., pejor. [3] Zool. (gadów, płazów, ptaków, ryb) cloaca

kloc [1] m pers. (A **~a**) pot., przen. (człowiek ciężki, gruby, niezgrabny) lump (of lard) pot., pejor.; **zrobił się z niego kawał ~a** he's turned into a right lump pot., pejor.

[2] m inanim. [1] (pień ściętego drzewa) log [2] (kawał drewna) a chunk of wood

[3] **kloce** plt pot., przen. (grube nogi) chunky legs

kloc|ek m [1] dem. (kawałek drewna) block [2] zw. pl (A **~a** a. **~a**) (zabawka) block; **blocks** zw. pl; **~ki lego** Lego® blocks; **bawić się ~kami** to play with (building) blocks; **budować domek z ~ków** to make a house out of (building) blocks [3] (do robienia koronek) bobbin [4] Szt. (wood)block [5] Techn. **~ek hamulcowy** brake block

■ **bawić się w te ~ki** pot. to do that sort of thing; **uznał, że jest za stary, żeby bawić się w te ~ki** he decided he was too old for that sort of thing; **być dobrym/kiepskim w te ~ki** pot. to be good/not very good at it a. that sort of thing; **"szachy! – on jest dobry w te ~ki"** 'chess! – he's good at it'

klockow|y adi. [1] [koronka] bobbin attr. [2] Techn. **hamulec ~** brake block

klocowat|y adi. pot. [1] (mający kształt kloca) [kadłub] boxy [2] (ciężki, niezgrabny) [człowiek, budowa, mebel] lumpish [3] (gruby, niezgrabny) [nogi] chunky

klomb m (**~ik** dem.) (G **~u**, **~iku**) flower bed; **~ róż** a rose bed

klon[1] m (G **~u**) [1] Bot. maple [2] sgt (drewno) maple

klon[2] m [1] Biol. (identyczny organizm) clone [2] przen. clone; **zastanawiam się, czy kupić firmowy komputer, czy ~** I'm not sure whether to buy a brand-name a. name-brand computer or a clone

klonin|a f (drewno klonu) maple U

klon|ować impf vt Biol. to clone [komórki, rośliny, zwierzęta]; **zakaz prób ~owania człowieka** the ban on human cloning research ⇒ **sklonować**

klonow|y adi. [liście, nasiona, meble] maple attr.; **syrop ~** maple syrup

klop m (**~ik** dem) posp. bog GB pot., john US pot.; **ktoś się zamknął w ~ie** someone's locked in the bog

klops m [1] (G **~a** a. **~u**, A **~** a. **~a**) Kulin. (duszony) meatball; **~y w sosie koperkowym/pieczarkowym** meatballs in dill/mushroom sauce [2] Kulin. (pieczeń rzymska) meat loaf [3] sgt pot. (kłopot) bummer pot.; **no to ~! skończyła się benzyna** bummer! we've run out of petrol; **pociąg mi uciekł i teraz ~ z noclegiem** I've missed my train and now I'm in a jam a. fix about where to spend the night pot.

klopsik m dem. (A **~** a. **~a**) Kulin. (duszony) meatball; **~i w sosie pomidorowym/grzybowym** meatballs in tomato/mushroom sauce

klosz m [1] (osłona żarówki) (lamp)shade; **~ do lampy naftowej** a lampshade [2] (półkolista osłona produktów spożywczych) glass dome; **sery przykryte ~em** a cheese board with a glass dome [3] (szklane naczynie) bowl; **~ z ciasteczkami/owocami** a bowl of biscuits a. cookies US/fruit [4] (G **~u**) Moda flare; **spódnica uszyta w ~** a flared skirt

■ **trzymać** a. **chować kogoś pod ~em** przen. to keep sb wrapped in cotton wool; **żyć jak pod ~em** pot., pejor. to lead a sheltered life

kloszar|d m (włóczęga) tramp, hobo US; **prowadzić** a. **wieść życie ~da** to lead the life of a tramp

kloszow|y adi. [spódnica, suknia, spodnie] flared

klown /klawn/ m (Npl ~i a. ~y) [1] (komik cyrkowy) clown [2] pot., pejor. (błazen) clown, (jack)ass; **zachowywać się jak ~** to act like a fool a. (jack)ass

klowna|da /klaw'nada/ f [1] (występy klowna) clowning U [2] pot., pejor. (niepoważne zachowanie) shenanigans pl pot.

klownows|ki /klaw'nofski/ adi. [dowcip, strój, występ] clown attr., clown's

klozecik m dem. (G ~a a. ~u) pot. loo GB pot., lav pot.

kloze|t m (G ~tu) [1] pot. (ubikacja) loo GB pot., lav pot. [2] (sedes) toilet

klozetow|y adi. [deska, szczotka] toilet attr.; **muszla** ~a a toilet bowl; **spłuczka** ~a a toilet tank a. cistern
■ **babka** a. **babcia** ~a pot. a lavatory attendant

klub m (G ~u) [1] (organizacja) club; ~ **sportowy** a sports club; ~ **golfowy/ narciarski/tenisowy** a golf/ski/tennis club; ~ **książki/filmowy** a book/film club; ~ **dyskusyjny** the debating club a. society; ~ **czytelników** a. **czytelniczy** a reading group; ~ **kibica** a fan club; ~ **samotnych serc** a lonely hearts' club; **zapisać się do/ wypisać się z** ~**u** to join/leave the club; **zostać przyjętym do** ~**u** to be accepted as a club member; **członek/członkini** ~**u** a club member; **legitymacja** ~**u** a club membership card; **witaj w** ~**ie!** pot., przen., iron. welcome to a. join the club! pot., przen., iron. [2] (siedziba klubu) club, clubhouse; ~ **oficerski** an officers' club; ~ **osiedlowy** the residents' club; ~ **seniora** a senior citizens' club; **nocny** ~ a night club; **dzielnica nocnych** ~**ów** clubland GB, the (night)club district; **bywalec/bywal- czyni nocnych** ~**ów** a clubber, a club- goer; **zrobić rundę po nocnych** ~**ach** to go (night)clubbing [3] Polit. grouping; ~ **parlamentarny** a. **poselski** parliamentary grouping [4] pot. (kawiarnia, restauracja) club; **zjeść obiad w** ~**ie dziennikarza** to have lunch at the journalists' club

klubik m dem. (G ~u) (small) club; ~ **dla dzieci** a childrens' club

klubokawiar|nia f (Gpl ~ni a. ~ń) a café that hosts cultural events

klubow|y adi. [1] [spotkanie, składka, sala] club attr.; **barwy** ~**e** club colours; **roz- grywki** ~**e** a club competition; **puchar** ~**y** a club trophy a. cup [2] Polit. **rzecznik dyscypliny** ~**ej** (chief) whip

kluch m → klucha

klu|cha f [1] zw. pl augm. Kulin. (kluska) (large) dumpling [2] pot., pejor. (osoba, zwierzę) fatty pot., pejor., fatso pot.; blimp US przen., pot., pejor. [3] Kulin. (zakalec) half-baked a. slack- baked cake
■ **ciepłe** ~**chy** pot., przen., pejor. lump przen., pot., pejor.; **złości mnie to, że takie z ciebie ciepłe** ~**chy** it irks me that you're such a lump

kluchowa|ty adi. pot. [1] Kulin. [ciasto] half- baked, slack-baked [2] [osoba, zwierzę, paluch, ręka] pudgy

klucz m [1] (do zamka) key; ~ **do piwnicy/ spiżarni** the key to the cellar/larder; ~ **do zamka Yale** a Yale® key; ~ **od garażu/**
cheese/poppyseed/sauce [2] (otyły człowiek, zwierzę) dumpling
❑ ~**ki francuskie** Kulin. French dump- lings; ~**ki kładzione** Kulin. drop dump- lings; ~**ki śląskie** Kulin. (Silesian) potato dumplings; **lane** ~**ki** Kulin. batter dump- lings a. noodles
■ **ciepłe** ~**ki** pot., pejor. lump przen., pot., pejor.; **mieć** ~**ki w gębie** pot. to mumble

kluza f Żegl. (pierścień) chock; (na cumy) hawser pipe; ~**a kotwiczna** a chain pipe

kłacza|sty adi. [broda, włosy, sierść] tufty

kłacz|ek m dem. [1] pot. (włosów) quiff GB pot.; cowlick US [2] (wełny, waty) bit, snippet; ~**ek dymu** przen. a tiny cloud of smoke; **wymiotła spod łóżka** ~**ki kurzu** she swept the dustballs out from under the bed

kłaczkowa|ty adi. [1] [włosy, sierść] tufty [2] [osad, zawiesina] flocculent

kład|ka f [1] (mostek) footbridge; **iść** ~**ką** a. **po** ~**ce** to cross the footbridge [2] (dla pieszych) overpass

kłak m [1] zw. pl pot., pejor. (włosy, sierść) tuft; **pies wszędzie zostawia** ~**i sierści** the dog is shedding (hair) all over the place [2] (waty, wełny) bit, snippet
■ **obietnice/teorie niewarte funta** ~**ów** pot. promises/theories not worth a straw pot.

kłam m (G ~u) sgt przest. lie; **zadawać ~ komuś** to accuse sb of lying; **zadawać ~ czemuś** to give the lie to sth książk.; **zadał ~ wszystkim plotkom** he proved all the rumours false

kłam|ać impf (~ię) vi [1] (mówić nieprawdę) to lie; ~**ać nauczycielowi/szefowi** to lie to the teacher/boss; ~**ała przed rodzicami, że była w szkole** she lied to her parents, claiming that she'd been at school; ~**ć przed sądem** to lie under oath, to perjure oneself; ~**ać jak najęty** a. **jak z nut** to tell bare-faced lies/a bare-faced lie; ~**ać w żywe oczy** a. **bez zmrużenia powiek** to lie through one's teeth; ~**ać na potęgę** a. **ile wlezie** a. **aż się kurzy** to lie through one's teeth pot.; ~**ałem (samemu) sobie** a. **przed sobą (samym)** I was deceiving myself ⇒ **skłamać** [2] przest. (udawać) ~**ane uczucia/słowa** false feelings/words
■ **fakty/statystyki nie** ~**ią** the facts/ figures don't lie; **serce nie** ~**ie, zakocha- łeś się** the heart doesn't lie, you've fallen in love

kłamc|a m liar

kłamczuch m, ~**a** f (Npl ~**y**, ~**y**) pot. liar

kłamliwie adv. untruthfully, falsely; **przedstawić** a. **naświetlić fakty ~** to misrepresent a. twist the facts

kłamliw|y adi. [1] [słowa, zapewnienia] false, deceitful; [plotka] untrue; ~**a propa- ganda** mendacious propaganda [2] (człowiek) deceitful, devious

kłamstew|ko n dem. fib, lie; **niewinne/ drobne** ~**ko** a little white lie

kłamstw|o n lie; **mówić/pisać/rozpow- szechniać** ~**a** to tell/write/spread lies; **przyłapać** a. **złapać kogoś na** ~**ie** to catch sb lying; **uciekać się do** ~**a** to resort to lying; **zarzucać komuś** ~**o** to accuse sb of lying

kłania|ć się impf v refl. [1] (składać ukłon) (niski) to bow (**komuś** to sb); (samą głową) to nod (**komuś** to sb); (dygając) to curtsy a.

---

mieszkania/strychu the key to the gar- age/flat/attic; ~ **od drzwi wejściowych** the latchkey; **dziecko „z** ~**em na szyi"** a latchkey child; **kółko na** ~**e** a key ring; **dziurka od klucza** a keyhole; **dorabianie** ~**y** key cutting; **zamknąć drzwi** ~**em** a. **na klucz/otworzyć drzwi** ~**em** a. **z klucza** to lock/unlock the door; **trzymać dokumenty/pieniądze/lekarstwa pod** ~**em** to keep the documents/money/drugs locked up; **dostać się pod ~** a. **znaleźć się pod** ~**em** to go to prison; **dom/ mieszkanie pod ~** pot. a house/a flat ready to move into [2] Techn. spanner GB, wrench; ~ **francuski** a. **nastawny** an adjustable spanner GB, a monkey wrench [3] przen. (metoda) key; ~ **do rozwiązania zagadki** the key to (solving) the problem; ~ **do czyjegoś serca** the key to sb's heart; ~ **do sukcesu** the key to a. the formula for success [4] (zasada) principle, formula; (szyfru) key; **dobrać osoby według pros- tego** ~**a** to follow a simple principle in selecting people; **napisać sztukę według prostego** ~**a** to follow a simple formula in writing a play; **złamać ~ szyfrowy** to break a. crack a code [5] (rozwiązania zadań, ćwiczeń) key [6] (ptaków, samolotów) V-formation [7] Muz. clef; ~ **altowy/basowy** the alto/ bass clef; ~ **wiolinowy** the treble clef [8] Archit. crown, keystone [9] Telekom. key [10] Hist. demesne
■ ~**e Świętego Piotra** Bibl. St. Peter's keys

klucznic|a f daw. (ochmistrzyni) ≈ house- keeper

kluczni|k m [1] Hist. the title of a minor district official [2] daw. (człowiek dozorujący) ≈ steward

kluczow|y adi. książk. [problem, zagadnienie, znaczenie] crucial, essential; [pozycja, stano- wisko] key

klucz|yć impf vi [1] (lawirować) to wander around a. about; ~**ył dla zmylenia pościgu** he took a roundabout a. devious route to throw off his pursuers; **zmęczy- łam się tym** ~**eniem po lesie** I was worn out from wandering around the forest [2] przen. to fudge pot., to pussyfoot around pot.; **oj, coś** ~**ysz! lepiej powiedz prawdę** you're fudging! better tell the whole truth

kluczyk m [1] dem. (do otwierania, zamykania) (small) key; ~ **od sejfu/szufladki/walizki** the key to the safe/drawer/suitcase; **za- mknąć coś na ~** to lock sth (up) [2] (do uruchamiania) key; ~**i do samochodu** car keys; ~ **do zegara** a (clock-)winding key [3] Bot. cowslip

klu|ć się impf v refl. [1] Zool. (wylęgać się) [pisklęta, żółwie] to hatch ⇒ **wykluć się** [2] przen. (rodzić się) [miłość, nienawiść] to be born; [plan, pomysł] to be hatched, to germinate ⇒ **wykluć się**

klusecz|ka f [1] dem. Kulin. (small) dump- ling; noodle; **pyszny rosołek z domowy- mi lanymi** ~**kami** delicious clear soup with home-made batter dumplings a. noo- dles [2] przen. (pulchne dziecko, szczenię) dump- ling przen.

klusek m → kluska

klus|ka f [1] zw. pl Kulin. dumpling; ~**ki z serem/makiem/sosem** dumplings with curtsey (**komuś** to sb); **~ć się kapeluszem** to tip one's hat; **~ć się do ziemi** to bow down a. low; **~ć się skinieniem głowy** to nod in greeting, to nod hello; **nie ~ć się komuś** (nie zwracać uwagi) not to notice sb, not to acknowledge sb's presence; (celowo robić afront) to snub sb, not to give sb the time of day ⇒ **ukłonić się** ② (w formach grzecznościowych) (przesyłać pozdrowienia) to send one's regards; **~m się (pięknie)** (na powitanie) good morning/afternoon/evening; (na pożegnanie) goodbye; **halo, dzień dobry, ~ się Marek Adamski** hello, this is Marek Adamski a. Marek Adamski here; **~j się ode mnie ojcu** remember me to your father ③ przen. **matematyka/historia się ~ – egzaminy tuż tuż** (it's) high time to start revising maths/history – the exams are just around the corner ④ pejor., przen. (przypochlebiać się) to kowtow przen., pejor. (**komuś** to sb); to bow and scrape przen., pejor. (**komuś** to sb); **nie będę się ~ł władzy** I won't kowtow a. bow and scrape to those in power

kłapać impf → **kłapnąć**

kłapcia|sty, ~ty adi. pot. [uszy] floppy; **pies/słoń z dużymi ~stymi uszami** a dog/an elephant with big floppy ears

kłap|nąć pf – **kłap|ać** impf (~nę, ~nęła, ~nęli – ~ię) vi pot. ① (poruszać szczęką) to snap; **~ać zębami/szczękami/dziobem** to snap one's teeth/jaws/beak ② (z głuchym dźwiękiem) **szedł, ~iąc butami o płyty chodnika** his shoes slapped against the pavement; **pies ~ał uszami** the dog flapped its ears; **wiatr ~ał okiennicami** the wind slapped a. banged the shutters against the wall ③ pejor. (gadać) to jaw pot., to yak pot.; **~ać jadaczką** a. **japą** a. **dziobem** to shoot one's mouth off pot., pejor.

kłapou|ch pot., żart. **Ⅱ** m pers. (Npl ~chy) a person with big protruding ears **Ⅲ** m anim. an animal with big floppy ears

kłapou|chy adi. pot. [osioł, pies, koń] floppy-eared pot.

kłapousz|ek dem. żart. **Ⅱ** m pers. (Npl ~ki) a child with floppy ears **Ⅲ** m anim. an animal with floppy ears

kła|ść impf (~dę, ~dziesz, ~dzie, ~dł, ~dli) **Ⅱ** vt ① (umieszczać) to put; **~ść coś na półkę/szafę/biurko** a. **na półce/szafie/biurku** to put sth on the shelf/cupboard a. cabinet/desk; **~ść ubrania do szafy** to put the clothes in(to) the wardrobe; **~ść coś na miejsce** to put sth away; **~ść podpis/datę (na dokumencie)** to put one's signature/the date (on a document) ⇒ **położyć** ② (układać) to lay; **~ść kamień węgielny/fundamenty/podłogę/dach** to lay the cornerstone/foundations/floor/roof; **~ść instalację gazową/wodociągową** to lay (the) gas/water pipes; **~ść tory/kabel** to lay rails/cable; **~ść kamień węgielny/podwaliny czegoś** a. **pod coś** przen. to lay the cornerstone/foundation to sth; **~ść pasjansa** to play solitaire; **~ść kabałę/karty** to do a card reading ⇒ **położyć** ③ (pokrywać powierzchnię czegoś) to lay; **~ść dachówki/wykładzinę dywanową** to lay (the) roofing tiles/(the) carpeting; **~ść makijaż/krem (na twarz)** to put on

make-up/to put cream on one's face ⇒ **położyć** ④ (umieścić w pozycji leżącej) to put; **~ść dziecko spać** to put the child to bed; **~ść chorych do łóżka/rannych na noszach** a. **na nosze** to put the patients to bed/the wounded on stretchers ⇒ **położyć** ⑤ (ubierać się) to put on; **~dź szybko płaszcz i wychodzimy** put on your coat quickly and let's go ⇒ **włożyć** ⑥ pot. (zaprzepaszczać) to cock [sth] up GB pot.; to bungle pot., to blow pot.; **zwykle ~dła dowcipy** she would usually blow the punch line of jokes ⇒ **położyć**

Ⅲ kłaść się ① (przybrać pozycję leżącą) to lie down; **~ść się na tapczanie/trawie** a. **na tapczan/trawę** to lie down on the sofa/grass; **~ść się na łóżku** to lie down on the bed; **~ść się do łóżka** to go to bed ⇒ **położyć się** ② (iść spać) to go to bed; to turn in pot. ⇒ **położyć się** ③ przen. (ścielić się) [cienie, odblask] to be cast; [mgły] to settle (in) ④ (przechylać się) [statek] to list, to heel; [drzewo] to lean (over) ⇒ **położyć się**

■ **smutek/troska ~dzie mi/mu się kamieniem** a. **ciężarem na sercu** książk. my/his heart is weighed down a. laden with sorrow/burdened with anxiety książk.

kł|ąb m (G **kłębu**) ① (kurzu, pyłu) cloud ② (kłębowisko) (ludzi) swarm; (banknotów, papierów) roll; (nici, sznurka) ball; **zwinąć ubrania w kłąb** to roll the clothes up in a bundle; **kłąb pszczół** a swarm of bees ③ przen., książk. (myśli, wrażeń) tangle, jumble; (zdarzeń) jumble ④ Zool. withers ⑤ Bot. tuber

kłącz|e n Bot. rhizome, root

kłęb|ek m ① (nici, sznurka, drutu) ball; **zwinąć włóczkę w ~ek** to wind the wool into a ball; **odwinąć wełnę z ~ka** to unwind the wool from a ball; **~ek gałganków** a ball of rags; **zwinąć się w ~ek** to curl up a. huddle up (in a ball); **spać, zwiniętym w ~ek** to sleep huddled up (in a ball) ② (dymu, pary) puff, wisp; **wypuszczać z fajki ~ki dymu** to blow puffs of smoke from one's pipe

■ **~ek nerwów** pot. a bundle of nerves; **przed egzaminem jestem jednym ~kiem nerwów** before an exam I'm nothing but a bundle of nerves

kłębia|sty adi. [dym, obłok, chmura] billowy

kłęb|ić się impf v refl. ① (tworzyć kłęby) [dym, para, chmury] to billow ② przen. [ludzie, rzeczy] to teem; **~iący się na dworcu tłum** a teeming crowd at the station; **sterta zabawek/ubrań ~iła się na podłodze** a lot of toys/clothes were in a jumble on the floor ③ przen. (kotłować się) [myśli, uczucia] to whirl, to teem; **ponure myśli ~iły się w jej głowie** her mind was teeming with troubled thoughts

kłębowisk|o n ① (rzeczy) jumble; (zwierząt, osób) swarm; **~o ludzi** a teeming mass of people; **~o żmij** a nest of vipers; (natłok uczuć, spraw, wrażeń) whirl; **jego głowa była ~iem wielu bolesnych wspomnień** his mind was teeming with painful memories

kłębusz|ek m dem. ① (nici, wełny) (small) ball ② (pary, dymu) (small) puff, (small) wisp

kł|oda f ① (pień, kloc) log; **zwalić się/leżeć jak kłoda** to fall/lie like a log; **mam nogi (ciężkie) jak kłody** my legs are as heavy as logs ② daw. (ul) hive (made from a log) ③ Hist.

(dyby) the stocks; **zakuć kogoś w kłodę** to put sb in the stocks

■ **rzucać** a. **walić (komuś) kłody pod nogi** to put stumbling blocks in sb's way

kłonic|a f ① (u wozu) post ② Techn. stanchion

kłopo|t m (G ~tu) ① (trudna sytuacja) problem, trouble U; **mieć ~t z kimś** (zmartwienie) to worry about sb; (niewygodę) to have trouble a. a problem with sb; (nieprzyjemności) to be in trouble with sb; **miałam ~t z wybraniem prezentu dla niej/ze znalezieniem miejsca na zaparkowanie** I had trouble picking out a present for her/finding a parking space; **mieć ~ty w pracy/w szkole** (trudności) to have trouble a. problems at work/school; (nieprzyjemności) to be in trouble at work/school; **miał ~ty z angielskim/fizyką/matematyką** he had trouble a. problems with English/physics/maths; **przysporzyć komuś ~tów** to put sb to a great deal of trouble, to cause trouble for sb; **zmiana banku tylko przysporzyła mi ~tów** changing banks was just a lot of trouble a. bother; **takie zachowanie tylko przysporzy ci ~tów** that kind of behaviour will only get you into trouble; **~t w tym, że...** the trouble a. problem is that...; **w czym ~t?** what seems to be the trouble a. problem?; **narazić kogoś na ~t** a. **sprawić komuś ~t** to cause sb trouble, to inconvenience sb; **jeśli nie sprawi ci to ~tu...** if it's no trouble a. if it's not an inconvenience...; **wpaść w ~ty** to get in(to) trouble; **szukać ~tów** to be asking for trouble; **wplątać** a. **wpakować kogoś w ~ty** to get sb in(to) trouble; **wybawić kogoś z ~tu** to get sb out of trouble; **nie rób sobie ~tu** don't put yourself out; **to żaden ~t** it's no trouble at all; **no i po ~cie!** and that takes care of that ② zw. pl (zmartwienie) problem, trouble C/U; **mieć ~ty finansowe/rodzinne** to have financial/family trouble(s) a. problems; **~ty sercowe** romantic troubles a. problems; **mieć ~ty ze zdrowiem** to have health problems

kłopo|tać impf (~czę a. ~cę) **Ⅱ** vt książk. (sprawiać kłopot) to bother, to trouble; to put [sb] out; **~tać kogoś swymi sprawami** to bother sb with one's problems

Ⅲ kłopotać się (martwić się) to worry; **~tać się o dzieci/pracę** to worry about one's children/job ⇒ **zakłopotać się**

kłopotliwie adv. (wprawiając w zakłopotanie) embarrassingly

kłopotliwoś|ć f sgt awkwardness; **była świadoma ~ci sytuacji** she was aware of the awkwardness of the situtaion

kłopotliw|y adi. ① (uciążliwy) [dziecko, uczeń, sąsiad, zadanie] troublesome; **mieszkanie w pobliżu targowiska bywa ~e** living close to a marketplace can be a nuisance ② (wprawiający w zakłopotanie) [milczenie, pytanie, sytuacja] embarrassing, awkward

kłos m Bot. spike; (zboża) ear; **~ pszenicy/żyta** an ear of wheat/rye; **dojrzałe ~y zbóż** ripe ears of grain

kłos|ek m dem. (zboża) ear

kłosi|sty adi. książk. **~ste łany** lush fields of grain

kłó|cić się _impf v refl._ [1] (spierać się) to quarrel, to argue (**z kimś** with sb); **~cić się o coś** to quarrel a. argue about a. over sth; **nie ~ście się!** stop quarrelling!; **~cili się, kto jest lepszy** they were quarrelling over who was best; **~ciła się z doktorem, że nic jej nie jest** she was protesting to the doctor that nothing was wrong with her; **znów się wczoraj ~cili** they were quarrelling again a. had another argument yesterday ⇒ **pokłócić się** [2] (nie pasować) to be at odds, to clash (**z czymś** with sth); **~cić się ze zdrowym rozsądkiem** to not make sense; **~cić się z doktryną Kościoła** to be at odds with the Church's teachings; **te kolory się ~cą** these shades clash

kłódecz|ka _f dem._ (small) padlock

kłód|ka _f_ padlock; **klucz do ~ki** a padlock key; **zamknąć drzwi/pokój na ~kę** to padlock a door/room; **~ka do roweru** a bicycle lock; **na drzwiach wisiała ~ka** there was a padlock on the door ■ **zamknąć** a. **trzymać gębę na ~kę** pot. to keep one's mouth shut a. lips sealed pot.; **morda** a. **gęba na ~kę!** pot. keep your trap shut! pot.

kłótliwie _adv. grad._ **rozmawiali (ze sobą) ~** they seemed to be arguing (over sth); **jest usposobiony ~** he's (very) argumentative a. truculent

kłótliwoś|ć _f sgt_ quarrelsomeness, argumentativeness

kłótliw|y _adi. grad._ _[osoba, ton, głos]_ quarrelsome, argumentative

kłótni|a _f (Gpl ~)_ quarrel, argument; **~a brata z siostrą** a quarrel between brother and sister; **~a z sąsiadami** a quarrel with the a. one's neighbours; **~a między pracownikami** a disagreement among the employees; **wybuchła ~a** an argument a. row broke out; **doszło do ~** there was an argument; **~e wybuchały bez przerwy** there were constant rows; **był gotów do ~ o byle co** he was ready to quarrel over anything

kłótni|k _m_, **~ca** _f_ quarrelsome person; quarreller rzad.

k|łuć _impf_ [1] (kłuję a. **kolę** przest., **kłujesz** a. **kolesz** przest., **kłuł)** [1] _vt_ [1] (kaleczyć) _[osoba, ciernie]_ to prick; **kłuć kogoś/coś szpilką** to prick sb/sth with a pin; **kłuć kogoś/coś bagnetem** to stab sb/sth with bayonet; **jego broda kłuła ją w szyję** his beard prickled her neck; **krzaki kłuły mnie w nogi** the bushes scratched my legs; **kłujące ciernie** prickly thorns; **rana kłuta** a stab wound ⇒ **ukłuć** [2] przen. (sprawiać przykrość) _[słowa]_ to sting; **zazdrość kłuła go w serce** he felt a stab of jealousy in his heart; **kłujące spojrzenia** piercing looks ⇒ **u- kłuć** [3] (boleć) **coś go kłuło w boku** he felt a stabbing pain in his side; **kłujący ból** a stabbing pain; **kłucie w piersiach ustało** the stabbing pain in his/her chest subsided ⇒ **ukłuć** [1] _v imp._ **kłuje mnie w boku** I can feel a stabbing pain in my side ⇒ **ukłuć** [1] **kłuć się** (być kłutym) **kłuliśmy się kolcami malin** the thorns of the raspberry canes scratched us ⇒ **pokłuć się** ■ **kłuć w oczy swoim bogactwem** to be ostentatiously rich; **kłuć kogoś w oczy** _[światło]_ to blind a. sting sb's eyes; _[bogactwo]_ to make sb jealous; **to jedzenie kłuje** a. **kole go w zęby** the food is not to his taste; **prawda w oczy kole** the truth hurts

kłus [1] _m sgt_ Jeźdz. trot; **koń przeszedł w ~** the horse broke into a trot; **konie rwały wyciągniętego ~a** the horses ran at an extended trot [1] **kłusem** _adv._ _[biec, jechać]_ at a trot; **biec ~em** pot., przen. to dash; **dziewczyna biegnąca ~em przez wieś** a girl dashing through the village

kłusak _m_ Jeźdz. trotter; **wyścigi ~ów** trotting races

kłus|ować[1] _impf vi_ (polować) to poach; **przyłapać kogoś na ~owaniu** to catch sb poaching; **~ujący wędkarze** fish poachers

kłus|ować[2] _impf vi_ [1] (biec, jechać kłusem) _[koń, jeździec]_ to trot [2] pot., przen. (szybko biec) to dash ⇒ **pokłusować**

kłusownictw|o _n sgt_ poaching; **uprawiać ~o** to poach

kłusownicz|y _adi._ _[narzędzia, sidła]_ poacher's

kłusowni|k _m_ poacher; **paść ofiarą ~ków** to fall prey to poachers

kłyk|ieć _m_ Anat. [1] (wyrostek) condyle [2] (w palcu) knuckle

km (= kilometer) km; **prędkość 160 km/godz.** a speed of 160 km/h

KM (= koń mechaniczny) h.p., HP

kmiec|y _adi._ przest. _[domostwo, stan]_ peasant _attr._

kmie|ć _m (Gpl ~ci)_ przest. peasant ❑ **wolny ~ć** Hist. free peasant

kmin|ek _m sgt (G ~ku)_ Bot. caraway; Kulin. caraway (seed); **serek z ~kiem** caraway cheese

kminkow|y _adi._ _[wódka, olej]_ caraway _attr._

kmiot|ek _m dem. (Npl ~kowie_ a. **~ki)** [1] przest. peasant [2] pejor. (osoba nieobyta) peasant pot., pejor.; country bumpkin pejor.; hick US pot, pejor.; **co ty tam wiesz, ~ku!** what do you know about it, you peasant!

knajac|ki _adi._ _[zachowanie]_ loutish, boorish

knajp|a _f_ pot. (bar) (cheap) bar, pub GB; (restauracja) eating place; eatery pot.; **prze- siadywać w ~ach** to hang around in bars; **włóczyć się po ~ach** to go around a. roam the bars; **jadać w ~ach** to eat out; **chodźmy na obiad do ~y** let's go out for dinner

knajpian|y _adi._ pot. _[atmosfera, muzyk]_ (cheap) bar _attr._; **~a awantura** a bar brawl

knajp|ka _f dem._ pot. eatery pot.

kneb|el _m_ [1] (szmata) gag; **założyć komuś ~el** to gag sb, to put a gag in a. over sb's mouth [2] przen. gag; **dusić opozycję ~lem cenzury** to gag the opposition

knebl|ować _impf vt_ [1] (zasłaniać usta) to gag _[osobę, usta]_; **~ować komuś usta szmatą** to gag sb's mouth with a cloth ⇒ **zakne- blować** [2] przen. _[rząd, cenzura]_ to gag _[osobę]_; **~ować usta opozycji** to gag the opposition ⇒ **zakneblować**

kned|el _m zw. pl_ Kulin. potato dumpling zw. pl; **~le ze śliwkami** (potato-)plum dumplings

knia|ź _m (Npl ~ziowie_ a. **~zie)** Hist. (tytuł, osoba) prince (in Russia, Ukraine, Lithuania)

knie|ja _f (Gpl ~j_ a. **~i)** książk. (wild) forest; **dzika/szumiąca ~ja** a wild/whispering forest; **w samym sercu ~i** deep in the heart of the forest

kno|cić _impf_ pot., pejor. [1] _vt_ to botch (up) pot., pejor.; to bungle; **zawsze wszystko ~ci** he always botches things (up) ⇒ **sknocić** [1] _vi_ to botch things (up) pot. ⇒ **sknocić**

knock-down /'nogdawn/ → **nokdaun**

knock-out /'nokawt/ → **nokaut**

kno|t [1] _m pers. (Npl ~ty)_ pot. (chłopiec) kid pot.; **dobrze sobie radzi ten ~t** he's just a kid, but he copes really well [1] _m inanim._ [1] (w świecy, lampie) wick; **~t świecy/lampy** a candle/lamp wick; **pod- kręcić/przykręcić ~t w lampie** to turn up/down the wick in a lamp; **przyciąć ~t** to trim the wick [2] Techn. wax vent [3] (A ~t a. ~ta) pot., pejor. lemon pot., pejor., turkey US pot., pejor.; **przedstawienie okazało się kompletnym ~em** the show turned out to be a complete flop pot. ■ **brać** a. **dostawać ~ty** pot. to get a thrashing pot.

knowa|ć _impf vt_ książk. to hatch, to weave _[spisek]_; **~ć intrygę przeciwko komuś** to intrigue a. plot against sb; **~ć przeciwko komuś/czemuś** to plot a. scheme against sb/sth

knowa|nie [1] _sv_ → **knować** [1] **knowania** _plt_ książk. scheming U, machin- ations _pl_ (**przeciwko komuś/czemuś** against sb/sth)

knu|ć _impf vt_ to hatch, to plot; **~ć spisek przeciwko władzy** to hatch a plot against the government; **~ć spisek na życie kogoś** to plot an attempt on sb's life; **~ć coś za czyimiś plecami** to plot sth behind sb's back, to scheme behind sb's back ⇒ **u- knuć**

knu|r _m_ boar

knur|ek _m dem._ young boar

knyk|ieć _m_ Anat. knuckle

koafiu|ra _f_ przest., żart. coiffure

koal|a [1] _m, f_ Zool. koala [1] _adi. inv._ **miś ~a** a koala bear

koalicj|a _f (Gpl ~i)_ coalition; **~a anty- hitlerowska** the anti-Nazi coalition; **~a partii/państw** a coalition of parties/states; **~ liberałów i konserwatystów** a. libera- łów z konserwatystami a coalition of a. between liberals and conservatives; **zawią- zać ~ę (z kimś)** to form a coalition (with sb); **być w ~i z kimś** to be in coalition with sb; **wejść w ~ę z kimś** to enter a coalition with sb; **wystąpić z ~i** to withdraw from a. leave a coalition ❑ **~a rządowa** Polit. government coalition; **~a wyborcza** Polit. electoral coalition

koalicjan|t _m_ Polit. coalition partner

koalicyjnoś|ć _f sgt_ **~ć rządu** the coalition nature of the government

koalicyjn|y _adi._ _[rząd, gabinet, partner, wojska]_ coalition _attr._

kobal|t _m sgt (G ~tu)_ cobalt; **naświetlanie ~tem** cobalt-60 irradiation

kobaltow|y _adi._ [1] _[jon, opiłki, promienio- wanie]_ cobalt _attr._ [2] (ciemnoniebieski) _[niebo, szkło]_ cobalt blue

kobczyk _m_ Zool. red-footed falcon

kobiał|ka *f* trug (basket); **~ka truskawek** a punnet of strawberries

kobieciarz *m* (*Gpl* **~y**) pot. womanizer pejor.; philanderer przest., pejor.

kobieciąt|ko *n* pot., pejor. silly woman

kobiecin|a *f* (**~ka** *dem.*) poor (little) woman; **stara ~a z wiązką chrustu na plecach** an little old woman with a bundle of sticks on her back

kobieco *adv.* wyglądać **~** to look feminine

kobiecoś|ć *f sgt* femininity; **mieć w sobie dużo ~ci** to be very feminine; **nie ma w sobie cienia ~ci** she is not at all feminine

kobiec|y *adi.* [1] [stroje, czasopismo, choroba, drużyna] women's; **~a piłka nożna** women's soccer; **główna rola ~a** the female lead; **~e twarze** female faces; **napisany ~ym charakterem pisma** written in a woman's handwriting [2] (typowy dla kobiet) [uroda, wrażliwość, słabość] feminine, female; **~a intuicja** feminine a. female intuition; **ona jest bardzo/mało ~a** she's very/not very feminine; **prawie ~y wdzięk** an almost feminine charm; **po ~emu** [rozumować, zachowywać się] in a feminine way, like a woman; [urządzony] with a woman's a. feminine touch

kobie|rzec *m* [1] (dywan) carpet; **perski ~rzec** a Persian carpet; **na podłodze leżał wzorzysty ~rzec** a richly patterned carpet covered the floor [2] książk., przen. carpet; **~rzec kwiatów** a carpet of flowers; **pola rozkwitały barwnym ~rcem** the fields were covered with a carpet of flowers

■ **stanąć na ślubnym ~rcu** to tie the knot

kobie|ta *f* [1] (osoba płci żeńskiej) woman; **piękna/atrakcyjna ~ta** a beautiful/an attractive woman; **wiejska ~ta** a. **~ta ze wsi** a countrywoman; **~ta pracująca** a working woman; **~ta zamężna/niezamężna** a married/single woman; **~ta wyzwolona/nowoczesna** an emancipated/a modern woman; **~ta sukcesu** a successful woman; **~ta szpieg/menedżer** a woman spy/manager; **~ta jest obdarzona intuicją** women are intuitive; **~ty żyją dłużej niż mężczyźni** women live longer than men; **porady dla ~t** advice for women; **czasopisma dla ~t** magazines for women, women's magazines; **psychika/organizm ~ty** the female psyche/body; **równowaga hormonalna (u) ~ty** hormone balance in women, female hormone balance [2] (żona, kochanka) woman; **miał w życiu wiele ~t** he had lots of women in his life; **~ty jego życia** the women in his life

❑ **~ta fatalna** femme fatale; **~ta wampir** vamp pot.

■ **~ta lekkich obyczajów** a woman of easy virtue przest.; **~ta z przeszłością** a woman with a past

kobiet|ka *f dem.* pieszcz. little woman

kobi|ta *f* (**~tka** *dem.*) pot., żart. [1] (osoba płci żeńskiej) woman pot., żart. GB; girl US pot. [2] (żona, kochanka) woman

kob|ra *f* Zool. cobra

❑ **~ra indyjska** Indian cobra

kobuz *m* Zool. (ptak) (northern) hobby

kobylasto *adv.* pot. [wyglądać] enormous *adi.*

kobyla|sty *adi.* pot. [powieść, artykuł] bulky

koby|ła *f* [1] (klacz) (old) mare [2] pot. (książka) monster of a book; **ten artykuł to prawdziwa ~ła** the article just goes on and on [3] obraźl. (kobieta) gangling woman

■ **jeździć na kimś jak na łysej ~le** pot. to ride roughshod over sb; **wsiąść na kogoś jak na łysą ~łę** pot. to come down on sb like a ton of bricks; **znać kogoś jak łysą ~łę** pot. to know sb of old

kobył|ka *f dem.* [1] (klacz) mare [2] (stojak) trestle

kobz|a *f* Muz. [1] (instrument strunowy) ≈ bandura (*Ukrainian lute-like instrument*) [2] (dudy) bagpipes; **grać na ~ie** to play the bagpipes

kobziarz *m* (*Gpl* **~y**) bagpiper, piper

koc *m* blanket; **ciepły/gruby ~** a warm/thick blanket; **przykryć się/kogoś ~em** to cover oneself/sb with a blanket; **owinąć się ~em** to wrap oneself (up) in a blanket; **spać na ~u/pod ~em** to sleep on/under a blanket; **wejść pod ~** to get under a blanket

kocan|ka *f* Bot. helichrysum

kocha|ć *impf* **Ⅰ** *vt* [1] (darzyć miłością) to love [osobę, zwierzę, kraj]; **bardzo kogoś ~ć** to love sb dearly a. very much; **~ć kogoś bezgranicznie** a. **do szaleństwa** a. **nad życie** to be deeply a. madly in love with sb; **~m cię** I love you; **~ć kogoś za coś** to love sb for sth; **dzieci ~ne/niekochane przez swoich rodziców** children loved/unloved by their parents [2] (bardzo lubić) to love [pieniądze, piwo, pracę]; **zawsze ~ła być w domu** she always loved being at home

Ⅱ **kochać się** [1] (siebie samego) to love oneself [2] (jeden drugiego) to love each other a. one another; **~jąca się rodzina** a loving family [3] (być zakochanym) to be in love (**w kimś** with sb); **~ć się w kimś bez pamięci/nieszczęśliwie** to be madly/unhappily in love with sb; **~ć się w kimś platonicznie** to love sb platonically [4] (mieć zamiłowanie) to be in love (**w czymś** with sth) [koniach, starych samochodach] [5] (odbywać stosunek seksualny) to make love (**z kimś** to sb); **~liśmy się wczoraj wieczorem** we made love last night

■ **~ć się jak pies z kotem** to fight like cat and dog; **jak Boga** a. **babcię** pot. a. **ciocię** pot. **~m** honestly; **tak było, jak Boga ~m** that's what it was like, honest to God!

kochając|y **Ⅰ** *pa* → **kochać**

Ⅱ *adi.* [1] [mąż, żona, dziecko] loving; [spojrzenie] loving, affectionate [2] (w liście) **wasz ~y syn** your loving son

kochan|ek **Ⅰ** *m* (*Npl* **~kowie**) [1] (partner) lover; **ma ~ka** she has a lover [2] przest. (zakochany) lover; **nieszczęśliwy/wzgardzony ~ek** an unhappy/a spurned lover

Ⅱ **kochankowie** *plt* lovers; **para ~ków** a pair of lovers; **są ~kami** they are lovers

kochanic|a *f* pejor. mistress, lover

kochani|e **Ⅰ** *sv* → **kochać**

Ⅱ *n sgt* darling, sweetheart; **podejdź tu, ~e!** come here, darling a. sweetheart

kochaniut|ki *adi. dem.* pot. darling; **no, moi ~cy, czas do domu** well, my darlings, it's time to go home

kochan|ka *f* [1] (partner) lover, mistress; **on ma ~kę** he has a lover a. mistress [2] przest.

(zakochana) lover; (ukochana) mistress; **rycerz broniący honoru swojej ~ki** a knight defending his mistress's honour

kochan|y Ⅰ *pp* → **kochać**

Ⅱ *adi.* [1] (drogi) [mąż, żona, dzieci] darling, beloved; **prezent dla ~ej osoby** a gift for a beloved a. dearly loved person; **dzieciaki są takie ~e!** the kids are so sweet!; **dziękuję, jesteś ~y** thank you, you are a darling; **mój ~y stary samochód** my dear old car [2] (w poufałych zwrotach) dear; **~a Mamo!** (w liście) Dear Mum,...; **idzie nasz ~y pan Nowak!** here comes our dear a. beloved Mr. Nowak!; **nie mam czasu, ~a pani** I have no time, dear a. my dear (lady) pot.

Ⅲ **kochan|y** *m*, **~a** *f* [1] (ukochany, ukochana) sweetheart [2] (w poufałych zwrotach) **chodźmy, moi ~i** let's go, my dears; **~a, ty lepiej uważaj** you'd better watch out, dearie pot.

kocha|ś *m* [1] (kochanek) żart. lover boy pot. [2] (w poufałym zwrocie) lover boy pot.; **posłuchaj, ~siu** listen, lover boy

koche|r¹ *m* (kuchenka) spirit stove; **gotować wodę na ~rze** to boil water on a spirit stove

koche|r² *m* Med. Kocher clamp

kochliwoś|ć *f sgt* amorousness

kochliw|y *adi.* [młodzieniec, panna] amorous, impressionable; **jest bardzo ~y/~a** he/she is always falling in love

koci *adi.* [1] (mający związek z kotem) [ogon, oczy] cat's; [choroba, zwyczaje] feline [2] (taki jak u kota) catlike; **poruszać się z ~ą zwinnością** to move with catlike agility

■ **~a mama** żart. a cat woman pot., żart.; **~a muzyka** (hałas) racket; (muzyka) charivari; **urządzić ~ą muzykę** to make a racket; **~e łby** cobblestones; **jechać po ~ch łbach** to drive on cobblestones; **żyć z kimś na ~ą łapę** pot. to shack up with sb pot.; to live in sin with sb przest., pot.

kocia|k *m* [1] pieszcz. (kotek) kitten [2] pot. (dziewczyna) chick pot.

kociąt|ko *n dem.* pieszcz. kitty pot., pussy cat pot.

kocic|a *f* [1] (samica kota) (female) cat [2] przen. (kobieta) she-cat przen.

koc|ić się *impf v refl.* [kocica] to kitten, to have kittens; [owca] to lamb; [koza] to kid ⇒ **okocić się**

koci|ę *n* (*G* **~ęcia**) (młode kota, zająca) kitten

kocimięt|ka *f* Bot. catmint GB, catnip US

kocin|a *m*, *f* pieszcz. pussy cat pot.

kociokwik *m* (*G* **~u**) [1] przest. (kac) hangover; **dokuczał mu ~** he had a hangover [2] (dezorientacja) **mam ~ w głowie** my mind is in a whirl; **można dostać ~ od nadmiaru wrażeń** so many things happening at one time can really set one's head spinning; **był u nas w firmie straszny ~** our office was a madhouse

ko|cioł *m* [1] (garnek) pot; (zawieszany nad ogniem) cauldron, caldron; **kocioł do bielizny** a laundry copper; **zawiesić kocioł nad ogniem** to hang a cauldron over the fire; **gotować zupę w kotle** to cook soup in a pot/cauldron [2] (zawartość) pot, potful; **dwa kotły zupy** two pots a. potfuls of soup [3] Techn. boiler; **kocioł parowy/wysokoprężny** a steam/high-pressure boiler; **wygasić kotły** to shut down the boilers [4] Geol. cirque, corrie [5] Muz. kettledrum; **walić w**

kotły to beat the kettledrums; **zadudniły kotły** the kettledrums rumbled 6 (zasadzka) trap; **zrobić** a. **założyć kocioł w czymś mieszkaniu** to set a trap in sb's flat; **wpaść w kocioł** to fall into a trap 7 Wojsk. encirclement; **zamknąć nieprzyjaciela w kotle** to encircle the enemy; **wyrwać się z kotła** to break out of the encirclement ■ **tu kipi** a. **wre** a. **huczy jak w kotle** the place is a hive of activity; **przyganiał kocioł garnkowi (a sam smoli)** the pot calling the kettle black

kocioł|ek m dem. 1 (garnek) pot; (wieszany nad ogniem) (small) cauldron a. caldron 2 (zawartość) **~ek zupy** a pot a. potful of soup

kocisk|o n augm. cat; **stare, leniwe ~o** an old, lazy cat

kocow|y adi. [materiał, tkanina] blanket attr.

koców|a f środ. blanket party środ.; **zrobić** a. **dać** a. **spuścić komuś ~ę** to give sb a blanket party; **dostać ~ę** to get a blanket party

kocu|r m (**~rek** dem.) tomcat

kocyk m dem. blanket; **dziecinny ~** a baby's blanket; **~ w misie/serduszka** a blanket with teddy bears/hearts on it; **niemowlę w ~u** a baby wrapped in a blanket

kocz|ek m dem. (small) bun; **włosy upięte w ~ek** hair (done up a. tied) in a small bun; **czesać się w ~ek** a. **nosić ~ek** to wear one's hair in a (small) bun

koczkodan Ⅱ m pers. (Npl **~y**) przen., pot., obraźl. (kobieta) hag pot., obraźl.; **co za ~!** what a dog!; **wyglądać jak ~** to be a frump pejor.

Ⅱ m anim. Zool. vervet (monkey)

kocz|ować impf vi 1 (być koczownikiem) to live as a nomad, to lead a nomadic life; **~ować na stepie** to lead a nomadic life in a. on the steppes; **~ujący pasterze** nomadic herdsmen 2 przen. (przebywać tymczasowo) **uchodźcy ~ujący pod gołym niebem** refugees camping out in the open air; **musieliśmy ~ować na lotnisku** we were stranded at the airport

koczowisk|o n 1 (obóz) camp; (koczowników) nomad camp a. encampment; **~o Cyganów** a Gypsy camp; **rozłożyć ~o** to set up camp 2 Myśliw. temporary habitat; **~a jeleni** deer habitats

koczownictw|o n sgt Antrop. nomadism; **~o zbieracko-myśliwskie/pasterskie** nomadic hunting and gathering/herding

koczownicz|ka f nomad (woman)

koczowniczo adv. nomadically; **żyć ~** to live as a nomad, to lead a nomadic life

koczownicz|y adi. [plemię, lud, tryb życia] nomad(ic)

koczowni|k m nomad; **namioty ~ków** the tents of nomads

ko|d m (G **kodu**) 1 (szyfr) code; **przekazać informację kodem** to send a message in code; **złamać kod** to break a. crack a code; **kod, którym posługuje się teatr** przen. the language of theatre 2 (oznaczenie) code; **oznaczyć coś odpowiednim kodem** to mark sth with an appropriate code ❏ **kod dalekopisowy** telex code; **kod dostępu** Komput. password, access code; **kod genetyczny** genetic code; **kod kre**-

skowy bar code; **kod pocztowy** postal code a. postcode GB, zip code US; **kod programowy** programming (language); **kod telekomunikacyjny** dialling code a. STD code GB, area code US; **międzynarodowy kod sygnałowy** Żegl. the International Code of Signals

kodeks m (G **~u**) 1 Prawn. code; **~ cywilny/karny** a civil/penal code; **zgodnie z ~em pracy** in compliance with the employment code a. labour law 2 (zasady) code; **~ moralny** a moral code; **~ honorowy** a code of honour; **postępować zgodnie z ~em honorowym** to behave honourably, to adhere to a code of honour 3 Wyd. codex ❏ **~ drogowy** Prawo Highway Code; **~ Hammurabiego** code of Hammurabi; **~ prawa kanonicznego** code of canon law

kodeksow|y adi. 1 Prawo [przepis, sformułowanie] code attr.; **poprawki ~e** amendments to a code 2 Wyd. **wolumeny ~e** codices, codexes

kod|ować impf vt 1 (szyfrować) to encode [dane, wiadomość]; to scramble [program telewizyjny, rozmowę telefoniczną]; **~ować coś alfabetem Morse'a** to put sth into Morse code ⇒ **zakodować** 2 (oznaczać) to code; **~owanie kreskowe produktów** bar coding of goods

kodowan|y Ⅱ pp → **kodować** Ⅱ adi. [wiadomość, list] coded, encoded; [program telewizyjny] scrambled

kodow|y adi. [numer, system] code attr.

kodyfikacj|a f sgt 1 książk. codification; **~a doktryny katolickiej/polskiej ortografii** the codification of Catholic doctrine/Polish spelling 2 Prawo codification; **~a prawa międzynarodowego** the codification of international law

kodyfikacyjn|y adi. [komisja] codification attr.

kodyfikato|r m, **~rka** f codifier

kodyfik|ować impf vt to codify [przepisy, zasady, normy] ⇒ **skodyfikować**

koedukacj|a f sgt książk. co-education

koedukacyjn|y adi. książk. [szkoła, nauczanie] co-educational

koegzystencj|a f sgt książk. coexistence; **~a państw/gatunków** the coexistence of nations/species; **~a pogaństwa i chrześcijaństwa** the coexistence of paganism and Christianity; **~a pokojowa** peaceful coexistence

koegzyst|ować impf vi książk. to coexist (**z kimś/czymś** with sb/sth); **różne gatunki ~ują w przyrodzie** different species coexist in nature

kofein|a f sgt Chem. caffeine; **zastrzyk ~y** a shot of caffeine, a caffeine fix

kofeinow|y adi. [kawa, napój] caffeinated

kog|el-mogel m 1 Kulin. a confection made of raw egg yolk and sugar 2 pot. (zamieszanie) botch-up pot., cock-up pot.; **niezły kogel-mogel zrobili z naszymi rezerwacjami** they made a right cock-up with our reservations

koguci adi. [pióro, grzebień] cock's, rooster's

kogu|cik, **~tek** m dem. pieszcz. 1 (mały kogut) cockerel, little rooster; **drewniany/gliniany ~cik** a wooden/clay cock(erel) a.

rooster 2 pot., przen. (kosmyk) quiff GB pot., cowlick US pot.

kogucisk|o n augm. cock, rooster

kogu|t Ⅱ m pers. (Npl **~ty**) pot., przen. 1 żart. (kobieciarz) stud pot., przen.; **lepszy z niego ~t** he's king of the studs 2 (zaczepny) a feisty sort; **ależ z niego ~t** he's as feisty as a bantam rooster

Ⅱ m anim. 1 (samiec kury) cock, rooster; **pianie ~ta** the crowing of a cock a. rooster; **walki ~tów** cockfights, cockfighting 2 Myśliw. (samiec bażanta, cietrzewia) cock

Ⅲ m inanim. (A **~ta**) pot. 1 (kosmyk) quiff GB pot., cowlick US pot.; **przygładzić sobie ~ta** to smooth down one's quiff GB a. cowlick US 2 (na dachu samochodu) roof light

kogutek → **kogucik**

koherencj|a f sgt książk. coherence (**czegoś** of sth) ❏ **~a fal** Fiz. wave coherence

koherentnie adv. książk. coherently; **to zabrzmiało ~** it sounded coherent

koherentnoś|ć f coherency rzad.

koherentn|y adi. książk. coherent; **~a całość** a coherent whole

kohor|ta f 1 Hist. cohort 2 książk., pejor. horde pejor.; **~ta żołdaków** a horde of soldiers

ko|ić impf vt to soothe [ból, cierpienie]; **muzyka koi nerwy** music soothes your nerves ⇒ **ukoić**

koincydencj|a f sgt 1 książk. coincidence; **~a zdarzeń** a coincidence of events 2 Fiz. coincidence

ko|ja f Żegl. bunk; **marynarze śpiący w swoich kojach** sailors sleeping in their bunks

kojarz|yć impf Ⅱ vt 1 (zauważać związek) to associate; **~yć fakty** to put two and two together; **~yć coś z czymś** to associate sth with sth; **jej nazwisko ~ono** a. **było ~one z obydwoma skandalami** her name was associated with both scandals ⇒ **skojarzyć** 2 (łączyć w związki) to match (up) [ludzi]; to mate [zwierzęta]; **~yć ludzi na podstawie znaków Zodiaku** to match people according to their sun signs; **~yć pary** to arrange relationships; **umiejętnie ~one mariaże polityczne** skilfully arranged political marriages; **~yć rodziny** to match families with children waiting for adoption ⇒ **skojarzyć** 3 (jednoczyć) to combine, to blend (**coś z czymś** sth with sth); **~yła w swoich powieściach realizm z fantazją** in her novels she combined realism with fantasy ⇒ **skojarzyć** 4 pot. (rozpoznawać, pamiętać) **nie ~ę go** I don't remember him; **wszyscy go tu ~ą** everybody knows him here 5 pot. (rozumieć) **już ~ę, w czym rzecz** now I know what it's all about; **czegoś tu nie ~ę** I don't quite get it pot. ⇒ **skojarzyć**

Ⅱ **kojarzyć się** 1 (nasuwać myśl) to be associated (**z kimś/czymś** with sb/sth); **ludziom faszyzm zazwyczaj ~y się z Niemcami** people usually associate fascism with Germany; **to mi się ~y z dzieciństwem** it reminds me of my childhood; **nic mi się z tą nazwą nie ~y** the name doesn't ring any bells a. a bell (with me); **to słowo się źle/dobrze ~y** the word has negative/positive connotations; **to**

K

mi się źle/dobrze **~y** it brings back bad/ good memories, it has bad/good associations for me ⇒ **skojarzyć się** [2] (łączyć się w związki) [ludzie] to form a relationship; **na takich wyjazdach często ~ą się jakieś pary** couples often get together on these trips ⇒ **skojarzyć się** [3] (być połączonym) to be combined, to be blended; **w tych powieściach realizm ~y się z fantastyką** in the novels realism blends a. is blended with fantasy ⇒ **skojarzyć się**

kojąco adv. soothingly; **działać ~** to have a soothing effect, to soothe

kojąc|y [I] pa → **koić**

[II] adi. książk. [działanie, okład, sen] soothing; **leki ~e** Med. palliative drugs

koj|ec m [1] (dla zwierząt) pen; **~ec dla świń** a pigsty, a pigpen US [2] (dla dziecka) playpen; **niemowlę bawiło się w ~cu** the baby was playing in the playpen

kojfn|ąć pf (~ęła, ~ęli) vi posp. to croak posp., to snuff it posp.

kojo|t m Zool. coyote

kok m (G **~u**) (fryzura) bun, chignon; **włosy upięte w ~** hair tied in a bun a. roll; **dziewczyna uczesana w ~** a girl with her hair in a bun a. roll

ko|ka f sgt [1] Bot. coca; **żuć liście koki** to chew coca leaves; **uprawiać kokę** to cultivate coca [2] pot. (kokaina) coke pot.

kokain|a f sgt cocaine; **zażywać ~ę** to take a. use cocaine

kokainow|y adi. [szlak, gang] cocaine attr.; **krzew ~y** the coca plant

kokar|da f (big) bow; **mieć ~dę we włosach** to have a bow in one's hair; **zawiązać ~dę** to tie a bow; **suknia związana z tyłu na ~dę** a dress with a bow at the back

kokard|ka f dem. bow; **zawiązać coś na (podwójną) ~kę** to tie sth in a (double) bow; **wiązać buty na ~kę** to tie one's shoes a. shoelaces

kokieteri|a f (G **~i**) sgt [1] (zalotność) flirtatiousness; coquetry książk.; **uśmiechnąć się z ~ą** to smile flirtatiously [2] (udawana skromność) coyness; **to, co powiem, nie jest ~ą z mojej strony, lecz faktem** I'm not being coy – I mean it

kokieteryjn|y adi. [spojrzenie, uśmiech] flirtatious, kittenish; [kapelusik, strój] fetching

kokiet|ka f coquette książk.

kokiet|ować impf vt [1] [kobieta] to flirt with; **~ować kogoś uśmiechem/spojrzeniem** to smile/look at sb coquettishly [2] (udawać skromność) to be coy, to fish for compliments; **nie ~uj, świetnie się nadajesz do tej pracy** stop being coy – you're perfect for the job [3] (schlebiać) to make (friendly/romantic) overtures vi (**kogoś** to sb); to try and win [sb] over; **sojusznicy próbowali ~ować Stalina/Moskwę** the allies were flirting with Stalin/Moscow; **~ować publiczność tanimi chwytami** to use every trick in the book to win over the audience

koklusz m (G **~u**) sgt Med. whooping cough; pertussis spec.

kokluszow|y adi. Med. [objawy] whooping cough attr.; pertussis attr. spec; **kaszel ~y**

whooping cough; **objawy ~e** symptoms of whooping cough

kokon m (G **~u**) [1] Zool. (z larwą, jajeczkami) cocoon; **~ jedwabnika** a silkworm cocoon [2] książk., przen. cocoon; **być otoczonym ~em miłości** to be wrapped up in a cocoon of love, to be cocooned in love

kokos [I] m (A ~ a. **~a**) Bot. [1] (orzech) coconut [2] (palma) coconut palm

[III] **kokosy** plt pot. **zarabiać** a. **robić ~y (na czymś)** to make piles a. heaps of money (on sth) pot.; **to nie żadne ~y** that's not exactly a fortune iron.

koko|sić się impf v refl. pot. [1] (wiercić się) to fidget, to shift around; (przed snem) to toss and turn; **przestań się ~sić!** stop fidgeting!; **pasażerowie ~sili się w fotelach** the passengers were shifting around in their seats [2] (grzebać się) to dawdle (**z czymś** over a. around sth)

kokosow|y adi. [palma, mleczko, olej] coconut attr.

■ **zrobić ~y interes** to make a fabulous profit

kokosz|ka f pieszcz. mother hen

❏ **~ka wodna** → **wodny**

koko|ta f (~tka dem.) przest. (prostytutka) cocotte przest.

kokpi|t m (G **~tu**) Żegl., Lotn. cockpit

koks m (G **~u**) [1] Przem. coke U; **~ naftowy** oil coke; **piec opalany ~em** a coke-fired stove a. furnace; **palić ~em** to burn coke [2] pot. (doping) dope pot.; **brać ~** to take dope; **być na ~ie** to be doped

❏ **~ odlewniczy** Techn. foundry coke; **~ hutniczy** a. **wielkopiecowy** Techn. blast furnace coke

koks|a f zw. pl [1] (jabłko) Cox (apple), Cox's apple [2] (drzewo) Cox('s) apple (tree)

❏ **Koksa Pomarańczowa** Bot. Cox('s) Orange Pippin

koksowni|a f (Gpl **~**) Przem. coking plant

koksownicz|y adi. [przemysł, zakład] coking (industry) attr.

koktajl m (G **~u**) [1] (alkoholowy) cocktail; **przyrządzić ~ z wódki i soku ananasowego** to make a vodka-and-pineapple-juice cocktail; **mieszać ~e** to mix cocktails [2] (mleczny) milkshake; **~ truskawkowy** strawberry milkshake [3] (przyjęcie) cocktail party; **zaprosić kogoś na ~** to invite sb for cocktails; **wydać ~** to give a cocktail party; **byliśmy na ~u w ambasadzie** we went to a cocktail party at the embassy [4] (mieszanina) cocktail; **~ rocka, jazzu i bluesa** a cocktail of rock, jazz, and blues; **~ zapachów/barw** a medley of aromas/ colours

❏ **~ Mołotowa** Molotov cocktail

koktajlbar m cocktail-bar

koktajlow|y adi. [szklanka, przyjęcie, suknia] cocktail attr.

kol. (= kolega/koleżanka)

kola → **cola**

kolaboracj|a f sgt (współpraca z wrogiem) collaboration

kolaboracyjn|y adi. collaboration attr.

kolaboranc|ki adi. [postawa, rząd] collaborationist

kolaboran|t m, **~tka** f pejor. collaborator pejor.

kolabor|ować impf vi to collaborate (**z kimś** with sb); **~ować z wrogiem** to collaborate with the enemy

kolacj|a f (Gpl **~i**) (skromna i lekka) supper; (duży posiłek) dinner; **gorąca/zimna ~a** a hot/cold supper; **jeść ~ę** to have supper; **nakrywać do ~i** to set the table for supper; **zjeść coś na ~ę** to have sth for supper; **wydać uroczystą ~ę na cześć kogoś** to give an official dinner in honour of sb; **zaprosić kogoś na ~ę** to invite sb for dinner/supper; **pójść z kimś na ~ę** to have dinner/supper with sb; **pójść na proszoną ~ę do kogoś** to be invited for dinner at sb's house

kolacyj|ka f dem. supper

kolacyjn|y adi. supper attr.; **pora ~a** supper time

kolan|ko [I] n dem. [1] (część ciała) knee [2] Bot. node [3] Techn. (w rurze) elbow, knee

[III] **kolanka** plt Kulin. macaroni U, elbow-shaped pasta U

kolankow|y adi. [1] (rura, złącze) elbow attr. [2] Bot. [budowa łodygi] nodal

kolan|o [I] n [1] (część nogi, spodni) knee; **stłuc sobie ~o** to bang a. bruise one's knee; **boli mnie ~o** my knee hurts; **ugiąć nogi w ~ach** to bend one's knees; **zegnij ~o** bend your knee; **przyklęknąć na jedno/prawe ~o** to go down on one/one's right knee; **paść na ~a** to fall on a. to one's knees; **na ~a! on your knees!; wstać z ~** to rise from one's knees; **woda/śnieg do ~ a. po ~a** knee-deep water/snow; **wpaść w błoto po ~a** to sink knee-deep in mud; **na ulicach było po ~a wody** water was knee-deep in the streets, the streets were knee-deep in water; **trawa sięgała mi do ~** the grass was up to my knees; **spódnica do ~ a** knee-length skirt; **spódnica sięgająca przed/za ~a** an above-/below-the-knee skirt; **buty do ~** knee-high boots, knee boots; **spodnie z dziurą na ~ie** trousers with a hole in the knee; **spodnie wypchane/wytarte na ~ach** trousers with baggy/ worn knees [2] (zakręt rzeki) (river) bend; **rzeka tworzy tu ~o** there's a bend in the river here [3] Techn. (w rurze) elbow [4] Techn. (przegub mechanizmu) knuckle joint

[III] **kolana** plt (uda) lap; **usiąść komuś na ~ach** to sit on sb's lap a. knee; **posadzić sobie kogoś na ~ach** to sit sb on one's lap a. knee; **trzymać coś na ~ach** to hold sth in a. on one's lap; **weź mnie na ~a** let me sit on a. in your lap

■ **~a się pode mną ugięły, kiedy...** I was weak at the knees when...; **łysy jak ~o** as bald as a coot; **paść przed kimś na ~a** to fall to one's knees a. on bended knee(s) before sb; **powalić kogoś na ~a** (wzbudzić podziw) to bowl sb over; **prosić/przepraszać kogoś na ~ach** to go down on one's knees and beg sb for sth/beg sb for forgiveness; **napisać coś na ~ie** to scrawl sth hastily; **przełożyć kogoś przez ~o** to put sb over one's knee przen.

kolanow|y adi. [1] Anat. [kości] knee attr. [2] [rura] elbow attr.

kolar|ka f [1] (osoba) (female) cyclist [2] (rower) racing bike, racer

kolars|ki adi. cycling attr.

kolarstw|o *n sgt* Sport cycling
❑ **~o szosowe** road cycling; **~o torowe** track cycling

kolarz *m* (*Gpl* **~y**) Sport cyclist
❑ **~ górski** mountain biker; **~ przełajowy** country cyclist, off-road cyclist; **~ szosowy** road cyclist; **~ torowy** track cyclist

kolarzów|ka *f pot.* racing bike

kolas|a *f* (**~ka** *dem.*) Hist. wagonette

kolaudacj|a *f* [1] Budow. final technical inspection [2] Kino pre-release screening of a film

kolaż *m* (*G* **~u**) [1] Szt. (obraz) collage; **~e Picassa** Picasso's collages [2] *sgt* Szt. (technika) collage, montage; **stosować ~** to employ collage (techniques) [3] przen., książk. (mieszanka) collage przen.; **~ filmowy** a film collage; **~ motywów ludowych i klasycznych** a collage of folk and classical motifs

kolażow|y *adi.* [*kompozycja, układ tekstu, tekst*] collage *attr.*

kolb|a *f* [1] Wojsk. butt; **~a karabinu** a rifle butt; **uderzyć kogoś ~ą karabinu** to hit sb with a rifle butt [2] Bot. (kukurydzy) (z ziarnami) head of maize, ear (of corn) US; (bez ziaren) corn cob; (gotowana) corn on the cob; **~a kukurydzy** a corn cob [3] (naczynie laboratoryjne) flask [4] Techn. **~a lutownicza** a soldering tool

kolb|ka *f dem.* [1] Kulin. **~ka kukurydzy** a (small) corn cob; **~ka cykorii** a head of endive [2] (naczynie laboratoryjne) (small) flask

kolczasto *adv.* **~ najeżone kaktusy** spiny cactuses

kolcza|sty *adi.* [1] [*krzew*] thorny; [*jeż, kaktus*] spiny, prickly; [*obroża*] spiked; **~ste ostrogi** pointed a. rowel spurs [2] [*drut*] barbed; **~ste zasieki** barbed wire entanglements; **ogrodzenie z drutu ~stego** a barbed wire fence [3] pot. (opryskliwy) [*osoba*] prickly

kolczat|ka *f* [1] (obroża) spiked collar [2] (rozkładana na drodze) road spikes, stinger® US; **rozłożyć ~kę na drodze** to set up road spikes [3] Zool. (ssak) echidna rzad.; spiny anteater

kolczu|ga *f* [1] Hist., Wojsk. chain mail garment [2] Moda open-knit a. openwork top [3] (metalowa osłona) **stalowa ~ga** a steel (mesh) safety glove; **~gi na opony samochodowe** tyre chains GB, tire chains US

kolczyk *m* [1] (w uchu) (pierced) earring; (mały, niewiszący) stud (earring); (w nosie) nose ring/stud; **delikatne ~i z perełkami** delicate pearl earrings/studs; **nosić ~i** to wear earrings; **mieć ~ w wardze/pępku** to have a pierced lip/navel [2] (u zwierzęcia) ring

koleb|a *f* [1] shelter; **skalna ~a** a mountain hollow a. crevice [2] Górn., Techn. tipping wagon

koleb|ać *impf* (**~ię**) książk. **II** *vt* to rock; **~ać dziecko na rękach** to rock a baby in one's arms; **wiatr ~ał gałęzie** a. **gałęziami drzew** the branches (of the trees) were swaying in the wind
III kolebać się to rock, to sway; **wóz ~ał się na wyboistej drodze** the carriage was rocking a. swaying along the bumpy road

koleb|ka *f* [1] przest. (kołyska) cradle [2] przen. cradle przen.; **~ka cywilizacji/chrześci-jaństwa** the cradle of civilization/Christianity
■ **być w ~ce** to be in one's infancy; **w czasach, kiedy informatyka była jeszcze w ~ce** when computer science was still in its infancy; **od ~ki** from the cradle

kol|ec II *m* [1] *zw. pl* Bot. thorn; **kaktus o ostrych ~ach** a sharp-spined cactus; **~ce krzewów raniły mu nogi** thorny bushes scratched his legs; **~ec wbił mu się w rękę** a thorn jabbed him in the hand, he got a thorn in his hand [2] *zw. pl* Zool. (jeża, jeżowca) spine, quill; **grzbiet jeżozwierza jest pokryty ~cami** a porcupine's back is covered with a. in quills; **~ce jeża** hedgehog spines a. quills; **~ce jadowy skorpiona** a scorpion's sting(er) [3] (ostra część przedmiotu) spike, point; **~ec czekanu** the spike a. point of an ice axe; **śnieżne opony z ~cami** snow tyres with spikes; **~ec cyrkla** the point of a compass a. of a pair of compasses; **~ce brony** the teeth a. tines of a harrow [4] Anat. **~ec biodrowy/nosowy** iliac/nasal spine
II kolce *plt* Sport spikes; **biegać w ~cach** to run in spikes
■ **nie ma róży bez ~ców** przysł. there is no rose without thorns a. a thorn przysł.

kole|ga *m* [1] (znajomy) friend; pal pot., mate GB pot.; **~ga ze szkoły** a school friend, a schoolmate; **~ga z klasy** a classmate; **~ga z dzieciństwa** a childhood friend; **~ga z podwórka** a playmate; **~ga z pracy** a friend from work, a workmate GB; **to mój najlepszy ~ga** he's my best friend; **możesz przyjść z ~gą** you can bring your friend along; **bawić się z ~gami** to play with one's friends [2] (współpracownik) colleague; **zgadzam się z tym, co powiedział ~ga** I agree with what my colleague said; **myli się pan, ~go!** I'm afraid you're mistaken, my friend!; **~ga Nowak** (Mr.) Nowak
■ **~ga po fachu** a fellow lawyer/teacher/doctor; **~ga po piórze** a fellow writer

kolegiac|ki *adi.* [*kościół, kapituła*] collegiate

kolegialnie *adv.* [*pracować*] jointly, as a team; collegially rzad.; **decyzje są podejmowane ~** decisions are made a. taken jointly a. collegially

kolegialnoś|ć *f sgt* joint authority, collective responsibility; collegiality rzad.

kolegialn|y *adi.* [*decyzja*] joint; collegial rzad.; **ciało ~e** a collegial body

kolegia|ta *f* Relig. collegiate church

kolegi|um *n* (*Gpl* **~ów**) [1] (zespół) body; **~um sędziowskie** a body of judges; **~um elektorów** the electoral college [2] (zebranie) **~um redakcyjne** an editorial meeting; **przedstawić sprawę na ~um redakcyjnym** to bring up an issue at an editorial meeting [3] pot. (sąd) ≈ magistrates' court GB, ≈ misdemeanor court US; **stanąć przed ~um** to appear at a. before a magistrates' court; **skierować wniosek do ~um** to prefer charges at a magistrates' court; **~um wymierzyło grzywnę** the (magistrates') court imposed a fine [4] (uczelnia) college; **~um nauczycielskie** a teacher-training college; **nauczycielskie ~um języka angielskiego** an English language teacher-training college [5] Hist. college (*secondary school for children of Polish noblemen*)
❑ **~um apostołów** Relig. the College of Apostles; **~um biskupów** Relig. the College of Bishops; **~um do spraw wykroczeń** Jur. ≈ a magistrates' court GB, ≈ misdemeanor court US; **Święte Kolegium** Relig. the Sacred College of Cardinals

koleg|ować się *impf v refl.* to be friends (**z kimś** with sb); **~owałem się z ich synem** I was friends with their son; **oni się ~ują** they're friends

kolein|a *f* [1] (ślad kół) rut; **pozostawiać ~y w asfalcie** to leave ruts in the asphalt; **wjechać w ~y** to drive into some ruts; **wóz wyżłobił głębokie ~y w błotnistej drodze** the wagon cut deep ruts in the muddy road; **„~y"** (znak drogowy) 'caution: (deep) ruts ahead' [2] *zw. pl* przen. rut, groove; **wszystko wracało w dawne ~y** everything was slipping a. falling back into the same old rut; **wytrącić kogoś z ~ tradycyjnego myślenia** to shake sb out of the rut of traditional thinking; **życie toczy się utartymi ~ami** life follows the same old pattern [3] *zw. pl* Wojsk. portable track (*for army vehicles*)

kolej I *f* (*Gpl* **~i**) [1] (system transportu) railway(s) GB, railroad(s) US; **jego ojciec pracuje na ~i** his father works on the railway(s) [2] (pociąg) train; **jechać ~ą** to go a. travel by train a. rail; **spóźnić się na ~j** to be late for one's train [3] (następstwo) turn; (pora) time; **czekać na swoją ~j** to wait one's turn; **przyszła ~j na nas** it's our turn now; **rzucaj, teraz twoja ~j** you throw now, it's your turn a. go; **~j na egzaminy** (it's) time for the exams; **nareszcie przyszła ~j na wręczanie nagród** at last the time came for handing out the awards; **po ~i** one after the other a. after another, in turn; **wchodzić po ~i** to go in one after the other a. one by one; **opowiedz po ~i, jak to było** tell me what happened, one thing at a time; **wszystko po ~i!** one thing at a time!; **odpowiadali po ~i na pytania nauczyciela** they answered the teacher's questions in turn [4] *zw. pl* (bieg rzeczy) course; **zwykła ~j rzeczy** the normal course of events; **to normalna ~j rzeczy** that's the normal a. usual thing; **życie toczyło się zwykłą ~ją** life ran its normal course; **wszystko szło swoją ~ją** everything took its normal course; **~je życia/losu** the ups and downs a. vicissitudes książk. of life; **niejedno już napisano o burzliwych ~jach ich związku** much has been written about the stormy ups and downs of their relationship; **opowiedziała nam ~je swego życia** she told us the story of her life; **bieg historii wyznaczał ~je losu tego miasta** the development of the city has been shaped by the course of history; **starodruk przechodził różne ~je** this old print a. edition has an interesting history attached to it
II z kolei *adv.* [1] (z rzędu) in a row; **dziś to już czwarty z ~i telefon w tej sprawie** that's the fourth call in a row about it; **to już piąta z ~i awaria w tym miesiącu** that's the fifth breakdown this month

K

2 (następnie) next, then; (jako reakcja) in turn; **z ~i zabrał głos były prezydent** next the former president spoke; **świadek z ~i odparł, że widział oskarżonego** the witness in turn replied that he had seen the accused 3 (nawiązujące) on the other hand książk.; (przeciwstawiające) by contrast ❏ **~j linowa** (naziemna) funicular a. cable railway; (napowietrzna) cableway, ropeway; **~j podziemna** underground railway, underground railroad US; **~j zębata** cog railway GB, cog railroad US, rack railway GB, rack railroad US; **~j żelazna** przest. railway GB, railroad US

■ **mieć nie (wszystko) po ~i (w głowie)** to be not all there pot., to have something missing pot.

kolejars|ki adi. [mundur] railwayman's GB, railman's

koleja|rz m (Gpl ~rze) railwayman GB, railroad man US, railman

kolej|ka f 1 (środek transportu) narrow-gauge railway 2 (rząd ludzi) queue GB, line US; **~ka po owoce/pączki** a queue for fruit/doughnuts; **~ka po bilety** a queue for tickets, a ticket queue; **~ka do kina** a queue outside the cinema; **stać w ~ce** to stand in a queue GB, to stand in line US; **stanąć w ~ce** to join a queue GB, to get into line US; **ustawiać się w ~ce** to form a queue GB a. line US, to queue up GB, to line up US; **czekałem w ~ce do dentysty** I was waiting for my turn at the dentist's 3 (wyznaczone miejsce w szeregu ludzi) place, turn; **zajmij mi ~kę w mięsnym** get a place in the meat queue for me; **jego ~ka przepadła** he lost his place in the queue; **udało mu się wejść bez ~ki** a. **poza ~ką do lekarza** he managed to get in to see the doctor without taking his turn in the queue 4 pot. round; **zamówił następną ~kę dla wszystkich** he ordered another round for everyone; **dzisiaj ja stawiam ~kę** today the drinks are on me pot.

❏ **~ka górska** (w wesołym miasteczku) big dipper GB, roller coaster; Transp. cableway, ropeway; **~ka linowa** a. **wisząca** Transp. cableway, ropeway; **~ka łańcuchowa** Górn. chain conveyor

kolejkowicz m pot. person queuing (up) GB, person standing in line US

kolejnictw|o n sgt (the) railways pl, railroading US; **rozwój ~a** the development of railways; **muzeum ~a** a railway museum

kolejno adv. (jeden za drugim) one by one, one after the other; (nie naraz) in turn; **przechodzić ~ przez kładkę** to cross a footbridge one by one; **mówcie ~, nie wszyscy naraz** speak in turn, not all at the same time; **wszyscy ~ wiosłowali** they took turns (at) rowing

kolejnoś|ć f sgt order; **~ć alfabetyczna/chronologiczna** alphabetical/chronological order; **wymienić coś w ~ci alfabetycznej** to list sth in alphabetical order; **w odwrotnej ~ci** in reverse order; **ustalić ~ć zdarzeń** to establish the sequence of events; **przestrzegać ~ci wpuszczania do sali egzaminacyjnej** to admit (the) examination candidates in the prescribed order; **o ~ci w rankingu decyduje**

wielkość sprzedaży position in the ranking is determined by the volume of sales; **zamówienia są realizowane w ~ci zgłoszeń** orders are fulfilled on a first-come, first-served basis; **obsłużyć/wpuścić kogoś poza ~cią** to serve/admit sb out of turn; **zrobić coś w pierwszej/dalszej ~ci** to do sth first/later; **w pierwszej ~ci powinnaś iść do lekarza** in the first place a. first of all you should (go and) see a doctor; **zostać przyjętym w pierwszej/ostatniej ~ci** to be the first/last to be admitted; **ustalić jakąś ~ć** to establish some kind of sequence a. order; **zmienić ~ć** to change a. rearrange the order

kolejn|y adi. (następny) next, subsequent; (jeszcze jeden) another; (jeden po drugim) consecutive, successive; **~a pozycja na liście** the next item on the list; **przyjąć ~ego pacjenta** to see the next patient; **~e wydanie książki** another a. a subsequent edition of the book; **zdecydowali się na ~e dziecko** they decided to have another child; **trzy ~e miesiące/sety** three consecutive a. successive months/sets; **to już ~a pomyłka** this is not the first mistake; **po raz ~y** once a. yet again; **po raz ~y wyjaśniam/pytam/powtarzam** let me explain/ask/repeat once again

kolejow|y adi. [dworzec, bilet] train attr. GB, rail(way) attr. GB, rail(road) attr. US; [linia, sieć, most, wiadukt, nasyp, bocznica] rail(-way) attr. GB, railroad attr. US; [trasa] rail; **szyny ~e** (railway GB a. railroad US) rails; **tory ~e** rail(way) GB a. railroad US tracks

kolekcj|a f (Gpl ~i) collection; **~a monet/znaczków/motyli** a coin/stamp/butterfly collection; **~a impresjonistów** a collection of Impressionist works; **~a osobliwości** a collection of curios; **~a mody** a fashion collection; **tegoroczna wiosenna/zimowa ~a** this year's spring/winter collection; **zgromadzić cenną ~ę chińskiej porcelany** to amass a valuable collection of Chinese porcelain; **~a wzbogaciła się o nowy eksponat** a new item has been added to the collection; **brakuje mi tego okazu do ~i** that specimen would round out a. complete my collection

kolekcjone|r m, **~rka** f collector; **~r/~rka dzieł sztuki** an art collector

kolekcjoners|ki adi. [upodobanie, egzemplarz] collector's; **okaz ~ki** a collector's item; **żyłka ~ka** a collector's streak

kolekcjonerstw|o n sgt collecting; **~o dzieł sztuki/staroci/autografów** art/antique/autograph collecting; **~o militariów** collecting militaria a. military artefacts; **~o rysunku/starych monet** collecting drawings/old coins

kolekcjon|ować impf vt to collect [znaczki, dzieła sztuki]; **moje hobby to ~owanie starych widokówek** my hobby is collecting old postcards

kolekto|r m 1 (w totalizatorze) lottery agent 2 Techn. (kanał zbiorczy) interceptor (canal); **~r ścieków** an intercepting a. interceptor sewer, a collector sewer 3 Aut. manifold; **~r spalin** an exhaust manifold

kolektor|ka f lottery agent

kolektorow|y adi. [kanał] intercepting, interceptor attr.

kolektu|ra f lottery (ticket) outlet

kolektyw m (G ~u) sgt (zespół) team; **~ pracowników** the entire staff; **stanowimy zgrany ~** we make a good team

kolektywistyczn|y adi. [gospodarka, idee] collectivist

kolektywizacj|a f sgt collectivization; **~a rolnictwa** the collectivization of agriculture

kolektywizm m (G ~u) sgt collectivism

kolektywiz|ować impf 🔟 vt to collectivize [rolnictwo] ⇒ **skolektywizować**
🔢 **kolektywizować się** to be collectivized ⇒ **skolektywizować się**

kolektywnie adv. [pracować] collectively; **~ podejmować decyzje** to make collective decisions; **scenariusz powstawał ~** the script was a team a. joint effort; **grać bardziej ~** [drużyna] to play more as a team

kolektywn|y adi. książk. [decyzja, praca, gospodarka, życie] collective

kolendr|a f sgt Bot., Kulin. coriander

kole|ś m (Gpl ~siów a. ~si) pot. 1 (kolega) pal pot., mate GB pot., buddy US pot.; **~sie mojego brata** my brother's pals; **wszystkie ważne stanowiska obsadził swoimi ~siami** pejor. all the important jobs went to his pals a. cronies pejor. 2 (ktoś młodszy, mało ważny) **słuchaj, ~ś!** listen, pal a. buddy! pot.; **jakiś ~ś na ciebie czeka** there's some guy waiting for you pot.

koleżan|ka f 1 (znajoma) (girl)friend; **szkolna ~ka** a school friend, a schoolmate; **~ka z klasy** a classmate; **~ka z podwórka** a playmate 2 (współpracownica) colleague

koleżeńs|ki adi. 1 (dotyczący kolegów) **~a pomoc** help from (one's) friends/a friend; **to tylko ~ka przysługa** it's just a friendly favour a. a favour from a friend; **~kie stosunki** team spirit, friendly relations; **w biurze panują ~kie stosunki** there's a good team spirit a. friendly atmosphere at the office; **~kie stosunki między szefem a pracownikami/nauczycielami i uczniami** friendly employer-employee/teacher-student relations; **spotkanie ~kie** a friendly get-together; **dyskusja ~ka** a friendly a. amicable discussion, a discussion among friends 2 (przyjacielski) [postawa, zachowanie] friendly; **po ~ku** in a friendly way; **traktować kogoś po ~ku** to treat sb in a friendly manner a. way; **po ~ku zwrócił mi uwagę na błędy** he was kind enough to point out some mistakes I'd made

koleżeńskoś|ć f sgt friendliness

koleżeństw|o n sgt 1 (przyjaźń) friendship; (solidarność) comradeship, camaraderie; **łączyło nas ~o** we were friends; **wśród policjantów musi panować ~o** comradeship a. camaraderie among policemen is essential 2 żart. (koledzy i koleżanki) **całe ~o rozsiadło się przy stolikach** the whole gang sat down at the tables pot.; **proszę ~a, zebraliśmy się, żeby...** Ladies and Gents, we have gathered here to... pot.

koleż|ka m (Npl ~kowie) pot. pal pot., mate GB pot., buddy US pot.

kolę|da f 1 (pieśń) (Christmas) carol; **śpiewać ~dy** to sing (Christmas) carols 2 (obrzęd ludowy) carol singing U, (Christ-

mas) carolling *U* GB a. caroling *U* US
[3] (odwiedziny duszpasterskie) *a priest's traditional round of visits to parishioners*
■ **chodzić po ~dzie** *[ksiądz]* to make a round of house calls on one's parishioners
kolędnicz|y *adi.* **szopka/gwiazda ~a** a Nativity scene/star carried by carol singers
kolędni|k *m* carol singer, (Christmas) caroller GB a. caroler US
kolęd|ować *impf vi* [1] (śpiewać kolędy) to sing (Christmas) carols [2] (odwiedzać sąsiadów) to go carol singing, to go (Christmas) carolling GB a. caroling US
kolędow|y *adi.* (Christmas) carol *attr.*; **pieśni ~e** (Christmas) carols
koli|a *f* *(GDGpl ~i)* necklace; **brylantowa ~a** a diamond necklace; **~a z agatami** an agate necklace
kolib|er *m (~erek dem.)* Zool. hummingbird
kolid|ować *impf vi* pot. to collide, to clash (**z czymś** with sth); **ich interesy ~ują ze sobą** they have conflicting interests, their interests collide (with each other) a. clash; **godzić ~ujące interesy całej grupy** to reconcile the conflicting interests of all members of the group; **godziny zajęć wzajemnie ~ują** the classes clash with each other; **czyn ~ujący z prawem** an illegal act
koligacj|a *f* zw. pl książk. (family) connections *pl* a. ties *pl*; **mieć ~e z kimś** to have (family) connections a. ties with sb; **dzięki szerokim ~om** thanks to (one's) widespread (family) connections a. ties; **wejść w ~e z kimś** (wżenić się) to marry into sb's family; (połączyć interesy) to become affiliated a. join forces with sb; **wszedł w ~e ze skorumpowanymi politykami** he joined forces a. teamed up with some corrupt politicians; **moje ~e z nim sięgają dwóch pokoleń** our families have been connected for two generations now; **panna/kawaler z dobrymi ~ami** przest. a wellconnected young woman/man, a young woman/man with good connections
kolisk|o *n augm.* (large) circle; **~o jaskółek nad domem** a large flock of swallows circling over the house
kolistoś|ć *f* *sgt* roundness, circularity (**czegoś** of sth)
koli|sty *adi.* *[kształt, klomb, ogródek]* round, circular; **~ste ruchy** circular movements
koliście *adv.* *[latać, być ustawionym]* in circles/a circle
kolizj|a *f* *(Gpl ~i)* [1] (zderzenie) collision, crash; **~a drogowa** a traffic collision; **na skrzyżowaniu doszło do ~i** there was a collision at the crossroads a. intersection; **samochód został uszkodzony w wyniku ~i** the car was damaged as a result of a collision; **~a samochodu z autobusem** a collision between a car and a bus [2] (konflikt) conflict, clash; **~a interesów między dwoma krajami** a conflict a. clash of interests between two countries; **~a dobra wspólnego i indywidualnego** a clash between the common good and individual interests
■ **wejść w ~ę z prawem** książk. to fall foul of the law GB, to run afoul of the law US, to come into conflict with the law

kol|ka¹ [1] *f* [1] Zool. threespine stickleback [2] (kolec) thorn, needle
[II] **kolki** *plt* (suche igliwie) (fallen) conifer needles; Ogr. conifer mulch *U*
kol|ka² *f* Med. colic *U*; (the) gripe(s) przest.; (od biegania) stitch; **~ka jelitowa/nerkowa** intestinal/renal colic; **mieć ~kę** to have a colic attack; **mój synek ma ~ki** my son is a colicky baby; **biegłem tak szybko, że dostałem ~ki** a. **chwyciła mnie ~ka** I was running so fast that I got a stitch
kolkow|y *adi.* *[ból]* colicky, griping; *[objawy]* colic *attr.*
kolokwializm *m (G ~u)* książk. colloquialism; **język pełen ~ów** language full of colloquialisms; **~ współczesnej poezji** the colloquialism of contemporary poetry
kolokwialnie *adv.* książk. *[pisać, mówić]* colloquially
kolokwialnoś|ć *f* *sgt* książk. colloquialism
kolokwialn|y *adi.* książk. *[zwrot, styl, język]* colloquial
kolokwi|um *n (Gpl ~ów)* [1] Uniw. test; **~um z matematyki** a maths test; **zdać/nie zdać ~um** to pass/fail a test [2] książk. (sympozjum) colloquium
❑ **~um habilitacyjne** Uniw. *defence of postdoctoral thesis in Poland*
koloni|a /koˈlɔɲja/ [1] *f (GDGpl ~i)* [1] Polit. colony; **brytyjskie ~e w Afryce** British colonies in Africa; **grecka ~ia w Italii** a Greek colony in Italy; **założyć ~ię** to establish a colony; **emigranci z byłych ~i** immigrants from the former colonies [2] (emigranci) (immigrant) community, colony; **polska ~a w Londynie** the Polish community in London [3] (osiedle) settlement; **~a drewnianych domków** a settlement of wooden houses [4] (odizolowane miejsce) **~a karna** a penal colony [5] Biol. colony; **~a gąbek/bacterii** a sponge/bacteria colony; **~a lęgowa** a breeding colony [6] (grupa dzieci) summer camp group
[II] **kolonie** *plt* summer camp *sg (for young children)*; **wyjechać/wysłać dzieci na ~e** to go/send the children to (a) summer camp; **dzieci są na ~ach** the children are at (a) summer camp; **znajomy z ~i** a friend from summer camp
koloniali|sta *m* colonialist
kolonializm *m (G ~u)* *sgt* colonialism
kolonialn|y *adi.* [1] *[polityka, kraj, wojska, przeszłość]* colonial; **epoka ~a** the colonial era; **zbudowany w stylu ~ym** built in (the) colonial style [2] przest. **towary ~e** colonial food commodities; **sklep ~y** *a shop selling imported foodstuffs and spices*
kolonij|ka *f dem.* [1] (grupka ludzi tej samej narodowości) (small) colony, (small) community [2] (mała osada) (small) settlement
kolonijnie *adv.* Biol. **żyć/gniazdować ~** to live/nest in colonies
kolonijn|y *adi.* [1] (wakacyjny) *[wychowawca]* summer camp *attr.*; **pociąg ~y** a special holiday train; **ośrodek ~y nad morzem** a summer camp by the sea [2] Biol. *[organizm, miejsce lęgowe]* colonial
koloni|sta *m* [1] (osadnik) colonist, settler; **napływ ~stów** the influx of colonists; **zasiedlać region ~stami** to move settlers into a region [2] (uczestnik kolonii) boy at a

summer camp; **pociąg dla ~stów** a special holiday train *(for children going to summer camps)*
kolonist|ka *f* girl at a summer camp
kolonizacj|a *f* *sgt* [1] (podporządkowanie) colonization; **hiszpańska ~a w Ameryce Południowej** the Spanish colonization of South America [2] (zagospodarowanie) settlement; **~a niezamieszkałych terenów** the settlement of uninhabited areas; **~a na prawie polskim/niemieckim** Hist. *immigration and settlement under medieval Polish/German laws granting special entitlements*
kolonizacyjn|y *adi.* [1] (dotyczący zdobywania kolonii) colonization *attr.* [2] (dotyczący zagospodarowania terenów) settlement *attr.*
kolonizato|r *m* colonizer
kolonizators|ki *adi.* *[dążenia, zapędy]* colonizing
koloniz|ować *impf vt* [1] (przekształcać w kolonię) to colonize *[kraj]* ⇒ **skolonizować** [2] (zasiedlać) to settle *[teren]* ⇒ **skolonizować**
koloń|ski *adi.* *[katedra]* Cologne *attr.*; **woda ~ka** cologne, eau de cologne
kolo|r [1] *m (G ~u)* [1] (barwa) colour GB, color US; **ciemne/jasne ~ry** dark/light colours; **intensywne/jaskrawe/stonowane ~ry** vivid/bright/muted colours; **ciepłe/chłodne ~ry** warm/cool colours; **~ry podstawowe/pochodne** primary/secondary colours; **~r czerwony/niebieski** (the colour) red/blue; **~r ochronny** protective colouring; **~r trawy/morza** the colour of grass/the sea; **~r oczu/włosów** eye/hair colour; **zestawienie ~rów** a colour combination; **gra ~rów na płótnie** the play of colours on a canvas; **suknia ~ru czerwonego** a. **w ~rze czerwonym** a red dress; **materiał w ~rze nieba/piasku** sky-/sand-coloured fabric; **włosy w ~rze jesiennych liści** hair the colour of autumn leaves; **oczy/włosy o nieokreślonym ~rze** eyes/hair of an undefined a. nondescript colour; **marynarka w tym samym ~rze** a. **tego samego ~ru co spodnie** a jacket (of) the same colour as the trousers; **w jakim ~rze** a. **jakiego ~ru jest twój samochód?** what colour is your car?; **jakiego ~ru miała oczy?** what colour were her eyes?; **szminka pod ~r sukienki** lipstick to match a. matching the dress; **ubierać się pod ~r** to dress in (shades of) one colour; **być dopasowanym pod względem ~ru** to be in matching colours; **nadać czemuś rubinowy ~r** to give sth a ruby-red colour, to turn sth ruby red; **nabrać czerwonego ~ru** to turn red a. take on a red colour; **jaki jest twój ulubiony ~r?** what's your favourite colour? [2] (rasa) colour *U* GB, color *U* US; **~r skóry** skin colour, the colour of one's skin; **bez względu na ~r skóry** regardless of (skin) colour a. the colour of one's skin [3] (w filmie, fotografii) colour *U* GB, color *U* US; **~r na zdjęciach wyblakł** the pictures have lost their colour; **zdjęcie w ~rze** a colour picture; **nakręcić film w ~rze** to shoot a film in colour [4] (barwnik) colour GB, color US; **~r puszcza/nie puszcza w praniu** the colour runs/

doesn't run in the wash; **nałożyć ~r** to apply colour (paint) [5] (w kartach) suit; **mocny/słaby ~r** a strong/weak suit; **długi/krótki ~r** a long/short suit; **~r atutowy** the trump suit; **mieć karty we wszystkich ~rach** to have cards in all suits; **dodawać do ~ru** to follow suit; **zgłosić ~r** to declare a suit

III kolory plt [1] (rumieńce) colour U GB, color U US; **odzyskał ~ry** he regained his colour, the colour came back to his face; **~ry wystąpiły jej na twarzy** colour flooded her face, her face flooded with colour [2] (koloryt) colour U GB, color U US; **nabrać ~rów** to take on new colour; **dodać czemuś ~rów** to add some colour to sth; **moje życie jest pozbawione ~rów** my life lacks colour [3] (kolorowe ubrania) colours GB, colors US; **~ry należy prać oddzielnie** colours should be washed separately; **nosić jasne/ciemne ~ry** to wear light/dark colours

■ **widzieć coś w ciemnych** a. **czarnych ~rach** to look on the dark side (of sth); **przedstawiać coś w ciemnych** a. **czarnych ~rach** to paint sth in dark colours, to paint a gloomy picture of sth; **widzieć coś w jasnych** a. **różowych ~rach** to see sth through rose-coloured spectacles a. glasses; **przedstawiać coś w jasnych** a. **różowych ~rach** to paint a. present sth in rosy colours, to paint a rosy picture of sth

koloratu|ra f Muz. coloratura U
koloraturow|y adi. Muz. [aria, śpiew, głos] coloratura attr.; **sopran ~y** coloratura (soprano)
kolor|ek II m dem. (G ~ku) iron. colour GB, color US; **śliczny odblaskowy ~ek** a lovely fluorescent colour

III kolorki plt (rumieńce) colour U GB, color U US

kolor|ować impf vt to colour in GB, to color in US [obrazek]; to colourize GB, to colorize US [film, fotografię]; **książeczka do ~owania** a colouring book ⇒ **pokolorować**

kolorowan|y II pp → **kolorować**
III adi. [film, fotografia] colourized GB, colorized US
kolorowo adv. [ozdobić, przystroić, ubierać się] colourfully GB, colorfully US; [wyglądać] colourful adi. GB, colorful adi. US; **żyć ~** to lead a. live a colourful life; **ich sytuacja nie wygląda ~** their situation doesn't look too rosy
kolorow|y II adi. [1] (wielobarwny) colourful GB, colorful US; **~y tłum** a colourful crowd [2] (nie czarny, biały lub szary) coloured GB, colored US; **snop ~ego światła** a beam of coloured light [3] (nie czarno-biały) [fotografia, film, telewizor] colour attr. GB, color US [4] (o rasie) [osoba] non-white; coloured GB obraźl., colored US obraźl.; **~i imigranci** non-white immigrants; **ludność ~a** the non-white population [5] przen. (ciekawy) [życie, przeszłość] colourful GB, colorful US; **spędziliśmy razem ~e wakacje** we spent a (very) exciting a. eventful holiday together

III kolorow|y m, **~a** f non-white; coloured GB przest., obraźl., colored US przest., obraźl.;

dzielnica ~ych a non-white neighbourhood

kolorystycznie adv. colouristically GB, coloristically US; **ciekawy ~** interesting colour-wise a. in terms of colour
kolorystyczn|y adi. colour attr. GB, color attr. US, colouristic GB, coloristic US; **zestawienie ~e** a colour combination; **efekty ~e** colour a. colouristic effects
kolorysty|ka f sgt [1] colour(s) GB, color(s) US; **~ka obrazów Matejki** Matejko's use of colour; **pokój utrzymany w spokojnej ~ce** a room decorated in soft colours; **~ka nowych budynków** the colour scheme of the new buildings; **dzieci lubią jaskrawą ~kę** children like bright colours [2] Muz. tone colour GB, tone color US
kolory|t m (G ~tu) [1] (dominujące barwy) colour(s) GB, color(s) US, colouring GB, coloring US; **~t jesieni** a. **jesienny ~t** the colours of autumn; **ciepły/zimny ~t** warm/cold colours [2] (miejsca, okresu) flavour GB, flavor US, atmosphere; **~t lokalny** local colour; **~t średniowiecza** the flavour of the Middle Ages; **~t małego miasteczka** the atmosphere a. aura of a small town; **oddać ~t epoki** to capture the atmosphere a. flavour of the period
koloryz|ować impf vt [1] (upiększać) to embroider, to embellish [historię]; to colour GB, to color US [fakty]; **nie wierz mu, on zawsze ~uje** don't take him seriously – he always exaggerates a. he's always exaggerating a. he's always exaggerating; **mógłbyś tak nie ~ować!** would you stop exaggerating? [2] [szampon] to colour GB, to color US [włosy]; **szampon ~ujący** colour shampoo
kolos II m pers. (Npl ~y) (olbrzymi człowiek) giant a. colossus; **prawdziwy z niego ~** he's a real giant a. colossus

III m inanim. [1] Antycz. (posąg) colossus; **~ rodyjski** the Colossus of Rhodes [2] (olbrzymi obiekt) colossus; **stupiętrowy ~** (budynek) a 100-storey colossus [3] (przedsiębiorstwo) giant, colossus; **~ finansowy** a financial giant a. colossus

■ **~ na glinianych nogach** a giant a. colossus with feet of clay
kolosalnie adv [głupi, bogaty] immensely, colossally; **zmienić się ~** to undergo a colossal change
kolosalnoś|ć f sgt colossal size (**czegoś** of sth)
kolosaln|y adi. [zmiana, suma, budowla, błąd] colossal, gigantic
kolportaż m (G ~u) sgt (newspaper) distribution; **zajmować się ~em nielegalnych gazetek** to distribute clandestine newspapers
kolporte|r m, **~rka** f (gazet, ulotek) distributor
kolportersk|i adi. [firma] (newspaper) distribution attr.
kolport|ować impf vt to distribute [gazety, ulotki]
kolt → **colt**
kolubryn|a f [1] Hist., Wojsk. culverin [2] pot. (wielki przedmiot) monster; (kobieta) obraźl. hulk of a woman; **straszna ~a z tej szafy** it's a monster of a wardrobe; **do przesunięcia**

tej ~y potrzeba trzech ludzi it'll take three people to move that monster
Kolumbij|czyk m, **~ka** f Colombian
kolumbijs|ki adi. [kawa, kartel] Colombian; **~ka telenowela** a Colombian soap opera; **Indianie ~cy** indigenous Colombians, Colombian Indians
kolumien|ka f dem. [1] Archit. small column; **ganek wsparty na ~ach** a porch supported by small columns [2] (cyfr, liczb, liter) column; **liczyć/podsumować ~ki cyfr** to count/add up columns of numbers
kolumn|a f [1] Archit. (filar) column; **marmurowa/kamienna ~a** a marble/stone column; **sklepienie wsparte na ~ach** a vault supported by columns; **~a dorycka/jońska/koryncka** a Doric/Ionic/Corinthian column; **~a romańska/gotycka/barokowa** a Roman/Gothic/Baroque column; **dziedziniec zamkowy ozdobiony ~ami** a castle courtyard with decorative columns; **portyk na czterech ~ach** a four-columned portico [2] przen. column, pillar; **~a dymu** a pillar of smoke; **wysokie ~y drzew** tall pillars of trees [3] (oddział) column; **~a więźniów/jeńców/żołnierzy** a column of prisoners/captives/soldiers; **~a czwórkowa** a column four abreast; **~a wojskowa** a military column; **iść/maszerować ~ą. w ~ie** to walk/march in a column; **ustawić się w ~ę** to form a column; **dowodzić ~ą** to command a column [4] Wojsk. column; **~a pancerna/zmotoryzowana** an armoured/a motorized column; **~a czołgów/ciężarówek/motocykli** a column of tanks/lorries/motorcycles; **formować/rozwinąć ~ę** to form/expand a column [5] Lotn., Żegl. (czołowa) column; (torowa) line; (samolotów) line formation; **samoloty lecące w ~ie** planes flying in line formation [6] pot. (zespół ludzi) unit; **~a sanitarna/dezynfekcyjna/epidemiologiczna** a sanitation/a disinfection/an epidemiological unit [7] Druk. (strona) page; **~a jednołamowa/wielołamowa** a single-column/multi-column page; **~a rozkładowa** a two-page spread; **~a tytułowa gazety** the front page of the newspaper; **składać/łamać ~ę** to typeset/lay out a page; **o skandalu pisano na pierwszej ~ie** the scandal was front-page news a. made the front page [8] Druk. (szpalta) column; **~a w gazecie/słowniku** a column in a newspaper/dictionary [9] Dzien. (rubryka) column, section; **~a sportowa/giełdowa** the sports/stock market section; **~a towarzyska** the gossip column; **mieć stałą ~ę w gazecie** to have a regular column in a newspaper [10] (liczb, cyfr, słów) column; **ceny towarów pisane w ~ach** merchandise prices written in columns [11] pot. (głośnik) (loud)speaker; **z ~ dobiegała głośna muzyka** loud music was blaring from the speakers; **~y do magnetofonu/radia** tape recorder/radio speakers
□ **~a destylacyjna** a. **rektyfikacyjna** Chem., Fiz. distillation column; **~a kierownicy** Techn. steering column; **~a masztu** Żegl. lower mast; **~a parnikowa** Roln. steam unit

■ **piąta ~a** Polit. fifth column
kolumna|da f Archit. colonnade; **~da krużganku zamkowego** the colonnade of

a castle cloister; **dziedziniec otoczony ~dą** a courtyard enclosed by a colonnade
kolumnow|y *adi.* [1] Archit. *[portyk, sala]* columned, columnated; **aula ~a** a columned hall [2] Wojsk. column *attr.*; **szyk ~y** column formation; **maszerować w szyku ~ym** to march in column (formation) [3] Lotn., Żegl. *[lot, kurs, jazda]* line *attr.*; **~y lot bombowców** a flight of bombers in line formation; **statki w szyku ~ym** ships in line astern [4] Druk. *[strony, odbitki]* column *attr.* **~y układ tekstu** a column layout [5] *[szereg]* in columns; **~e szeregi cyfr/ liter** columns of numbers/letters [6] Techn. *[aparatura]* column *attr.*

kołacz *m* (*A* ~ a. ~a) *daw. a round cake baked on special occasions*
❑ ~ **dożynkowy** a ring-shaped harvest-festival cake; ~ **weselny** a ring-shaped wedding cake
■ **bez pracy nie ma ~y** przysł. no work, no pay przysł.

koła|tać *impf* (~czę a. ~cę a. ~tam, ~cze a. ~ce a. ~ta, ~cz a. ~taj) ᔕ *vi* [1] (stukać) to knock; **~tać do drzwi** to bang on the door; **~tała chodakami po podłodze** her clogs were clattering on the floor; **pociąg ~tał rytmicznie** the train clackety-clacked rhythmically along; **wiatr ~cze w okna** the wind is rattling at the windows [2] (o sercu, pulsie) to pound, to palpitate; **serce ~tało jej ze strachu** her heart was pounding with fear [3] przen. (prosić) to appeal, to turn (**do kogoś** to sb); to request (**o coś** sth); to apply (**o coś** for sth); **~tać do kogoś o pieniądze** to appeal a. turn to sb for money; **~tała do ojca o pomoc** she appealed to her father for help
ᔕ **kołatać się** [1] (trząść się) to rattle; **wóz ~tał się po wyboistej drodze** the cart rattled along the bumpy road; **~tała się do pracy zatłoczonym autobusem** she rattled to work in a crowded bus [2] przen. (trwać) to linger; **myśli/uczucia/pragnienia ~czą się komuś w głowie** thoughts/feelings/desires linger on in sb's head; **nadzieja ~tała się jej w sercu** she had long cherished the hope [3] przen. (tułać się) to roam (about a. around); **~tać się po świecie** to ramble about
■ **życie** a. **duch (ledwo) się w nim ~cze** he's more dead than alive

kołat|ek *m* Zool. death-watch a. furniture beetle

kołat|ka *f* [1] (u drzwi, bramy) knocker; **zastukać ~ką do drzwi/bramy** to knock at the door/gate [2] Muz. rattle, clapper; **dźwięk ~ek w kościele** the sound of wooden rattles in the church

kołchoz *m* (*G* ~u) [1] Hist. collective farm, kolkhoz; **pracować w ~ie** to work in a kolkhoz [2] przen., pejor. (zatłoczone miejsce) close quarters *pl*; **pięć osób w jednym pokoju – istny ~** five people living in one room – that's a real commune iron.

kołchozow|y *adi.* *[pracownicy]* collective farm *attr.*, kolkhoz *attr.*; **chłopi ~i** kolkhoz peasants

kołchoźnicz|y *adi.* *[dom, pole]* collective farm *attr.*, kolkhoz *attr.*

kołchoźni|k *m*, **~ca** *f* Hist. collective farm worker, kolkhoz member

kołczan *m* (*G* ~u a. ~a) Hist. quiver; **wyjął strzałę z ~u** he took an arrow out of the quiver

kołder|ka *f dem.* (small) duvet GB, (small) quilt; **okryć dziecko ~ką** to cover a child with a quilt

kołd|ra *f* duvet GB, quilt; **okryć się puchową ~rą** to wrap oneself in an eiderdown; **nie lubił spać pod ~rą** he didn't like sleeping under a quilt
■ **krótka ~ra** pot. shortfall(s); **przy uchwalaniu budżetu ciągłe mówi się o krótkiej ~rze** budget debates always focus on shortfalls

kołdun *m zw. pl* Kulin. *a traditional Lithuanian dumpling stuffed with meat*

kołecz|ek *m dem.* [1] (do mocowania) peg; **wbić ~ki** to drive in pegs; **powiesić obrazek na ~ku** to hang a picture on a peg [2] Techn. dowel; **połączyć coś ~kami** to join sth with dowels [3] Muz. tuning peg

koł|ek ᔕ *m pers.* (*Npl* ~ki) pot., pejor. clot GB pot., pejor., dolt pot., pejor.
ᔕ *m inanim.* [1] (palik) stake, peg; **wbić/ wsadzić/zaostrzyć ~ek** to drive in/put in/sharpen a stake; **~ki do namiotu** tent pegs [2] (wieszak) peg; **powiesić kurtkę na ~ku** to hang a jacket on a peg; **~k osinowy** aspen stake; **przebić wampira osinowym ~kiem** to drive an aspen stake through a vampire's heart [3] pot. (do łączenia) dowel; **zamocować coś na ~kach** to fix sth with dowels [4] (do śruby) Rawlplug® GB, wall anchor a. plug; **wsadzić/wcisnąć ~ek** to put in/insert a Rawlplug; **śruba wkręcona w ~ek** a screw with a Rawlplug [5] Muz. tuning peg; **naciągnąć/zamocować strunę na ~ku** to tighten/wind a string round a tuning peg
■ **ubranie wisi na nim jak na ~ku** pot. his clothes (just) hang on him; **marynarka wisiała na nim jak na ~ku** the jacket was just hanging on him; **ciosać komuś ~ki na głowie** pot. to walk all over sb; **język staje mu ~kiem** pot. he's tongue-tied; **tak był zaskoczony, że mu język ~kiem stanął** he was dumbstruck; **sam(otny) jak ~ek (w płocie)** pot. all alone; on one's lonesome pot.; **stać a. siedzieć ~kiem** a. **jak ~ek** pot. to stand a. sit stock-still; **pomóż mi, nie stój jak ~ek!** help me, don't just stand there like that!; **zawiesić coś na ~ku** pot. (tymczasowo) to put sth on hold; to suspend sth; (na stałe) to give sth up

kołkowa|ty *adi.* pot. *[nogi]* chunky, stubby; *[figura]* chunky, dumpy

kołkow|y *adi.* Techn. dowelled; **połączenie ~e** a dowelled joint
❑ **buty** a. **obuwie ~e** cleated shoes

kołnierz *m* [1] (część ubrania) collar; ~ **marynarski/szalowy/wykładany** a sailor/shawl/turn-down collar; **palto z futrzanym ~em** a coat with a fur collar; **postawić ~ płaszcza** to turn up the collar of one's coat; **chwycić kogoś za ~** to grab sb by the collar; **krople deszczu wpadały mu za ~** raindrops were trickling down his neck [2] (u zwierząt) ruff; **kot z białym ~em** a cat with a white ruff [3] Techn. flange, collar; ~ **masztu** a mast coat; ~ **stalowy do rur** a steel pipe flange

■ **nie wylewać za ~** pot. to like the hard stuff pot.

kołnierzow|y *adi.* [1] Moda *[wykrój]* collar *attr.* [2] Techn. *[połączenie, nakrętka, rura]* flange(d); **rura ~a** a flanged pipe

kołnierzyk *m dem.* (small) collar; **~k bluzki/koszuli** a blouse/shirt collar; **~k usztywniony/wykładany** a stiff/turndown collar; **krochmalony ~k** a starched collar; **numer ~ka** a collar size; **spinka do ~ka** a collar stud; **zapiąć/rozpiąć ~k** to fasten a. do up/unfasten a. undo one's collar

k|oło¹ ᔕ *n* [1] (pojazdu) wheel; **koło samochodowe/roweru/pociągu** a car/bicycle/ train wheel; **koło przednie/tylne/zapasowe** a front/rear/spare wheel; **koło wozu** a cartwheel; **naprawić/wymienić koło w samochodzie** to repair/change a car wheel; **dostać się pod koła** a. **znaleźć się pod kołami** a. **wpaść pod koła** to be run over; **pieszy wbiegł na szosę prosto pod koła samochodu** a pedestrian ran onto the road just in front of a car; **jechać** a. **siedzieć komuś na kole** (w kolarstwie) to hang onto sb's wheels pot., przen. [2] Techn. wheel; **puścić w ruch koło maszyny** to set a machine wheel in motion [3] Mat. circle; **obliczyć pole koła** to calculate the area of a circle; **budowla na planie koła** a building with a circular floor plan [4] (okrąg) circle; **zataczać** a. **zakreślać koła** to make a. describe circles; **zatoczyć koło** to come full circle [5] (kształt) circle; **w uszach miała ogromne srebrne koła** she was wearing big silver hoop earrings; **materiał w koła** fabric with a circle pattern a. design [6] (zrzeszenie) association, circle; **koło łowieckie** a hunters' association; **koło gospodyń wiejskich** ≈ the farmer's wives' association; **koło teatralne** a theatre club a. group [7] (grono) circle; **koło przyjaciół** one's circle of friends; **koło rodzinne** one's family circle; **należał do koła jej znajomych** he was one of her friends [8] (w zabawach) circle, ring; **bawić się w koło** to dance (around) in a circle a. ring; **stanąć w kole** to form a circle a. ring [9] Taniec circle dance [10] Hist. (narzędzie tortur) wheel, rack; **łamać kogoś kołem** a. **na kole** to break sb on the wheel a. rack [11] Hist. **zwołać radnych na koło** to summon a council
ᔕ **koła** *plt* (kręgi) circles, world; **koła artystyczne/naukowe/kulturalne** artistic/scientific/cultural circles; **koła literackie** literary circles; **koła emigracyjne** emigré circles; **koła polityczne/dyplomatyczne/finansowe** the political/diplomatic/financial world; **koła rządowe** governmental circles a. spheres; **obracać się w kołach politycznych** to move in political circles
ᔕ **kołem** *adv.* [1] (dookoła) in a circle; **siedliśmy kołem przy ognisku** we were sitting in a circle around the fire; **obstąpili go kołem** they surrounded him [2] (łukiem) around a. past; **obeszliśmy dom wielkim kołem** we circled the house
ᔕ **w koło** *adv.* [1] (okrążając) (a)round (in circles), round and round; **jeździli w koło, nie mogąc znaleźć miejsca na postój**

K

they drove round and round, trying to find a parking place [2] (na wszystkie strony) around; **rozglądać się w koło** to look around [3] (ciągle) over and over; **śpiewać w koło tę samą piosenkę** to sing the same song over and over
❏ **błędne koło** Log. vicious circle a. cycle także przen.; **czarcie koło** Bot. fairy ring a. circle przen.; **koło garncarskie** potter's wheel; **koło godzinne** Astron. hour circle; **koło łopatkowe** Techn. paddle wheel; **koło małe** Mat. small circle; **koło młyńskie** millwheel; **koło ogonowe** Lotn. tailwheel; **koło pasowe** a. **transmisyjne** Techn. belt pulley; **koło podbiegunowe** a. **polarne** Geog. polar circle; **koło polowe** Roln. land wheel; **koło południkowe** Geog. meridional circle; **koło ratunkowe** lifebelt, life ring GB, life preserver US; **koło sterowe** Żegl. ship's wheel, steering wheel; Lotn. steering a. control wheel; **koło wielkie** Mat. great circle; **koło wierzchołkowe** Astron. vertical circle; **koło wodne** Techn. water wheel; **koło zamachowe** a. **rozpędowe** Techn. flywheel; **koło zębate** Techn. gear
■ **koło fortuny** (los) the wheel of fortune; **sprzyjało mu koło fortuny** luck was with him; **kwadratura koła** Mat. squaring the circle, quadrature of the circle; **rozwiązać problem ubóstwa to kwadratura ~ła** solving the problem of poverty is like squaring the circle; **fortuna** a. **szczęście kołem się toczy** przysł. the wheel of fortune turns (incessantly) przysł.; **koło historii** the (turning) tides a. wheel of history; **potrzebne mi te kłopoty jak piąte koło u wozu** I need these problems like I need a hole in my head pot.; **czuć się jak piąte koło u wozu** to feel unnecessary; **zaklęte** a. **zaczarowane koło** magic circle; przen. vicious circle

koło² praep. [1] (obok) by, next to; **~ domu rosła brzoza** there was a birch tree by the house; **siedział ~ mnie** he was sitting next to me; **raz ~ razu** densely, closely spaced; **kłaść farbę raz ~ razu** to lay the paint on smoothly a. seamlessly; **kosmetyczka kłuje skórę raz ~ razu cieniutką igiełką** the beautician makes a series of closely-spaced pricks in the skin with a fine needle [2] pot. (przy) **majstrować ~ radia** to tinker with the radio; **krzątać się ~ czegoś** to busy oneself with sth; **skakać ~ kogoś** przen. to dance attendance on sb przen.; to cater to sb's every whim [3] (około) about, around; **mieć ~ pięćdziesiątki** to be about fifty; **było ~ północy** it was around midnight

kołomyj|a f pot. to-do pot.; uproar; **mieć w pracy ~ę** to have a madhouse at work pot.; **przedświąteczna ~a z kupowaniem prezentów** the pre-holiday gift-buying frenzy

kołomyj|ka f [1] Taniec a Ukrainian folk dance; also a melody or song to its rhythm [2] dem. pot. → **kołomyja**

kołonotatnik m spiral notebook; **zapisać coś w ~u** to put sth down in one's spiral notebook

kołowaci|eć¹ impf (**~ał, ~eli**) vi [1] Wet. [owce, kozy] to have the staggers a. (the) gid [2] pot. (tracić orientację) to get dizzy a. giddy;

~eję już od tego zgiełku I'm getting dizzy from all this noise ⇒ **skołowacieć**
kołowaci|eć² impf (**~ał, ~eli**) vi (drętwieć, sztywnieć) to stiffen; **język mi ~eje od tego gadania** I've been talking so long my tongue's worn out a. my jaws have turned stiff

kołowaci|zna f sgt Wet. [1] gid, staggers; **stado owiec zapadło na ~znę** a flock of sheep got the staggers a. (the) gid [2] pot. (zamęt) tailspin przen.; **dostaję ~zny od nadmiaru pracy** all this extra work is sending me into a tailspin; **mieć w głowie ~znę** to be dizzy

koł|ować impf [] vt pot. (oszukiwać) to con pot.; to hoodwink; **cały czas mnie ~owałeś!** you were conning me the whole time!; **zbankrutował, ~owany przez wspólnika** he was duped a. hoodwinked by his partner and went bankrupt ⇒ **wykołować**
[] vi [1] (zataczać koła) to circle; **orzeł/samolot ~uje wysoko** an eagle/a plane is circling high above [2] Lotn. to taxi; **samolot ~ował po pasie/na start** the plane was taxiing on the runway/before take-off [3] (nadkładać drogi) to take a roundabout route; **~ował zaułkami dla zmylenia pogoni** he took a circuitous route through the side streets to throw off his pursuers [4] pot. (mówić wykrętnie) to hedge; to pussyfoot around pot.; **~uje, zamiast od razu przystąpić do rzeczy** he hums and haws a. pussyfoots around instead of coming to the point
[] **kołować się** (kręcić się) to spin; **~uje mi się w głowie** pot. my head is spinning; **~uje mi się w oczach** I can see spots before my eyes

kołowa|ty adi. [1] Wet. [owca, koza] affected with the staggers a. (the) gid [2] przen. [człowiek, spojrzenie] dazed; **patrzeć ~tym wzrokiem** to look dazedly

kołowrot|ek m [1] (do przędzenia nici) spinning wheel [2] (przy wędce) reel; **kręcić ~kiem** to reel in [3] (przy studni) windlass [4] (barierka przy wejściu) turnstile [5] przen., pot. **~ek spraw** no end a. a welter of things (to do a. settle); **~ek codziennych obowiązków** the daily round a. grind; **jutro poniedziałek i zacznie się zwykły ~ek** tomorrow's Monday and it's back to the usual routine a. the grindstone

kołowrotow|y adi. winch attr.; **urządzenie ~e** a hoist, winding gear

kołowr|ót m (G **~otu**) [1] (urządzenie do podnoszenia ciężarów) windlass, winch; (ręczny) gin [2] (barierka przy wejściu) turnstile; (drzwi obrotowe) revolving doors [3] przen. whirl, whirligig; **wieczny ~ót czasu** the eternal wheel of time książk.; **męczy mnie już codzienny ~ót zajęć** the daily grind is beginning to get me down pot.

kołow|y [] adi. [1] (na kołach) wheeled; **ruch ~y** road traffic; **ciągnik/pojazd ~y** a wheeled tractor/vehicle [2] [orbita, przekrój, tor] circular
[] **-kołowy** w wyrazach złożonych **szesnastokołowa ciężarówka** a 16-wheel truck, a 16-wheeler

kołpacz|ek m dem. (czapka) calpac(k) a. kalpak (hat)

kołpak m [1] Hist. (czapka) calpac(k) a. kalpak (hat); **nosić futrzany ~** to wear a fur calpac(k) [2] Techn. (pokrywa) hubcap
❏ **~ górniczy** Górn. miner's cap; **~ parowy** Techn. steam dome

kołtun [] m pers. (Npl **~y**) pejor. prig pejor.; **te drobnomieszczańskie ~y o niczym nie wiedzą** these narrow-minded prigs a. philistines don't know anything
[] m inanim. [1] (włosów) Med. plica (polonica) U; **włosy zbite w ~** matted a. tangled hair [2] (kłąb) tangle; **~y pajęczyn** tangles of cobweb
[] **kołtuny** plt pot., pejor. (włosy) matted hair U; **uczesz te ~y!** comb that mop of yours!

kołtuneri|a f sgt (GD **~i**) pejor. [1] (zacofanie) narrow-mindedness pejor.; **~a obyczajowa** narrow-minded moralism; **małomiasteczkowa ~a** provincial a. parochial narrow-mindedness [2] (środowisko) Colonel Blimps GB pejor.; **zaściankowa ~a** parochial reactionaries

kołtunia|sty adi. pot. [głowa, czupryna] tangled, tousled; **~sty łeb** a tousled head; **~ste wierzby** tangled willows

kołtun|ić impf [] vt pot. (plątać) to tangle; **~ić sobie włosy** to tousle one's hair ⇒ **skołtunić**
[] **kołtunić się** (skręcać się) to tangle; **włosy/sierść się ~ni** one's hair/fur gets tangled ⇒ **skołtunić się**

kołtuńs|ki adi. pejor. [obyczaje, środowisko, moralność] narrow-minded pejor.

kołtuństw|o n sgt pejor. narrow-mindedness, backwardness; **wierzyć w przesądy to ~o** to believe in superstitions is a sign of backwardness

koły|sać impf (**~szę**) [] vt to swing; **~sała niemowlę w ramionach** she rocked the baby in her arms; **wiatr ~sał gałęziami drzew** the wind was swaying the trees; **~sać głową** to swing one's head; **~sać biodrami** to swing a. sway one's hips; **~sać nogą w powietrzu** to swing one's leg
[] **kołysać się** (bujać się) **~sać się w tańcu** to sway in a dance; **~sać się w fotelu na biegunach** to rock in a rocking chair; **~sał się na piętach** he rocked back and forth on his heels; **żyrandol/furtka ~sze się** the chandelier/gate is swinging; **statek ~sał się na falach** the ship was rolling on the waves
■ **bogatemu (to i) diabeł dziecko kołysze** przysł. ≈ the rich man gets his ice in the summer and the poor man gets his in the winter

kołysan|ka f [1] (dla dzieci) lullaby; **śpiewać dziecku ~kę do snu** to sing a child to sleep; **grać dziecku ~kę do snu** to play a child a (bedtime) lullaby [2] Muz. lullaby; berceuse spec.; **śpiewać/komponować ~ki** to sing/compose berceuses

koły|ska f [1] (kolebka) cradle; **~ka dla niemowlęcia** a cradle for a baby; **bujać dziecko w ~ce** to rock a child in a cradle; **znać się od ~ki** to know each other from the cradle; **przyjaźnić się od ~ki do grobu** to be friends from the cradle to the grave [2] Żegl. (launching) cradle; **wodowanie statku/jachtu na ~ce** launching a ship on a cradle [3] Wojsk. gun cradle; **lufa**

działa umieszczona na ~ce a cannon barrel mounted on the cradle

kom|a[1] *f sgt* Fiz. (wada soczewek) coma

kom|a[2] *f inv.* książk. (decimal) point C; **liczba pi to trzy, ~, czternaście** the value of pi is three point one four

kom|a[3] *f sgt* Med. coma

koman|do *n* [1] Wojsk. commando unit; **przywódca ~da** a commando (unit) leader; **służyć w ~dzie** to serve in a commando unit; **do akcji wkroczyło ~do antyterrorystyczne** an anti-terrorist squad went into action [2] (w obozach) work squad; **zostać przydzielonym do ~da** to be assigned to a work squad

komando|r *m* [1] Wojsk. (w marynarce) ≈ commodore [2] Hist. (knight) commander [3] Sport. commander; **~r rajdu** the rally commander [4] (w zakonach rycerskich) commander; **~rzy maltańscy** commanders of the Knights of Malta

komandori|a *f* (*GDGpl* ~i) [1] (odznaczenie) Commander's a. Commodore's Cross; **udekorować kogoś ~ą** to decorate sb with the Commander's a. Commodore's Cross [2] Hist. (posiadłość) commandery; **zakładać/wznosić ~ę** to establish/erect a commandery

komandors|ki *adi.* [1] [mundur, obowiązki] commodore's *attr.*; **~kie gwiazdki/belki** a commodore's stars/stripes [2] (zakonny) [dobra, posiadłość] (knight) commander's *attr.* [3] (o orderze) **krzyż ~ki** a Commander's a. Commodore's Cross

komandos *m* [1] Wojsk. (żołnierz do zadań specjalnych) commando; **sprawna interwencja oddziału ~ów** the quick intervention of the commando unit [2] pot. (żołnierz jednostki powietrzno-desantowej) paratrooper; **przydzielili go do ~ów** he was assigned to the paratroop(er)s

koma|r *m* Zool. mosquito; **bolesne/swędzące ukłucie ~ra** a painful/an itching mosquito bite; **płyn przeciwko ~rom** mosquito repellent

komasacj|a *f* (*Gpl* ~i) [1] Roln. enclosure; **~a gruntów** enclosure [2] książk. accumulation; **~a funduszy** the accumulation of funds

komas|ować *impf vt* [1] Roln. to carry out enclosure, to enclose ⇒ **skomasować** [2] książk. (łączyć) accumulate [fundusze, urzędy]; **podatki są ~owane w budżecie** tax revenues are accumulated in the budget ⇒ **skomasować**

kombajn *m* (*G* ~u) [1] Roln. combine (harvester); **~ do zbioru buraków cukrowych** a. **buraczany** a (sugar) beet harvester; **~ do pracy na zboczach** a hillside combine; **~ ziemniaczany** a potato harvester; **~ zbożowy** a combine (harvester), a reaper-thresher; **zbierać coś ~em** to combine sth [2] Techn. **~ górniczy** a combined cutter-loader, a mechanical coal miner; **~ kuchenny** a food processor; **~ zrębowy** a felling machine [3] pot. (mebel) a combo unit pot. (with a bed, desk, and storage)

kombajni|sta *m* (combine harvester) operator

kombajnow|y *adi* [żniwa, zbiór] combine *attr.*

kombatanc|ki *adi.* [1] [organizacja, przywileje, legitymacja] veteran's, veterans'; **prawa/spotkania ~kie** veterans' rights/meetings; **dodatek ~ki** a veteran's bonus [2] pot., iron. [zasługi, przeszłość] old-timer *attr.* pot.

kombatan|t *m*, **~tka** *f* (weteran) veteran; **~t wojny/powstania** a veteran of the war/uprising; **spotkanie/zjazd ~tów** a veterans' meeting/conference

kombi [I] *n inv.* (model) estate car GB, station wagon US; **kupiliśmy czerwone ~** we bought a red estate car

[II] *adi. inv.* (o rodzaju nadwozia) estate (car) *attr.* GB, station wagon *attr.* US; **dostępny także w wersji ~** also available in an estate version

kombinacj|a *f* (*G* ~i) [1] (łączenie) combination; **~a barw** a colour combination; **~a zapachów** a combination of smells; **kombinacja czerwieni z zielenią** a combination of red and green; **~a pojęć matematycznych** a combination of mathematical concepts *zw. pl* pejor. (podstępne działanie) underhandedness *U* pejor., machinations *zw. pl* pejor.; **odkryć ~e wspólnika** to discover one's partner's underhandedness; **cwane ~e** sharp a. shady practices; **~e polityczne** political machinations [3] Sport. (konkurencja narciarska) combined event; **~a alpejska/klasyczna** a. **norweska** Alpine/Nordic combined [4] Gry (szachowa) combination

kombinacyjn|y *adi.* [gra] combinative, combinatory; **zdolności ~e** combinative abilities

kombina|t *m* (*G* ~tu) industrial group, conglomerate; **~t budownictwa mieszkaniowego** a housing construction conglomerate; **~t petrochemiczny/hutniczy** a petrochemical/metallurgical conglomerate plant; **~t prasowy** a publishing conglomerate; **~t owocowo-warzywny** a fruit and vegetable processing plant

kombinato|r *m*, **~ka** *f* pot., pejor. (przebiegły w interesach) wheeler-dealer a. wheeler and dealer pot.; wily coyote US pot., iron.; (kanciarz) con artist pot., pejor.; **ten ~r wie, jak zarobić duże pieniądze** that wheeler-dealer knows how to make money; **ten ~r ze wszystkiego wyjdzie obronną ręką** that wheeler-dealer always comes out on top

kombinators|ki *adi.* pot., pejor. [1] (przebiegły) [łeb, głowa, zacięcie] foxy GB pot., savvy US pot.; wily; [sposób, sztuczka] slick pot.; wily; **zmysł ~ki** (native) cunning, ingenuity [2] (kanciarski) dodgy GB pot., pejor., shady pot., pejor.

kombinatorstw|o *n sgt* pot., pejor. (spryt w interesach) wheeling and dealing pot., savvy US pot.; (szwindel) jiggery-pokery GB pot., pejor., hanky-panky pot., pejor.; **dzięki ~u dorobił się fortuny** he wheeled and dealed his way to fortune

kombiner|ki *plt* (*G* ~ek) (a pair of) pliers, (a pair of) pincers; **złapać/wyciągnąć gwóźdź ~kami** to grip/pull out a nail with pliers

kombinezon *m* (*G* ~u) [1] (ochronny) overalls *zw. pl* GB, coveralls *zw. pl* US; **~ lotniczy/narciarski** a flight a. flying/ski suit; **~ astronauty** a spacesuit; **zimowy ~ dziecięcy** a snowsuit; **monter pracował w drelichowym ~ie roboczym** the fitter wore denim overalls [2] Moda jumpsuit; **~ z kretonu/bawełny** a calico/cotton jumpsuit

kombin|ować *impf* [I] *vt* [1] (zestawiać) to combine [meble, dodatki, stroje]; **~ować leki z alkoholem** to mix medications with alcohol; **sztuka ~owana z różnych dziedzin: poezji, dramatu i muzyki** a play combining poetry, drama, and music elements [2] (snuć) to devise, to think up; **mistrz w ~owaniu fabuły** a master of plot (construction) ⇒ **wykombinować**

[II] *vi* [1] (głowić się) to ponder *vt*, to mull over *vt*; **~ował, jak rozwiązać zadanie** he was mulling over possible approaches to the task; **~owała, jak wybrnąć z kłopotów** she was trying to come up with the way out of her problems; **tak sobie ~uję, że możemy wziąć ten kredyt** I'm thinking maybe we should take that loan pot.; **źle ~ujesz** you're barking up the wrong tree pot.; **musiał ~ować w czasie wojny, żeby przeżyć** during the war he had to live by his wits in order to survive ⇒ **wykombinować** [2] pejor. (knuć) to be up to something pot.; to be up to no good pot., pejor.; **~ować w szkole** to pull sneaky tricks at school pot.; **całe życie ~ował w pracy** he was always scheming and conniving at work; **~ował przeciwko bratu** he was scheming a. plotting against his brother; **co ty znów ~ujesz?!** what are you up to now? [3] pejor. (mieć romans) to carry on pot., pejor. (z kimś with sb); **~uje z nim od roku** she's been carrying on with him for a year now

kombinowan|y [I] *pp* → **kombinować**

[II] *adi.* combined, combination *attr.*; **~y zestaw mebli** a suite of furniture; **transport ~y** combined a. intermodal transport

komedi|a [I] *f* (*GDGpl* ~i) [1] (utwór, film) comedy; **~a charakterów/intrygi/obyczajowa** a comedy of characters/intrigue/manners; **~a dell'arte** commedia dell'arte; **~a jednoaktowa** a. **w jednym akcie** a one-act comedy; **~a mięsopustna/rybałtowska** a carnival/minstrel comedy; **~a muzyczna/romantyczna/sytuacyjna** a musical/romantic/situation comedy; **~a płaszcza i szpady** a costume comedy; **~a slapstickowa** a slapstick comedy; **autor popularnych ~i** the author of popular comedies; **wystawić ~ę** to put on a. stage a comedy; **obejrzeć ~ę w kinie** to go to the cinema to see a comedy [2] pot., pejor. (obłuda) play-acting; **grać przed kimś ~ę** to put on a show for sb's benefit; **odegrała ~ę, żeby zrobić na nim wrażenie** she indulged in some play-acting to impress him; **on jest chory, czy odgrywa ~ę?** is he ill or is he just shamming?; **nie odgrywaj przede mną tej twojej nędznej ~i** cut out the song and dance

[II] *inter.* pot. (wyraz rozbawienia) what a comedy!; (wyraz dezaprobaty) what a farce a. joke!, that's a laugh!; **ale ~a, nigdy tak się nie uśmiałem** what a comedy, I laughed myself silly; **~a, panie, to ma być opieka**

zdrowotna?! and they call this health care – what a joke!

komedianc|ki adi. pejor. *[zachowanie, uprzejmość, gest, poza]* false pejor., fulsome pejor.; **skończ z tym ~kim zachowaniem** stop that play-acting of yours; **nie musiałeś przedstawiać mnie gościom w tak ~ki sposób** you didn't have to introduce me in such a theatrical way

komedianctw|o n sgt [1] pejor. (zachowanie) play-acting pejor., histrionics pl pejor.; **twoje ~o doprowadza mnie do szału** your histrionics drive me mad; **nie dam się nabrać na takie ~o** you don't fool me with that kind of play-acting [2] przest. (aktorstwo) acting

komedian|t m, **~tka** f [1] pejor. (pozer) play-actor pejor.; (błazen) clown pejor., ham pejor.; **nie bawi mnie ten ~t** that clown doesn't amuse me [2] przest. (aktor) itinerant actor, strolling player; **przyłączyć się do grupy ~ów** to join a troupe of players

komediopisars|ki adi. *[talent, dorobek, twórczość]* comedy-writing attr.

komediopisarstw|o n sgt Literat. [1] (pisarstwo) comedy writing; **uprawiać ~o** to be a comedy writer [2] (utwory) comedy C/U; **cenić francuskie/polskie ~o** to hold a high opinion of French/Polish comedy; **~o Fredry/Moliera** Fredro's/Molière's comedies

komediopisa|rz m, **~rka** f (Gpl **~y, ~rek**) comedy writer; **~rze angielscy/polscy** English/Polish comedy writers

komediowoś|ć f sgt comedy, humour GB, humor US; **~ć sztuki/filmu/postaci/sytuacji** the comedy of a play/film/character/situation

komediow|y adi. [1] (odnoszący się do komedii) *[repertuar]* comedy attr.; *[talent]* comic, comedic; *[element, interpretacja]* comic; **aktor ~y** a comedian, a comic actor; **aktorka ~a** a comedienne, a comic actress; **scena ~a** (epizod) a comic a. comedy scene; (estrada) the comedy stage [2] (zabawny) *[scena, zachowanie]* comic, funny; **~a sytuacja** a comic a. funny situation

komedyj|ka f dem. (utwór) (little) comedy; **zgrabnie wyreżyserowana ~ka** a neatly directed little comedy

komen|da f Wojsk. [1] (rozkaz) command; **wydać komuś ~dę** to give a. issue a command to sb; **na moją ~dę...** on my command... [2] (dowodzenie) command C/U; **~da nad kimś/czymś** command of a. over sb/sth; **~da nad oddziałem** command of the unit; **objąć ~dę nad czymś** to take (over) a. assume (the) command of sth; **objąć ~dę nad batalionem** to take command of the battalion; **pod czyjąś ~dą** under sb's command; **sierżant miał pod ~dą 15 żołnierzy** the sergeant had 15 soldiers under his command [3] (siedziba) headquarters pl; **~da policji/straży pożarnej/garnizonu** the police/fire brigade/garrison headquarters; **pracować w ~dzie policji** to work at (the) police headquarters

■ **jak na ~dę** in unison, all at once a. at the same instant; **jak na ~dę spojrzeliśmy w niebo** we all looked at the sky at the same instant

komendan|t m [1] (zwierzchnik) chief; **~t policji** the chief of police, the police chief; **~t straży pożarnej/żandarmerii** a fire (brigade)/military police chief; **~t wojska** a commanding officer, an army commandant; **był ~tem posterunku policji** he was the chief of the police station [2] Wojsk. (dowódca) commanding officer, commandant; **~t plutonu** a platoon commandant [3] (w harcerstwie) Scoutmaster
❑ **Komendant Chorągwi Związku Harcerstwa Polskiego** a regional leader of the Polish Scouting Organization

komendant|ka f (w harcerstwie) Guide leader

komender|ować impf vi [1] Wojsk. (wydawać rozkazy) to give orders (**kimś** to sb); to order (**kimś** sb); przest. (dowodzić) to be in command (**czymś** of sth); to command (**kimś** sb); **sierżant ~ował plutonem** a sergeant was in command of the platoon; **„w tył zwrot!" ~uje dowódca** 'about face!' orders the commanding officer [2] pot. (dyrygować) to push [sb] around a. about; **nasz szef lubi ~ować ludźmi** our boss likes pushing people around; **pozwala/nie pozwala sobą ~ować** he lets people push him around/he doesn't let anyone push him around

komentarz m [1] (objaśnienie) commentary; **~ do dzieła literackiego/tekstu** a commentary on a literary work/text; **~ do Biblii** a Bible commentary; **~ do kodeksu karnego** a commentary on the criminal code; **moja wypowiedź/propozycja wymaga ~a** I think I ought to enlarge (up)on that statement/suggestion [2] (artykuł publicystyczny) commentary C/U, editorial; **~ (do) wydarzeń politycznych** political commentary; **~ na temat bezrobocia/korupcji** an editorial on a. about unemployment/corruption [3] zw. pl pot. (uwaga) comment; **„czy burmistrz o tym wiedział?" – „bez ~a!"** 'did the mayor know about this?' – 'no comment'; **~ o kimś/o czymś** a comment on a. about sb/sth; **wygłaszała zjadliwe ~e o wszystkich znajomych** she made vicious comments about all her acquaintances; **odmawiać ~y** to refuse to comment; **wstrzymywać się od ~y** to refrain from comment; **wywoływać ~e** to provoke a. elicit comment; **tylko bez ~y!** and you can keep your comments to yourself, thanks!; **to chyba nie wymaga ~** iron. I don't think that requires any comment iron. [4] Sport (running) commentary; **~ z meczu/olimpiady** a commentary on the match/Olympic games

komentarzow|y adi. książk. *[praca]* commentative książk.; *[uwaga, zdanie]* editorial

komentato|r m, **~rka** f [1] (reporter) commentator; **~r wydarzeń politycznych** a political commentator; **relacja ~ra na temat konfliktu zbrojnego** a special correspondent's report on the conflict [2] (interpretator) commentator, analyst; **~r dzieł literackich** a literary analyst; **~r prasowy** a news analyst; **był tłumaczem i ~rem tragedii greckich** he was a translator and commentator of Greek tragedies [3] Sport commentator; **~r radiowy/telewizyjny** a radio/TV commentator; **mecz będzie relacjonowany na bieżąco przez ~ra** there

will be a running commentary on the match

komentators|ki adi. *[ocena, przypisy, praca]* commentator's attr.

koment|ować impf vt [1] (oceniać) to comment, to editorialize (**coś** on a. about sth); **~ować decyzje rządu** to comment on government decisions; **~ował wydarzenia sejmowe** he commented on parliamentary events; **różnie ~owano ten incydent** the incident provoked diverse comments; **nie ~uj, tylko rób, co ci każę!** stop editorializing and do what I say! ⇒ **skomentować** [2] (interpretować) to interpret, to analyse GB, to analyze US; **~ować dzieła filozoficzne/literackie** to analyse philosophical/literary works [3] (krytykować) to make comments (**coś** on a. about sth); **stale ~owała jego sposób ubierania się/mówienia** she was always commenting on a. making comments about the way he dressed/(the way) he spoke [4] Sport (relacjonować) to commentate on *[mecz, zawody, olimpiadę]*; **kto ~uje?** who's commenting?

komercjalizacj|a f (Gpl **~i**) książk. commercialization; **~a życia kulturalnego/telewizji publicznej** the commercialization of our cultural life/public television

komercjaliz|ować impf książk. **I** vt (czynić opłacalnym) to commercialize *[filmy, powieści, muzykę]*; **~ować kino** to commercialize the cinema ⇒ **skomercjalizować**
II komercjalizować się *[służba zdrowia, szkoły, instytucje]* to become commercialized; **teatr ~uje się z braku pieniędzy** the theatre is becoming more commercialized due to a lack of money ⇒ **skomercjalizować się**

komercjalnie → komercyjnie
komercjalność → komercyjność
komercjalny → komercyjny
komercyjnie adv. książk. *[tworzyć, produkować, nastawić się]* commercially; **komponować muzykę ~** to make commercial music; **był ~ nastawiony do życia** he was commercially minded

komercyjnoś|ć f sgt książk. commerciality; **~ć literatury sensacyjnej/kina amerykańskiego** the commerciality of mystery literature/the American cinema

komercyjn|y adi. książk. [1] *[film, muzyka, rozrywka, powieść]* commercial [2] *[zasada, sukces, ceny]* commercial; **~a stacja telewizyjna/radiowa** a commercial TV/radio station

kome|ta f Astron. comet; **ogon ~ty** tail (of a comet); **~ta Halleya** Halley's comet

komet|ka f [1] sgt (gra) shuttlecock, badminton [2] (lotka) shuttle, shuttlecock

komfor|t m sgt (G **~tu**) [1] (spokój ducha) comfort; **mieć poczucie ~tu** to feel comfortable; **stracić poczucie ~tu** to feel uncomfortable a. ill at ease [2] (wygoda) luxury, comfort; **żyć w ~cie** to live in comfort; **mieszkanie urządzone z ~tem** a luxury a. well-appointed flat; **~t jazdy** Aut. driving comfort

komfortowo adv. [1] (wygodnie) luxuriously; **~ wyposażone auto** a luxury car; **żyć ~** to live in comfort; **~ urządzone mieszkanie** a luxury a. well-appointed flat; **usadowił się ~ w fotelu** he made himself comfortable in an armchair [2] przen. (swobodnie) comfortably; **nie czuję się ~o w roli czyjegoś szefa** I don't feel comfortable being somebody's boss a. somebody else's boss

komfortow|y adi. [1] [mieszkanie, hotel, samochód, dzielnica] luxury attr., luxurious; [warunki, życie] luxurious, comfortable; **mieszkać w ~ym apartamencie** to live in a luxury suite; **żyć w ~ych warunkach** to live in comfort [2] [sytuacja] comfortable

komicznie adv. grad. [1] (śmiesznie) comically, humorously; **wyglądać ~** to look funny a. comical; **opowiadać ~ o swoich przygodach** to tell funny stories about one's adventures [2] (jak w komedii) like a comedy; **autor potraktował postacie ~** the author treated the characters in comic fashion

komiczność f sgt [1] (śmieszność) comedy, humour GB, humor US; **~ć sytuacji** the funny side a. comedy ; **~ć czyjegoś stroju/zachowania** sb's comical attire/behaviour [2] (sztuki, filmu) comedy; **podkreślić ~ć postaci** to emphasize the funny side of a character

komiczn|y adi. grad. [1] (zabawny) [mina, sytuacja, osoba] comical, funny; **stroić ~e grymasy** to make funny faces [2] Kino, Literat., Muz., Teatr [aktor, pisarz] comedy attr., comic attr.; **film ~y** a comedy (film); **sztuka ~a** a comic play; **opera ~a** a comic opera

komi|k m (aktor) comic a. comedy actor; (w kabarecie) comedian, comic

komiks m (G ~u) cartoon, comic strip; **czytać/rysować ~y** to read/draw cartoons; **autor ~ów** a cartoonist; **postać z ~u** a cartoon character

komiksowo adv. in comic-book a. comic-strip fashion; **rysować postacie ~** to draw characters in comic-book a. comic-strip fashion

komiksowość f sgt comic-book a. comic-strip nature; **~ć filmu/spektaklu** the comic-book a. comic-strip nature of a film/play

komiksow|y adi. [1] [wydanie, konwencja] cartoon attr.; [bohater] comic-book attr., comic-strip attr.; **~a wersja „Hamleta"** a cartoon version of 'Hamlet'; **film ~y** an (animated) cartoon a. film [2] pejor. (uproszczony) comic-book attr., comic-strip attr.

komiliton m przest. comrade

komin m [1] (na dachu) chimney; (statku, lokomotywy) funnel, smokestack; **z ~a unosił się** a. **szedł dym** smoke was rising from the chimney; **czyścić ~ z sadzy** to clean out the soot from a chimney; **fabryczne ~y** factory chimneys; **kopcić** a. **palić jak ~** pot. to smoke like a chimney; **mieć minę jak z ~a** żart., pot. to be grim-faced [2] dial., przest. (piec) stove GB, cooker US; **rozpalić ogień na ~ie** to kindle the fire in a stove; **gotować posiłki na ~ie** to cook on a stove [3] Geol. chimney; **~ wulkaniczny** a chimney, a vent; **~ krasowy** a sinkhole, a swallow hole [4] Górn. narrow passage over a heading [5] Lotn. bump

■ **~ płacowy** high income; **chodzić/latać po ~ach** a. **na ~y** przest., pot. to bustle around visiting people; **zapisać węglem** a. **kredą na ~ie!** pot., żart. that's news to me

komin|ek m [1] (palenisko) fireplace; **napalić w ~ku** to light the fire; **ogrzewać się przy ~ku** to warm up by the fire(place) [2] dem. (na dachu) (small) chimney [3] przen. (spotkanie) soireé; **zorganizować ~ek poetycki** to organize a poetry evening a. soireé [4] Górn. a wooden gutter for carrying away water from a heading [5] Lotn. a hole in the canopy of a parachute [6] Myślis. veer; **zając dał ~ka i przepadł gdzieś w krzakach** the hare veered round a. off and disappeared into the bushes

kominiar|ka f balaclava (helmet); **bandyci w ~kach** balaclava-clad bandits

kominiars|ki adi. [szczotka, lina, mundur] chimney sweep's

kominiarz m (Gpl ~y) chimney sweep

kominkow|y adi. [1] [krata, okap] fire attr.; **ekran ~y** a fire screen, a fireguard; **akcesoria ~e** fire irons; **sala ~a** a room dominated by an old-fashioned fireplace [2] [wieczór] soireé attr.; **spotkanie ~e** a soireé

kominow|y adi. [1] [filtr, ściana] chimney attr.; **przewód ~y** a flue; **wnęka ~a** a chimney corner [2] Geol. [żleb] chimney attr.

komis m (G ~u) [1] pot. (sklep) second-hand shop; **~ z odzieżą/meblami** a second-hand clothes/furniture shop; **kupować coś w ~ie** to buy sth second-hand a. at a second-hand shop; **~ samochodowy** a second-hand a. used car dealer's; **oddać coś do ~u** to consign sth for sale on a commission basis [2] sgt (pośrednictwo) commission sale; **prowadzić ~ dzieł sztuki** to be an antique dealer; **dał w ~ do antykwariatu wszystkie swoje książki** he put all his books for sale on a commission basis in a second-hand bookshop

komisaria|t m (G ~tu) [1] (oddział policji) police (force); **~t dzielnicowy** a (police) constabulary [2] (posterunek) police station; **zawieziono podejrzanych do ~tu** a. **na ~t** the suspects have been taken to the police station [3] (urząd) (temporary) office

komisarycznie adv. [zarządzać] by appointment; **mianować kogoś ~** to appoint sb; **zarządzać instytucją ~** to put an institution in the hands of the receivers a. an official appointed by a higher authority; **ustanowić zwierzchnictwo ~** to establish receivership a. administration by an official appointed by a higher authority

komisaryczn|y adi. zarząd ~y a team of receivers a. appointed administrators; **pełnomocnik ~y** a receiver a. appointed administrator

komisarz m (Gpl ~y) [1] (w policji) (osoba, stopień) (police) commissioner GB, superintendent GB; **awansować na ~rza** to be promoted to commissioner [2] (urzędnik) officer; **~ wystawy** an exhibition organizer; **~ skarbowy** a tax inspector [3] (pełnomocnik dyplomatyczny) commissar; **~ generalny Rzeczypospolitej w Wolnym Mieście Gdańsku** General Commissioner for Poland in the Free City of Danzig [4] daw. (rządca) estate manager

❏ **~ cywilny** Hist. Civil Commissar; **~ ludowy** Hist. People's Commissar; **~ skarbowy** a. **wojskowy** Hist. member of revenue

and military commissions; **~ wojskowy** Hist., Polit. (political) commissar

komisj|a f (Gpl ~i) [1] (sejmowa) committee, commission; (lekarska, egzaminacyjna) board; **~a koordynacyjna** a steering committee; **~a wyborcza** an electoral commission a. committee; **~a dyscyplinarna** a disciplinary committee; **~a rewizyjna** a review board a. body; **~a sędziowska** a panel of judges; **~a skrutacyjna** a returning committee; **przewodniczący ~i** (the) committee chairman, the chairman of a commission; **powołać** a. **utworzyć** a. **zwołać ~ę** to set up a committee a. commission; **być członkiem ~i** to be a member of a committee; **zasiadać w ~i** to sit on a committee; **przyczyny katastrofy bada specjalna ~a** the causes of the disaster are being investigated by a court a. commission of inquiry [2] pot. (posiedzenie) committee meeting; **mam dzisiaj ~ę** I've got a committee (meeting) today [3] (urząd) commission, ministry; **Komisja Europejska** European Commission; **Komisja Skarbowa** the Treasury

❏ **~a matka** (w wyborach) search commitee; (na zjeździe, konferencji) steering committee

komisow|y [I] adi. [sprzedaż, handel] commission attr.; [sklep] second-hand

[II] **komisowe** n sgt (prowizja) commission, factorage; **płacić/pobierać ~e** to pay/charge a commission

komisyjnie adv. **zdawać egzamin ~** to take an exam before a board; **wydać werdykt ~** to give a collective verdict; **koperty z pytaniami egzaminacyjnymi zostały otwarte ~** the envelopes with the exam questions were opened jointly in front of the commission

komisyjn|y adi. [zebranie] committee attr., board attr.; **zdawać egzamin ~y** to take an exam before a board

komite|t m (G ~tu) committee; **posiedzenie/zebranie ~tu** a committee meeting; **~t wyborczy** an electoral committee a. commission; **utworzyć/powołać ~t** to set up a committee; **~t do walki z nieuczciwą konkurencją** an unfair competition committee; **~t powitalny** a reception committee

❏ **~t rodzicielski** Szkol. ≈ parent-teacher association GB; **~t blokowy** ≈ neighbourhood watch (association); **~t redakcyjny** editorial committee a. board

komitetow|y adi. [zarządzanie, działacz] committee attr.

komityw|a f sgt książk. good terms; **dopuścić kogoś do ~y** to take someone into one's confidence; **wejść z kimś w ~ę** to get on the right side of sb; **być z kimś w dobrej ~ie** to be well in with sb, to be on good terms with sb

komiwojaże|r m (Npl ~rowie a. ~rzy) przest. (travelling) salesman, (commercial) traveller

komiwojażers|ki adi. (travelling) salesman's, (commercial) traveller's

komizm m sgt (G ~u) [1] (śmieszność) humour GB, humor US, comedy; **trudno było nie dostrzec ~u całej tej sytuacji** it would have been difficult not to see the funny side of the whole affair; **aktor o**

K

dużej sile **~u** an actor with a great feel for comedy [2] (filmu, sztuki, obrazu) humour GB, humor US; **~ językowy/sytuacyjny** verbal/situational comedy a. humour

komna|ta f (**~tka** dem.) daw. chamber; **~ta królewska** a royal chamber; **~ta sypialna** a bedchamber; **przewodnik zaprowadził wycieczkę na ~ty** the guide took the tourists/visitors to the private apartments

kom|oda f (**~ódka** dem.) chest of drawers GB, bureau US

kom|ora f [1] (pomieszczenie) chamber; **~ory grobowe w piramidach** burial chambers in pyramids; **~ora bombowa w samolocie** the bomb bay in an aircraft [2] daw. (spiżarnia) pantry, larder; **trzymać coś w ~orze** to store sth in a larder [3] daw. (izba) (bed)chamber; **spać w ~orze** to sleep in a bedchamber [4] Techn. chamber; **~ora bezechowa** an anechoic chamber; **~ora dekompresyjna** a decompression chamber; **~ora kosmiczna** a space simulation chamber; **~ora niskich ciśnień** a low-pressure chamber; **~ora spalania** a combustion chamber; **~ora lęgowa** an incubator [5] Geol. chamber, cavern; **~ory jaskini** the chambers of a cave; **~ora solna** a salt cavern [6] Techn., Wojsk. chamber; **w ~orze był tylko jeden nabój** there was only one bullet in the chamber [7] Anat. ventricle, chamber; **prawa/lewa ~ora serca** the right/left ventricle of the heart; **~y mózgowe** the ventricles of the brain [8] Bot. locule, loculus [9] Myślis. chest; **strzał w ~orę** a. **na ~orę** a shot in the chest ❑ **~ora schroniowa** Górn. underground refuge (for miners); **~ora celna** Handl. customs (house); **~ora gazowa** gas chamber; **~ora powietrzna** Zool. air space

komorn|e n rent; **płacić ~** to pay rent; **zalegać z ~ym** to be in arrears with one's rent; **podwyższać/obniżać ~e** to raise/lower the rent

komornic|a f daw. landless tenant

komornicz|y adi. [czynności, funkcja] debt collector's, bailiff's

komorni|k m [1] Prawo debt collector, bailiff; **~k zajął ruchomości w mieszkaniu** the bailiff seized the furnishings a. movables in the flat [2] daw. (chłop) landless tenant

komorow|y adi. [1] (zbudowany z komór) cellular, chamber attr.; **kontenerowiec ~y** a cellular container ship; **piec ~y** a chamber furnace [2] Anat. ventricular

komos|a f sgt Bot. goosefoot C/U

komór|ka f [1] (schowek) cubbyhole; **~ka na węgiel** a coal-hole; **~ka pod schodami** a cupboard under the stairs [2] (pokoik) cell [3] (w organizmie) cell; **~ka jajowa** an egg; **~ki nerwowe** the nerve cells, neurons; **~ki naskórka** epidermal cells; **podział ~ek** cell division [4] (w plastrze pszczelim) (honeycomb) cell; **~ka mateczna** queen cell [5] (część organizacji) **~ka zakładowa/kadr** a factory/human resources section; **~ka konspiracyjna** a cell in a secret organization, a secret a. an underground cell [6] pot. (telefon komórkowy) mobile phone, mobile GB, cellphone US; **rozmawiać przez ~kę** to talk on a. over a mobile

phone; **zadzwonić z ~ki** to call from a mobile phone ❑ **~ka chrząstkotwórcza** Anat. zw. pl chondroblast; **~ka chrzęstna** Anat. chondrocyte; **~ka fotoelektryczna** Elektron. photocell, photoelectric cell; **~ka kubkowa** Anat. goblet cell; **~ka pamięci** Mat. storage a. memory cell, storage location; **~ka selenowa** Fiz. selenium cell; **~ka sieciowa** Miner. unit cell; **~ka społeczna** Socjol. family unit; **~ka żerna** Biol. phagocyte; **~ki do wynajęcia** Gry children's game in which the participants exchange places in circles drawn on the ground; **~ki inicjalne** Bot. initial cells; **~ki kościogubne** Biol. osteoclasts; **~ki kościotwórcze** Biol. osteoblasts; **~ki plazmatyczne** Biol. plasma cells; **~ki rozrodcze** Biol. germ cells, gametes; **~ki tłuszczowe** Anat. fat cells ■ **szare ~ki** pot. grey matter pot.

komórkow|y adi. [błona, płyn] cellular; **ściana ~a** a cell wall; **podział ~y** cell division; **jądro ~e** a nucleus; **beton ~y** cellular concrete; **telefon ~y** mobile phone

kompak|t m (G **~tu**) [1] pot. (płyta) CD, compact disc [2] pot. (odtwarzacz) CD player [3] (urządzenie) **~t łazienkowy** a toilet **III** adi. inv. compact; **świetlówka typu ~t** a compact fluorescent light

kompaktow|y adi. [lampa, świetlówka] compact; **płyta ~a** a compact disc, a CD; **odtwarzacz ~y** a compact disc a. CD player; **sedes ~y** a compact toilet

kompan m pot. (kolega) mate GB pot., buddy US pot.; **~ z wojska** an (old) army mate

kompani|a /kom'panja/ f (GDGpl **~i**) [1] Wojsk. company; **walczyć w ~i** to fight in a company; **~a piechoty** an infantry company; **dowódca ~i** a company commander; **~a reprezentacyjna** a guard of honour [2] pot. (grupa osób) crowd pot.; **w naszej ~i jest bardzo wesoło** our crowd is very cheerful; **całą ~ą poszli na mecz** the whole crowd went to a match [3] sgt przest. (towarzystwo) company; **dotrzymać komuś ~i** to keep sb company; **szukać czyjejś ~i** to seek someone's company; **lubi się bawić w męskiej ~i** he enjoys male company [4] daw. (spółka) (trading) company; **~a wschodnioindyjska** the East India Company; **założyć ~ę handlową** to establish a trading company

kompanij|ka f dem. pot., żart. crowd pot.; **tworzyliśmy w klasie zgraną ~kę** our class was a good crowd

kompanijn|y adi. [1] [orkiestra, biuro] company attr. [2] daw. [okręt, urzędnik] (trading) company attr.

komparatystyczn|y adi. [studia, prace, badania] comparative

komparatysty|ka f sgt Nauk. comparative study; **~ka językoznawcza/literacka** comparative linguistics/literature

kompas m (G **~u**) compass; **odczytać kierunek z ~u** to take a compass reading; **iść według ~u** to follow the compass

kompasow|y adi. [igła] compass attr.

kompatybilnoś|ć f sgt książk. [1] Komput. compatibility; **~ć komputera z drukarką** the compatibility of a computer with a printer [2] (zgodność) compatibility

kompatybiln|y adi. [program, system] compatible; **komputer ~y z drukarką** a computer compatible with a printer

kompendialn|y adi. książk. [wydawnictwo] compendious

kompendium n inv. książk. compendium; **~ wiedzy o literaturze polskiej** a compendium of Polish literature; **~ wiedzy z zakresu chemii** a compendium of chemistry; **~ na temat czegoś** a compendium of sth; **~ wiedzy o komputerach** a compendium of information about computers

kompensacj|a f sgt [1] (równoważenie) compensation; **~a utraconego ciepła** heat loss compensation; **urządzenia ~i mocy** power compensation equipment [2] Biol., Psych. compensation [3] Prawo compensation, indemnity ❑ **~a busoli** a. **dewiacji** compass compensation

kompensacyjn|y adi. [opłaty] compensating, compensatory

kompens|ować impf vt książk. [1] (wyrównywać) to compensate (coś for sth); **~ować podwyżkę cen wzrostem płac** to compensate for the rise in prices with pay rises; **~ował elokwencją braki w wykształceniu** his eloquence compensated for his poor education [2] Psych. to compensate [nieprzyjemności, niepowodzenia życiowe]; **samotność ~ował intensywną pracą** he worked hard to compensate for his loneliness [3] Biol. to compensate; **zdrowe płuco ~owało pracę płuca usuniętego z powodu raka** the healthy lung compensated for the one removed because of cancer

kompetencj|a f (Gpl **~i**) książk. [1] zw. pl (uprawnienia) authority U, competence U; **wydawanie zezwoleń leży w ~i samorządów** local authorities are responsible for the issuing of permits, the issue a. issuing of permits lies in the hands a. lies within the competence of local authorities; **podlegać czyimś ~om** to come within sb's jurisdiction; **ta sprawa leży/nie leży w ich ~ach** this matter falls within/outside their competence a. jurisdiction; **burmistrz przekroczył swoje ~e** the mayor overstepped his authority [2] zw. pl (fachowość) competence U; **jej ~e w tej dziedzinie są bezsporne** her competence in this field is unquestioned; **brakuje mu ~i do leczenia laryngologicznego** he's not competent to work as a laryngologist

kompetencyjnie adv. książk. **podlegać ~ władzom centralnym** to come within the jurisdiction of central government

kompetencyjn|y adi. **problem/spór ~** a problem/issue concerning jurisdiction

kompetentnie adv. grad. competently, ably; **odpowiadał ~ na zadawane pytania** he answered the questions ably; **książka jest napisana ~** the book is competently written

kompetentn|y adi. książk. [1] [lekarz, nauczyciel, prawnik] competent, qualified; **nie czuję się ~y, żeby odpowiedzieć na to pytanie** I don't feel competent to answer this question; **specjalista ~y w dziedzinie elektroniki** a specialist in electronics; **~a decyzja** a competent decision; **liczę na ~ą odpowiedź** I expect a competent a. adequate answer [2] (upoważniony) *[sąd, urząd]* competent; **urzędnik ~y do podejmowania decyzji** an official authorized to take decisions [3] (wiarygodny) *[źródła, informacje, teksty, opinie]* reliable

kompilacj|a f *(Gpl ~i)* książk. compilation; **~a tekstów literackich/naukowych** a compilation of literary/scientific texts; **dokonać ~i kilku utworów** to make a compilation of several works

kompilacyjn|y adi. *[dzieło, rozprawa, praca]* compilation attr.

kompil|ować impf vt książk. to compile; **autor ~uje dzieło z cudzych tekstów** the author is compiling his work from other people's texts ⇒ **skompilować**

kompilowan|y [] pp → kompilować
[] adi. książk., pejor. *[tekst, dzieło, praca]* compiled

kompleks [] m *(G ~u)* [1] (poczucie niepewności) complex; **mieć ~ na punkcie czegoś** to have a complex about sth; **miała ~ na punkcie swojej tuszy** she had a complex about her weight; **popaść** a. **wpaść w ~y** to develop a complex; **nabawić się ~ów** to become inhibited; **pozbyć się ~ów** to lose one's inhibitions; **robić coś bez ~ów** to have no inhibitions about doing sth; **nosił w sobie ~ winy wobec dzieci** he had a guilt complex about his children; **miał ~y, dlatego unikał towarzystwa** he was inhibited, that's why he avoided people; **to wesoły chłopak, bez ~ów** he's a cheerful chap without any inhibitions [2] (zespół) complex, set; **~ budynków** a building complex; **~ witamin z grupy B** (vitamin) B complex; **zwarty ~ leśny** a compact forest complex; **~ sportowy** a sports centre
[] **kompleksy** plt Chem. complexes
❑ **~ Edypa** Psych. Oedipus complex; **~ Elektry** Psych. Electra complex; **~ niższości** Psych. inferiority complex

kompleksowo adv. książk. *[ująć, zbadać]* comprehensively, as a whole

kompleksowoś|ć f książk. sgt (programu, badań, informacji) comprehensiveness, extensiveness

kompleksow|y adi. książk. *[badania, program, kontrola, rozwój]* comprehensive, extensive; **remont ~y** an extensive renovation, a full overhaul; **szkolenie ~e** an integrated course; **~a obsługa** full service

komplemenciars|ki adi. pot. *[wiersz, list]* flattering

komplemencia|rz m *(Gpl ~rzy)* pot. flatterer

komplemen|t¹ m *(G ~tu)* compliment; **powiedzieć komuś ~t** to pay sb a compliment; **prawić damom ~y** to compliment the ladies

komplemen|t² m *(G ~tu)* Biol. complement

komplementarnie adv. książk. **specyfiki działające ~ na skórę** drugs having a complementary effect on the skin

komplementarnoś|ć f sgt [1] książk. (technik, nauk) complementary character; complementarity książk. [2] Ekon. complementarity;

~ć produkcji complementarity of production

komplementarn|y adi. książk. *[cechy, techniki]* complementary

komplement|ować impf [] vt to compliment; **~ował ją, że ładnie wygląda** he complimented her on her appearance; **był ~owany za swoją sumienność** he was complimented on his conscientiousness
[] **komplementować się** (wzajemnie) to compliment one another; **~owali się wzajemnie za swoje osiągnięcia** they complimented each other on their achievements

komple|t m [1] *(G ~tu)* (zestaw) set; **~t podręczników** a set of textbooks; **~t narzędzi** a tool set a. kit; **~t mebli** a suite; **~t obiadowy** a dinner set a. service; **~t do kawy/herbaty** a coffee/tea service; **~t plażowy** a swimming a. bathing costume; **~t sędziowski** the bench [2] (całość) full complement; **aktualnie mamy ~t pracowników** at present we have a full complement of staff; **kierowca powiedział, że nie odjedzie, dopóki nie zbierze się ~t** the driver said he wouldn't go unless there was a full complement; **wszyscy w ~cie zebrali się w moim mieszkaniu** they all met at my place; **jesteśmy w ~cie** we're all here, everybody's here; **na widowni był ~t widzów** the auditorium was filled to capacity a. completely full
❑ **tajne ~ty** Hist. clandestine classes (*organized in Poland during the partition era and the First and Second World Wars*)

kompletnie adv. grad. [1] (w pełni) fully; **do śniadania był już ogolony i ~ ubrany** at breakfast he was clean-shaven and fully dressed; **mieszkanie było ~ urządzone** the flat was fully furnished [2] pot. (całkowicie) completely, totally; **był ~ wyczerpany pracą** he was totally exhausted by his work; **atak wroga zaskoczył ich ~** the enemy attack took them completely by surprise; **była ~ pijana** she was completely a. totally drunk; **był ~ sam** he was all alone

kompletnoś|ć f sgt (wyposażenia, wydania) completeness

kompletn|y adi. [1] (pełny) *[wyposażenie, lista]* complete; **~e wydanie dzieł Mickiewicza** the complete works of Mickiewicz [2] pot. complete, total; **to małżeństwo okazało się ~ą pomyłką** the marriage turned out to be a complete a. total failure; **~e ciemności** total a. complete darkness; **~y absurd** complete a. total nonsense; **uważają go za ~ego idiotę** he's considered to be a complete fool a. idiot pot.

komplet|ować impf vt [1] (łączyć w całość) to complete; **~owała listę gości weselnych** she was drawing up the list of wedding guests; **~ować księgozbiór** to add to a book collection ⇒ **skompletować** [2] (dobierać) to assemble *[pracowników, obsługę]*; **~ować fachową załogę** to assemble a qualified crew a. team ⇒ **skompletować**

komplikacj|a f *(Gpl ~i)* [1] zw. pl (przeszkoda) complication, setback; **~a w podróży spowodowana strajkiem kolejarzy** a setback in travel arrangements due

to a railway strike; **wynikły nagłe ~e i nie otrzymał francuskiego obywatelstwa** there were some unforeseen complications and he didn't acquire French citizenship; **miał ~e z uzyskaniem wizy** there were some complications concerning his visa [2] zw. pl (powikłania) complication zw. pl; **po grypie nastąpiły u niego ~e** he developed complications after having the flu; **poród/ciąża z ~ami** a delivery/pregnancy with complications [3] sgt książk. (złożoność) complication, complexity; **stopień ~i urządzeń elektronicznych** the complexity of electronic equipment

komplik|ować impf [] vt to complicate, to compound; **~ować sprawę/zadanie** to complicate a matter/task; **wszystko jest proste, tylko ty to ~ujesz** everything's straightforward – it's you who complicates matters ⇒ **skomplikować**
[] **komplikować się** *[sprawa, problem]* to become complicated ⇒ **skomplikować się**

kompocik m dem. *(G ~u)* compote U; **~ z malin** raspberry compote

komponen|t m *(G ~tu)* książk. component; **produkcja kosmetyków na ~tach zachodnich** the manufacture of cosmetics using Western ingredients a. raw materials

kompon|ować impf [] vt [1] Muz. to compose *[muzykę, melodię]*; **~ować utwory na fortepian** to compose piano pieces; **po latach zabrał się znowu do ~owania** after many years he took up composing again ⇒ **skomponować** [2] (tworzyć) to arrange, to compose; **~ować bukiet/ogród** to arrange a bouquet/garden; **sałatki ~owane z różnych warzyw** salads composed of various vegetables; **~ować barwy** to match colours; **sztuka ~owania scen batalistycznych** the art of composing battle scenes
[] **komponować się** (pasować) to match; **fasada budynku nie ~uje się z kopułą** the building's facade doesn't go well with a. doesn't match the dome ⇒ **skomponować się**

kompo|st m *(G ~stu)* compost U; **przerabiać coś na ~st** to compost sth

kompostow|y adi. *[pasza, stos]* compost attr.; **nawóz ~y** compost

kompo|t m *(G ~tu)* [1] Kulin. compote C/U; **~t z wiśni** (a) cherry compote; **~t truskawkowy** (a) strawberry compote [2] sgt pot. (narkotyk) Polish heroin pot.; poppy straw extract

kompotier|ka f compote, bowl; **~ka do deserów** a dessert bowl

kompotow|y adi. *[owoce]* compote attr.

kompozycj|a f [1] sgt (budowa) composition, structure; **~a obrazu/rzeźby/powieści** the composition of a painting/sculpture/novel; **wiersz ma dwudzielną ~ę** the poem is composed of two parts [2] sgt Muz. composition; **nauczyciel ~i** a composition teacher; **zajmował się ~ą muzyki filmowej** he composed film music [3] *(Gpl ~i)* Muz. (utwór) composition, work; **słuchaliśmy ~i Bacha** we listened to some works by Bach [4] *(Gpl ~i)* (mieszanka składników) arrangement; **~a kwiatowa** a flower arrangement
❑ **~a ramowa** Literat. cycle

K

kompozycyjnie *adv.* **utwór dzielący się ~ na dwie części** a piece composed of two parts; **plakat interesujący ~** a poster with an interesting composition

kompozycyjn|y *adi.* *[element, budowa]* composition *attr.*

kompozyto|r *m,* **~rka** *f* Muz. composer; **~r oper/symfonii** a composer of operas/symphonies; **~r piosenek** a songwriter

kompozytors|ki *adi.* *[talent, twórczość]* composer's; **~ki talent na miarę Mozarta** a Mozartian talent as a composer

kompozytorsko *adv.* **doskonalić się ~** to improve oneself in composition; **był doskonały wykonawczo i ~** he was excellent, both as a performer and a composer

kompres *m* (*G* **~u**) compress; **gorący/zimny ~** a hot/cold compress; **położyć a. przyłożyć ~ na coś** to put a compress on sth; **~ z wody/ziół** a water/herbal compress; **~ z gazy** a gauze compress

kompresj|a *f* (*Gpl* **~i**) Komput., Techn. compression; **~a powietrza** the compression of air, air compression; **~a danych** data compression

❑ **~a budżetu** Ekon. budget cuts; **~a etatów** Admin. downsizing, employment rationalization

kompresyjn|y *adi.* Techn. *[komora]* compression *attr.*

kompromis *m* (*G* **~u**) [1] (ugoda) compromise; **~ między rządem a opozycją** a compromise between the government and the opposition; **nie będzie żadnego ~u z terrorystami** there'll be no compromise with the terrorists; **dojść do ~u** to reach a. arrive at a compromise; **wejść z kimś w ~** to agree a. work out a compromise with sb [2] książk. (ustępstwo) compromise *U*; **pójść a. zdobyć się na ~ w sprawie czegoś** to compromise on sth; **w związku trzeba nauczyć się iść na ~** in any relationship you have to learn to compromise; **sytuacja wymaga ~ów** we need to compromise

kompromisowo *adv.* **rozwiązać konflikt ~** to work out a. reach a compromise on a. over a conflict

kompromisowoś|ć *f sgt* (człowieka) willingness to compromise; (rozwiązania) compromise character; **~ć porozumienia** the compromise character of an agreement; **~ć wobec władz** willingness to compromise with the authorities

kompromisow|y *adi.* *[rozwiązanie, ugoda]* compromise *attr.*; **~y polityk** a soft politician, a non-confrontational politician

kompromitacj|a *f* (*Gpl* **~i**) fiasco, embarrassment; **to posunięcie było wielką ~ą rządu a. dla rządu** this move was a great embarrassment to the government; **narazić się na ~ę** to expose oneself to ridicule; **swoim zachowaniem narażasz mnie na ~ę** your behaviour could be an embarrassment to me

kompromit|ować *impf* **[]** *vt* [1] (ośmieszać) to expose to ridicule, to embarrass; to do down pot.; **~ował podwładnego w oczach szefa** he embarrassed his subordinate in front of the boss; **~ujesz go takimi uwagami** your remarks are exposing him to ridicule ⇒ **skompromito-**

wać [2] (demaskować) to compromise; **~ujące listy/dokumenty** compromising letters/documents

[] **kompromitować się** [1] (ośmieszać się) to compromise oneself; **~ował się w swoim zachowaniem** he compromised himself by acting like that ⇒ **skompromitować się** [2] (wzajemnie) to embarrass one another

kompromitująco *adv.* **zachować się ~** to compromise oneself; **jesteś ~ naiwny** you are embarrassingly naive

kompromitując|y **[]** *pa* → **kompromitować**

[] *adi.* *[postępek, zachowanie]* embarrassing; *[dokument, list]* compromising; **bitwa zakończyła się ~ą klęską** the battle ended in an ignominious defeat

komprym|ować *impf vt* książk. to condense, to compress *[tekst, opis]*

kompute|r *m* computer; **włączyć/wyłączyć ~r** to switch a. turn on/to switch a. turn off a computer; **pracować na ~rze** to operate a. use a computer; **tekst napisany na ~rze** a text written on a computer; **obliczenia wykonane przez ~r** calculations done by computer; **wprowadzić dane do ~ra** to enter data into a computer; **wreszcie nauczyła się obsługiwać ~r** at last she learnt to operate a. use a computer, at last she became computer-literate

❑ **~r osobisty** personal computer, PC

komputerow|iec *m* pot. computer expert; computer man pot.

komputerowo *adv.* **maszyny były sterowane ~** the machines were computer-operated; **uczenie się/tłumaczenie wspomagane ~** computer-aided learning/translation

komputerow|y *adi.* *[program, gra, grafika]* computer *attr.*; **słownik ~y** an IT dictionary; **sprzęt ~y** computer hardware; **~a analiza danych** data analysis by computer; **~e badanie wzroku** a computerized eye examination; **program ~y** (computer) software

komputeryzacj|a *f sgt* computerization; **~a firm/banków** the computerization of companies/banks; **przeprowadzić ~ę urzędów pocztowych** to computerize post offices

komputeryz|ować *impf* **[]** *vt* to computerize *[biura, urzędy, produkcję]* ⇒ **skomputeryzować**

[] **komputeryzować się** *[urząd, instytucja]* to computerize ⇒ **skomputeryzować się**

komsomol|ec *m* Hist. Komsomol member

komsomols|ki *adi.* Hist. *[organizacja, związek, zebranie]* Komsomol *attr.*

komtu|r *m* (*Npl* **~rowie**) Hist. commander ❑ **wielki ~r** Hist. Grand Commander

komuch *m* (*Npl* **~y**) pot., obraźl. Commie pot.

komun|a *f* [1] (wspólnota) commune; **mieszkać a. żyć w ~ie** to live in a commune; **~a hippisów** a hippy commune [2] pot. (ustrój komunistyczny) communism; **za ~y był ważnym politykiem** he was an important politician in the communist era ❑ **~a miejska** Hist. commune

komunalizacj|a *f sgt* municipalization

komunaln|y *adi.* *[mieszkanie, budownictwo]* council *attr.*; **podwyższono czynsz w mieszkaniach ~ych** the rent in council

flats has been raised; **przedsiębiorstwo usług ~ych** a public utility company; **cmentarz ~y** a municipal cemetery

komunał *m* (*G* **~u**) pejor. cliché, platitude; **mówić ~ły** to mouth platitudes; **ten tekst składa się z samych ~ów** this text is full of clichés

komuni|a /ko'munja/ *f* (*GD* **~i**) [1] *sgt* Relig. (sakrament) (Holy) Communion; **przystąpić do ~i** to take Communion; **przyjąć ~ę** to receive Communion [2] (*Gpl* **~i**) (pierwsza komunia) (sakrament) First Communion; **syn ma w tym roku ~ę** my son is making his First Communion this year; **zaprosiła na ~ę córki całą rodzinę** she invited the whole family to her daughter's First Communion reception [3] *sgt* książk. (jedność) communion; **poczuć ~ę duchową z naturą** to be in communion with nature

komunijn|y *adi.* [1] *[obrzęd, pieśń]* (Holy) Communion *attr.* [2] *[suknia, pamiątka, prezent]* First Communion *attr.*

komunikacj|a *f sgt* [1] (transport) transport, communication(s); **~a autobusowa** a bus service; **~a lądowa/kolejowa** road/rail communications; **~a miejska** public transport; **śnieżyca spowodowała zakłócenia w ~i między Warszawą a Krakowem** heavy snow disrupted communications between Warsaw and Cracow [2] książk. (łączność) communications; **~a między komputerami** communications between computers; **~a satelitarna/telefoniczna** satellite/telephone communications [3] książk. (porozumiewanie się) communication; **~a werbalna/niewerbalna** verbal/non-verbal communication; **~a wzrokowa** eye contact; **~a głosowa człowieka z komputerem** verbal communication between a person and a computer; **język jako narzędzie ~i między ludźmi** language as a means of communication between people [4] środ., Archit. communication; **brak ~i między przedpokojem a jadalnią** there is no communicating door between the hall and the dining room

komunikacyjnie *adv.* **ważny ~ punkt miasta** an important communications point in a city

komunikacyjn|y *adi.* [1] *[linia, sieć, węzeł]* communications *attr.*; **środki ~e** means of transport; **ciąg ~y** a communications route [2] *[satelita, pasma]* communication(s) *attr.* [3] książk. *[sytuacje]* communicative; **~a rola języka** the communicative function of language

komunika|t *m* (*G* **~tu**) [1] (wiadomość) announcement, communiqué; **~t prasowy** a press release; **~t radiowy** a radio announcement; **~t o ślubie w rodzinie królewskiej** an announcement of a royal wedding; **ogłosić/podać/zamieścić ~t** to make a. issue an announcement; **podano ~t, że nowe monety wejdą do obiegu drugiego stycznia** it was announced that the new coins would be in circulation from 2 January; **~t o pogodzie** a weather forecast a. report; **~t z ostatniej chwili** the latest news [2] książk. (wypowiedź) communication; **niejasny/niejednoznaczny ~t** an unclear/ambiguous message

komunikatywnie *adv.* książka napisana ~ a comprehensible book

komunikatywnoś|ć *f sgt* (człowieka) communicativeness; (języka, tekstu, sztuki) comprehensibility

komunikatywn|y *adi.* [1] (zrozumiały) *[wypowiedź, tekst, utwór]* comprehensible [2] (łatwo nawiązujący kontakt) *[osoba]* communicative [3] książk. *[zdolność, funkcja]* communicative

komunik|ować *impf* **I** *vt* książk. (oznajmić) to announce, to communicate; **~ować komuś o czymś** to communicate a. announce sth to sb; **ludzie często mają problemy z ~owaniem uczuć swoim bliskim** people often find it difficult to express their feelings to their close family a. those close to them; **~owano, że pociąg się opóźni** it was announced that the train would be late ⇒ **zakomunikować**

II komunikować się [1] (kontaktować się) to communicate, to be in contact (**z kimś** with sb); **~ować się listownie/telefonicznie** to communicate by letters/telephone ⇒ **skomunikować się** [2] (łączyć się) *[pokój, pomieszczenie]* to communicate; **zamek ~uje się z kościołem korytarzem** there is a communicating passage between the castle and the church [3] (współdziałać) *[komórki, wojska, oddziały]* to communicate

komuni|sta *m*, **~stka** *f* Polit. communist

komunistycznie *adv.* **państwo rządzone ~** a communist country

komunistyczn|y *adi.* *[ustrój, ideologia, państwo, partia]* communist

komunizm *m sgt* (*G* **~u**) Polit. communism

komuniz|ować *impf* Polit. **I** *vt* to communize *[urzędy, przedsiębiorstwa, gospodarstwa]* ⇒ **skomunizować**

II *vi* (sympatyzować z komunizmem) to sympathize with communism; **nigdy nie ~ował** he has never sympathized with communism

III komunizować się *[społeczeństwo, urzędy]* to become communized ⇒ **skomunizować się**

kom|ża *f* (**~eżka** *dem.*) Relig. surplice; **chłopcy ubrani w ~że** boys wearing surplices

kona|ć *impf vi* książk. to die także przen.; **chory zaczął już ~ć** the patient is dying; **ojciec ~ł na moich rękach** my father was dying in my arms; **~ć z głodu/pragnienia** to die of hunger/thirst; **daj mi coś pić, ~m z pragnienia** give me something to drink, I'm dying of thirst; **~ć ze zmęczenia/śmiechu** przen. to die of fatigue/laughter ⇒ **skonać**

konając|y **I** *pa* → **konać**

II ~y *m*, **~a** *f* dying person

kona|r *m* (*G* **~ra** a. **~ru**) [1] (gałąź) limb, bough; **rozłożyste ~ry dębu** the oak's spreading boughs; **~ry drzew** the limbs of trees [2] Myślis. beam

koncelebracj|a *f sgt* Relig. concelebration; **~a mszy** the concelebration of Mass

koncelebr|ować *impf vt* Relig. *[ksiądz, biskup]* to concelebrate *[mszę]*

koncentracj|a *f sgt* [1] (skupienie) concentration; **~a myśli** concentration of the mind; **zdolność ~i** powers of concentra-

tion; **~a wysiłków na niektórych zadaniach** focusing on certain tasks; **ta praca wymaga pełnej ~i** this work requires all one's (powers of) concentration [2] (komasacja) concentration; **~a wojsk/ognia** the/a concentration of troops/fire; **~a władzy** the/a concentration of power [3] Chem. concentration

❑ **~a i centralizacja kapitału** Ekon. concentration and centralization of capital

koncentracyjn|y *adi.* **~e ruchy wojsk** concentration of forces; **obóz ~y** concentration camp

koncentra|t *m* (*G* **~tu**) [1] Kulin. concentrate; **rozcieńczyć ~t** to dilute a concentrate; **~t pomidorowy/cytrynowy** a tomato/lemon concentrate [2] Miner. concentrate; **~t siarki** sulphur concentrate

koncentr|ować *impf* **I** *vt* [1] (gromadzić) to concentrate; **~ować wojsko wokół miasta** to concentrate the troops around the town ⇒ **skoncentrować** [2] książk. (skupiać) to concentrate; **~ować uwagę na czymś** to fix a. focus one's attention on sth; **swoje wysiłki ~ował wokół jednej sprawy** he concentrated all his efforts on one thing ⇒ **skoncentrować**

II koncentrować się [1] (wytężać uwagę) to concentrate; **zawodnik długo ~ował się przed startem** the sportsman spent a long time concentrating before the start ⇒ **skoncentrować się** [2] (skupiać się) to concentrate (**na czymś** on sth); to centre (**na czymś** around a. on sth); **~ował się tylko na sprawach istotnych** he concentrated on important things only; **rozmowy ~owały się wokół spraw gospodarczych** the talks centred around economic issues ⇒ **skoncentrować się** [3] (gromadzić się) *[wojsko, ludność]* to concentrate; **oddziały ~ują się pod miastem** military units are being concentrated outside the town ⇒ **skoncentrować się** [4] (być skupionym) to be concentrated; **handel ~ował się w śródmieściu** trade was concentrated in the city centre; **w pokoju babki ~owało się życie rodziny** grandmother's room was the hub of family life ⇒ **skoncentrować się**

koncentrycznie *adv.* *[ułożyć, rozmieścić]* concentrically; **~ rozmieszczone okręgi** concentrically arranged circles

koncentryczn|y *adi.* *[układ, forma]* concentric

koncepcj|a *f* (*Gpl* **~i**) conception, concept; **~a powieści/sztuki/wystawy** the concept behind a novel/art/exhibition; **mieć ~ę czegoś** to have a conception of sth; **nie mamy ~i reformy** we have no concept for the reform; **scenografia była pozbawiona ~i** the scenography lacked a guiding idea

koncepcyjnie *adv.* *[myśleć, pracować]* creatively; **praca słaba ~** conceptually weak work; **opracować ~ film/spektakl** to frame a concept for a film/play

koncepcyjn|y *adi.* *[myślenie]* creative; **praca ~a** headwork, mental work

koncep|t *m* (*G* **~tu**) [1] książk. (pomysł) idea; **wpadła na ~t, aby urządzić przyjęcie** she hit on a. upon the idea of giving a party; **planować coś bez żadnego ~tu** to plan sth without having any clear idea [2] *sgt*

(pomysłowość) ingenuity; **nie brakowało mu ~tu** he was full of bright ideas; **wysilać ~t** to scratch one's head pot. [3] (żart) bon mot, witticism; **sypać ~tami** to crack jokes; **~t barokowy** a baroque conceit

■ **ruszyć ~tem** przest. to use one's brain

koncern *m* (*G* **~u**) Ekon. concern; **~ naftowy** an oil concern

koncer|t *m* (*G* **~tu**) [1] (impreza) concert; **~t jazzowy/rockowy** a jazz/rock concert; **~t muzyki kameralnej** a chamber concert; **wystąpić/zagrać/zaśpiewać na ~cie** to perform/play/sing in a concert; **iść na ~t** to go to a concert; **wystąpić z ~tem** to perform in concert; **dać ~t** to give a concert; **w ~cie wystąpi wielu znanych piosenkarzy** the concert will feature many famous singers; **letnie ~ty świerszczy/żab** przen. the chirping of crickets/croaking of frogs in the summer [2] Muz. concerto; **~t na fortepian i skrzypce** a concerto for piano and violin; **wykonać ~t fortepianowy/skrzypcowy** to perform a. play a piano/violin concerto [3] przen. (popis) virtuoso performance, bravura (performance); **nasi hokeiści dali ~t gry zespołowej** our hockey players gave a brilliant a. masterly display of teamwork; **dała w filmie ~t talentu/aktorstwa** she gave a virtuoso a. masterly display of talent/acting in the film; **urządziła prawdziwy ~t płaczu** she made a real show of crying

❑ **~t życzeń** pot. ≈ listeners' choice

koncert|ować *impf vi* [1] (występować) *[orkiestra, artysta]* to give a concert; **zespół rockowy ~ował na stadionie** the rock group gave a concert at the stadium; **~ować z zespołem kameralnym/orkiestrą** to play in a chamber orchestra/orchestra; **~ować dla dzieci** to give a concert for children [2] przen. *[żaby]* to croak; *[świerszcze]* to chirp

koncertowo *adv.* masterfully; **pracę tę wykonał ~** he did his work masterfully; **~ zdała egzamin** she passed the exam with flying colours; **zagrał w tym przedstawieniu ~** he gave a masterly performance (in the play)

koncertow|y *adi.* [1] *[skrzypce, fortepian]* concert *attr.*; **sala ~a** a concert hall; **trasa ~a** a concert tour; **muszla ~a** a bandstand [2] Muz. *[pieśń, suita]* concerto *attr.* [3] przen. *[gra, interpretacja]* virtuoso *attr.*

koncesj|a *f* (*Gpl* **~i**) [1] (zezwolenie) concession, franchise; **~a na prowadzenie sklepu** a concession to run a shop; **sklep ma ~ę na sprzedaż alkoholu** the shop is licensed to sell alcohol; **udzielić ~i** to grant a concession; **wydać ~ę** to issue a concession; **cofnąć** a. **odebrać ~ę** to withdraw a concession [2] *zw. pl* książk. (ustępstwo) concession; **~a na rzecz kogoś/czegoś** a concession to sb/sth; **władze poczyniły ~e na naszą korzyść** the authorities made some concessions in our favour; **~e w handlu z krajami azjatyckimi** concessions to trade with Asian countries

koncesjon|ować *pf, impf vt* Ekon. to license, to licence *[sprzedaż, import, działalność]*

koncesjonowan|y *adi.* Ekon. *[sprzedaż, firma, handel]* licensed, licenced; **„~a**

K

sprzedaż papierosów" 'licensed to sell cigarettes'

koncesyjn|y adi. Ekon. [decyzja, zezwolenie, opłata, przepisy] concession attr.; **decyzja ~a** a decision to grant a concession

kon|cha f książk. [1] (muszla) conch, shell [2] (naczynie) shell-shaped dish [3] Archit. conch(a) [4] Żegl. type of counter
❑ **~cha uszna** Anat. concha

koncyliacj|a f (Gpl ~i) Prawo conciliation; **~a sporów międzynarodowych** the conciliation of international conflicts

koncyliacyjn|y adi. [prawo, układ, komisja] conciliation attr.

koncyp|ować impf vt książk. to contemplate; **~ował plan działania** he contemplated his plan of action

kondensacj|a f sgt [1] książk. (zwięzłość) condensation, compression; **~a dramatycznej akcji** the condensation of a dramatic plot; **~a w mowie/piśmie** compression in speech/writing [2] (nagromadzenie) accumulation; **tekst tej piosenki to ~a banału** the text of that song is an accumulation of banalities; **~a sił/artylerii na linii frontu** the concentration of forces/artillery at the front [3] (zagęszczenie) condensation; **~a mleka** the condensation of milk [4] Chem., Fiz. condensation

kondensacyjn|y adi. Fiz. condensation attr.

kondensato|r m [1] Elektr. capacitor [2] Chem., Techn. condenser

kondens|ować impf [I] vt [1] książk. (czynić zwięzłym) to condense; **~ować materiał do pracy** to condense material for one's work ⇒ **skondensować** [2] (zagęszczać) to condense [mleko, przetwory] ⇒ **skondensować** [3] Fiz. to condense, to precipitate [gaz, parę] ⇒ **skondensować**
[II] **kondensować się** [1] książk. (skupiać się) to centre; **jego myśli ~owały się wokół jednej sprawy** his thoughts centred around a. on one thing [2] Fiz. [gaz, para] to precipitate ⇒ **skondensować się**

kondolencj|e plt (G ~i) condolence zw. pl; **złożyć komuś ~e** to offer a. extend one's condolences to sb; **wysłał depeszę z ~ami** he wired his condolences; **moje ~e** please accept my condolences

kondolencyjn|y adi. list **~y** a letter of condolence

kondom m (G ~u) condom; **założyć ~** to put on a condom; **zabezpieczyć się ~em** to use a condom

kondominium n książk. [1] (rządy) condominium U; **ustanowić/założyć ~** to establish a condominium [2] (obszar) condominium

kondon m pot. johnny GB pot., rubber US pot.

kondo|r m Zool. condor

kondui|ta f sgt książk., pejor. reputation; **osoba podejrzanej/wątpliwej ~ty** a person of suspicious/doubtful reputation

konduk|t m (G ~tu) cortège, funeral procession; **~t pogrzebowy** a funeral procession

kondukto|r m conductor; **~r autobusowy** a bus conductor

konduktor|ka f [1] pot. (kobieta) conductress [2] (torebka) accordion bag

konduktors|ki adi. [torba, mundur] conductor's

kondycj|a f sgt [1] (stan fizyczny) condition, form; **~a fizyczna** physical condition; **mieć doskonałą/złą ~ę** to be in excellent/bad condition; **odznaczać się dobrą ~ą** to be in good condition; **utrzymywać ~ę** to keep fit; **jestem teraz zupełnie bez ~i** I'm completely out of condition a. off form now; **muszę popracować nad swoją ~ą** I have to get fit a. into condition [2] (stan ekonomiczny) position, situation; **przedsiębiorstwo jest w złej ~i finansowej** the company is in a bad financial situation [3] książk. (sytuacja) condition; **refleksja o ~i ludzkiej** reflection on the human condition

kondycyjnie adv. **sportowcy byli dobrze przygotowani ~** the sportsmen were in good condition a. form; **piłkarze nie wytrzymali meczu ~** the football players were off form in the match; **~ czuję się dobrze** I'm in good condition a. form

kondycyjn|y adi. [obóz, zaprawa] keep-fit attr.; **trening ~y** circuit training; **ćwiczenia ~e** keep-fit

kondygnacj|a f (Gpl ~i) [1] książk. (piętro) storey GB, story US; **budynek o trzech ~ach** a three-storey building, a building of three storeys [2] (poziom) row; **trzy ~e półek** three rows of shelves; **łóżko o dwóch ~ach** a bunk bed

kondygnacyjn|y [I] adi. consisting of more than one storey
[II] **-kondygnacyjny** w wyrazach złożonych -storey(ed) GB, -story US, -storied US; **trzydziestokondygnacyjny biurowiec** a thirty-storey office building; **dwukondygnacyjne łóżko** a bunk bed

koneksj|a f (Gpl ~i) zw. pl książk. connection zw. pl; **dzięki ~om ojca dostał się na studia** he was admitted to university owing to his father's connections; **miał liczne ~e wśród polityków** he had many connections with politicians; **~e malarza z surrealizmem** przen. the painter's association with surrealism

konese|r m, **~rka** f connoisseur, expert; **~r sztuki/malarstwa** a connoisseur of art/painting; **~r win** a connoisseur of wines; **oceniać coś jak ~r** to give an expert opinion on sth; **sztuka dla ~ra** art for connoisseurs a. the connoisseur; **uważał się za doświadczonego ~ra kobiet** żart. he considered himself a connoisseur of women

koysers|ki adi. [ocena, opinia, kręgi] expert attr.; **po ~ku** expertly; **oceniać coś po ~ku** to give an expert opinion on sth

koneserstw|o n sgt (sztuki, malarstwa, win) connoisseurship

kon|ew f [1] przest. (do noszenia i przechowywania) can; (zawartość) can, canful; **~ew z wodą/mlekiem** a can of water/milk [2] augm. (do podlewania) watering can; **podlewać ogród ~wią** to water the garden with a watering can

konew|ka f (do podlewania) watering can; **nalać wody do ~ki** to fill a watering can (with water); **do podlania grządki zużył kilka ~ek wody** he used several cans of water on the vegetable patch

konfederacj|a f (Gpl ~i) [1] (stowarzyszenie) confederation a. confederacy; **konfederacja pracodawców/państw azjatyckich** a confederation of employers/of Asian nations; **zawiązać ~ę** to establish a confederacy; **należeć do ~i** to belong to a confederation [2] Hist. (w amerykańskiej wojnie secesyjnej) the Confederacy [3] Hist. (w dawnej Polsce) confederacy; **~a barska/targowicka** the Confederacy of Bar/Targowica; **akt zawiązania ~i** the founding statute of a confederacy
❑ **~a generalna** Hist. the general confederacy (of the Polish gentry in the 17th and 18th centuries)

konfederac|ki adi. Hist. [1] (w dawnej Polsce) confederate; **akt ~ki** the founding statute of a confederacy; **wojsko ~kie** confederate troops [2] (w wojnie secesyjnej) confederate a. Confederate; **wojsko ~kie** the Confederate army; **pieśni ~kie** songs of the Confederacy

konfederacyjn|y adi. [1] [działalność, polityka] confederate; **rząd ~y** confederate government [2] Hist. (w dawnej Polsce) confederate; **wojska ~ne** the troops of the confederacy [3] Hist. (w wojnie secesyjnej) confederate a. Confederate; **wojska ~e** Confederate armies; **miasta ~e** Confederate cities

konfedera|t m Hist. [1] (w dawnej Polsce) confederate [2] (w wojnie secesyjnej) confederate a. Confederate

konfederat|ka f Hist. confederate cap (a square-topped cap worn by members of the Confederacy of Bar and later by soldiers in national uprisings)

konfekcj|a f sgt [1] Handl. (odzież) (ready-to-wear) clothing; (produkcja odzieży) garment manufacture; **~a damska/męska** women's/men's wear; **~a bielizny** undergarment manufacture [2] przen., pejor. ≈ mind candy pot.; **~a hollywoodzka** Hollywood-style glitz pot., pejor.

konfekcyjn|y adi. clothing attr., garment attr.; **przemysł ~y** the garment industry

konferansje|r m MC a. master of ceremonies, compère GB; emcee pot.; **~r przedstawienia** the MC of the show; **występować jako ~r** to appear as the MC

konferansjer|ka f [1] (prowadząca) MC a. mistress of ceremonies, compère GB; emcee pot. [2] sgt pot. emceeing pot.; **dowcipna/nudna ~ka** witty/dull emceeing; **prowadzić ~kę** to emcee

konferansjers|ki adi. (professional) MC's

konferencj|a f conference; **~a międzynarodowa** an international conference; **~a naukowa/pokojowa** a scientific/peace conference; **~a prasowa** a press conference; **uczestnicy ~i** the conference participants; **delegaci na ~ę** delegates to the conference; **~a okrągłego stołu** a round-table conference

konferencyjn|y adi. conference attr.; **sala ~a** a conference room; **stół ~y** a conference table

konfer|ować impf vi książk. to converse, to discuss; [politycy, dyplomaci] to confer (**z kimś** with sb); **o czym oni tak żywo ~ują?** what are they discussing so avidly?

konfesjona|ł m (G ~łu) Relig. confessional

konfetti → confetti

konfidencj|a *f sgt* książk. [1] (zaufanie) confidence; **dopuszczać kogoś do ~i** to confide in sb, to take sb into one's confidence; **mówić coś komuś w ~i** to tell sb sth in confidence; **w ~i zwierzyła się przyjaciółce ze swoich problemów** she confided her troubles to a friend [2] przest. (poufałość) familiar terms *pl*; **być z kimś w ~i** to be on familiar terms with sb

konfidencjonalnie *adv.* książk. [1] (poufnie) in confidence, confidentially; **szeptać coś ~** to whisper sth confidentially; **przekazał mi to ~** he told me that in confidence [2] przest. (poufale) in a familiar fashion, familiarly; **~ poklepał ją po ramieniu** he clapped her on the shoulder in a familiar fashion

konfidencjonalnoś|ć *f sgt* książk. [1] (poufność) confidentiality; **~ć obrad/rozmów** the confidentiality of the proceedings/conversations [2] przest. (poufałość) familiarity; **~ć gestu/tonu** the familiarity of sb's gesture/tone

konfidencjonaln|y *adi.* książk. [1] (poufny) [informacja, spotkanie] confidential [2] (okazujący zaufanie) trusting, trustful; **po tym incydencie stał się mniej ~y** after that incident he became less trusting [3] przest. (poufały) [gest, szept, ton] familiar

konfiden|t *m*, **~tka** *f* (policji) informer; (wywiadu) (secret) agent, undercover agent; **płatny ~t policji** a paid police informer

konfiguracj|a *f* (*Gpl* **~i**) książk. [1] (ukształtowanie) configuration; **~a powierzchni Ziemi** the configuration of the Earth's surface [2] przen. (układ stosunków) configuration, interrelation; **~e personalne w zarządzie spółki** personal interrelations among the board members; **w miarę zbliżania się wyborów zmienia się ~a na arenie politycznej** the political configuration is changing as the election approaches [3] Astron., Chem., Komput., Mat. configuration

konfirmacj|a *f sgt* [1] Relig. confirmation [2] Log. confirmation

konfirmacyjn|y *adi.* [1] Relig. [obrzęd] confirmation *attr.* [2] Log. confirmation *attr.*

konfiska|ta *f sgt* [1] książk. (wywłaszczenie) confiscation, forfeiture; **~ta mienia na rzecz państwa** confiscation of (personal) property by the state, forfeiture of (personal) possessions to the state [2] Prawo (utrata mienia) impoundment; (posiadanego bezprawnie) confiscation; **~ta nielegalnych dochodów/przemycanego towaru** the confiscation of illegal earnings/smuggled goods; **sąd orzekł ~tę mienia** the court ordered the confiscation of the property [3] książk. (druków) confiscation (*of banned publications*)

konfisk|ować *impf vt* to confiscate, to impound; **~ować książki/pisma/broń** to confiscate books/documents/weapons; **uczestnikom powstania ~owano majątki i mienie** the insurrectionaries' property was impounded ⇒ **skonfiskować**

konfitu|ra *f zw. pl* Kulin. preserves *pl*, preserve a. conserve *U*; **~ry z truskawek/wiśni** strawberry/cherry preserve(s); **smażyć ~ry** to make preserves

konflik|t *m* (*G* **~tu**) [1] książk. (spór) conflict *C/U*; **~t między pracownikami a szefem** a conflict between the employees and the boss; **być mediatorem w ~cie** to be a mediator in a conflict; **wejść a. popaść w ~t z kimś** to come into conflict with sb; **wejść w ~t z prawem** to break the law; **być z kimś w ~cie** to be in conflict with sb; **wywołać/zażegnać ~t** to cause/prevent conflict [2] Polit. conflict *C/U*; **~t zbrojny** armed conflict; **eskalacja ~tu na Bliskim Wschodzie** escalation of the conflict in the Middle East [3] (stan psychiczny) conflict, dilemma; **przeżywał głęboki ~t moralny** he was going through a deep moral dilemma [4] (istotna różnica) conflict, clash; **~t wartości** a conflict of values; **~t idei** an ideological conflict; **~t dobra i zła** the conflict between good and evil; **~t pokoleń** the generation gap; **~t charakterów** a personality clash; **te postawy/cele są ze sobą w ~cie** these are conflicting views/goals
❑ **~t serologiczny** Med. serological conflict

konfliktowoś|ć *f sgt* (osoby) (brak ustępliwości) combativeness, contrariness; (niemiły sposób bycia) abrasiveness; (sytuacji) conflictual a. disputatious nature

konfliktow|y *adi.* [1] [osoba] (nieustępliwy) combative, contrary; (niemiły) abrasive [2] [sprawa, rozwiązanie, sytuacja] conflictual, disputatious

konformi|sta *m*, **~stka** *f* książk. conformist

konformistycznie *adv.* książk. [zachowywać się, postępować, myśleć] conventionally

konformistyczn|y *adi.* książk. [poglądy, postawa] conformist, conventional

konformizm *m* (*G* **~u**) *sgt* książk. conformism

konfrontacj|a *f* [1] książk. (bezpośrednie starcie) confrontation; **~a zbrojna** an armed confrontation; **doszło do ostrej ~i** a serious confrontation took place; **dążyć do ~i** to provoke a confrontation [2] książk. (porównanie) comparison, contrast; **~a marzeń z rzeczywistością** the contrast between dreams and reality; **wypaść słabo/dobrze w ~i z kimś** to do badly/well in comparison with sb [3] Prawo ; **~a świadków** confrontation of witnesses
❑ **~e filmowe/teatralne** film/theatre festival

konfrontacyjnie *adv.* książk. [brzmieć] confrontational *adi.*, provocative *adi.*; **stawiać sprawy ~** to be confrontational

konfrontacyjn|y *adi.* książk. confrontational, provocative; **przemówienie miało charakter ~y** the speech was confrontational

konfront|ować *impf vt* [1] książk. (porównywać) to compare, to contrast [poglądy, opinie, zjawiska]; **~owaliśmy dane statystyczne** we compared the statistical data; **~ować teorię z praktyką** to contrast the theory with practice ⇒ **skonfrontować** [2] Prawo to confront [świadków] ⇒ **skonfrontować**

konfund|ować *impf* przest., książk. **I** *vt* to dumbfound, to disconcert; **jego zachowanie mnie ~uje** I'm dumbfounded by his behaviour; **~owała ją obecność tylu ważnych osób** she was dumbfounded by

the presence of so many important people ⇒ **skonfundować**
II **konfundować się** to be dumbfounded, to be disconcerted; **dlaczego się ~ujesz z byle powodu?** why do you get so disconcerted over every little thing? ⇒ **skonfundować się**

konfuzj|a *f sgt* książk. bewilderment, confusion; **na widok gościa wszystkich ogarnęła ~a** everyone was disconcerted at the sight of the guest

kongenialnie *adv.* [przetłumaczyć, przełożyć] faithfully, accurately

kongenialnoś|ć *f sgt* accuracy

kongenialn|y *adi.* [przekład, tłumacz] faithful, accurate

Kongij|czyk *m*, **~ka** *f* Congolese; **~czycy** the Congolese people; **być ~czykiem** to be Congolese

kongijs|ki *adi.* Congolese

konglomera|t *m* (*G* **~tu**) książk. [1] (skupisko) conglomeration; **~t budynków/bloków** a conglomeration of buildings/a complex of blocks (of flats); **~t narodowościowy** an ethnic conglomeration [2] Ekon., Geol. conglomerate

kongregacj|a *f* (*Gpl* **~i**) Relig. [1] (zgromadzenie) congregation; **wstąpić do ~i** to join a congregation [2] (zjazd duchownych) congregational seminar a. meeting [3] (urząd) congregation; **Kongregacja do Spraw Doktryny Wiary** Congregation for the Doctrine of the Faith

kongregacyjn|y *adi.* [szkoła, stołówka] congregational

kongres *m* (*G* **~u**) [1] (zjazd) congress, convention; **~ lingwistyczny** a linguistic(s) congress a. convention; **był delegatem na międzynarodowym ~ie architektów** he was a delegate to an international congress of architects; **wystąpić na ~ie** to give a speech at a congress, to speak to a. address a convention; **~ eucharystyczny** a Eucharistic congress; **~ wiedeński** Hist. the Congress of Vienna [2] (organizacja) congress; **Kongres Polonii Amerykańskiej** the Polish American Congress; **Kongres Liberalno-Demokratyczny** the Liberal-Democratic Congress [3] Polit. (parlament) **Kongres** Congress; **debata w Kongresie** a debate in Congress, a Congressional debate

kongresman /koŋˈgresmen/ *m* congressman, congressperson

kongresow|y *adi.* [1] [obrady, uchwały] congressional; **centrum kongresowe** convention a. conference centre [2] Polit. [wybory] congressional

Kongresów|ka *f sgt* Hist. the Kingdom of Poland, Congress Poland (*Polish State, 1815-1918, established by the Congress of Vienna*)

koniacz|ek *m dem.* (*G* **~ku**) pot. **wypić kieliszek ~ku** to drink a. have a (small) glass of cognac a. brandy; **może ~ku?** a drop of cognac, perhaps?

koniak *m* (*G* **~u**) [1] (trunek) cognac *U*, brandy *U*; **~ trzygwiazdkowy** a three-star cognac; **napić się ~u** to drink a. have some cognac a. brandy; **kawa z ~iem** coffee with cognac [2] pot. (porcja) cognac, brandy; **wypili po ~u** they each had a cognac

K

koniarz *m* (*Gpl* ~**y**) (znawca) horse-lover; (hodowca) horse-breeder; (handlarz) horse-trader, horse-dealer

koniczyn|a *f* Bot. clover; ~**a biała** a white clover; ~**a czerwona** a red a. Dutch clover ❑ **czterolistna** ~**a** four-leaf a. four-leaved clover

koniczyn|ka *f dem.* clover; (jako godło) shamrock ❑ **czterolistna** ~**ka** four-leaf a. four-leaved clover

ko|niec *m* ① (finał) end; **koniec rozmowy/ zebrania** the end of a conversation/meeting; **koniec wojny** the end of the war; **koniec świata** the end of the world; **koniec roku szkolnego** the end of the school year; **koniec meczu** the end of the game a. match, full time; **dzwonek oznajmił koniec lekcji** the bell went a. sounded for the end of the lesson; **na dzisiaj koniec** that's it a. all for today; **zaraz koniec pracy** we'll be finishing work in a bit; **widać już koniec pracy** the work's a. the job's almost done a. finished; **przeczuwam marny koniec tego przedsięwzięcia** przen. I feel this undertaking will come to a sorry end; **zachować najlepsze na koniec** to keep a. save the best till a. for last; **to jeszcze nie koniec naszych kłopotów** that's not the end of our troubles; **dobiec końca** to come to an end; **lato dobiega końca** the summer is coming to an end; **podróż dobiegała końca** the journey was drawing to an end a. nearing its end, the journey was almost over; **zebranie dobiegło końca** the meeting came to an end a. to a close; **wojna dobiegła końca** the war was at an end; **mieć się ku końcowi** to be drawing to an end a. a close; **wojna miała się ku końcowi** the war was nearing its a. drawing to an end; **bez końca** endlessly; **ona mówi bez końca** she never stops talking; **opowiadał bez końca tę samą historię** he repeated the same story over and over (again); **naprzykrzał jej się bez końca** he kept pestering her all the time; **i tak bez końca** and so on ad infinitum; **ciągnąć się bez końca** to go a. drag on endlessly a. for ever; **zebranie ciągnęło się bez końca** the meeting (just) went on and on; **budowa autostrady ciągnie się bez końca** the construction of the motorway is taking forever; **ocean ciągnął się bez końca** the ocean stretched out endlessly; **trwać bez końca** to last a. take forever; **ukończyć coś do końca roku/miesiąca** to have finished a. completed sth by the end of the year/month; **zostaliśmy do samego końca** we stayed to the very end; **doprowadzić coś do końca** to bring sth to a (successful) conclusion; **do końca świata** until a. till the end of time; **do końca życia** a. **swoich dni** to a. until one's dying day, to the end of one's days; **walczyć do końca** to fight to the end a. the finish a. the last; **walczyć do samego końca** to fight to the bitter end; **od dziś koniec z paleniem** as from today, no more smoking! a. it's goodbye to smoking!; **koniec z nami!** we've had it now! GB pot.; we're done for (now)!; **to już koniec!** that's the end!; that's done it! pot.; **i (na tym) koniec** (and) that's final,

(and) that's that a. flat GB; **nie wyjdę za Marka i koniec!** I will not marry Mark and that's final!; **koniec (i) kropka** that's the end of it, full stop GB, period US; **nie pójdziesz, koniec i kropka** you can't go and that's the end of it!; you can't go, full stop!; **koniec końców** a. **końcem** pot. (wreszcie) in the end; (w końcu, ostatecznie) after all; **koniec końców stanęło na tym, że...** in the end a. eventually it was decided that...; **koniec końców, prawo do prywatności musi być respektowane** after all, the right to privacy must be respected; **na koniec** (wreszcie) in the end, finally; (na zakończenie) finally, lastly; **na koniec warto zauważyć, że...** finally it is worth noting that...; **na końcu** at the end, last (of all); **na przyjęcie przyszedł na końcu** he was the last to arrive at the party; **na samym końcu** at the very end, last of all; **pod koniec** at a. toward(s) a. near the end; **pod koniec maja/roku/XV wieku** toward(s) the end of May/the year/the fifteenth century; **pod koniec stulecia** towards the end a. close of the century; **pod koniec życia** at a. toward(s) the end of one's life; **w końcu** (wreszcie, nareszcie) in the end, finally; (ostatecznie) after all; **w końcu deszcz przestał padać** it finally stopped raining; **ja zadecyduję, co kupimy, w końcu to moje pieniądze** I'll decide what we're going to buy – after all, it's my money; **z końcem** at the end; **z końcem maja/roku** at the end of May/the year ② (zakończenie) end; **zaskakujący koniec powieści/filmu** the novel's/film's surprise ending a. surprising conclusion; **na końcu książki znajduje się indeks** there's an index at the back of the book; **na końcu listy** at the end a. bottom of the list; **czytać książkę od końca** to read a book from the end ③ (kraniec) (kolejki, kija, nitki) end; **drugi koniec miasta** the other a. far end of town a. the city; **na końcu ulicy** at the end of the street; **na samym końcu ogrodu** at the very a. extreme end of the garden; **gabinet dyrektora znajduje się na końcu korytarza** the director's office is at the end of the corridor; **pojechać na koniec świata** to go to the ends of the earth; **od końca** from the end; **trzeci od końca** the third from the end; **od końca do końca** a. **z końca w koniec** from end to end; **zwiedziłem Europę od końca do końca** I've travelled the length and breadth of Europe ④ (czubek) (języka, palca) tip, end; (noża, igły) point; (ołówka) tip, point; **okulary zjechały mu na koniec nosa** his glasses slid to the end of his nose; **mieć coś na końcu języka** to have sth on the tip of one's tongue; **mam to na końcu języka** I have it a. it's on the tip of my tongue ⑤ *sgt* (końcówka) end; **to koniec zapasów** that's the end of the supplies ⑥ *sgt* książk. (śmierć) end, death; **jego koniec jest bliski** he is nearing his end; **czuł, że jego koniec jest bliski** he felt the end was near; **pielęgnował matkę aż do końca** he took care of mother until the end; **jeśli mnie wydasz, to ze mną koniec** if you give me away, I'm finished a. done for pot.

■ **do końca** fully; **sprawa nie została**

do końca wyjaśniona the matter has never been fully explained; **nie do końca się (z tym) zgadzam** I don't entirely a. fully agree (with that); **nie do końca rozumiem, o co ci chodzi** I don't quite get your meaning a. what you mean; **oklaskom nie było końca** there was no end to the applause; **ich gadaniu nie było końca** pot. they (just) jabbered a. yapped on endlessly pot.; **położyć czemuś koniec** książk. to put an end a. stop to sth; **wiązać koniec z końcem** pot. to make (both) ends meet; **z trudem wiązać koniec z końcem** to struggle to make ends meet; **z mojej pensji ledwo wiążę koniec z końcem** with my salary, I barely make a. I can hardly make ends meet; **koniec świata! nie wzięłam paszportu!** bloody hell! I've forgotten my passport! pot.; **koniec wieńczy dzieło** przysł. the end crowns the work przysł.; **wszystko ma swój koniec** przysł. there is an end to everything przysł.; all things (must) come to an end (some time) przysł.; (o dobrych rzeczach) all good things (must) come to an end przysł.; **każdy kij ma dwa końce** przysł. it cuts both ways pot.; two can play at that game pot.

koniecznie *adv.* [potrzebny] absolutely; [potrzebować] urgently, badly; ~ **musisz zobaczyć ten film** you absolutely a. really have to see this film; ~ **trzeba zobaczyć ten film** the film's an absolute must a. a must-see; ~ **muszę wyjechać na urlop** I'm badly in need of a holiday, I badly need a holiday; **nie musimy** ~ **tam iść** we don't necessarily have to go there; ~ **daj mi znać** be sure to a. do let me know; „**muszę zrobić dziś pranie**" – „~"! 'I must do the laundry today' – 'I should say so! a. absolutely!'

konieczno|ść *f sgt* ① (potrzeba) necessity, need; ~**ć zmian/reform** the need for change/the necessity of reform(s); ~**ć natychmiastowej operacji** the need for immediate surgery; ~**ć pracy i zarabiania na własne utrzymanie** the need to work and earn money to support oneself; **smutna** ~**ć** a regrettable necessity; **stan wyższej** ~**ci** a case of absolute necessity; **posiadanie samochodu jest** ~**cią** having a. owning a car is a necessity; **praca jest dla niej przyjemnością, a nie** ~**cią** work is a pleasure for her, not a necessity; **stanął przed** ~**cią podjęcia decyzji** he was faced with the necessity of making a decision; **w razie konieczności** if the need arises, in case of necessity; **z** ~**ci** (z przymusu) from a. out of necessity; (siłą rzeczy) of necessity, necessarily; **kradł z** ~**ci** he stole out of necessity a. need, he was driven by necessity to steal ② Filoz. necessity; **światem rządzi nieuchronna** ~**ć** the world is governed by inevitability

konieczn|y *adi. grad.* [wyjazd, wykształcenie] necessary; ~**e jest, żeby...** it is necessary a. essential a. requisite that...; **umiejętności** ~**e do zdania egzaminu** the skills necessary to pass an exam; **ruch na świeżym powietrzu jest** ~**y dla zdrowia** fresh air and exercise are necessary for good health; **łaska boska jest** ~**a**

do zbawienia (God's a. divine) grace is necessary for salvation; **operacją nie jest ~a** an operation is unnecessary a. not necessary, there's no need for surgery; **robić to, co (jest) ~e** to do the necessary a. what is necessary; **uznać za ~e zrobienie czegoś** to find a. deem it necessary to do sth; **jeżeli okaże się to ~e** if it proves a. should it prove necessary

konik [] *m pers.* (*Npl* ~**i**) pot. (sprzedawca biletów) (ticket) tout GB; scalper US pot.; **kupić bilety u ~a** to buy tickets from a tout

[] *m anim.* [1] *dem.* small horse [2] dziec. geegee, horsie

[] *m inanim.* (*A* ~**a**) [1] pot. (ulubione zajęcie) hobby, favourite pastime; (ulubiony temat) hobby horse, pet subject; **jego ~ to zbieranie znaczków** his hobby is stamp-collecting, he collects stamps as a hobby; **każdy ma swojego ~a** every man has his hobby [2] Gry (w szachach) knight [3] (w haftce) hook

❏ **~ morski** Zool. sea horse; **~ polny** grasshopper

■ **wsiąść na swojego ~a** a. **dosiąść swojego ~a** to get on one's hobby horse; **nie mogę tego słuchać – znów wsiadł na swojego ~a** I can't listen to this – he's off on his hobby horse again

konin|a *f sgt* horsemeat, horseflesh; **befsztyki z ~y** horsemeat steaks

koniokra|d *m* (*Npl* ~**dy**) horse thief, (horse) rustler US

konisk|o *n* [1] *augm.* big horse [2] pot., żart. (stary koń) nag; plug US pot.

koniugacj|a *f* (*Gpl* ~**i**) [1] Jęz. conjugation [2] Biol. (chromosomów) pairing; (zespolenie) conjugation [3] Zool. (rozmnażanie) conjugation

koniugacyjn|y *adi.* Jęz. *[formy, grupa]* conjugative

koniunktu|ra *f sgt* [1] Ekon. (overall) economic situation; **zła ~ra** a slump in the economy; **dobra ~ra** a boom in the economy, a prosperous economy; **spadek/ poprawa ~ry** a downturn/an upturn in the economy; **wahania ~ry** economic a. trade fluctuations; **załamanie ~ry** an economic depression; **gospodarka przeżywa okres ~ry** the economy is booming a. doing well; **przy obecnej ~rze** in the present a. current economic climate [2] (warunki) situation, circumstances; **niekorzystna ~ra polityczna/dziejowa** unfavourable political/historical circumstances; **~ra na węgiel polski** the demand for Polish coal; **teraz jest dobra ~ra dla nauk ekonomicznych** there is now a good climate for economic sciences

koniunkturali|sta *m*, **~stka** *f* pejor. opportunist, time-server

koniunkturalizm *m sgt* (*G* ~**u**) pejor. opportunism, time-serving; **z ~u** for opportunistic reasons, out of self-interest

koniunkturalnie *adv.* [1] pejor. opportunistically; **do wszystkiego podchodzi ~** he takes an opportunistic approach to everything; **postępować ~e** to act in an opportunist fashion a. out of expediency [2] Ekon. **ceny wahają się ~** prices vary according to the economic situation

koniunkturaln|y *adi.* [1] pejor. *[postępowanie]* opportunistic, time-serving; *[sukces]* short-lived [2] Ekon. *[kryzys, trudności]* economic; **ożywienie ~e** an economic revival, an upswing in the economy

koniusz|ek *m dem.* (języka, nosa, palca, laski) tip, end; (noża, igły) point; (ołówka) tip, point

koniusz|y *m* [1] Hist. equerry [2] (w hodowli) head groom

konklawe *n inv.* Relig. [1] (zgromadzenie) conclave; **~ dokonało wyboru nowego papieża** the conclave chose a new pope [2] (miejsce) conclave

konklud|ować *impf vi* [1] książk. (podsumować) to conclude; **~ował więc, że należy karać za posiadanie narkotyków** he therefore concluded that drug possession should be punished; **~ując, nie popieramy tego pomysłu** to conclude a. in conclusion a. in closing, we don't support this idea [2] (wnioskować) to conclude; **z twojej wypowiedzi ~uję, że...** I take it from what you say that...

konkluzj|a *f* (*Gpl* ~**i**) [1] książk. (wniosek) conclusion; **~a dyskusji była taka, że...** the outcome a. upshot of the discussion was that...; **dojść do ~i** to come to a. reach a. arrive at a conclusion; **w ~i artykułu...** in the conclusion of the article... [2] Log. inference [3] Prawo pleadings [4] Szt. coffin inscription

konkorda|t *m sgt* (*G* ~**tu**) Relig concordat; **ratyfikacja ~tu** the ratification of a concordat; **zawrzeć ~t** to make a. sign a concordat

konkordatow|y *adi.* *[umowa, negocjacje]* concordat *attr.*

konkre|t *m* (*G* ~**tu**) [1] (fakt) something concrete, concrete term; **przejdźmy do ~tów** let's get down to facts a. the point a. the nitty-gritty pot.; **przejdźmy wreszcie do ~tów** it's time to get down to brass tacks; **nie interesują mnie ogólne wnioski, chcę ~tów** I'm not interested in general conclusions – I want concrete evidence [2] Filoz. concretum

konkretnie *adv. grad.* [1] (ściśle) specifically; **jadę do Stanów, a ~ do Bostonu** I'm going to the States, more specifically, to Boston; I'm going to the States, to Boston to be precise a. exact; **mam na myśli ~ tę sytuację** I'm talking specifically about this situation, I'm talking about this situation in particular [2] (jednoznacznie) exactly; **mów ~, o co ci chodzi?** tell me exactly what you mean, what do you actually mean?; **co ~ proponujesz?** in concrete terms, what do you suggest?; **mówić ~** to speak in concrete terms

konkretność *f sgt* (rzeczowość) matter-of-factness; (realność) concreteness

konkretn|y *adi. grad.* [1] (rzeczowy, logiczny) *[osoba]* matter-of-fact, businesslike, no-nonsense; *[umysł]* logical [2] (precyzyjny, dokładny) *[wskazówki]* precise, exact [3] pot. (znaczny) considerable; **~e pieniądze** a fair a. respectable sum of money; **zjeść coś ~ego** to eat some proper food, to have something decent to eat [4] (określony) specific; **czy masz na myśli jakąś ~ą osobę?** do you have someone specific in mind?; **gazeta skierowana do ~ego**

odbiorcy a newspaper targeted at a specific audience; **w tym ~ym przypadku** in this particular case a. instance [5] (realny) *[zagrożenie]* real; *[dowody]* concrete, tangible; *[wyniki]* concrete, tangible, meaningful; *[pomoc]* positive, constructive; **film nawiązuje do ~ych wydarzeń z przeszłości** the film refers to real events from the past [6] (rzeczowy, trafny) *[zalecenia]* concrete; *[odpowiedź]* apt

konkretyzacj|a *f sgt* (uszczegółowienie) crystallization, specification; (realizacja) realization; **~a planów/celów** the realization of one's plans/goals; **nasze szczytne idee nie doczekały się ~i** our lofty ideas didn't work a. come to nothing

konkretyz|ować *impf* [] *vt* książk. [1] (uszczegółowić) to crystallize *[myśli]*; **przepisy ~ują zasady współpracy** the regulations specify a. set out the principles of cooperation [2] (realizować) to carry out, to bring to fruition, to realize *[plany]*; to give concrete form to *[idee]* ⇒ **skonkretyzować**

[] **konkretyzować się** *[plany]* to take shape, to materialize; *[marzenia]* to be realized, to come true ⇒ **skonkretyzować się**

konkub|ent, ~in *m* książk. common-law husband, cohabitee

konkubin|a *f* [1] książk. common-law wife, cohabitee [2] daw. concubine daw.

konkubina|t *m sgt* (*G* ~**tu**) książk. common-law marriage; **żyć w ~cie** to cohabit, to live as husband and wife

konkurencj|a *f* [1] *sgt* (rywalizacja) competition, rivalry; **~a w pracy/na rynku pracy** competition between workers/in the labour market; **~a firm krajowych i zagranicznych** competition between domestic and foreign companies; **trwa ~a między firmami ubezpieczeniowymi** there is a lot of competition between insurance companies; **nieuczciwa ~a** unfair competition; **dopuścić się nieuczciwej ~i** to engage in unfair trade practices; **sprostać ~i zagranicznych firm** to fight off competition from foreign firms [2] *sgt* Ekon. (zagrożenie, konkurenci) competitors, competition; **robić komuś ~ę** to compete with sb; **oni są dla nas ~ą** they pose a threat to us, they are our competitors; **tanie towary zagraniczne stanowią poważną ~ę dla towarów krajowych** cheap foreign goods pose a serious threat to domestic goods; **przejść do ~i** to join the competitors; **~a sprzedaje taniej warzywa i owoce** our competitors are selling vegetables and fruit cheaper; **~a odbiera nam wielu klientów** we're losing a lot of business to our competitors; **~a nie śpi** (the) competition is not asleep, our competitors are not lying idle; **trzeba podnieść jakość towarów, bo wyprze nas ~a** the quality of goods must be improved, otherwise our competitors will drive us out of business a. edge us out of the market [3] (*Gpl* ~**i**) Sport event; **~e alpejskie/lekkoatletyczne/zespołowe** alpine/track and field/team events [4] *sgt* Biol. competition

❏ **wolna ~a** Ekon. free competition

K

konkurencyjnoś|ć *f sgt* competitiveness; **zwiększyć ~ć polskich firm** to make Polish firms more competitive, to increase the competitiveness of Polish firms

konkurencyjn|y *adi.* [1] Ekon. (współzawodniczący) *[firma]* rival, competing; **walka ~a** rivalry, competition [2] (korzystniejszy finansowo) *[oferta]* competitive; *[cena]* competitive, keen GB; **dostał ~ą ofertę zatrudnienia** he was offered a better-paid job; **oferujemy produkty po cenach ~ych** we offer products at competitive prices, our products are competitively priced

konkuren|t *m* [1] (rywal) competitor, rival; **~t kogoś/do czegoś** rival to sb/for sth; **firma elektroniczna ma wielu ~tów** the electronics firm has many rivals; **urzędujący prezydent w wyborach nie miał groźnego ~ta** the present president had no strong competitor in the election [2] przest. (starający się o rękę) suitor, wooer; **miała wielu ~tów i na żadnego nie mogła się zdecydować** she couldn't make up her mind which of her many suitors she should marry

konkurent|ka *f* (rywalka) competitor, rival; **~ka w zawodach sportowych** a competitor in a sporting event

konkur|ować *impf vi* [1] (rywalizować) to compete; **~ować z kimś/z czymś** to compete against a. with sb/sth, to be in competition with sb/sth; **~ować o pierwsze miejsce/pierwszą nagrodę** to compete for first place/first prize; **w filmie ~ują ze sobą dwa zwalczające się gangi** in the film, two rival gangs are competing with each other; **teatr nie może skutecznie ~ować z kinem** theatre can't effectively compete with cinema; **polskie produkty mogą śmiało ~ować z zagranicznymi** Polish products can easily compete with foreign ones; **~ujące firmy samochodowe** competing a. rival car companies [2] przest. (starać się o rękę) to be courting, to seek a woman's hand in marriage książk.

konkurs *m* (*G* ~u) [1] (impreza) (pianistyczny, krzyżówkowy) competition; (tańca, literacki) competition, contest; (piosenki) contest; **~ piękności** a beauty contest a. pageant US; **~ radiowy** a radio quiz show; **~ skoków narciarskich** a ski jump event; **~ z nagrodami** prize competition; **brać udział w ~ie** to take part a. participate in a competition; **stawać do ~u** to go in for a. enter a competition; **wygrać ~** to win a competition; **rozpisać ~ na projekt nowej biblioteki** to invite tenders for a design for a new library; **rozpisano ~ na projekt budowy osiedla** tenders for the design of a housing estate were invited; **rozpisać ~ na stanowisko nowego dyrektora** to advertise the post of director; **wyłonić kogoś w drodze ~u** to appoint sb by open competition; **poza ~em** (brać udział) without competing, as an unofficial competitor; hors concours książk.; (pokazywać, śpiewać) outside the (main) competition; **on jest poza ~em** he has no rival(s), he is beyond comparison; **jego sytuacja jest poza ~em** his case is special a. different [2] Prawo (upadłość) bankruptcy

❑ **~ otwarty** open a. all-comers pot. competition; **~ świadectw** enrolment/registration of pupils/students on the basis of marks in school-leaving certificates; **~ zamknięty** closed competition

konkursow|y *adi.* [1] competition *attr.*; **prace ~e** (competition) entries; **egzamin ~y** competitive a. entrance examination; **komisja ~a** judging panel [2] Prawo *[proces]* bankruptcy *attr.*

konkur|y *plt* (*G* ~ów) przest. courtship, courting; **jechać w ~y** to go a-courting; **odrzucić czyjeś ~y** to reject sb
■ **uderzać w ~y** pot. to be courting; to seek a woman's hand in marriage książk.

konkwi|sta *f sgt* Hist. the Spanish conquest of America

konkwistado|r *m* Hist. conquistador

konkwistadors|ki *adi.* Hist. *[podboje]* conquistador's, conquistadors'; *[żołnierze]* conquistador *attr.*

konnic|a *f sgt* Hist., Wojsk. cavalry; **atak/szarża ~y** a cavalry attack/charge; **służyć w ~y** to serve in the cavalry; **zaciągnąć się do ~y** to enlist in the cavalry

konno *adv.* *[jechać]* horseback, on horseback; **jeździć ~** to ride (on) horseback; **uciekli ~** they escaped on horseback

konn|y [I] *adi.* horse *attr.* GB, horseback US; **~a przejażdżka** a horse ride GB, a horseback ride US; **~e oddziały wojska/policji** the mounted cavalry/police units; **policja ~a** mounted police; **~y wóz** a horse-drawn cart; **wyścigi ~e** horse racing; **jazda ~a** horse riding GB, horseback riding US; **Gwardia Konna** the Horse Guards
[II] *m* a horseman, a man on horseback; **na zwiad wysłali ~ego** a mounted scout was sent on ahead
[III] **-konny** *w wyrazach złożonych* -horse; **sanie trzykonne** a three-horse sleigh; **silnik stukonny** a 100 horsepower engine

konopi|e *plt* (*G* ~) [1] Bot. hemp *U* [2] (włókno) hemp *U*; **lina z ~** a hemp rope ❑ **~e indyjskie** Bot. Indian hemp

konopn|y *adi.* [1] *[sznurek, lina]* hemp *attr.* [2] (kolor) sandy

konowa|ł *m* (*Npl* ~ły) pot., pejor. [1] (lekarz) quack pot.; **ten ~ł nikogo jeszcze nie wyleczył** that quack has never cured anyone [2] (weterynarz) horse doctor pot.

konsekracj|a *f* (*Gpl* ~i) Relig. [1] (poświęcenie) consecration *U*; **~a kościoła/ołtarza** the consecration of a church/an altar [2] (święcenia) consecration *U*; **uroczystość ~i nowego biskupa** the (new) bishop's consecration ceremony [3] (przeistoczenie) the Consecration (of the Host and Wine)

konsekr|ować *pf, impf vt* Relig. [1] (wyświęcić) to consecrate *[kapłana]*; **wczoraj został ~owany na biskupa** he was consecrated bishop yesterday [2] (poświęcić) to consecrate *[kaplicę, dzwony, szaty liturgiczne]*

konsekwencj|a *f* (*Gpl* ~i) [1] *zw. pl* (następstwo) consequence; **mieć poważne ~e** *[czyn, zdarzenie]* to have serious consequences; **liczyć się z ~ami** to reckon with the consequences; **stagnacja gospodarcza jest ~ą zbyt wysokich podatków** economic stagnation is a consequence of

excessive taxation; **sytuacja taka wytworzyła się w ~i zmian ustrojowych w kraju** the situation is a consequence of political changes in the country; **podwyżka cen biletów autobusowych jest ~ą podwyższenia cen benzyny** the increase in bus fares is a result of rising petrol prices [2] *zw. pl* (logiczna ciągłość) ramification *zw. pl*; **z tego stwierdzenia wynika cały szereg ~i** this statement has a number of ramifications [3] *sgt* (wytrwałość) consistency; **zachować ~ę w działaniu** to behave in consistent manner [4] (determinacja) determination; **z żelazną ~ą dążyli do celu** they worked unwaveringly toward their goal
■ **ponieść ~e** to take a. suffer the consequences; **wyciągnąć ~e** (ukarać) to take (the) appropriate measures (**wobec** a. **w stosunku do kogoś** against sb); **administracja wyciągnie ~e wobec lokatorów, którzy nie płacą czynszu** the management will take appropriate measures against tenants who fail to pay their rent

konsekwentnie *adv.* consistently, unwaveringly; **~ podtrzymywał swoje zeznania** he stood by his testimony unwaveringly; **z dziećmi należy postępować ~** you have to be consistent with children

konsekwentn|y *adi.* [1] (systematyczny, metodyczny) consistent; **jest ~y w swej apolityczności/w dążeniu do celu** he's consistent in his apolitical stance/his pursuit of his goal; **~e przestrzeganie raz przyjętych założeń** consistent adherence to the adopted guidelines [2] (przemyślany) consistent; **~e postępowanie** consistent behaviour; **~a polityka** a consistent policy

konsensus → consensus

konserw|a *f* [1] Kulin. ≈ tinned food GB, ≈ canned food US; **~a mięsna/rybna** tinned meat/fish; **wytwórnia ~** cannery; **puszka po ~ie** an empty tin; **żywić się ~mi** to live on tinned food; **~y dla dzieci** ≈ tinned baby food; **~y dla psów/kotów** tinned dog/cat food [2] (opakowanie) tin GB, can US; **okrągła/płaska ~a** a round/flat tin; **otwieracz do ~** tin opener [3] *sgt* pot., pejor. (konserwatyści) ≈ (political) diehards; **zgniła ~a** a stick-in-the-mud diehards pot., pejor.

konserwacj|a *f sgt* [1] (dzieł sztuki, zabytków) conservation, restoration; (naprawa sprzętu sportowego, urządzeń technicznych) maintenance; **~ dróg/budynków** highway/building maintenance; **~ zabytkowych mebli/XVIII-wiecznego malowidła ściennego** the conservation of antique furniture/an 18th-century mural [2] (żywności) preservation; **~a żywność** food preservation

konserwacyjn|y *adi.* (o dziełach sztuki, zabytkach) conservation *attr.*; (o sprzęcie, urządzeniach) maintenance *attr.*

konserwan|t *m* (*G* ~tu) *zw. pl* preservative; **sztuczne ~ty** artificial preservatives; **sok bez cukru i ~tów** juice without sugar or preservatives; **~ty zawarte w kosmetykach** the preservatives (used) in cosmetics; **sól to naturalny ~t** salt is a natural preservative

konserwato|r m [1] Szt. (zabytków) conservator, restorer [2] Techn. (maszyn) maintenance person, technician

konserwatori|um n (music) conservatoire GB, (music) conservatory US; **studiować w ~um w klasie skrzypiec** to study (the) violin at the conservatoire

konserwators|ki adi. [pracownia, stanowisko] conservator's, restorer's; [prace] conservation attr., restoration attr.

konserwatorstw|o n sgt art/architectural conservation studies

konserwatoryjn|y adi. [budynki, sale] (music) conservatoire attr. GB, (music) conservatory attr. US

konserwaty|sta m, **~stka** f [1] (tradycjonalista) conservative, traditionalist [2] Polit. conservative; **rządy objęli ~ści** the conservatives took office

konserwatywnie adv. [myśleć, postępować, ubierać się] conservatively; [wychowywać] traditionally

konserwatywn|y adi. [1] [osoba] conservative; [poglądy, sposób myślenia, instytucja, organizacja, społeczeństwo] conservative, traditional [2] Polit. conservative

konserwatyzm m sgt (G ~u) [1] (postawa) conservatism; **jego myślenie cechował ~** he was rather conservative in his thinking [2] (ideologia) conservatism; **~ polityczny** political conservatism

konserw|ować impf **[]** vt [1] (zabezpieczać) to conserve, to restore [zabytki, dzieła sztuki]; to maintain [maszyny, broń] ⇒ **zakonserwować** [2] (przetwarzać) to preserve [mięso, warzywa]; **środki ~ujące** preservatives ⇒ **zakonserwować** [3] (zachować w niezmienionym stanie) to maintain, to condition; **ćwiczenia ~ujące ciało** exercises for maintaining physical fitness

[] **konserwować się** (o żywności) ≈ to keep (well); **ogórki dobrze ~ują się w occie** pickled cucumbers keep well ⇒ **zakonserwować się**

konserwowan|y [] pp → **konserwować**

[] adi. [szynka] tinned GB, canned US; [śledzie, ogórki] pickled; [groszek, kukurydza] canned; **żywność ~a** tinned food GB, canned food US

konserwow|y adi. Kulin. [mięso, warzywa, owoce] tinned GB, canned US; **szynka ~a** tinned ham

konsol|a f (Gpl ~i) [1] (stolik) console table [2] Techn. console, control desk a. panel [3] Archit. console

konsolidacj|a f (Gpl ~i) [1] książk. (zjednoczenie) consolidation; **~a państwa/władzy/ społeczeństwa** the consolidation of a state/ of power/of (a) society [2] Fin. consolidation

konsolidacyjn|y adi. [działania, procesy] consolidation attr., consolidating

konsolid|ować impf **[]** vt [1] książk. (integrowaċ) to consolidate; **społeczeństwo ~uje wspólna religia** society is consolidated by a common religion; **żołnierze ~owali siły do kolejnego ataku** the soldiers were regrouping for a further attack; **reforma gospodarcza ~owała wszystkie ugrupowania prawicowe** economic reform has consolidated all the rightwing political groups ⇒ **skonsolidować** [2] Fin. to consolidate ⇒ **skonsolidować**

[] **konsolidować się** to consolidate; **partie ~ują się** the parties are consolidating their positions ⇒ **skonsolidować się**

konsolidująco adv. książk. **wpływać** a. **działać ~** to have a unifying effect

konsolidując|y [] pa → **konsolidować**

[] adi. książk. consolidating, unifying; **wspólne przeżycia miały ~y wpływ na ich przyjaźń** their common experiences cemented their friendship

konsol|ka f dem. [1] (stolik) (small) console [2] Archit. bracket; **gzymsy wsparte na ~kach** bracketed cornices

konsorcj|um n (Gpl ~ów) Ekon. consortium; **~um bankowe** a banking consortium

konspek|t m (G ~tu) summary, synopsis; **~t referatu/przemówienia/lekcji** a synopsis of the report/speech/lecture; **sporządzić** a. **zrobić ~t czegoś** to prepare a summary of sth

konspiracj|a f sgt [1] (tajna działalność) underground activity; clandestine activity książk.; **kierował ~ą** he co-ordinated the underground activity [2] (ruch) the resistance, the underground, resistance a. underground movement [3] przen. secrecy; **dajcie spokój z tą ~ą** forget all that secrecy (nonsense) a. cloak-and-dagger stuff pot.

konspiracyjnie adv. [1] (nielegalnie) [działać] secretly; **~ zorganizowana akcja** a secretly organized operation [2] (tajemniczo) [szeptać, mówić] conspiratorially, secretively

konspiracyjnoś|ć f sgt conspiratorial nature, secrecy; clandestine nature książk.

konspiracyjn|y adi. [1] [ruch, działacz] underground; [działanie, zebranie] clandestine książk.; [walka] resistance attr. [2] przen. [szept] conspiratorial, secretive

konspirato|r m, **~rka** f (spiskowiec) conspirator; (podziemny) underground activist

konspirators|ki adi. clandestine książk.; conspiratorial

konspir|ować impf **[]** vt (ukrywać) to keep [sth] secret, to hide (**przed kimś/czymś from sb/sth**); **starannie ~ować dokumenty/nazwiska przed policją** to keep the documents/names carefully hidden from the police; **~ować swoje poglądy** przen. to hide one's views, to cover up one's views; **umiała dobrze ~wać swoje uczucia** she knew how to mask her feelings ⇒ **zakonspirować**

[] vi (spiskować) to conspire (**przeciw komuś/czemuś** against sb/sth); **w czasie wojny ~ował przeciwko okupantowi** during the war he conspired against the occupying forces

[] **konspirować się** to hide out; przen. to put on a false front, to hide one's true colours; **~ował się przed policją** he was hiding out from the police; **paliła, ale ~owała się przed własnymi rodzicami** przen., żart. she kept her parents in the dark about her smoking ⇒ **zakonspirować się**

konstatacj|a f (Gpl ~i) [1] książk. (wypowiedź) observation, statement; (obserwacja, stwierdzenie) findings zw. pl, observation; (stwierdzenie nieoczywistego) ascertainment książk.; (wniosek) conclusion, findings zw. pl; **na poparcie tej ~i przytoczył cytaty** he cited references in support of his statement; **stopnio**

wo dochodzą do ~i, że... they are gradually coming to the conclusion that...; **odkrywcze ~e** original findings/observations; **~a (wszystkich) faktów/istniejącego stanu rzeczy** the ascertainment of the actual facts/the current state of affairs; **potraktujemy jego ~ę jako bez zastrzeżeń prawdziwą** let's take his statement a. observation at face value, let's take his statement a. observation as inarguable; **mylna/myląca/wątpliwa ~a** an erroneous/a misleading/a dubious assertion [2] Filoz., Jęz. constative

konstat|ować impf vt książk. (obserwować) to note, to find; (stwierdzać) to determine, to establish; (stwierdzać nieoczywiste) to ascertain; (mówić) to state, to assert; **~ować poprawę** [lekarz] to note some improvement; **~ować niechęć ministra do udzielania wyjaśnień** to take note of a. to note the minister's reluctance to elucidate; **umiałem ~ować fakty i porządkować je logicznie** I knew how to establish/ascertain the facts and arrange them logically; **z żalem ~ował ich nieuchronną śmierć** he sorrowfully realized that they were bound to die; **turyści ze zdziwieniem ~ują, że nie ma tu muzeum historycznego** tourists are surprised to note a. to find there's no historical museum here; **z radością ~uję, że wyborcy przestali kierować się emocjami** I'm pleased to note a. find that the voters are no longer reacting so emotionally; **autor nie oskarża tych ludzi, tylko ~uje fakty** the author makes no accusations, but merely states the facts; **nauka ~ująca** descriptive science; **wypowiedzi/zdania ~ujące** Jęz. constative statements/sentences

konstelacj|a f (Gpl ~i) [1] Astron. constellation; **~a gwiazd** a constellation [2] książk., przen. (układ) (wartości, pojęć) complex, array; (osób) cast of characters przen., line-up; **nagła zmiana ~i partyjnych** a sudden shift in the party groupings

konsternacj|a f sgt książk. consternation, dismay; **wywołać ~ę** to cause consternation a. dismay; **wprawić kogoś w ~ę** to dismay a. disconcert sb; **po tym, co się stało, w całym zespole zapanowała ~a** the whole team was dismayed after what had happened

konstrukcj|a f (Gpl ~i) [1] (struktura) structure; **~a budynku/mostu/urządzenia** the structure of a building/bridge/ machine; **~a filmu/powieści** the structure of a film/novel; **to skomplikowana ~a myślowa** it's a complicated mental construct; **oprzeć całą ~ę na mocnych fundamentach** to base the whole structure on a firm foundation także przen.; **~e czasownikowe/zdaniowe** verbal/sentence structures [2] (rzecz) construction, structure; **wystawa nowoczesnych ~i** an exhibition of modern structures [3] sgt (tworzenie) construction, building; **podjął się ~i nowego samolotu** he's undertaken the construction of a new airplane; **rząd ma problemy z ~ą budżetu** the government is having trouble drawing up a budget [4] Mat. structure; **~a wielościanów** the structure of polyhedra a. polyhedrons

K

❑ **~a bezosobowa** Jęz. impersonal construction; **~a egzocentryczna** Jęz. exocentric construction; **~a ergatywna** Jęz. ergative construction; **~a kratowa** Budow., Techn. lattice construction, latticework; **~a psychiczna** Psych. psychological make-up; **~a ramowa** Budow., Techn. frame; **~a szkieletowa** Techn. frame a. skeleton construction; **~a zrębowa** a. **wieńcowa** Budow. log construction

konstrukcyjnie adv. structurally, constructionally; **projekt był dobrze opracowany ~** the design was well worked out from a structural point of view

konstrukcyjn|y adi. [1] [elementy, części] structural, constructional; [rysunek, projekt] structural [2] [praca] construction attr.

konstrukto|r m, **~rka** f designer, design a. construction engineer; **~r mostów/ okrętów/samolotów** a bridge/a ship/an airplane designer; **zespół ~rów** a design team

konstruktors|ki adi. [zespół, prace] design attr.; **talent ~ki** a talent for design

konstruktywnie adv. książk. [pracować, myśleć, działać] constructively, productively

konstruktywność|ć f sgt książk. constructiveness

konstruktywn|y adi. grad. książk. [dyskusja, propozycja, wnioski] constructive; **~a krytyka** constructive criticism; **zrób wreszcie coś ~ego** do something constructive for a change; **spotkanie było bardzo ~e** the meeting was very constructive

konstru|ować impf vt [1] (budować) to construct [most, maszynę]; **~ował siatkę z miedzianego drutu** he was constructing a copper wire net ⇒ **skonstruować** [2] (tworzyć) to formulate [tekst, teorię, argument, ustawę]; to put together, to form [program polityczny, koalicję]; to draw up [umowę, budżet]; **~ować długie zdania/przemówienia** to formulate long sentences/ speeches; **~ować gabinet** a. **rząd** to form a cabinet; **pisarz zręcznie ~uje fabułę powieści** the author has skillfully structured the plot of the novel ⇒ **skonstruować**

konstytuan|ta f Polit. Constituent Assembly; **powołać ~ę** to establish a Constituent Assembly; **zwołać ~ę** to call for a Constituent Assembly

konstytucj|a f (Gpl ~i) [1] (ustawa zasadnicza) constitution; **uchwalić ~ę** to adopt a. establish a constitution; **powołać się na ~ę** to invoke the constitution; **proponowane przez opozycję poprawki do ustawy są niezgodne z ~ą** the changes to the act that the opposition is proposing are unconstitutional [2] książk. (budowa) constitution; **jej/jego ~a fizyczna i umysłowa** her/his physical and mental constitution

konstytucyjnie adv. constitutionally

konstytucyjn|y adi. [1] [prawo, zapis, zmiana, monarchia] constitutional [2] Anat. [cechy] constitutional

konstytu|ować impf książk. [I] vt (tworzyć) to form, to establish; **procesy ~owania państwa** the process of forming a. estab-

lishing a state; **~ować komisję rewizyjną/zarząd organizacji** to establish an oversight committee/the board of an organization; **umowa ~ująca życie społeczne** the contract upon which society is based a. predicated książk.; the social contract ⇒ **ukonstytuować**

[II] **konstytuować się** to form, to be formed a. established; **na początku roku szkolnego ~uje się Rada Szkoły** at the beginning of every school year a School Council is formed; **~uje się grupa literacka** a literary group is being formed a. established ⇒ **ukonstytuować się**

konstytutywn|y adi. książk. [1] (zasadniczy) constitutive książk.; essential; **motyw ~y utworu literackiego** the constitutive motif of a literary work [2] (stanowiący podstawę) constitutive książk.

konsul m (Npl ~owie) [1] (przedstawiciel) consul; **~ generalny** consul-general; **~ honorowy** honorary consul [2] Antycz. consul [3] Hist. (tytuł) consul

konsularn|y adi. [placówka, wydział, korpus, służba] consular

konsula|t m (G ~tu) [1] (przedstawicielstwo) consulate [2] Antycz. (władza) consulate [3] Hist. (okres sprawowania władzy) consulate (period)

konsultacj|a f (Gpl ~i) [1] (porada, opinia) counsel U, advice U; **zasięgnąć ~i (u) prawnika/doradcy podatkowego** to consult (with) a lawyer/tax adviser; **po ~i prawnej zdecydowaliśmy się na polubowne załatwienie sprawy** after taking legal advice we decided to settle out of court; **umówić się z kimś na ~ę** to make an appointment for a consultation with sb; **zgłosić się na ~ę do lekarza specjalisty** to consult a specialist; **udzielić komuś ~i w sprawie rozwodowej** to advise sb on his/her divorce proceedings; **~e w środowisku naukowym/społecznym** scholarly/open debate (on an issue) [2] (naradzanie się) conference meeting; **~e w klubach sejmowych** conferences within the parliamentary groupings; **lekarze zebrali się na ~ę** the doctors held a consultation [3] Uniw. (godziny konsultacyjne) (an instructor's) office hours; **wyznaczyć terminy ~i** to set one's office hours; **udzielać ~i magistrantom/ doktorantom** to advise graduate students/ doctoral candidates

konsultacyjn|y adi. [1] [porada, opinia] consultative; [ośrodek, punkt] advisory; [godziny] consultation attr. [2] [zebranie, posiedzenie] consultative, advisory

konsultan|t m, **~ka** f consultant; **~t muzyczny/naukowy/językowy** a musical/ scientific/linguistic consultant

konsulting /konˈsultiŋ/ m sgt (G ~u) consultancy, consulting service(s) C; **prowadzić ~** to provide consulting services

konsultingow|y /ˌkonsultiŋˈgovɪ/ adi. książk. [kontrakt, firma, doradztwo] consulting, consultancy attr.

konsult|ować impf [I] vt [1] (zasięgać opinii) to consult (coś z kimś (with) sb about sth); to confer (coś z kimś with sb about sth); **rząd ~ował projekt ustawy z opozycją** the Government conferred with the Opposition about the proposed legislation; **prezydent ~uje treść przemówienia z do-**

radcami the President is consulting (with) his advisers a. conferring with his advisers about the content of the speech; **w fazie przygotowawczej ~ował swój projekt z fizykami/okulistami** he consulted (with) physicists/oculists in the preparatory stages of his project; **planów swoich nie ~owałem z rodziną** I didn't consult my family about my plans; **podwyżki/zwolnienia były ~owane ze związkami zawodowymi** the unions were consulted about the (pay) rises/lay-off; **sceny szpitalne były ~owane z lekarzami** the hospital scenes were filmed in consultation with doctors; **tej sprawy nie ~owano z samymi zainteresowanymi/ze mną** the parties involved weren't/I wasn't consulted in the matter ⇒ **skonsultować** [2] (wydawać opinię, być konsultantem) to give advice, to act as (a) consultant (coś on sth); **~ować projekt/ scenariusz** to act as (a) consultant on the project/screenplay [3] środ. Med., Psych. to treat, to see; **pacjenci byli ~owani przez kardiologa** the patients were seen by a cardiologist; **pamiętała wszystkich pacjentów, których ~owała** she remembered all the patients she treated

[II] **konsultować się** (naradzać się) to consult; **~ować się z prawnikiem w sprawie spadku/odszkodowania** to consult a lawyer regarding the inheritance/compensation; **~ować się z doświadczonymi kolegami/innymi badaczami w sprawie projektu** to consult more experienced colleagues/other researchers about the project ⇒ **skonsultować się**

konsumenc|ki adi. książk. [prawa, organizacja] consumer attr.; **sąd ~ki** a consumer court

konsumen|t [I] m pers. książk. [1] (nabywca) consumer, customer; (w restauracji) patron, customer; **w sklepie było wielu ~tów** there were many customers in the shop; **książkę zażaleń podajemy na życzenie ~ta** the complaints register is available upon request; **wymagania ~tów** consumer demands [2] (użytkownik) consumer, user; **~ci prądu/paliw** power/fuel consumers; **~ci literatury/dóbr kultury** the public for literature/the arts; **~ci programów telewizyjnych** the TV-viewing public

[II] m anim. zw. pl Biol. consumers

konsument|ka f książk. consumer, customer

konsum|ować impf vt książk. [1] (jeść) to consume, to eat [pieczywo, mięso, słodycze, owoce]; to consume, to drink [napoje]; **nasi klienci ~ują niewielkie ilości alkoholu** our customers don't drink much alcohol; **~ować owoce zwycięstwa** przen. to partake of the fruits of victory przen., książk. ⇒ **skonsumować** [2] (zużywać) to consume, to use (up) [węgiel, energię] **powinniśmy ~ować mniejszą część produktu krajowego** we need to reduce the consumption share of the gross domestic product; **wynagrodzenia kierownictwa ~ują cały zysk funduszu** the fund managers' salaries eat up all the profits ⇒ **skonsumować**

konsumpcj|a f sgt książk. [1] (spożycie) eating, consumption; **po ~i udali się na spoczynek** after eating they went off to rest; **spadła ~a masła/mięsa** butter/meat consumption has fallen; **przeznaczyć połowę dochodu narodowego na ~ę** to allocate half the net national product for consumption ② (zużycie) consumption; **~a paliw/energii/zasobów** fuel/power/resource consumption ③ pejor. (kupowanie) consumerism; **społeczeństwo nastawione głównie na ~ę** a consumer society ④ (w restauracji) dining

konsumpcjonistyczn|y adi. książk., pejor. *[postawa, nastawienie, styl życia]* consumerist
konsumpcjonizm m sgt (G ~u) książk., pejor. consumerism; **zarzucać komuś ~** to accuse sb of consumerism
konsumpcyjn|y adi. książk. ① *[artykuły, towary, kredyt]* consumer attr. ② książk., pejor. *[model życia, społeczeństwo]* consumerist ③ (w restauracji) **sala ~a** a dining room
konsyli|um n sgt Med. case (management) conference; **~um lekarskie** a case (management) conference; **zwołać ~um** to hold a case (management) conference
konsystencj|a f sgt książk. consistency; **mieć płynną/ziarnistą/lepką ~ę** to have a fluid/grainy/sticky consistency; **gęsta ~a syropu** the thick consistency of syrup
konsystors|ki adi. Relig. *[decyzja, uchwała]* consistorial
konsysto|rz m Relig. consistory
konszach|ty plt (~ciki dem.) (G ~tów) pejor. (shady) dealings zw. pl, collusion U; **podejrzane ~y policji ze światem przestępczym** collusion between the police and the criminal world; **mieć z kimś ~y** to be in cahoots with sb pot.; to be in collusion with sb; **wejść w ~y z kimś** to get in cahoots with sb pot.; to enter into collusion with sb; **znany adwokat wszedł w ~y z mafią** a well-known barrister entered into collusion with the mafia
kontak|t ① m (G ~tu) ① (styczność) contact; **mieć ~t z kimś/czymś** to be in contact a. touch with sb/sth; **mieć ~t z chorym zwierzęciem** to come into contact with a sick animal; **mieć dobry/zły ~t z kimś** to get/to not get along with sb; **być przyjemnym/nieprzyjemnym w codziennych ~tach** to be pleasant/unpleasant in one's day-to-day interactions; **miała doskonały ~t z dziećmi** she got on well with children; **nasz ~t się urwał, gdy wyjechałem za granicę** we lost contact when I went abroad; **nawiązać ~t z kimś** to get in touch with sb; **utrzymywać ożywione ~ty towarzyskie** to keep an active social life ② pot. (przełącznik) (light) switch; **włączyć/wyłączyć ~t** to turn on/off a switch ③ (gniazdko) socket; **wtyczka do ~tu** a plug ① **kontakty** plt (wzajemne) relations, connections; **utrzymywać ~ty gospodarcze z licznymi państwami** to have economic relations with numerous countries; **wymiana ~tów kulturalnych** a cultural exchange; **zerwać ~ty** to sever relations a. ties
kontakt|ować impf ① vt (pośredniczyć) to put [sb] in touch (**z kimś** with sb); **~ować ze sobą znajomych** to put one's acquaintances in touch with one another ⇒ **skontaktować**

② vi pot. ① *[urządzenie elektryczne]* to connect; **sprawdź, może żarówka nie ~uje** check the bulb, maybe it's loose ② (rozumieć) to get it a. the picture a. the drift pot.; **~ujesz, o co chodzi?** do you get it?; **on zupełnie nie ~uje** he's completely out of it a. completely spaced out pot.
③ kontaktować się to get in touch (**z kimś** with sb); **nie ~uję się z byłym mężem** I'm not in touch with my ex-husband; **~owanie się ze światem za pomocą dotyku i węchu** perceiving the outside world through touch and smell; **~ują się telefonicznie** they stay a. keep in touch by phone; **~owałem się z nim telefonicznie** I've been in telephone contact with him ⇒ **skontaktować się**
kontaktow|y adi. ① *[punkt]* contact attr. ② Chem. *[pestycydy, alergeny]* contact attr. ③ *[człowiek]* outgoing, sociable ❑ **soczewki** a. **szkła ~owe** contacts, contact lenses; **środki** a. **preparaty ~owe** Ogr., Roln. pesticide spray(s)
kontaminacj|a f (Gpl ~i) ① książk. (połączenie) coalescence książk.; fusion; **w wyniku ~i znanych wątków powstał zupełnie nowy gatunek** the coalescence of familiar motifs gave rise to a completely new genre ② Jęz. contamination ❑ **~a frazeologiczna** Jęz. contamination
kontek|st m (G ~stu) ① Jęz. context; **zdanie wyrwane z ~stu** a sentence taken out of context ② (okoliczności) context; **~st historyczny/społeczny** the historical/social context; **mówić w ~ście czegoś** to speak in the context of sth; **rozważymy ten problem w ~ście ostatnich wydarzeń** let's consider the problem in the context of recent events
kontekstow|y adi. *[słowo, wyraz]* contextual; **analiza ~a** a contextual analysis; **reguła ~a** a context rule
kontemplacj|a f sgt książk. ① (rozmyślanie) contemplation; **być pogrążonym w ~i** to be lost in contemplation ② (przyglądanie się) contemplation, observation ③ Filoz. contemplation
kontemplacyjn|y adi. *[natura, życie]* contemplative
kontempl|ować impf vt ① (oglądać) to contemplate *[obraz, krajobraz]*; **~ować dzieło sztuki** to contemplate a work of art ② (rozmyślać) to ponder, to reflect on; **~ować ogrom wszechświata** to ponder the vastness of the universe; **~ować własne przeżycia** to reflect on one's experiences
kontenans m (G ~u) książk. poise U, aplomb U; **tracić/odzyskać ~** to lose/regain one's poise; **nabrać ~u** to gain confidence a. self-assurance
kontene|r m ① Transp. container; (zawartość) container(ful); **wysłać statkiem ~ry ze sprzętem medycznym/z konserwami** to ship containers of medical supplies/tinned food ② (pojemnik) container; (skrzynia) crate; (zawartość) container(ful); crate(ful); **~r piwa** a crate of beer ③ (pawilon) ≈ shed, ≈ shelter
kontenerow|iec m Transp. container ship

kontenerow|y adi. *[transport]* container attr.
konten|t adi. praed. przest. pleased, content(ed) (**z czegoś** with sth); **był bardzo ~t z siebie** he was very pleased with himself; **jestem ~t, że przyjechaliście** I'm glad you came
kontent|ować impf ① vt przest., książk. **~uje mnie, że rozstrzygnęliście spór** I'm glad you've settled your dispute
② **kontentować się** książk. to content oneself; **~ować się byle czym** to be satisfied with just anything ⇒ **ukontentować się**
konterfek|t m (G ~tu) książk. portrait; **~ty moich/jego przodków** portraits of my/his ancestors
kontestacj|a f sgt książk. defiance, dissent; **młodzieńcza ~a zastanego porządku** youthful rebelliousness against the status quo
kontestacyjn|y adi. książk. *[ruchy, nastroje, film, poezja]* protest attr., anti-establishment
kontestato|r m, **~rka** f książk. protester, dissenter; **urodzony ~r** a born rebel; **~rzy Maja 1968** the May 1968 dissidents
kontest|ować impf vt książk. to protest, to defy; **~ować styl życia rodziców** to rebel against one's parents' lifestyle; **~ująca młodzież** rebellious young people
kontinu|um n (Gpl ~ów) ① książk. continuum; **jego kariera to ~um wielkich sukcesów** przen. his career has been an unbroken succession of major successes ② Filoz., Mat. continuum
kon|to n ① (w banku) account; **wyciąg z ~ta** a bank statement; **otworzyć ~to** to open an account; **zamknąć ~to** to close one's account; **mieć/założyć ~to w banku** to have/open a bank account; **ma tysiąc złotych na ~cie** he has a thousand zlotys in his account; **przelać gotówkę na ~to** to transfer money to an account; **wpłacić pieniądze na ~to** to pay money into an account, to make a deposit; **podjąć pieniądze z ~ta** to withdraw money from an account, to make a withdrawal; **sprawdzić stan ~ta** to check the balance of one's account; **zrobić debet na ~cie** to overdraw one's account, to be overdrawn ② Ekon., Księg. account; **transakcje księgowane na ~tach** transactions booked to the accounts; **~to zbiorowe** a general account ■ **zapisać coś na (swoim) ~cie** to chalk up sth, to rack up sth US; **zapisać na swoim ~cie kolejny medal/sukces** to chalk up another medal/victory; **mieć coś na (swoim) ~cie** to have sth on one's scorecard a. track record; to have sth to one's credit *[zasługi]*; to have sth under one's belt *[doświadczenie, praktykę]*; **mieć na swoim ~cie wiele sukcesów/kilka rozwodów** to have many successes/several divorces on one's scorecard; **mieć na swoim ~cie kilka bestsellerów/liczne nagrody** to have several best-sellers/numerous awards to one's credit; **mieć na swoim ~cie kilka lat zatrudnienia na kierowniczych stanowiskach** to have several years' experience in management positions under one's belt; **napijemy się czegoś na to ~to?** shall we have a drink

K

to celebrate?, shall we use it as an excuse to have a drink? **zapisać coś na czyjeś ~to** to give sb the credit for sth; **moje zasługi zapisano na jego ~to** he got the credit for my efforts; **zapisać** a. **złożyć coś na ~to czegoś** to put a. set sth down to sth; to chalk sth up to sth pot.; **złożono to na ~to zdenerwowania/braku doświadczenia** they/we put it down to nerves/inexperience

kontr- w wyrazach złożonych counter-; **kontrintuicyjny** counter-intuitive; **kontrakcja** countermove; **kontragitacja** counter-campaigning

kont|ra ❙ f ① (riposta) objection (**przeciw czemuś** to a. against sth); opposition U (**przeciw czemuś** to sth); **wystąpić z ~rą** to raise an objection; **spotkać się z ~rą** to encounter opposition ② Sport (w boksie) counter(punch); (w grach zespołowych) counter-attack; **zagrać z ~ry** to counter-attack ③ Sport (w wioślarstwie) back rowing U; **~ra z prawej/z lewej ręki** a right/left counter-punch ④ Gry double; **zgłosić ~rę** to double ⑤ Druk. negative plate

❙❙ praep. versus; oklepany schemat: **poeta ~ra tłum filistrów** a hackneyed theme: a poet versus a horde of philistines; **rozum ~ra uczucie** thought versus feeling ■ **pro i ~ra** the pros and cons; **rozważył wszystkie pro i ~ra** he considered all the pros and cons; **argumenty pro i ~ra** the arguments for and against; **dowody nie świadczyły ani pro, ani ~ra** the evidence didn't suggest anything either way

kontraban|da f ① sgt (przemyt) smuggling, prohibited traffic, contraband; **~da narkotyków/alkoholu/broni** the smuggling of drugs/alcohol/weapons; **uprawiać ~dę** to smuggle; **broń rebeliantów pochodziła z ~dy** the rebels had contraband weapons ② (towary) contraband, smuggled goods; **zająć/skonfiskować ~dę** to seize/confiscate contraband (goods); **~da wojenna** the contraband of war

kontrabas m (G ~u) Muz. double bass, contrabass; **grać na ~ie** to play the double bass

kontrabasi|sta m, **~stka** f Muz. double bass player, bassist

kontrabasow|y adi. [tony, smyczek, struny] contrabass attr., double-bass attr.; **koncert ~y** contrabass concerto, concerto for contrabass

kontradmira|ł m (Npl ~łowie) (osoba, stopień) rear admiral

kontrafał|da f box pleat; **spódnica w ~dy** a skirt with box pleats ■ **nie zawracaj ~dy** pot. stop bugging me pot.

kontrahen|t m contracting party spec.; (wykonawca, dostawca) contractor; (klient) client; **współpraca z zagranicznymi/lokalnymi ~tami** cooperation with foreign/local contractors/clients

kontrak|t m (G ~tu) ① (umowa) contract; **~t dzierżawczy** a lease; **~t na dostawę gazu/węgla** a contract for the supply of gas/coal; **spisać** a. **podpisać ~t** to sign a contract; **zawrzeć z kimś ~t** to enter into a contract with sb; **zerwać ~t** to break a contract; **strony/warunki ~tu** the parties

to/terms of a contract; **być zatrudnionym na ~cie** to be a contract worker ② Gry contract; **wylicytować/grać/wygrać ~t** to bid/play/win a contract ■ **wyjechać na ~t** a. **być na ~cie** pot. to work abroad

kontrakt|ować impf vt to contract [zboże, ziemniaki, owoce] ⇒ **zakontraktować**

kontraktowo adv. contractually; **być ~ zobowiązanym do czegoś** to be contractually bound a. obligated to do sth; **nie dotrzymał przyjętych ~ zobowiązań** he didn't meet the contractual obligations

kontraktow|y adi. [cena, zobowiązanie, warunki] contractual; **pracownik** a. **robotnik ~y** a contract worker

kontrapunk|t m sgt (G ~tu) ① książk. (przeciwieństwo) counterpoint (**czegoś** a. **dla czegoś** to sth); **stanowić ~t dla czegoś** to serve as a. be a counterpoint to sth ② Muz. counterpoint

kontrapunkt|owy, ~yczny adi. ① książk. [puenty] contrasting ② Muz. [struktura, technika] contrapuntal

kontrargumen|t m (G ~tu) książk. counter argument (**przeciwko czemuś** to sth); **wysunąć ~t** to put forward a counter argument

kontra|st m (G ~stu) ① książk. (przeciwieństwo) contrast; **jaskrawy/rażący/ostry ~st** a glaring/stark/sharp contrast; **~st między życiem w mieście i na wsi** the contrast between life in the city and in the country; **stanowić ~st z czymś** to contrast with sth, to be in contrast to sth; **niedbałe fryzury były w ~ście z ich eleganckim ubiorem** their untidy hairstyles contrasted with their elegant clothes ② zw. pl (różnica) contrast, disparity; **pogłębianie się ~stów społecznych** the widening of the gap between the rich and the poor ③ sgt (stosunek jasności) contrast; **zmniejszyć/zwiększyć ~st** (w telewizorze) to reduce/increase the contrast ④ Med. contrast medium ⑤ Psych. contrast

kontrast|ować impf ❙ vt (przeciwstawiać) to contrast, to juxtapose; **~ować kolory** to juxtapose contrasting colours; **autor ~uje ze sobą te dwie postawy** the author contrasts these two attitudes ⇒ **skontrastować**

❙❙ vi (odróżniać się) to contrast; **ciemne włosy ~ują z (jego) jasną karnacją** his dark hair contrasts with his fair complexion; **~ujące kolory** contrasting colours

kontrastowo adv. contrastingly; **~ dobrane kolory/kształty** contrasting colours/shapes; **~ zestawione poglądy/postawy** juxtaposed views/attitudes

kontrastowoś|ć f sgt ① contrast; **~ć kolorów/opinii** the contrast of colours/opinions ② Fot. contrast

kontrastow|y adi. ① [barwy, kolory, charaktery, postawy] contrasting ② Fot. [film, zdjęcie] high-contrast

kontrasygna|ta f Polit., Prawo countersignature; **~ta ministerialna** a ministerial countersignature; **rozporządzenie wymaga ~ty skarbnika** the decree requires the countersignature of the treasurer

kontrasygn|ować pf, impf vt Polit., Prawo [premier, minister] to countersign [rozporządzenie, zarządzenie, ustawę]

kontratak m (G ~u) ① Wojsk. counter-attack; **przejść** a. **ruszyć do ~u** to launch a. mount a counter-attack ② (w dyskusji, rywalizacji) counter-attack; **strzelić bramkę z ~u** to score a goal on a counter-attack

kontratak|ować impf vi [wojsko, piłkarz, szachista] to counter-attack

kontredans m ① (A ~a) Muz., Taniec quadrille, contradance a. contredanse; **tańczyć ~a** to dance a quadrille ② przen. song and dance, manoeuvring U, maneuvering U US; **polityczny ~** a political song and dance, political manoeuvring; **~ wokół ustawy antyaborcyjnej** manoeuvring over the anti-abortion law

kontredansow|y adi. [krok, figura, pary, melodia] quadrille attr., contradance a. contredanse attr.

kontrkandyda|t m, **~tka** f rival; **~t na urząd premiera** a rival for the position of prime minister; **to mój najpoważniejszy ~t do głównej nagrody** he's my most serious rival for first place

kontrkultu|ra f Socjol. counterculture

kontrofensyw|a f ① Wojsk. counteroffensive; **przejść** a. **przystąpić do ~y** to launch a. mount a counteroffensive ② (energiczne działanie) counteroffensive, counter-attack; **~a liberałów/prawicy** a liberal/right-wing counteroffensive; **przejść do ~y w walce ze światowym terroryzmem** to launch a counteroffensive against global terrorism

kontrol|a f (Gpl ~i) ① (sprawdzanie) inspection, check; **~a antydopingowa** a drug test; **~a radarowa** a speed a. radar trap; **~a drogowa** a road check; **~a paszportowa** passport control; **~a celna** a customs inspection; **~a osobista** a body search; **~a w zakładach pracy** a workplace inspection; **~a biletów** a ticket inspection; **~a dokumentów** an identity check; „**proszę dokumenty do ~i**" 'may I see your papers, please?'; **~a jakości** quality control; **~a ksiąg rachunkowych** an audit; **~a urodzeń** birth control; **przeprowadzać ~ę czegoś** to carry out a. make an inspection of sth ② (grupa osób) team of inspectors; (instytucja) inspectorate; **~e skarbowe nie doszukały się nieprawidłowości** the tax inspectors haven't found any irregularities; **ministerstwo przysłało do naszej firmy kolejną ~ę** the ministry has sent another team of inspectors to our company; **samochody ~i drogowej** the traffic police cars ③ sgt (nadzór) control; **gdy wypije za dużo, traci nad sobą ~ę** whenever he drinks too much, he loses control a. his self-control; **wojsko przejęło ~ę nad miastem** the army took control of the town; **sytuacja wymyka się spod ~i** the situation is getting out of control; **obszary psychiki znajdujące się poza ~ą intelektu** mental processes that are beyond conscious control; **znajdować się pod ~ą rodziców** to be under parental supervision; **wszystko jest pod ~ą** pot. everything's under control

kontrole|r Ⅰ *m pers.* inspector, controller; **~r biletów** a ticket inspector; **~r ruchu lotniczego** an air traffic controller **Ⅲ** *m inanim.* Techn. control system; **~ry zużycia paliwa** fuel gauges

kontroler|ka *f* inspector, controller; **~ka biletów** a ticket inspector

kontrolers|ki *adi [czapka, mundur, torba]* inspector's, controller's

kontrol|ka *f* pot. ⓵ (sygnał) indicator light; **~ka sygnalizująca brak paliwa** a low fuel warning light ⓶ (notatnik) record book

kontroln|y *adi.* ⓵ (służący kontroli) *[przyrząd, urządzenie]* testing, monitoring; *[jazda, lot]* test *attr.*; **pytania ~e** test questions; **mecz ~y** a friendly GB, a practice match; **spis ~y** a checklist ⓶ (dający kontrolę) controlling; **mieć pakiet ~y akcji** to hold a controlling interest

kontrol|ować *impf* **Ⅰ** *vt* ⓵ (sprawdzać) to inspect, to check; (stale) to monitor; **policjant ~ował dokumenty kierowców** the policeman was checking the drivers' papers; **księgowa ~owała rachunki firmy** the accountant was checking the company's books; **~ować stan pacjenta** to monitor a patient's condition; **~ować tętno/temperaturę/ciśnienie/poziom cukru we krwi** to monitor sb's pulse/blood pressure/blood sugar; **~ować zużycie paliwa** to monitor fuel consumption; **~ować teren otaczający budynek** to monitor the area around the building; **~ować stan techniczny pojazdu/urządzenia** to inspect (the technical condition of) a vehicle/device ⇒ **skontrolować** ⓶ (kierować) to control; **spółka ~owana przez państwo** a state-controlled company; **mafia ~uje czarny rynek** the mafia controls the black market; **~owana reakcja nuklearna** a controlled nuclear reaction; **poślizg ~owany** a controlled slide a. skid ⓷ (panować) to control; **~owała swoje reakcje/emocje** she kept her reactions/emotions in a. under control; **~ować 24% rynku** to command a 24% market share; **rząd ~uje sytuację w państwie** the government is in control of the situation in the country; **~ować przyrost naturalny** to keep population growth under control **Ⅲ kontrolować się** ⓵ (opanować się) to control oneself; (uważać) to watch one's step; **~ował się, żeby nie popełnić gafy** he watched his step so as not to make a gaffe ⓶ (sprawdzać się wzajemnie) to check on one another; **~owali się w czasie pracy** they checked on one another while they were working

kontr|ować *impf* **Ⅰ** *vt* ⓵ (ripostować) to contradict, to counter; **w dyskusji ~owała każde jego zdanie** she contradicted his every statement in their discussion ⇒ **skontrować** ⓶ Sport *[bokser]* to counter(punch) *vi*; **bokser ~ował ciosy rywala lewym prostym** the boxer countered with a left straight ⇒ **skontrować** **Ⅲ** *vi* Gry to double ⇒ **skontrować**

kontrowersj|a *f zw. pl* (Gpl **~i**) książk. controversy *C/U*; **budzić** a. **wzbudzać ~e** to stir up a. arouse controversy; **rodzić** a. **wywoływać ~e** to give rise to controversy; **~e wokół kogoś/czegoś** the controversy

over a. about sb/sth; **~e między uczonymi** scholarly controversy

kontrowersyjnie *adv.* in a controversial manner; **wypowiadać się ~** to air a. voice (one's) controversial views; **być postrzeganym ~** to be considered controversial; **film odbierany był ~** the film met with a controversial reception

kontrowersyjnoś|ć *f sgt* controversial nature, controversiality; **~ć (jej) poglądów/ocen** the controversial nature of her views/opinions; **~ć badań genetycznych/na ludziach** the controversiality of genetic/human research

kontrowersyjn|y *adi.* ⓵ książk. *[postać, pisarz, film, książka]* controversial ⓶ euf. (nieakceptowany) problematic euf., dubious euf.; **polityk znany z ~ych wypowiedzi w mediach** a politician notorious for his dubious statements in the mass media

kontrreformacj|a *f* (Gpl **~i**) Relig. the Counter-Reformation

kontrreformacyjn|y *adi.* Relig. *[ruch, działalność]* Counter-Reformation *attr.*

kontrrewolucj|a *f* (Gpl **~i**) counter-revolution; **przystąpić do ~i** to launch a counter-revolution

kontrrewolucjoni|sta *m* counter-revolutionary

kontrrewolucyjn|y *adi.* Polit., Socjol. *[ugrupowanie, działacz, idea]* counter-revolutionary

kontrwywia|d *m* (G **~du**) counter-intelligence *U*, counter-espionage *U*; **pracować w ~dzie** to work in counter-intelligence; **agent ~du** a counter-intelligence agent

kontrwywiadowcz|y *adi. [agent, zadanie, działalność]* counter-intelligence *attr.*, counter-espionage *attr.*

kontrybucj|a *f* (Gpl **~i**) ⓵ (na rzecz zwycięzcy) tribute (payment), forced contribution; **płacić ~ę** to pay tribute; **~ę ściągano w złocie/żywności** tribute was exacted in gold/food; **obłożyć/obciążyć państwo ~ą** to impose tribute on a country; **~e wojenne** war tribute ⓶ (na rzecz panującego) tribute (payment) ⓷ (na mocy traktatu pokojowego) reparations

kontua|r *m* (G **~ru**) (w sklepie) counter; (w barze) bar; **za ~rem stała ekspedientka** a shop assistant was standing behind the counter; **zamówili piwo i wypili je przy ~rze** they ordered beer and drank it at the bar

kontu|r *m* (G **~ru**) outline, contour; **~ry drzew/domów** the silhouettes of trees/houses; **poprawiła kredką ~r warg** she used lipliner to even the outline of her lips; **~r gór** the contours of the mountains; **delikatnie naszkicowane ~ry postaci** the lightly sketched outlines of a figure/of the figures; **wieże miasta odcinały się ostrym ~rem od nieba** the city skyline was sharply silhouetted against the sky

konturow|y *adi. [rysunek]* contour *attr.*, line *attr.*; **mapa ~a** Geog. a contour map; **linia ~a** Geog. a contour (line); **pióra ~e** Zool. contour feathers; **zarys ~y postaci** the outlines of the figure; **kredka ~a do oczu/do ust** an eye(liner) pencil/a lip(liner) pencil

kontusz *m* (Gpl **~y** a. **~ów**) Hist. robe *(worn by Polish nobles)*

kontuzj|a *f* (Gpl **~i**) Med., Sport injury *C/U*; **~a kolana/głowy** a knee/head injury; **doznać/ulec ~i** to receive/sustain an injury; **wyleczyć się z ~i** to recover from an injury; **zawodnik musiał zejść z boiska z powodu ~i** the player's injuries forced him off the field

kontuzj|ować *pf, impf vt* Sport. to injure; **małe zamieszanie, w którym bramkarz ~ował własnego kolegę** a little ruckus where the goalkeeper injured his own teammate; **wciąż doskwiera mu ~owane kolano** his knee injury is still bothering him; **~owane zawodniczki powrócą do zespołu** the injured players are returning to the team

kontynen|t *m* (G **~tu**) ⓵ (część świata) continent; **~t azjatycki/północnoamerykański** the Asian/North American continent ⓶ sgt (Europa) the Continent; **Anglicy mieszkający na ~cie** Englishmen living on the Continent ⓷ sgt (ląd) mainland, continent

kontynentaln|y *adi.* ⓵ *[klimat, powietrze, fauna]* continental; **dryf ~y** continental drift; **szelf ~y** the continental shelf ⓶ (europejski) *[sztuka, kultura, zwyczaje]* Continental; **śniadanie ~e** a Continental breakfast

kontyngen|t *m* (G **~tu**) ⓵ (przydział) ration(s); **~t wody/żywności** water/food rations ⓶ (świadczenia) levy, impost; **nałożyć ~t zboża/bydła na wsie** to impose a levy of grain/cattle on the villagers ⓷ Ekon., Handl. (import) quota; **~t zboża** a grain quota; **~t na cukier** an import quota on sugar; **bezcłowy ~t** the duty-free import quota; **samochody z bezcłowego ~tu** duty-free cars ⓸ Wojsk. contingent; **~t wojsk ONZ w Bośni** the UN contingent in Bosnia

kontyngentow|y *adi.* ⓵ *[stawki]* levy *attr.*; **zboże/mięso ~e** requisitioned grain/meat ⓶ *[umowa, ceny]* quota *attr.*; **towary ~e** quota goods ⓷ Wojsk. *[oddział, koszary, żołnierze, wojsko]* contingent *attr.*

kontynuacj|a *f* (Gpl **~i**) ⓵ sgt (dalszy ciąg) continuation; **~a budowy** the continuation of construction; **~a działań poprzedniego rządu** the continuation of the previous administration's policy ⓶ (nawiązywanie) continuation; **jego nowa powieść jest ~ą poprzednich** his new novel is a continuation of the previous ones

kontynuato|r *m*, **~rka** *f* continuator; **~r prac Freuda/filozofii Marksa** a continuator of Freud/Marks

kontynu|ować *impf* **Ⅰ** *vt* ⓵ (wznowić) to continue, to proceed; **po przerwie ~ujemy dyskusję** we'll continue our discussion after the break; **po przerwie ~owano obrady** after a break the proceedings were resumed; **~ować pracę nad nowym projektem** to continue work on the new project ⓶ (rozwijać) to carry on *[tradycję, obrzędy, nurt]* **Ⅲ** *vi* (mówić dalej) to continue; **to straszne, co pan mówi, ale niech pan ~uje** what you're saying is horrific, but please continue; **„a więc" ~ował, „zarzuty te należy uznać za niesłuszne** 'therefore',

K

he continued 'the accusations should be deemed groundless'

konwali|a f (GDGpl ~i) Bot. lily of the valley; **gałązka ~i** a sprig of lily of the valley; **bukiecik ~i** a bunch of lilies a. lily of the valley

konwalij|ka f dem. Bot. lily of the valley □ **~ka dwulistna** Bot. May lily, false lily of the valley

konwaliow|y adi. [zapach] lily-of-the-valley attr., muguet attr.; [wieniec] lily-of-the-valley attr.

konwenans m (G ~u) książk. convention C/U, propriety C/U; **~ towarzyski** a social convention; **przestrzegać ~ów** a. **~u** to observe the proprieties; **zachowywać ~e** to behave with propriety

konwencj|a f (Gpl ~i) książk. [1] zw. pl (zwyczaj) convention C/U, propriety C/U; **~e panujące w sztuce/modzie** the current conventions in art/fashion; **łamać/odrzucać ~e społeczne** to defy/flout social conventions; **poddawać się obowiązującym ~om** to observe the proprieties [2] (w literaturze, sztuce, filmie) convention C/U, style; **~a literacka** a literary convention; **~a baśniowa** the fairy-tale convention; **film parodiuje ~e westernu** the film parodies every convention of the western-movie genre; **w noweli wykorzystano ~e filmu drogi** the story employs many of the conventions of the road movie [3] Polit. (umowa) convention; **Konwencja Genewska** the Geneva Convention; **(Europejska) Konwencja Praw Człowieka** the (European) Human Rights Convention; **Konwencja praw dziecka** the (UN) Convention on the Rights of the Child; **Konwencja o zakazie broni biologicznej i toksycznej** the Biological and Toxic Weapon Convention; **podpisać/ratyfikować ~ę** to sign/ratify a convention; **przestrzegać ~i** abide by a convention; **~a monetarna** a monetary convention [4] Polit. (zjazd) convention; **~a Partii Demokratycznej** the Democratic convention; **wybrać przewodniczącego partii na ~i** to elect the party leader at the convention

konwencjonaliz|ować impf książk. [1] vt to conventionalize [kino, literaturę, sztukę] [2] **konwencjonalizować się** [forma, twórczość] to be conventionalized ⇒ **skonwencjonalizować się**

konwencjonalnie adv. książk. [uśmiechać się, zachowywać się, ubierać się] conventionally; **~ piękna sceneria** conventionally beautiful scenery; **armia uzbrojona** forces armed with conventional weapons

konwencjonalnoś|ć f sgt książk. (opowieści, zachowania, rytuałów) conventionality

konwencjonaln|y adi. książk. [1] (zgodny z konwenansem) [zachowanie, uśmiech, gest] polite, formal; **~a osoba** a decorous person; **~e oklaski** polite applause; **jej małżeństwo z homoseksualistą było czysto ~e** her marriage to a homosexual was purely formal [2] (umowny) [symbole, pismo] conventional; **~y system znaków drogowych** the conventional road signs [3] (nieoryginalny) conventional; **~y strój** conventional attire; **~e przedstawienie** a conventional play [4] (tradycyjny) [wojna,

broń] conventional; **medycyna ~a** conventional a. mainstream medicine

konwen|t m (G ~tu) [1] Polit., książk. (spotkanie) convention; **~t republikanów/demokratów** the Republican/Democratic convention; **~t partii** a party convention [2] Relig. (zakon) order; **~t dominikański** the Dominican order [3] Relig. chapter □ **Konwent Seniorów** Polit. the Council of Senior Members (an advisory body of the Polish parliament)

konwersacj|a f (Gpl ~i) [1] książk. (rozmowa) conversation; **prowadzić ~ę** to hold a conversation; **podtrzymywać ~ę** to make conversation; **sztuka ~i** the art of conversation [2] zw. pl (nauka języka) **lekcje ~i** foreign language conversation classes a. speaking skills classes; **zapisać się/chodzić na ~e z angielskiego** to sign up for/attend English conversation classes

konwersacyjnie adv. uczyć się angielskiego **~** ≈ to learn English by the conversation method

konwersacyjn|y adi. [1] książk. [talent, umiejętności] conversational [2] **~y system nauczania języka obcego** ≈ the conversation method of foreign language teaching

konwersatori|um n [1] Uniw. seminar; **~um z historii sztuki** an art history seminar [2] (w klasztorze) parlour GB, parlor US

konwersatoryjn|y adi. [sala, temat] seminar attr.; **zajęcia ~e** a seminar

konwersj|a f sgt książk. [1] (przekształcenie) conversion; **~a danych** data conversion; **~a plików do formatu RTF** the conversion of files into RTF (format); **~a energii chemicznej w mechaniczną** the conversion of chemical energy into mechanical energy; **~a kredytu** credit conversion; **~a pozostałego długu na akcje powstałej spółki** the conversion of the remaining debt into shares in the new company [2] Relig. (nawrócenie) conversion; **~a na katolicyzm/judaizm** conversion to Catholicism/Judaism [3] Jęz. conversion; **~a składniowa** syntactic conversion; **~a pisma** transliteration [4] Log. conversion

konwers|ować impf vi książk., żart. to converse; **~ować z kimś o czymś** to converse with sb about sth; **damy ~ujące po francusku** ladies conversing in French

konwik|t m (G ~tu) daw. (szkoła) ≈ monastery school

konwiktow|y adi. daw. [uczeń, student] ≈ monastery school attr.

konwojen|t m (armed) guard, (armed) escort; **~t transportu** a transport guard; **~t więźniów** a prisoners' escort; **uzbrojony ~t** an armed escort

konwoj|ować impf vt to escort, to convoy; **~ować statki handlowe** to convoy merchant ships; **~ować skazanych do więzienia o podwyższonym rygorze** to escort the convicts to a high-security prison

konw|ój m (G ~oju) [1] (straż) convoy; **~ój więźniów** a convoy of prisoners [2] Wojsk. convoy; **~ój z pomocą humanitarną** a humanitarian aid convoy

konwulsj|a f zw. pl (Gpl ~i) książk. [1] (drgawki) convulsions zw. pl; **atak ~i** a fit of convulsions; **dostać ~i** to go into

convulsions [2] przen. (zmiana) upheaval; turmoil U

konwulsyjnie adv. książk. [płakać, łkać, drżeć] convulsively; **~ zaciśnięte pięści** convulsively clenched fists

konwulsyjn|y adi. książk. [ruch, płacz, śmiech] convulsive; **~e drgawki** convulsions; **koniec stulecia przebiegł pod znakiem ~ych wstrząsów** przen. the end of the century was marked by great turmoil

koń [1] m [1] Zool. horse; **koń pociągowy** a carthorse, a draught horse GB, a draft horse US; **koń wierzchowy** a. **pod wierzch** a saddle horse; **jechać na koniu** to ride a horse; **wsiąść na** a. **dosiąść konia** to get on a. to mount a horse; **zsiąść z konia** to dismount; **wóz zaprzężony w konie** a horse(-drawn) cart; **na koń** a. **do koni!** to horse!; **zaprząc konia do powozu** to harness a horse to a carriage; **osiodłać konia** to saddle a horse [2] Gry knight; **zbił wieżę koniem** he took the rook with his knight [3] Sport (vaulting) horse; **koń z łękami** a pommel horse; **skakać przez konia** to vault over the horse

[2] **konie** plt (powóz) przest. carriage, coach; **przyślijcie po mnie konie na stację** please send a carriage to pick me up at the station

□ **koń angielski** thoroughbred; **koń arabski** Arabian a. Arab (horse); **koń belgijski** Belgian (draught) horse GB, Belgian (draft) horse US; **koń berberyjski** barb (horse); **koń huculski** Hucul (horse), Carpathian pony; **koń mechaniczny** Techn. horsepower; **koń miękki** Jeźdz. a horse with a soft mouth; **koń na biegunach** rocking horse; **koń siodłowy** przest. saddle horse; **koń twardy w pysku** Jeźdz. a horse with a hard mouth

■ **czarny koń** pot. dark horse; **stary koń** pot. (kolega) old man; **stary koń, a zachowujesz się jak dziecko** a full-grown man like you acting like a baby; **być zdrowym jak koń** to have the constitution of a horse; **jechać co koń wyskoczy** książk. to go like a bat out of hell; **móc zjeść konia z kopytami** pot. (to be so hungry that) one could eat a horse; **pracować jak koń** to work like a horse a. Trojan; **znać się jak łyse konie** pot. to know each other inside out pot.; **zrobić kogoś w konia** pot. to take sb for a ride pot., to con sb pot.; **koń by się uśmiał** (it's) enough to make a cat laugh; **rad** a. **wesół** a. **szczęśliwy, jakby go kto na sto koni wsadził** (to be) on cloud nine, (to be) in seventh heaven; **darowanemu koniowi nie zagląda się w zęby** przysł. don't a. never look a gift horse in the mouth przysł.; **jak spaść to z wysokiego konia** przysł. ≈ might as well be hung for a sheep as a lamb przysł.

końcow|y adi. [1] (na końcu) [stacja, etap, scena] final; **przystanek ~y** the last stop, the end of the line; **~a linia boiska** the boundary line [2] (ostateczny) [efekt, wynik] final; **egzaminy ~e** finals; **produkt ~y** an end product

końców|ka f [1] (zakończenie) end, ending; **~ka filmu** the end(ing) of the film; **umknęła mi ~ka zdania** I didn't hear the end of the sentence; **suche/rozdwaja-**

jące się **~ki (włosów)** dry/split ends; **~ka tygodnia/sezonu** pot. the end of the week/season [2] (końcowy element) **~ka wiertła** the tip of a drill; **igła z zaokrągloną ~ką** a needle with a blunt point, a blunt-tipped needle; **~ka słuchawek** the headphone jack a. plug; **~ki ubijające** beater attachments [3] (reszta) remainder, a remnant [4] Sport finish; **~ka biegu/meczu** the finish of a race/match [5] Jęz. ending; **~ki pierwszej osoby** first person endings [6] Literat. line ending

kończ|yć impf [] vt [1] (doprowadzać do końca) to finish; **~yć rozmowę/pranie/sprzątanie** to finish the conversation/laundry/cleaning; **~yć obiad** to finish one's dinner; **~ył palić jednego papierosa i natychmiast zapalał następnego** as soon as he had finished one cigarette he lit another one; **już ~ę, proszę się nie niecierpliwić** I'm almost finished, please be patient ⇒ **skończyć** [2] (zamykać) to end, to close; **~yć przemówienie** to end one's speech; **~ył swoje listy do mnie życzeniami dla całej rodziny** he closed his letters to me with regards to the whole family; **~ąc dziękuję za uwagę** in closing, I'd like to thank you for your attention; **poczynając od..., a ~ąc na...** książk. ranging from... to...; **różne gatunki literackie, poczynając od wierszy dla dzieci a na powieściach ~ąc** various genres, ranging from children's verse to novels ⇒ **zakończyć** [3] Szkol., Uniw. to finish, to complete [szkołę, kurs]; **studia ~y za rok** he graduates next year; **~my szkołę 20 czerwca** the school year ends on 20 June ⇒ **skończyć** [4] (osiągać wiek) **~yć pięćdziesiąt/dwadzieścia lat** to be almost fifty/twenty; **w tym roku ~y osiemnaście lat** he'll be eighteen this year ⇒ **skończyć, ukończyć** [] vi [1] pot. (zrywać) to be through pot. (z **kimś** with sb); **definitywnie ~ymy ze sobą** it's (all) over between us ⇒ **skończyć** [2] pot. (zaprzestawać) to be through pot. (z **czymś** with sth); **~yć z piciem/paleniem/kartami** to be through with drinking/smoking/playing cards ⇒ **skończyć** [3] pot. (zabijać) to finish [sb] off vt pot., to do [sb] in vt pot.; **~yć z kimś** to finish sb off a. do sb in; **~ z tym zdrajcą!** finish that traitor off! ⇒ **skończyć** [4] pot. (trafić gdzieś) to end up; to wind up pot.; **tacy jak on zwykle ~ą w więzieniu** his sort usually ends a. winds up in prison; **wiele uciekających z domu nastolatek ~y na ulicy** many teenage runaways end up on the streets ⇒ **skończyć** [5] pot. (umierać) to die; **~ył w strasznych bólach** he was dying in agony ⇒ **skończyć** [] **kończyć się** [1] (trwać do jakiegoś czasu) to end; **wakacje się ~ą** the holidays are ending; **rok obrachunkowy/semestr zimowy ~y się za dwa tygodnie** the fiscal year/winter semester ends in two weeks [2] (zamykać się) to end (**czymś** with sth); **film ~y się happy endem** the film has a happy ending; **dzień ~ył się pięknym zachodem słońca** the day ended with a beautiful sunset; **sztuka ~y się sceną pojedynku** the play ends with a duel scene; **sprawa na tym się nie ~y** this is not the

end of the matter; **wyraz ~y się na literę „i"** the word ends with an 'i' ⇒ **skończyć się** [3] (osiągnąć skutek) to end; **~yć się zwycięstwem** to end in victory; **każda rozmowa ~y się łzami i pretensjami** every time we try to talk, it ends in tears and recriminations ⇒ **zakończyć się** [4] (ograniczać się) to be limited; **jej rola w małżeństwie ~y się na gotowaniu i sprzątaniu** her role in the marriage is limited to cooking and cleaning; **moja znajomość kuchni włoskiej ~y się na pizzy i spaghetti** my knowledge of Italian cuisine is limited to pizza and spaghetti [5] (wyczerpać się) [zapasy, paliwo, pieniądze] to run out, to give out; **pieniądze mi się ~ą** I'm running out of money; **moja cierpliwość już się ~y** my patience is running out ⇒ **skończyć się** [6] pot. (umierać) to die, to be done for; (tracić umiejętności) to have had it pot., to be washed up pot.; **dziadek się ~y** granddad is dying; **~yć się jako trener/sprinter** to be washed up as a coach/sprinter; **ten pisarz już się ~y, od lat nie wydał żadnej książki** przen. that writer's had it, he hasn't published anything for years ⇒ **skończyć się**

kończyn|a f [1] (człowieka) limb; **~y górne/dolne** the upper/lower limbs; **porażenie ~** paralysis of the limbs; **bezwład ~ dolnych** paralysis of the lower limbs [2] (zwierzęcia) leg; **~y przednie/tylne** the front/hind legs

koń|ski adi. [1] [grzywa, łeb, kopyta] horse's; **~kie włosie** horsehair [2] przen. [twarz] hors(e)y pot.; **szczerzył długie, ~kie zęby** he grinned, showing his big, horse-like teeth ■ **~ka dawka** pot. megadose pot.; **~ka kuracja** pot. intensive therapy; **~kie zaloty** pot. unwanted come-ons pot.; **mieć ~kie zdrowie** a. **~ki organizm** pot. to have the constitution of a horse

kooperacj|a f (Gpl **~i**) książk. cooperation a. co-operation U (**z kimś/czymś** with sb/sth); **~a z zagranicznymi firmami** co-operation with foreign firms; **~a między różnymi zakładami pracy** cooperation among factories; **ciągnik jest produkowany w ~i z firmą francuską** the tractor is produced in cooperation with a French company

kooperacyjn|y adi. książk. [dostawa, produkcja] cooperative a. co-operative; **umowa ~a** a contract of cooperation

kooperan|t m książk. cooperator a. co-operator, cooperant a. co-operant

kooper|ować impf vi książk. to cooperate a. co-operate (**z kimś/czymś** with sb/sth); **~ować z zagraniczną firmą** to cooperate with a foreign company

koordynacj|a f sgt [1] (zharmonizowanie) coordination a. co-ordination; **~a pracy poszczególnych grup roboczych/działań ratowników** coordination of the various departments' work/the rescue effort; **osoba odpowiedzialna za ~ę pracy ankieterów** the person responsible for the data-gathering process [2] (ruchowa) coordination; **~a ruchów** (physical) coordination

koordynacyjn|y adi. [prace] coordinating a. co-ordinating, coordination a. co-ordin-

ation attr.; **komisja ~a** the steering committee

koordynato|r m coordinator a. co-ordinator; **~r prac/projektu** a work/project coordinator

❑ **~r nawigacyjny** Lotn. guidance system **koordynator|ka** f coordinator a. co-ordinator

koordyn|ować impf vt to coordinate a. co-ordinate [działania, procesy, plan]; **~ować pracę nad projektem** to coordinate work on a project ⇒ **skoordynować**

kop m (A **~a**) pot. [1] (kopniak) boot pot.; kick; **dać komuś ~a w brzuch** to give sb a kick a. boot in the stomach; **dostać ~a od kogoś** to get a kick a. boot from someone; **dostać ~a w tyłek** to get a kick up the arse GB posp. to get the boot; to get kicked out przen.; **dostać ~a** przen. to get the boot; **po dziesięciu latach pracy dali mu ~a** przen. after ten years of work he got the boot; **dostał niejednego ~a od życia** przen. he's taken a. had a lot of knocks pot., przen.; **dostać ~a w górę** przen. to be kicked upstairs pot., przen. [2] (po zażyciu narkotyku) kick pot.

kop|a f [1] (sterta) stack; **~a siana/zboża/słomy** a hay/corn/straw stack [2] (góra) domed hill [3] daw., Miary threescore przest.; sixty; **~a jaj** five dozen eggs [4] pot. (duża ilość) heaps pot., tons pot.; **~a książek/ubrań** heaps of books/clothes; **na ~y** pot. two a. ten a penny GB pot., a dime a dozen US pot.; **absolwentów zarządzania jest teraz na ~y** business school graduates are two a. ten a penny these days; **możesz jeść batoników na ~y** you can eat candy bars galore a. by the ton pot.; **~a a. ~ę lat!** long time no see! pot., it's (been) ages! pot.

kop|ać¹ impf (**~ię**) [] vt [1] (spulchniać ziemię) to dig; **~ać ziemię łopatą** to dig with a shovel; **~ać ogródek** to dig (in a. up) the garden ⇒ **skopać** [2] (wydobywać ziemię) to dig; **~ać dół/rów/studnię** to dig a hole/ditch/well; **~ać fundamenty** to dig foundation trenches ⇒ **wykopać** [3] (wydobywać z ziemi) to dig, to mine [coś for sth] [węgiel, rudę, glinę]; to dig up [ziemniaki, buraki] ⇒ **wykopać** [] vi pot. (szukać) to rootle around GB pot., to root around; **~ać w szufladach** a. **po szufladach** to rootle around in the drawers [] **kopać się** pot. (brnąć) to dig one's way (**przez coś** through sth); **ratownicy ~ali się przez zaspy śniegu** the rescue team was digging their way through the snowdrifts ⇒ **przekopać się** ■ **samemu sobie ~ać grób** pot. to dig one's own grave **kop|ać²** impf → **kopnąć**

kopalin|a f zw. pl ore U, mineral; **wydobywać ~y** to extract ore

kopal|nia f (Gpl **~ni** a. **~ń**) [1] Górn. mine, pit; **~nia węgla/soli/złota** a coal/salt/gold mine; **~nia kredy/gliny** a chalk/clay pit; **~nia głębinowa** a deep mine; **~nia odkrywkowa** an opencast mine GB, a strip mine US; **pracować w ~i** to work in a pit; to work down the pit pot. [2] przen. (źródło) mine przen., storehouse przen.; **~nia wiedzy/informacji** a mine of knowledge/

K

information; **on jest ~nią pomysłów** he's a mine of ideas

kopalnian|y *adi.* [1] *[budynki, maszyny, winda, szyb]* mine *attr.* [2] *[złoża, bogactwa]* mineral

kopaln|y *adi.* [1] *[węgiel, gaz, ropa]* fossil *attr.*; **paliwo ~e** fossil fuel [2] Nauk. fossil *attr.*; **szkielet ptaka ~ego** the skeleton of a fossil bird; **~y gatunek praczłowieka** a species of fossil man

kopanin|a *f sgt* pot. [1] (kopanie) digging; **~a rowów/dołów** the digging of ditches/holes [2] (gra w piłkę) free-for-all; **to nie mecz, tylko jakaś ~a** this isn't a game, it's a free-for-all [3] (bijatyka) fighting, violence; **w filmie przeważała ~a** the film was full of violence

kopar|ka *f* Techn. digger, excavator

kop|cić *impf* **[I]** *vt* pot. (palić) to smoke *[papierosa, cygaro, fajkę]*; **~cić papierosy jeden za drugim** to chain-smoke

[II] *vi* (dymić) *[świeca, lampa, komin]* to smoke

[III] kopcić się (dymić) *[świeca, lampa, kaganek]* to smoke, to smoulder GB, to smolder US [2] pot. (palić się) to burn; **coś tu się ~ci** something's burning

kopciuch [I] *m pers.* (*Npl* **~y**) pot., pejor. (brudas) slummock GB pot., pejor., slob pot., pejor.

[II] *m inanim.* pot. (papieros) ≈ cheap ciggy GB pot., ≈ cheap cigarette

kopciusz|ek [I] *m pers.* (*Npl* **~ki**) Cinderella; **traktować kogoś jak ~ka** to treat sb like a Cinderella

[II] *m anim.* Zool. black redstart

kopczyk *m dem.* [1] (wzniesienie) (small) mound; **~i kretowisk** molehills; **usypać ~** to raise a mound [2] (warzyw) (storage) clamp

kop|eć *m* (*G* **~ciu** a. **~cia**) [1] *sgt* (osad) soot (**od czegoś** from sth); **lampa naftowa czarna od ~cia** an oil lamp black with soot [2] pot. (świeca dymna) smoke bomb; **podpalić ~cie** to light smoke bombs

kop|er *m sgt* (*G* **~ru**) Bot., Kulin. dill; **~er ogrodowy** dill; **napar z ~ru** a dill infusion; **~er włoski** fennel

koperczak|i *plt* (*G* **~ów**) przest.

■ **puszczać się a. uderzać w ~i do kogoś** to court a. woo przest. sb; **stroić a. sadzić a. palić ~i do kogoś** to court a. woo sb przest.

koper|ek *m sgt* (*G* **~ku**) Kulin. dill (weed); **pęczek ~ku** a bunch of dill; **ziemniaki z ~kiem** potatoes with dill

koperkow|y *adi.* Kulin. *[sos, zupa]* dill *attr.*

koper|ta *f* [1] (na list) envelope; **szara ~ta** a brown envelope; **~ta z okienkiem** a window envelope; **~ta ze znaczkiem** a stamped envelope; **otworzyć/zakleić ~tę** to open/seal an envelope; **zaadresować ~tę** to address an envelope; **włożyć list do ~ty** to put a letter into an envelope [2] (w zegarku) watch case; **zegarek w złotej ~cie** a gold pocket watch [3] (torebka) clutch (bag) [4] (poszwa) duvet cover (*with a square opening*)

kopertow|y *adi.* *[papier]* envelope *attr.*; **zegarek ~y** a pocket watch, a hunter; **torebka ~a** a clutch (bag)

kopi|a¹ *f* (*GDGpl* **~i**) [1] (odwzorowanie) (dzieła sztuki) copy; (dokumentu) copy, duplicate; (broni, mebli, budynku) copy, replica; **~a obrazu/rzeźby** a copy of a painting/statue; **~a**

podania/testamentu a copy of the application/will; **~a kserograficzna** a Xerox® (copy), a (photo)copy **zrobić kilka ~i umowy** to make several copies of the contract [2] przen. (carbon) copy przen.; **dziewczyna jest wierną ~ą swojej matki** the girl's the (very) image of her mother; **~a najnowszego modelu kostiumu Chanel** a copy a. knock-off pot. of one of Chanel's new suits [3] Audio, Film, Komput. copy; **~a filmu/programu komputerowego/płyty kompaktowej** a copy of a film/program/CD; **zachowała się tylko jedna ~a tego filmu** only one copy of the film remains [4] (odbitka) Fot. print, copy

kopi|a² *f* (*GDGpl* **~i**) Hist. lance

■ **kruszyć ~e o kogoś/o coś** to cross swords over sb/sth; **nie ma o co ~i kruszyć** there's nothing to quarrel about

kopia|ł *m* (*G* **~łu**) [1] (do zleceń, kwitów, rachunków) ledger (book) [2] Techn. template, templet

kopiar|ka *f* [1] (kserokopiarka) Xerox® (machine), photocopier **papier do ~ki** Xerox® paper, copy paper [2] Fot. copying frame, printing frame [3] Audio, Film (tape/film) copier [4] Techn. tracing machine

kopia|sto, ~to *adv.* pot. [1] (dużo) **~sto nałożone półmiski z jedzeniem** plates heaped with food; **~sto załadowana taczka z piaskiem** a wheelbarrow heaped with sand [2] (wysoko) **~sto ufryzowane włosy** a beehive hairstyle

kopia|sty, ~ty *adi.* pot. *[łyżka, wóz]* heaping, heaped; *[pagórek]* rounded; **~sta sterta brudnych ubrań** a heap of dirty clothes

kop|iec *m* [1] (usypisko) mound; **~iec graniczny** a boundary mound; **~iec mrowiska** an ant hill; **~iec kreta** a molehill [2] (grób, pomnik) mound, barrow; **~iec mogilny** a burial mound, a tumulus; **usypać/zbudować ~iec** to build a mound; **~iec poświęcony poległym w bitwie** a mound in memory of soldiers who died in battle [3] (do przechowywania warzyw) (storage) clamp; **usypywać ziemniaki w ~ce** to put (the) potatoes in a storage clamp; **przechowywać buraki w ~cu** to store (the) beets in a clamp

kopiej|ka *f* kope(c)k, copeck

kopi|ować *impf vt* [1] (reprodukować) to copy *[obraz, rzeźbę, monument]*; to copy, to duplicate *[testament, umowę, dokumenty]*; **~ować rysunek** to make a copy of the drawing, to copy a. reproduce the drawing; **~ować nagranie/płytę kompaktową** to make a copy of a recording/CD ⇒ **skopiować** [2] (naśladować) to copy, to imitate; **~ować tancerza/piosenkarza** to imitate a dancer/singer; **~ować czyjś sposób mówienia** to copy sb's way of speaking ⇒ **skopiować** [3] (wiernie przedstawiać) to imitate, to replicate *[rzeczywistość]*; **~ować naturę** to imitate nature [4] Techn. to shape ⇒ **skopiować** [5] Fot. to make a print (**coś** of sth) *[odbitki, zdjęcia]* ⇒ **skopiować**

kopiow|y *adi.* *[papier]* copy *attr.*, copying *attr.*; *[taśma]* copying; **ołówek ~y** a copy(ing) pencil, an indelible pencil

kopi|sta *m* [1] (tekstu, nut) copyist, copier [2] (naśladowca) imitator, copyist; **nieudolny ~sta natury** a poor copyist of nature

kop|ka *f dem.* (small) stack; **~ki siana/zboża** hayricks/corn ricks

kop|nąć *pf* (**~nęła**, **~nęli** — **~ię**) — **kop|ać²** *impf* **[I]** *vt* [1] (uderzyć nogą) to kick; **~ać piłkę** to kick the ball; **~nąć puszkę/kamień** to kick a tin/stone; **~nąć kogoś w głowę/w żołądek** to kick sb in the head/stomach; **~ali go buciorami po głowie** they were kicking him in the head with their heavy boots; **~nięciem otworzył drzwi** he kicked the door open [2] pot. (o prądzie, urządzeniu elektrycznym) **~nął go prąd, gdy reperował gniazdko** he got a shock when he was repairing the socket; **uważaj, bo żelazko ~ie** be careful, you might get a shock from the iron [3] pot. (o broni palnej) to kick *vi* pot.; to recoil *vi*; **ten karabin nieźle ~ie** that rifle has quite a kick

[II] kop|nąć się — kop|ać się [1] (siebie samego) to kick oneself; **niechcący ~nął się w kostkę** he accidentally kicked himself in the ankle [2] (wzajemnie) to kick one another; **~ali się i popychali** they were kicking and pushing one another

[III] kopnąć się pot. (pobiec) to hightail it pot.; to dash; **~nął się do domu** he hightailed it home

kopniak *m* pot. [1] (uderzenie) kick; **dać/wymierzyć komuś ~a** to give sb a kick, to administer a kick to sb; **dostać ~a** to get a kick [2] przen. kick in the teeth; **życie nie szczędziło mi ~ów** life hasn't spared me the odd kick in the teeth

kopnię|ty [I] *pp* → **kopnąć**

[II] *adi.* pot., pejor. *[osoba]* loony pot., batty pot.

kopn|y *adi.* **~y śnieg** deep snow; **koła samochodu utknęły w ~ym piachu** the car got bogged down in the sand

koprodukcj|a *f* (*Gpl* **~i**) co-production, joint production; **film ten powstał w angielsko-polskiej ~i** the film is an English-Polish co-production; **przystąpić do ~i filmu** to co-produce a film; **~a TVP z Canal+** a TVP-Canal+ co-production

kopulacj|a *f* (*Gpl* **~i**) [1] Biol. copulation [2] pejor., żart. copulation książk., pejor., żart.

kopulacyjn|y *adi.* Biol. *[narządy]* copulatory

kopulasto *adv.* **~ zwieńczony meczet** a domed mosque; **~ wyglądające chmury** domed clouds

kopula|sty *adi.* *[wieża, dach, parasol]* domed; cupolaed rzad.

kopul|ować *impf vi* [1] Biol. to copulate [2] książk. to copulate książk., pejor., żart. (**z kimś** with sb)

kopu|ła *f* [1] Archit. dome, cupola; **~ła cerkwi** the dome of an Orthodox church; **gmach zwieńczony ~łą** a building crowned with a dome a. cupola; **~ła bazyliki św. Piotra** the dome of St Peter's (basilica); **meczet o trzech ~łach** a three-domed mosque [2] Geol. dome (fold)

□ **~ła nieba** a. **niebieska** książk. the dome of heaven a. the sky poet.

kopuł|ka *f dem.* (small) dome, (small) cupola

kopułowato *adv.* **~ wygięty dach** a domed roof, a cupola roof

kopułowa|ty *adi.* *[góra, namiot, parasol]* domed, dome-like

kopułow|y *adi. [dach]* domed, cupola *attr.*; cupolaed rzad.

kopyt|ko ☐ *n dem.* [1] (u zwierząt) (small) hoof [2] (szewskie) (small) shoemaker's last ☐☐ **kopytka** *plt* Kulin. *dumplings made of mashed potatoes, eggs, and flour*

kopytn|y *adi.* Zool. **ssaki/zwierzęta ~e** hoofed mammals/animals; ungulates spec.

kopy|to *n* [1] (u zwierząt) hoof; **tętent końskich ~t** the clatter of horses' hooves; **dziki stratowały ~tami pole** boars trampled the field; **dostać się pod ~ta** to be trampled [2] (szewskie) shoemaker's last [3] *augm.* pot., pejor. (stopa) trotter *zw. pl* GB pot.; dog *zw. pl* US; **zdejmij ~ta z łóżka** get your trotters off the bed ■ **przerobić kogoś na swoje ~to** pot. to remake sb in one's own image; **na jedno ~to** pejor. from the same mould; **ruszyć z ~ta** przen. to get off like a shot; **kierowca nacisnął na pedał gazu i ruszył z ~ta** the driver hit the accelerator and was off like a shot; **produkcja z nowym rokiem ruszyła z ~ta** production really picked up at the beginning of the year

ko|ra *f sgt* [1] (drzew) bark; **kora brzozy/dębu** oak/birch bark [2] Anat. cortex; **kora mózgowa** the cerebral cortex; **kora nadnercza** the renal cortex [3] Włók. seersucker; **sukienka z kory** a seersucker dress ❑ **~ra chinowa** Bot. cinchona (bark), Peruvian a. china bark

koral ☐☐ *m* [1] *zw. pl* (ozdoba) bead; **sznur ~i** a string of beads; **bursztynowe ~e** amber beads; **nosiła na szyi czerwone ~e** she wore red beads around her neck [2] (*G* **~a** a. **~u**) Zool. (koralowiec) coral; (koralowina) coral *U*; **~e tworzą rafy** corals form coral reefs; **kolonie ~i** coral colonies; **biżuteria z ~a** coral jewellery [3] (*G* **~u**) (kolor) coral; **~ust/warg** coral(-coloured) lips; **sukienka w kolorze ~u** a coral(-coloured) dress [4] *zw. pl* Myślis. *spiked training collar* ☐☐ **korale** *plt* (u indyka) wattle, dewlap

koralik *m zw. pl* bead; **sznur ~ów** a string of beads; **sukienka ozdobiona ~ami** a beaded dress

koralow|iec *m zw. pl* Zool. coral

koralow|y *adi.* [1] *[rafy, skały]* coral *attr.* [2] *[ozdoby, pierścionek]* coral *attr.* [3] *[usta, suknia]* coral *attr.*, coral-coloured GB, coral-colored US

Koran *m sgt* (*G* **~u**) Relig. the Koran; **prawa ~u** Koranic laws

koraniczn|y *adi.* Relig. *[prawo, dogmaty, przykazania]* Koranic

korb|a *f* [1] Techn. crank; **kręcić a. obracać ~ą studni** to turn the well crank [2] pot. (osoba uzdolniona) whiz(z) a. wiz pot.; **był ~a z fizyki** he was a whiz at physics

korb|ka *f dem.* (small) crank, handle; **~ka opuszczania szyby** the window riser (handle); **kręcić ~ką** to turn the crank

korbow|y *adi.* Techn. *[napęd, wyciąg]* crank *attr.*

kor|cić *impf vi* to itch; **~ciło go, żeby powiedzieć prawdę** he was itching to tell the truth

kor|d[1] *m sgt* (*G* **~du**) [1] Techn. Kevlar® [2] Włók. cord; **koszula z ~du** a cord shirt **kor|d**[2] *m* (*G* **~du**) Hist. ≈ (short) sword **kordegar|da** *f* Hist. guardhouse

kordialnie *adi.* grad. książk. *[przywitać się, uśmiechnąć się]* cordially

kordialnoś|ć *f sgt* książk. (przywitania, uśmiechu) cordiality

kordialn|y *adi.* książk. *[osoba, powitanie, uśmiech]* cordial

kordon *m* (*G* **~u**) [1] (szpaler) cordon; **~ policji** a police cordon; **~ żołnierzy** a cordon of soldiers; **otoczyć a. opasać coś ~em** to cordon sth off [2] (na granicy) border posts; **~y graniczne** border posts [3] Hist., Wojsk. cordon

kordon|ek *m sgt* (*G* **~ku** a. **~ka**) (embroidery) floss, floss (silk), filoselle GB; **haftować ~kiem** to embroider with floss (silk)

kordonkow|y *adi.* *[robótki, haft]* floss *attr.*, filoselle *attr.* GB; **~y obrus** a crochet lace tablecloth

kordzik *m* Wojsk. ≈ dirk, ≈ dagger **Korea|ńczyk** *m*, **~nka** *f* Korean **koreańs|ki** *adi.* Korean

korecz|ek *m* [1] *dem.* (butelki) (small) stopper, (small) cork; **~ek od perfum** a perfume stopper [2] (do uszu) earplug *zw. pl*; **włożyć sobie ~ki do uszu** to put in earplugs [3] *zw. pl* Kulin. ≈ appetizers (*served on cocktail sticks*) [4] *dem.* (but) cork-soled shoe

korefera|t *m* (*G* **~tu**) książk. supplementary (research) paper

kor|ek *m* [1] (butelki) stopper, cork; **zatkać butelkę ~kiem** to cork a bottle; **~ek od butelki** a bottle stopper; **wyciągnąć ~ek** to uncork a bottle [2] *sgt* (surowiec) cork; **ściany wyłożono ~kiem** the walls were covered with cork [3] (but) cork-soled shoe; **chodzić w ~kach** to wear cork-soled shoes [4] (podkładka) cork heel lift; **~ki do butów** cork heel lifts [5] (obcas) cork wedge heel; **pantofle na wysokich ~kach** shoes with a cork wedge heel, cork wedgies [6] pot. (uliczny) traffic jam; **utknąć/stać w ~ku** to get stuck/be stuck in a traffic jam [7] pot. (bezpiecznik) fuse; **wymienić ~ek** to change the fuse; **wkręcić/wykręcić ~ki** to plug in/unplug the fuses; **przepaliły się ~ki** a. **wysiadły** pot. ~ki the fuses blew

korekcj|a *f sgt* [1] Med., Stomat. (poprawianie) correction; **~a zgryzu/postawy/wzroku** bite/posture/vision correction; **operacyjna ~a nosa** nose correction surgery [2] Techn. correction; **filtry do ~i barwnej** colour correction filters ❑ **~a zazębienia** Techn. (gear) tooth correction

korekcyjn|y *adi.* książk. *[ćwiczenia, szkła, obuwie]* corrective; **aparat ~y** a brace (on one's teeth) GB, braces US

korek|ta *f* [1] (poprawianie) proofreading *U*; **robić ~tę** to proofread; **oddać tekst do ~ty** to have a text proofread; **~ta redakcyjna** a. **wydawnicza** editing, an editor's revision; **~ta autorska** an author's revision [2] (poprawka) correction *C/U*, amendment *C/U*; **nanieść (drobną) ~tę** to make a (minor) correction; **~ta faktury** a corrected invoice; **~ta prognozy wyników finansowych** a corrected a. adjusted financial forecast; **ustawa budżetowa już wymaga ~ty** the budget statute already needs amendment [3] (miejsce) proof-

reading a. proofreader's room [4] pot. (odbitka) proof; **czytać ~ty** to read proofs ❑ **~ta domowa** a. **drukarska** Druk. initial proofreading

korekto|r ☐ *m pers.* (proof)reader; **~r tekstów** a proofreader; **pracować w gazecie jako ~r** to work as a proofreader for a newspaper ☐☐ *m inanim.* [1] (do poprawiania błędów) white-out *U*, correction fluid *C/U*; **zamalować błędy ~rem** to correct mistakes with white-out; **~r w płynie** white-out, correction fluid [2] Kosmet. concealer; **zatuszować (sobie) cienie pod oczami ~rem** to cover the shadows under one's eyes with concealer [3] Techn. correcting mechanism; **hamulce z ~rem hamowania** an anti-block system ❑ **~r instrumentów muzycznych** tuner

korektor|ka *f* proofreader

korektors|ki *adi.* [1] *[praca, zajęcie]* proofreading *attr.* [2] *[błąd, znak]* proofreader's

korektyw|a *f* [1] książk. (poprawa) rectification, correction; **~a w systemie płac** the rectification of the salary system [2] pot. (gimnastyka) corrective (physical) therapy

korelacj|a *f* (*Gpl* **~i**) [1] książk. (współzależność) correlation *C/U*; **~a między stopniem ryzyka a dochodowością** the correlation between risk and returns [2] Jęz. (powiązanie) correlation *C/U*; **~a fonologiczna** phonological correlation [3] Biol. correlation *C/U* [4] Mat., Stat. correlation *C/U*

korel|ować *impf* książk. ☐ *vt* (zestawiać) to correlate; **~ować raporty wywiadowcze** to correlate intelligence reports; **kursy autobusów są ~owane z przyjazdem pociągów** the bus timetable is correlated with train arrivals ⇒ **skorelować** ☐☐ *vi* (być współzależnym) to correlate (**z czymś** with sth); **polityka cenowa ~uje z polityką płac** the pricing policy correlates with the salary policy; **oceny szkolne nie ~ują z wynikami testów na inteligencję** there is no correlation between school marks and the results of IQ tests

korepetycj|a *f* (*Gpl* **~i**) [1] *zw pl.* (pomoc w nauce) (private) tuition *U* GB, private lesson *zw. pl*; **~e z matematyki/fizyki/chemii** (private) tuition a. private lessons in maths/physics/chemistry; **udzielać ~i a. dawać ~e** to give (private) tuition a. private lessons; **udziełał ~i z matematyki** he coached a. tutored students in maths; **brać ~e** to take private lessons [2] Muz., Taniec ≈ practice session

korepetycyjn|y *adi. [zajęcia, lekcje]* private

korepetyto|r *m*, **~rka** *f* [1] (private) tutor, coach [2] Muz., Taniec coach, répétiteur

korepetytors|ki *adi. [zarobki]* tutor's, coach's; **zajęcia ~kie z fizyki** (private) tuition a. private lessons in physics

korespondencj|a *f* [1] *sgt* (pisanie listów) correspondence; **rozległa/ożywiona ~a** extensive/lively correspondence; **~a prywatna/handlowa/urzędowa** private/business/official correspondence; **prowadzić a. utrzymywać ~ę z kimś** to correspond with sb; **przez wiele lat utrzymywaliśmy**

K

regularną **~ę** we corresponded regularly for many years; **zazwyczaj kończył ~ę słowami...** he usually closed his letters with the words...; **nasza ~a urwała się** our correspondence ended abruptly; **adres do ~i** address for correspondence, correspondence a. mailing address; **tajemnica ~i** the confidentiality a. secrecy of correspondence [2] *sgt (zbiór listów)* correspondence; *(porcja listów)* post GB, mail; **~a Beethovena** Beethoven's correspondence; **zachowała się jego bogata ~a z Darwinem** his prolific correspondence with Darwin has been preserved; **przejrzeć codzienną ~ę** to go through one's daily post a. mail; **lektura zaległej ~i** catching up on one's (unread) post a. mail; **odpowiadać na ~ę** to answer the a. one's post a. mail [3] *(Gpl ~i)* Dzien. *(artykuł)* report; **~a z Afganistanu** a report from Afghanistan; **~e wojenne** war reports [4] *(Gpl ~i)* książk. *(związek)* correspondence **(między czymś a czymś** between sth and sth)

korespondenc|ki *adi. [obowiązki]* correspondent's

korespondencyjnie *adv. [zgłosić się, załatwić]* by mail; **uczyć się ~** to take a correspondence course; **studiować ~** to take a correspondence degree course; **grać z kimś ~ w szachy** to play correspondence chess with sb

korespondencyjn|y *adi. [kurs, nauka, studia]* correspondence *attr.*; **~a znajomość** a pen friendship; **załatwić coś/ skontaktować się z kimś drogą ~ą** to arrange sth/to contact sb by mail; **utrzymywać z kimś kontakt ~y** to keep in touch with sb by mail

koresponden|t *m*, **~tka** *f* [1] *(osoba pisząca listy)* correspondent [2] Dzien. correspondent; **~t „Gazety Wyborczej"** a correspondent for 'Gazeta Wyborcza'; **~t „Times'a"** a 'Times' correspondent; **~t wojenny** a war correspondent; **~t zagraniczny** a foreign correspondent [3] **członek ~t** Nauk. corresponding member

korespond|ować *impf vi* [1] *(pisać listy)* to correspond **(z kimś** with sb); **~owali (ze sobą) przez długie lata** they corresponded for many years [2] książk. *(odpowiadać czemuś)* to correspond **(z czymś** to sth)

kork|i *plt* pot. *(korepetycje)* (extra) private lessons; **~i z matematyki** private maths lessons; **brać ~i** to take extra lessons; **dawać ~i** to give private lessons; **poszła na ~i (z matmy)** she's gone to her (maths) lesson

korkociąg *m (G ~u)* [1] *(do butelek)* corkscrew [2] Lotn. *(w dół)* spin, spiral dive; *(w górę)* corkscrew manoeuvre GB, corkscrew maneuver US; **wprowadzić samolot w ~** *[lotnik]* to perform a. do a corkscrew manoeuvre/spin a. spiral dive; **wpaść w ~** *[samolot]* to go into a spin a. spiral dive; **wyprowadzić samolot z ~u** *[lotnik]* to pull out of a corkscrew manoeuvre/spin a. spiral dive; **wyjść z ~u** *[samolot]* to pull out of a corkscrew manoeuvre/spin a. spiral dive

kork|ować *impf* **[]** *vt* [1] *(zamykać)* to cork *[butelkę]* ⇒ **zakorkować** [2] pot. *(tarasować)* to block *[drogę, ruch]*; **w godzinach szczytu**

~ują się oba mosty at rush hour both bridges are jammed ⇒ **zakorkować**

[] *vi* pot. *(umierać)* to conk out pot., to peg out GB pot. ⇒ **wykorkować**

korkow|iec *m* [1] *(pistolet)* cap gun; **strzelać z ~ca** to fire a cap gun [2] Zool. *a kind of Mediterranean octocoral*

❑ **~iec amurski** Bot. cork tree, Amur corktree

korkow|y *adi. [kask, izolacja]* cork *attr.*

kormoran *m* Zool. cormorant

❑ **~ czubaty** Zool. shag

korne|r *m* Sport corner (kick)

korne|t¹ *m (G ~tu)* Hist., Relig. coif

korne|t² *m (G ~tu)* Muz. [1] *(instrument)* cornet; **grać na ~cie** to play the cornet [2] *(w organach)* cornet

kornie *adv. grad.* książk. *[prosić]* humbly; **~ proszę o wybaczenie** I humbly beg forgiveness a. your pardon książk.

kornik *m* Zool. bark beetle, woodworm; **przeżarty przez ~i** wormy, worm-eaten; **stare meble toczone przez ~i** wormy a. worm-eaten old furniture, old furniture with woodworm

❑ **~ drukarz** Zool. spruce bark beetle

korniszon *m (A ~a)* (pickled) gherkin

korn|y *adi. grad.* książk. *[ukłon, spojrzenie, postawa]* humble; **„pański ~y sługa"** 'your obedient a. humble servant' książk.

korod|ować *impf* **[]** *vt [środek chemiczny, sól]* to corrode *[metal, samochód]*; **~ujące działanie wody morskiej** the corrosive action of sea water ⇒ **skorodować**

[] *vi [metal, rury]* to corrode; **~ujące rury** corroding pipes ⇒ **skorodować**

koron|a *f* [1] *(na głowie)* crown; *(diadem)* tiara; **złota/diamentowa ~a** a gold/diamond crown; **~a królewska** a royal crown; **bogato zdobiona ~a** a richly decorated crown; **nosić/włożyć ~ę** to wear/put on a crown; **król Jerzy w ~ie** King George wearing his crown; **orzeł w ~ie** a crowned eagle; **przyjął ~ę z rąk cesarza** he was crowned by the emperor; **~a z kwiatów i liści** a crown of flowers and leaves; **ubiegłoroczna Miss Świata włożyła ~ę na głowę swojej następczyni** the previous Miss World crowned her successor [2] *(władza)* crown; **zdobyć/stracić ~ę** to win/lose the crown [3] Hist. *(królestwo)* the Crown; **~a Szwedzka** the Swedish Crown; **lenno ~y polskiej** a dependency a. fief of the Polish Crown; **być wiernym ~ie** to be loyal to the Crown [4] Hist. **Korona (polska)** the Crown (of the Kingdom of Poland); **Mazowsze przeszło na własność Korony** Mazovia was incorporated into the Crown territories [5] *(fryzura)* **~a rudych/ czarnych włosów** a crown of red/black hair; **nosić ~ę warkoczy** to wear a crown of braids; **włosy upięte a. ułożone w ~ę** hair pinned a. done up in a crown of braids [6] Bot. *(część drzewa)* crown; **bujna ~a** a dense crown; **drzewa o rozłożystych ~ach** trees with wide-spreading crowns; **ptaki ukryte w ~ach drzew** birds hidden among the branches of the trees [7] Bot. *(część kwiatu)* corona [8] *(budowli, zapory)* top **(czegoś** of sth) [9] Anat. *(część zęba)* crown [10] Stomat. *(osłona)* crown, cap; **wstawić** a. **założyć ~ę** to place a. put

a crown on a tooth, to cap a tooth; **wstawić a. założyć sobie ~ę** to have a tooth crowned, to have a crown put on one's tooth [11] *(ukoronowanie)* **~a boskiego stworzenia** the crown of God's creation; **~a kolekcji** the pride of a collection [12] Fin. *(waluta) (szwedzka, islandzka)* crown, krona; *(czeska)* crown, koruna; *(duńska, norweska)* crown, krone [13] Gry *(cztery asy)* (no-trumps) honours GB, (no-trumps) honors US; four aces [14] Myślis. *(deer/elk)* antler crown

❑ **~a cierniowa** Bibl. crown of thorns; Zool. crown of thorns; **~a słoneczna** Astron. corona

■ **~a ci z głowy nie spadnie, jeśli to zrobisz** it wouldn't hurt you to do it; **~a im z głowy nie spadnie, jeżeli poczekają chwilę** it won't hurt them to wait a bit

koronacj|a *f (Gpl ~i)* coronation; **~a Karola Wielkiego** the coronation of Charlemagne; **~a obrazu/figury Matki Boskiej** the coronation of a picture/statue of Our Lady; **~a Miss Polonii** the coronation of Miss Poland

koronacyjn|y *adi. [ceremonia, insygnia, miecz]* coronation *attr.*

koronczar|ka *f* lacemaker

koron|ka *f* [1] *(ozdoba)* lace; **~ki brukselskie/brabanckie** Brussels/Bruges lace; **suknia z weneckich ~ek** a Venetian lace dress; **obrus z ~ki** a lace tablecloth; **chusteczka przybrana ~ką** a lace-trimmed handkerchief [2] książk., przen. **~ka pajęczyny** a lacy spiderweb [3] dem. Stomat. crown, cap [4] Relig. chaplet; **odmawiać ~kę do Miłosierdzia Bożego** to say the Chaplet of Divine Mercy [5] Techn. *(piła)* crown saw [6] Gry *(sekwens)* honours GB, honors US

koronkar|ka *f* [1] *(kobieta)* lacemaker [2] *(maszyna)* lace machine

koronkars|ki *adi. [warsztat, przemysł]* lace-making

koronkarstw|o *n sgt* lacemaking

koronkowo *adv.* **~ rzeźbiony** intricately carved; **praca została ~ wykonana** the work was meticulously done

koronkowoś|ć *f sgt (planu, projektu, argumentu)* intricacy; **~ć wykonania** fineness of execution

koronkow|y *adi.* [1] *(zrobiony z koronek)* *[obrus, firanka, suknia]* lace *attr.* [2] *[ozdoby, arkady]* lacy; **~a brama** an intricately ornamented gate

■ **~a robota** fine work

koronn|y *adi.* [1] *[dobra, insygnia, ziemie]* crown *attr.*; **klejnoty ~e** the crown jewels [2] Hist. *(polski)* **wojska ~e** the Polish army; **hetman wielki ~y** Grand Hetman of the Crown *(supreme commander of the Polish army)* [3] *(główny)* key; **~y świadek** a key a. star witness; **to jest ich ~y argument** they use it as their crowning argument; **~y dowód dla prokuratury** the key evidence for the prosecution; **~y zarzut kierowany wobec kogoś** the principal charge(s) against sb [4] Prawo **świadek ~y** an accomplice or accessory who turns Queen's/King's evidence; **być świadkiem ~ym** to turn Queen's/King's evidence GB, to turn State's evidence US

koron|ować *pf impf* **I** *vt* **1** (wkładać koronę) to crown *[króla, obraz]*; **~ować kogoś na króla Polski** to crown sb king of Poland; **obraz Matki Boskiej ~owany przez papieża** a painting of Our Lady crowned by the pope ⇒ **ukoronować** **2** książk. (wieńczyć) to crown; **ta książka ~uje jego długoletnią karierę** the book crowns his long career ⇒ **ukoronować** **II koronować się** **1** (zostać ukoronowanym) to be crowned ⇒ **ukoronować się** **2** (dokonać własnej koronacji) to crown oneself; **~ował się na cesarza** he crowned himself emperor ⇒ **ukoronować się**

koronowan|y **I** *pp* → **koronować** **II** *adi.* crowned; **pierwszy ~y władca Polski** the first crowned ruler of Poland

korowodow|y *adi. [taniec]* processional

korow|ód **I** *m* (*G* **~odu**) **1** (pochód) procession; **~ód tancerzy/grajków** a procession of dancers/musicians; **iść ~odem** to walk in a procession; **barwny ~ód sunął po ulicach** a colourful procession made its way through the streets; **roztańczony ~ód gości weselnych** a procession of dancing wedding guests **2** książk., przen. procession; **~ód twarzy/zdarzeń** a procession of faces/events; **wprowadza w swojej powieści cały ~ód ludzkich typów** in his novel he depicts a whole gamut of characters a. types **III korowody** *plt* (zabiegi) manoeuvring GB, maneuvering US; (ceregiele) fuss; **po długich ~odach** after a lot of fuss; **trwają różne prawnicze ~ody** there's all sorts of legal manoeuvring going on

korozj|a *f sgt* (niszczenie) corrosion; **odporny na ~ę** corrosion-proof; **podatny na ~ę** susceptible to corrosion, corrosion-prone; **zaatakowany przez ~ę** attacked by corrosion
❏ **~a biologiczna** biological corrosion; **~a magmowa** Geol. magmatic corrosion

korozyjn|y *adi. [proces]* corrosion attr.

korporacj|a *f* (*Gpl* **~i**) **1** (firma) corporation; **międzynarodowa ~a** an international corporation **2** Hist. association, corporation; **~a kupiecka** a merchant(s') association; **~e studenckie** pre-war students' associations

korporacyjn|y *adi.* **1** [państwo] corporative, corporate; [imperium, gospodarka] corporate **2** Hist. [czapka, bal] student(s') association attr.

korpulentn|y *adi.* książk. [mężczyzna, kobieta] corpulent książk.; **jest bardziej ~y niż kiedyś** he's stouter than before

korpus *m* (*G* **~u**) **1** (tułów) trunk, torso; **masywny/wątły ~** a massive/frail torso; **ludzki ~** a human trunk; **seria ciosów w ~** a series of punches to the trunk a. torso **2** (główna część) (statku) hull, (main) body (**czegoś** of sth); (silnika, budynku) (main) body (**czegoś** of sth) **3** Wojsk. corps; **~ powietrzno-desantowy** a paratroop(er) corps **4** Jęz. corpus; **komputerowy ~ języka polskiego** an electronic corpus of the Polish language
❏ **~ dyplomatyczny** the diplomatic corps; **~ kadetów** Hist., Wojsk. (army) cadet school; **~ służby cywilnej** civil service

korrida → **corrida**

korsars|ki *adi.* **1** (kaperski) *[statek]* privateer attr. **2** (piracki) *[statek, napad]* pirate attr.; corsair attr. przest.

korsarstw|o *n sgt* **1** (kaperstwo) privateering **2** (piractwo) piracy

korsa|rz *m* (*Gpl* **~rzy**) **1** (kaper) privateer **2** (pirat) pirate; corsair przest.

kor|t¹ *m* (*G* **~tu**) Sport court; **~t tenisowy** a tennis court; **~t ziemny/trawiasty** a clay/grass court; **turniej na ~tach Rolanda Garrosa** the championship at (the) Roland Garros (courts); **posłać piłkę w głąb ~tu** to play the ball to the back of the court; **grać z głębi ~tu** to play from the back of the court

kor|t² *m* (*G* **~tu**) Włók. corduroy, cord; **garnitur z szarego ~tu** a grey corduroy a. cord suit

kortlan|d → **cortland**

kortow|y¹ *adi.* Sport [nawierzchnia] court attr.

kortow|y² *adi.* Włók. [płaszcz, marynarka] corduroy attr., cord attr.

korump|ować *impf vt* to corrupt [polityka, urzędnika]; **~owanie funkcjonariuszy państwowych** the corruption of government officials, bribing government officials ⇒ **skorumpować**

korupcj|a *f sgt* **1** (łapówkarstwo) corruption; **~a wśród wysokich urzędników państwowych** corruption among top government officials; **przeciwdziałać ~i** to fight corruption **2** przest., książk. (obniżenie norm moralnych) corruption; **~a wartości** the corruption of values

korupcyjn|y *adi.* corruption attr.; **afera ~a** a corruption scandal

korwe|ta *f* Żegl. **1** Hist. corvette **2** Wojsk. corvette

koryfeusz *m* (*Gpl* **~y** a. **~ów**) **1** książk. outstanding figure; **~ polskiego życia literackiego** an outstanding figure of Polish letters **2** Antycz. coryphaeus

koryg|ować *impf vt* **1** (poprawiać) to correct [błąd, harmonogram, zachowanie]; **~ować wadę wzroku** to correct a vision defect ⇒ **skorygować** **2** Wyd. to proof(-read) [artykuł, tekst] ⇒ **skorygować**

korync|ki *adi.* Corinthian

korytarz *m* **1** (w budynku) corridor, hall(way) US; **wąski/szeroki ~** a narrow/wide corridor a. hall(way); **~ szpitalny** a hospital corridor; **na ~u** in the corridor a. hall(way); **iść ~em** to walk along the corridor a. hall(way); **przejść przez ~** a. **~em** to go down the corridor a. hall(way); **w** a. **na końcu ~a** at the end of the corridor a. hall(way); **po drugiej stronie ~a** across the corridor a. hall; **~ prowadzi do sypialni** the corridor a. hall(way) leads to the bedroom **2** (tunel) corridor, tunnel; (w kopalni) gallery; **~ podziemny** an underground corridor a. tunnel; **~ skalny** a mountain corridor; **~e kretów** mole tunnels; **skomplikowany system ~y** a complicated system of corridors a. tunnels; **drążyć ~ w skale** to tunnel through rock **3** Polit. corridor; **~ do morza** a corridor to the sea; **utworzyć ~ dla ludności cywilnej** to open a safe corridor for civilians
❏ **~ powietrzny** a. **lotniczy** air corridor

korytarzow|y *adi.* **1** (w budynku) *[oświetlenie]* corridor attr., hall(way) attr. US; **~e plotki** corridor gossip, scuttlebutt US pot. **2** (pod ziemią) *[przejście]* tunnel attr.

korytarzyk *m dem.* **1** (w budynku) (narrow) corridor, (narrow) hall(way) US **2** (pod ziemią) (narrow) corridor, (narrow) tunnel

koryt|ko *n dem.* **1** (dla zwierząt) (small) trough **2** (na kwiaty) flower-box

koryt|o *n* **1** (dla zwierząt) trough; **~to dla świń** a pig trough; **tłoczyć się przy ~cie** to crowd around the trough **2** (rzeki) (river) channel; **dawne ~to Wisły** the old channel of the Vistula river; **wyschnięte ~to rzeki/strumienia** a dried-up river bed/stream bed; **rzeka popłynęła swoim starym ~tem** the river reverted to its old channel **3** pot., pejor. (władza) **dorwać się do ~ta** to grab a piece of the pie a. action pot. **4** pot., pejor. (jedzenie) **myśli tylko o ~cie** all he thinks about is filling his belly pot., pejor.
■ **pchać się jak świnia do ~ta** posp. to push and shove like pigs at a trough

ko|rzec *m* daw. **1** (miara objętości) an old unit of dry measure equivalent to approximately 120 litres **2** (miara wagi) an old unit of weight equivalent to approximately 98 kg
■ **trzymać coś pod korcem** to keep something under one's hat; **dobrać się jak w korcu maku** [para] to be made for each other; [koledzy] to make a perfect team

korzeni|ć się *impf v refl.* [roślina] to develop roots, to root ⇒ **ukorzenić się**

korzeniow|y *adi.* **1** [warzywo, roślina] root attr.; **system ~y rośliny** the root system of a plant **2** Kulin. **przyprawy ~e** spices **3** Stomat. root attr.; endodontic spec.; **przewód ~y zęba** the root canal (of a tooth)

korzennie *adi.* **pachnieć ~** to smell spicy a. of spices; **pachnący ~** spicy-smelling

korzenn|y *adi.* **1** [aromat, sos] spice attr.; **~e wino** spiced wine; **przyprawy ~e** spices **2** przest. [kupiec, sklep] spice attr.

korze|ń **I** *m* **1** Bot. root; **~ń główny/boczny** the main/a lateral root; **splątane ~nie drzew** tangled tree roots; **potknąć się o wystający ~ń** to trip over a protruding root; **wypuścić ~nie** to develop roots; **zapuścić ~nie** [roślina] to establish roots; to take root także przen.; [osoba, rodzina] to put down roots; **wyrwać coś z ~niami** to uproot sth także przen. **2** Anat. root; **~ń zęba/paznokcia/włosa** the root of a tooth/nail/hair **II korzenie** *plt* **1** Kulin. (przyprawy) spices **2** (początki) root; **~nie wszelkiego zła** the root of all evil; **sięgać swymi ~niami czegoś** to have its roots in sth; **~nie tej muzyki tkwią w jazzie** this music has its roots in jazz **3** (pochodzenie) roots; **jego ~nie były w Polsce** his roots were in Poland
❏ **~ń przybyszowy** Bot. adventitious root; **czarny ~ń** Bot. black salsify

korzon|ek **I** *m dem.* **1** Bot. (small) root, rootlet **2** Anat. root; **~ki włosów** (hair) roots **II korzonki** *plt* **~ki (nerwowe)** nerve roots, radicles; **zapalenie ~ków** radiculitis

spec.; **bolą mnie ~ki** my sciatica a. lumbago is acting up
- ■ **zaczerwienić się po ~ki włosów** to go red to the roots of ones's hair

korz|yć się *impf v refl.* książk. to humble oneself (**przed kimś** before sb) ⇒ **ukorzyć się**

korzysta|ć *impf vi* [1] (używać) to use *vt*; **~ć z czegoś** to use sth; **~ć z telefonu/ łazienki/kuchni** to use the telephone/ bathroom/kitchen; **~ć z czyichś doświadczeń** to make use of a. draw on sb's experience; **~ć z czyichś rad** to take sb's advice; **~ć z czyichś usług** to make use of sb's services; **~ pani z tego miejsca?** is this seat taken? ⇒ **skorzystać** [2] (wykorzystywać) to take advantage (**z czegoś** of sth); **~ć z czyjegoś zaproszenia** to take sb up on an invitation; **~ć z okazji** to seize an opportunity; **robić karierę, ~jąc ze znajomości** to build one's career thanks to one's connections; **złodziej uciekł, ~jąc z ogólnego zamieszania** the thief took the opportunity to escape in the general confusion ⇒ **skorzystać** [3] (mieć prawo) **~ć z przywileju/prawa** to exercise a privilege/ right; **~ć z zasiłku/stypendium** to receive benefit(s)/a grant ⇒ **skorzystać** [4] (odnosić korzyści) to benefit (**na czymś** from sth); **nic na tym nie ~m** I don't get anything out of it at all ⇒ **skorzystać**
- ■ **gdzie się dwóch bije, tam trzeci ~** przysł. two dogs fight a. strive for a bone and a third (dog) runs away with it; when two quarrel, a third wins

korzystnie *adv.* grad. [1] *[zainwestować, sprzedać]* at a profit [2] (pomyślnie) **wpływać na coś ~** to do sth good [3] (przychylnie) favourably GB, favorably US; **zaprezentować się jak najkorzystniej** to present oneself in the best possible light; **wyglądać ~** to look good

korzystn|y *adi.* grad. [1] (intratny) *[wymiana, posada]* profitable, advantageous; **wzajemnie ~y** mutually advantageous; **wybrać najkorzystniejszą ofertę** to choose the most advantageous offer [2] (pomyślny) *[położenie, sytuacja]* beneficial, favourable GB, favorable US; **~e warunki klimatyczne** favourable weather conditions; **rozwiązanie ~e dla kogoś** a solution favourable to sb [3] (pozytywny) *[wrażenie]* favourable GB, favorable US; **wywrzeć na kimś ~e wrażenie** to make a favourable impression on sb; **przedstawić kogoś/coś w ~ym świetle** to present sb/sth in a favourable light

korzyś|ć *f* (*Gpl* **~ci**) [1] (pożytek) benefit; **~ci płynące z czegoś** the benefits of sth; **przynieść komuś/czemuś ~ć** to benefit sb/sth; **wyjść komuś na ~ć** to work to sb's advantage a. benefit; **wyciągnąć z czegoś ~ć dla siebie** to benefit from sth; **jaką będę miał z tego ~ć?** what do I get out of it?; **być z ~cią dla kogoś/czegoś** to be of benefit to sb/sth; **abdykować na czyjąś ~ć** to abdicate in favour of sb; **zasądzić całą sumę na czyjąś ~ć** to award the entire sum to sb; **ograniczyć coś na ~ć czegoś** to reduce sth in favour of sth; **świadczyć** a. **przemawiać na czyjąś ~ć** to reflect well on a. speak well of sb;

porównanie wypadło na naszą ~ć the comparison worked to our advantage; **argumenty przemawiające na ~ć tej hipotezy** arguments in support of the hypothesis; **zmienić się na ~ć** *[osoba]* to change for the better [2] (zysk) profit, benefit; **czerpać ~ci z czegoś** to profit a. benefit from sth; **odnosić ~ci materialne z czegoś** to profit from sth, to derive material benefit a. gain from sth; **przynosić duże ~ci** to be very profitable; **interes nie przynosi spodziewanych ~ci** the business is not as profitable as expected; **sprzedać coś z ~cią** to sell sth at a profit

kos *m* Zool blackbird

kos|a *f* [1] (narzędzie) scythe; **ścinać trawę ~ą** to cut grass with a scythe; **wyklepać ~ę** to hammer out a scythe; **chłopi uzbrojeni w ~y na sztorc nasadzone** Hist. scythe-bearing peasants [2] (ostrze maszyny) blade [3] Geog. spit [4] pot. (ostry nauczyciel) strict teacher; **nasz nauczyciel jest straszną ~ą** our teacher is a hard taskmaster a. real slave-driver pot. [5] pot. (nóż) knife; shiv US pot. [6] zw. *pl* przest. (warkocz) plait, braid
- ❑ **~a kuśnierska** furrier's knife

kosa|ciec *m* (*A* **~ćca**) Bot. iris, flag

kosarz *m* Zool. harvestman (spider), daddy longlegs

kosiar|ka *f* [1] (maszyna rolnicza) mower, reaper [2] (do trawników) (lawn)mower; **~ka elektryczna** an electric lawnmower; **~ka spalinowa** a petrol lawnmower GB, a gas a. gas(oline)-powered lawnmower US

kosiarz *m* (*Gpl* **~y**) reaper

ko|sić *impf* **[]** *vt* [1] (ścinać) to reap *[zboże]*; (kosą) to scythe; (maszyną) to mow *[trawę, siano, trawnik, łąkę]*; **kosić żyto/pszenicę** to reap rye/wheat; **świeżo koszony trawnik** a freshly mown lawn; **po pierwszym koszeniu** after the first mowing ⇒ **skosić** [2] pot. (zarabiać, zdobywać) to rake in pot. *[forsę]*; to sweep up pot. *[nagrody]*; **kosić szmal** to rake it in ⇒ **skosić** [3] pot. (na egzaminie) to fail; to flunk US pot. *[uczniów, kandydatów]*; **na egzaminie strasznie kosili im** the exam they failed people left and right ⇒ **skosić** [4] pot. (zabijać) *[choroba]* to kill **[]** *vi* pot. (strzelać) *[karabin]* to blast away pot.; **kosić z karabinu maszynowego** to blast one's machine gun

kosma|ty *adi.* *[gąsienica, człowiek, zwierzę]* hairy; *[zwierzę, włosy]* shaggy; *[materiał, ręcznik]* fleecy
- ■ **~te myśli** pot. naughty thoughts pot.

kosmetycz|ka *f* [1] (osoba) beautician, cosmetician US; **pójść do ~ki** to go to a cosmetician('s) a. beauty parlour [2] (torebka) vanity case a. bag, make-up bag, toilet bag, sponge bag GB

kosmetyczn|y *adi.* [1] *[środek, artykuł, preparat]* cosmetic; **operacja ~a** cosmetic a. plastic surgery; **mleczko ~e** cleansing lotion; **zabieg/gabinet ~y** a beauty treatment/parlour a. salon [2] przen. *[prace, zmiana]* cosmetic; **zmiany były czysto ~e** the changes were merely cosmetic

kosmetyk *m* (*G* **~u**) cosmetic; **~i** (do mycia) toiletries *pl*; **~i dla kobiet/mężczyzn** cosmetics for women/men; **~i do**

pielęgnacji włosów hair-care products; **~i samochodowe** car cosmetics

kosmety|ka *f sgt* [1] (sztuka upiększania) cosmetology [2] (zabiegi kosmetyczne) beauty a. cosmetic treatments [3] (upiększanie) cosmetic work; **~ka wnętrza budynku** cosmetic work to the interior of the building

kosmicznie *adv.* pot. *[drogi]* astronomically pot.

kosmiczn|y *adi.* [1] (pozaziemski) *[promieniowanie, materia]* cosmic; *[podróż, spacer, statek, technologia]* space *attr.* [2] (nie do ogarnięcia) *[problem, dramat, samotność]* cosmic [3] pot. *[nieporozumienie]* colossal, phenomenal; **to była jakaś ~a bzdura** it was (some sort of) utter nonsense

kosmi|ta *m*, **~tka** *f* alien; **nie wierzę w ~tów** I don't believe in aliens

kosmodrom *m* (*G* **~u**) Astronaut. launch site; (w Rosji) cosmodrome

kosmogoni|a /ˌkosmo'ɡɔɲa/ *f* (*GD* **~i**) [1] sgt Astron. cosmogony [2] (*Gpl* **~i**) Mitol. cosmogony; **mitologiczne ~e** mythological cosmogonies

kosmogoniczn|y *adi.* Astron., Mitol. *[zagadnienie, hipoteza, mit, wizja]* cosmogonic(al)

kosmologi|a *f* (*GD* **~i**) [1] sgt Astron. cosmology [2] (*Gpl* **~i**) Filoz. cosmology

kosmologiczn|y *adi.* Astron., Filoz. *[wiedza, koncepcja, system]* cosmological

kosmonau|ta /ˌkosmo'nawta/ *m* astronaut; (rosyjski) cosmonaut

kosmonaut|ka /ˌkosmo'nawtka/ *f* astronaut; (rosyjska) cosmonaut

kosmonautyczn|y /ˌkosmonaw'tɪtʃnɪ/ *adi.* *[badania]* astronautical, space *attr.*

kosmonauty|ka /ˌkosmo'nawtɪka/ *f sgt* space science, astronautics

kosmopoli|ta *m* [1] (osoba) cosmopolitan, cosmopolite [2] Biol. cosmopolitan, cosmopolite

kosmopolit|ka *f* cosmopolitan, cosmopolite

kosmopolityczn|y *adi.* [1] *[postawa, poglądy]* cosmopolitan [2] Biol. *[organizm]* cosmopolitan

kosmopolityzm *m sgt* cosmopolitanism

kosmos *m sgt* [1] (przestrzeń pozaziemska) outer space; **loty w ~** space flights; **przybysz z ~u** a visitor from outer space [2] (wszechświat) universe, cosmos; **najdalsze zakątki ~u** the furthest a. remotest corners of the universe; **miejsce człowieka w ~ie** man's place in the universe a. cosmos

kosmycz|ek *m dem.* thin lock a. strand of hair

kosmyk *m* [1] (włosów) lock a. strand of hair [2] Myślis. scut, hare's tail

koso *adv.* przest. askance; **patrzeć** a. **spoglądać na kogoś ~** przen. to look askance at sb

kos|odrzewina, ~ówka *f sgt* Bot. dwarf mountain pine

kos|odrzewinowy, ~ówkowy *adi.* dwarf mountain pine *attr.*

kostecz|ka *f dem.* [1] (w szkielecie) ossicle, small bone; (rybia) bone, bonelet [2] (wzór) check, chequer(ed) GB a. checker(ed) US pattern; **wzór w ~kę** a check a. chequer(ed) a. checker(ed) pattern
- ❑ **~ki słuchowe** Anat. auditory ossicles

kostium *m* (~ik *dem.*) (*G* ~u, ~iku) ▢1 (ubranie) (skirt) suit; costume GB przest.; ~ **wizytowy/sportowy** a formal/casual suit; **spódnica/żakiet od** ~u the skirt/jacket of a. from a suit ▢2 (przebranie) costume; ~ **teatralny/historyczny** stage a. theatrical/period costume ▢3 Sport kit *U* GB; ~ **gimnastyczny** gym kit; ~ **kąpielowy/plażowy** a swimming costume/beach outfit; **jednoczęściowy/dwuczęściowy** ~ **kąpielowy** a one-piece/two-piece swimming costume

kostiumow|y *adi.* ▢1 Włók. suit *attr.*; **tkanina** ~a/**materiał** ~y suit material, suiting ▢2 Teatr costume *attr.*; **pracownia/rekwizytornia** ~a a costume workshop/storage room; **próba** ~a a dress rehearsal

kost|ka *f* ▢1 *dem.* (w szkielecie) small bone; **zbielałe** ~**ki zaciśniętych dłoni** the white knuckles of clenched fists; **pilnie obgryzał** ~**ki kurczaka** he was busy picking some chicken bones ▢2 (w nodze) ankle bone; (nad nadgarstkiem) wrist bone; **sukienka do** ~ek an ankle-length dress; **weszliśmy w wodę po** ~ki we went ankle-deep into the water; **zwichnąć a. skręcić nogę w** ~ce to twist one's ankle ▢3 Gry ~**ki do gry** dice; ~**ki domina** dominoes; **rzucać** ~**ką** to throw the dice ▢4 (kształt) cube; ~**ki lodu** ice cubes; ~**ka masła** a packet of butter; **cukier w** ~**kach** lump sugar; **pokroić coś w (drobną)** ~**kę** to dice a. cube sth, to cut sth into dice a. cubes; **ziemniaki pokrojone w** ~**kę** diced potatoes; **złożyć piżamę/koszulę/koc w** ~**kę** to fold (up) one's pyjamas/shirt/blanket neatly ▢5 Budow. (do brukowania) sett (stone), paving block; **granitowa** ~**ka** a granite sett; **ulica wyłożona** ~**ką** ≈ a cobbled a. cobble-stoned street ▢6 *sgt* (nawierzchnia) ≈ cobbled surface ▢7 Muz. plectrum; pick pot. ▢8 środ., Elektron., chip
▫ ~**ka rosołowa** Kulin. stock cube; ~**ka Rubika** Gry Rubik's cube

kostnic|a *f* mortuary, morgue; **zimno jak w** ~y as cold as a morgue

kostni|eć *impf* (~eję, ~ał, ~eli) *vi* ▢1 (marznąć) to go numb, to freeze; ~**eć z zimna** to go numb with cold; **jak tu zimno, ręce mi** ~**eją** it's so cold in here, my hands are numb a. frozen ⇒ **skostnieć** ▢2 pejor. (nie ulegać zmianom) to become ossified książk., pejor.; ~**eć w poglądach/ideach/sposobie myślenia** to become ossified in one's views/ideas/way of thinking ⇒ **skostnieć** ▢3 Anat. [tkanka, szkielet, chrząstka] to ossify ⇒ **skostnieć**

kostn|y *adi.* ▢1 Anat. [szpik] bone *attr.*; **układ** ~y bone structure ▢2 (wypreparowany z kości) **klej/tłuszcz** ~y bone glue/fat; **mączka** ~**a** bonemeal

kostropa|ty *adi.* ▢1 [twarz, ręce] coarse, rough ▢2 [deska, pień] rough

kostu|cha *f* pot. the Grim Reaper

kostu|r *m* przest. (gruby kij) cane
▫ ~r **sadzarski** Ogr. dibble, dibber GB

kostycznie *adv. grad.* książk. [śmiać się, wyrażać się, krytykować] caustically

kostyczność *f sgt* książk. causticity

kostyczn|y *adi.* książk. [osoba, uwaga, wyraz twarzy] caustic

---

kos|y *adi.* ▢1 (zezujący) [spojrzenie] cross-eyed; **patrzeć a. spoglądać na coś** ~**ym okiem** przen. to look askance at sth ▢2 (skośny) slanting; ~**e promienie słońca** slanting sunbeams

kosynie|r *m* Hist., Wojsk. scythe-bearing peasant recruit

kosz *m* ▢1 (pojemnik) basket; ~ **z rafii/wikliny** a raffia/wicker basket; ~ **na bieliznę** laundry basket GB, laundry hamper US; ~ **z kwiatami** a flower basket ▢2 (zawartość) basket(ful); ~ **jabłek** a basket of apples ▢3 (na śmieci) waste-paper basket GB, wastebasket US, waste a. rubbish bin GB; **wyrzucić śmieci do** ~a to put a. throw rubbish in the waste bin; **ten artykuł nadaje się do** ~a pot. this article is (nothing but) rubbish ▢4 (plażowy) (roofed wicker) beach chair; **siedzieć/opalać się w** ~**u** to sit/sunbathe in a beach chair ▢5 (przy motocyklu) sidecar; **motocykl z** ~**em** a (sidecar a. motorcycle) combination GB, a sidecar machine ▢6 (balonu) basket ▢7 Sport (obręcz w koszykówce) basket; **rzucić celnie do** ~a to put the ball in the basket ▢8 (*A* ~a) Sport (celny rzut w koszykówce) basket; **strzelić** ~a to score a goal; **drużyna zdobyła już pięć** ~y the team has already scored five goals ▢9 *sgt* (*A* ~a) pot. (koszykówka) basketball; **grać w** ~a to play basketball; to shoot hoops US pot. ▢10 Sport (w szermierce) guard ▢11 Myślis. hunting screen, blind US
▫ ~ **masztowy** Żegl. top
■ **dać komuś** ~a to turn sb down; **dostać** ~a to be a. get turned down

koszał|ki-opałki *plt* (*G* koszałek-opałek a. koszałków-opałków) pot. twaddle *U* pot.; fiddle-faddle *U*; **gadać a. pleść koszałki-opałki** to talk (absolute) twaddle

koszar|ować *impf* ▢ *vt* ▢1 Wojsk. to locate [sb] in barracks, to barrack [żołnierzy] ⇒ **skoszarować** ▢2 (umieszczać w zagrodach) to keep [sth] in pens a. stalls, to pen [bydło] ▢ *vi* [wojsko] to be barracked

koszarow|y *adi.* ▢1 Wojsk. [życie, dyscyplina] barrack(s) *attr.*, barrack-room; [kantyna] barracks *attr.* ▢2 **zagroda** ~a a cattle/sheep pen a. stall

koszar|y *plt* (*G* ~) Wojsk. barracks (+ *v sg/pl*); **zakwaterować żołnierzy w** ~**ach** to quarter soldiers in barracks

kosze|r Relig. ▢ *m sgt* (*G* ~ru) Jewish food laws *pl*; **przestrzegać** ~ru to keep a. eat kosher; **przyrządzać potrawy zgodnie z** ~rem to keep a strict kosher kitchen ▢ *adi. inv.* kosher; **możesz jeść spokojnie, wszystko jest** ~ don't worry, all the food is kosher

koszerność *f sgt* Relig. kosherness; ~ć **potraw i napojów** the kosherness of food and drink

koszern|y *adi.* Relig. [kuchnia, mięso, restauracja] kosher

koszma|r *m* (*G* ~ru) ▢1 (zły sen) nightmare; **śnić** ~ry to have nightmares; **sceny jak z sennego** ~ru nightmare scenes ▢2 (makabra) nightmare, horror; ~r **obozów koncentracyjnych** the horror a. nightmare of the concentration camps; **przetrwać** ~r **egzaminów** to survive the nightmare of the exams; **podróż w takim upale, co za** ~r!

---

travelling in such heat – what a nightmare!; **jej życie było** ~rem her life was a nightmare

koszmar|ek *m* ▢1 *zw. pl* pot. (tandetny wyrób) trashy item *zw. pl*; **jarmarczne** ~**ki** trashy trinkets a. baubles; **moda na zabawki** ~**ki** fad for nasty, cheap toys ▢2 *dem.* (*G* ~ku) (zły sen) żart., iron. bad dream, nightmare

koszmarnie ▢ *adv. grad.* ▢1 (brzydko) horridly pot.; hideously; (tandetnie) trashily; ~ **zbudowany dom** a horridly built house; **w tej sukience wyglądasz** ~ you look terrible in that dress ▢2 (źle) awfully, horribly; **mam grypę i czuję się** ~ I have flu and feel terrible a. awful ▢ *adv.* pot. (bardzo) terribly; **ulice** ~ **brudne** terribly dirty streets; **nudził się** ~ he was terribly a. dreadfully bored; **dni wloką się** ~ the days drag on endlessly

koszmarn|y *adi. grad.* ▢1 (przerażający, straszny) [sen, widok, scena] terrible, ghastly ▢2 (okropny) [życie, dzieciństwo, podróż] terrible, awful ▢3 (brzydki) [osiedle, okolica] horrid pot.; awful; [wygląd, kolor] dreadful, nightmarish; [obraz, śpiew, film] terrible pot.; awful, dreadful; **mieszkać w** ~**ych warunkach** to live in terrible a. dreadful conditions ▢4 (ogromny) [ignorancja, lenistwo, bałagan] dreadful, tremendous ▢5 (oceniany negatywnie) [nudziarz, skąpiec] awful, dreadful; [maniery, słownictwo] shocking, terrible

kosz|t *m* (*G* ~tu, *Npl* ~ty a. ~ta) ▢1 (nakład pieniężny) cost, expense; ~t **utrzymania/transportu/budowy** maintenance/transport/building costs; ~**ty sądowe/manipulacyjne** court/handling costs; **narazić kogoś na** ~**ty** to put sb to some expense; **obliczać/pokrywać** ~**ty remontu domu** to calculate/cover the cost of renovating a house; **zwrot poniesionych** ~**tów** reimbursement of costs incurred; **robić coś na swój a. własny/na czyjś** ~t to do sth at one's own expense/at sb else's expense; **żyć na czyjś** ~t to live off sb ▢2 (strata) expense, cost; **pracował po nocach** ~**tem zdrowia** he did night work at the expense a. cost of his health; **wzbogacił się** ~**tem brata** he became rich at his brother's expense; ~**tem wyrzeczeń skończył studia** with a certain amount of sacrifice, he managed to complete his studies; **społeczeństwo ponosi** ~**ty reform** society bears the costs of the reforms
▫ ~**ty handlowe** Handl. business expenses; ~**ty uzyskania przychodu** Ekon. ≈ tax deductible expenses; ~**ty własne** Ekon. prime costs
■ **jakim bądź a. jakimkolwiek** ~**tem** whatever the cost (may be); **małym a. niewielkim a. tanim** ~**tem** (za niewielką cenę) at little cost; (bez trudu) at little cost, with little (or no) effort; **bawić się cudzym** ~**tem** to enjoy oneself at someone's expense; **żyć cudzym** ~**tem** to live off other people

kosztel|a *f* (*Gpl* ~i) small, green, sweet Polish variety of apple, or the tree it comes from

kosztorys *m* (*G* ~u) (cost) estimate; ~ **budowy/projektu** a building/project estimate; ~ **wydatków** an estimate of expen-

K

diture; **sporządzić ~ czegoś** to cost a. estimate sth
❑ **ślepy ~** Ekon. blank estimate

kosztorysow|y adi. estimate attr.; **~a wartość robót** the estimated cost of the labour

koszt|ować impf **U** vt [1] (stanowić wartość) to cost; **prąd/gaz ~uje coraz więcej** electricity/gas charges keep going up; **ile ~uje wybudowanie domu?** how much does it cost to build a house?; **to cię będzie ~owało majątek!** it'll a. that'll cost you a fortune! [2] (wymagać) to cost; **sukces ~ował go wiele godzin treningu** his success was achieved at the cost of many hours in training; **praca ~owała go wiele nerwów** his job was very nerve-racking a. stressful; **to mnie ~owało wiele zdrowia** it was a nerve-racking experience a. time; **uprzejmość nic nie ~uje** it doesn't cost anything to be polite [3] (spowodować) to cost; **chwila nieuwagi ~owała naszą drużynę utratę bramki** a moment of inattention cost our team a goal [4] książk. (smakować) to sample, to taste (**coś** a. **czegoś** sth); **~ować potrawy/wina** to sample a dish/some wine ⇒ **skosztować**
III vi przen. (doświadczać) to try; **~ować przygód/wrażeń** to experience adventures

kosztowność|ć U f sgt costliness, expensiveness; **~ć podarunku** the costliness a. great expense of a gift
III kosztowności plt valuables; **szkatułka pełna ~ci** a jewel box full of valuables

kosztown|y adi. grad. [1] (drogi) [naszyjnik, pierścionek, samochód, futro, dom] expensive, costly [2] (przynoszący straty) costly, expensive

koszul|a f shirt; **~a z długimi/krótkimi rękawami** a long-/short-sleeved shirt
❑ **~a nocna** nightdress; **brunatne ~e** Hist. Brownshirts; **czarne ~e** Hist. Blackshirts
■ **nosić ~ę w zębach** pot., żart. ≈ to be in one's swaddling clothes; **oddać ostatnią ~ę** to give the shirt off one's back pot.; **zostać w jednej ~i** to not have a shirt to one's back

koszulin|a f (**~ka** dem.) ragged (old) shirt

koszul|ka f [1] (bez rękawów) sleeveless top, vest; (z krótkim rękawem) T-shirt [2] (niemowlęca) baby's (knitted) top [3] (osłona) cover, wrapper; **plastikowe ~ki na dokumenty** plastic sleeves for holding papers a. documents [4] Druk. copperplate [5] Techn. lining [6] Zool. (sericin) coat
❑ **~ka gimnastyczna** singlet GB, gym vest GB, undershirt US; **~ka polo** polo shirt; **~ka wodna** Techn. water-jacket; **~ka żarowa** Techn. (gas) mantle

koszulow|y adi. [kołnierzyk, rękaw, krój] shirt attr.; **materiał ~y** shirting

koszycz|ek m [1] dem. (mały koszyk) (small) basket, punnet; (zawartość) basket(ful); **~ek truskawek/malin** a punnet a. basket(ful) of strawberries/raspberries [2] Bot. capitulum [3] Taniec a dance figure involving two circles of dancers with hands joined [4] Zool. pollen basket

koszyk m [1] (pojemnik) basket; (zawartość) basket(ful); **~ na zakupy** a shopping basket; **~ na chleb** a bread basket; **pełny ~ wiśni/grzybów** a basket full of raspberries/mushrooms; **włożyć coś do ~a** to put

sth into a basket [2] (zestaw) basket; **~ walutowy** Ekon. a currency basket; **~ świadczeń zdrowotnych** a basket of medical services

koszykars|ki adi. [1] Sport basketball attr. [2] [przemysł, warsztat] basket-making, basketry attr.; **wyroby ~kie** basketry products

koszykarstw|o n sgt basket-making, basketry

koszyka|rz m, **~rka** f [1] (Gpl **~rzy**, **~rek**) Sport basketball player [2] (rzemieślnik) basket-maker, basket-weaver

koszykow|y adi. [fotel, walizka, wózek, meble] wicker attr.

koszyków|ka f sgt basketball
❑ **~ka uliczna** streetball

kościan|y adi. [grzebień, figurka, guzik] bone attr.
■ **~y dziadek** pot. a skinny pot. a. wizened old man

koś|ciec m [1] Anat. skeleton; **doznać urazu ~ćca** to suffer (a) skeletal injury [2] (trzon) (bare) bones; **~ciec utworu/zagadnienia** the backbone of the work/the essence of the task; **~ciec budynku** the framework a. basic structure of a building; **~ciec miasta/komunikacji** the hub a. backbone of the city/the transportation system

kościeln|y Relig. **U** adi. [1] [dzwon, zegar, wieża, cmentarz] church attr.; [muzyka, pieśń] sacred [2] [organizacja, hierarchia, ślub] church attr.
III m sexton

kościotrup U m pers. (Npl **~y**) pot., żart. (chudzielec) walking skeleton pot.
III m inanim. [1] książk. (symbol) the Grim Reaper [2] (szkielet) skeleton

kości|ół m [1] (świątynia) church; **~ół pod wezwaniem Bożego Ciała** Corpus Christi Church; **chodzić do ~oła** to go to church [2] (instytucja) **Kościół** the Church; **rozdział Kościoła od Państwa** the separation of church and state a. (the) church from (the) state [3] (wspólnota religijna) **Kościół** Church, denomination; **był członkiem Kościoła metodystycznego** he was a member of the Methodist Church [4] pot. (nabożeństwo) church pot.; **spotkamy się po ~ele** we can meet after church
❑ **Kościół ewangelicko-augsburski** Relig. the Lutheran Church of the Augsburg Confession; **Kościół ewangelicko-reformowany** the Reformed (Calvinist) Church; **Kościół koptyjski** Relig. Coptic Church; **Kościół luterański** Relig. the Lutheran Church; **Kościół prawosławny** the Orthodox Church; **Kościół rzymsko-katolicki** Relig. the Roman Catholic Church; **Kościół wschodni** Relig. the (Eastern) Orthodox Church
■ **pójść pod ~ół** pot. to go out and beg

kości|ółek m dem. small church

kościsto|ść f sgt boniness, skinniness; **~ć twarzy/sylwetki** sb's bony face/figure

kości|sty U adi. [postać, budowa] skinny pot.; bony; [twarz, ręce, palce] bony; [zwierzę, mięso] bony
III kościste plt Zool. Teleostei, bony fishes

koś|ć U f [1] Anat. bone; **złamanie ~ci** a bone fracture; **zapalenie ~ci** inflammation of the bone; **rak ~ci** bone cancer; **mieć mocno zarysowane ~ci policzko-**

we to have prominent cheekbones; **gotować zupę na ~ciach cielęcych** to make soup with veal stock; **rzucił psu ~ć** he threw the dog a bone
II kości plt [1] Gry dice; **grać w ~ci** to play a. throw dice; **wygrać/przegrać w ~ci** to win/lose at dice [2] książk. (zwłoki) remains książk.; bones; **złożyć gdzieś czyjeś ~ci** to lay sb's bones to rest somewhere; **złożyć gdzieś ~ci** to end one's days somewhere
❑ **~ci czołowe** Anat. frontal bones; **~ć ciemieniowa** Anat. parietal bone; **~ć gnykowa** Anat. hyoid bone; **~ć jarzmowa** Anat. zygomatic bone, malar (bone); **~ć klinowa** Anat. sphenoid (bone); **~ć łonowa** Anat. pubic bone; **~ć miedniczna** Anat. pelvis bone; **~ć ogonowa** Anat. coccyx; **~ć piętowa** Anat. calcaneus, heel bone; **~ć piszczelowa** Anat. tibia; **~ć pneumatyczna** Anat., Zool. pneumatic bone; **~ć potyliczna** Anat. occipital bone; **~ć promieniowa** Anat. radius, radial bone; **~ć przedramieniowa** Anat. forearm bone; **~ć ramienna** Anat. humerus; **~ć sitowa** Anat. ethmoid (bone); **~ć skroniowa** Anat. temporal bone; **~ć słoniowa** ivory
■ **do (szpiku) ~ci** to the marrow a. bone; **kobieta/mężczyzna przy ~ci** a stout woman/man; **człowiek dobry/poczciwy/uczciwy z ~ciami** a thoroughly good/decent/honest person; **~ć niezgody** książk. bone of contention; **psia ~ć (słoniowa)!** pot. damn it! pot., dammit! pot.; **czuję w ~ciach ten spacer/wysiłek** pot. my bones are aching a. I really feel it after that walk/effort pot.; **czuję w ~ciach, że będzie padać** it's going to rain – I can feel it in my bones; **dać komuś w ~ć** (zmusić do wysiłku, zmęczyć) to give sb a hard time pot.; to put sb through it a. through the mill; (pokonać) to walk all over sb pot., to wipe the floor with sb pot.; **dostać w ~ć** (przegrać) to get clobbered pot., to get a hammering pot.; (doświadczyć boleśnie) to have a hard time (of it) pot.; to go through the mill; **dostać w ~ć od życia** to take some hard knocks a. a few knocks in life pot.; **na treningu dostaliśmy nieźle w ~ć** they really put us through it during training; **wygrzewać ~ci na słońcu/przy piecu** to bask in the sun/in the heat of the stove; **nie czuć ~ci** pot. to be dog-tired a. dead tired pot.; **porachować a. policzyć komuś ~ci** pot. to beat sb black and blue pot., to beat the living daylights out of sb pot.; **rozejść się po ~ciach** pot. to die a natural death; to blow over pot.; **zmarznąć a. zamarznąć na ~ć** pot. to be frozen a. chilled to the bone a. marrow; **zeschnąć na ~ć** pot. to be as dry as a bone; **~ci (zostały) rzucone** the die is cast

koślaw|ić impf **U** vt [1] pot. (wykrzywiać) to distort (the shape of), to twist [sth] out of shape; **~ić obuwie** to distort the shape of one's shoes; **reumatyzm ~ił mu palce** his fingers were twisted a. misshapen with rheumatism [2] pot. (przekręcać, przeinaczać) to distort [słowa, wyrazy]
III koślawić się to become distorted a. misshapen; **buty mi się ~ią** my shoes are losing their shape a. becoming misshapen

koślaw|iec [] ** *m pers.* (*Npl* ~ce a. ~cy) pot., obraźl. (o iksowatych nogach) knock-kneed person; (o pałąkowatych nogach) bow-legged person **[] *m inanim. zw. pl* pot. scrawl *C/U*, scribble *C/U*; **pisać ~ce** to scrawl, to scribble
koślawo *adv. grad.* [1] (krzywo) [*pisać*] crookedly [2] pot. (nieudolnie) [*mówić*] sloppily
koślawoś|ć *f sgt* [1] (krzywość) crookedness; ~ć **liter** the crookedness of the letters [2] Med. deviation; ~ć **stawu kolanowego** deviation of the knee joint
koślaw|y *adi.* [1] (krzywy) [*buty*] misshapen; [*obcasy*] lopsided, crooked; [*litery*] crooked, lopsided; ~e **nogi** (iksowate) knock knees; (pałąkowate) bow legs [2] pot. (nieudolny) [*język, mowa, styl, polszczyzna*] sloppy, slovenly
ko|t [] ** *m pers.* (*Npl* **koty) [1] środ., Wojsk. rookie pot., yardbird US pot. [2] środ., Szkol. new boy GB, freshman US
[] *m anim.* (*D* **kotu**) [1] (domowy) cat; **bezpański kot** an alley cat; **głaskać kota** to stroke a cat; **poruszać się cicho/zwinnie jak kot** to move silently/nimbly like a cat [2] Zool. (drapieżnik) cat [3] Myślis. (zając) puss pot.; hare
[] *m inanim. zw. pl* (*A* **kota**) (kurz) pot. ball of dust; **wymieść koty spod łóżka** to sweep balls of dust from under the bed
❑ **kot perski** Zool. Persian (cat); **kot syjamski** Zool. Siamese (cat)
■ **bawić się** a. **igrać z kimś jak kot z myszką** to play cat and mouse with sb; **biegać** a. **latać jak kot z pęcherzem** pot. to run around a. tear around pot. like a scalded cat; **drzeć z kimś koty** książk. to be at loggerheads a. at daggers drawn with sb; **kupować kota w worku** to buy a pig in a poke; **mieć kota na punkcie czegoś** pot. to be mad about sth; **odwracać** a. **wykręcać kota ogonem** pot. to twist everything round pot.; **pierwsze koty za płoty** pot. ≈ that was (just) the first time; **pogonić** a. **popędzić komuś kota** pot. (przegonić) to chase sb away; (zbesztać) to put sb through it a. the mill pot., to give sb a hard time of it pot., to keep on at sb (to do something); **tyle, co kot napłakał** next to nothing; **żyć z kimś jak pies z kotem** pot. to live like cat and dog, to lead a cat-and-dog life
kota|ra *f* (heavy) curtain, drape US; ~ra **z aksamitu/welwetu** a thick a. heavy velvet curtain; **opuścić/podnieść ~rę** to lower/raise a curtain
kotecz|ek [] ** *m pers.* (*Npl* ~ki) pieszcz. pet; ~ku, **nie przeszkadzaj mamie don't bother Mummy, pet
[] *m anim. dem.* kitten
kotecz|ka *f dem.* kitty
kot|ek [] ** *m pers.* (*Npl* ~ki) pieszcz. sweetie(-pie) pot., pieszcz., honey US pot., pieszcz.; **słuchaj, ~ku listen, sweetie
[] *m anim. dem.* pussy(-cat)
❑ **zabawa w ~ka i myszkę** Gry (a game of) tag
■ **bawić się z kimś w ~ka i myszkę** to play cat and mouse with sb
koteri|a *f* (*GDGpl* ~i) książk. coterie książk., pejor.; clique pejor.
koteryj|ka *f dem.* pot., iron. (little) clique pejor.; (little) coterie książk., pejor.
koteryjnoś|ć *f sgt* książk. cliquishness pejor.

koteryjn|y *adi.* książk. [*interesy*] elite attr.; [*układy*] exclusive
**kot|ka [] ** *f* [1] (samica kota) (female) cat, she-cat [2] pot. (o młodej kobiecie) (little) darling pot., (nice) chick pot.
[] **kotki** *plt* (bazie) (willow) catkins
kotlecik *m dem.* (*A* ~ a. ~a) Kulin. cutlet, chop
kotle|t *m* (*A* ~t a. ~ta) Kulin. cutlet, chop; ~t **mielony** rissole; ~t **schabowy** pork cutlet a. chop; ~t **ziemniaczany** ≈ potato rissole; **jeść/smażyć/piec ~ty** to eat/fry/roast cutlets; **mięso na ~ty** meat for cutlets
■ **odgrzewane ~ty** przen. the same old stuff a. stories pot.; **zrobić z kogoś ~t siekany** to make mincemeat out of sb
kotlin|a *f* (~ka *dem.*) [1] (obniżenie terenu) basin, valley; **miasto położne w ~ie** a town situated in a valley [2] (zagłębienie) hollow, rut [3] Techn. forge hearth, crucible
❑ ~a **erozyjna** Geog. erosion basin; ~a **tektoniczna** Geog. tectonic basin; ~a **zapadliskowa** Geog. subsidence basin
kot|łować *impf* **[]** *vt* pot. (mieszać) to stir, to mix; ~ował **farbę w wiadrze** he was mixing paint in a bucket; **nie ~uj tak ubrań, bo się pogniotą** don't jumble the clothes up like that, or they'll get crumpled ⇒ **skotłować**
[] *vi* [1] pot. (grzebać) to turn [sth] inside out, to rake a. rifle through *vt*; ~owała **w szafie, szukając odpowiedniej sukienki** she was going through her wardrobe looking for a suitable dress [2] Myślis. to perk up its ears
[] **kotłować się** [1] pot. (poruszać się) [*piana*] to seethe, to foam; [*pranie*] to swirl, to tumble; [*osoby*] to swarm; **woda ~owała się przy tamie** the water was seething a. foaming at the dam; **dzieci ~owały się na podłodze** the children were swarming a. writhing (all) over the floor; **przed drzwiami ~ował się tłum** there was a seething crowd in front of the door; **całą noc ~owałem się w łóżku** I was tossing and turning all night (long) ⇒ **skotłować się** [2] przen. to swirl, to spin; **różne myśli ~owały się w jego głowie** various thoughts swirled through his mind
kotłowanin|a *f sgt* swarm, seething mass; ~a **myśli** a swirl a. swarm of thoughts
kotłowni|a *f* (*Gpl* ~) (pomieszczenie) boiler room; (budynek) boiler house; ~a **na statku** the boiler room on a ship
kotłow|y [] ** *adi.* [*blacha, instalacja, palenisko, piec*] boiler attr.; **palacz ~y a stoker GB
[] *m* boiler man
kotn|y *adi.* [*kotka*] in kitten; [*owca*] in lamb; [*sarna*] in fawn
koturn *m* (*G* ~u a. ~a) [1] (podeszwa) wedge (heel); **pantofle na ~ie** wedge-heeled shoes [2] pot. (obuwie) wedge; wedgie pot.; **nosić ~y** to wear wedges [3] *sgt* przen. (patos) pomposity pejor. [4] Antycz. buskin
koturnowoś|ć *f* książk. pomposity pejor.; affectation
koturnow|y *adi.* [1] [*pantofle, obcasy*] wedge attr. [2] przen. [*styl, język, deklamacja*] pompous pejor.; bombastic książk.
kotwic|a *f* [1] Żegl. anchor; **spuszczać/wciągać/zarzucać ~ę** to drop/raise/cast

anchor; **stać na ~y** to lie at anchor; **podnieść ~ę** to weigh anchor [2] (w zegarze) pallet [3] Techn. armature
❑ ~a **admiralicji** Żegl. stocked anchor; ~a **patentowa** Żegl. stockless anchor; **martwa ~a** Żegl. mooring anchor
kotwiczn|y *adi.* [*lina, łańcuchy*] anchor attr.; **winda ~a** an anchor windlass
kotwicz|yć *impf vt* Żegl. to anchor [*statek, jacht, żaglówkę*]; ~yć **na redzie** to anchor in the roads
kotylion *m* [1] (*A* ~a) Taniec cotillion; **tańczyć ~a** to dance the a. a cotillion [2] (ozdoba) favour, rosette
kotylionow|y *adi.* cotillion attr.
kowadeł|ko *n* [1] *dem.* (do kucia metalu) (small) anvil [2] Anat. anvil; incus spec. [3] Wojsk. anvil
kowad|ło *n* [1] (do kucia żelaza) anvil [2] (w młocie mechanicznym) die; ~ło **płaskie/kształtowe** a flat/shaped die
**kowal [] ** *m pers.* (*Gpl* ~i) [1] (rzemieślnik) (black)smith; (kujący konia) blacksmith, farrier [2] pot., pejor. (kujon) swot GB pot., pejor., grind US pot., pejor.
[] *m anim.* Zool. olivaceous woodcreeper
■ **każdy jest ~em swego losu** przysł. every man is the architect of his own fortune przysł.; man is the master of his own destiny przysł.; **ślusarz zawinił, a ~a powiesili** przysł. ≈ much law, but little justice
kowalnoś|ć *f sgt* Techn. malleability
kowaln|y *adi.* [*metal*] malleable
kowals|ki *adi.* [*imadło, miech, młot*] (black)smith's; [*czeladnik, robota*] (black)smith's
kowalstw|o *n sgt* smithery
❑ ~o **artystyczne** Szt. artistic metalwork
kowboj *m* cowboy
kowboj|ka *f zw. pl* cowboy boot
kowbojs|ki *adi.* [*strój, ekwipunek, film*] cowboy attr.; **kapelusz ~** a cowboy hat
k|oza *f* [1] Zool. goat; **stado kóz** a flock a. herd of goats; **pasterz kóz** a goatherd [2] pot. (piecyk) ≈ pot-bellied stove [3] *sgt* pot. (więzienie) the clink pot.; **wsadzić kogoś do kozy** to put sb in the clink; **siedzieć w kozie** to be in the clink [4] Szkol. przest. pot. *a small room used for after-school detention in isolation* [5] pot. (z nosa) bog(e)y GB pot., booger US pot. [6] (dziewczyna) young girl; **to głupia koza** she's such a silly goose pot. [7] pot. (do noszenia cegieł) hod [8] Myślis. doe [9] Muz. bagpipe(s) [10] Zool. (ryba) spined loach
■ **przyszła koza do woza** so you want my help now, do you (after refusing it before)?; **jeszcze przyjdzie koza do woza** one day you/he will ask me for help; **raz kozie śmierć!** pot. you (can) only die once, right? pot.
kozac|ki *adi.* Cossack; ~ka **fantazja** Cossack gusto a. panache; **ubrany po ~ku** dressed like a Cossack
kozactw|o *n sgt* the Cossacks
**kozacz|ek [] ** *m pers. dem.* Hist. (służący) page (*dressed like a Cossack*)
[] *m inanim. dem.* [1] *zw. pl* (knee-high) boot [2] (taniec) Cossack dance
kozaczok → kazaczok
kozacz|y *adi.* [*duma, dusza*] Cossack's
Koza|k *m* Cossack; ~cy **dońscy/zaporoscy** the Don/Zaporozhye Cossacks
■ **złapał ~k Tatarzyna (a Tatarzyn za**

łeb trzyma) Przysł. ≈ he had a tiger by the tail (but a. and the tiger had him by the balls wulg.)

koza|k [I] *m pers.* [1] Hist. (żołnierz) Cossack; **oddział/sotnia ~ków** a unit/detachment of Cossacks [2] Hist. (służący) servant (*dressed like a Cossack*) [3] (ryzykant) daredevil, swash-buckler; **odstawiać ~ka** to play (the) daredevil; **~k dziewczyna** a gutsy a. spunky girl pot.

[II] *m inanim* [1] (taniec) Cossack dance [2] *zw. pl* (knee-high) boot [3] Bot. birch bolete (mushroom)

koze|ra *f*
■ **nie bez ~ry** książk. not without reason

kozet|ka *f* couch; **położyć się na ~ce** to lie down on a couch

kozi *adi.* [*rogi, racice*] goat's; [*mleko, ser*] goat's, goat *attr.*; **~a skóra** goatskin
■ **~a broda** a. **bródka** goatee (beard)

kozic|a *f* Zool. chamois

kozik *m* pocket knife (*with a wooden handle*)

ko|zioł [I] *m pers.* (*Npl* **kozły**) pot., pejor. stubborn mule pot., pejor.; **nie przekonasz tego kozła** the stubborn mule won't change his mind

[II] *m anim.* Zool. (samiec kozy) (billy) goat; (samiec sarny) buck

[III] *m inanim* (*A* **kozioł** a. **kozła**) [1] (dla woźnicy) (coachman's) box, coachman's seat; **siedzieć na koźle** to sit on the (coach-man's) box [2] (stojak) (pod blat, pomost) trestle; (do suszenia trawy, koniczyny) (drying) rack; (do piłowania) sawhorse; **stół na kozłach** a trestle table; **suszyć koniczynę na drew-nianym koźle** to dry clover on a wooden rack; **piłować drewno na koźle** to saw wood on a sawhorse; **postawić łódź na kozłach** to put a boat on trestles a. a (dry) rack [3] (przyrząd gimnastyczny) horse, (vault) buck; **skakać przez kozła** to vault over a horse [4] Sport (odbicie piłki) bounce; **kopnąć piłkę z kozła** to kick a ball on the bounce [5] Muz. ≈ bagpipe(s) [6] (piramida) stack; **ustawić broń w kozły** to stack guns (up against each other)
❏ **kozioł oporowy** a. **odbojowy** Kolej. bumper block; **kozioł śnieżny** Zool. moun-tain goat
■ **kozioł ofiarny** scapegoat; **zrobić z kogoś kozła ofiarnego** to make a scape-goat of sb; **uparty jak kozioł** as stubborn as a mule; **fiknąć kozła** pot. (zrobić obrót) to turn a. do a somersault; (wywrócić się) to come a cropper GB pot., to take a tumble a. spill; **wywinąć kozła** pot., żart. to come a cropper GB pot., to take a tumble a. spill

koziołecz|ek *m dem.* pieszcz. (little) billy goat

kozioł|ek [I] *m anim. dem.* (samiec kozy) (young) billy goat; (samiec sarny) (young) buck

[II] *m inanim.* [1] (*A* **~ka**) (przewrót) somer-sault; **fikać** a. **wywracać ~ki** to turn a. do somersaults [2] *dem.* (stojak) (small) trestle; (do piłowania) (small) sawhorse

koziołk|ować *impf vi* (celowo) [*kaskader, sportowiec*] to somersault; (bezwładnie) [*osoba*] to take a headlong tumble, to somersault; [*zwierzę, ptak*] to tumble (over and over); [*samochód*] to roll over (a number of times), to somersault; **spaść ~ując** to tumble

(down); [*samolot*] to tumble (end over end), to fall end over end

Kozioroż|ec [I] *m pers.* (*Npl* **~ce**) Astrol. Capricorn

[II] *m inanim. sgt* [1] Astron., Astrol. Capricorn, the (Sea-)Goat; **urodzony pod znakiem Koziorożca** born under (the sign of) Capricorn [2] Geog. **Zwrotnik Koziorożca** the Tropic of Capricorn

kozioroż|ec *m* Zool. ibex

koźl|ek *m* Bot. valerian
❏ **~ek lekarski** Bot. common valerian

kozł|ować *impf* Sport [I] *vt* to dribble [*piłkę*]

[II] *vi* [1] (zawodnik) to dribble [2] [*piłka*] bounce ⇒ **pokozłować**

koźlak [I] *m anim.* young billy goat

[II] *m inanim.* (*A* **~a**) [1] (wiatrak) (wooden) windmill [2] (piwo) bock beer [3] Bot. birch bolete (mushroom)

koźlarz *m* (*A* **~a**) Bot. birch bolete (mush-room)
❏ **~ babka** Bot. brown birch bolete (mush-room); **~ czerwony** Bot. orange birch bolete (mushroom)

koźląt|ko *n dem.* pieszcz. kid

koźlę *n* (*G* **~ęcia**) kid

koźlęc|y *adi.* kid's, kid *attr.*; **~a skóra** kid(skin); **rękawiczki z ~ej skóry** kid gloves

koźl|i *adi.* [1] [*mięso*] goat *attr.*; **~a skóra** goatskin; **rękawice z ~ej skóry** goatskin gloves [2] przen. **~i upór** mulishness, bull-headedness

kożuch *m* [1] (ubranie) sheepskin coat; (krótki) sheepskin jacket [2] (skóra) sheepskin; **ręka-wice na ~u** sheepskin mittens a. gloves [3] (na powierzchni) film, coat(ing); (w mleku) skin *C/U*; **nie cierpię ~ów w mleku** I hate it when the milk gets a skin; **~ pleśni** a coat(ing) a. layer of mould; **~ rzęsy na stawie** a mat a. blanket of duckweed on a pond

kożuchow|y *adi.* [*kamizelka, podpinka*] sheepskin *attr.*

kożusz|ek *m dem.* [1] (ubranie) sheepskin coat; (krótki) sheepskin jacket [2] (skóra) sheepskin [3] (w mleku) skin

kożuszni|k *m* maker of sheepskin clothes

kółecz|ko *n dem.* [1] (w pojeździe, maszynie) (small) wheel [2] (figura geometryczna) (small) circle [3] (pierścień) ring

kół|ko [I] *n* [1] (w pojeździe) wheel; **rowerek na trzech ~kach** a tricycle, a trike; **stolik na ~kach** a trolley, a cart [2] (w maszynie) wheel; **~ko w maszynie/w zegarze** a machine/clock wheel; **~ko zębate** a cog-wheel [3] (figura geometryczna) circle, ring; **~ka olimpijskie** the Olympic rings; **naryso-wać ~ko** to draw a circle; **wziąć coś w ~ko** to circle sth; **ustawić się w ~ko** to form a circle; **otoczyć kogoś ciasnym ~kiem** to gather in a tight circle around sb; **usiąść ~kiem na trawie** to sit on the grass in a circle a. ring; **w ~ko** (po okręgu) [*jeździć, chodzić*] in circles; (wokół własnej osi) [*kręcić się, obracać się*] (around and) around; (ciągle) [*powtarzać, robić*] over and over, all the time; **jeść w ~ko to samo** to eat the same things all the time; **i tak w ~ko** and so on, over and over [4] (pierścień) ring; **~ko od kluczy** a key ring [5] Szkol. club; **~ka zainteresowań** activity clubs, special-inte-

rest groups; **~ko informatyczne/fotogra-ficzne** a computer/photography club

[II] **kółka** *plt* Sport rings; **ćwiczenia na ~kach** rings exercise
❏ **~ko rolnicze** farmers' association
■ **cztery ~ka** pot. (samochód) wheels pot.; **~ko graniaste** (dziecięca zabawa) ≈ ring a ring o roses; **~ko i krzyżyk** noughts and crosses GB, tic-tac-toe US; **jechać** a. **sie-dzieć komuś na ~ku** [*kolarz*] to tailgate sb; **kręcić się w ~ko** to go round in circles pot.; **siedzieć za ~kiem** pot. to be behind the wheel; **~ko się zamyka** the wheel has turned full circle, we've come full circle; **trzy/cztery do ~ka** Sport pot. three-/four-nil

kóz|ka *f* [1] *dem.* pieszcz. (little) goat [2] Zool. (ryba) spined loach [3] Zool. (chrząszcz) Ceram-bycid (beetle); **~ki** Cerambycidae
■ **żeby ~ka nie skakała, to by nóżki nie złamała** przysł. look before you leap przysł.

kpiars|ki *adi.* [*ton, wyraz twarzy*] mocking, derisive; **~ki uśmieszek** a sneer; **~kie usposobienie** an irreverent character

kpiarsko *adv.* [*powiedzieć, śmiać się*] mock-ingly, derisively

kpiarstw|o *n sgt* mockery, derision

kpiarz *m* (*Gpl* **~y**) mocker, scoffer

kpiąco *adv.* mockingly, derisively

kpiąc|y [I] *pa* → **kpić**

[II] *adi.* [*uśmiech, głos, mina, oczy, ton*] mock-ing

kpi|ć *impf vi* to mock *vt*; **~ć (sobie) z kogoś/czegoś** to mock (at) a. jibe at sb/sth, to make fun of sb/sth; **~ć z kogoś w żywe oczy** to mock sb to their face; **~ć sobie z przepisów** to thumb one's nose at the regulations; **chyba sobie ~sz?** you're joking, of course! iron. ⇒ **zakpić**
■ **~sz, czy o drogę pytasz?** are you trying to be funny or what? pot.

kpin|a *f* mockery *U*, ridicule *U*; **robić sobie z kogoś/czegoś ~y** to mock (at) a. jibe at sb/sth, to make fun of sb/sth; **wystawiać kogoś/coś na ~y** to hold sb/sth up to ridicule; **to były ~y, a nie proces** the trial was a mockery (of justice) a. farce; **~y sobie robisz?** pot. are you kidding? pot.

kpin|ka *f dem.* jibe, sneer *U*

kpink|ować *impf vi* to make fun of *vt*; to rib *vt* pot.; **~ować (sobie) z kogoś** to make fun of sb; **~ować sobie z czyjegoś stroju** to rib sb about their clothes

kpr. (= kapral) Cpl.

kpt. (= kapitan) Capt.

k|ra[1] *f* (*Npl* **kry**) (ice) floe; **kra spływa** a. **kry spływają w dół rzeki** ice floes float down the river

kra[2] *inter.* **~! ~!** caw! caw!

krab *m* Zool. crab

krabi *adi.* [*mięso, pancerz*] crab's, crab *attr.*

krach *m* (*G* **~u**) [1] (na giełdzie) crash; **~ na giełdzie** a Stock Exchange a. stock market crash; **~ gospodarczy/giełdowy** an eco-nomic/a stock market crash [2] (upadek) crash, collapse; **~ przedsiębiorstwa** the collapse of a company [3] przen. collapse, break-up; **~ ich związku** the collapse of their relationship, their break-up; **to był dla niej życiowy ~** her life was shattered

kracia|sty *adi.* *[chustka, koszula]* checked, chequered GB, checkered US

kradzież *f* [1] *(zabranie cudzej rzeczy)* theft; **~ samochodu** a car theft; **drobna/zuchwała ~** a petty/brazen theft; **~ z włamaniem** a burglary; **~ to poważne przestępstwo** stealing is a serious offence; **aresztować kogoś za ~** to arrest sb for theft; **został przyłapany na ~y (zegarka)** he was caught stealing (a watch); **towary pochodzące z ~y** stolen goods; **sprawcy ~y** the perpetrators of the theft [2] *(utworu, pomysłu)* theft; **~ literacka** (a case a. instance of) plagiarism; **~ czyichś pomysłów** stealing sb's ideas

kradz|iony [] *pp* → **kraść**
[] *adi.* *[samochód, towary, dzieło sztuki]* stolen

kraik *m* (*G* ~**u**) *dem.* (small) country

krain|a *f* książk. [1] *(część kraju)* region; **~a rolnicza/przemysłowa** an agricultural/industrial region [2] *(odległe, malownicze miejsce)* land; **odległe ~y** faraway lands; **~a lasów i jezior** a land of forests and lakes; **~a baśni** (a) fairyland; **ucieczka w ~ę marzeń** an escape to the land of dreams ❑ **~a cieni** Mitol. the land of the dead; **Kraina Wschodzącego Słońca** a. **Kwitnącej Wiśni** the Land of the Rising Sun

kraj *m* (*G* ~**u**) [1] *(państwo)* country; **~e europejskie** European countries; **~ rolniczy/przemysłowy** an agricultural/industrial country; **w całym ~u będzie pogodnie** fine weather is expected throughout the country; **wyjechała z ~u jako dziecko** she left the country as a child; **wrócić do ~u** to return to the country; **wiadomości z ~u i zagranicy** domestic and foreign news, the news from home and abroad [2] *(obszar)* region; **pustynny/górzysty ~** a desert/mountainous region [3] *(odległe, malownicze miejsce)* land; **zamorskie ~e** overseas countries [4] przest., książk. *(brzeg)* edge; **ucałować ~ czyjejś szaty** to kiss the hem of sb's robe; **pójść za kimś na ~ świata** to follow sb to the ends of the earth ❑ **~ związkowy** Polit. *(w Niemczech, Austrii)* federated state, Land; **ciepłe ~e** warm countries ■ **~ lat dziecinnych** the land of one's childhood; **co ~, to obyczaj** przysł. every country has its own customs przysł.

kraj|ać *impf* (~**ę**) *vt* [1] *(ciąć)* to cut *[cebulę, mięso, blachę]*; *(na plasterki)* to slice, to cut *(into slices) [wędlinę, chleb]*; **~ać coś w kostkę** to cut sth into cubes, to dice a. cube sth; **łatwo się ~ać** to cut easily ⇒ **pokrajać** [2] pot. *[chirurg]* to cut pot. *[pacjenta]* ⇒ **pokrajać** ■ **serce mi się ~e, kiedy...** it breaks my heart when...; **tak krawiec ~e, jak (mu) materii staje** przysł. cut your coat according to your cloth

krajalnic|a *f* [1] *(w kuchni)* slicer; **~a do chleba/wędlin** a bread-/meat-slicer [2] Techn. *(do papieru)* (sheet) cutter

krajan *m* [1] *(z tej samej okolicy) a person from the same district as sb* [2] *(z tej samej miejscowości)* fellow citizen; **jest moim ~em – pochodzi z Torunia** he's a Torunian like me [3] *(z tego samego kraju)* (fellow) countryman, compatriot

krajan|ka¹ *f* [1] *(z tej samej okolicy) a person from the same district as sb* [2] *(z tej samej miejscowości)* fellow citizen [3] *(z tego samego kraju)* countrywoman, compatriot

krajan|ka² *f cake, pasta or fish cut into short strips or cubes*

krajan|y [] *pp* → **krajać**
[] *adi.* *[kluski, makaron]* cut; *[szynka, ser]* sliced

kraj|ka *f* [1] *(pasek)* colourful woven sash (for folk costumes); *(wstążka)* decorative woven band [2] *(brzeg tkaniny)* selvedge, selvage US

krajobraz *m* (*G* ~**u**) [1] *(widok)* landscape, scenery *U*; **jesienny/zimowy ~** a winter/an autumn landscape a. scenery; **~ wulkaniczny/arktyczny** a volcanic/an Arctic landscape [2] Szt. landscape [3] przen., książk. landscape; **~ polityczny/kulturalny** the political/cultural landscape a. scene ❑ **~ księżycowy** lunar landscape; **~ naturalny** a. **pierwotny** natural scenery *U*

krajobrazowo *adv.* **obszar atrakcyjny ~** an area of (great) scenic beauty

krajobrazow|y *adi.* [1] *[walor]* scenic; *[park]* landscape attr. [2] Szt. *[malarstwo]* landscape attr.

krajow|iec *m* indigenous a. native(-born) inhabitant; native pejor.; **zwyczaje ~ców na Borneo** the customs of native Borneans; **~iec dewizowy** Hist., Ekon. *a Soviet bloc citizen with a hard-currency bank account*

krajow|y *adi.* [1] *(rodzimy)* *[transport, lot, towary, gazety, sprawy]* domestic; **produkować coś na rynek ~y** to produce sth for the domestic market [2] *(ogólnokrajowy)* *[konferencja, zawody, konkurs]* national

krajoznawczo *adv.* **okolica ciekawa ~** an area of great tourist interest

krajoznawcz|y *adi.* *[wycieczka, podróż]* tourist attr.

krajoznawstw|o *n sgt* sightseeing

kra|kać *impf* *vi* [1] *[kruk, wrona]* to caw ⇒ **zakrakać** [2] *(przepowiadać)* **on zawsze ~cze** he's always looking on the dark side; **ciągle ~kał, że będzie wojna** he kept prophesying war; **nie ~cz (bo wykraczesz)** don't say that or it might come true a. really happen ⇒ **wykrakać** ■ **kiedy wejdziesz między wrony, musisz ~kać jak i one** przysł. ≈ when in Rome do as the Romans do przysł.

krakers *m* (*A* ~**a**) Kulin. cracker; **słone ~y** salted crackers

krakowiacz|ek *m dem.* Muz. cracovienne, krakowiak

krakowia|k [] *m pers.* *(mieszkaniec Krakowa)* native of Cracow; **on jest ~kiem** he's from Cracow
[] *m inanim.* (*A* ~**ka**) Muz. cracovienne, krakowiak; **zagrać/zatańczyć ~ka** to play/dance a cracovienne

krakows|ki *adi.* *[akcent, strój]* Cracow attr. ■ **~kim targiem** as a compromise, by way of compromise; **~kim targiem proponowali zwrot połowy zaliczki** as a compromise they offered to refund half the deposit

kraks|a *f* smash-up pot.; car crash; **spowodować ~ę** to cause a car crash a. smash-up; **miałem ~ę** I smashed up a. in the car

krakus *m* pot. native of Cracow

kram *m* (*G* ~**u**) [1] *(stragan)* stall, stand; **~ jarmarczny/uliczny** a market/pavement stall a. stand; **~ z nabiałem** a dairy stall a. stand [2] *sgt* pot. *(bałagan)* clutter, mess; **zabierz stąd ten cały ~** clear a. get this mess out of the way [3] pot. *(zamieszanie)* bother; **było z tym sporo ~u** it was a right old to-do pot. ■ **jaki pan, taki ~** przysł. the house shows the owner przysł., rzad.

kramar|ka *f* przest. stallholder, stallkeeper

kramars|ki *adi.* przest. [1] *[budka]* stallholder's, stallkeeper's [2] pejor. **~ki sposób myślenia** shopkeeper mentality

kramarstw|o *n sgt* przest. stallholding, stallkeeping

kramarz *m* (*Gpl* ~**y**) przest. [1] *(straganiarz)* stallholder, stallkeeper [2] pejor. huckster pejor.

kran *m* (*G* ~**u**) [1] *(z wodą)* tap, faucet US; **~ z ciepłą/zimną wodą** cold-/hot-water tap a. faucet; **cieknący ~** a leaking tap a. faucet; **woda z ~u** tap water; **odkręcić/zakręcić ~** to turn on/off the tap a. faucet; **umyć/przepłukać coś pod ~em** to wash/rinse sth under the tap; **umyć się pod ~em** *(w łazience)* to have a quick wash (at the handbasin); *(w kuchni)* to wash at the sink; *(na dworze)* to wash under the tap; **z ~u cieknie** the tap leaks a. is leaking [2] Techn. tap

kra|niec *m* *(koniec)* end; *(krawędź)* edge; **na drugim ~ńcu Polski** at the other end of Poland, on the other side of Poland; **przemierzyć kraj od ~ńca do ~ńca** to travel a country from one end to the other; **~niec dachu** the edge of the roof ■ **stoimy na dwóch ~ńcach** we are poles apart

kranik *f dem.* (small) tap, (small) faucet US

kranów|ka *f* (~**a** augm.) pot. tap water

krańcowo *adv.* książk. *[wycieńczony, różny]* extremely; **różnić się ~** to be diametrically different

krańcowoś|ć *f sgt* książk. *(postawa)* extremism; **~ć poglądów** extreme views a. opinions; **być dalekim od ~ci** to be far from extreme; **wpaść z jednej ~ci w drugą** to go from one extreme to another a. the other

krańcow|y *adi.* książk. [1] *[stacja, przystanek]* final; **~a część krzywej** the outermost part of a curve [2] *(skrajny)* *[stanowisko, nienawiść, optymista]* extreme; *(przeciwny)* *[opinie, stanowiska]* opposite; **być czyimś ~ym przeciwieństwem** to be sb's (complete) opposite

kras|a *f sgt* książk. **w pełnej a. całej ~ie** at one's loveliest a. best; **wiosna już w pełnej ~ie** spring is in full bloom

kra|sić *impf vt* [1] Kulin. **~sić ziemniaki masłem/słoniną** to put some butter/lard on the potatoes ⇒ **okrasić** dial. *(na Wielkanoc)* to dye, to decorate *[jajka]* [3] książk. to adorn; **uśmiech ~sił jej twarz** a smile adorned her face ⇒ **okrasić**

kras|ka *f* Zool. (European) roller

krasnal [] *m pers.* (*Gpl* ~**i**) [1] *(bajkowy)* dwarf [2] pieszcz., żart. *(dziecko)* little one [3] pot. *(w przedszkolu)* four-year-old
[] *m inanim.* (*A* ~**a**) *(gipsowy, ogrodowy)* (garden) gnome

III krasnale *plt* a pre-school group for four-year-olds

krasnal|ek *m dem.* (*A* ~**ka**) [1] *pieszcz.* (dziecko) little one [2] (figurka) gnome, dwarf

krasnolud|ek *m* (*A* ~**ka**) (w bajkach) dwarf; **Królewna Śnieżka i siedmiu** ~**ków** Snow White and the Seven Dwarfs a. Dwarves; ~**ki nie odrobią za ciebie lekcji** your homework won't do itself; **o, jakieś** ~**ki posprzątały w kuchni!** *żart.* oh look, some elves a. good fairies cleaned up the kitchen! *żart.*

krasnoludkow|y *adi. [czapka, strój]* dwarf *attr.*, dwarf's

krasnopiór|ka *f* Zool. rudd

krasomów|ca *m*, ~**czyni** *f książk.* orator, eloquent speaker

krasomówcz|y *adi. [talent, sztuka]* oratory, rhetorical

krasomówstw|o *n sgt książk.* oratory, rhetoric

krasul|a *f* (*Gpl* ~ a. ~**i**) *pot.* cow; bossy US *pot.*

krasz|ony II *pp* → **krasić**

III *adi.* **ziemniaki** ~**one (topionym) masłem** potatoes drizzled a. sprinkled with melted butter; **ziemniaki** ~**one skwarkami** potatoes sprinkled with pork scratchings

kra|ść *impf* (~**dnę**, ~**dniesz**, ~**dł**, ~**dła**, ~**dli**) *vt* [1] (przywłaszczać sobie) to steal; ~**ść coś komuś** to steal sth (from sb); ~**dł matce pieniądze** he stole money from his mother; **samochód był** ~**dziony, dlatego tak tanio za niego zapłacił** the car had been stolen, that's why he bought it so cheap; ~**ść cudze pomysły/projekty** to steal sb's ideas/designs; ~**ść (komuś) całusa** to steal a kiss ⇒ **ukraść** [2] *przen.* (pochłaniać) to absorb; **te grube zasłony** ~**dną światło** a. **słońce w pokoju** those heavy curtains rob the room of (sun)light; **telewizor** ~**dnie tylko czas** television just eats up a. wastes time; **taki grzejnik** ~**dnie za dużo prądu** that kind of heater uses (up) too much electricity

kra|ta *f* [1] *zw. pl* (zabezpieczenie) grating *U*, bars *pl*; (przegroda) grill(e), lattice; ~**ty więzienne** the prison bars; **kuta** ~**ta ogrodzenia** a wrought-iron fence; **założyć** ~**ty w oknach** to fit bars to the windows; **weranda obudowana zieloną** ~**tą** a porch enclosed by a green grill(e) [2] (wzór) check; **sukienka/koc w** ~**tę** a check a. checked dress/blanket; **szalik w czerwoną** ~**tę** a red check a. checked scarf [3] (tkanina) check *U*, check(ed) cloth *U*; **co chcesz sobie uszyć z tej** ~**ty?** what are you going to make from this check?; **spódnica z wełnianej** ~**ty** a check wool skirt; **kupiła czarno-białą** ~**tę na kostium** she bought some black and white checked material a. fabric for a suit

❏ ~**ta ogrodnicza** Ogr. trellis *U*; trellis-work; **szkocka** ~**ta** (wzór) tartan, plaid US

■ **za** ~**tami** *pot.* behind bars *pot.*; **dostać się** a. **trafić za** ~**ty** *pot.* to end up a. wind up behind bars *pot.*; **pójść za** ~**ty** *pot.* to go to prison

kratecz|ka *f dem.* [1] (z prętów) screen, (small) grill(e); grillwork *U* [2] (wzór) check; **sukienka w** ~**kę** a check a. checked dress

[3] (tkanina) check *U*, check(ed), cloth *U*; **bluzka z** ~**ki** a check blouse [4] (w krzyżówce) square; **wpisać litery w odpowiednie** ~**ki** to write the letters in the appropriate squares

krate|r *m* (*G* ~**ru**) [1] (wulkanu) crater, mouth [2] (wyrwa w ziemi) crater; ~**ry po pociskach/bombach** shell/bomb craters [3] Antycz. crater (*a bowl for wine*) [4] Techn. crater; ~**ry powłoki lakierowanej** craters in the coated surface

❏ ~**r meteorytyczny** Geol. (meteor) crater

kraterow|y *adi. [stożek, jezioro]* crater *attr.*

krat|ka *f* [1] *dem.* (konstrukcja) screen, (small) grill(e); grillwork *U*; **balustrada z** ~**kami** a grillwork railing; **na** ~**ce pięły się róże** roses were climbing (up) the trellis; ~**ka w konfesjonale** the confessional screen [2] *dem.* (wzór) (na materiale) check; (na papierze) square ruling *U*, grid; **spódnica w** ~**kę** a check a. checked skirt; **zeszyt w** ~**kę** a graph-paper a. square-ruled exercise book; **papier w** ~**kę** graph paper [3] *dem.* (tkanina) check *U*, check(ed) cloth *U*; **kostium z** ~**ki** a check suit [4] (rubryka) (w krzyżówce) square; (w formularzu) field, square; **jego nazwisko nie mieści się w** ~**kach formularza** his name is too long for the number of squares on the form

❏ ~**ka kanalizacyjna** Budow. drain grating; ~**ka ściekowa** Budow. (floor) drain grating a. grate; ~**ka wentylacyjna** Budow. ventilation grating a. grate

■ **w** ~**kę** *pot.* off and on *pot.*, on and off *pot.*; **pracować w** ~**kę** to work on and off; **chodzić do szkoły w** ~**kę** to attend school on and off; **pogoda w** ~**kę** changeable weather, spotty weather US; **siedzieć za** ~**kami** *pot.* to be behind bars *pot.*; **trafić za** ~**ki** *pot.* to end up a. wind up behind bars *pot.*

kratkowan|y *adi. [papier]* graph *attr.*; **zeszyt** ~**y** a graph-paper a. square-ruled notebook

krat|ować *impf vt* to fit [sth] with bars *[drzwi, okno]*; to fit [sth] with a grate *[otwór]* ⇒ **okratować, zakratować**

kratowan|y II *pp* → **kratować**

II *adi. [okno, drzwi]* barred

kratownic|a *f* [1] (krata) grating, grate, grill(e); grillwork *U*; ~**a ściekowa** a (floor) drain grate [2] Budow.,Techn. truss; trussing *U*; ~**a mostowa/dachowa** a bridge/roof truss [3] Żegl. grating (*at the bottom of a boat*)

kratownicow|y *adi. [pręty, ogrodzenie]* grill(e) *attr.*; *[belki, dźwigary]* truss *attr.*; **konstrukcja** ~**a** trussing

kraul /krawl/ *m sgt* Sport (front) crawl (stroke); **pływać** ~**em** to swim the (front) crawl (stroke); **wyścig na 100 metrów** ~**em** the hundred-metre crawl

krauli|sta /kraw'lista/ *m*, ~**stka** *f* Sport (front) crawl swimmer

krawacik *m dem.* [1] (część garderoby) (small) tie, (small) necktie US [2] (u zwierząt) throat patch; (u ptaków) gorget spec.; **szczeniak z białym** ~**iem** a puppy with a white patch on its front *pot.*

krawa|t *m* (*G* ~**ta** a. ~**tu**) [1] (część garderoby) tie, necktie US; **węzeł** ~**ta** a tie knot; **spinka/szpilka do** ~**ta** a tiepin; **nosić** ~**t** to wear a tie; **wiązać** ~**t** to do

up a. tie one's tie; **poprawić/rozluźnić** ~**t** to adjust/loosen one's tie; **chodzić w** ~**cie** to wear a tie; **być pod** ~**tem** *pot.* to wear a tie; **chodzić w garniturze i pod** ~**tem** to wear a suit and tie [2] *pot.* (u zwierząt) throat patch; (u ptaków) gorget spec.; **pies z białym** ~**tem** a dog with a white patch on its front *pot.* [3] Sport stranglehold [4] Żegl. (sail) stop

krawatow|y *adi. [tkanina, krata]* tie *attr.*, necktie *attr.* US

krawcow|a *f* dressmaker, seamstress

krawę|dź *f* [1] (kant) edge; ~**dź dachu/stołu/ławki** the edge of a roof/table/bench; ~**dź noża/szabli** a knife/sabre edge; ~**dź chodnika** the edge of the pavement; **usiadł na** ~**dzi łóżka** he sat on the edge of the bed [2] (stromy brzeg) brink, edge; ~**dź przepaści** the brink of a precipice; ~**dź skały** the edge of a cliff [3] *przen.* (granica) brink, verge; **znajdować się** a. **balansować na** ~**dzi czegoś** to be on the brink a. verge of sth; **fabryka jest na** ~**dzi bankructwa** the factory is on the brink a. verge of bankruptcy; **być na** ~**dzi wytrzymałości psychicznej** to be on the verge of a breakdown; **żyć na** ~**dzi ubóstwa** to live on the brink of poverty [4] Sport (ski) edge

❏ ~**dź wielościanu** Mat. edge

krawężnik II *m pers.* (*Npl* ~**i**) *pot.*, *pejor.* (policjant) beat police officer; plod GB *pot.*; beat cop US

II *m inanim.* (chodnika) kerb GB; curb US

kraw|iec *m* (*V* ~**cu** a. ~**cze**) [1] (rzemieślnik) tailor; ~**iec damski** a dressmaker, a ladies' a. women's tailor; ~**iec męski** a tailor; **szyć garnitur/sukienkę u** ~**ca** to have a suit/dress tailored a. tailor-made [2] *zw. pl* (projektant mody) designer, couturier

krawiec|ki *adi.* [1] *[czeladnik, uczeń]* tailor's; **mistrz** ~**ki** a/the master tailor; **zakład** ~**ki** a. **pracownia** ~**ka** the tailor's, a tailor a. tailor's shop [2] *[przybory, dodatki]* sewing *attr.*; **maszyna** ~**ka** a sewing machine; **nożyce** ~**kie** tailor('s) scissors; **kreda** ~**ka** tailor's chalk; **miara** ~**ka** a tape measure

krawiectw|o *n sgt* sewing, tailoring; ~**o męskie** men's tailoring; ~**o damskie** women's tailoring, dressmaking; ~**o lekkie** dressmaking, light tailoring; ~**o miarowe** bespoke tailoring GB, custom tailoring

kr|ąg II *m* (*G* ~**ęgu**) [1] (koło) circle, ring; **narysować krąg** to draw a circle; **zakreślić (ręką) krąg** to make a. outline a circle in the air (with one's arm); **utworzyć krąg** to form a circle a. ring; **po wodzie rozchodziły się kręgi** ripples spread in widening circles on the surface of the water; **krąg światła** a circle of light; **samolot zatoczył krąg nad lotniskiem** the plane circled over the airport [2] (kształt) **krąg żółtego sera** a round of cheese; **krąg słoneczny** the Sun's disk a. orb *książk.* [3] (obszar) range; **poszerzyć swój krąg wiedzy/zainteresowań** to broaden one's range of knowledge/interest; **to zagadnienie nie leży w kręgu moich zainteresowań** that question is outside my range of interest(s); **krąg spraw** a range of issues; **literatura hiszpańskiego kręgu językowego** literature of the Spanish-speaking countries a. world; **pochodzimy z odrębnych kręgów kulturowych** we come from different cultures ▢4 przen. (grono) circle; **nasz krąg przyjaciół/znajomych/współpracowników** our circle of friends/acquaintances/associates; **święta spędzili w kręgu rodzinnym** they spent Christmas with the family a. in the family circle; **kręgi artystyczne** artistic circles; **lubił obracać się w kręgach artystycznych** he liked to frequent artistic circles; **krąg podejrzanych jest dość wąski** the circle of suspects is quite narrow; **książka skierowana była do szerokiego kręgu odbiorców** the book was intended for a wide range of readers ▢5 Anat. vertebra; **kręgi szyjne/piersiowe/lędźwiowe/krzyżowe** (the) cervical/thoracic/lumbar/sacral vertebrae

Ⅱ kręgiem adv. książk. (w koło) in a circle a. ring; **stali kręgiem przy nauczycielu** they stood in a circle around the teacher

Ⅲ w krąg adv. książk. (dookoła) (all) round, (all) around; **dzieci biegały w krąg** the children were running around; **zasiedli w krąg przy ognisku** they sat around the fire ▢ **krąg kamienny** Archeol. stone circle; **krąg polarny** Geogr. polar circle

■ **kręgi pod oczami** circles under one's eyes; **zaczarowany** a. **zaklęty krąg** (w bajkach) a magic circle; książk. (sytuacja) a vicious circle; **zataczać szerokie kręgi** to have wide-ranging effects, to spread far and wide

krągło adv. **buzia dziecka wyglądała ~ i zdrowo** the child's face looked full and healthy

krągłoś|ć Ⅱ f sgt ▢1 książk. (kulistość) round(ed)ness; **~ć pagórków/liter** the roundness of the hills/letters ▢2 euf. (pulchność) roundness euf., fullness euf.; **~ć (czyichś) ramion/(czyjejś) figury** the roundness a. fullness of sb's arms/figure; **~ć policzków** the roundness a. fullness of sb's cheeks ▢3 przen. (gładkość) smoothness; glibness pejor., slickness pejor.; **~ć zdania/frazy** the glibness of a sentence/phrase

Ⅱ krągłości plt euf. curves

krągł|y adi. ▢1 książk. [jabłko, bochen, stół, tarcza] round(ed); **~łe buzie dzieci** the children's round faces ▢2 euf. [ramiona, figura] round(ed) euf., full euf.; **~łe panie** well-padded women euf.; zaftig women US euf., pot.; **~łe policzki** round a. full cheeks ▢3 przen. [zdania, słowa, wypowiedź] well turned; glib pejor., slick pejor.; **paroma ~łymi komplementami oczarował wszystkich obecnych** he charmed everyone present with a couple of well-turned compliments

krąż|ek m ▢1 dem. (kółko) (small) circle; **~ki kolorowego papieru** small circles of coloured paper; **~ki cebuli** onion rings; **~ek kiełbasy** a slice of sausage; **pokroić marchewkę/cytrynę w ~ki** to slice carrots/lemon ▢2 pot. (płyta) album, record ▢3 pot. (medal) **zdobyć złoty ~ek olimpijski** to win the Olympic gold pot. ▢4 Sport (hockey) puck ▢5 Techn. roller ▢ **~ek dopochwowy** Med. diaphragm; **~ek garncarski** potter's wheel; **~ek**

linowy Techn. block, pulley; **~ek maciczny** Med. pessary

krążeni|e Ⅱ sv → **krążyć**

Ⅲ n sgt (krwi) (blood) circulation; **układ ~a** the cardiovascular system; **choroby układu ~a** cardiovascular diseases; **poprawiać ~e** to improve sb's circulation; **niewydolność ~a** coronary insufficiency ▢ **~e atmosfery** Meteo. atmospheric circulation; **~e krwi** Biol., Med. (blood) circulation; **~e płodowe** Med. fetal (blood) circulation

krążeniow|y adi. [zaburzenia, choroby] circulatory, circulation attr.

krążownik m Wojsk. cruiser; **~ pomocniczy** auxiliary cruiser ▢ **~ szos** ≈ a (big) boat of a car pot.

krąż|yć impf vi ▢1 (zataczać kręgi) to circle, to revolve; **planety ~ą wokół Słońca** the planets revolve around a. orbit (around) the Sun; **ćmy ~yły wokół lampy** moths were circling (around) the lamp; **ptaki ~ą w powietrzu** birds are circling in the air; **jego myśli uporczywie ~yły wokół tragedii, jaką była śmierć syna** przen. his thoughts kept revolving around his son's tragic death ▢2 (przemieszczać się) to cruise (around), to wander about a. around; **~ył niespokojnie po pokoju** he was wandering restlessly about a. around his room; **po mieście ~yły patrole policji** police patrols were cruising around the town; **~yli po lesie, szukając grzybów** they were wandering about the forest looking for mushrooms; **gospodyni ~yła wśród gości** the hostess circulated among the guests ▢3 (być podawanym) to be passed round, to be handed round; **półmiski ~yły wśród gości** the plates were being passed around the guests; **zdjęcia z wakacji ~yły z rąk do rąk** the holiday pictures were being handed round ▢4 (rozprzestrzeniać się) [wiadomość, plotka] to circulate, to go (a)round; to make the rounds pot.; **ten dowcip ~y już po całym mieście** this joke has already circulated around the whole town; **po mieście ~ą pogłoski o zmianach w rządzie** rumours about changes in the administration are going (a)round town ▢5 (obiegać) [krew, woda, płyny] to circulate, to flow; **pokarmy poprzez korzenie ~ą w całej roślinie** nutrients flow through the roots to the whole plant ▢6 (nie mówić wprost) to beat about the bush GB pot., to beat around the bush US pot.; **~yć wokół sedna** to beat about the bush ▢7 Ekon. [pieniądze, towary] to circulate

kreacj|a f ▢1 (Gpl ~i) (suknia) dress, gown; (z dodatkami) ensemble książk.; outfit; **~a balowa/wieczorowa** a ball/an evening gown; **wiosenne ~e Diora** Dior's spring creations dzien. ▢2 (Gpl ~i) Kino, Teatr performance, acting U; **stworzył wybitną ~ę jako Hamlet** he was brilliant in the role of Hamlet, his Hamlet was absolutely brilliant; **słynął z wielkich ~i szekspirowskich** he was famous for his great interpretations of Shakespearean roles ▢3 sgt książk. (tworzenie) creation; **~a artystyczna/literacka** an artistic/a literary creation; **boski akt ~i** the act of Creation

kreacyjnie adv. książk. [pisać, malować] creatively, with originality

kreacyjnoś|ć f sgt książk. creativity, originality

kreacyjn|y adi. książk. [sztuka, praca, osoba] creative, original

kreato|r m, **~rka** f ▢1 książk. (twórca) (sztuki, baletu) creator; (idei, teorii) originator; **~rzy filmu** the film's creators ▢2 Moda (fashion) designer; **~r mody** a fashion designer

kreators|ki adi. książk. [praca, przedsięwzięcie, projekt] creative, original

kreatu|ra f pot., pejor. louse pot., pejor., snake in the grass pot., pejor.

kreatywnie adv. książk. [pracować, myśleć, działać] creatively

kreatywnoś|ć f sgt książk. creativity, originality; **~ć (czyjejś) pracy** the creativity a. originality of sb's work; **~ć autora/kompozytora** the author's/composer's creativity a. originality; **cechować się ~cią** to be creative a. original

kreatywn|y adi. książk. [osoba, myślenie, umysł] creative; **~a moc wyobraźni** the creative power of the imagination; **~e pomysły/idee** creative a. original ideas

kre|cha f augm. line; **gruba ~cha** a heavy line

■ **mieć u kogoś ~chę** pot. to be in the doghouse with sb pot.; **zjeżdżać na ~chę** środ., Sport to ski straight down the slope; **kupować na ~chę** to buy sth on tick GB pot. a. on the cuff US pot.

kreci adi. [jama, futerko, korytarze] mole attr., mole's; **kopiec ~** a molehill; **mieć ~ wzrok** to be (as) blind as a bat

■ **~a robota** pejor. underhand(ed) scheming pejor.; subversion

krecik m dem. (small) mole

kre|da f ▢1 sgt (skała) chalk; **złoża ~dy** chalk deposits ▢2 sgt (proszek) chalk; **~da do czyszczenia** French chalk ▢3 (do pisania) chalk U; **biała/kolorowa ~da** white/coloured chalk; **pisać/rysować ~dą** to write/draw with chalk; **blady** a. **biały jak ~da** (as) white as chalk a. a sheet ▢4 sgt pot. (papier) (chalk-)coated paper; **album drukowany na ~dzie** a book of photographs printed on (chalk-)coated paper ▢5 sgt Geol. the Cretaceous (period)

kredens m (G ~u) ▢1 (mebel) dresser, sideboard; **~ kuchenny** a kitchen dresser a. sideboard ▢2 przest. (pomieszczenie) pantry, scullery

kredensow|y Ⅱ adi. ▢1 [półka, szuflada] cabinet attr., sideboard attr. ▢2 przest. **pokój ~y** a pantry, a scullery

Ⅲ m przest. scullion przest.

kred|ka f ▢1 (do rysowania) coloured pencil GB, colored pencil US; **~ki woskowe** a. **świecowe** (wax) crayons; **rysować/malować ~kami** to draw with coloured pencils ▢2 Kosmet. (do ust) lipstick; (do oczu) eye pencil, eyeliner; (do brwi) eyebrow pencil; **~ka do warg** a lipstick; **malować usta ~ką** to colour one's lips; **podkreślać oczy czarną ~ką** to use a. apply black eye pencil

kredkow|y adi. [rysunek, portret] (kredkami) crayon attr.; (pastelami) pastel attr.

kredo → **credo**

K

kredowo *adv.* jej twarz stała się ~ biała her face turned (as) white as chalk a. a sheet
kredowobia|ły *adi.* [*twarz, skóra*] chalky (white)
kredow|y *adi.* ① Geol. (wapienny) chalk *attr.*; **skały ~e** chalky cliffs ② [*pył, napis*] chalk *attr.* ③ przen. chalky przen.; **~a twarz** a chalky face; **~e usta** chalky lips ④ Geol. Cretaceous

kredy|t *m* (*G* ~tu) ① Fin. credit *U*, loan; **~t bankowy** a bank loan; **~t konsumpcyjny** consumer credit; **~t eksportowy** export credit; **tanie ~ty dla budownictwa** cheap credit for the construction industry; **~t na budowę domu/na studia** a home/student loan; **~t mieszkaniowy** a mortgage a. home loan; **wysoko/nisko oprocentowany ~t** a high-interest/low-interest loan; **wziąć** a. **zaciągnąć ~t** to take out a loan; **spłacić ~t** to pay off a loan; **sklep zamknął mu ~t** the shop refused to give him any more credit; **na ~t** on credit; **kupić coś na ~t** to buy sth on credit; „**sklep nie udziela ~tu**" 'no credit' ② Księg. credit ❑ **~t budżetowy** Ekon. budget allowance; **~t hipoteczny** Fin., Prawo mortgage; **~t inwestycyjny** Ekon., Fin. investment credit; **~t odnawialny** revolving credit, open-ended credit; **~t państwowy** Ekon. (wewnętrzny) internal debt; (zewnętrzny) international debt; **~t refinansowy** Ekon., Fin. refinance credit; **~t rembursowy** Fin., Handl. reimbursement credit; **~t średnioterminowy** Ekon., Fin. medium-term credit ■ **~t zaufania** confidence, trust; **obdarzyć kogoś ~tem zaufania** to have confidence in sb, to trust sb; **uwierzyć/przebaczyć komuś na ~t** to give sb the benefit of the doubt

kredytobiorc|a *m* Ekon., Fin. borrower
kredytodawc|a *m* Ekon., Fin. lender, creditor

kredyt|ować *impf vt* Ekon., Fin. to provide credit, to make a loan; **bank ~ował budowę autostrady** the bank provided credit for construction of the motorway; **~ować zakup maszyn rolniczych** to make a loan for the purchase of agricultural machinery

kredytow|y *adi.* [*system*] credit *attr.*; [*bank*] credit *attr.*, lending; **umowa ~a** a loan a. credit agreement; **zdolność ~a** credit rating a. standing; **sprzedaż ~a** a credit sale; **karta ~a** a credit card

krem *m* (*G* ~u) ① Kulin. (deser) cream *C/U*; **~ z owocami** cream with fruit; **ciastko z ~em** a cream cake a. bun; **tort przekładany ~em czekoladowym** a cake layered with chocolate cream; **zjeść dwa ~y cytrynowe** to eat two lemon creams ② Kulin. (zupa) cream soup *U*; **~ ze szparagów/z brokułów** cream of asparagus/broccoli ③ Kosmet. cream *C/U*; **~ nawilżający** moisturizer, moisturizing cream; **~ tłusty/półtłusty** emollient a. nourishing cream; **~ regeneracyjny/ujędrniający/wygładzający** regenerating/(skin) firming/exfoliating cream; **~ przeciwzmarszczkowy** (anti-)wrinkle cream; **~ przeciw rozstępom** (anti-)stretch mark cream; **~ do rąk/twarzy/stóp** hand/face/foot cream; **~ do cery suchej/wrażliwej** cream for dry/sensitive skin; **~ pod oczy/na szyję** eye/neck cream; **~ na dzień/na noc** day(time)/night cream; **~ do opalania** suntan cream; **~ do golenia** shaving cream; **puder w ~ie** cream a. liquid foundation; **róż w ~ie** cream rouge; **cienie do oczu w ~ie** cream eyeshadow; **posmarować twarz/ręce ~em** to put cream on one's face/hands; **wcierać** a. **wklepywać ~ w skórę** to massage cream into one's skin

kremacj|a *f* (*Gpl* ~i) cremation; **zwłoki poddano ~i** the body was cremated

krematori|um *n* (*Gpl* ~ów) crematorium, crematory US

krematoryjn|y *adi.* [*piec, komin*] crematory; **budynek ~y** a crematorium

kremik *m dem.* (*G* ~u) pieszcz. Kulin., Kosmet. cream

kremow|y *adi* ① [*ciastko*] cream *attr.*; **śmietana ~a** double a. whipping cream ② [*kostium, bluzka*] cream *attr.*, cream-coloured GB, cream-colored US; **~e róże** cream(-coloured) roses

kremów|ka *f* Kulin. ① (ciastko) cream puff ② (śmietana) double cream *U*, whipping cream *U*

kremplin|a *f* Włók. crimplene® *U*; **sukienka z ~y** a crimplene dress

kremplinow|y *adi.* [*sukienka*] crimplene *attr.*

kre|ować *pf, impf* **Ⅰ** *vt* książk. ① (tworzyć) to create; **projektant ~ował własny styl w modzie** the fashion designer created his own style; **książki ~ują wyobraźnię dzieci** books shape children's imagination ⇒ **wykreować** ② (grać) [*aktor*] to play, to act [*rolę*]; **~ować postać szekspirowską** to play a Shakespearean character ⇒ **wykreować** ③ (pomóc w karierze) **~ować kogoś na kogoś** to make sth of sb, to make sb sth; **reżyser ~ował ją na gwiazdę** the director was trying to make her a star a. make a star of her ⇒ **wykreować** ④ (mianować) to appoint, to make; **~ować kogoś na dyrektora** to appoint sb general manager; **nowo ~owany prezydent/przywódca** the newly elected president/leader **Ⅱ kreować się** to pose (**na coś** as sth); to fancy oneself (**na coś** sth); **~ować się na intelektualistę** to play the intellectual; **~ować się na damę** to fancy oneself a lady ⇒ **wykreować się**

krep|a *f* ① Włók. crêpe *U*, crape *U*; **~a chińska** crêpe de Chine; **suknia z ~y** a crêpe dress ② (kauczuk) crepe (rubber)

krepin|a *f sgt* ① (bibułka) crêpe paper; **róże z ~y** crêpe paper roses ② (taśma) upholstery tape ③ Teatr (sztuczne włosy) artificial hair

krepon *f* (*G* ~u) Włók. crepon; **bluza z ~u** a crepon blouse

kreponow|y *adi.* [*bluza*] crepon *attr.*

krepow|y *adi.* [*suknia, płaszcz*] crêpe *attr.*; **tkanina ~a** crêpe

kres **Ⅰ** *m sgt* (*G* ~u) książk. ① (koniec) end; **nasza wędrówka dobiegła ~u** our journey has come to an end a. reached the end; **zbliża się ~ jego panowania** the end of his reign is imminent; **wszystko ma swój ~** nothing lasts forever; **u ~u podróży** at the end of a journey; **być u ~u swoich dni** a. **życia** to be nearing the end of one's days a. life ② przen. (granica) limit; **~ ludzkich możliwości** the limits of human endurance; **być u ~u wytrzymałości** to be at the end of one's tether; **być u ~u sił** to be on one's last legs, to be ready to drop ③ (kraniec) end, edge; **~ drogi** the end of the road; **~ lasu/stepu/pustyni** the edge of the forest/steppe/desert; **morze bez ~u** the endless sea **Ⅱ Kresy** *plt* borderland *zw. pl*, marches; **Kresy wschodnie** the Eastern borderlands a. marches; **pochodzić z Kresów** to come from the borderlands a. marches; **mieszkać na Kresach** to live in the borderlands a. marches ❑ **~ zbioru liczb** Mat. bound of a set ■ **położyć czemuś ~** to put an end to sth

kresecz|ka *f dem.* (small) line, stroke

kres|ka *f* ① (linia) line, stroke; **rysować ~ki** to draw lines; **podkreślił ~ką fragment w książce** he underlined a passage in the book; **oddzielić przeszłość grubą ~ką** przen. to put the past behind one ② (znak graficzny) (myślnik) dash; (łącznik) hyphen; (nad literą) diacritic, (acute) accent; **góra piszemy przez o z ~ką** the word 'góra' is spelt with an 'o' with a diacritic ③ (w alfabecie Morse'a) dash ④ (na skali) **temperatura powietrza podniosła się o kilka ~ek** the (air) temperature rose a few degrees; **mieć 38 i kilka ~ek gorączki** pot. to have a temperature over 38 degrees ⑤ *sgt* Szt. (brush) stroke; **subtelna ~ka Degasa** Degas's subtle brush stroke ❑ **~ka ułamkowa** Mat. line ■ **być pod ~ką** pot. to be broke pot.; **kupować na ~kę** pot. to buy on tick a. on the cuff US pot.; **mieć u kogoś ~kę** pot. to be in the doghouse with sb pot.

kresk|ować *impf vt* to shade a. fill in with lines, to hatch [*figurę, płaszczyznę*] ■ **o ~owane** 'o' with (a) diacritic (*a letter in the Polish alphabet*)

kreskow|y *adi.* [*mapa, rysunek*] line *attr.*; **kod ~y** a bar code

kresków|ka *f* ① pot. (film) (animated) cartoon; **oglądać ~ki** to watch cartoons ② Druk. printing plate (*for a line drawing*)

kresowiak → **kresowianin**

kresowian|in *m*, **~ka** *f* (*Gpl* ~, ~ek) borderlander

kresow|y *adi.* [*rejony, mowa, tradycje*] borderland *attr.*

kreślar|ka *f* draughtswoman

kreślar|nia *f* (*Gpl* ~ni a. ~ń) draughtsman('s) studio, drafting studio US

kreślars|ki *adi.* [*stół, deska, przybory, tusz*] drawing *attr.*; **kalka ~ka** tracing paper

kreślarstw|o *n sgt* draughtsmanship, drafting US, draftsmanship US

kreślarz *m* (*Gpl* ~y) draughtsman, drafter US

kreśl|ić *impf vt* ① (rysować) to draw [*rysunek, projekt, wykres, mapę*]; **~ić rysunki techniczne** to do technical drawings; **wykresy są obecnie ~one przez komputery** the graphs are generated by computer nowadays ② (przekreślać) to cross out; **coś pisał i znów ~ił** he kept writing something and then crossing it out ③ (bazgrać) to scribble; to doodle *vi*; **bezmyślnie ~ił jakieś esy-**

floresy he was doodling thoughtlessly; **~ić koła patykiem na piasku** to make circles in the sand with a stick [4] książk. (formułować) to envision, to picture; **~ić wizje/plany** to conceive (of) visions/plans; **~ił wspaniałe plany na przyszłość** he envisioned wonderful plans for the future [5] książk. (opisywać) to depict, to portray; **autor barwnie ~i postaci drugorzędne** the author vividly portrays the novel's minor characters; **być ~onym z humorem/z sympatią** to be depicted with humour/warmth [6] książk. (robić znak) to make a sign; **ksiądz ~ił znak krzyża** the priest made the sign of the cross

kre|t [] *m pers.* (*Npl* **~ty**) pejor. (osoba podstępna) schemer pejor., snake in the grass pejor.; (w organizacji) mole
[] *m anim.* Zool. mole
[] *m inanim.* Techn. mole plough, mole plow US

kretes → **z kretesem**

kreton *m* (**~ik** *dem.*) (*G* **~u, ~iku**) Włók. patterned cotton, cretonne, calico US; **sukienka z ~u** a flowered cotton a. cretonne dress

kretonow|y *adi. [bluzka, sukienka, zasłona]* flowered cotton a. cretonne *attr.*, calico *attr.* US

kretowisk|o *n* [1] (kopczyk) molehill [2] (teren) **nasz ogród to istne ~o** our garden is all dotted with molehills

kretyn *m*, **~ka** *f* [1] pot., obraźl. moron pot., obraźl., cretin pot., obraźl. [2] Med. severely retarded person; cretin przest.

kretynizm *m* (*G* **~u**) [1] pot., pejor. idiocy U pejor.; imbecility U pejor.; **opowiadać ~y** to talk rot a. hogwash pot., pejor.; **to czysty ~ tak postępować** it's sheer idiocy to act like that [2] *sgt* Med. severe mental retardation; cretinism przest.

kretyńs|ki *adi.* [1] pot., obraźl. *[uśmiech, pomysł]* moronic pot., obraźl., idiotic pot., obraźl.; *[strój, fryzura]* idiotic pot., pejor.; ridiculous
[2] Med. severely retarded; cretinous przest.

kretyństw|o *n* pot. (bzdura) rot U pot., hogwash U pot.; (głupie zachowanie) idiocy U, imbecility U

kr|ew *f sgt* [1] (płyn) blood; **grupa/krążenie/ zakażenie krwi** blood type/circulation/ poisoning; **badanie krwi** a blood test; **krew żylna/tętnicza** venous/arterial blood; **białe/czerwone ciałka krwi** pot. white/red blood cells; **ciśnienie krwi** blood pressure; **zmierzyć komuś ciśnienie krwi** to take a. measure sb's blood pressure; **pobrać krew** to take a blood sample; **mieć pobieraną krew** to have a blood sample taken; **oddać krew** to give blood; **zatamować krew** to stop a. staunch the bleeding; **umrzeć z upływu krwi** to die from blood loss a. loss of blood; **broczyć krwią** książk. to bleed profusely; **ociekać** a. **spływać krwią** to be dripping a. streaming with blood; **stłuc kolano do krwi** to bang one's knee and cut it; **skaleczyć się do krwi** to cut oneself; **krew tryska/sączy się z rany** blood is spurting/oozing from the wound; **leci mi krew** I'm bleeding; **leci mi krew z nosa/ ręki** my nose/hand is bleeding; **twarz**

nabiegła mu krwią the blood rushed to his face; **krew odpłynęła** a. **uciekła jej z twarzy** the colour left her face; **rzeki/ strumienie krwi** przen. rivers/streams of blood przen.; **dokonać czegoś bez rozlewu krwi** to achieve sth without bloodshed; **doszło do rozlewu** a. **przelewu krwi** it came to bloodshed; **przelać krew za ojczyznę** to shed blood for one's country przen.; **przelewać niewinną krew** przen. to spill a. shed innocent blood przen.; **pławić się we krwi** przen. to wallow in blood przen.; **mieć krew na rękach** a. **mieć ręce splamione krwią** przen. to have blood on one's hands przen.; **walczyć do pierwszej krwi** to fight to the first blood; **walczyć do ostatniej kropli krwi** przen. to fight to the last breath a. last drop of blood przen.; **znów polała się krew** blood was spilled a. shed again; **miasto tonęło we krwi** a. **spłynęło krwią** przen. the streets (of the town) ran with blood przen. [2] (pochodzenie) blood; **miał w sobie irlandzką krew** he had Irish blood in him; **w jego żyłach płynie kozacka krew** he has Cossack blood flowing through a. in his veins; **klacz czystej krwi arabskiej** a pure-bred Arabian a. Arab mare; **czystej krwi Rosjanin** a full-blooded Russian; **(o) krwi mieszanej** *[osoba]* of mixed blood; *[zwierzę]* mixed breed
■ **błękitna krew** blue blood; **świeża krew** fresh a. new blood; **potrzeba nam w firmie świeżej krwi** the company needs (some) new a. fresh blood; **krew Chrystusowa** the blood of Christ; **węzły** a. **więzy krwi** blood ties, ties of blood; **postać z krwi i kości** a full-blooded a. larger-than-life character; **człowiek z krwi i kości** a flesh and blood person; **aktor/policjant z krwi i kości** an actor/a policeman to the core a. through and through; **krew z mlekiem** peaches and cream; **mieć gorącą krew** to be hot-tempered; **mieć coś we krwi** to have sth in one's blood; **napsuć komuś krwi** to get on sb's nerves; **narobić złej krwi** to cause bad blood; **pić czyjąś krew** to sponge off sb; **wejść komuś w krew** to become second nature to sb; **zachować zimną krew** to remain cool a. cool, calm, and collected; to keep a cool head; **zabić kogoś z zimną krwią** to kill sb in cold blood, to cold-bloodedly kill sb; **krew się we mnie burzy** a. **krew mnie zalewa, kiedy...** it makes my blood boil a. it gets my blood up when...; **krew w nim zawrzała** it made his blood boil; **krwi bym dla niego utoczył** I'd lay down my life for him; **ścinać komuś krew w żyłach** to make sb's blood run cold; **mrożący krew w żyłach** blood-curdling, blood-chilling; **to mi idzie jak krew z nosa** pot. it's a real slog a. uphill struggle; **krew nie woda** przysł. (o temperamencie) ≈ sometimes our passions get the better of us; (o pokrewieństwie) blood is thicker than water przysł.

krew|a *f sgt* pot. (total) fiasco; cock-up GB pot., screw-up US pot.

krewet|ka *f* Zool. shrimp; (duża) prawn; **pasta z ~ek** shrimp paste

krew|ki *adi. [osoba, natura]* hot-tempered

krewkoś|ć *f sgt* hot temper

krewn|a *f* (*Gpl* **~ych**) (female) relative, relation (**kogoś** of sb)

krewniacz|ka *f* [1] pot. (female) relative, relation (**kogoś** of sb); **bliska/daleka ~ka** a close/distant relative [2] przen. relative (**czegoś** of sth); **iwa jest ~ką zwykłej wierzby** the sallow is a relative of the common willow

krewniacz|y *adi.* family *attr.*; **~e stosunki** family relations; **~a bliskość** family closeness

krewnia|k [] *m pers.* pot. relative, relation (**kogoś** of sb); **bliski/daleki ~k** a close/ distant relative
[] *m anim.* relative (**czegoś** of sth); **bliskim ~kiem osła jest koń** the horse is a close relative of the donkey

krewn|y [] *m* [1] (należący do rodziny) relative, relation (**kogoś** of sb); **bliski/daleki ~y** a close/distant relative; **~i ze strony ojca/ matki** relatives on one's father's/mother's side; **~y po mieczu/po kądzieli** a relative on the spear/distaff side przest.; **~y w linii prostej** a relative in the direct line [2] książk., przen. brother książk., przen.; **sen, bliski ~y śmierci** sleep, the brother of death
[] *adi.* pot. **być komuś ~ym coś** to owe sb sth; **ile ci jestem ~y?** how much do I owe you?

krez|a → **kryza**

krez|ka *f* [1] dem. Hist., Moda ruff [2] Anat. mesentery

krezus *m* (*Npl* **~i** a. **~y**) Croesus

krezusow|y *adi. [suma, fortuna]* fabulous

krę|cić *impf* [] *vt* [1] **~cić piruety** to do a. turn pirouettes, to pirouette; **~cić młynka czymś** to whirl sth ⇒ **zakręcić** [2] Kulin. to mix, to beat *[ciasto, krem]*; to grind *[mak]* ⇒ **ukręcić** [3] (układać w loki) to curl, to set *[włosy]*; **~cić sobie anglezy** to set one's hair in ringlets; **~cić włosy na wałkach** to put one's hair in curlers; **~cić włosy lokówką** to use a curling iron a. curling tongs ⇒ **zakręcić** [4] Kino to shoot *[film, teledysk]*; **większość zdjęć ~cono w Anglii** most of the filming was done in England; **~cić początkowe ujęcie** to film the opening shot ⇒ **nakręcić** [5] (zwijać) to twist *[linę, sznur]*; to twist, to twirl *[wąsy]*; **~cić papierosa** to roll a cigarette ⇒ **skręcić**
[] *vi* [1] (obracać) to turn, to wind (**czymś** sth) *[korbką]*; to twist (**czymś** sth) *[gałką]*; to work (**czymś** sth) *[pedałami]*; **~cić głową (z niedowierzaniem)** to shake one's head (in disbelief) [2] (kołysać) **~cić biodrami/ pupą** to wiggle one's hips/bottom ⇒ **zakręcić** [3] pot. (flirtować) to carry on pot. (**z kimś** with sb); **oni ze sobą ~cą** they're carrying on with each other [4] pot. (kierować) **~cić interesem/projektem** to run a business/project; **on tu wszystkim ~ci** he runs the whole show pot.; **ona ~ci nim jak chce** she's got him twisted around her little finger [5] pot. (oszukiwać) to fib; **on chyba coś ~ci** I think he's fibbing [6] pot. (telefonować) **~cić do kogoś** to call sb up; **~cę do niego już od godziny** I've been trying to reach him for an hour
[] **kręcić się** [1] (obracać się) *[osoba]* to spin, to whirl; *[koło, wiatrak, karuzela]* to spin, to

K

turn; *[świat]* to turn; (wokół osi) to rotate; (wokół Słońca) to revolve także przen. ⇒ **zakręcić się** [2] (wiercić się) to squirm; **~cić się nerwowo** to squirm nervously [3] (przemieszczać się) to hang around a. about; **~cą się tu jacyś dziwni ludzie** there are some strange people hanging around here; **~ciłem się trochę po Europie** I did some travelling in Europe ⇒ **pokręcić się** [4] *[włosy]* to curl; **włosy jej się same ~cą** her hair is naturally curly [5] pot. (zabiegać o względy) **~cić się koło** a. **wokół kogoś** to hang around sb pot.; **zawsze kręcili się wokół niej różni faceci** she always had guys hanging around her ⇒ **zakręcić się** [6] pot. (dbać) **~cić się koło czegoś** to see to sth; **~cić się koło swoich interesów** to see to one's own needs, to look after one's own interests ⇒ **zakręcić się** [7] pot. (dotyczyć) *[życie, rozmowa]* to revolve (**wokół kogoś/czegoś** around sb/sth); **wszystko się wokół niej ~ci** everything revolves around her; **każda rozmowa ~ciła się wokół tej sprawy** every conversation revolved around this issue [8] pot. (mylić się) **wszystko mi się ~ci** I can't keep it all straight; **~cą mi się te nazwy** I can't keep all these names straight ⇒ **pokręcić się**

■ **~cić na siebie bat** to make a rod for one's own back; **~cić nosem na coś** to sniff at sth; **~cić głową nad czymś** to shake one's head (in dismay) over sth; **interes się ~ci** business is going well; **ja cię ~cę!** pot. gosh! pot.; **~ci mi się w głowie** I feel dizzy, my head is spinning; **~ci mnie w nosie** I feel a tickle in my nose; **dym/zapach ~cił ją w nosie** the smoke/smell tickled her nose

krę|ciek *m* (*A* **~ćka**) pot. **mieć/dostać ~ćka** to be/go round the bend a. twist pot.

kręcon|y [] *pp* → **kręcić**

[] *adi.* [1] *[włosy, czupryna]* curly [2] *[schody]* winding, spiral *attr.* [3] *[fotel, stołek]* swivel *attr.*, revolving [4] *[lina, sznur]* twisted

kręg *m* (*G* **~u**) Anat. vertebra; **~i szyjne/krzyżowe** cervical/sacral vertebrae

❑ **~ obrotowy** Anat. axis; **~ szczytowy** Anat. atlas

kręgarstw|o *n sgt* chiropractic

kręgarz *m* (*Gpl* **~y**) chiropractor

kręg|iel [] *m zw. pl* skittle

[] **kręgle** *plt* bowling *U*; (w dziewięć kręgli) ninepins (+ *v sg*), skittles (+ *v sg*) GB; (w dziesięć kręgli) (tenpin) bowling *U*, tenpins (+ *v sg*) US

kręgielni|a *f* (*Gpl* **~**) bowling alley

kręglars|ki *adi.* Gry, Sport bowling *attr.*, skittle *attr.* GB

kręglarz *m* (*Gpl* **~y**) (osoba grająca w kręgle) bowler; (w dziewięć kręgli) skittle player GB, bowler

kręgosłup *m* [1] Anat. spine, backbone; **wygięcie ~a** spinal curvature; **mieć krzywy ~** to suffer from curvature of the spine, to have a curved backbone [2] przen. (filar) backbone; **przemysł jest ~em gospodarki** industry is the backbone of the economy [3] przen. (charakter) backbone, spine; **to facet bez ~a** this guy has no backbone; **przetrącić komuś ~** to destroy sb's moral fibre

kręgow|iec *m* Zool. vertebrate

kręgow|y *adi.* Anat. *[rdzeń, kanał, otwór]* spinal

krępacj|a *f sgt* pot., żart. inhibition *C/U*; **robić/mówić coś bez ~i** to do/say sth without any inhibition(s)

kręp|ować *impf* **[]** *vt* [1] (żenować) to make [sb] (feel) uncomfortable; **~uje mnie słuchanie takich dowcipów** jokes like that make me uncomfortable; **~uje mnie swoją obecnością** a. **jego obecność mnie ~uje** I feel uncomfortable a. awkward when he's around a. with him around [2] (ograniczać swobodę ruchów) *[spodnie, gorset]* to restrict; **~ować swobodę ruchów** to restrict movement; **ubranie mnie ~uje** my clothes are too tight [3] (związywać) to tie up *[osobę]*; to tie *[ręce, nogi]*; **~ować ręce ofierze** to tie the victim's hands; **uwolnił się od ~ujących go lin** he freed himself from the ropes restraining him ⇒ **skrępować** [4] (ograniczać wolność) to hinder *[osobę, rozwój]*; **~ować czyjąś swobodę działania** to hinder a. restrict sb's freedom of action; **~ować czyjeś samodzielne myślenie** to hinder sb from thinking independently

[] **krępować się** to feel embarrassed a. uncomfortable; **~uję się, kiedy tak na mnie patrzy** I feel embarrassed a. uncomfortable when he looks at me like that; **~ować się coś zrobić** to feel shy to do a. about doing sth; **nie ~uj się mną** don't mind me; **nie ~uj się, jedz!** don't be shy, tuck in!

krępująco *adv.* embarrassingly

krępując|y [] *pa* → **krępować**

[] *adi.* *[pytanie, cisza, sytuacja]* embarrassing, awkward; *[gość]* awkward; **zapadło ~e milczenie** there was an awkward a. embarrassing silence

kręp|y *adi.* *[osoba, sylwetka]* chunky, stocky; **on jest ~ej budowy (ciała)** he has a stocky build, he's stockily built

krętac|ki *adi.* pejor. *[charakter]* devious pejor.; shady pot., pejor., shifty pot., pejor.

krętactw|o [] *n sgt* pejor. deviousness pejor.; shadiness pot., pejor.

[] **krętactwa** *plt* (oszustwa) deception *C/U*, double-dealing *U*; **demaskować czyjeś ~a** to expose sb's deceptions

krętacz *m*, **~ka** *f* (*Gpl* **~y**, **~ek**) pejor. cheat, cheater US; **być ~em** to be a shady a. shifty customer pot., pejor.

kręto *adv.* **schody idące ~ w górę** the stairs winding up to the top

kręt|y *adi.* *[droga, rzeka, schody]* winding

krnąbrnie *adv. grad.* in an unruly fashion

krnąbrni|eć *impf* (**~eję**, **~ał**, **~eli**) *vi* to become unruly

krnąbrnoś|ć *f sgt* pejor. unruliness, waywardness; recalcitrance książk.

krnąbrn|y *adi. grad.* pejor. *[dziecko, uczeń, zachowanie]* unruly, wayward; recalcitrant książk.

krochmal *m* (*G* **~u**) *sgt* (proszek, roztwór) starch

krochmal|ić *impf vt* to starch *[koszule, pościel]* ⇒ **wykrochmalić**

krochmalon|y [] *pp* → **krochmalić**

[] *adi.* *[kołnierzyk, fartuszek]* starched

kroci|e *plt* (*G* **~**) książk. [1] (pieniądze) fortune; **zarobić ~e (na czymś)** to make a fortune (on sth); **wydawać ~e (na coś)** to spend vast sums (on sth) [2] (ludzie, rzeczy) the multitudes; **~e jego fanów** his multitude(s) of fans

krociow|y *adi.* *[sumy, interes]* fabulous; **~y interes** a fabulous deal; **film przyniósł ~e zyski** the film made a fortune

kroczący [] *pa* → kroczyć

[] *adi.* książk. *[dewaluacja]* steady, progressive; **~e podwyżki cen** steady price increases

krocz|e *n* crotch, groin; Anat. perineum spec.; **kopnąć kogoś w ~e** to kick sb in the crotch a. groin; **nacięcie ~a** Med. perineal incision

krocz|ek *m* (*G* **~ku** a. **~ka**) *dem.* [1] (stąpnięcie) (small) step; **stawiać drobne** a. **małe ~ki** to take small steps [2] (posunięcie) step; **polityka drobnych ~ków** a step-by-step policy

kroczow|y *adi.* Anat. crotch *attr.*, groin *attr.*; perineal spec.; **szew ~y** the crotch seam; **okolica ~a** the groin area

krocz|yć *impf vi* [1] (stąpać) to stride; (maszerować) *[osoba, pochód, procesja]* to march; **~yć dumnie/dostojnie** to stride proudly/with dignity; **~yć na czele pochodu** to march at the head of a procession [2] książk. (zmierzać) **~yć po raz obranej drodze** to follow the chosen path; **dokąd ~y nasz kraj?** where is our nation heading?

krogulcz|y *adi.* [1] (krogulca) *[gniazdo, jajo, szpony]* sparrowhawk *attr.*, sparrowhawk's [2] przen. *[twarz, nos]* hawk *attr.*, hawklike; *[palce]* claw-like, talon-like

krogul|ec *m* Zool. sparrowhawk

kr|oić *impf* **[]** *vi* [1] (ciąć) to cut *[cebulę, mięso, deskę]*; (na plasterki) to slice *[wędlinę, chleb]*; **kroić coś drobno** to chop sth finely; **kroić coś w kostkę/w paski** to cut sth into cubes/strips; **deska do krojenia** a cutting a. chopping board; **drobno krojona marchewka** finely chopped carrot; **krojony chleb** sliced bread ⇒ **pokroić** [2] *[krawiec]* to cut *[ubranie]*; **palto krojone na wzór wojskowego płaszcza** a coat cut in a military style ⇒ **skroić** [3] pot. *[chirurg]* to cut pot. *[pacjenta]* ⇒ **pokroić**

[] **kroić się** pot. to be about to happen; **kroi ci się długa podróż** you're in for a long journey

krok *m* (*G* **~u**) [1] (stąpnięcie) step; (odgłos) footstep; **zrobić dwa ~i to przodu/do tyłu** to take two steps forward/back; **stawiać duże/małe ~i** to take big/small steps; **zbliżać się wielkimi ~ami** *[osoba]* to walk fast (**do kogoś/czegoś** toward(s) sb/sth); przen. *[dzień, termin]* to approach rapidly; **stawiać pierwsze ~i** *[dziecko]* to take one's first steps; przen. *[firma, nauka]* to be in its infancy; **stawiać pierwsze ~i jako polityk** przen. to take one's first steps in the world of politics; **usłyszeć czyjeś ~i** to hear sb's footsteps; **iść ~ za ~iem** to go step by step a. one step at a time; **robić coś ~ za ~iem** a. **~ po ~u** to do sth step by step a. one step at a time; **~ po ~u zdobyłem jej zaufanie** little by little, I won her trust; **iść za kimś ~ w ~** to dog sb a. sb's footsteps, to follow sb (about a.

around everywhere); **iść przy kimś ~ w ~** to walk in step with sb; **kierować swoje ~i do czegoś** a. **ku czemuś** książk. to direct one's steps toward(s) sth; **na każdym ~u** a. **co ~ widać było ślady wojny** the traces of war were visible at every turn; **ani ~u (dalej)!** don't move! [2] (sposób chodzenia) walk, step; (tempo chodzenia) pace; **iść szybkim/wolnym ~kiem** to walk at a fast/ slow pace; **przyspieszyć/zwolnić ~u** to speed up/slow down; **mieć sprężysty/ żołnierski ~** to walk with a springy/ soldierly step; **dotrzymywać komuś/czemuś ~u** to keep up with sb/sth także przen.; **równaj krok!** (rozkaz wojskowy) get in step!; **krok defiladowy** the goose-step; **iść krokiem defiladowym** to (do the) goose-step [3] zw. pl (w tańcu) step zw. pl; **uczyć się ~ów walca/tanga** to learn the steps of the waltz/tango; **mylić ~ w tańcu** to be a. dance out of step [4] (posunięcie) step; **podjąć stosowne/stanowcze ~i** to take appropriate/decisive steps; **skłonić kogoś do desperackiego ~u** to induce sb to make a desperate move; **zdecydować się na ryzykowny ~** to decide to make a risky move; **ważny ~ w walce z terroryzmem** a major step forward in the fight against terrorism; **uczynić ~ ku zgodzie** to take a step toward(s) reconciliation; **ktoś musi uczynić pierwszy ~** someone has to take the first step; **~ wstecz w procesie pokojowym** a step backward(s) in the peace process; **milowy ~** a giant step; **to odkrycie było milowym ~iem w rozwoju współczesnej nauki** this discovery was a giant step in the development of modern science; **znałem jej każdy ~** I was aware of her every move [5] przen. (odległość) **mieszkać o parę ~ów od czegoś** to live (just) a stone's throw (away) from sth; **to dwa ~i stąd** it's just around the corner; it's just a hop, skip, and jump from here pot.; **jesteśmy o ~** a. **dzieli nas ~ od zwycięstwa** victory is just around the corner; **stąd już tylko ~ do rewolucji** from there it's one step to revolution; **nie odstępować kogoś na ~** to follow sb everywhere; **sprawa nie posunęła się nawet na** a. **o ~** things have gone (absolutely) nowhere, things have not moved ahead at all; **on nie ustąpi ani na ~** he won't budge an inch [6] (część ciała, spodni) crotch; **być ciasnym w ~u** [spodnie, bielizna] to be tight in the crotch; **spodnie cisną a. uwierają mnie w ~u** my trousers are tight in the crotch
❑ **~ łyżwowy** Sport ski skating

krokiet[1] m (A ~ta) Kulin. (w bułce tartej) croquette; (w naleśniku) pancake roll

krokie|t[2] m (A ~ta) sgt (gra) croquet; **grać w ~ta** to play croquet

krokietow|y[1] adi. croquette attr.; **farsz ~y** croquette filling a. stuffing

krokietow|y[2] adi. croquet attr.; **młotek ~y** a croquet mallet

krok|iew f (Gpl ~wi) Budow. rafter

krokiew|ka f [1] dem. Budow. jack rafter [2] Wojsk. chevron; **nosić ~ki sierżanta** to wear sergeant's chevrons

krokodyl m [1] Zool. crocodile [2] (skóra) crocodile; **torebka z ~a** a crocodile handbag [3] Techn. hydraulic lift [4] Lotn. split flap

krokodyl|ek m [1] dem. Zool. young crocodile [2] Techn. alligator clip, crocodile clip

krokodyl|i adi [skóra, jajo] crocodile attr.; [paszcza, cielsko] crocodile's
■ **płakać ~imi łzami** a. **wylewać ~e łzy nad kimś/czymś** to shed crocodile tears for sb/sth

krokodylow|y adi. [skóra] crocodile attr.

krokomierz m pedometer

krokow|y adi. Anat. **gruczoł ~y** the prostate (gland)

krokus m (attr ~a) [1] Bot. crocus [2] przest. (proszek) saffron

krokwiow|y adi. Budow. [dach] rafter attr.

krom|ka f (~eczka dem.) slice (of bread); **~ka chleba** a slice of bread; **pokroić chleb na ~ki** to slice the bread

kroni|ka f [1] (chronologiczny zapis) chronicle; **~ka szkolna/klasztorna** a school/monastic chronicle; **ilustrowana ~ka wydarzeń** an illustrated chronicle of events; **prowadzić ~kę** to keep a chronicle; **chodząca** a. **żywa ~ka** a walking chronicle [2] (w gazecie) column; **~ka kryminalna/towarzyska** the (local) crime/the gossip column
❑ **~ka filmowa** Kino newsreel

kronikars|ki adi. [zapiski, źródło] chronicle attr.; **po ~ku** like a chronicler, like a chronicle

kronika|rz m, **~rka** f (Gpl ~rzy, ~ek) chronicler; **średniowieczni ~rze** the medieval chroniclers

kronsel|ka f a variety of eating apple with a yellow skin

krop|a f augm. (large) dot, (large) spot; **sukienka w ogromne brązowe ~y** a dress with large brown dots

kropecz|ka f dem. (small) dot, (small) spot; **bluzka w czerwone ~ki** a blouse with small red dots

kropel|ka f dem. [1] (kuleczka) droplet; **~ka wody/krwi** a droplet of water/blood [2] (mała ilość) **nie mam ani ~ki wody** I don't have a drop of water; **napijmy się po ~ce** let's have a little drink
III **kropelki** plt dem. Med. drops; **~ki do nosa/oczu** nose drops/eyedrops

kropelkow|y adi. Med. **zakażenie ~e** droplet infection

krop|ić[1] impf **I** vt (skrapiać) to sprinkle; **~ić koszulę przed prasowaniem** to sprinkle a shirt before ironing; **~ić kogoś/coś wodą święconą** to sprinkle holy water on sb/ sth ⇒ **pokropić**
II vi **~i deszcz** it's spitting GB a. sprinkling US ⇒ **pokropić**
III v imp. to spit GB, to sprinkle US; **~pi tak przez cały dzień** it's been spitting a. sprinkling on and off all day ⇒ **pokropić**

kropić[2] impf → **kropnąć**

kropid|ło n Relig. aspergillum

kropielni|ca f (~czka dem.) Relig. stoup

krop|ka f [1] (okrągła plamka) spot, dot; (na tkaninie) polka dot; **krawat/sukienka w ~ki** a polka-dot a. dotted tie/dress; **bluzka w czerwone ~ki** a blouse with red polka dots; **skrzydło/ogon w ~ki** a spotted wing/tail [2] (znak interpunkcyjny) full stop, period US; **postawić ~kę (na końcu zdania)** to put a full stop at the end of a sentence; **dojść** a. **dobrnąć do ~ki** (w piśmie, wypowiedzi) to finish the sentence [3] (znak diakrytyczny) dot; **„z" z ~ką** a dotted 'z'; **ćwierćnuta z ~ką** a dotted crotchet GB, a dotted quarter note US [4] (w alfabecie Morse'a) dot; **~ka kreska ~ka** dot-dash-dot
■ **~ka w ~kę taka sama sukienka/ przygoda** exactly the same dress/experience; **być ~ka w ~kę jak ktoś** to be the spitting image of sb pot.; **postawić ~kę nad i** (wyjaśnić) to dot the i's and cross the t's; (rozstrzygnąć wynik) [zawodnik, drużyna] to seal the victory; **byłem** a. **znalazłem się w ~ce** I was in a fix; **i ~ka!** a. **koniec (i) ~ka!** full stop! GB, period! US

kropkowan|y adi. (przerywany) [linia] dotted; (nakrapiany) spotted, dotted

krop|la **I** f (Gpl ~el a. ~li) [1] (kuleczka) drop; **~la wody/mleka** a drop of water/ milk; **~la deszczu** a drop of rain, a raindrop; **~le potu** drops a. beads of sweat; **woda kapie ~la po ~li** water is dripping; **woda ścieka ~lami** drops of water are trickling down; **deszcz pada wielkimi ~lami** the rain is coming down in big drops [2] (mała ilość) drop; **wypić coś do ostatniej ~li** to drink to the last drop; **nie mam ani ~li wina** I don't have a drop of wine; **wypić parę ~el czegoś** to drink a few drops of sth
III **krople** plt Med. drops; **~le żołądkowe** stomach bitters; **zapuścić sobie ~le do nosa/oczu** to put in nose drops/eyedrops; **~le na serce** heart medication; **~le od kaszlu** cough medicine
■ **~la w morzu (potrzeb)** a (mere) drop in the bucket a. ocean (in relation to needs); **do ostatniej ~li krwi** to the last breath a. the bitter end; **byli podobni jak dwie ~le wody** they were like two peas in a pod; **~la drąży skałę** przysł. ≈ little by little does the trick przysł.

kropli|sty adi. **~sty pot** beads of sweat; **~sta rosa** drops of dew

kroplomierz m dropper

kroplów|ka f Med. (intravenous a. IV) drip; **być pod ~ką** a. **być podłączonym do ~ki** to be on a drip GB, to be on an IV US; **dać komuś ~kę** to put sb on a drip GB, to put sb on an IV US

kropn|ąć[1] pf (~ęła, ~ęli) pot. **I** vt [1] (cisnąć) to whang GB pot., to slam; **~ąć coś na podłogę** to slam sth down on the floor [2] (zastrzelić) to blast pot. [człowieka] [3] (ukarać) **~ąć komuś mandat** to slap a fine on sb pot.; **~ąć komuś dwóję** to slap sb with a fail mark a. an F pot. [4] (wypić) to down pot., to knock back pot.; **~ąć (sobie) kielicha** to down a. knock back a drink [5] (wygłosić, napisać) **~ąć godzinne przemówienie** to give a one-hour speech; **~ąć dwustronicowy artykuł** to knock off a two-page article pot. [6] (powiedzieć) to blurt out, to blurt [sth] out; **uważaj, żebyś przy matce tego nie ~ął** be careful not to let on in front of mother pot. [7] (zagrać) **~ąć (sobie) pokerka** to play a little game of poker
II **kropnąć się** [1] (przewrócić się) to come a cropper pot. [2] (uderzyć się) to bang oneself pot. (**czymś** with sth); **~ąć się głową w**

K

półkę to bang one's head on a shelf 3 (pomylić się) to make a boo-boo pot.; **~ąć się w obliczeniach** to mess up a. botch (up) the calculations pot.; **~ąłem się w drugim zdaniu** I slipped up in the second sentence pot. 4 (pójść) to run along pot.; **~ij się po piwo!** run along and get some beer! 5 (rzucić się, położyć się) **~ąć się do łóżka** a. **spać** to hit the hay pot.; **~ąć się na trawę** to flop (down) on the grass pot.

krop|nąć² pf — **krop|ić²** impf (**~nęła, ~nęli — ~ię**) pot. **I** vt (walnąć, walić) to whack pot.; **~nąć kogoś w głowę** to whack sb on the head; **~ił go, czym popadło** he was whacking him with whatever was within reach

II vi (strzelić) to blast away pot.; **~ić z karabinów maszynowych** to blast away with machine guns; **~nąć sobie w łeb** to blow one's brains out pot.

krosien|ko n dem. Włók. (small) loom

kro|sno n 1 Włók. loom; **~sno automatyczne** an automatic loom, a weaving machine; **tkać na ~snach** to weave on a loom 2 Techn. (przyrząd introligatorski) sewing frame

❏ **~sna malarskie** Szt. canvas stretcher

kro|sta f pimple; spot GB pot.; (z ropą) pustule; (z wodą) blister; **bolesne/swędzące ~sty** painful/itchy pimples; **całą twarz miała w ~stach** she had pimples all over her face

krost|ka f dem. (**~eczka** dem.) pimple; spot GB pot.

krostowa|ty adi. [osoba, twarz] pimply; spotty GB pot.

krotochwil|a f Literat. farce

krotochwilnie adv. przest. [uśmiechać się, patrzeć] impishly

krotochwiln|y adi. [uśmiech, spojrzenie] impish; [uwaga, powiedzonko] facetious; [zachowanie, nastrój] mischievous

kr|owa f 1 Zool. cow; **mleczna krowa** a dairy cow; **stado krów** a herd of cows; **stado mlecznych krów** a dairy herd; **choroba krów** a disease of cattle; **choroba szalonych krów** mad cow disease; **hodować krowy (na mięso)** to raise cattle (for meat); **trzymają dwie krowy** they keep two cows; **święta krowa** a sacred cow także przen. 2 (samica żubra, bawołu) cow 3 pot., obraźl. (kobieta) cow

❏ **krowa morska** Zool. Steller's sea cow

■ **dojna krowa** (źródło dochodu) milch cow; **krowa, która dużo ryczy, mało mleka daje** przysł. ≈ empty vessels make most sound a. noise przysł.

krowi adi. [mleko] cow's; [ser, rogi, łajno] cow attr.; **~ placek** pot. a cowpat pot.

krowiak m Bot. **~ (podwinięty)** brown roll-rim, edible paxillus

króciu|tki (**~teńki, ~sieńki, ~ski, ~chny**) adi. dem. pieszcz. [ogonek, notatka] tiny; teeny pot.; [chwilka] wee pot.

króciu|tko (**~teńko, ~sieńko, ~śko, ~chno**) adv. dem. pieszcz. [trwać] for a wee while pot.; **przyjechać na ~tko** to come for a wee while; **~teńko ostrzyżony** with his hair cut really short

kr|ój m (G **kroju**) 1 Moda (fason) cut; **elegancki/staromodny krój marynarki**

elegant/old-fashioned cut of a jacket; **być prostym w kroju** to be in a simple style; **ubrania o klasycznym kroju** clothes of a classic style 2 Druk. **krój (czcionki)** a typeface 3 Moda (robienie wykrojów) cutting; **kursy kroju i szycia** dressmaking courses

król¹ **I** m pers. (Npl **~owie**) 1 (władca, tytuł) king; **~ Polski/Szwecji** the king of Poland/Sweden; **polski/szwedzki ~** the Polish/Swedish king; **~ Jerzy V** King George V; **zostać ~em** to become king; **koronować kogoś na ~a** to crown sb king; **żyć jak ~** to live like a king 2 (mistrz) king; **~ tenisa/rock and rolla** the king of tennis/rock'n'roll; **~ strzelców** the top scorer 3 (potentat) tycoon; **~ giełdy/bankierów** a stock market/banking tycoon; **~ nafty** an oil baron

II m inanim. (A **~a**) 1 (w kartach) king; **~ karo** a. **karowy** the king of diamonds; **wyjść w ~a** to lead a king; **wziąć lewę na ~a** to win a trick with a king; **pobić damę ~em** to take a queen with a king 2 (w szachach) king; **bronić ~a** to defend the king; **szachować ~a** to check the king

❏ **~owie elekcyjni** Hist. elective kings; **Trzech Króli** (święto) Epiphany, Twelfth Night; **Trzej Królowie** the Three Wise Men, the Magi

■ **pójść tam, gdzie ~ piechotą chodzi** euf. to spend a penny euf.

król² m pot. rabbit; **hodować ~e** to breed rabbits

królestw|o¹ n 1 (państwo) kingdom; **rządzić ~em** to rule a kingdom; **~o Szwecji** the kingdom of Sweden 2 (dziedzina) domain; **kuchnia było jej ~em** the kitchen was her domain; **ten pokój to moje ~o** this room is my territory; **~o mody** the realm of fashion 3 Biol. kingdom; **~o zwierząt/roślin** the animal/plant kingdom

❏ **~o Boże** Relig. Kingdom of God; **~o niebieskie** Relig. Kingdom of Heaven; **Królestwo Kongresowe** a. **Polskie** Hist. Congress (Kingdom of) Poland, the Kingdom of Poland (established in 1815 at the Congress of Vienna); **Zjednoczone Królestwo** United Kingdom

królestw|o² plt (GA **~a**, L **~u**) (król i królowa) the King and Queen

królewiac|ki adi. Hist. [żołnierz] of the Congress Kingdom (of Poland); [wieś] in the Congress Kingdom (of Poland)

Królewia|k m Hist. a native of the Congress Kingdom of Poland

królewiąt|ko n 1 pieszcz. (dziecko królewskie) princeling 2 przest., pejor. (drobny władca) princeling pejor.

królewicz m prince, king's son; **~ Karol** Prince Charles

■ **~ z bajki** fairy-tale prince; **czekać na ~a z bajki** to wait for Mr Right

królew|na f princess, king's daughter; **traktować kogoś jak ~nę** to treat sb like a princess

■ **Śpiąca Królewna** Sleeping Beauty; **śpiąca ~na** przen. pejor. sleepyhead

królews|ki adi. 1 [zamek, dwór, dekret] royal; **Jego Królewska Wysokość** His Royal Highness; **rodzina ~ka** the royal family 2 (wspaniały) [dar, uczta, przyjęcie] royal; **zgotować komuś iście ~kie po-**

witanie to give sb a right royal welcome; **po ~ku** [żyć, mieszkać] like a king/like kings; [potraktować, przywitać] royally; **mieć ~ki gest** to be lavish, to be very generous 3 (dotyczący króla szachowego) [pole, skrzydło] king's

królewsko adv. [wynagrodzić] royally; **wyglądała ~** she looked like a queen

królewskoś|ć f sgt kingliness; **symbol ~ci** a symbol of royal authority a. sovereignty; **~ć jego spojrzenia/ruchów** a. **w jego spojrzeniu/ruchach** his kingly look/demeanour

królewszczyzn|a f Hist. royal land, royal estates

królicz|ek m 1 dem. (zwierzę) bunny pot. 2 pot. (atrakcyjna dziewczyna) babe pot.; **~ki Playboya** the Playboy playmates

królicz|y adi. [ucho, nora, futerko] rabbit attr.; **~a łapka** a rabbit's foot; **~a pieczeń** roast rabbit

królik¹ **I** m Zool. rabbit; **hodować ~i** to breed rabbits; **mieć oczy czerwone jak ~** to have bloodshot eyes; **mnożyć się jak ~i** to breed like rabbits; **pieczeń z ~a** roast rabbit

II **króliki** plt (skórki) rabbit (fur); (ubranie) rabbit (fur) coat; **kołnierz z ~ów** rabbit (fur) collar

■ **~ doświadczalny** guinea-pig przen.

królik² m (Npl **~owie** a. **~i**) (władca) pejor. kinglet pejor.

królobój|ca m, **~czyni** f regicide

królobójcz|y adi. regicidal

królobójstw|o n regicide

królow|a f 1 (osoba, tytuł) queen; **~a Anglii** the queen of England; **polska/angielska ~a** the Polish/English queen; **~a Elżbieta II** Queen Elizabeth II; **być ~ą czyjegoś serca** przen. to be sb's darling 2 (żona króla) queen (consort) 3 przen. queen; **~a mody** the queen of fashion; **~a balu** the queen of the ball; **~a karnawału** the carnival queen 4 (najważniejsza przedstawicielka) queen; **~a nauk** the queen of the sciences; **róża jest ~ą kwiatów** the rose is the queen of flowers 5 Zool. queen; **~a mrówek/pszczół** a queen ant/bee 6 pot. (w szachach) queen; **zbić ~ą** to take the queen 7 pot. (w kartach) queen; **~a kier** the queen of hearts; **wyjść w ~ą** to lead a queen

❏ **~a matka** queen mother

król|ować impf vi 1 książk. (rządzić) to reign (**nad kimś/czymś** over sb/sth) 2 przen. to reign supreme; **na balach ~ował walc** the waltz reigned supreme in the ballroom 3 książk. (górować) [zamek, wieża] to rise (**nad czymś** over sth)

królów|ka f pot. (w szachach) queen

krót|ki adi. grad. 1 (o małej długości) [palec, włosy, ubranie] short; **koszula z ~kim rękawem** a short-sleeved shirt; **marynarka jest za ~ka w rękawach** the jacket is too short in the sleeves; **nosić ~kie spódniczki** to wear short skirts; **~kie spodnie** a. **spodenki** shorts; **~ki wzrok** short-sightedness; **mieć ~ki wzrok** to be short-sighted; **wyścig na ~kim dystansie** a short-distance race; **fale ~kie** short waves; **pójść gdzieś najkrótszą drogą** to go somewhere by the shortest route 2 (złożony z niewielu elementów) *[słowo, list, opis, odpowiedź]* short, brief; **pisać ~kimi zdaniami** to write in short sentences; **produkować coś w ~kich seriach** to produce sth in short runs; **w ~kich słowach** *[opisać, podziękować]* briefly 3 (trwający mało czasu) *[dzień, pobyt, okres]* short, brief; **zrobić coś w bardzo ~kim czasie** to do sth in a very short time; **pada cały dzień z ~kimi przerwami** it's been raining all day with only short intervals; **strzelać ~kimi seriami** to fire in short bursts; **mieć ~ką pamięć** to have a short memory; **mieć ~ki oddech** to be short of breath; **najkrótszy dzień w roku** the shortest day of the year; **dni są coraz ~sze** the days are getting shorter 4 Jęz. *[samogłoska]* short

kró|tko II *adv.* grad. 1 (o długości, rozmiarze) **~tko obcięte włosy** hair cut short, short hair; **~tko ostrzyżony chłopak** a boy with short hair; **ostrzyc się ~tko** to have one's hair cut short; **nosić się ~tko** to wear short skirts/dresses; **trzymać psa ~tko** to hold one's dog on a short leash a. lead 2 (w niewielu słowach) *[opisać, opowiedzieć]* briefly; **~tko mówiąc** in short; **opisać coś po ~tce** to describe sth briefly 3 (o czasie) *[trwać]* a short time; *[padać, grać, rozmawiać]* for a short time; **(na) ~tko przed wojną** shortly before the war; **przyjechać/zostać na ~tko** to come/stay for a short time; **zebranie trwało ~cej niż planowano** the meeting was shorter than expected

III **krótko-** *w wyrazach złożonych* short-; **krótkonogi** short-legged; **krótkouchy** short-eared

■ **~tko kogoś trzymać** to keep sb in line; **~tko i węzłowato** in a nut shell

krótkodystansow|iec *m* short-distance runner, sprinter

krótkofalars|ki *adi.* *[klub, kurs, nadajnik]* amateur radio *attr.*; ham *attr.* pot.

krótkofalarstw|o *n sgt* amateur radio

krótkofalow|iec *m* amateur radio operator; radio ham pot.

krótkofalowo *adv.* *[planować]* in the short term

krótkofalow|y *adi.* 1 *[promieniowanie, światło, widmo]* short-wave *attr.*; **nadajnik ~y** a short-wave transmitter 2 *[zamierzenie, działanie, efekt]* short-term; **planowanie ~e** short-term planning

krótkofalów|ka *f* short-wave radio; (przenośna) walkie-talkie pot.; **rozmawiać przez ~kę** to talk on a short-wave radio

krótkometrażow|y *adi.* **film ~y** a short film

krótkometrażów|ka *f* pot. (dokumentalna) short documentary (film); (fabularna) live-action short (film)

krótkoś|ć *f sgt* 1 (nóg, włosów, sukienki) shortness (czegoś of sth) 2 (książki, artykułu) shortness, brevity (czegoś of sth) 3 (czasu, życia) shortness, brevity (czegoś of sth)

krótkoterminow|y *adi.* *[inwestycja, kredyt]* short-term

krótkotrwałoś|ć *f sgt* briefness (czegoś of sth)

krótkotrwa|ły *adi.* *[związek, romans, poprawa]* short-lived

krótkowidz *m* **być ~em** to be short-sighted a. myopic; **szkła dla ~ów** lenses for the short-sighted

krótkowłos|y *adi.* *[osoba, zwierzę]* short-haired; **jamnik ~y** the short-haired a. smooth-haired dachshund

krótkowzrocznie *adv.* short-sightedly także przen.

krótkowzroczność *f sgt* 1 Med. short-sightedness, myopia 2 przen. short-sightedness; **~ć planów** short-sighted plans

krótkowzroczn|y II *adi.* 1 *[osoba, oczy]* short-sighted, myopic 2 przen. *[polityk, decyzja, gospodarka]* short-sighted

II **krótkowzroczni** *plt* the short-sighted; **szkła dla ~ych** lenses for the short-sighted

krów|ka *f* 1 *dem.* pieszcz. cow 2 (cukierek) ≈ (plain) toffee, ≈ fudge

❑ **boża ~ka** ladybird

krówsk|o *n augm.* 1 (zwierzę) cow 2 posp., obraźl. (kobieta) cow pot., obraźl.

krtaniow|y *adi.* Anat., Jęz. *[tętnica, kaszel, dźwięk]* laryngeal

krta|ń *f (Gpl ~ni)* Anat. voice box; larynx spec.; **zapalenie ~ni** laryngitis; **rak ~ni** cancer of the larynx; **głos uwiązł mu w ~ni** his words stuck in his throat

krucho *adv.* pot. (kiepsko) **~ u nas z pieniędzmi** we are strapped a. hard-pressed for money pot.; **~ u nich z czasem** they are pressed for time; **~ z nim** (jest chory) he's pretty far gone; (ma kłopot) he's in trouble

kruchoś|ć *f sgt* 1 (łamliwość) (skały, kości, lodu) brittleness; (sera, chleba, ciasta) crumbliness; (chrupkość) crispness 2 (mięsa) tenderness 3 (osoby, ciała) frailty; (nadziei, podstaw, konstrukcji) fragility

kruch|ta *f* 1 Archit. porch, vestibule 2 przen., pejor. (bigoteria) narrow-mindedness; (bigoci) the narrow-minded

kruchu|tki *(~sieńki, ~teńki) adi. dem.* 1 (łamliwy) *[lód]* brittle; (chrupiący) *[ciasteczko, rogalik]* crisp(y) 2 (miękki) *[mięso]* tender 3 (wątły, słaby) *[osoba, ciało]* frail; *[podstawy, nadzieja]* fragile

kru|chy *adi.* 1 (łamliwy) *[skała, kości, lód]* brittle; *[ser, chleb, ciasto]* crumbly; (chrupiący) *[ciasteczko]* crisp(y) 2 Kulin. short; **~che ciasto** short-crust (pastry); **~chy placek** a shortcrust tart; **~che ciasteczka** short-pastry tarts 3 (miękki) *[mięso]* tender; **~cha pieczeń** tender roast 4 (wątły, słaby) *[osoba, ciało, ramiona]* frail; *[konstrukcja, podstawy, nadzieja]* fragile; **~chego zdrowia** to be of frail a. fragile health; **być opartym na ~chych podstawach** to be based on shaky a. weak foundations

krucja|ta *f* 1 Hist. crusade 2 przen. crusade (**przeciwko komuś/czemuś** against sb/ sth); **prowadzić/ogłosić ~tę** to conduct/ launch a crusade

krucyfiks *m (G ~u)* crucifix

krucz|ek *m* (wybieg) trick; (niejasność przepisów) loophole; (trudność) catch; **stosować ~ki prawne** to use legal tricks; **wynajdywać ~ki prawne** to find loopholes in the law; **ale jest pewien ~ek** but there is a catch

kruczoczarn|y *adi.* *[włosy, brwi, sierść]* raven-black

kruczowłos|y *adi.* książk. raven-haired

krucz|y *adi.* 1 (właściwy krukowi) *[pióro, skrzydło]* raven *attr.*, raven's 2 (czarny) *[włosy]* raven

kruk *m* Zool. raven

■ **biały ~** rare book; **~~owi oka nie wykole** przysł. dog does not eat dog przysł.

krup *m sgt* Med., przest. croup

krup|a *f* 1 zw. pl (kasza) barley groats *pl* 2 (śnieg) granular snow

krupczat|ka *f* coarse-grained (wheat) flour

krupier *m*, **~ka** *f* croupier

krupiers|ki *adi.* croupier *attr.*

krupni|k *m (~czek dem.)* (G ~ku, ~cku) 1 (zupa) barley soup U; **zamówić dwa ~ki** to order two plates of barley soup 2 (napój alkoholowy) *spirits with honey and spices*

krupow|y *adi.* Med. **~e zapalenie płuc** croupy pneumonia

krusz|ec *m (~cu)* 1 (metal) (precious) metal 2 (ruda) ore; **złoty ~ec** gold ore; **kopalnia ~cu** gold/copper/silver mine

krusz|eć *impf (~eję, ~ał, ~eli) vi* 1 *[skała, tynk]* to crumble; **stary, ~ejący budynek** an old crumbling building ⇒ **skruszeć** 2 Kulin. *[dziczyzna]* to age ⇒ **skruszeć** 3 przen. *[osoba, opór]* to crumble; **oskarżony ~ał podczas przesłuchania** the accused was breaking down under interrogation ⇒ **skruszeć**

kruszon *m (G ~u)* Kulin. iced punch, cobbler US; **wypić dwa ~y** to drink two glasses of iced punch a. cobbler

kruszon|ka *f* Kulin. crumble (topping); **ciasto z ~ką** cake with a crumble topping

krusz|yć *impf* II *vt* 1 (rozdrabniać) to crumble *[chleb, grudkę ziemi]*; *[maszyna, człowiek]* to crush *[skałę, kamienie]*; **~yć coś w palcach** to crumble sth in one's fingers; **deszcz ~y skałę** rain wears the rock away ⇒ **pokruszyć** 2 przen. to break *[opór, upór]* ⇒ **skruszyć**

II *vi* (śmiecić) **~yć na dywan/podłogę** to make a. drop crumbs on the carpet/ floor ⇒ **nakruszyć**

III **kruszyć się** 1 (okruszek) crumb; **~a chleba** a breadcrumb; **zjeść coś do ostatniej ~y** to eat sth (down) to the last crumb 2 pieszcz. (dziecko) moppet pot.; (kobieta) tiny woman 3 Bot. alder buckthorn

II **kruszynę** *adv.* pot. (odrobinę) *[zmienić się, odpocząć]* a bit

kruszyn|ka *f dem.* 1 (okruszek) crumb 2 pieszcz. (dziecko) moppet pot.; (kobieta) tiny woman

kruszyw|o *f* Budow. aggregate

krużgan|ek *m (G ~ka* a. **~ku)** Archit. gallery; (w klasztorze) cloister; **arkadowe ~ki** arcaded galleries

krużgankow|y *adi.* Archit. *[dziedziniec]* galleried

krwawic|a *f sgt* 1 (praca) blood, sweat, and tears przen.; **to kosztowało wiele ~y** it took a lot of blood, sweat, and tears; **zarabiać na życie ciężką ~ą** to earn one's bread by the sweat of one's brow [2] (pieniądze) hard-earned money; **stracił całą ~ę** he lost all his hard-earned money **krwaw|ić** impf **II** vt [1] (ranić) to make [sth] bleed *[nogi, ręce]*; **skały ~ły mu palce** the rocks made his hands bleed ⇒ **pokrwawić** [2] przen., książk. (zabarwiać) *[słońce, płomienie]* to turn [sth] blood-red książk. *[niebo, morze]* **II** vi *[człowiek, ręka, rana]* to bleed; **silnie ~ić** to bleed profusely a. heavily; **serce mi ~i** a. **moje serce ~i, kiedy tak się dzieje** książk. it breaks my heart to see it happen **III krwawić się** książk. [1] (wykrwawiać się) *[naród, armia]* to waste many lives ⇒ **wykrwawić się** [2] przen. (czerwienić) *[niebo]* to glow blood-red

krwawie|nie II sv → **krwawić** **II** n bleeding; **~nie z nosa** a nosebleed; **~nie z płuc** bleeding from the lungs; **~nie wewnętrzne** internal bleeding; **~nie miesiączkowe** menstrual bleeding; **zatamować ~nie** to stop a. staunch the bleeding; **~nie ustało** the bleeding stopped

krwawnik m [1] Bot. yarrow, milfoil; **~ kichawiec** sneezewort; **napar z ~a** an infusion of yarrow [2] Miner. carnelian, cornelian; **pierścień z ~iem** a carnelian a. cornelian ring

krwawnikow|y adi. [1] *[napar, herbatka]* yarrow attr. [2] *[naszyjnik, broszka, pierścień]* carnelian attr., cornelian attr.

krwawo II adv. **wymiotować/pluć ~** to vomit/spit blood **II** adv. grad. [1] (okrutnie) *[stłumić, odeprzeć, rozpędzić]* bloodily; **zemścić się ~** to take bloody revenge [2] (ciężko) **~ zarobione pieniądze** hard-earned money [3] (czerwono) *[zabarwić, świecić]* blood-red adi.

krwawoczerwon|y adi. blood-red

krwaw|y II adi. grad. (okrutny) *[bitwa, rządy, tyran]* bloody; **najkrwawsza wojna XX wieku** the bloodiest war of the 20th century **II** adi. (zakrwawiony) *[ślad, ochłap]* bloody; **~a plama** a bloodstain; **~e wymioty/~a biegunka** blood-stained vomit/diarrhoea [2] *[łuna, blask, zachód słońca]* blood-red [3] *[trud, praca]* back-breaking ■ **harować w ~ym pocie** a. **oblewać się ~ym potem** to sweat blood

krwiak m (A ~ a. ~a) Med. haematoma GB, hematoma US; **~ mózgu** haematoma of the brain

krwin|ka f Biol. blood cell; **rozmaz ~ek** a blood smear □ **~ka biała** Biol. white blood cell; leucocyte a. leukocyte spec.; **~ka czerwona** Biol. red blood cell; erythrocyte spec.; **~ka płytkowa** Biol. platelet; thrombocyte spec.

krwiobieg m (G ~u) sgt [1] Biol. (układ krwionośny) blood circulation system [2] (krążenie krwi) (blood) circulation, blood flow; **pobudzić ~** to stimulate one's circulation a. blood flow [3] przen. bloodstream przen.; **wejść w ~ masowej kultury** to enter the mainstream of popular culture □ **~ duży** Biol. systemic circulation; **~ mały** Biol. pulmonary circulation a. blood flow,

lesser circulation; **~ wrotny** Biol. enterohepatic circulation

krwiodaw|ca m, **~czyni** f Med. blood donor; **honorowy ~ca** a voluntary blood donor

krwiodawstw|o n sgt Med. blood donation; **stacja ~a** a blood donation centre GB a. center US; **punkt ~a** a blood donation unit; **~o honorowe** voluntary blood donation

krwiomocz m sgt (G ~u) Med. haematuria GB, hematuria US

krwionośn|y adi. Anat. **układ ~y** the vascular system; **naczynia ~e** blood vessels

krwiopij|ca II m pers. przest., pejor., żart. bloodsucker pot., pejor. **II** m anim. Zool. bloodsucker; **nietoperz ~a** a vampire bat; **komar ~a** a bloodsucking mosquito

krwiożerczo adv. ferociously, savagely; *[wyglądać, brzmieć]* ferocious adi., bloodthirsty adi.; **~ szczerzyć zęby** *[zwierzę]* to snarl ferociously; *[osoba]* to give a bloodthirsty grin; **szakale ~ krążyły wokół rannego zwierzęcia** bloodthirsty jackals circled the wounded animal

krwiożerczoś|ć f sgt [1] (zwierząt) bloodthirsty a. predatory nature C, ferocity [2] przen., pejor. (ludzi) brutality, ferocity; **mordował swoje ofiary z niezwykłą ~cią** he murdered his victims with exceptional brutality

krwiożercz|y adi. [1] *[zwierzę, bestia]* ferocious, bloodthirsty [2] przen., pejor. *[osoba, skłonności, rządy]* bloodthirsty, murderous; **miał ~ą naturę** he had a bloodthirsty nature; **~a furia** a murderous rage; **~a satyra** przen. a biting a. vicious satire

krwi|sto adv. grad. blood-red adi.; **paznokcie pomalowane na ~sto** nails painted blood-red; **słońce ~sto zachodziło** the sunset was blood-red

krwistoczerwon|y adi. *[usta, paznokcie, sukienka, słońce]* blood-red

krwistoś|ć f sgt [1] (policzków, cery) ruddiness, redness [2] (temperament) vigour GB, vigor US, vitality [3] przen. (wyrazistość) vitality, vibrancy; **~ć wierszy/przedstawienia** the vitality of the poetry/play

krwi|sty adi. [1] Med. *[wysięk, obrzęk]* bloody; **~ste upławy** a bloody vaginal discharge; **~sta ropa** bloody pus; **~ste poty** bloody sweats [2] Kulin. **~sty befsztyk** underdone a. rare beefsteak [3] *[twarz, policzki, cera]* ruddy, florid [4] (energiczny) red-blooded, vigorous; **~sty mężczyzna** a red-blooded man [5] przen. vibrant, vivid; **~sta powieść/sztuka** a vibrant novel/play [6] *[materiał, kwiaty]* blood-red; **~sta czerwień** blood-red

krwotok m (G ~u) Med. bleeding U; haemorrhage GB spec., hemorrhage US spec.; **~ z nosa** a nosebleed; **~ wewnętrzny** an internal haemorrhage; **zatamować ~** to stop the bleeding; **dostać ~u** to haemorrhage

kry|ć impf (~ję, ~jesz, ~ła, ~li) **II** vt [1] (chować) to hide, to conceal; **~ć zbiega w piwnicy** to hide a runaway in one's basement; **~ć kosztowności w sejfie** to hide one's valuables in a safe; **~ć coś przed**

kimś to hide a. conceal sth from sb; **słodycze ~ła przed dziećmi w szafce** she was hiding the sweets in the cupboard so the children wouldn't find them; **pokaż, co ~jesz w kieszeni** show me what you're hiding in your pocket ⇒ **ukryć** [2] (taić) to hide, to conceal; **~ć przed kimś uczucia/myśli/zamiary** to hide one's feelings/thoughts/intentions from sb; **rodzina ~ła przed chorą faktyczny stan rzeczy** the patient's family hid the truth from her; **nie ~ł niechęci/zaskoczenia/gniewu** he made no attempt to hide a. conceal his aversion/surprise/anger ⇒ **skryć, ukryć** [3] (zasłaniać) to hide; **mgła ~ła pola i lasy** fog hid the fields and woods; **lustro ~je plamę na ścianie** the mirror hides a stain on the wall; **z rozpaczy ~ła twarz w dłoniach** she buried her face in her hands in despair [4] (pokrywać) to cover; **dom ~ty gontem** a house with a shingle(d) roof; **schody ~ł postrzępiony dywan** there was a ragged carpet on the stairs ⇒ **pokryć** [5] (zawierać) **archiwum ~je ważne dokumenty** there are important documents buried in the archives; **ciekaw był, co ~ją w sobie te ruiny** he was curious about what was inside the ruins; **jakie niebezpieczeństwa ~je w sobie każde rozwiązanie?** przen. what possible risks does each of the alternatives entail? [6] pot. (osłaniać) to cover pot.; **ochrona będzie ~ć prezydenta** the president will be surrounded by bodyguards; **~j mnie!** cover me! [7] pot. (usprawiedliwiać) to cover (up) (kogoś for sb); **~ć kolegę/wspólnika** to cover (up) for one's friend/partner [8] Sport to cover, to mark GB; **jego zadaniem było ~ć napastnika** his job was to cover the forward [9] Zool. *[buhaj, ogier]* to cover **II** vi [1] *[farba, lakier]* to cover; **ta farba dobrze ~je** this paint covers well; **~jący podkład pod makijaż** (a) cover foundation [2] (w zabawie w chowanego) to be 'it' (*in hide-and-seek*); **teraz ja będę ~ł** this time I'm 'it' **III kryć się** [1] (chować się) to hide; **~ć się przed policją** to hide from the police; **~ć się za plecami kogoś** to hide behind sb; **~ć się pod parasolem** to take cover a. shelter under an umbrella ⇒ **ukryć się** [2] (nie ujawniać) to hide, to conceal; **~ć się ze swoją miłością/nienawiścią/niechęcią do kogoś** to conceal one's love for/hatred of/aversion to sb; **pozorna życzliwość, za którą ~je się chęć zemsty** seeming friendliness, behind which lies a craving for revenge; **~ć się pod pseudonimem** to go by a. under a false name; **za tym nazwiskiem ~je się znany pisarz** a well-known author goes by this name; **pod maską naiwności ~ła swoje zamiary** she hid her true intentions under a façade. veneer of naivety [3] (nie być widocznym) to be hidden; **słońce ~ło się za chmurami** the sun was hidden behind the clouds; **za domkiem ~ł się mały ogródek** there was a small garden tucked behind the cottage [4] (znajdować się) **w archiwach ~ją się bezcenne rękopisy** priceless manuscripts are housed in the archives; **w tej prostej**

opowiastce **~je się głęboki sens** this simple story has a profound meaning; **nie wiedziała, co ~ło się w liście** she didn't know what was in the letter [5] Sport. *[bokser]* to cover up

kryg|ować się *impf v refl.* książk. (wdzięczyć się) to preen; pot., przen. (udawać) to be coy; **dziewczynka ~owała się przed lustrem** the girl was preening in front of the mirror; **~ować się przed nauczycielem** to be coy with the teacher

kryjomy → **po kryjomu**

kryjów|ka *f* [1] (schronienie) hiding place, hideaway; (przestępców) hideout; **~ka kociąt/dzieci** the kittens'/children's hiding place; **~ka terrorystów** the terrorists' hideout [2] (schowek) hiding place, cache; **pieniądze są w ~ce za obrazem** the money is hidden in a cache behind the picture

krykie|t *m sgt* cricket

krykietow|y *adi.* cricket *attr.*

kryl *m* Zool. krill

kryminali|sta *m*, **~stka** *f* criminal

kryminalistyczn|y *adi. [metody]* criminological; **specjalista ~y** a criminologist; **laboratorium ~e** a criminology lab

kryminalisty|ka *f sgt* Prawo criminology

kryminaln|y [] *adi.* [1] (przestępczy) criminal; **więzień ~y** a criminal inmate a. prisoner; **mieć ~ą przeszłość** to have a criminal past [2] (związany z wykrywaniem i karaniem przestępstw) criminal, crime *attr.*; **policja ~a** the criminal police; **kartoteka ~a** a criminal record; **wydział ~y** the crime a. criminal division [3] Film, Liter. crime *attr.*; **powieść ~a** a crime a. detective novel; **autor powieści ~ych** a crime a. detective writer; **film ~y** a detective film

[] *m pers.* pot. (więzień) con pot.; (były więzień) ex-con pot.

kryminał *m* (*G* **~łu**) [1] (powieść) crime a. detective novel; whodunnit GB pot., whodunit US pot.; (film) detective film; **oglądać ~ły** to watch detective films; **czytać ~ły** to read detective stories; **twój artykuł czyta się jak ~ł** your article reads like a whodunnit [2] pot. (więzienie) jug pot., stir US pot.; **trafić do ~łu** to end up in the jug; **spędzić w ~le trzy lata** to spend three years in jug; **wyszedł z ~łu po pięciu latach** they let him out of the jug after five years [3] pot. (zbrodnia) crime; **to, co zrobiłeś, to ~ł** what you've done is criminal a. a crime; **kradzież samochodów to ~ł** it's a crime to steal cars

kryminał|ek [] *m dem.* pot. crime a. detective story; whodunnit GB pot., whodunit US pot.; **czytać ~ki** to read whodunnits

[] **kryminałki** *plt* (w gazecie) crime column

kryminogenność *f sgt* criminogenic nature a. character; **~ć środowiska** the criminogenic nature of the environment

kryminogenn|y *adi. [środowisko, rodzina]* criminogenic; **narkomania jest zjawiskiem ~ym** drug-taking is criminogenic

kryminolo|g *m* (*Npl* **~dzy** a. **~gowie**) criminologist

kryminologi|a *f sgt* (*GD* **~i**) criminology

kryminologiczn|y *adi. [praca, badania, problemy]* criminological

krynic|a *f* książk. [1] (strumień) spring; **czerpać wodę z ~y** to draw water from a spring [2] przen. (źródło) source; fount poet., wellspring poet.; **biblioteka jest ~ą wiedzy** a library is a fount of knowledge

kryniczn|y *adi.* książk. *[woda]* spring *attr.*

krynolin|a *f* Hist., Moda crinoline

kryp|a *f* [1] (łódź rzeczna) canal boat, canal barge; **~y z węglem/piaskiem** coal/sand barges [2] pejor. (stara łódź) leaky old tub (of a boat) pejor.

kryp|ta *f* crypt, vault; **~ta katedralna** a cathedral crypt; **~ta królewska** a royal crypt a. vault; **być pochowanym w ~cie** to be buried in a crypt

krypto- *w wyrazach złożonych* crypto-; **kryptoreklama** surreptitious advertising; **kryptokomunista** a crypto-communist; **kryptopolityczny** crypto-political

kryptogram *m* (*G* **~u**) [1] (szyfrowany tekst) cryptogram; **rozszyfrować ~** to decode a cryptogram [2] (pseudonim) cryptonym, code name

kryptonim *m* (*G* **~u**) cryptonym, code name; **~ literacki** a pen name; **pisać pod ~em** to write under a pen name; **akcja pod ~em „Józef Balsamo"** the operation code-named 'Joseph Balsamo'

krys|ka *f* daw.

■ **przyjdzie na niego ~ka** there's bound to be a day of reckoning for him książk., he will get his just deserts książk.; **przyszła ~ka na Matyska** przysł. it is a. was a case of the biter bit(ten) GB; what goes around comes around pot.

krystalicznie *adv.* **~ czysta woda** crystal-clear water; **~ czyste powietrze** crystal-clear air; **był ~ uczciwy** książk., przen. he was (as) honest as the day is long

krystaliczność *f sgt* [1] (śniegu, metalu) crystallinity [2] (powietrza, wody) crystal clarity

krystaliczn|y *adi. [substancja, struktura]* crystalline; **siatka ~a** (cristalline) lattice [2] *[woda, powietrze, styl]* crystal clear; **~y charakter** przen., książk. an irreproachable character książk.

krystalizacj|a *f sgt* [1] Chem., Fiz. crystallization; **~a soli/miodu** the crystallization of salt/honey [2] książk. (poglądów, postaw) crystallization

❏ **~a dominant** Jęz. *the divergence of formerly synonymous terms*

krystalizacyjn|y *adi.* Chem., Fiz. *[proces]* crystallization *attr.*

krystaliz|ować *pf, impf* [] *vt* książk. to crystallize *[plany, poglądy, zainteresowania]* ⇒ **skrystalizować**

[] *vi* Chem., Fiz. to crystallize ⇒ **skrystalizować**

[] **krystalizować się** [1] książk. *[poglądy, plany, programy]* to crystallize ⇒ **skrystalizować się** [2] Chem. *[roztwory, substancje]* to crystallize ⇒ **skrystalizować się**

kryształ (*G* **~łu**) [] *m pers.* (człowiek uczciwy) honest soul; **ten człowiek to ~ł** he's (the) salt of the earth

[] *m inanim.* [1] *sgt* (szkło) crystal (glass); **wazon/lustro z ~łu** a crystal vase/mirror; **(czysty) jak ~ł** *[powietrze, jezioro]* crystal clear, (as) clear as crystal; **w strumieniu woda była jak ~ł** the water in the stream was crystal clear a. (as) clear as crystal;

czysty jak ~ł przen. *[osoba]* (as) honest as the day is long [2] (przedmiot ze szkła kryształowego) crystal *U*; **na stole w jadalni lśniły srebra i ~ły** the dining table was shining with silver and crystal [3] *sgt* (cukier) granulated sugar; **cukier ~ł** granulated sugar [4] Chem. crystal; **~ły soli** salt crystals; **struktura ~łu** a crystal a. crystalline structure [5] Miner. crystal; **pierścionek z ~łem** a crystal ring; **~ł górski** rock crystal

❏ **~ł dendrytyczny** Chem. dendrite; **bliźniaczy ~ł** Miner. twin crystal *zw. pl*

kryształ|ek [] *m dem.* (*G* **~ku**) Chem., Miner. (small) crystal; **~ki lodu/śniegu/cukru** ice/snow/sugar crystals

[] **kryształki** *plt* pot. (rajstopy) glitter tights GB, glitter pantyhose *U* US; (pończochy) glitter stockings

kryształowo *adv.* crystal-clear *adi.*; **~ czysta woda** crystal-clear water; **~ przejrzyste górskie powietrze** crystal-clear mountain air; **~ uczciwy człowiek** przen. a man (as) honest as the day is long

kryształow|y *adi.* [1] (ze szkła kryształowego) *[wazon, żyrandol]* crystal (glass) *attr.*; **na stole stały ~e kieliszki** there were crystal glasses on the table [2] *[pierścionek, kolczyki]* crystal [3] (przezroczysty) *[powietrze, woda, toń]* crystal clear; **rozległ się ~y dźwięk dzwoneczków** the bells rang out crystal clear [4] przen. *[człowiek]* honest; *[charakter]* impeccable książk.

kryteri|um *n* [1] (miernik) criterion; **bogactwo i popularność to najczęściej uznawane ~a sukcesu** wealth and popularity are the most widely acknowledged criteria of success; **jakie ~a muszą spełnić kandydaci?** what criteria do applicants for the position need to meet a. fulfil?; **głównym ~um wyboru mieszkania była jego lokalizacja** location was the main criterion for choosing a flat; **ocenić coś na podstawie ogólnie przyjętych ~ów** to evaluate sth according to generally accepted criteria [2] Sport circuit (cycle) race; **~um uliczne** the street a. city circuit race

❏ **~um podziału** a. **klasyfikacji** Log. criterion of identity; **~um prawdy** a. **prawdziwości** Filoz. criterion of truth

kry|ty [] *pp* → **kryć**

[] *adi.* [1] (pokryty) covered (**czymś** with sth); *[budynek]* roofed (**czymś** with sth); **domy ~te czerwoną dachówką** houses roofed with red tiles; **chata ~ta strzechą** a thatched cottage; **fotele ~te jedwabiem** silk-upholstered chairs, chairs upholstered in silk; **meble ~te czarną skórą** black leather furniture; **ciężarówka ~ta brezentem** a truck covered with a tarpaulin; **~te zapięcie** (koszuli, bluzki) a fly front; (spódnicy) a concealed fastening [2] (pod dachem) *[basen, stadion]* indoor *attr.*

■ **być ~tym** pot. to be covered; **podejrzany jest ~ty** the suspect has an alibi

krytycyzm *m sgt* (*G* **~u**) [1] książk. (ocena) criticism; **podchodzi do swojej pracy z dużym ~em** he takes a very critical approach to his own work; **~ wobec wojny** criticism of the war [2] Filoz. critical philosophy

krytycznie [] *adv. grad. [oceniać, przyjmować]* critically; **przyjrzała się sobie ~ w**

K

lustrze she looked critically at her reflection in the mirror **Ⅲ** *adv.* (poważnie) critically; **stan chorego zaostrzył się ~** the patient is in a critical condition

krytycznoliterac|ki *adi.* [*prace, studia*] critical; **rozprawa ~ka o książkach Eco** a critical study of Eco's books

krytyczn|y *adi.* ① [*stosunek, uwaga, opinia*] critical; **czy musiałeś być taki ~y w stosunku do niej?** did you really have to be so critical of her?; **poczuł na sobie jej ~y wzrok** he felt her critical gaze upon him ② [*myślenie, obserwacje, artykuł, dzieło*] critical ③ [*przełomowy*] [*sytuacja, moment, położenie*] critical, crucial; **nadeszły ~e chwile dla całego narodu** this is a critical moment for the entire nation ④ *Med.* critical; **chory jest w stanie ~ym** the patient is critical a. in a critical condition ⑤ *Prawo* [*dzień, noc, godzina*] in question; **~ej nocy ofiara pracowała do późna w biurze** on the night in question the victim was working late in the office ⑥ *Fiz.* critical

kryty|k *m* ① (recenzent) critic; **~k literacki/muzyczny/filmowy** a literary/music/film critic ② (ganiący obserwator) critic; **~k Piłsudskiego** a critic of Piłsudski; **~k przemian społecznych i gospodarczych** a critic of the social and economic changes

kryty|ka *f* ① *sgt* (zarzuty) criticism; **telewizja jest zawsze poddawana ostrej ~ce** television always comes in for harsh criticism; **nie szczędził jej słów ~ki** he was unsparing in his criticism of her ② (wypowiedź) criticism *C/U*; **nie był w stanie wytrzymać tylu ~k** he couldn't take that amount of criticism ③ *sgt Literat.* criticism; **~ka marksistowska/feministyczna** Marxist/feminist criticism ④ (recenzja) review; **~ki filmu były entuzjastyczne** the film got excellent reviews ⑤ *sgt* (krytycy) critics *pl*; **głosy ~ki są dość przychylne dla nowego filmu** the film has been quite well received by the critics ■ **być poniżej (wszelkiej) ~ki** [*zachowanie, postępowanie*] to be beneath (all) criticism; **nie wytrzymywać ~ki** [*teza, twierdzenie*] to not stand up to criticism

krytykanc|ki *adi.* pejor. [*postawa, wrzawa*] fault-finding; nit-picking pot.

krytykanctw|o *n sgt* pejor. fault-finding; nit-picking pot.

krytykan|t *m* pejor. fault-finder; nit-picker pot.

krytyk|ować *impf vt* to criticize; **~ować czyjąś pracę/zachowanie** to criticize sb's work/behaviour; **~ował ją za zbytnią opieszałość** he criticized her for being too slow; **być powszechnie ~owanym** to draw widespread criticism, to be widely criticized ⇒ **skrytykować**

kryz|a *f* ① daw. ruff; **koronkowa ~a** a lace ruff ② *Techn.* orifice meter

kryzys *m* (*G* **~u**) ① (w gospodarce) crisis; **~ gospodarczy/paliwowy/energetyczny** an economic/a fuel/an energy crisis; **rolnictwo jest w ~ie** agriculture is in crisis; **~ górnictwa** a crisis in the mining industry ② (konflikt) crisis; **~ rządowy/partyjny** a cabinet/party crisis; **doprowadzić do międzynarodowego ~u** to cause an interna-

tional crisis; **zażegnać ~** to resolve a crisis ③ (problemy) crisis; **~ wartości** a spiritual crisis; **~ tożsamości** an identity crisis; **~ zaufania do rządu** a crisis of confidence in the government; **~ pisarski** writer's block; **przeżywać** a. **mieć ~** to go through a crisis, to be in crisis; **ich małżeństwo przeżywa ~** they're going through a marital crisis ④ *Med.* crisis; **~ minął** the crisis passed

kryzysow|y *adi.* [*sytuacja, moment*] critical; **konflikt wszedł w fazę ~ą** the conflict has reached a critical phase; **~e dni** times of crisis

krzaczasto *adv.* **rośliny rosnące ~** bushy plants

krzacza|sty *adi.* [*roślina, teren*] bushy; **~ste brwi** przen. bushy eyebrows

krzacz|ek *m dem.* (small) bush, (small) shrub; **~ki pomidorów** tomato plants; **~ki truskawek** strawberry bushes; **~ki róż** rose bushes

krzaczkowa|ty *adi.* [*rośliny, glony, porosty*] bushy

krzak *m* ① (roślina) bush, shrub; **~i malin** raspberry canes; **~i pomidorów** tomato plants ② *pot.* (krzew) bush, shrub; **stok górski porośnięty ~ami** a brush-covered slope ■ **~ gorejący** *Bibl.* the burning bush

krząta|ć się *impf v refl.* ① (być w ruchu) to bustle about a. around; **~ła się po mieszkaniu** she was bustling about the flat; **~ła się przy obiedzie** a. **koło obiadu** she was bustling about making dinner ② (zajmować się) to busy oneself (**wokół** a. **koło kogoś/czegoś** with sb/sth); **~ła się koło dziecka** she busied herself with her baby; **~ć się wokół swoich interesów** to busy oneself with one's own affairs

krzątanin|a *f sgt* pot. (hustle and) bustle; fuss and bother pot.; **~a przy dzieciach** fuss and bother over the kids; **~a wokół gospodarstwa** the hustle and bustle of household work

krzem *m sgt* (*G* **~u**) *Chem.* silicon

krzemienn|y *adi.* [*siekiera, narzędzia*] flint *attr.*

krzemie|ń *m Geol.* flint

krzemow|y *adi.* [*związki*] silicon *attr.*; **stal ~a** silicon steel

krzep|a *f sgt* pot. brawn, muscle; **mieć ~ę w rękach** to have strong hands; **nabrać ~y** to become brawny

krzepiąco *adv.* **krótka drzemka działa ~** a short nap is very refreshing; **jej słowa wpływały na niego ~** her words had a bracing effect on him

krzepiąc|y Ⅱ *pa* → **krzepić**
Ⅲ *adi.* [*sen*] refreshing; [*posiłek*] fortifying, restorative; [*lektura, myśli, słowa*] encouraging, uplifting

krzepi|ć *impf* książk. **Ⅰ** *vt* ① (wzmacniać) to fortify książk., to revitalize książk.; **kawa mnie ~, gdy pracuję w nocy** coffee revitalizes me when I work at night; **ćwiczenia fizyczne ~ą ciało** physical exercise keeps the body fit ⇒ **pokrzepić** ② (dodawać otuchy) to reassure; to uplift książk.; **w chwilach zwątpienia matka ~ła go słowami otuchy** whenever his firmness of purpose wavered, his mother's

words of support reassured him; **~ła go świadomość, że wkrótce spotka się z rodziną** the thought that he would soon see his family spurred him on książk.
Ⅱ krzepić się ① (wzmacniać się) to have a pick-me-up pot.; to fortify oneself książk.; **~ć się kawą/kieliszkiem koniaku** to have a bracing cup of coffee/a snifter of brandy ⇒ **pokrzepić się** ② (dodawać sobie otuchy) to be encouraged; to be heartened książk.; **ludzie ~ili się sukcesami odbudowy** people were heartened by the success of the reconstruction ⇒ **pokrzepić się** ③ (wzajemnie) to encourage one another, to cheer one another on

krzep|ki *adi.* ① [*chłopak, mężczyzna, dziewczyna*] robust, vigorous; **to jeszcze ~ki staruszek** the old man is still vigorous ② [*uścisk, uderzenie*] powerful, strong; [*dłonie, ramiona*] burly, brawny ③ [*nalewka, machorka*] strong; **~kie powietrze** refreshing a. bracing air

krzepko *adv.* ① [*wyglądać*] robust *adi.*, vigorous *adi.*; **trzymać się ~** to keep fit ② [*potrząsnąć, uderzyć, chwycić*] firmly, hard; **uścisnął ~ jego dłoń** he firmly grasped his hand

krzepkoś|ć *f sgt* ① (osoby, ciała) robustness, vigour GB, vigor US ② (uderzenia, uścisku) firmness, strength ③ (alkoholu, nalewki) strength

krzepliwoś|ć *f sgt* coagulability; **~ć krwi** blood coagulability

krzepliw|y *adi.* [*żelatyna, krew*] coagulable, coagulative

krzep|nąć *impf* (**~nął** a. **~ł**) *vi* ① (zastygać) [*krew*] to clot, to coagulate; [*galareta*] to set; [*woda*] to freeze; [*wosk, stearyna*] to solidify; **~nięcie krwi** blood coagulation; **krew ~nie mi w żyłach** przen. it makes my blood curdle a. run cold przen. ⇒ **skrzepnąć, zakrzepnąć** ② książk. (stawać się silnym) to get strong; **chłopiec rósł i ~ł** the boy was growing up and getting strong ⇒ **okrzepnąć** ③ przen., książk. (umacniać się) [*przyjaźń, uczucie, władza*] to be reinforced, to be cemented ⇒ **okrzepnąć**

krze|sać *impf* (**~szę**) *vt* ① to strike [*iskry, ogień*]; **konie ~sały podkowami snopy iskier** the horses' shoes sent up showers of sparks ⇒ **skrzesać** ② (ciosać) to hew [*kamień*] ③ książk. (odnajdywać w sobie) to summon (up); **z trudem ~szę z siebie współczucie do niej** it's hard for me to summon up much sympathy for her ⇒ **wykrzesać** ■ **~sać hołubce** Taniec to dance with spirit

krzesan|y Ⅱ → **krzesać**
Ⅲ *m* Taniec a Polish folk dance

krzeseł|ko *n* ① *dem.* (mebel) (small) chair; **wysokie ~ko dziecięce** a high chair ② (w wyciągu narciarskim) chair; (na karuzeli) seat ③ pot. (splecione ręce) queen's cushion przest. (*seat made by the crossed hands of two people*)

krzesełkow|y *adi.* **wyciąg ~y** chairlift

krzesiw|o *n* flint and steel; **krzesać ogień ~em** to make fire with flint and steel

krze|sło *n* chair; **~sło składane** a folding chair; **~sło obrotowe** a swivel chair; **~sło wyściełane** an upholstered chair; **oparcie ~sła** the back of a chair; **siedzieć na ~śle** to sit on a chair; **wstać z ~sła** to get up from a chair

❑ **~sło elektryczne** (urządzenie) electric chair; pot. (kara) the electric chair

krzew m (G **~u**) bush, shrub; **~ jałowca** a juniper bush; **~ róży** a rose bush

❑ **~ hennowy** Bot. henna; **~ winny** Relig. vine

krzewiciel m, **~ka** f (Gpl **~i, ~ek**) książk. proponent książk., propagator książk.; **~ oświaty** a proponent of education

krzew|ić impf **I** vt książk. to disseminate książk., to propagate książk. [wiedzę, idee, obyczaje]

II krzewić się ⓵ [rośliny] to propagate ⓶ książk. (szerzyć się) [kult, idee, postawy] to spread

krzewin|a f ⓵ dem. (small) bush, (small) shrub ⓶ (zarośla) (under)brush U US thicket

krzewin|ka f shrub; **~ki borówek/wrzosów** the bilberry/heather shrubs

krz|ta f sg ani **~ty** not a speck a. a whit; **nie miała ani ~ty soli** she didn't have even a speck of salt; **to człowiek bez ~ty honoru** he's totally devoid of honour

krztu|sić się impf v refl. ⓵ (dusić się) to choke; **~sić się dymem** a. **od dymu z cygara** to choke on cigar smoke; **~siła się od kaszlu** she had a coughing fit a. a fit of coughing ⇒ **zakrztusić się** ⓶ (zachłystywać się) to choke, to be choked; **~sić się słowami z wściekłości** to be choking with anger; **~sić się ze** a. **od śmiechu** to be choking with laughter ⓷ przen. [silnik, maszyna] to cough; **silnik zaczął się ~sić i zgasł** the engine started to cough and then stalled ⇒ **zakrztusić się**

krztu|siec m sg Med. whooping cough; pertussis spec.

krztuścow|y adi. Med. pertussal spec.

krztyn|a **I** f sg pot. ounce, bit; **nie ma ~y talentu/rozumu** he hasn't got an ounce a. a bit of talent/common sense; **miał jeszczę ~ę nadziei** he still had a glimmer of hope; **wypij jeszczę ~ę** have a drop more; **na dnie było jeszczę ~ę wody** a. **była jeszczę ~a wody** there was still a bit of water at the bottom

II krztynę adv. a bit; **dopłacić jeszczę ~ę** to pay a bit more; **zdrzemnął się ~ę** he had a bit of a nap pot.

krzycząco adv. ⓵ [ubierać się, malować się] garishly, gaudily; **~ jaskrawy krawat** a garish a. gaudy tie ⓶ (rażąco) blatantly; **~ niesprawiedliwe prawo** a blatantly unfair law

krzycze|cy **I** pa → **krzyczeć**

II adi. ⓵ [kolor, strój] garish, gaudy ⓶ [niesprawiedliwość, nadużycia] blatant; **~a nieprawda** a blatant lie

krzyczeć¹ impf → **krzyknąć**

krzycz|eć² impf (**~ysz, ~ał, ~eli**) vi ⓵ (domagać się) to shout, to scream (**o coś** for sth); **~eli o pomoc** they were screaming for help ⓶ (głośno płakać) to scream; **niemowlę ~y po nocach** the baby screams all night ⓷ przen. (zwracać na siebie uwagę) to scream przen.; **nazwiska sławnych aktorów ~ą z afiszy** the names of famous actors scream from the posters; **~ące tytuły w gazetach** screaming headlines

krzyk m (G **~u**) ⓵ (głośne mówienie) shout, yell; **bała się ~u ojca** she was intimidated

by her father's shouting; **zza ściany dochodziły głośne ~i** loud shouts could be heard through the wall; **wracam do domu, a ona do mnie z ~iem** I come home and she starts yelling a. shouting at me; **zerwała się na równe nogi i w ~: łapać złodzieja!** she leapt to her feet shouting 'thief!' ⓶ (ze strachu, bólu, emocji) scream, cry; **~ przerażenia/grozy** a cry of fear/dread; **~ki odciętych w płonącym budynku** the screams of the people trapped in the burning building; **obudziła się w nocy z ~iem** she woke up in the night screaming; **narobić ~u** a. **podnieść ~** to start screaming ⓷ (głos ptaków) scream, cry; **~ czajek/mew** the scream of lapwings/seagulls ⓸ zw. sg pot. (sprzeciw) kerfuffle GB pot., to-do pot.; (publiczny) hue and cry, outcry; **~ protestu** a cry of protest; **tyle ~u i po co?** what was all the fuss a. uproar about? pot.; **podnieść ~** (upominać się) to kick up a fuss pot., to make a (big) to-do pot.; (ganić) to raise Cain pot.; [gazety] to raise a hue and cry a. an outcry

■ **(ostatni) ~ mody** all the rage; **i po ~u** pot. it'll (all) over (and done with)

krzykacz m, **~ka** f (Gpl **~ów** a. **~y, ~ek**) pot., pejor. tub-thumper pot., pejor., loudmouth pot., pejor.

krzykliwie adv. grad. ⓵ [żegnać się, piać] noisily, loudly ⓶ [ubierać się, malować się] garishly, gaudily

krzykliwoś|ć f sg ⓵ (dzieci, ludzi) noisiness ⓶ (barw, stroju) gaudiness, garishness

krzykliw|y **I** adi. ⓵ [młodzież, kobieta] noisy; **~a dzieciarnia** noisy kids ⓶ [głos, rozgardiasz, śmiech] noisy; **~a ulica** a noisy street ⓷ [kolor, strój, plakat] gaudy, garish; **~y krawat** a loud tie

II krzykliwe plt Zool. Clamatores

krzy|knąć pf — **krzy|czeć¹** impf (**~knęła, ~knęli — ~czysz, ~czał, ~czeli**) **I** vt (mówić głośno) to shout; **~knęła do syna, żeby wracał do domu** she shouted at her son to get back home; **dlaczego tak ~czysz?** why are you shouting?; **masz rację, ale nie ~cz** you're right, just stop shouting; **odwrócił się i ~knął, że wróci** he turned around and shouted that he'd be back; **,,co się stało?" ~knął** 'what happened?' he shouted; **~czeć na alarm** to give a warning shout, to shout in warning; przen. to sound an/the alarm przen.; **~czeć gwałtu** pot. to shout for help; **~czeć na cały dom** a. **na całą wieś** to shout a. scream at the top of one's voice

II vi ⓵ (pod wpływem emocji) to shout, to scream; **~czeć z radości** to shout for joy; **~czeć z przerażenia** to scream in fear; **~czeć z bólu** to scream in pain; **~czeć przez sen** to scream a. shout in one's sleep ⓶ (strofować) to yell, to shout (**na kogoś** at sb); **~czała na dziecko za rozbitą szklankę** she yelled at the child for breaking the glass; **stale ~czy na niego, żeby posprzątał w pokoju** she's always yelling at him to clean his room ⓷ (przywołać) to call (**na kogoś** for sb); **~knął na kelnera** he called for the waiter ⓸ (o ptakach) to cry (out), to scream

krzyna → **krztyna**
krzynka → **krztyna**

krzyw|da f harm U, injustice C/U; (psychologiczna) (psychological a. emotional) damage U; (fizyczna) harm U; **nikomu w życiu nie zrobił ~dy** he has never done anyone any harm; **nikomu nie stanie się ~da** no one will get hurt; **nie myśl, że dzieje ci/mu się ~da** don't claim that you're/he's being unfairly treated; **spotkało ją wiele ~d z ich strony** they did her a great deal of injustice; **wyrządzić komuś ~dę** to do sb harm, to hurt sb; (moralną) to wrong sb; **wyrządzić ~dę zwierzętom** to hurt a. harm a. ill-treat animals; **wrażliwość na ~dę społeczną** sensitivity to social injustice; **zrobić sobie ~dę** to do oneself harm, to hurt oneself; **naprawić ~dę** to make amends; **z ~dą dla drobnych przedsiębiorców/konsumentów** książk. to the detriment of small businesses/the consumers

krzywd|ować impf vi pot., przest. ⓵ (czuć się nieszczęśliwym) **~ować sobie** to feel sorry for oneself; **nie ~ował sobie, że mieszka na wsi** he was happy enough living in the country ⓶ (narzekać) **~ować sobie** to bemoan vt, to resent vt; **~ował sobie, że nie może kupować czego chce** he resented the fact that he couldn't buy what he wanted; **~owała sobie na niskie zarobki** she bemoaned the fact that she earned so little

krzywdziciel m, **~ka** f (Gpl **~i, ~ek**) książk. wrongdoer, evildoer

krzyw|dzić impf vt ⓵ (wyrządzać szkodę moralną) to be unfair a. unjust (**kogoś** to sb); to wrong; (wyrządzać szkodę psychiczną) to do psychological a. emotional damage (**kogoś** to sb); (wyrządzać szkodę fizyczną) to hurt, to harm; **~dzić ludzi/zwierzęta** to hurt a. harm people/animals; **~dzisz go tymi podejrzeniami** your suspicions are unfair to him; **~dzące zarzuty/uogólnienia** damaging allegations/generalizations ⇒ **skrzywdzić** ⓶ [decyzja, ocena] to be unjust a. unfair (**kogoś** to sb); to wrong; to prejudice spec.; **nowa ustawa ~dzi niektóre grupy obywateli** the new bill is unjust to certain sectors of society; **sąd wydał ~dzący wyrok** the court arrived at a prejudiced verdict

krzywic|a f ⓵ sg Med. rickets U (+ v sg/pl) ⓶ Techn. bowsaw

krzywicz|y, ~ny adi. Med. [dziecko] rachitic spec.; rickety; **objawy ~e** rachitic manifestations spec.; the symptoms of rickets

krzyw|ić impf **I** vt to bend, to twist [gwoździe, pręty, drut]; **reumatyzm ~ił jej palce** her fingers were gnarled a. twisted from rheumatism; **~ić twarz z bólu** to grimace with pain; **~ić usta wzgardliwie** to sneer (in disdain)

II krzywić się ⓵ (wyginać się) [drut] to be bent a. twisted; [blacha] to be warped a. bent; **ramy okienne ~iły się od wilgoci** the window frames were warped from the damp ⇒ **skrzywić się** ⓶ (robić grymasy) to wince, to pull a face GB, to make a face; (dąsać się) to scowl, to pull a face GB, to make a face; **~ić się z bólu** to wince, to grimace in pain; **~iła się połykając lekarstwo** she made a face as she swallowed the medicine; **~iła się na myśl o zostaniu**

K

w domu w sobotę she scowled at the idea of staying home on Saturday; **~isz się na wszystkie propozycje** przen. you turn up your nose at everything przen. ⇒ **skrzywić się**

krzywik [] *m* French curve [] **krzywiki** *plt* Zool. Incurvariidae

krzywi|zna *f* [1] (linia) curve, curvature; (płaszczyzna) uneven surface; **~zna dachu** the curve a. curvature of the roof; **~zna drogi/stołu** the uneven surface of the road/table; **~zna powierzchni Ziemi** the curvature of the Earth [2] Mat. curvature; **~zna toru lotu** the curvature of the flight path

krzyw|o *adv. grad.* [*stać, leżeć*] crookedly, askew; **~o powieszony obraz** a crooked picture; **pisać ~o** to have crooked a. uneven handwriting; pot. (pochyło) to have slanted a. slanting handwriting
■ **patrzeć ~o na kogoś** to disapprove of sb; **patrzeć ~o na coś** to frown on a. upon sth, to disapprove of sth; **uśmiechać się do kogoś ~o** to smile wryly at sb

krzywoprzysi|ęgnąć *pf* — **krzywoprzysi|ęgać** *impf* (**~ęgła, ~ęgnęli ~ęgam**) *vi* książk. to perjure oneself

krzywoprzysięs|ki *adi.* książk. perjurious spec.; false, perjured; **~kie oskarżenie** false charges, a perjurious accusation; **~kie zeznanie** false a. perjurious testimony; **~ki świadek** a perjured a. perjurious witness

krzywoprzysięstw|o *n sgt* książk. perjury; **popełnić ~o** to commit perjury, to perjure oneself

krzywoś|ć *f sgt* (podłogi, stołu) unevenness

krzywul|ec pot. [] *m pers.* hunchback obraźl., humpback obraźl.
[] *m inanim.* **chodzi jak kaczka na tych swoich ~cach** he waddles like a duck on those bandy legs of his; **mam jeść takim ~cem?** do I really have to eat with such a crooked fork?

krzyw|y [] *adi.* [*drzewo, gwóźdź, zęby, palce*] crooked; [*podłoga, stół*] uneven; **~y zgryz** a crooked bite; **~e nogi** bandy legs; **~e plecy** curvature of the spine; **~y uśmiech** przen. a wry smile; **~e spojrzenie** przen. a frown
[] **krzywa** *f* Mat. curve; **~a paraboliczna** a parabolic curve
■ **patrzeć na kogoś ~ym okiem** to disapprove of sb; **patrzeć na coś ~ym okiem** to frown on a. upon sth; **przedstawić coś w ~ym zwierciadle** to satirize sth

krzyż *m* [1] Relig. cross; **cmentarne ~e** the churchyard crosses; **przysięgać na ~** to swear on the cross [2] (znak błogosławieństwa) cross; **zrobić a. nakreślić znak ~a** to make the sign of the cross; **zrobiła znak ~a na bochenku chleba** she made the sign of the cross over the loaf of bread [3] (kształt) cross; **w kształcie ~a** cross-shaped; **kościół na planie ~a** a cruciform church; **drogi przecinają się, tworząc ~** the roads cross at right angles; **na ~** crosswise; **okna zabito na ~ deskami** the window was nailed up with crossed boards [4] (order) cross; **odznaczyć kogoś ~em**

zasługi to award sb a merit cross [5] *sgt* przen., książk. (cierpienie) cross; **każdy z nas dźwiga swój ~** each of us has a cross to bear [6] (część kręgosłupa) lower back; **cierpiał na bóle ~a** he suffered from pain in the lower back; **skarżył się, że go łamie w ~ach** he complained that his lower back was killing him [7] pot. (kręgosłup) spine, back; **ze strachu mróz biegł mu po ~u** he felt a shiver a. shivers (running) up and down his spine
❑ **Brązowy/Srebrny/Złoty Krzyż Zasługi** the Bronze/Silver/Gold Cross of Merit a. Merit Cross; **Krzyż Walecznych** Wojsk. the Cross of Valour; **Krzyż Wielki** Wojsk. the Grand Cross of the Order of Virtuti Militari; **Czerwony Krzyż** the Red Cross (Society); **Polski Czerwony Krzyż** the Polish Red Cross; **Krzyż Południa** Astron. the Southern Cross; **~ grecki** Greek cross; **~ maltański** Maltese cross; **~ żebrowy** Archit. boss spec. (*the intersection of the primary ribs of a vault*)
■ **~ na drogę** pot. good riddance (to bad rubbish) pot.; **leżeć ~em** to lie prostrate; **mieć z kimś ~ pański** to go through a. endure the trials of Job with sb; **z mężem alkoholikiem miała ~ pański** she endured the trials of Job with that alcoholic husband of hers; **wyglądać jak z ~a zdjęty** to look dead beat pot.; **miał na głowie trzy włosy na ~** pot. he was practically bald sparse; **w pokoju stało kilka mebli na ~** pot. there was hardly any furniture in the room

krzyżac|ki *adi.* Hist. **zakon ~ki** the Order of Teutonic Knights; **zamek ~ki** a castle of the Teutonic Knights

krzyżacz|ek *m dem.* Zool. (small) garden a. cross spider

Krzyża|k Hist. [] *m* (zakonnik) Teutonic Knight
[] **Krzyżacy** *plt* (zakon) the Order of Teutonic Knights

krzyżak [] *m anim.* Zool. (pająk) garden a. cross spider
[] *m inanim.* [1] (podpora) trestle; **drut nawinięty na drewnianym ~u** wire wound onto a wooden cross; **stół na ~ach** a trestle table; **~ do choinki** a Christmas tree stand [2] Techn. cross

krzyżakow|y *adi.* **przeguby ~e** transverse joins

krzyż|ować *impf* [] *vt* [1] (układać na krzyż) to cross; **~ować ręce na piersiach/brzuchu** to cross one's arms on a. over one's chest/stomach; **~ować nogi** to cross one's legs; **~ować spojrzenia (z kimś)** przen. to make eye contact (with sb); **bokserzy ~owali rękawice w walce o mistrzostwo świata** przen. the boxers were competing for the world championship ⇒ **skrzyżować** [2] (psuć celowo) to thwart; (stanowić przeszkodę) to stand in the way of; **~ować komuś plany** a. **zamiary** to thwart/stand in the way of sb's plans; **nagła choroba matki ~owała mu plan wyjazdu** his mother's sudden illness upset his planned departure ⇒ **pokrzyżować** [3] przen. (zawierać) to combine, to unite; **film ~uje w sobie elementy aż trzech gatunków** the film is a hybrid of three different genres [4] Hist. to

crucify; **Rzymianie ~owali pierwszych chrześcijan** the Romans crucified the early Christians ⇒ **ukrzyżować** [5] Biol. to cross(-breed) [*rośliny, zwierzęta*] ⇒ **skrzyżować**
[] **krzyżować się** [1] (przecinać się) [*szlaki, ślady*] to cross, to intersect; **~ujące się linie** intersecting a. crossing lines; **droga ~uje się ze starym szlakiem** the road intersects with a. crosses an old trail; **rumieniła się, gdy ich spojrzenia ~owały** przen. she blushed whenever their eyes met; **ich losy dziwnie się ~ują i rozchodzą** it's strange how their paths keep crossing and then parting ⇒ **skrzyżować się** [2] przen. (przenikać się) [*zjawiska, nurty, idee*] to merge, to blend; **tu ~ują się wpływy dwóch epok** the influences of two eras merge here ⇒ **skrzyżować się** [3] (współistnieć) to overlap; **dążenia ich ~ują się ze staraniami konkurentów** their efforts overlap with their rivals' ⇒ **skrzyżować się** [4] Biol. [*zwierzęta, rasy*] to cross(-breed), to interbreed; **pszenica i żyto ~ują się ze sobą, dając odmianę zwaną pszenżytem** wheat is crossed with rye to produce triticale ⇒ **skrzyżować się** [5] Log. **~ujące się pojęcia** overlapping concepts
■ **~ować miecze/szpady** książk. to cross swords

krzyżow|iec [] *m pers.* (*V* **~cu** a. **~cze**) Hist. crusader
[] *m inanim.* daw. (okręt) cruiser

krzyżowo *adv.* **sień sklepiona ~** a cross-vaulted vestibule

krzyżow|y [] *adi.* [1] (w kształcie krzyża) cross-shaped; **bazylika ~a** a cruciform basilica; **sklepienie ~e** cross vaulting [2] (przemienny) alternating; **rym ~y** alternate a. alternating rhyme, cross rhyme [3] (z różnych stron) **~y ogień** crossfire; **dostać się w ~y ogień pytań** to be caught in a crossfire of questions [4] **rycerz ~y** a crusader; **wyprawa ~a** a crusade [5] Anat. sacral; **kość ~a** the sacrum; **kręgi ~e** sacral vertebrae
[] **krzyżowa** *f sgt* Kulin. round (steak)

krzyżów|ka *f* [1] (w gazecie) crossword (puzzle); **rozwiązywać ~ki** to do crosswords; **pola ~ki** the squares of a crossword; **hasła ~ki** crossword clues [2] (połączenie) cross; **kultura francuska jest ~ką kultury galijskiej i łacińskiej** the French culture is a cross between the Gallic and Latin cultures [3] Biol. (łączenie organizmów) cross-breeding, interbreeding [4] Biol. (roślina, zwierzę) cross(-breed), hybrid; **~ki roślin** the cross-breeds of plants; **muł jest krzyżówką konia z osłem** the mule is a cross between a horse and a donkey; **~ka mandarynki z grejpfrutem** a cross between a. hybrid of tangerine and grapefruit [5] Zool. (kaczka) mallard [6] pot. (skrzyżowanie) crossroads (+ *v sg*)

krzyżówkowicz *m* (rozwiązujący krzyżówki) crossword fanatic; (układający krzyżówki) crossword compiler

krzyżówkow|y *adi.* [1] [*wyraz, hasło, słownik*] crossword *attr.* [2] Biol. **rasa** a. **odmiana ~a** a cross(-breed)

krzyżyk [] *m* [1] *dem.* Relig. (small) cross; **nosiła na szyi ~ na łańcuszku** she wore a small cross on a chain around her neck;

kreślić sobie ~ na piersi to cross oneself [2] (znak) X, cross; **przy wybranej odpowiedzi należy postawić ~** mark your answer with an X; **zaznaczyć ~iem poprawną odpowiedź** to mark the correct answer with an X; **podpisywać się ~ami** a. **~iem** to make one's mark [3] Muz. sharp; **z ~kiem** *[nuta]* sharp [4] przen. (dziesiątek lat) **dźwigać** a. **nosić ósmy ~** to be in one's eighties; **mieć na karku piąty ~** to be in one's fifties; **zaczął szósty/siódmy ~** he's in his sixties/seventies; **który to ~?** how old are you? **[II] krzyżyki** plt (ścieg) cross-stitch; **haftować ~ami** to cross-stitch; **serweta wyszywana ~ami** a cross-stitched tablecloth **■ postawić na kimś ~** (myśleć, że umrze) to give up hope for sb's recovery, to give up on sb; (zrezygnować ze znajomości, współpracy) to give up on sb; **lekarze postawili już na mnie ~** the doctors had given up on me; **postawić** a. **położyć na czymś ~** (pogodzić się z utratą) to write sth off; (zrezygnować) to give up on sth, to give up (all) hope of sth; **postawiła ~ na pieniądzach, które był jej winien** she had written off the money he owed her; **kibice położyli ~ na awansie drużyny do finałów** the fans had given up all hope of the team moving on to the finals
krzyżykow|y adi. **haft/ścieg ~y** cross-stitch(ing)
ks. [1] (= ksiądz) Rev., Revd [2] (= książę) Prince, Duke [3] (= księżna) Princess, Duchess
ksenofobi|a f (GDGpl ~i) xenophobia U
ksenofobicznie adv. *[traktować, zachowywać się]* in a xenophobic fashion a. manner
ksenofobiczn|y adi. *[wypowiedź, pogląd, postawa]* xenophobic
ksero [I] n inv. [1] (kserokopiarka) Xerox® (machine), (photo)copier **odbić coś na ~** to xerox sth, to (photo)copy sth [2] (kserokopia) Xerox® (copy), (photo)copy ~ **dyplomu/dokumentu** a photocopy a. Xerox® of a diploma/document; **zrobić ~ czegoś** to photocopy a. xerox sth [3] (punkt usługowy) copy shop **[II]** adi. inv. **odbitka** a. **kopia ~** a Xerox® (copy), a (photo)copy
kserograf m (G ~u) Xerox® (machine), (photo)copier **kopiować dokument na ~ie** to photocopy a. xerox a document
kserografi|a f sgt (GD ~i) xerography, photocopying
kserograficzn|y adi. xerographic; **odbitka ~a** a Xerox® (copy), a (photo)copy **papier ~y** Xerox®a. photocopying a. copy paper; **punkt usług ~ych** a copy shop
kserokopi|a f (GDGpl ~i) Xerox® (copy), (photo)copy ~**a dokumentu/umowy/rysunku** a photocopy a. Xerox® of a document/contract/drawing; **zrobić ~ę czegoś** to photocopy a. xerox sth
kserokopiar|ka f Xerox® (machine), (photo)copier; **toner do ~ki** toner
kser|ować impf vt to xerox, to (photo)copy *[dokumenty, rysunki, fotografie]* ⇒ **skserować**
ksiądz m (D ~ędzu, V ~ęże, Npl ~ęża, Ipl ~ężmi) Relig. priest; **wyświęcić kogoś na ~ędza** to ordain sb (priest); **klucz jest**

u ~ędza proboszcza the key is kept by the parish priest; **~ądz biskup** the Right Reverend, the Bishop; **tak, proszę ~ędza** yes, Father; **~ądz Krzysztof Kowalski** Father a. the Reverend Krzysztof Kowalski
■ niemiła ~ędzu ofiara, chodź cielę do domu a. **do obory** przysł. ≈ suit yourself
ksiąstewko → księstewko
książąt|ko n [1] pejor., żart. (władca) princeling pejor. [2] dem. (potomek księcia) princeling, young prince/duke
książecz|ka f [1] dem. (mała książka) (small) book; (w miękkiej okładce) booklet; **~ki dla dzieci** children's books; **~ka do nabożeństwa** a prayer book [2] (dokument) book; **~ka oszczędnościowa** a bank book, a passbook; **~ka mieszkaniowa** *building society book*; **~ka czekowa** a chequebook GB, a checkbook US; **~ka zdrowia** health certificate; **~ka wojskowa** service papers [3] (rachunek w banku) savings account; **mam trochę pieniędzy na ~ce** I have some money in my savings account; **składać na ~kę** to put money regularly into a savings account; **wziąć pieniądze z ~ki** to draw out some money from one's savings account
ksi|ążę m (D ~ęciu, V ~ążę, Npl ~ążęta, Gpl ~ążąt) [1] (władca) prince, duke; **wielki ~ążę** the grand duke; **~ążęta pomorscy** dukes of Pomerania; **~ążęta niemieccy** German princes [2] (potomek króla) prince; **~ążę królewskiej krwi** a prince of the blood, a royal prince [3] (tytuł arystokratyczny) prince, duke; **nadać komuś tytuł ~ęcia** to confer the title of duke upon sb [4] przen. (osoba wyróżniająca się) prince przen.; **~ążę poetów** a prince of a. among poets
□ ~ążę Kościoła Relig. Prince of the Church
książęc|y adi. [1] *[pałac, korona, dwór, terytorium, ziemia]* prince's, princely, duke's; **tytuł ~y** the title of prince, princedom; the title of duke, dukedom [2] przen. *[maniery, zachowanie]* princely
książ|ka f [1] (do czytania) book; **~ka o Afryce** a book on a. about Africa; **~ka z obrazkami** an illustrated book; **~ki dla dzieci** children's books; **~ki podróżnicze** travel literature, travelogues; **napisał wyjątkowo złą ~kę** he wrote an exceptionally bad book; **~ki klasyków** the classics; **mam jeszcze kilka egzemplarzy tej ~ki** I still have a few copies of the book; **~ka do nabożeństwa** a prayer book; **~ka kucharska** a cookbook, a cookery book; **~ka telefoniczna** a phone book, a telephone directory [2] (dokument) book; **~ka rachunkowa** an account book; **~ka skarg i zażaleń** a complaint(s) book [3] pot. (podręcznik szkolny) textbook
□ ~ka doręczeń Poczta postal delivery records
■ mówić jak z ~ki iron. to have the gift of the gab
książkowo adv. [1] (w formie książki) in book form; **pozycje wydane ~** titles published in book form [2] *[mówić]* formally, bookishly
książkowoś|ć f sgt (języka, mowy, wyrażeń) formality, bookishness
książkow|y adi. [1] *[bohater, dorobek]* literary; *[wydanie, publikacja, zbiory]* book attr.;

~a wersja filmu a book version of a film [2] *[słowo, wyrażenie, styl]* bookish, formal; **wiedza ~a** book learning [3] Księg. *[saldo]* book attr.
książnic|a f książk. [1] (biblioteka) library [2] (księgozbiór) library, book collection [3] (firma księgarska) book dealer(s)
ksie|ni f (Gpl ~ń a. ~ni) przest. prioress
ksi|ęga f [1] augm. (książka) book; **opasła ~ęga** a weighty tome; **~ęga oprawna w skórę** a leather-bound book; [2] (rozdział) book; **dzieło składa się z pięciu ~ąg** the work consists of five books; **Księga Hioba** the Book of Job [3] (dokument) book, register; **~ęga rachunkowa** an account book; **~ęgi parafialne** a parish register; **~ęga pamiątkowa** a guest a. visitors' book; **~ęga kondolencyjna** a condolence book; **~ęga pokładowa** a log book; **prowadzić ~ęgi** to keep records a. the books [4] zw. pl Anat., Zool. psalterium spec., omasum spec.
□ ~ęga główna Księg. ledger; **~ęga wieczysta** a. **hipoteczna** Prawo land register; **~ęgi handlowe** Handl. the books; **~ęgi rejestrowe** Handl. register books; **~ęgi sybilińskie** Hist. the Sibylline books
■ ~ęga życia książk. the book of life poet.
księgaren|ka f dem. (small) bookshop GB, (small) bookstore US
księgar|nia f (Gpl ~ni a. ~ń) [1] (sklep) bookshop GB, bookstore US; **~nia naukowa/muzyczna** an academic/a music bookshop [2] (przedsiębiorstwo) book dealer(s); **~nia wysyłkowa** a mail-order book company
księgars|ki adi. *[rynek, targi]* book attr.; *[witryna, półki, pracownik]* bookshop attr. GB, bookstore attr. US
księgarstw|o n sgt [1] (sprzedaż książek) the book trade, bookselling [2] (zawód) bookselling [3] (księgarze) booksellers, book dealers
księgarz m (Gpl ~y) bookseller, book dealer
księg|ować impf vt Księg. to enter, to post *[wydatki, wpływy]* ⇒ **zaksięgować**
księgowoś|ć f [1] sgt (prowadzenie ksiąg) bookkeeping, accountancy, accounting [2] (dział) accounts, the accounts, accounting department
□ ~ć amerykańska Księg. double-entry bookkeeping
księgow|y [I] adi. **wartość ~a** (towaru, akcji) the book value; (firmy) the net worth; **zapis ~y** an entry; **dokument ~y** a financial document; **rewident ~y** an auditor **[II] księgow|y** m, **~a** f accountant, bookkeeper; **dyplomowany ~y** a chartered accountant; **główny ~y** the chief accountant
księgozbi|ór m (G ~oru) książk. library, book collection; **w swoim ~orze miał kilka cennych pozycji** he had several valuable titles in his library
księstewk|o n dem. (small) duchy
księstw|o¹ n (państwo) duchy, principality; **Wielkie Księstwo Litewskie** the Grand Duchy of Lithuania
księstw|o² plt (GA ~a, L ~u) (książę z żoną) prince and princess, duke and duchess; **na uroczystość przybyli oboje ~o** both the

K

prince and the princess attended the ceremony

księżn|a *f* (osoba, tytuł) princess, duchess

księżnicz|ka *f* (osoba, tytuł) princess

księżows|ki *adi. [sutanna]* priestly, priest's; *[kazanie]* priest's

księżul|ek *m* (*Npl* **~kowie** a. **~ki**) pot., pieszcz. priest

księżul|o *m* (**~ko** dem.) (*Npl* **~owie** a. **~e, ~kowie** a. **~ki**) pot., pieszcz. priest

księżuni|o *m* (*Npl* **~owie**) pieszcz. priest

księż|y *adi. [sutanna, stuła, parafia, posiadłość]* priestly, priest's

■ **patrzeć a. oglądać się na ~ą oborę** przest. to be at death's door a. on death's doorstep

księżyc *m* [1] *sgt* (satelita Ziemi) moon, Moon; **blask/światło ~a** moonlight; **loty na Księżyc** flights to the Moon; **lądowanie na Księżycu** a Moon landing; **orbita Księżyca** the lunar orbit; **przy ~u** pot. in the moonlight, by moonlight; **~ w pełni/w nowiu** the full/new moon; **wschód/zachód ~a** moonrise/moonset [2] Astron. moon; **~e Jowisza** the moons of Jupiter ❑ **~ w lisiej czapce** a. **czapie** aureole a. halo around the Moon; **sztuczny ~** Techn. (artificial) satellite

■ **wyglądać jak ~ w pełni** to be moon-faced a. full-faced; **(jakby) spadł z ~a** pot. he's lost in space pot.

księżycow|y *adi.* [1] *[pojazd, orbita]* lunar; **~a noc** a moonlit night; **poświata ~a** moonlight; **loty ~e** flights to the Moon; **~y krajobraz** przen. moonscape [2] pejor. (nierealny) *[gospodarka, inwestycja, ekonomia]* airy-fairy GB pot., pie in the sky *attr.* pot.; **~e mrzonki** moonshine GB, foolishness

ksiut|y *plt* (*G* **~ów**) pot. snogging *U* GB pot., necking *U* pot.; **pójść na ~y** to go out for a bit of slap and tickle GB pot.

ksylofon *m* (*G* **~u**) Muz. xylophone; **grać na ~ie** to play the xylophone

ksyw|a *f* pot. [1] (pseudonim) nickname; **w szkole miał ~ę Rudy** he was nicknamed Ginger at school; **pracowała pod ~ą Diablica** she operated under the alias (of) She-Devil [2] (gwara przestępcza) underworld slang; **mówić więzienną ~ą** to speak prison slang

ksyw|ka *f dem.* pot. nickname; **nadali mu ~kę Mały** they nicknamed him Shrimpy

kształ|cić *impf* **[I]** *vt* [1] (uczyć) to educate, to train *[dzieci, młodzież]*; **~cić studentów na prawników/lekarzy** to train students to become lawyers/doctors; **szkoły ~cące specjalistów od marketingu** schools of marketing; **warsztaty ~cące umiejętności diagnozowania** diagnostic training workshops; **ojciec nie miał pieniędzy, żeby go ~cić** his father had no money for his education ⇒ **wykształcić** [2] (doskonalić) to train *[głos, pamięć, wolę]*; **~cić umysł** to train the mind; **rodzice ~cili w nas zamiłowanie do muzyki poważnej** our parents taught us to love classical music; **~cić czyjś charakter** to mould sb's character; **grę na pianinie ~cił pod okiem wybitnego muzyka** he learned to play the piano under the tutelage of an outstanding musician ⇒ **wykształcić**

[II] *vi* (dostarczać informacji) **podróże ~cą**

travel broadens the mind; **bardzo ~cąca wystawa/książka** a very instructive exhibition/book

[III] kształcić się [1] (uczyć się) to study; **~cić się na uniwersytecie/w szkole muzycznej** to study at a university/conservatoire; **~cić się na prawnika/lekarza** to study to become a lawyer/doctor ⇒ **wykształcić się** [2] (doskonalić się) *[pamięć]* to be trained; *[gust, wola]* to be forged, to be honed; **jego smak artystyczny ~cił się na klasycznych wzorach** his taste was formed by exposure to classical models

kształ|t **[I]** *m* (*G* **~tu**) [1] (wygląd) shape; **naczynie miało ~t owalny** the container was oval (in shape); **w a. o ~cie czegoś** in the shape of sth; **form of sth; pole o ~cie prostokąta** a field in the shape of a rectangle, a rectangular field; **pudełko w ~cie serca** a heart-shaped box; **organizmy ~tem podobne do ryb** organisms resembling fish in shape; **chmury przybierały rozmaite ~ty** the clouds kept changing shape; **w ciemności dostrzegli jakiś kanciasty ~t** they could make out an angular shape in the darkness [2] przen. (forma) shape, form; **dyskutowano nad ~tem reformy szkolnictwa** the parameters of the school reform have been under discussion; **zmienić ~t świata** to change the world; **związek niewart kontynuowania w takim ~cie** a relationship not worth continuing in this form; **debata nad ustawą w jej obecnym ~cie straciła sens** there's no point in debating the bill in its current form

[II] kształty *plt* (kobiece) curves; **bujne ~ty** lush curves; **rubensowskie ~ty** ample curves; **ta suknia z dekoltem uwydatni twoje ~ty** that low-cut dress will emphasize your curves

■ **coś na ~t** something like; **coś na ~t uśmiechu pojawiło się na jego twarzy** something like a smile flickered across his face; **poczuła coś na ~t paniki** she felt something like panic; **na ~t czegoś** książk. in the shape a. form of sth; **przybierać realne ~ty** a. **przyoblekać się w realne ~ty** to become a reality

kształtnie *adv. grad.* shapely; **~ zbudowana dziewczyna** a shapely girl; **~ zarysowane usta** a shapely mouth

kształtnoś|ć *f sgt* (figury, ust) shapeliness

kształtn|y *adi. grad. [nogi, figura]* shapely, well formed; **miała ~ą głowę** she had a shapely head; **jej szyja była bardzo ~a** her neck was very well formed a. shapely

kształt|ować *impf* **[I]** *vt* [1] (formować) to shape *[metal, rzeźbę]*; **teren był ~owany przez wodę** the landscape was shaped by water ⇒ **ukształtować** [2] przen. (nadawać cechy) to shape, to mould GB, to mold US; **media ~ują opinię publiczną** the mass media shape a. mould public opinion; **~ować czyjś charakter** to shape a. mould sb's character ⇒ **ukształtować**

[II] kształtować się [1] (wykształcać się) to develop, to be shaped; **skorupa ziemska ~owała się przez miliony lat** it took millions of years to shape the Earth's crust; **nasza kuchnia ~owała się przez wieki** przen. our cuisine has developed over cen-

turies książk. ⇒ **ukształtować się** [2] książk. (osiągać wartość) **ceny biletów ~ują się w okolicach 300 złotych** the tickets are going for around 300 zlotys; **wzrost produkcji ~uje się w granicach 5 procent** production growth is running (at) about 5 per cent ⇒ **ukształtować się**

kszyk *m* Zool. common snipe

k|to *pron.* [1] (pytajny) who; **kto to (jest)?** (wskazując) who's this/that?; **kto to a. tam?** (u drzwi) who is it?, who's there?; **kto mówi?** who's speaking?; **kto ci o tym powiedział?** who told you about it?; **„mam mnóstwo kłopotów" – „a kto ich nie ma?"** 'I've got so many problems' – 'who hasn't?'; **dla kogo to kupiłeś?** who did you buy this for?; **komu dałeś te kwiaty?** who did you give those flowers to?; **kogo zaprosiłeś?** who(m) did you invite?; **kim jest ta pani w czarnej sukni?** who's that lady in the black dress?; **z kim ona była?** who was she with?; **o kim mówicie?** who are you talking about?; **zgadnij, kogo wczoraj spotkałam** guess who I met yesterday; **nie wiedziała, komu może zaufać** she didn't know who(m) to trust a. who(m) she could trust; **nie pamiętam, o kim rozmawialiśmy** I don't remember who we were talking about; **z kim mam przyjemność?** książk. to whom do I have the pleasure of speaking? książk.; **komu to mówisz, przecież znam go lepiej niż ktokolwiek inny** what are you telling me for?! a. why tell me about it? – I know him better than anyone; **kto jest kto** a. **kim who's who; Bóg wie** a. **diabli wiedzą kto** God a. the devil knows who [2] (względny) (właśnie ten) who; (każdy) whoever; **ten, kto zgubił klucze** the person who lost their keys; **zapytaj o to kogoś, kto się na tym zna** ask someone who knows something about it; **kto zda egzamin, zostanie przyjęty** whoever passes the exam will be accepted; **kto wiedziałby o miejscu pobytu zaginionego, proszony jest o zawiadomienie policji** anyone with information concerning the whereabouts of the missing person is asked to contact the police książk.; **kto żyw** everyone, everybody; one and all przest., pot. [3] (nieokreślony) someone, somebody; (w pytaniach) anyone, anybody; **poczuł się tak, jakby kto napluł mu w twarz** he felt as if someone a. somebody had spat in his face; **nie ma kto** a. **komu herbaty zaparzyć** there's no one to make the tea; **mało** a. **rzadko kto** hardly anyone a. anybody; **jak kto głupi** like an idiot pot.; **(a) kogo to obchodzi?** Iron. who cares?

k|tokolwiek *pron.* [1] (obojętnie kto) anyone, anybody; **lepiej/dłużej niż ktokolwiek inny** better/longer than anyone a. anybody (else); **daj te książki komukolwiek** give those books to anyone you like; **gdybym miał kogokolwiek podejrzewać...** if I were to suspect anyone...; **nie wiem, czy ktokolwiek odwiedzał ją w szpitalu** I don't know if anyone (at all) a. anybody went to see her in hospital [2] (ten, kto) whoever; **wychodź, kimkolwiek jesteś** come out, whoever you are

k|toś¹ **[I]** *pron.* somebody, someone; (w pytaniach) anybody, anyone; **ktoś wszedł do pokoju** someone a. somebody entered the room; **czy spotkałeś kogoś w parku?** did you see anyone in the park?; **ktoś inny** somebody else, someone else; **zawsze chciał być kimś innym** he always wanted to be someone else; **ktoś, kto** somebody a. someone who; **szukam kogoś, kto naprawi mi pralkę** I'm looking for someone who can repair my washing machine; **był kimś, komu mogła zaufać** he was someone she could trust

[II] *m* somebody, someone; **on jest kimś w przemyśle filmowym** he's somebody in the film industry

k|toś² *m* pot., żart. this/that someone żart.; „**czy ja znam tego ktosia?**" 'do I know this someone?'

któr|ędy *pron.* (pytajny) which way; **~ na dworzec?** which way is the station?, which is the way to the station?; **~ przebiega granica?** which way a. where does the border run?

któr|y *pron.* **[1]** (przymiotny) which; **~ry plecak jest twój?** which rucksack is yours?; **~rą sukienkę wolisz?** which dress do you like better a. do you prefer?; **z ~rymi kolegami utrzymujesz kontakty?** which of your friends are you in touch with?; „**wzięłam twoją bransoletkę?**" – „**~rą?**" 'I've taken your bracelet' – 'which one?'; **nie pamiętam, ~rzy uczniowie dostali nagrody** I don't remember which pupils got prizes; **zgadnij, na ~rym piętrze mieszkam** guess which floor I'm on; **nie wiem, ~ry kolor wybrać** I don't know which a. what colour to choose; **~ra z was mi pomoże?** which of you will help me?; **~ra godzina?** what time is it?, what's the time?; **o ~rej masz samolot?** what time is your plane?; **~ry dzisiaj ?** a. **~rego dziś mamy?** what's the date today?; „**podaj mi talerz**" – „**~ry?**" – „**obojętnie ~ry**" 'pass me a plate, will you?' – 'which one?' – 'any one (will do)'; **~ry to raz obiecujesz poprawę?** how many times have you promised to mend your ways?; **~ry ojciec tak córkę miłował!** was there ever a father more devoted to his daughter? książk. **[2]** (względny) (osobowy) who; (w przypadkach zależnych) whom; (nieosobowy) which; (w użyciu dzierżawczym) whose; **ci, ~rzy oddali życie za ojczyznę** those who gave their lives for their country; **chłopcy, ~rych spotkałem** the boys (that) I met; **samochód, ~ry wynajęłem** the car (which a. that) I hired; **drabina, na ~rej stałem** the ladder (that a. which) I was standing on, the ladder on which I was standing; **autor, ~rego książka jest na liście bestsellerów** an author whose book is on the bestseller list; **wiersz, z ~rego pochodzą te słowa** the poem (that) these words come from; **wszyscy, ~rzy byli świadkami wypadku, proszeni są o zgłoszenie się na policję** anyone who witnessed the accident is asked to contact the police; **dla/do/od ~rego** (osobowy) for/to/from whom; (nieosobowy) for/to/from which; **na ~rym** (osobowy) on whom; (nieosobowy) on which; **o ~rym** (osobowy) about whom;

(nieosobowy) about which; **moja sąsiadka, o ~rej ci już opowiadałam...** my neighbour, who(m) I've already told you about...; **dom/kraj, w ~rym mieszkam** the house/country I live in; **dzień, w ~rym popełniono zbrodnię** the day (when) the crime was committed; **~ry to** which; **urodził się 1 września 1939, w ~rym to dniu wybuchła wojna** he was born on 1 September 1939, the day war broke out; **przeniósł się z powrotem do Krakowa, w ~rym to mieście urodził się** he moved back to Cracow, the city where he was born **[3]** (nieokreślony) any; **niech no mi się ~ry spóźni, to pożałuje!** if any of you are late, you'll be sorry!; **czy ~ry z was odprowadzi mnie na dworzec?** will one of you see me off to the station?; **~rą drogę wybierzesz, dojedziesz do wybrzeża** whichever road you choose, it'll take you to the coast; **mało** a. **rzadko ~ry** hardly any; **mało** a. **rzadko ~ry mężczyzna/samochód** hardly any man/car; **obojętnie ~ry** whichever (one), no matter which (one)

któr|ykolwiek *pron.* **[1]** (nieokreślony) any (one), whichever (one); (z dwóch) either; **pożycz mi ~rąkolwiek książkę** lend me a book – any book; **jest kilka możliwości, a ~rąkolwiek wybierzesz...** there are several options, and whichever (one) you choose...; „**którą z tych dwóch koszulek chcesz?**" – „**~rąkolwiek**" 'which of the two shirts would you like?' – 'either'; **~rykolwiek z nas/z nich** any (one) of us/them; (z dwóch) either (one) of us/them **[2]** (względny) **~rykolwiek z nich wygra, znajdzie się w drużynie olimpijskiej** whoever wins will get a place in the Olympic squad; **~rykolwiek długopis wziął do ręki, żaden nie pisał** whichever pen he picked up, none of them wrote; **zastaniesz mnie w domu, o ~rejkolwiek godzinie przyjdziesz** you'll find me at home whatever time you come

któr|yś *pron.* (bliżej nieokreślony) some; (z grupy, ze zbioru) one; **widziałem go w ~ymś programie telewizyjnym** I saw him on some television programme (or other); **~yś z nas/z nich** one of us/them; **~egoś dnia** (w przeszłości) one day; (w przyszłości) one a. some day; **po raz ~yś z rzędu** a. **~yś tam raz** for the nth time (in a row); **w roku tysiąc dziewięćset sześćdziesiątym ~ymś** in nineteen-sixty-something; **trzydziesta ~aś tam książka z tego cyklu** the thirtieth-odd a. thirtieth or so book in the series

któr|yż *pron.* which, what; **~yż to raz ci przypominam!** how many times do I have to tell a. remind you!; **~yż młody człowiek o tym nie marzy?** what young man doesn't dream about it?; **o ~eże to godzinie wraca się do domu?** what kind of time is this to be coming home?; **~yż z was to zrobił?** which of you did it?

k|tóż *pron.* who, whoever; **któż ci to powiedział?** whoever told you that?; **któż mógł przewidzieć?** who could have foreseen it a. have known this?; „**przypominasz mi kogoś**" – „**a kogóż to?**" 'you remind me of someone' – 'and who might that be?'; **kogóż to ja widzę?** well, well, look who it

is a. look who's here! pot.; **któż by o tym nie słyszał?** everyone's heard about that

ku¹ *praep.* książk. **[1]** (kierunek) to, towards (**komuś/czemuś** sb/sth); **ścieżka wiodła ku szczytowi** the path led to the summit a. top; **zbocze opadało ku morzu** the cliff dropped to the sea; **ruszył ku drzwiom** he started towards the door; **ku górze** up(wards); **wznosić się ku górze** to rise up(wards); **ku dołowi** down(wards); **zwężać się ku dołowi** to grow narrow towards the bottom; **słońce chyliło się ku zachodowi** the sun was sinking in the west **[2]** (skutek) to, towards; **ku mojemu/jego zaskoczeniu** to my/his surprise; **ku jej/naszemu zgorszeniu** to her/our horror; **ku uciesze wszystkich obecnych** to the joy of all those present; **dążenie ku doskonałości** aspiration to perfection; **wypadki, prowadzące ku faszystowskiej dyktaturze** events leading up to a fascist dictatorship; **film nakręcony ku przestrodze przyszłych pokoleń** a film made as a warning for future generations; **zimne napoje ku ochłodzie** cool, refreshing drinks; **tablica ku czci** a. **pamięci ofiar stalinizmu** a plaque commemorating a. in memory of the victims of Stalinism; **wiersz ku pokrzepieniu serc** a heart-warming poem; **zbliżać się ku końcowi** to be drawing to an end a. a close; **miało się ku wieczorowi** (the) evening was drawing in; **miało się ku wiośnie** spring was drawing near a. approaching

■ **mieć się ku sobie** przest. to be (very) fond of each other; **twoja córka ma się ku niemu** your daughter is sweet on him przest., pot.

Kuba|ńczyk *m*, **~nka** *f* Cuban

kubańs|ki *adi.* Cuban

kubas *m* augm. pot., żart. mug

kubatu|ra *f* **[1]** (zbiornika, pomieszczenia) volume, cubic capacity; **budynek o ogólnej ~rze 2000 metrów sześciennych** a building with a total capacity of 2000 cubic metres **[2]** Mat. (bryły) cubature, cubage

kubecz|ek *m dem.* (small) mug, cup

kub|ek *m* mug, cup; **~ek do mycia zębów** a tooth mug; **~ek papierowy/plastikowy** a paper/plastic cup; **~ek do gry w kości** a shaker; **~ek kakao** a mug a. mugful of cocoa; **~ek z gorącą herbatą** a cup of hot tea; **~ek jogurtu** a carton of yoghurt; **~ek lodów** a tub of ice cream; **~ek po śmietanie** an empty cream carton; **~ek na ziółka** a cup for infusing herbal tea

❑ **~ki smakowe** Anat. taste buds; **gorący ~ek** Kulin. instant soup

■ **~ek w ~ek** pot. exactly the same; **ona jest podobna do matki ~ek w ~ek** she's the living a. spitting image of her mother; **myśleć ~ek w ~ek to samo** to think along exactly the same lines

kub|eł *m* **[1]** (wiadro) bucket, pail; **~eł na śmieci** a (waste a. rubbish) bin; **~eł wody** a. **z wodą** a bucket a. bucketful of water **[2]** (czerpak) bucket

■ **wylać na kogoś ~eł zimnej wody** to dampen a. damp down sb's enthusiasm; **to podziałało na niego jak ~eł zimnej**

wody it was like a bucket of cold water thrown in his face; **wylać na kogoś ~eł pomyj** pot. to heap a. shower abuse (up)on sb, to sling mud at sb

kubeł|ek m dem. bucket; **~ek na lód** an ice bucket; **~ek farby** a can a. tin of paint; **~ek do chłodzenia wina** a wine cooler; **~ek i łopatka** a bucket and spade

kubiczn|y adi. książk. [shape] cuboid(al); [styl, malarstwo] cubiform; **metr ~y** cubic metre GB, cubic meter US

kubik m 1 pot. cubic metre GB, cubic meter US; (drewna) stere; **ułożyć drewno w ~i** to stack timber 2 Mat. cubic curve

kubi|sta m, **~stka** f Szt. cubist

kubistycznie adv. Szt. [malować, rzeźbić] in a a. the cubist style

kubistyczn|y adi. Szt. [malarstwo, rzeźba] cubist, cubistic; [malarz] cubist

kubizm m sgt (G ~u) Szt. cubism

kubracz|ek m dem. pot. short jacket; **futrzany ~ek** a fur jacket

kubrak m 1 pot. body warmer; (bez rękawów) vest; **robotnicy drogowi w pomarańczowych ~ach** road workers in orange vests 2 daw. (kobiecy) spencer; (męski) jerkin

kubryk m (G ~u) Żegl. forecastle, fo'c'sle

kuc m Zool. pony

kucać impf → **kucnąć**

kucha|ra f augm. pejor. 1 (kucharka) cook 2 przen. fishwife pejor.

kuchar|ka f cook

■ **gdzie ~ek sześć, tam nie ma co jeść** przysł. too many cooks spoil the broth przysł.

kuchars|ki adi. 1 [szkoła] culinary; [kurs] cookery attr.; [uczeń, pomocnik] cook's; **sztuka ~ka** the art of cooking 2 [talent, umiejętności] cooking, culinary; **zamiłowania ~kie** love of cooking

kucharz m (Gpl ~y) cook; (w hotelu, restauracji) chef

kucharz|yć impf vi żart. (gotować) to cook; (być kucharzem) to be a cook

kuchcik m (Npl ~owie a. ~i) kitchen porter a. boy

kuchen|ka f dem. 1 (pomieszczenie) kitchenette 2 (urządzenie) cooker, stove; range daw.; **~ka elektryczna/gazowa** an electric/a gas cooker; **~ka turystyczna/naftowa** a camping/an oil stove
❏ **~ka mikrofalowa** microwave (oven)

kuchenn|y adi. 1 (związany z pomieszczeniem) [meble, naczynia] kitchen attr. 2 (związany z urządzeniem) **palenisko ~e** a kitchen range; **piecyk ~y** an oven; **blacha ~a** an oven tray 3 Kulin. **przyprawy ~e** herbs and spices

kuchmistrz m (Npl ~e a. ~owie) 1 (szef kuchni) chef, head chef 2 (dobrze gotujący) gourmet cook 3 daw. (urzędnik królewski) the royal chef, the King's/Queen's chef

kuchmistrzows|ki adi. 1 [umiejętności, kunszt] culinary 2 [kurs] cookery attr.; **dyplom ~** chef's diploma

kuchmistrzy|ni f 1 (szefowa kuchni) chef, head chef 2 (kobieta dobrze gotująca) gourmet cook

kuch|nia f (Gpl ~ni a. ~en) 1 (pomieszczenie) kitchen; **pokój z ~nią** a room with kitchen 2 (urządzenie) cooker, stove; **~nia elektryczna/gazowa** an electric/a gas cooker; **~nia węglowa** a coal-burning stove

postawić coś na ~ni to put sth on the stove; **postaw na ~ni czajnik z wodą** put the kettle on; **rozpalić pod ~nią** to light a stove 3 (potrawy) cooking U, cuisine U; **~nia francuska/chińska** French/Chinese cuisine a. cooking; **wykwintna ~nia** haute cuisine; **~nia domowa** home cooking; **smakuje mi jej ~nia** I like her cooking; **ten hotel słynie ze swojej ~ni** this hotel is famous for its cuisine 4 sgt (gotowanie) cooking; **zajmować się ~nią** to do the cooking, to be in charge of the cooking; **znać się na ~ni** to be a good cook; **nie znam się na ~ni** I don't know anything about cooking 5 sgt (szczegóły pracy) tricks of the trade; **znał wszystkie szczegóły naszej redakcyjnej ~ni** he knew all our editorial tricks of the trade 6 przest. (instytucja dobroczynna) soup kitchen
❏ **~nia polowa** Wojsk. field kitchen; **ślepa ~nia** windowless kitchen; **widna ~nia** (z oknem) kitchen with a window; (jasna) bright kitchen

■ **od ~ni** from the inside; **znać coś od ~ni** to know sth from the inside

kuch|ta f pot., obraźl. 1 (pomoc kuchenna) kitchen help 2 przen. skivvy GB pot., przen.

kuc|ki plt (G ~ek) squat; **siedzieć w ~ki** to squat; **podnieść się z ~ek** to rise from a squatting position; **zbierali truskawki w ~ki** they were on their haunches picking strawberries

kuc|nąć pf — **kuc|ać** impf (~nęła, ~nęli — ~am) vi [osoba, zwierzę] to squat, to sit on one's haunches; (żeby się schować, zaatakować) to crouch (down); **~nęła, żeby podnieść z podłogi książkę** she crouched down to pick up the book

kucyk 1 m anim. dem. (koń) pony
2 m inanim. (A ~a) (uczesanie) pigtail; **włosy miała związane w ~i** her hair was done in pigtails, she had her hair in pigtails

ku|ć impf (kuję) 1 vt 1 (obrabiać metal) to forge, to hammer [żelazo, zbroje]; **brama była kuta w ozdobne wzory** the gate was made of ornamental wrought iron 2 (w kamieniu) (rozkruszać) to hew [skałę, kamień]; (wyrąbywać) to bore [tunel]; to carve, to hew [pomnik, nagrobek]; to carve, to chisel [napis]; **kuć w kamieniu/skale** to carve a. hew stone/rock; **kuł w kamieniu pomnik** he was carving a monument out of stone; **kucie nagrobków** monumental masonry ⇒ **wykuć** 3 (ozdabiać metalem) to decorate with metal fittings; **skórzana uprzęż kuta srebrem** a leather harness with silver fittings ⇒ **okuć** 4 (konia) to shoe [konia] 5 pot. (uczyć się) to grind away at, to swot up (on) GB pot.; **kuć matematykę** to swot up on a. grind away at one's maths
2 vi 1 (stukać miarowo) to knock (**w coś/czymś** on sth/with sth); (mocniej) to bang, to hammer (**w coś/czymś** sth/with sth); **dzięcioł kuł w drzewo** a woodpecker was drumming against a tree 2 pot. (uczyć się) to cram, to swot (up) GB pot.; **kuć do egzaminu** to swot (up) a. cram for an exam ⇒ **wykuć**

■ **(on) jest kuty na cztery nogi** pot. he's nobody's fool, there are no flies on him; **konia kują, a żaba nogę podstawia**

przysł. ≈ somebody does (all) the work, while somebody else takes (all) the credit for it; **kuć żelazo, póki gorące** przysł. to strike while the iron is hot przysł.

kudła|cić impf 1 vt to tangle [włosy, sierść] ⇒ **skudłacić**
2 **kudłacić się** to become a. get tangled ⇒ **skudłacić się**

kudłacz 1 m pers. (Gpl ~y a. ~ów) pot. mophead pot.
2 m anim. (zwierzę) shaggy thing; **duży ~, który siedział koło jego fotela** a big shaggy thing sitting by his armchair

kudła|ty adi. [osoba] tousle-haired; [zwierzę, dywan, kożuch] shaggy

kud|ły plt (G ~łów a. ~eł) pot. (włosy) mop (of hair), thatch pot.; (sierść) shaggy coat; **pies czochrał sobie ~ły** the dog was scratching himself; **pies zostawił na dywanie białe ~ły** the dog has left white hairs on the carpet

kufaj|ka f ≈ donkey jacket

kuf|el m 1 (naczynie) (beer) mug 2 (zawartość) ≈ pint (of beer)

kufel|ek m dem. 1 (naczynie) (beer) mug 2 (zawartość) ≈ pint (of beer); **skoczymy na ~ek?** pot. fancy a pint?

kuf|er m 1 (skrzynia) trunk, chest; **~er podróżny** a (travelling) trunk 2 pot. (bagażnik) (samochodowy) boot GB, trunk US; (motocyklowy, rowerowy) pannier

■ **wjechać komuś w ~er** pot. to run into the back of sb, to rear-end sb US pot.

kufer|ek m dem. small chest; **~ek na przybory toaletowe** a vanity case a. box

kuflow|y adi. [szkło] thick; **piwo ~e** beer by the glass a. mug

kuglars|ki adi. 1 [strój] juggler's; [sztuki] conjuring, juggling 2 pejor. underhand, devious; **~kie sztuczki** devious tricks; **~ka sztuczka** ≈ a sleight of hand

kuglarstw|o n 1 sgt (sztuczki) juggling 2 pejor. (oszukiwanie, pozory) deviousness; jiggery-pokery GB pot.

kuglarz m (Gpl ~y) 1 juggler, conjurer 2 przen., pejor. schemer; wheeler-dealer pot.

kugua|r m Zool. puma, cougar US

Kujawia|k m, **~nka** f inhabitant of Kujawy

kujawia|k m (~czek dem.) (A ~ka, ~czka) Muz., Taniec kouiaviak (a Polish dance)

kujawiakow|y adi. [tempo, kroki] of the kouiaviak

kujaws|ki adi. [strój, obyczaje, tańce] of the Kujawy region

kujn|ąć pf (~ę, ~ęła, ~ęli) 1 vi pot. to prick (**czymś** with sth); [bird] to peck
2 **kujnąć się** to prick oneself (**czymś** with sth)

kujon m (Npl ~y) pot., pejor. swot GB pot., grind US pot.

kukać impf → **kuknąć**

kukani|e n cuckoo, cuckooing U; **~e kukułki** the sound of a cuckoo

kukieł|ka f dem. 1 (laleczka) puppet 2 dial. (bułeczka) (sweet) roll 3 przest. (zabawka) (rag) doll

kukiełkow|y adi. [teatr, film, przedstawienie] puppet attr.; **aktor ~y** a puppeteer

Ku Klux Klan m (G ~u) the Ku Klux Klan

kuk|ła *f* [1] (podobizna, wizerunek) dummy, effigy; **spalić ~łę wyobrażającą kogoś** to burn an effigy of sb, to burn sb in effigy [2] *augm.* (lalka) doll [3] Teatr puppet [4] przen., pejor. (marionetka) puppet przen., pejor. [5] przen., pejor. (manekin) automaton przen., pejor., robot przen., pejor.

kuk|nąć *pf* — **kuk|ać** *impf* (~nęła, ~nęli, — ~am) *vi* to cuckoo

kuksać *impf* → **kuksnąć**

kuksa|niec *m* dig, poke; **dać komuś ~ńca** to give sb a poke a. dig in the ribs

kuks|nąć pot. *pf* — **kuks|ać** *impf* (~nęła, ~nęli — ~am) *vt* pot. to poke, to prod; **~nąć kogoś w bok** to give sb a dig in the ribs

kuku [1] *n inv.* dziec. nick; boo-boo US pot., dziec.; **zrobiła sobie ~ w paluszek** she nicked her finger [1] *inter.* cuckoo! ■ **a ~!** pot., dziec. peekaboo! pot., dziec.; **mieć ~ na muniu** pot., żart. to be bonkers a. crackbrained pot.; **tere-fere ~** pot. tell it a. that to the marines!, pull the other one (it's got bells on)! pot.

kukułcz|ę *n* (*G* ~ęcia) Zool. cuckoo chick a. nestling, nestling a. baby cuckoo

kukułcz|y *adi.* [jajo, pisklę] cuckoo *attr.*; **~y głos** the cuckoo's call, the call of a cuckoo ■ **~e jajo** pejor. (osoba) a cuckoo in the nest; (zadanie) a thankless task; **podrzuciłeś mi ~e jajo** that's a nice mess you landed me in pot.

kukułecz|ka *f dem.* Zool. → **kukuł|ka** [1]

kukuł|ka *f* [1] Zool. cuckoo [2] (w zegarze) cuckoo; **zegar z ~ką** a cuckoo clock

kukurydz|a *f* [1] Bot., Kulin. maize, corn US; **plantacja ~y** a maize field, a cornfield; **sałatka z ~y i ananasa** sweetcorn and pineapple salad; **~a (gotowana) w kolbach** corn on the cob [2] (kolba) (corn)cob ❏ **~a cukrowa** Bot., Kulin. sweetcorn; **prażona ~a** Kulin. popcorn

kukurydzian|y *adi.* [pole] maize *attr.*, corn *attr.* US; [olej] corn *attr.*; **kaczan ~y** a. **kolba ~a** a corncob; **chleb ~y** cornbread; **kasza ~a** (hominy) grits US; **mąka ~a** cornflour GB, cornmeal US; **płatki ~e** cornflakes

kukuryku [1] *n inv.* pot., żart. (włosy) tuft of hair (sticking up); (na kapeluszu) feather [1] *inter.* cock-a-doodle-doo!

kul|a¹ *f* [1] (bryła) sphere [2] (kształt) ball; **~a ognista** a fireball; **kryształowa** a. **szklana ~a** a crystal ball; **~a śnieżna** a snowball [3] Gry ball; (bilardowa) (billiard) ball; (do gry w kręgle) bowl, bowling ball [4] Sport shot; **zawody w pchnięciu ~ą** the shot-put, putting the shot [5] (pocisk, nabój) bullet; **~a armatnia** a cannonball; **~a rewolwerowa/karabinowa** a gun/rifle bullet; **~a gumowa/plastikowa** a rubber/plastic bullet; **zbłąkana ~a** a stray (bullet); **stali pod gradem ~** they were caught in a hail of bullets; **~a w łeb** pot. a bullet through the head; **zabójca wpakował mu ~ę w głowę** the killer put a bullet through his head; **padł, ugodzony ~ą w serce** he died, shot through the heart ❏ **~a kominiarska** weighted ball used by chimneysweeps; **~a ziemska** the globe ■ **~a u nogi** ball and chain przen.; **być ~ą**

u nogi komuś to be a millstone round sb's neck; **niech mnie/cię ~e biją!** well, I'll be damned a. hanged a. blowed! pot.; stone me GB a. stone the crows! pot., przest.; **trafić jak ~ą w płot** to be way off the mark a. off (the) target

kul|a² [1] *zw. pl* (inwalidzka) crutch; **chodzić** a. **poruszać się o ~ach** to be a. walk on crutches [2] przest. (część siodła) pommel

kulas [1] *m pers.* (*Npl* ~y) pot., obraźl. cripple obraźl. [1] *m inanim.* (*A* ~ a. ~a) [1] posp. (noga) pin pot., peg pot.; **rusz te ~y!** (szybciej) shake a leg! pot.; come on, stir yourself! pot. [2] pot. (litera) clumsily written letter; (on) pisze takie ~y, że trudno je odczytać he writes in such a scrawl that it's difficult to decipher

kulaw|iec *m* pot., obraźl. cripple obraźl.

kulawo *adv.* [iść, funkcjonować] badly, poorly; [tłumaczyć się] lamely, feebly

kulaw|y [1] *adi.* [1] [osoba, zwierzę] lame; **być ~ym** to have a limp, to be lame [2] [noga] lame [3] [krzesło, stół] wobbly, rickety [4] pejor. poor; [prawo, system] defective, crippled, half-baked; [rym] clumsy; [wymówka] lame, feeble [1] **kulaw|y** *m*, **~a** *f* lame person

kulbacz|yć *impf vt* książk. to saddle (up) ⇒ **okulbaczyć**

kulba|ka *f* daw., Wojsk. stock saddle

kulecz|ka *f dem.* [1] (chleba, papieru) pellet; (tłuszczu, rtęci) globule; (potu) blob; **~ki naszyjnika** the beads of a necklace [2] pieszcz. (o zwierzęciu) fluffy ball; (o ptaku) feathery ball [3] Kulin. (z mięsa, ryby) croquette; (z ciasta) ball; (masła) knob; (lodów) scoop

kul|eć *impf* (~eję, ~ał, ~eli) *vi* [1] (utykać) to limp, to walk with a limp; **szedł z lekka ~ejąc** he walked with a slight limp; (ona) **~eje na lewą nogę po tym wypadku** she's had a limp in her left leg since the accident ⇒ **okuleć** [2] (szwankować) [interesy, handel, działalność] to decline, to flounder; [gospodarka] to ail; [rozmowa] to flag, to falter

kulfon [1] *m pers.* (*Npl* ~y) pejor. (osoba) (clumsy) oaf; klutz US pot. [1] *m inanim.* pot. [1] (nos) conk pot., hooter pot. [2] (litera) clumsily written letter; **pisać/stawiać ~y** to scrawl [3] (noga) fat leg *zw. pl*; stump *zw. pl* pot.

kulfonia|sty *adi.* clumsy

kul|ić *impf* [1] *vi* to hunch [ramiona, plecy]; **~ić nogi** to pull a. draw up one's legs; **~ić głowę** to bury one's head in one's shoulders; **siadła, ~ąc kolana pod brodą** she sat down and drew her knees up to her chin ⇒ **skulić** [1] **kulić się** (ze strachu) to cower, to cringe; (z zimna) to huddle (up), to hunch (up); (w łóżku) to curl up, to snuggle down; **~ić się z zimna** to huddle up against the cold; **~ić się z przerażenia** to cringe in terror ⇒ **skulić się**

kulig *m* (*G* ~u) sleigh ride; **jechać ~iem** to go on a sledge ride

kulik *m* Zool. curlew; **~ mniejszy** whimbrel

kulinarn|y *adi.* [gusty, umiejętności, sztuka] culinary; **przepisy ~e** (cooking) recipes

kulis *m* coolie

kulis|a [1] *f* [1] *zw. pl.* Teatr (dekoracja) side flat; (przejście dla aktorów) wings *pl*; **zmienić ~y** to change the flats; **czekać za ~ami** [aktor] to wait in the wings [2] Techn. link motion [1] **kulisy** *plt* [1] Teatr (zaplecze sceny) backstage; **pójść za ~y** to go backstage [2] (sprawy ukryte) the inside story, behind-the-scenes activity a. secrets; **~y wielkiej polityki** the world of politics from the inside; **za ~ami** behind the scenes; **ujawnić ~y afery** to give the real story behind an affair ■ **grać od ~y do ~y** to ham it up pot.

kulisow|y *adi.* [1] (o scenie) containing wings; **dekoracja ~a** side flat(s) [2] [wiadomości, wydarzenia, szczegóły] behind-the-scenes [3] Techn. **mechanizm ~y** link motion

kulistoś|ć *f sgt* spherical shape

kuli|sty *adi.* spherical, ball-shaped; **~ste sklepienie świątyni** the dome of a temple ❏ **błyskawica ~sta, piorun ~sty** Meteo. ball a. globe lightning

kuliście *adv.* spherically

kul|ka *f dem.* [1] (mała kula) (metalowa, szklana) small ball; (ozdoba) knob; (chleba, papieru) pellet; **~ka naftalinowa** a mothball; **~ka zapachowa** a pomander; **zgniótł papier w ~kę** he crumpled a. screwed the piece of paper into a ball; **zwinąć się w ~kę** to roll a. curl up into a ball [2] Kulin. (z mięsa, ryby) croquette; (masła) knob; (lodów) scoop [3] (pocisk) ball, bullet; slug pot. [4] Techn. (w łożysku) ball

kulkow|y *adi.* [zawory, łożysko] ball *attr.*; **długopis ~y** a ballpoint (pen); **pióro ~e** a rollerball

kulminacj|a *f* (*Gpl* ~i) [1] książk. (punkt szczytowy) culmination, climax; **~a uczuć** the climax of feeling; **rozmiary kataklizmu osiągnęły ~ę** the disaster reached its climax a. peak [2] Astron. culmination, transit [3] Geog. culmination ❏ **~a dolna** Astron. lower culmination a. transit; **~a górna** Astron. upper culmination a. transit

kulminacyjn|y *adi.* książk. [punkt, scena] climactic, culminating; **~y moment dramatu** the climax a. culminating point of the drama; **zdenerwowanie doszło do punktu ~ego** excitement reached fever pitch; **fala ~a** flood-wave peak

kulomio|t [1] *m pers.* Sport. shot-putter [1] *m inanim.* (*G* ~tu) przest. (karabin) machine gun

kulon *m anim.* Zool. stone curlew

kuloodporn|y *adi.* [samochód, szyba] bulletproof; **kamizelka ~a** a bulletproof vest a. jacket

kulow|y *adi.* [zawory] ball *attr.*, globe *attr.*; [złącze, przegub] ball-and-socket *attr.*; **broń ~a** firearms

kulszow|y *adi.* Anat., Med. sciatic

kul|t *m* (*G* ~tu) [1] Relig. worship, cult (**kogoś/czegoś** of sb/sth); **~t świętych** veneration of the saints; **~t słońca/ognia** sun/fire worship [2] przen. (szacunek) cult przen., worship przen. (**kogoś/czego** of sb/sth); **~t pieniądza/brzydoty** the worship of wealth/the cult of ugliness; **~t młodości** the cult of youth; **wychowany był w ~cie ojca** he was brought up to worship his father (as a hero) a. to hero-worship his father

❑ ~t bożków idol worship; ~t jednostki personality cult, the cult of (the) personality

kultow|y adi. [1] Relig. [czynności, tradycje, ofiara] cultic; [naczynia, obrazy] cult attr.; **miejsce ~e** a place of worship [2] przen. [film, muzyka, zespół, pisarz, reżyser] cult attr. przen.

kultu|ra f [1] sgt (dorobek) culture; ~ra antyczna/grecka/rzymska ancient/ Greek/Roman culture; ~ra narodowa/światowa national/world culture; szerzyć a. upowszechniać ~rę to disseminate culture [2] (społeczeństwo) culture, civilization; przedstawiciele różnych ~r representatives of various cultures [3] sgt (muzyczna, literacka) education; ~ra polityczna political culture; ~ra językowa proper language standards [4] sgt (ogłada, takt) culture, cultivation; człowiek o dużej ~rze osobistej a well-mannered a. well-bred man; mieć ~rę to be well-bred; brak ~ry lack of refinement, crudity; ~ra jazdy road manners; ~ra współżycia społecznego social norms a. customs; brak ~ry współżycia społecznego antisocial behaviour [5] zw. pl Biol. culture; ~ry bakterii/tkanek bacteria/tissue cultures [6] Roln. (uprawa) cultivation; (teren uprawy) plantation

❑ ~ra ceramiki sznurowej Antrop., Archeol. corded ware culture; ~ra ceramiki wstęgowej Antrop., Archeol. Bandkeramik culture; ~ra duchowa spiritual culture; ~ra fizyczna physical culture; ~ra grobów kurhanowych Antrop., Archeol. barrow a. burial mound a. kurgan culture; ~ra języka Jęz. ≈ grammar and style; ~ra masowa Socjol. mass culture; ~ra materialna material culture; ~ra megalityczna Antrop., Archeol. megalithic a. Megalithic culture; ~ra mikocka Antrop., Archeol. Micoquian a. Micoquean culture; ~ra mykeńska Antrop., Archeol. Mycenaean civilization a. culture; ~ra wodna Bot. aquaculture, hydroculture

kulturalnie [1] adv. grad. [zachowywać się, rozmawiać] politely; lubił rozerwać się ~ he enjoyed cultural pastimes a. activities [2] adv. [zacofany] culturally; wyrobiony ~ high-brow, cultured

kulturaln|y [1] adi. grad. (dobrze wychowany) [osoba, towarzystwo] cultured, well-bred; [zachowanie, sposób bycia, rozmowa] cultured; ~a jazda road manners [2] adi. (związany z kulturą) [wydarzenie, współpraca, dobra, instytucje] cultural; biblioteki/muzea prowadzą szeroką działalność ~ą libraries/museums carry out a wide range of cultural activities; prowadził bogate życie ~e he pursued a. took part in varied cultural activities

kulturowo adv. książk. [zacofany, zróżnicowany] culturally

kulturow|y adi. książk. [różnice, krąg, wzorce, ciągłość, identyfikacja] cultural

kultury|sta m [1] Sport bodybuilder; klub ~stów a bodybuilding club [2] pot. muscleman pot.

kulturyst|ka f Sport (woman) bodybuilder

kulturystyczn|y adi. Sport bodybuilding attr.

kulturysty|ka f sgt Sport bodybuilding

kultyw|ować impf vt [1] książk. to cultivate [tradycje, zwyczaj] [2] Roln. to cultivate [rośliny]

kuluarowy|y adi. [spotkania, rozmowy] unofficial; [komentarze, plotki] backstairs

kuluar|y plt (G ~ów) [1] (pomieszczenie) back room(s); lobby GB [2] (do spotkań z wyborcami) lobby GB [2] (nieoficjalne rozmowy, spotkania) w ~ach unofficially, behind the scenes; w ~ach sejmowych dyskutowano o głosowaniu nad nową ustawą the vote on the new law was being discussed in private by the deputies; w ~ach mówiono, że... it was said unofficially that...

kułac|ki adi. pejor. [ziemie, gospodarstwo] kulak attr.

kuła|k¹ m przest. [1] (pięść) fist; zacisnąć dłoń w ~k to clench one's fist [2] (cios) punch; wallop pot.; rozdawać a. rozdzielać ~ki to flail one's fists; rzuciła się na niego z ~kami she came at him with her fists (flying a. flailing)

■ śmiać się w ~k to laugh up one's sleeve (z kogoś/czegoś at sb/sth)

kuła|k² m Hist., pejor. kulak

kum¹ m (Npl ~owie) [1] przest. (ojciec chrzestny) Polit. godfather, sponsor; prosili go w ~y przest. they asked him to be their child's godfather [2] przest. (dla matki chrzestnej) (fellow) sponsor [3] pot. (kolega) pal pot., mate GB pot.

kum² inter. dziec. croak, croaking; żaby ~, ~ w stawie frogs (are) croaking in the pond

kum|a f pot. [1] przest. (matka chrzestna) godmother, sponsor [2] przest. (dla ojca chrzestnego) (fellow) sponsor [3] pot. (koleżanka) friend; pal pot.

kum|ać impf vi pot. to be with it pot., to be on the ball pot.; dobrze ~ał, o co im chodzi he sussed out what they were on about GB pot.; nic nie ~asz, co do ciebie mówię you don't get what I'm saying pot.; „dobrze ~am" 'OK I get it'

kum|ać się impf v refl. pot. to pal up GB pot., to pal around US pot. (z kimś with sb); nie będę się z nim ~ać I won't be hanging (around a. out) with him pot.

kumak m Zool. fire-bellied toad; ~ górski yellow-bellied toad

kumk|ać impf vi to croak; głośne ~anie żab the loud croaking of frogs

kumosz|ka f pot. [1] (plotkarka) gossip [2] przest. (wieśniaczka) peasant woman

kumoters|ki adi. ~kie stosunki/powiązania ≈ old-boy network; po ~ku by pulling some strings; dostał pożyczkę/posadę po ~ku he got the loan/job through the old-boy network

kumoterstw|o n sgt pot., pejor. ≈ old-boy network, old-boyism

kumpel m (Gpl ~li) pot. pal pot., mate GB pot., buddy US pot.; mój dobry ~el a good mate of mine; ~el z pracy/ze szkoły a workmate/schoolmate; ~el z drużyny a teammate; ~el z wojska a mate from the army; z niego/z niej jest dobry ~el he's/she's a real pal pot.; pójść do pubu z ~lami to go to the pub with the lads a. with one's mates a. with one's pals pot.

kumpel|ka, ~a f pot. (girl)friend; pal pot.; moja dobra ~ka a good pal of mine; ~ka z pracy/ze szkoły a workmate/school friend; ~ka z drużyny a teammate

kump|elski, ~lowski adi. pot. [odzywka, stosunki, zachowanie] matey GB pot., chummy pot.; po ~elsku a. ~lowsku in a chummy sort of way

kumpl|ować się impf v refl. pot. to be matey a. pally GB pot. (z kimś with sb); to pal around pot. (z kimś with sb)

kumulacj|a f (Gpl ~i) [1] książk. accumulation (czegoś of sth) [2] Gry ≈ jackpot

kumulacyjn|y adi. książk. [podatek, właściwości] cumulative; akcja preferencyjna ~a Fin. cumulative preference stock GB, cumulative preferred stock US

kumul|ować impf książk. [I] vt to accumulate, to cumulate; ~owanie substancji odżywczych w organizmie the accumulation of nutrients in the body; uczucia ~owane w jego sercu wybuchły gwałtownie his pent-up emotions broke loose a. exploded; ~ował w sobie pretensje do całego świata he harboured resentment toward the whole world ⇒ skumulować

[II] kumulować się [toksyny, zanieczyszczenia] to accumulate, to cumulate; [uczucia] to surge, to intensify ⇒ skumulować się

kumys m sgt (G ~u) Kulin. kumis.

kun|a f [1] Zool. marten; ~a domowa/leśna stone/pine marten [2] sgt (futro) marten (fur) [3] Hist. pillory

❑ ~a workowata Zool. eastern quoll, native cat

kund|el (Gpl ~li a. ~lów) [I] m pers. (Npl ~le) pot., obraźl. cur przen., pejor. [II] m anim. pot. mongrel; mutt pot.

kundel|ek m dem. pot. mutt pot.

kung-fu /ˌkuŋkˈfu/ n inv. kung fu U

kunktato|r m książk., pejor. procrastinator

kunktators|ki adi. książk., pejor. [posunięcia, postawa] dilatory; ~ka taktyka delaying tactic(s)

kunktatorsko adv. książk., pejor. in dilatory manner; zachowywać się/reagować ~ to stall, to employ delaying tactics

kunktatorstw|o n sgt książk., pejor. stalling, delaying tactics

kunsz|t m (G ~tu) książk. [1] sgt (perfekcja) artistry, craftsmanship; (umiejętność) art; biżuteria wykonana z wielkim ~tem finely wrought jewellery; ~t pisania wierszy the art of poetry writing [2] (zawód, zajęcie) art; zajmował się jubilerskim ~tem he was a master of the jeweller's art

kunsztownie adi. grad. (po mistrzowsku) masterfully; (misternie) elaborately, intricately

kunsztowność|ć f sgt książk. (mistrzostwo) artistry; (precyzyjność) elaborateness, intricacy

kunsztown|y adi. grad. (mistrzowski) [wykonanie, dzieło] masterful, artistic; (misterny) [wzór, fryzura] elaborate, intricate; ten pierścionek to ~a robota this ring is a fine piece of craftsmanship

kup|a f pot. [1] (sterta) (kamieni, śmieci) heap; (gazet) pile; ~a gnoju a dungheap, a dunghill; po zburzonym domu została ~a gruzu the house was reduced to a pile of rubble; **zebrać coś na ~ę** to pile sth in a heap [2] (grupa) **~a ludzi** a crowd of people; **~a komarów** swarms of mosquitos; **~ą pojechaliśmy na wycieczkę** a whole gang of us went on a trip; **trzymać się w ~ie** to stick together; **~ą, mości panowie!** przest., żart. all together, gents! pot., żart. [3] (mnóstwo, masa) **~a czegoś** heaps a. loads of sth pot. *[czasu, pieniędzy, roboty, kłopotów]*; **~a śmiechu** a good laugh; **z nim jest zawsze ~a śmiechu** he's always good for a laugh; **mieć ~ę do zrobienia** to have heaps of things to do; **mieć ~ę kłopotów** to be in a heap of trouble; **zwaliło się do nas ~a a. ~ę gości** we were overrun with guests, a whole crowd came to visit us; **mieszkali wszyscy na ~ie w jednopokojowym mieszkaniu** they all lived on top of each other in a one-room flat; **~a złomu** pot., przen. (stara rzecz) rustheap pot.; (rzecz zepsuta) a write-off pot.; **ten samochód to ~a złomu** this car is a nothing but a rust bucket, this car is a complete wreck a. write-off pot.; **ten facet to ~a tłuszczu** pot., obraźl. he's a fatso a. tub of lard pot., obraźl. [4] pot. (stolec) pooh U GB pot., poop U US pot., turd pot.; (psia) dog pooh a. dog-do U pot., dog turd pot.; **zrobić ~ę** to (have a) pooh GB pot., to have a BM US pot.; **dziecko zrobiło ~ę w majtki** the child messed his/her pants; **pies zrobił ~ę na dywanie** the dog made a mess on the carpet; **chce mi się ~ę** I need to have a pooh GB pot.; I need to take a dump posp.

■ **nie trzymać się ~y** *[argument, teoria, zeznania]* to not hold water, to not stand a. hold up; *[relacja, film]* to not hold a. hang together; **jego pomysł/wersja trzyma się ~y** his idea/version holds water; **wziąć się w ~ę** a. **pozbierać się do ~y** pot. to pull oneself together; to pull one's socks up pot.; **pozbierać/poskładać coś do ~y** to gather/put sth together; **próbował pozbierać do ~y wszystkie fakty** he tried to put all the facts together; **nie potrafi sklecić do ~y nawet trzech zdań** he can't even put three simple sentences together

kupcz|yć impf vi [1] książk., przest. (handlować) to trade; **~yć czymś** to trade a. deal in sth [2] przen., pejor. **~yć ciałem** to sell one's body przen.; **~yć talentem** to prostitute one's talent; **~yć urzędem** to peddle power a. influence; **~yć odpustami** to sell indulgences

kup|er m [1] Zool. rump [2] Kulin. parson's nose, pope's nose US pot. [3] pot., przen. (pośladki) rump żart., stern pot.

■ **bić** a. **strzelać jak w kaczy ~er** pot. to shoot point blank; **wziąć** a. **brać** a. **zbierać ~er w garść** pot. to get one's tail in gear pot.

kuper|ek m dem. [1] Zool. rump [2] pot., żart. (pośladki) rump żart.

kup|ić pf — **kup|ować** impf vt [1] (nabyć) to buy, to get *[papierosy, książkę, telewizor, samochód]*; Handl. to purchase; **~ić coś od kogoś** to buy sth from sb; **~ić coś dla kogoś** to buy a. get sth for sb; **~ić sobie coś** to buy oneself sth, to buy sth for oneself; **~ić coś komuś** to buy a. get sb sth; **~ili jej rower** they bought her a

bicycle; **co ci ~ić na urodziny?** what shall I get you for your birthday?; **~ić coś w supermarkecie/u Harrodsa** to buy a. get sth from a. at the supermarket/Harrods; **zawsze ~uję pieczywo w pobliskiej piekarni** I always buy a. get my bread at the local baker's; **~ić coś za 10 złotych** to buy a. get sth for 10 zlotys; **za to się wiele nie~i** that won't buy a. get much; **~ić coś za pół darmo** a. **za bezcen** to get sth for a song a. for next to nothing pot.; **~ić coś tanio/drogo** to buy a. get sth cheaply/for a high price; **~ić coś na kredyt/na raty** to buy sth on credit/on hire purchase GB a. on the installment plan US; **~ić coś za gotówkę** to buy sth with cash; **~ić coś hurtem** to buy sth wholesale; **~ić coś na sztuki/na wagę** to buy sth by the piece/by weight [2] przen., pejor. (zjednać, zyskać) to buy *[osobę, sympatię]*; **~ili ją obietnicami/prezentami** they bought her with promises/gifts; **~ił sobie ich przyjaźń** he bought their friendship [3] przen., pejor. (przekupić) to buy (off) pejor., to pay off pejor. *[urzędnika, polityka]*; **~ili jego milczenie** they bought his silence; **jej ~ić się nie da** she cannot be bought (off); **każdego można ~ić** everyone has their price [4] pot. (uwierzyć) to buy pot. *[kłamstwa, obietnicę, pochlebstwo]*; **ona tego nie ~i** she'll never buy it; **ludzie wszystko ~ią** people will buy anything [5] pot. (zaakceptować) to go for pot. *[pomysł, propozycję]*; **ja to ~uję!** I'll go for that!; amen to that! pot. [6] Sport (transferować) to buy *[zawodnika]*; **został ~iony przez Arsenal za 10 milionów funtów** he was bought by Arsenal for 10 million pounds [7] Gry **~ić kartę** to buy a card

■ **dziesięć razy można go ~ić i sprzedać** pot. he's an easy mark pot., he couldn't find his way out of a paper bag pot.; **~ić nie ~ić, potargować można** no harm in trying; **za co ~iłem, za to sprzedaję** pot. I'm (just) telling it as I heard it pot.; **~ić kota w worku** to buy a pig in a poke; **nie miała baba kłopotu, ~iła sobie prosię** przysł. ≈ that's asking for trouble

kupidyn m [1] sgt **Kupidyn** Mitol. Cupid; **strzały ~a** Cupid's arrows a. darts [2] Szt. cupid

kup|iec m (V **~cze**) [1] (nabywca) buyer; **znalazł ~ca na samochód** he found a buyer for his car [2] (handlowiec) trader, dealer; (hurtownik) wholesaler; Hist. merchant; **~iec bławatny/kolonialny** Hist. a mercer GB a. silk merchant/spice trader a. merchant; **~iec winny** a wine merchant, a vintner; **~iec żelazny** an ironmonger; **~iec branży drzewnej/odzieżowej** a timber merchant/clothier; **~iec detaliczny/hurtowy** a retail/wholesale dealer; **zrzeszenie ~ców** a traders' a. merchants' association

kupiec|ki adi. [1] *[wykształcenie]* business attr., in business a. commerce; *[rodzina]* merchant attr., merchant's; *[statek]* merchant attr. [2] *[spojrzenie]* appraising; **zmysł ~ki** business acumen; **po ~ku** appraisingly

kupiectw|o n sgt [1] (zawód) trade, commerce [2] (ogół kupców) traders, merchants

kup|ka f dem. pot. [1] (stosik) (small) heap, (small) pile (**czegoś** of sth); **odkładać coś na ~kę** przen. to set a. put sth aside; **to pójdzie na życie, a resztę możemy odłożyć na ~kę** this much is for necessities, and we can tuck the rest away [2] (grupka) **~ka ludzi** a little crowd of people [3] dziec. (stolec) poo(h) pot., dziec.

kuple|t m (G **~tu**) [1] (piosenka) satirical song [2] (zwrotka) verse [3] Muz. (część ronda) couplet

kupn|o n sgt purchase; **~o samochodu/działki budowlanej/domu** the purchase of a car/a building plot/a house; **cena ~a** purchase price; **~o na kredyt** credit purchase; **~o na raty** hire purchase GB, a purchase on the installment plan US; **zdecydował się na ~o tego domu** he decided to buy the house; **akt ~a** a deed, a bill of sale; **umowa kupna-sprzedaży** a sales contract

kupn|y adi. *[ubranie]* ready-made, off-the-rack; *[chleb, ciasto]* shop attr. GB, store-bought US

kupon m (G **~u**) [1] (blankiet) coupon, voucher; **~ toto-lotka** a lottery ticket; **~ zakładów** Wyś. Kon. a betting slip GB, a (pari-mutuel) ticket US; **~ zakładów piłkarskich** a football coupon GB; **~ zamówienia** (prenumeraty) a subscription form; (towaru) an order form; (rezerwacji) a booking form; **wypełnił ~ konkursowy** he filled in the entry coupon [2] (odcinek biletu) (ticket) stub [3] Fin. coupon; **~ dywidendy** a dividend warrant GB, a dividend check US; **~ oprocentowania** an interest coupon [4] (kawałek tkaniny) length; **~ materiału na spódnicę/sukienkę** a length of fabric for a skirt/dress

■ **odcinać ~y od czegoś** to cash in on sth, to capitalize on sth

kupować impf → **kupić**

kupując|y [] pp → **kupować**
[] m buyer; (w sklepie) shopper

ku|r [] m anim. [1] dial. (kogut) cockerel, rooster [2] Zool. **kur bankiwa** red junglefowl [3] Zool. (ryba) sculpin; **kur rogacz** fourhorn sculpin; **kur głowacz** rockfish, scorpion fish

[] m inanim. Med. przest. German measles
❏ **czerwony kur** conflagration książk.

ku|ra f [1] Zool. (ptak domowy) hen, domestic fowl; **gdakanie kur** the clucking of hens [2] Kulin. chicken; **rosół z kury** chicken broth [3] Zool. (samica) hen; **kura bażanta** hen pheasant

■ **kura domowa** pejor. hausfrau pejor.; **kura znosząca złote jajka** the goose that lays the golden eggs; **nie zabija się kury znoszącej złote jajka** przysł. you don't kill the goose that lays the golden eggs przysł.; **bazgrać jak kura pazurem** pot. to scribble, to scrawl; **chodzić spać z kurami** to turn in early, to go to bed with the chickens; **nosić się z czymś jak kura z jajkiem** to be in a dither over sth pot.; **wyglądać jak zmokła** a. **zdechła kura** pot. (nieszczęśliwy) to look miserable; **wyglądać jak zmokła kura** pot. (być przemokniętym) to look like a drowned rat pot.; **znać się na**

K

czymś jak kura na pieprzu pot. to not know a bean GB a. beans US about sth pot.; **na ekonomii znam się jak kura na pieprzu** what I know about economics would fit on the back of a postage stamp; **patrzcie go, jajo** a. **jajko mądrzejsze od kury** he thinks he can teach his grandmother to suck eggs; **trafiło się (jak) ślepej kurze ziarno** it was a fluke; **z tą nową pracą to mu się trafiło jak ślepej kurze ziarno** he was dead lucky to get that job, it was sheer fluke him getting that job

kuracj|a f (Gpl ~i) [1] (leczenie) treatment, therapy; (seria zabiegów, środków) course of treatment; **~a lekami** medication; **~a antybiotykowa/hormonalna/ziołowa** antibiotic/hormone/herbal treatment a. therapy; **~a odwykowa** addiction treatment, substance abuse a. chemical-dependency treatment; **~a odtruwająca** detoxi(fi)cation, detox; **~a odchudzająca/odmładzająca** slimming/rejuvenating treatment; **przechodzić ~ę** to undertake a course of treatment (**na coś** for sth); (w sanatorium) to take a cure; **stosować ~ę przez dwa tygodnie** to continue a course of treatment for two weeks; **powtarzać ~ę co dwa miesiące** to repeat the course of treatment every two months [2] przen. radical reform; cure przen.
■ **~a wstrząsowa** a. **szokowa** przen. shock therapy a. treatment przen.; **końska ~a** intensive treatment

kuracjusz m, **~ka** f (Gpl ~y a. ~ów, ~ek) (w sanatorium) patient; (w uzdrowisku) client

kuracyjn|y adi. [zabiegi, kąpiele, masaże] therapeutic; **miejscowość ~a** a health resort, a spa

kurak [1] m → kurczak
[3] **kuraki** plt Zool. the Galliformes

kuran|t m [1] (mechanizm) (w katarynce, zegarze) barrel-and-pin mechanism; (dzwonowy) chime(s), carillon; **zegar z ~tem** a chiming clock [2] (melodia) carillon; **zegar grał ~ty co godzinę** the clock played a carillon every hour; **aria z ~tem** an aria with carillon [3] Hist., Taniec courante

kurantow|y adi. [zegar] chiming; [melodia] carillon attr.

kura|ra f sgt Bot. curare; **strzała z ~rą** a (curare-)poisoned arrow

kuratel|a f sgt [1] (kontrola) (close a. strict) supervision (**nad kimś/czymś** of sb/sth); **pod czyjąś ~ą** under sb's supervision; **wziąć kogoś/coś pod ~ę** to take charge of sb/sth; **wyzwolić się spod ~i rodziców** to shake off parental supervision, to free oneself from parental supervision [2] Prawo (nad osobą) (legal) custody, guardianship (**nad kimś** of sb); (nad majątkiem) custody; **sprawować nad kimś/czymś ~ę** to have custody of sb/sth; **być pod czyjąś ~ą** [osoba, majątek] to be in sb's custody; [nieletni] to be sb's ward; **być pod ~ą sądową** [nieletni] to be a ward of court

kurato|r m, **~rka** f (Npl ~rzy a. ~rowie, ~rki) [1] Prawo (opiekun) guardian; (nad skazanym) probation officer [2] (w oświacie) chief education officer, schools superintendent [3] (wystawy) curator

kuratori|um n (Gpl ~ów) [1] (oświatowe) ≈ education office, ≈ board of education US [2] (instytucja opiekuńcza) social a. family services agency [3] Prawo probation agency

kurators|ki adi. Prawo **nadzór ~ki** probation; **opieka ~ka** (legal) custody, guardianship; **być pod dozorem ~kim** to be on probation; **orzeczenie nadzoru ~kiego** probation order; **osoba pod nadzorem ~kim** a probationer

kuraż m sgt (G ~u) książk. courage; mettle książk.; **dla ~u** to get up a. pluck up one's courage; **muszę się napić dla ~u** I need (some) Dutch courage; **wypił kieliszek koniaku dla ~u** he had a glass of brandy to give himself Dutch courage

kurcz m (G ~u) cramp, spasm; **~ w nodze** (a) cramp in one's leg; **~ mięśni** muscle spasm; **~ pisarski** writer's cramp; **~e żołądka** stomach cramps; **mieć ~** to have cramp GB a. a cramp US; **podczas pływania chwycił mnie ~ w nodze** I got cramp GB a. a cramp US in my leg when I was swimming

kurczacz|ek m dem. chick; **żółte ~ki wielkanocne z waty** yellow Easter chicks made of cotton wool

kurczak m chicken; **~ do pieczenia** a roaster a. roasting chicken; **~ do gotowania** a boiling chicken GB, a stewing chicken US; **~ wiejski** a farmyard chicken; **~ z rożna** a spit-roast chicken; **curry z ~a** chicken curry; **pierś z ~a** a chicken breast

kurczątk|o n dem. chick

kurcze inter. pot. **o ~** a. **~ pieczone** a. **blade!** (ze złością, z rozczarowaniem) o phooey! pot., shoot! US pot.; (z podziwem) blimey! GB pot., cor! GB pot.

kurcz|ę n (G ~ęcia) chicken, chick

kurczliwoś|ć f sgt (drewna, przędzy) shrinkage; (mięśni) contractility

kurczliw|y adi. [mięśnie] contractile; **~a folia** shrink wrap

kurczowo adv. tightly; **trzymać coś ~** to clasp a. clutch sth tightly; **trzymać się czegoś ~** to hang on tightly to sth

kurczow|y adi. [1] (silny) [uścisk, uchwyt] tight [2] [bóle] spasmodic

kurcz|yć impf [1] vt to pull up [nogi]; to clench [dłoń]; to contract [mięśnie]; to hunch [ramiona]; **strach ~ył mu twarz** his face was contorted with terror
[1] **kurczyć się** [1] [tkanina] to shrink; [mięsień] to contract; **twarz jej się ~yła** her face contorted; **~yliśmy się pod kocami** we huddled under the blankets; **na starość człowiek się ~y** people shrink with age [2] przen. [liczba, rozmiar, zasoby] to shrink; **liczba zatrudnionych ~y się** the number of people employed is shrinking

Kur|d m, **~dyjka** f (Npl ~dowie, ~dyjki) Kurd

kurde inter. posp. → kurcze

kurdesz m Muz., Taniec, daw. an old festive song and folkdance

kurdup|el m (Gpl ~li a. ~lów) pot., żart. (little) shrimp pot., żart., (little) peanut pot., żart.

kurdupel|ek m dem. pot., żart. half-pint pot., żart., pipsqueak pot., żart.

kurduplowa|ty adi. pot., żart. shrimpy pot., żart., pint-size pot., żart.

kurdyjs|ki adi. Kurdish

kur|ek [1] m anim. [1] dial. (kogut) cockerel, rooster [2] Zool. (ryba) gurnard
[1] m inanim. [1] (pokrętło) tap GB, faucet US; (w beczce) spigot; Techn. stopcock; **odkręcić/zakręcić ~ek** to turn the tap on/off; **~ek od ciepłej/zimnej wody** the hot/cold water tap; **sprawdź, czy ~ki od gazu są zakręcone** check whether the gas is (turned) off [2] (pistoletu) cock, hammer; **spuścić ~ek** to uncock a gun; **odwieść ~ek** to cock a gun [3] (cel do strzelania) rooster-shaped target; (na dachu) weathercock, weathervane
■ **być jak ~ek na kościele** pejor. to be as fickle a. changeable as a weathercock a. a weathervane; **przykręcić** a. **zakręcić (komuś) ~ek** to clamp down (**z czymś** on sth)

kurew|ka f dem. wulg. [1] (prostytutka) whore obraźl.; streetwalker [2] obraźl. (o kobiecie) (little) slut posp., obraźl.; (little) tramp pot., obraźl.; (o niesympatycznej) little bitch pot., obraźl.

kurews|ki adi. wulg. [1] [proceder] whore's, whorish [2] (podły) crappy posp.; shitty wulg.; **po ~ku** [zachować się] like a (real a. total) shit wulg.

kurewsko adv. wulg. [1] (podle) [postąpić] like a (real a. total) shit wulg. [2] (bardzo) [nudny, zimno] bloody posp.; fucking wulg.

kurewstw|o n sgt wulg. [1] (hańbiące postępowanie) shittiness wulg. [2] (prostytucja) prostitution; the sex trade pot.; **trudnić się ~em** to turn tricks pot.

kurhan m (G ~u) [1] (grób) burial mound, tumulus, kurgan [2] (kopiec) mound, barrow, kurgan

kurhanow|y adi. [cmentarzysko, grobowiec] barrow attr., kurgan attr.

kuri|a f (GDGpl ~i) [1] Relig. curia; **~a diecezjalna** diocesan curia; **Kuria Rzymska** the Roman Curia, Curia Romana [2] Hist. curia

kurialn|y adi. Relig. curial

kurie|r [1] m pers. (osoba) courier, messenger; (na rowerze, motocyklu, konny) dispatch rider; **~r dyplomatyczny** a diplomatic courier; **~r narkotykowy** a drug courier
[1] m inanim. przest. [1] (gazeta) courier, herald [2] (pociąg) fast train

kurier|ka f courier, messenger

kuriers|ki adi. [1] [misja, przesyłka] courier attr.; **poczta ~ka** courier service [2] przest. **pociąg ~ki** fast train

kuriozalnie adv. książk. peculiarly, bizarrely

kuriozalnoś|ć f sgt książk. oddity, bizarreness

kuriozaln|y adi. książk. peculiar, bizarre

kurioz|um n książk. curiosity, oddity; (przedmiot) curio

kur|ka [1] f [1] Bot. (grzyb) chanterelle (mushroom) [2] dem. (mała kura) (small) hen
[1] inter. pot. **o ~ka!** a. **o ~ka wodna!** (ze złością, z rozczarowaniem) phooey! pot., fudge! pot.; (z podziwem) holy smoke(s)! pot., holy Moses! pot.
❏ **~ka wodna** Zool. common moorhen

kurkow|y adi. [1] [zawór] plug attr. [2] [zawody] marksmanship attr., marksmen's

❏ **bractwo** a. **towarzystwo** **~e** marksmen's society a. fraternity

kurkum|a *f* Bot., Kulin. turmeric

kurna *inter.* posp. blast (it)! posp.

kurnik *m* [1] (dla drobiu) henhouse, poultry house [2] pejor. chicken coop przen., pejor.

kurn|y *adi.* → **chata**

kuroniów|ka *f* pot. [1] (zupa) soup kitchen soup [2] (zasiłek) dole pot.; **dostawać ~kę** to be on the dole

kuropatw|a *f* Zool. partridge

kuropatwi *adi.* [mięso] partridge *attr.*; [stadko] of partridges

kuror|t *m* (*G* **~tu**) health resort, spa

kur|ować *impf* [] *vt* to treat, to nurse [pacjenta]; to heal [rany]; **~ować kogoś antybiotykami/ziołami** to treat sb with antibiotics/herbs; **być ~owanym** to undergo treatment; **~owano go antybiotykami** he was treated with a. given antibiotics ⇒ **wykurować**

[] **kurować się** to be treated, to undergo treatment (**z czegoś** for sth); (w uzdrowisku) to take a cure; **~ować się ziołami** to take herbal treatment; **~ować się z gruźlicy** to receive a. undergo treatment for tuberculosis

Kurp *m*, **~ianka** *f* an inhabitant of the Kurpie region of east-central Poland

Kurpi|e *plt* (*Gpl* **~ów** a. **~**) part of the Mazovia region of Poland

kurpiows|ki *adi.* of the Kurpie region

kurs *m* (*G* **~u**) [1] (szkolenie) course; **~ przygotowawczy/korespondencyjny** a foundation/correspondence course; **~ intensywny** an intensive course; **~y języków obcych** foreign language courses; **narciarski/samochodowy** skiing/driving lessons; **chodzić na ~ języka angielskiego** to take an English (language) course [2] Ekon., Fin. rate; **~ dolara/euro** the dollar/euro (exchange) rate; **~ otwarcia/zamknięcia** the opening/closing bid a. price; **~ stały/płynny** a fixed/floating rate; **~ rynkowy** the market rate; **~ giełdowy** stock a. share price index; **~ wymiany** exchange rate, conversion rate; **~ akcji** stock a. share price; **~ dewiz** (currency) exchange rate, rate of exchange; **~ walutowy** (currency) exchange rate, rate of exchange; **jaki jest ~ dolara?** what's the current dollar rate? [3] (przejazd) trip, journey; (trasa) run; (wyznaczona drogą) route; **trafił mu się daleki ~** (o taksówce) he got a long fare; (o ciężarówce, autobusie) he got a long-distance run; **nocny ~** (o taksówce) a late-night fare; (o ciężarówce, autobusie) a night a. an overnight fare; **zapłacić za ~** to pay the fare [4] Lotn., Żegl. course; **~ magnetyczny** magnetic course; **na ~ie** on course; **utrzymywać ~** to keep on course; **zboczyć z ~u** to go off course; **~ na wiatr/z wiatrem** Żegl. upwind/downwind course [5] (kierunek polityki) course, direction; **nowy ~ w polityce** a change in policy; **zmienić ~** to change course [6] (obieg) circulation; **być w ~ie** to be in circulation; **puścić coś w ~** to put sth into circulation, to circulate sth; **wyjść z ~u** to go out of circulation; **wycofać coś z ~u** to withdraw sth from circulation

■ **być w ~ie** pot. to be with it pot, to be up

to speed pot., to be in the swim pot.; **nie wiem, nie jestem w ~ie** I don't know, I'm a bit out of touch; **pójść w ~** pot., żart. (zacząć pijaństwo) to go on a bender pot.; **pójść w ~ po sklepach** to do a round of the shops; **wypaść z ~u** pot. to lose touch, to be out of touch

kursan|t *m*, **~tka** *f* participant in a course

kursokonferencj|a *f* (*Gpl* **~i**) przest. training conference

kurso|r *m* Komput. cursor

kurs|ować *impf vi* [1] [autobus, pociąg] to run; [statek] to sail (regularly); [samolot] to fly (regularly); **autobus ~uje co dwie godziny** the bus runs every two hours; **~ować między czymś a czymś** to run/sail/fly from sth to sth a. between somewhere and somewhere [2] przen., żart. [osoba] to (go) to and fro pot.; **~owała między kuchnią a salonem** she was toing and froing between the kitchen and the sitting room; **dokumenty ~ują między pokojami w urzędzie** the documents are making the rounds of the whole office [3] przen. (być w obiegu) [banknoty, plotki] to circulate; **~owały o nim różne dowcipy** there were various jokes going round about him

kursow|y *adi.* [1] [ośrodek] training; **szkolenie ~e** a training course; **zajęcia ~e** classes [2] Transp., Żegl. **autobus ~y** regular bus service; **boja ~a** navigational marker [3] Fin. [wahania] rate *attr.*, price *attr.*; **wartość ~a** a current exchange value; **makler ~y** stockjobber

kursyw|a *f* [1] Druk. italics; **(napisany) ~ą** (written) in italics, italicized [2] (ręczne pismo) cursive

kur|ta *f augm.* jacket, coat

■ **skroić komuś ~tę** przest. to settle a. square accounts with sb

kurtecz|ka *f dem.* jacket

kurt|ka *f* jacket, coat; **~ka z zamszu/ze skóry** a suede/leather jacket; **~ka podbita futrem** a fur-lined jacket

kurtuazj|a *f sgt* courtesy; **z ~ą ukłonił się sąsiadce** he bowed courteously to his neighbour

kurtuazyjnie *adv.* [1] (grzecznie) courteously [2] (symbolicznie) pro forma

kurtuazyjnoś|ć *f sgt* courtesy; **z ~cią** courteously

kurtuazyjn|y *adi.* [1] (grzeczny) [ukłon] polite, courteous; **~a wizyta** a courtesy call a. visit [2] (symboliczny) [oklaski] token

kurtyn|a *f* [1] Teatr curtain; **~a podnoszona/rozsuwana** a drop/draw curtain; **~a siedem razy szła w górę** there were seven curtain calls; **podnieść/opuścić ~ę** to raise/drop a. lower the curtain; **~a podniosła się/opadła** the curtain rose a. went up/fell [2] przen., Wojsk. curtain(-wall) ❏ **~a powietrzna** Techn. air curtain; **~a wodna** sprinkler system; **żelazna ~a** Teatr safety a. fireproof curtain; Polit. the Iron Curtain

■ **przy otwartej** a. **podniesionej** a. **odsłoniętej ~ie** [obradować, odbywać się] (out) in the open; **spuścić** a. **opuścić na coś ~ę** książk. to draw a veil over sth książk.; **odsłonić** a. **uchylić ~ę** książk. to provide

insight (into sth), to shed (some) light (on sth)

kurtyzan|a *f* przest. courtesan książk.

kurtyz|ować *impf vt* (skracać) to bob, to dock [ogon]; **~ować konia/psa** to bob a. dock a horse's/dog's tail

kurtyzowan|y [] *pp* → **kurtyzować**

[] *adi.* [ogon] bobbed, docked; [ogier, wyżeł] bobtailed

kurw|a [] *f* wulg., obraźl. [1] (prostytutka) whore obraźl.; **męska ~a** a male prostitute, a rent boy [2] (kobieta) slup obraźl., tramp obraźl.; (o niesympatycznej) bitch pot., obraźl.

[] *inter.* wulg. fuck wulg., shit wulg.; **nie rób tego, ~a!** don't fucking do that! wulg.; **odczep się, ~a, ode mnie!** fuck off, will you! wulg.; **~a (twoja/jego) mać** for fuck's sake wulg.

kurw|ić się *impf v refl.* wulg., pejor. [1] (uprawiać nierząd) to turn tricks pot. [2] (być rozwiązłym) to sleep around pot.; to whore around obraźl. [3] przen. to prostitute oneself; to sell out pot. ⇒ **skurwić się**

kurz *m* (*G* **~u**) dust; **obłoki/tumany ~u** dust clouds; **warstwa ~u** a layer of dust; **ścierka do ~u** a duster GB, a dust cloth; **wycierać ~ ~ a. ~e** to dust; **codziennie ścierała ~e ze stołu/z półki** every day she dusted the table/the shelf; **~ podnosił się/opadał** dust rose/settled

■ **zmiatać ~ przed kimś** ≈ to give sb the red carpet treatment, to put one's best foot forward for sb

kurzaj|ka *f* pot. wart; **usunąć/wypalić ~ki** to remove/burn off warts

kurzaw|a *f* (kłęby pyłu, kurzu) cloud(s) of dust; **~ a piasku** a sandstorm; **~a śniegu** a. śnieżna **~a** a snowstorm

kurz|y *adi.* chicken *attr.*; **~e jaja** (chicken) eggs

■ **~a pamięć** pot. a mind like a sieve; **~a twarz** a. stopa a. **melodia!** pot. blast! pot.; **~e łapki** crow's feet

kurz|yć *impf* [] *vt* pot. **~yć fajkę/papierosa** to puff on one's pipe/cigarette ⇒ **zakurzyć**

[] *vi* [1] (podnosić tumany kurzu) to raise (a cloud a. clouds of) dust; **auto ~ło na piaszczystej drodze** the car was raising clouds of dust on the sandy road [2] (sypać, prószyć) **śnieg ~y cały dzień** it's been snowing all day

[] **kurzyć się** (pokrywać się kurzem) **fotele/firanki ~ą się** the armchairs/curtains are getting dusty ⇒ **zakurzyć się**

[] *v imp.* [1] (wznosić się) **na drodze ~ło się** the road was dusty [2] (o dymie) **~y się z komina** smoke is billowing from the chimney

■ **kłamać** a. **łgać, aż się ~y** pot. to lie through one's teeth pot.; **uciekać** a. **wiać, aż się ~y** to run for one's life, to be off as fast as one's legs will a. can carry one; **~yło mi/mu się z głowy** a. **z czupryny** a. **ze łba** pot. I/he was high as a kite pot.

kusiciel *m* [1] (namawiający) tempter [2] (szatan) the Tempter

kusiciel|ka *f* temptress, seductress

kusiciels|ki *adi.* [spojrzenie] seductive; **~kie namowy** tempting propositions

kusicielsko *adv.* [uśmiechać się] seductively; [wyglądać] seductive *adi.*

K

ku|sić *impf vt* [1] (wabić, przyciągać) to lure, to entice; **wystawy sklepowe kusiły atrakcyjnymi towarami** attractive wares beckoned alluringly from the shop windows; **a nie kuszą pana egzotyczne kraje?** aren't you tempted to go a. aren't you interested in going to exotic places a. countries? ⇒ **skusić** [2] (namawiać) to entice, to tempt; **kusili go wizją wyższego zarobku** they tempted him with the prospect of a higher salary; **nie kuś mnie do złego** do not tempt me to do wrong; **kusił ją, żeby pojechała z nim na wakacje** he was trying to entice her into going a. to go on holiday with him ⇒ **skusić**

■ **kusić los** a. **szczęście** a. **fortunę** to tempt fate a. providence

kuso *adv. [ubierać się]* skimpily, scantily; ~ **obcięty ogon** (u konia, psa) a bobtail

kustosz *m pers.* (*Gpl* ~**y** a. ~**ów**) [1] (w muzeum, archiwum) custodian, curator [2] Relig. (w kapitule) custodian, guardian, custos [3] Relig. (zwierzchnik kilku klasztorów) guardian, custos, Bishop-Protector, Bishop-Visitor

kus|y [] *adi. [sukienka, spódnica]* skimpy, scanty; *[marynarka, rękawy]* short; **pies z ~ym ogonem** a bobtailed dog

[] *m przest., żart.* (szatan) Old Nick przest., pot.

kusz|a *f Hist.* [1] (broń) crossbow [2] (machina oblężnicza) ballista

kusząco *adv.* (zachęcająco) temptingly; (ponętnie, uwodzicielsko) *[wyglądać]* alluring *adi.*, seductive *adi.*; ~ **niskie ceny** temptingly low prices

kuszący [] *pa* → **kusić**

[] *adi. [uśmiech, spojrzenie]* alluring, seductive; *[perspektywa]* tempting, enticing

kuszet|ka *f* [1] (miejsce do spania) couchette; **górna/dolna ~ka** upper/lower couchette [2] (bilet) couchette; **kupić ~kę** to reserve a couchette (berth) [3] (wagon kolejowy) couchette (car)

kuszetkow|y *adi. [wagon, przedział]* couchette *attr.*

kuszni|k *m Hist.* crossbowman

kusztyk *inter.* → **kuśtyk**

kusztykać → **kuśtykać**

kuśniers|ki *adi.* furrier *attr.*; **zakład ~ki** a furrier's (shop); **wyroby ~kie** furs; furriery *rzad.*

kuśnierstw|o *n sgt.* furriery *rzad.*; the fur business a. industry

kuśnierz *m* furrier

kuśtyk *inter. pot.* **szedł pomalutku, ~, ~** he hobbled along very slowly

kuśtyka|ć *impf vi pot.* to hobble; **szedł ulicą ~jąc** he hobbled down the street ⇒ **pokuśtykać**

kutas [] *m pers.* (*Npl* ~**y**) wulg. prick wulg., dick(head) wulg.; **nie proś o nic tego ~a, on ci w niczym nie pomoże** don't ask that prick, he won't help you

[] *m inanim.* [1] (*A* ~**a**) wulg. (członek męski) prick wulg., cock wulg. [2] przest. (ozdoba) tassel

kutas|ek, ~ik *m dem* przest. (ozdoba) (small) tassel

kut|er *m Żegl.* [1] (typ ożaglowania) cuttering; (jacht) cutter; (rybacki) (fishing) cutter, smack; (do przewożenia załogi) (ship's) launch; **~er torpedowy** an MTB a. a motor torpedo boat GB, a PT boat a. patrol torpedo boat US; **~er patrolowy** a patrol cutter; **~er ratowniczy** a rescue cutter; **~er celniczy** a customs cutter [2] Techn. (do siekania) mincer GB, (meat) grinder US

kutern|oga [] *m, f* (*Npl* ~**ogi**, *Gpl* ~**óg** a. ~**ogów**) posp. cripple obraźl.

kuti|a *f* (*GDGpl* ~**i**) *boiled wheat with poppy seeds and honey served on Christmas Eve*

kutw|a *m, f* (*Npl* ~**y** *Gpl* ~ a. ~**ów**) pot. skinflint pot., cheapskate pot.

ku|ty [] *pp* → **kuć**

[] *adi.* **kute żelazo** wrought iron

■ **był kuty na cztery nogi** pot. there were no flies on him; **cwaniak kuty na cztery nogi** a slippery customer pot., a sly a. crafty devil pot.

kuwertu|ra *f Kulin.* chocolate coating *U*, couverture *U* spec.

kuwe|ta *f* [1] Fot. (photo) processing tray [2] (do rozprowadzania farby na wałku) paint a. roller tray [3] (dla kota, chomika) litter tray a. box

kuzyn *m*, ~**ka** *f* (*Npl* ~**i** a. ~**owie**, ~**ki**) cousin; (dalszy krewny) distant cousin; ~ **ze strony matki** a cousin on one's mother's side; **to jakiś ~ mojego męża** he's a distant cousin of my husband's

kuzyn|ek *m dem.*, ~**eczka** *f dem.* (*Npl* ~**kowie**, ~**eczki**) cousin

kuzynostw|o[1] *plt* (*GA* ~**a**, *L* ~**u**) cousin and wife/husband; **odwiedzili nas ~o** our cousin and his wife/her husband paid us a visit

kuzynostw|o[2] *n sgt* family connection

kuźni|a *f* (*Gpl* ~) (warsztat rzemieślniczy) smithy, blacksmith's (shop); (dział huty) forge

■ ~**a talentów** a breeding ground for new a. fresh talent

kW (= kilowat) kW

kwad|ra *f Astron.* quarter; **księżyc wszedł w pierwszą/ostatnią ~rę** the Moon is in its first/final quarter

kwadracik *m dem.* (small) square; (na formularzu) box

kwadrans *m* fifteen minutes, quarter (of an hour); **za ~ druga** (a) quarter to two GB, (a) quarter of two US; ~ **po drugiej** (a) quarter past two; ~ **na drugą** przest. a quarter past one

❑ ~ **akademicki** *fifteen-minute grace period for lecturers at the beginning of classes*

kwadransik *m dem.* pieszcz. fifteen minutes, quarter (of an hour); **wrócę za mały ~** I'll be back in just fifteen minutes

kwadransow|y *adi. [spóźnienie, przerwa]* fifteen-minute *attr.*; **mamy już ~e spóźnienie** we're already fifteen minutes late

kwadra|t *m* (*G* ~**tu**) [1] (kształt) square; **forteca/wieża na planie ~tu** a fortress/tower laid out as a square a. on a square plan; ~**ty pól** a patchwork of fields [2] Mat. square; **proporcjonalnie do ~tu długości/odległości** proportionally to the square of the length/distance; **cztery to ~t dwójki** four is the square of two; **trzy do ~tu równa się dziewięć** three squared equals nine

❑ ~**t logiczny** Filoz., Log. square of opposition, Aristotle's square; ~**t magiczny** Mat. magic square; (krzyżówka) magic word square

■ **cynizm/głupota/pech do ~tu** pot. the ultimate in cynicism/stupidity/bad luck;

głupiec a. **osioł** a. **dureń do ~tu** pot. the ultimate idiot/ass/moron pot. obraźl.

kwadratow|y *adi.* [1] *[kilometr, metr, centymetr]* square; **łazienka o powierzchni ośmiu metrów ~ych** a bathroom with an area of eight square metres [2] (w kształcie kwadratu) *[plac, pokój, okno]* square [3] (zbliżony kształtem do kwadratu) *[sylwetka]* stocky; *[twarz, szczęka]* square; **zrobił się jeszcze bardziej ~y niż jego ojciec** he's become even stockier than his father

kwadratu|ra *f Astrol., Astron., Mat.* quadrature

❑ ~**ra koła** Mat. quadrature of a circle; squaring the circle przen.

kwakać → **kwaknąć**

kwa|knąć *pf* — **kwa|kać** *impf vi* to quack

kwalifikacj|a [] *f* (*Gpl* ~**i**) classification, categorization; ~**a utworu literackiego** the classification of a literary work; ~**a czynu przestępczego** the classification of a crime a. criminal act

[] *plt* qualifications; ~**e zawodowe** professional a. vocational qualifications; **mieć/zdobyć ~e** to have/get qualifications

kwalifikacyjn|y *adi. [komisja, egzamin, mecz]* qualifying

kwalifikato|r [] *m pers.* (drobiu, zboża) (quality) inspector

[] *m inanim.* [1] label; ~**r stylistyczny/dziedzinowy** a stylistic/field label a. marker [2] Komput. qualifier

kwalifik|ować *impf* [] *vt* to classify *[utwory, obrazy, czyny]*; ~**ować zboże** to grade and certify grain; ~**ować chorego do operacji** Med. to qualify a patient for surgery ⇒ **zakwalifikować**

[] **kwalifikować się** [1] (nadawać się) ~**ować się na ministra/profesora** to have the makings of a minister/professor; **sprawa ~uje się do sądu** the case should go to court, it's a matter for the courts to decide [2] Sport to qualify (**do czegoś** for sth) *[finałów]* ⇒ **zakwalifikować się**

kwalifikowan|y [] *pp* → **kwalifikować**

[] *adi.* [1] *[sprzedawca, rzemieślnik]* qualified [2] *[ziarno, ziemniaki]* grade A, first a. top grade

kwantow|y *adi.* quantum *attr.*

kwantum *n inv. sgt* książk. ~ **czasu/energii/pieniędzy** a certain amount of time/energy/money

kwap|ić się *impf v refl.* **nie ~ić się do nauki/pracy** to not be too keen on studying/working, to not feel like studying/working; **nie ~ić się z wyjaśnieniem/decyzją** to be in no hurry to explain/take a decision; **nie ~ili się do domu** they were in no hurry to go home ⇒ **pokwapić się**

kwarantann|a *f* quarantine; **być w ~ie** to be quarantined a. in quarantine; **przechodzić ~ę** to go through quarantine; **zacząć/zakończyć ~ę** to go into/be released from quarantine; **w okresie ~y** during the quarantine period

kwarc *m Miner.* quartz

kwarcow|y *adi.* quartz *attr.*

kwarców|ka *f pot.* [1] (lampa) quartz a. sun lamp [2] zw. *pl* (zabieg) quartz a. sun lamp session

kwar|ta *f* [1] daw. (miara) quart; **~ta wody/ mąki** a quart of water/flour; **pić wino ~tami** to drink wine by the quart [2] (naczynie) one-quart pot [3] Muz. fourth [4] Sport (w szermierce) quart, quarte, carte; (w koszykówce) quarter, period [5] *sgt* Hist. (podatek) levy [6] *sgt* Hist. (wojska zaciężne) levies *zw. pl*

kwartalnie *adv.* quarterly, every three months; **premię otrzymywał ~** he got a bonus every quarter

kwartalnik *m* quarterly; **~ filmowy/ literacki** a film/literary quarterly

kwartaln|y *adi.* quarterly; **bilans ~y** a quarterly balance; **wywiadówka ~a** the quarterly parent-teacher meeting

kwarta|ł *m* (*G* ~łu) [1] (część roku) quarter (of a year), three months; **skończą budowę w drugim ~le** they will complete the building in the second quarter (of the year); **co ~ł piszemy sprawozdanie dla szefa** we write a report for the boss every quarter [2] rzad. (część miasta) quarter, district

kwarte|t *m* (*G* ~tu) [1] Muz. (utwór) quartet; **~t fortepianowy/smyczkowy** piano/ string quartet [2] (zespół) quartet; **grał na wiolonczeli w ~cie smyczkowym** he played the cello in a string quartet

kwartetow|y *adi.* twórczość ~a Haydna Haydn's string quartets

kwas [I] *m* (*G* ~u) [1] Chem. acid [2] (smak lub zapach) acidity, acid a. sour tang; **~ kiszonej kapusty** the tang of sauerkraut; **piwo czuć było ~em** the beer had an acid a. sour tang [3] pot. (LSD) acid; (narkotyk uliczny) *a mixture of amphetamines with other drugs*

[II] **kwasy** *plt* pot. grudges; **mam dość tych rodzinnych ~ów** I've had enough of all these family squabbles

❑ **~ abietynowy** Chem. abietic a. abietinic acid, sylvic acid; **~ akrylowy** Chem. acrylic acid; **~ askorbinowy** Chem. ascorbic acid; **~ azotowodorowy** Chem. hydrazoic acid; **~ azotowy** Chem. nitric acid; **~ barbiturowy** Chem. barbituric acid; **~ borny** Chem. boracic acid; **~ bromowodorowy** Chem. hydrobromic acid; **~ bromowy** Chem. bromic acid; **~ bursztynowy** Chem. succinic acid; **~ chlebowy** Kulin. kvass; **~ chlorawy** Chem. chlorous acid; **~ chlorowodorowy** Chem. hydrochloric acid; **~ cholowy** Biol. cholic acid; **~ dezoksyrybonukleinowy** Biol. Chem. deoxyribonucleic acid; **~ foliowy** Biol. folic acid; **~ jodowy** Chem. iodic acid; **~ masłowy** Chem. butyric acid; **~ moczowy** Chem. uric acid; **~ nadmanganowy** Chem. permanganic acid; **~ nikotynowy** Chem. nicotinic acid, niacin; **~ octowy** Chem. acetic acid; **~ rybonukleinowy** Biol. ribonucleic acid; **~ salicylowy** Chem. salicylic acid; **~ siarkawy** Chem. sulphurous acid GB, sulfurous acid US; **~ siarkowy** Chem. sulphuric acid GB, sulfuric acid US; **~ solny** Chem. hydrochloric acid; **~ stearynowy** Chem. stearic acid; **~ szczawiowy** Chem. oxalic acid; **~y mineralne** Chem. mineral a. inorganic acids; **~y nukleinowe** Chem. nucleic acids; **~y sulfonowe** Chem. sulphonic acids GB, sulfonic acids US; **~y tłuszczowe** Chem. fatty acids

kwas|ek *m dem.* (*G* ~ku) [1] (substancja) acid [2] (kwaśny smak) **~ek ananasów/jabłek**

the acidity a. acid tang of pineapples/apples ❑ **~ek cytrynowy** citric acid

kwa|sić *impf* [I] *vt* [1] to pickle *[pomidory, grzyby]* ⇒ **zakwasić** [2] pot., przen. to spoil; **deszcz ~sił wszystkim humory** the rain spoiled everyone's mood ⇒ **skwasić**

[II] **kwasić się** [1] to sour, to ferment; **kapusta ~si się w beczce** cabbage is fermenting a. souring in a barrel ⇒ **zakwasić się** [2] pot., przen. **~sił się w czterech ścianach** he sat staring a. looking at the four walls

kwaskow|aty, ~y *adi. [smak, zapach]* slightly tart a. acid

kwasoodporność *f sgt* Chem. acid resistance

kwasoodporn|y *adi.* Chem. acid-resistant

kwasow|y *adi.* acid; **barwniki ~e** acid dyes; **liczba ~a** acid number

kwaszon|ka *f* → **kiszonka**

kwasz|ony [II] *pp* → **kwasić**

[III] *adi.* Kulin. pickled; **kapusta ~ona** sauerkraut

kwaśnawo *adv. [smakować, pachnieć]* slightly tart a. sour *adi.*

kwaśnaw|y *adi.* slightly tart a. sour

kwaśni|eć *impf vi* [1] (żywność) to ferment, to sour ⇒ **skwaśnieć** [2] przen. to sour, to turn sour ⇒ **skwaśnieć**

kwaśn|o *adv. grad.* [1] *[smakować, pachnieć]* sour *adi.*; *[odbijać się]* sourly [2] pot. *[uśmiechać się, skrzywić się]* sourly

kwaśność *f sgt* acidity

kwaśn|y [I] *adi. grad.* [1] *[smak, cytryna, porzeczki]* sour, tart; *[zapach, mleko, śmietana]* sour; **mleko jest już ~e** (zepsute) the milk's gone off; (zsiadłe) the milk's turned sour [2] przen. *[mina, uśmiech, humor, uwagi]* sour

[II] *adi.* [1] (o człowieku) sour; **co cię ugryzło, że jesteś taki ~y?** what's got into you, why are you so sour? [2] Chem. acid

■ **~e winogrona** sour grapes; **robić ~ą minę** to pull a. make a sour face; **zbić a. stłuc kogoś na ~e jabłko** to beat sb black and blue, to thrash the living daylights out of sb

kwate|ra *f* [1] (mieszkanie) (dla wojska) billet, quarters *pl*; (do wynajęcia) lodgings *pl*; **stać na ~rze** przest. to be billeted przest.; **szukał taniej ~ry na przedmieściu** he was looking for cheap lodgings in the suburbs [2] (czworoboczna płaszczyzna) plot; **podzielono pole na regularne ~ry** the field was divided into even plots [3] (na cmentarzu) (pojedyncza) plot; (obszar) section; **~ra zasłużonych** a section a. field of honour

❑ **~ra główna** Wojsk. headquarters; **~ra prywatna** private rooms, private accommodation GB, private accommodations US

kwater|ka *f* [1] dial., przest. (miara) ≈ half a pint [2] dial., przest. (naczynie) ≈ half-pint pot

kwatermistrz *m* Wojsk. quartermaster

kwatermistrzostw|o *n* Wojsk. the quartermaster's department

kwatermistrzows|ki *adi.* quartermaster's, quartermaster *attr.*; **służby ~kie** quartermaster's staff; **zaplecze ~kie** a quartermaster's supply depot

kwater|ować *impf* [I] *vt* przest. **~ować kogoś** to put sb up; **żołnierzy ~owano u okolicznych chłopów** the soldiers were quartered with the local peasants

[II] *vi* **w rezydencji ~owali oficerowie** the officers were billeted a. quartered in a manor house

kwaterun|ek *m* pot. ≈ housing office a. department; **mieszkanie w a. z ~ku** ≈ a council flat

kwaterunkow|y *adi.* ≈ council *attr.*; **mieszkanie ~e a. lokal ~y** ≈ a council flat

kwef *m* (*G* ~u) [1] (zasłona twarzy) headdress [2] daw. (nakrycie głowy) wimple

kweren|da *f* książk. preliminary research *U*; **~da biblioteczna** a preliminary survey of the library holdings; **~da archiwalna** preliminary archival research

kwe|sta *f* collection; **przeprowadzić ~stę uliczną** to hold a street collection

■ **chodzić z gębą po ~ście** pot. to be a freeloader pot.

kwesti|a *f* (*GDGpl* ~i) [1] (zagadnienie) issue, question; **postawić ~ę** to bring up a. raise an issue; **podjąć ~ę** to take up a. address an issue; **w ~i zatrudnienia kobiet/ cudzoziemców stwierdził...** on the question of employing women/foreign nationals he stated...; **w tej ~i nie mam nic do powiedzenia** I have nothing to say on the matter [2] Teatr line; **aktorzy czasem zapominają swoje ~e** actors sometimes forget their lines

■ **~a otwarta** an open question; **być ~ą czegoś** to be a question a. matter of sth; **wygrana w lotto to ~a przypadku** winning the lottery is a matter of chance; **nie ulegać ~i** to be (proved) beyond doubt a. question; **nie ulega ~i, że Anna jest inteligentna** Anna's intelligence is beyond question; **nie ulega ~i, że pobito tych chłopców** there is no doubt that these boys were beaten up; **robić ~ę z czegoś** to make an issue of sth; **nie robić z czegoś ~i** to not make an issue (out) of sth

kwestionariusz *m* (ankieta) questionnaire (form); (formularz) form; **~ paszportowy** passport application (form); **wypełnić ~** to fill in a. complete a questionnaire/form

kwestionariuszow|y *adj* pytania ~e poll a. survey questions, questionnaire items; **wywiad ~y** a survey interview

kwestion|ować *impf vt* książk. (podawać w wątpliwość) to question, to query; (zaprzeczać) to dispute, to challenge; **~ował jej prawdomówność** he expressed doubts concerning her veracity, he questioned her veracity

kwesto|r *m* [1] Uniw. bursar, finance officer [2] Antycz. quaestor

kwest|ować *impf vi* to collect; **~ować na rzecz PCK** to collect for the Polish Red Cross

kwestu|ra *f* [1] Uniw. bursary, finance office [2] Antycz. quaestor's office

kwęka|ć *impf vi* pot. to grumble; to moan (and groan) pot.; **stale ~, że coś go boli** he's always grumbling about his aches and pains

kWh (= kilowatogodzina) kWh

kwiaciar|ka *f* [1] (sprzedająca kwiaty) florist; **uliczna ~ka** a flower girl GB przest. [2] (wyrabiająca sztuczne kwiaty) (artificial) flower maker

kwiaciar|nia *f* (*Gpl* ~ni a. ~ń) florist's, flower shop

K

kwiaciarstw|o n sgt [1] (dział ogrodnictwa) floriculture [2] (sprzedaż kwiatów) floristry [3] (wyrób sztucznych kwiatów) (artificial) flower making

kwiacia|sty adi. [bluzka, sukienka] flowered, flowery; [materiał] flowered, flower-patterned

kwi|at m (G ~atu, D ~atowi a. ~atu) [1] (część rośliny) flower; **cięte/suche/sztuczne ~aty** cut/dried/artificial flowers; **bukiet ~atów** a bouquet (of flowers), a bunch of flowers [2] pot. (roślina ozdobna, doniczkowa) pot plant, house plant [3] (najlepsza część społeczności) flower, cream; **~at inteligencji** the cream of the intelligentsia; **~at młodzieży** the flower of youth; **~at francuskiego rycerstwa** the flower of French chivalry [4] (motyw dekoracyjny) flower; **materiał w ~aty** flowered a. flower-patterned fabric; **skrzynia malowana w ~aty** a chest painted with floral motifs [5] Myślis. tail (of deer, elk)
❑ **~at siarczany** Chem. flowers of sulphur ■ **~at paproci** legendary flowering fern supposed to bring luck to whoever finds it on St John's Day; **w ~ecie wieku** in the prime of life

kwiat|ek m dem. (A ~ek a. ~ka) (little) flower
■ **ładne ~ki** iron. (well) that's just great pot., iron., isn't that just great pot., iron.; **pasować jak ~ek do kożucha** pot. to be totally out of keeping with sth; **kapelusz do budrysówki pasuje jak ~ek do kożucha** a brimmed hat looks ridiculous with a duffel coat

kwiatow|y adi. flower attr.; **korona ~a** Bot. corolla; **ogród ~y** a flower garden; **wzór ~y** a floral pattern

kwiatusz|ek m dem. tiny flower

kwiczeć impf → kwiknąć

kwiczoł m Zool. fieldfare

kwieci|e n sgt książk. blossom; **drzewa owocowe obsypane ~em** fruit trees in full blossom; **łąki obsypane ~em** meadows ablaze with flowers

kwie|cień m April; **w ~tniu** in April; **piąty ~tnia** the fifth of April
■ **~cień plecień, bo przeplata trochę zimy, trochę lata** przysł. ≈ ne'er cast a clout till May be out przysł.

kwiecistoś|ć f sgt (przemówienia, stylu) floweriness

kwieci|sty adi. [1] przen. [przemówienie, styl] flowery; [styl] ornate [2] [chustka, sukienka, materiał] flowered, flowery; [ogród] in bloom

kwieciście adv. grad. [przemawiać, pisać] floridly, elaborately

kwietnik m [1] (klomb) flower bed [2] (mebel) flower stand, plant stand
❑ **~ dywanowy** Ogr. parterre

kwietniow|y adi. April attr.

kwietn|y adi. książk. (pełen kwiatów) [łąka] flowery; (złożony z kwiatów) [girlanda] of flowers

kwik m (G ~u) a squeal; **~ uciechy** żart. a squeal of delight a. joy

kwikać impf → kwiknąć

kwi|knąć pf — **~czeć, ~kać** impf (~knęła, ~knęli — ~czę) vi [zwierzę, osoba] to squeal; **~czeć z bólu/z przerażenia** to squeal in pain/terror; **~czeć z uciechy** żart. to squeal with delight a. joy

kwil|ić impf vi [1] (popłakiwać) [dziecko] to whimper, to whine [2] (śpiewać) [słowik, skowronek] to trill, to warble; [czajka] to squawk ⇒ **zakwilić**

kwin|ta f Muz. fifth
■ **spuścić** a. **zwiesić nos na ~tę** pot. to put on a. pull a. make a long face

kwintal m Miary quintal

kwintesencj|a f sgt książk. essence

kwinte|t m (G ~tu) Muz. [1] (utwór) quintet; **string quintet** [2] (zespół) quintet; **~t smyczkowy** string quintet

kwi|t m (G ~tu) [1] (dowód otrzymania) receipt, ticket; **~t bagażowy** a luggage ticket a. receipt GB, a baggage check US; **~t z pralni** a laundry ticket; **~t z parkometru** a parking meter ticket; **~t celny** docket [2] (pokwitowanie) receipt, voucher [3] pot. **mieć ~ty na kogoś** to have the goods on sb pot.

kwita inter. pot. **~ z przyjaźni** no more friendship; **z nami ~** you and I are through; **nie będę go więcej prosił i ~** I'm not going to ask him any more and that's that a. it
■ **być ~** to be quits a. square (z kimś with sb)

kwitariusz m receipt book

kwit|ek m dem. [1] (small) ticket; **~ek z kasy** a sales slip [2] (talon) voucher; **~ki do stołówki** luncheon vouchers
■ **odejść z ~kiem** to go empty-handed;

odprawić a. **odesłać kogoś z ~kiem** to send sb away empty-handed

kwitnąco adv. **wyglądać ~** to look the picture of health

kwitnąc|y [] pa → kwitnąć
[] adi. [zdrowie] blooming; [uroda] radiant

kwit|nąć impf (~ł a. ~nął, ~ła a. ~nęła, ~li a. ~nęli) vi [1] to flower, to (be in) bloom; **ta roślina ~nie cały rok** this plant flowers all year round; **właśnie ~ną jabłonie/wiśnie** the apple/cherry trees are in bloom; **kiedy ~ną róże, ogród wygląda najpiękniej** when the roses come into bloom the garden really looks its best; **od wilgoci chleb/ser ~nie** pot. in humid conditions bread/cheese goes mouldy; **jezioro ~nie** the lake is green with algae [2] [osoba] to bloom, to flower [3] [handel, przemysł] to thrive, to flourish; **życie kulturalne ~nie** cultural life is flourishing; **odtąd nasza przyjaźń zaczęła ~nąć** from that moment on our friendship began to flourish [4] Kosmet. **paznokcie jej ~tną** she has white spots on her fingernails

kwit|ować impf vt [1] (potwierdzać podpisem) to sign for; **~ować odbiór czegoś** to sign for sth, to confirm receipt of sth ⇒ **pokwitować** [2] (odpowiadać) to respond; **~ować coś śmiechem/wzruszeniem ramion** to laugh/shrug sth off ⇒ **skwitować**

kwiz → quiz

kwocz|ka f dem. mother hen

kwocz|y adi. **~e gniazdo** a broody hen's nest

kwo|ka f [1] (kura) mother hen, broody hen [2] przen., pejor. (kobieta) mother hen przen.

kworum → quorum

kwo|ta f [1] (suma pieniędzy) amount, sum; **~ta 250 dolarów** a sum a. figure of 250 dollars [2] (kontyngent) quota; **~ta importowa** an import quota; **system ~t** a quota system

kwotowo adv. **podwyżka była niewielka ~** the rise was small in amount

kwotow|y adi. [1] Ekon., Fin. **limit ~y** a limit, a limited sum [2] Stat. **dobór ~y** quota sampling; **próba ~a** a quota sample

kynolo|g m (Npl ~dzy a. ~gowie) cynologist spec.

kynologi|a f sgt (GD ~i) cynology spec.

kynologiczn|y adi. cynological spec.; **związek ~y** a kennel club

kysz inter. a ~! begone! książk.; avaunt! daw.

L

L, l *n inv.* ☐1 (litera) L, l; **budynek w kształcie litery „L"** an L-shaped building ☐2 (cyfra rzymska) (the Roman numeral) L ❑ **L-4** pot. (zwolnienie) (medical) leave slip
l (= litr) l
la[1] *inter.* (w piosence) la; **śpiewać la la la** to sing la la la
la[2] *n inv.* Muz. (dźwięk) la
lab|**a** *f sgt* pot. free time, time off
labi|**dzić** *impf vi* pot. to whine, to moan; **„coś ty zrobił?" – ~dziła** 'what have you done?' she whined; **~dzenie nic tu nie pomoże** it's a. there's no use whining
labiedzić → **labidzić**
labiryn|**t** *m* (*G* ~**tu**) ☐1 (system korytarzy) labyrinth; (z żywopłotów) maze ☐2 przen. labyrinth, maze (**czegoś** of sth); **gubić się w ~cie przepisów** to get lost in the maze of regulations; **przebrnąć przez ~t formalności** to get through the labyrinth of paperwork ☐3 (łamigłówka) maze; **rozwiązać ~t** to solve a maze ☐4 Zool. labyrinth (organ) spec.
labiryntow|**y** *adi.* [korytarze, przejścia] labyrinthine, maze-like
laboranc|**ki** *adi.* [fartuch, obowiązki] lab(oratory) technician's
laboran|**t** *m*, ~**tka** *f* lab(oratory) technician
laboratori|**um** *n* (*Gpl* ~**ów**) laboratory, lab; ~**um analityczne/chemiczne** an analytical/a chemical laboratory; **otrzymać coś w ~um** to produce sth in a laboratory ❑ ~**um językowe** language laboratory, language lab
laboratoryjnie *adv.* **otrzymać/sprawdzić coś ~** to produce/test sth in laboratory conditions a. in a lab(oratory)
laboratoryjn|**y** *adi* [badanie, zwierzę, sprzęt] laboratory *attr.*, lab *attr.*; **badanie przeprowadzono w warunkach ~ych** the research was carried out in a lab(oratory)
laburzy|**sta** /ˌlɛjbuˈʒista/ *m*, ~**stka** *f* Polit. member/supporter of the Labour party GB, Laborite US
laburzystows|**ki** /ˌlɛjbuʒiˈstofski/ *adi.* Polit. [rząd, polityk, program] Labour (Party) *attr.* GB, Labor (Party) *attr.* US
la|**cha** *f augm.* (thick) stick; **wygrażać komuś lachą** to shake a thick stick at sb ■ **kłaść na kogoś/coś lachę** posp. not to give a damn about sb/sth pot.
l|**ać** *impf* (**leję, lali** a. **leli**) ☐ *vt* ☐1 (wylewać) to pour [wodę, mleko, sos] (**na coś** on sth); **nie lej tyle wody/płynu do zmywania!** don't use so much water/washing-up liquid!; **lać łzy nad kimś/czymś** to weep over a. for

sb/sth; **lać w siebie wódkę** pot. to pour booze down one's throat pot.; **lać wosk** to pour wax into a bowl of water (to tell fortunes on St. Andrew's Day) ☐2 pot. (bić) to beat, to whip; **lać dzieci pasem** to beat children with a belt; **lać kogoś po pysku** to sock sb in the face pot. ⇒ **zlać** ☐3 (odlewać) to cast [kule, dzwony] ⇒ **odlać** ☐ *vi* ☐1 (o deszczu) to pour; **w lipcu ciągle lały deszcze** it was raining all through July ☐2 posp. to piss posp.; **nie lej na deskę!** don't piss on the toilet seat! ⇒ **nalać** ☐ *v imp.* to pour; **leje przez cały dzień** it's been pouring all day; **lało przez cały miesiąc** it rained all month; **leje jak z cebra** it's pouring, it's teeming down ☐ **lać się** ☐1 (płynąć) [woda] to pour, to flow; **lać się równym strumieniem/cienkimi strużkami** to flow in a steady stream/in rivulets; **z kranu leje się woda** the tap's running; **przez całą noc lało się z kranu** the tap was running all night; **wino lało się strumieniami** wine was flowing like water; (woda) **leje się z dachu** water is pouring off the roof; **leje mi się na głowę** water's pouring down on my head; **z tej butelki się leje** pot. (jest nieszczelna) the bottle leaks a. is leaky; **leje mi się z nosa** my nose is running; **łzy lały jej się ciurkiem** tears were streaming down her face; **pot lał się z niego strumieniami** the sweat was pouring off him; **leje się ze mnie** pot. (jestem spocony) I'm dripping with sweat; **krew lała mu się po twarzy** blood was streaming down his face; **w filmie bez przerwy leje się krew** przen. the film is full of violence; **żar** a. **skwar leje się z nieba** przen. it's boiling hot pot. ⇒ **polać się** ☐2 pot. (bić się) to pummel each other; **dzieciaki ciągle się leją** the kids are constantly at each other's throats ■ **lać na kogoś/coś** posp. not to give a shit about sb/sth posp.; **lać się przez ręce** to be as limp as a rag doll
la|**da**[1] *f* counter; **stać za ladą** to stand behind the counter; **towary spod lady** goods sold under the counter; **sprzedać/kupić towary spod lady** to sell/buy goods under the counter ❑ **lada chłodnicza** refrigerated display case GB, chill cabinet US
lada[2] *part.* ☐1 (byle) **zniechęca się ~ przeszkodą** he's discouraged by the slightest obstacle; **za ~ wykroczenie karano chłostą** the slightest offence was punished with flogging; **z ~ powodu** at the slightest provocation; **nie będzie mi ~ chłystek rozkazywał** I'm not going to let any

(young) whippersnapper tell me what to do; **tancerz nie ~** a first-rate dancer; **nie ~ ciężar/sukces** a considerable weight/success; ~ **jaki** (just) any; any old pot.; ~ **jaki powód** (just) any reason ☐2 (o czasie) any; ~ **godzina/dzień** any hour/day (now); **to może się zdarzyć ~ chwila** it may happen any minute a. time (now)
ladaco *m inv.*, *n inv.* przest., żart good-for-nothing; **jej mąż ~** her good-for-nothing husband
ladacznic|**a** *f* przest., pejor. harlot przest., pejor.
lady /ˈlɛjdɪ/ *f inv.* ☐1 (angielski tytuł szlachecki) lady; ~ **Diana** Lady Diana ☐2 (dama) lady; **jest prawdziwą ~** she's a real lady
lafiryn|**da** *f* pot., pejor. scrubber GB pot., pejor., tramp US pot., pejor.
la|**ga** *f augm.* (thick) stick
lag|**ier** *m* (*G* ~**ru**) pot. (Nazi) concentration camp; **wywieźć kogoś do ~ru** to transport sb to a concentration camp; **przejść przez ~ier** (przeżyć) to survive a concentration camp
lagrow|**y** *adi.* [literatura, więzień] concentration camp *attr.*; ~**e życie** life in a concentration camp
lagun|**a** *f* Geog. ☐1 (zatoka) lagoon; **przybrzeżna ~a** a coastal lagoon ☐2 (w atolu) lagoon
lagunow|**y** *adi.* Geog. [muł] lagoon *attr.*, lagoonal
laic|**ki** *adi.* ☐1 (świecki) [wychowanie, państwo, ideologia] secular, lay; ~**cy nauczyciele** lay teachers ☐2 (dyletancki) [podejście] amateur, lay a. layperson's
laicyzacj|**a** *f sgt* książk. secularization; ~**a szkolnictwa/kultury** the secularization of education/culture
laicyzacyjn|**y** *adi.* książk. [tendencje] secularizing
laicyzm *m* (*G* ~**u**) *sgt* książk. secularity
laicyz|**ować** *impf* ☐ *vt* książk. to secularize [szkoły, społeczeństwo]
☐ **laicyzować się** to become secularized
lai|**k** *m* ☐1 (dyletant) layperson, layman; **kompletny ~k** a complete amateur; **być ~kiem jeżeli chodzi o przepisy podatkowe** to be an amateur when it comes to tax law ☐2 Relig. layman/laywoman, layperson; laic książk.
lajkonik *m a person dressed as a Tartar riding a wooden horse during a Cracow Corpus Christi Day festival*
lajkonikow|**y** *adi.* ~**y koń** a wooden horse (ridden during a Cracow Corpus Christi Day festival)
lak *m* (*G* ~**u**) ☐1 (do pieczętowania) sealing wax; **odcisnąć pieczęć na ~u** to press a

seal into the (sealing) wax; **pieczętować coś ~iem** to seal sth with (sealing) wax; **złamać ~** to break the wax seal ② Bot. wallflower

■ **z braku ~u** for want of anything better **la|ka** f sgt lacquer; **pudełko z laki** a lacquer box

lakie|r m (G ~ru) ① (do malowania) varnish, lacquer; (na samochodzie) paint; **~r matowy/błyszczący/bezbarwny** matt(e)/glossy/transparent varnish a. lacquer; **~r do podłóg** floor varnish; **~r do metalu** metal lacquer; **zarysować sobie ~r (w samochodzie)** to scratch the paint (on one's car); **pokryć** a. **pomalować coś ~rem** to varnish sth, to lacquer sth; **położyć ~r** pot. to put on a coat of varnish ② sgt przen., pejor. whitewash przen., pejor., sugar-coating przen., pejor.; **pisać o czymś bez ~ru** to write about sth without whitewashing it a. without the sugar-coating

❑ **~r do paznokci** nail varnish GB, nail polish; **~r do włosów** (hair) lacquer GB, hairspray; **~r metalizowany** metallic (car) paint; **~r pustyniowy** a. **pustynny** Geol. desert varnish

lakier|ek m zw. pl Moda patent leather shoe
lakierni|a f (Gpl ~) paint shop
lakiernictw|o n sgt ① (lakierowanie samochodów, maszyn) spraying; **~o samochodowe** (dziedzina) car spraying; (warsztat) spray shop ② (produkcja lakierów) paint and varnish industry ③ przen., pejor. whitewash przen., pejor., sugar-coating przen., pejor.

lakiernicz|y adi. ① [żywica, surowiec] varnish attr., lacquer attr.; **warsztat ~y** a spray shop ② przen., pejor. [opowieść, relacja] whitewashed przen., pejor., sugar-coated przen., pejor.

lakierni|k m (car) sprayer; **mój samochód jest u ~ka** my car's in the spray shop

lakier|ować impf vt ① (pokrywać lakierem) to varnish, to lacquer [drewno, metal]; to spray [karoserię]; to polish, to paint [paznokcie]; **~owana podłoga** a varnished floor; **paznokcie ~owane na czerwono** red nails ⇒ **polakierować** ② przen., pejor. to whitewash a. sugar-coat [fakty] przen., pejor.; **~owana rzeczywistość** sugar-coated reality

lakierow|y adi. [powłoka] varnish attr., lacquer attr.

lakmus m (G ~u) Chem. litmus U
lakmusow|y adi. litmus attr.
lakonicznie adv. grad. [stwierdzić, określić] laconically książk.; **~ sformułowany** laconically worded

lakoniczność n sgt brevity (czegoś of sth)
lakoniczn|y adi. grad. [list, wiadomość, osoba] laconic książk.

lak|ować impf vt to seal (with sealing wax) [kopertę, list, butelkę] ⇒ **zalakować**

lakow|y¹ adi. [pieczęć] (sealing) wax attr.
lakow|y² adi. [stolik, pudełko] lacquer attr.
laktacj|a f sgt Biol. lactation; **w okresie ~i** during lactation; **problemy/kłopoty z ~ą** problems with lactation

lal|a f ① (zabawka) doll ② pot., obraźl. (kobieta) doll pot., obraźl.; **była bezmyślną ~ą i niczym więcej** she was nothing but an empty-headed doll

■ **malowana ~a** pot., pejor. ≈ Barbie doll pot., pejor.; **stać/siedzieć jak malowana ~a** to stand/sit there like a dummy; **jak ta ~a** pot. [samochód, impreza, kucharz] top-notch pot.; [działać, pracować] like a dream

lalczyn|y adi. [ubranko, mebelki, wózek] doll attr., doll's

lalecz|ka f ① (zabawka) (little) doll; dolly dziec. ② pot., obraźl. (atrakcyjna kobieta) (good) looker pot., knockout pot.; **niezła z niej ~ka** she's quite a doll; **grywać role słodkich ~ek** to be typecast as a sweet young thing ③ pieszcz. poppet GB pot., pieszcz., sweetie(-pie) pot., pieszcz.; **dobranoc, ~ko** night-night, poppet

lal|ka f ① (zabawka) doll; **szmaciana/plastikowa ~ka** a rag/plastic doll; **~ka Barbie** a Barbie® doll; **~ka z zamykanymi oczami** a doll with eyes that open and close; **łóżeczko/sukienka dla ~ek** a doll('s) bed/dress; **bawić się ~kami** to play with dolls ② Teatr puppet **teatr ~ek** a puppet theatre

lalkars|ki adi. Teatr [wydział] puppetry attr.; **zespół ~ki** a team of puppeteers; **pracownia ~ka** a puppet(-making) workshop

lalkarstw|o n sgt ① Teatr puppetry ② (wyrób lalek) puppet-making

lalka|rz m, **~rka** f (Gpl ~y, ~rek) ① (aktor, aktorka) puppeteer ② (producent) puppet-maker

lalkowa|ty adi. [wygląd, twarz, uroda] doll-like

lalkow|y adi. Teatr puppet attr.; **przedstawienie ~e** a puppet show

laluchna → **lalunia**

lalu|nia f ① pieszcz. (zabawka) dolly dziec. ② pot., obraźl. (do kobiety) (baby) doll pot., obraźl.; **posłuchaj, ~niu** listen, baby doll ③ pieszcz. (do dziewczynki) poppet GB pot., pieszcz., sweetie(-pie) pot., pieszcz.

lalu|sia f ① dem. pieszcz. (zabawka) dolly dziec. ② iron. (strojnisia) fashion plate przen., iron. ③ pieszcz. (do dziewczynce) poppet GB pot., pieszcz., sweetie(-pie) pot., pieszcz.

lalusiowato adv. pejor. like a pansy pejor.; foppishly przest., pejor.; **wyglądać/ubierać się ~** to look/dress like a pansy pot., pejor.

lalusiowa|ty adi. pejor. [osoba, wygląd] pansyish pot., pejor.; foppish przest., pejor.

lalu|ś m pejor. pansy pot., pejor., pretty boy pot., pejor.; fop przest., pejor.

lam|a¹ f Zool. llama
lam|a² m (Npl ~owie) Relig. lama
lam|a³ f Włók. lamé; **suknia ze złotej ~y** a gold lamé dress

lamba|da f Muz. (melodia, taniec) lambada; **tańczyć ~dę** to dance the lambada

lambrekin m (G ~u a. ~a) valance a. valence

lamen|t m (G ~tu) ① (płacz) wailing U; lament C/U książk., lamentation C/U książk.; **podnieść ~t** to raise a a. the lament, to raise an outcry; **słychać było płacz i ~ty** there was crying and wailing ② (narzekanie) moaning U (nad czymś about a. over sth); lament C/U książk., lamentation C/U książk.; **ciągłe ~ty nad stanem gospodarki** constant moaning about the economy; **teraz nagle wszyscy podnoszą ~t** now suddenly there's a big outcry ③ Literat., Muz. lament

lamentacyjn|y adi. książk. [ton] lamenting; **psalmy ~e** psalms of lament, lamentational psalms

lament|ować impf vi przest. to lament, to wail (**nad kimś/czymś** for a. over sb/sth); **„nie mamy pieniędzy" – ~owała** 'we have no money,' she wailed

lamina|t m (G ~tu) ① Techn. (warstwowe tworzywo) laminate; **blat/szafka z ~tu** a laminated counter top/cupboard ② (materiał nieprzemakalny) laminated fabric; **płaszcz z ~tu** a coat made of laminated fabric

laminatow|y adi. ① [płyta, szafka] laminated, laminate attr. ② **płaszcz ~y** a coat made of laminated fabric

lamowa|nie n trim; **suknia obszyta białym ~niem** a dress with a white trim a. edging

lamowan|y adi. [żakiet, płaszcz] trimmed (**czymś** with sth); **mundur ~y złotem** a uniform trimmed with gold, a gold-trimmed uniform; **żakiet ~y biało przy kołnierzu i mankietach** a jacket with a white-trimmed collar and cuffs

lamów|ka f trim zw. sg, trimming U; **suknia wykończona koronkową ~ką** a dress with a lace trim

lamp|a f ① (do oświetlania) lamp; **~a elektryczna/gazowa/naftowa** an electric/a gas/a kerosene lamp; **~a stojąca/wisząca** a floor/hanging lamp; **pracować przy świetle ~y** to work by lamplight; **zapalić/zgasić ~ę** to turn a. switch on/off a lamp ② Elektron. valve GB, (vacuum) tube US

❑ **~a bezcieniowa** Med. shadowless lamp; **~a bezpieczeństwa** Górn. Davy lamp, (miner's) safety lamp; **~a błyskowa** Fot. flash; **~a ciemniowa** Fot. darkroom lamp; **~a elektronowa** Electron. thermionic valve GB, thermionic tube US; **~a fluorescencyjna** fluorescent tube, fluorescent bulb; **~a gabarytowa** Aut. marker light; **~a generacyjna** Electron. oscillator tube; **~a jarzeniowa** fluorescent tube, fluorescent bulb; **~a kwarcowa** (do opalania) sunlamp; (do sterylizacji) UV a. ultraviolet lamp; **~a łukowa** arc lamp; **~a mikrofalowa** Electron. microwave tube; **~a prostownicza** Electron. rectifier; **~a rtęciowa** mercury lamp; **~a wyładowcza** discharge lamp

■ **gadać do ~y** to be talking to a brick wall pot.

lamparci adi. [skóra] leopard attr.
lamparcic|a f Zool. female leopard, leopardess
lampar|t m Zool. leopard
lampas m (G ~u) ① zw. pl (pasek materiału) (side) stripe; **mundur z czerwonymi ~ami** a uniform with red side stripes; **spodnie z ~ami** trousers with side stripes ② (na ścianie) trim, border

lamperi|a f (GDGpl ~i) ① (warstwa farby olejnej) dado ② Budow. (ozdobny pas) trim, border

lampion m (G ~u) lantern; **chińskie ~y** Chinese lanterns

lampionik m dem. (G ~a) (small) lantern
lamp|ka f ① dem. (small) lamp; **~ka oliwna** an oil lamp; **~ka sygnalizacyjna/kontrolna** an indicator/control light ② (zawartość kieliszka) glass; **wypić ~kę wina** to drink a glass of wine

❑ **~ka nagrobna** memorial candle; **~ka nocna** (do czytania) bedside lamp; (paląca się w nocy) nightlight; **~ka wieczna** Relig. (w kościele) altar light, vigil light; (w synagodze) nair tamid, eternal light; **~ki choinkowe** fairy lights GB, Christmas tree lights

lampow|y adi. [1] [przełącznik, abażur, kabel] lamp attr. [2] Electron. [radio, radioodbiornik] valve attr. GB, tube attr. US

lamus m [1] książk. (rupieciarnia) junk room [2] przest. (spichlerz) granary

■ **odejść do ~a** to go out of date; **odłożyć coś do ~a** to mothball sth, to put sth out to pasture; **wyciągnąć** a. **wygrzebać coś z ~a** to dust sth off a. down

lanc|a f [1] Hist., Wojsk. lance; **walczyć na ~e** [rycerze] to joust [2] Ogr. lance

lance|t m (G ~tu) Med. lancet

lan|d m (G ~du) (w Niemczech) Land (a German administrative unit)

landar|a f pejor. (duży samochód) big boat of a car pot., hulk of a car pot.; (stary samochód) rust heap pot., jalopy pot.; **ta szafa to straszna ~ra** it's a monster of a cupboard a. wardrobe pot.

landryn|ka f (~a augm.) boiled sweet GB, hard candy C/U US, fruit drop; **ssać ~ki** to suck boiled sweets; **smakować jak ~ki** [napój] to taste artificial

landrynkowo adv. [piękny] saccharinely pejor.; sweetly; **wszystko zaczęło się ~** at first it was like a fairy tale

landrynkow|y adi. [1] [smak] artificial; [kolor] bright and harsh attr.; **ciecz w ~ym kolorze** candy-coloured liquid; **nosić sukienki w ~ych kolorach** to wear dresses in bright and harsh colours [2] (ckliwy) [historyjka, postać] saccharine, sugary

landszaf|t f (G ~tu) [1] pejor. kitschy painting pot., pejor. [2] Szt., przest. (pejzaż) landscape

landszaftow|y adi. [krajobraz, pejzaż] kitschy pot., pejor.

langu|sta f Zool. crayfish, spiny a. rock lobster

la|nie [] sv → **lać**

[] n pot. hiding pot., thrashing pot.; **sprawić** a. **spuścić komuś lanie** to give sb a hiding a. thrashing

lansa|da [] f Jeźdz. gambado

[] **lansady** plt **kłaniać się komuś w ~dach** to bow and scrape to sb, to kowtow to sb; **biegać za kimś w ~dach** to follow sb about a. around obsequiously

lans|ować impf vt to promote [talent, kandydata, modę]; **on ~uje opinię, że...** he endorses the opinion that...; **radio ~uje tę piosenkę** this song is being pushed on the radio pot. ⇒ **wylansować**

lan|y [] pp → **lać**

[] adi. [żelazo, guma] cast

Laota|ńczyk m, **~nka** f Lao, Laotian

laotańs|ki adi. Lao, Laotian

laparoskop m (G ~u) Med. laparoscope

laparoskopi|a f (GDGpl ~i) Med. laparoscopy

laparoskopow|y adi. laparoscopy attr.

lapidarnie adv. grad. książk. [opisać, opowiedzieć] succinctly; **~ określić założenia ustawy** to succinctly summarize the basis of a law

lapidarnoś|ć f sgt książk. succinctness; **~ć wypowiedzi** the succinctness of a statement; **~ć ujęcia tematu** the succinct manner in which the subject is treated

lapidarn|y adi. grad. książk. [komentarz, styl] succinct, concise

lapis m sgt (G ~u) Chem. silver nitrate

lapis-lazuli m inv., n inv. Miner. (lapis) lazuli U

lapsus m (G ~u) lapsus linguae książk.; slip of the tongue; **popełnić niefortunny/ zabawny ~** to make an unfortunate/ amusing slip of the tongue

laptop m (A ~a) Komput. laptop (computer)

larg|o [] Muz. [] n, n inv. largo

[] adv. [grać, śpiewać] largo

larum n inv. sgt [1] książk. (wrzawa) commotion, uproar; **podnieść** a. **wszcząć ~** to create a. start a commotion; **podniesiono ~, że sfałszowano wyniki wyborów** there was an uproar about the election results being rigged [2] daw. (sygnał bojowy) alarum daw., larum daw.; **grać ~** to issue a call to arms także przen.

larw|a f Zool. larva; **~y muchy** the larvae of a fly

larwaln|y adi. Zool. [stadium, postać] larval, larva attr.

lar|y plt (G ~ów) Mitol. household gods

■ **~y i penaty** książk., żart. hearth and home; **wyjechał na studia do Warszawy opuszczając swoje ~y i penaty** he left hearth and home to study in Warsaw

laryngolo|g m ear, nose, and throat a. ENT specialist

laryngologi|a f (GDGpl ~i) [1] Med. the branch of medicine dealing with ear, nose and throat diseases [2] pot. (oddział w szpitalu) ENT (ward); **leżeć na ~i** to be in an ENT ward

laryngologiczn|y adi. ENT attr.

la|s m (G lasu) [1] (skupisko drzew) forest C/U; (mniejszy) wood(s); **las iglasty/mieszany/ liściasty** coniferous/mixed/deciduous forest; **karczować/trzebić/wycinać las** to clear/cut down/fell a forest; **pracował przy wyrębie lasu** he worked as a lumberjack [2] przen. (bujna roślinność) forest; **las splątanych gałęzi** a forest of tangled branches [3] przen. (wielka liczba sterczących przedmiotów) forest; **las świeczek przy ołtarzu** a forest of candles at the altar; **na pytanie nauczycielki podniósł się las rąk** a forest of hands shot up to answer the teacher's question

❑ **las drągowy** Leśn. polewood stand; **las galeriowy** Geog. gallery forest; **las łęgowy** Leśn. riparian forest; **las monsunowy** Geog. monsoon forest

■ **iść do lasu** Hist. to join the partisans a. resistance (during World War II in Poland); **być z czymś (jeszcze) w lesie** pot. to not be ready with sth; **śniadanie/projekt jest jeszcze w lesie** breakfast/the project isn't ready yet; **jestem jeszcze w lesie z tymi rysunkami** I'm not ready a. I'm behind with the drawings; **im dalej w las, tym więcej drzew** przysł. the more you get into it, the more complicated it becomes; **nauka nie poszła w las** przysł. the lesson's been learned

lasecz|ka f [1] dem. (do podpierania) walking stick, cane; **bambusowa ~ka** a bamboo

walking stick [2] dem. (wanilii, cynamonu, dynamitu) stick [3] dem. pot. (atrakcyjna dziewczyna) doll pot., babe pot.; **ale fajna ~ka! znasz ją?** what a doll a. dish! do you know her? [4] zw. pl (bakteria) bacillus, rod-shaped bacterium

las|ek m (G ~ku) wood, woods pl, copse; **brzozowy ~ek** a grove of birch trees

lase|r m Techn. laser

laserow|y adi. Techn. laser attr.

las|ka f [1] (do podpierania) walking stick, (walking) cane; **~ka z bambusa** a bamboo walking stick a. cane; **~ka z gałką z kości słoniowej** an ivory-topped cane; **chodzić o ~ce** to use a walking stick; **podpierać się ~ką** to lean on a walking stick; **niewidomy szukał drogi białą ~ką** a blind man was feeling his way along with his white cane a. stick [2] (symbol godności) staff, rod; **~ka czarodziejska** a. **czarnoksięska** a magic wand; **~ka marszałkowska** (oznaka godności) the Marshal's staff (symbol of office of the Speaker of the Polish Sejm); **projekt ustawy wpłynął** a. **został skierowany do ~ki marszałkowskiej** the bill has been submitted for consideration by the Sejm [3] (wanilii, cynamonu, dynamitu) stick [4] pot. (atrakcyjna dziewczyna) (great-looking) chick pot., (nice-looking) bird GB pot.; **niezła ~ka !** she's some looker! pot. [5] środ., Szkol. (ocena szkolna) ≈ unsatisfactory a. fail; **z klasówki były same ~ki** everyone failed the test [6] pot. (członek męski) cock wulg., shaft wulg.; **zrobić komuś ~kę** wulg. to give sb a blow job wulg.

laskarz m (Gpl ~y) środ., Sport (field) hockey player

lass|o n lasso; **zarzucić ~o na szyję konia** to throw a lasso around a horse's neck; **schwytał konia na ~o** he lassoed the horse

lastr|yko, ~iko n, n inv. terrazzo; **nagrobek z ~yka** a terrazzo tombstone; **przedpokój wyłożony ~yko** a hall finished in terrazzo, a hall with terrazzo flooring

lastrykow|y adi. terrazzo attr.; **~a podłoga** terrazzo flooring; **grys ~y** terrazzo chips

lata pl → **rok**

lata|ć impf vi [1] (poruszać się w powietrzu) [ptak, owad, samolot] to fly; **~ć nad czymś** to fly over sth [ziemią, wodą, miastem]; **ptak ~ł wysoko na niebie** a bird flew a. was flying high in the sky; **kule/pociski ~ły ze świstem nad naszymi głowami** shells/ bullets whizzed over our heads [2] (podróżować, sterować) **~ć samolotem** (jako pasażer) to travel by air, to fly; (jako pilot) to fly; **~ć samolotem/helikopterem** to fly a plane/ helicopter; **~ć na lotni** to go hang-gliding; **~ć jako pilot/stewardessa** to be an airline pilot/an airline stewardess [3] (drżeć) [powieka] to flutter; [głowa] to shake; [ręce] to shake, to tremble; **broda ~ła jej niespokojnie** her chin quivered nervously; **ciemne płatki** a. **plamy ~ły mu przed oczami** dark spots were floating in front of his eyes [4] pot. (biegać) to dash, to run; **~ć od urzędu do urzędu** to run (around) a. to chase around from one office to another; **~ć po zakupy** to run around shopping;

L

~ć po lekarzach to go from one doctor to another; **~ć po schodach tam i z powrotem** to dash a. fly up and down the stairs; **~m po schodach na czwarte piętro, bo nie ma windy** I have to go up four flights of stairs because there's no lift; **~ć w kurteczce/minispódniczce** to go around in a skimpy jacket/miniskirt ■ **~ać za kimś** pot. to chase (after) sb; to run after sb pot.; **~ać za spódniczkami** pot., przest. to chase (after) women pot.; **~ć z jęzorem** a. **ozorem** pot. to tell tales; **ze wszystkim ~a z ozorem do mamy** he's always telling tales to Mum, he runs to Mum with everything; **~ć z wywieszonym jęzorem** a. **jęzorem** a. **ozorem** to dash around all over the place

latani|a *f sgt* pot. running around, chasing around; **przy niemowlęciu jest tyle ~y** there's so much running around with a young baby; **zmęczony po całodziennej ~e** tired after chasing around all day

latarecz|ka *f dem.* (small) torch

lataren|ka *f dem.* lantern

latar|ka *f* torch; **~ka ręczna/elektryczna** a hand/an electric torch; **~ka kieszonkowa** a pocket torch, a penlight

latar|nia *f (Gpl ~ni* a. **~ń)** [1] (lampa) lamp post; **~nia uliczna/ogrodowa** a street/garden lamp; **~nia gazowa** a (street) gaslight, a gas lamp; **oświetlać ulice ~niami** to provide street lighting; **~nie zapalają się po zapadnięciu zmroku** the street lamps come on at dusk [2] Archit. lantern [3] środ., Myślis. wolf's head ❏ **~nia chińska** Chinese lantern; **~nia magiczna** magic lantern; **~nia morska** lighthouse; **~nia projekcyjna** Fiz. projector; **~nia sztormowa** storm lantern; **~nie lotniskowe** landing lights ■ **kobieta** a. **panienka spod ~ni** a woman a. lady of the night euf., żart.; **najciemniej jest pod ~nią** pot. ≈ you can't see the wood for the trees; **znaleźć się** a. **skończyć pod ~nią** pot. to end up on the streets

latarni|k *m* [1] (w latarni morskiej) lighthouse keeper [2] daw. lamplighter daw.

latawic|a *f* pot., pejor. gadabout pot., good-time girl pot.; **tej ~y nigdy nie ma w domu** she's always out somewhere having a good time

lataw|iec II *m pers.* pot., żart. gadabout pot., good-timer pot.; **mieć za męża ~ca** to have a husband who's always gadding about pot.

III *m anim. zw. pl* Zool. flying lemur

III *m inanim.* [1] (*A* **~ca** a. **~iec**) (zabawka) kite; **puszczać ~ce** to fly a kite [2] Meteo. (sonda, balon) kite

lat|ko *n dem.* (pora roku) summer ■ **czekaj tatka ~ka** pot., iron. you can wait till the cows come home pot.

l|ato *n* (pora roku) summer; **w lecie** a. **latem** in (the) summer; **latem 1984 roku** in the summer of 1984; **to chyba lato stulecia!** we haven't had such a scorching hot summer for donkey's years pot. ❏ **babie lato** (dni) Indian summer; (nitki pajęczyny) gossamer ■ **a ja na to jak na lato** pot. and I was/am all for it

latoroś|l *f* [1] *sgt* (winorośl) vine; **uprawa ~li** vine growing, viniculture; **plantacja ~li** a vineyard [2] (pęd) (young) shoot [3] pieszcz., żart. (dziecko) offspring żart.; progeny; **moje ~le rosną tak szybko** pot., żart. my kids are growing so fast ❏ **winna ~l** Bot. grapevine

latryn|a *f* latrine, earth closet GB

latyfundi|um *n zw. pl* Hist. latifundium, great estate

latyni|sta *m*, **~stka** *f* Nauk. Latinist

latynizm *m (G* **~u)** Jęz. Latinism

latyniz|ować *impf vt* to Latinize

latynoamerykańs|ki *adi.* Latin American, Hispanic

Latynos *m*, **~ka** *f* Latino US, Hispanic

latynos|ki *adi.* → **latynoamerykański**

lauf|er *m* (figura szachowa) bishop

lau|r *m (G* **~ru)** [1] Bot. (drzewo) bay (tree) [2] (liść) bay leaf; (gałązka) sprig of laurel, laurel twig [3] Antycz. (wieniec) laurel wreath, crown of laurels [4] przen. (nagroda) laurels *pl*, laurel wreath; **zasłużone ~ry** well-deserved laurels; **jego skroń wieńczy ~r za ostatnią książkę** he's been crowned with laurels for his latest book ■ **spocząć na ~rach** to rest on one's laurels; **zbierać ~ry** to win a. reap laurels

laurea|t *m*, **~tka** *f* [1] (award) winner, prizewinner; **~t konkursu pianistycznego** the winner of a piano competition; **jest ~tem Nagrody Nobla** he's a Nobel prizewinner a. laureate [2] Hist. laureate

laur|ka *f* [1] (powinszowania) greetings card (*handmade by a child*); **dostała od córeczki ~kę imieninową** she got a name-day card, handmade by her little girl [2] przen. (przesadna pochwała) puff pot.; **wystawić komuś ~kę** to give sb a good write-up

laurkow|y *adi.* (przesadny) **~a pochwała** puffery US, exaggerated praise

laurow|y *adi.* [gałązki] laurel attr.; **liść** a. **listek ~y** bay leaf; **wieniec ~y** laurel wreath także przen., crown of laurels także przen.; **temu artyście już od dawna należy się wieniec ~y** the artist should have been crowned with laurels a long time ago

law|a *f sgt* Geol. lava

lawen|da *f* Bot. lavender U

lawendow|y *adi.* [perfumy, olejek, zapach] lavender attr.

lawe|ta *f* [1] Wojsk. (podstawa armaty) gun carriage [2] Techn. (platforma) platform trailer

lawin|a *f* [1] (w górach) avalanche; **ostrzeżenie przed ~ami** an avalanche warning; **~a śnieżna/kamienna/lodowa/błotna** an avalanche of snow a. a snowslide/a rockfall a. rockslide/an icefall/a mudslide; **zostać zasypanym przez ~ę** to be buried by an avalanche, to be avalanched; **~a zsunęła się** a. **zeszła ze zbocza góry** an avalanche rolled down the mountainside [2] przen. (mnóstwo) avalanche; **~a dokumentów/podań/skarg** an avalanche of documents/applications/complaints; **~a pocisków** a hail of bullets; **wywołać ~ę pytań** to trigger an avalanche of questions; **artystę nagrodzono ~ą oklasków** the artist was rewarded with an avalanche of applause ❏ **~a elektronów** a. **jonów** Fiz. an avalanche of electrons a. ions; **~a pylista** an avalanche of fine snow

lawinowo *adv.* [potoczyć się, zmienić się, narastać, rozwijać się] rapidly, (very) rapidly; **bezrobocie rośnie ~** unemployment is rising dramatically a. astronomically; **stan jej zdrowia pogarsza się ~** her condition is rapidly deteriorating

lawinow|y *adi.* [1] avalanche attr.; **wczoraj ogłoszono zagrożenie ~e** an avalanche warning was issued yesterday [2] (gwałtowny, szybki) dramatic, very rapid; **~y napływ informacji** the rapid influx of information; **sprawa miała ~y przebieg** the whole thing snowballed

lawiran|t *m*, **~tka** *f* pot., pejor. smooth operator pot,. pejor.; manipulator pejor.; **niezły z niego ~t** he's a real slick operator, that one

lawir|ować *impf vi* [1] pejor. (uciekać się do wykrętów) to manoeuvre, to dodge; **~owanie między jedną a drugą frakcją polityczną** manoeuvring a. dodging between one political faction and another [2] (omijać przeszkody) to dodge, to weave; **motocyklista ~ował między samochodami** a motorcyclist was dodging a. weaving between the cars; **~ować między prawdą a kłamstwem** przen. to thread a delicate path between truth and lies; **kelner ~ował między stolikami** the waiter weaved a. threaded his way between the tables; **musiałeś nieźle ~ować, żeby ci uwierzyła** przen. you must have done some clever manoeuvring for her to believe you [3] Żegl. to tack

lawow|y *adi.* lava attr.; **pokrywa ~a** a lava layer

lazare|t *m (G* **~tu)** przest. (szpital wojskowy) field hospital

lazu|r *(G* **~ru)** książk. azure książk.; **~r nieba/morza** the azure of the sky/sea

lazurow|y *adi.* książk. [morze, niebo] azure książk.

lazury|t *m (G* **~tu)** Miner. lazurite U; (kamień) lazurite

lazurytow|y *adi.* Miner. lazurite attr.

ląc się → **lęgnąć się**

lą|d *m (G* **lądu)** land; **zejść na ląd** to come ashore; **przemierzać lądy i morza** to cross land and sea ❏ **ląd stały** Geog. mainland

ląd|ować *impf vi* [1] (osiadać) to land; **~ować na Marsie** to land on Mars; **samolot ~uje na lotnisku Okęcie za 10 minut** the aircraft will be landing at Okęcie airport in ten minutes' time ⇒ **wylądować** [2] (wysiąść na ląd) to land; **~ować na bezludnej wyspie** to land on a desert island ⇒ **wylądować** [3] pot. (trafiać) to land up, to end up; **~ować w więzieniu/szpitalu** to land up a. end up in prison/hospital; **poprawione teksty ~ują na moim biurku** the revised texts end up a. finish up on my desk ⇒ **wylądować** [4] pot. (zaczynać radzić sobie) to begin to get back to normal; **miał kłopoty, ale już ~uje** after some ups and downs he's beginning to get back on his feet

lądowisk|o *n* landing field a. strip; **~o dla helikopterów** a landing a. helicopter pad

lądow|y *adi. [granica]* land *attr.*; **transport ~y** overland a. surface transportation; **podróżować drogą ~ą** to journey overland

ląg → **lęg**

leader /'lider/ *m* → **lider**

leasing /'liziŋ/ *m* (*G* **~u**) Ekon. leasing; **dać coś w ~** to lease sth (**komuś** to sb); **wziąć coś w ~** to lease sth a. take sth on lease; **dzierżawa w formie ~u** a leasing arrangement; **~ zagranicznego sprzętu** (the) leasing of foreign equipment

leasingow|y /liziŋ'govɨ/ *adi.* Ekon. *[firma, umowa]* leasing *attr.*

lebie|ga *m, f* (*Npl m* **~gi**, *Gpl m* **~gów** a. **~g**) *pot., obraźl.* lump *pot.*, slowcoach *pot.*; **rusz się wreszcie z miejsca, ~go** move yourself, you great lump

lebio|da *f* Bot. fat hen *U* GB, lamb's quarter(s) *U* US, pigweed *U* US

lebiod|ka *f* Bot., Kulin. oregano *U*

le|c, le|gnąć *pf* (**legnę, legniesz, legł, legła, legli**) *vi* książk. [1] (*położyć się*) to lie down (**na czymś** on sth); **lec na łóżku/ trawie/ziemi** to lie down on a bed/the grass/the ground; (*położyć się z ulgą*) to collapse *pot.*; **zmęczony, legł wreszcie na wygodnym łóżku** exhausted, he collapsed on his comfortable bed at last [2] (*polec*) to be killed; **żołnierz legł od kuli** a soldier was cut down by a bullet; **lec w boju/w obronie ojczyzny** to fall in battle/ to die in the defence of one's country [3] (*ulec zniszczeniu*) **miasto legło w gruzach** the town was reduced to a heap of rubble [4] (*zapoczątkować*) **lec u podstaw czegoś** to lie at the heart a. root of sth; **u podłoża konfliktu legły radykalne poglądy partii** the party's radicalism was the underlying cause of the conflict

■ **lec u czyichś stóp** książk. to fall at sb's feet; **lec w grobie** książk. to be laid to rest książk.

le|cieć *impf* (**lecisz, leciał, lecieli**) *vi* [1] (*przebywać jakąś przestrzeń w powietrzu*) *[ptak, motyl, samolot, pocisk, balon, lotnia]* to fly; **kiedy lecisz do Paryża?** when are you flying to Paris?; **pierwszy raz lecę samolotem** it's the first time I've flown ⇒ **polecieć** [2] (*spadać*) to plunge, to tumble down; **kamień leciał w przepaść** a rock was tumbling down the precipice; **liście jesienią lecą z drzew** in autumn leaves fall ⇒ **zlecieć** [3] (*spływać*) to run down, to flow; **łzy leciały jej po policzkach** tears ran a. were running down her cheeks; **krew leciała mu z nosa** his nose was bleeding; **woda leci z kranu od godziny** water's been running from the tap for an hour ⇒ **polecieć** [4] *pot.* (*biec, pędzić*) to dash, to run; **lecieć do sąsiadki/sklepu/kina** to dash off a. to rush off to a neighbour's/ shop/cinema; **lecieć za kimś** to run after a. chase (after) sb; **pociąg szybko leciał** the train was flying along; **lecieć po policję/ doktora** to run off to fetch the police/a doctor ⇒ **polecieć** [5] (*wzbijać się*) *[pył, dym]* to rise; **ale z tego dywanu leci kurz!** look at the dust flying out of that carpet! ⇒ **polecieć** [6] *pot.* (*o czasie*) to fly; **czas leci** time's flying; **lata szybko lecą** years (just) fly; **jak leci?** how's it going? *pot.* [7] *pot.* (*o*

akcjach, cenach) to go; **lecieć w górę/dół** to go up/down (sharply); **ceny za prąd/gaz ciągle lecą w górę** electricity/gas rates keep going up [8] (*być granym*) (o muzyce, programie radiowym, telewizyjnym) to be on *pot.*; **w radiu/telewizji leci wywiad z premierem** an interview with the prime minister is being broadcast on the radio/TV; (o filmie, o sztuce teatralnej) to be on *pot.*, to be showing; **w kinie leci doskonały film** there's a great film on (at the cinema); **ciągle jeszcze leci Hamlet** Hamlet's still on

■ **brać/kupować jak leci** *pot.* to take/buy things as fast as they come; **w telewizji ogląda wszystko, jak leci** she/he watches whatever comes on; **płaszcz z niego leci** (jest zniszczony) his coat is falling to pieces a. is in tatters; (jest za duży) his coat is falling down; **jak otworzył ten biznes, leci mu bardzo dobrze** now he's opened this business, he's doing well; **lecieć na kogoś/coś** *pot.* to be after sb/sth; **zawsze leciał na atrakcyjne dziewczyny** he was always chasing a. running after pretty girls; **nie widzisz, że ona leci na ciebie?** can't you see she's after you?; **nie wierz im, lecą tylko na pieniądze** don't believe them, they're only after your money; **lecieć na łeb, na szyję** to run at breakneck speed; to run like (a bat out of) hell *pot.*; **lecieć przez ręce** *pot.* to be on the verge of fainting; **lecieć z nóg** *pot.* to be in a state of (utter) collapse; **wszystko/robota leci mi z rąk** *pot.* I'm all fingers and thumbs; **gdzie drwa rąbią, tam wióry lecą** przysł. you can't make an omelette without breaking eggs przysł.

leciu|sieńki (**~teńki**) *adi. dem.* [1] *[materiał, puch]* feathery [2] *[uśmieszek]* slight, faint [3] *[westchnienie]* tiny [4] *[deszczyk]* very light [5] *[wiaterek]* gentle; **~sieńka mgiełka** a light veil of mist

leciut|ki *adi. dem.* [1] *[sandałki, bluzka, kurtka]* light [2] *[kroki]* light [3] *[drwina]* slight [4] *[herbata, kawa]* (very) weak [5] *[lektura]* light

leciutko *adv. [poruszać się, oddychać]* (very) lightly; **dziecko poruszyło się ~ we śnie** the baby stirred very slightly in his/her sleep; **~ tańczyła walca** she waltzed gracefully a. lightly

leciw|y *adi.* książk. *[osoba]* elderly, old; *[samochód, kamienica]* old; **mamy ~ą papugę i dwa psy** we've got an elderly pet parrot and two dogs

lecz *coni.* książk. [1] (*ale*) but; yet książk.; **mogła zaprotestować, ~ milczała** she could have protested, but a. yet she kept quiet; **niewiarygodne, ~ prawdziwe** incredible but true; **spokojnie, ~ stanowczo** calmly but firmly [2] (*a jednak*) but, though; **możesz go odwiedzić, ~ za parę dni** you can visit him, but in a couple of days [3] (*tylko*) but; **nie mówiła po polsku, ~ po rosyjsku** she didn't speak Polish, but Russian

lecznic|a *f* [1] (*przychodnia*) clinic; **~a dla zwierząt** animal a. veterinary clinic [2] (*szpital*) (private) hospital, clinic; **leczył się w prywatnej ~y** he was treated in a private clinic

lecznictw|o *n sgt* [1] (*działalność*) health care a. services, medical services; **~o prywatne** private health care a. services; **~o szpitalne** hospital services [2] (*metody leczenia*) medicine; **~o pediatryczne** paediatrics, pediatric medicine; **~o weterynaryjne** veterinary medicine

❏ **~o otwarte** outpatient care; **~o zamknięte** inpatient care

leczniczo *adv. [działać]* therapeutically

lecznicz|y *adi. [kąpiele]* curative, medicinal; *[zioła, źródła, środki]* medicinal; *[działanie]* healing, therapeutic; **szampon ~y** a therapeutic shampoo; **~e borowiny** curative a. medicinal mud baths; **dawka ~a jest dwa razy większa od dawki profilaktycznej** the usual dose is twice as much as the prophylactic a. preventive dose; **wiele ziół ma działanie ~e** many herbs have medicinal properties

leczo *n inv.* Kulin. letcho *U*

lecz|yć *impf* [I] *vt* [1] (*kurować*) *[lekarz, weterynarz]* to treat *[chorych, zwierzęta, rany, dolegliwości]*; **~yć kogoś na coś** to treat sb for sth; **~yli go na raka/serce** he was treated for cancer/a heart condition; **~yć kogoś/coś czymś** to treat sb/sth with sth; **~yć cukrzycę/gruźlicę** to cure diabetes/ tuberculosis; **~yć wątrobę/nerki** to treat liver/kidney diseases; **być ~onym na coś** to undergo a. receive treatment for sth ⇒ **wyleczyć** [2] (*łagodzić*) przen. to cure; **~yć nieśmiałość** to cure shyness; **smutek ~y aktywna praca** the best cure for melancholy is (hard) work ⇒ **wyleczyć** [3] (*zwalczać*) *[lekarstwo, maść, mikstura]* to cure *[chorobę, dolegliwość]*; **grypy nie ~y się antybiotykami** you can't cure a. you don't treat flu with antibiotics ⇒ **wyleczyć**

[II] **leczyć się** [1] (*kurować się*) to be treated (**na coś** for sth); **~yć się ziołami** to treat oneself with herbs a. herbal remedies ⇒ **wyleczyć się** [2] przen. to (try to) cure oneself (**z czegoś** of sth) *[nieśmiałości, przygnębienia, miłości]*; **~ył się ze smutku pijąc alkohol** he drowned his sorrows in alcohol, he tried to cure his sorrows with alcohol ⇒ **wyleczyć się**

ledw|o, ~ie [I] *adv.* [1] (*prawie nie, z trudem*) barely, hardly, scarcely; **~ słyszalny/widoczny/przytomny** barely audible/visible/ conscious; **~ żywy** barely alive, half-dead; **~ go znam** I hardly a. barely know him; **~ udźwignął jej walizkę** he barely managed to lift her suitcase; **~ mógł chodzić** he could hardly walk, he was barely a. hardly able to walk; **~ mnie nie zabił** he almost a. nearly killed me; **~ ~** only just; **puls był wyczuwalny ~ ~** you could hardly feel his/her pulse; **zdążyłem na pociąg, ale ~ ~** I caught the train, but only just [2] (*dopiero co*) only just; **sklep ~ otworzono** the shop has only just opened (up); **goście ~ co wyszli** the guests have only just left

[II] *coni.* **~ wyszli, zaczęło padać** they had only just left a. hardly got outside when it started to rain; **~ zabrał się do pracy, zadzwonił telefon** he had scarcely a. only just got down to (some) work when the telephone rang; **~..., a już** as soon as...; **ból**

L

ustąpił, ~ **wzięła tabletkę** the pain stopped as soon as she took the tablet **III** *part.* (zaledwie) just, barely; ~ **miesiąc/ rok** (for) just a. barely a month/year; ~ **dwa dni temu** just a. barely two days ago; **pieniędzy wystarczyło mu** ~ **na bilet tramwajowy** he barely had enough money for a tram ticket; **butelka była** ~ **napoczęta** the bottle had hardly been touched

legali|sta *m*, ~**stka** *f* książk. legalist

legalizacj|a *f sgt* [1] (nadanie statusu prawnego) legalization (**czegoś** of sth) *[partii, związku zawodowego, małżeństwa]* [2] (stwierdzenie zgodności z normą) (official) approval, attestation (**czegoś** of sth) *[urządzenia, samolotu]* [3] (zniesienie sankcji karnej) legalization, decriminalization (**czegoś** of sth) *[aborcji, eutanazji, narkotyków]*

legalizacyjn|y *adi. [dokument, umowa]* legalization *attr.*

legalizm *m sgt* (*G* ~**u**) legalism

legaliz|ować *impf vt* [1] (stwierdzać zgodność z normą) to (officially) approve, to authorize *[urządzenie]* ⇒ **zalegalizować** [2] (znosić sankcję karną) *[ustawa]* to legalize, to decriminalize *[eutanazję, narkotyk]* ⇒ **zalegalizować**

legalizowan|y *adi.* ~**a waga** officially approved scales

legalnie *adv. grad. [działać, pracować]* legally; *[postąpić]* lawfully; ~ **wybrana komisja** a lawfully elected committee; ~ **zawrzeć małżeństwo** to be lawfully married

legalnoś|ć *f sgt* legality, lawfulness; ~**ć handlu bronią** the legality of arms sales; ~**ć podjętych działań** the lawfulness of the action taken

legaln|y *adi. [działalność, praca, sposób]* legal, lawful

lega|r *m* (podkład drewniany) groud beam; ~**r podłogowy** a joist

lega|t¹ *m* [1] (wysłannik) legate; ~**t papieski** a papal legate [2] Antycz. (namiestnik) legate

lega|t² *m* (*G* ~**tu**) Prawo (zapis testamentowy) legacy

legato Muz. **II** *n inv.* legato **III** *adv.* legato; **grać** ~ to perform legato, to slur

legen|da *f* [1] (opowieść) legend; ~**da o Warsie i Sawie** the legend of Wars and Sawa; ~**da o świętym Aleksym** the legend of St Alexis; ~**da głosi, że...** legend has it that... [2] (zmyślona opowieść) legend, story [3] (człowiek otoczony kultem) legend; **żywa** ~**da** a living legend; **Elvis Presley,** ~**da amerykańskiego rocka** Elvis Presley, the legend of American rock [4] (objaśnienie do mapy, wykresu) legend [5] (napis na monecie lub medalu) legend [6] Muz. (instrumentalna) ballad, romance ■ **przejść do** ~**dy** to become a legend, to pass into legend

legendarnoś|ć *f sgt* legendary nature

legendarn|y *adi.* [1] (znany z legend) *[skarby, kraina]* legendary, mythical [2] (sławny) *[postać]* legendary; **już za życia był postacią** ~**ą** he was a legend in his own lifetime

legendow|y *adi.* **wątki** ~**e** legend motifs

leggins|y /le'ginsi/ *plt* (*G* ~**ów**) leggings

legi|a *f* (*GDGpl* ~**i**) Antycz. legion ❏ ~**a cudzoziemska** Wojsk. the (French)

Foreign Legion; ~**a honorowa** the Legion of Honour

legion *m* (*G* ~**u**) [1] Antycz. legion [2] (duża liczba ludzi) legion, swarm [3] *zw. pl* Wojsk. (oddział wojska) (volunteer) legion; ~**y Piłsudskiego** Piłsudski's legions

legioni|sta *m* [1] Wojsk. legionnaire, legionary; **choroba** ~**tów** Med. legionnaires' disease [2] Sport *member of Warsaw's Legia football team*

legionow|y *adi.* legionary, legionnaire *attr.*; **pieśni** ~**e** legionnaire a. legion songs

legislacj|a *f* (*Gpl* ~**i**) Prawo legislation *U*

legislacyjn|y *adi. [postępowanie, procedura, proces]* legislative

legitymacj|a *f* (*Gpl* ~**i**) [1] (dokument) card; ~**a szkolna/studencka** a student card; ~**a członkowska** a membership card; ~**a uprawniająca do zniżkowych przejazdów autobusem/koleją** a bus pass/a railcard [2] (świadectwo) proof *C/U*, testimony *C/U*; **posiadanie pewnych książek stało się** ~**ą wykształcenia** the possession of certain books was a testimony to one's education [3] (prawo wynikające z poparcia) legitimization *U*; ~**a władzy** the legitimization of authority

legitymacyjn|y *adi. [zdjęcie, format]* passport-size

legitymi|sta *m*, ~**stka** *f* Polit. legitimist

legitymistyczn|y *adi.* Polit. *[poglądy, ideologia]* legitimist

legitymizacj|a *f sgt* książk. legitimization; ~**a władzy komunistów** the legitimization of communist rule

legitymizm *m sgt* (*G* ~**u**) Polit. legitimism

legitym|ować *impf* **II** *vt* [1] (sprawdzać tożsamość) ~**ować kogoś** to check sb's ID ⇒ **wylegitymować** [2] książk. (uprawniać) ~**ować kogoś do czegoś** to give sb the right a. authorize sb to (do) sth **II legitymować się** [1] (okazywać legitymację) to show one's ID ⇒ **wylegitymować się** [2] (wykazywać się) ~**ować się tytułem naukowym** to hold a degree; ~**ować się poważnym dorobkiem artystycznym** to have considerable artistic achievements to one's name a. under one's belt

legnąć → **lec**

lego II *adi. inv.* Lego® *attr.*; **klocki** ~ Lego blocks **II** *n inv.* Lego®; **zbudować zamek z** ~ to build a castle from Lego

legowisk|o *n* [1] (ludzi) makeshift bed; shakedown pot. [2] (zwierząt) den, lair

legumin|a *f* Kulin. flummery *U*, junket *U*

legwan *m* Zool. iguana

leitmotiv /ˈlajtmotiv/ → **lejtmotyw**

lej¹ *m* [1] (dół) crater; ~ **po bombie** a bomb crater; ~ **po wybuchu pocisku** a shell crater [2] (przyrząd) funnel; ~ **wsypowy** a feed hopper

le|j² *m* (*A* **leja**) Fin. leu; **pięć lei** five lei

lejąc|y się II *pa* → **lać się II** *adi. [suknia, materiał]* falling in soft folds

lejb|a *f* pot. long loose dress

lejbowa|ty *adi.* pot. *[wdzianko, sukienka, spodnie]* loose

lejc|e *plt* (*G* ~**ów**) reins; **pociągnąć za** ~**e** to pull on the reins; **ściągnąć** ~**e** to draw in the reins

lej|ek *m dem.* funnel; **przelej sok do butelki przez** ~**ek** pour the juice into the bottle through a funnel

lejkowato *adv. [zwężać się, rozszerzać]* like a funnel

lejkowa|ty *adi. [otwór, delta, wir]* funnel-like

lejtmotyw *m* (*G* ~**u**) [1] Literat., Muz., Szt. leitmotif, leitmotiv [2] książk. theme; ~**em festiwalu jest...** the theme of the festival is...

lejtnan|t *m* Wojsk. (osoba, stopień) lieutenant

lek¹ *m* (*G* ~**u**) [1] Farm. drug, medicine; ~ **przeciwbólowy** a painkiller, a painkilling drug; ~ **nasenny** a sleep-inducing drug, a barbiturate; a sleeping pill pot.; ~ **uspokajający** a tranquillizer; ~ **od bólu głowy** a headache pill; ~ **na przeziębienie** a cold remedy a. medicine; ~ **na kaszel** a. przeciw kaszlowi (a) cough medicine; **zażywa** ~**i nasercowe** he's taking a. he's on medication for his heart [2] (środek zaradczy) cure, remedy; **przyjaźń to cudowny** ~ **na samotność** friendship is a great cure a. remedy for loneliness

lek² *m* (*A* ~**a**) Fin. lek; **pięć** ~**ów** five leks

lek. (= lekarz) MD, Dr

lekar|ka *f* (woman) doctor, (woman) physician; **była** ~**ką pediatrą** she was a paediatrician; **ożenił się z** ~**ką** he married a doctor

lekars|ki *adi. [porada, praktyka]* medical; **gabinet** ~**ki** a (doctor's) surgery; **zaświadczenie** ~**kie** a doctor's a. medical certificate; **jest na zwolnieniu** ~**kim** he's on sick leave

lekarstw|o *n* [1] Farm. drug, medicine; ~**o na przeziębienie** a cold medicine a. remedy; ~**o na kaszel** a. przeciw kaszlowi (a) cough medicine; **zażywać** ~**a** to take one's medication, to be on medication [2] przen. cure, remedy; **sport jest dobrym** ~**em na nudę** sport is a good cure a. remedy for boredom ■ **taksówek/bagażowych nie było ani na** ~**o** pot. we couldn't find a taxi/porter anywhere a. for love or money; **tortu/zupy mi zostawiliście jak na** ~**o!** pot. you've only left a tiny bit of the cake/drop of soup for me!

lekarz *m* (*Gpl* ~**y**) doctor, physician; ~ **rodzinny** a family doctor, a general practitioner; ~ **specjalista w dziedzinie pediatrii/kardiologii** a consultant paediatrician/cardiologist; ~ **zakładowy** a company doctor a. physician; ~ **weterynarii** a veterinary surgeon, a veterinarian US; **iść do** ~**a** to go to the doctor's; **wezwać** ~**a** to call (in) a doctor

lekceważąco *adv.* (bez szacunku) disrespectfully, irreverently; (pogardliwie) contemptuously, disdainfully; **wyrażać się** ~ **o kimś/czymś** to talk about sb/sth slightingly; **odzywać się** ~ **(do kogoś)** to speak (to sb) slightingly książk.; **traktować kogoś** ~ to treat sb condescendingly; **mruknąć coś** ~ to mutter a. mumble something dismissively

lekceważąc|y II *pa* → **lekceważyć II** *adi. [stosunek]* dismissive, irreverent; *[uśmiech]* disdainful, contemptuous; *[ton]*

lekceważyć

disrespectful, dismissive; *[głos]* supercilious, condescending

lekceważ|yć *impf vt* [1] (traktować bez szacunku) to show disrespect to; (traktować pogardliwie) to treat [sb] with contempt a. disdain; **~yć kolegów** to snub a. slight one's colleagues; **~yć podwładnych** to look down on one's subordinates ⇒ **zlekceważyć** [2] (bagatelizować) to ignore, to disregard; **~yć krytykę/ przestrogę** to ignore a. shrug off criticism/ a warning; **~yć prawo/przepisy** to disregard a. flout the law/rules; **~yć (swoje) obowiązki** to neglect one's duties ⇒ **zlekceważyć**

lekcj|a *f (Gpl* **~i)** [1] (zajęcia szkolne) lesson, class; (godzina lekcyjna) period; **w poniedziałki mamy siedem ~i** we have seven lessons a. periods on Mondays; **to wydarzyło się na a. podczas drugiej ~i** it happened during the second lesson a. period; **na ~i francuskiego** during the French lesson a. period; **po ~ach** after school; **przed ~ami** before school; **prowadzić ~ę** to take a class; **dawać/brać ~e z czegoś** to give/take (private) lessons in sth; **wczoraj na ~i dyskutowaliśmy o bezrobociu** yesterday in class we discussed unemployment; **żadnych rozmów podczas ~i, proszę** no talking in class, please [2] (partia materiału w podręczniku) lesson, unit [3] *zw. pl* (zadania do odrobienia) homework *U*; **odrabiać ~e** to do one's homework; to study one's lessons przest. [4] (doświadczenie) lesson; **~a poglądowa** an object lesson; **~a poglądowa, jak zachować się w trudnej sytuacji/jak nie należy prowadzić interesów** an object lesson in how to act in a difficult situation/how not to run a business; **~a pokory** a lesson in humility [5] Relig. lesson; **czytać ~ę** to read the lesson

lekcyjn|y *adi.* dziennik **~y** a register; **sala ~a** a classroom

l|ekki *adi. grad.* [1] (mało ważący) *[dziecko, paczka, kurtka]* light; **hel jest lżejszy od powietrza** helium is lighter than air; **ona jest o dwa kilogramy lżejsza** she's two kilos lighter; **lekka gleba** Geol. light soil; **waga lekka** Sport lightweight; **lekki jak piórko** (as) light as a feather [2] (przewiewny) *[materiał, ubranie]* light; **miała na sobie lekką sukienkę** she was wearing a light dress [3] (słaby) *[wiatr, mróz, przeziębienie]* light, slight; *[sen, dotyk]* light; (niewyraźny) *[akcent, szum, zapach]* faint; **mieć lekki sen** to be a light sleeper; **na jej smutnej twarzy pojawił się lekki uśmiech** a faint smile flickered across her sad face [4] (zgrabny) *[chód, ruchy, meble]* light; *[żwawy] [chód, ruchy]* jaunty; **iść lekkim krokiem** to walk with a light step, to walk jauntily; **lekkim krokiem weszła na czwarte piętro** she climbed effortlessly to the fourth floor [5] (łatwy) *[praca, muzyka, rozrywka, styl]* light; **lekka lektura do czytania w pociągu** some light reading for the train; **lżejszy repertuar komediowy** a lighter comic repertoire; **lekkie pióro Voltaire'a** Voltaire's effortless style; **nie miała lekkiego życia** life has not been easy for her; **do lżejszych prac zatrudniamy kobiety** we employ women to perform lighter

duties; **mieć lekką śmierć** to have a. die a painless death [6] Kulin. *[posiłek, danie, ciasto, wino]* light; *[herbata, kawa]* weak; **lekkie papierosy** light a. mild cigarettes [7] (niepoważny) *[postępowanie, zachowanie]* light-hearted; **kobieta lekkich obyczajów** a woman of easy virtue [8] Wojsk. *[karabin, działo, sprzęt]* light; **lekka jazda/piechota** przest. the light cavalry/infantry; **lekki karabin maszynowy** a (light) sub-machine gun

■ **mieć lekką rękę do czegoś** to make light work of sth; **on ma lekką rękę do zwierząt** he has a way with animals; **mieć lekką rękę** (być rozrzutnym) to be a big spender, to be free with one's money; **robić coś lekką ręką** (bez zastanowienia) to do sth recklessly a. rashly; **brał lekką ręką 1600 zł miesięcznie** he easily pocketed 1,600 zl a month; **z lekkim sercem** with a light heart; **niech mu ziemia lekką będzie** may he rest in peace

l|ekko *adv. grad.* [1] (nie ciężko) **wyjmij książki z plecaka, będzie ci lżej** take the books out of your bag, you'll find it easier to carry [2] (bez trudu) *[jechać, biec]* lightly; **klucz w zamku przekręcił się lekko** the key turned easily in the lock [3] (beztrosko) *[czuć się]* care-free, light-heartedly; **całe życie przeżył lekko** he's always been carefree; **lekko mu było na sercu** a. duszy he felt light-hearted; **lżej mi się zrobiło na sercu** a. duszy it was a load a. a weight off my mind [4] (zwinnie) *[wskoczyć, pobiec, zeskoczyć]* lightly, nimbly [5] (nieznacznie) *[dotknąć, popchnąć, falować]* lightly, gently; **miała lekko falujące włosy** she had soft wavy hair [6] (łatwo) **książka napisana jest lekko** the book is written with a light touch; **film ogląda się lekko** the film makes light viewing [7] (przewiewnie) *[ubrany]* lightly; **jesteś za lekko ubrana na taką pogodę** you're too lightly dressed for this weather [8] (lekkostrawnie) *[gotować, jeść]* lightly; **jem lekko, bez tłuszczu i potraw mięsnych** I eat light foods without any fat or meat [9] (lekceważąco) *[traktować]* lightly, light-heartedly; **lekko traktować swoje obowiązki** to make light of one's duties [10] (delikatnie) *[umalować się]* slightly, lightly

■ **lekko licząc** at (the very) least; **zarabia, lekko licząc, 15 000 złotych miesięcznie** he earns at least 15,000 zlotys a month; **nie ma lekko!** pot. nothing doing! pot.; **z lekka** slightly; **lekko przyszło, lekko poszło** przysł. easy come, easy go

lekkoatle|ta *m,* **~tka** *f* Sport. athlete GB

lekkoatletyczn|y *adi.* Sport. *[mityng, zawody, trener]* athletics *attr.* GB, track and field *attr.* US

lekkoatlety|ka *f sgt* Sport. athletics GB, track and field US; **mistrzostwa świata w ~ce** world athletics championship

lekkoduch *m (Npl* **~y)** good-for-nothing, ne'er-do-well

lekkomyślnie *adv. grad. [żyć, postępować]* recklessly, frivolously; **~ podjęta decyzja** a reckless a. rash decision

lekkomyślnoś|ć *f sgt* recklessness

lekkomyśln|y *adi. [osoba, natura, postępowanie]* reckless; *[zobowiązania, decyzja]* reckless, rash

lektura

lekkopółśredni *adi.* Sport **waga ~a** light welterweight

lekkostrawnoś|ć *f sgt* digestibility

lekkostrawn|y *adi. [pokarm, potrawa]* light, easily digestible

lekkoś|ć *f sgt* [1] (niewielki ciężar) lightness; **~ć bagażu** lightness of one's luggage; [2] (zwinność) lightness, nimbleness; **poruszać się z ~cią** to be light on one's feet [3] (przewiewność) lightness, slightness; **~ć halki/bielizny** delicacy of one's slip/underwear [4] (delikatność) lightness, gentleness; **wino mimo swej ~ci uderzyło mu do głowy** the wine, although light, went to his head [5] (łatwość) lightness, easiness; **~ć pracy** easiness a. lightness of the work [6] (lekkomyślność) lightness, light-heartedness

lekoman *m,* **~ka** *f* pill-popper pot.

lekomani|a /ˌlekoˈmanja/ *f sgt (GD* **~i)** drug dependence; pill-popping pot.; **popaść w ~ę** to become dependent on drugs

lekospis *m (G* **~u)** Med. pharmacopoeia

leksem *m (G* **~u)** Jęz. lexeme

leksy|ka *f* Jęz. lexis

leksykalizacj|a *f sgt* Jęz. lexicalization

leksykalnie *adv.* Jęz. lexically

leksykaln|y *adi.* Jęz. lexical

leksykograf *m (Npl* **~owie)** lexicographer

leksykografi|a *f sgt (GD* **~i)** Jęz. lexicography

leksykograficzn|y *adi.* lexicographic(al)

leksykolo|g *m (Npl* **~dzy** a. **~gowie)** lexicologist

leksykolog|ia *f sgt (GD* **~i)** Jęz. lexicology

leksykologiczn|y *adi.* lexicological

leksykon *m (G* **~u)** [1] (informator) lexicon, encyclopedic dictionary; (tematyczny) companion (guide); **~ historii starożytnej** a lexicon a. dictionary of ancient history/a companion to ancient history [2] Jęz. (słownictwo) lexicon; **posługiwać się ubogim ~em** to have a restricted a. poor vocabulary

leksykonow|y *adi. [układ książki]* lexicon *attr.*; **dział ~y w wydawnictwie** the reference department in a publishing house

lekto|r **Ⅱ** *m pers.* [1] (czytający głośno) reader; **~r radiowy/telewizyjny** a radio/television announcer a. narrator; **nie lubię dubbingu, wolę czytającego ~ra** I don't like dubbing, I prefer voice-over; **komentarz ~ra** voice-over commentary [2] Uniw. (nauczyciel) foreign language teacher, lector; **~r języka angielskiego** an English teacher a. lector [3] (prelegent) speaker, lecturer [4] Relig. lector

Ⅲ *m inanim.* Techn. reader

lektora|t *m (G* **~tu)** Uniw. (kurs języka obcego) foreign language course

lektor|ka *f* [1] (czytająca głośno) reader; **~ka radiowa/telewizyjna** a radio/television narrator [2] Uniw. (nauczycielka) foreign language teacher, lector; **~ka języka francuskiego** a French language teacher [3] Relig. (czytająca podczas nabożeństw) lector

lektors|ki *adi.* [1] *[dykcja, umiejętności]* of a professional reader [2] Uniw. *[etat, posada, pensja]* of a foreign language teacher

lektu|ra *f* [1] (czytanie) reading; **~ra gazet/książek** the reading of newspapers/ books; **czas spędzał na ~rze (książek/ czasopism)** he spent his time reading

L

(books/magazines); **zaleca się dokładną ~rę instrukcji** the instructions should be read carefully; **jestem świeżo po ~rze jego najnowszej książki** I've just finished reading his latest book; **pogrążyć** a. **zatopić się w ~rze** to become engrossed in one's reading [2] (książka, zbiór książek) book, reading matter *U*; **~ra szkolna** set text, required reading; **~ra obowiązkowa/uzupełniająca** required/recommended reading; **lista ~r** a booklist, a reading list; **pamiętam swoje młodzieńcze ~ry** I remember the books I read when I was young; **ta powieść to fascynująca ~ra** this novel is an exciting read GB; **to nie jest odpowiednia ~ra dla dzieci** it's not suitable reading matter for children

lekturow|y *adi. [materiał]* reading *attr.*; **nadrabiać zaległości ~e** to catch up on one's backlog of reading (matter)

lekty|ka *f (fotel)* sedan chair; *(łoże)* litter

lekuchny *adi. dem.* → **leciutki**

lel|ek *m* Zool. nightjar

lelum polelum *żart.* namby-pamby *pot.*

lema|t *m (G ~tu)* Mat. lemma

lematyzacj|a *f sgt* Jęz. lemmatization

lemiesz *m* [1] Roln. *(w pługu)* (plough)share, blade; *(w spychaczu)* blade [2] Anat. *(kość)* vomer [3] Wojsk. armoured shield

lemieszow|y *adi.* [1] Roln. **brona ~a** knife-tooth harrow; **pług ~y** mould-board plough a. plow US [2] Anat. **kość ~a** vomer

leming *m* Zool. lemming

lemonia|da *f (~dka dem.)* lemonade

lemu|r *m* [1] Zool. lemur [2] Mitol. lemur

l|en *m zw. sg (G lnu)* [1] Bot. *(roślina)* flax; **snopki lnu** sheaves of flax [2] *(nasiona)* linseed, flaxseed; **olej tłoczony z lnu** linseed oil [3] Włók. *(włókno)* flax; **len roszony** retted flax; **włosy jak len** flaxen hair [4] Włók. *(przędza)* linen yarn [5] Włók. *(tkanina)* linen (fabric); **sukienka z lnu** a linen dress

le|nić się *impf v refl.* pejor. to laze about a. around, to loaf about a. around; **leniła się posprzątać mieszkanie** she was too lazy to clean the flat; **zawsze lenił się do pracy** he's always been work-shy; **lenisz się z odpowiedzią na list** you're taking your time answering the letter; **nie dać się komuś lenić** to keep sb busy a. on the hop GB *pot.*

leninizm *m sgt* Polit. *(G ~u)* Leninism

leninow|iec *m* Polit. *(V ~cze)* Leninist

leninows|ki *adi.* Leninist

leninów|ka *f pot.* cloth cap

lenistw|o *n sgt* pejor. *(cecha)* laziness, sloth; *(stan)* idleness; **wrodzone ~o** natural a. inborn laziness; **błogie ~o** blissful idleness; **~o intelektualne** mental laziness, (intellectual) torpor; **przez ~o** because of laziness; **z ~a** out of laziness; **rozkoszować się ~em** a. **oddawać się ~u** to indulge in idleness a. laziness

leniuch *m (Npl ~y)* pot., pejor. lazybones *pot.*; layabout *pejor.*; **okropny z niej ~** she's awfully lazy

leniuch|ować *impf vi* pot. to lounge about a. to laze about a. around

leniusz|ek *m dem. (Npl ~ki)* pot. little shirker *pot.*

leniw|ie, ~o *adv. grad. [poruszać się, płynąć]* lazily, languidly; *[przeciągnąć się, spojrzeć]* idly

leniw|iec [1] *m pers. (Npl ~cy* a. *~ce)* pot., pejor. lounger; layabout *pejor.*; lazybones *pot.*
[II] *m anim.* Zool. sloth
[III] *m inanim. (A ~ca)* pot. *(fotel)* easy chair

leniwi|eć *impf (~eję, ~ał, ~eli) vi* to grow lazy; **w taki upał człowiek ~eje** this kind of heat makes one lazy

leniw|y [1] *adi. grad.* [1] *(niechętny do pracy)* *[uczeń, dziecko, pracownik]* lazy; **był z natury ~ym człowiekiem** he was lazy by nature; **być ~ym do pracy/nauki** to be work-shy/lazy over one's studies; **~e oko** Med. lazy eye; **jest strasznie ~y** he's bone idle *pot.* [2] *(powolny)* *[chód, ruch]* lazy, languid; *[rozmowa]* leisurely; *[poza]* languid; *[trucht]* slow
[II] **leniwe** *plt* Kulin. cottage cheese dumplings

lennicz|ka *f* Hist. vassal

lenni|k *m* Hist. liegeman, vassal

lenn|o *n* Hist., [1] *(ziemia)* fief(dom), fee, feud; **reszta Mazowsza stała się ~em króla polskiego** the rest of Mazovia became a fief(dom) of the king of Poland [2] *(zależność)* vassalage; **dostać coś w ~o** to hold sth in fee; **oddać komuś ziemię w ~o** to grant land to sb to hold in fee; **oddać się (komuś) w ~o** to become sb's vassal, to become sb's liegeman

lennon|ki *plt (G ~ek)* pot. granny glasses a. specs *pot.*

lenn|y *adi.* Hist., *[księstwo, władca]* liege, feudatory; **hołd ~y** liege homage; **podległość ~a** feudal allegiance

lenteks, lentex *m (G ~u)* Budow. ≈ linoleum

len|to Muz. [1] *n, n inv.* lento; **szybkie allegro, po którym następuje ~to** a fast allegro followed by a lento
[II] *adv.* lento; **zagraj to ~to** play it lento

le|ń *m (Gpl leni* a. *leniów)* lazybones, idler; layabout *pejor.*, sluggard *pejor.*
■ **śmierdzący leń** *pot.*, pejor. lazy sod *posp.*; **mieć lenia** *pot.* to be in a lazy mood

leopar|d *m* Zool. leopard, panther

lep *m (G ~u)* **~ na muchy** flypaper; **~ na ptaki** birdlime
■ **brać** a. **chwytać kogoś na ~ frazesami/obietnicami** to lure a. seduce sb with platitudes/promises; **pójść** a. **dać się wziąć** a. **dać się złapać na ~ propagandy/pięknych słówek** to be lured a. seduced by propaganda/fine words

lepian|ka *f* mud hut

lep|ić *impf* [1] *vt* [1] *(formować)* to mould, to fashion *[figurkę, garnek]* (**z czegoś** from a. out of sth); to build *[gniazdo]* (**z czegoś** of a. out of sth); **~ić bałwana** to make a snowman; **~ić coś z gliny** to model clay into sth; **dzieci ~ią figurki z plasteliny** the children are making plasticine figures; **~ienie garnków z gliny** *(na kole)* the throwing of clay pots ⇒ **ulepić** [2] *(sklejać)* to glue together, to stick together *[skorupy, filiżankę, dzban]* (**czymś** with sth) ⇒ **zlepić**
[II] **lepić się** to be sticky; **~ić się do czegoś** to stick a. cling to sth; **koszula ~iła się do spoconego ciała** the shirt was clinging to his sweat-drenched body; **ręce**

~ią mi się od miodu my hands are sticky with honey; **ciało ~iło mu się od potu** he felt hot and sticky
■ **~ić się do kogoś** *pot.* to cling a. stick to sb like a leech; **wszyscy chłopcy się do niej lepią** all the boys flock around her; **~ić się od** a. **z brudu** to be grimy a. filthy; **wszystko mu się ~i do rąk** *pot.* he's got sticky a. itchy fingers *pot.*

lepiej *adv. comp.* → **dobrze**

lepiężnik *m* Bot. butterbur

lepik *m (G ~u)* Budow. *(do klepki)* glue, cement; *(do dachu)* asphalt, pitch

lepi|ony [1] *pp* → **lepić**
[II] *adi. [dzban, talerz]* hand-crafted, handmade

lepiszcz|e *n (Gpl ~y)* [1] Geol., Techn. binder, binding agent [2] *przen.* fixative *przen.*

lep|ki *adi.* [1] *(kleisty)* *[śnieg, błoto, plastelina, powierzchnia]* sticky; *[sok]* syrupy; *[substancja]* viscous, viscid; **ręce ~kie od potu** clammy hands; **włosy ~kie od brudu** grimy hair [2] *przen.* *[poufałość, spojrzenie]* smarmy *pejor.*
■ **mieć ~kie ręce** *pot.* to have itchy fingers *pot.*

lepko *adv. [osadzać się, przywierać]* stickily; **tu jest ~ od brudu** the place is grimy a. grubby *pot.*; **od kilku dni jest ~ i upalnie** it's been hot and sticky for several days

lepkoś|ć *f sgt* [1] *(kleistość)* **~ć miodu/żywicy** the stickiness of honey/resin [2] Fiz. viscosity [3] *przen.* sliminess *pejor.*

lepnic|a *f* Bot. catchfly

lepnik *m* Bot. stickseed

lep|ra *f sgt* Med. leprosy; **chorować na ~rę** to suffer from leprosy

leprozori|um *n (Gpl ~ów)* *(szpital)* leprosarium, leper-house; *(kolonia)* leper colony

lepszoś|ć *f sgt* książk. superiority

lepszy *adi. comp.* → **dobry**

lepton *m (G ~u)* Fiz. lepton

ler|ka *f* Zool. woodlark

lesb|a *f* pot., obraźl. lez *pot.*; dyke *posp.*, obraźl.

lesbij|ka *f* lesbian; gay *pot.*

lesbijs|ki *adi.* lesbian, sapphic

leseferyzm *m sgt (G ~u)* laissez-faire, laisser-faireism

lese|r *m, ~rka* *f* pot., pejor. idler, loafer; skiver GB *pot.*; goof-off US *posp.*

leser|ować *impf vi* pot. to loaf around

lesi|sty *adi. [tereny, okolice, wzgórza, równina]* woody a. wooded, forested, woodsy US

less *m (G ~u)* Geol. loess

lessow|y *adi.* Geol. *[wąwóz, dolina, gleby]* loess *attr.*, loessic, loessial

leszcz *m (Gpl ~y* a. *~ów)* Zool. bream

leszczyn|a *f* [1] Bot. *(krzew)* hazel, filbert US [2] *(gałąź)* hazel bough [3] *(zarośla)* hazel grove a. wood

leszczynow|y *adi.* hazel *attr.*, filbert *attr.* US

leśnictw|o *n* [1] *sgt (nauka, dział gospodarki)* forestry [2] *(jednostka administracyjna)* forest administration region

leśniczów|ka *f* forester's lodge

leśnicz|y *m (Npl ~owie, Gpl ~ych)* forester; *(w lesie prywatnym)* gamekeeper

leśni|k *m* [1] *(specjalista)* forester; **inżynier ~k** a forestry engineer [2] *(pracownik)* forester

leśn|y [1] *adi.* [1] *[gospodarka, polana, droga, zwierzęta]* forest *attr.*; **robotnik ~y** a forestry worker; **nimfa ~a** a wood nymph [2] *[teren, wzgórza]* woody a. wooded, forested; sylvan książk.

II *m* pot. partisan; **oddział ~ych** a partisan company

letarg *m sgt* (*G* **~u**) [1] Med. lethargy; **być w ~u** to be lethargic; **zapaść w ~** to lapse into lethargy [2] przen. lethargy, torpor; **dźwięk dzwonka wyrwał go z ~u** the sound of the bell stirred him from his lethargy; **obudzić się z umysłowego ~u** to cast off a. throw off one's (intellectual) apathy; **zimą nadmorskie kurorty zapadają w długi ~** in winter the seaside resorts become lifeless a. stagnate

letargiczn|y *adi. [sen, atmosphere]* lethargic

letni *adi.* [1] (dotyczący lata) *[ubiór, pora, upał, wakacje, obóz]* summer *attr.*; **~a sukienka na ramiączkach** a sundress; **~ domek** a summer house; **czas ~** summertime, daylight saving time; **teatrzyk ~** an open-air theatre [2] (ciepły) *[herbata, woda, zupa]* lukewarm, tepid; **~a temperatura** tepidity [3] przen. (niewyraźny) *[uczucie, wyznawca]* lukewarm przen.

-letni *w wyrazach złożonych* **dwudziestopięcioletni mężczyzna** a twenty-five-year-old man; **dwunastoletnie wysiłki** twelve years of effort

letnia|k pot., przest. **I** *m pers.* (summer) holidaymaker

II *m inanim.* (dom) summer house a. lodge ■ **na ~ka** pot. in a summery outfit

letni|k *m*, **~czka** *f* pot., przest. (summer) holidaymaker

letnio *adv.* [1] (lekko) **być ~ ubranym** to be dressed in a summery outfit; **czy nie ubrałeś się zbyt ~?** aren't you dressed too lightly? [2] przen. **przyjąć kogoś ~** to give sb a lukewarm welcome

letnisk|o *n* summer resort; **przebywać na ~u** to be on holiday

letniskow|y *adi. [kurort, wieś, domki, miejscowość]* holiday *attr.*; **goście ~i** holidaymakers

let's kiss *m* (*G* **let's kissa**) Taniec let's kiss

leukemi|a *f sgt* (*GD* **~i**) Med. leuk(a)emia; **chorować na ~ę** to have leuka(e)mia

leukocy|t *m zw. pl* (*G* **~tu**) Biol. leucocyte a. leukocyte, white blood cell a. corpuscle

leukocytoz|a *f sgt* Med. leucocytosis a. leukocytosis

leukotomi|a *f sgt* (*GD* **~i**) Med. leucotomy a. leukotomy

leutnan|t /'lejtnant/ → **lejtnant**

L|ew I *m pers.* (*Npl* **Lwy**) Leo; **jest Lwem** he's a Leo

II *m inanim. sgt* [1] (znak zodiaku) Leo; **on jest spod (znaku) Lwa** he's a Leo [2] Astron. Leo

l|ew¹ *m* Zool. lion

❏ **lew morski** Zool. sea lion

■ **lew salonowy** żart. socialite przest.; **odważny jak lew** (as) bold a. brave as a lion; **iść** a. **zaglądać lwu w paszczę** to beard a lion (in his den); **walczyć jak lew** to fight like a tiger; **lew się w nim budzi** he begins to show a. prove his mettle

lew² *m* (*A* **~a**) Fin. lev; **dwa ~y** two leva(s)

lew|a *f* Gry trick; **wziąć ~ę** to take a. win a trick

lewac|ki *adi. [poglądy, partia, ugrupowanie]* leftist; lefty pot.

lewactw|o *n sgt* pot. leftism

lewa|k *m*, **~czka** *f* pot. lefty pot., leftie pot.

lewa|r *m* [1] Techn. jack, lever; **podnieść coś ~rem/na ~rach** to lever a. jack sth up [2] Chem. siphon, syphon

lewar|ek *m* [1] *dem.* Techn. jack, lever; **podnieść samochód na ~ku** to jack up a car [2] pot. (dźwignia) lever; **~ek od skrzyni biegów** a gear lever [3] *dem.* Chem. siphon, syphon

lewatyw|a *f* Med. enema; **zrobić ~ę dziecku/pacjentowi** to give a child/patient an enema

lew|ek *m dem.* (lion) cub

lewic|a *f* [1] *sgt* Polit. (partia, kierunek) the Left; **partie ~y** left-wing parties; **działać na ~y** to be a left-wing activist; **obóz ~y** the left wing [2] książk. (lewa ręka) left hand; **po ~y** on the left hand

■ **nie wie ~a, co czyni prawica** przysł. the left hand doesn't know what the right hand is doing przysł.

lewic|ować *impf vi* to have leftish views, to support the Left; **~ujący polityk** a left-leaning politician; **~ujące poglądy/gazety** leftish views/newspapers

lewicowo *adv.* **~ nastawieni intelektualiści/studenci** left-wing intellectuals/students

lewicowoś|ć *f sgt* leftism; **~ć poglądów/przekonań** leftist views/convictions

lewicow|y *adi.* Polit. *[działacz, polityk]* left-wing *attr.*; *[idee, poglądy, gazety]* leftist

lewitacj|a *f sgt* levitation

lewit|ować *impf vi* to levitate

lewi|zna *f* pot. [1] (praca) moonlighting *U* pot.; **popracować na ~źnie** to moonlight [2] (rzeczy, pieniądze) loot *U*; **kradł i sprzedawał ~znę na bazarze** he stole and then sold the loot on the market

lewkoni|a /lefˈkɔɲa/ *f* (*GDGpl* **~i**) Bot. stock *C/U*, gillyflower *C/U*

lew|o I *adv.* left; **na ~o od czegoś** on a. to the left of sth; **dalej na ~o jest stadion** there's a stadium farther on the left; **iść/patrzeć w ~o** a. **na ~o** to go/look left; **pierwsze/trzecie drzwi na ~o** the first/third door on the left; **skręcić w ~o** a. **na ~o** to turn (to the) left; **skręt w ~o** Aut. a left turn; **w ~o zwrot!** turn left!; **na ~o patrz!** eyes left!; **pójść na ~o** a. **w ~o** Polit. to move to the left przen.; **nowy rząd obrał kurs w ~o** the new government has adopted a more leftist policy

II z lewa pot. (po lewej stronie) on a. to the left; **z ~a na prawo** from left to right; **wiatr z ~a** wind from the left

III lewo- *w wyrazach złożonych* left-; **człowiek leworęczny** a left-handed person

■ **albo w ~o albo w prawo** pot. make up your mind one way or the other; **robić coś na ~o** pot. to do sth on the side pot; **sprzedawać coś na ~o** to sell sth under the counter; **praca na ~o** a job on the side pot.

lewobrzeżn|y *adi. [dzielnica, dopływ]* left-bank *attr.*, left-hand bank *attr.*

leworęcznoś|ć *f sgt* left-handedness; sinistrality książk.

leworę|czny, **~ki I** *adi. [osoba]* left-handed

II *m* left-hander; sinistral książk.

lewoskrętnie *adv.* **gwint śruby nacięty był ~** the screw had a left-hand thread

lewoskrętnoś|ć *f* (śruby, gwintu) left-handedness; Chem. laevorotation

lewoskrętn|y *adi. [gwint, spirala, zwój]* left-hand *attr.*

lewoskrzydłow|y *m*, **~a** *f* Sport left wing(er)

lewostronn|y *adi. [paraliż]* left-side *attr.*; sinistral książk.; **w tym kraju obowiązuje ruch ~y** in this country one drives on the left (side of the road)

lew|y I *adi.* [1] *[strona, ręka, noga, but]* left; **~y brzeg rzeki** the left bank of a river; **~e skrzydło budynku** the left wing of a building; **po (czyjejś) ~ej ręce** on sb's left [2] (odwrotny) **włożył koszulę na ~ą stronę** he put on his shirt inside out a. the wrong side out; **aksamit prasuje się tylko po ~ej stronie** velvet should be ironed on the wrong side only; **~a strona koperty** the back of an envelope [3] Polit. *[skrzydło, odłam]* left [4] pot. (fałszywy) *[dokumenty, paszport]* phoney pot.; false [5] pot. (nielegalny) *[interesy, sprawy]* shady pot. [6] pot. (kradziony) *[towary, części]* hot pot. [7] pot. (nienadający się do czegoś) *[osoba]* awkward, clumsy; *[urządzenia, przedmioty]* clumsy

II *m* Sport left; **~y prosty** a straight left; **~y sierpowy** a left hook

III lewa *f* [1] (strona) the left; **po ~ej była mała leśna dróżka** on a. to the left there was a narrow forest path; **mieli po ~ej kościół** there was a church on a. to their left; **ten drugi z ~ej to mój dziadek** the person second on the left a. from (the) left is my grandpa; **pismo łacińskie czytamy od ~ej do prawej** Latin is read from left to right [2] (noga) left leg; **raz, dwa, trzy, ~a!** one, two, three, left!

■ **mieć dwie ~e ręce** pot. to be all fingers and thumbs; **wstać ~ą nogą (z łóżka)** pot. to get out of bed on the wrong side

l|eźć *impf* (**lezę, leziesz, lazł, lazła, leźli**) pot. [1] (wlec się) to shuffle, to shamble; (z trudem) to trudge; **lazł przez sad** he slowly made his way through the orchard; **patrzył jak mucha lezie po suficie** he watched a fly crawling across the ceiling [2] (wdrapywać się) to climb; **nie leź na drzewo** don't climb (up) the tree [3] (pchać się) **gdzie leziesz, baranie!?** where do you think you're going, you clown? pot.; **po co tam leziesz, przecież nikt cię nie zapraszał** what do you want to go there for? – you're not even invited

leża|k *m* (**~czek** *dem.*) deckchair; **złożyć/rozłożyć ~k** to fold/unfold a deckchair; **plażowy ~k** a beach chair

leżak|ować *impf vi* [1] (odpoczywać) to rest; **dzieci ~ują po obiedzie** kids are resting after dinner [2] *[wino, koniak]* to mature

leżakow|y *adi. [płótno]* deckchair *attr.*; **fotel ~y** a lounger

leżan|ka *f* couch, divan

❏ **~ka monterska** Techn. cradle

L

leżąco adv. **na ~** lying; **czytać na ~** to read lying down

leżąc|y [] pa → **leżeć**

[] adi. [pozycja] lying; **miejsce ~e w pociągu** couchette

leż|eć impf (~ysz, ~ał, ~eli) vi [1] [osoba] to lie; **~eć na kanapie/łóżku** to lie on a couch/bed; **~eć na plecach/na brzuchu/ na boku** to lie on one's back/front/side; **~ał w łóżku do dziesiątej** he stayed in bed till ten o'clock; **dzieci już ~ą w łóżkach** the children are already in bed; **już ~ał w łóżku, gdy zadzwonił telefon** he was (already) in bed when the telephone rang; **cały dzień ~eli w słońcu** they spent the whole day basking in the sun; **~eć w szpitalu/klinice** to be in hospital/a clinic; **~ał w szpitalu przez miesiąc** he was in hospital for a (whole) month [2] (być pochowanym) to lie, to be buried; **partyzanci ~ą pod murem** the partisans are buried by the wall; **~eć w grobie** to be dead a. gone; **~eć w ziemi** pot. to be pushing up the daisies pot. [3] [przedmiot] to lie; **ołówek ~y na podłodze** a pencil is lying on the floor; **na wszystkich krzesłach ~ały książki i papiery** books and papers were lying on all the chairs [4] (pokrywać) to lie, to cover; **kurz ~ał na podłodze** there was dust on the floor; **na stole ~ał biały obrus** there was a white (table)cloth on the table; **błoto ~y na ulicy** the street is covered with mud; **nisko przy ziemi ~ały jeszcze mgły** fog was still lying low over the ground [5] (pasować) [ubranie] to fit; **garnitur ~y na nim jak ulał** the suit fits him like a glove; **sukienka fatalnie ~y** the dress doesn't fit at all [6] (znajdować się) to lie, to be situated; **miasto ~y nad rzeką** the town is on a river; **Polska ~y w Europie** Poland is in Europe [7] (polegać) [problem, przyczyna, sens] to lie; **problem ~y w tym, że...** the problem is that...; **~eć u podstaw a. źródeł a. początków czegoś** to be the underlying reason for a. cause of sth; **zasadnicza kwestia ~ąca u podłoża konfliktu** the fundamental issue underlying the conflict; **u podłoża tych decyzji ~ały względy polityczne** there were political reasons underlying the decisions; **~eć w czyjeś naturze** to be in sb's nature; **wybuchowość ~ała w jej usposobieniu** it was in her nature to be short-tempered; **~eć w czyjeś gestii** to be within sb's authority; **szkoły podstawowe ~ą w gestii władz lokalnych** primary schools come under the aegis of the local authorities; **w gestii dyrektora ~y wydawanie decyzji** the manager is responsible for taking decisions [8] pot. (być w niekorzystnej sytuacji) **robota ~y** we're behind with the work, there's heaps of work to be done; **teatry ~ą, bo nie mają dotacji** theatres are in dire straits due to the lack of subsidies; **jeśli nie oddam pieniędzy, to ~ę (i kwiczę)** if I don't give the money back, I'm done for pot. [9] przen., kryt., pot. (odpowiadać) to suit; **twoje towarzystwo ~y mi najbardziej** your company suits me best; **te pytania mi nie ~ały** the questions didn't suit me at all

■ **~eć do góry brzuchem** pot., pejor. to lie about a. around; **~eć na obie łopatki** pot. to be done for pot.; **~eć na pieniądzach** a. **forsie** pot. to be made of money **~eć u czyichś nóg** a. **stóp** pot. to bow before a. to sb; **~eć w gruzach** a. **ruinie** to lie in ruins; **~eć odłogiem** [ziemia] to lie fallow

lędźwi|e plt (G ~) loin zw. pl; **ból w ~ach** pain in the loins; **z ~ Abrahama** Bibl. from the loins of Abraham

lędźwiow|y adi. Anat. lumbar; **odcinek ~y** the lumbar region

lęg m (G lęgu) [1] (wyleganie) hatching; **lęg ptaków/żółwi** a hatching of birds/turtles; **pora lęgu** the hatching season [2] (wysiadywane jaja) clutch; **dwa lęgi w roku** two clutches in a year

l|ęgnąć się impf v refl. [1] (rodzić się) [pisklęta] to hatch ⇒ **wylęgnąć się** [2] (rozmnażać się) [myszy, robaki] to breed ⇒ **zalęgnąć się** [3] przen. (powstawać) to breed; **plotki o ich romansie lęgły się w biurze** rumours about their affair were hatched in the office

lęgowisk|o n breeding ground; **~o jaskółek/łabędzi** a breeding ground for swallows/swans

lęgow|y adi. [pora, miejsce] breeding attr.; **budka ~a** a nesting box

lęk m (G ~u) [1] (strach) fear C/U, anxiety C/U; **~ przed kimś/czymś** a fear of sb/sth; **~ przed śmiercią** (a) fear of death; **~ o kogoś/coś** fear for sb/sth; **odczuwać ~** to feel anxious a. frightened; **ponury krajobraz napawał go ~iem** the gloomy landscape filled him with anxiety a. apprehension; **ogarniał go ~, co będzie w przyszłości** he was very anxious about what the future might hold a. bring; **gnębi ją silny ~ przed obcymi** she has a deep fear of strangers; **często doznaje ~u, że zostanie sam** he often has this fear that he will be left alone [2] Psych. anxiety; **~ przed szkołą** anxiety about a. over school; **~ przestrzeni** (a) fear of open spaces; **~ wysokości** (a) fear of heights

lęka|ć się impf v refl. książk. to fear; **~ć się ciemności/śmierci** to fear the dark/to fear death; **~ć się o bezpieczeństwo dziecka** to fear for one's child's safety; **~m się, żeby nie powiedzieć za dużo** I fear I might say too much; **~ł się, że ją zrani** he was afraid he might hurt her

lękliwie adv. grad. [iść, rozejrzeć się] fearfully, apprehensively; **patrzyła ~ w przyszłość** she feared the future; **drżała ~** she trembled with fear

lękliwoś|ć f sgt fearfulness, apprehensiveness; **chorobliwa ~ć** a phobia

lękliw|y adi. grad. [osoba, mina, uśmiech] fearful, apprehensive

lękow|y adi. Psych. [zaburzenia, stan, napad] anxiety attr.; **nerwica ~a** anxiety neurosis

lgn|ąć impf (~ę, ~ęła, ~ęli) vi [1] (przylepiać się) to stick (**do czegoś** to sth); **glina ~ęła (mu) do butów** clay was sticking to his shoes ⇒ **przylgnąć** [2] przen. (odczuwać sympatię) **~ąć do kogoś** to be taken with sb; **kobiety ~ęły do niego jak urzeczone** women flocked around him as though they were bewitched; **~ą do niego dzieci i zwierzęta** children and animals take to

him ⇒ **przylgnąć** [3] książk. (pragnąć) to be attracted (**do czegoś** to sth); **każdy człowiek ~ie do ziemskich uciech** we are all attracted to wordly pleasures

li part. **li tylko** solely, only; **li tylko dla twojego dobra** solely for your benefit

lian|a f zw. pl liana, liane

libacj|a f (Gpl ~i) [1] (pijaństwo) carousal; **odgłosy ~i** the noises of carousing; **urządzać ~e** to carouse [2] Antycz. libation

Liba|ńczyk m, **~nka** f Lebanese

libańs|ki adi. Lebanese

liberalizacj|a f sgt książk. (handlu, przepisów, cen, polityki) liberalization

liberalizacyjn|y adi. [poglądy, postawa] liberal; **polityka ~a** a policy of liberalization

liberalizm m sgt (G ~u) [1] (tolerancja) liberalism (**wobec kogoś/czegoś** towards sb/sth) [2] Ekon., Hist., Polit. liberalism

liberaliz|ować impf książk. [] vt to liberalize [handel, przepisy, ceny, gospodarkę]; **~ować swoje stanowisko wobec czegoś** to become more liberal towards sth ⇒ **zliberalizować**

[] vi to have liberalist a. liberal views; **~ujący polityk** a liberalistic a. liberal politician

liberalnie adv. grad. [traktować, wychowywać] liberally, permissively; **~ zorientowana polityka gospodarcza państwa** a liberally oriented economic policy of a country

liberaln|y [] adi. grad. [władza, przepisy, prawo, zasady] liberal; **~y nauczyciel** a liberal teacher

[] adi. [partia, polityka, orientacja] Liberal

liberał m (Npl ~owie) [1] (człowiek tolerancyjny) liberal [2] Polit. Liberal

liberi|a f (GDGpl ~i) livery; **odźwierny w ~i** a liveried doorman

libertyn m [1] Filoz., Polit. libertarian [2] książk. (nieprzestrzegający norm) libertine

libertynizm m sgt (G ~u) Filoz., Polit. libertarianism

libertyńs|ki adi. [poglądy, ruch] libertarian; (rozwiązły) debauched

Liberyj|czyk m, **~ka** f Liberian

liberyjs|ki adi. Liberian

Libij|czyk m, **~ka** f Libyan

libijs|ki adi. Libyan

libreci|sta m, **~stka** f librettist

libret|to n Muz. libretto; **~to opery** a. **do opery** a libretto of a. for an opera

liceali|sta m, **~stka** f secondary-school pupil GB, high-school student US

liceln|y adi. [klasa, uczniowie, nauczyciele] secondary-school attr. GB, high-school attr. US

licencj|a f (Gpl ~i) [1] (zezwolenie) licence GB, license US; **~a na przewóz pasażerów** a passenger transport licence; **~a na produkcję samochodów** a licence to produce cars; **~a pilota** a pilot's licence; **na ~i** under licence; **udzielić (komuś) ~i** to grant a licence to sb; **samochody produkowane na ~i japońskiej** cars produced a. made under Japanese licence [2] (w literaturze, sztuce) licence GB, license US; **~a poetycka** poetic a. artistic licence

licencjac|ki adi. [studia] undergraduate attr.; **tytuł ~ki** bachelor's degree

licencja|t [I] *m pers.* graduate with a bachelor's degree

[II] *m inanim.* (*G* ~**tu**) (stopień) bachelor's degree; ~**t nauk humanistycznych** Bachelor of Arts; ~**t nauk ścisłych** Bachelor of Science; **mieć ~t z fizyki** to have a bachelor's degree in Physics

licencyjn|y *adi.* [*umowa, opłata, dokument*] licence *attr.* GB, license *attr.* US; **autobusy/ samochody ~e** buses/cars produced a. made under licence

licentia poetica /li'tsentsja po'etika/ [1] Literat., Szt. artistic a. poetic licence GB, artistic license US [2] *pot., żart.* slip of the tongue

lice|um *n* (*Gpl* ~**ów**) ≈ secondary school GB, high school US; **uczyć się w ~um** to attend a secondary school; ~**um medyczne** a medical school; ~**um ogólnokształcące** ≈ grammar school; ~**um zawodowe** ≈ vocational school

li|cha *f augm.* (gąsienica) caterpillar, grub

lich|o¹ *n pot.* evil spirit, devil; **jakieś złe ~o mnie podkusiło, żeby mu to powiedzieć** some evil spirit urged me to tell him; **a tego tu znowu jakieś ~o nadało** a. **przyniosło** some evil spirit's brought him here once again; ~**o nadało taki interes!** just the kind of business we need right now! *iron.*; **co u ~a, zegarka nie masz?** haven't you got damn watch? *pot.*; **do ~a z nim/z tym** to a. the hell with him/it *pot.*; **idź do ~a!** go to hell! *pot.*; **niech cię/go/to ~o porwie** a. **weźmie!** (God) damn you!/him!/it! *pot.*; **co za ~o cię tam pognało?** what the devil a. what in heck possessed you to go there? *pot.*; **po kiego ~a** a. **po jakie ~o** what the devil a. hell; **po kiego ~a się wtrącasz?** why the hell don't you stay out of this a. it?; **na ~o się zdał cały nasz wysiłek** all our efforts went to waste; **zimno tu jak ~o** it's damn cold (in) here *pot.*

■ **do ~a (i trochę)** *pot.* a heck a. hell of a lot *pot.*; ~**o (go/ją/ich) wie** the devil (only) knows *pot.*; ~**o nie śpi** *przysł.* you never know what might happen

lich|o² *adv.* [*ubierać się, mieszkać, jeść*] poorly, meanly; ~**o opłacana praca** a low-paid job; **wyglądać ~o** to look miserable

lichtarz *m* (~**yk** *dem.*) candlestick, candle holder

lichw|a *f sgt pejor.* usury *pejor.*; **pomnażać kapitał ~ą** to make a profit through usury; **pożyczać pieniądze na ~ę** to lend money at usurious rates; „**ta pożyczka to ~a!**" 'this loan is nothing but extortion!'

■ **wynagrodzić** a. **pokryć** a. **zwrócić coś z ~ą** to make up for sth with interest

lichwiars|ki *adi. pejor.* [*procent*] usurious *pejor.*

lichwiarstw|o *n sgt pejor.* usury *pejor.*

li|chy *adi. grad.* [1] (marny) [*ziemia, zdrowie, malarz*] poor; [*dom, warunki*] miserable; [*posiłek, ubranie*] mean [2] (mały) [*wzrost, zarobek*] mean; **za lichy grosz** a. **liche pieniądze** for peanuts *pot.*; **pracował za lichy grosz** he was paid peanuts

lic|o *n* [1] *książk.* (twarz) face **rumiane ~o** a ruddy a. florid face; **łzy płynęły jej po ~u** tears ran a. flowed down her face a. cheeks

[2] (powierzchnia) face, front; ~**o siekiery** the face of an axe [3] Budow. (wall) face
❑ ~**o skóry** Przem. the grain (of leather)

lico|wać *impf* [I] *vt* Budow. to face [*ściany*]; ~**ować ścianę kamieniem/marmurem/ tynkiem** to face a wall with stone/marble/ plaster; ~**ować ścianę płytkami** to tile a wall

[II] *vi książk.* (harmonizować, pasować) to be in keeping (**z czymś** with sth); **jego zachowanie nie ~owało z powagą sytuacji** his conduct was out of keeping a. incompatible with the solemnity of the occasion; **takie postępowanie nie ~uje z jego stanowiskiem** such conduct hardly befits a. is hardly appropriate to his position

licow|y *adi.* [1] (zewnętrzny) outer, front; ~**a powierzchnia** (tkaniny) the right side, the face (side); (skóry) the grain (side); ~**a strona papieru** recto [2] Budow. [*cegła*] face *attr.*; [*kamień*] facing [3] (frontowy) [*ściana*] face *attr.*

licytacj|a *f* (*Gpl* ~**i**) [1] (publiczna sprzedaż) auction; (licytowanie) bidding; **wystawili dom na ~ę** they put the house up for auction a. on the (auction) block US; **kupić meble na ~i** to buy furniture at (an) auction; **sprzedać obraz na ~i** to sell a painting at (an) auction a. by auction; **rozpocząć ~ę** [*licytator*] to start the bidding; **przystąpić do ~i** [*uczestnik*] to join in the bidding [2] Gry bidding *U* [3] *przen.* (dyskusja, spór) dispute; ~**a, kto się bardziej poświęca** a bragging match about who makes the most sacrifices

licytacyjn|y *adi.* [*młotek, sala, numer*] auction *attr.*

licytato|r *m* auctioneer

licytators|ki *adi.* [*stół, cena*] auction *attr.*; [*młotek*] auctioneer's, auction *attr.*

licyt|ować *impf* [I] *vt* [1] (sprzedawać) to sell by auction, to auction (off) [*majątek, dzieła sztuki*]; **rękopisy będą ~owane w piątek** the manuscripts will be auctioned a. sold by auction on Friday ⇒ **zlicytować** [2] Gry to bid, to call; ~**ować (dwa) kiery/piki** to bid (two) hearts/spades ⇒ **zalicytować**

[II] *vi* (zgłaszać sumę) to bid; ~**ować od/do dziesięciu tysięcy złotych** to open the bidding at/to bid up to ten thousand zlotys; ~**ować nisko/wysoko** to bid low/high

[III] **licytować się** *pot.* (przechwalać się) to have a bragging contest a. match *pot.*; ~**owali się, kto więcej zarabia/kto jest silniejszy** they'd got into a bragging match about who earned more/which of them was stronger; **obaj ~owali się w prawieniu komplementów aktorce** the two of them tried to outdo each other in complimenting the actress

liczb|a *f* [1] Mat. number, figure; ~**a siedem** the number seven; ~**a jednocyfrowa** a one- a. single-digit number; ~**a pięciocyfrowa** a five-digit a. five-figure number; ~**a wielocyfrowa** a multi-digit number; **dodawać/odejmować/mnożyć/dzielić ~y** to add/subtract/multiply/divide numbers; **wielkość wyrażona w ~ach** a. **za pomocą** a quantity expressed in numbers a. numerically; **pechowa/szczęśliwa ~a** an unlucky/a lucky number [2] (ilość) number; ~**a osób/przedmiotów** the number of people/objects; **duża/niewielka ~a książek** a large/small number of books; ~**a białych ciałek we krwi** the white blood-cell count; ~**a jego publikacji rośnie** the number of his publications is growing; **zespół w ~ie dwudziestu ludzi** a twenty-strong team, a team of twenty (people); **członkowie, w ~ie 32, spotykają się raz w miesiącu** the 32 members meet once a month; **znalazł się w ~ie najlepszych zawodników** he was counted among the best players; **20 naukowców, w tej ~ie laureaci nagrody Nobla** twenty scholars, Nobel prizewinners among them a. including Nobel prizewinners [3] Jęz. number; ~**a pojedyncza/mnoga** the singular/ plural; **rzeczownik w ~ie pojedynczej/ mnogiej** a noun in the singular/plural
❑ ~**a atomowa** a. **porządkowa pierwiastków** Chem. atomic a. proton number; ~**a całkowita** Mat. integral number, integer; ~**a cetanowa** Chem., Techn. cetane number a. rating; ~**a dodatkowa** Gry additional number; ~**a dodatnia** Mat. positive number; ~**a doskonała** Mat. perfect number; ~**a dziesiętna** Mat. decimal (number); ~**a jodowa** Chem. iodine number a. value; ~**a kwasowa** Chem. acid number a. value; ~**a mianowana** Mat., Fiz. denominate number; ~**a mieszana** Mat. mixed number a. fraction; ~**a naturalna** Mat. natural number; ~**a nieparzysta** Mat. odd number; ~**a niewymierna** Mat. irrational number; ~**a oderwana** Mat. abstract number; ~**a pi** Mat. pi; ~**a pierwsza** Mat. prime number; ~**a podpierwiastkowa** Mat., Chem. radicand; ~**a podwójna** Jęz. dual (number); ~**a podzielna** Mat. divisible number; ~**a porządkowa** ordinal (number); ~**a ujemna** Mat. negative number; ~**a wymierna** Mat. rational number; ~**a względna** Mat. directed number; ~**y bliźniacze** Mat. twin primes; ~**y kardynalne** Mat. cardinal numbers; ~**y kwantowe** Fiz. quantum numbers; ~**y losowe** Mat. random numbers; ~**y magiczne** Fiz. magic numbers; ~**y niecałkowite** Mat. non-integers; ~**y pitagorejskie** Mat. Pythagorean numbers; ~**y rzeczywiste** Mat. real numbers; ~**y zespolone** Mat. complex numbers

liczbowo *adv.* (za pomocą cyfr) [*wyrazić, przedstawić*] in figures, numerically; (ilościowo) quantitatively, in terms of numbers a. in figures; **nasza grupa przewyższa waszą/ustępuje waszej ~** our group is bigger/smaller than yours

liczbow|y *adi.* [*dane, wartość*] numerical; **łamigłówka ~a** a number puzzle; **stosunek ~y** a ratio; **gra ~a** lotto, state lottery

liczebnie *adv.* numerically; **górują nad nami ~** they outnumber us, there's more of them than us; **grupa większa ~** a numerically larger a. a bigger group

liczebnik *m* Jęz. numeral, number
❑ ~ **główny** cardinal number; ~ **mnożny** multiplicative numeral; ~ **nieokreślony** indefinite numeral; ~ **porządkowy** ordinal (number); ~ **ułamkowy** fractional numeral; ~ **wielokrotny** multiplicative numeral; ~ **wieloraki** manifold numeral; ~ **zbiorowy** collective numeral

L

liczebnikow|y adi. [konstrukcja, deklinacja] numeral

liczebnoś|ć f sgt number, numerical strength; **~ć klasy** the number of pupils a. students in the class, the size of the class, enrollment US; **~ć populacji wilków** the size of the wolf population; **grupa druga pod względem ~ci** the second most numerous group

liczebn|y adi. numerical; **przewaga ~a** numerical superiority, superiority in numbers; **mieć nad kimś ~ą przewagę** to outnumber sb; **nieprzyjaciel miał przewagę ~ą** the enemy were numerically superior; **stan ~y mieszkańców wsi** the size of the rural population; **zwiększyć stan ~y armii** to increase the numerical strength of the army; **stan ~y armii wynosi 50 tys. żołnierzy** the army is 50,000 strong

licz|ko n dem. (twarz) face

licznie adv. grad. [przybyć, zgromadzić się, występować] in large a. great numbers; [reprezentowany] strongly; **~ zgromadzona publiczność** a large audience; **~ odwiedzana wystawa** a well-attended exhibition; **przybyli ~** they came a. arrived in great numbers a. in (their) dozens, they turned out in strength; **przybyli ~ na wystawę** they flocked to the exhibition; **do miasta coraz ~j przybywają turyści** an increasing number of a. more and more tourists are coming to the town

licznik m ① Techn. meter, counter; (w taksówce) meter, taximeter; **~ gazu/prądu/wody** a gas/electricity/water meter; **~ kilometrów** ≈ a milometer GB; an odometer US; a clock pot.; (okresowy) tripmeter, trip recorder; **~ prędkości** speedometer; speedo pot., clock pot.; **odczytać stan ~a** to read the meter; **na ~u było 20 tys. km** the car had 20,000 km on the clock; **na ~u było 120 km/godz.** the speedometer was at a. clocked 120 kph; **~ pokazywał 20 zł** the meter registered a. showed twenty zlotys; **~ bije** (w taksówce) the (cab's) meter is running ② Mat. numerator

❏ **~ Geigera-Müllera** Nukl. Geiger counter

liczn|y adi. grad. ① (występujący w dużej ilości) [przykłady, sukcesy, obowiązki, wysepki] numerous, many; [rodzina, grupa] numerous, large; [bogactwa naturalne] abundant, rich; [naśladowcy] countless; [naród] populous; **mieć ~e grono zwolenników** to have a large following a. a large body of followers; **posiadać ~e zalety** to have a great many a. a lot of good points ② (częsty) [przygody, katastrofy, wypadki] frequent, numerous

licz|yć impf ▯ vt ① (rachować) to count; **~yć na kalkulatorze** to add up with a. on a calculator; **~yła przychody na kalkulatorze** she added up the takings on a calculator; **~yć (coś) na palcach** to count (sth) on one's fingers; **~yć w pamięci** to count in one's head, to do mental arithmetic ⇒ **policzyć** ② (dodawać) to count [pieniądze, uczniów, kalorie]; **~yć obecnych** to count the people a. those present, to do a headcount; **~yć głosy/wpływy** to count (up) the votes/the takings ⇒ **policzyć** ③ (mierzyć) to calculate, to work out [czas, odległość] (**w czymś** in sth); **zużycie benzyny ~one w milach z galona/litrach na 100 km** petrol consumption computed in miles per gallon/litres per 100 kilometres; **już ~ę godziny do jego przyjścia** I'm already counting the hours until he comes, I'm already counting the hours till his arrival; **~ył czas, jaki pozostał do wyborów** he was counting down to the elections ⇒ **obliczyć** ④ (wliczać) to count; **~ąc od jutra** counting from tomorrow; **nie ~ąc** not counting, not including; **było nas dwadzieścia osób, nie ~ąc dzieci** there were twenty of us, not counting the children ⑤ Sport to count out [boksera] ⇒ **wyliczyć**

▮ vi ① (wymieniać liczby w kolejności) to count; **~yć od tyłu** to count backwards, to count down in reverse order; **~yć od 1 do 10** to count from 1 to 10; **mój syn umie ~yć do stu** my son can count (up) to a hundred; **on nie umie jeszcze ~yć** he can't a. hasn't learnt to count yet; **~yć na głos** to count out loud ⇒ **policzyć** ② (składać się) to have; **dom ~y sześć pięter** the house has six storeys a. is six storeys high; **miasto ~y sześć tysięcy mieszkańców** the city has six thousand inhabitants; **budynek ~y sobie ponad sto lat** the building is over a hundred years old; **grupa ~yła 20 osób** there were twenty people in the group; **akta sprawy ~yły 240 tomów** the case documentation amounted to 240 volumes ③ (żądać zapłaty) to charge; **~ył 30 złotych za godzinę/za kilogram** he charged 30 zlotys an hour/for a. per kilogram; **~ą sobie dużo za usługi** they charge high prices a. a lot for their services ⇒ **policzyć** ④ (spodziewać się) to count; **~yć na kogoś/na coś** to count a. rely a. depend on sb/sth; **~yć na szczęście** to count on one's luck; **~ył, że wkrótce wróci do zdrowia** he was hoping to get well soon; **~ę, że nie będzie padać** I'm counting on it not raining; **nie ~yłem, że przyjdzie** I wasn't counting on him coming, I didn't reckon he would come; **~yć na czyjeś wsparcie** to count on sb's support; **czy mogę ~yć na twoją pomoc/dyskrecję?** can I count on your help/discretion?, can I count on you to help me/to be discreet?; **możesz ~yć na serdeczne przyjęcie** you can be sure of a warm welcome; **możesz na mnie ~yć** you can rely a. count on me; **nie można na niego ~yć** he can't be relied on, you can't count on him; **nie ~yłbym na to** I wouldn't count a. bank on it; **mogę ~yć tylko na siebie** I can only rely on myself

▮▮▮ **liczyć się** ① (być liczonym) to count, to be counted; **~yć się podwójnie** to count double; **urlop ~y mi się od środy** my leave runs from Wednesday; **okres bez pracy nie ~y ci się do emerytury** periods of unemployment won't count towards your pension ② (mieć znaczenie) to matter; **~ące się firmy** major companies; **nasza drużyna ~yła się na mistrzostwach świata** our team was a force to be reckoned with in the world championships; **ten błąd się nie ~y** this mistake doesn't count a. matter; **~y się jakość** quality is what counts; **~y się każda minuta** every minute counts; **~y się to, że pamiętałeś o moich urodzinach** what matters a. counts is that you've remembered my birthday; **~ą się czyny, nie słowa** it's not words but deeds that count ③ (brać pod uwagę) to take into account; **musisz ~yć się z tym, że będzie padać** you have to take into account that it may rain; **nie ~yć się z czyimś zdaniem** to ignore sb's opinion; **nie ~yć się z innymi** to show no consideration for others, to be inconsiderate towards others

■ **lekko ~ąc** at a conservative estimate; **z grubsza ~ąc** at a rough estimate, roughly speaking; **~yć (się) na setki, miliony** to run into hundreds, millions; **ofiary można ~yć na tysiące** the casualties run into thousands; **liczba palących w tym kraju ~y się już na miliony** the number of smokers in this country already runs into millions; **~yć się z (każdym) groszem** a. **z pieniędzmi** to count a. watch every penny; **nigdy nie ~ył się z pieniędzmi** he's never been one to worry about money, he's always been careless with money; **~yć się z czasem** to make every second count; **~yć się ze słowami** to keep a civil tongue; **~ się ze słowami!** watch your tongue!, mind what you're saying!; **~yć sobie dziesięć lat** to be ten years of age a. old; **~yła sobie nie więcej niż dwadzieścia lat** she was no more than twenty (years old); **~yć sobie pół metra (wysokości/wzrostu/długości)** to be half a metre high/tall/long; **ryba ~yła sobie ze 20 centymetrów** the fish was about 20 cm long a. in length; **~yć sobie 10 kg** to weigh 10 kilograms

liczyd|ło n ① przest. abacus, counting frame; **liczyć na ~le** to count a. calculate on an abacus ② Techn. counter

liczykrup|a m, f (Npl m ~y, Npl f ~y; Gpl m ~ a. ~ów, Gpl f ~) pot., pejor. penny-pincher, cheapskate

lide|r m ① (partii, organizacji) leader; **~r demokratów/socjalistów** the Democrat/Socialist leader, the leader of the Democratic/Socialist Party ② Sport. leader; **zdobyć/stracić pozycję ~ra w wyścigu** to take/to lose the lead in a race; **być ~rem tabeli** to be (at the) top of the table ③ (zespołu muzycznego) frontman, lead singer; **~r zespołu U2** the lead singer of U2 ④ (firma, instytucja) leader; **niekwestionowany ~r na rynku** the undisputed market leader; **być ~rem w dziedzinie elektroniki** [kraj] to lead the field a. way in electronics

lider|ka f ① (partii, organizacji) leader ② (zespołu muzycznego) lead singer ③ Sport leader

lifting m (G ~u) Kosmet. facelift, facial lifting; rhytidectomy spec.; **zrobić sobie ~ twarzy** to have a facelift

liftingow|y adi. Kosmet. **maseczka ~a** lifting mask; **zabieg ~y** facelift, facial lifting; rhytidectomy spec.

li|ga f ① Sport. (grupa drużyn) league, division; **grać w lidze hokejowej/koszykarskiej** to play in the hockey/basketball league; **pierwsza liga** the first division, the premier league GB, the major league US; **druga liga** the second division, the minor league US

2 Sport (system rozgrywek) league (competition) 3 (związek) league; **Liga Państw Arabskich** the Arab League, the League of Arab States; **Liga Narodów** the League of Nations ❑ **liga językowa** Jęz. Sprachbund; **liga bałkańska** the Balkan Sprachbund

lignin|a f 1 (środek opatrunkowy) cellulose wadding; **opatrunek/tampon z ~y** a cellulose wadding dressing/tampon 2 Bot. (wata drzewna) lignin

ligninow|y adi. 1 [tampon, chusteczka, opatrunek] cellulose wadding attr. 2 [substancje] lignin

ligow|iec [] m Sport league player, leaguer US

[] -ligowiec w wyrazach złożonych **pierwszoligowiec** first division player, premier league player GB, major league player US

ligow|y adi. Sport [rozgrywki, drużyna, zawodnik, tabela] league attr.

ligus|tr m (G ~ru) Bot. privet

ligustrow|y adi. [żywopłot, krzew] privet attr.

lik → **bez liku**

likie|r m (G ~ru) 1 (napój alkoholowy) liqueur, cordial US; **~r gruszkowy** pear liqueur 2 Techn. fat liquor

likwidacj|a f (Gpl ~i) 1 (analfabetyzmu, rasizmu, chorób) eradication, elimination; (odłogów) elimination; (odpadów) disposal; (sklepu) closing down, closedown; (monarchii) abolition; **~a skutków wojny/powodzi** the repair of war/flood damage; **biblioteka uległa ~i** the library was closed down 2 Handl., Prawo (przedsiębiorstwa, spółki) liquidation, winding up, receivership GB; **przedsiębiorstwo w ~i** a company in liquidation; **przejść w stan ~i** to go into liquidation; **kopalnia została postawiona w stan ~i** the mine was put into liquidation; **firma jest w trakcie ~i** the company is being wound down 3 euf. (zabicie) elimination, liquidation; removal euf.; **~a ludności kurdyjskiej** the extermination of the Kurds

likwidacyjn|y adi. [postępowanie, urząd, komisja, inspektor] liquidation attr.

likwidato|r m 1 (przeprowadzający likwidację przedsiębiorstwa) liquidator, (public) receiver GB; **pełnić funkcję ~ra** to act as (a) liquidator 2 (wyceniający szkody) loss adjuster 3 euf. (płatny zabójca) hired a. contract killer; hit man pot.

likwid|ować impf vt 1 (usuwać) to eliminate, to eradicate [analfabetyzm]; to eliminate, to put an end to [ból]; to eliminate, to smooth away [zmarszczki]; to get rid of [przykry zapach]; to abolish, to do away with [monopol]; to remove [bariery, przeszkody]; to close [konto]; to close down [muzeum]; **środek ~ujący ból** a painkiller; **ten szampon ~uje łupież** this shampoo gets rid of dandruff; **~ować akcję** Sport to foil a. counter an attack ⇒ **zlikwidować** 2 (rozwiązywać) to liquidate, to wind up [firmę, organizację, przedsiębiorstwo] ⇒ **zlikwidować** 3 euf. (zabijać) to liquidate, to eliminate; to dispatch euf.; **~owali niewygodnych świadków** they eliminated embarrass-

ing witnesses ⇒ **zlikwidować** 4 Handl. to settle, to liquidate

likwo|r m (G ~ru) liqueur

likworow|y adi. [aromat, czekoladki] liqueur attr.

lila [] adi. inv. [kwiaty, ubranie, buty] lilac
[] n inv. (kolor) lilac

lilaróż [] adi. inv. [szminka, suknia] lilac-pink
[] m inv. (kolor) lilac pink

lili|a f (GDGpl ~i) 1 Bot. lily 2 Herald. lily, fleur-de-lis; **~e andegaweńskie/burbońskie** Angevin/Bourbon lilies 3 Szt. (stylized) lily motif
❑ **~a afrykańska** Bot. agapanthus, African lily; **~a wodna** Bot. water lily; **~a złotogłów** Bot. martagon (lily), Turk's cap lily; **~e francuskie** Herald., Hist. the lilies of France, fleurs-de-lis

lilij|ka f 1 dem. (small) lily 2 (harcerska) scout's badge

liliowo[1] adv. (in) lilac; **wrzosy kwitną ~** heather has purple flowers

liliowo[2] adv. **twarz ~ biała** poet. a lily-white face

liliow|y[1] adi. [astry, sukienka] lilac (-coloured)

liliow|y[2] adi. [bukiet, wieniec] lily attr.

lilipuci adi. [wzrost, rozmiary, ubranko, meble] Lilliputian

liliput [] m pers. (Npl ~ty a. ~ci) 1 (karzeł) Lilliputian, dwarf, midget 2 pejor. moral dwarf
[] m anim. dwarf; beastie żart.
[] m inanim. dwarf object; **drzewko ~t** a dwarf tree; **powstało wiele piekarni ~tów** many small-scale bakeries were founded

liliput|ek m dem. Lilliputian

liliput|ka f 1 (kobieta) Lilliputian, dwarf, midget 2 zw. pl (kura) bantam (hen)

limb|a f arolla (pine), Swiss stone pine

limbow|y adi. [drzewostan] arolla (pine) attr.

limeryk m (G ~u) Literat. limerick; **pisać/układać ~i** to write/to make up limericks

limf|a f Biol. lymph

limfatyczn|y adi. Biol. [płyn, tkanka, naczynia, narządy] lymphatic; **węzeł ~y** a lymph node

limfocy|t m zw. pl (G ~tu) Biol. lymphocyte

limi|t m (G ~tu) limit, ceiling; **~t finansowy/wiekowy** a financial/age limit; **~t czasu** a. **czasowy** a time limit; **~ty połowowe** fishing limits, fish(ing) quotas; **~t zatrudnienia** an employment limit; **~t przyjęć na studia** an enrolment limit, numerus clausus; **ustalić/przekroczyć ~t** to set/to exceed a limit; **zwiększyć/zmniejszyć ~t** to raise/to lower a limit; **przekroczyć ~t czasu** to go over the time limit; **~t czasu wyczerpał się** the time limit has expired a. is up; **nie obowiązuje ~t wieku** there is no age limit

limit|ować impf vt książk. to limit, to restrict [nakład, produkcję]; **~ować wydatki na oświatę** to cap education spending; **~uje nas brak pieniędzy** we're restricted by lack of money a. funds; **seria ~owana** a limited edition; **liczba miejsc jest ściśle ~owana** places a. seats are strictly limited

limuzyn|a f limousine

lin m Zool. tench

lin|a f rope, line; (gruba, mocna) cable; **~a konopna/sizalowa** a hemp/sisal rope; **~a stalowa** a steel cable; **~a cumownicza** (okrętowa) a hawser; (łodziowa) a mooring line; **~a holownicza** a tow rope, a towline; **~a okrętowa** a hawser; **~a wspinaczkowa** a (climbing) rope; **ciągnąć/nawinąć/zwinąć ~ę** to pull/wind/coil up a rope; **spuścić się po ~ie** to slide down a rope; **wspinać się po ~ie** to climb a rope; **chodzić po ~ie** to walk the tightrope
❑ **~a startowa** Lotn. shock cord; **druciana ~a** Techn. wire rope

lincz m (G ~u) lynching; **prawo ~u** lynch law; **dokonać ~u na kimś (za coś)** to lynch sb (for sth)

lincz|ować impf vt to lynch ⇒ **zlinczować**

linearnie adv. książk. [przedstawić] linearly; **przebiegać ~** to proceed in a linear fashion

linearn|y adi. książk. 1 (liniowy) [wzór, ornament] linear; **perspektywa ~a** Szt. linear perspective 2 (ciągły) linear; **~y porządek wydarzeń** a linear sequence of events

lingwi|sta m linguist, linguistician

lingwistyczn|y adi. 1 (językoznawczy) [badania, teorie, prace, analiza] linguistic 2 (językowy) [studia, klasa] language attr.; **zdolności ~e** a gift for languages

lingwisty|ka f sgt Jęz. linguistics
❑ **~ka komputerowa** computational linguistics; ≈ language engineering; **~ka matematyczna** Jęz. mathematical linguistics

lini|a /'linja/ f (GDGpl ~i) 1 Mat. line; **~a krzywa/łamana** a curved/broken line; **~a prosta** a straight line; **połączyć dwa punkty ~ą prostą** to join two points with a straight line 2 (kreska) line; **~a ciągła/przerywana** a solid/broken line; **zeszyt w ~ę** a lined a. ruled notebook; **papier/zeszyt w trzy ~e** a three-line(d) paper/notebook 3 przen. line; **~a świateł** a line a. shaft of light 4 (granica) line; **~a włosów** hairline; **~a horyzontu** the line of the horizon, the skyline; **~a brzegowa** a shoreline, a coastline 5 (szereg) line, row; **stoły ustawione w jednej ~i** tables lined up; **ustawić krzesła w jednej ~i** to arrange chairs in a line, to align chairs 6 (kontur) line, outline; **opływowa ~a samochodu** the rounded a. aerodynamic lines of a car; **klasyczna ~a nosa** the classic line of sb's nose; **~a spódnicy** the cut of a skirt; **suknia o wciętej ~i** a narrow-waisted dress; **drzewa odcinały się ciemną ~ą od nieba** the trees cut a dark line on the horizon 7 Elektr., Telekom. (przewód) line; **~a telefoniczna** a telephone line; **~a telegraficzna** a telegraph wire; **sieć ~i energetycznych** an electric(al) power grid; **~a wysokiego napięcia** a high-voltage a. high-tension line 8 Telekom. (połączenie) line; **~a była zajęta** the line was engaged a. busy US; **zakłócenia na ~i** a bad line; **są zakłócenia na ~i** the line a. connection is bad, the line is crackling; **bezpłatna ~a telefoniczna** a freephone

L

number GB, a toll-free number US ⑨ (trasa) line, route; **~a tramwajowa** a tram line a. route; **~a autobusowa** a bus route a. service; **~a kolejowa Warszawa-Kraków** the Warsaw-Cracow (railway) line; **tramwaj ~i 33** the number 33 tram ⑩ (w tekście) line; **w ostatniej ~i na tej stronie jest błąd** there's a mistake in the last line of the a. this page; **możesz pisać w tej samej ~i** you can write on the same line ⑪ Techn. line; **~a produkcyjna/montażowa** the production/assembly line; **~a do rozlewu piwa** (butelkowego) a beer bottling line; (puszkowego) a beer canning line; **uruchomić/zatrzymać ~ę** to start/to stop the line ⑫ Wojsk. (stanowiska na froncie) line; **~a frontu** the front line; **nieprzyjaciel przypuścił atak na całej ~i** the enemy attacked along the whole front; **udało im się wydostać poza ~ię okrążenia** they managed to break out of the encirclement; **walczyć w pierwszej ~i** to fight in the front line; **~a umocnień wroga** the enemy's line of fortifications; **żołnierz z pierwszej ~i** a front-line soldier ⑬ (ród) line; **krewni w ~i prostej** relatives a. kin in the direct line, lineal ancestors and descendants; **powinowaci w ~i prostej** spouse's relatives in the direct line; **krewni z ~i matki/ojca** relatives on the mother's/father's side; **na nim wygaśnie ~a rodu** with him the male line of the family will end; **pochodzić w prostej ~i od kogoś** to be a direct descendant of sb, to be directly descended from sb; **~a boczna** collateral line; **~a wstępująca** a. wstępna lineal ancestors; **~a zstępująca** a. zstępna lineal descendants ⑭ (tendencja) line; **~a ideologiczna/polityczna (partii)** the ideological/political line (of a party); **~a obrony/rozumowania** a line of defence/thought; **trzymać się obranej ~i postępowania** to stick to a chosen course of action ⑮ augm. (duża linijka) ruler, rule ⑯ Druk. line; **~a pisma** a line of type; **~a tekstu** line (of text) ⑰ Leśn. clearing ⑱ (na dłoni) line; **~a głowy/serca** the head/heart line; **~a losu** the line of fate; **~a życia** the life line; **~e papilarne** lines on the palm, fingers, and thumb; dermatoglyphics spec.; **pobierać odciski ~i papilarnych** to take sb's fingerprints ⑲ Miary line ⑳ Sport **~a autowa** a touchline, a sideline; **piłka wypadła za ~ę autową** the ball went into touch; **~a bramkowa** a goal line; **wybić piłkę z ~i bramkowej** to make a goal-line clearance; **~a startu/mety** the starting/finishing line

❑ **~a demarkacyjna** Polit. line of demarcation, demarcation line; **~a hetmańska/królewska/wieżowa** Gry queen/king/rook line; **~a hodowlana** a. **krwi** Zool. bloodline, (breeding) line; **~a kosmetyków** Kosmet. line a. range of cosmetics; **~a Maginota** Hist. the Maginot line; **~a melodyczna/kompozycyjna** Literat., Muz. melodic/compositional line; **~a naboczna** Anat. lateral line (system); **~a opanowana** Gry controlled square; **~a przestrzenna** Mat. spatial line; **~a przesyłowa** Elektr. transmission line; **~a średnicowa** Kolej. cross-town line; **~a telekomunikacyjna** Telekom. telecommunica-

tion(s) line; **~a wodna** Żegl. waterline; **~a zabudowy** Archit. building line; **~a zmiany daty** Geog. date line, International Date Line; **~e lotnicze** Lotn. airline; **Polskie Linie Lotnicze "Lot"** Lot Polish Airlines; **~e oceaniczne** ocean lines

■ **pod ~ę** książk. lined up, in a line; **w ~i prostej** in a straight a. direct line; **stąd do miasta jest w ~i prostej 5 kilometrów** as the crow flies it's five kilometres from here to the town, the town is five kilometres away as the crow flies; **na ~i oczu** at eye level; **dbać o ~ę** pot. to watch one's figure; **mieć** a. **zachowywać** a. **trzymać ~ę** pot. to have a good a. slim figure, to keep one's figure; **iść po ~i najmniejszego oporu** pot. to take a. follow the line of least resistance, to take the path of least resistance US; **klęska/klapa na całej ~i** a complete disaster/washout; **ponieść porażkę na całej ~i** to get a (real) hiding; **odnieść zwycięstwo na całej ~i** to win an outright victory; **przegrał wybory na całej ~i** he suffered a crushing defeat in the election; **nowa metoda zawiodła na całej ~i** the new method has been a complete a. total failure

linia|ł /'linjaw/ m (G ~łu) Techn. ruler, rule ❑ **~ł pomiarowy** Techn. straight edge

lini|eć impf (~eję, ~ał, ~eli) vi to moult, to shed hair(s) a. a coat; [ptak] to moult, to shed feathers; [wąż] to slough off a. moult (skin), to shed skin; [stawonóg] to moult, to shed cuticle; **psy/koty ~eją wiosną i jesienią** dogs/cats shed their coats a. moult in the spring and autumn ⇒ **wylinieć**

linij|ka f ① (do mierzenia) ruler; rule książk.; **mierzyć coś ~ką** to measure sth with a ruler, to use a ruler to measure sth; **narysować linię za pomocą ~ki** a. **przy ~ce** to draw a line with a ruler ② (wiersz, wers) line, verse; **czwarte słowo w piątej ~ce** the fourth word in the fifth line; **płacą mi od ~ki** I am paid by the line ③ przest. (pojazd) a light horse-drawn carriage with a narrow seat ④ dem. (kreska) line

lini|ować /lin'jovatɕ/ impf vt to rule (lines on), to line [papier, zeszyt] ⇒ **poliniować**

liniowan|y /linjo'vani/ ▯ pp → **liniować** ▯▯ adi. [papier, zeszyt] lined, ruled; **cienko ~y** feint(-ruled)

liniow|iec /lin'jovjets/ ▯ m pers. Wojsk. front-line soldier

▯▯ m inanim. ① (statek pasażerski) (passenger) liner; (statek towarowy) cargo liner ② (okręt wojenny) battleship

liniowo /lin'jovo/ adv. ① [uszeregowany, spolaryzowany] linearly ② (równomiernie) linearly; **rosnąć ~** to increase linearly

liniow|y /lin'jovi/ adi. ① (w kształcie linii) linear; **~e zmarszczki** fine-line wrinkles; **centymetr/metr ~y** running centimetre/metre; **podziałka ~a mapy** the linear scale of a map ② Transp. żegluga ~a shipping line service; **bilet ~y** a regular service ticket ③ Wojsk. frontine attr. **oficer ~y** a front-line officer; **służba ~a** front-line duty ❑ **wzrost** a. **rozwój ~y** Ekon. linear growth a. development

lin|ka f dem. cord, line; **~ka nylonowa** a nylon cord a. rope

❑ **~ka hamulca/sprzęgła** a brake/clutch cable; **~ka namiotowa** a guy (rope); **~ka nośna spadochronu** a shroud (line)

linoleum n inv. sgt linoleum, lino GB; **podłoga wyłożona ~** a lino(leum) floor; **w kuchni miała ~** she had lino(leum) in the kitchen a. on her kitchen floor; **położyć ~ w kuchni** to lay a. cover the kitchen floor with lino(leum)

linoskocz|ek m (Npl ~kowie a. ~ki) tightrope walker, wire-walker US; funambulist książk.

linow|y adi. [napęd, drabinka] rope attr.; [bęben, komora] cable attr.; **kolej** a. **kolejka ~a** a funicular (railway), a cableway

lip|a f ① (drzewo) lime a. linden (tree) ② (drewno) limewood ③ sgt pot. (kłamstwo) utter a. downright lie; **to wszystko ~a** it's all a pack of lies, it's a lie from start to finish ④ sgt pot. (tandeta) (piece of) junk; schlock US pot.

■ **na ~ę** (niestarannie) sloppily, carelessly; (nieuczciwie) dishonestly, unfairly

lipcow|y adi. [upał, słońce, pogoda, urlop] July attr.; [miód] lime-tree a. linden attr.

lip|iec m July; **w ~cu** in July; **pierwszego ~ca** on the first of July

lipie|ń m Zool. grayling

lipn|y adi. pot. [dokumenty, adres] phoney; [robota] botched, shoddy

liposomow|y adi. [krem, maść] liposome attr.

liposom|y plt (G ~ów) Biol. liposomes; **krem z ~ami** cream containing liposomes

lipow|y adi. [miód] lime-tree a. linden attr.; [stół, podłoga] limewood attr.; **~a aleja** an avenue of lime a. linden trees

li|r m (A lira) Fin., Hist. lira; **płacić lirami** to pay in lire a. liras

li|ra f ① Muz. lyre; **grać na lirze** to play the lyre ② Myślis. black grouse's tail ❑ **lira dzwonkowa** Muz. glockenspiel; **lira korbowa** Muz. hurdy-gurdy; barrel organ pot.

lirni|k m ① przest. (śpiewak) a strolling folk singer accompanying himself on the lyre ② książk. (poeta) bard, lyrist

lirycznie adv. grad. [grać, śpiewać] lyrically; [wypowiadać się, traktować] lyrically, in a lyrical fashion; **być usposobionym ~** to be in a lyrical mood

liryczn|y adi. ① [utwór, wiersz, gatunek, poeta] lyric ② (uczuciowy, nastrojowy) [nastrój, motyw] lyrical; **sopran/tenor/głos ~y** Muz. lyric soprano/tenor/voice

liry|k ▯ m pers. (poeta) lyric poet, lyricist, lyrist

▯▯ m inanim. zw. pl (G ~ku) (utwór) lyric (poem); **~ki miłosne** love lyrics

liry|ka f sgt Literat. (utwory) lyric poetry a. verse; (gatunek literacki) lyric (genre); **~ka miłosna/refleksyjna/religijna** love/reflective/religious poetry

liryzm m sgt (G ~u) lyricism; **nuta ~u w głosie** a voice with a lyrical timbre

lis ▯ m pers. (Npl ~y) pejor. fox; **chytry** a. **sprytny ~ z niego** he's a sly a. cunning devil; **to szczwany ~** he's a crafty a. wily old fox, he's a cunning a. crafty old dog

▯▯ m anim. Zool. fox; **polowanie na ~a** fox hunt(ing)

▯▯▯ m inanim. (A ~a) (skóra) fox (collar); **czapka z ~a** a fox hat

IV **lisy** *plt* (futro) fox (fur); **nosiła srebrne ~y** she wore silver fox

❑ **~ morski** Zool. thresher (shark); **~ niebieski** Zool. blue fox; (futro) blue fox (fur); **~ platynowy** Zool. platinum fox; **srebrny ~** Zool. silver fox; (skóra) silver fox (collar)

■ **farbowany ~** pot., pejor. double-dealer; (oportunista) pejor. opportunist, trimmer; **poznać się na farbowanych ~ach** not to let oneself be fooled

lis|ek *dem.* **I** *m pers.* (*Npl* **~ki**) żart. sly a. cunning devil; **~ek chytrusek** a cunning little devil, a little schemer

II *m anim.* young fox, fox cub

lisi *adi.* **1** *[skóra, ferma]* fox *attr.*; *[nora, łapa, ogon]* fox's; *[kołnierz, pelisa, czapka]* fox (fur) *attr.* **2** *[przebiegłość]* fox-like, vulpine; *[zamiary]* treacherous; *[wykręty]* artful; *[uśmiech]* sly, cunning, crafty; **było coś ~ego w jego spojrzeniu** he had a cunning look about him

❑ **~a czapa** a. **czapka** Astron. halo (round the moon)

■ **~ krok** a. **chód** fox-like gait

lisiąt|ko *n dem.* Zool. fox cub

lisic|a *f* **1** Zool. vixen **2** przen., pejor. sly a. crafty woman; **to podstępna ~a** she's a sly a. crafty one **3** Bot. chanterelle

lisię *n dem.* (*G* **~ęcia**) Zool. fox cub

lisio *adv. [zachowywać się, uśmiechać się]* slyly, craftily; **~ chytry** as sly a. wily as a fox; **~ sprytny** as cunning a. smart as a fox

li|st *m* (*G* **listu**) letter; **list prywatny/ urzędowy** a private/an official letter; **list miłosny** a love letter; **wysłać list do redakcji gazety** to send a letter to the editor (of the newspaper); **wrzucić list do skrzynki** to post a letter, to mail a letter US; **odpisać** a. **odpowiedzieć na list** to reply to a. answer a letter; **wystosować list do kogoś/czegoś** to send a letter to sb/sth; **zaadresować list** to address a letter; **list gończy** a warrant for sb's arrest, an arrest warrant; **jest poszukiwany listem gończym** a warrant is out for his arrest; **list żelazny** Hist. safe conduct; **opatrzony listami żelaznymi** guaranteed safe conduct

❑ **list intencyjny** Handl., Fin. letter of intent; **list kaperski** Żegl., Hist. letter(s) of marque *zw. pl*; **list kredytowy** Fin., Handl. (documentary) letter of credit; **list motywacyjny** letter of application; **list otwarty** open letter; **list pasterski** Relig. pastoral letter; **list pochwalny** letter of commendation; **list podwodny** Hist. *in feudal Poland, a document authorizing the bearer to requisition a means of transportation*; **list polecający** letter of recommendation, testimonial; **list polecony** registered letter, certified letter US; **list przewozowy** Handl. bill of lading, consignment note; **list zastawny** Ekon., Handl. letter of pledge; **listy komisyjne** Admin. consular commission; **listy odwołujące** Admin. letters of recall; **listy uwierzytelniające** Admin. letters of credence

li|sta *f* list; **lista płac** the payroll; **lista obecności** the roll, the (attendance) register; **podpisać się na liście obecności** to sign in; ≈ to clock in pot.; **lista wyborcza** the electoral register; **lista społeczna** *a list of people queuing for a product in times of*

shortage; **lista oczekujących** a waiting list; **lista zakupów** a shopping list; **wpisać kogoś na listę** to put sb on a list; **skreślić kogoś z listy** to cross sb off a list, to take sb's name off a list; **zamknąć listę** to close the list; **sprawdzić listę** to check the list; **według listy alfabetycznej** in alphabetical order; **lista problemów/zażaleń** przen. a list of problems/grievances

❑ **lista dialogowa** Kino dialogue script; **lista przebojów** the (hit) charts; **lista rankingowa** (zawodników) the rankings, the ratings; (filmów) the box office charts; (artystów estradowych) popularity ratings; (drużyn sportowych) league table GB, league ranking; **listy proskrypcyjne** Polit., Prawo proscription lists

■ **być** a. **znajdować się na czarnej liście** to be blacklisted

listecz|ek *m dem.* **1** (mały liść) leaflet **2** Bot. (część liścia złożonego) leaflet

list|ek *m* **1** *dem.* (część liścia) leaflet **3** (arkusik) (small) sheet; **~ek bibułki papierosowej** a cigarette paper, a rolling paper **4** (płaskie opakowanie) sachet GB, packet; **witamina w ~kach** vitamin sachets **5** (prostokątny kawałek) stick; **~ek gumy do żucia** a stick of chewing gum; **żelatyna w ~kach** leaf gelatin(e)

❑ **~ek figowy** fig leaf; przen. fig leaf, cover-up; **~ki zarodkowe** Biol. primary germ layers; **~ki bobkowe** a. **laurowe** Kulin. bay leaves

listew|ka *f dem.* **1** (z drewna) wood(en) slat, strip of wood; **~ka wykończeniowa** wood(en) trim; **~ka profilowa** wood(en) moulding, wood(en) molding US **2** Moda (z materiału) binding; **~ka ze skosu** bias binding

listonosz **I** *m pers.* (*Gpl* **~y** a. **~ów**) postman, letter carrier US, mailman US; **z niecierpliwością czekała na ~a** she was waiting impatiently for the postman

II *m anim.* pot. carrier pigeon

listonosz|ka *f* postwoman, letter carrier US

listopa|d *m* November; **urodził się w ~dzie** he was born in November; **dziś jest pierwszy/trzeci ~da** a. **pierwszego/trzeciego ~da** pot. it's the first/third of November (today), it's November the first/ third (today)

listopadow|y *adi. [dzień, deszcz, słota]* November *attr.*

listowi|e *n sgt* foliage, leafage

listowny *adi.* by letter a. mail a. post; **powiadomić kogoś ~** to notify sb by letter a. mail a. post; **umówić się ~** to make an appointment by letter a. mail a. post

listown|y *adi.* by mail a. letter a. post; **głosowanie ~** postal voting, voting by mail; **zawiadomienie ~** notification by mail a. letter a. post; **nawiązać kontakt ~y** to contact sb by mail a. letter a. post

listow|y *adi* letter *attr.*; **papier ~y** letter paper

list|wa *f* **1** (z drewna) (wooden) slat, strip of wood; **~wa przypodłogowa** skirting (board), baseboard US; **~wa żeglarska** a batten **2** Moda (z materiału) binding; **~wa ze skosu** bias binding **3** (występ w murze, skale)

ledge **4** Leśn., Ogr. crack; **~wa mrozowa** a frost crack

❑ **~wa nożowa** Roln. cutter bar; **~wa odbojowa** Żegl. beading

lisza|j *m* (*Gpl* **~jów** a. **~i**) **1** Med. lichen spec. **2** *zw. pl* (ubytek, skaza) blemish; **~je pleśni/zacieków na ścianie** patches of mould/water stains on the wall

❑ **~j czerwony** Med. lichen planus spec.; lichen ruber; **~j rumieniowaty** Med. lupus erythematosus; **~j strzygący** Wet. ringworm

lisz|ka[1] *f* pot. (gąsienica) caterpillar; **~ka kapustnika** a cabbage-butterfly caterpillar

lisz|ka[2] *f* Myślis. **1** (samica lisa) vixen **2** przest. (lis) fox

■ **każda ~ka swój ogon chwali** przysł. ≈ it's human nature to be impressed by one's own achievements

liścia|sty **I** *adi.* **1** (w kształcie liścia) leaf-shaped, leaflike; **guz ~sty** Med. phyllodes tumour spec. **2** (w postaci liści) leaf *attr.*, leafy; **herbata ~sta** leaf tea; **warzywa ~ste** leaf vegetables **3** *[drzewo, las]* broadleaved a. broadleaf; *[drewno, tarcica]* hardwood *attr.*

II **liściaste** *plt* Leśn. (drzewa) broadleaved a. broadleaf trees; (krzewy) broadleaved a. broadleaf shrubs

liścik *m dem.* (*G* **~a** a. **~u**) (short) note

liściow|y *adi.* **1** Bot. *[ogonek, pąk]* leaf *attr.* **2** przest. (liściasty) broadleaved a. broadleaf

liś|ć *m* (*Ipl* **~ćmi**) leaf; **~ć dębu/lipy** a. **dębowy/lipowy** an oak/a lime a. linden leaf; **~cie kapusty/sałaty** cabbage/lettuce leaves; **~cie buraka** beet(root) greens a. leaves; **~cie mięty/pokrzywy** mint/(stinging) nettle leaves; **jesienne ~cie** autumn leaves; **drzewo pokryte ~ćmi** a leafy tree; **drzewa wypuściły ~cie** the trees had/ have come into leaf

❑ **~ć całobrzegi** Bot. smooth-margin leaf spec.; **~ć skórzasty** Bot. waxy leaf; **~cie bobkowe** a. **laurowe** bay leaves; **zielony ~ć** Aut. *a leaf-shaped sticker on the rear window of a car signifying that the driver is a novice*

li|t *m sgt* (*G* **litu**) Chem. lithium

litani|a /li'taɲja/ *f* (*GDGpl* **~i**) **1** Relig. litany; **odmówić ~ę** to recite a litany; **~a loretańska/do Wszystkich Świętych** the Litany of Loreto/of the Saints **2** pot. (wyliczanie) litany; string pot.; **~a nazwisk** a litany of names; **~a pretensji/żalów** a litany of complaints/grievances

litanijn|y *adi.* litany *attr.*; **modlitwa ~a** a litany (prayer)

lite|ra *f* (znak graficzny głoski) letter; **drukowanymi ~rami** in block letters a. in capitals; **pisanymi ~rami** in script, in cursive (writing); **wielka** a. **duża ~ra** a capital letter; **pisać coś wielką** a. **dużą ~rą** to capitalize sth; **mała ~ra** a small letter; **pisać coś małą ~rą** to not capitalize sth

❑ **~ra drukowana** block letter, capital; **~ra minuskułowa** Druk. minuscule; **~ry cerkiewne** Jęz. Cyrillic alphabet

■ **cztery ~ry** pot., euf. behind pot., bum GB pot., butt US pot.; **łykać ~ry** to mumble, to slur one's words; **martwa ~ra** Prawo dead letter; **składać ~ry** (sylabizować) to spell out

L

literac|ki adi. literary; **gatunek ~ki** a literary genre; **dzieło ~kie** a literary work; **zainteresowania ~kie** an interest in literature; **środowisko ~kie** literary circles; **po ~ku** in a literary style

literacko adv. **był ~ uzdolniony** he had literary talent; **napisał doskonałe ~ wspomnienia** his memoirs were written in a fine literary style

literackoś|ć f sgt literary quality

literalnie [I] adv. grad. książk. (dosłownie) literally; **rozumiał wszystko ~** he took everything literally

[II] part. literally; **słychać ich było, ~, w całym domu** you could hear them literally all over the house; **nie posiadał ~ nic** he had literally nothing

literalnoś|ć f sgt książk. literalness; **~ć tłumaczenia** the literalness of the translation

literaln|y adi. książk. [znaczenie] literal; **~y przekład** a literal a. word-for-word translation

litera|t m writer; man of letters książk.

literat|ka f [1] (pisarka) (woman) writer [2] (szklaneczka do wódki) vodka glass

literatu|ra f [1] (utwory artystyczne) literature U [2] sgt (książki i artykuły z jakiejś dziedziny) literature; **~ra fachowa** specialist literature; **~ra ekonomiczna/pedagogiczna/techniczna/wojskowa** economics/pedagogical/technical/military literature; **~ra filozoficzna** the literature of philosophy [3] sgt Muz. literature rzad. [4] sgt (przedmiot nauczania) literature

❏ **~ra brukowa** a. **jarmarczna** pot., pejor. pulp fiction; **~ra faktu** Literat. non-fiction; **~ra kontuszowa** Hist., Literat. literature about the Polish nobility in the 16th and 17th centuries; **~ra odpustowa** pejor. lowbrow religious publications; **~ra piękna** Literat. literature; belles-lettres pl książk.; **~ra sowizdrzalska** Literat. picaresque literature

literaturoznawc|a m specialist in literature, literary scholar

literaturoznawstw|o n sgt study of literature, literary studies

liter|ka f dem. (small) letter

liternictw|o n sgt [1] (kształt liter) lettering [2] (dział grafiki) lettering

liternicz|y adi. [technika, sztuka] lettering attr.

liter|ować impf vt to spell ⇒ **przeliterować**

literow|y [I] adi. letter attr.; **szyfr ~y** an alphabet code, a literal code; **połączenie ~e** a letter combination; **skrót ~y** an abbreviation

[II] -literowy w wyrazach złożonych -letter; **pięcioliterowy wyraz** a five-letter word

literów|ka f Druk. literal GB spec.; typographical error, typing error a. mistake; typo pot.; **zrobić ~kę** to make a typo

litews|ki [I] adi. [język, książęta, kultura] Lithuanian

[II] m sgt (język) Lithuanian; **mówić/pisać po ~ku** to speak/write Lithuanian

litografi|a f (GDGpl ~i) Druk. [1] (obraz) lithograph [2] (technika) lithography

litograficzn|y adi. lithographic; **kamień ~y** lithographic (lime)stone

litościwie adv. grad. (miłosiernie, łaskawie) mercifully; (ze współczuciem) compassionately; (z pożałowaniem) pityingly, with pity; **autor, którego nazwisko ~ przemilczę** the author, who shall mercifully remain unnamed a. anonymous

litościw|y adi. grad. (miłosierny) [osoba] merciful; (wywołany współczuciem) [uczynek, gest, postępek] compassionate, kind; (wywołany pożałowaniem) [spojrzenia, słowa] pitying; **Boże ~y!** Lord have mercy!

litoś|ć f sgt (łaska) mercy; (współczucie) compassion; (pożałowanie) pity; **mieć ~ć nad kimś** a. **dla kogoś** to feel sorry for sb; **miej/miejcie ~ć!** have mercy!; **budzić w kimś ~ć** to arouse one's/sb's pity; **~ć bierze na jego/jej widok** he's/she's a pitiful sight; **bez ~ci** mercilessly, without mercy; **buty mnie cisną bez ~ci** these shoes are killing me; **słońce grzało bez ~ci** the sun was beating down mercilessly a. without mercy; **z ~ci** out of pity; **okazać komu ~ć** (pożałowanie) to take pity on sb; (łaska) to have mercy on sb; **błagać o ~ć** to beg for mercy

lit|ować się impf v refl. [1] (współczuć) to feel sorry (**nad kimś/czymś** for sb); (z pożałowaniem) to pity vt; **nie znosiła, gdy się nad nią ~owano** she hated it when people pitied her; **nie ~uj się nad sobą** stop feeling sorry for yourself ⇒ **ulitować się** [2] (okazywać łaskę) to have mercy (**nad kimś/czymś** on sb) ⇒ **zlitować się**

lit|r m [1] Miary litre GB, liter US; **~r wody/mleka** a litre of water/milk; **~r jagód** a litre of blueberries [2] (A ~ra) pot. a litre GB a. liter US of vodka; **wypić pół ~ra** to drink a bottle of vodka; **postawić komuś pół ~ra** to stand sb a bottle of vodka

litraż m sgt (G ~u) capacity (in litres) ❏ **~ silnika** Techn. engine capacity

litrow|y [I] adi. [bańka, puszka, butelka, słoik, pojemnik] litre attr. GB, liter attr. US

[II] -litrowy w wyrazach złożonych -litre GB, -liter US; **pięciolitrowa bańka** a five-litre can

litrów|ka f pot. (naczynie) litre bottle GB, liter bottle US

lituani|sta m, **~stka** f [1] (pracownik naukowy) specialist in Lithuanian studies [2] (student) student of Lithuanian studies

lituanisty|ka f sgt (nauka, studia) Lithuanian studies; (wydział) department a. school of Lithuanian studies

liturgi|a f (GDGpl ~i) [1] Relig. liturgy C/U [2] Relig. (msza w Kościele prawosławnym) the Liturgy [3] Antycz. (służba publiczna) liturgy

liturgiczn|y adi. [obrzęd, przepis, księgi, naczynia] liturgical; **szaty ~e** (liturgical) vestments

Litwin m, **~ka** f Lithuanian

li|ty adi. [1] (jednolity) [skała, kamień] solid; **meble z litego drewna** solid wood furniture [2] książk. (lany) [korona, posąg] cast [3] (o drzewach) **lite świerki** a pure stand of spruce [4] przest. (złotolity) [pas, tkanina] cloth of gold attr.

lizacz|ek m dem. (A ~ka) pieszcz. lolly GB pot.; lollipop

lizać → liznąć¹

lizak m (A ~a. ~a) [1] (cukierek) lollipop [2] pot. (tarczka sygnalizacyjna) lillipop (used by the police or railway staff)

li|znąć¹ pf — **li|zać** impf (liznę, liznęła, liznęli — liże) [I] vi [1] (językiem) to lick [2] książk. (lekko dotykać) [woda, płomień, wiatr, mróz] to lick książk.; **ogień liznął już dachy domów** the fire was already licking the roofs of the houses

[II] **lizać się** [1] (o zwierzętach) to lick oneself [2] pot., pejor. (całować się) to smooch pot., to snog pot.

■ **lizać rany** to lick one's wounds także pot.; **palce** a. **paluszki lizać** scrumptious pot., finger-licking good US pot.; **a pies ci mordę lizał** ≈ to hell with you pot.

li|znąć² pf (liznę, liznęła, liznęli) vt [1] pot. (skosztować jedzenia) **liznęła tylko zupę** she barely touched the soup; **ledwo liznął obiadu** he barely touched his dinner [2] pot. (poznać powierzchownie) to learn a smattering of; **liznął nieco łaciny w liceum** he learned a smattering of Latin in high school [3] (musnąć) to graze; **to nic, kula ledwie mnie liznęła** it's nothing, the bullet just grazed me

lizol m sgt (G ~u) lysol®

lizus m, **~ka** f (Npl ~y, ~ki) pot., pejor. bootlicker pot., pejor., crawler pot., pejor.; toady pejor.; **był znanym w klasie ~em i skarżypytą** he was the class toady and tell-tale

lizusostw|o n sgt pot., pejor. sucking up pot., pejor. (**wobec kogoś** to sb); bootlicking pot., pejor.; toadying pejor.

lizusows|ki adi. pot., pejor. [zachowanie, usposobienie] smarmy pot., pejor.; toadying pejor.

lizusowsko adv. pot., pejor. smarmily pot., pejor.; **uśmiechać się do szefa ~** to smile smarmily at the boss

lnian|y adi. [1] [przędza, włókno, płótno, kostium] linen attr. [2] [warkocze] flaxen; **chłopiec o ~ych włosach** a flaxen-haired boy

LO (= Liceum Ogólnokształcące) ≈ grammar school GB, ≈ high school US

lob m (G ~u) Sport lob; **wysokim ~em przerzucił piłkę nad przeciwnikiem** he lobbed the ball over his opponent

lobby n inv. Polit. lobby

lobo n inv. [1] (owoc) Lobo apple [2] (drzewo) Lobo apple (tree)

loch m (G ~u) dungeon; **wtrącić kogoś do ~u** to throw sb into a dungeon; **gnić w ~u** to rot (away) in a dungeon przen.

lo|cha f [1] Myśl., Zool. (samica dzika) sow [2] (maciora) sow; **prośne lochy** sows in pig środ.

locum /'lokum/ → **lokum**

locz|ek m dem. zw. pl curl; **głowa w ~kach** sb's head (all) in curls

loden m (G ~u) [1] (tkanina) loden [2] (płaszcz) pot. loden coat

lodenow|y adi. loden attr.; **~y płaszcz** loden coat

lodołamacz m Żegl. ice-breaker

lodowaci|eć impf (~ał, ~eli) vi [1] (marznąć) to freeze; **cały ~ał, stojąc na mrozie** he was freezing to the bone, standing out there in the cold; **stopy mi ~ły** my feet were freezing ⇒ **zlodowacieć**

2 (zamarzać) *[staw, rzeka]* to freeze over ⇒ **zlodowacieć** 3 przen. (na skutek emocji) to freeze przen.; **na myśl o jego przyjeździe ~ła z przerażenia** the thought of his visit made her blood run cold; **~eję, kiedy go spotykam** I go cold all over whenever I meet him ⇒ **zlodowacieć**

lodowato *adv.* 1 (o temperaturze) icy; **woda była ~ zimna** the water was ice-cold a. icy; **miała ~ zimne ręce** her hands were icy cold; **na samą myśl o tym robi mi się ~** the very thought of it makes my blood run cold; **w pokoju jest ~** the room is freezing 2 przen. *[przywitać się, zachować się, brzmieć]* icily; **spojrzała na niego ~** she looked at him icily

lodowa|ty *adi.* 1 (zimny) *[wiatr, deszcz, woda, ręce, nogi]* icy, ice-cold 2 przen. *[milczenie, ton, wzrok, słowa, atmosfera]* icy 3 książk. *[połysk]* icy

lodowcow|y *adi. [osady, erozja]* glacial ❑ **dolina ~a** a. **żłób ~y** Geol. glacial trough; **epoka ~a** a. **okres ~y** Geol. ice age, glacial period a. epoch

lodow|iec *m* Geog., Geol. glacier ❑ **~iec górski** Geog. mountain glacier; **~iec podgórski** Geog. piedmont glacier

lodowisk|o *n* 1 (do jazdy na łyżwach) skating rink, ice rink 2 (na zboczu góry) ice field; pot. (na drodze) patch of ice, ice patch ❑ **sztuczne ~o** artificial skating a. ice rink

lodowni|a *f (Gpl ~)* 1 (chłodnia) ice house; **wagon ~a** a freezer waggon a. car US 2 przen. (zimne wnętrze) ice house przen.

lodow|y *adi.* 1 (z lodu) **sopel ~y** an icicle; **góra ~a** an iceberg; **wierzchołek góry ~ej** the tip of the iceberg także przen. 2 Sport. ice attr.; **tor/stadion ~y** skating a. ice rink; **żeglarstwo ~e** ice sailing 3 Kulin. ice-cream attr.; **tort ~y** an ice-cream gateau

lodówecz|ka *f dem.* pieszcz. (urządzenie) fridge pot.; (torba) cooler bag; (pudło) cooler (box)

lodów|ka *f* 1 (chłodziarka) refrigerator 2 (torba) cooler bag; (pudło) cooler box 3 pot. (wyziębione pomieszczenie) ice house przen.

lodziar|nia *f (Gpl ~ni* a. **~ń)** ice-cream shop; ice-cream parlour GB przest., ice-cream parlor US przest.

lodziars|ki *adi. [kiosk, zakład, wózek]* ice-cream attr.

lodziarz *m (Gpl ~y* a. **~ów)** ice-cream vendor

lodżia → **loggia**

logarytm *m (G ~u)* Mat. logarithm ❑ **~ dziesiętny** common logarithm, Briggsian a. Briggs' logarithm; **~ naturalny** natural logarithm, Napierian logarithm

logarytmicznie *adv.* logarithmically

logarytmiczn|y *adi.* logarithmic

logarytm|ować *impf vt* to find the logarithm of *[liczby, wyrażenia]*

loggi|a /'lodʒja/ *f (GDGpl ~i)* 1 (kryty balkon) (recessed) balcony 2 Archit. loggia

logicznie **[]** *adv. [prawdziwy, powiązany]* logically; **być ~ uzasadnionym** to be logically justified; **~ rzecz biorąc** logically speaking; **udowodnić coś ~** to logically prove sth

[] *adv. grad. [myśleć, rozumować, mówić]* logically

logiczn|y **[]** *adi.* 1 (związany z logiką) *[błąd]* logical 2 (zgodny z logiką) *[umysł, myślenie, osoba, wniosek]* logical; **umiejętność ~ego myślenia** the ability to think logically; **to wymaga ~ego myślenia** it requires logical thinking a. logic

[] *adi. grad.* pot. (sensowny) *[rozwiązanie, posunięcie]* logical; **najbardziej ~ą** a. **najlogiczniejszą rzeczą byłoby...** the most logical thing would be to...; **tworzyć ~ą całość** to constitute a. form a logical whole ❑ **akcent** a. **przycisk ~y** Jęz. logical stress

logi|k *m* Log. logician

logi|ka *f sgt* 1 Log. logic 2 (rozumowanie) logic; **w twoim postępowaniu brak ~ki** you act illogically; **trudno się w tym doszukać ~ki** it's hardly logical; **to sprzeczne z ~ką** a. **wbrew ~ce** it defies logic 3 (sens, prawidłowość) logic; **żelazna ~ka** iron logic; **~ka faktów/zdarzeń** the logic of facts/events ❑ **~ka formalna** Log. formal logic; **~ka matematyczna** Log. mathematical logic; **~ka trójwartościowa** Log. three-valued logic

logistycznie *adv.* Wojsk., książk. *[opracować, zaplanować]* logistically; **wesprzeć kogoś ~** to support sb logistically

logistyczn|y *adi.* 1 Wojsk., książk. *[wsparcie, przedsięwzięcie, trudności]* logistic(al) 2 Log., przest. logistic

logisty|ka *f sgt* 1 Wojsk., książk. logistics; **~ka produkcji** production logistics, logistics of production 2 Log., przest. logistic przest.

logo *n inv.* logo; **~ sponsora** a sponsor's logo; **koszulka z ~ sponsora** a T-shirt emblazoned with a sponsor's logo, a T-shirt with a sponsor's logo on it; **umieścić na czymś swoje ~** to place one's logo on sth

logope|da *m* speech therapist

logopedi|a *f sgt (GD ~i)* Psych. speech therapy; logopaedics spec.

logopedyczn|y *adi. [ćwiczenia, zajęcia, poradnia]* speech-therapy attr.

log|ować się *impf v refl.* Komput. to log on a. in; **~ować się na serwerze** a. **do serwera/do systemu** to log onto a. into the server/the system ⇒ **zalogować się**

lojali|sta *m,* **~stka** *f* książk. loyalist

lojalistycznie *adv.* **być nastawionym ~ do kogoś/czegoś** to be loyally disposed toward sb/sth

lojalistyczn|y *adi. [ugrupowanie, postawa, przekonania]* loyalist attr.

lojalizm *m sgt (G ~u)* Polit., książk. loyalism

lojal|ka *f* pot. loyalty oath; **podpisać ~kę** to sign a loyalty oath

lojalnie *adv. grad. [postępować]* loyally; **zachowywać się ~ w stosunku do kogoś** to be loyal to sb; **~ cię uprzedzam, że...** I must warn you that...

lojalnoś|ć *f sgt* loyalty; **~ć wobec** a. **w stosunku do kogoś** loyalty to sb

lojaln|y *adi. grad. [obywatel, pracownik, przyjaciel, postawa]* loyal; **być ~ym wobec** a. **w stosunku do kogoś** to be loyal to sb

lok *m* (pukiel włosów) lock; (wijący się) curl; **robią jej się ~i** her hair curls; **głowa cała w blond ~ach** a head full of blonde curls

loka|j *m (Gpl ~jów* a. **~i)** 1 (służący) lackey, footman 2 pejor. (dworak, lizus) lackey pejor.

lokajs|ki *adi.* 1 *[obowiązki]* lackey's, footman's 2 pejor. (służalczy) *[gest, grzeczność]* servile pejor.

lokal *m (G ~u)* 1 książk. (mieszkanie) flat GB, apartment US; **mieszkać w ~u zastępczym** to live in temporary accommodation 2 książk. (pomieszczenie) **~ usługowy** a service establishment; **~ handlowy** a retail outlet; **~ biurowy** an office; **~ użytkowy** a business establishment; **wynająć coś jako ~ biurowy** to lease sth as office space 3 (restauracja) restaurant; (kawiarnia) café; joint pot.; **~ gastronomiczny** książk. a gastronomic outlet książk.; **nocny ~** a night club; **to miły ~** it's a nice place; **przyjęcie odbyło się w ~u** the party was held in a restaurant

lokalik *m dem. (G ~u)* (kawiarnia) (small) café; (restauracja) (small) restaurant

lokalizacj|a *f* 1 *(Gpl ~i)* (położenie, usytuowanie) location (**czegoś** of sth); **zaletą domu jest jego dogodna ~a** the house is conveniently located; **zatwierdzić ~ę budynku** to approve the location of a building 2 *sgt* (odnajdywanie) location 3 *sgt* (ograniczenie zasięgu) localization (**czegoś** of sth)

lokalizacyjn|y *adi.* **kilka wariantów ~ych** several potential locations

lokaliz|ować *impf* **[]** *vt* 1 (umieściwać) to locate *[budynek]* ⇒ **zlokalizować** 2 *[pisarz, reżyser]* to set *[akcję, scenę]*; **autor ~uje akcję w Afryce** the book is set in Africa ⇒ **zlokalizować** 3 (określać położenie) to locate *[obiekt]* ⇒ **zlokalizować** 4 (ograniczać zasięg) to localize *[problem, pożar]* ⇒ **zlokalizować**

[] **lokalizować się** (występować) to be located ⇒ **zlokalizować się**

lokalnie *adv.* locally; **~ w nocy mogą wystąpić gęste mgły** there might be dense fog in some areas overnight

lokalnoś|ć *f sgt* localness (**czegoś** of sth); **~ć przepisów/zwyczajów** the local character of the rules/customs

lokaln|y *adi. [burze, przymrozki, podanie, tradycja]* local; **władze ~e** the local authority, local government; **wiadomości ~e** local news; **mieć znaczenie ~e** to be of local importance

lokalow|y *adi.* **złe warunki ~e** (mieszkalne) poor living conditions; (firmy) inadequate office space; **prawo ~e** housing and letting regulations

loka|ta *f* 1 Fin. (umieszczenie kapitału) **~ta kapitału** an investment (**w coś** in sth); **antyki to doskonała ~ta kapitału** antiques are an excellent investment 2 Fin. (w banku) deposit; **~ta terminowa** a fixed-term deposit account; **~ta złotówkowa** a Polish zloty account; **oprocentowanie ~t** deposit interest rates; **założyć ~tę** to open a deposit account 3 (w zawodach) place; **zająć pierwszą/drugą ~tę** to finish first/second a. to come in first/second place; **zdać egzamin z pierwszą ~tą** to pass an exam top of the list

lokato|r *m* 1 (mieszkaniec) (kamienicy, budynku) resident; (mieszkania) occupant; **~rzy z**

L

drugiego piętra the residents from the second floor; **to zostało po poprzednich ~rach** it was left by the previous occupants; **~rzy zostali ewakuowani** the residents were evacuated; **mieszkanie/ dziupla ma nowego ~ra** the flat/tree hollow has a new occupant [2] (najemca) tenant

■ **dziki ~r** squatter

lokator|ka *f* (kamienicy, budynku) resident; (mieszkania) occupant

lokators|ki *adi.* [sprawy] residents'

lokomotyw|a *f* [1] Kolej. (railway) engine, locomotive; **~a elektryczna/parowa/spalinowa** an electric/a steam/a diesel engine [2] przen. motor (**czegoś** of sth); **~a uprzemysłowienia** motor force behind industrialization; **on jest ~ą wyborczą demokratów** he is the democrats' leading candidate

lokomotyw|ka *f dem.* pieszcz. engine, locomotive

lokomotywow|y *adi.* **drużyna ~a** the engine crew

lok|ować[1] *impf* [I] *vt* książk. [1] Fin. (w banku) to deposit [pieniądze, oszczędności]; (inwestować) to invest [pieniądze, oszczędności]; **~ować pieniądze w banku** to deposit one's money in a bank; **~ować pieniądze w nieruchomościach** to invest in property a. real estate US ⇒ **ulokować** [2] (umieszczać na noc) [gospodarz] to accommodate [gościa]; (sadzać) to seat [osobę]; **~ował ich w pokoju gościnnym** they were accommodated a. put in the guest room ⇒ **ulokować** [3] (umieszczać) to place [przedmiot]; **~ować w kimś/czymś swoje nadzieje** to place one's hopes in sb/sth; **źle ~ować swoje uczucia** to misplace one's affections ⇒ **ulokować** [4] (lokalizować) to locate [siedzibę, przedstawicielstwo] ⇒ **ulokować** [5] (odgadywać czas, miejsce czegoś) to locate [miejsce, początek]; **uczeni ~ują Eden w Afryce** scholars locate the garden of Eden in Africa ⇒ **ulokować**

[II] **lokować się** [1] (zajmować miejsce) to place oneself ⇒ **ulokować się** [2] (plasować się) to rank; **w jego systemie wartości przyjaźń ~uje się bardzo wysoko** friendship ranks high on his list (of personal values)

lok|ować[2] *pf impf vt* Hist. to found [miasto, wieś]

loków|ka *f* [1] (elektryczna) electric curler a. roller; curling iron przest. [2] zw. pl (wałeczek) curler, roller; **nakręcić włosy na ~ki** to put one's hair in curlers a. rollers

lokum *n inv.* książk. accommodation

lolit|ka *f* pot. Lolita

lombar|d *m* (G ~du) pawnshop; **zastawić coś w ~dzie** to pawn sth

lombardow|y *adi.* [kwit] pawn attr.; **kredyt ~y** a pawn loan

longplay /'lɔŋplej/ *m* (A ~ a. ~a) long-player, long-playing record

lon|t *m* (G ~tu) fuse, fuze; **podpalić ~t** to light a fuse

lo|ra *f* [1] (wagon) flat wagon, flatcar US; (ciężarówka) flatbed truck [2] Żegl. hitch, bend [3] Zool. lory

lor|d *m* (Npl ~dowie) [1] (tytuł, osoba) lord; **Izba Lordów** the House of Lords [2] pejor. (wyniosły człowiek) lord

lordows|ki *adi.* [tytuł] lord's

loretan|ka Relig. [I] *f* (zakonnica) Lorettine [II] **Loretanki** *plt* (zakon) the Order of Our Lady of Loretto

lorne|ta *f* (duża lornetka) (pair of) binoculars ❏ **~ta nożycowa** Wojsk. trench periscope

lornet|ka *f* (pair of) binoculars; **patrzyć przez ~kę** to look through binoculars ❏ **~ka pryzmatyczna** prismatic binoculars; **~ka teatralna** opera glasses, lorgnette

los *m* (G ~u) [1] (koleje życia, położenie) fate, lot; (koniec, rezultat) fate; **związać/dzielić swój ~ z kimś** to throw in/share one's lot with sb; **złożyć swój ~ w czyjeś ręce** to place one's fate in sb's hands; **podzielić ~ kogoś/czegoś** to suffer the same fate as sb/sth; **spotkał go straszny ~** he suffered a terrible fate; **uniknąć strasznego ~u** to escape a terrible fate; **odmienić czyjś ~** to change the fate a. lot of sb; **przeklinać (swój) ~** to curse one's fate a. lot; **pogodzić się z ~em** to become resigned to one's fate a. lot, to accept one's fate a. lot; **pozostawić sprawy własnemu ~owi** to leave things to take their own course, to let fate decide; **czyjeś wojenne ~y** sb's war experiences; **~ tych ludzi jest nieznany** nothing is known of the fate of those people; **jego dalsze ~y są nieznane** his later fate is unknown; **jego ~y się ważą** his fate is being decided; **przesądzić o ~ie kogoś/czegoś** to decide the fate of sb/sth [2] sgt (przeznaczenie, traf) fate, fortune; **nieubłagany ~** merciless fate; **przeciwności ~u** adversities; **zmienne koleje ~u** changing fortunes; **dziwnym zrządzeniem ~u** by a strange twist of fate; **~ nam sprzyja/nie sprzyja** fate is on our side/against us; **~ się do nas uśmiechnął** fortune smiled on us; **uśmiech/zrządzenie ~u** a smile/quirk of fortune; **być wybrańcem ~u** to be fortune's favourite; **pozostawić kogoś/coś na pastwę ~u** to leave sb/sth to their/its fate; **kusić ~** to tempt fate; **~ sobie z nas zadrwił** fate played a trick on us; **naszym życiem rządzi ślepy ~** our life is ruled by blind chance; **zdać się na ~ a. szczęście** to take pot luck [3] (na loterii) ticket; **kupić ~ na loterii** to buy a lottery ticket; **szczęśliwy ~** a winning ticket; **wyciągnąć pusty ~** to have a losing ticket; **ciągnąć ~y o coś** to draw a. cast lots for sth; **ciągnąć ~y, kto pójdzie do sklepu** to draw lots to decide who will go to the shop; **~ padł na niego** the lot fell on him; **wygrać ~ na loterii** przen. to hit the jackpot przen.

■ **masz ci ~!** pot. bad a. hard luck!

los|ować *impf vt* to draw [numer, przeciwnika, zwycięzcę]; **~ować główną nagrodę** to draw for the first prize ⇒ **wylosować**

losowa|nie [I] *sv* → **losować** [II] *n* draw; **~nie nagród** a prize-drawing; **dzisiaj odbywa się ~nie finałów mistrzostw świata** the draw for the world championship finals takes place today; **rozstrzygnąć coś drogą ~nia** to decide sth by a draw; **zwycięzca zostanie wyłoniony drogą ~nia** the winner will be decided by a draw

losowo *adv.* [wybierać, pojawiać się] randomly, at random

losow|y *adi.* (przypadkowy) [dobór, wybór] random; **zdarzenie ~e** a random incident; **gry ~e** games of chance; **wypadek ~y** an accident

losz|ek *m dem.* (G ~ku) cellar

losz|ka *f dem.* pieszcz. wild sow

lo|t *m* (G lotu) [1] (czynność) flight; **lot ptaka/ pocisku** the flight of a bird/bullet; **ptak w locie** a bird in flight; **poderwać a. zerwać się do lotu** to take flight; **robić coś w locie** [ptak, owad] to do sth in flight; przen. to do sth on the run; **wypić kawę w locie** przen. to grab a cup of coffee on the run; **patrzeć na coś z lotu ptaka** to have a bird's-eye view of sth; **widok czegoś z lotu ptaka** a bird's-eye view of sth [2] (podróż samolotem) flight; **lot do/z Londynu** a flight to/from London; **lot rejsowy/czarterowy** a scheduled/charter flight; **rozkład lotów** a flight schedule; **odwołać lot** to cancel a flight; **z powodu mgły odwołano wszystkie loty** all flights have been cancelled due to fog; **życzymy przyjemnego lotu!** have a good flight!; **jak minął lot?** did you enjoy the flight?; **lot na księżyc** a flight to the moon ❏ **lot godowy** Zool. (u owadów) nuptial flight; (u ptaków) mating flight, courtship flight; **lot koszący** Lotn. hedgehopping; **lot nurkowy** Lotn. nosedive, dive; **lot ślizgowy** Lotn. glide; **lot żaglowy** Zool. glide; Lotn. soaring; **loty kosmiczne** Astronaut. space flight; **loty narciarskie** Sport ski-flying

■ **pisarz/dzieło wysokiego lotu** a. **wysokich lotów** a writer/work of the highest order a. calibre; **pisarz/literatura niskiego lotu** a. **niskich lotów** a second-rate writer/ literature; **obniżyć loty** to lower one's standards; **w lot** [pojąć, zrozumieć] at once

lot|ek *m* Gry ≈ national a. state lottery

loteri|a *f* (GDGpl ~i) [1] Gry lottery, raffle; **~a fantowa** a tombola; **~a pieniężna** a cash lottery; **wygrać coś na ~i** to win sth in a lottery a. raffle [2] przen. lottery; **wyniki wyborów to czysta ~a** the outcome of the election is a lottery

loteryj|ka *f* [1] (gra dziecięca) lotto [2] dem. raffle, prize draw

loteryjn|y *adi.* [fant] lottery attr.

lot|ka *f* [1] zw. pl Zool. flight feather; gremex spec. [2] Lotn. zw. pl aileron, flap [3] Sport shuttlecock [4] (rzucana do tarczy) dart

lotni|a *f* (Gpl ~) Sport hang-glider; **latać na ~i** to fly a hang-glider

lotniars|ki *adi.* Sport [sport, klub, sprzęt, zawody] hang-gliding attr.

lotniarstw|o *n sgt* Sport hang-gliding

lotniarz *m* (Gpl ~y) Sport hang-glider pilot

lotnictw|o *n sgt* [1] (dziedzina) aviation; (transport) air transport; **~o cywilne/wojskowe** civil/military aviation [2] Wojsk. air force; **wsparcie ~a** air support ❏ **~o strategiczne** Wojsk. strategic air force

■ **małe ~o** Sport scale aircraft modelling

lotnicz|y *adi.* [transport, katastrofa, baza, terminal, list, pokaz] air attr.; [przemysł, paliwo] aviation attr.; [fotografia, bombardowanie] aerial; [działko] aircraft attr.; [inżynieria, technika] aeronautical; **linie ~e** an airline; **poczta ~a** airmail; **alarm ~y** an air-raid warning; **akrobacje ~e** aerobatics;

port ~**y** an airport; **wojska** ~**e** the air force

lotni|k m 1 Lotn., Wojsk. pilot 2 Lotn., Techn. **inżynier** ~**k** an aeronautical engineer

lotnisk|o n Lotn. airfield; (port lotniczy) airport; ~**o krajowe/zagraniczne** a domestic/international airport

lotniskow|iec m Wojsk. aircraft carrier

lotniskow|y adi. [budynek, autobus, światła] airport attr.; **opłata** ~**a** an airport tax

lotnoś|ć f sgt 1 Fiz. (gazowość) gaseousness; (tendencja do parowania) volatility 2 (osoby) brightness; ~**ć umysłu** agility of mind

lotn|y adi. 1 Fiz. (gazowy) [postać, substancja] gaseous; (łatwo parujący) [ciało, substancja, oleje] volatile 2 (zwiewny) [chmury] airy; [piach, pył, kurz] airborne; [zapach] volatile 3 (zmieniający miejsce pobytu) ~**a brygada** a flying squad; **przeprowadzić** ~**ą kontrolę czegoś** to carry out an unannounced inspection of sth 4 (służący do latania) **błona** ~**a** a. **fałd** ~**y** Zool. patagium; **powierzchnia** ~**a** a supporting surface; **warunki** ~**e** flying conditions

III adi. grad. (pełen polotu) [osoba] bright; [umysł] agile

lotos m (G ~**u**) 1 Bot. lotus 2 (pozycja) lotus (position a. posture); **siedzieć w pozycji** ~**u** to sit in (the) lotus position a. posture ❑ ~ **egipski** Bot. Egyptian lotus

lotosow|y adi. [liście, kwiaty] lotus attr.

lotto n inv. sgt Gry lotto

lowelas m (Npl ~**i** a. ~**y**) przest., pejor. playboy; **podstarzały** ~ a sugar daddy pot.

lowelasows|ki adi. [sposób bycia] playboyish

l|oża f 1 (w teatrze, sali widowiskowej, parlamencie) box; **prywatna loża** a private box, a loge; **mieć miejsca w loży** to have box seats; **loża prasowa** the press gallery; **loża prezydencka** the president's box; **loża honorowa** a VIP box 2 (w masonerii) lodge; **loża masońska** a Masonic lodge

l|ód III m (G lodu) 1 zw. sg (zamarznięta woda) ice U; **bryłka/warstewka/kryształek lodu** a lump/layer/crystal of ice; **kostki lodu** ice cubes; **jezioro pokryte** a. **ścięte lodem** an ice-bound a. ice-covered lake; **pokryć się** a. **ściąć się lodem** [jezioro, rzeka] to freeze over; **lód trzyma** the ice holds (up); **lody puściły** a. **stajały** the ice melted; **lody między nimi stopniały** przen. their reserve melted away; **lód się pod nim załamał** the ice broke under his weight; **whisky z lodem** whisky on the rocks; **szampan z lodu** champagne on ice; **jazda figurowa na lodzie** figure skating; **hokej na lodzie** ice hockey; **obszar pokryty wiecznym lodem** an area covered by permanent ice; **kraina wiecznych lodów** the land of perennial ice; **on jest bryłą lodu** a. **zimny jak lód** he's as cold as ice, he's a cold fish 2 pot. (do jedzenia) ice-cream U

III **lody** plt ice-cream U; **lody waniliowe/czekoladowe** vanilla/chocolate ice cream; **lody na patyku/w waflu** ice cream on a stick/an ice cream cone; **trzy gałki lodów** three scoops of ice cream; **lizać lody** to lick ice cream

❑ **suchy lód** Chem., Przem., Techn. dry ice; **sztuczny lód** artificial ice

■ **budować** a. **stawiać zamki na lodzie** to

build castles in the air; **mieć forsy jak lodu** pot. to have loads of money pot.; **przełamać pierwsze lody** to break the ice; **zostać na lodzie** to be left out in the cold; **zostawić kogoś na lodzie** to leave sb in the lurch

l.p., lp. (= liczba porządkowa) item number

lśniąco adv. **kuchnia jest** ~ **czysta** the kitchen shines

lśniąc|y II pa → **lśnić**

III adi. [włosy] lustrous; [oczy] gleaming, shining; [parkiet] shiny

lśni|ć impf II vi 1 [szkło, brylant, włosy] to gleam; **słońce** ~**ło na wodzie** the sun gleamed on the water; **wieżowce** ~**ły szkłem i metalem** the skyscrapers gleamed with glass and steel 2 (być czystym) to shine; **kuchnia** ~**ła czystością** the kitchen was shining

III **lśnić się** to gleam

lśnie|nie II sv → **lśnić**

II n sgt gleam (**czegoś** of sth)

lu inter. posp. (o gwałtownym ruchu) **nagle lu! chlusnęła na nich wiadrem wody** then, splash! she poured a bucket of water over them; **i lu! walnął go w mordę** then whack! he smashed him in the face; **a on lu go w mordę** and whack! he smashed him in the face; **no to lu!** (napijmy się) let's drink!; (jedzmy) let's go!; (zaczynajmy) let's do it!

lub książk. II coni. or; **jabłko** ~ **gruszka** an apple or a pear; **chodziła na spacery** ~ **czytała książki** she went for walks or read (books); ~ **też** or (else); **potrzebny sprzęt można kupić** ~ **też wypożyczyć** you can buy the necessary equipment or (else) hire it; ~ **też nie** or not (as the case may be)

III part. or; **dwa** ~ **trzy razy w tygodniu** two or three times a week

lubasz|ka f Bot. (drzewo, owoc) damson

lubczyk m (G ~**u**) Bot. lovage

lubczykow|y adi. [korzeń, napój] lovage attr.

lubi|ć impf II vt 1 to like [osobę]; ~**ć kogoś za coś** to like sb for sth; **był** ~**any w szkole** he was wellliked at school; **pieniądze niezbyt mnie** ~**ą** żart. I'm always short of money 2 (czerpać przyjemność) to like [mleko, książki]; ~**ę czytać książki** I like reading a. to read; **nie** ~**ę głupich żartów** I don't like stupid jokes; **mój pies** ~, **żeby go drapać za uchem** my dog likes to be scratched behind the ears; **nie** ~**ę, kiedy się tak zachowujesz** I don't like it when you behave like this; **on** ~, **kiedy ludzie się go boją** he likes people to be afraid of him 3 (czerpać korzyści) [roślina] to like, to prefer; **trawa** ~ **dobrą ziemię** grass likes a. prefers rich soil 4 (często coś robić) to tend to; **mleko** ~ **przywierać do garnka** milk tends to stick to the bottom of a pan; **życie** ~ **robić niespodzianki** life is full of surprises

III **lubić się** to like each other; **po prostu się** ~**my** we simply like each other

■ **kto się** ~, **ten się czubi** squabbles are a way of life

lubieżnie adv. grad. pejor. lecherously

lubieżni|k m pejor. lecher

lubieżnoś|ć ż sgt lecherousness

lubieżn|y adi. 1 (rozpustny) [osoba, spojrzenie, uśmiech, usta] lecherous 2 (nieprzyzwoity) [sceny, opisy, obrazy, piosenki] obscene; **czyn** ~**y** Prawo indecent exposure

lubo[1] adv. przest. delightfully; **aż** ~ **patrzeć** it's delightful to watch

lubo[2] coni. przest. though; **dzień był słoneczny,** ~ **chłodny** the day was sunny though cold

luboś|ć f sgt książk. **z** ~**cią** [przeciągać się, wygrzewać się] luxuriously, with delight; **przyglądać się czemuś/powtarzać coś ze szczególną** ~**cią** to watch/repeat sth with particular pleasure a. delight

lub|ować się impf v refl. książk. 1 (gustować) to be fond (**w czymś** of sth); **kuchnia francuska** ~**uje się w sosach** French cuisine is fond of sauces 2 (upajać się) to relish (**w czymś** sth)

lub|y II adi. przest., żart. (ulubiony) [dźwięk, zapach] dear; (przyjemny) [cień, chłód, wietrzyk] delightful

III **lub|y** m, ~**a** f przest., żart. paramour przest.

lucern|a f Bot. lucerne, alfalfa; ~**a chmielowa/sierpowata** trefoil/yellow-flowered alfalfa; ~**a siewna** lucerne a. purple medic(k); **uprawa** ~**y** cultivation of alfalfa a. lucerne

Lucyfe|r m Bibl. Lucifer

lucyfe|r m (Npl ~**ry**) pot. pejor. demon

Lucyper → **Lucyfer**

lucyper → **lucyfer**

lu|d m 1 sgt (G ludu) (masy) people; **głos/gniew/wola ludu** the voice/wrath/will of the people; **pochodzić** a. **wywodzić się z ludu** to come from the lower classes of society 2 sgt (G luda a. ludu) pot., żart. (tłum, ludzie) folk; **przed wejściem czekała już kupa luda** a crowd of people was waiting to enter 3 (G ludu) people; **ludy koczownicze/osiadłe/pierwotne** nomadic/settled/primitive peoples; **ludy słowiańskie/germańskie/mongolskie** Slavic/Germanic/Mongolian peoples

❑ **Lud Boży** Relig. people of God; **ludy karłowate** Antrop. dwarfs, dwarves; **ludy megalityczne** Antrop. Megalithic peoples

lud|ek II m pers. dem. 1 sgt (Npl ~**ku**) żart. (grupa ludzi) people; **chłopi tutejsi to** ~**ek pracowity** the local peasants are hardworking people; **dowcipny** ~**ek z przedmieścia** witty company from the suburbs 2 (Npl ~**ki** a. ~**owie**) (ludzik) manikin, mannikin; **krasnoludki to** ~**ki w czerwonych czapeczkach** dwarves are manikins a. mannikins in red hats; **małe** ~**ki budowały zamki z piasku** small children were making sandcastles

III m inanim. (A ~**ka**) (figurka) figurine; **kasztanowy** ~**ek** a figure made of conkers; ~**ki wystrugane z drzewa** figurines carved in a. from wood

ludn|o adv. grad. **na rynku było gwarno i** ~**o** the square was noisy and crowded; **w niedzielę jest tu** ~**iej** on Sundays it's more crowded here

ludnościowo adv. population-wise; **kraj niejednolity** ~ a country with a diversified population

L

ludnościow|y adi. population attr.; **struktura ~a kraju** the structure a. composition of a country's population

ludnoś|ć f sgt population; **~ć miejska/ wiejska** the urban/rural population; **~ć miejscowa/tubylcza** the local/native population; **~ć napływowa** settlers; **~ć miasta/regionu/kraju/kontynentu/świata** the city's/region's/country's/continent's/ world population; **liczba/stan/przyrost ~ci** the population numbers/conditions/ growth; **spis ~ci** a census
■ **~ć mieszana** Antrop. racially-mixed people

ludn|y adi. grad. [okolica, teren] populous; [ulica, plac] teeming; **~e miasto** a populous city; **~a wieś/ulica** a crowded village/ street; **coraz ~iejsze okolice** more and more densely populated surroundings

ludobójc|a m książk. perpetrator of genocide

ludobójcz|y adi. [wojna, walki, działania] genocidal; **~a broń/wojna** a genocidal weapon/war; **~e plany Hitlera** Hitler's genocidal plans; **~a polityka** a policy of genocide, a genocidal policy

ludobójstw|o n książk. genocide; **zbrodnia ~a** (the crime of) genocide

ludoja|d ▯ m pers. (Npl **~dy**) przest. cannibal
▯ m anim. maneater; **tygrys/rekin ~d** a man-eating tiger/shark

ludomani|a /ˌludoˈmaɲja/ f sgt (GD **~i**) excessive idealization of the peasantry

ludow|iec m peasant activist; **radykalni ~cy** radical peasant activists

ludowładztw|o n sgt Polit. democracy

ludowo adv. **muzyka brzmiała skocznie i ~** the music was lively and folksy; **ubierać się na ~** to wear folk costumes

ludowoś|ć f sgt folk character; **~ć motywów zdobniczych** the folk character of decorative motifs; **pierwiastki** a. **elementy ~ci w dziele/w czyjejś twórczości** (popular) folk elements in a work/in sb's artistic output

ludow|y adi. ▯ (chłopski, wiejski) [twórczość, muzyka, stroje, tańce] folk attr.; **bohater/ taniec ~y** a folk hero/dance; **kuchnia ~a** regional cuisine ▯ [działacz, ruch, władza] popular; **działacz ~y** a peasant activist; **Front Ludowy** the Popular Front; **partia ~a** a peasants' party; **republika ~a** a people's republic ▯ [zabawa, festyn] folk; **festiwal ~y** a folk festival

ludożerc|a ▯ m pers. (kanibal) cannibal
▯ m anim. Zool. maneater; **tygrys ~a** a man-eating tiger

ludożercz|y adi. cannibalistic; **plemiona/ skłonności ~e** cannibalistic tribes/inclinations

ludożerstw|o n sgt cannibalism; **przypadki ~a** cases of cannibalism

ludwik m (A **~a**) ▯ (moneta) louis a. louis d'or ▯ pot. (mebel) piece of furniture in the 16th-18th century French style

ludyczność|ć f sgt książk. ludicity książk.

ludyczn|y adi. książk. carnivalesque; ludic; **~y charakter utworu** the ludic nature of the work

ludzie plt → **człowiek**

ludzik ▯ m pers. (Npl **~i**) ▯ żart. (ludek) manikin, mannikin; **nasz synek to taki śmieszny, mały ~** our son is such a funny little thing ▯ pejor. low-minded character
▯ m inanim. (A **~a**) (figurka) figurine; **~ z piernika** a gingerbread man; **~i z żołędzi i kasztanów** figures made from acorns and conkers; **~i z teatru kukiełkowego** puppets
❑ **zielone ~i** pot. little green men

ludzisk|a plt (G **~ów**) folks; **biedni/ poczciwi ~a** poor/kind-hearted folk a. souls; **~a zaśmiewali się do łez** the folks were laughing their heads off; **czego to ~a nie plotą** the things people say!
■ **są ludzie i ~a** przysł. there's nowt so queer as folk

ludz|ki ▯ adi. ▯ (dotyczący człowieka) human; **czaszka/natura ~ka** human skull/nature; **losy ~kie** human fate; **~kie gadanie** gossip; **~ka mowa** human speech; **~ka praca/życzliwość** human work/kindness; **zasoby ~kie** human resources; **zwykłe ~kie sprawy** everyday matters; **pamięć ~ka jest zawodna** the human memory is fallible; **zrobić wszystko, co w ~kiej mocy** to do everything in one's power ▯ (życzliwy, dobry) humane; **~kie traktowanie** humane treatment; **~kie uczucia** humanity; **być ~kim dla więźniów** to be humane to prisoners
▯ **po ludzku** adv. (przychylnie) kindly; (jak należy) decently; [wyglądać] decent adi.; **mieszkać/ubierać się po ~ku** to live/ dress decently; **obejść się z kimś/potraktować kogoś po ~ku** to deal with/treat sb kindly; **rozmówić się z kimś po ~ku** to have a kind word with sb; **zachowuj się po ~ku!** behave yourself!

ludzkoś|ć f sgt ▯ (ogół ludzi) (hu)mankind; **dzieje ~ci** the history of (hu)mankind; **pracować/poświęcić się dla dobra ~ci** to work/for devote oneself to the good of (hu)mankind ▯ przest. (pozytywne cechy) humanity

luf|a f ▯ (część broni palnej) barrel; **~a armaty/karabinu/pistoletu** a cannon/ rifle/gun barrel; **o dwu ~ach** double-barrelled; **skierował ~ę pistoletu w jego stronę** he aimed the (gun) barrel at him; **przystawił mu ~ę karabinu do głowy** he put the barrel of the rifle to his head; **wyjść** a. **nasunąć się (komuś) pod ~ę** to enter sb's line of fire ▯ pot. (ocena niedostateczna) fail; **dostać ~ę z matematyki** to get a fail in maths ▯ pot. (porcja wódki) shot; **strzelić dwie ~y** to down two shots of vodka ▯ pot. (ładna dziewczyna) chick, nice bit of stuff

lufcik m ≈ window vent

luf|ka f pot. cigarette-holder

luf|t m (G **~tu**) przest. ▯ (przewód kominowy) flue ▯ sgt (powietrze) ventilation; **wyjść na świeży ~t** to go outside a. out into the open
■ **być do ~tu** pot. to be good for nothing

luido|r m (A **~ra**) Hist. louis (d'or)

luk m (G **~u**) Żegl. ▯ (otwór w pokładzie statku) hatch(way); **~ ładunkowy/wejściowy/ wentylacyjny** cargo/entrance/ventilation hatch; **otworzyć/zamknąć ~** to open/ close the hatch ▯ (ładownia) hold; **~i pełne śledzi** holds full of herrings

lu|ka f ▯ (puste miejsce) gap; **ściany wypełniające luki między filarami** walls filling the gaps between pillars; **luka w tekście/notatkach** a gap in the text/notes; **luki w ogrodzeniu/umocnieniach/wale ochronnym** breaks a. gaps in the fence/ fortifications/embankment; **wypełniać** a. **zapełniać lukę** to fill the gap ▯ zw. pl przen. blank, deficit; **uzupełnił luki w swoim wykształceniu** he filled in the gaps in his education; **luki w pamięci** a mental blank; **luka prawna** a legal loophole

luk|ier m (G **~ru**) ▯ Kulin. icing; **~ier cytrynowy/pomadkowy/czekoladowy** lemon/fondant/chocolate icing; **ciastko z ~rem** a cake with icing a. an iced cake; **napis z ~ru na torcie** iced lettering on a gateau; **polać coś ~rem** to put icing on sth, to ice sth; **przyozdobić ciasto różą z ~ru** to decorate the cake with a rose made from royal icing ▯ przen. gilding przen.; **musimy pisać prawdę, bez ~ru** we have to write the truth, without any gilding

lukratywnie adv. grad. lucratively; **interes zapowiadał się ~** the business promised to be lucrative

lukratywnoś|ć f sgt lucrativeness; **~ć przedsięwzięcia/zawodu/zajęcia** the lucrativeness of the undertaking/profession/ occupation

lukratywn|y adi. książk. [interes, transakcja] moneymaking; [zajęcie, stanowisko] lucrative; **bez żalu porzucił ~ą posadę** he gave up a lucrative job without any regret

lukrecj|a f ▯ (Gpl **~i**) Bot. liquorice; **korzeń ~i** liquorice root ▯ sgt (wysuszone korzenie lub wyciąg z niego) liquorice; **wyciąg z korzenia ~i** liquorice root extract
■ **ckliwy** a. **nudny jak ~a** mawkish, sugary; **słodki jak ~a** iron. gushy

lukrecjow|y adi. liquorice attr.; **~y korzeń/smak** liquorice root/flavour

lukr|ować impf vt ▯ (polewać lukrem) to ice; **~ować tort/pączki** to ice a gateau/dough-nuts; **~wany piernik** iced ginger-bread ⇒ **polukrować** ▯ przen. pejor. embellish; **ten reżyser ~uje rzeczywistość** this film director embellishes reality; **~any życiorys** an embellished biography

lukrowa|ty adi. pejor. embellished, mushy; **pisała swoje powieści napuszonym, ~tym stylem** her novels were written in a pompous, sentimental style; **~ty życiorys** an embellished biography

lukrow|y adi. icing attr.; **ciasteczka w ~ej polewie** iced cakes

Luksembur|czyk m, **~ka** f Luxembourger

luksembur|ski adi. of Luxembourg

luksus m (G **~u**) ▯ (komfort) luxury U; **żyć/ wypoczywać w ~ie** to live/relax in luxury ▯ (przyjemność) extravagance C/U, luxury C/U; **nie stać go było na ~ jeżdżenia taksówką do pracy** he couldn't afford the luxury of taking a taxi to work ▯ zw. pl (zbędna, droga rzecz) extravagance, luxury (item); **nie wszyscy mogą sobie pozwolić na takie ~y** not everybody can afford such extravagances a. luxuries

luksusowo *adv.* luxuriously; **~ urządzone mieszkanie** a luxuriously furnished flat; **żyć ~** to live in luxury

luksusow|y *adi.* [1] (komfortowy, prestiżowy) luxury *attr.*, de luxe; **~a restauracja** a luxury restaurant; **~e auto** a de luxe car [2] (kosztowny, zbytkowny) luxurious, extravagant; **~e ubrania** luxury clothing; **~e prezenty** extravagant a. expensive gifts

lula|ć *impf* pot. **[]** *vt* (usypiać) to lull; **~ać dziecko do snu** to lull a baby to sleep ⇒ **ululać**
[] *vi* (spać) to sleep

lul|ek *m*
❏ **~ek czarny** Bot. henbane

luli *inter.* hushaby(e); **~, ~, maleńki** hushaby(e), baby

lulkow|y *adi.* [wywar, nalewka] henbane *attr.*; **wywar z liści ~ych** an infusion of henbane

lulu *impf inv.* *vi* dziec. ≈ to sleep; **a teraz dzieci pójdą ~** and now the children will go to bed a. sleep

lumbago *n inv.* Med. lumbago; **złapało go ~** he had an attack of lumbago

luminal *m sgt* (*G* **~u**) Med. Luminal, phenobarbitone; **~ w czopku** Luminal in the form of a suppository

luminarz *m* (*Gpl* **~y** a. **~ów**) książk. luminary; **zasłużyć na miano ~a nauki** to deserve to be called one of the luminaries of science

lump *m* (*Npl* **~y**) pot., pejor. bum, vagrant

lumpenproletariac|ki *adi.* of the lumpenproletariat; **środowisko ~kie** the lumpenproletariat, the lowest circles

lumpenproletaria|t *m sgt* (*G* **~tu**) Hist. the lumpenproletariat

lumpenproletariusz *m* (*Gpl* **~y**) Hist. a member of the lumpenproletariat

lumpows|ki *adi.* [środowisko, mentalność] vagrant *attr.*; **~kie nawyki** vagrant habits

lunapark *m* (*G* **~u**) książk. funfair; **iść z dziećmi do ~u** to take the kids to the funfair

lunaparkow|y *adi.* [atrakcje] funfair *attr.*

lunatycznie *adv.* [patrzeć, poruszać się] somnambulistically, like a somnambulist; **chodzić/wyglądać ~** to walk/look like a somnambulist

lunatyczn|y *adi.* [trans, stan] somnambulistic; **sen ~y** somnambulistic sleep

lunaty|k *m*, **~czka** *f* sleepwalker, somnambulist; **poruszać się jak ~k** to move like a somnambulist

lunatyzm *m sgt* (*G* **~u**) sleepwalking, somnambulism; **być w stanie ~u** to be in a state of somnambulism

lu|nąć *pf* **[]** *vt* pot. (uderzyć) to whack; **lunąłem go na odlew** I whacked him with all my might
[] *vi* [1] (o deszczu) to start lashing a. pouring down; **lunął rzęsisty deszcz** there was a sudden torrential downpour; **lunęło jak z cebra** it started raining cats and dogs a. coming down in buckets [2] (chlusnąć) to gush; **przez wyrwę w murze lunęły potoki brudnej wody** streams of dirty water gushed out through the breach in the wall [3] pot. (wylać) to gush; **lunął wodą z wiadra** he threw water out of the bucket

lunch /lantʃ/ *m* (*G* **~u**) lunch; **pora ~u** lunchtime; **przerwa na ~** lunch hour; **zjeść ~** to have lunch; **zaprosić kogoś na ~** to invite sb to lunch

lune|ta *f* telescope; **patrzeć przez ~tę na księżyc** to look at the moon through a telescope

lunet|ka *f* Wojsk. spyglass; **patrzeć przez ~kę** to look through a spyglass

lunetow|y *adi.* telescopic; **celownik ~y** telescopic sight; **widzenie ~e** Med. telescopic vision

lup|a *f* magnifying glass; **oglądać coś przez ~ę** to examine sth through a magnifying glass
■ **brać coś pod ~ę** pot. to go over sth with a (fine) toothcomb; **policja wzięła firmę pod ~ę** the police started keeping very close tabs on the firm pot.

lup|ka *f* dem. small magnifying glass; (zegarmistrzowska) loupe

lu|ra *f* pot. dishwater; **ta herbata to lura** this tea is like dishwater

lureks *m* (*G* **~u**) Włók. lurex®; **bluzka/ suknia z ~u** a lurex blouse/dress

lureksow|y *adi.* [bluzeczka, suknia] lurex® *attr.*

lurowa|ty *adi.* pot. [wino, herbata, zupa] dishwatery; **~ta kawa** coffee like dishwater

luster|ko *n* mirror; **~ko kieszonkowe** a pocket mirror; **~ko mikroskopu** a microscope mirror; **~ko samochodowe/ stomatologiczne** a car/dental mirror; **~ko boczne/wsteczne** a wing/rear-view a. driving mirror; **przeglądać się w ~ku** to examine oneself in a mirror

lusterkow|y *adi.* mirror *attr.*; **celownik ~y** sight(s)

lustracj|a *f* (*Gpl* **~i**) [1] książk. (przegląd) inspection, survey; **~a instytucji/organizacji/dokumentów** an inspection of an institution/an organization/documents; **~a pomieszczeń po remoncie** an inspection of the renovated rooms; **przeprowadzić ~ę nowego osiedla** to conduct a. make an inspection of a newly-built housing estate [2] Polit. ≈ vetting; **~a posłów** the vetting of the deputies; **urzędnicy podlegający ~i** officials subject to vetting; **~a akt personalnych** an inspection of personnel files [3] Hist. terrier

lustracyjn|y *adi.* Polit. **ustawa ~a** a vetting act; **akta ~e** vetting files

lust|ro *n* [1] (zwierciadło) mirror; **~ro łazienkowe/stojące/wiszące** a bathroom/free-standing/hanging mirror; **~ro w złoconych ramach** a mirror in a gilded frame; **czyjeś odbicie w ~rze** sb's reflection in a mirror; **poprawiać włosy przed ~rem** to fix one's hair in front of a mirror; **przeglądać się w ~rze** to inspect oneself in a mirror [2] przen. (powierzchnia) surface; **poziom ~ra wody w rzece podniósł się o 25 cm** the water level rose by 25 centimeters; **ciemne ~ra jezior połyskiwały w porannym słońcu** dark surfaces of the lakes glistened in the morning sun [3] Myślis. (plama na zadzie jelenia) flag
❏ **~ro weneckie** (do obserwowania) two-way mirror; (do przeglądania się) Venetian mirror; **~ro tektoniczne** Geol. tectonic plate
■ **pić do ~ra** pot. to drink alone

lustr|ować *impf* **[]** *vt* [1] (dokonywać przeglądu) to inspect, to survey; **~ować teren robót** to survey a. inspect the construction site; **dowódca ~ował oddział** a commander surveyed a. inspected his unit ⇒ **zlustrować** [2] Polit. to vet; **~ować urzędnika** to vet an official ⇒ **zlustrować** [3] (przyglądać się) to scrutinize, to examine carefully; **~owała go bacznie** she scrutinized a. examined him intently ⇒ **zlustrować**
[] lustrować się to scrutinize a. examine one another ⇒ **zlustrować się**

lustrzan|ka *f* Fot. reflex camera; **~ka małoobrazkowa** a 35 mm reflex camera

lustrzan|y *adi.* [1] (odnoszący się do lustra) mirror *attr.*; **~e odbicie** reflection (in a mirror), mirror image; **sala ~a** a mirrored hall, hall of mirrors; **szkło ~e** a mirror glass [2] (lśniący) shining; **~a powierzchnia posadzki** a shining floor [3] przen. indistinguishable; **dostrzegać ~e podobieństwo między czymś a czymś** to see sth as being a mirror image a. carbon copy of sth (else)

lu|t *m* (*G* **lutu**) Chem. solder *U*

luteran|in *m*, **~ka** *f* Relig. Lutheran

luteranizm *m sgt* (*G* **~u**) Relig. Lutheranism; **wyznawca ~u** follower of Lutheranism; **przejść na ~** to convert to Lutheranism

luterańs|ki *adi.* Relig. Lutheran; **Kościół luterański** the Lutheran Church

lutni|a *f* (*Gpl* **~**) Muz. lute; **utwór na ~ę** a work for the lute

lutnictw|o *n sgt* violin-making; **wybitni mistrzowie ~a** master violin-makers

lutnicz|y *adi.* [szkoła, rodziny] violin-making; **sztuka ~a** the art of violin-making; **ośrodki ~e** violin-making centres

lutni|k *m* violin-maker; **rodzina włoskich ~ków** a family of Italian violin-makers; **słynni ~cy tworzyli własne modele skrzypiec** famous violin-makers created their own models

lutniow|y *adi.* Muz. [utwór, koncert, zespół] lute *attr.*; **muzyka ~a** lute music; **zespół ~y** a lute ensemble

lutni|sta *m*, **~stka** *f* Muz. lutenist, lutanist

lut|ować *impf vt* to solder; (mosiądzem) to braze; **kabelek był ~owany cyną** the cable was soldered with tin ⇒ **zlutować**

lutownic|a *f* Techn. soldering iron

lutownicz|y *adi.* [stop, pasta] soldering; **cynowy stop ~y** tin soldering alloy
❏ **lampa ~a** a. **grzejnik ~y** Techn. blowlamp

lutow|y *adi.* [mróz, słońce, śnieg] February *attr.*; **~y numer pisma** the February edition

lut|y *m* February; **w ~ym** in February; **dziś jest pierwszy/trzeci ~ego** a. **pierwszego/trzeciego ~ego** pot. it's February the first/third a. the first/third of February (today)

luz **[]** *m* (*G* **~u**) [1] (wolna przestrzeń) room *U*, space *U*; **w plecaku jest jeszcze dużo ~u** there's still plenty of room a. space in the rucksack; **po jego wyjeździe w mieszkaniu zrobił się ~** after he had left there was more room in the flat [2] (wolny czas) free time *U*; **mam dziś trochę ~u** I've got a bit of free time today; **tak zaplanowała swoją**

pracę, żeby mieć trochę ~u she planned her work so as to give herself a bit of breathing space ③ pot. (odprężenie psychiczne) ease *U*; **po drinku poczuł ~ psychiczny** after a drink he loosened up; **coraz częściej pozwalała sobie na pełny ~** more and more often she allowed herself to let go completely; **panował tu nastrój zupełnego ~u** there was a totally relaxed a. laid-back pot. atmosphere about the place ④ pot. (swoboda zachowania) ease of manner *U*; **na ~ie** laid-back pot.; **poczuł się na ~ie i zaczął dowcipkować** he loosened up and began to joke about; **to facet na ~ie** he's a laid-back kind of guy pot.; **podejdź do tego na ~ie** take it easy; **był zawsze na ~ie** he was always (so) easygoing ⑤ Techn. (odstęp) clearance *U*; (nadmierny) backlash *U* ⑥ Techn. (odcinek, kąt) play *U*, slack *U*; **~ kierownicy** steering play ⑦ Aut., Techn. (pozycja) neutral *U*; **na ~ie** (o trybach, biegach) in neutral; (o maszynie, silniku) idling, ticking over; **auto, zostawione na ~ie, zaczęło się staczać** left in neutral, the car started to roll **Ⅲ luzem** *adv.* ① (bez opakowania) loose; **kupił wapno ~em, na wagę** he bought the lime loose, by weight; **pieniądze włożył do kieszeni ~em** he put the money loose into his pocket ② (bez opieki) on its own; **puszczać dziecko ~em** to let a child out a. off on their own ③ (o zwierzęciu) loose, unharnessed; **biegać ~em** to run loose; **puścić coś ~em** to set a. let sth loose ④ (bez ładunku) empty; **ciężarówka wracała ~em** the lorry drove back empty

luzac|ki *adi.* pot. *[zachowanie, sposób bycia]* laid-back pot.; casual, easy-going; **~ki styl** a laid-back style

luzacko *adv.* pot. *[ubierać się]* casually; *[wyglądać]* casual *adi.*, laid-back pot.; **zachowywać się ~** to act laid-back pot.; to hang a. stay loose US pot.; **podejść do czegoś ~** to be laid-back about sth; **nogi oparł ~ na stole** he rested his feet casually a. nonchalantly on the table

luza|k **Ⅰ** *m pers.* ① pot. cool guy; Mr Cool pot., iron.; **udawać ~ka** to act like a cool

guy a. like Mr Cool ② Hist. *a soldier leading a riderless horse* **Ⅱ** *m anim.* spare horse *(led along unsaddled and/or unbridled)*

luz|ować *impf* **Ⅰ** *vt* ① (zastępować) to relieve, to take over from *[wartownika, wachtę, brygadę]*; **~ować wartę co kilka godzin** to change the guard every few hours ⇒ **zluzować** ② (zmniejszać naprężenie) to loosen, to slacken *[linę, uprząż]*; **opaskę uciskową trzeba co godzinę ~ować** the tourniquet needs to be loosened every hour ⇒ **poluzować** ③ Żegl. to pay out, to ease **Ⅲ luzować się** ① (zastępować się) to relieve one another ⇒ **zluzować się** ② (zmniejszyć napięcie) *[lina]* to loosen, to go a. become slack; *[żagiel]* to empty ⇒ **poluzować się**

luźn|o **Ⅰ** *adv.* grad. loosely; **szal ~o owinięty wokół szyi** a scarf loosely wrapped around one's/sb's neck; **zapnij ~iej pasek** loosen your belt; **~o związane włosy** loosely tied-back hair; **zawinąć grzyby ~o w gazetę** to wrap the mushrooms loosely in newspaper; **trzymać ~o lejce** to hold the reins loosely a. lightly; **w pociągu zrobiło się ~iej** there was some more room in the train, the train became less crowded; **krzewy ~o rosnące** well a. widely spaced shrubs; **~o zapisana kartka** a page with widely spaced writing; **mieć ~o w walizce** to have space in the suitcase **Ⅲ** *adv.* ① (swobodnie) **pies biegający ~o bez smyczy** a dog running (around) loose a. free; **~o zwisające włókienka** hanging loose, dangling filaments; **ubierać się ~o** to wear loose-fitting a. baggy clothes; pot. (sportowo) to dress casually ② przen. **~o wtrącone uwagi** asides, digressions; **~o połączone epizody powieści** the loosely-linked episodes of the novel

luźn|y **Ⅰ** *adi.* grad. ① *[płaszcz, kurtka, spodnie]* loose(-fitting), baggy; *[obuwie]* roomy; **ta spódnica jest na mnie za ~a** this skirt is too big for me ② (niezwarty) **osiedla o ~ej zabudowie** a well-spaced a. well-laid-out housing development, a hous-

ing development with large lots; **stać w ~ej grupie** to stand in a well- a. widely spaced group ③ pot. (wolny) free; **~e popołudnie** a free afternoon; **w przyszłym tygodniu będę ~iejsza** I'll have more free time next week **Ⅱ** *adi.* ① (niezwiązany) loose; przen. *[fabuła]* loose(ly)-knit; **~e kartki z zeszytu** loose pages from a notebook; **kilka ~ych uwag** a few miscellaneous remarks ② Kulin. (rzadki) thin, runny; **ciasto było za ~e** the batter mixture was too thin a. runny ③ przen. (niezobowiązujący) casual; **mieć z kimś ~y kontakt** to be casually acquainted with sb; **~a rozmowa** a casual conversation; **~a uwaga** a casual remark ④ pot. *[autobus, tramwaj]* not crowded, empty; **jechaliśmy ~ym autobusem** the bus we were on was nearly empty

lwi *adi.* *[grzywa, paszcza]* lion's; *[siła, odwaga]* of a lion
■ **~ pazur** książk. talent, virtuosity; **pokazać ~ pazur poety/tłumacza** to prove oneself a masterful poet/translator; **~a część** the lion's share; **~a grzywa** pot. mane; **~e serce** książk. the heart of a lion; **człowiek o ~m sercu** a lionhearted person

lwiąt|ko *n dem.* (*D* **~ku**) a lion cub

lwic|a *f* Zool. lioness; **odważna jak ~a** as brave as a lioness
■ **~a się w niej budzi** she's like a lioness protecting her cubs

lwisk|o *n augm.* (*Gpl* **~ów** a. **~**) lion

lyc|ra /ˈlajkra/ *f sgt* Włók. Lycra®; **rajstopy z ~rą** Lycra tights GB, Lycra pantyhose US; **body/bluzka z ~ry** a Lycra bodysuit/top

lż|yć *impf* **Ⅰ** *vt* książk. to malign książk., to revile książk.; **lżyć kogoś wyzwiskami** to shower sb with abuse, to hurl abuse at sb; **lżyć kogoś brutalnie/grubiańsko** to shower sb with savage/crude insults; **lżono go od reakcjonistów i agentów gestapo** he was maligned a. reviled as a reactionary and a Gestapo agent ⇒ **zelżyć** **Ⅱ lżyć się** to malign each other książk. ⇒ **zelżyć się**

Ł

łabędzi *adi.* *[pióra, skrzydła]* swan's; **puch** ~ swansdown; **~a szyja** książk. a swanlike neck; **piękność o ~ej szyi** a swan-necked beauty
■ ~ **śpiew** książk. swansong
łabędziąt|ko *n dem.* Zool. cygnet
łabędzic|a *f* Zool. pen
łabę|dź *m* Zool. swan; (samiec) cob
❏ **~dź niemy** Zool. mute swan
łach pot. **[]** *m pers.* (*Npl* **~y**) obraźl. (human) wreck
[] *m inanim.* **[1]** pejor. (podniszczone ubranie) old rag; **wyrzuć ten ~ i kup sobie coś nowego** throw out that old rag and buy (yourself) something new **[2]** zw. pl (ubranie) **~y** clothes, things
■ **~y pod pachy!** pot. (you can) pack your bags and go!
ła|cha[1] *f* **[1]** (mielizna) sandbank, sandbar **[2]** (odnoga rzeki) backwater, dead arm (of a river); (dawne koryto) oxbow (lake), backwater
ła|cha[2] *f augm.* pot. (łaska) favour iron.; **bez łachy** don't do me any favours; **bez łachy, zrobię to sam** don't bother, I'll do it myself! iron.
łachman pot. **[]** *m pers.* (*Npl* **~y**) obraźl. (human) wreck
[] *m inanim.* zw. pl **żebrak w podartych ~ach** a beggar dressed in rags a. tatters; **chodzić w ~ach** to go around in rags a. shabby old clothes
łachmaniarz *m* (*Gpl* **~y**) **[1]** obraźl. (nędzarz) pauper, down-and-out **[2]** (szmaciarz) ragman, ragpicker
łachmy|ta *m, f* (*Npl m* **~ty**, *Npl f* **~ty**; *Gpl m* **~tów** a. **~t**, *Gpl f* **~t**) obraźl. **[1]** (niechluj) scruff GB pot., slummock GB pot.; **w tym płaszczu wyglądasz jak ~ta** you look a real scruff in that coat **[2]** (niegodziwiec) scoundrel pejor.; rogue przest., pejor.; **zachowałeś się jak ostatni ~ta** you behaved like the worst kind of scoundrel
łachotać → **łaskotać**
łachotki → **łaskotki**
łachud|ra *m, f* (*Npl m* **~ry**, *Npl f* **~ry**; *Gpl m* **~rów** a. **~er**; *Gpl f* **~er**) pot., obraźl. **[1]** (niegodziwiec) scumbag GB pot.; bum US; **ty ~ro! zmarnowałeś mi życie** you bastard! you've ruined my life **[2]** (nędznie ubrany) scruff
łacia|ty **[]** *adi.* *[krowa, pies]* spotted; *[koń]* piebald, dappled
[] **łaciata** *f* pot. cow
łacin|a *f* **[1]** sgt (język łaciński) Latin; **~a kościelna** Church Latin; **lekcja ~y** a Latin lesson a. class; **pisać/mówić po ~ie** to write (in)/speak Latin **[2]** pot., żart. (język wulgarny) bad a. vulgar language
❏ **~a klasyczna** classical Latin; **~a ludo-**

wa vulgar Latin; **~a średniowieczna** Latin in the Middle Ages
■ **~a kuchenna** pot. (niepoprawna) dog Latin; (język wulgarny) bad a. vulgar language
łacinni|k *m* pot. (nauczyciel) Latin teacher; (znawca) Latin scholar, Latinist
łaciń|ski *adi.* *[literatura, gramatyka, cywilizacja]* Latin; *[alfabet]* Latin, Roman; **język ~ki** Latin, the Latin language; **„rezurek-cja" pochodzi od ~kiego „resurrectio"** 'resurrection' comes a. is derived from the Latin 'resurrectio'; **obrządek ~ki** Relig. the Latin rite
łacińskoś|ć *f* sgt Latinity, Latin a. Roman character
ła|d *m* sgt (*G* **ładu**) order; **nowy ład ekonomiczny/społeczny** a new economic/social order; **ład wszechświata** the order of the universe; **utrzymywać/przy-wrócić ład i porządek** to maintain/restore law and order; **zaprowadzić ład i po-rządek w mieście** to bring law and order to the town; **w kraju panował ład** the country was at peace; **zamiłowanie do ładu** love of order; **utrzymywać ład w pokoju/domu** to keep a room/house tidy; **doprowadzić swój pokój do ładu** to tidy a. straighten one's room up; **w pokoju panował ład** the room was tidy
■ **bez ładu (i składu)** chaotically; **książki leżały na podłodze bez ładu i składu** the books were scattered higgledy-piggledy a. any old how pot. all over the floor; **mówić bez ładu i składu** to babble (incoherently), to talk gibberish; **nie ma w tym ni ładu, ni składu** there's no rhyme or reason to it; **dojść z czymś do ładu** to get to grips with sth; **nie mogła dojść do ładu z nowym komputerem** she couldn't get the hang of her new compu-ter; **dojść z myślami do ładu** to sort one's ideas out; **dojść a. trafić z kimś do ładu** to come to terms with sb, to sort things out with sb; **nie można dojść z nim do ładu** he's impossible to get on with; **dojść do ładu z samym sobą** to come to terms with oneself; **doprowadzić coś do ładu** to put sth in order; **przed wyjazdem doprowadził swoje sprawy do ładu** he got a. put his affairs in order before leaving
ładnie **[]** *adv. grad.* **[1]** (niebrzydko) *[umeblo-wany, ubrany]* nicely; *[uśmiechać się, śpiewać]* nicely; ~ **nakryty stół** an attractively laid table; ~ **napisany list** (ładnym pismem) a neatly written letter; (dobrze) a well-written letter; ~ **pisać** (kaligraficznie) to write neatly; ~ **pachnieć** to smell nice, to have a

pleasant smell; ~ **się ubierać** to dress nicely, to wear nice clothes; ~ **wyglądać** *[kobieta, dziewczyna]* to look nice a. attract-ive; *[rzecz]* to look nice a. good; ~ **ci w tej sukience** you look nice in that dress; ~ **ci w niebieskim** blue suits you!; **~ej ci z upiętymi włosami** you look nicer with your hair up; **jest** ~ (o pogodzie) it's nice (weather), the weather's nice; **jest** ~ **na dworze** it's lovely outside; **(to)** ~ **powie-dziane!** nicely put!, well said! **[2]** (uprzejmie) *[prosić]* nicely; **to bardzo** ~ **z twojej strony** that's very kind a. nice of you; ~, **że mnie odwiedziłeś** it was nice of you to visit me a. come; ~ **postąpił, pomagając nam** it was nice of him to help us
[] *adv.* pot. **[1]** (podkreślając wielkość) ~ **zarabiać** to earn a. make good money; ~ **na tym zarobił** he made a lot of money on it, he did well out of it **[2]** pot., iron. ~ **mnie urządziłeś!** (this is) a fine a. nice mess you've got me into!, you've landed me in a fine old mess; ~ **bym wyglądała bez paszportu** I would be in a fine mess without my passport
[] *inter.* (dobrze) nice work!
ładni|eć *impf* (**~eję**, **~ał**, **~eli**) *vi* to grow prettier, to become more attractive; **~ała z dnia na dzień** she was becoming prettier by the day ⇒ **wyładnieć**
ładn|y **[]** *adi. grad.* **[1]** (niebrzydki) *[dziewczyna, buzia, oczy, włosy, miasto]* pretty; *[sukienka, uśmiech]* pretty, nice; *[fryzura, nogi, piosenka]* nice; *[zapach]* nice, pleasant; *[obraz, film, widok]* nice, fine; *[charakter pisma]* neat; *[okolica]* nice; **~y dzień** a nice day; **~a pogoda** fine a. nice weather; **jest ~a pogoda** the weather's a. it's nice; **~y strzał! w sam środek tarczy** good shot! it's a bullseye **[2]** (uprzejmy, szlachetny) nice, noble; **zaproszenie go, to był ~y gest z jej strony** the invitation was a nice gesture on her part
[] *adi.* pot. **[1]** (znaczny, pokaźny) considerable; **~a sumka** a tidy sum; **~y pieniądz/grosz** a pretty penny; **odłożył ~ą sumkę** he's put a tidy (little) sum aside; **dziewięćdziesiąt lat to ~y wiek** ninety's a ripe old age; **dożyć ~ego wieku** to live to a ripe old age; **~ych parę lat/miesięcy** a good many a. a good few years/months; **~ych parę kilometrów** a good few kilometres; **znamy się ~ych parę lat** we've known each other for a good many a. a good few years; **~ych parę razy** quite a few times **[2]** pot., iron. fine iron.; **~y z ciebie przyjaciel!** a fine friend you are!; **~e rzeczy słyszałem na twój temat** I

heard some nice things about you! iron., fine things I heard about you! iron.; **~y gips** a. **interes!** this is a right old mess a. a pretty state of affairs iron.; **~e kwiatki!** how nice!; that's nice! iron.; **~a mi perspektywa!** a fine prospect indeed! iron.

■ **nie to ~e, co ~e, ale co się komu podoba** przysł. beauty is in the eye of the beholder przysł.

ład|ować impf **Ⅰ** vt **1** (umieszczać) to load; **~ować ziemniaki na ciężarówkę** to load potatoes onto a lorry, to load (up) a lorry with potatoes; **~ować bagaż do samochodu** to load the car with the luggage, to load a. put the luggage in the car; **~ować rzeczy do torby** to stuff one's things into a bag ⇒ **władować, załadować** **2** (napełnić) to load; **~ować statek/ciężarówkę** to load a ship/lorry; **statek był ~owany w dzień i w nocy** the ship was loaded a. loading day and night ⇒ **załadować** **3** pot. (wkładać) to put, to stick; **maluch ~ował brudne palce do buzi** the baby shoved a. stuffed its dirty fingers into its mouth ⇒ **władować** **4** Fiz. to charge [akumulator, baterię] ⇒ **naładować** **5** (o broni) to load, to prime [pistolet] ⇒ **naładować, załadować** **6** (o pociskach) to load; **~ować pociski do lufy** to load bullets into the muzzle **7** pot. (inwestować) to invest; **~ować w coś pieniądze** to pour money into sth; **~ować pieniądze w giełdę** to invest money on the stock exchange; **~owali wszystkie pieniądze w nieruchomości** they ploughed a. put all (of) their money into property ⇒ **władować**

Ⅱ vi (bić) to pound (away); **~owała w niego, ile wlezie** she hit him for all she was worth

Ⅲ **ładować się** pot. **1** (wchodzić) to get in; **~ować się do autobusu** to clamber onto a bus; [wiele osób] to pile onto a bus; (rozpychając się) to push a. shove one's way onto a bus; **~ować się do środka** to pile in; (bez pozwolenia) to barge in ⇒ **władować się** **2** (wplątać się) to get (oneself) (**w coś** in(to) sth); **~ować się w kłopoty** to get (oneself) into trouble, to land oneself in trouble; **nie ~uj się w kłopoty!** don't go getting yourself into trouble! ⇒ **władować się** **3** (zderzyć się) to bump (**na kogoś/coś** into sb/sth); **~ujesz się na drzewo!** you're going to crash into that tree!, you're heading straight into that tree! ⇒ **władować się** **4** [akumulator, bateria] to charge ⇒ **naładować się** **5** Komput. [strona internetowa] to load ⇒ **załadować się**

ładowni|a f (Gpl **~**) **1** Żegl. (cargo) hold **2** Lotn. (cargo) hold, cargo bay **3** Kolej. goods shed, freight house US

ładownic|a f (pudełko) cartridge case; (pas) cartridge belt; (torba) (cartridge a. ammunition) pouch; **nosić ~ę** to wear a cartridge belt

ładownoś|ć f sgt (statku, samolotu) (carrying) capacity; (ciężarówki, wagonu) (carrying a. load) capacity; **statek o ~ci (do) 10 000 ton** a ship with a capacity of (up to) 10,000 tons; **ciężarówka o maksymalnej ~ci dwudziestu ton** a truck with a maximum (carrying) capacity of twenty tons

ładun|ek m (G **~ku**) **1** (okrętowy, lotniczy) cargo, freight; (kolejowy, samochodowy) cargo, freight, load; **~ek zboża/węgla/drewna** a load of corn/coal/timber; **~ek na ciężarówce** a truckload; **~ek w pociągu** a trainload a. carload US; **statek może zabierać sześć tysięcy ton ~ku** the ship can carry six thousand tons of cargo **2** (materiał wybuchowy) (explosive) charge; **~ek dynamitu** a dynamite fuse; **w metrze eksplodował ~ek wybuchowy** a bomb went off in the underground, there was an explosion in the underground **3** przen. charge, build-up; **~ek myśli** mental strain; **~ek emocji** a. uczuć an emotional charge, a build-up of emotion(s); **film/przemówienie o dużym ~ku emocjonalnym** a film with a strong emotional charge/an emotionally charged speech **4** Fiz. charge; **~ek dodatni/ujemny** a positive/negative charge ❑ **ostry ~ek** pot. live cartridge a. round; **ślepy ~ek** pot. blank (cartridge)

ładunkow|y adi. [pomost] loading; **prace** a. **czynności ~e** loading operations, freight handling; **luk ~y** a cargo a. loading hatch; **pojemność ~a** (ciężarówki) carrying a. load capacity; **przestrzeń ~a** (samochodu) loadspace; (statku) stowage

łag|ier m (G **~ru**) Hist. Soviet forced-labour camp

łagodnie adv. grad. **1** (życzliwie) [patrzeć] benignly, kindly; [mówić, powiedzieć] mildly; [uśmiechać się] gently, benignly, softly; **w obecności właściciela pies zachowywał się ~** the dog wasn't aggressive when the owner was present **2** (nie surowo) [traktować] leniently, gently; **postępować z nim ~j niż z tobą** she was more lenient with him than with you; **traktowała go zbyt ~** she treated him too leniently; **ukarać kogoś ~** to let sb off lightly; **los obszedł się z nim ~** fate was kind to him a. treated him kindly **3** (spokojnie, delikatnie) [zahamować] gently, smoothly; [świecić] softly; **wóz ruszył ~** the car moved off smoothly; **wiatr powiewał ~** there was a gentle breeze **4** (nie stromo) gently; **wzgórza ~ opadają ku morzu** the hills slope gently (down) to the sea; **droga pnie się ~ pod górę** the road climbs a. slopes gently upwards **5** Kulin. **~ doprawiona potrawa** a mildly a. lightly spiced dish

łagodni|eć impf (**~eję, ~ał, ~eli**) vi **1** (mięknąć) [osoba, charakter] to soften, to mellow; [wzrok, rysy twarzy] to soften; [głos] to soften, to become softer; [serce] to soften, to melt; **~ał z wiekiem** he mellowed with age; **na jej widok serce mu ~ało** his heart melted a. softened when he saw her ⇒ **złagodnieć** **2** (słabnąć) [upał] to ease off, to wear off; [wiatr] to abate, to die down, to drop; [ból] to ease, to wear off; [gniew] to pass, to subside; **pod wieczór wiatr ~ał** the wind died down towards evening ⇒ **złagodnieć** **3** [ruchy, gesty] to become gentler a. slower **4** [oceny, sąd] to moderate ⇒ **złagodnieć** **5** (o terenie) [stok] to become gentler, to become less steep; [zakręt] to become gentler

łagodnoś|ć f sgt **1** (dobroduszność) [charakteru] mildness; [usposobienia] gentleness

2 (brak surowości) moderation; **~ć wyroku** leniency of a sentence **3** (delikatność) mildness; [dźwięków] gentleness, softness; **~ć klimatu** mildness of the climate

łagodn|y adi. grad. **1** (dobroduszny) gentle; **z natury był ~y** he had a gentle nature; **mieć ~e usposobienie** a. **~y charakter** [osoba] to have a gentle disposition, to be a gentle person; **słonie mają ~e usposobienie** elephants are docile (animals) a. are of a gentle disposition; **przemówić ~ym głosem** to speak in a gentle voice **2** (niesurowy) [kara, wyrok, rządy] lenient **3** (słaby, delikatny) [dźwięk] soft, gentle; [klimat, zima] mild; [barwa, światło] soft **4** (niegwałtowny) **~y gest** a kind gesture; **~e lądowanie** gentle landing; **przekonał ją ~ą perswazją** he used gentle persuasion to convince her **5** Kulin. [przyprawa, sos] mild, bland; **potrawa ~a w smaku** a mild (tasting) dish **6** (niestromy) [zakręt, spadek] gentle; **~e wzgórza/pagórki/zbocza** gentle a. rolling hills/hillocks/slopes **7** (niedrażniący) [proszki, szampony] mild, gentle; [leki] gentle; **mydło ~e dla skóry** a soap that is kind to the skin **8** Med. (niegroźny) mild; (guz) benign; **~a postać zapalenia płuc** a mild form of pneumonia; **choroba miała ~y przebieg** the disease a. illness ran a mild course

łagodząco adv. [przemówić] soothingly; **ta maść działa ~ na skórę** this ointment has a soothing effect on the skin a. is soothing to the skin

łagodząc|y Ⅰ pa → **łagodzić** **Ⅱ** adi. [leki, masaż, kąpiel] soothing, relaxing; **okoliczności ~e** Prawo extenuating circumstances, mitigating circumstances a. facts

łag|odzić impf vt **1** (osłabiać) to ease, to relieve, to soothe [ból]; to alleviate, to relieve [cierpienia]; to reduce, to relieve [stres]; to mitigate [karę, objawy choroby]; to calm, to appease, to moderate [gniew]; to allay, to assuage [żal]; to absorb, to cushion [uderzenie]; **muzyka ~odzi obyczaje** music soothes the savage breast; **czas ~odzi cierpienia** time heals all sorrows; **leki ~odzące ból** painkillers, painkilling drugs a. medicines; **syrop ~odzący kaszel** a (soothing) cough syrup ⇒ **złagodzić** **2** (zażegnywać) to ease [napięcia]; **~odzić konflikt** (rozwiązywać) to resolve a conflict; (osłabiać) to tone down a conflict ⇒ **załagodzić** **3** (czynić mniej krytycznym) to moderate, to tone down [opinię, krytykę]; **jego miłe zachowanie ~odzi sąd o nim** his pleasant behaviour softens people's opinion of him ⇒ **złagodzić**

łagrow|y adi. [więzień, literatura] (Soviet) labour-camp attr. GB a. labor camp attr. US

łaj|ać impf (**~ę**) książk. **Ⅰ** vt to reprimand, to scold (**kogoś za coś** sb for sth); **ojciec ~ał syna za złe zachowanie** the father scolded his son for his bad behaviour; **często był ~any przez nauczycieli** he was often reprimanded a. told off by the teachers; **~anie** rebuke, scolding ⇒ **złajać** **Ⅱ** **łajać się** **1** (besztać się) reproach oneself **2** (wymyślać sobie wzajemnie) to shout abuse at each other

■ **kto kogo ~e, niech sam przykład**

daje przysł. ≈ people in glass houses shouldn't throw stones przysł.

łajb|a f pot. boat, (old) tub

łajdac|ki adi. pot., pejor. [1] [postępek, życie] villainous, rascally; **co za ~kie zachowanie!** what scandalous a. outrageous behaviour! [2] [towarzystwo] of scoundrels; **zadaje się z jakimś ~kim towarzystwem** he's taken up with some really bad company a. real good-for-nothings pot.

łajdacko adv. [postępować, kłamać] like a scoundrel a. rogue, outrageously

łajdactw|o n [1] pot., pejor. (postępek) villainy; **dopuścił się ~a** he did a vile thing [2] sgt (łajdacy) scoundrels [3] sgt (cecha) villainy

łajdacz|ek m dem. (Npl ~kowie a. ~ki) obraźl. good-for-nothing, villain

łajdacz|ka f pot., obraźl. slut pot., obraźl., tramp US pot., obraźl.

łajdacz|yć się impf v refl. pot., pejor. to lead a dissolute a. debauched life; **~yć się z dziewczynami** to carry on a. play around with the girls; **~yła się z żonatymi mężczyznami** she was fooling around with married men

łajda|k m (Npl ~cy a. ~ki) obraźl. rogue pejor., nasty piece of work pejor.; good-for-nothing; **skończony ~k** an out-and-out bastard a. rogue; **ty ~ku!** you (rotten) bastard!

łajn|o n [1] (odchody zwierząt) dung; **krowie/końskie ~o** cow/horse dung; **świńskie ~o** pig manure [2] przen. mire, mess; **wdepnąć w coś jak w krowie ~o** to get oneself into a right mess (with sth); **nie mogłem się wygrzebać z tego ~a** I was knee-deep in it!
□ **czarcie ~o** Farm. asafoetida GB, asafetida US

łajz|a m, f (Npl m ~y, Npl f ~y; Gpl m ~ów a. ~, Gpl f ~) pot., obraźl. [1] (włóczęga) tramp, vagrant, bum US; **gdzie się włóczysz, ~o jedna!** where have you been, you bum! [2] (niezdara) (clumsy) oaf, slouch; **uważaj, ~o, jak chodzisz!** watch your step, you clumsy oaf! [3] (flejtuch) (dirty) slob pot.; **podciągnij te spodnie! wyglądasz jak ~a** hitch up your trousers! you look like a tramp

łakn|ąć impf (~ęła, ~ęli) vi [1] książk. (odczuwać głód) to be a. feel hungry [2] (pragnąć, pożądać) **~ąć wiedzy** to crave for a. thirst for knowledge, to be eager to learn; **~ąć miłości** to long a. yearn for love; **~ąć odpoczynku** to long for a. be desperate for a rest; **~ąć bogactwa** to crave wealth; **rośliny ~ą deszczu** the plants are desperate a. longing for rain

łaknieni|e [] sv → **łaknąć**
[] n sgt książk. appetite, craving; **zaburzenia ~a** eating disorders

łakoci|e plt (G ~) (smakołyki) goodies, (tasty) treats; (słodycze) sweets, sweet things; sweetmeats daw.; **objadać się ~ami** to stuff oneself with a. gorge oneself on sweets; **przepadać za ~ami** to have a sweet tooth

łakomczuch m, **~a** f (Npl ~y) gourmand, glutton; **straszny z niego ~** he's a really big eater, he really likes his food

łakom|ić się impf v refl. pejor. to covet (**na coś** sth); **~ił się na tę posadę** he was after this job ⇒ **połakomić się, złakomić się**

łakomie adv. grad. [1] (łapczywie) [oblizywać, jeść] greedily, hungrily; **oblizywał ~ palce** he licked his fingers greedily [2] (pożądliwie) [patrzeć] greedily; **spoglądać ~ na coś** to cast a greedy look at sth

łakomstw|o n sgt greed, greediness; **jem drugi kawałek tylko z ~a** I'm only eating a second piece out of pure greed

łakom|y adi. [1] (łasy) [osoba, spojrzenie] greedy; **patrzył ~ym wzrokiem na tort** he eyed the cake greedily [2] przen. (pożądliwy) greedy; **~y pieniędzy** a. **na pieniądze** greedy for money; **dziewczyna ~a wrażeń** a girl looking for thrills; **być ~ym na pochwały** to be hungry for praise; **być ~ym na słodycze** to be very fond of sweet things, to have a sweet tooth
■ **~y kąsek** a tasty morsel; **teren ten jest ~ym kąskiem dla inwestorów** this is a very attractive area for investors; **ta posada to ~y kąsek** this is a much sought-after position

łam m zw. pl (G ~u) [1] (strona gazety) page (of a paper); **na ~ach gazet** a. **prasy** in the papers; **na naszych ~ach** in our pages; **trafić na ~y gazet** to get into a. make the papers [2] Druk. column; **słownik jest składany w trzech ~ach** the pages of the dictionary are set in three columns

łam|ać impf (~ię) [] vt [1] (kruszyć) to break [gałąź, chleb]; to break, to fracture [kość, kończynę]; **setki narciarzy ~ią nogi na nartach** hundreds of skiers break a. fracture their legs (when) skiing; **~ać komuś karierę** przen. to ruin a. wreck sb's career; **~ać komuś życie** przen. to ruin sb's life; **~ać kogoś kołem** Hist. to put sb to the rack, to rack sb ⇒ **złamać** [2] (pokonywać) to break (down) [opór, przeszkody]; **~ać opór wroga** to break a. wear down the enemy's resistance ⇒ **złamać** [3] (naruszać) to break, to violate [umowę, traktat, przepisy, prawo]; to break, to infringe [przepisy drogowe]; **~ać obietnicę** to break a. go back on a promise; **~anie norm współżycia społecznego** violating social norms ⇒ **złamać** [4] przen. to break [osobę]; **przesłuchanie ~ało najsilniejszych** the toughest broke down a. cracked under interrogation ⇒ **złamać** [5] (odczytywać) to break, to crack [szyfr, kod]; **~ać szyfr/kod nieprzyjaciela** to break the enemy's cipher/code ⇒ **złamać** [6] Druk. to make up [książkę, gazetę] ⇒ **złamać**
[] **~ać się** [1] (dzielić się) to share; **~ać się opłatkiem** to share a special wafer when exchanging Christmas wishes ⇒ **przełamać się** [2] (zginać się, pękać) [drzewa, lód] to break, to crack; [kość] to break, to fracture; **~ać się pod ciężarem owoców** (uginać się) to bend a. sag under the weight of the fruit; (pękać) to break a. snap under the weight of the fruit ⇒ **załamać się** [3] przen. (odbijać się) to be reflected; **odbicie drzewa ~ało się w wodzie** the reflection of the tree was broken by ripples in the water; **w kroplach rosy ~ały się promienie słońca** the sun's rays reflected off the dewdrops; **fale ~ały się o brzeg** the waves were breaking against the shore ⇒ **załamywać się**

[4] przen. [osoba] to give up; **~ać się pod naciskiem trudności** to break (down) a. crack under the strain; **nie ~ się, wszystko będzie dobrze!** don't worry, everything's going to be all right! ⇒ **załamać się** [5] pot. (wahać się) to dither; to dilly-dally pot.; **powoli ~ał się** he was beginning to bend ⇒ **złamać się** [6] przen. (walczyć) to struggle, to wrestle, to grapple; **~ać się ze sobą** to wrestle with one's conscience; **~ać się z przeciwnościami losu** to struggle against adversity
■ **~ać sobie głowę (nad czymś)** pot. to rack one's brains a. to puzzle (over sth); **~ać sobie język** pot. to twist one's tongue; **~ię sobie język na francuskich wyrażeniach** I have trouble getting my tongue (a)round French phrases; **~ać szeregi** to break ranks; **~ać zęby na czymś** pot. to find sth a tough a. hard nut to crack, to find sth heavy going; **głos się mu/jej ~ie** his/her voice breaks; **ze wzruszenia ~ał mu się głos** his voice quivered a. faltered (with emotion); **mówić ~iącym się głosem** to speak in a faltering voice; **~ie mnie w kościach** pot. my bones are aching; **~ie mnie w krzyżu** pot. my back is killing me

łama|ga m, f (Npl m ~gi, Npl f ~gi; Gpl m ~gów a. ~g, Gpl f ~g) pot. clumsy oaf; butterfingers pot., klutz US pot.; **ostatnia ~ga** a hopeless case

łama|niec m zw. pl [1] (trudna rzecz) ~ńce (wygibasy) contortions, twists and turns; **~ńce akrobatyczne** acrobatics; **~ńce językowe** przen. (trudne do wymówienia) tongue-twisters; (skomplikowane konstrukcyjnie) elaborate turns of phrase [2] (kształt) flourish zw. pl, swirl zw. pl

łaman|y [] pp → **łamać**
[] adi. **linia ~a** a broken line; **akord ~y** Muz. a broken chord; **mówić ~ą polszczyzną/angielszczyzną** to speak (in) broken Polish/English; **pięć ~e przez siedem** five stroke seven
[] **łamana** f Mat. broken line

łamigłów|ka f [1] (układanka) jigsaw (puzzle); (zadanie do rozwiązania) puzzle, brainteaser; teaser pot.; **~ka liczbowa/logiczna/obrazkowa/słowna** a number/logic(al)/picture/word puzzle; **ułożyć/rozwiązać ~kę** to set/solve a puzzle [2] przen. puzzle, conundrum

łamistrajk m (Npl ~i) pot., pejor. strikebreaker; blackleg GB pot., pejor., scab pot., pejor.

łamliwoś|ć f sgt brittleness; **duża ~ć kości** very brittle bones

łamliw|y adi. [włosy, paznokcie, gałąź, papier] brittle, fragile; [kości] brittle, breakable; [skała] brittle, crumbly; **~y chromosom X** Med. fragile X chromosome

łan m (G ~u) [1] (pole) cornfield, field of standing corn; (zboże) standing corn; **falujące ~y** rolling cornfields [2] Hist. fee, fief, feud [3] przest. measure of land equal to 16.8 ha

ła|nia f (Gpl łań a. łani) Zool. (samica jelenia) hind; (samica daniela) doe; **zwinna jak łania** graceful as a deer a. fawn

łańcuch m [1] (połączone ogniwa) chain; **~ roweru** a bicycle chain; **~ u drzwi** a door a. safety chain; **~y przeciwślizgowe** snow a. tyre chains; **założyć ~y przeciwślizgo-**

we to put the (snow) chains on; **skuć kogoś ~em** to chain sb (up), to put sb in chains; **zerwać ~y** to throw off a. cast off one's chains; **uwiązać coś na ~u** to chain sth (up); **pies na ~u** a dog on a chain; **uwiązać psa na ~u** to put a dog on a chain, to chain up a dog; **trzymać psa na ~u** to keep a dog on a chain; **spuścić psa z ~a** to unchain a dog, to let a dog loose; **przymocować rower ~em do czegoś** to chain a bicycle to sth; **przykuć się ~ami do drzewa** to chain oneself to a tree; **zamknąć drzwi na ~** to put the chain on the door [2] (ozdoba) chain [3] (ozdoba choinkowa) paper chain [4] (pasmo) **~ wysp** a chain a. string of islands [5] przen. (ciąg) chain; **~ zdarzeń** a chain a. succession a. sequence of events; **~ przyczyn i skutków** a chain of causation [6] Chem. chain; **~ białkowy/węglowy** a protein/carbon chain

❑ **~ górski** Geol. mountain range a. chain, range; **~ Sierra Madre** the Sierra Madre range; **~ pokarmowy** the food chain

łańcuchow|y adi. [prom] chain attr.; **piła ~a** a chainsaw; **linia ~a** Mat. a catenary; **ułamek ~y** Mat. a continued fraction; **reakcja ~a** Chem. chain reaction

łańcusz|ek m [1] dem. (small) chain; **~ek od zegarka** a watch chain; **nosiła złoty ~ek na szyi** she wore a gold chain around her neck [2] (haft, wzór szydełkowy) chain stitch

łańcuszkow|y adi. [1] [haft, wzór] chain attr. [2] [ścieg] chain attr.

łap|a f [1] (zwierzęcia) paw; (ptaka) foot; **przednie ~y** front paws, forepaws; **tylne ~y** back a. hind paws; **ślady ~** paw marks a. prints; **niedźwiedź stanął na tylnych ~ach** the bear reared on its hind paws; **pies wyciągnął ~ę** the dog put a. held its paw out; **~a** a. **podaj ~ę!** give (me) a paw! [2] augm. pot. (ręka) hand; mitt pot., paw pot.; **daj ~ę** let's shake hands [3] przest. (noga sprzętu) leg [4] Techn. foot, lug [5] (kara) przest. rap on a. over the knuckles (with a ruler); **dostać ~y** to get one's knuckles rapped, to get a rap on a. over the knuckles

❑ **~a kotwicy** Żegl. (anchor) fluke; **~a ładowarki** Górn. loader bucket; **~a niedźwiedzia** Bot. hogweed, cow parsnip; **~a statywu** Techn., Chem. (stand) clamp; **~a sygnału** Kolej. signal arm

■ **dać w ~ę** pot., pejor. to give sb a backhander pot., to grease sb's palm pot.; **dostać** a. **wziąć w ~ę** pot. to get a bribe; to take a backhander pot.; **dać** a. **bić po ~ach** pot. to rap (sb) over the knuckles, to slap (sb) on the wrist; **dostać** a. **oberwać po ~ach** pot. to get a rap on a. over the knuckles; **dostał po ~ach za spóźnienie** he had his knuckles rapped for being late; **leźć** a. **pchać się w czyjeś ~y** pot. to fall into sb's clutches; **lizać czyjeś ~y** pot., przest., pejor. to lick sb's boots, to cringe a. grovel before sb; **niedźwiedzie ~y** pot., pejor. mutton-fists przest.; **spaść na cztery ~y** pot. to fall a. land on one's feet; **on zawsze spada na cztery ~y** he always falls a. lands on his feet; **kot zawsze spada na cztery ~y** przysł. a cat has nine lives przysł.; **położyć na czymś ~ę** pot., pejor. to get a. lay one's hands on sth; **dostać kogoś**

w (swoje) ~y pot. to get sb into one's clutches; **trzymać kogoś w ~ie** a. **w ~ach** to have sb in one's clutches, to hold sb in one's grasp; **wpaść a. dostać się w czyjeś ~y** pot., pejor. to fall into sb's hands a. clutches; **wydostać kogoś z czyichś ~** pot. to get sb out of a. to rescue sb from sb's clutches; **żyć (z kimś) na kocią ~ę** pot., żart. to shack up (with sb) pot.; **żyją na kocią ~ę** they shack up together pot.; **żyła z nim pięć lat na kocią ~ę** she shacked up with him for five years, she was his live-in girlfriend a. lover for five years

łap|ać impf (~ię) **ll** vt [1] (chwytać) to catch [złodzieja, ryby, piłkę]; **~ać motyle w siatkę** to catch butterflies (in a net); **~ać zwierzę w sidła** to snare an animal; **~ać kogoś za ramię/przegub** to grab a. catch sb by the arm/wrist; **nagle ktoś ~ie mnie za rękę i prosi o pomoc** suddenly someone grabs hold a. catches hold of my hand and asks for help; **~ać coś obiema rękami** to grab a. grasp sth with both hands; **~ać złodzieja!** stop thief!; **~ał pstrągi na wędkę** he was fishing for trout; **kot ~ał myszy** the cat was catching mice; **~ać falę** a. **stację** to pick up a wavelength a. station; **to radio nie ~ie fal długich** this radio doesn't get long wave; **~ać wiatr** [żagle] to catch the wind; **~ał każdą możliwą robotę** pot. he'd take any job he could get; **~ał każdą nadarzającą się okazję** he'd seize any opportunity that came his way a. came along; **~ał każdą okazję do zarobienia pieniędzy** he'd grasp any opportunity to earn some money; **~ać złe oceny** pot. to get bad marks GB a. grades US; **~ać oddech** a. **powietrze** to gasp (for breath a. air); **z trudem ~ać oddech** to fight for breath; **powoli ~ał oddech po biegu** he was slowly catching his breath a. getting his breath (back) after the run; **~ać kogoś na czymś** pot. to catch sb doing sth; **~ać kogoś na kłamstwie** to catch sb lying; **~ać kogoś na gorącym uczynku** to catch sb red-handed a. in the act; **(czuję, że) ~ie mnie grypa** (I feel like) I'm coming down with (the) flu; **często ~ało go przeziębienie** he often caught colds; **podczas biegania ~ie mnie kolka** I get a stitch when I'm running; **przy pływaniu często ~ie mnie kurcz** I often get cramp(s) when swimming ⇒ **złapać** [2] pot. (rozumieć) to get; **zaczął już ~ać angielski** he's getting the hang of English now; **~iesz, o co mi chodzi?** do you follow me?; do you catch my drift? pot.

ll łapać się [1] (chwytać się) to grab hold (czegoś of sth); **~ał się za głowę ze zdumienia** he clutched his head in astonishment; **~ać się za kieszeń** to grab hold of one's pocket; **~ać się za serce** to put one's hand on one's heart; **~ać się na coś** pot. to fall for sth; **~ać się na czyjeś pochlebstwa/piękne słówka** to fall for sb's flattery/smooth talk; **~ać się na czymś** pot. to catch oneself doing sth; **~ię się na tym, że zaczynam być sentymentalny** I realize I'm becoming sentimental; **~ać się za coś** pot. to set about doing sth, to get down to sth; **~ać się za sprzątanie domu** to set about cleaning the

house ⇒ **złapać się** [2] (zwierzęta) to get caught ⇒ **złapać się**

■ **~ać taksówkę** to get a taxi, to grab a cab; **~ać kogoś za słowa** a. **słówka** pot. to trip sb up (on his/her words); **niech mnie pan nie ~ie za słowa** don't take me up on every word I say; **~ać męża** pot. to be out to get oneself a. find a husband; **~ać oczka** pot. (w pończochach) to mend ladders in stockings; (w dzianinie) to pick up stitches; **~ać ryby w mętnej wodzie** pot., pejor. to fish in troubled waters

łapan|ka f [1] Hist. round-up (of civilians by Nazis in occupied countries); **wziąć/brać kogoś z ~ki** to arrest sb in a round-up; [2] pot., iron. (rekrutacja) hasty a. rushed recruitment; **ministrowie z ~ki** hastily a. hurriedly recruited ministers

łapankow|y adi. [więźniowie] round-up

łapawic|a f pot. mitt, mitten

łapczywie adv. grad. [jeść] hungrily, ravenously, voraciously; [zaciągać się] deeply; **pić ~** to drink thirstily, to guzzle; **połykać coś ~** to gulp sth down; **patrzył na nią ~** he looked at her hungrily

łapczywoś|ć f sgt [1] (łakomstwo) greed, greediness; **jeść/pić z ~cią** to eat hungrily/to drink greedily [2] (zachłanność) greed; **~ć na pieniądze** greed for money

łapczyw|y adi. [1] (łakomy) [osoba] greedy [2] (zachłanny) greedy; **~y sposób życia** self-indulgent lifestyle; **była kobietą ~ą na życie** she had a great zest for life

łap|eć m zw. pl [1] przest. (miękki but) a soft shoe made of bast, leather, or straw, worn by peasants [2] pot. (miękki pantofel) (carpet) slipper, house slipper US; (byle jaki but) shabby a. down-at-heel shoe

łapiduch m (Npl ~y) pot., żart. (lekarz) sawbones pot.; (sanitariusz) stretcher-bearer; medico pot.

łapin|a f dem. (little) hand; **dziecko wyciąga ~y** the child is stretching out its little hands

łap|ka ll f [1] dem. (zwierzęcia) (little) paw; **kotek lizał sobie ~ki** the cat licked a. was licking its paws [2] dem. (ręka) pot., pieszcz. (little) hand [3] pot. (do garnków) pot holder; (do piekarnika) oven glove a. mitt [4] (pułapka) trap; **~ka na myszy** a mousetrap

ll łapki plt [1] (skórki) skins of Persian lamb feet [2] pot. (futro) fur of Persian lamb feet [3] Druk. guillemets, angular quotation marks

❑ **~ka na muchy** fly swatter a. swat

■ **służyć** a. **skakać przed kimś na dwóch ~kach** pot. to dance attendance on sb, to bow and scrape to sb

łapownictw|o n sgt bribery; graft pot.; **został oskarżony o ~o** he was accused of taking/accepting bribes

łapownicz|y adi. [skandal, afera] bribery attr.

łapowni|k m pot. bribe-taker

łapów|ka f pot. bribe; backhander pot.; **za ~kę** in return for a bribe; **brać ~ki (za coś)** to take bribes a. kickbacks pot. (for sth); **dawać komuś ~kę** to bribe sb; to give sb a backhander pot.

łapówkars|ki adi. [afera, skandal] bribery attr.

łapówkarstw|o n sgt bribery; graft pot.

łapówkarz m (Gpl ~y) pot. bribe-taker

łapówkow|y _adi._ **afera ~a** a bribery scandal

łapserdak _m_ (_Npl_ **~i**) _pot._ [1] (obdartus) scruff GB _pot._, slummock GB _pot._; slob [2] (łobuziak) (little) scamp, (little) imp [3] (nicpoń, gałgan) good-for-nothing

łapsk|o _n augm. pot._, _pejor._ (big) paw _pot._, _pejor._; (big) mitt _pot._; **zabieraj ~a!** paws off!, get your (big) paws off me!

łapu-capu _adv. pot._ **robić coś na łapu-capu** (w pośpiechu) to do sth in a rush; (byle jak) to do sth in a slapdash way a. in a slipshod manner **robić wszystko na łapu-capu** to do everything (very) sloppily; **pakowała walizkę na łapu-capu** she packed her case any old how _pot._

łasic|a _f_ [1] Zool. weasel [2] _zw. pl_ (skóra) weasel skin a. pelt

łasicz|ka _f dem._ Zool. (little) weasel

łasicz|y _adi._ [kryjówka, nora] weasel's; [skóra] weasel's, weasel _attr._

ła|sić się _impf_ (**łaszę się, łasi się**) _v refl._ [1] (ocierać się) to fawn [2] przen. (przymilać się) to fawn (**do kogoś** on a. over sb)

łas|ka _f_ [1] (przychylność, względy) favour GB, favor US; **wkupić się** a. **wkraść się w czyjeś ~ki** to ingratiate oneself with sb, to curry favour with sb; **zaskarbić sobie** a. **pozyskać czyjeś ~ki** to win sb's favour; **być w ~kach u kogoś** to be in sb's good graces; **wypaść z czyichś ~k** to fall out of favour with sb; **zostać przywróconym do ~k** to be back in grace [2] (uwolnienie od kary) pardon, reprieve; **prawo ~ki** (royal) prerogative of mercy GB, (executive) clemency power US; **prezydent skorzystał wobec niego z prawa ~ki** he was granted a presidential pardon a. reprieve; **w drodze ~ki zamieniono mu karę śmierci na dożywotcie** his death sentence was commuted to life imprisonment; **w drodze ~ki odroczono eksmisję starego człowieka** the old man was granted a reprieve from eviction [3] Relig. grace; **być w stanie ~ki** to be in a state of grace; **~ka boska** a. **boża** divine grace

■ **bez ~ki** a. **~ki bez!** _pot._ don't do me any (big) favours! _iron._; forget it, if it's such a big deal! _pot._; **„ile jestem winien?" – „co ~ka"** 'how much?' – 'it's up to you'; **stary żebrak prosi co ~ka** an old beggar is asking for a spare penny; **jak z ~ki** _pot._ grudgingly, reluctantly; **odpowiedzieć jak z ~ki** to answer grudgingly; **zrobić coś jak z ~ki** to do sth reluctantly; **jeśli ~ka** przest. if you please; **a przywitać się/podziękować nie ~ka?** _pot._ shouldn't you say hello/thank you?; **król z bożej ~ki** sovereign by the grace of God; **polityk/malarka z bożej ~ki** (utalentowany) a born politician/painter; **tancerka/piosenkarz z bożej ~ki** _iron._ a piteous a. pathetic dancer/singer; **podaj mi gazetę, z ~ki swojej** could you please hand me the paper?; **być na czyjejś ~ce** to be at sb's mercy; **być na ~ce u kogoś** a. **żyć na czyjejś ~ce** to be dependent on sb's generosity; **być zdanym na ~kę losu** to be in the hands of fate; **zostawić kogoś na ~ce losu** to leave sb in the lurch, to leave sb to their fate; **robić ~kę komuś** to condescend a. deign to do sth for sb;

wrócić do ~k [osoba] to be back in grace; [szkockie kraty, kapelusze] to be back in style a. fashion; **zdać się na ~kę (i niełaskę) kogoś** to throw oneself on sb's mercy; **być zdanym na ~kę (i niełaskę) kogoś** to be at sb's mercy; **~ka pańska na pstrym koniu jeździ** przysł. great men's favours are uncertain

łaskaw _adi. praed._ → **łaskawy**

łaskawc|a _m_ przest., _iron._ benefactor

łaskawie [I] _adv. grad._ (życzliwie) [uśmiechnąć się, spojrzeć] kindly, benignly; **pomyśl o nim ~j** think of him more favourably a. kindly; **przyjęli go bardzo ~** they received him graciously; **czas obszedł się z nią ~** time has been kind to her; **życie obeszło się z nim ~** life was kind to him [II] _adi._ książk. **czy mógłby pan ~ zaczekać?** would you be so kind as to wait?, would you be kind enough to wait?; **czy mógłyś ~ zamilknąć?** _iron._ would you kindly shut up? _iron._

łaskawoś|ć _f sgt_ kindness, generosity

łaskaw|y [I] _adi. grad._ [1] (życzliwy) [uśmiech, spojrzenie] kind; **spróbuj spojrzeć na nią ~szym okiem** try to regard her more favourably a. kindly [2] (niedokuczliwy) [klimat, los] favourable, pleasant; **życie nie było dla niej ~e** life has not been kind to her [III] _adi._ książk. (w formach grzecznościowych) **polecam się ~ej pamięci** I hope a. trust you remember me; **~y panie/~a pani** dear sir/dear madam

[IIII] **łaskaw** _adi. praed._ **mój adwersarz był ~ powiedzieć, że...** my adversary was so kind as to say that...; **bądź ~/~a zostawić nas samych** would a. do you mind leaving us alone for a few minutes?

łasko|tać _impf_ (**~czę** a. **~cę**) _vt_ [1] (muskać) to tickle; **~tał dziecko po brzuszku** he tickled the baby on the tummy; **jego wąsy ~tały jej policzek** his moustache tickled her cheek ⇒ **połaskotać** [2] (lekko drapać) to tickle, to be scratchy a. itchy; **~tał ją w szyję** the collar was tickling a. scratching her neck; **~cze mnie między łopatkami** I've got a tickle a. an itch between my shoulder blades [3] (drażnić) **zapach spalenizny ~tał mnie w nosie/w gardle** the smell of something burning made my nose/throat tickle

łaskot|ki _plt_ (_G_ **~ek**) **bać się ~ek** to hate being tickled; **mieć ~ki** to be ticklish

łaskotliw|y [I] _adi. grad._ [osoba, część ciała] ticklish

[II] _adi._ [materiał] tickly, scratchy

łas|ować _impf vi pot._ to filch titbits; **dzieci ~owały w spiżarni** the kids raided the pantry

łasuch _m_ (_Npl_ **~y**) _pot._ (łakomczuch) gourmand; **ale z ciebie ~!** what an appetite you've got!

łas|y _adi._ książk. [1] (łakomy) greedy (**na coś** for sth); **być ~ym na słodycze** to have a sweet tooth [2] (żądny) **~y na coś** starved a. greedy for sth [komplementy, miłe słówka]; **jest ~y na zaszczyty** a. **~y zaszczytów** he's greedy for a. he craves honours; **jest ~y na pieniądze** he's a money-grubber _pot._, _pejor._

łaszczy|ć się _impf v refl. pot._ **~ć się na coś** to be lured by sth; **~li się na łatwe**

pieniądze they were lured by the prospect of easy money ⇒ **połaszczyć się**

łasz|ek _m pot._ gear _pot._; **wydawała dużo pieniędzy na modne ~ki** she spent a lot of money on the latest gear

ła|ta[1] _f_ [1] (w ubraniu, bucie) patch; **naszyć łaty na dżinsy** to patch one's/sb's jeans; **chodzić w łatach** to go around in rags _pot._; **łata w murze** a mend in the wall [2] (na sierści zwierząt, upierzeniu ptaków) spot, patch; **krowa w łaty** a piebald cow; **nasz pies ma brązową łątę na grzbiecie** our dog has a brown patch on his back

ła|ta[2] _m_ [1] Budow. batten, lath [2] Przem. (sortyment drewna) lath; (sortyment tarcicy) scantlings [3] (w geodezji) surveying rod a. staff

❑ **łata miernicza** measuring staff a. rod; **łata niwelacyjna** levelling staff a. rod

łata|ć _impf vt_ [1] (wstawiać łaty) to patch [ubranie]; **~ć buty** to mend shoes; to cobble shoes przest.; **~ć dziury w dachu** to patch a. mend holes in the roof ⇒ **załatać** [2] _pot._ (uzupełniać braki) **~ć budżet** to patch (up) gaps in the budget ⇒ **załatać**

łatanin|a _f pot._, _pejor._ piecemeal job a. work; **taka ~a to strata pieniędzy** that kind of botched work is a waste of money

łat|ka _f dem._ [1] (w ubraniu, bucie) (small) patch [2] (na sierści zwierząt, upierzeniu ptaków) spot, speckle; **kotek/piesek w ~ki** a spotted cat/dog; **szczeniak w czarne/białe ~ki** a puppy with black/white spots

■ **przypiąć** a. **przyczepić** a. **przyszyć komuś ~kę** to have a. take a dig at sb; **kiedyś przypięto mu ~kę sknery i tak już zostało** at one point he was labelled a miser and it stuck

łatwiut|ki _adi. dem._ pieszcz. extremely easy; **~ki egzamin** a very simple exam; **~kie pytania** very easy questions

łatwiutko _adv. dem._ pieszcz. extremely easily a. easy; **negocjacje poszły ~** the negotiations went as easy as pie _pot._

łatwi|zna _f sgt pot._ cinch _pot._, doss GB _pot._; **zrobię to w dwa dni, to przecież ~zna** I'll do it in two days, it's a piece of cake

■ **iść/pójść na ~znę** _pejor._ to take the easy way out _pejor._

łatw|o _adv. grad._ [1] (bez trudu) easily, easy; **~o go będzie przekonać/otumanić** he'll be easily persuaded/fooled; **nauka przychodziła mu ~iej niż bratu** school work/academic work came much easier a. more easily to him than to his brother; **~o sobie wyobrazić, co wtedy czułam** it's easy to imagine how I felt then; **~o zrozumieć ich argumenty** it's easy to understand their arguments; **nie jest tu ~o o pracę** it's not easy to find a job here; **w obecnych czasach nie jest ~o o dobrego rzemieślnika** a good craftsman isn't easy to find nowadays [2] (szybko) easily; **dzieci ~o się nudzą** children get bored easily; **po chorobie ~o się męczy** since his illness he gets tired easily; **ta melodia ~o wpada w ucho** it's a catchy tune; **produkty ~o psujące się należy przechowywać w lodówce** perishables should be refrigerated; **w tej postaci witaminy są ~iej przyswajalne** vitamins taken in this form are more easily absorbed a. assimilated; **~o się unosił i nie liczył ze słowami** he lost

Ł

his temper easily and had a very sharp tongue ■ **~o mówić** a. **powiedzieć** it's all very well to say, it's easy to say; **~o ci mówić „nie przejmuj się"** it's easy for you to say 'forget it'; **~iej powiedzieć, niż zrobić** easier a. sooner said than done; **~o przyszło, ~o poszło** easy come, easy go; **nie jest mu ~o** a. **on nie ma ~o** he doesn't have it easy

łatwopalnoś|ć f sgt flammability, inflammability

łatwopaln|y adi. flammable, inflammable

łatwoś|ć f sgt [1] (brak trudności) easiness, ease; **zaletą urządzenia jest ~ć w obsłudze** the main advantage of this device is user-friendliness; **zrobić coś z ~cią** to do sth with ease; **wygrać z ~cią** to win hands down; **pochlebstwa z ~cią przechodzą mu przez usta** flattery comes easy a. easily to him [2] (umiejętność) **~ć wypowiadania się** eloquence; **~ć uczenia się** aptitude for learning; **posiadać ~ć obcowania z ludźmi** to have an easy manner [3] (zrozumiałość) (stylu, wykładu) clarity

łatwowiernie adv. grad. credulously, gullibly

łatwowiernoś|ć f sgt credulousness, gullibility

łatwowiern|y adi. credulous, gullible

łatw|y adi. grad. [1] (jasny, prosty) [egzamin, zadanie] easy; **~iejsze pytanie** an easier question; **~y do konserwacji** [tkanina, ubranie] easy-care; **~y do przewidzenia** predictable; **~y w montażu** quick-assembly, easy to assemble; **~y w obsłudze** user-friendly, easy to use; **stanowić ~y cel** Wojsk. to be an easy target także przen. [2] (pozbawiony kłopotów) easy; **chcę, żeby moje dzieci miały ~iejszy start w życiu niż ja** I want my children to have an easier start in life than me [3] (bezkonfliktowy) **była ~a w obejściu** she was easy-going; **mój ojciec nie był ~y w pożyciu** my father wasn't easy to live with; **nie miała z nim ~ego życia** she didn't have an easy life with him [4] (zdobyty bez wysiłku) **~e pieniądze/powodzenie** easy money/popularity; **~y sukces** easy success [5] (popularny) **~a komedyjka** light comedy; **literatura ~a i przyjemna** light reading; **muzyka lekka, ~a i przyjemna** easy listening [6] pot., pejor. [kobieta] easy pot., pejor.; **ma opinię ~ej** I hear she's a pushover a. an easy lay posp.; **~a dziewczyna/kobieta** an easy lay posp.

ław|a f [1] (do siedzenia) bench; (niski stół) coffee table; **kolega ze szkolnej ~y** school friend; schoolmate pot. [2] (zwarty szereg) **~a ludzi/samochodów/jeźdźców** a row of people/cars/riders; **na jego komendę ruszyli wszyscy ~ą** (jednocześnie) at his command they advanced en masse [3] Hist. ≈ town council (in medieval Poland) [4] Górn. stratum
❑ **~a fundamentowa** Budow. continuous footing; **~a opozycji** Polit. the Opposition bench(es) GB; **~a oskarżonych** Prawo the dock GB; **zasiąść na ~ie oskarżonych** to be in the dock; **~a poselska** Polit. bench; **~a przysięgłych** Prawo the jury; **~y rządowe** Polit. ≈ the government front bench GB

ławecz|ka f dem. (small) bench; **~ka w parku** a park bench

ławic|a f [1] Zool. shoal, school; **~a omułków/ostryg** a mussel/oyster bed [2] przen. **~a chmur** cloud mass; **~a mgły** fog bank [3] (mielizna) shoal; **~a przybrzeżna** bar, shoal

ławicow|y adi. ryby **~e** shoal fish

ław|ka f [1] (do siedzenia) bench; **~ka w parku** a. **parkowa** a park bench; **~ka kościelna** a pew; **lubił siadać na ~ce koło fontanny** he liked to sit on a bench near the fountain; **spóźnili się na nabożeństwo i usiedli w tylnych ~kach** they came late to the service and sat in the back pews [2] (mebel szkolny) desk; **siedzieć w ~ce** to sit at a desk [3] (na stadionie) (dla zawodników) bench; (dla kibiców) seat(ing)
❑ **~ka bosmańska** boatswain's chair; **~ka kar** Sport penalty bench; **~ka rezerwowych** Sport substitutes' bench

ławnicz|y adi. **sąd ~y** a court where a panel of judges, or a judge and two jurors, decides on the case

ławni|k m [1] Prawo ≈ juror [2] Hist. ≈ a town councillor (in medieval Poland)

łazan|ek m, **~ka** f (A **~ka, ~kę**) small square noodle

Łazarz m Bibl. Lazarus

łazarz m (Gpl **~y**) książk. poor beggar; **wyglądać jak ~** to look like a beggar

łaze|ga [] m, f (Npl **~gi**) pot., pejor., żart. drifter, tramp
[] f pot. (wędrówka) ramble

ła|zić impf (**~żę**) vi pot. [1] (chodzić) to traipse pot.; to trudge; **łazić po sklepach** to traipse a. tramp (a)round the shops; **cały wieczór łaziliśmy po Warszawie** we traipsed a. trudged around Warsaw all evening; **cały miesiąc musiałem łazić z gipsem** I was trudging a. hobbling around in a (plaster) cast for a whole month; **znowu łaził do matki po pieniądze** he went begging his mother for money again; **po co tam łaziłeś?** what did you go (in) there for?; **łażą na skróty przez nasze podwórko** they go through our courtyard as a shortcut [2] (chodzić z wysiłkiem) **pies ledwo łaził** the dog could barely walk [3] (wspinać się) to climb; **łazić po drzewach** to climb trees
■ **łazić za kimś/czymś** pot. to go looking for sb/sth; **łazić za kimś** pot. (starać się o względy) to pursue sb

łazien|ka f [1] (do mycia) bathroom [2] euf. loo GB pot., euf.; bathroom US euf. [3] (w uzdrowiskach) **~ki** baths
❑ **Łazienki Królewskie** (w Warszawie) Łazienki Park

łazienkow|y adi. [piecyk, lustro, urządzenia] bathroom attr.; **mata ~a** a bath mat

łazik [] m pers. (Npl **~i**) [1] pot., pejor. (włóczęga) tramp [2] żart. (turysta) tourist
[] m inanim. (samochód terenowy) ≈ jeep

łazik|ować impf vi pot. to loaf about a. around pot.; to roam vt

łaźni|a f (Gpl **~**) [1] (pomieszczenie) baths, bath house; **gorąco/parno jak w ~i** as hot/humid as a steam bath [2] Chem. bath; **~olejowa/piaskowa** an oil/a sand bath
❑ **~a turecka** Turkish bath

■ **sprawić komuś ~ę** pot. to give sb a thrashing pot.

łącz|e n (Gpl **~y**) [1] Telekom. connection, line; (internetowe) link [2] → **złącze**

łącz|ka f [1] dem. small meadow [2] Włók. pattern of tiny flowers (on cotton, silk)
■ **ośla ~ka** pot. learners' a. beginners' slope

łączliwoś|ć f sgt Jęz. collocation

łącznicz|ka f [1] Wojsk. (woman) liaison officer [2] (kontakt) liaison; **ona jest naszą ~ką z innymi grupami** she liaises for us with other groups

łącznie adv. [1] (wliczając) including; **~ z dziećmi było ich dwanaścioro** there were twelve of them including the children, together with the children there were twelve of them; **pisać coś ~** to write sth as one word [2] (w sumie) in total, altogether; **~ przepytano dwieście osób** in total a. altogether, two hundred people were interviewed

łączni|k [] m pers. [1] Wojsk. liaison officer [2] (osoba zapewniająca kontakt) liaison; **był ~kiem między centralą związkową a lokalnymi oddziałami** he was the liaison between the union headquarters and the local chapters [3] Sport midfielder
[] m inanim. [1] (więź) link; **telewizja była jego jedynym ~kiem ze światem** television was his only link with the outside world [2] Jęz. (dywiz) hyphen [3] Jęz. (spójka) linking verb [4] Budow. connecting area, passage; (na wysokości) elevated walkway [5] Muz. tie [6] Techn. connector, fastener

łącznikow|y adi. [1] Wojsk. liaison attr.; **oficer ~y** a liaison officer; **rów ~y** communication trenches [2] Techn. [element, część, końcówka] connecting [3] Budow. [schody, mur] connecting

łącznościow|iec m [1] pot. (pracownik telekomunikacji) telecom a. telecoms worker pot. [2] Wojsk. signaller

łącznościow|y adi. [1] [satelita, urządzenie, usługa] communication(s) attr. [2] Wojsk. [sprzęt, żołnierze] communications attr., signal corps attr.

łącznoś|ć f sgt [1] (kontakt) contact; **nawiązać ~ć z kimś** to establish contact with sb; **utrzymywać ~ć z kimś** to keep in touch with sb; **alpiniści stracili ~ć radiową z bazą** the mountaineers lost radio contact with their base [2] (porozumienie) contact; **poczucie ~ci z kimś** a bond of understanding with sb, empathy with sb; **~ć duchowa** spiritual communion [3] (przekazywanie informacji) communication [4] (instytucje zajmujące się przekazem informacji) communications [5] Wojsk. **oddziały ~ci** signal corps

łączn|y adi. [1] (połączony, wspólny) total; **~a suma** sum total; **~a wartość** combined value; **~y zysk** total profit; **pisownia ~a** unhyphenated spelling [2] (spajający) connecting, connective; **tkanka ~a** connective tissue; **spójniki ~e** inclusive conjunctions

łącz|ony [] pp → **łączyć**
[] adi. combined; **zajęcia odbywają się w grupach ~onych** classes are held in combined groups

łącz|yć impf [] vt [1] (spajać w całość) to join [elementy]; **~yć pieśni w cykle** to arrange songs into cycles; **~ą nas wspólne zainteresowania** we have common interests; **~yła ich przyjaźń** they were close friends; **nic nas ze sobą nie ~y** there's nothing between us ⇒ **połączyć, złączyć** ⨯ (umożliwiać komunikację) to link, to connect; **kanał ~y morze z jeziorem** the canal connects the lake with the sea; **sieć dróg ~y najważniejsze miasta regionu** a network of roads links the major towns in the region ⨯ (tworzyć harmonijną całość) to combine, to match [kolory, części ubrania]; **~yć teorię z praktyką** to combine theory and practice; **~yć wysiłki** to pool one's efforts; **utwór, który ~y w sobie patos i humor** a piece that combines pathos and humour ⇒ **połączyć** ⨯ (godzić) to combine [obowiązki, funkcje]; **wiele osób ~y pracę zawodową z zajęciami domowymi** many people (manage to) combine career and home-making activities ⇒ **połączyć** ⨯ (kojarzyć) to link; **czy należy ~yć tę chorobę z otyłością?** is there a link between this illness and obesity?; **w plotkach ~ono jej imię z moim szwagrem** there were rumours linking her name with my brother-in-law ⇒ **połączyć** ⨯ Telekom. to connect, to put through; **proszę czekać, ~ę z redaktorem naczelnym** hold on, I'm putting you through to the editor(-in-chief) ⇒ **połączyć** ⨯ Zool. to mate

II łączyć się ⨯ (stykać się) [elementy] to be joined; [ręce] to join; [gałęzie] to meet; [drogi, rzeki] to meet, to merge ⇒ **połączyć się** ⨯ Telekom. to get through, to be put through; Radio to go over to; **tu Warszawa, ~ymy się z Krakowem** this is Warsaw, let's go over a. we're going over to Cracow ⇒ **połączyć się** ⨯ Zool. to mate ⨯ (kojarzyć się) to be associated ⨯ (jednoczyć się) to unite; **w imię wspólnych interesów powinniśmy się ~yć** we should unite for the common cause ⇒ **połączyć się** ⨯ Chem. to combine ⇒ **połączyć się**

■ **~yć przyjemne z pożytecznym** to mix a. combine business with pleasure; **~ę wyrazy szacunku** książk. (w liście) with (kind) regards

łą|ka f meadow, meadowland; **paść się na łące** to graze on the meadow; **dzieci biegają po łące** children are running in the meadow

łąkow|y adi. meadow attr.; [zapach] meadowy; **roślinność ~a** meadow flora

ł|eb m ⨯ (głowa zwierzęcia) head ⨯ pot. (głowa ludzka) noggin pot.; **łeb mi pęka** I've got a splitting headache; **palnął sobie w łeb** he blew his (own) brains out pot. ⨯ pot. (umysł) brain(s) pot.; **fenomenalny łeb** (osoba) a brainbox GB pot., a real brain pot.; **zakuty łeb** blockhead pot., obraźl., thickhead pot., obraźl.; **mieć łeb do czegoś** to have a good head for sth [nauki, interesów]; **mieć łeb na karku** to have one's head screwed on the right way pot.; to have a good head on one's shoulders; **nabić sobie czymś łeb** to get sth into one's head ⨯ pot. (życie) **nadstawiać łba** to risk one's neck pot.; **przypłacić coś łbem** to pay for sth with one's life ⨯ Techn. (nitu, śruby) head

■ **na łeb, na szyję** pot. [jechać, pędzić, uciekać, spadać] headlong, head first; **kocie łby** cobblestones; **łeb w łeb** neck and neck; **brać się** a. **wodzić się za łby** pot. to get

into a scuffle with sb; **wziąć w łeb** pot. to fall through; **nasze plany wzięły w łeb z powodu złej pogody** our plans fell through because of the bad weather; **wziąć kogoś za łeb** pot. to take sb (well a. firmly) in hand; **patrzeć spode łba** to scowl, to glower; **spadły mi na łeb dodatkowe sprawozdania do napisania** pot. I've been landed with an extra set of reports to prepare; **zwaliła się nam na łeb szwagierka z dziećmi na cały weekend** pot. my sister-in-law and her children descended on us for the whole weekend; **ukręcić czemuś łeb** pot. to hush sth up; **nie pozwól, żeby ci dzieciaki weszły na łeb** pot. don't let the kids get you under their thumb a. walk all over you

łeb|ek II m pers. (Npl ~ki) ⨯ pot. (osoba) **od ~ka** per head; **wstęp kosztuje 5 złotych od ~ka** entry is 5 zlotys per head; **dali im po jabłku na ~ek** they gave them each an apple ⨯ pot. (podejrzany typ) shady customer a. character; **ulicą szły trzy podchmielone ~ki** three tipsy customers were coming down the street ⨯ pot. (przygodny pasażer) **jechać na ~ka** to get a lift a. ride (for payment); **zabrać kogoś na ~ka** to give sb a lift a. ride (for payment)

II m inanim. ⨯ pieszcz. (główka zwierzęcia) (little) head; (głowa) head ⨯ (gwoździa, zapałki) head; **~ek szpilki** pinhead, the head of a pin

■ **po ~kach** pot. cursorily; **przeczytać** a. **przejrzeć coś po ~kach** to skim over a. through sth; **zwiedziliśmy miasto po ~kach** we did a very hasty tour of the city

łebs|ki adi. pot. brainy pot., sharp pot.

łebsko adv. pot. **~ się spisał** he came through with flying colours pot.

łechtacz|ka f Anat. clitoris; **obrzezanie ~ki** female circumcision; **wycięcie ~ki** clitoridectomy

łech|tać impf (~czę a. ~cę a. ~tam) vt ⨯ (muskać) to tickle; **~tać kogoś w stopy** to tickle sb's feet; **długie pióro przy kapeluszu ~tało jej kark** the long feather on her hat tickled the nape of her neck ⇒ **połechtać** ⨯ (mile drażnić) [aromat] to tickle; **od tych zapachów ~ce mnie w nosie** all these smells are making my nose tickle ⇒ **połechtać** ⨯ przen. (pochlebiać) **pochwały ~cą jego próżność** praise tickles his vanity ⇒ **połechtać**

łepek → **łebek**

łepetyn|a f pot., żart. (głowa) noggin pot., żart.

łez|ka f ⨯ dem. tear, teardrop; **~ka się w oku kręci, jak wspominam dawne czasy** remembering the old days brings tears to my eyes ⨯ (dekolt) keyhole neckline ⨯ (wisiorek) teardrop pendant; (kolczyki) **~ki** teardrop earrings ⨯ Archit. (ornament dorycki) gutta spec.

■ **opowiadanie/film z ~ką** a tearjerker pot.; **z ~ką w oku wspominaliśmy młodość** we were tearfully reminiscing about our youth

łęg m (G ~u) ⨯ (podmokła łąka) wetlands ⨯ Ekol., Leśn. riparian forest spec.

łęgow|y adi. [roślina, teren, zarośla] riparian spec.; wetland attr.; **las ~y** riparian forest

ł|gać impf (łżę) vi pot. to lie; **łgać na potęgę** a. **ile wlezie** a. **jak z nut** to lie through

one's teeth pot.; **łgać w żywe oczy** a. **jak pies** to tell a barefaced lie

łgars|ki adi. [opowieść] fabricated, made-up

łgarstw|o n lie; whopper pot.

łgarz m (Gpl ~y a. ~ów) liar

łka|ć impf vi ⨯ [osoba] to sob; **coś ~ło w jej duszy** przen. something was sobbing deep inside her ⨯ [instrument] to sob; **słuchał ~nia skrzypiec** he listened to the sobbing of the violin

łka|nie II sv → **łkać**

III łkania plt sobbing U, sobs; **nie mogła wstrzymać ~ń** she couldn't stop sobbing

łobuz m (Npl ~y) ⨯ pot., pejor. (urwis) rascal żart.; scallywag pot.; (chuligan) roughneck pot., pejor., hoodlum pot., pejor.; (znęcający się nad słabszymi) bully pejor.; **banda** a. **zgraja ~ów** a bunch of roughnecks a. hoodlums ⨯ pot., pejor. (człowiek podły) swine pot., pejor., rat pot., pejor.; **szybko dał się poznać jako ~ i kanciarz** he soon showed everyone what a low-down swindler he was pot.

łobuzeri|a f sgt (GD ~i) pot. ⨯ (gromada łobuzów) a bunch of roughnecks a. lowlifes pot., pejor.; **~a wszczęła awanturę** some roughnecks started a row ⨯ (zachowanie) hooliganism

łobuzer|ka f sgt ⨯ (gromada łobuzów) a bunch of roughnecks a. lowlifes pot., pejor. ⨯ (zachowanie) hooliganism

łobuzers|ki adi. ⨯ (szelmowski) [mina, spojrzenie, uśmiech] roguish ⨯ pot., pejor. [wybryk, postępowanie, sprawa] low(-down) pot., rotten pot.

łobuzersk|o adv. [spojrzeć, uśmiechnąć się] roguishly; **postąpić/zachować się po ~u** to act/behave like a lout

łobuzerstw|o n sgt pejor. hooliganism

łobuziak m (Npl ~i) pot., żart. rascal żart.; scamp przest., pot.

łobuz|ować impf **I** vi (dokazywać) to play pranks, to be a. get up to mischief

II **łobuzować się** to misbehave

łochyni|a f Bot. bog whortleberry

łody|ga f stalk, stem

łodygow|y adi. stalk attr., stem attr.; cauline spec.

łodyż|ka f dem. delicate stalk

ł|oić impf vt pot. to give [sb] a beating pot.; **łoić komuś skórę** to tan sb's hide pot., to tan the hide off sb pot. ⇒ **złoić**

łojotok m sgt Med. seborrhoea

łojotokow|y adi. Med. [skóra, gruczoł] seborrhoeic

łojow|y adi. ⨯ (zawierający łój) [potrawa] suet attr. ⨯ (wykonany z łoju) [świeczka] tallow attr. ⨯ Biol sebaceous; **wydzielina ~a** sebaceous secretions; **gruczoł ~y** a sebaceous gland

łojów|ka f ⨯ (świeca) tallow candle ⨯ (mięso poprzerastane łojem) a suety cut of meat

łokciow|y adi. Anat. elbow attr.; **staw ~y** an elbow (joint)

łok|ieć m ⨯ Anat. elbow; **trącąc kogoś ~ciem** to nudge sb ⨯ (część rękawa) elbow; **sweter się przetarł na ~ciach** the sweater has worn thin at the elbows ⨯ Hist. (miara) ell

■ **rozpychać się ~ciami** to jostle także przen.; **urabiać sobie ręce po ~cie** to work one's fingers to the bone

łom m (G ~u) ⨯ (stalowy pręt) (spłaszczony na końcu) crowbar; (z końcówką w kształcie pazura) wrecking bar; (złodziejski) jemmy GB, jimmy US [2] (skały, lodu) block; **~ marmuru** a block of marble [3] sgt (pokruszone kawałki) chips; **~ granitowy** granite chips

łomo|t m (G **~tu**) (głuchy odgłos) thud; (dudnienie) rumble; (huk) bang; **~t dyskotekowej muzyki** the pounding a. thudding of disco music; **poczuć ~t serca** to feel one's heart thudding a. pounding

■ **dać** a. **sprawić komuś ~t** pot. to give sb a licking pot. a. pounding pot.

łomo|tać impf (**~oczę** a. **~ocę**) vi [1] (uderzać mocno) to thud; **~tać do drzwi** to bang a. hammer at the door ⇒ **załomotać** [2] [serce] to thud, to pound; **serce ~tało mu ze strachu** in fear his heart began to thud ⇒ **załomotać**

łon|o n [1] Anat. (macica) womb; (dolna część brzucha) mons pubis; loins książk. [2] książk. (pierś, piersi) bosom; **przytulała dziecko do ~a** she held the child tightly to her bosom [3] książk. (uda osoby siedzącej) lap [4] książk., przen. bosom książk., przen.; **na ~ie natury** a. **przyrody** książk. in the bosom of nature; **wrócić na ~o rodziny** to return to the bosom of one's family; **nastąpił rozłam w ~ie partii/rządu** there was a split within the ranks of the party/within the cabinet pot.

łonow|y adi. pubic; **kość ~a** the pubic bone; the pubis spec.; **wzgórek ~y** the mons Veneris a. pubis; **wesz ~a** a crab (louse)

łopa|ta [I] f [1] (do przerzucania) shovel; (szpadel) spade; **kopać dół ~tą** to dig a hole with a spade; **odgarniać śnieg ~tą** to shovel up snow; **mieć dłonie jak ~ty** pot. to have hands as large as hams pot.; **mieć zęby jak ~ty** pot. to have large front teeth; **nadawać się tylko do ~ty** pot. to be only fit for menial jobs; **robotnik od ~ty** pot. an unskilled manual worker; **wkładać** a. **kłaść coś komuś ~tą do głowy** przen., pot. to try to get sth across to sb [2] (zawartość) shovel (**czegoś** of sth); (zawartość szpadla) spadeful (**czegoś** of sth); **dwie ~ty ziemi** two shovelfuls/spadefuls of earth [3] (w piekarni) bread shovel [4] Techn. (element maszyny) shovel [5] Lotn. (część śmigła) blade

[II] łopaty plt Myślis. (poroże łosia) palmate antlers

łopat|ka f [1] dem. (mała łopata) (small) shovel; (zabawka) toy shovel [2] dem. (zawartość) shovel (**czegoś** of sth) [3] (do smażenia) spatula; **przewracać steki ~ką** to turn steaks with a spatula [4] (do paznokci) cuticle pusher [5] zw. pl (w kole łopatkowym) paddle [6] Anat. shoulder blade; scapula spec.; **mieć odstające ~ki** to have protruding shoulder blades; **położyć** a. **rozłożyć kogoś na (obie) ~ki** Sport to pin sb down; przen., pot. to knock sb into a cocked hat; **leżymy na obie ~ki** pot. we're done for pot. [7] Kulin. blade (bone)

łopatkow|y adi. [1] Anat. **kości ~e** shoulder blades [2] Techn. **koło ~e** a paddle wheel

łopatologi|a f sgt (GD **~i**) pot., żart. spelling things out in words of one syllable; **to już jest ~a!** that's putting it in the simplest possible terms!

łopatologicznie adv. pot., żart. [wyjaśniać, tłumaczyć, przedstawiać] by rule of thumb

łopatologiczn|y adi. pot., żart. [wykład, tłumaczenie] wyjaśniać coś w **~y sposób** to explain sth in words of one syllable; **on był zbyt ~y** he tried too hard to simplify things

łopatowa|ty adi. shovel-shaped, shovel-like

łopian m (G **~u**) Bot. burdock; **~rowy porosłe ~em** ditches overgrown with burdock

łopianow|y adi. [liść, korzeń] burdock attr.

łopo|t m (G **~tu**) [1] (ruch, odgłos) flap, flapping; **~t skrzydeł/żagli** flapping of wings/sails; **ptak odleciał z ~tem** the bird flew away with a flap of its wings [2] Żegl. luft

łopo|tać impf (**~czę** a. **~cę**) vi [flaga, skrzydła, żagiel] to flap; **~tać na wietrze** to flap in the wind; **ptak ~tał skrzydłami** the bird flapped its wings ⇒ **załopotać**

łopuch m (G **~u** a. **~a**) pot. (łopian) burdock

łopuchow|y adi. pot. [liść, korzeń] burdock attr.

łosiow|y adi. [rogi, skóra] elk attr., moose attr. US; **~e rękawiczki** elk-hide gloves

łosko|t m (G **~tu**) clatter (**czegoś** of sth); **spaść z ~tem** to fall with a clatter; **brama zamknęła się z ~tem** the gate slammed shut with a bang, the gate banged shut

łosko|tać impf (**~czę** a. **~cę**) vi [pociąg, kopyta] to clatter; **~tać drewniakami** to clatter along in sabots

łososiow|y adi. [1] Zool. [narybek] salmon attr. [2] (o kolorze) salmon-pink

łoso|ś m Zool., Kulin. salmon; **~ś wędzony** smoked salmon

łosz|a f Zool. female elk, female moose US

łoszak m Zool. elk calf, moose calf US

ło|ś m Zool. elk, moose US

łot m (A łota) Fin. lat

łotews|ki [I] adi. Latvian

[II] m sgt (język) Latvian

łot|r m (Npl **~ry** a. **~rzy**) książk., obraźl. scoundrel; **ty ~rze!** you scoundrel!

łotrostw|o n książk., pejor. [1] (postępek) villainy; **popełnić ~o** to perpetrate a villainy [2] sgt (cecha) wickedness

łotrows|ki adi. książk., pejor. wicked; **postępować po ~ku** to act wickedly a. like a scoundrel

łotrzyk m (Npl **~owie**) przest. rogue

łotrzykows|ki adi. Literat. [literatura, powieść, opowiadanie] picaresque

Łotysz m, **~ka** f Latvian

łowc|a m [1] książk. (myśliwy) hunter [2] przen. hunter; **~a autografów** an autograph hunter; **~a posagów** a fortune hunter; **~y głów** Antrop., Zarządz. headhunters; **~a przygód** an adventurer; **~a talentów** a talent scout; **~a skandali** a scandalmonger

łowcz|y [I] adi. [1] (myśliwski) [sprzęt] hunting; **ptak ~y** a falcon or other bird of prey used in falconry [2] (rybacki) [statek, sprzęt] fishing

[II] m [1] Myślis. game warden [2] Hist. (urzędnik dworski) ≈ master of the hunt

łowi|ć impf vt [1] (łapać) [osoba] to catch [homary, motyle]; **łowić ryby** to fish; **łowić pstrągi/krewetki/homary** to fish for trout/shrimps/lobsters; **łowisz ryby?** do you fish?; **często łowię w tej rzece** I often fish this river; **spędzać dużo czasu na łowieniu ryb** to spend a lot of time

fishing; **łowić ryby w sieć** to net fish; **łowić na wędkę** to fish (with a rod and line); **łowić na robaki** to fish with worms; **łowić na muchę** to fly-fish ⇒ **złowić** [2] (polować) [drapieżnik] to hunt [myszy, owady] ⇒ **złowić** [3] przen. **łowić (uchem) każdy szept/każdą informację** to listen out for every whisper/all the news; **łowić (wzrokiem) przyjazne spojrzenia** to look for a. seek friendly glances ⇒ **złowić**

łowiec|ki adi. [sezon, sprzęt] hunting attr.; **tereny ~kie** hunting grounds; **karta ~ka** a game licence; **koło ~kie** a hunt a. a shoot

łowiectw|o n hunting

łowisk|o n (teren połowów) fishing ground, fishery; (teren polowań) hunting ground; **~o makreli** a mackerel fishery

łown|y adi. game attr.; **zwierzyna ~a** game

łoz|a f [1] Bot. (krzew, zarośla) osier; **brzeg porośnięty łozą** a river bank overgrown with osier [2] (witka) withe a. withy; **koszyk z łozy** a wicker basket

łozina → **łoza**

łozinow|y adi. [koszyk] wicker attr.

łozow|y adi. [witka, gałązka] osier attr.

łoż|e n [1] (duże łóżko) (large) bed; przest. (łóżko) bed; **królewskie łoże** a king's bed; **małżeńskie łoże** a double bed; **na łożu śmierci** książk. on one's deathbed; **spoczywać na łożu boleści** książk., żart. to be lying on one's sickbed a. bed of pain; **podnieść się z łoża boleści** książk., żart. to climb a. rise from one's sickbed; **dzielić z kimś łoże** książk. to sleep with sb; **dziecko z nieprawego łoża** an illegitimate child [2] Techn. (armaty) mount; (maszyny, silnika) cradle; **łoże karabinu** a gun stock

■ **Madejowe łoże** żart. uncomfortable bed

łożnic|a f daw. (łoże) marriage bed; (sypialnia) bedroom

łoży|ć impf vi **łożyć na coś** to provide for sth; **łożyć na czyjeś wykształcenie** to provide for sb's education

łożysk|o n [1] (rzeki) (river) bed, (river) channel; Geol. valley floor a. bottom [2] Techn. bearing; **~o kulkowe** a ball bearing; **~o toczne** a roller bearing [3] Anat. placenta

łożyskow|iec [I] m Zool. placental, eutherian;

[II] łożyskowce plt. Eutheria

łożyskow|y adi. [1] Techn. bearing attr.; **czop ~y** a journal [2] Anat. placental

łódecz|ka f [1] dem. (small) boat; (zabawka) (toy) boat [2] Biol. keel, carina

łód|ka f [1] (do pływania) boat; (zabawka) (toy) boat; **przejażdżka ~ką** a boat trip; **popłynąć gdzieś ~ką** to go somewhere in a boat; **przewieźć kogoś ~ką przez rzekę** to row sb across a river; **puszczać ~ki na stawie** to sail toy boats on a pond [2] Moda bateau neck

❏ **~ka nabojowa** Wojsk. clip

łód|ź f boat; **łódź wiosłowa/żaglowa** a rowing/sailing boat; **łódź motorowa** a motor boat; (mocna i szybka) a powerboat; **łódź wyścigowa** (wiosłowa) a racing boat, a shell; (motorowa) a speedboat; **łódź rybacka** a fishing boat; **płynąć łodzią** to travel a. sail in a boat; **wsiąść do/wysiąść z łodzi** to get in/out of a boat

❏ **łódź patrolowa** patrol boat; **łódź pod-**

wodna submarine; **łódź ratownicza** lifeboat

ł|ój m (G **łoju**) [1] Kulin. suet; **łój barani/ wołowy** mutton/beef suet [2] Fizj. sebum

ł|ów m (G **łowu**) zw. pl książk. hunt; **łowy na grubego zwierza** a big game hunt; **wyruszyć na łowy** to go on a hunt

łóżecz|ko n dem. (small) bed; (z siatką lub szczebelkami) cot GB, crib US; **~ko dla lalek** a doll's bed

łóż|ko n [1] (mebel) bed; **pojedyncze/ dwuosobowe ~ko** a single/double bed; **~ko piętrowe** bunks; **posłać ~ko** to make the bed; **leżeć w ~ku** to lie in bed; **wstać z ~ka** to get up, to get out of bed; **usiąść na ~ku** (ze stania) to sit down on a bed; **(idź) do ~ka!** go to bed!; **dzieci są już w ~kach** the children are in bed; **położyć się do ~ka** (pójść spać) to get into bed; (zachorować) to take to one's bed; **być przykutym do ~ka** a. **nie wstawać z ~ka** to be bedridden [2] (miejsce w szpitalu) bed; **oddział na 20 ~ek** a 20-bed ward; **czy są wolne ~ka?** are there any beds available? [3] sgt pot. (seks) **tylko ~ko mu w głowie** all he thinks about is sex; **pójść z kimś do ~ka** to go to bed with sb pot.; **zastać kogoś w ~ku z kimś** to catch sb in bed with sb pot.; **być dobrym w ~ku** to be good in bed pot.

❏ **~ko opalające** Kosmet. sunbed; **~ko polowe** camp bed, cot US; **~ko wodne** waterbed

łóżkow|y adi. [scena, wyczyny] sex attr.

łub|ek m zw. pl splint; **wsadzić rękę w ~ki** to put an arm in splints

łubian|ka f (koszyk, zawartość) punnet; **~ka truskawek** a punnet of strawberries

łubin m (G **~u**) Bot. lupin(e)

łubinow|y adi. [pole] lupin(e) attr.

łubu-du inter. (odgłos spadających przedmiotów) thud; (odgłos wybuchu) bang; **nagle łubu-du! – bomba wybuchła** suddenly there was a bang and the bomb went off; **książki łubu-du na podłogę** the books fell – thud! – on the floor

łucz|ek m dem. (G **~ka** a. **~ku**) [1] Archit. (small) arch [2] (do strzelania) (small) bow; (zabawka) (toy) bow

łucznictw|o n sgt Sport archery

❏ **~o terenowe** Sport field archery

łucznicz|ka f Sport archer

łucznicz|y adi. archery attr.

łuczni|k m [1] Sport archer [2] Hist. archer, bowman

łuczyw|o n torch; **w izbie płonęło ~o** a torch was burning in the room

łu|dzić impf **I** vt to lure; **łudzić kogoś obietnicą, że...** to delude sb with the promise that...; **łudzona nadzieją lepszego życia, opuściła dom** lured by the false prospect of a better life she left home

II łudzić się to delude oneself; **łudzić się, że coś się stanie** to delude oneself that sth will happen; **nie łudź się, on już nie wróci** don't fool yourself, he won't come back

ług m (G **~u**) Chem. lye

łuk m (G **~u**) [1] (broń) bow; **strzelać z ~u (do kogoś/czegoś)** to shoot with a bow and arrow (at sb/sth); **napiąć ~** to draw a bow [2] (kształt) arc; (zakręt) curve; **~ tęczy** a

rainbow, a rainbow arch; **delikatne ~ki jej brwi** książk. the delicate arches of her eyebrows; **na ~u drogi** on the curve of the road; **wygiąć grzbiet w ~** to arch one's/its back; **droga biegnie ~iem** a. **zatacza ~** the road curves; **droga odchodzi ~iem w prawo/lewo** the road swings to the right/ left; **droga omija ~iem centrum miasteczka** the road skirts around a. bypasses the town centre; **zatoczyć ~ ręką** to make a sweeping gesture; **samochód zatoczył szeroki ~** the car made a gentle curve [3] Archit. arch; **strzeliste ~i gotyckich katedr** the soaring arches of gothic cathedrals [4] Mat. arc [5] Anat. arch; **~ kostny** a bony arch; **~ brwiowy** a superciliary arch; **kontuzja ~u brwiowego** Sport a cut over the eye; **~ jarzmowy** zygoma [6] Muz. slur [7] Sport arc of the turn

❏ **~ elektryczny** Elektr. arc; **~ nocny** Astron. nocturnal arc; **~ triumfalny** Archit. triumphal arch

■ **omijać kogoś/coś szerokim ~iem** (trzymać się z daleka) to give sb/sth a wide berth

łukowato adv. **~ wygięty** arched; **~ sklepiona sala** a vaulted room

łukowa|ty adi. [brwi, szyja, drzwi] arched; [dach, sklepienie, arkady] vaulted

łukow|y adi. [1] [kształt, most] arched; [strop, sklepienie] vaulted [2] Mat. **miara ~a kąta** radian

łun|a f glow; **~a pożaru** a glow of fire; **wieczorna ~a** the glow of the evening sky; **roztaczać ~ę** to cast a glow; **~a rozświetla niebo** there is a glow in the sky

łup¹ m (G **~u**) (cenne rzeczy) spoils pl, loot U; (ofiara) prey U; **wojenne ~y** spoils of war, booty; **dzielić ~y** to share the spoils a. loot; **paść ~em złodziei** [przedmiot] to be stolen; **padać ~em drapieżników/myśliwych** to fall prey to predators/hunters; **stanowić łatwy ~ dla kogoś/czegoś** to be (an) easy prey for sb/sth; **wydać kogoś/ coś na ~ rabusiów** to leave sb/sth to the mercy of robbers

łup² inter. whack!; **~! – walnął samochodem w drzewo** he drove – wham! – into a tree; **a ona go ~ w głowę** she hit him – wham! – on the head; **łup-cup!** wham!

łup|ać się impf (**~ię się**) vi [skała, drewno] to split ⇒ **rozłupać się**

łupać¹ impf → **łupnąć¹**

łup|ać² impf (**~ię**) vt (dzielić na części) to split [drewno]; to shell [orzechy] ⇒ **rozłupać**

łup|ić impf **I** vt [1] przest., książk. (grabić) to sack przest. [wieś, miasto]; to rob [ludzi, dobytek]; to plunder [statek] ⇒ **złupić** [2] (okradać) [rząd, instytucja] to rob [obywateli, klientów] ⇒ **złupić** [3] (obdzierać) **~ić korę z drzewa** to strip the bark off a tree

II vi pot. [1] (walić) [fale, pioruny] to crash; [artyleria, karabiny] to blast away pot. [2] (grać) **~ić w pokera** to play poker

łup|ień m (A **~nia**)

■ **dać komuś/dostać ~nia** pot. to give sb/ get a licking pot.

łupieski adi. [wyprawa] plundering; **najazdy ~kie** plundering raids

łupiestw|o n sgt przest. plunder, depredation(s)

łupież m (G **~u**) dandruff; **mieć ~** to have dandruff

łupieżc|a m przest., książk. plunderer

łupieżczy → łupieski

łupin|a f (**~ka** dem.) [1] (zewnętrzna powłoka) (twarda) shell; (owoców, warzyw) peel; **~a orzecha** a nutshell; **~a jabłka/ziemniaka/ cebuli** apple/potato/onion peel [2] przen. (łódeczka) tiny boat

łup|nąć¹ pf — **łup|ać¹** impf (**~nęła, ~nęli — ~ię**) vi pot. [1] [boleć] **krzyż mnie ~ie** I have a. I've got (a) backache; **coś mi ~nęło w skroniach** I felt a sudden pain in the temples; **~ie mnie w kościach/stawach** my bones/joints ache; **~ie mnie w głowie** my head is splitting [2] to blast away pot.; **~nąć/~ać z karabinów maszynowych** to blast away with machine guns [3] (grać) **~ać w pokera** to play poker

łupn|ąć² pf pot. **I** vt [1] (walnąć) to whack pot.; **~ąć kogoś w głowę** to whack sb on the head [2] (kazać zapłacić) **~ąć komuś mandat/podatek** to slap a fine/tax on sb pot.

II vi [1] (trzasnąć) to bang vt, slam vt; **~ąć drzwiami** to bang a. slam a door shut; **~ąć słuchawką** to bang a. slam the phone down [2] (upaść) to bang; **~ąć na podłogę** to fall bang on the floor [3] (huknąć) to boom; **coś za nami ~ęło** something boomed behind us

III łupnąć się (uderzyć się) to whack oneself; **~ąć się w głowę** to whack oneself on the head

łupu-cupu → łup-cup

łusecz|ka f dem. [1] Zool. scale [2] Bot. scale; (w ziarnach zbóż, słonecznika) hull, husk

łus|ka f [1] Zool. scale; **ryba pokryta ~ką** a fish covered with scales [2] Bot. scale; (w ziarnach zbóż, słonecznika) hull, husk; **obierać ziarna słonecznika z ~ek** to hull sunflower seeds [3] Med. (na skórze) scale [4] Wojsk. cartridge case; **~ki po nabojach** empty cartridge cases

❏ **rybia ~ka** Zool. fish scales; Med. ichthyosis

■ **~ka spadła mi z oczu** a. **~ki mi opadły z oczu** the scales fell from my eyes

łuska|ć impf vt to shell [orzechy, migdały, groch]; to shell, to hull [ziarna słonecznika, pestki dyni] ⇒ **obłuskać**

łuskan|y adi. [orzechy, migdały, groch] shelled

łuskowa|ty adi. [skóra, pancerz] scaly

łuszczyc|a f sgt Med. psoriasis

łuszczycow|y adi. Med. [zmiany] psoriatic

łuszcz|yć impf **I** vt [1] (łuskać) to shell [orzechy, migdały, groch] ⇒ **złuszczyć** [2] Techn. to bark [drzewo, pień] ⇒ **złuszczyć**

III łuszczyć się [skóra, farba, kora] to peel; **farba na futrynach ~y się** the paint is peeling off the door frame ⇒ **złuszczyć się**

łu|t m [1] (odrobina) **łut nadziei** a glimmer of hope; **łut prawdy** a grain of truth; **łut szczęścia** a bit of luck; **do tego potrzebny jest łut szczęścia** it requires a. needs a bit of luck [2] daw. Miary former unit of mass equal to 18.2 g

ły|cha f augm. (large) spoon; (zawartość) (large) spoonful

łycz|ek¹ *m dem.* sip (**czegoś** of sth); **napijmy się po ~ku wody** let's have a sip of water; **pić małymi ~kami** to take small sips

łycz|ek² *m* (*Npl* ~**kowie** a. ~**ki**) *dem. daw.,* obraźl. ≈ commoner

ły|da *f augm.* Anat. calf

łyd|ka *f* Anat. calf; **spódnica do połowy ~ki** a mid-calf-length skirt; **~ki mu się trzęsły ze strachu** his knees were trembling with fear

łyk¹ *m* (*G* ~**ku** a. ~**ka** pot., *A* ~ a. ~**ka** pot.) swallow (**czegoś** of sth); (duży) gulp (**czegoś** of sth); (mały) sip (**czegoś** of sth); (powietrza) gulp; **pić małymi/dużymi ~ami** to take small sips/large gulps; **zaczerpnąć ~ powietrza** to take a gulp of air; **pociągnął tęgi ~ z butelki** he took a large gulp from the bottle; **wypić dwa ~i wody** to take two sips of water; **wypić coś jednym ~iem** to down sth in one swallow; **daj ~a!** pot. give me a swig! pot.

łyk² *m* (*Npl* ~**i**) daw. obraźl. ≈ commoner

łyka|ć *impf* → **łyknąć**

łyk|nąć *pf* — **łyk|ać** *impf* (~**nęła, ~nęli** — ~**am**) *vt* [1] (połknąć) to swallow *[jedzenie, napój, kęs, pigułkę]*; **~ać proszki** to take pills; **boli mnie przy ~aniu** it hurts when I swallow; **gumy do żucia się nie ~a** you mustn't swallow chewing gum; **~nąć trochę wody** to take a sip of water; **~nąć sobie (wódeczki/z butelki)** pot. to take a swig (of vodka/from a bottle); **musiał sobie nieźle ~nąć** pot. he must have had a lot to drink; **~ać ślinkę** przen. to salivate; to lick one's chops pot. [2] (szybko zjeść) to gulp [sth] down *[kawę, kanapkę, śniadanie]*; **rano ~ał śniadanie i pędził do pracy** in the morning he'd gulp down his breakfast and rush to work [3] (wciągnąć) to gulp *[powietrze]*; **chciał ~nąć świeżego powietrza** he wanted a gulp of fresh air [4] pot. (opuścić) to drop *[literę, sylabę]*; **~ać końcówki** to drop the endings of words

łyk|o *n sgt* [1] (materiał) bast [2] Bot. phloem

łykowatoś|ć *f sgt* stringiness (**czegoś** of sth)

łykowa|ty *adi. [mięso, warzywo]* stringy

łypać *impf* → **łypnąć**

łyp|nąć *pf* — **łyp|ać** *impf* (~**nęła, ~nęli** — ~**ię**) *vi* pot. to glower (**na kogoś/coś** at sb/sth); **~ać wściekle oczyma** to glower angrily; **~nąć na kogoś podejrzliwie** to glower at sb suspiciously; **~nąć porozumiewawczo do kogoś** to wink at sb conspiratorially

łysaw|y *adi.* [1] *[osoba, głowa]* baldish [2] *[pagórek, polana]* almost bald a. bare

łysi|eć *impf* (~**eję, ~ał, ~eli**) *vi* [1] *[mężczyzna, głowa]* to go bald; **zaczyna już ~eć** he's starting to go bald; **~ejący mężczyzna** a balding man [2] *[drzewo, pole]* to go bald

łysin|a *f* [1] (łyse miejsce) bald patch a. spot; (bycie łysym) baldness; **mieć ~ę na czubku głowy** to have a bald patch a. spot on the top of one's head; **~a się powiększa** the bald spot is spreading; **śmiać się z czyjejś ~y** to make fun of sb's baldness; **maskować ~ę, zaczesując włosy na bok** to comb one's hair to the side to conceal one's baldness [2] pot. (wyłysiała głowa) **puknij się w swoją ~ę!** have you taken leave of your senses? [3] (na trawniku, w lesie) bald patch a. spot

łysin|ka *f dem.* bald patch a. spot

łys|ka *f* Zool. coot

łyso *adv.* [1] (bez włosów) **ostrzyc kogoś na ~** to shave sb's head; **ostrzyc się na ~** to shave one's head; (u fryzjera) to have one's head shaved; **chłopak ostrzyżony na ~** a boy with a shaven head [2] pot. (głupio) **czułem się a. było mi ~** I felt stupid; **zrobiło mu się ~, że jej nie odwiedził** he felt stupid about not visiting her; **~ ci teraz, co?** don't you feel stupid now?

łys|y [1] *adi.* [1] *[osoba, głowa]* bald; **~y jak kolano** as bald as a coot; **~a pała** pot., obraźl. bald coot pot., obraźl., slaphead pot., obraźl. [2] *[teren, wzgórze, drzewo]* bald [3] pot. *[opona]* bald

[1] *m* bald man

łyżecz|ka *f dem.* teaspoon; (zawartość) teaspoon, teaspoonful (**czegoś** of sth); **dodać dwie ~ki cukru** to add two teaspoons of sugar; **~ka do kawy** a coffee spoon; **~ka deserowa** a dessertspoon

❑ **~ka chirurgiczna** Med. scoop

łyż|ka *f* [1] (kuchenna) spoon; **~ka stołowa** a tablespoon; **jeść ~ką** to eat with a spoon; **karmić kogoś ~ką** to spoon-feed sb [2] (zawartość) spoon, spoonful (**czegoś** of sth); **~ka stołowa cukru** a tablespoon of sugar; **dwie ~ki soli** two spoons a. spoonfuls of salt [3] Techn. (w koparce) bucket [4] Górn. bailer a. sludger [5] Myślis. (ucho) ear

❑ **~ka cedzakowa** a. **durszlakowa** slotted spoon; **~ka do butów** shoehorn; **~ka ginekologiczna** Med. curette; **~ka wazowa** ladle

■ **jadłoby się go** a. **chciałoby się go jeść ~kami** he's a delightful person; **utopiłbym go w ~ce wody** I would happily strangle him

łyż|wa *f* skate; **~wy hokejowe** hockey skates; **jeździć na ~wach** to skate; **pójść na ~wy** to go skating

łyżwiars|ki *adi. [wyścig, tor]* skating attr.

łyżwiarstw|o *n sgt* skating; **~o szybkie/ figurowe** speed/figure-skating

łyżwia|rz *m,* **~rka** *f* (*Gpl* ~**rzy, ~rek**) skater; **~rz figurowy/~rka figurowa** a figure-skater; **~rz szybki/~rka szybka** a speed-skater

łyżworol|ka *f zw. pl* in-line skate, Rollerblade®; **jeździć na ~kach** to rollerblade, to skate using Rollerblades

ł|za *f* tear, teardrop; **łzy smutku/radości** tears of sorrow/joy; **Anna, z oczami pełnymi łez...** Anna, her eyes full of tears, ...; **zalać się łzami** to burst into tears; **miał łzy w oczach** there were tears in his eyes; **uronić kilka łez** to shed a few tears; **być bliskim łez** to be on the verge of a. close to tears; **lać** a. **wylewać łzy nad kimś/czymś** także przen. to shed tears over sb/sth; **płakać rzewnymi łzami** to cry bitter tears; **łykać** a. **połykać łzy** to swallow back (one's) tears; **łzy lały jej się/kapały jej po policzkach** tears streamed/dripped down her cheeks; **łzy nic tu nie pomogą** tears won't help; **śmiał się do łez** he laughed until the tears ran down his cheeks, he laughed until he cried; **rozbawić kogoś do łez** to give sb a good laugh; **wzruszyć się do łez** to be moved to tears; **kończyć się łzami** to end in tears; **doprowadzić kogoś do łez** to reduce sb to tears; **mówić coś przez łzy** to say sth tearfully; **uśmiechnęła się przez łzy** she smiled, her eyes full of tears; **śmiech przez łzy** laughter through tears; **robić coś ze łzami w oczach** to do sth with tears in one's eyes; **otarła łzy chusteczką** she wiped the tears away with a tissue a. hanky pot.; **otrzeć** a. **osuszyć czyjeś łzy** przen. to dry sb's tears; **dostać coś na otarcie łez** to receive sth as a consolation; **łza się w oku kręci, kiedy o tym myślę** it brings tears to my eyes to think about a. of it

■ **być (czystym) jak łza** to have an impeccable a. an irreproachable reputation

łzaw|ić *impf vi [oczy]* to water; **oczy mi ~ią od cebuli** onion makes my eyes water; **powodować ~ienie** to make one's eyes water

łzawo *adv. grad.* [1] *[patrzyć]* tearfully [2] (ckliwie) *[grać, opowiadać]* tearfully

łzawoś|ć *f sgt* książk. soppiness pot. (**czegoś** of sth)

łzaw|y *adi.* [1] *[spojrzenie, płacz]* tearful [2] (ckliwy) *[historia, melodramat, pieśń]* tearful; soppy pot.

łzowy *adi. [gruczoł, kanalik]* tear attr.; lacrimal spec.

M

M, m *n inv.* M, m
M (cyfra rzymska) M
m (= metr) m
m. (= mieszkanie) flat GB, apt. US; **ul. Marszałkowska 145 m. 30** Flat 30, 145 Marszałkowska St. GB, 145 Marszałkowska St. apt. 30 US
ma [I] *pron.* książk. → **mój**
[II] → **mieć**
mac|a *f* [1] Relig. (placek) matzo(h), matzah [2] pot. (pieczywo chrupkie) matzo(h), matzah
maca|ć *impf* [I] *vt* [1] (dotykać) to feel, to fumble; **~ł ścianę, szukając w ciemnym pokoju kontaktu** he was feeling along the wall to find the switch in the dark; **niewidomy ~ł laską drogę** a blind man was feeling his way with his cane; **~ć puls choremu** to feel the patient's pulse; **nogi miał przywalone cegłami, więc zaczął ~ć wokół siebie** his legs were buried under the bricks, so he started fumbling about; **~, czy portfel jest na miejscu** he's feeling his wallet to see if it's in its place ⇒ **wymacać** [2] Roln. **~ć kury/gęsi** to feel hens/geese for an egg; **jemu kury ~ć, a nie zajmować się polityką** pejor. he should be working in the field rather than involving himself in politics [3] przen. (szukać) to probe, to explore; **artyleria ~ pozycje nieprzyjaciela** the artillery is probing the enemy's position; **strażnik reflektorem ~ł każdą ciemniejszą plamę** the guard probed a. explored every dark spot with the searchlight ⇒ **namacać** [4] pot. (dotykać lubieżnie) to grope pot., to paw pot.; **żołnierze ~li miejscowe dziewczyny** the soldiers were groping the local girls
[III] **macać się** [1] (dotykać się, żeby coś sprawdzić) to feel; **nerwowo ~ć się po kieszeni** to nervously feel (around) in one's pocket ⇒ **pomacać się** [2] pot. (obejmować się) to grope each other pot., to feel each other up pot.; **~li się na ławce w parku** they were groping each other on a park bench
■ **~ć kogoś kijem** pot., żart. to give sb one with a stick pot.
Macedo|ńczyk *m*, **~nka** *f* Macedonian
macedońs|ki [I] *adi.* [miasto, ludność, przemysł] Macedonian attr.
[II] *m sgt* (język) Macedonian
macha|ć¹ *impf vi* pot. (używać przy pracy) to wield; **~ć łopatą** to wield a spade; **~ć miotłą** to wield a broom
machać² *impf* → **machnąć¹**
mache|r *m* pot. [1] pejor. (oszust) con man pot., con artist pot. [2] (specjalista) **~r od rur** a plumbing guy pot.; **~rzy od rozrywki** entertainment people pot.

machin|a *f* [1] (wielka maszyna) (huge) machine; **~a oblężnicza** a siege engine a. machine, a siege-tower; **~a parowa** a steam engine; **~a latająca** a flying machine [2] przen. machine przen.; machinery U; **~a wojenna/państwowa** the machine of war/state; **~a terroru** the machinery of terror
machinacj|a *f zw. pl* (*Gpl* **~i**) machination zw. pl, scheming U; **polityczne ~e** political scheming
machinalnie *adv.* [odpowiedzieć, powtarzać] mechanically, automatically
machinaln|y *adi.* [gest, ruch, zajęcie] mechanical, automatic
machloj|ka *f zw. pl* pot. con, swindle; **złapali go na finansowych ~kach** he was caught swindling
mach|nąć¹ *pf* — **mach|ać** *impf* (**~nęła, ~nęli — am**) *vi* [1] (poruszyć wahadłowo) to wave [ręką, kapeluszem, chusteczką, chorągiewką]; to brandish, to wield [laską, szablą]; **siedziała na krześle i ~ała nogą** she sat on a chair swinging her leg; **pies radośnie ~ał ogonem** the dog was happily wagging its tail; **ptak ~ał skrzydłami** a bird was flapping its wings; **~ałem do ciebie na ulicy, ale mnie nie zauważyłeś** I was waving to you in the street but you didn't see me; **~ali na kierowcę, żeby prędzej ruszył** they were waving the driver on to go faster; **~nął mi na pożegnanie ręką** he waved goodbye to me [2] pot. (robić szybko) to knock off pot.; **taki artykuł mogę ~nąć w jedną noc** I can knock off an article like that overnight
■ **~nąć ręką na coś** to let something go a. slide pot., to forget about something pot.
machn|ąć² *pf* (**~ęła, ~ęli**) pot. [I] *vt* (uderzyć) to belt pot., to bang pot.; **~ął ją pięścią w twarz** he belted her in the face; **bandyci ~ęli nim o ziemię** the thugs banged him to the ground
[II] **machnąć się** pot. [1] (pójść) to go; to nip GB pot.; **~ąć się do kina** to go to the cinema; **może się ~iemy w piątek do Krakowa?** why don't we go down to Cracow on Friday? [2] (pomylić się) to slip up pot., to mess up pot.; **~ął się w rachunkach na jakieś 5 tysięcy** he slipped up a. messed up in his calculations by around five thousand [3] (wziąć ślub) [kobieta] to get hitched pot.; **~ęła się za niego w lecie** she got hitched to him in the summer
machnię|cie [I] *sv* → **machnąć**
[II] *n* (ręką, chusteczką, chorągiewką) wave; (ogonem) wag; (skrzydłami) flap
macho /'matʃo/ *m inv.* pot. macho pejor.

machor|ka *f sgt* [1] (tytoń) shag (tobacco) [2] Bot. wild tobacco
machorkow|y *adi.* shag attr.; [liść] wild tobacco attr.
macic|a *f* Anat. womb; uterus spec.
maciczn|y *adi.* uterine; **łożysko ~e** placenta; **trzon ~y** cervix
maciej|ka *f* Bot. night-scented stock, evening stock
maciejów|ka *f* daw. visored cap worn by Polish soldiers in the 19th century
ma|ciek [I] *m anim.* dial. (bocian) stork
[II] *m inanim.* (A **maciek** a. **maćka**) pot., żart. (brzuch) pot belly pot.
macierz *f* [1] *sgt* książk. (ojczyzna) motherland [2] Mat. matrix [3] Techn. matrix [4] daw. (matka) mother
macierzan|ka *f* Bot. thyme U
macierzankow|y *adi.* Bot. [zapach, napar] thyme attr.
macierzyńs|ki [I] *adi.* [miłość, troska, uczucia] motherly, mother attr.; [instynkt] maternal; **po ~ku** in a motherly way; **urlop ~ki** maternity leave; **zasiłek ~ki** maternity benefit
[II] *m* pot. (urlop) maternity leave; **przez 3 miesiące była na ~kim** she was on maternity leave for 3 months
macierzyństw|o *n sgt* motherhood, maternity; **świadome ~o** planned parenthood a. pregnancy
macierzy|sty *adi.* **~sty port** a home port; **firma ~sta** the parent company; **komórka ~sta** a stem cell; **skała ~sta** a matrix
macio|ra *f* sow
maciupeńki *adi.* → **maluteńki**
maciupki *adi.* → **maluteńki**
mac|ka *f* [1] *zw. pl* Zool. tentacle [2] Wojsk. rod (used in searching for mines) [3] *zw. pl* przen. (wpływy) tentacle zw. pl, clutch zw. pl; **dosięgły go ~ki mafii** he's fallen into the clutches of the Mafia
maco|cha *f* stepmother; **(nie) być od ~chy** pot. (not) to be worse than everybody else
macosz|y *adi.* [zawiść, zamiary] stepmother's; **potraktować kogoś/coś po ~emu** to brush sb/sth off pot.; **los obszedł się z nim po ~emu** fate has been hard on him
macza|ć *impf vt* to dip; **~ć pędzel w farbie** to dip a brush in paint; **~ć bułkę w mleku** to dunk a roll in milk; **~ć usta a. wargi w winie/wódce** to sip wine/vodka; **ledwie ~ła usta w kieliszku** she barely sipped her drink
■ **~ć palce w czymś** to have a hand in sth

macz|ek m dem. [1] (G ~ku a. ~ka) Bot. poppy [2] sgt (G ~ku) (nasiona) poppy seed; **ciastko z ~kiem** a poppy seed cake

■ **pisać (drobnym) ~kiem** to write in a tiny hand

macze|ta f machete, matchet

maczu|ga f [1] daw. (broń) mace, club, cudgel [2] zw. pl Sport (Indian) club [3] Geol. rock column

ma|ć f sgt posp. **po cholerę się wtrącał, taka go mać!** why, on earth, did he meddle, that son of a bitch!; **taka owaka ich mać, czemu tu się pętają?** dammit, why do they keep hanging around here?; **kurwa mać!** wulg. fuck!

ma|da f zw. pl Geol. fen soil

Madagaskar|czyk m, ~ka f Madagascan

madagaskars|ki adi. Madagascan attr.

madejow|y adi. → łoże

made|ra m [1] sgt Wina Madeira (wine) [2] sgt Kulin. Madeira sauce [3] Włók. madras U; **płaszcz z ~ry** a madras coat

Madonn|a f Relig., Szt. the Madonna; **statuetka ~y** a madonna; **~a z dzieciątkiem** the Madonna holding the infant Jesus

madonna f (piękna kobieta) madonna

Madzia|r m, ~rka f pot., przest. Magyar, Hungarian

madziars|ki adi. pot., przest. [wojsko, mundur] Magyar, Hungarian

maestri|a f sgt (GD ~i) książk. (artyzm) mastery; **~a tekstu/obrazu/muzyki** the mastery of a text/a painting/music; **film zrealizowany z prawdziwą ~ą** a film shot with real mastery

maest|ro m, m inv. (Npl ~rowie) (osoba, tytuł) maestro

mafi|a [I] f (GDGpl ~i) [1] (organizacja przestępcza) mafia; **~a sycylijska** the (Sicilian) Mafia; **~a narkotykowa** drug barons a. gangs [2] pot. (grupa osób) mafia, clan; **~a taksówkowa/urzędnicza** the taxi/bureaucratic mafia; **rodzinna ~a** a clan

[II] -mafia w wyrazach złożonych **automafia** carjackers; **narkomafia** drug barons a. gangs

mafijn|y adi. [powiązania, układy, stosunki, interesy] mafia attr.; **~e porachunki** gang warfare

mafios|o m, m inv. mafioso

mag m (Npl ~owie) [1] (czarodziej) magus, magician [2] Hist., Relig. magus [3] Bibl. Magus; **Trzej Magowie** the three Kings a. the Magi

magazyn m (G ~u) [1] (budynek) storehouse, warehouse; **~ na narzędzia** a storehouse for tools; **~ zbożowy** a granary; **~ amunicyjny** a magazine [2] (zapas) store, stock; **ma w kieszeniach ~ wszelkich kamieni i muszelek** he keeps a stock of various stones and shells in his pockets [3] (telewizyjny, radiowy) magazine; **~ kulturalny/literacki/sportowy** a cultural/literary/sports magazine; **~ informacyjny** a news magazine [4] (czasopismo) magazine; **~ ilustrowany** a glossy a. illustrated magazine [5] przest. (sklep) (department) store

magazyn|ek m (G ~ku a. ~ka) [1] (pojemnik na naboje) magazine, cartridge clip; **załadować ~ek nabojami** to load cartridges into a magazine [2] (naboje) magazine; **wystrzelał cały ~ek** he fired the entire magazine a. clip [3] dem. (składzik) storage room, (small) storehouse

magazynie|r m, ~rka f storeman, warehouseman

magazyn|ować impf vt [1] (przechowywać) to store [towary, zboże]; **~owała żywność w spiżarni** she stored food in the pantry ⇒ **zmagazynować** [2] (odkładać) [organizm, roślina, organ] to store (up); **korzenie roślin ~ują składniki pokarmowe** the roots of plants store nutrients; **żółć jest ~owana w woreczku żółciowym** bile is stored in the gall bladder ⇒ **zmagazynować**

magazynow|y adi. powierzchnia ~a storage (space); **zapasy ~e** stock(s)

magdalen|ka Relig. [I] f (zakonnica) nun of the Order of St Mary Magdalene

[II] **magdalenki** plt (zakon) Order of St Mary Magdalene

maggi n inv. sgt Kulin. stock; **kostka ~** a stock cube

magi|a f sgt (GD ~i) [1] (czary) magic, sorcery; **biała ~a** white magic; **czarna ~a** black magic; **praktykować ~ę** to practise magic; **zajmować się ~ą** to practise magic [2] (siła oddziaływania) magic; **~a słów/liczb/wspomnień** the magic of words/numbers/memories; **w niej jest jakaś ~a** there's something magical about her

■ **coś jest dla kogoś czarną ~ą** sth is a closed book to sb

magicznie adv. magically; **czarodziejka czyta ~ w myślach** the sorceress can magically read minds; **jego słowa działały na nią ~** his words worked on her like magic

magiczność|ć f sgt (miejsca, liczby) magic, magical nature

magiczn|y adi. [1] [zaklęcie, różdżka] magic; [moc, właściwości] magical; **~y napój** a magic potion; **wiedza ~a** magical lore; **sztuki** a. **sztuczki ~e** magic; **robić sztuczki ~e** to perform magic, to conjure [2] przen. [siła, urok] magical [3] (życzeniowy) [myślenie, wiara] wishful

magi|el m [1] (zakład) place where linen is pressed [2] (maszyna) mangle [3] sgt pot. (tłok) crush [4] sgt pot. (młyn) bustle; **w pracy był ~iel przez cały dzień** it's been a bustling day at work [5] sgt pot. (przepytywanie) grilling

■ **plotki/sensacje/wiadomości (rodem) z ~la** pejor. tabloid news, hot gossip

magi|k m [1] (iluzjonista) magician, conjurer [2] pot., żart. (fachowiec) handyman; mr. fix-it żart.; **przyjdzie ~k i naprawi telefon** a handyman will come and repair the telephone

magist|er m, f inv. (Npl ~rzy a. ~rowie) [1] (osoba) person holding a master's degree; (tytuł) master's (degree); (w humanistyce) Master of Arts; (w naukach ścisłych i przyrodniczych) Master of Science; **~r polonistyki** a Master of Arts in Polish (studies); **~r filozofii** a Master of Arts in Philosophy; **~r Kowalski** Mr Kowalski, MA/MSc [2] (farmaceuta) title used to address a pharmacist

magisteri|um n (Gpl ~ów) [1] (stopień) master's (degree); **zdobyć ~um** to receive a master's degree; **mam ~um** I have a master's degree [2] (egzamin) final examinations, finals; **zdawać ~ium** to be taking a. doing one's finals [3] (praca dyplomowa) thesis, dissertation

magisters|ki adi. [stopień] master's; **praca ~ka** a master's thesis, a master's dissertation; **egzamin ~ki** finals; **studia ~kie** ≈ (undergraduate) courses leading to a master's degree

magistrac|ki adi. Admin. [urząd, urzędnik] municipal

magistral|a f (Gpl ~i a. ~) [1] Transp. trunk line, trunk route; **~a kolejowa** a main railway line [2] Elektr., Techn. main; **~a wodociągowa/gazowa** a water/gas main

magistran|t m, ~tka f ≈ a student writing a master's thesis

magistra|t m (G ~tu) [1] przest., Admin. (zarząd miasta) municipality, municipal council; (siedziba) town hall GB, city hall US [2] Antycz. (urząd) magistracy; (urzędnik) magistrate

magl|ować impf vt [1] (wygładzać) to press, to mangle [zasłony, obrusy, pościel] ⇒ **wymaglować** [2] pot. (wypytywać) to grill; **nauczyciel długo ~ował go przy tablicy** the teacher was grilling him in front of the class for a long time ⇒ **wymaglować** [3] pot. (usilnie prosić) **~ować kogoś o coś** to pester sb for sth; **~owała go o pieniądze** she was pestering him for money; **~ował ojca o komputer** he pestered his father to buy him a computer [4] pot., pejor. (powtarzać) to go on (coś about sth); to harp (coś (up)on sth); **~ować w kółko ten sam temat** to keep harping upon the same thing a. subject

magm|a f sgt [1] Geol. magma [2] książk., przen. (coś bezkształtnego) abyss, chaos

magmow|y adi. **skała ~a** igneuos rock

magnac|ki adi. [ród, dwór] aristocratic, noble

magna|t m, ~tka f [1] Hist. magnate, nobleman [2] (potentat) magnate, baron, tycoon US; **~t przemysłowy/naftowy** an industrial/oil magnate a. tycoon; **~t prasowy** a press baron

magnateri|a f sgt (GD ~i) Hist. aristocracy, nobility

magnes m (G ~u) [1] Fiz. magnet [2] sgt przen. magnet; **jego nazwisko stało się ~em przyciągającym tłumy kinomanów** his name acted as a magnet for a. to crowds of film lovers

magnesik m dem. (G ~u) Fiz. (small) magnet

magnes|ować impf [I] vt to magnetize [metal, opiłki żelaza] ⇒ **namagnesować**

[II] **magnesować się** [pręt, opiłki żelaza] to become magnetized ⇒ **namagnesować się**

magnetofon m (G ~u) (tape) recorder; **~ kasetowy** a cassette recorder; **~ szpulowy** a reel-to-reel (tape) recorder; **nagrać coś na ~** to tape-record sth

magnetofonow|y adi. [głośnik, klawisz, wzmacniacz] (tape) recorder attr.; **taśma ~a** an audio tape; **kaseta ~a** a cassette tape, a tape cassette

magnetowi|d m (G ~du) video (cassette recorder); **oglądać filmy na ~dzie** to watch films on video

magnetowidow|y _adi._ _[zapis, kaseta]_ video _attr._

magnetyczn|y _adi._ ① Fiz. _[pole, biegun]_ magnetic; **karta ~a** a magnetized card ② przen. _[wzrok]_ magnetic; **mieć na kogoś ~y wpływ** to be a magnet for a. to sb

magnetyzm _m_ (_G_ **~u**) ① Fiz. magnetism ② przen. magnetism; **~ serc** the magnetism of two hearts
❑ **~ ziemski** Fiz., Geol. geomagnetism

magnez _m sgt_ (_G_ **~u**) Chem. magnesium

magnezow|y _adi._ Chem. _[sole, związki, preparaty]_ magnesium _attr._

magnificencj|a _m, f_ (_GDGpl_ **~i**) książk. magnificence (_title used to address a university vice-chancellor_ a. _president_); **Jego/Jej Magnificencja rektor Uniwersytetu Warszawskiego** His/Her Magnificence, vice-chancellor of Warsaw University

magnoli|a _f_ (_GDGpl_ **~i**) Bot. magnolia

magnoliow|y _adi._ Bot. _[aleja, kwiat]_ magnolia _attr._

maharadż|a _m_ (_Npl_ **~owie**) (osoba, tytuł) maharaja(h)

mahometan|in _m,_ **~ ka** _f_ (_Gpl_ **~, ~ek**) Relig. Muslim

mahometanizm _m sgt_ (_G_ **~u**) Relig. Islam; **wyznawać ~** to profess Islam; **przejść na ~** to convert to Islam; **przyjąć ~** to become a Muslim

mahometańs|ki _adi._ Muslim

mahoniow|iec _m_ (_A_ **~iec** a. **~ca**) Bot. mahogany

mahoniow|y _adi._ ① _[las]_ mahogany ② _[meble]_ mahogany; **~a toaletka** a mahogany dressing table ③ _[kolor]_ mahogany; **~e włosy** reddish-brown hair

maho|ń _m_ (_G_ **~niu**) ① (_Gpl_ **~ni** a. **~niów**) Bot. (drzewo) mahogany ② _sgt_ (drewno) mahogany; **biurko z ~niu** a mahogany desk ③ _sgt_ (kolor) mahogany; **zrobiła się na ~ń** she dyed her hair a reddish brown

ma|ić _impf vt_ książk. to deck (**czymś** sth); **~ić domy kwiatami** to decorate homes with flowers ⇒ **umaić**

maj _m_ May; **dziś jest szósty ~a** a. **szóstego ~a** pot. today is the sixth of May; **urodził się w ~u** he was born in May; **Święto Pierwszego Maja** May Day; **Święto Trzeciego Maja** The Third of May Holiday (_Polish national holiday commemorating the adoption of the Third of May Constitution in 1791_)

majacze|nie Ⅱ _sv_ → **majaczyć**
Ⅲ _n_ ① (przywidzenie) apparition, hallucination; **prześladowały go nocne ~nia** he was plagued by night-time hallucinations ② (słowa) raving(s), delirium; **gorączka spadła, ~nia ustały** the fever has dropped, the raving a. delirium has stopped

majaczeniow|y _adi._ _[stany]_ delirious

majacz|yć _impf_ Ⅱ _vi_ ① (być słabo widocznym) to show faintly, to loom; **we mgle ~ą jakieś sylwetki** some silhouettes are showing faintly in the mist; **w ciemności ~yły kontury domów** the shapes of houses loomed in the darkness ⇒ **zamajaczyć** ② (bredzić) to be delirious, to rave; **~yć przez sen** to rave in one's sleep ⇒ **zamajaczyć**
Ⅲ **majaczyć się** ① (zarysowywać się) to show faintly, to loom ⇒ **zamajaczyć się** ② (zwi-

dywać się) to appear; **coś ~yło mu się w półśnie** something appeared to him when he was half-awake ⇒ **zamajaczyć się**

majak _m zw. pl_ phantom; **sny pełne ~ów** dreams full of phantoms

mająt|ek _m_ (_G_ **~ku**) ① (mienie) wealth, possessions _pl_; **oszacowano jego ~ek na milion złotych** his fortune was estimated at one million zlotys; **zarządzać ~kiem firmy** to manage a company's property; **~ek rośnie/topnieje w czyichś rękach** a fortune grows/dwindles in sb's hands; **roztrwonić ~ek** to squander one's wealth a. fortune ② (posiadłość) estate, property _U_; **~tek ziemski** a landed estate; **parcelacja ~ku** the breaking up of an estate ③ (bogactwo) fortune, riches _pl_; **dorobić się ~ku** to amass a fortune; **zrobić ~ek** pot. to make a fortune (**na czymś** on sth); **zbić ~ek** to make a fortune; **zbił ~ek na handlu kawą** he made a fortune trading in coffee ④ _sgt_ (dużo pieniędzy) fortune; **kosztować ~ek** to cost a fortune; **obiad w tej restauracji na pewno kosztuje ~ek** dinner in this restaurant must cost a fortune; **wydać ~ek** to spend a fortune (**na coś** on sth); **wydawała ~ek na kosmetyki** she spent a fortune on cosmetics; **utopić ~ek** to sink a fortune (**w czymś** in sth); **zapłacić ~ek** to pay a fortune (**za coś** for sth); **zapłaciłam ~ek za to mieszkanie** I paid a fortune for this flat ⑤ Prawo estate, property
❑ **~ek dorobkowy** assets; **~ek narodowy** Ekon. national wealth; **~ek nieruchomy** Prawo real property, real estate US, realty; **~ek ruchomy** Prawo personal property, personalty, movables
■ **dojadać ~ek** pot. to live off (the remains of) one's fortune

majątkowo _adv._ with regard to property/wealth; **ludność wiejska i miejska zróżnicowana ~** town and country population differentiated in terms of wealth

majątkow|y _adi._ _[straty, ubezpieczenia]_ property _attr._; _[status, sytuacja]_ material; **nabył prawa ~e do spadku po wujku** he acquired property rights in his uncle's estate

majch|er _m_ pot. knife; shiv US pot.

majdać → **majtać**

majdan _m_ (_G_ **~u**) ① pot. (rzeczy) clobber GB pot.; impedimenta pot., żart.; **podróżować/wędrować z całym ~em** to travel/wander about with all one's clobber; **zwinąć (cały) swój ~** pot. to leave, bag and baggage ② przest. (podwórzec) courtyard; (plac na wsi) fairground; (w koszarach) parade ground; (w warowni) ward

majdr|ować _impf vi_ pot., żart. to fiddle (**w czymś** with sth); **chyba ktoś ~ował w zamku, bo klucz nie chce wejść** somebody must have been fiddling with the lock, the key won't go in

majeran|ek _m_ (_G_ **~ku**) ① Bot. (roślina) marjoram ② _sgt_ Kulin. (przyprawa) marjoram; **natrzeć mięso ~kiem** to rub marjoram (leaves) on the meat

majerankow|y _adi._ _[przyprawa, olejek, maść]_ marjoram _attr._

majesta|t _m sgt_ (_G_ **~tu**) książk. ① (godność, władza lub osoba monarchy) majesty; **~t króla/władcy** the majesty of the king/ruler;

obraza ~tu lese-majesty także przen.; **nie mogę powiedzieć „nie", bo byłaby to obraza ~tu** żart. I can't say 'no', it would be treason żart. ② przen. (powaga) majesty; **~t cierpienia/śmierci** the dignity of suffering/death; **~t prawa/władzy** the majesty of the law/the power of the State; **robić coś w ~cie prawa/władzy** to do sth with the (full) sanction of the law/the State

majestatycznie _adv._ grad. książk. _[wyglądać]_ majestic _adi._; _[lecieć, wznieść się]_ majestically; **skinęła ~ głową** she nodded her head majestically

majestatycznoś|ć _f sgt_ książk. majesty; **~ć** czyjejś postaci the majesty of sb's figure; **~ć pałacu** the majesty a. grandeur of the palace; **~ć gór/morza** the majesty of the mountains/the sea

majestatyczn|y _adi._ grad. książk. _[góry, postać, ruchy]_ majestic; **wykonał ~y ukłon** he made a majestic bow

majętnoś|ć _f_ książk., przest. ① _sgt_ (majątek) property _U_, wealth _U_ ② (posiadłość) manor

majętn|y _adi._, grad. książk. _[gospodarz, przedsiębiorca, bankowiec]_ moneyed, wealthy; **~y człowiek** a man of fortune; a man of substance książk.

majoli|ka _f_ ① (fajans) majolica _U_, maiolica _U_; **wazon/talerz z ~ki** a majolica vase/plate ② _zw. pl_ (wyroby) majolica ware

majolikow|y _adi._ _[kafle, talerz, półmisek]_ maiolica

majonez _m_ (_G_ **~u**) Kulin. (sos) mayonnaise, salad cream; **sałatka jarzynowa/ziemniaczana/śledziowa z ~em** a vegetable/potato/herring salad with mayonnaise; **w ~ie** in mayonnaise; **jaja/śledzie w ~ie** egg/herring mayonnaise, eggs/herrings in mayonnaise

majonezowy _adi._ _[sos]_ mayonnaise _attr._

majo|r¹ _m_ (_Npl_ **~rowie** a. **~rzy**) (osoba, tytuł, stopień) major; (lotnictwa) major, squadron leader GB

majo|r² _m inv._ Muz. major

majow|y Ⅰ _adi._ _[dzień, wieczór]_ May; **nabożeństwo ~e** Relig. May devotions (to Our Lady), May Mass
Ⅱ **majowe** _n_ Relig. May devotions (to Our Lady), May Mass

majów|ka _f_ (spring/summer) picnic, (spring/summer) outing; **szkolna ~ka** a school outing (to the country); **całą rodziną wybrali się na ~kę** the whole family went for a. on a picnic (in the country)

majówkow|y _adi._ picnic _attr._

majst|er _m_ (_Npl_ **~rowie** a. **~rzy**) ① (rzemieślnik) master craftsman ② (nadzorujący) foreman; **~er budowlany/murarski** a master builder/bricklayer; **~er zmianowy** a shift foreman ③ pot. (fachowiec) master, expert; **być ~rem w swoim fachu/zawodzie** to be a master of one's craft/to be an expert at one's job ④ iron., żart. old hand pot.; expert, past master; **to ~er w oszukiwaniu** he's an old hand at cheating

majsterklep|ka _m_ (_Npl_ **~ki**) pot., żart. handyman; jack of all trades (and master of none) iron.

majsterk|ować _impf vi_ (konstruować) to do DIY, to make things; (naprawiać) to do odd repairs, to fix things; **~ować w drewnie** to

M

make things out of wood; **on lubi ~ować** he likes DIY, he likes to make things (with his hands); **~owanie** do-it-yourself, DIY

majsterkowicz *m* pot. DIY enthusiast, do-it-yourselfer; **porady dla ~ów** DIY advice a. tips

majstersztyk *m* (*G* **~u**) [1] (arcydzieło) masterpiece, tour de force; (mistrzowskie posunięcie) master stroke; **~ budownictwa obronnego** a masterpiece a. tour de force of defensive architecture [2] Hist. (wykonany przez czeladnika) *work done to qualify for a master craftsman's diploma*

majstr|ować *impf* pot. [] *vt* to knock together a. up; **~ować dzieciom zabawki** to knock together toys for children ⇒ **zmajstrować**

[] *vi* [1] (manipulować) to fiddle (around), to tamper (**przy czymś** with sth); (przy samochodzie) to tinker; **ktoś ~ował przy zamku w drzwiach** someone's been messing around with the door lock, the door lock's been tampered with [2] przen., pejor. to tinker, to fiddle; **~ować coś przy ustawie podatkowej** to fiddle the tax law

majtać *impf* → **majtnąć**

majtask|i *plt dem.* (*G* **~ów**) pot., żart. (majtki) (little) panties, (little) knickers GB; (spodenki) little shorts

majtas|y *plt* (*G* **~ów**) pot., żart. (majtki) (big) panties, (big) knickers GB; (spodnie) (big) trousers GB, (big) pants US

majtecz|ki *plt dem.* (*G* **~ek**) [1] pieszcz. (damskie) (little) panties, (little) knickers GB; **koronkowe ~ki** little lace panties [2] (chłopięce) pot. shorts, short trousers GB

majt|ek *m* (*Npl* **~kowie**) przest., żart. deckhand

majt|ki *plt* (*G* **~ek**) [1] (damskie) panties, pants GB, knickers; **dwie pary ~ek** two pairs of panties; **~ki z bawełny/jedwabiu** cotton/silk panties; **~ki w kropki/kwiatki** polka-dot/flowery panties a. knickers [2] pot. (męskie) underpants, pants GB [3] (spodenki chłopięce) shorts, short trousers GB

■ **robić w ~ki ze strachu** pot. to wet one's pants pot.; **przed egzaminem robił w ~ki** he was wetting his pants a. he was scared stiff before the exam pot.

majt|nąć *pf* — **majt|ać** *impf* (**~nęła, ~nęli — ~am**) pot. [] *vt* (rzucić) to fling; to chuck pot.; **sukienkę ~nęła na ziemię/na kanapę/w kąt** she flung her dress to the ground/on the sofa/into the corner; **~ął plecak na łóżko** he dumped his rucksack on the bed

[] *vi* (poruszać) to swing; **~ać nogami** to swing one's legs; **siedział na stole i ~ał nogami** he sat on the table, swinging his legs; **krowa ~nęła ogonem** the cow swished its tail

[] **majtnąć się – majtać się** to swing; **co tam ci się ~a przy pasku?** what's that swinging from your belt?

mak *m* (*G* **~u**) [1] Bot. poppy; **~ lekarski** opium poppy; **plantacja ~u** a poppy plantation [2] *sgt* (nasiona) poppy seeds; **bułka/ciasto z ~iem** a poppy-seed roll/cake [3] (kwiat) poppy flower; **bukiet polnych ~ów** a bunch of field poppies

■ **cicho** a. **cisza jak ~iem zasiał** deathly silence a. hush; **w sali zrobiło się cicho jak ~iem zasiał** a deathly hush fell over the room; **było cicho jak ~iem zasiał** you could hear a pin drop, there was a deathly hush; **dobrać się** a. **znaleźć się jak w korcu ~u** to be well matched, to form a matching pair; **dobrali się jak w korcu ~u** they're two of a kind a. birds of a feather iron., they're a right pair iron.; **rozbić się** a. **rozpaść się w drobny ~** to smash to pieces a. bits a. smithereens; **filiżanka rozbiła się w drobny ~** the cup smashed to pieces

makab|ra *f* [1] (potworność) horror; **~ra obozów koncentracyjnych** the horrors of the concentration camps [2] pot. (koszmar) nightmare; **to, co się działo potem, to była prawdziwa ~ra** what happened next was a real nightmare; **wstawanie o szóstej rano to ~ra** getting up at six in the morning is a nightmare a. a horror, it's such a pain having to get up at six in the morning

makabres|ka *f* [1] Literat. macabre play [2] (sytuacja) pot. grotesquerie; **życie na kolonii było dla niej ~ką** life at a holiday camp was a grotesquely tragic experience for her

makabrycznie *adv. grad.* [1] (przerażająco) frighteningly; **miasto po bombardowaniu wyglądało ~** after the bombing the city was a horrible a. horrifying sight [2] (okropnie) terribly; **zachował się ~** he behaved appallingly a. outrageously; **w nowej sukience wyglądała ~** she looked a real sight in her new dress; **płacił ~ wysokie rachunki** he was paying outrageous bills

makabryczn|y *adi. grad.* [1] (przerażający) [widok, historia, odkrycie] macabre, gruesome; [humor] macabre, ghoulish; [żart] grisly [2] (budzący negatywne emocje) [pomysł] ghastly, monstrous

makagi|ga *f zw. pl* Kulin. *honey cake with nuts or poppy seeds*

makak *m* Zool. macaque

makao *n inv.* Gry macao

makaron *m* (*G* **~u**) Kulin. pasta; (do zupy) noodles; (nitki) vermicelli, angel hair; (rurki) macaroni; (muszelki) pasta shells; (świderki) pasta spirals; (paski) ribbon noodles; (kolanka) elbow-shaped pasta; **~ z sosem** pasta served with a sauce; **zupa z ~em** soup with noodles; **odcedzić ~** to drain pasta; **zahartować ~** to add cold water to pasta to stop cooking

makaroniars|ki *adi.* pot., pejor., żart. [restauracja, temperament] wop posp. obraźl.; Eyetie GB pot. obraźl.

makaroniarz *m* (*Gpl* **~y**) pot., pejor., żart. wop posp. obraźl.; Eyetie GB pot. obraźl.

makaroniczn|y *adi.* Literat. [język, styl] macaronic

makaronik *m* Kulin. [1] (*G* **~u**) dem. (makaron) pasta [2] (*A* **~a** a. **~a**) (ciastko) macaroon

makaronizm *m* (*G* **~u**) Jęz., Literat. macaronic term; **~y** macaronics

makaroniz|ować *impf vi* to use macaronics

makaronow|y *adi.* Kulin. [mąka] pasta; **pszenica ~a** durum wheat

maka|ta *f* (**~tka** *dem.*) (na meble) tapestry; (na ścianę) tapestry, wall hanging

make-up /'mejkap/ *m* (*G* **make-upu**) [1] (podkład) foundation (make-up), make-up base; **make-up do cery suchej/tłustej** foundation for dry/oily skin; **nałożyć make-up** to put on foundation [2] (makijaż) make-up

makiawelicznie *adv.* książk. [postępować, myśleć] in a Machiavellian manner

makiaweliczn|y *adi.* książk. [rządy, metody, taktyka] Machiavellian; **~a postać** a Machiavellian character

makiawelizm *m sgt* (*G* **~u**) [1] Polit. (doktryna) machiavellianism [2] (postawa) książk., pejor. machiavellianism

makie|ta *f* [1] (model) (scale) model; **~ta biurowca** a scale model of the office building [2] (dekoracja) model, mock-up; **~ta w skali 1:1** a full-scale model a. mock-up; **~ta starożytnego miasta** a mock-up of the ancient town [3] Druk. paste-up, mock-up; **~ta książki** a dummy

makijaż *m* (*G* **~u**) [1] (*Gpl* **~y** a. **~ów**) make-up; **dyskretny ~** discreet a. unobtrusive make-up; **nosić ~** to wear make-up; **zrobić sobie ~** (samemu) to put on one's make-up, to make (oneself) up; to do one's face pot.; (w salonie kosmetycznym) to get one's make-up done; **nałożyć ~** to apply a. put on (one's) make-up; **poprawić/rozmazać (sobie) ~** to touch up/to smudge one's make-up; **zetrzeć ~ z twarzy** to take off a. remove one's make-up; **miała silny ~** she was heavily made up, she had a lot of make-up on [2] *sgt* (czynność) making up; **~ zajął jej godzinę** she spent an hour making herself up a. on her make-up; **kurs ~u** a make-up course

makle|r *m* Ekon. broker; **~er giełdowy** a stockbroker; **~er morski** a shipping broker; **~er nieruchomości** an estate agent; **~er samochodowy** a car dealer

maklers|ki *adi.* [biuro, dom, spółka] brokerage, stockbroking; **prowizja ~ka** broker's commission, brokerage; **usługi ~kie** broking

makolągw|a *f* Zool. linnet

makow|iec *m* (*A* **~iec** a. **~ca**) Kulin. poppy-seed cake

makow|y *adi.* [1] Bot. [kwiat, plantacja, słoma] poppy; **mleczko ~e** poppy juice [2] [strucla, ciasto] poppy-seed; [olej] poppy(-seed) [3] [kolor, sukienka] poppy(-red)

maków|ka *f* [1] Bot. poppy head [2] (głowa) pot., pejor. nut pot., noddle pot.; **oberwał po ~ce** to get a bash on the nut; **puknij się w ~kę!** have you lost your marbles? pot.; **rusz ~ką!** use your loaf! pot.

makrel|a *f* (*Gpl* **~i** a. **~**) Zool. mackerel; **filet z ~i** a mackerel fillet; **wędzona ~a** smoked mackerel

mak|ro [] *adi. inv.* książk. (wielki) macro; **w skali ~ro** on a macro scale; **analiza więzi międzyludzkich na poziomie ~ro** an analysis of human ties at the macro level [] *n* Komput. macro (instruction); **dokument zawiera ~ra** the document contains macros; **konwersja ~ra** macro conversion [] **makro-** *w wyrazach złożonych* macro-; **makroekonomia** macroeconomics

makroskala *f sgt* Ekon. macro scale

maks *m* pot. **robić coś na ~a** pot. to do sth as hard as one can a. to the max pot.; **pracować na ~a** to work flat out a. like nobody's business

maksi Ⅰ *adi. inv.* ① (długi) *[sukienka, spódnica, płaszcz]* maxi, ankle-length ② (większy od typowego) *[rozmiar]* maxi, extra-large ③ (maksymalny) maximalist; **plan ~** the maximalist plan Ⅱ *n inv., f inv.* (sukienka, płaszcz, długość) maxi; **chodzić w ~** to wear maxis; **~ przestało być modne** maxis are no longer in fashion

maksim|um Ⅰ *n (Gpl ~ów)* (największa ilość) maximum; **~um dwadzieścia złotych** a maximum of twenty zlotys; **to ~um tego, co można zrobić** it's all a. the most one can do; **zwiększyć coś do ~um** to increase sth to a maximum, to maximize sth; **ustawić ogrzewanie na ~um** to turn the heating up full a. up to the max pot.; **zapewniono mu ~um wygody** he was ensured maximum a. the utmost comfort; **temperatura osiągnęła ~um** the temperature reached a peak; **napięcie wzrosło do ~um** tension has reached boiling point; **włożył w ten projekt ~um pracy** he put as much work into this project as he could Ⅱ *part.* (maksymalnie) at the most a. maximum; **ona ma ~um dwadzieścia lat** she's twenty at the most, she's no more than twenty; **to zajmie ~um dziesięć minut** it'll take ten minutes maximum a. at the most ❑ **~ funkcji** Mat. maximum (value) of a function

maksym|a *f* książk. maxim, motto; **jego ~a to: korzystaj z życia, ile się da** his motto is 'live life to the full'

maksymali|sta *m*, **~stka** *f* ① książk. maximalist ② Filoz. maximalist

maksymalistycznie *adv.* książk. **podchodzić ~ do czegoś** to take a maximalist approach to sth

maksymalistyczn|y *adi.* ① książk. *[cele, żądania]* maximalist; **stawiać sobie ~e wymagania** to be extremely demanding of oneself ② Filoz. maximalist

maksymalizacj|a *f sgt* książk. maximization; **~a wysiłków/zysków** the maximization of efforts/profits

maksymalizm *m sgt (G ~u)* ① książk. *[poglądów, wymagań, dążeń]* maximalism ② Filoz. maximalism

maksymaliz|ować *impf vt* książk. to maximize *[zyski, wysiłki, starania]* ⇒ **zmaksymalizować**

maksymalnie Ⅰ *adv.* maximally; **wykorzystać coś ~** to exploit sth to the maximum, to make maximum a. the best use of sth; **zmniejszyć coś ~** to reduce sth to the minimum a. as much as possible; **w pracę włożył ~ dużo wysiłku** he put as much effort into the work as he could Ⅱ *part.* (co najwyżej) at the most a. outside; **samochód może pomieścić ~ osiem osób** the car takes a maximum of eight people a. eight people maximum

maksymaln|y *adi. [ceny, temperatura]* maximum, highest; *[prędkość]* maximum, top, full; *[wysiłek, wygoda]* maximum, utmost; **~a długość życia człowieka** the

---

maximum human lifespan; **uzyskać ~y wynik w teście** to get the maximum score a. to score maximum points in a test; **bezrobocie osiągnęło ~y poziom** unemployment has reached saturation point; **~e natężenie ruchu drogowego przypada na godziny popołudniowe** traffic peaks a. reaches its peak in the afternoon hours

makuch *m (G ~a. ~u)* Roln. oilcake, oilseed cake; **~ lniany** linseed cake

makuchow|y *adi.* **śruta ~a** oil-meal

makulatu|ra *f sgt* ① (niepotrzebne papiery) waste paper *U*, scrap paper *U*; **zbiórka ~ry** waste-paper collection (for recycling); **punkt skupu ~ry** a waste-paper collection centre; **z ~ry** made from recycled paper; **papier toaletowy z ~ry** toilet paper made from recycled paper; **zbierać/oddać stare gazety na ~rę** to collect/to take (back) old newspapers for recycling ② pejor. (bezwartościowe książki) trash, trashy literature; (bezwartościowe czasopisma) trash, pulp magazines; **pisma kobiece uważa za ~rę** he thinks women's magazines are trash

makulaturow|y *adi.* **papier ~y** (na makulaturę) recycling paper; (z makulatury) recycled a. reclaimed paper

malachi|t *m (G ~tu)* ① (minerał) malachite; **korale z ~tu** beads made from malachite ② *sgt* (kolor) emerald green

malachitowo *adv.* **srebrzysta rybka o ~ zielonym grzbiecie** a silver fish with an emerald green back

malachitow|y *adi. [oprawka, stolik, posążek]* malachite; *[jezioro, las]* emerald green; **zieleń ~a** (barwnik) malachite green

mala|ga *f* ① *sgt* Wina Malaga (wine); **indyk w ~dze** turkey in Malaga wine ② (porcja) Malaga; **zamówić dwie ~gi** to order two glasses/bottles of Malaga (wine)

malakse|r *m* food processor; **wyrobić ciasto ~rem** to make dough a. mix a cake with a food processor

malari|a *f sgt (GD ~i)* Med. malaria, marsh fever; **zachorować na ~ę** to fall ill with malaria, to get malaria

malar|ka *f* (woman) painter

malar|nia *f (Gpl ~ni* a. **~ń)** ① Techn. paint shop ② Szt. (pracownia artysty) studio; (w teatrze) paint room a. shop

malars|ki *adi.* ① Szt. *[technika, tradycja, przybory, studia]* painting; *[kompozycja, styl]* painterly, pictorial; **płótno ~kie** (artist's) canvas; **pracownia ~ka** a studio; **szkoła ~ka** a school of painting; **sztuka ~ka** the art of painting; **talent ~ki** a talent for painting ② *[wałek, szpachla]* paint attr.; **drabina ~ka** a stepladder; **farba ~ka** paint; **pędzel ~ki** a paintbrush ③ *[cech]* painters'; *[firma]* painting; **ekipa ~ka** a crew of painters ④ przen. *[widok, opis]* picturesque

malarsko *adv.* ① Szt. in a way befitting a painter, artistically; **portret był dobry ~** the portrait was good as a painting a. artistically ② przen. *[skomponować, opisać, opowiedzieć]* picturesquely, vividly

malarskoś|ć *f sgt* ① Szt. painterliness, painterly quality ② przen. *[krajobrazu, filmu]* picturesqueness

malarstw|o *n sgt* Szt. painting; **~o realistyczne/abstrakcyjne** realistic/abstract

---

painting; **~o akwarelowe/olejne** watercolour/oil painting; **~o pejzażowe/rodzajowe/marynistyczne** landscape/genre/marine painting; **~o batalistyczne** paintings of battle scenes; **~o flamandzkie/polskie** Flemish/Polish painting; **~o historyczne/współczesne** historical/modern a. contemporary painting; **wystawa ~a** an exhibition of paintings; **uprawiać ~o** to paint; **uprawiać ~o dekoracyjne** to do ornamental painting; **studiować/ukończyć ~o** to study painting/to get a degree in painting ❑ **~o iluzjonistyczne** Szt. illusionistic painting; **~o jaskiniowe** Archeol. cave painting; **~o monumentalne** Szt. monumental painting; **~o na szkle** Szt. glass painting; **~o sztalugowe** Szt. easel painting; **~o tablicowe** Szt. panel painting

malaryczn|y *adi.* ① *[okolica, klimat]* paludal ② Med. *[gorączka, dreszcze, zarazek]* malarial, malarious

malarz *m (Gpl ~y)* ① (artysta) painter; **~ dworski/historyczny/rodzajowy** a court/historical/genre painter; **~ fresków/ikon/porcelany** a fresco/icon/porcelain painter; **~ koni/kwiatów** a painter of horses/flowers; **~ portrecista/surrealista** a portrait/surrealist painter; **~e (epoki) baroku** Baroque painters; **niedzielny ~** a weekend a. Sunday painter ② (rzemieślnik) (house) painter; **~e wyrobów tekstylnych** textile painters ❑ **~ pokojowy** (house) painter, decorator GB

mal|ec Ⅰ *m* pot. little boy; nipper pot. Ⅱ **malcy** *plt* little kids

mal|eć *impf (~eję, ~ał, ~eli) vi* ① (zmniejszać się) *[liczba, wartość]* to diminish; *[odległość, produkcja]* to decrease; *[zapasy]* to dwindle; *[popularność]* to decline, to wane; *[zainteresowanie]* to flag, to wane; *[nadzieja]* to fade; *[zatrudnienie, poparcie]* to fall; *[zyski]* to tail off; *[popyt]* to fall (off), to decline; *[frekwencja]* to fall (off), to drop; *[upał]* to ease off; *[gorączka]* to lessen, to subside; **dochody ze sprzedaży ~eją** sales are dropping; **wydajność produkcji ~eje** productivity is declining; **temperatura ~eje ze wzrostem wysokości** the temperature drops a. decreases as the altitude increases; **szanse na zwycięstwo ~eją** the chances of winning are fading a. dwindling; **jego popularność nie ~eje** his popularity shows no sign of waning ⇒ **zmaleć** ② (o ludziach) to shrink, to get a. grow shorter; **człowiek na starość ~eje** man shrinks in old age ③ (wydawać się mniejszym) to get smaller; **samolot ~ał, aż zniknął w chmurach** the airplane was getting smaller until it disappeared among the clouds

maleń|ki Ⅰ *adi. dem.* ① *[ogródek, miasto]* tiny; *[domek]* tiny, matchbox attr. ② *[pensja]* paltry, meagre; *[wartość]* negligible ③ pieszcz. *[dziecko]* tiny; **od ~kiego** from (one's) childhood a. early days; **od ~ego lubił muzykę** he had liked music ever since childhood ④ (króciutki) *[przerwa]* short; **~ka chwilka** a short while, a second Ⅱ **maleń|ki** *m*, **~ka** *f* ① (o dziecku) little one; chickabiddy pot.; **nie płacz, ~ka** don't cry poppet GB pot. ② pieszcz. (o dorosłym) lovey

GB pot.; **napisz do mnie, ~ka!** write to me, pet!

maleńko adv. dem. [1] (mało) very little [2] (troszeczkę) a little a. tiny bit

maleńkoś|ć f sgt tiny size, minuteness; **od ~ci** from one's childhood a. early days; **od ~ci była nerwowa** she had been nervous since her early days

maleństw|o n dem. [1] pieszcz. (małe dziecko) tiny baby a. tot; **moje kochane ~o** my little darling [2] (coś małego) tiny little thing; **ależ to ~o, to twoje mieszkanko!** your flat is so very tiny a. so minuscule; **o takie ~o tyle hałasu!** why make such a big deal out of a (piddling) little thing like that?

malign|a f sgt książk. (feverish) delirium; **bredzić w ~ie** to rave deliriously

malin|a f [1] (owoc) raspberry; **sok z ~** raspberry juice; **zbierać ~y** to pick raspberries [2] (krzak) raspberry cane a. bush
■ **dziewczyna jak ~a** pot. fine-looking young girl, peach of a girl; **wpuścić kogoś w ~y** to lead sb up the garden path, to take sb for a ride; **nie daj się wpuścić w ~y!** don't (let yourself) be taken in!

malin|ka f [1] dem. raspberry [2] (cukierek) raspberry-shaped sweet [3] (ślad po pocałunku) love bite; hickey US pot.; **zrobić komuś ~kę** to give sb a love bite

malinow|y adi. [1] [sok, dżem, lody] raspberry attr. [2] (kolor) [usta, sukienka] raspberry(-coloured a. -pink) [3] [zarośla, pędy, krzaki] raspberry attr.

malinów|ka f [1] Bot. (jabłoń) type of apple tree grown in Poland [2] (owoc) type of apple [3] (nalewka) raspberry(-infused) vodka, raspberry liqueur

malkontenc|ki adi. pejor. [nastrój] carping; [usposobienie] critical

malkontenctw|o n sgt pejor. carping, nitpicking attitude; **skłonność do ~a** a tendency towards carping

malkonten|t m, **~tka** f pejor. malcontent, grumbler; **to wieczny ~t** he is never satisfied, he is always whingeing (about something)

mal|ować impf **I** vt [1] (pokrywać farbą) to paint [ścianę, mieszkanie, przedmiot]; **~ować wałkiem** to paint with a roller; **~ować coś na biało/na jasno** to paint sth white/(in) a bright colour; „**świeżo ~owane**" 'wet paint' ⇒ **pomalować** [2] (upiększać) to paint; **~ować (sobie) paznokcie/wargi** to paint one's nails/lips; **~ować (sobie) twarz** to make up a. paint one's face; **~ować (sobie) powieki** to apply make-up to one's eyelids; **~ować usta szminką** to apply a. put on one's lipstick; **~ować brwi ołówkiem** to pencil one's eyebrows ⇒ **umalować** [3] Szt. to paint; **~ować pędzlem** to paint with a (paint)brush; **~ować na płótnie/szkle** to paint on canvas/glass; **~ować farbami olejnymi/pastelami/akwarelami** to paint a. work in oils/pastels/watercolours; **~ować z natury** to paint from nature; **~ować martwą naturę/pejzaż** (typ malarstwa) to paint still lifes/landscapes; (jeden obrazek) to paint a still life/a landscape ⇒ **namalować** [4] przen., książk. to depict, to portray [postać, sytuację, miejsce] ⇒ **odmalować**
II malować się [1] (upiększać się) to make

(oneself) up, to put on one's make-up; **prawie w ogóle się nie ~uję** I wear hardly any make-up ⇒ **umalować się** [2] książk. (ujawniać się) to show; **w jej oczach ~ował się smutek** there was a. she had a sad look in her eyes; **przerażenie ~uje się na jej twarzy** she has a look of horror a. a horrified expression on her face ⇒ **odmalować się** [3] książk. (być widocznym) to stand out, to be visible; **szczyty gór ~owały się wyraziście na tle nieba** the mountain peaks stood out clearly against the sky; **w oddali ~uje się wieża kościoła** the church tower is visible in the distance
■ **~ować coś w ciemnych a. czarnych barwach** to paint a black a. gloomy picture of sth; **przyszłość naszej drużyny ~uje się w ciemnych barwach** things are looking black a. bleak for our team; **~ować coś w jasnych barwach** to paint sth in glowing colours, to paint a rosy picture of sth; **nasza przyszłość ~uje się w jasnych barwach** our future looks bright a. rosy

malowa|nie II sv → **malować**
II n przest. painting
■ **jak ~nie** pot. as pretty as a picture

malowan|ka II f [1] painted ornament (on folk-art objects) [2] dziec. picture painted by a child
II malowan|ki plt (do kolorowania) drawings for colouring in; **książeczka z ~kami** a colouring a. painting book

malowan|y II pp → **malować**
II adi. [król, minister, premier] figurehead; **był prezydentem ~ym** he was president in name only, he was only the nominal president
■ **być a. wyglądać jak ~y** pot. to be a. look as pretty as a picture

malowid|ło n [1] Szt. painting; **~ło ścienne** a wall painting, a mural (painting); **~ła naskalne** cave paintings; **~ło na płótnie** a painting on canvas, a canvas painting [2] pejor. daub

malowniczo adv. [1] (pięknie) picturesquely; **dziewczęta w strojach ludowych wyglądały ~** the girls looked colourful a. picturesque in their folk costumes; **góry odcinały się ~ od ciemnego nieba** the mountains looked very picturesque against the dark sky; **~ położona wioska** a delightfully situated village [2] przen. (obrazowo) [opisać, opowiedzieć] vividly, picturesquely; **~ opisał swoją podróż** he gave a vivid account of his journey

malowniczoś|ć f sgt [1] (barwność) picturesqueness, colourfulness; **~ć krajobrazu** the picturesqueness of the countryside [2] przen. (obrazowość) vividness, picturesque quality; **~ć opisu** the vividness of the description

malownicz|y adi. [1] (barwny, piękny) [krajobraz] picturesque, scenic; [widok, wieś, dolina] picturesque, picture-postcard; **~y teren** an area of scenic beauty; **niezwykle ~a kraina** a land a. an area of great scenic beauty [2] przen. (obrazowy) [opis, opowiadanie] vivid, picturesque [3] przen. [postać] picturesque, colourful

Malta|ńczyk m, **~nka** f (mieszkaniec) Maltese

maltańczy|k II m pers. Relig. Knight of Malta, (Knight) Hospitaller
II m anim. Zool. Maltese (dog)

maltańs|ki adi. [język, lir, statek] Maltese

maltret|ować impf vt [1] (znęcać się) to maltreat, to ill-treat [osobę, zwierzęta]; **~ować kogoś fizycznie/psychicznie** to abuse sb physically/mentally [2] (bić) to batter [żonę, dzieci] ⇒ **zmaltretować**

maluch pot. **II** m pers. (Npl **~y**) (małe dziecko) toddler, tot
II m anim. (młode zwierzę) baby
III m inanim. (A **~a**) [1] (samochód) Fiat 126p (a small car once popular in Poland) [2] (kieliszek wódki) small glass of vodka; **no to po ~u!** let's down a few shots!
IV maluchy plt the youngest group at nursery school

malucz|ki II adi. [osoba] ordinary; **gdzie nam ~kim do wielkich tego świata** we ordinary mortals are no match for the powerful of this world
II malucz|ki m, **~ka** f zw. pl książk., iron. **~cy** the humble, the lowly; **żywił głęboką pogardę dla ~kich** he had a deep contempt of lesser a. ordinary mortals

maluczko adv. przest., książk. **~ brakowało, żeby wpadł do wody** he very nearly fell into the water; **~, a byłby zginął** he was almost killed, he came within an inch of (losing) his life

malun|ek m (G **~ku**) daub, crude painting

malusieńki → **maluteńki**

malusz|ek m (Npl **~ki**) dem. tiny tot

maluśki → **maluteńki**

maluteń|ki adi. dem. [filiżanka, kotek] tiny little; tiddly GB pot.; wee

maluteńko adv. very little; **jeść ~** to eat like a bird, to peck at one's food; **zostało nam ~ ciasta** we have very little cake left, we're almost out of cake

malut|ki II adi. dem. [1] pieszcz. [domek, ogród] tiny; [kraj, księstwo] tiny, minuscule [2] [dziecko] tiny; pint-sized pot.; **kiedy byłem ~ki** when I was a teeny-weeny baby
II malut|ki m, **~ka** f little one

malutko adv. dem. [zarabiać] very little; **nalała sobie ~ wina** she poured herself a drop of wine

malw|a f Bot. [1] (roślina) mallow [2] (kwiat) hollyhock

malwersacj|a f (Gpl **~i**) embezzlement, misappropriation of funds; **dopuścić się ~i** to embezzle a. misappropriate funds

malwersan|t m, **~tka** f embezzler

m|ało II adv. grad. [1] (niewielka intensywność) [czytać, jeść, pracować, wiedzieć, zarabiać] little, not much; **(bardzo) mało jesz** you eat (very) little, you don't eat (very) much; **ostatnio mało wychodzę z domu** I haven't been out much lately; **mało prawdopodobny** unlikely, improbable; **to raczej mało prawdopodobne** it's not very probable a. it's hardly likely; **mało inteligentny** not very intelligent; **mało popularny** rather unpopular; **opowiadał o jakiejś mało znanej książce** he was talking about some little-known a. obscure book; **będę od dzisiaj mniej palić** as from today I'm going to smoke less; **te**

kolory są za mało intensywne these colours are not vivid enough; **jechał przez kraje mniej lub bardziej ciekawe** he travelled through various countries, some more interesting than others; **książkę przyjęto z mniejszym lub większym zainteresowaniem** the book was met with varying degrees of interest; **nie mniej niż/od** no less than, just as; **nasze psy są nie mniej szybkie od waszych** our dogs are just as fast as yours; **jest nie mniej zdenerwowany niż ja** he's no less in a state than I am [2] (niewielka ilość) **mało ludzi/drzew** (only a) few a. not many people/trees; **mało słońca/czasu/wdzięku** not much sun/time/charm; **mam mało książek** I only have a few books, I don't have many books; **mamy mało czasu** we don't have much time; **jest mało masła** there's not much butter; **mamy mało masła** we don't have much butter, we're low on butter; **za mało** too little/few; **mieć za mało czasu** to have too little time; **mieć za mało lat** to be too young; **mam za mało ubrań** I have too few clothes, I don't have enough clothes; **mało co** hardly anything; **mało co zjadłeś** you ate hardly anything a. almost nothing; **mało czego nie widział na tym świecie** there are few things in this world he hasn't seen; **mało kto** hardly anyone; **mało kto potrafi tak ładnie śpiewać jak ona** hardly anyone can sing as beautifully as she can; **mało kto o tym wie** (very) few people know that; **jeździł konno jak mało kto** (very) few people could ride as well as he could; **jest pazerny jak mało kto** he's as greedy as they come; **mało który** hardly any; **mało które zwierzę jest takie mądre jak mój pies** (very) few animals can match my dog's intelligence; **mało gdzie** hardly anywhere; **mało gdzie chodzi bez obstawy** he goes almost nowhere without his bodyguards; **mało gdzie potrafię tak wypocząć jak tutaj** there are (very) few places I can relax (in) as much as here; **mało kiedy** hardly ever; **mało kiedy tam chodzę** I hardly ever go there; **mało kiedy ją widuję** I hardly ever see her, I don't see much of her; **jakich mało** like no other; **impreza jakich mało** a party like no other; **to fachowiec jakich mało** he's a professional in a million **II** *part.* that's not the word for it; **on jest naprawdę wysoki, mało wysoki – olbrzymi** he's really tall – no, tall is not the word for it, he's gigantic **III** **mniej** *adv. comp.* **trzy/cztery/pięć mniej** C/B/A minus; **z klasówki dostał trzy mniej** he got (a) C minus in the test **IV** **najmniej** *part.* at least; **zarabia najmniej trzy tysiące miesięcznie** he earns at least three thousand a month **V** **bez mała** almost, (very) nearly; **miał bez mała dwadzieścia lat** he was almost a. nearing twenty **VI** **mało-** *w wyrazach złożonych* small-, low-; **małomiasteczkowe plotki** small-town gossip; **małokaloryczna dieta** a low-calorie diet

■ **mało brakowało, żeby się utopił** he almost drowned; **mało brakowało, a**

nabiłaby sobie guza she (very) nearly got a bump on her head; **mało tego** and a. but that's not all; **nie odrobił lekcji, mało tego, nie zrobił zakupów** he didn't do his homework and what's more he didn't do the shopping; **mało tego, że go okradli, to jeszcze pobili** not only was he robbed, (but) he also got beaten up; **przewrócił się, i jakby tego było mało, złamał nogę** he fell over and, as if that weren't enough, he broke his leg; **ma udane małżeństwo i cudowne dzieci, jeszcze jej mało** she is happily married and has adorable kids – but she's still not satisfied; **mało ci tego, że dostałeś dom i samochód?** you got the house and the car, what more do you want?; **mniej więcej** more or less, approximately; **on wygląda na mniej więcej trzydzieści lat** he looks more or less thirty; **wrócę mniej więcej za dwie godziny** I'll be back in approximately two hours; **ona jest mniej więcej mojego wzrostu** she's about my height; **ni mniej, ni więcej, tylko/jak...** none other than...; **posądzono go ni mniej, ni więcej, tylko o kradzież** he was accused of nothing less than theft; **nie pozostawało jej ni mniej, ni więcej, jak przywitać się** she had no other choice but a. than to say hello; **tym mniej** much less, let alone; **nie znała się na szyciu, tym mniej na kroju** she didn't know how to sew, let alone how to cut out; **co najmniej** (przynajmniej) at least; (prawie) almost; (mówiąc eufemistycznie) to say the least, to put it mildly; **co najmniej raz w tygodniu** at least once a week; **jego zachowanie było co najmniej dziwne** his behaviour was odd to say the least a. to put it mildly; **o mało co by wpadł pod samochód** he almost got run over, he was (very) nearly run over; **o mało nie zemdlałam** I almost fainted; **o mało nie zginął** he came close to being killed, he narrowly escaped being killed

małodusznie *adv. grad. [postąpić, zachować się]* pettily, ungenerously; **~ nie przyjął przeprosin** it was ungenerous of him not to accept the apology

małoduszność *f sgt* pettiness, mean-spiritedness

małoduszn|y *adi.* ungenerous, mean

małokalibrow|y *adi. [broń, pistolet]* small-bore

małola|t *m,* **~ta** *f (Npl ~ty, ~ty)* pot., pejor., środ. teenager pot.; kid

małoletni **I** *adi. [syn, córka]* minor, infant; **~ przestępca** a juvenile delinquent, a young offender; **jest ~a** she's under-age **II** **małoletn|i** *m,* **~a** *f* Prawo minor, juvenile

małoletniość *f sgt* Prawo minority

małolitrażow|y *adi.* samochód **~y** a mini, a small car *(with small cylinder capacity)*

małomiasteczkowość *f sgt* provincialism; **jego ~ć** his provincial ways a. small-town mentality

małomiasteczkow|y *adi.* iron. *[mentalność, atmosfera]* provincial, parochial; *[plotki]* small-town

małomówność *f sgt* reticence, taciturnity

małomówn|y *adi.* taciturn, silent; **być ~ym** to be sparing with (one's) words; **jest ~a** she's not very talkative; **z natury jest ~y** he is, by nature, a man of few words

małoobrazkow|y *adi. [zdjęcie, zdjęcie rtg, aparat]* 35-mm, miniature

Małopolan|in *m,* **~ka** *f (Gpl ~, ~ek)* native of Małopolska *(region in south-eastern Poland)*

małopols|ki *adi. [odmiana polszczyzny, forma, styl]* of Małopolska; **Wyżyna Małopolska** the Małopolska Upland

małoroln|y **I** *adi.* **chłop ~y** a smallholder; **gospodarstwo ~e** a small farm, a smallholding GB **II** *m* small farmer, smallholder GB

małosoln|y *adi. [dieta]* low-salt; **ogórek ~y** a newly a. fresh pickled cucumber

małostkowo *adv. [zachowywać się]* pettily, meanly

małostkowoś|ć *f sgt* petty-mindedness, meanness; **czy ty zawsze musisz przejawiać taką ~ć?** do you always have to be so petty?

małostkow|y *adi.* [1] *[osoba]* petty(-minded), mean-minded; **nie jestem tak ~y** I'm not that petty [2] *[zachowanie, postępowanie]* petty, mean

małoś|ć *f sgt* [1] (nikczemność) meanness; (słabość, nicość) smallness, littleness; **~ć człowieka wobec natury/wszechświata** the insignificance of man in relation to nature/the universe [2] (mały rozmiar) *[pomieszczenia]* smallness, pokiness; *[kwoty, dochodów]* paltriness [3] (mała ilość) small number ■ **od ~ci** from an early age, since childhood

małowartościow|y *adi. [obraz, wino, akcje, pracownik]* of little value; **~a moneta** a coin of little value, a low-value coin

małp|a *f* [1] Zool. (z ogonem) monkey; (bez ogona) ape; **zręczny jak ~a** (as) agile as a monkey [2] (o człowieku) pot., obraźl. (nasty) bastard pot. obraźl. [3] Komput., pot. "at" sign, @ ❏ **~a człekokształtna** Zool. anthropoid a. great ape; **~y szerokonose** Zool. New World a. platyrrhine monkeys, platyrrhines; **~y wąskonose** Zool. Old World a. catarrhine monkeys, catarrhines ■ **robić z siebie ~ę** pot., pejor. to clown (around), to monkey about a. around

małpi *adi. [ogon, futro]* monkey's; *[przodek, twarz, wygląd]* simian; *[zręczność, złośliwość, ruchy]* simian, monkey-like; **~ pawilon** (w zoo) a monkey house; **stroić ~e miny** to make faces; **wspiął się na drzewo z ~ą zręcznością** he climbed the tree with the agility of a monkey ■ **~ gaj** (plac zabaw) adventure playground GB; pot. (zarośla) a dangerous spot; **dostać a. dostawać ~ego rozumu** pot., pejor. (zacząć się wygłupiać) to start clowning (around); (wpaść w furię) to fly into an uncontrollable rage

małpiat|ka *f* Zool. prosimian

małpio *adv. [zachowywać się, patrzeć]* like a monkey, monkey-like; **~ zręczny/złośliwy** (as) agile/spiteful as a monkey

małpiszon *m (Npl ~y)* pot. [1] (złośliwa osoba) cheeky monkey pot. [2] obraźl. (brzydka osoba) fright; ugly hag pot. obraźl., dog pot. obraźl.

M

małp|ka *f* [1] *dem.* (zwierzę) little a. young monkey [2] (butelka wódki) pot. miniature (bottle)

małpolu|d [I] *m pers.* (*Npl* **~dy**) pot., obraźl. anthropoid, ugly person

[II] *m anim.* pot. apeman, anthropoid

małp|ować *impf vt* pot., pejor. (bezkrytycznie naśladować) to ape; (przedrzeźniać) to mimic, to imitate; **~ować obce wzory** to ape a. imitate foreign models; **~ować czyjś głos/czyjeś ruchy** to mimic sb's voice/the way sb moves ⇒ **zmałpować**

m|ały [I] *adi. grad.* [1] (nieduży) [*domek, ogród, pokój, samochód,*] small, little; [*mieszkanie, rozmiar, część*] small; **ta koszula jest na mnie za mała** this shirt is too small for me [2] (o ilości) [*kwota, dawka, procent*] small; **gazeta wychodzi w małym nakładzie** the paper has a small circulation; **wybór książek w bibliotece był bardzo mały** there was a very limited choice of books in the library; **z małymi wyjątkami** with few exceptions [3] (w niewielkiej skali) [*prośba, różnica*] small; [*znaczenie*] little; [*problem, błąd*] small, minor; [*wypadek*] slight, minor; [*prawdopodobieństwo*] low, small; **mam mały problem** I've got a bit of a problem; **to dla mnie mała pociecha** it's little comfort a. consolation to me; **miałem małe szanse na wygraną** I had little chance of winning [4] (młody) [*zwierzę*] small, little; **małe lwiątko** a lion cub; **miała dwójkę małych dzieci** she had two small children; **był za mały, żeby oglądać takie filmy** he was too young to watch such films; **kiedy byłem mały** when I was little a. a child [5] (niski) [*osoba*] short, small; **był małego wzrostu** he was short (in a. of stature); **był mały jak na swój wiek** he was small for his age [6] (nikczemny) pejor. mean [7] (przeciętny, pospolity) small [8] (krótki) [*przejażdżka, wycieczka*] short, little; **chodźmy na mały spacer** let's go for a little a. short walk [9] (z określeniem czasu) just under, a little less than; **mała godzinka** just under a. not quite an hour; **poczekaj małą chwilkę** wait a little a. short while

[II] *mały m,* **mała** *f* [1] (niedorosły) [*dziecko*] baby, child; [*zwierzę*] young, offspring; **odebrać małego ze szkoły** to collect the kid from school; **kotka z małymi** the cat and her kittens; **niedźwiedzica z małymi** the bear and her cubs, a bear with young; **od małego** from an early age; **znam ją od małego** I've known her since childhood a. since she was a child; **od małego lubiła czytać** she enjoyed reading from a very early age [2] pieszcz. kid, son; **posłuchaj, mały!** listen, kid! [3] obraźl. kiddo pot.; bub US obraźl.

[III] **mniejsza** *part.* mniejsza z tym it doesn't matter, never mind; **mniejsza o to, kto będzie prowadził** it's of no consequence who will drive; **mniejsza o to, co myślisz – chodzi o zasady** what you think is neither here nor there – what matters are the principles; **mniejsza o koszty!** hang a. blow the expense!; **mniejsza o pieniądze, ważniejsze jest zdrowie** never mind the money, health matters more

■ **poprzestać na małym, obchodzić się**

małym to be content a. satisfied with little; **potrafi zadowolić się małym** he can make do with very little; **nie poprzestaje na małym, ciągle pnie się w górę** he won't be easily satisfied and keeps climbing higher up the ladder; **o mały włos** a. figiel pot. almost, (very) nearly; **o mały włos nie został przejechany** he almost got run over, he was (very) nearly run over; **o mały włos nie umarła** she almost died, she came within an inch of (losing) her life; **o mały figiel, a przegralibyśmy** we almost lost the game

małż [I] *m* (*Gpl* **~y** a. **~ów**) Zool. bivalve; **~ jadalny** a mussel, a clam

[II] **małże** *plt* bivalves, bivalve molluscs

małżeńs|ki *adi.* [*kryzys, wierność, niewierność*] marital, conjugal; [*obowiązki*] marital, conjugal; [*kłótnia, problemy*] marital, matrimonial; [*miłość, pożycie*] married, conjugal; [*umowa, więzy*] marriage *attr.*; **para ~ka** a (married) couple; **przysięga ~ka** marriage a. wedding vows; **szczęście ~kie** wedded a. married bliss; **związek ~ki** matrimony; wedlock przest.; **połączyć się węzłem ~kim** to tie the knot; **połączyć węzłem ~kim** to unite in holy matrimony, to join in marriage a. wedlock; **wstąpić w związek ~ki** to enter the state of matrimony; **kalendarzyk ~ki** the rhythm a. calendar method

małżeństw|o *n* [1] (związek) marriage, matrimony; **~o z miłości** a love match; **~o dla pieniędzy** a marriage for money, a money match; **idealne ~o** a perfect marriage, a marriage made in heaven; **papierowe ~o** a marriage on paper, a marriage in name only; **myśleć o ~ie** to think about getting married; **zawrzeć ~o (z kimś)** to marry (sb), to get married (to sb); **zawrzeć ~o z rozsądku** to make a marriage of convenience; **jej ~o zostało unieważnione** her marriage was annulled; **nasze ~o było udane/nieudane** we were happily/unhappily married; **w ~ie mi się nie układało** my marriage wasn't going well; **ich ~o się rozpada** their marriage is breaking up a. on the rocks; **rozstali się po ośmiu latach ~a** they split up after eight years of marriage; **miała syna z pierwszego ~a** she had a son from a. by her first marriage [2] (para) (married) couple; **bezdzietne ~o** a childless couple; **dobrane ~o** a well-matched couple, a good match; **byli źle dobranym ~em** they were a bad match; **~o Kowalskich** the Kowalskis, Mr and Mrs Kowalski [3] Relig. matrimony, marriage; **sakrament ~a** the sacrament of matrimony a. marriage

❏ **białe ~o** unconsummated marriage, marriage blanc; **~o mieszane** mixed marriage, intermarriage; **~o morganatyczne** morganatic marriage; **~o rozwojowe** *young couple capable of bearing children*

małżon|ek *m* (*Npl* **~kowie**) [1] (mąż) książk. husband; spouse książk.; **ukłony dla szanownego ~ka!** my regards to your esteemed husband! [2] Prawo (mąż albo żona) spouse książk.; **~kowie** married couple, husband and wife

małżon|ka *f* książk. wife; spouse książk.; **moja prawowita ~ka** my lawful wedded wife

małżowin|a *f* (molluscan) shell

❏ **~a nosowa** Anat. (nasal) concha, turbinate; **~a uszna** Anat. auricle, pinna

mam|a *f dem.* pot. (matka) mum GB pot., mom US pot.; mama a. mamma dziec., przest.; **zadzwoń do ~y** phone your mum; **~o, czy możesz mi dać 50 złotych?** Mum, can I have 50 zlotys?

mamały|ga *f sgt* [1] (kasza) Kulin. hominy grits *pl* US; ≈ cornmeal mush US, ≈ maize porridge GB [2] pot. (papkowata potrawa) pap; **niesmaczna ~ga** an unappetizing pap

mamb|a *f* Zool. mamba

mam|er *m* pot., środ. (więzienie) clink pot., nick GB pot., can US pot.; **siedzieć w ~rze** to be in (the) clink; **iść do ~ra** to be put in (the) clink; **wyjść z ~ra** to get out of (the) clink; **wsadzić kogoś do ~ra** to put sb in (the) clink

mam|ić *impf vt* książk. [1] (łudzić, zwodzić) to beguile książk. (**kogoś czymś** sb with sth); **~ił ją nadzieją na lepsze życie** he beguiled her with hopes of a better life; **~iąc obietnicami wysokich zysków, skłonił ich do współpracy** he beguiled them into cooperating with him with promises of high profits ⇒ **zmamić** [2] (nęcić, wabić) to tantalize książk.; **~iła go fortuna/sława** he was tantalized by fortune/fame ⇒ **zmamić**

mamid|ło *n* książk. (ułuda) delusion, hallucination; (miraż) mirage; Fata Morgana książk.; will-o'-the-wisp poet.; (fałsz, fikcja) delusion, fantasy

maminsyn|ek *m* (*Npl* **~kowie** a. **~ki**) pejor. mummy's boy GB pot., pejor., mama's boy US pot., pejor.

mamin|y *adi. dem.* mother's; mum's GB pot., mom's US pot.

■ **trzymać się ~ej spódnicy** a. **~ego fartuszka** pejor. to be tied to one's mother's apron strings pejor.

mam|ka *f* wet nurse

maml|ać *impf* (**~ę**) *vt* pot. [1] (jeść) to chew (slowly); **~ał w ustach skórkę chleba** he was slowly chewing a crust of bread [2] (mówić) to mumble; **~ać coś pod nosem** to mumble sth under one's breath

mamleć → **mamlać**

mamłać → **mamlać**

mammograf *m* (*G* **~u**) mammograph

mammografi|a *f* (*GDGpl* **~i**) [1] Med. (prześwietlenie piersi) mammography *U* [2] pot. (zdjęcie) mammogram

mammograficzn|y *adi.* [*badanie, prześwietlenie*] mammographic

mamon|a *f sgt* pot., żart. dough pot., moolah pot.

mamro|tać *impf* (**~czę** a. **~cę**) *vt* to mutter, to mumble; **~tać coś pod nosem** to mutter sth under one's breath ⇒ **wymamrotać**

mamuci *adi.* [1] [*szkielet, kły, uszy, sierść*] (woolly) mammoth *attr.* [2] przen. mammoth; **skocznia ~a** a ski-flying hill

mamu|nia, ~sia *f dem.* pieszcz. mummy GB dziec., pieszcz., mommy US dziec., pieszcz.

mamusin|y *adi.* pieszcz. [*pieszczoty, spódnica*] mummy's GB dziec., pieszcz., mommy's US dziec., pieszcz.

mamuś → **mamunia**

mamu|śka _f_ [1] pot., pejor. (matka) mother; **nie jestem twoją ~śką, jestem twoją żoną** I'm not your mother, I'm your wife; **~śka, nie mów mi, co mam robić** stop telling me what to do, mumsy GB pot., żart.; stop telling me what to do, mommy dear US pot., iron. [2] pot. (nadopiekuńcza kobieta) mother hen; **taka z niej ~śka, wszystkimi się opiekuje** she's like a mother hen, taking care of everybody [3] pot. (burdelmama) madam

mamu|t [I] _m anim._ Zool. (woolly) mammoth [II] _m inanim._ (A **~ta**) [1] sgt Bot., Kulin. _a large variety of string bean_ [2] pot. (skocznia narciarska) ski-flying hill

manager /meˈnedʒer/ → **menedżer**

manageryzm /ˌmeneˈdʒerɪzm/ → **menedżeryzm**

manat|ki _plt_ (G **~ków**) pot. (bagaż) traps _pl_ GB pot., gear _U_ pot.; (rzeczy) stuff _U_ pot.; **zbierać ~ki** to get one's stuff together; **pakować ~ki** to pack one's traps

mandacik _m dem._ (G **~u**) pot., żart (kara) (traffic/parking) ticket a. fine; (druczek) (traffic/parking) ticket

mandaryn _m_ Hist. mandarin

mandaryn|ka _f_ Bot. [1] (drzewo) mandarin (tree), tangerine (tree) [2] (owoc) mandarin, tangerine

mandarynkow|y _adi._ [sok, gaj] mandarin _attr._, tangerine _attr._

manda|t _m_ (G **~tu**) [1] (kara) mandatory fine, (traffic/parking) ticket a. fine; (druczek) (traffic/parking) ticket; **dostać ~t** to get a ticket, to be fined; **zapłacić ~t** to pay a ticket a. fine; **~t za przekroczenie dozwolonej prędkości** a speeding ticket; **~t za złe parkowanie** a parking ticket; **ukarać kogoś ~tem** to give sb a ticket, to fine sb [2] książk. (pełnomocnictwo) mandate; **~t radnego** a mandate of the councillor; **mieć ~t do robienia czegoś** to have a mandate to do sth; **udzielić komuś ~tu** to grant sb a mandate; **odebrać komuś ~t** to strip sb of their mandate [3] Polit. (administrowanie) mandate [4] Polit. (miejsce w parlamencie) seat; **złożyć ~t poselski** to resign one's parliamentary seat; **źle prowadzona kampania kosztowała partię 32 ~ty** the poorly run campaign cost the party 32 seats [5] (pismo) Hist., przest. decree, edit [6] Prawo (umowa) mandate

❏ **~t zaufania** Polit. mandate of trust

mandatariusz _m_ (Gpl **~y**) [1] książk. (osoba z pełnomocnictwem) mandatary [2] Polit. (organizacja, państwo) mandatary [3] Hist. bailiff _(an official wielding authority over the peasants in 19th century Austria)_

mandatariusz|ka _f_ mandatary

mandatow|y _adi._ [1] Admin. **druczek ~y** a ticket; **kara ~a** a ticket, a (mandatory) fine; **bloczek ~y** a ticket pad; **wykroczenia podlegają postępowaniu ~emu** violations are subject to fine [2] Polit. [terytorium] mandated; [system, władze] mandatory

mandolin|a _f_ Muz. mandolin

mandolini|sta _m_, **~stka** _f_ Muz. mandolin player, mandolinist

mandolinow|y _adi._ [struny, gryf] mandolin _attr._

mandrago|ra _f_ Bot. mandrake; **korzeń ~ry** mandrake root

manekin [I] _m pers._ (Npl **~y**) pejor. automaton pejor., robot pejor.; zombie pot., pejor. [II] _m inanim._ (A **~** a. **~a**) (u krawca) dummy; (na wystawie) mannequin, dummy

manel|e _plt_ (G **~i**) pot. stuff _U_ pot., gear _U_ pot.

manet|ka _f_ Aut., Lotn. Techn. lever

manew|r [I] _m_ (G **~ru**) [1] Wojsk. manoeuvre GB, maneuver US; **~r okrążający** a pincer movement [2] (zwrot pojazdu) manoeuvre GB, maneuver US; **wykonać ~r mijania** to execute a. perform a passing manoeuvre [3] przen. manoeuvre GB, maneuver US; **zakulisowe ~ry dyplomacji** behind-the-scenes diplomatic manoeuvres a. manoeuvering; **mieć ograniczone pole ~ru** to have little room for manoeuvre a. to manoeuvre [II] **manewry** _plt_ Wojsk. manoeuvres _pl_ GB, maneuvers _pl_ US, military exercises _pl_; **być na ~rach** to be on manoeuvres

manewr|ować _impf_ [I] _vt_ (manipulować) to manipulate pejor.; to manoeuvre GB, to maneuver US; **próbowali nim ~ować, aby publicznie przyznał się do winy** they tried to manipulate a. goad him into making a public confession [II] _vi_ [1] (pojazdem) to manoeuvre GB, to maneuver US; **~ować samochodem/motocyklem/jachtem** to manoeuvre a car/motorbike/yacht [2] przen. (działać podstępnie) to manoeuvre GB, to maneuver US; **ustawicznie ~ował, aby uzyskać awans** he was constantly jockeying for a promotion; **zawsze tak ~ujesz, żeby rozmowa zeszła na twój ulubiony temat** you always manoeuvre the conversation round to your favourite subject

manewrowoś|ć _f sgt_ manoeuvrability GB, maneuverability US

manewrow|y [I] _adi._ [1] Wojsk. manoeuvre _attr._ GB, maneuver _attr._ US [2] Aut., Kolej. **zdolności ~e samochodu** a car's manoeuvrability; **lokomotywa ~a** a shunter; **plac ~y** _an area at a driving school designed for learners to practise manoeuvres_ [II] _m_ Kolej. (railway) shunter GB, (railway a. railroad) switchman US

mango _n inv._ Bot. [1] (drzewo) mango (tree) [2] (owoc) mango

mangow|y _adi._ [sok] mango _attr._; [liść, gaj] mango (tree) _attr._

mangrow|y _adi._ [las, drewno] mangrove _attr._

mangrow|iec _m_ (A **~iec** a. **~ca**) Bot. mangrove

mangu|sta _f_ Zool. mongoose

mani|a /ˈmaɲa/ [I] _f_ (GDGpl **~i**) [1] (upodobanie, pasja) mania, obsession; **miał ~ę zbierania znaczków** he was mad about pot. a. obsessed with stamp collecting, he had a craze for collecting stamps; **dzieci ogarnęła ~a jeżdżenia na deskorolkach** the kids developed a craze for skateboarding; **wspinaczka była jego ~ą** he was mad about pot. a. had a passion for climbing [2] Med., Psych. (obsesja) complex, obsession _U_; (zaburzenia nastroju) mania _U_; **~a prześladowcza** a persecution complex; **cierpiał na ~ę** he suffered from manic episodes [II] **-mania** _w wyrazach złożonych_ -mania; **kleptomania** kleptomania; **Beatlemania** Beatlemania

■ **~a wielkości** pejor. superiority complex

maniac|ki _adi._ [śmiech, upór, zachowanie] maniacal, manic

maniacko _adv._ [wierzyć, dążyć] fanatically, maniacally; [pragnąć] fervently

maniactw|o _n_ (bycie dziwakiem) oddness _U_, quirkiness _U_; (dziwaczne przyzwyczajenie) quirk, foible

mania|k _m_, **~czka** _f_ pejor. maniac; **powtarzał tę historię z uporem ~ka** he repeated the story like a man obsessed

maniakalnie _adv._ [1] pejor. [zbierać, myśleć, dbać, robić] fanatically, obsessively [2] Psych. manically; **zachowywać się ~** to exhibit manic behaviour

maniakaln|y _adi._ [1] [skłonność, zainteresowanie] fanatic, obsessive [2] Psych. [stan] manic; **depresja ~a** przest. bipolar disorder; manic depression przest.

manicu|re /maɲiˈkyr/ _m sgt_ (G **~re'u**) manicure; **zrobić sobie ~re** to give oneself a manicure, to do one's nails a. one's manicure; **pójść na ~re** to go for a manicure; **mieć staranny ~re** to have carefully manicured hands

❏ **francuski ~re** French manicure

manicurzystka /maɲikyˈʒɪstka/ → **manikiurzystka**

manie|ra [I] _f_ [1] pejor. (zachowanie) pretentious habit pejor., mannerism pejor. [2] (styl artystyczny) style, manner; **~ra stylistyczna pisarza** a writer's style; **naśladować czyjeś ~ry artystyczne** to imitate sb's style; **wpaść w ~rę** to adopt an affected style [II] **maniery** _plt_ (ogłada towarzyska) manners _pl_; **mieć dobre/złe ~ry** to have good/bad manners; **nabrał trochę ~r** he's learned some manners; **już ja cię nauczę dobrych ~r!** I'll teach you some manners!

manier|ka _f_ [1] (pojemnik) canteen [2] (zawartość) canteenful

manier|ować _impf_ [I] _vt_ pejor. **~uje go przebywanie wśród dorosłych** spending time with adults is giving him an affected air ⇒ **zmanierować** [II] **manierować się** to become artificial a. affected pejor.; to take on a theatrical a. (highly) mannered style ⇒ **zmanierować się**

manierycznie _adv._ pejor. [pisać, malować, mówić, zachowywać się] in an affected a. artificial manner pejor.; in a (highly) mannered style

maniryczność| _f sgt_ pejor. affectedness pejor., staginess pejor.

maniryczn|y _adi._ pejor. [zachowanie, styl, mowa] affected pejor., artificial pejor.

manierystyczn|y _adi._ [pisarstwo] mannerist; [malarstwo] Mannerist

manieryzm _m sgt_ (G **~u**) [1] Literat. mannerism [2] Szt. Mannerism [3] Med. chorea

manife|st _m_ (G **~stu**) [1] (deklaracja) manifesto; **ogłosić ~st niepodległości** to issue a declaration of independence [2] przen. (uczuć, poglądów) proclamation, declaration; **jego dziwaczna fryzura stała się ~stem niezależności** his weird hairdo became a proclamation of his independence [3] Transp. manifest

M

❏ **Manifest Komunistyczny** the Communist Manifesto

manifestacj|a f (Gpl ~i) [1] (demonstracja) (przeciwko czemuś) demonstration, protest; (na rzecz czegoś) rally, demonstration; **~a pokojowa** a. **na rzecz pokoju** a peace rally; **~a przeciwko wojnie** an anti-war demonstration; **wziąć udział w ~i** to take part in a demonstration; **urządzić/zorganizować ~ę** to hold a. stage/organize a demonstration [2] przen. (okazywanie uczuć) manifestation; **~a radości/wiary/żałoby** manifestation of joy/faith/grief

manifestacyjnie adv. [1] (ostentacyjnie) [podkreślić, powiedzieć, wyjść, oklaskiwać] ostentatiously; [wyglądać, brzmieć] ostentatious adi.; **~ opuścił pokój** he ostentatiously left the room; **złożyła rezygnację, żeby ~ wyrazić swoje oburzenie** she submitted her resignation as a form of conspicuous protest [2] (w formie manifestacji) **postanowili wyrazić swój protest ~** they decided to stage a demonstration in protest

manifestacyjnoś|ć f sgt ostentatious nature

manifestacyjn|y adi. [1] Polit. (dotyczący manifestacji) **młodzi anarchiści byli najwyraźniej w ~ym nastroju** the young anarchists were obviously in the mood for a demonstration; **wzywać do protestu ~ego (przeciwko czemuś)** to call for a demonstration to protest (against sth) [2] książk. (ostentacyjny) demonstrative; **jego ~e wyjście zdenerwowało wszystkich zebranych** his ostentatious exit annoyed everyone present; **zachowywała się w sposób ~y** her behaviour was calculated to make an effect

manifestan|t m, **~tka** f Polit. (demonstrant) demonstrator, protestor; **policja rozpędziła tłum ~tów** the police dispersed the demonstrators

manifest|ować impf [] vt książk. (pokazywać) to manifest książk.; to display; **~ować radość/niechęć/pogardę** to manifest one's joy/dislike/disdain ⇒ **zamanifestować** [] vi to demonstrate ⇒ **zamanifestować** [] **manifestować się** książk. to be manifested a. revealed; **nietolerancja często ~uje się w postaci agresji** intolerance is often manifested a. often manifests itself in the form of aggression ⇒ **zamanifestować się**

manikiurzyst|ka f (female) manicurist

manikur /maɲiˈkyr/ → **manicure**

maniok m sgt (G ~u) (korzeń) cassava, manioc; (mączka) manioc

maniokow|y adi. [mąka, kasza] manioc attr.

manipulacj|a f (Gpl ~i) [1] zw. pl (precyzyjna czynność) (manual) adjustment, manipulation; **~e przy generatorze** (manual) adjustments to the generator [2] zw. pl Admin. (procedura) operation, procedure; **komputery ułatwiają ~e bankowe** computers facilitate banking operations [3] pejor. manipulation; **każdy może paść ofiarą ~i w mediach** anybody can fall victim to media manipulation; **łatwo ulegać/ulec ~i** to succumb easily to manipulation

❏ **~a językowa** linguistic manipulation

manipulacyjn|y adi. [1] [sprawność, zręczność] manual; **zdolności ~e** manual dexterity [2] [opłaty, koszty] handling attr. [3] [zachowanie] manipulative; **zabiegi ~e** manipulation

manipulato|r [] m pers. [1] (osoba, która czymś porusza) manipulator [2] pejor. (intrygant) manipulator; **był zręcznym ~rem** he was a skilful manipulator

[] m inanim. [1] Chem., Techn. manipulator [2] (część telegrafu) key; manipulator spec.

manipulators|ki adi. pejor. [charakter, zabiegi, podstępy, wpływy] manipulative

manipul|ować impf [] vt [1] (ludźmi) pejor. to manipulate; **~ować opinią publiczną** to manipulate public opinion; **nie zdawał sobie sprawy, że siostra nim ~uje** he didn't realize (that) his sister was manipulating him [2] (faktami) to manipulate, to falsify; **~ować danymi z badań** to manipulate the research data

[] vi (posługiwać się zręcznie) to manipulate vt, to adjust vt; **~ował pokrętłem radia** he adjusted the dials of the radio

mankamen|t m (G ~tu) (wada) lack, deficiency; (słaba strona) shortcoming, drawback; (defekt, usterka) flaw, defect; **brak wentylacji to jeden z ~tów tego mieszkania** one of the flat's drawbacks is a lack of ventilation; **to tylko drobny ~t** it's just a minor flaw

mankiecik m dem. [1] (rękawa) (small) cuff [2] (u spodni) (small) turn-up GB, (small) cuff US

mankie|t m (G ~tu) [1] (zakończenie rękawa) cuff; **~t u koszuli** a shirt cuff; **zawinąć ~ty** to roll up one's sleeves [2] (u spodni) turn-up GB, cuff US [3] Żegl. (na wiośle) (rubber) oar sleeve

■ **buchnąć kogoś w ~t** pot., iron. to give sb a peck on the hand; **płakać** a. **wypłakiwać się komuś w ~t** pot., iron. to cry on sb's shoulder

mank|o n deficit, shortfall; **zrobić/spowodować/mieć ~o** to create/to cause/to have a deficit

mann|a f [1] sgt (grysik) semolina; **kasza ~a** semolina [2] Bot. (trawa) manna grass U spec. [3] Bot. (zakrzepły sok roślinny) solidified sap U; manna U spec. [4] Bot. (porost) manna lichen [5] Zool. (wydzielina czerwca) honeydew U (excreted by mealy bugs) [6] Bibl. manna; **~a na pustyni** manna in the wilderness

■ **~a z nieba** manna from heaven

manomet|r m (G ~ru) manometer

manowc|e plt (G ~ów) [1] (drogi) back roads pl, by-ways; (bezdroża) wilderness U; **błądził długo po ~ach** he wandered around lost in the middle of nowhere [2] przen. intricacies pl; the ins and outs pl pot.; **rozmowy z nim zawsze schodzą na ~e polityki** he always leads the conversation around to the intricacies of politics

■ **zwieść** a. **sprowadzić kogoś na ~e** to lead sb astray; **zejść na ~e** to go astray

mansar|da f [1] (poddasze) attic; (pokój lub mieszkanie) garret, mansard; **urządziła sobie pracownię malarską na ~dzie** she set up a studio in the attic [2] (dach czterospadowy) mansard (roof); (dach dwuspadowy) mansard (roof), gambrel (roof)

mansardow|y adi. [1] [mieszkanie, pokój] attic attr., garret attr. [2] [dach] (czterospadowy)

mansard attr.; (dwuspadowy) mansard attr., gambrel attr.

man|to n sgt hiding pot.; thrashing; **sprawić** a. **spuścić (komuś) ~to** pot. to give someone a hiding a. thrashing; **dostać ~to** to get a hiding a. thrashing

mantyl|a f (~ka dem.) Moda (szal) mantilla; (peleryna) mantlet, mantelet

manualnie adv. manually; **uzdolniony ~** manually skilled

manualn|y adi. książk. manual; **zręczność/sprawność ~a** a manual dexterity; **umiejętności ~e** manual skills

manufaktu|ra f [1] Hist. (forma produkcji) pre-industrial manufacture U; (fabryka) manufactory przest. [2] przest. (rękodzielnictwo) hand production U, hand manufacture U [3] przest. (tkaniny) ≈ yard goods pl

manufakturow|y adi. [praca, zakład] manufacturing; [wyroby] manufactured

manuskryp|t m (G ~tu) [1] książk. (rękopis) manuscript; (własnoręczny) autograph, holograph [2] Wyd. (tekst) manuscript

manuskryptow|y adi. książk. [egzemplarz, tom] manuscript attr.

mań|ka f

■ **zażyć kogoś z ~ki** pot. (oszukać) to fool sb, to take sb for a ride; (zaskoczyć i zdobyć przewagę) to get the jump on sb US

mańku|t m (Npl ~ci a. ~ty) pot., pejor. left-hander; lefty pot.; **być ~tem** to be left-handed a. cack-handed pot.

map|a f (lądowa) map; (morska) chart; **~a samochodowa/turystyczna** a road/tourist map; **~a lotnicza/morska** an aeronautical/a nautical chart; **~a warstwicowa** a contour map; **~a ścienna** a wall map; **~a Europy/świata** a map of Europe/the world; **~a w skali 1:20 000** a map on a. to a scale of 1:20,000; **nanieść coś na ~ę** to plot sth on a map; **oznaczyć na ~ie trasę podróży** to trace out a route on a map; **sporządzić ~ę terenu** to draw (up) a map of an area, to map a. chart an area; **posługiwać się ~ą** to read a map; **znaleźć coś na ~ie** to locate a. find sth on a map; **kulturalna ~a kraju/świata** przen. the cultural map of a country/the world

❏ **~a administracyjna** an administrative map; **~a ciała** body map a. chart; **~a dialektów** Jęz. a dialect map; **~a fizyczna** Geog. physical map; **~a genetyczna** Med. a genetic map; **~a geologiczna** Geol. geological map; **~a historyczna** Hist. historical map; **~a nieba** Astron. sky a. celestial chart; **~a plastyczna** relief map; **~a pogody** a. **synoptyczna** Meteo. weather map a. synoptic chart; **~a polityczna** Geog. political map; **~a przeglądowa** general map; **~a sejsmograficzna** Geol. a seismicity map; **~a sztabowa** Wojsk. military map; **~a topograficzna** topographic(al) map

map|ka f dem. (small) map

❏ **~ka konturowa** Geog. outline map

mapnik m map case

mapow|y adi. [papier] map attr.

ma|ra f książk. [1] (przywidzenie senne) vision, dream; **nocna mara** a nightmare; **dręczyły go nocne mary** he suffered from a. was tormented by nightmares [2] (urojenie) illusion, delusion; **gonił za marą szczęścia** he had a. harboured illusions of hap-

M

piness ③ (duch, zjawa) ghost, apparition; **wyglądać jak mara** to look like a ghost
marabu|t Ⅱ *m pers.* ① Hist. marabout ② Relig. marabout
Ⅲ *m anim.* Zool. marabou (stork)
Ⅳ *m inanim.* soft turkey feather
maraton *m* (*G* **~u**) ① Sport (bieg) marathon (race); **brać udział** a. **biec w ~ie** to take part in a. to run (in) a marathon ② Sport (wyścig) marathon; **~ narciarski/pływacki/samochodowy** a skiing/swimming/car marathon ③ przen. marathon; **~ filmowy/rockowy** a film/rock marathon; **to był ~, pracowałem dziesięć godzin bez przerwy** it was a real marathon, I worked non-stop for ten hours
maratończy|k *m* Sport marathon runner, marathoner
maratońs|ki *adi.* Sport marathon *attr.* także przen.
marazm *m sgt* (*G* **~u**) ① książk. (zobojętnienie) apathy, lethargy; (zastój) stagnation; **~ życia kulturalnego w małych miasteczkach** cultural stagnation in small towns; **popaść w ~** to sink into a state of apathy a. lethargy; **wyrwać kogoś z ~u** to rouse sb a. shake sb out of their lethargy; **otrząsnąć się z ~u** to cast a. throw off one's apathy; **wśród wyborców/w społeczeństwie panuje powszechny ~** there is widespread apathy among voters/among the public; **rynek ogarnia ~** the market's slowing right down ② Med. (u dzieci) marasmus; (u osób starszych) senile atrophy
marcepan Ⅱ *m* Kulin. marzipan *U*, almond paste *U*; **tort pokryty ~em** a marzipanned cake
Ⅲ **marcepany** *plt* książk., przen. (przysmaki) (exquisite) delicacies, dainties; **jeść tylko ~y** to eat only delicacies
marcepanow|y *adi.* [tort, batonik] marzipan *attr.*
march|ew *f sgt* Bot. ① (roślina) carrot; **uprawiać ~ew** to grow carrots; **zagon ~wi** a carrot patch ② (korzeń) carrot; **pęczek ~wi** a bunch of carrots; **sok/surówka z ~wi** carrot juice/salad
marchew|ka *f* Bot. ① (roślina) carrot ② (korzeń) carrot
■ **skrobać komuś ~kę** to tread on sb's heels
marchewkow|y *adi.* [włosy, sukienka] carrot-coloured, carroty
marchwiow|y *adi.* [sok] carrot *attr.*
marcow|y *adi.* [dzień, chłody, roztopy] March *attr.*
■ **~a pogoda** changeable a. variable weather
mar|ek¹ *m daw.* soul in purgatory
■ **chodzić jak ~ek po piekle** to wander around like a lost soul; **tłuc się jak ~ek po piekle** to make the devil a. a hell of a noise; **nocny ~ek** żart. night owl, nightbird
mar|ek² *m* Bot. (szerokolistny) water parsnip; (kucmerka) skirret
marengo Ⅱ *n inv. sgt* Włók. (tkanina) *dark grey cloth flecked with white*
Ⅲ *adi. inv.* (ciemnoszary) [garnitur, płaszcz] dark grey
margaryn|a *f* Kulin. margarine; **posmarować chleb ~ą** to spread margarine on bread

margeryt|ka *f* Bot. (ox-eye) daisy, marguerite
marginali|a *plt* (*G* **~ów**) książk. ① (uwagi, przypisy) marginal notes, marginalia ② (sprawy nieważne) things a. matters of secondary importance, peripheral issues; **nie zaprzątał sobie głowy ~ami** he didn't busy himself with trifles
marginalnie *adv.* książk. [interesować się] (only) slightly; **~ lepszy** marginally better; **poezją zajmował się ~** he was only slightly interested in poetry
marginalnoś|ć *f sgt* marginality, marginal nature
marginaln|y *adi.* książk. [zjawisko, sprawa] marginal, peripheral; **mieć ~e znaczenie** to be of marginal significance
margines *m* (*G* **~u**) ① (brzeg) margin; **lewy/prawy ~** the left/right(-hand) margin; **uwagi na ~ie** notes in the margin; **zapisać coś na ~ie** to write sth in the margin; **zostawić wąski/szeroki ~** to leave a narrow/wide margin; **wyrównany ~** Druk. justified margin; **na ~ie** przen. by the way, incidentally; **to tylko tak na ~ie** that's only by the way ② przen. margin, periphery; **opery stanowiły tylko ~ jego twórczości** operas were only incidental a. peripheral to his (main) work; **żyć na ~ie społeczeństwa** to live on the fringe(s) a. margins of society
❏ **~ społeczny** Socjol. underclass, dregs of society
■ **~ błędu** a margin of a. for error; **~ swobody/wątpliwości/ryzyka** a margin of flexibility/doubt/risk; **~ swobody twórczej** creative a. poetic a. artistic licence; **nowy system daje nauczycielom większy ~ swobody w ocenie uczniów** the new system allows teachers (a greater margin of) flexibility a. more room for manoeuvre in grading; **pozostawiasz dzieciom zbyt duży ~ swobody** you allow your children too much freedom a. latitude; **być** a. **znajdować się na ~ie, być zepchniętym na ~** to be a. be put on the sidelines; **spychać kogoś na ~** to push a. shunt sb on to the sidelines
marginesowo *adv.* (only) slightly; **interesował się polityką ~** he was only slightly interested in politics, politics was incidental to his main interests; **traktowała modę ~** she paid little attention to fashion; **dodała ~, że...** she mentioned in passing that...
marginesowoś|ć *f sgt* marginality, marginal nature
marginesow|y *adi.* ① [zapiski, uwagi] marginal ② [sprawa] marginal, peripheral; **być zjawiskiem ~ym** to be a marginal phenomenon
margrabi|a *m* (*Npl* **~owie**) Hist. margrave
margrabiows|ki *adi.* Hist. [rezydencja, posiadłość] margrave's, margravial
mariac|ki *adi.* [bazylika, kościół] St Mary's; **ołtarz ~ki/wieża ~ka** the altar/tower of St Mary's (Church)
marianin Relig. Ⅱ *m* (zakonnik) member of the Marian order
Ⅲ **marianie** *plt* (zakon) Marians

mariasz *m* (*A* **~a**) Gry ① (gra) marriage ② (król i dama) marriage (*king and queen of the same suit*)
mariaż *m* (*G* **~u**, *Gpl* **~y** a. **~ów**) książk. ① (małżeństwo) matrimony, marriage ② przen. marriage; **~ nauki z techniką** the marriage a. union of science and technology; **wchodzić w ~ z japońskimi firmami** to go into partnership with Japanese firms
marihuan|a *f sgt* marijuana; **skręt z ~ą** a (marijuana) joint pot.; a reefer; **robić skręta z ~y** to skin up GB pot.; **palić ~ę** to smoke marijuana
marines /ˈmaˈrins/ *plt inv.* Wojsk. Marines, Marine Corps; **oddziały ~** Marine (Corps) troops
marionet|ka *f* ① (lalka, kukiełka) puppet, marionette; **teatr ~ek** puppet a. marionette theatre ② przen., pejor. (osoba) puppet, marionette; **być ~ką w czyichś rękach** to be a puppet in sb's hands, to be sb's puppet
marionetkow|y *adi.* ① (kukiełkowy) [teatr, przedstawienie, film] puppet *attr.*, marionette *attr.* ② pejor. [państwo, rząd, polityk] puppet *attr.*
mar|ka¹ *f* ① (znak firmowy) [papierosów, kosmetyków] brand; [telewizorów, komputerów] make; [samochodów] make, marque; **niemiecka ~ka pralek** a German brand of washing machines; **jakiej ~ki jest twój samochód?** what make is your car?; **samochód niemieckiej ~ki** a German(-made a. -built) car; **samochód ~ki Fiat** a Fiat car ② (jakość) quality; **samochód dobrej ~ki** a good-quality car; **wino przedniej ~ki** superior a. premium quality wine ③ książk. (opinia) reputation, good name; **mieć dobrą ~kę** to have a. enjoy a good reputation
❏ **~ka ochronna → ochronny**
mar|ka² *f* Fin. mark
marke|t *m* (*G* **~tu**) supermarket; **robić zakupy w ~cie** to shop at the supermarket
marketing *m sgt* (*G* **~u**) Ekon., Handl. marketing; **metody/zasady ~u** marketing methods/principles; **specjalista od ~u** a marketing specialist
marketingow|y *adi.* Ekon., Handl. [strategia] marketing; **badania ~e** market research; **doradca ~y** a marketing consultant a. adviser
markiz *m* (*Npl* **~owie**) (osoba, tytuł) (we Francji, Włoszech i Hiszpanii) marquis; (w Wielkiej Brytanii) marquess
markiz|a *f* ① (daszek) awning, sunshade ② (parasol) (w kawiarni) sunshade; (na plaży) beach umbrella, parasol ③ (żona markiza) (we Francji, Włoszech i Hiszpanii) marquise; (w Wielkiej Brytanii) marchioness ④ zw. pl Kulin. (herbatnik) cream (*round biscuit with white/chocolate cream filling*)
markotnie *adv. grad.* [spojrzeć] glumly, morosely; **wyglądać ~** to look glum a. morose; **zrobiło jej się ~** she felt glum a. downhearted
markotni|eć *impf* (**~eję**, **~ał**, **~eli**) *vi* to become a. grow morose, to get downhearted ⇒ **zmarkotnieć**
markotn|y *adi. grad.* [osoba] glum, morose; [spojrzenie] glum; [twarz, samopoczucie] morose; **być ~ym** to feel down(hearted); **dlaczego jesteś taki ~y?** what are you

looking so glum about?; **nie bądź taki ~y** don't be so downhearted a. glum; **mieć ~ą minę** to have a glum expression; **zrobić ~ą minę** to pull a glum face

mark|ować[1] *impf vt* [1] (pozorować) *[osoba]* to feign, to sham *[pracę]*; **~ował chorobę** he feigned illness a. pretended to be ill; **~ował chorobę, żeby nie pracować** he was malingering to avoid work ⇒ **zamarkować** [2] (udawać) *[obraz, rzeźba]* to imitate; **kiczowaty obraz ~ował dzieło sztuki** the kitsch painting imitated a. was made to look like a work of art [3] Gry (w brydżu) to signal [4] Sport (zmylić przeciwnika) to feint *[cios, strzał]*; **~owany cios** a feint ⇒ **zamarkować** [5] Teatr (grać rolę niedbale) *[aktor]* to fluff one's lines

mark|ować[2] *impf vi* (nie spać w nocy) to stay up a. awake; **~ować po nocy** to burn the midnight oil; **~ować do świtu** to stay up all night a. till all hours; (pracując) to work into the early hours (of the morning)

markow|y *adi.* [1] (dotyczący znaku firmowego) *[produkt]* branded, brand-name *attr.*; *[dżinsy, perfumy]* designer; **znak ~y** trademark, (producer's) brand; **chodzę tylko w ~ych ciuchach** I only wear designer labels a. clothes [2] (dobry jakościowo) *[wino, pióro]* quality, premium [3] (cieszący się uznaniem) *[reżyser, pisarz, zespół]* acclaimed, celebrated

marksi|sta *m,* **~stka** *f* Marxist

marksistows|ki *adi. [teoria, poglądy, filozofia]* Marxist *attr.*; **dialektyka ~ka** Marxist dialectics

marksizm *m sgt* (*G* **~u**) Filoz., Polit. Marxism

marmola|da *f* Kulin. (fruit) preserve *U*; **~da wieloowocowa** mixed fruit preserve; **~da z gruszek/jabłek/śliwek** pear/apple/plum preserve

■ **zrobić z kogoś ~dę** pot. to beat a. smash sb to a pulp

marmolad|ka *f* Kulin. [1] *dem.* (fruit) preserve *U* [2] (cukierek) jelly

marmoladkow|y *adi. [nadzienie, masa]* (fruit) preserve *attr.*; **cukierek ~y** jelly

marmoladow|y *adi. [masa, przecier]* (fruit) preserve *attr.*

marmu|r [1] *m* (*G* **~ru**) (skała) marble *U*; **~r kararyjski/żyłkowany** Carrara/veined a. streaked marble; **nagrobek z ~ru** a marble tombstone; **pomnik/rzeźba z ~ru** a marble monument/sculpture; **płyta z ~ru** a slab of marble, a marble slab; **rzeźbić w ~rze** to carve a. sculpt in marble

[1] **marmury** *plt* marbles *pl*

marmur|ek [1] *m* [1] *dem.* marble [2] (kamień do ostrzenia) hone, whetstone [3] *sgt* (deseń) marbled a. marbleized pattern, marbling

[1] **marmurki** *plt* pot. marbled jeans

marmurkow|y *adi. [materiał, dżinsy]* marbled

marmurowo *adv.* marmoreally; **~ biała cera** a marble-white complexion; **~ blada twarz** a face white as marble; **~ gładkie czoło** a marble-smooth forehead

marmurow|y *adi.* [1] *[łazienka, rzeźba, schody]* marble *attr.*; *[posadzka]* marbled, marble(-paved); *[ściana]* marble(-faced), marbled; **sala z ~ą podłogą** a marble-floored room; **stół z ~ym blatem** a

marble-topped table [2] przen. *[twarz, wyraz twarzy]* marble-like; marmoreal książk. [3] *[czoło, ciało]* marble-like, smooth and pale

marnie *adv. grad. [ubrany]* poorly, shabbily; **~ płatna posada** a badly a. poorly paid job; **~ się czuć/wyglądać** to feel/look bad; **~ się uczyć** to be doing poorly at school, to be a mediocre student; **~ skończyć** to come to a miserable a. sorry end; **~ zginąć** to die a miserable death; **~ z nim** he's in a bad way

marni|eć *impf* (**~eję, ~ał, ~eli**) *vi* [1] (słabnąć) *[osoba]* to waste away, to go downhill; *[rośliny]* to wilt, to languish; **chorowała i ~ała w oczach** she was ill and was visibly wasting away; **rośliny mi ~eją z braku wody** my plants are wilting through a lack of water; **nasz ogród ~eje** our garden is going to pot pot. ⇒ **zmarnieć** [2] przen. *[osoba]* to languish, to go to seed; **~eć z bezczynności** to languish in idleness ⇒ **zmarnieć**

marnoś|ć *f* książk. [1] *sgt* (mała wartość) paltriness; (bezcelowość) futility; **~ć życia** the futility of life [2] (rzecz bez wartości) vanity, worthlessness; **święci gardzili ~ciami tego świata** the saints scorned the vanities of the world; **~ć nad ~ciami (i wszystko ~ć)** Bibl. vanity of vanities (all is vanity)

marnotraw|ca *m,* **~czyni** *f pejor.* waster; **~ca czasu** a time-waster; **~ca pieniędzy** a squanderer, a spendthrift

marnotrawi|ć *impf vt* książk. [1] (marnować) to waste *[surowce, gaz, prąd]*; to squander, to fritter away *[pieniądze]*; **pieniądze były ~one na byle co** money was wasted on trivialities ⇒ **zmarnotrawić** [2] (tracić) to waste *[czas]*; to squander *[zdolności]*; **~ć czas na bezużyteczne pogawędki** to fritter (one's) time away on trivial chatter ⇒ **zmarnotrawić**

marnotrawn|y *adi. przest.* wasteful, spendthrift

■ **syn ~y** książk. prodigal son; **powrót syna ~ego** Bibl. the return of the Prodigal Son

marnotrawstw|o *n sgt [pieniędzy]* waste; *[materiałów, surowców]* wastage; **~o czasu** time-wasting; **~o wody** wastage of water, wasting water

marn|ować *impf* [1] *vt* [1] (tracić) to waste *[siły, zdolności, okazje]*; **~ujesz tylko czas na plotki** you're only wasting your time on gossip ⇒ **zmarnować** [2] (zużywać bez potrzeby) to waste *[prąd, gaz, surowce]*; to waste, to squander *[pieniądze]*; **ogrzewanie nieużywanych pomieszczeń to ~owanie energii** heating unused rooms is a waste of energy ⇒ **zmarnować**

[1] **marnować się** [1] (nie wykorzystywać swoich możliwości) to be wasted; **~ujesz się tutaj/w tej pracy** you're wasted here/in this job ⇒ **zmarnować się** [2] (ulegać zniszczeniu) *[budynki]* to fall into ruin, to go to rack and ruin; **~uje się zbyt wiele żywności** too much food is being wasted ⇒ **zmarnować się**

marn|y [1] *adi. grad.* pot. (kiepski) *[zdrowie, jedzenie]* poor, bad; *[obiad]* meagre, paltry; *[pensja, zarobki]* paltry, meagre; *[płaca]* poor, paltry; *[wymówka]* flimsy; *[pracownik]* poor,

inferior; *[perspektywy]* poor, meagre; *[życie]* miserable; *[literatura]* second-rate; **~y z niego aktor** he's a very mediocre a. third-rate actor; **towar ~ej jakości** poor-quality goods; **ma ~e szanse na znalezienie pracy** there's little chance of his finding a job

[1] *adi.* książk. (bezcelowy) *[trud]* wasted, futile

■ **nasze wysiłki poszły na ~e** our efforts were wasted a. came to nothing; **twoje poświęcenie nie pójdzie na ~e** your sacrifice will not be wasted a. in vain; **wyrzucić** a. **wydawać pieniądze na ~e** to throw money away a. down the drain; **kupić coś za ~e pieniądze** to buy sth for peanuts a. for a song pot.; **kupiłem to za ~e dwieście złotych** I bought it for a measly two hundred zlotys; **tego utracjusza czeka ~y koniec** that spendthrift will come to a bad end a. to no good; **~y twój los** you are in real trouble; **jeśli ją dotkniesz, to ~y twój los** you'll be in for it a. in real trouble if you touch her; **pracować za/zarabiać ~e grosze** to work for/to earn peanuts a. a pittance

Maroka|ńczyk *m,* **~nka** *f* Moroccan

marokańs|ki *adi.* Moroccan

Mars [1] *m pers. sgt* Mitol. Mars

[1] *m anim. sgt* Astron. (planeta) Mars; **misja na ~a** a mission to Mars; **patrzyli na mnie jakbym był z ~a** they looked at me as if I came from Mars a. as if I had two heads

mars[1] *m sgt* książk. grim a. scowling expression; **mieć ~a na twarzy** to have a frown on one's face

mars[2] *m* (*G* **~u**) Żegl. (platforma) top; (punkt obserwacyjny) crow's nest

Marsjan|in *m* (*Gpl* **~**) [1] (przybysz z kosmosu) Martian [2] przen. man from Mars

marsjańs|ki *adi.* Astron. *[atmosfera, krajobraz, kratery]* Martian; *[skała, sonda]* Mars *attr.*

marskoś|ć *f sgt* Med. cirrhosis

marsow|y *adi. [mina, oblicze, spojrzenie]* grim, scowling

marsz[1] [1] *m* (*G* **~u**) [1] (ruch) march; **~ pokojowy** a peace march; **~ na Warszawę** a march on Warsaw; **to jest godzina ~u stąd** it's an hour's march from here; **żołnierze w ~u** soldiers on the march; **po ukończeniu studiów z ~u dostała pracę** przen. after graduation she got a job right a. straight away; **trudno odpowiedzieć mi tak z ~u** I can't answer off the cuff a. off the top of my head [2] (dążenie do celu) march; **~ Polski do NATO** Poland's way into NATO

[1] *inter.* [1] pot. (ostre polecenie) off you go!; **~ do domu!** off you go home!; **~ do łóżka!** off to bed (with you)!; **~ stąd!** off with you!, off you go (out of here)! [2] Wojsk. march!; **biegiem ~!** march, at the double!; **naprzód ~!** forward march!

❏ **~ patrolowy** patrol march

marsz[2] *m* (*A* **~a** a. **~**) Muz. march; **~ weselny/wojskowy/żałobny** a wedding/military/funeral march

❏ **~ triumfalny** triumphal march

marsz[3] *m* (*G* **~u**) Geol. (gleba) salt marsh soil

marszał|ek *m* (*Npl* **~kowie**) [1] (osoba, stopień) marshal; **~ek polny** a field marshal [2] (przewodniczący obradom) Speaker; **~ek sejmu/senatu** the Speaker of the Sejm/ Senate; **obradom przewodniczył ~ek sejmu** the parliamentary debates were presided over by the speaker [3] Hist. marshal; **~ek dworu** major-domo [4] przest. (zwierzchnik) steward

marszałkows|ki *adi.* [1] *[rozkaz, dowodzenie, dystynkcja]* marshal's [2] *[fotel, uprawnienia, przywileje]* Speaker's [3] Hist. *[sądy]* marshal's

marszcz|ony [1] *pp* → **marszczyć**
[2] *adi.* *[spódnica, rękaw]* gathered, tucked; *[zasłona]* gathered, ruffled; **papier ~ony** crêpe paper

marszcz|yć *impf* [1] *vt* [1] (kurczyć) to wrinkle *[nos, twarz]*; **~yć brwi** to frown, to wrinkle one's brow; **~yć czoło** to wrinkle one's forehead; **~yć czoło ze zdumienia** to knit one's brow, to give a puzzled frown ⇒ **zmarszczyć** [2] (fałdować) to ruffle, to ripple; **wiatr ~ył powierzchnię jeziora/wody** the wind made ripples on a. rippled the surface of the lake/the water ⇒ **zmarszczyć** [3] (gnieść) to gather; **~yć zasłony** to gather a. ruffle curtains; **suknia ~ona w talii** a dress gathered at the waist ⇒ **zmarszczyć**
[2] *marszczyć się* [1] (pokrywać się zmarszczkami) *[czoło, twarz, skóra]* to become wrinkled a. lined; *[materiał]* to crease, to crumple; **na starość skóra mu się ~y** his skin is becoming wrinkled a. lined with old age ⇒ **zmarszczyć się** [2] (fałdować się) *[woda]* to ripple; **powierzchnia jeziora ~y się od wiatru** the surface of the lake ripples in the wind ⇒ **zmarszczyć się**

marszobieg *m* (*G* **~u**) Sport. run/walk; **brać udział w ~u** to participate in a run/ walk (event)

marszow|y *adi.* [1] *[krok, kolumna]* marching; **szyk ~y** marching formation a. order; **ruszył z miejsca ~ym krokiem** he set off at a marching pace [2] *[melodia, rytm]* marching; *[repertuar]* march, marching

marszru|ta *f* route, itinerary; **ich ~ta prowadziła przez Toruń** Toruń was on their itinerary

martens|y *plt* (*G* **~ów**) pot. Doc Martens

martini *n inv.* [1] Wina Martini [2] (koktajl) Martini (cocktail) [3] pot. (porcją) Martini; **dwa ~ proszę** two Martinis, please

martwic|a *f sgt* [1] Med. necrosis; **~a kości/ skóry/wątroby** necrosis of the bones/skin/ liver [2] Bot. rhytidome, outer bark [3] Geol. (warstwa gleby) hardpan [4] Geol. (skała) sinter; **~a krzemionkowa/wapienna** siliceous/ calcareous sinter

martwicowy → **martwiczy**

martwicz|y *adi.* Med. *[tkanka, czop, ognisko, zmiany]* necrotic

martw|ić *impf* [1] *vt* to worry, to upset; **~ić kogoś czymś** to worry sb with sth; **~isz mnie swoim postępowaniem** your behaviour worries me; **~i mnie rosnące bezrobocie** I'm worried a. concerned about (the) growing unemployment; **~i mnie, że...** it worries a. bothers me that...; **to mnie wcale nie ~i** that doesn't worry me in the least; **nie chcę pani ~ić, ale to niemoż-**

liwe I don't want to worry a. upset you, but that's impossible; **najbardziej ~i ją lenistwo syna** what worries her (the) most is her son's laziness ⇒ **zmartwić**
[2] *martwić się* to worry (oneself), to be worried; **~ić się czymś** a. **o coś** to worry (oneself) about sth; **~iła się chorobą matki** she (was) worried about a. over her mother's illness; **~iłem się, czy zdążę do pracy** I was worried whether I would get to work on time; **czym się ~isz?** what are you worrying about?, what's worrying a. bothering you?; **nie ~ się** don't (you) worry; **nie ~ się tym** don't worry about that, don't let it bother you; **nie ma co się ~ić** there's nothing to worry about; **~ić się na zapas** to worry before the event a. beforehand; **~ić się o przyszłość** to worry about the future; **~ienie się nic nie da** worrying won't help; **~ienie się nic ci nie da** worrying will get you nowhere

martwo *adv.* *[wyglądać]* dead *attr.*, lifeless *attr.*; **urodzone dziecko/szczenię** a stillborn child/puppy; **patrzeć ~** to stare into space

martwo|ta *f sgt* [1] (bezruch) książk. lifelessness [2] (odrętwienie) torpor, inertia

martw|y [1] *adi.* [1] *[osoba, zwierzę, roślina, komórka, tkanka]* dead; **padł ~y na ziemię** he fell dead a. lifeless to the ground; **powstać z ~ych** to rise from the dead; **paść/siedzieć jak ~y** to fall/sit as if dead; **leżała jak ~a na łóżku** she lay as if dead a. lifeless(ly) on the bed [2] (nieruchomy) *[wzrok, oczy, twarz]* lifeless, expressionless [3] (zepsuty) *[urządzenie, maszyna]* kaput pot.; broken [4] (niezaktócony) *[cisza]* dead, deadly; *[świat, okolica]* dead, desolate [5] (nierealny) *[prawo, przepis]* dead, defunct; *[idea]* defunct
[2] *m zw. pl* **~i** the dead; **~ych nic już nie wskrzesi** nothing will bring back the dead

martyrologi|a *f* (*GDGpl* **~i**) książk. martyrdom *U*, martyrization *U*; **~a Żydów w obozach koncentracyjnych** the martyring of Jews in concentration camps

martyrologiczn|y *adi.* książk. *[dzieje]* martyrological

maru|da *m, f* (*Npl m* **~dy**, *Gpl m* **~d** a. **~dów**; *Npl f* **~dy**, *Gpl f* **~d**) pot., pejor. [1] (guzdrała) slowcoach GB pot., slowpoke US pot.; **szybciej, ~do!** hurry up, you slowcoach! [2] (zrzęda) bellyacher pot., whinger GB pot.; grumbler; **dlaczego ty jesteś taka ~da?** why are you such a bellyacher?

marude|r *m* [1] (spóźnialski) straggler, latecomer; **czekać na ~rów** to wait for the stragglers [2] Wojsk. marauder

maruders|ki *adi.* [1] (spóźnialski) **~kie grupy** groups of stragglers [2] Wojsk. marauding

maruderstw|o *n sgt* [1] (ociąganie się) procrastination, procrastinating; **~o w odrabianiu lekcji** putting off one's homework [2] Wojsk. marauding

marudnie *adv.* grad. [1] (powoli) *[poruszać się, pracować]* slowly, sluggishly; **praca szła mu ~** the work went slowly for him [2] (zrzędliwie) grumpily, whiningly

marudn|y *adi.* grad. [1] (leniwy) *[robotnik, uczeń]* slothful, sluggish [2] (żmudny) *[praca, czynność]* tedious, tiresome; **trafiła mi się ~a robota przy pilnowaniu dzieci** I've

been landed with a tedious babysitting job [3] (zrzędliwy) grumpy, sulky; **~e dziecko** a sulky child; **~y klient** a peevish a. difficult customer; **~i pacjenci** grumpy patients

maru|dzić *impf vi* pot., pejor. [1] (narzekać, zrzędzić) to gripe pot. (**na coś** about sth); to whinge GB pot. (**na coś** about sth); **chore dzieci zwykle ~dzą** sick children tend to be fretful; **ciągle ~dzi na niskie zarobki** he's constantly griping about his low salary [2] (grzebać się, guzdrać) to dawdle; to dilly-dally pot.; **~dzić z robotą** to dawdle over one's work [3] (nudzić mówieniem) to go on (and on); to witter on GB pot.; **przez godzinę ~dził o dyscyplinie w pracy** he wittered on for an hour about discipline at work

mar|y *plt* (*G* **~ów**) książk. [1] (nosze) stretcher [2] (katafalk) bier
■ **leżeć na ~ach** książk. to be no more; **ujrzeć** a. **widzieć kogoś na ~ach** książk. to think sb (is/was) dead

mary|cha *f sgt* pot. (marihuana) Mary Jane pot., reefer pot.

Mary|ja *f* Relig. (Virgin) Mary

maryjn|y *adi.* Relig. *[kult]* Marian; **nabożeństwo ~e** a Marian service

marynarecz|ka *f dem.* (cienka) light jacket; (mała) little jacket; **zakładać lekką ~kę** to put on a light jacket

marynar|ka *f* [1] Moda jacket; **jednorzędowa/dwurzędowa ~ka** a single-/double-breasted jacket; **samodziałowa/wełniana/ zamszowa ~ka** a homespun/wool(len)/ suede jacket; **~ka sportowa/wizytowa** a sports/formal jacket; **chodzić w ~ce/ bez ~ki** to wear/to not wear a jacket [2] *sgt* (flota morska) navy *C*; **~ka handlowa** the merchant navy; **~ka wojenna** the navy; **oficer ~ki** a naval officer; **służyć w ~ce** to serve in the navy; **zaciągnąć się** a. **wstąpić do ~ki** to enlist in a. join the navy

marynarkow|y *adi.* *[krój]* jacket *attr.*

marynars|ki *adi.* [1] *[kajuta, służba]* sailor *attr.*, sailor's; **chód ~ki** a sailor's gait; **kapelusz/kołnierz ~ki** a sailor hat/collar; **węzeł ~ki** a sailor's knot; **~kie życie** a sailor's life; **spodnie ~kie** sailor a. sailor's trousers; **ubranie ~kie** a sailor suit; **worek ~ki** a duffel bag [2] Wojsk. naval, navy *attr.*; **służba ~ka** naval a. navy service; **stopnie ~kie** naval a. navy ranks; **szkoła ~ka** a naval a. navy school

marynarz *m* (*Gpl* **~y**) [1] Mors., Wojsk. (żołnierz na statku) sailor; (nieoficer) seaman [2] Mors., Wojsk. (stopień) sailor, seaman; **młodszy ~** a (junior) seaman, a sailor; **starszy ~** an ordinary seaman, a seaman apprentice [3] (członek załogi statku) sailor, crew member; **~ pokładowy** a deckhand
■ **grać w ~a** pot. (losować) ≈ to draw a. cast lots

marynarzyk *m dem.* (*Npl* **~i**) pieszcz. sailor boy pieszcz.

maryna|ta *f* Kulin. [1] (z owoców, warzyw) pickle *C/U*; **~ty rybne** pickled a. marinated fish; **śledź w ~cie słodko-kwaśnej** sweet-and-sour herring [2] *sgt* (do przyprawiania) marinade; **cielęcina w ~cie** marinated veal; **~ta jogurtowa/pikantna** yogurt/spicy marinade; **trzymać coś**

M

w **~cie około sześciu godzin** to marinate sth for about 6 hours

maryni|sta m Literat., Szt. (malarz) seascape artist, seascapist; (pisarz) author of sea stories, marine writer

marynistyczn|y adi. Literat., Szt. [literatura] seafaring; [malarstwo] seascape attr., marine attr.; [motyw] marine, sea attr.; **powieść ~a** a seafaring novel, a novel of the sea

marynisty|ka f sgt Literat., Szt. (malarstwo) seascape painting; (literatura) literature of the sea

maryn|ować impf **[]** vt to marinate, to pickle; **~ować mięso/warzywa/śledzie** to marinate a. pickle meat/vegetables/herring ⇒ **zamarynować**

[] marynować się to be pickled; **ogórki lepiej się ~ują, jeśli dodamy do nich korzeń chrzanu** cucumbers pickle better if you add some horseradish ⇒ **zamarynować się**

marynowan|y [] pp → marynować

[] adi. [mięso, ryby, owoce, warzywa, grzyby] marinated, pickled

marzann|a f **1** (kukła) dial. a straw figure representing winter, symbolically drowned during a folk ritual in celebration of the coming spring **2** Bot. madder

ma|rzec m March; **dziś jest pierwszy/ czwarty marca** a. **pierwszego/czwartego marca** pot. it's the first/fourth of March (today), it's March first/fourth (today)

■ kochliwy jak kot w marcu pot., żart. amorous; lovey-dovey pot.; **w marcu jak w garncu** przysł. ≈ March comes in like a lion and goes out like a lamb przysł.

marze|nie [] sv → marzyć

[] n **1** zw. pl (nadzieja, ambicja) dream; (mrzonka, fantazja) daydream; **niedościgłe/ piękne/płonne ~nie** an unattainable/a beautiful/a vain dream; **pogrążyć się w ~niach** to be lost in thought, to be in a brown study; **oddawać się ~niom** to daydream; **spełnienie ~ń** a dream come true; **w najśmielszych ~niach** in one's wildest dreams; **porzucić ~nia o czymś** to stop dreaming about sth; **żyć w świecie ~ń** to live in a dreamworld **2** (przedmiot pragnień) dream; **jej ~niem jest willa z ogródkiem** her dream is to have a house with a garden, she dreams of a house with a garden; **być wiernym swoim ~niom** to hold on to a. to cling to one's dreams; **piękny jak ~nie** as pretty as a picture **3** (coś pięknego, doskonałego) pot. dream; **to ~nie, nie suknia!** that's a dream of a dress!

❏ ~nia senne Psych. dreams

■ ~nie ściętej głowy pot. pipedream; **minąć** a. **zniknąć** a. **odejść jak senne ~nie** to vanish into thin air; **senne ~nie** książk. nothing but a dream; **szczyt ~ń** one's fondest dream

mar|znąć /'marznoŋte/ impf (**~zł** a. **~znął**) vi **1** (ziębnąć) to freeze; **~znę w ręce** my hands are freezing ⇒ **zmarznąć** **2** (zamarzać) to freeze; **zimą jezioro ~znie** in winter the lake freezes over; **~znąca mżawka** freezing drizzle ⇒ **zamarznąć** **3** (ulegać zniszczeniu) [drzewa, rośliny] to freeze ⇒ **zmarznąć**

marzyciel m, **~ka** f (Gpl **~i, ~ek**) dreamer; **niepoprawny ~** an incorrigible dreamer

marzyciels|ki adi. [uśmiech, spojrzenie] dreamy; [osoba] spac(e)y pot., spaced-out pot.; **mieć ~kie usposobienie** to be (something of a. a bit of) a dreamer, to have one's head in the clouds

marzycielsko adv. [patrzeć, uśmiechać się] dreamily

marzycielstw|o n sgt **1** (cecha) dreamy nature C, dreaminess **2** (fantazjowanie) fantasizing; **chorobliwe ~o** pathological fantasizing

marz|yć impf **[]** vi **1** (wyobrażać sobie) to daydream, to dream (**o czymś** about sth); **~yć o dalekich krajach** to daydream about far-off countries; **lubił usiąść sobie w fotelu, zamknąć oczy i ~yć** he liked to sit in an armchair, close his eyes and daydream **2** (bardzo czegoś pragnąć) to dream (**o czymś** of sth); **~yć o własnym domu/ rejsie dookoła świata** to dream of having one's own home/of sailing around the world; **~ył, że zostanie aktorem** he dreamt of becoming an actor; **chcę się wyspać, o niczym innym nie ~ę** all I want is a good night's sleep

[] marzyć się (być upragnionym) **~y mi się mały, ładny domek na wsi** I dream of having a. my dream is to have a nice little house in the country

■ ~yć o niebieskich migdałach to daydream; **można tylko ~yć** a. **nie ma co ~yć** (there's) no chance a. not a chance; **o odpoczynku nie ma co ~yć** don't even think about taking a break

marż|a f Ekon., Handl. mark-up; **podnieść ~ę o 20%** to increase the mark-up by 20%

❏ ~a detaliczna retail margin; **~a hurtowa** wholesale margin; **~a zysku** profit margin

mas|a [] f **1** (substancja) **wyrobić ciasto na jednolitą ~ę** to knead the dough until (it's) smooth; **grzebień z ~y szylkretowej** a tortoiseshell comb; **sucha ~a** a dry substance; **~a mięśniowa** muscle mass **2** (wiele) lots a. a lot, a mass; masses pot.; **~a kłamstw** a mass of lies; **cała ~a sprzeczności** a mass of contradictions; **przyszło ~ę ludzi** loads of people came pot.; **~ę dzieci nie wyjechało na wakacje** lots of children spent their holidays at home **3** zw. pl mass U; masses pl pot.; **~y lawy** a mass of lava; **ludzie ~ami opuszczali miasto** people were leaving the city en masse a. in droves **4** (bryła) **w mroku majaczyła ~a statku** a ship loomed out of the darkness; **~a lasu** the looming forest **5** Fiz. (ciężar) mass C/U; weight C/U pot.; **~a atomowa/cząsteczkowa** atomic/particle mass; **~a krytyczna** critical mass; **~a ciała** body weight; **bryła o ~sie jednego kilograma** a solid with a mass of one kilogram; **siła to ~a razy przyspieszenie** force is defined as mass times acceleration **6** Elektr. earth, ground U **7** Prawo estate; **~a spadkowa** an/the estate; **~a upadłościowa** a. **konkursowa** a/the bankrupt's estate

[] masy plt (lud, tłum) the masses; **~y chłopskie/pracujące** the rural a. peasant/

working masses; **gazeta dla ~** a newspaper for the masses; **nie uzyskał poparcia ~** he failed to gain the support of the masses; **oddziaływać na ~y** to influence the masses; **opium dla ~** the opium of the people a. the masses

❏ ~a akustyczna Fiz. acoustic mass; **~a celulozowa** Przem. cellulose pulp; **~a migdałowa** Kulin. frangipane spec.; **~a papiernicza** paper pulp; **~a perłowa** mother-of-pearl; **~a relatywistyczna** Fiz., Chem. relative a. relativistic mass; **~a spoczynkowa** Fiz. rest mass; **~a szklana** Przem. glass mass; **~a towarowa** Ekon. volume of goods; **~a tynkarska** Budow. plaster mass; **~a właściwa** Fiz., Chem. real a. invariant mass; **~a plastyczna** Chem. plastic mass

■ ciemna ~a pejor., żart. num(b)skull pot., pejor.

masak|ra f massacre, slaughter; przen. bloodbath przen.; **~ra słoni/żółwi** the slaughter of elephants/tortoises; **ocaleć z ~ry** to survive the/a massacre; **urządzić ~rę** to carry out a. perpetrate a massacre a. slaughter

masakr|ować impf vt **1** (zabijać) to massacre, to slaughter; **~ować niewinnych/powstańców** to massacre innocent people/the rebels; **~owanie pokonanych wojsk** the massacre a. slaughter of the defeated troops ⇒ **zmasakrować** **2** (bić) to brutalize, to batter; **~ować więźniów podczas przesłuchania** to beat up the prisoners under interrogation ⇒ **zmasakrować** **3** pot., przen. to massacre przen.; **~ować wiersz/sztukę** to massacre a poem/play

masar|nia f (Gpl **~ni** a. **~ń**) meat processing plant

masars|ki adi. [sklep, wyroby] butcher attr., butcher's

masarstw|o n sgt **1** (zawód) meat processing, butcher's trade **2** (wędliniarstwo) meat processing

masarz m (Gpl **~y**) butcher; **wędliny od najlepszego ~a w mieście** cooked meats a. cold cuts US from the best butcher in town

masaż m (G **~u**) massage C/U; **~ kręgosłupa** spinal a. spine massage; **~ serca** Med. heart a. cardiac massage; **~ leczniczy/sportowy** therapeutic/athletic a. sports massage; **~ wodny** hydromassage; **zrobić komuś ~ pleców/stóp/całego ciała** to give sb a back/foot/whole body massage; **zlecić komuś serie ~y** to recommend that sb have massage therapy

❏ ~ erotyczny erotic massage także euf.

masaży|sta m massage therapist, masseur

masażyst|ka f massage therapist, masseuse

masecz|ka f **1** Kosmet. face mask a. pack; **zrobić sobie ~kę nawilżającą z jogurtu** to put on a moisturizing yogurt mask **2** dem. (ochronna) (face) mask; **pracować w ~ce** to wear a (face) mask at work **3** dem. (balowa) mask

maselnic|a f **1** augm. (naczynie) butter dish **2** (do ubijania masła) churn

maselnicz|ka f butter dish

masel|ko n dem. pieszcz. butter U; **chleb z ~kiem** bread and butter

mas|ka *f* [1] (teatralna, balowa) mask; **aktorzy grali w ~kach** the actors wore masks; **założyć ~kę na twarz** to put on a mask [2] przen. (poza) façade przen., veneer przen.; **pod ~ką szorstkości skrywała wrażliwość** she concealed her sensitivity under a veneer of churlishness [3] (grymas) grimace; **przeraziła mnie nieruchoma ~ka jego twarzy** the frozen grimace on his face terrified me [4] daw. (uczestnik balu maskowego) mask daw.; masked person; **korowód ~ek** a procession of masks [5] (ochronna) (face) mask; (sportowca) face guard, (face) mask; **~ka przeciwgazowa** a gas mask; **~ka szermiercza** a fencing mask; **~ka do nurkowania** a diving mask [6] (odlew twarzy) mask; **~ka pośmiertna** a death mask [7] Kosmet. face mask a. pack, facial [8] (samochodu) bonnet GB, hood US; (samolotu, czołgu) engine cover [9] Fot. mask [10] Med. oxygen mask [11] Wojsk. mask, screen
■ **nosić/przywdziewać ~kę** to wear/to put on a mask przen.; **przywdziała ~kę obojętności** she hid (her feelings) behind a mask of indifference; **zdzierać z kogoś/czegoś ~kę** to unmask sb/sth; **zdarł ~kę z fałszywego przyjaciela** he unmasked his false friend; **zrzucać** a. **zdejmować** a. **zdzierać ~kę** to cast off one's mask przen.

maskara|da *f* [1] (bal) masquerade (party) a. masque, masked ball; **brać udział w karnawałowych ~dach** to take part in carnival masquerades; **bawić się na ~dzie** to have fun at a masquerade (party) [2] przen. (udawanie) masquerade, pretence; **całe te przeprosiny były jedną, wielką ~dą** all those apologies were just a big pretence a. masquerade

maskaradowo *adv.* **przebierać się ~** to wear fancy dress GB, to wear masquerade costume; **wyglądać ~** (krzykliwie) *[ubiór]* to be gaudy

maskaradow|y *adi.* [1] *[bal]* masquerade *attr.*, fancy dress *attr.* GB; *[przebranie]* masquerade *attr.* [2] (krzykliwy) gaudy; **ten strój jest zbyt ~y** these clothes are too gaudy

maskot|ka *f* [1] (na szczęście) mascot, lucky charm; **ofiarować komuś ~kę** to give sb a mascot; **ona jest moją ~ką** she's my lucky charm [2] (zabawka) stuffed toy, toy animal; **na piąte urodziny dostała w prezencie ~kę** she got a stuffed toy for her fifth birthday [3] (symbol) mascot; **~ka Igrzysk Olimpijskich** the Olympic Games mascot

mask|ować *impf* [1] *vt* [1] (zakrywać, zasłaniać) to camouflage, to mask; **~ować działa/czołgi/lotnisko** to camouflage the guns/tanks/airport; **~ować dół gałęziami** to camouflage a pit with tree branches ⇒ **zamaskować** [2] (ukrywać uczucia) to hide, to conceal; **~ować strach/niepokój** to conceal one's fear/anxiety; **uśmiech ~ujący zakłopotanie** a smile to cover up one's/sb's embarrassment ⇒ **zamaskować** [3] Chem. to mask
[1] **maskować się** to maintain a front a. façade; **~ować się przed kimś** to maintain a front a. façade in front of sb; **~ować się ze swoimi uczuciami** to conceal one's feelings ⇒ **zamaskować się**

maskow|y *adi.* **bal ~y** a masquerade a. a masked ball, a fancy-dress ball GB

maskulinizacj|a *f sgt* [1] książk. masculinization (**czegoś** of sth) *[zawodu]*; **~a w modzie damskiej** masculine styling in woman's fashions [2] Biol. masculinization [3] Jęz. masculinization

maskuliniz|ować *impf* [1] *vt* [1] książk. (zwiększać udział mężczyzn) to masculinize książk. *[zawód]* książk. (nadawać cechy męskie) to masculinize książk.; **~ować stroje damskie** to masculinize women's clothes [3] Biol. to masculinize; **~ować płód** to masculinize a/the fetus [4] Jęz. to masculinize; **~ować nazwiska kobiet** to masculinize women's names
[1] **maskulinizować się** książk. [1] *[zawód, zajęcia]* to become masculinized książk.; to become male-dominated [2] (nabierać cech męskich) *[kobiety, stroje, nazwiska]* to become masculinized książk.; **w dzisiejszym świecie kobiety ~ują się** women are becoming masculinized nowadays

ma|sło *n sgt* Kulin. butter; **masło stołowe** butter; **świeże/zjełczałe masło** fresh/rancid butter; **kostka masła** a packet of butter; **masło czosnkowe** garlic butter; **masło roślinne** margarine, butter substitute; **chleb z masłem** bread and butter; **smarować coś masłem** to butter sth, to spread butter on sth; **ubijać masło** to churn butter; **smażyć jajecznicę/grzyby na maśle** to scramble eggs/to fry mushrooms in butter
❑ **masło kakaowe** Farm., Kosmet., Kulin. cocoa butter; **masło orzechowe** (z orzechów laskowych i czekolady) hazelnut chocolate spread; (z orzechów ziemnych) peanut butter
■ **iść jak po maśle** to go swimmingly; **(to) chleb a. bułka z masłem** pot. (it's a) piece of cake; **masło maślane** pot. tautology

masochi|sta *m*, **~stka** *f* masochist także przen.

masochistycznie *adv.* masochistically

masochistyczn|y *adi. [praktyki, osobowość, przyjemność]* masochistic; **~e skłonności** masochistic tendencies, a masochistic streak; **~a szczerość** burning a. searing honesty

masochizm *m* (G ~u) *sgt* masochism także przen.

mason *m* Freemason, Mason

masoneri|a *f sgt* (GD ~i) (wolnomularstwo) Freemasonry, Masonry

masoń|ski *adi. [ruch, związek]* Freemasons', Masonic

mas|ować *impf* [1] *vt* to massage; **~ować komuś stopy/plecy** to massage sb's feet/back, to give sb a foot/back rub ⇒ **wymasować**
[1] **masować się** [1] (masować samego siebie) to give oneself a massage ⇒ **wymasować się** [2] (być masowanym u specjalisty) to get a massage

masow|iec *m* Mors., Transp. bulk carrier

masowo *adv. [demonstrować, umierać]* on a large scale, in large numbers; **chorowali ~ na malarię** large numbers of them were suffering from malaria; **produkować coś ~** to mass-produce sth; **turyści zjeżdżali tam ~** tourists were swarming a. flocking to the place; **żołnierze ginęli ~** large numbers of soldiers were killed

masowoś|ć *f sgt* [1] (duża skala) **~ć produkcji/turystyki** mass production/tourism [2] (duży zasięg) **wpływ ~ci kultury** the influence of mass culture

masow|y *adi.* mass *attr.*; **~y protest/strajk** a mass protest/strike; **~y ruch turystyczny** mass tourism

masów|ka *f pot.* [1] (wiec) mass meeting; (polityczna) rally; **~ka robotników/studentów/związkowców** a mass meeting of workers/students/trade unionists; **zwołać ~kę** to hold a mass meeting/a rally [2] *sgt pejor.* (towary) mass-produced goods *pl*; **byle jak wykonana ~ka** shoddy mass-produced goods [3] *sgt pejor.* (kultura dla mas) mass culture, low(brow) a. pop(ular) trash pejor.; **księgarnie zapełnione ~ką beletrystyczną** bookshops full of pulp fiction [4] *sgt* Poczta ordinary stamps *pl*; **zbierać** a. **kolekcjonować ~kę pocztową** a. **filatelistyczną** to collect ordinary postage stamps

mass medi|a *plt* (G **mass mediów**) mass media

masturbacj|a *f sgt* masturbation

masturbacyjn|y *adi.* masturbatory

masyw *m* (G ~u) [1] Geol. massif; **~ górski** a mountain range; **~ skalny** the rock outcropping [2] (budowli) **~ katedry/pałacu** a bulk of the cathedral/palace [3] Techn. solid tyre GB, solid tire US
❑ **~ centralny** Geol. central massif

masywnie *adv. grad. [skonstruowany]* massively; *[wyglądać]* massive *adi.*; **~ zbudowany mężczyzna** a massively built man

masywnoś|ć *f sgt* massiveness; **~ć budynku** the massiveness of the building

masywn|y [1] *adi. grad.* (ogromny, solidny) massive; **~y gmach/mur** a massive edifice/wall; **~a postać** a massive figure
[1] *adi.* (lity) solid; **sygnet z ~ego złota** a solid gold signet ring

maszer|ować *impf vi* [1] (iść rytmicznym krokiem) to march; **~ować w szeregu** to march in a column; **~ować czwórkami** to march in fours; **~ować drogą/ulicami/po placu** to march down the road/down the streets/around the square; **~ować w miejscu** to march on the spot [2] (iść) pot. to march pot.; **codziennie rano Jasio ~uje do szkoły** every morning Johnny marches off to school
■ **~uj stąd!** pot. ≈ run along pot., ≈ off you go pot.; **~uj stąd do swojego pokoju!** go to your room!

maszka|ra *f* [1] pejor. (potwór, straszydło) monster; **wyglądać jak ~ra** to look like a scarecrow [2] Archit. mascaron spec.

masz|t *m* (G ~tu) [1] (słup) flagpole, flagstaff; **opuścić flagę do połowy ~tu** to lower the flag to half mast; **wciągnąć flagę na ~t** to run up a. hoist the flag; **zatknąć chorągiew na ~cie** to run up a. hoist a flag [2] Techn. **~t cyrku** a circus tent pole; **~t oświetleniowy** a lamp standard; **~t sygnalizacyjny** a signal mast [3] Żegl. mast; **~t jachtu/statku** a sailing boat/ship mast; **burza połamała wszystkie ~ty** all the masts were lost in the storm; **wciągnąć banderę na ~t** to run up a. hoist a flag
❑ **~t antenowy** Radio, TV antenna mast,

M

aerial mast; Techn. radio mast; **~t monta-żowy** Budow., Techn. (builder's) hoist

masztalers|ki *adi.* grooming, groom's; **obowiązki ~kie** the/a groom's duties; **prace ~kie** grooming

masztalerz *m* [1] (pracownik stadniny) groom [2] przest. head groom

masztow|iec [] *m* Żegl. mast vessel [II] -masztowiec *w wyrazach złożonych* **trzymasztowiec a triple-mast(ed) vessel

masztow|y [] *adi.* [1] (odnoszący się do masztu flagowego) flagpole *attr.*, flagpole's [2] Techn. mast *attr.*; **wzmacniacz ~y antenna amplifier mast; **uchwyt ~y** mast grip [3] Żegl. mast *attr.*; **wiązania ~e** mast ties [II] -masztowy *w wyrazach złożonych* -masted; **dwumasztowy żaglowiec** a two-masted sailing ship

maszyn|a *f* [1] (urządzenie) machine; **~a parowa** a steam engine; **~a do nitowania** a riveting machine; **~a do szycia** a sewing machine; **~a do pisania** a typewriter; **~a matematyczna** a. **cyfrowa** przest. a calculating machine [2] (pojazd, samolot) machine; **czekaliśmy aż ostatnia ~a wzniosła się w powietrze** we waited until the last machine had taken off [3] książk., przen. machine przen.; **obywatel jest tylko trybem w ~ie państwowej** the citizen is merely a cog in the wheel of the machine of state [4] pot., przen. machine przen.; **automaton; podczas wojny stał się ~ą do zabijania** during the war he turned into a killing machine

maszyneri|a *f* (GDGpl ~i) [1] (układ mechanizmów) machinery *U*; (maszyny, samochodu) workings *pl*; (maszyny, zegarka, zegara) moving parts *pl*, works *pl*; (zegarka, pistoletu) mechanism [2] Teatr stage machinery a. equipment *U* [3] przen. machinery *U*; **~a władzy** the machinery a. mechanics of power

maszyni|sta *m* engine driver

maszynist|ka *f* typist

maszyn|ka *f* [1] (urządzenie) machine; **~ka do golenia** a shaver; **~ka do kawy** a coffee machine, a coffee maker; **~ka do lodów** an ice-cream maker; **~ka do mielenia** a grinder; **~ka do mięsa** a meat mincer GB, a meat grinder; **~ka do strzyżenia** a hair trimmer [2] (kuchenka) portable cooker GB, portable stove; **~ka elektryczna/spirytusowa/naftowa** a portable electric/spirit/oil cooker a. stove [3] Techn. (urządzenie mechaniczne) machine [4] (samochód) pot. wheels *pl* pot., set of wheels pot.; **jeździ niezłą ~ką** s/he's got a nice set of wheels [5] (mechanizm działań) przen. machinery przen.; **~ka biurokracji** the bureaucratic machinery

■ **~ka do robienia pieniędzy** przen. money machine, money-spinner GB

maszynopis *m* (G ~u) typescript; **dwieście stron ~u** two hundred typed pages

maszynopisani|e *n sgt* typewriting *U*, typing

maszynowni|a *f* (Gpl ~) [1] Mors., Techn. engine room; **~a łodzi podwodnej/okrętu** the submarine's/ship's engine room [2] (hala maszyn) machine room

maszynowo *adv.* by machine; **swetry robione ~** machine-made sweaters

maszynow|y *adi.* [1] (dotyczący maszyn) machine *attr.*; **hala ~a** a machine room; **przemysł ~y** the engineering industry [2] (wykonany za pomocą maszyny) machine *attr.*, machine-made; **~y zbiór zboża** machine harvesting; **haft ~y** machine embroidery; **wyroby ~e** machine-made a. machined goods a. articles; **pismo ~e** typewriting, typescript

maś|ć *f* [1] Farm. (lekarstwo) ointment *C/U*; **~ć cynkowa/ichtiolowa** (a) zinc-/(an) ichthyol ointment; **~ć rozgrzewająca** (a) heat rub; **~ć na oparzenia** (an) ointment for burns a. scalds; **~ć do oczu/nosa** (a) nasal-/(an) eye ointment; **nacierać plecy ~cią** to rub sb's back with (an) ointment; **smarować bolące miejsca ~cią** to apply (an) ointment to the sore spots [2] (ubarwienie zwierzęcia) (coat) colour GB, (coat) color US; **psy różnej ~ci** dogs of various colours

■ **różnej ~ci** iron. of all descriptions; **politycy różnej ~ci** politicians of all political persuasions

maśla|k *m* (~czek *dem.*) Bot., Kulin. boletus a. bolete (mushroom) spec.; cep (mushroom), porcini mushroom; **~ki duszone w śmietanie** wild mushrooms in cream

maślan|ka *f* [1] *sgt* Kulin. buttermilk [2] Bot. sulphur tuft (mushroom)

maślan|y *adi.* butter *attr.*, buttery; **bułka ~a** a butter(y) bun; **masa ~a do tortu** buttercream

■ **~e oczy** a. **spojrzenie** pot. (z gorączki, od alkoholu) bleary a. unfocused eyes/a bleary a. unfocused look; (adorujące) cow eyes pot., przen., a cow-eyed look pot., przen.; **robić ~e oczy do kogoś** to make cow eyes at sb

ma|t¹ *m* (stopień) ≈ leading seaman GB, ≈ seaman US

ma|t² *m* Gry (check)mate *U*; **dać komuś mata** to checkmate sb; **dostać mata** to be checkmated

ma|t³ *m* (G matu) pot. (brak połysku) matt(e) (quality a. finish); **wykończony** a. **zrobiony na mat** with (a) matte finish

ma|ta *f* mat; **mata słomiana** a straw mat; **spać na macie** to sleep on a mat; **walczyć na macie** Sport to fight on a mat; **rzucić kogoś na matę** Sport to throw sb (down onto the mat); przen. to wipe (up) the floor with sb pot., przen.

matactw|o *n* pejor. chicanery *U* pejor.; monkey business *U* pot., pejor.; **~o szulera** a card sharp's trick; **wykryć ~a polityczne/finansowe** to expose political/financial chicanery

matado|r *m* matador

matczyn|y *adi.* [opieka, tkliwość] motherly; [pokój, sukienka] mother's; **miłość ~a** motherly love; **uśmiechnęła się po ~emu** she smiled in a motherly way

matczysk|o *n* pot. (matka) poor (old) mother; **ukochane ~o** my/our dear old mother

matecznik *m* [1] (ostęp) den, lair; **wypłoszyć niedźwiedzia z ~a** to drive a bear out of its den a. lair [2] przen., książk. bastion; **~ katolicyzmu/polskości** a bastion of Catholicism/Polishness [3] Ogr. nursery [4] Zool. queen cell

matematycz|ka *f* [1] pot. (nauczycielka) a (female) maths teacher GB, a (female) math

teacher US [2] (naukowiec) a (female) mathematician

matematycznie *adv.* [1] Nauk. mathematically; **wykazano ~, że...** it has been mathematically shown that...; **wyrazić coś ~** to express something mathematically [2] (ściśle) mathematically; **~ dokładny opis** a mathematically rigorous description

matematyczn|y *adi.* [1] Nauk. mathematical; maths *attr.* GB pot., math *attr.* US pot.; **formuła/metoda ~a** a mathematical formula/method; **rozumowanie ~e** a mathematical reasoning; **równanie/zadanie ~e** a mathematical equation/problem, a maths equation/problem; **wykształcenie ~e** a background in mathematics; **wzór ~y** a mathematical formula; **zdolności ~e** mathematical skills, maths skills [2] (dokładny, precyzyjny) przen. precise; **umysł ~y** a mathematical mind; **z ~ą dokładnością** precisely, with mathematical precision

matematyk *m* [1] (nauczyciel) maths teacher GB, math teacher US [2] (naukowiec) mathematician

matematy|ka *f* [1] Nauk. mathematics; maths GB pot., math US pot.; **~ka elementarna/stosowana** elementary/applied mathematics; **wydział ~ki** the mathematics department, the maths department; **mieć talent do ~ki** to be gifted at mathematics, to be gifted at maths; **pasjonować się ~ką** to be keen on mathematics, to be keen on maths; **studiować ~kę** to study mathematics, to study maths; **to dla niego wyższa ~ka** przen. it is highly complicated for him [2] (lekcja matematyki) mathematics, maths GB pot., math US pot. [3] pot. (podręcznik) maths book GB pot., math book US pot.

mate|ńka *f* pot., pieszcz. (matka) (dear) mother

materac *m* [1] (do spania) mattress; **~ na łóżko** a mattress; **~ wodny** a waterbed; **~ z trawy morskiej** a seagrass mattress; **spać na miękkim ~u** to sleep on a soft mattress [2] (nadmuchiwany) air bed GB, air mattress; **nadmuchać ~** to inflate an air bed; **spuścić powietrze z ~a** to let the air out of an air bed [3] Sport **~ do ćwiczeń** an exercise mat [4] Techn. mattress

materacyk *m dem.* (small) mattress; **łóżeczko dla dziecka z ~iem** a cot with a mattress

materi|a *f* (GD ~i) [1] *sgt* (ciało, substancja) matter; **~a ożywiona/nieożywiona** the animate/inanimate matter [2] (Gpl ~i) książk. (treść, temat) subject (matter); **~a obrazu/powieści/tekstu** the subject (matter) of a painting/novel/text [3] (Gpl ~i) książk. (zakres spraw) subject, area; **w tej ~i byli jednego zdania** they both agreed on that subject; **rozmowa dotyczyła delikatnej ~i** the conversation concerned a delicate subject [4] *sgt* książk. (materiał, tkanina) fabric *C/U*, material *C/U*; **delikatna/wzorzysta ~a** fine/patterned fabric a. material [5] *sgt* przest. (wydzielina) matter [6] *sgt* Filoz. matter

□ **~a ekstragalaktyczna** Astron. extragalactic matter; **~a międzygwiazdowa** Astron. interstellar matter; **~a międzyplanetarna** Astron. interplanetary matter

materiali|sta *m*, **~stka** *f* [1] Filoz. materialist; **odwieczny spór ~stów z idealistami** the age-old dispute between materialists and idealists [2] (wyrachowany) materialist; **bezduszny ~sta** a soulless materialist

materialistycznie *adv.* [1] Filoz. in materialist terms, materialistically; **świat pojmowany ~** the world viewed in materialist terms [2] (z wyrachowaniem) materialistically; **podchodzić do życia ~** to take a materialistic approach to life

materialistyczn|y *adi.* [1] Filoz. materialist(ic); **~y pogląd na świat** the materialist view of the world [2] (wyrachowany) materialist(ic); **~y stosunek do życia** a materialistic approach to life

materializacj|a *f sgt* (konkretyzacja) książk. materialization; **~a dążeń/pragnień** the fulfilment a. materialization of (sb's) aspirations/desires

materializm *m sgt* (*G* **~u**) Filoz. materialism; **doktryna ~u** a materialist(ic) doctrine

❏ **~ dialektyczny** Filoz. dialectical materialism; **~ ekonomiczny** Filoz. economic materialism; **~ historyczny** Filoz. historical materialism

materializ|ować *impf* [I] *vt* (realizować) książk. to carry out, to put into effect; **~ować swoje ambitne zamierzenia** to carry out one's ambitious plans ⇒ **zmaterializować**

[II] **materializować się** (stawać się czymś materialnym) to materialize; **jego marzenia wreszcie się ~ują** przen. his dreams are coming true at last ⇒ **zmaterializować się**

materialnie *adv.* financially; **niezależny ~** financially independent; **~ zrujnowana firma** a financially ruined company

materialn|y *adi.* [1] (finansowy) financial; **korzyści/trudności ~e** financial benefits/difficulties; **pomoc ~a** financial help; **(czyjaś) sytuacja ~a** one's/sb's financial situation; **(czyjeś) warunki ~e** one's/sb's financial a. material situation [2] Prawo material; **prawo ~e** substantive law [3] (fizyczny) material, physical; **świat ~y** the physical a. material world; **właściwości ~e** material a. physical properties

materia|ł *m* (*G* **~łu**) [1] (tworzywo) material *C/U*; **~ł budowlany/grzejny** a building/heating material; **~ł opałowy** fuel; **~ły ogniotrwałe** fire-resistant materials [2] *zw. pl* (wyposażenie) supplies *pl*, materials *pl*; **~ły biurowe** office supplies; **~ły piśmienne** stationery (supplies); **~ły fotograficzne/rysunkowe** photographic/drawing materials a. supplies [3] (zbiór wiadomości) material *C/U*; **~ły archiwalne/źródłowe** archival/source materials; **~ł dowodowy/obciążający** Prawo evidence/incriminating evidence; **~ł liczbowy/statystyczny** numerical/statistical material; **~ły reklamowe** publicity material(s); **~ły do książki** materials for a book [4] (tkanina) material *C/U*, fabric *C/U*; **~ł bawełniany/jedwabny/wełniany** cotton/silk/wool(len) material a. fabric; **~ł supełkowy** bouclé; **~ły dwustronne** double-sided a. reversible materials a. fabrics; **~ł w grochy/paski** polka-dot/striped material a. fabric; **~ł**

gładki/kolorowy plain/coloured material a. fabric; **~ł na suknię ślubną** material a. fabric for a wedding dress; **garnitur uszyty z dobrgo ~łu** a suit made of a good material a. fabric

❏ **~ł sadzeniowy** Leśn., Ogr. seedlings, planting material; **~ł siewny** Roln. seed, sowing material; **~ł ścierny** Techn. abrasive; **~ły ciepłochronne** Techn. (thermal) insulation, (thermal) insulating materials; **~ły elektroizolacyjne** Elektr. electric insulants, electric insulating materials; **~ły pędne** Chem. propellants; **~ły wybuchowe** Chem. explosives; **plastyczne ~ły wybuchowe** Chem. plastic explosives; **ślepy ~ł (zecerski)** Druk. spacing material

■ **być dobrym/złym ~łem na męża/żonę** przen. to be/to not be (good) husband/wife material

materiałochłonnoś|ć *f sgt* material consumption rate *C*

materiałooszczędn|y *adi.* [technologia, produkcja, konstrukcja] material-saving, material-efficient

materiałowo *adv.* [1] (pod względem surowców) **zaopatrzenie fabryki jest ~ niedostateczne** the factory is undersupplied a. inadequately supplied with (raw) materials [2] (pod względem faktów) in terms of content, content-wise; **słownik ograniczony ~** a dictionary limited in terms of content

materiałow|y *adi.* Przem. material *attr.*; **niewystarczające środki ~e i finansowe** inadequate material and financial means; **zasoby ~e fabryki** the factory's stock

mat|ka [I] *f* [1] (kobieta posiadająca potomstwo) mother; **karmiąca/młoda ~ka** a nursing/young mother; **moja/jej/jego rodzona ~ka** my/her/his own mother; **czyjaś ~ka biologiczna** sb's/one's birth mother; **~ka zastępcza** a surrogate mother; **przyszła ~ka** a mother-to-be; **wykapana ~ka** the (spitting a. very) image of one's/sb's mother; **samotne ~ki** single mothers; **zostać ~ką** to become a mother; **~ka dzieciom** a matron [2] (samica zwierząt) mother; **odsadzić szczenięta od ~ki** to wean the puppies [3] Zool. queen [4] Relig. (zakonnica) Mother; **~ka przełożona** Mother Superior [5] Gry a person who is 'it' in a game [6] pot. (zwrot do żony) mother żart.; (do staruszki) ma'am; mother daw.; **~ko, którędy do wsi?** can you tell me how to get to the village, ma'am? [7] Bot., Ogr. mother plant [8] przen. (źródło) mother przen.; **potrzeba jest ~ką wynalazków** przysł. necessity is the mother of invention przysł.

[III] **matka** w wyrazach złożonych master *attr.*; **taśma-matka** the master tape; **komisja-matka** the master committee; **statek ~ka** Mors. mother ship

❏ **~ka chrzestna** Relig. godmother, sponsor; Żegl. godmother; **~ka drożdżowa** a. **drożdży** Biol. yeast mother; **~ka mleczna** przest. wet nurse; **~ka natura** książk. Mother Nature; **~ka rodzaju ludzkiego** Bibl. the mother of (hu)mankind; **~ka Ziemia** książk. Mother Earth; **królowa ~ka** the queen mother; **Matka Boga** a. **Matka Boska** Relig. Mother of God; **Matka Najświętsza** Relig. Holy Mother; **przybra-**

na ~ka pot. foster mother, adoptive mother

■ **taki/taka jak go/ją ~ka urodziła** żart. (as) naked as the day he/she was born; in his/her birthday suit pot.; **~ko!** a. **~ko! jedyna!** a. **~ko święta!** pot. (good) heavens! pot., gosh pot.; **o ~ko, ale się przestraszyłam!** (good) heavens, that gave me a scare!; **~ko jedyna! co ty wyprawiasz!** oh gosh, what do you think you're doing?; **być komuś** a. **dla kogoś ~ką** to be a mother to sb; **powtarzać coś jak za panią ~ką** pot., iron. to parrot sth; **sprać** a. **zbić kogoś tak, że go rodzona ~ka nie pozna** pot. to beat the (living) daylights out of sb pot.; **wdać się w ~kę** pot. to take after one's mother; **wyssać (coś) z mlekiem ~ki** pot. to take sth in a. to imbibe sth with one's mother's milk; **nadzieja jest ~ką głupich** przysł. a fool has more hope than the wise

matkobój|ca *m*, **~czyni** *f* książk. matricide

matkobójstw|o *n* książk. matricide *U*; **dopuścić się ~a** to commit matricide

matk|ować *impf vi* to mother [dziecku, rodzinie]; **~ować młodszemu rodzeństwu** to mother one's younger siblings; **nie ~uj tak mężowi** don't baby your husband that way

matm|a *f sgt* środ., Szkol. maths GB, math US; **klasówka z ~y** a maths test GB, a math test US; **nie radzę sobie z ~ą** I'm no good at math(s) GB, I'm no good at math US

matni|a *f* (*Gpl* **~**) [1] książk. (trudna sytuacja) predicament, (dire) straits *pl*; (zawiła sytuacja) snarl przen., tangle przen.; imbroglio książk.; **~a problemów** a predicament, a snarl of problems; **~a ulic/korytarzy** a maze a. labyrinth of streets/corridors; **nie móc wydostać się z ~ własnych kłamstw** to be caught in the tangled web of one's own lies [2] Myślis. (pułapka) snare; **sarna wpadła w ~ę sideł kłusownika** a deer got caught in a poacher's snare [3] Ryboł. (w sieci rybackiej) bunt spec.

mato|ł *m* (*Npl* **~ły**) [1] obraźl. (tępak, tuman) cretin obraźl., moron obraźl. [2] Med. mentally handicapped person; cretin daw.

matoł|ek *m dem.* (*Npl* **~ki**) [1] pot., pejor. dimwit pot., pejor., num(b)skull pot., pejor. [2] Med. mentally handicapped person; cretin daw.

matołkowato *adv.* pot., pejor. [uśmiechać się] dopily pot., pejor., dim-wittedly pot., pejor., gormlessly GB pot., pejor.; [wyglądać] dop(e)y adi. pot., pejor., dim-witted adi. pot., pejor., gormless adi. GB pot., pejor.; **spojrzał na niego ~** he stared at him gormlessly

matołkowa|ty *adi.* pot., pejor. [osoba, wyraz twarzy] dop(e)y pot., pejor., dumb pot., pejor., gormless GB pot., pejor.; **co za ~ty uśmiech!** what a dop(e)y smile!

matołowa|ty *adi.* pot., obraźl. [osoba, uśmiech] cretinous obraźl., moronic obraźl.; **~ty wyraz twarzy** a cretinous expression

mat|ować[1] *impf vt* (pozbawiać połysku) to dull; to tarnish [metale]; (przed malowaniem) to sand (to a dull finish); **~ować podłogę** to dull the finish of the floor; **~owane żarówki** pearl (light) bulbs GB, frosted (light) bulbs US ⇒ **zmatować**

M

mat|ować² *impf vt* Gry to checkmate ⇒ **zamatować**

matowi|eć *impf* (**~eję, ~ał, ~eli**) *vi* [1] (tracić połysk) to (become) dull; *[metale]* to tarnish, to get tarnished; **lustro ~eje** the mirror is getting tarnished ⇒ **zmatowieć** [2] (tracić barwę) to fade; **kolory ~eją od słońca** the sunlight is fading the colours; **tapicerka na meblach ~ała ze starości** the upholstery faded with age ⇒ **zmatowieć** [3] (tracić dźwięczność) *[głos]* to deaden ⇒ **zmatowieć**

matowo [I] *adv.* [1] (bez połysku) **~ lakierowany blat** a matt-varnished board [2] (głucho) *[brzmieć]* dull *adi.*, toneless *adi.* [II] **matowo-** *w wyrazach złożonych* matt *adi.*; **matowobiały** matt white

matow|y¹ *adi.* [1] (pozbawiony połysku) matt(e); **~a cera** a matt complexion; **~y lakier** matt varnish; **włosy ~e po chorobie** dull a. lifeless hair following an illness [2] (nieprzezroczysty, zamglony) **~e szkło** frosted a. opaque glass; **~a żarówka** a pearl a. frosted lightbulb; **~e spojrzenie** a lifeless a. dull gaze [3] *[głos, dźwięk]* mellow

matow|y² *adi.* Gry *[kombinacja, zagrywka]* (check)mating *attr.*, (check)mate *attr.*

matów|ka *f* Fot. focus(s)ing screen, ground glass screen; **~ka w aparacie fotograficznym** a camera's focus(s)ing screen

matriarchaln|y *adi.* książk. matriarchal; **rodzina ~a** a matriarchal family; **ustrój ~y** a matriarchal system

matriarcha|t *m sgt* (*G* **~tu**) książk. matriarchy *C/U*; **zaborczy ~t** possessive matriarchy

matron|a *f* [1] książk. matron [2] Antycz. matron

matryc|a *f* [1] Druk. matrix; **~a linotypowa** a linotype matrix [2] (forma) matrix [3] (plansza) stencil [4] Techn. die; **~e do bicia monet** coin dies [5] Komput. matrix [6] Biol. template; **~a genetyczna** a genetic template ❏ **~a woskowa** Druk. wax stencil

matrycow|y *adi.* [1] Druk. matrix *attr.*; **klisza ~a** a matrix plate [2] Przem. die *attr.*; **kucie ~e** die forging

matrymonialn|y *adi.* książk. *[zamiary]* matrimonial, marriage *attr.*; **plany ~e** matrimonial plans; **biuro ~e** a marriage bureau; **ogłoszenia ~e** singles ads

matuch|na *f* pieszcz. (dear) mother

matu|ra *f* Szkol. [1] (egzamin dojrzałości) (secondary) school-leaving examination(s) a. exam(s); **dopuścić kogoś do ~ry** to enter sb for the school-leaving examination(s) a. exam(s) [2] (świadectwo) ≈ A-level certificate GB, ≈ high school diploma US

maturaln|y *adi.* Szkol. (secondary-school) graduation *attr.*

maturzy|sta *m*, **~stka** *f* new a. recent secondary-school graduate

matu|sia, ~ś *f dem.* pieszcz. mum(my) GB, mom(my) US

matuzal|emowy, ~owy *adi.* Bibl. of Methuselah ■ **~emowy wiek** a. **~emowe lata** książk. ripe old age

Mau|r *m* (*Npl* **~rowie**) [1] Hist. Moor [2] (mieszkaniec Mauretanii) Mauritanian

Mauret|ańczyk *m*, **~nka** *f* Mauritanian

mauretańs|ki *adi.* [1] Geog. Mauritanian [2] Szt. *[zdobnictwo, architektura]* Moorish, Moresque; **styl ~ki** Archit. Moorish style

mauze|r *m* (karabin) Mauser (rifle); (pistolet) Mauser (pistol)

mauzole|um *n* (*Gpl* **~ów**) mausoleum; **~um Lenina** the Lenin Mausoleum

mawi|ać *impf vi* to say; **ktoś ~a, że...** sb says that...; **jak ~a/~ał mój wujek** as my uncle says/used to say

maxi /ˈmaksi/ → **maksi**

maximum /ˈmaksimum/ → **maksimum**

mazać *impf* → **maznąć**

mazagran *m* (*G* **~u**) Kulin. iced coffee *C/U*

mazak *m* [1] (flamaster) marker (pen); **pisać/rysować ~iem** to write/draw with a marker (pen) [2] (pędzel) broad paintbrush [3] (do butów) shoe-polish dauber

mazakow|y *adi.* marker-pen *attr.*

mazanin|a *f* pot. (pismo) scrawl; (rysunek) daub; **nie dająca się odczytać ~a** an illegible scrawl

mazep|a *m, f* (*Npl m* **~y**, *Gpl m* **~ów** a. **~**; *Npl f* **~y**, *Gpl f* **~**) pot., pejor. cry baby pot., pejor.

mazga|ić się *impf v refl.* pot., pejor. (płakać) to snivel; (narzekać) to whine pejor.

mazga|j *m* (*Gpl* **~jów** a. **~i**) pot., pejor. (płaczliwy) cry baby pot., pejor.; (rozczulający się nad sobą) namby-pamby pot., pejor., whiner pot., pejor.

mazgajowatoś|ć *f sgt* pot., pejor. namby-pamby character pot., pejor.; whiny personality

mazgajowa|ty *adi.* pot., pejor. *[zachowanie, charakter]* namby-pamby pot., pejor.; whiny; *[twarz, oczy]* whiny pejor.; **~te dziecko** a whiny kid

mazgajstw|o *n sgt* pot., pejor. (płaczliwość) snivelling pejor.; (roztkliwianie się nad sobą) namby-pamby behaviour pot., pejor.; whiny behaviour

mazid|ło *n* pot. [1] (lekarstwo) liniment *U*, lotion *U*; (maść, krem) ointment *C/U*; **smarować skórę ~łem** to rub liniment/ointment on one's skin [2] (smar) grease *U*

mazistoś|ć *f sgt* greasiness

mazi|sty *adi.* *[krem]* greasy; *[klej, smoła]* sticky; *[ciecz, błoto]* slimy

ma|znąć *pf* — **ma|zać** *impf* (**~nęła, ~nęli, — ~żę**) [I] *vt* [1] (bazgrać) to doodle *vi*; (farbą, błotem) to daub; (pisać niestarannie) to scrawl *vt/vi*, to scribble *vt/vi*; **coś tam mazał (długopisem) na marginesie/w notesie** he was doodling something (with a pen) in the margin/notebook; **mazali sprayem po ścianach różne esy-floresy** they sprayed various shapes on the walls; **nie maż, pisz staranniej** stop scribbling, write neatly! [2] (ubrudzić) to get [sth] messy pot.; to smear; **mazać ręce smarem/farbą** to smear one's hands with grease/to get paint on one's hands; **maznąłeś błotem ścianę** you've got a. left mud on the wall; **uważaj, mażesz mnie!** watch it! – you're getting it (all) over me [3] (posmarować) to apply [sth] to, to put [sth] on; **maznąć buty pastą** to put polish on a. apply polish to shoes; **ściany ledwie maźnięte farbą** walls barely coated with paint [4] (skreślić, zetrzeć) to erase, to rub out; **mazał napisane zdanie i pisał od nowa** he rubbed out the sentence he wrote and started anew a. from scratch; **maźnij gąbką tablicę** wipe the blackboard with a sponge a. eraser [II] **maznąć się — mazać się** [1] (ubrudzić się) to get oneself messy pot.; to smear oneself; **ostrożnie, mażesz się farbą** careful, you're getting paint (all) over yourself; **maznął się smarem po twarzy** he smeared his face with grease [2] (posmarować się) to apply, to put on; **mazać się maścią/miksturą** to work in a rub/rub in an ointment [III] **mazać się** [1] (przywierać) *[tłuszcz, smar, klej]* to smear; **tłuszcz maże się na patelni** grease sticks to the frying pan [2] (być roztartym) *[tusz, szminka]* to smudge ⇒ **rozmazać się** [3] pot., pejor. (płakać) to snivel; **czego się mażesz!** why are you snivelling!; **przestań się mazać** stop snivelling a. whining ⇒ **rozmazać się**

mazowiec|ki *adi.* *[dialekt, równina]* Mazovian

Mazowszan|in *m*, **~ka** *f* (*Gpl* **~, ~ek**) Mazovian

Mazu|r *m* (*Npl* **~rzy** a. **~ry**) (mieszkaniec Mazur) Mazurian

mazu|r *m* (*A* **~ra**) Muz., Taniec mazurka

mazur|ek *m* [1] dem. (*A* **~ka**) Taniec mazurek [2] (*A* **~ka** a. **~ek**) Muz. mazurka [3] (*A* **~ek** a. **~ka**) Kulin. shortcrust tart baked at Easter [4] Zool. tree sparrow

mazurs|ki *adi.* *[gwara, jeziora]* Mazurian

mazurz|yć *impf vi* Jęz. in speech, to substitute dental stops and affricates for alveolar stops and affricates

mazu|t *m sgt* (*G* **~tu**) Chem. (paliwo) (heavy) fuel oil *C/U*; maz(o)ut spec.

mazutow|y *adi.* *[piec]* fuel-oil *attr.*

ma|ź *f* [1] (breja) soft sticky substance; gunk *U* pot.; **gęsta, błotna maź** cloggy mud a. mire [2] pot. (smar) (axle) grease ❏ **maź płodowa** Anat. vernix (caseosa); **maź stawowa** Anat. synovia

maźnię|cie [I] *sv* → **maznąć** [II] *n* [1] (pociągnięcie pędzlem, kredką) (careless) stroke [2] (ślad) (farby) daub; (oleju, brudu) smear; splotch pot.

mąciciel *m*, **~ka** *f* (*Gpl* **~i, ~ek**) pejor. (w polityce, w miejscu pracy) troublemaker; (w towarzystwie, domu) troublemaker; stirrer pot.

mąciciels|ki *adi.* *[usposobienie]* trouble-making; **mieć ~kie zamiary** to be intent on troublemaking a. causing trouble

mą|cić *impf* [I] *vt* [1] (poruszać) to ruffle *[powierzchnię]*; to churn (up), to cloud *[ciecz]*; **mącić kijem wodę w kałuży** to churn up a. muddy a puddle with a stick ⇒ **zmącić** [2] (zakłócać) to disturb *[spokój, ciszę]*; to disrupt *[harmonię]*; to ruffle *[dobry nastój, humor]* ⇒ **zmącić** [II] **mącić się** [1] (mętnieć) *[ciecz]* to become cloudy a. turbid ⇒ **zmącić się** [2] (stawać się chaotycznym) *[myśli, wątki]* to become confused ⇒ **zmącić się** ■ **mąci mu/jej się w głowie** his/her mind a. brain reels; **w głowie mu się mąci od tylu informacji** his brain reels at the wealth of information; **mąci mu/jej się w oczach** his/her vision blurs; **mącić komuś w głowie** to confuse sb; **mącić wodę** pejor. to muddy the waters

mącz|ka _f_ [1] (sproszkowany produkt) fine powder _C/U_; (paszowa) meal _U_; **~ka skalna** powdered a. ground rock [2] _dem._ flour _U_ ❏ **~ka nawozowa** Przem. fertilizer; **~ka pastewna** Roln. feed meal; **~ka ceglana** Budow. grog; **~ka drzewna** wood flour; **~ka fosforytowa** Roln. ground phosphate rock; **~ka kostna** Roln. bonemeal; **~ka rybna** Roln. fishmeal

mączn|y _adi._ _[produkt spożywczy]_ mealy; farinaceous spec.; _[klej]_ powdery, farinaceous

mączy|sty _adi._ _[jabłka, ziemniaki]_ floury

mądral|a _m, f (Gpl m_ **~ów** a. **~i**; _Gpl f_ **~i)** pot., pejor. [1] (udający mądrego) wise guy pot.; (popisujący się mądrością) know-all GB pot., know-it-all US pot.; **ogromna z niej ~a** she's a real know-it-all [2] (sprytny) hotshot pot.

mądroś|ć _f_ [1] _sgt_ (rozum) wisdom; **posiadać głęboką ~ć** to possess great wisdom a. to be a person of great wisdom; **wykazywać się ~cią** to be wise; **z wiekiem nabieramy ~ci** wisdom comes with age [2] _sgt_ (sensowność) wisdom; **~ć decyzji/postępowania** the wisdom of a decision/an action [3] _sgt_ (spryt) sagacity; **cechuje go wielka ~ć polityczna** he is a man of great political sagacity [4] _zw. pl_ pot. (tradycyjny pogląd) conventional wisdom; (powiedzenie, stwierdzenie) word a. piece of wisdom; pearl of wisdom także żart.; **oszczędź mi tych swoich ~ci** keep your pearls of wisdom to yourself iron.; **zacytować kilka wschodnich ~ci** to quote some oriental wisdom [5] _sgt_ (zasób wiedzy) wisdom; **ludowa ~ć** folk wisdom, folklore; **przekazywać komuś ~ć** to impart wisdom to sb; **nabierać ~ci** to gain wisdom
■ **~ć książkowa** book learning; **~ć życiowa** practical wisdom, common sense; **bez ciekawości nie ma ~ci** przysł. curiosity leads to wisdom

mąd|ry [I] _adi._ grad. [1] (rozumny) _[ojciec, nauczyciel]_ wise; _[filozof, starzec]_ wise, sage [2] (sensowny) _[decyzja]_ wise; _[rada, wypowiedź]_ sage; _[plan, działanie]_ wise, clever [3] iron. (uczony) _[wykład, cytat]_ clever [4] (inteligentny) _[osoba]_ smart, sagacious, shrewd; _[delfin, pies]_ clever, smart; **jak jesteś taki ~ry, zrób to lepiej** iron. all right, wise guy, you do it better; **nie bądź taki ~ry** iron. don't be such a wise guy!
[II] **mąd|ry** _m,_ **~ra** _f_ (mądrala) wise guy pot., smart alec(k) pot.
■ **bądź tu (człowieku) ~ry** pot. (and) try to be wise now!; **bądź (tu) ~ry i pisz wiersze** żart. where can one turn to for advice?; **~ry głupiemu zawsze ustępuje** pot. there's no discussing with a dimwit pot.; we must agree to differ; **lepiej z ~rym zgubić niż z głupim znaleźć** przysł. rather a wise companion in misfortune than a foolish one when fortune smiles; **~ry Polak po szkodzie** przysł. it is easy to be wise after the event

mądrze _adv._ grad. _[działać, rządzić]_ wisely; _[doradzać, postąpić]_ wisely, sagely; _[inwestować, gospodarować]_ wisely, cleverly, shrewdly; **~ mówisz!** wise words!

mądrz|eć _impf_ (**~eję ~ał, ~eli**) _vi_ to become wise, grow wiser; **dziecko ~eje z**

roku na rok a child grows wiser every year ⇒ **zmądrzeć**

mądrz|yć się _impf v refl._ pot., pejor. to mouth off pot.; **~yć się na temat czegoś** to mouth off about sth; **taki mały, a chodzi i się ~y** so young, and already mouthing off

mą|ka _f sgt_ [1] Kulin. flour; (grubiej mielona) meal; **mąka zwykła** plain GB a. cake US flour; **mleć ziarno na mąkę** to grind a. mill grain into flour [2] (proszek) powder; (ziarnista) meal [3] (porcja mąki) flour; **kup mąkę i dziesięć jajek** buy flour and ten eggs
❏ **mąka kukurydziana** maize meal; **mąka kartoflana** a. **ziemniaczana** potato flour GB, potato starch US; **mąka razowa** Kulin. (pszenna) wholemeal flour GB, wholewheat a. graham flour US; (żytnia) wholemeal rye flour
■ **być z jednej** a. **z tej samej (co ktoś inny) mąki** pot. to be from the same mould (as sb else); **z tej mąki chleba nie będzie** pot. it's a fruitless effort

mąkini|a _f (Gpl_ **~)** Bot. whitebeam

mątw|a _f_ Kulin., Zool. cuttlefish

m|ąż _m (Npl_ **mężowie)** [1] (poślubiony partner) husband [2] książk. (mężczyzna) man; **mężowie zasłużeni dla rozwoju nauki** men who contributed to the advancement of science
❏ **mąż opatrznościowy** książk. man of the moment; **mąż stanu** Polit. statesman; **mąż zaufania** (przedstawiciel, pośrednik) intermediary; Polit. (w wyborach) returning officer; (w związkach zawodowych) union representative
■ **jak jeden mąż** as one man, to a man; **łapać męża** pot., iron. to catch a husband; **jak ona nazywa się po mężu** a. **z męża?** what's her married name?; **wydać (kogoś) za mąż** to give (sb) in marriage, to marry off (sb); **wyjść** a. **wydać się za mąż** to get married; **wyjść za mąż za kogoś** to marry sb

MB (= megabajt) Komput. MB, Mb

mchow|y _adi._ _[rośliny]_ moss attr., moss-like; _[polana]_ mossy

mdląc|y [I] _pa_ → **mdlić**
[II] _adi._ _[smak, zapach]_ sickening, sickly; _[odór]_ nauseating

mdl|eć _impf_ (**~eję, ~ał, ~eli**) _vi_ [1] (tracić przytomność) (na krótko) to faint, to black a. pass out; (na dłużej) to collapse; **~eć z upływu krwi** to collapse from loss of blood ⇒ **zemdleć** [2] _[ręka, noga]_ (drętwieć) to grow numb; (słabnąć) to be weakening ⇒ **omdleć** [3] przen. (z emocji) to faint; **~eć z radości/ze zmęczenia** to faint a. be weak from excitement/fatigue; **~eć z zachwytu nad kimś/czymś** to swoon (with delight) over sb/sth ⇒ **omdlewać**

mdlejąc|y [I] _pa_ → **mdleć**
[II] _adi._ _[głos]_ faint; **spojrzał na nas ~ym wzrokiem** he glanced at us, his eyes closing

mdl|ić _impf_ [I] _vt_ _[potrawa, zapach]_ to be nauseating a. sickening
[II] _v imp._ [1] (wywoływać mdłości) **~i mnie** I feel sick a. nauseous; **zawsze mnie ~i po jeździe samochodem** I always feel sick a. nauseous after riding in a car; **~i mnie z głodu/ze strachu** I'm nauseous from hunger/fear, I'm sick with hunger/fear ⇒

zemdlić [2] (wywoływać wstręt, niechęć) **~i mnie na samą myśl o tym spotkaniu** I feel sick just thinking about the meeting

mdło _adv._ [1] (pobudzając do wymiotów) **~ cuchnąć** to have a nauseating a. sickening stench; **robi mi się** a. **jest mi ~** I feel sick, I feel my gorge rise [2] przen. (słabo) _[oświetlony]_ dimly; _[świecić]_ faintly; (bez wyrazu) _[smakować, wyglądać]_ bland adi., insipid adi.

mdłości _plt (G_ **~)** (nudności) nausea _U_; **czuć ~** to feel sick a. nauseous; **wywoływać ~** to cause nausea

mdło|ść _f sgt_ (brak wyrazu) blandness, insipidness

mdł|y _adi._ [1] (wywołujący odruch wymiotny) nauseous, nauseating [2] (bez smaku) bland, insipid [3] (rozproszony) _[światło]_ dim, faint [4] (nudny, nijaki) _[interpretacja, styl, dzieło]_ bland, insipid; _[wygląd]_ nondescript; _[osobowość, utwór]_ vapid [5] (blady) _[kolor]_ dull

me _inter._ me – **zabeczała koza** a goat bleated
■ **ani be, ani me** a. **ni be, ni me** pot. not a word a. sound

meand|er [I] _m_ [1] zw. _pl_ (zakole) meander; **rzeka płynie ~rami** the river meanders a. flows in meanders [2] Szt. meander
[II] **meandry** _plt_ książk. (zawiłości) **~ry czegoś** the intricacies of sth; **myślowe ~ry** a complex way of thinking

meandr|ować _impf vi_ _[rzeka]_ to meander

meb|el _m_ zw. _pl_ piece a. item of furniture; stick of furniture przen.; **~le artystyczne/stylowe** artistic/period furniture; **~le biurowe/kuchenne** kitchen/office furniture; **dębowe/rattanowe ~le** oak/rattan furniture; **fabryka ~li** a furniture factory; **komplet ~li do sypialni** a bedroom suite; **przestawiać/ustawiać ~le** to rearrange/arrange the furniture
❏ **~le na wysoki połysk** high-gloss furniture; **gdańskie ~le** Danzig furniture; **miękkie ~le** upholstered furniture

mebel|ek _m dem._ piece a. item of furniture; **~ki dla lalek** doll's house furniture

meblars|ki _adi._ _[przemysł, warsztat]_ furniture attr.

meblarstw|o _n sgt_ (przemysł) the furniture industry; (rzemiosło) furniture making, cabinetmaking; **styl w ~ie** a style of furniture, furniture style

meblościan|ka _f_ wall unit

mebl|ować _impf_ [I] _vt_ to furnish _[pokój, dom, biuro]_ ⇒ **umeblować**
[II] **meblować się** to furnish one's home ⇒ **umeblować się**

meblow|óz _m (G_ **~ozu)** removal van; furniture van pot.

meblow|y _adi._ _[sklep, dział]_ furniture attr.; _[tkanina]_ upholstery attr.

mecenas _m (G_ **~owie** a. **~i)** [1] (patron) patron; **~ artysty/sztuki** a patron of an artist/the arts [2] (adwokat) lawyer; **~ Kowalski prowadzi moją sprawę** Mr Kowalski is the barrister conducting my case; **[Jan] Kowalski, Esq.**, is representing me US

mecenas|ka _f_ pot. (patronka) patroness

mecena|t _m (G_ **~tu)** patronage _U_; **~t nad sztuką/literaturą/nauką** patronage of the arts/literature/science; **~t nad nim objął**

M

znany biznesmen a well-known businessman has become his patron

m|ech Ⅱ *m* (*G* **mchu**) ☐ Bot. moss *C/U*; **pokryty mchem** covered with moss, moss-grown ☐ *sgt* (meszek) down ☐ Myślis. (na porożu) velvet

Ⅲ **mchy** *plt* Bot. the class Musci *sg*

mecha|cić *impf* Ⅱ *vi* to cause to pill ⇒ **zmechacić**

Ⅲ **mechacić się** *[wełna, sweter]* to pill; **jak zapobiec ~ceniu tkanin podczas prania w pralce?** how can you a. can one prevent pilling (of fabrics) during machine washing? ⇒ **zmechacić się**

mechanicznie *adv.* ☐ (maszynowo) mechanically ☐ (bezwiednie, automatycznie) automatically, mechanically

mechaniczność *f sgt* mechanicalness; **~ć jej ruchów** her mechanical a. automatic movements

mechaniczn|y *adi.* ☐ (napędzany silnikiem) *[urządzenie, zabawka]* mechanical; *[pojazd, napęd]* motor *attr.*; *[pompa, piła]* motor-driven ☐ (dotyczący mechanizmu) *[część, uszkodzenie]* mechanical; **~e przeróbki** alterations to a mechanism, mechanical alterations ☐ (maszynowy) *[obróbka, czyszczenie]* mechanical, mechanized; **~a dojarka** a milking machine; **~a uprawa roli** mechanized farming ☐ Fiz. *[ruch, energia]* mechanical ☐ Muz. *[muzyka]* mechanical ☐ (bezwiedny) *[ruch, gest, czynność]* mechanical, automatic

mechani|k *m* ☐ (rzemieślnik) mechanic; **~k okrętowy** a marine engineer, a ship's engineer; **~k samochodowy** a car mechanic ☐ (inżynier) engineer; **inżynier ~k** a mechanical engineer ☐ pot., żart. jack of all trades, handyman

mechani|ka *f sgt* ☐ Fiz. (dział fizyki) mechanics (+ *v sg*); **~ka gruntów/płynów** soil/fluid mechanics; **~ka kwantowa** quantum mechanics; **prawa ~ki** the laws of mechanics ☐ Techn. (dział techniki) engineering, mechanics (+ *v sg*) ☐ (działanie, budowa mechanizmu) mechanics (+ *v pl*); **~ka samochodu** the mechanics of a car

mechanizacj|a *f sgt* mechanization

mechanizm *m* (*G* **~u**) ☐ (część urządzenia) (zegarka, zegara, zamka) mechanism; **~ kierowniczy** a steering mechanism; **~ zegarowy** clockwork, a clockwork mechanism; **~ różnicowy** a differential gear ☐ przen. mechanism, mechanics (+ *v sg*); **~ mowy** the mechanics a. mechanism of speech

mechaniz|ować *impf* Ⅱ *vt* ☐ (uprzemysławiać) to mechanize *[proces, rolnictwo]*; ⇒ **zmechanizować** ☐ (automatyzować) to automate a. automize *[produkcję, fabrykę, biuro]* ⇒ **zmechanizować**

Ⅲ **mechanizować się** to be mechanized a. automated; **stopniowo ~ują się gospodarstwa rolne** farm(stead)s are gradually becoming automated ⇒ **zmechanizować się**

mecha|ty *adi.* *[liść, brzoskwinia]* downy; *[ręcznik, koc, wełna]* fluffy

mecz *m* (*G* **~u**) Sport. match; **~ bokserski/koszykówki/piłki nożnej** a boxing/basketball/football match; **~ o puchar** a match

for the cup; **przegrać/rozegrać/wygrać ~** to lose/play/win a match

meczbol *m* (*A* **~a**) Sport. match point; **mieć ~a** to be at a. on match point; **mieliśmy trzy ~e** we had three match points

mecz|eć *impf* (**~ysz**, **~ał**, **~eli**) *vi [koza, owca]* to bleat; *[owca, jagnię]* to baa

mecze|t *m* (*G* **~tu**) Archit., Relig. mosque

medal *m* (*G* **~u**) (sportowy, wojskowy) medal; **brązowy/srebrny/złoty ~** a bronze/silver/gold medal, bronze/silver/gold; **~ w biegu na 100 metrów/judo** a medal in the 100 metres/in judo; **zdobyć ~** to win a. take a/ the medal; **szanse na zdobycie złotego ~u** chances to win gold a. a gold medal; **~ za coś** a medal for sth; **otrzymać ~ za odwagę** to receive a. be awarded a medal for bravery

■ **być na ~** pot. *[osoba]* to come a. turn trumps GB pot.; *[impreza]* to go with a bang a. swing pot.; **zrobić coś na ~** to do a first-class job of sth; **posprzątałeś na ~** you did a first-class job of cleaning; **odwrotna a. druga strona ~u** the other a. darker side of the coin, the reverse of the medal

medalie|r *m* medallist GB, medalist US

medaliers|ki *adi.* *[sztuka, wyrób, wystawa, projekt]* medallic; **pracownia ~ka** a medallist's workshop

medalierstw|o *n sgt* Szt. medallic art

medalik *m* (religious) medallion

medalion *m* (*G* **~u**) ☐ (wyrób jubilerski) (płaski) medallion; (zamykany) locket; (okrągły) roundel ☐ Szt. (rzeźba, malowidło) medallion ☐ Literat. cameo ☐ Kulin. médaillon, medallion

medalionik *m dem.* (religious) medallion

medalionow|y *adi.* *[wizerunek]* in a medallion; **~y zegarek** a locket watch (pendant)

medali|sta Ⅱ *m pers.* Sport medallist GB, medalist US, medal winner; **(złoty/brązowy) ~sta olimpijski** an Olympic (gold/ bronze) medallist a. medal winner

Ⅱ *m anim.* (pies, koń) champion

Ⅲ *m inanim.* (towar) medal winer; (roślina) champion

medalist|ka *f* ☐ (sportsmenka) medallist GB, medalist US; **(złota/brązowa) ~ka olimpijska** an Olympic (gold/bronze) medallist a. medal winner ☐ (zwierzę, roślina) champion

medalow|y *adi.* *[miejsce, konkurencja]* medal-winning *attr.*; **klasyfikacja ~a** a/ the medal table

mediacj|a *f* (*Gpl* **~i**) książk. (pośrednictwo w sporze) mediation *U*; **~e pokojowe/rozbrojeniowe** peace/disarmament talks; **prowadzić ~e między stronami/w sporze granicznym** to mediate between the sides/ in a territorial dispute; **toczą się ~e o zawieszenie broni** a cease fire is being negotiated

mediacyjn|y *adi.* *[wysiłki]* mediatory, mediatorial; *[komisja]* mediation *attr.*

medialn|y *adi.* ☐ Dzien. *[wydarzenie, przekaz, techniki]* media *attr.* ☐ Psych. *[zdolności, zjawisko]* mediumistic

mediato|r *m*, **~rka** *f* książk. mediator

mediators|ki *adi.* *[zabiegi, działania]* mediatory, mediatorial

mediewi|sta *m*, **~stka** *f* medi(a)evalist

mediewistyczn|y *adi.* *[tradycje]* medi-(a)eval; *[zainteresowania]* in medi(a)evalism

mediewisty|ka *f* Nauk. medi(a)evalism

medi|um *n* ☐ (w spirytyzmie) medium ☐ (w hipnozie) hypnotic ☐ *zw. pl* Dzien., Radio, TV medium; **w ~ach** in the media ☐ (środek przekazu) medium, channel; **język jako ~um porozumiewania się** (a) language as the medium of communication ☐ *zw. pl* (zasoby) utility ☐ Fiz. medium

mediumiczn|y *adi.* *[zdolności, zjawisko]* mediumistic

meduz|a *f* ☐ Zool. (zwierzę morskie) jellyfish, medusa; (postać u jamochłonów) medusa ☐ Mitol. **Meduza** Medusa

medycyn|a *f sgt* ☐ (nauka) medicine, medical science; **~a alternatywna** a. **niekonwencjonalna** alternative a. complementary medicine; **~a konwencjonalna** conventional a. traditional medicine; **~a ludowa** folk medicine; **~a naturalna** natural a. holistic medicine; **~a profilaktyczna** a. **zapobiegawcza** preventive medicine; **~a kosmiczna** space medicine; **~a lotnicza** aviation medicine; **~a przemysłowa** a. **pracy** occupational health care; **~a sądowa** forensic medicine, medical jurisprudence; **doktor/profesor ~y** a doctor/professor of medicine ☐ (studia medyczne) medicine; **student/studentka ~y** a medical student; **studiować ~ę** to study medicine, to be a medical student; **zdać na ~ę** to get into medical school; **była na trzecim roku ~y** she was in her third year at medical school

medycznie *adv.* *[badany, przeprowadzony]* medically; *[wyjaśniony]* in medical terms; **on/zespół jest przygotowany ~** he/the team is medically qualified

medyczn|y *adi.* *[opieka, personel, terminologia]* medical; **akademia ~a** a school of medicine, a medical school; **wydział ~y** a faculty of medicine; **doktor nauk ~ych** doctor of medicine

medy|k *m* ☐ pot. (student) medic pot. ☐ przest. (lekarz) leech przest.; physician

medykamen|t *m zw. pl* (*G* **~tu**) książk. medicament; **zaaplikować ~ty** to administer medicaments

medytacj|a Ⅱ *f* (*Gpl* **~i**) ☐ książk. (zamyślenie) meditation *C/U*; **~e o** a. **nad czymś** meditation(s) on sth; **pogrążyć a. zagłębić się w ~i** a. **~ach** to do meditation, to meditate; **zatopiony w ~i** lost in meditation ☐ Filoz., Psych. meditation *C/U*; **techniki ~i** meditation a. meditative techniques; **uprawiać ~ę** to practise meditation; **siedział zagłębiony w ~i** he sat meditating deeply a. lost in meditation

Ⅲ **medytacje** *plt* (religijne) meditations; **oddawać się ~om** to meditate

medytacyjn|y *adi.* *[technika, skupienie]* meditative; *[nastrój]* contemplative; **pozycja ~a** lotus position a. posture; **życie ~e** a contemplative life, a life of meditation; **liryka ~a** contemplative lyrics

medyt|ować *impf vi* ☐ książk. (zastanawiać się) to meditate (**nad czymś** (up)on sth); to ruminate (**nad czymś** on a. about sth); **~owała nad najlepszym rozwiązaniem**

sporu she meditated about a. pondered how best to resolve the dispute; **nie ma nad czym ~ować, trzeba podjąć decyzję** there's no point in thinking it over: a decision must be taken ☐2 (o sprawach religijnych) to meditate

meeting /ˈmiːtɪŋ/ → **mityng**

mefistofelicznie adv. książk. [przebiegły] like Mephistopheles; **uśmiechnąć się ~** to give a devilish a. fiendish grin

mefistofeliczn|y adi. książk. [postać, konszachty] Mephistophelean; [uśmiech, wygląd] devilish, fiendish; [spryt] diabolical

mega- w wyrazach złożonych ☐1 Miary mega-; **megadżul** a megajoule ☐2 (znacznych rozmiarów) huge; mega pot.; **megamarket** a megastore; **megakoncert** a mega concert; a mega stadium gig pot.

megabaj|t m Komput. megabyte

megafon m (G ~u) megaphone, loudhailer GB; **powiedzieć coś przez ~** to say sth through a megaphone, to megaphone sth

megaherc m Fiz. megahertz

megaloman m, **~ka** f książk., pejor. megalomaniac

megalomani|a /ˌmegaloˈmanja/ f sgt (GD ~i) książk., pejor. megalomania; **wpaść** a. **popaść w ~ę** to become a megalomaniac

megalomańs|ki adi. książk., pejor. [osoba] exhibiting megalomania; [ambicje, zachowanie, pozy] megalomaniacal

megawa|t m Fiz. megawatt

megie|ra f ☐1 obraźl., pejor. battleaxe pot.; dragon obraźl. ☐2 Mitol. **Megiera** Megaera

mekintosz m Bot. (drzewo) McIntosh apple tree; (owoc) McIntosh apple

mek|ka f sgt książk., przen. Mecca; **St Moritz jest ~ką (dla) narciarzy** St Moritz is a Mecca for skiers

Meksykan|in m, **~ka** f Mexican

meksykańs|ki adi. Mexican

melancholi|a f zw. sg (GDGpl ~i) ☐1 Med. (depresja) melancholy U; melancholia U przest.; **ataki** a. **napady ~i** attacks a. bouts of melancholy ☐2 książk. (smutek) melancholy U; **wpadać** a. **popadać w ~ę** to feel melancholy; **wiersz tchnący ~ą** a poem with an air of melancholy; **ogarnia mnie/ich czarna ~a** I/they become deeply depressed

melancholijnie adv. grad. [spoglądać, przedstawiać] in a melancholy manner; melancholically rzad.; **nastrajać kogoś ~** to make sb feel melancholy; **westchnął ~** he let out a melancholy sigh

melancholijn|y adi. ☐1 [muzyka, nastrój, usposobienie] melancholy; melancholic książk.; **~e piękno gór** the melancholy beauty of the mountains; **obudziła się w ~ym nastroju** she woke up feeling melancholy ☐2 Med. [usposobienie, zapaść] melancholic; **po jej odejściu stał się ~y** he became melancholy a. sad after she had left

melancholi|k m, **~czka** f melancholic; melancholiac przest.

melanż m (G ~u, Gpl ~y a. ~ów) ☐1 (mieszanina) mélange, medley; **~ gatunków teatralnych** a mélange of dramatic genres ☐2 Włók. (włóczka, tkanina) blend; **trójkolorowy/ostry ~** a three-colour/contrasting blend; **sweter z beżowo-białego ~u** a

sweater made of beige and white blended yarn

melanżow|y adi. [wełna, tkanina] marl attr.

melas|a f sgt molasses, treacle GB

melb|a f Kulin. ☐1 sgt (rodzaj deseru) fruit sundae C; **~a z brzoskwiniami** a. **brzoskwinią** a peach Melba a. melba ☐2 (porcja) fruit sundae

meld|ować impf ☐I vt ☐1 (informować) to report (**komuś o czymś** sth to sb); to inform (**o czymś** o a. about sth); **~ować o czyimś przybyciu** to announce sb's arrival; **~ować o czyimś zaginięciu** to report sb missing; **~ować kompanię (gotową) do ćwiczeń** to report (that) the company is ready for drill; **panie pułkowniku, ~uję wykonanie zadania** colonel, I report the task has been completed ⇒ **zameldować** ☐2 Admin. (w hotelu) to check a. book in [gościa]; (w mieszkaniu) to register [lokatora] ⇒ **zameldować** ☐3 Gry (w kartach) to show one has a king and a queen of the same suit ⇒ **zameldować**

☐II **meldować się** ☐1 (zgłaszać się) [żołnierz, podwładny] to report (**komuś** to sb) [dowódcy, przełożonemu, opiekunowi]; **raz w tygodniu ~ował się na policji** he reported a. had to report to the police once a week ⇒ **zameldować się** ☐2 (w hotelu) [gość] to register, to check a. sign in; (w mieszkaniu) [lokator] to register; **~ować się na pobyt stały/czasowy** to register for permanent/temporary residence at a given address; **~ować się w miejscu zamieszkania** to register at a new address

meldun|ek m (G ~ku) ☐1 (raport) report (**o czymś** on a. of sth); dispatch, despatch; **~ek z pola walki** a battle dispatch; **~ek o zaginięciu dziecka** a report of a missing child; **składać ~ek** (pisemny) to file a report a. dispatch; **odebrać ~ek** to receive a report ☐2 Admin. (zgłoszenie pobytu) registration; (prawo pobytu) residence U; **~ek stały/czasowy** a permanent/temporary residence; **mieszkał tam bez ~ku** he lived there without being registered ☐3 Gry (w kartach) a king and a queen of the same suit

meldunkow|y adi. ☐1 Admin. [formularz, formalności, karta] registration attr.; **książka** a. **księga ~a** (w hotelu) a register; **urząd/wydział ~y** an office for registering residents ☐2 (w wojsku, policji) **centrala ~a** a message centre

melin|a f pot. ☐1 (kryjówka) hideout; **złodziejska ~a** a thieves' hideout; **nocować w** a. **na ~ie** to spend the night in a hideout ☐2 (z narkotykami) den; (z alkoholem) place where alcoholic drink is sold illicitly; shebeen Ir, Scot; speakeasy US daw., pot. ☐3 (spelunka) dive pot., honky-tonk bar US pot.

melinia|ra f pot. woman illicitly selling alcoholic drink

meliniars|ki adi. pot. **~ki proceder** the illicit sale of alcoholic drink; **obracać się w ~kim środowisku/towarzystwie** to mix with illicit liquor sellers

meliniarz m (Gpl ~y) pot. ☐1 (ukrywający złodziei) person harbouring thieves or stolen goods ☐2 (sprzedający alkohol) illicit seller of alcoholic drink; (handlujący narkotykami) drug pedlar; pusher pot.

melioracj|a f (Gpl ~i) Roln. (osuszanie) land reclamation U, drainage U; (nawadnianie) irrigation U; (polepszanie jakości gleby) improvement of soil fertility; soil improvement książk.; **przeprowadzać ~ę podmokłych łąk** to drain a. reclaim water meadows a. marshy land; **~a leśna** a. **siedlisk leśnych** forest management

melioracyjn|y adi. [rów, prace, system, urządzenia] (nawadniający) irrigation attr, improvement attr.; (osuszający) drainage attr.; **kanał ~y** an irrigation channel; **~e wapnowanie gleb** liming soil

melior|ować impf vt to improve, to better [tereny uprawne, gleby rolne]; (nawadniać) to irrigate; (osuszać) to drain; **~ować pole** a. **rolę** to improve soil fertility and texture; **~ować pola przez sztuczne nawadnianie** to improve soil fertility through irrigation ⇒ **zmeliorować**

melis|a f zw. sg ☐1 Bot. lemon a. sweet balm U ☐2 (napar) an infusion of lemon a. sweet balm

❑ **~a lekarska** Bot. lemon a. sweet balm

melisow|y adi. [olejek, napar] lemon a. sweet balm attr.

melodi|a f (GDGpl ~i) ☐1 Muz. (linia melodyczna, utwór muzyczny) melody; (utwór muzyczny, jego urywek) tune; **wiązanka popularnych ~i** a medley of popular melodies a. tunes; **~ie do filmów/tańca** film/dance music; **nucić/grać ~ę** to hum/play a melody a. tune ☐2 przen. (w wierszu, języku) intonation

■ **ograna ~a** pot. hackneyed idea; **~a przyszłości** pot. the distant future; **mieć ~ę do czegoś** pot. to be fond of doing sth

melodrama|t m (G ~tu) ☐1 Teatr, Kino, Literat. (sentymentalny utwór) melodrama; **płakała oglądając/czytając ~ty** she wept while watching/reading melodramas; **łzawy ~t** a tear-jerking melodrama ☐2 iron., pejor. (przesadne zachowanie, działanie) melodramatics (+ v pl); (sentymentalna historia, scena) melodrama U; **robić z czegoś ~t** to be melodramatic about sth; **ich miłość to niemal ~t** their love story is almost a melodrama

melodramatycznie adv. ☐1 pejor. [westchnąć, rozpaczać] melodramatically; [gestykulować, jęczeć] histrionically ☐2 Teatr, Kino, Literat. [przedstawiony, ujęty] melodramatically; **fabuła prowadzona jest zbyt ~** the plot is too melodramatic

melodramatycznoś|ć f sgt ☐1 pejor. (cecha zachowania, sytuacji) melodramatic a. histrionic nature; **ich dialog popada w ~ć** their dialogue becomes melodramatic ☐2 Teatr, Kino, Literat. melodramatic character

melodramatyczn|y adi. ☐1 pejor. [historia, mina, poza, scena] melodramatic; [gestykulacja, westchnienie, zachowanie] histrionic; **jego/jej ~e zachowanie jest nie do zniesienia** his/her melodramatics a. histrionics are unbearable; **nie bądź ~a** stop being melodramatic ☐2 Teatr, Kino, Literat. [motyw, wątek, opowieść] melodramatic

melodramatyzm m sgt (G ~u) książk. (ckliwość w filmie, powieści) melodramatic quality C, melodrama; **~ zakończenia tego dobrego skądinąd filmu** the melodrama of a. in the final scenes of an otherwise good film

M

melodycznie *adv.* Muz. *[interesujący, skomplikowany]* melodically

melodyczn|y *adi.* Muz. *[bogactwo, przebieg]* melodic; **linia ~a** the melody

melodyj|ka *f dem.* tune

melodyjnie *adv.* grad. *[śpiewać]* melodiously, tunefully; *[grać]* melodically; *[brzmieć]* melodious *adi.*, tuneful *adi.*; **~ brzmiąca piosenka** a melodious a. tuneful song

melodyjnoś|ć *f sgt* (w piosence, grze, głosie) melodiousness, tunefulness; (w języku, mowie) melodiousness

melodyjn|y *adi.* ① *[dźwięk, śpiew, głos]* melodious; *[refren, utwór, walc]* tuneful; *[głos, śmiech]* musical, melodic; *[mowa, język]* melodious; canorous rzad.; **głos miała niezwykle ~y** she had a remarkably melodious voice ② Muz. *[inwencja, bogactwo]* melodic

melody|ka *f sgt* ① Muz. melodic pattern *C*; **~ka chorałowa** chorale melody ② Jęz. (w języku, mowie) ≈ intonation pattern *C*

meloman *m*, **~ka** *f* music lover

melon *m* ① (*A* **~a** a. **~**) Bot. (owoc, roślina) melon ② pot. million zlotys

melonik *m* bowler (hat)

membran|a *f* ① (w głośniku, mikrofonie) diaphragm; (w instrumentach muzycznych) membrane; **~a kotła (perkusji)/bębna** a drumhead ② (półprzepuszczalna) membrane

membranow|y *adi.* ① *[mikrofon, głośnik]* diaphragmatic; **instrumenty ~e** membranophones ② *[przegroda]* membranous

memento *n inv.* książk. reminder (**dla kogoś** to sb); **groźne ~ dla przyszłych pokoleń** a strong reminder to future generations

memłać → mamlać

memorand|um *n* (*Gpl* **~ów**) memorandum (**dotyczące czegoś** on sth); **wystosować/wręczyć ~um** to submit/hand in a memorandum

memoria|ł *m* (*G* **~łu**) ① książk. (oficjalne pismo) memorial przest.; memorandum, statement of facts (**o czymś** concerning sth); **złożyć** a. **wystosować ~ł do rządu/prezydenta** to submit a memorandum to the government/president ② Sport memorial; **zawody o ~ł Janusza Kusocińskiego** the Janusz Kusociński Memorial Track Events; **brać udział w ~le Feliksa Stamma** to participate in the Feliks Stamm Memorial boxing contest

memoriałow|y *adi.* ① książk. *[tezy]* of a memorial przest.; **nota ~a** a memorial ② Sport memorial *attr.*

menadżer → menedżer

menaże|r *m* (*Npl* **~rowie**) (piosenkarza, sportowca, aktora) manager; (artysty) agent

menageri|a *f* (*GDGpl* **~i**) ① książk., żart. (mieszanka) menagerie przen. ② przest. (zwierzęta) menagerie

menażers|ki *adi.* *[instynkt, talent, żyłka]* managerial

menażerstw|o *n sgt* (zawód) managerial profession

menaż|ka *f* ① (wojskowa) mess tin; (turystyczna) (do jedzenia lub gotowania) pot, dixie; (do gotowania) billy(can); **zjadł dwie ~ki grochówki** he ate two mess tins of pea soup ② zw. pl (do przenoszenia posiłków) food carrier

men|da *f* ① pot., obraźl. (szkodzący innym) bastard; shit stirrer posp., wulg.; (podstępny, nieuczciwy) weasel pot. ② pot. (wesz łonowa) crab (louse)

mend|el *m* (*Gpl* **~li**) ① dial., Miary (15 sztuk) (set of) fifteen; **~el jaj** fifteen eggs; **dwa ~le** two sets of fifteen; **sprzedawać jaja na ~le** to sell eggs in fifteens ② Roln. ≈ shock, ≈ stook; **~el pszenicy** a shock of wheat; **układać żyto w ~le** to shock a. stook rye

menedże|r *m* (*Npl* **~rowie**) ① (zarządzający przedsiębiorstwem) manager; (kobieta) manageress; **~r firmy/banku** a company/bank manager ② (agent) (zespołu) manager; (piosenkarza, aktora, pisarza) agent

menedżers|ki *adi.* ① (właściwy dyrektorowi lub kierownictwu) *[kadra, kariera, doświadczenie, pozycja, zdolności]* managerial; *[techniki, zespół]* management *attr.*; **umiejętności ~kie** managerial a. management skills ② (przygotowujący do zarządzania) *[kształcenie, studia, szkolenie]* management *attr.*; **szkoła ~ka/wydział ~ki** a school/faculty of management; **kontrakt ~ki na prowadzenie nowego lotniska** a fixed-term management contract to run a new airport

menedżerstw|o *n sgt* (pozycja) managerial position; (zajęcie) managerial profession

menel *m*, **~ka** *f* (*Gpl* **~i**, **~ek**) pot., pejor. dosser GB pot., obraźl.; bum US pot.

mennic|a *f* mint

menniczy|y *adi.* **znak ~y** a mint mark; **złoto/srebro ~e** gold/silver bullion

menopauz|a *f* Med. menopause; climacteric spec.; **kobieta w okresie ~y** a menopausal woman; **przechodzić ~ę** to go through the menopause

menstruacj|a *f* (*Gpl* **~i**) Med. menstruation; **mieć ~ę** to menstruate

menstruacyjn|y *adi.* Med. *[krew, dolegliwości]* menstrual; menstruous rzad.; **cykl ~y** menstrual cycle

mentalnoś|ć *f sgt* mentality *C/U*, mind; **~ć małomieszczańska** a petit bourgeois mentality; **~ć przestępcy** a/the criminal mentality a. mind

mentaln|y *adi.* książk. ① (dotyczący sposobu myślenia) *[ubóstwo]* mental; *[zmiany]* attitudinal; **zmiany ~e społeczeństwa** society's changing attitudes; **różnice ~e** varying attitudes ② (umysłowy) *[wysiłek, zdolności]* mental, intellectual

mentol *m sgt* (*G* **~u**) Chem., Farm. menthol

mentolow|y *adi.* *[zapach, smak]* of menthol, of peppermint; *[cukierek, drażetka]* peppermint(-flavoured) *attr.*; *[pasta, maść]* mentholated; **papierosy ~e** menthol a. mentholated cigarettes; **~a guma do żucia** spearmint chewing gum

mento|r *m pers.* ① książk., pejor. (pouczający innych) moralizer; sermonizer pejor. ② przest. (doradca) mentor, guru; **był moim ~rem** he was my mentor

③ *m inanim.* Ogr. stock

mentor|ka *f* książk., pejor. moralizer; sermonizer pejor.

mentors|ki *adi.* książk., pejor. *[ton, rady, pouczenia]* moralizing, sermonizing; **mówić** a. **przemawiać do kogoś ~kim tonem** to talk to sb in a moralizing a. sermonizing tone

mentorsko *adv.* książk., pejor. *[mówić, pouczać]* in a moralizing a. sermonizing tone

mentorstw|o *n sgt* ① książk., pejor. (moralizatorstwo) moralizing; sermonizing pejor.; **~o jego wypowiedzi** the moralizing tone of his statement ② przest. (wychowawstwo) tutorial guidance

menu /'me'ny/ *n inv.* ① książk. (zestaw posiłków) menu; **~ na obiad** a menu for a dinner, dinner menu; **ułożyć** a. **ustalić ~ na następny tydzień** to create a. plan a menu for the following week ② książk. (karta dań w restauracji) menu; bill of fare przest.; **dania w ~** dishes on a menu; **kelner podał nam ~** the waiter handed us the menu ③ (jadłospis) diet; **~ ubogie/bogate w warzywa** a diet poor/rich in vegetables; **wzbogacić/urozmaicić swoje/czyjeś ~** to enrich/vary one's/sb's diet ④ Komput., TV, Video menu

menue|t *m* (*A* **~ta**) Muz., Taniec minuet; **tańczyć ~ta** to dance a minuet a. to minuet

menzur|ka *f* measuring cylinder, burette

me|r ① *m pers.* (*Npl* **merowie**) Admin. mayor; (o kobiecie) mayoress; **mer Lyonu** the mayor of Lyons

② *m inanim.* Fiz. monomer

merda|ć *impf vi* to wag; **pies ~ł ogonem** the dog wagged its tail; **widziałem tylko ~jący ogon** all I could see was a wagging tail

mereż|ka *f* hemstitch, drawn-thread-work; **chusteczka z ~ką** a hemstitched handkerchief

mereżkow|y *adi.* *[haft, obrus]* hemstitched

meritum *n inv. sgt* książk. essence; **~ sprawy/sporu/kwestii** the essence a. heart of the matter/conflict/problem; **przejść do ~** to get a. go to the heart of the matter

merkantylnie *adv.* książk. in (a) mercenary fashion

merkantyln|y *adi.* książk. *[stosunek, podejście, względy]* mercenary pejor.

Merkur|y ① *m pers. sgt* Mitol. Mercury

② *m inanim. sgt* Astron. Mercury

merostw|o¹ *n* ① (urząd) mayoralty, mayorship ② (biuro) (the) mayor's office ③ (okręg) borough

merostw|o² *n sgt* (*GA* **~a**, *L* **~u**) the mayor and mayoress

merows|ki *adi.* *[urząd]* of the mayor, mayoral; *[biuro]* mayor's

merynos *m* Zool. merino

merytorycznie *adv.* substantially, factually; **ocenić ~ kandydatów/pomysły** to assess candidates/ideas on their merits; **stanowisko ~ słuszne/błędne** a substantially a. an essentially right/wrong position; **decyzja ~ nieuzasadniona** an unjustified decision

merytoryczn|y *adi.* książk. *[argument, dyskusja, spór]* concerning the substance a. (essential) facts; substantive książk.; **mieć dobre przygotowanie ~e** to have factual knowledge; **błędy ~e (w tekście)** factual errors (in a text)

mes|a *f* Mors., Żegl. mess

mesjanistyczn|y *adi.* Filoz., Relig. *[doktryna, filozofia, wiara]* messianic

mesjanizm *m sgt* (*G* **~u**) Filoz., Relig. messianism

Mesjasz m ① sgt Relig. the Messiah ② książk., przen. (wybawiciel) **mesjasz** messiah

messa → mesa

mesz|ek m sgt (G ~ku) (włoski) down; **sypał mu się ~ek nad górną wargą** down started to appear on his upper lip; **~ek na morelach** down on apricots

❏ **~ek płodowy** Anat. lanugo

me|ta Ⅱ f ① sgt Sport. finish (line), finishing line; **dobiec/dotrzeć do mety** to reach the finishing line; **wbiec/wjechać na metę** to arrive at the finish; **przekroczyć linię mety** to cross the finish (line) ② przen. (zakończenie) end, finish ③ pot. (kryjówka) hideout, safe house ④ pot. (miejsce, pobytu, noclegu) haunt; hang-out pot.; **studencka meta** student hang-out a. haunt; **mamy świetną metę u znajomych** we have a perfect place to stay at our friends' ⑤ pot. (melina) illegal drinking place, shebeen Ir, Scot

Ⅲ **meta-** w wyrazach złożonych met(a)-; **metafilozofia** metaphilosophy

■ **na dłuższą** a. **dalszą metę** in the long run; **na krótką metę** in the short run; **z mety** pot. right a. straight away

metaboliczn|y adi. Biol. [procesy] metabolic

metabolizm m sgt (G ~u) Biol. metabolism

metafizycznie adv. metaphysically

metafizyczność f sgt Filoz. metaphysical nature (**czegoś** of sth)

metafizyczn|y adi. metaphysical

metafizy|k m metaphysician, metaphysicist

metafizy|ka f sgt metaphysics

metafo|ra f metaphor

metaforycznie adv. [wyrazić, opisać] metaphorically, figuratively; **mówiąc ~...** figuratively speaking...

metaforyczność f sgt Literat., Jęz. metaphoric(al) nature, figurativeness; **~ć wyrazu/prozy/wiersza** the metaphoric(al) nature of an expression/some prose/a poem

metaforyczn|y adi. [zwrot, wyrażenie, język] figurative, metaphoric(al); [wiersz, powieść, film] metaphoric(al)

metafory|ka f sgt ① (w utworze) the use of metaphors ② (budowanie metafor) the use of metaphors

metajęzyk m sgt Log., Jęz. metalanguage

metajęzykow|y adi. metalanguage attr.

metal m (G ~u) ① (materiał) metal; **wykrywacz ~i** metal detector ② Chem. metal ③ sgt Muz. metal, HM GB

❏ **~ czcionkowy** Druk. type metal; **~e alkaliczne** Chem. alkali metals; **~e ciężkie** Chem. heavy metals; **~e kolorowe** Chem. non-ferrous metals; **~e lekkie** Chem. light metals; **~e nieszlachetne** Chem. common a. base metals; **~e szlachetne** Chem. noble metals; **biały ~** Chem. white metal

metalic /me'talik/ → metalik

metalicznie adv. [błyszczeć, brzęczeć, brzmieć] metallically

metaliczność f sgt metallicity

metaliczn|y adi. ① [dźwięk, głos] metallic ② [blask, połysk, barwa] metallic; [smak] metallic, coppery ③ [farba, lakier] metallic; **tlenek ~y** metal oxide

metalik Ⅰ m sgt (G ~u) ① (lakier) metallic paint ② pot. (samochód) metallic car

Ⅲ adi. inv. metallic; **puszka lakieru w kolorze złoty ~** a tin of golden metallic paint

metaloplastyczn|y adi. metalwork attr.

metaloplasty|ka f sgt (decorative) metalwork

metalow|iec m pot. ① (technik) metalworker ② zw. pl środ., Muz. metal-head pot.

metalow|y adi. ① [przemysł, ruda, stopy] metallurgical ② [części, zawiasy, okucia] metal ③ Muz. metal

metalurgi|a f sgt (GD ~i) Nauk., Techn. metallurgy

❏ **~a proszków** Techn. powder metallurgy

metalurgiczn|y adi. [kombinat, zakłady, procesy] metallurgical

metamorfizm m (G ~u) Geol. metamorphism

metamorfoz|a f ① (przemiana) książk. metamorphosis; **całkowita ~a** complete metamorphosis; **przechodzić/przejść ~ę** to go through/undergo a metamorphosis ② Zool. metamorphosis

metan m sgt (G ~u) Chem. methane

metempsychoz|a f Relig. metempsychosis, reincarnation

meteo|r m (G ~ru) Astron. meteor; **deszcz ~rów** a meteor shower; **zjawić się** a. **błysnąć/zniknąć** a. **zgasnąć jak ~r** to appear/disappear like lightning

meteorolo|g m (Npl ~ gowie a. ~ dzy) meteorologist

meteorologi|a f sgt (GD ~i) Meteo. meteorology

❏ **~a nautyczna** Meteo., Żegl. nautical meteorology

meteorologicznie adv. Meteo. meteorologically

meteorologiczn|y adi. Meteo. [prognoza, komunikat] meteorological; **stacja ~a** a meteorological a. weather station

meteorow|y adi. Astron. meteoric; **pył ~y** meteoric dust

meteory|t m (G ~tu) Astron. meteorite

meteorytow|y adi. Astron. [materia, kamienie] meteoritic

met|ka¹ f (znak) (name) tag, label; **~ka z ceną** a price tag

met|ka² f Kulin. meat paste a. spread

metk|ować impf vt to label [towary, ubrania]

meto|da f ① (sposób) method, technique; **~da na coś** a method for sth; **posłużyć się jakąś ~dą** to apply a. use a method; **zastosować nowe ~dy produkcji** to apply new production methods; **~da prób i błędów** trial and error approach a. method; **dochodził do wszystkiego samodzielnie, ~dą prób i błędów** he achieved everything on his own in hit-or-miss style ② Nauk. method; **~da naukowa/badawcza** scientific/research method

❏ **~da aksjomatyczna** Log. axiomatic method; **~da reprezentacyjna** Stat. sampling; **deiktyczna ~da nauczania** teaching by demonstration, deictic teaching

■ **~da kija i marchewki** pot. the carrot and stick approach; **w tym szaleństwie jest ~da** there is a method in the madness

metodolo|g m (Npl ~gowie a. ~dzy) Nauk. methodologist

metodologi|a f sgt (GD ~i) ① Nauk. methodology; **w doktoracie wykorzystał nową ~ę badań** he used a new research methodology in his doctoral thesis ② Filoz. methodology

metodologicznie adv. Nauk. [dowodzić, zróżnicować, zaprezentować] methodologically

metodologiczn|y adi. [zasady, niedociągnięcia, spójność, spór, problematyka] methodological

metodycznie adv. [podejść, dążyć, zbadać] methodically; [obmyślić, wychowywać, działać, zaplanować] methodically, systematically

metodyczność f sgt książk. methodicalness

metodyczn|y adi. ① (pedagogiczny) [wskazówki, poradnik, badania] methodological ② (systematyczny) methodical, systematic; [umysł] disciplined, tidy-minded; **w pracy był zawsze bardzo ~y** he was always very disciplined at work

metody|k m, **~czka** f Szkol. methodologist

metody|ka f sgt ① Szkol. (dydaktyka) methodology ② (sposób) książk. methodology

❏ **~ka nauczania** Szkol. methodology of teaching

metody|sta m, **~stka** f Relig. Methodist, Wesleyan

metodystyczn|y adi. Relig. [kościół, nabożeństwo] Methodist; [rygoryzm, moralność, zasady] Methodist attr., Methodistic(al)

met|r m ① Miary (jednostka długości) metre, meter US; **sprzedawać materiał na ~ry** to sell material by the metre; **z ~ra** pot. by the metre; **materiał na garnitury jest sprzedawany z ~ra** suiting is sold by the metre ② (miarka) rule; **~r stolarski** a folding rule; **~r krawiecki** a tape-measure ③ pot. (jednostka masy) a hundred kilograms

❏ **~r bieżący** Miary linear metre; **~r kwadratowy** Miary square metre; **~r przestrzenny** stere; **~r sześcienny** Miary cubic metre

■ **od ~ra** pot. a lot; **forsy miał od ~a** he had money to burn

metraż m (G ~u) Miary metric area; **~ mieszkania** metric area of a flat

❏ **krótki ~** Film short-length film; **długi** a. **pełny ~** Film full-length a. feature film

metrażowo adv. Miary metrically

metrażow|y Ⅱ adi. Miary [pomiar] metric

Ⅲ w wyrazach złożonych -length; **długometrażowy** full-length, feature

metres|a f przest., książk. maîtresse, mistress

met|ro n sgt Kolej, Transp. underground, tube GB, subway US; **stacja ~ra** an underground station; **jeździć do pracy ~rem** to travel to work by underground

metronom m (G ~u) Muz. metronome

metropoli|a f (GDGpl ~i) ① (stolica) metropolis ② Polit. (the) mother country ③ Relig. archdiocese

metropoli|ta m Relig. archbishop, metropolitan (bishop)

metropolitaln|y adi. Relig. [kościół, kapituła, kuria] metropolitan

metrow|y adi. ① [miarka, półka] one-metre long, a metre long ② Roln., pot. (o ciężarze) weighing a hundred kilograms

M

metrycz|ka *f dem.* [1] (osoby) certificate; **~ka chrztu dziecka** baptismal certificate [2] (zwierzęcia) pedigree (certificate) [3] (eksponatu) **~ka książki** printer's imprint

metryczn|y[1] *adi.* metric

❑ **system** a. **układ ~y** metric system

metryczn|y[2] *adi.* Literat. *[akcent, przycisk, stopą]* metrical, metric

metry|ka[1] *f* [1] Admin., Relig. certificate; **~ka urodzenia/zgonu** a birth/death certificate; **~ka chrztu/ślubu** a baptismal/marriage certificate [2] (zwierzęcia) pedigree (certificate) [3] (certyfikat) (eksponatu, przedmiotu) specification certificate, descriptive label; **~ka obrazu** a certificate of authenticity [4] Hist. public registers [5] *zw. pl* registers; **~ki parafialne/cywilne/kościelne** parish/civil/church registers

❑ **~ka drzewa** Bot. annual rings (of a tree); **~ka uniwersytecka** Uniw. academic register

■ **wyjąć** a. **wyciągnąć ~kę** to obtain a certificate; **żywa** a. **chodząca ~ka** pot., żart. (o osobie dorosłej) walking data bank

metry|ka[2] *f sgt* Literat. [1] (reguły budowy) metre; **~ka wiersza** the metre of a poem [2] (nauka) metrics

metrykaln|y *adi.* *[zapis, dokument, wyciąg]* certificate *attr.*; *[księga]* register *attr.*

Metys *m* Metis, mestizo

metys *m* Zool. cross-breed

Metys|ka *f* Metis, mestiza

metys|ki *adi.* *[wygląd]* Metis *attr.*

mew|a *f* Zool. seagull, gull

❑ **~a siodłata** Zool. great black-backed gull; **~a srebrzysta** Zool. herring gull; **~a śmieszka** Zool. black-headed gull

mewi *adi.* *[kolonia, krzyk,]* gull's, gull *attr.*

mew|ka *f dem.* [1] (ptak) little gull [2] pot., euf. (prostytutka) gal; chick pot.

mezalians *m* (*G ~u*) książk. mésalliance, misalliance

Mezopotami|a *f* (*GD ~i*) Hist. Mesopotamia

mezopotams|ki *adi.* Mesopotamian

mezzosopran /ˌmedzo'sopran/ [1] *m pers.* (*Npl ~y*) Muz. mezzo-soprano

[2] *m inanim.* (*G ~u*) Muz. mezzo-soprano; **miała piękny ~** she had a beautiful mezzo-soprano voice

mezzosopranist|ka /ˌmedzosopra'ɲistka/ *f* Muz. mezzo-soprano

mezzosopranow|y /ˌmedzosopra'nɔvɨ/ *adi.* Muz. *[aria, rola, głos]* mezzo-soprano

męczar|nia *f* (*Gpl ~ni* a. *~ń*) [1] (cierpienie) torment, ordeal; **cierpieć ~nie** to suffer torments; **przeżywać/zadawać/znosić ~nie** to inflict/bear/endure suffering; **cierpieć ~nie niepewności** to be plagued by uncertainty [2] pot. hard time, trauma

męcząco *adv.* tediously; *[mówić, prosić, narzucać się]* tiresomely

męcząc|y[1] *pa* → **męczyć**

[2] *adi.* *[kaszel, podróż, praca, sen]* tiring; *[dziecko, hałas, tłum]* tiresome; **nie bądź taki ~y** don't be such a drag pot.

męczennic|a *f* [1] Relig. martyr [2] pot. sufferer, martyr; **pozować na ~ę** to play the martyr [3] Bot. passion flower

męczenni|k *m* [1] Relig. martyr [2] pot. sufferer, martyr

męczeńs|ki *adi.* *[śmierć, postawa]* martyr's

męczeńsko *adv.* *[zginąć]* (like) a martyr

męczeństw|o *n sgt* martyrdom; **~o chrześcijan** the martyrdom of Christians

męcz|yć *impf* [1] *vt* [1] (zadawać ból) to torture, to torment ⇒ **zamęczyć** [2] (wyczerpywać) to tire out; **~yć sobie wzrok** to strain one's eyes ⇒ **zmęczyć** [3] (denerwować) to torment, to pester (**kogoś czymś** sb with sth); **nie ~ mnie swoim gadaniem** stop pestering me with your chatter ⇒ **zamęczyć** [4] (usilnie prosić) to pester (**kogoś o coś** sb with sth); **dziecko ~yło matkę o zabawkę** the child pestered his mother to buy him a toy [5] pot. (robić niechętnie) to toil (**coś** over sth); **~yć gamy i pasaże na fortepianie** to toil over the scales and arpeggios on the piano ⇒ **zmęczyć**

[3] **męczyć się** [1] (cierpieć) to suffer, to feel pain [2] (szybko tracić siły) to tire (out); **ojciec ~y się szybkim marszem** the father tires when walking quickly ⇒ **zmęczyć się** [3] (robić z trudem) to toil (**nad** a. **z czymś** over sth); to sweat; **~ył się nad zadaniami z matematyki** he sweated over the maths problems

■ **~yć się jak potępieniec** (cierpieć) to suffer like a condemned soul; (trudzić się) to sweat blood

męczydusz|a *m, f* (*Gpl m ~ów* a. **~**; *Gpl f ~*) pot., żart. nudnik US, bore

mędr|ek *m* (*Npl ~kowie* a. **~ki**) pot., pejor. know-all GB pot., smart alec(k) pot.; **to taki ~ek, który myśli, że wszystko wie najlepiej** he's such a smart-ass, he thinks he knows everything

mędrk|ować *impf vi* pejor. to be a smart alec(k) pot., to play the wise guy pot.; **czy zawsze musisz ~ować?** do you always have to be a smart alec?; **nie ~uj, tylko słuchaj, co mówią starsi** stop playing the wise guy and listen to what your elders have to say

mędr|zec *m* (*V ~rcze*) [1] książk. sage, wise man; **był prawdziwym ~rcem** he was a real sage; **kwestie niejasne nawet dla ~rców** matters obscure even for the wisest of us [2] Hist. (stan urzędniczy w starożytnym Izraelu) wise man [3] Bibl. wise man, magus

❑ **Mędrcy ze Wschodu** Bibl. wise men from the East, the Magi

m|ęka *f* książk. [1] *zw. pl* (cierpienia fizyczne, psychiczne) agony, torture; **umierać w mękach** to die in agony; **cierpieć** a. **przeżywać męki zazdrości** to feel pangs of jealousy [2] *zw. pl* (tortury) **wziąć kogoś na męki** to subject sb to torture; **skazać kogoś na męki** to condemn sb to torture [3] przen. (uciążliwość) ordeal; **uczenie go było prawdziwą męką** teaching him was an ordeal

❑ **Męka Pańska** Relig. the Passion

■ **męki Tantala** książk., Mitol. the torments of Tantalus; **bredzić** a. **pleść jak Piekarski na mękach** książk. to talk off the top of one's head pot.

męs|ki *adi.* [1] (dotyczący mężczyzn) *[populacja, zachowania]* male; *[imiona, zawody]* masculine; *[obuwie, ubranie]* man's, men's; **fryzjer ~ki** barber; **moda ~ka** men's fashion; **lubiła ~kie towarzystwo** she liked the company of men a. male company [2] (typowy dla mężczyzny) *[głos, rysy, uroda]* male, mascu-

line; (jurny) virile; (odważny, stanowczy) manly; (o kobiecie) manlike; mannish pejor.; **~kie cechy jej charakteru** the masculine side of her nature; **po ~ku** like a man; **przyjął to po ~ku** he took it like a man a. on the chin [3] Biol. *[cechy płciowe, narządy, osobniki]* male [4] Jęz. *[końcówka, rodzaj]* masculine

❑ **~ka dziwka** a. **kurwa** wulg., obraźl. rent boy GB pot.; trade wulg.; (homoseksualista) bumboy wulg.

■ **~ka decyzja** prompt and resolute decision; **wiek ~ki** a. **lata ~kie** manhood; **niedługo wejdziesz w lata ~kie** you'll be a man soon

męsko-damski *adi.* (dotyczący seksu) *[problemy, sprawy]* erotic, sexual

męskoosobow|y *adi.* Jęz. *[końcówka, rodzaj]* masculine personal, virile

męskorzeczow|y *adi.* Jęz. *[końcówka, rodzaj, rzeczownik]* masculine inanimate

męskoś|ć *f sgt* [1] (bycie mężczyzną) maleness, masculinity; (cechy męskie) manliness, masculinity; **nie akceptuje własnej ~ci** he doesn't accept his own maleness; **podziwiała ~ć jego urody** she admired his masculine appearance [2] euf. (narządy płciowe) manhood; **wstydliwie zakrywał swoją ~ć** he modestly covered his manhood [3] (potencja) virility; **Viagra przywraca mężczyznom ~ć** viagra restores men's virility

męskozwierzęc|y *adi.* Jęz. *[końcówka, rodzaj, rzeczownik]* masculine animate

męstw|o *n sgt* książk. [1] (odwaga) bravery, valour; **słynąć z ~a** renowned for (his) valour [2] (hart ducha) fortitude; **znosił z ~em różne przeciwności losu** he bore various adversities with fortitude

mę|t [1] *m pers. zw. pl* (*Npl ~ty*) pot., pejor. (człowiek z marginesu społecznego) dregs *pl*; the hoi polloi pot.; scum pot., obraźl.; **to najgorsze męty** they are the scum of the earth; **męty społeczne** pejor. the dregs of society a. humanity, the scum of the earth

[2] *m inanim.* (*G ~tu*) [1] *zw. pl* (osad, zawiesina) (w piwie, winie) dregs *pl*, lees *pl*; (na powierzchni) scum [2] (chaos, niejasność, zamęt) muddle, tangle; **męt myśli** confusion of thoughts

mętlik *m sgt* (*G ~u*) pot. [1] (intelektualny) confusion, muddle; **mieć ~ w głowie/myślach** to be all at sea a. in a muddle; **miałem kompletny ~ w głowie** I was in a state of total confusion; **zagubiony w ~u nowych teorii** lost in a confusion of new theories [2] (bałagan, chaos) mess, muddle; **na twoim biurku jest straszny ~** your desk is a mess; **mam straszny ~ w dokumentach** my documents are in a real muddle; **co za ~!** what a muddle a. mess!

mętnawo *adv.* [1] (nieprzezroczyście) *[wyglądać]* (o wodzie) (somewhat) cloudy *adi.*; (o winie) (somewhat) cloudy *adi.*; (somewhat) dreggy *adi.* pot.; (o kawie, piwie) (somewhat) muddy *adi.*; (o rzece, strumieniu) (somewhat) turbid *adi.* [2] pejor. (niejasno, niezrozumiale) *[opisywać]* hazily; *[tłumaczyć się, wyjaśniać]* vaguely

mętnaw|y *adi.* [1] (niezupełnie przezroczysty) *[płyn, woda]* (somewhat) cloudy; *[wino]* (somewhat) cloudy; (somewhat) dreggy adi. pot.; *[kawa, piwo]* (somewhat) muddy; *[rzeka, strumień]* (somewhat) turbid [2] pejor. (niejasny) *[koncepcje, pomysły]* (somewhat) foggy; *[opowieści, teorie, wyjaśnienia]* (somewhat) muddled, (somewhat) muddle-headed

mętniac|ki adi. pot., pejor. *[artykuł, rozumowanie, wywody]* muddled, muddle-headed

mętniactw|o n sgt pot., pejor. muddle-headedness, woolliness; **~o ideowe/interpretacyjne/pojęciowe** the woolliness of ideas/interpretations/concepts

mętnia|k m pot., pejor. muddle-head, muddler; **ten ~k niczego nie potrafi prosto wyjaśnić** that muddle-head can't explain anything plainly

mętnie adv. grad. [1] (nieprzejrzyście) *[wyglądać]* (o szkle) cloudy adi., opaque adi.; (o płynie) muddy adi., turbid adi. [2] (słabo) *[jaśnieć, świecić]* dimly, dully [3] (niewyraźnie) *[rysować się]* indistinctly, vaguely [4] przen. *[patrzeć]* dimly, dully [5] (zawile, niejasno) *[definiować, opisywać]* fuzzily; *[wyrażać się, tłumaczyć się]* vaguely [6] pejor. (podejrzanie, nieuczciwie) *[przedstawiać się, wyglądać]* fishy adi., shady adi.; *[działać, zachowywać się, załatwiać]* in a fishy a. shady a. underhand way

mętni|eć impf (~eje, ~ał, ~eli) vi [1] (stawać się nieprzejrzystym) to cloud, to become muddy/opaque/turbid; **woda w jeziorze ~ała** the water in the lake became turbid a. muddied ⇒ **zmętnieć** [2] (być słabo widocznym) to become dim a. indistinct; **postacie ludzi ~eją w zapadającym zmroku** the figures of people grow indistinct in the gathering dusk [3] (tracić blask) to cloud (over), to become dim a. dull; **chory pies chudł i wzrok mu ~ał** the sick dog was losing weight and its eyes became dull; **oczy ~ejące od gorączki** eyes clouding with fever ⇒ **zmętnieć**

mętnoś|ć f sgt [1] (nieprzejrzystość cieczy) cloudiness, muddiness, turbidity; **~ć wody w akwarium** the cloudiness of aquarium water; **studenci mierzą ~ć próbek wody** the students measure the turbidity of water samples [2] (niejasność) fuzziness, opaqueness, woolliness GB

mętn|y adi. grad. [1] (nieprzejrzysty) *[kawa, piwo]* muddy; *[wino]* cloudy; *[jezioro, woda]* cloudy, murky; *[szkło, szyba]* opaque; *[rzeka, strumień]* turbid [2] (słaby, przytłumiony) *[blask, światło]* dim, dull [3] (nieostry, niewyraźny) *[kontury, kształt, zarys postaci]* fuzzy, vague [4] (zamglony) *[oczy, spojrzenie, wzrok]* dull, lustreless GB [5] przen. (niejasny, zagmatwany) *[myślenie, tok rozumowania]* fuzzy, woolly; *[opowieść, wyjaśnienia]* muddled; *[argumenty, plan, pomysły]* muddle-headed, muddy; *[komentarz]* obscure [6] (nieokreślony, niesprecyzowany) *[pogłoski, przeczucia]* vague [7] pejor. (podejrzany) *[przeszłość]* murky, shadowy; *[figura]* shadowy, shady; *[interesy]* shady, underhand; *[tłumaczenia, wyjaśnienia]* fishy ■ **łowić** a. **łapać ryby w ~ej wodzie** pejor. to fish in troubled waters

mężat|ka f married (woman), wife; **to panna czy ~ka?** is she single or married?; **młoda ~ka** a young wife

mężczy|zna m (Gpl ~zn) man, male; **~zna w średnim wieku** a middle-aged

man; **podejrzany to młody biały ~zna** the suspect is a young, white male; **bądź ~zną!** be a man!; **przyjął to jak ~zna** he took it like a man; **zrobić z kogoś ~znę** to make a man of sb; **porozmawiać** a. **pomówić jak ~zna z ~zną** to talk man to man ■ **droga do serca ~zny wiedzie przez żołądek** the way to a man's heart is through his stomach

mężnie adv. grad. *[starać się, zmagać się]* bravely, manfully; *[bronić się, stawiać opór, walczyć]* gallantly, valiantly

mężni|eć impf (~eję, ~ał, ~eli) vi (nabierać sił) to grow stronger; (dojrzewać) to become a man; **duch w nim ~ał** his spirit grew stronger; **chłopiec szybko ~ał** the boy was quickly becoming a man ⇒ **zmężnieć**

mężn|y adi. grad. [1] (odważny) *[osoba, obrona]* doughty; *[czyn, wysiłek]* gallant, manful; *[żołnierz]* stout-hearted książk.; *[bohater, rycerz]* valiant [2] (obdarzony hartem ducha) *[osoba]* brave; **bądź ~y, nie upadaj na duchu** be brave, don't lose heart

mężows|ki adi. *[krewni, nazwisko]* husband's

mężu|lek, ~ś m (Npl ~lkowie, ~siowie) pieszcz., żart. hubby pot., żart.

mg (= miligram) mg

mgieln|y adi. [1] *[obłok]* hazy; *[deszczyk, opary, para]* misty [2] przen. (lekki, przejrzysty, zwiewny) *[szal, woal]* diaphanous, filmy

mgieł|ka f dem. [1] (mgła) haze, mist; **biaława ~ka unosiła się nad łąką** a whitish mist hovered over the meadow [2] (obłoczek) (dymu, kurzu spalin) cloud, puff; (koronek, woali) cloud, spray; (wodna) cloud; (na szkle) mist; **wodospad otoczony wodną ~ką** a waterfall enveloped in spray [3] przen. mist, veil; **postać owiana ~ką tajemniczości** a character surrounded by a veil of mystery

mglistoś|ć f sgt [1] (zamglenie) fogginess, haziness; **~ć jesiennego poranka** the mistiness of an autumn morning [2] (niewyrazistość) haziness, mistiness; **~ć konturów** the haziness of the outlines [3] przen. (niejasność) fogginess, vagueness; **~ć definicji** the vagueness of the definition

mgli|sty adi. [1] (zamglony) *[dzień, pogoda, poranek]* foggy, hazy [2] (niewyraźny) *[horyzont, kontury, światło]* hazy, misty; **~ste zarysy budynku** the hazy outlines of a building [3] (niejasny, niesprecyzowany) *[pogląd, świadomość]* foggy, hazy; *[idee, nadzieje, obietnice]* nebulous, vague; *[przeszłość]* murky; *[pamięć, wspomnienia]* dim, indistinct; **~ste zapewnienia o przyszłych zyskach** nebulous assurances of future gains; **mam raczej ~ste pojęcie o tej sprawie** I am rather hazy about the matter; **mam ~ste wyobrażenie o tym, jak będzie wyglądać moja przyszła praca** I've only got a foggy a. hazy notion of what my future job will be

mgliście adv. grad. [1] (o pogodzie) foggy adi., hazy adi., misty adi.; **było zimno i ~** it was cold and foggy a. misty [2] (nieostro) hazily; **~ rysująca się postać** a hazily outlined figure [3] (niewyraźnie, niejasno) *[czuć, wyobrażać sobie]* foggily, hazily; *[pamiętać, przypominać sobie]* dimly, hazily; *[tłumaczyć się]* vaguely; **wyjaśnił nam to dość ~ i zagadkowo** he

explained it to us rather vaguely and mysteriously; **~ pamiętam ten dom** I dimly remember the house

mgła f [1] Meteo. haze, mist; (gęstsza) fog; (bardzo gęsta) pea-souper; **gęsta mgła zalega nad miastem** a dense fog hangs over the city; **spowity mgłą** mist-covered a. misty; **wzgórza spowijała mgła** the hills were veiled in mist; **zasłona mgły** a blanket of fog; **miejscami mgły i zamglenia** mist and fog patches; **w tym rejonie występują gęste mgły** we get thick fog here; **lotnisko jest sparaliżowane przez mgłę** the airport is fogbound [2] książk., przen. (obłok) cloud, mist; **mgła koronek** a cloud of lace [3] przen. haze, mist, veil; **wspominał ten dzień poprzez mgłę minionych lat** he looked back on that day through the mists of time; **postać spowita mgłą tajemnicy** a character surrounded by a veil of mystery [4] Chem., Fiz. (olejowa, solna) mist; (smołowa) fog ■ **jak przez mgłę** *[słyszeć, widzieć]* as if through a haze a. fog a. mist; *[pamiętać]* indistinctly, vaguely; **mgła przesłania komuś** a. **zasłania** a. **zakrywa oczy** sb's eyes cloud a. mist over; **z bólu mgła przesłoniła mu oczy** his eyes misted a. filmed over with pain; **jej oczy przesłoniła mgła łez** her eyes were clouded with tears; **nagle jakby mgła przesłoniła mu oczy** suddenly a mist seemed to come before his eyes; **zachodzić mgłą** pot. (o powierzchni szkła) to mist over a. up, to fog (up); **kiedy wszedł do ciepłego pokoju, okulary od razu zaszły mu mgłą** when he entered the warm room, his glasses immediately fogged up

mgławic|a f [1] Astron. nebula [2] przen. (dymu) cloud; (chmur) sea [3] przen. (idei, pomysłów, projektów) muddle, haze; (pradziejów) mist ❏ **~e pierścieniowe** Astron. planetary nebulae a. nebulas

mgławicowoś|ć f sgt książk., przen. nebulousness; **~ć terminów i pojęć** the nebulousness of terms and concepts

mgławicow|y adi. [1] Astron. *[materia, widma]* nebular; **hipoteza ~a** the nebular hypothesis; **obiekty ~e** nebular objects [2] przen. (niejasny, zagmatwany) *[argumenty, rozumowanie, wywody]* nebulous

mgławo adv. książk. [1] (o pogodzie) foggy adi., hazy adi., misty adi.; **rano było ~, potem padał deszcz** it was misty in the morning, and later it rained [2] (nieostro) hazily [3] (niejasno) *[postrzegać, widzieć]* hazily, vaguely; **~ zdawał sobie sprawę z powagi sytuacji** he was only vaguely aware of how serious the situation was

mgław|y adi. [1] (mglisty, zamglony) *[dzień, wieczór]* foggy, misty; *[światło]* hazy, misty; *[obłok, chmura]* hazy [2] (niewyraźny) *[horyzont, obraz, zarysy]* hazy, misty [3] (niejasny) *[pojęcia, poglądy, wyobrażenia]* foggy, hazy; *[idee, nadzieje, obietnice]* nebulous, vague; *[przyszłość]* dim

mgnie|nie n [1] (mrugnięcie) blink, wink; **~nie oka** a blink of an eye; **w ~niu oka** in the blink a. twinkling a. wink of an eye [2] (przebłysk) flash; **w ~niu światła dostrzegł postać człowieka** in a flash of light he caught a glimpse of a human figure [3] przen. (moment) instant, moment; **zobaczyła go i na ~nie zamarła** she saw him

M

and froze for an instant; **przez ~nie nie mógł nawet oddychać** for a moment he couldn't even breathe

mgr (= magister) (nauk humanistycznych) Master of Arts, MA; (nauk ścisłych) Master of Science, MSc; **mgr Adam Nowak** Adam Nowak, MA/MSc

MHz (= megaherc) MHz

mi[1] *n inv.* Muz. me, mi

mi[2] → **ja**

mia|ł *m* (*G* **~łu**) (cukrowy, kamienny) dust; (koksowy) breeze; (rudny) fines

❑ **~ł torfowy** Geol. peat dust; **~ł węglowy** coal dust, slack

miał|ki *adi.* [1] (drobny) [cukier, piasek, węgiel] fine, fine-grained; [kreda, żwir] powdery [2] pejor. (bez wyrazu) [pisarstwo, sztuka] anodyne pejor.; [charakter, opis, styl] bland, vapid; [argumentacja, osoba] insipid, wishy-washy; (powierzchowny) [idee, koncepcje] superficial; [pisarz, rozrywka, umysł] shallow, superficial

miałko *adv.* [1] (na drobny proszek) finely, to a powder; **zmielony na ~ pieprz** finely ground pepper; **~ stłuczone szkło** glass smashed to a powder [2] pejor. (bez wyrazu) [grać, pisać] blandly, insipidly; [wyglądać, wypaść] bland *adi.*, insipid *adi.*; **na tle innych pianistów wypadł ~** compared to other pianists he seemed bland

miałkoś|ć *f sgt* [1] (drobnoziarnistość) fineness [2] pejor. shallowness; (powierzchowność) superficiality; **~ć jego powieści/artykułu/charakteru/umysłu** the shallowness a. superficiality of his novel/article/character/mind

mian|o *n* książk. appellation książk.; name, title; **czuję się zaszczycony ~em artysty, bowiem uważałem się jedynie za rzemieślnika** I feel honoured by the appellation 'artist', since I considered myself a mere craftsman; **te książki nie zasługują na ~o literatury** these books do not deserve to be called literature; **trzy firmy rywalizują o ~o najlepszego dostawcy Internetu w Polsce** three companies are competing for the title of the best Internet provider in Poland; **postępek słusznie określony ~em zdrady** an act rightly called treason

❑ **~o roztworu** Chem. titre

mian|ować *pf, impf* **U** *vt* [1] (nominować) to appoint, to nominate; (na stanowisko kapitana) to name; (na stopień oficerski) to commission; **~ować kogoś przewodniczącym** to appoint a. nominate sb as chairperson; **~ować kogoś na stanowisko dyrektora** to appoint a. to nominate sb director; **został ~owany gubernatorem** he was appointed governor; **z ~owania** by nomination; **był prezesem z ~owania, nie z wyboru** he was nominated chairman, not elected [2] książk. (nazywać) to call; **ojczym cieszył się, że był przez dzieci żony ~owany tatą** the stepfather was glad (that) his wife's children called him Dad

Ⅲ **mianować się** [1] (nominować się) to appoint oneself, to nominate oneself; **po wojskowym zamachu stanu generał ~ował się prezydentem** after the military coup the general appointed himself president [2] książk. (nadawać sobie nazwę) to call oneself; **dlaczego on ~uje się naszym**

wujem? why does he call himself our uncle?

mianowicie *coni* książk. namely, that is (to say); **dwa kraje, (a) ~ Polska i Węgry** two countries, namely a. that is, Poland and Hungary

mianownik *m* [1] Jęz. nominative (case); **podmiot zdania jest w ~u** the subject of a sentence is in the nominative (case) [2] Mat. denominator

■ **sprowadzać coś do wspólnego ~a** to reduce sth to the lowest common denominator

mianownikow|y *adi.* Jęz. nominative *attr.*; **końcówka ~a** a nominative ending

mi|ara *f* [1] (wielkość, rozmiar) measure, measurement; **wagi i miary** weights and measures; **miara objętości płynów** liquid measure; **miara objętościowa ciał sypkich** dry measure; **miara objętości** cubic measure; **pH jest miarą kwasowości wody** the pH scale is a measurement of the acidity of the water [2] (przyrząd do mierzenia) measure; (krawiecka) measuring tape, tape measure; (kuchenna) measuring cup a. jug [3] *sgt* (rozmiar) measurement; **wziąć miarę z kogoś (na suknię/garnitur)** to take sb's measurements a. to measure sb (for a dress/suit); **robiony a. szyty na miarę** custom-made, made-to-measure [4] *sgt* (ilość) measure, amount; **nie spodziewano się sukcesu na taką miarę** nobody expected such a degree of success [5] *sgt* (kryterium) measure, yardstick; **bogactwo nie jest miarą szczęścia/sukcesu** wealth isn't a measure of happiness/success [6] książk. (umiar) moderation, measure; **zachować miarę (w jedzeniu/piciu)** to exercise moderation (in eating/drinking); **brakowało mu miary** he lacked moderation [7] pot. (przymiarka) fitting; **w środę proszę przyjść do miary** please come for a fitting on Wednesday [8] (wartość, stopień) measure; **chwalić i ganić w równej mierze** to distribute praise and blame in equal measure; **w znacznej a. wielkiej mierze** in large a. great measure; **nasz sukces w dużej mierze zależy od jego ostatecznej decyzji** our success depends largely on his final decision [9] Literat. (metrum) measure, metre

❑ **miary metryczne** metric measures

■ **bez miary** pot. beyond measure; **moja wdzięczność będzie bez miary** my gratitude will be beyond measure; **dopełniła się a. przepełniła się a. przebrała się miara** książk. the worm has turned; **przebrała się miara mojej cierpliwości** my patience is running out a. wearing thin; **na miarę kogoś/czegoś** a. **na jakąś miarę** up to (certain) standards; **był on politykiem na miarę europejską** as a politician, he was of European calibre; **artystka na miarę światową** an artist of international stature; **dzieło na miarę epoki** a work of art worthy of the age; **znacznej a. wielkiej miary** of great calibre a. stature; **jest artystą wielkiej miary** he's an artist of great stature; **mierzyć kogoś/coś jedną miarą** a. **przykładać do kogoś/czegoś jedną miarę** pot. to tar everyone with the same brush; **mierzyć kogoś/coś swoją**

miarą to judge sb by one's own standards; **(po)nad miarę** excessively, to excess; **ponad miarę szczęśliwy** excessively happy; **pracować ponad miarę** to be overworked; **pił ponad miarę** he drank to excess; **hojny ponad miarę** generous to a fault; **konfliktów w świecie jest ponad miarę** there are far too many conflicts in the world; **przebrać** a. **przekroczyć miarę** pot. to overstep the mark a. line; **przykładać do kogoś/czegoś jakąś miarę** pot. to measure sb/sth by the yardstick of sth; **do niej przecież nie można przykładać tej miary, co do zwykłej przeciętnej kobiety** she can't be measured by the same yardstick as an ordinary woman; **w miarę** pot. just enough; [interesujący, udany, wykwalifikowany] moderately, tolerably; **doskonała zupa – przypraw w miarę i nie przesolona** excellent soup: just enough spices and not too much salt; **w miarę jak słuchali, ich zainteresowanie rosło** as they listened, their interest grew; **w miarę czytania odkrywał coraz więcej błędów** as he read, he discovered more and more errors; **w miarę upływu czasu** with the passage of time; **w miarę możności** a. **(czyichś) możliwości** as far as possible, whenever/wherever possible, as well as one can; **w miarę możliwości staraj się pracować samodzielnie** as far as possible try to work on your own; **nasza strona (internetowa) będzie aktualizowana w miarę możliwości** our web page will be updated whenever possible; **wszystkie zadania wykonuje w miarę swoich możliwości** he performs all his tasks as well as he can; **w miarę potrzeb** as the need arises; **braki uzupełniano w miarę potrzeb** shortages were made up as the need arose; **w miarę sił** as far as one's able; **wszyscy będziemy pomagać w miarę sił** we'll all help as far as we're able; **w tej mierze** książk. in this respect; **nie udało się nam uzyskać w tej mierze żadnego porozumienia** we were unable to reach any agreement in this respect; **ze wszech miar** in every respect; **jest to mężczyzna ze wszech miar interesujący** the man is interesting in every respect; **żadną miarą** książk. by no means, not by a long chalk a. not by a long shot; **żadną miarą nie przyjmujemy na siebie odpowiedzialności za tę tragedię** we by no means accept responsibility for this tragedy; **ten koń nie wygra, żadną miarą** this horse won't win, not by a long shot; **żadną nie wykonamy tego w terminie** there's no way we can meet the deadline for this; **apetyt rośnie w miarę jedzenia** przysł. much wants more

miarecz|ka *f dem.* (small) measure; (do lekarstw) (small) measuring glass; (krawiecka) (small) tape measure a. measuring tape; (kuchenna) (small) measuring cup a. jug; (linijka) (small) ruler

miar|ka *f* [1] (przyrząd) measure; (do lekarstw) measuring glass; (krawiecka) measuring tape, tape measure a. measuring cup a. jug; (linijka) ruler; **odmierzył ~ką odpowiednią ilość płynu** he measured out the correct amount of liquid with a measuring jug; **zmierzyła ~ką długość spódnicy** she measured the length of the skirt with a tape measure ⃞2 (porcja) measure; **~ka zboża/whisky** a measure of grain/whisky ❏ **~ka drukarska** Druk. line a. type gauge ■ **mierzyć wszystkich jedną ~ką** to tar everyone with the same brush; **mierzyć kogoś/coś swoją ~ką** a. **przykładać do kogoś/czegoś swoją ~kę** to judge sb/sth by one's own standards; **odpłacić komuś równą ~ką** to repay sb in kind; **przebrać ~kę** pot. to overstep the mark a. the line; **jestem wyrozumiały, ale pamiętaj, żebyś nie przebrał ~ki** I'm an understanding person, but remember not to overstep the mark; **przebrała się ~ka** książk. the worm has turned; **~ka za miarkę** przysł. measure for measure; **jaką ~ką mierzysz, taką ci odmierzą** przysł. with what measure ye mete it shall be measured to you, as you sow so shall you reap

miark|ować impf Ⅰ vt ⃞1 przest. (kontrolować) to control, to curb *[emocje]*; (ograniczać) to limit *[zachcianki, żądania]* ⃞2 (odmierzać) to measure out; **~ować lekarstwo** to measure out a (dose of) medicine

Ⅱ vi przest. (wnioskować) to gather; **z twojej miny ~uję, że jesteś głodny** I gather from your expression that you're hungry ⇒ **zmiarkować**

Ⅲ **miarkować się** przest. (panować nad sobą) to restrain oneself; **~uj się, jesteśmy w kościele!** restrain yourself, we're in a church!

miarodajnie adv. grad. (kompetentnie, wiarygodnie) *[informować, oceniać, wypowiadać się]* authoritatively, reliably

miarodajnoś|ć f sgt reliability; **~ć informacji/opinii/źródeł** the reliability of information/opinions/sources

miarodajn|y adi. *[opinie, sądy, źródła]* authoritative, reliable; *[fachowcy, politycy]* competent; **informacja ta wydaje się ~a** this piece of information seems reliable

miarowo adv. (równomiernie, rytmicznie) *[oddychać]* evenly, regularly; *[maszerować, stukać]* rhythmically, steadily

miarowoś|ć f sgt ⃞1 (równomierność, rytmiczność) regularity; (dźwięku, kroku, pulsu) rhythmicity; (oddechu) evenness ⃞2 Med. (prawidłowa refrakcja oka) emmetropia

miarow|y adi. ⃞1 (równomierny, rytmiczny) *[stukot]* rhythmical, steady; *[kroki, ruchy]* deliberate, measured; *[oddech]* even, regular ⃞2 *[buty, ubrania]* custom-made, made-to-measure; **krawiectwo ~e** bespoke tailoring ⃞3 *[kolba, menzurka]* measuring attr. ⃞4 Literat. *[wiersz]* metrical

miast książk. → **zamiast**

miastecz|ko n ⃞1 dem. (małe miasto) (small) town ⃞2 dem. (mieszkańcy) town, townspeople ⃞3 (teren) town; **~ ko uniwersyteckie** (university) campus ❏ **wesołe ~ko** funfair GB, amusement park US

miasteczkow|y adi. (ogólnie) town attr.; (dotyczący konkretnego miasteczka) of the town, local

mi|asto n ⃞1 town; (wielkie) city; **po zakupy jeżdżę do miasta** I go shopping to a. into town/the city; **iść na miasto** pot. to go to a. into town a. the city; **spotkać się na**

mieście to neet in town a. the city; **zjem coś na mieście** I'll eat out; **wyjechać za miasto** to go to the country(side); **mieszkać/pracować za miastem** to live/work outside the city (borders); **iść** a. **ruszyć w miasto** pot. to go a. be out on the town; **rodzinne miasto** home town GB, hometown US; **warszawskie Stare Miasto** Warsaw Old Town ⃞2 pot. (mieszkańcy) town, townspeople; **mówiło o tym całe miasto** the whole town was talking about it; **na mieście mówią, że...** there are rumours that..., people say that... ⃞3 (zarząd) municipality ❏ **miasto na prawie niemieckim** a. **magdeburskim** Hist. town/city incorporated under German Law a. the Law of Magdeburg; **miasto otwarte** Polit. open city; **miasto powiatowe** Admin. ≈ borough, ≈ county town GB, ≈ county seat US; **miasto stołeczne** the capital (city); **miasto wojewódzkie** Admin. the provincial capital; **miasto-państwo** Hist. a city-state; **święte miasto** książk. holy city a. town; **Wieczne Miasto** książk. (Rzym) Eternal City; **wolne miasto** Hist., Polit. free city; **wolne miasto Gdańsk** Hist. the free city of Gdańsk

miastow|y Ⅰ adi pot. *[chłopak, dziewczyna, zwyczaje]* town attr.

Ⅱ **miastow|y** m, **~a** f pot. burgher iron.; (z mniejszego miasta) town dweller; (z wielkiego miasta) city dweller

miau /mjaw/ inter. miaow GB, meow US

miauczeć impf → **miauknąć**

miau|knąć /ˈmjawknɔ̃ntɕ/ pf — **miau|czeć** /ˈmjawtʃɛtɕ/ impf (**~knęła — ~czysz, ~czał, ~czeli**) vi ⃞1 *[kot]* to mew, to miaow GB, to meow US ⃞2 przen. *[osoba]* to whine

miaz|ga f sgt ⃞1 (bezkształtna masa) pulp; **owoce starte na ~gę** pulped fruit; **rozbić coś na ~gę** to pulp sth, to crush sth to a pulp; **z samochodu została ~ga** the car was squashed flat ⃞2 Stomat. (dental) pulp; **martwica ~gi** necrotic a. dead pulp ⃞3 Bot. cambium ❏ **~ga drzewna** wood pulp; **~ga korkotwórcza** Bot. cork cambium ■ **zetrzeć kogoś na ~gę** to destroy sb, to wipe the floor with sb

miazmat|y plt (G **~ów**) książk. miasma U

miażdżąco adv. crushingly

miażdżąc|y Ⅰ pa → **miażdżyć**

Ⅱ adi. *[spojrzenie]* withering, devastating; *[sukces, przewaga]* overwhelming; *[większość, zwycięstwo]* crushing, overwhelming; **~a krytyka** a hatchet job

miażdżyc|a f sgt Med. atherosclerosis, atherosclerotic disease; **~a naczyń wieńcowych** coronary atherosclerosis

miażdżycow|y adi. Med. *[zmiany]* atherosclerotic

miażdż|yć impf vt to crush (**coś czymś** sth with sth); **drzewo przewróciło się, ~ąc samochód** the tree fell down a. over crashing a. smashing the car; **~yć przeciwnika** przen. to crush one's opponent; **~yć kogoś wzrokiem/spojrzeniem** przen. to give sb a withering look ⇒ **zmiażdżyć**

m|iąć impf (**mnę, mięła, mieli**) Ⅰ vt to crumple, to rumple; **miąć papier w kulkę**

to crumple a piece of paper into a ball ⇒ **zmiąć**

Ⅱ **miąć się** to crumple, to rumple; **ta sukienka zupełnie się nie mnie** this dress doesn't crease at all ⇒ **zmiąć się**

miąższ m sgt (G **~u**) ⃞1 (miękisz) pulp, flesh; (chleba) (the) inside ⃞2 Anat., Bot. parenchyma

miąższoś|ć f sgt ⃞1 Geol. thickness ⃞2 Bot. volume; **~ć drzewostanu** stand volume

mi|cha f ⃞1 augm. pot. (naczynie) (big) bowl; (zawartość) bowlful; **micha z ryżem** a bowl of rice; **zjeść całą michę kapusty** to eat a (whole) bowlful of cabbage ⃞2 posp. (jedzenie) chow pot. ⃞3 posp. (twarz) mug pot.

midi Ⅰ adi. inv. *[długość]* medium; *[sukienka, spódnica]* midi, medium-length attr.; **spódniczka ~** a midiskirt

Ⅱ n inv., f inv. ⃞1 (sukienka, spódnica) midi; **chodzić w ~** to wear a midi ⃞2 (długość) medium length

miech[1] m ⃞1 Techn. bellows pl, a pair of bellows ⃞2 Fot. (camera) bellows pl ⃞3 zw. pl przest. (worek) sack

miech[2] m augm. posp. (miesiąc) month

miecz m ⃞1 (broń) sword; **dobyć ~a** to draw a sword; **ogniem i ~em** with fire and sword; **położyć głowę** a. **kark** a. **szyję pod ~** to risk one's neck; **skrzyżować ~e** to cross swords (**z kimś** with sb); **walczyć na ~e** to fight with swords; **walka na ~e** a sword fight ⃞2 Budow. angle brace a. tie; **wiązanie na ~e** a diagonally braced truss ⃞3 Żegl. centreboard GB, centerboard US, drop keel ■ **krewny/przodek po ~u** książk. paternal a. agnate relative/ancestor; **bankructwo wisiało nad nim jak ~ Damoklesa** (the fear of) bankruptcy was hanging over him a. his head like the sword of Damocles; **kto ~em wojuje, (ten) od ~a ginie** przysł. he who lives by the sword will a. shall die by the sword

mieczow|y adi. ⃞1 *[pochwa]* sword attr. ⃞2 Budow. *[wiązanie]* diagonally braced ⃞3 Żegl. *[jacht, łódź]* centreboard attr. GB, centerboard attr. US

mieczyk Ⅰ m anim. ⃞1 Zool. swordtail ⃞2 Bot. sword lily, gladiolus, gladiola US

Ⅱ m inanim. dem. little sword; (zabawka) toy sword

m|ieć impf (**mam, masz**) Ⅰ vt ⃞1 (posiadać) (na własność) to have (got), to own *[dom, samochód, mikrofalówkę]*; (do dyspozycji) to have (got); (prowadzić) to run *[firmę, warsztat]*; **mają dom na wsi** they have a. own a house in the country; **miał po ojcu warsztat samochodowy** he had a. owned a garage left to him by his father; **nasze muzeum ma dużą kolekcję impresjonistów** our museum has (got) a large collection of Impressionist paintings; **mam dla ciebie prezent/tę książkę o kotach** I've got a present/that book about cats for you; **miał wszystkiego dwie pary butów** he only had two pairs of shoes; **ubrała się w to, co miała** she put on what she had; **nie mam psa** I don't have a. I haven't got a dog; **nie mamy ani telewizora, ani pralki** we have neither a TV nor a washing machine; **wydawnictwo nie ma funduszy na zatrudnienie specjalisty** the publishers can't afford to employ a specialist; **nie**

M

mam nic do jedzenia I've got nothing to eat, I don't have anything to eat; **czy oni mają namiot?** have they got a tent?, do they have a tent?; **masz scyzoryk?** have you got a penknife?; **czy ma pan bagaż?** have you got any luggage?; **czy macie gaz?** have you got gas?; **mieć coś przy sobie** to have sth on one; **masz przy sobie jakieś drobne?** have you got any change on you?; **gdzie masz klucze/moją książkę?** what have you done with the keys/my book?; **gdzie masz rower?** where's your bike? pot.; **mieć na coś** to have money for sth; **miałem tylko na jedno piwo** I only had for one beer; **(on) ma na przyjemności, a nie ma na lekarza** he has money to spend on pleasures, but he can't afford a doctor; **nie miał na nowe buty, a co dopiero na samochód** he couldn't afford a pair of new shoes, let alone a car; **mieć za co coś zrobić** to have enough money to do sth, to be able to afford to do sth; **nie mieli za co wyjechać na wakacje** they didn't have enough to go on holiday, they couldn't afford to go on holiday; **nie mają z czego żyć** they don't have enough to live on; **jak masz na imię?** what's your name?; **mam na imię Maria** my name's Maria; **(on) ma na nazwisko Nowak** his (sur)name is Nowak; **mieć coś na sobie** to have sth on, to be wearing sth; **miał (na sobie) granatowy garnitur** he had a blue suit on, he was wearing a blue suit; **na głowie miała kapelusz, na szyi biały szalik** she had a hat on her head and a white scarf round her neck; **nie mieć nic na sobie** (być gołym) to have nothing on; **mieć kogoś u siebie** (gościć) to have sb staying with one; **od tygodnia mamy u siebie teściów** we've had my in-laws (staying) with us for the past week; **jeśli Legia wygra, mam u ciebie piwo!** you owe me a beer if Legia win(s); **masz!/ macie!** (weź/weźcie) here!; **macie kanapki, jedzcie!** here's the sandwiches, eat up! pot.; **masz, włóż to na siebie!** here, put this on!; **(a) masz!** (zadając razy) take that!; **(a) masz za to, że kłamiesz, a masz, a masz!** (and) take that for lying! and that! and that! pot.; **masz za swoje!** (dobrze ci tak) serves you right!; **ma za swoje, że jest taki naiwny** it serves him right for being so naive; **mamy teraz za swoje dobre serce!** that's the thanks we get for being nice a. for all our kindness!; **masz ci (los)** a. **masz tobie!** blast (it)! pot., damn (it)! pot.; **masz ci los, zapomniałem parasola!** blast, I've forgotten my umbrella!; **masz go/ją/ich!** (wyrażające zaskoczenie) just look at him/her/them!; **masz go, jaki mądrala!** look at him, Mr Clever Dick! GB pot. ②̄ (liczyć sobie) to be; **mieć dwadzieścia lat** to be twenty (years old); **ile ona ma lat?** how old is she?; **mieć dwa metry wzrostu/wysokości** to be two metres tall/high; **mieć sześć metrów głębokości/szerokości/ długości** to be six metres deep/wide/long; **pokój ma sześć metrów na pięć** the room is six by five metres; **dom będzie miał siedem pięter** the house will be seven storeys high a. will have seven storeys; **kilometr ma tysiąc metrów** one kilometre

is a thousand metres ③̄ (posiadać jako cechę) to have (got); **pokój ma dwa okna** the room has two windows; **miał niebieskie oczy/ siwe włosy** he had blue eyes/grey hair; **miała dziurawe buty** she had holes in her shoes; **kubek ma wyszczerbiony brzeg** the mug's rim is chipped; **miała męża Włocha/inżyniera** her husband was Italian/an engineer; **mieć talent/cierpliwość/odwagę** to have talent/patience/ courage; **nie mieć talentu/cierpliwości/ odwagi** to lack talent/patience/courage; **mieć takt/rozsądek** to be tactful/sensible; **mieć (swoje) wady i zalety** to have one's good and bad points; **zasłony mają kolor wiśni** the curtains are cherry red in colour; **działka ma kształt prostokąta** the allotment is rectangular (in shape); **jej perfumy miały słodkawy zapach/zapach konwalii** her scent was sweet smelling/smelled of lily of the valley; **urodę miała po matce, a talent po ojcu** her looks came from her mother and her talent from her father; **za całe umeblowanie pokój miał zdezelowany stół** the only piece of furniture in the room was a rickety table; **mieć w sobie coś** (być interesującym) to have a certain something; **on ma w sobie coś z dziecka/roztargnionego profesora** there is something of the child/the absent-minded professor in a. about him; **nie mieć nic do czegoś** to have nothing to do with sth; **jej wyjazd nie ma nic do naszych planów** her going away has nothing to do with our plans; **marzenia mają to do siebie, że rzadko się spełniają** the thing about dreams is that they rarely come true; **miała to do siebie, że zawsze się spóźniała** the thing about her was that she was always late ④̄ (o stanie fizycznym i psychicznym) to have [grypę, gruźlicę, trudności]; to feel [ochotę, żal]; to have, to bear [urazę]; **mieć gorączkę** a. **temperaturę** to have a. be running a temperature; **mieć 39° gorączki** to have a temperature of 39 degrees; **mieć złamaną nogę** to have a broken leg; **mieć częste bóle głowy** to have frequent headaches; **mieć pragnienie** to be thirsty; **mieć dobry apetyt** to have a good a. hearty appetite; **mieć wadę** a. **defekt** to have a defect; **mieć gumę** pot. (w samochodzie) to have a flat pot.; **mam nadzieję, że...** I hope that...; **mieć ochotę coś zrobić** to feel like doing sth; **miała ochotę płakać** she felt like crying; **mieć przekonanie/pewność, że...** to be convinced/sure a. certain that...; **mieć kogoś/czegoś dość** a. **dosyć** to have had enough of sb/sth, to be fed up with sb/sth; **mam tego powyżej uszu** a. **po dziurki w nosie!** pot. I've had it up to here! pot.; **mieć coś wypisane w oczach** a. **na czole** a. **na twarzy** to have sth written all over one's face; **miała winę wypisaną na twarzy** she had guilt written all over her face ⑤̄ (o relacjach między ludźmi) to have [syna, córkę, przyjaciół, wrogów]; **to dziecko nie ma matki/ojca** this boy/girl has no mother/father; **ona nie ma rodzeństwa** she has no brothers or sisters; **ona będzie miała dziecko** she's going to have a. she's expecting a baby; **miała z nim**

dwóch synów she had two sons by him; **miał za żonę piekielnicę** his wife was a real she-devil. a. spitfire; **nie miał do kogo zwrócić się o pomoc** he had no-one to turn to for help; **mieć kogoś przy sobie** a. **obok siebie** a. **przy boku** to have sb at one's side; **mieć kogoś/coś na uwadze** a. **na względzie** to have sb/sth in mind, to take sb/sth into consideration; **mieć z kimś porachunki** to have a bone to pick with sb; **mieć kogoś/coś przeciwko sobie** to have sb/sth against one; **miał przeciwko sobie opinię publiczną** public opinion was against him; **mieć przyjemność/zaszczyt coś zrobić** książk. to have the pleasure/honour to do a. of doing sth; **miałem zaszczyt poznać pańskich rodziców** I had the honour of meeting your parents; **mam przyjemność przedstawić państwu naszego gościa** I have the pleasure of introducing our guest; **z kim mam przyjemność?** książk. to whom do I have the honour of speaking? książk., także iron.; **mieć coś/nie mieć nic przeciwko komuś/czemuś** to have something/nothing against sb/sth; **mieć coś do kogoś** pot. to have something against sb; **do ciebie nic nie mam** I've got nothing against you; **mieć coś na kogoś** to have the goods a. the dope on sb pot.; **niczego na mnie nie mają** they've got nothing on me pot.; **mam z nią do pomówienia** a. **pogadania** I need to have a (serious) talk with her; **mieć kogoś nad sobą** to have sb above one; **kierownik ma nad sobą dyrektora, a dyrektor – zarząd** the manager answers to the director and the director answers to the board; **mieć kogoś pod sobą** to be in charge of sb; **(ona) ma pod sobą dwudziestu pracowników** she's in charge of a staff of twenty; **kapral miał pod sobą dziesięciu żołnierzy** the corporal had ten men under his command a. under him; **mieć kogoś za sobą** (być popieranym) to have sb behind one, to have sb's backing; **mieli za sobą większość** the majority was a. were behind them, they had the majority behind them; **mieć kogoś za głupca** to take sb for a fool; **ich zachowanie mam za nieco naiwne** I consider their behaviour rather naive; **za kogo pan mnie ma!** who do you take me for!, who do you think I am!; **mieć w kimś rywala/sojusznika** to have a rival/ an ally in sb; **mieć kogoś** pot. (być związanym z kimś) to have somebody, to be involved with somebody; **chwalił się, że miał je wszystkie** pot. (odbył stosunek) he boasted of having had them all pot.; **płacą tak dużo, że mogą mieć każdego** they pay so much they can take on a. hire anyone they like ⑥̄ (znajdować się w jakiejś sytuacji) to have (got) [dług, posadę, połączenie]; **mam dobrą komunikację do pracy** I've got good connections to work; **centrum miasta ma dobrą komunikację z przedmieściami** there are good connections from the city centre to the suburbs; **mieć słuszność** a. **rację** to be right; **mieć ciepło/przytulnie** to be warm/cosy; **owinęła dziecko szalem, żeby miało ciepło** she put a scarf round the baby to keep him/her warm;

mam daleko/blisko do szkoły I have a long way/I don't have far to go to school; **ty to masz dobrze, nie musisz wstawać o siódmej** it's alright for you, you don't have to get up at seven (a.m.); **mieliśmy tu wczoraj burzę/śnieżycę** we had a storm/snowstorm here yesterday; **mamy dziś słoneczną pogodę** it's sunny today; **mam dziś kiepski dzień** I'm having one of those days (today); **kłopotów z nim miałam co niemiara** I've had no end of trouble with him; **co ja z tobą mam?** what am I to do with you?; **jest całkiem młoda, chciałaby jeszcze mieć coś z życia** she's still very young, she'd like to get something out of life pot.; **(on) haruje od świtu do nocy i co z tego ma?** he slaves away from morning to night, and what does he have to show for it?; **miał przed sobą kilka godzin marszu** he had several hours of walking ahead of a. in front of him; **miała przed sobą trudną rozmowę z szefem** she had a difficult conversation with the boss ahead of her; **mieć przed sobą przyszłość** to have a (bright) future ahead of a. before one; **miał przed sobą karierę** he had a brilliant career ahead of a. in front of him; **mieć coś za a. poza sobą** to have sth behind one; **ma za sobą trzyletnie doświadczenie** he has three years' experience behind him; **mam już to wszystko za sobą** all that is behind me now; **mam co robić, nie nudzę się** I've got things to do, I don't sit around; **nie mieć gdzie mieszkać/spać** to have nowhere to live/sleep; **nie mam gdzie przenocować** I have nowhere to spend the night; **nie mieć kiedy spać/jeść/odpocząć** to not have time to sleep/eat/relax; **nie mają kiedy w ścianach wiercić, tylko w niedzielę!** of course, they have to drill holes in the wall on a Sunday!; **nie mieć czasu** to have time (**coś zrobić** to do sth); **nie miałem czasu zająć się twoją sprawą** I didn't have time to deal with your problem; **na napisanie wypracowania macie godzinę** you have an hour to write the essay; **nie miałeś mi tu kogo przyprowadzić!?** why did you have to bring him/her/them here (of all people)?!; **mieć coś/nie mieć nic do powiedzenia** (dużo/mało wiedzieć) to have something/nothing to say (**na temat kogoś/czegoś** about sb/sth); **mieć coś/nie mieć nic do powiedzenia** a. gadania pot. (o decydującym głosie) to have a say/no say; **ona nie ma w tej sprawie nic do powiedzenia** a. gadania she has no say in the matter; **nie mamy już sobie nic więcej do powiedzenia** we've got nothing more to say to each other; **mieć zły/dobry czas** Sport to have a poor/good a. fast time; **mieć pierwsze/dziesiąte miejsce** Sport to come first/tenth, to be in first/tenth place; **mam z nią wielką wygodę, sprząta, robi mi zakupy** she's a great help to me: she cleans and does my shopping; **nie masz co narzekać** you've got nothing to complain about; **nie masz co się denerwować** there's no reason (for you) to get upset; **nie masz czego** a. **co żałować, film był kiepski** you didn't miss much: the film was

hopeless; **w domu nie masz co się pokazywać** you'd better not show your face at home pot. ⑦ (brać udział) to have [zebranie, koncert, egzamin, próbę]; **(on) ma teraz naradę ze swym zastępcą** he's in conference at the moment with his deputy; **mieć sprawę** a. **proces** to be on trial (**o coś/o zrobienie czegoś** for sth/for doing sth); **ma sprawę** a. **proces o zabójstwo/spowodowanie wypadku samochodowego** he's on trial for murder/causing a car accident ⑧ (ukończyć etap nauki) to have, to hold [dyplom, tytuł]; **mieć studia** a. **wyższe wykształcenie** to have completed higher education; **mój ojciec miał tylko cztery klasy** my father only did four years at school; **miał już zawód i mógł rozpocząć samodzielne życie** he'd completed his training and could now start his own life; **miał dwa fakultety** he had graduated in two subjects ⑨ (znaleźć się w określonym miejscu lub czasie) **wreszcie mamy stację** here's the station at last; **mamy drugi tydzień zimy** it's the second week of winter; **którego dziś mamy?** what's the date today?; **mamy dziś pierwszy stycznia/poniedziałek** it's January the 1st/Monday today; **którą masz godzinę?** what time do you make it? pot.; what's the time by your watch?; **mieć kogoś/coś po prawej/lewej stronie** to have sb/sth on one's right/left; **miał przed/za sobą dwóch strażników** he had a. there were two guards in front of him/behind him

II v aux. ① (dla wyrażenia powinności) **macie teraz spać** you're to a. you have to (get off to) sleep now; **masz to zrobić natychmiast!** you're to do it right now!; **co mam zrobić/jej powiedzieć?** what am I (supposed) to do/tell her?; **po co się mam wysilać?** why should I bother?, why should I make the effort?; **masz tego nikomu nie powtarzać!** (and) don't go repeating a. telling it to anyone!; **i ja mam w to uwierzyć?** and you/they want me to a. I'm supposed to believe that?; **mieć coś do zrobienia** to have sth to do; **ma obowiązek do spełnienia** s/he has a duty to perform; **mam sprawę do załatwienia** I've got something to sort out; **mamy zaległości do odrobienia** we've got a backlog of work to catch up on ② (zamiar, przewidywanie) **(ona) ma przyjść o drugiej** she's expected (to come) at two; **miano zburzyć ich dom** their house was to be demolished; **samolot miał wylądować w Warszawie, ale...** the plane was supposed to land a. have landed in Warsaw, but...; **podobno jutro ma być ładna pogoda** it's supposed to be good a. nice weather tomorrow; **w pozostałej części kraju ma nadal padać** in the rest of the country continuing rain is expected; **miała umrzeć w nędzy w wieku czterdziestu lat** she was to die in poverty at the age of forty; **przyszłość miała pokazać, że się myli** subsequent events were to prove him/her wrong; **jak się miało okazać** as things a. it turned out; **as it transpired** książk.; **i co ja mam z tobą zrobić?** what am I (supposed) to do with you?; **jeśli mielibyśmy się nie zobaczyć przed twoim wyjaz-**

dem, **baw się dobrze** in case we don't see each other before you leave, have a good time; **niech się stanie, co się ma stać** let things happen as they will; **właśnie miałem wyjść, kiedy zadzwonił telefon** I was just about to a. just on the point of leaving when the phone rang; **właśnie miałam powiedzieć to samo** I was just about to a. just going to say the same thing; **czy mam przez to rozumieć, że...** am I to understand (by that) that...; **mieć coś do sprzedania/zaproponowania** to have sth to sell/propose; **choćby** a. **żeby nie wiem co się miało stać, (to)...** no matter what happens a. might happen...; **choćbym** a. **żebym miał pęknąć** a. **trupem paść** pot. even if it kills me pot. ③ (rezultat) **mieć coś zrobione** to have sth done; **mam już napisaną pracę** I've already written the essay; **miał ukończone wyższe studia** he had been to university/college; **czy macie załatwione bilety?** have you booked/got the tickets?; **pieniądze mam dobrze schowane** I've put the money in a safe place; **mam obiecaną podwyżkę** I've been promised a rise; **miał przykazane trzymać język za zębami** he was a. he'd been told to keep his mouth shut pot. ④ (zdziwienie, rozczarowanie) **ja miałbym to powiedzieć?** I said that?!; **ona miałaby mi się podobać?** you think I find her attractive?; **miałbyś sumienie to zrobić?** could you do (something like) that (with a clear conscience)?; **to ma być hotel czterogwiazdkowy?** (z dezaprobatą) and you/they call this a. this is supposed to be a four-star hotel?!; **ten grubas to miałbym być ja!?** (z niedowierzaniem) is this/that fatso really me? pot.; **pokazał nam skórę tygrysa, którego miał upolować w Afryce** (z powątpiewaniem) he showed us the skin of a tiger, which he is supposed to have killed in Africa

III **mieć się** ① (być w stanie, położeniu) to be; (czuć się) to feel, to be; **ciotka wyzdrowiała i ma się dobrze** auntie has recovered and is doing well; **jak się mają twoi rodzice?** how are your parents?; **jak się masz!** (powitanie) how are you?; how's it going? pot.; **mam się dzisiaj lepiej** I feel better today; **sprawy mają się nieźle** things are working out (quite) well; **jak się rzeczy mają?** how do things stand?; **rzecz ma się tak, że...** the thing is that...; **jak te dwie wersje mają się do siebie?** how do the two versions compare?; **jak to się ma jedno do drugiego?** how do the two compare?; **teoria nijak się miała do praktyki** the theory was (completely) divorced from practice; **A tak ma do B, jak C do D** a. **A i B tak się mają do siebie, jak C i D** A is to B like C is to D; **mieli się do siebie jak dzień do nocy** they were like chalk and cheese ② (uważać się za) to think a. consider oneself; **mieć się za artystę/człowieka honoru** to consider oneself (to be) an artist/a man of honour; **(on) ma się za Bóg wie co** pot. he thinks he's God (almighty) pot.; **miała się za bliską śmierci** she thought she was about to a. going to die ③ (być bliskim) **mieć**

się ku końcowi to be drawing to a close a. an end; **miało się** a. **dzień miał się ku zachodowi** it was getting towards sunset; **sytuacja ma się ku lepszemu** the situation is looking better; **ma się na deszcz** it looks like rain; **miało się na burzę** a storm was brewing, there was thunder in the air; **wiedzieć, jak się rzeczy mają** to know how things stand a. are

IV ma Fin. (zapis księgowy) credit; **winien i ma** debit and credit; **zapisać coś po stronie „ma"** to enter sth on the credit side

V mam! inter. (przypomniałem sobie) I've got it!; (już) mam! **mieszkaliśmy na tej samej ulicy!** I've got it! we used to live in the same street!; **mam cię!** a. **tu cię mam!** (złapałem cię, przyłapałem cię) I've got you!; got you! pot.; **mam cię, już mi nie uciekniesz!** got you, you won't get away now!

VI nie ma → być

■ **ma się rozumieć** a. **wiedzieć!** it a. that goes without saying!; **ma się rozumieć, że przyjdę** of course I'll come; **mieć głowę** a. **łeb** pot. (na karku a. nie od parady) to have a good head on one's shoulders; **on to ma łeb!** he's no fool!; **mieć głowę do interesów** to have a good head for business; **nie mam teraz do tego głowy** I don't want to think about it/ that now; **mieć kogoś/coś w nosie** pot. a. **gdzieś** euf. a. **w głębokim poważaniu** euf. to not care a damn about sb/sth pot.; to not give a monkey's about sb/sth pot., euf.; **mam to wszystko gdzieś!** pot. to hell with it all! pot.; **mieć kogoś/coś w dupie** wulg. to not give a shit a. toss GB about sb/sth wulg.; **sie masz!** pot. (powitanie) hi! pot.

miednic|a f [1] (naczynie) bowl, basin [2] Anat. pelvis

miednicow|y adi. Anat. pelvic; **kość ~a** pelvic bone

miedz|a f [1] (na polu) baulk GB, balk US [2] przen. (granica) border

■ **graniczyć ~ą** przest. to be neighbours GB, to be neighbors US; **graniczyć** a. **sąsiadować o ~ę** to be neighbours GB, to be neighbors US; **zza ~y** neighbouring GB, neighboring US; **sąsiad zza ~y** a neighbour GB, a neighbor US

miedziak m (A ~a) przest. copper

❏ **~ sosnowiec** Zool. pine weevil a. borer

miedzian|y adi. [1] (z miedzi) copper attr. [2] (w kolorze miedzi) [włosy, liście] copper-coloured GB, copper-colored US; [kolor] coppery

■ **mieć ~e czoło** to have (the) brass

miedziory|t m sgt (G ~tu) Szt. [1] sgt (technika) copperplate engraving [2] (odbitka) copperplate

❏ **~t punktowany** Szt. dry point

miedziorytnictw|o n sgt Szt. chalcography, copperplate engraving

miedziorytnicz|y adi. Szt. chalcographic, copperplate

miedziow|y adi. copper attr.

mie|dź f [1] sgt Chem., Miner. copper; **ruda ~dzi** copper ore; **bogaty w ~dź** copperrich; **wyroby z ~dzi** copperware [2] sgt (kolor) copper [3] (przedmiot) copper

❏ **~dź elektrolityczna** Chem., Elektr. electrolytic copper

miejsc|e [I] n [1] sgt (wolna przestrzeń) room, space (**na coś** a. **dla czegoś** for sth); **na regałach jest jeszcze dużo wolnego ~a** there's still plenty of room on the bookshelves; **dla wszystkich nie starczy ~a** there won't be enough room for everybody; **na parkingu nie ma już ~a** the car park is already full; **robić komuś ~e** to make room for sb; **przesunął się, robiąc mi ~e** he moved over, making room for me; **ta szafa zabiera zbyt dużo ~a** this wardrobe takes up a. occupies too much space; **mało ~a poświęcał jej w swoich myślach** he gave her little thought; **wkrótce jej ~e w twoim sercu zajmie inna dziewczyna** another girl will soon take her place in your heart; **nie mam już ~a na deser** I've got no room left for (any) dessert [2] (określony obszar) place, spot; **na ~u werandy wybudowano taras** a terrace has been built in place of the porch; **~e postoju taksówek** a taxi rank; **od dawna nie pokazywał się w ~ach publicznych** he hasn't appeared in public for a long time; **tu jest ~e na ognisko** here is a place for a bonfire; **twoje ~e jest przy nim** przen. your place is by his side; **teatr to jest ~e dla niej** przen. the theatre is the right place for her; **to nie ~e na takie rozmowy** przen. this isn't the place for such conversations; **w wojsku nie ma ~a dla tchórzy** przen. there's no room in the army for cowards; **nie ma dla mnie ~a w tym towarzystwie** przen. I don't belong in such company [3] (na ciele) **w którym ~u pana boli?** tell me where it hurts; **smarować maścią bolące ~a** to apply (an) ointment to the sore places [4] (w tekście, wypowiedzi) place; **proszę czytać od tego ~a** start reading from this place a. here, please; **w którym miejscu skończyliśmy?** where did we stop?; **wiele ~a poświęcono obronie praw człowieka** a lot of space has been given to the human rights campaign [5] (dla jednej osoby) place, seat; **po koncercie słuchacze powstali z ~** after the concert the audience rose from their seats; **goście zajęli ~a przy stole** the guests took their places a. seats at the table; **pierwsze ~e przy stole** the top of the table; **~e przy oknie** a window seat; **wszystkie ~a siedzące były zajęte** all the seats had been taken; **przepraszam, czy to ~e jest wolne?** excuse me, is this seat free?; **zajmij mi ~e!** save me a place!; **w pociągu nie ma wolnych ~** the train is full up; **~e stojące** standing room; **pociąg z rezerwacją ~** a train with reserved seats only; **zamienić się z kimś ~ami** to change places with sb; **~e postojowe** a parking space; **wolne ~e w hotelu** a vacancy [6] sgt (określony punkt) spot; **musimy dotrzeć na ~e przed zmrokiem** we have to get there before dusk; **kierowca poniósł śmierć na ~u** the driver was killed on the spot; **przebierał nogami w ~u** he was marking time; **winda nie mogła ruszyć z ~a** the lift couldn't start; **zapakować, czy zje pani na ~u?** here or to take away? [7] (pozycja) place, position; **zająć pierwsze/drugie ~e w konkursie** to take the first/ second place in a contest; **Nepal zajmuje**

jedno z czołowych ~ na liście najbiedniejszych krajów świata Nepal ranks high on the list of the poorest countries in the world [8] (stanowisko) job; **tworzyć nowe ~a pracy** to create new jobs; **brakuje ~ pracy dla absolwentów** there're no vacancies for graduates; **kiedyś zajmiesz moje ~e w zarządzie** one day you'll take my place on the board; **partia zdobyła 35 ~ w parlamencie** the party won 35 seats in Parliament [9] książk. (w języku urzędowym) place; **~e pracy** a place of employment, a workplace; **~e urodzenia/zamieszkania** a birthplace/dwelling place [10] Mat. decimal place; **wynik obliczono z dokładnością do pięciu ~ po przecinku** the result has been given correct to five decimal places

[II] **miejscami** adv. in places, in parts; **~ami las robił się rzadszy** the forest was getting thinner in places; **śnieg leżał ~ami na polach** there were only patches of snow on the ground; **~ami film był nudny** the film was boring in parts

[III] **z miejsca** adv. pot. right away, right off

❏ **~e artykulacji** Jęz. place of articulation; **~e dziesiętne** Mat. decimal place; **~e geometryczne** Mat. locus; **~e kultu** Relig. place of worship

■ **być** a. **znajdować się na swoim ~u** to be in its place; **takie zachowanie/taki komentarz nie jest na ~u** this behaviour/comment is out of place; **czułe** a. **słabe** a. **wrażliwe ~e** a sore point; **trafić w czyjeś czułe ~e** to touch sb on the raw; **mieć ~e** książk. to take place, to occur; **na twoim ~u postąpiłbym tak samo** if I were in your place I would do the same thing; **postaw się na moim ~u** put yourself in my place a. shoes; **na ~a!** Sport on your marks GB, on your mark US; **na ~e** a. **w ~e czegoś** książk. in place of sth; **nie pora i nie ~e** książk. (this is) neither the time nor the place; **nie ma ~a na coś** there's no time for sth; **nie móc sobie znaleźć ~a** not to know what to do with oneself, not to know where to put oneself; **nie móc usiedzieć na ~u** a. **w ~u** to have itchy feet; to have ants in one's pants pot.; **nie zagrzać (długo) ~a** not to stay long; **ruszyć z ~a** to get off the ground; **siedzieć na ~u** pot. to stay at home; **stać** a. **dreptać w ~u** to go a. run round in circles; **w ~u** local (in internal mail); **wrócić na swoje ~e** to spring back; **zajmować** a. **zająć ~e kogoś/czegoś** to take the place of sb/sth; **znać swoje ~e** to know one's place

miejscownik m [1] Jęz. locative; **rzeczownik w ~u** a noun in the locative (case) [2] Poczta postmark

miejscownikow|y adi. Jęz. [formy] locative attr.

miejscowo adv. Med. locally; **leki stosowane ~** medicines applied locally; **znieczulić pacjenta ~** to give a patient a local anaesthetic

miejscowoś|ć f town, place; **~ć wypoczynkowa** a holiday resort; **pochodzić z małej ~ci** to come from a small town; **turystyczna ~ć nad morzem** a seaside resort

miejscow|y **Ⅰ** *adi.* ⓵ (tutejszy) *[prasa, władze, obyczaj]* local; **ludność ~a** the local people; **ty chyba nie jesteś ~y?** you're not local, are you?; **~y lekarz** the local doctor; **~a gwara** local dialect, the vernacular; **czas ~y** local time ⓶ Med. *[wysypka, znieczulenie]* local
Ⅱ **miejscow|y** *m*, **~a** *f* local; **pomogli nam ~i** we were helped by (the) locals
miejsców|ka *f* (w pociągu, autobusie) (bilet) seat reservation; (miejsce) reserved seat; **pociąg z ~kami** a train with reserved seats only
miejs|ki *adi.* *[komunikacja, życie]* urban; *[straż, rada]* municipal; **ludność ~ka** townspeople; **był ubrany po ~ku** a. z **~ka** he was dressed like a town a. city dweller
mielić → **mleć**
mieli|zna *f* ⓵ (w rzece, morzu, jeziorze) shoal, shallow *zw. pl*; **statek utknął** a. **osiadł na ~źnie** the ship has run aground ⓶ *zw. pl* przen., pejor. (w książce, filmie) shortcoming *zw. pl*, weakness
mielon|ka *f* pot. luncheon meat *U*
miel|ony **Ⅰ** *pp* → **mleć**
Ⅱ *adi.* *[mięso]* minced; *[kawa, pieprz, cynamon]* ground; **kotlet ~ony** ≈ a meat patty
Ⅲ *m* pot., Kulin. (kotlet) ≈ meat patty
Ⅳ **mielone** *n sgt* Kulin. (mięso) mince GB, ground meat US
mie|nić *impf* książk. **Ⅰ** *vt* (nazywać) to label; **~nili go zdrajcą** they labelled him a traitor; **~niono ją piękną** she was labelled a beauty
Ⅱ **mienić się** (nazywać się) to call oneself; **~nił się moim przyjacielem** he called himself my friend
mie|nić się *impf v refl.* ⓵ (iskrzyć się) to shimmer, to sparkle; **ogródki ~nią się wszystkimi barwami jesieni** the gardens sparkle with all the colours of autumn; **szal ~niący się tęczowo** a shawl shimmering with all the colours of the rainbow ⓶ (na twarzy) to flush; **jak tylko go widziała, ~niła się na twarzy** whenever she saw him her colour came and went; **~nił się ze wstydu** he flushed with shame
mieni|e *n sgt* książk. possessions, property; **~e państwowe** public property; **w pożarze utracił całe swoje ~e** he lost all his possessions in the fire; **przepadek ~a** confiscation of property
miernictw|o *n sgt* ⓵ Nauk. surveying ⓶ Miary metrology
❏ **~o górnicze** Górn. mine surveying
miernicz|y **Ⅰ** *adi.* *[narzędzia, metody, roboty]* measuring; **taśma ~a** measuring tape
Ⅱ *m* surveyor
miernie *adv.* *[wypaść, grać]* poorly, averagely; **uczył się ~** he didn't do well at school, he was a poor student US
miernik *m* ⓵ (kryterium) measure, yardstick; **~iem sukcesu pisarza jest jego popularność** a writer's popularity is the measure of his success ⓶ (wskaźnik) gauge, meter; **~ szybkości** a speedometer; **~ do pomiaru natężenia prądu** a gauge for measuring the amperage
mierno|ść *f sgt* mediocrity
mierno|ta pejor. **Ⅰ** *m, f* (*Npl* **~ty**) (osoba) mediocrity

Ⅱ *f sgt* (rzecz) mediocrity; **na wystawie pokazano same ~ty** nothing but mediocre works were on display at the exhibition
miern|y **Ⅰ** *adi.* *[uczeń, malarz, utwór]* poor, mediocre; *[wzrost, dochody]* average
Ⅲ *m* (stopień) ≈ D; **dostać ~y z klasówki** to get a D for a test
mierzaln|y *adi.* książk. *[wielkości, wartości, wskaźniki]* measurable
mierze|ja *f* (*Gpl* **~i**) Geog. sandbar, spit
mier|zić /'mjerzitɕ/ *impf vi* książk. to sicken; **polityka mnie ~zi** I loathe politics; **~zi mnie swym skąpstwem** I'm sickened at a. by his meanness ⇒ **zmierzić**
mier|znąć /'mjerznɔntɕ/ *impf* (**~zł**) *vi* książk. to pall; **~zną mi już te pochlebstwa** those flatteries pall on me ⇒ **obmierznąć, zmierznąć**
mierzw|a *f sgt* Roln. ⓵ (słoma) matted straw ⓶ (obornik) manure
■ **~a ludzka** pejor. motley crew
mierzw|ić *impf* **Ⅰ** *vt* to ruffle *[włosy, sierść, kłosy, trawę]* ⇒ **zmierzwić**
Ⅱ **mierzwić się** *[włosy, sierść]* to ruffle ⇒ **zmierzwić się**
mierz|yć *impf* **Ⅰ** *vt* ⓵ (sprawdzać wymiary) to measure (up); **~yć szerokość/wysokość budynku** to measure the width/height of a building; **~yła syna, aby się przekonać, jak szybko rośnie** she measured her son to find out how quickly he was growing ⇒ **zmierzyć** ⓶ (ustalać wartość) to measure; **~yć komuś temperaturę/puls** to take sb's temperature/pulse; **sędzia ~ył czas zawodników** the referee was timing the competitors; **aparat do ~enia ciśnienia krwi** sphygmomanometer spec.; blood pressure monitor ⇒ **zmierzyć** ⓷ (oceniać) to measure; **sukces ~yli brawami na widowni** the audience's applause was the measure of their success ⇒ **zmierzyć** ⓸ (przymierzać) to try on *[ubranie, buty]*; **~yć żakiet u krawca** to try on a jacket at the tailor's ⇒ **przymierzyć**
Ⅱ *vi* ⓵ (mieć określone wymiary) to measure; **palma ~yła dwadzieścia metrów** the palm was twenty metres high; **koszykarz ~ył ponad dwa metry** the basketball player was over two metres tall ⓶ (celować) to aim, to point (**w kogoś/coś** a. **do kogoś/czegoś** at sb/sth); **~yć do wroga z karabinu** to aim a gun at an enemy; **długo ~ył, zanim strzelił** he took his time aiming before he fired; **~yć w coś palcem** to point (a finger) at sth ⇒ **wymierzyć**
Ⅲ **mierzyć się** ⓵ (samego siebie) to measure one's height ⇒ **zmierzyć się** ⓶ (jeden drugiego) to measure one another ⇒ **zmierzyć się** ⓷ książk. (zmagać się) to cope (**z czymś** with sth); **~yć się z przeciwnościami losu/kłopotami** to cope with adversities/trouble ⇒ **zmierzyć się** ⓸ (dorównywać) to be no match (**z kimś/czymś** for sb/sth); **udowodnił, że może ~yć się z najlepszymi tenisistami świata** he has proved he's a match for the best tennis players in the world; **pod względem urody i wdzięku nikt nie mógł się z nią ~yć** no one could match her in beauty and charm
■ **~yć kogoś spojrzeniem** a. **wzrokiem**

a. **oczami** (badawczo) to eye sb up and down; (groźnie) to glare at sb; **~yć kogoś/coś własną miarą** a. **miarką** to measure sb against one's own standards; **nie można wszystkiego ~yć jedną miarą** you can't measure everybody against the same standard
mies. (= miesiąc) month
miesi|ąc *m* ⓵ (część roku) month; **letnie/zimowe ~ące** summer/winter months; **minął ~ąc** a month passed (by); **w tym ~ącu** this month; **w ubiegłym** a. **zeszłym ~ącu** last month; **w ostatnich ~ącach sytuacja się pogorszyła** the situation has got worse in recent months; **wracam za ~ąc** I'll be back in a month; **odwiedzali go co ~ąc** they visited him every month; **leżał chory przez dwa ~ące** he's been ill for two months; **od ~ęcy nie miałem od niego wiadomości** I haven't heard from him for months; **pracę wykonał w ciągu ~ąca** he did the work in a month; **gazeta sprzed ~ąca** a paper from last month; **~ąc w ~ąc** every month, month in month out; **z ~ąca na ~ąc** month by month; **nie wychodził z domu ~ącami** he hasn't left the house for months ⓶ *sgt* przest., poet. (księżyc) moon
❏ **~ąc gwiazdowy** a. **syderyczny** Astron. sidereal month; **~ąc książycowy** lunar month; **~ąc słoneczny** solar month
■ **być w trzecim/czwartym ~ącu** to be two/three months pregnant; **miodowy ~ąc** honeymoon; **popamiętasz ruski ~ąc** you won't forget it for a long time
miesiącz|ek *m* pieszcz. ⓵ (część roku) month; **dziecko miało dwa ~ki** the baby a. child was two months old ⓶ przest., poet. (księżyc) moon
miesiącz|ka *f* Fizj. menses, period; **mieć/ dostać ~kę** to have/get a period
miesiączk|ować *impf vi [kobieta, dziewczyna]* to menstruate
miesiączkow|y *adi.* *[bóle, zaburzenia]* period *attr.*, menstruation *attr.*
mie|sić *impf vt* książk. to knead, to work *[glinę]*; **~sić ciasto** to knead dough ⇒ **wymiesić**
miesięcznie *adv.* monthly, per month; **za mieszkanie płacił ~ tysiąc złotych** he paid a thousand zlotys rent monthly; **zarabiał ~ trzy tysiące złotych** he earned three thousand zlotys per month
miesięcznik[1] *m* (czasopismo) monthly; **~ dla kobiet** a monthly magazine for women a. a women's monthly
miesięcznik[2] *m* Bot. honesty, moonwort
miesięczn|y **Ⅰ** *adi.* ⓵ *[urlop, rejs, pensja]* monthly; **bilet ~y** a monthly (ticket) ⓶ *[szczeniak, niemowlę]* month-old *attr.* ⓷ przest., poet. *[blask, poświata]* moon *attr.*
Ⅱ *m* (bilet) monthly (ticket)
Ⅲ -miesięczny *w wyrazach złożonych* month; **dwumiesięczne dziecko** a two-month-old child; **trzymiesięczny rejs** a three-month cruise
miesza|ć *impf* **Ⅰ** *vt* ⓵ (łączyć) to mix (up), to blend; **warzywa kroimy, ~my i dodajemy sos** cut the vegetables, mix them, and then add the dressing; **~ć mąkę z cukrem** to mix flour with sugar ⇒ **wymieszać** ⓶ (poruszać w czymś) to stir; **długo ~ł**

M

herbatę he stirred his tea for a long time ⇒ **wymieszać** ③ (przeplatać) to intersperse; **autor ~ rzeczywistość z fantastyką** the author intersperses reality with fantasy; **nie ~jmy tych spraw ze sobą** please, don't mix those two things up ⇒ **pomieszać** ④ (mylić) to mix up, to confuse; **~ł nazwiska, daty, fakty** he mixed up names, dates, and facts; **~sz pojęcia** you're confusing the ideas; **zawsze ~ał bliźniaków ze sobą** he has always mixed up the twins ⇒ **pomieszać** ⑤ (wciągać) to involve, to mix up; **niepotrzebnie ~sz ojca w nasze sprawy** you needn't involve father in our affairs; **mnie do tego nie ~j!** don't get me mixed up in it! ⇒ **wmieszać** ⑥ (wprawiać w zakłopotanie) to confound, to disconcert; **~ł go jej groźny wzrok** he was disconcerted by her glare ⇒ **zmieszać**

II vi pot., pejor. (mącić) to interfere, to meddle; **nie ~j, daj nam spokojnie pracować** don't interfere, just let us do our work ⇒ **namieszać**

III mieszać się ① (łączyć się) to mix (**z czymś** with sth); **gazy łatwo się ze sobą ~ją** gases mix easily ⇒ **zmieszać się** ② (przeplatać się) to be interspersed; **ze scenami poważnymi ~ał się przewrotny humor** perverse humour was interspersed between serious scenes ⇒ **pomieszać się** ③ (wtrącać się) to interfere, to meddle; **~ł się do naszej rozmowy** he kept interrupting our conversation; **nie ~j się w nasze życie** don't interfere a. meddle in our affairs; **przestań się ~ć w cudze sprawy** mind your own business ⇒ **wmieszać się** ④ (mylić się) **starszym ludziom ~ją się daty i fakty** old people mix up dates and facts; **wszystko mi się ~** I'm all mixed up ⇒ **pomieszać się** ⑤ (peszyć się) to be disconcerted; **~ł się pod wpływem pytań nauczyciela** he was disconcerted by the teacher's questions ⇒ **zmieszać się**

■ **~ć komuś w głowie** to confuse sb

mieszad|ło n (~ełko dem.) agitator

miesza|niec II m pers. pot., pejor. half-breed pejor.; **anglo-hinduski ~niec** an Anglo-Indian, a person of mixed English and Hindu parentage

II m anim. ① (pies) mongrel ② (roślina, zwierzę) cross-breed, hybrid; **muł jest ~ńcem konia i osła** the mule is a cross between a horse and a donkey

❏ **~niec wegetatywny** Bot. vegetative hybrid

mieszanin|a f ① (substancja) mixture; **powietrze jest ~ą różnych gazów** air is a mixture of various gases; **~a chlorku sodu z chlorkiem wapnia** a mixture of sodium chloride and calcium chloride ② przen. (zlepek) blend, medley; **~a narodowości/kultur** mixed races/cultures; **~a stylów w powieści** a medley of styles in a novel; **~a wstrętu i podziwu** a blend of disgust and admiration

❏ **~a chłodząca** a. **oziębiająca** Chem., Fiz. freezing mixture

mieszan|ka f ① (produkt) blend; **~ka ziołowa** a blend of herbs; **ten materiał to ~ka wiskozy z lnem** this fabric is a blend of viscose and linen ② przen. (zlepek) medley, blend; **program był ~ką starych**

i **nowych przebojów** the programme was a medley of old and new hits; **~ka ufności i ironii** a blend of trust and irony

❏ **~ka bogata** Techn. rich mixture; **~ka czekoladowa** Kulin. mixed chocolates; **~ka palna** a. **paliwowo-powietrzna** Techn. fuel-air mixture; **~ka uboga** Techn. lean mixture

mieszan|y II pp → **mieszać**

III adi. ① [lody, las] mixed; **cera ~a** mixed skin ② [rasa, małżeństwo, rodzina] mixed ③ [towarzystwo, chór] mixed ④ [uczucia, reakcje] mixed

mieszczan|in m (Gpl ~) ① daw. burgess a. burgher, townsman ② pejor. (osoba o mieszczańskiej mentalności) bourgeois

mieszczańs|ki adi. ① [pochodzenie, środowisko, literatura] bourgeois; **stan ~ki** the bourgeoisie ② pejor. [moralność, mentalność, smak, styl] bourgeois

mieszczaństw|o n sgt ① daw. (klasa) burgesses, the bourgeoisie ② pejor. (konserwatyzm) bourgeois mentality

mieszcz|ka f ① daw. townswoman ② pejor. (kobieta o mieszczańskiej mentalności) bourgeoise

mieszczuch m (Npl ~y) pejor. townie pot., townee pot.

miesz|ek m ① przest. (sakiewka) purse, pouch ② dem. Techn. (mały miech) (small) bellows ③ Fot. bellows ④ Bot. follicle

❏ **~ek włosowy** Anat. hair follicle

mieszka|ć impf vi ① (w domu, mieszkaniu) to live; **taki stary dom, ciekawe, czy ktoś tu ~** what an old house, I wonder if anyone lives here/there; **~ć z rodzicami** to live with one's parents; **~ć kątem u kogoś** to be put up at sb's place; **~ć z kimś przez ścianę** to live next door to sb ⇒ **zamieszkać** ② (w kraju, mieście) to live, to dwell; **~ na stałe w Niemczech** he lives permanently in Germany; **~ć w mieście/na wsi** live in town/in the country; **nadal ~sz przy ulicy Hożej?** are you still living in a. on Hoża Street?; **w lesie ~ wiele zwierząt** a lot of animals live in the forest ⇒ **zamieszkać** ③ (nocować) to stay; **w Paryżu zawsze ~łem w hotelu Savoy** when I was in Paris I always stayed in the Savoy Hotel; **~m teraz w akademiku** I'm staying in a hall of residence now; **~ć u przyjaciela** to stay with one's friend ⇒ **zamieszkać** ④ książk. (znajdować się) [myśl, uczucie] to live; **spokój ~ł w jego sercu** he was at peace with the world

mieszkalnictw|o n sgt the housing industry; **problemy ~a** housing problems

mieszkaln|y adi. [budynek] residential; **dom ~y** a dwelling house; **pomieszczenia ~e** living quarters

mieszka|nie II sv → **mieszkać**

II n (w bloku, kamienicy) flat GB, apartment US; **~nie jedno/dwu/trzypokojowe** a one-/two-/three-roomed flat; **~nie dwupoziomowe** a split-level flat; **~nie z balkonem/bez balkonu** a flat with a balcony/without a balcony; **~nie komunalne** a council flat; **~nie spółdzielcze** a. **lokatorskie** a flat in a housing cooperative a. association; **~nie z wygodami** a flat with all the mod cons; **~nie do wynajęcia** a flat to let, a letting; **rozkład ~nia** the layout of a flat; **urządzić ~nie** to furnish a flat; **poszukiwać ~nia** to house-hunt;

w ostatnich latach kilka razy zmieniał ~nie he has moved several times in recent years; **wyprowadzić się z ~nia** to move out; **wprowadzić się do ~nia** to move in; **czy tu jest Kwiatowa siedemnaście, ~nia sześć?** is this 17 Kwiatowa St., flat number 6?; **wynająć komuś ~nie** to let (out) a. rent (out) a flat to sb; **wynająć od kogoś** a. **u kogoś ~nie** to rent a flat from sb

mieszka|niec m (miasta, wsi, kraju) resident, inhabitant; (mieszkania, domu) occupant; **~niec miasta/wsi** a city/country dweller; **wspólnota ~ńców** residents' association; **dom jest pusty, ~ńcy dawno go opuścili** the house is empty, the occupants left a long time ago; **miasto ma milion ~ńców** the town has a million inhabitants a. a population of one million; **na ~ńca** per capita; **na 10 000 ~ńców** for every 10,000 inhabitants a. of the population; **latający ~ńcy lasu** przen. the feathered inhabitants a. denizens książk. of a forest

mieszkaniow|y adi. [dzielnica, osiedle] housing attr.; **budownictwo ~e** the housing industry; **dzielnica ~a** a residential area; **spółdzielnia ~a** a housing cooperative; **kredyt ~y** a home loan

mieszkaniów|ka f sgt pot. the housing industry

mieszkan|ka f (miast, kraju, wsi) resident, inhabitant; (mieszkania, domu) occupant

mieszkan|ko n dem. (small) flat GB, (small) apartment US

mie|ścić impf **II** vi ① [budynek, biurowiec, centrum handlowe] to house; **budynek ~ści kino, restaurację i salę konferencyjną** the building houses a cinema, a restaurant, and a conference hall ② (mieć wystarczająco miejsca) to hold; **pojemnik ~ści 100 litrów wody** the container holds a. contains a hundred litres of water; **sala ~ści sto osób** the hall holds a. seats 100; **ganek ~ścił stół i krzesła** there was enough room for a table and chairs on the porch ⇒ **pomieścić** ③ (zawierać) to contain, to comprise; **ten gest ~ści więcej niż cała wypowiedź** this gesture is more expressive than the whole speech ⇒ **pomieścić**

II mieścić się ① (znajdować się) to be located, to be situated; **czytelnia ~ści się na parterze** the reading room is situated on the ground floor; **prokuratura ~ściła się w niedużym domu** the public prosecutor's office was located in a small building ② (mieć odpowiednie rozmiary) to fit; **telefon komórkowy z łatwością ~ści się w kieszeni** a mobile phone fits easily in(to) a pocket; **walizki nie ~szczą się w bagażniku** the boot can't hold all the suitcases; **w baku ~ści się 25 litrów paliwa** the fuel tank holds a. takes 25 litres ⇒ **zmieścić się** ③ (zawierać się) to comprise, to fall into; **w tej kategorii przestępstw ~szczą się też kradzieże samochodów** car theft also falls into this category of crimes; **w tej ogólnikowej uwadze ~ści się wiele krytyki** this general remark contains a lot of criticism; **~ścić się w granicach normy** to be

within the limits of what's normal, to stay within the normal range ⇒ **zmieścić się**
mieścin|a *f* (~ka *dem.*) pejor. (small) town
mi|eść *impf* (**miotę, mieciesz, miecie, miótł, miotła, mietli**) *vt* książk. *[wiatr]* to blow; **zawierucha miecie śniegiem po twarzy** a blizzard is blowing snow into the people's faces; **wiatr miótł zeschłe liście po ścieżce** the wind was carrying dry leaves over the path ⇒ **zamieść**
miewa|ć *impf* **[]** *vi* [1] (mieć od czasu do czasu) to have (occasionally); **~ć bóle głowy** to have headaches occasionally; **on ~ bardzo dziwne pomysły** he has very strange ideas [2] (mieć chwilowo) to have; **rzadko ~ł pieniądze** he hardly ever had any money; **pismo ~ło okresami 2 tysiące abonentów** at times the magazine had two thousand subscribers; **~ł też złych doradców** he also had bad advisers [3] (przybierać cechy) to have; **nawet zdrajca ~ jakieś skrupuły** even a traitor may have some scruples; **w zależności od pogody morze ~ różną barwę** the sea can be of different colours, depending on the weather **[]** **miewać się** to be; **~ć się dobrze** to be fine a. well; **~ć się źle** to be not (very) well; **jak się ~sz?** how are you?; **jak się ~ twój ojciec?** how is your father?
mięch|o *n augm.* pot. meat
mięciu|tki *adi.* (~chny, ~sieńki, ~teńki *dem.*) pieszcz. *[kocyk, poduszka, sierść, ubranie]* fleecy, downy
mięciu|tko (~chno, ~sieńko, ~teńko) *adv.* pieszcz. softly; **buty ~tko uginały się przy chodzeniu** the shoes bent gently while walking; **jadę sobie ~tko i wygodnie** I'm travelling comfortably
mięczak [] *m pers.* pot., pejor. (*Npl* ~i) wimp pot., softy pot.
[] *m anim.* Zool. mollusc GB, mollusk US
mię|dlić *impf vt* [1] (gnieść) to crumple; **w dłoni ~ił jakąś kartkę** he was crumpling a piece of paper in his hand; **koń ~ił w pysku jabłko** the horse was chewing an apple ⇒ **wymiędlić** [2] (mamrotać) to mumble, to mutter *[słowa, polecenia, przekleństwa]*; **coś ~i pod nosem** he's mumbling something under his breath [3] pejor. (mówić długo) to harp (**coś** on a. upon sth) *[problem, sprawę]*; **prasa ~i temat reformy szkolnictwa od dwóch tygodni** the press has a. have been harping on about the education reform for two weeks already [4] (zgniatać) to crush *[len, konopie]* [5] Techn. to skate *[skóry]* ⇒ **wymiędlić**
mię|dzy [] *praep.* [1] (w przestrzeni) (pośrodku) between; (w otoczeniu) among, amid; **~ drogą a lasem** between the road and the forest; **~ ogrodami jest mur** there's a wall between the gardens; **autobus nie zatrzymuje się ~ Warszawą a Radomiem** the bus doesn't stop between Warsaw and Radom; **pociąg kursuje ~ Krakowem a Berlinem** the train runs from Cracow to Berlin a. between Cracow and Berlin; **ustaw lampę ~ tapczanem a szafą** put the lamp between the sofa and the wardrobe; **weszli ~ tłum** they mingled with the crowd [2] (w czasie) between; **~ (godziną) drugą a trzecią** between two and three; **~ pierwszym a piętnastym listopada** be-

tween the first and fifteenth of November; **~ posiłkami** between meals [3] (zależność) (dwóch) between; (kilku) among, between; **różnice ~ nimi** differences between/among them; **współpraca ~ dwoma instytutami/członkami organizacji** cooperation between two institutes/amongst a. among the members of an organization [4] (podział, wybór) (dwóch) between; (kilku) among, between; **wybierać ~ dwoma kandydatami/kilkoma możliwościami** to choose between two candidates/among a. between several options; **podzielił majątek ~ dwóch synów/swych spadkobierców** he divided his estate between his two sons/among his heirs [5] (o wspólnych cechach) between; **kolor ~ żółtym a brązowym** a colour which is between yellow and brown; **to coś pośredniego ~ powieścią a autobiografią** it's something between a novel and an autobiography [6] książk. (spośród, ze) (from) among, of; **najprzystojniejszy ~ rówieśnikami** the most good-looking in his age group **[]** **między-** *w wyrazach złożonych* inter-; **międzykomórkowy** intercellular; **międzyrządowy** intergovernmental
■ ~ innymi (z żywotnymi) among others; (z nieżywotnymi) among other things; **być a. znaleźć się ~ Scyllą i Charybdą** to be (caught) between Scylla and Charybdis książk.; **mówiąc ~ nami** a. **~ nami mówiąc** (just) between you and me, just between ourselves; between you and me and the bedpost a. gatepost a. wall pot.; **niech to zostanie ~ nami** that's just between you and me
międzyatomow|y *adi.* Fiz. interatomic
międzybieg *m* (*G* ~u) Sport qualifying heat
międzyczas [] *m* (*G* ~u) Sport lap time **[]** **w międzyczasie** *adv.* pot. in the meantime
międzygwi|ezdny, ~azdowy *adi.* Astron. *[przestrzeń, materia]* interstellar
międzykontynentaln|y *adi. [odległości, komunikacja, łączność]* intercontinental
międzylądowa|nie *n* Lotn. refuelling stop
międzyludz|ki *adi. [stosunki, więzi, konflikty]* interpersonal, human
międzymiastow|y [] *adi. [komunikacja, turniej]* intercity; **rozmowa ~a** a trunk call **[]** **międzymiastowa** *f* [1] (centrala) long-distance [2] (rozmowa) trunk call
międzynarodow|y *adi. [stosunki, współpraca, rynki, sława, nagroda]* international
Międzynarodów|ka *f* (pieśń) the Internationale
międzynarodów|ka *f* Hist., Polit. International; **I/II Międzynarodówka** the First/Second International; **III Międzynarodówka** a. **Międzynarodówka Komunistyczna** the Third a. Communist International
międzypaństwow|y *adi. [stosunki, sytuacja, komitet]* international; **mecz ~y** an international
międzyplanetarn|y *adi.* Astron. *[przestrzeń, materia, lot, rakieta]* interplanetary
międzyrzecz|e *n* Geog. doab
międzywojenn|y *adi. [okres, literatura, pisarz]* interwar *attr.*

międzywojni|e *n sgt* the interwar period
miękcz|yć *impf* **[]** *vt* [1] (czynić miękkim) to soften, to macerate; **odżywka ~y włosy** conditioner softens the hair; **~yć skórę na buty** to soften leather for shoes ⇒ **zmiękczyć** [2] przen. (wzruszać) to soften (up) pot.; **jej łzy ~yły jego gniew** her tears softened his anger ⇒ **zmiękczyć** [3] Jęz. to palatalize *[spółgłoskę]* ⇒ **zmiękczyć** **[]** **miękczyć się** Jęz. *[spółgłoska]* to be palatalized ⇒ **zmiękczyć się**
mięk|ki *adi. grad.* [1] (uginający się pod naciskiem) *[drewno, materac, ziemia, ser]* soft; **książka w ~kiej oprawie** a paperback, a softback US; **~ki ołówek** a B pencil; **~ka woda** soft water [2] (dający się łatwo zginać) *[gałązka, kapelusz]* soft, flexible [3] (miły) *[włosy, głos]* soft [4] (nadający się do zjedzenia) *[ziemniaki, warzywa, mięso]* tender [5] (zaokrąglony) *[linie, rysy, kształty]* soft [6] (harmonijny) *[ruch, krok]* soft [7] (przyćmiony) *[mrok, światło, promienie]* soft [8] (mało stanowczy) *[człowiek, charakter]* soft; **człowiek ~kiego serca** a soft-hearted a. tender-hearted man [9] Jęz. *[spółgłoska]* soft; **~ka wymowa** soft pronunciation [10] Techn. *[metal]* soft
■ mieć ~kie nogi a. **iść na ~kich nogach** to be weak at the knees
mięk|ko *adv. grad.* [1] *[uginać się, układać]* softly; **na kanapie będzie ci ~ko spać** you'll sleep comfortably on the couch; **mówił ~ko po niemiecku** he spoke German melodiously; **jajko na ~ko** soft-boiled egg; **gotować jajko na ~ko** to soft-boil an egg [2] (harmonijnie) *[stąpać, chodzić, poruszać się]* softly [3] (nieostro) *[świecić]* softly [4] (czule) *[mówić, spojrzeć]* softly, tenderly; **„dobrze" – odpowiedział ~ko** 'all right', he said softly
miękkoś|ć *f sgt* [1] (wełny, materaca, gałązki, wody) softness; **mięso trzeba gotować do ~ci** meat should be cooked until it's tender [2] (światła, barw, konturów) softness [3] (ruchów, głosu) softness; **~ć języka rosyjskiego** the melodiousness of the Russian language [4] Jęz. (spółgłoski) softness
mięk|nąć *impf* (~ł a. ~nął) *vi* [1] (tracić twardość) to soften; (topić się) to melt; **fasola ~nie, gdy jest moczona w wodzie** beans soften when soaked in water; **asfalt ~nie od upału** asphalt melts in the heat; **rozgrzany metal ~nie i można go dowolnie formować** metal melts when heated and can be shaped freely ⇒ **zmięknąć** [2] przen. (łagodnieć) *[głos, rysy, spojrzenie]* to soften; *[człowiek, serce]* to melt ⇒ **zmięknąć** [3] pot. (ustępować) to yield; **matka ~nie pod wpływem próśb dziecka** a mother yields to her child's requests ⇒ **zmięknąć**
■ ~nąć w nogach a. **kolanach** to be weak at the knees; **~ną pod nim/nią kolana** a. **nogi** he's/she's weak at the knees
mię|sień *m* [1] (tkanka) muscle; **~śnie brzucha** the belly a. stomach muscles; **bóle ~śni** pain in the muscles, muscle pains; **skurcz ~śni** a cramp [2] zw. pl (muskuł) muscle zw. pl
❑ **~sień dwugłowy** biceps; **~sień dwugłowy uda** biceps femmoris, leg biceps; **~sień dwugłowy ramienia** biceps brachii; **~sień pośladkowy** gluteus a. gluteus muscle; **~sień serca** a. **sercowy** cardiac a.

M

heart muscle; myocardium spec.; **~sień strzałkowy** peroneal muscle, peroneus; **~sień trójgłowy** triceps; **~sień trójgłowy ramienia** triceps brachii spec.; **~śnie gładkie** smooth muscles; **~śnie odwodzące** abductor muscles; **~śnie mimiczne** facial muscles; **~śnie naramienne** deltoids; **~śnie poprzecznie prążkowane** striated muscles; **~śnie szkieletowe** skeletal muscles; **~śnie piersiowe** pectoral a. chest muscles; **~śnie przywodzące** adductor muscles

mięsi|sty adi. [1] *[wargi, nos, palce]* fleshy [2] *[kaktusy, liście]* fleshy, succulent [3] *[jedwab, aksamit, kotara, skóra]* thick

mięsiw|o n książk. meat

mięsk|o n pieszcz. meat

mię|sny adi. *[przemysł, przetwórstwo, zakłady]* meat attr.; **sklep ~sny** butcher's (shop); **konserwa ~sna** tinned meat

mięs|o n [1] Kulin. meat; **~o wieprzowe** pork; **~o wołowe** beef; **~o drobiowe** fowl; **duszone ~o** stewed a. braised meat; **łososiowe ~o** salmon; **pierogi z ~em** dumplings filled with meat; **wywar z ~a** a meat stock; **~o bez kości** boned meat; **białe ~o** white meat; **czerwone ~o** red meat [2] sgt (miękkie części ciała ludzkiego) raw flesh; **obtarł sobie skórę na dłoni aż do ~a** he rubbed the skin on his palm until it was raw

❏ **dzikie ~o** Med. granulation tissue, proud flesh

■ **~o armatnie** pot. cannon fodder

mięsożerc|a [I] m pers. pot., żart. carnivore, meat-eater

[II] m anim. Zool. carnivore

mięsożernoś|ć f sgt (drapieżników) carnivorousness

mięsożern|y adi. [1] *[zwierzęta, ptaki, ryby]* carnivorous [2] pot., żart. *[osoba]* carnivorous

mięśniow|y adi. *[włókno, tkanka, komórka]* muscle attr.; *[układ, ból, skurcze]* muscular

mię|ta f [1] Bot. mint; **kwiat/liść ~ty** mint flower/leaf [2] (napar) mint infusion a. tea [3] Kulin. (przyprawa) mint (leaves); **do sosu dodaj szczyptę ~ty** add a pinch of mint (leaves) to the sauce

❏ **~ta pieprzowa** Bot. peppermint

■ **czuć do kogoś ~tę** pot. to be sweet on sb przest., pot.; **to dla mnie/dla niego ~ta!** pot. (o czymś łatwym) (it's) a piece of cake (for me/him) pot., (it's) easy-peasy (for me/him) pot.

mięto|sić impf vt pot. to crumple, to crush; **~sić czapkę w rękach** to crumple a cap in one's hands ⇒ **wymiętosić, zmiętosić**

miętow|y adi. *[smak]* mint attr.; *[lody, czekolada]* mint-flavoured GB, mint-flavored US, minty; *[kolor]* mint green; **cukierek ~y** a mint; **olejek ~y** mint oil

miętów|ka f [1] pot. (cukierek) (pepper)mint; **ssać ~kę** to suck (on) a mint [2] pot. (wódka miętowa) peppermint vodka; (likier miętowy) peppermint liqueur, crème de menthe

miętus [I] m anim. Zool. burbot

[II] m inanim. (A ~a) pot. (cukierek) (pepper)mint

mig [I] m zw. pl (G ~u) [1] pot. (znaki porozumiewawcze) gesture, sign, signal; **porozumiewać się na ~i** to signal a. sign; **pokazałem mu na ~i, że chcę zrobić zdjęcie** I signalled him a. signed to him

that I wanted to take a picture [2] (mowa głuchoniemych) (hand) sign; **uczyć się ~ów** to learn sign language

[II] **w mig** a. **migiem** adv. pot. in a flash, in no time (at all); pronto pot.; **~iem znalazła się na podwórku** she was out in the courtyard in a flash; **zrobimy to w ~** we'll do it in no time (at all); **zabieraj tego psa, ale ~iem!** take that dog away, pronto!

migacz m (Gpl ~y a. ~ów) [1] Aut. (kierunkowskaz) indicator GB, turn signal US, blinker US; **włączyć/wyłączyć (prawy/lewy) ~** to turn on/off one's (right turn/left turn) indicator [2] Żegl. (nieduży sygnalizator) blinker; (reflektor sygnałowy) signalling lamp, Morse lamp

mig|nąć pf — **mig|ać[1]** impf (~nęła, ~nęli — ~am) [I] vi [1] (błyskać, świecić nierówno) to blink, to flicker; **świeca ~a na wietrze** the candle is flickering in the wind; **lampka kontrolna zaczęła ~ać** the pilot light started blinking [2] (ukazywać się świecąc) to flash; **na niebie ~ały błyskawice** lightning flashed across the sky [3] (szybko się przesuwać lub ukazywać) to flash (by); **za oknem ~ały drzewa** outside the window the trees flashed by; **daleko w dole niewyraźnie ~nęła mi rzeka** I had a faint glimpse of the river far below; **w tłumie ~nęła mu jej twarz** he glimpsed her face in the crowd [4] przen. to flash; **~nęło mu w myśli, że ona kłamie** it flashed through his mind that she was lying

[II] **migać się** pot. (unikać, wykręcać się) to dodge, to shirk (**od czegoś** from sth); **~ać się od służby wojskowej** to dodge military service; **~ać się od zrobienia czegoś** to dodge a. shirk (from) doing sth ⇒ **wymigać się**

migać[1] impf → **mignąć**

miga|ć[2] impf vi (posługiwać się językiem migowym) to sign; **moja siostra uczy się ~ać** my sister is learning to sign a. sign language

migaw|ka f zw. pl [1] (pojedyncza scena, zdjęcie) picture, shot; (krótki reportaż) (short) documentary [2] Fot. shutter; **zwalniać ~kę** to release the shutter; **ustawić czas otwarcia ~ki** to set the shutter speed

❏ **~ka szczelinowa** Fot. focal plane shutter

migawkowo adv. [1] (zwięźle, wyrywkowo) *[opisać, zrelacjonować]* briefly, cursorily [2] przen. (przelotnie) *[pojawiać się, widzieć]* fleetingly, momentarily

migawkowoś|ć f sgt (krótkotrwałość) brevity; (przelotność) fleeting a. momentary nature

migawkow|y adi. [1] (fragmentaryczny) brief, fragmentary [2] przen. (chwilowy, przelotny) fleeting, momentary, passing [3] Fot. *[mechanizm, zdjęcia]* shutter attr.

migdal|ić się impf v refl. pot. to pet, to cuddle (**z kimś** with sb); **rodzice przyłapali ją, kiedy ~iła się ze swoim chłopakiem** her parents caught her cuddling with her boyfriend

migda|ł m (G ~łu a. ~ła; A ~ł a. ~ła) [1] Bot., Kulin. (nasiono) almond; **gorzkie ~ły** bitter almonds; **~ły w cukrze** sugared almonds [2] zw. pl Anat. tonsil; **zapalenie ~łów** tonsillitis; **chirurgiczne usunięcie ~łów** tonsillectomy

■ **śnić** a. **marzyć** a. **myśleć o niebieskich ~łach** pot. to daydream

migdał|ek m [1] dem. (A ~ek a. ~ka) (małe nasiono migdałowca) (small) almond [2] zw. pl (cukierek) almond sweet GB, candy US [3] dem. zw. pl Anat. tonsil; **zapalenie ~ków** tonsillitis; **operacja usunięcia ~ków** tonsillectomy [4] Bot. flowering almond (tree)

❏ **~ek gardłowy** Anat. pharyngeal a. third tonsil, adenoid; **~ek ziemny** zw. pl Bot. chufa (nut); **~ki podniebienne** Anat. palatine tonsils

migdałow|iec m (A ~ca) Bot. [1] (drzewo) almond (tree) [2] (krzew) flowering almond

migdałow|y adi. [1] Bot. almond (tree) attr. [2] *[ciasto, krem, lody]* almond attr.; **masa ~a** praline, almond paste [3] przen. *[oczy, kolor, zapach]* almond attr.; **o ~ych oczach** almond-eyed

miglanc m pot., pejor. skiver pejor. GB pot.; layabout

migo|tać impf (~ce a. ~cze) vi [1] (świecić nierównym światłem) *[lampa]* to blink; *[ogień, świeca]* to flicker, to waver; *[gwiazdy, światła]* to twinkle [2] (połyskiwać) to shimmer, to glimmer; **tafla jeziora ~tała w świetle księżyca** the surface of the lake shimmered in the moonlight

migotliwie adv. grad. książk. *[lśnić, skrzyć się, świecić]* shimmeringly, glimmeringly; lambently książk.

migotliwoś|ć f sgt książk. shimmer, glimmer

migotliw|y adi. książk. [1] (mieniący się) *[gwiazdy]* twinkling; *[woda]* shimmering; *[ogień, światła, świeca]* flickering [2] przen. (zmienny) *[cienie, obrazy]* restless, shifting, ever-changing

migow|y adi. [1] (umożliwiający porozumiewanie się) sign attr., signed; **znaki ~e** hand signs a. signals a. gestures; **język ~y** sign language [2] Techn. **światła ~e** signal lights

migracj|a f (Gpl ~i) Biol., Geol., Socjol., Zool. migration; **trwała/sezonowa ~a** permanent/seasonal migration; **~e ludności wiejskiej do miast w poszukiwaniu pracy** the migration of the rural population to the cities in search of work; **~a łososi na tarło** the migration of salmon to their spawning beds a. grounds; **~a roślin górskich w rejony nizinne** the migration of mountain plants to the lowlands; **~a wydm** the migration of (the) dunes

migracyjn|y adi. *[procesy, ruchy]* migration attr., migrational, migratory; *[instynkt]* migratory

migran|t m książk. migrant

migren|a f Med. migraine; **cierpieć na ~ę** to suffer from migraine; **dostać ~y** to get a. develop a migraine; **mieć atak a. napad ~y** to have a migraine (attack); **miała częste ataki ~y** she often had migraines

migrenow|y adi. *[atak, aura]* migraine attr., migrainous; **miała silne bóle ~e** she had severe migraines

migr|ować impf vi [1] (przesiedlać się) to migrate; **~ować do miasta/za granicę** to migrate to the city/abroad; **~ować w poszukiwaniu pracy** to migrate in search of work [2] Zool. (zmieniać siedlisko) to migrate; **na jesieni wiele gatunków ptaków ~uje**

na południe in autumn many species of birds migrate south

mijać _impf_ → **minąć**

mijan|ka _f_ [1] (dla samochodów) passing place, lay-by GB; (dla pociągów lub tramwajów) siding, siding track [2] _pot._ (mijanie się pojazdów) passing; **~ka dwóch pociągów/tramwajów** the passing of two trains/trams

mi|ka _f_ Miner. mica; (w formie przezroczystych płyt) isinglass

mikołaj|ek [I] _m_ (_A_ **~ka**) [1] _pot._ (z czekolady) a chocolate Father Christmas a. Santa Claus [2] Bot. (roślina) eryngium, eryngo; **~ek nadmorski** sea holly

[II] **mikołajki** _plt_ St. Nicholas' Day

mikołajkow|y _adi._ _[impreza, upominek, zwyczaj]_ St. Nicholas' Day _attr._

mikow|y _adi._ Miner. _[łupki, piasek, skały]_ mica _attr._, micaceous

mikro [I] _adi._ książk. micro; **na szczeblu ~** at the micro level

[II] **mikro-** _w wyrazach złożonych_ micro-; **mikroprocesor** a microprocessor

mikrob _m_ (_A_ **~a**) _zw. pl_ Biol. microbe

mikrobiolo|g _m_ (_Npl_ **~gowie** a. **~dzy**) Nauk. microbiologist

mikrobiologi|a _f sgt_ (_GD_ **~i**) Nauk. microbiology

mikrobiologiczn|y _adi._ microbiological; **~a próba żywności** microbiological food testing; **fermentacja ~a** microbiological fermentation; **zagrożenie ~e** a microbiological hazard

mikrobus _m_ (_G_ **~u**) Aut. minibus; **~ policyjny** a police van

mikrobusow|y _adi._ minibus _attr._ GB, mini bus _attr._ US

mikrochirurgi|a _f sgt_ (_GD_ **~i**) Biol., Med. microsurgery; **~a oka/naczyń wieńcowych/ucha** microsurgery of the eye/coronary arteries/ear; **laserowa ~a komórek, embrionów i tkanek** laser microsurgery of cells, embryos, and tissues

mikrochirurgiczn|y _adi._ Biol., Med. _[operacja, przeszczep]_ microsurgical

mikroelemen|t _m zw. pl_ (_G_ **~tu**) Chem. microelement, trace element

mikrofalow|y _adi._ Techn. _[promieniowanie, technika, kuchenka]_ microwave _attr._

mikrofaz|a _f_ Włók. microfibre GB, microfiber US

mikrofilm _m_ (_G_ **~u**) microfilm; **czytnik ~ów** a microfilm reader; **zapisywać na ~ach** to microfilm

mikrofon _m_ (_G_ **~u**) Elektron., Fiz. microphone; **mówić do ~u/przez ~** to talk into/through a microphone; **próba ~u!** testing microphone!

❑ **~ butonierkowy** Techn. lapel microphone, clip-on microphone; **~ kierunkowy** Techn. directional microphone; **~ maskowy** Techn. mask microphone; **~ przyustny** close-talking microphone; **~ telefoniczny** Techn. telephone transmitter

mikrofonow|y _adi._ _[statyw, wzmacniacz]_ microphone _attr._; _[aparatura, kabel]_ microphone _attr._, microphonic; **tyczka ~a** a boom

mikroklima|t _m_ (_G_ **~tu**) Meteo. microclimate; **~t górski/nadmorski** alpine/maritime microclimate

mikroklimatyczn|y _adi._ Meteo. _[leczenie, terapia]_ microclimate _attr._; _[właściwości, zmiany]_ microclimatic

mikrokompute|r _m_ Komput. microcomputer

mikrokomputerow|y _adi._ Komput. _[pracownia, program, system]_ microcomputer _attr._

mikron _m_ Miary micron

mikroorganizm _m_ _zw. pl_ (_G_ **~u**) Biol. micro-organism

mikroproceso|r _m_ Komput. microprocessor

mikroprocesorow|y _adi._ Komput. _[system, technika, układ]_ microprocessor _attr._

mikroskal|a _f_ (_Gpl_ **~i**) Ekon. microscale; **w ~i** on a microscale

mikroskop _m_ (_G_ **~u**) microscope; **badać/oglądać coś pod ~em** to examine/observe sth under a microscope; **patrzeć przez ~** to look through a microscope

❑ **~ elektronowy** electron microscope; **~ jonowy** field-ion microscope; **~ optyczny** optical microscope

mikroskopijn|y _adi._ [1] _pot., żart._ (miniaturowy) _[mieszkanie, porcja]_ microscopic _pot._ [2] (widziany tylko pod mikroskopem) _[bakterie, glony]_ microscopic

mikroskopowo _adv._ microscopically; **tkankę badano ~** the tissue was examined microscopically

mikroskopow|y _adi._ microscopic; **~e badanie krwi** microscopic examination of (the) blood

mikrus _m_ (_Npl_ **~y**) _pot., żart._ (o człowieku niskiego wzrostu) titch GB _pot._, peewee US _pot._; shorty _pot. pejor._; (o małym chłopcu) (tiny) tot

mik|ry _adi._ _pot._ [1] (o ludziach) puny, undersized [2] (o rzeczach) tiny, undersized

mikse|r [I] _m pers._ [1] _pot._ (barman) barman GB, bartender US [2] środ., Radio, TV mixer

[II] _m inanim._ [1] Kulin. (stojący) liquidizer GB, blender; (ręczny) mixer; **ubić białka ~rem** to beat (up) the egg whites with a mixer [2] Druk. (rodzaj linotypu) mixer [3] Techn. (układ elektryczny) mixer; **~r obrazu** a vision mixer

miksers|ki _adi._ [1] Radio, TV _[kabina, studio]_ mixing, mixer _attr._ [2] Techn. (dotyczący układu elektrycznego) mixing, mixer _attr._

miks|ować _impf vt_ [1] (mieszać, rozdrabniać) to liquidize GB, to blend, to mix (**w czymś/z czymś** in sth/with sth); **~ować koktajle** to mix cocktails ⇒ **zmiksować** [2] Radio, TV to mix; **~ować ścieżki dźwiękowe** to mix soundtracks; **nowy album grupy ~owano dwa tygodnie** the band's new album was mixed in two weeks ⇒ **zmiksować**

mik|st _m_ (_G_ **~stu** a. **~sta**) Sport mixed doubles; **wygrać turniej w ~ście** to win the tournament in mixed doubles

mikstow|y _adi._ Sport _[mecz, para, partner]_ mixed doubles _attr._

mikstu|ra _f_ [1] książk. (lek) mixture; (płyn, wywar) brew, concoction; **~ra na kaszel/serce** cough/heart medicine; **pić/zażywać ~rę** to drink/take a mixture [2] Muz. mixture stop

mil|a _f_ Miary mile; **pokonać pięć ~ (drogi)** to cover five miles; **na przestrzeni wielu ~** for miles around; **następny sklep jest trzydzieści ~ stąd** the next shop is thirty miles from here, it's the last shop for thirty miles; **odległość w ~ach** mileage

❑ **~a angielska** (land) mile; **~a morska** nautical mile

■ **jego na ~ę czuć oszustem** one can tell a mile off (that) he's a con man

milady /mi'lejdi/ _f inv._ przest. milady

milanez _m sgt_ (_G_ **~u**) Włók. silk-knit fabric used for making underwear

milanezow|y _adi._ _[bielizna, halka, koszulka]_ silk-knit _attr._

milcząco _adv._ _[potakiwać głową, uśmiechać się]_ mutely, in silence, silently

milcząc|y [I] _pa_ → **milczeć**

[II] _adi._ [1] (małomówny) _[osoba]_ silent, taciturn [2] przen. _[oburzenie, protest]_ mute, silent; **~y protest strajkujących** the strikers' silent protest

■ **~a aprobata** a. **zgoda** a. **zezwolenie** tacit agreement a. approval a. consent; **~y świadek** a mute witness (**czegoś** to sth)

milcz|eć _impf_ (**~ysz**, **~ał**, **~eli**) _vi_ [1] (nie mówić) to be silent a. quiet; **~!/~cie!** be quiet!, silence! [2] przen. (nie ujawniać) to be silent; **w tej sprawie prawo ~y** the law is silent on this point [3] przen. (nie protestować) to be a. remain silent; **społeczeństwo nie może ~eć w obliczu takiego zagrożenia** society cannot remain silent when faced with such a threat [4] przen. (nie wydawać dźwięku) to be silent; **wiatr ustał, las ~ał** the wind ceased, the forest was silent [5] przen. (dochować tajemnicy) to keep silent a. one's silence [6] przen. (nie kontaktować się) to remain out of touch; **wyjechał rok temu i ciągle ~y** he left a year ago and still remains out of touch

■ **~eć jak głaz** a. **grób** a. **jak zaklęty** a. **zamurowany** to be (as) silent as the grave

milcz|ek [I] _m pot._ a man of few words

[II] **milczkiem** _adv._ książk. in silence

milczeni|e [I] _sv_ → **milczeć**

[II] _n sgt_ [1] (cisza) silence; **dyskretne/kłopotliwe/wymowne ~e** a discreet/awkward/meaningful silence; **w ~u** in silence; **~e zalega** a. **zapada** a silence falls; **zachować ~e** to keep a. remain a. stay silent; **przerwać ~e** to break the silence; **pogrążyć się w ~u** to lapse into silence; **znosić coś w ~u** to suffer sth in silence [2] przen. (nieujawnianie informacji) silence; **kupić czyjeś ~e** to buy sb's silence; **zmusić kogoś do ~a** to silence sb; **zapłata za ~e** hush money [3] przen. (unikanie tematu) silence (**na temat czegoś** about a. on a. over sth); **przerwać ~e** to break one's silence; **zachować ~e (w jakiejś sprawie)** to keep one's silence (on sth)

■ **pominąć coś ~em** to pass sth over (in silence), to meet sth with silence; **zbyć kogoś ~niem** to ignore sb

mile _adv._ grad. [1] (życzliwie) _[przyjmować, uśmiechnąć się, witać]_ kindly, nicely; **~ wspominać kogoś/coś** to remember sb/sth fondly [2] (przyjemnie) _[chłodzić, spędzać czas]_ pleasantly; **być ~ zaskoczonym** to be pleasantly surprised

milenijn|y _adi._ [1] książk. (dotyczący tysiąca lat) millennial, millenary [2] (dotyczący tysięcznej rocznicy) millennial, millennium _attr._; **pluskwa ~a** a Komput. millennium bug

mileni|um _n_ (_Gpl_ **~ów**) książk. [1] (okres) millennium [2] (rocznica) millennium; **obchody ~um państwa polskiego** celebra-

M

tions marking the millennium of the Polish State

mili- *w wyrazach złożonych* Miary milli-; **miligram** milligram; **mililitr** millilitre GB, milliliter US

miliar|d *num.* ⓵ (liczba) billion; milliard GB rzad.; **wiek tych skał ocenia się na dwa ~dy lat** the age of those rocks is estimated at two billion years; **pożyczka w wysokości pół ~da złotych** a loan of half a billion zlotys ⓶ *zw. pl przen.* (mnóstwo) billion; **na niebie błyszczały ~dy gwiazd** a billion stars were shining in the sky; **na badania/budowę/reformy wydano ~dy** billions have been spent on research/construction/reform

miliarde|r *m*, **~rka** *f* billionaire

miliardow|y Ⅰ *num. ord.* (w kolejności) billionth

Ⅱ *adi.* [widownia] billions strong, of many billions, running into billions; [fortuna, kontrakt, straty] running into billions, worth billions

Ⅲ **miliardowa** *f* (część) billionth (part)

Ⅳ **-miliardowy** *w wyrazach złożonych* billionth; **sześciomiliardowy obywatel Ziemi** the six billionth citizen of Earth

milicj|a *f* (Gpl **~i**) ⓵ (policja) police (force); **być w ~i/wstąpić do ~i** to be in/join the police ⓶ pot. (posterunek) police station ⓷ (ochotnicza straż) (citizens' a. civil) militia
❑ **Milicja Obywatelska** Hist. *Citizen's Militia, the name of police force functioning in the People's Republic of Poland*

milicjan|t *m* police officer, policeman

milicjant|ka *f* police officer, policewoman

milicyjn|y *adi.* [mundur, szkoła, radiowóz] police *attr.*

miligram *m* Miary milligram; **pół ~a** half a milligram

miligramow|y Miary Ⅰ *adi.* ⓵ [podziałka, waga] milligram *attr.*; **~a waga laboratoryjna** milligram laboratory scales ⓶ (o wadze jednego miligrama) one-milligram *attr.*

Ⅱ **-miligramowy** *w wyrazach złożonych* -milligram; **kilkumiligramowy** of several milligrams; **tabletki półmiligramowe** half-milligram tablets; **opakowanie dziesięciomiligramowe** a ten-milligram vial

mililit|r *m* Miary millilitre GB, milliliter US

mililitrow|y Miary Ⅰ *adi.* ⓵ [podziałka] millilitre *attr.* GB, milliliter *attr.* US ⓶ (o objętości jednego mililitra) one-millilitre *attr.* GB, one-milliliter *attr.* US

Ⅱ **-mililitrowy** *w wyrazach złożonych* -millilitre; **strzykawka dwumililitrowa** a two-millilitre syringe

milimet|r *m* Miary millimetre GB, millimeter US; **co do ~ra** (down) to the millimetre; **mieć osiem ~rów średnicy** to be eight millimetres in diameter; **mieć pięć ~rów grubości** to be five millimetres thick
❑ **~r kwadratowy/sześcienny** square/cubic millimetre

milimetrow|y Miary Ⅰ *adi.* ⓵ [podziałka] millimetre *attr.* GB, millimeter *attr.* US; **papier ~y** graph paper ⓶ [blacha, różnica] (one-)millimetre *attr.* GB, (one-)millimeter *attr.* US; **~e odstępy** one-millimetre intervals

Ⅱ **-milimetrowy** *w wyrazach złożonych* -millimetre GB, -millimeter US

milion *num.* ⓵ (liczba) million; **obraz sprzedano za sześć ~ów złotych** the painting was sold for six million zlotys; **kontrakt wart pięć ~ów dolarów** a five-million dollar contract ⓶ *zw. pl przen.* (wiele) million; **~y głodujących** the starving millions; **powtarzał to ~y razy** he repeated it millions of times; **zarabiać ~y** to make millions

milione|r *m*, **~rka** *f* (bogacz) millionaire

milionow|y Ⅰ *num. ord.* (w kolejności) [klient, pasażer, samochód] millionth

Ⅱ *adi.* ⓵ (wart miliony) running into millions, worth millions; **dorobił się ~ej fortuny** he is worth millions; **firma poniosła ~e straty** the company's losses ran into millions ⓶ (liczący miliony) of (many) millions, numbering millions; **~a armia** (licząca milion) a million-strong army; (licząca kilka milionów) an army numbering millions

Ⅲ **milionowa** *f* (część) millionth (part)

Ⅳ **-milionowy** *w wyrazach złożonych* -million; **półmilionowa populacja** a population of half a million; **wielomilionowy kontrakt** a multi-million contract

militari|a *plt* (G **~ów**) książk. militaria spec.; military items; **muzeum posiada dużą kolekcję ~ów** the museum has a large collection of militaria

militarnie *adv.* książk. [wesprzeć, zaatakować] militarily; **mocny/słaby ~** militarily strong/weak; **zagrażać ~** to pose a military threat; **~ rozwinięty** militarily advanced

militarn|y *adi.* książk. [potencjał, przemysł, technologia] military *attr.*; **konflikt ~y na Bliskim Wschodzie** a military conflict in the Middle East

military|sta *m* książk. militarist

militarystyczn|y *adi.* [państwo, dążenia] militarist, militaristic

militaryzacj|a *f sgt* Polit. (zbrojenie) militarization

militaryzm *m sgt* (G **~u**) Polit. militarism pejor.

milkliwoś|ć *f sgt* książk. (małomówność) taciturnity; (skrytość) reticence

milkliw|y *adi.* (małomówny) taciturn; (skryty) reticent; **stał się ostatnio ponury i ~y** recently he's been gloomy and taciturn

milk|nąć *impf* (**~ł**) *vi* ⓵ (przestawać mówić, śpiewać) to fall silent; (urywać) to break off; **chichotały/nuciły, nie ~nąc ani na chwilę** they never stopped giggling/humming ⇒ **umilknąć** ⓶ (uciszać się powoli) [głos, gwar, muzyka] to trail away a. off, to die away; (przestawać być słyszalnym) to fall quiet; [oklaski, łkanie] to cease; [hałas, wycie] to let up, to abate; (uciszać się na chwilę) [rozmowa, wrzawa] to lull; **burza powoli ~nie** the storm is subsiding a. dying down; **strzelanina nie ~ła ani na chwilę** there wasn't a lull in the shooting ⇒ **umilknąć** ⓷ przen. (przestawać działać) [urządzenie, opozycja] to fall quiet; [polemiki, protesty] to cease; **silnik/radiostacja nagle ~nie** the engine/radio station suddenly goes dead; **powoli ~ną protesty przeciwko likwidacji**

zakładu/fabryki the protests against liquidating the plant/factory are slowly abating ⇒ **umilknąć**

milow|y Ⅰ *adi.* [odległość, odcinek] of a mile; **kamień ~y** a milestone

Ⅱ **-milowy** *w wyrazach złożonych* **stumilowa trasa** a hundred-mile tour; **siedmiomilowe buty** seven-league boots
■ **~y krok** książk. (przełomowe wydarzenie) milestone przen.; (szybki postęp) ≈ quantum leap

milusiń|ski *m zw. pl* pieszcz., żart. kiddie a. kiddy pot.; kiddiewink żart. GB

milu|tki (**~ści**, **~sieńki**, **~chny**) *adi.* dem. pieszcz. [dziecko, zabawka] cuddly; [kotek, domek] cute, ducky US

milu|tko (**~śko**, **~sieńko**, **~chno**) *adi. dem.* pieszcz. [gaworzyć, bawić się] cutely; [uśmiechać się] sweetly

mił|ek *m* Bot. pheasant's eye

mił|o *adv. grad.* ⓵ [uśmiechać się, gawędzić] nicely, pleasantly; **miło spędzać czas** to have a nice time; **przyjęli nas milej, niż się spodziewaliśmy** they gave us a warmer welcome than we expected; **miło na nią spojrzeć** she is nice to look at; **miło mi będzie tu wrócić** I'll be happy to come back here ⓶ (w zwrotach grzecznościowych) **miło mi panią poznać** nice to meet you; how do you do? książk.; **miło mi było pana poznać** nice to have met you; **to ~ z państwa/pana strony** it's nice of you
■ **aż miło** pot. (podkreślając intensywność) [zajadać, pędzić, pracować] (at) full blast; (wyrażając pochwałę) [spisać się, działać] excellently

miłorzą|b *m* (G **~ębu**) Bot. gingko, maidenhair tree

miłosierdzi|e *n sgt* książk. mercy; charity przest.; **okazywać ~e** to show mercy; **mieć dla kogoś a. okazać komuś ~e** to have mercy (up)on sb; **błagać ~a a. o ~e** to beg for mercy; **bez ~a** [potraktować] mercilessly; przen. [fałszować, nudzić] unbearably; **pobili go bez ~a** he was mercilessly beaten up; **słońce paliło bez ~a** the sun was beating down mercilessly

miłosiernie *adv. grad.* książk. ⓵ (litościwie) [opiekować się, postępować] mercifully ⓶ (błagalnie) [patrzeć, prosić] imploringly

miłosiern|y *adi. grad.* książk. ⓵ (litościwy) [filantrop, serce] merciful ⓶ (błagalny) [spojrzenie, gest] imploring, beseeching

miłosn|y *adi.* [list, poezja] love *attr.*; [spojrzenie, zaloty] amorous; [doświadczenia, podboje] amatory książk.; **akt ~y** a sex a. sexual act; **przygoda ~a** a love affair; **zawód ~y** disappointment in love; **w ~ym zaślepieniu** blinded by love; **~e spojrzenia** amorous looks
■ **eliksir ~y** love potion

miłost|ka *f* pot. love affair, romance; **była dla niego tylko przelotną ~ką** for him it was only a fleeting romance

miłościw *adi. praed.* → **miłościwy**

miłościwie *adv. grad.* książk., przest. [zezwolić] graciously; **~ (nam) panujący** His Majesty, Our Gracious King GB

miłościw|y Ⅰ *adi. grad.* książk., przest. (litościwy) merciful; (łaskawy) gracious; **Pan Bóg jest ~y** God is merciful; **~y panie/~a pani!** Your Grace!

III **miłościw** *adi. praed.* książk., przest. (litościwy) merciful; (łaskawy) gracious; **niech mi tak Bóg ~ będzie** may God be merciful to me

miłoś|ć *f* [1] *sgt* (uczucie) love; **~ć do kogoś/czegoś** love of a. for sb/sth; **~ć bez wzajemności** unrequited love; **~ć od pierwszego wejrzenia** love at first sight; **darzyć kogoś/się ~cią** to love sb/each other; **wyznał jej ~ć** he said he loved her; **wzbudzać ~ć** to inspire love; **zaskarbić sobie czyjąś ~ć** to win sb's love [2] *sgt* pot. (zamiłowanie, pasja) love (**do czegoś** of a. for sth); passion (**do czegoś** for sth); **przejawiał ~ć do nauk ścisłych** he showed a passion for science [3] (obiekt uczucia) love; **ta kobieta jest największą ~cią jego życia** this woman is the great love of his life; **miał w życiu dwie ~ci: góry i literaturę** his two great loves were the mountains and literature [4] *sgt* książk. (seks) sex; **uprawiać ~ć (z kimś)** to have sex (with sb), to make love (to sb); **mieć ochotę na ~ć** to want to have sex a. make love

❑ **~ć francuska** książk. oral sex, fellatio; **~ć lesbijska** lesbianism; sapphism książk., żart.; **~ć platoniczna** platonic love; **wolna ~ć** książk. free love

■ **~ć własna** książk. ego, amour propre; **jego urażona ~ć własna** his bruised ego; **podbudować czyjąś ~ć własną** to boost sb's ego; **stara ~ć nie rdzewieje** przysł. old love never dies; **wasza ~ć** daw. Your Grace

miłośnicz|ka *f* (amatorka) devotee (**czegoś** of sth); enthusiast (**czegoś** for sth); (wielbicielka) lover a. admirer (**czegoś** of sth); **~ka kotów/książek/muzyki** a cat/book/music lover; **~ka kina/teatru** a cinema-/theatregoer; **~ka sportów ekstremalnych** a dangerous sports enthusiast; **wielka ~ka i znawczyni poezji romatycznej** an afficionado and connoisseur of Romantic poetry

miłośnie *adv. grad.* książk. (czule) lovingly; (namiętnie) amorously; **spojrzał na nią ~** he gazed at her passionately

miłośni|k *m* [1] (amator) devotee (**czegoś** of sth); enthusiast (**czegoś** for sth); (wielbiciel) lover a. admirer (**czegoś** of sth); **wielki ~k koni/przyrody/ włoskiej kuchni** a great lover of horses/nature/Italian cuisine; **~k wyścigów konnych** a horse-racing enthusiast; **~k kina/teatru** a cinema-/theatregoer; **~k corridy/sztuki fotograficznej** an afficionado of bullfighting/the art of photography [2] przest. (kochanek) leman przest.; paramour pejor., przest.

mił|ować *impf* książk. **III** *vt* to love [rodzinę, ojczyznę]; to cherish [niepodległość, swobodę]; **narody ~ujące pokój** peace-loving nations

III **miłować się** [1] (kochać się) [małżonkowie, rodzeństwo] to love each other [2] (robić z zamiłowaniem) to be fond (**w czymś** of sth); to love (**w czymś** sth)

mił|y **III** *adi. grad.* [1] (sprawiający przyjemność) [urlop, wrażenia, spacer] nice, pleasant; [słowa, dźwięki] pleasing; [niespodzianka, spotkanie] pleasant; (sympatyczny) [osoba, uśmiech, hotel] nice; [towarzysz, nastrój] agreeable; [osoba] likeable; [gospodarz, atmosfera, restauracja] convivial; **miły dla oka/ucha** pleasing to the eye/ear; **miał miły tembr głosu** his voice had a pleasing timbre; **to był bardzo miły wyjazd** it was a very pleasant trip [2] (uprzejmy) nice, kind; **być miłym w obejściu** to have nice manners; **starał się być dla wszystkich miły** he tried to please everybody [3] (kochany, bliski) dear; **to nasz najmilszy przyjaciel** he is our dearest friend; **być miłym czyjemuś sercu** to be close a. dear to sb's heart [4] (w zwrotach grzecznościowych) [czytelnicy, zebrani, goście] dear; **czy byłbyś tak miły i to zrobił?** could a. would you be so nice as to do it?

III **miły** *m*, **miła** *f* książk. beloved

■ **do miłego zobaczenia** książk. see you soon; **miłe złego początki, lecz koniec żałosny** przysł. sing before breakfast, cry before night przysł.

mim **III** *m pers.* (*Npl* **~owie**) [1] (w pantomimie) mime (artist), mummer [2] Antycz. mime, pantomime

III *m inanim.* (*G* **~u**) Antycz., Literat. (widowisko, utwór) mime

mimiczn|y *adi.* [1] (dotyczący mimiki twarzy) facial; **zmarszczki ~e** laughter a. worry lines [2] (dotyczący pantomimy) [aktor, przedstawienie] mime attr.; [umiejętności, język] mimetic, pantomimic; **scenka ~a** a dumbshow

mimi|k *m* [1] (osoba uzdolniona mimicznie) mime [2] (aktor) mime (artist)

mimi|ka *f sgt* [1] (zmienny wyraz twarzy) facial expression, countenance C [2] (wyrażanie gestem) mime

mimik|ra *f sgt* [1] książk. (w zachowaniu) mimesis; **polityczna ~ra** political mimesis a. mimicry [2] Biol. Batesian mimicry

mimo **III** *praep.* [1] (na przekór) in spite of, despite; **~ deszczu/trudności** in spite of a. despite the rain/difficulties; **~ późnej pory dworzec tętnił życiem** in spite of a. despite the late hour, the station was bustling with life; **wyszedł z domu ~ zakazu** he went out despite having been told not to; **~ wszystkich niedociągnięć plan został przyjęty** notwithstanding all its shortcomings, the plan was accepted książk. [2] przest. (obok) [przejść, przejechać] past (**kogoś/czegoś** sb/sth)

III *adv.* przest. (obok) [przejechać, przejść] past

III **mimo że** a. **iż** *coni.* even though, in spite of (the fact that), despite (the fact that); **mówiła doskonale po polsku, ~ że spędziła za granicą całe dzieciństwo** she spoke impeccable Polish, despite having spent her entire childhood abroad

IV **mimo to** *part.* yet, still; nonetheless książk.; **widziałem go wcześniej tylko raz, ~ to od razu go poznałem** I had seen him only once before, yet I recognized him immediately; I had seen him only once before, nonetheless, I recognized him immediately

V **mimo wszystko** *part.* despite everything, in spite of everything; nevertheless książk.; **~ wszystko była szczęśliwa** despite everything she was happy, she was happy in spite of everything; **~ wszystko ich lubię** I (still) like them all the same a. for all that; I like them nevertheless książk.

mimochodem *adv.* [1] [wspomnieć, napomknąć] casually, in passing; [odnotować, zauważyć] parenthetically [2] przest. [wstąpić] on the way

mimowolnie *adv.* (bezwiednie) [popsuć, obrazić] unwittingly, unintentionally; (odruchowo) [drgnąć] involuntarily; **~ został wmieszany w tę aferę** he was unwittingly caught up in the affair

mimowoln|y *adi.* [1] (bezwiedny) [błąd] unwitting, unintentional; [odruch] involuntary; **w ~ym odruchu** involuntarily [2] (przypadkowy) [sprawca, bohater] unwitting, unknowing

mimoz|a *f* [1] Bot. mimosa, sensitive plant [2] przen. sensitive plant przen.

mimozowato *adv.* **wyglądać ~** to look frail; **zachowywać się ~** to be thin-skinned a. oversensitive

mimozowatoś|ć *f sgt* (usposobienie) over-sensitiveness, oversensitive nature

mimozowa|ty *adi.* [osoba] thin-skinned, oversensitive; [charakter, reakcje] oversensitive

m. in. (= między innymi) (odnośne do osób) among others, among other people; (odnośne do rzeczy) among other things, among others; inter alia książk.; **czytał ~ książki podróżnicze i kryminały** among other things, he read travel books and detective stories; **obecni byli ~ dziennikarze i wydawcy** among those present were journalists and publishers

min (= minuta/minuty) min.; **rekord wynosi 3 min 30 sek** the record is 3 min. 30 sec.

min. (= minister)

min|a¹ *f* (wyraz twarzy) face, (facial) expression; **robić a. stroić głupie ~y** to make silly faces; **przybrać urażoną ~ę** to put on a hurt look, to assume a. put on a hurt expression; **przybrać komiczną ~ę** to pull a funny face; **mieć uroczystą/głupawą ~ę** to have a solemn/silly look a. expression on one's face; **dlaczego masz taką smutną ~ę?** why are you looking so sad?; **co ma oznaczać ta ~a?** what's that expression supposed to mean?

■ **grobowa ~a** pogrzebowa **~a** a face as long as a fiddle; **marsowa ~a** pot. beetle-browed look a. face; **~a jak z komina** pot., żart. wry face; **~a jej/mu zrzedła** pot. she/he looked less than a. far from happy; **mieć ~ę niewiniątka** to look as if butter wouldn't melt in one's mouth pot; **mieć rzadką ~ę** pot. to be down in the mouth pot.; **nadrabiać ~ą** to put on a brave front; **robić dobrą ~ę (do złej gry)** to put a brave a. bold face on it; **robić a. stroić ~y** (zachowywać się niepoważnie) to make a. pull faces; (kaprysić) to sulk and pout

min|a² *f* (materiał wybuchowy) mine; **~a lądowa** a landmine; **~a przeciwpiechotna/przeciwczołgowa** an anti-personnel/anti-tank mine; **wpaść na ~ę** to hit a. strike a mine; **podłożyć ~ę** to lay a mine; **rozbroić ~ę** to defuse a mine

min|a³ *f* Hist. (jednostka wagi) mina

minare|t *m* (**~cik** dem.) (*G* **~tu**, **~ciku**) minaret

minaretow|y *adi.* [kopuła, galeryjka] of a minaret; [styl] minaret-like

M

mi|nąć *pf* — **mi|jać** *impf* (**minęła, minęli – mijam**) **Ⅰ** *vt* 1 (przejść, przejechać obok) to pass, to go past; **minąć kogoś/coś w pędzie** a. **pędem** to rush a. flash past sb/ sth; **minęliśmy strażnika niezauważeni** we slipped by the guard; **dopiero co minięte skrzyżowanie** the junction we/ they've just passed; **minął zjazd na autostradę** he went past the exit to the motorway 2 (nie przypaść) **minęła go okazja/podróż** he missed out on an opportunity/a trip; (**nie**) **minie cię kara/nagroda** you will (not) go unpunished/unrewarded; **minął go awans/minęła go podwyżka** he's been passed over for promotion/a rise **Ⅱ** *vi* 1 (upłynąć) [czas, okres] to pass, to go by; **zima/ulewa minęła** winter/the downpour passed; **minęła godzina, odkąd wyszedł** an hour has passed since he left; „**która godzina?**" – „**minęła ósma**" 'what's the time?' – 'it's (just) past eight a. (just) gone eight o'clock'; **weekend minął nam na sprzątaniu** we spent the weekend cleaning up; **nie mija moda na kapelusze** hats are still in; **spektakl minął bez wrażenia** a. **bez echa** the performance passed a. went unnoticed; **było, minęło** pot. it's over and done with, let bygones be bygones 2 (ustąpić) [ból, napięcie] to pass, to ease (off); [kłopot] to pass, to go away; [smutek, wstrząs] to pass, to wear off; **minął jej gniew/dobry humor** her anger/good mood had gone a. vanished; **gorączka spadła, niebezpieczeństwo minęło** his/her temperature fell a. went down and the danger was over; **kłopoty/nieporozumienia miną bez śladu** the trouble/arguments will blow over **Ⅲ minąć się – mijać się** 1 (przejść, przejechać obok siebie) to pass each other; **mijam się z nim** a. **mijamy się codziennie na ulicy** I pass him a. we pass each other in the street every day 2 (nie zetknąć się) [osoby] to fail to meet; **nasze listy minęły się po drodze** our letters crossed 3 (być niezgodnym) [teorie, opinie] to diverge; [osoby, charaktery] to differ; **teoria mija się z praktyką** theory and practice don't tally; **mijać się z prawdą** euf. to depart from the truth

mineraln|y *adi.* [woda, oleje, złoża] mineral; **dieta bogata w składniki ~e** a mineral-rich diet; **kąpiele ~e** bathing in mineral springs

mineralo|g *m* (Npl **~gowie** a. **~dzy**) mineralogist

mineralogi|a *f sgt* (GD **~i**) mineralogy

mineralogiczn|y *adi.* [okazy, zbiory] mineralogical

minera|ł *m* (G **~łu**) 1 Geol. mineral; **kolekcja ~łów** a collection of minerals 2 zw. pl (pierwiastek śladowy) mineral ❏ **~ł alogeniczny** allogenic mineral; **~ły akcesoryczne** accessory minerals; **~ły ilaste** clay minerals; **~ły reliktowe** relicts; **~ły skałotwórcze** Geol. rock-forming minerals

mini Ⅱ *adi. inv.* (krótki) [strój] very short; **sukienka/spódnica ~** a mini, a minidress/miniskirt; **moda ~** the mini fashion **Ⅲ** *n inv., f inv.* mini; **dziewczyna w obcisłej ~** a girl in a tight mini

Ⅲ mini- w wyrazach złożonych mini; **minikamera** a mini camera; **minireportaż** a mini feature

miniatu|ra *f* 1 (model) miniature; **~ra samolotu/zamku** a miniature aeroplane/ castle; **w ~rze** in miniature 2 (coś małego) **pudel/jamnik ~ra** a toy poodle/dachshund 3 Szt. (obraz) miniature; **~ra (portretowa) króla Stanisława Augusta** a miniature of king Stanisław August 4 Szt. (w średniowiecznym tekście) miniature, illumination; **rękopis bogato ilustrowany ~rami** a richly illuminated manuscript 5 Literat., Muz., Teatr short piece; miniature rzad.; **~ra fortepianowa** a short composition for (the) piano; **~ra dramatyczna** a. **teatralna** a playlet

miniatur|ka *f dem.* 1 pieszcz. (coś małego) miniature; **państwo ~ka** a miniature state; **róże ~ki** miniature roses; **pudelek ~ka** a toy poodle 2 Szt. (tiny) miniature; **medalion z ~ką** a locket with a tiny miniature 3 Literat., Muz., Teatr short piece

miniaturowość *f sgt* miniature size

miniaturow|y *adi.* 1 [model, urządzenie, wersja] miniature; **~y aparat fotograficzny** a mini a. miniature camera 2 Szt. [portret, replika] miniature; **malarstwo ~e** the painting of miniatures

miniaturyzacj|a *f sgt* miniaturization

miniaturyz|ować *impf vt* to miniaturize ⇒ **zminiaturyzować**

minimali|sta *m* 1 (niewymagająca osoba) ≈ undemanding person 2 Filoz. minimalist rzad.

minimalist|ka *f* ≈ undemanding person

minimalistycznie *adv.* książk. [wymagająco] minimally; **był ~ nastawiony do życia** his attitude to life was totally undemanding

minimalistyczn|y *adi.* 1 książk. [wymagania, potrzeby] minimal; [program gospodarczy, polityka] minimalist 2 Filoz. minimalist rzad.

minimalizacj|a *f sgt* książk. (zmniejszanie do minimum) minimization

minimalizm *m sgt* (G **~u**) 1 książk. (ograniczenie do minimum) maximal reduction; **życiowy ~** an undemanding attitude to life 2 Filoz. minimalism rzad.

minimaliz|ować *impf vt* książk. [ryzyko, straty, znaczenie, spór] to minimize ⇒ **zminimalizować**

minimalnie Ⅱ *adv.* [wyprzedzić, podnieść, ograniczyć] minimally **Ⅲ** *part.* at the minimum; **~ dwa stopnie** two degrees at the minimum

minimaln|y *adi.* [temperatura, dawka, wymagania] minimum attr.; [opóźnienie, ruch, ryzyko] minimal; **to jest nasza cena ~a, której nie możemy już obniżyć** it's our minimum price and can't be lowered; **silnik pracuje przy ~ym zużyciu paliwa** the engine uses a. consumes the minimum of fuel

minim|um Ⅱ *n* (Gpl **~ów**) minimum; **~um socjalne** subsistence level a. wage; **miesięczne ~a pracy** monthly minimum workloads; **ograniczyć wydatki do ~um** to keep costs to a minimum; **zarabiać poniżej ~um** to earn less than the minimum wage **Ⅲ** *adv.* at least; **zarabiać ~um dwa** **tysiące** to earn at least two thousand a. a minimum of two thousand

minion|y *adi.* książk. 1 (ubiegły) last, past attr.; **~ej nocy/w ~ym tygodniu** last night/week; **w ~ych latach/miesiącach** in the past years/months; **pochodzić z ~ego stulecia** to date back to the last century 2 (dawny) [pokolenia, epoka] bygone; [przeżycia, urazy] past attr.; **w dawno ~ych latach/stuleciach** in years/centuries past

minispódnicz|ka *f* miniskirt

minist|er *m* (Npl **~rowie**) (government) minister GB, secretary US; **~er spraw zagranicznych** the Minister of Foreign Affairs, the Foreign Minister; (w Wielkiej Brytanii) the Foreign Secretary; (w USA) the Secretary of State; **zostać ~rem** to be appointed minister; **mianować kogoś ~rem** to nominate sb as minister; **odwołać ~ra** to recall a minister; **zostać odwołanym ze stanowiska ~ra** to be recalled as minister ❏ **~er bez teki** minister without portfolio; **~er pełnomocny** minister plenipotentiary; **~er resortowy** departmental minister

ministerialn|y *adi.* [urząd, funkcje] ministerial, departmental; **rozmowy na szczeblu ~ym** ministerial-level talks, talks at ministerial level

ministerstw|o *n* 1 (urząd) ministry GB, (government) department; **Ministerstwo Sprawiedliwości** Ministry of Justice; (w USA) the Department of Justice; **Ministerstwo Obrony Narodowej** (w Wielkiej Brytanii) Ministry of Defence; (w USA) the Department of Defense 2 (budynek) ministry building; **podczas demonstracji ~o ochraniała policja** during the demonstration the ministry building was guarded by police

ministranc|ki *adi.* [strój, komża] (altar) server's, acolyte's

ministrant *m* (altar) server, acolyte; (chłopiec) altar boy

min|ka *f dem.* pieszcz. face, expression; **mieć smutną/zdumioną ~kę** to have a sad/ astonished look on one's face, to look sad/ astonished; **mieć kwaśną ~kę** to have a wry expression (on one's face) ■ **robić** a. **stroić ~ki do kogoś** (wdzięczyć się) to makes eyes at sb; (przymilać się) to sweeten sb up pot.

minoderi|a *f sgt* (GD **~i**) książk., pejor. ingratiation; **popis ~i aktorki** an ingratiating show by an actress; **zdobyć czyjeś względy ~ą** to wheedle one's way into sb's favour

minoderyjnie *adv.* książk., pejor. [uśmiechać się, zachowywać się] ingratiatingly

minoderyjnoś|ć *f sgt* książk., pejor. ingratiating manner

minoderyjn|y *adi.* książk., pejor. [osoba, uśmiech, zachowanie] ingratiating; [ton głosu, słowa] wheedling

minorowo *adv.* 1 książk. [nastrajać, brzmieć] sombrely; **być ~ nastrojonym** to be in a sombre mood 2 Muz. [grać] solemnly

minorow|y *adi.* 1 książk. [nastrój, wyraz twarzy] sombre 2 Muz. [skala, tryb] minor

min|ować *impf vt* [1] Wojsk. to mine ⇒ **zaminować** [2] Zool. to burrow *[liście, łodygi]*; **~ujące larwy owadów** leaf-mining larvae

minow|y *adi.* **pole ~e** a minefield

min|óg *m* Zool. lamprey; **~óg rzeczny** a lampern

mintaj *m* Kulin., Zool. dory a. walleye pollack

minus [I] *m* [1] Mat. minus (sign); **znak ~** a minus sign [2] Szkol. (obniżenie oceny) minus; (kara) order mark GB; **dostać trójkę z ~em** to get three minus; **dostał ~ za brak zeszytu** he got an order mark because he forgot his exercise book [3] pot. (wada) minus; **plusy i ~y mieszkania na wsi** the pros and cons a. pluses and minuses of living in the country

[II] *adi. inv.* minus; **~ pięć stopni** minus five degrees

[III] *coni.* [1] Mat. minus; **ile (to) jest siedem ~ cztery?** what's seven minus four? [2] pot. (pomijając) minus pot.; **cała pensja ~ spłata kredytu** the full salary minus a. less the credit repayment

■ **być na ~** *pot.* to be in debt; **w spółdzielni mieszkaniowej jesteśmy na ~ie** we're in debt to the housing co-operative a. association; **mieć u kogoś ~** pot. to be in sb's bad books; **policzyć** a. **zapisać coś komuś na ~** pot. to chalk sth up against sb; **wyjść na ~** pot. to be out of pocket; **wyróżnić się na ~** to distinguish oneself in a negative way; **zmienić się na ~** to change for the worse; **nosić** a. **mieć ~y** pot. to be myopic a. short-sighted

minusik *m dem.* [1] Mat. minus (sign) [2] Szkol. minus

minusow|y *adi.* (ujemny) negative; **~e temperatury** temperatures below zero

minu|ta *f* [1] (jednostka czasu) minute; **~ta ciszy** a minute's silence; **za ~tę piąta** (it's) one minute to five; **punktualnie co do ~ty** exactly on time; on the dot pot. [2] pot. (chwila) minute pot.; **wrócę za ~tę/za parę ~t** I'll be back in a minute/in a few minutes; **wyszedł na parę ~t** he's gone out for a moment; **zmieniać się/pogarszać się z ~ty na ~tę** a. **z każdą ~tą** to change/grow worse by the minute; **opowiadać coś ~ta po ~cie** to tell sth in great detail; **wpadnij do mnie na ~tę** drop in on me for a minute; **co ~tę** all the time [3] Geog., Mat. arc minute, minute of arc

■ **mieć swoje pięć ~t** pot. to have one's day; **jeszcze nie nadeszło moje pięć ~t** my day is still to come

minut|ka *f dem.* (chwila) minute pot.; **minutkę** a. **jedna ~ka, już idę** just a minute, I'm coming...

minutow|y [I] *adi. [opóźnienie]* minute's *attr.*

[II] **-minutowy** *w wyrazach złożonych* minutes' *attr.*; **pięciominutowe spóźnienie** five minutes' delay a. a delay of five minutes; **kilkuminutowa przerwa** a break of several minutes

miodn|y *adi.* [1] książk. (miododajny) melliferous [2] (związany z miodem) *[zapach]* honeyed, honied

miodow|y *adi.* [1] *[piernik, cukierek]* honey *attr.*; *[zapach, smak]* honeyed, honied [2] *[ko-*

lor, bluzka] honeyed, honey-coloured [3] przen. *[głos, słówka]* honeyed także pejor.; mellifluous

mio|t *m (G* **~tu)** [1] Zool. litter; **nasza suka miała pięć szczeniaków w ~cie** our dog had five puppies in her litter a. a litter of five puppies [2] Myśliw. beat

miotacz [I] *m pers. (Gpl* **~y)** Sport. thrower; **~ dyskiem/młotem/oszczepem** a discus-/hammer-/javelin-thrower; **~ kulą** a shot-putter

[II] *m inanim.* Wojsk. thrower; **~ min/ognia** a mine-/flame-thrower

miotacz|ka *f* Sport. thrower

miota|ć *impf* [I] *vt* książk. [1] (rzucać) to hurl, to throw (**czymś** sth); **~ć kamieniami w kogoś** to hurl a. throw stones at sb; **~ć dyskiem/młotem** to throw the discus/hammer; **~ć kulą** to put the shot; **~ć ogniem** to throw (out) fire, to blaze; **machina ~jąca kamienie** a catapult, a siege engine; **ładunek ~jący** a propellant charge [2] (wypowiadać) to hurl, to fling (**coś** sth); **~ć oskarżenia** to hurl a. fling accusations; **~ć wyzwiska na kogoś** to hurl abuse at sb, to heap abuse on sb; **~ć obelgi na kogoś** to hurl a. throw insults at sb; **~ć przekleństwa na kogoś** to spit (out) curses at sb, to shower curses (up)on sb [3] przen. *[uczucia, gniew]* to seize; **~ła nim wściekłość** he was quivering a. seized with rage; **~ła nim zazdrość** he was possessed a. seized by jealousy; **nadzieja i rozpacz ~ła nim na przemian** he was tossed between hope and despair; **~ją mną sprzeczne uczucia** I am torn between conflicting emotions [4] (trząść, szarpać) *[wiatr, burza]* to toss (**czymś** sth); **fale ~ły łodzią** the waves tossed the boat (about); **dreszcze ~ły jej ciałem** shudders racked her body; **drzewa ~ne wiatrem** wind-tossed trees

[II] **miotać się** [1] (szarpać się) to thrash about a. around; **~ć się po pokoju** to pace about a. around the room; **~ła się w malignie** she thrashed about a. around feverishly; **ryby ~ły się w sieci** the fish thrashed about a. wriggled about in the net; **pies ~ł się na łańcuchu** the dog dashed about on its chain [2] (być niezdecydowanym) to vacillate; **~ła się między miłością a nienawiścią** she vacillated a. wavered between love and hate [3] (czynić daremne wysiłki) to run (a)round in circles; **~ć się w pogoni za pieniędzmi** to chase (after) a. run after money

mioteł|ka *f* [1] *dem.* (do kurzu) feather duster; (do ubrań) whisk broom US [2] Muz. wire brush [3] Biol. sphacelaria

miot|ła *f* (do zamiatania) broom; (z chrustu) besom; **~ła brzozowa/druciana** a birch/wire broom; **zamieść ~łą podłogę** to sweep the floor with a broom

❑ **~ła zbożowa** Bot. silky bent grass, wind-grass; **czarcia ~ła** Bot. witches' broom

■ **nowa ~ła** pot. a new broom; **nowa ~ła, nowe porządki** a new broom sweeps clean przysł.

mi|ód *m (G* **miodu)** [1] honey *U*; **miód akacjowy/gryczany/wrzosowy** acacia/buckwheat/heather honey; **miód lipowy** lime a. linden honey; **miód płynny** liquid honey; **miód scukrzony** crystallized a. granulated a. set honey; **miód w plastrach** comb honey; **mleko/chleb z miodem**

milk/bread and honey; **chleb na miodzie** honey bread, bread made with honey [2] (alkohol) mead *U* [3] przen. (dobrobyt, szczęście) bliss *U*, delight *C/U*; **myślisz, że być żoną artysty, to taki miód?** do you think being an artist's wife is so blissful? [4] przen. (balsam) balm *C/U* książk.; **miód na moje serce** balm to my heart; **twoje słowa to miód na moje skołatane serce** your words are (a) balm to my troubled soul

❑ **miód jarzęcy** *honey made by young bees*; **miód jednokwiatowy** single-flower honey; **miód kwiatowy** a. **nektarowy** flower a. blossom honey; (wielokwiatowy) mixed flower honey; **miód odmianowy** single-flower honey; **miód pitny** mead; **miód spadziowy** honeydew honey; **miód sztuczny** Kulin. artificial honey, honey substitute

■ **dobrać** a. **dorwać się do miodu** pot. (zdobyć coś atrakcyjnego) ≈ to get one's hands on the honey pot; (zdobyć stanowisko) to land a plum job; (uwieść) to have one's way with sb przest. żart.; **i ja tam z gośćmi byłem, miód i wino piłem** książk. I was there too, and ate and drank many good things książk.

mi|r *m sgt (G* **miru)** [1] książk. (szacunek) esteem książk., regard książk.; (autorytet) authority, standing; **darzyć kogoś wielkim mirem** to hold sb in high esteem a. regard; **cieszył się mirem** a. **miał mir wśród kolegów** he enjoyed considerable authority a. a high standing among his colleagues; **nie miał miru w rodzinie** he commanded little respect within the family [2] Hist. (gmina) mir (*a village community in Russia*) [3] *sgt* Hist., Prawo immunity

mira → **mirra**

mirabel|ka *f* Bot. (owoc, drzewo) mirabelle plum; **kompot z ~ek** mirabelle plum compote

mirabelkow|y *adi. [kompot, dżem]* mirabelle plum *attr.*

miraż *m (G* **~u)** [1] Fiz. mirage [2] książk. (niezisczalne marzenia) vision, mirage; **łudził się ~em szybkiego zysku** he deluded himself with visions of quick profits; **roztaczać przed kimś ~e** to dangle visions a. prospects in front of a. before sb; **dać się uwieść ~om sławy** to succumb to visions of fame; **~ powszechnego szczęścia** the illusion a. mirage of universal happiness

miriad|y *plt (G* **~ów)** książk. myriads książk.; **~y ludzi/gwiazd/owadów/atomów** myriads of people/stars/insects/atoms

mir|ra *f sgt* myrrh; **złoto, ~ra i kadzidło** Bibl. gold, frankincense, and myrrh

mir|t *m (G* **~tu)** Bot. myrtle; **wianek z ~tu** a myrtle wreath

mirtow|y *adi. [gaj, wianek]* myrtle *attr.*

mis|a *f* [1] *augm.* (naczynie) (large) bowl, (large) basin; (ilość) bowl(ful), basin(ful); **~a z ziemniakami** a bowl of potatoes [2] (kształt) basin, bowl; **~a jeziora/doliny** a lake/valley basin; **~a amfiteatru** the bowl of an amphitheatre [3] Techn. pan, bowl

miseczka *f dem.* (naczynie) (small) bowl; (ilość) bowl(ful); **zjeść ~kę płatków** to eat a bowl(ful) of cereal [2] (kształt) cup; **~ki biustonosza** the cups of a bra; **rozmiar ~ki (biustonosza)** cup size (bra); **~ki**

M

kr   uchego ciasta wypełnione kremem cream(-filled) shortcake cups ③ Bot. cup; **żołędziowe ~ki** acorn cups a. cupules spec.

misiacz|ek Ⅰ *m pers.* (*Npl* **~ki**) pieszcz. sweetie (pie), honey

Ⅱ *m anim.* dziec., pieszcz. (niedźwiadek) cute little bear; (zabawka) little teddy bear

mi|siek Ⅰ *m pers.* (*Npl* **miśki**) pot., pieszcz. big teddy bear of a man

Ⅱ *m anim.* pot., pieszcz. (niedźwiedź) bear

Ⅲ *m inanim.* (*A* **miśka**) ① (zabawka) teddy (bear) ② pot. (tkanina) fake a. imitation fur; (ubiór) fake fur garment; **płaszcz z miśka** a fake fur coat

misi|o pieszcz. Ⅰ *m pers.* (*Npl* **~e**) (big a. lovable) teddy bear of a man

Ⅱ *m anim.* (niedźwiedź) (little) bear; (zabawka) teddy (bear)

misiur|ka *f* Hist. basinet, bascinet

misj|a *f* (*Gpl* **~i**) ① (zadanie) mission, assignment; **poufna/tajna ~a** a hush-hush/secret mission; **~a Kościoła** the mission of the Church; **przyjąć ~ę** to accept a mission; **podjąć się ~i** to undertake a mission; **mieć ważną ~ę do spełnienia** to have an important mission to carry out; **zlecić komuś ~ę** to charge sb with a mission; **powierzono mu ważną ~ę** he was entrusted with a. assigned an important mission; **powierzyć komuś ~ę utworzenia nowego rządu** to ask sb to form a new government; **udać się/wysłać kogoś z ~ą** to go/to send a. dispatch sb on a mission; **pełnić** a. **sprawować jakąś ~ę** to perform a mission; **wierzył, że ma dziejową ~ę do spełnienia** he believed he had a historic mission to fulfil; **kierować się poczuciem ~i** to be guided a. motivated by a sense of mission; **działał w poczuciu ~i** he acted from a sense of mission ② (przedstawiciele, przedstawicielstwo) mission; **~a gospodarcza/mediacyjna/wojskowa/archeologiczna** a trade/a mediation/a military/an archaeological mission; **~a dobrej woli** a goodwill mission; **wysłać ~ę załogową na Marsa** to send a manned mission to Mars ③ Relig. (działalność, placówka) mission; **~e katolickie/protestanckie** Catholic/Protestant missions; **pojechać/wyruszyć na ~ę do Rwandy** to go/to embark on a mission to Rwanda; **założyć/prowadzić ~ę** to establish a. found/to run a mission ④ zw. pl (rekolekcje) parish mission(s)

❑ **~a dyplomatyczna** Polit. diplomatic mission

misjonar|ka *f* Relig. (woman) missionary

misjonars|ki adi. Relig. [działalność, rekolekcje, ośrodki] missionary

misjonarstw|o *n sgt* Relig. missionary work

misjonarz Ⅰ *m* (*Gpl* **~y**) Relig. ① (duchowny) missionary ② (świecki) lay missionary a. missioner

Ⅱ **misjonarze** *plt* Congregation of the Mission, Lazarists

mis|ka *f* ① (naczynie) bowl, basin; (zawartość) bowl(ful), basin(ful); **~ka z gliny** a clay bowl; **~ka do mieszania/mycia** a mixing/washing bowl; **~ka do sałaty/zupy** a salad/soup bowl; **nalać wodę do ~ki** to pour water into a bowl; **zjeść ~kę ryżu** to

eat a bowl(ful) of rice ② (kształt) basin; **~ka jeziora** a lake basin

❑ **~ka klozetowa** (toilet) bowl, lavatory pan; **~ka olejowa** Techn. sump GB, oil pan US

■ **oddać** a. **sprzedać coś za ~kę soczewicy** książk. to hand sth over a. to sell sth for a mess of pottage; **pełna ~ka** material wealth; **zawsze miał pełną ~kę** he was always materially comfortable a. well provided for (materially)

miss *f inv.* (w konkursie piękności) beauty queen; **Miss Polonia** Miss Poland

miss|ka *f* pot. (uczestniczka) beauty contestant; (zwyciężczyni) beauty contest winner

misteri|um *n* (*Gpl* **~ów**) ① Literat. (biblijne) mystery play; (z życia świętych) miracle play; **~um Męki Pańskiej** the mystery of Christ's Passion ② zw. pl Antycz. mystery; **~a dionizyjskie/eleuzyńskie** Dionysian/Eleusinian mysteries ③ książk. mystery; **~um narodzin/życia i śmierci** the mystery of birth/life and death

❑ **~um paschalne** Relig. paschal mystery

misternie adv. grad. (zdobiony, rzeźbiony, kuty) intricately, elaborately; **~ wykonany miecz** a finely crafted sword; **~ skonstruowana fabuła** an intricately crafted plot; **wiatr potargał jej ~ ułożoną fryzurę** the wind messed up her elaborately a. meticulously arranged hair; **~ zaplanowali napad na bank** they planned the bank robbery in elaborate detail

misternoś|ć *f sgt* elaborateness, intricacy

mistern|y adi. grad. [biżuteria, haft] elaborate, fine; [plan, intryga] elaborate, deep-laid; [wzór] elaborate, intricate; [fryzura] elaborate; [fabuła] intricate; **jego ~y plan zemsty legł w gruzach** his elaborate plan for revenge has failed

misteryjn|y adi. Literat. [teatr, widowisko] mystery attr.

mistrz *m* ① (niedościgniony) master; (dyrygent, muzyk) maestro; **~ pędzla** a master of painting; **~ batuty** a master conductor, a master of the baton; **~ intrygi** a master of intrigue; **~ kierownicy** an expert a. brilliant driver ② Sport champion; (w szachach) master; **~ olimpijski** an Olympic champion; **~ świata** a world champion ③ (rzemieślnik) master; **~ stolarski** a master carpenter ④ przen. (nauczyciel) master ⑤ (loży, zakonu) Grand Master

❑ **~ ceremonii** master of ceremonies; **~ katowski** Hist. headsman

mistrzostw|a *plt* (*G* **~**) championships; **~a bokserskie** a. **w boksie** boxing championships; **~a Europy/świata** the European/world championships; **~a Polski** the Polish championship; **~a świata w szybownictwie** the world gliding championships; **~a świata w piłce nożnej** the World Cup (competition)

mistrzostw|o *n* ① (biegłość) expertness *U*; (w sztuce) artistry *U*, mastery *U*; **grać z właściwym sobie ~em** [muzyk] to play with one's customary artistry a. mastery ② Sport (tytuł mistrza) championship (title); **~o ligi tenisowej** the tennis league championship

mistrzows|ki adi. ① (doskonały) masterly, brilliant; **~ka gra aktorów** brilliant a. consummate książk. acting; **po ~ku** in (a)

masterly fashion; **po ~ku wybrnął z tej sytuacji** he handled the situation in a masterly way a. with tremendous aplomb książk.; **po ~ku zagrał rolę Hamleta** he gave a masterly a. brilliant performance as Hamlet ② Sport **tytuł ~ki** championship (title) ③ (w rzemiośle) [egzamin, tytuł] master's, master craftsman's

mistrzowsko adv. [wykonać, odtwarzać, rozegrać] in (a) masterly fashion, brilliantly; [zagrany] masterfully; **~ zdobione ołtarze** masterfully decorated altars

mistrzy|ni *f* ① (niedościgniona) master, mistress; **~ni pióra/pędzla** a master writer/painter ② Sport champion

mistycyzm *m sgt* (*G* **~u**) Filoz., Relig. mysticism

mistyczn|y adi. [filozofia, teologia, uniesienie, obrzędy] mystical, mystic; **~e zjednoczenie z Bogiem** the mystical union with God; **poeta ~y** a mystical poet

mistyfikacj|a *f* (*Gpl* **~i**) książk. mystification, hoax; **misternie przeprowadzona ~a** an elaborate hoax a. put-on pot.; **cała sprawa była (jedną) wielką ~ą** the whole affair was all a hoax a. just a put-on pot.; **paść ofiarą ~i** to become the victim of a hoax, to fall victim to a hoax

mistyfikato|r *m*, **~rka** *f* książk. hoaxer

mistyfikators|ki adi. książk. [sztuczki] fraudulent, deceitful; [skłonności] fraudulent

mistyfikatorstw|o *n sgt* książk. hoax; **lądowanie UFO okazało się zręcznym ~em** the UFO landing turned out to be a clever hoax

mistyfik|ować impf vt książk. to misrepresent, to distort [fakty]; to distort [rzeczywistość]

misty|k *m*, **~czka** *f* Filoz., Relig. mystic

misty|ka *f sgt* Relig. ① (religijność) mysticism ② (dzieła) mystical writings; **~ka chrześcijańska** Christian mysticism; **~ka wschodu** mysticism of the East ③ (tajemniczość) mystique; **~ka gór** (an aura of) mystique surrounding the mountains ④ Filoz. mysticism

misyjn|y adi. Relig. ① [działalność, wyprawy] missionary; **nauczanie ~e** missionary preaching; **placówka ~a** a missionary post; **prowadzić działalność ~ą** to do missionary work ② [nauki, modlitwy, rekolekcje] missionary

miszmasz, misz-masz *m sgt* (*G* **~u**, **misz-maszu**) pot. (bezładna mieszanina) mishmash, hotchpotch; (zamęt, bałagan) muddle, mess; **architektoniczny ~** an architectural mishmash, a mishmash a. hotchpotch of architectural styles; **polityczny ~** a political mishmash a. muddle;

mi|ś Ⅰ *m pers.* (*Npl* **misie**) ① pot., żart. (duży mężczyzna) (big) teddy bear of a man ② pot., pieszcz. (o osobie bliskiej) sweetie (pie), honey

Ⅱ *m anim.* pot., pieszcz. (niedźwiedź) (little) bear

Ⅲ *m inanim.* (*A* **misia**) ① dziec., pieszcz. (zabawka) teddy (bear); **pluszowy miś** a (furry) teddy bear; **miś do przytulania** a cuddly teddy bear ② pot. (tkanina) fake a. imitation fur; **palto na misiu** an overcoat lined with fake fur; **kurtka z misia** a fake fur jacket ③ pot. (ubranie z takiej tkaniny) fake fur garment

mi|t m (G mitu) [1] Antrop., Relig. myth; **mity greckie** the Greek myths; **mit o Syzyfie** the myth of Sisyphus; **mit o stworzeniu świata** a myth of creation, a creation myth [2] (legenda) myth; **mit narodowy/romantyczny** national/romantic myth; **krąży wiele mitów na temat nietoperzy** there are many myths about bats, bats have many myths about them; **zmniejszona potrzeba snu u starszych osób jest mitem** it's a myth a. fallacy that older people need less sleep; **obalić mit** to debunk a. explode a myth; **rozwiać mit** to dispel a myth

miten|ka f zw. pl przest. (fingerless) mitt

mitologi|a f (GDGpl ~i) [1] (zbiór mitów) mythology; **~a grecka/skandynawska** Greek/Scandinavian mythology; **~a starożytnych Rzymian** mythology of the ancient Romans [2] (zbiór nieprawdziwych przekonań) mythology; **~a o uczciwości polityków** the myth about politicians being honest a. about the honesty of politicians [3] sgt (nauka) mythology

mitologicznie adv. mythologically

mitologiczn|y adi. [postać, bohater, opowieść, tematyka, sceny] mythological

mitologizacj|a f sgt książk. [1] (tworzenie mitu) mythologization; **~a przeszłości** mythologization of a. mythologizing (of) the past [2] Literat. mythologization

mitologiz|ować impf książk. **[]** vt (tworzyć mity) to mythologize, to mythicize [historię, przeszłość, postaci]; **chyba ~ujemy wpływ telewizji na nasze życie** we seem to overestimate the influence of television on our lives

[] vi (nawiązywać do mitologii) to mythologize, to use mythological elements

[] **mitologizować się** [1] (ulegać mitologizacji) to be mythologized a. mythicized [2] (być postrzeganym jako lepszy niż w rzeczywistości) to be romanticized

mitoman m, **~ka** f pejor. mythomaniac, habitual liar; **nie wierz mu, to ~** don't believe him, he's a habitual liar

mitomani|a /ˌmitoˈmaɲja/ f sgt (GD ~i) pejor. mythomania, habitual lying; **ma skłonność do ~i** he has a tendency to lie

mitomańs|ki adi. [wyobraźnia, skłonności] fantasizing

mit|ra f [1] Relig., Hist. (nakrycie głowy) mitre [2] książk. (godność, tytuł) the mitre [3] przest. (rysunek w herbie) mitre

mitrę|ga f przest. waste of effort, wasted effort; **szkoda ~gi** it's not worth the effort a. the trouble; **daremna ~ga** vain effort

mitręż|yć impf **[]** vt przest. (tracić) to waste, to fritter a. idle away [czas]; to waste, to dissipate [siły]; **~yć czas na oglądaniu telewizji** to waste time a. to idle one's hours away watching television ⇒ **zmitrężyć**

[] vi książk. (zwlekać) to dally, to dilly-dally, to shilly-shally (z czymś over sth); **~yć z robotą** to dawdle a. dilly-dally a. shilly-shally over one's work

mityczn|y adi. [1] [bohater, postać, stwór, moc] mythical, mythic [2] (nieprawdziwy, nieistniejący) [postać, bogactwo, żywot] legendary, fabled

mityg|ować impf **[]** vt książk. (powściągać) to bring to reason [osobę]; (uspokajać) to mitigate, to pacify; **~ować czyjś gniew** to

appease a. soothe sb's anger, to curb sb's temper; **~owała niegrzeczne dziecko ostrym spojrzeniem** she pacified the unruly child with a sharp look ⇒ **zmitygować**

[] **mitygować się** to check a. restrain a. control oneself; **często unosił się gniewem, ale w porę się ~ował** he would often get angry, but checked himself in time ⇒ **zmitygować się**

mityng m (G ~u) [1] (wiec) rally; **~ wyborczy/przedwyborczy** an election/a pre-election rally; **zorganizować/zwołać ~** to hold a. stage/to call a rally; **brać udział w ~u** to attend a. take part in a rally [2] Sport. meeting, meet US; **~ lekkoatletyczny** an athletics a. a track and field meeting, a track meet US; **zwyciężyć w ~u** to win a track and field meeting

mityzacja → **mitologizacja**

mizantrop m książk. misanthrope, misanthropist

mizantropi|a f sgt (GD ~i) książk. misanthropy

mizdrz|yć się impf v refl. pejor. to simper; **~yć się do kogoś** to be simperingly sweet to sb, (to try) to ingratiate oneself with sb; **~yła się przed szefem** she simpered in front of her boss; **~yć się przed lustrem** to preen (oneself) a. to posture in front of the mirror; **~yć się na scenie** to play to the gallery

mizera|k m (~czek dem.) (Npl ~ki, ~czki) (wzbudzający litość) poor wretch, poor little thing; (chudy) (mere) slip of a thing

mizeri|a f sgt (GD ~i) [1] (surówka) fresh cucumber (and sour cream) salad [2] książk. (nędza, bieda) misery, deprivation; **~a ludzkiego losu** misery of human existence; **~a finansowa** financial hardship; **~a mieszkaniowa/ekonomiczna** housing problems/economic hardship a. deprivation; **wszędzie panuje ~a** there's misery everywhere you look

mizernie adv. grad. [1] (wątło) **~ wyglądać** to look haggard a. gaunt [2] przen. (licho, nędznie) [opłacany, oświetlony] poorly, badly; **~ zarabiać** to earn peanuts, to earn a pittance; **~ się uczyć** to be doing poorly at school a. in one's schoolwork; **~ wypaść w wyborach** to perform a. fare poorly in the elections; **nasze rolnictwo wygląda** a. **prezentuje się ~ w porównaniu do innych krajów** our agriculture compares poorly with that of other countries

mizerni|eć impf (~ał, ~eli) vi to waste away; **~eć z głodu** to be wasting away from hunger; **~eć w oczach** to be wasting away before sb's eyes; **kwiaty ~eją z braku słońca** flowers wilt from lack of sunlight ⇒ **zmizernieć**

mizerniut|ki adi. dem. [1] (wątły) haggard, gaunt [2] (lichy, nędzny) [brawa] weak, feeble; [kolacja] meagre, paltry

mizernoś|ć f sgt książk. [1] (wyglądu) haggard looks [2] (lichość) mediocrity

mizern|y adi. grad. [1] (wychudły, wątły) [dziecko, twarz] haggard, gaunt [2] (lichy, nędzny) [brawa] weak, feeble; [zarobki, emerytura] meagre, paltry; [mieszkanie] shabby, miserable; [jedzenie] miserable, wretched;

wiódł ~y żywot he led a miserable a. wretched existence

mizero|ta m, f (~tka dem.) (Npl m ~ty, Gpl m ~t a. ~tów; Npl f ~ty, Gpl f ~t) pot. (wzbudzający litość) poor wretch, poor little thing; (chudy) (mere) slip of a thing; **ale z niego ~ta** (o mężczyźnie) he's a poor little chap a. a little scrap of a man; (o chłopcu) he's a poor little mite a. a mere slip of a boy; **taka z niej ~ta** (o kobiecie) she's a little a. a mere slip of a woman; (o dziewczynce) she's a poor little mite a. a mere slip of a girl

mjr (= major) Maj.; **mjr Jan Nowak** Maj. Jan Nowak

mkn|ąć impf (~ęła, ~ęli) vi [1] książk. (szybko iść) [osoba, zwierzę] to speed, to scurry; [pojazd] to speed, to hurtle (along); [chmury] to scud (along); **~ąć do autobusu** to run a. dash for the bus; **~ąć na rowerze po drodze** to spin along the road on one's bike; **pociąg ~ął po torach z prędkością 100 km/h** the train sped along (the tracks) at 100 kilometres per hour; **po autostradzie ~ą samochody** cars are speeding along the motorway; **mustangi ~ą przez prerię** mustangs race through the prairie; **chmury ~ą po niebie** clouds are scudding across the sky; **samolot ~ął po niebie** a plane was streaking through the sky; **~ąć jak strzała** to run a. go like the wind ⇒ **pomknąć** [2] (przemijać) [czas] to go a. fly by, to move on; [lata] to go by; [życie] to fly by a. past; **czas szybko ~ie** time flies by quickly ⇒ **pomknąć**

ml (= mililitr) ml; **200 ml krwi** 200 ml (of) blood

mlaskać impf → **mlasnąć**

mla|snąć pf — **mla|skać** impf (~snęła, ~snęli — ~skam) vi [1] [osoba] to smack one's lips, to click one's tongue; **~skać przy jedzeniu** to slurp; **nie ~skaj przy jedzeniu!** don't smack your lips when you eat!; **~skać z zachwytu** to lick one's lips in admiration [2] (chlupotać) to squelch; **błoto/rozmokła ziemia ~ska pod nogami** mud/soaked ground squelches under the feet a. underfoot

mld (= miliard) bn; **2,5 mld złotych** 2.5 bn zlotys

mlecz m (G ~u a. ~a, Gpl ~y a. ~ów) [1] Bot. dandelion [2] Zool. milt [3] Fizj. (zawartość żołądka) chyle

mleczaj m (G ~u a. ~a) Bot. milk cap; **~ rydz** saffron milk cap

mleczar|nia f (Gpl ~ni a. ~ń) [1] (zakład) dairy, creamery [2] (na farmie) dairy [3] posp. (duży biust) big boobs pot., big knockers pot.

mleczars|ki adi. [przemysł, produkty, spółdzielnia] dairy; **zakład ~ki** dairy, creamery

mleczarstw|o n sgt (dział gospodarki) dairy industry, dairying; (nauka) dairy science

mleczarz m (Gpl ~y a. ~ów) [1] (pracownik mleczarni) dairyman, dairy worker [2] (roznosiciel) milkman

mlecz|ko n [1] dem. pieszcz. milk [2] dem. Bot. latex, milk; **~ko makowe** poppy juice [3] dem. Fizj. milk [4] Kosmet. (do pielęgnacji lub demakijażu) cleansing milk; (nawilżające) moisturizing lotion, moisturizer; **zmyć makijaż ~kiem** to remove one's make-up with cleansing milk [5] Chem. cream cleaner [6] Zool.

milt [7] Kulin. ≈ custard (sauce)

❑ ~ko kauczukowe (rubber) latex; ~ko maciczne Biol. embryotroph; ~ko pszczele Zool. royal jelly

mlecznobia|ły adi. [mgła, cera] milk-white, milky-white; ~łe szkło milky-white a. milk glass

mleczn|y adi. [1] [czekolada, margaryna, napoje, zupa, dieta] milk attr.; **gospodar-stwo** ~e a dairy farm; **produkty** ~e milk products, dairy produce; **gruczoł** ~y a mammary a. milk gland [2] (dający mleko) [bydło, rasa] dairy; **krowa** ~a a dairy a. milch a. milking cow [3] [chmura, mgła, światło] milky; **szkło** ~e milk-glass, opaline; **żarówka** ~a a pearl (light) bulb [4] Bot. **sok** ~y milky sap [5] Stomat. ~e zęby milk a. baby teeth

m|leć impf (**mielę, mielesz, mełł, mełła, mełli**) [I] vt [1] (rozdrabniać) to grind, to mill [kawę, pieprz, zboże]; to mince GB, to grind US [mięso]; **mleć mąkę** to grind flour; **mleć mięso w maszynce** to mince meat in a mincer, to put meat through a mincer; **mleć ziarno na mąkę** to grind grain into flour, to mill flour; **mleć kawę w młynku** to grind coffee beans in a grinder a. mill ⇒ **zemleć** [2] Techn. to stir; **śruba statku miele wodę za rufą** the ship's propeller stirs water behind the stern [3] (żuć) to chew, to masticate

[II] **mleć się** [ziarno, kawa, pieprz] to be ground a. milled; [mięso] to be minced GB, to be ground US ⇒ **zemleć się**

■ **mleć językiem** a. **jęzorem** a. **ozorem** pot., pejor. to blather; to yap pot.; **nie miel tyle ozorem** stop yapping a. jabbering so much; **mleć sprawy** a. **problemy** pot. to keep harping on the same issues, to harp on the same string; **mleć w ustach prze-kleństwa** to grind out curses (through clenched teeth)

mlek|o n sgt [1] milk; ~o krowie/kozie/owcze/wielbłądzie cow's/goat's/sheep's/camel's milk; ~o prosto od krowy milk fresh from the cow; ~o chude/odtłusz-czone/półtłuste/pełnotłuste skim(med)/non-fat/semi-skimmed/full-fat milk; ~o skondensowane condensed a. evaporated milk; ~o sterylizowane sterilized milk; ~o w proszku powdered a. dried milk, milk powder; ~o dla niemowląt baby milk, infant formula (milk) US; **ryż na** ~u ≈ rice pudding; **jak** ~o milk-white; **włosy miał białe jak** ~o he had milk-white hair, his hair was milky white [2] pot. (porcja) (glass a. cup of) milk; **kup dwa** ~a go and buy two bottles/cartons of milk [3] Fizj. milk; **piersi wezbrane** ~iem breasts swollen with milk; ~o matki mother's a. breast milk; **suka karmiła szczenięta** ~iem the bitch fed her pups on milk a. suckled her pups [4] Bot. milk; ~o palmowe palm milk [5] (mgła) milk(y)-white fog; **jest takie** ~o, **że nie widać nic na odległość metra** the fog is so thick that you can't see one metre in front of you a. in front of your face [6] Chem. milk

❑ ~o cementowe Budow. cement grout; ~o homogenizowane Kulin. homogenized milk; ~o humanizowane humanized milk; ~o kokosowe Bot. coconut milk;

~o pasteryzowane Kulin. pasteurized milk; ~o pełne Kulin. whole milk, full-cream milk GB; ~o wapienne Chem. milk of lime, limewash; ~o zsiadłe a. kwaśne Kulin. sour milk; **słodkie** ~o Kulin. sweet milk

■ **mieć** ~o **pod nosem** pot. to be (still) wet behind the ears; **nie ma co płakać nad rozlanym** ~iem (it's) no use a. no good crying over spilt milk; **krowa, która dużo ryczy mało** ~a **daje** przysł. great talkers are little doers, much cry and little wool

mln (= milion) m.; **45 mln złotych** 45 m. zlotys

młoc|ka f sgt threshing; ~ka zboża/konopi/rzepaku threshing of cereals/hemp/rape; **pracować przy** ~ce to thresh

młoc|karnia, ~arnia f (Gpl ~(k)arni a. ~(k)arń) Techn., Roln. thresher, threshing machine; ~karnia zbożowa a grain thresher; **młócić zboże** ~karnią to thresh grain with a thresher

❑ ~karnia szerokomłotna Roln., Techn. broad thresher

młodni(a)k m (G ~a a. ~u) Leśn. young growth a. woodland

młodni|eć impf (~eję, ~ał, ~eli) vi to get younger; **zakochani** ~eją people in love grow younger; ~eć wewnętrznie/du-chowo to feel young at heart/in spirit ⇒ **odmłodnieć**

mło|do adv. grad. [1] (będąc młodym) young, at an early age; **wzbogacić się/ożenić się/umrzeć** ~do to grow rich/to marry/to die young a. at an early age [2] (młodzieńczo) young adi., youthful adi.; **wygląda** ~do **jak na swoje lata** she looks young for her age; **czuł się jeszcze** ~do he still felt young; **ona wygląda** ~dziej **niż ty** she looks younger than you

młodocian|y [I] adi. [1] (nieletni) young; ~y **bohater sztuki** a juvenile lead; ~y **pracownik** a junior worker; ~y **prze-stępca** a juvenile delinquent a. offender; **pisała książki dla** ~ych **czytelników** she wrote books for young readers [2] (wczesny) juvenile; ~a **twórczość** juvenilia; ~a **uroda** a youthful beauty [3] Bot., Zool. young; ~e **drzewa owocowe** young fruit trees; ~e **stadium (rozwoju)** an early stage of development

[II] m Prawo juvenile; **wśród aresztowanych większość stanowią** ~i the majority of detainees are juveniles

młodopols|ki adi. Literat., Szt. of the Young Poland movement

młodopolszczy|zna f sgt the Young Poland movement

młodoś|ć f sgt [1] (okres w życiu) youth; **błędy/grzechy/szaleństwa** ~ci the mis-takes/sins/madness of youth; **fotografie z okresu wczesnej** ~ci photographs from one's early youth; **mieć beztroską/szczę-śliwą/smutną** ~ć to have a carefree/happy/sad youth; ~ć **ma swoje prawa** young people have their rights; **przywileje** ~ci privileges of youth; **w** ~ci **marzył o podróżach do dalekich krajów** when young, he dreamt about a. of travelling around the world; **spędzić/strawić** ~ć **na czymś** to spend/to waste one's youth on sth; ~ć **musi się wyszumieć** young people must have their fling; **eliksir** ~ci

the elixir of youth; **zachować** ~ć to preserve one's youth; **od** ~ci **interesował się astrologią** he's been interested in astrology since he was young [2] (początek) young days; ~ć **cywilizacji/społeczeń-stwa/kultury/państwa** the early days of a civilization/a society/a culture/a country; ~ć **gwiazdy** the early stage of a star's life

■ **być nie pierwszej** ~ci [osoba] to be past one's prime; [ubranie, samochód] to have seen better days; **kobieta nie pierwszej** ~ci a woman past her prime; **druga** ~ć second youth; **pierwsza** ~ć the early years a. early youth; **w rozkwicie** ~ci in the prime of life; **wieczna** ~ć eternal youth

mło|dy [I] adi. grad. [1] (nieletni, niedojrzały) young; ~dsza **córka/siostra** a younger daughter/sister; ~dy **dyrektor/prezydent** a young manager/president; ~dy **Kowal-ski** Kowalski junior; ~dsze **klasy** lower school; ~dsi **uczniowie** junior pupils; ~da **krew** przen. young blood przen.; **za** ~du early on in life, in one's youth; **jesteś za** ~da **na taki makijaż** you're too young for that sort of make-up [2] (charakterystyczny dla młodości) youthful; ~dy **głos/wygląd** a youthful voice/appear-ance; ~de **nogi/oczy/siły** youthful legs/eyes/strength; ~dy **wiek** a young age; **ta sukienka jest dla ciebie za** ~da this dress looks too young on you [3] Bot. young, new; ~de **liście/pędy** young a. new leaves/shoots; ~de **ziemniaki** new potatoes; **pęczek** ~dej **marchewki/pietruszki** a bunch of young carrots/parsnips [4] Kulin. young; ~dy **ser** unripe cheese; ~de **wino** young wine [5] (istniejący od niedawna) young, new; ~da **demokracja** a new a. young democracy; ~de **warstwy geologiczne** new a. young (geological) strata; **te góry są dosyć** ~de these mountains are rather young

[II] **młodszy** adi. comp. [1] (rangą) junior, lower; ~dszy **asystent/kelner/oficer** a junior assistant/waiter/officer; **sierżant jest** ~dszy **stopniem od porucznika** a sergeant is lower in rank than a lieutenant; **jest pan** ~dszy **rangą** you hold a lower rank [2] Gry minor; ~dszy **kolor** a minor suit

[III] **mło|dy** m, ~da f youngster, youth; ~dy **nigdy nie skorzysta z rad starego** a youngster never listens to an older person's advice; ~dy, **idziesz z nami?** pot. hey, lad, are you coming with us?; **firma stawia na** ~dych the company backs young people

[IV] **młode** n Zool. **samica uczyła** ~de **latania** the mother bird was teaching her young a. nestlings to fly; **samica karmi** ~de a female suckles her young; **kotka urodziła tylko jedno** ~de the cat gave birth to only one kitten

[V] **młodzi** plt (nowożeńcy) newly-weds

■ ~dsza **linia** a. **gałąź rodu** the younger branch of the family; ~dy **talent** young talent; **konkurs** ~dych **talentów pianis-tycznych** a competition for talented young pianists; **być wiecznie** ~dym (o człowieku) to always look young, to be eternally young; (o pojęciach, zjawiskach) to hold good a. true, to be eternally young; **miłość jest wiecznie**

~dym tematem dla poetów love is an eternally fresh topic for poets

młodziak pot. **U** *m pers.* *(Npl* **~i)** young shaver

III *m anim.* young (animal); **pies, choć jeszcze ~, był wyga** the dog, though still a pup, was as sly as a fox

młodzian *m (Npl* **~ie** a. **~y)** książk., żart. young (gentle)man; **szarmancki/uczynny/ dziarski ~** a chivalrous/an obliging/a sprightly young (gentle)man

młodzicz|ka *f* Sport. sub junior

młodzieniasz|ek *m (Npl* **~kowie** a. **~ki)** żart. youngster, whippersnapper

młodzie|niec *m (V* **~ńce)** książk. young man; **przystojny/wysportowany/uprzej-my ~niec** a handsome/an athletic/a kind young man

młodzieńczo *adv.* youthfully; **wciąż miała ~ szczupłą sylwetkę** she still had a youthfully slim figure

młodzieńczoś|ć *f sgt* youthfulness; **~ć (czyjegoś) wyglądu** the youthfulness of sb's looks; **~ć (czyichś) ruchów** a. **w (czyichś) ruchach** the youthfulness of sb's movements

młodzieńcz|y *adi.* [1] (o okresie życia) youthful; **lata ~e** youthful years; **~a miłość** adolescent love; **~a beztros-ka/sylwetka** a youthful carefreeness/figure; **~e utwory poety** the poet's early works [2] poet. new, young; **~a zieleń** new a. young greenery; **~e listki** new a. young leaves

młodzież *f sgt* [1] (młodzi ludzie) young people; **~ szkolna** secondary school children; **~ uniwersytecka** university students; **problemy ~y** problems of young people; **rozmowy/rozrywki ~y** young people's conversations/entertainment; **kształcić/wychowywać ~** to educate/to bring up teenagers; **kwiat ~y** the cream of the younger generation; **trudna ~** difficult teenagers a. young people [2] środ., Myślis. young (stock); **samica uczy ~ żerowania** the mother teaches her young to look for food [3] środ., Leśn. young trees; **~ dębowa/ świerkowa** young oaks/firs, young oak/fir trees

■ **bananowa ~** pot., pejor., Dzien. ≈ gilded youth

młodzieżow|iec *m* [1] (w organizacji) ≈ youth organization member [2] Sport ≈ young competitor; **mecz ~ców** young competitors' match

młodzieżowo *adv.* youthfully; **wyglądać ~** to look youthful; **ubierać się ~** to dress in a youthful style; **zachowywać się ~** to behave youthfully

młodzieżow|y *adi.* youth *attr.;* (jak u młodych) youthful; **muzyka ~a** teenage music; **~y zespół gitar klasycznych** a group of young classical guitarists; **obóz ~y** a youth camp; **~y dom kultu-ry** ≈ youth club; **~y sposób bycia** a youthful demeanour

młodzi|k **U** *m pers. (Npl* **~cy** a. **~ki)** [1] iron. (niedoświadczony chłopiec) young shaver [2] Sport. sub junior; **startował w kategorii ~ków** he took part in the competition as a sub junior; **mistrzostwa Polski ~ków w pływaniu** the Polish sub junior swimming championship

III *m anim.* Myślis. young animal; **jeleń ~k** a fawn

młodziu|tki **(~teńki, ~sieńki, ~chny)** *adi. dem.* [1] pieszcz. (very) young; **debiut ~tkiej pianistki** the debut of a young pianist; **taka ~tka dziewczyna nie powinna chodzić na randki** such a young girl shouldn't have dates; **ten piesek jest jeszcze bardzo ~tki** this dog is still very young [2] (młodzieńczy) *[sylwetka]* youthful [3] (w stadium wczesnego rozwoju) fresh, young; **na trawnikach pojawiła się ~tka zieleń** fresh grass appeared on the lawns; **zupa z ~tkich warzyw** soup of spring vegetables; **pęczek ~tkiej marchewki** a bunch of young carrots

młodziu|tko *adv. dem.* (very) young; **moja żona wygląda bardzo ~** my wife looks very young

młokos *m (Npl* **~y** a. **~i)** pejor. whelp; **niedoświadczony/niesforny/źle wycho-wany ~** an inexperienced/an unruly/an ill-mannered whelp

mło|t **U** *m pers. (Npl* **~ty)** pot., obraźl. blockhead, thickhead pot., obraźl.

III *m inanim.* [1] *augm.* hammer; **~t drewniany** a maul; **~t dwuręczny** a. **oburęczny** a sledgehammer; **~t kamie-niarski/kowalski** a sledgehammer/a smith's hammer; **uderzyć/walić/bić w coś ~tem** to hit/beat/smash sth with a hammer [2] Techn. (do obróbki metali) hammer; **~t hydrauliczny/mechaniczny/parowy** a hydraulic/power/steam hammer [3] Techn. (do wiercenia) **~t pneumatyczny** a pneumatic drill [4] Sport. hammer; **rzucać ~tem** to throw the hammer; **zdobył złoty medal w rzucie ~tem** he earned a gold medal in the hammer (throw)

❑ **~t kafarowy** Techn. drop weight; **rekin** a. **ryba ~t** Zool. hammer fish

■ **być** a. **znaleźć się (po)między ~tem a kowadłem** to be caught between a rock and a hard place, to be caught between the devil and the deep blue sea; **serce/puls bije** a. **wali mi jak ~t** a. **jak ~tem** my heart/pulse is pounding

młotecz|ek *m dem.* [1] *dem.* (little) ham-mer; **przybić coś ~kiem** to hammer sth [2] Techn. hammer [3] Anat. malleus [4] Elektr. circuit-breaker [5] Muz. hammer; **~ki w pianinie** piano hammers

młoteczkow|y *adi.* [1] Elektr. **przerywacz ~y** a circuit-breaker [2] Muz. hammer *attr.*

mło|tek **U** *m pers. (Npl* **~ki)** pot., obraźl. num(b)skull pot., obraźl.

III *m inanim.* [1] (do przybijania) hammer; **wbić gwóźdź ~kiem** to drive in a nail; **przybić ~kiem listwę** to nail a batten; **klepać blachę ~kiem** to hammer out a sheet of metal; **uderzenie ~kiem** a hammer blow [2] (drewniany) mallet [3] Techn. hammer; **dzwonek nie dzwoni, bo ~ek nie uderza w gong** the bell doesn't ring because the clapper doesn't work [4] Sport. (cricket) bat [5] Muz. hammer

❑ **~ek licytacyjny** gavel, hammer; **~ek sędziowski** gavel

■ **pójść pod ~ek** pot. to come a. to go under the hammer

młó|cić *impf* **U** *vt* [1] Roln. thresh; **~cić zboże cepem/kombajnem** to thresh cer-eals with a flail/a (combine) harvester ⇒ **omłócić, wymłócić** [2] pot. (powtarzać do znudzenia) to prate; **prasa ciągle ~ci temat polityki pieniężnej** the press is constantly prating on about financial policy; **co to za nudziarz, on wciąż ~ci to samo** what a bore he is, he's still prating a. prattling on about the same thing [3] pot. (bić, uderzać) to batter, to pound; **~cić kogoś/coś** to batter a. to pound sb/sth with fists; **~cić powietrze** to flail about a. around; **kto tak ~ci w drzwi?** who is pounding at the door so?; **~cili wiosłami wodę** they were beating the water with oars [4] pot. (jeść szybko) **~ić obiad/ciastka** to devour din-ner/cakes

II *vi* pot. (strzelać) to blast; **~ić z działa/ karabinu/samolotu** to blast with a can-non/with a rifle/from a plane

III **młócić się** *v refl.* pot. to brawl; **chłopcy znowu zaczęli się ~cić** the boys started brawling again

młócka → **młocka**

młód|ka *f* [1] przest. (dziewczyna) young thing, young lass [2] Myślis. nestling

młyn *m* [1] (budynek) mill; **~ elektryczny/ parowy** an electric/a steam mill; **~ wia-trowy** a windmill; **~ wodny** a watermill; **zawieźć zboże do ~a** to take the grain to the mill [2] Techn. grinder; **~ węglowy** a coal pulverizer; **~ kulowy/walcowy** a ball/roller mill; **~ papierniczy** a Jordan refiner; **~ solny/do mielenia kości** a salt/ bone grinder [3] *sgt* pot. (zamęt) scrum; **codzienny ~** everyday scrum; **ale dzisiaj miałem ~ w pracy!** what a scrum I had at work today!; **mam w głowie ~** my head is spinning

❑ **~ lodowcowy** Geol. glacier mill, moulin; **~ modlitewny** Relig. prayer wheel

■ **coś jest wodą na czyjś ~** sth is grist to sb's mill

młynar|ka¹ *f* [1] (młynarz kobieta) miller [2] (żona młynarza) miller's wife

młynar|ka² *f sgt* pot. (młynarstwo) miller's trade; **zajmować się ~ką** to work as a miller

młynars|ki *adi. [zawód]* miller's; *[zakłady]* milling; **czeladnik ~ki** a journeyman miller; **fach ~ki** a miller's trade; **przemysł ~ki** milling industry

młynarstw|o *n sgt* [1] (zawód) miller's trade [2] (dział przemysłu) milling (industry)

młynarz *m (Gpl* **~y** a. **~ów)** [1] (właściciel młyna) miller [2] (pracownik zakładu przemysłowego) mill operator; **~e cementowi** the millers at the cement works

młyn|ek *m* [1] (do mielenia) grinder, mill; **~ek do kawy/pieprzu** a coffee grinder/a pepper mill; **~ek do mielenia odpadków** garbage a. refuse disposal unit [2] Roln., Techn. winnower [3] *sgt* (wirowanie, obracanie) whirl; **wywijać** a. **kręcić** a. **robić ~ka czymś** to spin a. whirl sth (a)round; **obracać** a. **okręcać się ~kiem** to spin (a)round, to whirl; **dziewczynka obracała się ~kiem** the girl was spinning around a. whirling; **łódź obraca się ~kiem na wirach** the boat is spinning around in the eddying water [4] (sztuczne ognie) tourbillion

M

mły|niec *m* [1] (obrót) whirl, spin; **efektowny ~niec kaskadera** the showy spin of a stuntman; **klown wywinął ~ńca** a clown did a somersault; **pary wykonywały ~ńce w tańcu** dancing couples spun a. whirled around; **zrobił ~ńca i przestraszył wróble na dachu** he waved a. flapped his hands around and frightened the sparrows on the roof [2] Sport. (w szermierce) moulinet; **szybko wykonany ~niec** a quick moulinet

młynkow|y *adi.* [1] (dotyczący urządzenia) grinding, milling; **mechanizm ~y** a grinding a. milling mechanism [2] *[ruch]* twirling

młyńs|ki *adi.* mill *attr.*; **poddasze ~kie** a mill attic; **staw ~ki** a millpond; **obracać żarna ~kie** to turn millstones; **koło ~kie** mill wheel; **kamień ~ki** millstone także przen.

mm (= milimetr) mm

mną → ja

mnemotechnicznie *adv.* książk. mnemonically; **uczyć się/zapamiętywać ~** to learn/memorize mnemonically

mnemotechniczn|y *adi.* książk. mnemonic

mnemotechnik|a *f sgt* książk. mnemo(tech)nics

mniam *inter.* pot. yum(-yum), yummy; **zupa jest pyszna! ~, ~!** this soup is delicious, yum-yum a. yummy!

mni|ch [I] *m pers.* Relig. monk; **~ch buddyjski/chrześcijański** a Buddhist/ Christian monk; **śluby ~chów** monks' vows

[II] *m inanim* [1] Techn. outlet box [2] Budow. ridge tile

mnie → ja

mniej → mało

mniejszościow|y *adi.* minority *attr.*; **~y gabinet koalicyjny** a minority coalition government; **narodowości ~e** minority groups, ethnic minorities

mniejszoś|ć *f* [1] *sgt* minority; **~ć parlamentarna** a parliamentary minority; **być a. znaleźć się w ~ci** to be in the minority; **stanowić ~ć** to be a minority [2] (zbiorowość) minority; **~ć etniczna/narodowa/rasowa/wyznaniowa/językowa** an ethnic/a national/a racial/a religious/a linguistic minority; **obrona praw ~ci** defence of minority rights

mniejszy → mały

mniema|ć *impf vi* książk. to think, to believe; **~m, że po powrocie mnie odwiedzisz** I think (that) you'll visit me when you return; **~m, że Wysoki Sąd weźmie pod uwagę młody wiek oskarżonego** Your Honour, I believe you'll take into consideration the defendant's youth; **jak ~am** in my opinion, as I see it

mniema|nie [I] *sv* → mniemać

[II] *n* książk. belief, opinion; **utarło się ~nie, że...** it's commonly thought that...; **mieć o kimś dobre/wysokie ~nie** to think well/ the world of sb; **mieć o sobie wygórowane ~nie** to be too big for one's boots a. breeches; **miała chyba błędne ~nie o swoich zdolnościach muzycznych** she must have had a misplaced faith in her musical talent; **przeważa ~nie, że...** there is a prevailing belief a. opinion that...;

utwierdziła się w swoim ~niu it confirmed her belief a. opinion; **rozpowszechniać/podważać jakieś ~nie** to diffuse/to question a belief a. an opinion; **w czymś ~niu** in sb's belief a. opinion; **w ~niu prezesa, wszyscy w firmie dążą do pozbawienia go stanowiska** the director has a notion that everyone in the company wants to get rid of him

mniemanologi|a *f sgt* (GD ~i) żart. *pseudoscientific considerations on obvious and trivial matters*

mnisi → mniszy

mnisz|ek *m* Bot. dandelion
❑ **~ek lekarski** Bot. dandelion

mnisz|ka *f* [1] Relig. nun; **~ka w czarnym habicie** a nun in a black habit; **(żyć) jak ~ka** (to live) like a nun [2] Budow. ridge tile

mnisz|y *adi.* monk's, monastic; **~a cela** a monk's a. monastic cell

mno|gi *adi.* [1] książk. abundant, myriad; **był panem ~gich włości** he was the owner of a rich estate; **~gie tłumy ludzi na ulicach** the swarms of people in the streets [2] Jęz. plural; **liczba ~ga** the plural; **rzeczownik w liczbie ~giej** a plural noun

mnogoś|ć *f* [1] *sgt* książk. (wielość) abundance, multitude; **~ć osób/ptactwa/towarów** an abundance a. a multitude of people/birds/ goods; **~ć barw/wzorów** an abundance a. a multitude of colours/patterns [2] Mat. set; **teoria ~ci** set theory

mnoże|nie [I] *sv* → mnożyć

[II] *n* Mat. multiplication; **błędy w ~niu** errors in multiplication; **~nie liczb/ułamków** the multiplication of numbers/fractions; **tabliczka ~nia** the multiplication table; **znak ~nia** the multiplication sign; **wykonać ~nie** to do multiplication

mnożn|a *f* Mat. multiplicand

mnożnik *m* Mat. multiplier

mno|żyć *impf* [I] *vt* [1] Mat. to multiply; **mnożyć liczby całkowite/ułamki** to multiply whole numbers/fractions; **mnożyć 2 przez 3** to multiply 2 by 3; **mnożyć ułamek przez liczbę całkowitą** to multiply a fraction by a whole number ⇒ **pomnożyć** [2] (rozmnażać, rozpleniać) to breed, to propagate; **mnożyć bakterie/rośliny/zwierzęta** to propagate a. breed bacteria/ plants/animals; **mnożyć kwiaty z nasion/sadzonek** to propagate flowers from seeds/ to grow plants from seedlings; **mnożenie zwierząt w laboratoriach genetycznych** the breeding a. propagation of animals in genetic laboratories ⇒ **rozmnożyć** [3] (zwiększać) to increase, to multiply; **mnożyć pieniądze/kapitał** to increase a. multiply money/capital; **przykłady można mnożyć** there are countless examples; **mnożyć obowiązki/przepisy/ustawy** to increase a. multiply duties/regulations/resolutions; **mnożyć problemy/przeszkody/trudności** to increase a. multiply problems/obstacles/difficulties

[II] **mnożyć się** [1] (rosnąć) to increase, to proliferate; **mnożą się wypadki drogowe** the number of road accidents is increasing; **na ich temat zaczęły mnożyć się plotki** rumours about them are increasing a. proliferating; **dobrze ulokowane pieniądze mnożą się** well-invested money multi-

plies [2] (wydawać potomstwo) to breed, to reproduce; **króliki mnożą się w szybkim tempie** rabbits breed a. reproduce at a fast rate; **rośliny mnożą się, rozsiewając nasiona** plants propagate a. reproduce by scattering their seeds ⇒ **rozmnożyć się**

mnóstw|o *n sgt* plenty, (whole) host; **~o drzew/zwierząt** plenty of trees/animals; **~o ludzi** plenty a. a (whole) host of people; **~o pomysłów/sprzeczności/zadań** plenty/a (whole) host of ideas/contradictions/tasks; **na dworcu kręci się ~o ludzi** there are crowds of people at the station; **borykała się z ~em problemów** she had oodles of problems; **całe ~o** a whole lot

mobbing *m sgt* (G ~u) mobbing

mobil *m sgt* (G ~u, Gpl ~ów a. ~i) Szt. mobile

mobilizacj|a *f* (Gpl ~i) [1] Wojsk. mobilization; **podlegać ~i** to be subject to mobilization; **powszechna ~a** general mobilization; **został wprowadzony stan ~i** the army was mobilized [2] *sgt* książk. (aktywizacja) activation, motivation; **~a drużyny/klasy/załogi** the activation a. motivation of a team/class/crew; **~a do działania/nauki/pracy** the motivation to act/study/work

mobilizacyjn|y *adi.* [1] Wojsk. mobilization *attr.*; **oddziały/roczniki/rozkazy ~e** mobilization detachments/army lists/orders; **karta ~a** call-up papers [2] (aktywizujący) motivating, motivational; **akcja ~a** a motivating a. motivational action

mobiliz|ować *impf* [I] *vt* [1] Wojsk. to mobilize; (rezerwistów) to call up; **~ować armię/flotę** to mobilize an army/a fleet ⇒ **zmobilizować** [2] książk. (uaktywniać) to encourage, to motivate; **~ować kogoś do działania/nauki** to motivate a. encourage sb to act/study; **~ować wszystkie siły** to summon all one's strength; **ojciec ~ował mnie do nauki** my father encouraged me to learn; **jego słowa są dla mnie bardzo ~ujące** his words are very encouraging to me ⇒ **zmobilizować**

[II] **mobilizować się** *v refl.* [1] książk. (uaktywniać się) to focus oneself; **codziennie rano ~uję się do wstawania** every morning I have to make myself get up; **~ować się przed rozmową w sprawie posady** to focus oneself before a job interview ⇒ **zmobilizować się** [2] Wojsk. to mobilize; **kraj ~uje się do wojny** a country is mobilizing for war ⇒ **zmobilizować się**

mobilizująco *adv.* książk. **wykład podziałał na mnie ~** the lecture had a motivating effect on me; **szklanka soku pomarańczowego działa na mnie ~** a glass of orange juice gets me going

mobilizując|y [I] *pa* → mobilizować

[II] *adi.* stimulating

mobilnoś|ć *f sgt* książk. mobility; **~ć centrów dowodzenia** mobility of command centres; **zawał serca ograniczył jego ~ć** a coronary limited his mobility

mobiln|y *adi. grad.* książk. [1] (ruchomy) mobile; **~e dzieła sztuki** mobile art; **projekt ~ego robota** a mobile robot design [2] (zmieniający miejsce pobytu lub pracy) mobile; **~e społeczeństwo** a mobile society

moc [] *f* [1] *sgt* (siła psychiczna, fizyczna) power; **~ moralna/wewnętrzna/duchowa** a moral/an inner/a spiritual power; **nadzieja dodaje ludziom ~y** hope gives people power; **z (całą) ~ą** strongly, wholeheartedly; **z całej ~y** with all one's might; with might and main książk. [2] *sgt* (wielka energia, siła) force; **~ sztormu/wybuchu** the force of the storm/explosion; **oślepiająca ~ reflektorów** the dazzling effect of searchlights [3] (zdolność wywierania wpływu) power; **lecznicza ~ ziół** the therapeutic effect a. power of herbs; **magiczna ~ kamieni** the magic power of stones; **~ czyjegoś autorytetu** the power of sb's authority; **~ opiekuńcza** protective power; **odczyniać złe ~e** to repel the powers of evil; **przywoływać dobre ~e** to summon (up) the powers of good; **~ sprawcza** a prime mover; **wiara w ~ sprawczą Boga** a belief in God's power; **niepokoi mnie rosnąca ~ oddziaływania mediów** I'm disturbed by the increasing power of the media's influence [4] *sgt* Prawo legal validity; **~ dekretu/dokumentów** the legal validity of a decree/documents; **ustawa niedługo nabierze ~y** the resolution will soon become legally enforceable; **wydano dekret z ~ą ustawy** a decree having the force of law has been issued; **~ wsteczna** retroaction; **pozostawać/utrzymywać się w ~y** to be/remain in force [5] Przem. capabilities; **~e produkcyjne/przerobowe/wydobywcze** productive/processing/mining capacity [6] *sgt* (stężenie substancji) strength; (wina) body; **~ alkoholu/herbaty/kawy/kwasu** the strength of alcohol/tea/coffee/acid [7] *sgt* przen. (wytrzymałość, odporność) strength; **~ tkaniny/materiału** the strength of fabric/material; **dodatki do betonu zwiększają jego ~** additives to concrete increase its strength [8] *sgt* Fiz. power; **~ elektrowni/reaktora** the power of a power plant/a reactor; **~ żarówki** (light) bulb wattage; **silnik o znacznej ~y** a powerful engine

[] *pron.* książk. a lot, a (whole) host; **~ ludzi** a lot a. a (whole) host of people; **~ pozdrowień/życzeń** my best regards/wishes; **~ spraw/kłopotów** a lot a. a (whole) host of affairs/problems

❏ **~ prawna** Admin. force of law

■ **być w czyjejś ~y** książk. to be in sb's power; **na a. z ~y czegoś** książk. on the strength of sth; **robić (wszystko), co w czyjejś a. ludzkiej ~y** książk. to do everything in one's power; **wszystko/sprawa/decyzja leży w czyjejś ~y** książk. everything/the matter/the decision is (with)in sb's power

mocarnie *adv. grad.* książk. powerfully, strongly; **wyglądać ~** to look powerful a. strong

mocarność *f sgt* książk. strength, power; **ufny w swą ~ć** trusting in his power a. strength

mocarny *adi. grad.* książk. [1] (mocny) mighty, strong [2] (potężny) mighty, powerful; **~e państwo** a mighty a. powerful nation

mocarstw|o *n* Polit. superpower, (world) power; **zbudować ~o** to create a superpower a. (world) power; **rywalizacja wśród ~** rivalry among the superpowers a. (world) powers; **zdobyć/stracić status ~a** to gain/lose the status of a superpower a. (world) power; **~o atomowe** a nuclear power

mocarstwowoś|ć *f sgt* Polit. (world) power status; **zachować ~ć** to maintain one's status as a world power

mocarstwow|y *adi.* world power *attr.*, superpower *attr.*; **~e ambicje/dążenia/plany** ambitions/aspirations/plans to become a world power a. superpower; **polityka ~a** superpower politics

mocarz *m* (*Gpl* ~y a. ~ów) książk. [1] (siłacz) colossus, strongman; **walka dwóch ~y** a fight between two strongmen; **uważać się za ~a** to consider oneself a colossus a. a strongman [2] (władca) mighty a. powerful ruler, potentate; **~e antycznego świata** the mighty a. powerful rulers of the ancient world; **był wielkim i okrutnym ~em** he was a mighty and cruel potentate [3] przen. (wybitna indywidualność) leading light; **~ literatury/sceny teatralnej/sztuki** a leading light of literature/the theatre/art

mocn|o *adv. grad.* [1] (silnie, energicznie) firmly, powerfully; **uścisnęli sobie ~o dłonie** they shook hands firmly [2] (bardzo) really, terribly; **jestem już ~o spóźniony** I'm really a. terribly late; **~o się postarzał** he looks so much older; **on wydaje się ~o podejrzany** he looks like a highly suspicious character; **ta opinia jest ~o przesadzona** that's a highly exaggerated view a. opinion; **najmocniej dziękuję** thank you (ever) so much; **najmocniej przepraszam** I'm ever so a. awfully sorry [3] (intensywnie) strongly, intensely; **kochać kogoś ~o** to love sb very much; **~o niebieski/zielony** intensely blue/green; **słońce prażyło ~o** the sun was beating down [4] (głęboko, silnie) deeply; **~o spać** to sleep soundly; **~o mnie to poruszyło** I was deeply moved; **~o wierzył w szczęśliwe zakończenie** he believed strongly that it would end happily; **~o zaciągnął się dymem** he took a long drag on his cigarette pot.; **~o wycięta suknia** a low-cut dress [5] (w sposób pewny) strong(ly); **dolar trzyma się ~o** the dollar is strong; **czułby się ~iej, gdyby miał poparcie większości** he would feel more secure if he had the support of the majority [6] (dobitnie) strongly, forcibly; **~o podkreślić** to emphasize strongly; **~o coś wyrazić** to express sth forcibly a. bluntly [7] (trwale) securely; **~o obwarowana twierdza** a well fortified stronghold; **kraty były ~o osadzone w murze** the grating was securely fixed to the wall; **klej trzymał ~o** the glue held fast

mocn|y [] *adi. grad.* [1] (silny) strong, powerful; **był ~iejszy od rywala** he was stronger than his rival; **~y głos** a strong a. powerful voice; **~e kroki** heavy steps; **~e uderzenie** a heavy a. strong blow; **~y uścisk** a bear hug; **~y uścisk dłoni** a firm a. strong handshake; **~a budowa ciała** a strong build [2] (wytrzymały, zdrowy) strong; **mieć ~e serce** to have a strong heart; **to jest film dla ludzi o ~ych nerwach** this is a film for people with strong nerves [3] (solidny, trwały) strong, sturdy; **~e fundamenty** strong a. sturdy foundations; **~y sznur** strong string; **~e, wiązane buty** strong a. sturdy lace-up boots; **~y sen** a deep a. sound sleep [4] Techn. powerful, strong; **~y silnik** a powerful a. strong engine; **~a żarówka** a powerful a. strong bulb [5] (intensywny, esencjonalny) intensive, strong; **~a czerwień/zieleń** an intense red/green; **~y kolor/zapach** an intense colour/smell; **~y roztwór/trunek** a strong solution/alcohol; **coś ~iejszego** a (strong) drink [6] (wpływowy) influential, powerful; **~a organizacja/partia** an influential a. a powerful organization/party; **~e państwo** an influential a. a powerful country; **nowi politycy poczuli się ~i** the new politicians felt powerful [7] (silny w rywalizacji) strong; **~y kandydat/zespół** a strong candidate/team [8] (o wysokiej pozycji) high, strong; **~a pozycja zawodowa** a secure employment position; **~e notowania na giełdzie** a strong position on the stock exchange; **~y kurs dolara** the strong exchange rate of the dollar [9] (nieugięty) strong, unbending; **~y charakter/człowiek** a strong a. an unbending character; **~e postanowienie** a firm resolution; **~a wiara/zasada** a strong a. an unbending faith/rule [10] (nierozerwalny, trwały) lasting; steadfast książk.; **~a przyjaźń** a lasting a. steadfast friendship; **~y związek** a lasting relationship; **między rodzeństwem była ~a więź** there was a lasting bond between the siblings; **łączyło ich ~e uczucie** they were united by a strong affection [11] (nie do odparcia) substantial; **~y dowód/argument** substantial evidence/a substantial argument [12] (intensywnie przeżywany) strong; **amatorzy ~ych wrażeń** sensation seekers, people looking for a quick thrill; **pieśni patriotyczne zawsze robiły na nim ~e wrażenie** patriotic songs always had a strong impact on him [13] (dosadny, wyrazisty) expressive, strong; **~y film** an expressive a. a strong film; **~e, przejmujące obrazy** expressive and moving pictures; **~e słowa** harsh words; (przekleństwa) swear words [14] (biegły) good, strong; **zawsze była ~a w fizyce/historii** she was always good at a. strong in physics/history

[] *m* [1] (siłacz) strong man; **porwał się na ~ego** he flew at the strong man [2] (mający władzę) the strong; **~i mają wiele możliwości** the strong have many opportunities; **zawsze ~y panuje nad słabym** the strong always rule over the weak

■ **na niego/na to nie ma ~ych** there is no hope with him/that

mocodaw|ca *m*, **~czyni** *f* [1] Prawo principal; **działać na polecenie/z woli ~cy** to act on the command/(up)on the will of one's principal; **robić coś w interesie ~cy** to do sth in the principal's interest [2] książk. patron; **skwapliwie wysługiwał się swoim ~com** he acted towards his patrons in a servile manner

moc|ować *imp* [] *vt* to secure, to fix; **~ować coś w imadle** to clamp something in a vice; **grzejniki są ~owane na**

M

ścianach hakami the heaters are fixed to a. mounted on the walls with hooks; **tablica ~owana śrubami na drzwiach** a board screwed onto the door ⇒ **przymocować**

III mocować się v refl. [1] (walczyć) to grapple, to wrestle; **~ować się z przeciwnikiem na ringu** to grapple a. to wrestle with an opponent in the ring [2] (wytężać siły) to struggle, to wrestle; **~ować się z drzwiami** to struggle a. to wrestle with the door [3] przen. (starać się osiągnąć cel) to struggle, to wrestle; **~ować się ze strachem** to struggle a. to wrestle with one's fear; **~ować się z chorobą** to fight against illness; **~ować się ze sobą** ≈ to wrestle with oneself

mocowa|nie [] sv → **mocować**

III n Techn. fastening; **~e tłumika** a silencer housing

mocz m sgt (G ~u) Fizj. urine; **oddać ~ do analizy** to take a urine sample to the lab; **oddawać ~** to urinate

mocza|r m zw. pl (G ~ru) książk. bog, swamp; **rozległy ~r porośnięty sitowiem** a vast bog a. swamp overgrown with bulrushes

moczeni|e [] sv → **moczyć**

III n soaking, wetting; **~e nocne** Med. bedwetting; (nocturnal) enuresis spec.

mocznic|a f sgt Med. uraemia GB, uremia US

mocznicow|y adi. Med. [zatrucie, powikłania, śpiączka] uraemic GB, uremic US; **śpiączka ~a** uraemic coma; **zatrucie ~e** uraemic poisoning

mocznik m sgt Chem. urea

moczopędnie adv. diuretically; **piwo działa ~** beer acts diuretically a. as a diuretic

moczopędn|y adi. diuretic; **środek ~y** a diuretic; **zioła działające ~e** diuretic herbs

moczow|ód m (G ~odu) Anat. ureter

moczow|y adi. urinary; [kwas] uric; **narządy ~e** urinary tract

mocz|yć impf [] vt [1] (czynić mokrym) to wet; **~yć włosy przed uczesaniem** to dampen a. to wet one's hair before combing; **deszcz ~y ziemię** the rain wets the ground; **~yć herbatniki w kawie** to dip biscuits in one's coffee ⇒ **zmoczyć** [2] (trzymać w płynie) to soak; **~yć pranie** to soak the washing; **~yć nogi w gorącej wodzie** to soak one's feet in hot water; **~yć śledzie** to soak herrings ⇒ **wymoczyć**

III moczyć się v refl. [1] (stawać się wilgotnym) to get wet; **nie chlap wodą, bo podłoga się ~y** stop splashing, the floor is getting wet [2] (być w wodzie) to soak; **w miednicy ~y się pranie** the washing is soaking in the basin; **śledzie się ~ą** the herring is a. herrings are soaking [3] pot., żart. [osoba] to soak; **~yć się w wannie** to soak in the bathtub [4] Med. to wet the bed; **~ył się przez sen** he used to wet the bed

moczygęb|a m (Npl ~y, Gpl ~ a. ~ów) pot., obraźl. soak US pot., lush US pot.

moczymor|da m (Npl ~dy, Gpl ~d a. ~dów) pot., obraźl. soak pot., lush US pot.

m|oda f [1] sgt (trend) fashion; **moda damska/męska** ladies'/men's fashion; **moda na wysokie obcasy/spódniczki mini/**

naturalny makijaż the fashion for high heels/miniskirts/natural-looking make-up; **być/nie być w modzie** to be in/out of fashion; **wejść w modę/wyjść z mody** to come into/go out of fashion; **platformy to teraz ostatni krzyk mody** platform shoes are all the rage now [2] (stroje) fashion; **pokaz/rewia mody** a fashion show/parade; **dom/magazyn/salon mody** a fashion house/magazine/salon; **projektant/projektantka mody** a fashion designer; **zaprojektować kolekcję mody wiosennej** to design a spring fashion collection [3] sgt (popularność) fashion, vogue; (chwilowa) fad; (entuzjastyczna) craze; (all the) rage pot.; **obecnie panuje moda na polityczną poprawność** currently it's in vogue a. the vogue is to be politically correct; **muzyka z lat pięćdziesiątych jest obecnie w modzie** fifties music is now in vogue [4] sgt (w sztuce, literaturze) trend

model [] m pers. (Gpl ~i a. ~ów) [1] Szt. model, sitter; **~ pozował do aktu** a model was posing in the nude [2] Moda (male) model [3] pot. piece of work pot.; **ależ z niego ~!** he's a real piece of work, that one!

III m inanim. (G ~u, Gpl ~i a. ~ów) [1] (wzór do wykonania) model, pattern (czegoś of sth); **kursy zorganizowane według ~u uniwersytetu otwartego** courses organised on the model of the Open University; **robić obliczenia według ~u** to calculate sth according to a formula; **weź ten wykres za ~** use this chart as a model; **monografia służyła za ~ dla innych opracowań** this monograph served as a model for other studies [2] (fason, typ) design, model; **nowy/najnowszy/stary ~** the new/the latest/an old model; **~ z 1965** a 1965 model [3] (wzorzec postępowania) model; **tradycyjny ~ rodziny** the traditional family model a. model of the family; **system prawny wzorowany na ~u brytyjskim** a legal system (based) on the British model [4] (próbny egzemplarz) model, prototype [5] (schemat funkcjonowania) model; **komputerowy ~ klimatu ziemi** a computer model of the Earth's climate [6] (kopia) model, mock-up; **~ samolotu/statku/samochodu** a model aeroplane/boat/car [7] Techn. (w odlewnictwie) model, pattern

modelar|nia f (Gpl ~ni a. ~ń) [1] (pracownia) model-making shop [2] Techn. (oddział odlewni) pattern room, pattern shop

modelars|ki adi. [klub, konkurs] modelling attr., model-making attr.; **pracownia ~ka** a model-making shop; **gips ~ki** plaster of Paris

modelarstw|o n sgt [1] (wykonywanie modeli) modelling, model-making; **~o lotnicze** aeromodelling [2] Techn. pattern-making

modelarz m (Gpl ~y) [1] (konstruktor) modeller, model-maker [2] Techn. modeller; (w odlewnictwie) pattern-maker

modelin|a f sgt modelling clay; **figurki/ozdoby z ~y** figurines/ornaments made of modelling clay

model|ka f [1] Moda (female) model; **pracować jako ~ka** to (work as a) model; **pracuje jako ~ka dla jednego z czołowych projektantów** she models for one of

the top designers; **podjąć pracę ~ki** to take up modelling [2] Szt. (artist's) model, sitter; **~ka pozowała do aktu** a (female) model was posing in the nude

model|ować impf vt [1] (nadawać kształt) to fashion, to model [kapelusz, naczynia gliniane]; to tone [sylwetkę]; to shape, to style [włosy]; **~ować coś w glinie/wosku** to model sth in clay/wax; **~ować rzeźbę** to form a. shape a sculpture; **~ować kształt oczu cieniem/kredką** to outline the eyes with shadow/an eyeliner; **~ować twarz różem** to sculpt the face with rouge ⇒ **wymodelować** [2] przen. to mould, to shape [postawy, zachowania] [3] Szt. to model; **~ować posąg przy pomocy światła i cienia** to model a statue by means of highlights and shadows ⇒ **wymodelować** [4] Literat., Muz. to shape, to structure; **~ować rytm wiersza** to structure the rhythm of a poem ⇒ **wymodelować** [5] Nauk. (przedstawiać w postaci modelu) to model; **~ować procesy ekonomiczne** to model economic processes

modelowo adv. [1] (wzorcowo) in a model a. copybook fashion; **~ przygotowana prezentacja produktu** a presentation of a product prepared in a model fashion [2] (typowo) in character, typically; **zachował się ~, tak jak się spodziewałem** he acted in character, just as I expected

modelow|y adi. [1] (wzorcowy) [odpowiedź, rozwiązanie] copybook attr.; [szpital, więzienie] model, showcase attr. [2] (typowy) representative, standard [3] (symulacyjny) [ćwiczenia, doświadczenia, prace] model attr., modelled [4] Techn. (używany do wyrobu modeli) modelling attr., model-making attr.; (w odlewnictwie) pattern-making attr. [5] książk. (idealny) [kształt, figura] shapely, well-proportioned

modem m (G ~u) Komput. modem; **połączyć się za pomocą ~u a. przez ~** to connect with a modem

modemow|y adi. Komput. [karta, łączność, połączenie] modem attr.

moderato Muz. [] n, n inv. moderato

III adv. [zagrać, śpiewać] moderato; **ten utwór należy wykonać ~** this piece should be performed moderato

modern|a f sgt [1] (okres) modernism [2] (sztuka z tego okresu) modernist art [3] (artyści) modernists

moderni|sta m, **~stka** f modernist

modernistycznie adv. modernistically, in a modernist a. modernistic manner; **malować/rzeźbić ~** to paint/sculpt in a modernist manner

modernistyczn|y adi. [artysta, epoka, pisarstwo] modernist, modernistic; **o nastawieniu ~ym** modernistically-minded

modernizacj|a f (Gpl ~i) książk. modernization; **~a armii/fabryki/systemu wyborczego** modernization of the army/a factory/an electoral system; **przejść ~ę** to undergo modernization

modernizacyjn|y adi. książk. [plan, program, zabiegi] modernization attr.

modernizm m sgt (G ~u) modernism; **w stylu ~u** in the modernist style

moderniz|ować impf [] vt książk. to modernize, to update; **nowy właściciel**

~uje fabrykę the new owner is modernizing the factory; **musimy stale ~ować metody produkcji** we have to keep updating our methods of production ⇒ **zmodernizować**

II modernizować się to become modernized, to undergo modernization; **nasza armia szybko się ~uje** our army is undergoing a rapid modernization ⇒ **zmodernizować się**

m|odlić się impf v refl. [1] Relig. to pray; **modlić się do Boga o pokój/wybaczenie** to pray (to) God for peace/forgiveness; **modlić się o czyjąś duszę** to pray for sb's soul; **codziennie modlę się za ciebie** you're in my prayers every day ⇒ **pomodlić się** [2] (pragnąć) to hope (to goodness), to pray; **modlę się, żeby jak najszybciej przyjechał** I hope to goodness (that) he comes as quickly as possible; **modlili się o ładną pogodę na czas urlopu** they prayed for good weather for their holidays

■ **modli się pod figurą, a diabła ma za skórą** pot. s/he is a Pharisee a. whited sepulchre książk.

modlisz|ka f [1] Zool. (praying) mantis [2] książk., pejor. (o kobiecie) man-eater żart., pejor.

modlitewnie adv. (jak podczas modlitwy) prayerfully, in prayer; (błagalnie) beseechingly; **złożone ~ ręce** hands joined in prayer

modlitewnik m confessional, prayer book

modlitewn|y adi. [1] (służący do modlenia się) [księga, szaty] prayer attr. [2] (nabożny) [wyraz oczu, głos, skupienie] devout, prayerful

modlitw|a f prayer; **~a różańcowa** rosary; **~a za zmarłych/o pokój** a prayer for the deceased/for peace; **odmówić ~ę** to say a prayer; **moje ~y zostały wysłuchane** my prayers were answered; **uklęknął do ~y** he knelt down and prayed ❏ **~a proszalna** Relig. supplicatory prayer; **~a wiernych** Relig. prayer of the faithful; **Modlitwa Pańska** Relig. Lord's Prayer, paternoster

mod|ła f przest., książk. (wzór) fashion; **na ~łę impresjonistów** after the fashion of the Impressionists; **zbudował sobie dom na niemiecką ~łę** he's built his house after the German fashion

■ **urobić kogoś na swoją ~łę** pot. to recast sb in one's own mould, to mould sb after one's own likeness

modł|y plt (G ~ów) książk. prayers; **wznosić ~ły do Boga** to raise one's prayers to God

modnie adv. grad. [ubierać się, uczesać się] fashionably; **nosić się ~** to dress fashionably

modni|sia f żart. fashion plate przen.; fashionable young thing iron.

modn|y adi. grad. [1] (popularny) [pisarz, strój, taniec] fashionable, trendy; modish pejor.; **w tym roku ~e są pastelowe kolory** pastels are in this year; **spódniczki mini są znowu ~e** miniskirts are back (in fashion); **wegetarianizm stał się ostatnio bardzo ~** recently vegetarianism has become very trendy [2] [kobieta, mężczyzna] fashionable, trendy

modracz|ek m dem. Bot. cornflower

modrak m Bot. (chaber bławatek) cornflower; (kapusta morska) seakale

modro adv. poet. (cornflower) blue; **na łące zrobiło się ~ od chabrów** the cornflowers turned the meadow a deep blue

mod|ry adi. poet. [oczy, materiał] cornflower blue; [kwiaty] deep blue

modrzew m [1] Bot. (drzewo) larch [2] sgt (drewno) larch (wood)

modrzewiow|y adi. [1] (dotyczący drzewa) larch attr. [2] (dotyczący drewna) larch (wood) attr.

modulacj|a f (Gpl ~i) [1] (głosu) książk. modulation; **afektowana ~a głosu** affected vocal modulation [2] Muz. (melodii) modulation; (pomiędzy tonacjami) transition; **~a melodyczna/wokalna** melodic/vocal modulation [3] Fiz. modulation; **~a amplitudy/częstotliwości** amplitude/frequency modulation

modulacyjn|y adi. [1] książk. (dotyczący głosu) modulation attr.; [techniki] modulatory; **różnice ~e głosu** differences in voice modulation [2] Muz. [efekty] modulation attr.; [przejścia] modulatory [3] Fiz. [proces] modulation attr.; [drgania] modulatory

modul|ować impf **I** vt [1] (w mowie) to modulate; **~ować głos przy recytacji wiersza** to modulate one's voice while reciting a poem [2] Fiz. to modulate; **~ować prąd stały** to modulate direct current

II vi Muz. to modulate; **~ować z E moll do G** to modulate from E minor to G

modu|ł m (G ~łu) [1] (część całości) Techn. module; **urządzenie składa się z różnych ~łów** the device consists of different modules [2] Archit., Szt. (jednostka miary) module [3] Komput. module; **~ły pamięci operacyjnej** RAM modules [4] Mat. (wartość bezwzględna liczby) modulus [5] Fiz. (w teorii sprężystości) modulus [6] Techn. (przy podziałce koła zębatego) module

modułow|y adi. [technologia, urządzenie] modular

modus vivendi książk. modus vivendi, working agreement; **znaleźć modus vivendi z władzami** to find a modus vivendi with the authorities

modyfikacj|a f (Gpl ~i) [1] książk. (zmiana) alteration, modification; **wprowadzać ~e** to make modifications; **ulegać ~om** to undergo modifications; **projekt będzie wymagał ~i** the project will require modification [2] książk. (wynik zmiany) modification; **ten model silnika jest ~ą poprzedniego** this engine model is a modification of the previous one [3] Biol. (w genetyce) modification; **genetyczna ~a kukurydzy** genetically modified corn

modyfikacyjn|y adi. książk. [metody, narzędzia, procesy] modificatory; [szkolenie] modification attr.

modyfik|ować impf **I** vt [1] książk. (ulepszać, zmieniać) to modify; **parametry, które użytkownik może ~ować** user-modifiable parameters ⇒ **zmodyfikować** [2] Techn. to alloy; **~ować stal wanadem** to alloy steel with vanadium ⇒ **zmodyfikować**

II **modyfikować się** książk. to alter, to change; **jego poglądy ~ują się w zależ-**

ności od sytuacji his views alter according to the situation ⇒ **zmodyfikować się**

modyst|ka f milliner

mogi|ła f [1] książk. (grób) grave; **zbiorowa ~ła** a mass grave; **złożyli ciało do ~ły** they put the body in a tomb [2] (kopiec na grobie) mound; **świeża ~ła** a newly made grave

■ **(ciemna) ~ła** a. **grób ~ła** pot. it's the pits pot.; **straciłem pracę, żonę, dom – ciemna ~ła!** I've lost my job, my wife, my home – it's the pits!

mogił|ka f dem. (small) grave

mohe|r m (G ~ru) sgt Włók. mohair; **sweter z ~ru** a mohair jumper a. sweater

moherow|y adi. [blezer, sweter, wełna, włóczka] mohair attr.

Mohikan|in m Mahican, Mohegan; Mohican przest.

■ **ostatni ~in** książk. (the last of) a dying breed

mokasyn m [1] (indiański) moccasin [2] (rodzaj obuwia) moccasin, loafer

mok|ka f [1] sgt (gatunek kawy) mocha (coffee) [2] (napój) mocha (coffee); **filiżanka ~ki** a cup of mocha (coffee); **dwie ~ki poproszę!** two mochas, please!

m|oknąć impf vi to get wet; **czekał tam na nią, moknąc w deszczu** he waited for her, getting wet in the rain ⇒ **zmoknąć**

mokrad|ło n zw. pl książk. bog, marsh

mokro adv. wet adi.; **na trawie było ~ od rosy** the grass was wet with dew; **jedwab najlepiej prasować na ~** silk is best ironed wet; **dziecko ma ~** the baby is wet

mok|ry **I** adi. [1] (wilgotny) [gleba] watery, wet; [ubranie, włosy] wet (**od czegoś** with sth); **trawa ~ra od rosy** dewy grass; **poduszka ~ra od łez** tear-stained pillow [2] (spocony) [sportowiec, twarz] soaking in sweat, sweaty; **~ry ze strachu** sweating with fear [3] (deszczowy) [lato, miesiąc] watery, wet; **wieczór był ~ry i wietrzny** the evening was wet and windy; **~ra wiosna** a wet spring [4] (świeży) wet; **nie dotykaj ściany, farba jest jeszcze ~ra** don't touch the wall, the paint's still wet

II mokre n wet surface; **poślizgnął się na ~rym** he slipped on a wet patch; **nie chodź boso po ~rym** don't walk barefoot on the wet floor

■ **~ra robota** pot. bump-off, hit; **spec od ~rej roboty** hit man; hired gun pot.

mokrzu|teńki **~sieńki** adi. dem. [buty, osoba, ubranie, zwierzę] drenched, soaked (through); (ociekający) dripping wet; **wrócił ze spaceru ~teńki** he came back from his walk soaked to the skin; **masz ~teńkie ubranie** your clothes are soaked through

molekularn|y adi. Chem. [badanie, postać, teoria] molecular

moleku|ła f Chem. molecule; **~ły białka/tlenu/wodoru** protein/oxygen/hydrogen molecules

molest|ować impf vt [1] (natrętnie prosić) to badger, to pester; **~ować znajomych o pożyczkę** to pester a. badger one's friends for a loan; **tak ją ~ował, że w końcu zgodziła się na jego propozycję** he badgered her into agreeing to his proposal

M

[2] (seksualnie) (natrętnie proponować) to harass; (gwałcić, wykorzystywać) to abuse, to molest; **został oskarżony o ~owanie seksualne swoich pracownic** he was accused of sexually harassing his employees

moll Muz. **[I]** *m inv. sgt* minor

[II] *adi. inv. [gama, skala]* minor; **kompozycje napisane w tonacji ~** compositions written in minor keys

mol|o *n* [1] (pomost) pier; **mieliśmy się spotkać na sopockim ~u** we were to meet on the Sopot pier [2] (w porcie) pier; (mniejsze) jetty; **przycumować statek do ~a** to moor the boat to the pier

Moloch *m* Relig. Moloch

moloch *m* książk., pejor. (ogromny) behemoth, leviathan; (zły, żądny ofiar) moloch; **jego niewielka firma w krótkim czasie stała się ~em** his small company soon became a monster

molow|y[1] *adi.* Muz. *[gama, trójdźwięk]* minor; **w tonacji ~ej** in a minor key

molow|y[2] *adi.* Chem. *[masa, roztwór]* molar

Mołdawian|in *m* (*Gpl* ~) Moldavian, Moldovan

Mołdawian|ka *f* Moldavian, Moldovan

mołdaws|ki *adi. [tradycje]* Moldavian, Moldovan

momencik [I] *m dem.* (*G* ~u) jiffy pot., sec pot.; **jeszcze ~, zaraz przyjdę** just a sec, I'll be with you shortly; **wpadnij do mnie na ~, mam coś dla ciebie** drop in for a sec, I've got something for you; **za ~ wracam, proszę zaczekać** please wait, I'll be back in a jiffy

[II] momencik *inter.* one moment, just a moment; **„czy mogę rozmawiać z Janem?" – „za ~ !"** 'can I speak to John?' – 'just a moment!'; **~! – zaraz do pani podejdę** I'll be with you in a moment!

momen|t [I] *m* (*G* ~tu) [1] (chwila) instant, moment; **wyszła na ~t** she went out a. left for a moment; **zawahał się na ~t** he hesitated momentarily; **wrócę za ~t** I'll be back in a moment; **lada ~t spadnie deszcz** it'll rain any moment now [2] (punkt w czasie) moment; **czekać na właściwy ~t** to bide one's time; **wybrać niewłaściwy ~t na oświadczyny** to mistime one's proposal; **zrobię to we właściwym ~cie, nie martw się** I'll do it at the right moment, don't worry; **to nie jest odpowiedni ~t na dyskusję** this is not the right moment to argue; **w pewnym ~cie rozważał nawet powrót do domu** at one point he even considered going home [3] (etap) moment; **wielki ~t w historii Polski** a great moment in Polish history [4] (fragment, szczegół) moment; **~t kulminacyjny** climax; **decydujący ~t** the crunch; **w decydującym ~cie zawsze się wycofujesz** when it comes to the crunch, you always back out; **akcja ma swoje dramatyczne ~ty** the narration has its dramatic moments; **były w filmie ~ty, kiedy...** there were places in the film, where... [5] Fiz. moment

[II] momenty *plt* pot., żart. juicy moments

[III] momentami *adv.* at times, in places; **~tami film jest nudny** the movie tends to be boring at times

[IV] *inter.* pot. just a moment, one moment

❏ **~t bezwładności** Fiz. moment of inertia; **~t magnetyczny** magnetic moment; **dodatni ~t sił** Fiz. positive moment of force

momentalnie *adv.* (natychmiast) immediately, instantly; (szybko) in a moment; **~ zorientowałam się, że to kłamstwo** I realized immediately a. instantly (that) it was a lie; **to wszystko stało się ~** it all happened in a moment

momentaln|y *adi. [decyzja, odpowiedź, reakcja, skutek]* immediate, instant

monar|cha *m* (*Npl* ~chowie) monarch, sovereign; **~cha absolutny** an absolute monarch

monarchi|a *f* (*GDGpl* ~i) Polit. [1] (ustrój) monarchy; **obalić ~ę** to overthrow the monarchy [2] (państwo) monarchy

❏ **~a absolutna** absolute monarchy; **~a konstytucyjna** constitutional monarchy; **~a parlamentarna** parliamentary monarchy; **~a stanowa** limited monarchy

monarchicznie *adv.* Polit. *[być nastawionym]* monarchically; *[rządzić]* as a monarch, monarchically

monarchiczn|y *adi. [rząd, ustrój, władza]* monarchial, monarchical; **państwo ~e** a monarchy

monarchi|ni *f* [1] (królowa) monarch, queen [2] (żona monarchy) queen consort

monarchi|sta *m*, **~stka** *f* monarchist, royalist

monarchistyczn|y *adi. [partia, poglądy]* monarchist; *[system, ustrój]* monarchical

monarchizm *m sgt* (*G* ~u) monarchism

monarsz|y *adi.* (charakterystyczny dla monarchy) monarchal, regal, royal; **dwór ~y** the royal court; **~y przepych** regal splendour; **przywileje ~e** monarchal a. royal privileges

monast|er, ~yr *m* (*G* ~eru, ~yru) Relig. Orthodox monastery

mone|ta *f* coin; **~ta złota/niklowa** a gold/nickel coin; **bić ~ty** to mint coins; **wprowadzać ~ty do obiegu** to put coins into circulation; **wycofywać ~ty z obiegu** to withdraw coins from circulation; **~ta pięciozłotowa** a 5-zloty coin a. piece; **na ~ty** (automat) coin-operated

■ **przyjąć a. wziąć coś za dobrą ~tę** to lap sth up, to take sth at face value; **brzęcząca ~ta** książk hard cash, cold cash US; **płacić a. odpłacać się komuś tą samą ~tą** to pay sb back in their own coin; **rozmieniać się na drobną ~tę** to spread oneself too thin; **rzucić ~tą** pot. to flip a. toss a coin, to toss up; **rzucił ~tą, aby zdecydować, czy iść do kina, czy pracować** he tossed up between the movies and work; **niech zdecyduje rzut ~tą!** let's flip a. toss for it!

monetarn|y *adi. [polityka, reforma]* monetarist; *[standard]* monetary; **jednostka ~a** a monetary unit; **Europejski System Monetarny** European Monetary System; **Europejska Unia Monetarna** European Monetary Union

mongolizm *m sgt* Med. Down's syndrome

mongols|ki [I] *adi.* Mongolian

[II] *m* (język) Mongolian; **mówić po ~ku** to speak Mongolian

Mongoł|ł *m*, **~łka** *f* (*Npl* ~łowie, ~łki) Mongol, Mongolian

mongoł|ł *m* pot. (osoba dotknięta mongolizmem) mongol pejor.

moniak *m zw. pl* [1] pot. (moneta) stiver daw.; **grać w ~i** to play pitch and toss [2] przest. (guzik) metal button

moni|t *m* (*G* ~tu) (letter of) reminder; (wezwanie do zapłaty) prompt-note

monito|r *m* [1] Techn. monitor; **~r komputera/ultrasonografu** computer/ultrasound monitor [2] Film, TV monitor [3] (czasopismo urzędowe) gazette [4] Techn. (hydromonitor) giant, (hydraulic) monitor [5] Wojsk., Żegl. (okręt pancerny) monitor [6] Wojsk., Żegl. (kanonierka) gunboat

❏ **~r ekranowy** Komput. display unit

monitoring *m sgt* (*G* ~u) książk. (nadzór, obserwacja) monitoring; (ochrona obiektu) video surveillance; **wszystkie nasze systemy komputerowe przez cały czas podlegają ~owi** all our computer systems are subject to monitoring at all times; **parking/sklep objęty ~iem** a car park/shop under video surveillance

monitoringow|y *adi.* książk. *[kontrola, system]* monitoring *attr.*

monitor|ować *impf vt* książk. (obserwować, pilnować) to monitor; **ten instrument ~uje tętno pacjenta** this instrument monitors the patient's heart rate

monit|ować *impf vt* książk. [1] (wysyłać upomnienie) to send a reminder to; **~ować klienta o uregulowanie rachunku** to send a letter of reminder to a client for the payment of a bill [2] (upominać) to admonish; **marszałek ~ował kłócących się posłów** the Speaker admonished the deputies who were arguing

mono [I] *adi. inv.* mono, monophonic; **płyta/magnetofon ~** a mono a. monophonic record/tape recorder; **nagranie ~** a mono recording

[II] *n inv. sgt* mono

[III] mono- *w wyrazach złożonych* mono-; **monofag** a monophagous animal; **monofonia** monophony; **monostrofa** a monostrophe

monochromatyczność|ć *f sgt* książk. monochromatism a. monochromic character; **jego malarstwo cechuje ~ć** his paintings are monochromatic

monochromatyczn|y *adi.* [1] książk. (jednobarwny) monochrome, monochromatic, monochromic; *[monitor]* monochrome [2] Szt. *[obraz, tonacja]* monochrome, monochromatic, monochromic [3] Fiz. *[promieniowanie, światło]* monochromatic, monochromic

monodram *m* (*G* ~u) Teatr monodrama

monofonicznie *adv.* monophonically

monofoniczn|y *adi.* [1] *[magnetofon, płyta]* mono, monophonic [2] Muz. monodic; **muzyka ~a** monody

monogami|a *f sgt* (*GD* ~i) monogamy

monogamiczn|y *adi. [małżeństwo, związek, gatunek, zwierzęta]* monogamous

monogami|sta *m*, **~stka** *f* monogamist

monografi|a *f* (*GDGpl* ~i) monograph (**kogoś/czegoś** on sb/sth)

monograficznie *adv. [przedstawić, ująć]* in a. as a monograph, monographically; **~ opracowany temat** a topic treated monographically

monograficzn|y *adi. [wykład, publikacja, wystawa]* monographic

monogram *m* (*G* **~u**) monogram; **pieczęć/sygnet z ~em** a monogrammed seal/signet ring; **znaczyć coś ~em** to monogram sth; **zdobić coś swoim ~em** to decorate sth with one's monogram

monokl *m* [1] (do oka) monocle [2] Fot. simple lens

monokultu|ra *f* Roln. [1] *sgt* (system gospodarki) monoculture [2] (gatunek roślin) monoculture; **uprawa ~r** the monocultural a. monoculture farming [3] (teren) monocultural plantation, monoculture; **~ry świerkowe** spruce monocultures; **~ra kauczuku** a rubber monoculture

monokulturow|y *adi.* [1] Roln. *[obszar, plantacja]* single species a. crop *attr.*, monocultural [2] Socjol. *[kraj, społeczeństwo]* homogeneous, monocultural

monoli|t [I] *m pers.* (*Npl* **~ty**) książk., przen. paragon (of virtue)

[II] *m inanim.* (*G* **~tu**) [1] Geol., Szt. (blok) monolith; **~t granitu** a granite monolith [2] (całość) uniform a. homogeneous whole; (polityczny, gospodarczy) monolith; **jego system poglądów na pewno nie jest ~tem** his system of beliefs is certainly not monolithic

monolitowoś|ć *f sgt* [1] Geol. monolithic form *C* [2] (jednolitość kultury, systemu) monolithic nature *C*, uniformity; (społeczeństwa) monolithic nature *C*, homogeneity [3] Szt. monolithic nature *C* [4] przen. (stałość charakteru) (moral) integrity

monolitow|y *adi.* [1] Geol., Szt. *[budowa, kolumna]* monolithic [2] (jednolity) *[społeczeństwo]* monolithic, homogeneous; *[państwo]* monolithic [3] przen. (stały, konsekwentny) *[bohater, charakter]* principled, upright

monolityczność → monolitowość
monolityczny → monolitowy

monolog *m* (*G* **~u**) [1] Literat., Teatr monologue, monolog US; Teatr soliloquy; **~ wewnętrzny** an interior monologue; **wygłosić ~** to recite a monologue [2] iron. monologue, monolog US; **drzemaliśmy już, a on ciągnął swój ~** we were nodding off, but he continued his monologue

monologow|y *adi.* Literat., Teatr monologue *attr.*, monolog *attr.* US, monologic(al)

mononukleoz|a *f sgt* Med. glandular fever, (infectious) mononucleosis

monopol *m* (*G* **~u**) [1] *sgt* Ekon. (wyłączne prawo) monopoly *C* (**na coś** on sth); **państwowy ~ na wyroby tytoniowe** a state monopoly on tobacco products; **mieć ~** to have a. hold a monopoly także przen.; **nie masz ~u na prawdę** przen. you don't have a monopoly on the truth [2] (*Gpl* **~i** a. **~ów**) Ekon. (zrzeszenie przedsiębiorstw) monopoly; **handlowe/międzynarodowe ~e** trading a. commercial/multinational a. international monopolies [3] (*Gpl* **~i** a. **~ów**) pot. (sklep z napojami alkoholowymi) offie a. offy GB pot.; off-licence GB, liquor store US [4] *sgt* pot. (napoje alkoholowe) booze pot.

❑ **~ skarbowy** Ekon. state monopoly

monopoli|sta *m* monopolist; **proces przeciwko ~stom** an antitrust (law)suit

monopolistyczn|y *adi.* monopolistic

monopolizacj|a *f sgt* monopolization; **~a rynku paliwowego** the monopolization of the fuel market

monopoliz|ować *impf vt* to monopolize *[rynek]*; **stosunkowo niewielka grupa ~uje władzę** a relatively small group monopolizes a. has a monopoly on (the) power; **~ować wiedzę** przen. to monopolize knowledge ⇒ **zmonopolizować**

monopolow|y [I] *adi.* [1] *[ceny, restrykcje]* monopoly *attr.*; **~e przedsiębiorstwo** a monopoly, a monopolist enterprise [2] *[napoje]* alcoholic; *[wyroby]* alcohol *attr.*, alcoholic; **sklep ~y** an off-licence GB, a liquor store US

[II] *m* pot. (sklep) offie a. offy GB pot.; an off-licence GB, a liquor store US

[III] **monopolowa** *f sgt* pot. (wódka) vodka

monosylab|a *f* Jęz. monosyllable

■ **mówić/odpowiadać ~ami** to speak/answer in monosyllables

monoteistyczn|y *adi.* Relig. monotheistic

monoteizm *m sgt* (*G* **~u**) Relig. monotheism

monotematycznie *adv.* **mówić ~ o czymś** to talk exclusively about sth

monotematyczność *f sgt* [1] (jednotematowość) ≈ focus on one subject; **~ć jego twórczości prozatorskiej** the preoccupation of his prose writing with only one subject; **~ć repertuaru teatralnego** the lack of variety in the theatre repertoire [2] pejor. (mówienie ciągle o tym samym) preoccupation with one subject; **popaść w ~ć** to have a one-track mind pejor.

monotematyczn|y *adi.* [1] *[utwór, praca, wystawa]* focu(s)sed on a. devoted to one subject; **~e katalogi/odsyłacze** subject-specific catalogues/links [2] pejor. *[osoba]* one-track-minded pejor.

monotoni|a /ˌmonoˈtɔnja/ *f sgt* (*GD* **~i**) monotony, humdrum; **~a małomiasteczkowego życia** the monotony a. humdrum of small-town life

monotonnie *adv.* *[mówić, grać]* monotonously; *[brzmieć, wyglądać]* monotonous *adi.*; **deszcz uderzał ~ o szyby** the rain monotonously pattered against the window-panes; **dni płynęły ~** days passed monotonously

monotonnoś|ć *f sgt* monotony, humdrum; **~ć szpitalnych posiłków** the monotony of the hospital menu; **~ć codziennego życia/pracy biurowej** the monotony a. humdrum of everyday life/of office work

monotonn|y *adi.* [1] (jednostajny) *[warkot]* monotonous; *[recytacja]* monotone; **mówił ~ym głosem** he talked in a monotone; **słychać było ~e kapanie wody** you could hear the monotonous drip(ping) of water [2] (nieurozmaicony) *[praca, codzienność]* monotonous, humdrum; *[styl, krajobraz]* monochromatic; **prowadziła ~y tryb życia** she led a monotonous a. humdrum life

monstrancj|a *f* (*Gpl* **~i**) Relig. monstrance; **wystawić ~ę do adoracji** to expose the monstrance for veneration

monstrualnie *adv.* książk. [1] (potwornie) *[brzydki]* monstrously, grotesquely; *[przytyć]* enormously, grossly; **był ~ otyły** he was grossly overweight [2] (ogromnie) *[wielki,*

rozrośnięty] monstrously, enormously; **miał ~ wielkie uszy** he had gigantic ears

monstrualn|y *adi.* książk. [1] (olbrzymi) *[gmach, rozmiar]* enormous, monstrous; *[zamieszanie, galimatias]* enormous; **wybuchła ~a awantura** an enormous row broke out [2] (potworny) *[postać, wygląd]* monstrous

monstr|um *n* książk. [1] (potwór) monster; **krwiożercze/dwugłowe ~um** a bloodthirsty/double-headed monster; **wyglądać jak ~um** to look like a monster [2] pejor. (brzydal) ogre pejor., baboon pejor.

monsun *m* (*G* **~u**) monsoon; **letni/zimowy** the wet/dry monsoon

monsunow|y *adi. [pora, deszcz]* monsoon *attr.*

montaż *m* (*G* **~u**) [1] *sgt* Techn. (składanie) assembly; **ręczny/automatyczny ~ samochodów** manual/automatic car assembly; **meble do samodzielnego ~u** self-assembly furniture [2] *sgt* Techn. (instalowanie) installation [3] *sgt* Kino, Radio, TV (łączenie w całość) montage; **~ reżyserski** the director's cut; **film jest właśnie w ~u** the film is being edited [4] Radio, Teatr, TV (program, przedstawienie) variety show

montażow|y *adi.* [1] Techn. (związany ze składaniem) *[hala, brygada]* assembly *attr.*; **pracować przy taśmie ~ej** to work on an assembly line [2] Techn. (związany z instalowaniem) *[zespół, proces, koszty]* installation *attr.* [3] Kino, Radio, TV *[stół, studio]* cutting *attr.*

montaży|sta *m* [1] Kino editor, cutter; Radio, TV editor [2] (robotnik) assembler, assembly worker

montażyst|ka *f* Kino editor, cutter; Radio, TV editor

monte|r [I] *m* [1] (składający maszyny, urządzenia) assembler, fitter [2] (montujący urządzenia) installer, fitter; (naprawiający urządzenia) repairman, repairer; **~r elektryczny** an electrical fitter a. installer; **~r gazowy/telefoniczny** a gas/telephone installer a. fitter; **~r rusztowań rurowych** a scaffolder; **trzeba wezwać ~ra do naprawy telefonu** we need to call a phone repairman

[II] **-monter** *w wyrazach złożonych* **elektromonter** an electrical fitter, a wireman US; **telemonter** a telephone installer a. fitter

monters|ki *adi. [stanowisko]* installer's, fitter's

mont|ować *impf vt* [1] (składać) to assemble *[maszynę, urządzenie, mebel]*; **~owanie samochodów** car assembly; **~ować budynek z prefabrykatów** to assemble a building from prefabricated parts ⇒ **zmontować** [2] (instalować) to install *[maszynę, przewody]*; to fit, to install *[urządzenie alarmowe, wymienną część, dodatkowe wyposażenie]*; **~ować instalację elektryczną w budynku/pokoju** to wire a building/room; **~ować ABS-y w kołach samochodu** to fit a car with anti-lock brakes ⇒ **zamontować** [3] Kino, Radio, TV to edit; **właśnie skończono ~ować film** the editing of the film has just been completed ⇒ **zmontować** [4] pot. (organizować) to put together *[zespół, drużynę, program]*; **próby ~owania koalicji nie powiodły się** attempts to form a coalition failed ⇒ **zmontować**

M

montowni|a *f* (*Gpl* ~) (fabryka) assembly plant; (dział fabryki) assembly room a. shop; ~**a samochodów** a car assembly plant

monumen|t *m* (*G* ~**tu**) ① (pomnik) monument, memorial; **wznieść** ~**t** to erect a monument ② książk., przen. (dzieło) monument przen. (**czegoś** to a. of sth); testament (**czegoś** to sth)

monumentalizm *m sgt* (*G* ~**u**) książk. monumentalism

monumentalnie *adv. grad. [ukazywać, przedstawiać]* majestically, in a monumental style; *[wyglądać]* monumental *adi.*, majestic *adi.*

monumentalnoś|ć *f sgt* majesty, monumentality; ~**ć gór** the majesty of the mountains

monumentaln|y *adi.* książk. *[budowla, góry, dzieło]* monumental; ~**e opery Wagnera** Wagner's monumental operas

mops *m* Zool. pug (dog)
■ **nudzić się jak** ~ pot. to be bored stiff pot.

mopsik *m dem.* pieszcz. little pug (dog)

morale *n inv.* ① (duch bojowy) morale; **wysokie/niskie** ~ **żołnierzy** the soldiers' high/low morale; **podnieść/wzmocnić/osłabić czyjeś** ~ to raise/boost/undermine sb's morale ② (postawa moralna) morality; morals; **człowiek o niskim** ~ a person of lax moral standards

morali|sta *m*, ~**stka** *f* moralist, moralizer; sermonizer pejor.; **pisarz** ~**sta** a writer and moralist; **filozof** ~**sta** a moral philosopher; ~**sta, który pouczał wszystkich w rodzinie** a sermonizer who preached at everyone in the family

moralistyczn|y *adi. [stanowisko]* moralistic; *[utwór]* moralizing

moralisty|ka *f sgt* ① książk. (pouczanie) moralizing ② Filoz. moral philosophy

moralite|t *m* (*G* ~**tu**) Literat. morality play

moralitetow|y *adi.* Literat. in the style of a morality play

moralizato|r *m*, ~**rka** *f* ① pejor. (pouczający) moralizer, moralist; sermonizer pejor. ② (propagujący moralność) moralist

moralizators|ki *adi.* pejor. *[uwaga, ton, tendencja]* moralizing; sententious pejor., sanctimonious pejor.

moralizatorstw|o *n sgt* pejor. moralizing; sententiousness pejor., sanctimony pejor.

moraliz|ować *impf vi* pejor. to moralize pejor.; to preach

moralizując|y ▯ *pa* → **moralizować**
▯ *adi. [utwór, wypowiedź, treść]* moralizing

moralnie *adv. grad.* morally; **uczynek naganny** ~ a morally reprehensible act

moralnoś|ć *f sgt* morality, morals; **upadek** ~**ci** the decline of morality; **obraza** ~**ci** indecency; **był człowiekiem o podwójnej** ~**ci** he had double standards a. a double standard

moraln|y *adi. [norma, problem, czyn, względy]* moral, ethical; **upadek** ~**y** moral decline; **człowiek** ~**y** a moral person; **kodeks** ~**y** a moral code, a code of ethics; **skrupuły** ~**e** (moral) scruples; **obiekcje** ~**e** conscientious a. ethical objections

morał ▯ *m* (*G* ~**łu**) moral; **jaki z tego wynika** ~**ł?** what's the moral of it?; **bajka z** ~**łem** a fable

▯ **morały** *plt* pot. moralizing *U*; preaching *U* pejor.; **prawić** ~**ły** to moralize, to preach; **prawić komuś** ~**ły** to preach at sb

moratori|um *n* (*Gpl* ~**ów**) moratorium (**na coś** on sth)

moratoryjn|y *adi. [postanowienie, ustawa]* moratorium *attr.*

mor|d *m* (*G* ~**du**) pejor. murder; (masowy) massacre, slaughter *U*; **dokonać** ~**du** a. **popełnić** ~**d** to commit (a) murder; **okrutne** ~**dy popełniane na cywilach** the brutal massacres of civilians

mor|da *f* ① (u psa, konia) muzzle; (u świni) snout ② pot., obraźl. (twarz, usta) kisser pot., mush GB pot., puss US pot.; **dostać po** ~**dzie** to get a facer GB pot.; **palnąć** a. **walnąć kogoś w** ~**dę** to punch sb in the kisser pot.; **dać komuś w** ~**dę** to punch sb in the kisser; **zamknij** ~**dę!** shut your gob a. trap! pot., obraźl.; (**czyjaś**) **chamska** ~**da** sb's dirty gob pot., obraźl.; **ta świńska** ~**da już o wszystkim donosi** that pig has already started to talk pot., obraźl.
■ **drzeć** ~**dę** pot. to scream a. yell blue murder pot.; **drzeć** ~**dę na kogoś** pot., pejor. to screech at sb pejor.; ~**da w kubeł!** posp., obraźl. keep your trap shut! pot., obraźl.; **o w** ~**dę!** pot. damn! pot.; **skuć komuś** ~**dę** posp. to shut sb's trap pot., to give sb a knuckle sandwich pot.; **trzymać/wziąć kogoś za** ~**dę** pot. to have/get sb by the short and curlies a. short hairs pot.; **wyjechać z** ~**dą** a. **rozedrzeć** ~**dę** pot. to start mouthing off pot.

morderc|a *m* murderer, killer; (polityczny) assassin; **psychopatyczny** ~**a grasuje w mieście** a psychopathic killer is roaming the streets; **policja ujęła** ~**ę sklepikarza** the police caught the shopkeeper's killer

morderczo *adv. [męczący, niewygodny]* frightfully, dreadfully; ~ **wymagający trener** a dreadfully a. terribly demanding coach

mordercz|y *adi.* ① *[instynkt, zamiar, czyn, szał]* murderous, homicidal; *[skłonności]* homicidal ② *[strzał, cios, ogień]* deadly, fatal ③ *[praca, wysiłek, trening]* gruelling; killing pot., killer *attr.* pot.; *[tempo]* breakneck; **to był** ~**y dzień** today has been murder pot.

morderczy|ni *f* murderess

morderstw|o *n* murder *C/U* (**kogoś** of sb); homicide US *C/U*; (polityczne) assassination; ~**o z premedytacją** premeditated murder; ~**o na tle rabunkowym** robbery and murder; **popełnić** ~**o** a. **dokonać** ~**a** to commit (a) murder
❑ ~**o doskonałe** perfect murder; ~**o w afekcie** homicide (committed) in the heat of passion, crime passionnel

morde|ga *f sgt* pot. grind *C* pot.; **codzienna** ~**ga w pracy** the daily grind at work

mord|ka, ~**uchna** *f dem.* pieszcz. ① (kota) face; (psa) muzzle ② (twarz) (little) face; (usta) mouth

mordobi|cie *n* posp. ruck GB pot., donnybrook US pot.; **zanosi się na** ~**cie** there's going to be a real set-to

mordoklej|ka *f* pot., żart. chewy sweet

mord|ować *impf* ▯ *vt* ① (zabijać) to murder; (masowo) to massacre, to slaughter; (z pobudek politycznych) to assassinate; ~**ować z zimną krwią** to commit cold-blooded murder ⇒ **zamordować** ② pot. (męczyć, nużyć) to hassle pot.; to pester; ~**ować kogoś pytaniami** to hassle sb with questions; ~**ował ojca o pieniądze** he pestered his father for money; ~**ował mnie, żebym się zgodził** he pestered me to say yes ③ (niszczyć, psuć) to wreck *[silnik, piosenkę]* ⇒ **zamordować**
▯ **mordować się** ① (zabijać jeden drugiego) to kill each other ⇒ **zamordować się** ② pot., przen. (męczyć się) to kill oneself pot., przen.; to knock oneself out pot.; ~**ować się z tekstem** to knock oneself out over a text; ~**ować się, aby zapewnić rodzinie byt** to kill oneself trying to support one's family; **tylko się** ~**uję w tej pracy** I'm knocking myself out for nothing at that job

mordowni|a *f* (*Gpl* ~) pot., pejor. (bar, nocny lokal) dive pot.; (restauracja) joint pot.

morel|a *f* (~**ka** *dem.*) (*Gpl* ~**i** a. ~**ek**) Bot. ① (owoc) apricot ② (drzewo) apricot (tree)

morelow|y *adi. [dżem, pestka, kolor]* apricot *attr.*

mores *m sgt* (*G* ~**u**); **czuć** ~ **przed kimś** to be a. stand in awe of sb; **nauczyć kogoś** ~**u** to discipline sb; **znać** ~ to feel respect (**przed kimś/dla czegoś** for sb/sth)

morfem *m* (*G* ~**u**) Jęz. morpheme
❑ ~ **fleksyjny** inflectional morpheme; ~ **funkcjonalny** functional morpheme; ~ **gramatyczny** grammatical morpheme; ~ **leksykalny** lexical morpheme; ~ **poboczny** affix; ~ **rdzenny** root morpheme; ~ **słowotwórczy** derivational morpheme; ~ **swobodny** free morpheme; ~ **zerowy** zero morpheme; ~ **związany** bound morpheme

morfemow|y *adi.* Jęz. *[szereg, segment]* morphemic

morfin|a *f sgt* morphine; **dostać zastrzyk z** ~**y** to be given a shot a. an injection of morphine; **uzależnić się od** ~**y** to get a. become addicted to morphine

morfinow|y *adi.* morphine *attr.*

m|orga ▯ *f* przest. Miary ≈ 1.4 acre; **gospodarzyć na pięciu morgach** to farm some 7 acres of land
▯ **morgi** *plt* farmland *U*, farmlands; **odziedziczyła po ojcu morgi** she inherited the farmland(s) from her father

mormoran|do Muz. ▯ *n* humming *U*; **nucić wesołe** ~**do** to hum a cheerful tune
▯ *adv.* mormorando spec.

moro ▯ *adi. inv. [mundur, spodnie]* camouflage *attr.*; *zamo attr.* pot.; **kurtka** ~ a camouflage jacket
▯ *n inv.* (army) camouflage *U*; **chłopcy w** ~ boys in (army) camouflage

morowo *adv.* pot. great pot.; „**mam bilety!**" – „~!" 'I've got the tickets!' – 'great!'

morow|y¹ *adi.* ① pot. *[facet, impreza]* great pot.; **z niego to dopiero** ~**y gość** that's what I call a great guy ② przest. *[gorączka]* pestilential książk.
■ ~**e powietrze** a. ~**a zaraza** przest. bubonic plague; **unikać** a. **strzec się czegoś jak** ~**ego powietrza** a. ~**ej zarazy** to avoid sth like the plague

morow|y² *adi.* Włók. *[suknia, wstążka, deseń]* moire a. moiré *attr.*, watered silk *attr.*

mors¹ ▯ *m pers.* (*Npl* ~**y**) pot. winter swimming enthusiast

▯ *m anim.* Zool. walrus

mors² *m sgt* (*A* ~**a**) pot. (alfabet) morse a. Morse (code); **sygnalizować ~em** to Morse; **nadany ~em** transmitted in Morse code

mors|ki *adi.* ① *[sól, ssak, szlak, podróż]* sea *attr.*; *[granica, kodeks, przemysł, nawigacja]* maritime; *[roślinność, zwierzę]* marine; **~ka katastrofa** a marine disaster, a disaster at sea ② Wojsk. *[bitwa, szkoła, baza]* naval ③ *[kolor]* sea green; **~ka sukienka** a sea-green dress

morszczuk *m* Kulin., Zool. hake

morszczyn *m* (*G* ~**u**) Bot. bladderwrack *U*

morszczyn|a *f zw. pl* książk. seaweed *U*

morświn *m* Zool. (harbour) porpoise GB, (harbor) porpoise US

mortadel|a *f* (*Gpl* ~**i** a. ~) mortadella *U*; **kanapka z ~ą** a mortadella sandwich

morus¹ *m* (*Npl* ~**y**) (brudas) dirty child; **ty ~ie jeden!** you mucky thing! pot.

morus² *m* (*Npl* ~**y**) przest., pot. (zuch) trump przest., pot., brick GB przest., pot.

morw|a *f* Bot. ① (owoc) mulberry ② (drzewo) mulberry (tree a. bush)

morwow|y *adi.* *[drzewo, liście, owoce]* mulberry *attr.*

m|orze *n* ① Geog. sea; **pełne** a. **otwarte morze** the high a. open sea; **burza na morzu** a storm at sea; **cisza na morzu** a calm sea, calm at sea; **odpływ/przypływ morza** low tide a. water/high tide a. water, an outgoing tide/an incoming tide; **wiatr od morza** an onshore wind, a wind off the sea; **wojna na morzu** naval warfare; **miejscowości (leżące) nad morzem** towns by a. on the sea; **willa nad morzem** a seaside villa; **urwiska/wydmy nad morzem** coastal a. sea cliffs/dunes; **pokój z widokiem na morze** a room with a sea view. view of the sea; **jechać nad morze** to go to the seaside a. coast; **spędzać urlop nad morzem** to spend one's holidays at the seaside; **wypłynąć w morze** to put (out) a. go to sea; **ten kraj nie ma dostępu do morza** the country is landlocked a. has no coastline ② *sgt* przen. (mnóstwo) sea przen.; ocean przen., przen.; **morze głów/kwiatów** a sea of faces/flowers; **morze łez** oceans a. an ocean of tears; **on może wypić morze kawy** he can drink gallons of coffee

❑ **morze epikontynentalne** epicontinental sea; **morze przybrzeżne** neritic sea; **morze terytorialne** territorial waters; **morze zamknięte** (łączące się z oceanem) inland sea; (otoczone lądem) landlocked sea

■ **kropla w morzu (potrzeb)** pot. a drop in the ocean a. in a bucket; **za (siódmym) morzem** a. **za (siedmioma) morzami** książk. beyond the seven seas

m|orzyć *impf* książk. ▯ *vt* ① (głodzić) to starve; **morzyć kogoś głodem** to starve sb ⇒ **zamorzyć** ② (ogarniać) to overcome; **zaczynał go morzyć sen** he was beginning to feel drowsy ⇒ **zmorzyć**

▯ **morzyć się** (głodzić się) to starve oneself; **ona morzy się (głodem)** she's starving herself ⇒ **zamorzyć się**

mosiądz *m sgt* (*G* ~**u**) (stop miedzi z cynku) brass; (stop miedzi, cynku i cyny) ormolu; **klam-**

ka/odlew z ~u a brass handle/cast; **wyroby z ~u** brassware; **kolekcja ozdobnych przedmiotów z ~u** a collection of decorative brasses; **statuetka wykonana z ~u** a brass figurine; **w kolorze ~u** brass-coloured; **błyszczeć jak ~** to shine like polished brass

mosiężn|y *adi.* ① (z mosiądzu) *[okucia, rura]* brass *attr.* ② przen. *[kolor, dźwięk]* brassy

moski|t *m* Zool. sandfly; **roje ~tów** swarms of sandflies

moskitie|ra *f* mosquito net; **spać pod ~rą** to sleep under a mosquito net

mo|st *m* (*G* **mostu**) ① (konstrukcja) bridge; **most drogowy/kolejowy** a road/railway bridge; **most dla pieszych** a footbridge, a pedestrian bridge; **most na rzece** a. **przez rzekę** a bridge across a. over a river; **iść po moście** a. **mostem** a. **przez most** to go over a. across a bridge ② przen. (trasa) route; **most powietrzny** a. **lotniczy** airlift; **dostarczać coś mostem lotniczym** to airlift sth, to transport sth by airlift ③ przen. (łącznik) bridge; **być mostem między dwiema partiami** to act as a link a. conduit between two parties; **budować most między pokoleniami** to bridge a gap between generations ④ Stomat. bridge; **wstawić most** to put in a bridge ⑤ Techn. (napędowy) axle; (suwnicy) bridge ⑥ Anat. pons (Varolii)

❑ **most niskowodny** low bridge; **most pontonowy** pontoon (bridge); **most ruchomy** pivot bridge, turn bridge; **most wiszący** suspension bridge; **most wysokowodny** high bridge; **most zwodzony** drawbridge daw.

■ **mieszkać pod mostem** pot. to live on the streets; **palić za sobą mosty** to burn one's bridges a. boats; **prosto z mostu** *[pisać]* point-blank; *[mówić]* straight from the shoulder pot.; *[oświadczać]* straight out

mostecz|ek *m dem.* small bridge

most|ek *m* (*G* ~**ku** a. ~**ka**) ① *dem.* (kładka) (small) bridge ② Anat. breastbone; sternum spec.; **bóle w okolicach ~ka** pains in the chest ③ Żegl. (kapitański, nawigacyjny) bridge; (trap) gangway ④ Sport (w gimnastyce, zapasach) bridge ⑤ Kulin. brisket *U* ⑥ Stomat. bridge; **założyć ~ek** to put in a bridge ⑦ Muz. bridge ⑧ Elektr. (do pomiaru) bridge

mostow|y ▯ *adi.* *[filar, przęsło]* bridge *attr.*

▯ *m* Hist. (poborca) toll collector

▯ **mostowe** *n* Hist. (opłata) toll

moszcz *m sgt* (*G* ~**u**) (sok owocowy) fruit juice; (sok z winogron) grape juice; stum spec.; (młode wino) new wine; ~ **winny** must

mosz|na *f* Anat. scrotum

mo|ścić *impf* ▯ *vt* to line *[legowisko, gniazdo]*; to pad *[siedzenie]*; **mościć wóz kocami** to spread blankets on the bottom of a cart ⇒ **wymościć**

▯ **mościć się** to snuggle down, to snug down US; **mościć się w fotelu/na poduszkach** to snuggle down in an armchair/among some cushions ⇒ **umościć się**

moś|ć *m, f* (*Gpl* ~**ci**) książk. **Wasza Królewska Mość** Your Majesty; **Jego Książęca ~ć** His Grace; **Wasza Lordowska ~ć** Your Lordship; **~ci pan** a. **mościpan** przest. a petty nobleman

mota|ć *impf* ▯ *vt* ① (nawijać) to wind *[nici, sznurek]*; **~ć wełnę w kłębek** to wind wool into a ball; **~ła nić na szpulkę** she was winding the thread onto a spool ⇒ **namotać** ② (plątać) to tangle *[włosy, wstążki]*; *[wiatr]* to toss *[gałęzie]* ③ pejor. (utrudniać zrozumienie) to confuse; **przestań mi/nam ~ć** stop confusing me/us; **tak ~ł (opowiadanie), że nikt nie mógł zrozumieć** he confused the story so much that nobody could understand it ⇒ **namotać** ④ pejor. (intrygować) to scheme pejor.; to plot (**przeciwko komuś** against sb); **~ć intrygi** to be a schemer; **ciągle ~ł i kłamał** he was always scheming and lying ⑤ (wiązać) to wind *[chustę, szal]*; **~ć pas jedwabiu na głowie/wokół talii** to wind a length of silk round one's head/waist ⇒ **zamotać**

▯ **motać się** ① (plątać się) *[włosy, nici]* to tangle a. become tangled ⇒ **zamotać się** ② pejor. (działać chaotycznie) to shilly-shally pot., pejor. (**w czymś** about sth); to dither GB; to waffle US pot. (**w czymś** on a. over sth); **~ła się, nie wiedząc jak odpowiedzieć** she hummed and hawed over what to answer GB pot. ③ pot. (angażować się) to get mixed up pot. (**w coś** in sth) ⇒ **zamotać się**

mot|ek *m* ① (zwinięty luźno) hank; (na szpulce) skein; (kulisty) ball; **~ek przędzy** a skein of yarn; **kordonek w ~kach** skeins of embroidery thread; **zwinąć włóczkę w ~ek** to wind wool into a ball/hank ② (szpulka) reel, spool; (w maszynie, krośnie) bobbin; **jedwab na ~kach** spools of silk

motel *m* (*G* ~**u**) motel, motor lodge a. hotel; **przenocować** a. **zatrzymać się w ~u** to stay the night at a motel

motelik *m dem.* (*G* ~**u**) small motel

motelow|y *adi.* *[gość, pokój, parking]* motel *attr.*

motłoch *m sgt* (*G* ~**u**) obraźl. ① (pospólstwo) riff-raff, the rabble; **ciemny ~** the ignorant rabble a. mob ② (tłum) mob *C/U*, rabble *C/U*

motocross /moˈtokros/ *m sgt* (*G* ~**u**) Sport. motocross, scrambling, scramble *C* GB; **zawody w ~ie** a motocross rally; **brać udział w ~ie** to take part in motocross

motocrossow|y /motokroˈsovɨ/ *adi.* Sport. *[wyścigi, klub, tor]* motocross *attr.*

motocykl *m* motorbike, motorcycle

motocykli|sta *m*, **~stka** *f* motorcyclist

motocyklow|y *adi.* *[mechanik, silnik, zawody]* motorcycle *attr.*; **kask ~y** a crash helmet; **sport ~y** motorcycling, motorcycle racing

motopomp|a *f* Techn. motor pump

moto|r *m* (*G* ~**ru**) ① (elektryczny) motor; (parowy, spalinowy) engine; **zapalić** a. **zapuścić ~r** to turn on a. start (up) the motor/engine; **zgasić ~r** to turn off the motor/engine; **~r zgasł** the engine cut out a. stalled ② pot. (motocykl) (motor)bike ③ przen. (przyczyna, inspirator) driving force; **być ~rem czegoś** to be the driving force behind sth; **rozwój nauki jest ~rem wszelkiego postępu** the development of science is the driving force behind all progress

motor|ek *m* ① (elektryczny) (small) motor; (spalinowy) (small) engine ② (motocykl) (small) (motor)bike

motornicz|a *f* tram driver

motornicz|y *m* motorman, tram driver

motorowe|r *m* (*G* ~**ru**) (motorynka) small motorbike, minibike; (rower o wzmocnionej konstrukcji) moped; motor bicycle rzadk.

motorowerow|y *adi.* moped *attr.*

motorowodniactw|o *n sgt* Sport powerboating, motorboating

motorowodnia|k *m* Sport powerboater, motorboater

motorowodn|y *adi.* Sport. [*regaty, klub*] powerboating *attr.*, motorboating *attr.*

motorow|y *adi.* [1] [*pojazd, statek*] motor *attr.*; [*pompa, dźwig*] motor-driven; **łódź ~a** a motor boat [2] [*kurs, szkolenie*] driving *attr.*; (związany z motocyklem) motorcycle *attr.*

motorów|ka *f* motor boat

motoryczn|y *adi.* [1] Fizj. [*mięśnie, nerwy, nawyk*] motor *attr.*; motorial a. motoric spec.; ~**e centrum mózgowe** a motorium spec.; **sprawność ~a** motricity; **zaburzenia ~e** motricity disorders a. problems [2] książk. (napędowy) locomotive; **siła ~a** a motive force; **siła ~a gospodarki** przen. the motor of the economy przen.

motoryn|ka *f* minibike, small motorbike

motoryzacj|a *f sgt* [1] (wprowadzanie silników, pojazdów silnikowych) motorization [2] (przemysł) the automotive industry *C*

motoryzacyjn|y *adi.* automotive *attr.*, automobile *attr.* US; auto *attr.* US pot.; **przemysł ~y** the automotive industry; **sklep ~y** a shop with car accessories

mot|to *n* [1] (cytat) epigraph; **wiersz opatrzony ~tem z Byrona** a poem with an epigraph taken from Byron [2] (dewiza) motto

motycz|ka *f dem.* Dutch hoe

moty|ka *f* hoe; **spulchniać ziemię/kopać kartofle ~ką** to hoe earth/potatoes ■ **iść** a. **porywać się** a. **rzucać się z ~ką na słońce** to bite off more than one can chew

motyl [1] *m anim.* Zool. butterfly; **siatka na ~e** a butterfly net; **lekko jak ~** (as) gently as a butterfly
[2] *m inanim.* (*A* ~**a**) [1] (kokarda) bow; **zawiązać ~a (z apaszki) na warkoczu/pod szyją** to tie (a scarf) in a bow on a plait/round the neck [2] Żegl. spinnaker

motyl|ek [1] *m anim. dem.* Zool. (small) butterfly
[2] *m inanim.* (*A* ~**ka**) [1] *dem.* (kokardka) bow [2] *sgt* Sport., pot. butterfly (stroke); **pływać ~kiem** to swim butterfly [3] Techn. wing a. butterfly nut [4] pot. (klapek) mule
[3] **motylki** *plt* (majtki) French knickers

motyl|i *adi.* [*skrzydła, lot*] of a butterfly

motylkow|y *adi.* Bot. papilionaceous

motyw *m* (*G* ~**u**) [1] (powód) motive (**czegoś** for sth) [2] Szt. motif, motive; **dekoracyjny/roślinny ~** a decorative/plant-like motif; **z ~em liści/róży** with a leaf/rose motif [3] Literat. motif; ~ **czarodziejskiego instrumentu** a motif of an enchanted instrument; **film na ~ach powieści** a film based on a novel [4] Muz. motif
❑ ~ **przewodni** Literat., Muz. leitmotif a. leitmotiv

motywacj|a *f* (*Gpl* ~**i**) książk. [1] (zachęta) motivation *C/U* (**do czegoś** for sth); **mieć ~ę do pracy/walki** to be motivated to work/fight; **oceny szkolne są dla ucz-**

niów ~ą do nauki marks motivate pupils to learn; **brak mu ~i do rzucenia palenia** he lacks the motivation to give up smoking [2] (uzasadnienie) justification (**czegoś** for sth); **współczucie jest ~ą naszej decyzji** sympathy justifies our decision; **bunt pozbawiony ~i** an unjustified revolt

motywacyjn|y *adi.* książk. [*płaca, premia, urlop*] incentive *attr.*; [*argument, funkcja, siła*] motivating; ~**e czynniki naszego działania** motivating factors behind our actions; **list ~y** a motivational letter

motyw|ować *impf vt* książk. [1] (uzasadniać) [*osoba*] to justify (**coś** sth) [*decyzję, odmowę, postępowanie*]; to give reasons a. a reason (**coś** for sth) [*prośbę, podanie, wniosek*]; [*uczucie*] to motivate; [*dowody, przepisy*] to warrant; **swój czyn ~ował pobudkami ideologicznymi** he gave ideological reasons to justify his deed; **jego czyn był ~owany chęcią zemsty** his action was motivated by a desire for revenge; **oddalenie sprawy ~owano brakiem dowodów** the case was dismissed due to lack of evidence ⇒ **umotywować** [2] (zachęcać) to motivate; to incentivize US pot.; **pracownicy są ~owani premiami do wydajniejszej pracy** bonuses motivate the employees to work more efficiently

motywująco *adv.* książk. **działać ~ na kogoś** to motivate sb; **współzawodnictwo działa na mnie ~** competition motivates me

motywując|y [1] *pa* → **motywować**
[2] *adi.* książk. [*czynnik, funkcja*] motivating

m|owa [1] *f* [1] *sgt* (zdolność mówienia) speech; **dar mowy** the power of speech; **zaburzenia mowy** speech defects; **ośrodki mowy w mózgu** the speech centre a. area; **znać język w mowie i w piśmie** to speak and write a language fluently; **tracić mowę** to lose one's ability to speak [2] *sgt* (wymowa) diction, speech; **czyjaś wyraźna mowa** sb's clear diction; **mieć bełkotliwą/sepleniącą mowę** to slur one's words/to speak with a lisp; **kaleczyć mowę** to mispronounce words [3] *sgt* (język) language; **mowa dziecka** baby talk; **mowa ojczysta** a mother tongue; **mowa regionalna** (regional) dialect; **mowa potoczna** a. **codzienna** colloquial speech; **części mowy** parts of speech [4] (przemówienie) speech, address; **mowa powitalna** an address of welcome; **mowa pożegnalna** a valediction a. farewell address; **mowa tronowa** a Queen's a. King's speech; **mowa obrończa** a speech for the defence; **wygłosić mowę** to deliver a. make a speech [5] *sgt* przen. (zwierząt, kolorów, gestów) language; **mowa ciała** body language; **mowa kwiatów** the language of flowers
[3] **mowa!** *inter.* pot. you bet! pot.
❑ **mowa niewiązana** Literat. prose; **mowa niezależna** Jęz. direct speech; **mowa pozornie zależna** Jęz. free indirect speech; **mowa wiązana** Literat. verse; **mowa zależna** Jęz. reported speech; **narządy a. aparat mowy** Jęz. articulators, vocal organs; **żywa mowa** Jęz. spontaneous speech
■ **drętwa mowa** pot. stodgy a. dry speech; **mowa-trawa** pot., pejor. claptrap; **nie ma a. nie może być mowy o wyjściu do kina** going to the cinema is out of the question;

odjęło a. **odebrało mu mowę** he is choked up; **wzruszenie** a. **ze wzruszenia odjęło mu mowę** he was speechless a. choked with emotion; **mowę ci odjęło?** has the cat got your tongue?; **właśnie była mowa o tobie/tym projekcie** we were just talking about you/the project; **w sprawie, o której mowa** in the case in question; **jej mąż, bo o nim właśnie mowa** her husband, as he is the person in question; **po co** a. **do kogo ta mowa?** pot. you're wasting your breath; **mowa jest srebrem, a milczenie złotem** przysł. speech is silver, silence is gold(en) przysł.

mozai|ka *f* [1] Archit., Budow. mosaic *C/U*; **posadzka z ~ki** a mosaic floor; **ozdobiony ~ką** decorated with a mosaic; **ściany wyłożone ~ką** mosaic a. tessellated walls [2] książk. (różnorodność) mosaic; **etniczna i wyznaniowa ~ka** a mosaic of ethnic groups and religious denominations [3] Bot., Ogr. mosaic disease

mozaikow|y *adi.* (będący mozaiką) [*obraz, wzór*] mosaic *attr.*; (ozdobiony mozaiką) [*posadzka, rama*] mosaic, tessellated; (szklane/drewniane) **płytki ~e** pieces of (glass/wood) mosaic; **powieść o ~ym układzie wątków** przen. a novel with a complex structure of sub-plots

mozambic|ki *adi.* Mozambican

Mozambij|czyk *m*, ~**ka** *f* Mozambican

moz|olić się *impf v refl.* książk. to labour (**nad czymś** away at sth); to toil (away) (**nad czymś** at a. over sth); ~**olić się nad zadaniem z matematyki** to rack one's brains over a maths problem ⇒ **namozolić się**

mozolnie *adv. grad.* (powoli) [*czytać, ćwiczyć*] laboriously; (z wysiłkiem) [*pracować, poruszać się*] arduously; ~ **wspinać się/iść pod górę** to toil up the hill; **pisanie szło mu coraz ~j** he found writing an increasingly laborious task

mozoln|y *adi. grad.* (czasochłonny) [*nauka, ćwiczenia*] laborious; (męczący) [*praca, wspinaczka*] arduous; **droga do sukcesu była długa i ~a** the road to success was long and arduous

moz|ół *m* (*G* ~**ołu**) książk. travails *pl* książk.; **w największym ~ole uciułane pieniądze** savings scraped together with the utmost effort; **wymagać (wyjątkowego/wielkiego) ~ołu** [*zadanie*] to require (exceptional/great) effort; **z ~ołem kopać rów** to dig a trench laboriously; **uczył się z ~ołem, ale bez większych wyników** he studied doggedly but to little effect

moździerz *m* [1] (naczynie) mortar; **tłuc goździki w ~u** to pestle cloves in a mortar; **ucierać maść w ~u** to pound a salve a. an ointment with a pestle and mortar [2] Wojsk. mortar; **ostrzał z ~y** mortar fire

moździerzow|y *adi.* Wojsk. [*pocisk, wystrzał*] mortar *attr.*

moździerzyk *m dem.* (small) mortar

może *part.* [1] (przypuszczenie) perhaps, maybe; ~ **już nie pada** perhaps a. maybe it's stopped raining; ~ **spóźnił się na pociąg** perhaps a. maybe he missed his train; **(być)** ~ **masz rację** maybe a. perhaps you're right; **spotkaliśmy się ~**

trzykrotnie we've met maybe three times; **~ źle ją oceniam, ale...** I may be wrong about her, but...; **~ w poniedziałek, a ~ we środę** perhaps on Monday, or maybe on Wednesday; **„będziesz tu jutro?" – „(być) ~"** 'will you be here tomorrow?' – 'possibly' a. 'maybe' [2] (propozycja) maybe, perhaps; **~ byś coś zjadł?** maybe you'd like something to eat?; **~ byśmy poszli do kina?** maybe a. perhaps we could go to the cinema?, how about going to the cinema?; **zaczekajmy ~ jeszcze kilka dni** maybe we could a. should wait a few more days; **~ kieliszek koniaku?** how about a glass of brandy?, perhaps you'd like a glass of brandy?

możliwie adv. [1] (w miarę możliwości) **~ najwcześniej/najdalej/najwięcej** as early/ far/much as possible; **~ najwyższa cena** the highest price possible, the highest possible price; **~ najniższa temperatura** the lowest temperature possible, the lowest possible temperature [2] pot. (dość dobrze) passably; **nawet ~ napisałeś ten test** you didn't do this test badly

możliwoś|ć [I] f [1] (zdolność, ewentualność) possibility, chance C/U; **jest a. istnieje ~ć czegoś** there is a possibility of sth; **istnieje ~ć wyjazdu za granicę** there's a possibility of going abroad; **mieć ~ć robienia czegoś** to have an opportunity to do sth, to be able to do sth; **miałem ~ć przyjrzeć się temu** I was able a. managed to have a look at it; **nie widzę ~ci przełożenia terminu** I can see no possibility a. chance of postponing the deadline; **~ć znalezienia go jest nikła** there is little chance of finding him [2] (sposobność) opportunity, chance; **mieć ~ć zrobienia czegoś** to have an opportunity a. a chance to do sth; **mieliśmy kilkakrotnie ~ć się spotkać** we had several opportunities to meet; **nie dano mu ~ci obrony** he was given no chance to defend himself [3] (wybór) option, possibility; (dwojaki wybór) alternative; **mieć kilka/ograniczone/inne ~ci** to have several/a limited number of/other options a. possibilities; **wyczerpać wszystkie a. wszelkie ~ci** to have no options left; **jaka jest inna ~ć?** what's the alternative?; **nie mamy innej ~ci, tylko się zgodzić** we have no option but to agree; **jedną z ~ci byłoby przeczekać** one possibility would be to wait it out

[II] **możliwości** plt [1] (umiejętności) abilities; (zakres zdolności) capabilities; **kres a. pułap czyichś ~ci** limit of sb's abilities; **być u szczytu swoich ~ci** to be at the peak of one's abilities; **przekraczać czyjeś ~ci** be beyond sb's capabilities; **leżeć w zasięgu czyichś ~ci** to be within sb's capabilities [2] (twórcze, produkcyjne, operacyjne) potential C/U; potentiality C/U książk.; **~ci rozwoju** a. **rozwojowe firmy** the company's potential for development

możliw|y adi. grad. [1] (wykonalny, realny) [wykonanie, rozwój] possible, feasible; **zrobienie czegoś jest ~e** it is possible to do sth; **metody/plany/pomysły ~e do zastosowania** practicable a. feasible methods/plans/ideas; **~e do pokonania przeszkody** surmountable obstacles; **praca trudna, ale ~a do**

wykonania a difficult job but feasible a. doable pot.; **przedtem kompromis był ~y** earlier a compromise was possible [2] (dostępny) [rozwiązanie, źródło, sposób] available [3] (mogący się zdarzyć) [niebezpieczeństwo, choroba, skutek] possible, likely; **(bardzo) ~e, że przegramy** it is (more than) likely that we'll lose [4] pot. (niezły) [uczeń, kurtka, stan] passable

można praed. [1] (możliwość) **ten zegar ~ jeszcze naprawić** this clock can still be repaired; **jeden z najpiękniejszych parków, jakie ~ u nas zobaczyć** one of the finest parks one can see here; **czytać ~ było tylko przy świecy** one a. you could only read by candlelight; **wystawę będzie ~ obejrzeć we wrześniu** the exhibition will open in September; **na to nie ~ liczyć** one a. you can't count on that; **na nim ~/ nie ~ polegać** you can/can't count a. rely on him; **~/nie ~ było tego uniknąć** it could/couldn't have been avoided; **~ się było tego spodziewać** one could a. might have expected that, that was (only) to be expected; **czego innego ~ się było po nim spodziewać?** what else can a. could you expect from him?; **łatwiejszy, niż ~ by przypuszczać** easier than one might have expected a. supposed, easier than might have been expected a. supposed; **~ było powiedzieć, że nie chcesz iść ze mną** you could a. should have told me you didn't want to go with me; **~ śmiało powiedzieć, że...** it's safe to say a. we can safely say that...; **sprawa pilna, rzec by ~: niecierpiąca zwłoki** a matter of urgency, one might say, brooking no delay książk., żart.; **jest pracowity, czego nie ~ powiedzieć o tobie** he's hard-working, which is more than can be said for a. of you; **nie ~ powiedzieć, żeby film nas rozczarował** I can't a. wouldn't say the film disappointed us; **dzieci – nie ~ powiedzieć – zachowywały się grzecznie** the children, it must be said, behaved very well; **nie ~ zaprzeczyć temu, że...** there's no denying the fact that...; **nie ~ z tobą wytrzymać** you're (absolutely) impossible! pot.; **~ wytrzymać** pot. (z powątpiewaniem) it's all right a. OK; **cholery ~ dostać!** pot. it's enough to drive you up the wall pot.; **jak ~ się tak zachowywać?** how could they/you behave like that?; **gdzie/kiedy tylko ~** wherever/whenever possible; **ile tylko ~** (z policzalnymi) as many as possible; (z niepoliczalnymi) as much as possible; **jak tylko ~** by all means possible; **jeżeli tylko ~** if it's (at all) possible [2] (przyzwolenie) **palić ~ tylko w palarni** you can only smoke in the smoking room; **nie ~ tego dotykać** you mustn't touch it; **czy ~?** can I?, may I? książk.; **czy ~ wejść?** can I a. may I come in?; **czy ~ tu zaparkować?** can I park here?; **czy ~ otworzyć okno?** do you mind if I open the window?; **nie rób tego, tak nie ~!** don't do that, it's wrong!; **jeśli ~** if I may książk.; **jeśli ~, jeszcze jedna uwaga** one more thing, if I may; **jeśli tak powiedzieć** if I may say so [3] (propozycja, prośba) **~ ci w czymś pomóc?** can I help you in any way?; **~ pana prosić o otworzenie drzwi?** could

you open the door, please?; **czy ~ panią prosić do tańca?** would you like to dance?; **may I have this dance?** książk.; **~ by zaprosić kilka osób** I/we could invite one or two people

możnoś|ć f sgt książk. (możliwość) possibility C/U; (sposobność) opportunity C; **mamy ~ć dochodzenia naszych praw** we have the possibility of claiming our rights; **mieć ~ć wyrażenia swego zdania** to have an opportunity to voice one's opinion

możnowładc|a m Hist. magnate

możnowładcz|y adi. Hist. [rody, posiadłości, majątki] magnate's

możnowładztw|o n sgt Hist. the magnates pl

możn|y [I] adi. grad. [ród, protektor] (high and) mighty; [władca] powerful

[II] m zw. pl książk. magnate; **~i tego świata** the high and mighty of this world

m|óc impf (**mogę, możesz, może, mógł, mogła, mogli**) vi [1] (być w stanie) can, to be able; **móc coś zrobić** to be able to do sth; **jeśli będę mogła, zadzwonię** I'll call you if I can a. if I'm able to; **złodzieje nie mogli wyważyć drzwi, więc weszli oknem** the thieves weren't able to a. couldn't break the door down, so they came in through the window; **w nocy nie mogłam spać** I couldn't sleep during the night; **staram się, jak mogę** (w tej chwili) I'm doing my best; (w ogóle) I do what I can; **cóż mogą zrobić? chyba tylko czekać** what can they do? – all they can do is (to) wait; **on nic w tej sprawie nie może** he can't a. he's not able to do anything about it; **prasa wiele może** the press is all-powerful; **nie mogę się doprosić, żeby zabrał stąd te rupiecie** I just can't get him to clear out this junk; **nie mogła się go nachwalić** she couldn't praise him enough; **nie mogę się nadziwić, jak on to zrobił** I just can't imagine how he did it; **zawsze mogłam na niego liczyć** I could always count on him; **możemy przypuszczać, że...** it's fair a. reasonable to assume (that)...; **dziękuję, już (więcej) nie mogę** no thanks, I'm full up [2] (mieć prawo) can; may książk.; **„mamo, mogę iść na podwórko?" – „możesz"** 'Mum, can I go outside?' – 'yes, you can'; **urząd może zwlekać z odpowiedzią na pismo od obywatela tylko 30 dni** an official institution has (only) 30 days in which to reply to letters from the public; **nie możesz do tego dopuścić** you can't a. mustn't let it happen; **policja nie może dokonać rewizji bez nakazu** the police can't carry out a search without a warrant [3] (w przypuszczeniach) might, may; **może być deszcz albo śnieg** it might a. may rain or snow; **mogli mieć po szesnaście, siedemnaście lat** they could have been sixteen or seventeen; **weź parasol, bo może padać** take an umbrella with you, it might rain [4] (w prośbach) can; **możesz mi podać widelec?** could a. can you pass me a fork?; **czy mógłbym prosić do telefonu Janka?** could a. can I speak to Janek, please?; **czy może pan przymknąć okno?** could a. can you close the window, please?, would you mind closing the window?; **czy**

M

mogę panią prosić do tańca? would you like to dance? ⑤ (w pytaniach) can; **co/kto to może być?** what/who can a. could that be?; **gdzie mogą być moje okulary?** where can my glasses be?; **jak to się mogło stać?** how could it have happened?; **w czym mogę Panu pomóc?** what can I do for you?; **dobra ta pizza, czy mogę jeszcze kawałek?** this pizza's good, can I have a. take another piece? ⑥ (w propozycjach, życzeniach) might, can; **w tym czasie goście mogliby zwiedzać muzeum** in the meantime the guests could visit a museum; **zawsze możesz przecież pójść tam i poprosić** you can always go there and ask; **mógł pan przyjść po pożyczkę do mnie** you could have come to me for the money; **mogłeś mu o tym nie mówić** you didn't have to tell him about it; **czy nie mógłbyś w końcu zgasić tego radia?** do you think you could turn the radio off?; **mógłby już spaść śnieg** it's about time it snowed ⑦ (wyrażając irytację) **jak możesz a. jak mogłeś!** how can a. could you!; **jak on mógł tak postąpić?** how could he do such a thing?; **tak dalej być nie może** things can't go on like this! ⑧ (wyrażając lekceważenie) **możesz sobie krzyczeć i tak nie zmienię zdania** you can shout as much as you like, but I still won't change my mind; **co ty możesz wiedzieć?** what do you know about it?

■ **co ja mogę?** what can I do (about it)?; **pogoda jak cię mogę** pot. passable a. tolerable weather; **podróż jak cię mogę** pot. a passable a. tolerable journey; **(ja) nie mogę!** (ze zniecierpliwieniem) (God) give me strength!; (z zachwytem) (oh) wow! pot.; **(ja) nie mogę, ale gablota!** wow, what a car!; **ja już tak dłużej nie mogę!** I just can't go on like this a. stand it any longer!; **może być?** pot. that'll do, that's fine; **„i jak ta spódnica? – „może być, tylko trochę skróćę"** 'and how's the skirt?' – 'it's okay, I just have a. need to shorten it a bit'; **nie może być!** that's impossible!, it can't be!; **„pobrali się?" – „nie może być!"** 'they got married?' – 'you're kidding me!' pot.

m|ój Ⅱ pron. (przed rzeczownikiem) my; (bez rzeczownika) mine; **mój samochód/portret** my car/portrait; **ten ołówek jest mój** this pencil is mine; **to moja przyjaciółka** this is a friend of mine; **co u ciebie, mój drogi?** how are things (with you), my friend? książk., żart.; **moja droga Anno** (w liście) dear Anna; **usiądź sobie, moje dziecko** sit down, (my) dear; **mój Boże** my God!

Ⅱ **mój** m, **moja** f pot. my other half pot., żart.

Ⅲ **moi** pot. (rodzina) my family; (znajomi) my friends

Ⅳ **moje** pot. (własność) **wara ci od mojego** keep away from my things; **opierał się, ale i tak stanęło na moim** he resisted, but I had my own way anyway; **wyszło na moje** it turned out that I was right

Ⅴ **po mojemu** ① (według mnie) to my mind, to my way of thinking; **przynajmniej po mojemu** to my mind anyway a. at least; **po mojemu to się nie uda** in my view it won't work ② (tak, jak chcę) my way;

wszystko ma być po mojemu everything has to be done my way

m|ól m Zool. moth; **mól mączny/odzieżowy** a flour/clothes moth; **dywan zniszczony przez mole** a moth-eaten carpet

■ **mól książkowy** pot. bookworm pot.; **każdy ma swojego mola** pot. we all have our problems

m|ór m (G **moru**) sgt ① przest. (wyniszczający bydło) murrain ② daw. (choroby zakaźne) murrain daw., żart.

mórg m → morga

mówc|a m (na zebraniu, kongresie) speaker; (starożytny, krasomówczy) orator

mówczy|ni f speaker

mów|ić impf Ⅱ vt ① (przekazywać) to tell (**coś komuś** sb sth a. sth to sb); to say (**coś komuś** sth to sb); **~ię ci prawdę** I'm telling you the truth; **~iłem mu, jak było** I told him what it was like; **zawsze ~i mi dzień dobry** s/he always says hello to me; **~iłem ci, że wrócę później** I told you (that) I'd come back later; **matka ~i mu, żeby był grzeczny** his mother keeps telling him to be a good boy; **~iono (nam) było ~ione, żeby nie palić** we were told not to smoke; **~ili (sobie) wiersze** they were reciting poems (to each other); **~ić z pamięci** (wyuczony tekst) to speak from memory; **~ić z głowy** (improwizować) to speak a. talk without notes, to give an extempore talk, to improvise; **~ić od rzeczy** a. **bzdury** to talk nonsense a. rubbish; **~ić do rzeczy** to talk sense; **~ić coś pod nosem** a. **wąsem** to say sth under a. below one's breath; **halo, kto ~i?** (przez telefon) hallo, who's there?; **dzień dobry, ~i Jacek** hello, Jacek speaking; **(tu) ~i Warszawa** (w radio) this is Warsaw ⇒ **powiedzieć** ② (plotkować) to talk vi, to say; **~ić coś na kogoś** a. **o kimś** to say sth about sb; **cała wieś o nich ~i** the whole village is talking about them a. they are the talk of the village; **~ią na niego, że (jest) głupi** they say he's stupid; **~ią, że miał dwie żony** he is said to have had two wives; **tylko wróciła, a wszyscy zaczęli ~ić** no sooner had she come back than tongues began to wag ③ (informować) [przepisy, konstytucja] to mean; [znak, wygląd] to mean; (podpowiadać) [serce, rozum, intuicja] to tell; **prawo Archimedesa ~i, że...** Archimedes' principle says that...; **jego mina/wzrok ~ił, że...** his expression/eyes showed that...; **o czym ~i ta książka/ulotka?** what's the book/leaflet about?; **ta nazwa nic mi nie ~i** the name tells me nothing a. doesn't ring a bell with me; **~i ci to coś?** does it mean anything to you?; **przeczucie a. coś mi ~i, że nam się uda** something tells me a. I have the feeling that we'll succeed; **jej uśmiech/spojrzenie ~i nam wszystko** her smile/look tells us everything; **fakty ~ią (nam) co innego** the facts tell (us) a different story ⇒ **powiedzieć**

Ⅱ vi ① (posługiwać się mową) to talk, to speak; **kiedy dziecko zaczyna ~ić?** when do children start to talk a. speak?; **~ić po niemiecku** (znać język) to speak German; (używać języka) to talk in German; **~ić gwarą** to speak (in a) dialect; **~ić**

przez nos to speak through one's nose ② (rozmawiać) to talk; **~ić (z kimś) o kimś/czymś** to talk (to a. with US sb) about sb/sth; **czy mogę ~ić z Janem?** (przez telefon) can a. may I speak to a. with US Jan please?; **~ić do kogoś** to talk to sb; **jak śmiesz tak do mnie ~ić!** how dare you talk a. speak to me like that!; **~ić o kimś dobrze/źle** to speak well/ill of sb ③ (zwracać się, nazywać) to call vt; **~ią na niego Lolo/„grubas"** he is called a. they call him Lolo/'fatso'; **~ił do niej po imieniu** he called her by her first name; **~ienie sobie po imieniu jest tu powszechne** it's common to be on first-name terms with people here ⇒ **powiedzieć** ④ pot. (podczas śledztwa, przesłuchania) to talk; **na torturach zaczął ~ić** as soon as they began torturing him he started to talk

■ **a nie ~iłem?** I told you so!; **co ja ~ię?** pot. no, I'm sorry; **wczoraj, co ja ~ię, przedwczoraj** yesterday, no, I'm sorry, the day before yesterday; **jego mina ~i sama za siebie** pot. his expression speaks for itself; **złość/żal ~i przez kogoś** a. **przez czyjeś usta** książk. it's sb's anger/resentment speaking; **czy ja coś ~ię?** go ahead, do as you like; **dobrze a. łatwo ci ~ić** it's a. that's easy for you to say, it's all very well for you to talk; **jak to ~ią a. jak to się ~i** as they say; **krótko ~iąc** in brief a. short; **~ co chcesz/~cie co chcecie** pot. say what you like; **~ za siebie!** speak for yourself!; **~iąc między nami** a. **między nami ~iąc** pot. (just) between you and me a. between ourselves a. between the two of us; **~ić bez ogródek** a. **osłonek** a. **bez owijania w bawełnę** to not mince (one's) words, to lay it a. put it on the line; **~ić do kogoś jak do kogoś dobrego** a. **~ić komuś jak komu dobremu** to try to make sb understand; **~ić różnymi** a. **innymi** a. **odmiennymi językami** to not speak the same language as sb; **~ić z kimś wspólnym a. tym samym językiem** to speak the same language as sb; **~ię ci!** I (can) tell you; **nie ma co ~ić** pot. no two ways about it; **nie ma o czym ~ić** (odpowiedź na podziękowanie) my pleasure, don't mention it; (odpowiedź na przeprosiny) don't mention it; (odmowa) it's out of the question; **nie ~!** you don't say (so)! pot.; **nie ~iąc** a. **wspominając o...** książk. not to mention..., to say nothing of...

mówi|ony Ⅱ pp → mówić

Ⅱ adi. [język, polszczyzna, słowo] spoken

mów|ka f dem. iron., żart. talk (**o czymś** on a. about sth)

mównic|a f (podwyższenie) rostrum; (pulpit) lectern; **wejść na ~ę** to get up on a. mount the rostrum

mózg m (G **~u**) ① Anat. brain; **guz ~u** a brain tumour ② (umysł) brain C/U, mind; **wytężyć ~** a. wrack one's brain(s); **poczułem pustkę w ~u** my mind went blank ③ przen. (o człowieku) mastermind; the brains pot.; **najtęższe ~i naszej epoki** the greatest minds of our time; **być ~iem planu/ataku** to be the mastermind behind a project/an attack

❑ **~ elektronowy** Komput. computer; electronic brain pot.

■ **padło a. uderzyło a. rzuciło mu się na**

~ pot. he's gone mental pot.; he's out of his mind; **~ staje** pot. it's mind-boggling pot., the mind boggles pot.

mózgownic|a f pot, iron., żart. skull pot.; **rusz ~ą!** use your head! pot.

mózgow|y adi. [1] Anat. [kora, krwotok, porażenie, półkule] cerebral; **opony ~e** meninges [2] pot. [praca] cerebral; [wysiłek] mental

móżdż|ek m (G ~ku a. ~ka) [1] Anat. cerebellum [2] Kulin. brains pl

■ **kurzy** a. **ptasi ~ek** pot., pejor. birdbrain pot.; **osoba o ptasim ~ku** a birdbrained person, a birdbrain

mrocz|ek[1] m zw. pl Med. scotoma

mrocz|ek[2] m Zool. vespertilionid; **~ek późny** a serotine

mroczn|o adv. grad. książk. robi się **~o** it's getting dark; **w pokoju było ~o od dymu** the room was dim with smoke

mroczn|y adi. grad. książk. [1] (ciemny) tenebrous książk.; [niebo] murky; [pokój] dim, gloomy; [ulica, zaułek, korytarz] twilit, twilighted, gloomy; [las, piwnica] dark; [światło] dusky książk.; dim [2] (ponury) [wizje, prognozy] gloomy; [wzrok, twarz] saturnine książk.; [lata, okres] dark; [myśli, spojrzenie] dark książk.; **~e zakamarki czyjejś duszy** a. **czyichś myśli** the gloomy recesses of sb's mind a. thoughts; **nękały ją najmroczniejsze przeczucia** she was beset with the darkest premonitions; **~a strona ludzkiej natury** the dark side of human nature

mrok m (G ~u) sgt (ciemność) darkness, gloom; (w pomieszczeniu) darkness; **wynurzać się z ~u** to loom out of a. emerge from the darkness; **siedzieć/widzieć w ~u** to sit/see in the dark; **w pokoju panował ~** the room was in darkness; **pokój pogrążył się w ~u** the room was plunged into darkness; **~ gęstniał** the gloom deepened; **zapada ~** darkness descends a. falls; **oczy oswajają się z ~iem** the eyes adjust to the darkness; **w ~ach dziejów** a. **historii** książk. in the mists of time; **pogrążać się w ~ach niepamięci** książk. to sink into oblivion; **~i Średniowiecza** książk. obscurity a. mists of the Middle Ages; **~i okresu wojny/dyktatury** the dark ages of the war/despotic regime

mr|owić impf [1] vi [skóra, plecy] to tingle; **mrowi go ręka** his hand tingles, he has pins and needles in his hand

[2] **mrowić się** książk. [ludzie] to swarm; [osoby, zwierzęta] to teem; [robactwo, szkodniki] to infest vt; **tłum ludzi mrowił się na targu** a crowd of people swarmed through the market; **ulice mrowiły się od turystów** streets were swarming a. teeming with tourists; **w tekście mrowiło się od błędów** the text abounded in a. with errors; **w domu mrowią się karaluchy** the house is infested with cockroaches

mrowi|e n sgt [1] (o ludziach, owadach) swarm C; (o ludziach, tematach, gwiazdach) legion C, myriad C [2] (ciarki) tingling, tingle C; **czuć ~e na plecach/skórze** to feel one's back/skin tingle, to feel a tingle in one's back/on one's skin

mrowieni|e n sgt tingling; formication spec.; **~e nóg** a. **w nogach** tingling in

the legs; **czuć ~e w palcach** to feel one's fingers tingle, to have pins and needles in one's fingers

mrowisk|o n [1] Zool. (kopiec) anthill, ant heap; (skupisko) ants' nest; formicary spec. [2] przen. **ludzkie ~o** a swarm of people

mroz|ek, ~ik m dem. (G ~ku, ~iku) [1] (mały mróz) light frost; **na dworze jest lekki ~ek** there's a nip in the air pot. [2] (szron) hoar frost

mro|zić impf [1] vt [1] (ziębić) to chill; **wiatr ~ził mu twarz** wind chilled his face [2] (ścinać mrozem) [przymrozek] to freeze ⇒ **zmrozić** [3] (zamrażać) to freeze [mięso, ryby, owoce] ⇒ **zamrozić** [4] książk., przen. to petrify; **~ził wszystkich pogardliwym tonem** his contemptuous tone petrified everybody; **~zić kogoś wzrokiem** to freeze sb with a look ⇒ **zmrozić**

[2] **mrozić się** [potrawy, napoje] to chill; **wino ~zi się w lodówce** wine is chilling in the fridge

mroźn|o adv. grad. **rano było ~o** it was freezing a. there was a frost this morning; **wczoraj było ~iej** it was frostier yesterday

mroźn|y adi. grad. [pogoda, ranek] frosty; [temperatura] freezing; [wiatr, powietrze] icy (cold)

mrożon|ka f zw. pl frozen food C/U; **~ki warzywne/rybne** frozen vegetables/fish

mroż|ony adi. [1] (zamrożony) [jarzyny, mięso] frozen [2] (schłodzony) [herbata, kawa] iced; [czekolada, koktajl owocowy] frappé

mrówcz|y adi. [1] Zool. [jaja, kolonia] ant attr.; **~e gniazdo** anthill, ants' nest [2] przen. [praca, wysiłek] painstaking, laborious

mrówecz|ka f dem. pot. [1] (little) ant [2] przen. busy bee pot., przen.

mrów|ka [1] f [1] Zool. ant; **być pracowitym jak ~ka** a. **pracować jak ~ka** to work like a beaver, to be (as) busy as a bee; pot. [2] przen. busy bee pot., przen.

[2] **mrówki** plt pot. (ciarki) pins and needles; **czuła ~ki w nogach** she had a. felt pins and needles in her legs; **~ki przeszły mu po plecach ze strachu** he felt a tingle of fear (race) down his spine

❏ **~ki faraona** Zool. pharaoh ants

mrówkoja|d m Zool. anteater

mrówkow|iec m pot. high-rise, high-rise block (of flats) GB, high-rise apartment building US; **mieszkać w ~cu** to live in a high-rise

mr|óz m (G mrozu) [1] (zimno) frost U, freezing weather U; **trzaskający mróz** crackling cold; **siarczysty mróz** biting cold, a sharp frost; **tęgi mróz** a hard frost; **wielkie mrozy** a big freeze pot.; **sześć stopni mrozu** six degrees of frost GB, six degrees below zero a. freezing; **jest dziesięć stopni mrozu** it's minus ten degrees a. ten degrees below zero a. freezing; **ręce grabiały nam od mrozu** our hands grew numb with (the) cold; **mróz chwycił** a frost set in, sub-zero temperatures set in; **mróz zelżał** the frost a. cold weather let up; **zanosi się na mróz** we're in for some cold weather; **roślina odporna na mróz** a frost-resistant plant [2] sgt (szron) (hoar a. white) frost; **siwy mróz** freezing fog

■ **poczuł, że mróz przebiega** a. **przechodzi mu po plecach** a. **skórze** he felt a chill a. shiver run down his spine; **na widok dyrektora mróz ściął mu krew w żyłach** książk. when he saw the director his blood froze a. the blood froze in his veins

mru inter. pot. purr

■ **ani ~** a. pot. don't breathe a word pot., mum's the word pot.; **o tym ani ~ ~ nikomu!** don't breathe a word of this to anyone!

mruczeć[1] impf → **mruknąć**

mrucz|eć[2] impf (~ysz, ~ał, ~eli) [1] vt (nucić) to hum [melodię, kołysankę] ⇒ **zamruczeć**

[2] vi (narzekać) to mutter; **~ał na rozrzutność żony** he was muttering (something) about his wife's wastefulness

mrucz|ek m dem. (Npl ~ki) pieszcz. quiet one

mrugać[1] impf → **mrugnąć**

mruga|ć[2] impf vi [lampa, żarówka] to flicker; [gwiazdy] to twinkle; **~ł kierunkowskazem** to flash one's indicator; **kierowca ~ł do mnie światłami** the driver flashed his headlights at me ⇒ **zamrugać**

mrug|nąć pf — **mrug|ać**[1] impf (~nęła, ~nęli — ~am) vi (dwoma oczami) to blink; (jednym okiem) to wink; **~nąć powiekami** to blink (one's eyes); **~nąć okiem** to wink; **~nął okiem do dziewczyny siedzącej obok** he winked at the girl sitting next to him; **~nąć do kogoś porozumiewawczo** to wink at sb knowingly, to give sb a knowing a. conspiratorial wink

■ **(nawet) nie ~nąć (okiem)** (nie zrobić najmniejszego wysiłku) not to lift a finger; (nie okazać emocji) not to even blink, not to bat an eye(lid); **nawet nie ~nął okiem, gdy kazałem mu się wynosić** when I told him to get out, he didn't even bat an eye(lid); **zrobić coś bez ~nięcia (okiem)** to do sth without a second thought a. without thinking twice; **bez ~nięcia okiem potrafił wydać całą pensję** he was capable of spending his whole salary at the drop of a hat

mruk m (Npl ~i) pot. tight-lipped sort

mrukliwie adv. grad. pejor. [odezwać się] unresponsively, tersely; **~ odpowiadać na pytania** to answer in monosyllables

mrukliwoś|ć f sgt pejor. taciturnity, uncommunicativeness; **odznaczał się ~cią** he was the silent type

mrukliw|y adi. grad. pejor. [usposobienie, osoba] taciturn, uncommunicative; [odpowiedź] terse, curt

mru|knąć pf — **mru|czeć**[1] impf (~knęła, ~knęli — ~czysz, ~czał, ~czeli) [1] vt (powiedzieć cicho, niewyraźnie) to mutter, to mumble; **~czał coś pod nosem** he muttered something under his breath; **ledwo ~knął coś na powitanie** he barely mumbled a greeting; **nie ~knąć (ani słowa)** not to utter a (single) word of protest; **bez ~knięcia** without a murmur; **i ani mi się waż coś ~knąć** I don't want to hear a peep out of you

[2] vi [1] [kot] to purr; [drapieżnik] to growl; **lew ~knął groźnie na inne zwierzęta** the lion growled threateningly at

M

the other animals [2] *[burza]* to rumble; *[silnik]* to purr

mruż|yć *impf* [I] *vt* to screw up, to squint a. narrow *[oczy]*; to narrow *[powieki]*; **~yć oczy w słońcu** to squint (one's eyes) in the sun(light); **~ąc oczy/powieki** with narrowed eyes/eyelids ⇒ **zmrużyć**
[II] **mrużyć się** (zamykać się) **oczy mu się ~ą ze zmęczenia** he's so tired he can't keep his eyes open; **oczy jej się ~ą od blasku** she's squinting in the glare ⇒ **zmrużyć się**

m|rzeć *impf vi* książk. [I] (umierać) to die; to perish książk.; **ludzie marli z głodu/wycieńczenia** people were dying of a. from hunger/malnutrition; **dzieci marły na tyfus** children were dying of typhus; **ludność marła masowo** people perished en masse [2] (kończyć się) to die; **słowa marły nam na ustach** the words died on our lips

mrzon|ka *f* książk. chimera książk.; pipe dream; **plan okazał się ~ką** the plan turned out to be a chimera a. a pipe dream; **wyzbyć się ~ek o sławie** to give up one's dreams of fame; **dziecinne ~ki** silly a. childish fantasies

msz|a *f* (*Gpl* **~y**) [1] Relig. Mass *C/U*; **~a dziękczynna** a thanksgiving Mass; **~a za zmarłych/żałobna** a Mass for the dead/a requiem Mass; **~a poranna/wieczorna** a morning/an evening Mass; **~a czytana/śpiewana/po łacinie** a read/sung/Latin Mass; **~a na wolnym powietrzu** an open-air a. outdoor Mass; **~a o dziesiątej** ten o'clock Mass; **porządek ~y niedzielnych** a schedule of Sunday Mass(es); **~a święta** Holy Mass; **~a na czyjąś intencję** a. **w czyjejś intencji** a Mass for sb; **~a za czyjąś duszę** a Mass for sb's soul; **uczestniczyć we ~y** to attend Mass; **wysłuchać ~y** to hear Mass; **celebrować/odprawiać ~ę (świętą)** to celebrate/to say a. offer (Holy) Mass; **iść na ~ę** to go to Mass; **służyć do ~y** to serve at Mass; **dać na ~ę** to offer a Mass stipend, to request a Mass; **dać na ~ę w czyjejś intencji** to have a Mass said for sb [2] Muz. Mass; **~a h-moll Bacha** Bach's Mass in B minor
❑ **~a gregoriańska** Relig. Gregorian Mass; **~a polowa** Relig. camp service
■ **czarna ~a** black mass

mszaln|y *adi.* [1] Relig. Mass *attr.*; **liturgia ~a** the Mass liturgy, the liturgy of the Mass; **kielich ~y** a chalice, a Communion cup; **ornat ~y** a chasuble [2] Muz. *[cykl]* Mass *attr.*

msza|ł *m* (*G* **~łu**) Relig. missal, Mass book

mszyc|a *f zw. pl* Zool. aphid, plant louse

mściciel *m*, **~ka** *f* (*Gpl* **~i**, **~ek**) książk. avenger

m|ścić *impf* [I] *vt* książk. to avenge *[osobę, zniewagi, śmierć]* ⇒ **pomścić**
[II] **mścić się** [1] (brać odwet) to avenge a. revenge oneself, to take vengeance a. (one's) revenge (**na kimś za coś** on sb for sth); **mścić się na kimś za znęcanie/docinki** to get revenge on sb for their bullying/taunts; **mścić się za śmierć brata** to avenge one's brother's death ⇒ **zemścić się** [2] (mieć przykre następstwa) to take its toll,

to rebound (**na kimś** on sb); (odnosić odwrotny skutek) to backfire (**na kimś** on sb); **mszczą się na nim próby skompromitowania przeciwnika** his attempts to discredit his rival are backfiring on him; **mści się na niej teraz rezerwa wobec kolegów** her coldness toward her colleagues is rebounding on her now; **brak snu mści się prędzej czy później** (a) lack of sleep takes its toll sooner or later ⇒ **zemścić się**

mściwie *adv. grad. [odgrażać, spojrzeć, myśleć]* vengefully, vindictively

mściwoś|ć *f sgt* książk. vindictiveness; **~ć zamiarów/planów/myśli** the vindictiveness of sb's intentions/plans/ideas

mściw|y *adi. [osoba, charakter, plan, zamiar]* vindictive, vengeful; **z ~ą satysfakcją patrzył na jej porażkę** he watched her fail with vindictive satisfaction, he gloated over her failure; **nie bez ~ej satysfakcji** not without vindictive relish

mu → **on**

mu|cha *f* [1] Zool. fly; **opędzać się od much** to brush away the flies; **natrętna mucha** a pesky fly [2] (element stroju) bow tie; dicky bow pot.; **nosić muchę** to wear a bow tie; **przypiąć/zawiązać komuś muchę** to fasten/to do (up) sb's bow tie [3] pot. (pestka, fraszka) piece of cake pot., doddle GB pot.; **ten egzamin to dla mnie mucha** that exam's going to be a cinch a. breeze (for me) pot.
❑ **mucha heska** Zool. Hessian fly; **mucha hiszpańska** Farm., Zool. Spanish fly; **mucha tse-tse** Zool. tsetse (fly)
■ **być pod muchą** pot. to be tipsy a. mellow; **lgnąć** a. **ciągnąć do kogoś/czegoś jak mucha do miodu** pot. to take to a. be attracted to sb/sth like a fly to honey pot.; **dziewczyny lgnęły do niego jak muchy do miodu** girls took to him like flies to honey pot.; **turyści ciągną do Londynu jak muchy do miodu** London attracts swarms of tourists; **liczyć muchy** pot., pejor. to veg out US pot.; to loaf about pejor.; **mieć muchy w nosie** pot. to have one's knickers in a twist GB pot., to have one's undies in a bunch US pot.; **padać** a. **ginąć** a. **umierać jak muchy** to drop a. die like flies, to go down a. fall like ninepins GB; **robić z muchy słonia** pot. to make a mountain out of a molehill; **ruszać się jak mucha w smole** a. **jak senna mucha** pot., pejor. to move slowly, to move as slow as molasses (in January) US; **nawet muchy by nie zabił** a. **skrzywdził** he wouldn't hurt a. harm a fly; **wyglądasz świetnie, mucha nie siada** pot. you look fabulous; **Mercedes to samochód, że mucha nie siada** pot. a Mercedes is a fantastic car; **dobra psu i mucha** przysł. better a mouse in the pot than no meat at all przysł.

muchołap|ka *f* flypaper *U*

muchołów|ka *f* [1] Bot. Venus a. Venus's flytrap [2] Zool. flycatcher

muchomo|r *m* Bot. fly agaric *C/U*; **~r czerwony** (a) fly agaric
❑ **~r sromotnikowy** Bot. death cap (mushroom)

muchomor|ek *m dem.* (grzybek) (small) fly agaric; **pidżamka w ~ki** pyjamas decorated with bright red toadstools

muchomór → **muchomor**

mucz|eć *impf* (**~ysz**, **~ał**, **~eli**) *vi [krowa]* to moo

mudżahedin *m* mujahed (*an Islamic guerilla fighter*)

muesli /'musli/ *n inv.* → **musli**

muf|ka *f* muff

muflon *m* Zool. mouf(f)lon

muflonow|y *adi.* Zool. *[rogi, sierść]* mouf(f)lon *attr.*, mouf(f)lon's

Mula|t *m*, **~tka** *f* mulatto przest., obraźl.; person of mixed race

mul|da *f* [1] Sport mogul; **jazda po ~dach** (zawody) moguls, a moguls event; **zjeżdżać na nartach po ~dach** to ski mogul [2] (nierówność terenu) bump; **samochód podskakiwał na ~dach** the car bounced over the bumps

mul|i *adi. [uszy, ogon]* mule *attr.*, mule's; *[wytrzymałość]* mulish, mule-like; **~i upór** mulishness

mulic|a *f* Zool. (female) mule

mulin|a *f sgt* Włók. (silk) embroidery floss, floss (silk)

multi- *w wyrazach złożonych* multi-; **multimiliarder** a multibillionaire; **multiinstrumentalista** a multi-instrumentalist

multikin|o *n* multi-screen a. multiplex cinema GB, multi-screen a. multiplex movie theater US, (multi-screen) cinema complex GB, (multi-screen) movie theater complex US

multilateraln|y *adi.* książk. *[stosunki, rozmowy, umowa]* multilateral

multimedi|a *plt* (*G* **~ów**) multimedia, mixed media

multimedialn|y *adi.* [1] *[program, komputer, techniki]* multimedia; **~a wersja encyklopedii** a multimedia version of an encyclopedia; **pokaz ~y** a multimedia display [2] *[przekaz, reklama]* multimedia, mixed media *attr.*

multimilione|r *m* multimillionaire

multimilioner|ka *f* multimillionaire(ss)

multiwitamin|a *f* [1] *sgt* Farm. multivitamin (supplement) [2] pot. (tabletka) multivitamin (tablet)

mu|ł¹ *m pers.* (*Npl* **muły**) pot., obraźl. mule pejor.
[II] *m anim.* Zool. mule; **przyszedłem do domu obładowany jak muł** I came home loaded down like a (pack) mule; **uparty jak muł** pot. (as) stubborn as a mule

mu|ł² *m* (*G* **mułu**) (jeziorny) ooze *U*; (rzeczny, morski) silt *U*, mud *U*; **ugrzęznąć w mule** to get bogged down in the mud; **osadzały się iły i muły** loam and silt were being deposited

mumi|a *f* (*GDGpl* **~i**) mummy; **~e egipskie** Egyptian mummies; **~a faraona** a pharaoh's mummy; **zasuszony jak ~a** (as) shrivelled as a mummy; **obandażowany jak ~a** bandaged like a mummy; **siedzieć/stać jak ~a** pot. to sit/stand there like a mummy a. sphinx
■ **chodząca ~a** pot. (stary) dry old stick pot., pejor.; (niemrawy) zombie pot., pejor.

mumifikacj|a f (Gpl ~i) mummification; zwłoki poddano ~i bodies were mummified

mumifik|ować impf **I** vt książk. to mummify [zwłoki] ⇒ **zmumifikować**

II mumifikować się to be mummified; **w torfie ciała same się ~ują** peat bogs mummify bodies naturally ⇒ **zmumifikować się**

mundial m sgt (G ~u) Sport. the World Cup; **brać udział w ~u** to take part in the World Cup

mundialow|y adi. Sport. [rozgrywki, mecz, mistrz] World Cup attr.

mundu|r m (G ~ru) uniform C/U; ~r wojskowy/marynarski/policyjny/kolejarski a military/naval/police/railway uniform; ~r lotniczy an air force uniform; ~r górniczy a miner's uniform; ~r polowy battledress, (a) combat uniform; ~r galowy full dress a. ceremonial uniform; ~r służbowy service uniform a. dress; ~r wyjściowy street a. walking-out uniform; żołnierze w ~rach soldiers in uniform, uniformed soldiers; nosić ~r to wear a uniform, to be in uniform; włożyć ~r to put on a. get into one's uniform; przen. to put on uniform przen.; to join the army; zrzucić ~r przen. to leave the army

■ splamić ~r książk. to disgrace one's uniform; ubrać kogoś w ~r książk. to put sb in uniform, to enlist sb; za ~rem panny sznurem przysł. women love a man in uniform

mundur|ek m dem. uniform; ~ek harcerski/szkolny a scout/school uniform; uczniowie w ~kach schoolchildren in their uniforms, uniformed schoolchildren; ziemniaki a. kartofle w ~kach Kulin. jacket potatoes

mundurow|y I adi. [1] [bluza, odznaka] uniform attr. [2] [policjant, strażak, kolejarz, służba] uniformed

II m pot. (policjant) (uniformed) policeman a. police officer; (żołnierz) (uniformed) soldier

municypaln|y adi. książk. [ratusz, wybory, urzędnik] municipal książk.

munsztuk m sgt [1] (dla konia) bit, curb (bit) [2] przest. (ustnik papierosa) (filter) tip przest.; (ustnik fajki) mouthpiece

mu|r I m (G muru) [1] Archit., Budow. wall; **mur domu/zamku** a wall of a house/castle, a house/castle wall; **mur cmentarny** a cemetery wall; **twierdza miała mury o grubości 2 metrów** the walls of the fortress were 2 metres thick; **mury obronne miasta** a town's defensive walls; **ogród otoczony murem** a walled garden; **ogród otoczono murem** the garden was walled (in); **otoczyć** a. **opasać budowlę murem** to surround a building with a wall; **przeskoczyć przez mur** to jump a. go over a wall [2] przen. wall, barrier przen.; **czułem, jak między nami wyrasta mur nieufności/obojętności** I felt a wall of mistrust/indifference growing a. building up between us; **(na)trafić na mur obojętności** to come a. run up against a wall of indifference; **zburzyć** a. **przełamać mur uprzedzeń** to break down a. to overcome the barriers a. wall of prejudice [3] (zwarta grupa) wall przen.; **mur**

ochroniarzy a wall of bodyguards; widziała tylko mur pleców she couldn't see anything but a wall of backs; otoczyli go zwartym murem they surrounded him closely [4] Sport. wall; ustawić się w mur to form a. make a wall

II mury plt książk. walls; **w murach miasta** within the city walls; **za murami miasta** beyond the city walls; **pod murami miasta** just outside the city walls; **w murach szkoły** within the confines of the school; **cały dzień siedzieć w murach** to stay indoors a. inside all day; **spędzić życie w klasztornych murach** to spend one's life within a. behind (the) monastery walls

❏ **Mur berliński** Hist. the Berlin Wall; **Mur chiński** a. **Wielki Mur** the Great Wall (of China); **mur ciosowy** Budow. ashlar wall; **mur oporowy** Budow. retaining wall, revetment; **mur pruski** Budow. half-timbered wall

■ **być jak mur** pot. to refuse to budge, to stand one's ground a. stand firm; **ona prosiła, a on jak mur** she pleaded with him, but he stood firm; **przyprzeć** a. **przycisnąć kogoś do muru** pot. to pin sb down, to have sb up against the wall; **być przypartym** a. **przyciśniętym do muru** pot. to be up against the wall a. to have one's back to the wall; **głową muru nie przebijesz** pot. there's no point in a. it's no use banging your head against a brick wall; **opuścić szkolne mury** to leave school a. college; **pójść** a. **iść pod mur** pot. to be put up against a wall and shot, to be stood before a firing squad; **stać jak mur** (nic nie mówiąc) to stand there tongue-tied; (nie ruszając się) to stand stock-still a. motionless; **stać murem za kimś/czymś** pot. to be a. stand firmly behind sb/sth; **stanąć murem za kimś/czymś** to throw one's full support behind sb/sth, to give sb/sth one's full support; **będę murem stać przy tobie i bronić cię** I will stick a. stand by you and defend you; **opozycja stoi murem przeciwko rządowi** the opposition is standing firm a. standing its ground against the government; **walić** a. **tłuc głową w mur** pot. to be banging a. knocking one's head against a brick wall; **zamknąć coś na mur** pot. to shut/lock sth (up) tight; **zastałem drzwi zamknięte na mur** I found the door locked (up) tight; **na mur** pot. for sure pot.; definitely; **przyjdę na mur** I'll definitely come a. come for sure

murar|ka f sgt [1] (murarstwo) bricklaying (trade); **zajmować się ~ką** to work as a bricklayer [2] (architektura) brickwork

murars|ki adi. [1] fachowiec/pomocnik ~ki an expert/assistant bricklayer; majster ~ki a master bricklayer; brygada ~ka a gang of bricklayers [2] [wiedza, doświadczenie, sposoby] bricklaying attr., bricklayer's; sztuka ~ka the art a. craft of bricklaying [3] [kielnia, rusztowanie] bricklayer's; [zbrojenie] brickwork attr.; zaprawa ~ka mortar

murarstw|o n sgt [1] (zajęcie) bricklaying (trade); **trudnić się ~em** to work as a bricklayer [2] (stawianie murów) bricklaying (work); **wyuczyć się ~a** to learn bricklaying a. to lay bricks [3] (architektura) brickwork

murarz m (Gpl ~y a. ~ów) [1] (rzemieślnik) bricklayer; ~ betoniarz a concrete worker; ~ kamieniarz a mason [2] (tynkarz) plasterer [3] (sztukator) (stucco) plasterer

muraw|a f [1] (trawa) grass U, sward książk.; leżeć/rozłożyć koc na ~ie to lie/spread a blanket on the grass [2] Sport turf; mecz rozegrano na śliskiej/mokrej ~ie the match was played on a slippery/wet field a. pitch; sztuczna ~a artificial turf, AstroTurf®; zespoły wyszły na ~ę (boiska) the teams went onto the field a. pitch

mur|ek m sgt (G ~ku a. ~ka) [1] dem. (ogrodzenie) (low) wall [2] (gzyms) ledge; ~ek kominkowy a mantelpiece

murmurando → mormorando

mur|ować impf vt [1] (budować) to build [dom, ściany, ogrodzenie]; ~ować z cegły/kamienia/betonu to build in brick/stone/concrete; ~ować dom z cegły to build a house from a. out of bricks; ~ować piec to construct a (ceramic) stove [2] Sport ~ować bramkę to play defensively

murowan|y I pp → murować

II adi. [1] [dom, ogrodzenie] (z cegły) brick attr.; (z kamienia) stone attr., masonry attr. [2] pot. (pewny) [wygrana, awans] sure; [waluta] rock-solid pot.; pogoda jest ~a the weather's bound to be good, there's bound to be good weather; z klasówki mam ~ą piątkę I'm a dead cert to get an A on the test pot.; czeka cię ~y awans you're a dead cert for promotion pot., your promotion is in the bag pot.; ~e, że będzie padać you can bet your life a. boots (that) it's going to rain pot.; ~e! it's a cert a. a sure thing! pot.; it's in the bag a. bank

mursz|eć impf (~eję, ~ał, ~eli) vi [1] (próchnieć) [drzewo, drewno, deski] to rot; drewno ~ało ze starości the wood was rotting with age ⇒ zmurszeć [2] książk. (tracić na aktualności) [idee, poglądy] to become outdated a. obsolete, to go out of date ⇒ zmurszeć [3] Biol. [rośliny] to decompose ⇒ zmurszeć

Murzyn m black a. Black (man), man of African/Caribbean descent; Negro Hist., obraźl.

■ **(być) sto lat za ~ami** obraźl. to be backward a. primitive, to be in the Stone Age

murzyn I m pers. [1] (opalony) (deeply) tan(ned) man [2] pot. (pracujący za innego) drudge; skivvy GB pot.; (autor) ghostwriter [3] pot. (zatrudniony nielegalnie) illegal worker

II m anim. [1] (koń) black horse [2] Myślis. young black grouse

■ ~ **zrobił swoje, ~ może odejść** once you've served your purpose, you're no longer needed; **biały** ~ pot. slave przen.; skivvy GB pot.; **opalić się na ~a** pot. to get a deep tan; **robić za ~a** pot. to work like a slave; to be treated like a skivvy GB pot.

Murzyn|ek m dem. black a. Black child, child of African/Caribbean descent

murzyn|ek I m pers. dem. pot. (deeply) tan(ned) child

II m anim. dem. black horse

III m inanim. dem. (A ~ka) [1] Kulin. (ciasto) chocolate cake [2] pot. (strong) black coffee

M

Murzyn|ka *f* black a. Black (woman), woman of African/Caribbean descent; Negro Hist., obraźl.

murzyn|ka *f* pot. (dziewczyna) (deeply) tan(ned) girl; (kobieta) (deeply) tan(ned) woman

murzyńs|ki *adi.* [1] *[aktor, niewolnik, piosenkarka]* black a. Black, of African/Caribbean descent; *[dzielnica]* black a. Black; **~a pisarka** a black a. Black writer, a writer of African/Caribbean descent; **~cy działacze/przywódcy** black a. Black activists/leaders [2] *[skóra, uroda]* black a. Black; Negroid przest., obraźl.; **~kie włosy** Black a. African/Caribbean hair

mus[1] *m* (*G* **musu**) Kulin. (deser) mousse *C/U*; **~ z jabłkowy** a. **z jabłek** apple mousse; **~ czekoladowy** chocolate mousse; **~ z truskawek** strawberry mousse

mus[2] *m* *sgt* (*G* **musu**) pot. (konieczność) necessity; (przymus) compulsion, constraint; **robić coś z ~u** to do sth out of necessity a. under duress, to be forced to do sth; **gotowała z ~u** she cooked because she had to; **jak ~, to ~** a man's got to do what a man's got to do; needs must (when the devil drives) książk.

musical /mju'zikal/ *m* (*G* **~u**, *Gpl* **~i** a. **~ów**) musical (comedy); **wystawić ~ na Broadway'u** to produce a Broadway musical; **występować w ~u** to perform in a musical

musicalow|y /mjuzika'lovɪ/ *adi.* *[wersja, przeróbka]* musical attr.; **przeboje ~e** musical (comedy) hits; **aktor/tancerz ~y** an actor/a dancer in musicals

music-hall /ˌmjuzi'khol/ *m* (*G* **music-hallu**, *Gpl* **music-halli** a. **music-hallów**) Teatr [1] (widowisko) music hall *U*, music-hall show [2] (sala) music hall, variety theatre GB, variety theater US

music-hallow|y /ˌmjuzikho'lovɪ/ *adi.* *[przebój]* music-hall attr.

mu|sieć *impf* (**musisz, musiał, musieli**) *vi* [1] (podlegać przymusowi) **musisz to zrobić** you have to a. you've got to do it; **zostanę, jeśli będę musiał** I'll stay if I have to; **nie musisz pracować na dwa etaty** you don't have to a. don't need to have two full-time jobs; **czy muszę iść na przyjęcie?** do I have to a. have I got to go to the party?; **wszyscy musimy kiedyś umrzeć** we all have to die some day; **tak musi być** this is how it's got to be; **żebym nie musiał ci powtarzać** don't make me tell you again [2] (uznawać za potrzebne) **musisz to zrobić** you must do it, you have to do it; **nie musiałeś tego robić** you needn't have done that, you didn't have to a. need to do that; **muszę już iść** I must go a. be going now, I have to a. I've got to go now; **dokument musi zostać podpisany** the document must be signed a. needs signing; **musisz mi wszystko opowiedzieć** you must a. have to tell me everything; **musiał pomagać rodzicom** he had to help his parents; **kandydat musi mieć wyższe wykształcenie** the candidate must have a college a. university education; **muszę powiedzieć, że zachował się bardzo szlachetnie** I must say he behaved very nobly; **musisz przyznać, że egzaminy były trudne** you must admit (that) the exams were difficult; **musisz wiedzieć, że on nie jest uczciwy** you should a. ought to know that he isn't honest; „**czy naprawdę muszę teraz odrabiać lekcje?**" – „**tak, musisz!**" 'do I really have to do my homework now?' – 'yes, you do!' [3] (bardzo chcieć) **muszę tu jeszcze kiedyś wrócić** I must return a. I'll have to return here some day; **muszę mieć tę sukienkę!** I must have this dress!; **muszę z nim pomówić** I must talk a. speak to him [4] (prawdopodobieństwo) **musiałeś o tym słyszeć** you must have heard about that; **musiał już dostać mój list** he must have received my letter by now; **ktoś puka, to musi być on** someone's knocking, it must be a. has to be him; **ona musi być bardzo nieszczęśliwa** she must be very unhappy; **w tym musi coś być** there must be something to it [5] (pewność) **ten pies musi być chory** that dog must be ill; **musiało tu padać, bo ulice są mokre** it must have rained here, the streets are wet; **musicie być bardzo zmęczeni po podróży** you must be very tired after the journey; **musi być już dziewiąta** it must be nine o'clock now; **musiałem cię już gdzieś widzieć** I'm sure I've seen you somewhere before; **to musi być prawda** it must be true; **to nie musi być prawda** it isn't necessarily true [6] (konieczność, zachęta) **musisz zobaczyć ten film** you must see a. you've got to see this film, this film is a must; **musicie koniecznie spróbować mojego ciasta** you absolutely a. really have to try my cake [7] (nie móc się powstrzymać) **on zawsze musi postawić na swoim** he always has to have his way, he's always got to have his way; **dlaczego ty zawsze musisz się spóźniać?** why do you always have to be late?, why must you always be late?; **musiałem spróbować** I (just) had to try [8] (nieuchronność) **to musiało się stać** this (just) had to happen, this was bound to happen

■ **co pan każe, sługa musi** przysł. those that are bound must obey przysł.; **kazał pan, musiał sam** przysł. (it's a case of) keep a dog and bark yourself przysł.

muskać *impf* → **musnąć**

muskularność *f* *sgt* muscularity

muskularn|y *adi.* *grad.* *[zapaśnik]* muscular; muscle-bound pejor.; *[ciało, tors, ręce]* muscular

muskulatu|ra *f* *sgt* musculature, muscles

muskuł *m* *zw. pl* (*G* **~łu**) Anat. muscle; **napinać a. naprężać ~ły** to tense a. to flex one's muscles; **wyrobić sobie ~ły** to build up one's muscles; **~ły jak ze stali/z żelaza** muscles of steel/iron, steel/iron muscles

musli, müsli /'musli/ *n* *inv.* Kulin. muesli; **jeść ~ na śniadanie** to have muesli for breakfast

mu|snąć *pf* — **mu|skać** *impf* [1] *vt* [1] to stroke, to brush; **musnął ustami jej policzek** he brushed her cheek lightly with his lips; **przeskoczył, nie musnąwszy nawet poprzeczki** he jumped over without even brushing (against) the bar; **muskał struny gitary** he strummed his guitar gently; **kula musnęła jego ramię** the bullet grazed his arm [2] przen. (o słońcu, wietrze) to caress przen., to kiss przen.; **wiatr muskał jej twarz** the wind caressed a. kissed her face; **jej wzrok musnął mnie tylko** her gaze flickered over me [1] **musnąć się** — **muskać się** [1] *[ptak]* to preen one's feathers [2] (jeden drugiego) to stroke each other; **musnęli się ustami** their lips brushed lightly

mus|ować *impf* *vi* fizz (up); **piwo ~owało w kuflach** beer was foaming in the mugs; **wino ~ujące** sparkling wine; **~ujący napój** a fizzy drink; **~ujące tabletki** effervescent tablets

mustang [1] *m* *anim.* Zool. (koń) mustang [1] *m* *inanim.* Hist., Wojsk. (samolot) Mustang (plane)

muszel|ka *f* [1] *dem.* pieszcz. (sea)shell; **zbierać ~ki na plaży** to collect shells on the beach; **jeść ostrygi prosto z ~ek** to eat oysters straight from their shells a. the shell [2] Kulin. (ciastko) shell-shaped biscuit [3] *zw. pl* Kulin. (makaron) pasta shells

musz|ka *f* [1] *dem.* Zool. fly [2] (element stroju) bow tie [3] (w celowniku) bead; **mieć a. trzymać kogoś/coś na ~ce** to have sb/sth in one's sights; **wziąć kogoś na ~kę** to draw a. get a bead on sb [4] Kosmet. beauty spot

❏ **~ka owocowa** Zool. fruit fly

muszka|t *m* (*G* **~tu**) [1] Bot. (drzewo muszkatołowe) nutmeg *U* [2] Kulin. (gałka muszkatołowa) nutmeg *U* [3] Bot. (roślina doniczkowa) geranium [4] Wina muscat (wine)

muszkatel *m* (*G* **~u**) [1] Wina muscatel [2] Bot. geranium

muszkatołow|iec *m* (*A* **~iec** a. **~ca**) Bot. (roślina) nutmeg (tree); (owoc) nutmeg (fruit)

muszkatołow|y *adi.* [1] Bot. *[kora]* nutmeg (tree) attr.; **kwiat ~y** mace [2] Kulin. nutmeg attr.; **gałka ~a** nutmeg; **olejek ~y** nutmeg oil [3] Wina muscat attr.; **wino ~e** muscat wine

muszkatow|y *adi.* [1] Wina muscat attr.; **wino ~e** muscat wine [2] Kulin. *[zapach]* nutmeg attr. [3] Bot. nutmeg (tree) attr.

muszkie|t *m* (*G* **~tu**) Hist., Wojsk. musket

muszkiete|r *m* (*Npl* **~rzy** a. **~rowie**) Hist. Wojsk. musketeer

musz|la *f* (*Gpl* **~li** a. **~el**) [1] Zool. shell; **pusta ~la ślimaka/małży** an empty snail/mollusc shell [2] (sedes) **~la (klozetowa)** toilet bowl [3] (kształt) shell; **~la stadionu** the shell of a stadium; **~la umywalki** a wash basin

❏ **~la koncertowa** Archit. band shell US; **~la uszna** Anat. auricular concha

musztar|da *f* [1] *sgt* Kulin. mustard; **parówki z ~dą** sausages a. hot dogs with mustard; **~da z Dijon** Dijon mustard [2] (porcja) jar of mustard; **kup dwie ~dy** get two pots of mustard

■ **~da po obiedzie** pot. (it) missed the boat; **te ulepszenia i poprawki to ~da po obiedzie, ponieważ projekt już zatwierdzono** these improvements and corrections have missed the boat, as the proposal has already been accepted

musztardow|y *adi.* [1] Kulin. *[sos, majonez]* mustard attr. [2] (kolor) mustard (colour) [3] Chem. *[gaz]* mustard

musztardów|ka f pot. mustard pot (used as a glass); **pić wódkę z ~ki** to drink vodka from a glass jar

muszt|ra f Wojsk. drill; **plac ~ry** drill ground; **odbywać/prowadzić ~rę** to be drilled/ to drill a. to conduct the drill; **każdy żołnierz musi nauczyć się ~ry** every soldier needs to learn the drill

musztr|ować impf vt [1] Wojsk. to drill [żołnierzy, oddział] [2] (pouczać) to drill [uczniów, dzieci, pracowników]

musz|y adi. [bzykanie, skrzydła] fly's; **waga ~a** Sport flyweight

muślin m (G ~u) Włók. muslin; **suknia/ bluzka z ~u** a muslin dress/blouse

muślinow|y adi. Włók. [sukienka, szal, zasłona] muslin attr.; **~y szal** a muslin shawl

mutacj|a f (Gpl ~i) [1] (głosu) breaking (of the voice); **przechodzi ~ę** his voice's breaking [2] książk. (zmiana, odmiana) mutation; **ich muzyka to jedna z wielu ~i muzyki bluesowej** their music is one of many mutations of the blues [3] Biol. mutation; **~e chromosomowe** chromosomal mutations

mutacyjn|y adi. [1] Fizjol. **zmiany ~e głosu** breaking (of the voice) [2] Biol. [chromosom, gen, przemiana] mutational a. mutative; **chorobę wywołuje gen ~y** the illness is caused by a mutational gene

mutan|t m Biol. mutant; **~t dyni** a mutant of the pumpkin; **~t wirusa** a mutant form of a virus

mutatis mutandis książk. mutatis mutandis

mut|ra f Techn. nut

muz|a f [1] Mitol. **Muza** muse; **Muzy Apollina** Apollo's Muses [2] książk. (kobieta) muse; **była ~ą poety** she was the poet's muse [3] sgt książk. (twórczość) muse [4] książk. (natchnienie) muse; **jego ~ą była miłość** love was his muse a. guiding spirit
■ **dziesiąta ~a** Kino cinematography; **jedenasta ~a** (telewizja) television; **lekka** a. **lżejsza ~a** easy listening; **podkasana ~a** żart. (lekki repertuar) light repertoire; (aktorka kabaretowa) cabaret actress; **robić coś sobie a ~om** to do sth for its own sake

muzealnictw|o n sgt museology

muzealnicz|y adi. [metody, zbiory, ruch, tradycje] museological

muzealni|k m museologist

muzealn|y adi. [1] [eksponat, sala, pracownik] museum attr. [2] (zabytkowy) museum attr.; **ten zbiór rycin ma wartość ~ą** this print collection is of museum quality
■ **okaz ~y** iron. museum piece iron.

muze|um n (Gpl ~ów) museum; **~um archeologiczne/sztuki nowoczesnej** an archeological/a modern art museum; **~um techniki** museum of technology; **Muzeum Narodowe** the National Museum; **Muzeum Czartoryskich w Krakowie** the Czartoryski Muzeum in Cracow; **zwiedzać ~um** to visit a museum

muzułman|in m [1] (wyznawca islamu) Muslim, Moslem [2] Hist. (wycieńczony więzień obozu) concentration camp inmate on the brink of death

muzułman|ka f Relig. Muslim, Moslem

muzułmańs|ki adi. [kraje, zwyczaje, religia, modlitwy] Muslim attr., Moslem attr.;

rozpoczął się post ~ki Ramadan has begun; **~cy fundamentaliści** fundamentalist Muslims

muzycz|ka f dem. [1] (melodia) music [2] pot. (zespół muzyków) band

muzyczn|y adi. musical; **utwór ~y** a musical piece; **grać na kilku instrumentach ~ych** to play several musical instruments

muzy|k m musician; **sławny ~k rockowy** a famous rock musician

muzy|ka f [1] sgt (ciąg dźwięków) music; **~ka ludowa/kościelna/organowa** folk/church/organ music; **słuchać ~ki** to listen to music; **chodzić na lekcje ~ki** to have music lessons; **komponować ~kę** to write a. compose music; **podkładać ~kę do czegoś** to put sth to music [2] sgt (utwór muzyczny) music; **~ka z filmu „Love Story"** the sound track of 'Love Story' [3] sgt przen. music; **wsłuchiwał się w ~kę nocy** he listened to the music of the night; **jej słowa były ~ką dla moich uszu** her words were music to my ears [4] pot. (zespół muzyków) band; **~ka wojskowa grała marsza** the army band played a march
❑ **~ka atonalna** atonal music; **~ka elektroakustyczna** electro-acoustic music; **~ka elektroniczna** electronic music; **~ka etniczna** folk music; **~ka instrumentalna** instrumental music; **~ka kameralna** chamber music; **~ka konkretna** concrete music; **~ka mechaniczna** mechanical music; **~ka poważna** classical music; **~ka programowa** programme music; **~ka sfer** Filoz. music a. harmony of the spheres; **~ka symfoniczna** symphonic music; **~ka synkopowana** syncopated music; **~ka wokalna** vocal music

muzykalnoś|ć f sgt [1] (poczucie rytmu) musicality; **~ć odziedziczył po dziadku** he inherited his musicality from his grandfather [2] (wiersza, tekstu) musicality, musical character

muzykaln|y adi. [osoba] musical; **być ~ym** to be musical

muzykan|t m pot. muso pot.; musician

muzykolo|g m (Npl ~gowie a. ~dzy) musicologist

muzykologi|a f sgt (GD ~i) musicology

muzykologiczn|y adi. [zbiór, piśmiennictwo] musicological

muzykoterapi|a f sgt (GD ~i) music therapy; **poddać się ~i** to undergo music therapy; **stosować ~ę** to use music therapy

muzyk|ować impf vi to make music; (grać) to play; (śpiewać) to sing; **~ująca rodzina** a musical family

MW (= megawat) MW; **instalacja o mocy 34 MW** a 34 MW installation

my [I] pron. [1] (jako podmiot) we; (w pozostałych przypadkach) us; **my tego nie będziemy tolerować** we're not going to put up with it; **myśmy już skończyli** we've already finished; **„kto pójdzie ze mną?" – „my"** 'who'll go with me?' – 'we will'; **my sami tego dokonaliśmy** we did it ourselves; **nas tam jutro nie będzie** we won't be there tomorrow; **było nas trzech** there were three of us; **kupili nam radio** they bought us a radio; **dla nas** for us; **o nas** about us; **z nami/bez nas** with/without us [2] (pluralis

majestatis) (jako podmiot) we; (w pozostałych przypadkach) us; **my, z Bożej łaski, król Polski** we, by the grace of God King of Poland
[II] **nam** książk. **żegnajcie nam przyjaciele** farewell, friends przest., książk.; **syn nam zmężniał** our son has grown into a man

myc|ka f (jarmułka) skullcap, yarmulke

my|ć impf (**myję, myjesz**) [I] vt [1] (usuwać brud) to wash [ręce, twarz, okna, owoce]; to brush [zęby]; **myć włosy szamponem** to shampoo one's hair a. to wash one's hair with shampoo ⇒ **umyć** [2] książk. (podmywać, żłobić) to lap at; **fale myją brzegi** the waves are lapping (at) the shore
[II] **myć się** to wash oneself; **myć się w wannie/pod prysznicem** to have a bath/ to take a. have a shower ⇒ **umyć się**
■ **ręka rękę myje (noga nogę wspiera)** przysł. you scratch my back and I'll scratch yours przysł.

mydelnicz|ka f [1] (pudełko) soapbox [2] (podstawka) soap dish

mydeł|ko n dem. [1] (do mycia) soap [2] (krawieckie) tailor's chalk, French chalk

mydlan|y adi. [zapach] soapy; **piana ~a** lather, suds; **woda ~a** soapy water; **płatki ~e** soap flakes
■ **opera ~a** TV soap opera

mydlar|nia f (Gpl ~ni a. ~ń) przest. cleaning products and cosmetics shop

mydl|ić impf [I] vt to soap, to lather; **~ić ręce/twarz** to soap a. lather one's hands/ face; **~ić komuś plecy** to soap sb's back ⇒ **namydlić**
[II] **mydlić się** [1] (siebie samego) to soap oneself, to lather oneself ⇒ **namydlić się** [2] (pienić się) to lather; **w twardej wodzie mydło źle się ~i** soap doesn't lather well in hard water
■ **~ić komuś oczy** pot. to pull the wool over sb's eyes

mydlin|y plt (G ~) [1] (woda z mydłem) (soap) suds [2] (piana) lather, (soap) suds

mydł|ek m (Npl ~ki) pot., pejor. creep pot.

mydł|o n [1] (do mycia, prania) soap; **~ło glicerynowe/rumiankowe** glycerine/chamomile soap; **~ło toaletowe** bath soap; **~ło w płynie** liquid soap; **kostka ~ła** a bar of soap; **~ło dla dzieci** soap for children; **~ło do golenia** shaving soap; **~ło do prania** laundry soap; **myć ręce ~łem** to wash one's hands a. to wash one's hands with soap [2] (krawieckie) tailor's chalk/ French chalk [3] Gry (w dominie) blank
❑ **szare ~ło** soft soap
■ **(idzie) jak po ~le** pot. everything is going smoothly a. like clockwork; **najgorsze już za nami, teraz wszystko pójdzie jak po ~le** we are through the worst – now everything will go smoothly; **~ło i powidło** iron. a bit of everything; **pójdź do tego sklepu na rogu, w nim jest wszystko, ~ło i powidło** go to the shop on the corner – there's a bit of everything there; **wchodzić** a. **włazić komuś bez ~ła** posp. to crawl (up) to sb pot.; **wyjść na czymś jak Zabłocki na ~le** przysł. to make a bad deal, to make a loss

myj|ka f [1] (do mycia się) flannel; (do twarzy) facecloth; (rękawica) washing glove [2] Techn.

M

washer; **automatyczna ~ka do butelek** an automated bottle-washer

myjni|a f (Gpl ~) [1] (stanowisko w fabryce) washing station [2] (samochodowa) car wash

myl|ić impf [] vt [1] (mieszać) to confuse, to mix up [fakty, daty, adresy, kierunki, osoby]; **ciągle ~i krok w tańcu** he is always out of step when dancing ⇒ **pomylić** [2] (brać jedną rzecz za drugą) to confuse **coś z czymś** sth with sth); **uczeń ~ił gady z płazami** the student was confusing reptiles with amphibians; **w szkole wszyscy ~ili bliźniaków** everyone at school got the twins mixed up; **~isz mnie z moją siostrą** you're mistaking me for my sister ⇒ **pomylić** [3] (wprowadzić w błąd) to mislead, to deceive; **czy mnie oczy ~ą? - to naprawdę ty!** am I seeing right? - is it really you?; **słuch mnie jeszcze nie ~i** I'm not deaf yet; **o ile mnie pamięć nie ~i** if my memory serves me well; **~ące znaki drogowe** misleading road signs ⇒ **zmylić** [4] pot. (przeszkadzać) to muddle [sb] up pot. [] **mylić się** [1] (popełniać błąd) to make mistakes, to be wrong; **~ił się w rachunkach** he made mistakes in his calculations; **uczeń ~ił się w odpowiedziach** the student gave wrong answers; **~ą mi się daty i fakty historyczne** I get historical dates and facts mixed up ⇒ **pomylić się** [2] (nie mieć racji) to be wrong, to be mistaken (**w czymś** in sth); **~ił się w swoich twierdzeniach** he was mistaken in his claims; **~iłam się co do jego intencji** I was wrong about his intentions; **grubo się ~isz** you are completely wrong ⇒ **pomylić się** ■ **~ić tropy/ślady** pot. to lay a false trail; **pozory (często) ~ą** pot. appearances can be deceptive; **ten się nie ~i, kto nic nie robi** przysł. only those who do nothing don't make mistakes

mylnie adi. grad. [sądzić, wierzyć] erroneously; **~ coś tłumaczyć** to misinterpret sth; **~ kogoś osądzić** to judge sb wrongly; **~ zrozumiałeś jego intencje** you misunderstood his intentions; **~ poinformował mnie o terminie egzminu** he misinformed me about the time of the exam

myln|y adi. erroneous; **lekarz postawił ~ą diagnozę** the doctor misdiagnosed (the condition) a. made an incorrect diagnosis; **jesteś na ~ym tropie** you are on the wrong track; **nic bardziej ~ego!** you couldn't be more wrong a. you couldn't be further from the truth

mysi adi. [1] [ogon, pisk] mouse's; **~a nora** a mouse hole [2] (kolor) [sweter, płaszcz] mouse-coloured ■ **~ ogonek** pigtail; **mieć ochotę skryć się w ~ą norę** a. **dziurę** to want the ground to swallow one up

mysikrólik m Zool. goldcrest

mysz f [1] Zool. (house) mouse; **~ domowa/polna/leśna** house/field/wood mouse; **pisk ~y** mouse's peep; **pułapka na ~y a** mousetrap [2] Komput. mouse; **kliknąć ~ą** to click the mouse; **podkładka do ~y a** mouse pad ■ **~ się nie prześlizgnie** a. **przeciśnie. przejdzie** pot. even a mouse couldn't get a. squeeze through; **~y tańcują, gdy kota**

nie czują przysł. while the cat's away, the mice will play przysł.; **biedny jak ~ kościelna** przysł. as poor as a church mouse przysł.; **siedzieć (cicho) jak ~ pod miotłą** pot. to sit a. be as quiet as a mouse; **zjawiła się wreszcie, zdenerwowana, spocona jak ~** she finally turned up, all nervous and bathed in sweat

mysza|ty adi. [koń, ptaszek, włosy] mousy, mousey

mysz|ka f [1] dem. (little) mouse [2] pot. (znamię) birthmark [3] pot. (nieatrakcyjna kobieta) mousy woman [4] Komput. mouse ■ **trącić ~ką** pot. to be old hat; **widzieć białe ~ki** pot. to see pink elephants

myszk|ować impf vi to ferret (**po czymś** about a. around sth) (**w czymś** about a. around in sth); to poke (**po czymś** about a. around sth); **~ował po szufladach, szukając dokumentów** he was ferreting about in the drawers looking for the documents; **złodzieje ~owali po mieszkaniu, szukając cennych rzeczy** the burglars were poking around the flat looking for valuables

myszoł|ów m Zool. (common) buzzard; **~ów włochaty** rough-legged buzzard GB, rough-legged hawk US

myśl f [1] (proces myślenia) thought; **bieg** a. **tok** a. **nurt ~i** train of thought; **~i mi się plączą** a. **mącą** I'm getting confused; **policz to w ~i** work it out a. calculate it in your mind; **ogarnąć coś ~ą** to grasp sth (mentally); **problemy filozoficzne całkowicie zaprzątają jego ~** he is completely preoccupied with philosophical problems; **ani a. nawet mi to przez ~ nie przeszło** it never even crossed my mind; **być zatopionym** a. **pogrążonym w ~ach** to be deep in thought; **byłem ~ami gdzie indziej** I was miles away; **~ami byłem z rodziną** my thoughts were with my family; **siedział na lekcji, ale był nieobecny ~ami** he sat in class, but his thoughts were elsewhere; **mówić/odpowiadać, co komuś na ~ przyjdzie** to say the first thing/reply with the first thing that comes to one's mind; **nie mógł oderwać od niej ~i** he couldn't stop thinking about her; **zebrać** a. **pozbierać** a. **skupić** a. **opanować ~i** to gather one's thoughts; **mieć ~i zajęte kimś/czymś** to be preoccupied with sb/sth; **gonitwa ~i** racing thoughts; **na ~ o kim/o czym** at the thought of sb/sth; **przywodzić coś komuś na ~** książk. to make sb think of, to put sb in mind of sth; **rozmowa z tobą przywodzi mi na ~ mojego ojca** talking to you makes me think a. puts me in mind of my father; **to zdjęcie przywodzi mi na ~ wakacje w Grecji** this photo reminds me of my holidays in Greece; **mieć kogoś/coś na ~i** to mean sb/sth; **wcale tego nie miałem na ~i** I didn't mean that at all; **żyć ~ą o kimś/o czymś** książk. to live for the thought of sb/sth; **żyła ~ą o ukochanym** the thought of her beloved kept her going; **więźniowie żyli ~ą o ucieczce** the prisoners lived for escape; **uciekać** a. **uciec ~ą od czegoś** książk. (to try) to put sth out of one's mind, (to try) to forget sth; **chciała uciec ~ą od codziennych trosk** she

wanted to forget her everyday concerns; **zwrócić się ~ą** a. **~ami ku czemuś/komuś** to turn one's thoughts to sth/sb; **swoboda** a. **wolność ~i** książk. freedom of thought; **rozwój ~i technicznej w ostatnich latach** the development of technical thought in recent years [2] (wynik rozumowania) thought, idea; **zawiłe ~i filozoficzne** complicated philosophical thoughts; **wypowiadać** a. **wyrażać ~** to express a thought; **wymiana ~i** an exchange of ideas; **czytać w czyichś ~ach** to read sb's thoughts; **podzielić się z kimś ~ami** to share one's thoughts with sb; **być z kimś jednej ~i** to be of the same mind a. opinion as sb; **dręczyła go ~, że nie podoła tej pracy** he was racked by the thought of not being able to cope with the job; **snuły mu się po głowie leniwe ~i o wakacjach** he was thinking lazily about the holidays; **odpędzać natrętne ~i** to try to get rid of persistent thoughts; **być złej ~** to be pessimistic; **przebiegła mi przez głowę ~** a thought flashed through my mind; **nurtowała mnie ~ o wyjeździe** I kept turning over in my mind the idea of leaving; **błysnęła mi w głowie ~, że...** it flashed through my mind that...; **muszę wybić sobie z głowy ~i o kupnie nowej sukienki** I have to forget the idea of buying a new dress; **uczepić się jakiejś ~i** to cling to a thought a. an idea; **opanowała** a. **opętała go ~ o wyjeździe za granicę** he's obsessed with the idea of going abroad; **nie móc się pogodzić z ~ą o czymś/że...** to not be able to come to terms a. grips with the idea of sth/that...; **oswoić się z ~ą, że...** to come to terms with the thought that...; **pożegnać się z ~ą o czymś** przen. to kiss goodbye to the idea of sth; **uderzyła mnie ~, że...** it struck me that a. I was struck by the thought that... [3] (pogląd) thought; **filozoficzna/religijna** philosophical/religious thought [4] (pomysł) idea; **to jest ~!** that's a thought!; **bić** a. **łamać się z ~ami** to be unable to make up one's mind; **podsunąć** a. **poddać** a. **rzucić ~** to suggest sth; **kolega podsunął mi ~ o kandydowaniu na posła** a friend of mine suggested that I stand for MP; **natchnąć kogoś ~ą o zrobieniu czegoś** to inspire sb to do sth; **porzucić ~ o czymś** to give up the idea of sth; **zaświtała mi w głowie ~, że...** it occured to me that...; **strzeliła mi do głowy ~** I had a sudden idea; **nosił się z ~ą o zakupie samochodu** he was thinking about buying a car [5] książk. (intencja) intention, intent; **moją ~ą było, by ten ośrodek służył wszystkim potrzebującym** my idea was that the centre should serve everyone in need; **~ o budowie nowego szpitala** the idea of building a new hospital; **wszystko idzie po mojej ~i** everything is going as I intended; **w ~ czegoś** in accordance with sth, according to sth

❑ **~ przewodnia** książk. keynote; **czarne ~i** gloomy thoughts książk.; **złota ~** książk. words of wisdom

myśląc|y [] pa → **myśleć**
[] adi. [1] (mający zdolność myślenia) thinking;

człowiek jest istotą ~ą man is a thinking being [2] (rozumny) clever [3] (świadczący o czyimś rozumie) *[oczy, czoło, twarz]* intelligent

myśl|eć *impf* (~isz, ~ał, ~eli) *vi* [1] (rozumować, rozważać) to think; **czy ty w ogóle ~isz, co robisz?** are you thinking (about) what you're doing?; **często ~ała o przeszłości** she often thought about the past; **~eli, jak rozwiązać tę sprawę** they were thinking how to solve the problem; **co on sobie ~i!** who does he think he is!; **niewiele ~ąc** without thinking [2] (sądzić) to think; **(ja) ~ę!** I should think so!; **~ę, że nie masz racji** I think you're wrong; **~ałem, że przyjedziesz** I thought you'd come; **mówię to, co ~ę** I say what I think; **chcę wiedzieć, co o mnie ~lisz** I'd like to know what you think of me; **jest ładniejsza, niż ~ałem** she is prettier than I thought; **„~isz, że to dobry pomysł?" – „~ę, że tak"** 'do you think it's a good idea?' – 'I think so'; **myślałby kto, że...** you'd think (that)...; **~ałby kto, że to wielka dama** you'd think she was a grand lady; **~ałby kto, że to jest takie ważne** you'd think it was very important; **~ałby kto, że tak się o nas troszczysz** one would think you actually cared about us [3] (troszczyć się) to think; **muszę ~eć o rodzinie/dzieciach** I must think about my family/children [4] (mieć zamiar) to think (o czymś about sth); to intend (o czymś to do sth); **~ę o budowie domu** I'm thinking of building a house

■ **on ~i o mnie poważnie** his intentions are honourable; **głośno ~eć** to think aloud; **ja tylko głośno ~ę** I'm just thinking aloud; **indyk ~ał o niedzieli, a w sobotę łeb ucięli** przysł. ≈ don't count your chickens before they are hatched przysł.; **ani ~eć czegoś zrobić** to have no intention of doing sth; **ani ~ę pracować dla niego** I have no intention of working for him; there's no way (that) I'd work for him pot.

myśleni|e [] *sv* → **myśleć**

[] *n* thinking; **zdolność ~a** the ability to think; **sposób ~a** a way of thinking; **śledzić czyjś tok ~a** to follow sb's train of thought; **dawać do ~a** to be food for thought; **dawać komuś do ~a** to make sb think, to give sb something to think about; **czy jego słowa nie dały ci do ~a?** didn't his words make you think?; **ten film dawał do ~a** it was a thought-provoking film

❏ **~e abstrakcyjne** Psych. abstract thinking; **~e autystyczne** Med. autistic thinking; **~e dyskursywne** Filoz. discursive reasoning

myśliciel *m*, **~ka** *f* książk. **za największego ~a chińskiego uważa się Konfucjusza** Confucius is regarded as the greatest Chinese thinker a. philosopher; **~em to on nie jest** iron. he's no great thinker iron.

myślistw|o *n sgt* [1] (umiejętność polowania) hunting [2] Wojsk. fighters; **dowództwo brytyjskiego ~a** the British Fighter Command

myśliw|iec Lotn. [] *m pers.* (pilot) fighter pilot

[] *m inanim* (samolot) fighter (plane); **eskadra ~ców** a fighter squadron; **latać na ~cu** to fly a fighter plane

myśliws|ki *adi.* [1] Myślis. *[róg, trofeum, broń, zwyczaje]* hunting *attr.* [2] Wojsk. fighter *attr.*; **samolot ~ki** a fighter

myśliw|y *m* (*Gpl* ~ych) hunter; **hieny to doskonali ~i** hyenas are excellent hunters

myślnik *m* Jęz. dash; **w tym miejscu powinieneś postawić ~** you need to put a dash here

myślowo *adv.* *[pogłębiać, dopracować]* mentally

myślow|y *adi.* mental; **proces ~y** thought a. mental process; **on ma ciasne horyzonty ~e** he has limited horizons; **praca ~a potrafi być równie wyczerpująca i męcząca jak praca fizyczna** thinking a. mental effort can be as exhausting as physical labour; **schematy ~e** set patterns of thinking; **skojarzenia ~e** mental associations

my|to *n* Hist. toll; **płacić myto** to pay a toll; **pobierać myto** to collect tolls

mżaw|ka *f* drizzle; **mgła przechodziła w ~kę** the mist was turning into drizzle

mż|yć *impf vi* [1] (siąpić) *[deszcz]* to drizzle; **weź parasol, na dworze mży** take your umbrella, it's drizzling (outside) [2] książk. (świecić) *[latarnia, gwiazdy, księżyc]* to glimmer

mży|sto *adv. grad.* drizzly; **na dworze zrobiło się ~sto i ponuro** it became drizzly and gloomy outside

mży|sty *adi.* *[dzień, pogoda]* drizzly

M

N, n *n inv.* N, n; **n razy** n times

na *praep.* [1] (wskazuje na kontakt z powierzchnią) *[znajdować się]* on; **na stole/kanapie/krześle** on the table/sofa/chair; **na ścianie/drzwiach** on the wall/door; **na Ziemi/Księżycu** on the Earth/Moon; **na niebie** in the sky; **na jeziorze/rzece** on the lake/river; **na morzu** at sea; **na zdjęciu/obrazie** (jako temat) in a photo/picture; **na środku czegoś** in the middle a. centre of sth; **na początku/końcu czegoś** at the beginning/end of sth; **rana na nodze** a wound on a a. in the leg; **mieć na sobie marynarkę/płaszcz** to be wearing a jacket/coat; **nosiła pierścionek na małym palcu, a na szyi korale** she had a ring on her little finger and beads (a)round her neck; **włóż płaszcz na sweter** put your coat on over your sweater [2] (wskazuje na pomieszczenie, miejsce) at, in; **na stadionie** at the stadium; **na korytarzu** in the corridor; **na ulicy** in the street, outside; **na ulicy Klonowej** in a. on Klonowa Street; **na dworcu/przystanku autobusowym** at the station/bus stop; **na staromiejskim rynku** in the Old Town marketplace; **na wschodzie/południu** in the East/South; **na Bliskim Wschodzie** in the Middle East; **na Ukrainie/Węgrzech** in (the) Ukraine/in Hungary; **na Śląsku/Mazowszu** in Silesia/Mazovia; **na wyspie/Borneo** on an island/in Borneo; **na wsi** in the country; **na uniwersytecie** at (the) university/in the university; **na wykładzie/przedstawieniu** at a lecture/performance; **na górze/dole** (wysokość) at the top/bottom; (w budynku) upstairs/downstairs [3] (wskazuje na kierunek) *[pójść, prowadzić]* to; **na plażę/bagna** to the beach/marshes; **na stację/salę operacyjną** to the station/the operating theatre; **na Łotwę/Pomorze** to Latvia/Pomerania; **na Sycylię/Krym** to Sicily/the Crimea; **wyprawa na Mount Everest** an expedition to Mount Everest; **wspinać się na Giewont** to climb Giewont; **robotnicy wylegli na ulice** workers took to the streets; **dostał się na uniwersytet/prawo** he entered university a. was admitted to university/he entered the law department; **poszła na zebranie/koncert** she went to a meeting/concert; **iść/skręcać na północ/wschód** to go/turn north/east; **okna wychodzą na południe/na ogród** the windows face south/look onto the garden; **na północ/wschód od czegoś** to the north/east of sth; **na górę/dół** (wyżej/niżej) up/down; (w budynku) upstairs/downstairs; **patrzeć na kogoś** to look at sb; **postawić wazon na stół** a. **na stole** to put a vase on

the table; **ładować meble na ciężarówkę** to load furniture onto a lorry; **przenosić się z miejsca na miejsce** to move from place to place [4] (wskazuje na odcinek czasu) for; **wyjechać na tydzień/dwa dni** to go away for a week/two days; **na krótko** for a bit a. a short while; **na zawsze** forever, for ever; **muszę was na chwilę zostawić** I'll have to leave you for a moment; **ptaki odleciały na zimę** the birds have flown off for the winter; **na pół godziny przed odlotem samolotu** half an hour before the plane's departure [5] (wskazuje na termin) **przygotuję ten referat na środę** I'll prepare the paper for Wednesday; **miałeś zrobić tłumaczenie na wczoraj** you were supposed to finish the translation by yesterday; **przesuńmy zebranie na jutro** let's postpone the meeting till tomorrow; **masz przyjść na drugą/lunch** you must come at two/for lunch; **jestem z nim umówiony na siedemnastą/na piątego stycznia** I'm seeing him at 5 p.m./on January the fifth [6] (wskazuje na okazję) for; **na tę okazję** for the occasion; **sukienka na specjalne okazje** a dress for special occasions; **zjeść coś na śniadanie/lunch** to have a. eat sth for breakfast/lunch; **kupić komuś prezent na urodziny** to buy sb a present for his/her birthday; **zaprosić kogoś na imieniny/wigilię** to invite sb to one's name day party/for Christmas Eve; **pójść na wesele/pogrzeb** to go to a wedding/funeral; **pocałować/pomachać komuś na pożegnanie** to kiss/wave sb goodbye [7] (z nazwami środków lokomocji) **na nartach/rowerze** on skis/on a bike; **policjanci na koniach** policemen on horseback; **jechać na rowerze** to cycle, to ride a bike; **latać na lotni** to go hang-gliding; **jeździć na łyżwach/wrotkach** to skate a. go skating/to (roller) skate a. go (roller) skating; **chodzić/stać na rękach** to walk/stand on one's hands; **skakać na jednej nodze** to hop on one foot; **zjechał na nartach ze zbocza** he skied down the slope; **dziecko poruszało się na pupie po całym pokoju** the baby shuffled around the room on his/her bottom [8] (wskazujące na podporę) on; **stolik na kółkach** a table on a. with wheels; **pantofle na wysokim obcasie** high-heeled shoes; **pantofle na płaskim obcasie** low-heeled shoes, flats US; **fotel/konik na biegunach** a rocking chair/horse; **spodnie na szelkach/pasku** trousers with braces/with a belt; **prowadzić psa na smyczy** to lead a dog on a leash; **leżeć na brzuchu/plecach** to lie on one's

stomach/back; **oprzeć się na łokciu/na lasce** to lean on one's elbow/a cane [9] (z nazwami narzędzi, urządzeń, instrumentów) on; **na komputerze/kalkulatorze** on a computer/calculator; **pisać na maszynie** to type, to write on a typewriter; **uszyć sukienkę na maszynie** to machine(-sew) a dress; **grać na skrzypcach/fortepianie** to play (on) the violin/piano; **zagrać jakąś melodię na skrzypcach/fortepianie** to play a tune on the violin/piano; **robić na drutach** to knit [10] (wskazuje na sposób) **pranie na sucho** dry-cleaning; **jajka na twardo/miękko** hard-boiled/soft-boiled eggs; **usmażyć coś na maśle/oleju** to fry sth in butter/oil; **ten rosół jest na wołowinie, nie na kurczaku** this is beef broth, not chicken broth; **nalewka na wiśniach** cherry brandy; **sprzedawać coś na sztuki/tuziny** to sell sth by the piece/dozen; **kupić coś na raty** to pay for sth by a. in instalments; **pomalować coś na niebiesko/zielono** to paint sth blue/green; **ubierać się na biało/czarno** to dress in white/black; „**podawać na zimno/gorąco**" 'serve cold/hot'; **zrobiła się na Marylin Monroe** pot. she dolled herself up like Marylin Monroe pot.; **(ona) uczy się na piątki** she always gets top marks [11] (wskazuje na przeznaczenie) for; **mięso na befsztyki/zupę** meat for steak/soup; **butelka na mleko** a milk bottle; **materiał na sukienkę** dress material; **stojak na buty** a shoe rack; **syrop na kaszel** cough syrup; **koncert na skrzypce i fortepian** a concerto for violin and piano; **dom na sprzedaż** a house for sale; **sztućce/stół na cztery osoby** cutlery/a table for four (people); **brała krople na serce** she took drops for her heart; **nie mam już miejsca na książki** I don't have any more room for books; **na dokończenie tego mieliśmy tylko dwie godziny** we only had two hours to finish it; **nie trać czasu na głupstwa** don't waste time on trifles; **brakuje pieniędzy na zasiłki** there's a shortage of money for benefits [12] (wskazuje na cel) for; **zabrali go do szpitala na operację** they took him to hospital for an operation; **poszedł na egzamin** he went to take a. went off for his exam; **idę do znajomych na brydża** I'm going to my friends to play (some) bridge a. for a game of bridge; **umówmy się na piwo** let's meet for a beer; **muszę pójść na zakupy** I have to do some a. go shopping; **na co chcesz pójść (do kina)?** what (film) would you like to see?; **wybrać się na grzyby/ryby** to go mushroom picking/fishing; **skoczył do wody jemu/ jej na ratunek** he jumped into the water to save him/her 13 (wskazuje na skutek) to, into; **podarł spodnie na strzępy** he tore his trousers to shreds; **wazon rozbił się na kawałki** the vase smashed to pieces; **porąbał drewno na kawałki** he chopped the wood into pieces; **pokrój mięso na plastry/kawałki** cut the meat into slices/chunks; **gips strwardniał na kamień** the plaster set as hard as rock; **przerobiła sukienkę na spódnicę** she turned the dress into a skirt; **przebudowali piwnicę na sklep** they converted the cellar into a shop; **rodzice wychowali go na uczciwego człowieka** his parents brought him up to be an honest man 14 (wskazuje na przyczynę) at; **na czyjąś prośbę/zaproszenie** at sb's request/invitation; **na czyjś rozkaz** at sb's order; **na widok kogoś/czegoś** at the sight of sb/sth; **na dźwięk dzwonka wyskoczył z wanny** at the sound of the bell he jumped out of the bath; **na myśl o tym zrobiło mu się słabo** he felt faint at the (very) thought of it; **śledztwo rozpoczęto na wniosek poszkodowanego** the investigation was opened at the request of the injured party; **na nasz apel zgłosiło się wielu ochotników** many volunteers responded to our appeal; **oskarżeni utrzymują, że strzelali na rozkaz** the accused claim that they were ordered to shoot; **chorować na grypę** to be ill with flu; **przystanek na żądanie** a request stop GB, a flagstop US 15 (w pomiarach, obliczeniach) **100 kilometrów na godzinę** a hundred kilometres per a. an hour; **dwa razy na tydzień/rok** twice a week/year; **jeden student na dziesięciu** one student in ten a. out of ten; **na jedno miejsce było sześciu kandydatów** there were six candidates per place; **bieg na 100 metrów** the 100 metres sprint; **głęboki/ długi na sześć metrów** six metres deep/long; **drzwi były otwarte na całą szerokość** the door was wide open; **podszedłem do niego na odległość kilku kroków** I came to within several steps of him; **poziom wody podniósł się na wysokość pierwszego piętra** the level of the water rose up to the first floor

■ (jak) na for; **jak na swoje lata, jest w doskonałej formie** he's in excellent form for his years; **jak na emeryta, ma spore dochody** for a pensioner he has quite a large income; **pomidory, jak na krajowe, są znakomite** for Polish tomatoes they're delicious; **suma, jak na owe czasy, ogromna** a huge sum for a. in those days a. times; **na ówczesne warunki** (for) the way things were at the time; for the conditions prevailing at that time książk.; **na co?** what for?; **na co ci ołówek?** what do you need a pencil for?; **i na co wam to było?** what did you have to do that for?; **na odwal (się)** pot. a. **na odpieprz (się)** posp. [zrobiony, wykonany] any old how pot.

nabab m (Npl ~owie) Hist. nabab także przen.
na bakier [kapelusz] at a rakish angle; **być ~ z kimś** pot., żart. to be at loggerheads with sb; **być ~ z gramatyką/matematyką** pot.,

żart. to not get on (very well) with grammar/mathematics; **być ~ z prawem** pot., żart. to be at odds with the law

nabałaga|nić pf vi to make a mess; **dzieci ~niły w pokoju** the children have made a mess in the room; **niech sprząta ten, kto ~nił** the one who's made the mess should clean it up ⇒ **bałaganić**

nabawiać impf → **nabawić**

nabaw|ić pf — **nabaw|iać** impf **I** vt (przysporzyć) to cause; **~iłeś mnie wstydu** you've brought shame on me

II nabawić się — **nabawiać się** (doświadczyć) to catch, to contract; **~ić się kontuzji** to sustain an injury; **przy niej można się ~ić kompleksów** she puts you to shame, doesn't she?; **~ili się kłopotów, chodząc na wagary** they got themselves into trouble playing truant

nabazg|rać pf (~rzę) vt 1 pot. (napisać niestarannie) to scribble, to scrawl; **~rać coś kredą na tablicy** to scrawl sth on the board in chalk; **~rać adres/nazwisko na kartce** to scribble an address/a name on a piece of paper ⇒ **bazgrać** 2 (pokryć kartkę bazgrołami) to doodle ⇒ **bazgrać**

nabia|ł m sgt (G ~łu) eggs and dairy products a. produce

nabiałow|y adi. [produkty, sklep] dairy attr.

nabi|ć pf — **nabij|ać** impf (~ję — ~jam) **I** vt 1 (wypełniać) to stuff, to fill [materac] (**czymś** with sth); to fill [fajkę] (**czymś** with sth); to load [pistolet, działo] (**czymś** with sth); **~ć butlę gazem** to fill up a gas cylinder 2 (nadziać) to spear [kiełbasę]; **~ć kawałek mięsa na widelec** to spear a piece of meat with a fork 3 (osadzić) **~jać obręcz na beczkę** to hoop a barrel; **~jać obręcz na koło** to hammer a metal band onto a wheel; **~jać pas kolcami** to stud a belt; **~jać płot gwoździami** to spike a fence with nails

II nabić się — **nabijać się** 1 [przedmiot] to get caught a. stuck (**na coś** on sth) 2 pot. [akumulator, bateria] to charge (up)

III nabijać się pot. to make fun (**z kogoś/czegoś** of sb/sth)

■ **~jać (sobie/komuś) kieszeń** a. **kieszenie** a. **kabzę** pot., pejor. to line one's (own)/sb's pockets

nabie|c, nabie|gnąć pf — **nabie|gać** impf (~gnę, ~gniesz, ~gł, ~gła, ~gli — ~gam) **I** vi książk. 1 (napłynąć) **łzy ~gły jej do oczu** tears welled up in her eyes; **z wysiłku twarz ~gła mu krwią** his face flushed with (the) effort; **siniak/guz ~gł krwią** the bruise/bump became purple with blood 2 przen. **twarz ~gła mu wściekłością/gniewem** his face flushed with anger

II nabiegać się 1 (zmęczyć się bieganiem) to run about a lot; **strasznie się dziś ~gałam** I've been running about all day 2 (biegać do woli) to run about a. around; **już dość się ~gałaś, wracaj do domu** you've done enough running around – go home now 3 pot. (nachodzić się szukając) to run around (everywhere); **~gał się po wszystkich aptekach w mieście, żeby zdobyć to lekarstwo** he ran around all the chemists in town to get that medicine

nabied|ować się pf v refl. pot. (żyć długo w biedzie) to go through hard times; **~owali się, zanim zbudowali ten dom** they went through some really hard times before the house was completed

nabie|dzić się pf v refl. (namęczyć się) to have a great deal of trouble (**nad czymś** with sth); to take great pains (**nad czymś** over sth); **~dziłem się nad tym wypracowaniem** I took great pains over this composition; **trzeba się nieźle ~dzić, żeby coś znaleźć w tym bałaganie** it's really hard work trying to find anything in this mess ⇒ **biedzić się**

nabiegać impf → **nabiec**

nabieg|ły adi. książk. filled (**czymś** with sth); full (**czymś** of sth); **oczy ~łe łzami** eyes filled with tears; **twarz ~ła z wysiłku krwią** a face flushed from physical strain; **patrzyła na niego oczami ~łymi gniewem** she looked at him with eyes full of anger

nabiegnąć pf → **nabiec**

nabieracz m (Gpl ~y a. ~ów) pot. con man pot.; trickster

nabieracz|ka f pot. con artist pot.; trickster

nabierać impf → **nabrać**[1]

nabijan|y **I** pp → **nabić**

II adi. set (**czymś** with sth); **~a złotem uprząż** a harness set with gold; **kurtka ~a ćwiekami** a studded (leather) jacket

nabi|ty **I** pp → **nabić**

II adi. pot. 1 [autobus, tramwaj, pociąg, sala] packed, crammed (full); jam-packed pot.; **występować przy ~tych salach** to perform before a. to packed halls, to perform to capacity audiences 2 [tekst] dense; [ciało] compact; [policzki] full

nabluzga|ć pf vi pot. to hurl abuse (**komuś** at sb); **nie panował nad sobą i ~ł żonie** he lost his temper and hurled abuse at his wife

nabłon|ek m 1 Biol. epithelium 2 Bot. cuticle; **~ek wielowarstwowy** a multi-layered cuticle

nabłonkow|y adi. 1 Biol. epithelial, epithelium attr.; **komórki ~e** epithelium cells 2 Bot. cuticular, cuticle attr.; **parowanie ~e roślin** cuticular transpiration

nabłyszczać impf → **nabłyszczyć**

nabłyszcz|yć pf — **nabłyszcz|ać** impf vt 1 Kosmet. to make [sth] shiny a. glossy; **~yć włosy brylantyną** to pomade one's hair; **usta ~one szminką** lips glossy with lipstick 2 Techn. to give [sth] a shiny look; **~yć tkaninę** to glaze fabric; **~ony parkiet** varnished parquet (flooring)

nabojow|y adi. cartridge attr.; **komora ~a** a cartridge chamber; **łuska ~a** a cartridge shell

nabola|ły adi. pot. urgent, burning; **~y problem bezrobocia** the urgent a. pressing problem of unemployment; **~a sprawa konfliktów granicznych** the burning issue of border conflicts

na bosaka [biegać, chodzić] barefoot(ed); **był ~** he was barefoot(ed)

nabożeństw|o n 1 Relig. (obrzęd) church service; **~o dziękczynne** a thanksgiving service; **~o błagalne** a propitiatory service; **~o pokutne** a penitential service; **~o poranne** a morning service, matins; **~o**

N

wieczorne an evening service; **~o za zmarłych** a requiem mass; **~o żałobne** a funeral service, a requiem mass; **~o w intencji ofiar powodzi** a special service to pray for flood victims; **godziny ~** hours of worship; **porządek ~a** order of service; **książeczka do ~a** a prayer book; **celebrować ~o** to conduct a. celebrate a service; **iść na ~o** to go to a. attend a service; **uczestniczyć w ~ie** to take part in a service; **uczestnik ~a** a celebrant, a worshipper [2] sgt książk. (szacunek) regard, reverence; **wpatrywał się w nią z ~em** he gazed at her with reverence; **uczniowie z ~em słuchali przemówienia pani dyrektor** the pupils listened respectfully to the headmistress's speech [3] sgt książk. (przekonanie, zapał) enthusiasm, devotion; **zarabiał nieźle, ale nie miał do tego zawodu ~a** he had a well-paid job, but his heart wasn't in it

❏ **~o czerwcowe** Relig. ≈ June Mass (*Litany to the Sacred Heart sung in Poland in June*); **~o majowe** Relig. ≈ May Mass (*Litany of Loreto sung in Poland in May*); **~o październikowe** Relig. ≈ October Mass (*Rosary recited in Polish churches in October*)

nabożnie adv. grad. książk. [1] (z wiarą) *[modlić się, przeżegnać się]* devoutly, piously [2] (w skupieniu) *[słuchać, patrzeć]* raptly, attentively

nabożnoś|ć f sgt książk. (pobożność) piety, piousness

nabożn|y książk. **[]** adi. grad. (pobożny) *[osoba, rodzina]* religious, devout

[] adi. [1] (służący do modlitwy) *[pieśń, książka]* devotional; **~e praktyki** devotional practices; **śpiewać ~e pieśni** to sing hymns [2] (pełen powagi) *[skupienie, szacunek, milczenie]* solemn, reverent; **słuchać w ~ym skupieniu** to listen in solemn silence; **ukłonił się z ~ym szacunkiem** he bowed with reverence

nab|ój m (G ~oju, Gpl ~ojów a. ~oi) [1] (do broni palnej) cartridge; **~ój karabinowy** a rifle cartridge; **ślepy ~ój** a blank (cartridge); **~ój ostry** a live cartridge [2] (materiał wybuchowy) charge [3] pot. (do syfonu) refill [4] pot. (do pióra, długopisu, drukarki) cartridge; **pióro na ~oje** a cartridge pen [5] Techn. (wsad hutniczy) charge

nab|ór m sgt (G ~oru) (rekrutacja) recruitment; **~ór rekrutów do wojska** recruitment into the armed forces; **~ór do szkoły** intake into a school; **~ór na wyższe uczelnie** university enrolment

nab|rać¹ pf — **nab|ierać** impf (~iorę, ~ierze — ~ieram) **[]** vt [1] (zaczerpnąć, zagarnąć) to scoop (up) *[mąki, lodów]*; (podnieść, schwycić) to pick up, to lift *[siana, ziemi]*; **~rać widelcem kartofli** to scoop up potatoes with a fork; **~rać wody ze studni** to draw water from a well; **~rać powietrza w płuca** to fill one's lungs with air; **~ierać wody** Żegl. to make water [2] pot. (oszukać) to con pot., to have [sb] on GB pot.; **~rał mnie na 50 złotych** he conned me out of 50 zlotys; **mówi, że dostał piątkę, ale chyba mnie ~iera** he says he got an A, but I think he's having me on; **~ierasz mnie!** you're kidding me a. pulling my

leg! pot.; **tym razem mnie nie ~ierzesz!** you won't a. you're not going to fool me this time! [3] pot. (zyskać) to gain, to gather; **pociąg ~rał prędkości** the train picked up pot. a. gained speed; **samolot ~rał wysokości** the plane gained height; **złoto ostatnio ~rało wartości** gold has gained in value recently; **~rać sił** to build up one's strength; **~rać odwagi** to pluck up a. summon up courage; **~rać pewności siebie** to grow a. gain in confidence; **~rać znaczenia** to acquire significance; **~rać sympatii do kogoś** to warm towards sb [4] (przybrać) to take on; to assume książk.; **jej twarz ~rała zdumionego wyrazu** her face took on a. assumed a puzzled look; **jego głos ~rał milszego tonu** his voice took on a. assumed a kindlier tone

[] **nabrać się** — **nabierać się** [1] pot. (dać się oszukać) to be conned pot.; to be taken in; **często daję się ~ierać oszustom** I'm often taken in by various tricksters; **dał się ~rać na starą sztuczkę** he fell for the same old trick pot. [2] (wypełnić się) **po nocnym deszczu ~rała się pełna beczka deszczówki** a whole barrel of rainwater had collected after rain in the night [3] pot. (zażywać) to take a lot (czegoś of sth); **tyle się ~rał lekarstw, a i tak nie wyzdrowiał** he took all that medicine and he still didn't recover

■ ~rać ciała pot. to put on weight; **~rać kolorów** a. **rumieńców** książk. (stać się znów rumianym) to get one's colour back; (ożywić się) to liven up; **jej twarz ~iera rumieńców** her colour's returning; **dyskusja ~rała rumieńców** the discussion livened up; **~rać realnych kształtów** to take (on) shape, to materialize; **~rać tchu** (wciągnąć powietrze w płuca) to take a breath, to breathe in; pot. (odpocząć) to catch one's breath; **zaraz wszystko opowiem, tylko muszę ~rać tchu** I'll tell you everything, just let me get my breath back; **~rać wody w usta** pot. (przestać mówić, pisać) to keep quiet; **~rać życia** książk. (ożywiać się, przyspieszać) to gather momentum

nab|rać² pf vt (wziąć dużo) **~rał do kieszeni pełno kasztanów** he filled his pocket with conkers GB; **~raliśmy towaru za kilkaset złotych** we bought goods to the value of several hundred zlotys

nabr|oić pf vi pot. to get into mischief; **coś ty znowu ~oił?** what (mischief) have you been up to now?

nabru|dzić pf vi [1] (pozostawić brud) to make a mess; **dzieci ~dziły w przedpokoju** the children made a mess in the hall ⇒ **brudzić** [2] (o zwierzęciu) to make a mess; **pies ~dził na dywanie** the dog has made a mess on the carpet ⇒ **brudzić**

nabrzeż|e n (Gpl ~y) Żegl. wharf, quay; **statek stał przy ~u** the ship was moored at the wharf

nabrzeżn|y adi. [1] *[teren, osada, promenada]* waterfront attr., shoreline attr. [2] *[roślinność, ptactwo]* shoreline attr.; littoral spec.

nabrzmia|ły adi. [1] (spuchnięty) *[kostka, twarz, rana]* swollen [2] książk. (dojrzały) *[pąki, owoce]* ripe, fleshy; **brzoskwinie ~łe od soku** peaches swollen with juice [3] książk. (pilny) *[problem, sprawa]* pressing, urgent;

[konflikt] burning [4] książk. (przepełniony) filled (**czymś** with sth); imbued książk. (**czymś** with sth); **głos ~ły nienawiścią** a voice full of anger; **oczy ~łe łzami** eyes brimming (over) with tears

nabrzmi|eć pf — **nabrzmi|ewać¹** impf (~ał, ~eli — ~ewam) vi [1] (napuchnąć) *[krwiak, guz, twarz, noga]* to swell (**czymś** with sth); **wrzód ~ał ropą** the boil has swollen with pus [2] (napęcznieć) *[pąki, owoce]* to swell

nabrzmie|nie [] sv → nabrzmieć

[] n (obrzęk) swelling

nabrzmiewać¹ impf → nabrzmieć

nabrzmiewa|ć² impf vi książk. (zwiększać intensywność) *[uczucie, problem, konflikt]* to swell; **atmosfera ~ła grozą** the atmosphere became increasingly threatening

nabud|ować pf vt pot. (zbudować dużo) to build a lot; **w ostatnich latach ~owano tu dużo domów** people have built a lot of houses here in recent years ⇒ **budować**

naburmusz|ony adi. pot. sulky, in a sulk; **od rana jest ~ony bez powodu** he's been in a sulk since this morning for no reason; **~ony wyraz twarzy** a sour face a. expression

naburmusz|yć się pf — **naburmusz|ać się** impf v refl. pot. to become sullen; **~yła się i nie chciała rozmawiać** she became sullen and wouldn't talk

nabuz|ować pf pot. **[]** vi (napalić) to stoke up a/the furnace

[] **nabuzować się** [1] (zdenerwować się) to flare up [2] (upić się) to get stoned pot.

nabuzowan|y adi. pot. [1] (bardzo zdenerwowany) steaming GB pot. [2] (mocno pijany) stoned pot., dead drunk pot.

nab|yć pf — **nab|ywać** impf (~ędę, ~ędziesz, ~yty — ~ywam) książk. **[]** vt [1] (kupić) to purchase; **bilety na mecz można ~yć w kasie** tickets for the match can be purchased at the ticket office [2] (zyskać) to acquire książk.; to gain; **~yć wprawy** to become skilful (**w czymś** at sth); **~yć doświadczenia** to gain a. acquire experience; **~ył prawa do spadku** he came into an inheritance

[] **nabyć się** (spędzić dużo czasu) pot. to spend a lot of time; **młodzi muszą się ~yć ze sobą** the young couple need to spend more time together

nabyt|ek m (G ~ku) książk. [1] (zakup) purchase, acquisition; **muzeum powiększyło swe zbiory o nowe ~ki** the museum has expanded its collections through new acquisitions [2] pot. find; **nowa pracownica okazała się dobrym ~kiem** the new employee turned out to be a good find

nabywać impf → nabyć

nabyw|ca m, **~czyni** f książk. purchaser, buyer; **~ca samochodu** the car's purchaser

nabywcz|y adi. Ekon. spending; **siła ~a pieniądza** purchasing a. spending power

nabzdycz|ony adi. posp. huffy pot., in a huff pot.; **siedzi ~ona od dwóch godzin** she's been sitting there in a huff for two hours

nabzdycz|yć się pf — **nabzdycz|ać się** impf v refl. posp. to get huffy pot., to get in a huff pot.; **obraził się i ~ył** he took offence and got all huffy

nacechowan|y [] *pp* → **nacechować**
[] *adi.* książk. marked; **wyrazy ~e stylistycznie** words marked stylistically

nachalnie *adv. grad.* pot., pejor. blatantly pejor., aggressively pejor.; **przyglądał się jej ~** he was blatantly leering at her; **~ domagał się pożyczki** he kept on insistently demanding a loan

nachalnoś|ć *f sgt* pot., pejor. pushiness pot., pejor.

nachaln|y *adi. grad.* pot., pejor. [1] (natarczywy, wścibski) *[dziennikarz]* (overly) aggressive pejor.; pushy pot., pejor.; *[sąsiad]* intrusive; *[wzrok]* insolent pejor.; impudent książk., pejor. [2] (intensywnie oddziałujący) *[propaganda, agitacja]* blatant pejor.; aggressive; **~a akcja reklamowa** an aggressive advertising campaign

nachap|ać się *pf* (**~ię się**) *vi* pot., pejor. to line one's pockets; **jak ten interes wyjdzie, to się ~iemy** if the deal comes off well, we'll be laughing all the way to the bank pot.

nachlap|ać *pf* (**~ię**) *vi* pot. [1] (rozlać) to splash *vt*, to get [sth] wet; **~ać wodą na podłogę** to splash water (all) over the floor; **umyj się, ale nie ~ na podłogę** go and wash yourself, but don't get the floor wet ⇒ **chlapać** [2] przen. (naopowiadać) to blab (out) pot.; to babble; **musiałeś ~ać, że wyjeżdżamy do Grecji na wakacje?** did you really have to blab out that we're going to Greece for our holiday? ⇒ **chlapać**

nachmurz|ony *adi.* książk. sullen; **cały dzień chodziła ~ona** she was sullen a. scowling all day long

nachmurz|yć [] *vt* to frown *vi*; **~yła czoło na znak niezadowolenia** she frowned in displeasure
[] **nachmurzyć się** to become sullen; **słysząc te słowa strasznie się ~ył** on hearing this he became extremely sullen

nachodzić[1] *impf* → **najść**

nachodz|ić[2] *impf vi* [1] (pokrywać się) to overlap; **dachówki ~ą na siebie** the roof tiles overlap [2] książk. (przenikać się) to overlap, to coincide; **zakres fizyki i matematyki ~ą na siebie** physics and mathematics overlap

nachor|ować się *pf v refl.* pot. to be ill for ages pot.

nachuchа|ć *pf vi* to blow; **~ł na zmarznięte ręce** he blew on his frozen hands

nachwal|ić się *pf v refl.* pot. (bardzo chwalić) to praise [sb/sth] a lot; **nauczyciele nie mogli się jej ~ić** the teachers couldn't praise her enough

nachylać *impf* → **nachylić**

nachyle|nie [] *sv* → **nachylić**
[] *n* [1] (pochylenie) inclination *U*, slope *U*; **stopień ~nia** Miary gradient, inclination [2] książk., przen. (tendencja) slant, leaning *zw. pl*, bias
❑ **~nie magnetyczne** Fiz. magnetic inclination a. dip

nachyl|ić *pf* — **nachyl|ać** *impf* [] *vt* (pochylić) to tilt; (nagiąć) to bend; **~iła imbryk i wlała herbatę do filiżanki** she tilted the teapot and poured the tea into the cup; **~ił gałąź, żeby zerwać jabłko** he

bent the branch to pick an apple
[] **nachylić się** — **nachylać się** to lean (forward), to bend (forward); **~ił się nad biurkiem** he leaned a. bent across a. over the desk; **~iła się do niego i coś mu szepnęła** she leaned towards him and whispered something

nachyl|ony [] *pp* → **nachylić**
[] *adi.* [1] (pochylony) bent, leaning; **~ona nad rabatką pieliła chwasty** she was weeding, bent over the flower bed; **matka ~ona na łóżeczkiem dziecka** a mother leaning over her baby's cot a. child's bed [2] (ukośnie położony) sloping, inclined; **ten ~ony dach** a sloping roof

na|ciąć[1] *pf* — **na|cinać** *impf* (**natnę, nacięła, nacięli** — **nacinam**) [] *vt* [1] (rozciąć) to cut a notch in a. on, to notch *[gałąź]*; to make an incision in *[wrzód, organ]*; to make a nick in *[materiał]* [2] pot. (oszukać) to trick; to con pot.; **~ciął go na grubszą gotówkę** he conned him out of plenty of money
[] **naciąć się** — **nacinać się** pot. [1] (natknąć się) to bump a. to run into [2] (dać się oszukać) to be tricked; to be conned pot.; **uważaj, żebyś się nie ~ciął** mind you don't get conned

na|ciąć[2] *pf* (**natnę, nacięła, nacięli**) *vt* (pociąć) to cut up *[papieru]*; to mow *[trawy]*; to cut down *[drzew]*

naciąg *m* (*G* **~u**) [1] *sgt* (naprężenie) tension; **~ drutu/liny** wire/rope tension; **trzeba wyregulować ~ pasków klinowych** the V-belt tension needs adjusting [2] Techn. (w mechanizmie zegarowym) tension; **~ ręczny/elektryczny/automatyczny** manual/electric/automatic tension [3] Muz. (w instrumentach muzycznych) strings; **~ do gitary/skrzypiec** guitar/violin strings [4] Sport (w rakiecie tenisowej) strings; **rakieta z nowym ~iem** a restrung racket

naciągacz [] *m pers.* (*Gpl* **~y** a. **~ów**) pot., pejor. con man pot., con artist pot.
[] *m inanim.* Mech. (urządzenie naprężające) tightener

naciągacz|ka *f* pot., pejor. con artist pot.; (wykorzystująca mężczyzn) gold-digger pot.

naciągać *impf* → **naciągnąć**[1]

naciąg|nąć *pf* — **naciąg|ać** *impf* (**~nęła, ~nęli** — **~am**) [] *vt* [1] (naprężyć) to tighten *[linę, strunę]* [2] (nasunąć, nałożyć) to put on, to pull on a. over *[rękawiczki, rajstopy, pokrowiec]*; **~nął kołdrę na głowę i zasnął** he pulled the quilt over his head and fell asleep; **~nął czapkę głęboko na uszy** he pulled his hat down firmly over his ears [3] Med. (naderwać) to strain *[mięsień, ścięgno]* [4] Med. (nastawić) to set *[stopę, rękę]* [5] pot. (przedstawić nierzetelnie) to make up *[dowody, przykłady, zeznania]*; **~ane porównanie** a far-fetched comparison; **zakończenie filmu wydaje się ~ane** the ending of the film seems contrived [6] pot. (namówić) to trick [sb] into doing sth; (wyłudzić) to trick [sb] out of sth; **~nąć kogoś na pożyczkę** to touch sb for a loan pot.; **łatwo ją ~nąć** she's easy to touch pot.
[] *vi* [1] (zaparzyć się) *[herbata, kawa, zioła]* to infuse, to draw [2] (wchłonąć wilgoć) to dampen; **mury ~nęły wilgocią** the walls dampened

[] **naciągnąć się** — **naciągać się** (zostać naprężonym) *[lina]* to stretch

naciągn|ąć[2] *pf* (**~ęła, ~ęli**) *vt* (nabrać) to draw; **~ąć wody ze studni** to draw water from the well

nacie|c, nacie|knąć *pf* — **nacie|kać** *impf* (**~knie** a. **~cze, ~kł** a. **~knął, ~kła — ~ka**) *vi* [1] (nagromadzić się) *[płyn]* to run a. to leak into a. onto sth; **do piwnicy znowu ~kła woda** water leaked into the basement again; **trochę szamponu ~kło mi do oczu** some shampoo got in(to) my eyes [2] Med. (powodować obrzęk) to tumefy

naciek *m* (*G* **~u**) [1] (zgrubienie wskutek nacieknięcia) swelling, bulge; **~i żywicy na pniach drzew** resin swellings on trees; **~i szkliwa na ściankach naczynia** glaze bulges on the sides of a vessel [2] Med. intumescence [3] Geol. dripstone

naciekać *impf* → **naciec**

nacieknąć → **naciec**

nacierać *impf* → **natrzeć**[1]

nacierp|ieć się *pf* (**~isz się, ~iał się, ~ieli się**) *v refl.* książk. to suffer (a great deal a. a lot); **wiele się w życiu ~iała** she has suffered a great deal in her life; **~ieć się biedy/upokorzeń** to suffer poverty/humiliation

naciesz|yć się *pf v refl.* to enjoy, to enjoy [sth] greatly a. to the fullest; **~yć się nową zabawką** to really enjoy a new toy; **nie mogła ~yć się ich widokiem** she couldn't get over her happiness at the sight of them; **~yć się sukcesem** to enjoy one's success

nacię|cie [] *sv* → **naciąć**
[] *n* [1] (rowek, wgłębienie) cut; (na drzewie) notch; (na tkaninie) slit [2] Med. incision; **~cie jelita** enterotomy

nacinać *impf* → **naciąć**[1]

naciow|y *adi.* leaf *attr.*; **pietruszka ~a** flat-leaf parsley; **seler ~y** celery

nacisk *m* (*G* **~u**) [1] *sgt* (napór) pressure, force; **drzwi otworzyły się pod ~iem tylu ramion** the door opened under the pressure of so many shoulders [2] (presja) pressure; (naleganie) insistence; **wywierać ~ na kogoś** to put pressure on sb, to bring pressure to bear on sb; **wyszła za niego pod ~iem rodziny** she married him under pressure from her family; **grupa ~u** a pressure group, a lobby; **środek ~u** a lever [3] *sgt* Wojsk. (natarcie) offensive; **~ nieprzyjaciela słabł** the enemy's offensive was weakening [4] *sgt* (akcent) stress, emphasis; **powiedzieć coś z ~iem** to say sth with emphasis
■ **kłaść na coś ~** to place a. put emphasis on sth; **położono szczególny ~ na potrzebę współpracy** particular emphasis was placed on the necessity to cooperate

naciskać[1] *impf* → **nacisnąć**

naciska|ć[2] *pf vt* pot. (nagromadzić przez rzucanie) to throw (a lot); **chłopcy ~li kamieni do stawu** the boys threw a lot of stones into the pond

naciskow|y *adi.* (automatyczny) *[ołówek, długopis]* propelling

naci|snąć *pf* — **naci|skać**[1] *impf* (**~snęła, ~snęli — ~skam**) [] *vt* [1] (przycisnąć) to press, to push; **~snąć guzik dzwonka** to press the doorbell; **~snąć prawy klawisz**

N

myszy to right-click [2] (wywrzeć presję) to press, to put pressure on (**kogoś** a. **na kogoś** sb); **~snęli go i dług spłacił** they pressed him and he paid the debt [3] (nałożyć) to push [sth] on(to) *[kapelusz, czapkę]*; **~snął czapkę na głowę** he pushed his hat down over his head

II nacisnąć się (natłoczyć się) to cram in, to squeeze in; **do autobusu ~snęło się dużo osób** a lot of people crammed into the bus

nacj|a *f (Gpl ~i)* książk. [1] (naród) nation [2] *sgt* (narodowość) nationality

nacjonali|sta *m*, **~stka** *f* Polit. nationalist

nacjonalistycznie *adv.* Polit. nationalistically

nacjonalistyczn|y *adi.* Polit. nationalist, nationalistic; **~e poglądy** nationalistic views; **partia ~a** nationalist party

nacjonalizacj|a *f sgt* Ekon., Prawo nationalization; **objąć coś ~ą** to nationalize sth; **przeprowadzono ~ę fabryki** the factory was nationalized

nacjonalizacyjn|y *adi.* Ekon., Prawo *[dekret]* nationalization *attr.*; **proces ~y** the process of nationalization

nacjonalizm *m sgt (G ~u)* Polit. nationalism

nacjonaliz|ować *impf vt* Ekon., Prawo to nationalize; **rząd ~uje przemysł** the government is nationalizing industry ⇒ **znacjonalizować**

naczalstw|o *n* pot. top brass pot.

naczeka|ć się *pf v refl.* pot. to wait (**na kogoś/coś** for sb/sth); **ale się ~łem!** I did have a long wait!

na czele → **czoło**

naczelni|k *m* [1] (miasta, regionu) governor; (w Polsce, Francji) prefect; (oddziału, wydziału) head; **~k więzienia** a prison governor, a prison warden US; **~k stacji** a stationmaster a. station manager; **~k poczty** a postmaster; (kobieta) a postmistress [2] Hist. (wódz plemienia, klanu) chief(tain); (powstania, rebelii) commander

naczeln|y II *adi.* [1] (główny) *[cel, problem, organ]* principal, chief; *[idea, temat]* leading; **~e dowództwo** the high command; **objąć ~e dowództwo** to become Commander-in-Chief; **zajmować ~e miejsce przy stole** to sit at the head of the table [2] (zarządzający) *[architekt, dyrektor, redaktor]* chief; (w tytułach) general; *[dyrektor, redaktor]* managing GB; *[organ, biuro]* chief; **on jest ~ym redaktorem naszego tygodnika** he is the chief editor of our weekly; **~y lekarz** (jednostki terenowej, rządowej) the Chief Medical Officer

II naczeln|y *m*, **~a** *f* pot. boss pot.

III naczelne *plt* Zool. primates

nacze|sać *pf* — **nacze|sywać** *impf vt* (zaczesać) to comb over; **człowiek z ~saną grzywką** a man with a comb-over fringe

naczesywać *impf* → **naczesać**

na czworakach → **czworak**

naczyniak *m (A ~ a. ~a)* Med. angioma

naczy|nie *n* [1] (ozdobne, liturgiczne, pomiarowe) vessel; (kuchenne, stołowe) dish; (laboratoryjne, do przechowywania) container; **szklane/gliniane/srebrne ~nia** glassware/earthenware/silverware; **~nia żaroodporne/kuchenne** ovenware/kitchenware; **~nia do gotowa-**

nia cookware; **~nia do zmywania** a. **brudne ~nia** washing-up; **zmywać ~nia** to wash up, to do the washing-up; **~nie na mleko** milk jug a. pitcher [2] *zw. pl* Anat. vessel; **~nia krwionośne/limfatyczne** a. **chłonne** blood/lymph a. lymphatic vessels; **~nie kapilarne** a. **włosowate** a capillary (tube); **~nia wieńcowe** coronary vessels [3] Bot. trachea

❑ **~nia połączone** Fiz. communicating tubes; książk., przen. ≈ self-regulating system

naczyniow|y *adi.* Anat. *[system, zaburzenia]* vascular; **choroba na tle ~ym** a vascular disease

naczy|nko, **~ńko** *n dem.* [1] (aptekarskie, laboratoryjne) (small) container; (kuchenne) (little) dish [2] Anat. (włosowate) capillary; (krwionośne) blood vessel

naczyta|ć się *pf v refl.* pot. to read; **dość ~em się już bzdur** I've read enough rubbish

na|ć *f sgt* Bot., Kulin. (marchwi, rzodkiewek) tops *pl*; (selera) top *C*, leaf stalks *pl*; (pietruszki, kopru) leaves *pl*

naćpa|ć się *pf v refl.* pot. [1] (odurzyć się) to get zonked a. stoned pot. (**czymś** on sth); to get whacked (out) US pot. (**czymś** on sth); **~ła się kokainą** she got stoned on cocaine [2] (najeść się) to stuff oneself pot. (**czegoś** with sth); **~ł się pączków** he stuffed himself with doughnuts

naćpan|y *adi.* pot. [1] (odurzony) zonked pot., stoned pot. (**czymś** on sth); whacked (out) US pot. (**czymś** on sth); (marihuaną) stoned pot. [2] (najedzony) full (up)

nad II *praep.* [1] (powyżej) over, above; **~ kimś/czymś** *[znajdować się]* over a. above sb/sth; **~ głównym wejściem** over a. above the main entrance; **łuna ~ miastem** a glow over the city; **1500 metrów ~ poziomem morza** 1,500 metres above sea level; **miał siniak ~ lewym okiem** he had a bruise over a. above his left eye; **mieszkali ~ sklepem** they lived over a. above the shop; **rano ~ miastem przeszła burza** a storm broke over the city in the morning; **tumany kurzu unosiły się ~ drogą** clouds of dust rose over the road; **piłka przeleciała wysoko ~ poprzeczką** the ball went high over the bar; **pochylić się ~ kimś/czymś** to lean a. bend over sb/sth; **pochyliła się ~ kołyską** she leaned a. bent over the cot; **pochylali się ~ mapą** they were bending over a map; **~ coś** *[kierować się]* over a. above sth; **balon wzbił się ~ chmury** the balloon soared up above the clouds; **myśliwce nadleciały ~ miasto** fighter planes flew over the city [2] (w pobliżu) **~ Wisłą/Bałtykiem** on the Vistula/the Baltic; **Wiedeń leży ~ Dunajem** Vienna lies on the Danube; **kupili dom ~ jeziorem** they bought a house on a. by a lake; **opalali się ~ rzeką** they were sunbathing by the river; **spacer ~ brzegiem rzeki/Sekwany** a walk along a. by the riverside/along the Seine; **~ coś** *[kierować się]* to sth; **pojechać ~ morze** to go to the seaside; **pójść na spacer ~ jezioro** to take a walk to the lake; **wycieczka ~ Wigry** a trip to Lake Wigry [3] (wskazuje na podporządkowanie) over; **być a. stać ~ kimś** to be over sb; **~ sobą miał**

dyrektora finansowego above him he had the financial director; **kontrola ~ czymś** control over a. of sth; **mieć nadzór ~ czymś** to supervise sth, to have control over sth; **sprawować władzę ~ czymś** to exercise authority a. power over sth; **przewaga ~ kimś/czymś** superiority a. the advantage over sb/sth; **opieka ~ ludźmi w podeszłym wieku** care of the elderly [4] (wskazuje na temat) on, about (**czymś** sth); **dyskusja ~ budżetem** discussion a. about the budget; **dyskutowali ~ projektem uchwały** they were discussing the (draft) bill; **praca ~ czymś** work on a. at sth; **pracować ~ planami budynku** to work on the design of a building; **rozmyślać ~ czymś** to ponder on a. over sth; **medytować ~ czymś** to meditate on a. upon sth; **siedzieć ~ książką** to pore over a book; **ślęczeć ~ lekcjami** to slog away at one's homework pot. [5] (z określeniami wyrażającymi uczucia) at, for, over; **ich zachwyt ~ jego obrazami** their delight over his paintings; **użalić się ~ kimś** to feel sorry for sb, to pity sb; **użalać się ~ sobą** a. **~ własnym losem** to feel sorry for oneself pot., pejor.; to bemoan one's lot książk., żart.; **znęcać się ~ kimś** to torment sb; **zlituj się ~e mną/~ nim** have mercy on me/him [6] (tuż przed) (just) before; **~ ranem/wieczorem** (just) before dawn a. daybreak/dusk a. nightfall [7] książk. (bardziej niż) than; **nic straszniejszego ~ wojnę** nothing more terrible than war; **cóż piękniejszego ~ miłość** what can be more beautiful than love?; **kochać kogoś ~ życie** to love sb more than life itself; **~ wszystkie rozrywki uwielbiał kino** of all pastimes he adored the cinema more than anything else; **praca ~ siły** superhuman work; **poeta ~ poetami** a towering poet; **przebój ~ przeboje** an all-time hit; **skandal ~ skandale** a scandal to end all scandals; **łotr ~ łotrami** an arch-villain; a consummate villain książk.; **~e wszystko** above all (else), more than anything (else); **~e wszystko cenił spokój** he valued peace and quiet more than anything a. above all else; **była sławna, bogata, a ~e wszystko urodziwa** she was famous, rich, and, above all, good-looking

II nad- *w wyrazach złożonych* (wskazujące na wyższy stopień) **nadkomisarz** ≈ chief superintendent GB; **nadczułość** hypersensitivity

nada|ć *pf* — **nada|wać[1]** *impf II vt* [1] (wysłać) to send *[list, telegram, paczkę]*; (pocztą) to post GB, to mail *[list, paczkę]*; **~ć coś na poczcie** to mail sth at the post office; **~ć coś listem poleconym** to send sth (as a) registered (letter) GB a. by registered mail US; **~ć coś na bagaż** (do samolotu) to check sth in; (do pociągu) to register sth for transportation by rail; **~ć coś szyfrem** to transmit sth in code [2] Radio, TV to broadcast, to air *[program, audycję]*; to send *[komunikat, sygnał]*; **program ~ny przez telewizję w telewizji** a televised a. television programme; **radio ~ło właśnie wiadomości** there has just been a news bulletin on the radio [3] (zmienić charakter) to impart *[blask, wygląd, smak, ton]*; to give *[kształt, formę, prędkość]*; to lend *[sens, urok, wygląd]*; **~ć**

czemuś poważny/lekki ton to impart a sense of gravity/lightheartedness to sth; ~ć czemuś rozgłos to publicize sth, to give publicity to sth; ~wać czemuś historyczne/religijne znaczenie to invest sth with historical/religious significance; ~ć wypowiedzi sens to make an utterance meaningful; jej wejście ~ło inny tok rozmowie with her entrance the conversation veered to other subjects; okulary ~ją mu wygląd intelektualisty glasses give him a scholarly look ④ (przyznać) to grant [dobra, ziemię, prawo, przywilej] (komuś sb a. to sb); to confer [tytuł, stopień, prawo] (komuś on sb); to award [odznaczenie, order] (komuś sb a. to sb); ~ć komuś coś na własność to endow sb with sth; ~ć komuś specjalne uprawnienia to invest sb with special powers; ziemia/tytuł z ~nia królewskiego a piece of land/a title granted by royal charter; nowej republice ~no autonomię the new republic has been granted autonomy; prezydent ~ł mu to stanowisko the office was bestowed a. conferred on him by the president ⑤ pot. (polecić) to farm out [pracę, zlecenie]; ~ć komuś robotę to farm out a job to sb; ~ć komuś informacje to tip sb off pot.

Ⅱ nadać się — nadawać się to be fit a. suitable (do czegoś for sth); on ~je się do pracy w banku he is fit for a position a. to work in a bank; ona się nie ~je na aktorkę she's not cut out to be an actress; ten jogurt nie ~je się do jedzenia this yoghurt is not fit for consumption; ten przyrząd/program ~je się (do naszych celów) the instrument/software fits a. fills the bill; ten samochód/rower nie ~je się do jazdy the car/bicycle is not fit to be used on the road a. is not roadworthy

■ ~ć imię to name (komuś/czemuś sb/sth); szkole nadano imię Fryderyka Chopina the school has been named after Frédéric Chopin; jaką ~my mu nazwę? what shall we christen him?; ~li mu przydomek „Gruby" they nicknamed him 'Fatso'; ~wać na tych samych falach pot. to be on the same wavelength pot.; diabli ~li a. licho ~ło gości/sąsiadkę pot. the guests/the neighbour couldn't have chosen a worse moment to come

nadajnik m Techn. transmitter; ~ krótkofalowy/radiowy/telewizyjny a shortwave/a radio/a television transmitter

nadajnikow|y adi. Techn. [aparat, stacja, antena] transmitting attr.

nadal adv. still; czy on ~ dobrze się uczy? is he still a good student?; ~ nie mam od niej wiadomości I still haven't heard from her; niczego się nie dowiesz, jeśli ~ będziesz na mnie krzyczał you'll learn nothing if you keep shouting at me

nada|nie Ⅱ sv → nadać

Ⅱ n ① (dokument) charter ② Hist. (darowizna) grant; (zapis) endowment; klasztor otrzymał ~nia w ziemi the monastery was endowed with land

nadaremnie adv. książk. [czekać, próbować] in vain; to no avail książk.; ~ prosił o pomoc he asked in vain for help

nadaremn|y adi. książk. [działania, wysiłki] futile książk.; ~a próba an effort of little avail książk.; okazać się ~ym to be of no avail książk.

nadarz|yć pf — **nadarz|ać** impf książk. **Ⅱ** vt przypadek ~ył mu dobrą transakcję a good business transaction came his way; czekał, co los mu ~y he waited to see what fate would bring him

Ⅲ nadarzyć się — nadarzać się [okazja, szansa, możliwość] to present itself, to arise; ~yła się okazja kupna domu an opportunity arose to buy a house; ~yła jej się dobra praca a good job opportunity came her way a. presented itself

nadawać¹ impf → nadać

nada|wać² pf **Ⅱ** vt to give (a lot of) (czegoś sth) [prezentów, rad]; ~wali jej słodyczy they gave her loads of sweets

Ⅱ vt pot. (gadać) to yatter pot., to gab pot.; nie ~waj tyle stop yattering; ~waj, jak tam było okay, give us the low-down on how it was pot.; jak się spotkamy, zawsze ~je na męża she always goes on about her husband when we meet

Ⅲ nadawać się to give (a lot of) (czegoś sth)

nadawc|a m ① (nadający) (listu, paczki) sender, mailer US; (ładunku, towarów) forwarder ② Jęz. speaker

nadawcz|y adi. ① Techn. [aparat, stacja, urządzenie] transmitting attr., broadcasting attr. ② [wydział] outgoing mail attr.; [adres] sender's

nadawczy|ni f (listu, paczki) sender, mailer US

nad|ąć pf — **nad|ymać** impf (~mę, ~ęła, ~ęli — ~ymam) **Ⅱ** vt (nadmuchać) to inflate [balon]; to puff out a. up [policzki]

Ⅲ nadąć się — nadymać się ① (wciągnąć powietrze) to take a deep breath ② (stać się wypukłym) [policzki] to puff out a. up; [żagle] to swell ③ pot. (nadąsać się) to go into a sulk ④ pot. (stać się zarozumiałym) to become snooty pot. a. toffee-nosed GB pot.; ~ąć się jak paw to strut like a peacock pejor.

nadąsa|ć się pf v refl. to become moody, to go into a sulk (o coś about a. over sth); ~ła się na niego o jakiś drobiazg she got annoyed with him over some trifle; chłopczyk ~ł się, że nie dostał lodów the boy went into a sulk because he didn't get an ice cream

nadąsan|y adi. [dziecko] moody, sulky (o coś about a. over sth); [mina, twarz] sulky, sullen; zrobiła ~ą minę she pulled a face, she made a moue

nadążać impf → nadążyć

nadąż|yć pf — **nadąż|ać** impf vi ① (dotrzymać kroku) to keep up, to keep pace (za kimś with sb); nie ~am za tobą I can't keep up with you; z trudem za nią ~ał he had a hard time keeping up with her ② (podołać) to cope (z czymś with sth); (zdążyć) to be on time (z czymś with sth); ledwie mógł ~yć z robotą he only just managed to do the work on time; jak dotąd ~amy z płatnościami so far we've kept up (with) the payments; firma nie ~a z realizacją zamówień/ze spłatą długu the company is falling behind with dispatching its orders/debt repayments ③ (zrozumieć) to

follow (za czymś sth); ~yć za biegiem czyichś myśli/czyjegoś rozumowania to follow sb's train of thought/line of reasoning ④ (dostosować się) to keep up (za czymś with sth); nie ~ał za przemianami w świecie he couldn't keep up with the changing world; nie ~ała za modą she couldn't keep up with the latest fashion(s)

nadbagaż m (G ~u) excess baggage U

nadbie|c, nadbie|gnąć pf — **nadbie|gać** impf (~gnę, ~gniesz, ~gnie, ~gł, ~gła, ~gli — ~gam) vi ① [osoba, zwierzę] to come running (up); ~gli ludzie people came running up ② (docierać) [odgłos, muzyka, wieści] to come; z oddali ~gły dźwięki trąbki the sound of a trumpet could be heard in the distance; z zachodu ~gły ciemne chmury dark clouds approached a. loomed up from the west; ~gają coraz silniejsze fale the waves are coming in stronger and stronger

nadbiegać impf → nadbiec

nadbiegnąć impf → nadbiec

nadbierać impf → nadebrać

nadbit|ka f Druk. offprint

nadbitkow|y adi. Druk. [egzemplarz] offprint attr.

nadbrzeż|e n waterside, shore; ~e rzeki a riverside; ~e jeziora a lakeside; strome ~e morza a steep seashore; dobić do ~a to reach (a) shore; odbić od ~a to push off from the shore

nadbrzeżn|y adi. [promenada, restauracja, roślinność, krajobraz] waterside attr., shore attr.; (wzdłuż morza, oceanu) [wydmy, osada, urwisko] coastal; ~e miasta po obu stronach Renu towns along the banks of the Rhine

nadbud|owa f Budow., Filoz. superstructure

nadbud|ować pf — **nadbud|owywać** impf vt to build (nad czymś on top of sth); ~owano jeszcze jedno piętro yet another floor was added

nadbudowywać impf → nadbudować

nadbudów|ka f ① (w budynku) top floor extension ② Żegl. (na statku) superstructure

nadchodzić impf → nadejść

nad|ciąć pf — **nad|cinać** impf (~etnę, ~cięła, ~cięli — ~cinam) vt to score [karton, korę]; to notch [brzeg tkaniny]; to snick [gałązkę, korę]

nadciągać impf → nadciągnąć

nadciąg|nąć pf — **nadciąg|ać** impf (~nę, ~nęła, ~nęli — ~am) vi ① (przybyć) [tłum, wojsko, pogoń] to approach; [oddziały, pogoń] to close in; ~nęły wreszcie posiłki the reinforcements finally arrived; zewsząd ~ali gapie onlookers swarmed in from everywhere ② [burza, huragan] to approach; [chmury] to gather ③ (nastąpić) [noc, niebezpieczeństwo, upały] to close in; [wiosna, czas] to draw near; ~ający konflikt zbrojny an imminent military conflict; ~ała zima winter was setting in

nadcinać impf → nadciąć

nadciśnie|nie n ① sgt Med. hypertension; chorować a. cierpieć na ~nie to be (a) hypertensive ② Fiz. high pressure U

nadciśnieniow|iec m pot. hypertensive

nadciśnieniow|y adi. ① Med. [choroba] hypertensive ② Fiz. [komora] high-pressure attr.

N

nad|człowiek *m* [1] iron. superman pot. [2] Filoz. overman, (the Nietzschean) superman

nadczynnoś|ć *f sgt* Med. hyperactivity, overactivity

❑ ~ć przysadkowa hyperpituitarism; ~ć tarczycy hyperthyroidism, thyrotoxicosis

nadda|ć *pf* — **nadda|wać** *impf vt* [1] (zmarszczyć) to take in by easing material; spódnicę wszyje się w pasek i ~ the skirt will be eased into the waistband [2] (dodać) to let out; ~j (materiału) w ramionach let it out at the shoulders [3] książk. (przydać) to superimpose (czegoś czemuś sth (up)on sth) [4] przest. (dołożyć) to add

naddat|ek *m* (*G* ~ku) [1] (nadwyżka) extra; ~ek na sklejenie brzegów pudełka an extra length (of paper) to glue together the sides of a box; spłaciliśmy dług z ~kiem, bo z procentami we paid the debt off, plus extra to cover interest payments; koszty zwróciły się z ~kiem the costs were more than covered [2] Techn. offcut

naddawać *impf* → **naddać**

naddzierać *impf* → **nadedrzeć**

naddźwiękow|y *adi.* Fiz. [samolot, prędkość] supersonic

nade → **nad**

nad|ebrać *pf* — **nad|bierać** *impf vt* to take (czegoś sth); ~ebrać dżemu ze słoika/jajek z koszyka to take some a. a little jam from a jar/some a. several eggs from a basket

nad|edrzeć *pf* — **nad|dzierać** *impf* (~darł, ~darli — ~dzieram) **I** *vt* to tear slightly [papier, materiał]; ~darta kartka papieru a slightly torn piece of paper; falbanka sukienki była ~darta the frill of the dress was partially torn off a. away; ~darł niechcący stronę książki he inadvertently tore a page in a book **II** nadedrzeć się — naddzierać się to start to tear; ~dziera ci się rękaw swetra the sleeve of your jumper is starting to tear

nad|ejść *pf* — **nad|chodzić** *impf* (~ejdę, ~ejdziesz, ~ejdzie, ~szedł, ~eszła ~eszli — ~chodzę) *vi* [1] [osoba] (przybyć) to come, to arrive; (zbliżyć się) to approach; powinien lada chwila ~ejść he should come a. arrive at any moment; słyszę, że ktoś ~chodzi I can hear somebody approaching [2] [pojazd] to arrive; lada chwila ~ejdzie pociąg the train will arrive at any moment [3] (nadciągnąć) [burza, huragan, ulewa] to approach, to come; [chmury] to gather; od zachodu ~chodzi front niżowy a low-pressure front is approaching a. coming from the west [4] (dotrzeć) [przesyłka, wiadomość, rozkaz] to come [5] (nastąpić) [pora, wiosna, święta] to approach, to come; ~chodzi noc night is coming a. setting in; skończyło się lato i ~eszła jesień summer was over and autumn came; ~chodzący rok/tydzień next year/week [6] (zdarzyć się) [sen, śmierć] to come; [kryzys, niebezpieczeństwo] to approach; sen nie ~chodził sleep was slow to come

nadeń =nad nim

nadep|nąć *pf* — **nadep|tywać** *impf* (~nęła, ~nęli — ~tuję) *vt* to tread (coś a. na coś on sth); ~ęła mu na stopę, kiedy tańczyli she stepped on his foot while they were dancing; ~nęła karalucha she squashed the cockroach under foot ■ ~nąć komuś na odcisk pot. to get up sb's nose pot.

nadep|tać *pf* (~czę) **I** *vi* to mark vt (na czymś sth); to leave footprints (na czymś on sth); psy ~tały na dywanie the dogs paddled all over the carpet; dzieci ~tały mokrymi stopami w łazience the children left wet footprints in the bathroom **II** nadeptać się pot. ~tałem się wczoraj po aptekach yesterday I footed it around a lot of pharmacies

nadeptywać *impf* → **nadepnąć**

nader *adv.* książk. extremely; [trudny, skomplikowany] insuperably książk.; jest to ~ ciekawa książka it's an extremely interesting book

nad|erwać *pf* — **nad|rywać** *impf* (~erwę — ~rywam) **I** *vt* [1] (rozerwać częściowo) to tear slightly [kartkę, szalik]; to tear partly away a. off [ucho, kołnierzyk]; ~erwała sobie bluzkę o klamkę she tore her blouse slightly on the door handle [2] (naciągnąć) to strain [mięsień, ścięgno]; ~erwał sobie ścięgno Achillesa he pulled his Achilles tendon **II** naderwać się — nadrywać się [1] (rozerwać się częściowo) [uchwyt, pokrycie] to become loose a. (partly) unfixed; [strona] to become partly torn out [2] (podźwignąć się) to strain oneself ■ ~erwać czyjąś kieszeń pot. to set sb back a bit pot., to knock sb back a bit GB pot.; budowa domu poważnie ~erwała naszą kieszeń building the house has set us back quite a bit

nad|erżnąć *pf* — **nad|rzynać** *impf* (~erżnęła, ~erżnęli — ~rzynam) *vt* to cut into [pień, gałąź]; deska była ~erżnięta do połowy the plank was cut through to the middle

nad|esłać *pf* — **nad|syłać** *impf* (~eślę — ~syłam) *vt* to send [list, wieści, życzenia]; dziękuję za ~esłane mi pozdrowienia thank you for the greetings I received; prace ~esłane na konkurs works entered in a competition; ostatnio ~esłał mi trochę pieniędzy he's sent me a little money recently

nad|eżreć *pf* — **nad|żerać** /ˌnadˈʒɛratɕ/ *impf* (~żarł, ~żarli — ~żeram) *vt* [1] (zniszczyć) [kwas, czas, woda] to eat into; to eat away (coś at sth); [ogień] to partly consume; karoserię ~żarła rdza rust ate away at a. into the body of the car; antyki ~żarte czasem antiques worn away with age [2] pot. [zwierzę] to eat parts (coś of sth) [3] pot., pejor. [osoba] to gobble (coś a piece of sth); ~żarł kawał pieczeni he gobbled a big piece of the roast

nadę|cie **I** *sv* → **nadąć** **II** *n sgt* pot. [1] (patetyczność) bombast; w jego mowie było wiele ~cia his speech was fairly bombastic [2] (wyniosłość) pomposity

nadętoś|ć *f sgt* pot., pejor. [1] (zarozumiałość) snootiness pot. [2] (patetyczność) bombast; (pretensjonalność) pomposity; ~ć przemówienia the grandiloquence of a speech

nadę|ty **I** *pp* → **nadąć** **II** *adi.* pot., pejor. [1] (nadąsany) [osoba] huffy; ratty GB pot.; [osoba, mina] sulky; mieć ~tą minę to look sulky; od rana chodzi ~ta she's been sulking all morning [2] (zarozumiały) stuck-up pot., snooty pot.; (wyniosły) pompous; ~ty bufon a pompous buffoon [3] [przemówienie, styl] bombastic, pompous

nadfiole|t *m sgt* (*G* ~tu) Fiz. ultraviolet

nadfioletow|y *adi.* Fiz. ultraviolet

nadganiać *impf* → **nadgonić**

nadgarst|ek *m* Anat. wrist

nadgarstkow|y *adi.* Anat. carpal; staw ~y a wrist joint

nadgni|ć *pf* (~je) *vi* to start to rot a. decay; ziemniaki w kopcach ~iły the potatoes in the clamps started to rot

nadgni|ły *adi.* [deski, ziemniaki, pień] rotting (away); ~łe jabłka rotting apples; ściany są ~łe the walls are falling into decay

nadgodzin|a *f zw. pl* [1] (godzina nadliczbowa) hour of overtime; pracować w ~ach to work a. do overtime [2] pot. (wynagrodzenie) overtime U [3] (praca) overtime U; brać ~y to do overtime; dostanę około setki za ~y I'll get paid about a hundred for overtime

nadgodzinow|y *adi.* pot. [1] [stawka, płaca] overtime attr.; ~a praca a. robota overtime; ~y czas (pracy) overtime [2] [zajęcia, wykłady, lekcje] extra

nadg|onić *pf* — **nadg|aniać** *impf vt* pot. [1] (nadrobić) to make up (for) [czas, godzinę, parę miesięcy]; nie mogła ~onić z robotą she couldn't catch up with her work [2] (uzupełnić) to catch up (coś on sth)

nadgorliwie *adv.* pejor. [wykonywać obowiązki] officiously; [pracować] in an overzealous way, overzealously; ~ przestrzegać regulaminu to be overzealous in obeying the regulations

nadgorliw|iec *m* pot., pejor. eager beaver pot.

nadgorliwoś|ć *f sgt* pejor. officiousness

nadgorliw|y *adi.* pejor. [urzędnik] officious; [zaangażowanie] overzealous

nadgraniczn|y *adi.* [strefa, miasto, rejon] border attr., frontier attr.; [potyczka, zasadzka] cross-border attr.; ludność ~a people living near the border

nadgryzać *impf* → **nadgryźć**

nadgry|źć *pf* — **nadgry|zać** *impf* (~zę, ~ziesz, ~zie — ~zł, ~zła, ~źli — ~zam) *vt* [1] (zacząć jeść) [osoba] to take a bite (coś out of sth); [myszy, szkodniki] to gnaw (coś at sth); myszy ~zły książkę mice gnawed at the book; ~ziona kanapka/gruszka a sandwich/pear with a piece bitten off; futro ~zione przez mole a moth-eaten fur coat [2] (zniszczyć) [rdza, kwas] to eat into; to eat away (coś at sth); rdza ~zła karoserię rust ate into the bodywork; meble ~zione zębem czasu furniture worn away with age

nadinspekto|r *m* (*Npl* ~rzy a. ~rowie) ≈ chief superintendent

nadinterpretacj|a *f* (*Gpl* ~i) książk. over-interpretation

nadj|echać *pf* — **nadj|eżdżać** *impf* (~adę — ~eżdżam) *vi* (przybyć) to arrive, to come (up); (zbliżać się) to approach, to come (up); (samochodem) to drive up; proszę się odsunąć, ~eżdża pociąg move back, please, the train is approaching a. coming; ~echał jakiś chłopak na rowerze i zatrzymał się obok nas a boy rode up on a bike and stopped beside us; **w tym momencie ~echał wóz policyjny** just then a police car drove up; **pośpiesz się, goście już ~echali** hurry up, the guests have already arrived

nadj|eść *pf* — **nadj|adać** *impf* (**~em, ~esz, ~adł, ~adła, ~edli — ~adam**) *vt* to nibble (**coś** at sth); (zjeść kawałek) to take a bite out of; (zjeść częściowo) to eat some, to eat a bit of; **myszy znów ~adły ser** mice have been nibbling at the cheese again; **~adł jabłko** he took a bite out of the apple

nadjeżdżać *impf* → nadjechać

nadkładać *impf* → nadłożyć

nadkomisarz *m* (*Gpl* ~y a. ~ów) ≈ chief inspector

nadkomple|t *m* (*G* ~tu) (pasażerów, studentów) overflow; (książek) extra copies; (w teatrze) more than full house; **~t podręczników możesz oddać do szkolnej biblioteki** you can donate any extra copies of the textbooks to the school library; **premiera musicalu odbyła się przy ~cie widzów** the musical opened to a more than full house

nadkrawać *impf* → nadkroić

nadkr|oić *pf* — **nadkr|awać** *impf vt* (odkroić kawałek) to cut a piece a. slice (**coś** of sth); (zrobić nacięcie) to make a slit in (**coś** in sth); **~oiła szynkę, żeby sprawdzić, czy jest świeża** she cut a slice of the ham to check if it was fresh; **przed upieczeniem w kuchence mikrofalowej każdy ziemniak trzeba ~oić** before microwaving the potatoes, make a slit in each one

nadkwaso|ta *f sgt* Med. hyperacidity; **mieć nadkwasotę** a. **cierpieć na ~tę** to have a. suffer from hyperacidity

nadlatywać *impf* → nadlecieć

nadl|ecieć *pf* — **nadl|atywać** *impf* (**~ecisz, ~eciał, ~ecieli — ~atuje**) *vi* [1] (przylecieć) [pocisk] to come (flying); [rzucony przedmiot] to come flying; [owad] to come flying, to fly up; [samolot] to arrive, to come (in); **nagle ~eciał ptak i porwał mi z ręki kawałek chleba** suddenly a bird flew up and snatched a piece of bread right out of my hand; **z północy ~eciała wielka chmara pszczół** a great swarm of bees came flying from the north [2] pot. (przybiec) to come flying; **~eciała z radosną nowiną** she came flying in a. up with the good news [3] (stawać się słyszalnym) to come; **z podwórka ~eciał dźwięk wystrzału** the sound of a gunshot came from the courtyard

nadleśnictw|o *n* [1] (obszar) ≈ Forestry Commission [2] (zarząd) forest district office

nadleśnicz|y *m* (*Npl* ~owie, *Gpl* ~ych) forest district manager GB, district forester US

nadliczbow|y *adi.* [egzemplarz, ochotnik, osobnik] additional, extra, surplus; [chromosom, sutek] supernumerary; **nie mogę brać żadnych ~ych pasażerów** I can't take any extra passengers; **wszystkie ~e artykuły przekażemy na cele dobroczynne** we'll donate all surplus items to charity; **godziny ~e** overtime

nadliczbów|ka *f zw. pl* pot. overtime *U*; **w tym miesiącu miałam sporo ~ek** I had a lot of overtime this month

nadludzie → nadczłowiek

nadludz|ki *adi.* [1] (ponad ludzkie możliwości) superhuman; **do niego trzeba mieć ~ką cierpliwość** one needs infinite patience to deal with him [2] przest. (nieziemski) [istota, siły] supernatural, unearthly

nadludzko *adv.* [1] [dobry, silny, odważny] superhumanly, uncommonly [2] przest. (nieziemsko) unworldly, preternaturally; **~ piękna istota** a being of unworldly beauty

nadłam|ać *pf* — **nadłam|ywać** *impf* (**~ię — ~uję**) **I** *vt* (ułamać kawałek) to break off (a bit a. a piece of); (złamać częściowo) to break (partially), to fracture; **~ana gałąź/deska** a partly broken branch/plank; **~ał kawałek placka i zjadł go** he broke off a bit of the pie and ate it; **~ał sobie ząb** he chipped his tooth

II nadłamać się — **nadłamywać się** (odłamać się) to chip; (pęknąć) to break (partially), to fracture; **~ał mi się ząb** I've chipped my tooth; **gałąź ~ała się pod ciężarem śniegu** the branch cracked under the weight of the snow; **podczas upadku ~ało mu się żebro** he fractured his rib in the fall

nad|łożyć *pf* — **nad|kładać** *impf vt* **~łożyć drogi** to take a roundabout way a. route; **chodźmy tędy, po co ~kładać drogi?** let's go this way, why take a roundabout route?; **~łożyć dziesięć kilometrów** to go ten kilometers out of one's way; **~łożyć pół dnia drogi** to add half a day to one's journey; **odwiedźcie ten zamek, naprawdę warto ~łożyć drogi** go see the castle, it's really worth the detour

nadłub|ać się *pf* (**~ię się**) *v refl.* pot. to do a lot of painstaking a. fiddly work; **~ał się przy naprawie samochodu/zegarka** he did a lot of fiddly work when repairing the car/watch

nadłup|ać *pf* — **nadłup|ywać** *impf* (**~ię — ~uję**) **I** *vt* (odłupać) to chip (slightly), to chip off (partially), to flake off (partially); (rozłupać) to crack (partially/slightly), to make a crack in [orzech]; to fracture, to split (partially) [kamień]; **~ywać korę drzewa** to chip some of the bark off the tree

II nadłupać się — **nadłupywać się** (odłupać się) [lakier] to chip (slightly); to chip off (partially); [kamień] to flake off; (rozłupać się) to crack (partially/slightly), to fracture, to split (partially); **przy futrynie ~ał się tynk** some of the plaster by the door frame has chipped off

nadmetraż *m* (*G* ~u) Admin. *excess space in living quarters*

nadmia|r *m sgt* (*G* ~ru) excess, surfeit (**czegoś** of sth); **~r optymizmu/ostrożności** an excess of optimism/caution; **~r pomysłów, niedostatek rozwiązań** a surfeit of ideas, a dearth of solutions; **~r informacji** information overload; **w ~rze** in excess, enough and to spare; **witaminy zażywane w ~rze mogą być szkodliwe** an excess of vitamins can be harmful; **weź tyle jabłek, ile chcesz — mamy ich w ~rze** take as many apples as you like — we have more than enough; **~r wzruszeń odebrał mu głos** he was so overhelmed by emotion that he couldn't speak

nadmiarow|y *adi.* [1] (dodatkowy, zbyteczny) excess, surplus [2] Med. (dalekowzroczny) [oko] hypermetropic, hyperopic

nadmieniać *impf* → nadmienić

nadmieni|ć *pf* — **nadmieni|ać** *impf vi* książk. (zrobić wzmiankę) to mention; (zrobić aluzję) to allude, to (drop a) hint; **nie muszę chyba ~ać, że...** I hardly need (to) mention that...; **warto ~ć o innych metodach leczenia tej choroby** it might be useful to mention other treatments for this disease; **w rozmowie ~ł, że wkrótce wyjeżdża** in his conversation, he hinted that he would be leaving soon

nadmiernie *adv.* [chwalić, martwić się] excessively, overmuch; [ciężki, dojrzały] inordinately; [optymistyczny, wrażliwy] unduly; **dziecko ~ rozwinięte jak na swój wiek** a precocious child

nadmiern|y *adi.* [krytyka] exaggerated; [prędkość] excess, excessive; [ambicja, zainteresowanie] excessive; [poczucie własnej wartości] inflated; **~y wysiłek** overexertion; **~a dawka** an overdose

nadmors|ki *adi.* [ptaki, roślinność] coastal, maritime; [miasto, teren] seaside attr.; [prowincja, stan] seaboard attr.

nadmuch *m* (*G* ~u) Techn. (fan-assisted/forced) airflow

nadmuch|ać *pf* — **nadmuch|iwać** *impf vt* [1] (napełnić powietrzem) to blow up, to inflate; **~iwać materac ustami/pompką** to inflate a mattress by blowing into it/with a pump; **~ać balon** to blow up a balloon [2] (nawiać) to blow; **wiatr ~ał do mieszkania kurzu** the wind has blown dust into the flat

■ **(on) może mi ~ać** pot. he can go fly a kite pot.

nadmuchiwać *impf* → nadmuchać

nadmuchiwan|y II *pp* → nadmuchiwać

III *adi.* [łódź, materac, piłka] inflatable

nadnaturalnie *adv.* książk. (nienaturalnie) unnaturally; (nieziemsko) supernaturally; **~ rozwinięta muskulatura** unnaturally developed muscles; **~ piękna kobieta** an unusually beautiful woman

nadnaturalnoś|ć *f sgt* książk. supernatural character; **~ć zjawiska** the supernatural nature of the phenomenon

nadnaturaln|y *adi.* książk. [potęga, zjawiska] preternatural, supernatural; **nie wierzę w siły ~e** I don't believe in the supernatural

na dobitek, na dobitkę → dobitek

nadobn|y *adi.* grad. przest. [dziewczyna, kształty, twarz] comely przest.; fair; **płeć ~a** the fair sex

■ **odpłacić komuś pięknym za ~e** książk. to pay sb back in their own coin, to give sb a taste of their own medicine

nadobowiązkowo *adv.* (poza programem szkolnym) optionally, as an extra-curricular activity; (poza zakresem obowiązków) voluntarily; **studenci mogą uczestniczyć ~ w kursach komputerowych** the students can optionally participate in (the) Computer Skills courses; **zajęcia z niemieckiego są prowadzone ~** German is taught as an extra-curricular subject

N

nadobowiązkow|y adi. [lekcje, przedmioty] elective; [zajęcia] extra-curricular, optional; [lektury] optional

nadoj|eść pf (~em, ~esz, ~adł, ~adła, ~edli) vi pot. ~eść komuś to be a (big a. major) nuisance to sb; to get sb down; **szef tak mi ~adł, że straciłem ochotę do pracy** my boss was such a nuisance that I lost all my enthusiasm for work; **życie mu ~adło** life got him down

nadokucz|ać pf vi [1] (doskwierać) [hałas] to annoy (a lot) vt; [ból] to bother (a lot) vt; [osoba] to be a (big a. major) nuisance (**komuś** to sb); **ta noga tyle mi już ~ała** this leg has been bothering me so much [2] (dogryzać, wyśmiewać) to tease (a lot) vt; **nie lubię ich, bo tyle mi ~ali w szkole** I don't like them, because they teased me so much at school

nadopiekuńczoś|ć f sgt overprotectiveness (**w stosunku do kogoś** of a. towards sb)

nadopiekuńcz|y adi. [matka, rodzice] overprotective (**w stosunku do kogoś** of a. towards sb); **państwo ~e** an overprotective welfare state; the nanny state pot.

nadpalać impf → nadpalić

nadpal|ić pf — **nadpal|ać** impf [] vt (spalić częściowo) to burn (partially); **ogień ~ił zasłony** the fire partially burned the curtains

[] **nadpalić się** to burn (partially), to be/get burnt (partially); **na szczęście meble tylko się ~iły** luckily the furniture was only partially burnt

nadpi|ć pf — **nadpi|jać** impf (~ję — ~jam) vt pot. (wypić trochę) to have a. take a sip (**czegoś** of sth); (napocząć) to drink (a little) (**coś** sth); **~ł mleka z kubka** he took a sip of the milk from the mug; **ktoś ~ł to wino, dam ci nowy kieliszek** somebody has been drinking this wine, I'll give you a new glass

nadpijać impf → nadpić

nadpił|ować pf — **nadpił|owywać** impf vt (przeciąć niezupełnie) [piła] to saw (almost) off/through; [pilnik] to file (almost) through; (spiłować z wierzchu) to file down

nadpłacać impf → nadpłacić

nadpła|cić pf — **nadpła|cać** impf vt to overpay; **w tym roku ~ciłem podatki** I've overpaid in taxes this year; **~ciłeś za ten samochód** you overpaid for that car

nadpła|ta f overpayment; **dokonać ~ty** to make an overpayment; **zwrócić ~tę** to repay a. reimburse an overpayment

nadpły|nąć pf — **napły|wać** impf (~nęła, ~nęli, — ~wam) vi [1] (podpłynąć) [człowiek, ryba] to swim up; [łódź, statek] to come in; **do brzegu ~nął rekin** a shark swam up to the shore; **wreszcie łódź ~ęła i mogliśmy wejść na pokład** at last the boat came in and we could board [2] (dotrzeć) [dźwięk] to come; [zapach] to waft; **z drugiego pokoju ~nął dźwięk muzyki** the sound of music came from another room; **z kuchni ~wały smakowite zapachy** delicious smells wafted out of the kitchen

nadpływać impf → nadpłynąć

nadpobudliwoś|ć f sgt (u dzieci) hyperactivity; (nadwrażliwość) overexcitement, hypersensivity; **zespół ~ci psychorucho-** **wej** attention deficit hyperactivity disorder, ADHD; **~ć płciowa** excessive libido

nadpobudliw|y adi. [dziecko] hyperactive; [wyobraźnia] overactive; (nadwrażliwy) hypersensitive; (nerwowy) overly excitable

nadprodukcj|a f sgt Ekon., Med. overproduction; **~a testosteronu** overproduction of testosterone

nadprogramowo adv. (poza programem szkolnym) optionally, as an extra-curricular activity; (dodatkowo) additionally; **pracownicy otrzymają wynagrodzenie za godziny przepracowane ~** employees will be paid for the additional hours worked; **piosenkarz wystąpił ~** the singer made an unscheduled appearance

nadprogramow|y adi. (poza programem szkolnym) extra-curricular; (dodatkowy) additional, extra, unscheduled; **szkoła oferuje też wiele zajęć ~ych** the school also offers many extra-curricular activities; **odbyliśmy kilka ~ych wycieczek do starego zamku** we made a few extra unscheduled trips to an old castle

nadpru|ć pf [] vt (dzianinę) to unravel (partially); (szew tkaniny) to unstitch, to unpick (a seam)

[] **nadpruć się** [dzianina] to unravel (partially); [szew] to become (partially) unstitched; **~ł mi się rękaw tej kurtki** the sleeve of that jacket came unstitched

nadprzyrodzonoś|ć f sgt supernatural character; **~ć tych zjawisk wyklucza naukową interpretację** the supernatural character of these phenomena precludes scientific interpretation

nadprzyrodzon|y adi. [istota, potęga, zjawisko] preternatural, supernatural; **siły ~e** the supernatural

nadpsu|ć pf (~ję, ~jesz, ~ł, ~ła, ~li) [] vt to spoil (a little); **powódź ~ła most** the flood caused some damage to the bridge

[] **nadpsuć się** to begin to go bad, to spoil; **kiełbasa ~ła się** the sausage is beginning to go off

nadpsu|ty [] pp → nadpsuć

[] adi. [mięso, owoce, ser] (a little) bad, (partly) spoiled; [zęby] bad; **musieliśmy wyrzucić tę szynkę, bo była ~ta** we had to throw away the ham, because it had started to spoil a. go bad

nadrabiać impf → nadrobić[1]

nadrdzewiał|y adi. (a little) rusty; **samochód ma ~y błotnik** the car's bumper is a little rusty

nadrdzewi|eć pf (~ał) vi to become (a little) rusty, to rust (partly); **kłódki ~ały od wilgoci** the padlocks have become a little rusty from the damp

nadreali|sta m, **~stka** f Literat., Szt. surrealist; **manifest ~stów** a manifesto of the surrealists; **malarz ~sta** a surrealist painter

nadrealistycznie adv. Literat., Szt. [jaskrawy, przerysowany] surrealistically; [napisać, wyreżyserować, namalować] in a surrealist style; [wyglądać] surrealist adi., surrealistic adi.

nadrealistyczn|y adi. Literat., Szt. [film, obraz, poeta, wyobraźnia] surreal, surrealist(ic)

nadrealizm m sgt (G ~u) Literat., Szt. surrealism; **twórcy ~u** the founders of surrealism; **poeci ~u** the surrealist poets

nadrep|tać się pf (~czę się, ~cze się a. ~ce się) v refl. (dużo chodzić) to do a lot of walking around, to traipse (a lot); (załatwiać coś) to wear one's shoes out; **dużo się ~tałam, żeby kupić te wszystkie prezenty** I did a lot of walking around to buy all those presents; **~tał się po mieście, zanim znalazł hotel** he had to traipse all over town before he found a hotel; **~tałem się, żeby załatwić to zezwolenie** I wore my shoes out getting that permit

nadr|obić[1] pf — **nadr|abiać** impf vt [1] (uzupełnić) to make good (**coś** sth); to make up (**coś** for sth); **~obić stracony czas** to make up for lost time; **~obić straty** to make good one's losses [2] (przy robótkach ręcznych) (dodać) to add; (podłużyć) to lengthen; **~obiła kołnierz do swetra** she added a collar to the sweater

■ **~abiać miną** to put on a brave face; **~abiać bezczelnością** a. **tupetem** to brazen it out; **~abiać grzecznością/humorem** to put on a show of politeness/good humour; **~obić drogi** to take a. go a roundabout way a. route; **chodźmy tędy, po co ~abiać drogi?** let's go this way, why take a roundabout route?; **jeśli nie znajdziesz tego skrętu, ~obisz z 50 mil drogi** if you miss the turn, you'll go about 50 miles out of your way

nadr|obić[2] pf vt (rozdrobnić) to crumble; **~obiła ptakom chleba** she crumbled some bread for the birds ⇒ **drobić**

nadruk m (G ~u) [1] (drukowany napis) (na kartce, okładce) printed inscription; (na znaczku) overprint, surcharge; **papier z ~iem** printed notepaper; **dokumenty z ~iem „tajne"** documents marked 'secret' [2] (desen) (printed) design, imprint; **czarna koszulka z białym ~iem** a black T-shirt with a white imprint

❑ **~ ceramiczny** Techn. ceramic imprinting

nadruk|ować pf — **nadruk|owywać** impf vt [1] (wydrukować dużo) to print (a lot of); **~owaliśmy tyle plakatów, a on postanowił nie kandydować** we printed all those posters and he decided not to run; **~owaliśmy zbyt wiele ulotek** we overprinted the flyers [2] (umieścić napis, deseń) (na koszulce, materiale) to imprint, to print; (na papierze) to print; (na czymś już zadrukowanym) to overprint; **na jedwabiu ~owano różne kolorowe wzorki** various colourful patterns were printed on the silk; **możemy ~ować logo waszej firmy na koszulkach i kubkach** we can imprint your company's logo on to T-shirts and mugs

nadrukowywać impf → nadrukować

nadrywać impf → naderwać

nadrzecz|e n (Gpl ~y) riverside; **gęsta mgła podniosła się z bagnistego ~a** a thick fog rose from the marshy riverside

nadrzeczn|y adi. [rośliny, ptaki] riverside attr.; riverine książk.; [mokradła] riparian

nad|rzeć pf [] vt [1] (wyrwać) to pull out a. up; **~arła mnóstwo trawy** she pulled up a lot of grass; **~rzeć pierza** to strip (a lot of) feathers [2] (zniszczyć) to rip up (a lot of), to tear up (a lot of); **nie masz pojęcia, ile on**

butów ~arł you've no idea how many (pairs of) shoes he's worn out

III nadrzeć się [1] pot. (nakrzyczeć się) to bawl (a lot), to scream (a lot); **tyle się ~arł, że aż zachrypł** he screamed himself hoarse; **~adrzeć się na kogoś** (skarcić, zgromić) to bawl sb out

nadrzędnie adv. [1] (jako sprawę najważniejszą) as a major matter, as an overriding concern; **problem bezpieczeństwa traktowano ~** the problem of security was given precedence [2] (zwierzchnio) in a relation of superiority; **instytucja powiązana z naszą ~** an institution standing in a relation of superiority to ours

nadrzędnoś|ć f sgt precedence, primacy; (zwierzchność) superiority; **jeśli zaistnieją rozbieżności pomiędzy tłumaczeniem a oryginałem, ustala się ~ć polskiej wersji** if there are any discrepancies between the translation and the original, the Polish version shall be binding; **post-impresjonizm głosił ~ć koloru nad treścią** post-Impressionism advocated the primacy of colour over the subject matter; **~ć prawa federalnego nad stanowym** the primacy of federal law over state law; **~ć sądownicza międzynarodowych trybunałów** the jurisdictional superiority of international tribunals

nadrzędn|y adi. książk. [1] (zwierzchni) [instytucja, organ, władza] higher, superior [2] (najważniejszy) overriding; superior (**wobec czegoś** to sth); **to sprawa o ~ym znaczeniu** this is a matter of overriding importance; **uważał prawo naturalne za ~e wobec praw stanowionych przez ludzi** he considered natural law superior to man-made laws; **sprawą ~ą jest zakończenie pracy do piątku** it is imperative that the work be completed by Friday; **pojęcie ~e** (w logice) a superordinate

nadrzynać impf → **naderżnąć**

nadskak|iwać impf vi (podlizywać się) to dance attendance (**komuś** on sb); (być uprzejmym) to pay court (**komuś** to sb); **dostał awans, bo ciągle ~iwał szefowi** he got the promotion because he always danced attendance on the boss; **na przyjęciu wszyscy panowie jej ~iwali** all the men at the party were paying court to her

nadsłuch|iwać impf vi to listen (closely) (**czegoś** to sth); to listen out (**czegoś** for sth); **zatrzymał się pod drzwiami i zaczął ~iwać** he stopped at the door and listened closely; **~iwała, czy nie odezwie się jakaś kukułka** she was listening out for the cuckoo's call, she was listening out for cuckoos

nadspodziewanie adv. (lepiej niż się spodziewano) (o jakości) better than expected; (o ilości) more than expected; (nieoczekiwanie) unexpectedly; **wszystko udało się ~ dobrze** it all worked out better than expected; **dzisiejszy dzień był ~ piękny** today was unexpectedly lovely

nadspodziewan|y adi. (lepszy niż spodziewany) [rezultat, urodzaj] better than expected; (nieoczekiwany) unexpected; **~y wzrost gospodarczy** better than expected economic

growth; **~e powodzenie nowego filmu** the new movie's unexpected success

nadstawiać impf → **nadstawić**

nadstaw|ić pf — **nadstaw|iać** impf **II** vt to hold out [naczynie, ręce]; to offer, to present [policzek, usta]; **~ił kieliszek, aby dolano mu wina** he held out his glass to be refilled with wine

III nadstawić się — nadstawiać się pot. to be a. go looking for trouble; (dla kogoś) to put oneself at risk; **~ił się w obronie kolegi** he put himself at risk to defend his friend; **jak będziesz się ~iał, sam oberwiesz** if you go looking for trouble, you'll get a beating, too

■ **~iać głowę** a. **głowy** a. **karku** to stick one's neck out; **~iał głowę za innych** he was sticking his neck out to help others; **~iać ucha** a. **uszu** to prick up one's ears

nadstaw|ka f [1] (część mebla) top a. upper section [2] (ścianka) a board or panel used to make the side of a box higher [3] Techn. (narzędzie kowalskie) swage [4] Żegl. sheer strake

nadsyłać impf → **nadesłać**

nadszarpać → **nadszarpnąć**

nadszarp|nąć, nadszarp|ać pf — **nadszarp|ywać** impf (**~nęła, ~nęli** — **~uję**) **II** vt książk. [1] (uszczuplić) to eat (into), to make inroads into, to whittle away (at); **koszty naprawy poważnie ~nęły jego oszczędności** the cost of the repairs seriously ate into his savings [2] (osłabić) to undermine; (uszkodzić) to damage, to ravage; **ciężka praca poważnie ~nęła jego zdrowie** hard work seriously undermined his health; **czas ~nął mury zabytkowego pałacu** time has ravaged the walls of its historic palace [3] (zepsuć złym postępowaniem) to diminish, to undermine; **ten wybryk ~nął jego reputację** that incident damaged his reputation

III nadszarpnąć się — nadszarpywać się to overexert oneself, to overtax oneself; **~nął się, dźwigając meble** he overtaxed himself carrying furniture

nadszarpywać impf → **nadszarpnąć**

nadtłu|c pf — **nadtłu|kiwać** impf (**~kę, ~czesz, ~kł, ~kła, ~kli — ~kuję**) vt (spowodować pęknięcie) to crack; (wyszczerbić) to chip (slightly); **~c szklankę/talerz** to chip a glass/plate; **szyba w oknie była ~czona** the windowpane was cracked

nadtłukiwać impf → **nadtłuc**

nadto II part. książk. (oprócz tego) (and) moreover książk., (and) furthermore książk. **III** adv. przest. (zbyt) (przed przymiotnikiem) too; (z czasownikiem) too much

naduży|cie II sv → **nadużyć**
II n [1] (nieuczciwość) abuse C/U, misuse C/U; **~cie władzy** the abuse of power a. authority; **grube ~cia** serious malfeasance [2] (przestępstwo finansowe) misappropriation U of funds; **popełnić ~cie** to misappropriate funds; **grube ~cia** major misappropriation of funds

❏ **~cie prawa** Prawo malpractice

naduży|ć pf — **naduży|wać** impf (**~ję — ~wam**) vt książk. [1] (użyć ponad miarę) to abuse (**czegoś** sth); **~wać alkoholu** to abuse alcohol; **~wać kąpieli słonecznych** to overdo it with the sunbathing [2] pejor. (użyć niewłaściwie) to abuse; **~łeś mojego**

zaufania you have betrayed my trust; **nie chciałbym ~wać pańskiej gościnności** I wouldn't want to outstay a. overstay my welcome

nadużywać impf → **nadużyć**

nadwa|ga f sgt [1] Med., Sport excess weight, overweight; **mieć ~gę** to be overweight; **problem z ~gą** a weight problem [2] Handl. excess(ive) weight

nadwątlać impf → **nadwątlić**

nadwątl|ić pf — **nadwątl|ać** impf vt książk. to weaken; to enfeeble książk.; **lata przymusowej pracy ~iły jego zdrowie/siły** years of forced labour impaired his health/sapped his strength; **jego ~ona reputacja** his tarnished reputation

nadwerężać impf → **nadwerężyć**

nadwerężony II pp → **nadwerężyć**
II adi. książk. [siły] (over)taxed; [mięśnie, most] fatigued; **walizka ma ~oną rączkę** the suitcase handle is worn (out)

nadweręż|yć pf — **nadweręż|ać** impf **II** vt książk. to strain; **~ać swoje siły** to (over)tax one's strength; **~yć mięśnie** to strain one's muscles

III nadwerężyć się — nadwerężać się to overstrain oneself, to overtax oneself; **~ył się przy przenoszeniu szafy** he overstrained himself moving the wardrobe

nadwodn|y adi. [1] (nadbrzeżny) waterside attr.; **~e zarośla/trzciny** waterside brush/reeds [2] (unoszący się nad wodą) above-water attr.; **~a część kadłuba** the part of the hull above the waterline

nadworn|y adi. Hist. [astrolog, błazen, kucharz, wróżbita] court attr., royal; **~y poeta** the court poet

nadwozi|e n (Gpl ~) Techn. body(work)

❏ **~e samonośne** Auto monocoque, unitary body

nadwoziow|y adi. Techn. body(work) attr.; **blacha ~a** a body panel

nadwrażliwoś|ć f sgt [1] (przewrażliwienie) oversensitivity C/U (**na coś** to sth); **~ć na krytykę** oversensitivity to criticism; **~ć usposobienia** oversensitivity; **chorobliwa ~ć** hypersensitivity [2] Med. hypersensitivity (**na coś** to sth); **~ć na laktozę** a lactose allergy

nadwrażliw|y adi. [1] (przewrażliwiony) oversensitive; **~a natura** an oversensitive nature; **~e sumienie** an overactive conscience [2] Med. hypersensitive; **skóra ~a na słońce** skin that's hypersensitive to the sun

nadwyrężać → **nadwerężyć**
nadwyrężyć → **nadwerężyć**

nadwyż|ka f surplus, excess; **~ka produkcyjna/bilansowa/budżetowa** a production/balance/budget surplus; **~ka towarowa** a stock surplus, a surplus of goods; **~ka siły roboczej** a labour surplus; **mieć ~kę** to have a surplus; **wykonać plan produkcji z ~ką** to exceed (the) planned production estimates

nadwyżkow|y adi. surplus attr.

nadwzrocznoś|ć f sgt Med. long-sightedness GB, far-sightedness US; hypermetropia spec., hyperopia spec.

nadwzroczn|y II adi. Med. [osoba, oczy] long-sighted GB, far-sighted US, hypermetropic a. hyperopic spec.

N

Ⅲ **nadwzroczn|y** *m*, **~a** *f* long-sighted person GB, far-sighted person US

nadymać *impf* → **nadąć**

nadyman|y Ⅱ *pp* → **nadymać**

Ⅲ *adi.* przest. *[kamizelka ratunkowa, koło]* inflated; *[balon]* inflated, blown-up; **materac ~y powietrzem** an inflated matress

nadym|ić *pf vi [osoba]* to fill a place with smoke; *[komin, lampa]* to smoke

nadymi|ony *adi.* *[pokój, gabinet, sala]* smoke-filled, smoky; **ale tu ~one!** how smoky it is in here!, it sure is smoky in here!

nadzi|ać *pf* — **nadzi|ewać** *impf* (**~eję** — **~ewam**) Ⅱ *vt* ① *(wypełnić farszem)* to stuff *[mięso]*; to fill *[ciasto]*; **~ać gęś jabłkami** to stuff a goose with apples; **pierogi ~ewane baraniną** mutton-filled pierogis; **czekoladki ~ewane masą orzechową** nougat-filled chocolates ② *(wbić)* to skewer, to impale (**coś na coś** sth on sth); **~ać kurczaka na rożen** to put the chicken on the spit

Ⅲ **nadziać się** — **nadziewać się** ① *(wbić się)* to impale oneself; *(ukłuć się)* to jab oneself; **~ać się na wystający gwóźdź** to jab oneself on a protruding nail ② *pot.* *(spotkać)* to run a. bump into pot. *[osobę]*; to happen (up)on *[pochód, demonstrację]*; **idąc korytarzem, ~ała się na dyrektora** she bumped into the boss as she came down the corridor

nadzian|y Ⅱ *pp* → **nadziać**

Ⅲ *adi.* pot. (bogaty) loaded pot., well-heeled pot.; **ten gość, z którym chodzi, to dopiero jest ~y** the guy she goes out with is really loaded

nadzie|ja *f (Gpl ~i)* hope *C/U*; **mieć ~ę** to hope; **mam ~ę, że to się nigdy nie powtórzy** I hope it won't happen again; **mam ~ę, że się niedługo zobaczymy** I hope we'll meet soon; **mieć (wielkie) ~je co do kogoś/czegoś** to have (high a. great) hopes for sb/sth; **mieli wielkie ~je co do swego syna** they had great hopes for their son; **miejmy ~ję, że...** let's hope that...; **żyć ~ją** to not give up hope; **błysk/ promyk/iskra ~i** a ray/glimmer/spark of hope; **karmić się ~ją** to trust, to have faith; **żywić ~ję** książk. to nurse a. cherish a hope; **stracić ~ję** to lose a. give up hope; **podtrzymywać w kimś ~ję czegoś** to keep sb's hope of sth alive; **utwierdzać kogoś w ~i** to reaffirm sb's hope(s); **odebrać komuś ~ję** to dash a. shatter sb's hope(s); **obudzić a. wzbudzić (czyjąś) ~ję** to build up a. raise sb's hopes; **zawieść czyjąś ~ję** to dash sb's hopes, to let sb down; **ziścić czyjeś ~je** to answer sb's prayers; **jest ~ja, że...** there's hope that...; **nie ma ~i** there's no hope, it's hopeless; **poszła na przyjęcie z ~ją, że spotka kogoś interesującego** she went to the party in hope of meeting someone interesting; **przyszedł wcześnie w ~i, że zastanie ją samą** he came early in hopes of seeing her alone; **złudne ~je** false hopes; **moje ~je spełzły na niczym** my hopes were dashed

❑ **~ja matematyczna** Mat. expected value; mathematical expectation spec.

■ **cała ~ja w panu, doktorze** you're our/my only hope, doctor; **~ja (jest) matką głupich** przysł. ≈ stop kidding a. fooling yourself; **być czyjąś ~ją** to be sb's hope; **być przy ~i** przest. to be with child przest.; to be expecting a. in the family way pot.; **pokładać ~ję w kimś/czymś** książk. to pin one's hopes on sb/sth; **robić a. czynić sobie/komuś ~ję** to get one's/ sb's hopes up; **rokować ~je** przen. to be promising a. full of promise

nadziemn|y /nad'zemnɪ/ *adi.* overground, above ground; **~e części roślin** above ground plant parts; **~a stacja metra** a ground-level metro station

nadziems|ki /nad'zemski/ *adi.* *[siły, moce, istoty]* supernatural, unearthly

nadzie|nie *n* Kulin. *(ciasta)* filling; *(mięsa)* stuffing; **~nie mięsne** forcemeat, meat filling a. stuffing; **~nie owocowe/jarzynowe** fruit/vegetable filling; **indyk z ~niem** stuffed turkey

nadziewać *impf* → **nadziać**

nadziw|ić się *pf v refl.* **nie móc ~ić się** to be amazed a. astonished (**komuś/czemuś** at a. by sb/sth); **nie mógł się ~ić jej głupocie** he was amazed at her stupidity; **nie mogła się ~ić, że rodzice wyrazili zgodę** she was astonished that her parents agreed

nadzor|ca *m*, **~czyni** *f* /nad'zortsa/ superintendent (**kogoś/czegoś** of sb/sth); **~ca niewolników** a slave overseer; **~ca nad robotami** a work supervisor

nadzorcz|y /nad'zortʃɪ/ *adi.* supervisory, supervising; **organ ~y** a supervisory body; **rada ~a** a supervisory board

nadzor|ować /ˌnadzɔ'rɔvatɕ/ *pf vt* to be in charge of, to supervise a. oversee; **~ować więźniów** to be in charge of the prisoners; **~ować prace budowlane** to supervise the construction work

nadz|ór /'nadzur/ *m sgt (G ~oru)* ① *(kontrola)* supervision; **mieć a. roztaczać a. rozciągać a. sprawować ~ór** to be in charge (**nad kimś/czymś** of sb/sth); to supervise (**nad kimś/czymś** sb/sth); **miał ~ór nad budową** he was in charge of the construction work; **nie można pozostawiać dzieci bez ~oru** you can't leave children unattended; **był pod ścisłym ~orem policji** he was under close police surveillance, he was being closely watched by the police; **zostawić mieszkanie bez ~oru** to leave one's flat unattended ② *(organ kontrolujący)* supervisory body a. board; (personel) supervisors *pl*

❑ **~ór ochronny** Prawo post-release supervision for repeat offenders; **~ór techniczny** Techn. technical supervision

nadzwyczaj /nad'zvɪtʃaj/ *adv.* remarkably, unusually; **być ~ uprzejmym** to be uncommonly polite; **klimat jest tu ~ surowy** the climate is particularly harsh here; **~ ceniony pracownik** a very highly valued worker

nadzwyczajnie /ˌnadzvɪ'tʃajne/ *adv.* ① *(świetnie)* remarkably a. exceptionally well; *[pachnieć, smakować]* extraordinary *adi.*, outstanding *adi.*; **aktor grał ~ swoją rolę** the actor played his part exceptionally well ② *(wyjątkowo)* exceptionally, extraordinarily; **to mu się ~ rzadko zdarza** that hardly

ever happens to him; **zachowywać się ~ spokojnie** to be unusually calm

nadzwyczajnoś|ć /ˌnadzvɪ'tʃajnoɕtɕ/ *f sgt* unusual a. extraordinary nature *C*; **~ć wydarzeń** the unusual nature of events

nadzwyczajn|y /ˌnadzvɪ'tʃajnɪ/ *adi.* ① *(niezwykły)* exceptional, extraordinary; **odznaczać się ~ą pamięcią** to have an exceptionally good memory; **~a gra aktorska** a remarkable performance; **miał ~ą siłę woli** he had extraordinary will power; **film cieszył się ~ym powodzeniem** the film was a huge success; **nie działo się nic ~ego** nothing out of the ordinary was going on ② *(specjalny)* special; **zwołano ~e posiedzenie zarządu** a special board meeting was called; **~y dodatek gazety** a special supplement; **otrzymać ~e pełnomocnictwo** to be given special powers; **~a komisja parlamentarna** a parliamentary select committee; **~a sesja sejmowa** an emergency session of the Sejm

nadżerać *impf* → **nadeżreć**

nadżer|ka /nad'ʒerka/ *f* Med. erosion; **~ka szyjki macicy** cervical erosion a. ulceration

nadżerkow|y /ˌnadʒer'kovɪ/ *adi.* Med. erosional; **zmiany ~e** symptoms of erosion

naelektryz|ować *pf* Ⅱ *vt* Fiz. to charge, to electrify; **~ować bursztyn przez pocieranie o wełnę** to charge amber by rubbing it on wool; **zostać ~owanym** to become (electrically) charged; **~owane ogrodzenie/druty** electrified fencing/wires

Ⅲ **naelektryzować się** to become (electrically) charged

nafaszer|ować *pf* Ⅱ *vt* ① Kulin. (nadziać) to stuff *[indyka, paprykę]*; to fill *[ciasto]*; **~ować kurczę słoniną** to lard a chicken ② pot. (przekarmić) to stuff pot. (**czymś** with sth); **~owali go narkotykami** pot. they pumped him full of drugs pot. ③ pot. (wypełnić) to cram, to pack; **tekst ~owany aluzjami politycznymi** a text packed with political allusions; **~ować kogoś kulami** to pump bullets into sb, to riddle sb with bullets

Ⅲ **nafaszerować się** to pump oneself full (**czymś** of sth); **~ował się lekarstwami i poszedł do pracy** he pumped himself full of medicine a. took a megadose of medicine and went to work

naf|ta *f sgt* ① Chem. liquid paraffin, paraffin oil GB, kerosene ② pot. petroleum, oil; **wydobycie ~ty** oil production; **baryłka ~ty** a barrel of oil

naftalin|a *f sgt* Chem. naphthalene spec.; **kulka ~y (na mole)** a mothball

■ **pachnieć ~ą** to be passé a. outdated

naftow|y *adi.* ① *[szyb, przemysł, produkty, koncern, paliwo]* oil *attr.*; **ropa ~a** petroleum, oil ② *[lampa, latarnia, oświetlenie, kuchenka, piecyk]* paraffin *attr.* GB, kerosene *attr.*

nagab|nąć *pf* — **nagab|ywać** *impf* (**~nęła ~nęli** — **~uję**) *vt* książk. ① *(zaczepić)* to accost książk.; **proszę przestać mnie ~ywać** please stop bothering me ② *(prosić)* to pester; to importune książk.; **(on) ciągle mnie ~uje o pieniądze** he's always pestering me about money ③ *(pytać)* to question; to query książk.; **~nęła go o**

samopoczucie she questioned him about his health

nagabywać *impf* → **nagabnąć**

nagada|ć *pf* pot. **[I]** *vt* (naopowiadać) to go on *vi* (**coś** about sth); **~ła jakichś głupot i poszła** she came out with some rubbish and left pot.

[II] *vi* **[1]** (obmówić) to blab pot.; **poszedł i ~ał na mnie do szefa** he went and blabbed about me to the boss **[2]** (nawymyślać) to give [sb] an earful pot. a. mouthful GB pot.; **ale ci ~ła!** she really gave you an earful a. a mouthful!

[III] nagadać się pot. to chew the fat a. rag pot.; **~łyśmy się za wszystkie czasy** we talked to our hearts' content

nagan *m* Hist. seven-shooter

nagan|a¹ *f* reprimand; **otrzymać** a. **dostać ~ę** to be reprimanded; **udzielić komuś ~y** to reprimand sb; **~a z wpisem do akt** a reprimand entered in sb's records

nagan|a² *f sgt* Wet. nagana

naganiacz *m* (*Gpl* **~y** a. **~ów**) **[1]** Myślis. beater **[2]** pot., pejor. ≈ tout (*for the sex trade*)

naganiać *impf* → **nagonić**

nagannie *adv.* [*postępować, zachowywać się*] reprehensibly

naganność|ć *f sgt* reprehensibility

nagann|y **[I]** *adi.* książk. **[1]** (zły) [*skłonności, czyn*] reprehensible; **~e zachowanie** reprehensible behaviour; **prowadzić ~y tryb życia** to live a. lead a reprehensible life **[2]** (krytyczny) [*słowa, spojrzenie*] reproving **[II]** *m* Szkol. lowest grade in Polish schools for overall conduct

naga|r *m sgt* (*G* **~ru**) Techn. carbon deposit

nagarn|ąć *pf* — **nagarn|iać** *impf* (**~ęła, ~ęli** — **~iam**) *vt* to gather (into a pile), to heap; (łopatą) to shovel; **~ąć ryżu/makaronu na talerz** to heap a plate with rice/pasta

nagarniać *impf* → **nagarnąć**

na|gi **[I]** *adi.* **[1]** (nieubrany) naked; **malować nagie kobiety** to paint nude women; **być zupełnie nagim** to be completely a. stark naked; **nagi jak go Pan Bóg stworzył** (as) naked as the day he was born; in his birthday suit żart. **[2]** (goły) [*pisklę*] featherless, naked; [*kot, pies*] hairless; [*drzewa, ziemia, skała*] bare **[3]** (pusty) [*ściany, pokój, mieszkanie*] bare **[4]** (bez upiększeń) bare, unadorned; **nagie fakty** the bare facts; **naga rzeczywistość** unadorned reality; **naga prawda** the unadorned truth **[5]** pot. (biedny) skint GB pot., broke pot.

[II] nagi *m*, **naga** *f* nude, naked person

■ **czuć się jak nagi w pokrzywach** pot. to not know what to do a. where to look, to wish one could sink through the floor; **użyć jak nagi w pokrzywach** pot. to have a rough a. hard time (of it)

nagi|ąć *pf* — **nagi|nać** *impf* (**~nę, ~ęła, ~ęli** — **~inam**) **[I]** *vt* **[1]** (pochylić) to bend; **wiatr ~inał drzewa** the trees were bending in the wind; **~iąć gałąź do ziemi** a. **ku ziemi** to bend a tree branch to the ground **[2]** przen. (zmusić) to bend przen.; **~iąć innych do swojej woli** to bend others to one's will **[3]** przen. (dostosować) to bend przen.; **~inać zasady** to bend the rules; **~inać fakty do teorii** to twist the facts to fit one's theory

[II] nagiąć się — naginać się **[1]** (zgiąć się)

to bend **[2]** (ulec, zgodzić się) to bow, to give in (**do czegoś** to sth); **~iąć się do wymagań** to bow to sb's demands

nagiet|ek *m* (*A* **~ek** a. **~ka**) Bot. marigold

nagietkow|y *adi.* Bot. [*bukiet, klomb, krem, tonik*] marigold *attr.*; **maść ~a** marigold ointment

nagimnastyk|ować się *pf v refl.* pot. (natrudzić się) bend over backwards pot.; **nieźle musiała się ~ować przy załatwianiu tej sprawy** she had to bend over backwards to get it sorted out

nagląco *adv.* [*wołać, pytać*] urgently

nagląc|y **[I]** *pa* → **naglić**

[II] *adi.* książk. [*sprawa, potrzeby, interesy*] urgent, pressing; [*zachowanie, gest*] urgent; **mówić ~ym głosem** to speak in an urgent voice; **odebrał ~y telefon** he received an urgent telephone call

nagle *adv.* suddenly, all of a sudden; **zmarł ~** he died suddenly; **to stało się tak ~** it all happened so suddenly; **wyjechał ~ bez pożegnania** he left suddenly without saying goodbye

■ **co ~, to po diable** przysł. ≈ good and quickly seldom meet przysł.

nagl|ić *pf vt* to hurry, to press; **czas ~i** time is short a. is running out; **~iła (go) o szybką odpowiedź** she pressed him for a prompt reply; **~ił, żeby się pospieszyła** he urged her to hurry (up)

nagłaśniać *impf* → **nagłośnić**

na głodniaka (na czczo) on an empty stomach, hungry; **pójść spać ~** to go to bed hungry; **pracować ~** to work on an empty stomach

nagł|ośnić *pf* — **nagł|aśniać** *impf vt* **[1]** (nadać rozgłos) to publicize; **~ośnić aferę korupcyjną** to expose a corruption scandal **[2]** Techn. to amplify; **aparatura ~aśniająca** a sound system; **urządzenia ~aśniające** amplification equipment; **sala wykładowa jest słabo ~ośniona** the lecture hall has a bad PA system

nagłośnieniow|y *adi.* Techn. [*aparatura, instalacja, sprzęt*] sound *attr.*, amplification *attr.*

nagł|owić się *pf v refl.* pot. to (w)rack one's brain(s); **~owić się nad trudnym zadaniem** to (w)rack one's brain(s) over a difficult exercise

nagłów|ek *m* **[1]** (w gazecie) headline; **krzykliwe ~ki w gazecie** screaming newspaper headlines **[2]** (nad tekstem) heading; (na papierze firmowym) letterhead **[3]** Jeźdz. (część uzdy) crownpiece

nagłówkow|y *adi.* [*tekst*] headline *attr.*

nagł|y **[I]** *adi.* **[1]** (niespodziewany) [*zwrot, wyjazd, wiadomość*] sudden, unexpected; **nastąpiła ~ła zmiana pogody** there was a sudden change in the weather; **~łe zmiany w rządzie** unexpected changes in the government; **w tym miesiącu miałam kilka ~łych wydatków** I had several unforeseen expenses this month; **~ła śmierć** (a) sudden death **[2]** (wymagający pośpiechu) urgent, pressing; **mam ~łą sprawę do załatwienia** I have an urgent matter to deal with; **to nic ~łego, nie musisz się śpieszyć** it's nothing urgent, you don't need to rush; **~ły wypadek** an emergency

[II] z nagła *adv.* suddenly, all of a sudden; **uderzył go z ~ła bez powodu** all of a sudden he hit him for no reason at all; **otworzył z ~ła drzwi** he suddenly opened the door

nagminnie *adv.* grad. książk. [*lekceważyć, używać, popełniać*] repeatedly, chronically; **~ łamał przepisy drogowe** he repeatedly violated the highway code GB; **~ nadużywał alkoholu** he chronically abused alcohol; **~ popełniany błąd językowy** a common grammatical mistake

nagminnoś|ć *f sgt* książk. high incidence książk.; **~ć przestępstw** the high incidence of crime

nagminn|y *adi.* **[1]** książk. (powszechny) common(place), widespread; **~e przypadki kradzieży samochodów** widespread incidents of car theft; **~e nadużywanie alkoholu** widespread alcohol abuse **[2]** Med. (epidemiczny) epidemic

nag|nać, nag|onić *pf* — **nag|aniać** *impf vt* **[1]** (napędzić) to drive; **wiatr ~nał chmur i zrobiło się zimno** the wind brought a. chased in some clouds and it got cold **[2]** pot. (zapędzić) to make (**kogoś do czegoś** sb do sth); **~aniać kogoś do roboty** to make sb get down to work

nagniatać *impf* → **nagnieść¹**

nagni|eść¹ *pf* — **nagni|atać** *impf* (**~otę, ~eciesz, ~ecie, ~ótł, ~otła, ~etli — ~atam**) *vt* to press, to squeeze; **lekarz ~atał brzuch chorego** the doctor pressed on the patient's abdomen

nagni|eść² *pf* (**~otę, ~eciesz, ~ecie, ~ótł, ~otła, ~etli**) *vt* pot. (rozłupać) to crack; **~otła orzechów** she cracked some nuts

nagniot|ek *m* Med. callus a. callous; [*na stopie*] corn

nago **[I]** *adv.* **[1]** (bez ubrania) [*kąpać się, opalać*] naked *adi.*, in the nude; **chodzić ~ po mieszkaniu** to walk around the flat naked **[2]** (pusto) [*wyglądać*] bare *adi.*; **po wycięciu jabłoni w ogrodzie zrobiło się ~** the garden looked bare after they cut down the apple tree

[II] do naga naked *adi.*; **rozebrać się do naga** to strip (naked), to get undressed

nagolennik *m zw. pl* **[1]** Sport. shin pad a. guard *zw. pl* **[2]** Hist. greave *zw. pl*

nagonić → **nagnać**

nagon|ka *f* **[1]** Myślis. battue; **polowanie z ~ką** a battue hunt; **odgłosy wydawane przez ~kę** the noise of the battue **[2]** pot., pejor. (na jedną osobę) ≈ smear campaign; (na grupę) witch-hunt pot., przen.; **brać udział w politycznej ~ce** to take part in a political witch-hunt; **rozpętać ~kę na kogoś** to launch a smear campaign against sb

nagoś|ć *f sgt* **[1]** (golizna) nudity, nakedness **[2]** (brak włosów, piór) nakedness; **~ć piskląt** the nakedness of a hatchling **[3]** (brak ozdób) bareness; **~ć ścian** the bareness of the walls **[4]** (brak osłonek) **ukazać prawdę w całej ~ci** to bare the whole truth

nagot|ować *pf vt* to cook (a lot of); **~uj mi grochówki** make me some pea soup

nagrab|ić *pf vt* **[1]** (zgrabić) to rake (up); **~ić siana/słomy** to rake (up) the hay/straw

N

2 książk. (nakraść) to take [sth] as loot a. booty; **~ić dzieł sztuki** to take works of art as loot

nagr|ać *pf* — **nagr|ywać** *impf* **[]** *vt* 1 (zarejestrować) to record; **~ać audycję radiową** to record a. tape a radio broadcast; **~ać coś na magnetofon** to tape(-record) sth; **przemówienie ~ano na taśmę video** the speech was recorded on video a. was videotaped; **~ć kogoś/coś na żywo** to record sb/sth live; **~ć płytę** to record an album 2 Komput. (zapisać) to copy; **~ać coś na dyskietkę/twardy dysk** to copy sth onto a diskette/the hard disk 3 Sport (podać) to play, to pass; **~ać piłkę napastnikowi na nogę** to play the ball on the forward's foot 4 pot. (załatwić) to arrange, to set up; **mam już ~aną osobę na to stanowisko** I already have somebody lined up for the position; **~ałem ci to spotkanie** I set up that meeting for you

[] **nagrać się** — **nagrywać się** 1 (własny głos) to record oneself; **~ać się na sekretarkę** pot. to leave a message on the answering machine 2 (zostać zapisanym) to get recorded

nagradzać *impf* → **nagrodzić**
nagra|nie [] *sv* → nagrać
[] *n* 1 (obraz, dźwięk) recording 2 pot. (płyta) album, record

nagraniow|y *adi.* [studio, ośrodek] recording; **sesja ~a** a recording session

nagrob|ek *m* 1 (przy grobie) gravestone, tombstone; (pionowy) headstone; **marmurowy/granitowy ~ek** a marble/granite gravestone; **wystawić a. wznieść (komuś) ~ek** to put a. erect a gravestone (on sb's grave) 2 książk. (epitafium) epitaph; **autor wierszowanego ~ka** the author an epitaph in verse

nagrobkow|y *adi.* [tablica, rzeźba] gravestone *attr.*, tombstone *attr.*; (pionowy) headstone *attr.*; **marmurowa płyta ~a** a marble tombstone; **napis ~y** a tombstone inscription; **kamień ~y** a gravestone

nagrobn|y *adi.* książk. [napis] grave *attr.*, tomb *attr.*; [kaplica, wieniec] funeral *attr.*; **płyta ~a** a gravestone, a tombstone

nagr|oda *f* (wyróżnienie) award, prize; **ceremonia wręczenia ~ód** the prize-giving ceremony, the award ceremony; **główna ~oda** the main prize; **~oda dla kogoś** an award a. a prize for sb; **~oda artystyczna/filmowa/literacka** an artistic/a film/a literary award a. prize; **~oda naukowa** a scientific award a. prize; **~oda Nobla/Pulitzera** the Nobel/Pulitzer Prize; **~oda rzeczowa/pieniężna** a prize in kind/money; **prestiżowa ~oda** a prestigious award a. prize; **~oda za postępy w nauce** an award a. a prize for progress in one's studies; **pierwsza/druga/trzecia ~oda** the first/second/third prize; **pula ~ód** the stake; **w ~odę za zasługi** as a reward for a service; **zdobywca ~ody** a (prize) winner; **dać/przyznać komuś ~odę** to give/award sb a prize; **otrzymać/zdobyć ~odę** to receive/get/win an award a. a prize; **przedstawić kogoś do ~ody** to nominate sb for an award a. a prize; **ufundować ~odę** to fund a. endow an award a. a prize; **~odą w konkursie**

był samochód the prize in the competition was a car; **~oda pocieszenia** a consolation prize; **~oda pośmiertna** a posthumous award; **~oda przechodnia** a challenge trophy 2 (wynagrodzenie) recompense, reward; **co chcesz w ~odę za to, że nam pomogłeś?** what would you like as a reward for helping us?; **dla uczciwego znalazcy ~oda** a reward will be offered to the finder; **wreszcie doczekał się ~ody za poniesione straty** finally he received recompense for the loss incurred

nagr|odzić *pf* — **nagr|adzać** *impf vt* 1 (wyróżnić) to award, to reward; **~odzić film Oscarem za najlepszą reżyserię** to award the film an Oscar for best director; **~odzić sportowca złotym medalem** to reward a sportsman with a gold medal; **jego służbę ~odzono awansem** his service was rewarded with promotion; **aktorów ~odzono oklaskami** the actors were rewarded with applause a. awarded an ovation; **wystawa ~odzonych plakatów** an exhibition of prize-winning posters; **za swoją twórczość był wielokrotnie ~adzany** he often received awards for his work 2 (zrekompensować) to compensate; **~odzić komuś krzywdę/straty/szkody** to compensate sb for the harm inflicted/for the loss incurred/for the damage; **postanowił ~odzić swoim dzieciom wiele lat rozłąki** he decided to compensate his children for the long years of separation

nagromadzać *impf* → **nagromadzić**
nagromadze|nie [] *sv* → nagromadzić
[] *n sgt* accumulation, concentration; **~nie dwutlenku węgla** concentration of carbon dioxide; **~nie metafor** concentration of metaphors; **~nie pamiątek/obrazów** accumulation of souvenirs/pictures; **~nie problemów** accumulation of problems

nagroma|dzić *pf* — **nagroma|dzać** *impf* **[]** *vt* to collect, to gather; **~dzić bogactw/kapitału/pieniędzy** to accumulate a. amass wealth/capital/money; **~dzić drzewa/węgla na zimę** to gather a. collect wood/coal for the winter; **~dzić biżuterii/książek/obrazów** to amass jewellery/books/pictures; **~dzić zapasów** a. **zapasy** to stock up on supplies

[] **nagromadzić się** 1 (skumulować się) to accumulate, to gather; **~dziło się wiele zaległych spraw** many overdue matters need to be attended to; **~dziły się chmury** clouds gathered; **w zlewie ~dziło się naczyń do umycia** dirty dishes piled up in the sink 2 (przybyć w dużej liczbie) to assemble, to congregate; **na placu ~dziło się dużo ludzi** many people congregated a. gathered on the square; **wokół padliny ~dziły się roje much** clouds of flies gathered over the carrion

nagrywać *impf* → **nagrać**
nagryzać *impf* → **nagryźć**¹
nagryzmol|ić *pf vt* pot. to scrawl, to scribble; **~ił swój adres/podpis na kartce papieru** he scrawled a. scribbled his address/signature on a piece of paper; **w liście było tak ~one, że nic nie dało się odczytać** the letter was so scribbled (that) it was totally illegible ⇒ **gryzmolić**

nagry|źć¹ *pf* — **nagry|zać** *impf* (**~zę, ~ziesz, ~zł, ~zła, ~źli** — **~zam**) **[]** *vt* to gnaw at; **~źć jabłko/skórkę chleba** to gnaw at an apple/a bread crust

[] **nagryźć się** pot. 1 (zgryźć dużo czegoś) to chew [sth] thoroughly; **pies ~zł się kości** the dog has chewed the bone thoroughly 2 (namartwić się) to worry seriously; **tyle się ~złem z powodu braku pracy** I've been seriously worried over a. about not having any work

nagry|źć² *pf* (**~zę, ~ziesz, ~zł, ~zła, ~źli**) *vt* (wiele pogryźć) to chew a lot of

nagrz|ać *pf* — **nagrz|ewać** *impf* (**~eję** — **~ewam**) **[]** *vt* 1 (ogrzać) to heat (up), to warm (up); **słońce ~ało pokój** the sun heated a. warmed up the room; **~any piasek** hot sand; **~ane powietrze** hot air 2 (zagrzać czegoś dużo) to heat up; **~ałam wody do kąpieli** I heated up water for a bath

[] **nagrzać się** — **nagrzewać się** 1 (stać się gorącym) to heat up, to become hot; **pokój ~ał się od słońca** the sun heated a. warmed up the room; **kamień ~ał się w ogniu** the stone became hot in the fire 2 (o urządzeniach) to warm up; **żelazko się ~ało** the iron warmed up; **trzeba poczekać, aż silnik samochodu się ~eje** you must wait until the (car) engine warms up

[] **nagrzać się** pot. (upić się) to get boozed up pot.

nagrzan|y [] *pp* → nagrzać
[] *adi.* 1 (gorący) **~a kuchnia** a hot kitchen 2 pot. (pijany) boozed up pot. 3 pot. (podniecony) heated up

nagrzesz|yć *pf vi* pot. to sin a lot; **w młodości dużo ~ył** he sinned a lot in his youth; **żałuję, że tyle ~yłem** I regret having sinned so much

nagrzewać *impf* → **nagrzać**
nagus *m* (Npl **~y**) pot. naked a. nude person; **kąpać/opalać się na ~a** to bath/sunbathe in the nude a. buff pot.; **chodził po pokoju na ~a** he was walking naked around the room

nagus|ek *m* dem. (Npl **~ki**) pot., pieszcz. naked baby; **~ki na plaży** naked babies on the beach

nagusień|ki *adi.* dem. pieszcz. 1 (bez ubrania) (completely) naked; **~kie dziecko** a (completely) naked child 2 (bez naturalnego pokrycia) bare; **~kie pisklę** a featherless nestling; **jesienią drzewa są ~kie** in the autumn, the trees are bare 3 (bez ozdób) bare; **~kie ściany bez obrazów** bare walls with no pictures

nagus|ka *f* pot. naked woman a. girl
nagwint|ować *pf vt* Techn. to tap; **~ować sworznie/śruby** to tap pivots/screws; **~owane żarówki** threaded bulbs

nahaj *m*, **~ka** *f* przest. 1 (bicz) (leather) whip; **uderzył konia ~em** to whip a horse 2 zw. pl (uderzenie) lash; **wymierzyli mu kilka ~ek** they gave him a few lashes

nahar|ować się *pf v refl.* pot. to toil, to work one's fingers to the bone; **~ować się przy kopaniu kartofli/żniwach** to toil away digging up potatoes/at the harvesting; **~owałeś się, odpocznij trochę** you've worked your fingers to the bone, take a rest now; **~uje się człowiek przez całe życie i**

nic z tego nie ma man toils away his whole life long yet has nothing to show for it

naigrawa|ć się *impf v refl.* to mock *vt*, to scoff *vt*; **~ć się z czyjejś naiwności** to scoff at a. mock sb's naivety; **chłopcy ~li się z niej, że jest gruba** the boys taunted her about being fat

naindyczon|y *adi. pot.* sulky, surly; **od rana chodzi ~y** he's been sulky a. surly since morning; **siedział z ~ą miną** he was sitting there with a sulky a. surly expression

naindycz|yć się *pf v refl. pot.* to get the hump GB *pot.*

naiwniactw|o *n sgt pot., pejor.* (łatwowierność) gullibility; (ignorancja) simple-mindedness; **twoje ~o graniczy z głupotą** your gullibility borders on stupidity

naiwniacz|ek *m dem. (Npl ~ki) pot., pejor.* innocent fool; **udawać ~ka** to play the fool

naiwnia|k *m*, **~czka** *f (Npl m ~cy* a. **~ki;** *Npl f* **~czki)** *pot., pejor.* simpleton

naiwnie *adv. grad.* naively; **myślał ~, że dostanie awans** he believed naively (that) he would be promoted; **ona zachowuje się tak ~** she acts so gullibly a. naively; **może to zabrzmi ~, ale...** maybe it sounds naive, but...

naiwnoś|ć *f* **[1]** *sgt* (łatwowierność) gullibility, naivety; **~ć dziecka/młodego człowieka** a child's/young man's gullibility **[2]** *sgt* (banalność) artlessness, naivety; **~ć stylu/pomysłu** artlessness a. naivety of a style/an idea **[3]** *(Gpl ~ci)* (naiwny sąd, wypowiedź) puerility, triviality; **gazety drukują w tej sprawie same ~ci** the newspapers are only printing trivial remarks about the case; **jego wypowiedź była pełna ~ci** his answer was totally puerile

naiwn|y **[1]** *adi. grad.* **[1]** (łatwowierny) gullible, naive; **~y jak dziecko** gullible a. naive as a child; **taki ~y to ja nie jestem** I wasn't born yesterday **[2]** (świadczący o naiwności) artless, naive; **~y film** an artless film; **~e myślenie** naive thinking; **w ~ej wierze** in the naive belief **[1]** *adi. Szt.* naive; **artysta ~y** a naive artist; **malarstwo ~e** naive painting ■ **pierwsza ~a** *Kino, Teatr* ingénue; **obsadzono ją w roli pierwszej ~ej** she was given the part of an ingénue; **daje się wykorzystywać jak pierwsza ~a** *przen.* she's so gullible (that) she allows everyone to take advantage of her

najadać się *impf* → **najeść się**

naj|azd *m (G* **~azdu) [1]** *książk.* (inwazja) invasion, incursion; (na mniejszą skalę) raid; **~azd niemiecki/szwedzki** the German/Swedish invasion a. raid; **~azdy wojsk tatarskich na Polskę** the Tartar military incursions into Poland; **odeprzeć ~azd** to repulse an invasion a. a raid; **walczyć z ~azdem** to fight off the invaders; **bronić się przed ~azdem** to defend oneself against invading troops **[2]** *pot.* (tłumne przybycie) descent, onslaught; **~azd dziennikarzy/fotoreporterów** a descent a. an onslaught of journalists/press photographers; **~azd turystów na miejscowość wypoczynkową** a descent a. an onslaught of tourists into a holiday resort **[3]** *Sport.* (część skoczni) approach **[4]** *Sport* (jazda) approach; **udany ~azd skoczka narciarskiego** the

successful approach of a ski jumper **[5]** *Kino* zoom

naj|ąć *pf* — **naj|mować** *impf (~mę, ~ęła, ~ęli – ~muję)* **[1]** *vt* **[1]** (wynająć) to rent; **~ąć dom/mieszkanie** to rent a house/a flat **[2]** (zatrudnić) to hire; **~ąć robotników** to hire workers; **~ąć gospoię do gotowania i sprzątania** to hire a housekeeper to cook and clean **[1]** **najać się** — **najmować się** to hire oneself out; **~ać się do sezonowych robót** to hire oneself out for seasonal jobs; **~muję się do pilnowania dzieci** I hire myself out as a babysitter

naj|echać *pf* — **naj|eżdżać** *impf (~adę – ~eżdżam)* **[1]** *vt przest.* to invade; **~echać (na) sąsiedni kraj** to invade a neighbouring country **[1]** *vi* **[1]** (potrącić, zawadzić) **~echać na drzewo/na słup** to run into a tree/a post; **~echać na krawężnik** to run onto a kerb; **rower/samochód ~echał na przechodnia** a bicycle/a car ran over a pedestrian **[2]** (skierować) to direct; **~echać kamerą na twarz aktorki** to direct the camera towards the actress's face, to focus the camera on the actress's face; **~edź kursorem na tę ikonę** move the cursor towards this icon **[3]** *pot.* (skrytykować) to pitch into *pot.*; **~eżdżać na kogoś za mówienie prawdy** to pitch into sb for telling the truth; **co ty tak na mnie ~eżdżasz?** why are you laying into me like that? **[4]** *Sport* to approach **[1]** **najechać się** **[1]** (zjawić się gromadnie) to crowd in, to assemble; **~echało się gości** many guests came **[2]** (zmęczyć się jazdą) to be tired of travelling

najedz|ony *adi.* full (up); **wreszcie jestem ~ony** I'm full (up) at last

naj|em *m sgt (G* **~mu) [1]** *Prawo* lease, rental; **oddać coś w ~em** to rent (out) sth; **wziąć coś w ~em** to rent sth; **podpisać umowę ~mu** a. **o ~em nieruchomości** to sign a property lease a. a rent(al) agreement **[2]** (zatrudnianie) hire; **~em ludzi do pracy na roli** recruiting people to work on the land

najem|ca *m*, **~czyni** *f Prawo* lessee, tenant; **eksmisja ~ów** the eviction of lessees a. tenants; **prawa/obowiązki ~y** rights/duties of lessees a. tenants; **~a lokalu/nieruchomości** a property lessee a. tenant

najemnie *adv.* **byli zatrudnieni ~ u sadowników** they were hired by fruit farmers; **walczyć ~ w obcej armii** to fight as a mercenary in a foreign army

najemni|k *m* **[1]** *Wojsk.* mercenary, soldier of fortune; **wojsko/oddział ~ków** an army/a unit of mercenaries; **zaciągnąć się do Legii Cudzoziemskiej jako ~k** to enlist in the Foreign Legion **[2]** *pejor.* hireling; **zamachu na jego życie dokonali ~cy** the attempt on his life was made by hirelings **[3]** *przest.* (robotnik) hired hand

najemn|y *adi.* hired; **robotnik ~y** a hired worker; **praca ~a** a hired labour; **~y morderca/zbir** *pot.* a hired assassin/thug

naj|eść się *pf* — **naj|adać się** *impf (~em się, ~esz się, ~adł się, ~adła się, ~edli się — ~adam się)* *vi* to eat

one's fill; **~eść się owoców/słodyczy** to eat one's fill of fruit/candies; **czy już się ~adłeś?** have you had enough (to eat)?; **~adłem się czereśni i boli mnie żołądek** I've eaten too many cherries and now I've got stomach ache

naje|ździć się *pf v refl.* **[1]** (dużo) to travel a great deal; **~ździł się samochodem/pociągiem** he travelled a great deal by car/train; **~ździłem się po świecie** I have travelled much all around the world; **~ździć się na rowerze/na nartach** to have one's fill of riding a bicycle/skiing **[2]** (zmęczyć się jeżdżeniem) to be tired of travelling; **~ździć się samochodem/na nartach** to be tired of driving/skiing

najeźdźc|a *m książk.* invader; **odeprzeć/zwyciężyć ~ów** to repulse/beat invaders; **uwolnić kraj od ~ów** to free the country from invaders; **walczyć z ~ą** to fight an invader

najeżać *impf* → **najeżyć**

najeżdżać *impf* → **najechać**

najeż|ka *f Zool.* porcupine fish

najeż|ony **[1]** *pp* → **najeżyć**

[1] *adi.* **[1]** (pokryty czymś ostrym) bristled; **krzewy ~one cierniami** bushes bristling with thorns; **mur ~ony kolcami/odłamkami szkła** a wall bristling with spikes/glass slivers **[2]** (pełny) bristling, full; **artykuł ~ony skomplikowanymi terminami** an article abounding in a. full of complicated terms **[3]** (nieprzystępny) bristling; **milczał zły i ~ony** angry and bristling, he didn't say a word

najeż|yć *pf* — **najeż|ać** *impf* **[1]** *vt* (nastroszyć) to bristle; **ptaki ~yły pióra** birds bristled their feathers; **kot/pies ~ył sierść** a cat/dog bristled (up); **~yć bagnety/dzidy/kopie** to poke forward bayonets/spears/lances; **~ył sobie włosy sprayem** he stiffened his hair with spray **[1]** **najeżyć się** — **najeżać się [1]** (nastroszyć) to bristle (up); **czupryna mu się ~yła** his hair stood up; **kot ~ył się na widok psa** a cat bristled (up) at the sight of a dog **[2]** *pot.* (nadąsać się) to bristle; **nic takiego nie powiedziałem, a on od razu się ~ył** I didn't say anything wrong, but he immediately bristled

najmować *impf* → **najać**

najpierw *adv.* (at) first, to begin with; **~ był szczęśliwy** at first he was happy; **~ mieszkał z przyjaciółmi** at first a. to begin with he was staying with friends; **~ zjedz obiad, a potem dostaniesz deser** eat your dinner first and then you'll get dessert

najpierw|szy *adi. kryt.* **[1]** (ważniejszy) very first; **~szy poeta Młodej Polski** the leading poet of the Young Poland movement **[2]** (wcześniejszy) the earliest; **z wizytą ~si przybyli teściowie** the earliest guests to come a. arrive were the in-laws

najprzeróżniej|szy *adi.* (ekspresywnie) most varied, motley; **~si ludzie** most varied people; **~sze trudności** most varied difficulties; **o ~szych porach** at very different hours

najprzewielebniej|szy *adi.* (ekspresywnie) *Relig.* the Most Reverend; **~szy ojcze!** Most Reverend Father!

N

najprzód przest. → najpierw

najrozmait|szy adi. (ekspresywnie) most diverse; **aktor przybierał ~sze pozy** the actor assumed the most diverse (of) poses; **w menu były ~sze dania** the menu included the most diverse (of) dishes

najróżniej adv. (ekspresywnie) very differently, in all sorts of ways; **~ ubarwione ptaki** diversely coloured birds; **utwór może być ~ interpretowany** this work may be very differently interpreted

najróżniej|szy adi. (ekspresywnie) very different, all sorts of; **~sze dolegliwości/komentarze/tajemnice** all sorts of ailments/comments/secrets; **mówili o nim ~sze rzeczy** very different things were said about him; **sąsiadka zwymyślała ją od ~szych** pot. her neighbour called her all sorts of names

najskryt|szy adi. (ekspresywnie) the most secret; **~sze marzenia/plany** the most secret dreams/plans

na|jść pf — **na|chodzić**[1] impf (**najdę, najdziesz, naszedł, naszła, naszli — nachodzę**) **I** vt przest. (zaatakowć) to invade; **wróg naszedł kraj** the enemy invaded the country

II vi [1] (pojawić się niespodziewanie) to intrude; **nachodzić kogoś o późnej porze** to intrude (up)on sb in the late hours; **nachodzą mnie różni akwizytorzy** I'm pestered by various pedlars [2] (ogarnąć) to invade, to pester; **co jakiś czas nachodzą mnie wątpliwości** sometimes I'm pestered by doubts; **nachodzą ją często smutne myśli** sadness often invades her thoughts; **naszła go chęć do wyjazdu** he felt like going away; **naszły ją złe przeczucia** she was full of grim forebodings

III v imp. pot. [1] (napłynąć) to flow; **naszło dymu do kuchni** smoke flooded (into) the kitchen; **od zachodu naszło dużo chmur** thick clouds came in from the west; **przez otwarte okno naszło zimna do pokoju** cold air flowed into the room from the open window [2] (przybyć) to come; **ludzi naszło więcej, niż się spodziewali** more people came than they expected

najzwyklej adv. (ekspresywnie) simply; **~ w świecie** plainly

nakap|ać pf (**~ię**) **I** vt to drip; **~ać kropli do kieliszka** to put (some) drops into a glass

II v imp. **~ało ze świecy na stół** the wax from the candle dripped on the table; **~ało z dachu** it dripped from the roof

nakarm|ić pf **I** vt to feed; **~ić dzieci/zwierzęta gospodarskie** to feed children/farm animals; **gotowała, żeby ~ić całą rodzinę** she was cooking to feed the whole family

II nakarmić się (nasycić się) to eat one's fill; **~ił się jedną kanapką** one sandwich was enough for him

nakaz m (G **~u**) [1] (bodziec) imperative; **~ etyczny/moralny/wewnętrzny** an ethical/a moral/an inner imperative; **~ sumienia** a dictate a. the dictates of conscience [2] (zarządzenie) order, writ; **~ sądowy** an injunction, a court order; **~ urzędowy** a writ; **~ aresztowania** a warrant for sb's arrest; **~ rewizji** a search warrant; **~**

stawienia się na rozprawę a summons; **otrzymać/wydać ~** to receive/issue an order a. a writ; **wręczyć komuś ~** to serve an order a. a writ on sb; **dostał ~ opuszczenia mieszkania** he was served with an eviction order; **~ płatniczy** a demand for payment; **dostał ~ pracy w stoczni** he was assigned to work in a shipyard [3] (wymóg) dictate; **~y mody** dictates of fashion; **tworzenie nowych miejsc pracy powinno stać się ~em chwili** it should be imperative that we create new jobs

naka|zać pf — **naka|zywać** impf (**~żę — ~zuję**) vt [1] (rozkazać) to order; **~zać dietę** to prescribe a diet; **~zywać dzieciom posłuszeństwa** to demand obedience from a. of one's children; **~zuję wam spać!** I order you to sleep!; **~żę im, żeby byli cicho** I'll tell them to be quiet; **robiłem tak, jak mi ~załeś** I did as you told me [2] (stanowić model postępowania) to demand; **grzeczność ~zuje ustąpić miejsca starszym** politeness demands that one give up one's seat to older people; **prawo ~zuje uczciwość** the law demands honesty; **sytuacja ~zywała ostrożność** the situation demanded a. required caution

nakazowo adv. prescriptively; **przeprowadzić coś ~** to prescribe sth

nakazow|y adi. prescriptive; **gospodarka ~a** command economy

nakazywać impf → nakazać

nakich|ać pf vi to sneeze; **~ać komuś w talerz/w twarz** to sneeze into sb's plate/face

■ **mogą mi ~ać** pot. I don't give a damn about them pot.

nakier|ować pf — **nakier|owywać** impf **I** vt [1] (skierować we właściwą stronę) to aim, to train; **~ować działa na pozycje nieprzyjaciela** to aim cannons at a. to train cannons on the enemy's positions; **~ować lornetkę na coś** to focus a. train binoculars on sth; **~ować antenę satelitarną** to adjust a satellite dish [2] przen. to aim, to steer; **jego program wyborczy ~owany był na polityczną lewicę** his manifesto was aimed at the political left; **~ować rozmowę na inny temat** to steer the conversation onto another subject

II nakierować się — nakierowywać się (zostać zwróconym) to point; **reflektory ~owały się na scenę** the lights pointed towards the stage

III nakierować się pot. (kierować długo) ≈ to manage; **~ował się firmą przez dwadzieścia lat** he was the company's manager for almost twenty years

nakierowywać impf → nakierować

nakle|ić pf — **nakle|jać** impf **I** vt to stick; **~jać afisze na murze** to stick posters on a wall; **~ić nalepki na walizce** to put stickers on a suitcase; **~ić znaczek na kopercie** to stick a stamp on an envelope; **na opakowaniach były ~jone etykietki** there were some labels stuck on the packaging

II nakleić się — naklejać się to stick; **znaczek ~ił się na kopercie** a stamp stuck to the envelope

naklejan|ka f a colourful paper cutout

naklej|ka f [1] (nalepka) sticker; **~ki na walizkach** stickers on suitcases [2] (etykieta) (sticky) label; **~ki na pojemnikach z solą/pieprzem** labels on salt/pepper containers

nakła|d m zw. pl (G **~du**) [1] (koszt) expenditure, outlay; **duże ~dy finansowe** considerable financial outlays; **wzrosły ~dy inwestycyjne w gospodarce** capital investment in the economy has risen; **zmniejszyć/zwiększyć ~dy na szkolnictwo** to reduce/increase the expenditure on education; **wykonano tę pracę olbrzymim ~dem sił** this work was done with a tremendous amount of effort [2] Druk. (książki) edition; (gazety) circulation; **~d ograniczony** a limited edition; **~d w wysokości 1000 egzemplarzy** an edition of 1000 copies; **~d książki jest wyczerpany** the book is sold out; **wzrosła wysokość ~du tygodnika** the weekly's circulation has increased [3] (wydanie) **powieść ukazała się ~dem znanego wydawnictwa** the novel appeared under the imprint of a well-known publisher; **~dem własnym** under one's own imprint

nakładać impf → nałożyć

nakładan|y **II** pp → nakładać

III adi. Moda sewn-on; **~y kołnierz** a sewn-on collar; **~e kieszenie** patch pockets

nakładc|a m (outwork) employer

nakładcz|y adi. **praca ~a** outwork; **system ~y** the outwork system

nakład|ka f [1] Techn. cover, sheath; **~ka na igłę gramofonową** a stylus cover; **~ka na kosę** a scythe sheath; **~ki na płozy sań** sledge runner shoes; **~ki ochronne imadła** vice covers [2] Budow. lap joint; **słupy połączone są ~kami** the posts are lap-jointed [3] Wojsk. handguard [4] środ., Sport a type of foul in soccer which involves blocking the opponent with one's leg

nakładow|y adi. [1] Wyd. concerning the number of copies [2] Ekon. outlay attr.; **pula ~a przedsiębiorstwa** the company's capital outlay reserve

III -nakładowy w wyrazach złożonych **nisko-/wysokonakładowy dziennik** a mass/limited edition journal

nakłam|ać pf vi to tell a lot of lies; **~ać rodzicom** to tell lots to one's parents

nakłaniać impf → nakłonić

nakła|ść pf (**~dę, ~dziesz, ~dzie, ~dł, ~dła, ~dli**) vt to put; **~ść dużo makaronu na talerz** to put a lot of pasta on a plate; **~ść węgla do pieca** to put coal in(to) the stove; **~dła jabłek do kosza** she put (a lot of) apples in(to) the basket

■ **~ść coś komuś do głowy** a. **w uszy** pot. to beat sth into sb's head pot.; **~ść komuś po gębie** a. **mordzie** a. **pysku** pot. to smash sb in the face

nakł|onić pf — **nakł|aniać** impf vt to impel, to urge; **~aniać kogoś do chodzenia na spacery** to urge sb to go for walks; **~oniłem ją do wyjazdu** I encouraged a. persuaded her to take a trip

nakłu|cie **I** sv → nakłuć

II n [1] (ślad) prick; **~cia po zastrzykach** injection prick marks [2] Med. puncture; **~cie nerki/opłucnej/otrzewnej/wątroby** a puncture of the kidney/pleura/peritoneum/liver; **~cie lędźwiowe** a spinal a. lumbar puncture

nakłu|ć *pf* — **nakłu|wać** *impf* (**~ję, ~jesz, ~ł, ~ła, ~li** — **~wam**) **I** *vt* 1 (zrobić dziurki) to prick; **~ć śliwki/skórki owoców** to prick plums/fruit skins; **~wać skórę podczas tatuowania** to puncture sb's skin during tattooing 2 (wbić) to spike; **~wać kwity na szpikulec** to spike receipts; **~wać szaszłyki na rożen** to spit shashliks; **~wali kiełbaski na patyki** they skewered sausages on sticks 3 Med. to pierce **II nakłuć się** — **nakłuwać się** to impale oneself; **ptak ~ł się na wystający drut** a bird impaled itself on a protruding wire

nakłuwać *impf* → **nakłuć**

nakolannik *m* knee-pad; **założyć ~i to** put on knee-pads

nakop|ać *pf* (**~ię**) **I** *vt* 1 (wydobyć z ziemi) to dig (up); **~ać buraków/kartofli** to dig (up) beets/potatoes; **~ać piasku/żwiru** to dig (up) sand/gravel 2 pot. (zbić) to kick (**komuś** sb) **II nakopać się** to be tired of digging; **~ał się rowów/ziemniaków** he was tired of digging ditches/digging (up) potatoes

nakop|cić *pf* **I** *vi* pot. to fill with smoke; **~cić w pokoju papierosami/fajką** to fill the room with the smoke of cigarettes/a pipe; **tak tu ~cone, że trudno oddychać** there's so much smoke here that it's hard to breathe **II nakopcić się** pot. to smoke a lot

nakrajać → **nakroić**

nakrapiać *impf* → **nakropić**

nakrapian|y **I** *pp* → **nakropić** **II** *adi.* speckled, spotted; **~y dalmatyńczyk** a spotted a. spotty Dalmatian (dog); **~e jajo** a speckled egg; **~a klacz** a dappled mare; **~a krowa** a brindled cow; **~e kwiatki** speckled a. spotted flowers; **~y muchomor** a warty toadstool; **~e perliczki** spotted guineafowl; **~e skrzydełka motyla** speckled a. spotted wings of a butterfly

nakra|ść *pf* (**~dnę, ~dniesz, ~dnie, ~dł, ~dła, ~dli**) **I** *vt* to steal; **~ść drewna w lesie** to steal a lot of wood from the forest; **~ść biżuterii/obrazów** to steal a lot of jewellery/many paintings; **jakieś łobuzy ~dły jabłek z sadu** some crooks scrumped apples from the orchard GB **II nakraść się** to steal; **~ść się drewna w lesie** to steal a great deal of wood from the forest

nakrem|ować *pf* **I** *vt* to cream; **~ować ręce/twarz** to cream one's hands/face **II nakremować się** to cream (one's body); **~owała się balsamem** she put a balm on her skin; **~uj się przed opalaniem** put on some cream before sunbathing

nakreślać *impf* → **nakreślić¹**

nakreśl|ić¹ *pf* — **nakreśl|ać** *impf vt* 1 (narysować) to draw, to sketch; **~ić coś kredą na tablicy** to draw sth with chalk on the blackboard; **~ić plan miasta/zabudowań** to draw a. sketch a plan of the town/buildings; **~ić szlak** to map out a route 2 (wytyczyć) to frame, to sketch; **~ić plan**

działania to frame a. sketch a plan of action

nakreśl|ić² *pf vt* 1 (napisać) to jot down, to scribble; **~ił na kartce parę słów** he jotted down a. scribbled a few words on a piece of paper 2 (opisać) to depict; **~ić charakter głównego bohatera powieści** to depict the character of the main hero 3 (skreślić) to cross out a lot

nakręcać *impf* → **nakręcić¹**

nakręcan|y **I** *pp* → **nakręcić** **II** *adi.* [pozytywka, zegarek, zabawka, gramofon] wind-up; [katarynka] hand-cranked

nakręc|ić¹ *pf* — **nakręc|ać** *impf* **I** *vt* 1 (wprawić w ruch) to wind (up) [zegarek, zabawkę]; **~cił zegar** he wound (up) the clock, he gave the clock a wind; **katarynka ~cana korbką** a handle-turned a. handcranked barrel organ 2 (nawinąć) to wind [nici, sznurek] (**na coś** on a. onto sth); **~cić włosy na lokówki** to put one's hair in curlers a. rollers 3 (wybrać numer) to dial; **~cić numer telefonu do żony** to dial one's wife's number, to ring one's wife 4 Kino to shoot [film]; to shoot, to film [scenę]; **sceny do filmu były ~cone w plenerze** the scenes of the film were shot on location 5 (nasilić) to fuel, to push up [inflację]; **zbrojenia ~cają koniunkturę** armaments help to fuel a. stimulate the economy **II nakręcić się** — **nakręcać się** 1 pot. [zegarek] to wind (up) 2 [nici, sznurek] to wind, to be wound ■ **~cać spiralę zbrojeń/inflacji** to give (added) impetus to an arms race/inflationary spiral; **~cać spiralę przemocy** to give (added) impetus to a spiral of violence; **mówić** a. **gadać jak ~cony** pot. to talk a. chatter (away) like a wind-up toy; **powtarzać coś jak ~cony** to repeat sth ad nauseam a. over and over again

nakręc|ić² *pf* pot. **I** *vt* (namówić) to egg [sb] on; **zmieniłeś zdanie, już cię ktoś ~cił** you've changed your mind, somebody's put you up to it pot. **II** *vi* (nakłamać) to tell (a pack of) lies; (pogmatwać) to mess things up; **świadek ~cił w zeznaniach** the witness's testimony was a pack of lies

nakręt|ka *f* 1 (mutra) nut; **dokręcić/odkręcić ~kę kluczem** to tighten/undo a nut with a spanner 2 (przykrywka) (słoika) (screw) top, (screw) lid; (butelki) (screw) top; (tubki) (screw) cap ■ **~ka skrzydełkowa** a. **motylkowa** Techn. wing a. butterfly nut

nakrochmal|ić *pf vt* to starch [koszulę, firanki]; **mocno ~ony kołnierz** a heavily starched collar

nakr|oić, nakr|ajać *pf* (**~oję, ~aję**) *vt* to slice, to cut [wędliny, ogórków, chleba]

nakr|opić *pf* — **nakr|apiać** *impf vt* to sprinkle

nakrusz|yć *pf vt* 1 (rozdrobnić) to crumble (up) [chleba] 2 (naśmiecić) to spill crumbs; **~yć chleba** a. **chlebem na obrus** to spill a. drop breadcrumbs on the tablecloth; **strasznie ~yliście herbatnikami** you've dropped a. left biscuit crumbs all over the place

nakry|cie **I** *sv* → **nakryć** **II** *n* 1 (przykrycie) cover; **~cie na łóżko** a bedspread, a coverlet; **~cie głowy** headgear *U*, a headdress; **osoba bez ~cia głowy** a bareheaded person; **fotografia bez ~cia głowy** a photograph taken without a hat 2 (zastawa stołowa) place setting; (w restauracji) place setting, cover; **~cie dla trzech osób** a. **na trzy osoby** three place settings; **stół z trzema ~ciami** a table laid a. set for three; **przygotować ~cie na sześć osób** to lay a. set the table for six; **przygotować dwa dodatkowe ~cia** to lay a. set two extra places; **pozostawić wolne ~cie (dla kogoś)** to leave an extra place setting (for sb); **zabrakło jednego ~cia** we're one place setting short ❑ **~cie domu** a. **budynku** Budow. roof(ing)

nakry|ć¹ *pf* — **nakry|wać** *impf* (**~ję** — **~wam**) **I** *vt* (przykryć) to cover; **~ć kogoś kocem** to cover sb with a blanket; **stół był ~ty żółtą serwetą** the table was covered with a yellow cloth **II nakryć się** — **nakrywać się** to cover oneself; **~ć się kołdrą** to cover oneself with a quilt ■ **~ć do stołu** to lay a. set the table; **~ć stół do obiadu/kolacji** to lay a. set the table for dinner/supper; **~ć ogniem cel/kolumnę nieprzyjaciela** środ., Wojsk. to cover a target/an enemy column; **~ć się nogami** pot. to fall a. go head over heels; **jak cię strzelę, to się nogami ~jesz** posp. if I hit you, you'll soon know all about it! pot.

nakry|ć² *pf* (**~ję**) *vt* pot. 1 (przyłapać) to nail pot., to cop pot.; **został ~ty, gdy włamywał się do willi** he was a. got nailed breaking into a villa; **~ć kogoś na kłamstwie/na kradzieży** to catch sb lying/(in the act of) stealing; **policja ~ła go na próbie kradzieży auta** the police nabbed him while he was trying to steal a car pot. 2 (znaleźć) to uncover, to unearth; **policja ~ła tajny skład broni** the police uncovered a. dug up pot. a cache of arms

nakrywać *impf* → **nakryć¹**

nakrzycz|eć *pf* (**~ysz, ~ał, ~eli**) **I** *vi* 1 (narobić krzyku) to shout (a lot) 2 (nawymyślać) to shout, to yell (**na kogoś** at sb); **strasznie na nich ~ała** she didn't half shout at them pot.; **~ała na niego, że się spóźnił** a. **za spóźnienie** she shouted a. yelled at him for being late; **~ał na niego, żeby się wziął do roboty** he shouted a. yelled at him to get down to work; **~ał na mnie, że nie mam racji** he flared up at me, saying I was wrong **II nakrzyczeć się** pot. (krzyczeć długo) to shout one's head off pot.

nakup|ić, nakup|ować *pf vt* pot. to buy lots (**czegoś** of sth); **~ić różnych rzeczy** to buy all sorts of things; **~iła jedzenia na cały tydzień** she bought enough food for the whole week

nakupować → **nakupić**

nakurz|yć **I** *vi* 1 (narobić kurzu) to make a lot of dust; **żniwiarze ~yli, wracając z pola** the harvesters kicked up clouds of dust returning from the field 2 pot. (nadymić) **~ył w pokoju** he's filled the room with cigarette smoke

N

II **nakurzyć się** *v imp.* (wypełnić się kurzem) **nie zamiataj, bo się ~y** don't sweep or you'll raise a lot of dust

nakwa|sić *pf vt* pot. to pickle lots pot. (**czegoś** of sth) *[ogórków, kapusty]*

nal|ać[1] *pf* — **nal|ewać** *impf* (**~eję** **~ewam**) *vt* [1] (napełnić płynem) to pour; **~ać wody do miski** to pour water into a bowl; **~ać zupy na talerz** to ladle (out) soup into a plate; **~ewał wino do kieliszków** a. **w kieliszki** he poured wine into the glasses; **~ał jej filiżankę herbaty** he poured her a cup of tea, he poured (out) a cup of tea for her; **~ałem sobie wina** I poured myself some wine; **~ałem sobie do połowy/do pełna** I poured myself half a glass/a full glass; **mogę ~ać ci wina?** can I pour you some wine?; **wzięła czystą szklankę i ~ała mleka** she took a clean glass and poured some milk in a. into it; **z tego dzbanka dobrze/źle się ~ewa** this jug pours/doesn't pour well; **~ała wody do wanny** she filled the bath (up) with water [2] (zalać) to steep in alcohol; **~ać wiśnie wódką** to steep cherries in vodka

nal|ać[2] *pf* (**~eję**) **I** *vt* [1] (rozlać) to spill; **~ała soku na dywan** she spilled some juice on the carpet; **w łazience jest ~ane na podłodze** there's some water on the bathroom floor [2] pot. (zbić) to thrash; **~eję cię w końcu za te kłamstwa** in the end, I'll thrash you for those lies

II *vi* posp. to pee pot.; to piss posp.; **ktoś ~ał w windzie** someone's peed a. pissed in the lift

III **nalać się** posp. (zbić jeden drugiego) to fight

nalan|y **I** *pp* → **nalać**

II *adi.* *[twarz]* bloated, puffy; *[policzki]* swollen, puffed

nalata|ć *pf* **I** *vt* środ., Lotn. to have flown; **~ć 500 godzin** to have flown 500 hours, to have logged a. completed 500 flying hours

II **nalatać się** [1] (przelecieć wiele) to have flown a lot; **~ł się po świecie** he has flown a lot around the world [2] (zmęczyć się fruwaniem) *[ptak, owad]* to wear itself out flying [3] pot. (nabiegać się) to wear oneself out running about; **~ć się po mieście** to have done a lot of running about town; **~ć się po sklepach** to have done a lot of running about the shops, to have done the rounds of the shops

nalat|ywać[1] *impf vi* *[samoloty, chmury]* to approach

nalatywać[2] *impf* → **nalecieć**[1]

naleciałoś|ć *f zw. pl* książk. foreign influence; **oczyścić język z obcych ~ci** to purify a language of foreign influences; **usunąć z tekstu późniejsze ~ci** to remove later accretions from a text

nal|ecieć[1] *pf* — **nal|atywać**[2] *impf* (**~ecisz, ~eciał, ~ecieli** — **~atuję**) **I** *vi* [1] *[ptaki, owady]* to fly in; **~eciało komarów do namiotu** lots of mosquitoes have flown into the tent [2] (nagromadzić się) *[dym, gaz]* to come flying in; **na podłogę ~eciało piór** feathers came flying onto the floor [3] (spłynąć) to flow in; **z kranu ~eciało wody** a. **~eciała woda do wanny** water from the tap has run into the bath [4] pot. (wpaść biegnąc) **~ecieć na kogoś/coś** to run up a. knock up against sb/sth; **biegnące dzieci ~atywały na siebie** the running children were bumping into each other [5] pot. (zarzucić) **~atywać na kogoś** to lash out at sb pot., to tear into sb pot.; (niesłusznie) to run sb down; **~eciał na nią, że się znowu spóźniła** he tore a. laid into her for being late again

II **nalecieć się** *[gapie]* to throng (around), to flock (around)

nalega|ć *impf vi* książk. to insist (**na coś** on (doing) sth); **~li na dalsze prowadzenie badań** they insisted on further research; **nie chciała iść, ale on ~ł** she didn't want to go, but he insisted; **tak bardzo ~ł, że się w końcu zgodziła** he was so insistent that she finally agreed; **a więc dobrze, skoro ~sz** all right a. very well then, if you insist; **skoro nie chcesz, nie będę ~ł** since you don't want to, I shan't insist a. won't push the matter (any further); **~ła, żeby się poczęstował** she insisted he help himself (to some food); **~li na niego, żeby się podał do dymisji** they put pressure on him to resign

nalepiać *impf* → **nalepić**[1]

nalepi|ć[1] *pf* — **nalepi|ać** *impf* **I** *vt* (nakleić) to paste (on), to stick (on) *[etykietkę]*; to stick (up), to put up *[afisz]*; to paste (up), to post *[ogłoszenie]*; **~ć znaczek na kopercie** to stick a. put a stamp on an envelope; to affix a stamp to an envelope książk.; **„~anie plakatów wzbronione"** 'no fly-posting'

II **nalepić się — nalepiać się** (zostać naklejonym) *[etykieta, ogłoszenie]* to be pasted; *[afisz]* to be put up; *[znaczek]* to stick

nalepi|ć[2] *pf* **I** *vt* (uformować) to have formed lots of *[pierogów]*; **~ć wiele kul śnieżnych** to have made lots of snowballs

II **nalepić się** pot. (uformować wiele) **~ć się zwierzątek z plasteliny** to have modelled plasticine into lots of animal figures; **~ła się pierogów na obiad** she's made lots of dumplings for dinner

nalep|ka *f* sticker, (stick-on) label; **~ka z ceną** a price label a. sticker; **nakleić ~kę z adresem na walizce** to stick an address label on a suitcase

naleśnicz|ek *m dem.* (A **~ka** a. **~ek**) Kulin. (small) pancake, crêpe

naleśnik *m* (A **~a** a. **~**) **I** *zw. pl* Kulin. pancake, crêpe; **~i z mięsem/dżemem** pancakes (filled) with mince a. minced meat/jam [2] pot. beret

naleśnikow|y *adi.* Kulin. *[ciasto, nadzienie, farsz]* pancake *attr.*

nalewać *impf* → **nalać**[1]

nalewecz|ka *f dem.* pieszcz. fruit liqueur

nalew|ka *f* [1] (alkohol) fruit liqueur; **~ka wiśniowa** cherry liqueur a. brandy [2] Farm. tincture, infusion

nal|eżeć *impf* (**~ysz, ~ał, ~eli**) **I** *vi* [1] (stanowić własność) **~eć do kogoś** to belong to sb, to be the property of sb; **do kogo ~y to radio?** who does this radio belong to?; **dom ~y do niego** the house belongs to a. is owned by him [2] (o ludziach) **~eć do kogoś** to belong to sb; **tych dwoje ~y do siebie** those two belong to each other a. one another [3] (zaliczać się) **~eć do czegoś** to belong to sth; **~eć do organizacji/do partii** to belong to a. be a member of an organization/a party; **lotnisko to ~y do największych na świecie** this airport is among a. is one of the largest in the world; **firma ~y do największych na świecie producentów szkła** the company ranks among the biggest glass manufacturers in the world, the company is one of the world's largest glass manufacturers; **~ał do najbogatszych ludzi w kraju** he was one of the richest people in the country; **nie ~ał do (ludzi) odważnych** he wasn't the brave type; **~ał do tych, którzy szukają rozgłosu** he was one a. the type to seek publicity; **wilki ~ą do drapieżników** wolves are predators; **~eć do przeszłości** to be a thing of the past; **to już ~y do przeszłości** that's all in the past; **wczesne wstawanie nie ~y do przyjemności** it's not exactly pleasant to get up early, getting up early is far from pleasant a. is anything but a pleasure; **to nie ~y do tematu** that's outside the subject, that's irrelevant a. not relevant to the subject [4] (brać udział) **~eć do czegoś** to be involved in sth; **~eć do spisku** to be involved in a conspiracy, to be part of a conspiracy; **~eć do opozycji** to be in the opposition [5] (być obowiązkiem) **~eć do kogoś** to be sb's responsibility; **do mnie ~y prowadzenie domu** it's my responsibility to run the household; **do reżysera ~y ostatnie słowo w sprawie obsady aktorów** the director has the final a. last word on casting; **decyzja ~y do ciebie** it's up a. down to you to decide, it's your decision; **ostateczna decyzja ~y do ciebie** the final decision rests a. lies with you; **wybór ~y do ciebie** the choice lies with you, it's up to you (to decide); **to ~y do jego obowiązków** that's a. it's one of his duties a. responsibilities; **to nie ~y do moich obowiązków** it's not my responsibility a. duty (to do that); **do obywateli ~y przestrzeganie prawa** citizens have a duty to abide by the law; **przyszłość kraju ~y do młodych** the country's future belongs to the young a. lies in the hands of the young; **ja zrobiłem swoje, reszta ~y do was** I've done my part, the rest is up to you

II *v imp.* (trzeba) one should (**coś zrobić do** sth); **~y zachować spokój** one should stay calm; **za swoje błędy ~y w życiu płacić** your mistakes in life have to be paid for; **nie ~y się dziwić, że...** it's no wonder a. one shouldn't be surprised that...; **~y pamiętać, że...** it should be remembered a. borne in mind that..., one should remember a. bear in mind that...; **~y podkreślić** a. **zaznaczyć, że...** it should be stressed a. it is necessary to stress that...; **~y przypomnieć, że...** it should a. will be recalled that...; **~y przypuszczać, że...** it is safe to assume that...; **~ałoby rozważyć wszystkie okoliczności/zakup notebooka** it might be well to consider all the circumstances/buying a notebook; **~y spodziewać się, że...** it should be expected a. one should expect that...; **jak ~ało się spodziewać** as was to be expected; **~ało się tego spodziewać** that was (only) to be expected; **wiele ~y uczynić, żeby...** much needs to be done to...; **~y uważać, żeby nie uszkodzić rzeźby** care should be taken a. must be exercised to avoid damage to the sculpture; **~y zauważyć, że...** it should be noted a. pointed out that...

III należeć się (przysługiwać) to be due (**komuś** to sb); **za sprzątanie ~y się 100 zł** the cleaning charge is 100 zlotys; **~y mi się 20 zł** I am owed 20 zlotys; **ile się ~y?** how much a. what do I owe you?; **~y mu się szacunek** he deserves a. is due respect; **~y mu się kara/pochwała/nagroda** he deserves punishment/praise/a reward; **~ała jej się już emerytura** she was already entitled to a pension; **chyba ~y mi się wyjaśnienie** I think you owe me an explanation; **chyba coś mi się od życia ~y?** I'm entitled to something too, aren't I?; **to mi się ~y** I'm entitled to it, I have the right to it

■ **(tak) jak ~y** properly, as it should be; **napisał wypracowanie jak ~y** he wrote the essay well a. just as it should be (done); **zachowuj się jak ~y** behave yourself, behave properly; **odpowiedź/wypracowanie jak ~y** a (very) good answer/essay; **jak się ~y** properly, as it should be; **zrobił wszystko, jak się ~y** he did everything the right way a. as it should be done; **niewiele mu się ~y** pot. he hasn't got long to go, he's not long a. he isn't long for this world

należ|eć się pf (**~ysz się, ~ał się, ~eli się**) v refl. pot. (leżeć długo) to lie for a long time; **wstawaj, już się chyba dość ~ałeś!** get up, you've lain there long enough!

należnoś|ć f (Gpl **~ci**) książk. amount due; **niezapłacone ~ci za prąd** unpaid electric(ity) bills; **~ć za naprawę wynosi 200 zł** the repair charge a. fee is 200 zlotys; **zapłacić a. uiścić ~ć (za coś)** to pay the amount due (for sth), to settle the bill (for sth); **zapłacić ~ć za gaz** to pay the gas bill; **uregulować wszystkie ~ci** to make all the payments due a. all the necessary payments, to pay all one's bills a. dues; **firma dochodziła swoich ~ci sądownie** the company pursued its debts in court; **~ci spłacał ratami** he paid off a. repaid his debt in instalments

należn|y adi. książk. [zapłata, wierzytelności] due; [odsetki] accrued; **~na kwota** the amount due a. owing a. owed; **otrzymał ~ą mu zapłatę** he received (his) due payment; **traktować kogoś a. odnosić się do kogoś z ~ym szacunkiem** to treat sb with due respect, to give sb the respect due to them; **pochować kogoś z ~ymi honorami** to bury sb with due ceremony; **przyjmowała gości z ~ymi honorami** she received guests with due ceremony a. with all the honour due (to them); **zachowywać ~ą powagę** to behave with due gravity

należycie adv. książk. [zachowywać się] properly, in the proper manner; [udokumentowany, przygotowany, wyjaśniony] adequately, properly; [uwierzytelniony] duly; **wynagrodzić komuś ~ za szkody** to compensate sb adequately for their losses;

nie umiał się ~ wysławiać he couldn't express himself properly; **mieszkanie było ogrzewane ~** the flat was heated adequately a. properly; **~ ocenić sytuację** to assess the situation properly a. adequately, to make a proper a. an adequate assessment of the situation; **jego wysiłki były doceniane ~** his efforts were adequately a. properly appreciated; **~ kogoś docenić** to give sb due credit

należy|ty adi. książk. [wyjaśnienie, higiena] adequate, proper; [staranność] due; **wykonywać pracę w ~ty sposób** to do one's work the right and proper way a. in a (right and) proper way a. manner; **słuchać z ~tą uwagą** to listen with due attention; **wszystko jest w ~tym porządku** everything is (just) as it should be; **utrzymywać urządzenie w ~tym stanie** to maintain a machine in good order, to keep a machine in good repair

naliczać impf → **naliczyć¹**

nalicz|yć¹ pf — **nalicz|ać** impf vt książk. to calculate [karę, premię, podatek]; **~yć odsetki od pożyczki/wkładu oszczędnościowego** to calculate a. work out (the) interest on a loan/sb's savings

nalicz|yć² pf vt (policzyć wiele) to count, to reckon up GB; **w jego wypracowaniu ~yłam dziesięć błędów ortograficznych** I counted ten spelling mistakes in his essay

nalo|t m (G **~tu**) 1 (warstewka) coating, (thin) layer; **~t kurzu/pleśni** a layer of dust/mildew a. mould; **~t woskowy** Ogr. waxy bloom; **pokryty woskowym ~em** pruinose 2 Med. (na migdałkach) coating; (na języku, gardle) coating, fur; **biały ~t na języku** a white coating on the tongue, white tongue fur 3 Chem. (na metalu) tarnish; **~t śniedzi** a (layer of) patina, a patina of verdigris; **~t rdzy** a layer a. coating of rust; **przedmioty z brązu z czasem pokrywają się ~tem** bronze objects develop a. take on a patina over time 4 przen. (wpływ) influence; **mówić z obcym ~tem** to speak with a trace a. hint of a foreign accent 5 Wojsk. air raid; **~t bombowy** a bombing raid; **dokonać ~tu na obiekty wojskowe** to carry out an air raid on military installations; **przeczekać ~t w schronie** to wait out an air raid in a shelter 6 pot. (kontrola) raid, swoop; bust pot.; **~t policji na klub nocny** a police raid on a night club; **policja zrobiła ~t na wytwórnię amfetaminy** the police raided a. carried out a raid on a. swooped on pot. an amphetamine factory; **kiedy byłem w szkole, rodzice zrobili mi ~t na pokój** a. **w pokoju** while I was at school, my parents raided my room 7 pot. (najazd) invasion, inrush; inundation przen.; **~t turystów/gości** an inrush of tourists/guests; **~t szarańczy** an invasion of locusts 8 Leśn. wilding trees 9 sgt środ., Lotn. (number of) flying hours pl; **miał na swoim koncie sto godzin ~tu na odrzutowcu** he had logged a. completed a hundred flying hours in a jet

❑ **~t dywanowy** Wojsk. carpet a. area a. blanket bombing; **~t falowy** Wojsk. sus-

tained bombing; **~y falowe** Wojsk. successive waves of bombing

naład|ować pf — **naład|owywać** impf [] vt 1 (załadować) to load (up) [wóz]; to stuff, to cram [walizkę, torbę]; **~ować ciężarówkę żwirem** a. **żwiru do ciężarówki** to load (up) a lorry with gravel, to load (up) gravel onto a. into a lorry; **~ować fajkę tytoniem** to stuff a. load a pipe with tobacco; **pociąg ~owany węglem** a train loaded with coal, a coal-laden train; **~ować brzuch** a. **żołądek** pot. to stuff oneself pot. 2 pot. (zapełnić ludźmi) to load; **~ował za dużo ludzi do furgonetki** he loaded too many people into the van; **jechać ~owanym pociągiem** to travel on a crowded a. packed train; **sala koncertowa była ~owana słuchaczami** the concert hall was crammed a. jam-packed a. chock-a-block 3 pot. (zawrzeć) to pack, to load; **~ował do rozprawki zbyt wiele cytatów** he loaded a. padded out the essay with too many quotations 4 przen. to fill; **~owany agresją** full of pent-up aggression; **~ować kogoś optymizmem** to fill a. imbue sb with optimism; **była ~owana energią/radością** she was brimming a. bursting with energy/joy 5 Fiz. to charge [akumulator]; **cząstki ~owane dodatnio/ujemnie** positively/negatively charged particles 6 Wojsk. to load, to prime [pistolet]; **~ować karabin ostrymi/ślepymi nabojami** to load a rifle with live ammunition/blank cartridges

[] **naładować się** — **naładowywać się** 1 Fiz. to charge; **akumulator się ~ował** the battery has charged (up) 2 pot. (objeść się) to stuff oneself pot. (**czymś** with sth); to gorge oneself (**czymś** on sth) 3 przen. **~ować się pozytywną energią** to charge a. fill oneself with positive energy

nałam|ać pf (**~ię**) vt (złamać wiele) to break a lot of [gałęzi, drzew]

nałap|ać pf (**~ię**) vt (złapać wiele) to catch plenty of [ryb, motyli]; **~ał w szkole wiele dwój** he got a lot of Ds at school

nałg|ać pf (**~żę**) vt to tell a lot of lies; **~gał nam o swoich sukcesach w pracy** he told us a lot a. a pack of lies about his successes at work

nałogow|iec m 1 (ulegający nałogom) addict; **palacz ~iec** a heavy a. compulsive smoker, a chain-smoker; **pijak ~iec** a hardened drinker, a habitual drunkard 2 pot. (entuzjasta) addict pot.; **kinowy ~iec** a movie a. film addict; **~iec komputerowy** a computer addict a. maniac pot.

nałogowo adv. 1 (w uzależnieniu) **palić ~** to smoke habitually, to be a heavy a. compulsive smoker; **pić ~** to be a habitual a. heavy drinker 2 przen. **czytać/grać w karty ~** to be a compulsive reader/card player; **~ wędkować** to spend all one's time fishing

nałogow|y adi. 1 habitual, hardened; **~y palacz** a heavy a. habitual smoker; **~y pijak** a heavy a. hard drinker, a habitual drunkard; **~y alkoholik** pot. a chronic alcoholic 2 [hazardzista] compulsive, heavy; **~y telewidz** a TV a. telly GB addict pot.; **~y kinoman** a movie a. film addict

nałow|ić pf vt to catch plenty of [ryb, motyli]; **~ić ryb na cały tydzień** to catch enough fish for a whole week

N

nałożnic|a f książk. concubine, mistress; **królewska ~a** a king's mistress, a royal concubine

na|łożyć pf — **na|kładać** impf **[I]** vt **[1]** (umieścić) to put, to place *[jedzenie]* (**na coś** on sth); to put on *[okulary]*; **nałożył sobie sera/szynki na chleb** he put some cheese/ham on his bread; **nakładać komuś jedzenie** to dish out food to sb; **nałożyć siano na furę** to pitch hay (onto a cart); **nałożył węgla do pieca** he filled the stove with coal, he put coal into the stove; **nałożyć słuchawki na uszy** to put a. place a. slip headphones over one's ears; **nakładać obręcz na beczkę** to put a hoop around a barrel, to hoop a barrel; **nałożyła mu opatrunek na rękę** she put a dressing on his hand; **nałożyć siodło na grzbiet konia** to put a saddle on a horse, to saddle (up) a horse; **nałożyć psu kaganiec** to muzzle a dog; **nałożyć komuś kajdanki** to put handcuffs on sb, to handcuff sb **[2]** (ubrać) to put on; to don książk. *[płaszcz, szlafrok, kapelusz]*; to put on, to pull on *[rękawiczki]*; **nałożyć buty** to put on one's shoes; **nałożyć na siebie sukienkę** to put on a dress; **nałożyć komuś sweter** to put a sweater on sb, to dress sb in a sweater **[3]** (rozsmarować) to apply, to put on *[szminkę, makijaż]*; **nałożyć róż na policzki** to put rouge a. blusher on one's cheeks, to rouge one's cheeks; **nałożyć krem na ręce** to put a. smear cream on one's hands, to smear one's hands with cream; **nałożyła farbę na włosy** she applied dye to her hair **[4]** (obciążyć) to impose, to levy *[podatek, grzywnę]* (**na kogoś** on sb); **nałożyć embargo na coś** to impose a. lay a. put an embargo on sth, to embargo sth; **nałożyć cło na zagraniczne samochody** to impose a. put duty on foreign cars; **nakładać na kogoś obowiązek zrobienia czegoś** to impose an obligation on sb to do sth, to lay a. place sb under an obligation to do sth, to oblige sb to do sth; **ustawa nakłada na posłów obowiązek ujawniania stanu majątkowego** the act requires a. obliges deputies to reveal their financial status książk.; **nałożyć obowiązek odbycia służby wojskowej** to impose conscription

[II] **nałożyć się** — **nakładać się** **[1]** *[ubranie]* to be put on; **te rękawiczki źle się nakładają** these gloves are hard to put on **[2]** (nasunąć się) *[fale, kolory, linie, obrazy]* to overlap each other, to be superimposed on each other **[3]** (zbiec się) to overlap; **odwiedziny Marka nałożyły się na moje** Mark's visit overlapped with mine; **terminy egzaminów nakładają się** the exams overlap

■ **nałożyć komuś kaganiec** pot. to restrict a. curb sb's freedom; **nałożyć prasie kaganiec** to muzzle the press; **nie mogę wychodzić z domu, rodzice nałożyli mi kaganiec** I can't leave home, my parents grounded me a. put the clamps on (me) pot.; **nałożyć a. kłaść areszt na kogoś** przest. to place a. put sb under arrest

nał|óg m (G **~ogu**) **[1]** (uzależnienie) addiction, (bad) habit; **niszczycielski/zgubny ~óg** a devastating/ruinous addiction; **~óg palenia (tytoniu)** tobacco addiction, smok-

ing habit; **~óg picia alkoholu/narkotykowy** alcohol/drug addiction, an alcohol/drug habit, addiction to drink/drugs; **wpaść w ~óg** to become addicted; **wpadł w ~óg zażywania narkotyków** he became addicted to drugs, he became a drug addict; **być niewolnikiem ~ogu** to be (a) slave to addiction; **wyciągnąć kogoś z ~ogu** to break sb of a habit, to wean sb from a habit; **wrócić do dawnych ~ogów** to relapse into bad habits, to backslide; **wyzwolić się z ~ogu** to break (oneself of) a habit; **wyzwolić się z ~ogu palenia** to wean oneself (away) from smoking, to give up smoking; **zerwać z ~ogiem** to kick a. give up a habit; **mieć skłonności do ~ogów** to have an addictive personality **[2]** (przyzwyczajenie) habit; **moim ~ogiem są gry komputerowe** I'm addicted to computer games; **moim jedynym ~ogiem jest czekolada** chocolate is my only vice a. bad habit; **czytanie w łóżku weszło mi w ~óg** reading in bed has become a habit with me, I have developed a habit of reading in bed

nałup|ać pf (**~ię**) vt pot. to chop (lots of) *[drzewa]*; to split (lots of) *[węgla]*; **~ał sobie orzechów** he cracked some nuts (for himself)

nałuska|ć pf vt to shell (a quantity of), to husk (a quantity of) *[grochu, orzechów]*

nałyka|ć się pf v refl. **[1]** (zjeść szybko i dużo) to swallow (a quantity of), to gulp down; **~ć się kawałków mięsa** to swallow a. gulp down chunks of meat; **~ła się tabletek nasennych** she swallowed a. gobbled a load of sleeping pills **[2]** (nawdychać się) to get one's mouth full of; **~ć się kurzu** to get one's mouth full of dust, to gulp down a mouthful of dust; **wyszedł ~ć się świeżego powietrza** he went out to get some fresh air

■ **~ać się strachu/wstydu** to get a fright/to be full of shame; **~ać się wiadomości** pot. to soak up a. imbibe a lot of knowledge

nam → **my**

namaca|ć pf vt (dotknąć) to find (by feeling); **~ć klamkę** to locate the doorknob by groping; **~ła sobie guza w piersi** she felt a tumour in her breast

namacalnie adv. książk. **[1]** (dobitnie) *[świadczyć, udowodnić]* tangibly, palpably; **~ przekonała się o jego obłudzie** she's seen tangible a. patent proof of his duplicity książk. **[2]** (za pomocą dotyku) **guz jest już tak duży, że można go stwierdzić ~** the tumour has already grown so large that it is palpable

namacalnoś|ć f sgt książk. **[1]** (wyrazistość) tangibility, tangibleness **[2]** (wyczuwalność dotykiem) palpability

namacaln|y adi. książk. **[1]** (konkretny) *[dowód, korzyść]* tangible; *[błąd]* palpable **[2]** (wyczuwalny dotykiem) *[guz]* palpable; **~e zgrubienie na skórze** a palpable swelling of a. lump on the skin

namacha|ć pf pot. **[I]** vt (wykonać szybko) to knock out pot.; **~ł długie wypracowanie** he dashed off a long essay

[II] **namachać się** (zmęczyć się) to have worn oneself out with work, to get through a lot of work; **~ł się przy kopaniu**

dołów he has worn himself out digging holes

namaczać impf → **namoczyć**

namagnes|ować pf — **namagnes|o-wywać** impf **[I]** vt Fiz. to magnetize

[II] **namagnesować się** — **namagneso-wywać się** Fiz. to become magnetized

namagnesowywać impf → **namagne-sować**

namakać impf → **namoknąć**

namal|ować pf vt **[1]** (farbami) to paint *[obraz, pejzaż, osobę]*; **te portrety zostały ~owane akwarelami** these portraits were painted in watercolours **[2]** (opowiedzieć barwnie) to depict, to portray

[II] **namalować się** (samego siebie) to paint one's (own) portrait

namarszczon|y [I] pp → **namarszczyć**

[II] adi. *[czoło]* wrinkled; *[brew]* wrinkled, puckered

namarszcz|yć pf **[I]** vt pot. **[1]** (zmarszczyć) to gather, to ruffle *[firanki, zasłony]*; to gather *[bluzkę, spódnicę]*; **sukienka była ~ona w talii** the dress was gathered a. had tucks at the waist **[2]** to wrinkle *[czoło]*; **~yć czoło** to frown, to scowl

[II] **namarszczyć się** to frown, to scowl; **~ył się ze złości** he frowned in anger

namaszczać impf → **namaścić**

namaszcze|nie [I] sv → **namaścić**

[II] n **[1]** Relig. anointing (with sacred oil); **ostatnie ~nie** a. **~nie chorych** extreme unction a. Anointing of the Sick; **udzielić komuś ostatniego ~nia** to give a. administer extreme unction to sb **[2]** książk. (podniosły nastrój) solemn dignity; **mówić/słuchać z ~niem** to speak with solemn dignity a. great solemnity/to listen with great devotion; **z ~niem ucałował jej rękę** he kissed her hand with reverence; **podchodzić do czegoś z wielkim ~niem** to treat sth with profound reverence

namaszczon|y [I] pp → **namaścić**

[II] adi. książk. *[styl, ton]* solemn, ponderous; **mówić ~ym głosem** to speak in a ponderous voice a. tone

nama|ścić pf — **nama|szczać** impf **[I]** **[1]** książk. (posmarować) to rub with oil; **~ścić kogoś/czyjeś ciało wonnymi olejkami** to rub a. anoint sb/sb's body with fragrant oils **[2]** Relig. to anoint; **~ścić kogoś przed śmiercią** to anoint sb before their death; **zmarł, ~szczony św. Sakramentami** he died after receiving Extreme Unction **[3]** książk. (nadać godność) to anoint; **~ścić przyszłego króla** to anoint the future king; **~ścił go na swojego następcę** żart. he anointed him as his successor

[II] **namaścić się** — **namaszczać się** książk. (posmarować samego siebie) to rub a. anoint oneself (**czymś** with sth); **~ściła się emulsją do opalania** she rubbed herself a. her body with suntan lotion

namawiać impf → **namówić**

nama|zać pf (**~żę**) vt pot. **[1]** (posmarować) to smear; **~zał ubranie smarem** he smeared his clothes with grease, he smeared grease on his clothes **[2]** (nagryzmolić) to scribble, to scrawl; **~zać coś na murze/ścianie** to daub sth on a wall; **~zać kredą na tablicy** to scribble with chalk on the blackboard

namą|cić *pf vi* pot. pejor. to stir things up; **zamiast pomóc w ustaleniu prawdy, tylko dodatkowo ~cił** instead of helping to find the truth, he just made things even more confusing a. he only added to the confusion; **on zawsze musi ~cić** he's always stirring it up a. stirring things up ■ **~cić komuś w głowie** pot. to confuse sb, to muddle sb up; **ale mi ~ciłeś w głowie!** you a. you've really got me all muddled (up) a. mixed up!; **tak ~cił jej w głowie, że zgodziła się na ślub** he bamboozled her into agreeing to the wedding

namęcz|yć *pf* pot. **Ⅰ** *vt* 1 (zadać ból) to torment [*osoby, zwierzęta*] 2 (dokuczyć) to torment, to harass; **~yć kogoś pytaniami** to plague a. pester sb with questions; **~yła go swoją zazdrością** she tormented him with her jealousy

Ⅱ namęczyć się 1 (nacierpieć się) to have suffered a lot; **~yła się z mężem pijakiem** she's suffered a lot a. gone through a hell of a time with her drunkard husband; **~yć się przez całe życie** to have endured a great deal in one's life 2 (wysilić się) to go to a lot of trouble; (mieć trudności) to have a hard time; **~ył się przy lekcjach** he took great pains over a. with the lessons; **~ył się naprawiając samochód** he had a hard time mending the car

nami → **my**

namia|r **Ⅰ** *m* (*G* **~ru**) Lotn., Wojsk., Żegl. (położenie) bearing; (określenie położenia) direction finding; **wziąć ~r na coś** to take a bearing on sth; **podać ~r statku** to give a ship's bearing(s) a. position; **~ry samolotu** a plane's position; **prowadzić ~ry astronomiczne** to calculate astronomical positions, to take astronomical bearings

Ⅱ namiary *plt* pot. details; **~ry firmy** a company's details a. particulars; **wziąć czyjeś ~ry** to take sb's details; **mieć czyjeś ~ry** to have sb's details a. address and phone number; **zostaw mi swoje ~ry** leave me your details ■ **wziąć ~r na kogoś** żart. to set one's sights on sb, to have designs on sb

namiast|ka *f* 1 (imitacja) (poor) substitute (**czegoś** for sth); (pozór) semblance *U*; **nędzna ~ka miłości** a poor substitute a. excuse for love; **~ka wolności/szczęścia** a semblance of freedom/happiness 2 (substytut) substitute; **~ka kawy/herbaty** a coffee/tea substitute, ersatz coffee/tea

namierzać *impf* → **namierzyć**¹

namierz|yć¹ *pf* — **namierz|ać** *impf vt* 1 Lotn., Wojsk., Żegl. to get a fix on, to fix the position of [*okręt, satelitę*]; **samolot został ~ony przez radary** the plane has been located by radar 2 pot. (zlokalizować) to locate; **policja ~yła rozmówcę** the police located the caller

namierz|yć² *pf* pot. **Ⅰ** *vt* (odmierzyć wielokrotnie) to measure off (a quantity of) **Ⅱ namierzyć się** (przymierzyć wiele) to try on a lot (**czegoś** of sth); **~yć się sukienek** to try on a lot of dresses

namiestni|k *m* Hist. 1 (reprezentant) governor; (monarchy) viceroy; **~cy rzymscy** Roman governors; **~k cara** a tsar's governor a. viceroy; **~k Chrystusa** a. **Chrystuso-**

wy książk. the Vicar of Christ 2 Wojsk. *deputy commander of a Polish cavalry unit*

namiestnikows|ki *adi.* Hist. [*godność, wojska, służba, pałac*] governor's, viceroy's

namiesz|ać *pf* **Ⅰ** *vt* (wymieszać) to mix, to blend; **~ać farb** to mix (a lot of) paint; **~ać wody do soku** to mix water in with some juice

Ⅱ *vi* pot. (wprowadzić zamęt) to stir it up pot.; to stir things up; **zdrowo ~ała** she really stirred things up; **niezle ~ał w biurze** he caused real trouble a. really stirred things up in the office; **~ać wśród kolegów w pracy** to stir things up among one's colleagues at work; **kto ci tak ~ał w głowie?** who put those ideas into your head?

namiękać *impf* → **namięknąć**

namięk|ły *adi.* książk. [*buty, pola, ziemia*] soggy

namięk|nąć *pf* — **namięk|ać** *impf* (**~ł** a. **~nął** — **~am**) *vi* książk. [*ziemia*] to become soft; [*skóra*] to soften, to become soft; **buty ~ły mu wodą** his shoes became soggy; **zanurzyła herbatnik w kawie, żeby ~ł** she dunked a. dipped her biscuit in the coffee to make it soft

namiętnie **Ⅰ** *adv.* grad. książk. 1 (zmysłowo) [*całować, szeptać, ściskać*] passionately; **~ kogoś kochać/pokochać** to be/fall passionately in love with sb 2 (gwałtownie) [*płakać*] passionately, vehemently; [*protestować*] vehemently; [*dyskutować*] hotly, fiercely

Ⅱ *adv.* (z pasją) [*grać, polować*] avidly; **~ grał w golfa** he was an avid a. a very keen golfer; **~ czytał kryminały** he was an avid reader of crime thrillers

namiętnoś|ć *f* (*Gpl* **~ci**) 1 zw. pl (gwałtowne uczucie) passion; **gwałtowna/niepohamowana ~ć** violent/(all-)consuming passion; **targany ~ciami** torn between conflicting emotions; **podsycać ~ć** to fan the flames of passion; **wzbudzić czyjąś ~ć** to arouse sb's passion; **rozpalić czyjeś ~ci** to set sb's passions aflame; **wybory rozpalają polityczne ~ci** the election is inflaming political passions; **ulegać ~ciom** to give way to one's passions; **dać się ponieść ~ciom** to give oneself up a. to abandon oneself to passion; **panować nad ~ciami** to control one's passions 2 (miłość fizyczna) passion; **płonąć ~cią do kogoś** to be burning with a. consumed by passion for sb; **jego ~ć do żony nie wygasła** his passion for his wife hasn't cooled a. waned; **poczuli do siebie wielką ~ć** they felt a great passion for each other; **zaspokoić swoje ~ci** to satisfy a. gratify one's passions 3 (pasja) passion; **~ć do hazardu/książek** a passion for gambling/books; **jego ~cią jest czytanie** his (main) passion is reading; **jego największą ~cią była muzyka** his ruling passion was music

namiętn|y *adi.* książk. 1 (zmysłowy) [*pocałunek, kochanek*] passionate, ardent; [*romans*] passionate, torrid; [*szept*] passionate, impassioned; [*uścisk, spojrzenie*] passionate 2 (gwałtowny) [*gniew*] passionate, vehement; [*protest*] violent, vehement; [*spory*] vehement, heated 3 (zapalony) [*gracz*] avid, passionate; [*kolekcjoner*] avid, fervent; [*kibic*] ardent, avid

namiocik *m dem.* (*G* **~a** a. **~u**) pieszcz. small a. pup tent

namio|t *m* (*G* **~tu**) tent; **~t brezentowy/nylonowy/płócienny** a tarpaulin/nylon/canvas tent; **~t ze stelażem** a frame tent; **~t wojskowy** a military a. army tent; **~t dwuosobowy** a two-person a. two-man tent; **~t cyrkowy** a circus tent, a big top (tent); **spędzić wakacje pod ~tem** to spend one's holiday under canvas; **spać w ~cie** to sleep in a tent a. under canvas; **pojechać pod ~t** to go camping; **rozbić ~t** to pitch a. put up a. erect a tent; **zwinąć ~t** to take down a tent, to break camp ❑ **~t tlenowy** Med. oxygen tent

namiotow|y *adi.* tent attr.; **drążek ~y** a tent pole; **linka ~a** a guy (rope); **pole ~e** a tent site, a campsite

namnażać *impf* → **namnożyć**

namn|ożyć *pf* — **namn|ażać** *impf* **Ⅰ** *vt* książk. (powiększyć ilość) to multiply [*trudności*]; to accumulate [*bogactw*]

Ⅱ namnożyć się *v imp.* 1 (rozmnożyć się) (o owadach) to multiply; (o bakteriach, wirusach) to multiply, to proliferate; (o chwastach) to proliferate, to grow rampant, to run riot a. wild; **w piwnicy ~ożyło się insektów/szczurów** the insects/rats have multiplied in the basement 2 (pojawić się w dużej liczbie) to proliferate; **~ożyło się dużo biur turystycznych** tourist offices have proliferated

namocz|yć *pf* **Ⅰ** *vt* to soak [*ubranie, fasolę*]; **~yć chleb w mleku** to soak a. steep bread in milk; **~yć groch na noc** to put a. allow the peas to soak overnight; **śledzie trzeba ~yć** the herrings need soaking; **~yła bieliznę przed praniem** she soaked the linen a. gave the linen a soak before washing, she pre-soaked the linen

Ⅱ namoczyć się to soak, to steep; **bielizna już się ~yła** the linen has soaked (long) enough

nam|oknąć *pf* — **nam|akać** *impf* (**~ókł** a. **~oknął** — **~akam**) **Ⅰ** *vi* [*przedmiot, powierzchnia*] to get soaked; **ziemia ~okła po długotrwałych deszczach** the ground was soaked a. saturated after a long spell of rain; **buty ~okły na deszczu** his/her shoes got soaked a. drenched in the rain

Ⅱ namoknąć się to get soaked a. drenched; **~oknąć się na deszczu** to get wet through in the rain

namok|nięty, ~ły *adi.* drenched, soaking, wet; **ze spaceru wrócił w ~niętym płaszczu** he returned from the walk in a rain-soaked coat

namolnie *adv.* pot., pejor. [*mówić*] with stubborn insistence; [*prosić, zachwalać*] insistently, importunately; **wypytywać kogoś ~** to ply a. press sb with questions

namoln|y *adi.* pot., pejor. [*osoba, prośba*] insistent; importunate książk.; [*klient*] stubborn pejor.; pushy pot., pejor.

namorzynow|y *adi.* Bot. [*bagna, drzewa, lasy, wybrzeża, zarośla*] mangrove attr.

namorzyn|y *plt* (*G* **~ów**) Bot. mangroves

namota|ć *pf* **Ⅰ** *vt* 1 (nawinąć) to wind [*nici, sznurek*]; **~ć wełny** a. **wełnę na szpulę** to wind wool on a spool 2 pot. (zaaranżować) to fix (up); **~ć spotkanie** to fix (up) a. set up a meeting; **~ć komuś robotę** to fix sb (up) with a job, to get sb a job; **~ć sobie randkę** to get oneself fixed up with a date **[II]** *vi* pot. (narobić intryg) to muddle things up; **tak ~ł, że już nie wiem, o co mu chodziło** he's muddled a. mixed things up so much that I no longer know what he wanted

nam|owa *f* persuasion; **po długich ~owach przystała na zaproszenie** she accepted the invitation after much persuasion; **ulec ~owie** to yield to persuasion; **zrobić coś za czyjąś ~ową** to do sth at sb's prompting a. instigation; **opierać się ~owom** to resist persuasion; **bez niczyjej ~owy** without any prompting a. encouragement

namozol|ić się *pf v refl.* książk. to toil, to labour (**nad czymś** at sth); **~ił się nad rozwiązaniem zadania** he racked his brains trying to solve the problem ⇒ **mozolić się**

nam|ówić *pf* — **nam|awiać** *impf* **[I]** *vt* **[1]** (nakłonić) to persuade, to urge; **~ówić dziecko do jedzenia** to persuade a child to eat; **~ówiła przyjaciółkę na spacer** she talked her friend into going for a walk; **~awiać kolegę do nauki pływania** to encourage a friend to learn swimming; **policja ~awiała świadka do współpracy** the police urged a. persuaded the witness to cooperate; **rodzice ~awiali ją, żeby wyszła za niego za mąż** her parents urged her to marry him; **znajomi ~ówili ją, aby wzięła udział w konkursie piękności** her friends talked her into taking part in a beauty contest **[2]** (nastawić nieprzychylnie) to set, to prejudice (**przeciw(ko) komuś** against sb); **matka próbowała ~ówić syna przeciw ojcu** the mother was trying to prejudice her son against his father **[3]** środ., Radio (nagrać) to record; **~ówić tekst przemówienia** to record a speech **[II] namówić się** — **namawiać się** **[1]** (zachęcić się wzajemnie) to encourage each other; **~awiali się do jedzenia, choć nie mieli apetytu** they encouraged each other to eat, even though they weren't hungry **[2]** pot. (zmówić się) to plot (**z kimś** with sb); **~ówić się przeciw komuś** to plot against sb; **~awiali się za jej plecami** they were plotting behind her back; **~ówili się, że zrobią Jankowi kawał** they conspired to play a trick on John; **mówią to samo, jakby się ~ówili** they're saying the same thing as if they'd arranged it

namydlać *impf* → **namydlić**

namydl|ić *pf* — **namydl|ać** *impf* **[I]** *vt* to soap; **doktor dokładnie ~ił ręce** the doctor soaped his hands thoroughly; **~ić twarz przed goleniem** to lather one's face before shaving ⇒ **mydlić** **[II] namydlić się** — **namydlać się** to soap oneself; **~iła się dokładnie i odkręciła wodę** she soaped herself carefully and turned on the water

namy|sł *m* (*G* **~słu**) książk. thought, consideration; **po głębokim ~śle** after much thought a. consideration; **po ~śle** on second thoughts; **po ~śle zmienił zdanie** he thought better of it and changed his mind; **mówić/działać z ~słem** to speak/

act with due consideration; **działać bez ~słu** to act on the spur of the moment; **powiedzieć coś bez ~słu** to say sth off the cuff; **zgodził się bez ~słu** he agreed straight away a. right off the bat

namyślać się *impf* → **namyślić się**

namyśl|ić się *pf* — **namyśl|ać się** *impf* *v refl.* **[1]** (rozważyć) to think deeply (**nad czymś** about sth); **~ał się, jak powinien postąpić** he was considering what to do; **muszę się ~ić** I must think it over a. give it some thought; **dobrze się ~, zanim to zrobisz** think twice before you do it; **powiem ci jutro, muszę się jeszcze ~ić** I'll tell you tomorrow, I must sleep on it; **długo się ~ał nad wyborem dania** he took a long time thinking before choosing a. before he chose a dish **[2]** (podjąć decyzję) to make up one's mind; **~iłeś się już, co chcesz studiować?** have you made up your mind (about) what you want to study?

nan|ieść[1] *pf* — **nan|osić** *impf* (**~iosę**, **~iesiesz**, **~iósł**, **~iosła**, **~ieśli** — **~oszę**) książk. to mark; **~osić poprawki na tekst** to make corrections to a text; **~ieść nową trasę na plan miasta** to mark a new route on the city map

nani|eść[2] *pf* (**~osę**, **~esiesz**, **~ósł**, **~osła**, **~eśli**) *vt* **[1]** (przynieść) to bring a lot of; **~ósł drzewa na opał** he's brought lots of firewood **[2]** (osadzić) to drift, to deposit; **woda ~osła mułu** the water has deposited mud; **goście ~eśli błota/śniegu na butach** the guests have carried in mud/snow on their shoes **[3]** (o ptactwie domowym) to lay; **kury ~osły jajek** the hens have laid a lot of eggs ⇒ **nieść**

nani|zać *pf* (**~żę**) *vt* książk. to thread, to string; **~zać koraliki na nitkę** to thread beads onto a string ⇒ **nizać**

nanosić *impf* → **nanieść[1]**

nań = **na niego**

naobiec|ywać *pf* **[I]** *vt* to promise a lot; **~ywał wiele rzeczy, ale niczego nie dotrzymał** he promised all sorts of things but never kept his word **[II] naobiecywać się** to make a lot of promises; **~ywał się, że już będzie grzeczny** he's promised repeatedly (that) he'd be good now

naobiera|ć *pf* **[I]** *vt* pot. to peel heaps a. lots of; **~ć kartofli** to peel lots of potatoes **[II] naobierać się** pot. to peel a lot, to get tired of peeling

naocznie *adv.* **[1]** (na własne oczy) with one's own eyes; **będziesz się mógł przekonać ~** you'll see for yourself **[2]** (dobitnie) [wykazać, dowodzić] clearly; **jego oceny dowodzą ~, że jest bardzo zdolny** his marks clearly prove he's very gifted

naoczn|y *adi.* **[1]** (bezpośredni) **~y świadek** an eyewitness; ocular witness rzad.; **informacje ~ych świadków** testimony from eyewitnesses; **~y świadek wypadku** an eyewitness to an accident; **relacja ~ego świadka** an eyewitness account **[2]** (oczywisty) [fakt, dowód, przykład] clear, obvious

na odchodne, na odchodnym on parting; **~ dała mi różę** on parting she gave me a rose; **„nie dzwoń do mnie" –**

rzuciła ~ 'don't call me,' was her parting shot

na odjezdnym while leaving; **~ rzuciła „będziemy w kontakcie"** taking her departure, she said, 'we'll be in touch'; **słowa wypowiedziane ~** words of farewell

na odlew → **odlew**

na odwyrtkę pot. the other way round, quite the other way; **on wszystko zawsze robi ~** he's always doing things the wrong way round

na oklep → **oklep**

naokoło [I] *adv.* **[1]** (ze wszystkich stron) (all) around; **wszędzie ~ ciągnęły się moczary** there were marshes all around; **obejrzał się ~** he looked all around **[2]** (wzdłuż obwodu) around, round GB; **~ postawili płot** they put a fence up all around; **obszedł ~ cały ogród** he walked all round a. around the garden; **nie depcz trawy, przejdź ~!** keep off the grass, go round a. around! **[II]** *praep.* around, round GB; **~ stołu/fontanny/jeziora** around a. round a table/fountain/lake; **wyścig ~ stadionu** a race around a stadium; **obejrzał się ~ siebie** he looked all around; **miała chustkę okręconą ~ głowy** she had a scarf wrapped round a. around her head

naokół książk. → **naokoło**

naoliwiać *impf* → **naoliwić**

naoliw|ić *pf* — **naoliw|iać** *impf* **[I]** *vt* Techn. to oil, to lubricate; **~ić zamki/zawiasy u drzwi** to oil the locks/door hinges; **tryby i łańcuch były ~one** the cogs and the chain were well-oiled ⇒ **oliwić** **[II] naoliwić się** — **naoliwiać się** Techn. **[1]** (pokryć się smarem) [części maszyn] to become oiled a. greased; **tryby maszyny podczas obracania ~ią się same** the machine cogs will lubricate themselves while rotating **[2]** pot., żart. (upić się) to get smashed pot., to get plastered pot.

na opak pot. amiss, wrong, back to front; **wszystko poszło ~** everything went amiss a. awry; **zrozumiał mnie ~** he misunderstood me; **musiałeś zrozumieć coś ~** you must have got it wrong a. back to front; you must have got (hold of) the wrong end of the stick GB pot.; **wszystko zawsze robi ~** he's always putting the cart before the horse; **świat ~** a topsyturvy world pot.; a world turned upside down a. inside out

naopowiada|ć *pf* pot. **[I]** *vi* to tell a lot; **~ć dużo ciekawych historyjek** to tell lots of interesting stories; **~ć głupstw** to say all sorts of silly things ⇒ **opowiadać** **[II] naopowiadać się** to spend a lot of time telling [sb] things; **~ł się wszystkim o swojej przygodzie** he spent plenty of time telling people about his adventure

naostrz|yć *pf vt* to sharpen [nóż, nożyczki, siekierę] ⇒ **ostrzyć**

na oścież (wide) open; **otworzyć drzwi/okno ~** to open the door/window wide

na oślep blindly; **bić ~** to hit blindly; **biec/jechać konno ~** to run/ride headlong; **strzelaliśmy w mroku ~** we were shooting wildly in the darkness

naówczas _adv._ książk. then, at that time; **okolicę porastały ~ gęste bory** at that time the region was covered in dense woods

nap|a _f_ press stud GB, snap fastener US; **torebka zapina się na ~ę** the bag fastens with a press stud

napa|d _m_ (_G_ **~du**) [1] (napaść) assault; **~d bandycki** criminal assault; **~d rabunkowy** robbery, hold-up; **~d z bronią w ręku** armed robbery; **~d zbrojny** a military attack, an armed attack; **~d na bank/pociąg** bank/train robbery; **bandycki ~d na kobietę** mugging of a woman [2] (wystąpienie słowne) verbal assault a. attack; **mówca bronił się przed ~dami dyskutantów** the speaker defended himself against attacks from his interlocutors [3] (przypływ emocji) pot. burst, surge; **~d pracowitości** a burst of energy; **~d zwątpienia** a surge of despair; **~d złości** a tantrum, an outburst of anger; **~d zazdrości** a fit of jealousy; **~d płaczu** a fit of crying [4] (choroby) fit, attack; **~d kaszlu** a fit of coughing, a coughing fit; **~d grypy** a bout of flu; **~d padaczki** an epileptic seizure; **~d bólu** a spasm of pain; **~d paniki** a panic attack; **~d depresji** a bout of depression; **dostać ~du histerii** to go into hysterics [5] Sport. (ofensywa) attack; **grał w ~dzie** he played in the attack, he was a forward

napadać¹ _pf_ → **napaść¹**

napada|ć² _pf v imp._ **w nocy ~ło dużo deszczu** there was a heavy rainfall in the night ⇒ **padać**

napadow|y _adi._ Med. _[kaszel, mrowienie, drętwienie, kołatanie serca]_ paroxysmal

napak|ować _pf_ **I** _vt_ pot. [1] (włożyć) to pack, to cram; **~ować zapasów do torby** a. **w torbę** to pack plenty of food in a bag; **~ować książek do regału** to cram lots of books into a bookcase; **~ować ubrań do szafy** to squeeze a lot of clothes into a wardrobe [2] (wypełnić) to pack [sth] full, to pack, to cram; **~ować samochód bagażami** to cram the car with luggage; **wagon był ~owany węglem po brzegi** the truck a. wagon was packed full with coal

II napakować się pot. [1] (natłoczyć się) to get crammed a. squeezed; **do wagonu ~owało się mnóstwo pasażerów** a lot of passengers crammed into the carriage [2] (objeść się) to gorge oneself with food [3] pot. (zwiększyć muskulaturę) to pump iron

napakowan|y _pp_ → **napakować**

II _adi._ pot. [1] (wypełniony do końca) _[pojazd, pojemnik]_ packed, crammed (**kimś/czymś** with sb/sth) [2] (umięśniony) _[kulturysta, zapaśnik, bokser]_ beefy pot., hunky pot. [3] pot. (najedzony) _[osoba]_ full (up), full to bursting

napalać _impf_ → **napalić**

napal|ić _pf_ — **napal|ać** _impf_ **I** _vi_ [1] (rozpalić ogień) to make a. to light a fire; **~ić pod kuchnią/w kominku** to light a fire in the (kitchen) stove/fireplace; **w pokoju jest już ~one** the room is warm now [2] (zadymić papierosami) to fill [sth] with tobacco smoke; **~iliście tak, że trudno oddychać** you've smoked so much, it's difficult to breathe now [3] (dużo zniszczyć) to burn (up) a lot of;

~ić starych listów/dokumentów to burn a lot of old letters/documents [4] (dużo wypalić) to smoke a lot of cigarettes

II napalić się [1] pot. (nasycić się paleniem) **rzucam palenie, już się dość ~iłem** I've had enough of a. I'm fed up with smoking, I'm giving it up [2] pot., posp. to have a yen pot.; **~ił się na kupno samochodu** he had a yen to buy a car pot.; **~ił się na tę dziewczynę** he has the hots for this girl pot.

napalm _m sgt_ (_G_ **~u**) Chem., Wojsk. napalm

napalmow|y _adi._ Wojsk., Chem. _[bomba, pociski, nalot, atak]_ napalm _attr._

napal|ony **I** _pp_ → **napalić**

II _adi._ pot. posp. (podniecony) horny; randy pot.; **jest na nią strasznie ~ony** he has the hots for her pot.; **jest ~ony na forsę/samochody** he thinks of nothing but money/cars

napa|r _m_ (_G_ **~ru**) Farm. infusion; **~r z kwiatów rumianku** infusion of c(h)amomile

naparstecz|ek _m dem._ [1] pieszcz. (osłona na palec) (small) thimble [2] pot. (mała porcja) thimbleful; **wypijemy po ~ku wódki?** shall we have a thimbleful of vodka?

naparst|ek _m_ [1] (ochraniacz na palec) thimble [2] pot. (maleńki kieliszek) liqueur glass [3] przen. (mała porcja) thimbleful; **~ek wódki** a thimbleful of vodka

naparzać _impf_ → **naparzyć**

naparz|yć _pf_ — **naparz|ać** _impf_ **I** _vt_ [1] (zaparzyć) to infuse; **~yć kawy/herbaty** to brew coffee/tea; **~yć ziół** to infuse a. steep herbs [2] Techn. (nagrzać) to steam

II naparzyć się — **naparzać się** to infuse; **kawa już się ~yła** the coffee has brewed already

III naparzać się pot. to have a dust-up pot.; to mix it up US

naparsku|dzić _pf vi_ pot. to make a mess; **psy ~dziły na chodniku** dogs have made a mess on the pavement

napastliwie _adv. grad._ _[odnosić się, zachowywać się, pisać]_ virulently

napastliwoś|ć _f sgt_ [1] (skłonność do zaczepki) aggressiveness, virulence [2] (złośliwość) virulence; **~ć artykułu/wypowiedzi/pytania** virulence of an article/opinion/question

napastliw|y _adi. grad._ książk. [1] (zaczepny) _[osoba]_ aggressive; _[pytanie, głos, ton]_ virulent, aggressive [2] (zaczepny) _[artykuł, wypowiedź, recenzja, uwaga]_ virulent, provocative

napastnicz|ka _f_ assailant, attacker

napastnicz|y _adi._ książk. [1] _[wojska, grupa, państwo]_ aggressive, hostile [2] _[wojna, wyprawa]_ invasive, aggressive

napastni|k _m_ [1] (atakujący) assailant, attacker; **odeprzeć ~ka** to beat off an assailant; **ulec ~kowi** to give in to an assailant [2] Wojsk. (atakujące wojsko) invader, aggressor [3] Sport. striker, forward; **środkowy ~k** a centre forward; **~k flankowy** a wing forward

napast|ować¹ _pf vt_ książk. [1] (zaczepiać) to assail, to bully; **chuligani ~owali przechodniów** hooligans attacked passers-by; **był ~owany w szkole przez starszych kolegów** he was bullied at school by older pupils [2] (naprzykrzać się)

~ować kogoś listami to pester sb by mail; **~ował ojca o pieniądze** he pestered his father for money [3] (atakować słownie) to attack; **prezydent był nieustannie ~owany przez media** the President was constantly attacked by the media [4] przen. (prześladować) to haunt, to oppress; **złe wspomnienia ciągle go ~owały** he was haunted by bad memories [5] (występować w nasileniu) to bother, to trouble, to attack; **ciągle zimą ~ował go kaszel** every winter he was plagued by a cough

napast|ować² _pf vt_ to polish (up) _[buty]_; to wax (up) _[podłogę, parkiet]_ ⇒ **pastować**

napa|ść¹ _pf_ — **napa|dać** _impf_ (**~dnę, ~dniesz, ~dła, ~dł, ~dli — ~dam**) _vt_ [1] (zaatakować) to attack, to invade; **na kraj ~dł wróg** the enemy invaded the country; **~dać na przechodniów** to attack a. mug passers-by; **bandyci ~dli na bank** bandits raided a. robbed a bank [2] (skrytykować) to attack, to assail; **~ść na kogoś ostro/w przykrych słowach** to attack sb fiercely/with harsh words; **szef ~dł na mnie bez uzasadnienia** the boss attacked me for no reason [3] przen. (ogarnąć) **~dła go złość/wściekłość** he suddenly got really angry; **~dały go ataki kaszlu** he was troubled by coughing fits; **~dła go chęć, żeby w pobliskim barze napić się wódki** he suddenly felt an urge to drink vodka in the nearby bar

■ **co cię ~dło?** pot. what's come over you?

napaś|ć² _f_ książk. [1] (atak) aggression, invasion; **~ć zbrojna** armed aggression; **odeprzeć ~ć wroga** to repel an enemy attack a. assault; **bała się ~ci bandytów** she was afraid of being mugged a. assaulted [2] (krytyka) attack, criticism; **poczuł się urażony ~cią słowną szefa** he felt insulted by his boss's verbal attack

napa|ść³ _pf_ (**~sę, ~siesz, ~sł, ~sła, ~śli**) pot. **I** _vt_ (nakarmić) to feed _[konie, krowy, świnie, kury]_ ⇒ **paść**

II napaść się [1] (o zwierzęciu) to eat its fill, to have plenty of fodder [2] (o człowieku) to eat one's fill, to be full to bursting

■ **~ść czymś oczy** książk. to feast one's eyes on sth

napatocz|yć się _pf v refl._ pot. [1] (natknąć się) to happen, to chance (**na kogoś** on sb); **że też musiałem się na niego ~yć** to think I had to chance on him! [2] (zjawić się) to turn up; **~ył się jeszcze jeden gość** one more guest has turned up

napatrzeć się → **napatrzyć się**

napatrz|yć się, napatrz|eć się _pf v refl._ **~yć się na piękno gór/morza** to feast one's eyes on the beauty of the mountains/the sea; **nie mógł się na nią dość ~yć** he couldn't take his eyes off her; **~ yłem się na ludzką krzywdę/okrucieństwo** I've seen more than enough misery/cruelty

napawa|ć _impf_ **I** _vt_ książk. **dziecko ~ło ją dumą i radością** the kid filled her a. her heart with pride and joy; **~ć kogoś wstrętem** to fill sb with disgust, to appal sb; **~ć kogoś optymizmem** to instil optimism in sb; **~jący optymizmem** buoyant; **ten człowiek ~ mnie lękiem** this man makes me anxious

II napawać się książk. **~ć się pięknym**

N

widokiem to delight in a beautiful view; **~ć się sukcesem** to gloat over one's success, to enjoy the sweet smell of success; **~ć się radością z odniesionego zwycięstwa** to take pleasure in one's victory ■ **~ć oczy** a. **wzrok widokiem czegoś** książk. to feast one's eyes on sth

nap|chać pf — **nap|ychać** impf pot. Ⅱ vt (wypełnić) to stuff, to pack; **~chać różnych drobiazgów do torebki** to stuff a lot of odds and ends into a bag; **~ychać plecak książkami** to pack a rucksack with books; **~ychać poduszki pierzem** to stuff pillows with feathers Ⅲ **napchać się — napychać się** ① (natłoczyć się) to cram in, to crowd in; **do autobusu ~chało się dużo ludzi** a lot of people crammed into the bus ② (objeść się) to gorge on food, to stuff oneself with food; **~chała się ciastkami** she stuffed herself with cakes ■ **~chać brzuch** a. **żołądek** a. **bandzioch** posp. to gorge on food, to stuff oneself with food; **~chać kieszeń** a. **kieszenie** a. **kabzę** pot., pejor. to line one's pocket(s) a. wallet

napełniać impf → **napełnić**

napeł|nić pf — **napeł|niać** impf Ⅱ vt ① (uczynić pełnym) to fill (**czymś** with sth); **~nić dzbanek wodą/mlekiem** to fill a jug with water/milk; **~niać koszyk owocami** to fill a basket with fruit; **~nić ponownie** to refill; **~nić coś po brzegi** to fill sth to the brim; **~nić coś powietrzem** to inflate sth; **~nić magazynek** to load a magazine ② (zapełnić w dużej ilości) to fill; **stadion ~niły tysiące kibiców** thousands of fans filled the stadium; **sala była ~niona po brzegi** the room was crammed full ③ (przeniknąć) to fill; **śmiech dzieci ~nił pokój** children's laughter filled the room ④ książk. (wzbudzić) **~nić kogoś radością** to fill sb a. sb's heart with joy; **jej słowa ~niły mnie niepokojem** her words made me anxious Ⅲ **napełnić się — napełniać się** to fill (**czymś** with sth); **oczy dziewczyny ~niły się łzami** the girl's eyes filled with tears ■ **~niać portfel** a. **kieszeń** pot. to line one's pocket(s) a. wallet

naperfum|ować pf Ⅱ vt pot. to perfume [ciało, bieliznę, ubranie, chusteczkę] Ⅲ **naperfumować się** pot. to perfume oneself, to put on perfume; **~owała się drogimi perfumami** she put on a. used some expensive perfume

napęcznia|ły adi. ① (nabrzmiały) [fasola, ryż] swollen; **owoce ~łe sokiem** juicy a. fleshy fruit ② (wydęty) [torba, segregator] bulging; **torba ~ła od zakupów** a bag bulging with (the) shopping

napęczni|eć pf vi ① (nabrzmieć) [kasza, ryż, fasola] to swell ② (powiększyć się) to swell, to bulge; **żyły mu ~ały z wysiłku** his veins swelled from the effort

napę|d m (G ~du) ① sgt Techn. (energia wprawiająca w ruch) propulsion, drive; **~d wodny/elektryczny/spalinowy/turbinowy/atomowy** water/electric/diesel/turbine/atomic propulsion a. drive; **~d na przed-**

nie/tylne koła pojazdu front-wheel/rear-wheel drive; **samochód z ~dem na cztery koła** a car with four-wheel drive, a four-by-four; **silnik o ~dzie spalinowym** internal combustion engine; **z ~dem ręcznym** hand-driven, hand-operated ② Techn. (urządzenie) drive; **wózek inwalidzki z ~dem** an invalid carriage ③ przen. (motywacja) drive, motivation; **stracił ~d do życia** he lost all his will to live ④ Komput. drive; **~d dysku** disk drive; **~d dyskietek** floppy drive □ **~d fotonowy** Fiz. photonic drive a. propulsion; **~d odrzutowy** Techn. jet propulsion; **~d pneumatyczny** Techn. pneumatic drive mechanism; **~d przedni/tylny** Techn. front-wheel/rear-wheel drive; **~d rakietowy** Wojsk. rocket propulsion

napędow|y adi. Techn. driving, propelling; **śruba ~a** a propeller; **wał ~y** a propeller shaft; **olej ~y** diesel (fuel a. oil); **siła ~a turbiny** driving force of a turbine; **nienawiść jest siłą ~ą systemów totalitarnych** przen. totalitarian systems are driven by hatred

napędzać[1] Techn. → **napędzić**

napędz|ać[2] impf vt ① Techn. (wprawiać w ruch) to drive, to power; **~any energią słoneczną/jądrową/gazem** solar-/nuclear-/gas-powered; **~any ręcznie** hand-operated ② przen. (przyspieszać) to accelerate; **znaczny wzrost pieniędzy na rynku ~a inflację** a significant increase in money supply accelerates inflation

napę|dzić pf — **napę|dzać**[1] impf ① (nagnać) **~dziła kury do kurnika** she was rounding up the hens into the henhouse; **~dzić bydła i koni na targ** to drive cattle and horses to market; **wiatr ~dził chmur z zachodu** the wind brought in some clouds from the west ② pot. (zmusić do działania) to urge, to make; **~dzić dziecko do odrabiania lekcji** to urge a child to do its homework; **~dzać robotników do pracy** to make the workmen do their job ③ pot. (przysporzyć) to bring in; **nowa technologia ~iła firmie duży zysk** the new technology brought the company large profits; **kasowy film ~dził ludzi do kina** the blockbuster attracted many people to the cinemas ■ **~dzić komuś strachu** a. **stracha** a. **pietra** pot. to give sb a scare; **ale mi pietra ~dziłeś** gosh, you scared the pants off me pot.

nap|iąć pf — **nap|inać** impf (~nę, ~ięła, ~ięli — ~inam) Ⅱ vt (naprężyć) to stretch [żagiel, płótno namiotu]; to tense [mięśnie]; to spread, to stretch [firanki po praniu]; to tighten, to tauten [cięciwę łuku] Ⅲ **napiąć się — napinać się** ① (naprężyć się) [lina] to tighten; [mięśnie] to tense (up); [skóra] to become taut ② (wytężyć się) to strain, to make an effort; **musiałem się ~iąć, żeby sięgnąć najwyższej półki** I had to strain a. to make an effort to reach the top shelf

napi|ć się pf (~ję się) v refl. ① (ugasić pragnienie) to drink; **~ła się mleka** she had a drink of milk; **~je się pan kawy albo herbaty?** would you like tea or coffee? ② (wypić alkohol) to drink, to have a drink; **~j**

się ze mną have a drink with me; **chodźmy się ~ć** let's go for a drink

napie|c pf (~kę, ~czesz, ~kł, ~kła, ~kli) vt to bake [chleba]; to roast [mięsa]

napierać impf → **naprzeć**

napierśnik m ① (część zbroi) breastplate ② (część fartucha) bib ③ (część uprzęży) breast band

napię|cie Ⅱ sv → **napiąć** Ⅲ n ① (naprężenie) tension, tautness; **~cie mięśni** muscle tension; **~cie liny/materiału** rope/fabric tightness a. tension ② (zdenerwowanie) tension, stress; **przez wiele tygodni żyła w stałym ~ciu** she lived under constant stress for many weeks; **reżyser umiejętnie buduje ~cie** the director is skilful at building up suspense; **~cie rośnie** tension is mounting a. is building up; **~cie opada** tension is easing a. subsiding ③ (konflikt) tension, friction; **podpisanie rozejmu zmniejszyło ~cie między dwoma mocarstwami** signing the armistice alleviated a. eased the tension between the two superpowers; **nasilają się ~cia między kierownictwem a załogą** there is growing friction between management and the workforce; **~cia w rodzinie** family tension; **~cia na tle rasowym** racial tensions ④ Elektr. (różnica potencjałów) voltage, tension; **niskie/wysokie ~cie** high/low voltage; **przewód pod ~ciem** live wire; **przewody wysokiego ~cia** high-tension wires; **słup wysokiego ~cia** (electricity) pylon; **krajowa sieć wysokiego ~cia** national grid; **spadek ~cia** voltage drop; **gwałtowny skok** a. **wzrost ~cia** voltage surge ⑤ Fiz. (stan napięcia) tension □ **~cie elektryczne** Elektr. voltage; **~cie mięśniowe** Fizj. (muscle) tone; **~cie powierzchniowe** Fiz. surface tension; **~cie przedmiesiączkowe** Med. premenstrual tension; **~cie przewodowe** Fiz. line-to-line voltage; **~cie tektoniczne** Geol., Górn. tectonic tension

napięciow|y adi. Elektr. [urządzenie, transformator, linie, woltomierz] tension attr., voltage attr.

napięt|ek m ① (w bucie) counter ② Anat. talus

napiętn|ować pf vt ① książk. (potępić) to revile, to stigmatize; **~ować kogoś publicznie** to stigmatize sb publicly; **godny ~owania** deplorable ⇒ **piętnować** ② książk. (napiętnować) to brand; **~ować kogoś na całe życie** [wydarzenie] (wpłynąć) to leave its mark on sb for life; (skompromitować) to cast a slur on sb for life; **twarz ~owana cierpieniem** a face marked with suffering ⇒ **piętnować** ③ (naznaczyć zwierzę) to brand [bydło] ⇒ **piętnować** ④ przest. (naznaczyć człowieka) to stigmatize; **~ować niewolnika/przestępcę** to stigmatize a slave/criminal ⇒ **piętnować**

napię|ty Ⅱ pa → **napiąć** Ⅲ adi. ① (naprężony) [nerwy, mięśnie] tense; [lina, materiał] tight, stretched; [skóra] taut; **~ta uwaga** close a. focused attention; **dlaczego jesteś taki ~ty? zrelaksuj się** why are you so tense? relax! ② (konfliktowy) [stosunki, sytuacja, konflikt, atmosfera] tense, strained ③ (wypełniony wydarzeniami) busy, demanding; **~ty plan/harmonogram** a demanding plan/a busy a. demanding timetable

napinać *impf* → **napiąć**

napis *m* (*G* **~u**) inscription, notice; **~ na grobie/nagrobku/płycie** an inscription on a grave/tombstone/plaque; **~** mówił: **„uwaga, zły pies"** the notice read a. said: 'Beware of the dog'; **~y czołowe filmu** credits

❑ **~y dialogowe** Kino subtitles

napi|sać *pf vt* ① (nakreślić litery, cyfry) to write; **~sać coś długopisem/ołówkiem** to write sth in pen/pencil; **~sał coś zielonym atramentem** he wrote sth in green ink; **~sać coś na maszynie/komputerze** to type sth on a typewriter/computer; **~sać coś czytelnie/wyraźnie** to write sth legibly/clearly; **~sać coś nieczytelnie/niewyraźnie** to write sth illegibly/unclearly ② (stworzyć) to write [*artykuł, reportaż, powieść*] ③ (zakomunikować na piśmie) to write; **~sała list do dziadków** she wrote to her grandparents; **~sał, że ją kocha** he wrote that he loved her; **~sać skargę/podanie/prośbę** to write a complaint/an application/a request; **prasa ~sała o kolejnym zamachu terrorystycznym** newspapers wrote about yet another terrorist attack ④ (zapełnić pismem) to write; **~sać cztery strony listu** to write four pages of a letter ■ **~sane czarno na białym** pot. written in black and white

napit|ek *m* (*G* **~ku**) pot., żart. beverage, liquor

napiw|ek *m* (*G* **~ku**) tip, gratuity; **dać** a. **wręczyć komuś ~ek** to tip sb; **do rachunku wliczony jest ~ek** service is included in the bill

napl|eść *pf* (**~otę, ~eciesz, ~ótł, ~otła, ~etli**) *vt* ① (upleść) to weave a lot; **~eść wianków/koszyków z wikliny** to weave a. make a lot of wreaths/wicker baskets ② pot., pejor. (nagadać głupstw) **kto ci takich bzdur ~ótł?** whoever told you such nonsense? ⇒ **pleść**

naplet|ek *m* Anat. foreskin

naplotk|ować *pf* Ⅱ *vi* to gossip; **~owała na koleżankę** she spread gossip about her colleague

Ⅲ **naplotkować się** pot. to spend a lot of time gossiping; **~owała się z przyjaciółką** she had a long gossip with her friend

naplu|ć *pf vi* to spit; **~ć na podłogę** to spit on the floor ⇒ **pluć** ■ **~ć komuś w twarz** pot. to spit in sb's face

napła|kać się *pf* (**~czę się**) *v refl.* pot. to cry a lot; **~kała się dość w życiu** she's shed a lot of tears in her life; **~kała się po śmierci męża** she cried her eyes out after her husband died; **ileż ja się przez ciebie ~kałam!** how many tears have I cried over you!

na płask [leżeć, położyć] flat

napł|odzić *pf vt* ① (spłodzić) to give life to; to beget książk.; **w ciągu pożycia małżeńskiego ~dzili czworo dzieci** during their married life they produced four children ② przen. (naprodukować) to spawn;

~dzić artykułów/wierszy/książek to spawn lots of articles/poems/books

napły|nąć *pf* — **napły|wać** *impf* (**~nęła, ~nęli** — **~wa**) ① (o cieczy) to flow in, to pour in; **woda ~nęła do piwnicy** water came into the basement; **woda ~wa z rynny do beczki** water is pouring from the gutter into the barrel ② (przypłynąć) to come; **do portu ~wały statki** ships were coming into the harbour ③ książk. (przybyć) to flock, to throng; **na koncert ~wały tłumy** crowds were flocking to the concert; **na konferencję prasową ~nęło wielu dziennikarzy** a lot of reporters thronged to the press conference; **dary dla poszkodowanych ~wały z różnych miejsc kraju** relief for the victims was coming in in large amounts from various regions of the country ④ (przedostać się) to come, to get; **mroźne powietrze ~nęło do pokoju** cold air got into the room; **z kuchni ~wają zapachy jedzenia** the smell of cooking is coming from the kitchen ⑤ (przychodzić) to come; **decyzje ~wały ze sztabu generalnego** decisions were coming in from headquarters; **od rana ~wały sensacyjne wiadomości** sensational news had been coming in since early morning; **do redakcji ~nęło dużo listów** the office was flooded with letters ⑥ (nabiec) **twarz ~nęła mu krwią** blood suffused his face; **czułam, jak łzy ~wają mi do oczu** I felt tears welling up in my eyes

napływ *m* (*G* **~u**) książk. ① (napływanie) affluence, inflow; **~ mroźnego powietrza** an inflow of freezing air; **~ krwi do głowy/twarzy** a surge a. rush of blood to the head/face ② (gromadzenie) inflow, influx; **~ kapitału** an inflow of capital; **~ towarów z zagranicy** an influx of foreign goods; **~ informacji** build-up of information; **~ turystów do miasta** an influx of tourists into the city; **~ młodzieży do szkół** an inflow of young people to schools ③ (o uczuciach) surge; **~ radości/namiętności/energii** a surge of joy/passion/energy ④ zw. pl Geol. alluvium, silt

napływać *impf* → **napłynąć**

napływow|y *adi.* ① (nietutejszy, obcy) [*ludność, element, plemiona*] foreign, immigrant; **plemiona ~e przyjęły kulturę i obyczaje tubylców** the incoming tribes adopted the culture and customs of the indigenous peoples ② Geol. (osadowy) [*wody, równiny, grunt*] alluvial

napo|cić się *pf v refl.* pot. to sweat (**nad czymś** over sth); **~cić się nad rozwiązaniem trudnego zadania** to sweat over (solving) a difficult problem; **~cić się przy pracy w ogródku** to work up a (good) sweat doing the gardening

napocz|ąć *pf* — **napocz|ynać** *impf* (**~nę, ~ęła, ~ęli** — **~ynam**) pot. to cut into; **~ąć bochenek chleba/ciasto** to cut into a loaf of bread/a cake; **~ynać słoik konfitur/butelkę soku** to open a (new) jar of jam/bottle of juice; **~ąć opakowanie słodyczy** to break into a packet of sweets

napoczynać *impf* → **napocząć**

na podorędziu to hand, within reach; **zawsze mam notes z adresami ~** I always have an address book to hand;

lekarstwo leży ~, obok łóżka the medicine is within reach, next to the bed

na pohybel książk. to the confusion (**komuś** of sb); **~ (wrogom)!** confusion (to the enemy)! przest.; **pić ~ komuś** to drink confusion to sb przest.

nap|oić *pf* Ⅱ *vt* ① to water [*zwierzę*]; **zatrzymali się nad potokiem dla ~ojenia koni** they stopped at the stream to water the horses ② pot. to give something to drink (**kogoś** to sb); **~oić gości kawą/winem** to give the guests some coffee/wine

Ⅲ **napoić się** ① (ugasić pragnienie) **zwierzęta już się ~oiły** the animals have drunk their fill ② książk. (nasycić się) **~oić się jakimś widokiem** to feast one's eyes on a view

■ **~ić kogoś żółcią** a. **goryczą** a. **octem** pot. to embitter sb

napoleon|ka *f* Kulin. cream slice

napoleońs|ki *adi.* Hist. [*czasy, wojny, cesarstwo*] Napoleonic; **po ~ku** like Napoleon, in the style of Napoleon

na poły *part.* książk. half-; **spektakl jest ~ fascynujący, ~ irytujący** the performance is half-fascinating, half-irritating; **powiedziała to ~ żartobliwie** she said it half-jokingly

napominać *impf* → **napomnieć**

napom|knąć *pf* — **napom|ykać** *impf* (**~knęła, ~knęli** — **~ykam**) *vi* książk. to hint (**o czymś** at sth); **~knął o problemie w kilku słowach** he hinted at the problem briefly; **tylko mi o tym ~knął** he just mentioned it in passing; **w dyskusji ~knięto o jeszcze jednym problemie** another problem was brought up during the discussion

napomknie|nie Ⅱ *sv* → **napomknąć**

Ⅲ *n* hint, mention; **w liście było kilka ~ń o planowanej podróży** there were a few hints about the planned trip in the letter; **w tekście znalazł tylko ~nie o tych badaniach** he found only a brief mention of the research in the text

napom|nieć *pf* — **napom|inać** *impf* (**~nisz, ~niał, ~nieli** — **~inam**) *vt* to admonish; **~niał syna, żeby się zabrał do nauki** he admonished his son for not getting down to work; **lekarz ~inał go, że musi się leczyć** the doctor warned him he had to start treatment; **~inano ich, żeby nie kupowali tych akcji** they were cautioned against buying the shares

napomnie|nie Ⅱ *sv* → **napomnieć**

Ⅲ *n* ① (skarcenie, przestroga) admonition, reprimand; **szef udzielił pracownikowi ~nia z powodu spóźnień** the boss reprimanded his employee for being late ② Admin. (monit) demand, admonition; **dostał ~nie z banku, żeby zapłacić zaległą ratę** he received a (written) demand from the bank to pay the due instalment

napomp|ować *pf* Ⅱ *vt* ① (nadmuchać) to inflate, to pump up [*piłkę, balon, materac, dętkę*] ⇒ **pompować** ② (przemieścić) to pump [*ciecz, powietrze, gaz*]; **~ował wody do wiadra** he pumped (the) water into a bucket ⇒ **pompować**

Ⅲ **napompować się** pot. ① (zgromadzić się) to be a. get pumped; **woda ~owała się do wiadra** water was pumped into the bucket ⇒ **pompować się** ② (napełnić się) to be a.

N

get inflated, to be pumped up; **balony już się ~owały** the balloons have already been inflated ⇒ **pompować się**

napomykać *impf* → **napomknąć**

napot|kać *pf* — **napot|ykać** *impf vt* to come across; **~ykał wielu życzliwych ludzi** he met a lot of friendly people; **w archiwum ~kał kilka nieznanych utworów pisarza** he came across several unknown works by the writer in the archives; **~kać trudności w pracy** to encounter difficulties at work; **próbując wyjaśnić tę sprawę, ~kał trudności** he ran up against difficulties trying to get the matter explained

■ **~kać czyjeś oczy** a. **spojrzenie** to meet sb's eye a. gaze; **~kała jego spojrzenie i zaczerwieniła się** her eyes met his and she blushed

napotnie *adv.* Med. diaphoretically; **zioła/ leki działające ~** diaphoretic a. sweat-inducing herbs/medicines

napotn|y *adi.* Med. *[leki, zioła]* diaphoretic, sweat-inducing

napotykać *impf* → **napotkać**

napowietrzn|y *adi. [sieć, trakcja, kolejka, transport]* overhead

napożycza|ć *pf vt* (od kogoś) to borrow (a lot of); (komuś) to lend (a lot of); **~ć różnym znajomym wiele książek** to lend a lot of books to various friends; **~ła ode mnie ubrań** she's borrowed plenty of clothes from me

nap|ój *m* (G **~oju**, Gpl **~ojów** a. **~oi**) ① (podawany do picia) drink *C/U*, beverage; **~ój owocowy/mleczny** a fruit/milk drink; **~ój chłodzący** a cool drink; **~ój gazowany** a carbonated a. fizzy drink; **~ój niegazowany** a still drink; **~ój orzeźwiający** a cold drink a. beverage; **podano ~oje i przekąski** light refreshments a. snacks and drinks were served; **w tej karcie są tylko ~oje i lody** on this menu there are only beverages and ice cream ② (porcja) (w kartonie) carton; (w butelce) bottle; (w puszce) can; **dwa litrowe ~oje owocowe** two one-litre cartons/bottles of fruit drink

❏ **~ój miłosny** książk. love potion, philtre, philter US; **~oje wyskokowe** pot. alcoholic drinks; tipple pot., bevvy GB pot.

nap|ór *m sgt* (G **~oru**) ① (napieranie) pressure; (gwałtowny nacisk) surge *C*; **gwałtowny ~ór fal/tłumu** a surge of waves/a crowd; **drzwi ustąpiły pod ~orem tłumu** the door yielded to pressure from the crowd; **drzewo złamane pod ~orem wiatru** a tree broken by the gusting wind; **lód pękał pod ~orem lodołamaczy** the ice was breaking up as iceboats drove into it ② (presja) pressure; (brzemię) burden; **~ór wydarzeń** the pressure of events; **pod ~orem strapień/wątpliwości** under the burden of worry/doubt; **pod ~orem czyichś żądań** pressurized by sb's demands, yielding to sb's demands; **wycofać się pod ~orem wroga** to retreat in the face of the advancing enemy ③ (silne oddziaływanie) spasm; **~ór bólu** a spasm of pain ④ Fiz. thrust; **~ór hydrodynamiczny** hydrodynamic thrust

naprac|ować się *pf v refl.* to work hard, to toil; **~ował się ciężko przez całe życie** he (has) worked hard all his life

naprasz|ać się *impf v refl.* pejor. ① (narzucać się) to intrude oneself on; **~ać się do kogoś z wizytą** to invite oneself over to sb's place; **~ać się z usługami/towarem/ radami/pomocą** to tout one's services/ wares/advice/help ② (usilnie prosić) to solicit książk. (o coś sth) *[prezenty, datki]*; **~ał się, żeby go podwieźć** he was making importunate requests for a lift; **czy ~ał się o podwyżkę?** did he importune you for a rise?; **dziecko ~ało się lizaka** a child kept asking for a lollipop

napraw|a *f* ① (reperacja) repair *C/U*, repair work *U*; **bieżące/drobne/gwarancyjne ~y** running/minor/warranty repairs; **gruntowna ~a** an overhaul; **~a dachu/drogi** repairs to a roof/road; **~a zegarka/obuwia** watch/shoe repair; **oddać coś do ~y** to take sth to be repaired, to take sth for repair; **telewizor jest w ~ie** the TV set is being repaired; **droga/dom jest w ~ie** a road/house is under repair a. undergoing repairs; **mam samochód w ~ie** my car is in for repairs ② *sgt* (rekompensata) recompense, reparation; **~a krzywd/niesprawiedliwości** reparation for wrongs/an injustice; **~a strat** recouping of a loss ③ *sgt* (poprawa) improvement, reform; **~a gospodarki/stosunków** an improvement in the economy/in relations; **chęć ~y świata** a desire to reform the world

naprawcz|y *adi.* ① (naprawiający) *[prace, warsztat]* repair *attr.*; **brygada** a. **ekipa ~a** (a team of) repairmen a. repair technicians ② Ekon. *[program, procedury]* repair *attr.*

naprawdę ① *part.* really, truly; **~ nie wiem** I really a. honestly don't know; **~ tani/duży** really cheap/large; **~? really?**; **~ tak sądzisz?** do you really think so?; **tak ~** actually, strictly speaking; **tak ~ to duchów nie ma** actually a. in actual fact ghosts don't exist; **tak ~ zapłacili mi 1000 złotych, a nie 900** they paid me 1,000 zlotys, not 900 ② *adv.* really; **tak mówią, ale jak było ~, tego nikt nie wie** that's what they say, but who knows a. nobody knows what really happened

naprawiacz *m* (Gpl **~y**) żart. repairer; **~e świata** those who want to put the world to rights

naprawiać *impf* → **naprawić**

napraw|ić *pf* — **napraw|iać** *impf* ① *vt* ① (zreperować) to repair, to mend *[samochód, zegar, drogę]*; to fix *[kran, półkę, radio]* ② (poprawić) to repair *[stosunki]*; to remedy *[sytuację, wady, omyłki]*; to rectify *[błąd]* ③ (zrekompensować) to repair *[szkodę]*; to redress *[zło, krzywdę]*; **~ić wyrządzone krzywdy** to redress a. right wrongs done in the past ② **naprawić się** — **naprawiać się** *[stosunki, sytuacja]* to improve; **teraz wszystko się ~i** things can only get better now; **~i się między nami** we will make it up

naprędce *adv.* książk. (w pośpiechu) *[zbudować, zmontować]* hastily; (na poczekaniu) *[wygłosić, skomponować]* ad lib; *[wymyślić]* impromptu; **~ postawione namioty/**

baraki hastily erected tents/shelters; **~ zwołana narada/opracowany projekt** a meeting held/a design drawn up at short notice; **~ przygotować obiad/coś do jedzenia** to rustle up a. throw together a dinner/something to eat; **~ urządzone przyjęcie/uszyty kostium** an improvised party/fancy dress

naprężać *impf* → **naprężyć**

napręże|nie ① *sv* → **naprężyć** ② *n* ① *sgt* (napięcie psychiczne) tension; **czekać/słuchać w ~niu** to wait/listen tensely ② Fiz., Techn. stress

napręż|ony ① *pp* → **naprężyć** ② *adi.* ① (napięty) *[ciało, mięsień]* tensed (up), tense; **sportowiec ~ony do skoku** an athlete tensed up for a jump ② (niepokojący) *[atmosfera, stosunki]* tense, strained

napręż|yć *pf* — **napręż|ać** *impf* ① *vt* to tense *[ogon]*; to tense, to tauten *[mięśnie]*; to tauten, to tighten *[linę]*; to tighten *[cięciwę, strunę]* ② **naprężyć się** — **naprężać się** ① (napiąć mięśnie) *[osoba]* to tense up ② (ulec naprężeniu) *[mięśnie, lina]* to tighten; *[żagle, ciało]* to tauten

napromieni|ować *pf* — **napromieni|owywać** *impf* ① *vt* ① Med. to treat *[sb]* with radiation therapy *[chorego]*; to irradiate *[tkanki rakowe]* ② Nukl. to irradiate, to expose *[sb/sth]* to radiation ③ Techn. to irradiate *[artykuły żywnościowe]* ② **napromieniować się** — **napromieniowywać się** Med. *[pacjent]* to undergo radiation therapy a. treatment

napromieniowywać *impf* → **napromieniować**

napro|sić *pf* ① *vt* pot. to invite (a lot of) *[gości]*; **~sił tylu kolegów, że trzeba było pożyczyć krzeseł** he invited so many friends that more chairs had to be borrowed ② **naprosić się** to plead (o coś for sth); **ile się go ~siłam, żeby naprawił kran** how I had to plead with him to fix the tap

naprost|ować *pf* — **naprost|owywać** *impf vt* to straighten (out) *[drut, pręt, błotnik]*

naprostowywać *impf* → **naprostować**

naprowadzać *impf* → **naprowadzić**

naprowadz|ić *pf* — **naprowadz|ać** *impf vt* ① (nakierować) to guide *[statek, pocisk]* (na coś to sth); to direct *[samolot]* (na coś at sth); **~ić celownik na środek tarczy** to set the sight on the middle of the target ② (dać wskazówkę) to give *[sb]* a clue, to provide *[sb]* with a clue; **~ić kogoś na właściwy trop** to put sb on the right track; **list ~ił policję na ślad przestępcy** the letter put a. set the police on the criminal's trail

■ **~owadzić rozmowę na coś** to lead a conversation around to sth

naprzeciw ① *praed.* opposite, across from; **~ kogoś/czegoś** opposite a. across from sb/sth; **drzwi do naszego pokoju są ~ windy** the door to our room is across from a. opposite the lift; **bank znajduje się ~ apteki** the bank is opposite a. across from the chemist's; **siedli ~ siebie** they sat down opposite each other a. facing each other; **wyjść komuś ~** to go out to meet sb (on their way); przen. to meet sb halfway;

wychodzić ~ czyimś potrzebom/życzeniom przen. to make an effort to meet sb's needs/wishes

II adv. opposite; **dokładnie ~ była restauracja** there was a restaurant directly opposite; **zobaczył biegnącą ~ Annę** he saw Anna running towards him

■ **mieć coś ~** to have objections (**czemuś** to sth); to have something against (**czemuś** sth); **masz coś ~?** have you got any objections a. anything against that?; **masz coś ~, żebym wzięła urlop w lipcu?** is it okay with you if I take my holiday in July? pot.; **nie mieć nic ~** to not have any objections (**czemuś** to sth); to have nothing against (**czemuś** sth)

naprzeciwko II praep. opposite, across from; **~ kogoś/czegoś** opposite a. across from sb/sth; **przystanek autobusowy jest ~ hotelu** the bus stop is opposite the hotel a. across the street from the hotel; **stali ~ siebie** they stood facing each other

II adv. opposite; **mieszkają ~** (po drugiej stronie ulicy) they live across the street a. over the way; (po drugiej stronie klatki) they live across the landing

■ **z naprzeciwka** [zbliżać się] from the opposite direction; **kobieta z naprzeciwka** (z innego domu) the lady from across the street; (z innego mieszkania) the lady from across the landing

naprzeciwlegle adv. [rozmieścić, siedzieć] opposite a. facing each other

naprzeciwległ|y adi. [ściana] opposite, facing; [bok trójkąta] opposite; **dachy ~łych kamienic** the roofs of houses facing each other

nap|rzeć pf — **nap|ierać** impf **II** vi **1** (nacisnąć) to push (**na coś** at a. against sth); to press (**na coś** against sth) **2** (zaatakować) [wojsko, armia] to push, to advance; [tłum] to press forward; **demonstranci ~ierali na kordon policji** demonstrators pressed against the police cordon; **nieprzyjaciel ~ierający na miasto** the enemy advancing on a town **3** (dopominać się) to press, to push (**na coś** for sth); **~ierać na kogoś, żeby coś zrobił** to push sb to do a. into doing sth

III naprzeć się — napierać się pot. to press, push (**czegoś** for sth); **~ierał się, żeby go zabrać do kina** he insisted on being taken to the cinema

na przedzie → **przód**

na przekór → **przekór**

na przemian alternately; (raz jeden, raz drugi) in turns; (raz to, raz tamto) by turns; **kamera obracała się ~ w lewo i w prawo** the camera moved left and right alternately; **nieśli ciężką torbę ~** they took it in turns a. took turns to carry the heavy bag; **śmiała się i płakała ~** she laughed and wept by turns

naprzemianlegle adv. (raz jeden, raz drugi) alternately, in turns; (raz w jedną, raz w drugą stronę) in opposite directions; **~ ułożone warstwy piasku i gliny** alternate layers of sand and clay

naprzemianległ|y adi. [warstwy, rzędy, liście] alternate attr.

naprzemiennie adv. książk. by turns, alternately; **~ stosować ciepłe i zimne**

kąpiele to take hot and cold baths alternately; **warstwy wodne i skalne występują ~** layers of water alternate with layers of rock

naprzemienn|y adi. książk. [stany, procesy] alternating, alternate attr.

naprzód adv. **1** (przed siebie) [ruszyć, posunąć się] forward(s); [biec, iść] ahead; **zrobił krok ~** he took a step forward, he stepped forward; **stał z jedną nogą wysuniętą ~** he stood with one leg forward; **~ marsz!** Wojsk. forward march! **2** (na czele) **dzieci niech idą ~** let the children go first **3** (wcześniej) [planować, rezerwować, przygotować] ahead, in advance; [płacić] in advance; up front pot.; **kilka dni/tygodni ~** a few days/weeks ahead a. in advance; **martwić się ~** to worry unduly **4** przest. (po pierwsze) first(ly); (najpierw) at first

■ **krok ~** a forward step, a step forward; **znaczny a. poważny krok ~ w walce z terroryzmem** a major step forward in the fight against terrorism; **dążyć ~** [osoba, społeczność] to be forward-looking; **iść a. posuwać się ~** [praca, budowa, negocjacje] to (make) progress; [wiedza, technika] to advance; **posunąć a. pchnąć coś ~** to make headway in sth; **posuwać a. pchać coś dalej ~** to forge ahead with sth; **wybiegać myślą a. myślami ~** to think ahead, to take the long view

na przychodne pot. **gosposia ~** a cleaning lady, a (hired) domestic (help); a daily (help) GB przest.; **mamy sprzątaczkę/kucharkę ~** we have a woman who comes (in) to clean/cook

naprzyjm|ować pf vt **1** (otrzymać) to receive (a lot of) [prezentów, zaproszeń] **2** (wziąć na siebie) to take on (a lot of) [obowiązków, funkcji] **3** (zatrudnić) to take on (a lot of) [nowych pracowników]

naprzykrza|ć się impf v refl. książk. (narzucać się) to pester vt (**komuś o coś** sb for sth); **~ł się nam skargami** he kept pestering us with his complaints

naprzykrz|ony adi. [dziecko, klient] troublesome; pesky pot.; **co za ~ony dzieciak** this child is a real pest pot.

naprzykrz|yć się pf v refl. pot. (znudzić się) to bother (**komuś** sb); [osoba] to make a nuisance of oneself; **~yły mi się te jego wizyty** I'm fed up with his visits

naprzyno|sić pf vt to bring a. fetch (a lot of) [zabawek, drewna]; **~sił drew na cały tydzień** he brought (enough) kindling for a week

naprzyw|ozić pf vt to bring a. fetch (a lot of); **~oził dzieciom prezentów** he brought the children a lot of gifts

napso|cić pf vi [dziecko, zwierzę] to get into mischief

napstrz|yć pf **II** vt iron. (przesadnie przystroić) to decorate to a. in excess [strój, ścianę]; **~yć kapelusz kokardkami** to overdecorate a hat with ribbons

II vi pot. (nabrudzić) to speckle vt; **muchy ~yły na lustrze** flies speckled the mirror

napsu|ć pf vt to damage (a lot of); **~ł zabawek jak żadne inne dziecko** he damaged more toys than any other child

■ **~ć komuś krwi** [osoba, okoliczność] to vex sb

napuch|ły, ~nięty adi. [staw, twarz] swollen; [warga, powieka] puffed (up); [wątroba, brzuch] tumid; [palec] swollen, tumid

napuch|nąć pf (**~ł** a. **~nął**) vi Med. to swell (up)

napuchnięty → **napuchły**

napuszać impf → **napuszyć**

napuszczać¹ impf → **napuścić**

napuszcza|ć² pf vt **1** pot. (wpuścić wielu) to admit (a lot of), to let in (a lot of) [gapiów, reporterów]; **~ł widzów, ile się tylko zmieściło** he let in as many viewers as there was room for **2** (o roślinach) to shoot a lot of [pędów, pąków]

napuszenie adv. pejor. **1** (dumnie) pompously **2** (pompatycznie) pompously, tumidly

napuszonoś|ć f sgt pejor. **1** (pycha) self-importance, pomposity **2** (pompatyczność) pomposity, tumidity

napusz|ony II pp → **napuszyć**

II adi. **1** pejor. (dumny) [osoba] self-important, full of self-importance, pompous; **zrobiła ~oną minę** she put on self-important airs; **chodzi ~ony jak paw** he plays the pompous turkeycock, he's puffed up like a turkeycock **2** pejor. (pompatyczny) [styl, język] pompous; highfalutin(g) **3** (z nastroszonymi piórami) [wróbel, gil] ruffled

napusz|yć pf — **napusz|ać** impf **II** vt **1** [ptak] to ruffle [pióra]; **kot ~ył futerko** the cat bristled, the cat's fur bristled **2** Moda **~yć włosy przez tapirowanie** to make the hair look fuller by backcombing it

II napuszyć się — napuszać się **1** [ptak] to ruffle its feathers; [zwierzę] to bristle **2** przen. [osoba] to become puffed up przen.; to get stuck-up pot.

napu|ścić pf — **napu|szczać¹** impf vt **1** (napełnić) to let [sth] in [dymu, kurzu]; to run [wody, deszczówki]; **~ść świeżego powietrza do pokoju** let some fresh air into the room; **~ścić (ci) wody do wanny?** shall I run (you) a bath? **2** (nasączyć) to impregnate [drewno, płótno] **3** pot. (nasłać) to set (**na kogoś** (up)on sb); **~szczę na was policję/psy** I'll set the police/dogs on you; **~ścić kogoś żeby coś zrobił** to egg sb on to do sth

na pych → **pych**

napychać impf → **napchać**

napysk|ować pf pot. **II** vi to cheek GB pot. (**komuś** sb); to backchat GB (**komuś** sb)

napyt|ać pf **II** vi to bring (**komuś czegoś** sth (up)on sb); to land pot. (**komuś czegoś** sb with a. in sth); **~ać komuś kłopotów** to land sb in trouble pot.; **~ać sobie nieszczęścia/zmartwień** to bring misfortune/worries upon oneself; **~asz sobie biedy** pot. you'll land (yourself) in a pickle pot. a. in hot water pot.

II napytać się to bring (up)on oneself [nieszczęścia, kłopotów]; **~ać się choroby** to catch an illness

nara|da f (służbowa, oficjalna) meeting, council; (koleżeńska, rodzinna) conference; powwow pot.; **~da nad czymś** a meeting to discuss sth; **zwołać/odbyć ~dę** to call/hold a meeting a. powwow pot.; **być na ~dzie** to be at a meeting; **przewodniczyć ~dzie** to chair a meeting

❑ **~da robocza** working session; **~da wojenna** council of war

N

■ **wieść** a. **toczyć z kimś ~dy** żart. to confer with sb, to have discussions with sb

naradzać się impf → **naradzić się**

nara|dzić się pf — **nara|dzać się** impf v refl. książk. to confer (**z kimś** with sb); **~dzić się nad czymś** a. **w sprawie czegoś** to confer about sth

nara|ić pf — **nara|jać** impf vt [1] pot. to get pot.; **~ić komuś robotę/gosposię** to get sb a job/housekeeper [2] przest. **~ić komuś żonę/męża** to (be sb's matchmaker and) find sb a wife/husband

narajać impf → **naraić**

naramiennik m [1] (pagon) shoulder strap [2] Hist. (część zbroi) brassard [3] Antrop. (bransoleta) armlet

narastać impf → **narosnąć**

naraz adv. [1] (nagle) [zadzwonić, otworzyć, poczuć] all at once, all of a sudden [2] (jednocześnie) (all) at once, at the same time; **nie rób wszystkiego/dwóch rzeczy ~** don't do everything/two things at once; **miał tysiąc pomysłów ~** he had thousands of ideas at the same time; **nie mówcie wszyscy ~** don't all talk at once, don't talk all at the same time; **przeskakiwał po dwa stopnie ~** he took two steps at a time

nara|zić pf — **nara|żać** impf [] vt to expose (**na coś** to sth); **~zić kogoś na niebezpieczeństwo/na śmieszność** to expose sb to danger/to ridicule; **~zić przedsiębiorstwo na poważne straty** to put the company at risk of making considerable losses; **~żać swoje zdrowie/swoją reputację** to risk one's life/one's reputation; **~zić życie dla kogoś/czegoś** to risk one's life for sb/sth; to put one's life at risk a. peril for sb/sth książk.; **~zić kogoś na kłopot** to inconvenience sb; to discommode sb książk.; **~zić kogoś na wstyd** to bring shame on sb; **części ciała najbardziej ~żone na odmrożenie** parts of the body which run the most risk of getting frostbite

[] **narazić się — narażać się** [1] (siebie samego) to expose oneself (**na coś** to sth); **~zić się na chorobę** to expose oneself to an illness; **~ził się na krytykę/śmieszność** he laid himself open to criticism/ridicule; **nie pójdę, nie chcę się ~żać** I'm not going, I don't want to put myself at risk [2] (wzbudzić niechęć) to fall into disfavour GB a. disfavor US (**komuś** with sb)

narażać impf → **narazić**

narąb|ać pf [] vt to chop (a lot of) [drzewa, drew]

[] **narąbać się** [1] (zmęczyć się rąbaniem) to chop (a lot of) [drew, gałęzi]; **~ałem się drzewa, że ledwo żyję** I've chopped so much wood, I'm totally exhausted [2] posp. (upić się) to get smashed pot. (**czymś** on sth)

narąban|y [] pp → **narąbać**

[] adi. posp. (pijany) smashed pot.; **mocno a. zdrowo ~y** as pissed as a newt a. fart GB posp.

narciar|ka [] f [1] Sport skier; **slalom ~ek** a women's slalom [2] pot. (czapka) woollen ski hat [3] zw. pl pot. (but) ski boot

[] **narciarki** plt daw., pot. (spodnie) ski pants (with an elastic stirrup under each foot)

narciars|ki adi. [buty, klub, skok, strój, trener, wiązanie] ski attr.; [instruktor, kurs,

strój] skiing attr.; **skocznia ~ka** a ski jump; **trasa ~ka** a ski run, a piste

narciarstw|o n sgt Sport skiing

❑ **~o alpejskie** Alpine skiing; **~o biegowe** cross-country skiing, langlauf; **~o klasyczne** Nordic skiing; **~o zjazdowe** downhill skiing

narciarz m (Gpl **~y**) skier; **wyczynowy ~** a performance skier; **~ zjazdowy** a downhill skier, a downhiller

narcystycznie adv. in a narcissistic manner; narcissistically rzad.

narcystyczn|y adi. narcissistic

narcyz [] m pers. (Npl **~y**) (osoba zakochana w sobie) narcissist książk.

[] m inanim. (A **~a**) Bot. narcissus

Narcyz m Mitol. Narcissus

narcyzm m sgt (G **~u**) narcissism książk.

narcyzowa|ty adi. [1] [zachowanie, skłonności] narcissistic książk. [2] [kwiaty] narcissus-like

naregul|ować pf [] vt [1] pot. (nastawić) to regulate [zegarek, przyrząd]; to tune [radio, telewizor]; to focus [lornetkę] [2] (dostosować) to adjust [temperaturę, ciśnienie, siedzenie]

[] **naregulować się** pot. [zegar] to get regulated; [telewizor] to get tuned

nareper|ować pf vt pot. to fix, to repair [rower, kran, gniazdko]

nareszcie [] adv. [przyjść, odezwać się] at (long) last, finally; **~ jesteś!** here you are at last!; **trzeba ~ z tym skończyć** it's high time an end was put to it

[] inter. at last!

naręcz|e n, **~** f (Gpl n, f **~y**) książk. armful; **~a kwiatów/papierów** armfuls of flowers/papers

narkoman m, **~ka** f drug addict

narkomani|a /ˌnarkoˈmaɲja/ f sgt (GD **~i**) [1] (nałóg) drug addiction; **wyjść z ~i** to recover from drug addiction [2] (zjawisko) drug abuse a. addiction; **walka z ~ą** the battle against drug abuse a. addiction

narkotyczn|y adi. [1] (usypiający) [leki, środki] narcotic [2] (wywołany przez narkotyki) [sen, trans] drugged, drug-induced; [wizje, halucynacje] drug-induced; **głód ~y** withdrawal symptoms

narkotyk m (G **~u**) Farm., Med. narcotic; **morfina jest ~iem** morphine is a narcotic [2] (nielegalny) drug, narcotic; **przemycać ~i** to smuggle drugs; **zażywać ~i** to take drugs, to be on drugs; **uzależnić się od ~ów** to get addicted to drugs, to become a drug addict; **przedawkować ~i** to overdose (on drugs); **~i twarde/miękkie** hard/soft drugs [3] przen. (pasja) **kino to jego ~** he's a film addict

narkotykow|y adi. [afera, przemyt] drug attr.; **mafia ~a** drug barons

narkotyz|ować się pf v refl. to take drugs, to be on drugs; **~ować się kokainą/heroiną** to be on cocaine/heroin

narkoz|a f sgt Med. [1] (uśpienie) (general) anaesthesia, (general) anesthesia US; (substancja) anaesthetic C, anesthetic C US; **pacjent jest pod ~ą** the patient is anaesthetized a. under (an) anaesthetic; **podać ~ę** to administer the/an anaesthetic [2] (sen) narcosis spec.; **obudzić się z ~y** to wake up from narcosis, to come round a. to

nar|obić pf [] vt [1] (wytworzyć dużo) to make (a lot of), to do (a lot of); **~obiła dużo pączków** she made a lot of doughnuts; **~obić dzieci** pot., pejor. to make lots of babies pot. [2] (spowodować) to make, to cause; **~obić zamieszania** to cause confusion; **~obić plotek** to spread rumours; **~obić szkody** to do a. cause damage; **~obić długów** to run up debts; **~obił sobie wrogów** he made (himself) a lot of enemies

[] vi posp. (wydalić mocz) to pee pot.; (wydalić kał) to poop pot., to do one's business pot.

[] **narobić się** [1] pot. (napracować się) to work a lot, to exert oneself [2] (wydarzyć się) **widzisz, co się przez ciebie ~obiło** look what you've done; **ale się ~obiło** what a mess pot.

■ **coś ty ~obił (najlepszego)?** what on earth a. in the world have you done?; **~obić komuś smaku** a. **apetytu** to make sb's mouth water

narodow|iec m Polit. nationalist

narodowo adv. Polit. ethnically; **państwo jednolite ~** an ethnically homogenous state; **państwo zróżnicowane ~** a multi-ethnic a. an ethnically diverse state

narodowo-demokratyczn|y adi. [ugrupowania, poglądy] national democratic

narodowościowo adv. ethnically; **ludność zróżnicowana ~** a multi-ethnic a. an ethnically diverse society; **kraj podzielony ~** an ethnically divided country

narodowościow|y adi. [konflikt, walka, podział, nieporozumienia] ethnic

narodowoś|ć f [1] sgt (przynależność do narodu) (ethnic) nationality; **jakiej jesteś ~ci?** what nationality are you?; **być ~ci polskiej** to be of Polish nationality; **obywatele polscy ~ci niemieckiej** Polish citizens of German ethnicity a. extraction [2] książk. (naród) nationality, nation; **przedstawiciele różnych ~i** people of all nationalities

narodowowyzwoleńcz|y adi. national independence a. liberation attr., for national independence a. liberation; **wojna/walka ~a** the war/struggle for national independence a. liberation; **ruch ~y** the national independence a. liberation movement

narodow|y adi. [1] [kultura, hymn, tradycja] national; **przynależność ~a** nationality; **drużyna ~a** the national team [2] Polit. [polityk, ugrupowanie, partia] nationalist

nar|odzić pf [] vt **~odzić dzieci** to have many babies, to give birth to many babies; **nie chcę więcej dzieci, dość już ich ~odziłam** I don't want any more babies, I've had enough of childbearing

[] **narodzić się** książk. [1] (powstać) to arise, to emerge; **idea ta ~odziła się wraz z nowoczesną fizyką** this idea arose a. emerged together with modern physics; **~odził się nowy prąd w sztuce** a new movement in art has emerged; **między nimi ~odziło się uczucie** they started to have feelings for each other [2] (przyjść na świat) to be born; **tu ~odził się Fryderyk Rudobrody** Frederick Barbarossa was born here

narodzin|y plt (G **~**) książk. [1] (urodzenie) birth; **~y dziecka** the birth of a child

[2] przen. (pojawienie się) birth; **~y nowej epoki** the birth of a new era

narodz|ony [] *pp* → narodzić

[III] *adi.* nowo **~one dziecko** a newborn baby

■ **czuć się jak nowo ~ony** a. **jak nowo ~one dziecko** to be (as) fresh as a daisy

naro|sły *adi.* [*żale, problemy, trudności*] increasing, growing; **~e odsetki** accrued interest

nar|osnąć *pf* — **nar|astać** *impf* (**~ósł, ~osła, ~ośli — ~asta**) *vi* [1] (wyrosnąć) to grow; **w ogrodzie ~osło dużo chwastów** the garden was overgrown with weeds; **na grzałce ~osło dużo osadu** a lot of scale has built up on the heating element [2] (spotęgować się) to grow, to increase; **huk ~astał z każdą sekundą** the noise was getting louder by the second; **~astający gniew** growing anger; **~astające problemy/wątpliwości** increasing problems/doubts; **wokół tej sprawy ~osło wiele nieporozumień** a great deal of misunderstanding has grown up around this issue

na roścież → na oścież

narośl *f* growth; **~ na nodze** a growth on one's/sb's leg; **pnie drzew pokryte grubymi ~ami** tree trunks covered with thick growths

nar|owić się *impf v refl.* [*koń*] to be skittish ⇒ znarowić się

narowistoś|ć *f sgt* [1] (konia) skittishness [2] (człowieka, charakteru) wilfulness, willfulness US

narowi|sty *adi.* [1] [*koń*] skittish [2] [*charakter, osoba*] wilful, willful US, headstrong

narowiście *adv. grad.* skittishly

na rozcież → na oścież

narozlewa|ć *pf vi* pot. to spill (a lot of); **~ć soku na obrus** to spill juice all over the tablecloth

narozrabia|ć *pf vi* [1] pot. to scrap pot.; (namącić) to stir things up pot. [2] pot., żart. (spsocić) [*dziecko*] to be up to mischief; **przyznaj się, co ~łeś?** what have you been up to? [3] (rozmieszać) to thin a. dilute (a lot of); **~ć farby** to dilute a lot of paint

■ **~ć jak pijany zając** pot., żart. to stir up a hornets' nest

naroż|e *n* (*Gpl* **~y**) angle, corner; **~e budynku/rynku/stołu** a corner of a building/town square/table

narożnie *adv.* [*położyć, usytuować*] at a. in the corner; **sypialnia była usytuowana ~** the bedroom was a corner room; **połączone ~** joined at the corners

narożnik *m* [1] (róg) corner; (kamień narożny) quoin [2] (kąt) angle, corner; **w ~ach pokoju** in the corners of the room [3] (mebel) (stolik) corner table; (szafa) corner cupboard [4] Sport (róg ringu) corner; **bokser został odesłany do ~a** the boxer was sent to his corner [5] (okucie) (corner) gusset

narożnikow|y *adi.* [*baszta, kanapa, pokój*] corner *attr.*

narożn|y *adi.* [*dom, mebel, okno*] corner *attr.*

nar|ód *m* (*G* **~odu**) [1] Polit. nation; **przemówić do ~odu** to address the nation; **~ody angielskojęzyczne** the English-speaking peoples; **~ód bajarzy** a nation of storytellers [2] przest. (lud) people [3] przest.

(tłum) folk pot.; **w lesie ~odu było pełno** there were a lot of people in the forest

nar|ów *m zw. pl* (*G* **~owu**) [1] książk. (o koniach) bad habit [2] przen. (o ludziach) bad custom a. habit; **złe ~owy należy wykorzeniać** bad habits should be stamped out

narracj|a *f* (*Gpl* **~i**) [1] Literat., Kino narration [2] książk. (relacjonowanie) narration, narrative; **jest mistrzem ~i** he's a master of narrative

❏ **~a pierwszoosobowa** Literat. first-person narrative

narracyjnie *adv.* narratively; **przedstawić coś ~** to present sth narratively; **utwór ciekawy ~** an interesting work with regard to the narration

narracyjnoś|ć *f sgt* narrative character; **~ć tekstów biblijnych** the narrative character of biblical texts

narracyjn|y *adi.* [1] Literat., Kino [*proza, technika, tempo*] narrative; **wątki ~e w powieści** narrative elements in the novel [2] książk. [*talent*] narrative; **gry ~e** Komput. role-playing games

narrato|r *m* [1] Literat., Kino narrator [2] książk. (story)teller; **on jest urodzonym ~rem** he is a born storyteller

❏ **~r pierwszoosobowy** Literat., Kino first-person narrator

narrator|ka *f* [1] Literat., Kino narrator [2] książk. (story)teller

narrators|ki *adi.* [*komentarz, warsztat*] narratorial; [*talent, zdolności*] narrative

nar|ta *f zw. pl* ski; **jeździć na ~tach** to ski; **wybrać się na ~ty** to go skiing; **przypiąć ~ty** to put on one's skis

❏ **~ty biegowe** cross-country skis; **~ty twarde** stiff skis; **~ty wodne** waterskis; **~ty zjazdowe** downhill skis

nartorol|ka *f zw. pl* grass ski; **jeździć na ~kach** to grass ski

nartostra|da *f* piste, ski run; **zjechać ~dą** to go down the ski run

naruszać *impf* → naruszyć

narusz|yć *pf* — **narusz|ać** *impf vt* [1] (napocząć) to break into [*fundusze, oszczędności*]; to broach, to cut into [*prowiant, zapasy*] [2] (uszkodzić) to disturb, to injure; **roślinę należy przesadzać ostrożnie, żeby nie ~yć korzeni** a plant should be repotted carefully, so as not to disturb the roots; **kula lekko ~yła kość** the bullet slightly injured the bone [3] (zakłócić) to disturb; **~yć równowagę w przyrodzie** to disturb the balance of nature [4] (pogwałcić, złamać) to contravene [*artykuł, regulamin, zakaz*]; to infringe [*copyright, patent, prawa, przepisy*]; to violate [*prawo, prywatność, umowę*]; **~yć artykuł 5.** to contravene article 5

narw|ać *pf* (**~ę**) *vt* to pick (a lot of) [*kwiatów, owoców*]; to pull up (a lot of) [*chwastów*]

narwal *m* Zool. narwhal

narwa|niec *m* pot. madcap pot., tearaway pot.; **ależ z niego ~niec!** he's a madcap, that one!

narwan|y [] *pp* → narwać

[III] *adi.* pot., pejor. hot-headed; madcap pot.; **~y facet** a madcap guy

naryb|ek *m sgt* (*G* **~ku**) [1] Zool. fry [2] przen. (młoda kadra) new a. young blood; **~ek**

dziennikarski/aktorski young journalists/actors

narys|ować *pf* [] *vt* [1] (nakreślić kontury) to draw [*portret, linię, kontur*]; **obrazek ~owany kredkami** a picture drawn in crayons ⇒ rysować [2] (scharakteryzować) to draw; **sugestywnie ~owane postaci powieści** evocatively drawn characters in a novel ⇒ rysować

[III] **narysować się** [1] (samego siebie) to draw oneself ⇒ rysować się [2] pot. (zostać narysowanym) to be drawn; **komin ~ował się krzywo** the chimney came out crooked

narzą|d *m* (*G* **~du**) Biol. organ; **być dawcą ~du** to be an organ donor; **~dy ruchu** motor organs; **~dy wewnętrzne** internal organs

❏ **~d synergiczny** Anat. synergistic organ, synergist; **~d ciemieniowy** Zool. parietal organ; **~d głosowy** Anat. vocal organ; **~d rodny** Anat. generative organ; **~d równowagi** Anat. organ of balance; **~d statyczny** Zool. vestibular apparatus; **~d wydalniczy** *zw. pl* Anat. excretory organ; **~d wzroku** Anat. sight organ; **~dy analogiczne** Biol. analogous organs; **~dy ekscesywne** Biol. excessive organs; **~dy genitalne** Anat. genital organs; **~dy homologiczne** Biol. homologous organs; **~dy mowy** Jęz. speech organs; **~dy płciowe roślin** Bot. sexual organs of plants; **~dy płciowe** a. **rozrodcze** Anat. sexual a. reproductive organs; **~dy szczątkowe** Biol. vestigial organs; **~dy zmysłowe** Anat. sense organs; **rozrost ~du** Med. hypertrophy (of an organ)

narzecz|e *n* przest. dialect; **~a słowiańskie/germańskie** Slavic/Germanic dialects; **mówić ~em** to speak in a dialect

narzeczeńs|ki *adi.* [*para*] affianced książk., przest.; engaged; [*okres*] engagement *attr.*

narzeczeństw|o *n sgt* [1] (okres) engagement; **ślub odbył się po trzech miesiącach ~a** the marriage took place after a three-month engagement [2] książk. (para) the engaged couple

narzeczon|a *f* bride-to-be, fiancée

narzeczon|y *m* bridegroom-to-be, fiancé

narzeka|ć *impf vi* to complain, to grumble (**na kogoś/coś** about sb/sth); to repine książk. (**na kogoś/coś** at sb/sth); **~ła, że woda jest zimna** she complained (that) the water was cold; **~li na ciężkie czasy** they grumbled about the hard times

■ **nie ~m** a. **nie mogę ~ć** pot. I can't complain, I mustn't grumble; **nie ~ł** a. **nie mógł narzekać na brak pieniędzy** he did not want for money

narzeka|nie [] *sv* → narzekać

[III] *n zw. pl* carping *U*, complaining *U*, grumbling *U*; **wysłuchiwał jej ~ń na brak pieniędzy** he had to listen to her carping about the lack of money; **miała dość jego ~ń** she was sick of his grumbling

narzędnik *m* Jęz. [1] (przypadek) instrumental (case); **rzeczownik użyty w ~u** a noun used in the instrumental (case) [2] (forma wyrazowa) instrumental (case)

narzędnikow|y *adi.* Jęz. [*forma, użycie*] instrumental

narzędzi|e *n* (*Gpl* **~**) [1] (proste) tool; (precyzyjne) instrument; **~a stolarskie** carpentry tools; **~a chirurgiczne** surgical instruments; **~a tortur** instruments of torture; **~a rolnicze** agricultural implements ② (środek, metoda) tool, device; **~a matematyczne/statystyczne** mathematical/statistical tools a. devices; **ankiety są ~ami w socjologii** (opinion) surveys are one of the tools used in sociology; **być ~em w czyimś ręku** w czyichś rękach przen. to be a tool in sb's hands; **stał się posłusznym ~em w ręku mafii** he became a pliant tool in the hands of the mafia

narzędziow|y adi. Techn. [pas, skrzynka, zestaw] tool attr.; [frezarka, tokarka] toolmaker's; **ślusarz ~y** a toolmaker; **ślusarstwo ~e** toolmaking; **pasek ~y** Komput. a toolbar; **program ~y** Komput. a utility (program)
❏ **stal ~a** Hutn., Techn. tool steel

narzucać¹ impf → narzucić

narzuca|ć² pf vt (wiele rzeczy) to throw (a lot of); **~li kwiatów na jej grób** they strewed a lot of flowers on her grave; **~li śmieci na trawnik** they littered the lawn with rubbish

narzu|cić pf — **narzu|cać¹** impf ▯ vt
① (nałożyć) to cast, to throw; **~cili siano na wóz** they threw the hay on the wagon; **zabójca ~cił na ciało koc** the killer threw a blanket over the body; **narzucić wapno/tynk na ścianę** Budow. to coat a wall with lime/plaster ② (ubrać się) to fling [sth] on, to throw; **~ciła płaszcz i wybiegła na dwór** she flung a. threw a coat on, and ran outside; **~ciła szal na ramiona** she threw a shawl over her shoulders ③ (robiąc na drutach) to cast on; **~cić 100 oczek** to cast on 100 stitches ④ (zmusić) to force, to impose (**komuś** upon sb); **ta decyzja została mu ~ona** the decision was forced on him; **~cać komuś swoją opinię/wolę** to impose one's opinion/will on sb; **~cać komuś swoje towarzystwo** to force one's presence on sb
▯ **narzucić się — narzucać się** to force oneself, to impose oneself (**komuś** on sb); **~cał się jej z pomocą** he tried to force his help on her
▯▯ **narzucać się** to suggest itself; **natychmiast ~ca się jednak pytanie:...** immediately, however, the question suggests itself:...; **takie porównanie samo się ~ca** there's no escaping the comparison

narzu|t m (G ~tu) Ekon., Handl. mark-up, surcharge; **obliczył koszt bez ~tu** he calculated the cost without any mark-up; **do kosztów wycieczki nie zostanie doliczony żaden ~t** no surcharge will be added to the cost of the trip

narzu|ta f (na łóżko) bedspread, coverlet; (na inne meble) throw; **łóżko przykryte wyszywaną ~tą** a bed covered with an embroidered bedspread

narzut|ka f przest. ① (pelerynka) cape, throw ② (płaszczyk) mantle

narzutow|y adi. ① **tynkować metodą ~ą** to apply plaster using a pumping machine ② Geol. **głaz ~y** an erratic block

narzyga|ć pf vi posp. to throw up posp., to puke posp., to barf US posp.; **upił się i ~ł na dywan** he got drunk and puked on the carpet

narzynać impf → narżnąć¹

na|rżnąć¹ pf — **na|rzynać** impf (**narżnęła, narżnęli — narzynam**) vt (naciąć) to cut, to notch; **narżnąć kozikiem rowki na kiju** to cut grooves into a stick with a pocketknife; **narżnąć znaki na drzewach** to notch marks into the trees

na|rżnąć² pf (**narżnęła, narżnęli**) ▯ vt ① (nakroić) to chop up, to cut up; (napiłować) to saw up; **narżnąć drewna/gałęzi** to saw up some wood/branches ② (zabić) to butcher, to slaughter; **narżnąć drobiu/prosiaków na wesele** to slaughter poultry/pigs for the wedding
▯▯ vi wulg. (wypróżnić się) to crap wulg., to shit wulg.

nas → my

nasa|da f ① (trzon) [kciuka, pnia] base; [kości] head; [dłoni] heel; [języka, skrzydła, włosów] root; **brwi zrastające się u ~dy nosa** eyebrows that meet above a. over (the bridge of) the nose ② (trzonek, uchwyt) [noża, młotka] handle; [pilnika] shaft ③ (pokrywa, nakładka) cap, cover, top; (do kluczy nasadowych) socket; (do łączenia rur) adapter; **~da kominowa** chimney pot ④ Bot. (liścia) (leaf) base ⑤ Jęz. the resonating cavities pl

nasad|ka f ① (do krojenia, mieszania, pomiarów) attachment; (na pióro, zawór) cap, cover; (skuwka) ferrule; (destylacyjna) head; (rzutki) shaft; (do kluczy nasadowych) socket; **~ka strzały** a nock ② Fot. (dodatkowa soczewka) (additional) lens; (filtr) filter; **~ka szerokokątna** a wide-angle lens; **~ka zmiękczająca** a soft focus filter

nasadzać impf → nasadzić¹

nasadza|ć² pf vt (wiele osób) to seat (many people); **~ła gości przy jednym małym stole** she seated all her guests at one small table

nasa|dzić¹ pf — **nasa|dzać¹** impf vt (nałożyć) to fix [bagnet, trzonek]; to put [sth] on, to put [nakrętkę, ozdobę, pokrywę]; **~dził czapkę głęboko na oczy** he pulled his hat down over his eyes; **~dzić igłę na strzykawkę** to put a needle on a syringe; **~dził okulary i przyjrzał nam się uważnie** he put on his glasses and looked at us closely; **~dzić kurę/kaczkę/gęś** (posadzić na jajach) to set a hen/duck/goose

nasa|dzić² pf vt ① (posadzić) to plant (a lot of); **~dzili drzewek i kwiatów w parku** they've planted a lot of trees and flowers in the park ② pot. (podczas pisania) to make (a lot of) [błędów]; to use (a lot of) [epitetów, wykrzykników]; **~dzić błędów w wypracowaniu** to make a lot of errors in an essay

nasączać impf → nasączyć

nasącz|yć pf — **nasącz|ać** impf ▯ vt ① (nawilżyć) to saturate [bandaże, szmaty]; to moisten [ciasto, wacik]; to impregnate [materiał]; **~ biszkopt alkoholem** moisten the sponge with alcohol ② (nalać) to dribble, to trickle; (kroplami) to drip; **powoli ~yła mleka w usta niemowlęcia** she slowly dribbled milk into the baby's mouth; **~ył wina do kieliszka** he dripped wine into the glass
▯▯ **nasączyć się — nasączać się** to become soaked; **bandaż szybko ~ał się krwią** the bandage was quickly becoming soaked with blood

nascho|dzić się pf v refl. pot. to arrive a. come (in great numbers); **na miejsce wypadku ~dziło się wielu gapiów** many onlookers arrived at the scene of the accident

na schwał [osoba] lusty, strapping; **chłop ~** a strapping fellow; **chłopcy rosną ~** they are growing into fine strapping boys

nasennie adv. as a hypnotic a. soporific; **środek działający ~** a medicine that acts as a soporific

nasenn|y adi. Farm. hypnotic, soporific; **lek ~y** a hypnotic a. soporific (drug); **tabletka ~a** a sleeping pill

nasercow|y adi. Farm. [leki] cardiac, heart attr.; **zażywać krople ~e** to take heart drops

nasiadów|ka f ① (kąpiel) sitz bath; **robić sobie ~kę** to take a sitz bath ② (wanna) hip bath, sitz bath ③ pot. (zebranie) talk(ing) shop GB pot., confab US pot.; **co piątek szef organizuje ~ki** the boss organizes talk(ing) shops every Friday

nasiąkać impf → nasiąknąć

nasiąk|nąć pf — **nasiąk|ać** impf (**~nął** a. **~ł, ~nęła** a. **~ła, ~nęli** a. **~li — ~am**) vi ① (płynem, wilgocią) to become saturated a. soaked; **bandaż ~nął krwią** the bandage became soaked with blood; **płaszcz szybko ~ał wodą** the coat soaked up water quickly ② książk. (zapachem) to become permeated a. saturated; **powietrze ~ło zapachem kwiatów** the air was permeated with the aroma of flowers ③ przen. to become imbued a. permeated; **będąc w Paryżu ~ł jego atmosferą** while in Paris he became soaked in its atmosphere
■ **czym skorupka za młodu ~nie, tym na starość trąci** przysł. as the twig is bent, so grows the tree przysł., as the child, so the man przysł.

nasiąk|nięty, ~ły ▯ pp → nasiąknąć
▯▯ adi. ① (mokry) saturated, soaked; **~nięty krwią** blood-soaked; **ziemia ~nięta wodą** ground saturated with water ② (przepojony) permeated, saturated; **powietrze ~nięte zapachem skoszonej trawy** air filled with the smell of mown grass ③ przen. imbued, permeated; **wrócił ~nięty zachodnimi obyczajami** he came back imbued with the customs of the West

nasie|dzieć się pf (**~dział się, ~dzieli się**) v refl. pot. ① (długo siedzieć) to sit (for a long time); **muszę się przejść, dosyć się już ~działem** I have to take a walk, I've been sitting long enough ② (przebywać) to spend (a lot of time), to stay (for a long time); **~dział się za granicą** he spent a lot of time abroad ③ (zajmować się) to sit (for a long time); **~dział się nad książkami** he's been sitting over his books for a long time; **~dzieć się do późna** to sit up (late)

nasi|enie n ① Bot. seed; **wyhodować roślinę z ~on** to grow a. raise a plant from seed; **wytwarzać ~ona** to seed ② sgt Fizj. (sperma) semen, sperm; **dawca/próbka ~enia** a sperm donor/semen a. sperm sample
❏ **~ona płynne** Bot. buoyant seeds
■ **diabelskie ~nie** pot., obraźl. spawn of the devil; **złodziejskie ~nie** pot., obraźl. thiev-

ing bastard; **dziadowskie ~nie** pot., obraźl. a bad egg pot.

nasieniow|ód m (G **~odu**) Anat. deferent duct; vas deferens spec.; **podwiązanie ~odów** vasectomy; **niedrożność ~odów** obstruction of the vasa deferentia

nasienn|y adi. [1] Bot. (dotyczący nasion roślin) seed attr.; **torebka ~a** a boll, a seed pod a. capsule; **las/drzewostan ~y** Leśn. seed forest/forest stand; **żyto/pszenica/koniczyna ~a** Roln. seed(-bearing) rye/wheat/clover [2] Fizjol. (dotyczący spermy) [komórka, płyn] seminal, sperm attr., spermatic

nasik|ać impf vi pot. to pee pot.; to piss posp.; **pies znowu ~ał na dywan** the dog has peed on the carpet again; **dziecko ~ało w pieluchy** the child peed in its nappy

nasilać impf → nasilić

nasileni|e [I] sv → nasilić

[II] n sgt [1] (intensywność) intensity [2] (wzmożenie) (konfliktu, wojny) escalation; (emocji, prac, tempa) build-up; (opadów, wiatru, wysiłków) increase; (przestępczości) escalation, growth; **~e restrykcji** an increase in restrictions; **~e działań militarnych** an escalation in a. of military actions

nasil|ić pf — **nasil|ać** impf [I] vt to increase [prędkość]; to intensify, to step up [wysiłki]; **~ać działania wojenne** to step up military operations

[II] **nasilić się — nasilać się** [ból] to grow worse, to worsen; [emocje, wysiłki] to intensify; [deszcz, hałas, wiatr] to increase; [muzyka] to swell; [napięcie, sprzeciw] to build up, to grow; [podniecenie, zaniepokojenie] to mount

nasil|ony [I] pp → nasilić

[II] adi. książk. [kampania] intensified; [ruch drogowy, wysiłki] increased; [zagrożenie] heightened

nasion|ko n dem. pieszcz. (little) seed

nasi|ono n Bot. seed; **kiełkowanie ~on** seed germination; **wytwarzać ~ona** to seed

nasiusia|ć pf vi pot. to pee pot., to wee GB pot.; **dziecko ~ło w pieluszki/do nocnika** the baby peed in its nappy/into the potty

naskakiwać impf → naskoczyć

naskarż|yć pf vi pot. to tell (tales) pot., to tattle pot. (**na kogoś** on sb); **to ty ~yłeś na nas nauczycielowi** it was you who told on us to the teacher; **jak będziesz mi dokuczał, ~ę na ciebie mamie** if you tease me, I'll tell on you to Mum

naskłada|ć pf vt pot. (zgromadzić) to accumulate; (zaoszczędzić) to save (up); **przez te dziesięć lat ~ła dużo książek** in those ten years she's accumulated a lot of books; **~li pieniędzy na nowe mieszkanie** they saved up money for a new flat

nask|oczyć pf — **nask|akiwać** impf vi pot. [1] (skoczyć) to jump, to leap (**na kogoś/coś** on a. onto sb/sth); **walczący ~oczyli na siebie** the fighters sprang at each other [2] pot. (skrytykować) to jump pot. (**na kogoś** on sb); to lash out (**na kogoś** at a. against sb); **~oczyła na mnie bez żadnego powodu** she jumped on me for no reason at all [3] Med. (o zwichniętej kości) to pop back (in a. into place); **zwichnięty bark ~oczył**

---

the dislocated shoulder popped back into place

■ **(on) może mi/nam ~oczyć** pot. he can go fly a kite

naskór|ek m sgt [1] Anat. (warstwa skóry) cuticle, epidermis [2] Zool. (epiderma) epidermis [3] Bot. (kutykula) cuticle [4] Techn. skin ❏ **~ek odlewu** Techn. casting skin

na|słać pf — **na|syłać** impf (**naślę — nasyłam**) vt pot. [1] (napuścić) to send, to set; **nasłać na kogoś morderców/bandytów** to send assassins/thugs after sb; **z zemsty nasłała na byłego męża kontrolerów podatkowych** to take revenge she set the Inland Revenue a. tax inspectors on her ex-husband [2] (przysłać) to send; **nasłać reporterów do domu gwiazdora** to send reporters to a movie star's home

nasłonecznieni|e n sgt [1] książk. (wystawienie na słońce) solar a. sun exposure; (nagrzanie słońcem) heat a. warmth (of the sun) [2] Fiz. (insolacja) insolation

nasłoneczni|ony adi. (jasny) [ogród, pokój] sun-filled, sunny; [ocean, rzeka] sunlit, sunny; (ciepły) sun-warmed

nasłuch m (G **~u**) Techn. [1] (kontrola audycji, programów) monitoring; (radarowy, radiowy) watch; (w krótkofalarstwie) (short wave) listening; **prowadzić ~ radiowy na statku** to maintain a radio watch on a ship [2] (zapis) monitoring report, watch log [3] Komput. listening

nasłucha|ć się pf v refl. to hear a lot, to listen to a lot (**czegoś** of sth); **tyle się ~li kłamstw, że teraz nikomu już nie wierzą** they've heard so many lies (that) they don't believe anyone any more; **~łaś się plotek** you've been listening to gossip

nasłuch|iwać impf vi to listen (closely a. out); **~iwać pod drzwiami** to listen at the door; **~iwać znajomych kroków** to listen (out) for the sound of familiar footsteps; **~iwać, czy ktoś nie nadchodzi** to listen out for someone coming

nasłuchow|y adi. Techn. [stacja, stanowisko, urządzenia] listening attr.; (do kontroli audycji) monitoring attr.; **licencja ~a** (w krótkofalarstwie) Short Wave Listener's Licence

nasmar|ować pf [I] vt [1] (posmarować) to grease [łożysko, samochód]; to wax [narty]; **~owała twarz kremem** she smeared cream on her face; **~ować chleb masłem** to spread butter on the bread, to butter the bread [2] pot. (nabazgrać) to scrawl; **~ować kilka słów/portret** to scrawl a few words/a portrait

[II] **nasmarować się** to put cream on one's face/body

nasmaż|yć pf vt pot. to (pan-)fry (a lot of)

naspr|aszać pf vt pot. to invite (many people); **~łeś tylu przyjaciół, a w domu nie ma nic do jedzenia** you've invited so many friends, and there's nothing to eat in the house

nasprowadza|ć pf vt to bring in [policjantów, posiłki]; to import (a lot of) [towary, zwierzęta]; (w gościnę) to bring along a. to bring home (many people); **~ł kolegów, żeby urządzić prywatkę** he brought his friends along to have a party

nasra|ć pf vi wulg. to crap wulg., to shit wulg.; **pies ~ł na trawnik** the dog crapped on

---

the lawn; **dzieciak ~ł w majtki** the kid shat his pants

nasroż|ony [I] pp → nasrożyć

[II] adi. książk. [osoba, mina] glowering, scowling; [brwi] drawn, knitted

nasroż|yć pf [I] vt książk. **~yć brwi** to knit one's brows; **~yć czoło** to scowl

[II] **nasrożyć się** (patrzeć gniewnie) to glower (**na kogoś** at sb); to scowl; (przyjąć groźny, srogi wygląd) to make a ferocious a. fierce face ⇒ **srożyć się**

nasta|ć pf — **nasta|wać**[1] impf (**~nę — ~ję**) vi książk. [1] (nastąpić) [dzień] to break; [milczenie] to ensue; [mróz, zima, zła pogoda] to set in; [nowa era] to dawn [2] pot. (objąć stanowisko) to come to a. into office, to come to power; **~ł nowy prezydent** a new president came to a. into office; **po śmierci króla ~ł jego syn** after the king's death, his son came to power

nast|ać się pf (**~oję się, ~oisz się**) v refl. pot. (długo) to stand (about a. around) (for a long time); (zmęczyć się staniem) to tire oneself out standing (about a. around); **~ałem się na przystanku, czekając na autobus** I had to stand about for a long time at the bus stop, waiting for a bus; **~ała się w kolejce** she tired herself out standing in a queue

nastarczać impf → nastarczyć

nastarcz|yć pf — **nastarcz|ać** impf vi pot. (dostarczyć) to bring a. supply enough; (nadążyć, podołać) to keep up; **nie mogła ~yć z praniem dla dzieci** she could not keep up with the children's washing; **fabryka nie ~ała z zamówieniami** the factory could not keep up with the orders

nastawać[1] impf → nastać

nasta|wać[2] impf (**~ję**) vi [1] (nalegać) to insist, to press; **~wał, abyśmy u niego zamieszkali** he insisted that we stay at his place; **~wali na nią, aby z nim zerwała** they pressed her to break up with him [2] (zagrażać) to have designs, to threaten; **~wać na cześć kobiety** to have designs on a woman's virtue; **~wać na czyjeś życie** to threaten sb's life

nastawcz|y adi. Techn. [klin, pokrętło, śruba] adjusting; [gałka, koło, pierścień] setting; **mechanizm ~y** a trammel; **zdolność ~a oka** the accommodative ability of the eye

nastawiać impf → nastawić

nastaw|ić pf — **nastaw|iać** impf [I] vt [1] (zwrócić) to turn [łódź, twarz]; to set [żagiel]; (skierować, wysunąć) to fix [bagnet]; to couch [lancę]; to put out [nogę]; (postawić, unieść) to put up [kołnierz]; **babcia ~iła policzek do pocałunku** granny proffered her cheek for a kiss [2] (postawić do ugotowania) to put [sth] on; **~ić wodę (w czajniku)** to put the kettle on; **~ić zupę** I'll put the soup on [3] (naregulować) to adjust [ostrość, zegarek]; to set [budzik, wyłącznik czasowy]; to tune [radio, telewizor]; **~ić piekarnik na 180 stopni** to set the oven to 180 degrees; **~ić budzik na siódmą rano** to set the alarm for 7 a.m.; **~iłem włączenie ogrzewania na szóstą** I set the heating to come on at 6 a.m.; **~ić radio na 88.7 FM** to tune the radio to 88.7 FM; **~ić płytę** (włączyć) to put on a record; **~ialiśmy**

Beatlesów i tańczyliśmy przez całą noc we would put on the Beatles and dance all night ④ (przystosować) to gear; **film ~iony na młodszą widownię** a film geared towards a younger audience; **od początku firma ~iona była na świadczenie usług komputerowych** from the start the company was geared towards providing computer services ⑤ (usposobić) to predispose (**do kogoś/czegoś** to a. towards sb/sth); **~ić kogoś przeciwko komuś/czemuś** to turn sb against sb/sth; **~ić kogoś przychylnie do kogoś/czegoś** to prejudice sb in favour of sb/sth; **być ~ionym do czegoś/kogoś krytycznie/pozytywnie** to have a critical/ positive attitude towards sth/sb; **był ~iony negatywnie do pracy** he had a negative attitude to work ⑥ Med. (złożyć) to set; **~ić złamaną kość/zwichnięte ramię** to set a broken bone/dislocated shoulder; **~iać kręgi** to realign the vertebrae **Ⅲ nastawić się — nastawiać się** ① pot. (skierować) to turn (oneself); **~ić się na słońce** a. **do słońca** to turn (oneself) towards the sun ② (oczekiwać, spodziewać się) to anticipate, to expect; **~ić się do kogoś negatywnie/pozytywnie/krytycznie** to adopt a. take a negative/positive/critical attitude towards sb; **~ił się na przyjemną wycieczkę, ale bardzo się zawiódł** he anticipated a pleasant trip, but was sorely disappointed; **~iła się, że wkrótce ją zwolnią, więc nie przykładała się do pracy** she expected to be fired soon, so she didn't apply herself to her work ■ **~ić głowę** a. **głowy** a. **karku** a. **grzbietu** a. **łba** pot. to stick one's neck out; **~ić ucha** a. **uszu** to prick up one's ears

nastawie|nie Ⅱ *sv* → **nastawić**
Ⅲ *n* (postawa, stosunek) attitude, bias (**do kogoś/czegoś** towards sb/sth); mindset, orientation; (oczekiwanie) expectation; **ma dziwne ~nie do życia** he's got a strange attitude to a. towards life; **przychylne ~nie w stosunku do kogoś** a bias in favour of sb; **odpowiednie ~nie jest kluczem do sukcesu** a proper attitude a. approach is the key to success; **jego ~nie polityczne bardzo często się zmienia** his political orientation changes very often; **człowiek o liberalnym ~niu** a liberal-minded man; **~nie na sukces** the expectation of success; **przyszedł z ~niem, że ją zobaczy** he came expecting to see her

nast|ąpić *pf* — **nast|ępować** *impf vi* ① (nadepnąć) to step, to tread (**na coś** on sth); **~ąpić komuś na nogę** to step on sb's foot ② (pojawić się po kolei) to come after, to follow; **wiosna ~ępuje po zimie** spring comes after winter; **po przemówieniu ~ąpiła część rozrywkowa** the speech was followed by some entertainment; **wydarzenia ~ępowały jedno po drugim** the events followed in succession ③ (zdarzyć się) to come, to occur; **śmierć ~ąpiła nagle** death came unexpectedly; **~ąpił rozłam w partii** there was a break within the party ④ książk. (zaatakować) to attack; **cofali się przed ~ępującym nieprzyjacielem** they retreated before the encroaching enemy

następc|a Ⅱ *m pers.* (dziedzic) heir; (zastępca, kontynuator) successor; **prawowity ~a** heir apparent; **~a tronu** heir to the throne, crown prince; **dyrektor przekazał dokumenty swojemu ~y** the director handed over the documents to his successor
Ⅲ *m inanim.* (nowy model) successor
następczoś|ć *f sgt* książk. sequentiality
następcz|y *adi.* książk. consequent, secondary; **~e objawy choroby** secondary symptoms of an illness; **efekt ~y** an after-effect
następczy|ni *f* książk. (dziedziczka) heiress; (kontynuatorka) successor; **~ni tronu** heir to the throne, crown princess
następnie Ⅱ *adv.* (potem) next, then; **~ każdą część dzielimy na dwie mniejsze części** next we divide each part into two smaller ones; **odwiedzili rodziców, a ~ znajomych** they visited their parents and then some friends
Ⅲ *part.* (poza tym) then
następn|y Ⅱ *adi.* next, following; **wyjechał ~ego dnia po urodzinach** he left on the day after his birthday; **zdał do ~ej klasy** he was promoted to the next class; **~y upalny dzień** another hot day; **trzeba podjąć ~e kroki** further steps must be taken; **podczas ~ej wizyty** on a subsequent visit; **musi pani wysiąść na ~ym przystanku** you should get off at the next stop
Ⅲ **następn|y** *m,* **~a** *f* (kolejna osoba) the next person; **~y proszę!** next, please!
następować *impf* → **nastąpić**
następstw|o *n* ① (wynik) result, outcome; **w ~ie wypadku stał się inwalidą** as a result of an accident he was disabled; **to może mieć przykre ~a** the consequences could be unpleasant ② *sgt* (kolejność) sequence ③ *sgt* Prawo (dziedziczenie) succession; **~o tronu** succession to the throne
następująco *adv.* [robić, brzmieć] as follows; **zrób to ~** do it as follows; **depesza brzmiała ~: „przyjeżdżaj natychmiast"** the telegram read: 'come at once'
następując|y *adi.* (przy wymienianiu) the following; **porządek obrad jest ~y:...** the agenda is as follows:...
na stojaka → **stojak**
nastolat|ek *m* (*Npl* **~ki** a. **~kowie**) teenager, teenage boy; **problemy/idole/ moda ~ków** teenage problems/idols/fashion; **program dla ~ków** a programme for teenagers
nastolat|ka *f* teenager, teenage girl
nastoletni *adi.* [młodzież, wyrostki] teenage, adolescent
nastrajać *impf* → **nastroić**
nastrasz|yć *pf* Ⅱ *vt* to scare, to frighten; **ale mnie ~yłeś!** gosh, you've scared me!; **administracja ~yła lokatorów eksmisją** the authorities threatened the tenants with eviction
Ⅲ **nastraszyć się** to get scared a. frightened; **tak się ~yła, że nie mogła zasnąć** she was so scared she couldn't get to sleep
nastręczać *impf* → **nastręczyć**
nastręcz|yć *pf* — **nastręcz|ać** *impf* Ⅱ *vt* ① (przysporzyć) to cause, to present; **to nie ~a żadnych trudności** it doesn't give rise to any difficulties ② (polecić) to recommend; **dyrektorowi ~ono nową sekretarkę** a

new secretary was recommended to the director
Ⅲ **nastręczyć się — nastręczać się** ① książk. (nadarzyć się) to occur, to present itself; **~yła się okazja** a. **sposobność, żeby sprzedać mieszkanie** an opportunity has arisen to sell the flat ② (narzucić się) to impose, to intrude (**komuś** on sb); **nie chcę wam się ~ać** I don't want to impose on you
nastr|oić¹ *pf* — **nastr|ajać** *impf* Ⅱ *vt* ① Radio, TV (nastawiać) to tune in; **~oić telewizor na jakiś kanał** to tune into a channel on TV ② (usposobić) to dispose, to predispose; **~oić kogoś pogodnie** to put sb in a cheerful mood; **co go do tego ~oiło?** what disposed him to do it?
Ⅲ **nastroić się — nastrajać się** (usposobić się) to adopt an attitude, to develop an inclination; **źle/dobrze się do kogoś ~oić** to be well-disposed/ill-disposed towards sb; **~oić się nostalgicznie/romantycznie** to become nostalgic/romantic
nastr|oić² *pf vt* to tune, to pitch [fortepian, gitarę, skrzypce] ⇒ **stroić**
nastrojowo *adv.* [oświetlić, grać, udekorować] romantically, atmospherically
nastrojowoś|ć *f sgt* romance, romantic air a. aura
nastrojow|y *adi.* książk. [miejsce, pejzaż, wiersz] romantic, atmospheric; **~a muzyka** mood music
nastrosz|ony Ⅱ *pp* → **nastroszyć**
Ⅲ *adi.* ① [włosy, sierść, pióra] bristled, ruffled; [gałęzie, kaktus, broda, wąsy] bristly, prickly ② przen. (nieufny, nieprzystępny) [osoba] with one's back up pot.
nastrosz|yć *pf* Ⅱ *vt* (najeżyć) to bristle (up) [sierść]; to ruffle, to fluff [pióra]; to rough up, to fluff up [włosy]; **~yła włosy palcami** she fluffed up her hair with her fingers ⇒ **stroszyć**
Ⅲ **nastroszyć się** ① [sierść] to bristle (up); [pióra] to puff up; [włosy] to stand on end; **psu ~yła się sierść** the dog's hackles began to rise; **kot ~ył się na widok psa** the cat saw the dog and bristled ⇒ **stroszyć się** ② przen. (stać się nieufnym) to get one's hackles up; **~ył się, usłyszawszy tę uwagę** he bristled at the remark ⇒ **stroszyć się**
nastr|ój *m* (*G* **~oju**) ① (samopoczucie) mood, frame of mind; **być dobrym/złym ~oju** to be in a good/bad mood; **być w doskonałym/ponurym ~oju** to be in high/low spirits; **zmienne ~oje** changeable mood; **łatwo ulegała zmiennym ~ojom** she was moody; **być w ~oju do czegoś** to be in the mood for sth; **nie jestem w ~oju do zabawy** I'm not in the mood for games; **zrobić coś pod wpływem ~oju** to do sth on the spur of the moment; **nie mieć ~oju** to be out of humour a. out of sorts; **~ój jej się poprawił** her spirits rose; **dać się unieść ~ojowi** to be carried away by one's mood; **udzielił mi się jego zły ~ój** his bad mood affected a. infected me; **„masz ochotę na kino?" – „nie jestem w ~oju"** 'fancy going to the cinema?' – 'I'm not in the mood' ② (atmosfera) mood; **wszystkim udzielił się świąteczny ~ój** everyone gave in to the holiday mood

③ (postawa społeczna) feeling; **~oje społecz-ne** public feeling; **~ój niezadowolenia** a feeling of dissatisfaction; **wśród młodzieży przeważają antynazistowskie ~oje** antifascist feeling among young people runs high

nasturcj|a *f* (*Gpl* **~i**) Bot. nasturtium

nasturcjow|y *adi.* Bot. *[rabatki, kwiaty]* nasturtium *attr.*

nasu|nąć *pf* — **nasu|wać** *impf* (**~nęła, ~nęli** — **~wam**) [] *vt* ① (naciągnąć) to put on *[pantofle, buty]*; **~nąć kołdrę na głowę** to draw the duvet over one's head; **~nąć kapelusz na czoło** to pull one's hat over one's forehead ② (poddać myśl) to bring to mind, to suggest; **sprawa ~wa wiele wątpliwości** this issue brings to mind a lot of doubts; **fakty ~wają podejrzenie, że została popełniona zbrodnia** the facts suggest a crime has been committed

[] **nasunąć się** — **nasuwać się** ① (zebrać się) to gather; **nad miasto ~nęły się chmury** clouds gathered over the town ② (powstać) to arise, to occur; **~wały mi się coraz to nowe pomysły** new ideas were coming to my mind; **po przeczytaniu książki ~nęło mi się kilka refleksji** some thoughts crossed my mind after reading this book; **~wa się przypuszcze-nie, że...** a suspicion arises that...

■ **~nąć się komuś na** a. **przed oczy** pot. to show oneself to sb

nasuwać *impf* → **nasunąć**

nasycać *impf* → **nasycić**

nasyceni|e [] *sv* → **nasycić**

[] *n* ① (uczucie sytości) satiation ② (zaspokojenie) satisfaction, gratification ③ Chem.,Techn. saturation

❑ **~nie barwy** colour saturation; **~nie rynku** Ekon. market saturation

nasy|cić *pf* — **nasy|cać** *impf* [] *vt* ① (zaspokoić głód) to satiate; **~ciwszy głód, ruszyli w dalszą wędrówkę** having satisfied their hunger, they continued (on) their journey ② (przepoić, przeniknąć) *[płyn, zapach]* to permeate; **wilgoć ~cała jego ubranie** damp permeated his clothes; **powietrze ~cone zapachem żywicy** air permeated with the fragrance of resin ③ (zadowolić) to satisfy, to gratify; **~cić (swoją) cieka-wość/próżność** to satisfy one's curiosity/vanity; **~cić rynek towarami** to saturate the market with goods ④ Chem. Techn. to saturate; **~cić wodę dwutlenkiem węgla** to saturate water with carbon dioxide ⑤ książk. (zawrzeć) to fill, to imbue (**czymś** with sth); **wiersze ~cone liryzmem** poems full of lyricism

[] **nasycić się** — **nasycać się** ① (najeść się) to eat one's fill; **~ciła się jedną kanapką** just one sandwich satisfied her appetite ② (zadowolić się) to enjoy [sth] to the full; **~cić się zemstą** to gloat over one's revenge; **~cić się pięknem krajobrazu** to feast one's eyes on the beauty of the landscape ③ (przesiąknąć) to become permeated; **powietrze ~ciło się mgłą** the air was filled with fog ④ Chem., Techn. to become saturated; **woda ~ciła się dwutlenkiem węgla** the water became saturated with carbon dioxide ⑤ Handl. to become saturated; **rynek ~cił się sprzętem elektro-**

nicznym the market became saturated with electrical appliances

■ **~cić czymś oczy** a. **wzrok** książk. to feast one's eyes on sth

nasyc|ony [] *pp* → **nasycić**

[] *adi.* ① *[barwa]* bright, vivid ② Ekon. *[rynek]* saturated

nasyłać *impf* → **nasłać**

nasyp *m* (*G* **~u**) embankment; **~ dro-gowy/kolejowy** a road/railway embankment

nasyp|ać *pf* — **nasyp|ywać** *impf* (**~ię** — **~uję**) [] *vt* ① (sypiąc pokryć) to sprinkle *[sól, cukier, zioła]*; to heap *[piasek, trociny]*; to strew *[płatki kwiatów]*; to spill *[proszek]*; to scatter *[seed]*; **~ać mąkę na talerz** to sprinkle flour on a plate ② (wsypać) to pour; **~ać cukru do cukiernicy** to pour sugar into the sugar bowl; **~ać komuś piasku do oczu** to put sand into sb's eyes; **~ać pieprzu/soli do sosu** to add pepper/salt to a sauce

[] **nasypać się** — **nasypywać się** to get; **piasek ~ał mu się do oczu** sand got in(to) his eyes; **mąka ~ała się na podłogę** some flour got on(to) the floor

nasypywać *impf* → **nasypać**

na|sz *pron.* (przed rzeczownikiem) our; (bez rzeczownika) ours; **nasz dom/nasze dzieci** our house/children; **to nie był nasz pomysł** it wasn't our idea; **te bilety są nasze** these tickets are ours; **jest naszą kuzynką/przyjaciółką** she's our cousin/a friend of ours; **w naszej łaskawości, my, król Polski...** in our graciousness, we, the King of Poland...

[] **nasi** pot. (rodzina) our family; (koledzy) our friends; (sportowcy) our side a. players

[] **nasze** pot. what is ours; **wara wam od naszego** keep away from what's ours; **długo się sprzeciwiali, ale ostatecznie stanęło na naszym** for a long time they resisted, but eventually we had our way; **zawsze w końcu wychodzi na nasze** we're always proved right in the end

[] **po naszemu** (swoim językiem) in our language; (swoim zwyczajem) our (own) way; **on nie mówi po naszemu** he doesn't speak our language; **zagrajcie coś po naszemu** play something our way

naszcza|ć *vi* wulg. (oddać mocz) to piss posp., to take a whiz US posp.; **pies ~ł na podłogę** the dog peed on the floor pot.

naszkic|ować *pf vt* ① (narysować) to sketch; **artysta ~ował portret modelki** the artist sketched the model's portrait ⇒ **szkicować** ② (napisać) to draft *[list, artykuł]* ⇒ **szkicować** ③ (przedstawić pobieżnie) to outline; **~ował swoją teorię** he outlined his theory ⇒ **szkicować**

naszpik|ować *pf* [] *vt* ① Kulin. to lard; **~ować pieczeń słoniną** to lard a joint of meat ⇒ **szpikować** ② przen. (przepełnić) to lard; **przemówienie ~owane cytatami** a speech larded with quotations; **tekst ~owany wyrażeniami fachowymi** a jargon-ridden text ⇒ **szpikować** ③ pot. (dostarczyć wiele) to stuff, to pack (**czymś** with sth); **~ować kogoś lekarstwami** to stuff sb with drugs; **okolica ~owana terrorystami** an area packed with terrorists ⇒ **szpikować**

[] **naszpikować się** pot. ① (połknąć dużo) to stuff oneself; **~owała się proszkami nasennymi** she stuffed herself with sleeping pills ⇒ **szpikować się** ② (przyswoić sobie) to devour; **~ować się informacjami** to devour a. absorb information ⇒ **szpiko-wać się**

naszy|cie [] *sv* → **naszyć**

[] *n* (naszywka, aplikacja) appliqué, trimming

naszy|ć *pf* — **naszy|wać** *impf* (**~ję** — **~wam**) *vt* ① (przyszyć) to sew on; **~ć kieszeń na spódnicę** to sew a pocket on a skirt; **~ć aplikację na poduszkę** to appliqué a cushion ② (przyozdobić) to trim; **~ć sukienkę cekinami** to trim a dress with sequins

naszyjnik *m* necklace; **~ z pereł** a pearl necklace

naszyk|ować *pf vt* pot. to prepare, to get [sth] ready; **~ować śniadanie dla dzieci** to prepare breakfast for the kids; **~ować bieliznę do prania** to get the washing ready

naszywać *impf* → **naszyć**

naszywan|y [] *pp* → **naszyć**

[] *adi.* (wyszywany) trimmed (**czymś** with sth); **stroje ludowe ~e cekinami** folk costume trimmed with sequins; **czapka ~a futrem** a hat trimmed with fur; **kieszeń ~a** a patch pocket

naszyw|ka *f zw. pl* ① Wojsk. stripe, flash; **~ki na mundurze** stripes on a uniform; **~ki sierżanta** a sergeant's stripes ② (naszycie) tab

na|ście *pron.* pot. a dozen or so; **kiedy ma się naście lat** when you're in your teens, when you're a teenager

naślad|ować *pf vt* ① (wzorować się) to imitate, to copy; **~ować Szekspira** to imitate Shakespeare; **imponował im, dla-tego wszyscy go ~owali** they were impressed by him and tried to imitate him; **postawa godna ~owania** exemplary behaviour; **wzór do ~owania** a guiding light ② (udawać) to take off, to mimic; **~ować czyjś chód/gestykulację/miny** to mimic sb's gait/gestures/facial expressions; **umiał doskonale ~ować polityków** he was great at taking off politicians; **~owanie głosów ptaków** imitating birds' songs

naśladow|ca *m*, **~czyni** *f* imitator, follower; **te pomysły znajdują już ~ców** the ideas are attracting followers; **był tylko ~cą sławnego artysty** he was but an imitator of the famous artist; **kiepski ~ca** a poor imitator; a wannabe(e) pot.

naśladowcz|y *adi.* książk. ① *[talent, dar]* imitative; **wyjątkowy dar ~y** a remarkable gift for imitation ② (odtwórczy) *[styl, dzieło]* derivative

naśladownictw|o *n* ① *sgt* (imitowanie) imitation, emulation ② (wytwór naśladowania) copy; **ten obraz to ~o Picassa** this painting is a copy of Picasso ③ *sgt* Zool. mimicry

naśmie|cić *pf vi* to litter; **~cić papierka-mi** to litter with paper; **~cić w pokoju/na ulicy** to litter the room/the street ⇒ **śmiecić**

naśmiewa|ć się *pf v refl.* to mock *vt*, to ridicule *vt* (**z kogoś** sb); **~ć się z czyichś**

N

pomysłów to ridicule sb's ideas; **nie ~jcie się z niej!** stop mocking her!; **koledzy ~li się z jego tuszy** his colleagues made fun of him because he was fat

naświetlać *impf* → **naświetlić**

naświetl|ić *pf* — **naświetl|ać** *impf* **[]** *vt* [1] Fiz., Med., Techn. to irradiate [2] (wyjaśnić) to elucidate, to clarify; **trzeba inaczej ~ić tę kwestię** this matter needs to be presented in a different light [3] Fot. to expose; **~ić kliszę** to expose a film; **źle ~one zdjęcia** badly-exposed photos

[] **naświetlić się** — **naświetlać się** Kosmet., Med. (kwarcówką) to take sunlamp treatment

naświnić *pf vi* pot. [1] (nabrudzić) to make a mess ⇒ **świnić** [2] (postąpić podle) to act unfairly; **~ić komuś** to play a dirty trick on sb ⇒ **świnić** [3] (używać sprośnego języka) to use foul language ⇒ **świnić**

na tapecie → **tapet**

natar|cie **[]** *sv* → **natrzeć**

[] *n* [1] Wojsk. (uderzenie) attack, offensive; **~cie wojsk z powietrza/lądu** a land/an air offensive; **boczne/czołowe ~cie** a flank/frontal attack; **przystąpić do ~cia** to launch a. mount an offensive; **~cie na Berlin** an assault on Berlin [2] (atak) attack, assault [3] Sport attack [4] (reakcja) attack

natarczywie *adv. grad.* książk. [1] (natrętnie) insistently; **żądać ~ wyjaśnień** to demand an explanation urgently; **przyglądać się komuś ~** to stare at sb insistently [2] (dokuczliwie) [dzwonić] insistently, persistently

natarczywoś|ć *f sgt* książk., pejor. [1] (natrętność) importunity, obtrusiveness [2] (dokuczliwość) persistence

natarczyw|y *adi. grad.* książk. [1] (natrętny) [akwizytor, adorator] importunate, insistent [2] (nacechowany natręctwem) [pytania, prośby, zaloty, żądania] persistent, urgent [3] (drażniący) nagging, stubborn; **~y dźwięk telefonu** shrilling sound of the phone; **~y ból** gnawing pain; **~a reklama** aggressive advertisement

natchn|ąć *pf* (**~ęła**, **~ęli**) *vt* [1] (zainspirować) to inspire; **~ąć kogoś ciekawym pomysłem** to inspire sb with an interesting idea; **ten projekt ~ął mnie do myślenia** this project gave me food for thought [2] (pobudzić) to inspire, to encourage; **miłość ~ęła go do pisania wierszy** love inspired him to write poetry

natchnie|nie **[]** *sv* → **natchnąć**

[] *n* [1] (poryw twórczy) inspiration; **~nie poetyckie** poetic vein; **tworzyć pod wpływem ~nia** to be inspired to create [2] (podnieta) incentive, stimulus; **wydarzenia polityczne stały się ~niem do napisania reportażu** political events gave him an incentive to write an article; **miłość stała się jego ~niem** love became his inspiration

natchni|ony **[]** *pp* → **natchnąć**

[] *adi.* [1] (czujący natchnienie) [poeta, artysta] inspired [2] (wyrażający natchnienie) [wiersz, słowa, idee, wyraz twarzy] inspirational [3] (uduchowiony) inspired; **~ony wizjoner** an inspired visionary

natężać *impf* → **natężyć**

natęże|nie **[]** *sv* → **natężyć**

[] *n* [1] (barwy, światła) intensity; (dźwięku) volume; (wiatru) strength; **~nie ruchu w godzinach szczytu** traffic intensity a. build-up in the rush hour [2] *sgt* (koncentracja) concentration; **przyglądać się/słuchać/ pracować w ~niu** to watch/listen/work with concentration [3] *sgt* (wysiłek) (umysłu) (mental) strain; (mięśni) physical strain a. exertion

❑ **~nie dźwięku** Fiz. volume; **~nie oświetlenia** Fiz. illuminance; **~nie pola elektrycznego** Elektr. field strength; **~nie pola grawitacyjnego** Fiz. gravitational field strength; **~nie pola magnetycznego** Fiz. magnetic field strength; **~nie prądu elektrycznego** Fiz. amperage

natęż|ony **[]** *pp* → **natężyć**

[] *adi.* [1] (wytężony) [słuch, wzrok, uwaga] strained, tense; [praca, wysiłek] hard [2] (naprężony) [osoba] uptight, tense

natęż|yć *pf* — **natęż|ać** *impf* **[]** *vt* to strain [głos, słuch, wzrok]; to exert [siły]; to focus [uwagę]; **~yła pamięć** she concentrated her thoughts in order to remember

[] **natężyć się** — **natężać się** [1] (napiąć się) to strain, to make an effort [2] (nasilać się) [mróz, wrzawa] to increase, to intensify; [doznanie, zjawisko] to intensify, to heighten; **na ulicy ~a się ruch drogowy** traffic is building up in the street

nat|ka *f sgt* Kulin. [1] (liście, łodyga) (vegetable) tops *pl* a. leaves *pl*; **~ka marchewki** carrot leaves; **~ka buraka** beetroot tops [2] (pietruszka) parsley; **posypać ~ką ziemniaki** to sprinkle potatoes with (chopped) parsley

nat|knąć się *pf* — **nat|ykać się** *impf* (**~knęła się**, **~knęli się**, **~ykam się**) *v refl.* książk. to happen, to chance (**na kogoś/coś** on sb/sth); **~knąć się na ulicy na przyjaciela** to bump into a friend in the street; **~knęłam się na to zdjęcie, przeglądając stare albumy** I came across this photo when browsing through old photo albums

natłok *m sgt* (*G* **~u**) [1] (stłoczenie) crowd, throng; **~ samochodów** a multitude of cars [2] (ogrom) multitude, mass; **zagubiłem się w ~u faktów i informacji** I was lost in a mass of facts and information; **~ informacji** infoglut pot.; **~ zajęć/pracy** pressure of business; **~ myśli/wspomnień** a sea of thoughts/memories

natłu|c *pf* (**~kę**, **~czesz**, **~kł**, **~kła**, **~kli**) **[]** *vt* pot. [1] (zmiażdżyć) to break, to smash; **~c cynamonu/pieprzu** to pestle a. to pound cinnamon bark/pepper grains; **~c orzechów** to crack nuts ⇒ **tłuc** [2] (rozbić) to break (a lot of); **~c szyb/szklanek** to break windows/glasses ⇒ **tłuc** [3] pot. (pozabijać) to slaughter, to shoot; **~c much/komarów** to kill plenty of flies/ mosquitoes ⇒ **tłuc**

[] **natłuc się** [1] (potłuc się) to get broken; **podczas transportu ~kło się dużo jajek** a lot of eggs got broken during transport ⇒ **tłuc się** [2] pot. (napodróżować się) to travel a lot; **~kłem się po różnych krajach** I've travelled around different countries; **~kłem się po świecie** I've seen the world ⇒ **tłuc się**

natłuszczać *impf* → **natłuścić**

natłu|ścić *pf* — **natłu|szczać** *impf* **[]** *vt* to grease; **~ścić twarz/ręce kremem** to apply face/hand cream; **~ścić tortownicę** to oil a. grease a cake tin; **~ścić włosy ~szczone brylantyną** hair greased with brilliantine

[] **natłuścić się** — **natłuszczać się** pot. to get/become greasy

NATO /'nato/ *n inv. sgt* Polit., Wojsk. North Atlantic Treaty Organization, NATO

natomiast *coni.* książk. [1] (podczas gdy) while, whereas; **była Amerykanką, ~ on był Polakiem** she was American, while a. whereas he was Polish [2] (ale) however, but; **nie jestem ~ pewna, czy...** however, I'm not sure if...

natows|ki *adi.* [wojska, sekretarz, siedziba, pakt] NATO *attr.*

natrafiać *impf* → **natrafić**

natraf|ić *pf* — **natraf|iać** *impf* *vi* [1] (znaleźć) to find, to come across (**na kogoś/coś** sb/sth); **w rzeczach zmarłego pisarza ~iono na rękopis książki** they came across the manuscript among the dead writer's things; **policja ~iła na trop mordercy** the police were on the murderer's trail [2] (natknąć się) to encounter (**na coś** sth) [trudności, przeszkody, opór]; **w pracy ciągle ~iam na jakieś problemy** I keep encountering problems at work

natręctw|o *n* [1] *sgt* (natarczywość) obtrusiveness, importunity [2] *zw. pl* Med., Psych. obsession, compulsion; **u pacjenta ujawniły się ~a i fobie** the patient developed obsessions and phobias

natrę|t *m* pest, nuisance; **poczułem się jak ~t, więc szybko wyszedłem** I felt like an intruder, so I left quickly; **jemu na niej zależy, a ona traktuje go jak ~ta** he cares about her but she treats him like a pain in the neck pot.; **co za ~t z niego!** what a nuisance he is!

natrętnie *adv. grad.* persistently, importunately; **~ domagać się jałmużny** to demand alms persistently; **przyglądać się komuś ~** to stare at sb persistently; **zachowywał się tak ~, że więcej się z nim nie umówiła** he was so bold that she stopped seeing him

natrętnoś|ć *f sgt* [1] (bycie natrętnym) importunity, persistence [2] (natarczywość) aggressiveness

natrętn|y *adi. grad.* książk. [1] (naprzykrzający się) [gość, sąsiad] intrusive, bothersome; [dziecko] pestering; [podrywacz] importunate, obtrusive; [mucha, komar] annoying, pesky; **~y akwizytor** an importunate huckster [2] (uporczywy) [zaczepki] persistent; [myśli] obsessive; [wzrok] impudent, penetrating

natrysk *m* (*G* **~u**) [1] (prysznic) shower; **pójść pod ~** to have a shower [2] (urządzenie do natrysku) douche [3] *zw. pl* (pomieszczenie) shower room [4] Techn. (natryskiwanie) spraying, spray shower [5] Techn. (warstwa powstała przez natryskiwanie) spraying

natryskow|y *adi.* książk. [1] (prysznicowy) shower *attr.*; **kąpiel ~a** a shower bath; **kabina ~a** a shower cubicle [2] Techn. spray *attr.*; **pistolet ~y** a spray gun, an airbrush

natrzą|sać się *impf v refl.* to mock *vt* (**z kogoś** sb); to make fun (**z kogoś** of sb); **~li**

się z kolegi they sniggered at their friend; **~ł się z jej zapału do pracy** he jeered at her enthusiasm for work

natrzą|ść *pf* (**~ęsę, ~ęsiesz, ~ąsł, ~ęsła, ~ęśli**) **⫽** *vt* to shake down; **~ąść jabłek/orzechów z drzewa** to shake down apples/nuts off a tree

⫽ natrząść się *pot.* ⬜ (**postrącać**) to shake down a lot of *[jabłek, orzechów]* ⬜ (**być trzęsionym**) to get jolted about; **~ąsłem się w pociągu** I've got jolted about a lot on the train ⇒ **trząść się**

na|trzeć¹ *pf* — **na|cierać** *impf* **⫽** *vt* to rub; **natrzeć ciało balsamem** to rub body lotion into the skin; **natrzeć kolano maścią** to rub liniment onto one's knee; **natrzeć podłogę pastą** to rub polish into the floor; **nacierać patelnię tłuszczem** to grease a. to oil a frying pan

⫽ *vi* ⬜ Wojsk. (**zaatakować**) to attack (**na kogoś/coś** sb/sth), to charge (**na kogoś/coś** at sb/sth) ⬜ Sport to attack; **nacierać na bramkę drużyny przeciwnej** to make an attack on the opponents' goal

⫽ natrzeć się — nacierać się to rub [sth] into one's body; **natrzeć się kremem** to apply cream to one's skin

■ **natrzeć komuś uszu** to give sb a dressing-down, to tell sb off

nat|rzeć² *pf vt* to grate; **narzeć chrzanu/buraków** to grate some horseradish/beetroot ⇒ **trzeć**

natu|ra *f* ⬜ *sgt* (**przyroda**) nature; **cud ~ry** a wonder of nature; **prawa ~ry** the laws of nature, natural laws; **matka ~ra** mother nature; **wybryk ~ry** an anomaly, a freak of nature; **uwielbiam obcowanie z ~rą** I'm a nature-lover ⬜ *sgt* (**stan pierwotny**) nature; **zmęczony cywilizacją tęsknił do ~ry** tired of civilization, he longed for a return to nature ⬜ *sgt* (**o cechach wrodzonych**) nature; **~ra obdarzyła go szczodrze talentami** nature had bestowed many talents upon a. on him; **~ra wyposażyła zwierzęta w instynkt** nature equipped animals with instinct; **zabijanie leży w ~rze zwierząt** it's in the nature of animals to kill; **głos ~ry** call of the wild; **wbrew ~rze** contrary to a. against nature ⬜ (**organizm**) constitution; **silna/żelazna/słaba ~ra** a strong/iron/frail a. feeble constitution ⬜ *sgt* (**charakter**) nature, character; **był małomówny z ~ry** he was quiet by nature; **to artystyczna ~ra** she's/he's artistic by nature; **narzekanie nie leży w jej ~rze** it's not in her nature to complain ⬜ *sgt* (**istota**) nature; **w czasie pracy wynikły trudności ~ry technicznej** difficulties of a technical nature arose during the work; **trzeba pokonać bariery ~ry prawnej** obstacles of a legal nature must be overcome; **z (samej) ~ry rzeczy** in the (very) nature of things

❏ **martwa ~ra** Szt. still life

■ **być/stawać się drugą ~rą** to be/become second nature (to sb); **z ~ry rzeczy wynika, że po nocy następuje dzień** it's natural that day follows night; **gwałcić ~rę** a. **zadawać gwałt ~rze** książk. to violate a. disobey nature; **malować/rysować z ~ry** Szt. to draw/paint from nature; **w ~rze** (**w towarach**) in kind;

przyzwyczajenie (jest) drugą ~rą przysł. habit is second nature

naturali|sta *m*, **~stka** *f* ⬜ Filoz. naturalist ⬜ Literat., Szt. naturalist; **malarz/pisarz ~sta** a naturalist(ic) painter/writer

naturalistycznie *adv.* ⬜ Filoz., Literat., Socjol., Szt. *[namalować, opisać]* naturalistically ⬜ (**brutalnie**) *[przedstawić, pokazać]* naturalistically, in a naturalistic way a. manner

naturalistyczność *f sgt* naturalism; **~ć scen w filmie** the naturalism of the scenes in the film

naturalistyczn|y *adi.* ⬜ Filoz., Szt., Literat. naturalist, naturalistic; **~a koncepcja życia** a naturalistic concept of life; **pisarz ~y** a naturalist(ic) writer ⬜ Socjol. naturalistic; **~a koncepcja społeczeństwa** a naturalistic concept of society; **~e poglądy na temat powstania państwa** naturalistic views on the origin of the state ⬜ Szkol. *[metody, założenia]* progressive; **w pedagogice reprezentował poglądy ~e** he had progressive views on pedagogy ⬜ *[opowieść, opis]* naturalistic

naturalizm *m sgt* (*G* **~u**) ⬜ (**jaskrawe i brutalne przedstawienie**) naturalism ⬜ Filoz., Literat., Szt. naturalism; **przedstawiciele francuskiego ~u** representatives of French naturalism ⬜ Socjol. naturalism; **napisał podręcznik nauk społecznych z punktu widzenia ~u** he wrote a book on sociology from a naturalistic point of view ⬜ Szkol. progressivism

naturaliz|ować *pf, impf* Prawo **⫽** *vt* to naturalize; **~owany Amerykanin** a naturalized American

⫽ naturalizować się to become naturalized

naturalnie ⫽ *adv. grad.* (**normalnie**) *[rozmawiać, zachowywać się, śmiać się]* naturally; **czemu jesteś taki sztywny, zachowuj się** ~ why are you so tense – act naturally! **⫽** *adv.* ⬜ (**z natury**) naturally, by nature; **usta miała ~ czerwone** her lips were naturally red; **~ kręcone włosy** naturally curly hair ⬜ (**bez udziału człowieka**) naturally; **krajobraz kształtowany ~** naturally shaped landscape; **miedź występująca ~** native copper ⬜ (**bez użycia chemii**) naturally; **pszenica wyhodowana ~** wheat cultivated a. grown naturally

⫽ *part.* (**oczywiście**) of course, obviously; **to jest, ~, wasza sprawa, co zrobicie** of course, it's up to you what you're going to do

⫽ *inter.* (**jasne**) of course; **„czy mogę zadzwonić?" – „~!"** 'may I use the phone?' – 'of course!'

naturalnoś|ć *f sgt* książk. ⬜ (**prostota**) naturalness, unadorned simplicity; **~ć i wdzięk młodej dziewczyny** naturalness and charm of a young girl ⬜ (**pierwotność**) naturalness, natural state

naturaln|y ⫽ *adi. grad.* ⬜ (**oczywisty**) natural; **~y rozwój wypadków** natural course of events; **~a skłonność** a natural tendency; **mylić się to rzecz ~a** to err is human ⬜ (**szczery**) *[dziewczyna, sposób bycia, zachowanie]* natural, unaffected **⫽** *adi.* ⬜ (**powstały bez udziału człowieka**) natural; **środowisko ~e** natural environment; **las**

~y natural forest; **miód/sok ~y** natural honey/juice; **~a regulacja urodzin** natural methods of birth control ⬜ (**wrodzony**) natural, inborn; **była ~ą blondynką** she was a natural blonde; **jego ~ą cechą jest uczciwość** his inborn quality is honesty; **rzeźba ~ej wielkości** a full-size(d) a. full-scale sculpture

naturszczy|k *m* środ., Kino, Teatr non-professional actor

natury|sta *m*, **~stka** *f* książk. ⬜ (**nudysta**) naturist, nudist ⬜ (**miłośnik przyrody**) nature-lover

naturyzm *m sgt* (*G* **~u**) książk. ⬜ (**nudyzm**) naturism, nudism ⬜ (**powrót do natury**) return to nature, love of nature

natychmiast *adv. [wyruszyć, zacząć, zjawić się]* immediately, at once; *[umrzeć, zginąć]* instantly; **masz ~ zgłosić się do dyrektora** report to the director immediately!; **zrób to ~!** do it right away a. (right) now!; **~ po obiedzie zasnęła** she fell asleep right after dinner; **~ po tym, jak wyszedłeś, zadzwonił telefon** immediately after you'd gone a. the minute you'd gone, the phone rang

natychmiastowo *adv. [wypłacić, zrobić, odbywać się]* immediately, instantly; **zamówienia realizowane są ~** orders are processed immediately; **zareagował niemal ~** he reacted almost immediately

natychmiastowoś|ć *f sgt* immediacy; instantaneity rzad.

natychmiastow|y *adi. [decyzja]* immediate, instantaneous; *[reakcja]* instantaneous; *[ulga, sukces, śmierć]* immediate, instant; *[odpowiedź]* immediate; *[zwolnienie]* instant, summary; **~a dostawa** immediate a. prompt delivery; **leki o ~ym działaniu** drugs that take immediate effect; **rozwiązać umowę ze skutkiem ~ym** to terminate a contract forthwith; **ustawa wchodzi w życie w trybie ~ym** the law comes into force with immediate effect; **pacjent wymaga ~ej pomocy lekarskiej** the patient needs immediate a. emergency medical help

natykać się *impf* → **natknąć się**

natyra|ć się *pf vi* pot. to work one's backside off pot.; **wiele się w życiu ~ł** he's worked really hard all his life; **~łem się dzisiaj** today I've worked my fingers to the bone

naubliża|ć *pf vi* to abuse (**komuś** sb); **~ła mu od chamów** she called him a lout

nauczać *impf* → **nauczyć**

nauczani|e ⫽ *sv* → **nauczyć**

⫽ *n sgt* teaching, instruction; **~e przedmiotu** teaching of a. instruction in a subject; **~e języków obcych** foreign language teaching; **metody/wyniki ~a** teaching methods/results; **wysoki poziom ~a** a high standard a. level of teaching

❏ **~e całościowe** Szkol. integrated education; **~e elementarne** a. **początkowe** Szkol. primary a. elementary education; **~e kompleksowe** Szkol. inter-disciplinary a. project-based teaching; **~e programowane** Szkol. programmed instruction; **~e zaoczne** Szkol. extramural education; **dogmatyczne ~e** Hist. dogmatic instruction; **tajne ~e** Hist. clandestine teaching

N

naucz|ka f lesson; **dostać** a. **otrzymać (dobrą) ~kę** to learn one's lesson; **dostała srogą ~kę** she learnt her lesson the hard way; **dostał ~kę na całe życie** that taught him a lesson he'll never forget; **dostał ~kę, żeby nie rozmawiać z nieznajomymi** it taught him not to talk to strangers; **dać komuś ~kę** to teach sb a lesson; **trzeba dać im ~kę** they need to be taught a lesson; **no i masz ~kę, żeby nie mieszać alkoholi** that'll teach you not to mix (your) drinks; **niech to będzie dla ciebie ~ką!** that'll teach you!, let that be a lesson to you!; **to dobra ~ka na przyszłość** it's a good lesson for the future; **to była dla niego dobra ~ka** it was one in the eye for him pot.

nauczyciel m (Gpl ~i) [1] Szkol. teacher, schoolteacher; **pobłażliwy/surowy/wymagający ~** a lenient/strict/demanding teacher; **~ historii/matematyki/polskiego/WF** a history/maths/Polish/PE teacher; **~ muzyki/śpiewu/tańca** a music/singing/dance a. dancing teacher; **~ prywatny** a (private) tutor; **być ~em angielskiego** to be an English teacher; **zostać ~em** to become a teacher, to go into teaching; **doświadczenie jest najlepszym ~em** przen. experience is the best teacher [2] (osoba pouczająca) teacher [3] (mistrz) master [4] Relig. (prorok) (master) teacher
❏ **~ akademicki** Uniw. university teacher, academic

nauczyciel|ka f teacher

nauczyciels|ki adi [zawód, doświadczenie, praktyka] teaching attr.; [pensja, płaca, postulaty] teachers'; **grono ~kie** (teaching) staff, faculty US; **pokój ~ki** a staffroom GB; **(czyjeś) powołanie ~kie** sb's vocation as a teacher; **wykwalifikowana kadra ~ka** qualified teaching staff; **należeć do grona ~kiego** to be on the teaching staff; **uzyskać uprawnienia ~kie** to be certified as a teacher

nauczycielstw|o n sgt [1] (nauczyciele) teachers; (w szkole) (teaching) staff, faculty US [2] (zawód) teaching (profession); **zajmować się ~em** to be in the teaching profession, to have a job in teaching

naucz|yć pf — **naucz|ać** impf [] vt [1] (przekazać wiedzę) to teach; **~yć kogoś historii/języka obcego** to teach sb history/a foreign language; **~yć kogoś czytać/pływać** to teach sb (how) to read/swim; **~yć kogoś posłuszeństwa** to teach sb obedience; **~yć psa aportu/sztuczek** to teach a dog to fetch/to do tricks; **ojciec ~ył mnie grać** a. **gry na skrzypcach** my father taught me (how) to play the violin; **~ono mnie, że nie należy nigdy kłamać** I was taught never to lie [2] (pouczyć) to teach; **życie ~yło go cierpliwości** life has taught him to be patient; **historia nas ~yła, że...** history has taught us that...

[] **nauczyć się** to learn (zdobyć umiejętność) to teach oneself (czegoś sth); **~yć się szyć** to learn sewing a. (how) to sew; **~yć się punktualności** to learn to be punctual; **~yć się wiersza na pamięć** to learn a poem (off) by heart; **~yłem się tego sam/od rodziców** I've learnt it (by) myself/from my parents

■ **~ony doświadczeniem** książk. having learnt the lesson of experience; **~ony gorzkim doświadczeniem nie ufał nikomu** from bitter experience, he trusted no one; **~yć kogoś moresu** przest. to teach sb some manners, to show sb what's what; **~yć kogoś rozumu** pot. to knock some sense into sb; **~yć się rozumu** pot. to come to one's senses; **kiedy ty wreszcie ~ysz się rozumu!** when will you ever learn?; **czego Jaś się nie ~y, tego Jan nie będzie umiał** przysł. ≈ what you don't learn as a child you can't learn as an adult; **ja cię/ja was ~ę** pot. I'll teach you; **ja cię ~ę posłuszeństwa!** I'll teach you to do as you're told!

na udry pot. **iść ~ (z kimś)** to be at loggerheads (with sb); **~ niczego nie wskórasz** you won't get anywhere by going at it hammer and tongs pot.

nau|ka f [1] sgt (wiedza) learning; (ścisła) science; (badania) research; **~ka polska/światowa** Polish/international academic research; **człowiek ~ki** a scholar; **gałąź/dziedzina ~ki** a branch/field of learning a. knowledge; **świat ~ki** the world of science; **gatunek nieznany ~ce** a species unknown a. new to science; **poświęcić się ~ce** to devote oneself to research a. to scholarly pursuits; **zajmować się ~ką** to be engaged in research a. academic work; **zrobić coś dla dobra ~ki** to do sth in the interests of science; **zwiększyć nakłady na ~kę** to increase spending on research [2] (dziedzina) science; **rozwój ~k ekonomicznych** development of economics; **~ki medyczne** medical sciences; **~ka o języku** linguistics [3] (teoria) theory, doctrine; **~ka Freuda** Freud's theories a. theory; **wiedza o wszechświecie oparta na ~ce Ptolemeusza** knowledge of the cosmos based on Ptolemy's teachings [4] Szkol. (edukacja) study, learning; (w szkole) schooling; **~ka czytania i pisania** learning to read and write; **~ka gry na fortepianie** learning to play the piano; **~ka zawodu** apprenticeship; **oddać kogoś na ~kę do krawca** to apprentice sb to a tailor; **~ka przychodziła jej łatwo/z trudem** she was a quick a. fast/slow learner; **łożyć na czyjąś ~kę** to pay for sb's schooling; **mieć trudności w ~ce** to have learning difficulties; **oderwać się od ~ki** to tear oneself away from one's studies; **odnosić sukcesy w ~ce** to do well in one's studies; **przykładać się do ~ki** to apply oneself to study, to study diligently; **robić postępy w ~ce** to make good progress with one's studies; **zaniedbywać się w ~ce** to neglect one's studies; **dzień wolny od ~ki** a day off school; **jutro nie ma ~ki (w szkole)** there are no classes a. lessons tomorrow; **pobierać ~ki** książk. to receive one's education (u kogoś from sb) [5] (morał) lesson; **wyciągnąć ~kę z przeszłości** to draw a lesson from the past; **~ka płynąca z bajki** the moral of a fable; **jaka z tego płynie ~ka?** what lesson can be drawn from that? [6] Relig. sermon; **wierni wysłuchali ~ki biskupa** the congregation listened to the bishop's sermon
❏ **~ka Kościoła** Relig. the Church's teachings; **~ka religii** Relig. religious instruction a. education; **~ki dedukcyjne** a. **formalne** Nauk. deductive sciences; **~ki empiryczne** a. **indukcyjne** Nauk. empirical sciences; **~ki humanistyczne** humanities, arts; **~ki idiograficzne** Filoz. idiographic sciences; **~ki nomotetyczne** a. **nomologiczne** Filoz. nomothetic sciences; **~ki normatywne** Filoz. normative sciences; **~ki polityczne** Polit. political science; **~ki przedmałżeńskie** a. **przedślubne** parish-based course to prepare Catholic couples for marriage; **~ki przyrodnicze** natural sciences; **~ki społeczne** Socjol. social science(s); **~ki ścisłe** exact sciences; **~ki wyzwolone** Hist. liberal arts
■ **~ka nie poszła w las** przysł. the lesson has been learned a. hasn't been forgotten a. hasn't been wasted

naukow|iec m (badacz) researcher; (w naukach ścisłych i przyrodniczych) scientist, researcher; (w naukach humanistycznych) academic; **zespół/grupa ~ców** a team/group of scientists a. academics; **~cy zajmujący się biologią morza** marine biologists; **~cy badający genom ludzki** scientists researching into the human genome; **zdaniem ~ców...** scientists say that...; **być typem ~ca** (w naukach ścisłych) to be scientifically minded; (w naukach humanistycznych) to have an academic mind

naukowo [] adv. [1] (w sposób naukowy) [zbadać, opisać] scientifically, in scientific terms; **~ potwierdzona teoria** a scientifically validated theory; **udowodnić coś ~** to prove sth scientifically a. using scientific methods; **nie wszystko można wyjaśnić ~** not everything can be explained scientifically a. by science; **podejść ~ do zagadnienia** to approach a problem in a scholarly manner a. in a scientific way [2] (w dziedzinie nauki) **pracować ~** (w naukach ścisłych) to work as a scientist a. researcher; (na uczelni) to be an academic
[] **naukowo-** w wyrazach złożonych **instytut/program naukowo-badawczy** scientific research institute/programme; **placówka naukowo-badawcza** scientific research facility; **pracownik naukowo-dydaktyczny** academic a. university teacher; **postęp naukowo-techniczny** advances a. progress in science and technology

naukowoś|ć f sgt książk. scientific nature, scientificity; **nie rościć sobie pretensji do ~ci** to make no claims to being scientific

naukow|y adi. [1] (związany z wiedzą) [dyscyplina, ekspedycja, eksperyment, metoda, nagroda, postęp, teoria, terminologia, wiedza] scientific; [badania, osiągnięcia, publikacja, współpraca] scientific, academic; **czasopismo ~e** a scientific a. an academic journal; **biblioteka ~a** a scientific a. an academic library; **literatura ~a** scientific a. academic literature; **odkrycia ~e** scientific discoveries; **pracownik ~y** a researcher, a research worker; **stopień/tytuł ~y** a university a. an academic degree/an academic title; **towarzystwo ~e** a learned society; **mieć ambicje ~e** to aspire to a scientific a. an academic career; **wykorzystywanie zwierząt do celów ~ych** the use of animals for scientific purposes; **nie ma dowodów ~ych na to, że...** there is no scientific evidence to prove that...; **wybitne dzieło ~e** an outstanding piece of scholarship; **poświęcić się karierze ~ej** to devote oneself to an academic a. a scientific career; **mieć** a. **prezentować ~e podejście do zagadnienia** to be scientific in one's approach to a problem; **poglądy te nie mają podstaw ~ych** there is no scientific basis for these ideas; **zajmować się pracą ~ą** to be engaged in scientific work a. pursuits, to do scientific work; (na uczelni) to be engaged in academic work a. pursuits; **z ~ego punktu widzenia** from a scientific point of view; **w środowisku ~ym** in the scientific a. academic community, in scientific a. academic circles; **przedstawiciele polskiego życia ~ego** representatives of Polish science and humanities [2] (edukacyjny) **placówki ~e** research a. higher educational establishments; **podróż ~a** a study tour a. trip; **pomoce ~e** study aids

na umór pot. **pić ~** to drink oneself into a stupor; **upić się ~** to get blind drunk pot., to get paralytic pot.

naumyślnie adv. deliberately, intentionally; **powiedział to ~, żeby ją zdenerwować** he said it deliberately a. purposely to annoy her; **nie zrobiłem tego ~** I didn't do it deliberately a. on purpose

naurągać pf vi pot. **~ć komuś (za coś)** to bawl sb out (for sth) pot.; **~ł córce za późny powrót do domu** he hauled his daughter over the coals for getting home late ⇒ **urągać**

nausznik [I] m zw. pl [1] (część czapki) ear flap; **futrzane ~i** fur ear flaps; **opuścić/podnieść ~i** to pull down/lift a. raise one's ear flaps [2] Hist. earpiece
[II] **nauszniki** plt [1] (osłona przed zimnem) (ear)muffs pl; **chodzić w ~ach** to wear earmuffs; **nałożyć ~i** to put on earmuffs [2] (osłona przed hałasem) noise muffs pl, (acoustic) earmuffs pl

nawa f [1] Archit. (główna) (central) nave; (boczna) (side) aisle; (poprzeczna) transept [2] Archit. concourse; **~a dworca** a (station) concourse [3] przest. ship, vessel
❏ **~a główna** (central) nave
■ **~a państwowa** książk. the state; **sternik ~y państwowej** the helmsman of the state

na wabia → wab

nawadniać impf → **nawodnić**

nawalać impf → **nawalić¹**

nawalić¹ pf — **nawalać** impf pot. [I] vt (zbić) **~ić kogoś** to beat sb (up), to give sb a beating
[II] vi [1] (zawieść) to bungle a. blow it pot.; **znów ~ił i nie kupił biletów** he blew it again and failed to buy the tickets; **~ić z robotą** to bungle a. screw up the job [2] (nie funkcjonować) [urządzenie, samochód, silnik] to pack in a. up pot., to conk out pot.; [komputer] to crash pot., to play up pot.; [wątroba, nerki] to pack in a. up pot.; **coś ~iło w lodówce** something's (gone) wrong with the fridge; **serce mi ~a** my heart is packing in a. up; **nerwy mi ~ają** my nerves are acting up
[III] **nawalić się — nawalać się** [1] (zbić

jeden drugiego) to bash a. whack each other [2] (alkoholem, narkotykami) to get stoned pot.

nawalić² pf [I] vt pot. [1] (zgromadzić) to load [ziemniaków, gruzu]; **~ił całą piwnicę węgla** he filled the cellar up with coal; **kto ~ił piachu na ścieżkę?** who's dumped sand on the path? [2] (dać do wykonania) **~ić komuś roboty** to load sb down with work
[II] vi posp. to have a shit GB posp.; to take a dump US pot.; **pies ~ił na trawnik** the dog dropped a load on the lawn posp.
[III] **nawalić się** to come in droves a. swarms; **na imprezę ~iło się masę ludzi** people came to the party in droves

nawalony [I] pp → **nawalić**
[II] adi. pot. (alkoholem) stoned pot., trashed pot.; (narkotykami) stoned pot.; doped up; **był tak ~ony, że urwał mu się film** he was so stoned a. trashed that he blacked out

nawał m sgt (G **~u**) multitude; **~ł kłopotów** a multitude a. host of problems; **mam ~ł pracy** I'm up to my eyes in work, I'm snowed under with work; **mam ~ł spraw do załatwienia** I have a lot of business to attend to; **~ł zajęć nie pozwolił mi przyjść** the pressure of work kept a. prevented me from coming; **przed świętami sklepy przeżywają ~ł klientów** before Christmas, shops are inundated with customers

nawała f sgt [1] Wojsk. (natarcie) onslaught; **bronić się przed ~łą wroga** to defend oneself against the enemy onslaught; **powstrzymać/odeprzeć ~łę turecką** to hold off/to repel a. resist the Turkish onslaught [2] książk. (masa) multitude; **~ła plag** a multitude of plagues; **poddać kogoś ~le pytań** to fire a barrage of questions at sb, to bombard sb with questions
❏ **~ła ogniowa** Wojsk. drumfire; **~ła artyleryjska** heavy artillery fire

nawałnica f [1] książk. (zawierucha) squall, storm; **~a deszczowa/gradowa/śnieżna** a rainstorm/hailstorm/blizzard a. snowstorm; **w nocy przeszła gwałtowna ~a** there was a violent a. torrential rainstorm during the night; **rozpętała się a. rozszalała się ~a** a storm broke out [2] przen. (wstrząsy dziejowe) upheaval, tempest; **~a wojenna/rewolucyjna** the tempest of war/a revolutionary upheaval [3] (natłok) flood; **~a słów/dźwięków** a flood a. torrent of words/sounds; **~a uczuć** a turmoil of emotion; **~a myśli** a tumult of thoughts

nawarstwiać impf → **nawarstwić**

nawarstwić pf — **nawarstwiać** impf
[I] vt to pile up (in layers) [osad, piasek]; **~iać farby** to apply paints in layers
[II] **nawarstwić się — nawarstwiać się** [1] (nałożyć się) [osad, piasek] to pile up (in layers) [2] (skumulować się) [problemy, wspomnienia] to accumulate, to build up

nawarstwiony [I] pp → **nawarstwić**
[II] adi. [konflikty] accumulated; **~one od lat problemy** problems which have accumulated a. built up over the years

nawarzyć pf vt przest. to cook [zupy, kaszy]
■ **~yć sobie/komuś piwa** pot. to land oneself/sb in it a. in a fine mess pot.; **aleś sobie piwa ~ył!** you've really landed yourself in it!

nawet part. [1] (zresztą) even; **mógł ~ nie wiedzieć o tym** he might even not have known about that; **nie chcę ~ o tym słyszeć** I don't even want to hear about it, I won't hear of it; **odjechał nie pożegnawszy się ~** he left without even saying goodbye a. without so much as saying goodbye; **~ nie przeszło mi to przez myśl** it never even crossed my mind; **to nie było trudne, ~ dla mnie** it wasn't difficult, (not) even for me; **jest chora, ~ bardzo** she's ill, even seriously ill; **dostał czego chciał, a ~ więcej** he got what he wanted and more besides; **dzień był gorący, ~ upalny** the day was hot, in fact it was scorching; **okazał się ~ miły** he turned out to be surprisingly nice [2] (choćby) even; **~ jeśli mnie zaproszą, nie pójdę** even if they do invite me, I won't go; **~ gdyby mnie błagał, nie ustąpię** even if he begged me, I wouldn't give in; **~ gdyby tak było, to co?** even if that were the case, so what?; **nie mogę nic zrobić, ~ gdybym chciał** I can't do anything, even if I wanted to; **~ mi nie mów** don't even tell me; **nie mam ~ chwili czasu** I don't even have a minute; **~, ~** pot. quite something, (really) something; **ona jest ~, ~** she's (really) something a. quite something; **film był ~, ~** the film was pretty cool

nawiać pf — **nawiewać** impf (~eję — ~ewam) [I] vt [1] (napędzić) to blow (in) [liści, chmur]; to drift [śniegu, piasku, liści]; **wiatr ~ał dym znad ognisk** the wind has blown in smoke from the bonfires [2] (owionąć) [powietrze] to blow; **ciepłe powietrze ~ało z południa** warm air blew from the south; **chłód ~ewa od okna** cold air is blowing in through the window
[II] vi pot. (uciec) to bunk off pot.; **~ać z lekcji** to bunk off a. cut classes; **~ać z więzienia** to do a bunk from a. break out of prison

nawias m (G **~u**) [1] (znak pisarski) bracket, parenthesis; **napisać coś w ~ie** to write sth in brackets; **umieścić coś w ~ie** to put sth in brackets, to put brackets round sth; **ująć a. wziąć coś w ~** to put sth in brackets; **otworzyć/zamknąć ~** to open/close brackets; **ceny podane są w ~ach** prices are given in brackets [2] Mat. bracket; **wyłączyć a. wyciągnąć przed ~** to put a. take outside the brackets [liczbę]; to factor out [wspólny czynnik, składnik wyrażenia]
❏ **~ klamrowy** curly bracket, brace; **~ kwadratowy** square bracket; **~ okrągły** round bracket, parenthesis
■ **~em mówiąc** pot. by the way, incidentally; **widziałem jego najnowszy film, ~em mówiąc, niezbyt dobry** I've seen his latest film which, incidentally a. by the way, wasn't very good; **być/czuć się poza ~em** to be/feel like an outsider, to be/feel out of it; **został wyrzucony poza ~ życia społecznego** he was pushed onto the margin(s) of society; **wyłączyć a. usunąć kogoś poza ~** pot. to ostracize sb, to put sb on the sidelines; **wziąć coś w ~** przen. to ignore sth, to leave aside sth

nawiasowo adv. [wspomnieć, dodać] incidentally, in passing a. parenthesis

N

nawiasow|y adi. [spostrzeżenia, uwagi, informacje, wskazówki] incidental, parenthetical

nawią|zać¹ pf — **nawią|zywać** impf (~żę — ~zuję) **I** vt książk. to establish, to form [przyjaźń] (**z kimś** with sb); to make, to establish [kontakt] (**z kimś** with sb); to establish [współpracę, stosunki dyplomatyczne] (**z kimś** with sb); ~**zać z kimś korespondencję** to enter into correspondence with sb; ~**zywanie kontaktów towarzyskich przychodziło mu z łatwością** he had good interpersonal skills; **łatwo/trudno** ~**zywał znajomości** he was a good/ bad mixer

II vi (odwoływać się) to refer, to allude (**do czegoś** to sth); **chciałbym** ~**zać do wczorajszej dyskusji** I'd like to refer to a. allude to yesterday's discussion; **autor otwarcie** ~**zuje do Arystotelesa** the writer makes explicit reference to Aristotle; ~**zywał w swej powieści do motywów ludowych** in his novel he looked to a. drew on folk motifs for inspiration; ~**ując do Pańskiego listu z dnia...** further to GB a. referring to your letter of...; ~**ując do tematu zadłużenia, sądzę, że...** while still on the subject of debt, I think that...

III nawiązać się — **nawiązywać się** [przyjaźń, porozumienie] to develop; ~**zała się sympatia między nimi** they came to like each other, they took a fancy to each other

nawią|zać² pf (~żę) vt [1] (przyczepić) to tie (a lot of) [sznurków, sieci] [2] (powiązać) to bind (a lot of) [snopków]

nawiąza|nie **I** sv → nawiązać

II n zw. pl reference (**do czegoś** to sth); **w przemówieniu było dużo** ~**ń do działalności rządu** the speech made numerous references to the government's activities; **rozpoczął wykład** ~**niem do poezji Byrona** he began his lecture with a reference to Byron's poetry; **w** ~**niu do Pani faksu** with reference to your fax

nawiąz|ka f Prawo compensatory damages pl; **sąd orzekł** ~**kę na rzecz poszkodowanego** the court awarded compensatory damages to the injured party

■ **odpłacić (się) komuś z** ~**ką** pot. to repay sb with interest; **koszty inwestycji zwróciły się z** ~**ką** the investment has more than paid for itself a. has paid off handsomely; **wynagrodzili jej straty z** ~**ką** they more than made up for her losses; **spełnił z** ~**ką moje oczekiwania** he more than met a. lived up to my expectations; **firma przynosiła zysk z** ~**ką** the company was making a. generating more than enough profit; **swój obowiązek wypełnił z** ~**ką** he outdid his obligation

nawiązywać impf → nawiązać¹

nawiedzać impf → nawiedzić

nawie|dzić pf — **nawie|dzać** impf vt książk. [1] (nękać) [powódź, huragan, epidemia, choroba, wojna] to hit, to strike; **susza** ~**dziła kraj** drought hit a. struck the country; **region** ~**dziły obfite opady śniegu** the region was hit by a heavy snowfall; ~**dzały go ataki kaszlu** he was racked by recurring coughing fits; **zimą** ~**dza ludzi epidemia grypy** in the winter

people are hit a. struck by flu epidemics; **obszar** ~**dzony trzęsieniem ziemi** an area hit a. affected by an earthquake [2] [myśli, uczucia, wspomnienia, tęsknota] to obsess, to haunt; ~**dził ją smutek** sadness descended (up)on her; ~**dzały go ponure myśli** he was assailed a. plagued by gloomy thoughts; **we śnie** ~**dzają mnie koszmary** I am haunted by nightmares [3] (przybyć) to visit; **sanktuarium jest** ~**dzane przez pielgrzymów** the sanctuary is visited a. frequented by pilgrims

nawiedz|ony **I** pp → nawiedzić

II adi. [1] (fanatyczny) [feministka, polityk] rabid, fanatical; ~**ony kaznodzieja** a Bible-basher, a Bible-thumper [2] (nadprzyrodzony) [zamek, dom, miejsce] haunted; **w** ~**onym domu straszyły duchy** the house was haunted (by ghosts)

III nawiedz|ony m, ~**ona** f one possessed

nawierzchni|a f (Gpl ~) (road) surface, surface of a road; ~**a kolejowa** (railway) permanent way GB; ~**a asfaltowa/żwirowa** an asphalt/a gravel (road) surface; ~**a śliska** a slippery road surface; **droga o twardej** ~ a hard surface a. made-up road; **pokryć drogę** ~**ą** to surface a road; **na oblodzonej** ~ **samochód wpadł w poślizg** the car skidded a. slid on an icy road surface a. pavement US; **opony dobrze trzymają się** ~ the tyres have a good grip (on the road); ~**a boiska była nierówna/błotnista** the surface of the pitch was uneven/muddy

nawierzchniowo adv. Budow. [mocować] on the surface

nawierzchniow|y adi. [roboty] road surface attr.; [farba] topcoat

nawietrzn|y **I** adi. Żegl. windward; **burta** ~**a** the windward side; **po stronie** ~**ej** to windward; **jacht** ~**y** (pozycja) windward yacht; **być** ~**ym** [jacht] to have weather helm

II nawietrzn|a f windward side

nawiew m (G ~u) Techn. [1] (nadmuch) (air) blowing; (nawiewane powietrze) blast of air; ~ **na tylne siedzenia** ventilation to the rear seats [2] (urządzenie) ventilator

nawiewać impf → nawiać

nawi|eźć¹ pf — **naw|ozić¹** impf (~iozę, ~ieziesz, ~iózł, ~iozła, ~ieźli — ~ożę) vt Roln., Ogr. to fertilize, to dress [ziemię]; **pole** ~**ożone obornikiem** a field fertilized with manure a. dung, a manured field

nawi|eźć² pf (~ozę, ~eziesz, ~ózł, ~ozła, ~eźli) vt pot. to bring (in); ~**eźć węgla/piasku** to bring in lots of coal/sand

nawigacj|a f sgt Lotn., Żegl. [1] (określanie kursu) navigation; (dział wiedzy) navigational science; ~**a lotnicza/morska/satelitarna** aerial/marine/satellite navigation; ~**a zliczeniowa** (navigation by) dead reckoning [2] (sterowanie) navigation; (statkiem) navigation, sailing; (samolotem) navigation, flying; **sztorm utrudniał** ~**ę** the storm made navigation difficult [3] Komput. navigation

nawigacyjn|y adi. Lotn., Żegl. [przyrządy, latarnia, mapa, szkolenie, kurs] navigation(al); [oficer] navigation, navigating; **dziennik** ~**y** a navigation(al) log; **kabina** ~**a** a navigation cabin a. compartment; **pomost** ~**y** a

navigating bridge; **znaki** ~**e** navigational marks; **satelita** ~**y** a navigation satellite

nawigato|r m Lotn., Żegl. navigator

❑ ~**r automatyczny** Żegl., Lotn. automatic navigator

nawig|ować impf vi [1] Lotn., Żegl. to navigate [samolotem, statkiem]; ~**ować według przyrządów/gwiazd** to navigate by instruments/the stars [2] Komput. to navigate; ~**ować po Internecie** to surf the Internet

nawijać¹ impf → nawinąć

nawi|jać² impf vi pot. to jaw (away) pot., to talk a blue streak US pot. (**o czymś** about sth); **przestań już** ~**jać** just stop jawing a. yattering, will you; **ale on potrafi** ~**jać** he's a real talker

nawilgać impf → nawilgnąć

nawilg|ły **I** pp → nawilgnąć

II adi. [ubranie, powietrze] damp, moist

nawilg|nąć pf — **nawilg|ać** impf (~nęła a. ~ła, ~nęli a. ~li — ~am) vi to become damp a. moist; **trawa** ~**ła od rosy** the grass became damp a. moist with dew

nawilżacz m [1] (na kaloryfer) (radiator) humidifier [2] (do rozpylania wody) (air) humidifier [3] (w żelazku) spray; **żelazko z** ~**em** a steam iron

nawilżać impf → nawilżyć

nawilż|yć pf — **nawilż|ać** impf **I** vt to dampen, to moisten [ubranie]; to moisturize [naskórek]; ~**yć bieliznę przed prasowaniem** to dampen a. moisten the linen before ironing; **krem/balsam** ~**ający** a moisturizing cream/balm; **skóra** ~**ona kremem** skin moisturized with cream

II nawilżyć się — **nawilżać się** to become moist a. damp; **włosy** ~**yły się od deszczu** hair became damp in a. because of the rain

nawi|nąć pf — **nawi|jać¹** imp (~nęła, ~nęli — ~jam) **I** vt to roll up [sznur]; to wind [nici] (**na coś** on a. onto sth); ~**nąć nić na szpulkę** to spool a. reel (in) thread; ~**nąć makaron na widelec** to twirl a. wind (some) pasta on a fork; ~**nąć włosy na wałki** to put one's hair in curlers a. rollers

II nawinąć się — **nawijać się** [1] (nakręcić się) [nić] to wind, to be wound [2] pot. (trafić się) ~**nął się malarz pokojowy** a decorator happened along; ~**nęła mi się dobra gosposia** I happened to come across a. happened (up)on a good housekeeper; ~**nęła się okazja kupna samochodu** an opportunity to buy a car presented itself; ~**nęła się korzystna transakcja** a good deal came up; **po drodze** ~**nęła im się knajpa** on their way they came across a bar ■ **na oczy** ~**nął mi się niecodzienny widok** pot. an unusual sight caught my eye; **czytał wszystko, co mu się** ~**nęło pod rękę** he read whatever he could get a. lay his hands on; **pod rękę** ~**nął mu się szukany długopis** he chanced (up)on the ballpoint he'd been looking for

nawis m (G ~u) [1] (zwis) overhang; ~ **śnieżny** a (snow) cornice; ~**y skalne** overhanging rocks [2] Żegl. ~ **rufowy/dziobowy** a bow/stern overhang

❑ ~ **inflacyjny** Ekon. monetary overhang

(household savings, not spendable due to a shortage of consumer goods)
nawl|ec *pf* — **nawl|ekać** *impf* (~okę a. ~ekę, ~ókł a. ~ekł, ~okła — ~ekam) *vt* (nanizać) to thread *[igłę, sznurowadła]*; **~ec paciorki na nitkę** to string beads (on a thread)
nawlekać *impf* → **nawlec**
naw|odnić *pf* — **naw|adniać** *impf vt* Roln. to irrigate, to water *[pola, uprawy]*; **kanały/rowy ~adniające** irrigation channels/ditches; **sztuczne ~adnianie** artificial irrigation
nawodn|y *adi.* książk. *[okręt]* surface; *[owady]* epineustic; **część ~a statku** upper works; **roślinność ~a** (leżąca na wodzie) floating vegetation; (wystająca nad wodę) emergent vegetation; (nabrzeżna) waterside vegetation; **ptactwo ~e** waterfowl; **prowadzić ~y tryb życia** to live on the water
nawoł|ywać *impf* **[]** *vt* **1** (przywoływać) to call *[osobę]*; **~ywała, żeby się zatrzymał** she kept calling to him to stop **2** przen. (nakłaniać) to call (**do czegoś** for sth); **~ywać kogoś do pracy** to exhort sb to work; **~ywać ludzi do skruchy** to call (up)on people to repent; **~ywać robotników do strajku** to call (up)on workers to strike; **~ywać kogoś do nienawiści rasowej** to incite sb to racial hatred
[] nawoływać się to call to each other
nawosk|ować *pf vt* to wax *[posadzkę, samochód]*; **~owany papier** waxed paper
nawow|y *adi.* Archit. (o budowli) with a nave; **korpus ~y kościoła** the (main) body of a church
nawozić[1] *impf* → **nawieźć**[1]
nawo|zić[2] *pf* (~żę) *vt* pot. to bring (in); **~zić cementu/drzewa** to bring in cement/wood
nawozow|y *adi* Roln., Ogr. *[produkcja, składniki]* fertilizer *attr.*; **wapno ~e** agricultural lime
naw|óz *m* (*G* ~ozu) Roln., Ogr. (zwierzęcy) manure, dressing; (sztuczny) fertilizer; **~óz fosforowy/potasowy** a phosphorus/potassium fertilizer; **~óz koński/krowi** horse/cow manure; **rozrzucać ~óz** to spread manure
❏ **~ozy katalityczne** Chem. catalyst fertilizers; **~ozy zielone** Roln. green manure; **~óz azotowy** Chem., Roln. nitrogen fertilizer; **~óz gospodarczy** Roln. farmyard manure; **~óz kompleksowy** Chem. compound fertilizer, mixed fertilizer US; **~óz mineralny** Chem. mineral fertilizer; **~óz naturalny** a. **organiczny** Roln. natural a. organic fertilizer; **sztuczny ~óz** Chem. (artificial a. chemical) fertilizer
nawracać *impf* → **nawrócić**
nawróce|nie **[]** *sv* → **nawrócić**
[] *n* **1** Relig. (zmiana wyznania) conversion; **~nie na wiarę chrześcijańską** conversion to Christianity a. the Christian faith **2** (zmiana postępowania) conversion; **~nie grzesznika** a sinner's repentance; **~nie wewnętrzne/moralne** inner/moral conversion; **~nie ze złej drogi** a return to the straight and narrow;
nawr|ócić *pf* — **nawr|acać** *impf* **[]** *vt* **1** (zmienić wiarę) to convert (**na coś** to sth);

~ócić kogoś na katolicyzm/protestantyzm to convert sb to Catholicism/Protestantism; **~ócony grzesznik** a reformed sinner **2** (nakłonić) to convert; **~ócić kogoś na ideologię prawicową** to convert sb to right-wing ideology; **~acać kogoś na drogę cnoty** to get sb back on the straight and narrow **3** (zawrócić) to turn back; **~ócić konie z powrotem do stajni** to turn horses back to the stable; **~ócił samochód** he turned the car around
[] *vi* **1** (cofnąć się) to turn a. double back; **~ócił z drogi z powodu złej pogody** he turned back because of bad weather; **~acające infekcje dróg oddechowych** recurrent respiratory infections; **choroba ~óciła** there has been a recurrence of the disease; **~óciła zima** winter has returned **2** (nawiązywać) to return, to refer back; **~acać do tych samych tematów** to keep coming back to the same themes a. topics
[] **nawrócić się** — **nawracać się** **1** (zmienić wyznanie) to be converted, to convert; **~ócić się na katolicyzm** to become a Catholic a. convert to Catholicism; to go over to Rome pot. **2** przen. (odmienić się) **~ócić się na marksizm** to convert to Marxism
nawr|ót *m* (*G* ~otu) **1** (powrócenie) return; (choroby) recurrence; recrudescence książk.; **nagły ~ót zimy** a sudden return of winter; **~ót objawów** a recurrence of symptoms; **może nastąpić ~ót raka** the cancer may recur; **~ót wspomnień/bolesnych przeżyć** a return of memories/painful experiences; **~ót do przeszłości** a return to the past **2** Techn. reversal; **pilot wykonał ~ót** the pilot reversed the aircraft **3** Sport turn
nawrzu|cać *pf* (~cę) **[]** *vt* to throw (a lot of) *[papierów, śmieci]*; **ktoś ~cał kamieni do ogródka** someone has thrown lots of stones into the garden
[] *vi* pot. (nawymyślać) **~cać komuś** to bawl sb out pot., to give sb a rocket GB pot. (**za coś** for sth)
nawtyka|ć *pf* **[]** *vt* (powtykać) to put a. insert (a lot of) (**w coś** a. **do czegoś** into sth)
[] *vi* pot. (zwymyślać) to bawl sb out pot. (**za coś** for sth); **~ła chłopakom za spóźnienie** she gave the boys a rocket for being late GB pot.
nawyczynia|ć *pf vt* pot. **~ć figlów/psot** to get up to all sorts of tricks/mischief; **~ć głupstw** to do all sorts of silly things; **coś ty ~ł!** whatever have you done?, what did you get up to?
nawydziwia|ć *pf vi* pot. **1** (narzekać) to grumble a lot (**na kogoś/coś** about sb/sth); **~ła na dzisiejszą młodzież** she grumbled a lot about the youth of today **2** (zrobić wiele dziwnych rzeczy) to do all sorts of strange a. weird things
nawygad|ywać *pf vt* pot. **~ywać głupstw** to spout a lot of nonsense a. rubbish; **~ywać na kogoś** to bad-mouth sb pot., to slag sb off GB pot.
na wyjezdnym on the point of departure; **być ~** to be on the point of departure, to be just about to leave
nawyk *m* (*G* ~u) habit, custom; **dobry/zły ~** a good/bad habit; **długoletnie ~i** life-

long habits; **~ obgryzania paznokci/oszczędzania** the nail-biting/saving habit; **~i higieniczne/myślowe/żywieniowe** hygienic/mental/dietary habits; **~i wyniesione z domu** habits formed a. acquired in childhood; **robić coś siłą ~u a. z ~u** to do sth out of habit; **on ma dość dziwne ~i** he's rather strange in his ways; **mieć ~ wczesnego wstawania** to be in the habit of getting up early; **niektórzy chodzą do kościoła już tylko z ~u** some people go to church only out of habit; **nie mógł pozbyć się ~u pouczania innych** he couldn't get out of a. break (himself of) the habit of telling others what to do; **powrócić do starych ~ów** to revert to one's old habits, to go back to one's old ways; **to weszło mu w ~** it's become a habit with him; **wyrobić w dziecku ~ mycia zębów** to get a child into the habit of cleaning a. brushing his/her teeth; **wyrobić a. wytworzyć w sobie ~ regularnego ćwiczenia** to get oneself into the habit of exercising regularly
nawykać *impf* → **nawyknąć**
nawyk|ły *adi.* książk. accustomed (**do czegoś** to sth); **~ły do wygód/samotności/rozkazywania** accustomed to comfort/being alone/giving orders; **ręce ~łe do ciężkiej pracy** hands used a. accustomed to hard work
nawyk|nąć *pf* — **nawyk|ać** *impf* (~ł a. ~nął, ~ła a. ~nęła, ~li a. nęli — ~am) *vi* to get a. grow used, to accustom oneself (**do czegoś** to sth); to get into the habit, to get into the way GB (**do czegoś** of doing sth); **~nąć do samotności/wygodnego życia** to get used to being alone/to a comfortable life; **nie ~łem do wczesnego wstawania** I'm not used to getting up early; **~ła pracować w nocy** she's accustomed to working at night; **nie ~łem do takiego traktowania (mojej osoby)** I'm not accustomed to being treated like this; **od dziecka ~łam do ciężkiej pracy** I've been accustomed to hard work since childhood
nawykowo *adv.* *[chrząkać, sprawdzać]* habitually, out of habit
nawykow|y *adi.* *[chrząkanie, reakcja, ruchy]* habitual
nawymyśla|ć *pf* pot. **[]** *vt* **1** (wymyślić) to make up (a lot of); **~ć bajek/historii** to make up lots of fairy tales/stories; **2** (stworzyć) to invent (a lot of); **~ć nowych urządzeń** to invent many appliances a. gadgets; **~ć projektów** to devise many projects
[] *vi* (zwymyślać) to shout insults, to hurl abuse (**komuś** at sb); **~ła mu za głupotę** she reviled him for his stupidity; **~ć komuś od idiotów** to call sb an idiot; **~ć komuś od ostatnich** pot. to call sb all sorts of names, to call sb every name a. all the names under the sun
na wynos *[zamówić]* to take away GB, to go US; **lody ~** takeaway GB a. takeout US ice cream; **restauracja z daniami ~** a takeaway (restaurant) GB, a takeout US; **na miejscu czy ~?** (is that) to eat in a. here or to take away GB?; **dwie kawy ~!** two coffees to take away GB
na wyprzódki pot. **pytali ~** they were vying with each other to ask questions;

politycy zaczęli ~ obiecywać złote góry the politicians started vying with one another in promising the earth
nawyrabia|ć pf pot. **Ⅱ** vi **~ć głupot** to do all sorts of silly things
Ⅲ nawyrabiać się to happen; **~ło się wiele podczas jego nieobecności** many things have happened during his absence; **co z tymi ludźmi się ~ło?** whatever happened to these people?
na wyrost [1] (przesadnie) **martwić się ~** to worry beforehand; **mieszkał przy drodze, trochę ~ nazywanej autostradą** he lived next to a road rather exaggeratedly called a motorway [2] (za duży) **buty ~** shoes that allow room for growth, shoes with room to grow into; **ubranie uszyte ~** a suit made with room to grow into; **kupować dziecku ubranie ~** to buy a child clothes with room to grow into
■ **pytanie ~** ≈ a premature question
na wyrywki pot. [1] (nie po kolei) at random, in no particular order; **pytać uczniów ~** to ask pupils at random; **potrafił ~ cytować Szekspira** he could quote Shakespeare by heart in any situation; **celnicy sprawdzili ciężarówkę ~** the customs officers conducted a spot check on the lorry; **znać coś ~** to have a. know sth off pat GB [2] (jeden przez drugiego) vying with each other
nawzajem Ⅱ adv. [1] (wzajemnie) [wspierać się, potrzebować się, pomagać sobie] each other, one another; **ich zeznania przeczą sobie ~** their testimonies contradict each other; **oba poglądy ~ się wykluczają** the two views are mutually exclusive a. cancel each other out; **życzyli sobie ~ szczęścia** they wished each other good luck; **nie znosili się ~** they hated each other; **przenikać się ~** to interpenetrate; **sieć dróg przecinających się ~** a network of intersecting roads; **ciało i umysł ~ na siebie oddziaływają** body and mind interact (with one another) [2] (odwzajemniając się) in return; **uderzany, bił ~** when hit, he hit back
Ⅲ inter. (the) same to you; **„szczęśliwej podróży” – „dziękuję, ~”** 'have a safe journey' – 'thanks, (the) same to you'
Ⅲ i nawzajem part. **nie lubię jej i ~** I don't like her and it's mutual
na wznak książk. **spać/płynąć ~** to sleep/swim on one's back; **upaść ~** to fall on one's back; **ułożyć pacjenta w pozycji ~** to place a patient in the supine position a. on their back; **leżeć ~** to lie (flat) on one's back, to be supine
na zabój pot. [kochać] madly, to distraction; **zakochał się w niej ~** he fell madly in love with her
nazad adv. pot. (z powrotem) back; **oglądać się ~** to look back a. round; **wrócił ~ do domu** he came back home; **parę lat temu ~** a couple of years ago a. back; **chodzić tam i ~** to go to and fro a. back and forth, to walk a. pace up and down; **(to jest) dziesięć minut drogi tam i ~** (it takes) ten minutes there and back; **obrócił tam i ~ cztery razy** he's been there and back four times

nazajutrz adv. książk. (on) the next a. following day, the day after; **spotkali się ~** they met (on) the next a. following day; **~ po przyjeździe zwiedziłem zamek** the day after I arrived a. the day after my arrival, I visited the castle; **~ rano** (the) next a. the following morning; **~ będę już daleko stąd** (by) tomorrow I'll already be far away from here
nazaretan|ka Relig. **Ⅱ** f (zakonnica) Sister of the (Order of the) Holy Family of Nazareth
Ⅲ nazaretanki plt Sisters of the Holy Family of Nazareth
nazbiera|ć pf **Ⅱ** vt [1] (o rzeczach) to gather , to pick a. pick up US [grzybów, jagód]; **~ć gałęzi na ognisko** to gather branches for the fire; **~ć pieniędzy na kupno samochodu** to save up money to buy a car [2] (o osobach) to round up, to gather together; **~ć ochotników** to gather together volunteers
Ⅲ nazbierać się (zgromadzić się) [ludzie] to gather, to assemble; [woda] to collect; **na moim koncie bankowym ~ła się spora suma pieniędzy** quite a sum of money has accumulated a. piled up in my bank account; **na obiektywie ~ło się mnóstwo kurzu** a lot of dust has gathered a. collected on the lens; **przed sklepem ~ł się tłum ludzi** a crowd (of people) has gathered outside the shop; **~ło się w nim wiele nienawiści** a lot of hatred has built up inside him
nazbyt adv. książk. too, overly; **~ drogi** excessively a. prohibitively expensive; **jest ~ słaba, aby pracować** she's too weak to work; **jesteś ~ pewny siebie** you're too sure of yourself, you're over-confident; **~ optymistyczne podejście** an overly optimistic a. over-optimistic approach; **aż ~** all a. only too; **aż ~ często** all a. only too often; **wiem o tym aż ~ dobrze** I know that all a. only too well; **jest aż ~ oczywiste, że...** it's only too obvious that...; **nie ~** not very, none too; **była nie ~ urodziwa, ale miała wdzięk** she wasn't very a. all that pretty, but had charm; **czy nie ~ pochopnie go winisz?** aren't you blaming him too soon?
nazewnictw|o n sgt [1] (nauka) onomastics [2] (ogół nazw) nomenclature; **~o ulic** street names; **~o związków chemicznych** the nomenclature of chemical compounds
nazewnicz|y adi. [1] (dotyczący nauki) [materiały, prace] onomastic [2] (dotyczący nazwy) **inwencja ~a** inventiveness in creating new names
nazębn|y adi. Stomat. **kamień** a. **osad ~y** tartar; **płytka ~a** (dental) plaque
nazi /ˈnazi/ m inv. Hist., Polit. Nazi
naziemn|y adi. [1] [personel, obsługa, pracownicy] ground attr.; [obserwacje] field attr.; **stacja ~a** an earth station; **~a estakada** a trestle [2] Bot. terrestrial [3] Zool. terrestrial
nazi|sta m, **~stka** f Hist., Polit. Nazi
nazistows|ki adi. Hist., Polit. [partia, ideologia, przywódcy] Nazi
nazizm m sgt (G **~u**) Hist., Polit. Nazi(i)sm
naznaczać impf → **naznaczyć**
naznacz|yć pf — **naznacz|ać** impf vt książk. [1] (oznakować) to mark (**czymś** with sth); **~yć chusteczkę swoim monogramem** to mark a handkerchief with one's

monogram [2] (wyznaczyć) to set, to assign; **~yć dzień rozprawy sądowej** to set a. assign a date for the lawsuit; **mam ~oną godzinę wizyty u lekarza** I have an appointment with a doctor; **~yć sobie pokutę** to impose a penance on oneself [3] (powołać) to appoint, to assign; **~ył najstarszego syna na swojego następcę** he appointed a. designated his eldest son his successor; **dowódca ~ył żołnierzy do patrolu** the commanding officer assigned soldiers to the patrol [4] przen. (zostawić ślad) to mark, to affect; **twarz ~ona przez cierpienie** a. **cierpieniem** a face marked by distress
nazw|a f name; **~y ulic** street names; **~a geograficzna** a place name, a geographical name; **~y fachowe** a nomenclature; **nadawać czemuś ~ę** to name sth, to give sth a name; **statkowi nadano ~ę „Batory"** the ship was named 'Batory'; **nosić ~ę** to be called; **Petersburg nosi ~ę „Wenecji północy"** St. Petersburg is called 'the Venice of the North'; **deser lodowy pod ~ą „Ambrozja"** an ice-cream dessert called 'Ambrozja'; **znam to pod inną ~ą** I know it by another name; **jak sama ~a wskazuje** as the name itself indicates; **tylko z ~y** in name only, in nothing but name; **profesor to on może i jest, ale tylko z ~y** he's a professor in nothing but name; **tę firmę znam tylko z ~y** I only know the company by name
❑ **~a jednostkowa** Filoz., Log., Mat. individual name; **~a ogólna** Filoz., Log., Mat. general name; **~a pusta** Filoz., Log., Mat. empty name; **~y osobowe** Jęz. proper names
naz|wać pf — **naz|ywać** impf (**~wę — ~ywam**) **Ⅱ** vt [1] (nadać imię, nazwę) to name, to call; **pierwszego syna ~wali Jan** they named their first son John; **~wać psa Reks** to name a. call the dog Rex; **ulica została ~wana imieniem generała Andersa** the street was named after General Anders; **kalendarz ~wano gregoriańskim** the calendar was called Gregorian [2] (określić) to call; **ten proces ~ywamy adaptacją** this process is called adaptation; **niesłusznie ~ywasz ich dzikusami** you shouldn't call them barbarians; **zdziwiłbym się, gdyby ktoś ~wał ją piękną** I would be surprised if somebody called her a beauty [3] (zwracać się) to call; **od dzieciństwa wszyscy ~ywali Grześka Pawełkiem** Grzesiek has been called Pawełek since he was a child; **pierwszy raz ~wał mnie po imieniu** for the first time he called me by my name; **a wiesz jak go dzieci ~ywają w przedszkolu?** do you know what the kids in kindergarten call him?
Ⅲ nazwać się — nazywać się [1] (nadać sobie imię) to call oneself; **kiedy został papieżem, ~wał się Janem Pawłem Ⅱ** when he was appointed pope, he called himself John Paul II [2] (określić się) to call oneself; **~ywał się moim przyjacielem** he called himself my friend [3] (zwracać się do siebie) to call one another, to refer to one another; **~ywali się wspólnikami** they referred to each other as 'partners'
Ⅲ nazywać się [1] (mieć nazwę) to be called; **to drzewo ~ywa się kasztan** this tree is

called a chestnut; **jak się ~ywa ta ulica?** what is the name of this street?; **jak to się ~ywa?** what is this called?, what do you call this? ② (nosić imię, nazwisko) **~ywam się Jan Kowalski** my name is Jan Kowalski; **~ywam się Anna, a ty jak się ~ywasz?** I'm Ann, and what's your name?; **po mężu ~ywała się Nowak** her married name was Nowak

■ **~wać rzecz** a. **rzeczy po imieniu** to call a spade a spade; **Mercedes, to się ~ywa samochód** a Mercedes is quite a car; **to się ~ywa muzyka?** iron. is this what you call music?

nazwisk|o n ① (nazwa rodziny) surname, last name; **nosił ~o Mierzejewski** his surname was Mierzejewski; **~o po mężu** the married name; **przybrać** a. **przyjąć ~o po mężu** to take one's husband's surname; **proszę podpisać się całym ~iem** please sign your full name; **okazało się, że używał fałszywego ~a** it turned out he used a false name; **~o panieńskie** maiden name; **dzieci noszą ~o ojca** the children use their father's surname; **mam na ~o Walczak** my surname is Walczak; **jak ona ma na ~o** what's her surname?; **moje ~o Kowalski** my name is Kowalski; **mężczyzna ~kiem** a. o **~u Krauze** a man by the name of Krauze; **ktoś woła mnie po ~u** somebody is calling me by my surname; **potrafiła po ~u wymienić wszystkich uczniów** she was able to name all her pupils; **znać kogoś z ~a** to know sb by their surname; **firmować coś swoim ~iem** to give a. lend one's name to sth; **ty dajesz ~o, my robimy resztę** you'll only give your name and we'll take care of everything else; **pod własnym/cudzym ~iem** under one's own/an assumed name; **wydał tomik wierszy, ale pod ~iem matki** he published a book of poetry but under his mother's name; **na czyjeś ~o** in sb's name, in the name of sb; **ta karta jest na moje ~o** this card is in my name; **koperta zaadresowana na twoje ~o** an envelope addressed to you ② (znana osoba) name; **o jego twórczości zaczęły pisywać wielkie ~a** a great a. big names started writing about his work; **powoli stawał się ~iem w środowisku lekarskim** he was gradually making a name for himself in medical circles; **nie musi być dobry, wystarczy, że ma ~o** he doesn't have to be good, his name is enough; **była aktorką jeszcze bez ~a** she was still an unknown actress; **artysta o światowym ~u** an artist of world renown; **zdobyć** a. **wyrobić sobie ~o** to make a name for oneself; **dzięki temu filmowi zdobyła ~o** that was the film that made her famous

❑ **~o etykieta** Literat. *name which is an allusion to a character's traits*

nazywać *impf* → **nazwać**

nażłop|ać się *pf v refl.* pot., pejor. to guzzle pot., to swill (down) pot.; **pies ~ał się wody** the dog swilled down a lot of water; **znowu się ~ałeś piwa!** you've been drinking beer again!

nażr|eć się *pf v refl.* pot., pejor. to stuff oneself pot., to guzzle pot.; **~arł się kiełbasy/śliwek** he stuffed himself with

sausage/plums; **zasnął pijany i ~arty** he dropped off to sleep drunk and full up

naży|ć się *pf* (**~ję**) *v refl.* to live one's life to the full, to live it up; **już się dość ~łem** pot. I've lived my life to the full; **tak młodo umarł, jeszcze się nie ~ł** he died so young, he didn't have time to live it up

nb. (= nota bene) NB

ndst, ndst. (= niedostateczny) Szkol. ≈ D/F

neandertalczy|k m ① Antrop. Neanderthal man ② przen. (osoba nieokrzesana) Neanderthal przen.

neandertals|ki adi. Antrop. *[szkielet, narzędzia]* Neanderthal

nefry|t m (G ~tu) Miner. jade; **naszyjnik z ~tów** a jade necklace

nefrytow|y adi. Miner. *[naszyjnik, broszka]* jade attr.

negacj|a f (Gpl ~i) ① książk. (przeczenie) negation; **~a przyjętych norm obyczajowych** the negation of accepted moral norms ② Log. negation

❑ **~a całkowita/cząstkowa** Jęz. total/partial negation

negatyw m (G ~u) ① Fot. negative; **~y filmów kolorowych** colour negatives; **wywołać ~** to develop a negative; **zrobić odbitki z ~u** to develop a set of prints from a negative ② książk. (minus) disadvantage, negative; **każda sytuacja ma swoje pozytywy i ~y** each situation has its advantages and disadvantages; **nie można wszędzie widzieć tylko samych ~ów** you can't always see only the negative side ③ Geol. impression *(on a fossil)* ④ Techn. negative copy

negatywnie adv. ① (ujemnie) *[ocenić, wpłynąć]* negatively; **być usposobionym do życia ~** to have a negative attitude; **taka polityka może się odbić ~ na stanie gospodarki** such a policy may have a negative effect on the economy; **wyrazy nacechowane ~** pejorative words ② (odmownie) negatively; **do propozycji ustosunkowali się ~** they were negative about the proposal; **na podanie odpowiedzieli ~** they turned down the application a. request

negatywn|y adi. ① (niekorzystny) *[wpływ, wzorce, emocje, skutki]* negative; **przybierał zawsze ~ą postawę wobec życia** he always took a negative attitude towards life ② (odmowny) *[odpowiedź, opinia, stanowisko]* negative; **odpowiedź była ~a** the answer was (in the) negative ③ (ujemny) negative; **~y wynik testu ciążowego** a negative pregnancy test; **~y wynik egzaminu** a failed exam ④ (odwrotny) negative; **obraz ~y** a negative picture

negatywow|y adi. Fot. *[film, materiały]* negative

negliż m sgt (G ~u) déshabillé, dishabille; **w ~u** in a state of déshabillé a. undress

negliż|ować *impf* książk. Ⅰ *vt* ① (ujawniać) to unmask; **~ować słabość demokracji** to unmask the weakness of democracy; **~ować swoje uczucia** to bare one's soul a. heart ② (lekceważyć) to ignore, to disregard; **~ować przepisy prawa** to disregard the law

Ⅲ **negliżować się** (rozbierać się) to undress ⇒ **roznegliżować się**

negocjacj|e plt (G ~i) ① (rokowania) negotiations; **~e pokojowe/rozbrojeniowe** peace/disarmament negotiations; **prowadzić ~e** to conduct negotiations, to negotiate; **~e związkowców z rządem** negotiations between unions and the government ② Handl. bargaining; **~e płacowe** wage bargaining

negocjacyjn|y adi. negotiating; **spotkanie ~e** negotiations; **delegacja ~a** a negotiating team

negocjant → **negocjator**

negocjato|r m, **~rka** f (Npl ~rzy a. ~rowie, ~rki) książk. negotiator

negocj|ować *impf vt* ① (prowadzić rokowania) to negotiate (**z kimś** with sb); **~ować w sprawie rozbrojenia** to negotiate disarmament ⇒ **wynegocjować** ② Handl. to negotiate, to bargain; **~ować warunki umowy** to negotiate the contractual terms; **~ować niższą cenę** to negotiate a lower price ⇒ **wynegocjować**

neg|ować *impf vt* książk. to negate, to deny; **zawsze ~ował moje decyzje** he has always negated my decisions; **nie ~uję, że zagrożenie istnieje** I don't deny that the danger is real; **krewni ~owali jej prawo do majątku** relatives denied her right to the fortune a. property ⇒ **zanegować**

nekrofil m necrophiliac, necrophile

nekrofili|a f sgt (GD ~i) necrophilia

nekrofils|ki adi. necrophiliac, necrophilic

nekrolog m (G ~u) ① obituary (notice); necrology książk.; **zamieścić ~ w gazecie** to place an obituary in the newspaper

nekrologow|y adi. *[artykuł, tekst]* obituary attr.; **strona ~a** the obituary column

nekropola → **nekropolia**

nekropol|ia f (GDGpl ~i) książk. ① (cmentarz) necropolis ② Hist. necropolis

nekta|r m (G ~ru) ① (napój) nectar; **~r jabłkowy/brzoskwiniowy** apple/peach nectar; **~r z malin** raspberry nectar ② Bot. nectar; **pszczoły zbierające ~r z kwiatów** bees collecting nectar from flowers ③ sgt Mitol. nectar ④ przen. nectar *U*; **ten sok to prawdziwy ~r** this juice is nectar

nektaryn|ka f (~a augm.) Bot. nectarine

nenufa|r m (G ~ru a. ~ra, A ~r a. ~ra) Bot. yellow water lily, brandy-bottle

neo- *w wyrazach złożonych* neo-

neofaszy|sta m, **~stka** f Polit. neo-fascist

neofaszystows|ki adi. *[ugrupowania, partia, ruch, ideologia]* neo-fascist

neofaszyzm m sgt (G ~u) Polit. neo-fascism

neofic|ki adi. *[fascynacja, żarliwość]* proselytizer's

neofilolo|g m (Npl ~gowie a. ~dzy) Jęz. specialist in modern languages

neofilologi|a f sgt (GD ~i) Jęz. modern languages

neofilologiczn|y adi. **studia ~e** studies in modern philology

neofi|ta m, **~tka** f ① Relig. neophyte, proselyte ② przen. (zwolennik idei) proselytizer

neofityzm m sgt (G ~u) ① Relig. proselytism ② przen. (żarliwe wyznanie) proselytizing

neogotyc|ki adi. *[styl, architektura, pałacyk]* neo-Gothic, mock Gothic

N

neogotyk *m sgt* (*G* ~**u**) Archit., Szt. neo-Gothic, Gothic Revival, mock Gothic

neoklasycyzm *m sgt* (*G* ~**u**) Literat., Muz., Szt. neoclassicism

neoklasyczn|y *adi. [styl, budownictwo]* neoclassic(al)

neokolonializm *m sgt* (*G* ~**u**) Polit. neocolonialism

neokolonialn|y *adi. [polityka, mocarstwo]* neocolonial

neologizm *m* (*G* ~**u**) Jęz. neologism, coinage; **tworzyć ~y** to invent neologisms, to neologize
❑ ~ **frazeologiczny** Jęz. new idiom; ~ **semantyczny** Jęz. loan-shift

neon *m* (*G* ~**u**) [1] (reklama) neon light, neon sign [2] *sgt* Chem. neon

neonazi|sta *m*, ~**stka** *f* Polit. neo-Nazi

neonazistows|ki *adi. [partia, organizacja, poglądy]* neo-Nazi

neonazizm *m sgt* (*G* ~**u**) Polit. neo-Nazism

neonow|y *adi.* [1] *[reklama, napis, światła]* neon *attr.* [2] (jaskrawy) *[kolor]* garish, gaudy [3] Chem. *[lampa, światło]* neon *attr.*

neoromantyczn|y *adi. [poezja, dramat, pisarz]* neo-Romantic

neoromanty|k *m* Literat., Muz., Szt. neo-Romantic

neoromantyzm *m sgt* (*G* ~**u**) Literat., Muz., Szt. neo-Romanticism

Nepal|czyk *m*, ~**ka** *f* Nepalese, Nepali

nepals|ki *adi. [mnisi, zabytki, ludność]* Nepalese, Nepali

nepotyzm *m sgt* (*G* ~**u**) książk. nepotism

nept|ek *m* (*Npl* ~**ki**) pot. pejor. twerp pot.
■ **leżeć jak ~ek** pot. (być zmęczonym) to be done in a. up pot.; (zostać pokonanym) to be done for

Neptun [I] *m pers.* Mitol. Neptune
[II] *m. inanim. sgt* (*A* ~**a**) Astron. Neptune

neptun *m sgt* (*G* ~**u**) Chem. neptunium

ne|ra *f augm.* posp. kidney

ner|ka *f* [1] Anat. kidney; **chorować na ~ki** to have kidney trouble; **niewydolność ~ek** kidney failure; **przeszczep ~ki** a kidney transplant [2] *zw. pl* Kulin. kidney *U*; **~ki cielęce duszone w winie** veal kidney stewed in wine; **gulasz z ~ek** a kidney stew [3] (naczynie) kidney dish
❑ ~**ka wędrująca** a. **ruchoma** Med. floating kidney; **sztuczna ~ka** Med. artificial kidney, kidney machine
■ **odbić komuś ~ki** pot. to injure a. damage sb's kidneys

nerkow|iec [I] *m anim.* Zool. nematode infesting the pelvis of a kidney
[II] *m inanim.* (*A* ~**ca**) [1] Bot. (drzewo) cashew; **orzechy ~ca** cashew nuts [2] *zw. pl* (orzech) cashew (nut)

nerkow|y *adi.* Anat. *[kolka, kanalik]* renal; **kamień ~y** a kidney stone; **piasek ~y** gravel

nerw [I] *m* (*G* ~**u**) [1] Anat. nerve; **porażenie ~u twarzowego** facial palsy [2] *sgt* (zdolności) bent; ~ **reżyserski/pisarski** a bent for directing/writing; **mieć ~ do czegoś** to have a bent for sth; **robić coś z ~em** to do sth with gusto a. verve; **przemawiał z ~em** he spoke with (great) gusto; **jego sztuki nie mają scenicznego ~u** his plays lack verve [3] Bot. nerve, vein
[II] **nerwy** *plt* [1] (odporność psychiczna) nerves;

miała kompletnie rozstrojone ~y her nerves were shattered; **mieć mocne/słabe ~y** to have strong/weak nerves; **do pracy w szkole trzeba mieć dopiero ~y** you really need strong nerves to work at school; **spokojnie, szkoda ~ów** easy, easy, calm down [2] (rozdrażnienie) nerves; **panować nad ~ami** to keep one's temper
❑ ~ **błędny** Anat. vagus (nerve); ~ **kulszowy** Anat. sciatic nerve; ~ **obwodowy** Anat. peripheral nerve; ~ **podjęzykowy** Anat. fraenum GB, frenum US, frenulum; ~ **rdzeniowy** Anat. spinal nerve; ~ **trójdzielny** Anat. trigeminal nerve; ~**y czuciowe** Anat. sensory nerves; ~**y ruchowe** Anat. motor nerves
■ **jestem/był (cały) w ~ach** pot. I'm/he was all nerves, I'm/he was a bag a. bundle of nerves; **działać komuś na ~y** a. **grać komuś na ~ach** pot. to get on sb's nerves pot., to get up sb's nose pot.; **mieć ~y na wierzchu** pot. to be short-tempered, to have a short temper; **~y mu puściły** a. **nie wytrzymały** a. **odmówiły posłuszeństwa** pot. he lost his temper; **nie mieć ~ów** a. **być bez ~ów** to have nerves of iron a. steel; **stracić ~y** pot. to lose one's temper; **stracić ~y** a. **nie mieć ~ów do kogoś/czegoś** to be fed up with sb/sth; **wyjść z ~ów** pot. to lose one's temper; **żyć ~ami** pot. to live on one's nerves a. one's nerve ends

nerwic|a *f* Med. [1] (zaburzenie psychiczne) neurosis; **cierpieć** a. **chorować na ~ę** to suffer from neurosis; **~a lękowa** anxiety neurosis; **~a natręctw** obsessive-compulsive neurosis [2] (zaburzenia czynności) neurosis; **~a żołądka/serca/jelit** stomach/cardiac/intestinal neurosis

nerwicow|iec *m* pot. neurotic

nerwicowo *adv. [reagować]* neurotically

nerwicow|y *adi. [stany, objawy, reakcje, podłoże]* neurotic

nerwoból *m zw. pl* (*G* ~**u**, *Gpl* ~**ów** a. ~**i**) Med. neuralgia

nerwowo *adv.* [1] (o stanie psychicznym) **~chory** a neurotic; **był kompletnie wyczerpany** ~ he was a nervous wreck; **nie wytrzymał** ~ he lost his temper [2] (niespokojnie, w podnieceniu) nervously; **skubała ~ sweter** she nervously picked at her sweater; **roześmiał się** ~ he laughed nervously; **spać** ~ to sleep fitfully; **w pracy zrobiło się** ~ the atmosphere at work became nervous

nerwowoś|ć *f sgt* [1] (drażliwość) nervousness; **popadać w ~ć** to become more and more nervous [2] (napięcie) nervous tension; **~ć pracy/życia** the nervous tension of work/life

nerwow|y *adi.* [1] (niespokojny) nervous; **spać ~ym snem** to sleep fitfully [2] *[układ, tkanki]* nervous; *[komórki, włókna]* nerve *attr.* [3] *[załamanie, zaburzenia]* nervous; **choroba na tle ~ym** a nervous disease; **tik ~y oka** a nervous twitch at the corner of the eye [4] (mający słabe nerwy) nervous, edgy, irritable; **~y człowiek** a nervous individual

nerwów|ka (~**a** *augm.*) *f* pot. the jitters *pl* pot., panic stations *pl* pot.; **duża ~, bo już za parę godzin zjadą się ludzie** it's

panic stations because people will be here soon; **przeżywać ~kę** to get the jitters

nerwus *m* (*Npl* ~**y**) pot. jitterbug pot.; bundle of nerves

nesese|r *m* (~**rek** *dem.*) dressing case

nes|ka *f* [1] *sgt* (kawa rozpuszczalna) instant coffee (*usually of the Nescafé brand*); **kupić ~kę** to buy (a jar of) instant coffee; **mam ~kę i jacobsa, co wolisz?** which coffee would you like: Nescafé® or Jacobs®? I've got both [2] (porcja) instant coffee *C/U*; **wypić dwie ~ki** to drink two cups of instant coffee a. two instant coffees pot.

nesto|r [I] *m pers.* książk. elder (statesman); doyen książk., Nestor książk.; ~**r polskich chirurgów/świata literatury** a doyen of Polish surgeons/the literary world; ~**r świata polityki/dyplomacji** an elder statesman of politics/diplomacy; ~**rzy naszego teatru** the veterans of our theatre a. stage; ~**rzy polskiej humanistyki** distinguished Polish scholars of the older generation
[II] *m anim.* Zool. kea

nestor|ka *f* książk. elder; doyenne książk.; ~**ka dziennikarstwa/warszawskich prawników** a doyenne of journalism/Warsaw lawyers; ~**kom polskiej kinematografii wręczono kwiaty** the veterans of Polish cinema received flowers

ne|t *m* (*G* netu) Sport let

netto [I] *adi. inv.* Ekon., Handl. *[dochód, cena, wartość, waga]* net, nett GB; **płaca** a. **pensja** ~ salary a. wages after deductions, net salary; take-home pay pot.
[II] *adv.* **zarobić/osiągnąć dochód dwa tysiące** ~ to net two thousand; **jabłka ważą** ~ **pięć kilo** the net weight of apples is five kilos; **sprzedaż domu przyniosła nam prawie pół miliona** ~ the sale of the house has netted us a profit of nearly half a million; ~ **kwota wynosi 45 mln** the net sum is 45 m

neuralgi|a /new'ralgja/ *f* (*GDGpl* ~**i**) Med. neuralgia *U*; ~**a nerwu twarzowego/kulszowego** facial/sciatic neuralgia

neuralgiczn|y /ˌnewral'gitʃnɨ/ *adi.* Med. *[ból]* neuralgic

neurasteni|a /ˌnewra'stɛnja/ *f sgt* (*GD* ~**i**) Med., Psych. neurasthenia; **cierpieć na ~ę** to suffer from neurasthenia

neurasteniczn|y /ˌnewraste'nitʃnɨ/ *adi.* Med., Psych. *[objawy, usposobienie, pacjent]* neurasthenic

neuresteni|k /ˌnewra'stɛnik/ *m*, ~**czka** *f* Med., Psych. neurasthenic

neuro- /ˌnewro/ *w wyrazach złożonych* neuro-; **neurohormon** a neurohormone; **neuroleptyczny** neuroleptic; **neuropatologia** neuropathology

neurochirur|g /ˌnewro'xirurg/ *m* (*Npl* ~**dzy** a. ~**gowie**) Med. neurosurgeon

neurochirurgi|a /ˌnewroxi'rurgja/ *f sgt* (*GD* ~**i**) Med. neurosurgery

neurochirurgiczn|y /ˌnewroxirur'gitʃnɨ/ *adi.* Med. neurosurgical; **operacja ~a** neurosurgery

neurolo|g /new'rolog/ *m* (*Npl* ~**dzy** a. ~**gowie**) Med. neurologist

neurologi|a /ˌnewro'logja/ *f* (*GD* ~**i**) Med. [1] *sgt* (dział medycyny) neurology [2] pot. (oddział) neurological ward; **leżeć na ~i** to be a neurological patient

neurologiczn|y /ˌnewroloˈɡitʃnɪ/ adi. Med. neurological

neuron /ˈnewron/ m (G ~u) Anat. neuron, nerve cell

neurotyczn|y /ˌnewroˈtɪtʃnɪ/ adi. [1] Med., Psych. [zaburzenia, objawy, osobowość] neurotic [2] przen. (nerwowy) [atmosfera, literatura] disquieting; [pragnienia, zachowanie] neurotic

neuroty|k /neˈwrotɪk/ m, **~czka** f Med., Psych. neurotic

neutralizm /ˌneuˈtralizm/ m sgt (G ~u) Polit. neutralism, (political) neutrality; **polityka ~u** a policy of neutralism

neutraliz|ować /ˌneutraliˈzovatɕ/ impf **I** vt [1] Chem. to neutralize [zasadę, kwas]; **~ować toksyny** to neutralize a. counteract toxins ⇒ **zneutralizować** [2] Ekol. to treat [ścieki, odpady] ⇒ **zneutralizować** [3] Polit. to declare neutral [państwo, stanowisko] ⇒ **zneutralizować** [4] (osłabiać) to neutralize [konflikt, wpływy, strach, agresję, przykrą woń, ostry smak]; **~ować skutki** to neutralize a. counteract the effects ⇒ **zneutralizować**

II **neutralizować się** [1] Chem. [kwas, zasada] to become neutral ⇒ **zneutralizować się** [2] (wzajemnie) [wpływy, stanowiska] to counteract each other ⇒ **zneutralizować się**

neutralnie /neuˈtralɲe/ adv. książk. [użyty, przedstawiony, opisany] neutrally; **w konfliktowej sytuacji zachowywał się ~** in a conflict he adopted a neutral a. impartial stance; **by nikogo nie urazić, wypowiadał się ~** he used neutral language a. terms (so as) not to hurt anybody

neutralnoś|ć /neuˈtralnoɕtɕ/ f sgt [1] (bezstronność) neutrality, impartiality; **zachowywać ~ć** to remain neutral; **rozstrzygając spór starał się zachować ~ć** when resolving an argument he tried to remain impartial [2] Polit. neutrality; **naruszenie** a. **pogwałcenie ~ci** the violation of neutrality; **ogłosić** a. **proklamować swoją ~ć** to declare one's neutrality; **przestrzegać ~ci** a. **zachować ~ć w sprawach międzynarodowych** to follow a. maintain a policy of neutrality in international affairs; **Szwajcaria w czasie wojny zachowała ~ć** Switzerland remained neutral a. maintained its neutrality in the war

❑ **~ć pieniądza** Ekon. (the) neutrality of money

neutraln|y /neuˈtralnɪ/ adi. [1] (bezstronny) [postawa, punkt widzenia, pozycja] neutral, uncommitted; [obserwator] impartial; **zająć ~e stanowisko w sporze** to adopt a neutral stance in a dispute, to take a neutral a. an impartial stand in a dispute; **nauka powinna być dziedziną ~ą** science should be neutral a. unbiased [2] Polit. [państwo, rząd, kraj] neutral; **obszar ~y** a. **strefa ~a** a neutral zone; **spotkać się na ~ym gruncie** a. **terenie** to meet on neutral ground a. territory [3] Chem., Fiz. (obojętny) [substancja, preparat] neutral; **~y dla środowiska naturalnego** environmentally neutral [4] (stonowany) [kolory, ozdo-

by] neutral; [słownictwo, wypowiedź] neutral, inoffensive

neutron /neˈutron/ m (G ~u) Fiz. neutron

neutronow|y /ˌneutroˈnovɪ/ adi. Fiz. [bomba, gwiazda, generator] neutron attr.

New Age /ˌɲjuˈejdʒ/ **I** m, m inv. (G **New Age'u**) Społ. New Age; **zwolennik/przedstawiciel New Age** a. **New Age'u** a New Ager

II adi. inv. [muzyka, styl, hasła] New Age attr., New Agey

newralgia → **neuralgia**

newralgiczn|y adi. [1] Med. [ból, napad] neuralgic [2] (rozstrzygający) [punkt, problem, okres] crucial; [wydarzenie, sytuacja, rola] pivotal; **~e elementy/części konstrukcji** key a. crucial elements/parts of a construction; **w ~ym momencie** a. **~ych momentach** when it comes to the point a. the crunch pot.; **~y obszar** a. **rejon** a trouble spot; **~y obszar polityczny** a political trouble spot

news /ɲjus/ m zw. pl (A ~a) pot. (informacja) news U, news item; **wieczorne ~y** an evening news bulletin; **w telewizji podano najnowsze ~y** the latest news was broadcast on television; **~y donosiły o powodziach** on the news they reported on the floods; **mieliśmy naszego ~a** we were in the news

nęcąco adv. [brzmieć, pachnieć, przedstawiać się] enticing adi., tempting adi.; [chłodny, przytulny] enticingly; [uśmiechać się] alluringly, seductively; **~ oświetlone witryny sklepów** temptingly a. enticingly lit shop windows; **dostrzegł ~ zastawiony stół/otwarte drzwi** his eye caught an enticingly a. a temptingly laid table/a temptingly a. an alluringly open door

nęcąc|y **I** pa → **nęcić**

II adi. [propozycja, zapach, wygląd] enticing, tempting; [głos, uśmiech] alluring; [zmysłowość] seductive

nę|cić impf vt [1] (przyciągać) to entice, to tempt (**kogoś czymś** sb with sth); **nęcić kogoś obietnicami** to entice sb with promises; **nęciła go spojrzeniem/uśmiechem** she gave him an enticing look/smile; **nie nęcą go ani przywileje, ani pieniądze** neither privileges nor money hold much allure for him; **specjalistów możemy nęcić tylko zarobkami** we can entice a. tempt experts only by offering them good salaries ⇒ **znęcić** [2] (wabić) to attract [owady, ptaki]; to entice [zwierzynę, ryby]; **karpia możesz nęcić nawet chlebem** you can entice carp even with a piece of bread

nędz|a f [1] sgt (materialna) poverty, deprivation; **ostatnia** a. **skrajna ~a** penury, destitution, beggary; **dotknięte ~ą rejony/rodziny** poverty-stricken areas/families; **dzielnice ~y** poverty-stricken parts a. districts of a town; **regiony ~y na południu kraju** poor areas in the south of the country; **żyć w skrajnej/beznadziejnej ~y** to live in extreme a. abject/grinding poverty; **cierpieć ~ę** to suffer deprivation a. poverty; **znaleźć się na dnie ~y** to become destitute, to find oneself down and out; **doprowadzić kogoś do ~y** a. **wtrącić kogoś w ~ę** to reduce sb to

poverty, to beggar sb; **popaść** a. **wpaść w ~ę** to tumble into poverty; **znaleźli się na skraju ~y** they were on the verge of indigence; **dokuczała im ~a** they were poverty-stricken [2] sgt książk. (marność, słabość) misery; **~a człowieka** human misery; **~a naszego żywota** a. **życia** the misery of our existence; **obrazy ~y życia zesłańców** pictures of the miserable life of exiles [3] sgt (niski poziom moralny, intelektualny) poverty; **oznaki duchowej ~y** signs of spiritual poverty; **~a moralna** moral degradation [4] (biedota) the poor (+ v pl), the destitute (+ v pl); (nędzarz) pauper [5] sgt pot. (tandeta) trash; **te meble, które kupił, to sama ~a** the furniture he bought is all trash

■ **błyszcząca** a. **bogata** a. **złota ~a** książk. apparent wealth; **i mądry głupi, gdy go ~a złupi** przysł. poverty can make anyone helpless; **obraz ~y i rozpaczy** a sorry sight; **dom/żebrak przedstawiał sobą obraz ~y i rozpaczy** the house/beggar looked a sorry sight

nędzar|ka f pauper, down-and-out; bag lady pot.

nędzarz m (Gpl ~y a. ~ów) pauper, down-and-out; **z dnia na dzień stał się ~em** he was down-and-out overnight; **zrobiono z niego ~a** he was reduced to poverty

nędznie adv. grad. [1] (biednie) [ubierać się, odżywiać się, mieszkać] poorly, miserably; [wyglądać] poor adi.; **żyć ~** to live poorly, to live hand to mouth; **mieszkali bardzo ~** they were very miserably a. meanly housed [2] pot. (skąpo) [płacić, karmić, zaopatrywać] poorly; **~ zarabiać** to be poorly paid; **~ oświetlone ulice** poorly lit streets; **w tym roku ~ obrodziły pomidory** this year tomatoes have cropped poorly [3] pot. (marnie) [zorganizować, redagować, zaprojektować] poorly; **~ wykonane przedmioty/postawione domy** poorly made objects/built houses; **wypaść** a. **zaprezentować się ~** to do a. perform poorly; **~ malować/grać** to be a bad painter/actor; **~ gotować/tańczyć** to be a rotten cook/dancer pot. [4] pot. (niezdrowo) [czuć się, wyglądać] miserable adi.; **~ się czuję** I feel lousy a. crummy pot.

nędzni|k m przest. scoundrel; picaroon przest.

nędzn|y adi. grad. [1] (biedny) [ubranie, gospodarstwo, meble, dobytek] poor; [budynek, pokój] mean; [warunki, otoczenie, wyżywienie] beggarly; [dzieci, żebrak] needy; **mieszkała w ~ym mieszkaniu** her flat was a poor place; **niedobitki ~ej armii** survivors of an ill-equipped a. poorly equipped army [2] pot. (słaby, chory) [postura, zwierzę, roślinność] meagre GB, meager US; [roślina, kwiat] sorry-looking [3] pot. (marny) [jakość, ilość, wyniki, program] poor; measly pot.; [towar, film, jedzenie, obsługa] lousy pot., poxy GB pot.; [hotel, knajpa, kino] seedy [4] pot. (mały) [suma, porcja, pensja] meagre GB, meager US; [płaca, pieniądze, stawka] beggarly; measly pot.; [procent, dostawy, ilości] niggardly, meagre GB, meager US; **~e zbiory zboża** meagre a. poor yields of cereal crops; **poza sezonem płacą robotnikom ~e pensje** out of season they pay beggarly wages to workers [5] książk. pejor. (nikczemny) [kłamca,

N

postępek, plan] abject; miserable pejor.; **ty ~y tchórzu!** you miserable coward!

nęka|ć *impf* **I** *vt* to harry *[władze, wroga, rząd]*; to harass *[wroga, obywateli, sąsiadów, turystów]*; *[prasa, dziennikarze]* to hound; *[poczucie winy, niepewność, ból, strach]* to gnaw (**kogoś** at sb); *[problemy, trudności, wątpliwości]* to beset, to bedevil; *[choroby, kłopoty]* to plague; *[anarchia, reżim, susza, choroby, głód]* to scourge; **~ny głodem/ kryzysem/poczuciem winy** famine/crisis/guilt/-ridden; **kraj ~ny strajkami** a country beset by strikes, a strike-ridden country; **~ny trudnościami** a. **kłopotami rząd/zarząd** a beleaguered government/ board of directors; **~ny reumatyzmem/ atakami migreny** afflicted by rheumatism/migraines; **~ny chorobami** plagued by ill health; **nieustannie ~ły nas ataki wroga** we were continually harassed by enemy raids; **opozycja była ~na przez policję** the opposition was harassed a. harried by the police; **~ją mnie obawy i złe przeczucia** I'm beset with a. by doubts and apprehensions; **~ły go wyrzuty sumienia** he was filled with remorse **II nękać się** **1** (trapić się) to be beset (**czymś** with sth) **2** (dręczyć siebie nawzajem) to harass each other; to harry each other książk.

ni książk. **I** *coni.* **ni... ni** neither... nor; **nie mam czasu ni pieniędzy** I have neither the time nor the money; **on nie mówi ni po polsku, ni po rosyjsku** he speaks neither Polish nor Russian; **ni w nocy, ni we dnie** neither at night nor during the day; **ni to liberał, ni (to) konserwatysta** a cross between a liberal and a conservatist; **odezwała się do niego ni to po polsku, ni (to) po rosyjsku** she addressed him in a language that was something between Polish and Russian; **okrzyk ni to grozy, ni to zdumienia** a cry of half horror, half astonishment; **ni mniej, ni więcej, tylko...** no less (than...), nothing more (n)or less than...; **posądzono go ni mniej, ni więcej, tylko o kradzież** he was accused of stealing, no less **II** *part.* not a (single); **ni śladu** not a trace; **nie odezwał się ni słowem** he didn't say a (single) word; **ni chwili dłużej** not a moment longer; **ni razu** not even once

nia|nia *f* nanny; **wynająć ~nię do dziecka** to hire a nanny for a child **niańcz|yć** *impf vt* **1** (opiekować się) to take care of, to look after *[dziecko]* **2** przen., pot. to wet-nurse pot.

nia|ńka *f* **1** (opiekunka) nursemaid, nanny **2** przen. nanny

nią → **ona**

niby I *praep.* (jak) like; **miękki ~ puch** soft as a. like down; **usłyszałem coś ~ płacz dziecka** I heard a noise like (that of) a child crying **II** *coni.* (jakby) as if, as though; **przeglądała się w wodzie ~ w lustrze** she looked at herself in the water as if a. as though it were a mirror; **rozsiedli się ~ do jakiegoś obrządku** they sat down as if to perform some rite

III *part.* **1** (jakoby) supposedly; (na pozór) apparently, seemingly; **(ona) ~ go lubi, a drwi z niego** she supposedly likes him, but she makes fun of him; **zwolniono go z funkcji, ~ z powodu złego stanu zdrowia** he was relieved of his duties, apparently a. supposedly for health reasons; **jest ~ utalentowany** he's supposed to be a. he's apparently talented; **~ nic się nie stało, jednak...** it might look like nothing serious happened, but still...; apparently nothing serious happened, but still...; **~ się uczy, a w rzeczywistości czyta książkę** he's supposed to be studying, but in fact he's reading a book; **~ przypadkiem** as though a. apparently by accident **2** (do pewnego stopnia) kind of pot.; sort of pot.; **~ coś przeczuwał** he kind a. sort of sensed something; **coś ~ kogut, ~ wąż** something a bit like a rooster and a bit like a snake; **~ racja/prawda, ale niezupełnie** that's right/true, of course, up to a point **3** (niedowierzanie, zastrzeżenie, dezaprobata) **„kto to napisał?" – „no ~ ja"** 'who wrote it?' – 'I guess I did' a. 'I did like' pot.; **~ dlaczego?** and why is that exactly?; why would that be? iron.; **„wychodzimy" – „~ dokąd?"** 'we're going' – 'like where to (exactly)?'; **~ nie wiesz, kto to zrobił?** I don't suppose you know who did it, of course? iron.

IV na niby make-believe; pretend dziec.; **bitwa na ~** a pretend battle; **robić coś na ~** to pretend to be doing sth; **pracują na ~, ale pieniądze dostają nie na ~** they only pretend to be working, but the money they get is real enough

V niby- *w wyrazach złożonych* pseudopejor.; quasi-; **niby-demokratyczny** pejor. pseudo-democratic pejor.; quasi-democratic; **nibynóżki** Biol. pseudopoolia

nic I *pron.* nothing; (w pytaniu) anything; **nic się nie zmieniło** nothing has changed; **nic a. niczego nam nie brakuje** we have everything we need; **nic a. niczego nie zapomniałeś?** have you forgotten anything?; **nie dostał nic a. niczego do zjedzenia** he wasn't given anything to eat; **niczym się nie przejmował** he didn't worry about a thing; **nie znalazła nic, co mogłoby ją zainteresować** she didn't find anything that might be of interest to her; **nic nowego/szczególnego** nothing new/special; **nic ważnego się nie stało** nothing important happened; **nic podobnego** nothing of the kind a. sort; **nic dziwnego, że...** it's no wonder that..., no wonder...; **nie ma nic łatwiejszego** nothing could be simpler a. easier; **błagałem go, a on nic** I begged him, but he didn't say a word; **szukaliśmy cały dzień, i nic** we were searching all day, all for nothing; **nic ci/mu do mnie** it's got nothing to do with you/him; **nic mi po takim starym rowerze** an old bike like that is no use to me pot.; **nic tu po tobie** you have no business being here; **nic innego** nothing else; **to nic innego jak gra na zwłokę** it's just playing for time, it's nothing other than playing for time; **nic takiego** nothing important/serious; **to nic takiego, zwykłe przeziębienie**

it's nothing serious, just an ordinary cold; **nic takiego się nie stało** nothing really happened; **to nic** never mind, it doesn't matter; **to nic, nie martw się** it's nothing, don't worry; **nic, nic, to tylko lekkie zadrapanie** it's nothing (at all), just a scratch; **mieć kogoś/coś za nic** to not care about sb/sth; **zrobić coś z niczego** to make something out of nothing; **on w niczym nie potrafi jej dorównać** she outshines a. surpasses him in any way; **Anna w niczym nie przypomina swojej siostry** Anna is quite a. totally unlike her sister; **z niczym** *[przyjść, odejść]* empty-handed; **odprawiono go z niczym** he was sent back empty-handed **II** *part.* (wcale) not a bit, not at all; **nic nie lepszy/gorszy** not a bit better/worse; **„boisz się?" – „nic a nic"** a. **„nic, ale to nic"** 'are you afraid?' – 'not a bit' a. 'not at all'; **całą noc nic nie spał** he didn't sleep at all the whole night; **czemu ty nic nie tańczysz?** why aren't you dancing at all?; **łzy nic tu nie pomogą** it's no use crying **III** *n* pejor. (o osobie) nobody; (o rzeczy) nothing; **być niczym** to be a nobody; **takie nic, a śmie mnie pouczać** a nonentity like him telling me what to do!; **twoje dochody to kompletne nic** what you earn is absolutely nothing **IV** *inter.* nothing!; **„co?" – „nic, nieważne"** 'what?' – 'nothing, it doesn't matter a. it's not important'

■ **być do niczego** pot. *[osoba]* (o samopoczuciu) to be under the weather pot.; (o umiejętnościach) to be hopeless a. lousy GB pot., to be useless pot.; *[film, książka]* to be hopeless GB pot.; *[pomysł, projekt]* to be half-baked pot.; **jak nic** pot. (na pewno) (as) sure as anything pot.; **jak nic się spóźni** he's bound a. sure to be late; **na nic** (zbędny, niepotrzebny) fit for nothing pot.; **cała robota na nic** all that work for nothing a. down the drain pot.; **„smaczne, prawda?" – „nic dodać, nic ująć"** 'tasty, isn't it?' – 'you're right there'; **mieszkanie duże, jasne, nic dodać, nic ująć** a large, bright flat – just right a. perfect; **wokół nic, tylko lasy** there's nothing but forest all around; **ona nic, tylko narzeka** she does nothing but complain; **nic, tylko płakać** it's enough to make you weep; **nic z tego** (nie uda się) it's no use; (nie ma mowy) nothing doing! pot., no way! pot.; **nic z tego, telefon zepsuty** nothing doing, the phone's out of order; **„chcę iść do kina" – „nic z tego, musisz odrobić lekcje"** 'I want to go to the cinema' – 'nothing doing, you've got (your) homework to do'; **niczego sobie** pot. not bad (at all); **niczego sobie facet** not a bad-looking guy pot.; **niczego sobie piwo** not bad beer; pretty good beer pot.; **za nic** not for anything; **za nic na a. świecie** not for (all) the world; not for all the tea in China pot.

nic|e *plt* (G **~**) przest. **wywrócić na ~e stary płaszcz/żakiet** to turn an old coat/ jacket

■ **przewrócić** a. **obrócić coś na ~e** (radykalnie zmienić) to turn sth inside out

nich → **oni** → **on**

nician|y _adi._ ~e rękawiczki gloves knitted from cotton a. linen thread; ~a koronka crocheted lace

nicoś|ć _f sgt_ książk. nothingness; nihility rzad.; odczuwać lęk przed ~cią to be afraid of nothingness; mgły rozwiały się w ~ć the fog completely vanished a. disappeared

nic|ować _impf vt_ [1] (przewracać na drugą stronę) to turn [_płaszcz, spodnie_] ⇒ **przenicować** [2] (całkowicie zmieniać) to turn [sth] inside out [_życie, rzeczywistość, wartości_]; młodzi ludzie chcą ~ować świat young people want to change the world ⇒ **przenicować** [3] (rozkładać) to perform vivisection (**coś** on sth) [_mentalność, społeczeństwo_]; to scrutinize [_charakter, dorobek, życiorys_]; ~ować kogoś to scrutinize sb's personality

nicowan|y [I] _pp_ → nicować
[II] _adi._ [_marynarka, płaszcz_] turned

nicpo|ń _m_ (_Gpl_ ~ni a. ~niów) książk., pejor. ne'er-do-well; wastrel książk.

niczego → nic

niczy|j _pron._ nobody's, no one's; „czyj to kot?" – „~j" 'whose cat is that/this?' – 'nobody's'; **nie potrzebuję ~ich rad** I don't need anybody's a. anyone's advice; **zrobić coś bez ~jej pomocy** to do sth without anyone's help a. unassisted; **ziemia ~ja** no-man's-land

niczym [I] _pron._ → nic
[II] _praep._ książk. (jak) like; **był dla mnie ~ ojciec** he was like a father to me; **miękki ~ aksamit** (as) soft as velvet
[III] _coni._ książk. like; **scena ~ z filmu gangsterskiego** like a scene (taken from) a gangster movie; **wymachiwał kijem ~ szablą** he was brandishing the stick like a sabre

ni|ć _f_ (_Ipl_ nićmi) [1] (do szycia) thread _C/U;_ **gruba/bawełniana/złota nić** (a) thick/cotton/gold thread; **nici do szycia** sewing thread; **nawinąć nić na szpulkę** to wind thread on to a spool, to spool thread; **igła nawleczona nicią** a threaded needle [2] Zool. silk _U,_ silk thread; **nici pajęczyny** the silk threads of a spider's web; **nici babiego lata** (threads of) gossamer
❑ **nici chirurgiczne** Med. (surgical) suture; **nici dentystyczne** Stomat. dental floss; **nić Ariadny** Mitol. clew (_given to Theseus by Ariadne_); książk., przen. ≈ clever way out; **srebrna nić** a. **srebrne nici** książk. grey (hair)
■ **być szytym grubymi nićmi** ≈ to be as plain as a pikestaff; **nawiązali nić przyjaźni** a. **połączyła ich nić przyjaźni** they became friends; **nawiązała się między nimi nić sympatii** they've come to like each other; **nawiązała się między nimi nić porozumienia** książk. a thread of understanding a. communication was established between them; **z wycieczki wyszły nici** pot. the trip came to nothing, nothing came of the trip; **skupiać a. trzymać (w rękach) nici czegoś** to know all the ins and outs of sth; **snuć nić opowiadania** książk. to be telling a story

niderlandz|ki [I] _adi._ [_malarstwo, sztuka, mistrzowie_] Netherlandish; [_flaga, język, granice_] Dutch
[II] _m sgt_ (język) Dutch; **mówić po ~ku** to speak Dutch

nie [I] _part._ [1] (z czasownikiem) not; ~ **jest taki stary** he's not so old; ~ **znam jej** I don't know her; **ona tego ~ zrobiła** she didn't do it; ~ **będę tego dłużej tolerował** I won't stand for it a. put up with it any longer; **tu ~ wolno palić** you're not allowed to smoke here; ~ **wchodź tam** don't go in there; ~ **wątpię** I don't doubt it; ~ **sądzę, żebym ją znał** I don't think you know her; ~ **cieszysz się?** aren't you pleased?; **dlaczego ~ powiedziałeś mi o tym wcześniej?** why didn't you tell me about it before?; **czy myśmy się już gdzieś ~ spotkali?** haven't we met before somewhere?; „**czy twoja siostra przyjdzie?**" – „**obawiam się, że ~**" 'is your sister coming?' – 'I'm afraid not'; **nigdy ~ byłem w Londynie** I've never been to London; **wyszedł ~ płacąc/pożegnawszy się z nikim** he left without paying/saying goodbye to anyone [2] (z rzeczownikiem) no, not; **to ~ żart** it's no joke, it's not a joke; **to ~ przypadek, że...** it's no accident that...; **to ~ są osy, tylko ale. a pszczoły** they're not wasps, but bees; ~ **do pomyślenia** unthinkable; ~ **do wytrzymania** unbearable; **to ~ do wiary** it's unbelievable a. beyond belief [3] (z przymiotnikiem, przysłówkiem) not; **była szczupła, ~ chuda** she was slim, not thin; **mniej niż 50 osób** no fewer than 50 people; **jeszcze ~** not yet; **już ~** no longer, not any longer; ~ **teraz/tutaj** not now/here; ~ **całkiem** a. **zupełnie** not quite a. entirely; ~ **zawsze** not always; ~ **wiadomo kiedy/jak** no one knows when/how; ~ **codziennie mam taką szansę** it's not every day that I get such a chance; ~ **wcześniej/później niż we wtorek** on Tuesday at the earliest/latest, no earlier/later than Tuesday; **znasz ją ~ gorzej ode mnie** you know her just as well as I do; „**jak się czujesz?**" – „~ **najlepiej/najgorzej**" 'how are you (feeling)?' – 'not too good/bad'; **egzamin poszedł mu ~ najlepiej** he didn't do too well in the exam; **mieszkanie mieli ~ najwygodniejsze** the flat they had wasn't too comfortable [4] (w propozycjach, prośbach) ~ **napiłbyś się piwa?** wouldn't you like some a. a beer?; ~ **sprzedałby mi pan jednego biletu?** couldn't you sell me one ticket? [5] (w zdaniach wykrzyknikowych) **czegoż to mi ona ~ naopowiadała o sobie!** the things she told me about herself!; **co to się ~ nachodziłam po sklepach!** the time I spent traipsing round the shops! pot.; **gdzie to ~ jeździł, żeby ją odnaleźć!** the places he went to looking for her!; **któż o nim ~ słyszał?** everyone's heard of him!
[III] _inter._ [1] (odmowa, zaprzeczenie) no; „**pożycz mi 100 złotych**" – „~" 'lend me 100 zlotys' – 'no (I won't)'; „**dzisiaj wtorek?**" – „~, **środa**" 'is it Tuesday today?' – 'no, Wednesday'; „~ **byłeś głodny?**" – „~" 'weren't you hungry?' – 'no (I wasn't)'; „**nie znalazłeś tej książki?**" – „~, **znalazłem ją przed chwilą**" 'haven't you found that book?' – '(oh) yes, I found it a minute ago'; ~, **dziękuję** no, thank you a. thanks; **o ~!** oh no!; **no ~!** prędzej bym się diabła spodziewał oh no! (you're/he's/she's) the last person I expected to see [2] pot. (szukanie potwierdzenia) **cieszysz się, (co) nie?** you're glad, aren't you?; **fajny samochód, co** a. **no ~?** some car, eh? [3] (zakaz) no!, don't!; ~! **zostaw ją w spokoju!** don't! leave her alone!
[III] _coni._ [1] (niezdecydowanie) **pies ~ pies** (is this) a dog or what?; **jechać ~ jechać, sam nie wiem** should I stay or should I go? – I can't make up my mind; **pada ~ pada, chyba mży** is it raining or not? – I guess it's just drizzling [2] (bez względu na) **strach ~ strach, do dentysty iść musisz** scared or not scared, you simply have to go to the dentist; **brzydka ~ brzydka, ale tańczyć chyba umie** ugly or not, she can dance all right pot. [3] (w porównaniach) **anioł ~ człowiek** she's/he's an angel a. a real angel; **diabeł ~ dziewczyna** she's the devil incarnate; **cacko ~ zegarek** (it's) a real beauty of a watch
■ ~ **i** ~ absolutely not; no way pot.; **prosiłem ją wielokrotnie, a ona ~ i** ~ I asked her many times, but I just got 'no' for an answer; ~ **to...** pot. (it's) not that...; ~ **to, żeby był chory psychicznie, but...** it's not that he's/he was mentally ill, but...; ~, **bo** a. ~ **i już** pot. 'no' means 'no'; no, and that's final; **co to, to** ~ pot. absolutely not; no way pot.; **dlaczego** a. **czemu ~?** why not?

nieadekwatnie _adv._ książk. [_postąpić, wyrazić się_] inappropriately; [_wyceniać, opłacać, nagradzać_] inadequately; [_odzwierciedlać, poznawać_] inaccurately; [_ukarać_] disproportionately; incommensurately książk.

nieadekwatnoś|ć _f sgt_ książk. (o pojęciach) inapplicability; (o wycenie) inadequacy; (o przekładzie, definicji) inaccuracy

nieadekwatn|y _adi._ książk. (nieodpowiedni) [_tytuł, wyrażenie, zachowanie_] inappropriate; [_kara, skala, wyniki_] disproportionate; incommensurate książk.; (nieścisły) [_termin, przekład, definicja_] inaccurate; **jego reakcja była ~a do okoliczności** his reaction was inappropriate to the circumstances; **dane są ~e do zakresu pracy** the data is inapplicable to the scope of the project; **pytania ~e do tematu** irrelevant questions; **wystrój pomieszczeń jest ~y do ich funkcji** the design of the rooms is out of a. not in keeping with their function
❑ **przekład** a. **tłumaczenie ~e** (nieekwiwalentny) inaccurate translation

nieagresj|a _f sgt_ Polit. non-aggression; **pakt (o) ~i** a non-aggression pact

nieaktualnoś|ć _f sgt_ [1] (brak związku z teraźniejszością) (o tematach, danych, modelach, utworach) outdatedness; **zdumiewa mnie ~ć jego poglądów** I wonder how outdated a. how much out of date his views are [2] (utrata ważności, znaczenia) (o przepisach, planach, dokumentach) invalid a. out-of-date status; (o stylach, modzie, wzornictwie) outmodedness

nieaktualn|y _adi._ [1] (niedotyczący teraźniejszości) [_dane, mapa, raport_] out of date; [_temat, kwestia, problematyka_] dead; [_wyobrażenia, poglądy_] outdated; (o projektach, ofertach) no longer current; ~y **stan wiedzy** out-of-date knowledge; **te tematy/zagadnienia są już ~e** the subjects/issues are no longer topical; **wkrótce te informacje staną się ~e** the news will soon be out of date

2 (nieważny) *[katalog, przepisy, normy, ogłoszenie]* out of date; *[paszport, rozkład jazdy]* invalid, out of date; **~e numery czasopism** back issues of magazines; **ta oferta pracy jest niestety już ~a** sorry but the job offer is no longer available; **mój wyjazd za granicę okazał się ~y** my trip abroad was called off 3 (niewspółczesny) *[moda, styl, zwyczaj]* out of date, outmoded

nieapetycznie *adv.* pejor. *[przyrządzić, podać]* unappetizingly; *[wyglądać, pachnieć]* unsavoury *adi.*; **jedzenie na talerzu wyglądało ~** the food on the plate looked unappetizing a. unappealing

nieapetyczn|y *adi.* pejor. 1 (niebudzący apetytu) *[potrawa, jedzenie, zapach]* unappetizing, unappealing 2 (budzący niesmak) *[ciało, zapach, wrażenie]* unsavoury; *[wygląd]* unappealing

nieartykułowan|y *adi. [dźwięk, mowa]* inarticulate, unarticulated

nieatrakcyjnie *adv. [ubierać się]* unattractively; *[wyglądać, zapowiadać się]* unattractive *adi.*; **wakacje spędził wyjątkowo ~** he spent his holidays in an exceptionally boring way

nieatrakcyjnoś|ć *f sgt* unattractiveness; **propozycję odrzucono z powodu ~ci** the offer was rejected as unattractive

nieatrakcyjn|y *adi.* 1 (nieciekawy) *[praca, miasto, wyjazd]* unattractive, unappealing; *[oferta, perspektywy, miejsce]* uninviting 2 (niepociągający) *[dziewczyna, mężczyzna]* unattractive, unappealing, homely US

niebacznie *adv.* książk. *[zapytać, powiedzieć]* incautiously, imprudently

niebaczn|y *adi.* książk. 1 (niezwracający uwagi) *[osoba, zachowanie]* incautious; **~y na niebezpieczeństwo/przestrogi** heedless of danger/warnings 2 (nieostrożny) *[krok, słowo]* incautious; *[postępowanie, decyzja]* imprudent

niebagatelnie *adv. [trudny]* unusually; *[wzrosnąć, podrożeć]* considerably, substantially

niebagateln|y *adi. [rola, sukces, sprawa]* of no small importance; *[ilość, kwota]* considerable, substantial; **wypowiedź/czyn o ~ym znaczeniu** a statement/an action of no small importance a. consequence

niebanalnie *adv. [ozdobiony, ubrany]* remarkably, originally; *[wyglądać]* remarkable *adi.*, original *adi.*; *[zaprojektować, udekorować]* originally; **~ uczesana dziewczyna** a girl with an original a. unusual hairstyle; **on ma ~ urządzone mieszkanie** the decor of his flat is remarkable a. distinctive

niebanalnoś|ć *f sgt* remarkable character; **wyróżniał się ~cią charakteru** he was remarkable a. out of the ordinary

niebanaln|y *adi.* 1 (oryginalny) *[wygląd, zachowanie, cechy]* remarkable, out of the ordinary; **była kobietą ~ej urody** she was remarkably good-looking 2 (istotny) *[sprawy, zdarzenia]* remarkable, noteworthy

niebawem *adv.* książk. soon, presently; anon przest.

nie bez kozery → kozera

niebezpieczeństw|o *n* 1 (groźna sytuacja) danger *C/U*, peril *C/U*; (ryzyko) hazard; **~o pożaru/lawin/powodzi** danger of fire/an avalanche/flooding; **~o utraty życia** a.

śmiertelne ~o danger of death, mortal danger; **~a związane z paleniem tytoniu/uprawianiem alpinizmu** the dangers of smoking/mountaineering; **być/znaleźć się w ~ie** to be in/run into danger; **statek/samolot jest w ~ie** the ship/aircraft is in distress; **narażać siebie** a. **się/kogoś na ~o** to expose oneself/sb to danger; **stanowić ~o dla kogoś/czegoś** to pose a danger to sb/sth; **twemu/naszemu życiu grozi ~o** your life is/our lives are in danger; **nad krajem zawisło ~o wojny domowej** the country faced the danger of civil war 2 (prawdopodobieństwo) danger; **istnieje** a. **jest takie ~o, że...** there is a danger that...

niebezpiecznie *adv. grad.* (zagrażając bezpieczeństwu) dangerously, hazardously; (zagrażając życiu) perilously; (niepewnie) *[ustawiony, chwiać się, wisieć]* precariously; **~ kręta droga** a dangerously a. hazardously winding road; **~ zachorować** to fall dangerously ill; **dziecko ~ wychyliło się z okna** the child leaned dangerously a. perilously out of the window; **on ma ~ wysokie ciśnienie krwi** his blood pressure is dangerously high; **~ jest samotnie wspinać się w górach** it is dangerous to climb mountains alone; **wiadro kolebało się ~ na szczycie drabiny** the pail swayed precariously on the top rung of the ladder

niebezpieczn|y *adi. grad.* 1 (zagrażający bezpieczeństwu) *[zakręt, zadanie, warunki, sport]* dangerous, hazardous; *[dzielnica, przestępca, zwierzę]* dangerous; (zagrażający życiu) *[urwisko, wyprawa, trasa, czasy]* perilous; (niepewny) *[kładka, sytuacja, pozycja]* precarious; **~y dla zdrowia/alergików** hazardous to a. for health/allergic persons; **substancje ~e dla środowiska** environmentally hazardous substances; **z ~ą prędkością** at a dangerous a. hazardous speed; **choroba była ~iejsza niż przypuszczano** the illness was more dangerous a. serious than expected 2 (drażliwy) *[temat, rozmowa]* sensitive, touchy; **dyskusja zeszła na ~e tematy** the discussion entered shaky ground

niebian|in *m*, **~ka** *f (Gpl ~, ~ek)* książk. 1 Mitol. (mieszkaniec Olimpu) Olympian, god; **nektar jest napojem ~** nectar is the drink of the gods a. Olympians 2 Relig. (mieszkaniec nieba) heavenly being; **pośród aniołów, świętych i innych ~** among the angels, saints, and other heavenly beings

niebiańs|ki *adi.* książk. 1 (dotyczący nieba) *[obszary, bezkres]* celestial, heavenly; supernal książk. 2 (boski) *[istota, nagroda, opieka]* heavenly; supernal książk.; **~ka nagroda** the heavenly reward 3 (zachwycający) *[muzyka, zjawisko, piękno]* celestial; heavenly pot.; divine przest., pot.; **śpiewała ~kim głosem** she sang in an angelic voice

niebiańsko *adv.* książk. (zachwycająco) *[piękny, słodki]* celestially; *[wyglądać, czuć się]* celestial *adi.*; heavenly *adi.* pot.

niebiańskoś|ć *f sgt* książk. (doskonałość) celestial perfection

niebieskawo *adv. [oświetlony, zabarwiony]* with a blu(e)ish tone; **~ kwitnące kwiaty** blu(e)ish flowers

niebieskawoś|ć *f sgt* blu(e)ish colour, blu(e)ishness

niebieskaw|y *adi.* książk. blu(e)ish

niebies|ki *adi.* 1 (błękitny) blue; **chabry są bardziej ~kie niż niezapominajki** cornflowers are bluer than forget-me-nots 2 Astron. *[konstelacja, ciało]* celestial, heavenly; *[południk, równik, biegun, sfera]* celestial 3 Relig. *[chóry, chwała]* heavenly; **królestwo ~kie** the kingdom of heaven

■ **~ki ptak** pejor. freebooter pot.

niebiesko I *adv.* **ubierała się na ~** she wore blue

II **niebiesko-** *w wyrazach złożonych* 1 (z niebieskim elementem) blue and; (z niebieskim odcieniem) blue-; **niebiesko-biały wzór** a blue and white pattern; **niebieskopopielaty** blue-grey 2 książk. (niebieskiego koloru) blue-; **niebieskopióry ptak** a bird with blue feathers

niebieskoo|ki *adi.* with blue eyes, blue-eyed

niebieskosza|ry *adi.* blue-grey

niebieskoś|ć *f sgt* blueness

niebieskozielon|y *adi.* blue-green

niebieściut|ki *adi.* pieszcz. *[oczy, bluzeczka]* blue, sky-blue; **~kie niebo** clear blue sky

niebieściutko *adv.* pieszcz. *[pomalowany, pomalować]* blue *adi.*; **te kwiaty kwitną tak ~** the plants have such (sky-)blue flowers

niebi|osa, ~osy *plt (G ~os, L ~osach* a. **~esiech)** książk. 1 (nad ziemią) the heavens książk.; skies; **kopuła ~os** the vault of heaven, the dome of the sky 2 (siedziba Boga) heaven *U* 3 (Bóg, boska opatrzność) heaven *U*; skies książk.; **z wyroku ~os** as ordained by heaven; **zemsta ~os** the vengeance of the skies książk.; **nie wierzę w opiekę ~os** I don't believe in divine providence; **niech ~osa mi pomogą** (may) heaven help me

■ **wynosić** a. **wychwalać kogoś/coś pod ~osa** a. **~osy** to praise sb/sth to the skies, to sing sb's/sth's praises a. the praises of sb/sth

niebiosy → niebiosa

nieb|o *n sgt* 1 (nad ziemią) (the) sky; **chmury/gwiazdy na ~ie** clouds/stars in the sky 2 (raj) heaven; **pójść do ~a** to go to heaven 3 (Bóg, opatrzność) heaven *U*; **opieka ~a** divine providence

■ **być w siódmym ~ie** pot. to be in seventh heaven; to be on top of the world pot., to be a. jump over the moon pot.; **dziury w ~ie nie będzie, jeżeli...** iron. it won't hurt if...; **jak Bóg na ~ie** książk. so help me God; **jak grom** a. **piorun z jasnego ~a** like a bolt from a. out of the blue; out of the blue pot.; **czuję się** a. **jest mi jak w ~ie** I'm walking a. treading on air; **nic z ~a nie spadnie** a. **nie spada** there's no such thing as a free lunch przysł.; **~o się otwiera/otworzyło** a. **otwierało, kiedy...** it makes/made [me/you/them] feel on cloud nine a. seven when...; **~o w gębie** pot. it tastes heavenly pot.; **różnić się o całe ~o** to be worlds a. poles apart; **być o ~o lepszym od kogoś/czegoś** a. **przerastać kogoś/coś o ~o** to be greatly superior to sb/sth; **jest o ~o lepszy od swoich rówieśników** he's head and shoulders above his peers pot.; **jesteś od niego o (całe) ~o zdolniejszy** you're by far more talented than he is, you're more talented than he is by a long chalk GB; **dziś wyglądasz o ~o lepiej** you look so much better today; **nasza drużyna była o ~o lepsza od pozostałych** our team was streets ahead of the others GB pot.; **pod gołym** a. **otwartym ~em** in the open (air), outdoors; **spać pod gołym ~em** to sleep outdoors; **poruszyć ~o i ziemię** to move heaven and earth, to leave no stone unturned; **przychylić** a. **uchylić komuś ~a** to do everything for sb; **spaść** a. **spadać (komuś) jak z ~a** to be a godsend (to sb); **to ~o i ziemia** there's a world of difference (between the two); **wielkie ~a!** a. **o ~a!** iron., żart. (good) heavens!; **to woła** a. **wzywa o pomstę do ~a** it's outrageous; **błędy/wypowiedzi wołające o pomstę do ~a** outrageous mistakes/statements

nieb|oga f książk. (biedactwo) poor thing
■ **nie ma złej drogi do swej ~ogi** przysł. all's fair in love and war przysł.

nieboracz|ek m dem. (Npl ~ki) książk., pieszcz. poor man, poor thing

nieboracz|ka f dem. książk., pieszcz. poor woman, poor thing

niebora|k m (Npl ~cy a. ~ki) książk. poor thing

niebosiężn|y adi. książk. [1] (bardzo wysoki) [drzewa, wieże] of imposing height; **przez ~e góry Pamiru** across the imposing a. impressive heights of the Pamirs [2] (daleko idące) [zamiary, plany] grandiose

nieboskłon m sgt (G ~u) książk. horizon; **schyłek ~u** the line of the horizon

nieboszcz|yk m, **~ka** f (w oficjalnych kontekstach) the departed; the deceased książk.; (trup) corpse; **trumna z ~ykiem** the coffin with the body; **nasza ciotka ~ka** our late a. departed aunt; **boisz się ~yków?** are you afraid of corpses?

niebotycznie adv. książk. [1] (sięgając nieba) [wielki] impressively; **~ wysokie drzewa** trees of imposing a. impressive height [2] (ogromnie) [kosztowny, wysoki] extremely; [osłupiały, zdumiony] absolutely, totally; **~ wysokie ceny** sky-high a. exorbitant prices; **był ~ zadłużony** he ran up huge debts

niebotyczność f sgt książk. [1] (wysokość) imposing height [2] (ogrom) immensity; **~ć cen** the exorbitant level of prices

niebotyczn|y adi. książk. [1] (bardzo wysoki) [drzewo, góry, gmach] of imposing height; **~e gmachy z metalu i szkła** metal and glass buildings of imposing height [2] (ogromny) [praca, dług, ilość] titanic; [uczucie, miłość] unmeasured książk.; **pleciesz ~e głupstwa** you're talking complete a. utter nonsense; **zdobyć ~ą sławę** to achieve great renown

niebożąt|ko n dem. książk. poor (little) thing

niebożę n (G ~ęcia) książk. poor thing
niebrzyd|ki adi. grad. [1] (dość ładny) rather attractive, not bad-looking [2] pot. (nieżły) pretty good pot., not bad pot.

niebrzydko adv. [1] (dość ładnie) [wyglądać] rather attractive adi. [2] pot. (całkiem nieźle) [grać, malować] pretty well pot.

nieby|ły adi. książk. non-existent; **uznać** a. **uważać coś za ~łe** to treat sth as non-existent, to act as if sth never happened; **uznajmy ten incydent za ~ły** let's just say a. pretend it never happened

nieby|t m sgt (G ~tu) [1] Filoz. non-existence, non-being [2] przen. oblivion, limbo; (niepamięć) oblivion, obscurity; **pogrążyć się w ~cie** to sink into oblivion; **ocknąć się z ~tu** to come back to life przen.; **artystyczny/polityczny/historyczny ~t** artistic/political/historical oblivion

niebywale adv. książk. remarkably, exceptionally; **jest ~ odważnym człowiekiem** he is a man of tremendous courage; **ceny są tu ~ wysokie** the prices are exceptionally a. extremely high here

niebywa|ły adi. książk. unprecedented, exceptional; **to ~łe!** that's outrageous!; **kolekcja o ~łej wartości** an extremely valuable collection; **odnieść ~ły sukces** [powieść, film] to be an unprecedented success; [osoba] to be extremely successful

niecał|y adi. **do przejścia miał ~ły kilometr** he had just under a kilometre to go; **ma ~łe osiemnaście lat** she's/he's not quite eighteen; **powiedzieć ~łą prawdę** to not tell the whole truth; **w wyborach wzięło udział ~łe 40 procent uprawnionych** just under a. not quite 40 per cent of the voters turned out for the elections

niecelnie adv. [1] (nie trafiając do celu) [strzelać] off-target, wide (of the mark) [2] książk., przen. (nie trafiając w sedno) inaptly książk.; **skomentować ~** to miss the point

niecelyn|y adi. [1] (nietrafiający do celu) [strzał, wybuch, pchnięcie, podanie] off-target, inaccurate [2] książk., przen. [argument, krytyka, powiedzenie] inapt książk., malapropos książk.; **te uwagi są ~e** those comments miss the point

niecelowo adv. unintentionally, not on purpose

niecelowoś|ć f sgt pointlessness; **~ć dyskusji** the pointlessness of the discussion

niecelow|y adi. [wysiłki, starania] (bezcelowy) pointless; (nietrafny) ineffective; **~a polemika** a pointless argument; **~e działanie** ineffective efforts

niecenzuralnie adv. książk. indecently, obscenely; **wyrazić się ~** he used indecent a. obscene language

niecenzuralnoś|ć f sgt książk. indecency, obscenity; **~ć filmu/sceny** indecency of the film/scene

niecenzuraln|y adi. książk. [żart, wypowiedź, język, powieść, scena] indecent, obscene; **używać ~ych słów** to use unprintable words a. language; **usunąć ~e fragmenty** to omit the unprintable passages; **zrobić ~y gest** to make an obscene gesture

niech [II] part. [1] (w poleceniach, życzeniach) **~ wejdzie** let him/her (come) in, send him/her in; **~ zaczekają** let them wait; **~ to będzie dla ciebie nauczką** let that be a lesson to you; **~ pani spocznie** please take a seat; **~ ciocia sobie wyobrazi jego**

minę (just) imagine his expression, auntie; **~ nikt nie wchodzi do tego pokoju** (nie pozwalam) no one is to enter this room; (nie pozwól) don't let anyone enter this room; **~ tego więcej nie słyszę** don't let me hear that again; **powiedz mu ~ weźmie ze sobą śpiwór** tell him to take a sleeping bag with him; **poczekaj, ~ pomyślę** wait (a minute), let me think; **pokaż, ~ zobaczę, co tam napisałaś** show me, let me a. let's see what you've written [2] (oby) **~ ta chwila pozostanie wam na zawsze w pamięci** may you always remember this moment; **~ żyje wolność!** long live freedom!, freedom for ever!; **~ żyje król!** long live the king!; **~ żyje młoda para!** (toast) to the bride and groom! [3] (obojętność) **a ~ sobie ma i dziesięć samochodów, co mnie to obchodzi** let him have ten cars if he wants, what do I care? [4] (groźba) **~ tylko spróbuje!** just let him try!; **~ ja cię kiedyś dorwę** pot. just wait till I lay my hands on you! [5] książk. (przypuśćmy) **~ x = 45** let x equal 45; **~ linia AB przecina linię CD** let line AB intersect line CD; **weźmy na przykład Polskę, ~ to będzie Polska średniowieczna** let's take Poland for example, (say) mediaeval Poland

[II] coni. **~ tylko zrobi się ciepło, to pojedziemy na plażę** let's just wait a. just let's wait till it gets warmer, then we'll go to the beach; **~ ja zachoruję, co wtedy zrobisz?** what if I fall ill, what will you do then?; **~ wszystko stracę, nie ustąpię** I don't care if I lose everything, I won't give in; **wakacje, ~ będą najdłuższe, muszą się skończyć** holidays, however long they are, must come to an end
■ **~ będzie** a. **~ tam** oh, all right; **~ ci będzie** a. **~ ci tam** oh, all right (have it your own way); **~ mu będzie** a. **niech mu tam** good luck to him; **~ się dzieje, co chce** come what may; **(a) ~ cię/go!** pot. damn you/him! pot.; **(a) ~ to!** pot. blast a. damn it! pot.; **~ to zostanie między nami** that's between you and me

niechaj → niech
niechajże → niech
niechby [II] part. [1] (życzenie) I wish; **~ już wrócił** I wish he were back [2] (groźba) **~ tylko spróbowali** just let them try! [3] (obojętność) **~m nawet złamał nogę** even if I break a leg doing it
[II] coni. [1] (gdyby) if; **pomógłbym mu, ~ mnie tylko poprosił** I would have helped him if only he'd asked (me) [2] (choćby) even; **~ najtrudniejszy/najbiedniejszy** even the most difficult/the poorest

niechcący adv. [potrącić, zrzucić, zniszczyć] accidentally, by accident; **~ nadepnąć komuś na nogę** to step on sb's foot a. by accident

niechcenie → od niechcenia

niechę|ć f sgt [1] (brak ochoty) aversion, reluctance; **z ~cią zaczął odrabiać lekcje** he reluctantly started doing his homework; **~ć do działania/do pracy** reluctance to get involved/to work [2] (nieżyczliwość) dislike (do kogoś for sb); aversion (do kogoś to sb); **czuła do niego nieprzezwyciężoną ~ć** she felt an intense dislike for a. aversion

N

to him; **czuli wobec siebie wzajemną ~ć** they felt a mutual dislike; **okazywał jej wiele ~ci** he was very unfriendly to a. towards her

niechętnie adv. [1] (z ociąganiem) unwillingly, reluctantly, with reluctance; **~ rozmawia o swoich problemach** he speaks about personal matters only with reluctance; **~ wstaje tak rano** he hates getting up so early; **uczył się ~** he was an unwilling pupil; **pomoc była udzielona ~** the help was offered grudgingly; **na pytania odpowiadał ~** he was reluctant to answer the questions [2] (nieprzyjaźnie) hostilely, with hostility; **patrzyli na siebie ~** they looked at one another with hostility; **była ~ usposobiona wobec synowej** she had a hostile attitude toward her daughter-in-law

niechętn|y adi. [1] (opieszały) reluctant, unwilling; **był bardzo ~y do pomocy** he was very reluctant to help; **~y do podróży** reluctant to travel [2] (nieprzyjazny) unfriendly, hostile; **dlaczego twój stosunek do niego jest taki ~y?** why do you have such an unfriendly attitude towards him?; **ludzie ~i przybyszom/imigrantom** people with a hostile attitude to newcomers/immigrants

niechlubnie adv. książk. disgracefully, dishonourably GB, dishonorably US; **postąpić ~** to behave disgracefully a. dishonourably; **wsławić się czymś ~** to be infamous for sth; **zginąć ~** to die a dishonourable death

niechlubn|y adi. książk. disgraceful, dishonourable GB, dishonorable US; **czyjaś ~a przeszłość** sb's dishonourable a. disreputable past; **popełnić ~y czyn** a. **postępek** to commit a disgraceful a. dishonourable act; **zginąć ~ą śmiercią** to die a dishonourable death

niechluj m pot. slob pot., pejor., slummock GB pot., pejor.; **w tym ubraniu wyglądasz jak ~** you look like a slob in those clothes; **jego żona to straszny ~** his wife's a real slob

niechlujnie adv. grad. [1] pot. (niedbale) [ubierać się] like a slob pot.; sloppily, scruffily; **wyglądać ~** [osoba] to look like a slob; [osoba, ubranie] to look sloppy a. scruffy; [pokój] to look messy a. sloppy; **związała ~ włosy** she tied her hair back sloppily [2] przen. (niestarannie) sloppily, carelessly; **pracować ~** to do shoddy a. slipshod work; **~ napisany artykuł** a carelessly written a. slipshod article; **mówić ~** to speak in a slovenly manner

niechlujn|y adi. [1] (zaniedbany) [osoba, ubranie] slovenly, scruffy; [mieszkanie, biuro] messy, untidy; **(czyjś) ~y wygląd** sb's slovenly a. scruffy appearance; **miał ~ą brodę** he had a scruffy beard [2] (niestaranny) [praca, wykonanie] shoddy, slipshod; **mówić ~ym językiem** to speak in a slovenly manner

niechlujstw|o n sgt [1] (zaniedbanie) sloppiness, untidiness; **raziło mnie jego ~o i lenistwo** I was put off by his untidiness and laziness; **~o w mieszkaniu** the messiness of the flat [2] (partactwo) sloppiness, carelessness; (wykonania) shoddiness; **~o**

stylistyczne/językowe stylistic/linguistic carelessness a. sloppiness

niechodliwoś|ć f sgt pot. **~ć soków w dwulitrowych butelkach** the slow sales of juice in two-litre bottles

niechodliw|y adi. pot. [produkt] slow-moving pot.; slow-selling; **~e towary** slow-moving merchandise

niechybnie adv. książk. [1] (na pewno) assuredly książk., surely książk.; **~ zginą/zgineli** they are sure to die/to have died a. perished; **czuła ~, że to koniec** she knew this was the end [2] (celnie) unerringly; **strzelił ~** his aim was true

niechybnoś|ć f sgt książk. inevitability, inescapability; **~ć śmierci** the inevitability of death

niechybn|y adi. książk. [zagłada, klęska] certain; inevitable książk.; **grozi mu ~a śmierć** he's facing certain death

niechże → niech

nie|cić impf [] vt książk. [1] (rozpalać) to kindle; **~cić ogień/ognisko** to kindle a fire/campfire ⇒ **rozniecić** [2] (wywoływać) to stir up, to rouse; **~cić zamieszki/bunt** to stir up riots/a revolt; **~cić nadzieję/radość** to kindle hope/joy ⇒ **rozniecić**

[] **niecić się** poet. [świt] to break; [zorza] to glow; **już ~cił się brzask** dawn was breaking ⇒ **rozniecić się**

nieciekawie adv. [1] (nieinteresująco) [opowiadać] dully, boringly; [wyglądać, brzmieć] uninteresting adi., dull adi.; **wykład/dyskusja zapowiada się ~** it doesn't sound like it's going to be a very interesting lecture/discussion [2] pot. (niezachęcająco) **wypaść ~** to make a mediocre impression; **w pracy zrobiło się ~** the situation at work has got pretty hairy pot. [3] pot. (niezdrowo) **wygląda ~, pewnie jest chory** he looks lousy, he must be ill pot.

nieciekaw|y adi. [1] (niezainteresowany) uninterested (czegoś in sth); indifferent (czegoś to sth); **był ~y nowin ze świata** he had no interest in news of the outside world [2] (nieinteresujący) [książka, film, impreza, wizyta] boring, dull; **miała ~ą, bladą twarz** she had a dull, pale face; **dyskusja była ~a** the discussion was boring [3] pot. (nieprzyjemny) [sytuacja] tough pot., hairy pot.; **znaleźć się w ~ym położeniu** to be in a tough position [4] pot. (podejrzany) [towarzystwo, przeszłość] shady pot.; **~a sprawa** a shady matter; **spotyka się z ~ym typem** she's seeing a pretty shady character

niecierpek m Bot. balsam, busy Lizzie GB

niecierpliw|ić impf [] vt to make [sb] impatient, to frustrate; **~iła go niekończąca się dyskusja** the endless discussion was making him impatient; **~iło go, że trzeba tyle czekać** the long wait was making him impatient ⇒ **zniecierpliwić**

[] **niecierpliwić się** to lose patience, to get impatient; **~iła się, czekając tak długo na list** she was getting impatient with the long wait for the letter ⇒ **zniecierpliwić się**

niecierpliwie adv. grad. [czekać, wypytywać, kręcić się] impatiently; (z niepokojem) anxiously; (z zapałem) eagerly; **~ dopytywał się o wieści o niej** he asked after her anxiously/eagerly; **~ bębniła palcami po**

stole she impatiently drummed her fingers on the table

niecierpliwoś|ć f sgt impatience; (niepokój) anxiety; (zapał) eagerness; **z ~cią** impatiently; (z niepokojem) anxiously; (z zapałem) eagerly; **czekała na niego z ~cią** she was waiting impatiently for him

niecierpliw|y adi. [1] [osoba, usposobienie] impatient, testy; **na starość był coraz bardziej ~y** he got more and more testy with age [2] [gest, wzrok, głos] impatient; **posłał jej ~e spojrzenie** he cast her an impatient look; **mówić ~ym tonem** to speak in an impatient voice

niec|ka f [1] (zagłębienie) hollow, basin [2] Geol. (obniżenie terenu) basin, depression [3] przest. (naczynie) ≈ trencher

❑ **~ka węglowa** coal basin

niecnie adv. książk. dishonourably GB, dishonorably US; reprehensibly książk.; **postąpiłeś ~, zostawiając ją bez wsparcia** it was disgraceful of you to leave her with no support

niecno|ta m, f (Npl m ~ty, Gpl m ~tów a. ~t; Npl f ~ty, Gpl f ~t) przest., żart. good-for-nothing pejor.

niecn|y adi. książk. [postępek, zamiar, pobudka, potwarz] dishonourable GB, dishonorable US; reprehensible książk.; **wymyślać ~e kłamstwa** to come up with wicked lies

nieco [] adv. (trochę) a (little) bit; **spóźniłeś się ~** you're a little late; **czapka była ~ za duża** the hat was a bit too big

[] pron. inv. (niewiele) a (little) bit, a little; **przydałoby się ~ światła** a little light would be a good idea a. thing; **co ~** pot. a little something pot.; **przekąsiłbym co ~** I wouldn't mind a little something to eat

niecodziennie adv. [spotykać] only occasionally; **~ widuje się tak piękną kobietę** it's not every day that you see such a beautiful woman; **była ~ ubrana** she was stunningly dressed

niecodziennoś|ć f sgt uncommonness; singularity książk.; **~ć jego wyglądu** the singularity of his appearance

niecodzienn|y adi. [widok, wygląd, fryzura] unusual, out of the ordinary; **mamy dziś ~ych gości** today we have (with us) some special a. unusual guests; **był świadkiem ~ych zdarzeń** he witnessed some extraordinary events

niecoś → coś

nieczęsto adv. [zdarzać się, spotykać się, pokazywać się] not often, infrequently; **widywali się ~** they saw each other only occasionally

niecz|ęsty adi. [sprawa, wypadek, gość] unusual, uncommon; **to ~sta rzecz znać kilka języków** it's quite unusual to know several languages

nieczuło|ść f sgt książk. [1] (obojętność) unresponsiveness, indifference; **przejaw ~ci** a sign of indifference [2] (odporność) insensibility; **~ć na zimno/zmiany temperatury** insensibility to cold/changes in the temperature

nieczu|ły adi. [1] (niewrażliwy) [mąż, kochanek, opiekun] unresponsive, unfeeling; **jesteś taki ~ły** you're so cold-hearted; **pozostał ~ły na jej łzy** he remained unmoved by her tears [2] (obojętny) [wzrok, spojrzenie] impassive; **mieć ~łe serce dla biednych** to be hard-hearted towards the poor ③ (odporny) insensitive; **człowiek ~ły na ból** a man insensitive to pain

nieczynn|y adi. ① (niefunkcjonujący) [telefon, zakład, winda] out of order; [maszyna] idle; [bank, restauracja] closed; [wulkan] inactive, dormant; **sklep ~y z powodu remontu** the shop is closed for renovation(s) ② Chem., Fiz. [substancja, gaz] inert, inactive

nieczysto adv. ① (nieuczciwie) unfairly, underhandedly; **postępować ~ wobec ludzi** to be unscrupulous a. underhand; **rywalizować ~** to compete unfairly ② (fałszywie) [śpiewać] off-key, out of tune; **grać ~** to play off-key a. out of tune ③ Sport dirty pot.; **zagrać ~** to play dirty pot., także przen.; to not play fair także przen.

nieczystoś|ć Ⅰ f książk. ① (zanieczyszczenie) impurity C/U; **woda pozbawiona była ~ci** the water was free of a. from impurities ② sgt (nieuczciwość) dishonesty, underhandedness; **~ć jego intencji** the dishonesty of his intentions; **zarzucić komuś ~ć postępowania** to accuse sb of being underhand(ed) ③ sgt (niewyrazistość) (konturów, linii) blurriness; (brak ostrości) (zdjęcia, odbioru) fuzziness ④ sgt (zniekształcenie) **~ć wymowy** indistinct pronunciation, poor enunciation; **~ć (czyjegoś) śpiewu** sb's off-key singing; **~ć kolorów** Fot., Kino, TV colour inaccuracy, distortion of the colours ⑤ sgt Sport (nieuczciwość) lack of sportsmanship; (niedokładność) inaccuracy; **~ć podania/rzutu** the inaccuracy of the pass/throw ⑥ sgt Relig. impurity, unchastity; **rytualna ~ć** ritual impurity; **popełnić grzech ~ci** to commit the sin of impurity a. the sin of unchastity Ⅱ **nieczystości** plt (odpadki) waste C/U, waste matter U; (ścieki) sewage U; **wylać ~ci** to dispose of the waste(s)

nieczy|sty adi. ① (nieuczciwy) dirty, underhand(ed); shady pot., crooked pot.; **prowadzić ~ste interesy** to do underhand(ed) deals; **mieć ~ste zamiary wobec kogoś** to have dubious a. devious intentions towards sb; **dorobił się majątku w ~sty sposób** he made a fortune by dubious means ② Relig. [myśli] impure, unchaste; [życie] unchaste książk. ③ (zanieczyszczony) contaminated, polluted; (nieoczyszczony) raw, unrefined; **~ste zboże** unrefined a. raw grain; **~ste powietrze** polluted air; **~sty alkohol** raw a. unrefined alcohol ④ (niewyraźny) [profil, rysunek] blurry, blurred; (nieostry) [zdjęcie, odbiór] fuzzy; **~sty obraz** a fuzzy picture ⑤ (fałszywy) [ton, dźwięk] off-key, out of tune; **śpiewać ~stym głosem** to sing off-key a. out of tune ⑥ Sport (niedokładny) [rzut] off-target, wide (of the mark); **oddał ~sty strzał** his shot went wide of the mark ⑦ Sport [zagranie, gra] dirty, unsportsmanlike; **~sty rzut piłki do kosza** a dirty shot at the basket
■ **duch ~sty** książk. evil spirit; **mieć ~ste sumienie** to have a guilty conscience; **~sta siła** a. **moc** książk. sinister a. dark force

nieczytelnie adv. ① [pisać, wypełnić] illegibly; **podpisać coś ~** to sign sth illegibly ② [sformułować, wyrazić] (niezrozu-

miale) unintelligibly, uncommunicatively; (enigmatycznie) cryptically, obscurely

nieczytelnoś|ć f sgt książk. ① (pisma) illegibility, indecipherability; **~ć rękopisu/podpisu** the illegibility a. indecipherability of the manuscript/signature ② (niezrozumiałość) unintelligibility, incomprehensibility; opacity książk.; **~ć powieści** the novel's opacity a. opaqueness

nieczyteln|y adi. książk. ① [podpis, tekst, napis] illegible, indecipherable, undecipherable; **list był prawie ~y** the letter was nearly indecipherable ② (niezrozumiały) [artykuł, wiersz, scenografia] unintelligible, uncommunicative; (enigmatyczny) impenetrable; opaque przen.; **sztuka była ~a dla widzów** the play was unintelligible to the audience a. was beyond the audience

niedale|ki adi. ① (bliski) [miasto, wybrzeże, błyskawice] nearby; **mieszkać w ~kiej wsi** to live in a nearby village; **hotel ~ki od centrum/plaży** a hotel not far from the town centre/beach ② (krótki) [podróż, droga] short ③ (niedawny) [wydarzenia] recent; (nadchodzący) [termin, wybory] (up)coming, not so distant; **w ~kiej przeszłości/przyszłości** in the recent past/near future, in the not so distant past/future
■ **być ~kim od czegoś** książk. [osoba] to not be far from sth; **był ~ki od prawdy** what he said was not far from the truth; **jest ~ka od doskonałości** she's nearly perfect

niedaleko Ⅰ adv. ① (w przestrzeni) not far, near; **to ~ stąd** it's not far from here; **mieszkają ~** they live close by a. nearby; **ona ma ~ do szkoły** she lives (quite) near school; **on jest tu gdzieś ~** he's somewhere around; **z hotelu jest wszędzie ~** the hotel is very conveniently situated ② (w czasie) not far off; **już ~ do wiosny** spring is almost here a. not far off; **wrócili ~ po północy** they came back soon after midnight; **~ mu do emerytury** he'll be retiring soon; **tak ~ byliśmy zwycięstwa** we were so close a. this close pot. to victory Ⅱ praep. ① (w przestrzeni) near, not far from (kogoś/czegoś sb/sth); **mieszkali ~ parku** they lived near a. not far from the park ② (w czasie) near, close on (czegoś sth); **wstał ~ południa** he got up around midday
■ **~ szukając** taking the first example that comes a. springs to mind

niedawno Ⅰ adv. recently, not long ago, a short time ago; **~ wyszła za mąż** she recently got married; **~ z nim rozmawiałem** I talked to him a short time ago Ⅱ **do niedawna** książk. until recently; **do ~a mieszkał/pracował tu** he lived/worked here until recently Ⅲ **od niedawna** książk. (only) recently; **od ~a interesuję się astrologią** I've (only) recently become interested in astrology; **pracują tu dopiero od ~a** they've only been working here (for) a short time

niedawn|y adi. ① (niedległy w czasie) recent; (ostatni) latest, last; **~e wybory** the recent elections; (czyjś) **~y sukces** sb's recent/ latest success ② (niedługi) new(found), recent; **to ~a znajomość** they/we haven't been acquainted long ③ (byly) **ci dwaj ~i wrogowie stali się wiernymi przyjaciół-**

mi the two, who had until recently been bitter enemies, were now fast friends; **ich ~a miłość przerodziła się w nienawiść** the love they had until recently felt for each other turned into hatred

niedbale adv. ① (niestarannie) [ubierać się] carelessly, negligently; [uczyć się] inattentively, perfunctorily; [sprzątać] carelessly, in a slapdash manner; **pisać ~** (o charakterze pisma) to scrawl, to scribble; (o treści) to write carelessly; **~ nakryć do stołu** to set the table in a slapdash manner; **~ przygotowany referat** a carelessly prepared report ② (lekceważąco) [skinąć, odpowiedzieć] carelessly, off-handedly

niedbaluch m (Npl ~y) pot., pejor. slob pot., pejor.

niedbałoś|ć f sgt ① (niestaranność) carelessness, negligence; **~ć jego stylu/wymowy** the sloppiness of his style/pronunciation; **~ć w pracy/w nauce** negligence at work/ in one's studies ② (lekceważenie) carelessness, negligence

niedba|ły adi. ① (niestaranny) [pracownik, urzędniczka, uczeń, gospodyni] careless, negligent ② (niechlujny) [strój, wystrój, styl, wymowa, praca] careless, sloppy ③ (nonszalancki) [gest] casual, off-hand(ed); [krok] relaxed, casual; **siedziała na kanapie w ~łej pozie** she was sitting sprawled on the sofa; **w stroju ~łym** przest. en déshabillé a. in dishabille książk., żart.

niedelikatnie adv. ① (niesubtelnie) [zachowywać się] tactlessly ② (nietaktownie) [zwrócić uwagę, wypytywać się] tactlessly; **to ~ wtrącać się do ich spraw** it's tactless to butt into their affairs; **~ poruszył sprawę rozwodu** he tactlessly brought up the matter of divorce

niedelikatnoś|ć f sgt tactlessness; **popełnił w stosunku do niej wielką ~ć** he was terribly tactless with her; **~ć obejścia** tactlessness

niedelikatn|y adi. ① (nietaktowny) [osoba, dziennikarz, sąsiad] tactless, insensitive ② (pozbawiony subtelności) [uwaga, słowa, żarty] tactless, insensitive

niedłu|gi adi. ① (krótki) [suknia, odcinek, droga] (rather) short, not (very) long; **~gi korytarz** a (rather) short corridor ② (krótkotrwały) [dyskusja, podróż, choroba] (rather) short, brief; **~gie opowiadanie** a short story; **w ~gim czasie** soon, shortly; **w ~gim czasie po katastrofie** shortly after a. not long after the disaster; **w ~gim czasie dowiemy się czegoś więcej o nim** we'll learn more about him soon a. before long

niedługo adv. ① (krótko) a (little) while, briefly; **czekał na nią ~** she didn't keep him waiting long; **padało, ale ~** it rained, but just briefly ② (wkrótce) [wyjechać, zdać, skończyć] soon, before long; **~ kończę trzydzieści lat** soon I'll be thirty; **~ wrócę** I'll be back soon

niedobit|ek m zw. pl (Npl ~ki) książk. survivor

niedob|ór m (G ~oru) ① (niedostatek) (substancji, związków chemicznych) deficiency; (materiałów, ludzi, zasobów) shortage, scarcity; **~ór witamin** a vitamin deficiency; **~ór wody** (w organizmie) dehydration, insufficient

N

water intake; (w terenie) a water shortage; **~ór wagi** (ciała) low a. insufficient weight, weight deficiency; **~ory azotu w glebie** nitrogen deficiency in the soil; **~ory kadrowe** personnel shortage, understaffing ❷ Ekon., Handl. (deficyt) deficit; **~ór budżetowy** the budget deficit; **~ór wagi** (towaru) short weight, weight deficiency; **pokryć ~ory w kasie** to make up a. cover the till a. cash deficit ❑ **~ór gotówkowy/towarowy** Księg. cash/inventory deficit

niedobran|y adi. [małżeństwo] mismatched, ill-suited; [sprzęty, meble, dodatki] mismatched, ill-matched, clashing; **byli całkowicie ~ą parą** they were a totally mismatched couple; **miał ~y krawat** he was wearing a clashing tie

niedob|ry adi. ❶ (niespełniający oczekiwań) [odpowiedź, wzrok, słuch] bad, not (very) good; **baterie są już ~re** the batteries are dead ❷ (niskiej jakości) [książka, uczelnie, samochód] not (very) good; (wadliwy) [buty, narzędzie, materiał] faulty; **w ~rym gatunku** low-quality; **ten pędzel/nóż jest ~ry** this brush/knife is no good ❸ (nieodpowiedni) bad, not (very) good; **to ~ry moment** this isn't a good time; **~re towarzystwo** bad company ❹ (nieoptymistyczny) (o wiadomości, nastroju, humorze) bad, not (very) good; **~ra wróżba** an inauspicious prediction; **~re wieści** bad news; **mieć ~re przeczucie** to have a bad feeling ❺ (nieżyczliwy) [osoba, uczynki, zamiary] bad, hostile; [spojrzenie] hostile, unfriendly; **~re traktowanie** bad treatment ❻ (nieintratny) not (very) good; **to ~ra posada** it's not a (very) good job; **to ~ry interes** it's not a (very) good deal ❼ (niewart naśladowania) (o pomyśle, wzorcu) bad, not (very) good; **~ry pracownik/obywatel** a bad worker/citizen; **to bardzo ~re dzieci** they're very bad a. naughty children ❽ (negatywny) [opinia] bad; **robić ~re wrażenie** to make a bad impression, to not make a (very) good impression; **~re oceny/recenzje** bad marks/reviews ❾ (niesmaczny) (o obiedzie, potrawie) not (very) good a. nice; (o mięsie, posiłku) [jajka, mleko] not (very) good a. tasty; **herbata była ~ra** the tea wasn't very good

niedobrze adv. ❶ (niewłaściwie) badly, wrong; **projekt jest ~ realizowany** the project isn't being implemented properly; **~ zrozumiałeś tekst** you've misunderstood the text ❷ (niezdrowo) [czuć się] bad adi., not good adi., not well; (niewystarczająco) [widzieć] not well; **~ wyglądasz** you don't look (too) good a. well; **biedny pies ~ słyszy** the poor dog doesn't hear (too) well ❸ (niepomyślnie) badly, not well; **w firmie dzieje się ~** things aren't going well for the firm; **to się dla ciebie ~ skończy** you're headed for trouble ❹ (nieprzyjaźnie) badly, unkindly; **ojczym traktował ją ~** her stepfather treated her badly; **dlaczego ~ mu życzysz?** why are you so hostile towards him? ❺ (niemiło) [czuć się] uncomfortable adi. ❻ (nieefektownie) **~ ci w niebieskim/w tej sukience** blue/that dress doesn't suit you; **~ wypaść na egzaminie** to not do well in the exam

■ **~ mi** I don't feel (too) good; **po tych** gruszkach/czekoladkach zrobiło mi się **~** those pears/chocolates made me feel sick; **po tym sutym obiedzie zrobiło mi się ~** I didn't feel too good after that heavy meal; **z nim/nią jest ~** he's/she's not doing well, he's/she's in bad condition; **~ z tobą, chyba naprawdę się zakochałeś** żart. what a state you're in – you must really be in love żart.

niedociągnię|cie n zw. pl shortcoming zw. pl, flaw; **zdawała sobie sprawę z własnych ~ć** she was aware of her own shortcomings; **usunąć z artykułu ~cia stylistyczne** to get rid of the stylistic flaws in an article; **projekt ma wiele ~ć** the project has many flaws a. weak points; **w jego pracy było wiele ~ć** his work was deficient in many ways

niedociśnieni|e n sgt Med. hypotension, low blood pressure; **cierpieć na ~e** to suffer from hypotension

niedoczas m (G ~u) ❶ **być w ~ie** (w pośpiechu) to be short of time, to be in a rush; (spóźniony) to lag behind; to scramble to catch up pot.; **on zawsze jest w ~ie w stosunku do kolegów** he's always scrambling to catch up to a. with his colleagues ❷ Gry **być w ~ie** to be short of time, to be running out of time (in a chess game)

niedoczekanie inter. pot. **~ twoje/wasze/jego!** over my dead body! pot.

niedoczynnoś|ć f sgt Med. hypofunction spec.; insufficiency; **~ć tarczycy** hypothyroidism; **~ć nadnerczy** adrenal hypofunction a. insufficiency

niedogodnie adv. książk. [rozplanować, rozłożyć] inconveniently; **lotnisko jest położone bardzo ~** the airport is very inconveniently located

niedogodnoś|ć f (Gpl ~ci) książk. inconvenience; **~ci życia** a. **mieszkania na wsi** the inconveniences of living in the countryside

niedogodn|y adi. książk. [wejście, dojście, położenie, moment] inconvenient; [rozwiązanie, raty] impracticable, unrealistic; **~e warunki atmosferyczne** unfavourable weather conditions; **~e warunki finansowania** unrealistic/inconvenient credit terms a. conditions

niedoj|da m, f (Npl m ~dy, Gpl m ~dów a. ~d; Npl f ~dy, Gpl f ~d) pot., pejor. clod pot., pejor., prat pot., pejor., klutz US pot., pejor.; **życiowa** a. **życiowy ~da** a loser pot.

niedojrzale adv. pejor. [myśleć, wyrazić się] childishly pejor.; in an immature manner; [wyglądać, brzmieć] immature adi.; childish adi. pejor.; **postępować/zachowywać się ~** to act immaturely, to behave in an immature manner; **jego wiersze były ~ naiwne** his poems were childishly naive

niedojrzałoś|ć f sgt ❶ (biologiczna) (człowieka) (biological) immaturity; (zwierzęcia, rośliny) immaturity; (owoców, zboża) immaturity, unripeness; **~ć pszenicy** the unripeness of the wheat; **~ć płciowa** (człowieka) (pre-)pubescence, adolescence, sexual immaturity; (zwierzęcia) sexual immaturity ❷ (emocjonalna, intelektualna) immaturity; callowness książk., pejor.; **~ć społeczna/poli**tyczna social/political immaturity; **~ć psychiczna** psychological immaturity; **~ć filmu** the immaturity of the film; **~ć jego wczesnej prozy** the immaturity a. callowness of his early prose ❸ Kulin. (wina) immaturity, unripeness; (sera) unripeness

niedojrza|ły adi. ❶ (biologicznie) [dziewczyna, chłopak] (biologically) immature; [zwierzę, roślina] immature; [owoc, zboże] immature, un(der)ripe, unripened; **~ła młodzież** adolescents ❷ (nieukształtowany) [osoba] immature, callow; [artysta, polityk] immature, unseasoned; green przen.; [talent, pomysł, demokracja] fledgling, undeveloped; [dzieło, wiersze] raw, immature; **praca intelektualnie ~ła** an intellectually immature work ❸ Kulin. [ser] unmatured, unripe(ned); [wino] immature; (młode) unaged, young

niedokładnie adv. grad. ❶ (niestarannie) [umyć, posprzątać] carelessly, cursorily ❷ (niejasno) vaguely; **opisać coś ~** to describe sth vaguely ❸ (nieprecyzyjnie) [powtórzyć, policzyć] imprecisely, inaccurately; **~ opracowana mapa** an imprecise map

niedokładnoś|ć f sgt ❶ (niedbałość) carelessness, negligence; **zarzucać komuś ~ć** to accuse sb of negligence ❷ (ogólnikowość) vagueness; **~ć informacji** the vagueness of the information ❸ (brak precyzji) inaccuracy, imprecision; **drobna ~ć projektu** a minor inaccuracy in the design; **~ć pomiarów/wykresów/danych** the inaccuracy a. imprecision of the measurements/charts/data

niedokładn|y adi. ❶ (niestaranny) [wykonanie] cursory, careless; **~a kontrola** a cursory inspection ❷ (przybliżony) approximate, rough; **~e obliczenie** a rough estimate; **~e pomiary** approximate measurements; **~e tłumaczenie tekstu** a rough translation of a text ❸ (nieprecyzyjny) inaccurate, imprecise; **~a waga** inaccurate scales

niedokonanoś|ć f sgt Jęz. imperfectivity spec.

niedokonan|y adi. Jęz. imperfective; **czasowniki ~e** imperfective verbs; **aspekt ~y** the imperfective aspect

niedokrwieni|e n sgt Med. ischaemia GB spec., ischemia US spec.; inadequate blood supply; **~e mózgu** cerebral ischaemia

niedokrwistoś|ć f sgt Med. anaemia GB, anemia US; **cierpieć na ~ć** to have anaemia, to be anaemic

niedokształc|ony adi. pejor. [inżynier, stażysta, pracownik] undereducated, poorly educated

niedokwaso|ta f sgt Med. achlorhydria spec.; **cierpieć na ~tę** to have achlorhydria

niedol|a f (Gpl ~i) książk. (zły los) adversity; (bieda) wretchedness U; (nieszczęście) misery C/U; **ludzka ~a** human misery; **ciężka ~a uchodźcy/sieroty** the sheer misery a. wretchedness of a refugee's/an orphan's life; **ulżyć komuś w ~i** to relieve sb's misery; **bez narzekań znosić ~ę** to remain uncomplaining in the face of adversity

niedołę|ga *m, f* (*Npl m* **~gi**, *Gpl m* **~gów**
a. **~g**; *Npl f* **~gi** *Gpl f* **~g**) pot., pejor.
[1] (niezręczny) dead loss pot., clot GB pot., klutz
US pot. [2] (niezaradny) dud pot., loser pot.

niedołęstw|o *n sgt* [1] (fizyczna nieporadność)
infirmity; (starcze) infirmity, decrepitude;
~o ludzi starych/inwalidów the infirmity of the elderly/the disabled [2] pejor.
(nieudolność) incompetence (**w czymś** in a.
at sth); **twoje/jego życiowe ~o** your/his
incompetence in everyday life

niedołężnie *adv. grad.* [1] (niesprawnie)
[poruszać się, ubierać się] with difficulty
[2] (nieudolnie) *[zarządzać, kierować]* incompetently, ineffectually; *[namalowany, napisany]*
incompetently, awkwardly

niedołężni|eć *impf* (**~eję, ~ał, ~eli**) *vi*
to become infirm a. decrepit ⇒ **zniedołęż-
nieć**

niedołężn|y *adi. grad.* [1] (niesprawny) *[sta-
rzec]* infirm, decrepit; *[inwalida]* infirm; **~y
lecz pogodny staruszek** an infirm a. a
decrepit but cheerful old man; **opieka nad
~ymi i chorymi** the care of the sick and
infirm [2] (świadczący o niedołężności) *[chód,
krok]* clumsy [3] (nieudolny) *[naśladownictwo]*
awkward; *[styl, usiłowania]* clumsy, awkward

niedomaga|ć *impf vi* [1] książk. (chorować)
[osoba, zwierzę] to be in poor a. ill health, to
be ailing; **nasza ~jąca babka/ciotka** our
ailing grandmother/aunt; **~ł, kiedy go
ostatni raz widziałem** he was in poor
health when last I saw him; **~ć na serce/
żołądek** to have heart/stomach problems;
od niedawna zaczął ~ć na nerki he's
recently begun to have problems with his
kidneys; **mama poważnie ~ na serce**
mum suffers from serious heart problems
[2] przen. (źle funkcjonować) *[silnik, urządzenie,
hamulec]* to be faulty; to act a. play up pot.;
[gospodarka, przemysł, administracja] to be
ailing a. struggling; **nasza ~jąca ener-
getyka/firma** our ailing a. struggling
power industry/company

niedomaga|nie Ⅱ *sv* → **niedomagać**
Ⅲ *n* [1] (objaw choroby) ailment, problem *zw.
pl*; (brak zdrowia) infirmity; **cierpieć na
różne ~nia** to suffer from various ail-
ments; **~nia płucne** lung problems; **~nia
przewodu pokarmowego** problems with
digestion; **nękały go ~nia wieku star-
czego** he was plagued by the infirmities of
old age [2] *zw. pl* (złe funkcjonowanie) malfunction; (niedociągnięcie) shortcoming *zw. pl.*,
fault; **~nia strategicznych dziedzin gospodarki** malfunctions of the strategic
branches of the economy; **powieść ma
wiele stylistycznych ~ń** the novel has
plenty of stylistic faults a. shortcomings

niedomia|r *m sgt* (*G* **~ru**) lack *C/U*,
insufficiency *C/U*; **szkoła odczuwa ~r
środków/nauczycieli** the school suffers
from a shortage of resources/teachers; **~r
wody/białka w organizmie** water/protein
deficiency in the body

niedom|oga *f* [1] Med. (dolegliwość) defi-
ciency; (niewydolność) failure; **~oga nerek/
wątroby/mięśnia sercowego** renal/liver/
cardiac deficiency/failure [2] *zw. pl* (wada)
fault, drawback; **krytykować ~ogi metod
badawczych/przekładu** to criticize the
shortcomings of research methods/a trans-

lation; **~ogi organizacyjne** faulty organization

niedomówie|nie *n* [1] (niejasna wypowiedź)
oblique statement; **unikać ~ń** to avoid
oblique statements; **zbyt wiele w twym
liście ~ń** too much in your letter remains
unsaid; **wypowiedzi pełne ~ń** (niepełne)
elliptical statements; (niejasne) oblique statements; **mówić/pisać bez ~ń** to speak/
write openly [2] (sytuacja) unclear situation;
to ~nie między nimi trwało the situation between them remained unclear a.
unexplained [3] Literat. dramatic pause

niedomyślnie *adv. [patrzeć]* unpercep-
tively

niedomyślnoś|ć *f sgt* unperceptiveness

niedomyśln|y *adi. [osoba]* unperceptive,
slow-witted

niedopał|ek *m* (resztka papierosa lub cygara)
butt(-end)

niedopatrze|nie *n* (przeoczenie) oversight;
(niedbałość) negligence *U*; **liczne ~nia w
obliczeniach** numerous oversights in the
calculations; **brak kwiatów to ~nie (ze
strony) organizatorów** the lack of flowers
is an oversight on the part of the organizers;
przez ~nie nie kupiono kwiatów due to
an oversight no flowers have been bought;
**wypadek nastąpił na skutek ~nia
kontrolerów lotu** the accident was a result
of negligence on the part of the air-traffic
controllers

niedopowiedze|nie Ⅱ *sv* → **niedopo-
wiedzieć**
Ⅲ *n* (niejasna wypowiedź) oblique a. implicit
statement; (niepełna wypowiedź) elliptical a.
incomplete statement; **ich rozmowa była
pełna ~ń** (niepełna) a lot in their conversation remained unsaid; (niejasna) a lot in their
conversation was oblique a. unclear

niedopuszczalnie *adv. [zanieczyszczony,
zaniedbany]* inadmissibly, unacceptably; **za-
chowują się ~** their behaviour is inadmissible a. impermissible

niedopuszczalnoś|ć *f sgt* impermissibil-
ity, inadmissibility; **dyrektor wskazał na
~ć takiego zachowania w klasie** the
principal pointed out that such behaviour
was unacceptable in the classroom

niedopuszczaln|y *adi. [metoda, błąd, za-
niedbanie]* impermissible, unacceptable, inadmissible

niedoraj|da *m, f* (*Npl m* **~dy**, *Gpl m*
~dów a. **~d**; *Npl f* **~dy**, *Gpl f* **~d**) pot.,
pejor. [1] (osoba niezręczna) clodhopper pot.,
klutz US pot. [2] (osoba niezaradna) screw-up
loser pot., obraźl.; **mój brat to życiowy
~da** my brother is a real screw-up a. loser;
**nie taka ze mnie ~da w prowadzeniu
sklepu** I'm not so bad at running a shop

niedoro|sły *adi. [dziecko, zwierzę]* small,
young; *[zachowanie, osobnik]* immature

niedorost|ek Ⅱ *m pers.* (*Npl* **~ki**) pot.
(chłopak) youngster pot.; stripling przest., żart.;
grupa ~ków a group of youngsters
Ⅲ *m inanim.* (*A* **~ka**) Bot. (młode drzewko)
young tree; (skarłowaciałe drzewo) stunted tree

niedorozwinię|ty *adi.* [1] (upośledzony)
retarded, subnormal; **dzieci ~te umysłowo** mentally retarded children [2] (niewyk-
ształcony) *[narząd, organ, część ciała]* underdeveloped; (słabo rozwinięty) *[roślina, gałąź]*

stunted [3] przen. (zacofany) *[kraj, gospodarka,
przemysł]* underdeveloped, backward

niedorozw|ój *m sgt* (*G* **~oju**) [1] (upośle-
dzenie umysłowe, psychiczne) retardation; **wrodzony ~ój umysłowy** congenital mental
retardation; **~ój sfery emocjonalnej** retardation of emotional development [2] (nie-
pełny, słaby rozwój) (narządów, organów, części ciała)
underdevelopment; (roślin) stunted growth,
stuntedness [3] przen. (gospodarki, regionu, kraju)
underdevelopment, backwardness

niedorób|ka *f* pot. bungle; cock-up GB pot.,
screw-up US pot.

niedorzecznie *adv. [postępować]* nonsensically; *[wygórowany, optymistyczny]* absurdly, preposterously; **mówić ~** to talk
nonsense; **to zdanie brzmi ~** the sentence
sounds nonsensical a. absurd

niedorzecznoś|ć *f* [1] *sgt* (brak logiczności)
nonsensicality, absurdity; (brak uzasadnienia)
absurdity, preposterousness [2] (bredni) absurdity, preposterous idea; **mówiła/wypi-
sywała ~ci na temat naszej partii** she
said/wrote absurdities about our party;
wierzyć w UFO to zupełna ~ć it is
utterly preposterous to believe in UFOs

niedorzeczn|y *adi.* (nonsensowny) *[lęk, ga-
danina, zachowanie]* nonsensical, absurd;
(niemądry) *[pomysł, żądanie, twierdzenie]* preposterous

niedosię|gły, ~żny *adi.* książk. [1] (bardzo
wysoki) *[wierzchołek, szczyt]* unreachable, inaccessible [2] (doskonały) *[mistrzostwo, wzór]*
unattainable

niedoskonałoś|ć *f* [1] *sgt* (cecha) imperfec-
tion; **mieć poczucie własnej ~ci** to be
aware of one's imperfection [2] (wada) imperfection

niedoskona|ły *adi.* [1] (nieidealny) *[piękność,
dzieło, kopia]* imperfect; *[artysta, rzemieślnik]*
not consummate; *[bohater, partner]* flawed;
człowiek jest istotą ~łą man is an
imperfect a. flawed being [2] (wadliwy) *[wy-
konanie, utwór]* flawed, faulty; **~ły system
podatkowy/prawny** a flawed tax/legal
system

niedosłyszalnie *adv. [szeptać]* inaudibly;
[poruszać się] silently; **mówił prawie ~** he
talked under a. below his breath, he talked
almost inaudibly

niedosłyszaln|y *adi. [szept, rozmowa]* in-
audible

niedosłysz|eć *impf* (**~ysz, ~ał, ~eli**) *vi*
to be hard of hearing; **szkoła dla dzieci
~ących** a school for hearing-impaired
children

niedostatecznie *adv.* [1] (niewystarczająco)
[doceniany, wyszkolony] insufficiently; *[na-
grodzony, zaopatrzony, ogrzany]* inadequately;
~ wynagradzany a. opłacany pracownik
an underpaid employee; **~ precyzyjne
pomiary** insufficiently precise measure-
ments [2] Szkol. fail, unclassified grade GB

niedostateczn|y Ⅱ *adi.* [1] (niewystarczający)
[ilość, poziom, dowód, fundusze] insufficient,
inadequate; **~a znajomość języka** an
insufficient a. inadequate command of a
language; **~e zaopatrzenie w wodę** an
insufficient water supply [2] Szkol. unclassified GB; **ocena ~a** a. **stopień ~y** a fail
Ⅲ *m* Szkol. (stopień) fail, unclassified grade

N

GB; **postawić uczniowi ~y** to fail a pupil a. student US

niedostat|ek *m* (*G* **~ku**) [1] *sgt* (bieda) privation *C/U*, neediness; want książk.; **żyć w ~ku** to live in want; **cierpieć ~ek** to be in need, to suffer privation(s); **nie dokucza** a. **doskwiera nam ~ek** we are free from want [2] (niedociągnięcie) deficiency, inadequacy; **stylistyczne ~ki przekładu** stylistic deficiencies a. inadequacies of a translation [3] (niedobór) (żywności, wody, pieniędzy) scarcity; (informacji, dowodów) lack; (surowców, funduszy) deficiency, lack, inadequacy; **~ek wiedzy/wykształcenia** inadequate knowledge/education, lack of knowledge/education

niedostępnie *adv.* [1] (nieosiągalnie) *[wysoki, daleki]* inaccessibly; *[wyglądać]* inaccessible *adi.*, unapproachable *adi.* [2] (nieprzystępnie) **zachowywać się ~** to be unapproachable a. inaccessible [3] (niezrozumiale) *[napisany]* inaccessibly

niedostępnoś|ć *f sgt* [1] (niemożliwość korzystania) unavailability, non-availability; **~ć pomocy medycznej na terenach dotkniętych powodzią** the lack of access to medical supplies in areas affected by flooding [2] (niemożliwość dotarcia) (o szczytach, miejscach, drogach) inaccessibility [3] (nieprzystępność) unapproachability, inaccessibility; **był znany z ~ci i oschłości** he was known for his unapproachability and indifference a. aloofness [4] (niemożliwość kontaktu) unavailability; **narzekać na ciągłą ~ć naczelnego redaktora** to complain about the constant unavailability of the chief editor

niedostępn|y *adi.* [1] (trudny do zdobycia) *[towar, usługa, bilet, luksus]* unavailable, unobtainable; (zbyt kosztowny) unaffordable [2] (nieosiągalny) *[szczyt, wybrzeże, jaskinia, region]* inaccessible [3] (zabroniony) *[rezerwat, pałac, przejście]* inaccessible; **poza sezonem wyspa/galeria jest ~a dla turystów** out of season the island/gallery is closed to tourists; **centrum miasta jest ~e dla ruchu kołowego** the city centre is inaccessible to traffic [4] (niejasny) *[język, muzyka, teoria, dzieło]* inaccessible; **jego wykłady są ~e dla części studentów** his lectures are unintelligible to some students [5] (nieprzystępny) *[gwiazdor, polityk, arystokrata]* unapproachable, inaccessible [6] (nieobecny) unavailable; **dyrektor wyjechał i do końca tygodnia będzie ~y** the director is away and will not be available until Monday

niedostrzegalnie *adv.* *[pogarszać się, zmienić się]* imperceptibly; *[różnić się]* indiscernibly; **~ dla innych dawał jej znaki** he gave her secret signs, he secretly signalled to her

niedostrzegalnoś|ć *f sgt* (o kształtach, zmianach, stanach) imperceptibility; (o różnicach, zmianach) indiscernibility

niedostrzegaln|y *adi.* *[bakterie, zmarszczki, ironia, wahanie]* imperceptible; *[różnice, zmiany]* indiscernible

niedosy|t *m sgt* (*G* **~tu**) [1] (nienasycenie) unsatisfied feeling; **odczuwać ~t** to feel unsatisfied; **budzić ~t estetyczny** to leave one's/the aesthetic senses unsatisfied; **film pozostawił (widzom) uczucie ~tu** the

---

film left the audience unsatisfied; **odczuwam ~t wrażeń/przygód** I'm hungry for more thrills/adventure [2] (niewystarczająca ilość) shortage; **~t tlenu w wysokich górach** a shortage of oxygen at high altitudes

niedosz|ły *adi.* [1] (niezrealizowany) *[plan, projekt, pomysł]* failed, stillborn; **~ły wyjazd** a trip that never happened; **ci dwoje to ~łe małżeństwo** these two were once going to get married [2] (niespełniony) *[artysta, aktorka, bohater]* unfulfilled, would-be; **~ły samobójca** a failed suicide

niedościgle *adv.* książk. *[mądry, sprawny]* peerlessly; **włada ~ szablą** he is peerless a. unrivalled at fencing

niedościg|ły, ~niony *adi.* książk. [1] (niezrównany) *[ideał, wzór]* unattainable; *[piękno, jakość]* unsurpassable; *[mistrz]* unrivalled; nonpareil książk. [2] (bardzo szybki) *[ptak, lot, łódź]* swift, fast(est)

niedoświadcz|ony *adi.* *[nauczyciel, kierowca, zawodnik]* inexperienced, unpractised, unpracticed US; *[oko, ucho, palce]* untrained, unpractised, unpracticed US; **sekretarka ~ona w sprawach administracyjnych** a secretary inexperienced in administrative work

niedotlenieni|e *n sgt* Med. (niedostatek tlenu) hypoxia; (brak tlenu) lack of oxygen a. fresh air anoxia; spec.

niedotykals|ki [I] *adi.* pot., żart. touchy; chippy pot.

[III] **niedotykals|ki** *m*, **~ka** *f* pot., żart. chippy type pot.

niedoucz|ek *m* (*Npl* **~ki**) pejor. ignoramus

niedoucz|ony *adi.* pejor. *[personel, robotnik]* semi-skilled; *[lekarz, fachowiec, nauczyciel]* poorly educated; semi-literate iron.

niedowa|ga *f sgt* underweight; **dziecko ma ~gę** the child is underweight

niedowarz|ony *adi.* [1] pejor. (niedojrzały) *[młokos, polityk]* unfledged [2] (niedopracowany) *[powieść, pomysł, plan]* half-baked pot.

niedowiar|ek *m* (*Npl* **~ki**) pot. [1] (niewierzący) unbelieve, non-believer, disbeliever [2] (sceptyk) doubter, disbeliever

niedowi|dzieć *impf* (**~dzę, ~dział, ~dzieli**) *vi* to have poor a. bad eyesight; **pies był już głuchy i ~dział** the dog was already deaf and was losing its eyesight; **szkoła dla dzieci ~dzących** a school for visually impaired children

niedowierzająco *adv.* *[pytać, pokręcić głową, patrzeć]* disbelievingly, incredulously

niedowierzając|y *adi.* *[ton, spojrzenie]* disbelieving; *[wyraz twarzy, głos]* incredulous; **patrzył na nią ~ym wzrokiem** he stared at her disbelievingly, he stared at her with an incredulous look in his eyes

niedowierzani|e *n sgt* disbelief; **z ~em** *[patrzeć, słuchać, kręcić głową]* in disbelief; *[reagować, powitać, spotkać się]* with disbelief a. incredulity; **odnosić się do kogoś/czegoś z ~em** to treat sb/sth with disbelief

niedowła|d *m* (*G* **~du**) [1] Med. paresis [2] książk. (brak sprawności) ineffectuality; **karygodny ~d urzędów/kierownictwa** the reprehensible ineffectuality of public offices/management; **organizacyjny/decyzyjny ~d** an ineffectual organization/

---

decision-making process; **~d myśli** ineffectual thinking

❏ **~d połowiczy** Med. hemiplegia

niedozwol|ony *adi.* (zabroniony przez prawo) *[działania, działalność]* unlawful; *[broń, dochody]* illicit; (zakazany przepisami) *[chwyt, działalność, środki, książki]* prohibited, banned; **filmy ~one dla młodzieży** films not suitable for young viewers; **prowadzić samochód z ~oną prędkością** to drive (a car) over the speed limit, to speed

niedożywieni|e *n sgt* (niedostatek, brak jedzenia) undernourishment; (nieprawidłowe, skąpe odżywianie) malnourishment, malnutrition

niedożywi|ony *adi.* *[dziecko, zwierzę, organizm]* (wygłodzony) undernourished; (źle, niedostatecznie odżywiony) malnourished

niedro|gi *adi.* [1] (niekosztowny) *[towar, usługa]* inexpensive, affordable [2] (liczący tanio) *[sklep, restauracja]* inexpensive

niedrogo *adv.* *[nabyć, urządzić]* inexpensively; **zapłacić za coś ~** to pay an affordable price for sth; **w tym hotelu jest całkiem ~** the hotel is fairly inexpensive

niedrożnoś|ć *f sgt* [1] Med. obstruction; **~ć dróg moczowych/jelit/oskrzeli** urinary/intestinal/bronchial obstruction [2] Techn. blockage; **~ć przewodu kominowego/rury** blockage in a flue of a chimney/a pipe; **~ kanałów informacyjnych** przen. blockage of communication channels

niedrożn|y *adi.* [1] Med. *[jelito, tętnica]* obstructed, blocked; **przyczyną są ~e drogi żółciowe** the cause is obstruction of the bile ducts [2] Techn. *[rura, przewód]* blocked, choked; *[studzienka, kanalizacja]* clogged; **~e kanały informacyjne/dystrybucyjne** przen. blocked a. choked information/distribution channels

niedużo [I] *adv.* not a lot; **~ czyta** he doesn't read a lot a. much; **~ zapłaciłem za samochód** I didn't pay that much a. a great deal for the car; **~ z tego rozumiem** I don't really understand (it); **teraz pracuje ~** he doesn't work too much these days

[III] *pron.* not a lot of; (z policzalnymi) not many; (z niepoliczalnymi) not much; **~ ludzi/samochodów** not many people/cars; **mamy ~ czasu/miejsca/pieniędzy** we don't have a. we haven't got much time/space/money

niedu|ży *adi.* [1] (niewielki) *[pensja, dom]* rather small; **kupił sobie ~że mieszkanie** he's bought a rather small flat [2] (niewysoki) *[osoba, postura]* rather short; **jest kobietą ~żego wzrostu** she is rather short a. of rather short stature [3] (niedorosły) *[dzieci]* small

niedwuznacznie *adv.* [1] (jednoznacznie) *[formułować, zwracać się]* unambiguously, unequivocally; **dać komuś ~ do zrozumienia, że...** to unequivocally a. unambiguously let sb know that... [2] euf. *[zaproponować, uśmiechnąć się]* (rather) unambiguously

niedwuznacznoś|ć *f sgt* unambiguity, unequivocalness

niedwuznaczn|y *adi.* [1] (jednoznaczny) *[zamiar, polecenie]* unambiguous, unequivocal [2] euf. *[sytuacja, propozycja]* unambiguous

niedyplomatycznie *adv.* *[postępować, załatwić]* undiplomatically

niedyplomatycznoś|ć f sgt (cecha osoby) tactlessness; **~ć w jego/ich postępowaniu** the tactlessness of his/their conduct

niedyplomatyczn|y adi. [posunięcie, zachowanie] undiplomatic, tactless

niedyskrecj|a f [1] sgt (cecha) indiscretion [2] (Gpl **~i**) (czyn, uwaga) indiscretion; **popełnić ~ę** to be indiscret

niedyskretnie adv. [postąpić, zapytać] indiscreetly

niedyskretn|y adi. [1] (niedochowujący tajemnicy) indiscreet [2] (nietaktowny) indiscreet, inquisitive; **~a gadanina** loose talk

niedysponowan|y adi. [uczeń, zawodnik] indisposed; **jestem dziś ~a** euf. it's one of those days euf.

niedyspozycj|a f (Gpl **~i**) indisposition

niedz. (= niedziela) Sun.

niedziel|a f [1] (dzień) Sunday; **co ~a** every Sunday; **w ~ę** on Sunday [2] przest. (tydzień) week; **dwie ~e temu** two weeks ago ❑ **~a mięsopustna** Relig. Sexagesima; **Niedziela Palmowa** Relig. Palm Sunday; **~a przewodnia** Relig. Low Sunday; **Wielka Niedziela** Relig. Easter Sunday a. Day ■ **być w ~ę urodzonym** to be a ne'er-do-well

niedzielnie adv. **wyglądać ~** to look as on a Sunday; **ubrać się ~** to be in a. to wear one's Sunday best

niedzieln|y adi. [obiad, koncert, popołudnie] Sunday attr.; **~e ubranie** one's Sunday best ■ **~y kierowca** weekend a. Sunday driver

niedzisiej|szy adi. [1] (nie z dzisiejszego dnia) [data, gazeta, pieczywo] not today's [2] (dawniejszy) [osoba, poglądy, styl, zwyczaj, wygląd] old-fashioned

niedźwiad|ek [I] m anim. dem. pieszcz. cub [II] m inanim. (A **~ka**) (zabawka) teddy (bear), bear [III] **niedźwiadki** plt Zool. Scorpiones

niedźwiedzi adi. [1] [trop, łapa] of a bear; [okres godowy] ursine [2] [czapka, burka] bearskin attr.; **~a skóra** (materiał, dywan) a bearskin; (trofeum) a bear's skin [3] [siła, ruchy] of a bear; [niezgrabność, ociężałość] bearish; [kształt, forma] bear-shaped; ursine spec. ■ **oddać** a. **wyświadczyć komuś ~ą przysługę** to do sb more harm than good

niedźwiedziąt|ko n dem. pieszcz. cub

niedźwiedzic|a f Zool. female bear ❑ **Mała Niedźwiedzica** Astron. the Little Bear, Ursa Minor; **Wielka Niedźwiedzica** Astron. the Great Bear, Ursa Major

niedźwiedziowato adv. [ruszać się, chodzić] bearishly, like a bear

niedźwiedziowatoś|ć f sgt bearishness

niedźwiedziowa|ty adi. [mężczyzna, ruchy, wygląd] bearish

niedźwiedzisk|o n augm. pot. bear

niedźwie|dź [I] m pers. (Gpl **~dzi**) (silnie zbudowany) bear; (niezgrabny, gburowaty) bear pot. [II] m anim. Zool. bear ❑ **~dź biały** a. **polarny** Zool. polar bear; **~dź brunatny** Zool. brown bear; **~dź jaskiniowy** Zool. cave bear; **~dź malajski** Zool. (Malayan) sun bear; **~dź morski** Zool. fur seal; **~dź szary** Zool. grizzly (bear) ■ **dzielić skórę na ~dziu** to sell the bear's

skin before one has caught the bear, to count one's chickens before they hatch

nieefektownie adv. [ubrany, urządzony] in a dull a. an unattractive way; [wyglądać] dull adi., unattractive adi.

nieefektown|y adi. [opakowanie, strój, praca] dull, unattractive; [aktorstwo, wystrój, postać] uninspired

nieekonomicznie adv. [gospodarować, pracować] uneconomically, wastefully; [inwestować, wydawać pieniądze] thriftlessly

nieekonomicznoś|ć f sgt [1] (gospodarowania, zarządzania) wastefulness, thriftlessness [2] (urządzeń, technologii) inefficiency; **linię produkcyjną zamknięto z powodu ~ci** the production line was closed down due to its inefficiency

nieekonomiczn|y adi. [1] (niegospodarny) [system, zarządzanie] uneconomical, wasteful [2] (nieoszczędny) [maszyna, samochód, działania] inefficient

nieeleganc|ki adi. [1] (nieszykowny) [osoba, strój, wystrój] inelegant, dowdy [2] (niegrzeczny) [zachowanie, słowa] inelegant, improper; **on jest ~ki wobec kobiet/starszych** his behaviour is inelegant a. improper towards women/his elders

nieelegancko adv. [1] [ubierać się] inelegantly, dowdily; [wyglądać] inelegant adi., dowdy adi. [2] [wyrażać się] inelegantly, improperly

nieestetycznie adv. [urządzony] in an unaesthetic way; [wyglądać] unaesthetic adi.

nieestetyczn|y adi. [widok, wrażenie, strój] unaesthetic

nieetycznie adv. [postąpić] unethically

nieetycznoś|ć f sgt (postępowanie) unethical behaviour; (cecha) unethical nature; **badania na zwierzętach krytykuje się za ~ć** animal testing is criticized as unethical

nieetyczn|y adi. unethical

niefachowo adv. ineptly, amateurishly; **~ przeprowadzony remont** an inept repair job; **~ sporządzać umowę** to draw up the contract in an unprofessional manner; **zabierasz się do tego ~** that's not a professional way to go about it

niefachowoś|ć f sgt amateurishness, lack of professionalism; **~ć wykonania instalacji elektrycznej** the amateurishness of the electrical wiring installation; **rażąca ~ć pracowników** the workers' glaring lack of professionalism

niefachow|y adi. [1] (niespecjalistyczny) nonspecialist, lay; **~e pismo** a nonspecialist a. lay journal [2] (niewykwalifikowany) non-professional, amateur; **zatrudnić ~ych pracowników** to employ unqualified workers; **osoby ~e nie powinny się tym zajmować** amateurs shouldn't do this [3] (źle wykonany) amateurish, unprofessional, unworkmanlike; **~a naprawa** an unprofessional a. unworkmanlike repair job

niefar|t m sgt (G **~tu** a. **~ta**, A **~t** a. **~ta**) pot. bad luck; **mieć ~t** to be unlucky, to have bad luck

niefartownie adv. pot. **~ rozpoczął dzień** the day got off to a bad start; **tak ~ wylądował, że złamał sobie nogę** he landed badly and broke his leg; **wszystko mi dzisiaj idzie ~** nothing's going right

for me today; **~ się złożyło, że...** as luck would have it... iron.

niefartown|y adi. pot. [1] (niemający szczęścia) unlucky; **to jakiś ~y facet** that guy just can't get a break pot. [2] (niepomyślny) **mieć ~y dzień** to have one of those days pot., iron.; **szef podjął ~ą decyzję** the boss made an unfortunate decision; **~y kontrakt** an unfavourable contract

nieforemnie adv. książk. shapelessly; [wyglądać] shapeless adi., irregular adi.; **~ ukształtowany nos** a shapeless nose

nieforemnoś|ć f sgt książk. shapelessness, irregularity; amorphousness książk.; **~ć czyjejś figury** the shapelessness of sb's figure; **~ć kształtu** the irregularity of the shape

nieforemn|y adi. [1] książk. shapeless, irregular; amorphous książk.; **miała ~ą figurę** her figure was shapeless; **nosił ~y kapelusz** he was wearing a shapeless hat; **pisał ~e litery** his handwriting was clumsy; **szpecił go ~y nos** his shapeless nose marred his looks [2] Mat. [bryła, figura] non-regular

nieformalnie adv. informally, unofficially; **~ przeprowadzona transakcja** an unofficial transaction; **mieszkać gdzieś ~** to live somewhere illicitly a. unofficially; **~ toczące się rozmowy** informal talks; **firma działa ~** the company's operating unofficially; **w tej chwili pertraktujemy ~** we are currently conducting informal a. unofficial negotiations

nieformalnoś|ć f [1] (niewłaściwość) irregularity; **dopatrzeć się pewnych ~ci w umowie** to discern certain irregularities in the contract; **wykryć wiele ~ci w postępowaniu administracyjnym** to discover a number of irregularities in the administrative proceedings [2] sgt informality; **~ć rozmów** the informality of the talks

nieformaln|y adi. [1] (nieprzepisowy) irregular; **~e załatwienie sprawy** the irregular way the matter was handled; **unieważnić ~y kontrakt** to invalidate an illegal contract [2] (nieoficjalny) unofficial, informal; **~e pertraktacje/rozmowy** unofficial negotiations/talks

niefortunnie adv. książk. unfortunately; **upadła tak ~, że złamała nogę** she had the bad luck to break her leg in the fall; **tak się ~ złożyło, że...** unfortunately a. regrettably...

niefortunnoś|ć f sgt książk. **~ć wypowiedzi** unfortunate a. regrettable choice of words

niefortunn|y adi. książk. [1] (niemający szczęścia) unfortunate, unlucky [2] (niepomyślny) unlucky; **miał dziś ~y dzień** he's had bad luck all day today [3] (chybiony) unfortunate, regrettable; **~y pomysł** an ill-considered idea; **~y wypadek/zbieg okoliczności** an unfortunate accident/coincidence; **~a wypowiedź** an inopportune remark; **sprawy przybrały ~y obrót** events took an unfortunate turn

niefrasobliwie adv. książk. [1] (beztrosko) light-heartedly; **bawić się ~** to have light-hearted fun; **śmiał się ze wszystkiego ~** he laughed as if he hadn't a care in the world; **żyć ~** to live a carefree life

N

2 (lekkomyślnie) frivolously, thoughtlessly; **postępować ~** to act thoughtlessly; **traktować coś ~** to treat sth lightly

niefrasobliwoś|ć *f sgt* książk. 1 (beztroska) light-heartedness; **~ć postępowania** carefree behaviour; **~ć usposobienia** a carefree manner 2 (lekkomyślność) insouciance książk.; frivolity, thoughtlessness; **odnosić się do czegoś z ~cią** to have a cavalier attitude toward sth

niefrasobliw|y *adi.* książk. 1 (beztroski) carefree, light-hearted; **~y chłopak** a happy-go-lucky young man; **~a zabawa** light-hearted fun; **powiedział to ~ym tonem** he said it in a light-hearted a. carefree tone 2 (lekkomyślny) insouciant książk., cavalier książk.; frivolous, thoughtless; **nasz ~y stosunek do otaczającej nas przyrody** our cavalier attitude to our natural environment

niefunkcjonalnie *adv.* in an impractical a. unserviceable manner; **~ urządzone mieszkanie** an inconveniently arranged flat; **~ zaprojektowane meble** impractical a. unserviceable furniture

niefunkcjonalnoś|ć *f sgt* impracticality; **~ć mebli/domu** impracticality of the furniture/house

niefunkcjonaln|y *adi.* impractical, unserviceable; **~e, ciasne biuro** a small, unserviceable office; **~e, stare meble** impractical a. unserviceable old furniture

niegaszon|y *adi.* → wapno

niegdysiej|szy *adi.* książk. erstwhile książk.; former; **~si bohaterowie** erstwhile heroes; **~sza potęga dynastii** the dynasty's former might; **~sze osiągnięcia** past achievements

niegdyś *adv.* książk. formerly, once; **miał ~ czarne włosy** he once had black hair; **utrata ~ znacznego majątku** the loss of a once considerable fortune; **wspaniałe ~ miasto było kompletnie zrujnowane** the once splendid town was now in ruins

niegłupi *adi.* 1 (mądry) (quite) clever; **całkiem ~a dziewczyna** quite a clever girl; **film był całkiem ~** the film was quite clever; **napisał kilka ~ch artykułów** he wrote a couple of clever articles; **to ~a myśl** it's a clever idea 2 pot. [osoba] smart pot.; bright; [produkt, przedmiot] cool pot., nifty pot.; **to ~i facet** he's a smart guy, he's no fool a. nobody's fool; **~i telefon komórkowy** a nifty mobile phone

niegłupio *adv.* cleverly; **~ urządzone mieszkanie** a cleverly arranged flat; **~ pomyślany projekt** a cleverly designed project; **~ napisałeś to wypracowanie** your essay is quite clever

niego → on → ono

niegodnie *adv.* książk. dishonourably GB, dishonorably US; **~ byłoby poddać się bez walki** it would be dishonourable to give up without a fight; **postępować ~** to behave dishonourably

niego|dny *adi.* książk. 1 (niewart) unworthy (**kogoś/czegoś** of sb/sth); undeserving (**czegoś** of sth); **czyn ~dny uczciwego człowieka** a deed unworthy of an honest man; **~dny szacunku/uwagi/litości** undeserving of respect/attention/mercy;

~dny męża stanu unstatemanlike; **~dny mężczyzny** unmanly; **~dny wspomnienia incydent** a regrettable incident; **~dny zaufania** untrustworthy; **pomysł ~dny realizacji** an idea that isn't worth implementing; **wiersze ~dne druku** poems that aren't worth printing 2 (nikczemny) despicable, contemptible; **traktować kogoś w sposób ~dny** to treat sb in a despicable manner 3 (mający mniejszą wartość, znaczenie) unworthy (**kogoś/czegoś** of sb/sth); beneath (**kogoś/czegoś** sb/sth); **on jest ciebie ~dny** he's unworthy of you; **to praca ~dna jego aspiracji** the work is beneath him

II niegodzien *adi. praed.* książk. unworthy (**kogoś/czegoś** of sb/sth); undeserving (**czegoś** of sth); **jestem ~dzien twojej miłości** I'm unworthy a. undeserving of your love

niegodzien *adi. praed.* → niegodny

niegodziwie *adv.* książk. deplorably, abominably; **postępował z nią ~** his behaviour toward her was deplorable a. abominable; **traktowała męża ~** she treated her husband deplorably a. abominably

niegodziw|iec *m* (*V* ~cze a. ~cu) książk. rogue książk.; **jesteś ~cem** you are a rogue; **postąpić jak ~iec** to act like a rogue

niegodziwoś|ć *f* książk. 1 *sgt* (postępowanie) vile a. base behaviour GB, vile a. base behavior US; **to wielka ~ć tak postąpić** it's vile a. base to act like that 2 zw. pl (postępek) vile a. base act; **dopuścił się w życiu wielu ~ci** he commited many vile a. base acts in his life

niegodziw|y *adi.* książk. vile, base; **~e plany** vile a. base plans; **popełnić ~y uczynek** to commit a vile a. base act; **to ~y człowiek** he's a contemptible person

niegospodarnie *adv.* uneconomically, (rozrzutnie) wastefully, thriftlessly; **~ prowadzić dom/firmę** to run the household/company uneconomically; **~ zarządzać pieniędzmi** to mismanage money

niegospodarnoś|ć *f sgt* wastefulness, thriftlessness; **rażąca ~ć dyrektora firmy** the director's glaring mismanagement of the company's finances

niegospodarn|y *adi.* uneconomical; (rozrzutny) wasteful, thriftless; **~y dyrektor/zarządca** an uneconomical manager/administrator; **~e zarządzanie** mismanagement

niegościnnie *adv.* inhospitably; **przyjąć ~ gości/krewnych** to receive guests/relations inhospitably; **zachowywać się ~** to be inhospitable

niegościnnoś|ć *f sgt* lack of hospitality, inhospitality; **spotykać się z ~cią** to be treated inhospitably; **szczyt ~ci** the ultimate in inhospitality

niegościnn|y *adi.* 1 (nieuprzejmy) inhospitable 2 przen. (niesprzyjający) unwelcoming, forbidding; **~a ziemia** a forbidding region

niegot|owy *adi.* not ready; **obiad jeszcze ~owy** dinner isn't ready yet; **praca ~owa do pokazania** the work isn't ready to show to anyone; **dom jest ~owy do zamieszkania** the house isn't ready to live in

III niegotów *adi. praed.* not ready; **jestem jeszcze ~ów do drogi** I'm not ready to go yet; **była jeszcze ~owa do wyjścia** she still wasn't ready to leave

niegramatycznie *adv.* ungrammatically; **mówić/pisać ~** to speak/write ungrammatically

niegramatyczn|y *adi.* [zwrot, wyrażenie] ungrammatical

niegramotn|y *adi.* pot. dense pot., thick (-headed) pot.; **jest taki ~y, że nic nie kapuje** he's so dense he doesn't get it at all; **zupełnie ~y facet** a complete lunkhead pot.

niegroźnie *adv.* 1 (nie budząc lęku) [wyglądać, brzmieć] harmless *adi.* 2 (nie będąc zagrożeniem) harmlessly, safely; **choroba przebiegła ~** the illness wasn't dangerous; **wszystko zaczęło się ~** it all started harmlessly enough

niegroźn|y *adi.* [nauczyciel, szef] harmless; [zabawa, rywalizacja] non-threatening, unthreatening, friendly; [choroba, wypadek] minor; **uznała jego pogróżki za ~e** she considered his threats harmless; **~a infekcja** a minor infection

niegrzecznie *adv. grad.* 1 (nieuprzejmie) rudely, impolitely; [brzmieć] rude *adi.*, impolite *adi.*; **~ komuś przerywać** it's rude to interrupt somebody; **~ odnosił się do nauczycieli** he was rude to his teachers; **odburknął mi ~** he growled a rude retort; **odpowiedział bardzo ~** he answered very rudely a. impertinently; **powiedziano mi ~, żebym nie zawracała nikomu głowy** I was rudely told not to bother anybody; **zaśmiał się ~** he laughed rudely; **zawsze ~ rozmawia** he's always rude; **znany był z tego, że ~ traktował swoich podwładnych** he was known for his rudeness to(ward) his staff 2 dziec. (nieposłusznie) naughtily; **to ~ naughty; that's naughty; zachowywać się ~** to be naughty

niegrzecznoś|ć *f* 1 (nieuprzejmość) rudeness *U*; **spotkać się z ~cią (z czyjejś strony)** to be treated rudely (by sb); **to, co zrobiłeś, to po prostu ~ć** what you did was simply rude; **mówił wiele ~ci** he said a lot of rude things; **czy muszę znosić takie ~ci** do I have to put up with such rudeness? 2 *sgt* dziec. (złe zachowanie) naughtiness; **ukarać dziecko za ~ć** to punish a child for being naughty

niegrzeczn|y *adi. grad.* 1 (nieuprzejmy) rude, impolite; **~a odpowiedź/uwaga** a rude a. an impolite answer/remark; **nie dostrzegam w tym, co powiedziałem, nic ~ego** I don't see anything impolite a. rude about what I said; **~y urzędnik/list** a rude official/letter; **w tym lokalu jest ~a obsługa** the service here is quite rude 2 dziec. naughty; **bardzo ~e zachowanie** very naughty behaviour

niegustownie *adv.* książk. tastelessly; **ubierała się ~** she dressed tastelessly; **~ urządzone mieszkanie** a tastelessly decorated flat

niegustown|y *adi.* tasteless; **~y wystrój wnętrza** the tasteless decor; **nosić ~e ubrania** to wear tasteless clothes

niehigienicznie *adv.* unhygienically; **żyć ~** to have an unhealthy lifestyle

niehigieniczn|y *adi.* insanitary, unhygienic; **~e warunki** insanitary a. unhygienic conditions; **prowadzić ~y tryb życia** to have an unhealthy lifestyle

niehono|r *m sgt* (*G* **~ru**) dishonour GB, dishonor US; **uderzyć słabszego to ~r** it's dishonourable to hit somebody weaker than you

niehonorowo *adv.* dishonourably GB, dishonorably US; **postąpiłeś ~** you acted dishonourably; **wycofać się teraz byłoby ~** to withdraw now would be dishonourable; **walczyć ~** to fight dishonourably

niehonorow|y *adi.* dishonourable GB, dishonorable US; **~y czyn/postępek** a dishonourable deed

nieingerencj|a *f sgt* książk. non-interference, non-intervention; **kierować się zasadą ~i** to adhere to the principle of non-intervention; **~a w konflikt zbrojny** non-intervention in a military conflict

nieinteligentnie *adv.* not (very a. too) intelligently, unintelligently; *[wyglądać, brzmieć]* not (very a. too) intelligent *adi.*, unintelligent *adi.*; **mówił mało i ~** he talked little and not too intelligently; **postąpić ~** to do something foolish

nieinteligentn|y *adi.* not (very a. too) intelligent, unintelligent; **~y pracownik** an unintelligent worker; **on ma taki ~y wyraz twarzy** he's got such an unintelligent expression

nieinterwencj|a *f sgt* Polit. non-intervention; **przestrzegać zasad ~i** to adhere to the principle of non-intervention; **prowadzić politykę ~i** to adhere to a policy of non-intervention

nieistotn|y *adi.* książk. unimportant, irrelevant; **czy to dla ciebie całkiem ~e, że...?** is it totally unimportant a. irrelevant to you that...?; **~e, kiedy to się stanie** it's not important when it's going to happen; **~e różnice w projekcie** irrelevant a. unimportant differences in the project; **pomińmy ~e szczegóły** let's skip the unimportant a. irrelevant details

niej → **ona**

niejadaln|y *adi.* [1] (nienadający się do jedzenia) inedible, uneatable; **~e grzyby** inedible mushrooms; **owoce tej rośliny są ~e** the fruit of this plant is inedible [2] (niesmaczny) inedible, uneatable; **~y kotlet** an inedible cutlet

niejad|ek *m* (*Npl* **~ki**) pot. poor eater; **mój syn to taki ~ek** my son is such a poor eater

nieja|ki *pron.* książk. [1] (bliżej nieznany) a (certain); **wyszła za mąż za ~kiego Brauna** she married someone called Braun a. a certain Braun; **~cy państwo Kowalscy** a Mr and Mrs Kowalski [2] (pewien) certain; **mam ~kie wątpliwości** I have certain doubts; **z ~ką trudnością** with a certain amount of a. with some difficulty; **od ~kiego czasu** for some time now

niejako *part.* książk. as it were, so to speak; **~ podświadomie** subconsciously as it were a. so to speak

niejasno *adv.* unclearly, vaguely; **~ wyrazić/napisać/przedstawić coś** to express/write/present sth unclearly a. vaguely; **tłumaczył się ~** he came up with some vague excuse

niejasnoś|ć *f* (brak precyzji) vagueness *U*, lack of clarity; (wieloznaczność) ambiguity *C/U*; **~ć wypowiedzi** the ambiguity/vagueness of the statement; **w tekście pojawiły się ~ci** the text contained ambiguities

nieja|sny *adi.* [1] (słabo widoczny) vague, hazy; **~sne zarysy budynku** the vague outline of the building; **z daleka dostrzegł ~sne kontury sylwetki** he discerned a vague silhouette in the distance [2] (niezrozumiały) unclear, vague; **~sna fabuła filmu** the film's unclear a. vague plot; **~sne motywy zbrodni** the unclear motives of the crime; **~sne sformułowania zawarte w umowie** unclear a. vague terms in the contract

niejawnie *adv.* secretly, in secret; **działał ~** he was acting secretly a. in secret; **głosować ~** to vote by secret ballot

niejawnoś|ć *f sgt* secrecy; **~ć obrad** the secrecy of the proceedings; **~ć głosowania** the secret ballot

niejawn|y *adi.* secret; **~e głosowanie** a vote by secret ballot; **~e obrady** secret a. closed proceedings, proceedings in camera; **~y przetarg na kupno firmy** a sealed tender operation for the purchase of the company

niejed|en *pron.* more than one, many a; **~en czytelnik/student** more than one reader/student, many a reader/student; **~na marzy o karierze aktorskiej** many a young girl dreams of being an actress; **~en z nich** more than one of them, many of them; **~en raz** more than once, many a time; **~ną noc do rana przetańczył** he'd danced the night away many a time; **mógłbym ci o nim ~no powiedzieć** I could tell you a thing or two about him

niejednakowo *adv.* (różnie) not the same (way), differently; (nierówno) differently, unequally; **siostry bliźniaczki były ~ ubrane** the twin sisters were dressed differently a. weren't dressed the same (way); **~ traktował swoich synów** he treated his sons differently

niejednakow|y *adi.* (nie taki sam) not the same, different; (niejednolity) uneven; (nierówny) unequal; **~y spadek terenu** an uneven slope; **bracia mają ~e charaktery** the brothers have different characters; **jechać z ~ą szybkością** to drive at varying speeds; **~e pensje** different salaries

niejedn|o *n sgt* książk. a thing or two, a few things; **ma ~o na sumieniu** he has a few things on his conscience iron.; **~ego się od niej dowiedziałam na ten temat** she told me a few things about it; **~o już w życiu widział** he's seen a thing or two in his life iron.; **~o miałabym do powiedzenia na jego temat** I could tell you a thing or two about him iron.; **na wojnie przeżył ~o** he lived through a thing or two during the war iron.; **miłość ~o ma imię** love has many names

niejednokrotnie *adv.* more than once, many times; **mylił się ~ w swoich decyzjach** he's made plenty of wrong decisions; **~ ratowała cudze życie** she's saved lives on more than one occasion; **~ uciekał ze szkoły** he ran away from school many times

niejednokrotn|y *adi.* repeated; **dał ~e dowody swego przywiązania** he's repeatedly proved a. proven his devotion; **~e próby odbicia więźniów** repeated attempts to rescue prisoners; **~y złoty medalista** a multiple gold medallist

niejednolicie *adv.* [1] (różnie) in a varied a. diversified manner; **utwór symfoniczny jest ~ zbudowany** a symphonic work has a complex structure; **zagadnienie przedstawia się ~** it's a multifaceted problem [2] (nierówno) unevenly, not uniformly; **tkanina ufarbowana ~** unevenly dyed fabric

niejednolitoś|ć *f sgt* [1] (różnorodność) variety *C*, (wide) range *C*, diversity; **gatunkowa ~ć jego twórczości** the wide range of genres he's worked in; **~ć postaci utworu** the diversity of the characters in the work [2] (niespójność) inconsistency; **~ć kryteriów diagnostycznych/systemu prawnego** the inconsistency of the diagnostic criteria/the legal system

niejednoli|ty *adi.* [1] (różnorodny) varied, not uniform; **~ty teren** the varied terrain [2] (niespójny, nierówny) inconsistent; **~ty system prawny** an inconsistent legal system; **~te w stylu przedstawienie** a stylistically uneven performance

niejednorodnie *adv.* diversely, heterogeneously; **skały ~ zbudowane** composite rocks

niejednorodnoś|ć *f sgt* diversity, heterogeneity; **~ć skał/węgla** composite nature of the rocks/of coal; **~ć stylistyczna utworu** inconsistent style of the work

niejednorodn|y *adi.* composite, heterogeneous; **~a próbka gleby** a composite soil sample; **~y materiał skalny** composite a. heterogeneous rock material; **tkanki ~e** heterogeneous tissue

niejednostajnie *adv.* (zmiennie) unevenly; (ciekawie, barwnie) in a diversified way; **poruszać się ~** to move unevenly; **podróż zapowiada się ~** the itinerary looks very varied

niejednostajnoś|ć *f* non-uniformity, unevenness; **~ć ruchu Ziemi** the non-uniformity of the Earth's orbit

niejednostajn|y *adi.* (zmienny) non-uniform, uneven; (urozmaicony) varied, diversified; **ruch ~y** non-uniform motion; **urozmaicona, ~a praca** varied work; **mówić ~ym głosem** to speak in an uneven voice; **prowadzić ~y tryb życia** to lead a varied life

niejednoznacznie *adv.* [1] (wieloznacznie) ambiguously; **~ wyrażona myśl** an ambiguously expressed thought; **~ zarysowana postać** an ambiguously portrayed character; **tekst można interpretować ~** the text is open to various interpretations [2] (wątpliwie) dubiously, suspiciously; **zachować się ~** to act dubiously

niejednoznacznoś|ć *f sgt* [1] (wieloznaczność) ambiguity; **~ć dramatu/wyrażenia** the play's ambiguity/the ambiguity of an expression [2] (niejasność) **~ć czyjegoś zachowania** ambivalence of sb's behaviour

N

niejednoznaczn|y *adi.* [1] (wieloznaczny) ambiguous; **~y wyraz/tekst** an ambiguous expression/text [2] (niejasny) dubious; **~y bohater powieści** the novel's ambivalent hero; **~e postępowanie/zachowanie** dubious conduct/behaviour

niekaraln|y *adi.* Prawo not punishable, unpunishable; **czyn ~y** not a punishable act

niekiedy *adv.* sometimes, from time to time; **~ chodzili do kina** sometimes they went to the cinema; **znikał ~ na kilka dni** he sometimes vanished for a few days; **kiedy ~ świsnęła nam nad głowami jakaś zbłąkana kula** every now and then a stray bullet passed over our heads

niekłaman|y *adi.* książk. *[podziw, satysfakcja, duma]* genuine, unfeigned; **cieszyła się ~ą sympatią współpracowników** her colleagues were genuinely fond of her; **słuchał jej z ~ym zainteresowanem** he listened to her with genuine a. unfeigned interest

niekoleżeńs|ki *adi.* unfriendly; **~ka postawa** an unfriendly attitude; **~kie stosunki w klasie** lack of team spirit in class; **~kie zachowanie** uncivil behaviour; **osoba ~ka** an unsociable a. stand-offish pot. person

niekoleżeńskoś|ć *f sgt* lack of team spirit a. of camaraderie

niekompetencj|a *f sgt* książk. incompetence; **~a nadzoru budowlanego** the incompetence of the construction supervisors; **~a prawnicza/lekarska/nauczycielska** legal/medical/pedagogical incompetence; **~a urzędników** the bureaucrats' incompetence; **zarzucić komuś zawodową ~ę** to accuse sb of professional incompetence

niekompetentnie *adv.* książk. incompetently; **praca wykonana ~** incompetently done work; **sprawa załatwiona ~** a mishandled matter; **wypowiadać się ~** to speak inexpertly

niekompetentn|y *adi.* książk. [1] (niefachowy) *[osoba]* incompetent; **~y urzędnik** an incompetent bureaucrat; **jestem ~a w tej dziedzinie** I'm not competent in this field [2] (nieuprawniony) not authorized; **instytucja ~a do wydawania decyzji** an institution that's not authorized to make decisions

niekompletnie *adv.* partially, not fully a. completely; **~ ubrany** partially a. not fully dressed

niekompletnoś|ć *f sgt* incompleteness; **~ć czyjegoś stroju** sb's partial state of dress, the incompleteness of sb's attire

niekompletn|y *adi.* (only) partial, incomplete; **mieszkanie z ~ym umeblowaniem** a partially furnished flat; **~a edycja encyklopedii** an incomplete set of the encyclopedia; **~a kolekcja znaczków** an incomplete collection of stamps

niekoniecznie [] *part.* [1] (niezupełnie) not necessarily; **przesadna uprzejmość ~ świadczy o dobrym wychowaniu** exaggerated courtesy isn't necessarily a sign of good upbringing [2] (bez koniecznej potrzeby) not necessarily, not really; **te książki są mi ~ potrzebne** I don't really need these books;

urlop można spędzić w Polsce, **~ w ciepłych krajach** you don't necessarily have to go to a warm climate for your holiday, you can spend it in Poland just as well

[] *inter.* not necessarily

niekoniecznj|y *adi.* unnecessary; **~y wydatek/wysiłek** an unnecessary expense/effort; **operacja okazała się ~a** the operation turned out to be unnecessary; **uznawać coś za ~e** to consider sth unnecessary

niekonsekwencj|a *f (Gpl ~i)* inconsistency *C/U*; **~a czyjegoś postępowania** the inconsistency of sb's behaviour; **~a w (czyimś) myśleniu** the inconsistency of sb's thinking; **doszukać się w czymś ~i** to notice the inconsistencies in sth

niekonsekwentnie *adv.* inconsistently; **~ coś egzekwować** to enforce sth inconsistently; **~ prowadzona akcja filmu** the film's inconsistent plot; **zachowywać się/postępować ~** to behave/to act inconsistently

niekonsekwentn|y *adi.* inconsistent; **~a fabuła książki** the book's inconsistent plot; **~a postawa** an inconsistent attitude; **być ~ym w ocenach/poglądach** to be inconsistent in one's judgements/views; **być ~ym w wychowywaniu dzieci** to be inconsistent in bringing up one's children

niekonwencjonalnie *adv.* książk. [1] (oryginalnie) unconventionally; **myśleć ~** to think unconventionally; **ubierać się ~** to dress unconventionally, to wear unconventional clothes [2] (nietradycyjnie) unconventionally, unorthodoxly; **leczyć ~** to use unconventional a. unorthodox methods of treatment; **~ potraktować problem** to treat the problem in an unconventional a. unorthodox manner

niekonwencjonalnoś|ć *f sgt* [1] (oryginalność) unconventionality; **~ć (czyjegoś) stroju/wypowiedzi/zachowania** the unconventionality of sb's clothes/statement/behaviour [2] (nietradycyjność) unconventionality, unorthodoxy; **~ć metod leczenia** the unconventionality a. unorthodoxy of the treatment

niekonwencjonaln|y *adi.* książk. [1] (oryginalny) unconventional; **~y nauczyciel** an unconventional teacher; **~a postawa wobec życia** an unconventional attitude toward(s) life; **~y strój** unconventional clothes [2] (niezgodny z tradycją) unconventional, unorthodox; **~e metody nauczania** unconventional a. unorthodox teaching methods; **~y sposób myślenia** unconventional a. unorthodox thinking

niekorzystnie *adv.* grad. [1] (niezyskownie) disadvantageously; **~ sprzedane mieszkanie** a flat sold at a low price [2] (niesprzyjająco) unfavourably GB, unfavorably US, adversely; **wpływać na coś ~** to have an adverse influence a. impact on sth [3] (nieefektownie) unattractively; **w tym kolorze wyglądasz ~** this colour doesn't suit you; **wyglądasz ~ w tej fryzurze/sukience** your haircut/dress is unflattering a. doesn't do you justice

niekorzystn|y *adi.* grad. [1] (niezyskowny) disadvantageous, unprofitable; **~a trans-**

akcja/umowa a disadvantageous deal/contract [2] (niepomyślny) *[położenie, sytuacja]* adverse, unfavourable GB, unfavorable US; **~e warunki/działanie leku** adverse conditions/effect of a drug; **~a decyzja** an unfavourable decision [3] (niepochlebny) unfavourable GB, unfavorable US; **zrobić ~e wrażenie** to make an unfavourable impression; **przedstawiła swojego szefa w ~ym świetle** she presented her boss in an unfavourable light

niekorzyś|ć *f sgt* przest. disadvantage; **na czyjąś ~ć** to sb's disadvantage; **dowody świadczą na ~ć podejrzanego** the evidence is not to the suspect's advantage; **koszt przeprowadzenia referendum przemawia na jego ~ć** the cost of the referendum argues against it; **jej wygląd po chorobie zmienił się na ~ć** her looks changed for the worse after her illness; **odwrócić sytuację na czyjąś ~ć** to turn the tables on sb

niekrępując|y *adi.* [1] (nieuciążliwy) easy-going; **w obecności ~ych gości czuję się swobodnie** I feel relaxed in the presence of easy-going guests; **~a wizyta przyjaciół** a casual visit by friends [2] (osobny) *[mieszkanie, pokój, wejście]* convenient, private

niekształtnie *adv.* shapelessly; **figurki były ~ ulepione i brzydko pomalowane** the figures were misshapen and painted in a slapdash way

niekształtnoś|ć *f sgt* [1] (nieforemność) shapelessness; **~ć bryły** the shapelessness of a solid [2] (niezgrabność) shapelessness, deformity; **~ć figury tuszowała luźnymi sukienkami** she masked her unshapely figure by wearing loose dresses

niekształtn|y *adi.* [1] (nieforemny) shapeless, deformed; **dziecko stawiało ~e litery** the child was scrawling clumsy letters; **~y nos boksera** the boxer's deformed nose [2] (niezgrabny) *[postać, sylwetka]* unshapely, shapeless

niektó|ry [] *pron.* some; **(co) ~re kobiety/pociągi** some women/trains; **w ~rych przypadkach** in some cases; **(co) ~rzy z nas/nich** some of us/them

[] **niektórzy** *plt* some; **~rzy mówią, że...** some (people) say that...; **~re wolą zajmować się wychowaniem dzieci** some (women) prefer bringing up children

niekulturalnie *adv.* rudely, uncivilly; **postąpiłeś ~, wychodząc w środku przyjęcia** you showed your bad manners, leaving while the party was still on; **~ zachowująca się młodzież** ill-mannered youth

niekulturaln|y *adi.* *[osoba, towarzystwo]* uncivil, ill-mannered; **młodzież jest często ~a wobec starszych** young people are often rude a. uncivil towards the elderly

niekwestionowan|y *adi.* unquestioned, unquestionable, indisputable; **~y zwycięzca/przywódca** an indisputable winner/leader; **rząd odniósł ~y sukces** the government achieved an unquestioned success; **jego wina jest ~a** his fault is unquestionable

nieledwie *part.* książk. almost, virtually

nielegalnie *adv.* illegally; **w czasie wakacji pracowali ~ za granicą** during the holidays they worked abroad illegally;

próbował przekroczyć **~ granicę** he tried to cross the border illegally; **~ handlować** to sell [sth] on the black market; **~ polować** to poach; **~ kopiować** to pirate [płyty, programy]

nielegalnoś|ć f sgt illegality, illegitimacy; **~ć czynu/działania** illegality of an act/activity; **~ć organizacji** illegitimacy of an organization; **partii politycznej zarzuca się ~ć** the political party is charged with being unlawful

nielegaln|y adi. [działalność, organizacja, praca] illegal, unlawful; **~e zgromadzenie** unlawful assembly; **~e posiadanie broni** unlawful possession of arms; **~e towary/handel** under-the-counter goods/trade; **~e kopiowanie** piracy

nielek|ki adi. [1] (ciężki) not light, pretty a. rather heavy; **pomógł jej nieść ~ką walizkę** he helped her carry the none-too-light suitcase; **listonosz przyniósł ~ką paczkę** the postman brought a pretty heavy parcel [2] przen. (trudny) [życie, obowiązek, praca, los] not easy, pretty a. rather hard

nielekko adv. książk. quite a. pretty a. rather hard; **~ mi o tym mówić** it's not easy for me to talk about it; **było jej ~ na sercu** her heart was heavy

nieletni [I] adi. [1] Prawo (niepełnoletni) juvenile, under-age; **~ przestępca** a juvenile delinquent a. offender; **uwodzenie ~ch dziewcząt jest karalne** seduction of under-age girls is punishable by law [2] książk. (młody) young, under-age; **z dorosłymi składali przysięgę ~ chłopcy** young boys took the oath together with adults; **mam ~ą córkę** I have an under-age daughter [II] **nieletni** m, **~a** f Prawo minor, juvenile; **sąd dla ~ch** juvenile court; **przestępczość ~ch** juvenile delinquency; **maltretowanie ~ch** a. **molestowanie ~ch** child abuse; **zatrudnianie ~ch** child labour

nieletnioś|ć f sgt minority; nonage książk.

nielicho adv. pot. [1] (niemało) quite a lot; **~ kosztował ten samochód** this car cost quite a lot; **poczuła się zaskoczona i zawstydzona** she felt surprised and quite embarrassed [2] (nieźle) pretty well; **potrafił ~ pracować** he could work pretty hard; **lubił sobie podjeść ~** he liked to eat rather well

nielich|y adi. pot. [1] (niemały) [apetyt, zamieszanie, upał] quite a. pretty big; **praca dawała mu ~y zarobek** the job paid rather well [2] (niezły) not bad, quite good; **obejrzałem ~y film** I've seen quite a good film

nielicznie adv. grad. in small numbers; **~ stawili się na zebraniu** the meeting was sparsely attended

nieliczn|y [I] adi. [1] (niewielki) small; [grupa, oddział] small; [znajomi, przechodnie, personel] few; (o przykładach, przypadkach) few, not numerous; **był jednym z ~ych rannych, którym udało się przeżyć** he was one of the few injured who managed to survive [2] (występujący rzadko) rare; **~e wypadki zachorowań** rare cases of an illness; **wypracowanie, poza ~ymi błędami, było dobre** except for the odd mistake, the composition was good [II] **nieliczni** plt few; **tylko ~i obejrzeli**

ten film only a (very) few people saw the film; **~ych oburza okrucieństwo wobec zwierząt** few people are outraged at cruelty to animals

nielitościwie adv. książk. [1] (bez litości) mercilessly, pitilessly; **zawsze ~ kpiła sobie z mężczyzn** she has always mocked men mercilessly [2] (bardzo) terribly, awfully; **śpiewała, fałszując ~** she sang terribly out of tune; **wykład nużył studentów ~** the students were awfully bored with the lecture

nielitościw|y adi. książk. [1] (bezlitosny) merciless, pitiless; **wymierzył synowi ~ą karę** he administered a. meted out unmerciful punishment to his son [2] (nieprzyjemny) terrible, awful; **na dworze panuje ~y upał** it's scorching hot outside

nielogicznie adv. [rozumować, myśleć, zachowywać się] illogically, irrationally

nielogiczn|y adi. [1] (niekonsekwentny) [rozmówca, wykładowca] inconsistent [2] (bezsensowny) [odpowiedź, plan, rozumowanie] illogical

nielojalnie adv. [1] (nierzetelnie) unfaithfully, disloyally; **postąpić ~ wobec przyjaciół/firmy** to behave disloyally towards one's friends/company [2] (niepraworządnie) disloyally, dishonestly; **postępować ~ wobec kogoś** to behave disloyally towards sb

nielojalnoś|ć f sgt [1] (nierzetelność) disloyalty, dishonesty; **~ć wobec kogoś** a. **w stosunku do kogoś** disloyalty to sb [2] (niepraworządność) disloyalty, lack of loyalty (**wobec kogoś/czegoś** a. **w stosunku do kogoś/czegoś** to sb/sth)

nielojaln|y adi. [1] (nierzetelny) [kolega, pracownik, wspólnik] dishonest [2] (nieuczciwy) [postępowanie, zachowanie] unfair, dishonest [3] (niepraworządny) [obywatel, minister] disloyal [4] (świadczący o nielojalności) [przemówienie, wystąpienie] traitorous

nielo|t m Zool. kiwi

nieludz|ki adi. [1] (okrutny) [szef, traktowanie] inhuman, inhumane [2] (ogromny) [moc, siła, wysiłek, zmęczenie, cierpienie] superhuman; **w autobusie panował ~ki ścisk** there was an incredible crowd in the bus; **ból stawał się ~ki** the pain was beyond endurance [3] (poniżający) inhumane; **więźniowie pracowali w ~kich warunkach** the prisoners worked in a. under inhumane conditions

nieludzko adv. [1] (okrutnie) [traktować, pobić, zachować się] inhumanly, inhumanely [2] (ponad miarę) superhumanly; **~ się wysilić/wytężyć** to make a superhuman effort; **wrzasnąć ~** to let out a terrible scream; **cierpieć ~** to suffer unbelievably

nieludzkoś|ć f sgt inhumanity; **~ć zbrodni** inhumanity of a crime

nieła|d m sgt (G **~du**) disarray, disorder; **w mieszkaniu panował ~d** the flat was in a mess; **myśli miałam w ~dzie** my thoughts were in chaos; **włosy i ubranie miał w ~dzie** his hair and clothes were dishevelled a. in disarray
■ **artystyczny ~d** creative chaos

nieładnie adv. [1] (brzydko) unattractively; **wyglądać ~** to look unattractive a. ugly; **chodzić/poruszać się** to walk/move clumsily a. in an ungainly manner; **piszesz**

bardzo **~** your handwriting is terrible; **ona się ~ ubiera** she doesn't dress very becomingly; **dziś na dworze jest ~** the weather is pretty bad today [2] (niedobrze) **postąpić ~** to behave improperly; **to ~ z twojej strony** it's not very nice of you

nieładn|y adi. [1] (brzydki) unattractive; **~y budynek** an unattractive building; **~a dziewczyna** a plain-looking a. an uncomely girl; **jaka ~a twarz!** what an unattractive face!; **~a blizna** an unsightly scar; **ona się zawsze ubiera w takie ~e kostiumy** she always wears such unflattering a. unbecoming suits; **dziś jest ~a pogoda** it's not a nice day today [2] (niedobry) [czyn, postępek, zachowanie] improper

nieła|ska f książk. disgrace, disfavour GB, disfavor US; **być w ~ce** to be in disgrace (**u kogoś** with sb); **szybko popadł w ~kę u nowego szefa** he soon fell into disfavour with his new boss; **ostatnio jestem w ~ce u kierownika** recently I've been in the manager's bad books

niełatwo adv. not easy, difficult; **~ było dostać się na premierę** it wasn't easy to get a ticket for the first night; **~ było mu przyznać się do winy** it was hard for him to admit he was to blame; **nauka przychodzi mu ~** he finds studying difficult

niełatw|y adi. [1] (trudny) difficult, hard; **poradzicie sobie z tym ~ym zadaniem** it's a hard task, but you'll cope with it; **sprawa okazała się ~a, potrzebna była pomoc adwokata** the matter wasn't straightforward and needed to be seen to by a lawyer; **ma ze swoją żoną ~e życie** he has a hard life with his wife [2] (konfliktowy) difficult; **jest ~ym współpracownikiem, ale mam do niego zaufanie** he's a difficult partner but I can trust him; **był ~y w pożyciu** he wasn't easy to get along with [3] (nieskory) **jest człowiekiem ~ym do wzruszeń** he's not easily moved

niemal, niemalże part. książk. almost; **bliźniaki były ~ jednakowe** the twins were almost identical; **czekali na nią ~ godzinę** they waited for her nearly an hour; **to ~ niemożliwe** it's well-nigh impossible

niemało [I] pron. quite a lot, a good deal (**czegoś** of sth); (z policzalnymi) quite a number (**kogoś/czegoś** of sb/sth); **mieliśmy ~ kłopotów** we had quite a lot of a. a good deal of trouble; **~ studentów zaliczyło wszystkie egzaminy** quite a number of students passed all the exams; **takie mieszkanie ~ kosztuje** a flat like that costs quite a lot [II] adv. a good deal; **napatrzyłem się tam ~** I've seen a good deal there

niema|ły adi. [1] (spory) [ogród, mieszkanie, odległość] quite a. pretty big, quite a. pretty large; [zyski, koszty] considerable, significant; [zmartwienia, trud] great; **pewnie dał łapówkę, i to ~łą** he must have given a bribe, and not a small one at that; **koszt utrzymania się w Warszawie jest wcale ~ły** the cost of living in Warsaw is by no means low [2] (o dużej wartości) considerable; **odziedziczył ~ły majątek** he inherited a considerable fortune; **wziął ~łą pożyczkę z banku** he took out a substantial loan at

N

the bank; **miał ~łe zarobki na stanowisku prezesa** as chairman he earned a sizeable income; **kiedyś robił ~łe interesy** he used to do big business ③ (znaczny) considerable; **dawać sobie radę z ~łym trudem** to cope with considerable difficulty ④ (niebłahy) *[problem, kłopot, błąd]* serious

niematerialn|y adi. książk. ① (bezcielesny) *[zjawa, duch, rzeczywistość]* immaterial, insubstantial ② (duchowy) *[usługi, dobra, strata]* incorporeal, non-material

niemąd|ry adi. (nierozsądny) *[dziecko, ludzie]* silly; *[gadanina, decyzja, pytanie]* foolish; *[postępek, wybór]* unwise, thoughtless

niemądrze adv. *[postępować, zachowywać się]* unwisely; **zachowałam się, robiąc ci scenę** it was silly of me to make a scene

niemcz|eć impf (~eję, ~ał, ~eli) vi książk. to become Germanized ⇒ **zniemczeć**

niemcz|yć impf książk. **[]** vt to Germanize ⇒ **zniemczyć**

[] **niemczyć się** to become Germanized ⇒ **zniemczyć się**

niemczy|zna f sgt the German language; **mówił poprawną ~zną** he spoke good German; **jego ~zna była fatalna** his German was awful; **mówić łamaną ~zną** to speak in broken German

niemęs|ki adi. *[chód, głos, sposób bycia]* effeminate, unmanly

niemęskoosobow|y adi. Jęz. *[deklinacja, rzeczownik, końcówka, rodzaj]* non-masculine, non-virile

niemiarodajn|y adi. książk. *[informacja, źródło, politycy]* unreliable

niemiarowo adv. erratically, irregularly; **silnik pracował ~** the engine was working erratically; **chory oddychał ciężko i ~** the patient's breathing was heavy and irregular

niemiarow|y adi. ① (nieregularny) *[oddech, tętno, praca silnika]* irregular, erratic ② pot. (niewymiarowy) non-standard; (zbyt mały) undersized ③ pot. (szyty, robiony nie na miarę) *[obuwie, ubranie]* ready-to-wear, mass-produced

Niem|iec m, **~ka** f German; **on jest ~cem** he is German; **ona jest ~ką** she is German; **wyszła za ~ca** she married a German; **~cy z byłych Niemiec Zachodnich/z byłej NRD** the former West/East Germans

niemiec|ki **[]** adi. *[język, kultura, kuchnia, zwyczaj]* German

[] m ① (język) German, the German language; **władać biegle ~kim** to speak German fluently; **tłumaczyć tekst na ~ki** to translate a text into German; **po ~ku** in German; **mówić po ~ku** to speak German ② pot. (lekcje) German lessons; **chodzić na ~ki** to learn German ③ Szkol. (lekcja) German class(es), German

niemieckojęzyczn|y adi. *[kraj, osoba]* German-speaking; *[literatura]* German; **~y Szwajcar** a Swiss German

niemieckość f sgt German character

niemi|eć pf (~eję, ~ał, ~eli) vi książk. to go dumb a. speechless; **~eć z przerażenia/z radości** to go speechless with horror/joy; **na jej widok ~ał, bladł, nie panował nad sobą** seeing her he would go dumb and pale and lose control of himself ⇒ **oniemieć**

niemi|le, **~ło** adv. grad. unpleasantly; **byłam ~le zaskoczona jego zachowaniem** I was unpleasantly surprised by his behaviour; **być ~le widzianym** to be unwelcome; **było ~ło słuchać tych wszystkich plotek** it was disagreeable listening to all the gossip; **przyszedł pijany i zrobiło się jakoś ~ło** he arrived drunk and the atmosphere became rather unpleasant

niemiłosiernie adv. książk. ① (bez litości) mercilessly; **wyśmiewali się z niego ~** they mocked him mercilessly; **bili go ~ za byle co** they beat him unmercifully and for no apparent reason; **znęcać się nad kimś ~** to torment sb without pity ② (nieznośnie) horribly, dreadfully; **śpiewał ~ fałszując** he was singing horribly out of tune; **jazda przez zatłoczone miasto przedłużyła się ~** the drive through the crowded city dragged on remorselessly; **słońce prażyło ~** the sun beat down relentlessly

niemiłosiern|y adi. książk. ① (pozbawiony litości) *[władca, oprawca]* ruthless, pitiless; *[traktowanie, zachowanie, słowa]* merciless, unmerciful ② (nieznośny) horrible, unbearable; **na przyjęciu była ~a nuda** the party was unbearably dull; **na dworze jest ~y upał** outdoors a. out of doors the heat is relentless

niemi|ły **[]** adi. ① (nieprzyjemny) *[osoba, uwaga, sytuacja, widok]* disgreeable; *[głos, śmiech, uczucie]* unpleasant; *[smak, zapach]* unsavoury; *[wiadomość, prezent]* unwelcome ② (niesympatyczny) unkind, impolite; **dlaczego jesteś dla niej taki ~ły?** why are you so unkind to her?; **ta nowa sprzedawczyni jest taka ~ła!** the new shop assistant is so impolite!

[] adi. praed. **być ~łym komuś** książk. to be disliked by sb; **wiem, że jestem jej ~ły** I know she isn't fond of me a. she has no liking for me

niemłodo adv. not so a. very young; **kobieta wyglądała już ~** the woman no longer looked young; **ożenił się ~** he wasn't so young when he got married

niemło|dy adi. no longer young, oldish; **był człowiekiem ~dym, ale pełnym sił** he wasn't young any longer, but still full of energy; **do salonu weszła ~da, ale ciągle jeszcze piękna kobieta** a woman past her prime, but still beautiful, entered the lounge; **jest już ~da** she's no spring chicken pot.; she's no longer young

niemniej part. książk. still, however; **była zaskoczona, ~ zadowolona** she was surprised, but still pleased; **~ jednak** kryt. nevertheless, nonetheless; **tym ~** kryt. all the same, even so

niemo adv. książk. silently; **stał ~, wyciągając ku nam ręce** he stood silently, holding out his arms towards us; **patrzyli na siebie ~** they looked at each other in silence; **patrzył ~ na to, co rozgrywało się na jego oczach** he looked speechlessly at what was happening before his very eyes

niemoc f sgt książk. ① (słabość) weakness; **poczuła nagłą ~ w kolanach** she felt a sudden weakness in her knees; **złożony**

~ą leży w łóżku he is lying in bed incapacitated ② (bezsilność) powerlessness, impotence; **~ twórcza** artist's/writer's block; **najgorsze ze wszystkiego było poczucie całkowitej ~y** the worst of all was the sense of total powerlessness

□ **~ płciowa** Med. impotence

niemodnie adv. *[wyglądać, ubierać się]* unfashionably

niemodn|y adi. *[strój, ubiór, krój, fason]* unfashionable; *[idee, poglądy]* outmoded; *[styl, pisarz]* passé

niemoralnie adv. *[zachowywać się, postąpić]* immorally

niemoralnoś|ć f sgt immorality; **~ć jej postępowania nie budziła wątpliwości** her behaviour was undoubtedly immoral; **zarzucił książce ~ć** he accused the book of being immoral

niemoraln|y adi. *[film, książka, czyn, prowadzenie się]* immoral; *[życie, zachowanie]* corrupt; *[upodobania, umysł, osobowość]* depraved

niemo|ta **[]** m, f (Npl m ~ty, Gpl m ~tów a. ~t; Npl f ~ty, Gpl f ~t) pot., obraźl. dumbo pot., moron pot.; **ty ~to, dalej nic nie pojmujesz?** you dumbo, you still don't get it?

[] f sgt Med. dumbness, muteness; **dotknięty ~tą** affected by dumbness

niem|owa m, f (Npl m, f ~owy) ① (niemy) mute ② pot., żart. (osoba małomówna) taciturn person; **a co z ciebie taka ~owa? odezwij się wreszcie!** why are you so quiet? say something, will you?; **zawsze taki ~owa, a dzisiaj taki rozmowny** he's usually so quiet, and today he's so talkative

niemowlacz|ek m (Npl ~ki) pieszcz. little baby; **cóż za rozkoszny ~ek!** what a delightful little baby!

niemowlak m (Npl ~i) pot. baby; **masz pięć lat, a wciąż muszę cię karmić jak ~a** you're five and I still have to feed you like a baby

niemowl|ę n (G ~ęcia) baby, infant; **niska/wysoka śmiertelność ~ąt** high/low infant mortality; **kaszki/odżywki dla ~ąt** baby food

niemowlęctw|o n sgt książk. babyhood, infancy; **chorować w ~ie** to be ill during babyhood; **znać kogoś od ~a** to know sb since their infancy

niemowlęc|y adi. ① (dla niemowlęcia) *[pieluszki, artykuły, odżywki]* baby attr. ② (właściwy niemowlęciu) **~e gaworzenie** infant babble; **zagrożenia/problemy wieku ~ego** dangers/problems of infancy; **opieka nad dzieckiem w okresie ~ym** infant care

niemożebnie adv. przest. *[spracować się, zmęczyć się]* terribly, dreadfully

niemożebn|y adi. przest. ① (niemożliwy) impossible, unfeasible; **to wprost ~e** I simply can't believe it ② (nieznośny) *[służbista, natura]* impossible

niemożliwie adv. impossibly, terribly; **jesteś dziś ~ roztargniony** you're terribly absent-minded today; **było ~ gorąco** it was insufferably hot

niemożliwoś|ć f sgt impossibility, unfeasibility; **poruszać się w głębokim**

śniegu było dla nich ~cią it was impossible for them to wade through the deep snow; **wykazał im ~ć wykonania takiego ruchu** he demonstrated to them the unfeasibility of such a move
■ **do ~ci** pot. to the extreme, excessively; **była strachliwa do ~ci** she was fearful to the extreme; **nastawiają zawsze telewizor głośno do ~ci** their TV is always on at full blast; **on zawsze ryzykuje do ~ci** he always takes impossible risks; **fizyczna ~ć** pot. physical impossibility; **było fizyczną ~cią zdążyć na czas** getting there on time was virtually impossible

niemożliw|y ॥ adi. ① (nierealny) impossible; **w tym roku nasz wyjazd na urlop jest ~y** this year it's impossible for us to go on holiday; **ogarnęło go wzruszenie ~e do opanowania** he was overcome with uncontrollable emotions; **budynek jest w stanie ~ym do zamieszkania** the building is uninhabitable; **plan jest ~y do wykonania** the plan is unfeasible; **jeżeli się bardzo chce, nie ma rzeczy ~ych** where there's a will, there's a way ② pot. (nieznośny) impossible, terrible; **był ~ym skneruą** he was a terrible miser; **podczas choroby stał się ~y** he became impossible during his illness; **w pokoju była ~a duchota** the room was unbearably stuffy
॥ **niemożliwe** adi. praed. impossible; **to ~, żeby był złodziejem** he can't possibly be a thief; **pokochać go? to ~e!** love him? that's impossible!

niemożność f sg książk. ① (niemożliwość) impossibility, inability; **~ć pogodzenia tych sprzecznych stanowisk** the impossibility of reconciling these contradictory attitudes; **skarżył się na ~ć porozumienia z nowym przełożonym** he complained about the impossibility of coming a. about his inability to come to an agreement with his new boss ② (niezdolność) powerlessness, inertia; **w pracy panuje atmosfera ogólnej ~ci** there is a general sense of inertia at work

niemrawo adv. ① (powolnie) sluggishly; **na początku pociąg jechał ~, potem jednak nabrał rozpędu** at first the train was sluggish, but then it gathered momentum; **pracowali ~ w dużym upale** they were working indolently in the terrible heat; **zawodnicy walczyli ~, w słabym tempie** the competitors were fighting lethargically; ~ **podał mi rękę** he shook my hand limply, he gave me a limp handshake ② (słabo) feebly; **wentylator obracał się ~** the fan rotated lazily; **aktorzy grali bardzo ~** the actors played lifelessly; **zabawa rozkręcała się ~** the party was still rather spiritless

niemrawość f sg książk. ① (niezdarność) (ruchów, reakcji) sluggishness; (czynności, działalności) indolence ② (nijakość) (nudnego dnia) languor; (gry aktorskiej) lifelessness

niemraw|y adi. książk. ① (powolny) [osoba] sluggish, indolent; [debata, obrady] limping, low-geared; [kroki, ruchy] listless, sluggish ② (bez wyrazu) [głos, opowieść] bland; [dzień, atmosfera] sombre GB, somber

US; [uśmiech, ogień] faint; [gra aktorów, przyjęcie] lifeless, spiritless

niemu → **on** → **ono**

niemuzykalność f sg unmusicalness, unmusicality

niemuzykaln|y adi. [dziecko, uczeń, rodzina] unmusical; **mieć ~e ucho** to have no ear for music; **jestem kompletnie ~y** I'm tone-deaf

niem|y ॥ adi. ① książk. (niemówiący) dumb obraźl.; **ta dziewczynka ci nie odpowie, jest ~a** the girl's dumb, she won't answer you ② (oniemiały) dumb(struck), speechless **(z czegoś** with sth); **stałam tak długą chwilę ~a z zachwytu** I stood for a long time dumbstruck with admiration; **~y z oburzenia** speechless with indignation ③ (niemający zdolności mówienia) [zwierzę, ryba] dumb ④ (niewyrażony słowami) [gest, boleść, rozpacz] silent; **miał w oczach ~y wyrzut** there was a look of silent reproach in his eyes ⑤ Jęz. (niewymawiany) silent; **w słowie „dance" „e" jest ~e** the 'e' is silent in the word 'dance'
॥ **niem|y** m, ~**a** f dumb person obraźl.

nienadzwyczajnie adv. so-so; „**jak się czujesz?" – „~"** 'how are you feeling?' – 'so-so'; ~ **dziś wyglądasz** you don't look too well today; **powodzi im się ~** they are not particularly well off

nienadzwyczajn|y adi. ordinary, average; **film był ~y, taki sobie** the film was ordinary, so-so; **to nie było nic ~ego** it was nothing in particular

nienagannie adv. impeccably, irreproachably; **zachowywać się ~** to behave irreproachably a. impeccably; ~ **uszyty garnitur** an impeccable suit; **być ~ ubranym** to be impeccably dressed

nienaganność f sg impeccability, faultlessness; ~**ć jej stroju i manier** the impeccability of her dress and manners

nienagann|y adi. [wymowa, postępowanie, postawa, sprawowanie] impeccable, faultless; [biel, czystość] immaculate

nienaruszalność f sg [prawa, traktatu, granic] inviolability; [życia, wartości religijnych] sanctity

nienaruszaln|y adi. [prawo, granice, zasady] inviolable; [przysięga, zaufanie, wartości] sacred

nienarusz|ony adi. ① (cały) intact, untouched; **pieczęć na liście była ~ona** the seal on the letter was intact; **pieniądze/majątek pozostały ~one do zakończenia postępowania spadkowego** the property was left untouched until the inheritance proceedings were over ② (nieuszkodzony) [reputacja] intact; [kultura, teren, grobowiec] inviolate; [struktura, fasada budynku] untouched; [kość] unbroken ③ przen. (niepogwałcony) [granice, rozejm] inviolate

nienasyceni|e książk. ॥ n sg insatiability; **podróż pozostawiła wrażenie ~a** the trip left us unsatisfied
॥ adv. insatiably

nienasyc|ony adi. ① (stale głodny) [żarłok, żołądki] insatiable, insatiate ② (niezaspokojony) [pożądanie, zapał, ciekawość] insatiable, insatiate; [głód] insatiable; [pragnienie] unquenchable; przen. [umysł, ciekawość, czytelnik] omnivorous ③ (zachłanny) [kolekcjoner]

insatiable ④ Chem. [tłuszcz, roztwór] unsaturated

nienaturalnie adv. ① (nienormalnie) unnaturally; ~ **czerwone policzki** unnaturally red cheeks ② (sztucznie) [śmiać się, zachowywać się] unnaturally, artificially

nienaturalność f sgt (sztuczność) (zachowania, gry aktorskiej) unnaturalness, (sytuacji) artificiality

nienaturaln|y adi. ① (sztuczny) [uśmiech, zachowanie, sposób bycia] artificial, affected ② (niewrodzony) not natural; **ten kolor włosów jest ~y** this hair colour is not natural

nienaumyślnie adv. unintentionally, inadvertently; ~ **nadepnął jej na nogę** he inadvertently stepped a. trod on her foot

nienawi|dzić impf ॥ vt to hate (**kogoś/czegoś za coś** sb/sth for sth); to detest (**kogoś/czegoś** sb/sth); to abominate książk. (**czegoś** sth); ~**dzę pisania listów** I hate a. detest writing letters; ~**dzę niespodzianek** I hate surprises; ~**dziła ojca za to, że ją zostawił** she hated her father for having abandoned her; **jako dziecko ~dziła szpinaku** as a child she hated a. detested spinach; ~**dził, gdy mu przeszkadzano** he hated to be a. being bothered; ~**dzę cię!** I hate you!
॥ **nienawidzić się** ① (samego siebie) to hate oneself (**za coś** for sth) ② (siebie nawzajem) to hate a. detest each other; **wszystkie trzy siostry serdecznie się ~dzą** all the three sisters absolutely hate a. detest one another

nienawistnie adv. grad. książk. [milczący, pogardliwy] hatefully książk.; [opisywać, traktować] with hatred; [patrzeć, przyglądać się] balefully; **spojrzała na niego ~** she gave him a look of hate, she gave him a baleful look

nienawistni|k m pejor. person filled with hatred

nienawistn|y adi. ① (wzbudzający nienawiść) [wróg, towarzystwo, widok, zapach] hateful, loathsome; **ten osobnik jest mi ~y** this person is hateful to me; ~**y odgłos kapania wody** the irritating sound of dripping water ② (wyrażający nienawiść) [wzrok, słowa] baleful, hateful

nienawiś|ć f sgt hate, hatred (**do kogoś/czegoś** of a. for sb/sth); **czuć do kogoś głęboką/ślepą ~ć** to be filled with a profound/blind hatred for a. towards sb; **płonąć** a. **ziać ~cią** to be consumed with hatred; **żywili do siebie wzajemnie gwałtowną ~ć** they harboured an intense a. a violent hatred for each other; **z dnia na dzień narastała w nim ~ć do samego siebie** his self-hatred grew stronger daily

nienawykł|y adi. książk. unused, unaccustomed (**do czegoś** to sth); **umysł ~ły do myślenia** a brain unaccustomed to thinking

nienormalnie adv. [wysoki, chudy] abnormally, anomalously; **zachowywać się ~** to behave strangely

nienormalność f sgt ① (odmienność) (o wyglądzie, właściwościach) abnormality, anomalousness; (o postępowaniu, okolicznościach) strangeness; **zastanowiła go ~ć jej zachowania** he wondered at the strangeness

N

of her behaviour [2] pot. (choroba psychiczna) insanity; **podejrzewasz go o ~ć?** do you think he's cracked? pot.

nienormaln|y [I] *adi.* [1] (odbiegający od normy) *[upały, rozwój, stan]* abnormal, anomalous; *[sytuacja, postępowanie]* strange; **w ~ych warunkach** under abnormal conditions; **przykład jego ~ego zachowania** an example of his abnormal a. strange behaviour [2] pot. (chory psychicznie) cracked pot.; insane; **ty chyba jesteś ~y!** you're mad!

[II] **nienormaln|y** *m*, **~a** *f* pot. nut(case) pot.

nienowocze|sny *adi.* [1] (przestarzały) *[metody, urządzenia, przemysł]* outdated, obsolete [2] (staroświecki) *[poglądy, artysta]* outmoded, old-fashioned

nienow|y *adi.* [1] (stary) *[płaszcz, dom]* fairly old [2] (znany) *[problem, sprawa]* familiar; **pomysł, żeby to zrobić, jest ~y** the idea of doing it is not new

nieobc|y *adi.* książk. familiar; **~a mu była nędza** he was no stranger to poverty

nieobecnoś|ć *f* [1] *sgt* (absencja) absence C/U, non-attendance; **usprawiedliwiona/ nieusprawiedliwiona ~ć** an excused/ unexcused absence; **~ć w pracy/na zebraniu** absence from a. non-attendance at work/a meeting; **podczas mojej/jego ~ci** during a. in my/his absence; **podczas twojej/waszej ~ci na sali** while you weren't in the room; **pod ~ć dyrektora** during the director's absence; **wrócił do kraju po długiej ~ci** he returned to his country after a long absence [2] *sgt* (nieuczestniczenie) absence; **jego/jej ~ć w życiu politycznym** his/her absence from political life [3] Szkol. absence, non-attendance U; **~ć w szkole/na lekcjach** an absence from a. non-attendance at school/classes; **wszystkie jego ~ci były usprawiedliwione** all his absences were excused; **nieusprawiedliwiona ~ć** truancy; **z powodu notorycznych ~ci** due to repeated truancy a. truanting

■ **świecić ~cią** iron. to be conspicuous by one's absence

nieobecn|y [I] *adi.* [1] (nieznajdujący się w danym miejscu) *[uczeń, pracownik]* absent; **być ~ym w szkole/pracy** to be absent from school/ work; **ojciec był ~y w domu** father was not at home; „**Nowak!" – „~y!"** 'Nowak?' – 'absent!' [2] (nieuczestniczący) *[aktor, partia, utwory]* absent; **~y w świecie literatury/ na scenie politycznej** absent from the world of letters/political scene [3] (zamyślony) *[osoba, uśmiech]* absent, abstracted; *[spojrzenie]* distant; **patrzeć ~ym wzrokiem** to stare abstractedly a. absently; **robił wrażenie ~ego (duchem a. myślami)** he seemed abstracted a. absent

[II] **nieobecn|y** *m*, **~a** *f* [1] (na zebraniu, konferencji) absentee; (na wykładach, zajęciach) absent student; (na lekcjach, w szkole) absent pupil; **wypijmy zdrowie ~ych** let's raise a glass to our absent friends [2] książk., euf. (osoba zmarła) the deceased książk.; **pamięć o naszych drogich ~ych** the memory of our dear departed (ones)

nieobliczalnie *adv.* [1] (ogromnie) *[wartościowy, kosztowny]* incalculably, inestimably; **wydawał ~ dużo pieniędzy** he spent

incalculable sums of money [2] (w sposób nieoczekiwany) *[postąpić, reagować]* incalculably, unpredictably; **stał się ~ zazdrosny** he became incalculably jealous

nieobliczaln|y *adi.* [1] (ogromny) *[straty, skarby, bogactwo]* incalculable, inestimable; **jego zyski były wręcz ~e** his profits were absolutely enormous [2] (niedający się przewidzieć) *[konsekwencje, komplikacje, reakcje]* unpredictable; *[osoba, postępowanie, charakter]* incalculable; **jest zupełnie ~y w swoim zachowaniu** his behaviour is totally unpredictable

nieobojętn|y *adi.* [1] *[osoba]* (podatny) susceptible (**na coś** to sth); (wrażliwy) concerned (**na coś** about sth); empath(et)ic (**na coś** to sth); **był człowiekiem ~ym na pochlebstwa/wdzięki kobiet** he was susceptible to flattery/female charms; **ludzie ~i na cierpienia innych** people who are moved by the suffering of others [2] (mający wpływ) *[wynalazek, dzieło, dowody]* of some bearing (**dla czegoś** on sth); (mający znaczenie) *[los, powodzenie, przyszłość]* of some significance (**dla kogoś/czegoś** to sb/sth); **jej los jest mi ~y** I'm not indifferent to her fate [3] (szkodliwy) *[substancje, materiały]* detrimental (**dla czegoś** to sth); **nadmierne spożycie cukru jest ~e dla zdrowia** too much sugar is detrimental to one's health

nieobowiązkowoś|ć *f sgt* [1] (niesumienność) unreliability; **~ć w pracy/szkole** unreliability at work/school [2] (dowolność) optionality

nieobowiązkow|y *adi.* [1] (nieobligatoryjny) *[zajęcia, lekcje, lektura]* optional, voluntary; *[szczepienie, składka]* voluntary; **ten wykład jest ~y** this lecture is optional [2] (niesumienny) unreliable, negligent; **jest ~ym uczniem** he's not a conscientious pupil

nieobyci|e *n sgt* [1] (niewyrobienie towarzyskie) lack of social skills, gaucheness [2] (brak doświadczenia, wiedzy) unfamiliarity (**z czymś** with sth); **zupełne ~e z komputerem** a total lack of computer skills

nieobyczajnie *adv.* książk. *[opisywać, wyrażać się]* salaciously; scabrously książk.; *[zachowywać się, żyć]* licentiously, indecently

nieobyczajnoś|ć *f sgt* książk. (w wypowiedziach, słowach) salaciousness; scabrousness książk.; (w zachowaniu, stylu życia) licentiousness; (gestu) indecency

nieobyczajn|y *adi.* książk. *[słowa, utwory, rozmowy, obrazki]* salacious; scabrous książk.; *[towarzystwo, zachowanie]* indecent, licentious; **prowadzić ~e życie** to have a licentious a. profligate lifestyle; **~y gest** an indecent gesture

nieoby|ty *adi.* [1] (niewyrobiony towarzysko) *[młodzieniec, prowincjusz]* clumsy, gauche; **człowiek ~ty w towarzystwie** a socially awkward person [2] (niebeznany) unfamiliar (**z czymś** with sth); **ludzie ~ci z morzem** people unfamiliar with the sea; **nowi pracownicy są ~ci z naszą aparaturą/ technologią** new employees are unfamiliar with a. unaccustomed to our equipment/ technology

nieoceni|ony *adi.* *[przyjaciel, pomoc, rada]* invaluable; *[pracownik, kolega, wspólnik]* valued; *[korzyść, zasługi, wkład]* inestimable;

komputer jest **~onym narzędziem** a computer is an invaluable tool; **nasze muzeum otrzymało ~one dary** our museum received most valuable gifts; **solidny partner/dobry nauczyciel jest ~ony** a reliable partner/good teacher is worth his weight in gold; **jego zdolności są wprost ~one** his talents are invaluable

nieoczekiwanie *adv.* *[przybyć, zwyciężyć]* unexpectedly

nieoczekiwan|y *adi.* *[wizyta, wiadomość, efekt, porażka]* unexpected; *[radość, sukces, powodzenie]* unlooked-for; **zjawiał się w najbardziej ~ych momentach** he used to turn up when he was least expected; **~e spotkanie** an unexpected meeting; **~a wygrana na loterii** an unexpected win in the lottery

nieodczuwalnie *adv.* *[zmieniać się, pogarszać się, rozwijać się]* imperceptibly, unnoticeably; *[różnić się]* indiscernibly

nieodczuwalnoś|ć *f sgt* imperceptibility

nieodczuwaln|y *adi.* *[zmiana, proces, doznanie, ruch]* imperceptible, unnoticeable; *[różnica]* imperceptible; **przeprowadzka była dla dzieci prawie ~a** the children hardly noticed the move

nieoddani|e *n*

■ **pożyczyć/wziąć/dać coś na wieczne ~e** pot. to borrow/take/give sth for keeps pot.

nieodgadni|ony *adi.* książk. *[postać, mina, uśmiech]* inscrutable; unfathomable książk.; *[tajemnica]* impenetrable; *[pochodzenie]* obscure; *[przyszłość, przypadek, konsekwencje]* unforeseeable

nieodłącznie *adv.* **z inwestowaniem ~ wiąże się ryzyko** risk is intrinsic a. inherent to investment; **podczas grypy ~ występuje gorączka** patients with flu inevitably have a high temperature; **przyjaciel towarzyszył mu ~** his friend was his inseparable companion

nieodłączn|y *adi.* *[przyjaciel, towarzysz]* inseparable; *[cecha, element, aspekt]* inherent, intrinsic; *[fajka, parasol]* ever-present *attr.*; inevitable pot., żart.; **sławy w otoczeniu ~ych ochroniarzy/fotografów** celebrities surrounded by their inseparable bodyguards/by the inseparable photographers; **troska ~a od matczynej miłości** anxiety intrinsic to a. inherent in motherly love; **widziałem go zawsze w ~ym czarnym kapeluszu** whenever I saw him, he wore the inevitable black hat; **składanie obietnic jest ~ym elementem kampanii przedwyborczej** making promises is part and parcel of an election campaign

nieodmiennie *adv.* książk. invariably; **pogoda była ~ ciepła i sucha** the weather was invariably warm and dry; **każdy apel kończono ~ hymnem szkoły** each assembly ended with the inevitable school hymn

nieodmiennoś|ć *f sgt* [1] książk. (o uczuciach, zwyczajach) constancy [2] Jęz. invariability; (przez przypadki) indeclinableness

nieodmienn|y *adi.* [1] książk. (niezmienny) *[zwyczaj, reakcja, cecha]* invariable, unvarying; *[uczucie]* constant; *[szacunek]* abiding; **~e prawa fizyki** permanent laws of physics [2] Jęz. uninflected, invariable; *[przez przypadki]* indeclinable; **„bordo" jest ~ym przymiotnikiem** 'bordo' is an uninflected a. invariable adjective; **przyimki to ~e części mowy** the preposition is an invariable part of speech

nieodparcie *adv.* [1] (przemożnie) *[pociągać, wabić]* irresistibly; magnetically przen.; **~ komiczny** irresistibly funny; **~ atrakcyjna kobieta** an irresistibly alluring woman; **świat teatru pociągał go ~** the world of theatre drew him like a magnet; **~ nasuwające się skojarzenia** unavoidable associations; **senność/znużenie ogarnia go ~** sleepiness/weariness is overwhelming him [2] (niezaprzeczalnie) *[uzasadniać, udowadniać]* irrefutably; **~ przekonujące dowody/logiczne wnioski** irrefutably convincing evidence/logical conclusions; **argumentował ~ swoje teorie** he gave irrefutable arguments to support his theories; **trwał ~ przy swoich przekonaniach** he held firmly to his convictions

nieodpar|ty *adi.* [1] (przemożny) *[urok, atrakcyjność]* irresistible; magnetic przen.; *[pragnienie, chęć, podnieta]* irresistible; *[lęk, wrażenie, uczucie]* overwhelming; **miała ~ty wdzięk** her charm was irresistible; **poczuł ~tą ochotę na lody** he felt a. had an irresistible urge for ice cream; **ogarnęła go ~ta senność/obawa** he was overwhelmed with drowsiness/apprehension; **miał ~tą siłę przekonywania** he was irrefutably a. overwhelmingly convincing [2] (niezbity) *[argument, dowód, logika]* irrefutable, indisputable; **jego argumentacja była ~ta** his arguments were irrefutable

nieodpłatnie *adv.* *[świadczyć usługi, przekazać, otrzymać]* free of a. without charge, gratis, gratuitously; **korzystamy z basenu/parkingu ~** we can use the swimming pool/car park gratis a. free of charge

nieodpłatn|y *adi.* (o usługach, lekach) free (of charge); *[usługa, porada, konsultacja]* gratuitous; *[próbka, dodatek]* gratis; *[praca, pomoc]* unpaid; **wstęp ~y** admission free; **~a edukacja w szkołach** free school education; **~e korzystanie z komunikacji miejskiej** free travel on public transport; **wstęp do muzeum jest ~y** admission to the museum is free; **~a opieka zdrowotna** free healthcare

nieodporn|y *adi.* [1] Med. susceptible (**na coś** to sth); not refractory spec.; **jego organizm jest ~y na infekcje** his system is not resistant a. is susceptible to infection; **on jest ~y na przeziębienia** he's prone to colds; **jestem zupełnie ~y na ból/upały** I can't stand pain/(the) hot weather [2] (o ludziach, charakterze) (ulegający pokusom, przeciwnościom) not resistant, susceptible (**na coś** to sth); (źle znoszący krytykę, zaczepki) not immune (**na coś** to sth); **młody człowiek ~y na złe wpływy** an impressionable young man; **jest zupełnie ~a na trudy życia** she cannot cope with the hardships of life [3] (o materiałach, substancjach) not resistant, susceptible (**na coś** to sth); **tworzywa ~e na działanie wysokich temperatur** plastics not resistant to (the

effects of) high temperatures; **które rośliny są ~e na mróz?** which plants are not hardy?

nieodpowiedni [I] *adi.* [1] (niepasujący do okoliczności) *[strój, miejsce, zachowanie, prezent]* unsuitable, inappropriate (**dla kogoś/do czegoś** for sb/sth); *[nazwa, słowo, materiał]* inapt (**do czegoś** for sth); **wybrałeś najbardziej ~ moment** you chose a most unsuitable a. inappropriate a. inopportune moment; **ten fason/kolor jest dla ciebie ~** the cut/colour doesn't suit you [2] (nienadający się) *[taktyka, terapia, metoda]* wrong, improper, inapposite; *[kandydat, towarzystwo, wykonawca]* unsuitable; **ludzie ~ na kierownicze stanowiska** people unsuitable a. inapt for executive positions; **lekarz przepisał ~e lekarstwo** the doctor prescribed the wrong medicine; **to mieszkanie jest ~e dla młodego małżeństwa** the flat is not suitable for young married couples

[II] *m* Szkol. *unacceptable mark for behaviour*

nieodpowiednio *adv.* *[wyposażyć, oznaczyć]* inadequately; *[wyrażony, stosowany]* inappropriately; **ubrany ~ do pogody** dressed inadequately for the weather; **~ ubrał się na bankiet** he wasn't dressed suitably for the banquet; **~ wybrać zawód/kierunek studiów** to choose the wrong profession/course of study; **przepraszam, ~ się wyraziłem** sorry, I've put it wrongly

nieodpowiedzialnie *adv.* *[postępować, zachować się]* irresponsibly

nieodpowiedzialnoś|ć *f sgt* irresponsibility (**za coś** for sth); **zostawienie go bez opieki to była oburzająca ~ć** it was grossly irresponsible a. an act of gross irresponsibility to leave him on his own; **~ć za swoje czyny/słowa** irresponsibility for one's actions/words

nieodpowiedzialn|y *adi.* *[osoba, czyn, wypowiedź]* irresponsible; **na tak ~ym człowieku nie można polegać** you can't rely on such an irresponsible person

nieodrodn|y *adi.* **jesteś ~ym synem swego ojca** you are your father's son; **był ~ym synem swoich muzykalnych rodziców** he was a child who lived up to his musical parents; **jesteś ~ą córką swoich rodziców** you are a chip off the old block pot.

■ **być ~ym dzieckiem swoich czasów/swojej epoki** książk. to be a (real) child of one's time(s)/epoch

nieodstępnie *adv.* *[towarzyszyć]* inseparably; *[czuwać]* unrestingly

nieodstępn|y *adi.* *[osoba]* inseparable; *[parasol, laska]* ever-present attr.; inevitable pot. żart.; **był jego ~ym przyjacielem** he was his inseparable friend; **zawsze pojawiał się z ~ym cygarem w zębach** he always appeared with the inevitable cigar between his teeth a. lips

nieodwołalnie *adv.* [1] (nieodwracalnie) *[postanowić, zjednoczyć, zmienić]* irrevocably, irreversibly; *[stracić, rozstać się]* definitely; **to ~ mój ostatni concert** it's definitely my last concert; **zespół został rozwiązany ~** the group was irrevocably disbanded [2] (nieuchronnie) *[nadchodzić, zbliżać się]* inevitably; **zbrojenia ~ prowadzą do woj-**

ny armaments will inevitably lead to war; **~ zbliża się czas wyjazdu** the time to leave is inevitably drawing nigh

nieodwołalnoś|ć *f sgt* [1] (nieodwracalność) irrevocability, irreversibility; **~ć wyroku/decyzji** the irrevocability of a sentence/decision; **przygnębiająca ~ć lekarskiej diagnozy** the depressing irreversibility of a medical diagnosis [2] (nieuchronność) inevitability; **~ś śmierci** the inevitability of death

nieodwołaln|y *adi.* [1] (nieunikniony) *[konieczność, katastrofa]* inevitable; (nieodwracalny) *[konsekwencja, wpływ, zakończenie]* irreversible, inevitable [2] (ostateczny) *[wyrok, rozkaz, zakaz]* irrevocable; *[fakt, prawo, poglądy]* immutable; *[decyzja, postanowienie]* irreversible, irrevocable; **termin oddania prac konkursowych jest ~y** the deadline for submitting entries for the contest is final

nieodwracalnie *adv.* *[popsuty, stracony]* irremediably, irreparably; *[zniszczony, uszkodzony]* irretrievably; *[ustanowiony, zlikwidowany, zmieniony]* irreversibly; **~ tragiczny finał** an irreversibly tragic ending; **czas mijał ~** time passed relentlessly

nieodwracalnoś|ć *f sgt* (o zmianach, sytuacji, procesach) irreversibility; (o uszkodzeniach, stratach, zniszczeniach) irreparability, irretrievability; **wiara w ~ć postępu** a belief in the irreversibility of progress

nieodwracaln|y *adi.* *[uszkodzenie, szkoda, strata]* irreparable, irremediable; *[proces, zmiana, decyzja, sytuacja]* irreversible

nieodzownie /ˌneod'zovne/ *adv.* książk. **te książki są mi ~ potrzebne** the books are absolutely indispensable to me; **weź tylko ~ potrzebny sprzęt** take only the absolutely necessary a. essential equipment; **~ potrzebował gotówki** he needed cash desperately

nieodzownoś|ć /ˌneod'zovnoctc/ *f sgt* książk. (o operacji, decyzji, zmianach) necessity; (o obecności, wyposażeniu) indispensability; **~ć wprowadzenia demokracji** the necessity of introducing democracy

nieodzown|y /ˌneod'zovnɪ/ *adi.* książk. *[odpoczynek, dokument, pomoc]* essential, vital; *[element, składnik, reforma]* indispensable; *[warunek, umiejętność, cecha]* prerequisite; **narzędzia ~e do wykonania pracy** tools necessary to do the work; **brakowało mu swobody, tak ~ej na scenie** he lacked the ease that is a prerequisite on stage

nieodżałowan|y /ˌneodʒawo'vanɪ/ *adi.* książk. [1] (niepowetowany) *[strata, śmierć]* (most) regrettable, much regretted [2] *[kolega, krewny]* (the late) lamented; **nasz ~y a. ~ej pamięci ojciec** our late (and much) lamented father

nieoficjalnie *adv.* [1] (nieurzędowo) *[ustalić, spotkać się]* unofficially; *[powiedzieć]* off the record [2] (prywatnie) *[ubrać się, rozmawiać]* informally

nieoficjaln|y *adi.* [1] (nieurzędowy) *[kurs, spotkanie, dane, wysłannik]* unofficial; *[wiadomość, źródła]* unauthorized [2] (prywatny) *[strój, wizyta, spotkanie]* informal

nieograniczenie *adv.* [1] (swobodnie) *[korzystać, rozmnażać się, dawać]* freely; *[udostępniać]* unrestrictedly; **nasz wysłannik ma ~ szerokie kompetencje** our envoy has unrestricted powers [2] (bezgranicznie) *[ufać, wierzyć]* unreservedly

nieograniczon|y *adi.* [1] (nieskrępowany) *[władza, swoboda]* unrestricted, unlimited; **miał ~y dostęp do Internetu** he had unlimited access to the Internet [2] (bez ograniczeń) *[ilość, okres, zakres, kredyt]* unlimited; *[nabór]* unrestricted; *[zapas, rezerwy]* limitless; **zawarł umowę na czas ~y** he signed a contract for an unlimited period [3] przen. (ogromny) *[radość, siła]* unrestrained, unconfined; *[energia, zapał]* boundless; *[możliwości, szanse]* limitless; *[chciwość, żądza, ambicja]* unbridled; **mam do ciebie ~e zaufanie** I have absolute trust in you

nieokiełznan|y *adi.* książk. *[żywioł, potęga przyrody]* uncontrollable; *[namiętność, wściekłość]* ungovernable; *[żądza, temperament, uczucia]* uncontrollable, unbridled; **~a wyobraźnia** a. **fantazja** unfettered imagination; **~y ogier** an untamed stallion

nieokreślonoś|ć *f sgt* [1] (o wyglądzie, charakterze, kolorach) nondescriptiveness; (o uczuciach, doznaniach) vagueness [2] (o terminach, ilości, wartości) indeterminacy, indeterminateness

nieokreśl|ony *adi.* [1] (niewyraźny) *[uczucie, tęsknota]* nameless, vague; *[wygląd, powierzchowność, charakter]* nondescript; *[kształt, dźwięk]* indefinable, indeterminable; **odczuwał ~ony lęk** he had an indefinable feeling of terror; **osoba w ~onym wieku** a person of indeterminate age; **bliżej ~ony kolor** a nondescript colour; sky-blue pink żart.; **bliżej ~ona ciecz** an undetermined a. unidentified liquid [2] (nieustalony, niesprecyzowany) *[wartość, długość, stopień, płeć]* unspecified, undetermined; *[status, okres, czas]* indefinite; *[stanowisko, grupa, ilości]* indeterminate; **w (bliżej) ~onych okolicznościach** in unspecified circumstances; **odroczyć sprawę na czas ~ony** to adjourn a case indefinitely a. sine die; **umowa/pobyt na czas ~ony** an open-ended contract/stay

nieokrzesani|e [] *n sgt* [1] pejor. (grubiaństwo) uncouthness [2] (brak wiedzy) ignorance; **~e literackie** ignorance of a. about literature

[] *adv. [zachować się]* uncouthly

nieokrzesan|y *adi.* pejor. *[prostak, młokos]* uncouth, churlish

nieomal → **niemal**

nieomylnie *adv.* [1] (bezbłędnie) *[rozróżniać, diagnozować]* infallibly, unerringly; **ojciec potrafił ~ przewidywać pogodę** father could unerringly forecast the weather [2] (na pewno) *[ufać, zdawać się]* totally; **na tym urządzeniu można ~ polegać** the device is totally a. absolutely reliable

nieomylnoś|ć *f sgt* (niepopełnianie błędów) (o osobie) infallibility; (o sądach, przeczuciach) unerringness; **wierzysz w ~ć jego diagnozy?** do you believe his diagnosis is infallible?; **~ć ręki chirurga** the sureness of a surgeon's hand

❏ **~ć papieska** Relig. papal infallibility

nieomyln|y *adi.* [1] (niemylący się) infallible; (niezawodny) *[instynkt, logika, precyzja]* unerring, infallible; **nikt nie jest ~y** nobody is infallible; **podziwiam jej ~e wyczucie stylu** I admire her unerring eye for style [2] (pewny) *[sygnał, znak]* sure; **wysypka**

należy do ~ych oznak odry a red rash is one of the sure symptoms of measles

nieopanowani|e [] *n sgt* [1] (nieprzyswojenie) **~e pamięciowe tekstu/roli** failure to learn a. master the words of a text/one's role [2] (niezrównoważenie) lack of self-control a. of self-mastery; **moment** a. **chwila ~a** a momentary loss of self-control

[] *adv.* [1] (bez umiaru, kontroli) *[krzyczeć, śmiać się]* uncontrollably; **zachowywał się ~e** he couldn't control his behaviour [2] (niechcący) *[wzruszyć ramionami, mrugnąć]* involuntarily

nieopanowan|y *adi.* [1] (niezrównoważony) *[osoba, charakter]* quick-tempered, hot-tempered; intemperate książk. [2] (niedający się opanować) *[zachowanie, gest]* uncontrolled; *[śmiech, gniew, ruch]* uncontrollable

nieopatrznie *adv.* książk. (nierozważnie) *[zgodzić się]* incautiously; *[obiecać]* rashly; *[wygadać się]* unguardedly, impulsively

nieopatrznoś|ć *f sgt* książk. (lekkomyślność) incaution, incautiousness; (pochopność) rashness, impulsiveness

nieopatrzn|y *adi.* książk. *[osoba, działanie]* incautious, rash; *[uwaga, słowa]* unguarded; *[decyzja, obietnica]* rash, impulsive

nieopierz|ony *adi.* [1] *[pisklę]* unfledged [2] żart. (niedoświadczony) *[biznesmen, pisarz, nauczyciel]* fledg(e)ling attr., raw; *[wyrostek, podlotek]* unfledged przen.; *[demokracja, instytucja, firma]* fledg(e)ling attr.

nieopisanie *adv.* *[kolorowy, brudny, szczęśliwy]* indescribably; *[smutny, samotny]* inexpressibly; *[denerwować się, tłoczyć się]* beyond description; **była to ~ monumentalna rzeźba** the monumentality of the sculpture defied description; **ucieszył się ~** he was extremely happy

nieopisan|y *adi.* *[bałagan, hałas, spokój, urok]* indescribable; *[smutek, strach, radość]* inexpressible

nieopłacalnoś|ć *f sgt* Ekon. unprofitability

nieopłacaln|y *adi.* Ekon. (nieprzynoszący zysków) *[firma, kopalnia, przemysł]* unprofitable, uneconomic; **dawno zarzucił to ~e zajęcie** he'd given up the unprofitable job long ago [2] (niewspółmierny do efektów) *[wysiłek, trud]* unprofitable, fruitless

nieopodal książk. [] *praep.* near (**czegoś** sth)

[] *adv.* close by, nearby

nieosiągalnie *adv.* *[kosztowny, doskonały]* unattainably; *[odległy]* unreachably; **miał ~ wielkie plany** his plans were unattainably grandiose

nieosiągalnoś|ć *f sgt* [1] (nierealność) unattainability, unattainableness; **~ć planów** unattainability of goals [2] (niedostępność) unreachableness, non-availability

nieosiągaln|y *adi.* [1] (niedostępny) *[cel, marzenia, miłość, ideał]* unattainable; *[usługa, towar, informacje]* unobtainable, unavailable; *[szczyt, wierzchołek]* inaccessible, unscalable; **dno jaskini było ~e dla speleologów** the bottom of the cave remained inaccessible to potholers [2] (nieobecny) *[szef, wierzyciel]* unavailable; **prezes był zawsze ~y** the chairman was never available

nieoobliwie *adv.* książk. *[czuć się, wyglądać]* not particularly well adi.

nieoosobliw|y *adi.* książk. *[gospodarz, specjalista]* not too good

nieosobowo *adv.* **zwracać się do kogoś ~** to address sb in the third person

nieosobow|y *adi.* Jęz. impersonal

nieostatni *adi.* książk. (dosyć dobry) *[uczeń, pracownik]* quite good

nieostro *adv.* [1] (tępo) **~ zatemperować ołówek** to sharpen a pencil leaving a blunt tip [2] (niewyraźnie) **widzieć ~** to have blurred vision, to see indistinctly; **fotografie wyszły ~** the photos are out of focus [3] (niedokładnie) *[formułować, przedstawiać]* unclearly; **~ zarysowane kategorie/pojęcia** unclear a. fuzzy categories/notions

nieostroś|ć *f sgt* [1] (o narzędziach) bluntness, dullness [2] (o klimacie, zimie) mildness [3] (o fotografii, obrazie, konturach) fuzziness [4] (o pojęciu, definicji, granicy) fuzziness, vagueness

nieostrożnie *adv.* grad. *[postępować, ruszać się, sterować]* carelessly; **jechał bardzo ~** he drove very carelessly

nieostrożnoś|ć *f sgt* carelessness; **przez ~ć** through carelessness; **to była ~ć z mojej strony** it was careless of me; **przyczyną wypadku była ~ć kierowcy** the accident was caused by careless driving

nieostrożn|y *adi.* *[kierowca, krok, słowa]* careless

nieost|ry *adi.* [1] (tępy) *[nóż, nożyczki, krawędź]* blunt, dull [2] (nieuciążliwy) *[mróz, klimat, słońce]* mild [3] (niewyraźny) *[fotografia, obraz]* out of focus, fuzzy; **bez okularów wszystko jest dla mnie ~re** without glasses my vision is blurred a. I can't focus [4] (niejasny) *[kryteria, granice, definicje]* vague, fuzzy

nieoszacowan|y *adi.* *[wartość, skarb, zasługi]* inestimable, incalculable

nieoszczędnie *adv.* grad. *[gospodarować, żyć, wydawać]* wastefully, uneconomically; **~ wykorzystywać surowce naturalne** to be wasteful of natural resources

nieoszczędn|y *adi.* [1] (rozrzutny) *[gospodarz, pani domu, zarząd]* spendthrift; *[tryb życia, nawyki]* prodigal, spendthrift [2] (trwoniący energię, surowce) *[urządzenie, technologia, gospodarka]* inefficient, wasteful; **~re wykorzystanie wody** extravagant use of water

nieożywi|ony *adi.* [1] (martwy) *[materia, przyroda]* inanimate [2] (nudny) *[dyskusja, obrady, rozmowa]* not animated; unanimated rzad.

niepaląc|y [] *adi.* **osoba ~a** a non-smoking person, a non-smoker

[] **niepaląc|y** *m,* **~a** *f* non-smoker; **przedział dla ~ych** a non-smoking compartment, a non-smoker GB pot.; **sala dla ~ych** a non-smoking room

niepaln|y *adi.* Fiz., Techn. *[materiały, włókno, izolacja]* non-(in)flammable

niepamię|ć *f sgt* [1] książk. (zapomnienie) oblivion [2] Med. amnesia [3] przest. (nieprzytomność) oblivion, unconsciousness; **zapaść w ~ć** to lapse into unconsciousness

■ **do ~ci** przest. *[grać, pracować, bawić się]* with (total) abandon; **zakochany do ~ci** head over heels a. madly in love; **pójść** a. **odejść w ~ć** to fall a. sink into oblivion; **puścić coś w ~ć** to forget about sth; **wydobyć kogoś/coś z ~ci** to help sb/sth emerge from oblivion

niepamiętn|y *adi.* książk. **nadeszła ~a powódź/burza** there came the worst flood/

thunderstorm in a. within living memory
■ **od ~ych czasów** a. **lat** książk. since a. from time immemorial

nieparlamentarnie adv. książk. [wyrazić się] in an unparliamentary way; euf. indecorously

nieparlamentarn|y adi. książk. [słowa, wypowiedź] unparliamentary; euf. indecorous

nieparzystoś|ć f sgt [1] Mat. (niepodzielność przez dwa) different parity [2] (bycie nie do pary) odd number C

nieparzy|sty adi. [1] (niepodzielny przez dwa) [liczba, dni] odd; **~ste numery domów** odd numbers of houses [2] (nie w parze) [płetwa, gracz, chromosom] unpaired

niepełnoletni [] adi. [młodzież, chłopak] underage; [przestępca, następca tronu] juvenile

[] **niepełnoletni** m, **~a** f juvenile, minor

niepełnoletnoś|ć f sgt minority; nonage książk.

niepełnosprawnoś|ć f sgt disability C/U, handicap C

niepełnosprawn|y [] adi. [1] (ułomny) [osoba] disabled; handicapped przest. [2] (niesprawny) [urządzenie] faulty, defective

[] **niepełnosprawn|y** m, **~a** f disabled person

[] **niepełnosprawni** plt the disabled

niepełnowartościow|y adi. [1] (gorszej jakości) [produkt, towar] sub-standard [2] (nieodpowiadający wymaganiom) [pracownik, partner, wyżywienie] inadequate

niepełn|y adi. [1] (niewypełniony) [szklanka, zbiornik] partially filled; **kieliszek był ~y** the glass was not full [2] (niekompletny) [dane, adres, edycja, spalanie] incomplete; [wiedza] incomplete, patchy; [satysfakcja, szczęście] incomplete, imperfect; **relacja byłaby ~a bez wspomnienia o...** the account would be incomplete without mention of...; **raport daje ~y obraz sytuacji** the report gives a. provides an incomplete picture of the situation; **dzieci z rodzin ~ych** children from single-parent families; **pracować w ~ym wymiarze godzin** to work part-time; **mieć ~e wykształcenie wyższe** to not have completed higher education; **elektrownia pracuje z ~ą mocą** the power plant is operating below capacity [3] (niezupełny) [rozwój, demokracja] partial [4] (niecały) **~y miesiąc** almost a. not quite a month; **film trwa ~e dwie godziny** the film is not quite two hours long

niepewien adi. praed. → niepewny

niepewnie adv. [chodzić] unsteadily, hesitantly; [stać] unsteadily, shakily; [spoglądać] uncertainly, doubtfully; [uśmiechać się] uncertainly, tentatively; [mówić] hesitantly, haltingly; **czuć się ~** to feel insecure; **stąpać ~** to take tentative steps; **rozglądać się ~** to look around timidly; **sytuacja wygląda ~** the situation looks doubtful

niepewnoś|ć f sgt (brak pewności) uncertainty, incertitude; **ciągła/dręcząca ~ć** lingering/nagging doubt; **~ć jutra** the uncertainty of the future; **~ć pomiarów** unreliability of measurements; **spytać z ~cią w głosie** to ask in a hesitant a. faltering voice; **~ć siebie** lack of self-

confidence, diffidence; **dręczy ją ~ć samej siebie** she's plagued by a lack of self-confidence, she's tormented by feelings of insecurity; **żyć w ~ci** to live in uncertainty, to live precariously; **panuje ~ć co do...** there is uncertainty about a. as to...; **trzymać kogoś w ~ci** to keep sb in suspense a. on tenterhooks; **film trzyma w ~ci do ostatniej sceny** the film keeps you in suspense until the very last scene; **nie trzymaj nas dłużej w ~ci** don't keep us in suspense any longer

niepew|ny [] adi. [1] (trudny do przewidzenia) [przyszłość] uncertain, doubtful; [pogoda] unpredictable, unsettled; [kariera, rynek] uncertain, unstable; [posada] precarious, insecure; [wynik] uncertain; iffy pot.; **ich los jest wciąż ~ny** their fate is still uncertain a. up in the air; **~na sytuacja gospodarcza/prawna** an uncertain economic/legal situation; **inwestowanie w ~nych czasach** investment in times of uncertainty; **po bankructwie fabryki czekało go ~ne jutro** after the factory went bankrupt, he faced an uncertain future [2] (wątpliwy) [zwycięstwo, zysk] uncertain; **~ne zarobki w bankrutującej firmie** unreliable earnings in a firm facing bankruptcy [3] (niebudzący zaufania) [dane, metoda, sojusznik] unreliable, uncertain; [pokój] precarious, uneasy; **informacja pochodzi z ~nego źródła** the information comes from an unreliable source; **alkohol/mięso ~nego pochodzenia** alcohol/meat of dubious origin; **stąpać po ~nym gruncie** przen. to be treading on uncertain ground przen.; to be skating on thin ice przen. [4] (niespokojny) unsure; **być ~nym jutra** to live precariously; **był ~ny miejsca w zespole** he was unsure of his place in the team; **~ny o swój stołek** przen. uncertain about keeping one's job; **był ~ny swej przyszłości** he was unsure of a. felt uncertain about his future; **~ny siebie** unsure of oneself, lacking in self-confidence; **~na siebie nastolatka** an insecure a. a self-conscious teenager [5] (nieśmiały, niezdecydowany) [krok] hesitant, faltering; **napisać coś ~ną ręką** to write sth in an unsteady hand; **stąpać ~nym krokiem** to walk unsteadily, to totter; **mówić ~nym głosem** to speak in a faltering voice; **miał ~ną minę** he had an uncertain look on his face

[] **niepewien** adi. praed. **był ~ien swojej racji** he was uncertain a. unsure of his arguments

■ **być ~nym dnia ani godziny** pot. to live with a threat hanging over one's head, to have one's name on the danger list; **uznany przez mafię za zdrajcę, był ~ny dnia ani godziny** branded a traitor by the mafia, he lived with a death threat hanging over his head; **na ~ne** trusting to luck, leaving it to chance; **nie skontaktował się z rodziną i jechał na ~ne** he didn't contact his family and went there on the off chance a. trusting to luck

niepijąc|y [] adi. [osoba] non-drinking, teetotal; [alkoholik] non-drinking; **na przyjęciu było samo ~e towarzystwo** there were only non-drinkers at the party; **ona**

jest ~a she is teetotal a. a teetaller, she doesn't drink

[] **niepijąc|y** m, **~a** f non-drinker, teetotaler GB, teetotaler US; **znaleźć się w towarzystwie ~ych** to find oneself in the company of non-drinkers

niepisan|y adi. [umowa, reguła, zwyczaj] unwritten; **~y kodeks etyczny/honorowy** an unwritten code of ethics/honour; **istnieje** a. **obowiązuje ~a zasada, że...** there's an unwritten rule that...

niepiśmienn|y [] adi. [1] [osoba, chłop, lud] illiterate, unlettered [2] pot., żart. lazy about letter-writing; **wiesz, że ja jestem ~y** you know I'm not much of a letter writer a. I'm a poor correspondent

[] **niepiśmienn|y** m, **~a** f the illiterate; **~i nie wiedzieli, co podpisali** the illiterate people did not know what they were signing

niepłodnoś|ć f sgt [1] Biol. (u ludzi) infertility, sterility; (u zwierząt) infertility; **leczenie ~ci** infertility treatment; **klinika leczenia ~ci** a fertility clinic [2] (nieowocowanie) barrenness [3] (jałowość) barrenness; **~ć gleby** barrenness of the soil

niepłodn|y adi. [1] [kobieta, mężczyzna] infertile, sterile; [małżeństwo, para, dni] infertile; **okres ~y** the safe period [2] [zwierzęta] infertile; [rośliny, drzewa] barren [3] [gleba, ziemia] barren

niepociesz|ony adi. książk. [osoba] disconsolate, inconsolable; **był ~ony wiadomością/po stracie syna** he was inconsolable at the news/after a. over the loss of his son; **byłbym ~ony, gdyby ci się nie powiodło** I would be inconsolable a. miserable if you failed; **byłbym wielce ~ony, gdyby tak się stało** I should be very unhappy if that happened

niepoczytalnie adv. [zachowywać się] insanely

niepoczytalnoś|ć f sgt Prawo insanity; **uniewinnić kogoś z powodu chwilowej ~ci** to acquit sb on the grounds of temporary insanity; **popełnić zbrodnię w stanie ~ci** to commit a crime in a state a. moment of insanity

niepoczytaln|y adi. Med., Prawo [osoba] insane, non compos (mentis); [czyn, wybryk] insane; **został uznany za ~ego** he was declared a. certified insane

niepodległościow|iec m Polit. advocate of (national) independence, supporter of the independence movement

niepodległościow|y adi. [ruch, działacz, hasła] independence attr., pro-independence attr.

niepodległoś|ć f sgt independence; **uzyskać/odzyskać ~ć** to gain a. achieve/regain independence; **walka/wojna o ~ć** a struggle for/a war of independence; **ogłosić ~ć kraju** to proclaim a. declare a country's independence; **Święto Niepodległości** (National) Independence Day

niepodleg|ły adi. [kraj, naród, terytorium] independent, sovereign

niepodobieństw|o n książk. impossibility; **ucieczka wydaje się ~em** escape seems impossible; **chciał dokonać ~a i ożenić się z nią** he wanted to do the impossible and marry her; **~em było, żeby tego nie**

N

zauważyła there was no way she couldn't have noticed it

niepodobna *praed. książk.* ~ **było wydobyć z niego ani słowa** you a. one couldn't get a word out of him; ~ **jej powstrzymać** there's no stopping her; ~ **nie podziwiać jej poświęcenia** one cannot a. can't help admiring her dedication; ~ **temu zaprzeczyć** there's no (way of) denying it; ~, **żeby ona dochowała tajemnicy** there's no way she can keep a secret; **rzeczy, bez których żyć** ~ things you cannot a. can't possibly live without

niepodobn|y *adi. [bracia, charaktery]* dissimilar, unalike; **są zupełnie ~i do siebie** they are totally unlike each other, they are totally unalike; **jest całkiem ~y do swoich rodziców** (charakterem) he is quite unlike his parents; (wyglądem) he looks nothing like his parents; **książka jest ~a do innych/do niczego innego** the book is unlike any other/unlike anything else

■ **to (jest) do niej/niego/do was ~e** *pot.* it's unlike her/him/you; **to do niego ~e, żeby się skarżyć** it's unlike him to complain; **to do ciebie zupełnie ~e!** how very unlike you!; **to do niczego ~e** *pot.* it's quite unacceptable; **to do niczego ~e, żebyś się tak zachowywał** it's quite unacceptable a. not the done thing for you to behave like that

niepodważalnoś|ć *f sgt* indisputability, incontrovertibility

niepodważaln|y *adi. [fakt, prawda]* indisputable, incontrovertible; *[argument]* irrefutable, airtight; *[zaleta, autorytet]* unquestionable, undisputed; *[zasługi]* incontestable, unquestionable; *[pozycja]* unassailable; *[sukces]* incontestable, undeniable; *[wiara]* unshakeable, absolute; **orzeczenie sądu jest ~e** the court's ruling is indisputable; **mam na to ~e dowody** I have hard a. irrefutable evidence to prove it; **wykazać w sposób ~y, że...** to demonstrate irrefutably that...

niepodzielnie *adv.* **rządzić** a. **władać** ~ to rule with absolute power; **drużyna gospodarzy panowała** ~ **na boisku** *przen.* the home team reigned supreme on the pitch

niepodzielnoś|ć *f sgt książk.* [1] (nierozdzielność) indivisibility, integrality; **~ć atomów/wyrazów** indivisibility of atoms/words [2] (trudność w podzieleniu) indivisibility [3] (absolutność) absoluteness [4] Mat. indivisibility

niepodzieln|y *adi.* [1] (nierozdzielny, jednolity) *[wyraz, część, cząstka, jednostka]* indivisible; **wszechświat stanowi ~ą całość** the universe forms an indivisible whole; **słuchać z ~ą uwagą** to listen with undivided attention [2] (trudno podzielny) *[majątek]* indivisible; **~e gospodarstwo rolne** a farm that is not easily divided [3] (absolutny) *[władza]* undivided, absolute; **sprawował ~e rządy** he reigned supreme [4] Mat. indivisible; **liczba siedem jest ~a przez dwa** the number seven is indivisible a. cannot be divided by two

niepogo|da *f sgt* [1] (brzydka pogoda) bad weather; **jesienna ~da** bad autumn weather; **mimo ~dy** in spite of a. despite the bad weather; **z powodu ~dy** because of a. due to bad weather; **w razie ~dy, koncert**

odbędzie się w... in the event of bad weather, the concert will be held in...; **nie wychodź w taką ~dę** don't go out in such a. this bad weather; **okropna dziś ~da** today the weather is awful [2] (zła koniunktura) bad climate; **~da dla rolnictwa** a bad climate for agriculture

niepohamowani|e [1] *n sgt* **~e w piciu alkoholu** immoderation in drinking

[2] *adv. [rozszerzać się]* uncontrollably; **zaczęła się ~ śmiać** she began to laugh uncontrollably, she broke into uncontrollable laughter; **pragnąć czegoś** ~ to have an uncontrollable desire for sth; **korupcja szerzy się** ~ corruption is spreading unchecked

niepohamowan|y *adi.* (nieposkromiony) *[śmiech, chęć, żądza, gniew]* irrepressible, uncontrollable; *[apetyt, namiętność]* unbridled, uncontrollable; *[ciekawość]* unbridled, burning; *[ambicja]* unbounded, all-consuming; *[zazdrość]* unrestrained; *[rozwój]* unchecked, rampant; **~y pęd do władzy** a rampant lust for power; **wybuchnąć ~ym płaczem** to burst into uncontrollable tears

niepojętn|y *adi. [uczeń]* dull, slow

niepojętoś|ć *f sgt* incomprehensibility

niepoję|ty *adi. książk. [siła, moc]* incomprehensible, mysterious; *[tajemnica, głupota]* incomprehensible, mind-boggling; **z ~tych dla mnie powodów** for reasons incomprehensible to me, for reasons I don't understand; **w jakiś ~ty sposób wiedział, że...** in some incomprehensible way, he knew that...; **jest rzeczą ~tą, dlaczego...** it's impossible to understand why...; **to jest dla mnie ~te** that's beyond my comprehension a. understanding; **wielkość Boga jest dla człowieka ~ta** God's greatness is beyond human understanding

niepokalanie *adv. książk.* [1] (nieskazitelnie) *[biały, czysty]* immaculately, pristinely [2] (nieskalanie) *[uczciwy]* absolutely; **~ poczęta** immaculately conceived

niepokalan|ka Relig. [1] *f* (zakonnica) Sister of the (Order of the) Immaculate Conception (of the Blessed Virgin Mary)

[2] **niepokalan|ki** *plt* (zakon) Sisters of the (Order of the) Immaculate Conception (of the Blessed Virgin Mary)

niepokalan|y [1] *adi. książk.* [1] (nieskazitelny) *[biel]* immaculate, pristine; *[czystość]* virgin, pristine; *[cisza]* absolute, perfect [2] (nieskalany) *[osoba]* unblemished; *[charakter]* unblemished, spotless; **człowiek ~ej uczciwości** a man of unimpeachable honesty

[2] **Niepokalana** *f sgt Relig.* Mary Immaculate

niepokaźnie *adv.* inconspicuously, insignificantly; **wyglądać** a. **prezentować się** ~ to look inconspicuous

niepokaźnoś|ć *f sgt* inconspicuousness

niepokaźn|y *adi. [osoba, postać, budynek, drzewo]* inconspicuous; *[wzrost]* modest; **mężczyzna ~ej postury** a man of modest physique

niepok|oić *impf* [1] *vt* [1] (wywoływać niepokój) to worry; **~oi mnie, że...** it worries me that...; **~oi kogoś swoim zachowaniem** to worry sb with one's behaviour; **~oił go ból w klatce piersiowej** the chest pain worried him; **~oiła go sytuacja gospo-**

darcza he was worried by the economic situation [2] (zakłócać spokój) to bother, to trouble; **~oić kogoś ciągłymi wizytami** to bother a. harass sb with constant visits; **przepraszam, że pana ~oiłem** (I'm) sorry to have bothered a. disturbed you

[2] **niepokoić się** to worry (**o kogoś/coś** about a. over sb/sth); to be worried (**o kogoś/coś** about a. over sb/sth); **~oję się, że** I worry that...; **~oić się bez powodu** to worry without reason, to be unjustifiably anxious; **zaczynam się ~oić** I'm beginning to get worried; **~oiła się o zdrowie matki** she was worried a. anxious about her mother's health; **~oję się, że on straci pracę** I'm worried (that) he might lose a. he'll lose his job

niepokojąco *adv. [rosnąć, spadać]* alarmingly; *[bliski, wysoki]* alarmingly, disconcertingly; **sprawa zaczyna wyglądać** ~ the matter is beginning to look alarming; **to brzmi** ~ this sounds alarming a. disturbing; **zima zbliża się** ~ **szybko** winter is approaching alarmingly quickly

niepokojąc|y [1] *pa →* niepokoić

[2] *adi. [objawy, wieści, sygnały]* alarming, worrying; *[cisza, urok]* disturbing, unsettling; **miała w sobie/w jej oczach było coś ~ego** there was something disturbing about her/in her eyes; **wskaźnik urodzeń maleje w ~ym tempie** the birth rate is declining at an alarming rate; **z pozoru nie było w tym nic ~ego** outwardly, there was nothing alarming a. disturbing about it

niepokonan|y *adi. książk.* [1] (niezwyciężony) *[zespół, zawodnik]* unbeaten, undefeated; *[armia, wojsko]* invincible, unconquered; **drużyna zachowała miano ~ej na własnym boisku** the team remained unbeaten a. maintained their unbeaten run at home; **jesteśmy ~i od ośmiu meczów** we are still unbeaten after eight matches [2] (nieprzezwyciężony) *[przeszkoda, bariera]* insuperable, insurmountable; *[strach, lęk]* unconquerable; **napotkał na ~e trudności w załatwieniu wizy** he came up against insurmountable difficulties in arranging a visa

niepok|ój *m* (*G* ~**oju**, *Gpl* ~**ojów** a. ~**oi**) [1] (obawa, lęk) anxiety; **wieczny/ciągły/dręczący ~ój** chronic/constant/nagging anxiety; **~ój sumienia** uneasiness of conscience; **~ój wewnętrzny/twórczy** internal a. inner/creative anxiety; **~ój egzystencjalny** angst, existential anxiety; **~ój o czyjeś zdrowie** anxiety about sb's health; **nie ma powodów do ~oju** there's no cause for anxiety a. concern; **odczuwać ~ój** to feel anxious, to have an uneasy feeling; **odczuwać lekki/dziwny/rosnący ~ój** to feel a slight/strange/growing sense of unease a. uneasiness; **patrzeć na coś z ~ojem** to view sth with concern; **z ~ojem patrzył w przyszłość** he faced a. looked to(wards) the future with apprehension; **z ~ojem patrzeć** a. **spoglądać w niebo** to watch a. look at the sky with apprehension; **stwierdzam z ~ojem, że...** I am concerned to find that...; **dzielić się z kimś swoimi ~ojami** to share one's anxieties a. concerns with sb; **dawać powody do ~oju** to give cause for concern; **ogarnął mnie**

~ój a feeling of uneasiness came over me; **rzuciła mu spojrzenie pełne ~oju** she gave him an anxious look; **wyraził ~ój o jej bezpieczeństwo** he expressed concern for her safety; **sytuacja budząca ~ój** an anxiety-provoking situation; **~ój budzi fakt, że...** it is disquieting a. a matter of concern that...; **dręczył ją ~ój** a feeling of unease nagged at her; **zżerał go ~ój** anxiety consumed him ② *zw. pl* unrest *U*, disturbances *pl*; **~oje polityczne** political unrest a. upheavals; **~oje społeczne** social unrest; **wywoływać/wzniecać ~oje** to cause a. spark off/to stir up unrest

niepomiernie *adv. książk. [lepszy, większy, wzrosnąć]* immensely, immeasurably; *[szczęśliwy, zawiły]* immensely, inordinately; **wzbogacić się ~** to get immensely rich; **ucieszyłem/zdziwiłem się ~ na jej widok** I was immensely a. inordinately pleased/surprised to see her; **jego zachowanie drażniło ją ~** his behaviour irritated her beyond measure a. inordinately

niepomiern|y *adi. książk. [bogactwa, zyski]* immense, inordinate; *[korzyści]* immense, immeasurable; *[radość, zdumienie]* immense; **~ej wartości** immensely valuable

niepomn|y *adi. książk.* oblivious; **~y niebezpieczeństwa** unmindful of a. oblivious to the danger; **~y na przestrogi** unmindful of the warnings

niepomyślnie *adv. [potoczyć się, przebiegać, zakończyć się]* unfavourably GB, unfavorably US; **test wypadł ~** the results of the test were poor; **mecz zaczął się ~** the game started badly a. got off to an inauspicious start

niepomyślnoś|ć *f sgt* inauspiciousness; **~ć losu** adversity of fate

niepomyśln|y *adi. [wiadomość, koniunktura, warunki, decyzja]* unfavourable GB, unfavorable US; *[okoliczności]* unfavourable GB, unfavorable US, unpropitious; *[początek]* inauspicious; *[los]* adverse; *[wróżba]* bad; **sprawy przybrały ~y obrót** things took an unfavourable turn

niepoprawnie *adv. (błędnie, wadliwie) [odpowiedzieć, napisać]* incorrectly, wrongly; **~ wymawiać coś** to pronounce sth incorrectly, to mispronounce sth; **~ wypełniony formularz** an incorrectly completed a. filled US form

niepoprawnoś|ć *f sgt* ① (błędność) *[języka, tekstu]* incorrectness; *[zachowania]* impropriety; **~ć gramatyczna** grammatical incorrectness, ungrammaticality ② (zatwardziałość) incorrigibility

niepoprawn|y *adi.* ① (błędny) *[odpowiedź, nazwa]* incorrect, wrong; *[pisownia, wyrażenie]* incorrect, non-standard; *[rozumowanie]* incorrect, erroneous; **~a wymowa** an incorrect pronunciation, a mispronunciation; **głosić politycznie ~e poglądy** to express politically incorrect views; **wprowadzić ~e hasło** to enter an invalid a. incorrect password ② (zatwardziały) *[optymista]* incurable, eternal; *[romantyk, marzyciel]* incurable; *[kłamca]* compulsive, inveterate; *[kobieciarz]* inveterate, incorrigible; *[grzesznik]* unregenerate, stubborn; **jesteś ~y** you're incorrigible

niepopularnoś|ć *f sgt* ① (brak popularności) unpopularity; **narażać się na ~ć wśród kolegów z pracy** to risk being unpopular with one's fellow workers ② (nieakceptowanie) lack of popularity

niepopularn|y *adi.* ① (nielubiany) *[przywódca]* unpopular; *[aktor]* unpopular, unsuccessful; **jeden z najbardziej ~ych polityków** one of the most unpopular a. the least popular politicians ② (nieakceptowany) *[poglądy, posunięcie, teoria]* unpopular; **jego decyzje były ~e wśród wyborców** his decisions were unpopular with the voters

nieporadnie *adv. grad. [tłumaczyć się, mówić]* awkwardly; *[chodzić, poruszać się]* awkwardly, clumsily; **~ próbował wstać** he tried awkwardly to get up; **list był napisany trochę ~** the letter was written a little a. somewhat awkwardly; **on jeszcze bardzo ~ gra na gitarze** he's still very inept on the guitar; **robił to tak ~, że postanowiłam mu pomóc** he did it so ineptly that I decided to help him

nieporadnoś|ć *f sgt* ① (nieskładność) ineptitude; **~ć językowa/pisarska** linguistic/literary ineptitude ② (niezręczność) clumsiness, awkwardness; **starcza ~ć** the clumsiness of old age; **robić coś z ~cią nowicjusza/dziecka** to do sth with the clumsiness a. awkwardness of a novice/child

nieporadn|y *adi.* ① (niezaradny) *[osoba]* inept, incapable; **chwilami był ~y jak dziecko** at times he was (as) helpless as a baby; **być ~ym aktorsko** to be inept as an actor; **był ~y życiowo** he was unable to cope with life ② (niezręczny, nieudolny) *[ruchy]* awkward, ungainly; *[styl]* gauche, awkward; *[tłumaczenie, próby]* awkward, clumsy; **umiał powiedzieć tylko parę ~ych zdań po niemiecku** he could only say a few awkward sentences in German; **stawiać pierwsze, ~e kroki** to take one's first awkward a. clumsy steps

nieporęcznie Ⅰ *adv. grad.* (niedogodnie) *[zapakowany, umieszczony]* cumbersomely; *[zawiesić, zamontować]* awkwardly
Ⅱ *adv. praed. pot.* (nietaktownie, kłopotliwie) **~ było mi o tym rozmawiać** I felt awkward a. uncomfortable talking about it; **jest mi ~ prosić go o pomoc** it's awkward for me to ask him for help

nieporęczn|y *adi.* ① (niewygodny, zawadzający) *[pakunek, torba, broń, format]* cumbersome, unwieldy; *[bagaż]* cumbersome; *[szafa]* bulky; **być ~ym w użyciu** to be cumbersome a. unwieldy to use; **pierwsze magnetofony były duże i ~e** the first tape recorders were large and unwieldy ② *pot.* (niedogodny) *[przesiadka, połączenie]* inconvenient

nieporozumie|nie *n* ① (pomyłka) misunderstanding; **wyjaśnić ~nie** to clear up a misunderstanding; **uniknąć ~ń** to avoid (any) misunderstanding(s); **zapobiec ewentualnym ~niom** to avoid a. forestall possible misunderstandings; **chyba zaszło/to chyba (jest) jakieś ~nie** there must have been/there must be some misunderstanding; **zamieszanie wynikło z ~nia** the commotion was due to a misunderstanding; **na skutek ~nia** through some a.

due to a misunderstanding; **i żeby nie było ~ń: jestem temu przeciwny** just so there's no misunderstanding, I am against it ② *zw. pl* (niesnaski) misunderstanding, difference *zw. pl*; **~nia małżeńskie** marital differences a. misunderstandings; **~nia rodzinne** family differences, domestic misunderstandings; **~nia sąsiedzkie** misunderstandings a. differences between neighbours ③ *pot.* (niestosowność, bezsens) (big) mistake; **obsadzenie go w roli szpiega to (jedno) wielkie ~nie** casting him as a spy is just ludicrous; **nasze małżeństwo uważam za ~nie** I think our marriage is one big mistake

nieporównanie *adv. książk. [większy, lepszy, piękny]* incomparably; **zagrał tę rolę ~** (dobrze) he played that role to perfection

nieporównan|y *adi. książk. [talent]* incomparable, unequalled; *[gawędziarz, gracja, smak, prostota]* incomparable, matchless

nieporównywalnie *adv. [więcej, większy, gorszy]* incomparably; **obsługa jest tu ~ lepsza niż pięć lat temu** the service here is incomparably better than it was five years ago; **~ trudne zadanie** an incomparably a. immeasurably difficult task

nieporównywalnoś|ć *f sgt* incomparability

nieporównywaln|y *adi.* ① (niedający się porównać) *[metoda, pojęcia]* incomparable; **atmosfera tu jest ~a z niczym innym** the atmosphere here is incomparable with anything else; **porównywać rzeczy ~e** to compare the incomparable ② (nieprzeciętny) *[talent, jakość]* incomparable, unequalled; *[piękno]* incomparable, matchless; **osiągnąć coś ~ym wysiłkiem** to achieve sth with tremendous a. untold effort

nieporusz|ony *adi.* ① (nieruchomy) *[zawodnik, żołnierz]* motionless; **podczas ogłaszania werdyktu stał ~ony** he stood motionless as the verdict was read ② (obojętny) *[osoba]* unmoved; **wydawał się ~ony ich losem** he seemed unmoved a. unaffected by their plight; **mimo jej błagań pozostał ~ony** despite her pleading he remained unmoved

nieporząd|ek *m* (*G* **~ku**) mess, untidiness *U*; **miał ~ek na biurku** his desk was (in) a mess; **miała ~ek w notatkach** her notes were (in) a mess; **w kuchni panował ~ek** the kitchen was (in) a mess; **sprzątać ~ek w szafie** to tidy up one's wardrobe

nieporządnie *adv. grad.* ① (niechlujnie) *[ubrany, utrzymany]* untidily; *[sprzątać]* sloppily; **~ wyglądać** to look untidy ② (chaotycznie, niestarannie) *[pracować]* carelessly; *[pisać]* sloppily, messily

nieporządn|y *adi. grad.* ① (niechlujny, niestaranny) *[dziecko]* untidy, messy; *[pracownik]* careless, slapdash; *[gospodyni]* sloppy; **miał ~y wygląd** he looked untidy, he had an untidy appearance; **chodzić z ~ą fryzurą** to walk around with untidy hair ② (chaotyczny, nieuporządkowany) *[pismo]* untidy, messy; *[sprawozdanie]* messy, shoddy; *[praca]* slipshod, careless

nieposkromi|ony *adi. [apetyt]* unbridled, uncontrollable; *[ciekawość]* unrestrained, unabashed; *[pasja]* unbridled, untamed;

N

[żądza] consuming, unquenchable; *[ambicja]* unbridled

nieposłuszn|y *adi.* [1] (krnąbrny) *[uczeń, dziecko]* disobedient, naughty; **być ~ym wobec rodziców** to be disobedient towards a. to disobey one's parents [2] (oporny) *[palce, nogi]* rebellious, disobedient

niepospolicie *adv.* książk. *[inteligentny, piękny, silny, uzdolniony]* uncommonly

niepospolitoś|ć *f sgt* uncommonness

niepospoli|ty *adi.* *[imię, odwaga, siła, talent, zdolności]* uncommon, exceptional; *[umysł]* extraordinary, exceptional

niepostrzeżenie *adv. [zmieniać się]* imperceptibly; *[wejść, wyjść]* unseen *adi.*; **trzy godziny minęły prawie ~** the three hours slipped by a. passed almost imperceptibly; **przemknąć się ~** to glide by unseen; **wymknąć się ~** to slip away unnoticed, to creep out unseen

nieposzlakowanie *adv.* [1] (nienagannie) *[zachowywać się]* irreproachably; **był ~ uczciwy(m człowiekiem)** he was unimpeachably honest, he was a man of unimpeachable honesty [2] (idealnie) *[poprawny]* unimpeachably; **~ czysta koszula** a spotlessly clean shirt

nieposzlakowan|y *adi.* książk. [1] (nieskazitelny) *[charakter]* unblemished, spotless; **cieszył się ~ą opinią** he had an unblemished reputation; **człowiek o ~ej uczciwości** a man of probity a. unimpeachable honesty; **kandydaci muszą mieć ~ą przeszłość** the applicants must have a clean record [2] (idealny) *[biel, czystość]* spotless

niepośledni *adi.* książk. *[talent]* considerable, substantial; *[artysta, pisarz]* no mean; **kobieta ~ej urody** a woman of considerable beauty; **mieć/wywrzeć ~ wpływ na coś** to have/exercise no small influence on sth; **odegrać ~ą rolę w czymś** to play a not inconsiderable role in sth

niepotrzebnie *adv. [cierpieć, komplikować, narażać, tracić czas]* unnecessarily, needlessly; **~ się martwisz** you're worrying unnecessarily, you needn't worry; **nie wydawaj ~ pieniędzy** don't spend money unnecessarily a. needlessly; **~ jej to powiedziałaś** you needn't have told her that; **zupełnie ~** quite unnecessarily, quite needlessly

niepotrzebn|y *adi. [cierpienie, stres, wydatek]* unnecessary, needless; *[biurokracja]* unnecessary; *[rzecz]* unnecessary, useless; **~a strata czasu** a needless waste of time; **nikomu ~e informacje** completely useless information; **samochód jest mi ~y** I don't need a car; **czuć się ~ym** to feel unwanted a. superfluous; **w domu czuł się ~y** he felt unwanted at home; **unikać ~ego rozgłosu** to avoid unwanted a. unnecessary publicity; **nie rób sobie ~ego kłopotu** don't put yourself to unnecessary trouble; **masz jakiś ~y parasol?** do you have a spare umbrella?; **„~e skreślić'** 'delete as applicable'

niepoważnie *adv.* [1] (nieodpowiedzialnie) *[zachowywać się]* frivolously; *[postępować]* irresponsibly; **wyglądasz ~ w tej sukience** you look frivolous in that dress [2] (lekkomyślnie) *[potraktować]*; **~ traktować swoje**

obowiązki to be irresponsible in one's duties; **może to (za)brzmi ~, ale...** it may sound flippant but... I don't mean to sound flippant but...; **odnosisz się do wszystkiego ~** you take everything lightly

niepoważn|y *adi.* [1] (niezachowujący powagi) *[osoba, mina, zachowanie]* flippant, frivolous [2] (nieodpowiedzialny) *[stosunek, traktowanie]* flippant, irresponsible; **miał ~e podejście do małżeństwa/całej sprawy** he was flippant about marriage/the whole thing; **to ~e z ich strony** it's irresponsible of them; **jego zachowanie jest co najmniej ~e** his behaviour is irresponsible to say the least; **jesteś ~y, żeby tak ryzykować** you're irresponsible to take such a risk [3] (niedający się traktować poważnie) *[uwaga, odpowiedź]* flippant, frivolous; **niektórzy uważają sztukę za rzecz ~ą** some consider art frivolous a. a frivolous thing

niepowetowan|y *adi.* książk. *[strata]* irretrievable, irrecoverable; *[krzywda]* irreparable; **jego śmierć jest dla nas wszystkich ~ą stratą** his death is an irreparable loss to us all; **wyrządzić ~ą szkodę środowisku** to cause a. do irretrievable damage to the environment

niepowodze|nie *n* failure; **~nia miłosne** failures in love; **~nia szkolne/życiowe** failures at school/in life; **~nia w pracy** failures at work; **obwiniać kogoś za swoje własne ~nia** to blame sb for one's own failures; **poddać się przy pierwszym ~niu** to give up at the first failure a. setback; **nie zniechęcaj a. nie zrażaj się ~niami** don't let setbacks discourage you; **wyprawa była skazana na ~nie** the expedition was doomed to failure a. destined to fail; **jego wysiłki były z góry skazane na ~nie** his efforts were foredoomed to failure; **to jest z góry skazane na ~nie** it's a losing battle a. a non-starter; **doznać ~nia** to meet with failure; **zakończyć się ~niem** to end in failure, to come to grief; **niezrażony ~niami** undaunted by (one's) failures; **to może zadecydować o powodzeniu lub ~niu naszego projektu** this may determine the success or failure of our project

niepowołan|y *adi. [osoba, gość, dostęp, użycie]* unauthorized; **urzędnik ~y do podejmowania decyzji** an official not legally competent to make decisions; **dopilnować, żeby nikt ~y nie wszedł do budynku** to ensure (that) no unauthorized person enters the building; **tajne dokumenty dostały się ~y. wpadły w ~e ręce** secret documents got a. fell into the wrong hands; **„(osobom) ~ym wstęp wzbroniony'** 'no entry for unauthorized persons' ■ **dotrzeć** a. **trafić do ~ych uszu** pot. to reach the wrong ears

niepowstrzymanie *adv. [posuwać się]* relentlessly; *[wzrastać]* inexorably; **godziny mijały ~** the hours passed by relentlessly

niepowstrzyman|y *adi. [rozwój]* unchecked; *[postęp]* inexorable; *[ekspansja, ciekawość]* relentless, unbridled; *[siła]* unstoppable; *[chęć]* uncontrollable, irrepressible; **~y bieg** a. **upływ czasu** the inexorable march of time; **~e łzy radości** uncontrollable tears of joy; **~y pęd do prywatyzacji**

a relentless drive for a. towards privatization; **wybuchnąć ~ym śmiechem** to burst into uncontrollable a. irrepressible laughter

niepowtarzalnie *adv. [wyglądać]* unique *adi.*; **jego gitara brzmi ~** his guitar sounds unique

niepowtarzalnoś|ć *f sgt* uniqueness

niepowtarzaln|y *adi. [charakter, osobowość, smak, styl]* unique; *[oferta]* unique, unrepeatable; **każde zwierzę jest ~e pod względem genetycznym** each animal is genetically unique; **restauracja o ~ej atmosferze** a restaurant with a unique atmosphere a. with an atmosphere all (of) its own; **ta herbata ma ~y smak** this tea has a unique taste; **masz ~ą szansę na awans** you have a unique chance to get promoted; **nadarzyła się ~a okazja wyjazdu do Chin** a unique opportunity arose to go to China; **miejsce to ma w sobie coś ~ego** this place has a special quality all (of) its own; **ona jest ~a** she's one in a million

niepoznaka → dla niepoznaki

niepoznani|e *n sgt* **przeprosić kogoś za ~e go** to apologize to sb for failing to recognize them; **zmienić się do ~a** to change beyond a. out of (all) recognition

niepozornie *adv. [ubarwiony]* inconspicuously; **wyglądać ~** to look inconspicuous; **wszystko zaczęło się (dość) ~** it all started inconspicuously a. modestly (enough)

niepozornoś|ć *f sgt* inconspicuousness

niepozorn|y *adi. [osoba, wygląd, budynek, auto, książeczka]* inconspicuous; **~y z wyglądu** inconspicuous-looking; **~e na pierwszy rzut oka kwiaty** flowers that are inconspicuous at first sight

niepraktycznie *adv.* [1] (niezaradnie) impractically; **jest ~ nastawiona do życia** she has an impractical approach to life [2] (nieprzydatnie) *[zaprojektowany]* impractically; **ubierać się ~** to wear impractical clothes

niepraktycznoś|ć *f sgt* [1] (brak zaradności) impracticality [2] (nieprzydatność) impracticality

niepraktyczn|y *adi.* [1] (niezaradny) *[osoba]* impractical; **~y marzyciel** an impractical dreamer [2] (nieużyteczny) *[pomysł, rozwiązanie, mebel, ubranie, kolor]* impractical; **prezent był piękny, ale ~y** the gift was beautiful but impractical; **nowe urządzenie okazało się ~e w użyciu** the new machine proved impractical to use

niepraktykując|y *adi. [osoba]* non-practising; *[katolik]* non-practising, lapsed; **jest wierzącym, ale ~ym katolikiem** he is Catholic but doesn't practise

niepraw|da [] *f sgt* untruth, falsehood; **mówić ~dę to tell a lie a. an untruth; **to ~da, że nie ma innego wyjścia** it's untrue a. not true (that) there's no other way out; **to okazało się ~dą** it turned out to be untrue; **odróżnić prawdę od ~dy** to tell a. distinguish truth from falsehood; **mieszać prawdę z ~dą** to mix truth and falsehood; **prawda czy ~da?** true or false? **[] *inter.* [1] (sprzeciw) it's a. that's not true! [2] (w pytaniach) **mam rację, ~da?** I am right, aren't I?

III **nieprawdaż** *inter.* książk. **nie zrobisz tego, ~daż?** you won't do that, will you?; **są małżeństwem od roku, ~daż?** they've been married for a year, haven't they?

nieprawdopodobieństw|o *n* [1] *sgt* (brak prawdopodobieństwa) improbability, unlikelihood; **~o wojny** the improbability of war; **~o psychologiczne** psychological implausibility; **jego koszula była wymięta do ~a** his shirt was wrinkled beyond belief [2] (sytuacja nieprawdopodobna) improbability; **wydaje się ~em, aby w to uwierzył** it seems improbable that he should believe this; **fabuła jest pełna ~** the plot is full of implausibilities a. implausible details

nieprawdopodobnie *adv.* [1] (niewiarygodnie) incredibly; **brzmi to ~, ale to prawda** incredible a. unlikely as it sounds, it's true [2] (niesamowicie) *[piękny, szybki]* incredibly, amazingly; **o bilety na koncert było ~ trudno** tickets for the concert were incredibly hard to get

nieprawdopodobn|y *adi.* [1] (mało prawdopodobny) *[historia, wiadomość]* unlikely, improbable; **taki scenariusz nie jest ~y** such a scenario is not unlikely [2] (nierealny) *[marzenia]* unrealizable, unreal; **wojna jest ~a** war is unthinkable a. improbable [3] (niezwykły, niesamowity) *[bogactwo, liczba, zbieg okoliczności]* incredible, amazing; *[kariera, szczęście]* incredible, phenomenal; *[bałagan, głupota]* incredible, unbelievable; **może się to wydawać ~e, ale...** incredible as it may seem...; **jest raczej rzeczą ~ą, by...** it is rather unlikely a. improbable that...; **stała się rzecz ~a** an incredible thing happened; **to było coś ~ego!** it was absolutely incredible!; **dokonać rzeczy ~ej** to do the improbable; **ona ma ~ego pecha** she has incredibly bad luck; **świat się zmienia w ~ym tempie** the world is changing at an incredible a. amazing speed; **problem urósł do ~ych rozmiarów** the problem has reached staggering proportions; **bramkarz bronił w ~ych sytuacjach** the goalie made some incredible a. amazing saves pot.; **wydawał ~e ilości pieniędzy** he spent incredible a. fantastic amounts of money

nieprawdziwie *adv.* falsely; **jego troska brzmiała ~** his concern sounded false; **~ przedstawiać fakty** to falsely represent a. to misrepresent the facts

nieprawdziwoś|ć *f sgt* [1] (niezgodność z prawdą) untruthfulness; mendacity książk. [2] (sztuczność) artificiality

nieprawdziw|y *adi.* [1] (zmyślony, nierzeczywisty) *[wieści, pogłoska]* false; *[zarzut]* false, untrue; *[adres, nazwisko]* false, bogus; **~e jest stwierdzenie, że...** it is untrue to say that...; **gazety kreują/przedstawiają ~y obraz rzeczywistości** newspapers create/paint a false picture of reality; **rozpowszechniać ~e informacje** to spread false information; **podać ~e dane osobowe** to give a. furnish false particulars; **świadek złożył ~e zeznania** the witness gave false testimony a. a false statement; **była tak piękna, że aż ~a** she was incredibly beautiful a. [2] (sztuczny) *[biżuteria]* fake, artificial; *[banknot]* fake, bogus; *[kawa]* ersatz

nieprawidłowo *adv.* *[zaparkowany, wypełniony]* improperly; *[zaadresowany]* improperly, wrongly; *[rozwijać się]* abnormally; **działać ~** to malfunction; **odżywiać się ~** to eat a. have an unbalanced diet; **~ odpowiedzieć na pytanie** to answer a question wrongly

nieprawidłowoś|ć *f* [1] *sgt* (błędność) erroneousness; **~ć jej rozumowania** the erroneousness of her reasoning [2] (odstępstwo od norm) irregularity, abnormality; **~ci finansowe/wyborcze** financial/electoral irregularities; **~ci genetyczne/rozwojowe** genetic/developmental abnormalities; **~ci proceduralne** procedural improprieties; **~ci budowy serca** structural abnormalities of the heart; **kontrola wykazała wiele ~ci** the inspection revealed many irregularities

nieprawidłow|y *adi.* *[odpowiedź, decyzja]* wrong; *[kolejność, dieta, odżywianie, postawa ciała, parkowanie]* improper, wrong; *[gen, przemiana materii]* abnormal; **~e działanie urządzenia** malfunction of a machine; **~y zgryz** malocclusion; **iść ~ą stroną jezdni** to walk on the wrong side of the road; **przechodzić przez jezdnię w ~ym miejscu** to jaywalk; **nie ma w tym nic ~ego** there is nothing wrong about it

nieprawnie *adv.* książk. illegally, illegitimately; **bank ~ udzielił mu kredytu** he obtained a loan from the bank illegally; **~ odebrane prawo jazdy** illegitimately suspended driving licence

nieprawn|y *adi.* książk. *[przekroczenie]* illegal, illegitimate; **~e zajęcie majątku** an illegitimate takeover of the property

nieprawomocn|y *adi.* Prawo invalid; **sąd wydał ~y wyrok** the court's decision is not yet binding a. legally valid; **ustawa jest ~a, dopóki nie podpisze jej prezydent** the law is not valid until the president has signed it

nieprawomyślnie *adv.* książk. **wypowiadać się ~** to voice dissent

nieprawomyśln|y *adi.* książk. *[opinie, poglądy]* dissident, dissenting

nieprawoś|ć *f* książk. [1] *sgt* (cecha) immorality, illicitness [2] *zw. pl* (postępek) immoral deed

niepraw|y *adi.* książk. [1] (nieprawowity) illegitimate; **był ~ym synem** he was an illegitimate son [2] (nieetyczny) illegitimate, unethical; **okazał się ~ym człowiekiem** he turned out to be a dishonourable man [3] przest. (nieprawny) illicit, immoral; **wszyscy potępiali jego ~y postępek** everybody condemned his unlawful deed ■ **z ~ego łoża** książk. born out of wedlock

nieprecyzyjnie *adv.* książk. inaccurately, inexactly

nieprecyzyjnoś|ć *f sgt* książk. [1] (niedokładność) inaccuracy; **~ć pomiarów** inaccurateness of measurements [2] (nieścisłość) inexactness

nieprecyzyjn|y *adi.* książk. [1] (niestaranny) inaccurate, imprecise [2] (nieścisły) inexact

nieprędko *adv.* [1] (za długi czas) not soon; **~ to się stanie** it'll take some time before this happens; **~ nadarzy się ci taka okazja** you may never get such a chance

again [2] (wolno) *[pokonywać, jechać]* slowly, at low speed

nieproduktywnie *adv.* grad. [1] książk. (bezowocnie) unproductively, fruitlessly; **pracować ~** to work inefficiently [2] Ekon. (niekorzystnie) unproductively, unprofitably

nieproduktywnoś|ć *f sgt* książk. (nieefektywność) unproductiveness, unproductivity, unprofitableness

nieproduktywn|y *adi.* książk. [1] (bezowocny) unproductive, fruitless; **~y pracownik** an inefficient worker [2] (zbędny) senseless, futile; **zmęczyła ją ta ~a gadanina** she grew tired of that senseless talk [3] Jęz. unproductive

nieproporcjonalnie *adv.* książk. [1] (nieforemnie) disproportionately; **dziecko miało ~ dużą głowę** the baby had a disproportionately large head [2] (niewspółmiernie) disproportionately, incommensurably

nieproporcjonalnoś|ć *f sgt* książk. [1] (brak proporcji) disproportionality [2] (niewspółmierność) disproportion, incommensurability; **~ć cen towarów do ich wartości** the disproportion between the prices of goods and their value

nieproporcjonaln|y *adi.* książk. [1] (nieforemny) disproportionate, out of proportion [2] (niewspółmierny) disproportionate, out of proportion; **cena jest ~a do wartości tego serwisu** the price is out of proportion to what the service was worth

niepro|sty *adi.* [1] (krzywy) curved, crooked; **jechali ~stą drogą** they drove along a crooked street [2] książk. (trudny) intricate, knotty; **~sty sposób myślenia** a convoluted way of reasoning; **znalezienie noclegu to rzecz ~sta** finding overnight accommodation is no easy task

nieprosz|ony *adi.* książk. uninvited, unwelcome; **przyszedł do mnie ~ony** he visited me uninvited; **do oczu napływały jej ~one łzy** unbidden tears came into her eyes; **~one rady** unwanted a. unsought advice ■ **~ony gość** pot., pejor. uninvited a. unbidden guest

nieprzebłagan|y *adi.* książk. [1] (nieubłagany) stubborn, uncompromising; **~y nauczyciel nie dał mu szansy na poprawę ocen** the unyielding teacher didn't give him a chance to improve his marks [2] (niedający się zwalczyć) *[gniew, upór]* stubborn

nieprzebran|y *adi.* książk. *[ludzie, przedmioty]* countless; *[tłum, skarby]* innumerable, vast; *[wiedza, bogactwo]* infinite, boundless; *[możliwości, siły]* limitless

nieprzeby|ty *adi.* książk. *[gąszcz, dżungla]* impenetrable; *[bagna, góry]* impassable

nieprzechodni *adi.* [1] *[pokój, pomieszczenie]* separate, individual [2] Jęz. intransitive

nieprzeciętnie *adv.* książk. exceptionally

nieprzeciętnoś|ć *f sgt* książk. exceptionality; **doceniono wreszcie jego pisarską ~ć** his exceptional ability as a writer was finally acknowledged

nieprzeciętn|y *adi.* książk. *[jednostka, osobowość]* outstanding, distinguished; *[talent, umysł, zdolności]* exceptional; **był ~ym**

N

aktorem he was an outstanding actor; **~a pamięć** excellent memory

nieprzejednani|e Ⅱ n sgt książk. intransigence, stubbornness **Ⅲ** adv. intransigently, stubbornly

nieprzejednan|y adi. książk. ① (nieustępliwy) intransigent, uncompromising ② (zawzięty) obdurate, headstrong; **~a nienawiść i żądza zemsty** implacable hatred and lust for revenge

nieprzejezdn|y adi. [ulica, droga, trasa] impassable; **ten odcinek jest ~y z powodu robót drogowych** this section is closed because of roadworks; **most jest ~y z powodu remontu** the bridge is closed for repairs

nieprzejrzan|y adi. książk. ① (rozległy) [tłum] vast, massive; [step, pustkowie, równiny, pola] boundless, limitless ② (nieprzenikniony) [cień, mrok, ciemność] impenetrable

nieprzekon|ująco, ~ywająco adv. książk. unconvincingly, dubiously

nieprzekon|ujący, ~ywający adi. książk. unconvincing, dubious; **przedstawił ~ujące uzasadnienie swojej teorii** he's presented a very doubtful justification for his theory; **twoje argumenty są dla mnie ~ujące** your arguments are not sufficiently persuasive to me

nieprzekraczalnoś|ć f sgt książk. ① (niemożność przejścia) impassability, impassableness ② (bezwarunkowość) intransgressibleness; **~ć terminu wykonania** a non-negotiable deadline for completion

nieprzekraczaln|y adi. książk. ① [strefa, granice] impassable ② [termin, normy, granice] intransgressible, not extendible; **~y termin spłaty długu** non-extendible period of debt repayment

nieprzekupnoś|ć f sgt książk. incorruptibility

nieprzekupn|y adi. książk. incorruptible

nieprzelicz|ony adi. książk. [gwiazdy, tłumy] innumerable, countless

nieprzemakalnoś|ć f sgt waterproofness, impermeability to water

nieprzemakaln|y adi. ① [materiał, tworzywo, ubranie, buty] waterproof; **ubrany był w ~y płaszcz** he was dressed in a waterproof coat ② przen., pejor. (niepodatny na zmiany) impervious, thick-skinned

nieprzemija|jący, ~lny adi. książk. [wartości, dzieła] (ever)lasting; [uroda] ageless; [miłość, namiętność] undying; [konflikt, problem] perennial; **łączyło ich ~jące uczucie** their love was everlasting; **~jące dzieła klasyków** evergreen classical works

nieprzemijalnoś|ć f sgt książk. everlastingness; (urody) agelessness; (uczucia) undyingness; (konfliktu, problemu) perenniality

nieprzemijalny → nieprzemijający

nieprzemyślan|y adi. książk. [działania, inwestycja, oznakowanie] ill-considered, incautious; **podjąć ~ą decyzję** to make an ill-judged decision

nieprzenikni|ony adi. książk. ① (nieprzejrzysty) [mrok, ciemność, mgła, noc] impenetrable ② (nieodgadniony) concealed, inscrutable; **jej spojrzenie było ~one** her eyes were inscrutable; **~ona tajemnica Wszechświata** the great mystery of the

universe; **~ony świat oceanu** the unfathomed world of the ocean

nieprzeparcie adv. książk. [bronić się, cisnąć się] indomitably, irresistibly

nieprzepar|ty adi. książk. [tęsknota, chęć] irresistible, indomitable; **~ta senność** irresistible sleepiness; **dręczyła ją ~ta ciekawość** he was teased by unquenchable curiosity

nieprzepisowo adv. [jechać, postępować] illegally, lawlessly; [walczyć, zagrać] foul; **zagrał ~ i został usunięty z boiska** he was removed from the field for his foul play; **~ przechodzić przez jezdnię** to jaywalk; **~ zaparkowany samochód** an illegally parked car

nieprzepisow|y adi. [zachowanie, jazda] illegal, lawless; [strój] irregular; [zagranie] foul; **~e przechodzenie przez jezdnię** jaywalking; **dostałem mandat za ~e parkowanie** I got a parking ticket

nieprzepuszczalnoś|ć f sgt impermeability; imperviousness także przen.

nieprzepuszczaln|y adi. [tkanina, podłoże] impervious, impermeable; **~a błona** an impervious membrane

nieprzerwanie adv. książk. ① (bez przerw) incessantly, ceaselessly; **deszcz padał ~ przez cały dzień** it rained incessantly all day; **wspomnienie to nurtuje go ~ od lat** he's been continually troubled by the memory ② (bez odstępów) uninterruptedly, unbrokenly; **las ciągnął się ~ wzdłuż drogi** there was an unbroken stretch of forest along the road

nieprzerwan|y adi. książk. ① (nieustanny) incessant, ceaseless; **dziesięć godzin ~ej podróży samolotem** ten hours of nonstop flying ② (ciągły, jednolity) uninterrupted, unbroken; **na horyzoncie ciągnęło się ~e pasmo gór** an unbroken mountain chain could be seen on the horizon

nieprzewidywalnie adv. książk. unpredictably

nieprzewidywalnoś|ć f sgt książk. ① (to, co niespodziewane) unpredictability ② (nieobliczalność) incalculability

nieprzewidywaln|y adi. książk. ① (nieodgadniony) unpredictable; **~a przyszłość** the unforeseeable future ② (nieobliczalny) incalculable; [gra, zachowanie] fickle

nieprzewidzianie adv. książk. unpredictably, unexpectedly

nieprzewidzian|y adi. książk. [rezultat, skutek] unpredictable; [przeszkoda, kłopoty] unforeseeable, unforeseen

nieprzezwycięż|ony adi. książk. [trudności, przeszkody] insurmountable; [wstręt, senność] indomitable, uncontrollable

nieprzychylnie adv. książk. disapprovingly; **odnosił się do niej ~** he looked upon her with disapproval

nieprzychylnoś|ć f sgt książk. ① (nieżyczliwość) disapproval ② (niechęć) discontent ③ (niepomyślność) unfavourableness GB, unfavorableness US, ill fortune; **~ć okoliczności** unfavourable circumstances

nieprzychyln|y adi. książk. ① (nieżyczliwy) [nastawienie, przyjęcie, reakcja] disapproving, critical; [siły, układy] inimical; **~a krytyka** adverse criticism ② (niepomyślny)

[opinia, decyzja, warunki] unfavourable GB, unfavorable US; **~e recenzje** ③ (niekorzystny) [warunki, tereny, środowisko] inhospitable

nieprzydatnoś|ć f sgt książk. uselessness, worthlessness; **~ć do czegoś** (osoby) unfitness for sth; (sprzętu, wyposażenia) unsuitability (for sth)

nieprzydatn|y adi. książk. useless, dispensable; **wiedza zdobyta na studiach okazała się zupełnie ~a w pracy** the knowledge aquired at university proved useless a. of no use at work

nieprzyjaci|el m ① (Gpl **~ół**, Ipl **~ółmi**) (wróg) enemy; **zawzięty/zaciekły ~el** a sworn/irreconcilable enemy ② (Gpl **~ół**, Ipl **~ółmi**) (przeciwnik) opponent, no friend (czegoś of sth); **zaliczała się do ~ół kina** she was no friend of the cinema; **~el alkoholu/palenia papierosów** an opponent of alcohol/smoking ③ sgt (wroga armia) enemy; **odparliśmy atak ~ela** we repelled the enemy attack; **pokonaliśmy ~ela w bitwie** we beat the enemy

■ **co na drodze** a. **placu, to ~el** search a. seek and destroy

nieprzyjaciels|ki adi. [obóz, armia, wojsko] enemy attr.; **armia ~ka przekroczyła nasze granice** the enemy army crossed our borders

nieprzyjaciół|ka f ① (wróg) enemy; **zawzięta/zaciekła/zazdrosna ~ka** a sworn/irreconcilable/jealous enemy ② (przeciwniczka) opponent, no friend (czegoś of sth)

nieprzyja|zny adi. książk. ① (niechętny, wrogi) unfriendly, hostile; **przypuszczam, że ma wobec mnie ~zne zamiary** I expect he has hostile intentions towards me; **skąd u niego takie ~zne nastawienie?** where does he get his hostile attitude from? ② przen. (nieprzyjemny) unfavourable GB, unfavorable US, hostile; **wiał ~zny nam wiatr** an adverse wind was blowing; **góry wydawały się groźne i ~zne** the hills seemed threatening and hostile

nieprzyjaźnie adv. książk. with hostility; **dlaczego on tak ~ się do mnie odnosi?** why does he treat me in such a hostile way?; **jego głos zabrzmiał ~** his voice sounded hostile

nieprzyjemnie adv. grad. [zachowywać się] unkindly; [pachnieć] unpleasantly, disgustingly; **zrobiło się ~** things started to get unpleasant; things started to get heavy pot.; **w piwnicy cuchnęło ~** there was an unpleasant odour in the cellar

nieprzyjemnoś|ć f trouble, offence; **cierpliwie znosiła zniewagi i ~ci** she patiently put up with all the slights and offences; **przez swojego przyjaciela miał wiele ~ci** his friend got him into serious trouble

nieprzyjemn|y adi. grad. ① (niemiły) unpleasant; **mówił jej same ~e rzeczy** he kept telling her unpleasant things; **miał ~e uczucie bycia śledzonym** he had an unpleasant feeling that he was being followed; **napój miał ~y smak** the drink tasted bad a. unpleasant, the drink was unpleasant-tasting ② (niesympatyczny) [osoba] unpleasant, rude; [ton, zachowanie, charak-

ter, wygląd] nasty, displeasing; **co za ~y typ!** what a repulsive brute!; **miał wiele ~ych wad** he had many nasty defects

nieprzymusz|ony *adi.* przest. unconstrained, voluntary
■ **z własnej i ~onej woli** of one's own free will, of one's own volition

nieprzypadkowo *adv.* intentionally, not accidentally; **~ pominięto jego nazwisko na liście zaproszonych** his name was intentionally left off the list of the invited guests; **~ trafił do aresztu** it was no accident that he was jailed; **~ o tym mówię** I am purposely talking about it; **ludzie ~ omijają to miejsce** there is a reason why people tend to omit this place

nieprzypadkow|y *adi.* [1] (celowy, zamierzony) intentional, not accidental; **jego obecność jest tu ~a** his presence here isn't accidental [2] (celowy) preplanned, awaited

nieprzystępnie *adv.* grad. książk. [1] (wyniośle) stand-offishly; **zachowywał się wyniośle i ~** his behaviour was stand-offish and full of pride [2] (niezrozumiale) incomprehensibly

nieprzystępnoś|ć *f sgt* książk. [1] (wyniosłość) stand-offishness, aloofness; **zniechęciła ją szybko jego ~ć** she was quickly discouraged by his stand-offishness; **~ć ludzi z wioski** aloofness and reserve of the people from the village [2] (niezrozumiałość) incomprehensibility [3] (niedostępność) inaccessibility, unobtainability; **~ć fortecy** the impregnability of a fortress; **~ć szczytu górskiego** the inaccessibility of a mountain peak; **~ć niektórych cudów przyrody uchroniła je przed zniszczeniem** the inaccessibility of some wonders a. marvels of nature saved them from destruction

nieprzystępn|y *adi.* książk. [1] (wyniosły) stand-offish, unapproachable; **na pierwszy rzut oka robiła wrażenie osoby ~ej** at first glance she looked rather stand-offish [2] (niezrozumiały) incomprehensible, inapprehensible; **teksty, które on pisze, są ~e dla zwykłego odbiorcy** the texts he writes are incomprehensible to an average reader [3] (niedostępny) inaccessible

nieprzystojnie *adv.* przest., książk. inappropriately

nieprzystojnoś|ć *f sgt* przest., książk. inappropriateness; **~ć wyrażania się** the inappropriateness of sb's remarks

nieprzystojn|y *adi.* grad. przest., książk. *[zachowanie, żarty]* inappropriate

nieprzytomnie *adv.* [1] (bezładnie) unconsciously, senselessly; **patrzył na nią ~** he looked at her vacantly; **mówił coś ~** he was blathering absent-mindedly [2] przen. (intensywnie) madly pot.; **~ zakochany** madly in love

nieprzytomnoś|ć *f sgt* unconsciousness, senselessness; **był bliski ~ci** he was at the point of collapsing; **upić się do ~ci** to pass out pot.; **być zmęczonym do ~ci** to be dead tired; **pobić kogoś do ~ci** to beat sb unconscious; **zakochać się do ~ci** to fall madly in love; **nienawidzić kogoś do ~ci** to hate sb's guts pot.

nieprzytomn|y *adi.* [1] (nieświadomy) unconscious, senseless; **upili się i leżą ~i**

they are dead drunk pot. [2] przen. (oszołomiony) shocked, paralysed GB, paralyzed US; **~y ze strachu/złości** numb(ed) with fear/anger; **~y z radości** delirious with joy; **~y z niewyspania** exhausted by lack of sleep [3] (błędny, nieuważny) numb, absent; **miał ~y wyraz twarzy** he had a vacant look on his face [4] przen. (gwałtowny) mad, frenzied

nieprzyzwoicie *adv.* grad. [1] (bezwstydnie) obscenely, indecently [2] pot., żart. (zbytnio) obscenely pot., żart., ridiculously pot., żart.; **jadł ~ dużo** he used to eat an obscene a. ridiculous amount of food; **~ wygodne łóżko** a ridiculously a. obscenely comfortable bed

nieprzyzwoitoś|ć *f* [1] *sgt* (niemoralność) obscenity, indecency; **rażąca/haniebna ~ć zachowania** gross indecency; **graniczyć z ~cią** to be near the knuckle [2] (niewłaściwość) impropriety; **odmowa byłaby ~cią** to refuse would be a terrible sin; **dopuścić się ~ci** to commit crass impropriety

nieprzyzwoi|ty *adi.* obscene, indecent; **opowiadali ~te dowcipy** they were telling dirty jokes

niepunktualnie *adv.* unpunctually; **zebranie rozpoczęło się ~** the meeting started behind time a. schedule; **przyszła na spotkanie ~** she came late for the meeting

niepunktualnoś|ć *f sgt* książk. unpunctuality; **wiesz, że nie znoszę ~ci** you know that I hate it when somebody comes late, I hate lateness

niepunktualn|y *adi.* unpunctual; **zawsze jest ~y** he's never on time

niepyszn|y *adi.*
■ **pójść/wyjść/wrócić jak ~y** to go/leave/go back chastened; **odejść jak ~y** to go off with one's tail between one's legs

nieracjonalnie *adv.* książk. [1] (nieprzemyślanie) irrationally [2] (niesensownie) unreasonably, thoughtlessly; **odżywiać się ~** to eat unhealthy food

nieracjonalnoś|ć *f sgt* książk. [1] (nielogiczność) irrationality [2] (bezsensowność) thoughtlessness, unreason

nieracjonaln|y *adi.* książk. [1] (nielogiczny) irrational; **~e uzasadnienie decyzji/wyboru** an irrational justification for a decision/choice; **~e i nierealne postulaty** irrational and unrealistic postulates [2] (bezsensowny) thoughtless [3] (nierozsądny) unreasonable; **prowadzić ~y tryb życia** to lead an unhealthy lifestyle

nierad | *adi. praed.* książk. [1] (niezadowolony) displeased, dissatisfied [2] (niechętny) unwilling
III *adv.* reluctantly
■ **rad ~** whether one likes it or not, making a virtue of necessity

nierasow|y *adi.* not purebred

nieraz *adv.* [1] (często) many times, often; **~ była o tym mowa** the issue's been brought up many times (over); **~ widziano ich razem** they were seen together a hundred times pot.; **mówiłem ci już o tym ~** I've told you about it a thousand times pot. [2] (czasem) a number of times, once in a while; **~ byliśmy w ich domu** we have visited them a number of times

nierdzewn|y *adi.* Techn. rustless, stainless, rustproof

nierealistycznie *adv.* książk. (niemożliwie) unrealistically; **~ podchodzić do życia** to have an unrealistic attitude to life

nierealistyczn|y *adi.* książk. [1] (nierealny) unrealistic; **~a ocena rzeczywistości** unrealistic perception of reality [2] Literat., Szt. lacking in realism, departing from realism

nierealnie *adv.* książk. unrealistically, impractically

nierealnoś|ć *f sgt* książk. [1] (fikcja) unreality, immateriality [2] (nieosiągalność) unrealism, impossibility [3] (brak realizmu) impracticality, infeasibility

nierealn|y *adi.* książk. [1] (nieprawdziwy) unreal; **żyć w ~ym świecie** to live in an unreal world [2] (nieosiągalny) unrealistic; **snuła ~e marzenia** she had unrealistic visions; **~y plan podróży dookoła świata** an unrealistic plan to travel around the world [3] (pozbawiony realizmu) impractical, unfeasible, non-feasible

niereformowaln|y *adi.* książk. (niezmienny) unchangeable, inalterable; **~y system polityczny** an ossified political system; **był ~ym rasistą** he was an ossified racist

nieregularnie *adv.* [1] (niesystematycznie) *[kursować, odbywać się, spotykać się]* irregularly, intermittently; **odżywiać się ~** to eat irregularly; **płaszczyzna pokryta ~ plamami** a surface irregularly covered with spots [2] (nieforemnie) irregularly; **~ zarysowany profil** an irregular profile [3] (niezgodnie z regułami) irregularly; **wyrazy odmieniające się ~** irregularly inflected words

nieregularnoś|ć *f sgt* [1] (niesystematyczność) irregularity; **~ć dostaw** the irregularity of deliveries [2] (nieforemność) irregularity [3] (niezgodność z regułami) irregularity; **~ć odmiany czasowników** the irregularity of verb inflection

nieregularn|y *adi.* [1] *[puls, korespondencja, wizyty]* irregular; **prowadzić ~y tryb życia** to have an irregular lifestyle [2] *[kształt, rysy twarzy]* irregular [3] Jęz. *[odmiana, czasownik]* irregular [4] Hist. *[wojsko, piechota]* irregular

nierentownoś|ć *f sgt* unprofitability

nierentown|y *adi.* *[fabryka, zakład, inwestycja]* unprofitable

nierogaci|zna *f sgt* Zool. swine, pigs *pl*

nierozdzielnie *adv.* inseparably, inextricably; **wzrost przestępczości łączy się ~ z bezrobociem** the growth in crime is linked inextricably with unemployment

nierozdzielnoś|ć *f sgt* inseparability, inextricability; **~ć procesu nauczania i wychowania** the inseparable link between education and upbringing; **~ć przyjaciół/towarzyszy broni** the inseparability of friends/brothers in arms

nierozdzieln|y *adi.* *[dziedziny, procesy]* inseparable, inextricable; **~i przyjaciele** inseparable friends

nierozegran|a *f* śród., Sport draw, tie; **mecz zakończył się ~ą** the match ended in a draw

nierozerwalnie *adv.* inseparably, inextricably; **jego życie jest ~ związane z**

N

morzem his life is inextricably linked with the sea

nierozerwalnoś|ć f sgt inseparability; **~ć więzów rodzinnych** the indissolubility of family ties

nierozerwaln|y adi. [więzi, przyjaźń] indissoluble; **~y związek teorii z praktyką** an inseparable a. inextricable connection between theory and practice

nierozgarnię|ty adi. [osoba] slow (on the uptake); [mina, wyraz twarzy] dull

nierozłącz|ka f zw. pl Zool. budgerigar; budgie pot.; **papużki ~ki** budgerigars; **Ania i Zosia to papużki ~ki** żart. Ania and Zosia are inseparable like two budgerigars

nierozłącznie adv. inseparably, inextricably; **działalność środków masowego przekazu jest ~ związana z aktualnymi wydarzeniami** the mass media are inseparably linked with current events

nierozłącznoś|ć f sgt (procesów, dziedzin) inseparability, inextricability

nierozłączn|y adi. [przyjaciele, towarzysze, para] inseparable

nierozsądnie adv. grad. [postępować, działać] unwisely, unreasonably; **~ jest wydać wszystkie pieniądze na początku miesiąca** it's unwise to spend all your money at the beginning of the month

nierozsądn|y adi. [osoba, postępowanie, decyzja] unreasonable, unwise; **nie bądź ~y!** don't be unreasonable!

nierozstrzygalnoś|ć f sgt (dylematu, sporu) insolubility GB, insolvability US

nierozstrzygaln|y adi. [spór, konflikt] insoluble GB, insolvable US

nieroztropnie adv. książk. [zachowywać się] rashly, foolhardily; **~ było puszczać ten wywiad na żywo** it was foolhardy to show the interview live

nieroztropn|y adi. grad. książk. [osoba] imprudent, unwise; [czyn, decyzja] rash, foolhardy

nierozumnie adv. książk. [postępować, zachowywać się] unwisely, mindlessly; **spojrzał na nią ~**, **jakby nie wiedział kim jest** he looked at her blankly, as if he didn't know who she was

nierozumn|y adi. książk. [1] (niedorzeczny) [postępowanie, decyzja, osoba] unwise, mindless [2] (niemający rozumu) [stworzenie, zwierzę] mindless

nierozważnie adv. grad. [postąpić, zachować się, obiecać] incautiously, imprudently; **~ byłoby się teraz wycofać** it would be imprudent to give up now

nierozważn|y adi. [osoba, przedsięwzięcie, słowa, decyzja] incautious, imprudent

nier|ób m (Npl **~oby** a. **~obi**) pot., pejor. layabout pot., slob pot., bum pot. US

nieróbstw|o n sgt idleness; **błogie** a. **słodkie ~o** sweet idleness

nierównie adv. książk. infinitely, incomparably; **czuła się ~ lepiej niż ja** she felt infinitely better than I; **wyglądasz teraz ~ młodziej** you look incomparably younger now

nierówno adv. [1] (niegładko) unevenly, roughly; **~ położone tynki** uneven plaster [2] (krzywo) [obciąć, szyć, pisać] unevenly; **~o przycięta grzywka** an unevenly cut fringe

[3] (zmiennie) **nakład rozchodził się ~** sales of the book were erratic; **~ grający piłkarz** an erratic football player [4] (nierytmicznie) [oddychać] erratically, irregularly; **poczuł, że serce wali mu ~** he felt his heart beating erratically; **~ pracujący silnik** an unsteadily working engine [5] (niejednakowo) [podzielić] unevenly, unequally; **~ podzielić tort** to cut the cake unevenly

nierównomiernie adv. unevenly, unequally; **~ dzielone zyski** unequally shared profits; **~ rozłożony ciężar** an unbalanced load

nierównomiernoś|ć f sgt (rozwoju, podziału) unevenness, inequality; (pulsu, bicia serca) irregularity

nierównomiern|y adi. [podział, rozwój] uneven, unequal; **~a praca silnika** the unsteady work of an engine

nierównoś|ć f [1] zw. pl (na powierzchni) irregularity, bump; **farba ta pokrywa wszystkie ~ci na ścianie** this paint covers every irregularity a. bump in the surface of the wall; **samochód podskakiwał na ~ciach drogi** the car bounced up and down on the bumpy road; **potykał się na ~ciach** he was stumbling on the bumps [2] sgt (ściany, deski) unevenness, roughness [3] sgt (brak równouprawnienia) inequality; **~ć społeczna** social inequality; **~ć wobec prawa** inequality before the law [4] sgt (dysproporcja) inequality; **~ć między sztuką mężczyzn i kobiet** disparity between men's and women's art; **~ć walczących wojsk** the disparity a. inequality of the fighting armies [5] Mat. inequality

nierówn|y adi. [1] (niegładki) [ściana, teren, dno] uneven, bumpy; **~a droga** a bumpy road [2] (krzywy) [pismo, deseń, wzór] uneven; **~e zęby** uneven teeth [3] (zmienny) [charakter, usposobienie] uneven, fickle; **była niesłychanie ~a, miała skłonność do wpadania w zachwyt i zaraz potem w pogardę** she was extremely erratic, one moment she would go into raptures and the next she would show contempt [4] (różny jakościowo) erratic; **film artystycznie ~ y** a film of variable artistic quality; **pisarz bardzo zdolny, choć ~y** a very talented yet erratic writer [5] (nierytmiczny) [tempo, rytm, oddech] uneven, irregular; **iść ~ym krokiem** to walk at an uneven pace [6] (niejednakowy) [podział, odstępy] uneven, unequal; **cesarz nie mógł się ożenić z osobą ~ą sobie stanem** an emperor couldn't marry a person not equal in status

■ **~a walka** a. **~y bój** książk. an uneven a. unfair fight

nieruchawo adv. pot., pejor. [ruszać się, działać] sluggishly

nieruchaw|y adi. pot., pejor. [1] [osoba] sluggish, shiftless [2] przen. [biurokracja, wydawnictwo, środowisko] sluggish, stagnant; **~y umysł** a slow mind

nieruchomi|eć impf (**~eję**, **~ał**, **~eli**) to freeze, to stand still; **~eć ze strachu** to freeze with terror; **skradające się zwierzę nagle ~eje** the stalking animal suddenly freezes ⇒ **znieruchomieć**

nieruchomo adv. [siedzieć, stać] motionless adi., still adi.

nieruchomoś|ć f [1] Prawo zw. pl (dobra materialne) fixed property GB, real estate US; **podatek od ~ci** property tax; **agencja/ agent ~ci** an estate agency/agent GB, a real estate agency/agent US; **handel ~ciami** property dealing, real estate US [2] sgt (bezruch) immobility

nieruchom|y adi. [1] (nieporuszający się) [tłum] motionless; **po trzech operacjach miała wciąż ~y nadgarstek** after three operations her wrist was still stiff; **~e powietrze** stagnant air [2] (niewzruszony) [twarz] unmoved; **utkwił we mnie ~e spojrzenie** he fixed his unmoving gaze on me [3] (umocowany na stałe) fixed, immobile; **~a antena** a fixed antenna

nierychliw|y adi. książk. [sąd, posłaniec] tardy, slow; **do jedzenia to on zawsze był prędki, a do roboty ~y** he has always been quick to eat but slow to work

■ **Pan Bóg ~y, ale sprawiedliwy** przysł. the mills of God grind slowly, yet they grind exceedingly fine

nierychło adv. książk. not soon; **teraz to my ~ się zobaczymy** we won't be seeing each other for a long time

nierych|ły adi. książk. [powrót, poprawa] tardy, slow

nierzad|ki adi. [przypadek, zjawisko] frequent, not infrequent

nierzadko adv. [wspominać, rozmawiać, występować] frequently, not infrequently, often; **produkty równie dobre, a ~ lepsze niż zagraniczne** products as good as, or often even better than, the foreign ones

nierzą|d m (G **~du**) [1] (prostytucja) prostitution [2] przest. (anarchia) misrule

nierządnic|a f przest. książk. harlot książk.

nierządn|y adi. przest., książk. [związek] indecent

❑ **czyn ~y** Prawo indecent assault, sexual abuse U

nierzeczywistoś|ć f sgt książk. unreality; **mieć poczucie ~ci** to have a sense of unreality; **granica między rzeczywistością a ~cią** the border between the real and the unreal

nierzeczywi|sty adi. [świat, bohater] unreal

nierzeczywiście adv. grad. [wyglądać, brzmieć] unreal adi.; **była ~ piękną kobietą** she was a woman of ethereal beauty

nierzetelnie adv. [1] (niesumiennie) [pracować] carelessly, negligently; (nieuczciwie) dishonestly; **poprzednia księgowa ~ prowadziła rachunki** the previous bookkeeper was negligent a. dishonest; **postąpił wobec mnie ~** he acted dishonestly towards me [2] (niewiarygodnie) unreliably; **prowadzić badania ~** to perform research unreliably

nierzetelnoś|ć f sgt [1] (pracy, pracowników) carelessness, negligence [2] (informacji, statystyk, artykułu) unreliability

nierzeteln|y adi. [1] (niesumienny) [pracownik] unconscientious, negligent; (nieuczciwy) dishonest [2] (niedokładny) [opracowanie, praca] careless, negligent [3] (niewiarygodny) [informacje, fakty] unreliable

niesamodzielnie adv. not on one's own, not independently; **oskarżono go o to, że**

~ napisał swoje powieści he was accused of not writing his novels by himself; **projekt wykonany ~** a project not executed independently

niesamodzielność f sgt ⃞1 (niezaradność życiowa) inability to cope on one's own ⃞2 (zależność) dependence; **~ć państwa/ instytucji** the dependence of a country a. nation/an institution

niesamodzieln|y adi. ⃞1 (niezaradny) [osoba, młodzież] dependent; **młodzi są ~i finansowo** the young couple are still financially dependent; **rysunek jest bardzo dojrzały jak na dziecko i chyba ~y** the drawing is very mature for a child and probably made with some help; **~e dziecko** a clinging a. dependent child ⃞2 (podległy) [państwo, terytorium] dependent; [urzędnik] subordinate

niesamowicie adv. ⃞1 (niepokojąco) [wyglądać] incredible adi.; **~ błyszczące oczy** incredibly bright eyes ⃞2 pot. (bardzo) incredibly; **~ piękna twarz** an incredibly beautiful face; **była ~ nerwowa** she was incredibly nervous; **fałszuje ~** he sings/ plays completely out of tune

niesamowitość f sgt (zjawiska, zdarzenia) incredibility, uncanniness

niesamowi|ty adi. ⃞1 (niezwykły) [sen, widok, historia] uncanny ⃞2 (budzący podziw) [kobieta, pamięć, wieczór] remarkable, extraordinary ⃞3 pot. (ogromny) incredible, tremendous; **miał ~te szczęście** he was incredibly lucky; **zrobił na mnie ~te wrażenie** he made a tremendous impression on me

niesfornie adv. grad. [zachowywać się] naughty adi.; **~ sterczące włosy** unruly hair

niesforność f sgt (dziecka) naughtiness

niesforn|y adi. ⃞1 [dziecko, chłopiec] naughty, unruly ⃞2 [włosy, kosmyk, grzywka] unruly

nieskalanie adv. książk. spotlessly, flawlessly; **~ czysty obrus** a spotlessly clean cloth; **~ gładka skóra** a flawless complexion; **człowiek o ~ czystym sercu** a scrupulously honest man

nieskalan|y adi. książk. ⃞1 [biel, czystość] spotless, unblemished ⃞2 przen. [reputacja, opinia] unblemished, flawless; [charakter, osoba] irreproachable; **człowiek o ~ej uczciwości** a scrupulously honest man, a gentleman of complete integrity

nieskazitelnie adv. książk. [ubierać się] impeccably, immaculately; **~ biały obrus** an impeccably white cloth; **było tam ~ czysto** the place was impeccably clean; **dobrzy ludzie, ~ bezinteresowni** good, irreproachably selfless a. unselfish people

nieskazitelność f sgt książk. ⃞1 (stroju, języka, dykcji) impeccability, immaculacy ⃞2 przen. (opinii, charakteru) flawlessness; (osoby) irreproachability

nieskazleln|y adi. książk. ⃞1 [elegancja, maniery, polszczyzna] impeccable; **w gabinecie panował ~y porządek** the study was impeccably neat a. tidy ⃞2 przen. [reputacja, opinia] unblemished, flawless; [charakter, postępowanie, osoba] irreproachable

nieskaż|ony adi. [woda] uncontaminated; [powietrze] unpolluted; [biel, czystość] spotless; **wyspa ~ona cywilizacją** an island

untouched by civilization; **marksizm w ~onej postaci** Marxism in its purest form

nieskładnie adv. [mówić, opowiadać] incoherently; **wszystko szło ~** everything was going wrong

nieskładność f sgt (stylu, wypowiedzi) incoherence

nieskładn|y adi. [wypowiedź, opowieść] incoherent; **~y atak** an uncoordinated attack

nieskomplikowan|y adi. ⃞1 [życie, mechanizm, rozwiązanie] uncomplicated ⃞2 [osoba, natura, zachowanie] uncomplicated, straightforward

nieskończenie adv. ⃞1 (nadzwyczajnie) infinitely, endlessly; **~ dobry człowiek** an infinitely good man; **była ~ piękna** she was infinitely beautiful; **~ długa aleja** an endless avenue ⃞2 książk. (bez końca) **przestrzeń ~ rozciągła** infinite space; **równanie to ma ~ wiele rozwiązań** the equation has an infinite number of solutions; **~ opowiadał o swoich doświadczeniach** he talked endlessly about his experiences

nieskończoność f sgt ⃞1 książk. (kosmosu, przestrzeni) infinity; (uczuć, wspomnień) eternity; **w ~ć** ad infinitum, endlessly; **jest to film, który mógłbym oglądać w ~ć** this is a film I could watch ad infinitum; **dni dłużyły się w ~ć** the days dragged on endlessly; **droga wlokła się w ~ć** the road stretched endlessly ⃞2 Mat. infinity

nieskończ|ony adi. ⃞1 [przestrzeń, pustynia, procesja, oklaski] endless; [nędza, bogactwo] infinite ⃞2 Mat., Nauk. [wszechświat, zbiór] infinite

nieskoro adv. (zgodzić się, odpowiadać) unwillingly; **do pracy im było ~** they were unwilling to work; **~ im było do śmiechu** they didn't have much to laugh about

niesko|ry adi. unwilling; **robotnik ~ry do pracy** a worker unwilling to work; **człowiek ~ry do wynurzeń** a man unwilling to open up

nieskrępowan|y adi. [rozwój] unhindered, unhampered; [wyobraźnia, uczucie] unhindered, unreserved

nieskromnie adv. ⃞1 (bezwstydnie) [zachowywać się, ubierać] indecently, immodestly; **~ krótka spódniczka** an immodestly short skirt ⃞2 (zarozumiale) [przechwalać się] immodestly, arrogantly; **może to zabrzmi ~, ale zawsze wierzyłam, że jestem stworzona, aby być aktorką** maybe this will sound immodest a. arrogant, but I've always believed I was born to be an actress

nieskromność f sgt ⃞1 (stroju, zachowania) indecency, immodesty ⃞2 (zarozumiałość) immodesty, arrogance

nieskromn|y adi. ⃞1 (bezwstydny) [osoba, strój, myśli, piosenki] immodest, indecent ⃞2 (zarozumiały) [osoba, przechwałki] immodest, arrogant

nieskrywan|y adi. [radość, żal, niechęć] unreserved, undisguised

nieskutecznie adv. [starać się] ineffectively; **~ walczył z sennością** he was ineffectively fighting against sleep

nieskuteczność f sgt (starań, leczenia, przepisów) ineffectiveness; (gracza, piłkarza) ineffectiveness, inefficiency

nieskuteczn|y adi. [metoda, kuracja, działania] ineffective; [policja, polityk, drużyna] ineffective, inefficient

niesław|a f sgt książk. disgrace, infamy; **okryć się ~ą** to bring disgrace on oneself; **odszedł ze stanowiska w ~ie** he resigned in disgrace

niesławnie adv. książk. disgracefully, infamously; **uciec ~ z pola walki** to disgracefully run away from the battlefield; **wyprawa skończyła się ~** the expedition ended infamously a. disgracefully

niesławn|y adi. książk. [bitwa, wyprawa] infamous, disgraceful

niesłowność f sgt unreliability

niesłown|y adi. [osoba, kolega, współpracownik] unreliable

niesłusznie adv. ⃞1 (bezpodstawnie) [podejrzewać, posądzać, postępować] unjustly, unfairly ⃞2 (niewłaściwie) [twierdzić, zakładać] erroneously

niesłuszność f sgt ⃞1 (bezpodstawność) unfairness, unjustness ⃞2 (niewłaściwość) erroneousness

niesłuszn|y adi. ⃞1 (bezpodstawny) unfair, unjust ⃞2 (niewłaściwy) erroneous

niesłychanie adv. amazingly, exceptionally; **to było ~ łatwe** that was amazingly easy; **~ sprytny człowiek** an amazingly clever man; **tajemnica ta ~ go intrygowała** this secret intrigued him exceptionally

niesłychan|y adi. [pamięć, historia] amazing, exceptional; **~e rzeczy, co też pani mówi?** it's really amazing what you're saying; **to ~e** that's amazing

niesmacznie adv. ⃞1 (bez smaku) **gotowała ~** she didn't cook well, everything she cooked was tasteless ⃞2 przen. [zachowywać się] tastelessly; **wypadło to płasko i ~** it was pretentious and distasteful

niesmaczn|y adi. ⃞1 [obiad, potrawa, napój] tasteless, unpalatable ⃞2 przen. [żart, uwaga, zachowanie] tasteless, distasteful

niesmak m sgt (G ~u) ⃞1 (w ustach) bad taste; **mieć a. czuć ~ w ustach** to have a bad a. nasty taste in one's mouth; **wypity alkohol pozostawił ~ w ustach** the alcohol left a bad aftertaste ⃞2 przen. (obrzydzenie) distaste, disgust; **czuję ~ na myśl o spotkaniu z nim** the very thought of meeting him fills me with disgust; **wzruszył ramionami z ~iem** he shrugged in distaste a. disgust; **ogarnął go ~** he was filled with disgust; **to zdarzenie zostawiło po sobie ~** this event left a bad a. nasty aftertaste

niesnas|ki plt (G ~ek) książk. disagreement C, trouble U; **~ki pomiędzy mężem a żoną** disagreements between the husband and wife; **wywoływać ~ki** to cause trouble

niesolidnie adv. ⃞1 (nierzetelnie) carelessly, negligently ⃞2 (tandetnie) shoddily; **~ wykonane drzwi** a shoddily made door

niesolidność f sgt ⃞1 (nierzetelność) (wykonawcy, sprzedawcy) negligence, unreliability ⃞2 (tandetność) (budowli, konstrukcji, wykonania) shoddiness

N

niesolidn|y adi. ⃞1 (nierzetelny) [pracownik, kolega, firma] negligent, unreliable; [praca]

careless [2] (tandentny) *[wyrób, wykonanie]* shoddy

niespecjalnie *adv.* pot. not particularly, so-so; **~ ciekawa książka** not a particularly interesting book; **uczyć się ~** to be a mediocre student; **~ idzie mu handel** his business is going so-so; **„podobał ci się ten film?" – „~"** 'did you enjoy that film?' – 'no, not particularly'; **„jak się czujesz?" – „~"** 'how are you?' – 'so-so'

niespecjaln|y *adi.* pot. *[pracownik, potrawa, wyniki]* mediocre; **to ciasto jest jakieś ~e** this cake doesn't look/taste all that great; **~e to nowe przedstawienie** the new play is nothing special

niespełna *part.* less than, just under; **ciężko pracował i w ~ miesiąc skończył pracę** he worked hard and finished the work in less than a month; **miał ~ pięćdziesiąt lat, kiedy zmarł** he was just under fifty when he died

niespiesznie → nieśpiesznie
niespieszno → nieśpieszno
niespieszny → nieśpieszny

niespodzian|ka *f* [1] (zaskoczenie) surprise; **miła/przykra/prawdziwa ~ka** a nice/nasty/real surprise [2] (prezent) surprise; **„mam dla ciebie prezent"– „jaki?" – „to ~ka"** 'I've got a present for you' – 'what is it?' – 'it's a surprise'; **zrobić komuś ~kę** to give sb a surprise, to spring a surprise on sb

niespodziany → niespodziewany
niespodziewanie *adv.* unexpectedly; **wyjechał ~ dwa dni temu** he left unexpectedly two days ago; **burza zerwała się ~** the storm started without warning

niespodziewan|y *adi. [gość, wizyta]* unexpected; *[wiadomość, zbieg okoliczności]* surprising; *[wynik, atak, inwazja]* surprise *attr.*; *[spotkanie, odkrycie]* chance *attr.*; *[wydarzenia]* unforeseen; *[bodziec, śmierć]* sudden; **powieść jest pełna ~ych zwrotów akcji** the novel is full of twists

niespokojnie *adv.* [1] (nerwowo) *[spać, wiercić się]* restlessly, fitfully; *[rozglądać się, chodzić]* anxiously, nervously [2] (burzliwie) turbulently, eventfully; **jego młodość przebiegała ~** he had a turbulent youth; **żył bardzo ~** his life was eventful [3] (gwałtownie) turbulently, disturbingly; **rozmowy przebiegały ~** the talks were turbulent; **pertraktacje toczyły się ~** the negotiations didn't run smoothly [4] (lękliwie) nervously, anxiously; **ukrył się za najbliższym drzewem i rozglądał ~ po okolicy** he hid behind the nearest tree and looked nervously around

niespokojn|y *adi. grad.* [1] (ruchliwy) restless; **ale z niego ~y duch: wciąż gdzieś znika** what a restless soul he is: he's always off somewhere; **w tamtych czasach ludzie wiedli ~e życie** people lived unsettled lives in those times; **on jest najbardziej ~ym dzieckiem z całej grupy** he is the most fidgety child in the whole group [2] (zdenerwowany) *[wzrok, sen, ruchy]* restless [3] (zmartwiony) anxious, worried; **była ~a o stan jego zdrowia** she was anxious about his health [4] (zmienny, burzliwy)

rough [5] (gwałtowny) *[dyskusja, zebranie, manifestacja]* turbulent

❏ **~e czasy** troubled a. turbulent times

niesporo *adv.* przest. slowly, with difficulty; **coś ~ idzie mu pisanie tego listu** he's having difficulty writing that letter

niespotykanie *adv.* extremely, unbelievably; **takie uzdrowienia zdarzają się ~ rzadko** such recoveries are extremely rare

niespotykan|y *adi. [okaz, barwa, umiejętność]* unusual; *[wielkość, radość, rozkosz]* unparalleled; *[przepych, skala]* unprecedented; *[choroba, okazja]* rare

niespoży|ty *adi.* (niewyczerpalny) *[energia, siła, ruchliwość]* inexhaustible; *[osoba]* indefatigable

niespójnie *adv.* książk. incoherently; **postępować chaotycznie i ~** to act chaotically and incoherently

niespójnoś|ć *f sgt* książk. [1] (niespoistość) (gleby) lack of cohesion [2] (nieharmonijność) (argumentacji, wypowiedzi) inconsistency, incoherence; **~ć teorii** lack of cohesion in a theory

niespójn|y *adi.* książk. [1] (niespoisty) *[gleba, piasek]* non-cohesive [2] (bez wewnętrznej logiki) *[tekst, przepisy, film, powieść]* inconsistent, incoherent

niesprawiedliwie *adv. grad. [postąpić, osądzić, ocenić]* unfairly, unjustly

niesprawiedliwoś|ć *f* [1] *sgt* (niezgodność z prawem, sprawiedliwością) injustice, unfairness; **to, że nie dostaliśmy odszkodowania, to jawna ~ć** it's blatant injustice that we didn't get any compensation; **~ć społeczna** social inequity [2] (krzywda) injustice, wrong; **doznać ~ci** to experience injustice; **wyrządzili mu wielką ~ć, wydając taką opinię** they did him a great wrong passing this opinion

niesprawiedliw|y *adi. grad.* [1] (stronniczy) unfair, biased; **ten sędzia jest ~y** this judge is biased; **to najbardziej ~y nauczyciel, jakiego kiedykolwiek spotkałam** he's the most unfair teacher I've ever met [2] (krzywdzący) unfair, unjust; **wyrok ogłoszony przez tego sędziego jest ~y** the judge's sentence is unfair; **obecne przepisy są ~e** the current regulations are unjust

niesprawnie *adv. grad.* [1] (bez sprawności) clumsily; **chory poruszał się ~** the patient was moving clumsily [2] (niewprawnie) unskilfully GB, unskillfully US; **ten portret jest namalowany bardzo ~** the portrait has been painted very unskilfully [3] (źle zorganizowany) inefficiently; **ta firma działa bardzo ~** the company works very inefficiently [4] Techn. (wadliwie) faultily, defectively

niesprawnoś|ć *f sgt* [1] (kalectwo) incapacity, disability; **nie mógł pogodzić się ze swoją ~cią** he couldn't come to terms with his disability [2] Med. malfunction; **~ć nerek** kidney malfunction; **z powodu ~ci serca nie mógł zostać sportowcem** he couldn't become a sportsman due to his heart defect a. condition [3] Techn. faultiness, defectiveness [4] (złe zarządzanie) inefficiency

niesprawn|y *adi.* [1] (kaleki) disabled; **rehabilitacja ~ych dzieci** rehabilitation of disabled children [2] Med. malfunctioning; **on ma ~e nerki** his kidneys are working

badly [3] (niezręczny) *[ruchy, kroki, dziecko, sprzedawca]* clumsy [4] Techn. (uszkodzony, wadliwy) faulty, defective; **~e hamulce były przyczyną wypadku** faulty brakes caused the accident [5] (niezorganizowany) *[urząd, firma]* inefficient

niestabilnoś|ć *f sgt* [1] (podłoża, konstrukcji) instability [2] (zmienność) instability, unsteadiness; **~ć gospodarki/polityki** economic/political instability; **~ć kursów walut** exchange rate instability a. volatility; **~ć uczuć** emotional instability

niestabiln|y *adi.* [1] (chwiejący się) *[podłoże]* unsteady, unstable; *[krzesło, stół]* wobbly; *[łódka, schody]* rickety [2] (zmienny) *[ceny, rynek]* unstable, fluctuating

niestarannie *adv. grad.* carelessly; **~ wykonany rysunek** a careless drawing, a carelessly executed drawing; **~ zbudowany dom** a shoddily built house; **~ wykończona sukienka** a sloppily finished dress

niestarannoś|ć *f sgt* carelessness, negligence

niestarann|y *adi. grad.* [1] (niedbały) *[pracownik, uczeń]* careless, negligent [2] (niedokładny) *[wykonanie, wykończenie]* shoddy, sloppy [3] (niechlujny) *[makijaż, pismo]* messy; *[ubiór, wygląd]* sloppy

niesta|ry *adi.* not old; **to jeszcze ~ry facet** he's not over the hill yet

niestawiennictw|o *n sgt* książk., Prawo non-appearance; **dzisiejsza rozprawa sądowa o odszkodowanie została odroczona z powodu ~a świadków** today's compensation case has been adjourned due to the non-appearance of the witnesses

niestety *part.* unfortunately, regrettably; **nie możemy ~ pojechać na tak drogą wycieczkę** unfortunately, we can't afford such an expensive trip; **zbliża się, ~, koniec lata** regrettably, the summer is coming to an end; **~, musieliśmy uśpić naszego psa** sadly, we had to have our dog put down; **„zdałeś ten egzamin?" – „~, nie!"** 'did you pass the exam?' – 'no such luck!'; **„nie ma już wolnych miejsc na tę wycieczkę?" – „~ nie"** 'can one still apply for the trip?' 'alas, but no'

niestosownie *adv. grad. [zachowywać się, ubierać się]* improperly, inappropriately; *[roześmiać się, odpowiedzieć]* inappropriately

niestosownoś|ć *f* książk. [1] *sgt* (stroju, wyboru) inappropriateness, impropriety [2] (w zachowaniu) ineptitude; **~ć uwagi** the ineptitude of the remark

niestosown|y *adi. [strój, chwila, żart, towarzystwo]* inappropriate, improper; **to ubranie jest ~e na taką wycieczkę** these clothes are unsuitable for this kind of trip

niestrawnoś|ć *f sgt* Med. indigestion, dyspepsia; **mieć lekką/ostrą ~ć** to have minor/acute a. severe indigestion; **po marynatach dostaję ~ci** pickles give me indigestion

niestrawn|y *adi.* [1] Med. (nie do strawienia) indigestible [2] przen. (niezrozumiały) *[styl, film, książka, cena]* unpalatable, indigestible

niestrudzenie *adv. [pracować, poszukiwać]* tirelessly, indefatigably

niestrudz|ony adi. [bojownik, badacz, organizator] indefatigable; [wysiłek, gorliwość] untiring; [praca, walka] unremitting

niestworz|ony adi. pot. incredible, fantastic; **naopowiadał o mnie ~onych historii** he's been telling all kinds of incredible stories about me; **co mi tu za ~one historie opowiadasz?** what kind of fantastic stories are you telling me?; **byłem świadkiem ~onych rzeczy** I've seen some amazing things ■ **opowiadać** a. **pleść ~one rzeczy** pot. to tell tall tales, to make up stories; **ona opowiada ~one rzeczy!** she's making up stories!, she's talking rubbish!

niesubordynacj|a f sgt książk. insubordination

niesubordynowan|y adi. książk. [uczeń, pracownik, podwładny] insubordinate

niesumiennie adv. grad. [pracować, wykonać, załatwić] carelessly, negligently

niesumienność|ć f sgt carelessness, negligence

niesumienn|y adi. [uczeń] negligent, unconscientious; [pracownik] sloppy, careless; [wykonawca, producent] unreliable

nieswojo adv. książk. uncomfortably; **czułam się ~ z powodu ich decyzji** I felt uncomfortable about their decision; **przez cały ranek czuję się jakoś ~** I've been feeling a bit strange all morning; **czułem się ~ na tym przyjęciu, bo nikogo tam nie znałem** I felt uneasy at the party as I didn't know anybody there; **w obecności jego matki zawsze czuję się ~** his mother's presence always makes me feel ill at ease

niesw|ój adi. praed. uncomfortable; **pamiętam, że tego dnia ojciec był jakiś ~ój** I remember that father was quite out of sorts that day; **po tym incydencie czuję się ~ój** I've been feeling out of sorts since that incident; **wrócił do domu jakiś wystraszony i ~ój** he came home looking frightened and uneasy

niesymetrycznie adv. asymmetrically, unsymmetrically; **ta roślina ma ~ ułożone liście** the leaves of this plant are arranged asymmetrically

niesymetryczność|ć f [1] (asymetryczność) asymmetry, lack of symmetry [2] Log. asymmetry

niesymetryczn|y adi. [układ, podział] asymmetric(al)

niesympatycznie adv. grad. [1] (niemiłe) unpleasantly; **zachowywać się ~ względem kogoś** to be unpleasant a. unfriendly towards sb [2] (nieżyczliwie) uncongenially; **zrobiło się jakoś ~** the atmosphere became uncongenial

niesympatyczn|y adi. [1] (niemiły) [osoba] disagreeable, unlikeable; [sposób bycia] unpleasant [2] (nieżyczliwy) [uwagi, nastrój, atmosfera] uncongenial, unfriendly

niesystematycznie adv. [uczyć się, pracować] unsystematically, unmethodically

niesystematyczność|ć f sgt disorderliness, lack of organization; **przyczyną braku postępów jest jego ~ć** the reason for his lack of progress is his disorderliness

niesystematyczn|y adi. [1] (nieskrupulatny) [uczeń, pracownik] unsystematic, unmethodical [2] (nieregularny) unsystematic, irregular; **prowadzić ~y tryb życia** to keep irregular hours

niesyt adi. praed. → niesyty

niesy|ty książk. **II** adi. [1] (głodny) unsated, hungry; **posiłek nie był obfity i odszedł od stołu ~ty** the meal was not large, so he left the table unsatisfied [2] (niesycący) [zupa, obiad, posiłek] meagre GB, meager US [3] (nienasycony) hungry (czegoś for sth); **studiowała kilka fakultetów ~ta wiedzy** hungry for knowledge, she studied several subjects **III niesyt** adi. praed. (nienasycony) insatiable, insatiate

nieszablonowo adv. [umeblować, zachowywać się, ubierać się] originally, unconventionally

nieszablonowoś|ć f sgt (ubioru, zachowania, wnętrza) originality, unconventionality

nieszablonow|y adi. [wnętrze, umeblowanie] original, unconventional

nieszczególnie adv. pot. not very a. too well; „**jak się dziś czujesz?**" – „**~**" 'how are you today?' – 'not too well'; **~ mi się podobała ta książka** I didn't especially like the book

nieszczególn|y adi. pot. not very a. too good; „**jaka jest jego nowa książka?**" – „**~a**" 'what's his new book like?' – 'not too good'; **jedzenie było ~e** the food was mediocre; **pogoda jest dziś ~a** the weather is rather poor today

nieszczelnie adv. [zamknąć, zakręcić] not tightly

nieszczelnoś|ć f [1] sgt (rury, kurka, naczynia) leakiness; (drzwi, okna) draughtiness; (pojemnika, zamknięcia) lack of tightness [2] sgt przen. (granicy, systemu) leakiness [3] zw. pl (szpary, szczeliny) leak; **gaz ulatnia się przez ~ci w rurach** gas is escaping through leaks in the pipes

nieszczeln|y adi. [1] (mający szczeliny) [rura, kurek, naczynie] leaky, leaking; [drzwi, okno] draughty; (o pojemniku, słoiku, zamknięciu) not airtight [2] przen. [granica, system] leaky, porous

nieszczeroś|ć f sgt insincerity; **zarzuciła mu ~ć i obłudę** she accused him of insincerity and hypocrisy

nieszcze|ry adi. [osoba] insincere; [śmiech, uśmiech, podziw, radość] false; [uśmiech, smutek] artificial

nieszczerze adv. [brzmieć, śmiać się, współczuć] insincerely, falsely

nieszczę|sny adi. [1] książk. (nieszczęśliwy) wretched, hapless; **~sna kobieta straciła dziecko** the poor woman lost her baby; **na jej ~snej twarzy malowała się rozpacz** despair was written all over her miserable face [2] książk. (feralny) [data, przedsięwzięcie, wyprawa, wypadek] ill-fated, unfortunate [3] pot. (pechowy, żałosny) unfortunate, pathetic; **gdzie podziały się te ~sne dokumenty?** what on earth happened to those wretched documents?; **wyglądał śmiesznie z tym swoim ~snym przedziałkiem** he looked funny with his pathetic parting

nieszczę|ście **II** n [1] (tragedia) blow, disaster; **śmierć mojej żony była dla nas wszystkich wielkim ~ciem** my wife's death came as a terrible blow to us all; **nikt** **nie spodziewał się takiego ~cia** nobody expected such a disaster; **to prawdziwe ~cie** that's a real tragedy; **opuścić przyjaciół w ~ciu** to leave friends to their fate; **pomóc komuś w ~ciu** to help sb in their time of need [2] sgt (pech) bad luck, misfortune; **miałem ~cie spotkać go na ulicy** I had the misfortune to meet him in the street; **to ~cie zobaczyć czarnego kota przebiegającego drogę** it's bad luck to see a black cat crossing your path **III nieszczęściem** adv. książk. unfortunately; **~ciem złamała nogę** unfortunately, she broke her leg ■ **mieć (to) ~cie robić coś/być gdzieś** to be unfortunate a. unlucky enough to do sth/be somewhere; **na ~cie** a. **trzeba ~cia, że...** a. **~cie chciało, że...** unfortunately; **na ~cie wszystkie dzieci zachorowały naraz** unfortunately all the children fell ill at the same time; **na ~cie musiał mi się właśnie dzisiaj zepsuć samochód** it's just my luck the car broke down today; **nie ma ~cia** there's no (great) harm done, it's nothing serious; **jakby się nie udało, to też nie ma ~cia** there's no harm done if it doesn't work; **~cia chodzą parami** a. **seriami** przysł. it never rains but it pours, bad luck (always) comes in threes; **~cia chodzą po ludziach** przysł. accidents (will) happen, that's life; **wyglądać jak ~cie** a. **jak półtora ~cia** a. **jak siedem ~ć** a. **jak sto ~ć** to look a sorry sight a. the very picture of misery; **idź się umyć, bo wyglądasz jak siedem ~ć** go and wash yourself: you look the very picture of misery

nieszczęśliwie adv. grad. [1] (wzbudzając współczucie) [wyglądać] miserable adi., pitiful adi. [2] (niekorzystnie) [zakochać się, wyjść za mąż] unhappily; [grać, uprawiać hazard] without luck; [stąpnąć, upaść] awkwardly

nieszczęśliw|iec m (V ~cze a. ~cu) książk. (poor) wretch; **zbierali się tam chyba wszyscy ~cy świata** all the poor wretches of the world would gather there

nieszczęśliw|y **II** adi. grad. [1] (cierpiący) [osoba] unhappy; [sierota, kaleka, żebrak] poor [2] (świadczący o cierpieniu) [mina, wyraz twarzy, postawa] miserable [3] (niepomyślny) [dzieciństwo, małżeństwo, miłość] unhappy **III** adi. (przynoszący niepowodzenie) [przedsięwzięcie, lot, wypadek] ill-fated, ill-starred

nieszczęśni|k m, **~ca** f książk. poor wretch, unfortunate; **krzyki i jęki ~ka przejmowały nas grozą** the cries and moans of the poor wretch filled us with terror; **~ca, całe życie męczyła się z mężem pijakiem** the poor woman had to suffer all her life with a drunk for a husband

nieszkodliwie adv. harmlessly, not seriously

nieszkodliwoś|ć f sgt harmlessness; **reklama podkreśla ~ć środka czyszczącego** the ad emphasizes the harmlessness of the cleansing agent

nieszkodliw|y adi. [1] (niegroźny) [ukąszenie, preparat, środek chemiczny] harmless [2] pot., żart. [wariat, fantasta] inoffensive, harmless; [uwaga, komentarz, żart] innocuous, innocent

nieszpor|y plt (G ~ów) Relig. vespers

N

nieścisłoś|ć f [1] sgt (brak precyzji) (danych, obliczeń) inaccuracy, imprecision [2] zw. pl inaccuracy, error; **wytknął mi ~ci w argumentacji** he pointed out the inaccuracies in my reasoning; **~ci w rachunkach/sprawozdaniu** errors in the calculations/a report [3] sgt (brak spoistości, zwartości) [gleby, tkaniny] looseness

nieści|sły adi. [1] (niedokładny) [obliczenia, dane] inaccurate, imprecise; **sprostowaliśmy ~słą wiadomość** we have corrected the inaccurate news item; **pomiary terenu okazały się ~słe** the measurements of the area turned out to be imprecise [2] (pozbawiony spoistości) [ziemia, gleba, materiał, tkanina, ciasto] loose

nieściśle adv. [1] (niedokładnie) inaccurately, imprecisely; **w tym dokumencie fakty podane zostały ~** the facts in this document have been reported inaccurately [2] (luźno) [zwinąć, poukładać] loosely

ni|eść impf (niosę, niesiesz, niesie, niósł, niosła, nieśli) [] vt [1] (iść trzymając w ręku) to carry; **nieść paczkę w ręku/pod pachą** to carry a parcel in one's hand/under one's arm; **niósł worek na plecach** he was carrying a sack on his back; **ranny niesiony na noszach** an injured person carried on a stretcher [2] (unosić, przenosić) to carry, to bring; **rzeka niosła wiele pni i gałęzi** the river was carrying along a lot of branches and tree trunks; **wiatr niosący chmury/zapachy/tumany kurzu** the wind carrying clouds/smells/clouds of dust; **echo niosło odgłosy detonacji** the echo carried the sound of the explosion; **nowe narty niosły go dobrze** the new skis carried him well [3] przen. (przyciągać) to bring, to attract; **niosły ją tu radość i nadzieja** joy and hope brought her here; **niosła go chęć przeżycia przygody** he was attracted by adventure [4] książk. (ofiarowywać) to bring; **nieść komuś pociechę/pomoc/ukojenie** to bring comfort/help/consolation to sb; **lekarz niósł ulgę cierpiącym** the doctor brought relief to the suffering; **modlitwa niesie pociechę** prayer brings comfort ⇒ **przynieść**

[] vi książk. [1] przen. (odczuwać, doznawać) to bear, to carry; **nieść w sobie smutek/gorycz/radość/złość** to bear grief/bitterness/joy/anger inside one; **niesiona w sercu nadzieja** hope carried in one's heart [2] (powodować, pociągać) to present, to carry; **jego felietony niosą ogromny ładunek humoru** his columns present a great deal of humour; **takie posunięcie niosło w sobie duże ryzyko** this move carried a lot of risk [3] pot. (składać jaja) to lay; **nieść jaja** a. **jajka** to lay eggs; **te kury od dawna już nie niosą jaj** the hens haven't been laying (eggs) for a long time ⇒ **znieść** [4] Wojsk. (strzelać) to carry; **nieść na 100 metrów** [działo, karabin, łuk] to carry a. range a hundred metres

[] **nieść się** książk. [1] (rozprzestrzeniać się) to spread, to waft; **zapach żywicy niósł się w powietrzu** the smell of resin spread in the air; **od strony łąk niosły się mocne wonie** a strong aroma wafted from the meadows; **dźwięki muzyki niosły się w powietrzu** the sounds of music wafted in

the air [2] (przemieszczać się) to drift; **chmury niosły się nad miastem** clouds drifted over the city; **łódź niosła się szybko z prądem** the boat drifted along with the current [3] (składać jaja) to lay eggs

■ **gdzie cię/was diabli niosą?** pot. where the hell are you going?; **ciągle go gdzieś diabli niosą** he is always going the devil knows where; **nieść coś do ust** to raise sth to one's mouth; **patrzyła na każdy kęs, który niósł do ust** she watched every morsel he raised to his mouth; **nieść głowę** a. **czoło dumnie** a. **wysoko** książk. to carry one's head high; **z mokrej ziemi niesie wilgocią** wet soil emanates dampness; **nieść życie/zdolności/miłość w ofierze** a. **w darze komuś/czemuś** książk. to offer up one's life/abilities/love to sb/sth; **nogi nie chcą go/jej nieść** pot. his/her legs can't go any further; **plotka/wieść/fama niesie, że...** rumour has it that...; **wieść niesie, że tam mieszkała czarownica** legend has it that a witch used to live there; **fama niesie, że dyrektor zostanie zwolniony** rumour has it that the director is going to be dismissed

nieślubn|y adi. [związek, pożycie] unmarried, unwed; [dziecko] illegitimate; **~y syn** a son born out of wedlock

nieśmiało adv. [spoglądać, uśmiechać się, prosić] shyly, timidly; [zachowywać się] bashfully

nieśmiałoś|ć f sgt książk. shyness, timidity; **wrodzona/chorobliwa ~ć** innate/chronic shyness; **przełamywać/zwalczać ~ć** to overcome/fight one's shyness

nieśmia|ły adi. [1] (wstydliwy) shy, timid; **ona jest bardzo ~łym dzieckiem** she is a rather timid child; **on jest ~ły z natury** he's shy by nature; **jest bardzo ~ły wobec kobiet** he's very shy with women [2] (zażenowany) [uśmiech, głos] embarrassed, shy; [zachowanie] timid, self-conscious [3] (powściągliwy) [gest, krok, ruch, rada, uwaga] tentative

nieśmiertelni|k m Bot. xeranthemum

nieśmiertelnoś|ć f sgt [1] (wieczność) immortality; **wszyscy chrześcijanie wierzą w ~ć duszy** all Christians believe in the immortality of the soul [2] (wiekopomność) immortality; **ten pisarz osiągnął ~ć swoją twórczością** this writer achieved immortality with his works

nieśmierteln|y adi. [1] (wieczny) [bogowie, duch, dusza, osoba] immortal [2] (nieprzemijający) [słowa, dzieło] immortal; [sława, chwała] undying [3] przen. (niepodlegający zmianom) [spór, temat] everlasting, unchanging; [parasol, kapelusz] inevitable żart.

nieśpiesznie adv. książk. slowly, unhurriedly; **mówił ~, cedząc każde słowo** he was speaking slowly, drawling every word; **szedł ~ do domu** he was walking unhurriedly home; **rzeka płynęła ~** the river flowed lazily

nieśpieszno adv. książk. **~ mi** I see no cause for haste; **~ było mu do pracy** he was in no hurry to start working; **~ mu było do odrabiania lekcji** he took his time in getting down to his homework

nieśpieszn|y adi. [krok, tempo, ruchy] slow, unhurried

nieświadom adi. praed. → **nieświadomy**

nieświadomie adv. [skrzywdzić, złamać prawo] unwittingly, unconsciously

nieświadomoś|ć f sgt [1] książk. (niewiedza) unawareness, ignorance; **~ć niebezpieczeństwa/zła** unawareness of danger/evil; **żyć w ~ci** to live in ignorance (**czegoś** of sth); **utrzymywać kogoś w ~ci** to keep sb in ignorance; **robić coś w błogiej ~ci** to do sth in blissful ignorance [2] Psych. unconsciousness

nieświadom|y [] adi. książk. [1] (niezdający sobie sprawy) unaware, ignorant (**czegoś** of sth); **była ~a tego, co ją czeka** she was unaware of what awaited her; **byłem absolutnie ~y tego, jaki obrót mogą przyjąć sprawy** I was totally ignorant of the possible course of events [2] (podświadomy) [ruchy, gesty, odruchy, motywy] unconscious, subconscious

[] **nieświadom** adi. praed. książk. unaware, ignorant (**czegoś** of sth); **~ niebezpieczeństwa, rzucił się tonącemu na ratunek** unaware of the danger, he rushed to rescue the drowning man

nieświeżo adv. [1] (o żywności) **nie kupuj tego mięsa, wygląda tak ~** don't buy that meat, it doesn't look fresh; **te ciastka wyglądają ~** these cakes look stale; **to mleko pachnie ~** the milk smells bad [2] (o pościeli, ubraniu) **trzeba zmienić pościel, wygląda ~** the bedding needs changing, it looks dirty [3] (o wyglądzie człowieka) **po tak długiej podróży czuję się ~** I feel quite worn out after such a long journey

nieśwież|y adi. [1] (o żywności) not fresh, off; [mięso, ryba, jajka, mleko] bad; [mleko] sour; [masło] rancid; [chleb, ciastka] stale; [sałata, kapusta] tired [2] [pościel, bielizna, ubranie] dirty, soiled [3] (o osobie) worn out, untidy; **był ~y po długiej podróży** he was worn out after a long journey [4] (nieoryginalny) [pomysł, temat] unoriginal; [dowcip, frazes, zwrot] stale, tired [5] pot. (nieaktualny) [informacje, wiadomości] stale, out of date

nietak|t m (G ~tu) książk. gaffe; **to był mały ~t, pytać tę panią o wiek** asking the lady her age was a bit of a blunder; **gruby ~t** a grave a. serious blunder; **popełnić ~t towarzyski** to make a gaffe a. a faux pas; **wielkim ~tem było niezaproszenie ich na przyjęcie** not inviting them to the party was very tactless

nietaktownie adv. książk. [postąpić, zachować się, zapytać] tactlessly

nietaktown|y adi. książk. [1] (niedelikatny) tactless [2] (niestosowny, nieodpowiedni) [pytanie, komentarz, wypowiedź, zachowanie] tactless

nietę|gi adi. pot. (kiepski) [artysta, rzemieślnik] poor; rop(e)y GB pot.; [zdrowie, samopoczucie] poor; rotten pot.; [umysł, inteligencja] limited; **była ~giego zdrowia** she was sickly a. in poor health; **uczniowie ~dzy w matematyce/pisaniu wypracowań** pupils rather poor at maths/writing compositions; **mieć ~gą minę** to look abashed; to be struck all of a heap pot.

nietęgo *adv.* pot. *[uczyć się, radzić sobie]* poorly; **~ u niego z pieniędzmi/zamówieniami** he is short on money/commissions; **~ dziś wyglądasz** you look rather poorly today GB pot.; **z gotowaniem/jazdą na nartach u mnie ~** I'm a pretty bad cook/skier pot.

nietknię|ty *adi.* [1] (nienaruszony) *[budowla, posiłek, suma]* intact, untouched; **~ta pieczęć listu** an intact seal on a letter; **zabytki pozostały/przetrwały w ~tym stanie** historic buildings remained/survived intact [2] (cały i zdrowy) intact, unscathed; **wyszedł z wypadku ~ty** he came out of the accident unscathed [3] (nierozpoczęty) *[praca, archiwa, materiały]* untouched

nietolerancj|a *f sgt* [1] (uprzedzenie) intolerance (**wobec kogoś/czegoś** towards sb/sth); **~a religijna/rasowa** religious/racial intolerance [2] Med. intolerance; **~a na lek/mleko** drug/milk intolerance

nietolerancyjnie *adv.* **odnosić się ~ do kogoś/czegoś** to be intolerant of sb/sth

nietolerancyjn|y *adi. (osoba, stosunek)* intolerant (**wobec kogoś** towards sb); **z wiekiem stał się ~y wobec dzieci/dla braku dyscypliny** with age he became intolerant of children/of indiscipline

nietoperz *m* Zool. bat; chiropter a. chiropteran spec.

nietoperzow|y *adi.* Zool. bat's; chiropteran spec.

nietoperzyk *m dem.* small bat

nietowarzys|ki *adi.* unsociable

nietrafnie *adv.* [1] (mylnie) *[wyliczyć, sądzić, objaśniać]* wrongly, incorrectly; **~ odpowiedzieć** to give a wrong answer; **~ wybrać** to make a wrong choice; **film przygodowy określany/interpretowany jako podróżniczy** an adventure film wrongly a. inaccurately described/interpreted as a travel feature [2] (w chybiony sposób) *[zaplanować, zadecydować, zainwestować]* ill-advisedly, in an ill-judged way; *[odezwać się, wyrwać się]* inappropriately; malapropos książk.

nietrafnoś|ć *f sgt* [1] (mylność) (o odpowiedzi, interpretacji, wniosku, wyborze) incorrectness [2] (chybiony charakter) (o decyzji, uwadze, planowaniu) ill-advised nature; **zdumiewa ~ć inwestycji** it's astonishing how ill-advised the investment is

nietrafn|y *adi.* [1] (mylny) *[wniosek, odpowiedź, ocena]* wrong, incorrect; **przewidywania okazały się ~e** the forecasts turned out to be wrong a. inaccurate [2] (chybiony) *[przedsięwzięcie, pomysł, plan]* ill-advised, ill-judged; **~a definicja** an inaccurate definition [3] (niecelny) *[strzał, rzut, cios]* inaccurate

nietrudno *adv.* **~ odgadnąć/zauważyć, że...** it's not difficult to guess/notice that...; **w taką pogodę ~ o przeziębienie** in such weather you a. one can easily catch (a) cold

nietrudn|y *adi.* [1] (łatwy) (o zadaniu, egzaminie) not difficult; **to był ~y wybór** it wasn't a difficult choice; **urządzenie ~e w obsłudze** a user-friendly device [2] (nieuciążliwy) *[osoba, charakter]* easy-going; **on jest ~y w pożyciu** he's fairly easy to live with

nietrwale *adv. [zbudować, zamocować]* with no view to permanence; *[zafarbowany, skręcony]* impermanently; **~ nawiązane zna-**

jomości/związki transitory acquaintances/relationships

nietrwałoś|ć *f sgt* [1] (ulotność) (o uczuciach, związkach) impermanence, transitory nature; **~ć miłości** the transitory nature of love [2] (szybkie uleganie zniszczeniu) (o barwnikach, odkształceniach, budowlach) impermanence; **produkty te odznaczają się ~cią** these products have a limited shelf life

nietrwa|ły *adi.* [1] (szybko przemijający) *[uczucie]* labile; *[sojusz]* impermanent; *[związek, romans]* transitory; **~ła ludzka pamięć** short human memory [2] (łatwo ulegający zniszczeniu) *[kolor, struktura, barwnik]* impermanent; *[produkt spożywczy, towar]* perishable; **~łe cząsteczki** impermanent particles

nietrzeźw|y [1] *adi. [osoba]* intoxicated (by drink a. with alcohol); inebriated książk., żart.; **większość gości była ~a** most of the guests were drunk a. inebriated; **być** a. **znajdować się w stanie ~ym** to be intoxicated; **prowadzenie samochodu w stanie ~ym** drink-driving GB, drunk(en)-driving US; **~y kierowca** drink-driver GB, drunk-driver US
[2] *nietrzeźw|y m, ~a f* intoxicated person

nietutej|szy *adi. [zwyczaj, akcent]* foreign; **~si pracownicy** employees from outside the locality; **jestem w tych stronach ~szy** I'm a stranger in these parts; **to są ~sze obyczaje/gatunki owoców** these aren't local customs/fruit varieties

nietuzinkowo *adv. [ozdobić, przedstawić]* in an individual style; **spór rozwiązano ~** the controversy was settled in an usual a. original way

nietuzinkow|y *adi. [talent, zdolności]* uncommon; *[cecha, wyczyn]* outstanding; *[osobowość, poglądy, twórca, utwór]* unusual, unconventional

nietykalnoś|ć *f sgt* [1] (nienaruszalność) (o dobrach, prawach, korespondencji) inviolability; inviolacy rzad.; **~ć granic** the inviolability of borders; **sprawa o naruszenie ~ci cielesnej** a case about assault and battery [2] (ochrona) (legal) immunity; **~ć świadków** the immunity of witnesses
❑ **~ć osobista** Prawo personal inviolability; **~ć poselska** parliamentary privilege

nietykaln|y *adi.* [1] (chroniony) *[osoba]* immune; **posłowie są ~i** the deputies have immunity [2] (nienaruszalny) *[mienie, granice]* inviolable

nietypowo *adv.* (odmiennie) *[przedstawiony, ozdobiony]* untypically; **odzież w ~ dużych rozmiarach** outsize clothes; **audycja zaczęła się ~** the programme a. broadcast had an uncharacteristic beginning

nietypowoś|ć *f sgt* (odmienność) (o elemencie, zjawisku) untypical nature; (indywidualność) (o reakcji, utworze) uncharacteristic nature

nietypow|y *adi. [składnik, objaw, nauczyciel]* untypical; *[zachowanie, reakcja, wytwór]* uncharacteristic; *[przedstawiciel, egzemplarz]* atypical; **to ~y dla tego poety utwór** the work is uncharacteristic of the poet; **posprzątał z ~ą dla siebie starannością** he cleaned up with an uncharacteristic meticulousness; **to ~e w naszym klimacie** a. **dla naszego klimatu zjawisko** the phenome-

non is untypical of our climate; **powóz to ~y w mieście widok** a coach is an unfamiliar sight in a town; **odzież/obuwie w ~ych rozmiarach** clothes/shoes in non-standard sizes

nieubłaganie *adv.* książk. [1] (nieustępliwie) *[walczyć, żądać, dążyć]* relentlessly [2] (nieuchronnie) *[pogarszać się, upływać]* inexorably; **czas płynie ~** time marches inexorably on

nieubłagan|y *adi.* książk. [1] (bezwzględny) *[sędzia, wierzyciel]* unrelenting; *[wróg, nauczyciel, szef, lekarz]* relentless, inexorable; **matka wstawiała się za mną, ale ojciec był ~y** mother stood up for me, but father was implacable [2] (nieuchronny) *[proces, zjawisko, śmierć]* inexorable; **~y ludzki los** man's inexorable a. implacable fate

nieuchronnie *adv.* unavoidably, inevitably; **pałac ~ chylił się ku upadkowi** the palace was inevitably going into decline

nieuchronnoś|ć *f sgt* inevitability, unavoidability; **~ć śmierci** inevitability of death

nieuchronn|y *adi. [konsekwencje, kataklizm, zmiany]* inevitable, unavoidable; **wojna stawała się ~a** war became inevitable

nieuchwytnie *adv.* [1] (nieosiągalnie) *[grasować, krążyć]* elusively [2] (niepostrzeżenie) *[muskać, pachnieć]* imperceptibly

nieuchwytnoś|ć *f sgt* [1] (nieosiągalność) elusiveness; **~ć przestępcy/zdobyczy** the elusiveness of a criminal/of prey [2] (nieokreśloność) intangibility; **zastanawiająca ~ć moich/jej uczuć** the puzzling intangibility of my/her feelings [3] (ulotność) imperceptibility; **~ć woni perfum** the unobtrusiveness of a fragrance a. scent; **~ć dźwięku** elusiveness of a sound

nieuchwytn|y *adi.* [1] (nieosiągalny) *[dłużnik, zbieg, zwierzę]* elusive; **wyjechał na urlop i był ~y** he went on holiday and was unavailable [2] (nierealny) *[szczęście, sukces, cel, plany]* elusive, unattainable [3] (nieokreślony) *[wpływ, wdzięk]* intangible, indefinable; *[różnice, zmiany, formy]* indiscernible; *[kształt, wspomnienie, pojęcie]* vague, nebulous; **~e piękno gór** the intangible a. indefinable beauty of the mountains; **łączyło ich coś tajemniczego, ~ego** something mysterious and intangible bound them together; **pojęcia/słowa o ~ym znaczeniu** notions/words elusive in meaning [4] (niewyczuwany) *[dźwięk, zapach]* imperceptible

nieuctw|o *n sgt* pejor. [1] (brak wykształcenia) ignorance [2] pot. (lenistwo) reluctance to learn

nieuczciwie *adv. [postępować, dorabiać się]* dishonestly, in a dishonest way

nieuczciwoś|ć *f* [1] *sgt* (nierzetelność) dishonesty [2] (czyn) (act of) dishonesty; **popełniać ~ci** to be dishonest; **drobna/gruba ~ć** a minor/gross dishonesty

nieuczciw|y *adi. [osoba, zachowanie, interes]* dishonest; **~a konkurencja** unfair competition; **prowadzić ~ą grę** to play low a. dirty tricks; to play dirty pot.; **to ~e!** that's unfair!

nieuczenie *adv.* pot. *[wysławiać się, przemawiać]* in an unsophisticated a. uneducated way

N

nieucz|ony adi. pot. [1] [osoba] uneducated, ignorant [2] [gra, głos] untrained; [śpiew, wiersz] artless [3] (prosty) down-to-earth

nieudaczni|k m (Npl ~cy a. ~ki) pot., pejor. lame duck; loser pot., sad sack US pot.; **z niego to życiowy ~k** he's an absolute loser; he can't punch his way out of a paper bag pot.

nieudan|y adi. [1] (niefortunny) [przedsięwzięcie, związek] unsuccessful; [zamach, atak] abortive; botched pot.; [małżeństwo, życie] failed; [rok, wieczór] (rather) bad; ~y **początek sezonu** an unsuccessful start to the season; ~y **eksperyment** a failed experiment; ~y **spisek** a thwarted a. failed conspiracy; **miała ~e dzieci** her children were nothing to be proud of; **ciasto/przyjęcie było ~e** the cake/the party wasn't much of a success [2] (niedobry) [artysta, makler] failed

nieudolnie adv. pejor. [1] (niezgrabnie) [grać, malować, kierować] ineptly [2] (bez rezultatu) [usiłować, pracować] ineffectually; **dziecko ~ wiązało buty** the child was trying ineffectually to tie its (shoe)laces

nieudolnoś|ć f sgt pejor. [1] (brak umiejętności) (o organizacji, dowodzeniu) ineptitude; **wykazać się ~cią** to display a. demonstrate one's ineptitude; ~**ć rządu we wprowadzaniu polityki fiskalnej** the government's ineptitude at a. in implementing a fiscal policy [2] (nieporadność) (o utworze, stylu, formie) ineptness; (brak skuteczności) (o działaniach) ineffectuality, ineffectualness; **przegrał wskutek ~ci kampanii wyborczej** he lost due to the ineffectuality of his election campaign

nieudoln|y adi. pejor. [1] (niezdarny) [amator, debiutant, uczeń] bungling; [postępowanie, zachowanie] blundering, inept; **list pisany ~ą ręką** a letter written in an inept hand; **dość ~e pierwsze próby** rather blundering first attempts [2] (niekompetentny) [urzędnik, nauczyciel, rząd] ineffectual; [robotnik, gracz] bungling; [zarządzanie, kierowanie] inept [3] (nieudany) [działanie, projekt, próba, wysiłki] ineffectual; [wiersze, fotografie, śpiew] artless, inept; ~**a imitacja słynnego obrazu** a poor imitation of a famous painting

nieufnie adv. (podejrzliwie) [patrzeć, obserwować] mistrustfully; (z niedowierzaniem) distrustfully; **odnosić się do kogoś/czegoś (bardzo) ~** to have a (deep) mistrust a. distrust of sb/sth, to be (deeply) mistrustful a. distrustful of sb/sth; **pies ~ obwąchał kiełbasę** the dog sniffed the sausage suspiciously

nieufnoś|ć f sgt (podejrzliwość) mistrust; (niedowierzanie) distrust (**do** a. **wobec kogoś/czegoś** of sb/sth); ~**ć wobec nowości/do obcych** mistrust a. distrust of a. towards novelties/strangers; **nabrać do kogoś/czegoś ~ci** to become distrustful a. mistrustful of sb/sth; **podchodzić do czegoś z ~cią** to regard sth with mistrust, to have a mistrust of sth; **jego zachowanie wzbudza ~ć** his behaviour arouses mistrust

nieufn|y adi. (podejrzliwy) mistrustful; (niedowierzający) distrustful (**wobec kogoś/czegoś** of sb/sth); **wbił w nas ~y wzrok** a. ~**e**

spojrzenie he eyed us with mistrust a. distrust

nieugięcie adv. [przekonywać, nakłaniać] indomitably; [odmawiać, bronić, wyznawać] steadfastly, staunchly; pertinaciously książk.; ~ **monarchistyczne/proekologiczne ugrupowania** staunchly royalist/environmental organizations; ~ **wrogi stosunek/przeciwnik** an implacably hostile attitude/opponent; **walczyła ~ o swoje racje** she fought her corner hard; **trwał ~ przy swojej opinii** he held steadfastly to his beliefs

nieugiętoś|ć f sgt (cecha woli, hartu ducha) indomitability, indomitableness; (cecha oporu, walki) steadfastness; pertinaciousness a. pertinacity książk.; ~**ć przekonań** unshakeability of one's beliefs

nieugię|ty adi. [przeciwnik, opór] staunch, steadfast; [polityk, upór] pertinacious książk.; [wiara, postawa] unyielding; [charakter, wola] indomitable; [wyznawca, zwolennik] staunch; ~**ty obrońca prawdy/wiary** a staunch defender of the truth/faith; **mieć ~ty hart ducha** to be a person of indomitable spirit; **pozostał** a. **trwał ~ty w swoich przekonaniach/swojej wierze** he remained steadfast in his convictions/belief(s)

nieujarzmi|ony adi. książk. [1] (gwałtowny, dziki) [ogień, namiętność, żądza] unquenchable; [żywioł, powódź] unstoppable; ~**ona natura poszukiwacza przygód** the unbridled nature of an adventurer [2] (niezwyciężony) [naród, kraj] invincible; [wola] indomitable

nieuk m (Npl ~i) pejor. (głupiec) ignoramus; (w szkole) dunce

nieukoj|ony adi. książk. [1] (niepocieszony) [osoba] inconsolable; unconsolable rzad.; disconsolate książk. [2] (nieuśmierzony) [smutek, ból, żal] inconsolable, unassuaged

nieuleczalnie adv. [1] Med. [chory] incurably, irremediably; ~ **chory pacjent** an untreatable patient [2] pot. [zakochany, głupi, naiwny] incurably

nieuleczalnoś|ć f sgt [1] Med. incurability [2] pot. (stałość) incurable nature; **jestem przekonany o ~ci jego lenistwa/wścibstwa** I'm convinced his laziness/nosiness is incurable

nieuleczaln|y adi. [1] Med. (niemożliwy do wyleczenia) [choroba, schorzenie] incurable, irremediable; [schorzenie, paraliż] untreatable; (śmiertelny) [choroba] terminal, fatal; [rak] terminal [2] pot. (niezmienny) [głupota, naiwność, lenistwo] hopeless; **jestem ~ym optymistą** I'm an incurable optimist

nieulęk|ły adi. książk. [wojownik, obrońca] dauntless książk.; doughty przest., żart.; [postawa] fearless; **miał ~łe serce** he was lionhearted książk.

nieumiarkowani|e [] n sgt (brak umiaru) intemperance; immoderation książk. (**w czymś** in (doing) sth); ~**e w jedzeniu i piciu** intemperance in eating and drinking a. in food and drink

[] adv. [jeść, pić, bawić się] intemperately, in an immoderate manner; immoderately książk.

nieumiarkowan|y adi. [wymagania, picie, zachowania] immoderate, intemperate (**w**

czymś in sth); ~**a żądza** a. **chęć bogacenia się** extreme avarice; **być ~ym w piciu alkoholu** to be immoderate a. intemperate in drink a. in drinking

nieumiejętnie adv. [wykonać, zarządzać, obsługiwać] incompetently, in an incompetent way; ~ **zaszyta rana** an incompetently sutured wound

nieumiejętnoś|ć f sgt inability, incapacity; ~**ć czytania i pisania** an inability to read and write; **nasza/jego ~ć zdecydowanego działania** our/his inability to act decisively; ~**ć radzenia sobie w życiu** incapacity a. inability to manage one's affairs; ~**ć obsługi komputera** lack of computer skills; ~**ć zarządzania** a. **kierowania gospodarką/firmą** mismanagement of the economy/of a company; ~**ć kierowania ludźmi** lack of leadership qualities

nieumiejętn|y adi. [kierowca, kucharz] incompetent, unskilful GB, unskillful US (**w czymś** at sth); [obchodzenie się, praca, wykonanie] inexpert, incompetent; **robić coś w ~y sposób** to do sth in an incompetent a. unskilful way

nieumyślnie adv. [spowodować, potrącić, pogorszyć] inadvertently; [obrazić, wprowadzić w błąd] unintentionally; **zrobiłeś to z rozmysłem czy ~?** did you do it by design or by accident?

nieumyślnoś|ć f sgt Prawo inadvertence

nieumyśln|y adi. [czyn, postępek, cios, przestępca] inadvertent; [krzywda, przykrość] unintentional

❏ ~**e spowodowanie śmierci** Prawo involuntary a. accidental manslaughter

nieuniknionoś|ć f sgt inevitability, unavoidability

nieunikni|ony adi. [operacja, ryzyko] unavoidable; [katastrofa, konieczność] inevitable; ~**ona konieczność śmierci** the inevitability of death

nieuprzejmie adv. grad. (niegrzecznie) [obsłużyć, potraktować] impolitely, in an impolite manner; [burknąć, odezwać się] uncivilly; (niedelikatnie) discourteously; **zachował się wobec ojca bardzo ~** he was most uncivil to his father; ~ **byłoby odmówić/nie przyjść** it would be impolite to refuse/not to come

nieuprzejmoś|ć [] f sgt (niegrzeczność) impoliteness, incivility; (niedelikatność) discourtesy

[] nieuprzejmości plt (w słowach) incivilities; (w zachowaniu) discourtesies

nieuprzejm|y adi. (niegrzeczny) impolite, uncivil; (niedelikatny) discourteous; **proszę mi oszczędzić tych ~ych uwag** you can spare me such incivilities; **nie mów do mnie tym ~ym tonem** don't talk to me in that tone of voice

nieurodzaj m (G ~u) crop failure, poor harvest; ~ **na jabłka/ziemniaki** a poor harvest of apples/potatoes; **susza była przyczyną ~u** crops failed because of the drought, the drought led to crop failure

nieurodzajnoś|ć f sgt (o glebie, regionie) infertility

nieurodzajn|y adi. [gleba, region, kraj] infertile; ~**e lata** years of poor harvest; ~**a ziemia** barren soil a. land

nieustając|y *adi.* książk. *[pomoc, hałas, gadanina, zabiegi]* incessant; *[mżawka, zainteresowanie, oddanie]* unremitting; *[ból, mordęga, presja]* unrelenting; *[brawa, wiwaty, popularność]* sustained; **żyć w ~ym stresie** to be under constant stress; **toczy się ~a walka** a constant battle is taking place ■ **~e zdrowie!** your (good) health!; **~e zdrowie dziadka!** good health to Grandpa!

nieustannie *adv. [padać, mówić, opowiadać, kłócić się]* incessantly, continually; *[narzekać, działać]* ceaselessly; *[gadać, ćwierkać]* unceasingly; **koszty rosną ~** prices are rising continually; **od dwóch tygodni ~ pada śnieg** it's been snowing continually for two weeks; **ona ~ mówi o sobie i swoich kłopotach** she talks incessantly a. ceaselessly about herself and her problems; **myślę o tobie ~** you're always in my thoughts

nieustann|y *adi. [zmiany, opady, hałas, szum]* ceaseless; *[rozwój, wzrost, wysiłek]* sustained; *[poszukiwania, praca, próby]* unceasing; *[deszcz, wichury, hałas]* incessant, continual; **~y lęk** gnawing anxiety; **żyć w ~ym napięciu** to live under constant pressure

nieustępliwie *adv.* książk. inflexibly, tenaciously; **~ trwał przy swoim zdaniu** he tenaciously clung to his opinion; **walczył ~ o swoje prawa** he tenaciously fought for his rights

nieustępliwoś|ć *f sgt* [1] (nieugiętość) (o postawie, podejściu) inflexibility; (o działaniach, stanowisku, charakterze) tenacity; **~ć w dążeniu do celu** tenacity of purpose [2] (ciągłe trwanie) (o bólu, chorobie) intractability, intractableness

nieustępliw|y *adi.* [1] (nieugięty) *[polityk, obrońca]* tenacious, inflexible; *[radykał, stanowisko]* intransigent; pertinacious książk.; **~e zmierzanie do osiągnięcia celu** an uncompromising pursuit of one's objective; **lekarze prowadzili ~ą walkę o jego życie** doctors put up a tenacious struggle to save his life [2] (ciągły) *[spojrzenie]* unyielding; *[ból, choroba]* intractable

nieustraszenie *adv.* książk. *[walczyć, zmagać się]* fearlessly

nieustrasz|ony *adi.* książk. *[obrońca, żołnierz]* fearless; *[podróżnik, dziennikarz]* intrepid także żart.; **człowiek ~onej odwagi** a person of dauntless spirit

nieutul|ony *adi.* książk. *[smutek, żałość]* inconsolable, unassuaged; **z ~onym żalem zawiadamiamy, że...** it is with deep sorrow that we must announce that...

nieuwa|ga *f sgt* inattention; **chwila ~gi** a moment's inattention; **przez ~gę** *[strącić, uderzyć się, nadepnąć]* inadvertently, accidentally; **korzystając z mojej/jego ~gi** taking advantage of my/his inattention

nieuważnie *adv. [słuchać, czytać]* inattentively; *[prowadzić samochód, pracować]* carelessly

nieuważn|y *adi. [uczeń, słuchacz]* inattentive; *[ruch, krok]* careless; *[obserwacja, korekta, lektura]* cursory

nieuzasadni|ony *adi. [wymagania, oskarżenia, przekonanie, krytyka]* unjustified; *[strach, wiara, twierdzenie, hipoteza]* unfounded, ungrounded; *[obawy, zazdrość]*

unwarranted; **miał ~one poczucie winy** he had an unfounded feeling of guilt

nieużyt|ek II *m pers.* (*Npl* **~ki**) pot., pejor. egoist; dog in the manger przen. **III** *m inanim. zw. pl* (*G* **~ku**) Roln. wasteland *C/U*

nieuży|ty *adi.* pot., pejor. *[sąsiad, kolega]* unobliging

niewar|t *adi. praed.* [1] (o mniejszej wartości) not worthy; **ten samochód/obraz jest ~t takiej sumy** the car/painting is not worth so much [2] (niegodny) unworthy (**czegoś** of sth); **film ~t obejrzenia** a film not worth seeing; **ludzie ~ci szacunku/zaufania** people unworthy of respect/trust ■ **nic ~t** (bezwartościowy) worthless

nieważ|ki *adi.* [1] książk. (błahy) *[temat, treść]* trivial; *[argument]* negligible, inconsiderable; **zarzuty uznano za ~kie** the allegations were found to be not worth considering [2] Fiz. *[materiał, substancja]* weightless

nieważkoś|ć *f sgt* [1] książk. (błahość) negligibility [2] Fiz. (brak grawitacji) weightlessness; **w stanie ~ci** in a weightless environment a. condition

nieważnoś|ć *f sgt* [1] (brak znaczenia) unimportance, insignificance [2] Prawo (o testamencie, czynnościach prawnych, wyroku) invalidity; (o małżeństwie, ojcostwie) nullity; **stwierdzić ~ć małżeństwa** to declare a marriage void

nieważn|y *adi.* [1] (nieistotny) *[drobiazg, sprawa, wydarzenie]* unimportant, insignificant [2] (niewpływowy) *[osoba]* unimportant; **~y urzędnik** an official of no importance [3] (bez mocy prawnej) *[dokument, postępowanie, wybory, karta płatnicza]* invalid; *[umowa]* void; *[paszport, legitymacja]* out of date; **~y wobec prawa** null and void, legally void [4] (przeterminowany) past its sell-by date GB, past its pull date US [5] (niepełny) **tort urodzinowy bez świeczek jest ~y** a birthday cake without candles doesn't count **III nieważne!** *inter.* it doesn't matter!

niewąs|ki *adi.* pot. (ilość, porcja) fair; **~ka suma** a fair a. no measly pot. amount; **~ka ze mnie gaduła, co?** I can talk, can't I?

niewąsko *adv.* pot. *[oszukać, narobić się]* in a big way pot.; **~ nas to auto kosztowało** the car cost us an arm and a leg

niewątpliwie *adv. [udany, najlepszy]* undoubtedly; *[odnieść sukces, mieć rację]* doubtless

niewątpliw|y *adi. [talent, zdolności, sukces]* undoubted; *[uczciwość, korzyść, znaczenie]* unquestionable; *[fakt, wdzięk, skłonność]* undeniable

niewczas → poniewczasie

niewcze|sny *adi.* książk. inopportune, untimely; **~sny wybuch wesołości** an inopportune a. untimely outburst of laughter; **okazał się ~snym optymistą** his optimism turned out to be inopportune a. untimely; **wyrwał się z ~snym komentarzem** he came out with an inopportune a. untimely comment

niewdzięcznie *adv.* ungratefully; **zachować się ~ wobec kogoś** to behave ungratefully towards sb

niewdzięczni|k *m,* **~ca** *f* ingrate, ungrateful person; **byłby ~kiem, gdyby o was dobrze nie mówił** he'd be ungrateful if he didn't speak highly of you

niewdzięcznoś|ć *f sgt* ingratitude, ungratefulness; **odpłacił mi ~cią za okazaną pomoc** he rewarded my help with ungratefulness; **zarzucić komuś ~ć** to accuse sb of ingratitude a. ungratefulness ■ **czarna ~ć** sheer ingratitude

niewdzięczn|y *adi.* [1] (nieokazujący wdzięczności) ungrateful, thankless; **~e dziecko** an ungrateful a. a thankless child; **muszę to zrobić, bo powiedzą, że jestem ~a** I have to do this, otherwise they'll say I'm unappreciative [2] (trudny) thankless, unrewarding; **poruszył ~y temat** he touched upon a thankless a. an unrewarding subject; **prowadzenie sklepu to ~e zajęcie** running a shop is a thankless a. an unrewarding task

niewesoło *adv.* [1] (smutno) sadly, unhappily; **jest mi/jej ~ na duszy** I've/she's a heavy heart; **uśmiechnął się ~** he smiled sadly a. unhappily [2] (kiepsko) pretty bad *adi.*; **cała sprawa wygląda ~** the whole affair looks pretty bad; **rok zapowiadał się ~** it looked like we were going to have a pretty bad year

niewes|oły *adi.* [1] (smutny) sad, unhappy; **miał ~ołą minę** he looked sad a. unhappy; **~ołe myśli przychodzą mi do głowy** sad a. unhappy thoughts come to my mind; **popaść w ~ołe zamyślenie** to become preoccupied with sad a. unhappy thoughts; **wieść ~oły żywot** to lead a sad a. an unhappy life, to live sadly a. unhappily [2] (zły) pretty bad; **~oła nowina/sytuacja** pretty bad news/a pretty bad situation

niewiadom|y II *adi.* unknown; **towar ~ego pochodzenia** goods of unknown origin; **udał się w ~ym kierunku** he made his way in an unknown direction; **wyjechał w ~ym celu** he left for an unknown reason; **znajduje się w ~ym miejscu** he stays in an unknown place; **zwolnił się z pracy z ~ych przyczyn** he gave up his job for an unknown reason **II niewiadoma** *f* [1] (zagadka) imponderable; **w tej kwestii jest zbyt wiele ~ych** there are too many imponderables in that question; **wielka ~a** przen. the joker in the pack; **przyszłość człowieka jest wielką ~ą** a man's future is a great unknown [2] Mat. unknown (quantity); **~ą w tym zadaniu jest prędkość** the unknown (quantity) in the problem is the speed; **równanie z jedną ~ą** an equation with one unknown (quantity); **układ równań z dwoma ~ymi** a system of equations with two unknowns a. unknown quantities **III niewiadome** *n sgt* the unknown; **czekać na/wyjechać w ~e** to wait for/to go into the unknown

niewi|ara *f sgt* [1] (brak wiary) lack of faith, unbelief; **wyznał księdzu swoją ~arę** he confessed his lack of faith a. belief to a priest [2] (zwątpienie) disbelief, distrust; **chwila ~ary** a moment of disbelief a. distrust; **~ara w czyjąś bezinteresowność/we własne siły** a disbelief in a. a distrust of sb's disinterest/one's strength

niewiarygodnie *adv.* incredibly, unbelievably; **jechać ~ szybko** to drive incredibly a. unbelievably fast; **~ niskie**

N

ceny incredibly a. unbelievably low prices; **ta historia brzmi ~** this story sounds incredible a. unbelievable; **torba okazała się ~ ciężka** the bag turned out to be incredibly a. unbelievably heavy

niewiarygodnoś|ć f sgt incredibility; **~ć relacji/czyjegoś sukcesu** the incredibility of the story/sb's success

niewiarygodn|y adi. książk. [1] (niezasługujący na zaufanie) not credible; **twój świadek jest ~y** your witness is not credible [2] (nieprawdopodobny, wyjątkowy) [historia, nowina, szybkość] incredible, unbelievable; **jaszczurka ~ej wielkości** an incredibly a. unbelievably large lizard; **był wprost ~ym idiotą** he was a complete idiot; **cechowało go ~e skąpstwo** he was incredibly a. unbelievably stingy

niewi|asta f przest., książk. woman; **młoda ~asta** a young woman

niewidocznie adv. imperceptibly, invisibly; **choroba postępowała ~** the illness progressed imperceptibly; **~ obecny** invisibly present

niewidocznoś|ć f sgt invisibility; **drzewa zapewniały nam ~ć** the trees made us invisible

niewidoczn|y adi. invisible; **~y z daleka wąwóz** a ravine hidden from a distance; **rzeka jest z tego miejsca ~a** the river is not visible from there; **w ciemnym pokoju był prawie ~y** he was almost invisible in the dark room; **zmiany chorobowe są na razie ~e** the lesions are invisible at the moment; **znak był ~y dla kierowców** the sign was invisible to drivers

niewidom|y [I] adi. blind; **~y pianista** a blind pianist

[II] **niewidom|y** m, **~a** f blind; **pismo Braille'a dla ~ych** the Braille alphabet for the blind; **praca wykonywana przez ~ych** work done by blind people

niewidzialnie adv. invisibly; **działać ~** to act invisibly; **przemknął się ~** he slipped by unseen

niewidzialnoś|ć f sgt invisibility

niewidzialn|y adi. invisible, unseen; **~e dla oka promienie podczerwone** infrared radiation, invisible to the naked eye; **~a siła** an unseen force; **sam ~y, mógł obserwować innych** he could watch the others, unseen; **samolot ~y dla radarów** a plane invisible to radar

niewiedz|a f sgt ignorance, lack of knowledge; **~a nie zwalnia od odpowiedzialności** ignorance is no defence (in the eyes of the law); **podczas dyskusji ujawniła się jego ~a** his ignorance a. lack of knowledge came out during the discussion; **przyznał się do swojej ~y** he admitted his ignorance a. lack of knowledge

niewiel|e [I] pron. (niedużą ilość) little, few; **mam ~e czasu/pieniędzy** I haven't got much time/money; **mamy ze sobą ~ wspólnego** we have little a. haven't got much in common; **~u może sobie na to pozwolić** (only) few a. not many can afford it; **~u nam dorównuje** few can match us; **okazują nam ~e serdeczności** they give us little warmth; **w ~u miastach nie podrożała komunikacja** there were only a few towns where fares didn't go up; **z**

~oma koleżankami udało mi się o tym porozmawiać I managed to talk about this with few friends (only)

[II] adv. (trochę) little, not much; **charaktery sióstr ~e się różnią** the sisters' characters don't differ much; **~e cieplej/szybciej** not much warmer/faster; **~e młodszy/wyższy** little a. not much younger/taller; **~e mówi o sobie** he doesn't talk much about himself, he talks little about himself; **~e się zmieniłeś** you haven't changed much; **~e udało im się zrobić** they managed to do little

niewiel|ki adi. [1] (nieduży) little, small; **~ka grupa turystów** a small group of tourists; **~ka miejscowość** a little a. small town; **dostawał ~kie rólki w filmach** he played small parts in films; **być ~kiego wzrostu** to be short [2] (nieznaczny) little, no great; **dysponuje ~kim majątkiem** he's not very wealthy; **na jego wyzdrowienie jest ~ka nadzieja** there's little a. slim hope of his recovery; **żyła z ~kiej emerytury** she lived on a small pension

niewiernoś|ć f [1] (wiarołomstwo, zdrada) infidelity, unfaithfulness; **małżeńska ~ć** marital infidelity a. unfaithfulness [2] sgt książk. (nielojalność) disloyalty, treachery; **~ć wobec ideałów** disloyalty to one's ideals [3] sgt (niedokładność) inaccuracy; **~ć przekładu** the inaccuracy of a translation

niewiern|y [I] adi. [1] (wiarołomny) faithless, unfaithful; **~y małżonek** a faithless a. an unfaithful spouse [2] książk. (nielojalny) disloyal, treacherous; **~y sługa** a disloyal a. treacherous servant [3] (niedokładny) inaccurate; **~a relacja** an inaccurate report; **przekład uznano za ~y** the translation was pronounced inaccurate [4] przest. (nieprawowierny) infidel

[II] **niewiern|y** m, **~a** f infidel; **prześladowanie ~ych** the persecution of the infidel

■ **~y Tomasz** doubting Thomas

niewierzą|cy [I] adi. atheistic; **być człowiekiem ~ym** to be an atheist

[II] **niewierzą|cy** m, **~a** f atheist, nonbeliever; **być ~ym** to be an atheist a. a nonbeliever

niewieści adi. przest. womanly, woman's; **~a dłoń/garderoba** a woman's hand/wardrobe; **~ urok** womanly charm; **~a uroda** womanly looks

niewiniąt|ko n iron. innocent; **mieć minę ~ka** to look as if butter wouldn't melt in one's mouth; **robić z siebie ~ko** to play an innocent; **rzeź ~ek** the slaughter of innocents

niewinnie adv. grad. [1] (niezasłużenie) innocently, undeservedly; **posądzony/ukarany ~** undeservedly accused/punished; **cierpieć za kogoś ~** to suffer for sb without justification [2] (bezgrzesznie) innocently; **uśmiechać/zachowywać się ~** to smile/behave innocently [3] (niegroźnie) innocently; **żartował sobie z niej ~** he made innocent fun of her

niewinnoś|ć f [1] sgt (brak winy) innocence; **~ć oskarżonego** the innocence of a defendant; **jestem przekonana o jego ~ci** I'm sure he's innocent; **wierzyć w czyjąś ~ć** to believe in sb's innocence;

siedzieć za ~ć żart. to be unjustly imprisoned [2] sgt (skromność, cnotliwość) innocence, naivety; **~ć uśmiechu** the innocence a. naivety of a smile; **miał w sobie ~ć dziecka** he had a childlike innocence a. naivety in his eyes [3] sgt (nieszkodliwość) inoffensiveness; **~ć (czyichś) żartów** the inoffensiveness of sb's jokes [4] iron., żart. (o osobie) innocence; **chodząca ~ć** the epitome of innocence iron., innocence personified iron.

niewinn|y [I] adi. [1] (bez winy) innocent, not guilty; **mój klient jest ~y** my client is innocent; **oskarżony został uznany za ~ego** the accused was found not guilty; **został oskarżony ~y człowiek** an innocent person has been accused [2] (nieskalany) innocent, naive; **~a minka/twarzyczka** an innocent a. a naive expression/face; **~y aniołek** an innocent angel [3] (nieszkodliwy) harmless, inoffensive; **~a rozrywka** inoffensive fun; **~e kłamstewka** white lies; **~e pytanie** an innocuous question; **~e skaleczenie** a minor cut; **robił sobie z niej ~e żarty** he was making inoffensive jokes at her expense [4] książk. (czysty) chaste

[II] **niewinn|y** m, **~a** f innocent; **trzeba zrehabilitować ~ych** the innocent have to be rehabilitated

niewłaściwie adv. improperly, wrongly; **~ dobrane kolory** ill-matched colours; **~ zlokalizowana fabryka** an improperly a. a wrongly located factory; **zachowałeś się ~** you behaved improperly a. wrongly

niewłaściwoś|ć f [1] sgt (bycie nieodpowiednim) inappropriateness; **~ć stroju** the inappropriateness of sb's clothes; **na czym polegała ~ć mojego zachowania?** what was wrong with my behaviour? [2] zw. pl (błąd, gafa) blunder, gaffe; **popełnić ~ć** to blunder, to make a blunder a. gaffe

niewłaściw|y adi. improper, wrong; **~e towarzystwo** (jedna osoba) an unsuitable companion; (grupa) unsuitable a. wrong company; **jej dokumenty/notatki dostały się w ~e ręce** her documents/notes fell into the wrong hands; **może jedziemy w ~ym kierunku** maybe we are going in the wrong direction; **w tych okolicznościach żart był czymś ~ym** the joke was inappropriate under the circumstances; **zatrudniliście ~ego człowieka** you have hired the wrong person

niewol|a f sgt [1] (brak wolności) bondage; **~a feudalna/kolonialna/pańszczyźniana** vassalage/subjugation/serfdom; **~a narodowa** national bondage; **cierpieć jarzmo ~i** to suffer under the yoke of bondage [2] (odosobnienie) captivity, imprisonment; **trzy lata ~i** three years of captivity a. imprisonment; **dostać się do ~i** to be captured a. taken prisoner; **wziąć kogoś do ~i** to capture sb, to take sb prisoner [3] (o zwierzętach) captivity; **są to zwierzęta trudne do hodowli w ~i** these animals are difficult to raise in captivity; **ten lew urodził się w ~i** this lion was born in captivity [4] (zależność) enslavement; **być w ~i grzechu/pieniądza** to be enslaved to sin/money, to be a slave of a. to sin/money

❏ **~a babilońska** the Exile (in Babylonia), Babylonian captivity; **~a egipska** Relig.

Egyptian slavery, the bondage in Egypt; przen. slavery

niew|olić *impf vt* książk., przest. [1] (pozbawiać wolności) to subjugate; **~oleni chłopi pańszczyźniani** oppressed serfs; **~olone kraje kolonialne** subjugated colonial countries; **podbić i ~olić naród** to conquer and subjugate a nation ⇒ **zniewolić** [2] (przymuszać) to force; **~olić córki do małżeństwa** to force daughters into marriage ⇒ **zniewolić**

niewolnictw|o *n sgt* [1] Hist. slavery; **zniesienie ~a** the abolition of slavery [2] przen. (podporządkowanie) enslavement, slavery; **~o pieniądza/przyzwyczajeń/władzy** the enslavement a. slavery of money/habits/power

niewolniczo *adv.* [1] (ulegle) servilely, slavishly; **był jej ~ posłuszny** he was servilely a. slavishly obedient to her; **uwielbiał ją ~** he servilely a. slavishly adored her [2] przen. (według wzoru) slavishly; **~ naśladował architektów modernizmu** he slavishly copied the modernist architects

niewolniczoś|ć *f sgt* [1] (uległość) servility; **bezmyślna ~ć w zachowaniu** the mindless servility of sb's behaviour [2] (przesadna wierność) slavishness

niewolnicz|y *adi.* [1] (dotyczący niewolników) slave *attr.*; **~a siła robocza** a slave workforce; **system ~y** a slave system [2] (służalczy) servile, slavish; **~a uległość** servile a. slavish submission; **~e posłuszeństwo** servile a. slavish obedience [3] (nazbyt wierne wzorowanie się) slavish; **~e naśladownictwo mistrzów** a slavish imitation of masters; **~e przywiązanie do konwencji** a slavish fidelity to conventions

niewolni|k *m*, **~ca** *f* [1] (więzień) slave; **handel/handlarz ~kami** a slave trade/trader; **właściciel ~ków** a slaveholder; **wyzwolić ~ków** to free slaves [2] (poddający się bezwolnie) addict, slave; **~k przyzwyczajeń/uczuć** a slave to one's habits/feelings; **stał się ~kiem alkoholu** he became an addict a. a slave to alcohol

niew|ód *m* (*G* **~odu**) seine; **łowić ~odem** to fish with a seine; **zarzucać ~ód** to cast the seine

■ **łowić ryby przed ~odem** to count one's chickens before they're hatched

niewprawnie *adv. grad.* książk. unskilfully GB, unskillfully US; **~ grać na fortepianie** to play the piano unskilfully; **~ kłamać** to lie awkwardly

niewprawnoś|ć *f sgt* unskilfulness GB, unskillfulnes US; **~ć (czyjejś) ręki** the unskilfulness of sb's hand; **~ć w czytaniu** lack of skill in reading

niewprawn|y *adi.* untrained; **~a ręka** an unskilled a. untrained hand; **napisany ~ą ręką** written in clumsy handwriting; **~e kroki/ruchy** awkward steps/movements; **~e oko/ucho** an untrained eye/ear; **~y kierowca** an inexperienced driver; **~y w pisaniu** untrained in writing; **jestem jeszcze w tym ~y** I'm still unskilful a. unskilled at it

niewrażliwoś|ć *f sgt* [1] (nieczułość) insensibility, insensitivity; **~ć na losy innych** insensitivity to the fate of others [2] Fizjol.

(odporność) insensitivity; **~ć na ból/hałas/zimno** insensitivity to pain/noise/cold

niewrażliw|y *adi.* [1] (nieczuły) insensitive, unfeeling; **~y na cudze nieszczęście** insensitive to other people's misfortune [2] Fizjol. (odporny, niepodatny) insensitive (**na coś** to sth); **być ~ym na hałas/zimno/zmiany pogody** to be insensitive to noise/cold/weather changes; **~y na antybiotyki/kurację** unresponsive to antibiotics/treatment

niewskazan|y *adi.* inadvisable; **~e jest nadużywanie lekarstw** overdosing with medicines is inadvisable; **pośpiech w tej sprawie jest ~y** it would be extremely inadvisable to rush this matter

niewspółmiernie *adv.* książk. disproportionately, incommensurately; **cena obrazu jest ~ niska do jego wartości** the price of this painting is disproportionately a. incommensurately low compared to its value; **reakcja ~ wielka w stosunku do siły bodźca** a reaction disproportionately a. incommensurately strong compared to the stimulus

niewspółmiernoś|ć *f sgt* książk. disproportion; **~ć kosztów do zysków** a disproportion between expenses and the profit; **rażąca ~ć winy do wyroku** a glaring disproportion between guilt and sentence

niewspółmiern|y *adi.* książk. disproportionate, incommensurable; **praca ~a do wynagrodzenia** work disproportionate to a. incommensurable with the pay

niewybaczaln|y *adi.* inexcusable, unpardonable; **popełnić ~y czyn** to commit an inexcusable a. unpardonable deed; **w sposób ~y** inexcusably; **zwolnienie go to ~y błąd** sacking him was an unforgivable mistake

niewybrednie *adv.* [1] (skromnie) humbly; **~ jadł, co mu podała** he would humbly eat all she served him [2] (pospolicie) vulgarly; **atakować kogoś ~** to attack sb in an abusive manner

niewybrednoś|ć *f sgt* [1] (niewymyślność) plainness, unsophisticatedness; **~ć klientów** the unsophisticatedness of the customers; **~ć w jedzeniu** unsophisticated eating habits; **~ć w ubiorze** the plainness of one's clothes [2] (pospolitość) vulgarity; **~ć piosenki/żartu** the vulgarity of a song/joke

niewybredn|y *adi.* [1] (niewymagający) easy to please, undiscriminating; **jest ~y w jedzeniu** he's undemanding about his food; **moi klienci są ~i** my customers are easy to please a. are undiscriminating; **~i widzowie** an undemanding audience; **~y czytelnik** an undiscriminating reader [2] (pospolity, ordynarny) unrefined, vulgar; **~e ataki prasy/epitety** vulgar press attacks/abuse; **~e zachowanie** unrefined a. vulgar behaviour; **~y gust** unrefined taste; **~y język** vulgar language

niewybuch *m* (*G* **~u**) Wojsk. unexploded bomb a. shell; **~ artyleryjski** an unexploded artillery shell; **unieszkodliwianie ~ów** bomb disposal; **rozbrajać ~y** to disarm unexploded bombs a. shells

niewychowan|y *adi.* ill-mannered, rude; **co za ~e dziecko!** what an ill-mannered child!

niewyczerpan|y *adi.* [1] (olbrzymi) endless, inexhaustible; **~e zasoby węgla/ropy naftowej** endless a. inexhaustible resources of coal/crude oil; **rzeka stanowi ~e źródło wody** the river is an endless a. inexhaustible water source [2] przen. inexhaustible, unwearying; **być ~ym w pomysłach** to be an inexhaustible a. unwearying source of ideas; **mieć do wszystkich ~ą cierpliwość** to have inexhaustible a. unwearying patience for everyone; **mieć ~e siły twórcze** to have inexhaustible creative powers; **umysł o ~ych możliwościach** a mind of inexhaustible possibilities

niewydarz|ony *adi.* pot. half-baked, inept; **~ony personel** incompetent staff; **~ony plan/pomysł** a half-baked a. misbegotten plan/idea; **ten jego syn to jakiś taki ~ony** his son has been a disappointment

niewydolnoś|ć *f sgt* [1] Med. (upośledzenie) insufficiency; **cierpieć na ~ć krążenia** to suffer from circulation a. cardiovascular problems; **~ć nerek/przysadki/serca** a renal/pituitary/cardiac insufficiency [2] (złe funkcjonowanie) inefficiency; **finansowa ~ć firmy** the financial inefficiency of a company; **~ć urzędników** the incompetence a. inefficiency of office workers

niewydoln|y *adi.* [1] Med. (upośledzony) failing, inefficient; **~y narząd/układ krążenia** a failing a. an inefficient organ/cardiovascular system [2] (źle funkcjonujący) inefficient, unwieldy; **~i urzędnicy** incompetent a. inefficient office workers; **~y system gospodarczy** an inefficient a. unwieldy economic system

niewyg|oda *f* [1] (brak wygody) discomfort, inconvenience; **~oda spania pod gołym niebem** the discomfort of sleeping out in the open; **narazić kogoś na ~odę** to put sb to the inconvenience a. discomfort of sth [2] zw. pl (trudności) discomfort, hardship; **przywyknąć do ~ód** to get used to hardship; **znosić ~ody podróży** to endure the discomfort(s) of the journey

niewygodnie *adv.* inconveniently, uncomfortably; **jej jest ~ w nowych pantoflach** her new shoes are uncomfortable; **~ usytuowany przystanek autobusowy** an inconveniently located bus stop; **spać ~** to sleep uncomfortably

niewygodn|y *adi.* [1] (niezapewniający wygody) inconvenient, uncomfortable; **~e łóżko** an uncomfortable bed; **~y dojazd do pracy** an inconvenient commute to work; **~e mieszkanie** an inconvenient a. uncomfortable flat; **nosić ~e obuwie** to wear uncomfortable shoes; **spać w ~ej pozycji** to sleep in an uncomfortable position [2] (kłopotliwy) inconvenient; **zmiany ~e dla rządu** changes inconvenient for the government; **przemilczeć ~e fakty historyczne** to pass over inconvenient historic facts; **zlikwidować ~ego świadka** to bump off an inconvenient witness pot.

niewyklucz|ony [] *adi.* conceivable; **druga możliwość też wydaje się ~ona** the second possibility is conceivable, too; **nasz wyjazd był ~ony** our trip wasn't out of question; **~ony jest dalszy spadek kursu akcji** a further drop in prices is

N

conceivable; **operacja jest ~ona** surgery may be necessary

III niewykluczone, że... *praed.* książk. it is possible that...; **~one, że firma zbankrutuje** the company may go broke; **~one, że podejmę tę pracę** it is possible that I'll take up that job; **~one, że zaszła jakaś pomyłka w obliczeniach** there may be some mistake in the calculations

niewykonalnoś|ć *f sgt* unfeasibility, impracticability; **~ć programu/planu** the unfeasibility a. impracticability of a programme/plan

niewykonaln|y *adi.* unfeasible, impossible; **masz ~e pomysły** your ideas are unfeasible a. impracticable; **to jest rzecz praktycznie ~a** this is practically unfeasible a. impossible; **uznał to zadanie za ~e** he judged the task impossible

niewykształc|ony *adi.* uneducated, untrained; **~eni, prości ludzie** simple uneducated people; **jest ~ony, ale szybko się uczy** he's uneducated but learns very quickly; **przyjąć ~onego pracownika** to employ an untrained worker

niewykwalifikowan|y *adi.* unqualified, unskilled; **~a siła robocza** an unqualified a. unskilled workforce; **zatrudniać ~ych pracowników** to employ unqualified a. unskilled workers

niewymiern|y *adi.* 1 książk. immeasurable; **~e wysiłki/zasługi** immeasurable efforts/merits; **ten błąd może spowodować ~e skutki** this mistake may cause imponderable a. immeasurable effects 2 Mat. irrational

niewymownie *adv.* extremely, terribly; **jestem ci ~ wdzięczny** I'm extremely grateful to you; **~ czuły** unspeakably tender; **~ mi przykro** I'm terribly sorry; **~ się cieszę** I'm extremely happy

niewymown|y II *adi.* inexpressible, unspeakable; **czuć ~ą radość** to feel extreme a. unspeakable joy; **~y czar/urok** an inexpressible a. unspeakable charm; **~y ból/smutek** an extreme a. unspeakable pain/sorrow; **znosić ~e cierpienie** to bear an inexpressible a. unspeakable suffering

III niewymowne *plt* euf. unmentionables żart.; **rozebrać się do ~ych** to undress to one's unmentionables

niewymuszenie *adv.* unaffectedly, unstudiedly; **~ elegancki** unstudiedly elegant; **jego śmiech był ~ szczery** his laughter was unaffectedly sincere; **rozmawiali w ~ miłej atmosferze** they were talking in an easy, pleasant atmosphere

niewymuszonoś|ć *f sgt* naturalness, unaffectedness; **~ć czyjegoś zachowanie** the naturalness a. unaffectedness of sb's behaviour

niewymusz|ony *adi.* unaffected, unforced; **~ona wesołość** a natural a. an unaffected joy; **pisać ~onym stylem** to write in an effortless a. unaffected style; **poruszać się z ~onym wdziękiem** to move with a natural a. an unforced grace; **traktowała go z ~oną serdecznością** she treated him with unaffected a. unforced warmth

niewymyślnie *adv.* plainly, simply; **dekoracje zaprojektowane ~** plainly a.

simply designed decorations; **~ uszyta suknia** a plainly a. simply sewn dress; **mieszkanie urządził ~** he arranged his flat plainly a. simply

niewymyśln|y *adi.* 1 (niewyszukany) plain, simple; **~a sukienka** a plain a. simple dress; **~e potrawy** plain a. simple dishes; **~y wystrój wnętrza** a plain a. simple decor 2 iron. (prostacki) coarse, vulgar; **~e rymy** unsophisticated rhymes; **~y dowcip** a coarse a. vulgar joke; **~y komplement** a coarse compliment

niewyobrażalnie *adv.* inconceivably, unimaginably; **~ trudne zadanie/wysokie zarobki** an inconceivably a. unimaginably hard task/inconceivably a. unimaginably high earnings; **~ wielkie odległości** inconceivably a. unimaginably long distances

niewyobrażaln|y *adi.* inconceivable, unimaginable; **~a ilość jadła** a whole lot of food; **żyć w ~ej nędzy** to live in an inconceivable a. unimaginable poverty

niewypa|ł *m* (*G* ~**łu**) 1 Wojsk. (nabój) unfired round; (bomba) unexploded bomb a. shell; **~ł w lufie** an unfired round in a barrel; **rozbrajanie ~łów** bomb disposal 2 pot. (nieudane przedsięwzięcie) non-event, washout; **~ł kinowy/sceniczny/wydawniczy** a washout of a film/play/book; **debiut okazał się ~łem** the debut turned out to be a non-event a. a damp squib; **zawody były ~łem organizacyjnym** organizationally, the competition turned out to be a complete washout

niewyparz|ony *adi.* pot.

■ **~ony język** a. **jęzor** a. **pysk** biting a. foul tongue; **mieć ~ony język** to have a biting a. foul tongue; **zamknij ten ~ony pysk** shut that foul mouth of yours

niewypłacalnoś|ć *f sgt* bankruptcy, insolvency; **~ć dłużnika** the bankrupcy a. insolvency of a debtor; **firma ogłosiła ~ć** the company announced its bankruptcy a. insolvency

niewypłacaln|y *adi.* bankrupt, insolvent; **~a firma** a bankrupt a. an insolvent company; **~i kontrahenci** bankrupt a. insolvent contracting parties; **~y dłużnik** a bankrupt a. an insolvent debtor; **lokator okazał się ~y** the tenant turned out to be penniless

niewypowiedzianie *adv.* książk. inexpressibly, unspeakably; **ktoś ~ wstrętny** an inexpressibly a. unspeakably repulsive person; **cieszę się ~** I'm inexpressibly a. unspeakably glad; **jest mi ~ przykro** I'm inexpressibly a. unspeakably sorry; **on jest ~ miły** he's an extremely nice man

niewypowiedzian|y *adi.* książk. inexpressible, unutterable; **~e osamotnienie/szczęście** an inexpressible a. unspeakable loneliness/happiness; **jej twarz wyrażała ~ą rozpacz** her face expressed untold despair; **odczuwał ~ą radość/~y smutek** he felt (an) inexpressible a. unspeakable joy/sorrow

niewyrazistoś|ć *f sgt* 1 (niejasność) indistinctness, vagueness; **~ć (czyjegoś) spojrzenia/gestu** the indistinctness a. vagueness of sb's look/gesture 2 (niezrozumiałość) incomprehensibleness; **~ć kompozycji**

utworu the incomprehensibleness of the work's composition; **~ć znaczeniowa wyrazu** the vagueness of the word's meaning

niewyrazi|sty *adi.* 1 (niejasny) indistinct, vague; **~ste rysy twarzy** indistinct a. vague facial features; **~ste spojrzenie** an indistinct a. vague look 2 (słabo zarysowany) indistinct, incomprehensible; **wyraz ~sty słowotwórczo** an opaque word; **~ste kontury** a vague outline; **treść utworu jest ~sta** the storyline is obscure

niewyraziście *adv.* indistinctly, vaguely; **~ napisany tekst** a vaguely written text; **~ zarysowane postacie** indistinctly a. vaguely outlined figures; **akcja filmu toczyła się ~** the plot of the film was vague

niewyraźnie *adv.* 1 (słabo) indistinctly, vaguely; **powiedzieć coś ~** to say sth indistinctly; **słyszeć/widzieć ~** to hear/see indistinctly a. vaguely 2 (niejasno) vaguely 3 pot. (niepewnie, nieswojo) strangely, uncertainly; **jego przyszłość wygląda ~** his future looks uncertain; **uśmiechać się ~** to smile strangely a. uncertainly; **zachowywać się ~** to behave strangely

■ **(on/ona) czuje się ~** a. **robi się jemu/jej ~** (o zdrowiu) he/she feels unwell, he's/she's a bit under the weather; (o braku pewności, strachu) he/she feels ill at ease, he/she feels uneasy

niewyraźn|y *adi.* 1 (słabo widoczny, słyszalny, odczuwalny) indistinct, vague; **~e głosy** faint a. indistinct voices; **~y cień postaci** an indistinct a. a vague outline of a figure; **~e światło** a dim a. faint light 2 pot. (niepewny, nieswój) out of sorts, uneasy; **dlaczego masz taką ~ą minę?** why have you got such a queer look on your face?; **dziecko było jakieś ~e** the child was out of sorts 3 (podejrzany) fishy, shady; **~y typ** a fishy a. shady character; **on ma ~ą przeszłość** he has a fishy a. shady past

niewyrobi|ony *adi.* 1 (niewprawny) inexperienced, untrained; **~ona ręka** an unskilled a. untrained hand; **~one pismo** clumsy handwriting; **~ony kierowca/poeta/zawodnik** an inexperienced driver/poet/sportsman 2 (nieobyty) inept, inexperienced; **ludzie ~eni politycznie** politically inexperienced; **raw people** 3 (niesubtelny) unrefined; **masz ~ony smak artystyczny** you have an unrefined artistic taste; **mieszkanie świadczyło o jej ~onym guście** the flat bore witness to her unrefined taste

niewysłowienie *adv.* książk. inexpressibly, unspeakably; **jestem ~ wdzięczny** I'm inexpressibly grateful; **wydawał się ~ szczęśliwy** he seemed inexpressibly a. unspeakably happy

niewysłowi|ony *adi.* książk. inexpressible, unspeakable; **~ona radość/błogość** inexpressible a. unspeakable joy/bliss; **~one cierpienie** inexpressible a. unspeakable suffering; **~one piękno świata** the unutterable beauty of the world; **~ona jest mądrość Boga** God's wisdom is ineffable

niewyso|ki *adi.* 1 (niski) low; [osoba] short; **~kie domki** low houses; **~ki lot/rzut** a low flight/throw; **~ki pagórek** a low mound; **być ~kiego wzrostu** to be short [2] (niewielki) low; **~ka jakość** poor quality; **~ka temperatura** a low temperature; **~ka cena/płaca** a low price/salary; **zapłacić ~ką sumę** to pay a small sum

niewysoko adv. [1] (o wielkości) not high; **chłopiec wyrósł ~** the boy didn't grow tall [2] (o położeniu) low, not (too) high; **powieś zdjęcia ~** don't hang these pictures too high; **samolot leciał ~** the plane flew low [3] (niezbyt znacznie) low, not highly; **cudze wykształcenie cenił ~** he didn't rate other people's education highly; **należę do grupy ~ uposażonych** I belong to the low-paid section of society

niewystarczająco adv. insufficiently, unsatisfactorily; **~ udokumentowane dane** insufficiently a. unsatisfactorily documented data; **informować o czymś ~** to inform insufficiently about sth; **temat jest ~ opracowany** the subject is inadequately a. unsatisfactorily developed

niewystarczając|y adi. insufficient, unsatisfactory; **~a odpowiedź na pytanie** an unsatisfactory answer to the question; **~e dowody winy** insufficient evidence of guilt; **moje kwalifikacje uznano za ~e** my qualifications were regarded as insufficient

niewyszukan|y adi. [1] (prosty) simple, unsophisticated; **~e umeblowanie** simple a. plain furniture; **~y posiłek** a simple a. an unsophisticated meal; **~y styl** a plain a. an unsophisticated style [2] iron. (prostacki) coarse, vulgar; **~e ataki prasy** vulgar press attacks; **mieć ~e maniery** to have coarse a. vulgar manners

niewytłumaczaln|y adi. inexplicable, unaccountable; **~e zachowanie/zjawisko** inexplicable a. unaccountable behaviour/an inexplicable a. unaccountable phenomenon

niewyży|ty adi. unappeased, unsatisfied; **kobieta o ~tych instynktach macierzyńskich** a woman of unappeased a. unsatisfied maternal instincts; **~ta ambicja/żądza władzy** an unappeased a. unsatisfied ambition/lust for power; **~ty człowiek/artysta** an unappeased a. unsatisfied man/artist; **~ty seksualnie** oversexed

niewzruszenie adv. [1] (niezłomnie) [wierny, przekonany, ufny] unshak(e)ably, unswervingly; [upierać się, odmawiać] adamantly; (niezachwianie) [opanowany, spokojny] imperturbably; **sprzeciwiać się czemuś ~** to be adamantly opposed to sth [2] (niezmiennie) [trwały] unshak(e)ably; [tkwić, stać] immovably; **nasza przyjaźń trwa ~ od lat** for years our friendship has remained unshaken

niewzruszonoś|ć f sgt (przekonań, wiary, uczuć) unshak(e)ability; (postawy, sprzeciwu) immovability; **zachować ~ć wobec nacisków** to remain unyielding to pressure; **podziwu godna ~ć zaufania** a laudable unshak(e)ability of trust

niewzrusz|ony adi. [1] (nieugięty) [osoba] adamant, immovable; **~ony na groźby/prośby** unyielding to threats/pleading; **był ~ony w swojej postawie** he was immovable in his attitude [2] (niezmienny) [przekona-

nie, pewność, pogląd] unshak(e)able; [przyjaźń, wiara, zaufanie] unshaken; [spokój, opanowanie] imperturbable; [zasady, wartości, ład] inviolable [3] (niewyrażający emocji) [twarz, spojrzenie] impassive; **mieć ~ony wyraz twarzy** to be poker-faced a. a poker face

niezabud|ka f dial., pot. forget-me-not

niezachwianie adv. [wierzyć, ufać] unshak(e)ably; [wierny, oddany] unswervingly, unwaveringly; [uczciwy, lojalny] unflinchingly; **~ dążył do celu** he unwaveringly pursued his aim

niezachwian|y adi. [osoba] unswerving; [przekonanie] unshak(e)able, unshaken; [uczciwość, lojalność, zdecydowanie] unflinching; [postanowienie, wierność, postawa, oddanie] unswerving; **~a wiara w ideały** an unshakeable a. unwavering belief in ideals; **stwierdzić coś z ~ą pewnością (siebie)** to state sth with absolute certainty

niezadługo adv. pot. before long; **~ zjawią się goście** the guest will be here before long; **~ będzie obiad** dinner will be soon

niezadowalając|y adi. (niedający zadowolenia) [pożycie, poziom, życie rodzinne] unsatisfying; [sytuacja, odpowiedź, wyniki] unsatisfactory; (niedostateczny) [dochody, zyski] inadequate

niezadowoleni|e n sgt (brak zadowolenia) dissatisfaction, discontent(ment) (**z kogoś/czegoś** with sb/sth); (rozdrażnienie) displeasure, disgruntlement (**z czegoś** at sth); (rozczarowanie) unhappiness (**z kogoś/czegoś** with a. about sb/sth); **pomruk ~a** a murmur of dissatisfaction; **oznaki społecznego ~a** signs of social discontent; **ku mojemu/ naszemu ~u** to my/our displeasure; **wyrazić/okazać swoje ~e** to express/show one's dissatisfaction

niezadowol|ony adi. dissatisfied, discontented (**z kogoś/czegoś** with sb/sth); displeased (**z kogoś/czegoś** with sb/sth); disgruntled (**z czegoś** at sth); unhappy (**z kogoś/czegoś** about a. with sb/sth); **szef był ~ony z pracy zespołu** the boss was displeased with the team's work; **był ~ony z zakupu nowego garnituru** he was unhappy with his new suit

niezakłóc|ony adi. [spokój, odpoczynek, odbiór] undisturbed; [przepływ, proces, wzrost] uninterrupted; [rozwój] unimpeded; **~ony dopływ gazu/prądu** an uninterrupted power/gas supply

niezależnie adv. [1] (samodzielnie) [żyć, tworzyć, myśleć] independently; **decyzje zawsze podejmuję ~** I always make independent decisions [2] (bez uwarunkowań) irrespective, regardless (**od czegoś** of sth); **zrobię to ~ od tego, czy ci się to podoba czy nie** I'll do it irrespective a. regardless of whether you like it or not [3] (oddzielnie) independently (**od kogoś/ czegoś** of sb/sth); **urządzenia działają ~ (od siebie)** the devices function independently (of each other)

niezależnoś|ć f sgt independence; **cieszyć się ~cią** to be independent; **~ć myślenia** independence of thought

niezależn|y adi. [1] (politycznie, gospodarczo) independent; (materialnie) self-supporting;

państwa **~e** independent states; **jestem ~a finansowo od rodziców** I'm self-supporting, I'm financially independent of my parents [2] (niepodporządkowany) [twórca, związek zawodowy, opinia] independent; **badanie opinii publicznej prowadzone przez ~ą agencję** an independent opinion poll [3] (niezwiązany) [polityk, kandydat, ekspert, organizacja] independent, unrelated; [dziennikarz, grafik] freelance attr. [4] (niepowiązany) [zjawiska, procesy] independent; **dwa ~e od siebie programy badań** two research programmes independent of each other

niezamężn|y [I] adi. [kobieta, dziewczyna] unmarried, unwed(ded)

[II] **niezamężna** f unmarried a. single woman

niezamierzenie adv. książk. (niechcący) unintentionally; (bez planowania) unintentionally, undesignedly; **~ komiczny efekt** an unintentionally comic effect; **~ nadepnął jej na nogę** he inadvertently trod on her foot

niezamierz|ony adi. książk. (niechciany) [efekt, gest, komizm] unintentional; (nieumyślny) [uczynek, ruch] inadvertent; [obraza, przykrość] unmeant; (nieplanowany) [konsekwencja, rezultat, groźba] unintended, undesigned; **wyrządzić komuś ~oną szkodę** to unintentionally harm sb's interests; **czyn ~ony jest łagodniej karany** an inadvertent act will be punished more leniently

niezamożnie adv. humbly, in poverty; **żyją/mieszkają ~** they live/are housed within their modest a. limited means; **dom wygląda ~** the house/farm looks rather humble

niezamożnoś|ć f sgt indigence, poverty; **~ kraju** the rather weak financial position of a country

niezamożn|y adi. [1] [osoba, rodzina] of modest a. limited means; [student, organizacja, dom] impecunious; **jest panną z ~ej rodziny** she comes from a family of modest means [2] [kraj, region] of (a rather) weak financial position; [okolica, dzielnica] with a low-earning population; **mieszkamy w ~ej części miasta** we live in a poor part of the town

niezapominaj|ka f forget-me-not; **bukiecik ~ek** a bunch of forget-me-nots

niezapomnian|y adi. [aktor, dzień, przeżycie, widok, słowa] unforgettable, memorable; **~a podróż** a memorable journey; **tamten rok był ~y** it was an unforgettable year

niezaprzeczalnie adv. książk. undeniably, incontrovertibly; **~ przystojny mężczyzna** an undeniably handsome man

niezaprzeczaln|y adi. książk. [sukces, fakt, urok] undeniable; [dowód, prawda] incontrovertible; **mam do spadku ~e prawo** I have an undeniable right to the inheritance

niezaprzeczenie adv. książk. undeniably, incontrovertibly

niezaprzecz|ony adi. książk. [prawo, fakt] undeniable, incontrovertible

niezaradnoś|ć f sgt (życiowa) inadequacy; (wobec trudności) helplessness; **~ć ludzi starszych** helplessness of old people

N

niezaradn|y adi. (nieporadny) [gospodarz, dyrektor, staruszek] helpless; (życiowo) inadequate

niezasłużenie adv. [1] (niesłusznie) unjustly; **dyrektor ukarał go ~** the director punished him unjustly [2] (niesprawiedliwie) undeservedly; **~ dostała nagrodę** she got the prize undeservedly

niezasłuż|ony adi. [1] (bezpodstawny) unmerited, undeserved; **~ona kara** unmerited punishment; **~one podejrzenia** undeserved suspicions [2] (nienależący się) undeserved, unmerited; **~ona nagroda** undeserved a. unmerited prize; **~ony awans** undeserved promotion

niezastąpi|ony adi. [część, narzędzie] irreplaceable; [asystent, pomoc] indispensable; **nie ma ludzi ~onych** no one is irreplaceable; **rozmaryn jest ~oną przyprawą** nothing can replace rosemary as a culinary herb; **~ona strata** an irreplaceable loss

niezatar|ty adi. książk. [wspomnienie, wrażenie, ślad] indelible, ineffaceable; **pozostawić w kimś ~ty ślad** to make an indelible mark on sb; **~te ślady dawnej urody** ineffaceable evidence of past beauty

niezauważalnie adv. [zmieniać się, pogarszać się, drżeć] imperceptibly, unnoticeably; **czas mijał ~** time passed by unnoticed; **starzała się ~** she aged imperceptibly

niezauważalnoś|ć f sgt imperceptibility

niezauważaln|y adi. [proces, ruch, wpływ] imperceptible, unnoticeable; **~e zmiany** imperceptible changes

niezawisłoś|ć f sgt książk. independence, sovereignty; **~ć państwa** national sovereignty; **~ć od obcych wpływów** independence from foreign influences

□ **~ć sędziowska** a. **sędziego** Prawo judicial independence, the independence of the judiciary

niezawi|sły adi. książk. [1] [kraj, naród] independent, sovereign [2] [poglądy, byt] independent [3] Prawo [sąd, sędzia] independent

niezawodnie adv. [1] (sprawnie) [funkcjonować, działać] reliably, dependably; (bezbłędnie) [prowadzić, kierować] unerringly; **silnik zapala ~** the engine starts unfailingly [2] (z pewnością) unfailingly, certainly; **czekaj na mnie, przyjdę ~** wait for me, I'll certainly come a. I'll come without fail; **ten dowcip ~ go rozśmiesza** the joke never fails to amuse him

niezawodnoś|ć f sgt reliability; **~ć pojazdu na śliskiej drodze** the reliability of a vehicle on a slippery road; **wszyscy cenili go za ~ć** everyone valued his reliability

niezawodn|y adi. [1] (sprawny) [urządzenie, mechanizm, system] reliable, fail-safe; [instynkt, wyczucie, umiejętność] unerring, unfailing; [metoda, plan] foolproof; [pamięć, lekarstwo] infallible; **~y sposób na plamy** an effective stain remover [2] (rzetelny) [przyjaciel, opiekun, towarzysz] reliable, dependable [3] (pewny) [oznaka, zapowiedź] sure; **te chmury to ~y znak, że będzie padać** the clouds are a sure sign of rain

niezbadan|y adi. książk. [przyczyny, uczucie, tajemnica] unfathomable; [początki, przyszłość] obscure; **~e są wyroki boskie** God

works a. moves in mysterious ways; **~e sekrety natury** the mysterious secrets of nature

niezbędnie adv. **jej pomoc jest mi ~ potrzebna** her help is indispensable to me; **reformy są ~ potrzebne** the reforms are absolutely essential a. necessary

niezbędni|k m [1] (sztućce) camp(ing) cutlery set (interlockable, or clipped together) [2] (narzędzia) tool kit [3] (do fajki) (three-way) pipe tool

niezbędnoś|ć f sgt indispensability, indispensableness

niezbędn|y adi. grad. [sprzęty, środki, umiejętności] essential; [materiały, narzędzia] indispensable; **leki ~e do podtrzymania życia** life-supporting drugs; **środki ~e do osiągnięcia celu** indispensable means of attaining an end; **woda jest do życia ~a** water is essential to a. for living; **odpoczynek jest mu teraz ~y** rest is essential for him now; **obecność wszystkich jest ~a** it is essential that everybody is present; **utrzymywanie dyscypliny jest ~e** it is essential to keep discipline; **w pokoju były tylko najniezbędniejsze meble** the room was furnished with the bare essentials

niezbicie adv. [dowieść, udokumentować] irrefutably; **był ~ pewien** he was positive; **udowodnił ~ swoją tezę** he gave an incontrovertible proof of his thesis

niezbi|ty adi. [fakt, argument] irrefutable, hard; **~ty dowód winy** irrefutable proof of guilt

niezbornie adv. [1] (nielogicznie) incoherently, disconnectedly; (bezładnie) scrappily; **jego wypowiedź brzmiała ~ i niezrozumiale** what he said was disconnected and incomprehensible [2] (wolno, niezdarnie) in an uncoordinated way, clumsily; **poruszał się ~** his movements were uncoordinated

niezbornoś|ć f sgt [1] (niespójność) incoherence, disconnectedness; (brak ładu) scrappiness [2] (niezdarność) lack of coordination; incoordination spec.; **~ć ruchów** lack of physical coordination, incoordination [3] Med. (astygmatyzm) astigmatism

niezborn|y adi. [1] (niespójny) [teoria, system] incoherent; [wypowiedź, utwór] disconnected; (bezładny) [wypracowanie, opis] scrappy; [działania, akcja, plan] uncoordinated; [mówca] incoherent [2] (niezdarny) [osoba, ruchy] uncoordinated, clumsy

niezbyt adv. [dobry, bogaty, pociągający, ciekawy] not very, none too; [wysilić się, kwapić się] not too much; **~ lubiany aktor** not a very popular actor; **~ daleko** not very far; **~ się napracował** he didn't work too hard; **wyglądał ~ pociągająco** he didn't seem very attractive

niezbywalnoś|ć f sgt książk. inalienability

niezbywaln|y adi. książk. [1] [prawo, uprawnienia] inalienable, unalienable [2] [potrzeba, wartość, składnik] indispensable; **~y obowiązek obrony ojczyzny** a sacrosanct duty to defend one's country

niezda|ra m, f (Npl m ~ry, Gpl m ~r a. ~ów; Npl f ~ry, Gpl f ~r) pot., pejor. butterfingers pot., klutz US pot.; **jaka z niego/niej ~ra!** he/she is all (fingers and) thumbs GB pot.

niezdarnie adv. grad. pejor. [1] (niezręcznie) [poruszać się, chodzić, biegać] clumsily, awkwardly; **podniosła się ~** she got up awkwardly [2] (nieudolnie) [wyrzeźbiony, narysowany] clumsily, artlessly

niezdarnoś|ć f sgt pejor. [1] (niezręczność) (o ruchach, postawie) clumsiness [2] (nieudolność) (rysunku, rzeźby) artlessness; (pisma, liter) crabbedness

niezdarn|y adi. [1] (niezręczny) [osoba, ruch, krok, palce] clumsy; [szczeniak] ungainly; [nastolatek] gawky [2] (nieudolny) [próba, działanie, sformułowanie] clumsy; [pismo, litery] crabbed; [rysunek, szkic, rzeźba] artless

niezdatnoś|ć f sgt unfitness (do czegoś for sth); **~ć do umysłowego/fizycznego wysiłku** unfitness for a. to make a mental/physical effort

niezdatn|y adi. unfit (do czegoś for sth); **woda ~a do picia** water unfit for drinking, undrinkable water; **produkty ~e do spożycia** goods unfit for human consumption a. unfit to be eaten; **~e do niczego rupiecie** useless junk; **uznano go za ~ego do służby wojskowej** he was declared unfit for military duty; **był ranny i ~y do dalszej walki** he was injured and unfit to continue fighting; **to materiał zupełnie ~y na obicia** the fabric is totally unsuitable for upholstery

niezdecydowa|nie [] n sgt (niezdolność do podjęcia decyzji) indecision, indecisiveness; (niepewność) irresolution; (nieumiejętność wyboru) vacillation; **krytykowano ~nie prezydenta** the president's indecisiveness was criticized; **~nie w działaniu jest dla niego typowe** it is characteristic of him to be indecisive about a. over taking action [] adv. (nie deklarując się) [mówić, wypowiadać się] indecisively; (nie wiedząc, co robić) irresolutely; **stał ~ pod drzwiami** he stood irresolute at the door

niezdecydowan|y adi. [1] [osoba] (zwlekający z decyzją) undecided; (niezdolny do decydowania) indecisive; **działać w ~y sposób** to act in an indecisive manner; **był ~y, jak się zachować** he was indecisive about how to behave [2] (niepewny) [odpowiedź, mina] irresolute; [ruch, krok] hesitant [3] (nieokreślony) [kolor] dull; [pogoda] unsettled

niezdolnoś|ć f sgt [1] (niemożność) inability, incapacity; **~ć do samodzielnego myślenia** incapacity for independent thought; **~ć do pracy z powodu inwalidztwa** incapacity to work due to disability [2] (brak predyspozycji) incapability (do czegoś of sth); **~ć do kłamstwa** inability to lie [3] (brak inteligencji) slowness

niezdoln|y adi. [1] (niemogący) incapable (do czegoś of sth); (niezdatny) unfit; **~y do podjęcia decyzji** incapable of taking a. unable to take a decision; **~y do służby wojskowej** unfit for military service; **~y do pracy fizycznej** unfit to do physical work; **był wstrząśnięty, ~y wykrztusić słowa** he was shocked, incapable of speech a. unable to utter a word [2] (tępy) [uczeń] slow(-witted), dull-witted

niezdrowo adv. [1] (chorowicie) [błyszczący, drżący] unhealthily; [wyglądać, czuć się] unhealthy adi., unwell adi. [2] (szkodliwie dla zdrowia) [odżywiać się] unhealthily, unwholesomely [3] przen. *[zainteresowany]* unhealthily, unwholesomely

■ **co za dużo, to ~** przysł. enough is as good as a feast przysł.

niezdr|owy [I] *adi.* [1] (chory, chorobliwy) *[dziecko, cera, bladość, wygląd]* unhealthy, sickly; **~owy rumieniec** a sickly colour [2] (szkodliwy) *[klimat, jedzenie, tryb życia]* unhealthy, unwholesome; *[warunki pracy, środowisko]* unhealthful; **palenie jest ~owe** smoking is unhealthy [3] przen. (niewłaściwy) *[zainteresowania, rozrywka, ciekawość]* unwholesome, unhealthy; **~owa atmosfera** unhealthy atmosphere

[II] niezdrów *adi. praed.* unhealthy, unwell; **czuła się ~owa** she felt unwell a. unhealthy

niezdrów *adi. praed.* → **niezdrowy**

niezdyscyplinowani|e *n sgt* indiscipline; **~nie uczniów** indiscipline of pupils

niezdyscyplinowan|y *adi.* *[uczeń, pracownik, zawodnik]* undisciplined

niezgłębi|ony *adi.* książk. [1] (bezdenny) *[przepaść, ocean]* fathomless, unfathomed [2] (nieprzenikniony) *[mrok, milczenie, wiedza, tajemnica]* unfathomable, fathomless

niezgo|da *f sgt* [1] (konflikt) discord, disagreement; **~da między małżonkami** marital discord; **~da między rodzicami a dziećmi** discord a. disagreement between parents and their children; **siać ~dę między sąsiadami** to sow discord between a. among neighbours; **być z kimś w ~dzie** to be at odds with sb [2] (brak aprobaty) disagreement (**na coś** a. **z czymś** with sth) ■ **pozostawać** a. **stać w ~dzie z czymś** to be at odds a. variance with sth; **zgoda buduje, ~da rujnuje** przysł. united we stand, divided we fall

niezgodnie *adv.* [1] (w niezgodzie) *[żyć, pracować]* in discord; **stosunki między rodzeństwem układają się ~** relations between the siblings are troubled [2] (sprzecznie) at variance (**z czymś** with sth); **postąpić ~ z prawem/przepisami** to not act in conformity with the law/regulations

niezgodnoś|ć *f sgt* [1] (brak zgody) disagreement; **~ć w rodzinie** disagreement in the family; **~ć między rodzeństwem** disagreement among a. between siblings [2] (sprzeczność) variance, inconsistency (**z czymś** with sth); **~ć teorii z praktyką** the incompatibility of theory and practice; **wykazać ~ć relacji z prawdą/faktami** to prove that the account is at variance with the truth/facts [3] (rozbieżność, odmienność) incompatibility; **rozwód z powodu ~ci charakterów** a divorce on the grounds of incompatibility; **~ć grup krwi matki i dziecka** incompatibility between the mother's and the baby's blood groups

niezgodn|y *adi.* [1] (skłócony) *[rodzina, związek, pożycie]* not harmonious; (kłótliwy) *[osoba, charakter]* quarrelsome; **~a para** an ill-matched couple [2] (sprzeczny) at variance (**z czymś** with sth); **teoria ~a z faktami** a theory at variance with the facts; **czyn ~y z prawem** an unlawful act; **przepis ~y z konstytucją** an unconstitutional regulation [3] (rozbieżny) *[poglądy, interesy, cechy]* incompatible; *[śpiew]* discordant; **ich teorie**

są zupełnie **~e ze sobą** their theories are totally incompatible

niezgor|szy *adi.* pot. [1] (całkiem dobry) not (so) bad pot.; **masz ~szy apetyt** your appetite is not so bad pot. [2] iron. (niemiły) *[temperament, towarzystwo, awantura]* pretty attr. pot., iron.; **on ma ~szy charakterek** a pretty character he has pot., iron.; **masz ~sze wymagania** you're pretty demanding pot.

niezgorzej *adv.* pot. (nieźle) *[naładowany, podany]* pretty pot., iron.; tolerable; „**jak się masz?/jak leci?**" – „**~**" 'how are you?/how are things?' – 'not so bad' pot.; **z takim kontem jest ~ ustawiona** with such a bank account she's sitting pretty pot.; **~ zarabiam** I earn a pretty penny pot.

niezgrab|a *m, f (Npl m ~y, Gpl m ~* a. **~ów;** *Npl f ~, Gpl f ~)* pot. (manualnie niezręczny) butterfingers pot.; (niezgrabny w ruchach) stumblebum US pot.; **on jest okropnym ~ą** what a butterfingers he is pot., he's all (fingers and) thumbs GB pot.

niezgrabiasz *m (Gpl ~y* a. **~ów)** pot. (niezręczny) butterfingers pot.; (niezgrabny) stumblebum US pot.

niezgrabnie *adv. grad.* [1] (brzydko) *[wyglądać]* awkward *adi.*; *[ruszać się]* ungracefully; *[uformowany, ustawiony]* awkwardly; **~ ułożony bukiet** a clumsily arranged bouquet [2] (niezdarnie) *[iść, upaść, wspinać się]* awkwardly, clumsily; *[stawiać stopy, ruszać się, siadać]* in an ungainly manner a. way; *[układać, montować, nalewać]* clumsily; **~ wgramoliła się na ławkę** she clambered awkwardly on to a desk; **nadal ~ posługiwał się pałeczkami** he was still clumsy with chopsticks [3] (nieudolnie) *[wyrazić, skomponować, napisać]* awkwardly; (nietaktownie) *[zachować się, dziękować]* clumsily; **próbowała się ~ tłumaczyć** she offered some clumsy explanations

niezgrabnoś|ć *f sgt* [1] (brzydka budowa) awkwardness [2] (w ruchach) awkwardness, ungainliness; (w posługiwaniu się rękami) clumsiness; **poruszał się z ~cią nastolatka** he moved with the awkwardness of an adolescent [3] (w stylu, mówieniu) awkwardness; (w zachowaniu) clumsiness

niezgrabn|y *adi.* [1] (nieproporcjonalny) *[dziewczyna, nogi, figura]* not shapely, unshapely; *[budynek, meble]* heavy; *[przedmiot, model]* clumsy; *[płaszcz, futro]* cumbersome; *[bluzka, sweter]* shapeless; **~e buciory** clumpy a. clompy boots [2] (niezdarny) *[ruch, krok, gest]* awkward, clumsy; *[osoba, chód, taniec]* ungainly; *[biegacz, gracz]* flat-footed pot. [3] (nietaktowny) *[osoba, uwaga, wyjaśnienia, zachowanie]* clumsy [4] (nieumiejętny) *[proza, przekład]* awkward; *[styl]* clumsy

niezguła *m, f (Npl m ~ły, Gpl m ~ł* a. **~łów;** *Npl f ~ły, Gpl f ~ł)* pot., pejor. ass pot.; spastic pot., obraźl.; **koszmarna z niej ~ła!** she's a real ass!

nieziems|ki *adi.* [1] (nienaturalny) *[istota, zjawisko, pochodzenie, moc]* supernatural [2] (wspaniały) *[piękno, muzyka, smak]* celestial; heavenly pot.; **~ska rozkosz** sheer a. pure bliss [3] pot. (wyjątkowy) *[zabawa, sukienka, urlop]* heavenly pot.; *[awantura, hałas]* hellish pot.

nieziemsko *adv.* [1] (niezwykle) *[piękny, dobry]* supernaturally [2] pot. (niesamowicie) *[udany, smaczny]* tremendously pot.; *[zmęczyć się, irytować]* dreadfully pot.; **to smakuje/pachnie ~** it tastes/smells heavenly pot.; **(u)bawiliśmy się ~** we had a ball pot.; **wyglądasz ~** you look divine

nieziszczalnoś|ć *f sgt* książk. impracticability

nieziszczaln|y *adi.* książk. *[obietnice, plany, marzenia]* impracticable, impossible

niezlicz|ony *adi.* *[podróże, trudności]* innumerable, countless; **~one tłumy widzów** a multitude of onlookers; **~one ilości komarów** countless a. innumerable mosquitoes; **~one ilości papierosów** endless a. countless cigarettes; **~one bogactwa** untold wealth; **oglądał ten film ~oną ilość razy** he's seen the film countless times

niezłomnie *adv. grad.* książk. *[walczyć, trwać, bronić]* indomitably, invincibly; *[wierzyć, popierać]* steadfastly; **wierzyć w kogoś/coś ~** to have an invincible a. a steadfast faith in sb/sth

niezłomnoś|ć *f sgt* książk. (niezwyciężoność) indomitability, indomitableness; (niewzruszoność) steadfastness; **imponująca ~ć jego charakteru** the impressive indomitableness of his spirit; **~ć zasad** steadfastness of principle

niezłomn|y *adi.* książk. *[wojownik, charakter]* indomitable; *[wiara, postawa]* invincible; *[zasady, etyka, lojalność]* steadfast; **~y rycerz** a stout-hearted knight książk.; **to bohater o ~ym charakterze** he's a hero of indomitable spirit; **~a wiara w zwycięstwo** an invincible belief in victory; **~e postanowienie poprawy** a steadfast resolution to mend one's ways

nie|zły *adi.* pot. [1] (dość dobry) *[uczeń, film, pomysł]* fairly good; **~zły z niego szef** he's not a bad boss [2] (oceniany pozytywnie) *[samochód, obiad, wino]* great pot., bad US pot.; **~zła z niej babka** she's a great-looking chick pot. [3] (poczciwy) **to ~zły człowiek** he's a fine chap [4] (spory) *[porcja, ilość, kawałek]* fair [5] (intratny) quite profitable; **~zły zysk** quite a profitable gain; **~zła praca** pretty lucrative job a. work ■ **~zły z niego numer** a. **gagatek** pot., pejor. I wouldn't trust him as far as I can a. could throw him pot.

niezmącenie *adv.* książk. *[spokojny, cierpliwy]* imperturbably; **~ piękna wiosna** a springtime of unmarred a. unspoiled beauty

niezmąc|ony *adi.* książk. *[cisza, spokój]* imperturbable, undisturbed; *[szczęście, radość]* unalloyed; **reagować z ~onym spokojem** to react stolidly

niezmiennie *adv.* *[dobry, spokojny, uprzejmy]* invariably, unvaryingly; **od lat ~ mieszka w stolicy** he's lived in the capital permanently for many years

niezmiennoś|ć *f sgt* (obyczajów, reakcji) invariability; (uczuć, tradycji) constancy; (praw, cech, zasad) immutability; **~ć strojów ludowych** the unchanging form of folk costumes

niezmienn|y *adi.* *[uczucia, tradycja, przekonania]* unchanging, constant; *[prawa, cecha, fakt, natura]* immutable; *[zyski, cena,*

N

wartość, strategia, styl] static; *[wynik, element]* invariable; **~y porządek świata** the unchanging ways of the world

niezmiernie *adv. książk. [delikatny, dogłębny, szczęśliwy]* exquisitely; *[elegancki, zabawny]* exceedingly; *[bogaty, zadowolony, kosztowny]* inordinately; **być ~ wdzięcznym** to be infinitely grateful; **to jest ~ ważne** it's of the utmost importance

niezmiern|y *adi. książk. [cierpienia, rozpacz, uwielbienie]* immeasurable; unmeasured książk.; *[duma, czułość]* inordinate; exceeding książk.; *[bogactwo, radość, troska, łaska]* infinite; **sprawa ~ej wagi** a matter of the utmost importance

niezmierz|ony *adi. książk. [bogactwa, tłumy, przestrzeń, głębia]* vast; *[wysokość, głębina]* immeasurable; **za oknem panowała ~ona ciemność** it was pitch dark outside

niezmordowanie *adv. pot. [walczyć, pracować, zabiegać]* tirelessly, indefatigably; **~ starała się o awans** she strove tirelessly for promotion

niezmordowan|y *adi. pot. [piechur, popularyzator]* tireless, untiring; *[zapał, tempo]* unflagging; **był ~y w działaniu** he worked tirelessly

nieznacznie *adv.* [1] (niedostrzegalnie) slightly; **teren wznosił się ~** the land rose slightly [2] (trochę) slightly; **sytuacja zmieniła się ~** the situation changed slightly; **~ tylko podciągnąłeś się w nauce** you've made only slight progress in your studies/school work; **~ przyczynić się do czegoś** to make a small contribution to sth; **uśmiechnęła się ~** she smiled faintly

nieznaczn|y *adi.* [1] (niewielki) slight, small; **~e ilości toksyn we krwi** a small amount of toxins in the blood; **~y spadek kursu akcji na giełdzie** a slight drop in share prices [2] (mało ważny) minor; **odegrał w tej sprawie ~ą rolę** he played a minor role in that case [3] (mało widoczny) slight, small; **~a plama** a small stain

nieznajomoś|ć *f sgt* ignorance (**czegoś** of sth); unfamiliarity (**czegoś** with sth); **~ć prawa/przepisów** ignorance of the law/regulations; **nie dostał tej pracy z powodu ~ci języka angielskiego** he didn't get the job because he didn't know English

nieznajom|y [1] *adi.* [1] (obcy) *[osoba, twarz]* strange [2] (nieznany) *[zapach, okolica]* unfamiliar, strange

[2] **nieznajom|y** *m,* **~a** *f* stranger; **nie rozmawiaj z ~ymi** don't talk to strangers

nieznan|y [1] *adi.* unknown; **autor dzieła jest ~y** the author of the work is unknown; **morderstwo zostało dokonane przez ~ych sprawców** the murder was committed by persons unknown a. by unknown perpetrators

[2] **nieznane** *n sgt* the unknown; **strach przed ~ym** fear of the unknown; **jechać** a. **iść w ~e** to travel a. go into the unknown

niezniszczaln|y *adi.* [1] (trwały) *[energia, odpady przemysłowe, tworzywa sztuczne]* indestructible; *[osad, odpady radioaktywne]* non-degradable; *[dzieło, dorobek]* imperishable, immortal [2] (odporny) *[osoba, bohater]* indestructible

nieznośnie *adv.* [1] (dokuczliwie) unbearably, intolerably; **podróż trwała ~ długo** the journey was unbearably long; **na sali było ~ tłoczno** the room was intolerably crowded; **na dworze jest ~ gorąco** it's unbearably hot outside [2] (niegrzecznie) naughtily, obnoxiously; **dziecko zachowywało się ~** the child was acting obnoxiously, the child was being a nuisance

nieznośn|y *adi.* [1] (dokuczliwy) *[ból, upał, hałas, atmosfera]* unbearable, intolerable [2] (niegrzeczny) *[dziecko, uczeń]* troublesome, obnoxious

niezobowiązująco *adv. [rozmawiać, spotkać się]* non-committally; *[odpowiadać]* evasively

niezobowiązując|y *adi.* noncommittal, casual; **prowadzili miłą, ~ą rozmowę** they were engaged in a pleasant, casual chat; **to tylko ~a znajomość** it's just an acquaintance, no strings attached a. without strings pot.; **traktujmy to jako ~ą rozmowę** let's treat this as a casual conversation; let's treat this as just a conversation, no catch pot.

niezorganizowan|y *adi.* [1] (chaotyczny) *[uczeń, pracownik]* disorganized [2] (bezładny) *[praca, impreza]* disorderly, chaotic [3] (niezrzeszony) unorganized

niezręcznie *adv. grad.* [1] (niezdarnie) awkwardly; **~ chwytać piłkę/trzymać nóż** to catch a ball/hold a knife awkwardly [2] (nietaktownie) awkwardly, inappropriately; **jakoś ~ nam o tym mówić/o to pytać** it's a little awkward a. inappropriate for us to talk/ask about it [3] (nieudolnie) awkwardly, poorly; **~ napisany artykuł** an awkwardly a. a clumsily written article

niezręcznoś|ć *f* [1] *sgt* (niezdarność) clumsiness, awkwardness [2] (nieudolność) awkwardness *U;* **~ć argumentacji** the ineptness of the argumentation [3] (niestosowność) indiscretion; **na każdym kroku popełniała drobne ~ci** all along the way she committed small indiscretions [4] (nieporadność) ineptness *U;* **główna wada tej książki to ~ci w tłumaczeniu z niemieckiego** the major fault of this book is the ineptness of the translation from German

niezręczn|y *adi.* [1] (niezdarny) *[osoba, ruchy, ukłon]* clumsy [2] (nieudolny) *[polityk, mediator]* inept, awkward [3] (niestosowny) *[żart, pytanie, posunięcie]* inappropriate; *[milczenie, sytuacja]* awkward [4] (niewprawny) *[osoba, żeglarz, tłumacz]* inept, unskilful GB, unskillful US; *[opis, sformułowanie, przekład]* awkward

niezrozumiale *adv. [tłumaczyć, wyjaśniać]* incomprehensibly, unintelligibly

niezrozumiałoś|ć *f sgt* (niejasność) (teorii, zjawiska) obscurity, incomprehensibility; (tekstu, wypowiedzi) incomprehensibility

niezrozumia|ły *adi.* [1] (niejasny) incomprehensible, unintelligible; **wykład był ~ły dla laików** the lecture was incomprehensible to laymen; **twórczość tego poety jest ~ła dla czytelnika** that poet's work is unintelligible to the reader [2] (niewyraźny) incoherent, unintelligible; **usłyszała tylko ~ły bełkot** she only heard incoherent babble [3] (nieuzasadniony) incomprehensible, inexplicable; **czuła jakiś ~ły niepokój** she felt some inexplicable anxiety

niezrozumieni|e *n sgt* incomprehension; **spotkać się z ~em z czyjejś strony** to be met with incomprehension from sb a. on sb's part

niezrównanie *adv. książk.* **śpiewać/grać ~** to sing/play exquisitely

niezrównan|y *adi. książk.* unparalleled, unequalled; **~y przekład książki** an unparalleled translation of a book; **dziewczyna miała ~y wdzięk** the girl had a unique charm; **był ~y jako towarzysz podróży** he was unequalled as a travelling companion

niezrównoważeni|e *n sgt* lack of balance, instability; **~e psychiczne** psychological instability; **cechowało go ~e emocjonalne** he was emotionally unstable

niezrównoważ|ony *adi.* [1] (nieopanowany) **~ony emocjonalnie** emotionally unstable; **wygląda na ~onego psychicznie** he looks mentally unbalanced [2] (zmienny) *[charakter, zachowanie]* unstable, changeable

niezupełnie [1] *adv.* not quite; **~ masz rację** you're not quite a. entirely right; **jest ~ zdrów na umyśle** he's not exactly sane; **to było ~ tak** it wasn't quite like that

[2] *inter.* not really; **„podoba ci się jej śpiew, prawda?" – „~"** 'you like her singing, don't you?' – 'not really'

niezupełn|y *adi. [lista, spis, wykaz, sukces]* incomplete

niezwłocznie *adv. książk.* immediately, forthwith; **~ przystąpił do pracy** he got down to work immediately; **domagamy się, aby ~ zaprzestać tych praktyk** we insist that the practices be stopped forthwith; **trzeba ~ pokryć żądaną należność** the due amount should be paid immediately

niezwłoczn|y *adi. książk. [działanie, zawiadomienie, rezygnacja]* immediate; *[decyzja, odpowiedź, pomoc]* immediate, prompt

niezwyciężonoś|ć *f sgt książk.* invincibility; **obalona została opinia o ~ci niemieckiej armii** the theory of the invincibility of the German army has been refuted

niezwycięż|ony *adi. książk.* [1] (niepokonany) *[rycerz, armia, wojska, wódz]* invincible, undefeated [2] (nieprzezwyciężony) *[trudności, senność, upór, gniew]* insurmountable

niezwyczajnie *adv.* [1] (niecodziennie) *[wyglądać, ubierać się]* unusually [2] (niezwykle) unusually, extraordinarily; **była ~ poruszona** she was unusually agitated

niezwyczajn|y *adi.* [1] (niecodzienny) *[znaczenie, sytuacja, zdarzenie]* unusual, uncommon [2] (nieprzeciętny) *[ożywienie, pobożność, erudyta]* exceptional, unusual [3] (wyszukany) *[wystrój, mebel, kreacja, smak]* extraordinary, exquisite

niezwykle *adv.* [1] (dziwnie) unusually; **wydawało mi się, że zachowywał się dość ~ jak na niego** it seemed to me that he behaved rather unusually for him [2] (bardzo) extremely; **nasz szef jest ~ sympatyczny** our boss is extremely nice

niezwykłoś|ć *f sgt* [1] (niecodzienność) peculiarity; **uderzyła mnie ~ć jego zachowania** I was struck by the peculiarity of his behaviour [2] (rzecz wyjątkowa) oddity, curio; **kolekcjonować ~ci** to collect curios

niezwyk|ły *adi.* [1] (niepospolity) *[osoba, indywidualność, czyn, przygoda]* unusual [2] (nadzwyczajny) *[upór, dobroć, uprzejmość, siła, odwaga, talent]* extraordinary [3] (ogromny) *[ożywienie, tłok]* unusual

nieźle *adv.* [1] (dość dobrze) quite well, not bad; „jak ci poszła rozmowa?" – „dziękuję, ~" 'how did the interview go?' – 'quite well, thank you'; **jak układają się sprawy?"** – „~" 'how are things?' – 'not bad'; **nasza córka czuje się całkiem ~ w nowej szkole** our daughter feels fine in her new school; **„jak się czujesz?"** – **„teraz już ~, dzięki"** 'how are you?' – 'I'm fine now, thanks' [2] (świetnie) very well, great; **~ sobie radzisz, jak dotąd** you've been doing very well so far; **ona wygląda naprawdę ~!** she really looks great!; **on ~ gotuje** he's a really good cook [3] (bardzo) pretty, quite; **~ się upił na tej imprezie** he got pretty drunk at that party; **ten to ma ~ przewrócone w głowie!** this one is pretty pleased with himself, isn't he? pot.; **dzieciaki ~ tu nabałaganiły** the kids have made quite a mess here [4] (pozytywnie) well; **jego uczynki ~ o nim świadczą** his actions speak well of him [5] (pomyślnie) not bad; **~, że przełożono ten egzamin na wrzesień** it's not bad that the exam was put off until September

nieżona|ty **I** *adi.* unmarried, single; **o ile wiem, to ~ty mężczyzna** as far as I know he's an unmarried man

II *m* bachelor; **do tego lokalu przychodzą głównie ~ci** mainly bachelors przest. a. unmarried men a. single men come to this place

nieżyciowoś|ć *f sgt* [1] (planu, projektu, propozycji) impracticality [2] (pomysłów, przemyśleń, decyzji) irrationality [3] (przepisów, zasad, regulaminu) unfeasibility

nieżyciow|y *adi.* pot. [1] (nieprzystosowany) *[osoba]* unreasonable [2] (niepraktyczny) *[przepis, prawo, projekt, plan]* impractical

nieżyczliwie *adv.* unkindly; **zostałam bardzo ~ potraktowana w tym biurze** they treated me in a very unfriendly way at that office

nieżyczliwoś|ć *f sgt* [1] (niechęć) unkindness, unfriendliness; **w nowej pracy spotkał się z ~cią** he met with unkindness in his new job [2] (nieprzychylność) hostility, disapproval; **widziałem ~ć w jego spojrzeniu** I saw hostility in his eyes; **~ć ich komentarzy spowodowała, że postanowił zrezygnować** the disapproval in their comments made him give up

nieżycżliw|y *adi.* [1] (nieprzyjazny) *[kolega, sąsiad, sprzedawca]* unfriendly; *[ton, gest, traktowanie, nastawienie]* unkind, unfriendly [2] (niepomyślny) *[los, wróżba]* unfavourable GB, unfavorable US

nieżyjąc|y **I** *adi.* dead, late, deceased; **opłakiwała długo swoje ~e dziecko** she mourned her dead child for a long time; **dzieła tego ~ego pisarza są często wznawiane** the works of this deceased writer are often reprinted

II **nieżyjąc|y** *m*, **~a** *f* deceased, dead person; **rodziny ~ych zostały zawiadomione w pierwszej kolejności** the families of the deceased were notified first;

podobno ma nastąpić rehabilitacja wielu skazanych – dla ~ych to już marna pociecha apparently many of the convicted are to be rehabilitated – cold comfort for the ones already dead

nieży|t *m* (*G* ~tu) Med. catarrh ❏ ~t gardła Med. laryngitis; ~t nosa Med. rhinitis; ~t oskrzeli Med. bronchitis; ~t żołądka Med. gastritis

nieżytow|y *adi.* Med. *[zapalenie, objawy]* catarrhal

nieżyw|y *adi.* *[osoba]* deceased, dead; *[zwierzę]* dead

nigdy *pron.* never; (w pytaniu) ever; ~ nie byłem za granicą I've never been abroad; ~ bym nie pomyślał, że... I'd never have thought that...; ~ nie mów „nie" never say 'no'; ~ nie wiadomo you never know, you never can tell; jeszcze ~ nikt mnie tak nie potraktował I'd never been treated like that before (by anyone); ~ przedtem nie byłam w Indiach I had never been to India before; nikt mnie ~ nie odwiedza nobody ever comes to see me; dlaczego ~ nie odkładasz swoich rzeczy na miejsce? why don't you ever put your things (back) where they belong?; już ~ never again; ~ już się nie spotkali they never met again; ~ więcej never again; ~ więcej wojny! no more war!; ~ przenigdy never ever; teraz lub ~ it's now or never; jak ~ as a. like never before; uśmiałem się jak ~ I've never laughed so much in my life; jak ~ dotąd like never before; jak gdyby ~ nic a. jakby ~ nic (beztrosko) as if nothing had happened; (bez wysiłku) with the greatest of ease

■ na święty ~ on a. at the Greek Calends rzad.; lepiej późno niż ~ przysł. better late than never przysł.

nigdzie *pron.* nowhere; (po przeczeniu, w pytaniu) anywhere; ~ w ten weekend nie wyjeżdżamy we aren't going anywhere (at all) this weekend; takich krajobrazów nie ma ~ w Europie you won't find this kind of landscape anywhere in Europe; nie mogę ~ znaleźć rękawiczek I can't find my gloves anywhere; ~ mi się nie spieszy I'm not in any hurry; ~ nie pójdziesz you aren't going anywhere; ~ indziej nowhere else; ~ indziej tylko nad Bałtykiem nowhere else, only on the Baltic; jak ~ indziej unlike anywhere else, as a. like nowhere else

Nigeryj|czyk *m*, **~ka** *f* Nigerian

nigeryjs|ki *adi.* *[wojna, rządy]* Nigerian

nihili|sta *m*, **~stka** *f* nihilist; po tragicznej śmierci żony stał się cynikiem i ~stą książk. following his wife's tragic death he became a cynic and a nihilist

nihilistycznie *adv.* książk. nihilistically

nihilistyczn|y *adi.* [1] książk. *[teza, pogląd, nastrój]* nihilist *attr.*, nihilistic [2] Filoz. nihilistic

nihilizm *m sgt* (*G* ~u) [1] książk. nihilism [2] Filoz. Nihilism [3] Hist., Prawo nihilism

nijak *pron.* [1] (w żaden sposób) in no way, not in any way; ~ nie mogę tego zrobić there's no way in which I can do it; ~ tego nie pojmował in no way could he understand it, there was no way in which he could understand it; „jak mu to wytłu-

maczyłeś?" – „~" 'how did you explain it to him?' – 'I didn't'; to się ma ~ do tego, co mówił wcześniej this is completely at odds with what he said earlier, it totally contradicts what he said earlier; ceny mają się ~ do jakości the prices bear no relation to the quality; teoria ma się ~ do praktyki the theory is completely divorced from practice [2] (niezbyt dobrze) ~ mu żyć samemu he doesn't really like living alone; dyskusja zakończyła się ~ the discussion ended inconclusively [3] (niezręcznie) ~ mi odrzucić jej zaproszenie I can't really a. can't very well turn down her invitation

nija|ki *adi.* pot. (przeciętny) *[osoba, życie, styl, rozmowa, książka, film]* dull, unremarkable; *[smak, jedzenie]* bland, insipid; *[życie, przedstawienie, kolor, ton głosu]* dull, flat

nijako *adv.* pot. [1] (bezbarwnie) dully; sztuka była nudna, a aktorzy grali ~ the play was boring and the actors were dull; ta zupa smakuje ~ the soup doesn't have much taste; ten autor pisze ~ that author's writing is uninspired a. unremarkable [2] (niepewnie) awkward; czuję się ~ I feel awkward; tak mi ~ na duszy I'm feeling a bit out of sorts [3] (niezręcznie) inappropriate; jakoś ~ było wyjść w środku przedstawienia it seemed inappropriate to leave during the performance; ~ było wystąpić w codziennym stroju it felt inappropriate to appear in everyday clothes

nijakoś|ć *f sgt* pot. *[twórczości, stylu, życia]* dullness, flatness

NIK *m, f inv.* (*G* NIK-u) (= Najwyższa Izba Kontroli) Supreme Chamber of Control

Nikaragua|ńczyk *m*, **~nka** *f* Nicaraguan

nikaraguańs|ki *adi.* Nicaraguan

nikczemnie *adv.* książk. *[postąpić, oszukać, zdradzić]* despicably

nikczemni|k *m* książk. villain; blackguard przest.

nikczemnoś|ć *f sgt* książk. [1] (podłość) wickedness, villainy; trudno uwierzyć, że stać go na taką ~ć it's hard to believe he's capable of such wickedness [2] (podły czyn) villainy, evil act

nikczemn|y *adi.* książk. [1] *[oszust, prowokator, tchórz, zdrajca]* despicable, mean; jesteś ~ym zdrajcą i niczym więcej! you're a despicable traitor and nothing more! [2] *[zdrada, intryga, plan]* wicked, evil

nik|iel *m sgt* (*G* ~lu) [1] Chem., Techn. nickel [2] pot. (przedmiot niklowany) nickel

nikim → nikt

nikle → nikło

nikl|ować *impf vt* Techn. to nickel, to nickel-plate

niklowan|y **I** *pp* → niklować

II *adi.* Chem.,Techn. *[części metalowe, sztućce, czajnik]* nickel-plated

niklow|y *adi.* [1] *[ruda, stal, moneta]* nickel *attr.* [2] *[blacha, cążki, nożyczki, powłoka ochronna]* nickel-plated

nik|ło *adv.* książk. *[widać, palić się]* faintly, dimly; *[uśmiechać się]* faintly

nikłoś|ć *f sgt* książk. [1] (niewyrazistość) (o świetle, zarysach) faintness, dimness [2] (niewielki roz-

N

miar) (o literach) minuteness 3 (nietrwałość) (o chwilach, wspomnieniach) transiency

nik|ły *adi. grad.* książk. 1 (niewyraźny, niewielki) *[dźwięk, odgłos, uśmiech, zapach, ślady]* faint; *[światło, barwa, deseń]* dim; *[nadzieja, szanse]* slight; *[kwota, dawka, cząsteczka]* minute 2 (nietrwały) *[chwile, wartość, wspomnienia, radość]* transient, passing; *[dym, obłok]* passing, fleeting

nik|nąć *impf* (~nęła a. ~ła, ~nęli a. ~li) *vi* 1 (znikać) to fade away; **gwiazdy ~nęły w blasku świtu** the stars were fading away at daybreak; **dźwięki ~nące w oddali** sounds fading away in the distance ⇒ **zniknąć** 2 (przestać istnieć) to fade (away), to disappear; **~nie uczucie przygnębienia** the sense of depression is fading; **~ną ruiny z ulic śródmieścia** the ruins are disappearing from the city centre ⇒ **zniknąć**

■ **~nąć przy kimś/czymś** a. **w porównaniu z kimś/czymś** pot. to pale in comparison with a. beside sb/sth; **jego sukcesy ~ły przy błyskotliwej karierze brata** his successes paled in comparison with his brother's brilliant career; **~nąć w oczach** pot. to waste away; **z każdym dniem ~ł w oczach i tracił siły** with each day he was wasting away and losing strength

nikogo → **nikt**
nikogusieńko *pron.* → **nikoguteńko**
nikoguteńko *pron.* not a soul; **dookoła nie było ~** not a soul was around a. about
nikomu → **nikt**
nikotyn|a *f sgt* Chem. nicotine; **uzależnienie od ~y** nicotine addiction; **zatrucie ~ą** nicotine poisoning
nikotynizm *m sgt* (G ~u) nicotinism
nikotynow|y *adi.* Chem. *[dym, preparat, głód]* nicotine *attr.*, nicotinic

nik|t II *pron.* nobody, no one; (po przeczeniu, w pytaniu) anybody, anyone; **~t tylko ty/on** nobody a. no one, but you/him; **~t prócz ciebie/niego** no one a. nobody apart from a. but you/him; **~t z nas/nich** none of us/them; **~t jej nie znał** nobody a. no one knew her; **w samochodzie nie było ~ogo** there was no one in the car; **nie znam ~ogo, kto mógłby to naprawić** I don't know anyone who could repair it; **nie mów o tym ~omu** don't tell anyone about it; **czy ~t o mnie nie pytał?** pot. did anyone ask about me?; **jak ~t** like no one a. nobody (else); **~t inny** nobody a. no one else; **Kartezjusz, jak ~t inny przedtem...** Descartes, like no one before him...; **~t a ~t** a. **~t, ale to ~t** nobody, but nobody; no one, but no one

III *m pers.* a nobody; **być ~im** to be a nobody

nim[1] *coni.* książk. before; **~ przeprowadził się do Warszawy** before he moved to Warsaw; **~ będzie za późno** before it's too late

nim[2] → **on** → **ono**

nimb *m* (G ~u) 1 Relig. (aureola) halo, nimbus; **głowę świętego na obrazie otaczał świetlisty ~** a luminous halo surrounded the saint's head in the picture 2 *sgt* książk., przen. (uznanie) aura; **otaczał go**

~ sławy he was surrounded by an aura of fame

nimf|a *f* 1 Mitol. nymph; **~a leśna/wodna** a dryad/a water nymph 2 Zool. nymph
nimfet|ka *f* nymphet
nimfomani|a /ˌnimfoˈmaɲja/ *f sgt* (GD ~i) Med. nymphomania
nimfoman|ka *f* nymphomaniac
nimi → **on** → **oni** → **one**

niniejsz|y II *adi.* książk. this, the present; **w ~ym rozdziale znajdą Państwo odpowiedzi na te pytania** in this chapter you will find the answers to the questions; **w ~ym piśmie nawiązujemy do...** the following letter is a reference to...; **informacje zawarte w ~ym dokumencie są poufne** the information included herein is confidential

III **niniejszym** *adv.* książk. hereby; **~ oświadczam, że...** I hereby declare that...

nios|ka *f* Zool. laying hen, layer
NIP *m* (G **NIP-u**) (= Numer Identyfikacji Podatkowej) taxpayer identification number
nirwan|a *f sgt* 1 Filoz., Relig. nirvana 2 książk. (stan niebytu) nirvana; **ten narkotyk gwarantuje ~ę** this drug guarantees nirvana

ni|ski *adi. grad.* 1 (nieduży) *[stół, pagórek, płot, krzew, budynek]* low; **teren o niskiej zabudowie** low-rise area; **buty na niskim obcasie** low-heeled shoes 2 (niewysoki) *[wzrost, osoba]* short 3 (o położeniu) *[chmury, sufit, piętro, lot]* low; *[łąki, tereny]* low-lying 4 (głęboki) *[ukłon]* low 5 (niewielki) *[cena, temperatura, koszt, ciśnienie, napięcie, częstotliwość]* low; **niski poziom cywilizacji** a low level of civilization; **niski poziom życia** a low standard of living; **o niskiej zawartości tłuszczu** low-fat, light 6 książk. (mało znaczący) *[stanowisko, ranga]* lowly; *[urodzenie, pochodzenie, status]* humble; *[urzędnik, jakość, ocena]* low, humble; **niskiego stanu** a. **urodzenia** przest. low-born przest. 7 (dolna skala) *[dźwięk, głos, ton]* low, deep 8 (o małej wartości) *[literatura, poezja]* cheap, lowbrow; **o niskiej jakości** low-class, low-quality 9 (niemoralny) *[pobudka, czyn, motyw, instynkty]* low, base

ni|sko II *adv. grad.* 1 (niedaleko) low; **około północy obserwatorzy spostrzegli nisko lecący obiekt** at around midnight the observers spotted a low-flying object 2 (głęboko, w dół) low; **grzecznie dygnęła, on skłonił się nisko** she curtsied politely and he bowed low; **musiałem nisko się skłonić, żeby tam wejść** I had to bend down low to get in there; **ze wstydu nisko spuścił głowę** he hung his head low in shame 3 *[brzmieć]* low; **w głośnikach rozległ się nisko brzmiący głos** a low voice came through on the speakers 4 (niewysoko) low; **nieruchomość wyceniono bardzo nisko** the property a. real estate US was priced very low; **dolar stoi bardzo nisko** the exchange rate of the dollar is very low 5 (skromnie) low; **stojący nisko w hierarchii urzędnicy nie mieli właściwie szans na awans** as they were low in the hierarchy the clerks had no real chance of promotion 6 (negatywnie) low; **jego praca była oceniana nisko** his work was rated

poor a. not rated highly 7 (podle) *[postąpić]* despicably, basely

III **nisko-** *w wyrazach złożonych* low; **niskopienne drzewa** low-growing trees; **turbina niskoprężna** low-pressure turbine; **dieta niskobiałkowa** a low-protein diet

■ **być nisko notowanym** to be not valued a. regarded highly; **nowy minister finansów był nisko notowany w kręgach biznesu** the new finance minister was not highly regarded in business circles; **nisko kogoś/coś cenić** to hold sb/sth cheap; **te produkty są nisko cenione przez klientów** those products are held cheap among the customers; **profesor nisko ceni studentki** the professor has a low opinion of female students; **niżej podpisany** the undersigned; **ja, niżej podpisany, deklaruję, co następuje...** I, the undersigned, declare the following...; **niżej wymieniony** undermentioned; **niżej wymieniony dokument odegrał w procesie decydującą rolę** the undermentioned document played a decisive role in the trial; **potwierdza to niżej wymieniony fragment tekstu** this is confirmed in the part of text mentioned below; **upaść** a. **stoczyć się nisko** to let oneself go, to fall low; **po śmierci żony rozpił się i stoczył nisko** after his wife's death he really let himself go and started drinking; **jak to się stało, że stoczył się tak nisko?** how did it happen that he had fallen so low?; **upadł tak nisko, że zaczął prosić ludzi o pieniądze** he fell so low as to ask people for money

niskobudżetow|y *adi.* low-budget *attr.*; **grała w filmach ~ych** she played in low-budget films
niskogatunkow|y *adi. [towar, wyrób]* low-quality, low-class *attr.*
niskokaloryczn|y *adi.* Fiz., Kulin. *[potrawa, dieta]* low-calorie; low-cal pot.; *[paliwo]* lean
niskonakładow|y *adi. [książka, dzieło]* limited edition *attr.*; *[tytuł, czasopismo]* low-circulation *attr.*
niskoprocentow|y *adi.* 1 (zawierający niski procent) *[drink]* low-alcohol; *[roztwór]* weak; *[złoże mineralne]* poor 2 Ekon. *[kredyt, papiery wartościowe, akcje]* low-interest

nisz|a *f* 1 Geol. (wgłębienie) niche; **źródło bijące z ~y** a spring gushing from a niche 2 Archit. alcove, niche; **umieścić posąg/wazę w ~y** to place a statue/vase in an alcove 3 książk. (wnęka) alcove, recess; **~ę z łóżkiem zasłaniała kotara** an alcove with a bed was hidden behind a curtain; **była tam ~a na tyle duża, że można było w niej postawić wazon** there was a recess there large enough to hold a vase 4 Ekon. niche; **młode wydawnictwo może poszukać dla siebie jakiejś ~y na rynku księgarskim** a new publishing house may try to find its own niche in the book market ❏ **~a ekologiczna** Biol. ecological niche; **~a wrzodowa** Med. ulcer niche

niszczar|ka *f* shredder; **wrzucić dokumenty do ~ki** to put the documents through a shredder

niszcz|eć *impf* (~ał, ~eli) *vi [budynek, urządzenia, meble]* to deteriorate, to become dilapidated; *[gleba, środowisko, zapasy w magazynie]* to decay ⇒ **zniszczeć**

niszczyciel[1] *m*, **~ka** *f* destroyer; **~e środowiska naturalnego powinni być surowo karani** destroyers of the natural environment should be severely punished

niszczyciel[2] *m* Wojsk. destroyer
❑ **~ czołgów** Wojsk. tank destroyer

niszczyciels|ki *adi.* *[działanie, wojna, instynkt]* destructive; *[siła ognia, huraganu, trzęsienia ziemi]* catastrophic, devastating

niszcz|yć *impf* **I** *vt* [1] (likwidować, unicestwiać) to destroy *[list, dowody, budynek, miasto, wroga, szkodniki]* ⇒ **zniszczyć** [2] (zużywać) to wear [sth] out, to wear out *[sprzęt, narzędzia, buty, ubrania]* ⇒ **zniszczyć** [3] (osłabiać) *[choroba, alkohol, narkotyki]* to ruin, to enfeeble ⇒ **zniszczyć** [4] przen. (rujnować) to ruin, to shatter *[nerwy, zdrowie, spokój, małżeństwo, życie]* ⇒ **zniszczyć**
II **niszczyć się** [1] *[budynek, samochód, rower]* to deteriorate, to fall apart; *[ubrania, buty]* to wear out ⇒ **zniszczyć się** [2] (tracić zdrowie) to waste away; **~ysz się, tyle pracując!** you're wasting away, working so much! ⇒ **zniszczyć się** [3] (zwalczać się) to destroy each other

ni|t *m* (*G* nitu) [1] Techn. rivet, bolt [2] Komput. nit

nitecz|ka *f dem.* pot. (fine) thread

nit|ka *f* [1] (nić) thread; **jedwabna/bawełniana ~ka** silk/cotton thread; **biała/kolorowa/cienka/gruba ~ka** white/coloured/ fine/heavy a. thick thread; **~ka rwie się/ plącze** the thread a. cotton snaps/tangles; **przyszyć coś ~ką** to sew sth with cotton a. thread; **nawlekać coś na ~kę** to string sth on a thread [2] przen. (w kształcie nitki) thread; **siwe ~ki we włosach** silver threads in one's hair; **~ki pajęczyny/babiego lata** cobweb/gossamer threads [3] Bot. filament
❑ **~ka produkcyjna** Techn. production line
■ **nie zostawić na kimś/czymś suchej ~ki** pot. to pick a. tear sb/sth to pieces a. shreds; **krytycy nie zostawili na jego nowej komedii suchej ~ki** the critics tore his new comedy to pieces; **obedrzeć kogoś do (ostatniej) ~ki** pot. to take sb to the cleaners pot.; **przy rozwodzie żona obdarła go do ostatniej ~ki** his wife took him to the cleaners when they divorced; **dochodzić** a. **trafiać po ~ce do kłębka** to get to the bottom of sth; **przemoknąć** a. **zmoknąć do suchej ~ki** pot. to get drenched a. soaked to the skin; **zgrać się** a. **spłukać się do suchej ~ki** pot. to lose one's shirt, to get cleaned out; **przez te święta spłukałam się do suchej ~ki** those holidays have cleaned me out

nitkowa|ty *adi.* *[glony, korzeń, wyrostki, pióra]* filamentous, filiform

nit|ować *impf vt* Techn. to rivet *[blachy, płyty]* ⇒ **znitować**

nitow|y *adi.* Techn. *[połączenie, spojenia]* rivet attr.

nitrogliceryn|a *f* Chem., Farm. nitroglycerin

niuans *m zw. pl* (*G* **~u**) nuance; nicety *zw. pl*; **~e znaczenia** a. **w znaczeniu słowa** the nuances of meaning of a word; **~e starożytnej łaciny/literackiej polszczyzny** the niceties of ancient Latin/literary

Polish; **uchwycić/zrozumieć ~e języka dyplomacji** to catch/understand the nuances of diplomatic language

niuch *m* (*A* **~a**) pot., żart. [1] (węch) nose przen.; (nos) snoot pot., conk GB pot.; **mieć dobrego ~a** to have a keen nose [2] (wyczucie, intuicja) hunch; **robić coś/działać na ~** a. **na ~a** to do sth/act on a hunch; **ale miałem ~a!** (wyczułem sytuację) I had a hunch; (przeczułem oszustwo) I smelt a rat pot.; **rób to/wszystko na ~** a. **na ~a** play a a. your hunch; play it by ear pot. [3] przest. (porcja tabaki) pinch of snuff; (porcja narkotyku) sniff; **zażyć ~ tabaki** to take snuff; to snuff przest.

niucha|ć *impf* pot. **I** *vt* (wąchać) to sniff, to snuff (up) *[powietrze]*; to snort pot. *[kokainę]*; **~ć tabakę** przest. to take snuff
II *vi* [1] (wąchać) *[osoba]* to sniff; **~ł, skąd dochodzi swąd spalenizny** he sniffed (the air) to detect where the smell of burning came from [2] (węszyć) *[zwierzę]* to sniff (**za czymś** around for sth) [3] przen. (szukać) to sniff (a)round pot.; to nose around; **policja ~ za nim po okolicznych barach** the police has been sniffing around local bars trying to find him ⇒ **wyniuchać**

niw|a *f* książk. [1] (łan, pole) lea książk. [2] przen. (dziedzina) domain, realm, sphere; **pracować/działać na ~ie sportu** to work/be active in the domain of sport; **odnosić sukcesy na ~ie literackiej/gospodarczej** to be successful in the literary/economic sphere

niwecz|yć *impf vt* książk. to thwart *[próby, plany, spisek, zamiar]*; **opieszała biurokracja ~y nasze wysiłki** the lumbering bureaucracy thwarts our efforts ⇒ **zniweczyć**

niwelacj|a *f sgt* [1] Budow. levelling, leveling US; **~a terenu przed rozpoczęciem budowy** the levelling of the ground prior to the start of construction work [2] (w pomiarach geodezyjnych) levelling, leveling US [3] książk. (zrównywanie poziomów, wielkości) equalization; (usuwanie różnic) elimination; **~a zarobków nauczycielskich** the levelling out of teachers' salaries

niwelacyjn|y *adi.* [1] Budow. *[roboty, prace]* levelling, leveling US [2] (w geodezji) *[metoda, pomiar]* surveying; **łata ~a** a levelling staff, a leveling rod US; **pomiary ~e w celu ustalenia wysokości** surveying exercises in order to determine heights

niwel|ować *impf vt* [1] Budow. to level *[grunt, teren]* ⇒ **zniwelować** [2] (w geodezji) (mierzyć) to level ⇒ **zniwelować** [3] książk. (zrównywać) to equalize *[dochody, zarobki]*; (usuwać) to eliminate *[różnice, przewagę]* ⇒ **zniwelować**

ni|zać *impf* (**~żę**) *vt* książk. (na nitkę) to thread; (na sznurek) to string; **nizać koraliki na nitkę** to thread beads; **nizała kamyki na srebrny drut** she was putting stones on a length of silver wire ⇒ **nanizać**

nizin|a **I** *f* Geog. lowland *U*, lowlands *pl*; **miasto leżące na ~ie** a town in a. on lowland(s)
II **niziny** *plt* książk. the lower classes (of society); lower orders przest.

nizinn|y *adi.* *[krajobraz, okolica]* lowland attr.; **~e części Polski** lowland Poland

niziu|tki (**~teńki, ~sieńki, ~ śki, ~chny**) *adi. dem.* pieszcz. (bardzo niski) *[staruszka]* short; *[domek, ukłon]* low

niziu|tko (**~teńko, ~sieńko, ~śko, ~chno**) *adv. dem.* pieszcz. (bardzo nisko) *[lecieć, zwisać, pochylić się]* low; **słońce wisiało ~tko na ziemią** the sun was low in the sky

niźli → niż

niźliby → niżby

niż[1] *m* (*G* **~u**) [1] Meteo. depression, low; **~ baryczny** a. **barometryczny** an area of low barometric pressure [2] Geog. (nizina) lowland *U*, lowlands *pl*; **mieszkać na ~u** to live on a. in the lowlands [3] *sgt* (zacofanie) (gospodarczy) trough; (rynkowy, finansowy) slump; (cywilizacyjny, kulturowy) decline; **~ w przemyśle** an industrial slump
❑ **~ demograficzny** Stat. (okres) (period of) population decline, (period of) decrease in the birth rate; (pokolenie) *generation born during a period of population decline*

niż[2] **I** *coni.* [1] (w wyższym stopniu) than; **wydawał więcej, ~ zarabiał** he spent more than he earned; **wydawała się młodsza, ~ była** she looked younger than she was; **nie mniej ~ 30 kilometrów** no less than 30 kilometres; **dochody wzrosły więcej ~ dwukrotnie** incomes more than doubled; **to więcej ~ możliwe** it's more than likely a. possible; **więcej ~ skromny poczęstunek** more than a modest meal; **(on) ma więcej szczęścia ~ rozumu** he has more luck than brains [2] (raczej) (rather) than; **(ona) prędzej umrze, ~ przyzna mu rację** she'd rather die than a. die rather than admit he's right; **lepiej niech się dowie ode mnie, ~ żeby kto inny miał mu o tym powiedzieć** it's better that he finds out from me rather than somebody else telling him
II *praep.* than; **wyższy/starszy ~ mój brat** taller/older than my brother; **wydatki rosną szybciej ~ dochody** spending is increasing more rapidly than earnings; **nie pozostaje nam nic innego ~ czekać** a. **czekanie** there's nothing else we can do but wait

niżby *coni.* [1] (w wyższym stopniu) than; **to było trudniejsze, ~ się wydawało** it was more difficult than appeared; **wszystko potoczyło się inaczej, ~m się spodziewał** things took a totally different course than I had expected [2] (raczej) (rather) than; **prędzej zginą, ~ mieli się poddać** they'd rather a. sooner die than surrender

niżeli → niż

niżeliby → niżby

niżow|y *adi.* [1] Meteo. *[układ, obszar]* of low pressure [2] Geog. *[gleba, teren, roślinność]* lowland attr. [3] Ekon. *[miesiące, okres]* of economic slump [4] Stat. *[prognozy]* of population decline

niższoś|ć *f sgt* inferiority; **poczucie umysłowej/społecznej ~ci** a sense of intellectual/social inferiority; **dać komuś odczuć jego ~ć** to make sb feel inferior

NKWD (= Narodowy Komisariat Spraw Wewnętrznych) Hist. NKVD (*Soviet secret police*)

N

no pot. **I** _inter._ [1] (w odpowiedzi) (jako twierdzenie) yeah! pot., yep! pot., yup! US pot.; (jako pytanie) yeah? pot.; **no chyba** a. **no pewnie** a. **pewno!** sure! pot., you bet! pot.; „**spotkałem ją wczoraj**" – „**no i?**" 'I saw her yesterday' – 'and?' [2] (ponaglenie) come on!; **no, rusz się!** come on, move! pot. [3] (nawiązujące) well, **no, muszę już iść** well, I've got to go; **no nie!** (wyraz zaskoczenia) I don't believe it!; **to chyba najlepsze rozwiązanie, no nie?** I guess that's the best solution, isn't it?; **no tak** (wyraz niezadowolenia) that figures pot., iron.; **no proszę** a. **no wiesz** (wyraz zaskoczenia) well, well, what are you talking about?! pot.; **no wiecie państwo, tego się nie spodziewałem** well, well, I didn't expect that (I must say); **no, no** (wyrażające ostrzeżenie) now, now; (wyrażające podziw, zdziwienie) well, well; (wyrażające uspokojenie) now, now; there now; **no, no, tylko bez wygłupów** now, now, I don't want any nonsense; **niezłe autko, no, no** well, well, that's some car; **no, no, tylko mi nie płacz** now, now a. there now, don't cry a. stop crying [4] (wyrażające wahanie) well; **no, może to i prawda, ale…** well, maybe that's true, but…; **było ich, no, może pięćdziesięciu** there were, well, maybe fifty of them **II** _part._ **podejdź no tu!** get over here! pot.; **porozmawiał no byś z nią!** why don't you talk to her?; **zgub no te pieniądze!** just try losing this money, that's all pot.; **niech no się ojciec dowie!** just wait till your father hears about it!; **idziecie już? no to do widzenia** are you going? so long a. bye, then pot.; **no wreszcie!** about time (too)! pot.; **no co jest?** what's wrong a. the matter?; **no to co?** so what? pot., what of it? pot.; **no a ty?** what about you?; „**wyrzucą cię z pracy**" – „**no to wyrzucą**" 'they'll kick you out' – 'so they'll kick me out' pot.; **muszę czasem odpocząć, no nie?** I need a rest from time to time, don't I?

Nob|el _m_ (A ~la) Nobel Prize a. prize; **~el w dziedzinie fizyki/medycyny** the Nobel Prize for Physics/Medicine; **pokojowa nagroda ~la** the Nobel Peace Prize; **laureat (nagrody) ~la w dziedzinie literatury** a Nobel Prize winner for Literature

nobilitacj|a _f_ (Gpl ~i) [1] Hist. (nadanie szlachectwa) (grant of) ennoblement; **uzyskać ~ę** to be ennobled [2] książk. (podniesienie wartości) elevation; **~a kultury masowej do rangi sztuki** the elevation of mass culture to the rank of art; **pańska wizyta jest dla naszego miasta ~ą** your visit is an honour to our town

nobilit|ować I _vt impf_ książk. (podnosić rangę) to elevate; (dodawać blasku) to glamorize; **udział gwiazdy ~uje nawet słaby film** a film star can glamorize even a bad film **II** _vt pf, impf_ Hist. (nadawać szlachectwo) to ennoble

nobli|sta _m_, **~stka** _f_ Noble prizewinner, Nobel laureate

nobliwie _adv._ książk. [postępować, ubierać się] respectably

nobliwoś|ć _f sgt_ książk. respectability

nobliw|y _adi._ książk. [rodzina, ubiór, rozrywka, uczelnia] respectable; **starsza pani o**

~ym wyglądzie an elderly distinguished-looking woman

noblows|ki _adi._ [uczeni, pisarze] Nobel prize winning _attr._; [komitet] Nobel-prize _attr._; **przemówienie ~kie** an acceptance speech for the Nobel Prize

noc _f_ (Gpl ~y) [1] (część doby) night, night-time; **gwiaździsta/bezsenna/czerwcowa ~** a starlit/sleepless/July night; **w ~y** at night, at night-time; **późno w ~y** (przed północą) late at night; (po północy) early in the morning; **co ~/co ~y/~ w ~** every night/ each night/night after night; **od świtu** a. **od rana do ~y** from dawn to dusk; **wczoraj w ~y** last night; **pracować po ~ach** to work late at night; **siedzieć długo w ~y** to stay up late at night; **tańczyć/czuwać przez całą ~** to dance/stay awake throughout the night a. all night (long); **kiedy zapadła ~, zrobiło się zimno** when night fell, it grew cool; **przez całą ~ nie wychodził z domu** he didn't leave the house all night [2] pot. (nocna zmiana) night shift; **pracować na ~** a. **~ę** to work (on) the night shift [3] pot. (impreza artystyczna) night □ **białe ~e** Geog. white nights; **~ polarna** Geog. the polar night; **~ poślubna** wedding night; **~ sylwestrowa** New Year's Eve; **~ świętojańska** ≈ Midsummer('s) Night ■ **robić z ~y dzień** to burn the midnight oil; **w ~y wszystkie koty są czarne/ szare** przysł. all cats are grey in the dark, at night all cats are gray US

nochal _m_ (A ~a) pot. hooter pot.; **rozkwasił mu ~la** he whopped him on the nose pot.

noc|ka _f dem._ [1] (część doby) night [2] pot. (nocna zmiana) night shift; **pracować na ~kę** to work (on) the night shift

nocleg _m_ (G ~u) [1] (wypoczynek) **przyjąć kogoś na ~** to put sb up for a/the night; **zatrzymać się na ~ w hotelu/u znajomych** to stay overnight a. to overnight at a hotel/friends' place [2] (miejsce) accommodation U, lodging; accommodations _pl_ US rzad.; **~ w hotelu/schronisku młodzieżowym** hotel/youth hostel accommodation; **tanie/luksusowe/wygodne ~i** affordable/de luxe/comfortable accommodation; **~ i wyżywienie** board and lodging; **szukam ~u** I'm looking for a place to stay the night a. a night's lodging a. accommodation; **płacić za trzy ~i** to pay for three nights' accommodation

noclegowni|a _f_ (Gpl ~) (dla bezdomnych) night shelter; dosshouse GB pot., flophouse US pot.

noclegow|y _adi._ [dom, pensjonat] lodging; **miejsca ~e** accommodation (places); **turystyczna baza ~a** tourist accommodation (options)

nocnicz|ek _m dem._ potty pot.

nocnik _m_ chamber pot; potty pot.

nocn|y _adi._ [1] (występujący nocą) [przymrozek, niebo] night _attr._; [pora, cisza] of the night; **~y spoczynek** a. **wypoczynek** książk. a night's rest a. sleep; **udał się na ~y spoczynek** książk. he retired to bed; **~e życie miasta** nightlife [2] (działający nocą) [tramwaj, pociąg, lot] night _attr._; [zwierzę, modlitwa, spacer] nocturnal; [patrol, uroczystość, wizyta] night-time _attr._; **~y klub**

lokal a nightclub; **~y stróż/portier** a night watchman/porter; **~y sklep** an all-night shop GB, a convenience store US [3] (do użytku nocą) **~a lampka** a bedside lamp; **~a koszula** a nightgown, a nightdress; **~e pantofle** bedroom slippers ■ **~y marek** pot. night owl pot.

noc|ować _impf vi_ (w hotelu, u znajomych) to stay overnight; to overnight pot.; **~ować pod gołym niebem** to sleep outdoors; **wczoraj nie ~ował w domu** he didn't sleep at home last night ⇒ **przenocować**

no|ga _f_ [1] (kończyna) leg; **przednie/tylne nogi** front legs a. forelegs/hind legs; **złamać nogę** to break one's leg; **skręcić nogę w kostce** to sprain one's ankle; **założyć nogę na nogę** to cross one's legs; **siedzieć ze skrzyżowanymi nogami** to sit cross-legged; **chwiać się na nogach** to stagger; **ledwo** a. **z trudem trzymać się na nogach** to be about to collapse; **trzymać** a. **utrzymywać się na nogach** to keep one's balance; **nie zdołał** a. **nie umiał utrzymać się na nogach** he lost his balance; **nogi ugięły się pode mną/pod nią** I/she went weak at the knees; **iksowate nogi** a. **nogi w iks** knock knees; **mieć iksowate nogi** to be knock-kneed [2] (stopa) foot; **palce u nóg** toes; **deptać komuś po nogach w tańcu** to tread a. step on sb's toes while dancing; **powłóczyć nogami** to drag one's feet [3] (część stołu, krzesła, przyrządu) leg; **stolik/taboret na trzech nogach** a three-legged table/stool; **stół na jednej** a. **o jednej nodze** a pedestal table [4] pot., pejor. (niezaradna osoba) also-ran; basket case pot., obraźl.; (tępak) turkey pot., duffer pot.; **zawsze byłem noga z matmy** I've always been a duffer at maths; **postąpił jak noga** he blew it pot. □ **noga wykroczna** Sport back leg; **noga wypadowa** Sport leading foot ■ **do góry nogami** topsy-turvy, upside down; **świat przewrócony do góry nogami** a topsy-turvy world; **przewrócić wszystko do góry nogami** to turn everything upside down; **noga!** a. **do nogi!** (do psa) heel!; **chodzić przy nodze** a. **za nogą** [pies] to walk a. follow at a. to heel; **do nogi** a. **co do nogi** to the last person; **wystrzelali wszystkich co do nogi** they wiped out all of them; **na drugą nogę!** pot. let's drink another one; **na jednej nodze** on a. at the double; **w nogach łóżka** a. **posłania** at the foot of the bed; **w nogę** [iść, maszerować] in step; **w nogi!** run for it!; **dać nogę** pot. to leg it pot.; **dali nogę z ostatniej lekcji** they bunked off GB pot. a. played hook(e)y from US pot. the last period; **trzecia noga** pot., żart. a walking stick; **wziąć nogi za pas** to take to one's heels; **bronić się przed czymś rękami i nogami** to resist a. oppose sth; **być cały dzień** a. **nieustannie na nogach** to be on the go every minute of the day a. without a break; **być jedną nogą w grobie** a. **na tamtym świecie** to be at death's door, to be on one's last legs; to have one foot in the grave pot., żart.; **być na ostatnich nogach** pot. to be worn to a frazzle pot.; **robić coś na ostatnich nogach** to do sth with one's last strength; **być od świtu** a. **od rana na nogach** pot. to be on the run since first light; **iść** a. **wlec się noga za nogą** to drag one's feet; **iść w nogi** *[alkohol]* to make walking difficult; **lecieć** a. **padać** a. **walić się z nóg** to be collapsing from exhaustion; to be ready to drop pot.; **ledwo powłóczyć nogami** a. **wlec nogi za sobą** to be on one's last legs; **(ze zmęczenia) ledwo** a. **z trudem trzymał się na nogach** (being so tired) he could barely stand; **mieć dobre nogi** to be a good walker; **nakryć się nogami** pot. to fall (down) on one's back; **nie móc ruszyć ręką, ani nogą** to be too tired to stir; **padać** a. **rzucać się komuś do nóg** (na znak czci, wdzięczności) to fall a. drop a. sink to one's knees before sb; (na znak pokory, oddania) to bend a. bow the a. one's knee to sb; **podciąć komuś nogi** *[silne wrażenia, emocje]* to make sb weak at the knees; (spowodować upadek) to trip sb (up); **podstawić komuś nogę** (spowodować upadek) to trip sb (up); (zaszkodzić) to trip sb up; **porwać się** a. **zerwać się** a. **skoczyć na równe nogi** to jump a. leap to one's feet; **postawić kogoś na nogi** (finansowo) to provide sb with a firm financial footing; (zdrowotnie) to make sb feel good again; **schodzić** a. **uchodzić nogi do kolan** to be exhausted by walking; **stanąć mocno na nogach** (zdrowotnie) to be back on one's feet; (finansowo) to establish oneself on a firm financial footing; **stanąć na własnych nogach** to stand on one's own (two) feet; **ściąć** a. **zwalić** a. **zbić kogoś z nóg** (pozytywnie) to sweep sb off their feet; (negatywnie) to knock sb off their feet; **tracić grunt pod nogami** (w konfliktowej sytuacji) to lose ground; **traktować kogoś per noga** a. **per nogam** to treat sb in a scornful way; **wstać lewą nogą** pot., żart. to get out of bed on the wrong side; **wyciągać nogi** pot. (iść szybciej) to walk with long strides; **wyciągnąć nogi** pot. (umrzeć) to cash in one's chips pot., to turn up one's toes pot.; **zmienić nogę** to fall into step; **zmylić nogę** to break step; **jesteśmy już/jeszcze jedną nogą na wakacjach** our thoughts are already/still on holidays; **jesteś tu z nami tylko jedną nogą** you're here with us merely physically but your thoughts are elsewhere; **moja/jego noga więcej tu nie postanie** I/he will never set foot in this place again; **noga się mu/mi powinęła** his/my luck has run out; **nogi mu/jej odjęło** przest. his/her legs are paralysed; **nogi odmawiają mi posłuszeństwa** my legs fail me; **nogi same ją/jego niosą** she/he walks effortlessly; **nogi wrosły jej w ziemię** she was petrified; **wyjść** a. **wyjechać skądś nogami do przodu** pot. (umrzeć) to turn up one's toes; **ziemia** a. **grunt usuwa mi/nam się spod nóg** I am/we are finding myself/ourselves in a precarious situation; **żywa noga stąd nie ujdzie** no one will get out of here alive; **kłamstwo ma krótkie nogi** przysł. (the) truth will out przysł.; **kto nie ma w głowie, ten ma w nogach** pot. ≈ forgetful people waste more time; **ręka rękę myje, noga nogę wspiera** przysł. you scratch my back and I'll scratch yours przysł.

nogaw|ka *f* (**~eczka** *dem.*) leg; **postrzępione ~ki spodni/piżamy** frayed trouser/pyjama legs; **śpioszki bez ~ek** legless rompers

nokau|t /'nokawt/ *m* (*G* **~tu**) (cios) knockout (blow); (niezdolność do walki, koniec walki) knockout; **zadać przeciwnikowi ~t** to deliver a knockout to an opponent; **wygrać z kimś/walkę przez ~t** to defeat sb/win a fight by a knockout
❏ **~t techniczny** Sport technical knockout

nokaut|ować /nokaw'tovatɕ/ *impf vt* [1] Sport (w boksie) to knock [sb] out, to knock out ⇒ **znokautować** [2] (zwyciężyć) to knock [sb] out, to knock out, to eliminate *[rywala, konkurencję]* ⇒ **znokautować**

nokdaun /'nokdawn/ *m* (*G* **~u**) Sport knock-down (blow)

noktowizo|r *m* Techn. night-vision device; **kamera z ~rem** a night-vision camera

nokturn *m* (*G* **~u**) Literat., Muz., Szt. nocturne

nokturnow|y *adi.* Muz. nocturne *attr.*

nolens volens /ˌnolen'zvolens/ *part.* książk. nolens volens książk.

nomenklatu|ra *f* [1] (nazewnictwo) terminology, nomenclature *U*; **~ra botaniczna** the terminology of botany, botanical terminology [2] pejor. Hist., Polit. (grupa ludzi) the nomenklatura *U*; (spis stanowisk) nomenklatura
❏ **~ra binominalna** Bot., Zool. binomial nomenclature

nomenklaturow|y *adi.* Hist., Polit. *[stanowisko, urzędnik, kadra, spółka]* nomenklatura *attr.*; **klucz ~y** nomenklatura

nomen omen *part.* książk. ≈ as the name suggests

nominacj|a *f* (*Gpl* **~i**) [1] (na stanowisko, do nagrody) nomination; **~a na (stanowisko) dyrektora/profesora** a nomination for a directorship/professorship a. to the position of director/professor; **~a do Oscara** an Oscar nomination; **dostać** a. **otrzymać ~ę** to receive a. win a nomination; **prezydent podpisał jego ~ę na amerykańskiego ambasadora w Meksyku** the President signed his nomination to be US ambassador to Mexico [2] Jęz. denomination

nominacyjn|y *adi.* of nomination

nominalnie *adv.* książk. (formalnie) *[rządzić, być niezależnym]* nominally

nominaln|y *adi.* [1] książk. (formalny) *[właściciel, władza, wolność]* nominal [2] Ekon. *[stawka, cena, dochody]* nominal; **wartość ~a banknotu/znaczka** the nominal a. face value of a banknote/postage stamp; **sprzedać udziały po cenie ~ej** to sell shares at the nominal price [3] Jęz. (rzeczownikowy) nominal; **fraza ~a** a nominal a. noun phrase [4] Techn. (znamionowy) nominal

nomina|ł *m* (*G* **~łu**) [1] Ekon. (na banknocie, monecie, znaczku) denomination, face a. nominal value; **banknot o ~le 100 zł** a 100 zloty banknote [2] Druk. (cena katalogowa) stated price

nomin|ować *pf impf vt* [1] (powołać na stanowisko) to nominate; **~ować kogoś na (stanowisko) premiera** to nominate sb to be Prime Minister, to nominate sb as Prime Minister; **kandydat ~owany przez partię do prezydentury** a candidate with his

party's presidential nomination [2] (zgłosić do nagrody) to nominate; **~ować film/aktora do Oscara** to nominate a film/an actor for an Oscar

nonajron → **non-iron**
nonajronowy → **non-ironowy**
non-iron /no'najron/ [I] *m* (*G* **non-ironu**) Włók. non-iron a. easy-care fabric
[II] *adi. inv.* Włók. *[tkanina]* easy-care *attr.*; *[koszula, materiał]* non-iron

non-ironow|y /ˌnonajro'novɨ/ *adi.* Włók. *[tkanina]* easy-care *attr.*; *[koszula]* non-iron

nonkonformi|sta [I] *m* [1] (nieulegający wpływom) nonconformist [2] Relig. Nonconformist
[II] **nonkonformiści** *plt* Relig. Nonconformists, Nonconformity *U*

nonkonformist|ka *f* (nieulegająca wpływom) nonconformist

nonkonformistycznie *adv.* in an nonconformist way

nonkonformistyczn|y *adi. [postawa, zachowanie, poglądy]* nonconformist

nonkonformizm *m sgt* (*G* **~u**) [1] (postawa sprzeciwu) nonconformism [2] Relig. Nonconformity, Nonconformism

nonsens [I] *m* (*G* **~u**) (w wypowiedzi, utworze) nonsense *U*, rubbish *U* GB; (w zachowaniu) nonsense *U*; **mówić** a. **wygłaszać ~y** to talk nonsense; **to zupełny** a. **całkowity ~** it's absolute a. complete a. utter nonsense; **jego książka to stek ~ów** his book is a load of nonsense; **wyrąb lasów to gospodarczy ~** felling forests is an economic nonsense
[II] *inter. sgt* nonsense!, rubbish! GB

nonsensownie *adv. [zaprojektowany, wygórowany, sformułowany]* ridiculously; **zachowałeś się ~** your behaviour was ridiculous; **wyglądasz ~ w tym kapeluszu** you look ludicrous in this hat

nonsensowno|ść *f sgt* nonsensical nature; **zdaję sobie sprawę z ~ci tego pomysłu** I realize how nonsensical the idea is

nonsensown|y *adi. [słowa, zachowanie, pomysł, wiersz]* nonsensical, ridiculous

non stop [I] *m* (*G* **non stopu**) pot. (lokal rozrywkowy) all-night disco, nightclub
[II] *adi. inv. [jazda, akcja, dyżur]* non-stop; **po 14 godzinach lotu ~** after 14 hours of a non-stop flight
[III] *adv. [pracować, prowadzić, kłócić się, padać]* non-stop; **filmy wyświetlane są ~** showings run non-stop; **padało przez dwa tygodnie ~** it was raining constantly for two weeks

nonszalancj|a *f sgt* pejor. (niedbałość) nonchalance; (brak powagi) flippancy; **zachowywać się z ~ą** to be nonchalant/flippant; **odnosić się do czegoś** a. **traktować coś z ~ą** to be nonchalant about sth; **taka jazda to tylko popis brawury i ~i** such driving is merely a show of bravado and a flippant attitude (to danger)

nonszalanc|ki *adi.* (swobodny, niedbały) nonchalant; (lekceważący, niepoważny) flippant; **przyjąć ~ką pozę** to affect nonchalance; **odpowiadać/pytać ~kim tonem** to answer/ask flippantly/nonchalantly

nonszalancko *adv.* (niedbale) nonchalantly; (niepoważnie) flippantly; **zachowywał**

N

się ~ his behaviour a. manner was non-chalant/flippant; **nie chcę, by to zabrz-miało** ~ I wouldn't like to sound flippant; ~ **zatrzasnął drzwi swego jaguara** he nonchalantly slammed the door of his Jaguar

no|ra f [1] (kryjówka zwierząt) burrow, hole; **borsucza nora** a (badger) set(t); **lisia nora** an earth, a fox earth; **nory bobrów** lodges of beavers; **nory wykopane** a. **wygrzebane przez lisy** burrows dug by foxes; **myszy gnieżdżące się w norach** mice nesting in their holes [2] pot., pejor. (mieszkanie) hovel; kennel przen.; (lokal) hole pot.; **nie będę jadła w tej ohydnej norze** I won't eat in this revolting hole of a restaurant
■ **wykurzyć lisa z nory** to smoke [sb] out of their hole

norbertan|in Relig. [I] m, ~**ka** f (zakonnik, zakonnica) Premonstratensian, Norbertine
[II] **norbertanie, norbertanki** plt (zakon) Premonstratensians, Norbertines

norbertańs|ki adi. Relig. Premonstratensian

nordyc|ki adi. Nordic

nordyk m Nordic

nor|ka¹ f dem. (mysia, krecia, królicza) burrow, hole

nor|ka² [I] f Zool. mink
[II] **norki** plt mink (coat)

norm|a f [1] (zasada) (społeczna, polityczna, ekologiczna, kulturowa) norm; (moralna, etyczna, językowa) standard zw. pl; ~**y zwyczajowe** a. **społeczne** social norms; (znacznie) **odbiegający od** ~**y** (very) different from the norm; **stosować się do ustalonych** ~ to comply with commonly accepted norms a. standards; **to stało się** ~**ą** it has become the norm; **to jest niezgodne z tym, co uznajemy za** ~**ę** it is deviation from what we consider the norm [2] (wzór) (technologiczna, produkcyjna, przemysłowa) standard, the norm; **być powyżej/poniżej** ~**y** to be below/above a standard; **ustalać** ~**y** to establish a. set standards; **wprowadzono jednolite** ~**y druku** uniform printing standards have been introduced
❑ **dzienna** ~**a** (o żywności, witaminach, białku) the daily intake; (o pracy) the daily work-load; ~**a pracy** workload; ~**a prawna** Prawo legal norm; ~**a techniczna** Techn. technical standard
■ **wrócić/powracać do** ~**y** to be/be getting back to normal

normalizacj|a f (Gpl ~i) sgt książk. [1] (pod-porządkowanie standardom) standardization [2] (powrót do normy, uregulowanie) normalization; ~**a stosunków dyplomatycznych/poli-tycznych** the normalization of diplomatic/political relations

normalizacyjn|y adi. książk. [1] (regulujący) [czynnik, wpływ, bodziec] normalizing [2] (ujednolicający) [działalność, prace] standar-dizing; **komitet** ~**y** the committee of a. for standardization

normaliz|ować książk. impf [I] vt [1] (regu-lować) to normalize [stosunki, nawyki, od-dech] ⇒ **znormalizować** [2] (standaryzo-wać) to standardize [wymiary, wielkość, kształt] ⇒ **znormalizować**
[II] **normalizować się** (stabilizować się) [stosunki, ciśnienie krwi] to normalize;

sytuacja w rejonach powodziowych ~**uje się** the situation in flooded areas is normalizing a. getting back to nor-mal ⇒ **znormalizować się**

normal|ka inter. pot. „**co u ciebie?**" – „~**ka**" 'how are you?' – 'I'm OK'

normalnie [I] adv. grad. (prawidłowo) [reago-wać, przebiegać] normally; [rozwijać się, poruszać się] properly; **lot odbywał się** ~ the plane was flying normally; **silnik/serce pracuje** ~ the engine works/the heart functions properly a. normally
[II] adv. [1] (zwykle) normally, usually; ~ **nie kładziemy się spać przed dwunastą** we don't usually a. normally go to bed before midnight; **życie toczy się** ~ life follows its normal a. usual course; **mimo choroby, starała się żyć** ~ despite her illness, she tried to live normally a. as usual [2] pot. (zwyczajnie) simply; ~ **kpisz sobie ze mnie** you're simply pulling my leg

normalni|eć impf (~**eję**, ~**ał**, ~**eli**) vi [sytuacja, stan, poziom] to go back to normal; [osoba] to behave normally again ⇒ **znor-malnieć**

normaln|y [I] adi. grad. [1] (zgodny z normą) [objaw, poziom, zachowanie, tryb] normal, regular US; (prawidłowy) [rozwój, funkcjonowa-nie] proper; ~**a reakcja na bodźce** a normal a. proper reaction to stimuli; ~**y poziom wody w rzece** a normal water level in a river [2] (zwyczajny) [ceny, rutyna, dom] normal, usual; **prowadzić** ~**y tryb życia** to live normally; **to jego** ~**e zachowanie** it's his usual a. normal behaviour; **jest zupełnie** ~**ym facetem** he's quite an ordinary a. normal bloke, he's a regular guy [3] pot. (typowy, zwykły) [oszust, kradzież] plain; **to jego** ~**a zagrywka** it's his usual game
[II] adi. [1] (zdrowy psychicznie, fizycznie) normal; **jeden z bliźniaków był** ~**y, drugi upośledzony** one of the twins was normal, the other disabled [2] (bez zniżki) [cena, opłata] standard; [bilet] full fare attr.
[III] m pot. (bilet) ≈ full fare
[IV] **normalna** f Mat. normal

normatyw m (G ~**u**) Techn. standard, norm; **obowiązujące** ~**y budowlane** re-quired construction standards a. norms; **przestrzegać** ~**ów** a. **respektować** ~**y** to adhere to standards
❑ ~ **techniczny projektowania** Techn. standard engineering design

normatywnie adv. [1] (określając normy) prescriptively [2] (zgodnie z normą) [postępować] normatively; [określony, wymagany] in ac-cordance with standards

normatywnoś|ć f sgt [1] (gramatyki, słowni-ków) prescriptiveness, prescriptivism [2] (ak-tów prawnych) prescriptivism

normatywn|y adi. [1] (ustalający normy) [słownik, gramatyka, akt prawny] prescriptive [2] (zgodny z normą) [czas pracy, zużycie materiałów] standard

norm|ować impf [I] vt to standardize [ceny, tryb] ⇒ **unormować**
[II] **normować się** [sytuacja, stosunki] to go back to normal ⇒ **unormować się**

nornic|a f Zool. vole

Norweg m, ~**żka** f (Npl ~**gowie** a. ~**dzy**, ~**żki**) Norwegian

norwes|ki [I] adi. [fiordy, rybołóstwo, litera-tura, język] Norwegian
[II] m [1] sgt (język) Norwegian; **uczyć się** ~**kiego** to learn Norwegian; **mówić/pisać po** ~**ku** to speak/write Norwegian [2] (lek-cja) Norwegian lesson

nos m [1] (część twarzy) nose; **czubek** ~**a** the tip of one's nose; **rozpłaszczyła** ~ **o szybę** she pressed her nose up against the window(pane) [2] (czubek, tip) **włożyć na** ~ **okulary** to put on one's glasses; **czółno zaryło się** ~**em w piasku** the nose of the canoe dug into the sand; **pantofle o kwadratowych** ~**ach** squared-toed shoes; ~**y nart** the tips of the skis
■ **autobus/pociąg/tramwaj uciekł mi/jej sprzed** ~**a** I/she missed the bus/train/tram by a whisker; **to jest pod** ~**em** a. **masz to pod** ~**em** it's a. you have it under your nose; **dostać** a. **oberwać po** ~**ie** pot. to be hauled over the coals GB, to be taken a. brought down a peg (or two); **grać** a. **zagrać komuś na** ~**ie** pot. to thumb one's nose at sb; **kręcić** ~**em na coś** pot. to turn one's nose up at sth pot. to sniff at sth; **kręci** a. **wierci mnie/ją w** ~**ie** my/her nose is tickling; **od kurzu aż w** ~**ie wierci** the dust makes my nose tickle; **mieć kogoś/coś w** ~**ie** pot. to not care a. give a hoot a. two hoots about sb/sth; **mieć** ~**a do czegoś** pot. to have a nose for sth; **miałem** ~**a, rzeczywiście przyszli** I had a hunch (that) they'd come; **robić coś na** ~**a** pot. to follow one's nose; **wyczuć** a. **poczuć** a. **zwąchać pismo** ~**em** pot. to smell a rat pot.; **mamrotać/mówić pod** ~**em** a. to mumble under one's breath; **mówić** a. **powiedzieć** a. **wygar-nąć coś komuś prosto w** ~ pot. to tell sb sth to their face; **mówić przez** ~ to talk through one's nose a. nasally; **nie wychy-lać** a. **nie wyściubiać** a. **nie wyściubiać** a. **nie wytykać skądś** ~**a** pot. to not poke one's head out of sth; **okazja przeszła mi/mu koło** ~**a** pot. I/he missed the opportu-nity; **padać na** ~ a. **podpierać się** ~**em** pot. to feel ready to drop, to feel dead on one's feet; **pilnować swojego** ~**a** pot. to mind one's own business; **pociągać** ~**em** to sniffle, to sniff; **podsuwać** a. **podtykać komuś coś pod** ~ pot. to shove a. push sth right in front of sb's face; **podsuwać** a. **podtykać komuś wszystko pod** ~ pot. to hand everything to sb on a plate; **przytrzeć** a. **utrzeć komuś nosa** a. **dać komuś po** ~**ie** pot. to take a. bring sb down a peg (or two), to cut sb down to size; **robić coś (tuż) pod czymś** ~**em** pot. to do sth (right) under sb's nose; ~ **w** ~ pot. face to face; **spotkać się z kimś** ~ **w** ~ to come face to face with sb; **sprzątnąć** a. **zabrać** a. **zdmuchnąć komuś coś sprzed** ~**a** pot. to snatch sth from under sb's nose; **śmiać** a. **roześmiać** a. **zaśmiać się komuś (pros-to) w** ~ pot. to laugh in sb's face; **widzieć tylko koniec** a. **czubek swojego** a. **własnego** ~**a** a. **nie widzieć dalej niż czubek swojego** a. **własnego** ~**a** pot. to see no further than (the end of) one's nose pot.; **wetknąć** a. **wsadzić** a. **wściubić** ~ **w coś** a. **siedzieć z** ~**em w czymś** pot. to have one's nose in sth pot., to bury one's

head in sth; **wodzić ~em po czymś** pot. to bury one's nose in sth; **wtykać** a. **wsadzać** a. **wścibiać ~ w nie swoje** a. **w cudze sprawy** pot. to stick a. poke one's nose into other people's business; **nie wtykaj ~a w nie swoje sprawy** don't poke your nose into other people's business; **zadzierać ~a** pot. to put on a. give oneself airs; **zaryć ~em w ziemię** pot. to fall flat on one's face, to fall headlong; **nie ~ dla tabakiery, ale tabakiera dla ~a** przysł. let your letter stay for the post, not the post for the letter przysł.; **nie wsadzaj** a. **nie wtykaj ~a do cudzego prosa** a. **trzosa, pilnuj swego ~a, a nie cudzego prosa** przysł. keep your nose out of other people's business, don't stick a. poke your nose into other people's business

nos|ek m [1] dem. (część twarzy) (small) nose; **perkaty/zadarty ~ek** a pug/snub nose [2] dem. (czubek buta) toe; **lakierki o spiczastych ~kach** patent leather shoes with pointed toes [3] zw. pl Sport (w rowerze) toe clip [4] Sport (wioślarz) bowman, bow oar [5] Budow. cog [6] Techn. protruding part of a wedge

nosiciel m (Gpl ~i) [1] książk. (krzewiciel) advocate, promoter; **~ idei braterstwa/ pokoju** an advocate of fraternity/peace [2] (choroby, wirusa) carrier; **komary są ~ami malarii** mosquitoes are the carriers of malaria; **~e wirusa HIV** HIV carriers [3] (tytułu, nazwiska) holder; (odznaki, munduru) wearer [4] (ktoś, kto przenosi rzeczy) carrier; **~ mebli** a furniture carrier; **~ węgla** a coal carrier a. porter

nosiciel|ka f [1] (krzewicielka) advocate, promoter; **~ka idei równouprawnienia kobiet** an advocate of women's rights [2] (choroby, wirusa) carrier [3] (nazwiska, tytułu) holder; (munduru, odznaki) wearer

nosicielstw|o n sgt (choroby, wirusa) carrying, carrier state; **test na ~o wirusa HIV** a test for AIDS

no|sić impf [I] vt [1] (mieć na sobie) to wear [buty, skarpety, okulary] [2] (mieć) to wear, to have [wąsy, brodę]; **nosi warkocze** she wears her hair in plaits; **nosi długie włosy** she wears her hair long [3] (dźwigać) to carry [bagaże, walizki, paczki]; **nosiła dziecko na rękach** a. **ręku** she was carrying the child a. baby in her arms; **nosili wodę ze studni do domu** they carried water from the well to the house [4] (trzymać) to carry; **nosiła dumnie głowę** she carried her head high [5] (stale doświadczać) to cherish [uczucie, wspomnienie]; **wciąż noszę w sobie nadzieję, że kiedyś spotkam jakiegoś niezwykłego człowieka** I still cherish the hope that one day I'll meet some extraordinary man; **nosić w sobie** a. **w sercu urazę do kogoś** to bear a grudge against sb [6] (mieć w sobie) to carry; **choroba, którą nosił w sobie, niszczyła go** the disease he was carrying destroyed him; **idee te nosiły w sobie zalążek zbrodni** those ideas carried the germ of a crime [7] (mieć jakąś cechę) **miasto nosiło ślady wojny** the city bore traces of war; **twarz nosząca piętno przebytych cierpień** a face marked by suffering; **strajki nosiły żywiołowy charakter** the strikes

were spontaneous [8] (mieć nazwę) to bear [nazwisko]; **książka ta nosi tytuł „Pan Tadeusz"** the book is entitled 'Pan Tadeusz'; **cecha ta nosi nazwę rzetelności** this trait is called conscientiousness

[II] nosić się [1] (ubierać się) to dress; **nosić się elegancko/modnie** to dress elegantly/ fashionably; **nosić się sportowo** to wear casual clothes; **nosić się na czarno** to wear black; **nasza babka nosiła się z chłopska** our grandmother dressed like a peasant; **takich spodni już się nie nosi** trousers like that have already gone out of fashion [2] (zachowywać się) **nosić się z godnością** to carry oneself with dignity książk. [3] (planować) **od lat nosi się z zamiarem kupienia auta** he has intended buying a car for years; **nosił się z myślą o małżeństwie** he thought about getting married

■ **nosić głowę wysoko** to carry one's head high; **nosić w sobie** a. **w łonie** a. **pod sercem płód** to be carrying a baby; **nosi go/ją** a. **diabli go/ją noszą** a. **licho go/ją nosi** pot. he's/she's (got) ants in his/her pants pot.; he/she has itchy feet

nosidel|ko n zw. pl pot. sling

nosid|ło n zw. pl [1] (do noszenia ciężarów) yoke [2] (dla dzieci) sling

nosiłk|i plt (G ~ów) [1] (do noszenia ciężarów) yoke [2] Budow. hand barrow

nosoroż|ec m Zool. rhinoceros; rhino pot.

nosowo adv. [wymawiać, mówić] nasally; **głos brzmiący ~** a nasal a. an adenoidal voice

nosow|y adi. [1] [głos] nasal, adenoidal [2] Anat. [kość, jama, przegroda] nasal [3] Jęz. [samogłoska, spółgłoska] nasal

nosów|ka f [1] sgt Wet. distemper [2] Jęz. nasal

nostalgi|a f sgt (GD ~i) książk. nostalgia (**za czymś** for sth); **~a za krajem** homesickness; **ogarnęła go ~a** he was filled with nostalgia; **odczuwać ~ę** to have a sense of nostalgia

nostalgicznie adv. książk. [wspominać, wzdychać] nostalgically

nostalgiczn|y adi. książk. [nastrój, uśmiech, utwór] nostalgic

nosz|e plt (G ~y) stretcher; **przenosić chorego na ~ach** to carry a patient on a stretcher

nośnik m [1] (substancja dostarczająca) carrier; **~i energetyczne** energy carriers; **~ ciepła** a heat carrier; **~ prądu** a charge carrier [2] (środek techniczny) carrier; **~i dźwięku** a sound carrier; **~i magnetyczne** magnetic disks; **~ danych** a data carrier; **tradycyjny ~ informacji – papier** paper, the traditional medium of communication [3] (cech, treści, wartości) means of conveying; **książka jako ~ myśli** a book as a means of conveying ideas [4] Techn., Transp. carrier, vehicle [5] Chem. carrier; **~ tlenu** an oxygen carrier

nośnikow|y adi. **białka ~e** carrier proteins

nośno|ść f sgt [1] (dopuszczalne obciążenie) load; **most o ~ci 30 ton** a bridge with a load-bearing capacity of 30 tonnes; **~ć statku** deadweight [2] (zdolność do przenoszenia) carrying capacity; **~ć rzeki** river carrying

capacity [3] przen. (pomysłu, tematu, tekstu) popularity; **prostota zapewnia ~ć utworowi** simplicity ensures the accessibility of this work [4] (kur, gęsi, kaczek) egg-laying capability, laying [5] Muz. range [6] Wojsk. range

nośn|y adi. [1] [ściana, konstrukcja] load-bearing; **belka ~a** a load-bearing a. structural beam [2] (umożliwiający przenoszenie) **siła ~a** carrying capacity; **gaz ~y** a buoyant gas; **rakieta ~a** a booster (rocket) [3] [strzała, broń] long-range; [głos, dźwięk] strong, resounding [4] przen. [tekst, pomysł, temat] popular, hot [5] [kura, gęś, kaczka] egg-laying

no|ta f [1] (pismo urzędowe) note; **nota dyplomatyczna** a diplomatic note; **wystosować notę** to issue a note; **wymiana not** an exchange of notes [2] (objaśnienie) note; **nota redakcyjna** editor's note; **nota o autorze** a note on the author [3] (ocena) mark GB, grade US; **otrzymać dobrą/złą notę** to get a good/poor mark; **sędziowie dali najwyższe noty parze angielskiej** the judges gave the highest marks to the English pair; **mieć dobre noty na świadectwie** to have good marks in one's report; **film ten miał najwyższe noty u krytyków** the film was ranked highly by the critics [4] Ekon. note

❏ **nota memoriałowa** a. **księgowa** Księg. voucher

notabene part. książk. nota bene, incidentally

notabl m (Gpl ~i) książk., iron. **notable** (the) notables

notacj|a f (Gpl ~i) książk. notation; **~a muzyczna/logiczna** musical/logical notation; **ich rysunki stanowiły ~ę tamtych zdarzeń** their drawings were a record of those events

❏ **~a chorałowa** Gregorian modes; **~a menzuralna** Muz. mensural notation

notarialnie adv. Prawo **podpis poświadczony ~** a notarized signature; **kupić/ sprzedać coś ~** to buy/sell sth before a notary

notarialn|y adi. Prawo [czynności, aplikant] notarial; **akt ~y** a notarial deed; **kancelaria ~a** a notary public's a. notary's office

notaria|t m (G ~tu) [1] (instytucja) notary public's a. notary's office [2] sgt (ogół notariuszy) notaries (public)

notariusz m (Gpl ~y a. ~ów) notary (public)

notat|ka f [1] (zapisek) note; **robić ~ki** to make a. take notes; **~ki z wykładów** lecture notes; **~ki z podróży** a journal of sb's travels; **~ka służbowa** a memo [2] (w prasie) paragraph, notice; **~ka na temat wypadku drogowego** a paragraph on the road accident

notatnik m [1] (zeszyt) notebook, scratch pad US [2] (tekst literacki) journal; **~ z podróży** a journal of sb's travels

notebook /'nowtbuk/ m Komput. notebook (computer)

notes m (G ~u) notebook

notesik m dem. pocketbook GB

not|ka f [1] (autorska, redakcyjna) note; **~ka o autorze** a note on the author [2] (przypis) note, footnote; **~ki odautorskie** explanatory notes; **~ki zajmowały połowę każ-**

dej strony the footnotes took up (a) half of each page ③ (w prasie) notice, paragraph; **~ki prasowe o wypadkach drogowych** paragraphs on road accidents

notorycznie adv. książk. notoriously; **~ się spóźnia** he's notoriously late; **~ się upija** he's a notorious drinker

notoryczn|y adi. książk. [kłamca, pijak, gaduła] habitual, inveterate

not|ować impf vt ① (zapisywać) to take down, to jot down [adres, telefon, datę]; **skrzętnie ~owała jego wypowiedzi** she assiduously wrote down his answers; **chodził na wykłady i pilnie ~ował** he attended the lectures and made a. took notes diligently ⇒ **zanotować** ② (rejestrować) to register; **~ujemy wyraźny spadek produkcji** there has been a marked fall in production; **barometr ~uje znaczny spadek ciśnienia** the barometer recorded very low pressure ⇒ **odnotować, zanotować**

notowa|nie ᵢᵢ sv → **notować**
ᵢᵢ n zw. pl Ekon. price; **~nia giełdy** a. **giełdowe** Stock Exchange quotations; **~nia dolara spadają** the dollar is falling; **spadek ~ń złota** a fall in the price of gold
ᵢᵢᵢ **notowania** plt (popularność) rating; **strajki pogorszyły ~nia rządu** the strikes had an adverse effect on the government's reputation; **nasze słodycze mają wysokie ~nia** our sweets are highly rated

notowan|y ᵢᵢ pp → **notować**
ᵢᵢ adi. ① (w rejestrze policyjnym) having a (criminal) record; **był ~y za napad z bronią w ręku** he has a record for armed assault; **nie był ~y** he has no (criminal) record ② (oceniany) ranked; **wysoko ~y przemysł** a top-ranking industry; **był wysoko ~y w kręgach filmowych** he was ranked high in the film world

novum /'novum/ n inv. sgt książk. novelty; **to zupełne ~ w kosmetyce** it's a complete novelty in the cosmetics industry

nowalia → **nowalijka**

nowali|jka, ~a f ① zw. pl (warzywo) spring vegetable ② (nowość) novelty, innovation; **~jki techniczne** technical innovations

nowato|r m, **~rka** f innovator, pioneer; **wielcy ~rzy filmu** the great film innovators; **~r w dziedzinie nauczania** a pioneer in the field of pedagogy

nowators|ki adi. [film, twórca] innovative, inventive; [pomysł, projekt] novel, inventive; **po ~ku** inventively

nowatorsko adv. [myśleć, działać] inventively

nowatorstw|o n sgt innovation, inventiveness

nowel|a¹ f Literat. short story, novella; **zbiór ~ a** book of short stories; **~a o miłości** a love story; **~a filmowa** a short

nowel|a² f Prawo amendment; **~a ustawy** an amendment to a bill; **~a do kodeksu karnego** an amendment to the penal code

noweli|sta m, **~stka** f Literat. short-story writer

nowelistyczn|y adi. **pisarstwo ~e** a. **twórczość ~a** short-story writing

nowelisty|ka f sgt Literat. ① (ogół nowel) short stories; **antologia ~ki polskiej** an

anthology of Polish short stories ② (pisanie nowel) short-story writing

nowelizacj|a f (Gpl ~i) książk. amendment; **~a ustawy/kodeksu karnego** an amendment to a bill/the penal code

nowelizacyjn|y adi. **akt ~y** an amendment; **prace ~e** work on an amendment; **projekt ~y** a drarf amendment

noweliz|ować impf vt książk. to amend [kodeks, ustawę] ⇒ **znowelizować**

nowenn|a f Relig. novena; **~a do Matki Boskiej** a novena to the Virgin Mary

nowicja|t m sgt (G ~tu) Relig. ① (przygotowanie do zakonu) novitiate, noviciate; **odbywać ~t** to be a novice ② (miejsce) novitiate, noviciate

nowicjusz m, **~ka** f (Gpl ~y a. ~ów, ~ek) ① (ktoś niedoświadczony) novice, newcomer; **~ w majsterkowaniu** a novice at DIY; **nie jestem ~em w tym zawodzie** I'm not a newcomer to this profession ② Relig. novice, neophyte

nowicjuszows|ki adi. ① [błąd, naiwność] novice's, newcomer's ② Relig. **okres ~ki** novitiate, noviciate

nowin|a f news U; **mam dla ciebie złe ~y** I have bad news for you; **a to ~a!** that's news to me!; **wrócił z dobrą ~ą, że się udało** he got back with the good news that everything had gone well; **dla mnie to nie ~a** it's no news to me

❑ **Dobra Nowina** Bibl. the Gospel
■ **co godzina, to ~a** pot. there's always something new; **na złą ~ę nigdy za późno** pot. bad news travels fast

nowin|ka f ① (plotka) gossip U, news U; **~ki ze świata filmowego** news about the film world; **wymieniać ~ki** to exchange the latest gossip ② (nowość) innovation, novelty; **~ki techniczne** technological innovations; **~ki przemysłu samochodowego** recent innovations in the motor industry ③ zw. pl (nowa moda) the latest trend; **~ki literackie/teatralne** the latest trends in literature/the theatre

nowinkarstw|o n sgt pejor. innovation

nowinkarz m (Gpl ~y a. ~ów) pejor. innovator, pioneer

nowiu|tki (~teńki, ~sieńki, ~ski) adi. dem. [spodnie, samochód] brand new

nowo ᵢᵢ adv. newly; **~ wybrany prezydent** a newly elected president; **~ zbudowany most** a newly-constructed bridge; **~ przybyli** the newcomers
ᵢᵢ **na nowo** anew, again; **drzewa na ~ pozieleniały** the trees are in bud again; **zaczynać coś na ~** to begin sth anew; **wszystko zapomniał i musiał się uczyć na ~** he forgot everything and had to learn it anew; **przepisać coś na ~** to rewrite sth
ᵢᵢᵢ **od nowa** (od początku) anew; **rozpocząć** a. **zacząć życie od nowa** to start life anew
ᵢᵥ **nowo-** w wyrazach złożonych new-; **nowonarodzony** newborn; **język nowogrecki** modern Greek

nowobogac|ki ᵢᵢ adi. pejor. [elita, styl, dom] upstart, nouveau riche; **ubrani byli po ~ku** they were dressed like upstarts
ᵢᵢ **nowobogac|ki** m, **~ka** f pejor. upstart, nouveau riche

nowoczesnoś|ć f sgt (wnętrza, rozwiązania) modernity; **~ć w myśleniu** modern thinking

nowocze|sny adi. ① (współczesny) [technologia, architektura, sztuka, armia] modern, up-to-date ② (postępowy) [osoba, pisarz, społeczeństwo, poglądy] modern; **mężczyzna ~sny** a modern man

nowocześnie adv. grad. modernly; **~ wyposażony zakład** works with modern equipment works; **~ urządzona kuchnia** a high-tech kitchen

nowofundlan|d, ~dczyk m Zool. Newfoundland

Nowofundlandczy|k m Newfoundlander

nowomodnie adv. iron., pejor. **ubierać się ~** to wear trendy clothes; **~ zaprojektowana willa** an ultra-modern house

nowomodn|y adi. iron., pejor. newfangled

nowomow|a f sgt książk., pejor. newspeak

noworoczn|y adi. [życzenia, kartka] New Year attr.; **~e postanowienie** a New Year's resolution; **zabawa ~a** a New Year's Eve party

noworod|ek m newborn baby, infant; **oddział ~ków** a neonatal unit; **wskaźnik śmiertelności ~ków** the infant mortality rate

noworodkow|y adi. [oddział] neonatal; **okres ~y** infancy

nowoś|ć f ① (innowacja) novelty, innovation; **nasze kosmetyki są ~cią na rynku** our cosmetics are a novelty on the market; **~ć w zakresie sprzętu sportowego** an innovation in sports equipment; **~ci wydawnicze** the latest a. new publications ② sgt (bycie nowym) (mebli, mieszkania) newness, novelty ③ sgt (nowa wiadomość) news; **jego poglądy to dla mnie żadna ~ć** his outlook is no news to me; **pragnął ~ci** he wanted something new

nowotworow|y adi. Med. [guz, tkanka, komórka] cancerous; **choroba ~a** cancer

nowotw|ór m (G ~oru) ① Med. tumour GB, tumor US, cancer; **~ór mózgu** a brain tumour; **~ór piersi/skóry/płuc** breast/skin/lung cancer; **~ór złośliwy** malignant tumour, cancer; **~ór niezłośliwy** benign tumour ② Jęz. neologism, neology

Nowozeland|czyk m, **~ka** f New Zealander

nowozelandz|ki adi. New Zealand attr.

nowoże|niec ᵢᵢ m newly-wed, honeymooner
ᵢᵢ **nowożeńcy** plt (państwo młodzi) newlyweds, honeymooners

nowożytn|y adi. [historia, język, dzieje] modern

now|y ᵢᵢ adi. grad. ① (właśnie powstały) [hotel, film, mieszkanie] new; **co ~ego słychać w branży komputerowej?** what's new in the computer industry?; **a oto najnowsze wiadomości** here's the latest news ② (nieużywany) [płaszcz, samochód] new; **wymienić pralkę na ~ą** to buy a new washing machine ③ (następujący po poprzednim) [praca, szef, zasady] new; **~y rok** the new year; **początek ~ej ery** the beginning of a new era ④ (świeżo przybyły) [kolega, uczeń, pracownik] new; **~y członek stowarzyszenia** a new member of an association

II now|y *m*, ~a *f* newcomer; **w klasie były dwie ~e** there were two new pupils in the class

III nowe *n sgt* the new; **konflikt starego z ~ym** a conflict between the old and the new; **idzie ~e!** it's time for changes!

IV po nowemu *adv.* pot. (nowocześnie) **myśleć po ~emu** to be with it pot.

nozdrz|e *n* zw. *pl* (*Gpl* ~y) Anat. nostril *zw. pl*; **ostre powietrze wierciło w ~ach** brisk air irritated the nostrils

nożęta → **nóżęta**

nożn|y *adi.* [*hamulec, pompa*] foot *attr.*; **maszyna o napędzie ~ym** a foot-operated machine

nożownicz|y *adi.* [*bójka, atak*] knife *attr.*

nożowni|k *m* knifer

nożow|y *adi.* [1] [*bójka*] knife *attr.* [2] Techn. **imak ~y** cutter knife holder; **wyłącznik ~y** a knife switch

nożyc|e *plt* (*G* ~) [1] (duże nożyczki) scissors *pl*, shears *pl*; **~e krawieckie** tailor's scissors a. shears; **~e ogrodnicze** garden shears; **~e do drobiu** poultry shears [2] przen. (rozpiętość między wartościami) differential; **~e cen/płac** price/pay differentials [3] Techn. cutting machine, shears *pl*; **~e do cięcia blachy** snips [4] Sport scissor(s) jump; **ćwiczyć ~e** to practice a scissor(s) jump; **skakać wzwyż ~ami** to do a scissor(s) jump; **gol padł ze strzału ~ami** the goal was scored with a scissor(s) kick

nożycow|y *adi.* Sport **~e ruchy nóg** legs moving in a scissor action; **~y przerzut piłki** a scissors kick

nożycz|ki *plt* (*G* ~ek) scissors *pl*; **trzy pary ~ek** three pairs of scissors; **~ki do paznokci** nail scissors

nożyk *m* [1] *dem.* (small) knife; **~ do owoców** a fruit knife; **~ do papieru** a paperknife [2] (ostrze) blade; **~i w golarce** razor blades; **~ do młynka do kawy** a blade for a coffee mill

nożyn|a *f dem.* pieszcz. leg

n|ów *m sgt* (*G* nowiu) [1] Astron. new moon; **księżyc w nowiu** the new moon [2] pot. (sierp Księżyca) new moon; **przy świetle nowiu** by the light of the new moon

nóz̆i|a *f* (*Gpl* ~i) pieszcz. leg

n|óż *m* [1] (narzędzie) knife; **nóż kuchenny** a kitchen knife; **nóż do chleba** a bread knife; **nóż myśliwski** a hunting knife; **nóż ogrodniczy** a pruning knife; **nóż do papieru** a paper knife, a letter opener; **nóż sprężynowy** a flick knife; **nóż fiński** a sheath a. case knife; **zadźgała swojego męża nożem** she stabbed her husband to death [2] zw. *pl* (ostrze) blade, tool; **noże tokarskie** lathe tools; **noże kosiarki** lawn-mower blades

❏ **nóż diatermiczny** a. **elektryczny** Med. diathermy knife

■ **być** a. **iść z kimś na noże** pot. to be at daggers drawn with sb; **iść** a. **pójść pod nóż** pot. (na ubój) to be taken for slaughter; żart. (na operację) to go under the knife pot.; **pacjent nadaje się pod nóż** the patient needs to go under the knife; **karta nóż** Gry a strong hand; **mieć nóż na gardle** to be in a tight spot a. corner; **nóż mu/jej się w kieszeni otwiera** pot. his/her blood is up;

przyłożyć komuś nóż do gardła to have sb over a barrel; **umrzeć pod nożem** pot. to die under the knife pot.; **wbić komuś nóż w serce** a. **zatopić komuś nóż w sercu** pot. to put a. stick a knife in(to) sb

nóż|ęta *plt* (*G* ~ąt) książk., pieszcz. legs

nóż|ka [I] *f* [1] *dem.* (noga) leg; **zgrabna ~ka** a shapely leg; **~ka kurczaka** a chicken drumstick [2] *dem.* (stopa) foot [3] (podpora) leg; **stolik na wygiętych ~kach** a bent-legged table; **kieliszek na cienkiej ~ce** a slender-stemmed glass; **~ka cyrkla** leg of compasses [4] (trzon grzyba) stem [5] Druk. (czcionki) foot

[II] **nóżki** *plt* Kulin. (cielęce) calf's foot; (wieprzowe) pigs' trotters; **~ki w galarecie** pigs' trotters in aspic

■ **~ki na stół** pot. (powiedz szczerze) lay a. put your cards on the table, show your hand a. cards; (wezwanie do zapłaty) it's time to pay; Gry showdown; **(no to) na drugą** a. **trzecią ~kę** pot. let's have another drink

np. (= na przykład) e.g.

nr (= numer) No., no.

nt. (= na temat) on the subject of

nu|cić *impf vt* to hum, to croon [*piosenkę, melodię*] ⇒ **zanucić**

nu|da *f* [1] (bezczynność) boredom *U*; **zżerała go nuda** he was bored stiff a. out of his mind; **nuda biła z twarzy widzów** the spectators had bored expressions on their faces; **robić coś z nudów** to do sth out of boredom; **co za nudy w tej szkole!** this school is so boring!; **umierać z nudów** to be bored to death [2] (rzecz nudna) bore; yawn pot.; **ten film to okropna nuda** this film is such a bore; **jego wykłady to zwykłe nudy** his lectures are so deadly boring

■ **nudy na pudy** pot., pejor. (it's) (absolutely) deadly pot.; (it's) deadly dull; **straszny film, mówię ci, nudy na pudy!** what an awful film, believe me, absolutely deadly

nudnawo *adv.* **na przyjęciu było dość ~** the party was pretty tame, the party was rather dull

nudnaw|y *adi.* [*referat, towarzystwo*] tame pot.

nudn|o, ~ie *adv. grad.* [*przemawiać, opowiadać*] boringly; **w pracy zrobiło się ~o** there was a boring atmosphere at work; **nie jest ci ~o?** aren't you bored?

nudności *plt* (*G* ~) nausea *U*; **mieć ~** to feel nauseous

nudn|y *adi. grad.* [*osoba, impreza, film, rozmowa*] boring, dull

nudy|sta *m*, **~stka** *f* naturist, nudist; **plaża dla ~stów** a naturist beach

nudyzm *m sgt* (*G* ~u) naturism, nudism

nudziars|ki *adi.* pot., pejor. [*opowieści, pouczenia*] tedious, boring

nudziarstw|o *n* [1] *sgt* (zanudzanie) tediousness [2] (coś nudnego) bore; yawn pot.; **ten serial to ~o** the series is such a bore

nudzia|rz *m*, **~ra** *f* (*Gpl* ~rzy, ~r) pot., pejor. bore, drag

nu|dzić *impf* [I] *vt* [1] (wywoływać uczucie nudy) to bore; **nudził słuchaczy zbędnymi szczegółami** he bored people with unnecessary details; **gra w szachy zawsze mnie nudziła** I have always found chess boring [2] (naprzykrzać się) to nag, to pester; **od**

dwóch tygodni nudzi mnie o pieniądze he's been pestering me for money for two weeks; **nudziła ojca, żeby ją zabrał ze sobą** she'd been nagging her father to take her with him ⇒ **znudzić**

[II] *vi* [1] (mówić) to harp on; **wieczorem zadzwoni jego ciotka i znowu będzie nudzić** his aunt will call in the evening and will start harping on again [2] (kaprysić) [*dziecko*] to fret; [*chory*] to moan; **staruszka nudziła, że jej niewygodnie** the old woman kept on moaning that she was uncomfortable

[III] *v imp.* **nudzi mnie od samego zapachu mleka** the very smell of milk nauseates me a. makes me feel sick

[IV] **nudzić się** [1] (odczuwać nudę) to be bored; **nudziła się przeraźliwie** she was bored stiff a. to tears; **zadbajmy o to, aby dziecko podczas wakacji się nie nudziło** let's see to it that the child doesn't get bored during the holidays; **nudzi mi się** I'm bored ⇒ **znudzić się** [2] (stawać się zbyt monotonnym) to become boring; **tego typu rozrywki szybko się nudzą** this kind of entertainment quickly becomes boring; **nudzą się już wszystkim te jego dowcipy** everybody seems to be bored with his jokes

nuga|t *m* (*G* ~tu) Kulin. nougat *U* (*honey and nut wafer*)

nuklearn|y *adi.* [1] Wojsk. [*broń, pocisk, wojna*] nuclear [2] Fiz. [*energia*] nuclear

nume|r [I] *m pers.* (*Npl* ~ry) pot., żart. rascal; **niezły z niego ~r!** he's an old rascal

[II] *m inanim.* (*G* ~ru) [1] (liczba, ciąg liczb) number; **~r telefonu** a telephone number; **proszę zadzwonić pod ~r 695 44 70** please call 695 44 70; **mieszkał pod ~rem siedemnastym** he lived at number 17; **autobus ~r sześć** the number 6 bus; **piłkarz z ~rem cztery na koszulce** player number 4; **~r rejestracyjny samochodu** registration number; **~r kierunkowy do Warszawy** the dialling code for Warsaw; **~r wewnętrzny** an extension (number); **na każdym domu wisi ~r** each house is numbered [2] (rozmiar) size; **jaki ~r butów nosisz?** what size shoe do you take?; **te buty są o dwa ~ry za duże** these shoes are two sizes too big [3] (egzemplarz czasopisma) number, issue; **lipcowy ~r „Elle"** the July number of 'Elle'; **~r specjalny** a special issue [4] (część widowiska) number, act; **~y cyrkowe** circus acts; **program składał się z kilku ~rów** the show was made up of several acts a. numbers; **~r solowy** a solo number; **ten czardasz był jej popisowym ~rem** this csardas was her special number [5] pot. (zaskakujący postępek) stunt; **zrobić** a. **wykręcić** a. **wyciąć** a. **wywinąć ~r** to pull a fast one; **wyciął mi ~r i wyjechał za granicę** he pulled a fast one on me when he went abroad; **nie ze mną takie ~ry** pull the other one; **ten ~r nie przejdzie** nothing doing [6] pot. (stosunek płciowy) trick pot.; **za ~r bierze 150 zł** she takes 150 zlotys for a trick [7] przest. (pokój hotelowy) room; **posiłki przynoszono jej do ~ru** she ordered all her meals to her room; **gość z ~ru**

N

dwunastego dzisiaj wyjechał the guest in room 12 left today

numeracj|a f (Gpl ~i) numbering; ~a stron page numbers; ~a obuwia/bielizny shoe/underwear sizes; domy z parzystą ~ą even-numbered houses

numer|ek ▯ m pers. dem. (Npl ~ki) pot. (łobuz) rascal

▯ m inanim. ▯ dem. (liczba) number ▯ dem. pot. (kawał) stunt; **zrobić** a. **wykręcić** a. **wywinąć** a. **wyciąć komuś ~ek** to pull a fast one on sb ▯ dem. pot. (stosunek płciowy) quickie pot. ▯ (żeton) ticket; (do lekarza) a token or a slip with a number confirming one will be seen by a doctor at a given time; **zostawił palto, ale nie pobrał ~ka** he left his coat but he didn't take the ticket

numer|ować impf vi to number [strony, kartki]

numerow|y ▯ adi. [system] numerical; **tarcza ~a aparatu telefonicznego** a dial ▯ m przest. (bagażowy) porter

numerycznie adv. Nauk. numerically; **obrabiarki sterowane ~** numerically controlled machines

numeryczn|y adi. Nauk. [dane, metody, sterowanie] numerical

numizmatyczn|y adi. [kolekcja, wystawa, wartość] numismatic

numizmaty|k m numismatist

numizmaty|ka f sgt numismatics

nuncjusz m (Gpl ~y a. ~ów) Relig. nuncio; ~ **papieski** a papal nuncio

nu|r m Zool. diver GB, loon US

■ **dać nura** pot. to dive; **dać nura w krzaki** to dive into the bushes; **dać nura pod kołdrę** to dive under the quilt

nur|ek ▯ m pers. ▯ (człowiek zajmujący się nurkowaniem) diver, frogman; ~**ek głębinowy** a deep-sea diver ▯ pot. (bezdomny) tramp ▯ m inanim. (A ~**ka**) (skok do wody) dive, plunge; **dać ~ka** (do wody) to dive in, to take a plunge; (skryć się) to dive; **dać ~ka w las** to dive into the forest

nurk|ować impf vi ▯ (pod wodą) to dive; ~**ować w basenie/jeziorze/rzece** to go diving in a pool/lake/river; **skafander do ~owania** a diving suit ⇒ **zanurkować** ▯ [samolot] to dive (down), to nosedive ⇒ **zanurkować** ▯ (chować się) to dive; ~**ować**

w krzakach to dive into the bushes; ~**ował twarzą w pachnącą trawę** he hid his head in the fragrant grass ⇒ **zanurkować**

nurkow|y adi. [strój, sprzęt] diving

nurogęś (Ipl **nurogęsiami** a. **nurogęśmi**) Zool. common merganser

nur|t m (G ~**tu**) ▯ (strumień) current ▯ zw. pl książk. (skłębiona woda) rapids, white water; **zginąć w ~tach rzeki** to drown in a river ▯ (bieg) course; ~**t wydarzeń** the course of events ▯ (w literaturze, sztuce, nauce) current, trend; **nowy ~t w metafizyce** a new current in metaphysics; ~**ty polityczne** political trends; **lewicowy ~t w partii** the left wing of the party

nurt|ować impf vi ▯ (zmuszać do zastanowienia się) [problem, pytanie] to bother ▯ (dręczyć) [niepewność, wspomnienie] to niggle; ~**uje mnie niepokojąca potrzeba, aby sprawdzić, co tam się dzieje** I feel a niggling need to check what's going on out there

nurza|ć impf ▯ vi książk. to dip, to immerse; ~**ć rybę w mące** to dip fish in flour ▯ **nurzać się** ▯ (tarzać się) to wallow; ~**ć się w wodzie** to wallow in water ▯ przen. (doznawać czegoś) to wallow; ~**ć się w luksusie** to wallow in luxury

nu|ta ▯ f ▯ Muz. (znak, dźwięk) note; **wysokie/niskie nuty** high/low notes; **śpiewał na jednej nucie** he was singing in a monotonous tone; **cała nuta** semibreve GB, whole note US ▯ (brzmienie) tone, note; **w pieśni zabrzmiały tęskne nuty** there were some sad tones in the song ▯ książk. (zabarwienie głosu, słów) note, touch; **w jej głosie słychać było nutę smutku** there was a note a. touch of sadness in her voice; **pisząc o Chaplinie trudno uniknąć nuty sentymentalizmu** it's difficult to write about Chaplin without striking a sentimental note ▯ (odcień zapachu, smaku) flavour GB, flavor US; **zapach o nucie kwiatowej/owocowej** a scent with a floral/fruity note a. overtone ▯ **nuty** plt ▯ (partytura) score, music; **śpiewać/grać z nut** to sing/play from music ▯ (notacja) music; **czytać nuty** to read music

❏ **nuta dodana** Muz. note representing pitch above or below the staff

■ **grać jak z nut** to play (very) skilfully; **kłamać** a. **łżeć** pot. **jak z nut** to lie through one's teeth

nut|ka f dem. ▯ Muz. note ▯ (odcień, zabarwienie) note; **w jej głosie pobrzmiewały ironiczne ~ki** there was a note of irony in her voice; **wyczuwam tu ~kę cytrusową** it has a delicate citrus flavour

nutow|y adi. [papier] music attr.; **zeszyt ~y** a book of manuscript paper; **zapis ~y** musical notation

nutri|a ▯ f (GDGpl ~i) Zool. nutria, coypu ▯ **nutrie** plt (futro) nutria U; **futro z ~i** nutria

nuworysz m, ~**ka** f pejor. nouveau riche

nuworyszostw|o f sgt pejor. nouveau riche lifestyle, parvenu lifestyle

nuworyszows|ki adi. pejor. [pompa, przepych] nouveau riche, parvenu

nuż ▯ part. a ~ (z nadzieją) perhaps, maybe; (z obawą) what if?; **a ~ się uda** it may a. might just work; you never know, it might work

▯ inter. przest. suddenly, just; **ona ~ w płacz** she just burst into tears

nużąco adv. tiresomely, tediously; ~ **monotonny film** a tediously monotonous film

nużąc|y ▯ pa → **nużyć**

▯ adi. [praca, zajęcie, rozmowa] tiresome, wearisome

nuże inter. przest. (ponaglenie) come on!; ~ **na wroga!** charge!; **a pies ~ skakać** and the dog suddenly started jumping

nuż|yć impf ▯ vi to tire, to weary; **rozmowa go ~yła** the conversation tired him out; **krajobraz ~ył jednostajnością** the monotonousness of the landscape was wearing ⇒ **znużyć**

▯ **nużyć się** to tire; **szybko się ~ył** he tired easily ⇒ **znużyć się**

nygus m (Npl ~**y**) pot., pejor. skiver pot.

nygusostw|o n sgt pot., pejor. laziness

nygusows|ki adi. pot., pejor. [usposobienie, charakter] idle

nylon ▯ m (G ~**u**) ▯ (włókno) nylon ▯ (tkanina) nylon; **bluzka z ~u** a nylon blouse ▯ **nylony** plt (pończochy) nylons

nylonow|y adi. [firanki, bluzka] nylon attr.; ~**e pończochy** nylons

O

O, o *n inv.* o

o¹ *praep.* ☐1 (wskazujące na temat) *[rozmowa, rozmawiać, informacja, pogłoski]* about; **książka o kimś/czymś** a book about a. on sb/sth; **ustawa o pornografii** the law on pornography; **o czym jest ten film?** what is the film about?; **mówić/myśleć o kimś/czymś** to talk/think about a. of sb/sth; **dyskutować o czymś** to discuss sth; **zapytać o kogoś/coś** to ask about sb/sth; **zapytaj kogoś o godzinę/drogę** ask somebody the time/way; **zapytała go o cenę** she asked him about the price; **wiedzieć o kimś/czymś** to know about sb/sth; **nic mi o tym nie wiadomo** I know nothing about it; **nie zapomnij o jej urodzinach** don't forget (about) her birthday; **nie miała pojęcia o poezji** she knew nothing about poetry; **co sądzisz o tej książce?** what do you think of this book?; **był przekonany o swojej racji** he was convinced he was right; **proces o zabójstwo** a murder trial; **oskarżony o zdradę stanu** accused of high treason; **martwić się o kogoś/coś** to worry about sb/sth; **gniewać się o coś** to be angry a. cross GB about sth; **być zazdrosnym o kogoś/coś** to be jealous of sb/sth; **o co masz do mnie żal?** what have I done to upset you? ☐2 (wskazujące na cel) for; **prosić o coś** to ask for sth; **poproś go o kawałek chleba** ask him for a piece of bread; **poprosimy go o zmianę decyzji** we'll ask him to change the decision; **chciałbym cię o coś poprosić** I'd like to ask you something, there's something I'd like to ask you; **dbać o zęby/włosy** to care for one's teeth/hair; **dbać o figurę** to watch one's figure a. weight; **wystąpić o stypendium** to apply for a grant/scholarship; **zabiegać o poparcie** to seek support; **walczyć o przetrwanie** to fight for survival; **rywalizować o pierwsze miejsce** to compete for first place; **proszę o spokój!** quiet, please!; **pasażerów uprasza się o niepalenie** passengers are kindly requested not to smoke ☐3 (wskazujące na przedmiot sporu) about, over; **kłótnia o coś** a quarrel about a. over sth; **wojna o granice** a war over the borders; **sprzeczać się o drobiazgi** to quarrel over trifles ☐4 (wskazujące na kontakt fizyczny) on, against; **uderzyć głową/kolanem o coś** to hit a. bang one's head/knee on a. against sth; **fale uderzały o skały** the waves beat against the cliffs; **odbijali piłkę o ścianę** they were bouncing the ball against the wall; **koła stukały o szyny** the wheels clattered on the rails; **rozerwał marynarkę o gwóźdź** he tore

his jacket on a nail; **oparł drabinę o ścianę** he leant the ladder against the wall ☐5 (z określeniami czasu) at; **o (godzinie) czwartej** at four (o'clock); **o wpół do dziewiątej** at half past eight; **o świcie/zmroku** at dawn/dusk; **o północy** at midnight; **wstał o zwykłej godzinie** he got up at his usual hour ☐6 (z określeniami ilości, liczby) by; **wzrosnąć/obniżyć się o 10%** to rise/fall by 10 per cent; **wzrost/spadek zatrudnienia o 2%** a two per cent rise/fall a. drop in employment; **o dwa centymetry dłuższy/krótszy** two centimetres longer/shorter; **o połowę krótszy/tańszy** half the length/price; **o dziesięć lat starszy/młodszy** ten years older/younger; **jest ode mnie wyższy o pół głowy** he's half a head taller than me; **o wiele lepszy/większy** far better/bigger; **te buty są o dwa numery za duże** these shoes are two sizes too big; **mieszkamy o trzy domy dalej** we live three houses further on a. down the road; **wyprzedzał ich o trzy metry/sekundy** he was three metres/seconds ahead of them; **spóźniła się o godzinę** she was an hour late; **spałeś o godzinę dłużej ode mnie** you slept an hour longer than me; **może się pan pomylić o dziesięć lat** your answer must be correct to within ten years ☐7 książk. (określające cechę) with; **dziewczyna o niebieskich oczach i jasnych włosach** a girl with blue eyes and fair hair; **mydło o zapachu cytryny** lemon-scented soap; **film o żywej akcji** a well-paced film; **koło o średnicy/promieniu metra** a circle one metre in diameter/with a one-metre radius; **odcinek drogi o długości ośmiu kilometrów** an eight-kilometre stretch of the road ☐8 (posługując się) **chodzić o lasce** to walk with a stick a. cane; **poruszać się o kulach** to walk on crutches; **wstać o własnych siłach** to get up on one's own a. unaided; **żyć o chlebie i wodzie** to live on bread and water

o² *inter.* ☐1 (emfatyczne) oh; **o! jesteś nareszcie** oh, here you are at last!; **o, nie/tak!** oh no/yes!; **o, są tam!** oh, there they are! ☐2 (z wołaczem) oh; O przest., książk.; **o mój Boże!** O (my) Lord!; **o rany!** pot. oh, (my) God! pot.

o. (= ojciec) Relig. Fr; **klasztor oo. cystersów** a Cistercian monastery; **o. Jan** Fr John

oaz|a *f* ☐1 (na pustyni) oasis; **karawana dotarła do ~y** the caravan reached a. came to an oasis ☐2 przen. oasis; **~a ciszy/spokoju/szczęścia** an oasis of silence/

peace/happiness ☐3 Relig. (ruch młodzieżowy) a Catholic youth movement

ob. ☐1 (= obecny) present ☐2 (= obywatel) citizen; **ob. Jan Nowak** ≈ Mr Jan Nowak

ob|aj, ~ydwaj *pron.* both; **obaj** a. **obydwaj mężczyźni/obie** a. **obydwie kobiety** both men/women; **oba koty/okna** both cats/windows; **trzymać coś obiema** a. **obydwiema rękami** to hold sth in both hands; **obydwaj byli malarzami** both of them were painters; **widziałem ich obu** a. **obydwu na dworcu** I saw them both at the station; **„którą chcesz?" – „obie"** 'which one do you want?' – 'both'; **oboje rodziców/dzieci** both parents/children

obalać *impf* → **obalić**

obal|ić *pf* — **obal|ać** *impf* ☐ *vt* ☐1 (powalić na ziemię) to knock down, to fell; **~ić maszt** to knock down a mast; **~ił przeciwnika jedną ręką** he knocked down his opponent with one hand; **~one drzewa** felled trees ☐2 (unieważnić) to invalidate; **~ić mit/pogląd** to debunk a myth/belief; **~ić niewolnictwo** to abolish slavery; **~ić oskarżenie/zarzuty** to refute the accusation/charges; **~ić teorię/twierdzenie** to invalidate a theory/theorem; **~ić testament** to void a. nullify sb's will, to declare sb's will null and void; **~ić wyrok** to quash a. revoke a sentence ☐3 (pozbawić władzy) to overthrow; **~ić monarchię/rząd/tron/ustrój** to overthrow the monarchy/government/throne/political system; **lud ~ił władcę** the people overthrew the ruler ☐4 pot. (wypić alkohol) to knock back pot.; **~ać butelkę wódki** to knock back a bottle of vodka ☐ **obalić się — obalać się** (przewrócić się) to fall over; **~ił się na ziemię** he fell to the ground

obandaż|ować *pf vt* to bandage; **~ować komuś rękę/nogę** to bandage sb's arm/leg; **~owane ramię** a bandaged shoulder ⇒ **bandażować**

obarczać *impf* → **obarczyć**

obarcz|yć *pf* — **obarcz|ać** *impf* ☐ *vt* ☐1 (obładować) to burden, to load; **~yć kogoś bagażem** to burden sb with luggage, to load sb down with luggage; **~ony paczkami** loaded down a. burdened with packages; **być ~onym dziećmi/liczną rodziną** przen. to be burdened with children/a large family ☐2 (zlecić wykonanie) to burden, to charge; **~ać kogoś zadaniami** to burden a. charge sb with tasks ☐3 (przypisać winę) to blame, to charge; **~yć czyjeś sumienie zbrodnią** to burden sb's conscience with a crime; **~yć kogoś winą za coś** to blame sb for sth; **~yć kogoś**

odpowiedzialnością to charge a. burden sb with responsibility

III obarczać się — obarczyć się [1] (objuczyć się) to burden oneself, to load oneself; **~yć się cudzymi walizkami** to burden a. load oneself with somebody else's suitcases [2] (przyjąć na siebie obowiązek) to burden oneself; **~ać się dodatkowymi zajęciami/pracą ponad siły** to burden oneself with extra tasks/too much work

obarzanek → obwarzanek

obaw|a f anxiety, fear; **bezpodstawna/ uzasadniona ~a** unfounded/justified fear; **pełen ~** anxious; **dręczyła ją ~a o męża** she was anxious about her husband; **w ~ie** a. **z obawy przed czymś** in fear of sth; **z ~y o życie** in fear for one's life; **mieć** a. **żywić ~y co do czegoś** to feel anxious for sth; **budzić/rozproszyć/uspokoić czyjeś ~y** to arouse/dispel/calm sb's anxiety; **stan chorego nie budzi już ~** the patient's out of danger; **nie ma ~. bez ~!** pot. no fear!, never fear!; **istnieje poważna ~a, że...** there is a serious fear that...

obawia|ć się impf v refl. to be afraid, to fear; **zawsze ~ł się tej kobiety** he was always afraid of that woman; **~ł się gniewu ojca** he feared his father's anger; **~ł się o przyszłość córki** he feared for a. worried about his daughter's future; **~ł się, że nie zdąży na czas** he was afraid that he wouldn't get there in time; **~m się, że nie masz racji** I'm afraid you're not right a. you're mistaken

obcał|ować pf — **obcał|owywać** impf **II** vt to kiss [sb/sth] many times; **~ował jej twarz/ręce** he kissed her face/hands many times; **przestań mnie ~owywać!** stop kissing me!

III obcałować się — obcałowywać się to kiss each other many times

obcałowywać impf → **obcałować**

obcas II m (część buta) heel; **koturnowy/ płaski/wysoki/niski ~** a wedge/flat/high/ low heel; **buty na niskim/wysokim ~ie** low-/high-heeled shoes

III obcasy plt pot. (rodzaj butów) (high) heels; **na ~ach** in high heels; **nosić ~y** to wear high heels

obcasik m dem. heel; **stukot (czyichś) cienkich ~ów** the tap of sb's stiletto heels a. stilettos

obcążk|i plt (G **~ów**) (a pair of) pincers; (płaskie) (a pair of) pliers

obcesowo adv. bluntly, unceremoniously; **odpowiedział mi ~** he answered me abruptly a. bluntly; **poczynać sobie z kimś ~** to treat sb bluntly a. unceremoniously; **zaczepiać kogoś ~** to accost sb

obcesowoś|ć f sgt bluntness

obcesow|y adi. [zachowanie, rozmówca] blunt, unceremonious; **w dość ~ej formie kazano nam wyjść** we were told quite unceremoniously to leave

obcęg|i plt (G **~ów**) (a pair of) pincers; (płaskie) (a pair of) pliers; **wyciągać gwoździe ~ami** to pull out nails with pincers; **~i do drutu** diagonal pliers

obchodzić impf → **obejść**

obch|ód II m (G **~odu**) [1] (kontrola) round; (policyjny) beat; **wszyscy lekarze byli na ~odzie** all the doctors were on the ward

round; **policjant był na ~odzie do szóstej rano** the policeman was on the beat till 6 a.m.; **patrol wrócił z ~odu o szóstej rano** the patrol came back from making its rounds at 6 a.m.; **wieczorem strażnik robi ~ód całej posiadłości** in the evening the guard makes a round of the property [2] (okrążanie) walking round; **~ód dokoła domu** walking round the house **III obchody** plt (uroczystości) celebration, commemoration; **~ody dwudziestolecia (czegoś)** the commemoration of the 20th anniversary (of sth); **~ody ku czci poety** a festival organized in honour of a poet; **~ody rocznic narodowych** the celebration of national holidays; **organizować** a. **urządzać ~ody (czegoś)** to organize a celebration of sth

obciach m (G **~u**) posp. **ale ~!** it's embarrassing!; **nie rób mi przy niej ~u** don't make an idiot of me in front of her; **ostatni występ tego zespołu to już zupełny ~** this band's last concert was absolutely hopeless

obciachowo adv. posp. embarrassingly; **zachował się ~** he made a fool of himself

obciachow|y adi. posp. [bluzka, film, facet] embarrassing

ob|ciąć pf — **ob|cinać** impf (obetnę, obcięła, obcięli — obcinam) **II** vt [1] (uciąć) to cut; **obciąć dziecku paznokcie** to cut a. trim a child's fingernails; **obciąć nogawki spodni** to shorten the legs of trousers; **obciąć psu ogon** to cut a. dock a dog's tail; **obcinać gałęzie** to cut a. prune branches; **tramwaj obciął mu nogę** a tram cut off a leg; **obcięty ogon** a bobtail [2] (skrócić włosy) to cut, to trim [włosy]; **obciąć kogoś** pot. to cut a. trim sb's hair, to give sb a haircut; **muszę obciąć włosy** (u fryzjera) I need to have my hair cut a. trimmed; **obciąć kogoś krótko** to cut sb's hair short; **obciąć kogoś na jeża** to give sb a crew cut [3] (uszczuplić) to cut, to reduce; **obciąć koszty/pensje pracowników** to cut a. reduce the workers' pay; **obciąć wydatki o połowę** to cut a. reduce expenses by half; **obcięli mu płacę o jedną czwartą** they docked a quarter of his pay [4] pot. (ocenić niedostatecznie) to fail (kogoś sb); **obciąć połowę studentów na egzaminie** to fail half of the students in the exam

III obciąć się — obcinać się [1] pot. (ostrzyc się) to have one's hair cut a. trimmed, to get a haircut; **obciąć się krótko** (samemu) to cut one's hair short; (u fryzjera) to have one's hair cut short [2] pot. (nie zdać egzaminu) to fail; **obciąć się z fizyki** to fail physics

obciągać impf → **obciągnąć**

obciąg|nąć pf — **obciąg|ać** impf (**~nęła, ~nęli — ~am**) vt [1] (pokryć) to cover; **fotele ~nięte skórą** armchairs covered with leather; **~nąć guziki materiałem** to cover buttons with fabric [2] (poprawić ubranie) to pull down; **~nąć bluzkę/ koszulę/spódnicę** to pull down one's blouse/shirt/skirt [3] (zlać) to rack [wino, piwo] [4] posp. (wypić alkohol) to knock back pot.; **~nąć butelkę wódki** to knock back a bottle of vodka [5] wulg. **~nąć komuś**

(druta/laskę) to suck off sb wulg., to give sb a blow job wulg.

obciążać impf → **obciążyć**

obciąże|nie II sv → **obciążyć**

II n [1] (ciężar) load; **bez ~nia** (o samochodzie) unloaded; (o osobie) not carrying anything; **ćwiczenia z ~niem** exercises with a load [2] (obowiązek) burden, responsibility; **~nia rodzinne/służbowe** family/work responsibilities; **przyjmować na siebie dodatkowe ~nia** to take on additional burdens [3] (zobowiązanie finansowe) charge; **~nie dłużników** debtors' charge; **~nie hipoteczne** encumbrance; **~nie podatkiem** incidence; **~nie stałe** a fixed charge [4] przen. strain, stress; **~nie pracą** a workload; **~nie psychiczne** mental strain, stress [5] Techn. load; **~nie próbne** a test load; **godziny najwiekszego ~nia** the peak time; **~nie drogi/linii kolejowej** road/railway line capacity; **~nie sieci telefonicznej** telephone network capacity; **zbyt duże ~nie linii telefonicznej** telephone line overload [6] Elektr. load; **~nie sieci elektrycznej** the mains load; **bezpieczniki nie wytrzymały ~nia** overloaded fuses have blown; **~nie znamionowe (urządzenia)** a rated load **❏ ~nie dziedziczne** Med. genetic predisposition; **~nie statyczne** Techn. static load

obciąż|yć pf — **obciąż|ać** impf **II** vt [1] (objuczyć) to burden, to (over)load; **~yć kogoś bagażem** to (over)load a. burden sb with luggage; **~yć samochód ładunkiem** to load a car [2] (zlecić) to burden, to charge; **~yć kogoś trudnym zadaniem** to burden a. charge sb with a difficult task [3] Ekon. to charge; **~yć kogoś kosztami (czegoś)** to charge sb (for sth); **~yć kogoś podatkiem** to tax sb [4] Prawo to incriminate; **dowód ~ający** incriminating evidence; **w aktach sprawy nie ma nic, co mogłoby mnie ~yć** there's nothing in the files of the case that could incriminate me; **jego zeznania poważnie mnie ~yły** his testimony incriminated me [5] (obwinić) to blame, to put the blame on; **~ać kogoś winą za coś** to blame sb for sth; **~ać kogoś odpowiedzialnością za coś** to hold sb responsible for sth [6] (przeciążyć) to strain, to overload; **~yć łącza telekomunikacyjne** to overload telecommunication lines; **~ać sobie pamięć datami** [osoba] to clutter one's memory with dates; **takie odżywianie bardzo ~a żołądek** that kind of food is heavy on the stomach; **te ćwiczenia nie ~ają kręgosłupa/kolan** these exercises don't strain the spine/knees

III obciążyć się — obciążać się [1] (obładować się) to (over)load oneself; **~yli zbyt dużym bagażem** they (over)loaded themselves with too much baggage [2] (zobowiązać się) to burden oneself; **dodatkowo ~ył się opieką nad chorą ciotką** he took on the extra burden of looking after his sick aunt; **~ył się dodatkowymi pracami** he took on additional jobs, he burdened himself with additional jobs [3] Prawo to incriminate oneself; **~ali się wzajemnie** they incriminated each other; **~ali się wzajemnie winą za coś** they blamed each other for sth

obciec → obcieknąć

obciekać *impf* → obcieknąć

obcie|knąć, obcie|c *pf* — **obcie|kać** *impf* (~knął a. ~kł — ~kam) *vi* [1] (spływać strużkami) to trickle; **woda ~ka z parasola** water trickles from the umbrella [2] (stać się mniej mokrym) to drain; **powiesiłam płaszcz w łazience, żeby ~kł** I hung my cloak in the bathroom to drip

obcierać *impf* → obetrzeć

obcinacz *m* nail clipper(s)

obcinać *impf* → obciąć

obcinar|ka *f* Techn. cutter; **~ka do rur/zdjęć** a pipe/photo cutter

obcio|sać *pf* — **obcio|sywać** *impf* (~sam a. ~szę — ~suję) *vt* to trim; **~sać belkę/deskę/pień** to trim a beam/plank/tree trunk; **~sać kamień** to dress a. trim a stone

obcios|ywać *impf* → obciosać

obciska|ć¹ *impf* → obcisnąć

obciska|ć² *impf vt* to fit [sb] close, to be tight; **pasek ~ł ją w talii** the belt was tight around her waist; **płaszcz ~jący sylwetkę** a close-fitting a. tight-fitting coat; **sukienka ~ła jej pełne kształty** the dress fitted close to a. tight around her opulent figure

obcisło *adv.* → obciśle

obci|sły *adi. grad. [sweter, spodnie]* close-fitting, tight-fitting; **~sła sukienka** a tight-fitting dress; **~sły podkoszulek** a tight T-shirt; **a muscle shirt** pot.; **~sły w talii** fitting close to [sb's] waist, tight around [sb's] waist

obci|snąć *pf* — **obci|skać¹** *impf* (~nęła, ~nęli — ~skam) *vt* to wrap; **~snąć nogi kołdrą** to tuck a quilt around one's legs

obciśle *adv. grad.* — **przylegać do ciała** to fit close a. tight to [sb's] body; **ubierać się ~** to wear close-fitting a. tight-fitting clothes

obco *adv.* [1] (nie swojsko) strange *adi.*; **~ brzmieć/wyglądać** to sound/look strange [2] (nieswojo) strange *adi.*, weird *adi.*; **w ich towarzystwie czułem się ~** I felt weird in their company [3] (obojętnie) indifferently; **patrzyli na siebie ~** they stared at each other with indifference; **zachowywać się ~** to behave indifferently

obcojęzyczn|y *adi.* foreign-language *attr.*; **naleciałości ~e** foreign-language borrowings; **~e książki/szyldy** foreign-language books/signs; **przewodnicy ~i** foreign-language guides

obcokrajow|iec *m* (*V* ~cu a. ~cze) foreigner; **kursy języka dla ~ców** language courses for foreigners

obcoś|ć *f sgt* strangeness, foreignness; **~ć kultury/zwyczajów** the strangeness of a culture/of habits; **irytowała go wszelka ~ć** everything foreign irritated him; **poczucie ~ci** a feeling of alienation

obc|ować *impf vi* książk. [1] (przestawać) to commune; **~ować z Bogiem/przyrodą/ludźmi** to commune with God/nature/to mix with other people [2] przest. (płciowo) to maintain a sexual relationship (**z kimś** with sb)

obc|y *adi.* [1] (nie nasz) foreign, strange; **~a waluta** a foreign currency; **~y język/kraj** a foreign language/country; **nie mogła zasnąć w ~ym mieszkaniu** she couldn't sleep in a strange house; **przelewali krew w ~ej sprawie** they spilled their blood for

a cause that was not their own [2] (nieznany) alien, strange; **komputer jest mi prawie ~y** computers are almost entirely alien to me; **nie boi się pani jechać z ~ym facetem?** pot. aren't you afraid to travel with a stranger a. strange guy?; **nie umiała się poruszać w ~ym mieście** she didn't know how to get around an unfamiliar town; **to pojęcie jest ~e dla dziesięcioletniego chłopca** that concept is alien to a ten-year-old boy; **wszelka zawiść jest mi ~a** all envy is alien to me; **czuł się tu ~y** he felt like an outsider here; **członkowie tej rodziny są sobie ~y** the members of that family are strangers to one another

III *m* (nieznajomy) stranger; **nie otwieraj drzwi ~ym** don't open the door to strangers; **„~ym wstęp wzbroniony"** 'no trespassing'

III *plt* (w science fiction) alien; **uprowadzenie przez ~ych** alien abduction

obcykan|y *adi.* pot. familiar; **był ~y z matmy** he was really good at maths, he knew maths inside out

obcyndala|ć się *impf v refl.* posp. [1] (mieć skrupuły) to faff around GB pot.; **przestań się ~ć, jak dają to bierz** stop faffing around, if they're giving it to you, take it [2] (próżnować) to faff around GB pot., to screw around US pot.

obczy|zna *f sgt* książk. foreign lands; (wygnanie) exile; **emigrować na ~znę** to go into exile; **mieszkać na ~źnie** to live in exile; **tułać się po ~źnie** to wander through foreign lands

obdar|ować *pf* — **obdar|owywać** *impf* **II** *vt* **~ować kogoś czymś** to give sb sth a. sth to sb (as a gift); **szef został ~owany kwiatami** the boss was given flowers; **~ować kogoś uśmiechem** przen. to give sb a smile

III obdarować się — **obdarowywać się** to give each other, to exchange; **z okazji Bożego Narodzenia ~owali się prezentami** they gave each other a. exchanged Christmas presents

obdarowywać *impf* → obdarować

obdartus *m* (*Npl* ~y a.~i) pot., pejor. scruff GB pot.; tramp

obdar|ty II *pp* → obedrzeć

III *adi.* ragged, shabby

obdarzać *impf* → obdarzyć

obdarz|yć — **obdarz|ać** *impf vt* książk. [1] (podarować) to give, to grant; **~yć kogoś majątkiem/pieniędzmi** to grant sb property/money; **być ~onym talentem muzycznym** to have a gift for music, to be musically gifted; **natura ~yła psa dobrym węchem** nature gave dogs a good sense of smell; **śpiewak ~ony pięknym głosem** a singer endowed with a beautiful voice [2] przen. to favour GB, to favor US, to show; **~yć kogoś przyjaźnią/sympatią/szacunkiem/życzliwością** to show sb friendship/affection/respect/kindness; **~yć kogoś spojrzeniem/ukłonem/uśmiechem** to favour sb with a look/bow/smile; **~yć kogoś miłością** a. uczuciem to bestow one's love (up)on sb książk.; **~yć kogoś zaufaniem** to place one's trust in sb książk.

obdrap|ać *pf* — **obdrap|ywać** *impf* (~ię — ~uję) *vt* to scratch; **kto tak ~ał ścianę?** who scratched the wall?

obdrapa|niec pot. **II** *m pers.* (*Npl* ~ńcy a. ~ńce) pejor. scruff GB pot.

III *m inanim.* (*A* ~niec a. ~ńca) ≈ a piece of junk; **te krzesła to stare ~ńce** these chairs are old and shabby

obdrapan|y II *pp* → obdrapać

III *adi.* shabby

obdrapywać *impf* → obdrapać

obdukcj|a *f* (*Gpl* ~i) Prawo [1] (badanie poszkodowanego) forensic examination; **przeprowadzić ~ę** to do a forensic examination [2] (oględziny zwłok) autopsy, post-mortem examination; **przeprowadzić ~ę** to do a post-mortem examination a. an autopsy

obdzielać *impf* → obdzielić

obdziel|ić *pf* — **obdziel|ać** *impf* **II** *vt* to give out to; **~ić dziewczynki cukierkami** to give out sweets to the girls; **uroczystość zakończyła się ~niem dzieci prezentami** at the end of the ceremony all the children were given presents

II obdzielić się — **obdzielać się** to share; **dzieci ~iły się cukierkami** the children shared the sweets

obdzierać *impf* → obedrzeć

obecnie *adv.* książk. at present, currently; **~ jest kierownikiem działu** he is currently a. at present a section manager; **nie ma go w domu** he's not at home now; **~ odpoczywa** he's resting now a. at the moment

obecnoś|ć *f sgt* książk. [1] (przebywanie) presence; **~ć na lekcjach** attendance in class; (czyjaś) **~ć na zebraniu** sb's presence at a meeting; **robić coś w czyjejś ~ci** to do sth in sb's presence; **stwierdzić ~ć gazów w kopalni** to detect the presence of gas in a mine [2] (funkcjonowanie) participation, presence; **inaczej rozumiał swoją ~ć w polityce** he understood his participation in politics differently; **~ć przemocy w massmediach** violence in the mass media

obecn|y II *adi.* książk. [1] (uczestniczący) present; **być ~ym na zebraniu/przy spisywaniu aktu** to be present at a meeting/at the drawing up of a document; **~y/~a! present!, here!** [2] (teraźniejszy) current, present; **~a liczba mieszkańców miasta** the current a. present town population; **~a praca** the current a. present job; **wywiad z ~ym prezydentem** an interview with the current president

II obecni those present; **nikt z ~ych nie protestował** none of those present protested; **powitać ~ych** to greet those present

ob|edrzeć *pf* — **obdzierać** *impf vt* [1] (zerwać wierzchnią warstwę) **obedrzeć ściany z afiszy/tapet** to strip posters/wallpaper off a. from the walls [2] (ściągnąć skórę) to flay, to skin; **obedrzeć zająca ze skóry** a. skórę z zająca to skin a hare [3] książk. (brutalnie pozbawić) to deprive, to strip (**kogoś z czegoś** sb of sth)

obejm|a *f* Techn. clamping ring; **~a śrubowa** a stirrup bolt

obejmować *impf* → objąć

o|bejrzeć *pf* — **o|glądać¹** *impf* (obejrzysz, obejrzał, obejrzeli — oglądam)

[I] *vt* [1] (przypatrzeć się) to examine, to watch; **obejrzała mnie bardzo uważnie** she eyed a. examined me very carefully; **obejrzeć ilustracje w książce** to look at a. examine the illustrations in a book [2] (zapoznać się z czymś) to see, to watch; **obejrzeć mecz/ wystawę** to see a. watch a match/an exhibition; **koniecznie musisz obejrzeć ten film** you must see this film; **namówili mnie do obejrzenia przedstawienia premierowego** they talked me into going to see this premiere

[II] obejrzeć się — oglądać się [1] (siebie samego) to look at oneself, to watch oneself; **lubię oglądać się na zdjęciach** I like looking at myself in pictures; **obejrzałam się w wystawie sklepowej** I looked at a. watched myself in a shop window; **oglądać się w lustrze** to examine oneself in a mirror [2] (spojrzeć odwracając głowę) to look back; **nie wolno ci obejrzeć się za siebie** you mustn't look back; **obejrzał się dyskretnie** he looked back discreetly; **oglądać się na boki** to look around [3] (szukać) to look around for; **oglądać się za pieniędzmi/pracą** to look around for money/a job

■ **oglądać się na coś/kogoś** to count a. rely on sth/sb; **ani się obejrzał** pot. before he could say Jack Robinson, the next thing he knew; **ani się obejrzał, jak zasnął** before he could say Jack Robinson he was asleep, the next thing he knew he was asleep; **ani się obejrzeć** pot. before you can say Jack Robinson, in less than no time

obejś|cie [I] *sv* → **obejść**

[II] *n* [1] *sgt* (maniery) manners *pl*; **być gładkim a. miłym w ~ciu** to be easygoing; **mieć miłe/niemiłe ~cie** to have good/bad manners [2] (gospodarstwo) farmyard; **schludne ~cie** a neat farmyard [3] Archit. ambulatory [4] Techn. bypass; **zrobić ~cie** to make a bypass

ob|ejść *pf* — **ob|chodzić** *impf* (obejdę, obejdziesz, obszedł, obeszła, obeszli — obchodzę) **[I]** *vt* [1] (zrobić obchód) to inspect, to make a round of; **ankieterzy obchodzili mieszkania** canvassers a. pollsters were going around the flats; **strażnik obchodził teren fabryki** a guard was making rounds of a. was inspecting the factory grounds [2] (okrążyć) to get a. go (a)round; **obejść dom dookoła** to go a. walk (a)round the house; **obejść prawo** przen. to evade the law [3] (zainteresować) to concern; **co cię to obchodzi!** it's none of your business a. concern!; **czyjeś przeżycia nie obchodzą go** he doesn't care about other people's experiences; **zła wiadomość bardzo go obeszła** he was very concerned about a. with the bad news, the bad news really concerned him [4] (uczcić) to celebrate; **obchodzić jubileusz/urodziny** to celebrate a jubilee a. an anniversary/one's birthday

[II] obejść się — obchodzić się [1] (potraktować) to treat; **obchodzić się z kimś dobrze/źle** to treat sb well/badly [2] (posługiwać się) to handle, to use; **umieć obchodzić się z aparatem fotograficznym/z bronią** to be able to handle a. use a weapon/a camera [3] (obyć się) to do without; **obchodzić się bez okularów** to do without glasses; **obejść się bez cudzej po-**

---

mocy to do without sb's help [4] (zadowolić się) to make do; **obejść się byle czym** make do with any old thing pot.

■ **obchodzi mnie/ich to/on tyle, co zeszłoroczny śnieg** I/they don't give a hoot about it/him; **nie obejdzie/obeszło się bez awantury** the row is/was inevitable; **nie obejdzie/nie obeszło się bez ich pomocy** their help is/was necessary; **obejdzie się!** iron. no, thanks!; **obejść się smakiem** to leave empty-handed

obel|ga *f* insult; **bluznąć stekiem ~g** to let rip a stream of abuse a. insults; **obrzucić kogoś ~gami** to hurl abuse a. insults at sb; **takie pożegnanie jest dla nich ~gą** such a farewell is an insult to them

obelisk *m* (G ~u) obelisk; **postawić ~ pamiątkowy** to raise a memorial obelisk

obeliskow|y *adi.* obeliscal książk.; obelisk-shaped

obelżywie *adv. grad.* książk. abusively, insultingly; **nazywać kogoś ~** to call sb abusive a. insulting names; **wyrażać się o kimś ~** to talk abusively a. insultingly about sb

obelżywoś|ć *f sgt* książk. [1] (cecha) abusiveness [2] (zwrot) abuse U; **obrzucić kogoś ~ciami** to hurl abuse at sb

obelżyw|y *adi. grad.* książk. abusive, insulting

ober|ek *m* (~eczek *dem.*) (A ~ek a. ~ka) Taniec, Muz. *a lively Polish dance*

oberkow|y *adi.* oberek *attr.*

obertas *m* (A ~ a. ~a) żart., Taniec *a lively Polish dance*

ob|erwać *pf* — **ob|rywać** *impf* (oberwę — obrywam) **[I]** *vt* [1] (urwać) to tear [sth] off, to tear off; **oberwać falbankę od sukienki/guzik od płaszcza** to tear a frill off a dress/a button off a coat; **oberwać komuś głowę** to tear sb's head off; **oberwać liście z gałązki** to pluck leaves from a twig; **oberwać owoce z drzewa** to pick fruits from a tree [2] (spowodować odpadnięcie) to tear away; **oberwać tynk ze ściany** to peel off the plaster from the wall; **rzeka oberwała brzeg** the river has torn away the bank [3] pot. (dostać) to get; **oberwać dwóję** to (get a) fail; **oberwać nauczkę** to learn a lesson; **oberwać rok więzienia** to be put away for a year; **oberwać cięgi/klapsa** to get smacked/ spanked

[II] *vi* pot. (dostać lanie) to get a. take a beating; **oberwać po głowie/po grzbiecie** to get one in the head/back; **oberwie ci się za to!** you're in for it! pot.

[III] oberwać się — obrywać się (urwać się) to come off; **guzik mi się oberwał** my button came off; **oberwał się sufit** the ceiling came down; **obrywające się nawisy skalne** crumbling a. falling rock overhangs; **chmura się oberwała** przen. there was a cloudburst

■ **oberwać guza** to get a beating; **oberwać komuś zarobki/premię** pot. to cut sb's earnings/bonus

oberwa|nie [I] *sv* → **oberwać**

[II] *n* **~nie chmury** a cloudburst

oberwa|niec *m* (V ~ńcu a. ~ńce) pot., pejor. scruff pot.

---

oberwan|y [I] *pp* → **oberwać**

[II] *adi.* ragged; **chodziła ~a i brudna** she walked around ragged and dirty

oberż|a *f* (G ~y a. ~) przest. tavern przest.; inn; **zatrzymać się/przenocować w ~y** to stop/spend the night at an inn a. a tavern

ob|erżnąć *pf* — **ob|rzynać** *impf* (oberżnęła, oberżnęli — obrzynam) *vt* [1] (okroić) to trim; **obrzynać skórę na buty** to trim the leather for shoes [2] (odciąć) to cut [sth] off, to cut off; **oberżnąć guziki** to cut off buttons; **oberżnąć kawał deski** to saw off a piece of a plank

oberżyn|a *f* Bot. aubergine GB, eggplant US

oberży|sta *m*, **~stka** *f* przest. innkeeper

obesch|ły *adi.* [siano, droga, ubranie] dry; **ziemia była ~ła** the soil was dry (on the surface)

ob|eschnąć *pf* — **ob|sychać** *impf* (obeschnął a. obeschł — obsycham) *vi* to dry, to become dry; **ciasto obeschło** the cake has dried out; **jej łzy jeszcze nie obeschły** her tears haven't dried yet; **ziemia już obeschła** the ground has dried

ob|etkać *pf* — **ob|tykać** *impf vt* [1] (uszczelnić) to stop [sth] up, to stop up, to fill [dziury]; to stop [sth] up, to stop up, to seal [sth] up, to seal up [szpary, szczeliny]; **obetkać okna** to seal up the cracks in (the) windows; **obetkać chatę mchem** to plug up a hut with moss [2] (otoczyć) to stick in; **materiał obetkany szpilkami** a fabric stuck with pins

ob|etrzeć *pf* — **ob|cierać** *impf* **[I]** *vt* [1] (wytrzeć) to wipe, to mop [czoło]; to wipe (away), to dry [łzy]; **obtarł pot z czoła** he wiped (away) a. mopped the sweat from his forehead; **obetrzeć twarz rękawem/usta serwetką** to wipe a. mop one's face with a sleeve/one's mouth with a napkin; **obcierać meble z kurzu** to dust the furniture [2] (skaleczyć) to graze, to chafe [część ciała, skórę]; **but obciera mi nogę** my shoe is rubbing (against) my foot; **obetrzeć skórę do krwi** to chafe a. rub one's skin raw

[II] obetrzeć się — obcierać się [1] (wytrzeć się) to wipe oneself [2] (otrzeć się) to rub (o kogoś/coś against sb/sth)

obeznani|e [I] *sv* → **obeznać**

[II] *n sgt* knowledge (z a. w czymś of sth); familiarity, acquaintance (z a. w czymś with sth); **praca ta wymaga pewnego/ sporego ~a z komputerami** this job requires some/considerable knowledge of computers; **jego ~e z literaturą** his acquaintance a. familiarity with literature

obeznan|y *adi.* acquainted, familiar (z czymś with sth); **być dobrze ~ym z bronią** to be familiar with weapons; **jest dobrze ~y z miejscowymi zwyczajami** he is familiar a. well acquainted with local customs; **program jest łatwy w obsłudze nawet dla osób nieobeznanych z komputerem** the program is easy to operate even for those not familiar with computers

obezwładniać *impf* → **obezwładnić**

obezwładni|ć *pf* — **obezwładni|ać** *impf vt* to overpower, to incapacitate [napastnika, przeciwnika]; **strach/jej uroda ~a mnie** fear/her beauty overpowers me; **~ć kogoś spojrzeniem** to hold a. pin sb with a look a. one's gaze; **~ająca nieśmiałość/ ~ający strach** crippling shyness/paralysing fear; **~ająca senność/~ający upał** overwhelming a. overpowering sleepiness/heat; **~ające poczucie bezsilności** an overwhelming a. overpowering sense of helplessness; **cios/gaz ~ający** an incapacitating blow/incapacitating gas

ob|eżreć pf — **ob|żerać** impf pot. **[I]** vt ① (ogryźć dokoła) to gnaw [kość] ② (pożywić się u kogoś) to scrounge food (**kogoś** from a. off sb)

[II] obeżreć się — **obżerać się** (zjeść dużo) to gorge oneself pot. (**czegoś** a. **czymś** on a. with sth); to pig out pot. (**czegoś** a. **czymś** on sth); **obżarł się jak świnia** he stuffed himself like a pig

obficie adv. grad. [pocić się, pienić się] profusely, heavily; [krwawić] profusely, copiously; [kwitnąć] profusely; [rosnąć] plentifully, copiously; [posypać, podlać] generously, liberally; [cytować] liberally, copiously; [nakarmić] amply; [owłosiony] heavily; **~ zaopatrzony barek** an amply-stocked drinks cabinet; **trunki lały się ~** the drinks flowed freely; **wapń występuje ~ w mleku** calcium is abundant in milk; **czerpać ~ z czyjegoś doświadczenia** to draw heavily on sb's experience; **spłukać coś ~ wodą** to rinse sth with plenty of water; **panie ~ wyposażone przez naturę** well-endowed women

obfitoś|ć f sgt (zwierzyny, jedzenia, śniegu, zbiorów) abundance; (barw, kwiatów, światła) profusion; (krwawienia) heaviness; (towarów, pomysłów) wealth; **~ć ryb** plenty a. an abundance of fish; **~ć kształtów** an ample figure; **w ~ci** in abundance a. profusion; **jedzenia była ~ć** food was in abundance, there was food galore a. in plenty; **czasy ~ci** a time of plenty a. affluence

obfit|ować impf vi to abound (**w coś** in a. with sth); to be full (**w coś** of sth); **las/ rzeka ~uje w zwierzynę/ryby** the forest/ river abounds in a. is teeming with game/ fish; **mecz ~ował w emocje** the match was full of a. filled with excitement; **region ~ujący w bogactwa naturalne** a region rich in a. which abounds in natural resources; **rok ~ujący w wydarzenia** an eventful year; **dieta ~ująca w tłuszcz** a diet rich in fat

obfi|ty adi. grad. [krwawienie, pocenie się] heavy, profuse; [plony] abundant; [zbiory] rich, abundant; [zasoby] ample, abundant; [deszcz, opady śniegu] abundant, heavy; [rosa] heavy, thick; [łzy] copious; [piana] heavy, rich; [posiłek] lavish, generous; [śniadanie] substantial; [połów] big, large; [korespondencja] voluminous, prolific; [biust, piersi] ample; **~ta porcja bitej śmietany** a generous helping a. serving of whipped cream; **dzień ~ty we wrażenia** an eventful day; **wizyta ~ta w spotkania** a visit full of a. crammed with meetings; **~te wdzięki** a. **kształty** ample assets; **kobieta obdarzona ~tymi kształtami** a. **kobieta ~tych kształtów** a well-endowed woman

obgad|ać pf — **obgad|ywać** impf pot. **[I]** vt ① (oplotkować) to backbite, to run [sb] down, to run down; **~ał mnie przed szefem** he ran me down in front of the boss; **czuję, że ktoś mnie ~uje** (I feel) my ears are burning; **zostać ~anym przez kogoś** to get bitched about by sb pot. ② (omówić) to talk [sth] over, to kick [sth] around pot. [sprawę, plan działania]; **~ać coś przy butelce wina** to kick sth around over a bottle of wine; **sprawa jest ~ana z szefem** the matter has been talked over a. batted around pot. with the boss

[II] obgadać się — **obgadywać się** to run each other down

obgadywać impf → **obgadać**

obgot|ować pf — **obgot|owywać** impf **[I]** vt to blanch, to parboil [jarzyny]

[II] obgotować się — **obgotowywać się** [warzywa] to be blanched a. parboiled

obgotowywać impf → **obgotować**

obgryzać impf → **obgryźć**

obgry|źć pf — **obgry|zać** impf (**~zę, ~ziesz, ~zł, ~zła, ~źli** — **~zam**) vt (objeść) to gnaw (**coś** at a. on sth); to chew (**coś** on sth); **~źć mięso z kości** to gnaw meat off a bone; **~zać paznokcie** to bite one's nails; **~zione ołówki/paznokcie** chewed pencils/bitten nails

obi|ad m (G **~u**) dinner; (jedzony wczesnym popołudniem) ≈ lunch; **~ad z trzech dań** a three-course dinner; **proszony ~ad** a dinner party; **być w domu na ~edzie** to be home for dinner; **czekać na kogoś z ~adem** to wait dinner for sb; **gotować ~ad** to cook dinner; **jeść ~ad** to have dinner; to dine książk.; **jeść ~ad późno** to have a late dinner; **nastawić ~ad** to put the dinner on; **podać ~ad** to serve dinner; **postawić komuś ~ad** to invite sb to dinner; **omówić coś przy ~edzie** a. **podczas ~adu** to discuss sth over dinner a. at the dinner table; **siąść a. usiąść zasiąść do ~adu** to sit down to dinner; **sprzątać po ~edzie** to clean up after dinner; **wydać ~ad** to give a. have a dinner; **wydać ~ad na czyjąś cześć** to give a. hold a dinner in sb's honour; **wypić kieliszek wina do ~adu** to have a glass of wine at a. with dinner; **zabrać kogoś na ~ad** to take sb out to a. for dinner; **zaprosić kogoś na ~ad** (do restauracji) to invite sb for a. (out) to dinner, to ask sb (out) to dinner; (do domu) to invite a. ask sb over for dinner, to invite sb round for dinner; **zaprosić przyjaciół na ~ad** to have friends to dinner; **zjeść ~ad na mieście** to go out for dinner; **zostać na ~ad** to stay for a. to dinner; **co jest na ~ad?** what's for dinner?; **jestem po ~edzie** I've had dinner (already), I've already eaten; **zjesz z nami ~ad?** will you join us for dinner?; **~ad na stole!** dinner's on the table!, dinner's ready!; **po dobrym ~edzie lubił zapalić** he enjoyed smoking after a good dinner; **„możliwość ~adów"** 'dinners by arrangement' ❑ **~ady czwartkowe** Hist. Thursday Dinners (weekly social gatherings to which King Stanisław August invited scholars and artists)

obiad|ek m dem (G **~ku**) dinner; (jedzony wczesnym popołudniem) ≈ lunch

obiadow|y adi. [stół, danie] dinner attr.; **bon ~y** a dinner/lunch coupon a. voucher; **serwis** a. **komplet ~y** a dinner service a. set; **pora ~a** lunchtime/dinner time; **w porze ~ej** at lunchtime/dinner time; **przerwa ~a** a lunch break; **„zestaw ~y w cenie 15 złotych"** 'set lunch menu for 15 zloty'

obibok m (Npl **~i**) pot., pejor. lazybones pot., skiver GB pot.

obi|cie [I] sv → **obić**

[II] n (na meblach) upholstery, covering; (na drzwiach) padding

obiciow|y adi. [materiał, tkanina, skóra] upholstery attr.; [deska] sheathing attr.

obi|ć¹ pf — **obi|jać** impf **[I]** vt ① (obtłuc) to crack, to chip [dzbanek, filiżankę]; to bruise [jabłko]; **kopnął w ścianę i ~ł tynk** he kicked the wall and chipped the plaster ② (pokryć materiałem) to upholster, to cover (over) [ściany, meble] (**czymś** with sth); to pad [drzwi] (**czymś** with sth) ③ (doznać urazu) to bump, to knock [część ciała] (**o coś** on sth)

[II] obić się — **obijać się** ① (uderzyć o coś) to bump, to knock; **jabłka ~jały się w koszyku** the apples were bumping around in the basket; **wciąż ~jam się o tę szafkę!** I keep bumping into that cupboard!; **aparat zawieszony na ramieniu ~jał mu się o biodro** the camera hanging on his shoulder was bumping against his hip ② (odbić się) [dźwięki, głos] to echo; **głos trąbki ~jał się o skały** the trumpet echoed among the rocks

[III] obijać się pot., pejor. ① (nie pracować) **nikt się nie ~jał, wszyscy pracowali** nobody was slacking off, everybody was working ② (bywać) **~jał się po kawiarniach** he was hanging around in cafes

obi|ć² pf vt pot. (zbić) to beat, to knock; **~li go kijami** they beat him with sticks

obie|c, obie|gnąć pf — **obie|gać¹** impf (**~gnę, ~gniesz, ~gł, ~gła, ~gli** — **~gam**) vt ① (okrążyć) to run around, to circle [plac, drzewo]; **dwa razy ~c stadion** to run around the stadium twice; **~c kogoś/coś wzrokiem** to look around sb/ sth [pokój, gości] ② Astron. [planeta] to revolve around, to go around; **Księżyc ~ga Ziemię w ciągu 28 dni** the Moon revolves a. goes around the Earth in 28 days ③ pot. (odwiedzić) to go round; **~gł sklepy w poszukiwaniu tej płyty** he scoured the shops (looking) for this record; **~c wszystkich znajomych** to do the rounds of all one's friends, to look in on all one's friends ④ (zostać rozpowszechnionym) to spread round, to go round a. about; **wiadomość ta szybko ~gła świat** the news quickly went around the world

obiec|ać pf — **obiec|ywać¹** impf vt (przyrzec) to promise; **~ać komuś coś** to promise sb sth a. sth to sb; **~ać komuś mieszkanie/pieniądze/pracę** to promise sb a flat/money/a job; **~ać solennie** to promise solemnly; **~ywać pomoc** to promise help; **~am mi pomoc** was promised help; **~ywać poprawę** to promise to mend one's ways; **~ywać cuda (niewidy)** to promise the earth przen.; **~aj mi jedno** promise me one thing; **nie mogę nic ~ać** I can't promise anything a. make any promises; **jedyne, co mogę ci ~ać, to to, że...** the only thing I can promise you is that...; **~ana pomoc nie nadeszła** the promised help has not arrived; **dostałem ~ane zdjęcia/długo ~ywaną podwyżkę** I got the photos I was promised/the long-promised rise; **~ałem sobie, że moja noga nigdy więcej tam nie postanie** I promised myself never to set foot there again a. (that) I would never set foot there again; **~ali sobie spotkać się za rok** they promised (each other) that they would meet in a year; **przecież ~ałeś** but you promised

■ **~ywać gruszki na wierzbie** to make empty a. idle promises; **wiele ~ywać sobie po czymś** to pin one's hopes very much on sth, to expect a great deal from sth; **za wiele sobie ~ujesz po tej znajomości** you expect too much from this acquaintance; **~ywać komuś złote góry** to promise sb the earth a. the moon; **ziemia ~ana** promised land

obiecan|ka f empty a. hollow promise; **zwodzić kogoś ~kami** to delude sb with empty promises; **jak zwykle kończy się na ~kach** it's always (a case of) jam tomorrow

■ **~ki cacanki (a głupiemu radość)** promises, promises! pot.; **fine words butter no parsnips** przysł.

obiecująco adv. [zacząć się] promisingly, auspiciously; **plan wygląda** a. **przedstawia się** a. **zapowiada się ~** the plan looks promising a. is full of promise; **debiut wypadł ~** the debut was promising; **to brzmi ~** this sounds promising

obiecując|y Ⅱ pp → obiecać

Ⅲ adi. [badania, kariera, perspektywy, rynek] promising; [debiut, początek] promising, auspicious; [aktor, polityk] promising, rising; [kandydat] promising, likely; **młody, ~y pianista** a promising young pianist; **~y młodzieniec** a young man of promise; **jest ~ym piłkarzem** he shows a. has promise as a player; **mimo ~ych początków sprawa zakończyła się fiaskiem** despite an auspicious start, the matter ended in a fiasco; **hotel o wiele** a. **wielce ~ej nazwie Paradise** a hotel with the highly promising name of Paradise; **miał przed sobą ~ą przyszłość** he had a promising future (ahead of him); **~y na przyszłość** promising for the future; **mało ~y** unpromising

■ **~e spojrzenie/~y uśmiech** a look/smile that promises much

obiecywać¹ impf → obiecać

obiec|ywać² impf vt (zapowiadać) to promise; **słoneczna pogoda ~ywała rekordowe zbiory** sunny weather promised bumper crops

obieg m (G ~u) ① (okrążanie, obrót) revolution; **~ planet dookoła Słońca** the revolution of planets around a. about the Sun; **okres ~u Księżyca** the Moon's period of revolution ② (krążenie) [cieczy, powietrza] circulation; **~ krwi** blood circulation; **~ mały/duży** Med. pulmonary/systemic circulation; **~ azotu/węgla (w przyrodzie)** the nitrogen/carbon cycle; **~ chłodniczy/ cieplny** refrigerating/thermal cycle; **~ otwarty/zamknięty** open/closed cycle a. circuit; **~ wymuszony** forced circulation ③ (dokumentów, książek, towarów) circulation; **drugi ~** clandestine circulation, samizdat;

książki/literatura drugiego ~u samizdat books/literature; **w drugim ~u** in samizdat

❏ **~ pieniądza** money a. monetary circulation; **~ syderyczny** Astron. sidereal period; **bezgotówkowy ~ pieniądza** non-cash transactions

■ **być w ~u** [pieniądz, banknot, znaczek] to be in circulation, to circulate; **puścić** a. **posłać coś ~iem** to pass a. circulate sth round/to send sth round [dokument, listę, zdjęcia]; **puścić** a. **wprowadzić w ~** to put into circulation, to pass [pieniądze, (fałszywe) banknoty]; to issue [monetę]; to put about, to spread [plotkę]; **puścić w ~ wiadomość** to pass the word; **wycofać z ~u** to withdraw from a. take out of circulation, to call in [banknot]; to withdraw from a. take out of circulation, to demonetize [monetę]; **wyjść z ~u** [pieniądz, moneta] to go a. drop out of circulation, to disappear from circulation; [słowo, wyrażenie] to go out of use, to become obsolete; **wypaść** a. **wyjść z ~u** pot. [osoba] (przestać się liczyć) to lose clout; (przestać się udzielać) to drop out of circulation

obiegać¹ impf → obiec

obieg|ać² impf (otaczać) to encircle, to enclose; **potężny mur ~ał pałac** a huge wall ran around the palace

obiegnąć → obiec

obiegowo adv. [zwany] commonly, popularly

obiegow|y adi. ① (rozpowszechniony) [opinia] widespread, widely-held; [nazwa] common; **panuje ~a opinia** a. **~a opinia głosi, że...** it is commonly held that..., the popular view is that...; **wbrew ~ej opinii** contrary to popular opinion; **~e wyobrażenia o gangsterach** conventional notions about gangsters ② (powszechny) [moneta, banknot, waluta] circulating, current; [repertuar] mainstream ③ (dotyczący okrążania) [pompa, woda, powietrze] circulating; **ruch ~y Ziemi wokół Słońca** the Earth's revolution around a. about the Sun; **przekładnia ~a** an epicyclic a. a planetary gear; **karta ~a** Admin. a clearance slip

obiekcj|a f zw. pl (Gpl ~i) książk. (zastrzeżenie) objection; (wątpliwość) doubt; **mieć ~e/ nie mieć żadnych ~i (co do** a. **wobec czegoś)** to have objections/to have no objections (to sth); **ona zawsze ma jakieś ~e** she always has some objection (to make); **zgłosić/wyrazić ~e** to raise/voice (one's) objections

obiek|t m (G ~tu) ① (rzecz, przedmiot) object; **~t kosmiczny** a space object; **~t na mapie** a feature on a map; **kolekcja obejmuje ~ty pochodzące z XVII wieku** the collection includes 17th-century items ② (przedmiot zainteresowań) object, subject; **być ~tem badań naukowych** to be an object a. a subject of scientific study; **być ~tem krytyki** to be the object a. target of criticism, to be on the receiving end of criticism; **być ~tem plotek** to be the subject of gossip; **być ~tem czyichś żartów** to be the butt of sb's jokes; **był ~tem westchnień każdej dziewczyny** he was every girl's heart-throb; **stać się ~tem drwin** to become an object a. a target of ridicule, to be held up to ridicule;

stał się ~tem kpin/zainteresowania mediów he became a figure of fun/the focus of media attention ③ (budynek) building; (zespół budynków) complex; **~t gastronomiczny/hotelowy/muzealny/sportowy** a catering/hotel/museum/sports a. sporting facility; **~t przemysłowy** an industrial works, an industrial plant; **~t wojskowy** military installations; **~t zabytkowy** a historic building, a building of historic(al) interest; **uczelnia ma nowoczesne ~ty sportowe** the university has modern sports facilities

❏ **niezidentyfikowany ~t latający** Unidentified Flying Object, UFO

obiektyw m (G ~u) (aparatu fotograficznego, kamery) lens; (mikroskopu, lunety) objective (lens); **~ krótkoogniskowy/zmiennoogniskowy** a short-focus/zoom lens; **skierować ~ na coś/kogoś** to train one's lens on sth/sb, to point one's camera at sth/sb; **uchwycić coś ~em** to capture sth with one's lens a. camera; **Paryż w ~ie** Paris on camera

❏ **~ szerokokątny** Fot. wide-angle lens

obiektywistyczn|y adi. [filozofia, stanowisko, podejście] objectivist, objectivistic

obiektywizacj|a f (Gpl ~i) objectivization

obiektywizm m sgt (G ~u) ① (bezstronność) objectivity; **~ dziennikarski/naukowy** journalistic/scientific objectivity; **chłodny ~** cool detachment a. objectivity; **brak ~u** lack of objectivity; **z dużą dozą ~u** with a high degree of objectivity; **dążyć do maksymalnego ~u** to try to be as objective as possible; **zachować ~** to remain objective; **nie próbował zachować nawet pozorów ~u** he didn't even make a pretence of objectivity, he made no pretence of objectivity ② Filoz. objectivism

obiektywiz|ować impf Ⅱ vt to objectivize [przeżycia, sądy] ⇒ zobiektywizować

Ⅲ **obiektywizować się** to become objectivized, to materialize

obiektywnie Ⅱ adv. grad. [relacjonować] impartially; **ocenić coś ~** to judge sth objectively, to make an objective assessment of sth; **spojrzeć na coś ~** to look objectively at sth, to take an objective look at sth

Ⅲ adv. (rzeczywiście) [przyznać, istnieć] objectively; [stwierdzić] objectively, in objective terms; **~ rzecz biorąc** objectively (speaking)

obiektywnoś|ć f sgt ① (bezstronność) [badań, krytyki] objectivity; **~ć oceny** the objectivity of the evaluation ② Filoz. objectivism; **~ć prawdy** Filoz. objectivity of truth

obiektywn|y Ⅱ adi. grad. (bezstronny) [analiza, badania, ocena, opinia] objective, unbiased; [obserwator, krytyk] objective, detached; **w miarę/w pełni ~a relacja** a fairly/totally objective account

Ⅲ adi. (istniejący niezależnie) [kryteria, prawda, rzeczywistość, trudności] objective; **z przyczyn ~ych** for objective reasons

obiektywow|y adi. **migawka/soczewka ~a** lens shutter/element

obierać¹·² impf → obrać¹·²

obieralnoś|ć f sgt eligibility, electability; **~ć kandydata** electability of a candidate

obieraln|y adi. *[urząd, urzędnik]* elective
obier|ek, ~ka m, f zw. pl peel U, peelings
pl; **~ki z jabłek/ziemniaków** apple/potato
peel a. peelings; **~ki z warzyw** vegetable
peelings a. parings
obierka → obierek
obierzyna → obierek
obietnic|a f promise; **jałowe/szumne/
złudne ~e** idle/inflated/airy promises;
uroczysta ~a a solemn promise, a pledge;
~a małżeństwa/wysokich zarobków a
promise of marriage/high pay; **~e wyborcze** election promises; **dać** a. **złożyć komuś ~ę** to make a promise to sb; **dotrzymać ~y** to keep a promise; **łudzić** a.
zwodzić kogoś ~ami to delude sb with
empty promises; **nie dotrzymać ~y** to fail
to keep a promise, to welsh on a promise;
nie dał się zbyć ~ami he refused to be
fobbed off with promises; **nie składaj ~
bez pokrycia** don't make promises you
can't keep; **spełnić ~ę** to fulfil a. honour a
promise; **szafować ~ami** to be lavish with
promises; **wycofać się z ~y** to go back on
a promise; **wymóc na kimś ~ę** to exact a
promise from sb; **wywiązać się z ~y** to
live up to one's promise; **złamać ~ę** to
break a promise; **zwolnić kogoś z ~y** to
release a. free sb from a promise; **wbrew
~y nie zadzwonił** despite his promise he
didn't phone; **zgodnie z ~ą przysłał
zastępcę** as promised a. true to his
promise, he sent a substitute; **~a jest ~ą**
a promise is a promise
obieżyświa|t m (Npl ~ty) globetrotter
obijać impf → obić[1]
objadać impf → objeść
objaśniać impf → objaśnić
objaśni|ć pf — **objaśni|ać** impf [] vt
(wytłumaczyć) to explain; **~ć coś komuś** to
explain sth to sb; **~ć tekst** to interpret a
text, to comment on a text; **~ć teorię** to
expound a theory; **tekst ~ający** an explanatory text
[] vi (poinformować) to inform vt (**kogoś** sb);
~j mi, po co przyszedłeś tell me why you
came here
objaśnie|nie [] sv → objaśnić
[] n książk. (wytłumaczenie) explanation, eluci-
dation; (do tekstu) commentary; (w tekście)
(explanatory) note; **trafne/wyczerpujące
~nia** apt/exhaustive explanations; **tytułem ~nia** by way of explanation; **udzielić
komuś ~ń** to give sb an explanation, to
provide sb with explanations; **to nie
wymaga ~ń** this needs no explanation a.
clarification
objaw m (G ~u) [] Med. symptom,
manifestation; **~y abstynencyjne/choro-
bowe/grypopodobne/kliniczne** withdraw-
al/disease/flu-like/clinical symptoms; **~y
odstawienia nikotyny** nicotine withdraw-
al symptoms; **~y ostrzegawcze/począt-
kowe/towarzyszące** warning/initial a. pre-
senting/accompanying a. concomitant symptoms; **u chorego mogą pojawić się** a.
wystąpić ~y anemii the patient may
develop a. present symptoms of anaemia;
miał wszelkie ~y grypy he had all the
symptoms of flu; **łagodzić/zaostrzać ~y**
to relieve a. alleviate/exacerbate a. aggravate
symptoms [] (oznaka) sign, manifestation; **~**

nietolerancji a sign of intolerance; **pierwsze ~y recesji** first signs of recession;
nie okazywać żadnych ~ów zmęczenia
to show no signs of fatigue
❏ **~ otrzewnowy** Med. Blumberg's sign
objawiać impf → objawić
objawiciel m (Gpl ~i) książk. enlightener;
~ nowej epoki the herald of a new age
objaw|ić pf — **objaw|iać** impf [] vt
[] (uzewnętrznić) to manifest, to show *[uczucie,
zainteresowanie, niezadowolenie]*; **prawda/
religia ~iona** revealed truth/religion
[] przest. (oznajmić) to announce, to state
[] **objawić się — objawiać się** *[radość,
niezadowolenie]* to manifest itself, to appear;
[talent] to emerge; to evince itself książk.;
choroba ~iła się wysypką the illness
manifested a. showed itself in a rash; **~ił
się jako świetny mówca** he showed
himself to be a great speaker; **Bóg ~ił
się Mojżeszowi** God revealed Himself to
Moses
objawie|nie [] sv → objawić
[] n [] (olśniewające zjawisko) revelation;
doznać ~nia to experience a revelation;
Paryż był dla mnie ~niem Paris was a
revelation to me; **jego książka była dla
mnie prawdziwym ~niem** his book was
a real eye-opener a. discovery for me; **być
~niem sezonu** to be the revelation of the
season [] (nagłe ukazanie się) revelation;
pragnąć czegoś jak ~nia to yearn for
sth passionately a. desperately [] Relig.
revelation; **boskie ~nie** divine revelation;
~nie prywatne a private revelation
❏ **Objawienie Pańskie** Epiphany; **Objawienie św. Jana** (the Book of) Revelation,
The Revelation of St John the Divine
objawowo adv. *[leczyć, leczony]* symptomatically; **leki działające ~** drugs that
treat symptoms; **zakażenie przebiegało ~**
the infection followed a symptomatic
course
objawow|y adi. *[leczenie, zakażenie]* symp-
tomatic; **leki ~e** symptom-relieving drugs
a. medications; **~e bóle głowy** symptomatic a. reflex headaches
obj|azd m (G ~azdu) [] (omijanie boczną
drogą) diversion; **znak ~azdu** a diversion
sign GB; **zrobić ~azd** to detour, to make a.
take US a detour; **zorganizowano ~azdy**
diversions were put into operation GB
[] (odwiedzanie różnych miejsc) tour; **~azd
naukowy** a. **studyjny** a study tour; **~azd
kontrolny** a tour of inspection; **dokonać
~azdu swoich posiadłości** to make the
rounds of one's estates; **teatr ruszył w
~azd** the theatre went on tour [] (boczna
droga) detour, diversion GB; **wyznaczyć** a.
wytyczyć ~azd to set up a diversion GB,
to detour US; **pojechaliśmy ~azdem
przez miasto** we detoured a. made a
detour through the town; **ruch kierowa-
no ~azdami** traffic was diverted a. re-
routed
objazdow|y adi. [] (okrężny) *[droga, most]*
bypass attr.; **autobus kursuje trasą ~ą**
the bus operates on a roundabout route
[] (wędrowny) *[wystawa, cyrk]* travelling,
touring; **biblioteka ~a** a mobile library,
a bookmobile US; **przedstawienie ~e** a
roadshow; **turystyka ~a** touring; **wy-**

cieczka ~a po Europie a touring trip of
Europe; **wystawa ma charakter ~y** it's
a touring exhibition; **kino ~e** a travelling
cinema; **teatr ~y** a travelling theatre
obj|ąć pf — **ob|ejmować** impf (obejmę,
objęła, objęli — obejmuję) [] vt [] (przytulić) to embrace, to hug, to clasp (in one's
arms) *[osobę]*; **objąć kogoś czule** to embrace sb fondly a. tenderly; **objąć kogoś
wpół/za szyję** to put one's arm around sb's
waist/neck [] (zacząć sprawować funkcję) to
assume, to take up *[urząd, stanowisko]*; to
assume *[rządy, władzę]*; to take (up), to
assume *[dowództwo]*; **objąć katedrę fizyki**
to take the chair in physics [] (rozszerzyć się)
to spread; **opady obejmą cały kraj/cen-
tralną Polskę** rainfall will spread throughout the country/across central Poland;
płomienie objęły dach flames enveloped
a. engulfed the roof [] (owładnąć) to grip, to
seize; **objął go lęk** he was gripped by a.
overcome with fear; **objęła go radość** he
was overcome with joy; **ciało objęte pa-
raliżem** a body seized by paralysis [] (zrozumieć) to grasp, to comprehend; **objąć coś
umysłem** a. **rozumem** to grasp sth, to
encompass sth with one's mind; **objęła
pamięcią ostatni rok** she looked back
over the last year [] (zmieścić w sobie) to
include; **obszar obejmuje 30 hektarów**
the area encompasses a. covers 30 hectares;
**wystawa obejmuje okres od 1945 do
1989 r.** the exhibition spans a. covers the
period from 1945 to 1989; **cena nie
obejmuje posiłków** the price does not
include a. cover meals [] (rozciągnąć) to
involve; **pacjentów objęto bezpłatną
opieką lekarską** the patients were provided with free medical care; **gazety nie są
objęte podatkiem VAT** there is no VAT
on newspapers; **zwierzęta/gatunki objęte
ochroną** protected animals/species
[] **objąć się — obejmować się** to
embrace each other
■ **objąć kogoś wzrokiem** a. **spojrzeniem**
to survey sb; **objąć coś wzrokiem** a.
spojrzeniem to take sth in, to survey sth;
objąć prowadzenie to take the lead, to go
into the lead; **objąć prowadzenie 1:0** to
take a 1-0 lead
obj|echać pf — **obj|eżdżać[1]** impf (**~adę
— ~eżdżam**) vt [] (okrążyć) to go round, to
drive round *[rynek, skwer]*; **musieliśmy
~echać blokadę drogi** we had to detour
(round) a roadblock [] (odwiedzić) to travel
(a)round, to visit *[miasta, kraje]*; **~echać
cały świat** to travel all over a. throughout
the world [] pot. to tell *[sb]* off, to give *[sb]* a
tongue-lashing; **ojciec mnie ~echał za
zniszczenie krzesła** my father laid into
me for destroying the chair pot.
objedz|ony [] pp → objeść
[] adi. full; stuffed pot.; **byłem tak ~ony,
że nie mogłem się ruszyć** I was so full I
couldn't move; **byłem zbyt ~ony, żeby
iść gdziekolwiek** I had eaten too much
to go anywhere
obj|eść pf — **obj|adać** impf (**~em, ~esz,
~adł ~adła, ~edli — ~adam**) [] vt
[] (ogryźć) to gnaw *[kość]*; **~eść mięso z
kości** to gnaw meat off a bone; **gąsienice
~adły drzewo z liści** caterpillars stripped

the tree of its leaves [2] (zjeść dużo na cudzy koszt) to sponge a. freeload food (**kogoś** off sb); to scrounge food (**kogoś** off sb); **do szczętu kogoś ~eść** to eat sb out of house and home

III objeść się — objadać się to stuff oneself pot. (**czymś** with sth a. full of sth); **tego lata ~adłam się wiśni** this year I gorged on morello cherries; **ilekroć go widzę, ~ada się chipsami** whenever I see him, he's stuffing himself with crisps; **~eść się na śniadanie** to stuff oneself at breakfast; **nie ~adaj się na noc** don't overeat before bedtime; **ale się ~adłam!** I really stuffed myself!, did I stuff myself!

obje|ździć pf — **obj|eżdżać²** impf vt (odwiedzić kolejno) to visit (going from place to place)

objeżdżać¹ impf → objechać
objeżdżać² impf → objeździć
obję|cie [II] sv → objąć

II n zw. pl [1] (ramiona) embrace; **padli sobie w ~cia** they fell a. flew into each other's arms; **rzucić się a. paść w czyjeś ~cia** to throw a. fling oneself into sb's arms; **trzymać kogoś w ~ciach** to hold sb in one's arms, to hug sb; **trzymali się w ~ciach** they were locked in an embrace; **tulić kogoś w ~ciach** to hold sb tight in one's arms; **wyrwać się z czyichś ~ć** to tear a. wrench oneself from sb's arms; **wziąć a. chwycić kogoś w ~cia** to sweep sb up in one's arms [2] przen. **popchnąć kogoś w ~cia zbrodni** to push sb into the arms of crime; **wpaść w ~cia grzechu** to fall into the grip of sin

■ **być w ~ciach Morfeusza** to be in the arms of Morpheus; **paść w ~cia Morfeusza** to fall a. slip into the arms of Morpheus; **popchnąć kogoś w czyjeś ~cia** to drive sb into sb's arms

objętościowo adv. [odmierzać] volumetrically; **powietrze zawiera ~ 78% azotu** air contains a. is 78% nitrogen; **niewielka/ duża ~ książka** a slim/thick book

objętościow|y adi. [1] Chem., Fiz. voluminal; **zmieszać składniki w stosunku ~ym 1:1** to mix components at a. in a 1:1 ratio by volume; **ciężar ~y** weight by volume; **rozszerzalność ~a** volume expansivity; **analiza ~a** volumetric analysis [2] Mat. **całka ~a** a volume integral [3] przen. **artykuł skrócono ze względów ~ych** the article was edited for reasons of space

objętoś|ć f [1] sgt (wielkość) volume; [naczynia, pojemnika, bagażnika] capacity; [dokumentu, rękopisu] size; **miara ~ci** a measure of volume; **~ć zbiornika wynosi 450 litrów** the reservoir has a (cubic) capacity of 450 litres; **książka ma ~ć 200 stron** the book is 200 pages long a. in length; **książka o ~ci 200 stron** a book of a. containing 200 pages; **~ć tekstu nie może przekraczać 300 słów** (the length of) the text must not exceed 300 words; **ze względu na ograniczoną ~ć nie możemy zamieścić całego wywiadu** for reasons of space, we are unable to publish the whole interview [2] (odmierzona ilość) measured volume; **mieszanina dwóch ~ci wodoru i jednej ~ci tlenu** a mixture of two parts hydrogen and a. to one part

oxygen [3] Chem., Fiz. (cubic) volume; **~ć krwi/powietrza** blood/air volume; **~ć atomowa/molowa** atomic/molar volume [4] Mat. volume; **~ć kuli/sześcianu** the volume of a sphere/cube; **stosunek powierzchni do ~ci** a surface-to-volume ratio

❑ **~ć właściwa** Chem., Fiz. specific volume

objuczać impf → objuczyć
objucz|yć pf — **objucz|ać** impf [II] vt to pack [konia, muła, osła]; **~yć kogoś pakunkami** to load sb up a. weigh sb down with parcels; **wyszedł ze sklepu ~ony torbami** he came out of the shop laden with bags; **~ony niczym wielbłąd** loaded down like a pack mule

II objuczyć się — objuczać się to load oneself down (**czymś** with sth)

obkleić → okleić
obklejać impf → okleić
obkładać impf → obłożyć
obkrawać impf → okroić
obkroić → okroić

obku|ć pf — **obku|wać** impf [II] vt [1] (obciosać) to hew, to cut [kamień, głaz] [2] Szkol. to mug up GB pot., to bone up on pot. [przedmiot]; **~wać matematykę** to grind away at one's maths; **~wać lekcje** to mug up on one's lessons

II obkuć się — obkuwać się to swot (up) pot.; to cram; **~wać się do egzaminu** to swot a. cram for one's exam; **~wać się przed egzaminem** to mug up before one's exam GB

obku|ty [II] pp → obkuć

II adi. pot. [uczeń] well-crammed; **być ~tym z matematyki** to be well up on maths; to have swotted up one's maths; **być ~tym do egzaminu** to be very well prepared for an exam

obkuwać impf → obkuć

obl|ać pf — **obl|ewać¹** impf (**~eję — ~ewam**) [II] vt [1] (polać po wierzchu) to pour; **~ać kartofle sosem** to pour sauce/gravy over a. on potatoes; **~ać kogoś wodą** to throw water on sb, to douse sb with water; **~ać spodnie kawą** to spill coffee over one's trousers [2] (pokryć warstwą masy) to cover; **pierniki ~ewane czekoladą** chocolate-covered a. chocolate-coated gingerbread; **~ewać coś lukrem** to ice sth, to frost sth; **rumieniec oblał jej twarz** a blush suffused her face książk.; her cheeks reddened [3] (o wodzie) to surround; **wyspę ~ewa płytkie morze** the island is surrounded by a) shallow sea [4] (o świetle) to bathe; **światło księżyca ~ewa ogród** moonlight bathes the garden [5] (przeniknąć) to penetrate; **~ewało go gorąco** the heat penetrated a. pervaded his body; **poczuła, jak ~ewa ją zimny pot** she felt a cold sweat come over her a. break out [6] pot. to fail, to flunk US pot. [egzamin, zdającego]; **~ać historię/matematykę** to fail history/maths [7] pot. (uczcić) to drink to [awans]; **~ewać nowe mieszkanie** to have a house-warming (party); **musimy to ~ać** we must drink to that, that calls for a drink a. celebration

II oblać się — oblewać się [1] (wylać na siebie) to pour a. spill [sth] over oneself; **~ać się zupą** to spill soup over oneself [2] (zmo-

czyć siebie nawzajem) to pour a. spill [sth] over each other [3] (z emocji) **~ać się potem** to break out in a sweat, to get into a sweat

oblam|ować pf — **oblam|owywać** impf (**~uję — ~owuję**) vt [obszyć] to edge, to hem; **rękawy ~owane futrem** fur-edged sleeves

oblamowa|nie [II] sv → oblamować

II n edging, border; **skórzane ~nie** a leather edging a. border; **~nie z futra** a fur edging

oblamowywać impf → oblamować

obla|t m zw. pl [1] (członek zgromadzenia) oblate [2] (osoba świecka) oblate

oblat|ać pf — **oblat|ywać¹** impf vt to test-fly [samolot]

oblatan|y [II] pp

II adi. pot. well versed (**w czymś** in sth); clued-up pot. (**w czymś** about sth); **być ~ym w temacie** to be well versed a. well up pot. in a subject; **być ~ym w świecie** to know the ways of the world; to have been around pot.

oblatywać¹ impf → oblatać
oblatywać² impf → oblecieć

obl|ec¹ pf — **obl|ekać** impf (**~okę a. ~ekę, ~eczesz, ~ókł a. ~ekł, ~ekła, ~ekli — ~ekam**) [II] vt [1] (o pościeli) **~ec poduszkę** to put a pillowcase a. cover on a pillow [2] książk. to clothe, to dress; **~ec koszulę** to put on a shirt; **~ec coś w słowa** przen. to put sth into words

II oblec się — oblekać się książk. to clothe oneself, to dress oneself

oble|c², oble|gnąć pf — **oble|gać** impf (**~gnę, ~gniesz, ~gł, ~gła, ~gli — ~gam**) vt [1] (okrążyć, otoczyć wojskiem) to besiege, to lay siege to [miasto, twierdzę] [2] (obstąpić) to besiege [sklep, osobę]

obl|ecieć pf — **obl|atywać²** impf (**~ecisz, ~eciał, ~ecieli — ~atywać**) [II] vt [1] (okrążyć lecąc) to fly (round); **bociany ~atywały pole** storks were flying round the field; **~ecieć świat samolotem** to fly round the world; **wieść ~eciała całą wieś** the news spread round the village [2] (przebiec dokoła) to run round; **pies ~eciał dom dokoła** the dog ran round the house [3] pot. (obejść) to go the rounds; **~ecieć wszystkie sklepy** to go the rounds of all the shops; **~atywał z wieścią znajomych** he went round all his friends with the news

III vi (odpaść) to fall (off); **tynk ~atuje ze ścian** plaster is peeling off the wall; **liście ~atują z drzew** leaves are falling from the trees

■ **tchórz a. strach ją/go ~eciał** he's/she's got cold feet; **~eci** pot. (znośny) not (too) bad; **„ładna jest?" – „~eci!"** 'is she pretty?' – 'she's all right a. OK!' pot.

oblegać impf → oblec²
oblekać impf → oblec¹
oblepiać impf → oblepić
oblepi|ć pf — **oblepi|ać** impf [II] vt [1] (nalepić) to paste all over (**czymś** with sth); **~ć słup plakatami** to plaster a post with posters [2] (zalepić) to smear [3] (szczelnie pokryć) to cover; **buty ~one błotem** shoes caked with mud [4] (przylegając obcisnąć) to cling (tightly); **suknia ~ająca jej ciało** a skirt clinging (tightly) to her body

II oblepić się — oblepiać się [1] (obciskać) to cling (tightly); **koszula ~ała się na plecach** the shirt clung (tightly) to his back [2] (pokryć się czymś lepkim) to get sticky (czymś with sth); **palce ~ły mu się klejem** his fingers got (all) sticky with glue

obleśnie *adv. grad.* pejor. [1] (odrażająco) *[gruby]* disgustingly pejor., repulsively pejor.; *[uśmiechać się]* hideously; *[wyglądać]* disgusting *adi.* pejor., repulsive *adi.* pejor. [2] (lubieżnie) *[uśmiechać się, oblizywać się]* lewdly

obleśnoś|ć *f sgt* pejor. (wyglądu) repulsiveness pejor., hideousness pejor.; (spojrzenia) lewdness

obleśn|y *adi.* pejor. [1] (odrażający) *[knajpa]* sleazy pejor., disgusting pejor.; *[osoba, twarz, wygląd]* repulsive pejor., disgusting pejor.; *[rechot]* hideous pejor., disgusting pejor. [2] (lubieżny) *[spojrzenie, uśmiech]* lewd; **~y staruch** a dirty old man

oblewać[1] *impf* → **oblać**

oblewa|ć[2] *impf vt [morze, ocean]* to surround, to wash; **wyspę ~ płytkie morze** the island is surrounded by a shallow sea

oblewan|y [1] *pp* → **oblać**
[2] *adi.* **pączki ~e lukrem** iced a. frosted doughnuts; **pierniki ~e czekoladą** chocolate-covered a. chocolate-coated gingerbread; **orzeszki ~e polewą** glazed nuts

ob|leźć *pf* — **ob|łazić** *impf* (**obleżę, obleziesz, obłazł, oblazła, obleźli — obłażę**) [1] *vt* [1] *[insekty, robaki]* to crawl (all) over; **oblazły ją mrówki** ants crawled a. swarmed (all) over her, she was crawling with ants [2] pot. (obejść) to walk (all) around; **oblazła całe miasto w poszukiwaniu jakiejś ulicy** she walked around the whole city looking for a certain street
[2] *vi* (stracić wierzchnią warstwę) *[tynk]* to peel a. flake off; **farba obłazi ze ścian** the paint is peeling a. flaking off the walls; **ściany obłażą z farby** the walls are peeling; **futro w wielu miejscach obłazi** the fur is coming out a. off in many places; **lakier obłazi z paznokci** the nail polish is coming off

oblęże|nie *n* [1] Wojsk. siege; **stan ~nia** a state of siege; **przystąpić do ~nia miasta** to lay siege to a town; **odstąpić od ~nia** to raise a. lift a siege; **wydostać się z ~nia** to break out of a siege [2] przen. **przed świętami sklepy przeżywają prawdziwe ~nie** before Christmas the shops are besieged with shoppers przen.; **w sierpniu miasto przeżywa istne ~nie** in August the town is besieged with tourists przen.; **bramka gospodarzy przeżywała ~nie** the home team's goal was under siege przen.

oblężnicz|y *adi. [wieża, działa, wojska]* siege *attr.*; **machina ~a** a siege engine

obliczać *impf* → **obliczyć**

oblicz|e *n* (*Gpl* **~y**) książk. [1] (twarz) countenance książk.; face; **ponure/smutne/surowe ~e** a gloomy/sad/stern countenance; **stawić się przed ~em króla/sądu** to appear before the king/court; **zostać dopuszczonym przed ~e króla** to be admitted to the king's presence; **stanąć przed ~em Boga/Pana** to appear before God/the Lord; **w ~u niebezpieczeństwa/śmierci** in the face of danger/death; **nie zniechęcaj się w ~u trudności**

don't lose heart in the face of difficulties [2] (wizerunek) face; (charakter) nature; **nowe ~e terroryzmu** the new face of terrorism; **dwa ~a sprawiedliwości** the two faces of justice; **prawdziwe ~e wojny** the true nature of war; **jego wynalazek zmienił ~e świata** his invention has altered a. transformed the face of the world; **miasto zmienia swoje ~e** the city is changing its face a. appearance; **każdy z regionów ma swoje własne ~e** each region has a character all its own; **ukazać prawdziwe ~e komunizmu** to reveal the true nature of Communism; **pokazał a. odsłonił swoje prawdziwe ~e** he showed his true colours, he showed his true self

■ **janusowe ~e** Janus face; **stanąć a. znaleźć się w ~u czegoś** to face sth, to be faced a. confronted with sth *[wyzwania, kryzysu, klęski, zagłady]*; **firma stanęła w ~u bankructwa** the company is facing bankruptcy; **w ~u prawa** under the law, in the eyes of the law; **w ~u prawa wszyscy obywatele są równi** all citizens are equal under the law a. in the eyes of the law

oblicze|nie [1] *sv* → **obliczyć**
[2] *n zw. pl* (działanie) counting; (wynik liczenia) calculation, computation; **przybliżone ~nia** approximate a. rough calculations; **dokonać ~ń a. przeprowadzić ~nia** to do calculations; **błąd w ~niach** a miscalculation, a calculation error; **w ~niach jest błąd** there's something wrong in a. with the calculations; **zrobić błąd a. pomylić się w ~niach** to miscalculate, to make a mistake in one's calculations; **gdzie zrobiłem błąd w ~niach?** where did I go wrong in my calculations?; **pomyliłeś się w ~niach o 5%** your calculations are off by 5%; **według moich/naszych ~ń** according to my/our calculations, by my/our reckoning

obliczeniowo *adv. [określić, trudny]* computationally

obliczeniow|y *adi. [jednostka, metoda, ośrodek, technika]* computational; **moc ~a procesora** the computing power of a processor

oblicz|yć *pf* — **oblicz|ać** *impf* [1] *vt* [1] (wykonać działania arytmetyczne) to calculate, to work out *[cenę, ilość, powierzchnię, prędkość, wielkość]*; to count, to tally *[głosy]*; **~yć pole koła/koszt remontu** to calculate the area of a circle/the cost of a repair job; **~yć należny podatek** to calculate a. compute the tax due; **~yć szanse wygranej** to calculate one's chances of winning; **~ę, ile zarabiam w ciągu roku** I'll work out how much I earn per year; **źle coś ~yć** to miscalculate sth; **jak ~ono, w rzece żyje ponad 20 gatunków ryb** over 20 species of fish have been counted in the river [2] (ocenić, przewidzieć) to estimate; **~am straty na 200 złotych** I estimate the losses at 200 zlotys a. to be 200 zlotys; **straty ~one na 10%** estimated losses of 10%; **zasoby gazu ~one są na 60 lat** gas resources are estimated to be sufficient for 60 years; **bramkarz źle ~ył lot piłki** the goalkeeper misjudged the trajectory of the ball [3] (zaplanować) to design, to calculate; **samochód ~ony na wiele lat** a car

designed to last for years; **książka ~ona jest na młodego czytelnika** the book is intended for young readers; **reklama ~ona na pozyskanie nowych abonentów** advertising designed to attract new subscribers; **działania ~one na efekt propagandowy/tani poklask** activities carried out for their propaganda effect/designed to get cheap applause; **jego gra jest ~ona na efekt** his acting is all for effect; **przyjęcie ~one na dwadzieścia osób** a party for twenty people

[2] **obliczyć się — obliczać się** [1] (rozliczyć się) to settle accounts, to square up (z kimś with sb); **będziemy się ~ać później** we'll square up later [2] (być liczonym) to be calculated a. worked out; **wartość akcji ~a się na kilka milionów** the shares are calculated to be worth several million; **wiek dębu ~a się na 800 lat** the oak is estimated to be 800 years old

obligacj|a *f* (*Gpl* **~i**) bond, debenture GB; **posiadacz ~i** a bondholder; **~e dwuletnie** two-year bonds; **~e imienne/na okaziciela** registered/bearer bonds; **~e krótkoterminowe** short-term bonds; **~e długoterminowe** long-term bonds; **~e o stałym/zmiennym oprocentowaniu** fixed-rate/floating-rate bonds; **~e komunalne** local authority bonds, municipal bonds US; **~e państwowe a. skarbowe** government bonds a. stocks GB, Treasury bonds; (o stałym oprocentowaniu) gilt-edged securities, gilts; **~e zamienne** convertible bonds, convertibles; **~e z terminem wykupu** redeemable a. callable bonds; **sprzedać/kupić ~e** to buy/sell bonds; **wykupić/spieniężyć ~e** to retire/redeem bonds

obligacyjn|y *adi.* **fundusze ~e** bond funds

obligatoryjnie *adv.* książk. *[ubezpieczany]* compulsorily, mandatorily; **nowe przepisy będą obowiązywać ~ od stycznia** the new regulations will be mandatory from January

obligatoryjnoś|ć *f sgt.* książk. *[nauczania, ubezpieczenia, zajęć]* compulsory a. mandatory nature; *[przepisów, procedury]* binding nature

obligatoryjn|y *adi.* [1] książk. *[kurs, przedmiot]* required, compulsory; *[służba wojskowa, ubezpieczenie]* compulsory, mandatory; **badania te są ~e dla wszystkich pracowników** these tests are mandatory a. compulsory for all employees; **zajęcia mają charakter ~y** the classes are obligatory [2] Jęz. **uzupełnienie ~e** an obligatory complement

oblig|ować *impf vt* książk. to oblige a. obligate, to require; **prawo ~uje podatników do składania rocznych deklaracji podatkowych** taxpayers are required a. obliged by law to file annual tax returns; **zapisanie się do klubu do niczego nie ~uje** joining the club places you under no obligation; **podarunki ~owały go do wzajemności** the gifts made him feel obliged to reciprocate ⇒ **zobligować**

obli|zać *pf* — **obli|zywać** *impf* (**~żę — ~zuję**) [1] *vt* to lick; **~zać (sobie) wargi/palce** to lick one's lips/fingers; **~zał**

łyżeczkę po miodzie/z miodu he licked the honey off the spoon; **pies starannie ~zał miskę** the dog licked the bowl clean **III oblizać się — oblizywać się** to lick one's lips, to lick oneself; **pies ~zywał się na widok mięsa** the dog was licking its lips at the sight of meat; **~zywać się na myśl o deserze** to lick one's lips at the thought of dessert; **~zuję się na samą myśl** my mouth is watering already; **~zał się ze smakiem** he licked his lips with relish

oblizywać *impf* → oblizać

oblodze|nie **II** *sv* → oblodzić

II *n* (osad lodu) ice, icing; (gołoledź) black ice; **~nie skrzydeł (samolotu)** ice a. icing on the wings; **miejscowe/silne ~nia** ice in places/heavy icing; **na drogach mogą wystąpić ~nia** there may be patches of ice on the roads; **uwaga na ~nia** watch (out) for icy patches; **usunąć ~nie z szyb samochodu** to de-ice a car; **środek do usuwania ~nia** a de-icer

oblodz|ony *adi.* [nawierzchnia, schody, stok] icy, ice-covered; **szyby są ~one** the windows are iced over a. up; **pas startowy jest ~ony** the runway is icy a. iced over; **drogi są miejscami ~one** there are icy patches on the roads; **poślizgnąć się na ~onym chodniku** to slip on an icy a. ice-covered pavement

oblubienic|a *f przest.* (narzeczona) betrothed przest.; (panna młoda) bride

oblubie|niec przest. **II** *m* (narzeczony) betrothed przest.; (pan młody) (bride)groom **II** **oblubieńcy** *plt* the betrothed przest.; **para ~ńców** the betrothed couple

obluz|ować *pf* — **obluz|owywać** *impf* **II** *vt* to loosen [śrubę, nakrętkę, linę]; to slacken [linę]

III obluzować się — obluzowywać się [nakrętka, lina] to loosen, to come loose; [lina] to slacken, to go slack; **śruba zaczęła się ~owywać** the screw had started to come loose

obluzowywać *impf* → obluzować

obluźniać *impf* → obluźnić

obluźni|ć *pf* — **obluźni|ać** *impf* **II** *vt* to loosen [śrubę, linę]; to slacken [linę]; **~one kamienie zaczęły spadać na ziemię** the loosened stones began to fall on the ground **III obluźnić się — obluźniać się** [śruba, lina] to loosen, to come loose; [lina] to slacken, to go slack

obładow|ać *pf* — **obładow|ywać** *impf* **II** *vt* to load (kogoś czymś sb with sth); **podróżni ~ani bagażem** travellers loaded down a. laden with luggage; **ciężarówka ~ana skrzynkami** a truck loaded with crates **III obładować się — obładowywać się** to load oneself (**czymś** with sth)

obładowywać *impf* → obładować

obłam|ać *pf* — **obłam|ywać** *impf* **II** *vt* **1** (oderwać) to break [sth] off, to break off, to snap [gałęzie] **2** Druk. to wrap [sth] with text [ilustrację]

III obłamać się — obłamywać się to break off, to snap; **~ał się kij od szczotki** the broomstick snapped

obłamywać *impf* → obłamać

obłapiać¹ *impf* → obłapić

obłapia|ć² *impf* posp. **II** *vt* to paw pot., to feel [sb] up [kobietę] pot. **III obłapiać się** to paw each other pot., to feel each other up pot.

obłap|ić *pf* — **obłap|iać¹** *impf* **II** *vt* przest. to hug, to embrace; **~ić kogoś w pasie** to put one's arms around sb's waist **III obłapić się — obłapiać się** to hug a. embrace each other

obłaskawiać *impf* → obłaskawić

obłaskaw|ić *pf* — **obłaskaw|iać** *impf* **II** *vt* **1** (oswoić) to tame [dzikie zwierzę]; **~iony lis** a tame a. tamed fox **2** (zjednać) to win over, to mollify [krytyków]; **~ił ciotkę, zasypując ją komplementami** he mollified his aunt by showering her with compliments

III obłaskawić się — obłaskawiać się to be tamed; **niektórych zwierząt nie da się ~ić** some animals can't be tamed a. are untameable

obław|a *f* **1** Myślis. battue (hunt) spec.; hunt; **urządzić ~ę na niedźwiedzia** to hold a bear hunt **2** (akcja) manhunt; (policyjna) dragnet; (wojskowa) sweep operation; **~a uliczna** a street round-up; **policja zorganizowała a. zrobiła ~ę na złodziei samochodów** the police launched a crackdown on car thieves; **urządzić a. przeprowadzić wielką/masową ~ę na kogoś** to launch a. carry out a major/massive manhunt for sb **3** (grupa ścigających) manhunt team; Myślis. (circle a. ring of) beaters; **przestępca wymknął się ~ie a. z ~y** the criminal slipped through the dragnet; **przedostać a. przebić się przez pierścień ~y** to slip through the dragnet; **zwierzę uszło ~ie** the animal eluded the beaters

obławiać się *impf* → obłowić się

obłazić *impf* → obleźć

obłąkani|e *n sgt* pot. lunacy, madness; **zdradzać objawy ~a** to show signs of madness

obłąkan|y **II** *adi.* **1** (chory psychicznie) demented, deranged; **człowiek ~y z bólu/rozpaczy** a man mad with pain/despair **2** (obłąkańczy) [spojrzenie, śmiech, idea] mad, demented

II obłąkan|y *m*, **~a** *f* lunatic, madman/madwoman; **śmiał się jak ~y** he laughed like a lunatic a. madman; **szpital a. dom a. zakład dla ~ych** a mental hospital; a lunatic asylum przest.; a madhouse pot.

obłąkańcz|y *adi.* [idea, krzyk, śmiech, strach] demented, deranged; **patrzył na nas ~ym wzrokiem** he stared at us with demented eyes; **ależ to ~y pomysł!** what a mad idea!

obłę|d *m* (G ~du) **1** *sgt* Med., Psych. paranoia; **napad ~du** a fit of paranoia **2** pot. (choroba psychiczna) madness *U*, lunacy *U*; **zbiorowy ~d** collective madness, mass hysteria; **stan graniczący z ~em** a state bordering on madness; **doprowadzić kogoś do ~du** to drive sb mad; **doprowadzony do granic ~du** driven to the brink a. edge of madness, driven nearly mad; **popaść a. wpaść w ~d** to go mad; **pogrążać się w ~dzie** to sink (deeper and deeper) into madness; **byłem bliski ~du** I was on the brink a. verge of madness, I almost went mad; **można dostać ~du**

it's enough to drive you mad **3** *sgt* pot. (zamieszanie) chaos, bedlam **4** pot. (szaleństwo) madness *U*, lunacy *U*; **to istny ~d!** it's sheer madness a. lunacy **5** pot. (coś nadzwyczajnego) knockout pot.; **ta sukienka to po prostu ~d!** that dress is absolutely gorgeous a. stunning

❑ **~d opilczy** delirium tremens; the DTs *pl* pot.

■ **mieć ~d w oczach** to have a wild look in one's eyes, to have a mad gleam a. glint in one's eye(s); **wpadł do pokoju z ~dem w oczach** he burst into the room with a mad gleam a. glint in his eye(s) a. with a wild look on his face; **klienci biegali po sklepie z ~dem w oczach** customers were running around the shop like chickens with their heads cut off pot.

obłędnie *adi.* **1** (szaleńczo) **bać się ~** to be paranoically fearful **2** pot. (bardzo) [bogaty, drogi] insanely, absurdly; [kolorowy] wildly; **był w niej ~ zakochany** he was madly a. wildly in love with her, he loved her to distraction **3** pot. (wspaniale) **sałatka smakuje ~** the salad tastes super a. fantastic pot.; **wyglądasz ~** you look super a. fantastic pot.; **perkusista grał ~** his drumming was awesome pot.

obłędn|y *adi.* **1** (szalony) [spojrzenie, strach, śmiech] demented, deranged; [oczy, taniec] wild **2** pot., pejor. [idea, ideologia] mad, demented, deranged, frenzied; **~a pogoń za pieniędzmi** the mad a. frenzied pursuit of money; **~y wyścig zbrojeń** the mad a. insane arms race **3** pot. (zawrotny) [suma] staggering; [szybkość, tempo] breakneck, staggering **4** pot. (wspaniały) [film, impreza] awesome pot., wicked pot.; **to ~a dziewczyna** she's fab a. a gas pot.

obłocz|ek *m dem.* (G ~ka a. ~ku) **1** (na niebie) small cloud, cloudlet **2** (dymu, pary) small cloud, cloudlet

obłok *m* (G ~u) **1** (chmura) cloud; **gęste/puszyste ~i** dense a. thick/fluffy a. puffy clouds; **~i płyną po niebie** clouds are floating a. sailing across the sky; **~ przesłonił słońce** a cloud blocked the sun; **słońce przebiło się przez ~i** the sun broke a. burst through the clouds **2** (kłąb) [dymu] cloud, puff; [kurzu, pary] cloud; **~ spalin** a cloud of exhaust (fumes); **~i materii międzygwiezdnej** clouds of interstellar matter; **scena była spowita ~iem dymu** the stage was enveloped in a cloud of smoke; **siedział w ~ach papierosowego dymu** he was sitting in clouds of cigarette smoke; **w powietrzu unosił się ~ perfum** a cloud of perfume lingered a. hung in the air **3** *sgt* (mgła) fog przen., haze przen.; **była spowita ~iem tiulu** she was enveloped in a cloud of tulle

■ **bujać w ~ach** pot. to have one's head in the clouds; **przestań bujać w ~ach!** stop daydreaming!; **spaść a. zejść z ~ów (na ziemię)** to come (back) down to earth; **ściągnąć kogoś z ~ów (na ziemię)** to bring sb back to earth

obł|owić się *pf* — **obł|awiać się** *impf* *v refl.* pot. to make a fortune a. packet pot.; (nielegalnie) to line one's pockets pot.; **~owić się na przemycie/giełdzie** to line one's pockets by smuggling/to make a fortune

O

on the stock market; **szybko się ~owić** to make a quick killing pot.; **na tym można się nieźle ~owić** you can really make a bundle on it pot.

obłożnie adv. Med. **człowiek ~ chory** a bedridden man; **chorować ~** to be bedridden a. confined to bed

obłożn|y adi. Med. **~a choroba** a prostrating illness

obłoż|ony **II** pp → **obłożyć**

III adi. [1] (otoczony) surrounded (**czymś** by a. with sth); covered (**czymś** with a. in sth); **ryba ~ona kawałkami lodu** a fish buried in ice (chips); **talerz ~ony sałatą** a plate wreathed in lettuce; **siedziała na łóżku ~ona książkami** she was sitting on her bed surrounded by books; **biurko ~one stosami książek** a desk piled high with books [2] [język] coated, furred; **mieć ~ony język** to have a coated a. furred tongue

ob|łożyć pf — **ob|kładać** impf **II** vt [1] (otoczyć dookoła) to surround, to cover (**coś czymś** sth with sth); **obłożyć kogoś poduszkami** to prop sb up with pillows; **obłożyć głowę/ranę lodem** to put an ice pack on one's head/to pack a wound with ice; **obłożyć coś darnią** to cover sth with turf; **obłożyć mięso cebulą** to cover a. top the meat with onion; **obłożyć budynek/ścianę cegłą** to put a brick facing on a building/wall [2] (założyć okładkę) **obłożyć książkę** to put a cover on a book; **obłożyła zeszyt w brązowy papier** she put a brown paper cover on the exercise book, she covered the exercise book in brown paper [3] (obciążyć) **obłożyć kogoś obowiązkami** to saddle sb with responsibilities; **obłożyć kogoś pracą** to load sb down with work, to load work on(to) sb; **strasznie jestem obłożona pracą w tym tygodniu** I'm terribly bogged down with work, I'm absolutely swamped with work this week pot. [4] Ekon. **obłożyć coś cłem/akcyzą** to impose a. levy duty/excise (duty) on sth; **obłożyć coś podatkiem** to impose a. put tax on sth; **płyty kompaktowe zostały obłożone 25% podatkiem** a 25% tax was put on CDs

II obłożyć się — obkładać się to surround oneself (**czymś** with sth); to bury oneself (**czymś** in sth)

obłu|da f sgt hypocrisy, duplicity; **wyczuła ~dę w jego słowach** she sensed the hypocrisy behind his words; **to szczyt ~dy** this is the height of hypocrisy

obłudnie adv. grad. [postępować, zachowywać się] hypocritically, duplicitously; [uśmiechać się, uprzejmy] falsely, duplicitously; **dla mnie ten argument brzmi ~** this line of reasoning sounds hypocritical to me

obłudni|k m, **~ca** f pejor. hypocrite pejor., double-dealer pejor.

obłudn|y adi. grad. [osoba, polityk] hypocritical, duplicitous, two-faced; [uśmiech, pochlebstwo] insincere, hypocritical; [zachowanie] duplicitous, insincere; [moralność, współczucie] feigned, false; **~e hasła/frazesy** sanctimonious slogans/platitudes; **~a pobożność** false a. feigned piety; **jak można być tak ~ym?** how hypocritical a. two-faced can you get?

obłup|ać pf — **obłup|ywać** impf (**~ię** — **~uję**) **II** vt to shell, to peel [jajka]; to shell [orzechy]; **~ać drzewo z kory** a. **korę z drzewa** to strip a tree of its bark

II obłupać się — obłupywać się [tynk, kora] to peel (off); **farba ~ała się ze ściany/ramy okiennej** the paint peeled off the wall/window frame

obłupiać impf → **obłupić**

obłup|ić pf — **obłup|iać** impf vt [1] (obrać) to shell [orzechy]; to bark [drzewo]; **~ić jajko (ze skorupy)** to shell a. peel an egg [2] pot. (ograbić) to clean [sb] out, to clean out; **~ili go ze wszystkiego** they took him for everything he had pot.

obłupywać impf → **obłupać**

obłusk|ać pf — **obłusk|iwać** impf vt to shell [groch, orzechy]; to shuck US [groch, fasolę]

obłuskiwać impf → **obłuskać**

obł|y adi. (walcowaty) cylindrical; (jajowaty) oval, egg-shaped; **obła powierzchnia** a rounded surface; **o obłych kształtach** [przedmiot] cylindrical/oval in shape; [osoba] rotund książk., żart.

obmac|ać pf — **obmac|ywać** impf **II** vt [1] (sprawdzić dotykiem) to feel, to finger [przedmiot]; [lekarz] to palpate [część ciała]; **~ywanie spuchniętej kostki** palpation of a swollen ankle; **~ywać ścianę, szukając kontaktu** to feel a. grope the wall for a. to find the light switch [2] (dotykać lubieżnie) to fondle; to grope pot., to feel [sb] up a. to feel up pot., to touch [sb] up a. to touch up pot. [kobietę]; **przestań mnie ~ywać** stop pawing me; **~ywać kogoś wzrokiem** to ogle sb; to eye sb up pot.

II obmacać się — obmacywać się [1] (samego siebie) to feel oneself; **~ywać się po nodze/kieszeniach** to feel one's leg/pockets [2] (siebie nawzajem) to feel each other; (lubieżnie) to fondle each other; to grope each other pot., to feel each other up pot.

obmacywać impf → **obmacać**

obmawiać impf → **obmówić**

obmiatać impf → **obmieść**

obmierzać[1] impf → **obmierznąć**

obmier|zły /ob'mjerzwɨ/ adi. [zapach] vile, loathsome; [pocałunek, gęba] loathsome, disgusting; [nudziarz] dreadful; **~zła spelunka** a disgusting dive

obmier|znąć /ob'mjerznɔntɕ/ pf — **obmier|zać** /ob'mjerzatɕ/ impf (**~zł** — **~zam**) vi książk. to become loathsome a. detestable; **~zła mi już ta twoja służalczość** I have come to loathe a. detest your servility

obmierźle adv. książk. [zachowywać się] despicably, vilely; [wyglądać] disgusting adi., loathsome adi.; **~ przymilny** obnoxiously ingratiating

obmi|eść pf — **obmi|atać** impf (**~otę**, **~eciesz**, **~ecie**, **~ótł**, **~otła**, **~etli** — **~atam**) vt to sweep (off) [podwórko]; **~eść kurze ze ścian** to brush dust from the walls

obm|owa f backbiting U; **złośliwa ~owa** malicious backbiting

obm|ówić pf — **obm|awiać** impf **II** vt to backbite; to badmouth pot.; **~ówić kogoś przed kimś** to badmouth sb to sb else; **~awiać kogoś za jego plecami** to bitch about sb behind their back pot.

II obmawiać się to backbite each other a. one another; to badmouth each other a. one another pot.

obmur|ować pf — **obmur|owywać** impf vt [1] (obłożyć) (cegłą) to face [sth] with brick, to put a brick facing on; (kamieniami) to face [sth] with stone, to put a stone facing on; **kominek ~owany marmurem** a fireplace with a marble facing [2] (ogrodzić) to wall (in), to surround with a wall; **~ować cmentarz** to wall (in) a cemetery, to put (up) a wall around the cemetery

obmurowa|nie **II** sv → **obmurować**

II n (ogrodzenie) (brick) wall

obmurowywać impf → **obmurować**

obmy|ć pf — **obmy|wać** impf (**~ję** — **~wam**) **II** vt [1] (usunąć brud) to wash [ciało]; to wash [sth] away, to wash away [grzechy]; **~ć (sobie) twarz z kurzu/potu** a. **kurz/pot z twarzy** to wash the dirt/sweat off one's face; **~ć ręce mydłem/zimną wodą** to wash one's hands with soap/in cold water; **~ć ranę wodą utlenioną** to rinse a. cleanse a wound with hydrogen peroxide [2] (oblać) [fale] to wash [plażę, skały, brzeg]

II obmyć się — obmywać się [1] (samego siebie) to wash (oneself); **~ć się z błota/krwi** to wash the mud/blood off (oneself); **~ć się z grzechów** to wash one's sins away [2] (jeden drugiego) to wash each other

obmyśliwać impf → **obmyślić**

obmyślać impf → **obmyślić**

obmyśl|ić pf — **obmyśl|ać, obmyśl|iwać** impf (**~ę** — **~am, ~iwuję** a. **~iwam**) vt to contemplate [zemstę]; to work out [szczegóły]; to work out, to devise [strategię, taktykę]; **~ić plan działania/chytry plan** to work out a plan of action/to devise a. concoct a cunning plan; **~ić sposób rozwiązania zadania** to work out a way to solve the problem; **wszystko sobie ~iłem** I have it all worked out; **wszystko zostało ~one w najdrobniejszych szczegółach** everything has been thought out down to the last detail; **dobrze ~ony plan** a well-thought-out plan

obmywać impf → **obmyć**

obnażać[1] impf → **obnażyć**

obnaża|ć[2] impf vt [dekolt, spódnica] to reveal [część ciała]; **krótkie rękawy ~ły jej szczupłe ramiona** the short sleeves revealed her slender arms

obnaż|yć pf — **obnaż|ać[1]** impf **II** vt [1] (pozbawić ubrania) to bare, to uncover [część ciała]; **~yć ramiona/klatkę piersiową** to bare one's arms/chest; **~ony do pasa** stripped a. bare to the waist [2] (odsłonić) to unsheathe [szablę]; **pies ~ył kły** the dog bared its fangs [3] (zdemaskować) to expose [głupotę, hipokryzję, słabość]; **~yć błędy/luki w czyimś rozumowaniu** to expose the flaws/gaps in sb's reasoning; **teleturniej ~ył braki w jego wykształceniu** the quiz show revealed the deficiencies in his education

III obnażyć się — obnażać się [1] (rozebrać się) to strip (off); (publicznie) to expose oneself (**przed kimś** to sb); to flash pot. (**przed kimś** at sb); **chorobliwe ~anie się** pathological exhibitionism; **publiczne ~anie się** flashing in public, indecent exposure [2] (zdemaskować się) to tell all pot., to come clean pot. (**przed kimś** to sb) [3] (stać się widocznym) to emerge, to be revealed

obn|ieść *pf* — **obn|osić**[1] *impf* (~**iosę,** ~**iesiesz,** ~**iesie,** ~**iósł,** ~**iosła,** ~**ieśli** — ~**oszę**) *vt* to carry [sth] around a. about; **święty obraz ~iesiono po mieście podczas procesji** the holy image was carried in a procession round the city; ~**osić podanie po urzędach** to take an application around to various offices; ~**osić kanapki** to go around serving sandwiches ■ ~**osić kogoś na językach** (obmawiać) to backbite sb; to badmouth sb pot. (szkalować) to slander sb

obniżać *impf* → obniżyć

obniże|nie [I] *sv* → obniżyć
[II] *n* ~**nie terenu** depression, topographic low

obniż|ka *f* reduction; ~**ka cen/podatków/płac** a cut a. reduction in prices/taxes/wages, a price/tax/wage cut a. reduction; **sezonowe/posezonowe ~ki cen** in-season/post-season markdowns a. discounts; **20% ~ka cen na swetry** a 20% markdown a. discount on sweaters; **cena książki uległa ~ce o 15 złotych** the book was marked down 15 zlotys; ~**ka temperatury** a drop a. fall in temperature; **mieć** a. **przechodzić ~kę formy** to be in a. be going through a slump

obniż|yć *pf* — **obniż|ać** *impf* [I] *vt* [1] (umieścić niżej) to lower [sufit, poprzeczkę, środek ciężkości]; to lower, to reduce [poziom wody]; ~**yć półkę o 5 centymetrów** to lower a shelf by 5 centimetres; ~**yć lot** [samolot, pilot] to descend; ~**one zawieszenie/podwozie** a lowered suspension/chassis [2] (zmniejszyć) to lower, to reduce [ceny, koszty, temperaturę, ciśnienie krwi, poziom cholesterolu]; to cut, to reduce [podatki]; to bring down, to reduce [gorączkę]; ~**yć głos** to lower a. drop one's voice; ~**yć komuś ocenę za ortografię** to take points off (sb's mark) for spelling; ~**ono mi ocenę z wypracowania o jeden stopień** my essay was marked down one grade; **zarobki ~ono mu o 5%** his wages were cut (by) 5%; **kupić coś po ~onej cenie** to buy sth at a reduced price a. at a discount; **przeżywać stany ~onego nastroju** to experience mild depression; **osoby o ~onej odporności** people with lowered immunity; **obiekt o ~onym standardzie** a lower-quality facility [3] Muz. to flatten, to lower [nutę]

[II] **obniżyć się** — **obniżać się** [1] (opaść) [poziom wody] to go down, to fall, to drop; [fundamenty] to sink [2] (zmniejszyć się) [ceny, podatki, temperatura] to go down, to fall, to drop; [ciśnienie] to fall, to drop; [stopa życiowa, liczba, zużycie paliwa] to decrease, to decline; **koszty robocizny ~yły się o 10%** labour costs fell (by) 10% [3] Muz. to lower

obnosić[1] *impf* → obnieść

obno|sić[2] *impf* [I] *vt* pot. ~**sić swoją żałobę/szczęście** to make a display of one's grief/happiness

[II] **obnosić się** to parade, to flaunt (**z czymś** sth); ~**sić się ze swoim bogactwem/pochodzeniem** to flaunt one's

wealth/ancestry; ~**sić się ze swoją wiedzą/nieszczęściami** to parade one's knowledge/misfortunes; ~**sić się (publicznie) ze swoim cierpieniem** to make a (public) display of one's suffering; ~**sić się ze swoją pobożnością** to make a great show of one's piety; **jest bardzo bogaty, choć nie lubi się z tym ~sić** he's very rich, though not one to flaunt it

obnośn|y *adi.* **handel ~y/sprzedaż ~a** (na ulicy) hawking, peddling; (od domu do domu) door-to-door sales, selling door-to-door; ~**a sprzedaż lodów** the hawking of ice cream; **prowadzić handel ~y** (na ulicy) to be a hawker a. peddler; (od domu do domu) to be a door-to-door salesperson; „**handel ~y wzbroniony**" 'no hawkers'

obocznie *adv.* **obie nazwy używane są/występują ~** both names are used/occur as variants

oboczno|ść *f* Jęz. alternation

oboczn|y *adi.* Jęz. [pisownia, samogłoski] variant; **forma ~a** a variant; an alternant spec.; **krążenie ~e** Med. collateral circulation

oboi|sta *m,* ~**stka** *f* oboist, oboe player

obojczyk *m* collarbone; clavicle spec.

obojczykow|y *adi.* clavicular

oboj|e *num. mult.* both; ~**e dzieci** both (the) children, both of the children; **często myślę o nich ~gu** I often think of them both; **fotografia ~ga wujostwa** a photo of one's/sb's aunt and uncle

obojętnie [I] *adv. grad.* [patrzeć, zachowywać się, słuchać] indifferently; **nie mogę przejść ~ obok twoich problemów** I can't sit quietly by when you're in so much trouble
[II] *adv.* Chem., Fiz. **zachowywać się ~** to be unreactive; **magnes zachowuje się ~ wobec drutu cynkowego** magnets don't attract galvanized wire
[III] *part.* ~ **kto** whoever, no matter who; ~ **dokąd** wherever, no matter where; **chciał pożyczyć książkę, ~ jaką** he wanted to borrow a book, any book; **możesz przyjść, ~, czy rano, czy wieczorem** you can come any time, in the morning or in the evening

obojętni|eć *impf* (~**eję,** ~**ał,** ~**eli**) *vi* to become indifferent (**na coś** a. **dla czegoś** to sth); **z wiekiem ~ał na otaczający go świat** as he became older he became increasingly indifferent to the world around him ⇒ zobojętnieć

obojętno|ść *f sgt* [1] (nieczułość) indifference, unconcern; **patrzeć na kogoś z ~cią** to look at sb indifferently a. with indifference; ~**ć wobec wszelkich zmian** indifference to all the changes; **lewica francuska krytykowała rząd za jego ~ć dla Polski** the French leftists criticized the government for its indifference towards Poland [2] Fiz. neutrality, unreactivity

obojętn|y [I] *adi. grad.* [1] (nieczuły) indifferent (**na coś** a. **dla czegoś** to sth); **jego ~a reakcja** his indifference; ~**e stosunki** indifferent relations; **być ~ym wobec czegoś** to be indifferent to a. towards sth; **twoje kłopoty nie pozwalają mi pozostać ~ą** I can't sit quietly by when you're in so much trouble [2] (nieistotny) [sprawa, temat] unimportant, trivial; **roz-**

mawiali na ~e tematy they were discussing some trivial matters; **jest mi całkowicie ~e, co się z nim stanie** I really don't care what happens to him; **jako mężczyzna był jej ~y** she had no romantic interest in him [3] (nijaki) [mina, wzrok, twarz] blank; (w smaku) bland
[II] *adi.* [1] (nieszkodliwy) [substancja, materiał, proces] harmless (**dla czegoś** to sth) [2] Fiz. neutral [3] Chem. [substancja] unreactive; [roztwór, środowisko] neutral; **gaz chemicznie ~y** an inert gas

obojnac|ki *adi.* Biol. hermaphroditic, androgynous

obojnactw|o *n sgt* Biol. hermaphroditism, androgyny

obojnacz|y *adi.* Biol. hermaphroditic, androgynous

obojna|k *m* Biol. hermaphrodite, androgyne

obojow|y *adi.* [recital, solo] oboe attr.

obok [I] *praep.* [1] (koło) by, next to; **kontakt jest ~ drzwi** the switch is by the door; **stał ~ Anny** he was standing next to a. beside Anna; **siedzieli ~ siebie** they were sitting next to each other a. side by side; **przeszedł tuż ~ mnie** he walked right past a. by me; **mieszkają ~ mojej siostry** they live next door to my sister; ~ **mnie zatrzymała się taksówka** a taxi drew up alongside me [2] kryt. (oprócz) besides, apart from; ~ **malarstwa interesował się też rzeźbą** as well as a. apart from painting, he was also interested in sculpture
[II] *adv.* **na stole stał pusty talerz, a ~ kieliszek** there was an empty plate on the table and a glass next to it a. beside it; **dopędził ją i szedł ~ bez słowa** he caught up with her and walked beside her a. by her side without saying a word; **mieszkamy ~** we live next door; **burza przeszła ~** the storm passed by; **tuż ~ czegoś** right next to sth

obola|ły *adi.* [osoba] achy; [język, noga] sore, tender; [głowa] aching; **obudził się cały ~ły** he woke up achy all over; **wróciła z głową ~łą od hałasu** when she got back her head was aching from the noise

obopólnie *adv.* mutually

obopóln|y *adi.* [zgoda, korzyść] mutual; **za ~ą zgodą** by mutual agreement

ob|ora *f* barn, cowshed; **wytrzyj buty, nie jesteś w oborze!** wipe your shoes! were you brought up in a barn?!
■ **patrzeć** a. **spoglądać na księżą oborę** to have one foot in the grave pot.

obornik *m sgt* Roln. manure

obosieczno|ść *f sgt* (argumentu, oskarżenia) two-edged character, double-edged character

obosieczn|y *adi.* [1] [miecz, nóż] two-edged, double-edged [2] przen. [argument, oskarżenie] two-edged, double-edged

obostrzać *impf* → obostrzyć

obostrze|nie [I] *sv* → obostrzyć
[II] *n* (w przepisach) restriction; ~**nia kredytowe** credit restrictions; ~**nia importu samochodów** restrictions on car imports

obostrz|yć *pf* — **obostrz|ać** *impf vt* to tighten [sth] up, to tighten up [przepisy, zasady]; **zakład poprawczy o ~onym**

o

rygorze a. **z ~onym rygorem** a high-security youth custody centre

obowiązan|y adi. obliged; **uczniowie są ~i do noszenia mundurków** students are required to wear uniforms; **czułem się ~y uprzedzić was o tym** I felt obliged to warn you about it

obowiąz|ek [] m (G ~ku) duty, responsibility; **mieć poczucie ~ku** to have a sense of duty a. responsibility; **naszym ~kiem jest służyć społeczeństwu** it's our duty to be of service to society; **na rodzicach spoczywa ~ek zapewnienia materialnej opieki dziecku** it is the parents' responsibility to provide for the child; **zwolnić kogoś z ~ku** to exempt sb from a requirement, to waive a requirement in sb's case; **zwolnienie z ~ku służby wojskowej** an exemption from military service; **zadaję to pytanie z dziennikarskiego ~ku** it's my duty as a journalist to ask this question; **spełnili swój żołnierski ~ek** they did their duty as soldiers; **żołnierz ma ~ek wykonywać rozkazy** it's a soldier's duty to obey orders; **czuć się w ~ku coś zrobić** to feel obliged a. obligated to do sth; **moim moralnym ~kiem jest protestować przeciwko wojnie** I have a moral obligation to protest against war; **wzięła na siebie ~ek opiekowania się siostrzeńcami** she took on the responsibilty of looking after her nephews; **podlegać ~kowi podatkowemu** a. **płacenia podatków** to be subject to taxation, to be required to pay taxes [] **obowiązki** plt duties, obligations; **od podwładnych wymagał rzetelnego wykonywania ~ków** he required his subordinates to perform their duties conscientiously; **zakres ~ków** a job description; **do moich ~ków należało sprzątanie halu** my duties included cleaning up the hall; **ma ona liczne ~ki domowe** she has a lot of household duties; **prawa i ~ki obywatela** citizens' rights and duties; **nie wypełniał swoich ~ków** he neglected his duties; **został zawieszony w ~kach ucznia** he was suspended from school ❏ **powszechny ~ek wojskowy** Wojsk. national service GB, military service

obowiązkowo adv. **do wniosku należy ~ dołączyć zdjęcie** each application must be accompanied by a photograph; **uczestnicy ~ muszą nosić kaski** participants must wear a. are required to wear helmets; **„przyjść na to zebranie?" – „~!"** pot. 'should I come to the meeting?' – 'absolutely!'; **musisz ~ zobaczyć tę wystawę** pot. you just have to see a. you absolutely must see the exhibition

obowiązkowoś|ć f [1] (badań, wykładów) compulsory nature, obligatory nature [2] (sumienność) reliability U, sense of responsibility

obowiązkow|y adi. [1] [lektura, wykłady, szkolenie] required, compulsory; **obecność ~a** attendance required; **stroje wieczorowe nie są ~e** (formal) evening wear is not de rigueur [2] [uczeń, pracownik] dutiful, reliable

obowiązując|y [] pa → **obowiązywać** [] adi. [umowa, zasady, ustawa] (legally)

binding; **~y rozkład jazdy** the current timetable; **mieć moc ~ą** to be (legally) binding

obowiąz|ywać impf vi **ten przepis ~uje od roku/dziś** the law has been in effect for a year/goes into effect today; **prawo ~uje wszystkich obywateli** the law applies to every citizen; **na tej ulicy ~uje zakaz parkowania** parking is prohibited on this street, there's no parking on this street; **~uje strój wieczorowy** evening dress is de rigueur

oboz|ować impf vi to camp, to encamp; **~ować pod namiotami** to camp in tents

obozowicz m, **~ka** f camper

obozowisk|o n [1] (zespół namiotów) camp; **~o harcerzy** a scout camp; **~o partyzantów/powstańców** a camp of partisans/insurgents; **~o rozbiliśmy nad rzeką** we made a. pitched camp by the river [2] (teren) campsite GB, campground US; **wybrać miejsce na ~o** to choose a. pick a campsite

obozow|y adi. [1] [teren, sprzęt] camping attr., camp attr.; **~e warunki** Spartan a. (rather) primitive conditions [2] (związany z przymusową izolacją) [straż, policja, życie] camp attr.

ob|ój m (G oboju, Gpl oboi a. obojów) Muz. oboe

obór|ka f dem. (small) barn, (small) cowshed

ob|óz m [1] (pod gołym niebem) camp; **obóz harcerski** a scout camp; **rozbić obóz** to make a. pitch camp; **zwinąć obóz** to break a. strike camp [2] (forma zorganizowanego wypoczynku) camp; **obóz narciarski** a ski camp; **obóz wędrowny** a hiking camp; **obóz żeglarski** a sailing camp; **z obozu zimowego wrócił ze złamaną nogą** he came back from winter camp with a broken leg [3] (miejsce przymusowej izolacji) camp; **obóz (dla) internowanych** an internment camp, a camp for internees; **obóz jeniecki** a. **dla jeńców** a POW a. prisoner-of-war camp; **obóz pracy** a (forced-)labour camp; **obóz (dla) przesiedleńców** a transit a. relocation camp, a displaced persons' a. DP camp; **obóz repatriantów** a repatriation camp; **obóz (dla) uchodźców** a refugee camp; **skazać kogoś na dwa lata obozu pracy** to sentence sb to two years in a labour camp [4] (grupa państw lub ugrupowań politycznych) camp, bloc; **obóz lewicowy/prawicowy** the left (wing)/the right (wing); **obóz rządzący** the ruling camp; **ludzie z przeciwnych obozów politycznych** people from opposing political camps; **państwa z byłego obozu socjalistycznego** the former Communist bloc countries; **podzielić się na dwa obozy** to divide into two camps ❏ **obóz koncentracyjny** concentration camp; **obóz zagłady** death camp

obrabiać impf → **obrobić**

obrabiar|ka f Techn. machine tool

obrabiarkow|y adi. Techn. [przemysł, robot] machine tool attr.

obrab|ować pf vt to rob [osobę, bank, kasę, sklep]; **~ować kogoś z pieniędzy/biżuterii** to steal sb's money/jewels ⇒ **rabować**

obracać[1] impf → **obrócić**

obraca|ć[2] impf [] vt **~ć dużymi kwotami/milionami euro** to deal in large sums/in millions of euros [] **obracać się** [1] (przebywać) to socialize; **~ł się w kołach artystycznych** he moved in artistic circles; **~ć się wśród gwiazd filmowych** to socialize with film stars, to rub shoulders with film stars GB, to rub elbows with film stars US [2] (dotyczyć) **~ć się wokół** a. **w pobliżu czegoś** to revolve around sth; **wszystkie moje myśli ~ły się wokół domu** all my thoughts revolved around home

obrach|ować pf — **obrach|owywać** impf [] vt przest. to calculate, to reckon [długi, straty, zyski]; **~ował, ile warty był dom** he calculated how much the house was worth [] **obrachować się** — **obrachowywać się** [1] (ocenić możliwości finansowe) to count (up) one's money [2] (ustalić wzajemne należności) to square up (**z kimś** with sb)

obrachowywać impf → **obrachować**

obrachun|ek m (G ~ku) [1] Fin. account; **zrobić ~ek dochodów i wydatków** to balance the books; **jak wynika z mojego ~ku...** according to my calculations... [2] przen. (podsumowanie) summing-up; **zrobić ~ek z przeszłością** to come to terms with one's past

obrachunkow|y adi. [1] Fin. **okres ~y** a financial a. fiscal period; **rozliczenie ~owe** settlement of accounts; **dzień ~y** the day of settlement [2] przen. **utwory ~e** literature, films attempting to come to terms with the past

ob|rać[1] pf — **ob|ierać**[1] impf (obiorę — obieram) vt [1] (usunąć skórkę) to peel [jabłka, ziemniaki, pomarańcze, jajko]; to shell [jajko, groch] [2] (wyzbierać) to pick; **obrać krzaki z porzeczek** to pick currants; **obrać rybę z ości** to bone a fish

ob|rać[2] pf — **ob|ierać**[2] impf (obiorę — obieram) vt [1] (wybrać) to choose, to decide on; **obrać (sobie) zawód lekarza** to decide on the medical profession; **obrał sobie białego orła jako swój znak** he chose the white eagle as his emblem [2] (mianować) to appoint, to choose; **w ubiegłym roku został obrany opatem** last year he was appointed abbot; **obrać kogoś królem** a. **na króla** to elect sb king (under the Polish elective monarchy); **najstarszego z nich obrali sobie za wodza** they chose the oldest man as their chief; **obrano go na urząd premiera** he was appointed prime minister

obrad|ować impf vi to debate; **Sejm ~uje nad budżetem** the Sejm is debating the budget; **Sejm w tym tygodniu nie ~uje** the Sejm isn't sitting a. isn't in session this week; **~ujący posłowie** the MPs present (in Parliament)

obrad|y plt (G ~) (komisji, jury) deliberations pl; **~y Sejmu** a parliamentary session; **~y rady miasta** a city council meeting; **porządek ~** the agenda; **trafić/wrócić pod ~y** to come up/come back up for debate

obradzać impf → **obrodzić**

obramie|nie n frame, surround; **~nie drzwi** a door frame

obram|ować pf — **obram|owywać** impf vt to border, to frame; **~ować okna**

marmurem to frame the windows with marble; **~owane fotografie/obrazy** framed photos/pictures; **herb ~owany złotym kolorem** a coat of arms with a gold border a. bordered in gold; **łąka ~owana lasem** a meadow surrounded by a forest

obramowa|nie ▯ *sv* → **obramować** ▯▯ *n* ▯ (rama) frame, surround; **kamienne ~nie kominka** the stone fireplace surround; **małe oczka w ~niu białych rzęs** small eyes framed by white lashes; **~nie pola tekstowego** text (box) border ▯ Komput. **~nie aktywne** active border

obramowywać *impf* → **obramować**

obrastać *impf* → **obrosnąć**

obraz *m* (*G* **~u**) ▯ (malowidło) painting, picture; **malować ~y** to paint pictures; **~ przedstawia wzburzone morze** the painting depicts a stormy sea; **~ olejny** an oil painting; **~y kubistów** cubist paintings; **galeria ~ów** a picture gallery; **~ pędzla Picassa** a painting by Picasso ▯ (widok) sight, scene; **każdego dnia widziałem z okna ten sam ~** every day I saw the same sight a. scene from my window ▯ (w pamięci, w wyobraźni) picture, image; **wyobraźnia podsuwała mu ~y letniego słońca i gorącego piasku** he had images of summer sun and hot sand; **wciąż mam jego ~ w pamięci** I have a vivid picture of him on my mind ▯ (wyobrażenie) picture, view; **aby mieć pełny ~ możliwości koncernu, należałoby się przyjrzeć jego inwestycjom** to get a full picture of a company's potential, one needs to take a close look at its investments; **miał bardzo naiwny ~ rzeczywistości** he had a very naive view of reality ▯ (ukazanie) depiction, view; **książka ta przynosi karykaturalnie wykrzywiony ~ polskiej wsi** the book gives a grotesquely distorted view of the Polish countryside; **~ epoki w filmie** the film's depiction of the epoch ▯ (na zdjęciu, ekranie) image, picture; **~ telewizyjny** a television picture; **poprawić ostrość ~u** to adjust the focus; **~y z trzech kamer** images from three cameras; **~ czarno-biały** a black-and-white image ▯ (w sztuce, operze, balecie) scene ▯ (film) film, picture, movie US □ **~ dyfrakcyjny** Fiz. diffraction pattern; **~ kliniczny** Med. clinical picture; **~ kontrolny** a. **testowy** TV test pattern; **~ optyczny** Fiz. optical image; **~ negatywowy** Fot. negative; **~ pozorny** Fiz. virtual image; **~ rentgenowski** Med. X-ray image; X-ray pot.; **~ siatkówkowy** Med. retinal image; **~ utajony** Fot. latent image; **święty ~** Relig. holy picture; **żywy ~** przest. tableau vivant ■ **~ nędzy i rozpaczy** a sorry a. pitiful sight; **na ~ i podobieństwo czegoś** książk. in the image of sth; **Bóg stworzył człowieka na swój ~ i podobieństwo** God created man in His own image; **patrzeć** a. **wpatrywać się w kogoś jak w ~** to think the world of sb, to dote on sb; **piękny** a. **śliczny jak ~** (as) pretty as a picture; **żywy ~ kogoś** the very a. living image of sb; **the spitting image of sb** pot.

obraz|a *f sgt* ▯ (zniewaga) offence *C/U* GB, offense *C/U* US, insult; **nie nazwałbym**

ich zwierzętami, **to byłaby ~a dla zwierząt** I wouldn't call them animals, that would be an insult to animals; **~a słowna** an insult ▯ (obrażenie się) resentment; **na jego twarzy widniała ~a** there was an expression of resentment on his face ▯ (wykroczenie) **~a urzędu prezydenta** a slur on the presidency; **~a sądu** contempt of court; **~a uczuć religijnych** an affront to a. an offence against religious feelings □ **~a moralności (publicznej)** offence against a. affront to public morality ■ **bez ~y** no offence (meant) GB, no offense (meant) US; **~a boska** przest. an outrage

obraz|ek *m* ▯ dem. (mały obraz) (small) picture; **święty ~** a holy picture ▯ (ilustracja) picture; **książka z ~kami** an illustrated book ▯ (scenka) picture, scene; **~ek z życia dołów społecznych** a picture of lower-class life; **sielankowy ~ek** an idyllic scene ▯ Literat. short story ■ **być pięknym jak ~ek** a. **wyglądać jak ~ek** a. **jak z ~ka** to be a. look a picture GB, to be (as) pretty as a picture; **patrzeć** a. **wpatrywać się w kogoś jak w ~ek** to think the world of sb, to dote on sb

obra|zić *pf* — **obra|żać** *impf* ▯ *vt* ▯ (ubliżyć) to offend, to insult; **przepraszam, nie chciałem cię ~zić** I'm sorry, I didn't mean to offend you; **~ża mnie swoimi podejrzeniami** I find his suspicions offensive ▯ (naruszyć normy) to offend; **film ~ża uczucia wierzących** the film offends people's religious feelings; **wyrok ~żający poczucie sprawiedliwości** a verdict that flies in the face of justice; **to ~ża moją dumę** it's hurts my pride; **to ~ża jego inteligencję** kryt. it's an insult to his intelligence ▯▯ **obrazić się** — **obrażać się** to be offended, to take offence GB, to take offense US; **~ziła się na mnie za porównanie jej do piłki plażowej** she was offended at me for comparing her to a beach ball; **~ził się o drobnostkę** he took offence at some trifle; **~ził się, że tylko z tobą rozmawiałem** he got offended because I wasn't talking to anybody but you; **nie odzywa się do mnie, chyba się ~ził** he isn't speaking to me, he must be offended; **nie ~żaj się** don't be a. get offended

obrazkow|y *adi.* **historyjka ~a** a comic strip; **pismo ~e** picture a. pictographic writing

obrazoburc|a *m* ▯ książk. iconoclast książk. ▯ Relig. iconoclast

obrazoburczo *adv.* książk. iconoclastically książk.

obrazoburcz|y *adi.* ▯ książk. [poglądy, pasja, książka] iconoclastic książk. ▯ Relig. [ruch] iconoclastic

obrazoburstw|o *n sgt* ▯ książk. iconoclasm książk. ▯ Relig. iconoclasm

obraz|ować *impf vt* książk. to depict, to illustrate; **powieść dobrze ~uje epokę** the novel depicts the epoch very well; **dane ~ujące stan rozwoju rolnictwa w Polsce** data representing the current state of Polish agriculture ⇒ **zobrazować**

obrazowo *adv.* [mówić, opisywać] vividly

obrazowoś|ć *f sgt* (języka, stylu, opisu) vividness

obrazow|y *adi.* [styl, język, opis] vivid

obraźliwie *adv. grad.* [śmiać się, zachowywać się] offensively

obraźliw|y *adi. grad.* ▯ [wypowiedź, aluzja, epitet] offensive, insulting ▯ kryt. [osoba] touchy, oversensitive, hypersensitive

obrażać *impf* → **obrazić**

obrażals|ki ▯ *adi.* pot., żart. touchy, oversensitive, hypersensitive ▯▯ **obrażals|ki** *m*, **~ka** *f* pot. Mr/Ms Hypersensitive pot., żart.

obraże|nie ▯ *sv* → **obrazić** ▯▯ *n zw. pl* (ciała) injury; **doznać ciężkich ~ń ciała** to sustain serious injuries; **lekkie ~nie głowy** a minor head injury; **ma rozległe ~nia wewnętrzne** he sustained multiple internal injuries; **wyszedł z wypadku bez ~ń** he escaped the accident uninjured

obraż|ony ▯ *pp* → **obrazić** ▯▯ *adi.* [osoba, głos] offended; **mieć ~oną minę** to look offended

obrąb|ać *pf* — **obrąb|ywać** *impf* (**~ię** — **~uję**) *vt* to chop [sth] off, to chop off [gałęzie]; **~ać drzewo** to chop the branches off a tree

obrąbek → **obrębek**

obrąbywać *impf* → **obrąbać**

obrącz|ka ▯ *f* ▯ (ślubna) wedding ring, wedding band; **nosiła złotą ~kę** she wore a gold wedding ring ▯ (na nodze ptaka) ring, band ▯ (obwódka) ring; **na dnie szklanki pozostała ~ka z fusów** there was a ring of coffee dregs at the bottom of the glass; **biała ~ka na szyi ptaka** the bird's white ruff ▯▯ **obrączki** *plt* pot. (kajdanki) cuffs *pl* pot., bracelets *pl* pot.

obrączk|ować *impf vt* ▯ to band, to ring [ptaki] ⇒ **zaobrączkować** ▯ Ogr. to girdle [drzewo]

obręb *m* (*G* **~u**) ▯ (obszar) **poza ~em miasta** outside the city limits; **nie wolno palić w ~ie zakładu** smoking is forbidden on the factory grounds; **w ~ie jamy ustnej/miednicy** within the mouth/pelvis; **konflikty w ~ie naszej społeczności** conflicts within our community ▯ (dziedzina) range, sphere; **to się nie mieści w ~ie moich zainteresowań** that's not one of my fields of interest; **być poza ~em podejrzeń** to be beyond suspicion; **pisze o sprawach będących poza ~em potocznego doświadczenia** he writes about matters outside the range of common experience ▯ (zakładka) hem; **~ (u) płaszcza/spódnicy** the hem of a coat/skirt

obręb|ek *m* (serwety, chusteczki) hem

obrębiać *impf* → **obrębić**

obręb|ić *pf* — **obręb|iać** *impf vt* to hem [koszulę, obrus, materiał]

obrębie|nie ▯ *sv* → **obrębić** ▯▯ *n* (serwety, chusteczki, koszuli) hem

obręcz *f* ▯ (przedmiot w kształcie koła) hoop; **skakać przez (płonącą) ~** to jump through a hoop (of fire); **~e na beczce** barrel hoops a. bands; **~ koła** a wheel rim; **nosiła złotą ~ na włosach** she wore a golden band on a. (a)round her head; **~**

światła wokół lampy a ring of light around a lamp [2] Sport hoop

❑ ~ **barkowa** Anat. shoulder a. pectoral girdle; ~ **biodrowa** Anat. pelvic girdle

obr|obić *pf* — **obr|abiać** *impf* **[I]** *vt* [1] (ukształtować) to work *[kamień, brąz]*; (maszynowo) to machine *[kamień, szkło, brąz]*; to dress *[kamień]*; **schody nierówno ~obione siekierą** roughly hewn wooden stairs [2] (przygotować pod uprawę) to till *[pole, ziemię]* [3] (obrębić) to hem *[brzeg, chusteczkę]* [4] pot. (opracować) to process *[dane]*; to massage pot. *[tekst]* [5] pot. (okraść) to clean [sb] out a. to clean out pot.; **~abiał pasażerów tramwaju** he cleaned out passengers on trams; **mieszkanie mi ~obili** my flat was cleaned out [6] pot. (oplotkować) to badmouth pot.

[II] obrobić się pot. (wykonać pracę do końca) to get everything done pot.

■ **~obić komuś tyłek** a. **dupę** posp. to badmouth sb pot.

obr|odzić *pf* — **obr|adzać** *impf* [1] *[zboże, drzewo, warzywa]* to crop well, to yield a plentiful crop; *[owoce, grzyby]* to be plentiful, to be abundant; **w tym roku sady nadzwyczajnie ~odziły** the fruit crop was extraordinary this year [2] przen., książk. (pojawić się w dużej ilości) to abound (**w coś** with a. in sth); **w jego szkole ~odziło w talenty** his school is/was full of gifted students; **początek zimy ~odził ważnymi wydarzeniami** important events abounded at the beginning of winter

obrok *m sgt* (*G* ~**u**) feed; **worek z ~iem** a feed bag, a nosebag

obron|a *f sgt* [1] (odpieranie ataku) defence GB, defense US; **oddać życie w ~ie ojczyzny** to die for one's country; **zginął w ~ie przyjaciela** he died defending his friend; **~a miasta przed armią tatarską** a defence of the city against the Tatar army [2] (odpieranie zarzutów) defence GB, defense US; **wziąć kogoś w ~ę** to come to sb's defence, to stand up for sb; **co masz na swoją ~ę?** what have you got to say for yourself?; **liberałowie muszą stanąć w ~ie reform** liberals must stand up for the reforms [3] (ochrona) defence GB, defense US; **~a interesów pracowniczych** defence of employees' rights; **wystąpił w ~ie najuboższych** he spoke in defence of the poor [4] (obrońcy) defender|s *pl*; **~a placówki** the defenders of an outpost [5] (wojsko) defence GB, defense US; **Ministerstwo Obrony Narodowej** the Ministry of Defence; **maleją wydatki na ~ę** there have been cuts in defence spending [6] Sport (formacja) defence GB, defense US; (parada) save; **grać w** a. **na ~ie** to play defence; **dali się zepchnąć do ~y** they were pushed back into defence [7] Gry (w szachach) defence GB, defense US [8] Prawo (wykazywanie niewinności) defence GB, defense US; **podjął się ~y nieletniego przestępcy** he took on the defence of a juvenile offender; **prowadzić własną ~ę** to conduct one's own defence [9] Prawo (adwokaci) the defence GB, the defense US; **~a ma głos** the defence has a. have the floor; **świadek ~y** a witness for the defence, a defence witness

❑ **~a konieczna** Prawo defence of necessity US; **~a własna** self-defence GB, self-defense US; **działać w ~ie własnej** to act in self-defence; **~a pracy doktorskiej/magisterskiej** Uniw. doctoral/master's defence GB, doctoral/master's defense US; **~a przeciwatomowa** Wojsk. nuclear a. radiation defence GB, nuclear a. radiation defense US; **~a przeciwchemiczna** Wojsk. chemical defence GB, chemical defense US; **~a przeciwgazowa** Wojsk. anti-gas defence GB, anti-gas defense US; **~a przeciwlotnicza** Wojsk. anti-aircraft defence GB, anti-aircraft defense US

obro|nić *pf* **[I]** *vt* [1] (odeprzeć atak) to defend; **~nić miasto przed atakiem nieprzyjaciela** to defend a city against a. from enemy attack ⇒ **bronić** [2] (ustrzec) to defend, to save; **piątka z matematyki ~niła mnie przed egzaminem ustnym z tego przedmiotu** an A in Maths saved me from having to take a Maths oral; **~nił zespół przed oskarżeniem o plagiat** he defended the band against the accusation of plagiarism ⇒ **bronić** [3] (udowodnić słuszność) to defend *[tezę, decyzję, stanowisko]* ⇒ **bronić** [4] (zdać egzamin) to defend *[pracę magisterską, doktorską]* ⇒ **bronić** [5] Sport *[bramkarz]* to save *[strzał, karnego]*; *[zawodnik]* to defend *[tytuł]* ⇒ **bronić**

[II] obronić się [1] (przed atakiem) to defend oneself (**przed kimś/czymś** against a. from sb/sth) ⇒ **bronić się** [2] (ustrzec się) to defend oneself (**przed czymś** against sth); **nie ~ić się przed pokusą** to yield to temptation; **~ić się od smutnych myśli** to ward off depressing thoughts ⇒ **bronić się** [3] (tłumaczyć się) to defend oneself ⇒ **bronić się** [4] (zdać egzamin) to defend a thesis/dissertation ⇒ **bronić**

obronnoś|ć *f sgt* **~ć kraju** a country's defences

obronn|y *adi. [pozycja, struktury, wojna, akcja]* defensive; **mury ~e** fortifications, ramparts; **zamek ~y** a fortified castle; **gra ~a** defensive play; **siły ~e organizmu** an organism's immune defences; **pies ~y** a guard dog

■ **wyjść z czegoś ~ą ręką** to get through a. emerge from sth unscathed

obroń|ca *m* [1] (ojczyzny, miasta, prawdy, wiary) defender [2] Prawo defence counsel GB, defense attorney US [3] Sport (gracz) defender, defensive player [4] Sport **~ca tytułu mistrzowskiego** a defending champion; **~ca tytułu** a defending title-holder

❑ **~ca z urzędu** Prawo court-appointed defence lawyer a. defence counsel GB, public defender US; **~ca z wyboru** Prawo defence counsel a. lawyer GB, defense attorney US

obrończ|y *adi.* Prawo **ostatnia mowa ~a** the defence summation GB, the defense summation US

obrończy|ni *f* [1] (prawdy, uciśnionych, kraju) defender [2] Prawo defence counsel GB, defense attorney US [3] Sport **~ni tytułu mistrzowskiego** a defending champion; **~ni tytułu** a defending title-holder

obr|osnąć *pf* — **obr|astać** *impf* (~**ósł** — ~**astam**) **[I]** *vt* (zarosnąć) to cover, to overgrow; **dzikie wino ~osło werandę** the porch was overgrown with vines; **drzewo ~ośnięte mchem** a moss-covered tree

[II] *vi* [1] (pokryć się warstwą) to be covered, to be overgrown (**czymś** with sth); **ziemniaki ~astały pajęczyną** the potatoes were covered with cobwebs; **wzgórze ~osło krzewami** the hill was overgrown with bushes [2] (zyskać) **~astać w coś** a. czymś to gain a. acquire sth; **~astać w doświadczenie** to gain experience; **~astać w majątek** to grow rich; **słowo to ~osło w mnóstwo negatywnych skojarzeń** the word has acquired a lot of negative connotations

■ **~osnąć w sadło** a. **w tłuszcz** to get fat

obro|śnięty, ~sły [I] *pp* → **obrosnąć**

[II] *adi.* [1] (nieogolony) *[mężczyzna, twarz]* unshaven [2] (otyły) **brzuch ~sły tłuszczem** a pot belly

obrotnoś|ć *f sgt* pot. resourcefulness; savvy US pot.

obrotn|y *adi.* grad. pot. *[osoba, handlowiec]* resourceful; savvy US pot.

■ **mieć ~y język** a. **być ~ym w języku** pot. to have the gift of the gab GB pot., to have the gift of gab US pot.

obrotomierz *m* Techn. tachometer, revolution counter; rev counter pot.

obrotowo *adv.* **poruszać się ~** to rotate

obrotow|y *adi.* [1] *[ruch]* rotational, rotary; **prędkość ~a** the rotation speed, the rate of rotation [2] *[drzwi, scena]* revolving; **krzesło ~a** a swivel chair; **taca ~a** a lazy Susan [3] Ekon. **kapitał ~y** working capital; **podatek ~y** a sales tax

obr|oża *f* (**~óżka** *dem.*) [1] (dla psa) (dog) collar [2] (pas sierści, piór) ruff, collar

obrób|ka *f* [1] (drewna, szkła, metalu) processing *U*, treatment; **~ka cieplna/chemiczna** heat/chemical processing a. treatment; **~ka skrawaniem** machining [2] (gleby) cultivation [3] przen., pot. (tekstu, zagadnienia) processing; **~ka danych** data handling; **projekt ustawy podlega ~ce w komisjach** the bill will be hammered out in committee

❑ **~ka bezwiórowa** Techn. chipless machining; **~ka elektroerozyjna** Elektr. electromachining; **~ka elektroiskrowa** Techn. spark erosion machining; **~ka termiczna** Techn. thermal processing

obróbkow|y *adi. [cykl, metoda]* machining, processing

obr|ócić *pf* — **obr|acać**[1] *impf* **[I]** *vt* [1] (przekręcić) to turn; **~ócić klucz w zamku** to turn the key in the lock; **~acać coś w rękach** to turn sth over (and over) in one's hands [2] (zwrócić) to turn; **sanitariusze ~ócili rannego na plecy** the orderlies turned the injured man onto his back; **~acać ku komuś głowę** to turn one's face towards sb; **stał ~ócony tyłem do okna** he stood with his back to the window; **~ócić wzrok na kogoś** to look at sb; **dwie pary oczu ~ócone na mnie** two pairs of eyes looking at me; **przymierze ~ócone przeciwko światu** przen. an alliance against the rest of the world [3] książk. (zamienić) to change; **pola uprawne ~acano na pastwiska** arable fields were changed into pastures; **~acać coś w zgliszcza** to reduce sth to ashes; **pokój w chlew ~ócili** they turned their room into a pigsty

II *vi* pot. (tam i z powrotem) to go back and forth a. to and fro; (w górę i w dół) to go up and down; **~ócił trzy razy, zanim zniósł wszystkie paczki** he had to go back and forth/up and down three times to bring down all the parcels

III obrócić się — obracać się [1] (kręcić się) to turn, to whirl; **~acać się wokół Słońca** to revolve around the Sun; **~acać się wokół własnej osi** to rotate (on a. around its axis); **koła od roweru ~acały się wolno** the bike wheels were turning slowly; **~acali się w tańcu** they were spinning across the dance floor [2] (zwrócić się) to turn; **chciał ją pocałować, ale ~óciła się do niego tyłem** he wanted to kiss her but she turned her back on him; **kwiat ~ócił się ku słońcu** the flower turned toward the sun [3] (pójść) to go; **gdziekolwiek bym się ~ócił, zawsze mnie znajdą** wherever I go, they'll find me [4] książk. (ulegać zmianie) **sytuacja ~óciła się na lepsze/gorsze** the situation took a turn for the better/worse

■ **~ócić się przeciw komuś** to backfire on sb; **~ócić kogoś przeciwko komuś** to turn sb against sb; **po rozwodzie wszyscy ~ócili się przeciwko mnie** when I got divorced everybody turned against me; **~acać językiem** pot. to prattle (on), to chatter (on); **~ócić coś w żart** to make a joke (out) of sth

obr|ót *m* (*G* **~otu**) [1] (ruch dokoła osi) rotation, turn; **~ót o 180°** a 180-degree turn; **~ót Ziemi wokół własnej osi** the rotation of the Earth (on its axis); **łódka wykonała pełny ~ót** the boat made a full turn [2] (kierunek) turn; **niepożądany ~ót sprawy** an unfortunate turn of events; **rozmowa przybrała nieoczekiwany ~ót** the conversation took an unexpected turn; **sprawy przybrały pomyślny ~ót** things have taken an encouraging turn [3] Ekon., Handl. turnover; **mały/duży ~ót w sklepie** the shop's low/high sales volume; **wzrost ~otu towarami pochodzenia zagranicznego** a rise in the turnover of foreign goods; **roczny ~ót wyniósł 300 000 zł** the annual turnover came to 300 000 złotys; **sprzedawca na procencie od ~otu** a commission salesperson

❏ **~ót bezgotówkowy** Fin. non-cash turnover; **~ót dzienny Ziemi** Astron. daily rotation of the Earth; **~ót podatkowy** Ekon. taxable turnover; **~ót towarowy** Ekon. trade, sales *pl*

■ **pracować na wysokich/niskich ~otach** [silnik] to be in high/low gear; [fabryka] to work at full/half steam; **pracować na najwyższych ~otach** [silnik] to be in top gear; [fabryka] to work at full capacity a. at full steam; [osoba] to work flat out pot.; **brać kogoś w ~oty** pot. to put the screws on sb pot.

obruga|ć *pf vt* pot. to tell [sb] off pot., to bawl [sb] out pot.; **~ł ich za lenistwo i niechlujstwo** he told them off for being lazy slobs; **żona go ~ła, że za późno wrócił do domu** his wife bawled him out for coming home late

obrumieniać *impf* → **obrumienić**

obrumie|nić *pf* — **obrumie|niać** *impf* **I** *vt* to brown; **~ń mięso z obu stron** brown the meat on both sides; **~ń rybę na gorącym oleju** brown the fish in hot oil

II obrumienić się — obrumieniać się to brown; **mieszaj, aż mięso się ~ni** stir until the meat browns

obrus *m* (*G* **~a** a. **~u**) tablecloth; **nakryć stół ~em** to cover a table with a tablecloth; **zmienić ~** to change the tablecloth

obrusow|y *adi.* tablecloth *attr.*; **tkanina ~a** tablecloth fabric

obruszać *impf* → **obruszyć**

obrusz|yć *pf* — **obrusz|ać** *impf* **I** *vt* [1] (spowodować obsunięcie) to dislodge [kamienie, piasek, ziemię]; **nieostrożny narciarz ~ył śnieg, powodując lawinę** a careless skier dislodged the snow, causing an avalanche [2] (obluzować) to dislodge [kamienie]; to loosen [gwóźdź, pal, śrubę] [3] (oburzyć) to put [sb] out; **bardzo go ~yło, że nie został zaproszony na przyjęcie** he was put out by the fact that he hadn't been invited to the party

II obruszyć się — obruszać się [1] (obluzować się) to come a. work loose; **w murze ~yły się cegły** some bricks in the wall had come loose [2] (oburzyć się) to be(come) indignant (**na coś** about a. over sth); to bridle (**na coś** at sth)

obrys|ować *pf* — **obrys|owywać** *impf vt* to outline; **~ować oczy kredką** to line a. outline one's eyes with eyeliner; **~ował na piasku swoją dłoń** he outlined his hand in the sand

obrysowywać *impf* → **obrysować**

obryw *m* (*G* **~u**) Geol. [1] (oberwanie się) landslide, landslip GB; **~ śnieżny** snowslide [2] (urwisko) precipice; **szli wąską ścieżką wzdłuż ~u góry** they followed a narrow path along the edge of the precipice [3] (rumowisko) rockslide; **drogę zagradzały zwalone ~y skalne** the road was blocked by a rockslide

obrywać *impf* → **oberwać**

obrząd|ek *m* (*G* **~u**) [1] (ceremonia) rite, ritual; **pogańskie ~ki pogrzebowe** pogan funeral rites; **odprawić ~ek** to perform a rite a. a ritual; **picie herbaty to u nich cały ~ek** drinking tea is a whole ritual a. ceremony for them [2] (prace gospodarskie) chores *pl*; **sama koło domu cały ~ek robiła** she did all the household chores by herself [3] Relig. (ryt) rite; **~ek łaciński/rzymski/wschodni** a Latin/Roman/Eastern Orthodox rite; **należeć do ~ku ambrozjańskiego** to follow the Ambrosian rite

obrzez|ać *pf* — **obrzez|ywać** *impf vt* to circumcise; **~ano go w dwunastym roku życia** he was circumcised at the age of eleven

obrzeza|niec *m* (*V* **~ńcze** a. **~ańcu**) a circumcised boy/man

obrzezywać *impf* → **obrzezać**

obrzeż|e *n* (*Gpl* **~y**) książk. [1] (materiału, papieru) edge; (drogi, trawnika) edge; (lasu, pola) border, edge; (koła) rim; **na ~ach parku** on the edge of the park; **na ~ach miasta** on the outskirts of town; **iść ~em drogi** to walk along the edge of the road [2] zw. *pl*

(margines) fringes *pl*; **całe lata pozostawał na ~ach świata sztuki** for years he remained on the fringes of the art world

obrzeżn|y *adi.* [dekoracja] border *attr.*; [połączenie] edge *attr.*; [dzielnica] outlying, peripheral; **karta z ~ą perforacją** a card perforated along the edges; **strefa ~a miasta** the outskirts of town

obrzę|d *m* (*G* **~du**) ceremony, rite; **~d koronacyjny** a coronation ceremony; **~dy pogrzebowe** funeral rites; **starożytne ~dy pogańskie** ancient pagan rites a. rituals; **dokonać ~du** to perform a ceremony a. rite a. ritual; **wziąć udział w ~dzie** to take part in a ceremony a. rite a. ritual

obrzędowoś|ć *f sgt* observances *pl*, rites *pl*, rituals *pl*

obrzędow|y *adi.* [strój, śpiew, taniec, język, kalendarz] ritual

obrzę|k **I** *m* (*G* **~u**) (opuchlizna) swelling *C/U*; oedema *U* GB spec., edema *U* US spec.; **~ krtani/mózgu/płuc** laryngeal/cerebral/pulmonary oedema; **~ alergiczny** allergic oedema; **mieć ~ na nodze** to have a swelling on one's leg

II obrzęki *plt* Zool. gall mites

❏ **~ śluzowaty** Med. myxoedema GB, myxedema US; **~ złośliwy** Wet. malignant oedema GB, malignant edema US

obrzękać *impf* → **obrzęknąć**

obrzęk|ły *adi.* [gruczoły, nogi, ręce, tkanka] swollen; [powieki, twarz] puffy, swollen; [brzuch, wątroba] distended; [penis] tumescent; **stopy ~ły mu od upału** his feet were swollen from the heat

obrzęk|nąć *pf* — **obrzęk|ać** *impf* (**~ł** — **~a**) *vi* [noga, palec] to swell (up), to become swollen; [twarz] to puff up, to become swollen; **skręcona kostka mu ~ła** his sprained ankle had swollen (up); **jej twarz ~ła od płaczu** her face was swollen a. puffed up from crying; **~ły mu węzły chłonne** his lymph nodes were swollen

obrzmia|ły *adi.* [kostka, nogi, ręce, tkanka] swollen; [powieki, twarz] puffy, swollen; [brzuch, wątroba] distended; [penis] tumescent; **miała tak ~łe palce, że nie mogła zdjąć obrączki** her fingers were so swollen (that) she couldn't take her ring off

obrzmi|eć *pf* — **obrzmi|ewać** *impf* (**~ał** — **~ewa**) *vi* [kończyny] to swell (up); [twarz] to puff up; **złamana ręka mu ~ała** his broken arm had swollen (up); **nogi jej ~ały od upału** her legs were swollen from the heat

obrzmie|nie **I** *sv* → **obrzmieć**

II *n* puffiness *U*, swelling *C/U*; **bolesne ~nie warg/kostki/ślinianek** painful swelling of the lips/ankle/salivary glands

obrzmiewać *impf* → **obrzmieć**

obrzucać *impf* → **obrzucić**

obrzu|cić *pf* — **obrzu|cać** *impf* **I** *vt* [1] (obsypać) to shower (**kogoś czymś** sb with sth), to throw (**kogoś czymś** sth at sb); **goście ~cili nowożeńców kwiatami** the guests threw flowers at the newly-weds a. showered the newly-weds with flowers [2] przen. to hurl (**kogoś czymś** sth at sb); **~cić kogoś epitetami/obelgami/oskarżeniami** to hurl epithets/insults/accusations at sb; **~cić kogoś kalumniami/**

O

oszczerstwami to cast aspersions at sb/to slander sb; **upił się i zaczął wszystkich ~cać obelgami** he got drunk and started dishing out insults to all and sundry ③ (otulić) to cover; **na zimę ~cił róże słomą i liśćmi** he covered the roses with straw and leaves for the winter ④ (obszyć) to overcast, to whip(stitch) [brzegi, szew]; (ściegiem dzierganym) to scallop

[II] obrzucić się — obrzucać się to cast a. throw [sth] at each other a. at one another; **chłopcy ~cali się śnieżkami** the boys were throwing snowballs at one another

■ **~cić kogoś/coś wzrokiem** a. spojrzeniem to cast a glance at sb/sth; **~ciła męża podejrzliwym spojrzeniem** she cast a suspicious glance at her husband; **~cił pokój spojrzeniem, zamknął drzwi i wyszedł** he cast his eyes around the room, closed the door and left

obrzydlistw|o n abomination, horror; (brzydactwo) eyesore; **jak możesz jeść to ~o?** how can you eat this disgusting stuff?

obrzydliwie adv. grad. [brudny, gruby, śmierdzący] disgustingly; [postępować, zachowywać się] abominably, execrably; [drogi, bogaty] obscenely; [sentymentalny, słodki] sickeningly, nauseatingly; [wyglądać] disgusting adi., repulsive adi.

obrzydliwoś|ć f ① (rzecz) abomination, horror; (cecha) repulsiveness; **co za ~ć!** what an abomination!; **mucha w zupie to ~ć** a fly in one's soup is a disgusting thing; **nie zdawał sobie sprawy z ~ci swego dowcipu** he didn't realize how sick his joke was; **to ~ć tak oszukiwać rencistów!** it's disgusting to cheat pensioners that way ② sgt (obrzydzenie) disgust, revulsion; **popatrzyła z ~cią na swojego szefa** she looked at her boss in disgust; **objadł się słodyczy do ~ci** he gorged himself sick on sweets; **sentymentalny aż do ~ci** sickeningly a. nauseatingly sentimental; **tu jest tak brudno, że aż ~ć bierze** this place is so filthy, it's sickening a. nauseating

obrzydliw|y adi. grad. ① (budzący wstręt) [jedzenie, wino, smak, zapach, myśl, widok, robak] disgusting, revolting; [postępek] detestable, deplorable; [nawyk] nasty, disgusting; [dowcip, opowieść] sick ② pot. (brzydzący się) squeamish; **nie jestem ~y, mogę zjeść nawet ślimaki** I'm not squeamish, I can even eat snails

obrzyd|ły adi. ① (wstrętny) [smak, zapach, widok, robak] disgusting, repulsive ② (uprzykrzony) pesky pot.; **te ~łe komary** those dratted mosquitoes

obrzyd|nąć pf (~ nął a. ~ł) vi **~ło mu życie w mieście** he's fed up with city life; **~ły mi twoje ciągłe narzekania** I'm sick (and tired) of your constant carping; **słodycze mu ~ły** he was sick of sweets

obrzydzać impf → obrzydzić

obrzydzeni|e [II] sv → obrzydzić

[II] n sgt (wstręt) disgust, revulsion; **nie mógł jeść z ~a** he was too disgusted to eat; **twoja hipokryzja napawa mnie ~em** your hypocrisy disgusts me a. fills me with disgust; **odwróciła się od niego z ~em** she turned away from him in disgust; **wzdrygnąć się z ~a** to shudder in disgust a. revulsion; **sam pomysł wzbudził w nim**

~e the very idea was repellent to him; **spojrzał na nią z ~em** he gave her a disgusted look; **poczuł ~e do samego siebie** he was disgusted with himself

obrzy|dzić pf — **obrzy|dzać** impf vt (wzbudzić wstręt) to put [sb] off; (zepsuć) to ruin, to spoil; **jego okropne maniery ~dziły mi jedzenie** his terrible manners put me off my food; **twierdzi, że nieuczciwi księża ~dzili mu wiarę** he says dishonest priests turned him against his faith; **~dził nam tę wycieczkę** pot. (zniechęcił) he put us off the trip; **swoim ciągłym gadaniem całkiem ~dził nam wycieczkę** he ruined our trip with his constant chatter; **mąż ~dził jej życie swoją zazdrością** her husband's jealousy made her life unbearable

obrzyga|ć pf **[II]** vt posp. (zwymiotować) to puke vi posp.; **~ł szpinakiem dywan** he puked up spinach all over the carpet

[II] obrzygać się to puke on oneself posp.; **cały się ~łeś!** you puked all over yourself!

obrzynać impf → oberżnąć

obrzyn|ek m ① zw. pl (ścinek) (paznokcia) clipping zw. pl, paring zw. pl; (materiału, papieru) scrap, shred; (drewna, metalu) cutting zw. pl, shaving zw. pl; (sera, mięsa) scrap ② pot. (broń) sawn-off shotgun, sawed-off shotgun US

obsa|da f ① sgt (obsadzenie) staffing, manning; **~da etatów w biurze/szkole** the staffing of an office/school; **~da stacji naziemnych** the manning of ground stations; **dokonać ~dy stanowiska dyrektora szkoły** to fill the post of a headmaster ② (personel) personnel, staff ③ (zespół aktorów) cast, line-up; **zmienić ~dę sztuki** to recast a play; **~da pełna gwiazd** a star-studded cast a. line-up; **~da: Robert de Niro, Dustin Hoffman...** cast: Robert de Niro, Dustin Hoffman... ④ sgt (obsadzanie aktorów) casting ⑤ (załoga) crew ⑥ Techn. housing, mounting ⑦ Myślis. stock ⑧ Roln. (inwentarz) stock; **gęstość ~dy** stocking density

obsad|ka f ① Techn. housing, mounting; (pilnika, rysika) holder ② przest. penholder

obsadzać impf → obsadzić

obsa|dzić pf — **obsa|dzać** impf vt ① (zasadzić) to plant; **rolnik ~dził pole kartoflami** the farmer planted the field with potatoes; **ścieżka ~dzona żywopłotem z ligustra** a path hedged with common privet ② (umocować) to mount, to fix [drzwi, kołek]; (to mount [koło]; **~dzić świecę w świeczniku** to put a candle in a candlestick ③ (powierzyć stanowisko) to fill; **pozostało jeszcze dziesięć miejsc do ~dzenia** there are still ten places to fill; **wszystkie stanowiska ~dził swoimi krewnymi** he filled all the posts with his own relatives; **w jaki sposób zamierzasz ~dzić etaty w szkole?** how are you going to staff your school? ④ Film, Teatr (dać rolę) to cast; **~dzono ją w roli Królewny Śnieżki** she was cast in the role of Snow White; **~dzić rolę/sztukę** to cast a part/a play; **~dzenie go w roli Hamleta było pomyłką** he was badly miscast as Hamlet; **role w tym filmie były źle ~dzone** the film was miscast ⑤ (zasiąść) to sit; **tłum**

~dził schody the crowd sat on the stairs ⑥ Ryboł. (zarybić) to stock; **~dzić staw okoniami** to stock the pond with bass ⑦ Wojsk. to garrison [twierdzę]; to man [barykadę]; to occupy [miasto, wioskę]

obscen|a plt (G ~ów) (motywy) obscenities; (wyrazy) obscenities; (utwory) obscene works

obscenicznie adv. książk. [zachowywać się] obscenely; [wyglądać] obscene adi.

obscenicznoś|ć f sgt książk. obscenity; **~ć filmu/powieści** the obscenity of a film/ novel

obsceniczn|y adi. książk. [film, gest, tekst, żart] obscene

obserwacj|a f (Gpl ~i) ① (przyglądanie się) observation U; (przestępcy, szpiega) surveillance U, watch; **nie wie, że jest pod ~ą** he doesn't know he's under surveillance; **podejrzany był pod ścisłą ~ą policji** the police were watching the suspect closely; **wziąć kogoś pod ~ę** to put sb under surveillance, to set a watch on sb; **prowadzimy stałą ~ę pogody** we constantly monitor the weather; **dar ~i** powers of observation ② (wynik obserwowania) observation; **~e meteorologiczne/naukowe** meteorological/scientific observations; **poczynił liczne ~e rozbłysków na Słońcu** he made numerous observations of solar flares ③ Med. observation U; **trzymać kogoś na ~i** to keep sb under observation; **zabrano go do szpitala na ~ę** he was taken to hospital for observation; **przez tydzień pozostawała na ~i** she was under observation for a week

obserwacyjnie adv. [dowieść, potwierdzić, zdiagnozować] by a. through observation; [wykrywalny] observationally; **teorie ~ równoważne** observationally equivalent theories

obserwacyjn|y adi. [balon, satelita] observation attr.; [misja] observer attr.; [sprzęt, system, urządzenie] monitoring, tracking; **badanie ~e** an observational study; **punkt ~y** a lookout, a vantage point; **doskonały zmysł ~y** acute powers of observation

obserwato|r m ① książk. observer, watcher; (świadek) bystander, onlooker; **~r ptaków** a birdwatcher; a twitcher GB pot.; **~r komet/ meteorów/zaćmień** a comet/a meteor/an eclipse observer a. watcher ② Polit. observer; **służył na Bliskim Wschodzie jako ~r ONZ** he served in the Middle East as a UN observer ③ Wojsk. spotter

obserwatori|um n (Gpl ~ów) observatory; **~um astronomiczne/meteorologiczne/wulkaniczne** an astronomical/a metereological/a volcano observatory

obserwator|ka f książk. observer a. watcher; (świadek) bystander, onlooker

obserwators|ki adi. [zmysł] observational; [misja] observer attr.; **chłopiec posiada talent ~ski** the boy has a talent for observation; **pełnić funkcje ~skie** to act as an observer

obserw|ować impf vt **[II]** ① (przyglądać się) to monitor [stan pacjenta]; to observe [podejrzanego, zjawiska]; to watch [ptaki, sytuację]; **~ować rozwój choroby** to monitor the progress of a disease; **rozejrzała się, czy nikt jej nie ~uje** she looked around to see if anyone was watching her; **od dawna**

~uję rozwój jej kariery I've been following her career for a long time [2] (dostrzec) to sight; **w tym rejonie wielokrotnie ~owano UFO** UFOs have frequently been sighted in this area ⇒ **zaobserwować**

III obserwować się to watch each other; **dwaj chłopcy ~owali się podejrzliwie** the two boys watched each other suspiciously

obsesj|a f (Gpl ~i) [1] (natrętna myśl) obsession; **człowiek ogarnięty jedną wielką ~ą** a man with one great obsession; **mieć ~ę na punkcie czegoś/kogoś** to be obsessed with a. by sth/sb; **ma ~ę na punkcie swego zdrowia** he's obsessed with his health [2] Psych. obsession

obsesyjnie adv. [pragnąć, kochać] obsessively; **wprost ~ czysty** obsessively clean **myślała o nim ~** she thought about him obsessively

obsesyjnoś|ć f sgt obsessiveness

obsesyjn|y adi. [myśl, wspomnienie, strach, zachowanie, zazdrość] obsessive, obsessional; **jego ~y lęk przed chorobą/śmiercią** his obsessive fear of illness/death

obsi|ać pf — **obsi|ewać** impf (~eję, ~ali a. ~eli — ~ewam) **II** vt to sow, to seed [ogród, pole, trawnik] (**czymś** with sth); **rolnik ~ał pole pszenicą** the farmer sowed the field with wheat

III obsiać się — obsiewać się to spread; **chwasty ~ały w całym ogrodzie** weeds have spread all over the garden

obsiadać impf → **obsiąść**

obsi|ąść pf — **obsi|adać** impf (~ądę, ~ądziesz, ~adł, ~adła, ~edli — ~adam) vt to sit (down) at/around, to settle; (gromadnie) to crowd (around); **brydżyści ~edli stolik** the bridge players sat around the table; **studenci ~edli wszystkie krzesła** the students occupied all the chairs; **ptaki ~adły drzewo** the birds settled in the tree; **czytelnicy tłumnie ~edli słynnego pisarza** the readers crowded around the famous writer; **muchy ~adły ser** the cheese was swarming with flies

obsiew m (G ~u) [1] (obsianie) seeding U, sowing U; **~ naturalny** natural seeding; **~ pola siewnikiem** the sowing of a field with a seeder [2] (zasiane rośliny) seedlings pl

obsiewać impf → **obsiać**

obskakiwać¹ impf → **obskoczyć**

obskak|iwać² impf vt pot. (obsługiwać) to wait on [sb] hand and foot; **kelner gorliwie ~iwał gości** the waiter hovered solicitously over the guests

obsk|oczyć pf — **obsk|akiwać¹** impf vt [1] (otoczyć) to surround; **dzieci ~oczyły nauczyciela** the children surrounded their teacher [2] (skakać) to jump on, to leap on; **psy ~oczyły gości** the dogs jumped all over the guests [3] pot. (załatwić sprawę) **~oczyć robotę** to get the work out of the way pot.; **~oczył na obiad trzy talerze zupy** he made short work of three plates of soup at dinner pot. [4] pot. (odwiedzić) to drop in pot., to stop by pot.; **po południu ~oczę kilka sklepów** I'll stop by a few shops this afternoon; **dzisiaj chcę ~oczyć kilku znajomych** I want to drop

---

in on a few friends today [5] pot. (okraść) to rob [osobę, mieszkanie]

obskuranc|ki adi. książk., pejor. [pogląd, umysł] close-minded pejor., narrow-minded pejor., blinkered pejor.

obskuran|t m, **~tka** f książk., pejor. diehard (reactionary) pejor.

obskurantyz|m m sgt (G ~u) książk., pejor. close-mindedness pejor., narrow-mindedness pejor.; obscurantism książk.

obskurnie adv. grad. [ubrany, umeblowany] shabbily; [wyglądać] (o meblach) shabby adi.; mang(e)y adi.; (o ludziach) scruffy adi., seedy adi.; (o barze, mieszkaniu, dzielnicy, ulicy) squalid adi., seedy adi.; (o ubraniu) mang(e)y adi., scruffy adi.; **w domu było ponuro i ~** it was gloomy and squalid inside the house

obskurn|y adi. grad. [meble] shabby, mang(e)y; [mężczyzna] scruffy, seedy; [bar, restauracja] seedy, sleazy; [ubranie, zasłony] mang(e)y, scruffy; [mieszkanie, pokój, dzielnica, ulica] squalid, seedy

obsłonka → **osłonka**

obsłu|ga f sgt [1] (gości, klientów) service; (maszyn, urządzeń) operation; (konta, transakcji) handling; (techniczna) support; (zapobiegawcza) maintenance; **~ga jest tutaj doskonała/okropna** the service here is excellent/dreadful; **czy w cenę wliczona jest ~ga?** is service included?; **instrukcja ~gi** operating manual; **to urządzenie jest łatwe w ~dze** this appliance is easy to operate; **wszyscy użytkownicy mają prawo do ~gi technicznej** all the users are entitled to technical support; **stacja ~gi pojazdów** a service station; **kurs ~gi komputera** a computer skills course; **bar szybkiej ~gi** a snack bar [2] (personel, załoga) personnel, staff; **~ga naziemna** the ground crew a. personnel; **~ga techniczna** support services; **~ga hotelowa** the hotel staff

obsług|iwać¹ impf vt Komput. to support; **twoja przeglądarka nie ~uje ramek wbudowanych** your browser does not support inline frames

obsługiwać² impf → **obsłużyć**

obsługow|y adi. [kontrakt, personel, zaplecze] service attr.; [zestaw] maintenance attr.

obsłu|żyć pf — **obsłu|giwać²** impf (~żę — ~guję) **II** vt [1] (w restauracji, sklepie) to wait on, to serve; (w firmie) to attend, to deal with; **czy ktoś pana ~guje?** have you been waited on, sir?; **w tym domu nikt cię nie będzie ~giwał!** don't expect to be waited on in this house!; **~giwał klientów w piekarni swego ojca** he was a shop assistant in his father's bakery [2] (używać, zajmować się) to operate [komputer, pojazd, maszynę]; to man [centralę telefoniczną, pompy]; to handle [konta, rachunki]; to service [zadłużenie, pożyczki]

II obsłużyć się — obsługiwać się to serve oneself; **piwo jest w lodówce, ale musisz ~żyć się sam** the beer's in the fridge, but it's self-service żart.

obsmar|ować pf — **obsmar|owywać** impf **II** vt [1] (ubrudzić) to smear; **dziecko miało buzię ~owaną dżemem** the baby's face was smeared with jam [2] pot. (oczernić) to smear przen.; to do a hatchet job on; **~owali go z czystej złośliwości** they

---

did a hatchet job on him out of pure spite

II obsmarować się — obsmarowywać się pot. to smear oneself (**czymś** with sth)

obsmarowywać impf → **obsmarować**

obsmażać impf → **obsmażyć**

obsmaż|yć pf — **obsmaż|ać** impf **II** vt to brown, to sear [mięso]; **~ wątróbkę z obu stron** sear the liver on both sides; **~ cebulę na złoty kolor** fry the onions until (they're) golden-brown

II obsmażyć się — obsmażać się [mięso] to be browned, to be seared; [warzywa] to be browned; **kiedy mięso się ~y, dodać warzywa** add the vegetables when the meat has browned

obstal|ować pf — **obstal|owywać** impf vt to have [sth] made to order [meble, ubranie]; **~ować buty u szewca** to have a pair of shoes made to order, to order a pair of custom-made a. bespoke GB shoes

obstalowywać impf → **obstalować**

obstalun|ek m (G ~ku) przest. order; **jubiler dostał ~ek na złoty pierścionek i kolczyki** the jeweller was commissioned to make a gold ring and a pair of earrings; **garnitury robione na ~ek** made-to-order a. custom-made suits, bespoke suits GB

obstaw|a f [1] pot. (ochrona) bodyguards pl; **należał do ~y prezydenta** he was one of the president's bodyguards [2] Ryboł. bag net, fyke (net) US

obsta|wać impf (~ję) vi [1] (upierać się) to insist (**przy czymś** on sth); to stand one's ground; **~wać przy swoim zdaniu** to stick to one's opinion; **uparcie ~wali, że to prawda** they insisted that it was true; **~wała przy swojej niewinności** she insisted that she was innocent; **ojciec z początku ~wał za skrzypcami, ale w końcu kupiono mi pianino** at first my father insisted on a violin, but in the end they bought me a piano; **~wał przy swojej decyzji** he stuck to his decision; **~wać przy swoim** to stick to one's guns pot. [2] przest. (bronić) to stand (**za kimś** by sb), to stick (**za kimś** with sb); **~wać za przyjacielem** to stand by one's friend

obstawiać impf → **obstawić**

obstaw|ić pf — **obstaw|iać** impf **II** vt [1] (otoczyć) to surround; (stanąć wzdłuż) to line; (pilnować) to cover; (zająć) to occupy [most]; to take [stanowiska]; **~ić pałac wojskiem** to surround the palace with troops; **gapie ~ili ulice** the onlookers lined the streets; **kazał swoim ludziom ~ić wszystkie wyjścia** he ordered his men to cover all the exits [2] pot. (w zakładach) to bet on, to back [konia]; to bet on [kolory, liczby]; to call [orła, reszkę]; **~iać gonitwę** to bet on a race; **cały wieczór ~iałem czerwone** I've been betting on red all evening [3] Sport (pokryć) to mark [przeciwnika]

II obstawić się — obstawiać się to surround oneself; **~ił się niekompetentnymi doradcami** he surrounded himself with incompetent advisers; **~ił się lekarstwami** he kept all his medicines at hand

obst|ąpić pf — **obst|ępować** impf vt to surround, to gather a. crowd around; **dzieci ~ąpiły nauczyciela zwartym kołem** the children gathered around a. surrounded the teacher in a tight circle; **rozentuzjazmo-**

O

wani fani natychmiast ~ąpili aktora enthusiastic fans immediately crowded around the actor

obstępować *impf* → **obstąpić**

obstrukcj|a *f* (*Gpl* ~**i**) [1] Med. (zatwardzenie) constipation *U*; **cierpieć na ~ę** to be constipated, to suffer from constipation [2] (utrudnianie) obstruction *C/U*

❏ **~a parlamentarna** Polit. parliamentary obstruction, stonewalling

obstrukcyjn|y *adi.* [1] Med. (powodujący zaparcie) costive; (dotyczący zaparcia) constipation *attr.* [2] Med. (blokujący) obstructive; **~y bezdech senny** obstructive sleep apnea [3] [polityka, system, taktyka] obstructive

obstrza|ł *m* (*G* ~**łu**) [1] Wojsk. fire *U*; **~ł artyleryjski** artillery fire; **być/znaleźć się pod ~łem** to be/come under fire także przen. [2] Górn. blasting *U*

■ **pod ~łem wrogich spojrzeń** under the scrutiny of hostile eyes

obstrzyc → **ostrzyc**

obstrzygać *impf* → **ostrzyc**

obsu|nąć się *pf* — **obsu|wać się** *impf* (~**nęła**, ~**nęli** — ~**wam**) *vi* [1] (ześlizgnąć się) to slide, to slip; **mrożone ryby ~nęły się z lady** the frozen fish slid off the counter; **śnieg ~nął się po zboczu** the snow slid down the slope; **noga mu się ~nęła i upadł** his foot slipped and he fell [2] (upaść) to sink; **zemdlona ~nęła się na podłogę** she sank to the floor in a faint; **~nął się na fotel** he sank into an armchair; **~nąć się na kolana** to sink to one's knees [3] (opuścić się) to fall a. lag behind; **~nąć się w pracy/nauce** to fall a. lag behind in one's work/studies

obsuszać *impf* → **obsuszyć**

obsusz|yć *pf* — **obsusz|ać** *impf* **Ⅰ** *vt* (częściowo) to let [sth] dry a bit; (powierzchownie) to dry, to dry [sth] off; **~yć drewno przed kominkiem** to let the logs dry a bit in front of the fireplace; **~ włosy ręcznikiem** dry your hair with a towel; **~ać atrament bibułą** to dry the ink with blotting paper

Ⅱ obsuszyć się — **obsuszać się** to dry oneself off; **~ się dobrze, zanim założysz piżamę** dry yourself off well before you put on your pyjamas; **tropik namiotu ~y się na słońcu** the flysheet will dry (off) in the sun

obsuw|a *f* pot. [1] (niepowodzenie) mess pot., cock-up GB pot., screw-up US pot.; **jeśli nie dotrzymamy terminu, będzie ~a** it'll be a total disaster if we don't meet the deadline [2] (spóźnienie) delay

obsuwać się *impf* → **obsunąć się**

obsychać *impf* → **obeschnąć**

obsydian *m sgt* (*G* ~**u**) Geol. obsidian, volcanic glass

obsydianow|y *adi.* [figurka, przycisk] obsidian *attr.*, volcanic glass *attr.*

obsyp|ać *pf* — **obsyp|ywać** *impf* (~**ię** — ~**uję**) **Ⅰ** *vt* [1] (posypać) to sprinkle, to dust; **~ać coś czymś** to sprinkle sth with sth [serem, orzechami, proszkiem]; to dust a. to dredge sth with sth [mąką, pudrem, proszkiem]; **~ać pączki cukrem pudrem** to sprinkle a. dust doughnuts with icing sugar; **mięso ~ane panierką** meat dredged with breadcrumbs; **~ać kogoś piaskiem/śnie-**

giem to cover sb with sand/snow [2] (wystąpić w dużej ilości) [piegi, wypryski, plamy] to speckle; **niebo ~ane gwiazdami** the sky sprinkled a. spangled with stars; **gałęzie ~ane kwieciem/śniegiem** branches covered with blossom/snow; **jej/jego skóra była ~ana krostami** her/his skin was covered with sores; **zjadła kawałek czekolady i ~ało ją krostami** she ate some chocolate and broke out in spots [3] (obdarzyć) to shower; **~ać kogoś pocałunkami/ prezentami** to shower sb with kisses/ presents; **~ać film nagrodami/pochwałami** to shower awards/praise on a film; **~ała go obelgami/wyzwiskami** she showered him with abuse/insults [4] Roln. (okopać) to earth [sth] up, to earth up

Ⅲ obsypać się — **obsypywać się** [1] (oprószyć siebie samego) to cover oneself (czymś with sth); **uważaj — ~ujesz się mąką** watch out, you're getting flour all over yourself [2] (pokryć się) [osoba, skóra, ciało] to break out (czymś with sth); (to come out GB (czymś in sth); [drzewa, gałęzie] to be a. become covered (czymś with sth); **krzew powoli ~uje się kwieciem** the bush is coming into full bloom; **chora skóra ~uje się krostami** the infected skin breaks out in a rash [3] (odpaść) [kwiaty, płatki] to fall; **śnieg ~ywał się z gałęzi drzew** snow fell from the tree branches [4] (posypać siebie nawzajem) to cover each other (czymś with a. in sth) [5] (wzajemnie się obdarzać) to shower each other (czymś with sth)

■ **~ać kogoś/coś gradem kul/kamieni** to rain bullets/stones on sb/sth, to hit sb/ sth with a hail of bullets/stones

obsypywać *impf* → **obsypać**

obsza|r *m* (*G* ~**ru**) [1] (powierzchnia) area; **rezerwat zajmuje ~r ponad 50 kilometrów kwadratowych** the nature reserve covers an area of over 50 square kilometres; **jezioro ma ~r 50 metrów kwadratowych** the lake is 50 square metres in (surface) area; **na całym ~rze** all over; **na ~rze całego kraju/całej Europy** all over the country/Europe [2] (strefa) area, region; **~ry leśne** wooded areas, forest regions; **górzyste/pustynne ~y kraju** mountainous/desert regions a. areas of a country; **~ry nędzy/zacofania** poverty-stricken/ backward regions a. areas; **~ry wysokiego bezrobocia** areas a. regions of high unemployment [3] (dziedzina) area, field; **nowe ~ry nauki/wiedzy** new areas a. fields of science/knowledge; **niedofinansowane ~ry gospodarki kraju** underfunded sectors of the national economy

❏ **~r asejsmiczny/sejsmiczny** Geol. aseismic/seismic zone a. region

obszarnictw|o *n sgt* [1] (posiadanie) landowning, landownership; **likwidacja ~a** the liquidation of great landed estates [2] (obszarnicy) great landowners *pl*

obszarnicz|y *adi.* **gospodarstwa** a. **majątki ~e** landed estates; **podział ziemi ~ej** the breaking up of landed estates

obszarni|k *m*, **~czka** *f* (large) landowner

obszarp|ać *pf* — **obszarp|ywać** *impf* (~**ię** — ~**uję**) **Ⅰ** *vt* (obedrzeć) to tear [sth] off a. away; (postrzępić) to shred; **wiatr ~ał**

drzewa z liści the wind tore away the leaves from a. off the trees

Ⅲ obszarpać się — **obszarpywać się** [zasłona, spodnie] to fray

obszarpa|niec *m* (*V* ~**ńcze** a. ~**ńcu**) pot., pejor. (dziecko) guttersnipe pejor.; (dorosły) scruff GB pot., pejor.

obszarpan|y Ⅱ *pp* → **obszarpać**

Ⅲ *adi.* [1] [osoba] scruffy, shabby; **gdyby nie matka, poszedłby taki ~y do szkoły** if it weren't for his mother he's go to school looking all scruffy [2] [ubranie, kapelusz, torba] (podniszczony) scruffy, shabby; (zniszczony) tattered, ragged, in rags; (wystrzępiony) frayed

obszarpywać *impf* → **obszarpać**

obszczek|ać *pf* — **obszczek|iwać** *impf* *vt* [1] [pies] to bark (**kogoś** at sb) [2] pot., pejor. (oczerniać) to badmouth pot.

obszczekiwać *impf* → **obszczekać**

obszernie *adv. grad.* [1] (szczegółowo) [opisać, komentować, tłumaczyć] extensively, at (great) length; **~ rozwodził się na tą kwestią** he spoke at length about the issue [2] (przestronnie) spaciously

obszerno|ść *f sgt* [1] (pomieszczenia, budynku, placu) spaciousness; (mieszkania, pokoju, kuchni) spaciousness, roominess; (ubioru) roominess, loose fit, looseness [2] (badań, działalności) extensiveness; (tematów, zainteresowań, wiedzy) wide range, broad scope [3] (znaczna długość) length; (szczegółowość) thoroughness, extensiveness

obszern|y *adi. grad.* [1] (przestronny) [dom, pokój, wnętrze] spacious, roomy; [ogród, dziedziniec] spacious, extensive; [kieszenie, torba, samochód] roomy; (luźny) [sweter, szorty] loose-fitting, roomy, baggy; [spódnica, rękaw] full; **w tym roku modne są ~iejsze spodnie** looser-fitting trousers are in style this year [3] (rozległy) [tematyka, kontakty, wybór, zakres] extensive; **najobszerniejsze jak dotąd badania w tej dziedzinie** the most extensive research in the field to date [4] (szczegółowy) [opis, komentarz, sprawozdanie] thorough, in-depth [5] przest. (dalekosiężny) [plany, zmiany] sweeping

obsztorc|ować *pf vt* pot. to tear [sb] off a strip GB pot., to tear a strip off GB pot., to chew [sb] out US pot. (**za coś** for sth)

obszuk|ać *pf* — **obszuk|iwać** *impf* *vt* (rękami wzdłuż ciała) to frisk [zatrzymanego]; (dokładnie) to search [podejrzanego, dom, kieszenie]

obszukiwać *impf* → **obszukać**

obszy|cie Ⅱ *sv* → **obszyć**

Ⅲ *n* [1] (lamówka) trim *C/U*, edging *U*; **~cie z koronki/lnu** lace/linen edging [2] Żegl. (dna, burty) planking *U*

obszy|ć *pf* — **obszy|wać** *impf* (~**ję** — ~**wam**) *vt* [1] (oblamować) to trim, to edge (czymś with sth); **~ć kaptur futrem** to edge a. trim a hood with fur; **rękawy ~te koronką** lace-trimmed a. lace-edged cuffs; **~ć dekolt kolorową lamówką** to edge the neckline with a colourful trim; **pagony/ mankiety ~te galonem** braided epaulettes/cuffs [2] (obrębić nitką) to bind [dziurki od guzików] [3] (pokryć) to cover; **~ć coś skórą/ płótnem** to cover sth with leather/canvas [4] pot. (szyć ubrania) to make clothes for;

musiała ~ć całą rodzinę she had to make clothes for everybody in the family [5] Żegl. to plank *[burtę, pokład]*

■ **przepracowałem/mieszkałem tutaj dwadzieścia lat jak ~ł** pot. I've worked/ lived here a good twenty years pot.

obszywać *impf* → obszyć

obszywan|y [] *pp* → obszyć

[] *adi.* trimmed, edged; **spódnica ~a falbanką** a flounced skirt; **płaszcz ~y futrem** a coat trimmed with fur

obszyw|ka *f* [] (obszycie) trim *C/U*, edging *U*; **kołnierz z białą ~ką** a collar with white edging [2] (materiał) trim *C/U*, edging *U*; **jedwabna/skórzana ~ka** a silk/leather trim

obścisk|iwać *impf* pot. [] *vt* to cuddle [] **obściskiwać się** pot. to cuddle (each other); (erotycznie) to neck pot., to smooch pot.

obśliniać *impf* → obślinić

obśli|nić *pf* — **obśli|niać** *impf* [] *vt* to drool, to dribble (**coś** on sth); to slobber pejor. (**coś** on sth)

[] **obślinić się** — **obśliniać się** to drool a. dribble (all over oneself); to slobber (all over oneself) pejor.

obślizgiwać się *impf* → obślizgnąć się

obślizgnąć się → obślizgnąć się

obśliz|nąć się, obśliz|gnąć się *pf* — **obśliz|giwać się** *impf* (~nęła, ~nęli ~guję) pot. to slip; **~nął się na mokrych kamieniach** he slipped on the wet rocks

obśmi|ać *pf* — **obśmi|ewać** *impf* (~eję — ~ewam) pot. [] *vt* to laugh at, to make fun of *[osobę, pomysł]*

[] **obśmiać się** — **obśmiewać się** to laugh (**z kogoś/czegoś** at sb/sth)

obśmiewać *impf* → obśmiać

obtaczać *impf* → obtoczyć

obtańc|ować *pf* — **obtańc|owywać** *impf* *vt* [] pot. (nawymyślać) to give [sb] a dressing-down pot. [2] przest., żart. (tańczyć) to cut the rug przest., żart. (**kogoś** with sb); to trip the light fantastic przest., żart. (**kogoś** with sb)

obtańcowywać *impf* → obtańcować

obtar|cie [] *sv* → obetrzeć

[] *n* scrape, graze

obtłu|c *pf* — **obtłu|kiwać** *impf* (~kę, ~czesz, ~cze, ~kł, ~kła, ~kli ~kuję) [] *vt* to chip *[dzbanek, talerz]*; to bruise *[kolano, owoc]*

[] **obtłuc się** — **obtłukiwać się** *[talerz]* to chip; *[jabłko]* to bruise; **brzoskwinie łatwo się ~kują** peaches bruise easily

obtłukiwać *impf* → obtłuc

obt|oczyć *pf* — **obt|aczać** *impf* *vt* [] (oblepić) (w mące, panierce, mielonych orzechach) to coat (**w czymś** in a. with sth); (w sosie, śmietanie) to coat, to toss; **trufle ~oczone w kakao** cocoa-coated truffles [2] (wygładzić) to turn, to lathe *[drewnianą gałkę, dębowy balasek]*; **kamyki/bursztyny ~oczone przez fale** pebbles/pieces of amber worn smooth by the waves

obtykać *impf* → obetkać

obuch *m* [] (część młota) face; (część siekiery, topora) blunt end, butt [2] Hist. battleaxe

■ **dostać (jak) ~em w głowę** a. **łeb** to be stunned a. staggered; **straszna nowina uderzyła w nią ~em** she was stunned by the terrible news

obu|ć *pf* — **obu|wać** *impf* [] *vt* przest. ~ć **kogoś** to put shoes on sb's feet; **dziecko ~te w sandałki** a child shod in sandals

[] **obuć się** — **obuwać się** to put (one's) shoes on

obud|owa *f* (*Gpl* ~ów) [] (osłona) (skrzyni biegów, turbiny, komputera) casing; (silnika, łożyska) housing; (kompasu, zegarka) case; **zegar w kryształowej ~owie** a clock in a crystal case [2] (zespół budowli) ~**owa placu** the buildings lining the square [3] (wyposażenie wnętrza) fixture zw. *pl*, fittings *pl*, fitted furniture *U*; ~**owa kuchni/sypialni** the kitchen/bedroom fixtures; **umywalka w ~owie** a sink unit [4] Górn. lining [5] *sgt* (obudowywanie) **zajmować się ~ową wnętrz** to be a house fitter

obud|ować *pf* — **obud|owywać** *impf* *vt* [] (zbudować domy wokół) to line [sth] with buildings *[plac, ulicę]*; **rynek ~owano nowymi domami** the square was lined with new buildings; **nadbrzeże rzeki ~owano hotelami** the riverside was built up with hotels [2] (otoczyć) to line *[szyb, tunel, pokój]*; to encase *[kaloryfer, studnię]*; to fit *[kuchnię]*; **chcę ~ować spiżarkę/ścianę półkami** I want to fit the pantry/wall with shelves

obudowywać *impf* → obudować

obu|dzić *pf* [] *vt* [] (przerwać sen) to wake (up), to awake; ~**dził mnie telefon** the telephone woke me (up) ⇒ **budzić** [2] (wywołać) to rouse, to stir, to (a)wake *[uczucie, pragnienia, zainteresowanie]*; **ten widok ~dził we mnie miłe wspomnienia** the view brought back some pleasant memories ⇒ **budzić**

[] **obudzić się** [] (przestać spać) to wake (up), to awake(n); **poruszył się, ale nie ~dził** he stirred but didn't wake up a. awake(n); ~**dź się, nie widzisz, że cię oszukują** przen. wake up! can't you see they're cheating you ⇒ **budzić się** [2] (powstawać) *[wspomnienia, ciekawość, zainteresowanie, złość, zazdrość, współczucie]* to be (a)roused ⇒ **budzić się** [3] (ocknąć się) *[wulkan]* to become active; *[osoba]* to come to life przen.

■ ~**dzić się z ręką w nocniku** pot. to catch on (to sth) too late pot.

obumar|ły [] *pp* → obumrzeć

[] *adi.* [] *[naskórek, drzewo, liście]* dead [2] książk. *[tradycja, zwyczaj]* bygone, archaic

obumierać *impf* → obumrzeć

obum|rzeć *pf* — **obum|ierać** *impf* (~arł — ~ieram) *vi* [] *[tkanki, roślina]* to die; *[zwierzęta]* to die off; *[gatunek]* to die out [2] *[uczucia]* to die; *[tradycja, instytucja]* to die out

obunóż *adv., adi.* *[podskoczyć, podskok]* on both feet; **zeskoczyć ~ na ziemię** to jump to the ground landing on both feet

oburącz *adv.* *[trzymać]* in both hands; *[objąć, walczyć]* with both hands; Med. bimanually; **trzymać się ~ za głowę** to hold one's head in one's hands; **trzymała się ~ poręczy** she was gripping the banisters with both hands

oburęczność *f sgt* ambidextrousness, ambidexterity

oburęczn|y *adi.* [] *[dziecko]* ambidextrous [2] *[ciosy, chwyt, bekhend]* two-handed, double-handed

oburzać *impf* → oburzyć

oburzająco *adv.* pejor. *[zachować się, potraktować]* outrageously

oburzają|cy [] *pa* → oburzyć

[] *adi.* pejor. *[postępek, traktowanie]* outrageous

oburze|nie [] *sv* → oburzyć

[] *n sgt* indignation; (silne) outrage; **powszechne** a. **ogólne ~nie** public outrage; **czuć ~nie** to be indignant/outraged; **kipiał** a. **wrzał ~niem** a. **z ~nia** he was bursting with indignation; **czy to nie budzi waszego ~nia?** don't you find that outrageous?; **święte ~nie** righteous indignation

oburz|ony [] *pp* → oburzyć

[] *adi.* [] *[osoba, społeczeństwo]* indignant (**czymś** at a. over a. about sth); (silnie) outraged (**czymś** at a. over a. about sth); ~**ony wyszedł z pokoju** he left the room indignantly [2] *[głos, spojrzenie]* indignant; (silnie) outraged; **odpowiedzieć ~onym tonem** to reply indignantly/in an outraged voice

oburz|yć *pf* — **oburz|ać** *impf* [] *vt* to make [sb] indignant; (silnie) to outrage; ~**yło nas, że dyrektor brał łapówki** we were outraged that the director had accepted bribes

[] **oburzyć się** — **oburzać się** to be indignant (**na coś** at a. over a. about sth); (silnie) to be outraged (**na coś** at a. over a. about sth)

obustronnie *adv.* [] (z obu stron) *[napisany, emaliowany]* on both sides; ~ **drukować** to print [sth] on both sides [2] (wzajemnie) *[uzgodniony, dogodny, akceptowany]* mutually; Polit., Prawo bilaterally; ~ **korzystny związek** a mutually beneficial relationship

obustronn|y *adi.* [] (po obu stronach) *[ruch]* two-way; *[plakat]* double-sided, two-sided; ~**e zapalenie płuc** double pneumonia [2] (między dwiema stronami) *[korzyść, szacunek, porozumienie]* mutual; Polit., Prawo *[kontrola, układ, pomoc]* bilateral [3] (jednakowy po obu stronach) *[materiał, taśma klejąca]* double-sided

obuwać *impf* → obuć

obuwi|e *n sgt* książk. footwear, footgear; **sklep z ~em** a shoe shop; **zmienić ~e** to change one's shoes

obuwnictw|o *n sgt* (na skalę przemysłową) the shoe industry; (na małą skalę) shoemaking

obuwnicz|y *adi. [przemysł, sklep, fabryka, handel]* shoe attr.; **zakład ~y** a shoemaker('s)

obwar|ować *pf* — **obwar|owywać** *impf* [] *vt* [] książk. (ufortyfikować) to fortify *[miasto, twierdzę, pozycję]*; **gród ~owany palisadą** a palisaded town, a town fortified with a palisade; ~**ował swój gabinet trzema sekretarkami** żart. he has three secretaries on guard outside his office żart. [2] (zawarować prawnie) to hedge [sth] around; ~**ował umowę kilkoma zastrzeżeniami** he hedged the contract with several conditions; **propozycję pokoju ~owano licznymi warunkami** the peace agreement was hedged around with many conditions

[] **obwarować się** [] książk. (zbudować osłonę) *[wróg, obrońcy, gród]* to fortify one's position [2] żart. (ukryć się) to ensconce oneself; **ojciec**

~ował się gabinecie father ensconced himself in his study ③ (zabezpieczyć się) to consolidate one's position

obwarowa|nie ⫽ sv → **obwarować**

II n (fortyfikacja) fortification zw. pl

III obwarowania plt stipulations, provisos

obwarowywać impf → **obwarować**

obwarzan|ek m ① (ciastko) ≈ bagel ② (kształt) ring shape; **warkocze spięte w ~ki** braids tied a. done up in loops; **pies z ogonem skręconym w ~ek** a dog with a curly tail; **masz ~ki na rajstopach** pot., przen. your tights are sagging

obwąch|ać pf — **obwąch|iwać** impf vt to sniff (**kogoś/coś** sb/sth)

obwąchiwać impf → **obwąchać**

obwią|zać pf — **obwią|zywać** impf (~żę — ~zuję) ⫽ vt to tie, to bind; **~zać pudełko sznurkiem/wstążką** to tie a string/ribbon around a box; **~zał mi rękę/kostkę bandażem** he bound my arm/ankle with a bandage, he wrapped a bandage (a)round my arm/ankle; **~ż sobie szyję szalikiem** wrap a scarf around your neck; **mokrą głowę ~zała ręcznikiem** she wrapped her wet hair in a towel

II obwiązać się — obwiązywać się to wrap oneself (up) (**w coś** in sth); **~zała się chustą** she wrapped a scarf around her shoulders

obwiązywać impf → **obwiązać**

obwie|sić pf — **obwie|szać** impf ⫽ vt pokoje/ściany są **~szone obrazami** the rooms/walls are hung with pictures; **dama ~szona biżuterią** a lady (be)decked a. dripping with jewellery; **~sić choinkę bombkami** to decorate the Christmas tree with baubles

II obwiesić się — obwieszać się ① to (be)deck oneself (**czymś** with sth); pejor. to put on too much (**czymś** sth); **~siła się biżuterią** she (be)decked herself with jewellery ② przest. (powiesić się) to hang oneself

obwieszać impf → **obwiesić**

obwieszczać impf → **obwieścić**

obwieszcze|nie ⫽ sv → **obwieścić**

II n announcement, declaration; **oficjalne** a. **urzędowe ~nie** an official announcement; **~nie o stanie wojennym** a declaration of martial law; **~nie o zaciągu do wojska** a conscription announcement; **~nie powszechnej mobilizacji** a general mobilization order; **rozlepiać ~nia** to put up announcements

obwie|ś m (Npl ~sie, Gpl ~si a. ~siów) książk. miscreant książk.

obwie|ścić pf — **obwie|szczać** impf vt to announce; **~ścił rodzinie swoją decyzję** he announced his decision to his family; **~ścił, że się żeni** he announced that he was getting married; **zegary ~ściły północ** the clocks struck midnight; **~ścić wyrok** to pronounce a verdict

obw|ieść pf — **obw|odzić** impf (~iodę, ~iedziesz, ~iódł, ~iodła, ~iedli — ~odzę) vt ① (otoczyć) to encircle, to surround; **zamek ~iedziono murem** a castle was encircled a. surrounded by a wall; **tekst ~iedziony ramką** a boxed text ② książk. (oprowadzić) to show [sb] (a)round; **~iódł**

gościa po zamku/mieście he showed his guest around the castle/town

obw|ieźć pf — **obw|ozić** impf (~iozę, ~ieziesz, ~iózł, ~iozła, ~ieźli — ~ożę) ⫽ vt to take [sb] for a ride a. drive; **~iózł nas po mieście/po swoich znajomych** he took us for a drive around the town/he took us to visit all his friends

II obwieźć się — obwozić się (jako pasażer) to be taken on a ride a. drive; (jako kierowca) to drive; **kazał taksówkarzowi ~ieźć się po głównych ulicach** he told the taxi driver to drive along the main streets; **~oził się po mieście nowym kabrioletem** he drove around town in his new convertible

obwijać impf → **obwinąć**

obwi|nąć pf — **obwi|jać** impf (~nęła, ~nęli — ~jam) ⫽ vt (używając papieru, tkaniny) to wrap (up); (używając bandaża, taśmy, szalika) to bind, to wrap; **~nąć ranę bandażem** to bandage a wound; **~nęła dziecko kocem** she wrapped the baby up in a blanket

II obwinąć się — obwijać się to wrap oneself (up) (**w coś** in sth)

obwiniać impf → **obwinić**

obwi|nić pf — **obwi|niać** impf ⫽ vt to accuse (**o coś** of sth); to blame (**za coś** for sth); **~niać kogoś o kradzież** to accuse sb of theft a. stealing; **~nia rodziców za swoją porażkę** he blames his parents for his failure

II obwinić się — obwiniać się to blame oneself (**za coś** for sth)

obwisać impf → **obwisnąć**

obwi|sły ⫽ pp → **obwisnąć**

II adi. [wąsy] droopy; [gałęzie, kwiaty] drooping; [policzki, biust, pończochy] sagging, saggy; [uszy] floppy

obwi|snąć pf — **obwi|sać** impf (~sł a. ~snął — ~sam) [liście, kwiaty] to droop; [policzki, pończochy] to sag; **gałęzie ~sły pod naporem śniegu** the branches sagged under (the weight of) the snow; **kotu ~sły wąsy** the cat's whiskers were drooping

obwodnic|a f ring road GB, beltway US

obwodow|y adi. ① (okalający) **~a szosa/linia kolejowa** a road/railway line encircling a town ② Admin. [przychodnia, komisja wyborcza] district attr.

obwodzić impf → **obwieść**

obwolu|ta f dust jacket, wrapper

obwoł|ać pf — **obwoł|ywać** impf vt ① (powierzyć godność) to proclaim; **~ano go królem** he was proclaimed king ② (uznać) to acclaim, to hail; (nazwać) to declare, to call; **~ano ją geniuszem** she was hailed as a genius; **~ać film arcydziełem** to declare a film a masterpiece ③ przest. (ogłosić) to announce, to proclaim

obwoływać impf → **obwołać**

obwozić impf → **obwieźć**

obwoźn|y adi. [skup, sprzedaż, handel] door-to-door, house-to-house

obw|ód m (G ~odu) ① Mat. (prostokąta, wieloboku, koła) perimeter; (koła) circumference; **~ód trójkąta/ogrodu** the perimeter of a triangle/garden ② (wielkość) size, measurement; **~ód pasa/bioder/biustu** waist/hip/bust size; **jaki masz ~ód głowy?** what size hat do you wear? ③ Admin. (obszar) district; **~ód wyborczy** a. **głoso-**

wania a voting a. an electoral district ❑ **~ód drukowany** Elektr. printed circuit; **~ód elektryczny** Fiz. electric circuit; **~ód magnetyczny** Fiz. magnetic circuit

obwód|ka f ① (szlaczek) edge, rim; (kolorowa, ozdobna) border; **~ki z brudu za paznokciami** dirt under one's/sb's fingernails; **kartka z czarną ~ką** a page edged in black ② (lamówka) trim, edging

oby part. **~ się nie rozmyśliła** let's hope she doesn't change her mind; **~ś żył długo i szczęśliwie** may you live long and happily; **dobrze jest, ~ tak dalej** things are okay, let's hope it stays that way/let's keep it that way; **~ tak było** let's hope so; it'd better be pot.

obyci|e ⫽ sv → **obyć**

II n sgt ① (ogłada) good manners, refinement, polish; **miał duże ~e** he was a person of considerable refinement ② (oswojenie się) familiarity (**z czymś** with sth); experience (**z czymś** in a. of sth); **~e z komputerem** computer literacy

obyczaj m (G ~u) ① (rytuał) custom, tradition; **starym ~em podzielili się opłatkiem** they shared a consecrated wafer according to an old custom a. tradition; **zgodnie z ~em rodzinnym wszyscy spotykali się w porze obiadowej przy stole** it was the custom in their family to meet at the dinner table; **~ robienia pisanek** the custom of painting Easter eggs ② zw. pl (przyzwyczajenie) habit, custom; **śledził ~e wiewiórek** he observed the habits of squirrels; **spartańskie ~e** spartan customs ③ zw. pl (sposób zachowania) custom; **dobre ~e** decency; **u nas taki ~ przodem puszczać kobiety** it's the custom in our country for ladies to go first ④ zw. pl książk. (zasady moralne) morals, mores; **zepsucie ~ów** the corruption of morals; **człowiek surowych ~ów** a man of strict morals

■ **kobieta lekkich ~ów** książk. woman of loose morals

obyczajnie adv. grad. przest. [zachowywać się] decorously

obyczajn|ość f sgt przest. decorousness

obyczajn|y adi. przest. [osoba, żart, zachowanie] decorous

obyczajowoś|ć f sgt ① (tradycja) mores; **~ć staropolska** old Polish customs ② (moralność) morals, morality; **rozluźnienie ~ci młodzieży** the relaxed morals of youth; **słynął z surowej ~ci** he was noted for his strict morals

obyczajow|y adi. ① (dotyczący codziennego życia) **dramat ~y** a conversation piece; **powieść/komedia ~a** a novel/comedy of manners; **film ~y** a film drama ② (dotyczący moralności) **skandal ~y** a sex scandal; **swoboda ~a** sexual freedom; **konwenanse ~e** social conventions

obyczajów|ka f pot. vice squad

ob|yć się[1] pf — **ob|ywać się** impf v refl. ① (poradzić sobie) to go without, to do without (**bez czegoś** sth); **jak długo człowiek może obyć się bez jedzenia?** how long can a human being go without food? ② (obejść się) **obyło się bez wypadku** an accident was avoided; **nie obędzie się bez kłótni** there will surely be an argument;

nie obyło się bez płaczu there were tears [3] (zadowolić się) to make do (**czymś** with sth); **musieli się obywać zaledwie dwoma posiłkami dziennie** they had to make do with only two meals a day; **obywał się byle czym, byle tylko skończyć studia** he scrimped and saved in order to complete his studies

■ **obyć się smakiem** to go a. do without it
ob|yć się² *pf v refl.* (przyzwyczaić się) to accustom oneself (**z czymś** to sth); to get used (**z czymś** to sth); **przyjechał, aby się trochę obyć w mieście** he came in order to get used to living in a city

obydwa → **oba**
obydwoje → **oboje**
oby|ty *adi.* [1] (obeznany) familiar (**z czymś** with sth); experienced (**z czymś** in sth); **był ~ty z bronią** he was experienced in the use of arms; **człowiek ~ty z fachową terminologią** a person familiar with the terminology [2] (wyrobiony) refined, cultivated; **był młody i mało ~ty** he was young and lacked refinement; **człowiek ~ty w świecie** a man a. woman of the world
obywać się *impf* → **obyć się¹**
obywatel *m* (*Gpl* ~**i**) [1] (państwa) citizen; ~ **Francji/Polski** a French/Polish citizen; ~ **obcego kraju** a foreign citizen [2] (miasta) citizen; burgher przest.; ~ **Łodzi/Warszawy** a citizen of Łódź/Warsaw [3] daw. (ziemianin) landowner; ~ **ziemski** landowner [4] (forma tytułowania) citizen przest.; **tak jest, ~u generale** yes, sir!

■ ~ **świata** citizen of the world; **szary ~** the man in the street
obywatel|ka *f* [1] (państwa) citizen; **jest ~ką Francji** she's a French citizen [2] (miasta) citizen; burgher przest.; [3] daw. (ziemianka) landowner [4] (forma tytułowania) citizen przest.
obywatels|ki *adi.* [wolność] civil; [postawa, cnota, postępek] civic; **obowiązki ~kie** civic duties; **prawa ~kie** civil rights; **po ~ku** in a spirit of good citizenship; **zachować się po ~ku** to do one's civic duty
obywatelstw|o *n sgt* citizenship; **mieć ~o polskie** to have Polish citizenship; **podwójne ~o** dual citizenship/nationality; **nadać** a. **przyznać komuś ~o** to grant sb citizenship; **przyznać komuś/otrzymać honorowe ~o miasta** to give sb/receive the freedom of a city; **papież przyjął honorowe ~o Częstochowy** the Pope was made a freeman of the City of Częstochowa; **pozbawiono go polskiego ~a** his Polish citizenship was revoked

■ **zyskać/mieć prawo ~a** książk. to become/be generally accepted
obyż książk. → **oby**
obżarstw|o *n* pot., pejor. gluttony
obżartuch *m* (*Npl* ~**y**) pot., pejor. glutton, gannet
obżerać *impf* → **obeżreć**
ocalać *impf* → **ocalić**
ocal|eć *pf* (~**eję, ~ał, ~eli**) *vi* to survive; ~**eć z wypadku/pożaru** to survive an accident/fire; ~**eć od śmierci** to escape death; **z całej książki ~ało tylko parę stron** only a few pages of the book have survived; **z całej rodziny ~ało tylko**

kilka osób only a few members of the family survived
ocale|nie ‖ *sv* → **ocaleć**
‖ *n* rescue, survival; **cudowne ~nie** miraculous escape; **byłeś moim ~niem** you were my salvation
ocal|ić *pf* — **ocal|ać** *impf* ‖ *vt* to rescue; ~**ić miasto od zniszczenia** to rescue a city from destruction; ~**ić własną godność/reputację** to salvage one's dignity/reputation; ~**ić kogoś od śmierci** to save sb's life; ~**ić coś od zapomnienia** to preserve sth for posterity
‖ **ocalić się** — **ocalać się** to survive; ~**ić się z pożaru/z wojny** to survive a fire/war; ~**ić się cudem** to have a narrow escape
ocean *m* (*G* ~**u**) [1] Geog. ocean [2] książk., przen. (bezmiar) sea; ocean(s) pot.; **przed nami rozciągał się bezkresny ~ piasku** there was an endless sea of sand before us; ~ **biedy/kłopotów** an ocean of poverty/a sea of troubles
oceanari|um *n* (*Gpl* ~**ów**) oceanarium
oceaniczn|y *adi.* [wody, dno, prądy, ptaki, ryby] oceanic, ocean *attr.*; **statek ~y** an ocean-going ship
oceanografi|a *f sgt* (*GD* ~**i**) oceanography
oceanograficzn|y *adi.* [badania, wyprawa] oceanographic
ocelo|t ‖ *m* Zool. ocelot
‖ **oceloty** *plt* (futro) ocelot fur
ocembr|ować *pf vt* to case [studnię]; to embank [rzekę] ⇒ **cembrować**
ocembrowa|nie ‖ *sv* → **ocembrować**
‖ *n* (studni) casing; (rzeki) embankment
ocen|a *f* [1] (osąd) assessment, appraisal; ~**a sytuacji finansowej** an assessment of the financial situation; ~**a pracownika** a job appraisal; **rodzice bywają niesprawiedliwi w ~ie swoich dzieci** parents can be unfair in judging their children; **dokonać ~y czegoś** to make an appraisal of sth; **być surowym w ~ie** to be a harsh critic [2] (wycena) estimation, evaluation; ~**a majątku** a property evaluation; **błędna ~a odległości** a wrong estimation of the distance [3] Szkol. mark GB, grade US; ~**a ze sprawdzianu** conduct mark; **stawiać ~y** to give marks; **mieć dobre/złe ~y z matematyki** to have good/poor marks in maths; **zdać egzamin z dobrą ~ą** to get a good mark in an exam
oceniać *impf* → **ocenić**
oceniając|y ‖ *pa* → **ocenić**
‖ *adi.* [wypowiedź, opinia] appraising; [komisja] judging
oce|nić *pf* — **oce|niać** *impf* ‖ *vt* [1] (wydać opinię) to judge, to assess; **dyrektor wysoko pana ~nił** the manager appraised you highly; ~**niać ludzi na podstawie wyglądu zewnętrznego** to judge people by their appearance; **trudno ~nić, czy działał w dobrej wierze** it's hard to judge whether he acted in good faith; **eksperci ~nili te znaleziska jako bardzo cenne** the experts assessed the finds as very precious; ~**nić sztukę teatralną** to judge a. criticize a play [2] (oszacować) to assess, to estimate; **komisja ~ni szkody** the committee will assess the damage; **skały, których wiek ~nia się na trzy miliardy**

lat rocks estimated to be three thousand million years' old; ~**nił, że mamy minimalne szanse** he estimated our chances as being minimal; **nie można stąd ~nić, jakie jest nachylenie stoku** from here, you can't estimate the steepness of the slope [3] (postawić ocenę) [nauczyciel] to assess [ucznia, pracę, zachowanie]; **klasówka ~niona na bardzo dobre** a test marked A
‖ **ocenić się** — **oceniać się** [1] (wydać opinię o sobie) to judge oneself, to assess oneself; **trafnie się ~nił** his self-assessment was right [2] (postawić sobie ocenę) to give oneself a mark GB, to give oneself a grade US
ocenzur|ować *pf vt* to censure, to blue-pencil [film, książkę, sztukę] ⇒ **cenzurować**
oc|et *m sgt* (*G* **octu**) Kulin. vinegar; **grzybki w occie** mushrooms pickled in vinegar; **ocet spirytusowy** synthetic vinegar; **ocet stołowy** table vinegar; **ocet winny** wine vinegar; **ocet owocowy** fruit vinegar

■ **kwaśny jak ocet siedmiu złodziei** książk. (bardzo kwaśny) (as) sour as vinegar; (zgorzkniały) (as) sour as a crab; **zaprawić coś octem** to make a double-edged remark about sth; **komplement zaprawiony octem** a backhanded compliment
och *inter.* oh!; ~, **jak tu ładnie!** oh a. ooh, how pretty it is here!; ~ **nie, tylko nie to!** oh no, not that!

■ ~**y i achy** oohs and aahs, oohing and aahing; ~**y i achy zachwyconej publiki** the oohs and aahs of a delighted public; **słychać same ~y i achy na temat tego filmu** everybody's oohing and aahing over the film
ochajtn|ąć *pf* (~**ęła, ~ęli**) pot. ‖ *vt* (posprzątać) to clear [sth] up, to clear up [mieszkanie, pokój]
‖ **ochajtnąć się** pot. [1] (doprowadzić się do porządku) to tidy oneself up [2] (ożenić się) to get hitched (**z kimś** a. with sb)
ochlaj *m* (*G* ~**u**) pot. piss-up GB pot.
ochlap|ać *pf* — **ochlap|ywać** *impf* (~**ię** — ~**uję**) ‖ *vt* [1] (zmoczyć) to splash, to spatter; ~**ać sukienkę zupą** to spatter one's dress with soup; **samochody ~ują przechodniów błotem** the cars are spattering the passers-by with mud; **czemu mnie ~ałeś wodą?** why did you splash me? [2] pot. (pomalować niestarannie) to daub; **malarz ~ał ściany farbą i poszedł** the painter slapped some paint on the walls and left
‖ **ochlapać się** [1] (zmoczyć się) to splash oneself (**czymś** with sth) [2] pot. (szybko się umyć) to have a quick wash
ochlapus *m* (*Npl* ~**y**) pot., pejor. boozer pot., souse pot.
ochlapywać *impf* → **ochlapać**
ochładzać *impf* → **ochłodzić**
ochłap *m zw. pl* (*G* ~**u** a. ~**a**) pot. [1] (mięsa) (meat) scrap *zw. pl* [2] przen., pejor. (mała ilość) scrap, remnant; ~**y dla oświaty** (budget) leftovers for education; ~ **litości/uczucia** a scrap of pity/love
ochło|da *f sgt* refreshment; **pić zimne napoje dla ~dy** to have cold drinks for refreshment; **ciepły wiatr nie przynosił ~dy** the warm wind didn't make it any cooler

ochł|odnąć *pf* (~**ódł**) *vi* 1 (zrobić się zimniej) to get cooler, to cool down; **po południu trochę ~odło** it got a little cooler in the afternoon 2 przen. (zapanować nad emocjami) to cool down; to simmer down pot.; **nasze stosunki ~odły ostatnio** relations between us have cooled lately

ochłodze|nie ⊔ *sv* → **ochłodzić**

⊡ *n* 1 (spadek temperatury powietrza) cooler weather; **gwałtowne ~nie** a cold snap; **~nie klimatu** the cooling of the climate 2 *sgt* książk., przen. (w relacjach międzyludzkich) cooling, breach; **w tamtym okresie nasze kontakty uległy wyraźnemu ~niu** at that time our relations definitely cooled; **~nie stosunków polsko-rosyjskich** a cooling in Polish-Russian relations

ochł|odzić *pf* — **ochł|adzać** *impf* ⊔ *vt* 1 (ostudzić) to cool (down), to freshen; **mleko ~odził w lodówce** he cooled the milk in the fridge; **północny wiatr ~odził powietrze** the north wind freshened the air; **zimna kąpiel ~odziła go** a cold bath freshened him 2 książk., przen. (zmniejszyć intensywność) to cause [sth] to cool off; **rozłąka stopniowo ~odziła ich przyjaźń** their friendship gradually cooled off after they parted

⊔ **ochłodzić się** — **ochładzać się** 1 (zmniejszyć uczucie gorąca) to cool off, to cool down; **~odził się w basenie** he cooled off with a swim in the pool; **~odzili się lodami** they cooled off with ice cream 2 (o pogodzie) to get colder; **mam nadzieję, że po burzy wreszcie się ~odzi** I hope it'll cool down after the storm 3 książk., przen. *[kontakty, stosunki, uczucia]* to cool (off); **jego kontakty z rodziną bardzo się ~odziły** his relations with his family have definitely cooled

ochło|nąć *pf* (~**nęła, ~nęli**) *vi* 1 (odzyskać spokój) to cool down; to simmer down pot.; **~nąć z gniewu** to cool a. simmer down; **~nąć po awanturze** to cool down a. off after an argument 2 (z upału, wysiłku) to cool off, to cool down

ochmistrz *m* (*Npl* ~**e** a. ~**owie**) 1 Żegl. steward, purser 2 daw. (urzędnik dworski) chief steward 3 daw. (wychowawca) tutor

ochmistrzy|ni *f* daw. 1 (na dworze) housekeeper 2 (nauczycielka) governess

ochoczo *adv.* 1 (z zapałem) *[pracować, zgodzić się]* willingly, enthusiastically 2 (żwawo) *[tańczyć, bawić się]* cheerfully

ochocz|y *adi.* 1 (pełen zapału) willing, eager; **~y pomocnik** a willing helper; **zawsze był ~ do pracy/pomocy** he's always been eager to work/help; **~a pomoc/zgoda** willing help/consent 2 (raźny) *[zabawa, taniec, okrzyk]* cheerful

ocho|ta *f sgt* willingness (**na coś** to do sth); **mieć ~tę na coś** to feel like (doing) sth; **mam ~tę na pogawędkę** I feel like having a talk; **czy macie ~tę na coś słodkiego?** would you care for something sweet?; **stracić ~tę do życia** to no longer be interested in anything; **czasami nachodzi mnie ~ta, żeby gdzieś wyjechać** sometimes I feel like going away; **możemy pójść na spacer, jeśli masz ~tę** we can go for a walk if you feel like it; **nie mieć ~ty na coś** to not feel like doing sth; **nie**

miałem ~ty wysłuchiwać jego uwag I didn't feel like listening to his comments; **pracować z ~tą** to work willingly

ochotniczo *adv. [pracować, wyjechać, uczestniczyć]* voluntarily, as a volunteer; **zgłosił się ~ do wojska** he volunteered for the army

ochotnicz|y *adi. [oddział, służba, praca]* voluntary

ochotni|k *m, ~czka* *f* volunteer; **na ~ka** voluntarily; **do pomocy przy rannych zgłosił się na ~ka** he volunteered to help the injured; **poszedł do wojska na ~ka** he joined the army as a volunteer

och|ra *f sgt* 1 (barwnik, kolor) ochre GB, ocher US 2 Chem., Miner. ochre GB, ocher US

ochraniacz *m* guard, pad, patch; **~e na ramiona/łokcie** shoulder/elbow patches; **~e na buty** boot guards; **futrzane ~e na uszy** fur earmuffs; **~ na zęby** a gum-shield

ochraniać *impf* → **ochronić**

ochron|a *f sgt* 1 (zapewnienie bezpieczeństwa) (zabytków) preservation; (praw, danych) protection; **~a zdrowia** health care; **być pod czyjąś ~ą** to be under sb's protection; **nasza rodzina została wzięta pod ~ę policji** our family has been put under police protection; **być pod ~ą** *[roślina, zwierzę]* to be protected; **ginące gatunki trzeba objąć ~ą** endangered species should be protected 2 (zabezpieczenie) protection (**przed czymś** against a. from sth); safeguard (**przed czymś** against sth); **skuteczną ~ą przeciwko epidemii są szczepienia** vaccination is an effective protection against an epidemic; **duży parasol zapewni ci ~ę przed deszczem** a large umbrella will protect you from the rain 3 (budynku) security; (prezydenta, premiera) bodyguard; **~a lotniska/hotelu** airport/hotel security; **wezwać ~ę** to call security ❏ **~a pracy** Ubezp. health and safety at work; **~a przeciwpowodziowa** flood control; **~a przyrody** Ekol. wildlife conservation; **~a radiologiczna** Med. anti-radiation protection; **~a środowiska** Ekol. environmental preservation a. protection

ochroniars|ki *adi.* pot. *[firma, agencja, ekipa]* security *attr.*

ochroniarz *m* (*Gpl* ~**y**) pot. 1 (prezydenta, aktora) bodyguard; (budynku) security guard 2 (przyrody) conservationist

ochr|onić *pf* — **ochr|aniać** *impf* ⊔ *vt* to protect (**przed czymś** a. **od czegoś** from a. against sth); **kaptur ~onił go od deszczu** the hood protected him from the rain; **krem nawilżający ~oni skórę przed wysuszeniem** moisturizing cream prevents dryness of the skin

⊔ **ochronić się** — **ochraniać się** to protect oneself (**od czegoś** a. **przed czymś** from a. against sth); **przed ciosem ~oniłem się teczką** I protected myself from the blow with a briefcase; **jakoś udało mi się w tym roku ~onić przed grypą** I've somehow managed to avoid the flu this year

ochron|ka *f* daw. orphanage

ochronn|y *adi. [warstwa, ubranie, barwy, farba]* protective; **okulary ~e** (safety)

goggles; **szczepienia ~e** immunization, vaccination; **krem ~y** a barrier cream

ochryple *adv. [mówić, krzyczeć, szczekać]* hoarsely

ochryp|ły, ~nięty *adi. [osoba, głos, krzyk]* hoarse, husky

ochryp|nąć *pf* (~**ł**) *vi [osoba]* to make oneself hoarse; *[głos]* to become hoarse, to become husky; **~ł od krzyku** he shouted himself hoarse; **głos ~ły od krzyku** a voice hoarse with shouting; **krzyczał aż do ~nięcia** he shouted himself hoarse ⇒ **chrypnąć**

ochrzan *m sgt* (*G* ~**u**) pot. telling-off pot., dressing-down pot.; **dostać ~** to get a telling-off pot., to be given a dressing-down pot.

ochrzaniać *impf* → **ochrzanić**

ochrza|nić *pf* — **ochrza|niać** *impf* posp. ⊔ *vt* to slap [sb] down pot., to dress [sb] down, to dress down pot. (**za coś** for sth)

⊔ **ochrzanić się** — **ochrzaniać się** 1 (nawzajem) to slap each other down pot., to dress each other down pot., to dress down each other pot. 2 (lenić się) to loaf around pot.

ochrz|cić *pf* ⊔ *vt* 1 (udzielić sakramentu) *[ksiądz]* to baptize *[dziecko]* ⇒ **chrzcić** 2 (nadać imię) to christen; **~czono ją imieniem Konstancja** she was christened Constance; **wczoraj ~ciliśmy naszą córeczkę** yesterday we had our baby daughter christened ⇒ **chrzcić** 3 (nadać nazwę) to dub, to christen; **od razu ~ciła mnie babcią** she immediately dubbed me 'Grandma'; **~cić statek imieniem „Stefan Batory"** to name a ship the 'Stefan Batory' ⇒ **chrzcić** 4 pot. (rozcieńczyć) to water [sth] down, to water down *[wino, zupę]* ⇒ **chrzcić**

⊔ **ochrzcić się** to be baptized ⇒ **chrzcić się**

ociąga|ć się *impf vi* 1 (robić powoli) to linger, to dally; **~ć się z odrabianiem lekcji** to linger over one's homework 2 (zwlekać) **~ć się z czymś** to delay (doing) sth, to be reluctant to do sth; **długo ~ł się z wyjazdem** he delayed leaving for a long time; **~ła się z zamążpójściem** she was reluctant to get married

ociągani|e ⊔ *sv* → **ociągać się**

⊡ *n sgt* reluctance; **robić coś z ~em** to do sth with reluctance a. reluctantly; **wstał bez ~a** he stood up, without hesitation

ociec → **ocieknąć**

ociekać¹ *impf* → **ocieknąć**

ocieka|ć² *impf vi* to drip (**czymś** with sth); **twarz ~jąca potem/krwią** a face dripping with sweat/blood; **jego głos ~ł fałszywą słodyczą** przen. his voice dripped false sweetness

ocie|knąć, ocie|c *pf* — **ocie|kać¹** *impf* (~**ł** ~ ~**am**) *vi* 1 *[deszcz, woda]* to drip; **deszcz ~kał z nich strumieniami** they were dripping (wet) 2 (schnąć) to drain; **postawiła szklanki na suszarce, żeby ociekły** she left the glasses to drain

ociel|ić się *pf [krowa, łania]* to calve ⇒ **cielić się**

ociel|ony ⊔ *pp* → **ocielić się**

⊡ *adi. [krowa, łania]* newly-calved

ociemnia|ły ⊔ *adi. [osoba]* blind

⊡ **ociemniały** *m, ~ła* *f* blind person; **książki dla ~łych** books for the blind

ocieniać *impf* → ocienić

ocie|nić *pf* — **ocie|niać** *impf vt* to (over)shadow; **drzewa ~niły ogródek** the garden was overshadowed with trees; **kapeluszem z szerokim rondem ~niał jej twarz** the wide brim of her hat shaded her face; **~niony taras** a shady terrace

ocieplacz *m* [1] (wszyty w ubranie) lining; **kurtka z ~em** a quilted a. padded jacket [2] (część odzieży) warmer; **~ na nogi** a leg warmer; **~ narciarski** salopettes [3] (pokrowiec) casing; **~e na chłodnice samochodowe** radiator casings; **~ na dzbanek z herbatą** a tea cosy [4] (materiał ocieplający) insulation *U*

ocieplać *impf* → ociepić

ocieplan|y [1] *pp* → ociepić

[2] *adi.* [kurtka, płaszcz] quilted, padded

ociejple|nie [1] *sv* → ociepić

[2] *n* [1] (wzrost temperatury powietrza) warmer weather; **~nie klimatu** climate warming [2] książk., przen. (poprawa) thaw, warming; **~nie stosunków między Niemcami a Wielką Brytanią** a thaw in German-British relations

ociepl|ić *pf* — **ociepl|ać** *impf* [1] *vt* [1] (ogrzać) to warm; **~ić ręce przy kominku** to warm one's hands by the fire [2] (zabezpieczyć przed utratą ciepła) to insulate [dom, budę]; **rękawiczki ~one futerkiem** fur-lined gloves [3] przen., książk. (uczynić sympatyczniejszym) to warm up [nastrój, atmosferę]; **kwiaty na pewno ~ą ten pokój** flowers will surely make the room cosy

[1] **ociepić się** — **ociepać się** [1] (stawać się cieplejszym) [powietrze, klimat] to warm (up); **na południu trochę się ~i** it'll get a. be a bit warmer in the south [2] (rozgrzać się) [ręce, nogi] to warm (up) [3] przen., książk. (poprawić się) [kontakty, stosunki, atmosfera] to thaw (out)

ocierać *impf* → otrzeć

ociężale *adv. grad.* [chodzić, wstać] ponderously, heavily

ociężałoś|ć *f sgt* (w ruchach) ponderousness, heaviness

❏ **~ć umysłowa** Med. (mental) retardation

ocięża|ły *adi. grad.* [1] [osoba, ruchy, krok] ponderous, lumbering; **~ły umysłowo** rather backward euf. [2] przest. (ciężki) [powieki, głowa] heavy; **~łe gałęzie drzew w sadzie** tree branches laden with fruit

ocio|sać *pf* — **ocio|sywać** *impf* (**~sam** a. **~szę** — **~suję**) *vt* to hew [drewno, kamień]

ociosywać *impf* → ociosać

ocipi|eć *pf* (**~eję**, **~ał**, **~eli**) *vi* posp. (zwariować) to go bonkers pot., to be off one's nut pot.; **bez roboty ~ałbym natychmiast** I'd go bonkers if I had nothing to do; **czyś ty ~ał?** are you off your nut?

ociupin|a, ~ka pot. [1] *f* whit, bit; **~a chleba/mięsa** a morsel of bread/meat

[1] **ociupinę** *adv.* a whit, a (little) bit; **muszę ~ę odpocząć** I need to rest a bit; **~ę mniejszy/większy** a tiny bit smaller/larger

ockn|ąć się *pf v refl.* [1] (obudzić się) (ze snu) to awake; (z omdlenia) to come to, to come round GB a. around US; to revive; **~ął się ze snu** he roused from sleep; **chory ~ął się po operacji** the patient came to after the operation; **ledwo ~ęła się z omdle-**

nia, poczuła ból no sooner had she come round from her faint than she felt a pain [2] (z zamyślenia) to wake up, to rouse oneself; **~ął się z zadumy** he roused himself from his meditation

ocl|ić *pf vt* (nałożyć cło) to impose a. levy a customs duty on; (pobrać cło) to collect a customs duty on; **czy ma pan coś do ~enia?** have you got anything to declare? ⇒ **clić**

octow|y *adi.* [1] [smak, zapach] vinegary; [sos] vinegar *attr.*; **zalewa ~a** pickle; **śledzie/ogórki w zalewie ~ej** pickled herring/cucumbers [2] Chem., Przem. [fermentacja] acetous; [kwas] acetic

ocucać *impf* → ocucić

ocu|cić *pf* — **ocu|cać** *impf* [1] *vt* to revive, to bring [sb] round a. to; **~cono ją z omdlenia** she was revived from her faint

[1] **ocucić się** — **ocucać się** to regain consciousness, to come to

ocyga|nić *pf* pot. (oszukać finansowo) to diddle pot.; (skłamać, wyłudzić) to con pot.; **~nił mnie przy grze w karty** he hoodwinked me at cards; **próbowała nas ~nić na parę tysięcy euro** she tried to con a. diddle us out of a couple of thousand euros; **~nił ich, że jest chory** he conned them into believing that he was ill ⇒ **cyganić**

ocynk|ować *pf vt* Techn. to galvanize, to zinc; **blacha ~owana** galvanized sheeting ⇒ **cynkować**

oczajdusz|a *m, f* (Gpl *m* **~ów** a. **~**, Gpl *f* **~**) przest. scamp przest.

oczar|ować *pf* — **oczar|owywać** *impf vt* (wzbudzić zachwyt) to bewitch, to enchant; (ująć) to charm; **piękno krajobrazu ~owało go** he was bewitched by the beauty of the landscape; **~owała nas urodą/dowcipem** she enchanted us with her beauty/wit; **zdołał ją ~ować kilkoma gładkimi komplementami** he managed to charm her with a few glib compliments

oczarowa|nie [1] *sv* → oczarować

[1] *n* bewitchment, enchantment (**czymś** with sth)

oczarowywać *impf* → oczarować

oczek|iwać *impf vt* [1] (być psychicznie przygotowanym) to expect (**kogoś/czegoś** sb/sth); (fizycznie czekać) to wait (**kogoś/czegoś** for sb/sth); to await *vt*; **spokojnie ~iwał na pomoc** a. **nadejścia pomocy** he was calmly waiting for help to arrive; **~ujesz listu/gości?** are you expecting a letter/guests?; **nadszedł z dawna ~iwany dzień** the long-awaited day came [2] (wydarzyć się w przyszłości) [zadania, wyjazd] to await (**kogoś** sb); to be in store (**kogoś** for sb); **~ują ich przygody/niebezpieczeństwa** adventures/dangers await them; **~uje cię/was wielka przyszłość** a bright future awaits you a. is in store for you [3] (spodziewać się) to expect; **~iwałem po tobie więcej rozsądku** I expected you to have more common sense; **moja siostra ~uje dziecka** my sister is expecting a baby

oczekiwa|nie [1] *sv* → oczekiwać

[1] *n sgt* (czekanie) expectation *C/U*, anticipation *U*; **w ~niu twojego przyjazdu** a. **na twój przyjazd** in anticipation of your arrival; **atmosfera ~nia** an atmosphere

of anticipation

[1] **oczekiwania** *plt* (nadzieje) expectations, expectation *U*; **wbrew wszelkim ~niom** contrary to all expectation(s); **spełnić czyjeś ~nia** to live a. come up to sb's expectations; **nie spełniać ~ń** to fall short of expectations; **zawiodłem się w moich ~niach** my expectations have been thwarted; **to przerasta nasze ~nia** it surpasses a. exceeds our expectations; **to przechodzi wszelkie ~nia** it is beyond all expectations

oczere|t *m zw. pl* (G **~tu**) Bot. bulrush, rush

oczerniać *impf* → oczernić

oczer|nić *pf* — **oczer|niać** *impf* książk. [1] *vt* to slander; to smear przen.; **~niał rywali przed prasą** he slandered a. smeared his competitors in the press

[1] **oczernić się** — **oczerniać się** [1] (siebie samego) to run oneself down [2] (jeden drugiego) to run each other down

oczęta *plt* (G **~ąt**) książk., pieszcz. eyes

ocz|ko *n* [1] *dem.* (Npl **~ka** a. **~ki**) (małe oko) (little) eye [2] (ozdobny kamień) gem, stone; **pierścionek z bursztynowym/szklanym ~kiem** a ring with an amber/a glass stone [3] (w sieci, sitku) mesh; (w tarce) hole [4] (pętelka) stitch; (rozprucie) run, ladder GB; **lewe ~ko** a purl (stitch); **prawe ~ko** a plain (stitch), a knit (stitch); **dobierać/spuszczać ~ka** to increase/decrease stitches; **nabierać ~ka** to cast on (stitches); **w prawej pończosze poleciało** a. **puściło** a. **poszło ci ~ko** you've got a run a. ladder in your right stocking, your right stocking has a. is laddered [5] Druk. (górna powierzchnia czcionki) face, typeface [6] Ogr., Roln. (na ziemniaku) eye; (pączek liściowy) dormant bud [7] *zw. pl* (kropla tłuszczu) bead of fat [8] Gry (znak na karcie, kostce do gry) pip [9] Gry (hazardowa gra) blackjack, vingt-et-un; (21 punktów) pontoon [10] pot. (stopień) level; **zadanie o ~ko trudniejsze** a slightly more difficult task; **awansować o ~ko wyżej** to advance one step up the ladder; **być od kogoś o ~ko lepszym** to be one-up on sb pot.

❏ **~ko lodowcowe** Geog. tarn; **~ko proste** Biol. facet; **~ko wodne** small pond; **pawie ~ko** (na piórze pawia) eyespot; (gupik) guppy

■ **być czyimś ~kiem w głowie** to be the apple of sb's eye; **puszczać** a. **robić do kogoś (perskie) ~ko** pot. to wink at sb, to give sb a wink

oczkow|y *adi.* [1] Włók. **splot ~y** interlocking stitch [2] Techn. **klucz ~y** a box spanner

oczn|y *adi.* Anat. [nerw, kielich, płat] optic; [chirurg, chirurgia, zabieg] eye *attr.*; ophthalmic spec.; [odruch, uraz] ocular; **choroby ~e** diseases of the eyes

oczod|ół *m zw. pl* (G **~ołu**) eye socket; orbit spec.

oczoplą|s *m sgt* (G **~u**) Med. nystagmus

❏ **~ fizjologiczny** Med. optokinetic nystagmus

oczyszczać *impf* → oczyścić

oczyszczalni|a *f* (Gpl **~**) (gromadząca ścieki) sewage treatment plant (+ *v sg/pl*); (filtrująca wodę, gaz) purification plant

oczy|ścić *pf* — **oczy|szczać** *impf* **[I]** *vt* [1] (usunąć brud) to cleanse *[skórę, ranę]*; to clean *[obuwie]*; to purify *[wodę, krew, substancję chemiczną]*; **~ścić buty z błota/ ze śniegu** to clean the mud/snow off one's shoes [2] (zrehabilitować) to clear (**z czegoś** of sth); **został ~szczony z wszelkich podejrzeń** he was cleared of all suspicion; **sąd ~ścił go z zarzutów** he was exonerated in court [3] (usunąć niepożądane elementy) to purge *[organizację, szeregi]*; to cleanse, to rid *[państwo, naród]*; **~śćmy nasz kraj z fanatyków/przekupstwa** let's cleanse a. rid our country of fanatics/corruption; **~ścić tekst z błędów** to remove errors from a text

[II] oczyścić się — **oczyszczać się** [1] (pozbyć się brudu) *[osoba]* to clean oneself; *[organizm]* to cleanse oneself (**z czegoś** of sth); **niebo ~ściło się z chmur** the sky has cleared; **woda ~szcza się w filtrach** water is purified in filters [2] (zrehabilitować się) to clear oneself (**z czegoś** of sth)

oczytani|e *n sgt* (wide) reading
oczytan|y *adi.* well-read (**w czymś** in sth); **jest ~y** he's well read a. widely read
oczywistoś|ć *f* [1] *sgt* (bezsporność) self-evident nature, obviousness [2] *sgt* (przyjęte reguły postępowania) obviousness; **złożenie mu życzeń/założenie krawata to ~ć** to congratulate him/wear a tie is the obvious thing to do [3] (banał) truism, platitude; **wypowiadał same ~ci** he uttered nothing but platitudes a. truisms; **twierdzenie, że podróże kształcą, to ~ć** it is stating the obvious to say that travel broadens the mind

oczywi|sty [I] *adi.* *[fakt, sprawa, sposób]* obvious, self-evident; **było ~ste, że musimy pomóc** it was obvious a. clear that we had to help; **firma w ~sty sposób chyliła się ku upadkowi** the company was obviously a. evidently going downhill; **teorię, rzecz ~sta, należy udowodnić** obviously the theory must be proven; **ależ (to) rzecz ~sta!** but of course!

[II] oczywista *inter.* przest. (we wtrąceniach) of course, certainly

oczywiście [I] *part.* of course, certainly; **nie mógł ~ tego przewidzieć** of course he couldn't have forseen that; **to ~ nieporozumienie** obviously it's a misunderstanding

[II] *inter.* of course, certainly; „**mogę pożyczyć twoje pióro?" – „~"** 'may I borrow your pen?' – 'of course'; „**jesteś zły?" – „~"** 'are you angry?' – 'of course I am'; „**napiszesz do mnie?" – „~, że napiszę"** 'will you write to me?' – 'of course I will'; „**przyjdziesz?" – „~, że nie"** 'will you come?' – 'certainly not' a. 'of course I won't'

oćwicz|yć *pf vt* przest., książk. to thrash (**czymś** with sth) ⇒ **ćwiczyć**

od, ode *praep.* [1] (z miejsca, z kierunku) from; **od zachodu/południa** from the west/ south; **wiatr od morza** the wind from the sea; **wieje od drzwi** there's a draught from the door; **od jeziora dochodził rechot żab** the croaking of frogs could be heard from the lake; **od schroniska idziemy żółtym szlakiem** from the hostel we take

the yellow trail; **właśnie wracałam od dentysty** I was just on my way back from the dentist; **goście wstali od stołu** the guests got up from the table; **odległość od drzwi do okna** the distance from the door to the window a. between the door and the window; **chodzić od wsi do wsi/od sklepu do sklepu** to go from village to village/from shop to shop [2] (określające położenie) from; **sto metrów od ratusza** a hundred metres from the town hall; **od wewnątrz/zewnątrz** from the inside/outside; **druga półka od dołu/góry** the second shelf from the bottom/top, the second shelf up/down; **piąty wagon od końca** the fifth carriage from the end; **okna od ulicy/ podwórza** the front/back windows; **na południe od Krakowa** (to the) south of Cracow [3] (wskazujące na oddzielenie) from; **oddzielić coś od czegoś** to separate sth from sth; **nie mógł oderwać się od książki** he couldn't tear himself away from the book; **odejmij pięć od trzynastu** subtract five from thirteen; **oddziel mięso od kości** bone the meat; **zwolnienia od podatku** tax exemptions; **stronić od kogoś/czegoś** to avoid a. shun sb/sth [4] (określające pochodzenie) from; **list od brata** a letter from one's brother; **azjatyckie bydło pochodzące od tura** Asian cattled descended from the aurochs; **pożyczyć/kupić coś od kogoś** to borrow/buy sth from sb; **dostała ode mnie książkę** she got a book from me; **zaraził się odrą ode mnie** he caught the measles from me [5] (określające moment początkowy) from; (w przeszłości) since; **od tej chwili** from that moment on; **od jutra** from tomorrow, as of a. from tomorrow; **od poniedziałku/marca** since (last) Monday/March; **od dzieciństwa** a. **od dziecka cierpiała na alergię** she'd suffered from an allergy since childhood a. since she was a child; **od jak dawna tu mieszkasz?** how long have you lived a. been living here? [6] (określające czas trwania) for; **od roku/trzech tygodni** for a year/ three weeks; **od dawna** for a long time; **od jakiegoś czasu** for some time [7] (określające dolną granicę) from; **od drugiej do piątej po południu** from two p.m. till five p.m., between two p.m. and five p.m.; **od poniedziałku do środy** from Monday to Wednesday; **zaprosimy od 50 do 60 osób** we'll invite (from) 50 to 60 people; **ceny wahają się od stu do pięciuset złotych** prices range from a hundred to five hundred zlotys; **od 1000 złotych w górę** from 1,000 zlotys up a. upwards; **można tu kupić wszystko: od śrubek po komputery** you can buy everything here – from screws to computers [8] (określające przyczynę) from, with; **trawa mokra od rosy** grass wet with a. from dew; **oczy czerwone od płaczu** eyes red from crying a. tears; **jego twarz rozpalona od gorączki** his face flushed with fever; **ochrypł od krzyku** he grew hoarse from a. with shouting; **bolał ją kręgosłup od dźwigania walizek** her back ached from carrying the suitcases; **rury popękały od mrozu** the pipes had burst from the cold; **dom zapalił się od pioruna** the house was set on fire by

lightning [9] (przeciwko) from; **chronić coś od słońca/chłodu** to protect sth from sunlight/cold; **oganiać się od komarów** to fight off gnats; **być ubezpieczonym od pożaru/kradzieży** to be insured against fire/theft; **uchylać się od czegoś** to shirk sth [10] (określające przeznaczenie) **dziurka od klucza** a keyhole; **guziki od marynarki** jacket buttons; **kluczyki od samochodu** car keys; **okulary od słońca** sunglasses; **pasek od zegarka** a watch strap; **tabletki od bólu głowy** headache pills a. tablets; **syrop od kaszlu** cough mixture a. syrup; **od czego jest ta śrubka?** where does this screw come from? [11] (określające specjalizację) **pan od matematyki/angielskiego** the maths/English teacher; **ekspert od informatyki** an expert in computer science; **fachowiec** a. **spec** pot. **od naprawy starych zegarów** an expert at repairing old clocks; **policja jest od tego, żeby zaprowadzić w mieście porządek** it's the job of the police to restore order in the city; **nie jestem od tego, żeby was pouczać** it's not up to me to lecture you [12] (niż) than; **to mieszkanie jest mniejsze od waszego** this flat is smaller than yours; **ona jest starsza od brata o dwa lata** she's two years older than her brother; **wyszedł wcześniej ode mnie** he left earlier than I did [13] (podstawa obliczenia) by, per; **płatny od wiersza/godziny** paid by the line/hour; **50 złotych od metra** 50 zlotys a metre [14] pot. **wyzywać kogoś** a. **wymyślać komuś od idiotów/kanalii** to call sb an idiot/a scumbag pot.

oda *f* (*Gpl* **ód**) Literat., Muz. ode; **ody Horacego** Horatian odes
odautors|ki *adi.* *[komentarz, przypisy]* author's
odbarwiać *impf* → **odbarwić**
odbarw|ić *pf* — **odbarw|iać** *impf* **[I]** *vt* (pozbawić barwy) to fade *[dywan, tynk, koszulę]*; to bleach *[włosy, liście]*; **włosy ~ione przez słońce** hair bleached by the sun; **pranie/ słońce ~ia kolory tkanin** repeated washing/sunlight will fade the colours of textiles

[II] odbarwić się — **odbarwiać się** *[materiał, kolor]* to fade; **fotografia wystawiona na słońce ~iła się** a photograph exposed to direct sunlight has faded
odbezpieczać *impf* → **odbezpieczyć**
odbezpiecz|yć *pf* — **odbezpiecz|ać** *impf vt* to release the safety catch of *[broń, rewolwer]*; to arm *[granat, pocisk, bombę]*; **z ~onym pistoletem** with a pistol at full cock
odbębniać *impf* → **odbębnić**
odbębn|ić *pf* — **odbębn|iać** *impf vt* [1] pot., pejor. (niedbale wykonać) to botch (up) pot. *[robotę]*; to rattle off *[zajęcia, obowiązki, lekcje]*; **~am swoje osiem godzin, a reszta mnie nie obchodzi** I just do my eight hours and don't care about the rest [2] pejor. (grać bez wyrazu, ochoty) to bang [sth] out, to bang out *[melodię, utwór]* [3] (zagrać na bębnie) to drum out *[melodię, capstrzyk]*
odbi|cie [I] *sv* → **odbić**

[II] *n* [1] (obraz) reflection, image; **twoje/jego ~cie w lustrze** your/his own reflection in a mirror przen. [2] (odzwierciedlenie) reflection, expression; **ten wiersz jest ~ciem uczuć**

poety the poem is a reflection a. an expression of the poet's feelings; **nastroje prowojenne znajdują ~cie w indeksach giełdowych** pro-war sentiments are reflected a. find their reflection in stock market indexes a. indices ③ (ślad) impression; **wyraźne ~cie jego stopy/ciała na piasku** a distinct impression of his foot/body in the sand ④ *zw. pl* pot., pejor. (nienormalne zachowanie) strange behaviour *U* GB, strange behavior *U* US; **on miewa ~cia** he is a weirdo sometimes pot.; **czy on często ma takie ~cia?** does he often behave so strangely?

❑ **wierne** a. **żywe** a. **lustrzane ~cie** carbon copy przen., the living image, mirror image

odbi|ć *pf* — **odbi|jać¹** *impf* (**~ję — ~jam**) **Ⅰ** *vt* ① Fiz. to reflect *[światło, ciepło, dźwięk]*; **śnieg ~ja część promieni słonecznych** snow reflects some of the sun's rays ② (ukazać obraz) *[lustro, woda, szkło]* to reflect, to mirror *[obraz, wizerunek, postać]*; **ich twarze ~te w tafli wody** their faces reflected a. mirrored on (the surface of) water; **lustro ~ło jego podobiznę** the mirror reflected his image ③ Sport (zmienić kierunek) to deflect *[strzał, piłkę]*; (w tenisie, badmintonie) to return *[piłkę, lotkę]* ④ (nanieść maszynowo) to print; (powielić) to (make a) copy of; (odcisnąć) to impress; **~ć pieczęć na dokumencie** to stamp a document, to impress a document with a stamp a. seal; **maszyna, która ~ja kolorowy wzór na koszulkach** a machine which prints a coloured pattern on T-shirts; **ślad dłoni ~ty w glinie/na piasku** an impression of a hand in clay/sand; **~ć dokument/stronę na ksero(kopiarce)** to xerox® a. photocopy a document/page; **ulotki ~jane na powielaczu** leaflets printed on a. produced by a duplicating machine ⑤ (otworzyć) to prise [sth] open, to prise open, to pry [sth] open, to pry open US *[skrzynię, drzwi]*; to open *[wieko, pokrywę]* ⑥ (odkruszyć) to chip [sth] off, to chip off *[farbę, rdzę, tynk]* ⑦ (uszkodzić części ciała) to injure *[nerkę]* ⑧ (uwolnić) to retake, to recapture *[miasto, twierdzę]*; to rescue *[zakładników, jeńca, więźniów]* ⑨ pot. (uwieść) to take away *[żonę, kochankę, dziewczynę]*; **najlepsza przyjaciółka ~ła mi chłopaka** my best friend has taken my boyfriend away from me; **brat ~ł mi dziewczynę w tańcu** my brother cut in while I was dancing with a girl ⑩ (odkorkować) *to hit hard the bottom of a bottle with the palm of the hand so as to loosen the cork* **Ⅱ** *vi* ① (oddalić się od brzegu) *[kajak, łódź]* to push off; *[statek, jacht, załoga]* to set sail; **wskoczyła do pontonu i pośpiesznie ~ła od brzegu** she jumped into a dingy and hurriedly pushed off; **nasz statek ~ł/ ~liśmy od przystani o zachodzie słońca** our ship/we set sail and left the haven at sunset ② (wyładować) to vent, to take [sth] out *[gniew, zły humor]* (**na kimś** on sb); **~jać na kimś swoje niepowodzenia** a. **porażki** to take out one's frustration on sb ③ (skręcić) *[kierowca, pojazd]* to turn off (**od czegoś** sth); *[droga, trasa]* to diverge, to branch off (**od czegoś** from sth); **od głównej drogi ~liśmy w prawo** we

turned off the main road to the right; **ulica, przy której mieszkam, ~ja od drogi przelotowej** the street where I live branches off the main road a. through route ④ (odłączyć się) to stray; **kilka owiec ~ło od stada** a few sheep strayed from the flock ⑤ (o broni) to recoil **Ⅲ** *v imp.* ① pot. (oszaleć) **jemu/im ~ło** he's/they're nuts pot., he's/they've gone round the twist GB pot. ② (stać się zarozumiałym) **~ło mu/jej** he's/she's got big-headed a. too big for his/her boots pot.

Ⅳ odbić się — odbijać się ① Fiz. *[dźwięk, fale, promieniowanie]* to reflect (**od czegoś** off sth) ② (ukazać swój obraz) to be mirrored a. reflected; **jej twarz ~ła się w lustrze** her face was reflected in the mirror ③ (uzewnętrznić się) *[uczucia, stany]* to show, to be noticeable; **na jej twarzy ~ło się zadowolenie** her face showed satisfaction ④ (uderzyć i zmienić kierunek) *[piłka, strzał]* to rebound (**od czegoś** from sth); to bounce, to bound (**od czegoś** off sth); **kamień ~ł się od ziemi/ściany i uderzył go w nogę** a stone bounced off the ground/wall and hit his leg; **piłka ~ła się od słupka i wpadła do bramki** the ball rebounded from a post and landed in the goal ⑤ (skoczyć) *[osoba, zwierzę]* to push with one's legs (**od czegoś** against); to push oneself (**od czegoś** off sth); **chłopak/pies ~ł się od ziemi i skoczył w kierunku piłki** the boy/dog leapt from the ground and jumped towards the ball; **kot ~ł się tylnymi łapkami i wskoczył na parapet** the cat used its hind legs to spring onto the window sill ⑥ (zostawić ślad) to be impressed; **na piasku ~ł się ślad stopy** a footprint was impressed in the sand ⑦ (wywrzeć wpływ) to affect *vt*; **taki tryb życia ~ja się na zdrowiu** such a lifestyle affects one's health; **sytuacja na rynku ~ja się pozytywnie/negatywnie na nastrojach społeczeństwa** the economic situation adversely/favourably affects public opinion ⑧ (oddalić się) to stray, to wander away; **na wycieczce ~ł od grupy i zabłądził** during the excursion he wandered away from the group and got lost

Ⅴ odbić sobie — odbijać sobie (rekompensować) to make up for *[straty, brak]*; **straciliśmy mnóstwo czasu, ale ~jemy to sobie** we've lost a lot of time, but we'll make up for it; **musiał ~ć sobie na sprzedaży zboża to, co stracił na mleku** he had to make up a. compensate for the losses in the milk sales by making gains in grain sales

Ⅵ odbić się — odbijać się *v imp.* (cknąć) **mnie/dziecku ~ło się** I/the child belched

odbie|c, odbie|gnąć *pf* — **odbie|gać¹** *impf* (**~gnę, ~gniesz, ~gł, ~gła, ~gli, ~gł — ~gam**) *vi* ① (oddalić się) to run away; **dziecko ~gło (kilka kroków) od matki** the child ran a few steps from its mother ② książk. (minąć) **~gła go/ją ochota** a. **chęć na podróże** he/she doesn't feel like travelling any more; **zupełnie ~gł mnie sen** I couldn't sleep any more

■ **krew ~gła komuś z twarzy** książk. the blood a. colour drained from sb's face; **~c**

od tematu to digress a. stray from the subject

odbiegać¹ *impf* → **odbiec**

odbiega|ć² *impf vi* (różnić się) to diverge, to differ (**od czegoś** from sth)

odbiegnąć → **odbiec**

odbierać¹ *impf* → **odebrać**

odbiera|ć² *impf vt [radio, radar, mikrofon]* to pick up, to receive; *[osoba]* to receive; **widzowie ~jący telewizję satelitarną/ program lokalny** viewers who receive satellite/local broadcasts

odbijać¹ *impf* → **odbić**

odbija|ć² *impf* **Ⅰ** *vi* książk. (wyróżniać się korzystnie) to stand out (**od kogoś/czegoś** from sb/sth); (odróżniać się) to differ, to be different (**od kogoś/czegoś** from sb/sth); **eleganckim wyglądem ~ł od reszty gości** his elegant outfit made him stand out from the other guests

Ⅱ odbijać się (wyróżniać się na tle) to stand out

odbiorc|a *m* ① (otrzymujący list, paczkę, wiadomość) recipient; (odbierający prąd, gaz, towar) consumer; (telewizyjny) (tele)viewer; (radiowy) listener; (odbierający nagrodę) receiver, recipient ② książk. (adresat przekazu artystycznego) member of an audience; **masowy ~a** a. **masowi ~y** a mass audience; **~y literatury** the reading public; **wierni ~y naszego programu** the faithful viewers a. audience of our programme; **dotrzeć do szerszych kręgów ~ów** to reach a larger a. wider audience

odbiorcz|y *adi.* ① Admin. *[czynności, dokumenty]* ≈ technical acceptance *attr.*; **komisja ~a** a technical acceptance team ② książk. *[postawa, nastroje, gusty]* of an audience ③ Telekom. *[urządzenie, program, system]* receiving

odbiorczy|ni *f* (otrzymująca list, paczkę, wiadomość) recipient; (odbierająca prąd, gaz, towar) consumer; (telewizyjna) (tele)viewer; (radiowa) listener; (odbierająca nagrodę) receiver, recipient

odbiornik *m* ① Radio, TV (radiowy, satelitarny) receiver; (telewizyjny) set; **~ kryształkowy** a crystal radio receiver a. set; **~ radiofoniczny** a radio receiver; **~ tranzystorowy** a transistor (radio); **siedziała przy ~u, czekając na wiadomości** she sat near the radio waiting for a news bulletin ② Elektr. receiver

odbi|ór *m sgt* (*G* **~oru**) ① (otrzymanie) receipt; (odebranie) collection; **~ór bagażu** (na lotnisku) baggage reclaim ② (kontrola) acceptance; **~ór techniczny** technical acceptance ③ książk. (reakcja) reception *C* ④ Radio, TV (o sygnale, programie) reception; (o zakłóceniach) pickup; **dobry/zły ~ór** good/ poor reception; **~ór!** over!; **bez ~oru!** over and out!

odbit|ka *f* ① Druk. copy; Fot. print; **~ka kserograficzna** a xerox® (copy), a xerographic copy; **wykonać ~ki kserograficzne dokumentu** to xerox® a document ② Jęz. (kalka językowa) calque, loan translation ③ Literat., Muz. (anakruza) anacrusis

❑ **~ka próbna** Druk. proof (copy); **~ka szczotkowa** przest., Druk. rough proof; **~ka korektorska** Druk. galley proof

odbi|ty [] *pp* → **odbić**
[] *adi. [uczucie, stan]* reflected, showing; **zauważył ~ty w jej oczach strach/zachwyt** he noticed fear/admiration reflected in her eyes

odbiurokratyz|ować *pf vt* to make [sth] less bureaucratic *[instytucję, przepisy]*; to streamline *[pracę, procedurę]*

odblask *m* (*G* **~u**) *(odbite światło)* reflected light *U*; *(refleks światła)* gleam; *(silny blask)* glare *U*; **chroń oczy przed ~iem śniegu** protect your eyes against the glare of the light on the snow

odblaskow|y *adi* [1] *[farba, folia, tablica]* fluorescent [2] pot. *(jaskrawy) [kolory]* fluorescent
❏ **światełka** a. **światła** a. **szkła ~e** reflectors

odblok|ować *pf* — **odblok|owywać** *impf* [] *vt* [1] *(usunąć przeszkodę)* to clear *[przejazd, drogę, przejście]*; *(znieść blokadę)* to lift a blockade of *[miasto, rejon, port]*; **autostrada została ~owana** the motorway was cleared [2] Techn. *(umożliwić działanie)* to unblock *[rurę, kanał, żyłę]*; to fix *[zamek, hamulec, telefon]* [3] Ekon. *(udostępnić)* to unfreeze *[handel, ceny, towar, kredyty, płace]*; to free up *[rynek, system, gospodarkę]*; to unblock *[konto, ustawę]* [4] pot. *(uwolnić)* to release *[uczucia, informacje]*; to unlock *[energię, potencjał]* [5] Wojsk. **~ować miasto, zajęte przez wroga** to relieve a city occupied by the enemy; **saperzy ~owali park** sappers cleared the park of mines
[] **odblokować się** — **odblokowywać się** [1] *(stać się przejezdnym) [ulica, droga, przejazd]* to become passable [2] Techn. *(zacząć działać) [zatrzask, drzwi]* to give; *[hamulec, automat]* to become operative [3] pot. *(rozluźnić się) [osoba]* to relax

odblokowywać *impf* → **odblokować**

odbłysk *m* (*G* **~u**) książk. *(odbite światło)* reflected light *U*, reflection; *(refleks światła)* gleam; *(silny blask)* glare *U*

odbłyskiwać *impf* → **odbłysnąć**

odbły|snąć *pf* — **odbły|skiwać** *impf* (**~snęła, ~snął — ~skuję**) [] *vi* [1] książk. *[światło, słońce]* to coruscate książk.; **diamentowy pierścień ~snął w lustrze** a diamond ring coruscated in the mirror [2] *(sygnalizować światłem)* to flash back (**komuś** to a. at sb)
[] **odbłysnąć się** — **odbłyskiwać się** książk. *[światło, słońce]* to coruscate książk.

odbrązawiać *impf* → **odbrązowić**

odbrąz|owić *pf* — **odbrąz|awiać** *impf vt* książk. to demythologize, to debunk *[bohatera, historię]*

odbudow|a *f sgt* [1] *(zbudowanie na nowo)* reconstruction, rebuilding; **~a kraju po zniszczeniach wojennych** the rebuilding of a country after the ravages of war; **ruiny zamku nie nadawały się do ~y** the castle ruins were beyond repair [2] przen. *(odnowa)* reconstruction, restoration; **~a gospodarki regionu** the reconstruction of the regional economy; **~a uszkodzonych komórek/organów** the regeneration of damaged cells/organs

odbud|ować *pf* — **odbud|owywać** *impf* [] *vt* [1] *(zbudować na nowo)* to rebuild, to reconstruct *[most, miasto, gospodarkę, prze-*

mysł]; **~ować zniszczony przez pożar kościół** to rebuild a. reconstruct a church damaged by fire [2] przen. *(odtworzyć)* to rebuild *[pozycję, karierę, życie]*; to restore *[zaufanie, zgodę, zainteresowanie]*
[] **odbudować się** — **odbudowywać się** *[miasto, kraj]* to be rebuilt, to be reconstructed

odbudowywać *impf* → **odbudować**

odburczeć *pf* → **odburknąć**

odburkiwać *impf* → **odburknąć**

odbur|knąć, odbur|czeć *pf* — **odbur|kiwać** *impf* (**~czysz, ~czał — ~knęła, ~knęli**) *vi* to snap (out); **~knął mi niegrzecznie** he snapped at me impolitely

odb|yć *pf* — **odb|ywać** *impf* (**~ędę — ~ywam**) [] *pf* [1] *(zostać poddanym)* to undergo *[kurację, szkolenie, kurs]*; to serve *[karę, staż]*; **~yć służbę wojskową** to do military service; **~ywa karę** a. **wyrok 15 lat więzienia** he's serving a sentence of 15 years imprisonment, he's serving a 15-year sentence; **żołnierze ~yli ćwiczenia desantowe** soldiers carried out landing exercises [2] *(wziąć udział)* to hold *[konsultacje, rozmowę, naradę]*; to make *[tournée]*; **w lecie ~yłem podróż po Europie** last summer I went on a tour of Europe, last summer I toured Europe
[] **odbyć się** — **odbywać się** *[konferencja, poród, zawody sportowe, głosowanie, przedstawienie]* to take place; *[pogrzeb, egzaminy, operacja]* to be held; **dzisiaj lekcje w szkole się nie ~yły** there were no lessons at school today

odby|t *m* (*G* **~tu**) Anat. anus

odbytnic|a *f* Anat. rectum

odbytnicz|y *adi.* Anat. rectal

odbytow|y *adi.* Anat. anal

odbywać *impf* → **odbyć**

odcedzać *impf* → **odcedzić**

odce|dzić *pf* — **odce|dzać** *impf vt* [1] *(osączyć)* to drain (off), to strain *[ziemniaki, sos, tłuszcz]*; **~dź makaron przez durszlak** a. **w durszlaku** drain the pasta in a colander [2] książk., przen. *(wydobyć)* to sift [sth] out, to sift out *[błędy, nieścisłości]*; to extract *[prawdę]*

odchod|y *plt* (*G* **~ów**) Fizj. excrement *U*, faeces, feces US; *(ptaków, owadów, gryzoni, owiec)* droppings; *(bydła, koni)* dung *U*; **ludzkie ~y** human excrement; **krowie ~y** cow dung

odchodzić¹ *impf* → **odejść**

odcho|dzić² *impf vi* [1] *(oddzielać się) [ścieżka, ulica, kabel, linia]* to diverge, to branch off (**od czegoś** from sth); **uliczki ~dzą promieniście od rynku** streets radiate from the square [2] pot. *(odbywać się) [robota, gadanina]* to be done pot.
■ **~dzić od rozumu** a. **od zmysłów** *(z rozpaczy)* to be at one's wits' end; *(z radości, gniewu)* to be beside oneself

odchor|ować *pf* — **odchor|owywać** *impf vt* pot. to fall ill *[coś* as a result of sth)*; **~ował ciężko rozwód/śmierć żony** he was really sick at heart as a result of the divorce/his wife's death

odchorowywać *impf* → **odchorować**

odchow|ać *pf* — **odchow|ywać** *impf* [] *vt* to bring up, to raise *[dziecko, potomstwo, zwierzę]*; **~awszy trójkę dzieci, zaprag-**

~nęła podróży having raised a. brought up three kids, she wanted to travel; **dzieci ~ane, więc możemy myśleć o sobie** our children are grown up, so we can begin to think about ourselves
[] **odchować się** — **odchowywać się** pot. to be brought up; **~ałem się u dziadków** I was brought up by my grandparents

odchowywać *impf* → **odchować**

odchrza|nić *pf* [] *vt* posp. to make short work of sth pot. *[robotę, lekcje, sprzątanie]*
[] **odchrzanić się** [1] posp. *(odejść)* to sod off posp., to bog off GB pot.; *(zostawić w spokoju)* to leave alone (**od kogoś/czegoś** sb/sth) [2] posp., pejor. *(wystroić się)* to doll oneself up pot., to tart oneself up GB pot.

odchrząkiwać *impf* → **odchrząknąć**

odchrząk|nąć *pf* — **odchrząk|iwać** *impf* (**~nęła, ~nęli — ~uję**) *vi* *(oczyścić gardło)* to clear one's throat; *(charknąć)* to hawk

odchudzać *impf* → **odchudzić**

odchu|dzić *pf* — **odchu|dzać** *impf* [] *vt* [1] *(pomóc schudnąć)* to slim [sb/sth] down, to slim down *[dziecko, uda]* [2] przen. *(zmniejszyć stan liczbowy)* to slim [sb/sth] down, to slim down, to streamline *[instytucję, załogę]*; to reduce *[budżet, wydatki]*
[] **odchudzić się** — **odchudzać się** *(schudnąć)* to lose weight, to slim down

odchwaszczać *impf* → **odchwaścić**

odchwa|ścić *pf* — **odchwa|szczać** *impf vt* to weed *[grządkę, róże]*

odchylać *impf* → **odchylić**

odchyle|nie [] *sv* → **odchylić**
[] *n* [1] *(od normy, standardu, średniej, trendu)* deviation *C/U* (**od czegoś** from sth); *(od obyczaju, tradycji)* departure (**od czegoś** from sth); **~nie od pionu** a deviation from the perpendicular, an inclination; **niebezpieczne ~nia ideowe** dangerous departures a. deviation from the ideology [2] *(psychiczne, seksualne)* deviation *U*; *(społeczne, umysłowe)* aberration
❏ **~nie magnetyczne** Fiz., Geogr. *(magnetic)* declination

odchyl|ić *pf* — **odchyl|ać** *impf* [] *vt* *(na krótko odsunąć)* to draw a. pull [sth] aside, to draw a. pull aside *[zasłonę, gałęzie, obraz]*; *(przechylić)* to tilt *[głowę, tułów, krzesło]*; **dyskretnie ~ił firankę i wyjrzał na ulicę** he discreetly pulled the net curtain aside and glanced at the street
[] **odchylić się** — **odchylać się** [1] *(przechylić się)* to lean, to tilt; **~ić się do tyłu** to lean backwards; **mur ~ił się od pionu** the wall deviated from the perpendicular [2] *(różnić się)* to deviate; **jakość znacznie ~ała się od normy** the quality greatly deviated from the norm

odchyl|ony [] *pp* → **odchylić**
[] *adi. [tułów, głowa]* tilted

odchył|ka *f* [1] środ., Techn. deviation [2] pot. *(odchylenie od normy)* deviation; *(psychiczna)* loopy a. screwy US behaviour pot.; **on ma czasem ~ki** he's sometimes loopy a. screwy pot.

od|ciąć *pf* — **od|cinać** *impf* (**odetnę, odcięła, odcięli — odcinam**) [] *vt* [1] *(oddzielić) (nożem, nożyczkami, piłą)* to cut away, to cut [sth] off, to cut off; *(zdecydowanym, nagłym ruchem)* to chop [sth] off, to chop off, to sever; (usunąć zbędne części) to trim [sth] away a. off, to trim away a. off; **odciąć kawałek mięsa** to cut off a piece of meat; **odcięli skazańcom głowy** they beheaded the convicts [2] (uniemożliwić dopływ) to cut [sth] off, to cut off, to shut [sth] off, to shut off *[wodę, dostawy]*; **odcięli nam gaz/telefon** our gas/telephone has been cut off; **nie płaciliśmy rachunków, więc odcięli a. elektrownia odcięła nam prąd** we stopped paying the bills, so our electricity has been cut off; **jeśli woda wedrze się do piwnicy, musisz odciąć prąd** if water gets into the basement, you have to shut off the mains; **siedzieli po ciemku, bo odcięto prąd** they sat in the dark because of a power cut [3] (izolować) to cut [sb/sth] off, to cut off *(od kogoś/czegoś* from sb/sth); (zablokować) to block *[dostęp, drogę ucieczki]*; **miasto/gospodarstwo odcięte przez powódź** a town/farm cut off by floods; **nieprzyjaciel odciął im drogę odwrotu/ucieczki** the enemy blocked their retreat/escape; **lawina odcięła nam drogę** we were cut off by an avalanche; **mieszkając na wsi, czuła się odcięta od świata/kultury** living in the country she felt cut off from the outside world/from cultural life

III odciąć się — odcinać się [1] (przestać popierać) to dissociate oneself *(od kogoś/czegoś* from sb/sth); to cut oneself off *(od czegoś* from sth); **kierownictwo partii odcięło się od grupy ekstremistów** the party leadership dissociated itself a. themselves from a group of radicals [2] (odpowiedzieć) to answer back, to answer [sb] back; to talk back *(komuś* to sb)

III odcinać się [1] (kontrastować) to show up, to stand out *(od czegoś* against sth); **czerwony samochód odcinał się od szarego muru** the red car stood out against the grey wall; **sylwetka kościoła odcinała się na tle nieba** the church was silhouetted against the sky [2] (wyróżniać się) to stand out

odciągać *impf* → **odciągnąć**

odciąg|nąć *pf* — **odciąg|ać** *impf* (**~nęła, ~nęli — ~am**) **II** *vt* [1] (przesunąć) to pull [sb/sth] away, to pull away; (wlokąc) to drag [sb] away; **~nęła malca od wystawy** she pulled the kid away from the shop window; **pełne worki trzeba ~nąć pod ścianę/pod stół** full sacks must be dragged away and placed against the wall/under the table; **~nął zasuwę** he drew back a bolt; **musisz ~nąć zepsuty samochód na pobocze** you have to tow a broken-down car away to the side of a road [2] (odwieść) to draw [sb] away, to entice [sb] away *(od czegoś* from sth); **~ać kogoś od nauki** to entice a. draw sb away from their studies; **~ać czyjąś uwagę od czegoś** to draw sb's attention away from sth [3] (napiąć) to pull tight *[cięciwę]* [4] (oddzielić) to skim a. draw [sth] off, to skim a. draw off *[śmietanę, tłuszcz]*; **~ać pokarm z piersi** to draw milk from a breast [5] (opóźnić) to defer, to postpone *[wyjazd, płatności]*; **~ać podjęcie decyzji** to defer a decision

III odciągnąć się — odciągać się *[termin, wydarzenie]* to be deferred a. postponed

nasz wyjazd ~a się w nieskończoność our departure is constantly being postponed a. delayed

odciążać *impf* → **odciążyć**

odciąż|yć *pf* — **odciąż|ać** *impf vt* [1] (zmniejszyć obciążenie) to lighten *[bagażnik, sanie]*; to relieve *[nacisk]*; to unweight *[nartę]*; **chodził o kuli, żeby ~yć chorą nogę** he walked with a crutch to support his bad leg [2] (ulżyć) to disburden, to relieve *(od czegoś* of sth); **~yć kogoś od prac domowych/nadmiaru obowiązków** to relieve sb of domestic chores/excessive duties; **najwyższy czas, żeby cię ktoś ~ył** it's high time somebody lightened your burden a. load; **konieczne jest ~enie autostrady/centrum miasta** it's necessary to relieve congestion on the motorway/in the town centre

odcie|c, odcie|knąć *pf* — **odcie|kać** *impf* (**~knę** a. **~kę, ~kniesz, ~kł, ~kła, ~kli — ~kam**) *vi* [1] (odpłynąć) *[olej, deszczówka]* to flow away, to drain [2] (utracić wodę) *[ser, sałata]* to drain

odciekać *impf* → **odciec**

odcieknąć → **odciec**

odcie|ń *m* [1] (odmiana koloru) shade, hue; (zabarwienie) tint, tinge; (intensywność) tone; **różne ~nie zieleni** various shades of green; **jaśniejszy/ciemniejszy ~ń barwy** a lighter/darker tone of a colour; **farba o brzoskwiniowym/szarawym ~niu** a paint with a peach/greyish tint a. tinge; **jej włosy mają rdzawy ~ń** her hair has a copper tinge [2] (subtelna różnica) (w głosie, brzmieniu) tone; (w uczuciu, nastroju) shade; **różne ~nie znaczeniowe wyrazu** different shades of meaning of a word; **jej ton miał lekki ~ń goryczy/ironii** her tone had a tinge of bitterness/irony

odcierp|ieć *pf* (**~isz, ~iał, ~ieli**) *vt* [1] (znieść) to endure, to bear *[ból, niewygodę, zły okres]*; **trzeba ~ieć jeszcze ten tydzień do wakacji** we have to endure this last week before the holidays start [2] (ponieść karę) to expiate *vt (za coś* sth); to atone *(za coś* for sth); **~ieć karę** (cierpliwie znieść) to suffer punishment; (odbyć) to serve (out) a sentence; **~ieć (za) swoje** pot. (ponieść konsekwencje) to get a. receive one's just deserts

odcięt|a *f* Mat. (liczba) abscissa; **oś ~ych** x-axis

odcinać *impf* → **odciąć**

odcin|ek *m* [1] (fragment) section, segment; (nieprzerwana część) stretch; (część podróży, wyścigu) stage; (wydzielony kawałek) length; (urywek czasu) stretch, length; **trasę biegową podzielono na pięciokilometrowe ~ki** the cross-country trail was divided into five-kilometre stretches; **górskie ~ki linii kolejowej nie są zelektryfikowane** the sections of the railway line which go across the mountains aren't electrified; **~ek czasu nie dłuższy niż dwa miesiące** a length of time not longer than two months [2] Film, Literat. (część serialu) episode, part; (część powieści, filmu, programu) instalment, installment US; **powieść w ~kach** a novel in instalments [3] (kwit kontrolny) counterfoil; (kwit potwierdzający) stub, slip; **~ek wpłaty dla posiadacza konta** a deposit slip; **~ek czeku** a cheque stub [4] kryt. (zakres działalności)

area; **współpraca na ~ku ochrony środowiska** cooperation in the area of environmental protection [5] Mat. (część prostej) segment [6] Wojsk. (pole działań) sector

❑ **~ek koła** Mat. segment of a circle; **~ek kuli** a. **kulisty** Mat. segment of a sphere

odcinkow|y *adi.* *[publikacja]* serial; **powieść ~a** a novel in instalments

odcisk *m* (*G* **~u**) [1] (zgrubienie naskórka) callus, callous; (na stopie) corn; **plaster na ~i** corn plaster [2] (odciśnięty zarys) impression, imprint; (znak pieczęci, stempla) impress; **~ stopy** a. **buta** a footprint; **~i brudnych/tłustych palców na szybie** dirty/greasy fingermarks on a glass pane; **~ palca** a. **linii papilarnych** a fingerprint; **zostawić na czymś ~i palców** to leave one's fingerprints on sth; **wzięto mu ~i palców** his fingerprints were taken, he was fingerprinted

■ **nastąpić** a. **nadepnąć komuś na ~** to tread a. step on sb's toes

odciskać *impf* → **odcisnąć**

odci|snąć *pf* — **odci|skać** *impf* (**~snęła, ~snęli — ~skam**) **I** *vt* [1] (zostawić ślad) to impress; (zaznaczyć) to imprint *[znak, wzór]*; **~snąć na czymś pieczęć** to impress sth with a stamp a. seal; **wzorek ~śnięty na glinianym dzbanie** a pattern impressed on a clay pot [2] przen. (wywrzeć) to leave *[ślad, piętno]*; **wojna ~snęła wyraźny ślad w jego twórczości** the war left a distinctive impression a. stamp on his output [3] (wycisnąć płyn) to squeeze *[sok]*; to drip *[ser]*

II odcisnąć się — odciskać się [1] (odbić się) *[ślad, wzór]* to be imprinted a. impressed [2] przen. (wywrzeć wpływ) to impress *vt (na kimś/czymś* sb/sth); **~snąć się w czyjejś pamięci** to be impressed on sb's mind

odciśnię|ty *pp* → **odcisnąć**

II adi. [1] (utrwalony w umyśle) *[przeżycia, słowa, uczucia]* impressed; **okrutne obrazy ~te w mojej pamięci** horrific images impressed on my mind; **stany psychiczne ~te w jego wierszach/piosenkach** mental states underlying his poems/songs [2] *[ślad, wzór, zagłębienie]* impressed; **trop sarny ~ty w śniegu** deer tracks imprinted in the snow

odcum|ować *pf* Żegl. **I** *vt* to unmoor *[łódź, statek]*

II *vi [statek]* to cast off

odcyfr|ować *pf* — **odcyfr|owywać** *impf vt* to decipher *[niewyraźne pismo, wiadomość, szyfr]*; to decode, to decrypt *[zakodowany tekst, symbole, system znaków]*; **~ować hieroglify egipskie** to decipher Egyptian hieroglyphics

odcyfrowywać *impf* → **odcyfrować**

odczar|ować *pf* — **odczar|owywać** *impf vt* **~ować kogoś/coś** to break a. remove a spell cast on sb/sth

odczarowywać *impf* → **odczarować**

odczek|ać *pf* — **odczek|iwać** *impf vt* to wait; **~ał, aż wszyscy wyjdą** he waited until a. till everybody had left; **~aj godzinę/do wtorku** wait one hour/until a. till Tuesday

odczepiać *impf* → **odczepić**

odczep|ić *pf* — **odczep|iać** *impf* **I** *vt* (odłączyć) to uncouple *[wagon, lokomotywę]*; to unfasten *[linę, spadochron]*; (wypiąć z haka) to unhook; (wysupłać, odmotać) to unhitch; **~ił**

łódkę od pala he unhitched the boat from the pole

II odczepić się — odczepiać się *[wagon, lokomotywa]* to uncouple; *[flaga, plandeka]* to become unfixed; **jacht ~ił się w czasie burzy** the yacht slipped her moorings during the storm

III odczepić się pot. [1] (uwolnić się) to rid oneself (**od kogoś/czegoś** of sb/sth); (przestać się zajmować) to leave alone (**od kogoś/czegoś** sb/sth); **zespół nie mógł się ~ić od fanów** the band couldn't rid themselves of their fans; **zabłąkany pies nie chciał się ode mnie ~ić** a stray dog didn't want to leave me alone [2] pot. (zostawić) **~ się wreszcie!** leave me alone, will you! pot.; **proszę się ode mnie ~ić!** get off my back! pot.

odczłowieczać impf → **odczłowieczyć**
odczłowiecz|yć pf — **odczłowiecz|ać** impf **I** vt to dehumanize
II odczłowieczyć się — odczłowieczać się to become dehumanized

odczołga|ć się pf v refl. to crawl away
odczu|cie **I** sv → **odczuć**
II n zw. pl [1] (wrażenie, reakcja) impression, feeling; (stosunek, opinia) sentiment *C/U*; **mieszane ~cia po obejrzeniu filmu** mixed feelings about a film; **społeczne/powszechne ~cia w kwestii kary śmierci** public/the general feeling a. sentiment regarding capital punishment; **jakie są twoje ~cia na jej/ten temat?** how do you feel about her/the subject?; **moje pierwsze ~cia były negatywne** my first impressions were negative; **w naszym ~ciu** in our opinion; **w powszechnym ~ciu** in popular opinion [2] (doznanie zmysłowe) sensation; **~cie pieczenia/chłodu na skórze** a burning/chilling sensation on the skin; **~cia bólowe/dotykowe** the perception of pain/touch

odczu|ć pf — **odczu|wać** impf vt [1] (doznawać poprzez zmysły) to feel *[ból, potrzebę snu, mdłości, napięcie]*; **~wać głód/pragnienie/zmęczenie** to feel hungry/thirsty/tired; **~wać różne dolegliwości** to have (got) various ailments [2] przen. (pragnąć) **~wać głód wiedzy** to be thirsty for knowledge [3] (przeżywać uczuciowo) to feel *[niechęć, złość, przywiązanie, tęsknotę]*; **do takich ludzi ~ł nienawiść/pogardę/podziw** he felt hatred/contempt/admiration for such people; **boleśnie ~ł brak zainteresowania z ich strony** he smarted from their lack of interest, he resented their lack of interest; **~wał dotkliwie swoją samotność** he felt acutely lonely [4] (instynktownie wyczuć) to sense; (intuicyjnie zrozumieć, ocenić) to feel; **~ł sytuację jako groźną** he sensed the situation was dangerous; **wielu ~wa biedę jako niezasłużoną karę** many feel that poverty is an unjustified punishment ■ **dać komuś coś ~ć** to make sb feel sth; **dawała mu ~ć swoją pogardę** she made no attempt to conceal her contempt for him; **dać się ~ć** to be felt; **w jego głosie dało się ~ć zmęczenie** his tiredness communicated itself in his voice; **wyraźnie daje się ~ć, że...** it can be distinctly felt that...

odczuwać impf → **odczuć**

odczuwalnie adv. *[zmienić się, poprawić się]* perceptibly, discernibly; **~ się ocieplło** it was noticeably warmer

odczuwaln|y adi. *[zmiana, różnica]* perceptible, discernible; **nastąpiła wyraźnie ~a poprawa jego zdrowia** there was a marked improvement in his health

odczyn m (G **~u**) [1] Chem. reaction; **kwaśny/zasadowy/obojętny ~ roztworu** an acidic a. acid/an alkaline/a neutral reaction of a solution; **ta ciecz ma słaby/mocny ~ kwaśny** the liquid has a slightly/highly acidic reaction [2] Med. reaction; **~ alergiczny/zapalny** an allergic/inflammatory reaction
❑ **~ Biernackiego** Med. erythrocyte sedimentation rate; **~ Coombsa** Med. Coomb's test; **~ gleby** Geol. soil reaction; **~ poszczepienny** Med. serum sickness; **~ serologiczny** Med. serologic reaction; **~ tuberkulinowy** Med. tuberculin reaction

odczyniać impf → **odczynić**
odczyn|ić pf — **odczyn|iać** impf vt to remove, to undo *[czar, uroki]*
odczynnik m Chem. reagent

odczy|t m (G **~tu**) [1] (prelekcja) lecture; **mieć a. wygłosić ~t na temat sztuki antyku** to give a. deliver a lecture on classical art [2] (odczytanie pomiaru) reading; **~ temperatury/poziomu promieniowania** a temperature/radiation reading [3] Komput. reading; **plik tylko do ~tu** a read-only file; **urządzenie do ~tu i zapisu (dyskietek)** a read-write device

odczyt|ać pf — **odczyt|ywać** impf vt [1] (odszyfrować) to decipher *[bazgroły, zaszyfrowany tekst, symbole]*; to decode, to decrypt *[kod, zakodowaną informację]*; **~ać napisane hieroglify** to decipher a hieroglyphic inscription [2] (zinterpretować) to decipher, to interpret *[zachowanie, intencje, motywację]*; **~ać powieść zgodnie z intencjami autora** to interpret a novel according to the author's intentions; **~ać czyjeś myśli** to read sb's thoughts [3] (głośno przeczytać) to read [sth] out, to read out; **po południu ~ano testament** the will was read in the afternoon; **nauczycielka ~ała listę obecności** the teacher called the roll [4] Komput. to read [5] (sprawdzić) to read off *[pomiar, wskazania, wartość]*

odczytow|y adi. [1] *[sala, sesja]* reading attr. [2] Komput. read attr

odczytywać impf → **odczytać**
odda|ć pf — **odda|wać** impf **I** vt [1] (zwrócić) to give [sth] back, to give back, to return *[pożyczony przedmiot]*; to pay [sth] back, to pay back *[dług, pożyczkę]*; **~ć książkę do biblioteki/właścicielowi** to return a book to the library/its owner; **~wać komuś pożyczkę ratami** to pay a loan back to sb in instalments; **pożycz setkę, ~m wszystko, co do grosza** lend me a hundred, I'll pay every penny of it back [2] (ofiarować) to give, to hand over *[majątek, pieniądze]*; to donate *[dary, organy]*; **~ł znaczną sumę na cele dobroczynne** he handed over a large sum of money to charity; **~łbym wszystko, byle mieć zdrowie** I'd give everything a. anything to be healthy; **~ć krew** to give a. donate blood; **~ć życie za kogoś/sprawę** to lay

down one's life for sb/a cause [3] (doręczyć) to deliver *[list, paczkę]*; (zanieść) to take; **~j ten koszyk sąsiadce** take the basket to our/my/your neighbour [4] (przekazać na jakiś czas) to deposit *[pieniądze, zastaw]*; **~łam obraz w zastaw** I pawned the painting; **ziemię ~no w dzierżawę** the land has been leased out; **~amy restaurację/sklep w ajencję** we'll grant a franchise for the restaurant/shop, we'll franchise out the restaurant/shop; **~m ci samochód/dom do dyspozycji** I'll put the car/house at your disposal [5] (zrezygnować, zostać pokonanym) to give [sth] up, to give up *[miejsce, władzę, przywileje, stanowisko, dowództwo]*; **~ł mi swoje łóżko, a sam spał w hamaku** he gave me his bed and slept in a hammock; **~ł tytuł mistrza świata** he lost his world title [6] (zlecić usługę) **~ć płaszcz do pralni a. prania** to take a coat to the cleaners; **~ć buty/zegar do naprawy** to have one's shoes/clock repaired; **musisz ~ć bagaż na przechowanie a. do przechowalni** you have to take your luggage to the left luggage office [7] (zakończyć pracę) to hand [sth] in, to hand in, to give [sth] in, to give in *[pracę, projekt, dzieło konkursowe]*; **~ć fabrykę/most do eksploatacji** a. użytku to put a plant into operation/a bridge into use [8] (ulokować) to put *[chorego, dziecko, ucznia]*; **musimy ~ć syna do szpitala/żłobka** we have to send our son to hospital/a day nursery [9] (wydać) to hand [sb] over, to hand over *[więźnia, podejrzanego, zbiega]*; (pod przymusem) to surrender; **~ć kogoś w ręce policji** to hand sb over to the police; **~no go pod sąd** he was brought to justice; **sprawę ~no do sądu** the case was taken to court; **nie ~my wrogowi naszej twierdzy** we won't surrender our fortress to the enemy [10] (wyrazić) to convey, to render *[uczucie, nastrój, znaczenie]*; **~ć najsubtelniejsze odcienie znaczenia** to convey the most subtle shades of meaning; **autor ~ł wiernie atmosferę epoki** the author faithfully rendered the atmosphere of the epoch [11] (okazać) to pay *[hołd, honory]*; **~ć pokłon cesarzowi** to bow to an emperor; **~wać komuś honory wojskowe** to salute sb; **~ć salut (armatni)** to fire a. give a salute [12] (odwzajemnić) to return *[pocałunek, uścisk]*; **sąsiad ~ł mu ukłon** the neighbour bowed back to him [13] Med. (wydalić) **~ć stolec** to defecate spec.; to move one's bowels; **~ć mocz** to urinate

II oddać się — oddawać się [1] (poddać się) to surrender; **terrorysta ~ł się w ręce policji** the terrorist turned himself in to the police; **~ję się do pana dyspozycji** I put myself at your disposal [2] (zająć się) to devote oneself, to give oneself over (**komuś/czemuś** to sb/sth); (poddać się uczuciowo) to abandon oneself, to give oneself over (**czemuś** to sth); **~ł się studiom literackim** he devoted himself to literary studies; **~wać się uciechom życia** to abandon oneself to a life of pleasure [3] książk. (seksualnie) to surrender oneself, to give oneself (**komuś** to sb)

■ **~ć ducha** książk. to render up one's soul książk.

oddalać impf → **oddalić**

oddaleni|e [] *sv* → oddalić

[] *n sgt* distance; **z ~a** from a distance; **patrzył na obraz z ~a** he looked at the picture from a distance; **w pewnym/ niewielkim/dużym ~u od kogoś/czegoś** at a certain/short/great distance from sb/sth

oddal|ić *pf* — **oddal|ać** *impf* [] *vt* [1] (odsunąć) to move [sth] away, to move away, to take [sth] away, to take away (**od kogoś/czegoś** from sb/sth); **wiatr ~ił łódź od brzegu** the wind carried the boat away from the shore [2] Prawo (odrzucić) to dismiss *[sprawę, zarzuty, roszczenia]*; **wniosek został ~ony** the petition was dismissed [3] (rozluźniać kontakt) to distance; **telewizja/ praca naukowa ~a ją od zwykłego życia** television/research work is distancing her from real life [4] (opóźnić) to put [sth] off, to put off *[rozstanie, rozmowę]*; **~ić moment podjęcia decyzji** to defer a decision [5] (nie dać przystępu) to avert *[niebezpieczeństwo, podejrzenia]*; **~ić od siebie przykre myśli** to dismiss upsetting thoughts [6] przest. (zwolnić) to dismiss, to discharge *[pracownika]*; (kazać odejść) to dismiss *[służącą]*

[] **oddalić się** — **oddalać się** [1] (odejść) *[osoba, zwierzę]* to walk a. go away, to wander off (**od kogoś/czegoś** from sb/sth); (być coraz dalej) *[pojazd, dźwięk, światło]* to recede; **jacht ~ał się powoli od brzegu** the yacht was slowly sailing off [2] (stracić na sile) *[szanse, uczucia, wspomnienia, kłopoty]* to recede [3] (rozluźnić kontakt) *[małżonkowie, przyjaciele]* to grow a. drift apart; **po latach rozłąki brat i siostry ~ili się od siebie** after years of separation the brother and his sisters grew a. drifted apart [4] (przesunąć się) *[wydarzenie, cel]* to become distant; **~ająca się prywatyzacja fabryki** the constantly postponed privatization of a factory

oddal|ony [] *pp* → oddalić

[] *adi.* [1] (w przestrzeni) distant, remote; (odległy) outlying *attr.*; **dom ~ony od kościoła o dwa kilometry** a house two kilometres away from a church; **mieszkał w ~onym, małym miasteczku** he lived in a small, remote town [2] (w czasie) distant; **wydarzenia ~one od siebie o kilka tygodni** events a few weeks apart [3] przen. (bez kontaktu) out of touch, removed; **całkowicie ~ony od realiów codziennego życia** completely out of touch with a. removed from everyday life

oddani|e [] *sv* → oddać

[] *n sgt* [1] (poświęcenie się, uległość) devotion (**dla kogoś** to sb); **pies patrzył na nią ze ślepym/z bezgranicznym ~em** the dog looked at her with blind/total devotion [2] (gorliwość) dedication, devotion (**czemuś** a. **dla czegoś** to sth); **oczekujemy od was całkowitego ~a dla sprawy** we expect your absolute devotion a. dedication to the cause

oddan|y [] *pp* → oddać

[] *adi.* [1] (przywiązany) *[przyjaciel, sługa]* devoted (**komuś** to sb); (gorliwy) *[pracownik, nauczyciel]* committed (**czemuś** to sth); **była ~a bez reszty rodzinie/aktorstwu** she was entirely devoted to her family/to acting [2] (zaabsorbowany) devoted (**czemuś** to

sth); immersed (**czemuś** in sth); **całkowicie ~y własnym myślom** totally immersed in his thoughts

■ **szczerze ~y** książk. (w korespondencji) Yours truly

oddawać *impf* → oddać

oddaw|ca *m*, **~czyni** *f* książk. (doręczyciel) deliverer

oddech *m* (*G* **~u**) [1] (oddychanie) breathing *U*; (wdech i wydech) breath *C/U*; **płytki/ miarowy ~** shallow/steady breathing; **mieć krótki ~** to be out of breath; **mieć płytki ~** to be short of breath; **miał chrapliwy ~** he wheezed; **wziąć ~** to draw breath, to breathe in; **wziąć głęboki ~** to take a deep breath; **wstrzymała ~** she held a. caught her breath; **tracił ~, ale biegł dalej** he was getting out of breath but kept running; **z trudem łapał ~** he was gasping for breath a. air [2] (wydychane powietrze) breath; **miał nieświeży ~** he had bad breath; **wyczuła w jego ~u piwo** she smelled beer on his breath [3] książk. (powiew, zapach) breath; **~ oceanu koił nerwy** a breath of ocean air soothed the nerves [4] (odpoczynek) respite książk.; breather pot.; **mieć chwilę ~u** to have a brief respite; **pracowali bez ~u** they worked without a moment's rest a. respite

■ **czułam na plecach ich gorący ~** they breathed down my neck; **złapać drugi ~** to catch one's second wind

oddechow|y *adi.* *[narządy, procesy]* respiratory; **drogi ~e** respiratory tract

oddeleg|ować *pf* — **oddeleg|owywać** *impf vt* to transfer *[pracownika]*; **zostałem ~owany do jednego z naszych regionalnych oddziałów** I've been transferred to one of our regional branches

oddelegowywać *impf* → oddelegować

oddepesz|ować *pf* — **oddepesz|owywać** *impf vi* to cable a. wire back

oddepeszowywać *impf* → oddepeszować

oddłużać *impf* → oddłużyć

oddłuż|yć *pf* — **oddłuż|ać** *impf* [] *vt* to write off the debts of *[firmę]*; to whitewash GB *[bankruta, firmę]*; **~ono naszą fabrykę** our factory's debts have been written off

[] **oddłużyć się** — **oddłużać się** to be cleared of liability for one's debts

oddolnie *adv.* *[proponować, ustalać]* at the grass roots, at grass-roots level

oddoln|y *adi.* *[inicjatywa, akcja, krytyka]* grass-roots *attr.*

oddycha|ć¹ *impf* → odetchnąć¹

oddycha|ć² *impf vi* [1] (wciągać do płuc) to inhale *vt*, to breathe *vt* (**czymś** sth); **~ł świeżym powietrzem/papierosowym dymem** he breathed a. inhaled fresh air/ cigarette smoke [2] przen. (emanować) to breathe *vt*; **dom/powieść ~ radością/ życia** the house/novel breathes cheerfulness

oddzialik *m dem.* (*G* **~u**) [1] (jednostka wojska, policji) (small) unit; (grupa osób) (small) group [2] (dział instytucji) (small) department; (filia) branch; (część fabryki) shop [3] (w szpitalu) (small) ward

oddzia|ł *m* (*G* **~łu**) [1] (jednostka wojska, policji) unit; (żołnierze) troop zw. *pl*; (obronny, desantowy, zwiadowczy) party; (interwencyjny, spe-

cjalny) squad; **pod osłoną ~łów policji/ wojska** protected by police squads/army units; **~ły partyzantów** a. **partyzanckie** guerilla groups [2] (dział instytucji, biura) department; (filia) branch; (część fabryki) shop; **~ł odlewniczy i walcownia** a casting shop and a rolling mill; **nasz bank ma w stolicy cztery ~ły** there are four branches of our bank in the capital [3] (w szpitalu) ward; **~ł chirurgiczny/dziecięcy/położniczy** a surgical/children's/maternity ward; **~ł intensywnej opieki medycznej** an intensive care unit [4] przest. (klasa) form

oddział|ać *pf* — **oddział|ywać** *impf* (**~am** — **~uję** a. **~ywam**) *vi* [1] (wywrzeć wpływ) to have an influence a. impact (**na kogoś/coś** on sb/sth); (wywołać skutki) to affect (**na coś** sth); to have an effect (**na coś** on sth); **takie filmy dobrze/źle ~ują na umysł dziecka** such films have a good/ bad influence on a child's mind; **gospodarczy kryzys ~ał negatywnie na rozwój drobnej przedsiębiorczości** the economic crisis had an adverse effect on the development of small businesses [2] Chem. to interact (**na coś** with sth)

oddział|ek *m dem.* (*G* **~ku**) (wojska) small unit; (policji) squad; (grupa osób) small group

oddziałow|y [] *adi.* *[pielęgniarka, chirurg, recepcja]* ward *attr.*

[] *m* (w instytucji) department head

[] **oddziałowa** *f* (w szpitalu) ward sister GB

oddziaływać *impf* → oddziałać

oddziaływa|nie [] *sv* → oddziałać

[] *n* książk. influence, effect (**na kogoś/coś** on sb/sth); **przykład negatywnego ~nia pogody na ludzki organizm** an example of the adverse effect of the weather on the human body

oddzielać *impf* → oddzielić

oddziel|ić *pf* — **oddziel|ać** *impf* [] *vt* [1] (odgrodzić) to separate; **rzeka/autostrada ~a nową część miasta od centrum** a river/motorway separates the new part of the town from the centre; **róg pokoju ~ony zasłoną** a curtained-off corner of a room [2] (rozdzielić) to separate; **~ić zepsute jabłka od dobrych/chore dzieci od pozostałych** to separate the rotten apples from the good ones/to isolate sick children from the others; **~ić żółtko od białka** to separate an egg

[] **oddzielić się** — **oddzielać się** to separate

■ **~ić ziarno od plew** to separate the wheat from the chaff

oddzielnie *adv.* [1] (osobno) apart, severally; *[trzymać się, rozliczać się]* separately; *[traktować, rozpatrywać]* individually; **mieszkamy ~** we live separately a. apart [2] (rozłącznie) „nie ma" piszemy ~ 'nie ma' is written as two separate words

oddzieln|y *adi.* *[pokój, grupa]* separate; *[opis]* individual; **~e wejście dla służby** a separate entrance for the staff a. servants

oddzierać *impf* → odedrzeć

oddzwaniać *impf* → oddzwonić

oddzw|onić *pf* — **oddzw|aniać** *impf* [] *vt* (o zegarze) to chime; **zegar ~onił północ/ósmą** the clock chimed midnight/ eight

[] *vi* (zadzwonić) to call [sb] back, to call

back, to ring [sb] back, to return a call; **~onię (do ciebie), jak tylko narada się skończy** I'll call a. ring (you) back as soon as the meeting's over

oddźwięk m (G ~u) response, reaction; **propozycja znajduje a. budzi pozytywny/negatywny ~ wśród zebranych** the proposal draws a positive/negative response from the meeting; **jego powieść nie miała w Polsce większego ~u** his novel met with no big response in Poland

ode → od

od|ebrać pf — **od|bierać¹** impf (**odbiorę — odbieram**) vt [1] (odzyskać własność) to take [sth] back, to take back [pieniądze, własność]; **muszę odebrać od niej moją książkę** I must take my book back from her; **odebraliśmy tereny zagarnięte przez najeźdźców** we took back a. retook the territories occupied by invaders [2] (zabrać z przechowania, z naprawy) to collect [bagaż, pranie, płaszcz]; to reclaim [depozyt]; (zabrać to, co zostawione, zapomniane) to pick [sth] up, to pick up; **odebrać zegarek od zegarmistrza** to collect a watch from the watchmaker's [3] (zabrać skądś osobę) to collect, to pick [sb] up, to pick up; **jadę odebrać dziecko ze szkoły/mamę z dworca** I'm going to collect the child from school/my mother at the station; **dziś odbieramy babcię ze szpitala** today we're bringing grandma back home from hospital [4] (przyjąć) to collect, to pick [sth] up, to pick up [przesyłkę, pocztę, należność]; to receive, to pick [sth] up, to pick up [nagrodę, medal, puchar]; **pieniądze proszę odebrać w okienku numer dwa** you can collect a. pick up your money at counter number two [5] (wziąć) to take; **odbierz od gościa płaszcz i powieś na wieszaku** take the guest's coat and hang it up [6] (pozbawić własności) to take (away) [broń, dobytek, tytuł]; (przejąć jako nielegalne) to seize, to confiscate [towar, kontrabandę, narkotyki]; **pasażerom odebrano wszelkie ostre narzędzia** any sharp objects have been taken away from the passengers [7] (uniemożliwić, pozbawić) to deprive [sb] of [nadzieję, ochotę, prawo, siłę, pozycję]; to divest [sb] of [władzę, prawa, własność]; to snatch [przywództwo, zwycięstwo]; **sąd odebrał jej dziecko** the court deprived her of custody of the child; **nic nie jest w stanie odebrać mu pewności siebie** nothing can deflate his self-confidence; **rozpacz/złość odebrała mu mowę** he was choked with despair/anger; **odebrał sobie życie** he took his own life; **przewodniczący odebrał mówcy głos** the chair forbade the speaker to continue; **po wylewie odebrało mu władzę w nogach** after a stroke he lost the use of his legs; **chyba ci rozum odebrało** pot. you must have lost your marbles pot. [8] (otrzymać) to receive [wykształcenie, hołdy, defiladę, gratulacje]; **odebrał staranne wychowanie** he had a good upbringing; **bokser odebrał parę groźnych ciosów** the boxer received a. took some nasty blows [9] (drogą radiową, satelitarną, przewodową) to pick [sth] up, to pick up, to receive [sygnał, program, kanał]; **nasze radio nie odbiera BBC** our radio doesn't receive the BBC; **odebrać telefon** to

answer a. get the telephone; **odebrałem kilka telefonów z pogróżkami** I've had a. received a few threatening phone calls [10] Budow. (akceptować) to approve [budowę, remont, mieszkanie] [11] (zrozumieć, zinterpretować) to construe [wypowiedź, gest, zachowanie]; to interpret [film, przedstawienie]; **przemówienie odebrano jako zapowiedź politycznych zmian** the speech was construed as heralding political changes; **neutralny gest niewłaściwie odebrano jako wrogi sygnał** a neutral gesture was misconstrued as a hostile signal [12] Sport (w tenisie) to return [piłkę, zagrywkę] [13] Med. to deliver [dziecko, cielaka]; **odebrać poród** to assist in the birth

odechc|ieć się pf — **odechc|iewać się** impf v imp. pot. (stracić ochotę, chęć); **~iało mi się spać/podróży** I didn't/don't feel like sleeping/travelling any more; **jak to słyszę, wszystkiego a. żyć mi się odechciewa** when I hear things like that I just want to curl up and die

odechciewać się impf → odechcieć się

od|edrzeć pf — **od|dzierać** impf vt to tear [sth] off a. away, to tear off a. away; **odedrzeć plaster z rany** to tear a plaster away from a wound

od|egnać, od|gonić pf — **od|ganiać** impf (**odegnam, odgonię — odganiam**) vt [1] (zmusić do oddalenia się) to drive [sb/sth] off a. away, to drive off a. away [psa, napastnika]; **odegnał muchę** he chased a fly away [2] (przezwyciężyć) to ward off [złe duchy, groźbę głodu, niemiłe myśli]; to dispel [smutek, wątpliwości, przygnębienie]

■ **i kijem go nie odegna** pot. he won't take no for an answer

od|egrać pf — **od|grywać** impf [I] vt [1] Muz. to play [hymn, marsz, sonatę]; to perform [solo, wariacje]; **orkiestra odegrała hymn narodowy** the orchestra played the national anthem [2] Kino, Teatr [aktor] to play, to act [rolę]; to portray [postać]; [zespół, aktorzy] to perform, to act [sztukę]; to enact [scene]; **ciekawie wystawione i porywająco odegrane przedstawienie** a uniquely staged and thrillingly acted performance; **kto odegra rolę Ofelii?** who will play (the part of) Ophelia?, who will act Ophelia? [3] (odtworzyć) to enact, to act out [scenkę, utwór]; **dzieci odegrały bajkę o Kopciuszku** children acted out a. enacted the tale of Cinderella [4] (udawać) to play [bohatera, dobrą siostrę]; to act [głupiego, uczciwego]; (występować jako) to act (out) [rolę pocieszyciela, lekarza]; **nauczyciel odgrywający rolę terapeuty** a teacher acting out the role of a therapist; **jak cię spytają, odgrywaj głupiego/niemowę** when they ask you, just play a. act ignorant/dumb; **nie odgrywaj mi tu niewiniątka** don't act the innocent for me; don't come the innocent with me pot. [5] środ., Sport to play back [piłkę]

[II] **odegrać się — odgrywać się** [1] Gry (odzyskać) to win back one's money; **przegrałem parę tysięcy, ale się odegram w następnej kolejce** I've lost a couple of thousand but will win it back in the next game [2] pot. (zemścić się) to get even pot. (**na kimś** with sb) [3] (zdarzyć się) [scena, sprzeczka] to be enacted; **wszystko odegra-**

ło się w kilka sekund it all occurred within seconds

■ **odgrywać rolę** to play a role a. part; **kto odegrał najważniejszą rolę w tej bitwie?** who played the crucial role in the battle?

odejmować impf → odjąć

odejmowa|nie [I] sv → odjąć

[II] n Mat. subtraction U

od|ejść pf — **od|chodzić¹** impf (**odejdę, odejdziesz, odszedł, odeszła, odeszli — odchodzę**) vi [1] (oddalić się) to walk away, to wander off; **szczeniaki nie odchodziły od matki** the puppies didn't leave their mother; **„nie odchodź" – prosiła** 'don't go,' she pleaded; **obraziła się i odeszła** she got offended and walked off [2] (zrezygnować ze stanowiska, pracy) to resign, to depart (**z czegoś** from sth); to leave vt; **odejść ze stanowiska** to resign one's post a. from a post; **wielu członków odeszło z naszej organizacji** many members have left our organization; **odejść na emeryturę** to retire [3] (odjechać) [pociąg, autobus] to leave, to depart; **nasz ekspres odchodzi z peronu drugiego** our express is leaving from platform two [4] (odrywać się) [tapeta, podeszwa] to come off; [lakier, powłoka] to peel off, to come away (**od czegoś** from sth); **dobrze ugotowane mięso odchodzi od kości** well-cooked meat comes away from the bone [5] (przeminąć) [zmęczenie, ból, żal] to be a. have gone, to vanish; **cała radość życia go odeszła** all his joie de vivre vanished a. was gone; **był zły, ale mu odeszło** he was angry, but it passed; **wcześniej bywał zazdrosny, ale mu odeszło** he used to be jealous but now he's past it pot.; **świat, który odszedł w przeszłość** a world that has vanished a. has gone for good; **odeszła mi chęć a. ochota do pracy** I don't feel like working any more [6] (umniejszać) to go; **z pensji odchodzi mi 20 procent na podatek/ spłatę pożyczki** 20 per cent of my salary goes to the taxman/on the repayment of a loan [7] (opuścić) to leave vt, to abandon vt (**od kogoś** sb); **mąż od niej odszedł** her husband has left a. abandoned her [8] książk. (umrzeć) to exit książk.; **poeci, którzy odeszli z tego świata** poets who have departed from this world [9] (od wzorca, konwencji, tradycji, normy) to depart (**od czegoś** from sth); (od religii, ideologii, sposobu myślenia) to abandon vt; **odeszła od katolicyzmu i przyjęła kalwinizm** she abandoned Catholicism for Calvinism

od|emknąć pf — **od|mykać** impf (**odemknęła, odemknęli — odmykam**) [I] vt to open [drzwi, oczy]

[II] **odemknąć się — odmykać się** to open

odeń =od niego

od|epchnąć pf — **od|pychać¹** impf (**odepchnęła, odepchnęli — odpycham**) [I] vt [1] (odsunąć) to push, to shove; (odsunąć od siebie) to push [sb/sth] away, to push away, to shove [sb/sth] out of the way; **odepchnąć wiosłem łódź od brzegu** to push a boat off (from the shore) with an oar [2] (odeprzeć) to push [sb/sth] back, to push back, to repulse [wrogie oddziały, demonstrantów] [3] (odtrącić) to reject, to spurn [zakochanego, przyjaźń, ofertę]

Ⅲ odepchnąć się — odpychać się to push off (**od czegoś** from sth); **odepchnęła się mocno od brzegu basenu** she pushed off from the side of the pool

od|eprzeć *pf* — **od|pierać** *impf* **Ⅱ** *vt* ① (zmusić do odwrotu) to drive [sb/sth] back, to drive back *[wroga]*; to repel *[atak]*; to repulse *[nieprzyjaciela, szturm]*; **udało im się odeprzeć natarcie** they were able to repulse the attack ② (kontrować) to parry *[cios, uderzenie, atak]*; to refute *[argumenty, oskarżenie, zarzuty]*

Ⅲ odeprzeć książk. (odpowiedzieć) to reply; „**nie zgadzam się**" – **odparł spokojnie** 'I don't agree,' he replied calmly

■ **odpierać ciosy** a. **razy** to hold fast

od|erwać *pf* — **od|rywać** *impf* (**oderwę — odrywam**) **Ⅱ** *vt* ① (oddzielić) to tear [sth] out, to teat out; (gwałtownie urwać) to tear away, to tear [sth] off, to tear off; **oderwał mi guzik od płaszcza** he tore a. ripped a button off my coat ② (odsunąć) to take [sth] away, to move away; **oderwać ręce od twarzy/szklankę od ust** to take away one's hands from one's face/a glass from one's lips; **nie mógł od niej oderwać oczu** a. **wzroku** he couldn't tear his eyes a. gaze away from her ③ (przerwać) to tear [sb] away (**od czegoś** from sth); **nie odrywaj dzieci od zabawy/ich rówieśników** don't tear the kids away from their game/their peers

Ⅲ oderwać się — odrywać się ① (odpaść) *[guzik, tapeta, rączka]* to come off; *[gałąź, sopel]* to break off; **oderwała mi się podeszwa** the sole has pulled away from my shoe ② (stracić kontakt) *[osoba, grupa]* to break away (**od czegoś** from sth); **oderwać się od grupy** to break away from a group; **samolot oderwał się od ziemi** an aeroplane took off; **oderwać się od rzeczywistości** a. **życia** to lose touch with reality; **był oderwanym od życia naukowcem** he was a scientist and out of touch with reality ③ (zrobić przerwę) to stop *vt*; **oderwać się od pracy/telewizji** to stop working/watching TV; **książka, od której nie można się oderwać** a book you a. one cannot put down; **oderwij się od wszystkiego i przyjedź** leave everything behind and come

oderwani|e **Ⅱ** *sv* → oderwać

Ⅲ *n sgt* detachment, separation (**od czegoś** from sth); **w ~u** *[rozpatrywać, badać]* in isolation, separately (**od czegoś** from sth)

oderwan|y **Ⅱ** *pp* → oderwać

Ⅲ *adi.* *[fakty, słowa, wydarzenia]* unconnected; **pomysły ~e od rzeczywistości** unrealistic ideas

od|erżnąć *pf* — **od|rzynać** *impf vt* (za pomocą piły) to saw [sth] off, to saw off; (za pomocą noża) to cut [sth] off, to cut off; (niestarannie) to hack [sth] off, to hack off; **oderżnął piłą starą gałąź** he sawed off an old branch

od|esłać *pf* — **od|syłać** *impf* (**odeślę — odsyłam**) *vt* ① (zwrócić) to send (back); **zbiory odesłano z powrotem do Wilna** the collection was sent back to Vilnius; **pieniądze odesłał mi pocztą** he sent me back the money by post; **zbiegów schwytano i odesłano pod strażą do więzienia** the escapees were caught and escorted back to prison ② (skierować) to send, to refer;

prezydent odesłał ustawę do Trybunału Konstytucyjnego the President referred the bill to the Constitutional Tribunal; **doktor odesłał rannego do szpitala** the doctor sent the injured person to hospital; **odsyłano mnie z urzędu do urzędu** I was referred from one institution to another ③ (wskazać źródło informacji) to refer (**do czegoś** to sth); **zainteresowanych odsyłam do mojej pracy** those who are interested, please refer to my paper ④ (kojarzyć się) to refer (**do czegoś** to sth); **liczba ta odsyła do strony, na której podany jest opis** the number refers to the page with the description

■ **odsyłać kogoś od Annasza do Kajfasza** send sb on a fool's errand

od|espać *pf* — **od|sypiać** *impf* (**odeśpię, odeśpisz — odsypiam**) *vt* to sleep [sth] off, to sleep off *[podróż, dyżur, imprezę]*

od|essać *pf* — **od|sysać** *impf* (**odessę — odsysam**) *vt* to suck [sth] out, to suck out *[tłuszcz, powietrze]*; **odessać ranę** to suck a wound

od|etchnąć¹ *pf* — **od|dychać¹** *impf* (**odetchnęła, odetchnęli — oddycham**) *vi* to breathe; **odetchnij głęboko i odpręż się** take a deep breath and relax; **odetchnąć/oddychać świeżym powietrzem** to get a breath of fresh air; **odetchnąć głęboko/przez nos** to breathe deeply/through one's nose

odetchn|ąć² *pf* (**~ęła, ~ęli**) *vi* ① (uspokoić się) to breathe again; **zatrzymać się, żeby trochę ~ąć** to stop for a breather; **~ął z ulgą** he heaved a sigh of relief ② (wypocząć) to have a break, to relax; **wyjadę do rodziców, to ~ę** I'll rest when I visit my parents; **~ąć lasem** to relax walking in the woods

od|etkać *pf* — **od|tykać** *impf* **Ⅱ** *vt* to unclog, to unblock *[zlew, wannę]*; to uncork *[butelkę]*

Ⅲ odetkać się — odtykać się ① (wypaść) *[zatyczka, korek]* to fall out ② (odblokować się) *[zlew]* to be unclogged, to be unblocked

odezw|a *f* ① (apel) appeal, proclamation; **~a do ludności** an appeal to the public; **proklamować** a. **wydać ~ę** to issue a. make an appeal ② (plakat) public notice

od|ezwać się /o'dezvatɕ ɕɛ̃/ *pf* — **od|zywać się** /od'zɪvatɕ ɕɛ̃/ *impf* (**odezwę się — odzywam się**) *v refl.* ① (powiedzieć coś) to speak; **nie odezwał się, ale z jego twarzy można było odczytać odpowiedź** he didn't say a word but the answer was written all over his face; **od trzech dni nie odzywała się do niego ani słowem** she hasn't spoken a. talked to him for three days; „**no dobrze**" – **odezwał się cicho** 'all right then', he said quietly; **podszedłem do nich i odezwałem się po polsku** I went up to them and started to speak Polish; **odzywać się pochlebnie o kimś** to speak highly of sb; **jak śmiesz odzywać się do mnie w ten sposób!** how dare you talk to me like that! ② (zadzwonić) to call; (napisać list) to drop a line; **odezwę się do ciebie, kiedy będzie po wszystkim** I'll let you know when it's all over; **kiedy dojedziecie, odezwijcie się** drop me a line when you get there; **odezwij się dziś**

do mamy call mum today; **od trzech tygodni się nie odzywa** I haven't heard from her for three weeks ③ (zabrzmieć) *[głos, echo]* to be heard, to sound; **odezwał się dzwonek u drzwi** there was a ring at the door; **w słuchawce odezwał się męski głos** there was a male voice on the phone; **zawsze odezwą się głosy przeciwne** przen. as usual there will be dissenting voices ④ pot. (ujawnić się) *[choroba, ból]* to return; **odezwało się w nim powołanie artystyczne** he realized that his calling was to be an artist; **odezwał się w nim pedagog/prawnik** he sounded (just) like a teacher/lawyer ⑤ Gry to bid, to call; „**pas**" – **odezwał się mój partner** 'no bid', called my partner

odezwa|nie **Ⅱ** *sv* → odezwać

Ⅲ *n* remark, comment; **nie życzę sobie takich ~ń pod moim adresem** I don't like such comments being made about me

odę|ty *adi.* ① *[osoba, twarz, mina]* sulky, sullen ② przest. *[wargi, rysy]* thick; *[brzuch]* distended

odfajk|ować *pf* — **odfajk|owywać** *impf vt* pot. ① (odhaczyć) to tick [sth] off, to tick off GB, to check [sth] off, to check off US; **~owywać czyjeś nazwisko na liście** to tick (off) sb's name on the list ② (zrobić niestarannie) **~ować** co to get sth over (and done) with; **uznali sprawę za ~owaną** they considered the matter over and done with

odfajkowywać *impf* → odfajkować

odfilet|ować *pf vt* to bone *[rybę]*

odfiltr|ować *pf vt* to filter [sth] out a. off, to filter out a. off; **~ować zanieczyszczenia z wody** a. **wodę z zanieczyszczeń** to filter out impurities from the water

odgad|nąć *pf* — **odgad|ywać** *impf* (**~ł — ~ywał**) *vt* ① (znaleźć rozwiązanie) to guess at *[odpowiedź, hasło]*; **~nąć zagadkę** to solve a riddle; **puszczę cię wolno, jeśli ~niesz, co znaczą te słowa** I'll let you off if you guess what these words mean ② (domyślić się) to guess at, to puzzle out; **szybko ~ł cel ich odwiedzin** he quickly guessed the reason for their visit; **~łem, kogo pani szuka** I've puzzled out who you're looking for; **~nąć przyszłość** to foretell the future

odgadywać *impf* → odgadnąć

odgałęziać się *impf* → odgałęzić się

odgałęz|ić się *pf* — **odgałęz|iać się** *impf* książk. *[droga, rzeka]* to branch off (**od czegoś** sth a. from sth)

odgałęzie|nie *n* (drogi, rzeki, rury) branch, turn-off; **~nie od kanału** a branch of the canal

odganiać *impf* → odegnać

odgarn|ąć *pf* — **odgarn|iać** *impf* (**~ęła, ~ęli**) *vt* to sweep [sth] aside, to sweep aside, to brush [sth] aside, to brush aside; **~iać sobie włosy z czoła** to brush one's hair off one's forehead; **~iać liście** to sweep the leaves aside; **~iać śnieg z chodnika** to clear snow off the pavement

odgarniać *impf* → odgarnąć

od|giąć *pf* — **od|ginać** *impf* (**odegnę, odgięła, odgięli — odginam**) **Ⅱ** *vt* ① (wyprostować) to straighten (out) *[drut, haczyk]* ② (odchylić) to bend back; **szedł, odginając gałęzie** he walked along, bending back the branches; **trzymała filiżankę, odginając mały palec** she was holding a cup with her little finger crooked

III odgiąć się — odginać się [1] (wyprostować się) *[gałąź, drut]* to straighten, to bend back [2] (odchylić się) to bend

odginać *impf* → **odgiąć**

odgłos *m* (*G* ~**u**) [1] (dźwięk) sound; (głośny) noise; ~ **nadjeżdżającego pociągu** the noise of an oncoming train; ~ **kroków** the sound of footsteps; ~ **uderzenia** a thud; ~ **stukania** knocking [2] *zw. pl* (dźwięki otoczenia) sound; ~**y lasu/ulicy** the sounds of the forest/street [3] przen. (reakcja) response; **moje wystąpienie wywołało ~y niezadowolenia** my speech provoked an angry response; ~**y krytyki** a critical response

odgniatać *impf* → **odgnieść**

odgni|eść *pf* — **odgni|atać** *impf* (~**otę,** ~**eciesz,** ~**ótł,** ~**otła,** ~**etli** — ~**atam**) **I** *vt* [1] (spowodować odciski) ~**ótł sobie ręce od łopaty** the spade gave him calluses on his hands; **paski od plecaka** ~**atały jej ramiona** the straps of the rucksack dug into her shoulders [2] (odcisnąć) to impress; ~**ótł klucz w plastelinie** he impressed the key in Plasticine®; ~**eść stopę na piasku** to leave one's footprint in the sand

III odgnieść się — odgniatać się [1] (uszkodzić się) *[owoc]* to bruise; **w niewygodnych butach** ~**atają mi się nogi** uncomfortable shoes give me calluses [2] (odcisnąć się) to be printed; **ślady stóp** ~**atały się w mokrym piasku** the footprints were printed a. imprinted in the wet sand

odgonić → **odegnać**

odgórnie *adv.* top-down; **zadecydować coś** ~ to make a top-down decision; **mianować kogoś** ~ **na stanowisko dyrektora** to nominate sb manager

odgórn|y *adi. [decyzja, ustalenie, działanie]* top-down *attr.*

odgradzać *impf* → **odgrodzić**

odgraniczać *impf* → **odgraniczyć**

odgranicz|yć *pf* — **odgranicz|ać** *pf* **I** *vt* [1] (stanowić granicę) to divide (off), to separate; **rzeka** ~**ała jedną część wsi od drugiej** the river divided the village into two parts; **nitki autostrady** ~**one pasem zieleni** the lanes of a motorway separated by a central reserve [2] przen. (rozróżnić) to differentiate, to separate; ~**ać dobro od zła** to differentiate between good and evil; ~**yć istotne problemy od mniej ważnych** to separate the crucial issues from the less important ones

III odgraniczyć się — odgraniczać się książk. [1] (odróżnić się) to differ, to separate; **głowa boa dusiciela wyraźnie** ~**a się od reszty ciała** the head of the boa constrictor differs distinctly from the rest of its body [2] (oddzielić) to fence in; ~**yć się płotem** he fenced in his property [3] przen. (odizolować się) to isolate oneself, to shut (oneself) off (**od kogoś** from sb)

odgraża|ć się *impf v refl.* to threaten *vt*; ~**ać się wrogom** to threaten one's enemies; ~**ał się, że sam wymierzy sprawiedliwość** he threatened to administer justice by himself; ~**ał się, że jeszcze tu wróci** he threatened (that) he'd be back

odgr|odzić *pf* — **odgr|adzać** *impf* **I** *vt* [1] (oddzielać) to separate; **dzielnica** ~**odzona murem od reszty miasta** a district walled off from the rest of the city; ~**odzić płotem kawałek gruntu** to fence off a strip of land [2] przen. (izolować) to isolate; **rodzice** ~**adzali ją od życia** her parents isolated her from real life

III odgrodzić się — odgradzać się [1] (oddzielić) to fence in; ~**odzić się płotem** to fence in one's property [2] (separować się) to isolate oneself, to shut (oneself) off (**od czegoś/kogoś** from sth/sb); ~**adzać się od świata** to live in seclusion

odgromnik *m* [1] (piorunochron) lightning conductor, lightning rod US [2] Elektr. lightning arrester

odgromnikow|y *adi.* **instalacja** ~**a** a lightning protection system

odgromow|y *adi.* **instalacja** ~**a** a lightning protection system

odgruz|ować *pf* — **odgruz|owywać** *impf vt* to clear [sth] of rubble a. debris; ~**ować ulicę** to clear the street of rubble; ~**ować mieszkańców zawalonego budynku** to rescue the inhabitants of a house that had collapsed

odgruzowywać *impf* → **odgruzować**

odgrywać *impf* → **odegrać**

odgryzać *impf* → **odgryźć**

odgry|źć *pf* — **odgry|zać** *impf* (~**zę,** ~**ziesz,** ~**zł,** ~**zła,** ~**źli,** ~**zły** — ~**zam**) **I** *vt* to bite [sth] off, to bite off; ~**źć kęs chleba** to bite off a hunk of bread

III odgryźć się — odgryzać się pot. (odpowiedzieć) to strike back, to snap back (**komuś** at sb); **często z niego drwili, bo nie umiał się** ~**źć** he was often jeered at because he couldn't strike back

odgrz|ać *pf* — **odgrz|ewać** *impf* (~**eję** — ~**ewam**) *vt* [1] Kulin. to heat [sth] up, to heat up, to warm [sth] up, to warm up *[zupę, obiad]* [2] pejor. (przypomnieć sobie) to rehash, to dredge [sth] up, to dredge up; **prasa** ~**ała aferę, w którą był zamieszany** the press dredged up some dirty dealings he'd been mixed up in; ~**e pomysły/dowcipy** rehashed ideas/jokes

odgrzeb|ać *pf* — **odgrzeb|ywać** *impf* (~**ię** — ~**uję**) *vt* [1] (wydobyć) to dig [sth] out, to dig out, to dig [sth] up, to dig up; ~**ać rannego spod gruzów** to dig an injured person out of the rubble [2] (odsunąć) to clear, to remove *[ziemię, piasek, śnieg]* [3] przen. (znaleźć) to dig [sth] up, to dig up, to rake [sth] up, to rake up; **prasa znów** ~**ała jakiś skandal** the press has raked up another scandal; **w archiwum** ~**ałem bardzo interesujące dokumenty** I unearthed some interesting documents in the archives

odgrzebywać *impf* → **odgrzebać**

odgrzewać *impf* → **odgrzać**

odgrzybiać *impf* → **odgrzybić**

odgrzyb|ić *pf* — **odgrzyb|iać** *impf vt* to eliminate dry rot a. mould; ~**ić budynek/pokój** to clean the mould from a. off the walls of a building/room

odgwi|zdać *pf* — **odgwi|zdywać** *impf* (~**żdżę** — ~**zduję**) **I** *vt* [1] (wydać) Sport to whistle *[faul, zmianę]*; **sędzia** ~**zdał koniec meczu** the referee whistled the end of the

match [2] (wykonać gwiżdżąc) to whistle *[piosenkę, melodię]*

II *vi* (odpowiedzieć gwizdaniem) to whistle (back); ~**zdał na znak, że zrozumiał** he whistled (back) to me to signal that he'd understood

odgwizdywać *impf* → **odgwizdać**

odhaczać *impf* → **odhaczyć**

odhacz|yć *pf* — **odhacz|ać** *impf* **I** *vt* pot. [1] (odnotować) to tick [sb] off a. tick off GB, to check [sb] off a. check off US; **możesz mnie** ~**yć, już zapłaciłem** you can tick my name off, I've already paid [2] (odczepić) to take [sth] off the hook; **wędkarz ostrożnie** ~**ył złowioną rybę** the angler carefully took the fish off the hook

III odhaczyć się — odhaczać się [1] pot. (zaznaczyć) to tick one's name off GB, to check one's name off US [2] (odczepić się) to unhook; **szczupak** ~**ył się z wędki** the pike unhooked itself from the line

odhol|ować *pf vt* [1] (odciągnąć) to tow [sth] away, to tow away, to haul [sth] away, to haul away *[samochód, wrak, łódź]* [2] pot. (odprowadzić) to carry; **po imprezie przyjaciele** ~**owali go do domu** after the party his friends carried a. escorted him home

odhumaniz|ować *pf* książk. **I** *vt* to dehumanize *[życie, sport]*

II odhumanizować się *[sport, życie]* to be dehumanized

odideologiz|ować *pf* książk. **I** *vt* to free [sth] of ideology *[naukę, sztukę]*

II odideologizować się *[nauka, sztuka]* to become free of ideology

odium *n inv. sgt* [1] (nienawiść) odium; **ściągnęła na siebie** ~ **środowiska** she attracted public odium [2] (wina) blame; **musiał wziąć na siebie** ~ **niepowodzeń** he had to take the blame for his own failures

odizol|ować *pf* **I** *vt* [1] książk. (odosobnić) to isolate, to separate; ~**ować chorego od otoczenia** to isolate a patient from the others; ~**owane społeczności plemienne** isolated tribes [2] (odseparować) to isolate; **pomieszczenie** ~**owane od reszty biura** a room isolated from the rest of the office; ~**owane wzgórza** the isolated hills [3] Techn. to insulate

II odizolować się to isolate oneself; ~**ować się od świata/znajomych** to isolate oneself from the rest of the world/ from one's friends

odizolowan|y *pp* → **odizolować**

II *adi. [przypadek]* isolated

odj|azd I *m* (*G* ~**azdu**) [1] (autobusu, pociągu) departure; (osoby) leaving; **czekam na** ~**azd pociągu** I'm waiting for the train to depart; **chciałem zobaczyć panią jeszcze przed** ~**azdem** I wanted to see you before I/you leave [2] pot. trip; **ta muzyka to pełny** ~**azd** pot. that music was really cool pot.

II *inter.* go!

odjazdowo *adv.* pot. **na imprezie było** ~ the party was cool; **wyglądasz dziś** ~ you look really cool today

odjazdow|y *adi.* [1] *[przystanek]* departure *attr.* [2] pot. *[impreza, ubiór, dziewczyna]* cool pot.

od|jąć *pf* — **od|ejmować** *impf* (**odejmę, odjęła, odjęli — odejmuję**) *vt* [1] (odłączyć) to take [sth] off a. take off; **odjąć ręce od klawiatury** to take one's hands off the keyboard [2] (zmniejszyć wartość) to subtract, to take (away); **od otrzymanej liczby należy odjąć pięć** take five away a. deduct five from the result; **sześć odjąć dwa równa się cztery** six minus two equals four [3] (amputować) to amputate spec.; to cut [sth] off, to cut off [rękę, nogę] [4] (pozbawić) **odjęło mu apetyt** he lost his appetite; **widok makabrycznych scen odjął mu sen** the macabre scenes caused him to lose sleep; **odjęło jej mowę** she is/was (left) speechless; **odjęło jej zmysły** she lost consciousness; **krzyczał, jakby mu rozum odjęło** he was screaming like crazy. mad [5] książk. to deprive [sb] of; **odjęli mu cały majątek** they deprived him of all his possessions

odj|echać *pf* — **odj|eżdżać** *impf* (**~adę — ~eżdżam**) *vi* to go away, to leave; **pociąg ~eżdża z peronu siódmego** the train leaves a. departs from platform seven; **~echać na rowerze** to ride off on one's bike; **~echał z parkingu z piskiem opon** he left the car park with a screech of tyres; **wskoczył do ~eżdżającego tramwaju** he hopped onto the tram as it was leaving

odjemn|a *f* Mat. minuend

odjemnik *m* Mat. subtrahend

odjezdn|e *n*

■ **na odjezdnym** on the point of leaving, when leaving; **na ~ym rzuciła: będziemy w kontakcie** her parting words were 'we'll stay in touch'

odjeżdżać *impf* → odjechać

odkarmiać *impf* → odkarmić

odkarm|ić *pf* — **odkarm|iać** *impf* [] *vt* to feed [sb] up, to feed up [chorego, dziecko] [] **odkarmić się** — **odkarmiać się** [chory, dziecko] to bounce back

odkasłać → odkaszlnąć

odkasływać *impf* → odkaszlnąć

odkaszliwać *impf* → odkaszlnąć

odka|szlnąć, odka|słać *pf* — **odka|szliwać, odka|sływać** *impf* (**~szlnęła, ~szlnęli — ~szliwuję, ~słuję**) *vi* to clear one's throat, to hawk

odka|zić *pf* — **odka|żać** *impf vt* [1] (zdezynfekować) to disinfect [ranę, narzędzia, ręce]; **~ź obtarcie spirytusem** disinfect the scratch by rubbing in alcohol [2] (usunąć trujące substancje) to decontaminate [teren, wody]

odkażać *impf* → odkazić

odkąd *pron.* [1] (pytajny) (od jakiego czasu) since when; (jak długo) how long; „**~ obowiązuje ten przepis?**" – „**od 1990 roku**" 'how long a. since when has this regulation been in force?' – 'since 1990'; **~ tu czekasz?** how long have you been waiting (here)?; **~ to interesują cię takie tematy?** iron. since when have you been interested in things like that? [2] (względny) (od czasu gdy) since; **już trzy miesiące, ~ rzuciłem palenie** it's three months since I gave up smoking; **~ zaczął pracować, pomagał finansowo matce** since he started work, he had been helping his mother financially; **~ pamiętam... a. ~ sięgam pamięcią...** for as long as I can remember...; **~ świat światem** ever since the world began, ever since the beginning of the world [3] (pytajny) (od jakiego miejsca) where from; **~ zaczyna się twoja działka?** where does your plot of land begin?; **~ mam zacząć?** where shall a. should I start from?

odkle|ić *pf* — **odkle|jać** *impf* [] *vt* to unstick, to unglue; **~ić znaczek od pocztówki** to unstick a stamp from a postcard [] **odkleić się** — **odklejać się** [nalepka, znaczek, tapeta] to come unstuck, to come unglued

odklejać *impf* → odkleić

odklep|ać *pf* — **odklep|ywać** *impf* (**~ię — ~uję**) pot., pejor. to rattle off [wiersz, modlitwę]

odklepywać *impf* → odklepać

odkładać *impf* → odłożyć

odkłam|ać *pf* — **odkłam|ywać** *impf* (**~ię — ~uję**) *vt* to put [sth] straight [fakty, opinie]

odkłamywać *impf* → odkłamać

odkłaniać się *impf* → odkłonić się

odkł|onić się *pf* — **odkł|aniać się** *impf v refl.* **~onić się komuś** to return a. acknowledge sb's greeting

odkoch|ać się *pf* — **odkoch|iwać się** *impf v refl.* pot. to fall out of love

odkochiwać się *impf* → odkochać się

odkomender|ować *pf vt* to detach, to detail; **~ować żołnierzy do budowy drogi** to detail the soldiers to build a road

odkop|ać *pf* — **odkop|ywać** *impf* (**~ię — ~uję**) [] *vt* [1] (odgrzebać) to dig [sth] up, to dig up, to dig [sth] out, to dig out; **~ać zasypanych górników** to dig out the trapped miners; **~ać coś spod śniegu** to dig sth out of snow [2] Sport to kick [sth] back, to kick back [piłkę] [] **odkopać się** — **odkopywać się** (odgrzebać się) to dig oneself up, to dig one's way (out)

odkopywać *impf* → odkopać

odkork|ować *pf* [] *vt* [1] (otworzyć) to uncork [butelkę, szampana]; to unplug [wannę, zlew] [2] pot. (odblokować) to clear [drogę, ulicę] [] **odkorkować się** [droga, ulica] to be cleared

odkrajać → odkroić

odkrawać *impf* → odkroić

odkreśl|ić *pf* — **odkreśl|ać** *impf* [] *vt* książk. (oddzielić) to rule [sth] off, to rule off, to mark [sth] off, to mark off; **~ić margines na każdej kartce** to rule off a margin on each page [] **odkreślić się** — **odkreślać się** (odznaczyć się) to be outlined; **zabudowania wyraźnie ~ały się na tle lasu** the houses were distinctly outlined against the woods

odkręcać *impf* → odkręcić

odkrę|cić *pf* — **odkrę|cać** *impf* [] *vt* [1] (odśrubować) to unscrew, to twist (off) [śrubę, nakrętkę, pokrywę]; **~cić koła od samochodu** to unscrew the car wheels [2] (zdjąć nakrętkę) to twist (off), to open [słoik, flakonik] [3] (odwinąć) to uncoil, to unravel [drut, linę] [4] (umożliwić przepływ) to turn [sth] on, to turn on, to switch [sth] on, to switch on [wodę, gaz]; to open [zawór] [5] pot. (odwołać) to call [sth] off, to call off; (wyjaśnić)

to clear [sth] up, to clear up; **za późno było na ~cenie uroczystości** it was too late to call off the celebration [] **odkręcić się** — **odkręcać się** [1] (obluzować się) [koło, nakrętka] to come loose; **wszystkie śruby łatwo się ~cały** all the bolts unscrewed easily [2] (otworzyć się) [słoik, termos] to open [3] (odwrócić się) to turn (back), to turn (around); **~cić się tyłem do kogoś** to turn one's back on sb; **~cić się na pięcie** to turn on one's heel

odkr|oić, odkr|ajać *pf* — **odkr|awać** *impf* (**~oję** a. **~aję — ~awam**) *vt* to slice [sth] off, to slice off; **~oić kawałek szynki** to slice off a piece of ham; **~oił dla każdego dwie kromki chleba** he cut two slices of bread for each person; **~awała każdy tłuszczyk z plasterka wędliny** she cut all the fat off the slice of ham

odkry|cie [] *sv* → odkryć [] *n* [1] (czegoś niezbadanego) discovery; **epoka wielkich ~ć geograficznych** the epoch of great geographical discoveries; **było to jedno z największych ~ć w dziedzinie medycyny** it was one of the most important discoveries in the field of medicine; **dokonać ~cia** to make a discovery [2] (coś, co zostało odkryte) discovery; **policja dokonała w jego domu wstrząsającego ~cia** the police made a shocking discovery in his house [3] (ktoś utalentowany) discovery; **aktorka ta była jego wielkim ~ciem** the actress was one of his greatest discoveries

odkry|ć *pf* — **odkry|wać** *impf* (**~ję — ~wam**) [] *vt* [1] (odsłonić) to uncover [garnek, pudełko, skrzynię]; **~ć twarz** to uncover a. show one's face; **~ć głowę** to take one's hat/cap off; **~ć koc/kołdrę** to lift up a blanket/quilt [2] (wynaleźć) to discover; **~ć nowy ląd** to discover a new land; **~ć nowy pierwiastek chemiczny** to discover a new chemical [3] (spostrzec) to discover; **w mieszkaniu ~ła podsłuch** she discovered that her flat was tapped; **mając 45 lat ~ła w sobie zamiłowanie do rysunku** at the age of forty five she developed a liking for sketching [4] (ujawnić) to discover, to unravel; **~ć sekret** to unravel a mystery; **~ć prawdę** to find out the truth; **w ten sposób ~ł, jak bardzo ją kocha** and then he discovered how much he loved her; **~ł, że nie mieści się w stare spodnie** he realized he couldn't get into his old trousers [5] (dostrzec talent) to discover [aktora, piosenkarza] [6] (ujawnić) to reveal; **przyroda ~wa przed nami swoje tajemnice** nature reveals its mysteries to us; **~ć przyszłość** to foretell the future [] **odkryć się** — **odkrywać się** [1] (zrzucić przykrycie) to uncover oneself; **dziecko w nocy się ~ło** the baby threw off the bedclothes at night [2] (ukazać się) to heave into sight, to heave into view; **przed nami ~wała się szeroka przestrzeń** there was a wide space ahead of us [3] przest. (ujawnić uczucia) to bare one's soul, to open one's heart

■ **~ć Amerykę** iron. to reinvent the wheel

odkry|ty *pp* → odkryć [] *adi.* [1] [wagon, pojazd] open; [basen] outdoor *attr.*, open-air *attr.*; **na ~tym**

terenie a. **polu** in the open country
[2] *[głowa, ramiona]* bare
odkrywać *impf* → **odkryć**
odkryw|ca *m*, **~czyni** *f* discoverer, explorer
odkrywczo *adv. [twierdzić, przedstawić]* revealingly
odkrywczoś|ć *f sgt* (poezji, prozy) innovative character, innovativeness
odkrywcz|y *adi.* [1] *[spostrzeżenie, dzieło]* revealing, innovative [2] *[wyprawa, ekspedycja]* exploratory
odkrywkow|y *adi. [górnictwo, kopalnia, metoda]* opencast *attr.*
odkrztu|sić *pf* — **odkrztu|szać** *impf vt* to expectorate, to cough up *[flegmę, plwocinę]*; **mieć trudności w ~szaniu** to have difficulty expectorating
odkrztuszać *impf* → **odkrztusić**
odkrzykiwać *impf* → **odkrzyknąć**
odkrzyk|nąć *pf* — **odkrzyk|iwać** *impf* (**~nęła**, **~nęli** — **~uję**) *vt* to shout back; „**gotowe!**” — **~nął** 'ready!,' he shouted back
odkształcać *impf* → **odkształcić**
odkształce|nie [] *sv* → **odkształcić**
[] *n* Techn. deformation; **ulegać ~niom** *[nawierzchnia, masa plastyczna]* to undergo deformation
❏ **~nie plastyczne** Fiz., Techn. plastic strain, permanent set; **~nie sprężyste** Fiz., Techn. elastic strain
odkształ|cić *pf* — **odkształ|cać** *impf* [] *vt* to deform; **wilgoć ~ciła kartonowe makiety** moisture a. humidity deformed the cardboard models
[] **odkształcić się** — **odkształcać się** to lose its shape, to become deformed; **szyny ~cają się podczas upałów** during a heat wave rails buckle a. become deformed
odku|ć *pf* — **odku|wać** *impf* (**~ję** — **~wam**) [] *vt* [1] (uformować kując) to forge [2] (oddzielić) to knock (**od czegoś** off a. from sth); **~ł ze ściany marmurową tablicę** he knocked the marble plaque off a. from the wall
[] **odkuć się** — **odkuwać się** [1] (rozkuć się) to unchain oneself; **zdołał ~ć się od kraty** he managed to unchain himself from the bars [2] pot. (odpłacić) to pay [sb] back; **~ła się na nim za wszystkie jego złośliwości** she paid him back for all his malice [3] pot. (wzbogacić się) to recover financially; **nie mógł się ~ć po pożarze** after the fire he found it difficult to recover his losses
odkupiciel *m* [1] *sgt* Relig. **Odkupiciel** Redeemer; **Panie, nasz Odkupicielu!** Our Lord and Redeemer! [2] (Gpl **~i**) przest. (zbawca) saviour
odkupiciels|ki *adi.* przest. *[moc, misja]* redemptive; **~ka moc miłości** the redemptive power of love
odkup|ić¹ *pf* — **odkup|ywać** *impf vt* [1] (kupić od kogoś) to purchase, to buy; **~ić od kogoś dom z ogrodem** to buy a house with a garden from sb; **~ywać udziały w firmie** to purchase shares in a company [2] (odzyskać) to repurchase, to buy back, to redeem; **~ić od kogoś pamiątki rodzinne** to buy (one's) family heirlooms back from sb [3] (wynagrodzić stratę) to replace; **przepraszam, że zniszczyłem ci płytę,**

~ię ci ją I'm sorry I've damaged your record, I'll buy you a new one [4] przen. to expiate; to atone for; **~ić swoje zbrodnie/grzechy** to expiate one's crimes/sins
odkup|ić² *pf vt* Relig. to redeem
odkupywać *impf* → **odkupić¹**
odkurzacz *m* vacuum cleaner, hoover® GB; **~ samochodowy** a car vacuum cleaner; **posprzątać pokój ~em** to clean a room with a vacuum cleaner, to vacuum a. hoover GB a room
odkurzać *impf* → **odkurzyć**
odkurz|yć *pf* — **odkurz|ać** *impf* [] *vt* [1] (oczyścić) (odkurzaczem) to vacuum, to hoover GB *[dywan, wykładzinę]*; (szmatką) to dust *[meble, książki]*; **~yłem całe mieszkanie** I've vacuumed the entire flat [2] przen. (przypomnieć) to dust off, to revisit
[] **odkurzyć się** — **odkurzać się** (zostać oczyszczonym) *[dywan, kilim]* to be dusted off
odkuwać *impf* → **odkuć**
odl|ać *pf* — **odl|ewać** *impf* (**~eję** — **~ewam**) [] *vt* [1] (zlać) to pour [sth] out, to pour out; **~ać pół szklanki mleka z butelki** to pour out half a glass of milk from the bottle [2] (odcedzić) to drain, to strain *[ziemniaki, fasolkę, ryż]* [3] (zrobić odlew) to cast; **~ać pomnik z brązu** a. **w brązie** to cast a momument in bronze
[] **odlać się** — **odlewać się** posp. (oddać mocz) to have a. take a piss posp.
odlatywać *impf* → **odlecieć**
odl|ecieć *pf* — **odl|atywać** *impf* (**~ecisz**, **~eciał**, **~ecieli** — **~atuję**) *vi* [1] (oddalić się) *[ptak, motyl]* to fly away, to fly off; *[samolot]* to depart, to take off; **helikopter nie ~eciał z powodu mgły** the helicopter didn't take off because of the fog; **chińska delegacja ~eciała do Warszawy** the Chinese delegation left for Warsaw [2] pot. (odpaść) to come off; **obcas ~eciał od buta** the heel has come off the shoe; **guzik mi ~eciał** my button has come a. fallen off [3] pot. (stracić poczucie rzeczywistości) to trip; **~ecieć po LSD** to trip (out) on LSD
odlegiwać *impf* → **odleżeć¹**
odległoś|ć *f* [1] (odstęp) distance; **~ć od miasta do miasta** the distance from town to town; **mierzyć ~ć między punktami A i B** to measure the distance between points A and B; **przebyć jakąś ~ć** to travel a. cover some distance; **obserwować kogoś/coś z pewnej ~ci** to observe sb/sth from a distance; **dom znajdował się w ~ci stu metrów od szosy** the house was situated at a distance of a hundred metres from the road, the house was a hundred metres from the road; **na ~ć kroku** within a step; **na ~ć ramienia/strzału** within arm's reach/shooting range; **robić coś na ~ć** a. **z ~ci** to do sth from a distance; **porozumiewać się na ~ć** to communicate from a. over a distance; **zdjęcia wykonaliśmy z ~ci jednego metra** we took the photographs from a distance of one metre a. a metre away [2] (oddalenie w czasie) distance; **od średniowiecza dzieli nas ~ć kilku wieków** several centuries separate us from the Middle Ages [3] Muz. interval
❏ **~ć ogniskowa** Fiz. focal length a. distance; **~ć sferyczna** Mat. spherical distance

■ **trzymać kogoś w pewnej** a. **przyzwoitej ~ci** to keep sb at a distance; **trzymać się w pewnej** a. **przyzwoitej ~ci od kogoś** to keep one's distance from sb
odleg|ły [] *adi. grad.* [1] (daleki) distant, remote; **dzielnica ~ła od śródmieścia** an outlying suburb; **cel podróży był ~ły** the destination of our journey was far away; **docierały do nas jakieś ~łe głosy** we could hear distant voices; **~ły spacer** a long walk; **~ła podróż** a long trip a. journey; **rozmyślać o ~łych sprawach** przen. to think about distant matters; **~łe zakątki świata** faraway a. far-flung corners of the world; **miejsce ~łe o sto metrów** a place one hundred metres away; **zabudowania ~łe o parę kroków** buildings a few steps away [2] (oddalony w czasie) distant; **~łe czasy/wspomnienia** distant times/memories; **żył w epoce ~łej od nas o trzysta lat** three hundred years separate us from the period in which he lived
[] *adi.* (różny, inny) distant, different; **to problemy/języki bardzo od siebie ~łe** these are problems/languages very distant a. different from each other
odlepiać *impf* → **odlepić**
odlep|ić *pf* — **odlep|iać** *impf* [] *vt* to unglue, to unstick *[etykietę, znaczek]*; **~iać błoto z ubrania** to remove the mud from the clothes; **~ił ostrożnie plaster od rany** he carefully took the sticking plaster off the wound
[] **odlepić się** — **odlepiać się** to peel off, to come unstuck a. off; **znaczek ~ił się od koperty** the stamp came unstuck from the envelope; **naklejka ~iła się od okładki zeszytu** the label peeled off the notebook cover
odlew¹ *m* (G **~u**) [1] (odlany przedmiot) cast; **~ gipsowy/brązowy** a plaster/bronze cast; **~ z żeliwa** an iron cast [2] *sgt* (odlewanie) casting
❏ **~ bezrdzeniowy** Techn. coreless casting; **~ naturalny** Geol. natural cast
odlew²
■ **uderzyć kogoś na ~** pot. to strike sb backhanded, to give sb a backhanded blow; (mocno) to bash sb
odlewać *impf* → **odlać**
odlewni|a *f (Gpl ~)* foundry, casting shop a. works; **~a żeliwa** an iron foundry; **~a metali nieżelaznych** a non-ferrous foundry
odlewnictw|o *n sgt* founding; **~o żeliwa** cast iron founding
odlewnicz|y *adi. [zakład, urządzenia, metal, forma]* casting *attr.*
odle|żeć¹ *pf* — **odle|giwać** *impf* (**~żysz**, **~żał**, **~żeli** — **~guję**) [] *vt* (spędzić jakiś czas leżąc) to stay in bed, to rest; **lekarz kazał jej ~żeć co najmniej tydzień** the doctor told her to stay in bed for at least a week
[] **odleżeć się** [1] Roln. *[gleba]* to rest, to lie idle [2] *[owoce, potrawy, sery, wino]* to mellow; *[dziczyzna]* to be aged [3] pot. (ulec zwłoce) to lie over
odleże|ć² *pf* (**~ysz**, **~ał**, **~eli**) *vt* (nabawić się odleżyn) **~ć sobie nogi/plecy/bok** to get a. develop bedsores on one's legs/back/side

odleżyn|a *f zw. pl* Med. bedsore; **bolesne/ rozległe ~y** painful/large bedsores; **mieć ~y na plecach i pośladkach** to have bedsores on one's back and buttocks; **nabawić się ~** to get a. develop bedsores

odliczać *impf* → **odliczyć**

odlicze|nie [I] *sv* → **odliczyć**
[II] *n* deduction; **~nia od podatku** tax deductions

odlicz|yć *pf* — **odlicz|ać** *impf* [I] *vt* [1] (odmierzyć) to count out; **~yć krople lekarstwa** to count out the drops of the medicine; **~yła każdemu po dwa cukierki** she counted out two pieces of candy each; **przygotuj ~oną kwotę** prepare the exact amount [2] (odjąć) to deduct; **~yć koszty procesu/przejazdu** to deduct the legal costs/the cost of the fare; **można ~yć od podatku koszty remontu** renovation costs are tax-deductible
[II] *vi* (stojąc w szeregu) to number off; **~yć do dwóch** to number off to two; **kolejno ~!** sound off!

odlo|t *m* (*G* **~tu**) [1] (wyjazd) departure, take-off; **zbliżała się godzina ~tu** the departure time was approaching; **przygotować się do ~tu** to get ready for departure; **~t ptaków (do ciepłych krajów)** the migration of birds (to warmer climates) [2] pot. (stan upojenia) trip pot. [3] *sgt* pot. (wyraz zachwytu) cool pot.

odlotowo *adv.* pot. *[wyglądać, zachowywać się]* (really) cool pot.; great; **na wycieczce było ~** the trip was really cool

odlotow|y *adi.* [1] *[hala, port]* departure *attr.* [2] pot. *[sukienka, fryzura, zabawa]* cool pot.

odlud|ek *m* (*Npl* **~ki**) recluse, solitary; **uchodzić za ~ka** to have the reputation of being a recluse

odludn|y *adi.* *[teren, okolica]* remote, deserted

odludzi|e *n* (*Gpl* **~**) remote place, backwoods; **dom na ~u** a house in the middle of nowhere; **mieszkać na ~u** to live in the middle of nowhere

odłam *m* (*G* **~u**) [1] (bryła) fragment, chip; **~ skalny** a rock fragment [2] (frakcja) faction [3] przen. (część) section; **niektóre ~y współczesnego malarstwa** some sections of modern painting [4] Geol. section

odłam|ać *pf* — **odłam|ywać** *impf* (**~ię** — **~uję**) [I] *vt* to break [sth] off, to break off; **~ać kawałek chleba** to break off a piece of bread
[II] **odłamać się** — **odłamywać się** to break off; **gałąź ~ała się w czasie wichury** the branch snapped off during the storm

odłam|ek *m* [1] Wojsk. shrapnel; **zostać zranionym ~kiem** to be wounded by shrapnel [2] (odprysk) chip; **~ek bursztynu/szkła/kryształu** a chip of amber/glass/crystal

odłamkow|y *adi.* **bomba ~a** a fragmentation bomb

odłamywać *impf* → **odłamać**

odławiać *impf* → **odłowić**

odłączać *impf* → **odłączyć**

odłącz|yć *pf* — **odłącz|ać** *impf* [I] *vt* [1] (oddzielić) to uncouple, to detach *[wagon, lokomotywę]*; to separate *[ziemie, księstwo]*

(**od czegoś** from sth); to detach *[ogniwko]* (**od czegoś** from sth) [2] (uniemożliwić korzystanie) to disconnect, to cut off *[wodę, prąd, gaz]*; **ponieważ nie płaciliśmy rachunków, ~yli nam telefon** because we didn't pay the bills our phone (line) was disconnected a. cut off; **w trakcie przemówienia ktoś ~ył wzmacniacz** during the speech someone disconnected the loudspeakers [3] Med. to disconnect; **wieczorem ~yli jej kroplówkę** in the evening they took her off the drip; **wczoraj ~yli go od respiratora** yesterday they took him off the respirator [4] (uniemożliwić kontakt) to separate (**od kogoś** from sb)
[II] *vi* (oddalić się) to wander off, to separate (**od kogoś** from sb); **~yć od szeregu** to step out of line; **~ył od grupy i zgubił drogę** he wandered off from the group and lost his way a. got lost
[III] **odłączyć się** — **odłączać się** [1] (oderwać się) to detach, to come off; **w czasie jazdy ~yła się przyczepa** during the ride the trailer came off [2] (oddalić się) to wander off (**od czegoś** from sth); to separate oneself (**od czegoś** from sth); **~yć się od grupy** to wander off a. separate oneself from the group

odł|owić *pf* — **odł|awiać** *impf vt* to catch alive *[ptaki, ryby, zwierzęta]*

odł|ożyć *pf* — **odł|kładać** *impf* [I] *vt* [1] (położyć na miejsce) to put [sth] back, to put back; **odkładać słuchawkę** to hang up (the receiver), to ring off; **odłóż to na miejsce** put that back; **odłożyć coś na bok** a. **na stronę** (położyć dalej) to put sth aside; (przestać się interesować) to put a. push sth aside [2] (przełożyć na inny termin) to put [sth] off, to put off *[egzamin, wyjazd]*; **wszystko odkładasz na jutro** you put everything off until tomorrow [3] (zostawić na później) to put [sth] aside a. away, to put aside a. away; **odłóż dla mnie kawałek ciasta** put aside a. away some cake for me [4] (oszczędzać) to save, to put [sth] aside, to put aside; **odkładać na czarną godzinę** to save for a rainy day; **odłożyć pół pensji** to put aside half one's salary [5] (zgromadzić) to accumulate, to deposit *[sole mineralne, tłuszcze]* [6] Mat. to lay off *[odcinek, kąt]*
[II] **odłożyć się** — **odkładać się** [1] (być odsuniętym) to be put aside [2] (gromadzić się) to be deposited, to accumulate; **cholesterol odkłada się we krwi** cholesterol accumulates in the blood; **sole odkładają się w kościach** mineral salts are deposited in the bones

odł|óg *m* (*G* **~ogu**) fallow land; **zagospodarowywać ~ogi** to cultivate fallow land; **leżeć ~ogiem** *[ziemia, pole]* to lie fallow; przen. *[praca, nauka]* to lie fallow przen.; to be neglected

odł|ów *m* (*G* **~owu**) Myślis. [1] (łapanie) live catching; **~ów ryb** fish harvesting [2] (złapane zwierzęta) catch

odłup|ać *pf* — **odłup|ywać** *impf* (**~ię** — **~uję**) [I] *vt* to chip [sth] away, to chip away, to flake; **kula ~ała mu kawałek kości u nogi** the bullet chipped off a piece of bone from his leg
[II] **odłupać się** — **odłupywać się** to chip off, to flake off; **głaz ~ał się od skały i**

spadł na ścieżkę a large fragment of rock chipped off and fell onto the path

odłupywać *impf* → **odłupać**

odm|a *f* Med. [1] (zabieg) pneumoperitoneum [2] *sgt* (dolegliwość) emphysema
□ **~a opłucnowa** Med. artificial pneumothorax; **~a pozaotrzewnowa** Med. artificial pneumoperitoneum; **~a samoistna** Med. (spontaneous) pneumothorax

odmach|ać, odmach|nąć *pf* — **odmach|iwać** *impf* (**~ała, ~nęła, ~ali, ~nęli — ~uję**) [I] *vt* pot. (zrobić szybko i niedbale) to rush (through), to rush [sth] through
[II] *vi* (pomachać) to wave back (**komuś** to a. at sb)
[III] **odmachnąć się — odmachiwać się** [1] (obronić się machając) to swipe (**od czegoś** at sth); to swat (**od czegoś** at sth) [2] pot. (oddać cios) to take a swipe back

odmachiwać *impf* → **odmachać**

odmachnąć → **odmachać**

odmaczać *impf* → **odmoczyć**

odmakać *impf* → **odmoknąć**

odmal|ować *pf* — **odmal|owywać** *impf* [I] *vt* [1] (pomalować na nowo) to repaint *[ściany, mieszkanie]* [2] przest. (namalować) to paint; **~owywać czyjś portret** to paint sb's portrait [3] przen. (opisać) to describe
[II] **odmalować się** — **odmalowywać się** (stać się widocznym) to be shown a. seen; **na jego twarzy ~ował się niepokój** his face showed anxiety; **strach ~ował się w jej oczach** there was fear in her eyes

odmalowywać *impf* → **odmalować**

odmarsz *m* (*G* **~u**) marching off

odmarzać *impf* → **odmarznąć**

odmarz|nąć /o'dmarznɔntɕ/ *pf* — **odmarz|ać** /o'dmarzatɕ/ *impf* (**~ł** a. **~nął — ~am**) *vi* [1] *[rzeka, jezioro, ziemia]* to thaw (off); *[mięso]* to thaw, to defrost [2] (odpaść pod wpływem ciepła) to thaw off; **sople ~ają od dachu** icicles are thawing a. coming off the roof

odmaszer|ować *pf* — **odmaszer|owywać** *impf vi* [1] Wojsk. to march off, to march away [2] pot., żart. to run along, to go away; **macie lody, a teraz ~ować** here's ice cream, now run along

odmaszerowywać *impf* → **odmaszerować**

odmawiać *impf* → **odmówić**

odmeld|ować się *pf* — **odmeld|owywać się** *impf v refl.* to report one's departure; **panie majorze, czy mogę się ~ować?** will that be all, sir?

odmeldowywać się *impf* → **odmeldować się**

odmę|t *m* (*G* **~tu**) książk. [1] (głęboka woda) the deep, abyss; (wzburzona woda) maelstrom [2] (chaos) turmoil, whirlpool; **rzucił się w ~ty życia politycznego** he threw himself into the turmoil of the political life [3] (kłęby) clouds *pl*; **~t dymu/pyłu** clouds of smoke/dust

odmian|a *f* [1] (przemiana) change; **~a fortuny/losu** a change of fortune/fate; **~a charakteru** a change of character; **~a na lepsze/na gorsze** a change for the better/worse; **dla ~y** a. **na ~ę** (dla urozmaicenia) for a change; **może dla ~y pójdziemy do kina?** maybe we'll go to see a film for a change? [2] (wariant) variant; **regionalne ~y**

języka regional variants of the language [3] Biol. variety; **wczesne ~y jabłek** early varieties of apple; **rakoodporna ~a ziemniaka** a blight-resistant potato variety [4] pot. (zmieniona pogoda) change; **wiatr przyniósł ~ę** the wind brought a change (in the weather); **bolały go stawy na ~ę** he felt it in his joints whenever the weather changed [5] Jęz. (fleksja) inflection; **~a rzeczowników/przymiotników przez przypadki** declention, case inflection of nouns/adjectives; **~a czasowników przez osoby/czasy/strony** conjugation, the inflection of verbs for person/tense/voice [6] Antrop. race; **~y człowieka** human races

odmieniać *impf* → odmienić

odmie|nić *pf* — **odmie|niać** *impf* **I** *vt* [1] (zmienić) to change; **~nić swój wygląd** to change one's look a. appearance; **~nić życie/obyczaje** to change one's life/behaviour; **macierzyństwo bardzo ją ~niło** motherhood really changed her [2] Jęz. to inflect *[słowo, wyraz]*; to decline *[rzeczownik]*; to conjugate *[czasownik]*
II odmienić się — odmieniać się [1] (zmienić się) to change; **pogoda nagle się ~niła** the weather suddenly changed [2] Jęz. to inflect; **rzeczowniki ~niają się przez przypadki** nouns inflect for case; **czasowniki ~niają się przez osoby** verbs inflect for person

odmie|niec *m* (*V* **~ńcze** a. **~ńcu**) [1] pot. (dziwak) misfit [2] (w wierzeniach ludowych) changeling (child)
❑ **~niec jaskiniowy** Zool. olm

odmiennie *adv.* *[wyglądać, zachowywać się]* differently (**od czegoś** from sth)

odmiennoś|ć *f* [1] (odrębność) dissimilarity, otherness [2] Jęz. inflectedness [3] (zmienność) changeability, fickleness; **~ć fortuny** fickleness of fate

odmienn|y *adi.* [1] (inny) *[zapatrywania, poglądy, sytuacja, krajobraz]* different, disparate; **płeć ~a** the opposite sex; **być w ~ym stanie** to be with child przest.; to be pregnant [2] Jęz. inflected; **~e części mowy** the inflected parts of speech [3] przest. (zmienny) fickle; **~e koleje losu** life's ups and downs; **mieć ~y humor** to be fickle

odmierzać *impf* → odmierzyć

odmierz|yć *pf* — **odmierz|ać** *impf vt* (pewną ilość) to measure out; (pewną długość) to measure off; **~yć dwa metry materiału na sukienkę** to measure off two metres of cloth for a dress; **aptekarz ~ył odpowiednią dawkę lekarstwa** the pharmacist measured out the appropriate dose of the medicine
■ **~ać słowa** (mówić wolno) to speak slowly; (dobierać słowa) to weigh a. choose one's words

odmiękać *impf* → odmięknąć

odmięk|nąć *pf* — **odmięk|ać** *impf* (**~ł** a. **~nął — ~am**) *vi* to soak; **mrożone mięso ~a w wodzie** frozen meat thaws in water; **wymocz nogi w wodzie z solą, to ~nie zrogowaciały naskórek** soak your feet in salty water to soften the callouses

odmładzać *impf* → odmłodzić

odmłodnia|ły *adi.* *[kobieta, mężczyzna]* rejuvenated; **wygląda na ~łą o dziesięć lat** she looks ten years younger

odmłodni|eć *pf* (**~eję, ~ał, ~eli**) *vi* to be rejuvenated; **wyraźnie ~ała po wakacjach** she was clearly rejuvenated by her vacation ⇒ **młodnieć**

odmł|odzić *pf* — **odmł|adzać** *impf* **I** *vt* [1] (nadać młodszy wygląd) to make [sb] look younger, to rejuvenate [2] (zastąpić młodszymi) to inject new blood into *[kadrę, załogę, zespół]* [3] (uczynić młodszym) to rejuvenate; **kuracja ~adzająca** rejuvenation therapy [4] Ogr. to regenerate; **~adzać park** to regenerate a. rejuvenate a park; **~odzone drzewa** regenerated trees
II odmłodzić się — odmładzać się [1] (starać się młodziej wyglądać) (to try) to look younger [2] przen. (czuć się młodszym) to feel younger

odm|oczyć *pf* — **odm|aczać** *impf vt* to soak [sth] off, to soak off; **~oczyć nalepki z butelek** to soak off the labels from bottles; **~oczyć przyschnięty opatrunek z rany** to soak off the dressing from the wound; **~oczyć sobie nogi** to soak one's feet; **~oczył sobie odciski na nodze** he soaked his foot to soften his corns

odm|oknąć *pf* — **odm|akać** *impf* (**~ókł — ~akam**) *vi* [1] (odkleić się) to soak off [2] (oczyścić się) to soak; **wstaw naczynia do gorącej wody, żeby ~okły** put the dishes in hot water to soak

odm|owa *f* refusal; **spotkać się z ~ową** to be met by a. with a refusal; **usłyszał stanowczą ~ę** he heard a firm refusal

odmownie *adv.* **odpowiedzieć ~ na prośbę** to reject a. turn down a request; **załatwić sprawę ~** to reject the matter

odmown|y *adi.* *[pismo]* rejection *attr.*, negative; **~a odpowiedź** a 'no' a. negative answer; **~e załatwienie prośby** the rejection of a request

odm|ówić *pf* — **odm|awiać** *impf* **I** *vt* [1] (wypowiedzieć tekst modlitwy) to say; **~ówić „Ojcze Nasz"** to say 'Our Father' a. the Lord's Prayer; **~ówić kadisz** to say Kaddish; **lekcja religii rozpoczyna się od ~ówienia modlitwy** a religious instruction lesson starts with the saying of a prayer [2] pot. (odwołać) to cancel; **~ówić wizytę u dentysty** to cancel a dental appointment [3] pot. (wyperswadować) **~ówić kogoś od czegoś** to talk sb out of sth; **~ówiła rodziców od złożenia wizyty sąsiadom** she talked her parents out of visiting their neighbours
II *vi* [1] (nie zgodzić się) to refuse (**komuś czegoś** sb sth); to decline; **~ówić komuś pomocy** to refuse to help sb [2] (nie przyznać) to refuse to acknowledge, to deny; **nie można mu ~ówić talentu** there's no denying that he has talent, there's no denying his talent
■ **~ówić sobie czegoś** to deny oneself sth

odmrażacz *m* defroster; **lodówka z automatycznym ~em** a fridge with an automatic defroster

odmrażać *impf* → odmrozić

odmr|ozić *pf* — **odmr|ażać** *impf vt* [1] (uszkodzić) to injure [sth] by frostbite *[ręce, uszy]* [2] (spowodować odtajanie) to defrost *[szybę]*; to thaw (out) *[przewody, rury, zamek]* [3] przen. to unfreeze *[ceny, płace]*

odmroże|nie **I** *sv* → odmrozić
II *n* frostbite, chilblain

odmroż|ony **I** *pp* → odmrozić
II *adi.* *[nos, ręce, nogi, uszy]* frostbitten

odmykać *impf* → odemknąć

odnaj|ąć *pf* — **odnaj|mować** *impf* (**~mę, ~ęła, ~ęli — ~muję**) *vt* [1] (użytkować) to rent (**od kogoś** from sb); **~mowałem pokój u sympatycznej starszej pani** I rented a room from a nice old lady; **mieszkać w ~ętym domu** to live in a rented house [2] (użyczać) to let a. rent [sth] out, to let a. rent out (**komuś** to sb); **nasza sąsiadka ~muje pokoje studentom** our neighbour lets out rooms to students

odnajdować *impf* → odnaleźć

odnajdywać *impf* → odnaleźć

odnajmować *impf* → odnająć

odna|leźć *pf* — **odna|jdywać, odna|jdować** *impf* (**~jdę, ~jdziesz, ~lazł, ~lazła, ~leźli — ~jduję**) **I** *vt* to find *[klucze, dokument, drogę]*; to track [sth] down, to track down *[osobę, zwierzę w kryjówce, przesyłkę]*; to trace *[skradziony samochód, świadka, ślady substancji]*; to discover *[zagubione przedmioty, skarb]*
II odnaleźć się — odnajdować się, odnajdywać się [1] (wrócić) to turn up; **przez tydzień go nie było, wreszcie się ~lazł** he disappeared and turned up after a week [2] przen. (znaleźć swoje miejsce) to pull oneself together, to be oneself again; **czy ~lazła się już po tym rozwodzie?** has she pulled herself together yet after the divorce?; **~lazła się w pracy z dziećmi autystycznymi** she felt fulfilled working with autistic children [3] (nawzajem się odszukać) to find each other; **rozdzielone po urodzeniu bliźniaczki ~lazły się po 30 latach** the twin sisters, separated at birth, found each other after 30 years [4] (zostać odszukanym) to be found; **zgubiona książka ~lazła się po miesiącu** the lost book was found a month later
■ **~leźć kogoś/coś wzrokiem** to pick sb/sth out; **w tłumie ~lazł wzrokiem grupkę przyjaciół** he picked out a group of his friends in the crowd; **~leźć spokój** to find a. regain peace of mind

odnawiać *impf* → odnowić

od niechcenia *[zapytać, powiedzieć]* casually

odniesie|nie **I** *sv* → odnieść
II *n* reference; **mówić coś w ~niu do czegoś/kogoś** to say sth with reference to sth/sb; **punkt ~nia** a point of reference; **układ ~nia** a frame of reference

odn|ieść *pf* — **odn|osić** *impf* (**~iosę, ~iesiesz, ~iósł, ~iosła, ~ieśli — ~oszę**) **I** *vt* [1] (dostarczyć) to take a. carry [sth] back, to take a. carry back; **~ieście mapę do pokoju nauczycielskiego** take the map back to the staffroom; **~ieś paczkę pod wskazany adres** take the parcel to the address given; **~ieść książkę do biblioteki** to take a book back to the library [2] (osiągnąć) to achieve *[sukces, zwycięstwo]* [3] (doświadczyć) to sustain *[rany, obrażenia, kontuzję]*; **~iosłem wrażenie, że...** I was under the impression that... [4] (przypisać) to relate; **~ieść wydarzenie do kogoś** to relate an event to sb

III odnieść się — odnosić się [1] (zachowywać się) to treat; **~osić się do kogoś życzliwie** to treat sb kindly [2] (dotyczyć) to concern; **ta uwaga ~osi się do ciebie** this comment concerns you

■ **~osić skutek** to be successful, to do the trick

odn|oga *f* [1] (rzeki, drogi) branch [2] przen. (poboczny nurt) branch, offshoot (**czegoś** of sth) [3] Myślis. (w porożu) tine

odnosić *impf* → **odnieść**

odnośnie do *praep.* książk. in relation to, with reference to; **mamy liczne zastrzeżenia ~ do kandydatów** we have a lot of objections to the candidates

odnośnik *m* [1] (znak) reference; (przypis) note; (u dołu strony) footnote; (na końcu tekstu) endnote [2] Chem. reference material

odnośn|y *adi.* książk. *[notatka, praca, literatura]* relevant, pertinent

odnot|ować *pf* — **odnot|owywać** *impf vt* [1] (zrobić notatkę) to make a note of; **~ował stan licznika** he noted down the meter reading [2] przen. (przyjąć coś do wiadomości) to take note of; **~ować coś w pamięci** to make a mental note of sth

odnotowywać *impf* → **odnotować**

odnow|a *f sgt* [1] (tkanki, komórek) regeneration; **~a biologiczna** biological regeneration [2] (rekonstrukcja) restoration; **rozpoczęto ~ę zabytków Krakowa** the restoration of historic monuments in Cracow has started [3] (odrodzenie) revival; **~a gospodarki/przemysłu** the revival of the economy/of industry; **~a moralna/obyczajów** a moral revival

odnowiciel *m*, **~ka** *f (Gpl ~i, ~ek)* książk. restorer; **był ~em starych tradycji** he was a reviver of old traditions

odnowiciels|ki *adi.* książk. *[dążenia, polityka, duch, siła]* reform *attr.*

odn|owić *pf* — **odn|awiać** *impf* **II** *vt* [1] (odświeżyć) to renovate *[budynek, posąg, mieszkanie, meble]*; **fachowiec ~owił ten obraz** an expert restored the painting [2] (ulepszyć) to reform, to modernize *[metody, system]* [3] (podjąć na nowo) to renew *[znajomość, stosunki, przyrzeczenie]*; **~owić sojusz** to renew an alliance; **firma ~owiła działalność** the company resumed its activities [4] (ożywić) to revive *[wspomnienie, zwyczaj, tradycję]* [5] (odmłodzić) to restock *[las, łąki, pastwiska]* [6] (dobrać więcej) to replenish *[zasoby, zapasy]*; **~owić zapas węgla/wody/żywności** to replenish (one's) stocks of coal/water/food

II odnowić się — odnawiać się [1] (ulec ulepszeniu) to improve, to get better [2] (wznowić się) to be renewed; **~owiła się ich dawna przyjaźń** their old friendship has been renewed [3] (zregenerować się) to revive; **przyroda ~awia się wiosną** nature revives in the spring [4] książk. (zostać odbudowanym) to be rebuilt; **miasto ~owiło się po wojnie** the town was rebuilt after the war

odnowi|ony **II** *pp* → **odnowić**

II *adi.* revived; **po ukończeniu studiów czuł się jak ~owiony** after graduating he felt like a new person

odnóż|e *n (Gpl ~y)* [1] Biol. (u stawonogów) limb [2] żart. leg

odnóż|ka *f* [1] (część rośliny) cutting, shoot [2] *dem.* (small) branch

odor|ek *m dem. zw. sg (G ~ku)* odour, smell; **ten specyficzny ~ek zawsze przypominał mi szkolną stołówkę** that distinctive smell always reminded me of the school canteen

odosabniać *impf* → **odosobnić**

odos|obnić *pf* — **odos|abniać, odos|obniać** *impf* **II** *vt* to seclude, to isolate

II odosobnić się — odosabniać się, odosobniać się to seclude a. isolate oneself

odosobnie|nie **II** *sv* → **odosobnić**

II *n* seclusion, isolation; **żyć w ~niu** to live in isolation; **każdemu potrzebna jest chwila ~nia w ciągu dnia** everyone needs a moment of privacy during the day; **miejsce ~nia** euf. a penal institution

odosobni|ony **II** *pp* → **odosobnić**

II *adi.* [1] (ustronny) secluded; **~one miejsce** a secluded spot; **prowadzić ~one życie** to live one's life in isolation [2] (sporadyczny) isolated, rare; **mój przypadek nie był ~ony** my case was not an isolated one; **zmienił zdanie i nie jest w tym ~ony** he's changed his mind and he's not alone in that

od|ór *m zw. sg (G odoru)* odour, stench; **kwaśny odór spoconych ciał** the stale stench of sweaty bodies

odpacyk|ować *pf* **II** *vt* pot. to daub; **malarze ~owali naprędce pokoje** the decorators hurriedly daubed the rooms with paint

II odpacykować się to daub; **przed wyjściem do pracy ~owała się pośpiesznie** she hurriedly daubed her face with make-up before going to work

odpa|d *m zw. pl (G ~du)* waste *U*; **~dy blachy/drewna** sheet metal/timber waste; **~dy radioaktywne** radioactive waste; **segregować ~dy** to segregate rubbish a. refuse; **utylizować ~dy** to utilize waste

odpadać *impf* → **odpaść¹**

odpad|ek *m zw. pl* [1] (resztka) scraps *pl*; **zbierać ~ki na ulicy** to pick up scraps in the street; **karmić zwierzęta ~kami** to feed scraps to animals [2] (surowiec wtórny) refuse, waste; **~ki przemysłowe** industrial waste; **~ki kuchenne** kitchen waste

odpadkow|y *adi. [surowce, materiały, produkty]* scrap *attr.*, waste *attr.*

odpadow|y *adi.* [1] (wyprodukowany z odpadów) scrap *attr.*, waste *attr.*; **wyroby hutnicze ~e** metal by-products; **papier ~y** recycled paper [2] (będący odpadem) scrap *attr.*, waste *attr.*; **surowce ~e** scrap a. waste material; **węgiel ~y** slack

odpalać *impf* → **odpalić**

odpal|ić *pf* — **odpal|ać** *impf* **II** *vt* [1] (o papierosie) to light; **~ić papierosa** to light a cigarette (**od kogoś** off sb); **~ać papierosy jeden od drugiego** to chain smoke, to be chain-smoking [2] (wystrzelić) to fire *[torpedę]*; to let off *[fajerwerki, bombę]* [3] pot. (uruchomić) to launch *[rakietę]*; to start *[samochód]* [4] pot. (dać) **możesz mi ~ić 20 złotych?** could you spare me 20 zlotys?

II *vi* pot. (odpowiedzieć) to retort, to riposte; **tak mi ~ił, że mnie zatkało** he made a retort that left me speechless

odpar|ować¹ *pf* — **odpar|owywać¹** *impf* **II** *vt* to evaporate, to vaporize *[roztwór, solankę, wodę]*

II *vi* (tracić płyn przez parowanie) to evaporate; (wyparować) to evaporate

odpar|ować² *pf* — **odpar|owywać²** *impf vt* [1] (odeprzeć cios) to parry; **~ował zręcznie cios przeciwnika** he deftly parried his opponent's blow [2] (szybko odrzec) to riposte, to retort; **~ować komuś** to lash out at sb (in reply)

odparowywać¹ *impf* → **odparować¹**

odparowywać² *impf* → **odparować²**

odparzać *impf* → **odparzyć**

odparze|nie **II** *n* → **odparzyć**

II *n* chafe, irritation; (u niemowlęcia) nappy rash; **miał bolesne ~nia na nogach** his legs were painfully chafed

odparz|yć *pf* — **odparz|ać** *impf* **II** *vt* to chafe, to irritate; **~yłem sobie nogi** my feet became chafed; **plecak ~ył mi ramię** the backpack irritated the skin on my shoulder

II odparzyć się — odparzać się to become chafed a. irritated; **dziecko ~yło się na pupie** the baby's got nappy rash on its bottom

odpa|sać¹ *pf* — **odpa|sywać** *impf vt* to unbelt, to ungird *[miecz, broń]*; to take [sth] off, to take off *[fartuch]*

odpasać² *impf* → **odpaść²**

odpasi|ony *adi. [konie, bydło, wieprze, drób]* well-fed

odpasywać *impf* → **odpasać¹**

odpa|ść¹ *pf* — **odpa|dać** *impf (~dnę, ~dniesz, ~dł, ~dła, ~dli — ~dam)* *vi* [1] (oderwać się) to come off; **tynk ~da ze ściany** the plaster is coming off the wall; **obcas ~dł mi od buta** the heel came off my shoe; **tapeta ~da od ściany** the wallpaper is peeling off the wall [2] (o terytoriach) to be a. get separated from, to be severed from; **po przegranej wojnie terytoria te ~dły od owej prowincji** after the war was lost, the territories were separated from that province [3] (być wyeliminowanym) to drop out; **~ść w przedbiegach** to be eliminated in the heats; **~dł z rozgrywek finałowych** he was eliminated from the finals [4] pot. (o zwolnieniu z czynności) to be off; **zmywanie ~da, mamy już zmywarkę** washing up is a thing of the past, we've got a dishwasher now [5] (być niemożliwym) pot. to be out of the question; **wyjście na mecz ~da, nie odrobiłem wszystkich lekcji** going to the match is out of the question: I haven't finished my homework [6] Żegl. veer

■ **ręce mi ~dają** (ze zmęczenia) I'm exhausted; (z bólu) my arms are killing me

odpa|ść² *pf* — **odpa|sać²** *impf (~asę, ~asiesz, ~pasł, ~asła, ~paśli — ~sam)* **II** *vt* (utuczyć) to fatten *[zwierzęta]* [2] posp. (dobrze odżywić) to feed [sb] up, to feed up; **~sła syna po ciężkiej chorobie** she fed her son up after a serious illness

II odpaść się — odpasać się [1] (utuczyć się) to be fattened; **bydło ~sło się na treściwej paszy** the cattle got fattened on nutritious fodder [2] pot. (odkarmić się) to fatten up; **~sł się na wiejskim wikcie** he fattened up on the country food a. cooking

odpędzać *impf* → **odpędzić**

odpę|dzić *pf* — **odpę|dzać** *impf vt*
[1] (odgonić) to drive [sb/sth] away, to drive away, to force [sb/sth] back, to force back; **policja ~dzała gapiów** the police were driving away the onlookers; **~dź muchy od jedzenia!** chase the flies off the food!; **~dzić smutek/wspomnienia** to chase away sadness/memories [2] Chem., Techn. to expel, to repel

■ **~dzić głód** to suppress hunger

od|piąć *pf* — **od|pinać** *impf* (odepnę, odpięła, odpięli — odpinam) **[I]** *vt* [1] (otworzyć zapięcie) to unfasten, to undo [guzik, pas, szelki] [2] (odczepić) to unpin [broszkę]; to detach [kaptur, podpinkę]

[II] odpiąć się — **odpinać się** to come undone; **broszka odpięła się** my brooch came undone

odpic|ować *pf* **[I]** *vt* pot. to tart [sth] up, to tart up GB pot.; **~ują samochód, że go nie poznasz** they will tart up your car so you won't recognize it

[II] odpicować się (wystroić się) to tart oneself up GB pot.; **ale się ~ował, jakby na bal szedł!** he's spruced up as if he were going to a ball!

odpicowan|y [I] *pp* → **odpicować**

[II] *adi.* pot. (all) dressed up, spruced up; **~y z bukietem kwiatów poszedł na przyjęcie** he went to the party, all spruced up, with a bunch of flowers

odpieczęt|ować *pf* — **odpieczęt|o-wywać** *impf vt* to unseal [kopertę, list, opakowanie]

odpieczętowywać *impf* → **odpieczęto-wać**

odpieprzać *impf* → **odpieprzyć**

odpieprz|yć *pf* — **odpieprz|ać** *impf* posp., pejor. **[I]** *vt* (zrobić coś niestarannie) to screw [sth] up, to screw up

[II] *vi* (uderzyć do głowy) **coś mu ~yło i wyrzucił telewizor przez okno** he went berserk a. raving mad and threw the television out of the window

[III] odpieprzyć się — **odpieprzać się** [1] (przestać się interesować) **~ się ode mnie, dobrze?** bugger off, OK? [2] iron. (ubrać się) to tart oneself up pot.

odpierać *impf* → **odeprzeć**

odpierdalać *impf* → **odpierdolić**

odpierd|olić *pf* — **odpierd|alać** *impf* wulg., pejor. **[I]** *vt* (zrobić coś niestarannie) to fuck [sth] up wulg.

[II] *vi* **boję się, że mu znowu ~oli** I'm scared he'll go fucking berserk again wulg.

[III] odpierdolić się — **odpierdalać się** [1] (przestać się interesować) to fuck off wulg.; **~ol się!** fuck off! [2] iron. (ubrać się) to tart oneself up pot.

odpił|ować *pf* — **odpił|owywać** *impf vt* to saw [sth] off, to saw off

odpiłowywać *impf* → **odpiłować**

odpinać *impf* → **odpiąć**

odpis *m* (G ~u) [1] (kopia) copy; **~ metryki/umowy** a copy of a certificate/agreement; **sporządzić/zrobić ~** to draw up/make a copy [2] Księg. deduction; **~ z zysku został przeznaczony na fundusze specjalne** the deduction from the profit went to special funds

odpi|sać *pf* — **odpi|sywać** *impf* (~szę — ~suję) *vt* [1] (udzielić odpowiedzi) to answer; **~sać na list** to answer a letter; **napisałem do niej list, ale mi nie ~sała** I wrote a letter to her but she didn't write back [2] (ściągnąć) to copy, to crib; **który z was ~sał zadanie od drugiego?** which of you copied your homework from the other?; **proszę nie ~sywać!** no cribbing, please! [3] (sporządzić pisemnie kopię) to copy [tekst, informację] [4] (zrzec się) to cede, to transfer; **~sał ziemię swojej córce** he transferred his land to his daughter [5] Księg. to deduct; **~sać coś od dochodu/podatku** to deduct sth from profit/tax; **~sano pewną kwotę na fundusz rezerwowy** a certain sum was deducted for the reserve fund

odpisywać *impf* → **odpisać**

odplamiacz *m* spot a. stain remover

odpłacać *impf* → **odpłacić**

odpła|cić *pf* — **odpła|cać** *impf* **[I]** *vi* to pay [sb] back (**za coś** for sth); **~cić dobrem za zło** to return good for evil; **~cić za grzeczność grzecznością** to return a favour

[II] odpłacić się — **odpłacać się** to repay; **~cić się komuś za coś** to pay sb back for sth

■ **~cić pięknym za nadobne** to give tit for tat; **~cić komuś tą samą** a. **podobną** a. **równą monetą** to pay sb back in their own coin

odpłatnie *adv.* [wykonać, korzystać] for a fee, for a payment

odpłatnoś|ć *f sgt* payment, fee, charge; **pełna/częściowa ~ć** total/partial payment

odpłatn|y *adi.* [usługi, świadczenia, studia, szkolenia, opieka] chargeable, payable, paid

odpły|nąć *pf* — **odpły|wać** *impf* (~nęła, ~nęli — ~wam) *vi* [1] (płynąc oddalić się) [osoba, ryba] to swim away; [statek, łódź] to sail away; **kutry ~nęły w morze** the cutters put (out) to sea; **matka ~nęła do Grecji** mother sailed for Greece [2] (ściec) to run off, to drain off; **zlew się zapchał i woda nie ~wa** the sink got blocked and the water is not draining off [3] przen. (zamyślić się) **~nąć gdzieś myślami** to let one's thoughts wander [4] przen. (oddalić się) to drift (away); **część gości ~nęła do ogrodu** some of the guests drifted into the garden; **~wam do domu, bo zrobiło się późno** pot. it's late, I'm off home now

■ **krew ~nęła mu/jej z twarzy** the blood a. colour has drained from his/her face

odpływ *m* (G ~u) [1] (jeden z pływów) ebb tide, low tide; **~ odsłonił resztki wraku** the low tide revealed the remains of the wreck [2] (obniżenie się poziomu cieczy) outflow; **w zbiorniku fontanny ~ i dopływ wody jest ciągły** the outflow and inflow of water are constant in the tank serving the fountain; **dać wodzie ~** to give the water an outflow; **nie wolno dopuścić do ~u pary** we mustn't allow steam to escape [3] (ruch) outflow; **~ pieniędzy z banku** an outflow of money from a bank; **~ towarów z rynku** an outflow of goods from the market; **nastąpił ~ młodzieży ze wsi do miast** there was a migration of young people from the countryside to the towns

[4] (otwór) drain hole, outlet; **środek do udrożniania ~ów** a substance for un-blocking drains

odpływać *impf* → **odpłynąć**

odpływow|y *adi.* [1] (dotyczący odpływu morskiego) (low) tidal; **prądy ~e** (low) tidal currents [2] (o wodach) ebb-tide, low-tide; **wody ~e** ebb-tide waters [3] [studzienka, otwór] outflow attr. **~y kanał ściekowy** drain, gutter

odpocz|ąć *pf* — **odpocz|ywać** *impf* (~nę, ~ęła, ~eli — ~ywam) *vi* to rest, to take a. have a rest; **~ąć po długim marszu** to take a. have a rest after a long march; **chciałabym trochę ~ąć od dzieci** I'd like to have a rest from the kids; **dać ~ąć mięśniom/umysłowi** to give one's muscles/mind some rest

odpoczyn|ek *m* (G ~ku) [1] (przerwa) break; **podczas drogi robili krótkie ~ki** they took short breaks along the way [2] (odpoczywanie) rest; **świąteczny ~ek zakłócili nam sąsiedzi** the neighbours disturbed our peace and quiet during the holiday; **potrzeba ci ~ku** what you need is some rest

■ **nie dać komuś chwili ~ku** pot. (zmuszać do pracy) to not give sb a moment's peace; (niepokoić) to keep on at sb; **odejść na zasłużony ~ek** książk. to retire, to go into retirement

odpoczywać *impf* → **odpocząć**

odpokut|ować *pf* — **odpokut|owy-wać** *impf vt* [1] (odprawić pokutę) to do penance; **~ować za grzechy** to do penance for one's sins [2] (ponieść karę) to atone; **~ował za wyrządzone jej krzywdy** he atoned for the wrongs he had done her; **~ować za swoją łatwowierność** to suffer the consequences of one's gullibility

odpokutowywać *impf* → **odpokuto-wać**

odpoliityczni|ć *pf vt* to depoliticize; **już najwyższy czas ~ć media** it's high time the media were depoliticized

odpornościow|y *adi.* Med. [reakcja] immunological; **układ ~y** immunological system

odpornoś|ć *f sgt* [1] (wytrzymałość) resistance; **mała ~ć na rozciąganie** low resistance to stretching [2] Med. resistance, immunity; **~ć na choroby/na zimno** resistance to illnesses/cold; **~ć naturalna** natural immunity

❑ **~ć poszczepienna** Med. passive immunity

odporn|y *adi.* grad. [1] (osoba) immune, resistant; **on jest bardzo ~y fizycznie** physically he is very hardy; **zawsze była kobietą dzielną, ~ą na nieszczęścia i trudy** she's always been a brave woman, unaffected by hardship and disaster [2] (materiał) resistant, proof; **jest to farba akrylowa, wyjątkowo ~a na wysoką temperaturę** this is acrylic paint, extremely resistant to high temperature; **ten metal jest ~y na działanie kwasów** this metal is acid-resistant; **~y na wilgoć** damp-proof; **~y na działanie warunków atmosferycznych** weatherproof; **~y na wstrząsy** shock-resistant

odpowiadać[1] *impf* → **odpowiedzieć**

odpowiada|ć² *impf vi* [1] (spełniać warunki, zadowalać) to suit; **praca w szkole bardzo mu ~** the work in school suits him very well [2] (zgadzać się) to answer, to correspond (**czemuś** to sth); to match (**czemuś** sth); **treść nie ~ tematowi wypracowania** the content of the essay does not correspond to the subject; **efekt nie ~ł moim oczekiwaniom** the outcome did not match my expectations

odpowiedni *adi. grad.* [osoba, kwalifikacje, okazja] suitable; [słowo, kierunek, decyzja, kolejność, temperatura, miejsce, czas] right; [strój, prezent, wybór, komentarz, władze, rubryka, postawa, zachowanie, kara] appropriate; **był ~m kandydatem na to stanowisko** he was the right person a. suitable candidate for the position

■ **dostać się w ~e ręce** to fall a. get into the right hands

odpowiednicz|ka *f* counterpart
odpowiednik [I] *m pers.* (osoba o podobnych cechach) counterpart; **współczesny ~ bohatera romantycznego** a modern counterpart of the romantic hero

[II] *m inanim.* (równoważnik) equivalent; **~i leksykalne** lexical equivalents

odpowiednio *adv.* [zachowywać się, ubierać się, postępować, dobrać, wyposażyć] appropriately, suitably; **kurację należy rozpocząć ~ wcześnie, aby była skuteczna** the therapy should start early enough to be effective; **Adam i Robert zajęli ~ pierwsze i trzecie miejsce** Adam and Robert came first and third respectively

odpowiednioś|ć *f* (zgodność) suitability, correspondence; **~ć formy i treści** correspondence between the form and the content; **~ć metod wychowawczych** suitability of educational methods

odpowiedzialnie *adv.* [zachować się, postąpić] responsibly

odpowiedzialnoś|ć *f sgt* responsibility; **wielka/poważna ~ć** great/heavy a. grave responsibility; **~ć osobista** personal responsibility; **brać na siebie ~ć za coś** to take responsibility for sth; **obarczać kogoś ~cią** to hold sb responsible; **ponosić ~ć** to bear responsibility; **uchylać się od ~ci** to dodge a. evade responsibility; **zrzucić ~ć** to decline responsibility; **zrzucić ~ć na kogoś** to shift responsibility onto sb; **uniknąć ~ci** to escape responsibility; **~ć ciąży a. spoczywa na kimś** a. **spada na kogoś** responsibility lies a. rests with sb; **pociągnąć kogoś do ~ci** to call sb to account; **zrobiła to na swoją własną ~ć** she did it on her own responsibility

❏ **~ć cywilna** civil liability; **~ć karna** criminal responsibility; **~ć parlamentarna** parliamentary responsibility; **~ć sądowa** amenability to law; **~ć zbiorowa** collective responsibility

odpowiedzialn|y *adi. grad.* [1] (solidny) responsible, reliable; **~y pracownik** a responsible a. reliable worker [2] (trudny) responsible; **~e stanowisko/zadanie** a responsible job/task

odpowi|edzieć *pf* — **odpowi|adać¹** *impf vi* [1] (udzielić odpowiedzi) to answer *vt*, to reply *vt*; **~edzieć komuś** to answer sb;

~edzieć, że... to answer a. reply that...; **~edzieć na pytanie** to answer a question; **nie ~adają na moje listy** they don't answer my letters a. reply to my letters; **„tak!" ~edziała z uśmiechem** 'yes!,' she answered, with a smile; **~adać niegrzecznie** to answer back; **~edzieć bez namysłu** to answer off the cuff; **nie ~edział mi na pytanie** he didn't answer my question a. reply to my question [2] (zareagować) to respond, to answer *vt*; **~edzieć na apel** to respond to an appeal; **statek nie ~adał na sygnały radiowe** the ship did not respond to radio signals; **nikt nie ~adał na pukanie** nobody answered the door; **telefon nie ~adał** nobody answered the phone [3] Szkol. to answer; **~adać pisemnie/ustnie** to answer in writing/orally; **~adać na lekcji historii** to answer questions during one's history lesson; **ádać z Wielkiej Rewolucji Francuskiej** to be examined on the French Revolution [4] (odwzajemnić się) to return *vt* (**na coś** sth); **~adać na ukłon/na pozdrowienie** to return a nod/a greeting; **~edzieć grzecznością na grzeczność** to return a favour a. kindness [5] (ponosić odpowiedzialność) to be responsible; **rodzice ~adają za wychowanie dzieci** parents are responsible for bringing up their children; **~adać przed sądem** to be brought to trial, to be tried (**za coś** for (doing) sth); **~ecie mi za to!** I'll make you account for it!

■ **~adać za coś głową** a. **życiem** vauch for sth with one's head a. life

odpowie|dź *f* [1] (replika) reply, answer; **krótka/lakoniczna/stereotypowa ~dź** a terse/succinct/stereotypical reply; **cięta/zdawkowa/wymijająca ~dź** a stinging/curt/evasive reply; **szybka/natychmiastowa ~dź** a prompt/immediate reply; **~dź na pytania/na list** a reply to questions/a letter; **~dź na krytykę/na zarzuty** a response to criticism/to accusations [2] Szkol. answer; **~dź ustna/pisemna** an oral/a written answer; **nauczyciel wywołuje uczniów do ~dzi** the teacher calls the pupils to the blackboard [3] (reakcja) response; **~dzią na represje był sabotaż** sabotage was the answer to the regime of terror

■ **mieć na wszystko gotową ~dź** to have a ready answer to everything

odpowietrzać *impf* → odpowietrzyć
odpowietrz|yć *pf* — **odpowietrz|ać** *impf vt* to bleed [kaloryfer, przewody]; **mechanik ~ył hamulce** the mechanic vented the brakes

odp|ór *m zw. sg* (*G* **~oru**) książk. resistance; **skuteczny/zdecydowany ~ór** crushing/determined resistance; **dać ~ór najeźdźcom** to make a stand against the invaders; **trafiać na zbrojny ~ór** to come up against armed resistance

odprac|ować *pf* — **odprac|owywać** *impf vt* to work [sth] off, to work off; **jeśli nie masz pieniędzy, możesz ~owywać dług sprzątaniem** if you have no money, you can work off the debt by cleaning; **~owywać wolny dzień** to make up for a day off

odpracowywać *impf* → odpracować

odpras|ować *pf* — **odpras|owywać** *impf vt* to iron, to press [spodnie, sukienkę]
odprasowywać *impf* → odprasować
odpraw|a *f* [1] (zebranie) briefing; **zwołać ~ę** to call a meeting [2] (na granicy) clearance; **~a celna** customs (clearance); **~a pasażerów trwała kilka minut** the passenger check-in took a couple of minutes; **samochody ciężarowe oczekują na ~ę po kilkanaście godzin** trucks queue up for hours waiting to be cleared [3] (odrzucenie prośby) rebuff; **dać komuś ~ę** to rebuff sb; **wiedział, że może się spotkać z ~ą** he knew he could meet with a rebuff [4] (wynagrodzenie) gratuity GB; **~a emerytalna** a retirement gratuity; a golden handshake pot.; **dostać ~ę** to get a gratuity

odprawiać *impf* → odprawić
odpraw|ić *pf* — **odpraw|iać** *impf vt* [1] (pozbyć się) to send (away), to dismiss; **ruchem ręki ~ił strażników** he dismissed the guards with a gesture of his hand; **~ili dzieci do babci** they sent the children to stay with their grandma; **dokądkolwiek się zgłaszał, ~iano go z niczym** wherever he went he was turned down [2] (zwolnić) to dismiss [służącą, gosposię] [3] (dać pozwolenie na wyjazd) to clear [pociąg, samolot]; **czy celnicy już was ~ili?** have you gone through customs yet?; **~ić towar** to clear the goods [4] (wykonać) to celebrate [mszę, nabożeństwo]; **~iać modły** to say one's prayers; **~iać pokutę** to do penance; **~iać czary** to perform magic

■ **~ić kogoś z kwitkiem** to send sb away empty-handed

odprężać *impf* → odprężyć
odprężająco *adv.* [działać, wpływać] refreshingly, restfully
odprężając|y [I] *pp* → odprężyć

[II] *adi.* [lektura, muzyka, kąpiel] relaxing, restful; [masaż] relaxing
odprężeni|e [I] *sv* → odprężyć

[II] *n sgt* [1] (uczucie ulgi) relaxation, stress relief; **poczuł wielkie ~e** he felt really relaxed [2] (pomiędzy krajami) détente; **polityka ~a** a policy of détente

odprężeniow|y *adi.* **propozycje ~e** proposals for détente

odpręż|yć *pf* — **odpręż|ać** *impf* [I] *vt* [1] (rozluźnić) to relax [mięśnie] [2] (przynieść ulgę) to relax; **była ~ona** she felt/looked relaxed; **~yć nerwy** to calm one's nerves; **prysznic ~ył go** the shower refreshed him [3] Techn. (zmniejszyć ciśnienie) to decompress [4] Techn. (usunąć naprężenia w metalu) to anneal

[II] **odprężyć się** — **odprężać się** [1] [mięśnie] to be relaxed [2] [osoba] to relax, to unwind [3] przen. [atmosfera] to be relaxed

odprowadzać *impf* → odprowadzić
odprowa|dzić *pf* — **odprowa|dzać** *impf vt* [1] (towarzyszyć) to accompany, to see [sb] off, to see off; **~dzić kogoś na dworzec/do domu** (pieszo) to walk a. see sb to the station/sb home; **poczekaj chwilę, ~dzę cię!** wait a minute, I'll see you off; **doktor ~dził mnie do drzwi** the doctor saw me to the door; **strażnik ~dził więźnia do celi** the guard escorted the prisoner back to his cell; **~dzić kogoś wzrokiem** a. **spojrzeniem** to follow sb

with one's eyes [2] (usunąć) to carry, to channel *[wodę, ścieki]*; **piorunochron ~dza ładunek elektryczny do ziemi** a lightning conductor carries the electric charge to the ground; **zakłady pracy ~dzają część środków na ubezpiecze-nie społeczne** companies allot part of their income to National Insurance con-tributions

odpru|ć *pf* — **odpru|wać** *impf* (**~ję — ~wam**) [I] *vt* to unstitch, to unpick; **~ć brzeg sukni** to let down a skirt; **~ła rę-kawy, żeby je skrócić** she unstitched the sleeves to shorten them; **~łem plakietkę z rękawa** I removed the badge from my sleeve

[II] **odpruć się** — **odpruwać się** *[guzik, mankiet, rękaw]* to come unstitched, to come down a. off

odpruwać *impf* → odpruć

odprysk *m* (*G* **~u**) [1] (odłamek) chip, splinter; **~ szkła/tynku** a splinter of glass/a piece of plaster [2] (ślad) chip; **~i na ścianie** chips in the wall [3] *przen.* (fragment) scrap; **to ~ legendy św. Stani-sława** it's a loose variation on the legend of St Stanislaus

odpryska|ć się *pf v refl. posp.* (mężczyzna) to splash the boots *pot.*

odpryskiwać *impf* → odprysnąć

odpry|snąć *pf* — **odpry|skiwać** *impf* (**~snął** a. **~sł, ~snęła** a. **~sła, ~snęli**) *vi* *[tynk, farba]* to chip off, to flake off

odpryśnię|ty *adi.* *[emalia, szczapa, lakier]* chipped

odprz|ąc, odprz|ęgnąć *pf* — **odprz|ę-gać** *impf* (**~ęgę, ~ężesz, ~rzą̨ż** a. **~rzęż, ~ągł, ~ęgła, ~ęgli, ~ęgnął** a. **~ągł** a. **~ęgł, ~ęgnęli** a. **~ęgli — ~ęgam**) *vt* to unharness; **~ąc konie od wozu** to unharness the horses from the cart

odprzedać → odsprzedać

odprzedawać *impf* → odsprzedać

odprzedaż → odsprzedaż

odprzęgać *impf* → odprząc

odprzęgnąć → odprząc

odpuk|ać *pf* — **odpuk|iwać** *impf* *vi* to knock back; **~ał nam w ścianę na znak, że usłyszał** he knocked back on the wall to signal that he had heard us

■ **~ać w niemalowane drzewo** a. **drew-no** *pot.* touch wood GB, knock on wood US

odpukiwać *impf* → odpukać

odpu|st *m* (*G* **~stu**) [1] *Relig.* [2] (uroczystość) church fête, church fair; **~st parafialny** a parish fair [3] (darowanie kary za grzechy) indulgence, pardon; **~st zupełny** plenary indulgence; **otrzymał ~st** he was granted an indulgence

odpustowo *adv.* *[ubierać się]* garishly

odpustow|y *adi.* [1] *[kramy, towary]* fair *attr.*, fete *attr.* [2] *przen.* (tandetny) *[ozdoby, zabawki]* trumpery, trashy; *[styl, wygląd]* garish

odpuszczać *impf* → odpuścić

odpu|ścić *pf* — **odpu|szczać** *impf* [I] *vt* [1] *książk.* (darować) to forgive *[winy]*; **~ścić komuś grzechy** *Relig.* to absolve sb's sins, to absolve sb of their sins; **~ścić swoim wrogom** to forgive one's enemies [2] *pot.* (zrezygnować) **~ścić sobie** to ease up a. off, to give up; **~ść sobie, nie warto się**

---

przejmować ease up, it's not worth the worry; **~ścić sobie egzamin** (nie podejść) to miss an exam; (nie przygotować się) to not study enough for an exam [3] *Techn.* to temper *[stal]*

[II] **odpuścić się** — **odpuszczać się** *Techn.* *[stal]* to be tempered

odpychać¹ *impf* → odepchnąć

odpycha|ć² *impf* [I] *vt* (wywoływać niechęć) to repel, to repulse; **~ od siebie ludzi swoją nieuprzejmością** his brusqueness repels many people; **~ go cynizm rówieśników** he's disgusted by his contemporaries' cyni-cism

[II] **odpychać się** *Fiz.* to repel each other

odpychająco *adv.* *[zachowywać się]* repul-sively; **wyglądać ~** to be repulsive

odpychając|y [I] *pa* → odpychać

[II] *adi.* *[osoba, mina, wygląd]* repulsive, repellent

odpyt|ać *pf* — **odpyt|ywać** *impf* *vt* [1] *[nauczyciel]* to question, to test [2] (zadać wiele pytań) to question; **większość ~ywa-nych nie potrafiła podać żadnych szczegółów** the majority of those ques-tioned weren't able to give any details; **~ać świadka** to question a. examine a wit-ness

odpytywać *impf* → odpytać

od|ra *f sgt* *Med.* measles; **mieć/zachorować na odrę** to have/go down with (the) meas-les

odrabiać *impf* → odrobić

odraczać *impf* → odroczyć

odradzać się *impf* → odrodzić się

odra|dzić *pf* — **odra|dzać** *impf vt* **~dzić komuś coś** to advise sb against (doing) sth; **~dził jej wyjazd zimą na urlop** he advised her against going on holiday in winter

odrap|ać *pf* — **odrap|ywać** *impf* (**~ię — ~uję**) *vt* to scrape *[sth]* off, to scrape off; **~ać farbę ze ściany** to scrape the paint off the wall

odrapaniec → obdrapaniec

odrapan|y [I] *pp* → odrapać

[II] *adi.* *[ściana, budynek, meble]* shabby-looking; *[farba]* flaking

odrapywać *impf* → odrapać

odrastać *impf* → odrosnąć

odrat|ować *pf* — **odrat|owywać** *impf vt* to bring *[sb]* back to life *[chorego, pacjenta]*; **ledwie ją ~owali** they only just managed to save her

odratowywać *impf* → odratować

odraz|a *f sgt* disgust, aversion; **instynk-towna/nieprzezwyciężona ~a** an instinc-tive/overhelming aversion; **czuję do niego głęboką ~ę** I feel a deep aversion to him; **myśl o nim napełniała ją ~ą** the very thought of him filled her with disgust; **odwrócił się od niego z ~ą** he turned away from him with a. in disgust; **wzbu-dzasz we mnie ~ę** you make me sick

odrażająco *adv.* *[brudny, brzydki]* revolt-ingly, hideously; **czknął ~** he hiccupped revoltingly

odrażając|y *adi.* *[osoba, wygląd, postępek]* revolting, repugnant

odrąb|ać *pf* — **odrąb|ywać** *impf* (**~ię — ~uję**) *vt* to chop *[sth]* off, to chop off, to

---

hack *[sth]* off, to hack off *[gałęzie, konary]*; to chop *[sth]* off, to chop off *[ręce, głowę]*

odrąbywać *impf* → odrąbać

odreag|ować *pf* — **odreag|owywać** *impf vt* to release *[napięcie, stres]*; to abreact *spec.*; **każdy ciężki dzień w pracy musiała na kimś ~ować** each hard day at work meant that she had to take it out on sb

odreagowywać *impf* → odreagować

odrealniać *impf* → odrealnić

odrealni|ć *pf* — **odrealni|ać** *impf* [I] *vt* to make unreal *[świat, postać]*; **~ony świat w filmie** the dreamlike world shown in the film; **autor ~ł sztukę** the author set the play in the unreal world

[II] **odrealnić się** — **odrealniać się** *[świat, postać]* to become unreal

odrestaur|ować *pf vt* *książk.* to restore, to renovate *[pałacyk, zamek, posąg]*

odrębnie *adv.* *[ująć, potraktować]* sepa-rately, individually

odrębno|ść *f sgt* (inność) identity; **~ć językowa/narodowościowa** language/na-tional identity; **mieć poczucie swej ~ci** to have a sense of identity [2] (różnica) difference (**w czymś** in sth); **~ci rozwo-jowe poszczególnych kultur** the differ-ences in the development of various cul-tures

odrębn|y *adi.* [1] (niezależny) *[ustawa, prze-pisy]* separate; **to dwa ~e tematy** these are two distinct a. separate subjects; **nie trak-tować kogoś jako ~ego człowieka** to not treat sb as an individual [2] (oddzielony) *[teren, obszar]* separate; **pawilon ma ~e zaplecze kuchenne** the pavilion has a separate kitchen

odręcznie *adv.* [1] (własnoręcznie) *[szkicować, rysować]* by hand, manually; **~ zapisane kartki** handwritten pages [2] (natychmiast) on the spot, immediately; **transakcji doko-nali ~** they made the transaction on the spot a. instantly

odręczn|y *adi.* [1] *[napis, rysunek, notatka]* handwritten [2] *[działania, pożyczka]* instant; **~e naprawy** on-the-spot repairs

odrętwia|ły *adi.* [1] *[nogi, ręce]* numb; **był ~ły z zimna** he was numb with cold [2] *przen.* (obojętny) numb; **~ły z rozpaczy** numb with despair

odrętwieni|e *n sgt* numbness, torpor; **zapaść w ~e** to sink into a state of apathy; **być w stanie ~a** to be in a stupor

odrob|ek *m* (*G* **~ku**) *daw.* work done to discharge one's debt

odr|obić *pf* — **odr|abiać** *impf vt* [1] (wy-konać) to do; **~obić zadanie domowe** a. **pracę domową** to do one's homework; **~obić angielski/matematykę** to do one's English/maths homework [2] (naprawić) to make up (**coś** for sth); **chciał ~obić całe zło, jakie wyrządził bliskim** he wanted to make up for all the harm he had caused his relatives; **trudno będzie mu ~obić stra-cone w pierwszym okrążeniu minuty** it will be hard for him to make up for the loss of minutes on the first lap [3] (wywiązać się z obowiązku) **~obić pańszczyznę** *Hist.* to do corvée; *pot., przen.* to drudge

odrobin|a [I] *f sgt* (**~ka** *dem.*) bit, drop; **napijesz się ~ę koniaku?** would you care for a drop of cognac?; **~a chleba/mięsa** a morsel of bread/meat; **~a prawdy** przen. a grain of truth; **przy ~ie szczęścia** przen. with a bit of luck

III **odrobinę** adv. a whit, a (little) bit; **~kę bolało** it hurt a bit; **dziwny człowiek, ~ę marzyciel** he's a strange man, a bit of a dreamer

odrobkow|y adi. **praca ~a** work done in return for a loan

odrocze|nie **II** sv → odroczyć

II n (z wojska) (draft) deferment; (rozprawy, posiedzenia) adjournment; (wykonania wyroku) respite

odr|oczyć pf — **odr|aczać** impf vt to postpone, to adjourn; **sąd ~oczył swoje posiedzenie do jutra** the court adjourned until tomorrow; **~oczyć spłatę kredytu** to postpone repayment of the loan; **~oczyli wydanie książki** they postponed publishing the book

odrodzeni|e **II** sv → odrodzić

II n sgt **1** (rozkwit) revival, rebirth; **~e zainteresowania wiedzą tajemną** a revival of interest in magic; **~e państwa polskiego** the rebirth of the Polish state; **duchowe ~e człowieka** the spiritual rebirth of man **2** Literat., Muz., Szt. **~e** a. **Odrodzenie** the Renaissance; **sztuka ~a** Renaissance Art.

odrodzeniow|y adi. **1** [ruch, działania] revivalist **2** [pisarz, artysta, architektura] Renaissance attr.

odr|odzić się pf — **odr|adzać się** impf v refl. to revive, to regenerate; **przyroda ~adza się na wiosnę** nature revives a. comes back to life in spring; **miasto po wojnie ~odziło się z gruzów** after the war the city rose from ruins

odr|osnąć pf — **odr|astać** impf (~ósł — ~astam) vi [trawa, włosy] to grow again, to regenerate; [guz] to grow again

odro|st **II** m (G ~stu) **1** sgt (odrastanie) growth; **można wydatnie przyśpieszyć ~st traw** the growth of grass may be effectively accelerated **2** Ogr. shoot, sucker **3** Myślis. spike

II **odrosty** plt (we włosach) roots; **widać już u ciebie ~sty** your roots are starting to show

odrostow|y adi. **pędy ~e** suckers

odrośl f **1** (pęd) sucker **2** przen. (odłam) offshoot; **~ od religii judaistycznej** an offshoot of Judaism

odróżniać impf → odróżnić

odróżni|ć pf — **odróżni|ać** impf **II** vt **1** (dostrzec różnicę) to distinguish, to differentiate; **~ać złe od dobrego** to distinguish (the difference) between good and evil; **~ć oryginał od falsyfikatu** to distinguish the original from the forgery; **on nie ~a kolorów** he's colour-blind; **bardzo trudno ~ć, który ptak jest samiczką, a który samczykiem** it's very hard to tell which bird is male and which is female **2** (rozpoznać) to distinguish; **w ciemnościach nie mógł ~ć marki samochodu** he couldn't distinguish the make of the car in the dark **3** (stanowić różnicę) to distinguish, to differentiate; **jaśniejsza skóra ~ała go wyraźnie od rówieśników** his pale complexion clearly distinguished him from his peers

II **odróżnić się** — **odróżniać się** (wyróżniać się) to differ; **nie ~ali się niczym od nas** nothing distinguished them from us

odróżnie|nie **II** sv → odróżnić

II **w odróżnieniu** adv. unlike (**od kogoś/czegoś** sb/sth); as opposed (**od kogoś/czegoś** to sb/sth); **w ~niu od koleżanek nie lubiła plotkować** as opposed to her friends, she didn't like gossiping

III **dla odróżnienia** adv to differentiate

odruch m (G ~u) **1** (reakcja) reflex; **~ ssania u niemowląt** an infant's sucking reflex; **~ wymiotny** a retch **2** (nawyk) reaction, impulse; **służalcze ~y** servile habits; **w ~u gniewu** in a rush of blood a. anger; **w pierwszym ~u uniosła rękę, jakby chciała się przywitać** her first impulse was to stretch out her hand as if she wanted to shake hands; **ludzkie ~y** the milk of human kindness

❑ **~ bezwarunkowy** Psych. unconditioned reflex a. response; **~ kolanowy** Med. patellar reflex, knee-jerk; **~ warunkowy** Psych. conditioned reflex a. response

odruchowo adv. [zrobić, powiedzieć] impulsively, spontaneously; [cofnąć się] involuntarily

odruchow|y adi. [skurcz, gest] involuntary; [zachowanie, sprzeciw] impulsive, spontaneous

odrygl|ować pf to unbolt, to unlock [drzwi, zamek]

odrys|ować pf — **odrys|owywać** impf vt to copy; **~owywać wzór na tkaninie** to copy a pattern onto fabric; **portret ~owany ze starej fotografii** a portrait copied from an old photo

odrysowywać impf → odrysować

odrywać impf → oderwać

odrzans|ki adi. [żegluga] Oder attr.

odrze|c pf — **odrze|kać** impf (~knę, ~kniesz, ~kł, ~kła, ~kli — ~kam) książk. **II** vi to reply, to answer; **gdy go zapytano, nic nie ~kł** when asked he didn't say a word; **roześmiała się i ~kła, że też go lubi** she laughed and said she liked him too; **„jak pan chce", ~kła** 'as you wish,' she said

II **odrzec się** to renounce, to forget; **~kać się przyjemności** to deny oneself pleasure; **~kać się od myśli niepodległościowych** to renounce the idea of independence

o|drzeć pf — **o|dzierać** impf vt **1** (pozbawić wierzchniej warstwy) to strip [sth] off, to strip off, to tear [sth] off, to tear off; **odrzeć korę z drzewa** to strip the bark off a tree, to strip a tree of its bark; **odrzeć skórę z zająca** to flay a hare **2** książk., przen. (pozbawić) to strip, to deprive (**z czegoś** of sth); **odrzeć kogoś z godności** to strip sb of their dignity; **wojna odarła nas z majątku** the war deprived us of all our possessions

odrzekać impf → odrzec

odrzucać impf → odrzucić

odrzuceni|e **II** sv → odrzucić

II n rejection; **lęk przed ~em** fear of rejection

odrzu|cić pf — **odrzu|cać** impf **II** vt **1** (nie zgodzić się na) to reject, to turn [sth] down, to turn down [propozycję, pomysł, zasady] **2** (nie zaakceptować) to reject; **dzieci ~ciły nieśmiałą dziewczynkę** the children rejected the shy girl; **człowiek ~cony przez społeczeństwo** a social outcast **3** (pozbyć się) to reject, to throw [sth] out, to throw out; **~cać zgniłe jabłka** to throw out rotten apples; **polecał książki znakomite, a słabe ~cał** he recommended outstanding books, rejecting the poor ones **4** (wyrzucić) to throw [sth] away, to throw away; **fala ~ciła go od brzegu** the wave threw him away from the shore; **~ciła kołdrę i wstała** she threw back the covers and got up **5** (zmienić położenie) to throw; **~cić w tył włosy** to throw back one's hair; **~cić głowę** to throw back one's head **6** (oddać rzucając) to throw [sth] back, to throw back; **podam ci piłkę, a ty ją ~cisz** I'll pass the ball to you and you'll throw it back to me **7** (odeprzeć) [wojsko] to repel [przeciwnika, atak] **8** Med. to reject [narząd, przeszczep]

II v imp. (budzić wstręt) to repel, to put [sb] off, to put off; **~ca mnie od tych powieści** these novels really put me off; **~ca mnie od tej wódki** this vodka repels me

■ **~cić troski na bok** książk. to not worry

odrzu|t m (G ~tu) **1** (broni) recoil, kick **2** zw. pl pot. (bubel) reject; **~ty z eksportu** export rejects; **towary z ~tu** rejected goods **3** Med. rejection

odrzutow|iec m Lotn. jet (aircraft)

odrzutow|y adi. [samolot, silnik] jet attr.

odrzwi|a plt (G ~) **1** (futryna) door frame, doorcase **2** książk. (drzwi) door

odrzynać impf → oderżnąć

odsadzać impf → odsadzić

odsa|dzić pf — **odsa|dzać** impf **II** vt **1** pot. to move away; **~dził peleton na dwa kilometry** he got two kilometres clear of the pack; **~dzić rywali** to leave one's rivals standing przen. **2** (przesadzić) to transplant [część rośliny, pelargonię]

II **odsadzić się** — **odsadzać się** pot. to move away; **~dzić się daleko od pogoni** to get well clear of the chase

odsap|nąć pf — **odsap|ywać** impf (~nęła, ~nęli — ~uję) vi pot. **1** (odetchnąć) to sigh; **~nąć z ulgą** to sigh with relief, to heave a sigh of relief **2** (odpocząć) to get some rest; **~nąć od pracy/po trudach podróży** to get some rest from work/after a tough trip; **muszę chwilę ~nąć** I must take a breather pot.; **daj mi trochę ~nąć** pot. give me a breather

odsapywać impf → odsapnąć

odsączać impf → odsączyć

odsącz|yć pf — **odsącz|ać** impf **II** vt to drain [makaron, sałatę]; to strain [twaróg]; to filter [roztwór]; **~yć groszek z wody/na sicie** to strain peas in a sieve; **~yć nadmiar oliwy/tłuszczu** to drain (off) the excess oil/fat

II **odsączyć się** — **odsączać się** [makaron, tłuszcz] to drain, to be drained; [roztwór] to be filtered

odsądzać impf → odsądzić

odsą|dzić pf — **odsą|dzać** impf vt to deny; **~dzać kogoś od talentu** to claim that sb has no talent; **~dzić kogoś od**

honoru to discredit sb, to impugn sb's honour

odsepar|ować *pf* — **odsepar|owy-wać** *impf* książk. **[I]** *vt* to segregate (**od czegoś** from sth); to isolate *[chorego]*; **~ować młodsze dzieci od starszych** to segregate the younger children from the older

[II] odseparować się — **odseparowywać się** to isolate a. seclude oneself; **~ować się od rodziny/świata** to isolate oneself a. cut oneself off from one's family/the world

odseparowywać *impf* → **odseparować**

odset|ek [I] *m* percentage, proportion; **duży/znaczny ~ek studentów** a large a. substantial proportion of students; **zabójstwa stanowią jedynie niewielki ~ek popełnianych przestępstw** murders represent only a small proportion a. percentage of the offences committed

[II] odsetki *plt* Ekon. interest *U* (**od czegoś** on sth); **karne/narosłe/zaległe ~ki** penal/accrued/overdue interest; **~ki za zwłokę** interest for late payment; **~ki od lokat bankowych** interest on bank deposits; **~ki w wysokości 4%** interest at (the rate of) 4%, 4% interest; **spłacić kredyt wraz z ~kami** to repay a loan together a. along with interest

odsi|ać *pf* — **odsi|ewać** *impf* (**~eję, ~ali** a. **~eli** — **~ewam**) **[I]** *vt* **[1]** (oczyścić) to screen *[ziarno]*; to sift, to sieve *[mąkę]*; **~ać mąkę na sicie** to sift flour through a sieve; **~ać mąkę od otrębów** to separate flour from bran; **~ać prawdę od kłamstwa** to sort out the truth from the lies **[2]** pot. (odrzucić przy klasyfikacji) to screen, to winnow [sb] out, to winnow out *[kandydatów]*; **~ać najgorszych studentów** to weed out the worst students

[II] odsiać się — **odsiewać się [1]** *[ziarno]* to be screened; *[mąka]* to be sifted, to sift **[2]** pot. (zostać odrzuconym) *[kandydat]* to be screened a. winnowed out; **najgorsi ~eją się na egzaminie** the worst will be weeded out in the examination

odsiad|ka *f* pot. stretch pot., porridge GB pot.; **mieć ~kę** to do time pot. a. bird pot.; **czeka go długa ~ka** he faces a long stretch inside pot.; **dostał trzy lata ~ki** he got a three-year stretch pot.; **wyszedł z więzienia po krótkiej ~ce** he's out (of prison) after doing a short stretch pot.; **zostało mu dwa lata (do końca) ~ki** he has two years left to serve inside pot.

odsiadywać *impf* → **odsiedzieć**

odsiarczać *impf* → **odsiarczyć**

odsiarcz|yć *pf* — **odsiarcz|ać** *impf vt* Techn. to desulphurize GB, to desulfurize US *[gaz]*; **~anie spalin** desulphurization of flue gases

odsiecz *f* **[1]** Wojsk. relief (**dla kogoś/czegoś** of sb/sth); **pośpieszyć na ~** a. **z ~ą miastu** to hasten to the relief of a town; **przyjść wojsku z ~ą** to relieve the troops; **~ wiedeńska** Hist. the relief of Vienna **[2]** książk., przen. (pomoc) rescue; **przyjść komuś z ~ą** to come to sb's rescue a. aid **[3]** książk., przen. (osoby) relief (force); **~ nie nadeszła** the relief (force) did not come

odsi|edzieć *pf* — **odsi|adywać** *impf* (**~edzisz,   ~edział,   ~edzieli   —**

~adywać) *vt* **[1]** (spędzić czas) to sit (for a certain time); **~adywać godziny w biurze** to sit out one's time in the office pot.; **~edziałem swoje i się pożegnałem** I stayed for a suitable length of time and then left **[2]** pot. (odbyć karę) to serve one's time; **~adywać wyrok** to do time a. bird pot.; **~edział dwie trzecie wyroku** he served two-thirds of his sentence; **~edział dwa lata za drobne kradzieże** he served a. did two years for petty theft

odsiew *m* (*G* **~u**) **[1]** (przesiewanie) *[ziarna]* screening; *[mąki, piasku]* sifting **[2]** (pozostałość na sicie) screenings *pl* **[3]** przen., pot. (eliminowanie) elimination, weeding-out process; **największy ~ studentów odbywa się na pierwszym roku** the highest student failure rate is in the first year; **~ studentów wyniósł 16%** the failure rate among students a. the student failure rate was 16%

odsiewać *impf* → **odsiać**

odskakiwać *impf* → **odskoczyć**

odskoczni|a *f* (*Gpl* **~**) **[1]** Sport springboard **[2]** przen. (punkt wyjścia) stepping stone, launching pad; **posadę tę traktował tylko jako ~ę do kariery politycznej** he treated the job simply as a stepping stone in his political career; **sukces ten stał się dla niej ~ą do kariery w mediach** her success was the launching pad for a career in the media **[3]** przen. (oderwanie się) (form of) escape; **żeglarstwo było dla niego jedyną ~ą od codzienności** sailing was his only form of escape from everyday life

odsk|oczyć *pf* — **odsk|akiwać** *impf vi* **[1]** (odsunąć się, uchylić się) to jump away; **~oczyć do tyłu** to jump a. spring back; **~oczyć na bok** a. **w bok** to jump a. leap aside; **~oczył przed nadjeżdżającym samochodem** he jumped clear of the oncoming car, he dodged the oncoming car; **~oczył w samą porę** he jumped out of the way just in time; **~oczyć jak oparzony** to jump (back) like a scalded cat **[2]** (otworzyć się) *[zamek]* to snap back; *[drzwi]* to whip back **[3]** (odbić się) *[piłka]* to bounce (**od czegoś** off sth); to rebound **[4]** (oddalić się) to move away; **~oczyć od peletonu** to pull a. move ahead of the pack, to get clear of the pack; **Japonki ~oczyły na 20 punktów od Finek** the Japanese moved 20 points clear a. ahead of the Finns

odskok *m* (*G* **~u**) **[1]** (skok) jump, leap; *[broni palnej]* kick back, recoil; *[gałęzi]* whipping back **[2]** (odbicie się) *[piłki]* rebound, bounce (**od czegoś** off sth) **[3]** przen. (szybkie oddalenie się) moving away **[4]** pot. (wybryk) (madcap) escapade, excesses *pl*; **miewać ~i** to be given to excesses

odsłaniać *impf* → **odsłonić**

odsłon|a *f* **[1]** Teatr scene; **sztuka w pięciu ~ach** a play in five scenes **[2]** książk., przen. (część widowiska) part; **w ostatniej ~ie meczu** in the final stage of the match

odsł|onić *pf* — **odsł|aniać** *impf* **[I]** *vt* **[1]** (pokazać) to bare *[część ciała]*; **~onić ramiona/szyję** to bare one's shoulders/neck; **~onić głowę** to take off one's hat **[2]** (odsunąć) **~onić firanki/zasłonę** to draw back a. open the curtains; **~onić żaluzje** to

pull up a. open the (Venetian) blinds; **~onić kurtynę** to raise the curtain **[3]** (pozbawić zabezpieczenia) to expose, to leave [sth] open to attack *[skrzydło]*; to uncover *[figurę szachową]* **[4]** przen. (ujawnić) to reveal *[prawdę, tajemnicę, plany]*; **~onić swoje zamiary** to reveal one's intentions; **odpowiedź ministra ~oniła jego prawdziwe intencje** the minister's response revealed a. showed his true intentions

[II] odsłonić się — **odsłaniać się [1]** (uczynić widocznym samego siebie) to show a. reveal oneself **[2]** (stać się widocznym) to emerge, to appear; *[widok]* to unfold, to open out **[3]** (zostać odsuniętym) *[kurtyna]* to go up **[4]** (pozbawić się osłony) to expose oneself; *[bokser]* to leave oneself open, to lower one's guard **[5]** przen. (ujawnić się) to reveal oneself; *[tajemnica]* to be revealed; **~onić się przed kimś** to open up to sb, to confide in sb; **~oniły się ich prawdziwe zamierzenia** their true intentions became clear

■ **~onić karty** to show one's hand a. cards; **~onić pomnik/tablicę pamiątkową** to unveil a monument/(commemorative) plaque

odsłonię|ty [I] *pp* → **odsłonić**

[II] adi. [1] *[polana, pole]* exposed **[2]** *[miejsce]* exposed; **~te części ciała** exposed parts a. areas of the body **[3]** Sport *[klatka piersiowa]* exposed

odsłuch|ać *pf* — **odsłuch|iwać** *impf vt* to hear (through) *[płytę, nagranie]*; to listen to *[sekretarkę]*

odsłuchiwać *impf* → **odsłuchać**

odsługiwać *impf* → **odsłużyć**

odsłu|żyć *pf* — **odsłu|giwać** *impf* (**~żę — ~guję**) **[I]** *vt* **[1]** (odbyć służbę) to serve; **~żyć wojsko** to have served in the army; **~żył pięć lat w wojsku** he served five years in the army **[2]** (odpracować) to work [sth] off, to work off *[dług, zobowiązanie]*; **~żyć pobyt sprzątaniem** to work off the cost of one's stay by cleaning

[II] odsłużyć się — **odsługiwać się** przest. to repay; to requite książk.; **czymże ci się ~żę za tyle względów?** how can I repay you for all the favours you've done for me?

odsmażać *impf* → **odsmażyć**

odsmaż|yć *pf* — **odsmaż|ać** *impf vt* to refry *[kartofle, naleśniki]*; **~yć coś na maśle/na patelni** to refry sth in butter/in a skillet

odsprzeda|ć *pf* — **odsprzeda|wać** *impf* (**~m — ~ję**) *vt* to resell (**coś komuś** sth to sb); **~ć coś z zyskiem/po wyższej cenie** to resell sth at a profit/at a premium (price)

odsprzedawać *impf* → **odsprzedać**

odsprzedaż *f* resale; **~ mebli/książek** resale of furniture/books

odsta|ć[1] *pf* (**~nę**) *vi* (opuścić) to leave, to abandon; **~ł od rodziny** he broke with his family

odst|ać[2] *pf* (**~oję, ~oisz**) *vi* (czekać) to stand; **~ać swoje** to have done one's share of standing; **~ać trzy godziny w kolejce** to stand (and wait) for three hours in a queue

odsta|ć się *pf* — **odsta|wać się** *impf* (**~nie się, — ~je się**) *v refl.* (oczyścić się) *[ciecz]* to settle; *[wino]* to mature

■ **co się stało, to się nie ~anie** what's done cannot be undone

odsta|ły *adi. [wino]* mature; *[woda]* settled

odsta|wać *impf* (**~ję**) *vi* [1] (odłączyć się) *[tynk, fornir]* to come off a. loose; **~jące uszy** protruding a. bat ears; **on ma ~jące uszy** his ears stick out [2] (różnić się) to diverge (**od czegoś** from sth); **~wał od kolegów zachowaniem** his behaviour made him stand out from his friends; **praktyka często ~je od teorii** practice often departs from theory, theory and practice often diverge; **~wać od rzeczywistości/przeciętności** to be far removed from reality/to rise above mediocrity [3] (zostawać w tyle) to lag behind; **~wać od innych uczniów** to fall behind (the rest of) the class; **~wać od pozostałych/od światowego poziomu** to lag behind the rest/the world standard(s)

odstawiać *impf* → **odstawić**

odstaw|ić *pf* — **odstaw|iać** *impf vt* [1] (odłożyć) (na bok) to put [sth] away, to put away; (na miejsce) to put [sth] back, to put back *[krzesło, talerz]*; **~ garnek/nie ~iaj garnka z ognia** take the pot off the heat/leave the pot on; **~ić niemowlę od piersi** to wean a baby; **~ić lek** to stop taking a medicine, to come off a medicine; **~ić zastrzyki** to stop having injections, to come off injections [2] *pot., przen.* (pozbawić władzy) to deprive (**kogoś od czegoś** sb of sth) [3] (dostarczyć) to deliver; **~ić zboże do magazynu** to deliver grain to a store [4] (zawieźć) to take; **~ić złodzieja na policję** to take a thief to the police (station) [5] *posp.* (udawać) to play, to act; **~iać bohatera/dobrego ojca** to play a. act the hero/the good father [6] *posp.* (wykonać) to do; to pull off *pot.*; **~ili już całą robotę** they've done the whole job; **~ić komuś numer** to pull a fast one on sb *pot.*

odstawi|ony [1] *pp* → **odstawić**
[2] *adi. pot. [osoba]* natty *pot.*; dressed (fit) to kill; **ale jesteś ~ona, idziesz na randkę?** you're really dolled up, are you going for a date? *pot.*

odstaw|ka *f pot.* dismissal
■ **pójść w ~kę** *pot.* to be put out to grass *pot.*; **puścić a. posłać kogoś w ~kę** *pot.* to put sb out to grass *pot.*

odst|ąpić *pf* — **odst|ępować** *impf* [1] *vt* [1] (zrzec się) to give (**coś komuś** sth to sb a. sb sth); **~ąpić komuś mieszkanie** (użyczyć) to let sb have the use of one's flat; (odsprzedać) to sell sb one's flat, to sell one's flat to sb; **~ąpić prawo do czegoś** to give up a. waive the right to sth; **~ąpić komuś swoje miejsce** to give up a. to give one's seat to a. for sb, to let sb have one's seat [2] *przest.* (zostawić) to abandon, to desert; **~ąpili go wszyscy przyjaciele** he was deserted by all his friends
[2] *vi* [1] (odejść na bok) to move a. step aside; (cofnąć się) to move a. stand back; **~ąpić o krok/na krok** (odejść na bok) to step aside; (cofnąć się) to step back, to take a step back(wards); **wojsko/armia ~ępuje** the army is pulling back a. retreating [2] (zrezygnować) to withdraw (**od czegoś** from sth); **~ąpić od umowy** to withdraw from an agreement, to go back on an agreement;

~ąpić od zamiaru to abandon one's intentions; **sąd może ~ąpić od wymierzenia kary** the court may refrain from imposing punishment
■ **~ąpić od wiary** to apostatize, to renounce the faith; **nie ~ępować (od) kogoś/czegoś ani na chwilę** to not leave sb/sth alone for a minute, to stick to sb like glue; **nie ~ępować kogoś (ani) na krok** to dog sb

odstęp *m* (*G* **~u**) [1] (odległość) distance, interval; (między literami, wyrazami) space; **~ między wierszami** space between the lines; **pojedynczy/podwójny ~** single/double spacing; **domy stoją w ~ie 10 metrów** the houses stand 10 metres apart a. are spaced at 10-metre intervals; **drzewa posadzono w równych ~ach** the trees were planted at regular intervals; **zostawić ~ między dwoma wyrazami** to leave a space a. gap between two words; **zachowaj ~** (o kierowcy) keep your distance [2] *zw. pl* (przerwa) interval; **~ czasu** (time) interval, space (of time); **w regularnych/godzinnych ~ach** at regular/hourly intervals [3] (klawisz) space

odstępc|a *m* dissenter, apostate; **~a od wiary** a dissenter from the faith

odstępn|e *n* (*Gpl* **~ych**) [1] (zapłata) compensation (fee); **dawać a. płacić ~e** to give a. pay compensation; **przyjąć ~e** to take compensation; **klub zapłacił dwa miliony ~ego** the club paid compensation of two million a. two million in compensation [2] *Prawo* compensation for breach of contract

odstępować *impf* → **odstąpić**

odstępstw|o *n* [1] (zdrada) apostasy, dissent; **~o od wiary** apostasy [2] (rezygnacja) departure, deviation; **~o od reguły** an exception to the rule; **z pewnymi ~ami** with some departures a. exceptions; **dopuścić się ~a od zasady** to depart a. deviate from a rule

odstraszać *impf* → **odstraszyć**

odstraszająco *adv.* **wyglądać ~** to look a fright; **nowe przepisy mają działać ~ na kierowców** the new regulations are designed to deter drivers a. to act as a deterrent to drivers; **wyższa akcyza nie podziałała ~ na palaczy** the higher excise duty was no deterrent to smokers; **działać ~ na owady** to repel a. deter insects

odstraszając|y *pa* → **odstraszyć**
[2] *adi. [przykład]* deterrent; *[widok]* repellent; *[wygląd]* scary; *[cena]* prohibitive; **środek ~y komary/owady** a mosquito/ an insect repellent; **środek ~y złe duchy** a. **moce** a deterrent against evil spirits

odstrasz|yć *pf* — **odstrasz|ać** *impf vt* to scare [sb] off, to scare off, to drive [sb] away, to drive away *[klientów, inwestorów]*; **silny mróz ~a od spaceru** a severe frost puts people off taking a walk; **strzelano dla ~enia tłumu** shots were fired to scare off the crowd

odstręczać *impf* → **odstręczyć**

odstręcz|yć *pf* — **odstręcz|ać** *impf vt* to put [sb] off, to put off, to alienate; **wysokie ceny ~ają potencjalnych klientów** the high prices put off prospective clients; **~ał ludzi swoim zachowaniem** people found his manner off-putting; **deszcz ~ył turys-**

tów od wycieczki the rain put tourists off the trip; **~ający zapach** an off-putting smell

odstrza|ł *m* (*G* **~łu**) [1] *Górn.* blasting (operation) [2] *Myślis.* shooting, cull; **pozwolenie na ~ł jeleni** a deer-shooting permit [3] *pot., przen.* lay-off; **pierwsza na ~ł poszła personalna** the personnel manager was the first to get the axe a. sack *pot.*; **możesz być następny do ~łu** you may be next (in line) for the axe a. boot *pot.*
❏ **~ł redukcyjny** *Myślis.* reduction shooting a. cull; **~ł selekcyjny** *Myślis.* selective shooting a. cull

odstrzel|ić *pf* — **odstrzel|iwać** *impf* [1] *vt* [1] (oderwać) to shoot [sth] off, to shoot off [2] *Górn.* to blast, to shoot [3] *Myślis.* to shoot; **~ono pięć dzików** five wild boar(s) were shot
[2] **odstrzelić** *v imp. pot.* **chyba mu coś ~iło** he must've flipped his lid *pot.*
[3] **odstrzelić się** *pot.* (wystroić się) to get all dressed up, to get dressed to kill
[4] **odstrzeliwać się** *[żołnierze]* to shoot back, to fire back; **~iwać się z broni maszynowej** to shoot back a. fire back with machine guns; **~iwać się napastnikom** to return fire against attackers

odstrzeliwać *impf* → **odstrzelić**

odstrzel|ony [1] *pp* → **odstrzelić**
[2] *adi. pot. [osoba]* dressed up (to the nines), dressed to kill; **ale jesteś ~ona** you've really dolled a. tarted *GB* yourself up *pot.*

odstuk|ać, odstukn|ąć *pf* — **odstuk|iwać** *impf* (**~nęła, ~nęli — ~uję**) *vi* (odpowiedzieć stukaniem) to tap back
■ **~ać w niemalowane drzewo** a. **drewno** touch wood *GB*, knock on wood *US*

odstukiwać *impf* → **odstukać**

odstuknąć → **odstukać**

odsu|nąć *pf* — **odsu|wać** *impf* (**~nęła, ~nęli — ~wam**) [1] *vt* [1] (odstawić) to move away a. back *[krzesło, szafę]*; **~nąć łóżko od ściany** to move a bed away from the wall; **~nąć coś na bok** to move sth aside a. to the side [2] *przen.* to turn away; **~nąć kogoś od władzy** to remove sb from power; **~wać od siebie przykre myśli** to drive away a. put aside unpleasant thoughts [3] (odciągnąć) to open, to draw *[zasłonę]*; **~nąć zasuwkę** to slide the bolt open
[2] **odsunąć się** — **odsuwać się** [1] (zostać odsuniętym) *[rygiel]* to slide open [2] (oddalić się) to move away; **~nąć się na bok** to move aside; **~ń się od okna** move away from the window [3] *przen.* (zerwać stosunki) to turn away (**od kogoś** from sb); **~nąć się od rodziny/od życia towarzyskiego** to break with one's family/to withdraw from social life; **wszyscy się od niego ~nęli** everyone deserted him [4] (zostać odłożonym) to be postponed a. put off; **data wyjazdu ~nęła się o tydzień** the date of our departure was postponed by a week

odsupł|ać *pf* — **odsupł|ywać** *impf vt* to untie, to undo *[węzeł, sznurowadła]*

odsupływać *impf* → **odsupłać**

odsuwać *impf* → **odsunąć**

odsyłacz *m* [1] (znak graficzny) reference (mark); **~e do tabel** references to tables [2] (przypis) note; (u dołu strony) footnote; (na

O

końcu strony) endnote; **wyjaśnić coś w ~u** to explain sth in a note ③ (odesłanie) cross reference (**do czegoś** to sth); **opatrzyć coś ~em** to cross reference a. cross index sth

odsyłaczow|y adi. [artykuł, hasło] cross-reference attr.

odsyłać impf → odesłać

odsyp|ać pf — **odsyp|ywać** impf (**~ię — ~uję**) vt ① (oddzielić) to pour [sth] out, to pour out [cukru, mąki]; **~ać ryżu** do szklanki/na talerz to pour out some rice into a glass/onto a plate ② (nanieść) [woda] to wash [sth] up, to wash up [piasek, żwir]

odsypiać impf → odespać

odsypywać impf → odsypać

odszczek|ać, odszczek|nąć pf — **odszczek|iwać** impf Ⅱ vt ① pot. (niegrzecznie odpowiedzieć) to answer [sb] back GB; **~nąć coś komuś** to snap a reply at sb ② pot. (odwołać) to retract [kłamstwo, oskarżenie]; **musiałem wszystko ~ać** I had to eat my words; **~aj wszystko, co powiedziałeś!** take back everything you said! Ⅱ vi (zareagować szczekaniem) to bark back Ⅲ **odszczekać się, odszczeknąć się — odszczekiwać się** ① (o psach) to bark back ② pot. (niegrzecznie odpowiedzieć) to talk back, to answer back GB; **~iwać się starszym** to talk back to one's elders

odszczekiwać impf → odszczekać

odszczeknąć pf → odszczekać

odszczepie|niec m (V **~ńcu** a. **~ńcze**) dissenter, apostate; **~ńcy od wiary** apostates

odszczepieńcz|y adi. [sekta] dissenting; [ugrupowanie] dissident, renegade

odszczepieństw|o n sgt apostasy (**od czegoś** from sth)

odszczurz|yć pf — **odszczurz|ać** impf vt to clear [sth] of rats a. rodents [piwnicę]; **~yć dom** to clear a. rid the house of rats; **~anie** rat extermination, rodent control

odszkodowa|nie n compensation, damages pl; (od ubezpieczyciela) indemnity, compensation; **jednorazowe/pełne ~nie** lump sum/full compensation; **~nia wojenne** (war) reparations, war indemnities; **dać** a. **wypłacić komuś ~nie** to pay sb compensation, to indemnify sb; **dochodzić/żądać ~nia za poniesioną szkodę** to seek/demand compensation for the damage(s); **domagać się ~nia od kogoś** to claim damages from sb; **otrzymać/uzyskać ~nie** to receive/obtain a. get compensation; **przyznać ~nie** to award a. grant compensation; **skarżyć o ~nie** to sue for compensation a. damages

odszkodowawcz|y adi. [żądania] compensatory; **odpowiedzialność ~a** liability for damages; **postępowanie ~e** indemnification procedure; **roszczenia ~e** claims for indemnity

odszpunt|ować pf vt to tap, to broach [beczkę]

odszuk|ać pf — **odszuk|iwać** impf Ⅱ vt to seek a. search [sb] out, to seek a. search out; **nie mógł ~ać swojej rodziny** he's been unable to trace his family Ⅲ **odszukać się — odszukiwać się** to seek a. search each other out; **~ać się w tłumie** to seek to a. pick each other out in the

crowd; **~ali się po latach** they found each other again after many years

odszukiwać impf → odszukać

odszyfr|ować pf — **odszyfr|owywać** impf vt ① (odczytać szyfr) to decode, to decipher [kod, wiadomość] ② przen. (odgadnąć) to decipher [pismo, receptę, rękopis]; **~ować czyjeś prawdziwe intencje** to unravel a. figure out sb's true intentions

odszyfrowywać impf → odszyfrować

odśnieżać impf → odśnieżyć

odśnież|yć pf — **odśnież|ać** impf vt to clear of snow [chodnik, drogę, samochód]; **~yć ulice** to clear snow from the streets; **~anie** clearing of snow, snow clearance; **sprzęt do ~ania** snow clearing equipment; **drogi pierwszej kolejności ~ania** priority (snow removal) routes

odśpiew|ać pf — **odśpiew|ywać** impf vt **~ać hymn/pieśń** to sing an anthem/a song (through)

odśpiewywać impf → odśpiewać

odśrodkow|y adi. ① Fiz., Techn. [pompa, wentylator] centrifugal; **ruch ~y** centrifugal motion a. movement ② Polit. [dążenia] decentralist; **tendencje ~e** decentralist tendencies

odświeżacz m **~ powietrza** an air-freshener; **~ samochodowy** a car freshener; **~ do ust** a breath freshener, a mouth spray

odświeżać impf → odświeżyć

odświeżająco adv. książk. refreshingly; **olejek miętowy działa ~ na skórę** peppermint oil is refreshing to the skin

odświeżając|y Ⅱ pp → odświeżyć Ⅲ adi. [kąpiel, wiaterek, smak, zapach] refreshing; **chusteczka ~a** a towelette, a wipe

odśwież|ony Ⅱ pp → odświeżyć Ⅲ adi. **wyszedł z łazienki ~ony** he emerged from the bathroom refreshed; **po długiej drzemce był ~ony i wypoczęty** after a long nap he felt refreshed and relaxed

odśwież|yć pf — **odśwież|ać** impf Ⅱ vt książk. ① (odnowić) to freshen up [meble, ubranie] ② przen. to renew [znajomość]; **~yć w pamięci wspomnienia** to take a trip a. walk down memory lane; **~yć komuś pamięć** to jog a. refresh sb's memory ③ (orzeźwić) to refresh; **~yć twarz zimną wodą** to refresh one's face with cold water ④ przen. (poprawić stan) to revive; **~yć kadry nowymi pracownikami** to infuse the staff with new blood, to renew the staff Ⅲ **odświeżyć się — odświeżać się** ① [osoba] to freshen (oneself) up; **~yć się kąpielą** to refresh oneself with a bath ② [powietrze] to freshen

odświętnie adv. [przystrojony, udekorowany] festively; **ubrać się ~** to put on a. get into one's Sunday best; **~ ubrany** dressed in one's (Sunday) best, dressed in (all) one's finery; **wyglądać ~** to look festive

odświętn|y adi. (świąteczny) [nastrój, charakter] festive; **w ~ym ubraniu/garniturze** in one's (Sunday) best, in one's best clothes; **miasto przybrało ~y wygląd** the town took on a festive look a. air

odtaj|ać pf (**~ę**) vi ① (roztopić się) to thaw (out); **lód ~ał na stawie** the ice on the

pond thawed (out); **ziemia ~ała** the ground thawed (out) ② (ogrzać się) to get warm, to thaw out; **~ali dopiero po ciepłym posiłku** they got warm a. thawed out only after a hot meal

odtaja|ły adi. thawed; **ziemia jest już ~ła** the ground is a. has already thawed

odtajniać impf → odtajnić

odtajni|ć pf — **odtajni|ać** impf vt declassify; **~ć informacje/wyniki doświadczeń** to declassify information/experiment results; **~one archiwa/dokumenty** declassified archives/documents

odtańcz|yć pf vt to dance; **~yć tango** to dance a tango

odtąd pron. ① (od teraz) from now on; henceforth książk.; (od wtedy) from then on; henceforth książk.; (do teraz) since then; **~ wszystko się zmieni** from now on everything will be different; **~ nic już nie było jak dawniej** from that moment on a. from then on nothing was the same as before; **~ nie rozmawiają ze sobą** since then they haven't spoken a. been speaking to each other; **~, odkąd** since; **~, odkąd się poznaliśmy** ever since we met; **~ jest spokój, odkąd się wyprowadzili** (ever since) they moved out it's been nice and quiet ② (od tego miejsca) from here; (od tamtego miejsca) from there; **przeczytaj ~ dotąd** read it from here to here

odtłuszczać impf → odtłuścić

odtłu|ścić pf — **odtłu|szczać** impf vt to degrease; to skim [mleko]; **mleko ~szczone** skimmed milk; **przed malowaniem należy ~ścić powierzchnię metalu** degrease a. remove grease from the surface of the metal before painting

odtrąb|ić pf Ⅱ vt ① (dać sygnał) to bugle, to sound a bugle call; **~ić capstrzyk** to play a tattoo; **~ić odpoczynek** to bugle a rest; **~iono!** march at ease! ② (zagrać na trąbce) to play (on a trumpet); **~ić hejnał** to play a bugle call ③ przen. to trumpet; **młodzi poeci ~ili zwycięstwo nowej estetyki** young poets trumpeted the victory of the new aesthetic Ⅲ vi (odpowiedzieć trąbieniem) to bugle back ■ **zrobić coś na ~iono** pot. to dash sth off

odtrącać impf → odtrącić

odtrą|cić pf — **odtrą|cać** impf vt ① (odepchnąć gwałtownie) to push [sb/sth] away, to push away; **~cić kogoś/coś gwałtownie/silnie** to push sb/sth away fiercely/forcefully; **~ciła go tak, że upadł** she pushed him so hard that he fell down; **~ciła łyżkę z lekarstwem** she pushed away a spoon containing medicine ② przen. (nie uznać) to reject, to spurn; **~cać od siebie natrętne myśli** to push obtrusive thoughts away, to brush off obtrusive thoughts; **~cić czyjąś pomoc/przyjaźń/czyjeś uczucia** to reject a. spurn sb's help/friendship/affections; **~cić czyjś dar** to reject a. spurn sb's gift; **dlaczego mnie ~casz?** why are you turning your back on me? ③ (odliczyć) to deduct; **~cić jakąś kwotę jako procenty od pożyczki** to deduct a sum as interest on a loan; **~cić koszty przesyłki** to deduct the postage; **~cić z pensji zaliczkę** to deduct the advance from sb's pay ④ pot. (odtłuc) to break off; **~cić głowę figurce** to break off the head of a figurine

odtru|ć *pf* — **odtru|wać** *impf* (**~ję** — **~wam**) *vt* to detoxicate, to detoxify; **był ~wany dwa razy** he was detoxicated a. detoxified twice; **~ć atmosferę** to detoxify a. purify the atmosphere; **środek ~wający** a detoxifier

odtrut|ka *f* 1 Med. antidote; **~ka przeciw jadowi żmii** an antidote for a. to snake poison 2 przen. antidote, remedy; **praca to najlepsza ~ka na nudę** work is the best antidote to boredom, work is the best remedy for a. to boredom

odtruwać *impf* → **odtruć**

odtwarzacz *m* player; **~ kasetowy/ kompaktowy/video** a cassette/CD a. compact disc/video player; **~ samochodowy** a car radio/cassette player

odtwarzać *impf* → **odtworzyć**

odtw|orzyć *pf* — **odtw|arzać** *impf* II *vt* 1 (zregenerować) to regenerate; **~arzanie uszkodzonej tkanki** the regeneration of (a) damaged tissue; **roślina ~arza zniszczone korzenie** a plant regenerates its damaged roots; **raki ~arzają utracone nogi** crayfish(es) can regenerate lost legs 2 (zrekonstruować) to reconstruct; **~orzyć bieg wypadków** to reconstruct a. retrace a sequence of events; **~orzyć dawną siatkę ulic** to reconstruct the old street network; **~orzyć kamienne rzeźby/ornamenty** to reconstruct stone sculptures/ornaments; **~orzyć uszkodzony rękopis/zgubiony projekt** to reconstruct a damaged manuscript/a lost project 3 (przedstawić) to perform, to reconstruct; **~orzyć jakąś postać/rolę** to play a character/a role; **~orzyć historyczny atak powietrzny** to re-enact a historic air attack; **~orzył w obrazie piękno przyrody** in his painting he reconstructed the beauty of nature 4 Techn. to play (back); **~orzyć nagrany koncert/piosenkę** to play (back) a recorded concert/a song; **~orzyć program telewizyjny** to rebroadcast a TV programme; **~orzyć z magnetowidu obrady parlamentu** to play back a parliamentary session (recorded) on a video tape III **odtworzyć się** — **odtwarzać się** to regenerate; **czerwone krwinki ~arzają się stale w szpiku kostnym** blood cells regenerate constantly in the (bone) marrow

odtwórc|a *m* 1 książk. (aktor, muzyk) performer; **~a głównej roli** the lead(ing man), the principal part; **~a wielu postaci** a performer of many roles; **był znakomitym ~ą muzyki Chopina** he was an excellent performer of Chopin's music 2 (autor) reconstructor; **~a przeszłości narodowej** a reconstructor of the nation's past 3 pejor. imitator

odtwórczo *adv.* pejor. imitatively, derivatively

odtwórcz|y *adi.* 1 (odtwarzający) reconstructive, reproductive; **wyobrażenia ~e** reconstructive ideas; **wyobraźnia ~a** a reconstructive imagination 2 pejor. (naśladowczy) imitative; **zarzucano mu ~y charakter pracy** his work was accused of being imitative a. derivative

odtwórczy|ni *f* książk. performer; **~ni głównej roli** the lead(ing lady), the principal part; **~ni wielu postaci** a performer of many roles

odtykać *impf* → **odetkać**

oduczać *impf* → **oduczyć**

oducz|yć *pf* — **oducz|ać** *impf* II *vt* to teach not to; **~yć dziecko kłamać** to teach a child not to lie; **~yć kogoś (od) palenia** to cure sb of smoking; **~ył psa brać jedzenie od obcych** he taught his dog not to take food from strangers II **oduczyć się** — **oduczać się** to unlearn; **nie mógł ~yć się czytania przy jedzeniu** he couldn't get into the habit of not reading while eating; **nie palę, ~yłam się** I don't smoke, I taught myself not to; **~ył się obgryzania paznokci/spóźniania do pracy** he cured himself of biting his nails/ coming late to work

odumierać *impf* → **odumrzeć**

odum|rzeć *pf* — **odum|ierać** *impf vi* książk. to die, to pass away; **matka ~arła ją przy porodzie** her mother died in childbirth; **ojciec ~arł nas wcześnie** our father died when we were very young

odurzać *impf* → **odurzyć**

odurzająco *adv.* 1 (oszołamiająco) heady; **komplementy działały na nich ~** compliments had a dizzying a. heady effect on them; **lipy pachniały ~** the lime trees had an overpowering scent 2 (wywołując utratę przytomności) intoxicatingly; **alkohol/lek podziałał na nich ~** (the) alcohol/the medicine had an intoxicating effect on them

odurze|nie II *sv* → **odurzyć** II *n* 1 (zamroczenie) daze, stupor; **całkowite a. zupełne ~nie** a complete daze a. stupor; **~nie narkotyczne** a narcosis; **być a. znajdować się w stanie ~nia alkoholem/narkotykami** to be in an alcoholic stupor/a state of narcosis; **robić coś jak w ~niu** to do sth as if in a daze a. in a stupor; **żyć w ciągłym ~niu** to live in a permanent daze 2 (uniesienie) daze; **oklaski/ owacje zawsze wprawiały go w stan ~nia** applause/ovations always dazed him

odurz|yć *pf* — **odurz|ać** *impf* II *vt* 1 (zamroczyć) to daze, to stupefy; **~yło go świeże powietrze** the fresh air made him dizzy; **spał ~ony narkotykami** he slept, dazed a. stupefied by a. with drugs 2 (oszołomić) to daze, to make [sb] dizzy; **był ~ony szczęściem** he was dizzy with happiness III **odurzyć się** — **odurzać się** 1 (doprowadzić się do zamroczenia) to daze oneself, to stupefy oneself; **~yć się winem/lekami** to stupefy oneself with wine/medicines 2 (ulec oszołomieniu) to daze oneself; **~ał się pięknem jej ciała** he was dazed by the beauty of her body

odwach *m* (*G* **~u**) daw. 1 (pomieszczenie) guardroom 2 (żołnierze) (garrison) guards *pl*; **pełnić ~** to be on guard, to stand sentry

odwadniać *impf* → **odwodnić**

odwa|ga *f sgt* courage; **bezprzykładna/ niesłychana ~ga** exceptional/incredible courage; **dodać komuś ~gi** to bolster up sb's courage; **nabrać ~gi** to muster a. summon up one's courage; **natchnąć kogoś ~gą** to infuse courage into sb; **nie grzeszyć ~gą a. nadmiarem ~gi** to not be exactly brave; **odebrać komuś ~gę** to take away sb's courage; **~ga go opuściła** his heart sank; **poczuć przypływ ~gi** to feel a surge of courage; **oznaczać się ~gą** to be brave a. courageous; **stracić ~gę** to lose courage; **uzbroić się w ~gę** to take one's courage in both hands; **miał ~gę stanąć w obronie przyjaciela** he had the courage to defend his friend; **nie miał ~gi przyznać się, że...** he didn't have a. lacked the courage a. heart to admit that...; **~gi!** take heart!; **wykazać się ~gą w sytuacji zagrożenia** to display courage in the face of adversity

❑ **~ga cywilna** moral courage

odwalać *impf* → **odwalić**

odwal|ić *pf* — **odwal|ać** *impf* II *vt* 1 (odsunąć przeszkodę) to remove; **~ić stertę kamieni/śnieg sprzed domu** to remove the pile of stones/the snow from in front of one's house 2 pot. (niedbale wykonać) to bash [sth] out, to bash out; **~ić robotę byle jak** to bash out a job 3 pot. (dobrze wykonać) to do; **~ić kawał dobrej roboty** to do a whole lot of work 4 pot. (wyeliminować) to reject, to eliminate; **~ili mnie na egzaminie** they failed me at the exam; **~ili moją kandydaturę na stanowisko dyrektora** they rejected my candidature for the post of manager 5 Szkol. (ściągnąć) to crib; **~ić od kogoś zadanie** to crib an exercise from sb II *vi* pot. (naśladować) to play; **przez cały wieczór ~ała wielką damę** all evening she was playing the grand lady; **nie ~aj wariata** don't play the fool III **odwalić się** — **odwalać się** 1 (odpaść) to come off; **płat tynku ~ił się od ściany** a piece of plaster came off the wall 2 pot. **~ się!** get lost! pot.; **~ się od mojej dziewczyny!** leave my girl alone!

odwa|r *m* (*G* **~ru**) Farm. decoction; **~r z rumianku** a decoction of camomile

odważać *impf* → **odważyć**

odważać się *impf* → **odważyć się**

odważnia|k *m* (*Npl* **~cy** a. **~ki**) pot. daredevil; **nie zgrywaj ~ka!** stop acting all brave pot.

odważnie *adv. grad.* courageously; **~ pan to powiedział** it was courageous of you to say this; **wypowiadać ~ swoje zdanie** to express one's opinion boldly

odważnik *m* weight; **położył na wadze kilka ~ów** he put a few weights on the scales

odważn|y *adi. grad.* brave, courageous; **~e słowa krytyki** brave a. bold words of criticism; **~y żołnierz** a brave a. courageous soldier

■ **do ~ych świat należy** fortune favours the brave

odważ|yć *pf* — **odważ|ać** *impf vt* to weigh out; **~yć kartofle/mąkę/węgiel** to weigh out some potatoes/flour/coal; **sprzedawczyni ~yła kilo jabłek** a saleswoman weighed out a kilo of apples; **sprzedawać coś w ~onych porcjach** to sell sth in weighed-out portions

odważ|yć się *pf* — **odważ|ać się** *impf vt* to dare; **~yć się na krytykę kogoś** to dare (to) criticize sb; **~yć się podejść do kogoś/zapytać o coś** to dare (to) approach

sb/ask about sth, to find the courage to approach sb/ask about sth; **wróg nie ~ył się atakować** the enemy didn't dare (to) attack
odwdzięczać się *impf* → **odwdzięczyć się**
odwdzięcz|yć się *pf* — **odwdzięcz|ać się** *impf vi* to repay; **chciał się ~yć za jej dobroć** he wanted to repay her kindness; **nie wiem, czym ci się ~ę za twoją pomoc** I don't know how to repay you for your kindness
odwe|t **I** *m sgt* (*G* **~tu**) (zemsta) revenge, retaliation; **chęć/żądza ~tu** a will to retaliate/a lust for reprisal a. retaliation; **~t za doznane krzywdy/klęskę/upokorzenie** reprisal a. retaliation for harm suffered/a defeat/being humiliated; **w ~cie za coś** in retaliation for sth
II w odwet *adv.* in requital a. retaliation (**za coś** for sth)
■ **brać** a. **wziąć na kimś ~t** to take revenge on sb
odwetow|y *adi.* retaliatory; **akcja ~a** retaliatory action; **szerzyć nastroje ~e** to encourage a retaliatory mood
odwią|zać *pf* — **odwią|zywać** *impf* (**~żę** — **~zuję**) **I** *vt* to undo, to untie; **jeńców ~zano** the captives were untied; **~zać sznurek/węzeł** to undo a. untie string/a knot; **~zać konia od płotu** to untie a horse from a fence
II odwiązać się — **odwiązywać się** [*osoba*] to untie oneself; [*węzeł*] to get untied a. undone
odwiązywać *impf* → **odwiązać**
odwidzi|eć się *pf v imp.* pot.; **~ało mu się** he's changed his heart; **nie poszli na przyjęcie, bo im się ~ało** they didn't go to the party because they changed their minds; **ta nowa sukienka prędko jej się ~ała** she soon changed her mind about the new dress
odwiecznie *adv.* immemorially; **ziemie ~ polskie** lands held immemorially by Poland
odwieczn|y *adi.* [1] (prastary) eternal, immemorial; **~a walka między dobrem a złem** the eternal struggle between good and evil; **~e szlaki** ancient routes; **~y bór** primeval forest; **~y konflikt** an eternal conflict; **~y zwyczaj** an immemorial custom [2] żart. (stary, niemodny) eternal; **~e dowcipy** stale jokes, hoary old chestnuts; **to jego ~y dowcip** it's an old joke of his
odwiedzać[1] *impf* → **odwiedzić**
odwiedza|ć[2] *impf vt* (bywać) to frequent; **często ~ć nocne kluby i dyskoteki** to frequent nightclubs and discos
odwie|dzić *pf* — **odwie|dzać**[1] *impf* **I** *vt* [1] (składać wizytę) to visit; **~dzić rodzinę/ przyjaciół/chorego** to visit one's family/ one's friends/a sick person [2] (zwiedzić) to visit; (kilka miejsc) to tour; **~dzać teatry/ muzea** to visit theatres/museums; **~dzić swoje rodzinne strony** to visit the place that one comes from
II odwiedzać się — **odwiedzić się** to visit each other; **przyjaciółki często się ~dzały** the friends often visited each other
odwiedzin|y *plt* (*G* **~**) visit; **byliśmy w ~ach u znajomych** we went on a visit to our friends; **sąsiedzi przyszli do nas w**

~y the neighbours paid us a visit; ~y najbliższej rodziny z okazji urodzin a visit from close relatives a. the family on sb's birthday; **twoje ~y sprawiły mi przyjemność** your visit was a great pleasure to me; **przyjechać do kogoś w ~y** to come to visit sb, to pay sb a visit; **pora ~** (w szpitalu) visiting hours
odwiercać *impf* → **odwiercić**
odwier|cić *pf* — **odwiercać** *impf vt* Górn. to bore (out); **~cić szyb/studnię** to bore (out) a shaft/well
odwier|t *m* (*G* **~tu**) Górn. [1] (otwór) borehole, well; **głęboki ~t** a deep borehole a. well; **~t gazowy/naftowy** a gas/an oil well; **~t próbny** a test bore; **ropa wypływająca z ~tu** oil flowing from a borehole a. a well [2] (wywiercenie otworu) boring out; **dokonywać ~tu gazu** to bore out a gas well
odwie|sić *pf* — **odwie|szać** *impf vt* [1] (odłożyć) to hang [sth] up, to hang up; **~sić słuchawkę telefoniczną** to hang up [2] pot. (ponownie umożliwić działalność) to reinstate, to restore; **dyrektor został ~szony** the director was reinstated a. restored to his office
odwieszać *impf* → **odwiesić**
odw|ieść *pf* — **odw|odzić** *impf* (**~iodę, ~iedziesz, ~iódł, ~iodła, ~iedli — ~odzę**) *vt* [1] (odciągnąć) to take [sb] aside, to take aside; **~ieść kogoś na stronę** to take sb aside; **~ieść w bok ręce** to spread one's arms; **~ieść kurek** a. **spust** to cock a gun [2] (powstrzymać) to dissuade; **~ieść kogoś od jakiegoś planu/zamiaru/ przedsięwzięcia** to dissuade sb from carrying out a plan/an intention/an undertaking; **rodzice starali się ~ieść go od studiowania filozofii** his parents tried to dissuade him from studying philosophy
odw|ieźć *pf* — **odw|ozić** *impf* (**~iozę, ~ieziesz, ~iózł, ~iozła, ~ieźli — ~ożę**) *vt* to take (back); **~ieźć chorego do szpitala** to take a sick person to a hospital; **~ieźć pożyczone książki** to take back borrowed books; **~ózł matkę na lotnisko** he took his mother to the airport
odwijać *impf* → **odwinąć**
odwilż *f* [1] (roztopy) melt, thaw; **wiosenna ~** the spring thaw a. meltdown; **nagła ~** a sudden thaw; **wbrew prognozom nadeszła ~** contrary to the weather forecast, the thaw came [2] Polit. thaw; **~ w stosunkach między Stanami Zjednoczonymi i Rosją** a thaw in relations between the USA and Russia
odwilżow|y *adi.* thaw *attr.*; **~y deszcz/ wiatr** a thaw rain/wind; **~y dzień** a thaw day
odwi|nąć *pf* — **odwi|jać** *impf* (**~nęła, ~nęli — ~jam**) **I** *vt* [1] (zdjąć osłonę) to unwrap; **~jać książkę z papieru** a. **papier z książki** to unwrap a book; **~nąć kwiaty z bibułki** to unwrap flowers from tissue paper [2] (rozwinąć) to unreel, to unwind; **~jać nici ze szpulki** to unwind thread from a reel; **~jać skręconą linę** to unreel a. unwind a twined rope [3] (odchylać) to unroll; **~jane mankiety** turned-up cuffs; **~nąć rękawy bluzki** to unroll the sleeves of a blouse; **~nięte płótno namiotu** an unfolded a tent flap

II odwijać się — **odwinąć się** to unreel, to unwind
III odwinąć się pot. (zamachnąć się) to swing one's arm; **~nął się i z całej siły uderzył go w twarz** he swung his arm and hit him hard in the face
odwir|ować *pf* — **odwir|owywać** *impf vt* to spin; **~ować miód z plastrów** to spin the honey out of the combs; **~ować pranie** to spin-dry the washing
odwirowywać *impf* → **odwirować**
odwl|ec *pf* — **odwl|ekać** *impf* (**~okę** a. **~ekę, ~eczesz, ~ókł** a. **~ekł, ~okła** a. **~ekła, ~ekli — ~am**) **I** *vt* [1] (wlokąc odsunąć) to drag [sth] away, to drag away; **~ec rannego żołnierza poza pole obstrzału** to drag a wounded soldier away from the gunfire [2] (spowodować opóźnienie) to delay, to put [sth] off, to put off; **~ec ślub/ termin ślubu** to put off a. delay the wedding/the date of the wedding; **~ekać decyzję** to put off a decision
II odwlec się — **odwlekać się** to be put off; **nasze plany ~ekały się w nieskończoność** our plans were constantly deferred
■ **co się ~ecze, to nie uciecze** pot. there's luck in leisure
odwlekać *impf* → **odwlec**
odwłok *m* (*G* **~a** a. **~u**) Zool. abdomen; **~ raka/motyla** a crawfish('s)/butterfly('s) abdomen
odw|odnić *pf* — **odw|adniać** *impf vt* [1] Techn. (osuszać) to drain; **kanał/rów ~adniający** a ditch, a trench; **studzienka ~adniająca** a sump; **~adniać kopalnię/ teren robót ziemnych** to drain a mine/ earthwork grounds; **~adniać grunty orne/łąki** to drain ploughland/meadows [2] Chem. to dehydrate; **środki ~adniające** dehydrants; **~adniać spirytus/oleje/ żywice** to dehydrate alcohol/oils/resin [3] Med. to dehydrate; **~odniony organizm** a dehydrated organism; **~odnił się z powodu choroby** he became dehydrated due to his illness
odwodnieni|e *sv* → **odwodnić**
II *n sgt* Med. dehydration; **gwałtowne/ znaczne ~e organizmu** a sudden/considerable dehydration
odwodow|y *adi.* Wojsk. reserve *attr.*; **batalion ~y** a reserve battalion; **oddziały ~e** reserves
odwodzić *impf* → **odwieść**
odwoł|ać *pf* — **odwoł|ywać** *impf* **I** *vt* [1] (skłonić do odejścia) to call; **~ać kogoś od stołu/do telefonu** to call sb away from the table/to the phone; **~ać kogoś na stronę** to call sb aside [2] (zwolnić ze stanowiska) to dismiss; **~ać dyrektora ze stanowiska** to dismiss a manager from his post; **ambasador został ~any** the ambassador was recalled [3] (anulować) to cancel; **~ać kurs autobusu/odlot samolotu** to cancel a bus/ a flight; **~ać przedstawienie/rozkaz/wykład** to cancel a performance/an order/a lecture; **~ać alarm** to call off an alarm; **~aj to, co powiedziałeś** take back what you said; **świadek ~ał zeznania** the witness has withdrawn his testimony
II odwołać się — **odwoływać się** [1] (zaapelować) to appeal, to refer; **~ać się do**

O

sądu/sejmu/najwyższych władz to appeal to a court/the Seym/the highest authorities; **~ać się do profesora w sporze naukowym** to refer to a professor in an academic dispute; **~uję się do pani życzliwości** I'm appealing to your kindness; **spektakl ~uje się do wyobraźni widza** the performance appeals to the audience's imagination ② (powołać się) to appeal, to invoke; **~ać się do czyichś uczuć/czyjegoś doświadczenia/rozsądku** to appeal to sb's feelings/experience/reason; **~ać się do dawnych praw/przywilejów** to invoke old laws/privileges; **~am się do przykładu...** I will refer to the example of...

odwoła|nie ▯ *sv* → **odwołać**
▯ *n* ① (ze stanowiska) dismissal; **~nie ambasadora** an ambassador's recall; **~nie wysłannika/przedstawiciela** dismissal of an envoy/a representative; **zarządzenie obowiązuje aż do ~nia** the regulation is valid until further notice ② Prawo appeal; **~nie od orzeczenia/od wyroku sądu** an appeal against a judg(e)ment/a sentence; **rozpatrzyć czyjeś ~nie** to consider sb's appeal; **wnieść** a. **złożyć ~nie** to lodge an appeal

odwoławcz|y *adi.* ① (rozpatrujący odwołania) appeal *attr.*; **komisja ~a** an appeal committee; **pismo ~e** a letter of appeal; **sąd ~y** a court of appeal ② (unieważniający) cancellation *attr.*; **~e znaki drogowe** cancellation (road) signs

odwoływać *impf* → **odwołać**

odwozić *impf* → **odwieźć**

odw|ód *m* (*G* **~odu**) ① Wojsk. reserve(s); **rzucić do walki ~ody pancerne** to throw armoured reserves into battle; **stać w ~odzie** to stand in reserve ② (zapas) reserve; **mieć/trzymać coś w ~odzie** to have/hold sth in reserve

odwracać *impf* → **odwrócić**

odwracalnoś|ć *f sgt* książk. reversibility; **~ć reakcji** the reversibility of a (chemical) reaction; **~ć zmian chorobowych** the reversibility of pathological changes

odwracaln|y *adi.* reversible; **~e zmiany w organizmie** reversible changes in an organism
❑ **reakcja ~a** a. **proces ~y** Chem. reversible (chemical) reaction

odwrotnie *adv.* ① (przeciwnie, inaczej) the other way round, vice versa; **grywam na wiolonczeli, on mi akompaniuje na fortepianie, i ~** I play the cello and he accompanies me on the piano and vice versa; **spróbuj położyć to ~** try putting it the other way round; **zawsze zrobi ~, niż mu powiem** he always does the opposite of what I tell him ② (do góry nogami) the wrong way round, upside down; **trzymać książkę ~** to hold a book upside down ③ (na lewą stronę) inside out; **włożyłeś koszulę ~** you've put your shirt on inside out

odwrotnoś|ć *f zw. sg* ① książk. the reverse, the opposite; **jego polityka stanowi ~ć polityki poprzednika** his policy is the reverse of his predecessor's ② Mat. the converse; **~ć twierdzenia matematycznego** the converse a. reverse of a theorem

❑ **~ć liczby** Mat. the inverse of a number; **~ć ułamka** Mat the inverse of a fraction

odwrotn|y *adi.* ① (odmienny) opposite, reverse; **zjawisko ~e** an opposite a. a reverse phenomenon; **wszystkie moje działania miały ~y skutek** all my actions had the opposite effect from what I intended, all my actions backfired ② (położony z przeciwnej strony) other, reverse; **~a strona koperty/materiału** the other a. reverse side of an envelope/of fabric; **napisz to na ~ej stronie kartki** write this overleaf, write this on the reverse ③ (skierowany w przeciwną stronę) reverse; **~y ruch maszyny** reverse motion of a machine; **na Żoliborz to zupełnie w ~ą stronę** Żoliborz is in the opposite direction

■ **~a strona medalu** the other side of the coin; **~ą pocztą** pot. by return post

odwr|ócić *pf* — **odwr|acać** *impf* ▯ *vt*
① (skierować w inną stronę) to turn [sb] away, to turn away; **był ~ócony plecami** he turned his back; **~ócić głowę** to turn away one's head; **~ócić od kogoś oczy/wzrok** to avert one's eyes/gaze from sb; **~ócić twarz do kogoś** to turn to sb ② (zmienić położenie) to turn; **~acać kartki książki** to turn over the pages of a book; **~ócić bieg rzeki** to turn the tide; **~ócić glebę pługiem** to turn soil with a plough; **~ócić koszulę na lewą stronę** to turn a shirt inside out; **~ócić kotlet** to turn over a cutlet a. chop
▯ **odwrócić się** — **odwracać się** ① (skierować się w inną stronę) to turn; **nie patrz, ~óć się** don't look, turn away; **~ócił się, chcąc odejść** he turned to leave; **~óciła się na bok i zasnęła** she turned on her side and fell asleep; **~ócić się do kogoś plecami** przen. to turn one's back on sb ② książk., przen. (opuścić) to turn one's back; **po tej historii znajomi ~ócili się od niego** after that happened their friends turned their backs on him; **szczęście się od nich ~óciło** luck deserted them

■ **~acać kota ogonem** pot. to put the cart before the horse; **~ócić nieszczęście/klęskę** to stave off bad luck/a disaster; **~ócić czyjąś uwagę** to distract a. divert sb's attention

odwróc|ony ▯ *pp* → **odwrócić**
▯ *adi.* with one's back turned towards sb; **stał ~ony tyłem do kolegi** he stood with his back to his friend

odwr|ót ▯ *m* (*G* **~otu**) ① Wojsk. retreat, withdrawal; **planowy ~ót wojsk** a planned retreat a. withdrawal of troops; **być a. znajdować się w ~ocie** to be in retreat; **dać rozkaz do ~otu** to call a retreat; **nakazać ~ót** to order a retreat a. withdrawal; **odciąć komuś ~ót** to intercept sb's retreat ② przen. move away; **~ót od realizmu w sztuce** a move away from realism in art ③ daw. the reverse; **podpisać coś na ~ocie** to sign sth overleaf a. on the reverse
▯ **na odwrót** ① (przeciwnie) on the contrary; **nie był domatorem, na ~ót: lubił podróże** he wasn't a stay-at-home, on the contrary, he liked travelling ② (na wspak) backwards; **pisał na ~ót, z prawej strony ku lewej** he was writing backwards, from

(the) right to (the) left ③ (spodem na wierzch) inside out; (tył na przód) back to front; **włożyć sweter na ~ót** to put on a sweater inside out; **nosić czapkę na ~ót** to wear a cap back to front

odwyk *m* (*G* **~u**) pot. detox pot.; (od alkoholu) drying-out (treatment); **być na ~u** to be in detox/to undergo drying-out treatment

odwykać *impf* → **odwyknąć**

odwyk|ły *adi.* no longer accustomed a. used; **~ły od czytania/myślenia** no longer accustomed a. used to reading/thinking; **~ły od małych dzieci/pracy** no longer accustomed a. used to small children/working

odwyk|nąć *pf* — **odwyk|ać** *impf* (**~ł** a. **~nął**, **~nęła**, **~nęli** a. **~am**) *vi* to get out of the habit (of), to lose the habit (of); **na urlopie ~łem od wczesnego wstawania** during the holiday I got out of a. lost the habit of getting up early

odwykow|y *adi.* detox *attr.* pot.; (od alkoholu) drying-out *attr.*; **poradnia ~a** a drying-out/detoxification treatment/clinic

odwyków|ka *f* pot. detox clinic/ward pot.; (dla alkoholików) drying-out clinic/ward; **być a. leczyć się na ~ce** to be in detox

odwyrt|ka *f* pot.
■ **na ~kę** the other way round; **robić coś na ~kę** pot. to do sth the other way round

odwzajemniać *impf* → **odwzajemnić**

odwzajemni|ć *pf* — **odwzajemni|ać** *pf* ▯ *vt* to reciprocate, to return; **miłość ~ona** reciprocated love; **~ać uśmiech** to return a smile; **~ać uczucia** to reciprocate a. requite sb's feelings; **~ić zaproszenie** to ask sb back
▯ **odwzajemnić się** — **odwzajemniać się** to repay *vt*, to return *vt*; **nigdy z nim nie sympatyzowałem, a on też ~ał się jawną niechęcią** I never liked him, and he showed an open dislike for me in return; **~ć się komuś za coś** to repay sb for sth; **za pomoc przed egzaminem ~ła się zaproszeniem na kawę** she repaid for the help she got before the exam with an invitation to coffee; **za życzliwość ~ają się życzliwością** they return kindness for kindness

odwzor|ować *pf* — **odwzor|owywać** *impf* *vt* ① (odtworzyć) to copy, to reproduce; **mapa szczegółowo ~owuje ukształtowanie terenu** a map reproduces the configuration of the terrain in detail; **~ować krój płaszcza** to copy the cut of a coat; **~ować oryginał** to reproduce the original ② Mat. to map

odwzorowywać *impf* → **odwzorować**

ody|niec *m* Myśl. wild boar

odysej|a *f* (*Gpl* **~i**) ① książk. odyssey; **~ja wojenna** war odyssey ② Literat. **Odyseja** The Odyssey

odzew *m* (*G* **~u**) ① (odpowiedź) response; **zawołał swoich towarzyszy i czekał na ~** he called his companions and waited for a response ② przen. (oddźwięk) response; **listy do redakcji stanowiły ~ na artykuły Kowalskiego** the letters to the editor were a response to Kowalski's articles; **spotkać się z ~em (czymś)** to draw a. evoke a response (from sb) ③ Wojsk. countersign

odzi|ać *pf* — **odzi|ewać** *impf* (~eję — ~ewam) **❚** *vt* przest. to attire (**w coś** in sth); **nędznie ~any człowiek** a poorly-attired man

❚❚ odziać się — odziewać się przest. to attire oneself

odziedzicz|yć *pf vt* ① (otrzymać spadek) to inherit; **po rodzicach ~yłem dom i 100 000 dolarów** I inherited a house and $100,000 from my parents; **po śmierci pradziadka ~ył fortunę** he came into a fortune after his great grandfather's death ② (przejąć) to get (**po kimś** from sb); **wadę wzroku ~ył po matce** he inherited an eye defect from his mother; **~yliśmy ten pogląd po minionym ustroju** we inherited this belief from the previous political system ⇒ **dziedziczyć**

odzieni|e *n sgt* przest. clothing, attire; **lekkie/wełniane/ciepłe ~e** light/woollen/warm clothing; **świąteczne (niedzielne) ~e** Sunday best

odzierać *impf* → **odrzeć**

odziewać *impf* → **odziać**

odzież *f zw. sg* książk. clothes, clothing; **w sklepach pojawiła się już ~ letnia** summer clothing has already appeared in the shops; **~ damska** womenswear; **~ męska** menswear; **~ cywilna** civilian clothes; **~ ochronna** protective clothing; **~ sportowa** sportswear; **~ wierzchnia** outerwear; **~ ze skóry** leatherwear; **gotowa** off the peg a. ready-made clothing; **~ szyta na miarę** made-to-measure a. tailor-made clothing; **~ używana** used a. second-hand clothing

odzieżow|y *adi.* clothing, clothes *attr.*; **sklep ~y** a clothes shop; **przemysł ~y** the clothing industry

odzieżów|ka *f* pot. ① (fabryka) clothing factory ② (szkoła) dressmaking school ③ *sgt* (przemysł odzieżowy) the clothing industry

odzipn|ąć /od'zipnɔntɕ/ *pf* (~ęła, ~eli) *vi* pot. to stop for breath, to rest a while; **~ął chwilę i pracował dalej** he rested a while and then carried on working

odznaczać /od'znatʂatɕ/ *impf* → **odznaczyć**

odznacze|nie /ˌodzna'tʂɛɲɛ/ **❚** *sv* → **odznaczyć**

❚❚ *n* decoration, distinction; **~nie wojskowe/państwowe** a military/state decoration; **wyróżniającym się pracownikom wręczono ~nia** outstanding workers were given awards

odznaczeniow|y /ˌodznatʂɛ'ɲɔvi/ *adi.* [komisja] award-giving

odznacz|yć /od'znatʂitɕ/ *pf* — **odznacz|ać** /od'znatʂatɕ/ *impf* **❚** *vt* ① (dać odznaczenie) to decorate, to honour; **~ony medalami** decorated with medals; **generał ~ył żołnierzy za waleczność** the general decorated the soldiers for (their) bravery ② (wyodrębnić) to mark out, to highlight; **~yli kamieniami miejsce, w którym mieli kopać** they marked out the digging area with stones; **~ył ten akapit w tekście** he highlighted the paragraph in the text ⇒ **odznaczać**

❚❚ odznaczyć się ① (wyróżnić się czymś) to distinguish oneself; **~yć się w walce** to distinguish oneself in battle ② (zostawić ślad)

to show up, to leave a mark; **kleks ~ył się na papierze** an ink stain showed up on the paper; **na obrusie ~yły się mokre szklanki** wet glasses left marks on the tablecloth

❚❚❚ odznaczać się to be characterized (**czymś** by sth)

odzna|ka /od'znaka/ *f* ① (wyróżnienie) badge; **~ka sportowa** a sports badge; **~ka za zasługi** a badge of merit; **zdobywać ~kę harcerską** to work for a badge ② (znak przynależności) badge, emblem; **~ka policyjna** a police badge

odzwierciedlać *impf* → **odzwierciedlić**

odzwierciedle|nie /ˌodzvjɛrtɕɛ'dlɛɲɛ/ **❚** *sv* → **odzwierciedlić**

❚❚ *n* ① (wierny obraz) reflection; **znaleźć ~nie w czyjejś poezji** to be reflected in sb's poetry ② (obraz odbity) reflection, image; **przyglądał się swemu ~niu w szybie** he looked at his reflection in the window pane

odzwierciedl|ić /ˌodzvjɛr'tɕɛdlitɕ/ *pf* — **odzwierciedl|ać** /ˌodzvjɛr'tɕɛdlatɕ/ *impf* **❚** *vt* ① (wyrazić) to express, to illustrate; **utwór ~ał obyczaje epoki** the work reflected the manners of the period; **jego twarz ~ała stanowczy charakter** his face mirrored his determination ② (odbijać) to reflect, to mirror; **woda ~ała drzewa** the trees were mirrored in the water

❚❚ odzwierciedlić się — odzwierciedlać się ① (być wyrażonym) to be reflected a. expressed; **poglądy autora ~ają się w jego utworze** the author's beliefs are reflected in his work ② (być odbitym) to be reflected a. mirrored

odzwyczai|ć /odzvɨ'tʂajitɕ/ *pf* — **odzwyczaj|ać** /ˌodzvɨ'tʂajatɕ/ *impf* **❚** *vt* to disaccustom; to wean [sb] away (**od czegoś** from sth); **~jać dziecko od smoczka** to wean a baby off a dummy

❚❚ odzwyczaić się — odzwyczajać się to disaccustom oneself, to break a. kick a habit; **~jać się od palenia** to give up smoking; **ostatnio ~iłem się od spotkań z przyjaciółmi** I've recently got out of the habit of meeting my friends

odzwyczajać *impf* → **odzwyczaić**

odzysk /'odzɨsk/ *m* (*G* **~u**) ① (materiał do ponownego użytku) recycled material, salvage; **czy jakiekolwiek komponenty komputera pochodzą z ~u?** are any of the parts taken from other computers? ② *sgt* (odzyskiwanie) recycling; **oni pracują przy ~u cegły** they work at brick-recycling ③ pot., pejor. (o czymś używanym) salvage; **kurtka z ~u** a second-hand jacket

odzysk|ać /od'zɨskatɕ/ *pf* — **odzysk|iwać** /ˌodzɨs'kivatɕ/ *impf vt* ① to recover [dom, pieniądze, stanowisko]; to regain [niepodległość, zdrowie, przytomność, spokój]; to retrieve [dane, plik] ② Techn. to reclaim, to recycle [szkło, metal]

odzyskiwać *impf* → **odzyskać**

odzywać się *impf* → **odezwać się**

odzyw|ka /od'zɨfka/ *f* ① pot. (nieuprzejme odezwanie się) impertinence; **co to za ~ka!** what an impertinence!; **nie życzę sobie takich ~ek** I won't tolerate any more of that backchat ② Gry bid

odźwiern|y *m*, **~a** *f* przest. porter

odżał|ować /odʐa'wovatɕ/ *pf vt* ① (przeboleć) to get over; **nie mógł ~ować tej straty** he couldn't get over the loss ② (poświęcić, przeznaczyć coś) to spare, to part with; **~uj trochę czasu i zrób to** please spare some time to do it

odżegn|ać *pf* — **odżegn|ywać** *impf* **❚** *vt* przest. to renounce; **~ać czarta** to renounce the devil; **~ywać uroki** to break a. remove a spell

❚❚ odżegnać się — odżegnywać się książk. to dissociate oneself (**od czegoś** from sth); **~ał się od zajmowania jakiegokolwiek stanowiska w tej sprawie** he refused to take a stand on that matter

odżegnywać *impf* → **odżegnać**

odży|ć /'odʐitɕ/ *pf* — **odży|wać** /od'ʐivatɕ/ *impf* (~ję — ~wam) *vi* ① (odzyskać siły) to revive; **kwiaty ~ły w wazonie** the flowers revived in the vase; **~ła po powrocie syna** she got a new lease of life after her son's return ② przen. to revive; **dawne wspomnienia ~ły** old memories came flooding back

odżywać *impf* → **odżyć**

odżywczo /od'ʐɨftʂo/ *adv.* nourishingly; **ta maseczka działa ~ na zniszczoną cerę** the face mask has a nourishing effect on damaged skin

odżywcz|y /od'ʐɨftʂɨ/ *adi.* ① (wartościowy) [pokarmy, produkty, substancje] nutritious; **składniki ~e** nutritients ② (związany z odżywianiem) [walory, wartość] nutritional ③ (o działaniu kosmetycznym) [krem] nourishing; [balsam, szampon] conditioning

odżywiać¹ *impf* → **odżywić**

odżywia|ć² /od'ʐɨvjatɕ/ *impf* **❚** *vt* ① (karmić) to feed; **dobrze ~ne dziecko** a well-fed a. well-nourished child; **chorego trzeba ~ć dożylnie** the patient needs to be drip-fed ② Kosmet. to nourish; **maseczki doskonale ~ją skórę** face masks nourish the skin very well

❚❚ odżywiać się to eat, to feed; **~ć się jarzynami** to eat only vegetables; **on się dobrze ~** he eats properly; **on się marnie ~** his diet is poor

odżyw|ić /od'ʐɨvitɕ/ *pf* — **odżyw|iać¹** /od'ʐɨvjatɕ/ *impf* **❚** *vt* (odkarmić) to feed [sb/sth] up

❚❚ odżywiać się — odżywić się to nourish oneself; **szybko ~ił się po chorobie** after his illness he nourished himself quickly on healthy food

odżyw|ka /od'ʐɨfka/ *f* ① (środek odżywczy) **~ka dla dzieci** baby food; **~ka białkowa** protein supplement ② Kosmet. conditioner; **~ka do włosów** hair conditioner

ofensyw|a *f* ① Wojsk. (zmasowany atak) offensive, attack; (wojsko atakujące) offensive; **~a powietrzna/lądowa** air/land offensive; **rozpocząć ~ę** to launch a. mount an offensive ② Sport (atak) offensive; **~a na bramkę przeciwnika** an offensive against the enemy goal; **grać w ~ie** to play on the offence a. on offense US ③ pot. (nadmiar) spread, drive; **martwi nas ~a tandety serwowana ostatnio w telewizji** we are worried about the recent spread of trash (programmes) on TV; **~a seksu w filmie** the spread of explicit sex scenes in films

ofensywnie *adv.* [1] Wojsk. *[zaatakować]* aggressively [2] *[działać]* belligerently, aggressively [3] Sport *[grać]* aggresively, on the offensive

ofensywnoś|ć *f sgt* [1] (energiczne działanie) aggressiveness, assertiveness; **nasz szef ceni w swoich pracownikach ~ć** our boss values assertiveness in his employees; **~ć kampanii reklamowej przyczyniła się do jej sukcesu** the aggressiveness of the advertising campaign contributed to its success [2] Sport attacking play; **~ć gry to połowa sukcesu** attacking play is half the battle

ofensywn|y *adi.* [1] Wojsk. *[działania]* attacking, offensive [2] *[polityka]* aggressive [3] Sport *[gra]* attacking

oferen|t *m* (w przetargu) tenderer; (na aukcji) bidder

oferm|a *m, f* (*Npl m* **~y**, *Gpl m* **~ów** a. **~**; *Npl f* **~y**, *Gpl f* **~**) pot., pejor. (niezaradny) loser; wimp pot.; (niezdara) moron pot.; **jak idziesz, ~o?!** watch your step, you moron!

ofermowa|ty *adi.* pot., pejor. *[osoba]* wimpy pot., klutzy US pot.; *[uśmiech]* nebbish pot.

ofer|ować *impf vt* to offer *[towar, usługi, pomoc, współpracę]*

ofer|ta *f* [1] (oficjalna propozycja) offer; **otrzymaliśmy korzystną ~tę pracy** we have received an attractive job offer; **złożyć/ przyjąć/odrzucić ~tę** to submit/accept/ reject an offer [2] (towar, usługa) offer; **rozszerzono ~tę wydawniczą dla szkół** a wider range of publications is now on offer to schools

ofi|ara *f* [1] (ranny, zabity) victim, casualty; **~ara śmiertelna** fatality; **śmiertelne ~ary wypadków drogowych** traffic a. road fatalities; **~ara wypadku leżała na torach** the accident victim was lying on thetracks; **czy są jakieś ~ary?** are there any casualties? [2] (poszkodowany) victim; **niedoszła ~ara** a near victim; **żołnierze nieśli pomoc ~arom powodzi** soldiers helped the flood victims; **wioska stała się ~arą pożaru** the village fell victim to fire [3] Relig. offering, sacrifice; **złożyć ~arę bogom** to make an offering to the gods; **złożyć coś w ~erze** to make an offering of sth; **~ary w naturze/w złocie** offerings in kind/of gold [4] (datek) donation, contribution; **~ara na pomoc powodzianom** a donation to help the flood victims; **~ara na tacę** collection (money) [5] (wyrzeczenie) sacrifice; **najwyższa ~ara** the final a. supreme sacrifice; **złożyć życie w ~erze** to sacrifice one's life [6] pot., pejor. sucker pot., dupe pot.; **~ara losu** a born loser
❏ **~ara całopalna** Relig. holocaust, burnt offering, burnt sacrifice; **~ara krwawa** blood sacrifice; **~ara przebłagalna** Relig. guilt offering
■ **paść ~arą kogoś/czegoś** to fall victim to sb/sth; **trzy kobiety padły ~arą oszusta** three women fell victim to the trickster; **setki osób padły ~arą zarazy** hundreds of people fell victim to the plague; **robić z siebie ~arę** to play the martyr, to make a martyr of oneself

ofiarnie *adv. grad.* *[pracować, walczyć, kochać]* devotedly, unsparingly

ofiarnoś|ć *f sgt* devotion, dedication; **zbiory muzeum udało się uratować dzięki ~ci pracowników** the museum collections were saved thanks to the dedication of the employees

ofiarn|y *adi.* [1] *[lekarz, społecznik]* self-sacrificing, devoted; *[praca, pomoc]* dedicated, devoted [2] Relig. sacrificial

ofiarodawc|a *m* benefactor, donor

ofiarodawczy|ni *f* benefactress, donor

ofiar|ować *pf* — **ofiar|owywać** *impf* [I] *vt* [1] (podarować) to give, to donate; **~ował pieniądze na cele charytatywne** she donated money to charity; **na urodziny ~ował jej bukiet róż** he gave her a bouquet of roses for her birthday [2] (zaproponować) to offer; **~owali jej intratną posadę** they offered her a lucrative job [3] Relig. to sacrifice; **Abraham ~ował Bogu swego syna Izaaka** Abraham sacrificed his son Isaac to God
[II] **ofiarować się** — **ofiarowywać się** to offer; **~ować się z pomocą** to offer one's help

ofiarowani|e [I] *sv* → **ofiarować**
[II] *n sgt* Relig. (część mszy) offertory

ofiarowywać *impf* → **ofiarować**

ofice|r *m* (*Npl* **~rowie**) [1] Wojsk. officer; **~r rezerwy** a reserve officer; **~r sztabowy** a staff officer; **~r dyżurny** a duty officer; **~r łącznikowy** a liaison officer; **~r liniowy** a line officer; **~r zawodowy** a career's officer; **młodszy/starszy ~r** a junior/ senior officer [2] (stopień w organizacji) officer [3] (na statku) officer; **~r marynarki** a naval officer; **~r pokładowy** a deck officer; **~r wachtowy** officer of the watch
❏ **~r dochodzeniowy** investigation officer; **pierwszy ~r** first officer, first mate

oficer|ek [I] *m pers.* pejor. officer
[II] *m inanim. zw. pl* (but) officer's boot *zw. pl*

oficers|ki *adi. [mundur, czapka, klub, kasyno]* officers'; **szkoła ~ka** an officers' school; **~kie dystynkcje** an officer's insignia

oficjalnie *adv. grad.* [1] *[ogłosić, uznać, zatwierdzić]* officially [2] *[przyjąć, potraktować]* formally, officially

oficjalnoś|ć *f sgt* formality; **~ć jego zachowania była nienaturalna** the formality of his behaviour was unnatural

oficjaln|y *adi. grad.* [1] (urzędowy) *[komunikat, język, wersja]* official; **część ~a imprezy** the official part of an event [2] (służbowy) *[pismo, ton, styl]* formal; **~e spotkanie** a formal meeting [3] (formalny) *[sposób bycia, strój]* formal

oficyn|a *f* [1] (skrzydło kamienicy) annexe; **kupiłem mieszkanie w ~ie starej kamienicy** I bought a flat in an annexe to an old apartment house [2] (budynek) outbuilding, outhouse [3] daw. (drukarnia) printing house [4] książk. (wydawnictwo) publishing house

oficyn|ka *f dem.* [1] (skrzydło kamienicy) (small) annexe [2] (budynek) (small) outbuilding, outhouse

oflag *m* (*G* **~u**) Hist. Oflag

oflag|ować *pf vt* (wywiesić flagi) to flag, to put up flags on

oflagow|y *adi.* Hist. *[wspomnienia, przeżycia, regulamin]* Oflag *attr.*

ofsaj|d *m* (*G* **~du**) Sport offside; **sędzia odgwizdał ~d** the referee blew the whistle for offside

ofsajdow|y *adi.* offside

ofukn|ąć *pf* (**~ęła, ~ęli**) *vt* to scold, to reprimand

ogałacać *impf* → **ogołocić**

ogania|ć *impf* [I] *vt* to drive [sth] away a. off, to drive away a. off; **~ł muchy z owoców** he drove the flies away from the fruit
[II] **oganiać się** [1] (opędzać się) to flick away, to drive off a. away; **krowa ogonem ~ła się od much** the cow flicked flies away with her tail; **kijem ~ł się przed atakującymi go wilkami** he drove the attacking wolves away with a stick [2] (unikać) to shun *vt*, to avoid *vt*; **czemu się przede mną tak ~sz?** why do you avoid me so?

oga|r *m* hound

ogar|ek *m* [1] (świecy) candle-end [2] (papierosa, cygara) butt, stub [3] (knota) wick-end

ogarn|ąć *pf* — **ogarn|iać** *impf* (**~ęła, ~ęli — ~iam**) [I] *vt* [1] (objąć rękami) to embrace; **~ęła dzieci ramionami** she embraced the children [2] (objąć wzrokiem) to take in; **ze szczytu góry mógł ~ąć spojrzeniem całą okolicę** he could take in the entire vicinity from the top of the mountain [3] (objąć zasięgiem) to spread through, to sweep through; **pożar szybko ~ął cały budynek** the fire quickly spread through the building; **cały kraj został ~ięty epidemią** the epidemic has engulfed the whole country [4] (zrozumieć) to grasp, to comprehend; **nie mógł ~ąć całego problemu** he couldn't grasp the whole problem [5] (otoczyć) *[mgła, cisza]* to engulf; **~ęły nas ciemności** we were engulfed in darkness [6] (o uczuciach) to seize, to grip; **~ął ją nagły niepokój** she was seized with sudden anxiety; **żołnierzy ~ął strach** the soldiers were gripped with fear [7] pot. (posprzątać) to tidy up *[dom, mieszkanie]*
[II] **ogarnąć się** — **ogarniać się** pot. to tidy a. spruce oneself up

ogarniać *impf* → **ogarnąć**

ogarnię|ty [I] *pp* → **ogarnąć**
[II] *adi.* pot. *[osoba]* ready; **jesteś już ~ty? – możemy iść?** are you ready yet? – can we go?

ogie|nek, ~niek *m* [1] *dem.* (płomyczek) glimmer, flame; **wesoły, jasny ~niek** a cheerful, light glimmer; **grzaliśmy dłonie przy ~nku** we warmed our hands over a flame [2] (światełko) faint light

ogie|ń *m* [1] (płomień) fire, blaze; **języki ognia** tongues of fire; **rozpalić/podsycić/ zgasić ogień** to make/feed/extinguish a. put out a fire; **dołożyć a. dorzucić do ognia** to fuel/stoke a fire [2] (pożar) fire; **ogień ogarniał niemal całą wioskę** the fire spread almost over the entire village; **spowodować a. zaprószyć ogień w czymś** to set sth on fire, to set fire to sth; **szopa zajęła się ogniem** the shed caught fire [3] (ognisko) bonfire; **rozpalić ogień** to light a. make a bonfire; **wieczorem siedliśmy dookoła ognia i śpiewaliśmy piosenki** at night we sat around a bonfire and sang songs [4] (blask) flare; **ognie fajerwerków** flares of fireworks [5] przen. (uczucie) heat, passion; **mówić/śpiewać z**

ogniem to speak/sing with passion [6] (rumieniec) colour, blush; **na tę uwagę ogień uderzył jej na twarz** the remark brought a blush to her face [7] (upał) heat; **ogień leje się z nieba** heat is beating down from the sky [8] (świecący przedmiot) light [9] sgt (strzały) fire; **zamachowcy otworzyli ogień** the assassins opened fire; **rozpocząć/przerwać ogień** to open/cease fire; **być/znaleźć się w ogniu** to be/come under fire; **na linii ognia** in the line of fire; **ognia!** fire!; **ogień krzyżowy** crossfire; **dostać się w krzyżowy ogień** to get caught in the crossfire ❏ **zimne ognie** sparklers; **ogień zaporowy** Wojsk. barrage ■ **krzyżowy ogień pytań** cross-examination; **wziąć kogoś w krzyżowy ogień pytań** to cross-examine sb; **strzec się** a. **unikać kogoś jak ognia** to avoid sb like the plague; **dać komuś ognia** (wystrzelić) to fire away; (podpalić papierosa, cygaro) to give sb a light; **czy mógłby mi pan podać ognia?** could you give me a light?; **dolać oliwy do ognia** to add fuel to the fire a. flame, to make things worse; **gotować na wolnym ogniu** to cook over low heat; **igrać z ogniem** to play with fire, to skate on thin ice; **na pierwszy ogień** (na początek) to start with; **na pierwszy ogień wyremontuje mieszkanie** to start with, he'll do up his flat; **iść** a. **posłać kogoś na pierwszy ogień** to go send sb to the front line; **ogień i woda** a. **ogień z wodą** (as different as) chalk and cheese, worlds a. poles apart; **pójść** a. **skoczyć za kimś w ogień** to go through fire and water for sb; **słomiany ogień** a ten-day wonder; **stanął w ogniu** a. **w ogniach** his colour heightened; **upiec dwie pieczenie przy jednym ogniu** to kill two birds with one stone; **wyciągać** a. **wyjmować dla kogoś/za kogoś kasztany z ognia** to pull sb's chestnuts out of the fire; **wziąć kogoś w dwa ognie** to catch sb in a crossfire a. between two fires; **wzięty w dwa ognie, wyznał wszystko** caught between two fires, he confessed everything; **nie ma dymu bez ognia** przysł. there's no smoke without fire, where there's smoke, there's fire przysł.

ogie|r [] m pers. (Npl ~**ry**) pot., żart. (mężczyzna) stud pot., przen.
[] m anim. (samiec konia) stallion

ogla|d m (G ~**du**) książk. inspection, examination; **dopiero dokładniejszy ~d pozwala na wyrobienie sobie opinii** only after a thorough examination can one form an opinion

oglądać[1] impf → obejrzeć

ogląda|ć[2] impf [] vt to watch, to see; **często ~m telewizję** I often watch TV; **nie chcę cię tu więcej ~ć!** I don't want to see you here again!
[] **oglądać się** to look (**na kogoś** to sb); to count (**na kogoś** on sb); **mieli się nie ~ć na koszty** they were told to ignore a. not to mind the costs

oglądalno|ść f sgt audience; **ta opera mydlana miała dużą ~ć** that soap had a large audience; **wskaźniki ~ci** audience ratings; **pora największej ~ci telewizji** prime time

oglądnąć → obejrzeć

oględnie adv. grad. cautiously; **sztuka była, ~ mówiąc, nie najlepsza** the play wasn't that great, to put it mildly; **powiedz mu o tym ~** break it to him gently, tell him about it in a diplomatic way

oględno|ść f sgt tact, diplomacy; **pisał o niej z ~cią i szacunkiem, choć różnili się w poglądach** he wrote about her with tact and respect, even though their views differed

oględn|y adi. grad. reserved, moderate; **być ~ym w gestach/wyrażaniu uczuć** to be reserved in one's gestures/in expressing one's feelings; **być ~ym w słowach** to be reticent

oględzin|y plt (G ~) examination, inspection; ~**y lekarskie** medical examination; **dokonali ~y zwłok** they carried out a postmortem (examination) a. autopsy

ogła|da f sgt refinement, polish; **to człowiek o wielkiej kulturze i ~dzie** he's a person of great culture and refinement; **nabrać** a. **nabyć ~dy** to get some polish; **kiedy on w końcu nabierze ~dy?** when will he get some polish?

ogłaszać impf → ogłosić

ogł|osić pf — **ogł|aszać** impf [] vt [1] (poinformować) to announce; ~**osili swoje zaręczyny** they announced their engagement; ~**osili, że mają zamiar się pobrać** they announced that they were going to get married; ~**osić dekret** a. **manifest** to issue a decree a. a manifesto [2] książk. (opublikować) to publish [rozprawę, książkę, artykuł] [3] książk. (mianować) to pronounce, to proclaim; ~**oszono go królem** he was proclaimed king; ~**osili zwycięstwo, nie czekając na ostateczne wyniki** they proclaimed victory without waiting for the final results
[] **ogłosić się — ogłaszać się** [1] (mianować) to proclaim oneself; ~**osić się królem/dyktatorem** to declare oneself king/dictator [2] (dać ogłoszenie) to advertise; **już pięć razy ~aszał się ze sprzedażą tego mieszkania** he's advertised the flat for sale five times already
■ ~**osić ekskomunikę (kogoś)** to pronounce the sentence of excommunication against sb

ogłosze|nie n [1] (wiadomość) advertisement; ~**nie drobne** a classified advertisement; ~**nie towarzyskie** a. **matrymonialne** a personal ad; **poznałem swoją żonę przez ~nie w prasie** I met my wife through a classified ad in a paper; **dać** a. **zamieścić ~nie** to put a. to place an advertisement [2] (oznajmienie) announcement, declaration; ~**nie niepodległości** a declaration of independence; ~**nie wyników egzaminu** the announcement of exam results; ~**nie upadłości finansowej** a declaration of bankruptcy

ogłoszeniow|y adi. advertising, advertisement attr.; **rubryka ~a w gazecie** an advertisement column; **biuro ~e** an advertising agency; **słup ~y** a noticeboard; **tablica ~a** a hoarding GB, billboard US

ogłuch|ły adi. deaf; **z moim ~łym dziadkiem trudno się porozumiewać**

it's difficult to communicate with my deaf grandfather

ogłuch|nąć pf (~ł) vi to become a. to go deaf; **od wystrzału ~ł na jedno ucho** he went deaf in one ear as a result of an explosion; **na starość ojciec całkiem ~ł** my father became completely deaf in his old age

ogłupiać impf → ogłupić

ogłupiająco adv. stupefyingly; **nie mogę się skupić, ten hałas działa na mnie ~** I can't concentrate, that noise has a stupefying effect on me

ogłupiając|y adi. pot. [film, komiks, reklama] stupefying, stultifying; **ta gra jest wyjątkowo ~a** this game is unbelievably mind-numbing

ogłupia|ły adi. stupefied; ~**łe psy biegały w kółko** the confused dogs were running in circles

ogłup|ić pf — **ogłup|iać** impf vt to stupefy; **społeczeństwo zostało ~ione prymitywną propagandą** society was stupefied by (the) primitive propaganda

ogłupi|eć pf (~eję, ~ał, ~eli) vi pot. to be stupefied, to become addled; **od tych komiksów i gier wideo ~eli ze szczętem** their brains have become completely addled by all these comics and video games

ogłuszać impf → ogłuszyć

ogłuszając|y [] pa → ogłuszać
[] adi. [hałas, huk, łomot] deafening; ~**e brawa** thunderous applause

ogłusz|yć pf — **ogłusz|ać** impf vt [1] (pozbawić słuchu) to deafen; **zostaliśmy ~eni muzyką z głośników** we were deafened by the music from the speakers [2] (uderzyć) to knock out, to knock unconscious; **uderzył głową w ścianę i to go ~yło** he hit his head on the wall and that knocked him out [3] (zaszokować) to shock, to stun; **zupełnie ~yła mnie wiadomość o jego śmierci** I was completely shocked by the news of his death; **to, co usłyszał, po prostu go ~yło** what he heard left him stunned

ogni|cha f Bot. charlock U, wild mustard U

ognik m [1] (światełko) glimmer, glow; ~ **papierosa** cigarette glow; ~ **światła** glimmer of light [2] (przebłysk) glimmer; **w ich oczach tlił się ~ zainteresowania** there was a glimmer of interest in their eyes [3] Bot. → ognicha
❏ **błędny ~** (płomyk nad bagnami) will o' the wisp

ogniomistrz m artillery sergeant, gunnery sergeant US [1] (podoficer artylerii) sergeant in the artillery [2] (stopień) artillery sergeant; **dostał ~a** he was promoted to the rank of artillery sergeant
❏ **starszy ~** battery sergeant major GB, master gunnery sergeant US; (szef baterii) battery sergeant major

ogniotrwałoś|ć f sgt fire resistance

ogniotrwa|ły adi. [cegła, szkło, tkanina] fireproof; [ubranie] fire-retardant

ogniow|y adi. [1] (związany z ogniem) (chroniący przed ogniem) fire attr.; **straż ~a** fire brigade [2] Wojsk. fire attr. **siła ~a** fire power; **zapora ~a** a curtain of fire

ognisk|o n [1] (palący się stos drewna) bonfire, campfire; **palić ~o** to build a bonfire [2] (spotkanie towarzyskie) bonfire; **wieczorem**

urządzili sobie ~o in the evening they had a bonfire ③ przen. (cywilizacji, kultury, sztuki) centre; (choroby, zarazy) hotbed ④ (ośrodek) centre; **~o muzyczne/plastyczne** music/art centre ⑤ Fiz. focus ⑥ Med. focus ⑦ Mat. focus

❑ **~o kowalskie** Techn. forge

■ **~o domowe** a. **rodzinne** (hearth and) home

ognisk|ować impf **[]** vt ① Fiz. to focus; **soczewka ~ująca promienie świetlne** the light-focusing lens ② przen. to concentrate, to focus; **~ować na sobie czyjąś uwagę** to focus sb's attention on one-self ⇒ **zogniskować**

[] **ogniskować się** to focus; **jego zainteresowania ~ują się wokół jednego tematu** his interests focus on one subject ⇒ **zogniskować się**

ogniskow|y adi. Fiz., Med. focal

ognistoczerwon|y adi. [róża, rumieniec, tkanina] fiery red, flame-coloured

ogni|sty adi. ① [płomień] fiery; **nad miastem pojawiła się ~sta łuna** a fiery glow appeared over the city ② [kolor] fiery red ③ [temperament, pocałunek] fiery, passionate; [ogier, rumak] wild, impetuous

■ **woda ~a** a. **napój ~y** przest., żart. firewater pot.

ogniście adv. ① (czerwono) **strój króla lśnił ~ w świetle słońca** the king's robe shone bright red in the sun ② (namiętnie) [całować, kochać] passionately; [dyskutować] with great spirit

ogniw|ko n dem. pieszcz. (spojenie) (small) link; **łańcuszek pękł i ~ka rozsypały się na podłogę** the chain broke and its links scattered over the floor

ogniw|o n ① (spojenie) link; **~o łańcucha** a chain link ② przen. (więź) bond; **~a przyjaźni** bonds of friendship ③ przen. (w organizacji) link ④ Fiz. cell

❑ **~o galwaniczne** Fiz. voltaic cell

og|olić pf **[]** vt to shave (off), to shave [sth] off [brodę, wąsy, włosy]

[] **ogolić się** to shave; **ogolił się starannie i poszedł na randkę** he shaved carefully and went out on a date

ogołacać impf → **ogołocić**

og|ołocić pf — **og|ałacać, og|ołacać** impf vt (pozbawić) **ogołocić kogoś ze wszystkiego** to clean sb out; **wichura ogołociła drzewa z liści** the gale stripped all the leaves from the trees; **goście ogołocili nasz dom z zapasów** the guests ate us out of house and home

ogon m ① (część ciała zwierzęcia) tail; **pies zamachał ~em** the dog wagged its tail ② (pęk włosia lub piór) tail; **paw rozłożył ~** the peacock spread its tail ③ (przedłużenie) [komety, latawca] tail; [spódnicy, sukni] train ④ środ., Teatr a bit part; **jako początkujący aktor zawsze grywał same ~y** at the beginning of his acting career he would always get the bit parts ⑤ augm. pot. (kolejka) line, queue ⑥ pot. (zwierzę hodowlane) head; **mieć trzy świńskie ~y** to have three pigs ⑦ (osoba śledząca kogoś) tail; **udało mu się zgubić policyjny ~** he managed to lose the police tail

❑ **jaskółczy ~** Techn. dovetail

■ **z ~em** pot. (z nadwyżką) odd; **kilometr z ~em** over a kilometre; **sto złotych z ~em** a 100-odd zlotys; **diabeł ~em (coś) nakrył** ≈ it vanished into thin air; **trząść się jak barani ~** to be all of a tremble; **wlec się** a. **iść** a. **zostawać w ~ie** pot. to fall behind

ogon|ek m ① dem. (część ciała zwierzęcia) (small) tail; **piesek zamachał do nas przyjaźnie ~kiem** the little dog cheerfully wagged his tail at us ② (pęk włosia lub piór) (small) tail; **wróbelek z szarym ~kiem** a sparrow with a little grey tail ③ Bot. stalk, stem; **~ki liściowe** leaf stalks ④ Jęz. hook, tail; **~ek w „g"** the hook of the 'g' ⑤ pot. (kolejka) queue GB, line US; **stać w ~ku** to queue, to wait in line

ogonia|sty adi. ① [zwierzę] caudate ② [suknia] with a train a. tail

ogonow|y adi. ① (związany z ogonem) caudal; **płetwa ~a** caudal fin; **kość ~a** tail bone, coccyx ② (ugotowany na ogonie) oxtail attr.; **dziś na obiad będzie zupa ~a** we're having oxtail soup for dinner today

ogorzałoś|ć f sgt tan

ogorza|ły adi. ① (opalony) [skóra, twarz, cera] suntanned ② (o ciemnej karnacji) weather-beaten, ruddy

ogorz|eć pf (**~eję, ~ał, ~eli**) vi to get sunburnt; **twarz mu ~ała od przebywania na słońcu** his face got sunburnt through long exposure to the sun

ogólniak m pot. (liceum ogólnokształcące) ≈ grammar school

ogólnie adv. grad. ① (powszechnie) widely; **~ przyjęty** widely accepted; **~ znane prawdy** widely known truths ② (całościowo) generally; **~ mówiąc** generally speaking

ogólnik m pejor. generality; **mówić ~ami** to talk in generalities; **w swoim przemówieniu ograniczył się do ~ów** during his speech he confined himself to generalities

ogólnikowo adv. generally, vaguely; **autor omawia tę kwestię zaledwie ~** the author discusses the question only generally; **problem został zdefiniowany dość ~** the problem was defined rather vaguely a. in rather general terms

ogólnikowoś|ć f sgt vagueness

ogólnikow|y adi. [komentarz, obietnica] vague; **~e stwierdzenie** a generalization

ogólno- w wyrazach złożonych -wide, all-; **ogólnokrajowy** nationwide; **ogólnoświatowy** worldwide; **ogólnoeuropejski** all-European

ogólnodostępn|y adi. [produkt] widely available; [miejsce, teren, obiekt, usługa] public

ogólnokształcąc|y adi. [edukacja, program] ≈ secondary school attr.

ogólnopols|ki adi. all-Poland; **~ka gazeta codzienna** a Polish national daily; **~ki konkurs poetycki** an all-Poland poetry contest

ogólnoś|ć f sgt **~ć definicji/wniosków** generality; **w ~ci** in general, generally speaking

ogólnoświatow|y adi. [tendencja, skala, zasięg] worldwide; [rozgrywki] all-world

ogóln|y adi. grad. ① (dotyczący ogółu osób) [dobro, pokój, stół] common ② (bez szczegółów) [wrażenie, pojęcie] vague; [wykształcenie, wniosek, opinia] general; [teoria, zasada] broad

[] adi. (łączny) [koszt, liczba, suma, wynik] total

❑ **sąd ~y** a. **zdanie ~e** general statement

ogó|ł [] m sgt (G **~łu**) ① (całość) the whole, the body; **~ł społeczeństwa** the whole of society, the general public; **~ł studentów** the student body ② (społeczność) the community, the population

[] **ogółem** (w sumie) altogether, all in all; **jest mi winien ~łem dwieście złotych** he owes me 200 zlotys altogether

[] **na ogół** (zazwyczaj) in general, on the whole; **na ~ł pracował dobrze** on the whole he was a good worker; **na ~ł się nie mylę** I'm usually right, I'm not usually wrong

[] **w ogóle** ① (w sumie) generally speaking, in general; **w ~le to miły człowiek** generally speaking, he is a nice person ② (wcale) (not) at all, (not) whatsoever; **deszcz w ~le nie pada** it's not raining at all; **w ~le nie mam pieniędzy** I've got no money whatsoever

■ **jeżeli w ~le...** if any, if at all; **tak sądzi niewiele osób, jeśli w ~le** few people, if any, are of that opinion; **czytał niewiele, jeżeli w ~le czytał, bo wolał oglądać telewizję** he read little, if (he read) at all, as he preferred watching TV

ogórecz|ek m dem. pieszcz. (small) cucumber

ogór|ek m ① (roślina) cucumber ② (warzywo) cucumber; **~ek kiszony/konserwowy** a dill pickle/gherkin

❑ **~ek małosolny** semi-pickled cucumber

ogórkow|y [] adi. [przecier, zupa] cucumber attr.

[] **ogórkowa** f (zupa z ogórków) cucumber soup

ograbiać impf → **ograbić**

ograb|ić pf — **ograb|iać** impf vt to rob, to strip (**kogoś** sb **z czegoś** of sth); **zostałam ~iona!** I've been robbed!; **~ili nas ze wszystkiego** they stripped us of everything

ogr|ać pf — **ogr|ywać** impf vt ① Gry to beat, to outplay; **znowu mnie ~ał w pokera** he beat me at poker again; **nie sądziliśmy, że Anglicy tak łatwo nas ~ają** we didn't think the English would outplay us so easily ② Muz. (wydoskonalić brzmienie) to play; **nowe skrzypce trzeba ~ać** a new violin has to be played in; (wydoskonalić wykonanie utworu) to perfect; **~ać repertuar podczas koncertów** to perfect the repertoire during concerts

ogradzać impf → **ogrodzić**

ograniczać impf → **ograniczyć**

ogranicze|nie [] sv → **ograniczyć**

[] n ① (zakaz, limit) limitation, restriction; **tu można korzystać z wody bez ~ń** you can use water without limitation a. restriction here; **rząd wprowadził ~nia w dostępie do tajemnicy służbowej** the government has introduced tighter restrictions on access to official secrets; **~nie szybkości do 30 km/godz.** a speed limit of 30 km/h ② sgt (tępota) narrow-mindedness, dullness; **to, co zrobił, wyraźnie wskazuje na jego ~nie** what he did clearly points to his dullness ③ (niemożność) limitation zw. pl; **poważnym**

~niem tego telefonu komórkowego jest niemożność korzystania z niego poza Polską a major limitation of this mobile phone is the impossibility of using it outside Poland; **znać ~nie własnego ciała** to be aware of one's physical limitations

❑ **~nie umysłowe** Med. mental retardation

ogranicznik m [1] (wyznacznik limitu) limiting factor; **zmęczenie jest ~iem możliwości działania** fatigue is the factor limiting their capability to act [2] Elektr. limiter [3] Techn. stop, limiter; **~ szuflady/okna** a drawer/window stop; **~ szumów** a noise limiter; **~ prędkości** cruise control

ograniczonoś|ć f [1] (szczupłość) (zasobów) scantiness; (sił, możliwości) limitation [2] (ograniczenie) limitation

ogranicz|ony [] pp → ograniczyć
[] adi. [1] (niewielki) [możliwości, teren, zasięg, wybór] limited, restricted [2] (nieinteligentny) dull, thick

❑ **~ony umysłowo** Med. mentally retarded

ogranicz|yć pf — **ogranicz|ać** impf [] vt [1] (opasać) to surround, to enclose [teren]; to mark out [boisko, kort] [2] (zmniejszyć) to limit, to restrict [zużycie, wydatki, import]; to cut down on [palenie, alkohol, spożycie tłuszczów]; to curb, to control [wpływy, rozwój, inflację]; to cut [koszty, budżet, płace]; to moderate [żądania, ambicje]
[] **ograniczyć się — ograniczać się** [1] (zmniejszyć intensywność działania) to limit a. restrict oneself (**do czegoś** to sth); **~yła się do obejrzenia jednego filmu** she limited herself to watching just one film [2] (okazać się mniejszym) to be limited a. restricted (**do czegoś** to sth); **szkody ~yły się do kilku wybitych szyb** the damage amounted to a few broken windows

ogran|y adi. [1] [slogan] catchpenny; [numer, skecz, piosenka] hackneyed; **~y dowcip** a stale joke [2] Sport [zawodnik] experienced

ogrodnictw|o n sgt [1] (gałąź gospodarki) horticulture [2] (uprawianie) gardening

ogrodnicz|ki plt (G **~ek**) (spodnie) dungarees, overalls

ogrodnicz|y adi. [narzędzia] gardening; [teren, działka] garden attr.

ogrodni|k m, **~czka** f gardener

ogrodow|y adi. [1] (dotyczący ogrodu) [krzesło, meble, narzędzia, altana] garden attr. [2] (hodowany w ogrodzie) [drzewa, rośliny] garden attr.

ogrodze|nie [] sv → ogrodzić
[] n [1] (zabezpieczenie) (płot, parkan) fence; (murowane) wall; (żywopłot) hedge; (z prętów) railing [2] (ogrodzona przestrzeń) enclosure; (zagroda dla zwierząt) pen

ogrodzeniow|y adi. [krata, siatka] fence attr.

ogr|odzić pf — **ogr|adzać** impf vt [1] (opasać) to surround, to enclose; (płotem) to fence (in); (murem) to wall (in); (prętami) to rail (in); (żywopłotem) to hedge (in) [2] (odgrodzić) to shut off; **krzaki bardzo się rozrosły i ~odziły łąkę** the overgrown bushes hedged in the meadow

ogrom m sgt (G **~u**) (budowli, miasta) largeness, hugeness; (pracy, korespondencji) bulk; (zadania) enormousness

ogromnia|sty adi. pot. ginormous GB pot.; huge; **siedział za ~stym biurkiem i coś pisał** he was sitting behind a huge desk, writing something

ogromnie adv. tremendously; **do domu wróciła ~ ucieszona** she returned home tremendously happy; **różniły się ~ między sobą nie tylko zdobytym wykształceniem** they differed tremendously not only in their level of education

ogromni|eć impf (**~ał, ~eli**) vi książk. to grow enormous; **chmury ~ały z każdą chwilą** the clouds grew and grew

ogromn|y adi. grad. [1] (o dużym rozmiarze) [pokój, budynek, miasto, osoba, zwierzę] huge; [sukces, zysk, dług, koszt] huge; [powierzchnia, teren, wiedza, doświadczenie] vast [2] (o dużym natężeniu) [smutek, entuzjazm] great, tremendous; [trudność, ulga, wysiłek] immense

ogr|ód m (G **~odu**) (kwietnik) (flower) garden; (warzywnik) kitchen a. vegetable garden; **truskawki prosto z ~odu** garden-fresh strawberries; **~ód przed/za domem** a front/back garden; **nie mamy zbyt dużego ~odu** we don't have much garden ❑ **~chińskie ~ody** Chinese gardens; **~ód aklimatyzacyjny** acclimatization station; **barokowy ~ód** baroque garden; **~ód botaniczny** botanic(al) gardens; **~ód pomologiczny** pomological garden; **~ód tarasowy** terraced garden; **~ód skalny** rock garden, rockery; **~ód zoologiczny** zoological garden; **wiszące ~ody** hanging gardens

■ **~ody Semiramidy** the Hanging Gardens of Babylon

ogród|ek m dem. [1] (nieduży ogród) (small) garden; **warzywa z własnego ~ka** vegetables from one's own garden [2] (część kawiarni) pavement café, tea garden ❑ **~ek Adonisa** Mitol. Adonis Garden a. a garden of Adonis także przen.; **~ek działkowy** allotment; **~ek jordanowski** przest. children's playground

■ **kamyk** a. **kamyczek do czyjegoś ~ka** a broad hint

ogród|ka f
■ **bez ~ek** bluntly, openly; **zawsze mówi bez ~ek, co myśli** he always speaks his mind bluntly; **mówić** a. **powiedzieć coś bez ~ek** to not mince matters, to call a spade a spade

ogródkow|y adi. [parasol, stolik] garden attr. **teatrzyk ~y** an open-air theatre

Ogrój|ec m Bibl. (the Garden of) Gethsemane

ogrywać impf → ograć

ogryzać impf → ogryźć

ogryz|ek m [1] (niedojedzony owoc) core; **~ek jabłka** an apple core [2] przen. (kawałeczek ołówka) stub

ogry|źć pf — **ogry|zać** impf (**~zę, ~ziesz, ~zł, ~zła, ~źli — ~zam**) vt to chew at [ołówek, długopis]; to bite [paznokcie]; to eat [jabłko]; **~źć kość** [osoba] to pick a bone clean; **pies ~zał kości** the dog was gnawing a. chewing on some bones

ogrz|ać pf — **ogrz|ewać** impf [] vt [1] (podwyższyć temperaturę) to warm [dłonie, stopy, talerz, dzbanek]; to heat (up) [wodę, gaz] [2] (zapewnić ciepło) to heat [pomieszczenie, mieszkanie, budynek]
[] **ogrzać się — ogrzewać się** [1] (pozbyć się uczucia zimna) to warm (oneself) up, to get

warm; **zbliżył się do ogniska, żeby się trochę ~ać** he came closer to the fire to warm up a bit a. get a bit warmer [2] (stać się cieplejszym) to warm up; **woda w jeziorze ~ała się od słońca** the sun warmed the water in the lake

ogrzewacz m Techn. heater

ogrzewać impf → ogrzać

ogrzewani|e [] sv → ogrzewać
[] n sgt (parowe, gazowe, elektryczne) heating ❑ **~e pośrednie** Techn. indirect heating; **centralne ~e** Budow. central heating

ogrzewan|y [] pp → ogrzewać
[] adi. [dom, mieszkanie] heated

ogrzewcz|y adi. Techn. [instalacja, urządzenia] heating

ogrzewniczy → ogrzewczy

ogumie|nie n the tyres (of a vehicle) ❑ **~nie pneumatyczne** Techn. pneumatic tyres

oheb|lować pf — **oheb|lowywać** impf vt to plane [deski, kawał drewna]

oheblowywać impf → oheblować

oho inter. oh!; **~, znów pada** oh, it's raining again; **mróz/upał, że ~!** it's freezing cold!/scorching hot!; **oho ho!** my my!, oh my!; **~ ho, jak się wystroiła** my my! isn't she spruced up!

ohy|da f zw. sgt [1] (obrzydliwość) abomination; **wyrzuć tego robaka, co za ~da!** throw this worm away, it's disgusting!; **nie chcę słuchać o tej ~dzie** I don't want to hear about that nasty a. horrid stuff [2] (cecha czegoś obrzydliwego) baseness; **~da zbrodni** the vileness of the crime

ohydnie adv. grad. pejor. [wyglądać] hideous adi., atrocious adi.; [śmierdzieć, zachowywać się] hideously, atrociously

ohydn|y adi. grad. pejor. [zapach] atrocious; [czyn, postępek] atrocious

ohydztw|o n pot. abomination; **ciepłe wino? ~o!** lukewarm beer? disgusting!

oj inter. [1] (wyrażenie przestrachu) ow!, ah!; **oj, kłuje** ow, it's prickly!; **oj, aleś mi napędził strachu** ah, you've frightened me [2] (podkreślenie emocji mówiącego) oh, dear; **oj, ty biedaku** oh, dear, you poor thing; **co za uroda, oj!** my, what beauty! [3] (wzmocnienie pogróżki lub nagany) ooh; **oj, brzydko** ooh, that's a terrible thing to do inter. [1] (reakcja na ból) ouch!, ow!; (przestrach, zaskoczenie) ooh!; **oj! bo oberwiesz** watch it, or you'll be in for it! pot. [2] (współczucie) oh (dear)!, dear me!; **oj, ty biedaku!** oh, you poor thing!

oj|ciec [] m (D **ojcu**, V **ojcze**, Npl **ojcowie**) [1] (mężczyzna mający dziecko) father; **ojciec nieznany** paternity unknown; **zostać ojcem** to become a father; **być podobnym do ojca** (z wyglądu) to be a. look like one's father; (w zachowaniu) to take after a. to be like one's father; **jego własny ojciec** pot. his own father [2] Zool. father; (w hodowli koni, bydła) sire [3] Relig. (duchowny) Father; **ojcowie jezuici** the Jesuit Fathers; **proszę ojca,...** Father,... [4] Relig. (o Bogu) Father; **Bóg Ojciec** God the father [5] przen. (twórca) father przen.; **ojciec teatru polskiego** the father of Polish theatre
[] **ojcowie** plt (przodkowie) forefathers ❑ (ojciec) **chrzestny** Relig. godfather; przen. godfather; **ojciec duchowny** Relig. (spowiednik) spiritual father; **ojcowie miasta** książk.

książk., Admin. city fathers; **ojciec kościoła** Relig. Church Father; **Ojciec Święty** Relig. Holy Father, the Pope; **„Ojcze nasz"** Relig. 'Our Father', 'Paternoster'

ojcobój|ca m, **~czyni** f patricide

ojcobójstw|o n książk. patricide U

ojcostw|o n sgt fatherhood, paternity; **ustalić ~o** to establish paternity; **sprawa o ustalenie ~a** a paternity case; **badanie na ustalenie ~a** a paternity test

ojcowi|zna f zw. sgt patrimony

ojcows|ki adi. [miłość, troska, autorytet] father's, paternal

ojcow|y adi. przest. father's;

ojczul|ek m dem. (Npl **~kowie**) daddy

ojczym m stepfather

ojczysk|o n pot., pieszcz. father; **moje poczciwe stare ~o** my good old father

ojczy|sty adi. [1] (dotyczący ojczyzny) [mowa, historia, krajobraz, tradycja] native [2] (dotyczący miejsca urodzenia) home, mother attr. **kraj ~sty** one's mother country

ojczy|zna f [1] (kraj urodzenia) home country, homeland, **polec** a. **zginąć** a. **przelewać krew** a. **walczyć za ~znę** to die a. spill blood a. fight for one's country [2] przen. (kolebka) cradle; **~zna cywilizacji** the cradle of civilization; **~zną baroku są Włochy** Baroque originated in Italy ■ **miłe blizny dla ~zny** ≈ it is a sweet and seemly thing to die for one's country

ojej inter. (wyrażające podziw, zaskoczenie) my my!, oh my!; **(on) kompaktów ma tyle, że ~** he's got masses of a. so many CDs

ojejku → ojej

ojoj → ojej

OK → okej

ok. (= około) c

okabl|ować pf — **okabl|owywać** impf vt to wire (up); **~ować budynek przewodami do telewizji satelitarnej** to wire up a building with satellite TV cables

okablowywać impf → okablować

okadzać impf → okadzić

oka|dzić pf — **oka|dzać** impf vt [1] (otoczyć wonnym dymem) to (in)cense; **~dzić ołtarz** to burn incense at an altar [2] Ogr. to fumigate

okalać impf → okolić

okaleczać impf → okaleczyć

okalecze|nie [1] sv → okaleczyć

[2] n (bodily) injury; (celowe) mutilation

okalecz|yć pf — **okalecz|ać** impf vt [1] (zranić) to cripple, to mutilate; **~one stopy** mutilated feet; **pocisk ~ył żołnierza** a bullet crippled a soldier [2] przen. (zepsuć, zubożyć) to mutilate; **~ony pomnik/ stół** a mutilated monument/table; **moje filmy zwykle były ~ane przez cenzurę** my films were usually mutilated by the censorship

okamgnie|nie n flash; **na jej twarzy na ~nie pojawił się uśmiech** for a second a smile appeared on her face; **wszystko trwało zaledwie ~nie** everything was over in a flash; **w ~niu** before you can a. could say Jack Robinson, (as) quick as a flash; **książka rozeszła się w ~niu** (as) quick as a flash the book edition was sold out

okap m (G **~u**) [1] Budow. (część dachu) eaves; **chata miała głęboki ~ wsparty na słupach** the hut had deep eaves supported

on pillars; **ptaki uwiły gniazda pod ~em** birds built nests beneath the eaves [2] (w kuchni) ventilation hood [3] Górn. (część skały) overhang; **~ węglowy** a coal overhang [4] Leśn. canopy

okapi m inv., f inv. Zool. okapi; **dwa** a. **dwie okapi** two okapi a. okapis

okaryn|a f Muz. ocarina

okaz m (G **~u**) [1] (egzemplarz) specimen; **ciekawy/ładny/rzadki ~** an interesting/a beautiful/a rare specimen; **~ anatomiczny/geologiczny/przyrodniczy** an anatomical/a geological/a biological specimen; **~ rośliny/zwierzęcia** a plant/an animal specimen; **~ muzealny** antique także przen. [2] (wzór) picture; **~ głupoty** a perfect fool; **~ siły/urody** a picture of strength/beauty; **wyglądał jak ~ zdrowia** he was a real picture of health

oka|zać pf — **oka|zywać** impf (~żę — ~zuję) [1] vt [1] (pokazać) to present, to show; **musiał ~zać celnikowi paszport** he had to present a. to show his passport to a customs officer [2] (uzewnętrznić) to show [wstyd, skruchę, odwagę]; **~zać komuś wdzięczność** to express one's gratitude to sb; **~zać komuś pogardę/przychylność** to disregard/favour sb; **~zać komuś pomoc** to be of help to sb; **~zać komuś zainteresowanie** to show interest in sb [1] **okazać się** — **okazywać się** to turn out; **film ~zał się arcydziełem** the film turned out to be a masterpiece; **~zać się miłym/uczciwym** to show oneself as a nice/honest person; **~zał się człowiekiem godnym zaufania/głupcem** he turned out to be trustworthy/a fool; **~zał się dobry/ łagodny/szlachetny** he turned out to be good/gentle/honourable [1] v imp. **jak się ~zało...** apparently/as it turned out...; **to się jeszcze ~że** it is yet to be seen; **~zało się, że nikt nic nie wie o tej sprawie** as it turned out nobody knew anything about it

okazale adv. grad. [1] (wyglądać) impressively; **album został wydany ~** the album makes a handsome a. an impressive edition; **budowla nie przedstawiała się ~** the building wasn't impressive; **prezentował się dużo ~j niż jego szef** he had a more imposing presence than his boss [2] (wypaść) grandly, magnificently; **obchody rocznicowe wypadły ~** the anniversary celebrations were impressive a. magnificent

okazałoś|ć f sgt (budowli, krajobrazu) grandeur, splendour; (postaci) magnificence, stateliness; (stroju, przyjęcia) sumptuousness; **podziwiać ~ć dawnej rezydencji** to admire the grandeur a. splendour of the old residence; **w całej ~ci** in all one's glory; **dopiero teraz jawi nam się w całej ~ci bestialstwo tego systemu** only now does the brutality of the system fully reveal itself

okaza|ły adi. grad. [1] (pokaźny) [budynek, tusza, wzrost] impressive; [zamek, mury] magnificent, grand; **najokazalsza budowla we wsi to kościół** the grandest building in the village is the church; **nowa szkoła mieściła się w ~łym gmachu** the new school was situated in an impressive (-looking) a. imposing building [2] (wystawny, bogaty) magnificent, sumptuous; **urządzić ~ły**

bankiet to give a sumptuous banquet; **wyprawić córce ~łe wesele** to organize a magnificent a. lavish wedding for one's daughter

okaziciel m, **~ka** f (Gpl **~i, ~ek**) bearer; **czek/obligacja na ~a** a bearer cheque/ bond; **weksel na ~a** a negotiable bill of exchange; **wydać paczkę ~owi kwitu** to give a parcel to the holder of a receipt a. docket

okazj|a [1] f (Gpl **~i**) [1] (możliwość) chance, opportunity; **nie mieliśmy ~i uczestniczyć w tej konferencji** we didn't have a chance a. an opportunity to take part in that conference; **nie przepuścił żadnej ~i, żeby...** he didn't miss a single chance a. opportunity to...; **rzadko mamy ~ę się spotkać** we rarely have a chance a. an opportunity to meet; **chciałbym skorzystać z tej ~i, żeby...** I'd like to avail myself of this a. the opportunity to...; **stracić okazję** to miss a chance [2] (powód) occasion; **wszystkiego najlepszego z ~i urodzin!** happy birthday! Many happy returns!; **złożył nam życzenia z ~i ślubu** he congratulated us on (the occasion of) our wedding [3] pot. (osoba zabierająca) lift; **przez Francję podróżował ~ą** he hitched pot. a. hitch-hiked his way across France [4] pot. (osoba zabierająca po drodze) lift; **posłać paczkę ~ą** a. **przez ~ę** to send a parcel through somebody [5] (korzystna sytuacja) bargain; **ten dom to była prawdziwa ~a** this house was a real bargain

[1] **przy okazji** [1] (w odpowiedniej chwili) when the opportunity arises a. occurs; **jeśli będziesz ją widział, to spytaj przy ~i, czy nie mogłaby pożyczyć nam pieniędzy** if you happen to see her, ask her if she could lend us some money; **zadzwoń do niej przy pierwszej nadarzającej się ~i** call her when the first opportunity (for that) arises a. occurs [2] (uboczny skutek) **jego problemy warsztatowe wyszły na jaw przy ~i kręcenia ostatniego filmu** his technical problems became apparent when we were making our latest film; **przy ~i badań okresowych wyszły na jaw jego problemy z sercem** a routine medical check-up revealed his heart problems [3] (korzystając ze sposobnej chwili) by the way; **a przy ~i, co z twoją ostatnią książką?** by the way, what about your latest book? ■ **~a czyni złodzieja** przysł. opportunity makes a thief

okazjonalnie adv. książk. occasionally; **w Warszawie bywa ~** he visits Warsaw occasionally; **wielu ludzi pije jedynie ~** many people drink alcohol only occasionally

okazjonaln|y adi. [1] (okolicznościowy) occasional; **koncert ~y** an occasional concert; **~e słowa** occasional words [2] książk. (przypadkowy) incidental, occasional; **~e spotkanie** an incidental a. an occasional meeting

okazyjnie adv. **dom kupiłem ~ – za bardzo korzystną cenę** the house was a bargain – I bought it at a very advantageous price; **udało mi się ~ sprzedać naszą starą lodówkę** I managed to get a good price for our old fridge

okazyjn|y adi. bargain attr.; **~y zakup** a chance a. a bargain (purchase); **kupiłem te książki po ~ych cenach** the books I bought were a bargain

okazywać impf → okazać

okej pot. **I** adi. inv. (dobry, porządny) okay, OK pot.; **czego ty od niego chcesz? on jest ~** what do you want from him, he's okay a. OK; **randka była zupełnie ~** the date was quite okay a. OK **II** adv. (dobrze, w porządku) okay, OK pot.; **„jak było w szkole?" – „~"** 'how was school?' – 'Okay'; **nie martw się, wszystko będzie ~** don't worry, it'll be all right a. okay a. OK **III** part. [1] (zgoda) okay, OK pot.; **„spotkamy się o pierwszej?" – „~"** 'shall we meet at one?' – 'okay a. OK.' [2] (rozpoczynając zdanie) okay, okay; **~, nie chciałem go obrazić** okay, okay, I didn't mean to offend him

okieł|znać pf — **okieł|znywać** impf vt [1] książk. to curb; **~znać konia** to curb a horse [2] przen. to rein in, to curb; **~znać siłę wiatru** to harness the power of the wind; **~znać czyjś temperament** to subdue sb

okiełznywać impf → okiełznać

okien|ko n [1] dem. (małe okno) (small) window; **niewielkie/zakratowane ~ko** a small/barred window; **przecisnąć się przez małe ~ko** to squeeze through a small window [2] (stanowisko) counter, window; **~ko kasowe** cash desk; **do ~ka na poczcie stała długa kolejka** there was a long queue at the post office in front of the counter a. window [3] (otwór) window; **koperta z ~kiem** a window envelope [4] (rubryka) blank (space), box; **nie wiedział, jak wypełnić ~ka formularza** he didn't know how to fill in the blanks a. boxes on the form; **w górnym ~ku ankiety wpisał swoje imię i nazwisko** he entered his name in the blank (space) a. box at the top of the questionnaire [5] pot. (przerwa) free (period); **po drugiej lekcji mam ~ko** I have a free (period) after the second lesson; **w czasie ~ka poszła z przyjaciółką na kawę** during her free period she went for a coffee with her friend [6] Druk. window [7] Komput. window; (z komunikatem) dialog box; **~ka** pot. Windows® ❏ **~ko telewizyjne** żart. screen

okienkow|y adi. window attr.; **interfejs/system ~y** Komput. a window interface/system

okiennic|a f shutter; **otworzyć/zamknąć ~e** to open/close the shutters; **szpary w ~ach** the slits in the shutters

okienn|y adi. [rama, otwór, krata] window attr.; **szyba ~a** a window pane; **szkło ~e** plate glass

okiś|ć f (Npl ~ci a. ~cie) książk. ≈ a cap of snow; **gruba/obfita/spadająca ~ć** a thick/huge/falling cap of snow

oklap|nąć pf (~nął a. ~ł, ~nęła a. ~ła, ~nęli a. ~li) vi pot. [1] (zwisnąć) to droop; **kwiaty ~ły w wazonie** the flowers in the vase drooped a. wilted [2] (osłabnąć) to wilt; **~ł po ciężkiej robocie** hard work made him wilt

oklap|nięty, ~ły adi. [1] (opadły) droopy, drooping; **~nięte kwiaty** droopy a. wilted flowers; **pies miał jedno ucho ~nięte** one of the dog's ears was drooping [2] pot. exhausted; **był ~nięty po wyczerpującej pracy** he was exhausted after work

oklask|i plt (G ~ów) applause; **na sali rozbrzmiały burzliwe/gromkie ~i** the hall resounded with rapturous/thunderous applause; **~i dla naszego gościa** let's give our guest a big hand; **publiczność nagradzała artystów ~ami** the audience rewarded the artists with applause; **rozległy się ~i** there was a round of applause

oklask|iwać impf vt to applaud; **~iwać głośno/gorąco/gromko/rzęsiście** to applaud loudly/heartily/rapturously/thunderously; **~iwać aktora/mówcę/piosenkarza** to applaud an actor/a speaker/a singer; **~iwać przemówienie/występ** to applaud a speech/a performance; **publiczność długo ~iwała aktorów** the audience rewarded the actors with a long a. lengthy ovation

okle|ić pf — **okle|jać** impf vt to cover; (taśmą) to tape; (fornirem) to veneer; **~ić paczkę taśmą** to tape a parcel; **~ić pomieszczenie plakatami** to blanket a. to plaster a room with posters

oklein|a f veneer; **meble w pięknej ~ie orzechowej** beautiful walnut-veneered furniture

okleinow|y adi. veneer attr.; **drewno ~e** wood veneer

oklejać impf → okleić

oklep adv. książk. **jechać (konno) na ~** to ride bareback

oklepan|y II pp → oklepać **III** adi. pot. trite, well worn; **~a melodia** a tired old melody; **~e morały/słowa** trite morals/words; **~y dowcip/temat** a trite a. a well worn joke/subject; **~y zwrot** a well-worn phrase

okła|d II m (G ~du) [1] (kompres) compress; (z masy roślinnej) poultice; **~dy z octu** compresses of vinegar; **położyć a. przyłożyć sobie ~d** to apply a compress/a poultice (on sth); **położyła mu na czole zimny ~d** she placed a cold compress on his forehead; **robić a. stosować ~dy na coś** to treat sth with compresses a. poultices [2] książk. (obłożenie) facing; **brzeg rzeki wzmocniony kamiennym ~dem** a river bank strengthened with a stone facing **II z okładem** more than, over; **dwadzieścia kilometrów/sto lat z ~dem** more than a. over twenty kilometres/a hundred years

okłada|ć impf **I** vt [1] pot. (pokrywać) (z zewnątrz) to face; (wewnątrz) to line [2] (bić) to bash; **dozorca ~ł złodzieja kijem** a caretaker was bashing a thief with a stick; **~ć kogoś batem/pięściami** to whip/to pummel sb **II okładać się** pot. to bash each other/one another; **~li się pięściami** they were pummelling each other/one another

okład|ka f [1] (zewnętrzna część książki, czasopisma) cover; **miękka/sztywna a. twarda ~ka** a soft/hard cover; **książka w miękkiej/twardej ~ce** a paperback/hardback; **książka w kolorowej ~ce** a book with a colourful cover; **na ~ce** on the cover; **jej zdjęcie trafiło na ~kę „Newsweeka"** she made the cover of 'Newsweek' [2] (dodatkowa osłona) cover; **~ka książki/legitymacji** a. **na książkę/legitymację** a book/an ID card cover; **założyć/zdjąć ~kę** to put on/to take off a cover

okładkow|y adi. cover attr.; **karton ~y** cardboard for covers; **zdjęcie ~e** a cover photo

okładzin|a f [1] Budow. (pokrywa) facing; **dębowa/kamienna/marmurowa ~a** an oak/a stone/a marble facing; **wykładać ściany ~ą** to line walls with facing; **~a cierna** Techn. friction lining [2] Druk. cover [3] Górn. lining

okładzinow|y adi. facing attr.; **materiał ~y** a facing material; **płyty ~e** facing plates

okłam|ać pf — **okłam|ywać** impf (~ię — ~uję) **I** vt to lie; **bezczelnie/bezwstydnie ~ywać kogoś** to lie shamelessly to sb; **~ać brata/matkę** to lie to one's brother/mother; **~ywać siebie samego** to deceive a. to delude oneself **II okłamać się — okłamywać się** (okłamać się wzajemnie) to lie to each other/one another **III okłamywać się** (wmawiać sobie) to deceive a. to delude oneself

okłamywać impf → okłamać

ok|no n [1] (otwór w ścianie, pojeździe) window; **mam okna od podwórza** my windows look out onto the courtyard; **wychylić się przez okno** to lean out of a window; **wyglądać przez okno** to look through a. out of the window; **otworzyć/zamknąć okno** to open/to shut a window; **podejść do okna** to go to a window; **stać w oknie** to stand at a window; **siedzieć przy oknie** to sit at a. by the window; **wyrzucić coś przez a. za okno** to throw sth out of a window; **wyskoczyć oknem a. przez okno** to jump out of a window [2] pot. (szyba) window; **ktoś stłukł okno w domu sasiadów** someone broke the window in the neighbours' house; **myć okna** to clean windows [3] Komput. box; (aplikacji) window; **okno dialogowe/komunikatu** a dialog/message box; **otworzył okno pomocy** he opened the help window; **zamknąć okno komunikatu** to close the message box [4] Górn. (otwór wentylacyjny) window [5] Myślis. (otwór nory) burrow, hole ❏ **okno balkonowe** French window; **okno dachowe** roof light; **okno podwójne** a. **dubeltowe** double window; **okno szwedzkie** a. **zespolone** Swedish window; **okno tektoniczne** Geol. tectonic window; **okno weneckie** Venetian window; **okno wykuszowe** bay window; **okno wystawowe** shop window; **ślepe okno** blind window ■ **okno na świat** przen. a window on the world; **cisnąć się** a. **pchać się** a. **włazić drzwiami i oknami** to crowd in; **wyrzucać pieniądze za okno** to throw money down the drain

oknów|ka f Zool. house martin

o|ko n [1] (Gpl oczu, Ipl oczami a. oczyma) (narząd wzroku) eye; **błędne/bystre/zamglone/żywe oczy** wild/sharp/hazy/lively eyes; **brązowe/piwne/szare/zielone oczy**

brown/hazel/grey/green eyes; **dwoje** a. **oboje oczu** a pair of eyes; **głęboko osadzone oczy** deep-set eyes; **podbite/podsinione oczy** black-ringed/livid eyes; **przekrwione/skośne/wpadnięte/wyłupiaste/wypukłe oczy** bloodshot/slanting/sunken/bulging/protruding eyes; **łzy napływają** a. **nabiegają komuś do oczu** tears are welling up in sb's eyes; **oczy komuś zachodzą łzami** tears flow into sb's eyes; **łzy zakręciły się komuś w oczach** tears rolled in sb's eyes; **męczyć** a. **wytężać** a. **wysilać oczy** to strain one's eyes; **mrużyć oczy** to squint; **otwierać/zamykać oczy** to open/to close one's eyes; **skierować** a. **obrócić oczy na kogoś/na coś** to direct one's eyes at sb/sth; **wodzić za kimś/czymś oczami** a. **śledzić kogoś/coś oczami** to follow sb/sth with one's eyes ② (Npl **oka**) (kółko) dot; **tkanina w kolorowe oka** polka-dot fabric; **oka na** a. **w rosole** drops of fat in the broth ③ (Npl **oka**) (sieci) mesh ④ sgt Żegl. (służba) bow watch; **stać na oku** to bow watch ⑤ Żegl. (pętla) eye ❏ **argusowe oczy** książk. Argus-eyed look; **kocie oczy** Techn. catseyes; **kocie oko** Miner. cat's eye; **magiczne oko** Radio, Techn. magic eye; **oko cyklonu** Meteo. eye of the storm, storm centre; **oko opatrzności** Relig. (symbol opatrzności) the Eye of Providence; **pawie oko** (wzór na piórach pawia) peacock's eye; **tygrysie oko** Miner. tiger('s)-eye; **wole oczy** Archit. (ornament) bullseye a. bull's-eye ornament; **wole oko** Archit. bullseye a. bull's-eye window

■ **sokole oko** eagle eye; **o sarnich oczach** doe-eyed; **szklane oczy** (chorobliwie) glazed a. shiny eyes; (o tępym spojrzeniu) glassy a. glazed eyes; **świdrowate oczy** przest. piercing eyes; **bez zmrużenia oka** a. **oczu** without batting an eye(lid); **być czyimś okiem i uchem** to be sb's eyes and ears; **być/pozostawać/uczyć się pod czyimś okiem** to be under sb's tutelage; **cieszyć** a. **nęcić** a. **przyciągać** a. **przykuwać** a. **rwać** a. **wabić oczy** a. **oko** to please the eye; **rzucać się** a. **bić** a. **uderzać w oczy** to be blatant; **dawać po oczach** pot. to blind, to dazzle; **dla czyichś pięknych oczu** a. **na piękne oczy** for sb's pretty face; **dobrze/źle jemu/jej z oczu patrzy** he/she has a kind/a forbidding look in his/her eyes; **dwoi** a. **troi się mu w oczach** he sees double/triple; **iść** a. **pójść gdzie** a. **dokąd oczy poniosą** a. **zaprowadzą** to go and never look back; **jak** a. **gdzie okiem sięgnąć** a. **oko sięga** as far as the eye can see; **mieć ciemne plamy przed oczami** to see spots before one's eyes; **pociemniało mu** a. **zrobiło mu się ciemno przed oczami** he saw spots before his eyes; **leźć** a. **włazić komuś w oczy** pot. to nag sb pot., to get in sb's way pot.; **mieć dobre** a. **bystre oko** a. **oczy** (być spostrzegawczym) to have observant eyes; (mieć dobry wzrok) to have good a. sharp eyes; **mieć kocie oczy** to have cat's eyes; **mieć kogoś/coś na oku** a. **mieć oko na kogoś/coś** to keep an eye a. a sharp eye on sb/sth; **mieć kogoś/coś przed oczami** to have sb/sth before one's (very) eyes; **stoją mi przed oczami** I have them before my

very eyes; **mieć oczy (szeroko) otwarte** to keep one's eyes open a. skinned, to keep one's weather eye (on sth); **mieni się mi/jemu/jej w oczach** a. **świat/wszystko mi/mu/jej mieni się w oczach** I see/he sees/she sees spots; **mówić** a. **powiedzieć** a. **wygarnąć komuś coś prosto w oczy** to say sth in sb's face; **na czyichś oczach** before a. in front of a. under sb's (very) eyes; **na oko** more or less; **napawać** a. **paść** a. **sycić oczy czymś** a. **widokiem czegoś/kogoś** to feast one's eyes on sth/sb; **nie móc oderwać oczu od kogoś/czegoś** to have one's eyes riveted to sb/sth; **nie śmieć spojrzeć komuś w oczy** a. **nie śmieć pokazać się komuś na oczy** to not be able to look sb in their eyes a. face; **nie wiedzieć, gdzie oczy podziać** a. **schować** książk. to not know where to look; **nie wierzyć** a. **nie dowierzać (swoim** a. **własnym) oczom** to not believe one's own eyes; **obserwować coś/patrzeć na coś kątem oka** to watch/to see sth out of a. from the corner of one's eye; **oczy się mu/jej kleją** a. **zamykają** his/her eyelids are drooping; **oczy się mu/jej świecą** a. **śmieją do kogoś/czegoś** his/her eyes shine a. are shining at sb/sth; **oczy wychodzą** a. **wyszły** a. **wyłażą** a. **wylazły mu/jej na wierzch** a. **z orbit** (ze strachu) his/her eyes bulge(d) from his/her head a. sockets; (ze zdziwienia) his/her eyes pop(ped) out on stalks; **oczy zachodzą mu/jej mgłą** a. **mgła przysłania** a. **zasłania** a. **zasnuwa mu/jej oczy** his/her eyes get hazy, his/her sight gets blurred; **oko mu/im zbieleje** this will knock him/them out; **otworzyć oczy** to wake; **otworzyć szeroko oczy** a. **zrobić duże** a. **wielkie oczy** a. **wybałuszyć** a. **wytrzeszczyć oczy** to goggle; **patrzeć** a. **spoglądać** a. **zerkać spod kątem oka** to look (at sth) out of a. from the corner of one's eye; **pilnować** a. **strzec kogoś/czegoś jak oka w głowie** a. **jak źrenicy oka** to guard sth with one's life; **podnieść** a. **wznieść oczy** to lift a. raise one's eyes; **postawić oczy w słup** to cast up one's eyes in astonishment; **patrzeć krzywym** a. **złym okiem na kogoś/coś** to frown (up)on sb/sth, to look askance at sb/sth; **przeszyć** a. **prześwidrować** a. **przewiercić kogoś oczami** to look at sb piercingly; **przewracać oczami** a. **wywracać oczy** a. **oczami** to roll one's eyes; **robić (do kogoś) słodkie oczy** pot. to cast a. to make sheep's eyes (at sb); **robić coś dla (ludzkiego) oka** a. **dla ludzkich oczu** to keep up appearances; **zrobić** a. **puścić do kogoś (perskie) oko** to wink at sb; **rozmawiać/spotkać się z kimś w cztery oczy** to talk/to meet with sb face to face a. tête-à-tête; **skakać** a. **rzucać się komuś do oczu** to fly at sb's throat; **spojrzeć niebezpieczeństwu/prawdzie/śmierci (prosto) w oczy** to face the danger/truth/death; **spotkać się** a. **stanąć** a. **znaleźć się z kimś/z czymś oko w oko** to be eyeball to eyeball with sb/sth; **spuścić** a. **opuścić oczy** to lower one's eyes; **stracić kogoś/coś z oczu** a. **z oka** to lose sight of sb; **strzelać oczami** (rzucać wesołe spojrzenia) to cast happy glances;

(lękliwie zerkać) to cast anxious glances; **szukać oczami kogoś/czegoś** to look about for sb/sth; **ścigać** a. **gonić kogoś/coś oczami** to follow sb with one's eyes; **w czyichś oczach** in sb's eyes; **w oczach** rapidly; **zmieniać się w oczach** to change overnight; **urosnąć w oczach** (dziecko) to shoot up; **w żywe oczy** blatantly; **kłamać w żywe oczy** to lie through one's teeth, to tell brazen lies; **widoczny gołym okiem** visible to the naked eye; **widzieć** a. **zobaczyć coś** a. **przekonać się o czymś na własne** a. **swoje oczy** to see sth with one's own eyes; **widzieć coś oczyma** a. **oczyma duszy** a. **wyobraźni** to see sth in one's mind's eye; **wisieć oczami na kimś/czymś** to fix one's eyes on sb/sth, to glue one's eyes to sb/sth; **wpaść komuś w oko** to catch one's fancy; (zwrócić uwagę) to catch sb's eye; **wykłuwać komuś oczy czymś** to fling sth in sb's face; **wypatrywać (sobie) za kimś/czymś oczy** to look out for sb/sth; **z zamkniętymi** a. **zawiązanymi oczami** (z łatwością) with one hand (tied) behind one's back; (trafić gdzieś) with one's eyes closed; **(po)za oczami** behind sb's back; **zamknąć oczy** książk., euf. to pass away, to breathe one's last (breath); **zamykać** a. **przymykać** a. **(przy)mrużyć na coś oczy** to turn a blind eye to sth; **zejść komuś z oczu** to get out of sb's sight; **zginąć** a. **zniknąć komuś z oczu** to vanish from sb's sight; **oko za oko, ząb za ząb** an eye for an eye, a tooth for a tooth; **co z oczu, to z serca** a. **z myśli** przysł. out of sight, out of mind; **czego oko nie widzi** a. **oczy nie widzą, tego sercu nie żal** przysł. what the eye doesn't see, the heart doesn't grieve (over); **pańskie oko konia tuczy** przysł. the master's eye makes the horse fat; **popie oczy, wilcze gardło, co zobaczy, to by żarło** przysł. sb has eyes bigger than their stomach

oko|cić się pf vi (o kotce) to kitten; (o owcy) to lamb; **kotka niedawno się ~ciła** the cat has recently given birth (to a litter of kittens)

okoc|ony adi. **~ona kotka karmiła młode** the cat suckled its kittens

okolic|a f ① (obszar wokół pewnego miejsca) surroundings, vicinity; **dom w ~ach Warszawy** a house near Warsaw; **ludzie z ~y** people living in the vicinity; **w ~y dziesięciu kilometrów od schroniska nie było lekarza** there were no doctors within ten kilometres of the hostel; **znaleźliśmy się w ~ach dworca** we found ourselves in the vicinity of the station ② pot. (sąsiedzi) neighbourhood; **cała ~a się z ciebie śmieje** the whole neighbourhood is laughing at you; **~a jest biedna** the neighbourhood is poor; **plotka szybko rozniosła się po ~y** the gossip quickly spread in the neighbourhood ③ (region) region; **górskie ~e kraju** mountain regions of the country; **spokojna ~a** a quiet region; **mieszkańcy tej ~y mają charakterystyczny akcent** people of this region have a characteristic accent; **przeprowadzić się w bogatsze ~e** to move to a richer region ④ (miejsce na ciele) area, region; **miał ranę w ~y czoła** he had a

O

wound in the region of his forehead; **w ~y serca/wątroby** in the heart/liver area a. region

❑ **~a kroczowa** Med. perineal area a. region

■ **w ~y** a. **~ach** pot. (sometime) around

okolicznik m Jęz. adverbial (modifier); **~ czasu/miejsca/przyzwolenia/sposobu/ stopnia** an adverbial of time/place/concession/manner/degree

okolicznikow|y adi. Jęz. adverbial attr.

okolicznościow|y adi. occasional; **kartka ~a** a notelet; **literatura/poezja ~a** occasional literature/poetry; **referat ~y** an occasional lecture; **urlop ~y** compassionate leave

okoliczności|ć f circumstance; **nieprzewidziana/pomyślna/smutna/ważna/wyjątkowa/znamienna ~ć** an unforeseen/a favourable/a sad/an important/an exceptional/a special circumstance; **różnorodne/sprzyjające/tragiczne/zmienne ~ci** various/favourable/tragic/changing circumstances; **~ci czegoś wymagają** a. **zmuszają kogoś do czegoś** circumstances force sb to do sth; **~ci katastrofy** circumstances of the catastrophe; **postąpić zależnie od ~ci** to act depending on the circumstances; **przewidział wszystkie ~ci** he provided for all circumstances; **radzić sobie** a. **umieć się znaleźć w każdej ~ci** to be able to cope with all circumstances; **ustalić** a. **wyjaśnić ~ci wypadku/zdarzenia** to establish the circumstances of an accident/an event; **zachować się stosownie do ~ci** to behave in accordance with the circumstances

❑ **~ci łagodzące** Prawo extenuations; **~ci obciążające** Prawo aggravating a. incriminating circumstances

■ **zbieg** a. **splot ~ci** coincidence

okoliczn|y adi. [1] (miejscowy) local; **~a ludność** local people [2] (położony w okolicy) **~e sklepy/wioski/hotele** nearby shops/villages/hotels; **~y las** a nearby forest

ok|olić pf — **ok|alać** impf vt [1] (otoczyć) to surround; **drzewa okalały łąkę** the meadow was surrounded by trees; **jezioro okolone lasem** a lake surrounded by a forest; **miasto okalała rzeka** the town was surrounded by a river; **mur okalający dziedziniec** a wall surrounding a courtyard [2] (obramować) to border; **czapeczka okolona barankiem** a cap bordered with sheepskin; **twarz okolona blond włosami** a face fringed a. surrounded with blond hair

około [] praep. (round) about, around; **~ stu osób** about a. around a hundred people; **~ szóstej/północy** about a. around six/midnight; **~ 1990 roku** around 1990

[] part. kryt. about, around; **przez ~ dziesięć minut** for about ten minutes; **po ~ dwugodzinnym zebraniu** after roughly a two-hour meeting; **ceny wzrosły ~ trzykrotnie** prices went up by around 300 per cent

okołoziems|ki adi. circumterrestrial; **~ka stacja kosmiczna** a circumterrestrial space station; **orbita ~ka** a circumterrestrial orbit

oko|nek m dem. Zool. (little) perch

oko|ń m Zool. perch

■ **stawać ~niem komuś/czemuś** a. **wobec kogoś/czegoś** książk. to make a. to take a stand against sb/sth

okop m (G **~u**) Wojsk. trench; **~ strzelecki** a foxhole; **kopać/sypać ~y** to dig/build trenches; **schronić się do ~u** to hide in a trench; **żołnierze strzelali z ~ów** soldiers were shooting from their trenches

okop|ać pf — **okop|ywać** impf (**~ię ~uję**) [] vt [1] Ogr. (spulchnić) to earth up; **~ać buraki/drzewka owocowe/pomidory/ziemniaki** to earth up beets/fruit trees/tomatoes/potatoes [2] Wojsk. (osłonić) to dig a trench around

[] **okopać się — okopywać się** to dig in; **nieprzyjaciel ~ał się na wzgórzu** the enemy dug in on the hill

okopan|y [] pp → **okopać**

[] adi. [żołnierze] entrenched

okop|cić pf [] vt to blacken, to soot (up)

[] **okopcić się** to get blackened a. sooted; **od lampy naftowej ~ciła się ściana** the paraffin lamp blackened the wall

okopow|y [] adi. trench attr.; **gorączka ~a** a trench fever; **służba/wojna ~a** a trench service/war(fare)

[] **okopowe** n Roln. bulb and root plants

okopywać impf → **okopać**

okow|y plt (G **~ów**) książk. [1] (pęta) fetters, manacles; **więźniów zakuto w ~y** the prisoners were bound a. chained down in fetters a. manacles [2] przen. fetters; **rzeka w ~ach lodu** a river in fetters of ice; **tkwić w ~ach obyczajów/tradycji** to be imprisoned in fetters of custom/tradition

okólnik m [1] (pismo przesyłane obiegiem) circular (letter); **rozesłać/wydać ~** to send out/to issue a circular (letter); **zawiadomić pracowników o czymś ~iem** to notify employees of sth by circular (letter) [2] (zagroda) pen; **trzymać konie w ~u** to keep horses in a pen

okóln|y adi. roundabout; **dojechać/dojść gdzieś ~ą drogą** to arrive somewhere by a roundabout route; **pismo ~e** a circular letter

okpi|ć pf — **okpi|wać** impf (**~ę ~wam**) [] vt pot. to befool, to outwit; **~ć kogoś na parę tysięcy złotych** to befool sb of a few thousand zlotys; **~ć kogoś przy grze w karty** to outwit sb at cards

[] **okpić się — okpiwać się** to be mistaken; **~ć się na jakimś interesie** to be mistaken about some business

okpiwać impf → **okpić**

okradać impf → **okraść**

okrajać → **okroić**

okrakiem adv. astride; **siąść ~ na krześle/na murze** to sit astride on a. to bestraddle a. to bestride a chair/wall; **stać ~ nad czymś** to stand astride over a. to bestraddle a. to bestride sth; **zjeżdżać ~ po poręczy** to slide down a banister

okras|a f dial. pork fat for seasoning dishes

okra|sić pf — **okra|szać** impf vt [1] (omaścić) to season a dish with some fat or cream [2] książk. (upiększyć) to spice up; **~szać opowiadanie anegdotami** to spice up a story with anecdotes; **~sić twarz uśmiechem** to light up one's face with a smile

[3] przest. (zabarwić) to colour; **jej twarz ~sił rumieniec** a blush coloured her face

okraszać impf → **okrasić**

okra|ść pf — **okra|dać** impf (**~dnę, ~dniesz, ~dł, ~dła, ~dli — ~dam**) vt to rob; **~ść podróżnych (z pieniędzy)/ sklep (z towaru)** to rob travellers (of their money)/a shop (of goods)

okrat|ować pf vt to bar; **okna pracowni informatycznej są ~owane** the windows of the computer lab have gratings installed; **~ować drzwi/pomieszczenie** to bar a door/room ⇒ **kratować**

okr|awać impf → **okroić**

okraw|ek m (metalu) sliver; (tkaniny) offcut; (wędliny, mięsa) ≈ scrap; **~ki materiału** fabric offcuts

okr|ąg m (G **~ęgu**) [1] Mat. circle; **cięciwa/ promień/średnica/środek ~ęgu** a chord/radius/diameter/centre of a circle; **obwód ~ęgu** a circumference; **zakreślił cyrklem ~ąg** he described a circle with a compass a. (a pair of) compasses [2] książk. (krąg) circle, ring; **~ąg tancerzy/widzów** a circle a. a ring of dancers/spectators; **obecni utworzyli ~ąg** those present formed a circle

okrąglak m [1] (kawałek drewna) log; **kładka ułożona z ~ów** a log footbridge; **studnia ocembrowana ~ami** a well cased in logs [2] pot. (budynek) rotunda

okrągluchn|y adi. dem. pieszcz. round; [twarz] chubby

okrąglut|ki adi. dem. pieszcz. [1] (zaokrąglony) round; **ładny ~ki kamyk** a pretty round pebble [2] (pulchny) chubby; **~kie rączki** chubby little hands; **rozkosznie ~kie dziecko** a delightfully chubby baby

okrągło [] adv. (koliście); **paznokcie obcięte na ~** round cut nails

[] **na okrągło** pot. **ona na ~ mi o tym opowiada** she's telling me that story again and again

okrągłoś|ć [] f sgt [1] (kształt zbliżony do kuli) roundness; **~ć belki/studni** rotundity a. roundness of a beam/well; **~ć jabłka** roundness of an apple; **~ć linii/liter** roundness of contours/letters [2] (pulchność) rotundity; **~ć czyichś kształtów** rotundity of sb's figure; **~ć czyichś ramion** chubbiness a. plumpness of sb's arms

[] **okrągłości** plt curves; **odsłoniła swoje ~ci** she was exposing her curves

okrągł|y [] adi. grad. plump, rotund; **~łe biodra/ręce** plump a. rotund hips/arms; **~łe kształty (kobiety)** curves

[] adi. round; **~ła buteleczka/patera/ puderniczka/taca** a round flask/epergne/compact/tray; **~ła czekoladka** a round chocolate; **~ła twarz** a chubby a. round face; **~łe litery/pismo** rounded letters/writing; **~łe lusterko/pudełko** a round mirror/box; **~łe oczy** round eyes; **~ły liść/stół/talerz** a round leaf/table/plate

■ **~ła rocznica** a round anniversary; **~ła suma** a round sum; **~łe gesty** a. **ruchy** graceful a. round gestures; **~łe słowa** a. **zdania** round phrases

okrążać impf → **okrążyć**

okrąże|nie [] sv → **okrążyć**

[] n [1] Wojsk. encirclement, envelopment; **znaleźć się w ~niu** to find oneself encircled; **wyjść/wydostać się z ~nia** to break out of an encirclement a. envelopment [2] Sport lap; Lotn. circle; **być na trzecim ~niu** to be on lap three; **prowadzić przez dwa ~nia** to lead for two laps; **pokonać** a. **zrobić/przebiec okrążenie** to do/to run a lap; **samolot zrobił kilka ~ń** a plane made a few circles

okrąż|yć pf — **okrąż|ać** impf vt [1] (zatoczyć krąg dookoła) to go (a)round; **~yć dom/plac** to go a. to walk (a)round a house/square; **ptak ~ył dolinę** a bird made a circle over the valley [2] (ominąć) to skirt; **musieli ~yć jezioro** they had to skirt a lake [3] (okolić) to surround; **dom ~ony ogrodem** a house surrounded by a garden; **~yć zamek fosą** to moat a castle [4] (obstąpić) to encircle, to surround; **~yć nieprzyjaciela** to encircle the enemy; **ludzie ~yli studnię** people surrounded the well

okres [] m (G **~u**) [1] (czas trwania) period, season; **~ wojny** wartime; **~ świąt Bożego Narodzenia** Christmas time; **~ świąteczny** the holiday season; **~ kwitnienia/pylenia/wylęgania** the blossoming/pollination/incubation period; **~ dojrzewania** adolescence; **~ przekwitania** growing (the) menopause; **~ świetności** the glory days, heyday; **w ~ie wakacji** during the summer a. vacation; **pamiętam go dobrze z tamtego ~u** I remember him well from that period [2] (epoka) period, era; **teatry polskie ~u międzywojennego** Polish theatres of the interwar period; **~ romantyzmu** the Romantic period [3] środ., Szkol. (semestr) term; **na drugi ~ miał dwóję z matematyki** he got a 'D' in maths for the second term [4] pot. (menstruacja) period; **mieć ~** to have one's period a. time of the month; **w zeszłym miesiącu nie miała ~u** she missed a period last month [5] Astron., Fiz. (cykl) period, cycle; **~ obrotu gwiazd** the cycle of the stars' rotation, the star rotation cycle; **~ obiegu Ziemi wokół Słońca** the period of the Earth's rotation round the Sun [6] Geol. period; **~ międzylodowcowy** a. **interglacjalny** the interglacial period [7] Jęz. (zdanie wieloczłonowe) complex sentence, period [8] Muz. (część utworu muzycznego) passage, phrase

[] **okresami** adv. periodically

❏ **~ cyceroński** Literat. Ciceronian era; **~ godowy** Zool. nuptial period; **~ gwiazdowy** Astron. planet's cycle; **~ inkubacyjny** a. **wylęgania** Med., Wet. incubation a. latent period; **~ ochronny** Myślis. close a. closed season; **~ przydatności produktu do spożycia** a product's lifetime; **~ próbny** a trial period, probation

okresowo adv. [sprawdzać, kontrolować, dostarczać, pojawiać się] periodically

okresowoś|ć f sgt periodicity; **~ć zjawisk pogodowych** the periodicity of weather phenomena

okresow|y [1] (cykliczny) [deszcze, susze, powodzie, badania] periodic [2] (tymczasowy) [moda, niedogodności, trudności] temporary, passing; **~y zakaz polowań** a seasonal ban on hunting [3] (dotyczący danego okresu) [plan, oceny] term attr.

określać impf → **określić**

określe|nie [] sv → **określić**

[] n [1] (epitet) epithet, name; **banalne/celne ~nie** a trivial/accurate epithet [2] (termin) term, expression; **używał fachowych ~ń** he was using a lot of technical terms [3] Jęz. (rzeczownika) attribute; (czasownika) adverbial

określ|ić pf — **określ|ać** impf vt [1] (wyznaczyć, ustalić) to determine; **~ić datę ślubu/czas powstania utworu** to decide on the date of the wedding/to determine the time of the piece's creation; **~ić wielkość podatku** to determine the amount of tax; **~ić położenie statku** to determine a. get the ship's bearings [2] (wyrazić) to describe; **mogę to ~ić tylko jednym słowem: skandal** I can only describe this by one word: a scandal; **nie potrafię ~ić przyczyny swojego niepokoju** I can't describe a. define the reason for my anxiety; **lekarze nadal ~ają stan chorego jako bardzo ciężki** the doctors maintain that the patient is still in a critical condition [3] (zdeterminować) to define; **pieniądz ~a kondycję człowieka** money defines a person's condition

określonoś|ć f sgt definite character

określ|ony [] pp → **określić**

[] adi. definite, specific; **mieć o kimś ~ony sąd** to have a definite opinion about somebody

okręcać impf → **okręcić**

okrę|cić pf — **okrę|cać** impf [] vt [1] (owinąć) to wrap, to wind; **~cił paczkę sznurkiem** he wrapped some string around the package [2] (obrócić) to twist, to twirl; **~cał partnerkę w tańcu** he twirled his dance partner; **~cał monetę w palcach** he was twirling the coin in his fingers

[] **okręcić się — okręcać się** [1] (opleść się) to wind, to coil (itself); **powój ~cił się wokół drzewa** the ivy wound round the tree; **lina ~ciła się wokół słupa** the rope coiled itself round the pole [2] (otulić się) to wrap; **~ciła szczelnie szyję szalem** she wrapped the scarf close around her neck [3] (obrócić się) to turn round; **~cić się na pięcie** to turn (around) on one's heel

okręcik m dem. (G **~u**) [1] (mały okręt) (small) ship [2] (model, zabawka) toy ship a. boat

okręg m (G **~u**) [1] Admin. district; **na zjazd przyjechali delegaci wszystkich ~ów** representatives of all districts came to the convention [2] (obszar) district, area; **~ rolniczy/przemysłowy/górniczy** a farming/industrial/mining district [3] książk. circle, ring

❏ **~ wyborczy** Polit. constituency

okręgow|y adi. [władze, sąd, prokuratura, szpital, muzeum] district attr.

okrę|t m (G **~tu**) [1] (w marynarce wojennej) warship [2] (duży statek) ship; **~t dalekomorski** an ocean-going a. deep-sea ship

❏ **~t desantowy** Wojsk. landing craft; **~t flagowy** Wojsk. flagship; **~t liniowy** Wojsk. battleship, ship of the line; **~t podwodny** Wojsk. submarine; **~t wojenny** Wojsk. warship, man-of-war

okręt|ka f running stitch; **zszyć coś na ~kę** to oversew

okręt|ować impf Żegl. [] vt to embark [pasażerów]; (do pracy) to enlist [kucharza, mechanika]; **~ować marynarzy na statek** to embark sailors on a ship ⇒ **zaokrętować**

[] vi [pasażer] to travel on a ship; [marynarz] to ship, to serve on a ship ⇒ **zaokrętować**

[] **okrętować się** to embark; **~ować się na statek** to embark on a ship ⇒ **zaokrętować się**

okrętow|y adi. ship's, ship attr.; **lekarz ~y** the ship's doctor; **dokumenty ~e** ship's papers; **budownictwo ~e** shipbuilding; **dziennik ~y** a logbook, the captain's log

okrężnie adv. [1] (dookoła) circuitously; **jechać** a. **iść ~** to make a circuit, to take a roundabout way a. detour [2] przen. [mówić, wyjaśniać] indirectly, in a roundabout way

okrężn|y adi. [1] (okrążający) [ulica, ruch] circular, roundabout [2] przen. (niejasny) [pytania, sposób] indirect

■ **droga ~a** a detour

okr|oić, okr|ajać pf — **okr|awać** impf [] vt [1] (obciąć dookoła) to edge, to trim; **~oić skórkę z chleba** to cut the edges off a slice of bread; **~oić liściaste końcówki warzyw** to trim the leafy ends off the vegetables [2] przen. (zmniejszyć) to cut down; **~oić artykuł przed publikacją** to cut an article before publication

[] **okroić się, okrajać się — okrawać się** przest. to fall (komuś to sb); **przy podziale spadku i im coś się ~oiło** a share of the inheritance fell to them, too

okropieństw|o n pot. monstrosity; **śniły mi się jakieś ~a** I had horrible nightmares; **co za ~o ten jej kapelusz!** that hat of hers – what a monstrosity!

okropnie adv. grad. [1] (przerażająco) horribly; **miał twarz ~ oszpeconą** his face was horribly disfigured [2] (źle, brzydko) [śpiewać, wyglądać] dreadfully, terribly; **nie masz pojęcia, jak ~ ci było z brodą** you have no idea how dreadful you looked with a beard! [3] pot. (bardzo) [zmęczyć się, zmoknąć] awfully; **to była ~ bogata rodzina** it was an awfully rich family; **czułem się ~ nieswojo** I felt awfully weird a. strange

okropnoś|ć f [1] sgt (bycie okropnym) atrocity; **przeraziła mnie ~ć jego czynu** I was apalled at the atrocity of his deed [2] zw. pl (potworność) atrocity; **~ci wojny** the atrocities of war

okropn|y adi. grad. [1] (przerażający) [zbrodnia, widok] horrible, dreadful; [scena, przeżycie, wypadek] ghastly; [warunki, poziom, jakość] abominable [2] (zły, brzydki) [akcent, film, jedzenie, pogoda, gust] atrocious, horrible; **mieć ~y charakter** to have an atrocious a. horrible personality; **~y z niego formalista** he's a horrible formalist [3] pot. (ogromny, intensywny) [ból, strach, mróz, upał, deszcz] terrible, dreadful

okruch m zw. pl (G **~a** a. **~u**) (pieczywa, ciasta) crumb; (szkła, sera) sliver; przen. (prawdy) scrap, shred

okrucieństw|o n [1] sgt (skłonność) cruelty, wickedness; **zawsze powinno się reagować na przejawy ~a wobec zwierząt** one should always react to any instances of cruelty to animals [2] *zw. pl* (czyn) atrocities; **film pokazywał ~a wojny** the film showed the atrocities of war

okrusz|ek *m dem.* a (small) (bread)crumb

okruszyn|a *f* (pieczywa, ciasta) crumb; (sera, czekolady) (little) bit

okruszyn|ka *f dem.* (pieczywa, ciasta) crumb; (jedzenia) (little) bit, particle

okrutnic|a *f przest.* a cruel woman

okrutnie *adv. grad.* [1] (bezlitośnie) *[trakto-wać, skrzywdzić]* cruelly, pitilessly [2] przest., książk. (bardzo) *[wdzięczny, zmęczony]* awfully, extremely; **jeść mi się chce ~** I'm extremely hungry, I'm starving

okrutni|k *m przest.* cruel man, brute

okrutn|y *adi. grad.* [1] (bezlitosny) *[morderca]* brutal, cruel; *[sędzia, władca, postępowanie]* cruel; *[bitwa, atak, wzrok, spojrzenie]* fierce; *[film, scena, postępek, morderca]* brutal; *[tyran, reżim]* pitiless; **być ~ym dla kogoś** to be cruel towards sb [2] (wyrażający okrucieństwo) *[kara, zemsta, zbrodnia]* cruel [3] przest., książk. (wielki, ogromny) *[ból, ciekawość, mróz]* terrible, awful

okrwawi|ony *adi.* bleeding, covered with a. in blood; **na miejscu zbrodni policja znalazła ~ony nóż** the police found a knife covered with a. in blood on the scene of the crime

okry|cie [] *sv* → **okryć**

[] *n* [1] (przykrycie) cover; **spał bez ~cia** he slept without a cover [2] (ubranie wierzchnie) overcoat, outer garment

okry|ć *pf* — **okry|wać** *impf* (~ję — ~wam) [] *vt* [1] (osłonić) to cover, to wrap; **matka ~ła dziecko kocykiem** the mother covered the baby with a blanket; **na zimę ~wano róże słomą** roses used to be wrapped in straw for the winter; **mrok ~wał ziemię** darkness enveloped the earth; **mgła ~wała pola** the fields were shrouded in fog [2] (pokryć) to cover; **śnieg ~ł pola** snow has covered the fields; **pot ~wał jego czoło** his forehead was covered in sweat

[] **okryć się — okrywać się** [1] (osłonić się) to cover oneself, to wrap oneself up; **~ć się ciepło na noc** to cover oneself warmly for the night; **~wać się kołdrą** to wrap oneself up in a duvet [2] (pokryć się) to be covered (**czymś** in a. with sth); **jej czoło ~ło się potem** her forehead was covered in sweat; **niebo ~wało się chmurami** clouds were covering the sky

■ **~ć kogoś hańbą a. wstydem** to dishonour sb, to bring shame upon sb; **~wać kogoś/coś pocałunkami** to cover sb/sth with kisses; **~ty żałobą** a. **smut-kiem** książk. plunged into mourning; **~ć się hańbą** a. **wstydem** to disgrace a. dishonour oneself; **~ć się sławą** a. **chwałą** a. **blas-kiem** książk. to cover oneself in glory; **~ć się żałobą** książk. to be plunged into mour-ning; **~ć sławą** a. **chwałą** a. **blaskiem** książk. to cover in glory

okrywać *impf* → **okryć**

okrzep|ły [] *pp* → **okrzepnąć**

[] *adi.* [1] książk. *[struktura, kraj]* firm, firmly established [2] *[osoba]* hardened

okrzep|nąć *pf* (~łem — ~nąłem, ~ł, ~ły) *vi* [1] *[osoba]* to harden, to toughen; *[struktura, państwo]* to become established

okrzyczan|y [] *pp* → **okrzyczeć**

[] *adi. [twórca, utwór, piękność]* vaunted

okrzy|czeć, okrzy|knąć¹ *pf* — **okrzy|-kiwać¹** *impf* (~czysz, ~kniesz, ~czał, ~knął, ~czała, ~knęła, ~czeli, ~knęli — ~kuję) *vt* to hail; **~knięto utwór za arcydzieło** a. **arcydziełem** the work was hailed as a masterpiece

okrzyk *m* (*G* ~**u**) shout; **~ wojenny** a war cry; **~ bólu/rozpaczy/trwogi/zdziwienia** a cry of pain/despair/fear/surprise; **~i powitania** welcoming shorts; **radosne/ tryumfalne ~i** joyful/triumphant shouts; **wydać ~** to give a. utter a cry a. a shout; **wydać ~ radości** to give a shout of joy; **tłum wznosił gromkie ~i** the crowd cheered loudly; **wznosić ~i na czyjąś cześć** to cheer somebody

okrzyk|iwać¹ *impf* → **okrzyczeć**

okrzyk|iwać² *impf* → **okrzyknąć²**

okrzyknąć¹ → **okrzyczeć**

okrzyk|nąć² *pf* (~nęła, ~nęli — ~uję) — **okrzyk|iwać²** *impf vt* to hail; **~nęli go królem** they hailed him (as) king

oktaw|a *f* [1] Relig. (osiem dni) octave; (ósmy dzień) octave; **dziś przypada ~a Bożego Narodzenia** today is the octave of Christ-mas [2] Druk. (format drukarski) (in) octavo [3] Literat. (ośmiowersowa strofa) ottava rima, octave [4] Muz. (interwał) octave; (odległość między klawiszami) octave; **zagraj ten fragment o ~ę niżej** play this fragment an octave lower; **bez trudu mogła jedną ręką objąć całą ~ę** she could reach a. cover an entire octave

oku|cie [] *sv* → **okuć**

[] *n* [1] (ozdobnik) *[laski, słupka]* ferrule [2] Budow. (element stolarki budowlanej) fitting; **~cie drzwi** door fitting

oku|ć *pf* — **oku|wać** *impf* (~ję, ~jesz, ~ł, ~ła, ~li — ~wam) *vt* to fix the metal fittings (**coś** on sth); **~ć laskę** to fix a ferrule on a cane; **~ć drzwi blachą** to fix sheet metal fittings onto a door

okula|ły [] *pp* → **okuleć**

[] *adi. [zwierzę, pies, koń, osoba]* lame

okula|r [] *m* (*G* ~**ru**) (część przyrządu optycz-nego) eyepiece

[] **okulary** *plt* [1] (szkła optyczne) glasses, spectacles GB; **~ry do czytania/ogląda-nia telewizji** glasses for reading/wat-ching television; **~ry do dali/do bliży** glasses for long distance/near sight; **nosić ~ry** a. **chodzić w ~rach** to wear glasses [2] (ochronne) glasses; **~ry przeciwsłonecz-ne** sunglasses, shades; **~ry pływackie** swimming goggles [3] (dla konia) blinkers GB, blinders US

okulark|i *plt dem.* (*G* ~**ów**) specs pot.

okularnic|a *f pot., żart.* four-eyes pot.

okularni|k [] *m pers.* pot., żart. a man in glasses; four-eyes pot.; **koledzy w szkole przezywali go „~k"** kids at school called him 'four-eyes'

[] *m anim.* Zool. the spectacled cobra

okularow|y *adi.* [1] (dotyczący okularów) *[szkło]* spectacle *attr.* [2] (dotyczący okularu) *[część]* eyepiece *attr.*

okulbacz|yć *pf vt* to saddle; **~yć wierz-chowca** to saddle a horse ⇒ **kulbaczyć**

okul|eć *pf* (~ał, ~eli, ~ały) *vi* to get a limp, to go a. become lame; **po wypadku**

~ał na prawą nogę he had a limp in his right leg after the accident

okuli|sta *m,* **~stka** *f* Med. ophthalmolo-gist, (ophthalmic) optician

okulistyczn|y *adi.* Med. *[badania, klinika, oddział, gabinet]* ophthalmological

okulisty|ka *f* [1] *sgt* (dział medycyny) ophthal-mology [2] pot. (oddział szpitala) ophthalmolo-gical unit (ward); **leżeć na ~ce** to be in a. on an ophtalmological ward

okulty|sta *m* occultist, spiritualist

okultystyczn|y *adi. [praktyki, zaintereso-wania, księgi]* occult *attr.*

okultyzm *m sgt* (*G* ~**u**) [1] (teoria) occult-ism [2] (magia) the occulti; **uprawiać ~** to practice the occult

okup *m* (*G* ~**u**) ransom; **porwać/prze-trzymywać kogoś dla ~u** to kidnap/hold sb a. for ransom; **zażądać ~u** to demand (a) ransom; **zapłacić znaczny ~** to pay (a) huge ransom

okupacj|a *f* (*Gpl* ~**cji**) [1] Wojsk. occupa-tion; **~a hitlerowska/niemiecka** Nazi/ German occupation; **kraj pod ~ą** a coun-try under occupation, an occupied country [2] Prawo occupation; **robotnicy zaczynają dziś ~ę huty** the workers start the occupation of the steelworks today

okupacyjn|y *adi.* [1] Wojsk. *[strefa, władza, administracja, gospodarka]* occupation *attr.* [2] Prawo **strajk ~y** a sit-in

okupan|t *m* Wojsk. occupying force(s), invader

okup|ić *pf* — **okup|ywać** *impf* [] *vt* [1] (opłacić) to pay (**coś** for sth); **uratowanie człowieka ~ił własnym kalectwem** for rescuing a man he paid with his own disability [2] (wynagrodzić) to atone; **~ić wyrządzoną krzywdę** to atone for the wrong done

[] **okupić się — okupywać się** to buy oneself out; **~ił się dużą sumą pieniędzy** he bought himself out with a huge sum of money

okup|ować *impf vt* [1] Wojsk. to occupy, to invade; **wojska ~owały terytorium wro-ga** the troops occupied the enemy territory; **~owane miasta/wsie** occupied towns/ villages [2] (zajmować bezprawnie) to occupy; **robotnicy przez kilka godzin ~owali magazyny** the workers occupied the ware-houses for a few hours [3] pot. (długo korzystać) to occupy; **~ować telefon/łazienkę** to occupy the phone/bathroom; **~ował w kawiarni zawsze ten sam stolik** he always occupied the same table in the café

okupywać *impf* → **okupić**

okuta|ć *pf* [] *vt* pot. to muffle; **~ła dziecko ciepłą chustką** she muffled the baby up in a warm shawl

[] **okutać się** to muffle oneself up (**czymś** in sth)

okuwać *impf* → **okuć**

olaboga *inter.* przest. gracious (me)!, good-ness (me)!

ol|ać *pf* — **ol|ewać** *impf* (~eję — ~am) *vt* posp. to treat lightly, to not take seriously, to ignore; **olewali pracę i nic nie robili godzinami** they didn't take their work seriously, doing nothing for hours; **zwykle olewał swoich kolegów z klasy** he usually ignored his classmates

olbrzym II *m pers.* [1] (człowiek) (*Npl* ~**i** a. ~**y**) giant [2] (postać baśniowa) giant, ogre **III** *m anim.* (duże zwierzę) giant; **ten słoń to naprawdę** ~! that elephant's a real giant! **III** *m inanim.* (*A* ~**a**) [1] (duży przedmiot) giant; **wzdłuż drogi rosły stare drzewa, prawdziwe** ~**y** along the road grew giant old trees [2] Astron. giant

olbrzymi [1] [budynek, drzewo, teren] gigantic, huge, enormous [2] [znaczenie, prędkość, możliwości, zainteresowanie] enormous, tremendous

olbrzym|ka *f* [1] (duża kobieta) giantess [2] (baśniowa istota) giantess, ogress

ol|cha *f* [1] Bot. (drzewo) alder (tree) [2] *sgt* (drewno) alder; **meble z olchy** alder-wood furniture

olchow|y [1] Bot. [gąszcz, las] alder *attr.* [2] [drewno] alder *attr.*

oldboj → **oldboy**

oldboy /ˈoldbɔj/ *m* [1] Sport (były zawodnik) veteran; **mecz piłkarski rozegrała drużyna miejscowych** ~**ów i dziennikarzy** the football match was between the local veterans and journalists [2] (starszy mężczyzna) old man

oleand|er *m* Bot. oleander

oleandrow|y *adi.* Bot. [gaj, zapach] oleander *attr.*

oleistoś|ć *f sgt* oiliness

oleist|y *adi.* [1] [rośliny, warzywa, owoce, nasiona] oleaginous, oil *attr.* [2] [ciecz, płyn, substancja, konsystencja] oily

ole|j *m* (*G* ~**ju**, *Gpl* ~**jów** a. ~**i**) [1] Chem. oil; ~**j rafinowany** refined oil [2] Kulin. oil; ~**j do smażenia** cooking oil; ~**j sałatkowy** salad oil; ~**j kokosowy/słonecznikowy/rzepakowy/kukurydziany** coconut/sunflower/rape(seed)/corn oil; ~**j z pestek winogron** grapeseed oil; ~**je roślinne/zwierzęce** vegetable/animal-fat oils; **smażyć na** ~**ju** to cook with oil [3] Farm., Med. oil; ~**j z wiesiołka** evening primrose oil; ~**j konopny/bawełniany/lniany** hemp/cottonseed/linseed oil [4] Przem., Techn. oil; ~**j silnikowy** engine oil, motor oil [5] Szt. (farba olejna) oil; **malować** ~**jami** to paint a. work in oils [6] pot., Szt. (obraz olejny) an oil painting ❑ ~**j chiński** a. **drzewny** a. **tungowy** Techn. tung oil, Chinese wood oil; ~**j maszynowy** Przem., Techn. machine oil; ~**j rycynowy** Chem., Farm. ricinus oil, castor oil; ~**je opałowe** Przem., Techn. fuel oils; ~**je smarowe** Techn. lubricating oils; ~**je święte** Relig. holy oil, chrism ■ **mieć** ~**j w głowie** pot. to be reasonable a. sensible; **on chyba nie ma** ~**ju w głowie** he must be out of his mind

olejar|ka *f* Techn. oiler

olej|ek *m* (*G* ~**ku**) Farm., Kosmet., Kulin. oil; ~**ek do kąpieli/do włosów/do masażu/do opalania** bath/hair/massage/suntan oil; **nacierać skronie** ~**kiem** to rub oil into one's temples ❑ ~**ki eteryczne** a. **zapachowe** Kosmet., Kulin. essential oils, aromatherapy oils

olejno *adv.* [malować] in oil (paint)

olejn|y *adi.* [obraz, malarstwo, farba] oil *attr.*

olejow|y *adi.* [1] Techn. oil *attr.*; **silnik** ~**y** an oil engine; **grzejnik** ~**y** an oil heater;

---

pompa ~**a** an oil pump [2] Chem., Kulin. oil *attr.*

olewać *impf* → **olać**

oligar|cha *m* (*Npl* ~**chowie**) Hist. oligarch

oligarchi|a *f* (*GDGpl* ~**i**) Hist. [1] (forma rządów) oligarchy; **wprowadzić/znieść** ~**ę** to establish/abolish an oligarchy [2] (państwo) oligarchy; ~**a starożytna** an ancient oligarchy; ~**a nowożytna** a modern day oligarchy [3] (grupa ludzi) oligarchy; ~**a kupiecka/szlachecka/możnowładcza** the oligarchy of merchants/noblemen/magnates

oligarchiczn|y *adi.* [państwo, rządy, ustrój, władza] oligarchic(al)

oligocen|ka *f* pot. Oligocene water

oligoceńs|ki *adi.* Geol. [studnia, woda, skała] Oligocene

olimpia|da *f* [1] Sport the Olympic Games a. the Olympics; ~**da letnia/zimowa** the summer/winter Olympics [2] Szkol. (konkurs) contest; **został laureatem** ~**dy z historii** he won a prize in the history contest [3] Antycz., Sport (igrzyska) Olympiad; **na czas** ~**dy w Grecji ogłaszano zawieszenie broni** in ancient Greece a truce was declared whenever the Olympiad was held [4] Antycz. (okres) Olympiad

olimpijczy|k *m* [1] Sport Olympian, Olympic athlete [2] Szkol. school-contest prize-winner; ~**cy są przyjmowani na wyższe uczelnie bez egzaminów** school-contest prize-winners are admitted to universities without taking entrance exams [3] Mitol. Olympian

olimpij|ka *f* [1] Sport Olympian [2] sports jacket

olimpijs|ki *adi.* [1] (dotyczący olimpiady) [komitet, igrzyska, medal, laur] Olympic [2] Geog., Mitol. [wzgórze, bóg] Olympic [3] (jak u bogów) [postawa, poza] Olympian ■ ~**ki spokój** Olympian calm

olinowa|nie *n* Żegl. rigging

oliw|a *f* [1] Kulin. olive oil [2] pot. (cooking) oil; **smażyć na** ~**ie** to cook with oil [3] pot. lubricating oil; **nasmarować zawiasy** ~**ą** to oil the hinges [4] pot., żart. (pijak) soak pot., tosspot pot. ■ ~**a sprawiedliwa na wierzch wypływa** przysł. (the) truth will out

oliwiarka → **olejarka**

oliwi|ć *impf vt* to oil [zamek, zawiasy] ⇒ **naoliwić**

oliw|ka *f* [1] Bot., Kulin. (owoc) olive [2] Bot. (drzewo) olive (tree) [3] Kosmet. (olejek) baby oil

oliwkow|y *adi.* [1] (dotyczący oliwki) [drzewo, gaj] olive *attr.* [2] (o kolorze) [oczy, spodnie] olive green; [cera, skóra] olive

oliwn|y *adi.* [1] (dotyczący oliwki) [drzewo, gaj, ogród] olive *attr.* [2] (dotyczący oliwy) [lampa, kaganek] (of) oil *attr.*

olsza → **olcha**

olszowy → **olchowy**

olszów|ka *f* Bot. brown roll-rim

olszyn|a *f* [1] (zarośla) alder grove, alder copse [2] (drzewo) alder (tree) [3] *sgt* (drewno) alder wood

olszyn|ka *f dem.* [1] (zarośla) alder grove [2] (drzewko) (small) alder (tree)

olszynow|y *adi.* [1] [zagajnik, liść] alder *attr.* [2] [meble, fujarka] alder wood *attr.*

---

olśni|ć *pf* — **olśni|ewać** *impf* (~**ę** — ~**ewam**) *vt* [1] (oczarować) to dazzle przen.; ~**ła nas jej uroda** we were dazzled by her beauty [2] książk. (oświetlić) [błyskawica, światło, słońce] to dazzle [osobę, oczy]; **śnieg** ~**ewającej białości** snow of a dazzling whiteness ■ ~**ła mnie/ją nagle myśl, że...** I/she had a sudden thought that...; ~**ło mnie/go** I/he saw daylight a. the light; I/he had a brainwave GB pot.

olśnie|nie II *sv* → **olśnić III** *n* [1] (nagłe zrozumienie) inspiration, enlightenment *U*, illumination *U*; **doznać** ~**nia** to have an inspiration, to have a moment of enlightenment; **w nagłym** ~**niu** in a flash of inspiration [2] (zachwyt) enchantment; **doznał** ~**nia jej urodą** he was dazzled a. ravished książk. by her beauty

olśniewać *impf* → **olśnić**

olśniewająco *adv.* [1] (zachwycająco) [biały, malowniczy] ravishingly; [udekorowany, elegancki] resplendently; **była** ~ **piękna** she was ravishingly beautiful; **wyglądała** ~ **w brokatowej sukni** she looked ravishing a. resplendent in her brocade dress [2] (oślepiająco) [błyszczeć, jasny] dazzlingly

olśniewając|y II *pa* → **olśnić III** *adi.* [1] (zachwycający) [widok, krajobraz, wyczyn] ravishing, dazzling; [bogactwo, strój, uroda] resplendent; **opowieści o jej** ~**ej karierze/inteligencji** tales of her dazzling career/intelligence [2] (oślepiający) [światło, blask] dazzling [3] (rewelacyjny) [myśl, idea, rozwiązanie] brilliant

ołowian|y *adi.* [1] (z ołowiu) [szkło, rura, pocisk] lead; leaden przest.; ~**a blacha/ruda** lead sheet/ore; **dach kryty blachą** ~**ą** a lead-covered a. lead roof; ~**y żołnierzyk** (zabawka) a tin soldier [2] (ciemnoszary) [niebo, chmura, morze] leaden [3] przen. (ociężały) [powieki, kończyny, ruchy] leaden; [atmosfera] heavy

ołowic|a *f sgt* Med. lead poisoning; plumbism spec.; saturnism przest.

ołowiow|y *adi.* Chem. lead *attr.*

oł|ów *m* (*G* **ołowiu**) *sgt* [1] Chem. (pierwiastek, metal) lead; **torba jest ciężka jak z ołowiu** the bag is as heavy as lead; **mieć nogi jak z ołowiu** to have leaden legs [2] (pocisk, pociski) bullets (+ *v pl*), lead; **naszpikować kogoś ołowiem** pot. to pump sb full of lead pot.

ołówecz|ek *m dem.* (small) pencil

ołów|ek *m* [1] (przyrząd) pencil; **tekst napisany** ~**kiem** a text written in pencil [2] (rysunek) pencil drawing; **rysunek (wykonany)** ~**kiem** a. **w** ~**ku** (a) pencil drawing [3] (piszący pręcik) graphite *U*, lead *U*; **cienki** ~**ek** a thin stick of graphite ❑ **miękki** ~**ek** B pencil GB (with relatively soft graphite); ~**ek atramentowy** przest. ≈ indelible pencil; ~**ek automatyczny** propelling pencil GB, mechanical pencil US; ~**ek chemiczny** a. **kopiowy** ≈ indelible pencil; ~**ek do brwi** Kosmet. eyebrow pencil; ~**ek litograficzny** Szt. lithographic a. grease pencil; ~**ek stolarski** (znakujący) scribe (awl), scriber US; **twardy** ~**ek** H pencil GB (with relatively hard graphite) ■ **z** ~**kiem w ręku** [planować, gospodarować] economizing where one can; **wolą żyć z** ~**kiem w ręku niż zaciągnąć**

kredyt they'd rather scrimp and save than take out a loan

ołówkow|y adi. Szt. [portret, szkic] pencil attr.

ołtarz m (Gpl ~y a. ~ów) [1] Relig. (stół) altar; ~ **główny** a. **wielki** high altar; ~ **boczny** a side altar; ~ **szafiasty** a. **szafkowy** a winged altar [2] Astron. the Altar, the Ara

❏ ~ **polowy** Wojsk. makeshift altar
■ **poprowadzić kogoś do ~a** książk. to lead sb to the altar przest., żart.; **pójść z kimś do ~a** a. **stanąć z kimś przed ~em** książk. to marry sb; **wynieść kogoś na ~e** Relig. [papież] to canonize sb; **wynosić kogoś/coś na ~e** książk. to worship sb/sth; **zaciągnąć kogoś do ~a** pot., pejor. to drag sb to the altar pot., żart.; **złożyć** a. **poświęcić coś na ~u czegoś** książk. to sacrifice sth on a. at the altar of sth

ołtarzow|y adi. [stół, lichtarz, malowidło] altar attr.

ołtarzyk m dem. Relig. (w kaplicy, kościele) altar; **domowy** ~ a family altar

omacek → **po omacku**

omal, omalże, omal że książk. [] adv. ~ **nie umarł** he (very) nearly a. almost died; ~ **nie parsknął śmiechem** he almost burst out laughing
[] part. almost, nearly; **naiwność granicząca ~ że z głupotą** naivety (practically a. almost) bordering on stupidity

omam m (G ~u) hallucination; **mieć ~y wzrokowe/słuchowe** to have visual/auditory hallucinations, to be seeing/hearing things; **chyba zaczynam mieć ~y** I think I'm starting to hallucinate

omamiać impf → **omamić**

omami|ć pf — **omami|ać** impf vt (oczarować) to beguile; (zwieść) to delude; ~**ć kogoś obietnicami** to beguile sb with promises; **wyborców ~ono pięknymi wizjami** voters were deluded into believing in rosy prospects

omamie|nie [] sv → **omamić**
[] n [1] (złudzenie) delusion [2] (omamy) hallucination

omamow|y adi. (urojenia, obłęd) delusive

oma|sta f sgt liquid fat added to plain food

omaszczać impf → **omaścić**

omasztowa|nie n sgt Żegl. masting

oma|ścić pf — **oma|szczać** impf vt (polać tłuszczem) to pour liquid fat over; **ziemniaki ~szczone skwarkami** potatoes with pork scratchings

omawiać impf → **omówić**

omdl|ały adi. [1] (nieprzytomny) [osoba] unconscious, senseless; **zachwiał się i padł ~ały** he staggered and collapsed [2] (zmęczony) [palce, nogi] languid, weak [3] (pozbawiony energii) [osoba, głos, ruch] languid

omdl|eć pf — **omdl|ewać** impf (~eję, ~ał, ~eli) vi [1] (stracić przytomność) (z bólu, upływu krwi, wskutek szoku) to faint; (z emocji, wzruszenia) to swoon książk.; ~**eć od** a. **wskutek upału/braku powietrza** to faint from the heat/lack of air; **kobiety ~ewały z zachwytu na jego widok** women used to swoon with delight at the sight of him [2] (osłabnąć) [palce, kończyny] to weaken, to grow weary; **trzymał wysoko**

sztandar, aż ręce mu ~ały he held the flag high until his arms grew weary

omdle|nie [] sv → **omdleć**
[] n [1] (utrata przytomności) faint; swoon książk.; **popaść** a. **zapaść w ~nie** to fall in a faint a. a swoon; **ocknął się z ~nia** he came to, he came (a)round [2] (słabość) weariness U; **czuł ~nie w nogach** he felt his legs were weary

omdlewać impf → **omdleć**

omdlewając|y [] pa → **omdleć**
[] adi. [głos, ruch] languid; [gest, wdzięk] languorous; **spojrzała na niego ~ym wzrokiem** she gave him a languorous look

ome|ga f (w greckim alfabecie) omega

omen m (G ~u) sgt omen, augury; **dobry/szczęśliwy/zły ~** a good/happy/bad a. ill omen

omiatać impf → **omieść**

omieszka|ć pf vi to fail, to omit; ~**ć stawiennictwa** Prawo to fail a. omit to appear in court; **nie ~m zawiadomić go o tym** I'll be sure to let him know

omi|eść pf — **omi|atać** impf (~otę, ~eciesz, ~ótł, ~otła, ~etli — ~atam) vt [1] (pozamiatać) to sweep [sień, mieszkanie]; (oczyścić) to clean [ściany, pokój]; (usunąć) to sweep [kurz, pajęczyny]; ~**otła obraz z pajęczyn** she cleaned the cobwebs off the painting; **musisz ~eść meble/pokój z kurzu** you must dust the furniture/room; **nim wejdziesz, ~eć buty ze śniegu** before you go in, brush the snow off your shoes [2] przen. (oświetlić) [osoba, latarka, światło] to rake, to sweep; **reflektor ~atał plażę** a searchlight raked a. swept the beach [3] (zwiewać) [wiatr, podmuch] to blow away; **wichura ~otła śnieg z gałęzi** a. **gałęzie ze śniegu** a gale blew the snow off the branches
■ ~**eść coś wzrokiem** a. **spojrzeniem** a. **oczami** to look swiftly over sth; ~**otła spojrzeniem pusty pokój** her eyes a. glance swept the empty room

omijać¹ impf → **ominąć**

omijać² impf vt (unikać) to avoid, to evade [osobę, dom, temat]; ~**jać kogoś/coś z daleka** to steer clear of sb/sth; **raczej ~jam gadatliwych sąsiadów** I tend to avoid talkative neighbours

omi|nąć pf — **omi|jać¹** impf (~nęła, ~nęli) vt [1] (zatoczyć łuk) [osoba, droga, linia kolejowa] to bypass [miasto, przeszkodę]; [osoba] to walk (a)round [kałużę, kamień]; [samochód, kierowca] to drive (a)round [dziurę, zwalone drzewo]; [statek, kapitan] to steer clear of; **rowerzysta w ostatniej chwili ~nął jeża** the cyclist avoided the hedgehog in the nick of time; **trasa rowerowa ~ja szerokim łukiem parking** a cycle track bypasses a parking lot in a wide curve; ~**nęli z daleka górę lodową** they steered well clear of an iceberg [2] (nie stać się udziałem) [przygody, doświadczenia, przeżycia] to pass by; [pocisk, odłamek] to miss; [nagroda, uznanie, sukces] to elude; **kula cudem go ~nęła** a bullet miraculously missed him; ~**jały go awanse/podwyżki** he was passed over for promotion/a pay rise; **kara/nagroda ich nie ~nie** they won't go unpunished/unrewarded [3] (przepuścić) to miss (out on) [okazję,

wydarzenie, możliwość]; **nie ~nął żadnego przyjęcia** he didn't miss a single party [4] (nie uwzględnić) to pass over [pracownika, kandydata, temat]; **szef ~nął mnie przy awansie** I was passed over for promotion by the boss; ~**nęliśmy to zagadnienie w rozmowie** we passed over the question a. passed the question over in our conversation [5] (zignorować) to elude [prawo, obowiązki]; to circumvent [zakaz, przepis, trudności]; ~**jać embargo na handel bronią** to circumvent an arms embargo; **przeszkody należy pokonywać, nie ~jać** obstacles should be overcome, not circumvented

omle|t m (~cik dem.) (G ~tu a. ~ta, ~ciku a. ~cika) omelette, omelet US; ~**t z grzybami/z serem** a mushroom/cheese omelette; **zrobić** a. **usmażyć ~t** to make a. cook an omelette

omło|t m (G ~tu) [1] (młocka) threshing U, thresh US; ~**t zboża** the threshing of corn [2] (plon) grain yield; ~**t pszenicy** threshed wheat

omłotow|y adi. [akcja, agregat] threshing attr.

omłó|cić pf vt to thresh [zboże, groch, jęczmień] ⇒ **młócić**

omnibus [] m pers. (Npl ~y) pot., żart. allrounder
[] m inanim. (G ~u) (kryty) stagecoach; (odkryty) charabanc GB

omot|ać pf — **omot|ywać** impf [] vt [1] (okręcić) (sznurkiem, wstążką, liną) to tie up [osobę, paczkę,]; (szalikiem, bandażem) to wrap up [szyję, ramię]; **paczka szczelnie ~ana taśmą** a packet tightly wrapped round with tape; ~**ała szyję kilkoma sznurami pereł** she wound several strings of pearls (a)round her neck [2] przen. (uzależnić) [osoba] to inveigle; [namiętność, uczucie] to possess; ~**ała go żądza władzy** he was possessed by a lust for power; **tak ją ~ał, że zapisała mu swój majątek** he inveigled her into willing all her property to him; **ta kobieta go ~ała** the woman twisted a. wound him (a)round her little finger [3] (opiątać) [liany, bluszcz] to twine vi (**coś** round sth); **żyrandol ~any serpentynami/pajeczyną** a chandelier festooned with streamers/cobwebs
[] **omotać się — omotywać się** [1] (owinąć siebie samego) to wrap (oneself) up (**czymś** in sth) [2] (okręcić się) [łodygi, bluszcz] to wind, to twine (**wokół czegoś** around sth); [serpentyna, flaga] to wind (**wokół czegoś** round sth)

omotywać impf → **omotać**

omownie adv. [przedstawić, wyrazić] periphrastically

omown|y adi. [styl, określenie] periphrastic

om|ówić pf — **om|awiać** impf vt [1] (zreferować) to discuss [sytuację, teorię]; (rozwinąć) to elaborate [temat]; **konflikt bliskowschodni omówiono w drugim rozdziale/podczas wykładu** the conflict in the Middle East was discussed in the second chapter/in a lecture [2] (przedyskutować) to discuss, to talk over a. through [problem, pomysł, plan]; **musimy omówić nowe perspektywy** we have to discuss new options; **omówmy tę sprawę jutro** let's talk the matter over tomorrow, let's talk it a. the matter over tomorrow

omówie|nie [] *sv* → **omówić**

[II] *n* [1] (tekst) (wydarzenia artystycznego, książki) write-up, review; (zagadnienia, problemu, polityki) elaboration *U*, discussion; **krytyczne/przychylne ~nie sobotniej premiery** a critical/good write-up a. review of the Saturday opening night; **podręcznik zawiera dogłębne ~nie Soboru Trydenckiego** the textbook contains an in-depth discussion on the Council of Trent [2] (sformułowanie nie wprost) longwindedness *U*; circumlocution *C/U* książk.; **przedstaw sytuację wprost, bez ~ń** describe the situation straightforwardly, without circumlocution [3] Literat. (peryfraza) circumlocution, periphrasis; **posługiwał się ~niami, nie cytatami** he tended to summarize instead of using direct quotations

omskn|ąć się *pf* (**~ęła się, ~ęli się**) *v refl.* pot. [osoba, kamień] to slip

omszał|y *adi.* (pokryty mchem) [konar, dach, kamień] mossy, moss-grown a. moss-covered; (pokryty pleśnią) [tapeta, bochenek] mouldy, moldy US, mildewed

omsz|eć *pf* (**~eje, ~ał, ~eli**) *vi* (zarosnąć mchem) to moss; (pokryć się pleśnią) to go a. turn mouldy a. moldy US, to mildew

omsz|ony *adi.* (pokryty mchem) [konar, dach, kamień] mossy, moss-grown a. moss-covered; (pokryty pleśnią) [ściana, bochenek] mouldy, moldy US, mildewed

omy|ć *pf* — **omy|wać** *impf* (**~ję — ~wam**) *vt* [1] (oczyścić) to wash [ręce, ściany]; to bathe [stłuczone kolano, ranę] [2] (przepływać) [woda, potok, fale] to lip; to lave książk.; **skały ~wane deszczem/falami morza** crags washed by the rains/lipped by (the) sea waves

omyl|ić *pf* [] *vt* [1] (wprowadzić w błąd) [pozory, miłe słowa] to mislead; **~ił mnie jej uśmiech** her smile misled me [2] (zawieść) [przeczucie, instynkt] to fail

[II] **omyl|ić się** [1] (zrobić błąd) to make a mistake a. an error; **~ił się podliczając rachunek** he made a mistake a. an error in summing up the bill [2] (zawieść się) to be mistaken a. wrong; **~iliśmy się co do jego zdolności** we were mistaken a. wrong about his abilities

omylnoś|ć *f sgt* (mylenie się) fallibility; (błędność) erroneousness; **błędy powstałe wskutek ludzkiej ~ci** errors due to human fallibility; **~ć pochopnych twierdzeń** the erroneousness of rash statements

omyln|y *adi.* [osoba, pamięć] fallible

omył|ka *f* mistake, error; **przez ~kę** by mistake, in error; **drobna a. niewielka ~ka** a minor mistake a. error

omyłkowo *adv.* [sądzić] erroneously; [postąpić] mistakenly; **~ wzięli go za kogoś innego** they confused him with someone else

omyłkow|y *adi.* [czyn, skojarzenie, dane] erroneous; [obliczenia] wrong

omywać *impf* → **omyć**

on¹ *pron.* [1] (o osobie) (jako podmiot) he; (w pozostałych przypadkach) him; **on tego nie zrobił** he didn't do it; **daj mu to** give it to him; **to on!** that's him!; **jego tu nie było od dwóch tygodni** he hasn't been here for

two weeks [2] (o zwierzęciu, przedmiocie, pojęciu) it; **talerz, a na nim dwa plasterki szynki** a plate with two slices of ham on it

on² *pron.* przest. (ten) that; **onego czasu** (dawno temu) in the olden days przest.; (w tym czasie) at that time, in those days

ona *pron.* [1] (o osobie) (jako podmiot) she; (w pozostałych przypadkach) her; **ona ma już dwa lata** she's two years old now; **nic jej nie mów o tym** don't tell her anything about it; **jej tu nie ma** she's not here [2] (o zwierzęciu, przedmiocie, pojęciu) it; **gdzie jest gazeta? przeczytałeś już ją?** where's the paper? have you finished reading it?

onani|sta *m*, **~stka** *f* masturbator; onanist książk.

onanizm *m* (*G* **~u**) *sgt* masturbation; onanism książk.

onaniz|ować się *impf v refl.* to masturbate

ondulacj|a *f* (*Gpl* **~i**) Kosmet. [1] (zabieg) **trwała ~a** perm, permanent wave; **zrobić sobie trwałą ~ę** (samodzielnie) to perm one's hair; (przez fryzjera) to have one's hair permed; **włosy po trwałej ~i** permed hair [2] pot., żart. (fryzura) coiffure
❑ **wieczna a. wodna ~a** przest. perm, permanent wave, permanent US

ondul|ować *impf vt* Kosmet. to set in waves a. curls [włosy]; (trwale) to perm [włosy]; **fryzjer ~ował starszą panią** a hairdresser permed the hair of an elderly lady

ondulowan|y [] *pp* → **ondulować**

[II] *adi.* Kosmet. [włosy] permed

one *pron.* (jako podmiot) they; (w pozostałych przypadkach) them; **one poszły do kina** they've gone a. they went to the cinema; **to dobre jabłka, szkoda je wyrzucać** these are good apples, it's a pity to throw them out

onegdaj *adv.* [1] książk. (kiedyś) once; erst przest. [2] przest. (przedwczoraj) the day before yesterday

ongi(ś) *adv.* książk. in days of yore książk.

oni *pron.* (jako podmiot) they; (w pozostałych przypadkach) them; **oni nie muszą o tym wiedzieć** they don't have to know about it; **„kto tak twierdzi?" – „oni"** 'who says so?' – 'they do'; **było ich dziesięć** there were ten of them; **im możesz zaufać** you can trust them; **stale o nich myślę** I keep thinking about them

oniemiał|y *adi.* speechless; (ze strachu, zaskoczenia) dumbstruck; (z podziwu, obawy, wrażenia) awestruck, awestricken; **~ły z zachwytu** speechless with wonder; **stał ~ły ze zgrozy** he stood dumbstruck with terror

oniemi|eć *pf* (**~eję ~ał, ~eli**) *vi* to be (left) speechless, to be struck dumb; **~ała z przerażenia/zachwytu** she was speechless with horror/wonder; **~eli na ten widok** they were speechless at the sight

onieśmielać *impf* → **onieśmielić**

onieśmiele|nie [] *sv* → **onieśmielić**

[II] *n sgt* shyness; **wywoływać w kimś ~nie** to make sb shy

onieśmiel|ić *pf* — **onieśmiel|ać** *impf vt* to make [sb] shy, to overawe; **~ająca atmosfera** an overawing atmosphere; **zbyt ~ony, żeby się odezwać** too shy to say

anything; **był ~ony obcym towarzystwem** he was overawed by the strangers

oniryczn|y *adi.* książk. oneiric książk.; dreamy

onkolo|g *m* (*Npl* **~dzy** a. **~gowie**) Med. oncologist, cancer specialist

onkologi|a *f* (*GD* **~i**) [1] *sgt* Med. (dział medycyny) oncology [2] (*Gpl* **~i**) pot. (oddział w szpitalu) cancer ward; **leżeć na ~i** to be in a. on the cancer ward

onkologiczn|y *adi.* Med. [badania, klinika, szpital] cancer attr.; oncological spec.

ono *pron.* it

onomatopeicznie *adv.* Jęz., Literat. onomatopoeically

onomatopeiczn|y *adi.* Jęz., Literat. onomatopoeic

onomatope|ja *f* (*Gpl* **~i** a. **~j**) Jęz., Literat. onomatopoeia; **autor nadużywa ~i** the writer overuses onomatopoeias

ontologi|a *f sgt* (*GD* **~i**) Filoz. ontology

ontologicznie *adv.* Filoz. ontologically

ontologiczn|y *adi* Filoz. ontological

onuc|a *f* (**~ka** *dem.*) zw. *pl* foot wrapping

onyks *m* Miner. onyx *U*; **pierścionek z dwoma ~ami** a ring with two pieces of onyx

onyksow|y *adi.* onyx *attr.*

oń **=o niego**

oo. → **o.**

opac|ki *adi.* [dobra, kościół, klasztor] abbatial

opactw|o *n* Relig. abbey

opacznie *adv.* wrongly, mistakenly; **~ zrozumiałaś moje słowa** you've got me wrong; **~ uznał, że...** he wrongly concluded that...; **jej milczenie ~ uznałem za zgodę** I mistook her silence for consent

opaczn|y *adi.* [rozumienie, tłumaczenie, wyjaśnienie] wrong, erroneous

opa|d *m* (*G* **~du**) [1] (opadanie) fall(ing); **~d suchych liści** a fall/the falling of dry leaves [2] zw. *pl* Meteo. fall, precipitation; **~dy deszczu** rainfall; **~dy śniegu** snowfall; **suma miesięcznych ~dów** total monthly rainfall; **styczniowy ~d śniegu...** snowfall for the month of January... [3] Ekol., Fiz., Przem. (nuklearny, radioaktywny) fallout [4] Sport (ćwiczenie) bend [5] Med. (badanie krwi) erythrocyte sedimentation rate, ESR

opadać *impf* → **opaść¹**

opad|ły *adi.* [liście, kwiaty, owoce] fallen

opadow|y *adi.* [1] Meteo. rain attr.; **chmury ~e** rain clouds [2] Med. **plamy ~e** lividity

opak → **na opak**

opak|ować *pf* — **opak|owywać** *impf vt* to wrap (up), to pack; **wyjął elegancko ~owane pudełko** he took out a nicely wrapped up box; **~ować szkło papierem/w papier** to pack glassware in paper

opakowa|nie [] *sv* → **opakować**

[II] *n* [1] (papier, torebka) wrapping; (pudełko) packaging; (plastikowe, szklane) container; **otwierając pudełko, postaraj się nie zniszczyć tego ładnego ~nia** when opening the box try to not damage the nice wrapping; **koszt przesyłki wraz z ~niem** postage and packing; **~nie z tektury/plastiku** cardboard/plastic packaging; **puste ~nie po dezodorancie/perfumach/kremie** empty deodorant container/perfume bottle/cream jar [2] (porcja) packet, pack; **dwa ~nia ciasteczek/proszku do prania** two packets of biscuits/washing powder; **cztery kasety w jednym ~niu** a four-pack of casettes [3] przen. façade; **ta banalna historia jest zasadniczym tematem filmu, reszta to tylko ~nie** that trivial story is the main theme of the film; the rest is just a façade

❑ **~nie aerozolowe** Techn. aerosol canister

opakowaniow|y adi. [materiał, przemysł] packaging

opakowywać impf → opakować

opal m (G ~u) Miner. opal; **złoty pierścionek z ~em** a gold ring set with an opal

❑ **~ arlekinowy** Miner. harlequin opal; **~ ognisty** Miner. fire opal a. girasol

opalacz m beachwear, sunsuit

opalać impf → opalić

opaleni|zna f sgt [1] (ogorzałość) (sun)tan; **zarumieniła się pod ~zną** she blushed under her tan [2] (spalenizna) burnt a. singed remains

opal|ić pf — **opal|ać** impf [I] vt [1] (ogrzać) to heat; **~ać mieszkanie drzewem/węglem/koksem** to heat an apartment with firewood/coal/coke [2] (osmalić) to singe; **po oskubaniu należy drób ~ić** poultry should be singed after plucking [3] (wystawić na słońce) **~ić twarz/plecy na brązowo** to tan one's face/back brown, to bronze one's face/back [4] pot. to sponge cigarettes off a. from sb [osobę]

[II] **opalić się — opalać się** to sunbathe, to get a tan; **poszli się ~ać na plażę** they went sunbathing on the beach; **ładnie się ~iłaś** you've got a nice tan

opaliz|ować impf vi to opalesce; **~ujące cienie do powiek** opalescent eyeshadow

opal|ony [I] pp → opalić

[II] adi. (sun)tanned; **twarz miał ~oną na brązowo** he had a suntanned face; **nawet zimą była ~ona** she had a tan even in winter

opalowo adv. [skrzyć się, lśnić, mienić się] like (an) opal

opalow|y adi. [1] Miner. [biżuteria] opal attr. [2] [połysk, lśnienie] opalescent

opa|ł m sgt (G ~łu) (materiał do ogrzewania) fuel; **drzewo na ~ł** firewood

opałow|y adi. [olej, materiał] fuel attr. **drewno ~e** firewood

opał|y plt (G ~ów) plight, predicament; **pomagał ludziom wyjść z różnych ~ów** he used to help people out of their predicaments; **być w ~ach** to be in deep water

opamięta|ć się pf v refl. to come to one's senses; **kiedy się wreszcie ~ł, na naprawienie krzywdy było za późno** when he finally came to his senses, it was too late to atone for the wrong he'd done; **~j się, niszczysz sobie życie!** wake up, you're ruining your own life!

opamiętani|e [I] sv → opamiętać

[II] n sgt reflection, self-control; **gdy wreszcie przyszedł do ~a, było już za późno** when he eventually came to his senses a. regained his self-control, it was too late; **bez ~a** [śmiać się, gadać] immoderately, with abandon; **deszcz leje bez ~a** it's pouring without restraint

opancerz|ony adi. Wojsk. [samochód, czołg, transporter, pociąg] armoured, bullet-proof

opan|ować pf — **opan|owywać** impf [I] vt [1] (zdobyć) to capture, to take control of [kraj, miasto, teren] [2] (pojawić się licznie) to infest, to overrun; **mieszkanie ~owały mrówki** the apartment has been infested with ants; **bazary w mieście ~owali nastoletni handlarze** the town markets have been overrun by teenage traders [3] (stłumić) to bring a. get under control; **nie móc ~ować gniewu** to be unable to control (one's) anger; **nie móc ~ować niepokoju** to be unable to relieve (one's) anxiety; **nie móc ~ować radości** to be unable to contain (one's) joy [4] (ogarnąć) [zazdrość, złość, zmęczenie, smutek] to overcome [5] (posiąść umiejętność) to master, to learn [obcy język, grę na fortepianie]

[II] **opanować się — opanowywać się** to control oneself

■ **~ować sytuację** to master the situation, to bring the situation under control

opanowa|nie [I] sv → opanować

[II] n sgt self-control, composure

opanowan|y [I] pp → opanować

[II] adi. [osoba] composed, poised; [ton, głos] steady, controlled; [gesty, zachowanie] controlled

opanowywać impf → opanować

opa|r m (G ~ru) [1] (para) mist, haze [2] zw. pl (wyziew) odour, fumes

opar|cie [I] sv → oprzeć

[II] n [1] sgt (podpora) support; **ta szafka tak się kiwa, że potrzebuje dodatkowego ~cia** the cupboard is so wobbly it needs extra support; **ostrożnie szukał ~cia dla stóp** he was carefully trying to find a foothold [2] (część mebla) back(rest); **~cie na ręce** armrest; **krzesło z wysokim ~ciem** an upright chair

■ **nie mieć w nikim/niczym ~cia** to be out on a limb; **szukać ~cia w kimś** a. **u kogoś** to seek sb's support; **znaleźć w kimś** a. **u kogoś ~cie** to get sb's support; **przestraszone dzieci tuliły się do nas, szukając w nas ~cia** the frightened children clung to us for support; **punkt ~cia** przen. anchorage; **w ~ciu o** kryt. based on; **scenariusz napisany w ~ciu o powieść Henry'ego Jamesa** a script based on a novel by Henry James; **w ~ciu o ustawę/przepis** pursuant to a law/a regulation

opar|ty [I] pp → oprzeć

[II] adi. leaning, resting; **stał ~ty o mur i palił papierosa** he was leaning against the wall and smoking a cigarette

oparze|nie [I] sv → oparzyć

[II] n burn

❑ **~nie pierwszego/drugiego/trzeciego stopnia** first/second/third degree burn

oparz|yć¹ pf — **oparz|ać** impf vt Kulin. to scald [kurczaka, owoc, warzywo, bakalie]

oparz|yć² pf [I] vt (uszkodzić skórę) [płomień] to burn; [gorący płyn, para] to scald, to burn; [pokrzywa] to sting ⇒ **parzyć**

[II] **oparzyć się** to get burnt ⇒ **parzyć się**

■ **wybiec jak ~ony** pot. to run off like a scalded cat

opa|sać¹ pf — **opa|sywać** impf (~szę) [I] vt [1] (obwiązać) to gird; **~sać talię pasem**

to gird one's waist with a belt [2] (otoczyć) to encircle; **ogród ~sany wysokim murem** a garden encircled with a high wall; **~sać kolana ramionami** to put one's arms around one's knees

[II] **opasać się — opasywać się** [1] (przepasać się) to gird oneself; **~sała się wielkim fartuchem i zabrała się do pracy** she tied a big apron around her waist and got down to work [2] (zostać opasanym) to be encircled

opasać² impf → opaść²

opas|ka f [1] (pasek materiału) band; (wchłaniająca pot) sweatband; **~ka na włosy/na głowę** hairband/headband; **~ka na oku** an eyepatch; **założyć komuś ~kę na oczy** to put a blindfold over sb's eyes [2] (oznaka) armband; **~ka ze znakiem Czerwonego Krzyża** an armband with the symbol of the Red Cross; **~ka żałobna** mourning band, black armband

❑ **~ka uciskowa** Med. tourniquet

opas|ły adi. [1] pejor. [osoba, sylwetka, ciało, kark] fat [2] pot. [książka, tom] bulky

opasywać impf → opasać¹

opa|ść¹ pf — **opa|dać** impf (~dnę, ~dniesz, ~dł, ~dła, ~dli — ~dam) vi [1] (osunąć się) to drop; **głowa ~dła mu na poduszki** his head drooped onto the pillows [2] (odpaść) to fall; **liście ~dają z drzew** the leaves are falling off the trees; **tynk ~dł ze ściany** the plaster fell off the wall [3] (sklęsnąć) to go down, to fall; **ciasto biszkoptowe ~dło** the sponge cake has sunk; **puchlina ~da** the swelling is going down [4] (obniżyć się) to go down; **wody rzeki ~dły** the water in the river has gone down a. subsided; **rtęć termometru ~dła** the mercury has gone down a. fallen; **teren łagodnie ~da** the land descends slightly [5] (osłabnąć) to subside; **gorączka jej ~dła** her fever has subsided; **gwar stopniowo ~dał** the buzz of voices was slowly subsiding a. fading away; **dopiero wieczorem ~dło z niej napięcie całego dnia** it was only in the evening that she felt the day's tensions subside [6] (osaczyć) to attack, to assail; **zgraja psów ~dła ich na drodze** a pack of dogs attacked them on the road; **~dli go wierzyciele** his creditors assailed him [7] przen. (dręczyć) [złe przeczucia, wyrzuty sumienia, wątpliwości] to oppress, to torment; **~dały mnie złe myśli** I got dejected

■ **~ść z sił** to weaken, to grow faint; **ręce ~dają** I give up!; **jak patrzę na takie marnotrawstwo czasu i pieniędzy, to ręce mi ~dają** I give up! I can't stand such waste of time and money

opa|ść² pf — **opa|sać** impf (~sę, ~siesz, ~sł, ~sła, ~śli — ~sam) vt to fatten [drób, bydło]

opa|t m abbot; **~t cystersów** a Cistercian abbot

opatent|ować pf vt to patent [wynalazek, wzór, model]

opatrun|ek m (G ~ku) dressing; **nałożyć/zdjąć/zmienić ~ek** to apply a. put on/ remove/replace a dressing

❑ **~ek gipsowy** Med., Wet. (plaster) cast

opatrunkow|y adi. [środki, wata, materiał] dressing attr.; **plaster ~y** sticking plaster; **punkt ~y** a dressing station

opatrywać *impf* → **opatrzyć**

opatrznościow|y *adi. [zdarzenie, wybór, interwencja, ingerencja]* providential

opatrznoś|ć *f* providence; **zdać się na ~ć** to trust in divine providence; **Opatrzność (Boska)** (Divine) Providence

opatrz|ony *adi. [aktor, twarz, reklama, program]* all-too-familiar

opat|rzyć *pf* — **opat|rywać** *impf* [I] *vt* [1] *(założyć opatrunek)* to dress *[ranę]* [2] *(uszczelnić)* to fix, to attend to *[okna, zamki u drzwi]* [3] *(dać)* to provide (**czymś** with sth); **okno ~rzone kratą zabezpieczającą** the window with a security grille; **~rzyć książkę przedmową/komentarzem/słowniczkiem** to provide a book with a foreword/commentary/glossary; **~rzyć przypisami** to annotate; **~rzyć dokument pieczęcią/podpisem** to affix a seal/a signature to a document; **film ~rzono intrygującym tytułem** the film was given an intriguing title; **~rzyć kogoś sakramentami** Relig. to administer sacraments to sb
[II] **opatrzyć się** — **opatrywać się** Med. to get a wound dressed

opatrz|yć się *pf v refl.* *(znudzić się)* to lose (one's) attraction/appeal; **te spodnie/buty już mi się ~yły** I can't look at these trousers/shoes any more

opatulać *impf* → **opatulić**

opatul|ić *pf* — **opatul|ać** *impf* [I] *vt* to bundle up, to swaddle; **~iłam go kołderką, żeby nie zmarzł** I bundled a. tucked him up in a duvet to keep him warm; **~ się, na dworze jest bardzo zimno** bundle up, it's freezing outside
[II] **opatulić się** — **opatulać się** to bundle oneself up (**w coś** in sth)

op|chać *pf* — **op|ychać**[1] *impf* pot. [I] *vt* *(nakarmić obficie)* to stuff; **opychać dzieci ciastkami** to stuff the kids with cakes
[II] **opchać się** — **opychać się** *(zjeść dużo)* to stuff oneself (**czymś** with sth); **znowu opchał się słodyczami** he's stuffed himself with sweets again

op|chnąć *pf* — **op|ychać**[2] *impf* *(opchnęła, opchnęli)* *vt* pot. [1] *(zjeść)* to devour, to gobble up; **opchnął wszystkie ciastka** he devoured all the cakes [2] *(sprzedać)* to flog GB pot.; to palm off; **opchnął mi stare radio** he's flogged me an old radio; **opchnąć coś jako oryginał** to palm sth off as the original

opcj|a *f (Gpl ~i)* [1] *książk. (możliwość)* option; **należy wybrać pierwszą z dwóch ~i** we should choose the first of the two options [2] *(wybór)* option; **dokonujemy ~i na rzecz reformy** we opt for reform [3] *(stanowisko)* stand; **przyjąć jakąś ~ę** to take a. make a stand on sth [4] Prawo *(zezwolenie)* option; **uzyskaliśmy ~ę na zakup 200 tysięcy ton cukru** we've obtained an option on the purchase of 200,000 tons of sugar [5] Żegl. *(prawo wyboru portu)* option of port [6] Prawo *(prawo wyboru obywatelstwa)* option of nationality [7] Wyd. *(prawo do publikowania)* copyright
□ **~a zerowa** Polit. zero option

opee|r /ˌopeˈer/ *m sgt (G ~ru)* pot., euf. telling-off, reprimand; **sprawić komuś porządny ~r** to give sb a (good) telling-off

open /ˈowpen/ *adi. inv.* Transp. **bilet ~** an open ticket

ope|ra *f* opera; **gmach ~ry** an opera (house); **bilety do ~ry** tickets for the opera; **mówię ci, ale ~ra! szkoda, że nie mogłeś zobaczyć, co oni tu wyprawiali** pot., żart. I tell you, what a show! pity you couldn't see what they were up to
□ **~ra buffa** Teatr opera buffa; **~ra komiczna** Teatr opera comique; **~ra seria** Teatr opera seria

operacj|a *f (Gpl ~i)* [1] Med. *(zabieg chirurgiczny)* operation, surgery; **poważna/drobna ~a** a major/minor operation; **mieć ~ę** to have an operation, to undergo surgery; **przejść ~ę kolana** to have an operation on one's knee; **mieć ~ę serca/żołądka** to have a heart/stomach operation; **~a usunięcia czegoś** an operation for the removal of sth [2] *zw. pl* Ekon. operations *zw. pl*, transactions *zw. pl* [3] *zw. pl* Mat. operations [4] Wojsk. *(akcja wojskowa)* (military) operation; **~a przeciwko handlarzom bronią/przemytnikom narkotyków** an operation against arms/drug traffickers [5] Komput. operation; **współczesne komputery wykonują miliony ~i na sekundę** modern computers carry out millions of operations a second
□ **~a plastyczna** Med. plastic surgery

operacyjnie *adv.* [1] Med. *[usunąć, zmienić]* surgically [2] Wojsk. *[gotowy, przygotowany]* operationally

operacyjn|y *adi.* [1] Med. *[sala, stół]* operating [2] *(dotyczący działań)* *[koszty, budżet, badania]* operational, operation *attr.* [3] Wojsk. *[grupa, oficer, plany, lot]* operation *attr.* [4] Komput. *[system, pamięć]* operating

operato|r [I] *m pers.* [1] Kino *(kamerzysta)* cameraman [2] *(obsługujący)* operator; **~r dźwigu** a crane operator; **~r sieci** a network operator [3] środ., Med. *(chirurg)* surgeon [4] Telekom. operator
[II] *m inanim.* Log., Mat. operator

operator|ka *f* [1] Kino camerawoman [2] *(obsługująca)* operator [3] *sgt* środ., Kino camerawork

operators|ki *adi.* [1] Med. *[maska, rękawiczki, fartuch]* surgical [2] Kino cameraman's; **wydział ~ki w szkole filmowej** the faculty of cinematography

operatywnie *adv. grad. [działać, pracować]* efficiently, energetically

operatywnoś|ć *f sgt* efficiency

operatywn|y *adi. [biznesmen, urzędnik, działanie, kierowanie]* efficient, energetic

operet|ka *f* operetta
■ **trącić ~ką** a. **zakrawać na ~kę** iron. to be (just) a farce

operetkow|y *adi.* [1] *(dotyczący operetki)* *[aktor, bohater, muzyka, rola, libretto]* operetta *attr.* [2] iron. *[sytuacja, zachowanie]* farcical [3] pejor. *[reżim, dyktator]* tinpot pot.

oper|ować *impf* [I] *vt* Med. to operate; **~ować pacjenta** to operate on a patient; **~ować komuś nerkę** to operate on sb's kidney ⇒ **zoperować**
[II] *vi* [1] *(działać)* to operate; **firma ~ująca w różnych branżach** a company trading in various lines of business; **słońce najsilniej ~uje między dwunastą a piętnastą** the sun is (at its) hottest between noon and three p.m. [2] *(posługiwać się)* to use *[dźwiękiem, głosem, metaforą]* [3] Ekon. to trade in *[papierami, pieniędzmi, akcjami]* [4] Wojsk. to operate; **oddziały partyzanckie ~owały w lasach** the guerrilla troops operated in woods

operowo *adv.* Muz., Teatr *[szkolony]* operatically

operow|y *adi.* Muz., Teatr *[aria, muzyka, repertuar]* operatic

opędzać *impf* → **opędzić**

opę|dzić *pf* — **opę|dzać** *impf* [I] *vt* [1] *(odgonić)* to drive away *[owady]*; **~dzić muchy od jedzenia** to drive flies away from food [2] pot. *(zaspokoić)* to appease *[głód, pragnienie]*; **kawałkiem chleba ~dził cały dzień** he went for a whole day on a piece of bread; **musimy się zadłużyć, żeby ~dzić rachunki** we have to incur debts in order to foot the bills pot.
[II] **opędzić się** — **opędzać się** [1] *(odgonić od siebie)* to drive away (from oneself) (**od czegoś** sth); **~dzał się kijem od psów** he drove dogs away with a stick; **~dzał się od os/komarów** he drove wasps/mosquitoes away [2] *(uwolnić)* to rid oneself (**od czegoś** of sth); to be rid (**od kogoś/czegoś** of sb/sth); **szybko ~dziła się od fotografów/adoratorów** she soon got rid of the photographers/her admirers; **nie mógł się ~dzić złym przeczuciom** he couldn't rid himself of premonitions

opędzl|ować *pf* — **opędzlo|wywać** *impf vt* pot. [1] *(zjeść)* to scoff GB pot., to scarf (down) US pot. [2] *(sprzedać)* to flog GB pot. [3] *(okraść)* to knock off pot. *[mieszkanie, sklep]*; to mug pot., to clip US pot. *[osobę]*

opędzlowywać *impf* → **opędzlować**

opęt|ać *pf* — **opęt|ywać** *impf vt* [1] *(omotać)* *[osoba]* to beguile; **~ać kogoś swoją urodą/niejasnymi obietnicami** to beguile sb with one's beauty/vague promises; **tak ją ~ał, że podpisała umowę** he beguiled her into signing a contract [2] *(ogarnąć)* *[uczucie, żądza]* to possess; *[myśli, chciwość]* to obsess; **~ała ją wściekłość** rage possessed her, she was possessed by a. with rage; **jest ~ana myślą o bezpieczeństwie swoich dzieci** she is obsessive about the safety of her children; **~ała go obsesyjna myśl o samobójstwie** he was obsessed with thoughts of suicide
■ **co (za licho) cię ~ało** a. **co za diabeł cię ~ał?** what the devil a. whatever possessed you?; **co cię ~ało, żeby tam pójść?** whatever possessed you to go there?; **diabeł** a. **zły duch go/ją ~ał** he's/she's possessed by the devil a. an evil spirit

opętani|e [I] *sv* → **opętać**
[II] *n sgt* [1] *(zniewolenie)* possession; *(mania)* obsession; **~e przez diabła** demonic possession a. possession by the devil; **zaangażowanie/oddanie graniczące z ~em** involvement/devotion that borders on obsession [2] *(szaleństwo)* frenzy; **w ~u** in a frenzy

opęta|niec *m (V ~ńcze* a. *~ńcu)* [1] pot. *(entuzjasta)* fanatic pot.; fan; **~niec sportu/teatru** a sports/theatre fanatic [2] pot., pejor. *(szaleniec)* madman; **wrzeszczał jak ~niec** he screamed like a madman

opętan|y ∐ *pp* → opętać
∐ *adi* książk. *[wściekłość]* demoniac; *[taniec, wyczyn]* frenzied
∐∐ **opętan|y** *m*, **~a** *f* książk. [1] (niespełna rozumu) lunatic; (niepanujący nad sobą) madman; **szpital dla ~ych** a lunatic asylum; **śmiał się/wrzeszczał jak ~y** he laughed/screamed like a madman [2] (opanowany przez złe moce) demoniac

opętańczo *adv. [miotać się, gestykulować, ryczeć]* frenziedly, wildly; **huragan wył ~** the hurricane wailed wildly

opętańcz|y *adi. [taniec, gonitwa, wrzask]* frenzied

opętywać *impf* → opętać

opi|ąć *pf* — **op|inać** *impf* (opnę, opięła, opięli — opinam) ∐ *vt* [1] (opasać) to wrap tightly; **opięła talię szerokim paskiem** she wrapped a broad sash around her waist [2] (obciskać) *[suknia, spodnie]* to hug; **koszula opinała mu klatkę piersiową** the shirt hugged his chest; **spodnie opięte na biodrach** a pair of trousers fitting tightly around the hips
∐ **opiąć się** — **opinać się** *[suknia, marynarka]* to hug (**na czymś** sth); **mundur opinał się na nim** the uniform hugged the contours of his body

opi|ć *pf* — **opi|jać** *impf* (~ję — ~jam) pot. ∐ *vt* [1] (oblać) to celebrate [sth] with a drink *[zdany egzamin, przejście na emeryturę]*; **taki sukces trzeba ~ć** such a success must be celebrated with a drink; **~ć narodziny dziecka** to wet the baby's head GB pot. [2] (wypić wszystko) to drain *[całą butelkę]*; **kumple ~li mu dwie skrzynki piwa** his pals drained two of his beer crates; **~li go i objedli** they ate and drank him out of house and home
∐ **opić się** — **opijać się** [1] (wypić za dużo) to overindulge (**czegoś** in sth); **~ła się kawy i nie może spać** she's overindulged in coffee and can't sleep now; **~łem się soku z winogron na cały rok** I've drunk a. had enough grape juice to keep me happy the whole year [2] (upić się) to overdrink; **~ć się wina** a. **winem** to drink a. have too much wine

opie|c *pf* — **opie|kać** *impf* (~kę, ~czesz, ~kł, ~ka, ~kli — ~kam) ∐ *vt* Kulin. (nad ogniem, na grillu) to grill, to broil US, to toast *[grzankę]*; (w tłuszczu) to fry *[mięso, rybę]*; **mięso trzeba ~c 20 minut z każdej strony** the meat should be grilled for 20 minutes on each side; **~c grzanki** to make toast(s), to toast bread; **~c kurczaka/mięso na rożnie** to spit-roast a chicken/joint; **szybko ~c mięso z obu stron (w gorącym tłuszczu)** to seal the meat on both sides; **ryba ~kana w oleju** deep-fried fish
∐ **opiec się** — **opiekać się** Kulin. (ogniem) to grill, to be grilled; (w tłuszczu) to fry; (w tosterze) to be toasted; **kiełbaski/jabłka ~kają się pięknie nad ogniskiem** sausages/apples grill beautifully over a fire

opieczęt|ować *pf* — **opieczęt|owywać** *impf vt* [1] (ostemplować) to impress [sth] with a stamp, to stamp *[dokument, paszport]*; to date-stamp *[list, paczkę]* [2] (zabezpieczyć) to seal *[kontener, kopertę, mieszkanie]*; **drzwi/**

wagon ~owano plombą the door/railway carriage has been sealed

opie|ka *f sgt* [1] (dbanie o osobę) care, attention; (nad zabytkami, ogrodem) care; **~ka duszpasterska** pastoral care; **~ka medyczna** medical care; **~ka lekarska** medical attention; **~ka macierzyńska/pielęgniarska** mothering/nursing; **~ka społeczna** (instytucja) social welfare; (działalność) welfare services; **pracownik ~ki społecznej** a welfare worker; **zasiłek** a. **zapomoga z ~ki społecznej** a welfare benefit; **~ka zdrowotna** health care; **zapewnić bezpłatną ~kę zdrowotną** to provide free health care; **towarzystwo ~ki nad zwierzętami** an animal welfare organization; **chłopczyk/ogród pozbawiony ~ki** an uncared-for boy/garden; **roztoczyć ~kę nad kimś/czymś** to provide care for sb/sth; **sprawować ~kę nad niepełnosprawnym dzieckiem/zamkowym parkiem** to take care of a. look after a disabled child/the park round a castle; **powierzyć** a. **polecić niańce ~kę nad dzieckiem** to put a child in a nanny's care, to entrust a child to a nanny's care; **miasto roztacza troskliwą ~kę nad zabytkami** the town takes great care of its monuments [2] (nadzór) keeping, charge; **dom/dziecko sąsiadów jest pod moją ~ką** the neighbours' house/child is in my keeping a. charge; **powierzono mi ~kę nad tą klasą/uczennicą** I've been given charge of this class/pupil; **nie wolno zostawiać małych dzieci bez ~ki** small children mustn't be left unattended [3] Prawo (piecza, kuratela) custody; (prawny nadzór) guardianship; **~kę nad dzieckiem przyznano ojcu** the father was granted custody of the child; **~ka prawna nad upośledzonym umysłowo/niepełnoletnim** the legal custody of a mentally disabled person/minor
■ **niech cię/was Bóg ma w swojej ~ce** książk. may the Lord protect a. keep you

opiekacz *m* toaster

opiekać *impf* → opiec

opiek|ować się *impf v refl.* to look after *vt*, to tend *vt [chorym, kwiatami, kotem]*; **~owała się nim w chorobie** she looked after a. tended him in his illness; **nikt się nie ~ował moim mieszkaniem/ogrodem** my flat/garden has not been looked after a. has been neglected ⇒ **zaopiekować się**

opiekun *m* (*Npl* **~owie**) [1] (sprawujący opiekę) (nad chorym, inwalidą, dzieckiem) minder, carer GB, caregiver US; (nad dziećmi w miejscu publicznym) chaperon(e); (nad zabytkami, obiektami sztuki, przyrody) conservator; **~ do dzieci** a babysitter a. baby-minder; **~ wdów** a protector of widows/stray animals; **~ roku** (na studiach) a tutor GB [2] Prawo guardian, conservator US; **ustanowić** a. **wyznaczyć ~a dla kogoś** a. **nad kimś** to appoint a guardian of a. for sb
❑ **~ społeczny** caseworker, social worker

opiekun|ka *f* (sprawująca opiekę) (nad chorym, inwalidą) minder, carer GB, caregiver US; (nad dzieckiem, dziećmi w miejscu publicznym) chaperon(e); **~ka do dzieci** a babysitter a. baby-minder; **~ka bezpańskich kotów** ≈ a cat

lady; **wynająć ~kę do dziecka** to hire a babysitter

opiekuńczo *adv. [przytulić, kochać]* protectively

opiekuńczoś|ć *f sgt* protectiveness (**wobec kogoś/czegoś** towards sb/sth); **matczyna/ojcowska ~ć** mother's/father's a. motherly/fatherly protectiveness

opiekuńcz|y *adi.* [1] (wyrażający troskę) *[osoba, gest, instynkt]* protective; **była ~a w stosunku do dzieci** she was protective towards her children; **pod ~ym spojrzeniem rodziców** under the watchful eye of one's parents [2] (sprawujący opiekę) *[bóstwa, nadzór]* tutelar(y); **władza ~a** tutelary authority; **pod ~ym skrzydłem szkoły/dyrektora** under the wing of the school/headmaster; **zasiłek ~y** a welfare benefit

opielać *impf* → opleć

opieniek *m* → opieńka

opie|ńka *f* Bot. armillaria
❑ **~ńka miodowa** Bot. honey fungus a. mushroom

opieprz *m sgt* (*G* **~u**) posp. talking-to pot.; rollicking a. rollocking GB posp.; **dostać za coś ~** to get a rollicking for sth

opieprzać *impf* → opieprzyć

opieprz|ać się *impf v refl.* posp. (unikać pracy) to skive off GB pot., to goof off US pot.; **~ać się z robotą** to be slacking GB pot., to do the work in dribs and drabs pot.

opieprz|yć *pf* — **opieprz|ać** *impf* ∐ *vt* [1] (obsypać pieprzem) to pepper [2] posp. (zbesztać) to bawl [sb] out pot., to bawl out pot., to tick [sb] off pot., to tick off GB pot., to chew out US pot. (**za coś** for sth); **~yła mnie za spóźnienie** she bawled me out for being late
∐ **opieprzyć się** — **opieprzać się** posp. (zbesztać jeden drugiego) to bawl each other out pot.

opierać *impf* → oprzeć

opierdalać *impf* → opierdolić

opierdal|ać się *impf v refl.* wulg. (obijać się) to fuck about a. around

opierdol *m sgt* (*G* **~u**) wulg. bollocking a. ballocking GB wulg.; **dostał** a. **oberwał ~ od szefa** the boss gave him a bollocking GB; the boss reamed him out US posp.

opierd|olić *pf* — **opierd|alać** *impf* ∐ *vt* wulg. [1] (zwymyślać) to bollock a. ballock GB wulg. (**za coś** for sth); to chew [sb] out US posp. (**za coś** for sth); **~olić kogoś** to chew out sb's arse a. butt US wulg. [2] (zjeść) to scoff GB pot., to snarf US pot.
∐ **opierdolić się** — **opierdalać się** wulg. (zwymyślać jeden drugiego) to bollock a. ballock each other GB wulg. (**za coś** for sth); to chew each other out US posp. (**za coś** for sth)

opierun|ek *m* (*G* **~ku**) przest., żart. (pranie) laundry, wash
❑ **wikt i ~ek** przest., żart. board and lodging, room and board

opieszale *adv. grad.* pejor. (powoli) tardily, sluggishly; (ociągając się) dilatorily; **rozmowa toczyła się coraz ~j** the conversation was becoming sluggish; **z rozmysłem wszystko robił ~** he was indolent in whatever he did; **urzędnicy ~ odpowiadają na listy obywateli** officials are dilatory a. slow in replying to letters from the public

opieszałoś|ć *f sgt pejor.* (powolność) sluggishness, tardiness; (ociąganie się) dilatoriness; **narzekać na ~ć klientów w płaceniu rachunków** to complain about customers' tardiness in paying their bills

opiesza|ły *adi. pejor. [tempo, ruch, reakcja]* sluggish; *[płatnik, robotnik, postępowanie, procedura]* tardy; **urzędnicy ~li w załatwianiu spraw** officials (who are) dilatory a. tardy in dealing with cases; **był raczej ~łym w nauce uczniem** he was a rather unwilling pupil

opiew|ać *impf książk.* **I** *vt* (sławić) to eulogize, to extol *[bohaterów, piękno, czyny]* **II** *vi* (wymieniać kwotę) *[rachunek, czek, pożyczka]* to amount (**na coś** to sth); (podawać okres) *[koncesja, dzierżawa]* to be a. run (**na coś** for sth); **~ać na nazwisko Nowak** *[dokument, paszport]* to be in the name of Nowak; *[czek]* to be made out to Nowak; **wyrok/kara ~a na pięć lat więzienia** the sentence/penalty is five years' imprisonment

opię|ty **I** *pp* → **opiąć** **II** *adi. [płaszcz, suknia, spodnie]* close-fitting, tight-fitting

opijać *impf* → **opić**

opilstw|o *n sgt pot.* [1] (alkoholizm) drinking, drunkenness; **popadać w ~o** to take a. turn to the bottle pot.; **~o i obżarstwo doprowadziły go do choroby** too much drink a. his drinking and overeating made him ill [2] (libacja) (drinking) binge pot. □ **~o okresowe** Med., Psych. dipsomania

opił|ek *m zw. pl* filing; **~ki żelaza/metalowe** iron/metal filings

opił|ować *pf* — **opił|owywać** *impf vt* to file *[paznokcie, krawędzie]*

opiłowywać *impf* → **opiłować**

opini|a /o'pinja/ *f (GDGpl ~i)* [1] (pogląd) opinion, view; **przychylna/negatywna ~a o kimś/czymś** a favourable/negative opinion about sb/sth; **według ~i naszych lekarzy/ekspertów** in the opinion of our doctors/experts; **głosić/wypowiadać śmiałe ~e** to voice a. air/express strong opinions a. views; **wyrobić sobie o kimś/czymś ~ę** to form an opinion about sb/sth; **chciałbym zasięgnąć pańskiej ~i w tej sprawie** I'd like to ask your opinion on this matter; **stracił/zyskał w mojej ~i** I have a lower/higher opinion of him now [2] (renoma) reputation; **cieszyć się dobrą/nieposzlakowaną ~ą** to have a good/impeccable reputation; **psuć/szargać komuś ~ę** to destroy/tarnish sb's reputation; **dbać o swoją ~ę** to protect a. guard one's reputation; **miał ~ę flirciarza/pijaka** he had the reputation of being a flirt/a heavy drinker [3] (ekspertyza) opinion; (ocena) testimonial; **~a lekarzy** a medical opinion; **~a środowiska lekarskiego** a body of medical opinion; **~a biegłego na temat czegoś** (an) expert a. (an) expert's opinion on sth; **przedstawić ~ę z poprzedniego miejsca pracy** to provide testimonials (to one's character and ability) by a. from the previous employer, to provide character references by a. from the previous employer;

wystawić ~ę o zachowaniu ucznia to give a testimonial to the pupil's conduct □ **~a publiczna** public opinion

opiniodawc|a *m* expert

opiniodawcz|y *adi. [organ, komisja]* consultative

opiniotwórcz|y *adi. [media, środowisko]* opinion-forming

opini|ować *impf vt* to give one's opinion on; **~ować pozytywnie/negatywnie** to give a positive/negative opinion ⇒ **zaopiniować**

opis *m (G ~u)* [1] (przedstawienie wyglądu, przebiegu) description; (relacja) account; **drobiazgowy/dokładny/malowniczy/powierzchowny ~** a detailed/thorough/picturesque/superficial description a. account; **~ poetycki** a poetic description a. account; **~ rzeczywistości/przyrody** a description of reality/nature; **~ podróży/wypadku** an account a. a description of a journey/an accident [2] (objaśnienie do rysunku, mapy, wykresu) legend, key [3] (opisywanie) description; **poddać coś dokładnemu ~owi** to give an accurate description of sth, to describe sth accurately □ **~ bibliograficzny** a. **katalogowy** bibliographical description; **~ patentowy** specification; **~ techniczny** (do projektu, wynalazku, patentu) specification *zw. pl*; **~ techniczny urządzenia/maszyny** technical specifications of a device/machine

opi|sać *pf* — **opi|sywać** *impf* **I** *vt* [1] (przedstawić słowami) to describe *[wygląd, cechy, przebieg]*; **~sać coś w prasie** a. **gazecie** to write about sth in the press; **~sywał barwnie swoje przygody** he vividly described his adventures; **~sać coś prozą/wierszem** to describe sth in prose/verse; **scena nie do ~sania** a scene which cannot be described, a scene which defies description; **panował upał nie do ~sania** a. **nie dający się ~sać upał** the heat was indescribable [2] (objaśniać) to provide a legend. a. key to *[mapę, wykres, diagram]* [3] Mat. to circumscribe *[figurę geometryczną]*; **koło ~sane na trójkącie** a circle circumscribed around a triangle [4] Prawo (spisać) *[komornik]* to inventory *[majątek, przedmioty]* **II opisać się** — **opisywać się** (siebie samego) to describe oneself

opisowo *adv.* [1] (objaśniać, tłumaczyć) descriptively [2] Jęz. *[stopniowany]* periphrastically; **przymiotnik/przysłówek stopniujący się ~** an adjective/an adverb with the periphrastic a. analytic (forms of) degrees

opisowoś|ć *f sgt* descriptiveness

opisow|y *adi.* [1] *[przedstawienie, funkcja, gramatyka]* descriptive [2] *[forma, koniugacja]* periphrastic; **~e stopniowanie przymiotników/przysłówków** the periphrastic a. analytic grade of adjectives/adverbs

opisywać *impf* → **opisać**

opi|ty **I** *pp* → **opić** **II** *adi. pot.* [1] (napojony) **dzieci ~te colą/sokiem** kids who have had too much coke/juice [2] (pijany) pickled pot., drunk GB pot.; **~ty do nieprzytomności** in a drunken stupor

opium *n inv.* Farm., Med. opium; **zażywać/palić ~** to take/smoke opium; **odurzenie ~** the opium daze; **palarnia ~** an opium den ■ **~ dla mas** książk. the opium of the people a. masses

opiumow|y *adi.* opium *attr.*; **narkomania ~a** opium addiction

oplakat|ować *pf vt* to placard *[mur, miasto]*; **~ować budynek reklamami** to placard a building with advertisements

oplatać *impf* → **opleść**

oplą|tać *pf* — **oplą|tywać** *impf* **I** *vt* [1] (owinąć) to entwine, to wrap; **~ać paczkę sznurkiem** to tie a length of string around a parcel; **~ała szyję szalem** she wrapped a shawl around her neck; **zasieki ~ane drutem kolczastym** barbed wire entanglements [2] (okręcić się) *[liany, łodygi]* to entwine around; *[wodorosty, lina]* to foul (up) *[kotwicę, śrubę]*; **powój ~uje kolumnę/pień drzewa** ivy twines around a pillar/tree trunk; **mucha ~ana pajęczyną** a fly ensnared in a cobweb [3] przen. (uwikłać) to entangle; **~ać przeciwnika/polityka siecią intryg** to ensnare an opponent/a politician in a web of intrigue **II oplątać się** — **oplątywać się** [1] (owinąć siebie samego) to wrap oneself (**czymś** with sth) [2] (okręcić się) *[bluszcz, łodygi, liany]* to be entwined (**wokół czegoś** around sth); *[wodorosty, lina]* to foul (up) *vt*; **lina ~ała mu się wokół nóg** a rope entwined around his legs; **sieć ~ała się wokół kotwicy** a fishing net fouled an anchor

oplątywać *impf* → **oplątać**

opl|eć *pf* — **opl|elać** *impf* (opielę, opełł, opełli — opielam) *vt* to weed *[grządkę, ogród]*; **opełła zagon rzodkiewek** she weeded a bed of radishes

opl|eść *pf* — **opl|atać** *impf* (~otę, ~eciesz, ~ecie, ~ótł, ~otła, ~etli — ~atam) **I** *vt* [1] (owinąć) to wind, to twist; **~eść paczkę sznurkiem** to wind a. twist a length of cord around a parcel; **rączki kosza były ~ecione taśmą** the handles of the basket were wrapped in tape [2] (owinąć się) *[liany, łodygi]* to entwine around *[pień, kolumnę]*; (pokryć) *[winorośl, róże]* to cover; **powojnik ~ata altanę** clematis covers the arbour [3] (objąć) to wrap, to twine; **~eść ramionami/nogami pień drzewa** to wrap a. twine one's arms/legs around a tree trunk [4] przen. (uwikłać) to entangle; **~eść kogoś siecią intryg/podejrzeń** to ensnare sb in a web of intrigue/suspicion **II opleść się** — **oplatać się** [1] (siebie samego) to wrap oneself (**czymś** with a. in sth); **~otła się szczelnie szalem** she wrapped herself up tightly in a shawl [2] (jeden drugiego) to twine a. wrap around each other; **~etli się ramionami** they wrapped a. twined their arms around each other [3] (samo z siebie) *[winorośl, bluszcz]* to twine, to wind (**wokół czegoś** (a)round sth); *[wstążka, serpentyna]* to wind (**wokół czegoś** (a)round sth)

oplotk|ować *pf* — **oplotk|owywać** *impf vt* to gossip (**kogoś** about sb); **~ować kolegów z pracy przed szefem** to gossip about one's colleagues to the boss

oplotkowywać *impf* → **oplotkować**

opluć pf — **oplu|wać** impf **Ⅱ** vt **1** (oślinić) to slobber; **niemowlę ~ło (sobie) śliniak** the baby slobbered into its bib **2** (zanieczyścić śliną) to spit; **~ć podłogę** to spit at a. on the floor **3** przen. (oczernić) to slander

Ⅲ opluć się — **opluwać się 1** (oślinić siebie samego) to slobber **2** (oślinić jeden drugiego) to spit at each other **3** przen. (oczernić jeden drugiego) to sling mud at each other

opluwać impf → **opluć**

opłacać impf → **opłacić**[1]

opłacalnoś|ć f sgt profitability, cost-effectiveness; **na granicy ~ci** close to the limit of profitability

opłacaln|y adi. [produkcja, lokata, praca] profitable; [inwestycja, przedsięwzięcie, metody] cost-effective; **obrót nieruchomościami staje się ~y** estate agency is becoming profitable a. economically viable

opła|cić[1] pf — **opła|cać** impf **Ⅱ** vt **1** (zapłacić) to cover [koszty, należność]; to pay [abonament, czynsz]; **~cić utrzymanie dziecka** to pay for the child's upkeep; **~cić coś z góry** to prepay sth; **~cony rachunek za telefon** a settled telephone bill **2** (wynagrodzić) to pay [korepetytora, gosposię, ogrodnika]; **dobrze/nisko ~cani robotnicy** well-paid/low-paid workers

Ⅲ opłacić się — **opłacać się 1** (przynieść zysk) to be profitable; (przynieść korzyść) to pay; **~ca się być uczciwym** it pays to be honest **2** (przekupić) to pay protection money (**komuś** to sb) [gangsterom, mafii]; to bribe (**komuś** sb) [urzędnikowi]

opła|cić[2] pf vi (ponieść konsekwencje) to pay; **godziny przed komputerem ~cił zapaleniem spojówek** he paid with pink-eye for the hours spent in front of a computer; **reformę gospodarczą musimy ~cić okresem wyrzeczeń** the economic reform will cost us a period of austerity

opła|kać pf — **opła|kiwać** impf (~czę — ~kuję) vt to bewail [zmarłych, stratę]

opłakan|y **Ⅱ** pp → **opłakać**

Ⅲ adi. [sytuacja, warunki] miserable, lamentable; [skutki, stan] pitiful

opłakiwać impf → **opłakać**

opła|ta f **1** zw. pl (należność) charge; **~ty za elektryczność/telefon** electricity/telephone charges; fare; **~ta za przejazd pociągiem/autobusem** a train/bus fare; (za przewóz, transport) freight; (licencyjna, sądowa, za specjalistyczne usługi, za naukę) fee; (za prąd, gaz, wodę) rate; **~ta celna/akcyzowa** a customs/an excise duty; **~ta manipulacyjna** a handling charge; **taryfa ~t** a list of fees/charges; **wolny od ~t** free of charge; **podnosić/pobierać ~ty** to raise/collect charges **2** (opłacanie) payment; **dokonać ~ty** to make (a) payment; **zwlekać z ~tą** to delay payment

❏ **~ta ryczałtowa** flat rate; **~ta skarbowa** stamp duty

opłat|ek m **1** Relig. (hostia) wafer; altar bread U; (wigilijny) wafer; **blady jak ~ek** (as) white as a sheet; **łamać** a. **dzielić się z kimś ~kiem** to exchange Christmas greetings with sb **2** (spotkanie) social gathering around Christmas **3** Farm. cachet

opłot|ki plt (G ~ków) **1** (ogrodzenie) wattle fencing U, wattled fence; **wiklinowe ~ki** wicker fencing **2** (wąskie przejście) lane U

(between fences or hedges) **3** książk., przen. (ograniczenia) limitations; **wyjść poza ~ki** a. **z ~ków wąskich specjalizacji/ogólników** to reach a. go beyond the limitations of narrow specializations/generalities

■ **myślowe ~ki** provincialism, narrow-mindedness

opłucn|a f Anat. pleura; **zapalenie ~ej** Med. pleurisy

opłu|kać pf — **opłu|kiwać** impf (~czę — ~kuję) **Ⅱ** vt to rinse (out); **~kać warzywa pod bieżącą wodą/w zimnej wodzie** to rinse vegetables with running/cold water; **~kać włosy z szamponu** to rinse shampoo off one's hair

Ⅲ opłukać się — **opłukiwać się 1** (siebie samego) to rinse oneself **2** (jeden drugiego) to rinse each other

opłukiwać impf → **opłukać**

opły|nąć pf — **opły|wać**[1] impf (~nęła, ~nęli — ~wam) vt **1** (okrążyć) [żeglarz, statek] to circumnavigate [świat, wyspę]; to sail around [kontynent, jezioro]; to round [przylądek, półwysep]; [pływak, zwierzę] to swim around [wyspę, jezioro, półwysep]; **samotnie ~nął jachtem świat** he sailed single-handed(ly) round the world; **~nęliśmy włoski półwysep od Genui do Wenecji** we sailed round the Italian peninsula from Genoa to Venice **2** (otaczać) [rzeka, potok, woda] to wash [miasto, pastwisko, burty] **3** przen. (spowić) [mgła, powietrze] to surround

opływać[1] impf → **opłynąć**

opły|wać[2] impf vi **1** (układać się) [szata, suknia, materiał] to enwrap [figurę, kształty] **2** (mieć pod dostatkiem) [osoba] to enjoy (**w coś** sth) [zaszczyty, przywileje, splendory]; **~ywać w dostatki** a. **bogactwa** to be a. live in clover; **~ywać w luksusy** to live in the lap of luxury

opływowoś|ć f sgt (cecha) aerodynamics (+ v sg); (kształt) aerodynamic a. streamlined form; **~ć ciała ptaków** the streamlined body form of birds

opływow|y adi. [kadłub, model, kształt] streamlined, aerodynamic

opodal książk. **Ⅱ** praep. near; **~** a. **nieopodal dworca** near the station

Ⅲ adv. close by

opodatk|ować pf — **opodatk|owywać** impf **Ⅱ** vt Prawo to tax; to levy a tax on [transakcję, dochody]; to levy [osobę]; **~ować rolnictwo** to levy a tax on agriculture, to tax agriculture; **~ować książki nowymi stawkami VAT-u** to levy new VAT rates on books; **nieopodatkowana działalność gospodarcza** an untaxed business (activity); **dochody/zyski przed ~owaniem** pre-tax income/profits; **(międzynarodowe/krajowe) podwójne ~owanie** (international/domestic) double taxation; **~owanie emerytur/spółdzielni** taxation of old-age pensions/cooperative societies

Ⅲ opodatkować się — **opodatkowywać się** to subscribe (**na coś** sth); **mieszkańcy wsi ~owali się na budowę pływalni** the villagers subscribed to a fund to build a swimmingpool

opodatkowywać impf → **opodatkować**

opo|ka f **1** książk., przen. (podwalina) bedrock przen.; (ostoja) rock przen. **2** (niezawodna osoba)

---

tower a. pillar of strength przen.; **był/stał się dla niej ~ką i wyrocznią** he was/became a pillar of strength and an oracle for her

opon|a f **1** (ogumienie) tyre GB, tire US; **zapasowa/zimowa/łysa ~a** a spare/a snow/a worn tyre; **~a balonowa/bezdętkowa/radialna** a balloon/a tubeless/a radial a. radial-ply tyre; **~a diagonalna** a cross-ply tyre GB, bias-ply tyre US; **założyć/zmienić/napompować ~ę** to mount/change/inflate a tyre; **w drodze do pracy przebiła ~ę** she got a puncture on her way to work **2** Anat. (mózgowa, rdzeniowa) meninx; **zapalenie ~ mózgowych** Med. meningitis **3** przest. (dekoracyjna) curtain; (okrywająca) covering

❏ **~a miękka** Anat. the pia mater; **~a pajęcza** Anat. the arachnoid; **~a twarda** Anat. the dura mater

oponen|t m książk. opponent, adversary; **moi/jego ~ci w dyskusji** my/his opponents a. adversaries in a discussion

opon|ować impf vi książk. **1** (przeczyć) to oppose (**komuś** sb) ⇒ **zaoponować 2** (sprzeciwiać się) to protest (**przeciw** a. **przeciwko komuś/czemuś** against sb/sth)

opończ|a f (Gpl ~y) daw. mantle

opornie adv. grad. **1** (niechętnie) [pracować, zmieniać się] unwillingly **2** (z trudem) [przekręcać się, działać] with difficulty, stubbornly; **nauka idzie mu ~** he is a slow learner

opornik m **1** Elektr. resistor; **~ drutowy/warstwowy** a wire-wound/a film resistor **2** Wojsk. (mechaniczny) recoil spring; (hydrauliczny) recoil cylinder

opornoś|ć f sgt **1** (upór) wilfulness, wilfulness US; **~ć charakteru** a wilful character **2** (wytrzymałość) resistance (**na coś** to sth) **3** Med. (bakterii, wirusów) resistance (**na coś** to sth); (chorób) refractoriness; **~ć na leki** drug resistance **4** Elektr. (opór) resistance

oporn|y **Ⅱ** adi. grad. **1** (uparty) [uczeń, dziecko, zwierzę] wilful, willful US; (niechętny) [współpracownik, partner] obstructive; **~y dłużnik** a bad debtor **2** (wytrzymały) [skała, tkaniny, metal] resistant (**na coś** to sth) **3** (niedziałający) [śruba, zatrzask, plama, silnik] stubborn **4** Med. [schorzenie] refractory; [wirusy, bakterie] resistant (**na coś** to sth); **szczepy ~e na działanie antybiotyków** strains resistant to antibiotic drugs, antibiotic-resistant strains

Ⅲ oporn|y m, **~a** f defiant or insubordinate person

oportuni|sta m, **~stka** f książk., pejor. opportunist, time-server

oportunistycznie adv. grad. książk., pejor. in an opportunist a. a time-serving manner, opportunistically

oportunistyczn|y adi. książk., pejor. opportunist, time-serving

oportunizm m sgt (G ~u) książk., pejor. opportunism

oporządzać impf → **oporządzić**

oporządzeni|e **Ⅱ** sv → **oporządzić**

Ⅲ n sgt Wojsk. kit, gear; **żołnierz w pełnym ~u** a soldier in full kit a. gear

oporzą|dzić pf — **oporzą|dzać** impf **Ⅱ** vt **1** przest. (obrządzić) to groom [osobę, *zwierzę]*; to tidy up *[gospodarstwo, zagrodę]* [2] (oczyścić) to dress *[drób, kraby, kaczkę]*; to gut *[rybę, królika]*

III oporządzić się — oporządzać się przest. to groom oneself

opos [] *m* Zool. opossum

III oposy *plt* pot. (futro) opossum fur; **nosić ~y** to wear opossum fur

opowiadać[1] *impf* → **opowiedzieć**

opowia|dać[2] *impf* [] *vt* pot. (przesadzać, nie mówić prawdy) to kid, to tell stories; **~dasz!** you're kidding!; **~adać bzdury** a. **głupstwa** pot., pejor. to talk nonsense, to talk rubbish

III *vi* (zawierać treść) *[film, książka]* to tell (**o czymś** about sth)

opowiada|nie [] *sv* → **opowiadać**

III *n* [1] (relacja) story, tale [2] Literat. (utwór epicki) short story; **~nie współczesne/fantastyczne** a modern/fantasy story; **tom ~ń** a collection of short stories

opowiadan|ko *n dem.* [1] (opowiastka) story [2] Literat. short story

opowiast|ka *f dem.* [1] (krótka opowieść) tale [2] Literat. short story; **tom ~ek satyrycznych** a collection of satirical short stories

opowi|edzieć *pf* — **opowi|adać**[1] *impf* (**~em, ~edział, ~edzieli** — **~adam**) [] *vt* to talk (**o czymś** about sth); to tell; **~adać barwnie/ciekawie/interesująco** to talk in a vivid/interesting way; **~edzieć coś krótko/rozwlekle** to talk about sth in brief/at length; **~adać anegdoty/bajki/dowcipy** to tell anecdotes/fairy tales/jokes

III opowiedzieć się — opowiadać się książk. [1] (poinformować) to tell, to inform (**komuś** sb) [2] (dokonać wyboru) to be in favour (**za kimś/czymś** of sb/sth); **~adać się przeciwko komuś/czemuś** to be against sb/sth; **~adać się po stronie biednych/uciśnionych** to sympathize with the poor/persecuted

opowieś|ć *f* [1] (ustna) story, tale; **~ć o miłości** a love story [2] Literat. (utwór epicki) story; **~ć historyczna/wojenna** a historical/war story; **autor poczytnych ~ci** an author of best-selling stories

opozycj|a *f* [1] *sgt* (protest) opposition *U*, resistance *U*; **ostra/wyraźna/zdecydowana ~a** strong/clear/determined opposition; **być w ~i** to oppose (**do czegoś** sth); to be in opposition (**do czegoś** to sth) [2] *sgt* Polit. (ugrupowanie) opposition; **~a parlamentarna** parliamentary opposition; **przywódca/działacze ~i** an opposition leader/opposition activists; **należeć do ~i** to belong to the opposition [3] (*Gpl* **~i**) książk. (kontrast, przeciwieństwo) opposition, contrast [4] *sgt* Astron. opposition [5] (*Gpl* **~i**) Jęz. (przeciwstawność) opposition; **~a fonologiczna** phonological opposition [6] (*Gpl* **~i**) Prawo objection [7] (*Gpl* **~i**) Sport (w szachach) opposition [8] (*Gpl* **~i**) Sport (w szermierce) guard, on-guard position; **przyjąć ~ę** to take up guard

opozycjoni|sta *m*, **~stka** *f* [1] Polit. oppositionist [2] książk. opponent; argumentative person żart.

opozycyjnie *adv.* [1] książk. (wyrażając sprzeciw) *[nastawić, działać, zachować się]* in opposition [2] Jęz. (przeciwstawnie) *[zestawić]* in opposition

opozycyjnoś|ć *f sgt* książk. oppositional quality; **~ć systemów wartości** the contrast between different systems of values

opozycyjn|y *adi.* [1] Polit. *[polityk, działacz, przywódca, stronnictwo, ugrupowanie]* opposition *attr.*; **ugrupowania ~e w parlamencie** opposition parliamentary groups [2] książk. *[działania, wystąpienie, poglądy, nastroje, utwory, stanowiska]* opposing, conflicting

op|ój *m* (*Npl* **opoje**) pot., pejor. boozer pot., soak pot.

op|ór *m.* (*G* **oporu**) [1] *sgt* (obrona) resistance; **czynny/zacięty opór** active/stiff resistance; **ostatni punkt oporu** the last line of resistance [2] (sprzeciw) opposition; **zgodził się na moją propozycję bez oporu** he agreed to my suggestion without opposition; **mieć opory przed czymś** to have qualms about sth; **mam opory przed powiedzeniem mu prawdy** I have qualms about telling him the truth; **on zawsze zachowuje się spontanicznie, a ja mam ciągle opory** he's always spontaneous while I'm constantly inhibited a. reserved [3] Fiz. resistance [4] *sgt* przen. (trudność) resistance; **opór materii** the resistance of matter [5] Sport edging

❑ **opór areodynamiczny** Fiz. aerodynamic resistance; **opór elektryczny** Elektr. electrical resistance; **opór ośrodka** Fiz. resistance of the medium

■ **bierny opór** passive resistance; **do oporu** pot. *[pracować, spać, czytać]* as much/as long as possible, to the limit; **iść po linii najmniejszego oporu** to take the easy way out; **stawiać opór** to put up resistance, to offer resistance; **z oporem** a. **z oporami** pot. (z trudnością) with difficulty; (niechętnie) reluctantly; **nauka szła mu z oporem** he found learning difficult; **z oporem zgodziła się pójść na przyjęcie** she reluctantly agreed to go to the party

opóźniacz *m.* [1] Techn. retarder [2] Wojsk. (część zapalnika) retardant

opóźniać *impf* → **opóźnić**

opóźni|ć *pf* — **opóźni|ać** *impf* [] *vt* (odwlec) to delay; (przełożyć) to postpone; **z powodu choroby ~ł swój wyjazd** he postponed his trip because of illness; **pociąg jest ~ony o piętnaście minut** the train has a fifteen minute delay; **~ony w rozwoju** retarded

III opóźnić się — opóźniać się [1] (zwlekać) to delay, to lag behind; **~amy się z wykonaniem planu** we're behind schedule [2] (nastąpić po terminie) to delay, to be late; **pociąg ~ł się o godzinę** the train was one hour late [3] (o zegarze) to be slow

opóźnie|nie [] *sv* → **opóźnić**

III *n* delay, lag; **masz już pół godziny ~nia!** you're already a half an hour late!; **ta trucizna działa z ~niem** the poison has a delayed effect

opóźni|ony [] *pp* → **opóźnić**

III *adi.* (spóźniony) *[pociąg, autobus, samolot]* delayed; *[wiosna, kolacja, zebranie]* late; **samolot był ~ony z powodu mgły** the plane was delayed by the fog; **~ony w rozwoju** Psych. *[osoba, dziecko]* retarded

oprac|ować *pf* — **oprac|owywać** *impf* *vt* to work out, to draw up *[projekt, ustawę, przepisy]*

opracowa|nie [] *sv* → **opracować**

III *n* książk. study; **~nie monograficzne** a monograph

opracowywać *impf* → **opracować**

opraw|a *f* książk. [1] (okładka, obwoluta) cover, binding; **w twardej/miękkiej ~ie** in hardback/paperback [2] (rama, obramowanie) (obrazu, zdjęcia) frame; (klejnotu) setting; (okularów) rim; **oczy w ~ie ciemnych, długich rzęs** eyes framed with dark, long lashes [3] *sgt* Literat., Muz., Szt. (muzyka, scenografia, rekwizyty) setting; **~a plastyczna/muzyczna** visual/musical setting [4] *sgt* pot. (oprawianie) (książki) binding; (obrazu, zdjęcia) framing; (klejnotu) setting; **oddać obraz do ~y** to have a painting framed [5] *sgt* (zdejmowanie skóry z zabitego zwierzęcia) flaying

❑ **~a książkowa** Druk. hardcover

oprawc|a *m* książk. [1] (zadający tortury) torturer [2] (morderca) murderer [3] (kat) executioner

oprawiać *impf* → **oprawić**

oprawi|ć *pf* — **oprawi|ać** *impf vt* książk. [1] (umocnić) to bind *[książkę, rękopis]* [2] (osadzić, umieścić) *[obraz, fotografię]*; to frame *[klejnot]*; to set [3] pot. (oporządzić) to flay *[kurę, rybę]* [4] pot. (osadzić) to set *[siekierę, kosę]*

opraw|ka *f* (żarówki) socket; (okularów) rims, frame

oprawn|y *adi.* książk. [1] (osadzony) *[lustro, obraz]* framed; *[szmaragd, diament]* set (**w coś** in sth) [2] (oprawiony) *[książka, album, pamiętnik]* bound; **~e w skórę tomy** leather-bound volumes

opresj|a *f* (*Gpl* **~i**) książk. trouble; **znaleźć się w ~i** to get into trouble; **wybawić kogoś z ~i** to get sb out of trouble

oprocent|ować *pf* — **oprocent|owywać** *impf vt* Fin. to charge interest *[pożyczkę, kredyt]*

oprocentowa|nie [] *sv* → **oprocentować**

III *n* interest; **poziom ~nia pożyczki** interest rate (of a loan)

oprocentowywać *impf* → **oprocentować**

oprogram|ować *pf* — **oprogram|owywać** *impf vt* Komput. to provide software

oprogramowa|nie [] *sv* → **oprogramować**

III *n* Komput. software

oprogramowywać *impf* → **oprogramować**

opromieniać *impf* → **opromienić**

opromie|nić *pf* — **opromie|niać** *impf vt* książk. [1] (oświetlić) to enlighten; **~niony sławą** bathed in with glory [2] (uprzyjemnić) to brighten up

opro|sić się *pf v refl.* Zool. to farrow, to pig

oprotest|ować *pf* — **oprotest|owywać** *impf vt* książk. to object to

oprotestowywać *impf* → **oprotestować**

oprowadzać *impf* → **oprowadzić**

oprowa|dzić *pf* — **oprowa|dzać** *impf vt* to show [sb] around; **~dzić wycieczkę po mieście/muzeum** to show the tourist group around town/the museum

oprócz *praep.* [1] (z wyjątkiem) apart a. aside from, except (for) (**kogoś/czegoś** sb/sth); **zwiedził cały pałac ~ ostatniego piętra** he saw the whole palace apart from a. except (for) the last floor; **zaproszono wszystkich ~ Adama** everyone was invited except (for) Adam; **(on) robi w domu wszystko ~ gotowania** he does everything around the house except the cooking; **~ tego niewiele się zmieniło** apart from that nothing much has changed [2] (obok, niezależnie od) besides, apart a. aside from (**kogoś/czegoś** sb/sth); **~ niego byli tam i inni** there were others there besides a. apart from him; **~ ogólnych stłuczeń lekarz stwierdził złamanie ręki** apart from general bruising, the doctor diagnosed a fractured arm; **~ tego** (ponadto) apart from that, besides that; **(ona) studiuje, a ~ tego pracuje na pełnym etacie** apart from a. besides being a student a. studying, she has a full-time job

oprószać *impf* → **oprószyć**

oprósz|yć *pf* — **oprósz|ać** *impf vt* książk. [1] (obsypać) to sprinkle (**coś czymś** sth with sth); **~yć ciastko cukrem** to sprinkle sugar over a cake [2] *[śnieg, szron]* to cover; **drzewa ~one szronem** trees covered with frost

opróżniać *impf* → **opróżnić**

opróżn|ić *pf* — **opróżn|iać** *impf* **II** *vt* książk. [1] (uczynić pustym) to empty *[butelkę, pojemnik, kieszenie, szufladę]*; to unload *[wagon]*; to vacate *[pokój, dom]*; **właściciel ~ił dom z lokatorów** the owner removed all the tenants from the house [2] (zwolnić, ustąpić) to vacate; **~iony urząd burmistrza** a vacant mayor's office

III opróżnić się — **opróżniać się** książk. to become empty

oprych *m augm.* (*Npl* **~y**) pot., pejor. thug, hoodlum

oprychów|ka *f* pot. peaked cap (*usually checked*)

oprysk|ać *pf* — **oprysk|iwać** *impf* **II** *vt* [1] (zmoczyć) to spatter, to splash (**czymś** with sth) [2] Ogr., Roln. (odkazić) to spray

III opryskać się — **opryskiwać się** (skropić się, zmoczyć się) to splash one's face/body

opryskiwacz *m* Techn. spraying machine ❑ **~ plecakowy** Techn. knapsack spraying machine

opryskiwać *impf* → **opryskać**

opryskliwie *adv.* grad. książk. brusquely, abruptly; **odpowiedzieć komuś ~** to answer sb brusquely, to give sb a brusque answer

opryskliwoś|ć *f sgt* książk. [1] (nieuprzejmość) brusqueness [2] (szorstkość) brusqueness, abruptness

opryskliw|y *adi.* grad. książk. [1] *[osoba]* brusque [2] *[odpowiedź]* brusque, abrupt; *[głos, ton]* brusque, curt; **odpowiedział ~ym głosem** he answered curtly a. in a brusque tone

opryszcz|ka *f* Med. herpes; **~ka na wardze** cold sore; **maść na ~kę** cold sore cream; **~ka narządów płciowych** genital herpes; **~ka zwykła** herpes simplex

oprysz|ek *m* (*Npl* **~ki** a. **~kowie**) pot., pejor. thug; hoodlum; **banda niedorosłych ~ków** a bunch of teenage hoodlums

op|rzeć *pf* — **op|ierać** *impf* (**oprę, oparł, oparli — opieram**) **II** *vt* [1] (podeprzeć) to lean (**o coś** against sth); **oprzeć coś na czymś** to rest sth against sth, to put sth on sth; **oprzeć drabinę o ścianę** to lean a. prop the ladder against the wall; **oprzeć głowę na czyimś ramieniu** to lean a. rest one's head on sb's shoulder [2] książk. (uzasadnić, motywować) to base (**coś na czymś** sth on sth); **oskarżenie oparte na zeznaniach świadków** an accusation based on the witnesses' testimony; **teza oparta na szczegółowych badaniach** a theory grounded a. founded on thorough research

II oprzeć się — **opierać się** [1] (wesprzeć się) to lean (**na czymś** on sth) (**o coś** against sth); **oprzeć się na lasce** to lean on a walking cane; **oparł się plecami o drzwi/ścianę** he put his back against the door/the wall; **oprzyj się o mnie** lean on me [2] książk. (bazować) to be based (**na czymś** on sth); **opierać się na swojej wiedzy** to draw on one's knowledge; **prokurator oparł się na jego zeznaniach** the prosecutor based the case on his testimony; **teoria opiera się na wnikliwych badaniach** the theory is grounded a. founded on careful study a. research; **tekst opiera się na faktach** the text is based on facts [3] (uzyskać pomoc, poparcie) to rely (**na kimś** on sb) [4] (stawić opór) to resist, to defy; **opierać się pokusie zrobienia czegoś** to resist the temptation to do sth; **nie potrafię oprzeć się słodyczom** I can't resist sweets; **zdrowy organizm oprze się chorobom** a healthy body will resist diseases; **nie mógł się oprzeć wrażeniu, że...** he couldn't help but get the impression that...

III oprzeć się [1] (dotrzeć) to stop (by sth); **cofające się wojsko oparło się tuż przy granicy** the retreating army stopped by the border [2] (zostać skierowanym) **afera korupcyjna oprze się o sąd** the case of the corruption scandal will go a. will be brought to court; **sprawa oparła się o prokuratora** prosecution proceedings were launched in this case; **ta sprawa będzie musiała oprzeć się o policję** the police will have to be brought in to this case

oprzytomnia|ły II *pp* → **oprzytomnieć**

II *adi.* *[osoba]* awakened, sobered; **~łym wzrokiem spojrzał na zebranych** with sobered eyes, he looked at the people around

oprzytomni|eć *pf* (**~eję, ~ał, ~eli**) [1] Med. (odzyskać przytomność) to regain a. recover consciousness [2] książk. (opamiętać się) to become sober, to sober up; **dopiero przed egzaminem ~ał i wziął się do nauki** just before the exam he came to his senses and started studying [3] książk. (obudzić się) to fully awaken

optim|um *n inv.* (*Gpl* **~ów**) książk. optimum; **osiągnąć ~um rozwoju** to reach the optimum stage of development; **dążyć do ~um doskonałości** to aim at absolute perfection

opt|ować *pf impf vi* książk. to opt (**za czymś** for sth); **~ować za karą śmierci** to be in favour of the death penalty; **~ować za obywatelstwem francuskim** Prawo to opt for French nationality a. citizenship

optycznie *adv.* [1] książk. (wizualnie) **białe ściany powiększają ~ mieszkanie** white walls make a flat look larger; **ciemne ubrania ~ wyszczuplają figurę** dark clothes make your body look slimmer [2] Chem., Fiz. optically; **substancje ~ czynne** optically active substances

optyczn|y *adi.* [1] książk. *[wrażenie, efekty]* visual [2] Fiz. optical; **złudzenie ~e** an optical illusion

❑ **rozjaśniacz** a. **wybielacz ~y** Chem. optical brightener

opty|k *m* [1] Med. optician, dispensing optician GB [2] Fiz. specialist in optics, optics specialist

opty|ka *f sgt* [1] Fiz. optics (+ *v sg*); **prawa ~ki** the principles of optics; **~ka fizyczna** physical optics; **~ka elektronowa** electron optics [2] książk. (punkt widzenia) point of view, viewpoint

■ **na ~kę** pot. outwardly; **na ~kę wszystko wygląda teraz inaczej** outwardly everything appears a. seems different

optymalizacj|a *f sgt* [1] książk. optimization [2] Ekon. operational research GB, operations research US

optymalizacyjn|y *adi.* Ekon. *[rachunek, analiza, metody]* operational research *attr.* GB, operations research *attr.* US

optymaliz|ować *impf vt* Ekon. to optimize; **~ować ceny rynkowe/produkcję** to optimize market prices/production ⇒ **zoptymalizować**

optymalnie *adv.* książk. in an optimal way, optimally

optymalnoś|ć *f sgt* książk. the optimum książk.; **~ć rozwiązania** the optimum of the solution

optymaln|y *adi.* książk. optimal, optimum; **~e warunki do nauki** optimal learning conditions; **~e wykorzystanie paliwa** optimal usage of fuel

optymi|sta *m*, **~stka** *f* optimist; **z natury był ~stą** he was an optimist by nature; **niepoprawny ~sta** an incurable optimist

optymistycznie *adv.* optimistically, with optimism; **patrzeć ~ w przyszłość** to look to the future with optimism; **ten wynik nastraja ~** this result induces optimism; **ktoś usposobiony ~** sb with an optimistic disposition

optymistyczn|y *adi.* *[usposobienie, pogląd, nastawienie]* optimistic, sanguine; **~e zakończenie filmu** an optimistic ending of a film; **zbyt ~e prognozy** over-optimistic forecasts

optymizm *m sgt* (*G* **~u**) [1] (wiara w pomyślność) optimism; **naiwny/niezachwiany/zdrowy ~** naive/unwavering/healthy optimism; **młodzieńczy ~** youthful optimism; **ostrożny ~** cautious optimism; **cechował go ostrożny ~** he was cautiously optimistic [2] Filoz. optimism

opublik|ować *pf vt* książk. (podać do publicznej wiadomości) to publish *[dane, raport, wywiad]*; (wydrukować) to print *[książkę, artykuł, wiersz]* ⇒ **publikować**

opuchli|zna, ~na *f sgt* swelling, puffiness; **~zna twarzy/dziąsła/nóg** a swelling on a. of face/the gums/legs; **~zna powoli znika** the swelling is slowly going down; **~zna od ukąszeń komarów** a swelling from mosquito bites; **położyć okład na ~znę** to poultice a swelling

opuch|ły *adi.* [ręce, nogi] swollen; [twarz] puffy

opuch|nąć *pf* (**~ł** a. **~nął**) *vi* [powieki, oczy] to puff up; [palec, noga] to swell (up); **twarz mu ~ła od bolącego zęba** the toothache made his face swell up; **~nąć jak bania** to swell up like a balloon

opuchnię|cie Ⅱ *sv* → **opuchnąć**
Ⅱ *n* swelling, puffiness

opuchnięty *adi.* → **opuchły**

opuk|ać *pf* — **opuk|iwać** *impf vt*
[1] (ostukać) to tap (**coś** (on) sth) (**czymś** with sth); **~ał ścianę, szukając skrytki** he tapped the wall looking for a secret compartment [2] Med. (zbadać) to percuss, to tap [pacjenta, plecy]

opukiwać *impf* → **opukać**

opuncj|a *f* (*Gpl* **~i**) Bot. prickly pear, opuntia

opus *n sgt* (*G* **~u**) Muz. opus; **nokturn z ~u dziewiątego** a nocturne, opus nine

opu|st *m* (*G* **~stu**) [1] Ekon., Handl. (rabat, bonifikata) discount, reduction; **kupić coś z 5% ~stem** to buy sth at a 5% discount [2] Sport **~st rąk wzdłuż tułowia** a dropping one's arms down by one's sides; **~st tułowia** a bend of the torso

opustosza|ły Ⅱ *pp* → **opustoszeć**
Ⅱ *adi.* [miasto, wieś, ulice, domy] desolate; [kemping, park, plac] deserted

opustosz|eć *pf* (**~ał**) *vi książk.* [plaża, kościół, plac] to empty; **o zmroku park ~ał** the park emptied at dusk a. sundown

opuszczać *impf* → **opuścić**

opuszcze|nie Ⅱ *sv* → **opuścić**
Ⅱ *n* [1] *sgt książk.* (osamotnienie) loneliness; **żyć w ~niu** to live in isolation [2] *sgt książk.* (zaniedbanie) neglect; **dom popadał w ~nie** the house was falling into a state of neglect [3] Druk. omission

opuszcz|ony Ⅱ *pp* → **opuścić**
Ⅱ *adi.* [1] (osamotniony) [dziecko, starzec, chory] abandoned, lonely [2] *książk.* (zaniedbany) [ogród, park, dom, grunty] abandoned, desolate [3] (pozbawiony opieki) [dzieci] neglected

opusz|ka *f* Anat. [1] (końcówka palca) (u człowieka) finger tip; (u niektórych zwierząt) pad; **choremu pobrano krew z ~ki palca** blood was taken from the patient's finger tip [2] (w żyle, aorcie, tętnicy) bulbus [3] (rdzeń przedłużony) medulla oblongata

opu|ścić *pf* — **opu|szczać** *impf* Ⅱ *vt*
[1] (zwiesić) to lower; **~ść ręce, powoli!** put your hands down slowly!; **~ścił głowę na piersi** he lowered a. drooped his head; **~ścić flagę do połowy masztu na znak żałoby** to lower a flag to half mast to indicate mourning a. in mourning; **~ścić łódź na wodę** to launch a boat, to lower a boat onto the water [2] (pominąć, przeoczyć) to skip [wyraz, stronę, tekst]; **nie ~ścił ani jednego tańca** he didn't miss a single dance; **~ścić zajęcia** to miss classes [3] (nie przyjść) to miss, to omit; **w pracy ~ścił kilka dni z powodu choroby** he missed a

few days at work because of illness [4] *książk.* (porzucić) to leave, to abandon (**kogoś/coś** sb/sth); **~ścił żonę z dwojgiem dzieci** he left his wife and two children; **~ścić rodzinę** to walk out on one's family [5] (oddalić się) to leave; **~ścił rodzinny dom i założył rodzinę** he left his family home and got married; **~ścić kraj/miasto** to leave the country/town; **~cić pokój/salę obrad** to leave a room/a conference room; **nie ~szczać łóżka** to stay in bed; **~ściła ją dawna pogoda ducha** przen. her usual cheerfulness left her; **w ostrzale wroga ~szczała nas odwaga** przen. under enemy fire our courage left a. failed us; **strach nie ~szczał jej przez całą podróż** przen. her fear never left her throughout the entire journey; **~ścić jakąś organizację/instytucję/partię** to leave an organization/an institution/a party [6] *pot.* (obniżyć) to reduce, to lower [cenę]; **sprzedawca ~ścił 2 złote na kilogramie owoców** the shopkeeper reduced a. lowered the price of fruit by 2 zlotys

Ⅲ **opuścić się** — **opuszczać się** [1] (zniżyć się) to lower; **winda ~szczała się w głąb szybu** the lift moved down the shaft [2] *pot.* (zaniedbać się) to neglect, to slack off; **~ścić się w nauce/w pracy/w służbie** to neglect one's studies/one's work/one's duty

■ **~ścić ręce** przen. to lose heart; **~ścić ziemię** a. **świat** przen. to go to meet one's maker

opychać[1] *impf* → **opchać**
opychać[2] *impf* → **opchnąć**

opylać *impf* → **opylić**

opyl|ić *pf* — **opyl|ać** *impf vt* [1] Ogr., Roln. to spray [łąki, pola, lasy] (**czymś** with sth) [2] *posp.* (sprzedać) to palm off (**komuś** on sb); **~iłam koleżance swoją kieckę** I palmed my dress off on a. on to my friend

oracj|a *f* (*Gpl* **~i**) *książk.* [1] (przemowa) oration; **długa/nudna ~a** a long/boring oration [2] Relig. (uroczysta modlitwa) oration; **~a pochwalna** a laudatory oration

oracz *m* (*Gpl* **~y** a. **~ów**) przest., *książk.* ploughman, plowman US

o|rać *impf* (**orzę**) Ⅱ *vt* Roln. (uprawiać glebę) to plough, to plow US [pole, ugór, rżysko]; **orać głęboko/płytko** to plough deep/shallow; **orać traktorem/końmi** to plough with a. using a tractor/horses; **orać pod żyto/pod zasiewy** to plough for rye/crops ⇒ **zaorać**

Ⅲ *vi pot.* (ciężko pracować) to drudge, to slave; **orał od świtu do nocy** he slaved away from morning to night; **orałem całe życie i co z tego mam?** I've worked hard all my life and what have I got to show for it?; **orać jak wół** to work like a slave

■ **orać kimś** a. **w kogoś** *pot.* to make sb work their guts out; **właściciel firmy orze w pracowników jak w niewolników** the owner of the company makes his staff work their guts out; **po pracy byłem tak zmęczony, że orałem nosem ziemię** I was dog tired after work; **każdy orze, jak może** przysł. one does what one can *książk.*

oralnie *adv. książk.* [1] (słownie) [przekazywać] orally [2] (ustami) [pobudzać, pieścić] orally

oraln|y *adi. książk.* [1] [kultura, literatura, tradycja] oral [2] (o seksie) oral; **uprawiać seks ~y** to have oral sex

orangutan *m* Zool. orangutan(g)

oranż *m* (*G* **~u**) *książk.* orange; **czerwienie i ~e wróciły do mody** reds and oranges are back in fashion
❏ **~ metylowy** Chem. methyl orange

oranża|da *f* [1] *sgt* (napój gazowany) orangeade; **pić ~dę** to drink orangeade [2] (porcja) orangeade; **wypić dwie ~dy** to drink two orangeades; **otworzyć ~dę** to open an orangeade

oranżad|ka *f dem. pieszcz.* orangeade

oranżeri|a *f* (*GDGpl* **~i**) orangery, hothouse

oranżow|y *adi. książk.* [sukienka, tonacja] orange; **ściany pokoju były jaskrawo ~e** the walls of the room were bright orange

orato|r *m*, **~rka** *f książk.* orator; **~rzy rzymscy** Roman orators

oratori|um *n* (*Gpl* **~ów**) [1] Muz. oratorio; **grać/śpiewać ~um** to play/sing an oratorio; **komponować ~a** to compose oratorios [2] Relig. (miejsce na modlitwy) oratory; **modlić się w ~um** to pray in an oratory

orators|ki *adi. książk.* [kunszt, popis] oratorical; **sztuka ~ka** oratorical art; **mieć talent ~ki** to have oratorical talent a. skill

oratorstw|o *n sgt książk.* oratory; **to przemówienie jest wzorem ~a** this speech is a perfect example of oratory

oratoryjn|y *adi.* Muz. [muzyka, dzieła, twórczość] oratorian

oraz *coni. książk.* and, as well as; **przepisy na dania rybne i mięsne ~ na desery** recipes for fish and meat dishes as well as for desserts

orbi|ta *f* [1] Astron. orbit; **planety poruszają się po ~tach okołosłonecznych** the planets orbit (around) the Sun; **statek kosmiczny wszedł na ~tę okołoziemską** the spacecraft went into orbit around the Earth; **kosmonauci spędzili na ~cie dwa miesiące** the astronauts spent two months in orbit [2] Fiz. orbit [3] *sgt książk., przen.* (zasięg) orbit, sphere; **wejść w ~tę kultury zachodniej** to come within the orbit of Western culture; **~ta wpływów** a sphere of influence [4] przest. (oczodół) orbit, eye socket

■ **oczy mu/jej wychodzą/wyszły/wylazły z ~t** *pot.* his/her eyes are popping out of his/her head

orbitaln|y *adi.* [lot, stacja] orbital

orchide|a *f* (*Gpl* **~i**) Bot. orchid

orczyk *m* [1] *pot.* (wyciąg) drag lift, ski tow [2] (drążek wyciągu) T-bar [3] (w uprzęży) swingletree GB, whiffletree US [4] Lotn. rudder-bar [5] przest., Sport trapeze

orczykow|y *adi.* [1] Roln. [pas, łańcuch, wyciąg] swingletree *attr.* GB, whiffletree *attr.* US [2] Sport **wyciąg ~y** a drag lift, a ski tow

or|da *f* Hist. [1] (państwo) Horde; **Złota Orda** the Golden Horde [2] (wojsko) horde [3] (obóz) Tartar camp

orde|r *m* (*G* **~ru**) order; **dostać ~r** to be awarded an order; **odznaczyć kogoś ~rem za odwagę** to award sb an order for bravery; **Order Virtuti Militari** the Order of Military Virtue; **przyznać komuś ~r za zasługi dla kraju** to award sb an

order for services to their country
❑ **Order Podwiązki** Order of the Garter
orderow|y *adi.* **wstążeczka ~a** a cordon; **ceremonia ~a** a ceremony to award an order
ordynacj|a *f* (*Gpl* **~i**) [1] (ustawa) statute; **~a wyborcza/podatkowa** the elections/ tax statute [2] Hist. (majątek rodowy) entail
ordynans *m* Hist., Wojsk. batman, orderly
ordynarnie *adv. grad.* pejor. [1] (wulgarnie) [*odezwać się, zachowywać się]* rudely, in a vulgar way a. manner; **kląć ~** to swear like a trooper [2] (tandetnie) *[ubierać się, malować]* vulgarly, gaudily
ordynarnoś|ć *f sgt* pejor. [1] (zachowania, mowy) vulgarity [2] (stroju, makijażu) vulgarity, gaudiness
ordynarn|y *adi. grad.* pejor. [1] (wulgarny) [*osoba, zachowanie, słowa]* vulgar; **~y dowcip** a crude a. vulgar joke [2] (tandetny) [*strój, makijaż]* vulgar, gaudy; **~a wódka** inferior vodka; **miała ~e rysy twarzy** she had coarse features
ordyna|t *m* Hist. entailer
ordynato|r *m* (*Npl* **~rzy** a. **~rowie**) ≈ senior registrar
ordynus *m* (*Npl* **~y**) pot. (vulgar) lout
orędownictw|o *n sgt* przest., książk. intercession; **~o u Boga za zmarłymi** intercession with God on behalf of the deceased
orędowni|k *m*, **~czka** *f* książk. advocate (**kogoś/czegoś** of a. for sb/sth); promoter (**czegoś** of sth); **był ~kiem pokoju na świecie** he was an advocate of peace in the world
orędzi|e *n* (*Gpl* **~**) address; **~e prezydenta do narodu** the presidential address to the nation; **wygłosić ~e** to deliver a. give an address
oręż *m sgt* [1] książk. (armia) army; **polski ~** the Polish army [2] książk. (broń) arms, weapon *także* przen.; **te argumenty były ~em w walce o prawdę** these arguments were a weapon in the fight for the truth [3] Myślis. antlers
■ **porwać się do ~a** a. **chwycić za ~** a. **podnieść ~** to take up arms; **wytrącić komuś ~ z ręki** to take the wind out of sb's sails; **złożyć** a. **rzucić ~** to lay down one's arms
orężnie *adv.* książk. **walczyć ~** to lead an armed fight
orężn|y *adi. [walka, starcie, pomoc]* armed; **tradycje ~e polskiego narodu** Poland's military tradition
organ *m* (*G* **~u**) [1] (narząd) organ; **~ słuchu** the hearing organ; **~y wewnętrzne** internal organs [2] (urząd) body, authority; **~ władzy** a governing body; **~y samorządowe** the local authorities; **~y ścigania** law enforcement bodies; **~ kontrolny** a review body; **~ rządowy/partyjny** a government/party organ [3] (gazeta) organ [4] Techn. unit; **~ sterujący** a control unit
❑ **~ analogiczny** Biol. analogous organ; **~ homologiczny** Biol. a homologous organ; **~y czepne** Bot. tendrils; **~y generatywne roślin** Biol. gametangia; **~y spichrzowe** Bot. storage parts
organicznie *adv.* książk. [1] (ściśle) organically [2] (silnie) **nie znosić/nie cierpieć**

czegoś ~ to have an inborn a. innate aversion to sth
organiczn|y *adi.* [1] (pochodzący z organizmów zwierzęcych) *[substancje, związki, kwasy, materia]* organic [2] Anat. *[schorzenia]* organic [3] (nierozerwalny) *[związek, całość]* organic; **nauki ścisłe tworzą ~ą całość** the exact sciences constitute an organic whole [4] (wrodzony) *[wstręt, zdolności]* inborn, innate
organi|sta *m* Muz. organist
organizacj|a *f* (*Gpl* **~i**) [1] (stowarzyszenie) organization; **~a polityczna/wojskowa** a political/military organization; **~a charytatywna** a charity; **~a przestępcza** a criminal organization; **~a bojowa** a fighting organization; **Organizacja Narodów Zjednoczonych** the United Nations [2] *sgt* (organizowanie) organization, organizing; **zająć się ~ą wyprawy/wycieczki** to organize an expedition/trip [3] (sposób zorganizowania) organization; **~a festiwalu była znakomita** the organization of the festival was excellent; **~a ruchu** traffic organization
❑ **~a państwowa** Polit., Prawo state
organizacyjnie *adv.* [1] (strukturalnie) **grupa ludzi związana ~** a group of people belonging to an organization; **silna ~ partia polityczna** a well-organized party structure [2] (organizatorsko) **dyrektor był uzdolniony ~** the manager had great organizational skills; **~ rzecz jest bardzo prosta** it's very easy to organize
organizacyjn|y *adi.* [1] (dotyczący organizacji) **przynależność ~a** the membership of an organization; **praca ~a** work in a. for an organization; **schemat ~y** an organization chart [2] (organizatorski) *[zdolności, talent, problemy, zmiany]* organizational; **komisja ~a** an organizing committee
organizato|r *m*, **~rka** *f* (*Npl* **~rzy** a. **~rowie, ~rki**) organizer; **~rzy wycieczek zagranicznych** foreign tour operators
organizators|ki *adi. [talent, działalność, wysiłki]* organizational
organizm *m* (*G* **~u**) [1] *zw. pl* (istota żywa) organism; **żywe ~y** living organisms, life forms; **~y roślinne/ zwierzęce** plants/ animals; **~ jednokomórkowy** a microorganism, protozoan [2] (ciało człowieka) body; **mieć żelazny ~** to have an iron constitution [3] książk., przen. (całość) organism; **~ państwowy/społeczny** a state/social organism
❑ **~ autochtoniczny** Biol. indigenous species; **~ autotroficzny** Biol. autotrophic organism; **~ kosmopolityczny** Biol. cosmopolitan organism; **~ kserotermiczny** Biol. xerophilous organism, xerophile; **~ mcholubny** Biol. *organism living in moss*; **~y borealne** Biol. boreals; **~y naśnieżne** a. niwalne Biol. cryophytes; **~y przewodnie** Biol. topotypes
organiz|ować *impf* [II] *vt* [1] (urządzać) to organize *[wycieczkę, pracę, transport]*; **~ować ludzi do pomocy** to organize people to help ⇒ **zorganizować** [2] (zakładać) to establish, to set up *[spółkę, firmę]* ⇒ **zorganizować** [3] (decydować) to determine, to govern [4] pot. (zdobywać) to lift pot.; **~ował żywność dla partyzantów** he lifted food for the partisans ⇒ **zorganizować**

[II] **organizować się** to organize oneself; **robotnicy ~owali się w związki zawodowe** the workers organized themselves into trade unions ⇒ **zorganizować się**
organk|i *plt* (*G* **~ów**) [1] Muz. (harmonijka ustna) mouth organ, harmonica [2] Hist. *a type of gun used in the 16th and 17th century*
organow|y *adi.* Muz. organ *attr.*; **piszczałki ~e** (organ) pipes
organ|y *plt* (*G* **~ów**) Muz. (pipe) organ; **grać na ~ch** to play the organ; **koncert na ~y** an organ concert; **~y elektroniczne** electronic a. electric organ; **~y Hammonda** Hammond organ®, **~y kinowe** cinema organ
❑ **~y krasowe** Geol. tower karst
orgazm *m* (*G* **~u**) [1] Fizj. orgasm; **mieć ~** to have an orgasm; **przeżyć/osiągnąć ~** to achieve a. reach an orgasm [2] książk. (emocje) fever, orgasm; **artystyczny ~** artistic fever
orgi|a *f* (*GDGpl* **~i**) [1] (rozwiązła zabawa) orgy; **pijacka ~a** a drunken orgy; **urządzić ~ę** to stage an orgy [2] przen. (przesadne zachowanie) orgy; **przed świętami oddała się ~i zakupów** before Christmas she indulged in a spending spree [3] przen. (różnorodność) riot; **~a kolorów/świateł** a riot of colours/ light [4] *zw. pl* Antycz. orgy *zw. pl*, bacchanalia
orgiastyczn|y *adi.* [1] książk. *[zabawy, sceny, ekscesy]* orgiastic [2] Antycz. *[kult, uczty]* orgiastic, bacchanal
orgiet|ka *f dem.* orgy
Orien|t *m sgt* (*G* **~tu**) książk. the Orient
orientacj|a *f* (*Gpl* **~i**) [1] *sgt* (w terenie) sense of direction; **stracić ~ę w lesie** to lose all sense of direction a. one's bearings in the wood; **brak zmysłu ~i** to have no sense of direction; **~a przestrzenna** spatial imagination [2] *sgt* (rozeznanie) knowledge; **~a w dziedzinie polityki zagranicznej** a knowledge of foreign policy; **wykazywała całkowity brak ~i w ekonomii** she had no knowledge whatsoever about the economics [3] (poglądy) orientation; **~a polityczna/seksualna** political/sexual orientation
orientacyjnie *adv. [ocenić, określić]* approximately
orientacyjn|y *adi.* [1] (rozpoznawczy) **punkt ~y** a landmark; **mapa ~a** an orienteering map; **zmysł ~y** a sense of direction [2] (przybliżony) *[dane, pomiary, ceny]* approximate
orientali|sta *m*, **~stka** *f* orientalist
orientalistyczn|y *adi. [badania, język, kultura]* oriental
orientalisty|ka *f sgt* Oriental studies
orientalizm *m* (*G* **~u**) [1] *sgt* (w literaturze, sztuce) orientalism [2] Jęz. orientalism
orientalnie *adv. [wyglądać, brzmieć]* oriental a. *adi.*
orientaln|y *adi. [sztuka, zabytek, kuchnia]* oriental
orient|ować *impf* [II] *vt* [1] (informować) to inform (**w czymś** of a. about sth); **gazety ~owały nas w ostatnich dramatycznych wydarzeniach** the papers informed us of the latest dramatic events ⇒ **zorientować** [2] (ustawiać) to orient *[mapę]*
[II] **orientować się** [1] (rozeznawać się) to be knowledgeable (**w czymś** about sth); to

realize *vt*; **dobrze ~ował się w polityce** he was very knowledgeable about politics; **~owali się, że sytuacja jest groźna** they realized the seriousness of the situation; **nie bardzo ~owała się, co się dzieje** she didn't really realize what was going on ⇒ **zorientować się** [2] (w terenie) to orient(ate) oneself; **łatwo nauczyła się ~ować według gwiazd** it didn't take her long to learn to navigate by the stars [3] (kierować się) to head (**na coś** for sth) [4] (podporządkować się) to orient(ate) (**na coś** to a. towards sth); **wykształcone kobiety ~ują się na pracę zawodową** well-educated women are career-oriented; **wydawnictwo ~uje się na autorów poczytnych** the publishing house is oriented towards popular writers ⇒ **zorientować się**

or|ka[1] *f sgt* [1] (oranie pola) ploughing GB, plowing US [2] pot., przen. (ciężka praca) graft pot.; **orka na ugorze** hard graft przen.; **orka od świtu do nocy** working from dawn till dusk □ **orka płytka** Roln. shallow ploughing GB, shallow plowing US; **orka pogłębiona** Roln. subsoiling

or|ka[2] *f* Zool. killer whale, grampus

orkan *m* (*G* ~**u**) Meteo. hurricane

orkiest|ra *f* Muz. orchestra, band; **~ra wojskowa** a military band; **utwór muzyczny na ~rę** an orchestral work; **grać w ~rze na skrzypcach** to play the violin in an orchestra; **~ra dęta** a brass band; **~ra kameralna** a chamber orchestra; **~ra symfoniczna** a symphony orchestra; **~ra smyczkowa** a string band a. orchestra

orkiestr|owy, **~alny** *adi.* Muz. *[instrumenty, muzyka, utwory]* orchestral, orchestra *attr.*

orl|ę *n* (~**ątko** *dem.*) (*G* ~**ęcia**, ~**ątka**) Zool. eaglet

orli *adi. [dziób, pióra, gniazdo]* eagle's; **~ nos** an aquiline nose; **mieć ~ wzrok** to be eagle-eyed

orlic|a *f* [1] Zool. female eagle [2] Bot. (paproć) bracken *U*

orlik *m* [1] Zool. **~ grubodzioby** spotted eagle; **~ krzykliwy** lesser spotted eagle [2] (młody orzeł) eaglet [3] Bot. columbine, aquilegia

Ormian|in *m*, **~ka** *f* (*Gpl* ~, ~**ek**) Armenian

ormiańs|ki [I] *adi. [tradycje, ludność, alfabet]* Armenian; **język ~ki** Armenian [II] *m sgt* (język) Armenian; **mówić po ~ku** to speak Armenian

ORMO (= Ochotnicza Rezerwa Milicji Obywatelskiej) Hist. *Polish reserve police*

ormow|iec *m* Hist., pot. *member of the Polish reserve police*

ormows|ki *adi.* reserve police *attr.*

ornamen|t *m* (*G* ~**tu**) [1] (zdobienie) ornament, design; **zegarek ze złotej kopercie o delikatnym ~cie** a watch in a golden case with delicate ornament(ation); **ozdabiać coś ~tami** to ornament sth [2] Muz. (ozdobnik) ornament [3] Druk. ornament [4] (zbyteczny fragment) ornamentation, ornament; **prolog pełni tylko funkcję ~tu i do niczego się nie odnosi** the prologue is just an ornament and doesn't refer to anything

□ **~t cekinowy** Archit., Szt. sequin-shaped design; **~t cęgowy** Archit., Szt. pincer-shaped design; **~t falowy** Archit., Szt. wave-shaped design; **~t kandelabrowy** Archit., Szt. candelabrum (design); **~t małżowinowy** Archit., Szt. coquillage, shell decoration

ornamentacj|a *f* (*Gpl* ~**i**) [1] (zdobnictwo) ornamentation; **~a roślinna** foliation [2] Literat. ornamentation; **~a retoryczna** rhetorical ornamentation

ornamentacyjn|y *adi.* [1] (zdobniczy) *[motyw]* ornamental, decorative [2] Literat. **figury ~e w utworze** the ornamentation of the text

ornamentow|y *adi. [ozdoby, motywy, szkło]* ornamental, decorative

ornamenty|ka *f sgt* [1] (zdobnictwo) ornamentation [2] (sztuka) decorative art [3] Literat. ornamentation [4] Muz. ornamentation

orna|t *m* (*G* ~**tu**) Relig. chasuble

ornitolo|g *m* (*Npl* ~**dzy** a. ~**gowie**) ornithologist, birdman pot.

ornitologi|a *f sgt* (*GD* ~**i**) Nauk. ornithology

ornitologiczn|y *adi. [atlas, stacja, obserwacja]* ornithological

orn|y *adi. [grunty, ziemie]* arable

orszak *m* (*G* ~**u**) procession; **~ żałobny/ ślubny** a funeral/wedding procession a. cortège; **~ królowej** the queen's attendants a. retinue; **prezydent w ~u ministrów/ doradców** the president and his retinue of ministers/advisers

ortalion *m* (*G* ~**u**) [1] *sgt* Włók. ≈ polyamide [2] (płaszcz) ≈ polyamide raincoat

ortalionow|y *adi. [kurtka, płaszcz]* ≈ polyamide *attr.*; **dres ~y** shell suit

ortodoksj|a *f sgt* książk. orthodoxy

ortodoksyjnie *adv.* książk. [1] (prawowiernie) orthodoxly; **~ bronił zasad swojej wiary** he orthodoxly defended his faith; **~ lewicowe poglądy** orthodoxly leftist views [2] (fanatycznie) orthodoxly; **~ obstawał przy swoim zdaniu** he was very orthodox in his views

ortodoksyjnoś|ć *f sgt* książk. orthodoxy; **~ć poglądów/przekonań** the orthodoxy of views/beliefs a. convictions

ortodoksyjn|y *adi.* [1] książk. (prawowierny) *[katolik, protestant, konserwatysta]* orthodox, strict [2] książk. (fanatyczny) *[poglądy, przekonania, postawa]* orthodox

ortodoncj|a *f sgt* Stomat. orthodontics (*+ v sg*)

ortodon|ta *m*, **~tka** *f* Stomat. orthodontist

ortodontyczn|y *adi. [poradnia, leczenie]* orthodontic; **aparat ~y** a (dental) a. (an orthodontic) brace

ortografi|a *f sgt* (*GD* ~**i**) Jęz. [1] (zasady pisowni) orthography; **ćwiczenia z ~i** writing a. spelling exercises; **zasady polskiej ~i** the rules of Polish orthography [2] (pisownia) spelling; orthography książk.; **błędy w ~i** spelling mistakes, misspellings

ortograficznie *adv.* Jęz. correctly spelt, orthographically; **dobrze pisać ~** to have no problem with spelling; **tekst ~ poprawny** a correctly spelt text

ortograficzn|y *adi.* Jęz. *[zasady, słownik]* orthographic(al); **błąd ~y** a spelling mistake, a misspelling

ortope|da *m* [1] Med. orthopaedist GB, orthopedist US [2] (wykonujący aparaty ortopedycz-

ne) orthopaedic technician GB, orthopedic technician US

ortopedi|a *f sgt* (*GD* ~**i**) [1] Med. orthopaedics GB, orthopedics US (*+ v sg*) [2] pot. (oddział w szpitalu) orthopaedic ward GB, orthopedic ward US; **leżeć na ~i** to be in a. on an orthopaedic ward

ortopedyczn|y *adi. [specjalizacja, oddział, operacja]* orthopaedic GB, orthopedic US; **aparat ~y** calliper; **but ~y** an orthopaedic shoe; **proteza ~a ręki/nogi** an orthopaedic prosthetic for the arm/leg

oryginalnie *adv.* grad. *[ubierać się]* originally, in an original way; **malować/tworzyć ~** to be an original painter/artist

oryginalnoś|ć *f sgt* książk. [1] (autentyczność) authenticity; **~ć dokumentów/podpisu** the authenticity of a document/signature [2] (niebanalność) originality

oryginaln|y *adi.* grad. [1] (autentyczny) *[dokument, podpis, obraz]* genuine, authentic; **~y van Gogh** a genuine van Gogh [2] (pierwotny) original; **oglądać film w wersji ~ej** to watch an a. the original version of a film [3] (niebędący naśladownictwem) *[twórczość, styl, pomysł, artysta]* original [4] (niebanalny) *[uroda, aromat, strój]* remarkable, unique

oryginał [I] *m pers.* (*Npl* ~**ły**) książk. original, eccentric [II] *m inanim.* (*G* ~**łu**) original; **~ł faktury/ aktu ślubu** the original invoice/marriage certificate; **wierność ~łowi** faithfulness to the original; **film, nakręcony na podstawie książki, odbiega od ~łu** the film, based on a book, isn't true to the original; **czytać książkę w ~le** to read a book in its original version

orze|c *pf* — **orze|kać** *impf* (~**knę**, ~**kł**, ~**kła**, ~**kli** — ~**kam**) *vt* książk. [1] (stwierdzić) to state, to pronounce; **po kuracji lekarze ~kli poprawę** after the treatment the doctors announced an improvement; **~kli, że postąpił głupio** they pronounced his behaviour stupid; **trudno było ~c, czyja to wina** it was difficult to state whose fault it was; **komisja ~knie o przyczynach wypadku** the committee will determine the reasons for the accident [2] (wydać decyzję) to rule, to adjudicate; **zespół ~kający** the adjudication panel; **sąd ~kł o winie oskarżonego** the defendant was pronounced guilty; **sąd ~kł wyrok śmierci** the court pronounced a. passed the death sentence

orzech *m* [1] Bot. (owoc) nut; (drzewo) walnut (tree) [2] *sgt* (drewno) walnut *U*; **meble z ~a** walnut furniture [3] *sgt* (kolor) walnut *U*, hazel *U* [4] *sgt* Górn. nut coal *U* □ **~ kokosowy** Bot. coconut; **~ laskowy** Bot. (owoc) hazel(nut), cobnut; (krzew) hazel, cob; **~ włoski** Bot. (owoc) walnut; (drzewo) walnut (tree); **~ ziemny** Bot. peanut ■ **twardy ~ do zgryzienia** a tough a. hard nut (to crack)

orzechow|y *adi.* [1] *[łupina, olej]* nut *attr.*; *[smak, czekolada, tort]* nutty, nut *attr.*; **lody ~e** walnut ice cream [2] *[meble, stół, podłoga, boazeria]* walnut *attr.* [3] *[oczy, włosy]* hazel, nut-brown

orzechów|ka *f* [1] (nalewka) walnut liqueur [2] Zool. nutcracker

orzecze|nie [] *sv* → **orzec**

[II] *n* [1] Prawo (wyrok) ruling, adjudication; **wydać ~nie o czymś** to make a ruling on sth [2] książk. (opinia) statement; **~nie lekarskie** a medical certificate [3] Jęz. predicate; **~nie imienne** a nominal predicate; **~nie proste** a simple predicate; **~nie rozwinięte** a complex predicate; **~nie złożone** a complex predicate

orzecznictw|o *n sgt* Prawo judicature; **~o w sprawach o wykroczenia** judicature concerning the delinquency cases; **~o Sądu Najwyższego** the Supreme Court judicature

orzecznik *m* Jęz. predicative; **~ przymiotnikowy/rzeczownikowy** a predicative adjective/noun

orzecznikow|y *adi. [funkcja]* predicative

orzekać *impf* → **orzec**

orzekając|y [] *pa* → **orzekać**

[II] *adi.* Jęz. **tryb ~y** the indicative (mood); **zdanie ~e** an indicative sentence

o|rzeł [] *m pers.* (*D* **orłowi** a. **orłu**, *Npl* **orły**) wizard; **był orłem w matematyce** he was a wizard at maths

[II] *m anim.* Zool. eagle

[III] *m inanim.* [1] (godło) eagle [2] (na monecie) heads; **orzeł czy reszka?** heads or tails?; **zagramy w orła i reszkę?** let's toss a. flip a coin

❑ **orły napoleońskie** Hist. Napoleonic eagles; **orzeł przedni** Zool. golden eagle

■ **wywinąć orła** pot., żart. to fall over a. down

orzeł|ek *m dem.* eagle; **czapka z ~kiem** a cap with an eagle on it

orzesz|ek *m* [1] *dem.* (small) nut [2] *zw. pl* (nasiona) nut; **~ki bukowe** beechnuts; **~ki pistacjowe** pistachios, pistachio nuts; **~ki sojowe** soy nuts; **~ki ziemne** peanuts

orzeźwiać *impf* → **orzeźwić**

orzeźwiająco *adv.* **świeże powietrze podziałało na nas ~** the fresh air refreshed a. invigorated us

orzeźwiając|y [] *pa* → **orzeźwiać**

[II] *adi. [kąpiel, bryza, działanie]* refreshing, invigorating; **napoje ~e** thirst-quenchers, refreshing drinks

orzeźw|ić *pf* — **orzeźw|iać** *impf* [] *vt* to refresh, to invigorate; **~ił go zimny prysznic** the cold shower refreshed him

[II] **orzeźwić się** — **orzeźwiać się** to refresh oneself; **~ił się zimnym napojem** he refreshed himself with a cold drink

orzynać *impf* → **orżnąć**

o|rżnąć *pf* — **o|rzynać** *impf* (**orżnął**, **orżnęła**, **orżnęli** — **orzynam**) *vt* pot. [1] (oszukać) to rip off pot., to milk pot.; **przy sprzedaży orżnęli go na kilka tysięcy złotych** they ripped him off for several thousand zlotys on the sale [2] (ograć w karty) to rook pot.; **orżnęli go na parę setek dolarów w pokera** he was rooked out of a couple hundred dollars at poker

os|a *f* [1] Zool. wasp; **żądło osy** a wasp's a. wasp sting; **gniazdo os** a wasps' nest; **ukąszenie przez osę** a wasp sting; **cienka jak osa** wasp-waisted; **być ciętym jak osa** to be like a bear with a sore head [2] przen. (osoba dokuczliwa) gadfly; **osa go/ją ukąsiła** a. **użądliła** a. **jest zły/zła jak osa** he/she is like a bear with a sore head

---

osaczać *impf* → **osaczyć**

osacze|nie [] *sv* → **osaczyć**

[II] *n* trap; **miał świadomość swego ~nia** he realized that he was in a trap; **bohaterowie dramatu są w sytuacji ~nia** the characters of the drama feel trapped

osacz|yć *pf* — **osacz|ać** *impf vt* [1] (otoczyć) to corner *[przestępcę]*; **~yć wroga** to surround the enemy [2] przen. *[problemy, trudności, myśli]* to assault, to bombard; **~ało nas coraz więcej wątpliwości** we were beset with more and more doubts; **~ały go ponure myśli** he was beset with grim thoughts [3] Myślis. to corner; **~yć zwierzynę** to hold the game a. quarry at bay

osa|d [] *m* (*G* **~du**) [1] (warstwa) deposit, residue; **~d rdzy** a layer a. coating of rust; **~d brudu** dirt residue; **~d na zębach** deposit a. residue on the teeth; **w szklance pozostał ~d z kawy** there were coffee dregs inside the glass; **na dnie butelki zebrał się ~d** there's residue a. there're dregs at the bottom of the bottle [2] *sgt* przen. (ślad) trace; **~d goryczy** a trace of bitterness

[II] **osady** *plt* Geol. deposits, drift *U*; **~dy kredowe/torfowe** chalk/peat deposits; **~dy lodowcowe** glacial drift; **~dy jury** Jurassic deposits; **~dy jeziorne** lacustrine deposits; **~dy organiczne** organic deposits

osa|da *f* [1] (miejscowość) settlement, hamlet; **~da rybacka/górnicza** a fishing/mining settlement; **~da nawodna** a stilt village [2] Sport crew; **ośmioosobowa ~da wioślarska** an eight

osadnictw|o *n sgt* książk. settlement, colonisation

❑ **~o na prawie niemieckim** Hist. *planting of towns under German law in the 13th and 14th centuries*; **~o na prawie polskim** Hist. *planting of towns under Polish law between the 10th and 15th centuries*

osadnicz|ka *f* settler, colonist

osadnicz|y *adi. [ustawa, procesy, prawa]* settlement *attr.*; **rodziny ~e** the colonist families

osadni|k [] *m pers.* książk. settler, colonist

[II] *m inanim.* [1] Techn. settling tank [2] Bot. receptacle, torus

osadow|y *adi. [sól, skały]* sedimentary

osadzać *impf* → **osadzić**

osa|dzić *pf* — **osa|dzać** *impf* [] *vt* [1] (umocować) to plant, to fasten; **~dził papierosa w szklanej fifce** he planted a cigarette in a glass holder; **~dzić bagnet na karabin** to fix a bayonet onto a rifle; **diament ~dzony w srebro** a diamond mounted in silver; **binokle krzywo ~dzone na nosie** glasses perched unevenly on sb's nose; **blisko/głęboko ~dzone oczy** close-set/deep-set eyes; **pies miał nisko ~dzone uszy** the dog had low-set ears; **sędzia dobrze ~dzony w środowisku** przen. a judge well-established in judiciary circles; **wiersze mocno ~dzone w tradycji** przen. poems deeply set in tradition [2] książk. (osiedlić) to settle; **~dzić kolonistów na nowych terenach** to settle colonists in a. on new territories; **~dzić kogoś w więzieniu** to put sb in prison [3] (umieścić) *[autor, reżyser]* to set *[powieść, sztukę, film]*; **akcja filmu ~dzona jest w świecie**

---

artystów the film is set in the artistic world [4] (nanieść) to leave a deposit; **rzeka ~dza muł na polach** the river leaves a deposit of silt on the fields; **na dnie zbiornika z morską wodą ~dzona jest sól** there's a deposit of salt at the bottom of the container with the seawater [5] (zatrzymać) to stop short, to bring up short; **~dzić konia** to bring up a. rein (in) a horse; **~dził go w miejscu nagły ból nogi** a sudden pain in his leg stopped him short [6] przen. (pohamować) to put down; **próbował coś powiedzieć, ale z miejsca go ~dzono** he tried to say something but he was immediately silenced; **„uspokój się" – ~dził go ojciec** 'calm down' – his father restrained him [7] Chem. to extract

[II] **osadzić się** — **osadzać się** [1] książk. (osiedlić się) to settle; **przybysze ~dzali się na pogranicznych ziemiach** the newcomers settled on the frontier [2] (gromadzić się) to settle, to form a deposit; **na ściankach zbiornika ~dza się sól** salt forms a deposit on the walls of the container; **na dnie szklanki ~dziły się fusy po kawie** coffee dregs settled at the bottom of the glass [3] książk. (zatrzymać się) to stop; **konie ~dziły się tuż przed bramą** the horses stopped right before the gate

osadz|ony [] *pp* → **osadzić**

[II] **osadz|ony** *m*, **~ona** *f* książk. prisoner, convict

osamotniać *impf* → **osamotnić**

osamotni|ć *pf* — **osamotni|ać** *impf vt* to leave alone; **przez swój wyjazd ~ł żonę** due to his trip he had to leave his wife alone; **nie miał przyjaciół, był zupełnie ~ony** he had no friends and was completely alone

osamotni|eć *pf* (**~eję**, **~ał**, **~eli**) *vi* książk. to feel lonely, to feel bereft; **po wyjeździe rodziny bardzo ~ał** he felt very lonely after his family had left

osamotnie|nie [] *sv* → **osamotnić** → **osamotnieć**

[II] *n* loneliness, solitude; **żyć w ~niu** to live in solitude; **ogarniało ją poczucie ~nia** she had a feeling of loneliness

osączać *impf* → **osączyć**

osącz|yć *pf* — **osącz|ać** *impf vt* to drain *[makaron, warzywa]*

osą|d *m* (*G* **~du**) książk. judg(e)ment; **wydać ~d o filmie/pisarzu** to make a judgment about the film/writer; **trzeźwy ~d** sober judgement; **według twojego ~du wszystko jest w porządku** in your judgement everything is all right

osądzać *impf* → **osądzić**

osą|dzić *pf* — **osą|dzać** *impf* [] *vt* [1] (ocenić) to judge, to assess; **surowo ~dzono jego postępowanie** his behaviour was harshly judged; **nie ~dzaj mnie za to, co powiedziałem** don't judge me for what I said [2] Prawo (wydać wyrok) to judge; **~dzić kogoś za morderstwo** to judge sb guilty of murder; **sędziowie ~dzili go zgodnie z prawem** he received a fair trial, he was judged in accordance with the law [3] (dojść do wniosku) to realize, to judge; **szybko ~dził, że nie ma tu dla niego miejsca** he quickly realized that there was no place for him here; **trudno ~dzić, jak**

naprawdę było it's hard to judge how it really was

Ⅲ osądzić się — osądzać się książk. **~dzasz się zbyt surowo** you're too hard on yourself

Osca|r /'oskar/ m Kino Oscar, Academy Award; **otrzymać ~ra** to win an Oscar; **film został nominowany do ~ra** the film was nominated for an Oscar

oscarow|y /ˌoska'rovɪ/ adi. [gala, statuetka, nominacja] Oscar attr.

oschle adv. grad. książk. [przywitać się, odpowiedzieć] coldly, drily; **odnosił się do pracowników ~** he was cold toward his employees

oschłoś|ć f sgt dryness, coldness; **~ć przywitania/odpowiedzi** the coldness of a greeting/an answer

oschł|y adi. [osoba] hard-faced; [powitanie, spojrzenie, głos] cold, dry

oscylacj|a f (Gpl **~i**) ① książk. (wahanie) oscillation; **~e nastroju** oscillating moods ② Fiz. oscillation

oscylacyjn|y adi. Fiz. [fala, energia] oscillatory

oscyl|ować impf vt ① książk. (mieć wartość w granicach) [ceny, temperatura] to fluctuate; **nasze obroty ~ują wokół stu milionów złotych** our turnover fluctuates around a hundred million zlotys; **w roku 2000 wydobycie będzie ~ować w granicach 10 milionów ton** in 2000 the output will oscillate in the region ten million tons ② książk. (wahać się) to oscillate; **jego malarstwo ~uje między symbolizmem a alegorią** his art oscillates between symbolism and allegory; **sztuka ta ~uje na granicy geniuszu i kiczu** this art oscillates between genius and kitsch ③ Fiz. to oscillate

oscyp|ek m dial., Kulin. smoked ewe's milk cheese made in the Tatra Mountains

oseł|ka f ① (do ostrzenia) whetstone ② przest. (masła) butterball

oses|ek m (Npl **~ki**) suckling, nursling

o|set m (G **ostu**) Bot. thistle

osiadać impf → **osiąść**

osiadł|y adi. książk. ① (mieszkający gdzieś na stałe) [osoba, ludność, plemiona] settled; **polscy malarze ~li w Rzymie** Polish painters settled in Rome; **ptactwo/zwierzęta ~łe** sedentary birds/animals; **~ły tryb życia** a settled way of life ② (leżący) settled; **kurz ~ły na meblach** dust settled on the furniture; **śnieg ~ły w dolinach górskich** snow settled in the mountain valleys

osiągać impf → **osiągnąć**

osiągalnoś|ć f sgt książk. (szczęścia, wykształcenia) attainability, obtainability

osiągaln|y adi. książk. [cel, towar, posada] achievable, attainable

osiąg|i plt (G **~ów**) ① Techn. performance U ② kryt. (osiągnięcia sportowe) results

osiąg|nąć pf — **osiąg|ać** impf (**~nęła, ~nął, ~nęli — ~am**) vt ① (zdobyć) to achieve, to attain; **~nąć sukces** to achieve success; **~nąć cel** to achieve one's goal a. objective; **~nąć sławę** to achieve fame; **w ciągu krótkiego czasu ~nął poważne stanowisko** he was promoted to a senior position in a short period of time

② (dojść do pewnego etapu) to attain, to reach; **samochód ten ~a prędkość ponad 200 km/godz.** this car can reach speeds of over 200 kph; **niedługo ~nie czterdziestkę** he'll soon be forty (years of age); **~nąć szczyt formy na olimpiadę** to attain top form for the Olympic Games; **w latach trzydziestych ~ał apogeum swojej popularności** in the 30s he reached the peak of popularity ③ (dotrzeć do celu) to reach; **taternicy ~nęli szczyt** the mountaineers reached the summit

osiągnię|cie ⚊ sv → **osiągnąć**

⚊ n achievement, accomplishment; **najnowsze ~cia techniki/medycyny** the latest technical/medical achievements; **wybitne ~cia w sporcie** outstanding achievements in sport; **pisarz miał na swoim koncie wiele ~ć** the writer had a lot of achievements to his name

osi|ąść pf — **osi|adać** impf (**~ądę, ~ądziesz, ~ądzie, ~adła, ~edli — ~adam**) vi ① (osiedlić się) to settle; **po wyjeździe z kraju ~edli w Londynie** after leaving their home country they settled in London; **~ąść na stałe w Stanach** to settle permanently in the US ② (opaść) [kurz, śnieg, pył] to settle; **kurz ~adł na meblach** dust settled on the furniture; **szron ~adł grubą warstwą na drzewach** the trees were covered with a thick layer of hoar-frost, hoar-frost thickly covered the trees ③ (wylądować) [balon, pojazd kosmiczny] to land; **statek ~adł na mieliźnie** the ship was grounded ④ (zapaść się) [budynek, ściana, fundamenty] to subside, to sink; **grunty na skutek powodzi ~adają** soil settles as a result of flooding

osiedlać impf → **osiedlić**

osiedl|e n (Gpl **~i**) estate; **~e mieszkaniowe** a housing estate a. development; **~e domków jednorodzinnych** an estate a. area of detached houses; **~e robotnicze** a working-class housing estate; **mieszka na ~u na Mokotowie** he lives on an estate a. a housing estate in the Mokotów district

osiedle|niec m (V **~ńcu** a. **~ńcze**) settler

osiedleńcz|y adi. książk. **tereny ~e** the areas of settlement; **akcja ~a** a settlement campaign

osiedl|ić pf — **osiedl|ać** impf ⚊ vt to settle; **osadników ~ono wzdłuż rzek** the riverbanks were settled by colonists

⚊ **osiedlić się — osiedlać się** to settle; **~ić się na stałe we Francji** to settle permanently in France

osiedlow|y adi. [klub, przedszkole] community attr.; **tereny ~e** housing estate areas

o|siem num. eight

osiemdziesiąt num. eighty

osiemdziesiąt|ka f ① (liczba, numer) eighty ② (oznaczenie) the (number) eighty; **dojedziesz tam ~ką** you'll have to take the (number) eighty to get there; **mieszka pod ~ką** he lives at (number) eighty; **uczyć się w ~ce** to attend the number eighty school ③ (grupa) eighty; **na wycieczkę pojechała ~ka turystów** eighty tourists went on the trip ④ pot. (wiek) eighty; **zbliża się do ~ki** he's getting on for eighty; **ma już dobrze po ~ce** he's in his

late eighties ⑤ (szybkość) pot. eighty; **jechał ~ką** he was doing eighty

osiemdziesią|ty ⚊ num. ord. [urodziny, minuta, rocznica] eightieth; **lata ~te** the eighties; **w latach ~tych XIX wieku** in the 80s of the 19th century, in the 1880s

⚊ adi. [część] eightieth

⚊ **osiemdziesiąta** f (w ułamkach) eightieth; **jedna ~ta** one eightieth

osiemdziesięcio- w wyrazach złożonych eighty-; **osiemdziesięciolecie urodzin artysty** the artist's eightieth birthday; **osiemdziesięciolitrowy zbiornik na wodę** an eighty-litre water tank

osiemdziesięciokrotnie adv. [wygrać, wzrosnąć, zmaleć] eightyfold; **obciążenie było ~ wyższe niż dopuszczalne** the load was eighty times heavier than what is allowed; **~ wypływaliśmy w rejs** we set out to sea eighty times

osiemdziesięciokrotn|y adi. ① [laureat, zwycięzca] eighty-time ② [wzrost, spadek, zysk] eightyfold

osiemdziesięciolat|ek ⚊ m pers. (Npl **~kowie** a. **~ki**) eighty-year-old, octogenarian

⚊ m anim. (zwierzę) eighty-year-old animal; (drzewo) eighty-year-old tree; **słoń ~ek** an eighty-year-old elephant

osiemdziesięciolat|ka f ① (kobieta) eighty-year-old, octogenarian ② (samica) eighty-year-old

osiemdziesięcioleci|e n ① (rocznica) eightieth anniversary; **~e urodzin artysty** the artist's eightieth birthday; **~e śmierci poety** the eightieth anniversary of the poet's death ② (okres osiemdziesięciu lat) eighty years; **w ostatnim ~u rozwinął się przemysł samochodowy** the last eight decades have seen the development of the car industry

osiemdziesięcioletni ⚊ adi. ① (o wieku) [staruszek, drzewo, kamienica] eighty-year-old attr. ② (o okresie trwania) [okres, doświadczenie] eighty-year attr.

⚊ **osiemdziesięcioletni** m, **~a** f eighty-year-old, octogenarian

osiemdziesięcioro num. mult. → **osiemdziesiąt**

osiemdziesięciotysięczn|y adi. [miasto, armia] eighty-thousand attr.

osiemnast|ka f ① (liczba) eighteen ② (oznaczenie) number eighteen; **mieszkać pod ~ką** to live at number eighteen; **jeździć do pracy ~ką** to take the number eighteen (bus/tram) to work ③ (grupa) eighteen; **na brzegu stała ich ~ka** there were eighteen of them standing on the shore; **ruszyli (całą) ~ką** they set out all eighteen of them ④ pot. (wiek) eighteen; **wszyscy poniżej/powyżej ~ki** all under/over eighteen ⑤ pot. (urodziny) eighteenth birthday; (przyjęcie) eighteenth-birthday party; **co dostałaś na ~kę?** what did you get for your eighteenth birthday? ⑥ pot. (dziewczyna) eighteen-year-old

osiemnasto- w wyrazach złożonych eighteen- attr.; **osiemnastotomowe wydanie** an eighteen-volume edition; **osiemnastotygodniowy semestr** an eighteen-week semester; **zbiór osiemnastoelementowy** a set of eighteen elements

osiemnastokrotnie *adv* [1] *[powtórzyć]* eighteen times [2] *[wzrosnąć, zmaleć]* eighteenfold; *[większy, mniejszy]* eighteen times

osiemnastokrotn|y *adi.* *[wzrost, spadek]* by eighteen times, eighteenfold; **jest ~ym zwycięzcą** he has won eighteen times

osiemnastolat|ek [I] *m pers.* (*Npl* ~**ko-wie** a. ~**ki**) eighteen-year-old [II] *m anim.* (zwierzę) eighteen-year-old animal; (drzewo) eighteen-year-old tree

osiemnastolat|ka *f* (dziewczyna) eighteen-year-old (girl)

osiemnastoletni *adi.* [1] *[osoba]* eighteen-year-old [2] *[okres, staż]* of eighteen years, eighteen year *attr.*

osiemnastowieczn|y *adi.* *[pałacyk, muzyka]* eighteenth-century *attr.*

osiemna|sty [I] *num. ord.* *[urodziny, rocznica]* eighteenth; **w ~stym roku życia** at the age of seventeen [II] *adi.* *[część]* eighteenth [III] *m* (data) the eighteenth; **~sty maja** the eighteenth of May, May the eighteenth [IV] **osiemnasta** *f* [1] *sgt* (godzina) six p.m.; eighteen hundred hours książk.; **o ~stej trzydzieści** at half past six, at six thirty [2] (w ułamkach) eighteenth; **dwie ~ste** two eighteenths

osiemna|ście *num.* eighteen

osiemnaścioro *num. mult.* → **osiemnaście**

o|siemset [I] *num.* eight hundred [II] **osiemset-** *w wyrazach złożonych* eight-hundred-*attr.*; **osiemsetlitrowa cysterna** an eight-hundred-litre container

osiemsetleci|e *n* (*Gpl* ~) [1] (rocznica) eight-hundredth anniversary, octocentenary [2] (okres) eight hundred years

osiemsetletni *adi.* [1] (mający 800 lat) *[zabytek]* eight-hundred-year-old; **~a katedra** an eight-hundred-year-old cathedral [2] (trwający 800 lat) *[okres]* of eight hundred years, eight-hundred-year *attr.*

osiemsetn|y [I] *num. ord.* eight-hundredth [II] *adi.* *[część]* eight-hundredth [III] **osiemsetna** *f* (w ułamkach) eight-hundredth; **dwie ~e** two eight-hundredths

osiemsettysięczn|y [I] *num. ord.* eight-hundred-thousandth [II] *adi.* eight-hundred-thousandth; **~a armia** an army eight hundred thousand strong, an 800,000-strong army [III] **osiemsettysięczna** *f* (w ułamkach) (one) eight-hundred-thousandth

osierocać *impf* → **osierocić**

osierocia|ły książk. *adi.* *[dziecko]* orphaned

osiero|cić *pf* — **osiero|cać** *impf vt* to orphan *[dzieci, syna]*

osieroci|eć *pf* (~**eję**, ~**ał**, ~**eli**) *vi* *[dziecko]* to be orphaned

osi|ka *f* [1] Bot. (europejska) aspen, trembling poplar; (północno-amerykańska) quaking aspen [2] *sgt* (drewno) aspen wood ■ **trząść się** a. **drżeć jak ~ka** a. **jak listek ~ki** to shake like a leaf

osikow|y *adi.* *[deska, kołek]* of aspen wood, aspen *attr.*

osił|ek *m* (*Npl* ~**ki**) pot. heavy pot., muscleman pot.

osin|a *f* [1] Bot. (europejska) aspen, trembling poplar; (północno-amerykańska) quaking aspen

[2] *sgt* (drewno) aspen wood; **kołek z ~y** an aspen stake [3] (zagajnik) aspen copse

osinow|y *adi.* *[kołek, listek]* aspen *attr.*

osiodła|ć *pf vt* to saddle (up) *[konia, osła, wielbłąda]* ⇒ **siodłać** ■ **~ć kogoś** to bring sb to heel

o|sioł [I] *m pers.* (*Npl* **osły**) pot., obraźl. jackass; pot. ass pot., donkey pot. [II] *m anim.* (zwierzę) donkey, ass; (samiec) jackass ■ **głupi jak osioł** (as) thick as a plank pot.; **osioł dardanelski** pot., pejor. silly ass pot., utter donkey pot.; **uparty jak osioł** (as) stubborn as a mule; **pracować** a. **tyrać jak dziki osioł** to work like a Trojan a. horse

osioł|ek pieszcz. [I] *m pers. dem.* pieszcz. ninny [II] *m anim. dem.* donkey, ass

osiowoś|ć *f sgt* Archit., Techn. axial symmetry

osiow|y [I] *adi.* Archit., Techn. *[układ, napęd, symetria]* axial [II] **osiowe** *n sgt* Kolej demurrage

osiwia|ły *adi.* *[osoba]* greyed, grayed US

osiwi|eć *pf* (~**eję**, ~**ał**, ~**eli**) *vi* *[osoba, włosy]* to (go) grey, to (go) gray US ⇒ **siwieć**

oskalp|ować *pf vt* to scalp ⇒ **skalpować**

oskar|d *m* Techn. pick, pickaxe

oskarża|ć¹ *impf* → **oskarżyć**

oskarża|ć² *impf vi* Prawo (jako oskarżyciel) to prosecute

oskarże|nie [I] *sv* → **oskarżyć** [II] *n* [1] (oskarżające słowa) accusation (**o coś** of sth); **bezpodstawne/niesprawiedliwe ~nie o zdradę małżeńską** a groundless/an unjust accusation of infidelity [2] Prawo (skarga) accusation; (zarzut) charge (**o coś** of sth); (o poważne przestępstwo) indictment (**o coś** for sth); **akt ~nia** an indictment, a bill of indictment US; **~nie o zdradę państwa** an indictment for high treason; **~nie przeciwko podejrzanemu o zabójstwo/handel narkotykami** a charge of murder a. homicide/drug trafficking against a suspect; **odczytać akt ~nia** to read the indictment; **wnieść ~nie przeciwko komuś** to bring an accusation against sb, to draw up charges against sb; **wycofać ~nie** to drop the charge(s); **zrzec się ~nia o coś** to renounce one's accusation of sth [3] Prawo (strona oskarżająca) prosecution; **świadek ~nia** a witness for the prosecution □ **~nie prywatne** Prawo private prosecution; **~nie publiczne** Prawo public prosecution

oskarż|ony [I] *pp* → **oskarżyć** [II] **oskarż|ony** *m*, ~**ona** *f* Prawo the accused, defendant; **ława ~onych** the dock, the bench of the accused; **bronić ~onego** to plead the defendant's case; **wprowadzić ~onego/~onych** to bring in the accused; **~onemu zarzuca się zabicie policjanta** the accused a. defendant is alleged to have killed a policeman; **~eni nie przyznają się do winy** the accused deny the charges; **~onego uznano winnym/niewinnym** the accused was found guilty/not guilty

oskarżyciel *m* (*Gpl* ~**i**) [1] Prawo (wnoszący oskarżenie, prokurator) prosecutor [2] (na forum społecznym, politycznym) indicter, accuser; **w swoich artykułach jest ~em faszyzmu/**

ksenofobicznego społeczeństwa in his press articles he indicts fascism/a xenophobic society □ **~ posiłkowy** Prawn *private complainant in a public prosecution*; **~ prywatny** Prawo private prosecutor; **~ publiczny** Prawo public prosecutor, prosecuting attorney

oskarżyciel|ka *f* [1] Prawo prosecutor [2] (na forum społecznym, politycznym) indicter, accuser

oskarżyciels|ki *adi.* *[ton, gest, wzrok, uwaga]* accusing, accusatory □ **mowa ~ka** Prawo speech for the prosecution

oskarż|yć *pf* — **oskarż|ać¹** *impf* [I] *vt* [1] (obwinić) to accuse; **~yć kogoś o coś** to accuse sb of sth; **~ała go o romans z sekretarką** she was accusing him of having an affair with his secretary; **~ono go o nietolerancję** he was accused of intolerance [2] Prawo (wysunąć zarzut) *[świadek, oskarżyciel]* to accuse (**o coś** of sth); (postawić w stan oskarżenia) *[policja, prokurator]* to charge (**o coś** with sth); (przedstawić oficjalne oskarżenie) to arraign (**o coś** on sth); to indict (**o coś** for sth); **~ono go o złożenie fałszywych zeznań** he was accused of giving false testimony; **o co ją ~ają?** what is she charged with?; **został ~ony o morderstwo** he has been charged with murder, he has been arraigned a. indicted on a murder charge [II] **oskarżyć się** — **oskarżać się** [1] (siebie samego) to accuse oneself (**o coś** of sth) [2] (jeden drugiego) to accuse each other (**o coś** of sth)

oskom|a *f sgt* książk., przest. (apetyt) appetite (**na coś** for sth); **mieć ~ę na coś** to have an appetite for sth

oskrob|ać *pf* — **oskrob|ywać** *impf* (~**bię** — ~**uję**) *vt* to scale *[rybę]*; to peel *[warzywa, ziemniaki]*; **~ać buty z błota** to scrape mud off shoes

oskrobywać *impf* → **oskrobać**

oskrzel|e *n* (*Gpl* ~**i**) Anat. bronchus; (bliższe tchawicy) bronchial tube; **zdrowe ~a** healthy bronchi; **zapalenie ~** bronchitis

oskrzelow|y *adi.* Anat., Med. *[przewody, mięśnie, astma]* bronchial

oskub|ać *pf* — **obskub|ywać** *impf* (~**ię** — ~**uję**) *vt* [1] (oczyścić z piór) to pluck *[kurę, kaczkę]* [2] (oderwać) to pick *[listki, płatki]*; **~ać gałązki/krzaki z liści** to pick (off) leaves from twigs/bushes; **sępy ~ały kości do czysta** vultures picked the bones clean [3] pot., żart. (pozbawić pieniędzy) to fleece pot. *[klienta, turystów]*; **~ali mnie z całej forsy** they've cleaned me out

oskubywać *impf* → **oskubać**

osłabiać *impf* → **osłabić**

osłab|ić *pf* — **osłab|iać** *impf* [I] *vt* [1] (uczynić słabszym) *[gorączka, choroba, niedożywienie]* to weaken, to debilitate *[osobę]*; *[hałas, stres, otoczenie]* to impair *[słuch, wzrok, mobilność, pamięć]*; *[temperatura, nacisk, uderzenia]* to weaken *[skałę, mur]*; **chory jest bardzo ~iony** the patient is debilitated a. very weak [2] (uczynić mniej intensywnym) to blunt *[upór, apetyt, uczucie, wrażliwość]*; to abate *[zapał, ferwor]*; to cushion *[upadek, cios, wstrząs]*; to ease *[ból, napięcie]*; to weaken *[gospodarkę, pozycję, determinację, autorytet]*; to enfeeble *[pozycję, stanowisko, kraj]*; **nic**

nie ~i mojej wiary w demokrację nothing can shake my faith in democracy ☷ **osłabić się — osłabiać się** (siebie samego) to weaken oneself

osłabieni|e ☷ sv → osłabić

☷ n sgt (fizyczna słabość) weakness; (słabość organizmu) debility, weakness; (gorszy, słabszy stan) enfeeblement, impairment

osłab|ły adi. [chory, organizm] debilitated, weakened; **~łe z głodu dziecko** a child debilitated by hunger a. weak from hunger

osłab|nąć pf (~ł a. ~nął) vi [1] (opaść z sił) [osoba, zwierzę, mięśnie, ramiona] to weaken, to grow weak a. feeble [2] (stać się mniej czynnym) [osoba] to flag [3] (zmniejszyć się) [zapał, działalność, aktywność] to flag, to die down; [burza, storm] to abate; [napięcie, ból, presja] to ease (off), to let up; **ruch samochodowy znacznie ~ł** the traffic has let up considerably

osładzać impf → osłodzić

osłaniać impf → osłonić

osławi|ony adi. [zdrajca, gangster, skandal] notorious, infamous

osło|da f sgt (pociecha) solace, consolation; solatium pot.; **na ~dę** as a consolation, as a solatium

osł|odzić pf — **osładzać** impf vt [1] (dodać cukier) to sweeten [kawę, herbatę]; **~odziła napój miodem** she sweetened a drink with honey [2] (wynagrodzić) to sweeten [starość, życie, samotność]; to make more palatable [porażkę, utratę, niepowodzenia]

osłon|a f [1] (zabezpieczenie) protection (**przed czymś** against a. from sth); (schronienie) cover U, shelter C/U (**przed czymś** from sth); **pod ~ą ciemności** under (the) cover of darkness; **pod ~ą gałęzi/skały** under the cover of branches/a rock; **szukać ~y** to seek cover a. shelter; **zapewnić ~ę przed wiatrem/deszczem** to provide shelter from wind/rain; **czy ta kurtka to wystarczająca ~a przed niepogodą?** is the jacket sufficient protection against bad weather? [2] Techn. (przed urazem, zniszczeniem, zabrudzeniem) guard; (wokół elementów w ruchu, delikatnych lub radioaktywnych) shield, housing; (w formie obudowy, otoczki) casing; **~a łańcucha** (w rowerze) a chain guard; **~a ciepłochłonna wahadłowca** the heat shield of a space shuttle; **betonowa ~a reaktora atomowego** a concrete reactor shield [3] sgt Wojsk. (akcja) cover; **pod ~ą lotniczą/okrętów wojennych** under air/naval cover; **wycofać się pod ~ę ognia artylerii** to retreat behind the cover of artillery fire; **wasz oddział będzie naszą ~ą** your party will cover us

❏ **~a biologiczna** Nukl. biological shield; **~a przeciwsłoneczna** Aut. sun visor; Fot. lens hood

osł|onić pf — **osł|aniać** impf ☷ vt [1] (uczynić niewidocznym) to cover, to screen; (okryć) to protect (**przed czymś** against sth); (przed słońcem, blaskiem) to shield (**przed czymś** from sth); (przed niepogodą) to shelter (**przed czymś** from sth); **miejsce ~onięte od wiatru** a sheltered spot; **ławka ~onięta daszkiem** a bench sheltered by a small roof; **kaptur ~aniał jej twarz od wiatru** a hood protected her face against the wind; **drzewa całkowicie**

~aniają dom trees completely screen the house [2] (zabezpieczać) to protect (**przed czymś** from sth); (przed ryzykiem, niebezpieczeństwem, przykrością) to shield, to shelter (**przed czymś** from sth); (zasłaniając) to screen (**przed czymś** from sth); **warstwa ozonu ~aniająca Ziemię przed szkodliwym promieniowaniem** the ozone layer screening the earth from harmful radiation; **~onił ją przed ciosem** he protected her from a blow [3] przen. (przed odpowiedzialnością, karą, wykryciem) to shelter [osobę]; **~onięty tajemnicą** shrouded in mystery [4] Wojsk. to cover

☷ **osłonić się — osłaniać się** [1] (siebie samego) to protect oneself (**od czegoś** a. **przed czymś** from sth) [2] (jeden drugiego) to protect each other (**od czegoś** a. **przed czymś** from sth)

osłon|ka f [1] dem. shield, cover [2] Biol. (wokół komórki, tkanki, organu) theca [3] (na wędlinie) casing

■ **bez ~ek** [powiedzieć, napisać] openly, outright

osłonowo adv. [działać, używać, stosować] as protection

osłonow|y adi. [1] (osłaniający) [element, warstwa, substancja] protective; **leki ~e** protective drugs [2] Wojsk. [ogień, oddział] covering

osłuch|ać pf — **osłuch|iwać** impf ☷ vt [1] Med. [lekarz] to sound, to auscultate [pacjenta, serce, płuca, klatkę piersiową] [2] Techn. to sound [drewno, urządzenie]

☷ **osłuchać się — osłuchiwać się** [1] (poznać) to familiarize oneself (**z czymś** with sth); (często słyszeć) to be exposed (**z czymś** to sth) [2] (spowszednieć) [piosenka, slogany] to become hackneyed

osłuchani|e ☷ sv → osłuchać

☷ n sgt (znajomość ze słuchu) familiarization (**z czymś** with sth); (częste słyszenie) exposure (**z czymś** to sth); **nauczył się polskiego przez ~e** to learn Polish by exposure a. by being exposed to it

osłuchan|y ☷ pp → osłuchać

☷ adi. [1] (obeznany) (well) familiarized (**z czymś** with sth) [2] (spowszedniały) [piosenka, slogan] hackneyed

osłuchiwać impf → osłuchać

osłupia|ły adi. [osoba] dum(b)founded, dumbstruck; [wzrok, spojrzenie] blank; **~ły z przerażenia** dumbstruck with terror

osłupi|eć pf (~eję, ~ał, ~eli) vi to be dum(b)founded, to be dumbstruck; **na widok niedźwiedzia ~ał z przerażenia** he was dumbfounded with terror at the sight of a bear

osłupieni|e ☷ sv → osłupieć

☷ n sgt [1] (oszołomienie) stupefaction; **w całkowitym a. zupełnym ~u** in a state of total a. complete stupefaction; **ten widok wprawił go w ~e** he was dumbfounded a. dumbstruck at the sight; **wiadomość o wygraniu w totka wprawiła go w ~e** he was dumbstruck to hear he'd won the pools [2] Med., Psych. stupor

osmalać impf → osmalić¹

osmal|ić¹ pf — **osmal|ać** impf (okopcić) to blacken; (zwęglić z wierzchu) to scorch, to char; **wśród zgliszczy spalonego domu stał tylko ~ony komin** only a blackened

chimney stood among the remains of a burned down house

osmali|ć² pf vt (opalić) [słońce, wiatr] to bronze [twarz, ramiona, skórę]

osmarować pf → obsmarować

osmarowywać impf → obsmarować

osm|olić pf ☷ vt [1] (pobrudzić) to blacken; (pokryć sadzą) to soot [garnek, twarz] [2] (opalić) (zwęglając) to scorch, to char [polano, drewno]; (z wierzchu) to singe [powierzchnię, futro]

☷ **osmolić się** (umazać się sadzą) to soot oneself

osn|owa f [1] Włók. (układ nitek) warp; (przędza) warp thread a. yarn [2] Literat. (tło fabularne) background, fabric

❏ **~owa opony** Aut. carcass; **~owa stopu** Tech. matrix

osnu|ć pf — **osnu|wać** impf vt [1] (otoczyć) [mgła, chmury] to envelop; to shroud przen.; **trawy ~te nitkami babiego lata** grasses enveloped in gossamer; **pająk ~ł muchę pajęczyną** a spider spun a web around a fly [2] przen. (okryć) [tajemnica, legenda] to shroud przen.; **przeszłość ~ta aurą tajemniczości** the past shrouded in an aura of mystery [3] Literat., Muz. (oprzeć) to base (**na czymś** on sth); **libretto ~te na znanej powieści** a libretto based on a famous novel

osnuwać impf → osnuć

os|oba f [1] (człowiek) person; **osoba/osoby w średnim wieku** a middle-aged person/ middle-aged people; **osoby dorosłe** adults; **odzież dla osób tęższych** outsized clothing; **stół na dwanaście osób** a table seating twelve (people); **osobom nieupoważnionym wstęp wzbroniony** authorized entry only; **przybył mistrz we własnej osobie** the master himself arrived; **on jest dość nieśmiałą osobą** he is rather shy; **malarz i poeta w jednej osobie** a painter and poet rolled into one [2] Jęz. person; **czasownik w trzeciej osobie liczby pojedynczej** a verb in the third person singular; **pisać coś w pierwszej osobie** to write sth in a. put sth into the first person [3] Literat. (bohater) character, personage; **osoby dramatu** cast of characters także przen., dramatis personae także przen. [4] książk. person; **zainteresowanie prasy osobą księżnej/osobami profesora i jego małżonki** the interest of the press in the princess/the professor and his spouse; **znalazł sojusznika w osobie generała Rossa** he found an ally in (the person of) General Ross; **moja/jej osoba jako przedmiot plotek** I/she as an object of gossip; **mianowano nowego ministra w osobie Jana Kota** the new minister is Jan Kot

❏ **osoba duchowna** clergyman; **osoba fizyczna** Prawo natural person; **osoba postronna** outsider; **osoba prawna** Prawo legal person; (jednostka zbiorowa) (w prawie rzymskim) body corporate, corporation; (w prawodawstwie anglosaskim) corporation (aggregate); **osoba prywatna** Prawo private person a. individual; **osoba towarzysząca** accompanying person, escort; **osoba trzecia** third party; **osoba urzędowa** Admin., Prawo official, civil servant

osobistoś|ć f (ważna, znana) personage; (popularna, powszechnie znana) personality; (wysoko postawiona, wpływowa) grandee; **politycy, gwiazdy filmowe i inne ważne ~ci** politicians, film stars, and other important personages

osobi|sty adi. [1] (będący własnością, przynależny) [sukces, urok, doświadczenia, zainteresowanie, ochroniarz] personal; **~sty sekretarz/asystent** a private secretary/a personal assistant; **rzeczy ~ste** personal belongings; **higiena ~sta** personal hygiene a. care [2] (prywatny) [kontakt, list, przyjaciel, szczęście, pytanie] personal; [opinia, wygoda, potrzeby, stosunek] individual; **wolność ~sta** personal a. individual freedom a. liberty; **moje życie ~ste i zawodowe** my private and professional life; **o jej życiu ~stym nic nie wiem** I know nothing about her personal life; **zrezygnował ze względów ~stych** he resigned for personal reasons ■ **robić ~ste wycieczki** to become personal

osobiście Ⅱ adv. [dziękować, zgłosić się, wysłuchać, odebrać] in person, personally; [odpowiedzialny, znany] personally; **ta sprawa dotyczy mnie ~** the matter is of personal concern to me; **zjawić się ~** to make a personal appearance
Ⅲ part. personally; **~ sądzę, że...** personally I think that...; **~ czuję się dotknięty** I am personally aggrieved

osobliwie adv. grad. (niezwykle) [zachowywać się, reagować] oddly, curiously; (dziwacznie) [zaprojektowany, ukształtowany] peculiarly, oddly; **~ urocze/nudne miasto** a curiously quaint/dull town; **jako para wyglądają dość ~** they're a rather odd-looking couple; **nowoczesna architektura często wygląda raczej ~** modern architecture is often quite odd a. peculiar

osobliwoś|ć f [1] (przedmiot, zjawisko) curiosity, oddity; (cenny, rzadki bibelot) curio; **gabinet ~ci** (z dziwami natury) a freak show; (z rzadkimi przedmiotami) a curio cabinet; **~ci miasta/regionu** the sights of a town/region, places of interest in a town/region [2] sgt (dziwaczność) peculiarity, oddness; **~ć jego zachowania** his eccentric behaviour

osobliw|y adi. (wyjątkowy, niezwykły) [wrażenie, reakcja, pomysł, zachowanie] curious; (dziwaczny) [język, styl] peculiar; [odczucie, podejrzenie, obraz] queer; singular przest.; (odbiegający od normy, oczekiwań) [osoba, zachowanie, wydarzenie] odd; **~ym zrządzeniem losu** by a curious twist of fate; **nie ma w tym nic ~ego** there's nothing odd about it; **on ma dość ~e poczucie humoru/przyzwyczajenia** he has a rather peculiar sense of humour/rather peculiar habits

osobnicz|y adi. Biol. [cecha, różnice] individual, ontogenetic

osobni|k Ⅰ m pers. pejor. (indywiduum) individual, character; (typ) type; **podejrzany ~k** a suspicious-looking character; **był ~kiem nietowarzyskim** he was an unsociable type
Ⅱ m anim. Biol. (okaz) specimen

osobno Ⅱ adv. (pojedynczo) [pakowany, oceniany, kontrolowany] individually; (oddzielnie) [gotować, nagrywać, przyjść] separately; **rozmawiać z każdym ~** to speak separately a.

individually to each of them; **jej rodzice mieszkają ~** her parents live apart; **płacili ~, każdy za siebie** each (of them) paid their own bill
Ⅲ **z osobna** [oglądać] individually; **pytałem wszystkich razem i każdego z osobna** I asked all of them together and each of them individually
■ **wszem wobec i każdemu z ~a** przest. [oświadczać, pokazywać] to each and every, to everybody, all and sundry

osobnoś|ć f sgt (odosobnienie) seclusion
■ **na ~ci** (bez świadków) [rozmawiać, spotykać się] in private; (na uboczu) [znajdować się, stać] out of the way

osobn|y adi. (odrębny) [wejście, konto, kategoria, problem] separate; [badania, programy, grupy] independent; (inny) [stolik, sprawa, osoba] another

osobowościow|y adi. Psych. [model] of personality; [cecha, zmiany] personality attr.

osobowoś|ć f [1] (wybitna osoba) personality; **(popularna) ~ść telewizyjna/sportowa** a popular television/sports personality [2] sgt Psych. (zespół cech) [neurotyczna, aktorska] personality; **zaburzenia ~ci** personality disorders [3] (indywidualność) [bogata, nieprzeciętna, mroczna] personality, character; **kształtować czyjąś ~ć** to mould sb's personality a. character
❑ **~ć prawna** Prawo legal entity

osobow|y Ⅱ adi. [1] (personalny) [akta, wzorzec, cechy] personal; **dane ~e** personal details; (dotyczący osoby, osób) [winda, wagon] passenger attr.; **dział ~y** the human resources department; **pociąg ~y** a stopping train GB, a slow train US; **samochód ~y** a (motor) car GB, an automobile US, a passenger car US; **skład ~y komisji** (the) members of a committee [2] Jęz. [zaimek, forma, rzeczownik] personal
Ⅱ m pot. (pociąg osobowy) stopping train GB, slow train US
Ⅲ **-osobowy** w wyrazach złożonych -person attr.; **dwunastoosobowy/sześćdziesięcioosobowy chór** a twelve-/sixty-person choir; **pokój jednoosobowy/dwuosobowy** a single/double room; **wieloosobowa grupa** a large group

oscze n sgt Fizj. plasma

os|olić pf vt to salt [ziemniaki, wodę] ⇒ **solić**

osowiale adv. [patrzeć, poruszać się, siedzieć] dejectedly, glumly; **wyglądać ~** to look dejected

osowiałoś|ć f sgt glumness

osowia|ły adi. [osoba] dejected, dispirited; [mina, twarz] glum

osowi|eć pf (~eję, ~ał, ~eli) vi książk. [osoba] to become dejected

osób|ka f żart. a. iron. wench żart.; minx żart., pejor., miss żart., pejor.

osp|a f sgt [1] Med. pox C [2] Wet. cowpox
❑ **czarna ~a** Med. smallpox; variola spec.; **~a wietrzna** Med. chickenpox; varicella spec.

ospale adv. grad. [1] (powoli) [płynąć, poruszać się, reagować] sluggishly; (apatycznie) [siedzieć, pływać, pracować] languidly [2] (sennie) [mówić, snuć się] drowsily

ospałoś|ć f sgt [1] (powolność) sluggishness; (brak energii) languidness [2] (senność) drowsiness

ospa|ły adi. grad. [1] (powolny) [osoba, ruch, tempo, gospodarka] sluggish; (ociężały) [osoba, nastrój, gest, wygląd] languid; [okolica, miasteczko] drowsy [2] (rozespany) [osoba, ruch, wyraz twarzy] drowsy

ospowa|ty adi. Med. [skóra, twarz] pock-marked

osprzę|t m sgt (G **~tu**) [1] Techn. (dodatkowe wyposażenie) accessories pl; (do urządzeń wodnokanalizacyjnych, gazowych, grzewczych) fittings pl [2] Żegl. (takielunek) rigging

ost|ać pf — **ost|awać** impf przest. Ⅰ vi to remain; **~ań z Bogiem, synu** God be with you, son
Ⅱ **ostać się** [1] (utrzymać się) to withstand vt; (ocaleć) to survive, to remain; **wartościowa literatura ~oi się pomimo krytyki** quality literature will endure despite criticism; **dom ~ał się pożarom i zniszczeniom** the house withstood fire and destruction [2] (sklarować się) to settle; **poczekaj, aż się napar ~oi** wait till the infusion settles

osta|niec m zw. pl Geol. inselberg, monadnock

ostatecznie Ⅱ adv. książk. [1] (definitywnie, całkowicie) [rozwiązać, załatwić] definitively; [udowodnić, zidentyfikować] conclusively; [zamknąć, zlikwidować] permanently; **~ wyczerpany człowiek** a completely a. totally exhausted man [2] (nareszcie, w końcu) finally, in the end; **~ zdecydowali, że nie wyjadą** they finally decided not to go; **~ poszedłem do domu** in the end I went home [3] (w ostatecznym rachunku) ultimately, in the end; at the end of the day przen.; **o wszystkim ~ decyduje los** fate ultimately decides everything; **~ rzecz sprowadza się do tego, że...** the long and short of it is that... [4] (skoro nie można inaczej) as a last resort; **~ mogę sprzedać samochód** as a last resort, I can sell the car
Ⅱ part. [1] (przecież, w końcu) after all; **~ to jego pieniądze, może je wydać na co chce** it's his money after all: he can spend it on whatever he wants [2] (w zniecierpliwieniu) in the end; **więc ~ o co w tym wszystkim chodzi?** in the end, what's it really all about?

ostatecznoś|ć f sgt książk. [1] (konieczność) necessity; (konieczne działania) the last resort; **~ć zmusiła go do sprzedaży obrazów** necessity forced him into selling the paintings; **pożyczanie pieniędzy to już ~ć** borrowing money is a last resort; **w ~ci** pot. (w razie potrzeby) if it comes to the push a. pinch, as a last a. in the last resort; **w ~ci sprzedamy mieszkanie** if it comes to the push, we'll sell the flat; **te środki stosujemy tylko w ~ci** we only use those measures as a last resort [2] (skrajność) extremity, extreme; **rozwścieczony do ~ci** furious in the extreme; **wpadać a. przerzucać się z jednej ~ci w drugą** książk. to go from one extreme to the other

ostateczn|y adi książk. [1] (końcowy, definitywny) [argument, dowód] conclusive; [decyzja, odpowiedź, rezultat] definitive, final; [porażka] eventual; [próba, wysiłek] last-ditch; [warunki] non-negotiable; [rezultat, zwycię-

stwo] ultimate; *[decyzja]* final; **~a roz-grywka** showdown; **~y termin** deadline, cut-off a. closing date ② (skrajny) *[pasja, rozpacz]* extreme; *[ruina]* utter; **żyli w ~ej nędzy** they lived in abject poverty ③ książk., przen. (dotyczący śmierci lub sensu życia) *[prawdy, sprawy]* ultimate

■ **w ~ym rachunku** a **rozrachunku** książk. when all is said and done, at the end of the day; **w ~ym razie** a. **wypadku** as a last resort

ostat|ek Ⅱ *m* książk. (pozostałość, resztka) remains *pl*; **oddać komuś ~ek chleba/pieniędzy** to give sb the last of one's bread/money; **wkrótce roztrwonił ~ki rodzinnego majątku** he soon squandered the remains of the family fortune; **wyko-rzystał ~ki zapasów** he used up the last of his supplies; **~kiem sił wczołgał się do pokoju** he managed to drag himself into the room with his last breath

Ⅱ **ostatki** *plt* pot. pancake day, Shrove Tuesday

Ⅲ **do ostatka** *adv.* książk. ① (do końca) to a. until the last; **walczyli do ~ka** they fought to the last ② (całkowicie) completely, utterly; **zmęczony do ~ka** completely worn out; **przemoczony do ~ka** soaked through

Ⅳ **na ostatek** *adv.* pot. (na koniec) last; **zrobić/zostawić coś na ~ek** to leave sth till last; **na ~ek odrobił matematykę** he did the maths homework last

Ⅴ **na ostatku** *adv.* (na samym końcu) finally, in the end, eventually; **przybył na ~ku** he arrived in the end

■ **kto zjada ostatki, ten (jest) piękny i gładki** przysł. *whoever eats the last of the food will be very pretty*

ostatkow|y *adi.* pot. (bal, wieczór, zwyczaje) Shrove Tuesday *attr.*, Mardi Gras *attr.*

ostatni Ⅱ *adi.* ① (w kolejności) *[miejsce, uczeń, zespół]* last; (końcowy) *[minuty, słowa]* closing; *[wagon]* end *attr.*; *[rata, spotkanie]* final; *[egzemplarz, seans]* last, latest; *[pociąg]* last; **~ dzień miesiąca/roku** the last day of the month/year; **~ z Romanowów** the last of the Romanovs; **wyszła jako ~a** she was the last to leave; **~ dom po prawej** the last house on the right; **~e szeregi falangi** the rearmost ranks of a phalanx; **sala wypeł-niona do ~ego miejsca** a room filled to the last seat; **bilety wyprzedano do ~ego miejsca** every last ticket has been sold; **do ~ch granic** to the utmost (limit); **pokój był załoczony do ~ch granic** the room was crowded to the utmost ② (poprzedni) last, past; **odwiedził mnie w ~ czwartek** he visited me last Thursday; **~e Boże Na-rodzenie spędziłem w Rzymie** I was in Rome last Christmas; **gdy ~ raz leciałem samolotem...** last time I flew...; **w ciągu ~ch pięciu lat** in the last a. past five years; **w ~ej chwili** at the very last minute ③ (najgorszy) bottom, lowest; **~ gatunek** worst quality; **był ~m uczniem w klasie** he was bottom of the class ④ (całkowity) utter; **postąpił jak ~ głupek** he acted like an utter fool ⑤ (najmniej prawdopodobny) last; **on jest ~ą osobą, którą wziąłbym do tej pracy** he's the last person I'd choose for the job; **to ~a rzecz, jaka przyszłaby mi na**

myśl it's the last thing that would come into my head

Ⅲ **ostatni** *m*, **~a** *f* ① (jedyny) the last (one); **to jeden z ~ch, którzy nadal podtrzy-mują tę tradycję** he's one of the last to still follow the tradition ② (z wymienionych) the latter; **lubi psy i koty, szczególnie te ~e** he likes dogs and cats, especially the latter ③ (najgorszy, niegodny) good-for-nothing; **~ z ~ch** the lowest of the low; **traktuje mnie jak jakąś ~ą** he treats me like dirt; **zwymyślać kogoś od ~ch** to call sb vile/the vilest (of) names

■ **~mi czasy** a. **w ~ch czasach** książk. lately, recently; latterly książk.

ostatnio *adv.* ① (niedawno) recently, lately, of late; **~ dużo pracował** he's been working a lot lately; (ciężko) he's been work-ing very hard recently; **~ nie czuję się zbyt dobrze** I haven't been feeling too well of late; **~ się dowiedziałem, że...** I've heard recently that... ② (ostatnim razem) last (time); **kiedy ~ byłam w Paryżu...** the last time I was in Paris...; **kiedy pani tu była ~?** when was the last time you were here?; **był jakiś przygaszony, kiedy się ~ widzieliśmy** he seemed rather subdued when I last saw him

ostebnować → **ostębnować**

ostempl|ować *pf vt* ① (oznaczyć stemplem) to frank, to postmark *[znaczek]*; to postmark *[kartkę, kopertę]*; to stamp *[dokument, książ-kę]*; to validate *[bilet, paszport]*; **dyplom ~owany oficjalną pieczęcią** a diploma stamped with the official seal ⇒ **stemplo-wać** ② Techn. (podeprzeć) to prop (up) *[strop, ścianę, tunel]*; to shore up *[budynek]* ⇒ **stemplować** ③ Leśn. (zaznaczyć) to mark; **~ować drzewa przeznaczone do wycię-cia** to mark trees for cutting ⇒ **stemplo-wać**

ostentacj|a *f sgt* książk. ostentation; **gest pełen ~i** a demonstrative gesture; **z ~ą podkreślał swój szlachecki rodowód** he ostentatiously emphasized his noble lineage

ostentacyjnie *adv.* książk. (na pokaz) osten-tatiously; (demonstracyjnie) pointedly; **~ po-bożny** ostentatiously pious; **przez cały wieczór ~ mnie ignorowała** she ig-nored me pointedly all evening

ostentacyjnoś|ć *f sgt* książk. ostentation, ostentatiousness

ostentacyjn|y *adi.* książk. *[elegancja, grzecz-ność, uprzejmość]* ostentatious

osteoporoz|a *f sgt* Med. osteoporosis

ostęb|nować *pf vt* to backstitch; **~ować kieszenie żakietu** to backstitch the pock-ets of a jacket ⇒ **stębnować**

ostęp *m zw. pl* (G **~u**) ① książk. (matecz-nik) ≈ backwoods *pl* (*the least accessible part of an old forest*) ② Leśn. block

osto|ja *f* (Gpl **~i**) ① *zw. pl* książk. (oparcie) anchor *przen.*, prop *przen.*; support; (fundament, podstawa) mainstay; **mieć ~ję w przyjacio-łach/rodzinie** to be able to count on the support of one's friends/family; **była dla mnie jedyną ~ją** she was my only prop a. support ② Biol., Geog. refugium ③ Leśn. sanctuary; **~ja ptactwa** a bird sanctuary ④ Kolej. (rama nośna) underframe

ostracyzm *m sgt* (G **~u**) Antycz. ostracism także przen.

ost|ro Ⅱ *adv. grad.* ① (spiczasto) sharp, sharply; **miał ~ro zarysowany podbró-dek** he had a pointed chin; **~ro zakoń-czony łuk** a pointed arch; **~ro zakoń-czony patyk** a sharp-ended stick; **~ro zatemperowany ołówek** a pencil shar-pened to a point ② (stromo, spadzisto) *[piąć się, wznosić się]* steeply, sharply ③ (pod kątem) *[skręcić]* sharply ④ (intensywnie) *[dąć]* sharply; *[świecić]* harshly; *[zabrzmieć]* harsh *attr.*, strident *attr.*; *[pachnieć]* sharp *attr.*, sharply; *[zaboleć]* acutely, severely ⑤ (pikantnie) spi-cily; **~ro przyprawiona potrawa** a spicily seasoned a. heavily-spiced dish; **kurczak/baranina na ~ro** spicy chicken/lamb ⑥ (wyraźnie) *[kontrastować, zarysować się]* sharply; **drzewo wyszło na zdjęciu ~ro** the tree came out sharp in the picture ⑦ (surowo) *[oceniać, upominać]* severely; **jego ojciec bardzo ~ro traktował synów** his father was very strict with his sons ⑧ (gniewnie, bezwzględnie) *[dyskutować, sprzeci-wiać się]* keenly; *[mówić, odpowiedzieć]* brus-quely, sharply; *[protestować]* shrilly, stri-dently; *[riposotować, zganić]* smartly; *[atako-wać, krytykować]* fiercely, sharply; *[domagać się]* shrilly; **zbyt ~ go skrytykowałem** I was too harsh in my criticism of him ⑨ pot. (dużo, mocno) *[balować, pić, trenować]* hard; **zbyt ~ro się malujesz** your make-up is too heavy ⑩ (energicznie, szybko) *[skręcić, zahamować]* sharp, sharply; **wziąć się ~ro do nauki/pracy** to get down to stu-dying/working ⑪ (agresywnie, brutalnie) *[grać]* rough pot., roughly ⑫ Med. (ciężko, szybko) acutely; **choroba może rozpocząć się ~ro, kaszlem i gorączką** the disease may present acutely, with a cough and fever

Ⅲ **ostro-** w wyrazach złożonych acute-, sharp-; **ostrokątny** acute-angled; **ostro-dzioby** sharp-beaked

ostr|oga *f* (Gpl **~óg**) ① *zw. pl* Jeźdź. spur; **spiąć konia ~ogami** to spur a horse; **dać koniowi ~ogę** to give a horse the spur ② książk., przen. (bodziec) boost, prod; spur przen.; **chęć zdobycia pierwszego miej-sca była dla niego ~ogą** the desire to win the first place was a spur to him ③ Bot., Zool. spur ④ Żegl. (wał ochronny) groyne

❑ **~oga piętowa** Med. calcaneal spur

■ **zdobyć ~ogi (w jakimś zawodzie)** to win a. gain one's spurs (in a profession)

ostrok|ół *m* (G **~ołu**) Hist., książk. palisade, stockade; **otoczyć ~ołem** to stockade

ostrokrzew *m* (G **~u**) Bot. holly, ilex

ostrosłup *m* Mat. pyramid; **~ ścięty** truncated pyramid

ostroś|ć *f* książk. ① (krawędzi, ostrza) keenness, sharpness; (noża) sharpness ② (szorstkość) (muru, żwiru) roughness; (ścierniska) prickli-ness ③ (spiczastość) (nosa, ołówka) sharpness; (łuku) pointedness ④ (kanciastość) sharpness; **~ć rysów jego twarzy** the sharpness of his features ⑤ (stromość) steepness; **~ć podejścia/wejścia** the steepness of the climb/ascent ⑥ (ukośność) sharpness, tight-ness; **~ć zakrętu** the sharpness of a bend ⑦ przen. (surowość) severity, strictness; **~ć metod wychowawczych** strictness of educational methods ⑧ przen. (rygorystycz-ność) (przepisu, zakazu) stringency; (represji) severity; (dyscypliny) harshness [9] przen. (nieprzychylność) (krytyki) harshness; (odpowiedzi, tonu) abruptness, sharpness; (artykułu, recenzji) censoriousness; (listu, ostrzeżenia) stiffness [10] przen. (cietość) (języka, pióra) sharpness; (dowcipu, satyry) keenness [11] przen. (brutalność, drastyczność) (filmu) violence; (gry, scen, walki) roughness; (rywalizacji) aggressiveness [12] przen. (burzliwość) (ataku, polemiki, reakcji, sprzeciwu) sharpness [13] (w smaku) piquancy, spiciness [14] (intensywność) (zapachu) sharpness, pungency; (dźwięku) shrillness; (światła) harshness; (bólu) acuteness, severity; (klimatu, zimy) severity, harshness; (mrozu) hardness, severity; (wiatru) keenness, sharpness; (powietrza) keenness; (kolorów) harshness [15] przen. (wyrazistość, aktualność) (podziałów, różnic) sharpness; (wspomnień) vividness; **minione wydarzenia straciły na ~ci** the past events have lost their vividness [16] (brak zniekształceń) (obrazu) clarity, sharpness; (fotografii) focus; **głębia ~ci** Fot. depth of focus; **ustawić ~ć obrazu** to bring the image into focus; **nabrać ~ci** to come into focus [17] (wrażliwość) (słuchu, wzroku) acuity a. acuteness, keenness, sharpness; (węchu) keenness, sharpness [18] przen. (przenikliwość spojrzenia, widzenia) acuteness, sharpness [19] (szybkość, gwałtowność) (galopu) hardness; (finiszu) fastness, hardness; (hamowania, skrętu) sharpness [20] przen. (agresywność psa) fierceness

ostrożnie [] adv. grad. (rozważnie) [działać, poruszać się, zbliżać się] cautiously; [obchodzić się] carefully, with care; (nieufnie) charily książk.; [formułować] circumspectly, cautiously; [dotykać, kroczyć, posuwać się] gingerly; [jechać] carefully; (bezpiecznie) safely; [smakować] tentatively; [podchodzić] warily; **proszę, używaj tego ~** please take care when using it; **„~, szkło"** 'Glass. Handle with care'; **~ z tym nożem!** be careful with that knife!

[] **z ostrożna** książk. carefully, cautiously; **robiła wszystko powoli, z ostrożna** she did everything slowly and carefully

■ **wszystko można, byle (z wolna i) z ostrożna** przysł. slow but steady wins the race

ostrożność f sgt (przezornością, rozwagą) care, caution; circumspection książk.; (bycie przezornym) carefulness, cautiousness; **postępować z należytą ~cią** to act with due caution; **zaleca się (wielką) ~ć** (great) caution should be exercised; **~ć w dobieraniu słów** circumspection in one's choice of words; **zachować środki ~ci** to take precautions

ostrożny adi. grad. [1] [kierowca, przechodzień, rozmówca] (przezorny) careful, cautious; (nieufny) chary, wary; **był ~y w swoich wypowiedziach** he was circumspect in his statements [2] [jazda] careful; [nastawienie] cautious, chary, conservative; [pukanie, zachowanie] cautious; [sformułowanie] circumspect książk.; [wycena] safe; [decyzja, polityka, reforma] tame, unenterprising; **~y optymizm** cautious optimism

ostr|ów m (G **~owu**) książk. (wyspa rzeczna) holm(e) GB, islet

ostrug|ać pf — **ostrug|iwać** impf vt (wygładzić) to whittle; (heblem) to plane; **~ać nożem kijek** to whittle a stick with a knife

ostrużyn|y plt (G **~**) shavings pl; (ziemniaków) peelings pl; **~y drewna/metalu** wood/metal shavings

ostr|y adi. grad. [1] (naostrzony) [krawędź, ostrze] keen, sharp; [nóż, siekiera] sharp [2] (kłujący, szorstki) [żwir] rough; [ściernisko] prickly [3] (spiczasty) [igła, koniec, nos, ołówek, podbródek, szczyt] sharp; [huk] pointed; **o ~rych rysach** sharp-featured [4] (stromy) [podejście, zejście, zjazd] steep [5] (ukośny) [kąt, zakręt] sharp; **ścieżka łączy się z drogą pod ~rym kątem** the path meets the road at a sharp angle [6] przen. (surowy, bezwzględny) [nauczyciel, rodzice, zwierzchnik] severe, strict; (rygorystyczny) [przepis, rygor, zakaz] stringent, strict; [represje] severe; [dyscyplina] harsh; (karcący, nieprzychylny) [reprymenda] sharp; [krytyka] harsh, strong; [ton] abrasive, sharp; [odpowiedź] blistering, sharp; [uwaga] censorious, scalding; [artykuł, komentarz, recenzja] censorious; [list, odpowiedź, ostrzeżenie] stiff; **~ra wymiana zdań** an angry a. heated exchange, a sharp disagreement [7] przen. (cięty, ironiczny) [dowcip, satyra] keen [8] przen. (brutalny) [gra, sceny, seks, walka] rough; [potyczka, rozgrywka] bruising; [rywalizacja] aggressive; [atak, polemika, reakcja, sprzeciw] sharp [9] (intensywny, nasilony) [ból] acute, sharp; [dźwięk, głos] harsh, strident; [kolor] harsh, violent; [mróz] hard, severe; [światło] hard, harsh; [wiatr] keen, nippy pot., sharp; [smak] pungent; [zapach] sharp, pungent; [danie, sos] spicy, hot; [klimat, zima] harsh, cruel; [powietrze] keen; **ciszę nagle przerwał ~ry dźwięk telefonu** the telephone shrilled suddenly in the silence [10] (wyraźny) [granica, rozróżnienie] sharp [11] (wyrazisty) [cień, kontur] clear, sharp; [zdjęcie] sharp; [obraz] focused; **obraz jest niezbyt ~ry** the image is a little blurred [12] (wyczulony) [słuch, wzrok] acute, keen [13] (gwałtowny, szybki) [galop] hard; [finisz] fast, hard [14] przen. (agresywny) [pies] fierce [15] Mat. [kąt] acute [16] Med. [choroba, objawy] acute; **~a niewydolność układu oddechowego** acute respiratory disease [17] Żegl. [kurs] close-hauled

ostryg|a f Zool. oyster; **sos z ~g** oyster sauce; **hodowla ~g** an oyster farm

ostrygojad m Zool. oyster catcher

ostrza|ł m (G **~łu**) [1] Wojsk. (ostrzeliwanie) (gun)fire; **~ł artyleryjski** shellfire; **pole/zasięg ~łu** a shelling field/range of fire; **być/ znaleźć się pod ~łem (wroga)** to be/come under (enemy) fire [2] książk., przen. (krytyka) fire; **być/znaleźć się pod (czyimś) ~łem** to be/come under fire (from someone); **prezydent znalazł się pod ~łem na skutek tej kontrowersyjnej decyzji** the president came under fire for this controversial decision; **pod ~łem wrogich spojrzeń** under the scrutiny of hostile eyes

ostrz|e n (Gpl **~y**) [1] (część narzędzia) blade; business end żart.; (krawędź tnąca) edge; (krawędź łyżwy) runner; (krawędź krzywej) cusp; (grot) head; **~e strzały/włóczni** arrowhead/ spearhead [2] książk., przen. (krytyki) edge; (satyry) barb; (ironii) shaft, sting

■ **stawiać** a. **postawić sprawę na ~u noża** książk. to bring matters to a head

ostrze|c pf — **ostrze|gać** impf vt to alert, to warn; **~c kogoś przed niebezpieczeństwem** a. **o niebezpieczeństwie** to alert sb to (a) danger; **„on jest niebezpieczny", ~gała** 'he's dangerous', she cautioned; **~gałem ich, żeby byli ostrożni** I warned them to be careful; **~gał ją, że to się nie uda** he warned her that it wouldn't work; **„natychmiast przestań – ~gam cię!"** 'stop it at once – I'm warning you!'

ostrzegać impf → ostrzec

ostrzegawczo adv. książk. warningly; **pies warknął ~** the dog growled warningly a. a warning; **uniesiona ~ ręka** a hand raised in warning; **nauczyciel ~ pogroził mu palcem** the teacher wagged an admonitory finger at him

ostrzegawcz|y adi. książk. [gest, spojrzenie] admonitory książk.; cautionary, warning attr.; [sygnał, znak] danger attr.; [światło, wystrzał] warning attr.; **w jego głosie zabrzmiała ~a nuta** he sounded a note of warning

ostrzel|ać pf — **ostrzel|iwać** impf [] vt [1] (strzelić wiele razy) to fire, to rake; (ogniem artyleryjskim) to batter, to cannonade, to shell; (ogniem flankowym) to enfilade; **~ali budynek z karabinów maszynowych** they raked the building with machine-gun fire; **żołnierze ~ali przepływający okręt** the soldiers fired at a passing ship [2] środ., Wojsk. (wypróbować strzelając) to break in; **~ać karabin** to break in a rifle

[] **ostrzelać się** — **ostrzeliwać się** [1] (strzelać do siebie nawzajem) to fire a. shoot at each other/one another [2] (osłaniać ogniem) to fire, to shoot; **osaczeni przestępcy zaczęli się ~iwać** the cornered criminals began to shoot; **~iwując się, zdołali uciec z budynku** they shot their way out of the building [3] środ., Wojsk. (nabrać wprawy w strzelaniu) to acquire shooting skills

ostrzel|ać² pf vi pot. (przyzwyczaić) to shoot over [psa]; to accustom to gunfire [żołnierza]

ostrzelan|y [] pp → ostrzelać[1,2]

[] adi. [żołnierz] experienced in shooting

ostrzeliwać impf → ostrzelać[1]

ostrzeże|nie [] sv → ostrzec

[] n książk. (napomnienie) admonition (**przed czymś** of a. against sth); warning (**przed czymś** against sth); (prawne, w piłce nożnej) caution; **~nie sztormowe/powodziowe** gale/flood warning; **zaatakował bez ~nia** he attacked without warning; **~nie o niebezpiecznych wirusach komputerowych** a warning about dangerous computer viruses; **bokser dostał ~nie za nieprzepisową walkę** the boxer received a warning for foul play

ostrzy|c pf [] vt to cut [włosy]; to clip [sierść psa]; to shear [runo owcy]; to cut, to mow [trawnik]; to cut, to prune [żywopłot]; **~c na zero** to skin; **poprosił, aby ~gła go krótko** he asked her to cut his hair short; **mieć dobrze/modnie ~żone włosy** to have a good/fashionable haircut ⇒ **strzyc**

[] **ostrzyc się** [1] (samodzielnie) to cut one's (own) hair; **~gła się sama małymi nożyczkami** she cut her hair with some small scissors ⇒ **strzyc się** [2] (zostać ostrzyżonym) to have one's hair cut, to have a. get a haircut; **przed ślubem musisz się ~c** you must have your hair cut before the wedding ⇒ **strzyc się**

ostrz|yć *impf vt* to grind, to hone, to sharpen *[nóż, ostrze, siekierę]*; to strop *[brzytwę]*; to whet *[narzędzia]*; to sharpen *[ołówek, pal]*

■ **~ć sobie apetyt** a. **zęby** a. **kły** a. **pazury na kogoś/coś** pot. to have one's eye on sb/sth, to have sb/sth in one's sights; **~yć sobie zęby na kimś** pot. (obmawiać) to badmouth sb pot.; to run sb down

ostudzać *impf* → **ostudzić**

ostu|dzić *pf* — **ostudz|ać** *impf* **[U]** *vt* [1] (ochłodzić) to cool; (w lodówce) to chill; **~dzić herbatę/mleko/zupę do temperatury pokojowej** to cool the tea/milk/soup to room temperature [2] przen. (hamować) to abate książk. *[zapał]*; to cool *[nastroje]*; to dampen *[entuzjazm, optymizm]*; to deaden *[namiętność]*; to temper *[radość]*

[U] **ostudzić się** — **ostudzać się** pot. [1] (ostygnąć) to cool; **zupa ~dziła się szybko w zimnej kuchni** the soup cooled quickly in the cold kitchen [2] przen. (ograniczyć zaangażowanie) to cool; **~dził się w swym zapale do nauki** his zeal for studying abated

ostuk|ać *pf* — **ostuk|iwać** *impf vt* [1] (opukać) to knock, to rap, to tap; **~ał szyny młotkiem** he tapped the rails with a hammer [2] Med. (zbadać) to percuss, to sound; **lekarz ~ał pacjentowi plecy** the doctor percussed a. sounded the patient's back

ostukiwać *impf* → **ostukać**

ostygły [U] *pp* → **ostygnąć**

[U] *adi.* [1] (zimny) *[lawa]* cooled; *[herbata, obiad, woda]* cold [2] przen. *[zapał]* abated; *[entuzjazm]* dampened, tempered; *[uczucia]* diminished; *[złość]* cooled

ostyg|nąć *pf* — **ostyg|ać** *impf* (**~nął** a. **~ł** — **~am**) *vi* [1] (stać się zimnym) *[zupa, obiad, żelazko]* to cool; (w ostrzeżeniach) to get a. go cold; **zostawić coś do ~nięcia** to leave sth to cool; **herbata ci zupełnie ~ła** your tea is completely cold [2] przen. (zmaleć, zgasnąć) *[entuzjazm, gniew, pasja, przyjaźń]* to cool; **~nąć w zapale** to cool in one's zeal; **~ł w miłości/nienawiści** his love/hate cooled

osu|nąć się *pf* — **osu|wać się** *impf* (**~nę się, ~nął się, ~nęła się, ~nęli się** — **~wam się**) *v refl.* książk. [1] (opaść, ześlizgnąć się) *[błoto, kamienie]* to slide, to slip; *[grunt, skarpa]* to subside; *[ściana]* to collapse; **z góry ~nęła się lawina** an avalanche slid down the mountain [2] (upaść) to sink, to slump; **~nąć się na kolana** to sink to one's knees; **wyczerpana ~nęła się na fotel** exhausted she slumped/sank into an armchair; **nagle ~nął się na podłogę** suddenly he sank/slumped to the floor

osunię|ty [U] *pp* → **osunąć się**

[U] *adi. [cegły, kamienie, masy lodu]* fallen, slipped; *[ściana]* collapsed; *[grunt]* subsided

osuszać *impf* → **osuszyć**

osusz|yć *pf* — **osusz|ać** *impf* **[U]** *vt* [1] (odwodnić, wysuszyć) to drain *[bagno, łąkę, budynek]*; to dehumidify *[gaz, powietrze]*; to dry

[naczynia, oczy, ręce, ubranie]; to blot *[atrament]* [2] pot., żart. (opróżnić) to drain *[butelkę, kufel]*

[U] **osuszyć się** — **osuszać się** [1] (wytrzeć się) to dry oneself (off); **~yć się ręcznikiem** to dry oneself with a towel [2] (wyschnąć) to dry (off); **dach ~ył się na słońcu** the roof dried in the sun

osuwać się *impf* → **osunąć się**

osuwisk|o *n* Geol. [1] (osuwanie się ziemi) landslide, landslip; **powodzi towarzyszyły liczne ~a** the flood was accompanied by many landslides [2] (rumowisko) landslide, landslip; (kamienne) rockfall

oswabadzać *impf* → **oswobodzić**

oswajać *impf* → **oswoić**

oswobadzać *impf* → **oswobodzić**

oswobodziciel *m*, **~ka** *f (Gpl ~i, ~ek)* książk. liberator; **~e ojczyzny** (the) liberators of the homeland

osw|obodzić *pf* — **osw|obadzać**, **osw|abadzać** *impf* książk. **[U]** *vt* [1] (wyzwolić z niewoli) to free, to liberate *[jeńców, więźniów]*; **~obodzić kraj od wroga** to liberate the country from the enemy [2] (uwolnić) to free, to liberate; **~obodził jej ręce i nogi** he freed her hands and legs; **wiara ~obadza człowieka od strachu przed śmiercią** faith frees a man from the fear of death

[U] **oswobodzić się** — **oswobadzać się** [1] (wyzwolić się z niewoli) to free oneself, to liberate oneself; **kraj ~odzi się od najeźdźców** the country will liberate itself from the invaders [2] (wyswobodzić się) to free oneself, to liberate oneself; **~odziła się z jego uścisków** she freed herself from his embrace

osw|oić *pf* — **osw|ajać** *impf* **[U]** *vt* [1] (przyzwyczaić) to accustom, to adapt (**z czymś** to sth); **wojna ~oiła ludzi z widokiem zburzonych miast** the war accustomed people to the sight of ruined cities; **~oił oczy z ciemnością** his eyes adjusted a. adapted to the dark [2] (zaznajomić) to become familiar (**z czymś** with sth); **starał się ~ić rodziców z komputerami i Internetem** he tried to familiarize his parents with computers and the Internet [3] (obłaskawiać) to tame *[lwa]*; to domesticate *[lisa, ptaka]*

[U] **oswoić się** — **oswajać się** [1] (przyzwyczaić się) to accustom oneself (**z czymś** to sth); *[wzrok]* to get used, to adjust (**z czymś** to sth); (zapoznać się) to familiarize oneself (**z czymś** with sth); **długo nie mogła się ~oić ze swoim nowym domem** for a long time she couldn't get used to her new home; **jego oczy powoli ~ajały się ze światłem** his eyes slowly adjusted to the light; **musisz ~oić się z tym zagadnieniem** you must familiarize yourself with the issue [2] (obłaskawić się) *[lew]* to become a. grow tame; *[ptak]* to become domesticated

osypać → **obsypać**

osypisk|o *n sgt* książk. (kamienne) scree, talus; (cegieł, piasku) heap, pile (of bricks/sand)

oszachr|ować *pf vt* pot. to flimflam pot., to con pot.; **został ~owany przez nieuczciwego sprzedawcę** he was conned by a dishonest salesman

oszac|ować *pf vt* to adjust *[roszczenia]*; to appraise, to assess *[wartość]*; to assess, to

calculate, to evaluate *[straty, szkody]*; to estimate *[nasilenie, rozmiary, wielkość]*; to judge, to reckon *[czas, odległość, wiek]*; to price *[towar]*; to value *[antyk, nieruchomość, obraz]*; **jego majątek ~owano na 400 milionów dolarów** his estate has been estimated at 400 million dollars; **nasz ekspert ~ował koszt nieco wyżej** our expert puts the cost somewhat higher

oszalały [U] *pp* → **oszaleć** książk.

[U] *adi.* [1] (niepoczytalny) crazy, frantic; **~ły z zazdrości mąż** a husband frantic with jealousy; **~ły z bólu/radości/rozpaczy** crazed a. crazy a. mad with pain/joy/grief; **jak ~ały** *[biegać, krzyczeć, śmiać się]* pot. like crazy a. mad; **rzucił się na nią jak ~ły** he made a mad lunge for her [2] (zauroczony) crazy, mad; **na jego punkcie była całkiem ~ła** she was completely crazy a. mad about him

oszal|eć *pf* (**~eję, ~ał, ~eli**) *vi* książk. [1] (stracić panowanie nad sobą) to go berserk a. crazy a. mad a. wild; **~eć z gniewu/bólu/rozpaczy** to go crazy with anger/pain/grief; **kiedy na scenie pojawił się lider zespołu, widownia ~ała** when the frontman appeared on stage, the audience went wild [2] (zwariować) to become a. go insane, to go mad; **wkrótce po śmierci żony nieszczęśnik ~ał** the poor man went insane soon after his wife's death [3] przen. (wielbić) to be/go crazy a. mad; to flip pot. (**na punkcie czegoś** over sth); **młodzież ~ała na punkcie Internetu** the young are crazy about the Internet

oszal|ować *pf vt* Budow. (obić, wyłożyć) to board, to plank; (podeprzeć) to shore up (with planks) *[dół, tunel, wykop]*; **letni dom został ~owany deskami** the summer house was boarded with planks

oszałamiać *impf* → **oszołomić**

oszałamiająco *adv.* książk. [1] (niezwykle, wspaniale) *[piękny]* breathtakingly, stunningly; *[szybki]* blindingly; *[wyglądać]* breathtaking *adi.*, stunning *adi.* [2] (odurzająco) *[pachnieć]* intoxicating *adi.*; **alkohol etylowy działa ~** ethyl alcohol has an intoxicating a. stupefying effect

oszałamiając|y [U] *pa* → **oszołomić**

[U] *adi.* książk. [1] (nadzwyczajny, szokujący) *[tempo]* bewildering; *[prędkość]* blinding; *[sukces]* riproaring pot.; staggering, overhelming; *[piękno, uroda, widok]* breathtaking, stunning [2] (odurzający) intoxicating; **~y zapach róż** the intoxicating smell of roses

oszczekać → **obszczekać**

oszcze|nić się *pf v refl.* Zool. *[suka, wilczyca, lisica]* to litter, to pup, to whelp ⇒ **szczenić się**

oszczeni|ony [U] *pp* → **oszczenić się**

[U] *adi.* whelped; **jak się opiekować ~oną suką?** how to care for a newly-whelped bitch?

oszczep *m (G ~u)* [1] Sport (przyrząd) javelin; (konkurencja) the javelin; **rzut ~em** javelin throw; **zdobyć pierwsze miejsce w ~ie** a. **rzucie ~em** to take a. win first place in the javelin [2] *sgt* Hist. javelin, (throwing) spear

oszczepnictw|o *n sgt* Sport javelin throwing

oszczepnicz|ka *f* Sport javelin thrower

O

oszczepni|k *m* [1] Sport javelin thrower [2] Hist. spearman

oszczerc|a *m* książk. slanderer; libeller książk.

oszczerczo *adv.* książk. *[oskarżać, sugerować, zarzucać]* libellously GB, libelously US, slanderously; *[zabrzmieć]* libellous *adi.* GB, libelous *adi.* US, slanderous *adi.*

oszczercz|y *adi.* książk. *[artykuł, wypowiedź, zarzut]* defamatory, libellous GB, libelous US, slanderous

oszczerstw|o *n* książk. slander, slur; **rzucać na kogoś ~a** to spread slander about sb a. to malign sb; **oburzające ~o na temat prezydenta** an outrageous slur on the president; **kampania ~ (przeciwko komuś)** a smear campaign (against sb)

oszczędnie *adi. grad.* [1] (skromnie) *[gospodarować]* economically; *[żyć]* frugally, thriftily; **~ gospodarować funduszami** to be economical with one's funds [2] przen. (bez nadmiernego wysiłku) *[biec, pracować]* economically [3] (umiarkowanie) *[pokazywać, wykorzystywać]* sparingly; *[chwalić, nagradzać]* charily; *[pisać, wyrażać się]* economically; *[grać]* in an understated manner a. way

oszczędnościowo *adi.* (oszczędnie) economically; (dla oszczędności) for reasons of economy; **~ paliła się tylko jedna żarówka** for reasons of economy only one light bulb was on

oszczędnościow|y *adi.* [1] (służący oszczędzaniu) economical, economy *attr.*; **jadł mniej ze względów ~ych** he was eating less to cut costs [2] Ekon. *[książeczka, plan, program, rachunek, wkład]* savings *attr.*

oszczędnoś|ć [1] *f sgt* [1] (cecha ludzka) frugality, thriftiness a. thrift [2] (oszczędzanie, zaoszczędzenie) economy, saving; **nie chciał dostrzec potrzeby ~ci** he refused to recognize the need to economize; **dwudziestoprocentowa ~ć** a 20% saving; **~ć 500 funtów** a saving of 500 pounds; **~ć energii** energy saving [3] przen. (nienadużywanie) economy; **~ć w słowach** economy of words [II] **oszczędności** *plt* [1] (pieniądze) savings *pl*; **żyć z ~ci** to live off one's savings; **~ci całego życia** one's life savings [2] (zapasy) reserves *pl* ■ **~cią i pracą ludzie się bogacą** przysł. ≈ look after the pennies and the pounds will look after themselves

oszczędn|y *adi. grad.* [1] (nierozrzutny) *[gospodyni]* economical, frugal, thrifty; *[tryb życia]* frugal [2] (ekonomiczny) *[gospodarka, technologia]* economical; **~e gospodarowanie zasobami naturalnymi** economical management of natural resources [3] przen. (skromny, umiarkowany) *[dialog]* spare, terse; *[proza, scenografia, styl]* economical, pared-down; *[gra]* understated; **być ~ym w słowach** to be economical with one's words; **jest ~y w pochwałach** he's sparing in (his) praise, he's chary of giving praise

oszczędzać¹ *impf* → **oszczędzić¹**

oszczędza|ć² *impf* [I] *vt* [1] (gospodarować oszczędnie) to conserve *[energię, surowce naturalne]*; to save *[paliwo, wodę]*; **musimy ~ć wodę i jedzenie, aby starczyło na pięć dni** we must stretch our water and food to make it last five days [2] przen. (dbać,

pielęgnować) to conserve *[siły]*; to save *[głos, czas, miejsce]*; to take care of *[oczy, wzrok]*; **chodząc spać przed północą, ~sz zdrowie i energię** going to bed before midnight is good for your health [II] **oszczędzać się** (dbać o siebie) to save/spare oneself; **~a się przed ważnym meczem** he's saving himself for the big match; **masz słabe zdrowie, musisz się ~ć** your health is poor, you must spare yourself; **daliśmy z siebie wszystko, nikt się nie ~ł** we gave our all everyone pulled their weight

oszczę|dzić¹ *pf* — **oszczę|dzać¹** *impf* [I] *vt* [1] (żyć oszczędnie) to economize, to save; (odkładać) to put away, to save (up); **(on) mało zarabia, więc musi ~dzać** he doesn't earn much, so he has to economize; **możesz ~dzić kupując prosto od producenta** you can save by buying direct from the factory; **~dzamy na nowy samochód** we're saving (up) for a. towards a new car; **~dzamy, żeby kupić nowy samochód** we're saving to buy a new car; **w dzisiejszych czasach trzeba ~dzać każdy grosz** nowadays one should save every penny; **~dzać na emeryturę** to save towards one's retirement; **~dzić na czymś** pot. to economize a. save a. stint on sth; **kiedy stracił pracę, zaczął ~dzać na paliwie** after losing his job he began to economize on fuel; **żeby ~dzić na biletach autobusowych, poszli na piechotę** to save on bus tickets they went on foot [2] (uchronić) to save, to spare; (darować życie) to spare *[dziecko, jeńca, zwierzę]*; **~dziłbyś sobie wstydu, gdybyś...** you'd have been saved all this embarrassment if...; **~dzę ci szczegółów** I'll spare you the details; **~dzić komuś kłopotów/zmartwień** to spare sb the trouble/the worry; **mój były mąż jada u matki, żeby ~dzić sobie trudu zmywania naczyń** my ex-husband eats at his mother's to save himself the bother of washing-up [II] **oszczędzić się — oszczędzać się** (chronić siebie nawzajem) to spare each other/one another; **mówili otwarcie, nie ~dzając się wzajemnie** they spoke openly, without sparing each other

oszczę|dzić² *pf vt* (zachować na przyszłość) to save; **udało mu się ~dzić węgiel na zimę** he managed to save some coal for the winter

oszczypek → **oscypek**

oszkal|ować *pf vt* książk. to calumniate książk.; to defame, to slander; **został ~owany przez złośliwego kolegę** he was slandered by a malicious colleague ⇒ **szkalować**

oszkl|ić *pf vt* to glaze *[drzwi, okno]*; to glass [sth] in, to glass in, to glass *[korytarz, kredens]*; **~ić okno przyciemnionym szkłem** to glaze a window with tinted glass ⇒ **szklić**

oszlif|ować *pf vt* [1] (wygładzić) to cut *[diamenty]*; to polish *[sztućce, zderzak]*; (papierem ściernym) to sand (down) *[biurko, blat]* ⇒ **szlifować** [2] przen. (poprawić, ulepszyć) to polish (up); **ten młody pisarz musi jeszcze ~ować swój styl** this young

writer still has to polish up his style ⇒ **szlifować**

oszołamiająco → **oszałamiająco**

oszołamiający → **oszałamiający**

oszołom *m pers.* (*Npl* **~y**) pot., pejor. crank pot. pejor.; freak pot.; **religijne ~y** religious freaks; **lewicowe ~y** the loony left; **~y z partii opozycyjnej** the opposition party's lunatic fringe

oszoł|omić *pf* — **oszoł|amiać** *impf* [1] (odurzyć) to intoxicate, to stupefy; **~amiające działanie narkotyków** the intoxicating a. stupefying effect of drugs; **potężny cios go ~omił** a powerful blow left him stupefied; **znaleźli go związanego i ~omionego narkotykami** they found him tied up and drugged [2] (szokować, zdumiewać) to bewilder, to stun, to stupefy; **jej reakcja go ~omiła** her reaction stupefied him

oszołomie|nie [I] *sv* → **oszołomić** [II] *n* [1] (zamroczenie, odurzenie) daze, stupefaction; **w ~niu wywołanym narkotykami** in a drug-induced daze; **w dużych dawkach lek może wywołać ~nie** in large doses the medicine can cause a. induce stupefaction; **~nie alkoholowe** alcohol intoxication [2] przen. (szok) bewilderment, daze, stupefaction; **spoglądał na nią w ~niu** he looked at her in bewilderment; **jej słowa wprawiły go w ~nie** he was stunned into silence by her words

oszpecać *impf* → **oszpecić**

oszpe|cić *pf* — **oszpe|cać** *impf* [I] *vt* to disfigure, to scar; **~cić dom przybudówką** to disfigure a house with an extension; **twarz ~cona bliznami po ospie** a face disfigured by smallpox [II] **oszpecić się — oszpecać się** to disfigure oneself; **~ciła się okropnym uczesaniem** the terrible hairdo marred her appearance

oszraniać *impf* → **oszronić**

oszr|onić *pf* — **oszr|aniać** *impf* [I] *vt* to frost up a. over; **mróz ~onił drzewa** the trees were frosted over; **~onione szyby** frosted windows a. window panes [II] **oszronić się — oszraniać się** *[drzewa, szyby]* to frost up a. over

oszuk|ać *pf* — **oszuk|iwać** *impf* [I] *vt* (potraktować nieuczciwie) to deceive, to cheat; **~iwać męża** to deceive a. cheat one's husband; **~iwać w grze w karty** to cheat at cards; **~ać na wadze** to give short weight; **~ali go na dużą sumę** they cheated a. swindled him out of a large sum of money [II] *vi* (wprowadzać w błąd) to be deceptive, to be misleading; **alkohol ~uje** alcohol is deceptive; **lusterko nie ~uje** a mirror tells no lies [III] **oszukać się — oszukiwać się** [1] (okłamywać się) to deceive oneself, to delude oneself; **nie ~uj samego siebie** stop deluding yourself; **nie ~ujmy się, że tylko my mamy problemy** let's not delude ourselves that it's only us who have problems [2] (zawieść się) **nie kombinuj, bo się ~asz** stop scheming or you'll lose; **~ałem się na kupnie butów** I was overcharged for the shoes; **~ali się na nim** they were disappointed with him

■ **~ać głód/żołądek** to stave off hunger; **~ać pragnienie** to stave off thirst
oszuka|niec m, **~nica** f (V **~ńcze** a. **~ńcu, ~nico**) pot., pejor. phoney pot.; cheat
oszukańczo adv. książk. fraudulently; **~ pozbawiono go spadku** he was fraudulently deprived of his inheritance
oszukańcz|y adi. książk. [pomysły, zabiegi] fraudulent, deceitful
oszukaństw|o n pot. [1] (oszustwo) deception, fraud; **mieć na sumieniu różne ~a** to be guilty of various deceptions [2] (fałsz) fake; **to nie złoto, to ~o** it's not gold, it's just a fake
oszukiwać impf → oszukać
oszu|st m, **~stka** f swindler, fraudster; **paść ofiarą ~sta** to be a victim of a fraudster
❏ **~st matrymonialny** someone who cheats women by making promises of marriage
oszustw|o n fraud, deception; **~a karciane** cheating at cards; **~o podatkowe** a tax fraud; **popełnić ~o** a. **dopuścić się ~a** to commit a fraud
oszwabiać impf → oszwabić
oszwab|ić pf — **oszwab|iać** impf vt pot. to rook out, to fleece pot.; **~ili go na 100 zł** they rooked him out of 100 zlotys
o|ś f [1] (linia) axis; **oś symetrii** an axis of symmetry; **oś obrotu** the axis of rotation; **obracać się wokół własnej osi** to revolve on one's axis; **oś ziemska** the earth's axis [2] przen. (ośrodek) pivot; **osią książki jest opuszczenie rodziny przez ojca** the plot of the book revolves around the father's abandonment of his family [3] Techn. pivot; (w samochodzie) axle; **obie wskazówki obracają się na wspólnej osi** both the hands turn on a pivot [4] Mat. axis; **oś rzędnych** the y-axis; ordinate spec.; **oś odciętych** the x-axis; abscissa spec.; **oś liczbowa** the (numerical) axis
ościenn|y adi. książk. [państwa, kraje] neighbouring attr. GB, neighboring attr. US
oście|ń m Ryboł. leister
oścież → na oścież
ości|sty adi. [ryba] bony
oś|ć f [1] (ryby) bone; **rybie ości** fishbones; **udławić się ością** to choke on a bone [2] Bot. awn [3] Ryboł. leister
o|śka f dem. (w maszynie, zegarku) pivot; (w pojeździe) axle
oślep m
■ **na ~** blindly, headlong; **uciekać na ~** to run headlong; **strzelać na ~** to shoot blindly
oślepiać impf → oślepić
oślepiająco adv. [błyszczeć] blindingly; **~ biały śnieg** blindingly white snow
oślepiając|y [] pa → oślepiać
[] adi. [blask, światło] blinding, dazzling
oślep|ić pf — **oślep|iać** impf vt [1] (pozbawić wzroku) to blind; **wybuch petardy ~ił chłopca** the boy was blinded in the explosion of a firecracker [2] (razić blaskiem) [słońce, światło, błysk]; to blind, to dazzle [3] przen. (pozbawić rozsądku) to blind; **~ia cię miłość** love makes you blind; **~ia go nienawiść do ludzi** his hatred for people blinds him
oślep|ły adi. książk. blind

oślep|nąć pf (**~nął** a. **~ł, ~nęła** a. **~ła, ~nęli** a. **~li**) vi [1] (stracić wzrok) to go blind [2] (chwilowo przestać widzieć) to be blinded, to be dazzled; **prawie ~ła od łez** her eyes were blinded by tears
ośl|i adi. [skóra, ogon, kopyta] donkey's
■ **~a głowa** pot., pejor. dimwit pot., thickhead pot.; **~a ławka** pot., żart. separate table for poorest students; **~e uszy** dog-ears; **~i upór** pejor. pigheadedness
oślic|a f [1] Zool. mare [2] pejor. (kobieta) ass pot., dimwit pot.
ośliniać impf → oślinić
oślin|ić pf — **oślin|iać** impf [] vt to drool; **miał grube ~ione wargi** he had thick, slobbery lips
[] **oślinić się — ośliniać się** [niemowlę, pies] to slobber, to drool
oślizgły → oślizły
ośliz|ły adi. [1] (śliski) [stopnie, kamienie] slimy, slippery [2] pejor. (obrzydliwy) [osoba, spojrzenie, uśmieszek] slimy pejor.; **~łe ręce** clammy hands [3] (nieświeży) [szynka, mięso] slimy
ośmielać impf → ośmielić
ośmiel|ić pf — **ośmiel|ać** impf książk. [] vt to encourage, to embolden; **~ające słowa/spojrzenie** encouraging words/an encouraging look; **~ił nas swoją bezpośredniością** we were emboldened by his easygoing manner
[] **ośmielać się — ośmielić się** [1] (mieć odwagę) to dare; **nie ~ił się odezwać** he didn't dare say a word; **~ił się wyznać jej miłość** he dared (to) tell her that he loved her; **~ę się zapytać, skąd pan pochodzi?** pardon my asking, but where do you come from?; **~ę się przedstawić moją siostrzenicę** let me introduce my niece; **~am się mieć do pana pewną prośbę** excuse me, could I ask a favour from you? [2] (nabrać odwagi) **powoli dzieci ~iły się i zaczęły mówić** gradually the kids gained confidence and started to talk
ośmieszać impf → ośmieszyć
ośmiesz|yć pf — **ośmiesz|ać** impf [] vt to ridicule, to humiliate; **~yli go w oczach klasy** they humiliated him in front of the whole class; **został ~ony przed kolegami** he was ridiculed in front of his friends
[] **ośmieszyć się — ośmieszać się** to make a fool of oneself, to humiliate oneself; **~yć się w czyichś oczach** to humiliate oneself in front of sb; **~ył się dziwacznym strojem** he made a fool of himself wearing strange clothes
ośmio- w wyrazach złożonych eight-, octa-; **ośmiozgłoskowiec** Liter. octosyllable
ośmioboczny adi. → ośmiokątny
ośmiobok m → ośmiokąt
ośmiogodzinn|y adi. [praca, lot, sen] eight-hour attr.
ośmiką|t m [1] Mat. octagon [2] (kształt ośmiokąta) octagon; **mozaika z ~tów** a mosaic of octagons; **~t podwórza** an octagonal yard
ośmiokątn|y adi. książk. [figura, filar, dziedziniec] octagonal
ośmioklasista m → ósmoklasista
ośmioklasistka f → ósmoklasistka
ośmioklasow|y adi. [szkoła] eight-form attr. GB, eight-grade attr. US

ośmiokrotnie adv. książk. [1] [powtórzyć, przerobić] eight times [2] [wzrosnąć, zmaleć] eightfold
ośmiokrotn|y adi. [1] [medalista, zwycięzca, laureat] eight-times attr. GB, eight-time attr. US [2] [wzrost, spadek] eightfold [3] książk. (powtórzony osiem razy) **~e naloty** eight air raids
ośmiolat|ek [] m pers. (Npl **~ki**) eight-year-old
[] m anim. (zwierzę) eight-year-old animal; (drzewo) eight-year-old tree; **koń ~ek** an eight-year-old horse
ośmiolat|ka f [1] (dziewczynka) eight-year-old [2] (zwierzę) eight-year-old animal; **klacz ~ka** an eight-year-old mare [3] pot. (szkoła) eight-form elementary a. primary school GB, eight-grade school US
ośmioletni adi [cykl, kontrakt] eight-year attr.; [dziecko, zwierzę] eight-year-old attr.
ośmiomiesięczn|y adi. [rejs, urlop] eight-month attr.; [niemowlę, szczeniak] eight-month-old attr.
ośmiorni|ca f (**~czka** dem.) Zool. octopus
ośmioro num. mult. → osiem
ośmiościan m (G **~u**) Mat. octahedron
ośmiotysięcznik m pot. a mountain over 8,000 m high
ośmiotysięczn|y num. ord. [1] [pasażer, klient] eight thousandth [2] [miasto, armia] eight thousand-strong attr.
ośniedzia|ły adi. covered with patina; **~łe dachy** roofs covered with patina
ośnież|ony adi. [góry, pola, lasy] snowy, snow-capped
ośrod|ek m [1] (instytucja) centre GB, center US; **~ek zdrowia** a health centre; **~ek rekreacyjny** a leisure centre; **~ek badań atomowych** a nuclear research centre; **~ek kultury** a community centre; **~ek narciarski** a ski resort [2] (centrum) centre GB, center US; **~ek handlu** a commercial centre; **~ek władzy** the centre of power; **Zakopane było w owym czasie ~kiem polskiego życia kulturalnego** at that time Zakopane served as the cultural centre of Poland [3] Nauk. centre GB, center US; **~ek trzęsienia ziemi** the epicentre; **wyż z ~kiem w Bretanii** an anticyclone with its centre over Brittany [4] Anat. centre GB, center US; **~ek nerwowy** a nerve centre; **~ki czuciowe** sensory centres; **~ek ruchowy** motor cortex [5] Fiz. medium
❏ **~ek ekologiczny** Biol. habitat; **~ek telewizyjny** TV television studio
■ **być ~kiem zainteresowania** to be the centre a. focus of attention
oświadczać impf → oświadczyć
oświadcze|nie [] sv → oświadczyć
[] n książk. [1] (komunikat) pronouncement, statement; **rzecznik prasowy rządu przedstawił prasie ~nie w sprawie...** the spokesman for the government made a statement to the press about a. on...; **~nie sądu o braku dowodów winy oskarżonego** a ruling on the lack of evidence against the defendant [2] Prawo declaration
❏ **~nie podatkowe** Fin. tax return; **~nie majątkowe** Fin. statement of means; Polit. financial disclosure

oświadcz|yć *pf* — **oświadcz|ać** *impf* **I** *vi* książk. to announce, to declare; **~ył stanowczo, że rezygnuje z nauki** he declared firmly that he was going to quit school; **~ył uroczyście, że się żeni** he solemnly declared that he was going to get married **II oświadczyć się** — **oświadczać się** to propose; **zakochał się do tego stopnia, że się ~ył** he was so madly in love with her that he proposed to her

oświadczyn|y *plt* (*G* ~) (marriage) proposal; **przyjąć/odrzucić czyjeś ~y** to accept/reject sb's proposal

oświa|ta *f sgt* [1] (edukacja) education; **~ta zdrowotna** health education; **~ta dorosłych** adult education; **szerzyć ~tę** to promote education [2] (instytucja) education; **pracować w ~cie** to work in education

oświatow|y *adi.* [*system, reforma*] education *attr.*; [*filmy, programy*] educational

oświecać *impf* → **oświecić**

oświeceni|e II *sv* → **oświecić** **II** *n sgt* [1] Filoz., Literat., Szt. the Enlightenment; **człowiek/idee ~a** a. **Oświecenia** Enlightenment man/ideas [2] Relig. (w buddyzmie) enlightenment; **osiągnąć ~e** to attain enlightenment

oświeceniow|y *adi.* Filoz., Literat., Szt. [*pisarz, literatura, idee*] Enlightenment *attr.*

oświe|cić *pf* — **oświe|cać** *impf vt* [1] książk. (uświadomić, pouczyć) to enlighten; **~cił mnie, jak powinienem postąpić** he enlightened me as to what I should do [2] książk. (nauczać) to enlighten, to edify [*lud, młodzież*] [3] książk. (oświetlić) to illuminate, to light; **świeca ~ciła im twarze** the candle illuminated their faces; **~cę wam drogę** I'll light the way for you [4] Relig. to enlighten ■ **(nagle) go/mnie ~ciło** pot. I/he got a brainwave

oświec|ony II *pp* → **oświecić** **II** *adi.* książk. [*osoba, klasa, umysł, poglądy*] enlightened *attr.* **III** *m* książk. enlightened person; **językiem ~onych była łacina** Latin was the language of the educated

oświetlać *impf* → **oświetlić**

oświetleni|e II *sv* → **oświetlić** **II** *n sgt* [1] (światło) lighting, illumination; **dobre/złe ~e** good/poor lighting; **rzęsiste ~e statku** the bright illumination of the ship [2] (instalacja) lighting; **~e awaryjne** emergency lighting; **~e gazowe/jarzeniowe** gas/strip lighting [3] książk., przen. (interpretacja) interpretation; **odmienne ~e wydarzeń** a different interpretation of events; **zobaczył tę sprawę w nowym ~u** he saw the matter in a new light

oświetleniow|y *adi.* [*instalacja, sprzęt*] lighting *attr.*

oświetl|ić *pf* — **oświetl|ać** *impf vt* to light, to illuminate; **księżyc ~ał drogę** the road was lit by the moon; **jasno ~ony pokój** a brightly lit room; **~ić scenę reflektorami** to illuminate the stage with floodlights

ot *part.* **dostał niewielki wyrok – ot, dwa lata** he got a light sentence – a mere two years; **odwiedziłem go ot tak sobie, żeby pogadać** I just saw him to have a chat (that's all); **ot co!** and that's all there is to

it!; **on jest głupi, ot co!** he's a fool, it's as simple as that!

otaczać¹ *impf* → **otoczyć¹** **otaczać²** *impf* → **otoczyć²**

otaks|ować *pf vt* to value, to estimate [*majątek, posiadłość*]; **~ować kogoś spojrzeniem** a. **okiem** przen. to eye a. size sb up

otar|cie II *sv* → **otrzeć** **II** *n* [1] (rana) chafe; abrasion spec.; **~cia na łokciu/twarzy** chafes on the elbow/face; **chronić skórę przed ~ciami** to protect the skin from being chafed [2] Auto minor paint damage

otchła|ń *f* książk. [1] (głębia) abyss, chasm; **~ń oceanu** the abyss of the ocean [2] Relig. limbo *U* [3] przen. (bezmiar) abyss, depths; **po jej śmierci wpadł w ~ń rozpaczy** after her death he plunged into an abyss/depth of despair; **~ń czasu** the abyss/the depths of time

otępia|ły *adi.* [*osoba, wzrok*] numb

otępieni|e II *sv* **II** *n sgt* [1] (apatia) torpor, stupor; **po śmierci żony wpadł w ~e** after his wife's death he sank into a state of torpor; **~e lekami** drug stupor [2] Med., Psych. dementia; **~e starcze** senile dementia

oto książk. **II** *pron.* here; **~ jestem** here I am; **~ mój paszport** here's a. this is my passport; **i ~ stanął w drzwiach** and there he was, standing in the doorway **II** *part.* [1] (przed zaimkiem pytajnym) **~ co/dlaczego** that's what/why [2] (wzmacniające) **w taki ~ sposób** (in) this way; **kupiłam ci tę ~ koszulę** I bought you this shirt; **dwie płyty – ~ jej cały dorobek** two CDs – that's her entire output; **tyle ~ są warte jej obietnice** this is what her promises are worth

otoczak *m* pebble

otoczeni|e II *sv* → **otoczyć** **II** *n sgt* [1] (okolica) surroundings, precincts; **mieszkali w malowniczym ~u** they lived in picturesque surroundings; **~e szkoły/kościoła** the school/church precincts [2] (środowisko) environment, neighbourhood GB, neighborhood US; **babcia skarży się na obojętność ~a** grandma complains about the indifference of the people around her; **za bardzo się przejmujesz opinią ~a** you worry too much about public opinion; **politycy z najbliższego ~a premiera** politicians from the prime minister's closest circle; **w ~u kogoś/czegoś** surrounded by sb/sth

otocz|ka *f* [1] (obwódka) border; **proteza w silikonowej ~ce** dentures with a silicone border; **~ka księżyca** a lunar halo [2] przen. (okoliczości) circumstances; (tło) background ❑ **~ka brodawkowa** Anat. areola

ot|oczyć¹ *pf* — **ot|aczać¹** *impf* **II** *vt* [1] (okalać) to surround, to enclose; **pałac był otoczony parkiem** the palace was surrounded with a. by a park; **dom otoczony murem** a house surrounded by a wall; **góry otaczała gęsta mgła** the mountains were covered in a thick blanket of fog; **~yć kogoś ramieniem** to encircle sb with one's arm [2] (okrążyć) to surround; **dom otoczyła brygada antyterrorystyczna** the antiterrorist force surrounded the house; **otoczono ich kordonem wojska**

they were cordoned off by soldiers [3] książk. przen. (stanowić towarzystwo) to surround; **otaczają mnie życzliwi ludzie** I'm surrounded by kind people; **zapomniał o otaczającym go świecie** he forgot about the present; **otaczająca nas rzeczywistość** the world we live in [4] (obdarzyć) to surround; **dorastał otoczony miłością** he grew up surrounded by love; **pisarza otaczała sława** the writer was surrounded by fame; **otaczać kogoś czcią** to worship sb; **otaczać chorego opieką** to attend to a patient with care [5] książk., przen. (stwarzać atmosferę) **otacza go aura tajemniczości** there's an aura of mystery about him; **kiedyś otaczała ją sława opozycjonistki** she was once famous for being an oppositionist; **sprawę otaczał posmak skandalu** the case smacked of scandal **II otoczyć się** — **otaczać się** książk. [1] (gromadzić) to surround oneself; **otaczał się dziełami sztuki** he surrounded himself with works of art [2] (przebywać w towarzystwie) to surround oneself; **otaczać się uczonymi i artystami** to surround oneself with scholars and artists [3] (tworzyć wokół siebie) **lubi otaczać się aurą tajemniczości** he likes having an aura of mystery

ot|oczyć² *pf* — **ot|aczać²** *impf vt* (oblepić) to coat (**w czymś** with a. in sth); **otoczyć mięso w mące** to coat the meat in flour; **otoczyć kotlety w tartej bułce** to bread cutlets

otok *m* (*G* **~u** a. **~a**) [1] (wokół czapki) military hatband [2] (obramowanie) border, surround, rim; **~ pieczęci** a stamp surround [3] Myślis. lash

otoman|a *f* przest. ottoman

otóż *part.* so; **„zgadzasz się ze mną?" – „~ nie"** 'do you agree with me?' – 'no, I don't (in fact)'; **~ to!** exactly!, that's it (precisely)!; quite so! GB książk.

otrąb|ić *pf vt* to bugle [*zwycięstwo, koniec*]

otrębow|y *adi.* [*łuski, chleb, piwo*] bran *attr.*

otr|ęby *plt* (*G* **~ąb** a. **~ębów**) bran *U*; **chleb z ~ami** bran bread

otru|ć *pf* **II** *vt* to poison; **~ć kogoś cyjankiem** to poison sb with cyanide ⇒ **truć** **II otruć się** to poison oneself; **pies ~ł się trutką na szczury** the dog poisoned itself with rat poison; **~ła się gazem** she gassed herself ⇒ **truć się**

otrzaska|ć się *pf v refl.* pot. [1] (oswoić się) **~ć się z czymś** to get the hang of sth pot.; **piosenkarz ~ł się już z estradą** the singer has already got the hang of the stage; **polityk ~ny z prasą** a politician at home with the press [2] (nabrać manier) to refine oneself; **człowiek ~ny w świecie** a worldly-wise man

otrząsać *impf* → **otrząsnąć**

otrz|ąsnąć, otrz|ąść *pf* — **otrz|ąsać** *impf* (**~ąsnął** a. **~ąsł, ~ąsnęła** a. **~ęsła, ~ąsnęli** a. **~ęsli — ~ąsam**) **II** *vt* to shake off; **~ąsnąć śnieg z butów** to shake snow off one's boots **II otrząsnąć się** — **otrząsać się** [1] (otrzepać się) to shake off; **pies ~ąsał się z wody** the dog was shaking off water [2] przen. (dojść do siebie) to shake off, to recover; **~ąsnęła**

się z przygnębienia she shook off her depression; **nie mógł się ~ąsnąć po śmierci żony** he couldn't recover from his wife's death [3] (wzdrygnąć się) to flinch; **na widok krwi ~ąsnął się z obrzydzeniem** he flinched at the sight of blood

otrząść → otrząsnąć

o|trzeć *pf* — **o|cierać** *impf* [] *vt* [1] (wytrzeć) to wipe; **po obiedzie otarła usta serwetką** after lunch she wiped her mouth with a napkin; **otarł pot z czoła** he wiped the sweat from his forehead; **dałam jej chusteczkę, aby otarła łzy** I gave her a handkerchief to wipe away the tears [2] (zetrzeć naskórek) to rub, to chafe; **te nowe buty ocierają mi pięty** the new shoes are rubbing my heels; **łańcuszek był tak ciasny, że otarł mi szyję** the chain was so tight that it chafed my neck [3] (zetrzeć skórkę owocu) to grate, to zest; **otarta skórka z cytryny/pomarańczy** lemon/orange zest

[] **otrzeć się** — **ocierać się** [1] (osuszyć się) to wipe; **po kąpieli ocierała się ręcznikiem** having taken a bath she dried herself with a towel [2] (dotknąć się) to rub (**o coś** against sth); **kot ocierał się o jej nogi** the cat was rubbing against her legs; **wchodząc do pokoju, otarłam się o drzwi** entering the room I brushed against the door; **ocierali się o siebie plecami** their backs rubbed against each other [3] przen. (znaleźć się blisko) **wędrowcy otarli się o las, a potem zniknęli za górami** the travellers found themselves in the vicinity of a forest and then disappeared behind the mountains [4] książk. (graniczyć) to border (**o coś** on sth); **to ociera się o zdradę stanu!** it's bordering on treason! [5] (zetknąć się) to come into contact with; **otarłem się już o tę tematykę** I've already had some experience in this subject; **otarł się o śmierć** he was close to death, he had a brush with death

[] **otrzeć się** pot. (nabrać ogłady) to get some polish; **niech jedzie do miasta, otrze się, nabierze manier** let him go to the city, get some polish and manners; **otarł się trochę w świecie** he acquired some knowledge of the world; **otarła się o wielkich tego świata** she rubbed shoulders with some of the great celebrities

otrzep|ać *pf* — **otrzep|ywać** *impf* (**~ię** — **~uję**) [] *vt* to shake, to brush (**z czegoś** from a. off sth); **~ał śnieg z butów** he shook snow off his shoes; **~ała kurz z mebli** she brushed dust off the furniture; **wstała i ~ała spódnicę** she stood up and brushed down her skirt

[] **otrzepać się** — **otrzepywać się** to shake off; **starannie ~ał się ze śniegu** he carefully shook the snow off his clothes

otrzepywać *impf* → **otrzepać**

otrzewn|a *f* Anat. peritoneum; **zapalenie ~ej** peritonitis

otrzeźwiać *impf* → **otrzeźwić**

otrzeźw|ić *pf* — **otrzeźw|iać** *impf* [] *vt* [1] (ocucić) to sober up *[pijanego]*; to bring round *[nieprzytomnego]*; **~iono zemdloną kobietę amoniakiem** the woman who fainted was brought round with ammonia [2] (orzeźwić) to refresh, to invigorate; **zimny**

prysznic ~ia i hartuje ciało a cold shower invigorates you and makes you hardy [3] przen. (przywrócić do rzeczywistości) to disillusion; **jedna rozmowa z szefem wystarczyła, aby go ~ić** one conversation with the boss was enough to disillusion him

[] **otrzeźwić się** — **otrzeźwiać się** to refresh oneself, to become refreshed; **rano muszę ~ić się kawą** I need a cup of coffee in the morning to bring me round

otrzeźwi|eć *pf* (**~eję, ~ał, ~eli**) *vi* [1] (wytrzeźwieć) to become sober, to sober up; **kiedy ~eli, mieli potężnego kaca** when they sobered up, they had a terrible hangover [2] (zacząć myśleć logicznie) to wake up to sth, to come to one's senses; **~ał na myśl o egzaminie** the thought of the exam sobered him up

otrzęsin|y *plt* (*G* **~**) Szkol., Uniw. initiation ceremonies a. rites, hazing US

otrzym|ać *pf* — **otrzym|ywać** *impf vt* książk. [1] (dostać) to receive, to get *[list, paczkę, prezent, kwiaty]*; **za nieposłuszeństwo ~ał od ojca karę** he was punished by his father for disobedience; **bokser ~ał cios poniżej pasa** the boxer was hit below the belt; **~ał w spadku duże pieniądze** he inherited a fortune; **aktorzy ~ali brawa po przedstawieniu** the actors were given a round of applause after the performance, the actors were applauded after the performance; **~ał od księdza rozgrzeszenie** he was given absolution by the priest; **cieszył się z ~anej nagrody** he was happy with the prize he received; **ukończyła studia i ~ała stopień magistra chemii** she graduated from university with a master's degree in chemistry; **żołnierze ~ali rozkaz wymarszu** the soldiers received marching orders [2] (wytworzyć) to obtain; **azot ~ujemy z powietrza** nitrogen is obtained from the air; **metodą klonowania można ~ać kilka identycznych zwierząt** one can obtain several identical animals by cloning

otrzymywać *impf* → **otrzymać**

otu|cha *f sgt* uplift, encouragement; **dodawać komuś ~chy** to encourage sb, to cheer sb up; **nabrać ~chy** to take heart; **stracić ~chę** to lose heart; **nie tracić ~chy** to be in good heart, to be hopeful

otulać *impf* → **otulić**

otul|ić *pf* — **otul|ać** *impf* [] *vt* książk. [1] (ochronić przed zimnem) to wrap [sb/sth] up, to tuck [sb] in, to tuck in; **~ ciepło dzieci, jest bardzo zimno!** wrap the children up, it's very cold!; **~iła dziecko kołderką** she tucked the child in; **szyję ~iła szalem** she wrapped a scarf around her neck; **~one w futra damy** ladies enveloped in fur coats [2] przen. (otoczyć) to wrap, to shroud; **ziemię ~ił mrok** the earth was wrapped in darkness; **miasto ~one mgłą** a city shrouded in fog

[] **otulić się** — **otulać się** (ochronić się przed zimnem) to wrap oneself up; **~iła się w koc** she wrapped herself in a blanket

otumaniać *impf* → **otumanić**

otuma|nić *pf* — **otuma|niać** *impf vt* pot. [1] (oszukać) to dupe, to trick; **filmy amerykańskie ~niają młodzież** the

youth are duped by American films [2] (odurzyć) to drug, to dope; **chłopak ~niony narkotykami** a boy high on drugs; **po narkozie czuła się ~niona** she felt doped after the anaesthetic

otwar|cie [] *sv.* → **otworzyć**

[] *n* [1] (bycie otwartym) opening; **godziny ~cia** opening a. business hours; **godziny ~cia banku** banking hours; **ceremonia ~cia** opening ceremony [2] Gry opening; **~cie 2 piki** an opening bid of two spades [3] przen. **~cie na nowe idee** being receptive to new ideas

[] *adv.* [1] (szczerze) *[mówić, wyznać]* openly, frankly [2] (jawnie) *[działać, postępować, protestować]* openly, outspokenly; *[działać, postępować, krytykować, łamać prawo]* openly, overtly

otwar|ty [] *pp* → **otworzyć**

[] *adi.* [1] (czynny) open; **sklep jest ~ty od siódmej rano do ósmej wieczorem** the shop is open from 7 a.m. till 8 p.m. [2] (rozległy) *[przestrzeń, morze]* open [3] (przeznaczony dla ogółu) *[konkurs, fundusz emerytalny]* open; **dzień ~ty** Szkol. open day [4] (jawny) *[wojna, wrogość]* open [5] (szczery) candid, frank; **~te wyznanie** a frank confession; **~ta rozmowa** a candid talk; **w stosunkach z ludźmi był bezpośredni i ~ty** he was frank and direct with people

■ **dyskusja/kwestia/sprawa jest ~ta** the discussion/question/matter is open; **grać w ~te karty** pot. to lay one's cards on the table; **na ~tym powietrzu** a. **pod ~tym niebem** in the open air, outdoors; **wyświetlano filmy na ~tym powietrzu** there was an open-air film show; **pogoda była ładna, więc postanowili jeść pod ~tym niebem** the weather was fine, so they decided to eat outdoors

otwieracz *m* (*Gpl* **~y** a. **~ów**) opener; **~ do konserw/butelek** a tin/bottle opener

otwierać *impf* → **otworzyć**

otw|orzyć *pf* — **otw|ierać** *impf* [] *vt* [1] (odemknąć) to open *[bramę, drzwi, okno, butelkę, kopertę]*; **~orzyć siłą** to force open; **~orzyć gwałtownie** to burst open; **~orzyć drzwi z zamka/z kłódki** to unlock/to unlatch the door; **~orzyć komuś drzwi** to let sb in [2] (rozchylić) to open (wide); **~orzyć usta ze zdziwienia** to open one's mouth wide with surprise [3] (rozłożyć) to open *[książkę, menu, parasol, ramiona]*; **motyl ~orzył skrzydełka** the butterfly spread its wings [4] (założyć, uruchomić) to open; **~orzyć konto w banku** to open a bank account; **~orzyć sklep** to open a shop; **~orzyć własny interes** to go into business, to open up one's own business [5] (rozpocząć) to open; **przewodniczący ~orzył dyskusję** the chairman opened the discussion; **~orzyć ogień** Wojsk. to open fire (**do kogoś** on sb) [6] Med. to cut open, to open up *[brzuch, klatkę piersiową]* [7] pot. (włączyć) to switch a. to turn on *[radio, telewizor]*

[] **otworzyć się** — **otwierać się** [1] (odemknąć się) to open; **furtka nie chce się ~orzyć** the gate won't open; **drzwi ~orzyły się gwałtownie** the door burst open [2] (rozchylić się) to open; **kwiat ~orzył się nazajutrz** the flower opened next day

O

3 (jątrzyć się) to open; **~orzyła się niezagojona rana** an old wound opened up 4 przen. (roztoczyć się) to open out a. up; **~orzył się przed nimi piękny widok** a beautiful view opened out a. up before them ■ **mieć oczy (i uszy) ~arte** to keep one's eyes open a. peeled a. skinned; **nie ~orzyć ust/gęby** pot. not to open one's mouth, not to say a word; **~orzyć drogę/pole do czegoś** to open the doors to sth; **~orzyć duszę/serce przed kimś** to open one's heart to sb; **~orzyć komuś oczy na coś** to open one's eyes to sth; **~orzyła mi oczy na jego prawdziwe zamiary** she made me realize his real intentions; **~orzyły mi się oczy na coś** my eyes were opened, I woke up to sth; **przyjmować/witać kogoś z ~artymi ramionami/rękami** to greet sb with open arms

otw|ór m (G ~oru) 1 (dziura) hole, opening; **wiercić/borować ~ory** to drill/bore holes; **~ór okienny/drzwiowy** a window/door opening; **~ór w ścianie/w płocie** an opening in a wall/fence; **~ór wentylacyjny** an air hole; **przez ~ory w dachu przedostawała się woda** water was seeping through gaps in the roof; **zamek miał wąskie okna, które służyły jako ~ory strzelnicze** the castle had narrow windows, which served as firing ports 2 (wlot, wylot) (jaskini, tunelu, słoja, butelki) mouth; (kanału, rury) inlet; (karabinu, lufy) muzzle 3 Anat. orifice, opening; **~ór gębowy** mouth, mouth opening; **~ór oddechowy** breathing orifice ❑ **~ór strzałowy** Górn. shot hole; **~ór strzelniczy** Wojsk. embrasure; **~ór wiertniczy** Górn. bore(hole) ■ **drzwi stały (przed nimi) ~orem** the door(s) stood open before them; **droga do zaszczytów stała przed nim ~orem** the road to great honours was wide open for him; **świat stoi przed tobą ~orem** the world before you is wide open

otyłoś|ć f sgt obesity

oty|ły I adi. obese; **ludzie ~li często mają kłopoty z wysokim ciśnieniem** obese people often suffer from hypertension II m obese person; **porady/diety dla ~łych** advice/diets for the obese

otynk|ować pf vt Budow. to plaster [ścianę, budynek]

outside|r /awt'sajder/ m, **~rka** f /ˌawtsaj'derka/ 1 outsider; **sama wybrała status ~rki** she chose her outsider status herself 2 Sport outsider, long shot

owa → ów

owacj|a f (Gpl ~i) książk. ovation, applause U; **zgotować komuś ~ę** to give sb an ovation; **~om nie było końca** there was no end to the ovation; **~a na stojąco** a standing ovation; **żywiołowa ~a publiczności** rapturous applause from the audience

owacyjn|y adi. książk. [przyjęcie, powitanie] enthusiastic, rapturous

owa|d Zool. I m insect; **rój ~dów** a swarm of insects II **owady** plt **~dy szkodniki** insect pest

owadobójcz|y adi. Chem. [środki, preparaty] insecticide attr.; **~y płyn na komary** an insecticide against mosquitoes

owadzi adi. Zool. [skrzydełka, tułów, świat] insect attr.

owak pron. **mówił raz tak, raz ~** first he said one thing and then another; **tak czy ~** one way or another a. the other, in any case; be that as it may książk.

owa|ki adi. książk. **taki czy ~ki film** this or that film; **w taki czy ~ki sposób** one way or another; **(on) ciągle mnie krytykuje: że Anna taka, że Anna ~ka** he keeps criticizing me: Anna this and Anna that; **ty, taki ~ki/taka ~ka!** euf. you so-and-so! euf.; **kręcą się tu różni tacy i ~cy** you get all sorts hanging around here pot.

owal m (G ~u, Gpl ~i a. ~ów) 1 (elipsa) oval; **narysować ~** to draw an oval 2 (kształt) oval; **oczy w kształcie ~u** oval-shaped eyes; **~ twarzy/podbródka** the oval of sb's face/chin

owaln|y adi. [stół, rama, twarz] oval

owamt|o pron. **i to, i tamto i jeszcze ~o** this, that, and the other pot.

ow|ca f Zool 1 (zwierzę) sheep; **stado owiec** a flock of sheep; **hodować/wypasać/strzyc owce** to breed/graze/shear sheep; **owca domowa/górska** domestic/mountain sheep 2 (samica owcy) ewe ■ **czarna a. parszywa owca** pejor. black sheep, rotten apple; **był w rodzinie czarną owcą** he was the black sheep of the family; **chodzić jak błędna owca** to wander around like a lost sheep

owczar|ek m sheepdog ❑ **~ek alzacki a. niemiecki** Zool. Alsatian; **~ek nizinny** Zool. Polish lowland sheepdog; **~ek podhalański** Zool. Polish Tatra sheepdog; **~ek szkocki** Zool. collie

owczar|nia f (Gpl ~ni a. ~ń) 1 (pomieszczenie) sheepfold 2 (stado) fold, flock 3 Relig. (ogół wiernych) fold

owcz|y adi. 1 [mleko, ser] sheep's, sheep attr. **~e runo** (sheep's) fleece; **~a skóra** sheepskin; **sweter z ~ej wełny** a woollen sweater 2 [choroba, natura] ovine, sheep attr.

owdowi|eć pf (~eję, ~ał, ~eli) vi [kobieta] to become a widow, to lose one's husband; [mężczyzna] to become a widower, to lose one's wife

owędy → tędy

owi|ać pf — **owi|ewać** impf vt 1 (owionąć) to fan, to blow gently; **twarz ~ał mu lekki wiatr** a breeze fanned his face 2 książk. (osnuć) to shroud (**czymś** in sth); **historia ~ana tajemnicą** a story shrouded a. wrapped in mystery; **ten poemat jest ~any melancholią** this poem has an air of melancholy about it

owiecz|ka f dem. pieszcz. little sheep a. lamb ❑ **zbłąkana ~ka** książk. a stray sheep

ow|ies m sgt 1 Bot. oat 2 (ziarno) oats; **nakarmił konie owsem** he fed the horses with oats; **płatki z owsa** porridge oats, oat flakes

owiewać impf → **owiać**

owijacz m Hist. puttee

owijać impf → **owinąć**

owi|nąć pf — **owi|jać** impf (~nęła, ~nęli → ~jam) I vt (zawinąć) to wrap [sth] up, to wrap up; **~ń kwiaty papierem** wrap up the flowers; **~jać ranę bandażem** to wrap a bandage around a wound

III **owinąć się — owijać się** 1 (otulić się) to wrap (up); **~jać się kocem** to wrap oneself in a blanket; **~jać szyję szalem** to wrap a scarf around one's neck 2 (wić się) to wind; **bluszcz ~jał się wokół balkonu** the ivy was climbing up the balcony; **wąż ~nął się wokół gałęzi** the snake coiled itself round the branch

owion|ąć pf (~ęła, ~ęli) vt książk. to enfold; **~ął nas zapach siana** the smell of hay enfolded us

owładn|ąć pf (~ęła, ~ęli) vt książk. 1 (zawładnąć) to seize, to capture; **wróg ~ął naszą ziemią** the enemy seized our land 2 (o uczuciach) to overwhelm, to overpower; **~ęło nim znużenie** he was overwhelmed with weariness; **po śmierci męża ~ęła nią rozpacz** she was overpowered with despair after her husband's death

owłosieni|e n sgt 1 (włosy, sierść) (body) hair; **gęste/rzadkie ~e** thick/thin hair; **krótkie/długie ~e psa** a dog's short/long hair a. coat 2 Bot. hair, pubescence

owłosi|ony adi. hairy; **miał ciemny, ~ony tors** he had a dark hairy chest; **~one nogi/ręce** hairy legs/arms; **duże, ~one liście** big hairy leaves

owo → ów

owoc m (G ~u) 1 (plon z drzew i krzewów) fruit; **~e pestkowe** stone fruit; **~e jadalne/niejadalne** edible/inedible fruit; **~ dojrzały/niedojrzały** ripe/unripe fruit; **~e leśne** fruits of the forest; **~e cytrusowe/tropikalne** citrus/tropical fruit; **~e świeże/mrożone** fresh/frozen fruit; **~e dojrzewają** fruit ripens; **zrywać ~e** to pick a. pluck fruit; **zerwał ~ z drzewa** he picked a piece of fruit from the a. a tree; **placek z ~ami** fruit cake 2 zw. pl przen. (rezultat, skutek) fruit, result; **wydawać a. przynosić ~e** przen. to bear fruit; **cieszyć się ~ami swojej pracy/zwycięstwa** to enjoy the fruit(s) of one's labour/of victory; **oszczędności były ~em ich wielu wyrzeczeń** the savings were the result of many sacrifices on their part 3 (płody) fruit; **drzewa gięły się pod ciężarem ~u** the trees were heavy with fruit ❑ **~ rzekomy** Bot. spurious fruit; **~e morza** Kulin. seafood; **płynny ~** bottled fruit juice ■ **~ zakazany** książk. forbidden fruit

owocnie adv. grad. [pracować, współpracować, spędzać czas] fruitfully

owocn|y adi. grad. [obrady, dyskusje, praca, współpraca, kontrakt] fruitful

owoc|ować impf vi 1 Ogr. (rodzić owoce) to bear fruit; **w sadzie drzewa zaczynają ~ować** the trees in the orchard are beginning to bear fruit ⇒ **zaowocować** 2 przen. (przynosić korzyć) to bear fruit; **jego ciężka praca wreszcie zaczęła ~ować i dostał awans** his hard work bore fruit eventually and he was promoted; **z czasem twoja praca zacznie ~ować** your work will show results in time; **interes zaczął ~ować** the business started to pay off ⇒ **zaowocować**

owocow|y adi. 1 [dżem, przecier, sok, wino] fruit attr. 2 Ogr. [sad, drzewa, krzewy, ogród] fruit *attr.* ③ Przem. *[przetwórstwo, dział, stragan]* fruit *attr.*

owrzodze|nie *n* Med. ulceration; **~nie żołądka/dwunastnicy** peptic/duodenal ulceration

owrzodz|ony *adi.* Med. *[nogi, jelito, żołądek]* ulcerated

owsian|ka *f* ① Kulin. porridge GB, oatmeal US; **~ka na mleku/wodzie** porridge boiled in milk/water ② Roln. (słoma) oat straw

owsian|y *adi.* ① (z owsa jako rośliny) *[pasza, słoma]* oat *attr.* ② (z ziaren owsa) *[płatki, mąka, bułka]* oat *attr.*; **mąka ~a** oatmeal; **płatki ~e** porridge oats

owsik *m* ① zw. pl Zool. (pasożyt) pinworm, threadworm ② (G ~u a. ~a) Bot. (chwast) wild oat

owszem *part.* książk. ① (oczywiście) certainly, indeed; „**lubisz westerny?**" – „**~**, **lubię**" 'do you like westerns?' – 'I certainly do'; „**to niesprawiedliwe!**" – „**~!**" 'it's unfair!' – 'indeed!'; „**on jest najlepszym kandydatem**" – „**~**" 'he's the best candidate' – 'yes he is' ② (przeciwnie) indeed, on the contrary; **deszcz nie ustawał, ~, padał coraz większy** the rain showed no sign of stopping, on the contrary, it got heavier and heavier; **to im nie zaszkodzi, ~, może nawet wyjść im na dobre** it won't harm them; indeed, it might even be to their advantage

owulacj|a *f sgt* Fizj. ovulation

ozdabiać *impf* → **ozdobić**

ozd|oba *f* książk. ① (upiększenie) ornament; **~oby ze srebra/złota/kości słoniowej** silver/gold/ivory ornaments ② pride; **utalentowana pianistka była ~obą wielu festiwali muzycznych** the talented pianist was the highlight of many music festivals; **ten obraz to ~oba galerii** that painting is the pride of the gallery ③ *sgt* (przystrojenie) decoration, ornament; **wazon stał tu tylko dla ~oby** the vase was only here for decoration; **dla ~oby nosiła duże kolczyki** she wore big earrings for ornamentation

ozd|obić *pf* — **ozd|abiać** *impf* **[]** *vt* ① (upiększyć) to ornament, to embellish; **ściany ~abiano freskami** the walls used to be decorated with frescoes; **przemówienie ~obił cytatami z literatury** he embellished his speech with literary quotations ② (uświetnić) to add lustre a. splendour to; **jego występ ~obił przedstawienie** his performance added splendour to the show; **jej udział ~obi nasze przyjęcie** her participation will be a credit to our party ③ (odznaczyć) to decorate; **z wojny wrócił ~obiony medalami za odwagę** he returned from the war decorated with medals for bravery

[] **ozdobić się** — **ozdabiać się** to adorn oneself; **na przyjęcie ~obiła się biżuterią** she adorned herself with jewellery for the party

ozdobnie *adv. grad.* ① *[haftowany, tłoczony]* decoratively ② *[wyrażać się, pisać]* in a flowery style

ozdobnik **[]** *m* (motyw zdobniczy) embellishment; **tekst zawierał ~i graficzne** the text included graphic embellishments; **wy-**

powiedź pełna zbędnych **~ów** a speech full of unnecessary embellishments **[]** **ozdobniki** *plt* Muz. embellishments, grace notes

ozdobn|y *adi. grad.* ① (ozdobiony) *[rama, deseń, falbana, papeteria]* decorative ② (kwiecisty) *[proza, język, styl, wypowiedź]* ornate ③ (zdobiący) *[szkło, kamień, roślina, krzew]* ornamental

ozdrowi|eć *pf* (**~eję, ~ał, ~eli**) *vi* książk. to recover, to return to good health

ozdrowie|niec *m* (V **~ńcu** a. **~ńcze**) książk. convalescent

ozdrowieńczo *adv. [działać]* favourably GB, favorably US

ozdrowieńcz|y *adi.* książk. *[sen, okres, wpływ]* recuperative

oziębiać *impf* → **oziębić**

ozięb|ić *pf* — **ozięb|iać** *impf* **[]** *vt* ① (obniżyć temperaturę) to chill, to cool; **koktajl ~ił lodem** he chilled the cocktail with ice ② przen. to cool; **nielojalność ~ia stosunki międzyludzkie** disloyalty cools interpersonal relations

[] **oziębić się** — **oziębiać się** ① (stać się chłodnym) to cool; **po burzy powietrze się ~iło** the air cooled after the storm; **~iało się z dnia na dzień** it got cooler by the day ② przen. to cool; **nasze kontakty ~iły się od zeszłego roku** our relations have become cooler since last year

oziębłe *adv. grad. [potraktować, przywitać]* coldly; coolly

oziębłoś|ć *f sgt* coldness, reserve; **~ć stosunków między dwoma państwami** the coldness of the relationship between two countries

❏ **~ć płciowa** Med. frigidity

oziębł|y *adi. grad.* ① (obojętny) *[ton, spojrzenie, stosunki]* cold ② (seksualnie) frigid

ozi|ębnąć *pf* (**~ębnął** a. **~ąbł**) *vi* to grow cold; **ich stosunki ostatnio ~ębły** their relationship has grown cold recently

ozimin|a *f* Roln. winter crop

ozim|y *adi.* Roln. *[zboże, rośliny]* winter *attr.*

ozłacać *impf* → **ozłocić**

ozł|ocić *pf* — **ozł|acać** *impf* **[]** *vt* ① przest. (pokryć złotem) to gild; **~ocone ramy obrazu** gilded picture frames ② (nadać złoty blask) to gild; **słońce ~ociło powierzchnię morza** the sun has gilded the surface of the sea

[] **ozłocić się** — **ozłacać się** książk. to take on a golden colour, to become golden; **~ociło się niebo o zachodzie** at sunset the sky became golden

■ **~ocić kogoś** to reward sb richly

oznaczać¹ *impf* → **oznaczyć**

oznacz|ać² *impf vt* ① (znaczyć) to mean; **co ~a to słowo?** what does this word mean?; **co ~ają litery BBC?** what do the letters BBC stand for? ② (świadczyć, dowodzić) to mean, to indicate; **możesz tam iść, ale wiesz, co to ~a** you may go there but you know what it means; **katar nie musi ~ać choroby** a runny nose does not have to indicate an illness; **bogactwo nie zawsze ~a szczęście** being rich does not always equal happiness ③ (pociągnąć za sobą) to spell; **przegrana ~ała koniec naszej drużyny** the defeat spelt the end of our team

oznacze|nie **[]** *sv* → **oznaczyć**

[] *n* label, sign; **uważaj na ~nia na pojemnikach** watch out for the labels on the containers; **w Wielkiej Brytanii jest inne ~nie ulic niż w Polsce** in Great Britain the roadsigns are different from those in Poland; **~nie pojazdu/samolotu** vehicle/aircraft marking; **~nia algebraiczne** algebraic notation

oznacz|yć *pf* — **oznacz|ać¹** *impf vt* ① (oznakować) to mark; **~yć na mapie trasę przejazdu** to mark the route on the map ② (określić) to denote; **duża litera P ~a parking** the capital P denotes a car park GB a. parking place ③ (wyznaczyć, ustalić) to fix, to determine; **~yć termin ukończenia pracy** to fix the deadline for finishing the work; **~yć związek chemiczny** to determine a chemical compound

oznajmiać *impf* → **oznajmić**

oznajmi|ć *pf* — **oznajmi|ać** *impf vt* książk. ① (zakomunikować) to announce, to declare; **~ł z dumą, że zdał maturę** he proudly announced that he'd passed the school-leaving exam; **rzecznik rządu ~ł, że premier popiera wojnę** the government spokesman has declared that the Prime Minister supports the war ② (dać znać) to announce; **dzwonek ~ł koniec lekcji** the bell announced the end of the lesson

oznajmie|nie **[]** *sv* → **oznajmić**

[] *n* Jęz. a declarative sentence

oznajmując|y *adi.* Jęz. indicative

oznak|a *f* ① (objaw) indication, symptom; **wyraźne ~ki ożywienia gospodarczego** a clear indication of economic recovery; **dreszcze są ~ką choroby** shivering is a symptom of (an) illness; **~ki gniewu/niezadowolenia/radości** a manifestation of anger/discontent/joy; **nie dawał żadnych ~k życia** he showed no sign of life; **zdradzać ~ki talentu** to show signs of talent ② (znak, symbol) badge; **~ka godności/władzy** a badge of dignity/authority

ozon *m sgt* (G **~u**) Chem. ozone

ozonow|y *adi.* Chem. ozone *attr.* **warstwa ~a otaczająca Ziemię** the ozone layer surrounding the Earth; **dziura ~a** the ozone hole; **nieszkodliwy dla warstwy ~ej** ozone-friendly

oz|ór *m* ① (język zwierzęcia) tongue ② zw. pl Kulin. tongue; **ozór wołowy** ox tongue; **ugotowała ozory w sosie chrzanowym** she cooked tongue in horseradish sauce

■ **chlapnąć ozorem** posp. to blab out pot.; **latać z ozorem** posp. to wag one's tongue; **latać z wywieszonym ozorem** posp. to run about a. around; **rozpuścić ozór** posp. to babble, to jabber

oz|wać się *pf* — **oz|ywać się** *impf v refl.* przest. ① (odezwać się) to speak, to say; **ozwij się wreszcie!** say something! ② (wydać głos) *[zwierzę]* to make a sound; *[instrumenty muzyczne]* to sound ③ (być słyszalnym) to be heard; **za drzwiami ozwało się ciche skomlenie** (a) soft whining could be heard from behind the door ④ przen. *[choroba, ból]* to return; **ozwało się moje sumienie** I had a pang of conscience

oźreb|ić się *pf v refl.* to foal

oźrebi|ony *adi. [klacz]* foaled

ożaglowani|e *n sgt* Mors., Żegl. rig; **statek płynął w pełnym ~u** the ship was in full sail
□ **~e bermudzkie** Mors., Żegl. Bermuda(n) rig; **~e gaflowe** Mors., Żegl. gaff rig; **~e lugrowe** Mors., Żegl. lug rig; **~e rejowe** Mors., Żegl. square rig; **~e skośne** Mors., Żegl. fore-and-aft rig

ożen|ek *m* (*G* **~ku**) pot. marriage; **to zatwardziały kawaler, nie w głowie mu ~ek** he is a confirmed bachelor, he doesn't think about marriage; **~ek dla pieniędzy** marriage for money

ożen|ić *pf* **[]** *vt* to marry off *[mężczyznę]*; **rodzice ~ili go z bogatą panną** his parents married him off to a rich girl
[]] ożenić się *[mężczyzna]* to marry, to get married (**z kimś** to sb); **~ić się z miłości/dla pieniędzy** to marry for love/for money; **~ić się z rozsądku** to enter into a marriage of convenience; **~ić się po raz drugi** to remarry

oż|yć *pf* — **oż|ywać** *impf* (**ożyję** — **ożywam**) *vi* książk. [1] (powrócić do życia) to revive; **zastosowano sztuczne oddychanie i poszkodowany ożył** artificial respiration was applied and the victim revived; **zmarły nie może ożyć** a dead person cannot be brought back to life

[2] przen. to liven up, to revive; **w sezonie turystycznym miasto ożywa** the town livens up in the tourist season; **wiosną przyroda ożywa** nature revives in the spring [3] przen. (odnowić się) to revive; **ożyły wspomnienia z dawnych lat** old memories revived
■ **twarz mu ożyła/oczy mu ożyły** przen. his face/eyes brightened

ożywać *impf* → **ożyć**

ożywcz|y *adi.* [1] (orzeźwiający) *[powietrze, zapach, napój, prysznic]* invigorating, refreshing [2] (nowatorski) *[nurt, źródło, prąd]* original, novel

ożywiać *impf* → **ożywić**

ożyw|ić *pf* — **ożyw|iać** *impf* **[]** *vt* [1] (wskrzesić) to revive; **wiele by dał, by ~ić swego zmarłego syna** he would give a lot to bring his dead son back to life [2] (pobudzić) to cheer up, to exhilarate; **wesołe towarzystwo ~iło chorego** the cheerful company cheered up the patient; **komedia ~iła młodzież** the comedy exhilarated the young people [3] (urozmaicić) to enliven; **kolorowe zasłony ~iły pokój** the colourful curtains added life to the room; **~iać życie towarzyskie** to stimulate social life [4] (animować) to animate *[kukiełki, lalki]*

[]] ożywić się — **ożywiać się** [1] (stać się weselszym) to cheer up; (stać się żywszym) to liven up; **~ił się na widok ukochanej** he cheered up on seeing his sweetheart; **po zmianie zawodnika mecz się ~ił** when the player was substituted, the match livened up [2] przen. (wzmacniać się) to revive, to recover; **życie polityczne po wyborach ~iło się** political life revived after the elections; **gospodarka zaczyna się ~iać po latach recesji** the economy begins to recover after years of recession

ożywieni|e **[]** *sv* → **ożywić**
[]] *n sgt* [1] (podniecenie) animation, excitement; **mówić z ~em** to speak with animation; **w domu zapanowało niezwykłe ~e z powodu narodzin dziecka** there was unusual excitement in the house because of the newborn baby [2] (intensyfikacja) revival; **~e handlu** a revival of trade; **~e gospodarcze** an economic boom; **~e gospodarki po okresie załamania** the recovery of the economy after a slump

ożywi|ony **[]** *pp* → **ożywić**
[]] *adi.* [1] (intensywny) *[dyskusja]* animated, lively; *[debata]* heated, energetic; *[działalność]* intense, heightened; *[handel, turystyka]* booming, brisk [2] (podekscytowany) *[osoba, dziecko]* excited; *[głos, gesty]* enthusiastic

O

Ó

ósem|ka *f* [1] (cyfra) eight [2] pot. (oznaczenie) (number) eight; **mieszkał pod ~ką** he lived at number eight; **mieszkam w ~ce** I live in room eight; **dojeżdżał do pracy ~ką** he took a number eight (bus/tram) to get to work; **noszę ~kę** I wear size eight; **kibicuję ~ce** I'm rooting for number eight pot. [3] (grupa) eight; **finałowa ~ka** the final eight; **po lekcjach cała nasza ~ka udała się do parku** after school all eight of us went to the park; **żołnierze formowali ~ki** the soldiers formed into groups of eight [4] (kształt) (figure of) eight; **jeździć na rowerze po ~ce** to describe a figure eight on a bike pot.; **ciasteczka w różne kształty – kółka, serduszka, ~ki** biscuits of different shapes: circles, hearts and eights [5] (ósma część) (one) eighth; **~ki owoców** fruit cut into eighths; **podzieliła jabłko na ~ki** she cut the apple into eighths [6] Druk. octavo [7] (w kartach) **~ka pik/trefl** the eight of spades/clubs [8] Muz. quaver GB, eighth note US [9] Sport (ewolucja) figure of eight GB, figure eight US; **samolot zrobił w powietrzu ~kę** the plane did a figure of eight in the air [10] Sport (łódź, załoga) eight; **wyścigi ~ek** eights [11] Sport (węzeł) figure of eight (knot) GB, figure eight (knot) US [12] Sport (do asekuracji przy wspinaczce) figure of eight descendeur

ósmoklasi|sta *m*, **~stka** *f* ≈ fourth-former GB, ≈ fourth-year (pupil) GB, ≈ eighth-grader US

ósm|y **I** *num. ord.* *[wiek, urodziny, klasa]* eighth

II *adi.* *[część]* eighth

III *m sgt* (w datach) the eighth; **mam urodziny ~ego** my birthday is on the eighth; **zdążysz przed ~ym?** will you manage a. be ready before the eighth?

IV **ósma** *f* [1] (godzina) eight o'clock; **zegar wybił ~ą** the clock struck eight; **o ~ej rano/wieczór** at eight (o'clock) in the morning/evening; **jest dziesięć po ~ej** it's ten past eight [2] (w ułamkach) eighth; **jedna ~a** one eighth; **trzy ~e** three eighths

■ **~y cud świata** the eighth wonder of the world

ów *pron. książk.* [1] (ten) that; **ów człowiek, o którym mówiliśmy wczoraj** that a. the man we were talking about yesterday; **w owych czasach** in those days, at that time [2] (inny) another; **ten czyta, ów pisze listy** some are reading, others are writing letters, one is reading, another is writing letters; **ten czy ów** (o osobie) someone or other; (o przedmiocie) one or another; **proś tego czy owego o pomoc** ask someone for help; **nie chodzi o ten czy ów przykład** it's not a question of this example or that; **ten i ów** (niektórzy) some, one or two; **ten i ów protestował** some a. one or two protested; **ten i ów z profesorów** some a. one or two of the professors; **to i owo** this and that; **rozmawiali o tym i owym** they talked about this and that; **wiem o niej to i owo** I know a thing or two a. one or two things about her; **mam jeszcze to i owo do załatwienia** I've still got one or two things to do

ówcze|sny *adi.* *[źródła, dokumenty]* contemporary; *[obyczaje, stroje]* of the time; **zgodnie z ~sną modą** in accordance with the fashion of the time a. day; **~sna Warszawa otoczona była otoczona murami obronnymi** at that time Warsaw was surrounded by defensive walls; **~sny minister zdrowia** the then minister of health

ówdzie *pron. książk.* somewhere else, elsewhere; **tu i ~** (gdzieniegdzie) here and there

P

P, p *n inv.* P, p

p. [1] (= patrz) v., vide, see [2] (= pan) Mr; (= pani) Ms; (o mężatce) Mrs; (o pannie) Miss przest.; **p. Nowakowski** Mr Nowakowski; **p. Nowakowska** Ms/Mrs Nowakowska; **pozdrów ode mnie p. Marię** give my regards to Maria [3] (= punkt) point [4] (= piętro) floor; **ul. Złota nr 23 p. II** 23 Złota Street, second floor

pa *inter.* bye pot.; **pa, pa** bye-bye

pabialgin|a *f* Farm. [1] *sgt* ≈ aspirin [2] pot. (tabletka) ≈ aspirin; **brałam już dwie ~y** I've already taken two aspirin(s)

pac *inter.* plonk!, splat!

pacać *impf* → **pacnąć**

pacan *m* (*Npl* ~y) pot., obraźl. plonker GB pot., lummox US pot.

pa|cha *f* [1] (wgłębienie pod ramieniem) armpit; **pocenie się/włosy pod pachami** under-arm perspiration/hair; **spocił się pod pachami** he had sweaty a. clammy armpits; **ogolić sobie pachy** a. **ogolić się pod pachami** to shave one's armpits; **dezodorant do pach** an underarm deodorant; **trzymać coś pod pachą** to have sth under one's arm; **włożył sobie termometr pod pachę** he stuck the thermometer under his arm; **mierzyć sobie/komuś temperaturę pod pachą** to take one's/sb's underarm temperature; **nasypało śniegu po pachy** the snow was shoulder-high; **wziąć** a. **ująć kogoś pod pachę** to take sb's arm [2] Zool. axilla [3] (w ubraniu) armhole; **marynarka za ciasna w pachach** a jacket too tight under the arms; **bluzka ma zbyt głęboko wyciętą pachę** the armholes of the blouse are cut too deep; **zwęzić/poszerzyć pachy** to take in/deepen the armholes

pachnąco *adv.* **w mieszkaniu było czysto i ~** the flat was clean and smelt nice

pachnąc|y *adi.* [mydło] scented; [kwiat, ciasto] aromatic; **~y czymś** smelling of sth; **słodko ~y** sweet-smelling; **~y stęchlizną** musty

pach|nąć *impf* (~nęła, ~nęli) *vi* → **pachnieć**

pachnidł|o *n zw. pl* przest., książk. scent

pachn|ieć *impf* (~iał, ~ieli) *vi* [1] to smell; **~ieć ładnie/nieładnie/smakowicie** to smell nice/unpleasant/appetizing; **róże ~iały upajająco** the roses exuded an intoxicating fragrance; **~ieć jaśminem/czosnkiem** to smell of jasmine/garlic; **w domu ~iało świeżym pieczywem** the house smelt of freshly baked bread; **z daleka ~iało od niej perfumami** you could smell her perfume from afar; **~ie mu z ust** euf. he has smelly a. bad breath;

jak tu ładnie ~ie! what a nice smell! [2] przen. (grozić) **ta sprawa niedobrze ~ie** this affair reeks; **to groźnie ~ie** this looks dangerous; **to ~ie kryminałem** pot. they can put you away a. put you behind bars for that pot.; **wiesz, czym to ~ie!** you know what it means; **to ~ie buntem/skandalem** this smacks of a revolt/scandal [3] przen. (nęcić) **~ie mu ta posada** this job appeals to him; **i to ~ie, i to nęci** the choice is difficult, it's a difficult choice

pachol|ę przest. **I** *n* (*G* ~ęcia) (chłopiec) lad książk.; **od ~cia** from childhood **II** **pacholęta** *plt* (obojga płci) children

pacholęctw|o *n sgt* przest. childhood

pacholęc|y *adi.* przest. [wiek, lata] childhood attr.; [radość, zabawa] childish

pachoł|ek **I** *m pers.* [1] (*Npl* ~kowie a. ~cy) przest. (służący) servant [2] (*Npl* ~ki) przen., pejor. lackey przen., pejor.; stooge zw. pl pot., pejor. **~ki imperializmu** imperialist lackeys **II** *m inanim.* [1] (słupek ostrzegawczy) bollard; (przenośny) cone; **odgrodzić coś ~kami** to cone off sth [2] Żegl. (na nabrzeżu) bollard; (na pokładzie) bitt zw. pl; **przycumować do ~ka** to fasten the mooring rope to the bollard

pach|t *m* (*G* ~tu) daw. lease **■ oddać coś/kogoś w ~t** to lease sth/sb out (komuś/czemuś to sth/sb)

pachwin|a *f* [1] Anat. groin; **w ~ie** in the groin [2] Bot. axil

pachwinow|y *adi.* [1] Anat. inguinal; **przepuklina ~a** inguinal hernia [2] Bot. axillary

pacierz *m* (christian) prayer; **odmówić** a. **zmówić ~ za duszę ojca** to say a prayer for the soul of one's father; **bezmyślnie klepać ~e** to rattle off one's prayers; **znać** a. **umieć coś jak ~** to know sth by heart

pacierzow|y *adi.* przest. [rdzeń] spinal, vertebral; **stos ~y** a. **kość ~a** a spinal column

pacior|ek *m* [1] zw. pl bead; **~ki różańca** rosary beads, beads of a rosary; **szklane ~ki** glass beads [2] dem. pot. prayer; **zmówić ~ek** to say a prayer; **siusiu, ~ek i spać!** hum. it's time for beddy-byes! pot.

paciorkowa|ty *adi.* (jak paciorek) bead-like, like a bead; (jak koraliki) beady

paciorkowcow|y *adi.* Biol., Med. streptococcal, streptococcic

paciorkow|iec *m zw. pl* Biol., Med. streptococcus

pacjen|t *m*, **~tka** *f* patient; **~t hospitalizowany/leczony ambulatoryjnie** an in-patient/an outpatient; **~t w ciężkim stanie/w stanie krytycznym** a patient in poor/a critical condition; **poczekalnia dla ~tów** a waiting room; **lekarz przyjmuje**

~tów po południu the doctor sees patients in the afternoon; **czworonożni ~ci** żart. sick animals

pac|ka *f* [1] (na muchy) swat, fly swatter [2] Budow. float, trowel

pac|nąć *pf* — **pac|ać** *impf* (~nęła, ~nęli — ~am) pot. **I** *vt* (uderzyć) to swat, to whisk [muchę]; to pat, to tap [osobę]; **~nął go w plecy** he gave him a pat a. a tap on the back **II** *vi* [1] (upaść) to plonk, to plop, to splat; **gruszka ~nęła z drzewa na ziemię** a pear plopped to the ground; **kamień ~nął w sadzawkę** a stone plopped into the pond; **~nąłem na ziemię obok niego** I hit the ground just beside him [2] (chlapnąć) **~nąć farbą** a. **pędzlem na ścianę** to dab a wall with paint

pacyfikacj|a *f* (*Gpl* ~i) Polit., Wojsk. pacification

pacyfikacyjn|y *adi.* [akcja] pacification attr.

pacyfik|ować *impf vt* Polit., Wojsk. to pacify [miasto, kraj] ⇒ **spacyfikować**

pacyfi|sta *m*, **~stka** *f* pacifist

pacyfistyczn|y *adi.* pacifist; **ruch ~y** a pacifist movement

pacyfizm *m* (*G* ~u) pacifism

pacykarz *m* (*Gpl* ~y) pot., pejor. dauber pot., pejor.

pacyk|ować *impf* pot., pejor. **I** *vt* to daub pot. [ścianę, obraz]; **~ować coś na ścianie** to daub sth on a wall, to daub a wall with sth **II** **pacykować się** to daub one's face (with make-up) pot., pejor.

pacyn|ka *f* glove a. hand puppet

pacz|ka *f* [1] (pakunek) parcel, package; **~ka książek** a package of books; **~ka z zabawkami** a package with a. of toys; **obwiązała ~kę sznurkiem** she tied up the parcel with string; **szedł obładowany ~kami** he was walking along loaded with packages [2] (zbiór) packet; **~ka banknotów/gazet** a batch of newspapers/a wad a. bundle of banknotes [3] (opakowanie) packet, pack, package US; **~ka papierosów/herbaty** a packet a. pack of cigarettes/tea; **~ka zapałek** a box of matches; **wsypała do garnka całą ~kę makaronu** she put a whole packet of pasta into the pot; **wypalał dwie ~ki papierosów dziennie** he smoked two packets a. packs of cigarettes a day [4] (przesyłka pocztowa) parcel, package US; **~ka żywnościowa** a food parcel; **~ka urodzinowa/świąteczna** a birthday/Christmas parcel; **wysłać/nadać ~kę** to send a parcel a. packet; **doręczyć ~kę** to deliver a parcel a. packet [5] pot. (grupa) gang pot., crowd pot.;

~ka przyjaciół/znajomych a gang of friends; **~ka z pracy/ze szkoły** the crowd from work/school; **należeć do ~ki** to be one of the gang; **po studiach nasza ~ka rozpadła się** after we graduated our gang drifted apart; **poszliśmy do kina całą ~ką** the whole gang of us went to the cinema

paczk|ować impf vt to package, to pre-pack

paczkowan|y [] pp → paczkować
[] adi. [wędlina, mięso] pre-packed

paczusz|ka f dem. [1] (pakunek) small parcel a. packet; **~ka cukierków/z cukierkami** a packet of sweets; **apaszka była zapakowana w kolorową ~kę** the scarf was wrapped in coloured paper [2] (zbiór) packet; **~ka listów/wizytówek** a packet of letters/ visiting cards [3] (opakowanie) packet, pack US; **~ka pieprzu/proszku do pieczenia** a packet of pepper/baking powder

pacz|yć impf [] vt [1] to warp [drewno] ⇒ **spaczyć** [2] przen. to warp [charakter] ⇒ **spaczyć**
[] **paczyć się** [1] [drewno] to warp, to get warped ⇒ **spaczyć się** [2] przen. [charakter, psychika] to warp ⇒ **spaczyć się**

pa|ćka f pot. gunk pot., gunge GB pot.
paćka|ć impf pot. [] vt to muck up pot. [ręce, podłogę] ⇒ **upaćkać**
[] **paćkać się** (brudzić się) to get all mucky pot. (**czymś** with sth); **~ć się w błocie** (grzebać) to mess about in the mud ⇒ **upaćkać się**

paćkowa|ty adi. pot. [bajoro] mucky pot.; [zupa] pappy

Pa|d m (G **Padu**) the (River) Po
pa|d m (G **padu**) Sport fall
padacz|ka f sgt Med. epilepsy; **mieć ~kę** a. **chorować na ~kę** to have a. suffer from epilepsy; **mieć atak ~ki** to have an epileptic fit

padaczkow|y adi. Med. [ataki, napady, objawy] epileptic; **mały/duży napad ~y** petit/grand mal

padać¹ impf → **paść²**
pada|ć² impf [] vi deszcz/śnieg ~ od rana it's been raining/snowing since (the) morning; **wczoraj ~ł grad** there was a hail storm yesterday, it was hailing yesterday ⇒ **spaść**
[] v imp. **wczoraj ~ło cały dzień** it was raining all day yesterday

padal|ec [] m pers. obraźl. reptile pot., pejor., worm pot., pejor.
[] m anim. Zool. blindworm, slow-worm

padlin|a f sgt [1] (rozkładające się ciało) carrion U, carcass; **sępy żywią się ~ą** vultures feed on carrion; **~a końska** the carcass of a horse [2] przen., pot. (mięso) rotten meat pot., pejor.; carrion pejor.

padlinożerc|a m Zool. carrion-feeder; (ptak) bird of prey; (zwierzę) scavenger

padlinożern|y adi. Zool. carrion-eating, carrion-feeding; necrophagous spec.

pad|ły adi. [1] (zmarły) **pomnik ku czci żołnierzy ~łych w boju** a monument to soldiers who fell during a. in battle [2] [bydło, zwierzę] dead

padnię|ty adi. pot. (zmęczony) dead beat pot., zonked out pot.

padok m Jeźdz. paddock

pad|ół m (G **~ołu**) przest. vale książk.
■ **~ół łez** a. **płaczu** książk., żart. this vale of tears książk., żart.; **ziemski ~ół** książk. this world; **na tym ziemskim ~ole** here below książk.; **opuścić ziemski ~ół** to depart this earth a. life

Padw|a f Padua
paf inter. bang!
pagaj m paddle
page|r /'pejdżer/ m pager, beeper, bleeper GB; **odebrał wiadomość z ~ra** he checked a message on his pager; **dać komuś znać na ~r** to page sb

pagin|a f Druk. (numer strony) page number; (strona) page
❏ **żywa ~a** Druk. running head

paginacj|a f sgt Druk. pagination
pagin|ować impf vt Druk. to paginate
pag|oda f Archit., Relig. pagoda
pagon m (G **~u**) zw. pl Moda, Wojsk. epaulet(te); **insygnia na ~ach** insignia on epaulettes

pagórecz|ek m dem. pieszcz. hillock, hummock

pagór|ek m hill, knoll; **na ~ku** on top of a hill, on a hilltop; **~ki gruzów** heaps of rubble

pagórkowato adv. **droga wznosi się i opada ~** the road goes up and down a. undulates

pagórkowatoś|ć f sgt hilliness; **na południe wzrasta ~ć terenu** towards the south the landscape becomes more hilly

pagórkowa|ty adi. [1] (falisty) [krajobraz, teren, droga] hilly, undulating [2] (w kształcie pagórka) hummocky

pajac [] m pers. [1] obraźl. (człowiek niepoważny, głupi) clown pejor.; **nie rób z siebie ~a** stop making a fool of yourself [2] Teatr harlequin [3] (w cyrku) clown
[] m inanim. (A ~a) (zabawka) puppet clown; (z ruchomymi kończynami) jumping jack; **drewniany ~** a peg doll(y)

pajac|ować impf vi pot., pejor. to clown around pejor., to act the clown pejor.; **nie ~uj!** stop clowning around!

pajacowat|y adi. pejor. clownish
pajacyk m [1] dem. (A ~a) (zabawka) puppet clown [2] Moda (dla niemowlęcia) Babygro®, playsuit, creepers pl US; (dla starszego dziecka) romper suit, rompers pl

pajączek [] m anim. dem. spider
[] m inanim. spidery pattern

pająk [] m anim. Zool. spider; **~ czarna wdowa** black widow (spider)
[] m inanim. [1] (żyrandol) chandelier [2] (ornament) an ornament of straw and tissue paper, usually hung on the ceiling

pająkowa|ty adi. [nogi, kształt, żyrandol] spidery

paj|da f pot. thick slice; doorstep pot.; **zjadł ~dę chleba z masłem** he had a. ate a thick slice of bread and butter

pajdokracj|a f sgt paedocracy, paedarchy
pajęczak m Zool. arachnid
pajęcz|y adi. [1] [sieć, nić] spider's [2] przen. [nóżka, odnóże] spidery; [koronka] (cob)web-like, gossamer-like

pajęczyn|a f cobweb, spiderweb US; **pająk snuł ~ę** a spider was spinning its web; **zasnuty ~ą** cobwebbed, cobwebby; **deli-**

katny jak ~a as fine as a cobweb; **~a intryg** przen. a web of intrigue

pajęczyn|ka f dem. (small) cobweb
pak¹ m sgt (G ~u) (smar) pitch
pak² m sgt (G ~u) (lód) pack ice
pa|ka f [1] augm. (duża paczka) large parcel, large package; **paka książek/ubrań** a large parcel of books/clothes [2] augm. (przesyłka pocztowa) large parcel, large package US [3] (pojemnik) (drewniany) chest, case; (kartonowy) cardboard box [4] augm. pot. (grupa) gang pot., crowd pot.; **poszli do parku całą paką** the whole gang went to the park [5] pot. (więzienie) pot. cooler pot., jug pot.; **dostał pięć lat paki** he got five years in the cooler a. in jug GB a. in the jug US; **siedzieć w pace** to do time [6] pot. (skrzynia ciężarówki) **jechać na pace** to travel/to take a ride in the back of a lorry

pakame|ra f pot. (podręczny magazyn) storeroom; (w mieszkaniu) box room; cubby-hole pot.

pakamer|ka f pot., pieszcz. cubby-hole pot.
pakiecik m (G ~u a. ~a) small bundle, small packet

pakie|t m (G ~tu) [1] (książek, ulotek) bundle, package; (towaru) batch [2] (ustaw, reform, propozycji) package; **~t świadczeń socjalnych/ubezpieczeń** a benefits/an insurance package; **~t programowy** Komput. software package; **~t startowy** (w telefonach komórkowych) starting package [3] Fin. **~t akcji** a. **udziałów** a block a. a lot of shares; **kupić ~t 500 akcji** to buy a block of 500 shares; **~t kontrolny** a controlling interest; (większość) a majority shareholding a. interest; **~t mniejszościowy/większościowy** a minority/a majority interest a. shareholding; **mieć ~t kontrolny firmy** to control a company

Pakista|ńczyk m, **~nka** Pakistani
pakistańs|ki adi. Pakistani
pakowacz m (Gpl ~y) packer
pakowacz|ka f [1] (kobieta) packer [2] (maszyna) packer

pak|ować impf [] vt [1] (wkładać) to pack [ubrania, książki]; **~ować jedzenie do plecaka** to pack food into a backpack; **~ować manatki** pot. to pack up, to pack one's things; to pack one's bags przen. ⇒ **spakować, zapakować** [2] (wypełniać) to pack [plecak, torbę]; **~ować walizkę** to pack one's suitcase ⇒ **spakować, zapakować** [3] (robić paczkę) to pack, to package; (paczkować) to parcel up; **~ować coś w papier/folię** to wrap sth in paper/foil; **~ować coś w papier ozdobny** to gift-wrap sth; **~ować coś w pudełka/kartony/skrzynie** to box up sth, to put sth into boxes/cartons/crates ⇒ **zapakować** [4] pot. (wsadzać w dużej ilości) to cram, to stuff; **~ować całe garście jeżyn do ust** to cram whole handfuls of blackberries into one's mouth; **~ować w siebie jedzenie** to stuff oneself pot.; **~owano dzieci do zatłoczonych wagonów** the children were being crammed into crowded carriages [5] pot. (strzelać) **~ować kulę w kogoś** a. **~ować komuś kulę** to shoot a. hit sb; **~ować komuś kulę w głowę/plecy** to shoot sb in the head/back ⇒ **wpakować** [6] pot. (inwestować) **~ować pieniądze w coś**

to sink a. pour money into sth *[projekt, przedsiębiorstwo]*; to spend money on sth *[dom, mieszkanie]*; **pół pensji ~ował w szkołę dzieci** he spent half his salary on the children's school ⇒ **wpakować** 7 pot. (posyłać) **~ować kogoś do więzienia/ szpitala** to put sb in prison/in hospital; **~ować kogoś do łóżka** to pack sb off to bed ⇒ **wpakować** 8 pot. (narażać) **~ować kogoś w kłopoty/tarapaty** to land a. get sb into trouble/a predicament ⇒ **wpakować** 9 Komput. to compress *[plik]* ⇒ **spakować** **II** *vi* pot. (ćwiczyć mięśnie) to pump iron; **~uje od rana do wieczora** s/he works out the whole day long

III pakować się 1 (zbierać rzeczy) to pack (up), to pack one's things; **jeszcze się nie zacząłem ~ować** I haven't started packing yet ⇒ **spakować się** 2 pot. (wciskać się) to squeeze in; (tłoczyć się) to crowd in; (bezceremonialnie) to barge in; **~ować się do zatłoczonego tramwaju** to push a. elbow one's way into a crowded tram; **wszędzie ~uje się nieproszony** he always barges in uninvited; **zdejmuj buty i ~uj się do łóżka** take off your shoes and jump into bed ⇒ **wpakować się** 3 pot. (narażać się) **~ować się w kłopoty** a. **tarapaty** to get into hot water; **wiesz, w co się ~ujesz?** do you know what you're getting into a. doing? ⇒ **wpakować się** 4 pot. (ćwiczyć mięśnie) to pump iron ⇒ **napakować się**

■ **~ować się komuś do łóżka** to lure sb into bed; **~ować coś komuś (łopatą) do głowy** pot. (uczyć) to beat a. hammer a. knock sth into sb's head; (przekonywać) to ram sth down sb's throat pot.

pakow|alnia, ~nia *f* (*Gpl* **~alni, ~ni**) packing room

pakowan|y *pp [szklanki]* packed; *[wędliny]* pre-packed

pakownia → **pakowalnia**

pakowność|ć *f sgt* (walizki, samochodu) capaciousness

pakown|y *adi. [kufer, torba, szafa]* capacious

pakow|y *adi. [papier, sznurek]* wrapping

pak|t *m* (*G* **~tu**) Polit. pact

❏ **~t konsultatywny** Polit. consultative pact; **~t o nieagresji** Polit. non-aggression pact

pakt|ować *impf vi* to parley; **zaczęli ~ować z przeciwnikiem** they started to parley with the enemy

pakuł|y *plt* (*G* **~**) Włók. oakum *U*

pakunecz|ek *m dem.* (*G* **~ku** a. **~ka**) (small) parcel

pakun|ek *m* (*G* **~ku**) 1 (paczka) parcel 2 Techn. packing; **konopny ~ek** hempen packing

pakunkow|y *adi.* 1 (służący do pakowania) **papier ~y** wrapping paper 2 Techn. **materiał ~y** packing material

pal *m* (*Gpl* **~i** a. **~ów**) 1 Budow. stilt; **osada zbudowana na ~ach** a village on stilts 2 daw. stake; **wbić kogoś na ~** to impale sb

palacz *m* (*Gpl* **~y** a. **~ów**) 1 (pracownik) stoker 2 (osoba pląca) smoker; **namiętny** a. **nałogowy ~** a chain-smoker, a heavy smoker

palacz|ka *f* smoker

palan|t **I** *m pers.* (*Npl* **~ty**) pot., obraźl. ninny pot., prat pot.

II *m inanim. sgt* (*A* **~ta**) Gry ≈ rounders

palarni|a *f* (*Gpl* **~**) 1 (pomieszczenie dla palących) smoking room/corner 2 Przem. roasting plant

paląc|y **I** *pa* → **palić**

II *adi.* 1 (gorący) *[słońce, wiatr]* scorching 2 (piekący) *[przyprawa, potrawa]* burning, fiery hot 3 książk., przen. *[sprawa, problem]* urgent; *[wstyd, tęsknota]* acute

III paląc|y *m*, **~a** *f* smoker; **przedział/ wagon dla ~ych** a smoking compartment/ couch a. car US

palcow|y *adi.* digital; **aplikatura ~a** fingering

palcza|sty *adi. [liść]* palmate

pal|ec *m* 1 Anat. digit 2 (u ręki) finger; (kciuk) thumb; **mały ~ec** the fourth a. the little finger; the pinkie pot.; **~ec wskazujący** the first a. the index finger, the forefinger; **~ec serdeczny** the third a. the ring finger; **zwinne ~ce** deft a. nimble fingers; **wodzić po czymś ~cami** to run one's fingers over sth; **grozić (komuś) ~cem** to wag a. one's finger at sb, to shake one's finger at sb; **wskazywać kogoś/coś ~cem** to point one's finger at sb/sth 3 (u nogi) toe; **wielki ~ec u nogi** the big toe; **stanąć na ~cach** to stand on tiptoe a. on tiptoes a. on one's toes US; **iść/ chodzić na ~cach** to tiptoe 4 (część rękawiczki, buta, pończoch) **rękawiczka z jednym ~cem** a mitten; **pantofle wąskie w ~cach** pointed shoes; **pantofle z odkrytymi ~cami** peeptoe shoes 5 Techn. **~ec rozdzielacza** a rotor arm

■ **~cem nie kiwnąć** a. **nie kiwnąć ~cem w bucie** not to (even) lift a. raise a finger, not to do a hand's turn; **~ec boży** the hand of God; **~cem na wodzie pisane** written on the wind; **mój awans jest ~cem na wodzie pisany** my promotion is written on the wind; **ludzi w jej wieku/rodowitych Rosjan/jamniki można było policzyć na ~cach (jednej ręki)** people (of) her age/native Russians/dachshunds could be counted on the fingers of one hand; **daj mu ~ec, a on całą rękę chwyta** give him an inch and he will take a mile przysł.; **gdzie ~cem tknąć** wherever you turn; **maczać w czymś ~ce** to have a finger in the pie, to have a hand in sth; **mieć coś w małym ~cu** to have sth at one's fingertips; **mieć w jednym ~cu więcej rozumu** a. **wiedzy niż ktoś inny w głowie** to have more brains in one's little finger than somebody else has in his/ her whole body; **nie kładź ~ca między drzwi** don't get your fingers burned, mind you don't burn your fingers; **pociąg był tak bardzo zatłoczony, że nie było gdzie ~ca wcisnąć** the train was crammed full of a. jam-packed with passengers; **publiczność stała – nie było gdzie ~ca wetknąć** the audience stood jam-packed; **sypialnia była tak wyładowana jej rzeczami, że ~ca by nie wetknął** the bedroom was stuffed to the gunwales with her things; **nie tknąć a. nie trącić kogoś ~cem** not even to lay a finger on sb; **owinąć kogoś dokoła a.**

koło a. wokół (małego) ~ca to twist a. wind a. wrap sb around one's little finger; **patrzeć na coś przez ~ce** to turn a blind eye to sth, to wink at sth; **pieniądze/ zarobki przeciekają nam przez ~ce** we let money slip through our fingers; **podać komuś jeden ~ec** a. **dwa ~ce na powitanie** to greet sb disdainfully; **pokazywać a. wytykać kogoś ~cami** to point a finger a. an accusing finger at sb; **mieszkał/został sam jak ~ec** he lived/ was all alone a. all on his own; **jestem sam jak ~ec na tym świecie** I am all alone in the world; **(to) zarzut wyssany/ historia wyssana z ~ca** (that is) a trumped-up charge/story; **wystarczy ~cem kiwnąć** you have only to lift your little finger; **wystarczy ~cem kiwnąć na nią, a ona już leci** you've only to lift your little finger, and she'll come running; **znać Paryż/katechizm jak (swoje) pięć** a. **dziesięć ~ców** to know Paris/the catechism like the back of one's (own) hand; **~ce lizać** (o jedzeniu) yum-yum! pot., scrumptious pot.; (o osobie, rzeczy) scrumptious (stuff a. thing) pot.; **kobitka ~ce lizać!** she's quite a dish!; **mała jak ~ec, a zła jak padalec** przysł. ≈ nasty little vicious twerp pot.

palem|ka *f dem.* 1 Bot. (small) palm 2 Relig. Easter palm; **dzieci szły do kościoła z kolorowymi ~kami** children went to church carrying colourful palms

palenisk|o *n* hearth

paleniskow|y *adi.* hearth *attr.*; **komora ~a** a furnace chamber

palest|ra *f* 1 Hist. palaestra a. palestra 2 Prawo the Bar; **należał do krakowskiej ~ry** he was a member of the Cracow Bar

Palesty|ńczyk *m*, **~nka** *f* Palestinian

palestyń|ski *adi.* Palestinian

pale|ta *f* 1 Szt. palette także przen. 2 Techn. pallet

palet|ka *f* 1 *dem.* (small) palette 2 (do ping--ponga) bat

palet|ko *n dem.* 1 pejor. light coat 2 pieszcz. children's coat

paliatyw *m* (*G* **~u**) Med. palliative także przen.

paliatywn|y *adi.* Med. palliative *attr.* także przen.

pal|ić *impf* **I** *vt* 1 (podtrzymywać ogień) **~ić w piecu** to stoke the fire; **~ić ognisko** to have a bonfire; **~ić (w piecu) drzewem/ węglem** to use wood/coal as a fuel (for the stove/oven) 2 (oświetlać) **~ić lampę/świat-ło/świecę** to have a lamp on/light on/ candle burning 3 (niszczyć ogniem) to burn *[domy, zabudowania, zeschłe liście]*; **~ić zwłoki** to cremate a body a. sb; **czarownice niegdyś ~ono na stosach** witches were once burned at the stake; **pani prasująca mi koszule ~i je nagminnie żelazkiem** the lady who presses my shirts burns them regularly with the iron ⇒ **spalić** 4 to smoke *[papierosy, fajkę, cygaro]*; **dziękuję, nie ~ę** no, thank you, I don't smoke 5 (parzyć) **słońce ~iło nas w plecy** the sun was burning down on our backs 6 środ., Sport to botch up, to bungle *[skok, rzut, rwanie]* ⇒ **spalić**

II *vi* 1 (ogrzewać, opalać) **~ić w piecu/pod**

kuchnią to light the fire in the stove/in the cooking stove ② (o urządzeniu, silniku) **moje auto ~i pięć litrów na sto kilometrów** my car does 100 kilometres to five litres (of petrol) ③ (wywoływać uczucie pieczenia) **rumieniec (wstydu) ~i mu twarz** his cheeks are burning a. roasting (with embarrassment); **wódka ~iła mnie w gardle** vodka burned my throat ④ przen. **~iła go zazdrość** he was consumed a. riddled with envy; **~ił ją wstyd** she burned with embarrassment; **~iło nas pragnienie** we were dying of thirst

III palić się ① (płonąć) **~i się! krzyknął przestraszony** fire! he yelled in panic; **na polanie ~iło się ognisko** there was a bonfire in the glade; **suche gałęzie ~iły się z trzaskiem** dry twigs burnt and crackled ② (świecić) **światło/lampa się ~i** a light/a lamp is on a. burning; **świeca się ~i** a candle is burning ③ przen. **~ić się ze wstydu/z ciekawości** to burn with embarrassment/curiosity; **oczy ~iły się mu wesołym blaskiem** przen. his eyes were glittering with merriment, there was a sparkle in his eyes

■ **~ sześć!** pot. oh, all right! pot.; what the hell! pot.; **~ić prosto z mostu** to pull no punches; **~ić się do kogoś/czegoś** to be very keen on sb/sth; **~ić z bata**. **z bicza** to crack a whip; **~ić za sobą mosty** to burn one's boats a. bridges; **nie ~i się** pot. there's no rush; **niech się ~i, niech się wali** pot. come hell or high water; **~ (to/cię) diabli** a. **licho** pot. to hell with it/you pot.; **robota ~i się jej w rękach** she's a demon for work pot.; **murarzowi robota ~iła się w rękach** the bricklayer laid the bricks at a (fair) rate of knots; **ziemia ~iła** a. **grunt ~ił się mu pod stopami** pot. things were getting hot for him pot.; **w starym piecu diabeł ~i** przysł. ≈ there's life in the old dog yet

palik m stake; **~i do pomidorów** tomato stakes; **podpierać ~ami gałęzie drzew** to stake up tree branches, to prop (up) tree branches with stakes

palisa|da f palisade, stockade

palisand|er m rosewood U; **krzesło z ~ru** a rosewood chair

palisandrow|y adi. [meble] rosewood attr.

paliw|o n fuel; **~o stałe/ciekłe/gazowe** a solid/liquid/gas fuel

❑ **~a niskowrzące** Techn. low boiling point fuels; **~o jądrowe** nuclear fuel; **~o wysokooktanowe** high-octane fuel

paliwomierz m (Gpl **~y** a. **~ów**) fuel gauge a. indicator

paliwow|y adi. fuel attr.; **pompa ~a** a fuel pump

paliwożern|y adi. pot. with high fuel consumption; gas guzzling US pot.; **~y samochód/samolot** a car/plane with high fuel consumption; a gas guzzler US pot.

pallotyn Relig. **II** m (zakonnik) Pallotine **III pallotyni** plt (zgromadzenie) Pallotines, the Pallotine Community, Pallotine Fathers

palm|a f ① Bot. (drzewo) palm (tree) ② Relig. (gałązka) palm; **iść z ~ą do kościoła** to go to church with a palm

❑ **~a chińska** Bot. Chinese windmill palm; **~a cukrowa** Bot. sago palm; **~a daktylo-**

wa Bot. date palm; **~a kokosowa** Bot. coconut palm (tree), coco palm; **~a oliwna** Bot. oil palm

■ **~a mu odbiła** pot. he has (got) a screw loose pot.

palmiar|nia f (Gpl **~ni** a. **~ń**) palm house

palmow|y adi. [las, gałązki] palm attr.

paln|ąć pf (**~ęła**, **~ęli**) **II** vt pot. ① (powiedzieć bez namysłu) to blurt (out); **„to kłamstwo!", ~ęła** 'it's a lie!,' she said impetuously a. blurted out ② (powiedzieć energicznie) **~ąć mówkę/kazanie** to launch into a tirade **II** vi ① (strzelić) to shoot; **~ął sobie w łeb** pot. he shot himself ② (uderzyć) to bang; **~ąć pięścią w stół** to bang the table with one's fist

III palnąć się (uderzyć się) to bang oneself (**w coś** on sth); **~ęła się głową o futrynę** she knocked a. banged her head on the window frame; **popatrzył i ~ął się w czoło** he looked on and struck his forehead with the palm of his hand

■ **~ąć głupstwo** a. **gafę** pot. to put one's foot in it pot., to put one's foot in one's mouth pot., to drop a brick GB pot.

palnik m burner; **~ acetylenowy** an acetylene torch a. burner; **~ gazowy** a gas ring a. burner a. jet

❑ **~ laboratoryjny** laboratory burner; **~ plazmowy** Techn. plasma torch

palnikow|y adi. **kuchenka ~a** a range, a cooktop US

palnoś|ć f sgt combustibility; **~ć wodoru/drewna** the combustibility of hydrogen/timber

paln|y adi. combustible, inflammable

pal|ony II pp → **palić**
II adi. **świeżo ~ona kawa** fresh roasted coffee; **~ona cegła** burnt brick

palotyn → **pallotyn**

palow|y II adi. **osady/chaty ~e** villages/huts on stilts
II palowe n sgt daw. mooring fee

palpitacj|a f zw. pl przest. palpitation C/U

palt|ko (**~eczko**) n dem. (over)coat; **dzieci dostały nowe ~ka** the children got new coats

pal|to n (over)coat; **~to na zimę** a winter coat

paltocik m dem. przest. (over)coat

paltot m przest. → **palto**

paluch m ① augm. pejor. finger; **gdzie się tu pchasz z tymi brudnymi ~ami?!** take away those dirty fingers of yours! ② Anat., Zool. hallux spec.; (u ludzi) big toe; **koślawy ~** hallux valgus

palusz|ek m ① dem. (u ręki) finger; (kciuk) thumb; (u nogi) toe ② (bateria) pencil battery

❑ **~ki rybne** Kulin. fish fingers; **serowe ~ki** Kulin. cheese straws; **słone ~ki** Kulin. salty sticks

■ **~ki lizać** yum-yum! pot., yum! pot.; finger-licking (good) US; **~ek i główka to szkolna wymówka** przysł. ≈ children will use a. invent any excuse to avoid doing their schoolwork

paluszkow|y adi. **baterie ~e** pencil batteries

pał|a f ① augm. (gruby kij) thick stick, club; cosh pot.; **w rękach trzymali drewniane pały** they held wooden clubs in their hands ② augm. pot. (u policjanta) truncheon;

policjanci okładali demonstrantów pałami the police used truncheons to disperse the demonstrators; **„pałą go, pałą!" – krzyczeli do policjanta** 'cosh him!', they shouted to the policeman ③ pot., Szkol. ≈ F; **z klasówki były same pały** everyone failed the test ④ posp., pejor. (o głowie) nob pot., napper pot.; (o człowieku) thickhead pot., dimwit pot.; **ty tępa pało! przecież mówię do ciebie!** I'm speaking to you, halfwit!

■ **na pałę** pot. (bez przygotowania) [odpowiedzieć, zapytać] off the cuff, off the top of one's head; **poszedł na egzamin na pałę i zdał** he came to the exam unprepared and passed; **ostrzyc się na pałę** to have one's head shaved; **mieć w pale** pot. to be smashed a. pissed pot.; **w pale się nie mieści** pot. (it's) unbelievable; **to się w pale nie mieści, co on o was wygadywał** you wouldn't believe what he said a. was saying about you

pałac m (G **~u**) ① (królewski, magnacki, biskupi) palace ② (reprezentacyjny budynek) mansion; **~ ślubów** a wedding hall; **Pałac Kultury i Nauki w Warszawie** Warsaw's Palace of Culture and Science

■ **wart Pac ~a, a ~ Paca** przysł. ≈ six of one and half a dozen of the other

pałacow|y adi. ① [dziedziniec, sala, skrzydło] palace attr. ② [przewrót, zamach, rewolucja] palace attr.

pałacyk m dem. (G **~u**) palace; **~ myśliwski** a hunting lodge; **letni ~** a summer residence

pała|ć impf vi książk. to glow; **łuna ~ła na niebie** there was a glow in the sky; **~ć nienawiścią/gniewem/ciekawością** przen. to burn with hatred/fury/curiosity przen.; **twarz mu ~ła** przen. his face burned przen.; **policzki mi ~ły ze wstydu** przen. my cheeks were burning with shame przen.

pałasz m Hist. broadsword

pałasz|ować impf vt pot. to demolish hum.; to gobble; **~ował w milczeniu grochówkę** he gobbled his pea soup in silence; **codziennie ~owali ogromne porcje sałatek** every day they demolished huge portions of salad ⇒ **spałaszować**

pałat|ka f groundsheet; **rozścielić ~kę** to spread a groundsheet; **okryć się ~ką** to huddle beneath a groundsheet

pałąk m ① (uchwyt) bow-shaped handle; **zgiąć się w ~** to bend double ② (w pojazdach trakcji elektrycznej) bow collector ③ (część broni siecznej) (hilt-)guard

pałąkowato adv. **~ wygięty uchwyt** a bow-shaped handle

pałąkowa|ty adi. **~te plecy** a round-shouldered slouch; **~te nogi** bow a. bandy legs

pałecz|ka f ① (dyrygenta) baton; (czarnoksiężnika) wand; **dyrygent podniósł ~kę** the conductor raised his baton; **zły czarownik dotknięciem ~ki zamienił księżniczkę w żabę** the evil wizard used his magic wand to turn the princess into a frog ② zw. pl (do jedzenia ryżu) chopstick ③ zw. pl (do gry na perkusji) drumstick ④ Sport baton; **w trzeciej zmianie Polki zgubiły ~kę** in the third changeover the Polish women's team lost the baton [5] Biol. rod-shaped bacterium, bacillus

❑ **~ka kiełbasiana** Biol. botulinus

■ **przejąć ~kę** to step into the breach

pałęta|ć się impf v refl pot. [1] [osoba, zwierzę] to hang around a. about; **cały dzień ~ł się po mieście** he hung around the town all day; **pies ~ł się między gośćmi** the dog kept getting under the guests' feet [2] (obijać się) to dangle; **ciężka szabla ~ła mu się u boku** a heavy sword dangled from his belt [3] (poniewierać się) to be scattered; **po pokoju ~ły się brudne u-brania** dirty clothes were scattered around a. about the room

pał|ka f [1] (gruby kij) club, cudgel [2] (policjanta) truncheon, baton; **w czasie zajść ulicznych policja użyła ~ek** the police used truncheons during the street disturbances [3] zw. pl (uderzenie) blow; **dostał kilka ~ek w radiowozie** he received a few blows from truncheons in the police van [4] zw. pl (do gry na perkusji) drumstick; **bił w kotły ~kami z całych sił** he beat the kettledrums with the drumsticks with all his strength [5] środ., Szkol. ≈ F; **dostał ~kę z polskiego** he got an F in Polish [6] Bot. bulrush, reed mace

pał|ować impf vt pot. to beat [sb] with a truncheon; **policja ~owała demonstrantów** the police were beating demonstrators with their truncheons ⇒ **spałować**

pamfleci|sta m satirist

pamfle|t m (G ~tu) satire, lampoon

pamfletow|y adi. **utwór ~y** a satire, a lampoon; **nie zważał na ~e recenzje** he ignored scurrilous a. abusive reviews

pamiąt|ka f keepsake, souvenir, memento; **~ki rodzinne/narodowe** family/national mementoes; **~ka z wycieczki/podróży** a souvenir of a trip/journey; **na ~kę pobytu/wieczoru** as a keepsake a. memento a. souvenir of one's stay/the evening; **posadzić drzewko/postawić pomnik na wieczną rzeczy ~kę** to plant a tree/to raise a monument in lasting memory of the event; **wziąć/przyjąć coś na ~kę** to take/accept sth as a keepsake; **dała mu na ~kę ostatni list jego ojca** she gave him, as a keepsake, his father's last letter

pamiątkars|ki adi. souvenir attr.; **artykuły ~kie** souvenirs; **sklepy ~kie** souvenir shops

pamiątkarstw|o n sgt souvenir industry

pamiątkow|y adi. commemorative, memorial; **znaczek/medal ~y** a commemorative stamp/medal; **odsłonięcie tablicy ~ej** the unveiling of a commemorative a. memorial plaque

pamięciowo adv. by heart; **opanować coś ~** to memorize sth, to learn sth by heart

pamięciow|y adi. memory attr.; **zapis ~y** the memory record; **metoda ~a w nauczaniu** learning by heart, memorization; **~e opanowanie czegoś** committing sth to memory; **~e opanowanie tabliczki mnożenia** memorizing the multiplication table, learning the multiplication table by heart

pamię|ć f [1] sgt (zdolność) memory; **stracić ~ć** to lose one's memory [2] sgt (pamiętanie) remembrance książk.; **składać hołd czyjejś**

~ci to pay tribute a. homage to sb, to commemorate sb; **zostawić po sobie dobrą/złą ~ć** to be well remembered/to leave a bad memory [3] Komput. memory

❑ **~ć logiczna** Psych. logical memory; **~ć muzyczna** musical memory; **~ć wzrokowa** visual memory; **~ć absolutna** Psych. total recall; **~ć długotrwała** Psych. long-term memory; **~ć fotograficzna** photographic memory; **krótka ~ć** short memory; **~ć krótkotrwała** Psych. short-term memory

■ **ku** a. **dla ~ci** for remembrance; **za mojej ~ci** within my memory; **za mojej ~ci zdarzyło się to dwa razy** it happened twice within my memory; **za (świeżej) ~ci** pot. while your memory is fresh; **dziurawa ~ć** memory a. mind like a sieve; **błogosławionej ~ci** of blessed memory; **mój nieodżałowanej pamięci ojciec** my late (and much) lamented father; **świętej ~ci...** late...; **moja świętej ~ci żona** my late wife; **cofać się** a. **sięgać** a. **wracać ~cią do czegoś** to go over sth in one's mind a. memory, to cast one's mind back to sth; **cofnął się ~cią do fatalnego wieczoru** he cast his mind back to the fatal evening; **liczyć/dodawać w ~ci** to count/add from memory; **mieć coś w ~ci** to remember sth, to have a vivid memory of sth; **mam w ~ci tamten wieczór/jej oczy** I have a vivid memory of that evening/of her eyes; **wciąż trzeba mieć w ~ci zasady higieny** one should constantly keep in mind the rules of hygiene; **mieć dobrą/złą ~ć do czegoś** to have a good memory for sth/to have no memory for sth; **miał złą ~ć do liczb** he had no memory for figures; **nie dowierzać ~ci** to not trust one's memory; **przywodzić** a. **przywoływać na ~ć kogoś/coś** to bring to mind sb/sth; **wszystko to przywodzi na ~ć Szekspira** all this brings to mind Shakespeare; **recytować** a. **mówić z ~ci** to recite/speak from memory; **stanąć** a. **ożyć w ~ci** to come back to one's mind; **szukał w ~ci angielskiego odpowiednika** he searched his memory for an English equivalent; **próbował wydobyć z ~ci jakieś nazwiska** he searched his memory for some names; **uczyć się na ~ć** to learn by heart; **umieć** a. **znać coś na ~ć** to know sth by heart; **wbić sobie coś w ~ć** przest. to confide sth to memory; **wskrzeszać w ~ci kogoś/coś** to evoke a. revive the memory of sb/sth; **wyjść** a. **wypaść** a. **ulecieć komuś z ~ci** to slip one's memory; **wymazać z ~ci kogoś/coś** to wipe a. blot sb/sth (out) from memory; **wyryć** a. **zapisać (sobie) coś w ~ci** to have sth imprinted on a. etched in one's memory; **zachować kogoś/coś we wdzięcznej ~ci** to retain a fond memory of sb/sth; **zaskarbił sobie wdzięczną ~ć personelu medycznego** he is fondly remembered by medical staff; **wysilać ~ć** to try hard to remember; **zakochać się bez ~ci** to be madly in love; **zakochał się w niej bez ~ci** he fell head over heels in love with her; **dziękuję za ~ć** thanks for remembering; **zatrzeć się w ~ci** to be blacked out from one's memory; **jeżeli mnie ~ć nie myli** a. nie

zawodzi if my memory serves me correctly; **polecam się (łaskawej) ~ci** przest. I commend myself to you przest.; **przebiegł ~cią czwartkowe wydarzenia/miniony rok** he ran his mind quickly over the events of last Thursday/of the last year; **żył ~cią swej wielkiej miłości/zmarłej żony** he lived for the memory of his great love/late wife; **żył w naszej ~ci** he remained vivid a. fixed in our memory, he stood out in our memory

pamięta|ć impf **[I]** vt [1] (nie zapominać) to remember; **~ć coś dokładnie/długo** to remember sth exactly/for a long time; **~ć swoje dzieciństwo/młodość** to remember one's childhood/young days; **nie ~m, jak ona się nazywa** I can't remember what her name is; **~m jak dziś jego twarz** I remember his face vividly [2] (nie wybaczać) **~li mu wszystkie złe postępki** they held all his past misdeeds against him [3] (brać pod uwagę) to bear in mind; **~ć czyjeś bohaterstwo/poświęcenie** to bear in mind sb's bravery/dedication **[II]** vi [1] (troszczyć się) **~j o swoim zdrowiu** you have to take care about your health; **o tej staruszce nikt nie ~** this old dear has nobody to take care of her [2] (nie zapomnieć) to remember; **~j, żeby jutro podlać kwiaty** remember a. don't forget to water the plants tomorrow [3] przen. (o starych rzeczach) **miasto jest stare, ~jące zamierzchłe czasy** it is an old town, going back to the distant past

❑ **nie ~ć o bożym świecie** to be (totally) oblivious to one's surroundings a. to everything (and everyone) around one

pamiętliwoś|ć f sgt pejor. harbouring a. nurturing old grudges

pamiętliw|y adi. pejor. unforgiving, vindictive; **nie jestem ~y** I don't hold grudges

pamiętnicz|ek m dem. pieszcz. [1] (wspomnienia) diary [2] (album) ≈ commonplace book przest.

pamiętnik m [1] (wspomnienia) memoir; (pisany na bieżąco) journal [2] (album) commonplace book przest.; **wpisać się komuś do ~a** to inscribe sth in sb's commonplace book przest.

pamiętnikars|ki adi. **materiały ~kie** materials relating to memoirs; **wspomnienia ~kie** memoirs

pamiętnikarstw|o n sgt [1] (pisanie) memoir writing [2] (dział literatury) memoirs; **~o polskie wieku XVII** 17th-century Polish memoirs

pamiętnika|rz m, **~rka** f (Gpl ~rzy, ~rek) memoirist, memorialist

pamiętnikow|y adi. **literatura ~a** memoirs; **zapisy ~e** notes in the form of a memoir

pamiętn|y adi. [1] (godny pamięci) [rok, wydarzenie, słowa] memorable [2] przest. **~y przestróg ojca...** mindful of his father's advice...

pamp|a f zw. sg pampas C/U

pampers [I] m pers. (Npl ~y a. ~i) pot., pejor., żart. a young person of little professional experience occupying an important post **[II]** m inanim. (A ~a) disposable nappy; **~y dla dorosłych** incontinence pads

pan [I] *m* (*D* ~u, ~ie, *Npl* ~owie) [1] (mężczyzna) man, gentleman; **starszy ~** an elderly gentleman; **dzwonił do ciebie jakiś ~** some man rang you (on the phone); **przyszło dwóch ~ów w sprawie ogłoszenia** two men came about the advertisement [2] (z imieniem, nazwiskiem, tytułem naukowym) **dzwonił ~ Jan** Jan rang a. phoned; **nagrodę wylosował ~ Marek Brzoza** and the prize goes to (Mr) Marek Brzoza; **a teraz ~ profesor Zasławski będzie mówił o...** and now Professor Zasławski will speak about... [3] (oficjalnie) sir; (mniej oficjalnie) you; **proszę ~a! czy to pański parasol?** excuse me, sir! is this umbrella yours?; **przepraszam, czy ma ~ ogień?** excuse me, have you got a light?; **~owie, sytuacja jest poważna** gentlemen, the situation is serious; **kasetę wyślemy ~u pocztą** we'll send you the cassette by post; **dzwonił ~a syn** (Sir) your son rang; **Szanowny Panie!** (w korespondencji) Dear Sir...; **~ie władzo** posp. officer; **~ie kierowco, dojadę tym autobusem na dworzec?** pot. is this bus going to the station?; **~ie Janku, dyrektor ~ wzywa** Janek, the boss is calling you; **widzi ~** pot. you see; **widzisz ~** posp. see; **widzi ~, to było tak...** this is how it happened...; **patrz ~, jaki chytry!** posp. see how cunning he is!; **~ie starszy!** przest., pot. waiter! [4] (właściciel psa, kota) master; **Burek! chodź do ~a!** Burek! come here!; **psiak chodził wszędzie za swoim ~em** the little dog followed his master everywhere [5] (ten, kto ma władzę) master; **jej srogi ojciec był ~em całej rodziny** her strict father was master of the entire house [6] (zatrudniający służbę) master; **służący wypełniał każdy rozkaz swojego ~a** the servant attended to his master's every need; **~a nie ma w domu** the master is out [7] Hist. (możnowładca) lord [8] (nauczyciel) master; **~ od matematyki/wuefu** the maths/PE master [9] *sgt* (Bóg) **Pan** Lord; **nasz Pan** (Chrystus) Our Lord; **Pan z wami** the Lord be with you; **Pan Jezus** Lord Jesus; **Pan Zastępów** the Lord of hosts

[II] **panie** *inter.* przest. **to była kobieta, ~ie, palce lizać** yes sir, she was a woman, I can tell you!; **a ja go, ~ie (tego), złapałem za rękaw, ~ie (tego), i nie puszczam** so I gets a. catches him by the sleeves, like, and I don't let go, see? pot.

■ **~ domu** (głowa rodziny) the master of the house; (wobec gości) the host; **~ młody** bridegroom, groom; **~ i władca** lord and master; **być ~em siebie** a. **swojej woli** to be one's own master; **być ~em u siebie** to be independent; **być/zostać ~em sytuacji** to be/to become master of the situation; **jestem z nim na ~** a. **mówię mu (per)** I'm not on first-name terms with him; **być z polszczyzną za ~ brat** to have a good command of Polish; **być z komputerem za ~ brat** to be computer-literate; **być z kimś za ~ brat** to be on friendly a. good terms with sb

pan- w wyrazach złożonych pan-; **panhellenizm** Panhellenism *U*; **panchromatyczny** panchromatic

panace|um *n* (*Gpl* ~ów) panacea także przen., cure-all także przen.; **żywokost uważany był za ~um na wszelkie dolegliwości** comfrey was considered a panacea for all ailments; **prywatyzacja nie jest ~um na wszelkie bolączki, jakie trapią nasze społeczeństwo** privatization is not a panacea for all national ills

panam|a *f* [1] (kapelusz) panama (hat) [2] Włók. plaited material resembling straw

Panam|czyk *m*, **~ka** *f* [1] (obywatel państwa) Panamanian [2] (mieszkaniec miasta) **panamczyk/panamka** Panamanian

panamerykanizm *m sgt* (*G* ~u) Polit. pan-Americanism

panamerykańs|ki *adi.* pan-American

panams|ki *adi.* Panamanian

pancerfau|st *m* (*A* ~st a. ~sta) Wojsk. anti-tank rocket launcher, bazooka

pancernik [I] *m anim.* Zool. armadillo

[II] *m inanim.* (okręt wojenny) battleship; Hist. ironclad

pancern|y [I] *adi.* [1] (zabezpieczony pancerzem) armoured; **drzwi ~e** armour-plated doors; **szafa ~a** a safe; **wóz ~y** an armoured vehicle [2] (będący pancerzem) armour *attr.*; **płyta ~a** armour (plate); **szyba ~a** armour(ed) glass [3] Wojsk. armoured; **dywizja ~a** an armoured division; **kolumna ~a** a column of tanks; **wojska ~e** armour, tank a. armoured divisions

[II] *m* (żołnierz) trooper

❑ **chorągiew ~a** a. **znak ~y** Hist. a company of armoured knights

pancerz *m* [1] Hist. (napierśnik) breastplate; (koszulka druciana) habergeon; **koszula wykrochmalona jak ~** a shirt starched stiff as a straitjacket; **czuję się w tym kostiumie jak w ~u** this bathing costume is like a suit of armour [2] Techn., Wojsk. armour, armour plate; **~ statku** a ship's armour-plating [3] Zool. (żółwia, skorupiaka) carapace, mail; (krewetki) shell [4] przen. shell, carapace; **zamknąć się w ~u chłodu/obojętności** to shut oneself up in a shell of indifference

pancerzyk *m* Zool. exoskeleton

panczen|a *f* Sport speed skate

panczeni|sta *m*, **~stka** *f* Sport speed skater

pan|da *f* Zool. panda

❑ **~da mała** Zool. red a. lesser panda, cat-bear; **~da wielka** Zool. giant panda

pandemonium *n inv. sgt* książk. [1] (piekło) hell [2] przen. (chaos, zamieszanie) pandemonium, chaos; **~ barw/dźwięków** a cacophony of colours/sounds; **na oblodzonej drodze rozpętało się prawdziwe ~** there was real chaos on the icy road

panegiryczn|y *adi.* [wiersz, twórczość, styl] panegyrical

panegiryk *m* (*G* ~u) Literat. panegyric

panegiry|sta *m* panegyrist

pan|ek *m* (*Npl* ~kowie) przest., iron. lordling daw., pejor.; **miastowy ~ek** the town nabob iron.

panel *m* (*G* ~u) [1] (dyskusja publiczna) panel discussion; (uczestnicy dyskusji) (discussion) panel; **~ telewizyjny** a discussion panel; **wziąć udział w ~u** to take part in a panel discussion [2] Psych., Socjol. panel survey [3] zw. *pl* (część) panel; **~e podłogowe** floor panels a. panelling; **~e boazeryjne** wall panels a. panelling [4] Techn. (wymienny zasobnik) container, case [5] Aut. (przednia część radia) control panel; **zdejmowany ~** a removable control panel

panelow|y *adi.* [1] [dyskusja, spotkanie] panel *attr.* [2] Psych., Socjol. panel *attr.*; **badanie ~e** panel research [3] [ściana, podłoga] panel, panelled [4] Techn. panel *attr.*; **grzejniki ~e** panel radiators

panew|ka *f* [1] Anat. acetabulum [2] Techn. bearing [3] (w broni palnej) pan

■ **jego plan/nasz zamiar spalił na ~ce** his plan/our project misfired

pa|ni *f* [1] (kobieta) woman, lady; **starsza pani** an elderly lady; **kim jest ta pani w zielonym kapeluszu?** who is that lady in the green hat?; **„potrzebna pani do dziecka"** 'a childminder needed'; **zdrowie pań!** (toast) to the ladies! [2] (z imieniem, nazwiskiem, tytułem naukowym) (kobieta zamężna) Mrs; (kobieta niezamężna) Miss; (bez zaznaczenia stanu cywilnego) Ms; **spotkałem panią Marię** I met a. saw Maria; **pani Joanna Strzelecka jest naszą stałą czytelniczką** (Ms) Joanna Strzelecka is a regular reader of ours; **wywiad z panią profesor/minister Anną Kozub** an interview with Professor Anna Kozub/with Anna Kozub, government minister [3] (forma grzecznościowa) (oficjalnie) madam; (mniej oficjalnie) you; **proszę pani! proszę zaczekać!** please wait, madam!; **co pani sądzi o...?** what do you think of...?; **dzwoni pani mąż** your husband is calling, (Madam); **Szanowna Pani!** (w korespondencji) Dear Madam...; **pani Zosiu, proszę mnie połączyć z szefem** Zosia, please connect me with the boss; **patrz pani, ile to już lat minęło** posp. just look at how time flies! [4] (właścicielka psa, kota) mistress; **Lulu nie odstępowała swojej pani** Lulu never left her mistress' side; **chodź koteczku, pani da ci coś dobrego** come pussy cat, I've got something nice for you! [5] (władczyni) mistress; **Kleopatra, pani starożytnego Egiptu** Cleopatra, the mistress of ancient Egypt [6] (kobieta zatrudniająca służbę) mistress; **proszę powtórzyć pani, że dzwoniłam** please tell your mistress I called [7] (właścicielka dóbr ziemskich) lady [8] (nauczycielka) mistress; **pani od polskiego/fizyki** the Polish/physics mistress [9] *sgt* (Matka Boska) **Pani** Our Lady; **Pani Jasnogórska** Our Lady of Jasna Góra

■ **pani domu** (żona gospodarza) the lady of the house; (wobec gości) the hostess; **pani czyjegoś serca** a. **uczuć** one's sweetheart; **być panią siebie** a. **swojej woli** to be one's own mistress; **być panią u siebie** to be independent; **być panią sytuacji** to be mistress of the situation, to be in control; **mówimy sobie (per) pani** we aren't on first-name terms; **powtarzać jak za panią matką (pacierz)** (opinię) to parrot sb's opinions; (postępowanie) to copy sb

panicz *m* [1] przest. young master [2] iron. (fircyk) dandy

panicznie *adv.* **~ bał się swojego szefa/swojej teściowej** his boss/mother-in-law put the fear of God in(to) him; **~ boję się bólu/wizyty u dentysty** I'm terribly afraid of pain/of visiting the dentist

P

paniczn|y adi. panic attr.; **~y lęk** panic attack; **~a ucieczka** flight in panic; **ogarnięty ~ym strachem** panic-stricken
paniczyk m (Npl **~owie** a. **~i**) iron. dandy
panienecz|ka f dem. przest., żart. (dziewczynka) young lady; (young) miss żart.
panien|ka f [1] przest., żart. (młoda dziewczyna) young lady [2] pot. (młoda kobieta) girl; **~ka na poczcie** the girl at the post office; **podrywać ~ki** to pick up young girls pot. [3] pot. (prostytutka) tart pot., pejor.; **zadawać się z ~kami** to hang around with tarts
panieńs|ki adi. [1] (dotyczący panny) [pamiętnik, podróż, suknia] young girl's; **~ki pokój** a young girl's room; **jej fotografia z ~kich lat** a picture of her before she was married; **nazwisko ~kie** maiden name [2] (dziewczęcy) [rumieniec, wdzięk, skromność] maidenly; **chłopiec zarumienił się po ~ku** a maidenly blush rose to the boy's cheeks
panieńskoś|ć f sgt (dziewczęcość) maidenliness
panieństw|o n sgt [1] (bycie panną) maidenhood [2] (bycie dziewicą) maidenhood
panie|r m, **~rka** f sgt (G **~ru, ~rki**) Kulin. coating (of egg and breadcrumbs); **obtoczyć coś w ~rce** to coat sth in breadcrumbs
panier|ować impf vt Kulin. to coat [sth] with breadcrumbs; **~owała kotlety w bułce** she was coating the chops with bread-crumbs
panierowan|y adi. [kotlet, ryba, kurczak] coated with breadcrumbs
pani|ka f sgt [1] (popłoch) panic; **szerzyć ~kę** to spread panic; **uciekać w ~ce** to flee in panic; **wpaść w ~kę** to get into a panic, to start panicking; **~ka ogarnęła tłum** panic spread through a. seized the crowd; **ogólna ~ka udzieliła się i nam** we also succumbed to the general panic [2] pot. (nerwowy pośpiech) panic; **spokojnie, bez ~ki, na pewno zdążysz na pociąg** easy, don't panic, you'll catch your train
panikars|ki adi. [1] (szerzący panikę) [wieści] alarmist; **~ka pogłoska** a scare story [2] (spowodowany paniką) [reakcja, zachowanie] panicky
panikarstw|o n sgt scaremongering
panika|rz m, **~ra** f (Gpl **~rzy, ~r**) pejor. scaremonger
panik|ować impf vi pot. to panic; **od tygodnia ~uje, że nie zda** for the past week he's been panicking a. in a panic about not passing; **nie ~uj! dzieci na pewno zaraz wrócą** don't panic, I'm sure the kids will be back soon
panin, ~y adi. pot., przest. your (when addressing a woman); **czy to ~e dziecko?** is that your child?
panis|ko n, m (Npl **~a**) przest., żart. [1] iron., żart. (bogacz) lord of the manor iron.; **udawać ~o** to act (like) the lord of the manor; **żyć jak ~o** to live like a lord a. nabob; **nie wiedziałem, że z niego teraz takie ~o** I didn't know he'd struck it rich! pot. [2] przest. (pan) old soul przest., old boy przest.; **zacne/poczciwe ~o** a decent/kindly old soul a. boy; **niech sobie ~o odpocznie** let the old boy a. old chap GB pot. have a rest
paniu|sia f pot., iron., pejor. madam pejor.; (pretensjonalna) fine lady iron.

Pan|na f [1] sgt (znak zodiaku) Virgo, the Virgin; **jestem spod znaku ~ny** I'm a Virgo [2] sgt (gwiazdozbiór) Virgo [3] (osoba urodzona pod tym znakiem) Virgo, Virgoan
pan|na f [1] przest. (młoda dziewczyna) young girl; **~ny powychodziły za mąż** the girls got married [2] (kobieta niezamężna) maiden przest., poet.; spinster [3] przest. (tytuł grzecznościowy przy imieniu lub nazwisku kobiety niezamężnej) Miss; **~na Zosia** Miss Zosia; **~na Nowakówna** Miss Nowak [4] (sympatia) young lady, sweetheart; **codziennie kupował kwiaty swojej ~nie** every day he bought flowers for his young lady
■ **~na do wzięcia** pot. an eligible young woman; **~na na wydaniu** pot. a marriageable girl; **~na młoda** a bride; **stara ~na** an old maid, a spinster
pannic|a f pot. [1] żart. gal pot., żart.; (big) girl; **ale z niej duża ~a!** what a big a. strapping pot. girl she is! [2] pejor. little madam GB pot., pejor., (little) miss pot., pejor.
pannisk|o n pejor. **brzydkie/niezgrabne ~o** an ugly/misshapen girl; **nieużyte ~o** a worthless (young) girl
panopti|cum /pan'optikum/, **~kum** n (Gpl **~ków**) książk. [1] (zbiór osobliwości) panopticon rzad.; collection of curiosities [2] (wystawa figur woskowych) waxworks
panoram|a f [1] (rozległy widok) panorama; **ze szczytu rozpościera się szeroka ~a gór** from the summit you can enjoy a wide panorama of the mountains [2] (rysunek lub fotografia) panorama; **nad jej łóżkiem wisiała przedwojenna ~a Warszawy** a prewar panorama of Warsaw hung above her bed [3] Szt. cyclorama, panorama; **„Panorama Racławicka"** the 'Panorama of the Battle of Racławice' [4] Archit. the Cyclorama Building [5] przen. panorama; **~a muzyki włoskiej** a panorama of Italian music
❏ **Panorama Firm** ≈ Yellow Pages®
panoramicznie adv. panoramically
panoramicznoś|ć f sgt panoramic effect
panoramiczn|y adi. [widok, zdjęcie] panoramic; **ekran ~y** a panoramic screen; **film ~y** a widescreen film; **lusterko ~e** Aut. a panoramic a. wide-angled mirror; **okno ~e** a panoramic window; **szyba ~a** Aut. a panoramic windscreen
panosz|yć się impf v refl. pejor. [1] (rządzić się) zwycięzcy **~yli się w mieście** the victors tyrannized the town; **mam dość ~enia się bratowej w moim domu** I'm tired of my sister-in-law lording it over me pejor. a. throwing her weight around in my own house ⇒ **rozpanoszyć się** [2] przen. (szerzyć się, grasować) to be rife; **w szopie ~yły się szczury** the shed was overrun by a. full of rats; **w mieście ~y się grypa** there's a flu epidemic in the city ⇒ **rozpanoszyć się**
pan|ować impf vi [1] (władać) to rule; (królować) to reign; **dynastia ~ująca** the ruling dynasty; **Stefan Batory ~ował w latach 1576-1586** Stefan Batory reigned in the years 1576-1586 [2] (przewodzić, rządzić) to rule, to dominate; **klasa ~ująca** the ruling class; **religia ~ująca** the dominant religion; **w rodzinie ~ował ojciec** father dominated a. controlled family life [3] (podporządkowywać sobie) to have control; **~ować**

nad uwagą słuchaczy to have a. hold the attention of the audience ⇒ **zapanować** [4] (kontrolować) to be in a. to have control; **nie ~ować nad uczuciami** to be unable to control a. to have no control over one's feelings; **nie ~ować nad nerwami** to lose one's temper; **~ować nad sytuacją** to be in (full) control of the situation; **~ować nad sobą** to be in control of oneself; **poeta ~uje nad słowem** the poet displays complete mastery of his craft; **~ować nad kierownicą** to be in a. to have control of the (steering) wheel; **~ować nad nartami** to be in control of one's skis ⇒ **zapanować** [5] (trwać) to prevail; **od kilku dni ~ował jesienny chłód** cool autumn weather has prevailed for the last few days; **dziwne zwyczaje tutaj ~ują** strange customs prevail here; **powszechnie ~uje opinia, że...** the prevailing opinion is that...; **w obozie dla uchodźców ~owała epidemia tyfusu** the refugee camp was in the grip of an epidemic; **na stacji benzynowej ~uje dziś wyjątkowy ruch** the petrol station is exceptionally busy today ⇒ **zapanować** [6] (przeważać) to dominate; **w lesie ~owały drzewa iglaste** the forest was mainly a. predominantly coniferous [7] (górować nad okolicą) to dominate; **wieża ratusza ~uje nad miastem** the tower of the Town Hall dominates the city; **twierdza ~uje nad okolicą** the fortress dominates the surrounding area
panowani|e n sv → **panować**
III n sgt [1] (władza) rule; (króla) reign; **pod ~iem dynastii Mogułów** under the rule of the Mogul dynasty; **za ~a króla Zygmunta III** during a. in the reign of King Zygmunt III [2] (wpływ) control; **stracił ~e nad kierownicą** he lost control of the steering wheel a. the car; **straciłam ~e nad sobą** I lost control (of myself)
pantalon|y plt (G **~ów**) [1] żart. (luźne spodnie) baggies pot.; breeches pot., żart. [2] Hist. (część bielizny damskiej) bloomers
pantałyk m sgt (G **~u**)
■ **zbić kogoś z ~u** książk. to put someone off his stroke a. stride
panteistyczn|y adi. Filoz. [teoria, pogląd] pantheistic(al)
panteizm m sgt (G **~u**) Filoz. pantheism
panteon m (G **~u**) pantheon także przen.; **wejść/należeć do ~u literatury polskiej** to take one's place in/to belong to the pantheon of Polish literature
pante|ra f Zool. panther
❏ **czarna ~ra** Zool. (black) panther; **śnieżna ~ra** Zool. snow leopard, ounce
panter|ka f [1] dem. (small) leopard, (small) panther [2] (ubranie wojskowe) army camouflage [3] (wzór na materiale) leopard-print
pantofe|l m [1] (lekki but) court shoe GB, pump US; (męski) (lightweight) shoe; **~le gimnastyczne** plimsolls (a. kapeć) slipper; **miękkie a. domowe ~le** carpet slippers; **ranne ~le** bedroom slippers
■ **wziąć kogoś pod ~el** to dominate sb; **być a. siedzieć pod (czyimś) ~lem** to be henpecked by sb pot.; **dostać się pod (czyjś) ~el** to be under sb's thumb
pantofel|ek **II** m anim. Zool. paramecium **III** m inanim. dem. (court) shoe

pantoflars|ki adi. [1] [sposób bycia, przyzwyczajenia] of a henpecked husband pot. [2] [warsztat, surowce] slipper-making

pantoflarstw|o n sgt [1] żart. (bycie pantoflarzem) henpeckery rzad.; **wyśmiewano się z jego ~a** he was laughed at for being henpecked pot. [2] (wyrób obuwia domowego) slipper-making, the manufacture of slippers

pantoflarz m (Gpl ~y) pot. henpecked husband pot.

pantoflow|y adj slipper attr.

pantomim|a f [1] Teatr mime, pantomine [2] (porozumiewanie się bez słów) mime C/U, dumbshow C/U

pantomimicznie adv. [pokazać, odegrać] in the form of mime

pantomimiczn|y adi. mime attr., pantomime attr.; **aktor ~y** a mime (artist); **~e środki wyrazu** mime techniques; **teatr ~y** a pantomime theatre; **miał talent ~y** he had a talent for mime

panując|y ▯ pa → **panować**
▯ m (władca) ruler; (król) monarch, sovereign

pań|cia f [1] pieszcz. (właścicielka psa, kota) mistress [2] pejor. silly cow pot., pejor.

pańs|ki ▯ adi. [1] (forma grzecznościowa) your (when addressing a man); **czy to ~ka książka?** is this your book?, is this book yours?; **dziękuję za Pański list** thank you for your letter; **nie ~ka sprawa!** it's none of your business! [2] (odnoszący się do właściciela majątku ziemskiego lub bogatego człowieka) lordly; **~ka rezydencja** a lordly mansion; **mieć ~ki gest** to be generous a. open-handed; **zachowywać się/żyć po ~ku** to behave like a lord/live in grand style; **ugościć kogoś po ~ku** to entertain sb in grand style; **traktować kogoś z ~ka** to treat sb in lordly fashion; **ubierać się** a. **nosić się z ~ka** to dress like a lord [3] (odnoszący się do Boga) **Grób Pański** the Holy Sepulchre; **Męka Pańska** the Passion (of Christ); **Modlitwa Pańska** the Lord's Prayer; **Wieczerza Pańska** the Last Supper; **w Roku Pańskim 1640** in the year of our Lord a. Anno Domini 1640
▯ **pańskie** n sgt przest. (grunty dworskie) lord's estate; **pracować na ~kim** to work on the lord's estate
■ **święci ~cy!** Heavens above!, (Good) Heavens!; **~kie oko konia tuczy** przysł. the eye of the master maketh the horse fat przysł.

pańskoś|ć f sgt [1] (postawa, zachowanie) lordliness [2] (wyniosłość) lordly a. grand manners

państew|ko n dem. small state

państw|o¹ n Polit. [1] (kraj) state; **~o w ~ie** a state within a state; **armia nie może być ~em w ~ie** the Army cannot be a state within a state; **Austria i sąsiadujące ~a** Austria and the countries surrounding it [2] (urzędy sprawujące władzę) the state; **większość lasów w Polsce należy do ~a** most of the forests in Poland are state-owned; **~o powinno zapewnić opiekę bezrobotnym** the state should look after the unemployed
❏ **~o buforowe** Polit. buffer state; **~o konstytucyjne** Polit. constitutional state; **Państwo Kościelne** Hist. the Papal States; **~o lenne** Hist. vassal state; **~o wielona-**

rodowe multinational state; **~o niezaangażowane** non-aligned state, neutral state; **~o opiekuńcze** Polit. welfare state; **~o policyjne** Polit. police state; **~o prawa** Polit. law-governed state; **Państwo Środka** Hist. Middle Kingdom; **~o unitarne** Polit. unitary state; **~o związkowe** Polit. federal state
■ **źle się dzieje w ~ie duńskim** all is not well in the state of Denmark

państw|o² plt (GA ~a, L ~u) [1] (para) couple; **przyszli ci ~o z sąsiedniej klatki** the people from next door came; **„kim są ci ~o na zdjęciu?"** 'who are a. is the couple in the picture?' [2] (przed nazwiskiem) Mr and Mrs; **(Szanowni) Państwo Nowakowie** (na kopercie) Mr and Mrs Nowak; **~o Kubiak** Mr and Mrs Kubiak [3] (grupa ludzi) people; **ci ~o wsiedli na poprzedniej stacji** those people got on at the last station [4] (forma grzecznościowa) Ladies and Gentlemen; **dzień dobry ~u!** good morning, ladies and gentlemen!; **proszę ~a, dzisiejszy wykład nie odbędzie się** ladies and gentlemen, today's lecture has been cancelled; **czy zechcieliby Państwo...** Ladies and Gentlemen, would you like to...; **czy Państwo się znacie** pot. a. **znają?** do you know each other a. one another?; **czujcie się ~o jak u siebie w domu** please, make yourselves at home; **~o pozwolą, że zapalę papierosa** you don't mind if I smoke a. my smoking, do you?; **czy to ~a pies?** is this your dog? [5] przest. (chlebodawcy) master and mistress [6] iron. **udawali wielkich ~a** they pretended they were so grand; **wielcy ~o się z nich zrobili** they became all high and mighty pot. [7] (właściciele zwierzęcia domowego) master and mistress
■ **~o młodzi** the young couple, the bride and groom

państwowoś|ć f sgt Polit. [1] statehood; **kraj odzyskał/utracił ~ć** the country regained/lost its statehood [2] (państwo) state; **działania te są sprzeczne z interesem polskiej ~ci** these moves are in conflict with Poland's interests as a state

państwow|y adi. [1] [flaga, hymn, godło] national [2] [przemysł, przedsiębiorstwo, koleje] state, state-owned; **urzędnik ~y** a civil servant

pańszczy|zna f sgt [1] Hist. serfdom [2] pot. drudgery; **osiem godzin biurowej ~zny** eight hours of drudgery a. torture in the office

pańszczyźnian|y adi. Hist. **chłopi ~i** serfs

pap|a¹ f sgt ≈ tar paper

pap|a² m (Npl ~owie) przest., żart. (ojciec) papa przest.; daddy pot.

pap|a³ f pot., obraźl. (twarz) mug pot.; (usta) gob GB pot., trap pot.; **dostać w ~ę** to receive a punch; **przymknij** a. **zamknij ~ę!** shut your face a. trap pot., obraźl.

papa|cha f papakha (Caucasian fur hat)

papaj|a f (Gpl ~i) [1] (owoc) papaya [2] (drzewo) papaya (tree)

papamobile /ˌpapaˈmobile/ n inv. Popemobile pot.

paparazzi /ˌpapaˈratstsi/ m, m inv. paparazzo; **uciekać przed natrętnymi ~** to be running away from prying paparazzi

paparazzo /ˌpapaˈratstso/ → paparazzi

papci|o m (Npl ~owie) pieszcz. daddy pot.

pap|eć m pot. (kapeć) carpet slipper

papeteri|a f (GDGpl ~i) (matching) notepaper and envelopes pl

papeteryjn|y adi. **papier ~y** (good-quality) notepaper a. writing paper

papie|r m (G ~ru) [1] sgt (materiał) paper; **~r do pisania** writing paper; **~r do pakowania** wrapping paper; **~r błyszczący** gloss paper; **~r ozdobny** (do pakowania prezentów) gift wrap; **~r czysty** a. **gładki** blank paper; **~r w kratkę** a. **kratkowany** squared paper; **~r w linię** a. **liniowany** lined paper; **arkusz ~ru** a sheet of paper; **bela ~ru** a bale of paper; **kawałek ~ru** a piece of paper; **kartka ~ru** a sheet of paper; **rola ~ru** a roll of paper; **ryza ~ru** a ream of paper; **skrawek ~ru** a scrap of paper; **świstek ~ru** pot. a scrap of paper; **zwój ~ru** a scroll; **obłożyć książkę/zeszyt w ~r** to cover a book/an exercise book with paper; **opakować coś w ~r** to wrap sth up in paper; **rzucić** a. **przelać** a. **przenieść coś na ~r** książk. to get sth down on a. pour sth out on a. transfer sth to paper; **utrwalić coś na ~rze** to commit sth to paper książk.; **ten przepis istnieje tylko na ~rze** this rule exists on paper only; **umowa pozostaje na ~rze** it remains a paper agreement only; **raport wygląda ładnie na ~rze** the report looks good on paper [2] zw. pl. pot. (dokument) document; **złożyć ~ry na uczelnię** to submit an application for university; **wśród ~rów po dziadku znalazłem stare listy miłosne** among my late grandfather's papers I found some old love letters; **okazać** a. **przedstawić swoje ~ry** to show one's papers; **mieszkałem wtedy we Francji na ~rach uchodźcy politycznego** at the a. that time I was living in France as a political refugee; **~ry wartościowe** Fin. securities
❏ **~r asfaltowany** asphalt-laminated paper; **~r bezdrzewny** wood-free paper; **~r biblijny** India a. bible paper; **~r bromosrebrowy** a. **bromowy** Fot. bromide paper; **~r celulozowy** cellulose paper; **~r chlorosrebrowy** Fot. chloride paper; **~r czerpany** handmade paper; **~r drukowy** printing paper; **~r firmowy** letterhead paper, headed notepaper; **~r fotograficzny** photographic paper; **~r gazetowy** newsprint; **~r higieniczny** a. **toaletowy** toilet paper; **~r kancelaryjny** ≈ foolscap paper; **~r kredowy** chalk overlay paper, art paper; **~r listowy** writing paper, notepaper; **~r maszynowy** typing GB a. typewriting US paper; **~r milimetrowy** graph paper; **~r nutowy** score paper; **~r offsetowy** offset paper; **~r pakowy** wrapping paper; **~r pergaminowy** greaseproof paper; **~r podaniowy** ≈ foolscap paper; **~r ryżowy** rice paper; **~r ścierny** abrasive paper; **~r ścierny piaskowy** sandpaper; **~r śniadaniowy** greaseproof paper (for sandwiches); **~r światłoczuły** Fot. light-sensitive paper; **~r welinowy** vellum; **~r woskowany** wax paper; **szary ~r** brown (wrapping) paper
■ **na wariackich ~rach** pot. (spontanicznie) on the spur of the moment; **cała impre-**

za była zorganizowana na wariackich ~rach the whole event was organized on the spur of the moment; być na wariackich ~rach a. mieć wariackie ~ry pot. to be certified; ~r jest cierpliwy ≈ you can write anything on paper

papier|ek m dem. ① (materiał) piece of paper; ~ki od cukierków sweet wrappers ② pot. (dokumenty urzędowe) piece of paper, paper zw. pl; przekładać ~ki pot. to shuffle papers pot.

❑ ~ek lakmusowy litmus paper; ~ek wskaźnikowy indicator a. test paper

papierkow|y adi. pot., iron. paper attr.; ~a robota paperwork

papier mâché /pɑpjema'ʃe/ m inv. papier mâché

papierni|a f (Gpl ~) paper mill

papiernictw|o n sgt paper-making

papiernicz|y adi. paper attr.; przemysł ~y the paper(-making) industry; zakłady ~e a paper mill; sklep ~y a stationer's, a stationery shop

papieroch m augm. (A ~a a. ~) pot. fag pot.; i znowu ćmisz te ~y! smoking those fags again!

papieros m (A ~a a. ~) cigarette; paczka ~ów a packet of cigarettes; palić ~y to smoke cigarettes; zaciągnąć się ~em to drag on a cigarette; zapalić/zgasić ~a to light/put out a cigarette

papieros|ek m dem. (A ~ka a. ~ek) cigarette

papierosow|y adi. [bibułka, tytoń, przemysł] cigarette attr.; dym ~y cigarette smoke

papierośnic|a f cigarette case

papierowo adv. ① (jak papier) ~ blada twarz a face as white as a sheet ② (sztucznie) główna scena filmu wypadła dość ~ the main scene in the film was rather artificial

papierow|y adi. ① (z papieru) [torebka, opakowanie] paper attr. ② (bardzo blady) [cera, twarz] paper-white ③ (istniejący tylko w teorii) paper attr. ④ (sztuczny) [bohater] cardboard attr., wooden; [sytuacja] artificial

papierów|ka f ① Bot., Kulin. a variety of early apple, or the tree bearing such apples ② Techn. pulpwood

papierzysk|o n (Gpl ~ a. ~ów) zw. pl. ① (śmieć) piece a. bit of paper ② (pismo urzędowe) document, piece of paper; różne ~a various papers a. documents

papies|ki adi. [bulla, tron, wizyta] papal

papiestw|o n sgt the papacy

papież m (Gpl ~y) the Pope; ~ Jan Paweł II Pope John Paul II; audiencja u ~a an audience with the Pope; być bardziej papieskim niż sam ~ a. być świętszym od ~a iron. to be holier than the Pope

■ być w Rzymie i ~a nie widzieć przysł. ≈ to visit Rome without seeing the Pope

papilo|t m zw. pl curl-paper; kobieta w ~tach a woman in curl-papers; zakręcać włosy na ~ty to put one's hair in curl-papers

papirus m (G ~u) ① sgt (do pisania) papyrus; zwój ~u a papyrus; pisać na ~ie to write on papyrus ② (dokument) papyrus ③ Bot. papyrus

papirusow|y adi. [zwój] papyrus attr.; trzcina ~a a papyrus plant

papi|sta m, ~stka f (zwolennik papieża, katolik) papist

papizm m sgt (G ~u) ① (doktryna) papism ② pejor. (katolicyzm) papistry

pap|ka f ① (masa) pulp, mush; (do jedzenia) pap pejor.; rozetrzeć coś na ~kę to mush sth ② przen., pejor. pap pejor.; karmić kogoś ~ką a. serwować komuś ~kę to feed sb pap

papkowa|ty adi. [masa, konsystencja] pulpy; [śnieg, błoto] mushy

papl|a f, m (Gpl ~i) pot. ① (gaduła) gasbag pot., windbag pot. ② (niepotrafiąca dochować tajemnicy) babbler

papl|ać impf (~ę a. ~am) vi pot. (dużo mówić) to prattle (on) pejor., to jabber (away) pejor.; (zdradzać sekrety) to blab pot.; ~ać o czymś to blab on about sth; ~ać bez sensu to babble, to jabber senselessly

paplanin|a f sgt pot. babble; to prattle pejor.; czcza ~a empty babble a. prattle

papow|y adi. [dach] tar-paper attr.

pap|rać impf (~rzę) pot. **I** vt ① (brudzić) to get [sth] messy pot.; ~rać sobie ręce atramentem to smear one's hands with ink ⇒ upaprać ② (psuć) to goof US a. mess up [robotę, zadanie] ⇒ spaprać

III paprać się ① (brudzić się) to get oneself messy pot.; ~rać się błotem to get oneself muddy; ~rać ręce/ubranie farbą to get paint (all) over one's hands/clothes ⇒ upaprać ② (męczyć się) to mess around pot. (z czymś with sth); to muck around pot. (z czymś with sth) ③ (źle się goić) [rana] to weep

papranin|a f sgt pot. (nudna praca) grind pot.; (brudna praca) messy work

papro|ch m (~szek dem.) speck of dirt; (kłaczek) piece of fluff; (okruszek) crumb; na płycie są jakieś ~chy there's some fluff on the record; masz jakieś ~chy na okularach there's some dirt on your glasses

papro|ć f Bot. fern, bracken; liście ~ci fronds of fern a. bracken

■ kwiat ~ci fern flower (believed to bloom on Midsummer's Eve)

paprot|ka f ① Bot. polypody, wall fern ② (roślina doniczkowa) hare's-foot fern ③ przest. asparagus leaves (used in bouquets)

paprotnik m zw. pl Bot. fern

paprycz|ka f dem. (słodkawa, jedzona na surowo) (sweet) pepper, bell pepper US; (ostra) chilli (pepper)

papry|ka f ① Bot., Kulin. (roślina, owoc) capsicum, pepper; (słodkawa, jedzona na surowo) pepper; (ostra) chilli (pepper); sałatka jarzynowa z czerwoną ~ką a vegetable salad with red peppers ② Kulin. (przyprawa) pepper, paprika

paprykarz m Kulin. ① (gulasz) meat stew with red peppers; ~ cielęcy/z kurczaka/rybny veal/chicken/fish stew with red peppers ② (pasta) fish paste with red peppers

papryk|ować impf vt to add hot pepper to; gulasz był mocno ~owany the stew was very peppery

paprykow|y adi. [sos] paprika attr.

papu n inv. dziec. food; dziecko chce ~ the baby is hungry

Papuas m Papuan

papuas|ki adi. [plemię, język] Papuan

papu|ć m pot. slipper

papu|ga f ① Zool. parrot; powtarzać coś jak ~ga to parrot sth ② pejor. (naśladowca) copycat pot., pejor.

papug|ować impf vt pot., pejor. to ape [osobę, zachowanie]

papuzi adi. ① Zool. [dziób, pióro] parrot attr. ② [sukienka, koszula] gaudy

papuż|ka f dem. parrot

❑ ~ka falista Zool. budgerigar; ~ki nierozłączki lovebirds także przen.

pa|r m (Npl parowie) peer; par Zjednoczonego Królestwa a peer of the United Kingdom; tytuł para title of peer, a peerage

par. (= paragraf) par., para.

pa|ra¹ f ① sgt steam; para wodna steam, (water) vapour; strumień/obłok pary a jet/cloud of steam; parowóz wypuszcza kłęby pary there are clouds of steam billowing from the engine; z garnka bucha para the pot is steaming; z ust unosiła się para steam rose from our/their mouths; z chłodnicy wydobywała się para steam was coming out of the radiator; gotować coś na parze to steam sth; odklejać/otwierać coś nad parą to steam sth off/open; zajść parą [okulary, szyba, lustro] to steam up; para osadza się a. skrapla się na szybie steam condenses on the windowpane; stać pod parą [parowóz, parowiec] to be in steam; przen. (być gotowym) to be ready to go; pracować pełną a. całą parą [silnik parowy] to run at full steam; przen. [osoba, grupa, organizacja] to work at full steam ② Fiz. (gazowa forma substancji) vapour, vapor US; pary rtęci/jodu mercury/iodine vapours

❑ para nasycona Fiz. saturated vapour, saturated vapor US; para nienasycona Fiz. superheated steam

■ mieć parę to have stamina; mieć parę w rękach to have strong hands; nie puścić pary z ust a. gęby pot. to not breathe a word; ani pary z ust a. gęby! don't breathe a word of it!; uszła z niego para he's run out of steam

pa|ra² f ① (komplet, zespół) pair; para butów/rękawiczek a pair of shoes/gloves; trzy pary skarpetek three pairs of socks; wóz ciągnięty przez parę koni a cart drawn by two a. a pair of horses; patrzyło na nas kilka par oczu we were being watched by several pairs of eyes; przyda się nam każda para rąk we can always do with an extra pair hands; ustawić się w pary to form pairs; ustawić kogoś w pary to put sb in pairs, to pair sb up; pracować w parach to work in pairs; iść parami to walk in pairs; występować parami [zjawisko] to occur in pairs; tańczyć z kimś w parze to dance with sb; zwyciężyła para rosyjska a Russian pair won; w klasie jest do pary/nie do pary uczniów there is an even/odd number of students in the class; masz skarpetki nie do pary your socks don't match; masz każdy but z innej pary your shoes don't match; zgubić rękawiczkę od pary to lose a glove ② (jeden przedmiot) pair; para spodni a pair of trousers; dwie pary nożyczek/okularów two pairs of scissors/glasses ③ (osoby związane uczuciowo) couple; zakochana para

a pair of lovers; **para małżeńska** a married couple; **być dobraną/niedobraną parą, tworzyć dobraną/niedobraną parę** to be a well-matched/an ill-matched couple; **oni są parą** they are living together/going out together, they are together 4 (pozostały element kompletu) pair; **być bez** a. **nie mieć pary** *[osoba]* to have no partner; **znaleźć dla kogoś/czegoś parę** to find a partner for sb/to find a pair for sth; **zgubić parę od rękawiczki** to lose the other glove of a pair
❑ **młoda para** (nowożeńcy) the young couple, the bride and groom

■ **iść w parze z czymś** to go hand in hand with sth; **nieszczęścia chodzą parami** it never rains but it pours; **to inna para kaloszy** pot. (to nie to samo) that's a different kettle of fish pot.; (to inna sprawa) that's another a. different story

para- *w wyrazach złożonych* para-; **paratyfus** paratyphoid; **paranormalny** paranormal

parabol|a *f (Gpl ~* a. *~i)* 1 Mat. parabola 2 Literat. parable

parabolicznie *adv.* 1 Mat. parabolically 2 Literat. parabolically

paraboliczność *f sgt* Literat. parabolic character (**czegoś** of sth)

paraboliczn|y *adi.* 1 (w kształcie paraboli) *[tor, zwierciadło, antena]* parabolic(al) 2 Literat. parabolic(al)

para|ć się *impf v refl.* 1 (trudnić się) **~ć się czymś** to earn one's living doing sth; **~ć się belferką** to earn one's living as a schoolteacher 2 (zajmować się) **~ć się modelarstwem** to dabble in model-making

para|da *f* 1 (pokaz) parade; Wojsk. (military) parade; (defilada) a dress parade 2 Sport (w piłce nożnej) save; **wykonać efektowną ~dę** to make a great save 3 Sport (w szermierce) parry

■ **ubranie od (wielkiej) ~dy** one's Sunday best pot.; **robić coś tylko od (wielkiej) ~dy** to do sth only on special occasions; **to jest przywódca nie od ~dy** he's a real leader; **mieć głowę nie od ~dy** to have the brains; **robić coś nie od ~dy** to do sth not without a reason; **wchodzić** a. **włazić komuś w ~dę** pot. to get in sb's way

paradentoz|a *f sgt* Med. paradentitis

paradnie *adv.* 1 książk. (galowo) **~ wystrojony** in full dress 2 pot. (zabawnie) *[wyglądać]* comical *adi.*, funny *adi.*

paradn|y *adi.* 1 książk. (galowy) **strój ~y** full dress; **mundur ~y** full dress uniform 2 pot. (zabawny) *[mina, historyjka]* comical, funny; **(to) ~e!** iron. that's really funny a. a (real) laugh! iron.

paradoks *m (G ~u)* 1 (sytuacja) paradox; **~ polega na tym, że...** the paradox is that... 2 (zdanie, rozumowanie) paradox

paradoksalnie *adv.* paradoxically; **~, lepiej się teraz czuję** paradoxically I feel better now; **brzmieć ~** to sound paradoxical

paradoksalnoś|ć *f sgt* paradox; **~ć sytuacji** the paradox of the situation; **~ć tego stwierdzenia** the paradox implicit in this statement

paradoksaln|y *adi.* paradoxical

paradokumentalnie *adv.* książk. in a quasi-documentary style

paradokumentalnoś|ć *f sgt* książk. quasi-documentary style (**czegoś** of sth)

paradokumentaln|y *adi.* książk. *[film, styl]* quasi-documentary

paradontoza → paradentoza

parad|ować *impf vi* to parade (around); **~ować (z kimś/czymś) po ulicy/mieście** to parade around the streets/town (with sb/sth); **~ować po domu w bieliźnie** to parade around the house in one's underwear

paradygma|t *m (G ~tu)* 1 książk. paradigm (**czegoś** of sth) 2 Jęz. paradigm (**czegoś** of sth)

paradygmatyczn|y *adi.* paradigmatic

paraf|a *f* initials; **postawić ~ę na dokumencie** to initial a document; **przedstawić coś komuś do ~y** to submit sth to sb for initialling

parafi|a *f (GDGpl ~i)* parish; (ogół parafian) congregation

■ **każdy z innej ~i** all completely a. totally different a. unalike

parafialn|y *adi.* 1 *[kościół, cmentarz]* parish *attr.* 2 przest., pejor. *[gust, smak]* parochial pejor.

parafian|in *m*, **~ka** *f (Gpl ~, ~ek)* parishioner

parafiańs|ki *adi.* przest., pejor. parochial pejor.

parafiańszczy|zna *f sgt* przest., pejor. parochialism pejor.

parafin|a *f* paraffin

parafinow|y *adi.* *[olej, świeca]* paraffin *attr.*

parafka → parafa

paraf|ować *pf, impf vt* to initial *[układ, dokument]*

parafraz|a *f* Literat., Muz. paraphrase

parafraz|ować *impf vt* to paraphrase *[tekst, przysłowie, autora]* ⇒ **sparafrazować**

paragon *m (G ~u)* (till) receipt

paragraf *m (G ~u)* 1 Prawo article; **~ drugi ustawy** article 2 of the act; **oskarżenie z ~u 102** a charge under article 102; **na wszystko znajdzie się jakiś ~** there is a law for everything 2 (znak) section mark 3 (akapit) paragraph

Paragwaj|czyk *m*, **~ka** *f* Paraguayan

paragwajs|ki *adi.* Paraguayan

paralel|a *f (Gpl ~li* a. *~)* książk. parallel; **przeprowadzić ~ę między czymś a czymś** to draw a parallel between sth and sth; **być ~ą czegoś** to be a parallel of sth

paralelizm *m* 1 książk. (podobieństwo) parallelism (**czegoś** of sth) 2 Literat. parallelism

paralelnie *adv.* książk. parallelly

paralelnoś|ć *f sgt* książk. parallelism (**czegoś** of sth)

paraleln|y *adi.* książk. *[rozwój, wątki, linie]* parallel (**do czegoś** to sth)

paraliterac|ki *adi.* *[forma, gatunek]* quasi-literary

paraliteracko *adv.* **ująć/opisać coś ~** to give sth a quasi-literary form

paralitycz|ka *f* przest., Med. paralytic

paralityczn|y *adi.* Med. *[stan, odrętwienie]* paralytic

parality|k *m* 1 Med. paralytic; **uzdrowienie ~ka** Bibl. the healing of the man sick of the palsy 2 pot., obraźl. spastic pot., obraźl.

paraliż *m (G ~u)* 1 Med. paralysis (**czegoś** of sth); **być dotkniętym ~em** to be paralysed; **ulec ~owi** to become paralysed 2 przen. paralysis (**czegoś** of sth); **~ komunikacyjny miasta** paralysis of the city's traffic
❑ **~ dziecięcy postępowy** a. **postępujący** Med. locomotor ataxia

paraliż|ować *impf vt* 1 *[strach]* to paralyse; **~ujący strach** a paralysing fear ⇒ **sparaliżować** 2 (uniemożliwiać, utrudniać funkcjonowanie) to cripple *[wysiłki, próby, transport, system]*; to paralyse *[miasto, osiedle, kraj]*; **~ować transport nieprzyjaciela** to cripple the enemy's transportation system ⇒ **sparaliżować** 3 Med. (unieruchomić) to paralyse *[osobę, kończynę]*; **broń ~ująca** a stun gun; **gaz ~ujący** nerve gas ⇒ **sparaliżować**

paraliżująco *adv.* **działać ~ na kogoś/coś** to have a paralysing effect on sb/sth

paralotni|a *f (Gpl ~i)* paraglider; **latać na ~** to paraglide

paralotniars|ki *adi.* *[klub, zawody]* paragliding

paralotniarz *m (Gpl ~y)* paraglider

parame|tr *m (G ~ru)* 1 Mat. parameter 2 Techn. parameter; **~ry techniczne** technical parameters; **~ry wytrzymałościowe materiału** the material's performance parameters

parametryczn|y *adi.* *[dane, wielkość]* parametric

paramilitarnie *adv.* in a paramilitary fashion

paramilitarn|y *adi.* *[organizacja, oddział]* paramilitary

paranoicznie *adv.* 1 (obsesyjnie) *[bać się]* paranoiacally; **reagować ~** to react in a paranoid way 2 (bezsensownie) absurdly; **to brzmi ~** it sounds paranoid

paranoiczn|y *adi.* 1 (obłędny) *[system, świat, pomysł]* paranoid 2 Med. *[objaw, psychoza, osobowość]* paranoid

paranoidalny → paranoiczny

paranoi|k *m*, **~czka** *f* paranoid, paranoiac

parano|ja *f sgt* 1 Med. paranoia 2 przen. (absurd) paranoia

parantel|a *f (Gpl ~i)* zw. pl 1 książk. (związek) relationship, connection; **~e kina z literaturą** the links between film and literature 2 przest. (pokrewieństwo) family connections

parape|t *m (G ~tu)* window sill a. ledge

parapetów|a *f* pot. house-warming party

parapsycholo|g *m (Npl ~gowie* a. **~dzy)** parapsychologist

parapsychologi|a *f sgt (GD ~i)* parapsychology

parapsychologiczn|y *adi.* *[zjawisko, badania]* parapsychological

parasol *m* 1 (przeciwdeszczowy) umbrella; (przeciwsłoneczny) parasol; (stojący) parasol, (sun) umbrella; **~ plażowy/ogrodowy** a beach/garden umbrella; **schować się pod ~em** to get under an umbrella; **rozłożyć** a. **rozpiąć/złożyć ~** to open a. unfurl/to close an umbrella 2 przen. umbrella; **~ ochron-**

ny a protective umbrella; **~ nuklearny** a nuclear umbrella; **pod ~em ustawy/ organizacji** under the umbrella of a piece of legislation/an organization; **rozpiąć ~ ochronny nad kimś/czymś** a. **objąć kogoś/coś ~em ochronnym** to bring sb/sth under a protective umbrella

parasol|ka *f* (przeciwdeszczowa) (ladies') umbrella; (przeciwsłoneczna) parasol

parasolowato *adv*. **~ ułożone liście** umbrella-like leaves

parasolowa|ty *adi*. *[kształt, kwiat, korona drzewa]* umbrella-like

parawan *m* (*G* **~u**) [1] (zasłona) screen, partition; (na plaży) windbreak; **przebierać się za ~em** to change behind a screen; **oddzielić coś ~em** to screen sth off; **łóżko osłonięte przenośnym ~em** a bed screened off by a movable partition; **rozstawić ~ na plaży** to put up a windbreak on a beach [2] książk., przen. screen; **za ~em drzew** behind a screen of trees; **służyć za ~ dla przestępczej działalności** to serve as a cover a. screen for criminal activity

parawanik *m dem*. (*G* **~u** a. **~a**) (small) screen, (small) partition

parcel|a *f* (*Gpl* **~** a. **~i**) plot (of land), parcel; **~a budowlana** a building plot; **~a leśna** a plot of forest land; **niezabudowana ~a** a vacant plot; **podzielić grunt na małe ~e** to parcel out land into small plots

parcelacj|a *f* (*Gpl* **~i**) parcelling out, parceling out US; **~a ziemi** the parcelling out of a. dividing up of land

parcel|ować *impf vt* to parcel out, to divide up *[grunty, ziemię]* ⇒ **rozparcelować**

parch [1] *m pers*. (*Npl* **~y**) obraźl. scab pot., obraźl.
[2] *m inanim*. (*G* **~u** a. **~a**, *A* **~** a. **~a**) [1] Bot. scab; **~ jabłoniowy** apple scab; **~ ziemniaków** potato scab; **liście pokryte ~em** a. **~ami** scabby leaves [2] *sgt* pot. (u ludzi, zwierząt) fungal infection
[3] **parchy** *plt* pot. fungus, fungal growth

parcian|y *adi*. *[pas, torba, taśma]* webbing *attr*.

parci|e [1] *sv* → **przeć**
[2] *n sgt* [1] Fiz. hydrostatic pressure [2] Med. **~e na mocz/stolec** an urge to urinate/pass a stool; **~e porodowe** pushing (during labour)
❏ **~e korzeniowe** Bot. root pressure

parci|eć *impf* (**~eje**, **~ał**) *vi* [1] *[skóra, tkanina, pasek]* to rot ⇒ **sparcieć** [2] *[owoc, rzodkiewka]* to become spongy ⇒ **sparcieć**

pardon[1] *m* (*G* **~u**) przest. (przebaczenie) pardon; **tu nie ma ~u** there's no mercy here
■ **bez ~u** without mercy

pardon[2] /par'dõ/ *inter*. pot. sorry!

par|ę *pron*. several; a couple pot.; a few; **~ę razy** several times; **~ę godzin/dni temu** a. **przed ~oma godzinami/dniami** a few a. several hours/days ago; **od ~u minut/ tygodni** for the last few a. couple of minutes/weeks; **z ~u powodów** for several a. a number of reasons; **rozmawiałem z nim ~ę dni temu** I was talking to him a couple of days a. a few days ago; **zaprosił**

~ę osób he invited a few a. one or two people; **zostało mi tylko ~ę groszy** I only have/had a few groszy left; **to musiało kosztować ładne ~ę groszy** that must have cost a pretty penny a. a few bob GB pot.; **(on) ma trzydzieści ~ę lat** he's thirty-something

parędziesiąt *pron*. several dozen

parenaście *pron*. over a dozen

pareset *pron*. several hundred

paręsetkilogramow|y *adi*. weighing several hundred kilograms

parias *m* (*Npl* **~y** a. **~i**) pariah także przen.

park *m* (*G* **~u**) [1] (zadrzewiony obszar) park; **ławeczka w ~u** a park bench; **pójść do ~u** to go to a park; **spacerować po ~u** to have a walk in a park [2] (urządzenia) **~ maszynowy** machines; **~ samochodowy** (pojazdy) a fleet; (parking) a car park
❏ **~ angielski** English-style garden; **~ francuski** formal garden; **~ narodowy** national park

par|ka *f dem*. pieszcz. (ludzi) couple; (zwierząt) pair; **mają ~kę** (syna i córkę) they have a boy and a girl

parkan *m* (*G* **~u**) fence; **teren otoczony ~em** an area surrounded by a fence

parkie|t *m* (*G* **~tu**) [1] (podłoga) woodblock floor, parquet (floor); **układać ~t** to lay a parquet floor [2] *sgt* (klepki) parquet (flooring) blocks *pl* [3] (do tańca) dance floor; **wyciągnąć kogoś na ~t** to drag sb onto the dance floor; **szlifować ~ty** przen. to dance [4] Sport (boisko do siatkówki, koszykówki) court; **opuścić ~t** to leave the game; **dominować na ~cie** to dominate the game [5] (na giełdzie) trading floor; **zadebiutować na ~cie** *[akcje, firma]* to make a debut on the Stock Exchange

parkietow|y *adi*. *[klepka, posadzka]* parquet *attr*.

parking *m* (*G* **~u**) car park GB, parking lot US; **~ strzeżony** a manned car park; **~ podziemny** an underground parking garage a. car park; **~ dla autokarów** a coach park; **postawić** a. **zostawić samochód na ~u** to leave a car in a car park

parkingow|y [1] *adi*. *[kwit, miejsce]* parking *attr*.
[2] *m* parking attendant

parkinsonizm *m sgt* (*G* **~u**) Med. Parkinsonism

parkome|tr *m* (*G* **~ru**) parking meter

parkotać → **perkotać**

park|ować *impf* [1] *vt* to park *[samochód]*; **~ować na ulicy** to park in the street; **tu nie wolno ~ować** you can't park here ⇒ **zaparkować**
[2] *vi [samochód]* to park; **samochody ~ujące przed szkołą** cars parking outside the school ⇒ **zaparkować**

parkow|y *adi*. *[ławka, fontanna, rzeźba, alejka]* park *attr*.

parlamen|t *m* (*G* **~tu**) [1] Polit. (ciało ustawodawcze) parliament; **~t jednoizbowy** a single-chamber a. unicameral parliament; **~t dwuizbowy** a two-chamber a. bicameral parliament; **wybory do ~tu** parliamentary election; **poseł do ~tu** a member of parliament, an MP; (europejskiego) a deputy (of the European parliament); **zasiadać w ~cie** to sit in parliament; **kandydować do ~tu** to

run for parliament; **zostać wybranym do ~tu** to be elected to parliament; **~t obraduje** parliament is sitting; **~t przyjął/odrzucił projekt ustawy** the bill was passed/rejected by parliament; **~t obraduje nad projektem ustawy** parliament is debating the bill; **wnieść coś pod obrady ~tu** to put sth before parliament; **Parlament Europejski** the European Parliament; **deputowany do Parlamentu Europejskiego** a Member of the European Parliament, a Euro-MP [2] (budynek) parliament building

parlamentariusz *m* (*Gpl* **~y**) Hist. peace envoy; **wysłać ~y** to send peace envoys

parlamentarnie *adv*. [1] Polit. **~ zatwierdzony** approved by parliament [2] euf. **zachowywać się/odzywać się niezbyt** a. **mało ~** to act/speak in an unparliamentary way

parlamentarn|y *adi*. [1] Polit. *[wybory, opozycja]* parliamentary; **komisja ~a** a parliamentary committee a. commission; **większość/mniejszość ~a** a parliamentary majority/minority; **~a debata** a parliamentary debate [2] euf. **mało** a. **niezbyt ~y** *[słowo, wyrażenie]* unparliamentary

parlamentaryzm *m sgt* (*G* **~u**) parliamentary system

parlamentarzy|sta *m*, **~stka** *f* (poseł) member of parliament; (wytrawny, doświadczony) parliamentarian

Parnas *m sgt* (*G* **~u**) Parnassus

parnas *m sgt* (*G* **~u**) książk. literary elite; **wejść** a. **wstąpić na ~** to join the literary elite

parnik *m* steamer

parn|o *adv. grad*. **jest ~o** it's very muggy; **zrobiło się ~o** the air became muggy a. sultry

parn|y *adi*. *[powietrze, dzień]* sultry, muggy; (intensywniej) steamy

paro- *w wyrazach złożonych* **parogodzinny** a. **parugodzinny** lasting several hours; **parokilogramowy** a. **parukilogramowy** weighing several kilos

parobcza|k *m* (*Npl* **~ki** a. **~cy**) przest. farm worker

parob|ek *m* (*Npl* **~cy** a. **~kowie** a. **~ki**) przest. farmhand

parodi|a *f* (*GDGpl* **~i**) [1] (naśladownictwo) parody *C/U*; **~a znanej piosenki** a parody of a well-known song [2] przen. parody; **~a procesu** a parody of justice

parodi|ować *impf vt* to parody *[utwór, osobę, styl]* ⇒ **sparodiować**

parodniow|y *adi*. [1] (trwający parę dni) *[wycieczka, nieobecność, choroba]* a few days *attr*.; **~y urlop** a few days off [2] (mający parę dni) *[dziecko, kurczak, zarost]* a few days-old

parodontoza → **paradentoza**

parody|sta *m*, **~stka** *f* parodist; **~sta stylu barokowego** a parodist of the baroque style; **~sta/~stka znanych ludzi** an impersonator of celebrities

parodystycznie *adv*. *[ująć, przedstawić]* as a parody

parodystyczn|y *adi*. *[twórczość, utwór]* parodic

parokroć *pron*. książk. several times

parokrotnie *adv*. [1] *[pytać, dzwonić]* several times [2] (o kilka razy) *[wzrosnąć, zwiększyć* *się]* by several times; **~ więcej** several times more

parokrotn|y *adi.* [1] *[zwycięzca, mistrz]* several-time; **~e próby** several attempts; **~e pukanie do drzwi** repeated knocks at the door [2] *(o kilka razy) [wzrost]* several-fold

paroksyzm *m (G ~u) książk.* [1] *(nasilenie objawów)* paroxysm (**czegoś** of sth); **~ kaszlu** a fit of coughing; **zwijać się w ~ach bólu** to writhe in convulsions of pain [2] *przen.* paroxysm (**czegoś** of sth); **~ śmiechu/złości/nienawiści** a fit of laughter/rage/hate

parol *m sgt (G ~u) Hist. (słowo honoru)* parole; **dać ~** to give one's parole a. word of honour; **wypuścić kogoś na ~** to release sb on parole

■ **zagiąć ~ na kogoś** *książk.* (mieć zamiary matrymonialne) to set one's cap at sb; *przest.* (uwziąć się) to have it in for sb pot.

parolat|ek [] ** *m pers. (Npl ~ki* a. **~kowie) (dziecko) child several years old

**[] ** *m anim.* (zwierzę) animal several years old

paroletni *adi.* [1] *(trwający parę lat)* lasting several years [2] *(mający parę lat) [dziecko, zwierzę, drzewo]* several years old

parometrow|y *adi.* **~y przewód** a cable several metres long; **~y słup** a post several metres high; **mur ~ej grubości/wysokości** a wall several metres thick/high

paromiesięczn|y *adi.* [1] *(trwający parę miesięcy) [wyjazd, praca]* lasting several months [2] *(mający parę miesięcy)* several months old

parominutow|y *adi.* (trwający parę minut) of a. lasting several minutes, several-minute *attr.*; **~a przerwa** a break of a. lasting several minutes; **~e opóźnienie** a several minutes' delay, a delay of several minutes

parosetletni → **parusetletni**

parostat|ek *m (G ~ku)* steamer, steamship

parostopniow|y *adi.* [1] *(o temperaturze)* **~y wzrost temperatury** a rise in temperature of several degrees; **~y mróz** a few degrees below zero a. freezing [2] *Żegl.* of several degrees; **~a zmiana kursu** a change in course of several degrees [3] *(złożony z etapów)* (consisting) of several stages; **~e eliminacje** a competition involving several rounds a. stages

parotomow|y *adi. [powieść, dzieło]* in several volumes

parotonow|y *adi.* (ważący parę ton) **~y ciężar/ładunek** a weight/load of several tons; (mogący udźwignąć parę ton) **~y dźwig** a crane of several tons' capacity

parotygodniow|y *adi.* [1] *(trwający parę tygodni)* lasting several weeks [2] *(mający parę tygodni)* **~e dziecko/zwierzę** a child/an animal several weeks old

parotysięczn|y *adi.* **~y tłum** a crowd of several thousand people; **~e miasto** a town of several thousand inhabitants

par|ować¹ *impf* **[] ** *vt* (gotować na parze) to steam *[ziemniaki]*

[] ** *vi* [1] (zmieniać stan skupienia) *[woda, benzyna]* to evaporate; **woda ~ująca z oceanów evaporating ocean water [2] (wydzielać parę) *[ziemia, potrawa, wrzątek]* to steam; **talerz ~ującej zupy** a bowl of steaming soup

[3] *(o roślinach)* **rośliny ~ują** water evaporates from the plants

par|ować² *impf vt* [1] (w szermierce, boksie) to parry *[cios, atak, pchnięcie]* (**czymś** with sth) ⇒ **odparować, sparować** [2] *przen.* to counter *[ataki, zarzuty]* ⇒ **odparować**

parow|iec *m* steamer

parowiekow|y *adi.* [1] *(trwający parę wieków)* **~e panowanie tureckie** several centuries of Turkish rule [2] *(mający parę wieków)* several centuries old

parowozik *m dem.* pieszcz. steam engine

parowozowni|a *f (Gpl ~)* locomotive shed, engine house

parowozow|y *adi. [kocioł, palenisko]* steam engine *attr.*

parow|óz *m (G ~ozu)* steam engine, steam locomotive

parow|y *adi. [maszyna, kocioł, turbina, młyn, łaźnia]* steam *attr.*; **kąpiel ~a** a steam a. sweat bath

par|ów *m (G ~owu)* ravine; **na dnie głębokiego ~owu** at the bottom of a deep ravine

parówecz|ka *f dem. pieszcz.* sausage

parów|ka *f* [1] *Kulin.* sausage; **~ki na gorąco** hot sausages [2] pot. (inhalacja) steam inhalation; **~ka ziołowa** a herbal inhalation [3] pot. (łaźnia parowa) steam bath [4] pot. (kąpiel) steam bath, sweat bath [5] pot. (zabieg kosmetyczny) steam treatment [6] pot. (gorące pomieszczenie) **ale tu ~ka!** the place is like a sauna!

parówkow|y [] ** *adi.* [1] *Kulin.* **kiełbasa ~a a thick sausage [2] *Kosmet.* **zabieg ~y** a steam treatment; **kąpiel ~a** a steam bath **[] parówkowa** *f Kulin.* a thick sausage

parskać *impf* → **parsknąć**

parsk|nąć *pf* — **parsk|ać** *impf* (**~nęła, ~nęli** — **~am**) *vi* [1] (wydać dźwięk) *[osoba, koń]* to snort; *[maszyna, silnik]* to splutter; **~nąć/~ać z zadowoleniem** to snort with pleasure; **~nąć/~ać śmiechem** to snort with laughter [2] (powiedzieć opryskliwie) *[osoba]* to snort; **„jak to?" — ~nął** 'what do you mean?' he snorted

parszywie *adv. grad.* pot. (czuć się, wyglądać) lousy *adi.* pot., rotten *adi.* pot.

parszyw|iec *m* pot., obraźl. rotten bastard obraźl.; ratfink US pot., obraźl.

parszywi|eć *impf* (**~eje, ~ał, ~eli**) *vi* pot. [1] *[osoba, zwierzę]* to get the mange ⇒ **sparszywieć** [2] *[roślina]* to get scabby ⇒ **sparszywieć**

parszyw|y *adi.* pot. [1] (pokryty parchami) *[pies, koń, dziad]* mangy; *[ziemniaki]* scabby [2] *[życie, nastrój, pogoda, interes]* lousy pot., rotten pot.; **~y drań** pejor. a rotten bastard pot., pejor. [3] (niemile widziany) **uważać kogoś za ~ego** to look on sb as a social pariah ■ **~a owca** a social pariah a. outcast

partac|ki *adi.* pot. **~ka robota** a botch-up pot., a botched-up job pot.; **~ki szewc** a lousy a. hopeless shoemaker pot.

partactw|o *n* pot., pejor. (zadanie, praca) botch-up pot., pejor.; (cecha) bungling (ineptitude) *U* pot., pejor.

partacz *m (Gpl ~y)* pot., pejor. botcher pot., pejor., bungler pot., pejor.

partacz|yć *impf vt* pot., pejor. to botch (up) pot., pejor. *[robotę]* ⇒ **spartaczyć**

partanin|a *f* pot. [1] *sgt* pejor. (praca) botch-up pot., pejor.; (partactwo) bungling (ineptitude) pot., pejor. [2] (dodatkowa praca) job on the side pot.

parte|r *m (G ~ru)* [1] (w budynku) ground floor GB, first floor US; **mieszkanie na ~rze** a ground-floor flat GB, a first-floor apartment US; **mieszkać na ~rze** to live on the ground floor; **zjechać (windą) na ~r** to go down to the ground floor (in the lift) [2] *Teatr* (część sali) ground floor, parterre US; (widownia) stalls; **miejsca na ~rze** (seats in) the stalls [3] *Ogr.* parterre [4] *Sport* **sprowadzenie przeciwnika do ~ru** a takedown; **sprowadzić kogoś do ~ru** to take sb down; **trzymać kogoś w ~rze** to have sb on the mat pot.

parterow|y *adi.* [1] *[budynek, dom]* one-storey *attr.* [2] (znajdujący się na parterze) *[mieszkanie, okno]* ground-floor *attr.* GB, first-floor *attr.* US

parti|a *f (GDGpl ~i)* [1] *Polit.* party; **~a polityczna** a political party; **~a prawicowa/lewicowa/centrowa** a right-wing/left-wing/centrist party; **być członkiem ~i** to be a party member; **założyć ~ę** to form a party; **wstąpić do/wystąpić z ~i** to join/leave a party [2] *Hist.* (w krajach komunistycznych) the Party [3] (część) (książki, gór) part (**czegoś** of sth); (towarów, produktów) batch (**czegoś** of sth); (ludzi) group; **dostarczyć towar ~ami** a. **w ~ach** to deliver goods in batches; **wychodzić małymi ~ami** to leave in small groups (**w grze**) game, round; **~a szachów/brydża** a game of chess/bridge; **wygrać/przegrać trzy ~e** to win/lose three games a. rounds; **zrobić ~ę** (w brydżu) to win a game; **rozegrali bardzo interesującą ~ę** they played a very interesting game [5] *Muz., Teatr* part; **~a solowa** a solo part; **śpiewać ~e tenorowe** to sing tenor parts [6] *przest., książk.* (kandydat do małżeństwa) match; **być dobrą ~ą** a. **stanowić dobrą ~ę dla kogoś** to be a good match for sb [7] *przest., książk.* (małżeństwo) match; **zrobić dobrą ~ę** to make a good match

partne|r [] ** *m pers.* [1] (współuczestnik) partner; **~r do tańca/tenisa a dance/tennis partner; **~r w interesach** a business partner [2] (mąż, kochanek) (male) partner; **mój ~r życiowy** my life partner; **stały ~r seksualny** a long-term sexual partner [3] (osoba o równorzędnym statusie) equal; **traktować kogoś jak równorzędnego ~ra** to treat sb as an equal; **to nie jest dla ciebie ~r do rozmowy** he's not on the same level as you **[] ** *m inanim.* (kraj, firma) partner; **Wielka Brytania to ważny ~r handlowy Polski** Great Britain is a major trading partner of Poland

partner|ka *f* [1] (współuczestniczka) partner [2] (żona, kochanka) (female) partner [3] (osoba o równorzędnym statusie) equal; **traktować kogoś jak równorzędną ~kę** to treat sb as an equal

partners|ki *adi.* **stosunki ~kie** a. **układ ~ki** partnership (**z kimś** with sb); **małżeństwo ~kie** a marriage of equal partners; **mieć z kimś ~kie stosunki** to be on equal terms with sb; **traktować kogoś po ~ku** to treat sb as an equal

partnersko *adv.* **traktować kogoś ~** to treat sb as an equal

partnerstw|o *n sgt* partnership (**z kimś** with sb); **stosunki oparte na ~ie** relationships based on partnership

partol|ić *impf vt* pot., pejor. to botch (up) pot., pejor., to bungle pot., pejor. [*robotę*] ⇒ **spartolić**

party *n inv.* (przyjęcie) party; **urządzić ~** to have a party

partycypacj|a *f sgt* książk. (czynność) participation; (kwota) share; **~a w kosztach/ zyskach** a share in the costs/profits; **zgodzić się na ~ę w kosztach czegoś** to agree to share (in) the costs of sth

partycypacyjn|y *adi.* książk. [*koszty*] participatory; **przedsiębiorstwo ~e** company with a profit-sharing scheme

partycyp|ować *impf vi* książk. to participate (**w czymś** in sth); **~ować w kosztach/zyskach** to share in the costs/profits

partyj|ka *f dem.* [1] Polit. (small) party [2] (towarów) (small) batch (**czegoś** of sth) [3] (gra) game; **może byśmy zagrali ~kę szachów?** how about a little game of chess?

partyjniactw|o *n* pejor. petty party politics

partyjnia|k *m* pot., pejor. (Communist) party member

partyjnoś|ć *f sgt* partyism rzad.

partyjn|y **[1]** *adi.* [1] [*władze, zebranie, cel*] party *attr.*; **moi ~i koledzy** my fellow party members [2] Hist. (należący do partii komunistycznej) **dyrektor musiał być ~y** a manager had to be a party member **[II]** *m* (Communist) party member

partykularnie *adv.* książk., pejor. **~ rozumiany interes** a local a. particularist(ic) interest; **traktować coś ~** to treat sth from a local a. particularist(ic) point of view

partykularn|y *adi.* książk., pejor. [*interes, cel*] particularist(ic); **kierować się ~ym interesem** to be driven by local a. particularist(ic) interests

partykularyzm *m* (*G* **~u**) [1] *sgt* książk., pejor (dbałość o własny interes) particularism [2] *zw. pl* książk., pejor. (partykularny interes) local a. particularistic interest [3] Polit. particularism

partykularz *m* książk., pejor. backward place

partyku|ła *f* Jęz. particle

partykułow|y *adi.* [*wyraz*] particle *attr.*

partytu|ra *f* [1] Muz. score; **~ra opery** the score of an opera [2] Teatr director's script

partyturow|y *adi.* [1] Muz. **zapis ~y** a score [2] Teatr **uwagi ~e** notes in the director's script

partyzanc|ki *adi.* [1] [*walki, oddział*] guerrilla *attr.*, partisan; [*piosenka*] partisan; **wojna ~ka** guerrilla warfare [2] pot., przen. (dyletancki) amateurish; (samowolny) arbitrary; **robić coś po ~ku** (po dyletancku) to do sth in an amateurish way; (samowolnie) to do sth without authorization

partyzan|t *m* guerrilla (fighter), partisan; **oddział ~tów** a guerrilla a. partisan unit; **przyłączyć się do ~tów** to join the guerrillas a. partisans

partyzant|ka *f* [1] *sgt* (wojska partyzanckie) guerrillas, partisans; **zaciągnąć się a.**

wstąpić do ~ki to join the guerrillas a. partisans; **być w ~ce** to be a guerrilla fighter a. a partisan; **~ka miejska** urban guerrillas [2] *sgt* (sposób prowadzenia walki) guerrilla warfare [3] (kobieta partyzant) (woman) guerrilla fighter, (woman) partisan [4] *sgt* przen. **uprawiać ~kę** (działać po dyletancku) to act in an amateurish way; (działać samowolnie) to act arbitrarily a. without authorization

paru- → **paro-**

parudniowy → **parodniowy**

parusetletni *adi.* [1] (trwający paręset lat) **~a dominacja francuska** several hundred years of French domination [2] (mający paręset lat) [*drzewo, zamek*] several hundred years old

parutysięczny → **parotysięczny**

paruwiekowy → **parowiekowy**

parweniusz *m*, **~ka** *f* (*Gpl* **~y** a. **~ów**, **~ek**) książk., pejor. parvenu pejor., nouveau riche pejor., upstart pejor.

parweniuszostw|o *n sgt* książk., pejor. parvenu character a. nature; parvenuism rzad.

parweniuszows|ki *adi.* książk., pejor. [*zachowanie, gust*] nouveau-riche pejor.; parvenu książk., pejor.

paryte|t *m* (*G* **~tu**) książk. [1] (równowaga) parity; **~t zbrojeniowy między mocarstwami** military parity between the superpowers; **na zasadzie ~tu** on the basis of parity [2] (ustalona proporcja) proportion (**między czymś a czymś** between sth and sth); **~t wynosi 1 do 2** the proportion is 1 to 2 [3] Fin. parity; **~t dolara i funta** the dollar-sterling parity; **według ~tu** at par; **poniżej/powyżej ~tu** below/above par ❏ **~t złota** Fin. gold standard a. parity

parytetow|y *adi.* Fin. (równy) [*wartość, kurs*] parity *attr.*

parzenic|a *f* [1] (haft) *a floral pattern embroidered on the trousers of Polish highlanders*; (drewniana ozdoba) *a wooden ornament typical of Carpathian folk art* [2] (forma do sera) *heart-shaped cheese mould (used by Polish highlanders*

parz|yć *impf* **[I]** *vt* [1] (od gorąca) [*asfalt, kwas*] to burn; [*wrzątek, zupa*] to burn, to scald; **~yć kogoś w stopy** to burn sb's feet; **~yć kogoś w język** to burn a. scald sb's tongue; **jej łzy ~yły mnie jak rozpalone żelazo** książk., przen. it broke my heart to see her cry; **torba z pieniędzmi niemal go ~yła** książk., przen. he wanted to get rid of the money bag as soon as possible ⇒ **sparzyć, oparzyć** [2] (jadem) to sting; **pokrzywy ~yły go w nogi** nettles stung his legs; **~ące meduzy** stinging jellyfish [3] (zaparzać) to brew [*kawę, herbatę, zioła*]; to make [*kawę, herbatę*]; **rytuał ~enia herbaty** a tea-making ceremony; **~yć kawę w ekspresie** to percolate coffee; **świeżo ~ona kawa** freshly brewed/percolated coffee ⇒ **zaparzyć** [4] (polać wrzątkiem) to scald [*owoce, warzywa*]; (gotować na parze) to steam [*paszę*]; **ciasto ~one** steamed dough ⇒ **sparzyć**
[II] parzyć się [1] (od gorąca) **~yć się w ręce/język** to burn one's hands/tongue (**czymś** with sth) ⇒ **sparzyć się, oparzyć się** [2] (czuć podrażnienie skóry) **~yliśmy się pokrzywami w nogi** nettles stung our legs ⇒ **sparzyć się** [3] [*herbata, kawa, zioła*]

to brew; **herbata właśnie się ~y** the tea is brewing a. has just been made ⇒ **zaparzyć się**

parz|yć się *impf v refl.* [1] Myśliw., Roln. [*zwierzę*] to mate; **~yć się z samicą** to mate with a female [2] posp. [*ludzie*] to screw wulg.

parzystoś|ć *f sgt* [1] Mat. even parity (**czegoś** of sth) [2] (występowanie w parach) **~ć niektórych narządów** the fact that some organs are paired

parzy|sty *adi.* [1] Mat. [*liczba*] even; [*dzień*] even-number *attr.*; **~sta liczba stron** an even number of pages; **domy z ~stą numeracją** even-number addresses [2] (występujący parami) [*liście, płetwy, narządy*] paired; **rymy ~ste** paired rhymes

parzyście *adv.* **wiersze rymowane ~** rhyming couplets

pas¹ [I] *m* [1] (noszony) (wide) belt; **zapiąć/ rozpiąć ~** to do up a. fasten/undo a belt; **mieć nóż u ~a** to have a knife on one's belt; **mieć pistolet wetknięty za ~** to have a gun tucked in(to) one's belt; **zbić kogoś ~em** to give sb the belt; **mieć czarny/brązowy ~ w judo** to have a. to be a black/brown belt in judo; **~ rycerski** a knight's belt [2] (część bielizny) **~ do pończoch** a suspender a. garter belt; **~ elastyczny** a girdle [3] (do łączenia, przytrzymywania) (wide) strap; **przypiąć coś do czegoś ~em** to strap sth to sth; **przyczepić a. przytwierdzić coś skórzanym ~em** to fasten sth with a leather strap; **pistolet wiszący na rzemiennym ~ie** a gun hanging from a leather holster [4] *zw. pl* Aut., Lotn. (zabezpieczenie) belt; **~y bezpieczeństwa** a seat a. safety belt; **~ bezwładnościowy** an inertia reel seat belt; **zapiąć/rozpiąć ~y** to fasten/unfasten one's seat belt; **zapnijcie ~y!** buckle up! a. fasten your seat belts!; **nie miał zapiętych ~ów** he didn't have his seat belt on [5] (podłużny kawałek) (wide) strip; **~ pszenicy** a strip of wheat; **~ ziemi** a strip of land; (szeroki) a belt of land; **~ obrony przeciwlotniczej** an air defence zone; **~ materiału/papieru** a strip of cloth/paper; **podrzeć/ pociąć coś na ~y** to tear/cut sth into strips [6] Aut. (część jezdni) lane; **~ ruchu** a traffic lane; **przeciwległy ~ ruchu** the opposite carriageway, the other side of the road; **~ do skrętu w prawo/lewo** a right/left turn lane; **zmienić ~** to change lanes; **zjechać na prawy/lewy ~** to get into the inside/outside lane; **byłem na prawym ~ie** I was in the inside lane [7] (wzór) (wide) stripe; **materiał w ~y** striped fabric; **pomalować coś w biało-czerwone ~y** to paint sth in red and white stripes [8] (talia) waist; **obwód ~a** sb's waist measurement; **być wąskim w ~ie** [*osoba, sukienka*] to be narrow in the waist; **ile masz w ~ie?** what is your waist measurement?; **mieć 70 cm w ~ie** [*osoba, sukienka*] to have a 70 cm waist; **spódnica marszczona w ~ie** a skirt gathered at the waist; **włosy do ~a** waist-length hair; **woda do ~a** a. **po ~** waist-deep water; **trawa do ~a** a. **wysoka po ~** waist-high grass; **wejść po ~ do rzeki** to wade waist-deep into a river; **rozebrać się do ~a** to strip to the waist;

P

od ~a w dół/w górę from the waist down/up; **cios poniżej ~a** Sport a punch below the belt; **to był cios** a. **chwyt poniżej ~a** przen. that was below the belt [9] Anat. (część szkieletu) girdle; **~ barkowy/miednicowy** the pectoral/pelvic girdle

[III] **pasy** plt (przejście dla pieszych) zebra crossing; **przechodzić przez ulicę po ~ach** to cross a street at a zebra crossing; **potrącić kogoś na ~ach** to hit sb on a zebra crossing

❏ **~ amunicyjny** Wojsk. ammunition belt; **~ cnoty** chastity belt; **~ koalicyjny** Wojsk. Sam Browne belt; **~ neutralny** neutral zone; **~ ortopedyczny** Med. support belt; **~ przeciwpożarowy** firebreak; **~ przepuklinowy** Med. truss; **~ ratunkowy** life-belt; **~ słucki** Hist. a richly ornamented silk belt worn by Polish noblemen; **~ startowy** Lotn. runway; **~ transmisyjny** Techn. transmission belt

■ **być za ~em** [zima, wakacje] to be just around the corner; **kłaniać się** a. **zginać się w ~** to bow; **popuszczać ~a** to live like a king; **wziąć nogi za ~** to show a clean pair of heels, to take to one's heels; **zaciskać ~a** to tighten one's belt; **zaciskanie ~a** belt-tightening

pas² inter. [1] (w brydżu) I pass!, no bid!; **powiedzieć ~** to pass [2] przen. **czas powiedzieć sobie ~!** it's time to say enough is enough!

pas³ /pa/ n inv. (w tańcu) step, pas; **walc na trzy ~** a three-step waltz; **baletowe ~** a ballet pas

pasa|ć impf vt to herd, to graze [krowy, gęsi] ■ **jemu świnie ~ć** a. **powinien świnie ~ć** pot. he's a no-hoper pot.; **świń z tobą nie ~łem!** posp. I'm not your friend! pot.

pasa|t m (G ~tu) Meteo. trade wind; **~ty wiejące w kierunku zachodnim** the westward trade winds

pasatow|y adi. Meteo. [cyrkulacja] trade wind attr.

pasaż m (G ~u) [1] (przejście) covered passage (way); **~ handlowy** a shopping arcade [2] Muz. passage work U; **ćwiczyć trudne ~e** to practise a difficult passage

pasaże|r m passenger; (w taksówce) fare; **~r na gapę** (na statku, w samolocie) a stowaway; (w autobusie, pociągu) fare dodger; **siedzenie ~ra** Aut. the passenger seat; **lista ~rów** a passenger list; **nikt z ~rów nie ucierpiał** none of the passengers were hurt

pasażer|ka f passenger

pasażers|ki adi. [statek, transport, samolot] passenger attr.

Pas|cha f sgt [1] Relig. (w judaizmie) Passover; **w czasie święta ~chy** at Passover [2] Relig. (w chrześcijaństwie wschodnim) Easter [3] Kulin. **pascha** a sweet Easter dish made of curd cheese and dried fruit

paschaln|y adi. Relig. [baranek, świeca] paschal

paschał m (G ~łu) Relig. paschal candle

pasecz|ek m dem. [1] (do spodni, sukienki) (narrow) belt [2] (do łączenia, przytrzymywania) (narrow) strap [3] (wąski kawałek) (narrow) strip [4] zw. pl (wzór) pinstripe; **garnitur w ~ki** a pinstripe suit

pas|ek m [1] (do ubrania) belt; **~ek do spodni/sukienki** a trouser/dress belt; **no-**

sić ~ek to wear a belt; **zapiąć/rozpiąć ~ek** to do up a. fasten/undo one's belt; **rozluźnić ~ek** to loosen one's belt [2] (do łączenia, przytrzymywania) strap; **~ek od zegarka** a watch strap GB, a watchband US; **~ki od plecaka** rucksack straps; **~ek od torby** a shoulder strap; **przyczepić coś do czegoś ~kiem** to strap a. tie sth to sth; **zapiąć/odpiąć ~ek** to fasten/undo a strap; **urwał się ~ek** the strap broke [3] (wąski kawałek) (narrow) strip; **~ek materiału/papieru** a strip of cloth/paper; **pociąć coś na ~ki** to cut sth into strips; **pokroić mięso w ~ki** to cut meat into strips; **wąski ~ek plaży** a narrow strip of beach [4] zw. pl (wzór) (narrow) stripe; **koszula w ~ki** a striped shirt; **materiał w niebieskie ~ki** a blue-striped fabric; **spódnica w biało-czerwone ~ki** a skirt with red and white stripes [5] Wojsk. (na mundurze) stripe; **oficerskie ~ki** officer's stripes [6] (podsumowanie zarobków) payslip; **~ek za maj** one's May payslip [7] Aut. **~ek klinowy** fan belt

■ **wodzić kogoś na ~ku** to keep sb on a string a. lead; **chodzić u kogoś na ~ku** to be kept on a string a. lead

pasem|ko [I] n dem. (papieru, tkaniny) strip (czegoś of sth); (lądu, wody, światła) streak (czegoś of sth); **~ko włosów** a lock of hair [II] **pasemka** plt streaks, highlights; **zrobić sobie ~ka** to have one's hair streaked

pase|r m, **~rka** f receiver; fence pot.

pasers|ki adi. **działalność ~ka** a. **proceder ~ki** receiving stolen goods; fencing pot.

paserstw|o n sgt receiving stolen goods; fencing pot.; **trudnić się ~em** to deal in stolen goods; to be a fence pot.

pasiak m [1] (tkanina) horizontally striped cloth (typical of Polish folk costumes) [2] (strój obozowy) striped uniform (of concentration camp prisoners)

pasia|sty adi. [spodnie, koc, zwierzę] striped

pasibrzuch m (Npl ~y) książk., żart. [1] (darmozjad) idler [2] (żarłok) glutton [3] (grubas) pot-bellied man

pasieczn|y adi. [gospodarstwo, sprzęt] beekeeping attr.

pasie|ka f apiary

pasierb m (Npl ~owie a. ~y) [1] (przybrane dziecko) stepson; **~owie** (płci męskiej) stepsons; (obojga płci) stepchildren [2] Bot. side shoot

pasierbic|a f stepdaughter

pasikonik m Zool. grasshopper

pasj|a¹ f (Gpl ~i) [1] (zamiłowanie) passion; **~a do brydża** a passion for bridge; **robić coś z ~ą** to do sth with passion; **malarstwo to jego życiowa ~a** painting is his life's passion; **lubić coś ~ami** to have a passion for sth; **~ami lubię lody** I just love ice cream; **on ~ami jeździ na nartach** he's a passionate skier; **ogarnięty ~ą sprzątania** in a fit of tidiness [2] (wściekłość) passion; **wybuch ~i** a fit of passion; **wpaść w (szewską) ~ę** to fly into a rage; **doprowadzać kogoś do (szewskiej) ~i** to make sb furious; **szewska ~a** a blind rage

pasj|a² f (Gpl ~i) Relig. [1] Muz. Passion; **Pasja według św. Mateusza** St Matthew's Passion [2] (opis męki Chrystusa) the Passion;

(obraz, rzeźba) Passion scene [3] (nabożeństwo) Passion service

pasjans m (A ~a a. ~, Npl ~e a. ~y) patience, solitaire; **stawiać** a. **układać ~a** to play patience a. solitaire

pasjansik m dem. (A ~ a. ~a) pieszcz. patience, solitaire

pasjansow|y adi. [karty] patience attr.

pasjonac|ki adi. [1] (namiętny) [zbieranie, zamiłowanie] passionate [2] przest. (gwałtowny) impetuous

pasjona|t m [1] pot. (entuzjasta) fiend; **być ~tem czegoś** to have a passion for sth; **ci ludzie to ~ci** these are people who are fanatically involved [2] przest. (raptus) man of passions

pasjonat|ka f [1] (entuzjastka) **być ~ką czegoś** to have a passion for sth [2] przest. (złośnica) woman of passion

pasjon|ować impf [I] vt (interesować) to fascinate; **~ują go te badania** he finds this research exciting; **to mnie nie ~uje** it doesn't interest me

[II] **pasjonować się** (interesować się) **~ować się czymś** to be fascinated by sth, to find sth exciting

pasjonująco adv. **~ opowiadać o czymś** (o zdarzeniu) to give an exciting account of sth; (o przedmiocie, zjawisku) to give an exciting description of sth; **mecz zapowiada się ~** we are in for an exciting game

pasjonując|y [I] pa → pasjonować
[II] adi. [film, mecz] exciting

paskal m Fiz. pascal

paskars|ki adi. przest., pejor. [cena] rip-off attr. pejor.; [interesy] profiteering pejor.

paskarstw|o n sgt przest., pejor. profiteering pejor.

paska|rz m, **~rka** f (Gpl ~rzy, ~rek) przest., pejor. profiteer pejor.

pasku|da m, f (Npl ~dy) pot., pejor. [1] (brzydki) hideous creature; **ona taka ładna, a on taki** a. **taka ~da** she's really pretty and he's so hideous [2] (zły) **jakaś ~da nas podgląda** there's some pervert watching us; **jakaś ~da wszystko zepsuła** some swine ruined everything pot., pejor.

paskudnie adv. grad. [1] (brzydko) [wyglądać] hideous adi.; [pachnieć] nasty adi.; [kląć] foully; **na dworze jest ~** it's nasty outside; **miałem ~ sucho w gardle** my throat felt awfully dry [2] (źle) [zachować się] nastily; **kłamać jest ~** lying is bad

paskudn|y adi. grad. [1] (bardzo brzydki) [wygląd, twarz, budynek] ghastly pot.; hideous; [zapach, pogoda] foul GB, dreadful GB; **~a rana** a nasty a. nasty-looking cut [2] (zły) [zwyczaj, plotka, chłopak, uczucie] nasty; **~a historia!** that's too bad! [3] pot. (kiepski) rotten pot.; foul GB; **być w ~ym humorze** to be in a rotten a. foul mood [4] (okropny) terrible pot.; awful; **~y dzień** a terrible a. horrible day; **~a podróż** an awful a. terrible journey; **~a zupa** yucky soup pot.; **być ~ym** to be terrible a. awful a. the pits pot.

pasku|dzić impf pot. [I] vt [1] (brudzić) to deface [miasto, budynek]; **~dzić ściany napisami** to deface walls with graffiti ⇒ **zapaskudzić** [2] (psuć) **~dzić sobie życie czymś** to screw up one's life with sth posp. ⇒ **spaskudzić**

III *vi* (brudzić) to leave a mess; **ich pies ~dzi pod drzwiami** their dog does its business just outside the door; **gołębie ~dzą na parapet** pigeons dirty up the window sill ⇒ **napaskudzić**

III paskudzić się *[rana]* to fester

paskudztw|o *n* pot. [1] (brzydka rzecz) **to jakieś ~o** it's hideous [2] (odrażająca rzecz) muck GB pot.; **nie wezmę tego ~a do ust** I'm not going to touch this muck [3] (niemoralna rzecz) filth; **film pokazuje same ~a** the film is full of filth

pasmanteri|a *f* (*GD* ~i) [1] *sgt* (wyroby) haberdashery, dry goods US [2] (*Gpl* ~i) (sklep) haberdashery

pasmanteryjn|y *adi.* *[wyroby, sklep]* haberdashery *attr.*

pa|smo *n* [1] (wody, lądu, lasu, dymu) strip (czegoś of sth); (ludzi, samochodów) stream (kogoś/czegoś of sb/sth); **pasmo wody** a strip of water; **pasmo ziemi** a strip of land [2] Geog. range; **pasmo górskie** a mountain range; **zachodnie pasmo Alp** the western range of the Alps [3] (włosów) streak (czegoś of sth); (wełny, nici) wisp (czegoś of sth) [4] (seria) streak; **pasmo sukcesów** a streak a. run of success; **jego całe życie to pasmo cierpień** he lived a life of misery [5] Fiz., Radio (wave)band; **nadawać na paśmie UKF** to operate in the VHF band [6] Aut. lane, carriageway; **pasmo ruchu dla autobusów** a bus lane

pasmow|y III *adi.* belt-shaped

III -pasmowy *w wyrazach złożonych* **dwupasmowa autostrada** a dual carriageway GB, two-lane highway US; **czteropasmowa autostrada** a four-lane motorway GB, highway US

paso doble *n inv.* (taniec, muzyka) paso doble

pas|ować[1] *impf* **III** *vt* (dopasowywać) to fit *[okna, ramy]*

III *vi* [1] (być opowiednim) to suit (**do czegoś** sth); (harmonizować) to match (**do czegoś** sth); to harmonize (**do czegoś** with sth); (wpasować się) to blend, to slot; **ten stół ~uje do pokoju** the table suits the room; **stół nie ~uje do reszty mebli** the table doesn't match the rest of the furniture; **do mięsa ~uje czerwone wino** red wine goes well with meat; **ta bluzka nie ~uje mi do spódnicy** the blouse doesn't match my skirt; **spodnie i marynarka nie ~ują do siebie** the trousers and the jacket don't match; **Adam i Maria świetnie do siebie ~ują/zupełnie do siebie nie ~ują** Adam and Maria are a perfect match/are not suited for a. to each other [2] (odpowiadać rozmiarem) *[ubranie, but]* to fit (**na kogoś/coś** sb/sth); **ta sukienka na mnie nie ~uje** the dress doesn't fit me; **płaszcz ~ował jak ulał** the coat was a perfect fit; **prześcieradło nie ~owało na łóżko** the sheet didn't fit the bed; **klucz ~uje do zamka** the key fits the lock; **te kawałki do siebie nie ~ują** these pieces don't fit together [3] pot. (być typowym) **to mi do niego nie ~uje!** it's not like him! [4] pot. (zadowalać) to suit; **poniedziałek mi ~uje** Monday suits me; **to mi ~uje** it's okay with me pot.

■ coś mi tu nie ~uje pot. something is wrong here; **~ować do czegoś jak wół do**

karety a. **jak pięść do nosa** pot. to stick out like a sore thumb

pas|ować[2] *impf vi* [1] (w brydżu) to pass ⇒ **spasować** [2] przen., pot. (rezygnować) **ja ~uję!** I'm out of it! pot.

pas|ować[3] *pf, impf* **III** *vt* [1] (uznać) **~ować kogoś na rycerza** to knight sb, to dub a sb a knight; **zostać ~owanym na wojownika/mężczyznę** to become a warrior/man; **~owała go na swego przybocznego sekretarza** iron. she made him her personal secretary [2] (okrzyknąć) to dub; **media ~owały go na zbawcę ojczyzny** the media dubbed him the saviour of the country

III pasować się (mianować się) to dub oneself; **~ował się na obrońcę ubogich** he dubbed himself a defender of the poor

pas|ować się *v refl.* (zmagać się) to wrestle (**z kimś/czymś** with sb/sth); **~ować się ze sobą** a. **ze swoim sumieniem** to wrestle with one's conscience

pasowan|y III *pp* → **pasować[1,2]**

III *adi. [mundur]* fitted

pasow|y *adi. [zawias]* strap *attr.*; *[napęd, koło, przekładnia]* belt *attr.*

pasoży|t III *m pers.* (*Npl* ~ty) przen. parasite

III *m anim.* Biol. parasite; **~t roślin/zwierząt** a plant/an animal parasite

pasożytnictw|o *n sgt* parasitism także przen.

pasożytniczo *adv. [żyć]* parasitically także przen.

pasożytnicz|y *adi.* parasitic także przen.

pasożyt|ować *impf vi* [1] Biol. to parasitize *vt* (**na czymś** sth); **jemioła ~uje na drzewach** mistletoe parasitizes trees; **tasiemiec ~uje w jelicie człowieka** the tapeworm parasitizes human intestines [2] przen., pejor. **~ować na kimś** *[osoba]* to sponge off sb pot., pejor.

pass|a *f* streak; **mieć dobrą/złą ~ę** to be on a winning/losing streak; **skończyła się jego dobra ~a** his winning streak is over; **przerwać czyjąś zwycięską ~ę** to stop sb's winning streak

passe-partout /ˌpaspar'tu/ *n inv.* [1] (bilet) pass for all shows [2] (ramka) passepartout

passus *m* (*G* ~u) passage

pa|sta *f* [1] (do czyszczenia) polish; **pasta do butów** shoe a. boot polish; **pasta do podłogi/do mebli/do polerowania srebra** floor/furniture/silver polish; **pasta do zębów** toothpaste [2] Kulin. paste, spread; **pasta pomidorowa** tomato paste; **pasta śledziowa/jajeczna** herring/egg spread; **pasta mięsna** pâté

pastel *m* (*G* ~u) Szt. [1] (kredka) pastel (stick); **malować ~ami** to work in pastels a. in pastel [2] *sgt* (technika) pastel; **Wyspiański był znakomity w ~u** Wyspiański was excellent in pastels a. was an excellent pastellist [3] (obraz) pastel (drawing)

pastelowo III *adv.* in pastel colours; **~ dobrane kolory sprawiły, że pokój stał się przytulny** the (choice of) pastel colours made the room cosy

III pastelowo- *w wyrazach złożonych* pastel *attr.*; **pastelowożółty** pastel yellow

pastelow|y *adi.* [1] Szt. *[rysunek, portret]* pastel *attr.* [2] Szt. *[ołówek]* pastel *attr.* [3] (o delikatnych, jasnych kolorach) *[barwa, odcień,*

zieleń] pastel *attr.*; *[sweter, zasłony]* pastel-hued, in pastel hues

pastereczka *f dem.* → **pasterka** [1]

paster|ka *f* [1] (dziewczyna) (gęsi) goosegirl; (owiec) shepherdess; (krów) cowherd; **baśń o ~ce i kominiarczyku** the tale of the shepherdess and the chimney sweep [2] Relig. midnight Mass, watchnight service (*on Christmas Eve*) [3] Moda (kapelusz) widebrimmed straw hat

pasternak *m* (*G* ~u) Bot., Kulin. parsnip

pasters|ki *adi.* [1] *[szałas, kij]* shepherd's, shepherds'; *[zwyczaje, życie, kultura]* pastoral, herding; **pies ~ki** a shepherd dog, a sheepdog [2] Relig. *[błogosławieństwo, list]* pastoral

pasterstw|o *n sgt* pasturing, herding

pasteryzacj|a *f sgt* pasteurization

pasteryzacyjn|y *adi.* pasteurization *attr.*

pasteryz|ować *impf vt* to pasteurize *[mleko, sok]*; **mleko nie było ~owane** the milk was not pasteurized a. was unpasteurized

pasteryzowan|y III *pp* → **pasteryzować**

III *adi.* pasteurized

pasterz *m* (*Gpl* ~y) [1] (bydła) cowherd, herdsman; (owiec) shepherd; (kóz) goatherd [2] Relig. shepherd przen., książk.; **Dobry Pasterz** the Good Shepherd

pastewn|y *adi. [roślina, mieszanka]* fodder *attr.*

pastisz *m* (*G* ~u) Literat., Muz., Szt. pastiche

pasto|r *m* (*Npl* ~rzy a. ~rowie) Relig. pastor, minister, vicar; **~r Jones** the Reverend Jones

pastoraln|y *adi.* [1] Literat. pastoral, bucolic [2] Relig. pastoral

pastora|ł *m* (*G* ~łu) Relig. crosier, crozier

pastorał|ka *f* [1] Muz. (pieśń) Christmas carol; (utwór muzyczny) pastoral(e) [2] Teatr (widowisko) nativity play, pastorale [3] Literat. (idylla) pastoral

pastorałkow|y *adi. [przedstawienie]* Nativity *attr.*

past|ować *impf vt* to polish *[buty, podłogę]*; to wax *[podłogę]*

pastuch *m* (*Npl* ~owie a. ~y obraźl.) herdsman; (krów) cattleman, cowherd; (owiec) shepherd

❑ ~ elektryczny Roln. electric fence

pastusz|ek *m* (*Npl* ~kowie a. ~ki) (gęsi) little gooseherd; (owiec) shepherd boy

pastusz|y *adi. [kij, fujarka]* shepherd's, shepherds'

pastw|a *f sgt* daw. (pokarm) food; (łup) prey

■ być/paść ~ą kogoś/czegoś to be/fall prey to sb/sth *[wandali, ognia, choroby]*; **~ą ognia padło 100 hektarów lasu** a hundred hectares of woodland fell prey to fire; **rzucić** a. **wydać kogoś/coś na ~ę kogoś/czegoś** to leave sb/sth at the mercy of sb/sth *[wroga, fal, płomieni]*; **zostawić kogoś/coś na ~ę losu** to leave sb/sth to their/its own fate

pastw|ić się *impf v refl.* to be cruel a. pitiless; **~ić się nad kimś/czymś** to torment a. torture sb/sth *[ofiarą, zwierzęciem]*; to be pulling sb/sth apart przen. *[autorem, aktorem, książką, filmem]*

pastwisk|o *n* pasture; **~a** pasturage, grazing land

pastyl|ka *f* [1] (cukierek) pastille, drop; **~ki owocowe** fruit drops; **~ki miętowe** peppermints [2] (lekarstwo) tablet, pill; **~ki do ssania** pastilles, lozenges; **~ki na kaszel** a. **na gardło** cough drops; **zażyć ~ki** to take the pills

pasyjn|y *adi. [scena, widowisko]* Passion *attr.*; **misterium ~e** a passion play; **nabożeństwo ~e** Passion Week service

pasyw|a *plt* (*G* **~ów**) Ekon. liabilities

pasywizm *m sgt* (*G* **~u**) [1] książk. passive attitude, passivity [2] Hist. *in Poland, a movement for non-cooperation with Germany and Austria during World War I*

pasywnie *adv. grad.* passively

pasywnoś|ć *f sgt* passivity, passiveness

pasywn|y *adi. grad.* passive; **~e zachowanie** passive behaviour

pasz|a[1] *f* Roln. feedstuff, feed *U*, fodder *C/U*; (dla koni, bydła) forage *U*; provender *U* przest.; **~a dla świń** pig feed; **zadać bydłu ~ę** to feed the cattle; **~a zielona/objętościowa** green/bulky feed; **~a treściwa** a concentrate

pasz|a[2] *m* (*Npl* **~owie**) Hist. pasha, pacha, bashaw

paszcz|a *f* [1] (u zwierząt) jaws *pl*, maw; **otworzyć ~ę** to open its jaws [2] pot., obraźl., żart. (gęba) gob posp., trap posp.; bazoo US pot.; **zamknij ~ę!** shut your gob a. trap!; **przestań kłapać ~ą!** pipe down! pot., stop jawing on and on! pot.

❏ **lwia ~a** Bot. snapdragon; antirrhinum spec.; **wilcza ~a** Anat., Med. cleft palate

■ **dostać się** a. **wpaść komuś w ~ę** to fall a. get into sb's clutches; **leźć lwu w ~ę** to put one's head into the lion's jaws, to beard the lion in his den; **wydostać się z czyjejś ~y** to escape from sb's clutches; **wydrzeć** a. **wyrwać kogoś/coś komuś z ~y** to wrest a. wrench sb/sth from sb

paszczę|ka *f* pot., żart. [1] (zwierzęcia) jaws *pl*, maw; **rozdziawić ~kę** to open its jaws [2] (człowieka) gob posp., trap posp.; bazoo US pot.; **co tak rozdziawiłeś ~kę?** what are you gaping at?

paszkwil *m* (*G* **~u**) lampoon, libel; pasquil książk.; **jadowity** a. **złośliwy ~** a virulent lampoon

paszkwilanc|ki *adi.* vitriolic, scurrilous

paszkwilan|t *m* lampooner, lampoonist

paszoł /pa'ʃow/ *inter.* pot., obraźl. **~ (won)!** scram!

paszow|y *adi. [rośliny, przemysł, rezerwy]* fodder *attr.*; **zboża ~e** feed grains

paszporcik *m dem.* (*G* **~u**) pot., pieszcz. passport; **~i do kontroli!** passport control!

paszpor|t *m* (*G* **~tu**) passport; **~t dyplomatyczny/konsularny/służbowy** a diplomatic/a consular/an official passport; **miała polski ~t** a. **legitymowała się polskim ~tem** książk. she held a Polish passport; **kontrola ~tów** passport control; **złożyć wniosek o ~t** to apply for a passport; **wyrobić sobie ~t** to get a passport ❏ **~t maszynowy** Techn. specification sheet; **~t przedsiębiorstwa** data sheet (*of a company*); **~t nansenowski** Hist. stateless person's travel document

paszportow|y *adi. [biuro, zdjęcie]* passport *attr.*; **kontrola ~a** passport control; **prze-**

pisy ~e passport regulations; **złożyć wniosek ~y** to apply for a passport

pasztecik *m* Kulin. [1] *dem.* (*G* **~u** a. **~a**) pâté *C/U*; **weź sobie kawałek ~u** take a bit of pâté; **kupił kilka ~ów w puszce** he bought some tins of pâté [2] (*A* **~** a. **~a**) (bułeczka) patty, pasty GB; (naleśnik) pancake roll; **~i z** a. **nadziewane mięsem/pieczarkami** meat/mushroom patties; **barszcz z ~ami** borsch with (meat) patties

paszte|t *m* (*G* **~tu**) [1] Kulin. pâté *C/U*, terrine *C/U*, paste; **~t z zająca** a. **zajęczy** terrine of hare a. de lievre; **~t strasburski** Strasbourg pâté, pâté a. terrine de foie gras; **~t z fasoli/z wątróbek** bean/liver pâté a. paste a. terrine; **~t z puszki** a tinned pâté; **puszka ~tu** a tin of pâté [2] pot. (kłopotliwa sytuacja) mess; **wpakować się w niezły ~t** to get into a fine mess; to get into a right pickle pot.; **w niezły ~t nas wpakowałeś** this is a fine mess you've got us into; **może być z tego ładny ~t** this may prove a mess, this may turn out to be a fine kettle of fish

pasztetow|y Kulin. **[I]** *adi.* **masa ~a** minced pâté meat; **kiszka ~a** ≈ liver sausage GB, ≈ liverwurst US

[II] pasztetowa *f* ≈ liver sausage GB, ≈ liverwurst US

pasztetów|ka *f* Kulin. ≈ liver sausage GB, ≈ liverwurst US

pa|ść[1] *impf* (**pasę, pasiesz, pasł, pasła, paśli**) **[I]** *vt* [1] (pilnować) to mind *[zwierzę, ptactwo]*; to graze, to pasture *[bydło, konie, owce]* [2] (karmić) to feed *[zwierzęta]*; (tuczyć) to fatten up *[zwierzęta]*; **paść konie owsem** to feed horses on oats, to feed oats to horses [3] pot., żart. (przekarmiać) to feed, to fatten up; **babcia pasła nas zupami i ciastkami** granny fed us on soups and cakes [4] przen. (sycić) **paść oczy pięknem krajobrazu** to feast one's eyes on the beauty of the scenery ⇒ **napaść**

[II] paść się [1] (na łące, pastwisku) *[krowy, owce]* to graze, to pasture; **jelenie pasące się pod lasem** deer grazing at the forest edge [2] (karmić się) to feed (**czymś** on sth); (tuczyć się) to fatten up (**czymś** on sth) [3] pot., żart. (objadać się) to stuff oneself pot. (**czymś with sth**) to gorge oneself pot. (**czymś** on a. **with sth**) [4] przen. (upajać się) **paść się czymś** to gloat over sth; **paść się cudzą krzywdą** (czerpać korzyści) to grow fat on a. profit from other people's misfortune

pa|ść[2] *pf* — **pa|dać**[1] *impf* (**padnę, padniesz, padł, padła, padli — padam**) *vi* [1] (przewrócić się, zwalić się, opaść ciężko) to fall (down), to collapse; **padł na wznak** he fell on his back; **padła zemdlona na podłogę** she fell to the floor in a faint; **padł na łóżko/na fotel** he collapsed onto a. fell into the bed/the armchair; **drzewa padały na ziemię** trees were crashing to the ground; **paść komuś w objęcia** a. **ramiona** to fall into sb's arms; **paść sobie w objęcia** a. **ramiona** to fall into each other's arms, to fall on each other; **paść na kolana** a. **klęczki** to fall to a. on one's knees (**przed kimś/czymś** before sb/sth); **paść komuś do nóg** to fall at sb's feet; **paść przed kimś plackiem** to prostrate oneself before

sb; **padać ze zmęczenia** a. **wyczerpania** to be dead tired; to be dead beat pot.; **padam z nóg** I'm dead tired; I'm dead beat pot.; **paść martwym** a. **bez życia** a. **bez ducha** to drop dead; **padnij!** Wojsk. down! [2] (przemieścić się w dół) to fall down, to drop; **dojrzałe jabłka padały na trawę** ripe apples were dropping onto the grass; **pocisk padł kilka metrów od naszego domu** the missile fell a. came down several metres from our house [3] (zatrzymać się) *[spojrzenie, światło, cień]* to fall (**na kogoś/coś** on sb/sth); **smuga światła padła na podłogę** a beam of light fell on the floor; **cienie drzew padały na drogę** the trees were casting their shadows on the road; **promienie słońca padały przez otwarte okna** sunshine was flooding in through the open windows; **jego wzrok padł na mnie** his gaze fell on me; **w naszą stronę padały ukradkowe spojrzenia sekretarki** the secretary was giving us furtive glances, the secretary was casting furtive glances in our direction; **akcent pada na drugą sylabę** the stress falls a. is on the second syllable [4] (zginąć) *[żołnierz]* to fall; *[zwierzę]* to die; *[roślina]* to die, to wither; **paść w boju/na posterunku/na polu chwały** to fall in battle/in the course of duty/with honour; **paść z głodu i chorób** to die a. perish from starvation and disease; **rośliny padały z braku wody** plants were dying a. withering for lack of water; **padły pod siekierą wielowiekowe wierzby** ancient willows were chopped down a. felled; **zboże padało pod kosą** corn was falling before the scythe [5] (być zdobytym) *[miasto, twierdza]* to fall; **miasto padło pod naporem przeważających sił wroga** the town fell to overwhelming enemy forces [6] (ponieść klęskę) *[firma]* to go bankrupt, to go under; to go bust pot.; *[przedstawienie]* to fall flat; to flop pot., to lay an egg US pot.; *[gospodarka, system]* to collapse; **paść na egzaminie** to flunk an exam pot., to come a cropper at an exam pot. [7] (ogarnąć) **padł na nich strach/trwoga** they were seized with fear/terror; **padł na niego gniew królewski** he incurred the wrath of the king książk. [8] (przypaść w udziale) *[podejrzenie]* to be cast (**na kogoś** on sb); *[głosy]* to be cast (**na kogoś/coś** for a. in favour of sb/sth); **padło na niego 100 głosów** he got 100 votes; **padło 10 głosów za i 10 przeciw** there were 10 votes for and 10 against; **wybór padł na niego** he was the one to be chosen; **wygrana padła na numer 275** the winning number is/was 275; **na jego los padła główna wygrana** he won the first prize; he hit the jackpot pot. [9] (być słyszanym) *[słowo]* to be said; *[rozkaz]* to be issued; *[propozycja, wniosek]* to be put forward, to be moved; *[strzał]* to be fired; **nie padło ani jedno słowo na ten temat** not a word was said on this subject; **padło wiele gorzkich słów** there were many bitter words; **padały cytaty, nazwiska, tytuły** quotations, names and titles were being cited; **czekała, ale pytanie nie padało** she was waiting, but the question didn't come; **padł wniosek o powołanie komisji specjalnej** it was proposed that a special commission be appointed; **padają głosy, że...** there is talk that...; **padł rozkaz wymarszu** marching orders were issued; **padła komenda: „na ramię broń!"** 'slope a. shoulder arms!' came the order; **padło kilka strzałów** several shots were fired; **strzały padały gęsto** bullets were hailing down 10 Sport *[bramka]* to be scored; *[rekord]* to be established; *[wynik]* to be achieved; **pierwsza bramka padła w drugiej połowie** the first goal was scored in the second half; **na zawodach padły dwa rekordy** two new records were established at the championships; **w drugim meczu padł wynik bezbramkowy** the second match was goalless a. a no-score draw

■ **padać przed kimś na twarz** (bać się kogoś) to fall prostrate before sb, to prostrate oneself before sb; **na mózg** a. **rozum mu padło** pot. he's gone mad a. off his nut pot.; **chyba ci na mózg padło!** you must be mad a. out of your mind!; **padam do nóg** a. **nóżek** przest., żart. your humble servant przest.

pa|t m 1 Gry stalemate 2 przen. stalemate, deadlock, gridlock US; **w rokowaniach nastąpił pat** the negotiations reached (a) deadlock a. (a) stalemate

patafian m (*Npl* ~**y**) pot., obraźl. ass pot., jackass US pot.

patałach m (*Npl* ~**y**) pot., pejor. bungler pot., botcher pot., bush leaguer US pot.

patałasz|yć *impf vt* pot. to bungle *[robotę]*; ~**y każdą robotę, jaką mu dam** he makes a mess of everything I tell him to do ⇒ **spatałaszyć**

pata|t m (*G* ~**tu** a. ~**ta**) Bot., Kulin. sweet potato

pataj *inter.* bumpety-bump

■ **zrobić coś na** ~ pot. to do sth in a slapdash way; to bash sth out pot.

patchwork /'patʃwork/ m (*G* ~**u**) patchwork

patchworkow|y /ˌpatʃwor'kovɨ/ *adi.* *[narzuta, kapa]* patchwork *attr.*; **kołdra** ~**a** a patchwork a. a crazy quilt

patefon m (*G* ~**u**) przest. gramophone przest.

patelen|ka *f dem.* small frying pan

patel|nia *f* (*Gpl* ~**ni** a. ~**ń**) 1 Kulin. (naczynie) frying pan GB, skillet US; **zjeść** ~**nię frytek** to eat a whole pan of chips 2 przen. **ależ tu dzisiaj** ~**nia!** a. **tu jest dzisiaj jak na** ~**ni!** it's scorching hot here today!; **słońce smażyło jak na** ~**ni** the sun was blazing a. shining fiercely

■ **mieć kogoś/coś (jak) na** ~**ni** pot. (widzieć wyraźnie) to have a clear view of sb/ sth; **tu masz wszystko wyjaśnione jak na** ~**ni** here you've got everything explained nice and clear

patena *f* paten

paten|t m (*G* ~**tu**) 1 (dla wynalazcy) patent (**na coś** for a. on sth); **mieć** ~**t** to hold a patent (**na coś** for a. on sth); **być chronionym** ~**tami** to be protected by patent 2 pot. (sposób) recipe przen.; **mieć** ~**t na coś/robienie czegoś** to have a recipe for sth/for doing sth; **nikt jeszcze nie zdobył** ~**tu na sławę** przen. as yet no-one has found a recipe for fame 3 pot. (drobne usprawnienie) invention; brainchild pot. 4

(dokument nominacyjny) ~**t żeglarski/sternika** Żegl. a sailing/a helmsman's a. a skipper's licence; ~**t flagowy** Żegl. a flag certificate; ~**t kapitański** Żegl. a master's ticket; ~**t oficerski** Wojsk. commission, brevet; ~**t konsularny** a brief as consul, consular nomination; **otrzymać** a. **uzyskać** ~**t oficerski/żeglarski** to get one's commission/licence; **zrobić** ~**t sternika** to get a helmsman's a. skipper's licence; **nie mają** ~**tu na nieomylność** przen. they are not infallible

patent|ować *impf vt* 1 (wydawać patent) to issue a patent (**coś** for a. on sth); (uzyskać patent) to patent *[wyrób, wynalazek]* ⇒ **opatentować** 2 Techn. to patent

patentowan|y [] *pp* → **patentować**

[] *adi.* 1 *[wyrób]* patented 2 pot. (zupełny) **osioł** ~**y** an egregious ass; **leń** ~**y** a useless layabout

patentow|y *adi.* *[urząd, wniosek, biuro]* patent *attr.*; **zamek** ~**y** a patent lock; **rzecznik** ~**y** a patent agent GB, a patent attorney US; **ochrona** ~**a wynalazku** patent protection for an invention

pate|ra *f* (na ciasta) cake stand; (na owoce) fruit bowl

paternalizm m sgt (*G* ~**u**) paternalism

paternalistyczn|y *adi.* paternalist(ic)

paternost|er [] m 1 Techn. (dźwig) paternoster 2 (w wędkarstwie) ledger

[] m inv. przest., żart. (nagana) reprimand; talking-to pot.; **palnąć komuś** ~**er** to reprimand sb, to give sb a talking-to; **usłyszeć** ~**er** to be reprimanded

patetycznie *adv.* 1 (podniośle) in an exalted manner; (uroczyście) solemnly 2 (z przesadą) pompously, bombastically; ~ **brzmiące tyrady** grandiloquent tirades a. rambling; **zachowywać się** ~ to behave in a pompous fashion

patetyczn|y *adi.* 1 (podniosły) exalted, lofty; (uroczysty) solemn; ~**a chwila** a solemn moment; ~**y nastrój** a solemn mood; ~**a nuta starej pieśni** the sublime tones of an old song 2 (przesadny) *[zachowanie]* pompous, bombastic; *[styl, gest, ton]* grandiloquent

patio *n* patio

patison m (*A* ~ a. ~**a**) Bot., Kulin. scallopini squash

pat|ka *f* (z tyłu płaszcza, kurtki) half-belt; (do zapinania, przy rękawie) tab; (przy kieszeni) flap; ~**ki zapinane na guziki/na klamerkę** buttoned/buckled tabs/flaps

patogen m (*G* ~**u**) Med. pathogen

patogenetyczn|y *adi.* Med. pathogenic

patol m (*A* ~**a**) posp. grand pot. (*a thousand old złoty*); **zarobił piętnaście** ~**i** he's earned fifteen grand

patolo|g m (*Npl* ~**dzy** a. ~**gowie**) pathologist

patologi|a *f* (*GD* ~**i**) 1 sgt Med. (nauka) pathology 2 sgt pot. (oddział szpitalny) high-risk pregnancy unit 3 sgt Med. (zaburzenia) pathological changes a. abnormalities; ~**a nerek** kidney abnormalities, pathological changes in the kidneys 4 (*Gpl* ~**i**) Socjol. social ill, social pathology; **walka z alkoholizmem, narkomanią i innymi** ~**ami społecznymi** a campaign against alcoholism, drug abuse, and other social ills a. pathologies

patologicznie *adv.* 1 Med. *[reagować, zachowywać się]* pathologically także przen.; **był** ~ **zazdrosny** he was pathologically jealous 2 Socjol. antisocially

patologiczn|y *adi.* 1 Med. *[stan, zmiany]* pathological; **ciąża** ~**a** compromised pregnancy; **anatomia** ~**a** morbid a. pathological anatomy 2 Socjol. *[zachowanie]* antisocial, pathological; **dzieci z rodzin** ~**ych** children from maladjusted a. problem families 3 przen. *[egoizm, zazdrość, nienawiść]* pathological

patos m sgt (*G* ~**u**) 1 (podniosłość) loftiness; (powaga) solemnity, pathos; ~ **sceny finałowej opery** the pathos of the finale of an opera; **zderzenie** ~**u z trywialnością** bathos 2 pejor. (przesada) grandiloquence, pomposity; **długi wywód pełen retoryki i** ~**u** a long disquisition full of rhetoric and grandiloquence; **mówić z** ~**em** to speak in lofty tones

patow|y *adi.* 1 Gry stalemate *attr.* 2 przen. **sytuacja** ~**a** (a) stalemate, (a) deadlock; **poszukiwać dróg wyjścia z sytuacji** ~**ej** to try to end a. break a stalemate

patriar|cha m (*Npl* ~**chowie**) 1 (protoplasta) patriarch; ~**cha rodu** the patriarch of the family; ~**cha literatury** przen. the grand old man of literature 2 Bibl., Relig. patriarch, Patriarch; ~**chowie Jakub, Abraham i Noe** the patriarchs Jacob, Abraham and Noah; ~**cha Moskwy** the Patriarch of Moscow; ~**cha Rzymu** the Patriarch of Rome

patriarchalizm m (*G* ~**u**) patriarchalism

patriarchalnie *adv.* 1 (żyć, rządzić) in accordance with the patriarchal tradition 2 przen. *[wyglądać, poruszać się]* patriarchally

patriarchalnoś|ć *f* sgt patriarchalism

patriarchaln|y *adi.* *[stosunki, władza, wygląd, powaga]* patriarchal; **osiągnąć wiek** ~**y** to live to a. to reach a venerable old age

patriarcha|t m (*G* ~**tu**) 1 (system) patriarchy, patriarchate 2 Relig. patriarchate, Patriarchate; ~**t konstantynopolski** the Patriarchate of Constantinople

patriarsz|y *adi.* patriarchal

patrio|ta m, ~**tka** *f* patriot

patriotycznie *adv.* grad. patriotically

patriotyczn|y *adi.* patriotic

patriotyzm m (*G* ~**u**) patriotism; **budzić** a. **rozpalać** ~ to arouse a. stir up patriotic feelings; ~ **regionalny/lokalny** local patriotism

patrol m (*G* ~**u**) 1 (grupa) patrol; ~ **zwiadowczy/pieszy** a reconaissance group/a foot patrol; ~ **policji/wojska** a police/a military patrol; ~ **straży przybrzeżnej** a shore patrol; **posłać** ~**e** to send out patrols; **po całym mieście krążyły** ~**e żandarmerii** there were military police patrols all over the city 2 (obchód) patrol *C/U*; **być na** ~**u/pójść na** ~ to be (out)/go (out) on patrol 3 Sport assault course team

patrol|ować *impf vt* to patrol, to police *[obszar, miasto, ulice]*; to patrol, to walk *[mury obronne, umocnienia]*

patrolow|y *adi.* 1 *[łódź, helikopter]* patrol *attr.*; (policyjny) **wóz** ~**y** a patrol a. a panda GB car; **być na służbie** ~**ej** to do

P

patrol duty [2] Sport **bieg/marsz ~y** an assault course event

patron[1] *m* [1] (opiekun) patron, protector; **~ artystów/przedsięwzięcia** the patron of artists/of a venture; **~em szkoły jest Kopernik** przen. the school is named after Copernicus; **święto ~a szkoły** the school founder's day a. fête; **~em tej ulicy jest...** this street is named after... [2] Relig. patron, patron saint; **święty Benedykt, ~ Europy** Saint Benedict, the patron of Europe; Benedict, the patron saint of Europe; **mój ~, święty Paweł** my patron Saint, Paul [3] Hist. patron [4] Prawo patron

patron[2] *m* (*G* **~u**) [1] (szablon) stencil; **malować coś za pomocą ~u** to stencil sth [2] przest. (nabój) cartridge; (łuska) cartridge case

patronac|ki *adi.* *[przedsiębiorstwo, uniwersytet]* patron *attr.*; **sklep ~ki** an own-brand shop; **umowa ~ka** an agreement on sponsorship

patrona|t *m* (*G* **~tu**) [1] (opieka) patronage (**nad czymś** of a. over sth); **objąć ~t nad czymś** to take sth under one's wing; **pod ~tem ONZ** under UN auspices; **impreza zorganizowana pod ~tem prezydenta** an event held under the patronage of the president [2] Hist. patronage

patronimiczn|y *adi.* Jęz. patronymic

patronimik *m* (*G* **~u**) → **patronimikum**

patronimik|um *n* (*Gpl* **~ów**) Jęz. patronymic

patron|ka *f* [1] (opiekunka) patron, protector, protectress; **~ką szkoły jest Maria Konopnicka** przen. the school is named after Maria Konopnicka; **święto ~ki szkoły** the school founder's day [2] Relig. patron, patron saint; **święta Barbara, ~ka górników** Saint Barbara, the patron of miners; Barbara, the patron saint of miners; **moja ~ka, święta Cecylia** my patron Saint, Cecilia

patron|ować *impf vi* to provide patronage for (**czemuś** sth) *[organizacji, działalności]*; **konkursowi ~ował prezydent** the contest was held under the patronage of the president

patrosz|yć *impf vt* to gut *[kurczaka, rybę, zającą]*; to eviscerate książk.; to draw *[kurczaka, indyka]* ⇒ **wypatroszyć**

patrycja|t *m sgt* (*G* **~tu**) Hist. (godność) patriciate; (grupa) the patriciate

patrycjusz *m*, **~ka** *f* (*Gpl* **~y** a. **~ów**, **~ek**) Hist. patrician

patrycjuszows|ki *adi.* patrician

patrzał|ki *plt* (*G* **~ek**) pot., żart. [1] (oczy) peepers pot. [2] (okulary) specs pot.

patrz|eć, patrz|yć (**~ył** a. **~ał, ~yli** a. **~eli**) *impf* [I] *vi* [1] (spoglądać) to look (**na kogoś/coś** at sb/sth); (obserwować) to watch *vt*; **~eć na zegarek** to look at one's watch; **~eć w sufit/lustro** to look at the ceiling/in the mirror; **~eć przez lornetkę/dziurkę od klucza** to look through binoculars/a keyhole; **~yć za odjeżdżającym samochodem** to watch a car drive off; **~eć na coś zdziwionym wzrokiem** to look in surprise at sth; **~eć na kogoś badawczo** to look at sb searchingly; **~eć komuś w oczy** to look sb in the eyes; **~ył, gdzie by**

tu usiąść he was looking for a place to sit; **~ył, jak dzieci bawiły się w ogrodzie** he watched the children playing in the garden; **aż przyjemnie było ~eć, jak grają** it was a pleasure to watch them play; **nie mogę już na niego/to ~eć** I can't stand the sight of him/it any more; **nie mogę ~eć obojętnie, jak tak się dzieje** I can't just stand and watch it happen; **~ąc na nią, nigdy byś się nie domyślił** to look at her, you'd never guess; **~ pod nogi!** watch a. mind your step!; **~, jak chodzisz!** look where you're going!; **~, co zrobiłeś!** look what you've done!; **~, czy ktoś nie idzie** look out to see if anyone's coming; **~, jak tu pięknie!** look how beautiful it is here!; **~cie, ~cie, kto to idzie!** well, well look who's coming!; **~cie państwo, jaki mądry!** iron. look how smart he is! iron.; **~eć w kogoś jak w obraz** a. **tęczę** przen. to look at sb in admiration; **~eć w przeszłość** a. **wstecz** przen. to look back; **~eć w przyszłość** przen. to look ahead a. to the future ⇒ **popatrzeć** [2] (rozpatrywać, oceniać) to look (**na kogoś/coś** at sb/sth); **~eć na coś realnie/trzeźwo** to look at sth realistically/rationally; **optymistycznie/pesymistycznie ~eć na życie** to have an optimistic/a pessimistic outlook on life; **~eć na coś z czyjegoś punktu widzenia** to look at sth from sb's point of view; **zależy, jak się na to ~y** it depends on how you look at it; **~ąc na to z perspektywy czasu, ...** looking back on it...; **~ąc na to z boku, można pomyśleć, że...** as an outside observer one might think that...; **~eć na kogoś jak na wroga** to treat sb like an enemy [3] (zwracać uwagę) **nie ~ąc na to, że...** ignoring the fact that...; **~, żeby komuś nie zrobić krzywdy** be careful not to hurt anybody [4] pot. (dbać) **każdy tylko ~y, jak tu się dorobić** all people care about is money

[II] **patrzeć się, patrzyć się** pot. to stare (**na kogoś/coś**); **tylko stoją i się ~ą** they just stand there and stare

■ **~eć komuś na ręce** to keep an eye on sb; **~eć na coś przez palce** to turn a blind eye to a. on sth; **~eć na kogoś z góry** to look down on sb; **~eć na kogoś/coś krzywo** a. **krzywym okiem** to frown on sb/sth; **~eć na kogoś/coś łaskawie** a. **życzliwym okiem** to look favourably on sb/sth; **jak się ~y** first rate; **buty mam teraz jak się ~y** I've got top quality shoes now

patrzyć → **patrzeć**

patycz|ek *m dem.* (small) stick; (gałązka) twig; **~ek od lizaka/loda** a lollipop/an ice-cream stick

patyczk|ować się *impf v refl.* pot. **nie ~ować się z kimś** to be tough on sb, to take a tough line with sb

patyk *m* [1] (kij) stick; **lody na ~u** ice-cream on a stick; **chudy jak ~** as thin as a rake; **nogi jak ~i** spindly legs [2] przest., pot. (tysiąc złotych) ≈ grand pot.

■ **wino ~iem pisane** pot. plonk pot.

patykowato *adv.* **wyglądać ~** to look spindly; **~ wyglądający chłopak** a spindly-looking boy

patykowa|ty *adi.* *[noga, ręka]* spindly

patyn|a *f sgt* [1] (śniedź) patina, verdigris [2] przen. patina; **być przykrytym ~ą przeszłości** to carry the patina of age; **nabrać ~y** to take on a patina

patyn|ować *impf* [I] *vt* to patinate *[brąz, rzeźbę]*; **~owany mosiądz** patinated brass [II] **patynować się** (pokrywać się patyną) **brązy ~ują się** patina forms on bronzes

paulin Relig. [I] *m* (zakonnik) Pauline monk [II] **paulini** *plt* (zakon) Pauline order

pauperyzacj|a *f sgt* książk. impoverishment, pauperization; **~a społeczeństwa/kraju** the impoverishment of society/of the country; **ulegać ~i** to become impoverished

pauperyz|ować *impf* książk. [I] *vt* to impoverish *[społeczeństwo, kraj]* ⇒ **spauperyzować** [II] **pauperyzować się** *[społeczeństwo, kraj]* to become impoverished ⇒ **spauperyzować się**

pauz|a [I] *f* [1] (przerwa w czynności) pause, break; **mówca robił efektowne ~y, czekając na oklaski** from time to time the speaker paused ostentatiously for applause [2] Szkol. break GB, playtime GB, recess US; **duża ~** a. **wielka ~** ≈ the long break (*a morning break in Polish schools lasting 20-30 minutes*) [3] (w pisowni) dash [4] Muz. rest [II] **-pauza** w wyrazach złożonych Muz. rest; **ćwierćpauza** a crotchet GB a. quarter note US rest; **półpauza** a minim GB a. half note US rest

pauz|ować *impf vi* Sport **~ować z powodu kontuzji** to miss a game due to (an) injury; **będzie musiał ~ować przez dwie kolejki** he'll miss the next two games; **~ować przez kilka tygodni** to be out of the game for a couple of weeks; **w tym tygodniu angielska liga ~uje** there are no Premiership games this week

paw *m* [1] Zool. peafowl; (samiec) peacock; (samica) peahen; **dumny jak ~** as proud as a peacock [2] pot. puke U pot.; **puścić ~ia** to puke a. throw up pot.

pawi *adi.* [1] *[ogon, krzyk]* peacock's; *[pióro]* peacock *attr.* [2] (zielononiebieski) peacock blue ❑ **~e oczko** Zool. guppy; (tęczowe kółko) eye on the tail of a peacock

pawian *m* Zool. baboon

pawic|a *f* [1] (samica pawia) peahen [2] (motyl) **~a grabówka** the emperor moth; **~a gruszkówka** the peacock moth

pawik *m* [1] *dem.* pieszcz. peacock [2] (motyl) peacock butterfly [3] (gołąb) fantail (pigeon)

pawilon *m* (*G* **~u**) [1] (sklep, punkty usługowe) **~ meblowy** a furniture shop; **~y handlowo-usługowe** a row of shops [2] (część zespołu architektonicznego) pavilion; **~ szpitalny/wystawowy** a hospital/an exhibition pavilion [3] (w parku, ogrodzie) pavilion [4] Archit. (część budowli) annex

pawilonik *m dem.* (*G* **~u**) (ogrodowy, wystawowy) (small) pavilion

pawilonow|y *adi.* [1] (jak pawilon handlowy) **budynek o typie ~ym** a low rectangular building [2] (jak pawilon ogrodowy, wystawowy) pavilion-like

pawlacz *m* overhead cupboard; **zdjąć coś z ~a** to get sth down from an overhead cupboard

pazernie *adv. grad.* pejor. *[zachowywać się, gromadzić]* rapaciously

pazernoś|ć *f sgt* pejor. rapacity, greed; **czyjaś ~ć na pieniądze** sb's rapacious greed for money

pazern|y *adi.* pejor. *[osoba, zachowanie]* rapacious książk., pejor., avaricious książk., pejor.; **jest ~y na pieniądze** he is greedy for money

paznokciow|y *adi. [płytka]* nail *attr.*
■ **uczyć się czegoś metodą ~ą** żart. to memorize sth word for word a. by heart

paznok|ieć *m* nail; **~ieć u ręki/nogi** a fingernail/toenail; **nożyczki/cążki do ~ci** nail scissors/clippers; **pilnik do ~ci** a nail file; **lakier/zmywacz do ~ci** nail polish/ nail polish remover; **obcinać/piłować ~cie** to clip/file one's nails; **obgryzać ~cie (ze zdenerwowania)** to bite one's nails (nervously); **złamał mi się ~ieć** I have broken my nail; **pomalować ~cie na czerwono** to paint one's nails red; **zapuszczać ~cie** to grow one's nails; **mieć brud za** a. **pod ~ciami** to have dirty fingernails
■ **nie posunąć się ani na** a. **o ~ieć** to not move an inch

paznokiet|ek *m dem.* pieszcz. nail

pazu|cha *f* bosom; **mieć coś za ~chą** to carry sth in one's bosom; **wsadzić coś za ~chę** to put sth in one's bosom; **wyjąć coś zza ~chy** to take sth from one's bosom

pazu|r *m* [1] Zool. claw; **wczepić się w coś ~rami** to sink one's claws into sth; **rzucić się na kogoś z ~rami** przen. to claw at sb; **bronić się zębami i ~rami** przen. to fight tooth and nail; **trzymać się czegoś ~rami** przen. to cling on to sth; **pokazać ~ry** przen. *[osoba]* to show one's claws; **schować ~ry** przen. to put on a mask of innocence [2] przen. (temperament) **robić coś z ~rem** to do sth with a sparkle; **pokazać (lwi) ~r** (charakter) to display one's true grit; (talent) to show one's true calibre; **w jego utworach znać (lwi) ~r** his works are full of sparkle [3] *zw. pl* pot. fingernail [4] Techn. claw
■ **ostrzyć sobie ~ry na coś** to have one's mind set on (getting) sth

pazur|ek [I] *m dem.* [1] Zool. claw [2] *zw. pl* pot. fingernail
[II] **pazurki** *plt* [1] (narzędzie ogrodnicze) three-pronged cultivator [2] (fryzura) feathercut

pa|ź [I] *m pers.* (*Npl* **paziowie**) page; **być ostrzyżonym na pazia** to have one's hair cut in a bob
[II] *m anim.* Zool. **paź królowej** the swallowtail, swallowtail butterfly

październik *m* October; **w ~u** in October; **dziś jest pierwszego** a. **pierwszy ~a** today is the first of October

październikow|y *adi. [dzień, pogoda]* October *attr.*

paździerz *m zw. pl* woody core (*of flax or hemp*)

paździerzow|y *adi.* **płyta ~a** fibreboard GB, fiberboard US

pącz|ek *m* [1] *dem.* Bot. bud; **~ek róży** a rosebud; **na drzewach pokazały się ~ki** the trees are in bud; **~ki pękają** buds burst open; **drzewo wypuściło ~ki** the tree put out buds [2] Biol. gemma [3] (*A* **~ka** a. **~ek**) Kulin. doughnut, donut US; **smażyć**

~ki to fry doughnuts; **wyglądać jak ~ek w maśle** to be in the pink przest.; to be in good form; **czuć się jak ~ek w maśle** to be in clover

pączk|ować *impf vi* [1] Bot. *[roślina]* to bud [2] Biol. (rozmnażać się) to bud; **rozmnażać się przez ~owanie** to reproduce by budding [3] (powstawać licznie) *[firmy, instytucje]* to mushroom; (dzielić się) to multiply

pącz|usz|ek *m dem.* pieszcz. [1] Bot. bud [2] (*A* **~ka** a. **~ek**) Kulin. doughnut, donut US

pąk *m* (*G* **~u**) bud; **~ liściowy/kwiatowy** a leaf/flower bud; **~i róży** rosebuds

pąs *m* (*G* **~u**) [1] (kolor) crimson [2] *zw. pl* (rumieniec) crimson blush; **stanąć w ~ach** a. **oblać się ~em** to blush crimson; **była cała w ~ach** she blushed crimson; **miała twarz całą w ~ach od mrozu** the chill air flushed her face

pąsowi|eć *impf* (**~eję, ~ał, ~eli**) *vi* [1] (rumienić się) to crimson; **~eć ze wstydu** to crimson with shame; **twarze ~ały na mrozie** the chill air flushed their faces ⇒ **spąsowieć** [2] książk. (być pąsowym) *[róże, liście]* to turn crimson ⇒ **spąsowieć**

pąsowo *adv.* lśnić **~** to glow crimson

pąsow|y *adi. [kwiat, suknia, szminka]* crimson; **pomalować coś na ~o** to paint sth crimson

pątnicz|y *adi.* książk. *[szaty, kij]* pilgrim's

pątni|k *m* książk. pilgrim

pchać¹ *impf* → **pchnąć¹**

pch|ać² *impf* [I] *vt* (wpychać) to thrust, to shove; **~ać palec do buzi** to thrust a finger in one's mouth; **~ać w siebie coś** pot. to stuff oneself with sth pot.; **nie ~aj w siebie tyle chleba** don't stuff yourself with bread; **~ć forsę w coś** pot. to pour money into sth
[II] **pchać się** [1] (rozpychać się) to push; **~ać się do wyjścia** to push one's way towards the exit; **~ać się do autobusu** to push to get on the bus; **nie ~aj się na mnie!** stop pushing me! [2] (zmierzać, dążyć) **~ać się do pracy** to be itching to work; **~ać się na stołki** to jostle for top positions; **ja tam się nie ~am, żeby to robić** I'm not too keen to do it; **znowu ~ały się wspomnienia** the memories flooded back; **wielka forsa sama ~a się nam w ręce** there's big money just waiting to be picked up

pcheł|ka [I] *f* [1] *dem.* flea [2] (do gry) tiddly-wink, tiddledywink US
[II] **pchełki** *plt* tiddlywinks, tiddledywinks US; **grać w ~ki** to play tiddlywinks
❏ **~ki ziemne** Zool. flea beetles

pchl|i *adi. [ugryzienie]* flea *attr.*
■ **~i targ** flea market

pch|ła *f* Zool. flea; **mieć ~ły** to have fleas; **zostać pogryzionym przez ~ły** to be bitten by fleas; **środek przeciw ~łom** flea powder

pch|nąć¹ *pf* — **pch|ać¹** *impf* (**~nęła, ~nęli — ~am**) *vt* [1] (puścić w ruch) to push; **~ać taczki/wózek** to push a wheelbarrow/ pram; **~nąć kogoś na ścianę** to push sb against the wall [2] przen. (skłonić) to drive; **~nąć kogoś do przestępstwa** *[chciwość, bieda]* to drive sb to crime; **~ać kraj na skraj przepaści** to bring a country to the verge of ruin; **~any przyzwyczajeniem...**

by force of habit... [3] pot., przen. (posunąć do przodu) move [sth] forward *[sprawę, naukę]*

pch|nąć² *pf* (**~nęła, ~nęli**) [I] *vt* [1] (wysłać) to dispatch *[depesze, posłańca]* [2] (ugodzić) to stab; **~nąć kogoś nożem** to stab sb with a knife
[II] **pchnąć się** to stab oneself (**czymś** with sth)

pchnię|cie [I] *sv* → **pchnąć**
[II] *n* (ruch) push; (silne) shove; (łokciem, kijem) poke, prod; (nożem, szpadą) thrust, stab; Sport (w szermierce) thrust
❏ **~cie kulą** Sport the shot put, putting the shot

pchor. (= podchorąży)

pean *m* (*G* **~u**) [1] Literat. paean; **~ na cześć kogoś** a paean to sb; **~ na cześć życia** a paean to life [2] iron. paean; **piać** a. **wygłaszać ~y na cześć kogoś/czegoś** to sing the praises of sb/sth

pece|t *m* (*A* **~ta**) pot. (komputer) PC

pech *m* (*A* **~a**) bad luck; **mieć ~a** to be unlucky; **miałem ~a, że ją spotkałem** I had the misfortune to meet her, it was bad luck that I met her; **przynieść komuś ~a** to bring sb bad luck; **zbicie lustra przynosi ~a** it's bad luck to break a mirror; **prześladuje go ~** he's plagued by bad luck; **~ chciał, że padał deszcz** unfortunately, it was raining; **a to ~!** bad a. hard luck!; **on to ma ~a!** he's unlucky!

pechow|iec *m* pot. loser; **być ~cem** to be unlucky

pechowo *adv.* pot. unluckily; **zacząć się ~** to get off to a bad start; **wszystko układa się ~** everything is going wrong

pechow|y *adi.* pot. *[człowiek, dzień, liczba]* unlucky; **ale z niego ~y facet!** this guy has rotten luck!

pecyn|a *f* lump (**czegoś** of sth)

pedago|g *m* (*Npl* **~dzy** a. **~gowie**) [1] (nauczyciel) teacher [2] (teoretyk nauczania) educationalist

pedagogicznie *adv.* [1] (nauczycielsko) pedagogically; **być uzdolnionym ~** to be a good teacher [2] (wychowawczo) **zachowywać się mało ~** to set a bad example

pedagogiczn|y *adi.* [1] *[doświadczenie, kurs, praktyka]* pedagogic, teaching *attr.*; *[cel]* educational; **syn ignorował jej wysiłki ~e** her son ignored her efforts to reform him [2] (wychowawczy) **to mało** a. **niezbyt ~e** it doesn't set a good example
■ **ciało** a. **grono ~e** książk. teaching staff

pedagogi|ka *f zw. pl* pedagogy, education
❏ **~ka specjalna** special needs education; **~ka społeczna** social pedagogy

pedał¹ *m* (*G* **~łu**) [1] (w maszynie, instrumencie) pedal; **~ł gazu/hamulca/sprzęgła** an accelerator/a brake/a clutch pedal; **~ł forte/ piano** Muz. the sustaining/soft pedal; **wcisnąć** a. **nacisnąć ~ł** to depress a pedal; **wcisnąć ~ł gazu** to step on the accelerator [2] *zw. pl* (w rowerze) pedal; **pojazd na ~ły** a pedal vehicle; **kręcić ~łami** to work the pedals; **kolarze mocniej nacisnęli na ~ły** the cyclists pedalled harder [3] *zw. pl* pot., żart. (noga) **pójść gdzieś na własnych ~łach** to go a. get somewhere on Shank's pony pot.; **musieliśmy wyciągać ~ły** we had to get a move on

P

pedał|ł² m (Npl ~ły) posp., obraźl. queer pot., obraźl.

pedał|ować impf vi [1] (na rowerze) to pedal; ~ować na rowerze to pedal (on) a bike; ~ować pod górę to pedal uphill; ~ował ostro do mety he was pedalling hard towards the finishing a. finish line [2] pot. (iść) to go on Shank's pony pot.

pedałow|y adi. [napęd, maszyna] pedal attr.

pedan|t m, ~tka f pedant; być ~tem/ ~tką to be pedantic

pedanteri|a f (GD ~i) sgt pedantry; robić coś z ~ą to do sth pedantically

pedantycznie adv. pedantically

pedantyczn|y adi. [osoba, usposobienie] pedantic

pedantyzm m sgt (G ~u) pedantry

pedera|sta m pejor. (homoseksualista) homo pot., pejor.; pervert pejor.

pederasti|a f sgt (GD ~i) pejor. homosexuality

pediat|ra m p(a)ediatrician

pediatri|a f (GD ~i) [1] sgt (dział medycyny) p(a)ediatrics [2] (Gpl ~i) pot. (oddział) p(a)ediatric ward

pediatryczn|y adi. [oddział, szpital] paediatric

pedicu|re /ˌpedi'kjur/ m sgt (G ~re'u) pedicure; zrobić sobie ~re to have a pedicure; pójść na ~re to go for a pedicure

pedicurzystka /ˌpedikju'ʒistka/ → pedikiurzystka

pedikiu|r m (G ~ru) → pedicure

pedikiurzyst|ka f chiropodist

pedofil m paedophile GB, pedophile US

pedofili|a f sgt (GD ~i) paedophilia GB, pedophilia US

pedzi|o m (Npl ~e a. ~owie) pot., obraźl. queer pot., obraźl.

peeling /'piliŋ/ m (G ~u) [1] (zabieg) exfoliation; zrobić sobie ~ twarzy to exfoliate one's face [2] (krem) scrub; ~ do twarzy a facial scrub

peem /pe'em/ m (G ~u) pot. sub-machine gun

peep-show /'pipʃow/ m inv. peep show

peerel /'peer'el/ m (G ~u) pot. Communist Poland; w a. za ~u under Communism

peerelows|ki adi. pot. [epoka, rzeczywistość] Communist

Pegaz m Pegasus

pegazow|y adi. [skrzydła] Pegasus attr.

pegee|r /ˌpegje'er/ m (G ~ru) Hist. state-owned farm (in Communist Poland)

pegeerows|ki /ˌpegjee'rofski/ adi. Hist. budynki/pola ~kie buildings/land of a state-owned farm

pejcz m whip; bić kogoś/coś ~em to whip sb/sth

pejoratywnie adv. [rozumieć, interpretować] pejoratively; określenie używane ~ a term used pejoratively; brzmieć ~ to sound pejorative

pejoratywnoś|ć f sgt pejorative connotation (czegoś of sth)

pejoratywn|y adi. [słowo, określenie] pejorative; mieć znaczenie ~e to have a pejorative meaning; określenie o charakterze ~ym a term used with a pejorative connotation

pejs m zw. pl sidelock; mieć ~y to wear sidelocks

pejzaż m (G ~u) [1] (widok) landscape; ~ miejski an urban landscape, a townscape; ~ zimowy winter scenery; malownicze ~e południa Francji the picturesque landscapes of southern France [2] Szt. landscape; specjalizował się w ~ach he specialized in landscape painting [3] przen. landscape; ~ polityczny the political landscape; impreza wpisała się na trwałe w ~ kulturalny miasta the event became a permanent feature of the city's cultural landscape

pejzażow|y adi. [malarstwo, szkic] landscape attr.

pejzażyk m dem. (G ~u) (small) landscape

pejzaży|sta m, ~stka f landscapist, landscape painter

Pekaes (= Państwowa Komunikacja Samochodowa) a state intercity bus service

pekaes m (G ~u) pot. intercity bus

pekari m inv. Zool. peccary

Pekin m (G ~u) Peking, Beijing

pekin|ka f [1] (osoba) Pekin(g)ese [2] (pies) Pekin(g)ese

pekińczy|k [I] m pers. Pekin(g)ese [II] m anim. Pekin(g)ese

pekińs|ki adi. Pekin(g)ese; dialekt ~ki Jęz. Pekin(g)ese; kaczka po ~ku Kulin. Peking duck

pekl|ować impf vt to pickle in brine, to corn US [mięso]

peklowan|y [I] pp → peklować [II] adi. [mięso, szynka] corned

pektora|ł m (G ~łu) Relig. breastplate, pectoral

pektyn|a f Biol. pectin

pektynow|y adi. Biol. pectic

pelagiczn|y adi. Zool. pelagic

pelag|ra f sgt Med. pellagra

pelargoni|a f (GDGpl ~i) Bot. geranium; pelargonium spec.; ~a bluszczolistna ivy-leaf geranium

peleryn|a f Moda [1] (strój) cape, cloak; ~a przeciwdeszczowa a waterproof cape; ~a z kapturem a cape a. a cloak with a hood [2] (część płaszcza) cape

peleryn|ka f [1] (dziecięca) cape, cloak; (krótka) short cape; (futrzana) tippet [2] (część płaszcza) cape

peleton m (G ~u) Sport pack, peloton; oderwać się od ~u to break away from the pack a. the peloton; jechać w ~ie [kolarz] to be in the pack a. the peloton; [kolarz] to ride in a pack a. peloton

pelikan m Zool. pelican

pelis|a f Moda fur-lined coat

pelopones|ki adi. Peloponnesian; wojna ~ka the Peloponnesian war

Peloponez m (G ~u) the Peloponnese

pelo|ta f Gry pelota

pelu|r m sgt (G ~ru) (papier) onion skin a. onion-skin paper

pełen adi. praed. → pełny

pełga|ć impf vi [1] [płomień] to flicker; [światło] to glimmer; blask ognia ~ł po ścianach the firelight glimmered on the walls; kaganek ~ł chwiejnym płomieniem the oil lamp glimmered and flickered; ~jące płomienie lambent flames [2] przen. uśmiech ~ł jej w kącikach warg a faint smile flickered on her lips; w oczach ~ły

mu iskierki wesołości a glimmer of amusement flickered in his eyes

pełni|a [I] f (Gpl ~) [1] Astron. full moon; dzisiaj jest ~a there's a full moon tonight; księżyc w ~ a full moon; księżyc jest w ~ the moon is full; mieć twarz jak księżyc w ~ to be moon-faced [2] (stan największego nasilenia) ~a czegoś the height of sth [lata, sezonu]; the plenitude of sth [sił, władzy]; ~a zadowolenia utter bliss; ~a zrozumienia complete understanding; w ~ sezonu at the height of the season, during the peak season; była ~a sezonu it was the height of the season; być w ~ zdrowia to be in the best of health; powrócić do ~ zdrowia to recover completely; być w ~ sił to be sound in body; być w ~ władz umysłowych to be of sound mind; lato było w ~ it was high summer; żyć ~ą życia to enjoy a. live life to the full; zmarł w ~ sił twórczych he died (while still) at the height of his creative powers [II] w pełni adv. (zupełnie, całkowicie) fully, completely, thoroughly; w ~ się z tobą zgadzam I fully agree with you; w ~ zasługują na tę nagrodę they fully deserve this prize; nie wrócił już w ~ do zdrowia he never fully recovered; w ~ mi to odpowiada it suits me down to the ground a. to a T; jest to chór w ~ profesjonalny this is a truly professional choir; w całej ~ [popierać, wykorzystywać, rozwijać] to the full; drugiego września walki toczyły się już w całej ~ on 2 September full-scale fighting was under way; talent artysty błysnął w całej ~ w drugim akcie the artist's talent shone through in act two
□ ~a morza the open sea

peł|nić impf vt [1] [osoba] to perform, to fulfil, to fulfill US [funkcję, rolę, obowiązki]; ~niła funkcję łącznika w naszym batalionie she was a courier in our battalion; od wczoraj przestał ~nić swoje obowiązki he was released from his duties as of yesterday; ~nić obowiązki dyrektora (w zastępstwie) to act as director; pan X, ~niący obowiązki ministra finansów Mr X, acting Minister of Finance; ~nić służbę to be on duty; ~ni dzisiaj służbę wartowniczą he's on guard duty today; ~nić wartę to be on guard; przy trumnie ~niło wartę czterech żołnierzy four soldiers stood a. kept guard at the coffin [2] (służyć) ~nić funkcję [przedmiot, pomieszczenie] to serve, to function (jako coś as sth); przedpokój ~nił również funkcję kuchenki the corridor also served a. functioned as a kitchenette

pełniut|ki (~eńki) adi. dem. pieszcz. [1] (bardzo pełny) [sala, pociąg] full (to capacity), filled to capacity; [naczynie] full; ~ka szklanka mleka a glass brimming with milk; premiera odbyła się przy ~kiej sali on the first night the theatre was full to capacity [2] (pulchny) [buzia] chubby

pełniutko adv. pieszcz. ~ czegoś a lot of sth, plenty of sth; w piwnicy było ~ wody the cellar was full of water

pełno [I] adv. grad. [1] (ile się zmieści) nalać ~o wody do szklanki to fill a glass with water; takiemu to dobrze, w brzuchu ma

~o, w kieszeni też (a) lucky devil, he's got a full stomach and a full purse [2] (bardzo wiele) **~o czegoś** a lot of sth, plenty of sth; **na placu było ~o ludzi** there were no end of people in the square, the square was teeming with people; **w naszym pokoju zawsze jest ~o słońca** our room always gets a lot of sunshine; **na łące było ~o kwiatów** the meadow was full of flowers; **w jeziorze jest ~o ryb** the lake is teeming with fish; **w borach było ~o zwierzyny** the forests were teeming with game a. were full of game; **w szafie jest już ~o** the wardrobe is already crammed full; **w pociągu/w sali było ~o** the train/the hall was full a. filled to capacity; **wszędzie go ~o** he's here, there, and everywhere; **~o go ostatnio w telewizji** at the moment he's on TV every day; **w gazetach ~o doniesień o wypadku** the papers are full of the accident; **w sali robiło się coraz ~iej** the hall was filling up; **~o w niej wątpliwości i niepokoju** she's full of doubt and anxiety. a concern; **mam ~o pracy** I'm very busy, I've (got) a lot of work

II pełniej adi. comp. (całkowicie) **~iej omówić/wyjaśnić/zrozumieć coś** to discuss/explain/understand sth more fully; **najpełniej wypowiadał się w liryce** he expressed himself best in lyric poetry

III do pełna adv. [nalać, nasypać] to the brim; **nalej mi do ~a** fill it to the brim

IV pełno- w wyrazach złożonych fully, full-

pełnoetatowy adi. [praca, teacher] full-time attr.; **pracownik ~y** a full-timer, a full-time employee

pełnokrwisty adi. [1] [koń] full-blooded [2] Kulin. [stek] rare [3] przen. **~sta kreacja aktorska** a full-blooded performance

pełnoletni I adi. of (full legal) age; **być ~m** to be of age

II pełnoletni m, **~a** f adult; Prawo major; **wstęp dla ~ch** for adults only

pełnoletność f sgt majority; **osiągnąć ~ć** to come of age; **osiągnięcie ~ci** coming-of-age; **po dojściu do ~ci** on coming of age, on attaining a. reaching one's majority

pełnometrażowy adi. [film] full-length attr., feature-length attr.

pełnomocnictwo n [1] (upoważnienie) commission U, authorization U, plenipotentiary C; Prawo power of attorney C/U, proxy U; **szerokie** a. **rozległe ~a** broad powers; **otrzymać specjalne ~a od rządu** to be given special powers by the government; **mam jej ~a do kupna tego domu** I have her power of attorney to buy this house on her behalf; **udzieliłem mu ~a do działania w moim imieniu** I authorized him a. gave him powers of attorney to act on my behalf [2] (dokument) letter of attorney; warrant of attorney daw.

❑ **~o procesowe** Prawo warrant of attorney

pełnomocnik m, **~czka** f [1] (upoważniony) plenipotentiary, proxy; **występować jako ~k kogoś** to act as sb's proxy, to stand proxy for sb; **zarządzać przedsiębiorstwem przez ~ków** to run a company by proxy; **głosowanie przez ~ka** proxy vote [2] Prawo attorney; **ustanowić ~ka** to appoint an attorney [3] (stanowisko) plenipo-

tentiary; **~k rządu do rozmów w sprawie członkostwa w UE** the government's plenipotentiary for negotiations for accession to the EU; **~k rządu do spraw rodziny/równouprawnienia** a government plenipotentiary for family/gender equality; **biuro ~ka do spraw zatrudnienia** Uniw. careers office GB, placement office US

pełnomocny adi. [delegat, wysłannik] invested with a. having full powers, plenipotentiary; **ambasador nadzwyczajny i ~y** ambassador extraordinary and plenipotentiary; **czy jest pan ~y podejmować decyzje za ojca?** are you empowered a. authorized to take decisions on your father's behalf?

pełnomorski adi. [statek] seagoing, ocean-going; [rejs, żegluga] offshore attr.; **port ~ki** a deep-sea port

pełnopłatny adi. [wczasy, usługa] full-price attr.; **większość leków jest już ~a** most of the medicines are already full price

pełnoprawny adi. [właściciel] rightful; [członek, wspólnik] full; [członek partii] card-carrying

pełnosprawny adi. [sportowiec, pracownik] fully fit, able-bodied; [maszyna, system] (fully) operable; [pojazd] (fully) serviceable

pełność f sgt [1] (stan napełnienia) fullness; **uczucie ~ci w żołądku** a feeling of fullness in the stomach [2] (pełnia) **~ć czegoś** the fullness of sth [informacji, uczucia]; the ripeness of sth [talentu]; the plenitude of sth [władzy] [3] (okrągłość) fullness, roundness; **~ć jej ust/bioder** the fullness of her lips/hips; **~ć jego twarzy** the roundness of his face

pełnotłusty adi. [mleko] full-fat attr., whole, unskimmed; [ser, twarożek] full-cream attr.

pełnowartościowy adi. [1] [pożywienie] healthy and nutritious, wholesome; **~e mleko** whole milk; **zawierać ~e białka** to be high in protein [2] [pracownik] competent; (moralnie) [osoba] irreproachable

pełnoziarnisty adi. [chleb, mąka] wholegrain, wholemeal

pełny I adi. grad. [1] (wypełniony) [naczynie, autobus, restauracja, lodówka, dysk] full; (zatłoczony) [pociąg, autobus, teatr] full, packed; **~ny po brzegi** [talerz, wanna] full to the brim; **~ny czegoś** full of sth; **~ny kubek/~ne wiadro mleka** a cupful/a bucketful of milk; **~ny zapału/sprzeczności** full of enthusiasm/contradictions; **~ny smutku** sorrowful, mournful; **~ny uwielbienia/gracji/żalu** worshipful/graceful/regretful; **~ny wigoru** high-spirited; **~ny najlepszych chęci** well-meaning, well-intentioned; **~ne napięcia chwile** tense moments; **uzdrowisko jest ~ne turystów** the resort is full of tourists; **książka jest ~na błędów** the book is full of errors; **miała oczy ~ne łez** her eyes were full of tears, her eyes brimmed with tears; **w niedzielę rynek jest ~ny ludzi** on Sundays the marketplace is full of people; **jestem ~na podziwu dla Anny** I'm full of admiration for Anna; **droga była ~na wybojów** the road was bumpy; **co wieczór graliśmy przy ~nej sali** we played to a packed house every night; **odetchnął**

świeżym, ~nym zapachu kwiatów powietrzem he took a breath of fresh air, fragrant with the smell of flowers; **mieć ~ne ręce roboty** to have one's hands full przen.; **nie mów z ~nymi ustami** don't speak a. talk with your mouth full [2] (niczym nieograniczony) [odpowiedzialność, poparcie, prawo] full; [zrozumienie, niepodległość, szczęście] full, complete; [władza] absolute; **wiosna była w ~nym rozkwicie** it was the height of spring; **ma pan ~ne prawo odmówić** you've got every right to refuse; **darzę go ~nym zaufaniem** I have absolute confidence in him; **ten kolor wygląda lepiej w ~nym świetle** this colour looks better in bright light [3] (całkowity, kompletny) [zestaw, nazwisko] full; [dane] full, complete; [wydanie] complete; [text, speech] unabridged; [miesiąc] whole; **podpisać się ~nym imieniem i nazwiskiem** to sign one's name in full; **zespół jest w ~nym składzie** the team is at full strength; **zarząd spotkał się w ~nym składzie** the board held a plenary session; **samochód zatoczył ~ne koło** the car did a full circle; **czekałem na odpowiedź ~ny miesiąc** I waited a whole month for an answer a. reply; **film trwał ~ne dwie godziny** the film lasted a full two hours a. two solid hours; **przysługuje panu ~ny miesiąc urlopu** you're entitled to a full month's leave; **kupon zawierał ~ne trzy metry materiału** the piece of fabric was a full three metres long [4] (całkowicie rozwinięty) [kłus, galop] full; **w ~nym kłusie/galopie** at a brisk trot/at full gallop; **pociąg był w ~nym biegu** the train careered (along) a. was going at full speed; **silnik pracował na ~nych obrotach** the engine was working at full speed a. throttle; **pracowaliśmy ~ną parą** przen. we were working at full speed; we were going full steam ahead przen.; **prace budowlane były w ~nym toku** construction work was in full swing [5] (okrągły, pulchny) [twarz, sylwetka] full, plump; **mieć ~ną twarz** to be full in the face

II adi. [1] (wypełniony wewnątrz) [cegła, drewno] solid [2] Bot. [kwiat] double

III pełen adi. praed. [1] (wypełniony) [naczynie, autobus, restauracja, lodówka] full; (zatłoczony) [pociąg, autobus, teatr] packed; **szklanka ~na po brzegi** a glass full to the brim; **kubek ~en/wiadro ~ne wody** a cupful/a bucketful of water; **~en/~na smutku** sorrowful, mournful; **~en/~na uwielbienia/gracji/żalu** worshipful/graceful/regretful; **był ~en/była ~na podziwu dla Roberta** he/she was full of admiration for Robert; **artykuł jest ~en błędów** the article is full of errors

❑ **koń ~nej krwi** thoroughbred (horse); **klacz ~nej krwi** a thoroughbred mare; **konie ~nej krwi** bloodstock; **hodowla koni ~nej krwi** bloodstock industry

pełzacz m Zool. treecreeper

pełzać impf vi [1] [płaz, gad, owad] to crawl; [wąż] to slither; **liszka ~ła mu po ramieniu** a caterpillar was crawling up/down his arm [2] przen. [roślina, mgła, dym] to creep; **bluszcz ~ł po murze** ivy was creeping up the wall; **mgła ~ła po polach** fog was creeping over the fields; **języki ognia ~ły po ścianach** flames were creeping up the walls 3 (czołgać się) [osoba, dziecko, zwierzę] to crawl; **~ć przed kimś** przen. to grovel to sb a. at sb's feet; **~jąca inflacja** Ekon. creeping inflation

pełzak m Zool. amoeba

pełzakow|y adi. Zool. amoebic

peł|znąć impf (~zł a. **~znął**) vi 1 [płaz, gad, owad] to crawl; [wąż] to slither; **ślimak ~znie po trawie** a snail is crawling through the grass 2 przen. [roślina, mgła, dym] to creep; **~znące po ziemi łodygi** creeper stems running along the ground; **mgła ~znie ku wzgórzom** the fog is creeping towards the hills; **snop światła ~znął od okna w stronę drzwi** a beam of light was moving slowly from the window towards the door 3 (czołgać się) [osoba] to crawl; **~znąć na czworaka** to crawl on all fours 4 (posuwać się wolno) [samochód, pociąg] to crawl; **drogą pod górę ~zła kolumna samochodów** a column of trucks was crawling up the road 5 (tracić intensywność) [kolor] to fade; **kolory często ~zną w praniu** colours tend to run in the wash ⇒ **spełznąć**

penalizacj|a f sgt Prawo penalization; **~a życia społecznego** stricter penal regulations

penat|y plt (G **~ów**) książk. household gods, penates

pendant /pã'dã/ n inv. książk. complement (**do czegoś** to sth); pendant książk. (**do czegoś** to sth)

Pendżab n (G **~u**) Punjab

Pendżab|czyk m, **~ka** f Punjabi, Panjabi

pendżabi m inv. Jęz. Punjabi

pendżabs|ki II adi. Punjabi
III m sgt (język) Punjabi

peneplen|a f Geol. peneplain

penetracj|a f (Gpl **~i**) 1 (przenikanie) penetration, infiltration; **~a polityczna/ gospodarcza** political/economic penetration 2 (przeszukanie) search; **~a archiwów** a search through archives; **~a czyichś tajemnic** the probing a. penetrating of sb's secrets

penetracyjn|y adi. [siła] penetrative; **badania ~e** Socjol. penetrative surveys

penetr|ować impf vt to penetrate [teren, okolicę]; to search through [bibliotekę, archiwa]; **~ować środowiska opozycyjne** to infiltrate opposition groups; **~ował szuflady w poszukiwaniu notesu** he rummaged through the drawers for the notebook ⇒ **spenetrować**

penicylin|a f penicillin; **dostawać zastrzyki z ~y** to be given penicillin injections

penicylinow|y adi. [kuracja, wstrząs] penicillin attr.

penis m (A **~a**) penis, (male) member; **zazdrość o ~a** Psych. penis envy

penitencjarn|y adi. Prawo [system, reforma] prison attr., penitentiary; [prawo] penitentiary; **zakład ~y** a penal institution, a penitentiary US; **administracja zakładów ~ych** prison authorities

peniten|t m, **~tka** f Relig. penitent

peniua|r m (G **~ru**) Moda 1 (strój domowy) negligee a. négligée, peignoir 2 przest. (pelerynka) cape

penolo|g m (Npl **~dzy** a. **~gowie**) penologist

penologi|a f sgt (GD **~i**) penology

pens m Fin. penny; **wrzucam ~y do świnki** I put some pennies in my piggy bank; **możesz mi pożyczyć 50 ~ów?** can you lend me 50 pence a. 50 p?; **znaczek za 25 ~ów** a 25 pence a. 25 p stamp; **kupić słodycze za ~a** to buy a pennyworth of sweets; **pół ~a** a halfpenny a. ha'penny przest.

pensj|a f (Gpl **~i**) 1 (wynagrodzenie) pay, wage; (urzędnika państwowego, menedżera) salary; **stała ~a** a fixed a. regular salary; **~a nauczycielska/urzędnicza** a teacher's/a civil servant's salary; **goła ~a** a basic pay, pay with no extras; **głodowa ~a** a beggar's pay, starvation wages; **~a netto/brutto** a net/gross salary, salary after/before tax; **pańska ~a wyniesie 1000 funtów miesięcznie netto/brutto** you'll be paid 1000 net/gross a month; **utrzymywał się z urzędniczej ~i** he lived on a civil servant's salary; **utrzymywali się z głodowej ~i** they lived on a shoestring; **rodzina żyjąca z jednej ~i** a family with one breadwinner a. income; **protestujący domagają się podwyżki ~i** the protesters demand a pay rise; **dostał 100 funtów tytułem zaległej ~i** he got 100 in back pay; **dorabiał do ~i tłumaczeniami** he supplemented his income by doing translations a. by translating 2 przest. (szkoła) boarding school for girls
❑ **trzynasta ~a** pot. ≈ annual bonus (amounting to a month's full pay)

pensjonariusz m, **~ka** f (Gpl **~y** a. **~ów, ~ek**) (domu starców) resident; (zakładu psychiatrycznego) inmate; (pensjonatu) boarder

pensjonar|ka f schoolgirl, boarding-school pupil

pensjonars|ki adi. [zachowanie] girlish, missish; **po ~ku** girlishly, like a silly young miss

pensjona|t m (G **~tu**) boarding house a. pension; **wynająć pokój w ~cie** to take a room in a boarding house
❑ **~t socjalny** welfare hotel

pensjonatow|y adi. [goście, pokój] boarding-house attr.

pensjon|ować impf vt przest. to pension off [pracownika]

pens|um n (Gpl **~ów**) Szkol., Uniw. ≈ obligatory teaching hours, ≈ workload; **~um profesora** a professor's teaching load; **przekroczyć ~um** to do more hours (of) teaching load (than required); **zwiększono/zmniejszono nam ~um o 2 godziny tygodniowo** they increased/reduced our teaching load by two hours a week

Pensylwani|a f Pennsylvania

Pensylwa|ńczyk m, **~nka** f Pennsylvanian

pensylwańs|ki adi. Pennsylvanian

Pentagon m (G **~u**) Polit. the Pentagon; **rzecznik/oświadczenie ~u** a Pentagon spokesman/statement

pentagram m (G **~u**) Astrol. pentagram, pentacle

pentametr m (G **~u**) Literat. pentameter

pentatlon m (G **~u**) Sport pentathlon

pentatloni|sta m, **~stka** f Sport pentathlete

pentatoniczn|y adi. Muz. pentatonic

penthous|e /'pentxawz/ m (G **~u**) penthouse

peon m peon

peoni|a f (GDGpl **~i**) Bot. peony

pepeg m (A **~a**) przest. plimsoll a. plimsole

pepesz|a f (**~ka** dem.) Wojsk. pot. Russian automatic pistol

Pepicz|ek m, **~ka** f (Npl **~ki, ~ki**) pot., pejor. Czech

Pepik → **Pepiczek**

pepita → **pepitka**

pepi|tka, ~ta f 1 (wzór) dog-tooth a. dogstooth a. houndstooth check; (czarno-biała) shepherd's plaid; **spódnica w czerwono-czarną ~tkę** a skirt in a red-and-black dogstooth check 2 (materiał) check (fabric); **~tka na marynarkę** a check a. a checked fabric for a jacket

pepitkow|y adi. [spódnica, materiał] check attr., checked

pepsi /'pepsi/ f inv. 1 sgt (napój) Pepsi® 2 (porcja) Pepsi **kup trzy ~** buy three Pepsis

pepsi-col|a /ˌpepsi'kola/ f 1 sgt (napój) Pepsi-Cola® 2 (porcja) Pepsi-Cola **kupiła trzy ~e** she bought three Pepsi-Colas

pepsyn|a f Biol. pepsin

pepton m (G **~u**) Biol. peptone

per praep. **zwracać się do kogoś ~ pani/ synu** to address sb as Mrs/to call sb son; **zwracać się do kogoś ~ ty** to address sb using the familiar form (of second person singular)
■ **potraktować kogoś ~ noga** a. **~ nogam** pot. (lekceważąco) to be offhand with sb; (pogardliwie) to treat sb like dirt pot.

per analogiam książk. by (way of) analogy (**do czegoś** to a. with sth)

percepcj|a f (Gpl **~i**) Psych. perception (**czegoś** of sth); **~a pozazmysłowa** extra-sensory perception, ESP; **~a wzrokowa/ słuchowa** visual/aural perception

percepcyjn|y adi. Psych. [proces, system, zdolności, uczenie się] perceptual

percyp|ować impf vt książk. to perceive; to be cognizant a. aware of książk.

per|ć f mountain path

peregrynacj|a f (Gpl **~i**) przest. peregrination przest., żart.

pereł|ka II f dem. 1 (kamień szlachetny) pearl; (sztuczna) artificial pearl 2 przen. pearl przen., gem przen.; **~ki poezji** pearls a. gems of poetry; **~ki rosy** pearls of dew
III **perełki** pl 1 (naszyjnik) (string of) pearls 2 Archit., Szt. beading

perełkowani|e n Archit., Szt. beading

perfekcj|a f sgt perfection, excellence; **doprowadzić/opanować coś do ~i** to bring/master sth to perfection; **osiągnąć w czymś ~ę** to achieve a. attain perfection in sth; **wkrótce osiągnęła ~ę w pisaniu na maszynie** soon she mastered typing to perfection; **dojść w czymś do ~i** to become an expert at a. in sth; **doszedł do ~i w prowadzeniu domu** he'd got housekeeping down to a fine art; **~a wykonania** perfection of performance

perfekcjoni|sta *m*, **~stka** *f* perfectionist

perfekcjonistyczn|y *adi.* perfectionist, perfectionistic

perfekcjonizm *m sgt* (*G* **~u**) perfectionism (**w czymś** in sth); **podziwiam jej ~** I admire her perfectionism

perfekcyjnie *adv. grad.* perfectly, excellently

perfekcyjnoś|ć *f sgt* perfection, excellence; **~ć rysów jej twarzy** her perfect facial features

perfekcyjn|y *adi.* 1 (doskonały) perfect, excellent; **jest ~ym pianistą** he is an accomplished pianist 2 (dążący do perfekcji) perfectionist

perfekt /per'fekt/ *pot.* **II** *adi. inv.* great *pot.*, grand *pot.*, super *pot.*
II *adv.* perfectly, excellently

perfidi|a *f sgt* (*GD* **~i**) *pejor.* duplicity; perfidy *książk.*

perfidnie *adv. grad. pejor.* deceitfully; perfidiously *książk.*

perfidn|y *adi. grad. pejor.* deceitful; perfidious *książk.*; **~y Albion** perfidious Albion

perforacj|a *f* 1 *sgt* (dziurkowanie) perforation *U* 2 (*Gpl* **~i**) (otworek) perforation, puncture 3 (*Gpl* **~i**) *Med.* perforation *U*, puncture; **~a żołądka** stomach perforation a. puncture, perforation a. puncture of the stomach

perforato|r *m* punch(er), perforator

perfor|ować *impf vt Techn.* to perforate; **maszyna ~uje taśmę** the machine punches the tape

perforowan|y **II** *pp* → **perforować**
II *adi.* perforated; **czytnik kart ~ych** a card reader

perfumeri|a *f* (*GDGpl* **~i**) perfume shop, perfumery

perfumeryjn|y *adi.* [*sklep, stoisko*] perfume *attr.*; **przemysł ~y** perfume production, perfumery

perfum|ować *impf* **II** *vt* to perfume [*chusteczkę, dekolt*] ⇒ **poperfumować, wyperfumować**
II **perfumować się** to perfume oneself; **(ona) nigdy się nie ~uje** she never wears perfume; **wiele kobiet zbyt obficie się ~uje** many women use too much perfume ⇒ **poperfumować się, wyperfumować się**

perfum|y *plt* (*G* **~**) perfume *C/U*, scent *C/U* GB; **flakonik ~** a bottle of perfume a. scent; **skropić chusteczkę ~ami** to sprinkle one's handkerchief with perfume; **doszedł go delikatny zapach drogich ~** he caught a whiff of expensive perfume

pergamin *m* (*G* **~u**) 1 (papier) (do pakowania) greaseproof paper *U*; (do pieczenia) baking parchment, greaseproof paper *U*; (do rysowania) tracing paper *U*; **plasterki szynki zawinięto w ~** slices of ham were wrapped in greaseproof paper 2 *zw. sg* (cienka skóra) parchment *U*; **książki oprawione w ~** parchment bound volumes 3 (dokument) parchment; **zbiór cennych ~ów** a collection of valuable parchments

pergaminow|y *adi.* 1 (o papierze) **papier ~y** greaseproof paper; **wyłóż dno blachy ~ym papierem** line a tin with (non-stick) baking parchment a. greaseproof paper 2 (o cienkiej skórze) [*oprawa, rękopis*] parchment

attr.; **zwój ~y** a parchment scroll 3 *przen.* [*cera, skóra, twarz*] parchment *attr.*

pergol|a *f* (*Gpl* **~i**) pergola

perio|d *m* (*G* **~du**) *przest., Med.* (menstrual) period

periodycznie *adv. książk.* periodically

periodycznoś|ć *f sgt książk.* periodicity

periodyczn|y *adi. książk.* periodic, periodical; **wydawnictwa ~e** periodical publications; **pisma ~e** periodicals

periodyk *m* (*G* **~u**) *książk.* periodical

periodyzacj|a *f* (*Gpl* **~i**) *książk.* periodization; **~a historyczna** historical periodization

perkal *m* (*G* **~u**) percale *U*, cretonne *U*, calico US

perkalik *m* (*G* **~u**) (fine) percale *U*, cretonne *U*, calico US; **~ w kwiatki na fartuszki** flowered percale a. cretonne a. calico US for aprons

perkalikow|y *adi.* percale *attr.*, cretonne *attr.*, calico *attr.* US

perkalow|y *adi.* percale *attr.*, cretonne *attr.*, calico *attr.* US; **~e kwieciste zasłonki** flowered cretonne curtains, chintz curtains

perka|ty *adi.* snub; **piegowata twarz z ~tym noskiem** a freckly snub-nosed face; **zmarszczył ~ty nos** he wrinkled his snub nose

perko|tać *impf* (**~czę** a. **~cę**, **~cze** a. **~ce** a. **~ta**) *vi* (o silniku) to sputter; (o garnku na małym ogniu) to bubble; **na kuchni ~tały kartofle** potatoes were bubbling away on the stove

perkoz *m Zool.* grebe; **~ dwuczuby** a great crested grebe

perkozi *adi.* grebe *attr.*; **~e jaja** grebe eggs

perkusi|sta *m*, **~stka** *f* percussionist

perkusj|a *f sgt* percussion *U*; **grać na ~i** to play percussion (instruments); **obsada ~i** the percussion section; **solo na ~i** a solo on percussion a. on a percussion instrument

perkusyjn|y *adi.* percussion *attr.*; **instrumenty ~e** percussion instruments

perli|czka, **~ca** *f* guineafowl; **stadko ~czek** a small flock of guineafowl

perlicz|y *adi.* guineafowl *attr.*; **~e jaja** guineafowl eggs

perl|ić się *impf v refl. książk.* to pearl; **rosa ~iła się na trawie** dew on the grass pearled into droplets; **pot ~ił mu się na czole** the sweat beaded on his forehead

perli|sty *adi. książk.* 1 (kroplisty) pearly; **~sta rosa** pearly dew; **czoło miał pokryte ~stym potem** his forehead was covered with beads of sweat 2 *przen.* (dźwięczny) **~sty śmiech** a peal of laughter

perliście *adv. książk.* 1 (krupliście) **mgła osiadła ~ na trawie** grass shone with dewdrops 2 (dźwięcznie) **śmiać się ~** to laugh brightly, to laugh musically

per|ła *f* 1 (biżuteria) pearl; **~ły hodowlane** cultured pearls; **sztuczne ~ły** artificial pearls 2 *przen.* gem; **~ła kolekcji** the jewel (in the crown) of the collection; **~ła architektury baroku** a gem of Baroque architecture
■ **rzucać ~ły przed wieprze** to cast pearls before swine

perłowo *adv.* **malować paznokcie na ~** to wear pearl nail varnish, to paint one's nails with pearl varnish
■ **objechać** a. **zrobić kogoś na ~** *pot.* to give sb an earful *pot.*, to give sb a mouthful GB *pot.*; **zrobić** a. **urządzić kogoś na ~** to land sb in hot water

perłow|y *adi.* 1 (z pereł) [*naszyjnik*] pearl *attr.* 2 (w kształcie lub kolorze perły) [*szminka, lakier, guziki*] pearl *attr.*, pearly; **pokój był utrzymany w tonacji ~ej** the room was decorated in pearly shades

permanentnie *adv. książk.* permanently, constantly; **~ się spóźniał** he was always late

permanentn|y *adi. książk.* permanent, constant; **~y deszcz** constant rain

peron *m* (*G* **~u**) platform; **pociąg odjeżdża z toru przy ~ie pierwszym** the train leaves from platform one

peronow|y *adi.* platform *attr.*; **dyżurny ~y** a platform attendant

pero|ra *f* 1 *książk., iron., żart.* (reprymenda) tirade, harangue; **prawić komuś ~ry** to launch into a tirade against sb 2 *przest.* (przemowa) oration

peror|ować *impf vi książk.* to sermonize, to pontificate; **~ował długo, zawile** he ranted on and on

per pedes *żart.* on foot

perpetuum mobile *n inv.* perpetual motion machine

Pers *m*, **~yjka** *f* (*Npl* **~owie**, **~yjki**) Persian

pers **II** *m anim.* Persian (cat) a. persian; **mają psa i dwa ~y** they've got a dog and two Persians a. two Persian cats
II *m inanim.* (*A* **~a**) Persian (carpet a. rug); **rozłożyć ~a na podłodze** to lay a Persian (carpet a. rug) on the floor

per saldo *inv. książk.* on the whole; **projekt rozpatrzono na nowo, co mu per saldo wyszło na dobre** the proposal was reviewed which was a good idea on the whole

pers|ki *adi.* Persian; **~ka waza** a Persian vase
❑ **~ki dywan** a. **kobierzec** Persian carpet a. rug
■ **zrobić** a. **puścić do kogoś ~kie oko** *pot.* to wink at sb, to give sb a wink

person|a *f książk. żart.* personage, notable; celeb *pot.*, bigwig *pot.*; **ważna ~a** an important figure

personali|a *plt* (*G* **~ów**) *książk.* personal details; **spisać/zanotować czyjeś ~a** to take down sb's personal details; **poproszę o ~a** your name and address, please; **ustalono ~a właściciela samochodu** the identity of the owner of the car was established

personalnie *adv. książk.* personally; **wystąpić ~ przeciwko komuś** to attack sb by name, to make a personal attack on sb

personaln|y **II** *adi. książk.* personal; **dane/akta ~e** personal details/files
II **personaln|y** *m*, **~a** *f pot.* head of personnel a. head of human resources
❑ **biuro ~e/dział ~y** personnel division, human resources department

personel *m sgt* (*G* **~u**) staff (+ *v sg/pl*); **~ administracyjny/naukowy/pomocniczy**

administrative/research/auxilliary staff; **~ szpitala/restauracji** the hospital/restaurant staff; **powiększyć/zredukować ~** to increase/reduce staff; **nie można było winić ~u** the staff was/were not to blame ❑ **~ latający** aircraft crew

personifikacj|a f (Gpl **~i**) książk. personification; **te marmurowe posągi są ~ami czterech pór roku** these marble statues personify a. are personifications of the four seasons

personifik|ować impf vt książk. to personify

perspektyw|a f [1] Szt. perspective; **teoria ~y** the theory of perspective [2] (panorama) perspective, vista; **~a na całe miasto** a vista of the whole town [3] przen. (widoki na przyszłość) prospect; **kiepska/ponura ~a** a bleak/gloomy prospect; **~a na awans** prospects for promotion; **mieć coś w ~ie** to have sth in view [4] przen. (odległość w czasie) perspective; **spojrzeć na coś z ~y lat 80.** to look at sth from the perspective of the 1980s, to look at sth from the vantage point of the 1980s; **oceniać coś z ~y lat** to look back on sth (some) years later; **tracić/zatracać ~ę** to lose (one's) perspective [5] Mat. perspective
❑ **~a barwna** colour perspective

perspektywicznie adv. [1] (w perspektywie) in perspective; **budynek przedstawiono ~** the building was depicted in perspective [2] przen. **myśleć ~** to think long-term

perspektywiczn|y adi. [1] Szt. perspective; **szkice ~e** perspectives a. perspective drawings; **w skrócie ~ym** foreshortened [2] (przyszłościowy) prospective; **plany/zadania ~e** long-term plans/tasks

perswad|ować impf vt książk. to reason vi (**komuś** with sb); to try to persuade (**komuś** sb); **~ować komuś, żeby coś zrobił** to try to persuade sb to do sth; **coś tam jej ~ował, ale bez skutku** he tried to reason with her, but to no avail; **~owała mu długo, żeby nie wtrącał się w jej sprawy** she tried for a long time to persuade him not to interfere in her affairs ⇒ **wyperswadować**

perswazj|a f (Gpl **~i**) książk. persuasion U; **łagodna/stanowcza ~a** gentle/forceful persuasion; **siła ~i** powers of persuasion; **po wielu ~ach** after a lot of persuasion; **działać ~ą** to use persuasion; **ulec ~i** to respond to persuasion; **był głuchy na wszelkie ~e** he resisted any persuasion

perswazyjnie adv. książk. **oddziaływać na kogoś ~** to use persuasion on sb

perswazyjn|y adi. książk. **zabiegi ~e** techniques of persuasion

persyflaż m (G **~u**) książk. persiflage U książk.

pertraktacj|e plt (G **~i**) negotiations C/U; **prowadzić/toczyć ~e** to conduct negotiations; **podjąć/wznowić ~e** to enter into/to resume negotiations

pertrakt|ować impf vi to negotiate (**o coś/o czymś** sth)

perturbacj|a f zw. pl (Gpl **~i**) [1] książk. (utrudnienie) perturbation, turbulence C/U, disturbance C/U; **~e społeczne** social unrest a. disturbances; **~e na rynku walutowym** perturbations in the foreign

currency market; **silne mrozy stały się przyczyną ~i komunikacyjnych** (a spell of) severe frost caused delays in public transport; **mimo różnych ~i rokowania zakończyły się wczoraj sukcesem** despite a few turbulent moments the negotiations ended in success yesterday; **miała ~e z powodu przeprowadzki** she suffered a few perturbations due to the move [2] Astron. perturbations

perucz|ka f dem. wig

peru|ka f [1] (z włosów) wig [2] Myślis. lump

perukarstw|o n sgt wig-making

peruka|rz m, **~rka** f (Gpl **~rzy**, **~rek**) wig-maker

Peruwia|ńczyk m, **~nka** f Peruvian

peruwiańs|ki adi. Peruvian

perwersj|a f (Gpl **~i**) książk. perversion U

perwersyjnie adv. książk. [ubierać się] provocatively; **jego sztuka była ~ wyrafinowana** his play was refined in a perverse way

perwersyjnoś|ć f sgt książk. perversity, perverseness

perwersyjn|y adi. książk. [myśli, obrazy] perverted, perverse; **dręczenie jej sprawiało mu ~ą przyjemność** he took a perverted delight in tormenting her

peryferi|e plt (G **~i**) [1] (przedmieście) outskirts plt; **mieszkał na ~ach Warszawy** he lived on the outskirts of Warsaw [2] przen. periphery; **jego twórczość sytuuje się na ~ach literatury** his work is outside the mainstream of literature

peryferycznie adv. peripherally; **miejscowości usytuowane ~ mają mniejsze skażenie środowiska** peripherally situated towns are less polluted

peryferycznoś|ć f sgt peripherality; **~ć tych ośrodków naukowych utrudnia ich rozwój** the peripherality of these research centres hinders their development

peryferyczn|y adi. [1] (położony daleko od centrum) peripheral [2] (mniej istotny) marginal, secondary; **romans stanowi zjawisko ~e w literaturze sensacyjnej** love interest is usually a side issue in thrillers

peryferyjnie adv. [1] (daleko od centrum) peripherally; **~ usytuowany pensjonat bardzo mi odpowiadał** a guest house on the outskirts of town appealed to me [2] (drugoplanowo) marginally; **w filmowej adaptacji powieści problem ten potraktowano ~** in the film adaptation of the novel the problem was treated marginally

peryferyjnoś|ć f sgt [1] (położenie daleko od centrum) location outside the centre; **~ć hotelu nie przeszkadzała mi** the fact that the hotel was located outside the city centre didn't bother me [2] (drugoplanowość) marginal position

peryferyjn|y adi. [1] (znajdujący się na przedmieściach) peripheral; **~e dzielnice miasta** the outskirts of the town [2] (drugoplanowy) marginal; **problem ten pozostawał w sferze ~ych dyskusji** the problem was only treated marginally

peryfrastyczn|y adi. Literat. periphrastic

peryfraz|a f Literat. periphrasis

perypeti|a f zw. pl (GDGpl **~i**) vicissitudes pl; **jego miłosne ~e** the twists and turns of his love life; **po długich ~ach**

dotarli do miejsca przeznaczenia after many adventures and mishaps they reached their destination

peryskop m (G **~u**) periscope

peryskopow|y adi. periscope attr.

perystaltyka f sgt Med. peristalsis

perz m sgt (G **~u**) Bot. couch (grass)

perzyn|a f sgt przest. embers pl
■ **obrócić coś w ~ę** to burn sth to a cinder, to burn a. reduce sth to ashes; **domy obróciły się a. zamieniły się w ~ę** the houses were reduced to ashes

PESEL (= Powszechny Elektroniczny System Ewidencji Ludności) ≈ personal identity number (in Polish citizens' identity cards and in the general register office)

pese|ta f peseta

peso n inv. peso; **dziesięć ~** a. **~s** ten pesos

pest|ka f [1] (jabłek, gruszek) pip; (winogron, truskawek, poziomek, słonecznika) seed; (brzoskwiń, morel) stone; **~ki wiśni** cherry stones; **~ki śliwek** plum stones; **~ki dyni** pumpkin seeds [2] pot., przen. (drobnostka) breeze pot., piece of cake pot.; **chętnie ci pomogę, to dla mnie ~ka** I'll give you a hand, it's a breeze a. a piece of cake
■ **zalać się w ~kę** to be as high as a kite pot.; to be pissed as a newt posp.

pestkow|y adi. stone attr.; **nalewka ~a** a stone fruit brandy/liqueur; **owoce ~e** stone fruit

pestycy|d m zw. pl (G **~du**) pesticide; **opryskiwanie upraw ~dami** spraying crops with pesticides

pesymi|sta m, **~stka** f pessimist

pesymistycznie adv. grad. pessimistically; **nastrojony był dziś wyjątkowo ~** he was in a particularly gloomy mood today; **~ zapatrywać się na świat** to be pessimistic about the prospects

pesymistyczn|y adi. [nastrój, myśli] pessimistic; **~e przewidywania** pessimistic a. gloomy predictions

pesymizm m sgt (G **~u**) pessimism; **poemat nacechowany ~em** a pessimistic poem

pesz|yć impf [] vt to make [sb] uneasy a. uncomfortable, to disconcert; **~yła go obecność tylu osobistości** he was discomfited a. flustered a. put off by the presence of so many celebrities ⇒ **speszyć**
[] **peszyć się** to become embarrassed, to get discomfited; **łatwo się ~yć** to be easily disconcerted a. ruffled a. unsettled ⇒ **speszyć się**

pe|t m (A **peta**) [1] posp. (papieros) fag GB pot.; **zapaliłbym peta** I'm dying for a fag [2] pot. (niedopałek) fag-end GB pot.; **wyrzucić pety z popielniczki** to empty an ashtray

petar|da f [1] (imitująca wybuch pocisku) banger, petard; **strzelać z ~d a. rzucać ~dy** to throw a. hurl bangers; **policjanci rzucali pod nogi demonstrantów ~dy z gazem łzawiącym** the police used tear gas on the demonstrators [2] Hist. petard

peten|t m, **~tka** f customer, applicant; **potraktować kogoś jak ~ta** to treat sb like a mere supplicant; **poczuć się jak ~t** to feel like a (humble) supplicant a. petitioner; **musiał wystąpić w roli ~ta** he had to take on the role of a supplicant;

z tego podania nie wynika, o co ~t się ubiega it's not clear from this application what the person is applying for; ~tka cierpliwie czekała na załatwienie sprawy the applicant waited patiently for her case to be dealt with

peti|t m sgt (G ~tu) Druk. small print; **tekst napisany ~tem** a text in small print

petitow|y adi. Druk. [tekst, komentarz] in small print

petrochemi|a f sgt (GD ~i) (dział chemii) petrochemistry; (przemysł) petrochemical industry

petrochemiczn|y adi. [przemysł, kombinat, proces] petrochemical

petrodola|r m zw. pl (A ~ra) petrodollar

petrodolarow|y adi. [kraj, nadwyżka] petrodollar attr.

petryfikacj|a f sgt [1] książk. ossification (czegoś of sth); ~a ustroju feudalnego the ossification of the feudal system [2] Budow. petrification (czegoś of sth) [3] Geol. petrification, fossilization

petryfik|ować impf [I] vt [1] książk. to ossify [system, tradycję] [2] Budow. to petrify [substancję]

[II] **petryfikować się** [1] książk. [system, tradycja] to become ossified [2] Geol. to become fossilized

petting m sgt (G ~u) petting

petuni|a f (GDGpl ~i) Bot. petunia

petycj|a f (Gpl ~i) petition; ~a o coś/przeciwko czemuś a petition for/against sth; ~a domagająca się czegoś a petition demanding sth; ~a w sprawie kogoś/czegoś a petition concerning sth; wystosować ~ę do kogoś to petition sb/sth; złożyć ~ę to file a petition; zbierać podpisy pod ~ą to collect signatures for a petition; podpisać ~ę to sign a petition

pewien[1] adi. praed. → pewny

pew|ien[2] pron. certain; ~ni ludzie certain a. some people; ~ne zmiany certain changes; ~ien mój znajomy an acquaintance of mine, a certain acquaintance of mine; w ~nym mieście in a certain town; ~nego dnia one day; ~nego pięknego poranka/wieczoru one fine morning/evening; ~nego razu once, one day; przez ~ien czas for some time; w ~nej chwili (określonej) at one point; w ~nym momencie (nieokreślonym) at some point; w ~nym sensie in a sense

pewnia|k pot. [I] m pers. (dead) cert GB pot., shoo-in US pot.; **być ~kiem w wyborach** to be a cert for election

[II] m anim. (koń) sure bet pot.; **być ~kiem w wyścigu** to be a sure bet in a. to win a race

[III] m inanim. (A ~ka) sure thing; **ten film to ~k repertuarowy** the film is a sure hit

[IV] **na pewniaka** adv. [1] (pewny sukcesu) **strzelałem na ~ka** I was sure I'd hit the mark; **iść na egzamin na ~ka** to be sure to pass the exam [2] (na pewno) for sure

pewnie [I] adv. grad. [1] (bez wahania) [iść, odpowiadać] confidently [2] (bez niepokoju) **czuć się ~** (bez wątpienia) to feel secure; (być pewnym siebie) to feel confident [3] (prawdopodobnie) (most) probably; ~ **jeszcze śpi** he's probably still asleep; **firma najpewniej**

upadnie the company will most likely collapse

[II] inter. sure!; no ~! of course!; ~, że się uda! of course, it's going to work; "zrobiłeś to?" – "(no) ~, że tak/nie" 'did you do it?' – 'of course I did/didn't'; 'sure I did/didn't' US pot.

pewnik [I] m [1] (oczywistość) certainty; **śmierć to jedyny ~ w życiu** death is the only certainty in life; **traktować coś jako ~** to take sth for granted; **to jeszcze nie jest ~** it's not certain yet [2] Log. axiom

[II] **pewnikiem** adv. pot. most likely

pewno [I] part. (prawdopodobnie) probably; ~ **chce ci się pić** you're probably thirsty; "przyjdzie?" – "~ tak/nie" 'will he come?' – 'I think so'/'I don't think so'

[II] inter. (oczywiście) ~, że możesz! of course you can!; sure you can! US pot.; "lubisz ich?" – "~, że tak/nie" 'do you like them?' – 'of course I do/don't'; 'sure I do/don't' US pot.

[III] **na pewno** part. (z pewnością) certainly, definitely; **na ~ wolałbym tego nie robić** I would certainly rather not do it; **na ~ będzie padało** I'm sure it's going to rain; **prezydent przyjedzie na ~** the president is sure to come; **nikt ci nie pomoże, a już na ~ nie Adam** nobody will help you, and definitely not Adam; "przyjadą?" – "na ~/na ~ nie" 'will they come?' – 'of course they will/won't'

pewnoś|ć [I] f sgt [1] (przekonanie) certainty; **mieć ~ć, że...** to be certain a. sure that...; **nabrać ~ci, że...** to become certain that...; **wciąż nie ma ~ci, kto to zrobił** it's still uncertain who did it; **wiedzieć coś z (całą) ~cią** to know sth with absolute certainty; **zrobić coś dla ~ci** to do sth just to be sure [2] (zdecydowanie) confidence; ~ć siebie self-confidence; **stracić/odzyskać ~ć siebie** to lose/regain one's self-confidence; **brak mu ~ci (siebie)** he lacks (self-)confidence; ~ć w ruchach/głosie confidence in one's movements/voice; **jego głos nabrał ~ci** his voice become more confident; **twoja obecność dodaje mi ~ci** your presence gives me confidence [3] (niezaprzeczalność) reliability, certainty; ~ć dowodów/twierdzeń the reliability of evidence/statements

[II] **z (całą) pewnością** part. certainly; **z (całą) ~cią się ucieszą** they'll certainly be pleased; "przyjedziesz jeszcze?" – "z ~cią" 'will you come again?' – 'certainly'

pew|ny [I] adi. grad. [1] (niezawodny) [sukces, zwycięstwo] certain; **iść na ~ną śmierć** to be heading towards certain death [2] (niezaprzeczalny) [informacja, dowód] reliable; **to ~ne, że tam był** it's certain that he was there, he was certainly there; **jedno jest ~ne: ktoś musi to zrobić** one thing is certain, somebody has to do it; **to ~na** książk. that's certain; **nie uda mu się, to ~na** he'll fail, and that's certain [3] (niezawodny, godny zaufania) [przyjaciel, rozwiązanie, metoda] reliable; **to ~ni ludzie** they are people you can rely on; **mieć ~ną rękę** (dobrze strzelać) to have a sure aim; (dobrze pracować) to have a steady a. assured a. sure touch; **wiedzieć coś z ~nego źródła** to know sth from a reliable source; **to naj-**

pewniejszy sposób na wzbogacenie się this is the surest way to become rich [4] (zdecydowany) [ruch, głos, wzrok] confident, sure; **iść ~nym krokiem** to walk with a sure step [5] (bezpieczny) **czuć się ~nym** to feel secure [6] (przekonany) sure; **być czegoś ~nym** to be sure of sth; **być ~nym kogoś** to have confidence in sb, to be sure that one can rely on sb; **być ~nym siebie** to be sure of oneself, to be self-confident; **być ~nym swego** to be sure that one is right; **nikt nie może być ~nym jutra** no one can be sure what tomorrow may bring

[II] **pewien** adi. praed. (przekonany) sure; **jestem ~ien/~na, że...** I'm sure that...; **jesteś ~ien/~na?** are you sure?; **jestem ~ien/~na swoich ludzi** I have confidence in my people, I'm sure that I can rely on my people; **jest ~ien/~na swego** he's/she's sure of his/her opinions; **przyjdzie, tego możesz być ~ien/~na** he'll come, you can be sure of that

pęcak → **pęczak**

pęcherz m [1] (na skórze) blister; **mieć ~e na piętach** to have blisters on one's heels; **od łopaty porobiły mi się ~e** I've blisters on my hands from shovelling [2] Anat. ~ (moczowy) the bladder; **zapalenie ~a** bladder inflammation; **mieć chory ~** to have bladder problems
□ ~ **pławny** Zool. swim bladder

pęcherzow|y adi. [1] (na skórze) **wykwity ~e** blisters [2] Anat. bladder attr.

pęcherzyk m [1] dem. (na skórze) (small) blister; ~ **ropny** a pustule [2] dem. Anat. sac [3] (bąbelek) bubble; ~ **powietrza** an air bubble
□ ~ **płucny** Anat. alveolus; ~ **żółciowy** Anat. gall bladder; ~ **żółtkowy** Zool. yolk sac

pęcin|a f Zool. pastern

pęczak m sgt (G ~u) Kulin. pearl barley

pęcz|ek m bunch (czegoś of sth); ~**ek stokrotek/rzodkiewek** a bunch of daisies/radishes; **wiązać coś w ~ki** to tie sth in bunches, to bunch sth; **sprzedawać/kupować coś na ~ki** to sell/buy sth in bunches a. by the bunch
■ **na ~ki** pot. loads of pot.; **jest ich/mamy ich na ~ki** there are/we have loads of them

pęczni|eć impf (~eję, ~ał, ~eli) vi [groch, kasza] to expand, to swell; [żyły] to bulge; [balon] to swell, to expand; [brzuch] to swell; **ryż ~eje podczas gotowania** rice swells as it cooks; ~**eć z dumy** przen. to swell with pride; ~**ała w nim wściekłość** przen. his anger swelled; **notes ~ał od notatek** przen. the notebook was bulging with notes; ~**ejące tomy akt sprawy** przen. multiplying a. swelling case files ⇒ **napęcznieć**, **spęcznieć**

pęd[1] m sgt (G pędu) [1] (szybki ruch) rush; **pęd wody/powietrza** the rush of water/air; **samochód nabierał pędu** the car gained momentum; **ciężarówka całym pędem uderzyła w bramę** the truck crashed into the gate at full speed; **minąć kogoś/coś w (szalonym) pędzie** to rush past sb/sth; **wszystko robimy w pędzie** we do everything in a rush; **w pędzie zjadł śniadanie** he grabbed his breakfast on the run pot.; **pobiegł pędem do domu** he rushed home [2] (skłonność) hunger; **pęd do wiedzy/ władzy** the hunger a. drive for knowledge/ power [3] Fiz. momentum; **moment pędu** the moment of momentum

■ **owczy pęd** the herd instinct; **w owczym pędzie** like sheep; **ulegać owczemu pędowi** to act like sheep a. like a flock of sheep; **pobiec gdzieś w te pędy** pot. to hotfoot it somewhere pot.

pęd² m (G **pędu**) Bot. shoot, sprout; **puścić pędy** [roślina, drzewo] to sprout

❑ **pęd kwiatonośny** pedicel; **pęd podziemny** underground shoot

pędn|y adi. [pas, wał] drive attr.; [mieszanka] fuel attr.; **gazy ~e** propellent gases; **materiały ~e** fuels

pędrak [] m pers. (Npl ~**i**) żart. nipper pot. [] m anim. Zool. grub

pędz|el m [1] (narzędzie) brush; (do malowania) (paint)brush; **~el do golenia** a shaving brush; **malować ~lem** to paint with a brush; **chwycić za ~el** przen. to take up painting [2] sgt (twórczość malarska, sposób malowania) **obraz ~la Rubensa** a painting by Rubens; **obraz wyszedł spod ~la Michała Anioła** the picture was painted by Michelangelo; **żyć z ~la** to live by one's brush; **ludzie ~la** painters

pędzel|ek m dem. [1] (narzędzie) (fine) brush; **~ek do malowania/pisania** a (fine) brush for painting/writing; **~ek do tuszu** an ink brush; **~ek retuszerski** a retouching brush [2] (kępka włosów) tuft; **uszy z ~kami** tufted ears

pę|dzić impf [] vt [1] (gnać) to drive [bydło, ludzi]; **pędzić krowy na pastwisko** to drive cattle to the pasture; **wiatr pędził czarne chmury** the wind drove black clouds; **pędzić kogoś do roboty** pot. to force sb to work [2] książk. (spędzać) to live [życie]; to spend [czas] [3] (produkować) to distil [spirytus]; **pędzić bimber** to moonshine pot.; **spirytus pędzony z kartofli** spirits distilled from potatoes [4] (przyspieszać wegetację) **pomidory pędzone w szklarni** hothouse-forced a. greenhouse-forced tomatoes

[] vi [osoba, pojazd] to rush; **pędzili co tchu** a. **ile sił w nogach** they rushed hotfoot; **pędzili zobaczyć, co się dzieje** they rushed to see what was going on; **nie pędź tak!** slow down!

pędziwi|atr m (Npl ~**atry**) pot. [1] (włóczykij) drifter [2] (lekkoduch) butterfly pot.

pędzl|ować impf [] vt to paint [gardło] ⇒ **wypędzlować**

[] vi pot. to hotfoot it pot. ⇒ **popędzlować**

pęk m (G ~**u**) [1] (wiązka) bunch (**czegoś** of sth); **~ kluczy** a bunch of keys [2] Mat. pencil; **~ płaszczyzn/prostych** a pencil of planes/lines

pękać impf → **pęknąć**

pękato adv. [1] (grubo) **wyglądać ~** to look fat [2] (do pełna) **walizka ~ wypełniona prezentami** a suitcase bulging with presents

pęka|ty adi. [1] (gruby) [kieliszek] barrel-shaped; [butelka] round-bellied; [cygaro] stout; [mężczyzna] pot-bellied; [kobieta] plump [2] (ciasno wypełniony) [portfel, brulion, teczka] thick; **~ta szafa z ubraniami** a large wardrobe full of clothes

pęk|nąć pf — **pęk|ać** impf (~**ł** — ~**am**) vi [1] (nadłamać się) [lód, szkło, ściana] to crack; [kość] to fracture [2] (przerwać się) [gumka, sznurek] to break; **~ła mi struna** I broke a string [3] (podrzeć się) [papierowa torba] to tear; [spodnie] to rip; [skóra] to crack; **~ła mi warga** my lip has cracked, I have a cracked lip [4] (rozerwać się, wybuchnąć) [balon, granat, pocisk, wrzód] to burst; [narząd, tętnica] to rupture; **~ło jej naczynko** she burst a blood vessel; **w mieszkaniu ~ła rura** a water pipe burst in the flat [5] (załamywać się) **struktura społeczna zaczyna ~ać** the social fabric is beginning to show cracks a. crumble; **~ły wszelkie zahamowania** all inhibitions disintegrated [6] pot. (tchórzyć) [osoba] to crack under pressure; **nie ~aj!** don't crack up! pot. [7] pot. (zostać wydanym) **stówa ~ła na taksówki** I forked out a hundred for the taxis pot.

■ **~ać z dumy/radości/złości/zazdrości** to burst with pride/joy/anger/envy; **~ną z zazdrości, kiedy to zobaczą** they'll turn green with envy when they see it; **~ać ze śmiechu** to split one's sides laughing a. with laughter pot., to crack up laughing a. with laughter pot.; **choćbym ~ł** a. **żebym miał ~nąć, nie dam rady** there's no way I can do it a. this; even if I bust a gut, I couldn't do this posp.; **zrobię to, żebym miał ~nąć** I'll do it or die trying; **głowa mi ~a** my head is splitting; **serce mi ~a, kiedy na to patrzę** it breaks my heart to see it; **myślałem, że mi serce ~nie** I thought my heart would break; **aż uszy** a. **bębenki w uszach ~ają od tej muzyki** the music is deafening; **zaraz ~nę** żart. (z przejedzenia) I'm fit a. ready to burst; **klub ~ał od ludzi** pot. the club was bursting a. packed with people; **kościół/pokój ~ał w szwach** the church/room was bursting at the seams

pęknię|cie [] sv → **pęknąć**

[] n [1] (rysa) crack; (w ziemi, skale) fissure; (kości) fracture; (narządu, tętnicy) rupture; **głębokie ~cie skorupy ziemskiej** a deep fissure in the Earth's crust; **na murze zaczęły powstawać ~cia** the wall began to crack [2] Moda (rozcięcie) slit; **spódnica z ~ciem** a slit skirt; **spódnica z ~ciem z tyłu** a skirt with a slit at the back [3] przen. crack; **sztuka wyreżyserowana bez żadnych ~ć** a flawlessly directed performance

pęknię|ty adi. [talerz, skóra] cracked; [kość] fractured; [gumka, sznurowadło] broken; [narząd, tętnica] ruptured

pęp|ek m navel; umbilicus spec.; belly button pot.

■ **~ek świata** (kraj, miasto) the hub of the universe, the navel of the world; **uważa się za ~ek świata** pot. he thinks the whole world revolves around him; **być zapatrzonym we** a. **widzieć tylko własny ~ek** (skupiać się na sobie) to contemplate one's navel

pępkow|y adi. umbilical

pępowin|a f umbilical cord także przen.; **przeciąć ~ę** to cut the umbilical cord

pępowinow|y adi. [krew] umbilical

pępusz|ek m dem. pieszcz. belly button pot., tummy button pot.

pęseta → **pinceta**

pęta|ć impf [] vt to tie, to bind [osobę, ręce, nogi]; to tether [zwierzę]; **długa suknia ~ła jej nogi** the long skirt hampered her movement; **czar ~jący dziewczynę** a spell that bound the girl

[] **pętać się** pot. to hang around pot., to wander around pot.; **~ł się po kraju** he roved a. roamed about the country; **dzieciaki ~jące się po ulicach** kids hanging around a. out on the streets; **ten dzieciak wiecznie ~ mi się pod nogami** the kid's always getting under my feet a. in my way; **dziwne myśli ~ły mi się po głowie** some strange thoughts ran through my head

pętak m (Npl ~**i**) pot., pejor. [1] (dzieciak) kid pot.; **to dobre dla ~ów, a nie dla dorosłych** that's good for kids, not for adults [2] (chłystek) squirt pot., pejor.

pętel|ka f [1] dem. (small) loop; (zaciskająca się) (small) noose; **zawiązać** a. **zrobić ~kę na nitce** to make a loop on a thread [2] Moda (do zapinania) loop

pętelkow|y adi. [ścieg] loop attr.; **dzianina ~a** a loop-knit fabric; **dywan ~y** a loop carpet

pęt|ko n dem. Kulin. ring; **~ko kiełbasy** a ring of sausage

pętl|a f (Gpl ~**i**) [1] (na sznurze, drucie) loop; (zaciskająca się) noose; **zrobić** a. **zawiązać ~ę na sznurze** to make a noose on a rope; **założyć komuś ~ę na szyję** to put a noose round sb's neck; **samemu zakładać sobie ~ę na szyję** przen. to put one's head in a noose; **~a się zacisnęła** the noose tightened; **czuł, jak ~a zaciska się wokół jego szyi** he felt the noose tightening around his neck także przen. [2] (kształt) loop; **rzeka/droga tworzy ~ę** the river/road makes a loop; **zrobić ~ę** (wrócić w to samo miejsce) [turysta, podróżnik] to make a round trip, to take a circular route [3] (przystanek) terminus GB, terminal US; (odcinek torów) loop (line); **~a tramwajowa/autobusowa** a tram/bus terminus GB a. terminal US; **wsiąść/wysiąść na ~i** to get on at the first stop a. terminus/get off at the last stop a. terminus; **autobus ma tu ~ę** the bus makes its last stop here, this is the bus terminus [4] Lotn. (akrobacja) loop; **wykonać ~ę** to loop the loop [5] Komput. loop [6] Myśliw. noose [7] (o czasie) loop; **znaleźć się w ~i czasu** to be stuck in a time loop; **moje życie zatoczyło ~ę** my life has come full circle [8] Żegl. loop knot

pęt|o [] n [1] zw. pl (do pętania zwierząt) tether [2] Kulin. ring; **pęto kiełbasy** a ring of sausage

[] **pęta** plt [1] (do wiązania więźnia) ties, restraints; **przeciąć komuś pęta** to cut sb's ties a. restraints; **oswobodzić kogoś z pęt** to untie sb [2] przen. fetters przen.; **pęta niewoli/miłości** the fetters of captivity/ love

pfe → **fe**

pfu(j) inter. ugh!; yu(c)k! pot.

PGR m, m inv. (= Państwowe Gospodarstwo Rolne) Hist. state-owned farm, state farm

phi inter. huh!; **~, też mi pomysł!** huh! the very idea!

pi¹ n inv. Mat. pi; **liczba pi** the number pi

■ **pi razy oko** a. **drzwi** more or less

P

pi² *inter.* (piszczenie myszy, pisklęcia) **pi! pi! pi!** squeak! squeak! squeak!

piach *m augm.* (*G* **~u**) [1] *sgt* (piasek) sand [2] (piaszczysty teren) **nic nie urośnie na tych ~ach** nothing will grow on this sandy soil ■ **pójść do ~u** pot. to bite the dust pot.

pi|ać *impf* (**pieję**) [I] *vt* **piać hymny/peany na cześć kogoś/czegoś** to sing sb's praises/to sing the praises of sth [II] *vi* [1] *[kogut]* to crow; **obudziło mnie pianie koguta** I was woken by the crowing of a cock [2] *[osoba]* (mówić) to talk in a shrill voice; (śpiewać) to sing in a shrill voice [3] (wychwalać) to crow; **piać z zachwytu nad kimś/czymś** to sing sb's praises/to sing the praises of sth; **„to muzyka przyszłości" – piała przewodnicząca** 'this is the music of the future,' crowed the chairwoman

pian|a *f* [1] (pęcherzykowata masa) froth; **piwo z ~ą** frothy beer; **ubić ~ę z białek** a. **białka na ~ę** to whisk a. beat egg whites to a froth; **~a z mydła** soap bubbles [2] (na ustach) foam; (na pysku) froth; (na skórze) froth ■ **bić ~ę** pot. to blow sth out of proportion, to make a fuss over sth; **mieć ~ę na ustach** pot. to foam at the mouth

pianin|o *n* Muz. upright (piano)

piani|sta *m*, **~stka** *f* pianist

pianistyczn|y *adi.* *[konkurs, festiwal]* piano *attr.*

pianisty|ka *f sgt* pianism; **festiwal ~ki** a piano festival

pian|ka *f* [1] *dem.* froth; **piwo/kawa z ~ką** frothy beer/coffee [2] (kosmetyk) foam; **~ka do golenia** shaving foam; **~ka do włosów** hair mousse; **odżywki w ~ce** foam conditioners [3] (tworzywo) foam; **~ka poliuretanowa** polyurethane foam; **materac z ~ki** a foam mattress; **materiał ocieplony ~ką** a foam-backed material [4] pot. (kombinezon do nurkowania, windsurfingu) wetsuit; (spodnie narciarskie) ≈ sallopettes *pl* [5] Kulin. mousse; (gumowata) marshmallow [6] (minerał) meerschaum

piankow|y *adi.* [1] (pienisty) *[konsystencja]* frothy [2] (z pianki poliuretanowej) *[materac, izolacja]* foam *attr.* [3] (z minerału) meerschaum *attr.*; **fajka ~a** a meerschaum (pipe)

piano [I] *n, n inv.* Muz. piano; **~ otwierające drugą część** the opening piano of the second movement [II] *adv.* *[grać]* piano

pianow|y *adi.* *[gaśnica]* foam *attr.*

piarg *m* (*G* **~u**) Geog. scree

piargow|y *adi.* Geog. *[stożek, pole]* scree *attr.*

piasecz|ek *m dem.* (*G* **~ku**) pieszcz. (fine) sand

pias|ek *m* (*G* **~ku**) [1] *sgt* (substancja) sand; **bawić się w ~ku** to play in the sand; **wysypać chodnik ~kiem** to sand a pavement [2] *zw. pl* (piaszczysty teren) sand; **~ki pustyni** desert sands; **na tych ~kach nic nie chce rosnąć** nothing grows on this sandy soil ❏ **~ek moczowy** Med. gravel; **~ek szklarski** glass sand; **~ki sandrowe** Geol. outwash sands; **ruchome ~ki** (przemieszczające się) shifting sands; (wciągające) quicksands ■ **budować na ~ku** to build castles in the air; **całe swoje życie budował na ~ku** all his life he built castles in the air; **chować głowę w ~ek** to stick a. bury one's head in the sand; **kręcić bicz** a. **bicze z ~ku** to try

to get water from a dry well; **mam ~ek w oczach** I'm so tired that my eyes are burning, the sandman's coming; **sypać komuś ~ek** a. **rzucać komuś ~kiem w oczy** to lie blatantly to sb, to pull the wool over sb's eyes

piaskar|ka *f* sand truck

piaskowcow|y *adi.* sandstone *attr.*

piaskow|iec [I] *m anim.* Zool. sanderling [II] *m inanim.* [1] Bot. (roślina) sandwort [2] Biol. (*A* **~ca**) bolete [3] Geol. sandstone; **pomnik z ~ca** a sandstone statue

piaskownic|a *f* [1] (do zabawy) sandpit GB, sandbox US [2] Bot. marram (grass)

piaskow|y *adi.* [1] *[cypel, ziemia]* sandy [2] (beżowy) sand-coloured, sand-colored US

pia|sta *f* Techn. hub; **zapaść się po ~sty w błoto** to get hub-deep in mud

piast|ować *impf vt* książk. [1] (sprawować) to hold *[stanowisko, urząd]*; **~ować godność senatora** to serve as senator [2] (pielęgnować) to take care of *[niemowlę]*

piastun [I] *m pers.* książk. [1] (wychowawca) tutor [2] (urzędu, godności) holder; **~ urzędu** office holder; **~ godności senatorskiej** a person serving as senator [II] *m anim.* Myślis. (niedźwiadek) bear cub (*still cared for by the mother*)

piastun|ka *f* [1] (opiekująca się małym dzieckiem) nanny [2] przen. custodian, guardian; **~ka zbiorów muzealnych** the custodian a. keeper of the museum collections

piaszczy|sty *adi.* *[droga, plaża, wydma]* sandy; **gleba ~sta** sandy soil

pią|cha *f augm.* pot. fist; **dostać ~chą w łeb** to get punched in the head

p|iąć się *impf* (**pnę się, pięła się, pięli się**) *v refl.* [1] (wspinać się) *[osoba, samochód]* to climb; **piąć się pod** a. **w górę** to climb up; **piąć się w górę po schodach** to climb (up) the stairs; **szybko piąć się w górę** przen. (robić karierę) to be on one's way up; **drużyna pnie się w górę w tabeli** the team is climbing a. moving up the table; **piąć się po szczeblach kariery** to work one's way up the (career) ladder [2] (rosnąć) *[roślina]* to climb; **bluszcz pnący się po ścianie/kracie** the ivy climbing (up) the wall/trellis [3] przen. (wznosić się, wzrastać) *[droga]* to climb; **ścieżka pnie się stromo w górę** the path climbs steeply upward; **schody pnące się spiralnie w górę** the stairs winding upward; **dom z dnia na dzień pnie się w górę** the building's getting taller by the day; **kurs dolara piął się w górę** the exchange rate of the dollar was climbing

piąst|ka *f dem.* pieszcz. (baby's) fist

piąstk|ować *impf* Sport to fist *[piłkę]* ⇒ **wypiąstkować**

piątecz|ka *f dem.* pieszcz. [1] (ocena) A; **dostałem ~kę** I got an A [2] (grupa) **cała ~ka** all five of them

piąt|ek *m* (*G* **~ku**) (dzień) Friday; **w ~ek** on Friday; **przygotuj to na ~ek** have it ready on/by Friday; **podejmij decyzję do ~ku** make a decision by Friday; **do ~ku!** (przy pożegnaniu) see you Friday! pot., till Friday! pot. ❏ **Wielki Piątek** Relig. Good Friday ■ **w ~ek i świątek** a. **w świątek i ~ek** every single day

piąt|ka *f* [1] (cyfra) five; **napisać ~kę** to write the figure five [2] (ocena) excellent achievement grade; ≈ A; **~ka z matematyki/chemii** an A in maths/chemistry; **postawić komuś/dostać ~kę** to give sb/get an A; **zdać egzamin na ~kę** to get an A in the exam; **film/chłopak na ~kę** przen. a great film/guy; **spisać się na ~kę** przen. to do a great job [3] (przedmiot oznaczony cyfrą 5) five; **~ka pik/kier** a five of spades/hearts; **wsiąść w ~kę** (tramwaj, autobus) to take the number five tram/bus; **mieszkać w ~ce** to live in room five; **nosić ~kę** (buty, ubranie) to wear size five [4] (grupa czegoś) **~ka dzieci/szczeniąt** five children/pups; **iść ~kami** to walk in fives; **poszliśmy tam w ~kę** five of us went there [5] pot. (pięć złotych, dolarów) fiver pot. [6] pot. (bieg w samochodzie) fifth; **jechać ~ką** to be in fifth; **wrzucić ~kę** to shift into fifth ■ **przybij ~kę!** pot. give me (a high) five US pot., put it here! pot.

piątkowicz *m* pot. 'A' student

piątkow|y *adi.* [1] (zebranie, wieczór) Friday *attr.* [2] Szkol. *[uczeń, praca]* excellent

piątoklasi|sta *m*, **~stka** *f* Szkol. fifth-grader

pią|ty [I] *num. ord.* fifth; **po ~te** fifthly [II] *m sgt* (data) the fifth; **~ty maja** May the fifth, the fifth of May [III] **piąta** *f* [1] *sgt* (godzina) five o'clock; **o ~tej** at five o'clock [2] (w ułamkach) fifth; **dwie ~te** two fifths ■ **~te przez dziesiąte** *[rozumieć]* vaguely; **słuchać ~te przez dziesiąte** to listen with half an ear

pic *m* (*G* **~u**) pot. bull pot., eyewash pot.; **cała ta historia to zwykły ~!** the whole story's just a load of bull a. eyewash!; **tylko bez ~u!** don't give me that bull!; **nie wstawiaj ~u!** cut the crap! posp.; **zrobić coś dla ~u** to do sth just for show a. just for the hell of it pot. ■ **~ na wodę (fotomontaż)!** it's just a load of crap! posp.

piccolo /'pikolo/ → **pikolo**

pich|cić *impf vt* pot. [1] (gotować) to rustle up; to fix US pot. *[obiad, zupę]*; **co ~cisz na obiad?** what are you rustling up for lunch?; **~cić coś w garnku** to cook sth in a saucepan a. pot ⇒ **upichcić** [2] przen. to grind [sth] out pot. *[list, pismo]* ⇒ **wypichcić**

pi|cie [I] *sv* → **pić** [II] *n* (napoje) drink; **kup jakieś picie** buy something to drink; **w domu nie ma żadnego picia** there's nothing to drink at home; **tylko nie wylej picia!** (do dziecka) don't spill your drink!

pic|ować *impf* pot. [I] *vt* (czyścić) to shine *[samochód, buty]* ⇒ **odpicować** [II] *vi* (kłamać) to bullshit posp.; **przestań ~ować!** stop bullshitting! [III] **picować się** to get dolled up pot. ⇒ **odpicować się**

picu|ś *m* (*Npl* **~sie**) pot. (blagier) storyteller ■ **picuś-glancuś** pot., pejor. smoothie

pi|ć¹ *impf* (**piję**) [I] *vt* [1] *[osoba, zwierzę]* to drink; **pić coś małymi łyczkami** to sip sth; **pić coś ze szklanki/z butelki** to drink sth from a glass/bottle; **chcesz pić?** are you thirsty?; **chce mi się pić** I'm thirsty;

nie mamy nic do picia we have nothing to drink ⇒ **wypić** 2 *[roślina]* to drink pot. **II** *vi* (spożywać alkohol) to drink; **nikt nie wiedział, że on pije** nobody knew he had a drinking problem; **przez picie stracił pracę** he lost his job because of his drinking; **pić z rozpaczy** to drink out of despair; **pić na umór** to drink oneself senseless; **pić jak szewc** to drink like a fish; **pić czyjeś zdrowie** to drink sb's health; **pić za coś** to drink to sth; **pić do lustra** to drink on one's own ■ **do kogo/czego pijesz?** who/what are you talking about?

pi|ć² *impf* (**pije**) *vi* (uwierać) **buty mnie piją (w palce)** shoes are pinching my toes, these shoes pinch my toes; **koszula pije mnie w szyję** my shirt is too tight at the neck

pidżama → **piżama**

piec¹ *m* 1 (urządzenie ogrzewcze) stove; **~ kaflowy** a tiled stove; **napalić** a. **rozpalić w ~u** to light up the stove; **zimą palimy w ~ach** in winter we heat the houses with stoves; **koty lubią wygrzewać się na ~u** cats like to warm themselves on the stove 2 Techn. (piekarski) oven; (ceramiczny) kiln; (hutniczy, odlewniczy) furnace 3 Hist. (krematorium w obozie koncentracyjnym) crematorium; **iść/ pójść do ~a** to die in a gas chamber (*in a Nazi concentration camp*)

❑ **~ donicowy** Techn. pot furnace; **~ dymarski** Hist. *a primitive smelting furnace*; **~ grzewczy** Techn. heat furnace; **~ indukcyjny** Techn. induction furnace; **~ koksowniczy** Techn. coke oven; **~ łukowy** Techn. arc furnace; **~ martenowski** Techn. open-hearth furnace; **~ odlewniczy** Techn. foundry furnace; **~ płomienny** Techn. air furnace; **~ retortowy** Techn. retort furnace; **~ szybowy** Techn. shaft furnace; **~ tyglowy** Techn. crucible furnace; **wielki ~** Techn. blast furnace

■ **bułka/chleb/ciasto prosto z ~a** freshly baked roll/bread/cake; **żyje się tu** a. **jest mu/nam tu jak u Pana Boga za ~em** he's/we're as snug as a bug in a rug here hum.; **siedzieć za ~em** to lead a secluded life; **w starym ~u diabeł pali** there's life in the old dog yet; **zaczynać od ~ca** to begin at the very beginning; **droga wiodła z ~a na łeb** the road was very steep; **ceny akcji lecą z ~a na łeb** share prices are plunging; **z niejednego ~a chleb jadł** he's knocked around a bit pot.

pie|c² *impf* (**~kę, ~czesz, ~kł, ~kła, ~kli**) **II** *vt* to bake *[chleb, ciasto, ziemniaki]*; to roast *[mięso, drób]*; **~c na ruszcie** to grill; **~c na rożnie** to barbecue ⇒ **upiec** **III** *vi* 1 *[słońce]* to beat down 2 (sprawiać ból) *[oczy, rana]* to sting, to smart; *[policzki, twarz, skóra]* to burn; **~cze mnie w gardle/żołądku** I've got a burning sensation in my throat/stomach; **buty mnie ~ką** these shoes make my feet sore; **uszy go ~kły ze wstydu** his ears were burning with shame ⇒ **zapiec** **III piec się** 1 (odczuwać gorąco) to bake, to swelter; **~kła się w wełnianej sukience** she sweltered in her woollen dress ⇒ **upiec się** 2 (być pieczonym) *[ciasto, chleb]* to bake; *[mięso, drób]* to roast ⇒ **upiec się**

piecho|ta **II** *f sgt* Wojsk. infantry; **oddział/ pułk ~ty** an infantry unit/regiment; **~ta zmechanizowana/zmotoryzowana** mechanized/motorized infantry; **wstąpić do ~ty** to join the infantry **II piechotą, na piechotę** *adv.* on foot; **iść ~tą** a. **na ~tę** to walk, to go on foot; **czy można tam dojść ~tą?** can you get there on foot?; **to dziesięć minut ~tą** it's a ten-minute walk

❑ **~ta morska** Wojsk. marines

■ **pięćdziesiąt złotych/sto dolarów ~tą nie chodzi** fifty zlotys/a hundred dollars is no trifling matter

piechu|r *m* (*Npl* **~rzy** a. **~ry**) 1 (wędrowiec) walker; **niezmordowany/słaby ~r** a tireless/poor walker 2 Wojsk. infantryman, foot soldier

piecow|y **II** *adi.* 1 (mający związek z piecem) stove *attr.*; **kafle ~e** stove tiles; **ogrzewanie ~e** heating with stoves 2 Przem. furnace *attr.* **II** *m* (w hucie) blast furnace operator; (w lokomotywie, na statku parowym) stoker

piecuch *m* (*Npl* **~y**) pot. stay-at-home pot., homebody US pot.

piecusz|ek *m* Zool. willow warbler

piecyk *m* 1 (do ogrzewania) (small) stove; (do wody) water heater; **~ gazowy** a gas water heater 2 (piekarnik) oven

piecz|a *f sgt* książk. (opieka) care; **mieć kogoś/coś w swojej ~y, sprawować nad kimś/czymś ~ę** to have sb/sth under one's care, to be responsible for sb/sth; **otaczać kogoś/coś ~ą** to take care of sb/ sth; **powierzyć kogoś/coś ~y kogoś** to entrust sb/sth to sb's care; **niech Bóg ma cię w swojej ~y!** przest. may God be with you!

piecza|ra *f* (grota) cave, cavern

pieczar|ka *f* mushroom; **młoda ~ka** a button mushroom; **hodowla ~ek** mushroom growing; **~ki z patelni** fried mushrooms; **sałatka z ~ek** mushroom salad

pieczarkar|nia *f* (*Gpl* **~ni** a. **~ń**) mushroom-growing cellar

pieczarkow|y *adi.* *[sos, zupa]* mushroom *attr.*

pieczą|tka *f* 1 (przyrząd) stamp; **~ka firmowa** a stamp with the Company's name; **~ka z datą** a date stamp; **przybić ~kę na dokumencie** to stamp a document 2 (odbity znak) stamp; **bez ~ki zaświadczenie jest nieważne** this certificate is invalid without a stamp

pieczeniarz *m* (*Gpl* **~y**) przest. pejor. cadger pot., pejor., scrounger pot., pejor., sponger pot., pejor.

piecze|ń *f* Kulin. (część mięsa) roast; (potrawa) roast (meat), joint; **~ń wołowa/wieprzowa** roast beef/pork; **~ń z dzika** roast boar; **~ń z sarny** a. **sarnia** roast venison; **kroić ~ń** to carve the roast; **sos do ~ni** gravy

❑ **~ń rzymska** Kulin. ≈ meat loaf

■ **upiec dwie ~nie przy** a. **na jednym ogniu** to kill two birds with one stone; **upiec własną** a. **swoją ~ń przy czyimś ogniu** to arrange sth for oneself, taking advantage of sb else's efforts

piecz|ęć *f* 1 (przyrząd) seal; **przykładać** a. **przybijać ~ć na czymś** to stamp a seal on sth 2 (znak na papierze) seal, stamp; **sucha ~ć** embossed seal; **dokument z** a. **opatrzony ~cią** a stamped document 3 (znak w laku albo wosku) seal; (pasek papieru jako ochrona zamknięcia) seal; **~ć królewska** the royal seal; **naruszyć/zerwać ~ć** to break the seal

pieczęt|ować *impf* **II** *vt* 1 (dla zabezpieczenia przed otwarciem) to seal *[pomieszczenie, mieszkanie, kopertę]* ⇒ **opieczętować, zapieczętować** 2 (dla nadania ważności) to stamp (with a seal) *[dokument]* ⇒ **opieczętować** 3 książk., przen. (potwierdzać, przesądzać) to seal; **~ować przyjaźń krwią** to seal one's friendship with blood; **zdrada Marmonta ~uje klęskę Napoleona** Marmont's treason put the final seal on Napoleon's defeat ⇒ **przypieczętować** **II pieczętować się** (używać jako znaku rozpoznawczego) **~ować się herbem Ślepowron** to use the Ślepowron coat of arms

pieczołowicie *adv. grad.* (troskliwie) *[dbać]* lovingly, with great care; (starannie) meticulously; **mnisi ~ strzegli tajemnicy leczniczej mikstury** the monks kept the indgredients of their medicine a closely guarded secret

pieczołowitoś|ć *f sgt* (dbałość, troskliwość) great care; **tekst przygotowano z wielką ~cią** the text was prepared with utmost care; **rośliny hodowane z matczyną ~cią** plants tended with loving care

pieczołowi|ty *adi. [troskliwy]* solicitous; **~ta opieka** loving care

piecz|ony **II** *pp* → **piec²** **II** *adi. [mięso, drób, kasztany]* roast(ed); *[jabłko, ziemniak]* baked

pieczyste *n sgt* roast meat

pieczywk|o *n dem. sgt* pieszcz. bread

pieczyw|o *n sgt* bread; **~o bezglutenowe** gluten-free bread; **~o białe** white bread; **~o chrupkie** crispbread; **~o ciemne** brown bread; **~o tostowe** bread for toasting

piedesta|ł *m* (*G* **~łu**) 1 (podstawa pomnika) pedestal 2 przen. **wynieść kogoś na ~ł** a. **postawić kogoś na ~le** to put sb on a pedestal; **runąć** a. **spaść z ~łu** to fall off one's pedestal

pieg *m zw. pl* freckle; **twarz pokryta ~ami** a. **cała w ~ach** a freckled face; **od słońca na całym ciele wystąpiły jej ~i** the sunlight caused freckles to appear all over her body

piegowa|ty *adi. [cera]* freckly; *[nos, twarz]* freckled; *[osoba]* freckle-faced

piegus **II** *m pers.* (*Npl* **~y**) pot. freckle face pot., freckles pot. **III** *m inanim.* (*A* **~a**) *a cake made of flour mixed with poppy seeds*

piegus|ek **II** *m pers.* (*Npl* **~ki**) pot., pieszcz. freckled face pot. **III** *m inanim.* (*A* **~ka**) chocolate chip cookie

piegus|ka *f* pot. freckle face pot.

piegż|a *f* Zool. whitethroat

piekar|nia *f* (*Gpl* **~ni** a. **~ń**) 1 (zakład) bakery 2 (sklep przy zakładzie) the baker's (shop)

■ **spokojnie, to** a. **tu nie ~nia, jeszcze zdążysz!** pot. calm down, keep your hair on, you'll still make it!

piekarnictw|o *n sgt* bakery

piekarnik *m* oven; **~ elektryczny/gazowy** a gas/an electric oven

piekars|ki *adi.* **pomocnik ~ki** a baker's boy; **wyroby ~kie** bakery goods; **~ki fach** baker's trade

piekarstwo → piekarnictwo

piekarz *m* (*Gpl* **~y**) baker; **pracować u ~a** to work at a baker's; **kupować chleb u ~a** to buy bread at the baker's

piekąc|y [] *pa* → piec
[] *adi.* [1] (dokuczliwie gorący) *[słońce]* scorching; *[dzień, upał]* sweltering; *[żar, skwar]* blistering [2] *[ból]* burning; **~e buty** shoes that pinch one's feet [3] (sprawiający dużą przykrość) *[zniewaga, łzy]* burning

piekielnie *adv.* pot. *[gorąco]* devilishly przest.; **był ~ zdolny** he was a devilishly clever chap; **to ~ trudne zadanie** it's a devilish job a. a fiendish job; **~ mnie boli ręka** my arm hurts like hell

piekielni|k *m*, **~ca** *f* (*Npl* **~cy** a. **~ki**, **~ce**) pot. spitfire

piekieln|y *adi.* [1] (taki jak w piekle) *[czeluści]* infernal; *[moce]* hellish; **ogień ~y** hellfire [2] pot. (trudny do zniesienia) *[ból]* hellish; *[hałas]* infernal; *[upał]* blistering; **zrobił mi ~ą awanturę** he gave me merry hell [3] pot. (zły) *[pogoda, dziecko]* dreadful; **to był ~y dzień** it has been a hellish day; **co za ~a baba** a. **~e babsko** pot. what a dreadful old cow pot., pejor.

piekieł|ko *n dem.* przen. hell; **rodzinne ~ko** family squabbles; **typowe polskie ~ko** (dyskusje i swary) the usual Polish squabbling

piekl|ić się *impf v refl.* pot. to rage, to storm; to raise Cain pot.; **~ił się na mnie przez cały dzień** he raged at me all day; **~iła się o podwyżkę** she ranted and raved about getting a rise

piek|ło *m* [1] Relig. hell, Hell; **iść do ~ła** to go to hell; **smażyć się w ~le** to roast in hell [2] przen. hell; **~ło na ziemi** hell on earth; **~ło nieudanego małżeństwa** the hell of a failed marriage; **przejść ~ło okupacji/łagrów** to go through the hell of the Nazi occupation/the Gulag; **życie z nim jest ~łem** life with him is hell; **zmienić czyjeś życie w ~ło** to make sb's life hell

■ **bodajbyś z ~ła nie wyszedł** przest. may you rot in hell; **niech go ~ło pochłonie** przest. to hell with him; **do ~ła by/bym za nią poszedł** he'd/I'd go through fire and water for her; **chłopak/baba z ~ła rodem** a hellish youth/woman; **miał pomysł z ~ła rodem** he had a hellish idea

pielesz|e *plt* (*G* **~y**) książk. (własny dom) **domowe** a. **rodzinne ~e** hearth and home

pielęgnacj|a *f sgt* (urody) care; (chorych) nursing; (roślin) nurturing; **~a włosów/skóry** hair care/skincare; **środki do ~i stóp** foot care products

pielęgnacyjn|y *adi.* **szampon ~y** conditioning shampoo; **zabiegi ~e** care; **zasiłek ~y** attendance allowance

pielęgniar|ka *f* nurse
❏ **~ka środowiskowa** (opiekująca się chorymi) a district nurse; (opiekująca się niemowlętami) a health visitor

pielęgniars|ki *adi.* *[opieka, personel, praktyka, szkoła]* nursing; *[czepek, fartuch]* of a nurse, nurse's

pielęgniarstw|o *n sgt* nursing

pielęgniarz *m* (*Gpl* **~y**) male nurse

pielęgn|ować *impf vt* [1] (chorego) to nurse; (osobę starszą, dziecko) to look after [2] (dbać o rośliny) to tend; **~ować sadzonki/rośliny doniczkowe** to tend seedlings/potted plants; **~owanie ogródka stało się jej hobby** gardening became her hobby [3] (dbać o skórę, zęby, włosy) *[osoba]* to take care of; *[środki kosmetyczne]* to condition; **ona starannie ~uje swoją urodę** she takes great care of her looks [4] (zachowywać) to cultivate, to preserve *[obyczaje, tradycję]*; to cherish, to treasure *[pamięć, wspomnienia]*; to nurture *[uczucia]*

pielgrzym *m* Relig. pilgrim

pielgrzymi *adi.* *[szlak]* of a pilgrimage; *[kij, strój]* of a pilgrim, pilgrim's

pielgrzym|ka *f* [1] (wędrówka) pilgrimage także przen.; **pójść na ~kę** a. **udać się z ~ką do Częstochowy** to go on a. to make a pilgrimage to Częstochowa; **odbyć ~kę** to make a pilgrimage; **~ka Ojca Świętego do ojczyzny** Pope John Paul II's pilgrimage a. visit to his homeland; **ruszyła w ~kę po księgarniach** she set off on a tour of the bookshops [2] (grupa pielgrzymów) a group of pilgrims

pielgrzymkow|y *adi.* **ruch ~y do Wiecznego Miasta** mass pilgrimages to the Eternal City

pielgrzym|ować *impf vi* to go on a. to make a pilgrimage; **~owanie do miejsc świętych** going on pilgrimages to holy places

pielić → pleć

pielu|cha *f* nappy GB, diaper US; **~cha flanelowa/tetrowa** a flannelette/muslinet nappy; **~cha jednorazowa** a disposable nappy a. diaper; **owinąć dziecko w ~chę** to put a nappy on a baby GB, to diaper a baby US

■ **być w ~chach** to be in the early stage of development; **wychodzić** a. **wydobywać się z ~ch** to begin to develop; **znam go od ~ch** I knew him when he was still in nappies; **wychowali go od ~ch** they brought him up from babyhood

pielusz|ka *f dem.* nappy GB, diaper US; **~ka flanelowa/tetrowa** a flannelette/muslinet nappy; **a ~ka jednorazowa** a disposable nappy a. diaper; **owinąć dziecko w ~kę** to put a nappy on a baby GB, to diaper a baby US

pieniac|ki *adi.* pejor. *[charakter]* litigious

pieniactw|o *n sgt* pejor. litigiousness

pieniacz *m*, **~ka** *f* (*Gpl* **~y**, **~ek**) pejor. unreasonably litigions person

pieniąch|y *plt* (*G* **~ów**) pot. dough GB pot.

pieni|ądz [] *m* [1] *zw. pl* (środek płatniczy) money; **~ądze na czynsz/na wakacje** money for the rent/for holidays; **~ądze na szkolne obiady** dinner money; **~ądze na drobne wydatki** pin money; **~ądze z podatków** tax revenue, money from taxes; **~ądze za tłumaczenie/konsultacji** money for translations/consultation; **łożyć ~ądze na coś** to put up money for sth;

mieć/zarabiać dużo ~ędzy to have/earn a lot of money; **masz przy sobie ~ądze?** have you got any money on you?; **płacić ~ędzmi** to pay cash; **zbić ~ądze na czymś** to make money on sth; **wpadły mi ~ądze za nadgodziny** I've got some overtime; **wszystkie ~ądze wydaję na życie** all my money goes on basic living expenses [2] *sgt* Econ. money; **gorący ~ądz** hot money; **martwy ~ądz** money lying idle; **podaż ~ądza** money supply; **tani/drogi ~ądz** cheap/dear money; **siła nabywcza ~ądza** purchasing power of money; **nadmiar ~ądza na rynku powoduje inflację** too much money on the market generates inflation

[] **pieniądze** *plt* pot. money; **ciężkie** a. **grube** a. **duże** a. **ładne ~ądze** a lot of money; **małe** a. **marne** a. **liche** a. **psie ~ądze** very little a. not much money; **robią na tym interesie ciężkie ~ądze** they're making big money on this business; **nie będę harować za marne ~ądze** I won't slave away for peanuts; **skupuje antyki za psie ~ądze** he's buying up antiques dirt cheap

■ **być przy ~ądzach** to be in the money; **leżeć** a. **siedzieć** a. **spać na ~ądzach** to be rolling in money; **mieć ~ędzy jak lodu** to have money to burn, to be rolling in money; **obracać ~ędzmi** to deal in money; **~ądze albo życie!** your money or your life!; **~ądze leżą na ulicy** money is there for the taking; **~ądze nie leżą na ulicy** money doesn't grow on trees; **~ądze się mnie nie trzymają** I spend all the money I've got; **wyrzucać ~ądze w błoto** a. **przez okno** to throw money away, to squander money; **nie zrobię tego/nie pójdę tam za żadne ~ądze** I won't do it/go there for love nor money a. for any money; **~ądz rodzi ~ądz** money makes money

pieniąż|ek [] *m* (mała moneta) small coin
[] **pieniążki** *plt* pot. money

pie|nić się *impf v refl.* [1] (wytwarzać pianę) *[mydło, szampon, środek piorący]* to lather, to foam [2] (pokrywać się pianą) *[morze, rzeka, woda]* to foam; *[piwo]* to froth ⇒ **spienić się** [3] pot. *[osoba]* to foam a. froth at the mouth ⇒ **zapienić się**

pie|nie *n zw. pl* [1] (monotonny śpiew) chant; **żałobne/nabożne ~nia** funeral/religious chants a. chanting [2] (bardzo pochlebna opinia) acclaim *U*; **~nia krytyków na temat filmu młodego reżysera/jego debiutanckiej powieści** the wild critical acclaim surrounding the young director's film/his first novel

pie|niek *m* [1] (do rąbania drewna) chopping block [2] *dem.* (mały pień) (tree) stump [3] Stomat. (część zęba) stump

■ **mieć z kimś na ~nku** pot. to have a bone to pick with sb

pieniężn|y *adi.* *[sprawy]* financial; *[rezerwa, polityka]* monetary; *[korzyści, straty, zysk]* pecuniary; **gospodarka ~a** money management; **kara ~a** a fine; **wygrana ~a** prize money; **przekaz ~y** a postal order; **rynek ~y** money market; **świadczenia ~e** (cash) benefits; **zasoby ~e** money supply

Pienin|y *plt* (*G* ~) the Pieniny Mountains
pienińs|ki *adi.* *[przyroda, roślinność, kraj-obraz]* of the Pieniny Mountains; **Pieniński Park Narodowy** the Pieniny National Park
pieni|sty *adi.* *[piwo]* frothy; *[mydliny]* foamy
p|ień *m* [1] (zdrewniała część drzewa) trunk [2] (pniak) (tree) stump [3] (główna linia drzewa genealogicznego) stem; **większość języków europejskich wywodzi się z tego samego pnia** most European languages are derived from the same stem a. root [4] Jęz. (podstawa słowotwórcza) stem [5] Anat. stem; **pień mózgu** brain stem a. root
■ **wyciąć ludność/wojsko/załogę w pień** to put the inhabitants/soldiers/crew to the sword; **kupować/sprzedawać drzewo/zboże na pniu** to buy/sell standing timber/crops
pieprz *m* (*G* ~**u**) [1] Bot., Kulin. pepper; ~ **biały/czarny** white/black pepper; ~ **zmielony** ground pepper; **ziarnko ~u** a grain of pepper [2] przen. spice; **dodać ~u utworowi/życiu** to add spice to a. to spice up a piece of writing/life
❑ ~ **turecki** Kulin. pimento, pimiento; ~ **ziołowy** ersatz pepper (*a mixture of herbs used as a seasoning*)
■ **pranie jest suche jak** a. **wyschnięte na** ~ the washing is as dry as a bone a. bone dry; **liście/nasiona wyschły** a. **są wyschnięte na** ~ the leaves/seeds are as dry as a bone a. bone dry; **uciekać, gdzie** ~ **rośnie** pot. to take to one's heels, to run like hell
pieprzn|ąć *pf* (~**ęła**, ~**ęli**) wulg. **[]** *vt* [1] (walnąć) ~**ąć kogoś** to smash sb pot. (czymś **w kogoś**); ~**ąć kogoś w głowę** to smash sb on the head; ~**ęła talerzem o ścianę** she flung a. slung GB pot. the plate against the wall pot. [2] (ukraść) to swipe pot., to pinch GB pot.; **ktoś nam** ~**ął wycieraczki** sb swiped our (windscreen) wipers [3] (powiedzieć) **ależ głupstwo** ~**ął** what a load of crap you came out with posp.
[] *vi* [1] (spaść, upaść) *[osoba, rzecz]* to fall; (uderzyć w coś) to slam; **potknęła się i** ~**ęła jak długa** she tripped and fell arse over tit wulg.; **samochód wpadł w poślizg i** ~**ął w drzewo** the car skidded and slammed into a tree [2] (wybuchnąć) *[granat, petarda]* to go off; (złamać się) *[maszt, deska]* to collapse; **baliśmy się, że drabina** ~**ie** we were afraid the ladder would collapse
[] **pieprznąć się** [1] (uderzyć się) to smash *vt*; **padając,** ~**ęłam się głową o kant stołu** as I fell I smashed my head on the edge of the table [2] (pomylić się) to screw up posp.; ~**ęli się w obliczeniach** they screwed up in the calculations
pieprznicz|ka *f* pepper pot GB, pepper shaker US
pieprznię|ty [] *pp* → **pieprznąć**
[] *adi.* wulg., obraźl. *[osoba]* round the twist pot., off one's rocker pot.
pieprznik *m* wulg. (bałagan) tip pot.
pieprzn|y *adi.* [1] (mocno przyprawiony pieprzem) *[potrawa]* peppery [2] pot. (rubaszny, nieprzyzwoity) *[dowcip, kawał]* dirty, blue
pieprz|ony [] *pp* → **pieprzyć**
[] *adi.* [1] (mocno przyprawiony pieprzem) *[potrawa]* peppery [2] wulg. *[osoba, przedmiot]*

frigging wulg., sodding GB wulg.; freaking US pot.; **mam już dosyć tej** ~**onej roboty/tego** ~**onego gnojka** I'm sick of this frigging job/that stupid arsehole a. wanker wulg.
pieprzow|y *adi.* **mięta** ~**a** peppermint
pieprzów|ka *f* pepper-flavoured vodka
pieprz|yć *impf* **[]** *vt* [1] (doprawiać pieprzem) to pepper ⇒ **popieprzyć** [2] wulg. (mówić głupstwa lub nieprawdę) to talk crap a. bull(shit) a. posp. [3] wulg. (odbywać stosunek płciowy) to screw wulg., to shag wulg.
[] **pieprzyć się** wulg. [1] (odbywać stosunek płciowy) to screw wulg., to shag wulg.; ~**yć się z byle kim** to screw around [2] (obchodzić się delikatnie) ~**yć się z kimś** to pussyfoot around with sb, pejor.; ~**yć się z czymś** to fart around a. about with sth posp. [3] (mylić się, plątać się) **jestem zmęczony i już mi się cała robota** ~**y** I'm so tired I'm cocking GB pot. a. screwing posp. everything up; **wszystko jej się** ~**y** she's got everything screwed up posp. ⇒ **popieprzyć się** [4] (psuć się) to get cocked up GB pot. ⇒ **spieprzyć się**
■ **ja (cię)** ~**ę!** wulg. holy shit! posp., bugger me! posp.; ~**yć go/to** a. ~**ę go!/to!** wulg. screw him!/it! wulg.
pieprzyk *m* (*G* ~**a** a. ~**u**) [1] (znamię) mole; (do przyklejania) beauty spot [2] przen. (szczegół dodający pikanterii) a bit of spice przen.; **anegdota/dowcip z** ~**iem** a story/joke with (some) spice; **dodać czemuś** ~**a** a. ~**u** to add (some) spice to sth
pierd|el *m* (*A* ~**la**, *Gpl* ~**li** a. ~**lów**) wulg. (więzienie) the slammer posp., stir *U* posp.; **zobaczysz, wsadzą cię do** ~**la** you'll see, they'll put you in the slammer a. in stir
pier|dnąć *pf* — **pier|dzieć** *impf* *vi* wulg. to fart pot.; ~**dzieć w stołek** pot. to fart around (doing nothing); ~**dnięcie** a fart
pierdol|ec *m* wulg. **mieć/dostać** ~**ca** to be/go round the twist GB pot. a. off one's rocker pot.
pierdol|ić *impf* **[]** *vt* wulg. [1] (mówić głupstwa lub nieprawdę) to talk bullshit wulg. [2] (odbywać stosunek płciowy) to fuck wulg.
[] **pierdolić się** [1] (współżyć seksualnie) to fuck wulg.; **ona się z każdym** ~**i** she fucks everything in sight [2] (plątać się) **wszystko mu się** ~**i** he doesn't know his arse from his elbow wulg. ⇒ **popierdolić się** [3] (obchodzić się delikatnie) ~**ić się z kimś** to pussyfoot around with sb pot.; ~**ić się z czymś** to fuck around a. about with sth wulg.
■ **ja (cię)** ~**ę!** wulg. holy fuck! wulg., fucking hell! wulg.; ~**ę was wszystkich/ten egzamin** fuck the lot of you/the exam
pierdoln|ąć *pf* **[]** *vt* wulg. [1] (uderzyć) to smash; to whack pot.; **tak mnie** ~**ął w plecy, że upadłem** he whacked me in the back so hard that I fell [2] (ukraść) to swipe pot., to pinch GB pot.; **ktoś** ~**ął mi portfel** someone's swiped my wallet
[] *vi* [1] (uderzyć w coś, upaść lub spaść) to fall [2] (wybuchnąć) to go off; (zepsuć się) to collapse
[] **pierdolnąć się** (grzmotnąć się) to smash *vt*; ~**ął się w głowę, kiedy schodził do piwnicy** he smashed his head as he was going down to the cellar

pierdolnię|ty [] *pp* → **pierdolnąć**
[] *adi.* wulg., obraźl. round the fucking twist wulg., off one's fucking rocker wulg.
pierdol|ony [] *pp* → **pierdolić**
[] *adi.* wulg. fucking wulg.
pierd|oła [] *m, f* (*Npl* ~**oły**, *Gpl* ~**ół** a. ~**oł** a. ~**ołów**) wulg. (zramolały mężczyzna) old fart pot.
[] **pierdoły** *plt* [1] (bzdury) bullshit *U* wulg.; crap *U* posp.; **gadać** a. **opowiadać** ~**oły** to talk a load of bullshit a. crap [2] (rupiecie) garbage; rot GB pot.
pierd|ołki, ~**ółki** *plt* (*G* ~**ołek,** ~**ółek**) *dem.* wulg. [1] (bzdury) bullshit wulg., crap wulg. [2] (drobiazgi) odds and sods GB pot.
pierdzieć *impf* → **pierdnąć**
pierdziel|ić *impf* wulg. **[]** *vt* (mówić głupstwa lub nieprawdę) to talk bullshit wulg.
[] **pierdzielić się** (mylić się, plątać się) **przez ten upał wszystko mi się** ~**li** the heatwave's making me cock GB pot. a. screw posp. everything up ⇒ **popierdzielić się**
■ **ja (cię)** ~**ę!** wulg. holy shit! posp.; fucking hell! wulg.; ~**ić go/to!** screw him!/it! wulg.
pierepał|ki *plt* (*G* ~**ek**) pot. aggro GB pot.; **wciąż ma** ~**ki z nauczycielami** his teachers are always giving him aggro
pierestroj|ka *f sgt* Hist. perestroika
piern|at *m* książk., żart. (materac wypełniony pierzem) feather bed; **leżeć w** ~**tach** pot. to have a lie-in
piernicz|eć *impf* (~**eję**, ~**ał**, ~**eli**) *vi* pot., pejor. to go a. become senile ⇒ **spierniczeć**
piernicz|ek *m dem.* a small gingerbread cake; ~**ki w czekoladzie** chocolate-coated gingerbread cakes; **lukrowane** ~**ki** gingerbread cakes with icing; **nadziewane** ~**ki** gingerbread cookies with a filling
piernicz|yć *impf* *vt* posp. (mówić od rzeczy, nudzić) to talk crap posp.; ~**ył coś, ale nie słuchałem** he rambled on but I wasn't listening; **znów będzie** ~**ył o odpowiedzialności** he's going to give us all that crap about responsibility again
■ **ja** ~**ę!** pot. holy shit! posp.; ~**ę go/to!** posp. stuff him!/it! GB pot.
piernik [] ** *m pers.* (*Npl* ~i**) pot., obraźl. (stary, niedołężny mężczyzna) old fogey
[] *m inanim.* (ciasto) gingerbread; **toruńskie** ~**i** Toruń gingerbread
■ **co ma** ~ **do wiatraka?** pot. what's that got to do with anything?
piernikow|y *adi.* *[ciasteczko, ludzik, serce]* gingerbread *attr.*
pieroż|ek *m zw. pl* [1] *dem.* (*A* ~**ek** a. ~**ka**) Kulin. ~**ki z serem/mięsem** small cheese/meat dumplings a. pirozhki [2] Moda *a soft cap resembling a Nehru cap*
pier|óg *m zw. pl* [1] (*A* ~**óg** a. ~**oga**) Kulin. ~**ogi z kapustą/mięsem** cabbage/meat dumplings, dumplings stuffed with cabbage/meat [2] (*A* ~**óg** a. ~**oga**) Kulin. (pieczony) pie; ~**óg z kapustą/mięsem** a cabbage/meat pie [3] Hist., Moda three-cornered hat, tricorn(e)
❑ ~**ogi ruskie** Kulin. dumplings with potato and cheese stuffing; **leniwe** ~**ogi** Kulin. curd cheese dumplings
pierro|t *m* (*Npl* ~**ci** a. ~**ty**) Literat. Pierrot; **kostium** ~**ta** a. **Pierrota** a Pierrot's costume

piersia|sty adi. [1] pot. [kobieta] buxom, bosomy; busty pot.; chesty pot. [2] [mężczyzna] broad-chested

piersiow|y adi. [1] (niski) [głos] deep [2] Anat. [mięśnie, płetwa] pectoral; [przewód] thoracic; **choroba ~a** przest. consumption przest. [3] (wydobywający się z piersi) [kaszel] chesty pot.

piersiów|ka f (~eczka dem.) pot. flat bottle (of alcohol); (metalowa) hip flask

pier|ś f [1] (u człowieka) chest; breast książk., bosom książk.; **szeroka/wątła/owłosiona ~ś** a broad/narrow/hairy chest; **opuścić** a. **zwiesić głowę na ~si** to hang one's head; **zwiesił głowę na ~si i usnął** his head drooped on to his chest and he fell asleep; **przycisnąć** a. **przytulić kogoś/ coś do ~si** to hug sb/sth to one's breast a. bosom; **wyprężyć** a. **wypiąć ~ś** to throw out one's chest; **wciągnąć powietrze w ~si** to breathe, to draw breath; **oddychać pełną** a. **całą ~sią** (głęboko) to breathe deeply; **odetchnąć pełną ~sią** przen. to relax, to unwind; **wstrzymywać oddech w ~si** to hold one's breath; **brakowało mu tchu w ~siach** he couldn't get his breath back; **serce waliło mu w ~siach** his heart was thumping; **rzęziło mu w ~siach** rattling sounds came from his chest; **z jego ~si wyrwał się jęk/wyrwało się westchnienie** a groan/a sigh escaped his lips; **kaszel rozdzierał** a. **rozrywał jej ~si** she had a hacking cough; **płacz rozdzierał jej ~si** she was racked with sobs a. sobbing; **uczyniła na ~si znak krzyża** she crossed herself a. made the sign of the cross; **w sadzawce było wody po ~ś** the pond was breast-deep [2] (u zwierzęcia) chest; (u ptaka) Kulin. breast; **~ś czy udko?** breast or leg?; **~ś kurza** a. **łódkowata** Anat. pigeon chest a. breast; **z kurzą** a. **łódkowatą ~sią** pigeon-chested, pigeon-breasted [3] zw. pl (u kobiety) breast; **drobne/jędrne/obwisłe ~si** small/ firm/pendulous breasts; **wydatne ~si** ample breasts, ample bosom; **podać dziecku ~ś** to put a baby to the breast; **karmić dziecko ~sią** to breast-feed a. nurse a baby; **karmienie ~sią** breast-feeding, nursing; **odstawić dziecko od ~si** to wean a baby; **odstawić kogoś od ~si** przen. to leave sb to fend for him/herself; **ssać ~ś** to take the breast, to nurse; **kobieta z dzieckiem przy ~si** a woman with a baby at her a. the breast; **amputacja ~si** Med. mastectomy; **rak ~si** Med. breast cancer; **rowek** a. **przedziałek** pot. **między ~siami** a cleavage; **sztuczne ~si** falsies pot. [4] przen., książk. (siedlisko uczuć) breast, heart; **złość wzbierała w jego ~si** anger was filling his heart; **radość rozpierała** a. **rozsadzała mu ~si** he was bursting with joy; **zdjąć komuś ciężar z ~si** to bring solace to sb

■ **~ś w ~ś** [ścierać się, walczyć] hand to hand; [dobiec do mety] neck and neck; **bić się** a. **uderzać się** a. **walić się** pot. **w ~si** to beat one's breast; **moja wina, biję się w ~si** I repent, I was in the wrong a. it was my fault; **bić się** a. **uderzać się** a. **walić się** pot. **w cudze piersi** to pass the buck, to blame somebody else; **bronić** a. **zasłaniać kogoś własną ~sią** książk. to defend a. shield sb with one's own body; **co tchu w**

piersiach [biec, uciekać] at breakneck speed, for dear life; **wygrać o ~ś** to win by a (short) neck; **żyć pełną ~sią** książk. to enjoy a. live life to the full

pierścieniow|y adi. [1] [kształt] ring-shaped; annular spec.; **związki ~e** Chem. cyclic compounds [2] Zool. [budowa] segmented

pierście|ń m [1] (klejnot) ring; **złoty/srebrny ~ń** a gold/silver ring; **~ń z brylantem/szafirem** a diamond/sapphire ring; **~ń biskupi/papieski** a bishop's a. an episcopal/a papal ring [2] (krąg) ring, circle; **~ń gór otaczających kotlinę** a ring of mountains around a dale; **nieprzyjaciel otoczył miasto ciasnym ~niem** the enemy tightly ringed the town [3] Techn. ring; **~ń pośredni** Fot. an extension a. an adapter ring; **~ń tłokowy** a piston ring [4] Zool. (dżdżownicy) segment [5] Chem. ring; **~ń benzenowy** benzene ring; **~ń homocykliczny/heterocykliczny** homocyclic/ heterocyclic ring [6] Astron. ring; **~nie Saturna** Saturn's rings [7] Leśn. **~ń roczny** a. **przyrostu rocznego** a growth a. a tree ring

pierścion|ek m [1] (klejnot) ring; **złoty/ srebrny ~ek** a gold/silver ring; **~ek z brylantem/z kameą** a diamond/cameo ring; **~ek zaręczynowy** an engagement ring [2] zw. pl (włosów) curl; **wilgotne włosy poskręcały mu się w ~ki** his wet hair fell into ringlets

pierw adv. przest., książk. first (of all); **~ sprawdź, zanim osądzisz** check first before you pass judgement

pierwej adv. przest., książk. first (of all); **~ opowiedz mi coś o sobie** first tell me a little a. something about yourself

■ **~ sobie, potem tobie** przysł. near is my shirt but nearer is my skin przysł.

pierwiast|ek m [1] (czynnik) element; **~ek liryczny/dramatyczny w powieści** a lyrical/dramatic element in a novel; **~ek piękna/dobra** an element of beauty/goodness [2] Chem. element; **~ek chemiczny** (chemical) element; **układ okresowy ~ków** a periodic table [3] Jęz. root [4] Mat. root; **~ek równania** the root of an equation; **~ek kwadratowy** a. **drugiego stopnia** a square root (**z czegoś** of sth); **~ek sześcienny** a. **trzeciego stopnia** a cube root; **6 to ~ek kwadratowy z 36** 6 is the square root of 36; **4 jest ~kiem czwartego stopnia z 256** 4 is the fourth root of 256; **wyciągnij ~ek (kwadratowy) z 256** find a. extract the (square) root of 256

❏ **~ki biofilne** Biol., Chem. biophylic elements; **~ki chalkofilne** Chem. chalcophilic elements; **~ki czynne** Chem. active chemical elements; **~ki czyste** a. **proste** Chem. pure a. simple elements; **~ki naturalne** Chem. elements occurring in nature; **~ki mieszane** Chem. mixed elements; **~ki promieniotwórcze** Chem. radio-elements, radioactive elements; **~ki skałolubne** Chem. lithophilic elements; **~ki śladowe** Chem. trace elements; **~ki ziem rzadkich** Chem. rare-earth elements

pierwiastk|ować impf vt Mat. to extract a. find the root of

pierwiastkow|y adi. [1] Chem. [skład, analiza] chemical, elemental [2] Jęz. [akcent] root attr. [3] Mat. radical

pierwiosn|ek [I] m anim. Zool. chiffchaff [II] m inanim. (A ~ek a. ~ka) primrose, primula; **~ek lekarski** cowslip

pierwocin|a f zw. pl książk. [1] (zaczątek) germ przen. (**czegoś** of sth); **~y życia na Ziemi** the beginnings of life on Earth [2] (pierwszy utwór) first effort; **była to jego ~a pisarska** this was his first literary effort; **~y poezji/dramatu** the origins of poetry/drama

pierwodruk m (G ~u) first edition (**czegoś** of sth); **zbiór ~ów** a collection of first editions

pierwokup m sgt (G ~u) Prawo pre-emption; **prawo ~u** pre-emption a. pre-emptive right, right of first refusal; **nabycie w drodze ~u** pre-emptive purchase; **nabyć coś w drodze ~u** to pre-empt sth

pierworodn|y [I] adi. [1] [syn, córka] first-born [2] Relig. **grzech ~y** original sin także przen. [II] **pierworodn|y** m, **~a** f first-born; **najbardziej kochał ~ego** he loved his first-born (the) most

pierwotniak m Zool. protozoan, protozoon; **~i** protozoa

pierwotnie adv. originally; **dzieło to składało się ~ z dwóch tomów** originally this work was in two volumes

pierwotnoś|ć f sgt [1] (brak cywilizacji) primordial a. primeval nature [2] (pierwszeństwo) precedence (**w stosunku do czegoś** over sth)

pierwotn|y adi. [1] (odległy w czasie) [kultura, zwierzęta] prim(a)eval, primordial; [człowiek, wspólnota] primitive; **skały ~e** primeval a. primordial rock [2] (w pierwszym stadium rozwoju) [narzędzia, budownictwo, człowiek, społeczeństwo] primitive; [stan] prim(a)eval; **las ~y** a. **puszcza ~a** a primeval a. virgin forest; **~a zupa** Biol. primeval a. primordial soup; **~e żądze/instynkty** primitive a. primal urges/instincts; **krzyk ~y** Psych. the primal scream [3] (początkowy) [plan, kolor, znaczenie] original [4] (wcześniejszy, ważniejszy) primal (**wobec czegoś** in relation to sth)

pierwowz|ór m (G ~oru) [1] (model) prototype (**czegoś** of a. for sth); precursor (**czegoś** of sth); **być ~orem głównego bohatera** to be a model for the main character [2] (oryginał) original; **film odbiega od swego powieściowego ~oru** the film departs a. is different from the original novel

pierwszak m (Npl ~i) pot. first former GB, first grader US (in primary school)

pierwszeństw|o n sgt [1] (prawo przed innymi) priority, precedence; **mieć ~o przed kimś/czymś** to have priority a. precedence over sb/sth; **przyznać komuś/ czemuś ~o** to give precedence a. priority to sb/sth; **starsi mają ~o** age before beauty; **panie mają ~o!** ladies first! [2] Aut. **~o przejazdu** (the) right of way; **mieć ~o** to have right of way; **masz ~o** it's your right of way; **kto ma ~o na tym skrzyżowaniu/na rondzie?** who has right of way at this junction/on a roundabout?;

P

dać komuś ~o przejazdu to give way to sb GB, to yield to sb US; **wymusić ~o przejazdu (na kimś)** not to give right of way (to sb); **znak „ustąp ~a"** 'give way' sign

■ **palma ~a** the palm; **zdobyć palmę ~a** to bear a. carry off the palm; **dzierżyć palmę ~a** to bear the palm; **przyznać komuś palmę ~a** to award the palm to sb; **walczyć o palmę ~a** to vie for the palm

pierwszo- *w wyrazach złożonych* first, first-

pierwszoklasi|sta m, **~stka** f first-year pupil, first former GB, first-grade pupil a. first grader US; (w szkole ponadpodstawowej) first-year pupil, first-year student US

pierwszoligow|iec m Sport (gracz) first division player; (drużyna) first division team

pierwszoligow|y adi. Sport first division attr.

pierwszomajow|y adi. [akademia, pochód] May Day attr.; **święto ~e** May Day

pierwszoosobow|y adi. [narration] in the first person singular; **narrator ~y** first person narrator

pierwszoplanowo adv. [traktować] as a priority

pierwszoplanowoś|ć f sgt [1] (ważność) crucial a. key importance; **~ć postaci w powieści** the leading role of a character in a novel [2] (miejsce na pierwszym planie) foreground position

pierwszoplanow|y adi. [1] (na obrazie, w kadrze) [postać, szczegół] foreground attr. [2] (w książce, filmie, sztuce) [postać, rola] main, leading; **~y aktor/~a aktorka** a leading man/lady; **uznano go za najlepszego aktora ~ego roku** he was acclaimed as the year's best leading actor a. best leading man [3] (ważny) [zagadnienie, zadanie] all-important, of the utmost importance

pierwszorocznia|k m (Npl ~cy a. ~ki) pot. (uczeń) first former GB, first grader US; (student) first-year student; fresher GB pot.

pierwszoroczn|y [I] adi. (uczeń, student) first-year attr.

[II] **pierwszoroczn|y** m, **~a** f (uczeń) first-year pupil; (student) first-year student; fresher GB pot.

pierwszorzędnie adv. excellently, superbly; **bawiłem się ~** I had a great a. a fantastic time; **„idę z wami" – „~!"** pot. 'I'm going with you' – '(that's) great a. super!' pot.

pierwszorzędnoś|ć f sgt crucial a. key importance

pierwszorzędn|y adi. [1] (doskonały) first-rate, first-class; **obuwie ~ej jakości** top quality shoes; **był ~ym stolarzem** he was a first-rate carpenter [2] pot. great pot., super pot.; **~a ta twoja sałatka** this salad is great a. super [3] (najważniejszy) most important; **to sprawa ~ej wagi** this is a matter of key a. of the utmost importance

pierwsz|y [I] num ord. [klasa, rocznica, strona] first; **~y tom/rozdział** the first volume/chapter, volume/chapter one; **~a osoba liczby pojedynczej/mnogiej** Jęz. (the) first person singular/plural; **~a rocznica ślubu** first wedding anniversary; **~a wojna światowa** the First World War, World War I; **student ~ego roku** a first-year student; **~a linijka od góry/od dołu**

the first line from the top/from the bottom; **~y dotarł do mety/był ~y na mecie** he was the first to reach the finishing line/he came (in) first; **kto skończył ~y?** who was the first to finish?, who finished first?; **wysunął się na ~e miejsce w konkursie** he advanced to (the) first place in the competition; **~y raz tu jestem** I've never been here before; **jako ~y zabrał głos delegat Rosji** Russia's a. the Russian delegate was the first to speak; **jako ~y w rodzinie skończył studia** he was the first in the family to graduate; **przyszła jako jedna z ~ych** she was one of the first to arrive; **idź ~y!** you go first!; **z tych dwóch sugestii ~a wydaje się lepsza** of the two suggestions, the first a. the former seems (the) better; **lubię i horrory i thrillery, ale wolę te ~e** I like both horror films and thrillers, but I prefer the former; **ten ~y (z wymienionych)..., a ten drugi...** the former..., and the latter; **~y i ostatni** the first and the last; **nie ~y i nie ostatni raz się kłócą** a. **to nie ich ~a kłótnia i nie ostatnia** it's not their first quarrel, and it won't be their last; **przyrzeknij, że to był ~y i ostatni raz** promise (that) it won't happen again; **~a z brzegu książka** (najbliższa) the first book to hand; **wszedł do ~ej z brzegu kawiarni** he walked into the first café he saw a. came across; **~y lepszy** a. **z brzegu** a. **z brzega** [przedmiot] just any, any old; (osoba) just anyone; **chwycił się ~ego lepszego wykrętu** he seized on any old excuse a. the first excuse that came to mind; **to może zrobić ~y lepszy** anybody can do it; **every** Tom, Dick, and Harry can do it pot.; **nie był ~ym lepszym Chińczykiem, ale admirałem** he wasn't just any old Chinese, but a Chinese admiral

[II] adi. [1] (początkowy) [śnieg, oznaka, wrażenie] first; **~e truskawki/pomidory** early a. the first strawberries/tomatoes; **(on) nie jest już ~ej młodości** he's no longer in the first flush of youth; he's a bit long in the tooth pot.; **spadł ~y śnieg** it's the first snow of the season; **powieść z życia ~ych chrześcijan** a novel about the life of the early Christians; **w ~ych latach XX wieku** in the first a. early years of the 20th century; **w ~ej chwili** at first; **w ~ej chwili myślałam, że to sen** at first I thought it was a dream; **od ~ej chwili** from the (very) first; **od ~ej chwili nie ufała mu** she didn't trust him from the (very) first; **z ~ego snu obudził go hałas na ulicy** he was woken from the first, deep phase of sleep by noise in the street [2] (główny) [nagroda] first, main; [oficer, sekretarz] first; **~a dama** the first lady; **~a dama swinga** przen. the first lady of swing; **mąż Anny był ~ą osobą w rodzinie** Anna's husband was the most important person in the family; **~y plan** foreground; przen. foreground, forefront; **na ~ym planie** in the foreground; przen. in the foreground, in a. at the forefront; **stawiać kogoś/coś na ~ym planie** a. miejscu to put sb/sth first; **wysunąć się na ~y plan** a. **~e miejsce** to come to the forefront; **~e potrzeby** basic needs; **artykuły ~ej po-**

trzeby necessities; **~y po Bogu** the most important person [3] (najlepszy) [gatunek, klasa, kategoria, liga] first; [specjalista, znawca] foremost; **był ~ym uczniem w szkole** he was the best pupil in his school; **jeden z ~ych ekspertów w dziedzinie psychologii dziecka** one of the foremost experts on child psychology; **chce być we wszystkim ~y** he wants to be the best at everything; **~ej klasy** a. **~ej wody aktor** a first-class a. first-rate actor; **samochód ~a klasa** pot. some car pot.; **film był ~a klasa!** pot. that was some film!

[III] m (data) the first; **~y (maja)** the first (of May); **dziś ~y lipca** it's the first of July a. July the first today; **wyjechała ~ego** she left on the first; **pensji z trudem starcza mi do ~ego** I find it hard to make ends meet

[IV] **pierwsza** (godzina) one (o'clock); **spotkajmy się o ~ej** let's meet at one; **jest pół do ~ej** it's half past twelve

[V] **pierwsze** (danie) first course; **na ~e zjemy zupę pieczarkową** we'll have mushroom soup as a first course

■ **być ~ym do dowcipów/gotowania** to love jokes/cooking; **być ~ym do pomocy** to be eager to help; **zawsze jest ~y do bijatyki** he's always getting into scraps pot.; **do pracy był ~y** he was never work-shy; **~y raz słyszę!** a. **~e słyszę!** pot. that's news to me!, that's the first I've heard about it!; **~e słyszę, że się pobrali** I didn't know they'd got married; **na ~y rzut oka** at first glance a. sight; **na ~y rzut oka wszystko było w porządku** at first glance everything was in order a. O.K.; **od ~ego wejrzenia** a. **spojrzenia** at first glance a. sight; **miłość od ~ego wejrzenia** love at first sight; **poznać się na kimś od ~ego wejrzenia** (docenić) to see sb's worth the moment one sets eyes on sb; (przejrzeć) to see through sb the moment one sets eyes on sb; **po ~e** first (of all), firstly; in the first place pot.; **po ~e musisz skończyć studia** first a. first of all, you must graduate; **są dwa powody: po ~e..., a po drugie...** there are two reasons: first(ly), ..., and second(ly), ...; **kto ~y, ten lepszy** przysł. first come, first served; the early bird catches the worm przysł.

pierwszy|zna f sgt daw. something new

■ **to dla mnie/dla niego nie ~zna** pot. that's nothing new to me/to him

pierza|sty adi. [1] (porośnięty piórami) [ptak] feathery [2] (zrobiony z piór) [boa, wachlarz] feather attr.; **~sta strzała** a feathered arrow [3] (przypominający pióra) [nasiona] fluffy, woolly; [chmury, obłoki] woolly; [liście] feathery; **duże ~ste paprocie** large ferns with feathery fronds

pierzchać → pierzchnąć¹

pierzchliwie adv. grad. [zachowywać się] timidly; [uciekać] in panic

pierzchliwoś|ć f sgt [1] (lękliwość) skittishness, nervousness [2] (ulotność) transience

pierzchliw|y adi. [1] (lękliwy) [zając, sarna, natura] timid; [koń] skittish; **~a reakcja** a timid response [2] (ulotny) [myśl, skojarzenie, obraz] fleeting, evanescent

pierzch|nąć¹ pf — **pierzch|ać** impf (**~nął** a. **~ł, ~nęła** a. **~ła, ~nęli** a. **~li**

— **~am**) *vi* [1] (uciekać) *[osoba, zwierzę]* to flee, to take (to) flight; *[myszy, króliki]* to scamper away a. off, to scutter away a. off; **zające ~ały przed nagonką** hares fled before the beaters [2] przen. (zniknąć) to vanish; **~ł dobry nastrój** the pleasant atmosphere vanished; **ponure myśli ~ają bezpowrotnie** gloomy thoughts are clearing once and for all; **mgła ~ła** the fog dispersed a. cleared

pierzch|nąć[2] *impf* (**~ła** a. **~nęła**) *vi* (stawać się szorstkim) *[skóra, ręce, usta]* to chap; **wargi ~ną mi na mrozie** my lips get chapped because of the frost ⇒ **spierzchnąć**

pierz|e *n sgt* [1] (pióra) feathers; (upierzenie) plumage; **wróbel nastroszył ~e** the sparrow ruffled its feathers; **ptak pokryty szarym ~em** a bird with grey plumage [2] (do wypychania poduszek) feathers; **~e gęsie/indycze** goose/turkey feathers; **wypchać poduszkę ~em** to stuff a pillow with feathers; **poduszka z ~a** a feather pillow; **skubać** a. **drzeć ~e** to strip feathers [3] żart. (włosy) **miała ~e na głowie** she had wispy hair

■ **będzie ~e leciało** that'll make the feathers a. the fur fly; **aż ~e leciało, kiedy zaczęli się kłócić** feathers were flying when they started arguing; **ni z ~a, ni z mięsa** pot. neither fish nor fowl; **porastać** a. **obrastać w ~e** to feather one's nest

pierze|ja *f (Gpl ~i)* Archit. frontage

pierzyn|a *f (~ka dem.)* feather quilt, eiderdown

p|ies [I] *m pers. (Npl psy)* [1] przen., obraźl. dog obraźl., cur obraźl.; **ty psie parszywy!** you dirty dog! [2] przen., pot., obraźl. (policjant) pig przen., pot., obraźl.

[II] *m anim. (D psu)* [1] (zwierzę domowe) dog; **bezdomny** a. **bezpański pies** a stray dog; **rasowy pies** a pedigree dog; **wściekły/zły pies** a rabid/a vicious dog; **psy myśliwskie** hunting dogs, coursers; **psy obronne** watchdogs; **psy szkolone/zaprzęgowe** working/sled dogs; **spuścić psa ze smyczy** to let a dog loose; **wyprowadzać psa na spacer** to walk a dog, to take a dog for a walk; **poszczuć kogoś psem** to set a dog on sb; **„uwaga, zły pies!"** (napis przy wejściu) 'beware of the dog'; **jestem głodny jak pies** I'm hungry as a hunter; **zmarzłem jak pies** I'm/I was chilled to the marrow; **był zły jak pies** he was like a bear with a sore head; **być wiernym (komuś) jak pies** to be dedicated a. loyal (to sb); **służyć komuś jak pies** to serve sb faithfully; **czuć się jak zbity pies** to feel miserable; **łgać jak pies** książk. to lie through one's teeth; **traktować kogoś jak psa** to treat sb like a dog; **zbić kogoś jak psa** to beat sb mercilessly a. black and blue [2] (samiec psa domowego) dog; **czy to pies, czy suka?** is this a dog or a bitch? [3] Myślis. (samiec borsuka, lisa, wilka) dog

[III] **psy** *plt* Zool. canids, the Canidae

□ **pies dingo** Zool. dingo; **pies gończy** Myślis. hound, hunting dog; **pies latający** Zool. flying fox, kalong; **pies legawy** Myślis. gun dog; **pies morski** Zool. common seal; **pies pasterski** sheepdog, shepherd dog; **pies podwórzowy** a. **łańcuchowy** watch-

dog, guard dog; **pies pokojowy** lapdog; **pies policyjny** police dog; **pies przewodnik** guide dog; **pies tropiciel** tracker dog

■ **zejść/schodzić na psy** (podupaść) to go to the dogs pot., to go to pot pot.; (moralnie) to sink low; **a ja to pies?** and what about me?; **a prawo budowlane to pies?** and what about the building regulations?; **pies ogrodnika** pejor. dog in the manger; **z niego jest pies na baby** pot. he's a wolf przest. a. womanizer pot.; **Adam to pies na pieniądze** Adam is obsessed with money; **nasz wychowawca był pies na palaczy** our teacher came down hard on smokers; **dbać o coś jak pies o piątą nogę** not to give a damn about sth pot.; **potrzebne mu to jak psu piąta noga** he could well do without it; **podchodzić/zabierać się do czegoś jak pies do jeża** to approach/get down to sth with trepidation; **jak psu z gardła wyjęty** *[część garderoby]* all rumpled a. crumpled; **koszula na nim wyglądała jak psu z gardła wyjęta** the shirt he was wearing was all rumpled a. crumpled; **żyją ze sobą jak pies z kotem** they fight like cat and dog; **goiło się** a. **przysychało na nim jak na psie** he healed fast; **wieszać psy na kimś** to bad-mouth sb; **pogoda była/jedzenie było pod (zdechłym) psem** the weather/food was rotten; **czuć się pod psem** to be under the weather; **pogoda taka, że psa by z domu nie wygnał** you wouldn't put a dog out in this weather; **wszystkie jego obietnice są** a. **zdadzą się psu na budę** his promises aren't worth a brass farthing a. a button; **moja cała praca (zdała się) psu na budę** all my work went down the drain; **to dla niego znaczy tyle, co dla psa mucha** it cuts no ice with him; **ni pies, ni wydra (coś na kształt świdra)** neither fish nor fowl (nor good red herring); **pies z kulawą nogą** not a soul, no-one at all; **pies z kulawą nogą nie zainteresował się, skąd ma pieniądze** not a single person wondered where his money came from; **dzisiaj nie spotkasz tam psa z kulawą nogą** you won't meet a soul there nowadays; **tu jest pies pogrzebany!** here's the rub!; **całuj** a. **pocałuj psa w nos!** get stuffed! pot., go jump in a a. the lake! pot.; **zdechł pies!** it's (a) no-go! pot.; **nie dla psa kiełbasa** it's too good for you/him/them; **tfu, na psa urok!** touch wood! GB, knock on wood! US; **pies ci nim tańcował!** a. **pies go trącał!** a. **pies mu mordę lizał!** posp., obraźl. to hell with him! pot.; **pies cię jebał!** wulg. fuck a. bugger you! wulg.; **kto chce psa uderzyć, ten kij zawsze znajdzie** przysł. it is easy to find a stick to beat a dog przysł.; **pies szczeka, a karawana idzie dalej** przysł. the moon doesn't care for barking dogs

pies|ek [I] *m pers. (Npl ~ki)* pejor. toady pot., pejor.; lapdog przen., pejor.

[II] *m anim.* [1] (mały pies) toy dog; (pieszczotliwie) doggy; dziec. bow-wow dziec. [2] pot. **pływać ~kiem** to dog(gy)-paddle, to swim the dog(gy)-paddle

[III] *m inanim. (A ~ka)* (zabawka) toy dog; **pluszowy ~ek** a cuddly dog

□ **~ek stepowy** a. **preriowy** Zool. prairie dog

■ **francuski ~ek** a fusspot GB

pies|ki *adi.* *[humor, pogoda]* beastly; *[szczęście, los]* hard, tough; **wieść ~kie życie** to lead a dog's life

piesko *adv.* *[czuć się]* wretchedly; **jestem ~ zmęczony** I'm dog-tired

pieszczo|ch *m*, **~cha** *f (Npl ~chy)* pet, darling

pieszczosz|ek *m*, **~ka** *f (Npl ~ki) dem.* pet, darling

pieszczo|ta *f* caress; **obsypywać kogoś ~tami** to fondle a. caress sb

pieszczot|ka *f* [1] (ulubienica) pet, darling; **~ka ojca** her father's darling [2] *dem. zw. pl* caress

pieszczotliwie *adv. grad.* *[mówić, gładzić]* tenderly; **nazywają ją ~ Baby** they call her by the pet name Baby

pieszczotliwoś|ć *f sgt* (słów, gestów) tenderness

pieszczotliw|y *adi. grad.* *[głos, spojrzenie]* tender; **~e imię** a pet name

pieszo *adv.* on foot; **chodzić do pracy/do szkoły ~** to walk to work/school; **przebyć część drogi ~** to go part of the way on foot

pie|szy [I] *adi.* [1] *[wędrowiec, orszak]* walking; *[ruch]* pedestrian; *[trasa, ciąg]* for pedestrians; **turyści ~si** hikers, walkers; **wycieczka ~sza** a hike, a walking tour; **pójść na ~szą wycieczkę** to go on a. for a hike, to go hiking; **most (jest) zamknięty dla ruchu ~szego** the bridge is closed to pedestrians a. to pedestrian traffic [2] Wojsk. *[kompania, dywizja]* infantry *attr.*; *[patrol]* foot *attr.*; **żołnierz ~szy** foot soldier, infantryman; **pułk strzelców ~szych** a rifle regiment

[II] *m* [1] (osoba) pedestrian; **~si** pedestrians; **przejście dla ~szych** a (pedestrian) crossing; **kładka dla ~szych** a footbridge; **motocyklista potrącił ~szego na zebrze** the biker a. motorcyclist hit a pedestrian on the zebra crossing [2] przest., Wojsk. foot soldier, infantryman

pie|ścić *impf* [I] *vt* [1] (okazywać czułość) to fondle, to pet, to caress *[osobę]*; **~ścił jej szyję/piersi** he was caressing a. fondling her neck/breasts [2] przen. (sprawiać przyjemność) **~ścić wzrok** a. **oczy/ucho** to be pleasing to the eye/the ear; **jego komplementy ~ściły jej ucho** she found his compliments pleasing; **zapachy wiosny ~ściły nasze nozdrza** we savoured the sweet smell of spring

[II] **pieścić się** [1] (okazywać czułość) to fondle, to pet, to caress (each other) [2] pot. (postępować łagodnie) **~ścić się z kimś** to mollycoddle sb, to cosset sb; to spoon-feed sb przen.; **szef się nie ~ści ze swymi pracownikami** the boss is hard on his employees; **~ścił się z tym artykułem cały miesiąc** it took him a whole month to write this article [3] pot. (oszczędzać się) to be self-indulgent; **nic ci nie jest, nie ~ść się!** you're fine, stop fussing a. moaning! [4] pot. (zniekształcać wyrazy) to talk like a baby, to use baby talk

pieśnia|rz *m*, **~rka** *f (Gpl ~rzy, ~rek)* (śpiewak, muzyk, poeta) songster

pieśniow|y _adi._ ~a twórczość Schumanna Schumann's songs a. lieder

pieś|ń _f_ [1] Muz. song; (na głos solo) lied; ~ń ludowa a folk song; ~ń bojowa/marszowa a battle/marching song; ~ń rycerska knightly song, chanson de geste; ~ni biesiadne/obrzędowe/weselne drinking/ritual/wedding songs; ~ni żałobne dirges, laments; niemieckie ~ni romantyczne German romantic lieder; ~ń na głosy a part song; cykl ~ni a song cycle, a cycle of lieder; zespół ~ni i tańca a song and dance company; nucić/śpiewać ~ń to hum/sing a song [2] Literat. (wiersz) song, lay; (część poematu) canto

❑ ~ń bez słów Muz. song without words; ~ń epicka Muz. epic song; eolska ~ń Literat. aeolian song; **Pieśń nad Pieśniami** Bibl. the Song of Songs, the Song of Solomon ■ **koniec** a. **cześć ~ni!** pot. it's curtains pot.; the party's over przen.

pie|ta, Pieta _f_ Szt. pietà

piet|er _m sgt_
■ **mieć ~ra** pot. to have the willies pot. (**przed czymś** about sth); **napędzić komuś ~ra** pot. to put the wind up sb pot.

pietrusz|ka _f_ Bot., Kulin. [1] (roślina) parsnip [2] (korzeń) parsnip [3] (liście) parsley; **natka ~ki** parsley (leaves)
■ **siać ~kę** przest. to be a wallflower

pietystycznie _adv._ książk. lovingly, with loving care

pietystyczn|y _adi._ książk. reverent, reverential

pietyzm _m sgt_ (_G_ ~u) [1] (szacunek) reverence; **odnosić się do czegoś z ~em** to hold sth in reverence, to be reverential about sth; **chronić** a. **przechowywać coś z ~em** to protect a. safeguard sth with loving care [2] Relig. Pietism

piew|ca _m_, ~czyni _f_ książk. eulogist książk.; bard; **znany ~ca piękna gór** an author famous for his eulogies about mountains; ~ca Tatr a bard of the Tatra mountains

pięcio- _w wyrazach złożonych_ five-, penta-; **pięciopiętrowy dom** a five-storeyed building GB, a five-storied building US; **gwiazda pięcioramienna** a five-pointed star; **pięciopokojowe mieszkanie** a five-room a. five-roomed flat GB, a five room apartment US; **pięciopunktowy plan** a five-point plan; **pięcioatomowy** pentatomic; **pięciościan** pentahedron

pięcioaktow|y _adi._ five-act _attr._; **sztuka ~a** a five-act play, a play in five acts

pięcioboczn|y _adi._ pentagonal

pięcioboi|sta _m_, ~stka _f_ Sport pentathlete

pięciobok _m_ (_G_ ~u) pentagon

pięciob|ój _m_ (_G_ ~oju) _sgt_ Sport pentathlon ❑ ~ój lekkoatletyczny Sport (athletics) pentathlon; ~ój nowoczesny Sport modern pentathlon

pięciodniow|y _adi._ [1] [niemowlę, chleb] five-day-old [2] [wycieczka, sympozjum] five-day _attr._; **muszę wziąć ~y urlop** I must take five days off; **dostałem ~y termin na zrobienie tego tłumaczenia** I was given five days to do this translation

pięciodrzwiow|y _adi._ [samochód] five-door _attr._

pięciogroszow|y _adi._ **moneta ~a** a five groszy piece a. coin

pięciogroszów|ka _f_ five groszy piece a. coin

pięciogwiazdkow|y _adi._ [hotel, koniak] five-star _attr._

pięcioką|t _m_ pentagon

pięciokątn|y _adi._ pentagonal

pięciokrotnie _adv._ [1] [wygrać, próbować, zadzwonić] five times; ~ zajmował pierwsze miejsce he came a. was first five times [2] [wzrosnąć, zmaleć] fivefold; [szybszy, większy] five times; **ceny niektórych artykułów wzrosły w tym roku ~** prices for some goods have risen fivefold this year; **ich nowe mieszkanie jest ~ większe od starego** their new flat is five times the size of the old one a. five times larger than the old one

pięciokrotn|y _adi._ [1] (powtórzony pięć razy) [zwycięzca, laureat] five-times _attr._; ~e, krótkie gwizdy five short whistles; ~y rekordzista w skoku wzwyż a five-time high jump record holder; **jest ~ym rozwodnikiem** he's been divorced five times [2] (pięć razy większy) [wzrost, spadek, zysk] fivefold; **nasza firma odnotowała w tym roku ~y wzrost zysku** our company's profits have increased fivefold this year a. have quintupled this year

pięcioksią|g _m_ (_G_ ~ęgu) [1] Bibl. **Pięcioksiąg** the Pentateuch [2] liter. (utwór literacki) pentalogy

pięciolat|ek [1] _m pers._ (_Npl_ ~ki) five-year-old (child); **grupa ~ków** a group of five-year-olds; **tego nie mogły zrobić ~ki** this couldn't have been done by five-year-olds [1] _m anim._ (zwierzę) five-year-old animal; (drzewo) five-year-old tree

pięciolat|ka _f_ [1] (okres) five-year period; **założenia nadchodzącej ~ki** provisions for the coming five-year period [2] (dziewczynka) five-year-old (girl) [3] (samica) **klacz ~ka** a five-year-old mare

pięcioleci|e _n_ (_Gpl_ ~) [1] (rocznica) fifth anniversary; ~e ślubu fifth wedding anniversary; ~e naszej gazety the fifth anniversary of our newspaper [2] (okres) five years, five-year period; **ostatnie ~e jego panowania** the last five years of his rule; **plany na najbliższe ~e** plans for the next five years a. the next five-year period

pięcioletni _adi._ [1] (o wieku) five-year-old; ~a dziewczynka a five-year-old girl [2] (o okresie trwania) [studia, okres] five-year _attr._; **plan ~** a five-year plan

pięciolini|a /ˌpjɛntɕɔˈlinja/ _f_ (_GDGpl_ ~i) Muz. staff, stave GB

pięciomiesięczn|y _adi._ [1] (o wieku) five-month-old [2] (o okresie trwania) [rejs, stypendium] five-month _attr._

pięciominutow|y _adi._ [przerwa] five-minute _attr._

pięcioraczk|i _plt_ (_G_ ~ów) quintuplets

pięcioro _num. mult._ → pięć

pięciotysięczn|y [1] _num. ord._ five thousandth [1] _adi._ ~a wyporność 5,000 ton displacement [1][1] **pięciotysięczna** _f_ (w ułamkach) five-thousandth

pięciozłotow|y _adi._ **moneta ~a** a five zloty piece a. coin

pięciozłotów|ka _f_ five zloty piece a. coin

pięciuset- → pięćset

pięciusettysięczny → pięćsettysięczny

pięciusetzłotowy → pięćsetzłotowy

pię|ć [1] _num._ five [1] _n inv._ Szkol. (ocena) five, A ■ **pleść** a. **gadać w ~ć, ni w dziewięć** a. **dziesięć** to talk through one's hat; **wyskoczyć z czymś ni w ~ć, ni w dziewięć** to say something a propos of nothing a. out of nowhere; **uśmiechać się ni w ~ć, ni w dziewięć** to smile inanely; **zaczynać od ~ciu (gołych) palców** to start from scratch

pięćdziesią|t _num._ fifty

pięćdziesiąt|ka _f_ [1] (cyfra) fifty [2] pot. (wiek) fifty; **miał około ~ki** he was about fifty; he was fiftyish pot. [3] pot. (moneta) fifty-zloty piece; (banknot) fifty-zloty (bank)note [4] pot. (szybkość) fifty; **jechał ~ką** he was doing fifty (kilometres per hour)

pięćdziesią|ty [1] _num. ord._ fiftieth [1] _adi._ [część] fiftieth [1][1] **pięćdziesiąta** _f_ (w ułamkach) fiftieth; **jedna ~ta** one fiftieth

pięćdziesięcio- _w wyrazach złożonych_ fifty-; **pięćdziesięciokilogramowy worek cementu** a fifty-kilo bag of cement; **pięćdziesięciokilkuletni mężczyzna** a man of fifty-odd, a man in his fifties

pięćdziesięciogroszow|y _adi._ **moneta ~a** a fifty groszy piece a. coin

pięćdziesięciogroszów|ka _f_ fifty groszy piece a. coin

pięćdziesięciokrotnie _adv._ [1] [powtórzyć] fifty times [2] [wzrosnąć, zmaleć] fiftyfold; [szybszy, większy] fifty times

pięćdziesięciokrotn|y _num._ [1] (powtórzony 50 razy) repeated fifty times [2] (50 razy większy) [wzrost, spadek, zysk] fiftyfold

pięćdziesięciolat|ek [1] _m pers._ (_Npl_ ~kowie a. ~ki) fifty-year-old; **grupa ~ków** a group of fifty-year-olds; ~ki stanowiły a. ~kowie stanowili najliczniejszą grupę the fifty-year-olds constituted the most numerous group [1] _m anim._ (zwierzę) fifty-year-old animal; (drzewo) fifty-year-old tree

pięćdziesięciolat|ka _f_ [1] (osoba) fifty-year-old (woman) [2] (samica) fifty-year-old (female) animal

pięćdziesięcioleci|e _n_ (_Gpl_ ~) [1] (rocznica) fiftieth anniversary [2] (okres) fifty years, fifty-year period

pięćdziesięcioletni _adi._ [1] (mający 50 lat) fifty-year-old [2] (trwający 50 lat) fifty-year _attr._

pięćdziesięcioro _num. mult._ → pięćdziesiąt

pięćdziesięciotysięczn|y [1] _num. ord._ fifty thousandth [1] _adi._ ~e miasto a town of fifty thousand inhabitants; ~a armia a 50,000-strong army [1][1] **pięćdziesięciotysięczna** _f_ (w ułamkach) one fifty-thousandth

pięćdziesięciozłotow|y _adi._ **banknot ~y** a fifty zloty (bank)note

pięćdziesięciozłotów|ka _f_ (banknot) fifty zloty (bank)note

P

pię|ćset [I] *num.* five hundred [II] **pięćset-** *w wyrazach złożonych* five hundred; **pięćsettysięcznik** a 500,000 ton ship; **pięćsetkilogramowy** a. **pięciusetki-logramowy ciężar** a five-hundred kilogram load, a load of five hundred kilograms; **pięćsetlitrowy** a. **pięciusetlitrowy zbiornik** a five-hundred litre reservoir

pięćset|ka *f* [1] (cyfra) five hundred [2] pot. (banknot) five-hundred zloty (bank)note; (głośnik) 500 watt loudspeaker

pięćsetleci|e *n* (*Gpl* ~) [1] (rocznica) five-hundredth anniversary, quincentenary [2] (okres) five hundred years

pięćsetn|y [I] *num. ord.* five hundredth [II] *adi* [część] five-hundredth [III] **pięćsetna** *f* (w ułamkach) five-hundredth

pięćsettysięczn|y [I] *num. ord.* five hundred thousandth [II] *adi.* ~**e miasto** a town of 500,000 inhabitants; ~**a armia** a 500,000-strong army [III] **pięćsettysięczna** *f* (w ułamkach) five-hundred-thousandth

pięćsetzłotow|y *adi.* **banknot** ~**y** a five-hundred zloty (bank)note

pięćsetzłotów|ka *f* five-hundred zloty (bank)note

pię|dź *f* (*Npl* ~**dzie** a. ~**dzi**) przest. span przest.; ~**dź po** ~**dzi** inch by inch; ~**dź ziemi** przen. an inch of ground; **walczyć o każdą** ~**dź ziemi** to fight for every inch of ground

pięknie *adv. grad.* [1] (bardzo ładnie) [ubrany, położony, odnowiony] beautifully; [śpiewać, pisać, tańczyć] beautifully; ~ **wyglądać** to look beautiful a. lovely; **było jej** ~ **w tym kapeluszu** she looked lovely in this hat; ~ **brzmiące hasła** fine slogans także iron.; **robi się** ~ (o pogodzie) it's a. the weather is getting lovely; **to** ~ **o nim świadczy** that speaks well of him; **to** ~ **z twojej strony** that's very nice of you; **wszystko to (bardzo)** ~, **ale...** that's all very fine a. well, but...; (all) well and good, but... [2] iron. nice iron.; ~ **się spisałeś!** a fine ass made of yourself!; ~ **mu odpłaciłeś za uprzejmość** this is the thanks he gets from you iron.; ~, **nie ma co!** nice one! [3] (jak trzeba) fine; ~, **jestem z was dumny!** that's fine, I'm proud of you! [4] (emfatycznie) ~ **dziękuję!** thanks a lot!; **kłaniam się** ~! good day to you! [5] (doskonale) [zbudowany, wykonany] finely, excellently; ~ **ci poszło** you've done very well; ~ **zdał egzamin** he passed the exam with flying colours; **jabłonie w tym roku** ~ **obrodziły** apples have been plentiful this year, there's been a fine crop of apples this year

piękniel|ć *impf* (~**eję**, ~**ał**, ~**eli**) *vi* [kobieta] to grow pretty a. lovely; [mężczyzna] to grow handsome; **wiosną parki** ~**ją** parks are getting lovely in spring

pięknis|ś *m* pejor. beau przest., fop przest.

piękn|o *n sgt* beauty; ~**o krajobrazu** the beauty of the scenery; **umiłowanie** ~**a** the love of beauty; **poczucie** ~**a** aestheticism

pięknoduch *m* (*Npl* ~**y**) iron. pretentious aesthete

pięknoduchows|ki *adi.* iron. [rozważania, skłonności] sophisticated

pięknoś|ć *f* [1] *sgt* (cecha) beauty; **jej olśniewająca** ~**ć** her dazzling beauty; **był oczarowany jej** ~**cią** he was enthralled by her beauty; **konkurs/salon** ~**ci** a beauty contest/shop; **królowa** ~**ci** a beauty queen; **(kobieta) cud** ~**ci** a dazzling beauty [2] (kobieta) beauty; **belle** przest.; **była skończoną** ~**cią** she was a beauty beyond compare a. an unparalleled beauty

piękn|y [I] *adi. grad.* (bardzo ładny) [kobieta, mężczyzna, pogoda, ogród, suknia] beautiful; **mówić** ~**ą polszczyzną** to speak beautiful Polish; **była oszałamiająco** ~**a** she was dazzlingly beautiful; **był** ~**y dzień** a. **była** ~**a pogoda** the day a. the weather was beautiful; **samiec jest** ~**iejszy niż samica** the male is more beautiful than the female; **pałac był** ~**iejszy niż się spodziewałem** the palace was more beautiful than I expected; **uważała Kraków za najpiękniejsze miasto na świecie** she thought Kraków the most beautiful city in the world; **to był najpiękniejszy dzień w moim życiu** przen. it was the best day in a. of my life; **przeżyli razem wiele** ~**ych chwil** przen. they shared many happy moments, they had many good times together [II] *adi.* [1] (pokazowy, duży) [czyn, charakter, przyjaźń, tradycje] fine; [zbiory, owoce, wyniki] fine, excellent; **to była** ~**a bramka** that was a fine a. beautiful goal, that was some goal; **wygrać wyścig w** ~**ym czasie** to win a race in a fast time a. with a great time; **dorobili się** ~**ego majątku** they made a fortune [2] iron. fine iron.; some pot.; ~**e świadectwo – dwie tróje i pięć dwój!** a fine report – two passes and five fails!; ~**e rzeczy słyszę o tobie!** fine things I've heard about you! ■ **odpłacić komuś** ~**ym za nadobne** to repay sb in kind, to give sb a taste of their own medicine; **pewnego** ~**ego dnia/poranku/wieczora** one fine day/morning/night; ~**a karta w naszej historii** a. **w naszych dziejach** a fine page in our history; ~**e słowa** a. **słówka** iron. fine words iron.; **dożyła** ~**ego wieku dziewięćdziesięciu lat** she lived to the ripe old age of ninety; **płeć** ~**a** the fair a. fairer sex przest., żart.; ~**a** a. ~**iejsza połowa ludzkości** a. **rodzaju ludzkiego** the fair sex; **widzieć coś w** ~**ych barwach** a. **kolorach** to see sth through rose-coloured spectacles, to see only the bright side of sth; **awansować kogoś na** ~**e oczy** a. **dla** ~**ych oczu** to promote sb for no real reason

pięściars|ki *adi.* [zawody, rękawice] boxing attr.

pięściarstw|o *n sgt* boxing

pięściarz *m* (*Gpl* ~**y**) boxer

pięś|ć *f* [1] (dłoń) fist; **silna** ~**ć** a heavy fist; **zacisnąć** ~**ć**/~**ci** to clench one's fist/one's fists; **wygrażać komuś** ~**cią** to shake one's fist at sb; **bębniła** ~**ciami w drzwi** she was pounding on the door with her fists; **uderzył** a. **trzasnął** ~**cią w stół** he banged his fist on the table; **bić** a. **okładać** a. **tłuc kogoś** ~**ciami** to come for sb with one's fists, to set about sb with one's fists, to pummel sb US; **dosunąć komuś** ~**cią w** **nos** pot. to give sb a biff on the nose pot.; **poczęstować kogoś** ~**cią** pot. to give sb a bunch of fives pot.; to give somebody a knuckle sandwich US; **przecierać sobie oczy** ~**ciami** to rub one's eyes with one's knuckles; **walka na** ~**ci** a fist fight; **bójka** a. **bijatyka na** ~**ci** a free-for-all; **walka na gołe** ~**ci** bare-knuckle fight [2] przen. (brutalna siła) iron fist a. hand przen., rod of iron przen.; **mieć twardą** ~**ć** a. **być twardej** ~**ci** to have an iron fist a. hand; ~**ci go świerzbiły, żeby dać jej nauczkę** his hand was itching to teach her a lesson; **prawo** ~**ci** the law of the jungle ■ **pasować jak** ~**ć do nosa** a. **oka** pot. to stick a. stand out like a sore thumb; **dywan do zasłon pasuje jak** ~**ć do nosa** the carpet and the curtains are a bad match; **jego dowcipy pasowały jak** ~**ć do nosa** his jokes were completely amiss; **pasowali do siebie jak** ~**ć do nosa** they were as different as chalk and cheese, they were poles apart; **oni są podobni do siebie jak** ~**ć do nosa** pot. (fizycznie) they look nothing alike

pię|ta *f* [1] (część stopy) heel; **słychać było dudnienie bosych** ~**t po podłodze** the thumping of bare feet across the floor was heard, bare feet thumped across the floor; **przysiadła na** ~**tach** she squatted on her heels; **obrócił się na** ~**cie i wyszedł** he turned on his heel and left; **świecić gołymi** a. **bosymi** ~**tami** (być bosym) to be barefoot; (być w podartych butach) to wear battered a. down-at-heel shoes [2] (w skarpecie, pończosze) heel, heel-piece; (w bucie) counter; **przetarła mi się** ~**ta w lewej skarpecie** my left sock has worn threadbare on the heel; **miał dziurę na** ~**cie** he had a hole in his heel; **pończocha jest dziurawa na** ~**cie** the stocking has a hole on the heel; **pantofle z odkrytą** ~**tą** a. **bez** ~**t** (z paskiem) slingback shoes; (bez paska) mules [3] Żegl. (masztu) heel; (bomu) gooseneck; ~**ta kotwicy** the crown of an anchor ■ ~**ta Achillesa** a. **achillesowa** Achilles' heel; **fizyka zawsze była moją** ~**tą achillesową** physics has always been my weak point a. Achilles' heel; **deptać komuś po** ~**tach** a. **następować komuś na** ~**ty** to be hard on sb's heels, to breathe down sb's neck; **mieć kogoś/coś w** ~**cie** pot., euf. not to give a fig pot. a. a monkey's posp. about sb/sth; **nie dorastać komuś do** ~**t** to not be a patch on sb; to be no match for sb GB pot.; **odpowiedział jej tak, że jej w** ~**ty poszło** what he said cut her to the quick a. touched her on the raw pot.; **tak mu nagadam, że mu w** ~**ty pójdzie** I'll give him such a talking-to that he won't forget it in a hurry

Piętasz|ek *m* man Friday

pięterk|o *n* garret, attic; **mieszkanie na** ~**u** a garret flat, a flat in the garret a. attic

pięt|ka *f* [1] *dem.* (część stopy) heel [2] (chleba) heel [3] (kosy) heel [4] Ogr. (cebulki) stem, heel [5] Sport (narty) tail ■ **gonić w** ~**kę** to be losing one's marbles pot.

piętnast|ka *f* fifteen

piętnasto- *w wyrazach złożonych* fifteenth-; **piętnastowieczny zamek** a fifteenth--century castle

piętnastokrotnie *adv.* ① *[powtarzać]* fifteen times ② *[wzrosnąć, zmaleć]* fifteen-fold; *[mniejszy, większy]* fifteen times

piętnastokrotn|y *num.* ① (powtórzony 15 razy) *[laureat]* fifteen times *attr.*; **~e powtórzenie czegoś** the repetition of sth fifteen times ② (15 razy większy) *[zysk, wzrost]* fifteenfold

piętnastolat|ek II *m pers.* (*Npl* **~kowie** a. **~ki**) fifteen-year-old; **grupa ~ków** a group of fifteen-year-olds; **do liceum zdawali ~kowie** a. **zdawały ~ki** fifteen--year-olds were taking secondary-school entrance exams

II *m anim.* (zwierzę) fifteen-year-old animal; (drzewo) fifteen-year-old tree

piętnastolat|ka *f* (dziewczyna) fifteen-year-old (girl)

piętnastominutow|y *adi.* (trwający 15 minut) fifteen-minute (long); (żyjący 15 minut) fifteen-minute-old

piętnastowieczn|y *adi.* *[literatura, poeta, zamek]* fifteenth-century *attr.*

piętna|sty II *num. ord.* fifteenth; **w ~stym roku życia** at the age of fourteen

II *m* (data) the fifteenth; **~sty maja** the fifteenth of May, May the fifteenth

III **piętnasta** *f* ① (godzina) three p.m.; fifteen hundred hours *książk.*; **o ~stej piętnaście** at a quarter past three, at three fifteen ② (w ułamkach) fifteenth; **jedna ~sta metra** a fifteenth of a metre

IV *adi.* *[część]* fifteenth

piętna|ście *num.* fifteen

piętnaścioro *num. mult.* → **piętnaście**

piętn|o *n* ① (znak) brand; **żelazo do wypalania ~a** a branding iron; **wypalić ~o na zwierzęciu/zbrodniarzu** to brand an animal/a criminal ② *przen.* imprint *książk.*, impress *książk.*; mark, stamp; (piętnujące) stigma, taint (**czegoś** of sth); **wyraźne/ niezatarte ~o** a clear/indelible mark; **człowiek z wyraźnym ~em choroby na twarzy** a man whose face bears the mark a. sign of disease; **jego twórczość nosi na sobie ~o epoki** his work bears the mark a. stamp of the epoch; **odcisnąć** a. **wycisnąć na czymś swoje ~o** a. **odcisnąć się ~em na czymś** to set one's stamp on sth, to leave one's mark a. imprint on sth; **wojna odcisnęła się ~em na jego psychice** the war has left its mark a. imprint on his psyche; **naznaczony ~em tchórza** stigmatized as a coward; **był naznaczony ~em hańby** he carried the stigma of dishonour ③ (znamię) birthmark

piętn|ować *impf* II *vt* ① *książk.* (potępiać) to stigmatize *książk.*, to revile *książk.* *[pijaków, zakłamanie, przekupstwo]* ⇒ **napiętnować** ② (znakować) to brand *[bydło, przestępcę]* ⇒ **napiętnować**

III **piętnować się** (jeden drugiego) to denounce each other

pięt|ro *n* ① (w budynku) floor, storey GB, story US; **na trzecim/piątym ~rze** on the third/fifth floor a. storey GB; on the fourth/sixth floor a. story US; **mieszkali na najwyższym ~rze** they lived on the top floor; **dozorca mieszka ~ro niżej/**

wyżej the caretaker lives one floor below/ above; **winda stanęła się między ~rami** the lift stuck between floors ② (w domu jednopiętrowym) upstairs; **na dole jest sklep, a na ~rze dwa mieszkania** there's a shop downstairs a. on the ground floor, and two flats upstairs a. on the first floor GB; there's a shop downstairs a. on the first floor, and two apartments upstairs a. on the second floor US ③ *przen.* (poziom) level, tier; **~ra hierarchii społecznej** rungs a. tiers of the social hierarchy; **~ra świadomości** levels of consciousness; **ogrody wznosiły się nad zatoką ~rami** the gardens rose above the bay in terraces ④ *Bot.* (strefa nad poziomem morza) belt; **~ro kosodrzewiny** a dwarf-pine belt ⑤ *Bot.* (w lesie) layer; **~ro koron/ poszycia leśnego** the canopy (layer)/the undergrowth (layer) ⑥ *Geol.* horizon, stage ⑦ *Górn.* level

piętrowo *adv.* in tiers; **przy ścianie były poustawiane ~ książki** books were stacked up against the wall

piętrow|y II *adi.* ① *[dom]* multi-storey ② (o dwóch poziomach) **~y autobus** a double-decker; **~y wagon** a double-decked a. double-decker carriage; **~e łóżko** bunk beds, a double-decker bed ③ (warstwowy) (arranged) in tiers, (stacked) one on top of the other; **budowa ~a lasu** the division of a forest into layers

II **-piętrowy** *w wyrazach złożonych* -storeyed GB, -storied US; **trzypiętrowy budynek** a three-storey(ed) building GB, a three-story a. three-storied building US

piętrus *n* (*A* **~a**) *pot.* (autobus) double-decker; (wagon) double-decked railway carriage

piętrz|yć *impf* II *vt* ① (gromadzić) to stack (up), to pile up *[pudła]*; to swell *[fale, wodę]*; to bank up *[śnieg, śmieci]*; **budowla ~ąca** a dam ② *przen.* to pile up *[trudności, przeszkody]*

II **piętrzyć się** ① (gromadzić się) *[zaspy, śmieci]* to accumulate, to bank up ② (wznosić się) *[woda, fale]* to swell; *[góry, gmachy]* to rise up ③ *przen. [przeszkody, kłopoty]* to pile up

pif-paf *inter.* bang!, bang, bang!; **pociągnął za spust i ~!** he pulled the trigger and pow!

pigalak *m pot.* red light district

pigmalionizm *m sgt* (*G* **~u**) Pygmalionism

Pigmej *m*, **~ka** *f* ① *Antrop.* Pygmy, Pigmy ② *pot.*, *obraźl.* **pigmej** (osoba o niskim wzroście) pygmy *pot.*, *obraźl.*, pigmy *pot.*, *obraźl.*

pigmejs|ki *adi.* pygmy *attr.*, Pygmy *attr.*

pigmen|t *m* (*G* **~tu**) *Biol.*, *Chem.* pigment

pigmentacj|a *f sgt* pigmentation

pigularz *m* (*Gpl* **~y**) *pot.*, *żart.* pill pusher *pot.*

pigu|ła *f* ① (ze śniegu) (hard) snowball ② *pot.* (duża pigułka) pill ③ *pot.*, *żart.* (pielęgniarka) nursey *pot.*

piguł|ka *f* (tabletka) pill, tablet (**od czegoś** a. **na coś** for sth); (antykoncepcyjna) the pill; **wziąć** a. **zażyć ~kę** to take a pill a. a tablet; **faszerować się ~kami** *pot.* to stuff oneself with pills *pot.*; **~ka na ból głowy/ na sen** a headache/sleeping pill; **~ki reformackie** *przest.* purgative pills, laxa-

tives; **brać ~ki antykoncepcyjne** to be on the pill; **zacząć/przestać brać ~ki anty-koncepcyjne** to go on/come off the pill

❑ **~ka wczesnoporonna** a morning-after pill; **~ki antykoncepcyjne dwuskładni-kowe** combined pills

■ **gorzka ~ka** a bitter pill to swallow; **była to dla niego gorzka ~ka** he found it a bitter pill to swallow; **przełknąć gorzką ~kę** to take one's medicine like a man; **osłodzić (komuś) gorzką ~kę** to sugar the pill (for sb)

pigw|a *f* ① *Bot.* quince ② *Kulin.* quince *C/U*; **galaretka/konfitura z ~y** quince jelly/ jam

pigwow|iec *m Bot.* flowering quince; **~iec japoński** japonica

pigwow|y *adi.* *[kompot, nalewka]* quince *attr.*

pijac|ki *adi.* ① *[awantura]* drunken; **~ka melina** *pot.* a drinking den *pot.*, a shebeen Ir. *pot.* ② *[czkawka, bełkot, upór]* drunken; **nie słuchaj go, to takie ~kie gadanie** don't listen to him, it's (just) the drink talking ③ *[towarzystwo, kompania]* drunken

pijacko *adv.* drunkenly

pijacz|ek *m* (*Npl* **~kowie** a. **~ki**) *pot.*, *pejor.* dipso *pot.*, juicehead US *pot.*; (bezdomny) wino *pot.*

pijacz|ka *f pejor.* drunk, drunkard

pijaczyn|a *m* (*Npl* **~y**) *pot.*, *pejor.* souse *pot.*, *pejor.*; toper *przest.*

pijaczysk|o *m*, *n* (*Npl* **~a**) dipso *pot.*, sponge *pot.*

pija|ć *impf vt* to drink; **chętnie ~m wino** I like (to drink) wine; **(on) dużo ~ na przy-jęciach** he drinks a lot at parties

pija|k *m* (*Npl* **~cy** a. **~ki**) *pejor.* drunk, drunkard

■ **po ~ku** *pot.* (while) under the influence *pot.*, *żart.*

pijal|nia *f* (*Gpl* **~ni** a. **~ń**) **~nia zdrojo-wa** a. **wód mineralnych** a pump room

pijanic|a II *m pers.* *pot.*, *pejor.* dipso *pot.*; souse *pot.*, *pejor.*

II *m inanim.* *Bot.* bog blueberry a. bilberry

pijan|y II *pp* → **pijać**

II *adi.* ① *[osoba]* drunk, drunken; **~y kierowca** a drink-driver GB, a drunk driver US; **był zbyt ~y, żeby pamiętać** he was too drunk to remember; **po ~emu** a. **w ~ym widzie** *pot.* (while) under the influence *pot.*; **prowadzenie samochodu po ~emu** drunk driving, drink-driving GB; **~y jak bela** *pot.* as drunk as a lord a. skunk US ② *[bełkot, wzrok]* drunken ③ *przen.* **~y czymś** drunk with sth *[namiętnością, uniesieniem]*; **~y szczęściem** a. **ze szczę-ścia** drunk with happiness

III **pijan|y** *m*, **~a** *f* drunk, drunkard

■ **czepiać się** a. **trzymać się czegoś jak ~y płotu** *pot.* to hold on to sth; to be pig-headed about sth *pejor.*

pijaństw|o *n* ① *sgt* (nałóg) drunkenness; intemperance *książk.*; **za ~o wyrzucono go z pracy** he was thrown out of the job for drunkenness ② *pot.* (libacja) drunken party, drinking session; **pójść na ~o z przyja-ciółmi** to go off on a drinking spree with one's friends

pija|r Relig. **I** *m* (zakonnik) Piarist **II pijarzy** *plt* (zakon) the Piarist order, the Piarists

pijars|ki *adi.* Relig. Piarist

pijaty|ka *f* pot. drinking session

pijawecz|ka *f dem.* Zool. leech

pijaw|ka *f* [1] Zool. leech; **przystawiać komuś ~ki** to leech sb [2] przen., pejor. bloodsucker [3] Leśn. sucker

pijus *m* (*Npl* **~y**) pot., obraźl. lush posp.; sot pot.

pik¹ Gry **I** *m* (*A* **~a**) spade; **wyjść w ~a** a. **w ~i** to lead with a spade; **zagrać ~iem** to play a spade; **oddał dwie lewe – na ~a i kiera** he lost two tricks to a spade and a heart **II** *adi. inv.* **król/dziewiątka ~** the king/ the nine of spades

pik² *m* (*G* **~a** a. **~u**) Żegl. peak

pik³ *inter.* [1] (serca) **serce biło jej z emocji: ~, ~** her heart was going pit-a-pat a. pitter-patter [2] (urządzenia) pip, beep, bleep [3] (ptaka) cheep, cheep-cheep

pi|ka¹ *f* Hist. (broń) pike

pi|ka² *f* Włók. piqué

pikać *impf* → **piknąć¹**

pikado|r *m* (*Npl* **~rzy** a. **~rowie**) picador

pikanteri|a *f* (*GDGpl* **~i**) piquancy, spiciness, raciness; **dodawać ~i czemuś** to add (a) piquancy to sth

pikantnie *adv. grad.* [1] *[przyprawiać, gotować]* piquantly, spicily [2] (dwuznacznie) in a spicy manner, piquantly

pikantnoś|ć *f sgt* [1] (potrawy) piquancy, spiciness [2] (sytuacji, humoru) piquancy, spiciness

pikantn|y *adi.* [1] *[potrawa]* spicy, piquant [2] *[żart, anegdota, film]* spicy, juicy; **oszczędź nam ~ych szczegółów** spare us the juicy details

pikarejs|ki *adi.* Literat. picaresque

pikie|ta *f* [1] (forma protestu) picket, picket line; **~ta emerytów przed parlamentem** old-age pensioners on the picket line in front of the parliament building; **już miesiąc trwa ~ta przed pałacem prezydenckim** the picket line at the presidential palace is into its second month [2] Hist. (straż) picket; **stać na ~cie** to be on a picket, to be on picket duty; **rozstawić** a. **wystawić ~ty** to post pickets [3] przest., Gry piquet

pikiet|ować *impf vt* to picket *[ambasadę, ministerstwo, fabrykę]*; **~owanie sklepów futrzarskich** the picketing of fur shops; **kordon ~ujących** a picket line; **~ujący robotnicy nie przepuścili dziennikarzy** the picketing workers a. workers at the picket (line) stopped the journalists

pikinie|r *m* Hist. pikeman

pikl|e *plt* (*G* **~i**) Kulin. pickles; **słoik ~i** a jar of pickles

pikling *m* Kulin. bloater

pik|nąć¹ *pf* — **pik|ać** *impf* [1] *[radio, urządzenie]* to beep, to bleep; *[ptak]* to cheep [2] pot. *[serce]* to throb; **serce zaczęło jej szybciej ~ać** her heart went pitapat a. pitter-patter, her heart started beating faster ■ **ani ~nął** he didn't raise a squeak a. make a sound

pikn|ąć² *pf vt* pot. [1] (ukłuć) to prick, to jag (**czymś** with sth) [2] przen. **coś mnie/go ~nęło** I/he had an inkling of something, I/ he felt something in my bones; **coś ją ~nęło, żeby zajrzeć do środka** something told her to look inside

piknik *m* (*G* **~u**) picnic; **urządzić ~** to have a picnic

piknikow|y *adi.* picnic *attr.*; **~y koszyk** a (picnic) hamper, a picnic basket

pikola|k *m* (*Npl* **~cy** a. **~ki**) przest. *young assistant in a hotel or café*

pikol|o **I** *m* (*Npl* **~a** a. **~owie**, *Gpl* **~i** a. **~ów**) *young assistant in a hotel or café* **II** *n* Muz. piccolo

pikować *impf vt* [1] (przeszywać) to quilt *[kołdrę, kurtkę, szlafrok]* ⇒ **przepikować** [2] Ogr. to prick out, to plant out *[sadzonki]* **II** *vi* Lotn. to dive; **~ujące myśliwce** diving fighter jets

pikowan|y **II** *pp* → **pikować** **III** *adi. [kołdra, szlafrok, kurtka]* quilted

pikow|y¹ *adi.* Gry *[as, dama, dziesiątka]* of spades; **nie powinieneś wychodzić z damy ~ej** you shouldn't have led with the queen of spades

pikow|y² *adi.* piqué *attr.*; **~y kołnierzyk** a piqué collar

piktogram *m* (*G* **~u**) (znak informacyjny) international symbol; (znak pisma obrazkowego) pictograph, pictogram

pikulin|a *f* Muz. piccolo

pil|ić *impf vt* pot. *[osoba]* to nag, to chivy a. chivvy GB, to urge; **~ili mnie do drogi** they urged me to go; **od tygodnia ją ~i, żeby mu oddała pieniądze** he's been nagging her for a week to give him his money back; **terminy nas ~ą** we have pressing deadlines to meet; **robota ~i** the job has to be done, the job can't wait ⇒ **przypilić**

pilnicz|ek *m dem.* file; **~ek do paznokci** a nail file ❏ **~ek jubilerski** jeweller's file

pilnie *adv. grad.* [1] (starannie, uważnie) *[odrabiać lekcje]* diligently; *[słuchać wykładu]* attentively; **~ strzeżony sekret** a closely guarded secret; **dawniej ~ czytał prasę** he used to be an avid newspaper reader; **coraz ~j śledził rozwój wydarzeń** he followed the developments with increasing interest [2] (szybko) urgently; **niania ~ potrzebna** nanny needed urgently; **potrzebujemy ~ twojej pomocy** we urgently need your help

pilnik *m* Techn. file; **~ do metalu/drewna** a metal/wood file; **~ do paznokci** a nail file ❏ **~ iglicowy** needle file

piln|o *adv.* przest. in a hurry; **co/gdzie ci tak ~o?** what's (all) the hurry (for)?, why (all) the hurry?; **~o jej było do dzieci** she was in a hurry to get back to her children; **wcale im nie było ~o tam wracać** they were in no hurry to go back there; **chociaż było mu ~o, postanowił czekać do rana** although he was in a hurry, he decided to wait till the morning; **nikomu nie było chyba ~o do sprawdzenia wyników** no one seemed in a hurry to check the results

pilnoś|ć *f sgt* [1] (pracowitość) diligence; **pracować/uczyć się z ~cią** to work/study

with diligence [2] (konieczność pośpiechu) urgency; **~ sprawy** the urgency of the matter a. issue

piln|ować *impf* **I** *vt* [1] (strzec) to guard; **~ować dzieci** to take care of the children; **pies ~ował obejścia** a dog guarded the premises; **policjant ~ował wejścia** a policeman guarded the entrance ⇒ **przypilnować** [2] (przestrzegać) **~ować porządku** to keep order; **~ować przepisów** to observe the rules **II pilnować się** [1] (uważać) to be on one's guard; **~uj się, on tu jeszcze jest** he's still around, so be on guard; **~owała się, żeby nie zrobić głupstwa** she was careful not to do anything silly; **~ował się, żeby się nie wygadać** he tried hard not to give the game away [2] (pilnować jeden drugiego) to keep an eye on each other/on one another ⇒ **przypilnować się** ■ **~ować swego nosa** pot. to mind one's (own) business

piln|y *adi. grad.* [1] (wymagający pośpiechu) urgent, pressing; **~a sprawa** an urgent matter, a matter of urgency; **nic ~ego** nothing urgent; **załatwić najpilniejszą korespondencję** to deal with the most urgent correspondence; **mam ~e interesy do załatwienia** I have some pressing business to attend to [2] (gorliwy, pracowity) *[student]* diligent; *[czytelnik]* ardent [3] przest. (baczny, czujny) intent; **słuchać czegoś z ~ą uwagą** to listen to sth intently

pilo|t II *m pers.* [1] Lotn. pilot; **~t myśliwca/ sterowca/samolotów pasażerskich** a jet fighter/an airship/an airline pilot; **był drugim ~tem odrzutowca** he was co-pilot of a jet aircraft [2] Żegl. pilot; **~t portowy** a harbour pilot a. steersman [3] Sport pilot; **był ~tem w wyścigach samochodowych** he was a co-driver in car rallies [4] Turyst. courier; **~t wycieczek zagranicznych** a courier on package tours abroad **II** *m anim.* Zool. pilotfish **III** *m inanim.* [1] (*A* **~a**) Electron. remote control [2] Techn. (w tłoczniku) pilot [3] (*A* **~a**) TV (fragment programu) pilot; **~t serialu amerykańskiego** a pilot episode a. a pilot of an American TV series [4] (samochód) 'follow me' vehicle ❏ **~t automatyczny** Lotn. autopilot, gyropilot; **~t doświadczalny** Lotn. test pilot; **~t oblatywacz** Lotn. test pilot

pilotaż *m* (*G* **~u**) [1] Lotn. flying, pilotage; **samolot bezpieczny w ~u** a safe aircraft; **kurs ~u** flying lessons, a course in pilotage [2] Żegl. pilotage [3] Meteo. use of pilot balloons ❏ **~ podstawowy** Lotn., Żegl. basic pilotage a. piloting; **~ wyższy** Lotn., Żegl. advanced pilotage a. piloting; **ślepy ~** Lotn. automatic pilotage

pilotażow|y *adi.* [1] Lotn., Żegl. *[przyrządy]* pilotage *attr.*; **popełniać błędy ~e** to make piloting errors [2] Meteo. **~e pomiary prędkości wiatrów górnych** measurements of upper wind speeds by pilot balloons [3] (próbny) pilot *attr.*; **badania ~e** a pilot study; **~a partia płaszczy** a pilot a. trial batch of coats; **zakład ~y** pilot plant

P

pilot|ka f [1] Lotn. pilot [2] Turyst. courier [3] (czapka) flying cap

pilot|ować impf vt [1] (kierować) to fly, to pilot *[helikopter, odrzutowiec, samolot]* [2] (eskortować) to pilot *[statki]* [3] (wskazywać trasę) to pilot *[kolumnę transporterów, kolarzy]* [4] (oprowadzać) to guide *[wycieczkę zagraniczną]* [5] (nadzorować) to pilot; **~ować programy szkoleniowe** to pilot training programmes

pilotow|y adi. [1] Lotn., Żegl. pilot attr.; **dziennik ~y** a pilot logbook; **statek ~y** a pilot boat; **mapy ~e** air navigation a. aeronautical charts [2] Meteo. pilot attr.; **balonik ~y** a pilot balloon [3] (próbny) pilot attr.; **przeprowadzić ~e badania** to conduct pilot studies; **dostarczyć ~ą partię towaru** to deliver a pilot a. trial batch of goods

pilśniow|y adi. *[kapelusz, beret]* felt attr.; **płyta ~a** hardboard

pilś|ń f sgt felt; **kapelusz/beret z ~ni** a felt hat/beret

❑ **~ń mineralna** Techn. mineral felt; **~ń papierowa** Przem. paper felt

pi|ła[1] f [1] (narzędzie) saw; **piła ręczna** a handsaw; **ciąć drewno piłą** to saw wood [2] Zool. sawfish [3] Muz. musical a. singing saw [4] przen., pot. (męcząca osoba) bore; nitpicker pot.; pedagogue żart., przest.; **nasz matematyk to straszna piła** our maths teacher is a pain in the neck pot. [5] przen., pot. (nudna rzecz) bore; **przedstawienie okazało się straszną piłą** the play turned out to be a great bore a. frightful drag pot.

❑ **piła spalinowa** chain saw; **piła tarczowa** circular a. buzz saw

pi|ła[2] f augm. pot. football

piłecz|ka f Sport (small) ball; **~ka golfowa** a golf ball; **~ka tenisowa/pingpongowa** a tennis/ping-pong ball

■ **odbić ~kę** to pass the buck; **odbił ~kę w moją stronę i obciążył mnie odpowiedzialnością za nieudaną transakcję** he passed the buck on to me, saying that I was responsible for the failure of the transaction; **w zamian za jego złośliwości odbiła ~kę i odmówiła współpracy** she got back at him for his nastiness by refusing to co-operate

pił|ka[1] f Sport [1] (przedmiot) ball; **~ka futbolowa** a football GB, a soccer ball; **~ka do koszykówki** a basketball; **~ka do siatkówki** a volleyball; **~ka tenisowa** a tennis ball; **~ka lekarska** a medicine ball; **~ka plażowa** a beach ball; **grać w ~kę** (o dzieciach) to play ball; (o piłce nożnej) to play football GB a. soccer [2] (rzut) ball; **długa/wysoka/dobra ~ka** a long/high/good ball

❑ **~ka koszykowa** basketball; **~ka nożna** (association) football GB, a soccer; **~ka ręczna** handball; **~ka siatkowa** volleyball; **~ka wodna** water polo

pił|ka[2] f Techn. [1] (narzędzie) (small) saw [2] (brzeszczot) saw blade

piłkar|ka f Sport [1] (grająca w piłkę ręczną) (woman) handball player [2] (grająca w piłkę nożną) (woman) football player GB, (woman) soccer player

piłkars|ki adi. Sport football attr. GB, soccer attr.; **mecz ~ki** a football a. soccer match; **trener ~ki** a football coach a. trainer GB, a

soccer coach; **kibice ~cy** football supporters a. fans, soccer fans

piłkarstw|o n sgt Sport (gra w piłkę nożną) (association) football GB, soccer; **całe polskie ~o** the (entire) Polish football world; **środowiska polskiego ~a** Polish football circles; **upadek polskiego ~a** the decline of Polish football

❑ **~o ręczne** handball

piłkarz m (Gpl ~y) Sport footballer GB, football player GB, soccer player

❑ **~ ręczny** handball player

pi|łować impf [1] vt [1] (przecinać piłą) to saw *[deski, belki]* [2] (ścierać, wygładzać) to file; **~ować paznokcie** to file (one's) nails [3] pot., pejor. (źle grać) **~ować skrzypce** to saw away on a. at a violin; **codziennie ~owała tego samego walca** she sawed away at the same waltz every day on a. at her violin [4] pot., żart. (uporczywie domagać się) to harp about, to nag (**o coś** about sth); **żona od tygodni ~uje go, żeby skosił trawnik** his wife has been nagging him for days to cut the lawn

[2] vi (nudzić) to harp on; **Adam, nie ~uj, dość mam tego gadania** stop harping on Adam, I've had enough

■ **~ować mordę/gębę/dziób** pot. to holler pot.

piłsudczy|k m Hist. Pilsudski-ite, supporter of Pilsudski

PIN m, m inv. (G **PIN-u**) PIN; **numer ~** PIN number; **wprowadzić/wstukać ~** to enter one's PIN number

pince|ta /pēˈseta/ f (**~tka** dem.) tweezers plt; **wyregulować brwi ~tką** to pluck one's eyebrows with (a pair of) tweezers

pincze|r m (**~rek** dem.) Doberman pinscher

pin|da f wulg. [1] obraźl. (kobieta) slut posp., obraźl.; whore wulg., obraźl. [2] (narząd płciowy) cunt wulg., pussy wulg.

pindrz|yć się v refl. pot., pejor. to titivate oneself pot., to doll oneself up pot.; **dość tego ~enia się przed lustrem!** enough of that preening a. titivating in front of the mirror! ⇒ **wypindrzyć się**

pine|zka, ~ska f drawing pin GB, thumbtack US

ping-pong m sgt pot. ping-pong pot.

pingpongi|sta m, **~stka** f table tennis player; ping-pong player pot.

pingpongow|y adi. ping-pong attr. pot.; table-tennis attr.; **rakiety ~e** table-tennis a. ping-pong bats

pingwin m (**~ek** dem.) penguin

pingwini adi. penguin attr.; **~e jaja** penguin eggs; **~ chód** the penguin walk

pini|a /ˈpinja/ f (GDGpl **~i**) Bot. stone pine

piniow|y /piɲˈjovɨ/ adi. stone pine attr.; **lasek ~y** a stone pine grove

pioł|un m (G **~u**) [1] Bot. wormwood U [2] sgt (napar) **szklanka ~u** a cup of wormwood tea [3] książk., przen. bitterness U; **słowa zaprawione ~em** words tinged with bitterness

piołunow|y adi. wormwood attr.; **zarośla ~e** wormwood shrubs; **napar ~y** wormwood tea

piołunów|ka f absinth(e), absinthflavoured liqueur

pion[1] m (G **~u**) [1] (kierunek) the perpendicular; **prędkość w ~ie** vertical speed; **ustawić coś w ~ie** to put sth upright [2] (przyrząd) plumb line; **badać ~em ściany budynku** to plumb the walls of a building; **spuszczać ~ w dół** to drop a plumb line down; **odchylać się od ~u** to be off a. out of plumb [3] (w budynku) (gazowniczy) riser; **~ wodociągowy** vertical pipeline through a building [4] (dział, resort) sector, department; **~ techniczny wydawnictwa** the production section of a publishing house; **państwowy ~ spożywczy** the state-owned food sector

❑ **~ żyroskopowy** Lotn. vertical gyro

pion[2] m Gry pawn; **wykonać ruch ~em** to move a pawn

pion|ek [1] m pers. (Npl **~ki**) przen. pawn, puppet; **był tylko ~kiem w ich rękach** he was just a pawn in their hands

[2] m inanim. (A **~ek** a. **~ka**) Gry (w szachach) pawn; (w warcabach) draught GB, checker US; **~ek hetmański** a queen's pawn; **przesuwać ~ki na szachownicy** (w szachach) to move pawns on a chessboard; (w warcabach) to move draughts on a draughts board GB, to move checkers on a checkboard US

pionie|r m [1] (twórca nowych prądów) pioneer, trailblazer, pathfinder; **~r badań Arktyki** an Arctic pioneer [2] (osadnik) pioneer, trailblazer; **~rzy amerykańscy** American pioneers [3] Hist. (członek organizacji dziecięcej) pioneer; **Pałac Pionierów** Pioneer's Palace [4] Wojsk. pioneer; **służył w ~rach** he served in the pioneers

pionier|ka f [1] (twórczyni nowych prądów) pioneer [2] (członkini organizacji dziecięcej) girl pioneer [3] (but turystyczny) walking boot

pioniers|ki adi. [1] (prekursorski) *[metoda, rozwiązanie]* pioneering, trailblazing; **za swą ~ką pracę dostał Nobla** he was awarded the Nobel Prize for his pioneering work; **~ka rola badań** the pioneering role of research [2] (dotyczący osadnictwa) pioneer attr.; **ślady ~kiego osadnictwa** traces of a pioneer settlement [3] (dotyczący organizacji dziecięcej) pioneer attr.; **mundurek ~ki** a pioneer uniform [4] Wojsk. pioneer attr.; **oddział ~ki** a pioneer unit

pionierskoś|ć f sgt **~ć doświadczeń naukowych lat 60.** the pioneering nature of the scientific experiments of the 1960s

pionierstw|o n sgt **~o w medycznym wykorzystaniu lasera** pioneering use of lasers in medicine

pionowo adv. vertically; **balon wznosi się ~o w górę** the balloon rises vertically; **zbocze opada ~a** a hillside descends a. drops vertically

pionowoś|ć f sgt verticality; **~ć bloku skalnego** the verticality of a rock face

pionow|y adi. *[lot, start, lądowanie]* vertical; **~a postawa** vertical posture, walking upright

piorun m (G **~a** a. **~u**) lightning U, thunderbolt; **burza z ~ami** a thunderstorm, an electrical storm

■ **do ~a** a. **do stu ~ów!** pot. damn! pot.; **jak (jasny) ~** pot. like hell; **byłem wściekły jak jasny ~** I was hellishly angry; **jak ~ wpadł do środka i zaczął krzyczeć** he stormed in and started to yell;

(a) w niego/nią jakby ~ strzelił a. **trzasnął** he/she went berserk; he/she was off his/her head pot.; **niech cię/ją (jasny) ~ (trzaśnie)** pot. to hell with you/her pot.; **niech to (jasny) ~ trzaśnie** a. **strzeli** damn it (all to hell)! pot.; **padł jak rażony** a. **trafiony ~em** he collapsed as though hit by a thunderbolt; **stanął/ zamilkł jak rażony** a. **trafiony ~em** he was thunderstruck a. struck speechless; **zrobić coś ~em** to do sth double quick a. like lightning a. in a flash pot.; **~em dzwoń do żony!** call your wife chop-chop! pot.; **wpadł, ~em wypił kawę i pobiegł na zebranie** he dashed in, gulped his coffee like lightning, and rushed off to a meeting

piorunochron m (G ~u) lightning conductor, lightning rod US

piorunochronn|y adi. lightning protection attr.; **instalacja ~a** the installation of lightning protection; **urządzenia ~e** lightning protection equipment

piorun|ować impf vt to fulminate (**kogoś/ coś** a. **na kogoś/coś** against a. at sb/sth); **ksiądz ~ował grzechy** the priest fulminated against sins; **jeszcze parę lat temu ~owała na kapitalistów** not so many years ago she fulminated against the capitalists; **~ować kogoś wzrokiem** a. **oczami** a. **spojrzeniem** przen. to look daggers a. glare at sb

piorunująco adv. [1] (bardzo szybko) with lightning speed; **ten lek podziałał ~** the medicine worked like lightning [2] (gniewnie) **spojrzeć na kogoś ~** to look daggers at sb, to glare at sb

piorunując|y [] pa → piorunować [] adi. [1] (bardzo szybki) lightning; Med. fulminating; **skutek był ~y** the effect was immediate [2] (wstrząsający) [wiadomość, efekt, skutek] staggering; **sprawił ~e wrażenie na słuchaczach** he had an electrifying effect on the listeners [3] (gniewny) angry; **~y głos** a booming a. thundering voice; **spojrzał na nią ~ym wzrokiem** he looked daggers at her, he glared angrily at her

pioruńs|ki adi. [1] posp. (przeklęty) blinking pot., blooming pot.; **~ki wiatr** a beastly wind [2] (niezwykły) awesome pot.; brilliant; **miał ~kie zdolności** he was brilliantly talented; **wszystkiemu winna ta jej ~ka uroda** it's all because of her stunningly good looks

pioruńsko adv. posp. awesomely pot.; **w namiocie było ~ zimno** it was perishing cold in the tent; **zrobiło się ~ zimno** it grew freezing a. numbingly cold, it grew perishing

piosenecz|ka f dem. ditty

piosen|ka f song; **nastrojowa/miłosna/ biesiadna ~ka** a mood/love/drinking song; **~ki ludowe/żołnierskie** folk/soldiers' songs; **~ka o nieszczęśliwej miłości** a sentimental song about unhappiness in love; **śpiewać/pogwizdywać/nucić ~kę** to sing/whistle/croon a. hum a song; **komponować/układać ~ki** to compose/write songs; **jest autorem melodii i słów do wielu ~ek** he has written both the music and lyrics for a number of songs

■ **stara** a. **ta sama ~ka** (it's) the same old story; **śpiewać czyjąś ~kę** to sing to sb's tune GB pot.; **śpiewać (swoją) zwykłą ~kę** to repeat the same old story; **a ten/ta śpiewa swoją zwykłą ~kę** there he/she goes again

piosenkars|ki adi. song attr.; **festiwale ~kie** song festivals

piosenkarstw|o n sgt (tworzenie) songwriting; (śpiewanie) singing songs

piosenka|rz m, **~rka** f (Gpl ~y, ~rek) singer; **popularny/ulubiony ~rz** a popular/favourite singer; **rockowy/popowy ~rz** a rock/pop singer

piosenkow|y adi. [schemat] song attr.

piosn|ka f (~eczka dem.) przest., poet. song

Piotru|ś m sgt (A ~sia) Gry ≈ the Joker; **dzieci grały w (Czarnego) ~sia** the children played happy families

piór|ko n [1] dem. Biol. feather; **unieść coś jak ~ko** to lift sth as if it were a feather; **lekki jak ~ko** as light as a feather [2] dem. Szt. pen (and ink); **miniatury rysowane ~kiem** pen (and ink) miniatures; **kilka drobnych prac: ~ko, akwarela, ołówek** a few minor works in pen and ink, watercolours, and pencil [3] dem. środ., Budow. tongue [4] Muz. plectrum [5] dem. przen. **lodowe ~ka** slivers of ice; **cebula pokrojona w ~ka** chopped onion

■ **porosnąć** a. **obrosnąć w ~ka** (wzbogacić się) to feather one's (own) nest; (osiągnąć znaczenie) to become too big for one's boots, to become big a. swollen-headed; **stroić się w cudze ~ka** to take credit for sb's idea

piórkow|y adi. [1] Sport **waga ~a** featherweight [2] Szt. pen-and-ink attr.; **rysunek ~y** a pen-and-ink drawing

piórni|k m (~czek dem.) pencil box, pencil case

pió|ro n [1] (ptasie) feather; **kapelusz ze strusim ~rem** a hat with an ostrich plume [2] (do pisania) pen; **gęsie ~ro** a quill a. quill pen; **~ro kulkowe** a ball pen; **wieczne ~ro** a fountain pen; **skrzypiące ~ro** a scratching pen; **chwycić za ~ro** to reach for one's pen [3] przen. (pisarz) writer; bookman daw.; **był jednym z najświetniejszych ~r epoki** he was one of the best writers of the epoch; **radość, której/ bałagan, którego żadne ~ro nie opisze** the indescribable joy/mess [4] sgt książk. (pisanie) **kolega po ~rze** a fellow writer; **żył z ~ra** he made his living from writing; **param się ~rem** I'm a writer; **bardzo wcześnie zaczął zarabiać na życie ~rem** very early on he started to make his living as a writer; **pod koniec życia wrócił do ~ra** towards the end of his life he resumed writing [5] (styl pisania) **miał dar doskonałego wykładu i świetne ~ro** he was an excellent lecturer and a gifted writer [6] środ., Budow. tongue

❑ **~ro klucza** Techn. bit of a key; **~ro steru** Żegl. rudder blade; **~ro wiosła** oar blade; **~ro wycieraczki** Techn. wiper blade; **~ro resoru** a. **w resorze** Techn. spring leaf a. blade

■ **cisną się pod ~ro dwie uwagi/słowa oburzenia** two remarks/indignant observations come to mind; **pod jego/jej ~rem** Literat. in his/her rendering, as described by

him/her; **władać ~rem** to be an accomplished writer; **złamać ~ro** to give up writing

pióropusz m (Gpl ~y a. ~ów) [1] (pęk piór) (przy kapeluszu) plume; (przy hełmie) crest; (indiański) headdress; **hełm z ~em** a helmet with a crest [2] przen. plume; **~e trzcin/ brzóz/wierzb** reed/birch/willow plumes

piórow|y adi. **resor ~y** a leaf spring

pipe|ta f (~tka dem.) pipette

pipidów|ka, Pipidów|ka f pot., pejor. Podunk US pot.; backwater town

pirac|ki adi. [1] [wyprawa, napad, statek] pirate attr. [2] [radiostacja, nagranie, program komputerowy] pirate attr.; **~ka kaseta** a pirated cassette

piractw|o n sgt [1] (na morzu, w powietrzu) piracy; **~o powietrzne** air piracy a. hijacking [2] (bezprawne wykorzystywanie cudzej pracy) piracy, bootlegging; **~o komputerowe** software piracy

❑ **~o drogowe** road-hogging pot.

pirami|da f [1] Archit. pyramid [2] (przedmiot o podobnym kształcie) pyramid; **jej synek zbudował ~dę z klocków** her little boy built a pyramid of blocks [3] (stos, sterta) pyramid; **~dy ciast i owoców** piles of cakes and fruit [4] Sport acrobats' pyramid [5] Mat. pyramid [6] Fin. pyramid selling

piramidalnie adv. [1] (na kształt piramidy) pyramidally; **organizacje zbudowane są ~** organizations are constructed pyramidally [2] (ogromnie) **wygłupił się ~** he made a complete fool of himself; **jestem ~ zbulwersowany tą wiadomością** this news has left me totally flabbergasted

piramidaln|y adi. [1] [budowla, szczyt] pyramidal; **budowla miała kształt ~y** the building was pyramid-shaped [2] [kłamstwo] monstrous, flagrant; [głupota] gross; **~a bzdura!** (what) complete nonsense!; stuff and nonsense! pot.

piramid|ka f dem. pyramid; **~ka kartofli na talerzu** a little pile of potatoes on the plate

piramidon m (G ~u) Farmac. [1] sgt (lek) ≈ analgesic [2] pot. (tabletka) ≈ analgesic (tablet)

pirani|a /pi'raɲa/ f (GDGpl ~i) Zool. piranha

pira|t m [1] (na morzu) pirate; **~ci wymordowali załogę** pirates murdered the whole crew [2] (komputerowy, telewizyjny) pirate; **~tom odebrano 20 000 kaset wideo** 20,000 video cassettes were seized from the bootleggers

■ **~t drogowy** road hog; **~t powietrzny** hijacker

piro|ga f canoe, pirogue

piroman m, **~ka** f pyromaniac

piromani|a /piro'maɲa/ f sgt (GD ~i) pyromania

pirotechni|k m [1] Techn. firework maker [2] (w policji) **oddział ~ów** a bomb disposal unit a. squad

pirotechni|ka f sgt pyrotechnics pl; **zajmować się ~ką** to be a firework maker; **mistrz ~ki** master of pyrotechnics

pirue|t m (G ~tu a. ~ta, A ~t a. ~ta) Jeźdz., Sport, Taniec pirouette; **kręcić/wykonywać ~ta** a. **~t** to pirouette, to perform a pirouette

pi|sać *impf* **[]** *vt* **[1]** (zapisywać) to write; (na maszynie) to type; **pisać wzory na tablicy** to write formulae on the blackboard; **ona ładnie/brzydko pisze** her handwriting is good/bad; **pisać drobnym maczkiem** to have minute handwriting, to write in a small hand; **pisać z błędami ortograficznymi** to make a lot of spelling mistakes; **pisać ręcznie** to write by hand; **odręcznie pisana notatka** a handwritten note; **pisać na komputerze** to write a. type on a computer; **pisać po polsku/angielsku** to write in Polish/English; **pisać długopisem/ołówkiem** to write in pen/pencil; **daj mi coś do pisania** (długopis, ołówek) give me sth to write with; (kartkę) give me sth to write on; **przybory do pisania** writing materials ⇒ **napisać** **[2]** (tworzyć) to write; **pisać wiersze/powieści/piosenki/opery** to write poems/novels/songs/operas; **pisać do gazet** to write for the newspapers; **żyć z pisania** to make a living from writing; **zarabiać na życie pisaniem** to write for a living; **tekst pisany po łacinie** a text written in Latin; **dużo pisał** he wrote a lot; **pisać o czymś** a. **na temat czegoś** to write about sth; **dobrze/źle pisać** to write well/badly; **pisać ciekawie/barwnie** to write interestingly/vividly; **piszę, co czuję** I write what I feel; **mieć łatwość pisania** to write with ease ⇒ **napisać** **[3]** (korespondować) to write; **pisać list/skargę do kogoś** to write a letter/letter of complaint to sb; **pisać podanie o coś** to apply for sth; **pisać do kogoś** to write to sb; **pisać komuś o czymś** to write to sb about sth; **pisać do domu** to write home; **pisał, żebyśmy się nie martwili** he wrote to us to say that we shouldn't worry ⇒ **napisać** **[4]** to report; **prasa pisze, że...** newspapers report that...; **piszą o nim/tym wszystkie gazety** he's/it's in all the papers ⇒ **napisać**

[] *vi* **[1]** (być piśmiennym) to (be able to) write; **jeszcze nie umieją pisać** they can't write yet; **nauka pisania** (uczenie się) learning to write; (nauczanie) handwriting lessons **[2]** *[długopis, pióro]* to write; **ten długopis nie pisze** this pen doesn't write; **to pióro dobrze pisze** this pen writes well **[3]** kryt. (być napisanym) **co tu pisze?** what does it say here?; **w książce pisze, że...** it says in the book that...

[] **pisać się** **[1]** *[słowo, wyrażenie]* to be spelled a. spelt; **jak to się pisze?** how do you spell it?; **to się pisze rozłącznie** it's written as two words; **to się inaczej pisze, a inaczej wymawia** it's pronounced differently from the way (that) it's spelled **[2]** (o nazwiskach) **oni piszą się z niemiecka** they spell their name in the German way **[3]** pot. (decydować się) **pisać się na coś** to be ready for sth; **ja się na to nie piszę!** I'm out of it! pot.; **nie piszę się na taki wydatek** I can't afford to spend so much

■ **co było, a nie jest, nie pisze się w rejestr** let bygones be bygones; **to wszystko jest palcem na wodzie pisane** it's all up in the air

pisak *m* **[1]** (flamaster) felt-tip (pen) **[2]** Techn. (w echosondzie, sejsmografie) recorder

pisakow|y *adi.* **urządzenie ~e** a recorder

pisanin|a *f sgt* pejor. **[1]** (pisarstwo) writing; (papierkowa robota) paperwork; **oszczędzić komuś ~y** to save sb paperwork **[2]** (utwór) rubbish GB pejor., trash US pejor.; **musiałem czytać tę ~ę** I had to read this rubbish

pisan|ka *f* **[1]** (jajko) painted egg (*at Easter*); **robić** a. **malować ~ki** to paint eggs **[2]** *sgt* Szt. (pismo artystyczne) calligraphic script **[3]** *sgt* Druk. script

pisan|y [] *pp* → **pisać**

[] *adi.* **[1]** *[źródło, tradycja, prawo, język]* written; **potęga słowa ~ego** the power of the written word; **polszczyzna/angielszczyzna ~a** written Polish/English **[2]** (przeznaczony) **sukces/wypadek był mu ~y** he was destined for success/bound for disaster; **aktorstwo było mu ~e** he was destined to become an actor; **nie było im ~e się spotkać** they were fated never to meet; **widać tak było ~e** it must have been written in the stars

pisar|ka *f* (woman) writer

pisars|ki *adi.* **[1]** (literacki) *[talent, metoda]* writing *attr.*; **wyobraźnia ~ka** writer's imagination; **jego dorobek ~ki** his writings, his literary output; **jego warsztat ~ki** his literary technique **[2]** (do pisania) *[przyrząd]* writing

pisarstw|o *n sgt* writing; **~o historyczne** historical writing; **główny temat jego ~a** the main theme of his writing

pisarz *m* (*Gpl* **~y**) **[1]** (literat) writer; **współcześni ~e** contemporary writers **[2]** Hist. (urzędnik) clerk; **~ miejski/ziemski** a town/county clerk

pisarzyn|a *m* (*Npl* **~y**) pot., pejor. hack writer pot., pejor.

pisem|ko *n dem.* **[1]** (gazetka) magazine; **~ko dla dzieci** a children's magazine **[2]** (list) letter

pisemnie *adv.* in writing; **został ~ poinformowany** he was notified in writing; **zobowiązać się do czegoś ~** to make a written commitment to do sth

pisemn|y *adi.* *[praca, egzamin, zgoda, zobowiązanie]* written

pisk *m* (*G* **~u**) squeal; **dzieci bawiły się wśród ~ów i śmiechów** the children were squealing and laughing as they played; **dziewczyna uciekła z ~iem** the girl ran away with a squeal; **wydać ~ zachwytu** to let out a squeak a. squeal of delight; **rozległ się ~ opon** there was a squeal of tyres; **zahamować z ~iem opon/hamulców** to bring a car to a screeching halt/to draw up with a squeal of brakes

pisklacz|ek *m dem.* pieszcz. chick

pisklak *m* pot. chick

pisklą|tko *n dem.* pieszcz. chick

piskl|ę *n* (*G* **~ęcia**) **[1]** Zool. chick; (nieopuszczające gniazda) nestling; (świeżo opierzone) fledg(e)ling; **~ę sowy/gołębia** an owl/a pigeon chick, a baby owl/pigeon **[2]** pieszcz. (dziecko) child

pisklęc|y *adi.* *[puch]* chick *attr.*

piskliwie *adv.* *[powiedzieć, śpiewać, śmiać się]* squeakily

piskliwoś|ć *f sgt* squeakiness

piskliw|y *adi. grad.* *[głos, ton, śmiech, skrzypce]* squeaky; **być ~ym** *[osoba]* to have a squeaky voice

piskorz *m* Zool. weatherfish; **wić się jak ~** to wriggle like an eel; przen. (unikać odpowiedzi) to be evasive

pismak [] *m pers.* (*Npl* **~i**) pejor. hack pot., pejor.

[] *m inanim.* Bot. script lichen

pi|smo *n* **[1]** *sgt* (pisanie) writing; **wynalazek pisma** the invention of writing; **wyrazy używane tylko w piśmie** words which are used only in writing; **znać angielski w mowie i w piśmie** to have a good command of spoken and written English; **umowa zawarta na piśmie** a written contract; **zobowiązać się do czegoś na piśmie** to make a written commitment to do sth; **przedstawić coś na piśmie** to put sth in writing; **mam to na piśmie** I have it in writing; **czy mogę mieć to na piśmie?** can I have it in writing? **[2]** (alfabet) writing (system), script; **pismo Braille'a** Braille; **pismo runiczne** runic writing, runes; **zapisany pismem runicznym** written in runes a. runic characters **[3]** (wygląd liter) writing; **czyjś charakter pisma** sb's (hand)writing; **krój pisma** a typeface; **napisany drobnym/równym pismem** written in a small/neat hand; **to jej pismo** it's her handwriting; **pismo maszynowe** typescript **[4]** (dokument) letter; **pismo urzędowe** an official letter; **pismo z dnia 10 maja** a letter dated a. of 10 May; **pismo w sprawie czegoś** a letter concerning sth; **wystosować** a. **skierować pismo do kogoś** to send a letter to sb; **otrzymać pismo z banku/sądu** to receive a letter from the bank/court **[5]** (czasopismo) magazine; **pismo ilustrowane** an illustrated magazine; **pismo młodzieżowe/literackie** a teenagers' a. young people's/literary magazine

[] **pisma** *plt* (dzieła) writings; **pisma wszystkie Conrada** the complete works of Conrad; **pisma filozoficzne** philosophical writings

❑ **pismo alfabetyczne** alphabetic writing (system); **pismo cerkiewne** a. **cyrylickie** Cyrillic alphabet; **pismo demotyczne** demotic Egyptian script; **pismo gotyckie** Gothic script; **pismo hieratyczne** hieratic writing; **pismo hieroglificzne** hieroglyphics; **pismo klinowe** cuneiform writing; **pismo nutowe** a. **muzyczne** Muz. musical notation; **pismo obrazkowe** picture-writing; **pismo sylabowe** a. **sylabiczne** syllabic writing; **Pismo Święte** the Bible, (Holy) Scripture(s)

■ **wyczuć** a. **zwąchać pismo nosem** pot. to smell a rat

pi|snąć[1] *pf* — **pi|szczeć[1]** *impf* (**pisnęła, pisnęli** — **piszczysz, piszczał, piszczeli**) *vi* **[1]** (wydać wysoki dźwięk) *[mysz, zabawka, dziecko]* to squeal; *[osoba, opony, hamulce]* to squeal; *[piskle]* to peep; **piszcząca zabawka** a squeaky toy; **pisnąć/piszczeć z zachwytu** to squeal with delight; **tłum piszczących nastolatek** a crowd of shrieking teenagers; **pisnęły hamulce/opony** there was a squeal of brakes/tyres; **aż piszczałem, żeby wyjechać** I was crying out to leave ⇒ **zapiszczeć** **[2]** pot. (grać) *[flet]* to pipe; **piszczeć na flecie** to pipe on a flute ⇒ **zapiszczeć**

■ **wiedzieć, co w trawie piszczy** to know what's going on; **u nich/w kraju bieda** a. **nędza aż piszczy** they are/the country is desperately poor

pi|snąć[2] *pf* (**pisnęła, pisnęli**) *vt* [1] (wspomnieć) **nie pisnąć ani słówka o czymś** to not breathe a word of a. about sth; **nikomu nawet o tym nie pisnął** he didn't breathe a word to anybody; **jeśli piśniesz choć słowo, to po tobie** if you breathe a word of a. about this, you're finished [2] (powiedzieć piskliwie) to squeal; **pisnęła coś i wyszła** she squealed sth and left; **„nie!" – pisnął** 'no!', he squealed

pisowni|a *f* (*Gpl* ~) spelling; **zasady ~** the rules of spelling; **~a fonetyczna** phonetic spelling; **poprawna/niepoprawna ~a wyrazu** the correct/incorrect spelling of a word; **różnice między ~ą a wymową** the differences between pronunciation and spelling; **zaleca się ~ę łączną/rozłączną** this should be written as one word/as two words

pisowni|owy, ~any *adi.* [wariant] spelling *attr.*

pistacj|a *f* (*Gpl* ~i) [1] Bot. (drzewo) pistachio [2] Bot., Kulin. (orzeszek) pistachio (nut)

pistacjow|y *adi.* [1] [drzewo, orzeszek] pistachio *attr.*; [lody] pistachio-flavoured GB, pistachio-flavored US [2] (bladozielony) pistachio-green

pistol *m* Hist. (moneta) pistole

pistole|t *m* (*G* ~tu) [1] (broń) gun, pistol; **~t zabawka** a toy pistol; **wyciągnąć ~t** to draw a gun; **wystrzelić z ~tu** to fire a gun; **wycelować do kogoś z ~tu** to point a gun at sb; **przystawić komuś ~t do skroni** to hold a gun to sb's head także przen.; **~t jest nabity/nienabity** the gun is loaded/unloaded [2] Techn. gun; **~t natryskowy** a spray-gun; **~t do farby/kleju** a paint/glue gun [3] (ćwiczenie) one-legged squat
❏ **~t maszynowy** sub-machine gun; **~t startowy** starting pistol

pistoletow|y *adi.* [lufa, strzał] gun *attr.*, pistol *attr.*

pisua|r *m* (*G* ~ru) urinal, pissoir

pis|ywać *impf vt* [1] (tworzyć) to write; **~ywać wiersze** to write poems occasionally a. from time to time; **~ywał do gazet** he occasionally wrote for newspapers [2] (wspominać) to write; **~ywano o nim w gazetach** he was a. has been written about in (the) newspapers [3] (korespondować) to write [listy] (**do kogoś** to sb); **~ujemy do siebie** we occasionally write to each other

piszczałecz|ka *f dem.* (instrument) pipe

piszczał|ka *f* Muz. [1] (instrument) pipe; **grać na ~ce** to play a pipe; **dmuchać w ~kę** to blow a pipe [2] zw. pl (w organach) pipe

piszczeć[1] *impf* → **pisnąć**[1]

piszcz|eć[2] *impf* (**~ysz, ~ał, ~eli**) *vi* pot. (marudzić) [dziecko] to whine; **ciągle ~y, że jej zimno** she keeps whingeing that she's cold; **przestań ~eć!** will you stop whingeing a. whining?

piszczel *m, f* Anat. tibia, shinbone; **kopnąć kogoś w ~** to kick sb in the shin

piszczelow|y *adi.* [kość] tibial

piśmid|ło *n* pejor. (czasopismo) rag pot., pejor.; (książka) trash pot., pejor.

piśmiennictw|o *n sgt* writing; **~o średniowieczne** medieval writing; **~o naukowe** academic literature; **zabytki ~a polskiego** the earliest examples of Polish writing

piśmiennicz|y *adi.* [kultura] writing *attr.*

piśmienn|y *adi.* [1] (umiejący pisać) [osoba] literate [2] (papierniczy) **artykuły ~e** stationery

PI|T *m* (*G* **PIT-u**) tax return; **wypełnić PIT** a. **PIT-y** to complete one's tax return; **wysłać PIT** a. **PIT-y** to file a. submit a. send in one's tax return

pitekantrop *m* Antrop. Pithecanthropus

pitn|y *adi.* [woda] drinking, drinkable; potable książk.; [jogurt, czekolada] drinking

pitol|ić *impf vi* pot., pejor. [1] (grać) to scrape away żart.; **~ić na skrzypcach** to scrape away at the violin [2] (ględzić) to go on pot. (**o czymś** about sth) **nie ~!** cut the crap! posp.

pitra|sić *impf* pot. to fix up pot.; to fix US [obiad, zupę]; **co ~sisz na obiad?** what are you fixing up for lunch? ⇒ **upitrasić**

piure → **purée**

piwiar|nia *f* (*Gpl* ~ni a. ~ń) beer cellar

piwiarnian|y *adi.* [atmosfera] beery

piw|ko *n dem.* pieszcz. beer

piwnic|a *f* [1] (kondygnacja) basement; (pomieszczenie) cellar; **w ~y jest basen** there's a swimming pool in the basement; **przynieś kartofle/węgiel z ~y** fetch some potatoes/coal from the cellar [2] (z winem) (wine) cellar; **dobrze zaopatrzona ~a** a well-stocked cellar [3] (kawiarnia) basement café; (klub) basement club

piwnicz|ka *dem.* (small) cellar; **~ka z winem** a wine cellar

piwniczn|y *adi.* [pomieszczenie, komórka] underground; [okienko, krata] cellar *attr.*; [zapach, woń] musty; **panował tam ~y chłód** it was as cold as a dungeon

piwn|y *adi.* [1] [zapach, smak] beery; [zupa, szampon] beer *attr.* [2] [oczy] hazel (brown)

piw|o *n* [1] *sgt* (napój) beer; **grzane ~o** mulled beer; **~o jasne** light beer, lager; **~o ciemne** dark beer; **~o bezalkoholowe** non-alcoholic beer; **kufel ~a** a tankard of ale; **chodźmy na ~o!** let's go and have a beer!; **słownictwo spod budki z ~em** przen., pejor. vulgar language, locker-room language; **typ spod budki z ~em** przen., pejor. lager lout [2] pot. (porcja) beer; **dwa ~a, proszę!** two beers, please!; **wypił trzy ~a** he had three beers; **postawić ci ~o?** can I buy you a beer?
❏ **~o pełne** heavy a. bitter beer
■ **nawarzyć (sobie) ~a** to make trouble for oneself; **wypić ~o, którego się nawarzyło** to face the music; **dać komuś na ~o** pot. to tip sb; **to małe ~o!** (to łatwe) it's a piece of cake!; (to nieważne) it's nothing!

piwoni|a /pi'vɔɲa/ *f* (*GDGpl* ~i) Bot. peony

piwosz *m*, **~ka** *f* (*Gpl* ~y a. ~ów, ~ek) beer drinker

piwowa|r *m* brewer

piwowars|ki *adi.* [przemysł] brewing; **zakład ~ki** a brewery

piwowarstw|o *n sgt* (przemysł, zawód) brewing

piwsk|o *n augm.* pot. beer

pi|zda *f* wulg. [1] (narząd płciowy) cunt wulg. [2] obraźl. (kobieta) cunt wulg. [3] obraźl. (obelżywie o osobie) cunt wulg.

pizz|a /'pitsta/ *f* Kulin. pizza; **zamówić ~ę** to order a pizza

pizzeri|a /pits'tserja/ *f* (*GDGpl* ~i) pizza restaurant a. place, pizzeria

piżam|a *f* (~ka *dem.*) pyjamas *pl*, pajamas *pl* US; **spodnie/góra od ~y** pyjama trousers/top; **dwie/trzy ~y** two/three pairs of pyjamas

piżamow|y *adi.* [spodnie] pyjama *attr.*, pajama *attr.* US; **~e przyjęcie** a pyjama party, a slumber party US

piżmak [I] *m* Zool. muskrat
[II] **piżmaki** *plt* muskrat; **futro z ~ów** a muskrat a. musquash coat

piżm|o *n sgt* musk

piżmow|iec [I] *m* Zool. musk deer
[II] **piżmowce** *plt* pot. (futro z piżmaków) muskrat, musquash

piżmow|y *adi.* [olejek] musk *attr.*; [zapach] musky

PKP *n inv.*, *plt inv.* (= Polskie Koleje Państwowe) Polish State Railways; **ceny biletów ~** rail fares; **dworzec ~** a railway station

PKS *m, f inv.* (*G* **PKS-u**) (= Państwowa Komunikacja Samochodowa) Polish (Long-Distance) Bus a. Coach Service; **ceny biletów ~** long-distance bus a. coach fares; **dworzec ~** a bus a. coach terminal

pkt (= punkt) [1] (w sporcie, grze) pt [2] (na liście, w programie) item

pl. (= plac) Sq

plac *m* (*G* ~u) [1] (u zbiegu ulic) square; (okrągły) circus; **na/przy Placu Bankowym** in/at Bank Square [2] (teren) yard; **~ załadunkowy** a freight yard; **~ targowy** a marketplace; **~ przed dworcem** a station forecourt a. square; **duży ~ używany jako parking** a large area used as a car park [3] (działka) plot (of land); **dom z dużym ~em** a house on a large plot of land; **kupić ~ pod budowę domu** to buy a plot of land to build a house (on)
❏ **~ apelowy** barrack square, drill ground; **~ budowy** construction site; **~ manewrowy** training yard (for driver training); **~ zabaw** playground
■ **~ boju** battlefield także przen.; **ustąpić z ~u boju** to quit the battlefield

placebo *n inv.* Med. placebo

plac|ek [I] *m* [1] Kulin. (ciasto) pie; (z kruchym spodem) tart; **~ek ze śliwkami** a plum tart [2] zw. *pl* Kulin. (smażony) cake, pancake; **~ki ziemniaczane** a. **kartoflane** potato cakes; **~ki z jabłkami** apple fritters; **smażyć ~ki** to make fritters a. pancakes [3] (płaski kawałek) clump (**czegoś** of sth); **~ki błota** patches of mud; **krowie ~ki** cowpats [4] (plama) patch; **~ki łysiny** bald patches; **~ki słońca na ziemi** patches of sunlight on the ground
[II] **plackiem** *adv* [leżeć, paść] flat; **leżeć ~kiem na plaży** to lie flat on the beach; **paść ~kiem na ziemię** to fall flat on the ground; **padać** a. **leżeć ~kiem przed kimś** przen. to bow to sb przen.

placet *n inv.* książk. assent; **dawać ~ na coś** to give one's assent to sth; **otrzymać ~ od kogoś** to receive sb's assent

plackar|nia *f* (*Gpl* ~ni *a.* ~ń) restaurant serving pancakes a. fritters

placow|y **[I]** *adi.* ~**a sprzedaż ziemniaków** selling potatoes at a market
[II] **placow|y** *m*, ~**a** *f* attendant
[III] **placowe** *n* (na targu) market fee; (za składowanie) storage fee

placów|ka *f* [1] (przedstawicielstwo) post; ~**ka dyplomatyczna** a diplomatic post; **wyjechać na ~kę** to be posted abroad; **objąć ~kę w Brazylii** to be posted to Brazil [2] (instytucja) institution; ~**ka oświatowa/kulturalna** an educational/a cultural institution; ~**ka handlowa/usługowa** a retail/service outlet; ~**ki służby zdrowia** medical facilities [3] Wojsk. (miejsce do obrony) outpost; (oddział) patrol; **natknąć się na ~ki nieprzyjaciela** to encounter enemy patrols

placusz|ek *m dem.* Kulin., pieszcz. fritter

placyk *m dem.* (*G* ~u) [1] (u zbiegu ulic) (small) square [2] (mały teren) (small) yard [3] (działka) small plot of land)

plafon *m* (*G* ~u) Szt. plafond

plafonow|y *adi.* Szt. **malarstwo ~e** ceiling painting

pla|ga *f* plague; ~**ga myszy/komarów** a plague of mice/mosquitoes; **szczury są ~gą miasta** rats are the plague of the city; **szkorbut był ~gą żeglarzy** scurvy was the bane of seamen; **bezdomne psy stały się ~gą** homeless dogs have become a plague
■ ~**gi egipskie** Bibl. plagues of Egypt; ~**ga egipska** książk. a scourge

plagiacik *m dem.* (*G* ~u) pot. [1] (lekceważąco) plagiarism [2] żart. imitation (**czegoś** of sth)

plagia|t *m* (*G* ~**tu**) (czyn, utwór) plagiarism; ~**t z kogoś/czegoś** a plagiarism of sb/sth; **popełnić ~t** to plagiarize, to be guilty of plagiarism; **ta książka to ~t** this book is a plagiarism

plagiato|r *m* plagiarist

plagiators|ki *adi.* [utwór] plagiaristic

plagiatow|y *adi.* [utwór, charakter] plagiarized, plagiaristic

plaj|ta *f* pot. [1] (bankructwo) failure; **zrobić ~tę** to go bust a. to the wall pot.; **stać na krawędzi ~ty** to be a. teeter on the brink of bankruptcy [2] (niepowodzenie) washout; flop pot.; **projekt zakończył się zupełną ~tą** the project fell through a. flat; **nowy film zrobił ~tę** the new film was a flop a. a washout; the new film bombed US pot.

plajt|ować *impf vi* pot. [fabryka, firma] to smash pot., to go to the wall pot.; [właściciel, producent] to go bankrupt, to go broke ⇒ **splajtować**

plakaci|sta *m*, ~**stka** *f* poster designer a. artist

plaka|t *m* (*G* ~**tu**) Szt. poster; (teatralny) bill, playbill; (propagandowy) placard; ~**t filmowy/reklamowy/wyborczy** a film/an advertising/an election poster; ~**t kampanii walki z AIDS** an AIDS campaign poster; **rozlepiać ~ty** to put up posters; „**zakaz naklejania ~tów**" 'no fly-posting'; **reklamować na ~cie nowy film** to advertise a new film a. on a poster; ~**t przedstawiający gwiazdę rocka/krajobraz Tatr** a

poster with a rock star/with a view of the Tatras

plakatowo *adv.* [przedstawić, uprościć] in a simplistic a. schematic way; **jest to małżeństwo ~ szczęśliwe** on the face of it a. superficially, they are happily married

plakatow|y *adi.* [1] Szt. [sztuka, grafika] poster *attr.*; **farby ~e** poster paints; **czcionka ~a** Druk. display type; **akcja ~a** a poster campaign [2] (schematyczny) [twórczość] simplistic; [projekt, temat] handled simplistically, treated schematically; ~**e ujęcie zagadnienia** a simplistic approach to a problem

plakatów|ka *f* pot., Szt. poster paint

plakiet|ka *f* [1] Szt. (metalowa) plaque, plate; (z tkaniny) badge; (pamiątkowa) badge; ~**ka z wyrytym na niej imieniem faraona** a plaque with the name of a pharaoh engraved on it [2] (identyfikator) identification a. identity badge; (z nazwą firmy) nameplate; (w wojsku) (identity) disc; dog tag US pot.

plam|a *f* [1] (zabrudzenie) stain, mark; (rozmazana) smear, smudge; **tłusta ~a** a grease stain a. spot; **uporczywa ~a** a stubborn stain; ~**a z krwi** a bloodstain; ~**a po owocach/kawie** a fruit/a coffee stain; ~**a na obrusie/sukience** a stain on a tablecloth/a dress; **po winie zostanie ~a** wine will leave a stain; **czy te ~y się spiorą?** will these stains come out in the wash?; **usunąć a. wywabić ~ę z koszuli** to remove a stain from a shirt; **wywabiacz ~** spot a. stain remover; ~**a ropy naftowej** an oil slick [2] (na skórze) spot, blotch; ~**y na twarzy/szyi** spots a. blotches on sb's face/neck; **pokryć się czerwonymi ~ami** to come out a. break out in spots; **po truskawkach dostaję ~ na twarzy** strawberries bring me out in spots a. make me break out in spots; **pokryty ~ami** blotchy, spotty [3] (miejsce wyodrębniające się z tła) patch; ~**a czerwieni/słońca** a patch of red/sun(light); **kolorowa ~a na tle szarości zimowego ogrodu** a splash of colour against the greys of a winter garden; **rozmyta ~a zieleni** a blur a. blurred patch of green; **słońce kładło się jasną ~ą na jej włosach** a patch of sunlight lit (up) her hair; **przed oczami migotały a. latały jej czerwone ~y** she saw red spots before her eyes [4] przen. (hańba) blot, stain; ~**a na honorze** a blot on the escutcheon; ~**a na sumieniu/reputacji** a blot a. stain on sb's conscience/reputation; **zmazał ~ę na honorze rodziny** he wiped out the stain tarnishing the honour of the family [5] Anat. macula
❏ ~**y na Słońcu** a. słoneczne Astron. sunspots; ~**y opadowe** Med. post-mortem lividity, livor mortis; ~**y wątrobowe** Med. liver spots
■ **biała ~a** Druk. a friar; (tajemnica) a blank page, a missing piece; **książka zawiera 30 stron białych ~** there are thirty blank pages in the book; **dorzecze Konga było białą ~ą dla podróżników** the Congo basin was uncharted territory; **próba wymazania białych ~ w historii Rosji** an attempt at filling in the missing pages in Russian history; **jego biografia ma mnóstwo białych ~** there are many unknowns

a. missing pieces in his biography; **dać ~ę** pot. (skompromitować się) to blot one's copybook pot.; (popełnić gafę) to drop a brick a. clanger pot.; **dał ~ę na ostatnim pytaniu egzaminacyjnym** he came a cropper a. he messed up on the last question in the exam pot.; **szukać ~y** a. ~ **na słońcu** to nit-pick pot.; **szukanie ~y na słońcu** nit-picking pot.; fault-finding

plamiak *m* Zool. haddock

plam|ić **[I]** *vt* [1] (brudzić) to stain, to mark (**czymś** with sth); ~**ić sobie koszulę winem** to stain one's shirt with wine; ~**ć sobie ręce wiśniami na czerwono** to stain one's hands red with cherries; **plamienie** Med. spotting ⇒ **splamić, zaplamić** [2] książk. (zniesławiać) to tarnish, to sully książk. [dobre imię, honor, nazwisko]; ~**ić swoje dobre imię oszustwem/zdradą** to stain a. tarnish one's good name by cheating/treason; ~**ić honor munduru** to sully a. disgrace the uniform ⇒ **splamić**
[II] **plamić się** [1] (brudzić się) to get stained (**czymś** with sth) ⇒ **zaplamić się** [2] książk. (okrywać się hańbą) to stain a. tarnish one's name; to sully one's name książk.; ~**ić się zbrodnią** to stain one's hands with a crime ⇒ **splamić się**

plami|sty *adi.* [1] (pokryty plamami) [cera] blotchy, spotty; [owoce] blemished; [kwiaty] flecked [2] (podobny do plamy) ~**ste rumieńce** red blotches
❏ **dur** a. **tyfus ~sty** Med. typhoid

plam|ka *f dem.* [1] (zabrudzenie) small stain, spot; ~**ki po kawie/z atramentu** coffee/ink spots; ~**ki z krwi** bloodspots; **sprać ~ki z sukienki** to remove spots from a dress [2] (na skórze) small spot, speck; **chorzy na odrę obsypani są czerwonymi ~kami** measles sufferers are covered in small red spots [3] (wyodrębniająca się z tła) fleck, speck; ~**ki światła migotały na szybach** flecks of light dappled the panes [4] Anat. macula
❏ **ślepa ~ka** Anat. blind spot; **żółta ~ka** Anat. yellow spot

plan *m* (*G* ~u) [1] (program działania) plan, scheme; (rozkład zajęć) schedule; (godzinowy) timetable; ~ **działania/kampanii** a plan of action/of campaign); ~ **dyżurów** a duty roster; ~ **lekcji** Szkol. a (school) timetable; ~ **zajęć** Uniw. a timetable, a class schedule; ~ **ucieczki** an escape plan; ~ **wycieczki** an itinerary, a travel plan; ~ **wydawniczy** a planned publishing list, planned publications; **narodowy ~ gospodarczy** a national economic plan; **krótkoterminowy/długoterminowy** a short-term/a long-term plan; ~ **pięcioletni** a five-year plan; ~ **sześciopunktowy** a six-point plan; **sporządzić ~** to draw up a. work out a plan; **trzymać się ~u** to keep to a. stick to a plan; **wszystko odbyło się zgodnie z ~em** everything went according to plan a. as planned; **zatwierdzić/wykonać ~** to approve/carry out a. implement a plan [2] zw. pl (zamiar) plan; **zmiana ~ów** a change of plans; **zmienić ~y** to change one's plans; **jakie masz ~y na ten weekend?** what are your plans for the weekend?; **mieć ~y co do swoich dzieci/**

co do przyszłości dzieci to have plans for one's children/for one's children's future; **mam co do Anny poważne ~y, chciałbym się z nią ożenić** I'm serious about Anna, I'd like to marry her; **snuć ~y** to devise a. make plans; **robić ~y na przyszłość** to plan ahead, to make plans for the future; **zwierzyć się komuś ze swych ~ów** to let sb in on one's plans; **mieć coś w ~ie** to be planning sth; **mieć w ~ie wyjazd za granicę** to be planning to go abroad; **w ~ie jest budowa nowej autostrady** there are plans to build a new highway; **~ się udał** a. **powiódł** the plan worked; **~ się nie udał** a. **nie powiódł** the plan fell through a. didn't work a. failed; **pokrzyżować komuś ~y** to cross a. foil a. thwart sb's plans; **zniweczyć czyjeś ~y** to ruin sb's plans; **wprowadzić ~ w życie** to put a plan into operation a. to work ③ (konspekt) plan; **~ wypracowania/opowiadania** an essay/a story outline; **~ lekcji** a lesson plan ④ (miasta, marszruty) plan, map; (pomieszczeń, ogrodu) layout; **~ Warszawy** (mapa) a street plan of Warsaw; (pieszy) a street guide to Warsaw; **~ pokoju** the layout of a room; **~ rozmieszczenia gości przy stole** a seating plan ⑤ Archit., Budow. (projekt) plan, design; (światłokopia) blueprint; **~ parteru/piętra** a ground/a floor plan; **narysować ~ pawilonu/maszyny** to draw up a plan of a pavilion/a machine ⑥ Archit. (podstawa) plan; **budowla na ~ie krzyża/koła** a building on a cruciform/circular plan ⑦ Szt., Film, Teatr **pierwszy/drugi ~** the foreground/the background także przen.; **na pierwszym/drugim ~ie** in the foreground/background; **być na pierwszym ~ie** przen. to be of prime importance; **w naszym domu muzyka była zawsze na pierwszym ~ie** in our home music was always the first a. top priority; **wysunąć się na pierwszy ~, znaleźć się na pierwszym ~ie** przen. to come to the fore; **zejść na dalszy** a. **drugi ~** przen. to recede into the background; **odsunąć** a. **zepchnąć coś na dalszy ~** przen. to push sth into the background a. to the back ⑧ Kino (miejsce kręcenia filmu) (film) set; (plener) location; **~ ogólny** a long shot; **na ~ie** on set; **na ~ie „Batmana"** on the set of 'Batman'; (booklet) **wyjść na ~/zejść z ~u** to go on/walk off set ⑨ przen. level, plane; **akcja powieści rozgrywa się w dwóch ~ach czasowych** the action of the novel takes place on two different time planes; **~ realistyczny/symboliczny** a realistic/a symbolic level a. plane

❑ **~ awaryjny** contingency plan; **~ ewakuacyjny** emergency evacuation plan; **~ generalny** master plan; **~ kasowy** Fin. fiscal a. financial plan; **~ operacyjny** a. **strategiczny** operational a. strategic plan, plan of operations; **~ perspektywiczny** long-term plan; **~ regulacyjny** Archit. regulating plan; **~ sytuacyjny** Archit. site plan; **~ zbawienia** a. **Boży** Relig. God's plan (of salvation); **plan zagospodarowania przestrzennego** Archit. development plan

plande|ka f tarpaulin, tilt

plane|ta f planet; **~ta Ziemia** Planet Earth

■ **nie z tej ~ty** pot. (like something) out of this world pot.; **samochód nie z tej ~ty** a terrific car pot.

planetari|um n (Gpl ~ów) planetarium

planetarn|y adi. planetary; **układ** a. **system ~y** a planetary system

planet|ka f minor planet

planetoi|da f planetoid, asteroid

planetologi|a f sgt (GD ~i) planetology

planimetri|a f sgt (GD ~i) Mat. plane geometry, planimetry

planisfe|ra f Geog. planisphere

plani|sta m, **~stka** f planner; **~sta ogrodów** a landscaper, a landscape architect

planistyczn|y adi. [projekt, metoda, działalność, system] planning; **nowa koncepcja ~a** a new planning concept; **specjalista ~y** a planning specialist

plankton m sgt (G ~u) Biol. plankton; **~ roślinny/zwierzęcy** phytoplankton/zooplankton

plan|ować[1] impf vt ① (zamierzać) to make plans for [urlop, dzień, wycieczkę]; (określać termin) to schedule [emisję, zakończenie projektu]; **~ował urlop na lipiec** he planned to take his holiday a. leave in July; **emisję akcji ~owano na marzec** the launch of the share issue was scheduled for March; **~ował przeprowadzkę do Warszawy** he was planning to move to Warsaw; **~ujemy kupno nowego samochodu** we are considering buying a new car; **~ować coś zrobić** to plan to do sth, to consider doing sth; **~ował sobie, jak spędzi dzień** he was making plans for the day; **~owałem, że przyjdę do was w niedzielę** I was planning to see you on Sunday; **wycieczka była ~owana na dwa tygodnie** the trip was to last two weeks; **~owana wizyta/~owany zakup** the planned visit/purchase; **~owany poziom produkcji** production target, the target level of production; **~owany wyjazd nie doszedł do skutku** plans for going away fell through; **~owany przyjazd pociągu godzina 14.** the train is due to arrive at 14 hours a. 2 o'clock in the afternoon a. 2 p.m. ⇒ **zaplanować** ② (ustalać) to plan out [trasę, podróż, strategię, pracę]; **menu było ~owane przez szefa kuchni** the menu was prepared by the chef ⇒ **zaplanować** ③ Archit. (projektować) to plan, to design [dom, osiedle]; **~owane jest nowe centrum handlowe** a new shopping centre is on the drawing board ⇒ **zaplanować** ④ Techn. (toczyć) to face

plan|ować[2] impf vi Lotn. to plane down, to volplane

planowani|e[1] sv → **planować**[1]

[2] n sgt planning; **~e rodziny** family planning, planned parenthood; **poradnia ~a rodziny** a family planning clinic; **~e wydatków** budgeting; **~e gospodarcze** economic planning; **~e długofalowe/krótkofalowe** long-term/short-term planning; **~e perspektywiczne** forward planning; **~e przestrzenne** Archit. town-and-country a. development planning; **komisja ~a** a planning board

planowo adv. ① (zgodnie z planem) [przebiegać, realizować] according to plan, as plan-

ned; **pociągi do Berlina przyjeżdżają ~** trains to Berlin arrive on schedule ② (w sposób systematyczny) methodically, systematically

planow|y adi. ① [odjazd, rozpoczęcie, trasa, praca] scheduled; **gospodarka ~a** planned economy ② (uporządkowany) [działania, nauka, praca] planned, methodical

plansz|a f ① (tablica informacyjna) displayboard, chart; (do powieszenia na ścianie) wall chart; (pomoc naukowa) flash card; **~a z ilustracjami okazów roślin i zwierząt** a chart showing plant and animal species; **wzrost produkcji przedstawiono na ~y** production growth was shown on a chart ② Gry board; **~a do gry w szachy/w warcaby** a chessboard/a draughtboard GB a. checkerboard US; **~a do scrabble** a Scrabble® board ③ Sport (w szermierce) piste **na ~y** on the piste

planszow|y adi. ① [wykres] on a chart ② [gra] board attr.

plantacj|a f (Gpl ~i) ① (pole uprawne) field; **~a buraków/rzepaku** a beet/a rapeseed field ② (farma) plantation; **~a herbaty/kauczuku** a tea/a rubber plantation

plantato|r m planter; **~r tytoniu/chmielu** a tobacco/a hop grower a. planter

plant|y plt (G ~) park, green belt (laid out around old districts in place of former town walls); **kwitnące kasztany na ~ach** chestnut trees in flower in the park

plask [I] m splat; **~ bosych stóp** the slapping of bare feet

[II] inter. splat!, slap!

plaskać impf → **plasnąć**

pla|snąć pf — **pla|skać** impf (~snę, ~śnie, ~snęła, ~snęli — ~skam) vi ① (uderzyć) to slap, to smack [po czymś/w coś sth]; **~snęła w ręce z zachwytu** she clapped her hands in glee; **ptaki ~skały dziobami/skrzydłami** birds were clacking with their beaks/flapping their wings; **bosymi stopami ~skali po kałużach** their bare feet were splashing through the puddles ② (upaść) [osoba] to take a tumble; [rzecz] to fall with a plonk; **poślizgnął się na lodzie i ~snął jak długi** he slipped on the ice and took a tumble; **~snął na podłogę** he landed splat on the floor; **~skały w trawę spadające z drzew gruszki** pears were falling from trees with a plonk a. plop onto the grass

plas|ować impf książk. [I] vt to place; **nasze wyniki ~owały nas na piątym miejscu w Europie/wśród czołowych producentów samochodów** our results placed us fifth in Europe/among the leading car manufacturers; **drużynę ~owano na pierwszym miejscu w klasyfikacji** the team was placed first in classification; **zręcznym manewrem ~ował piłkę w bramce przeciwnika** he smartly manoeuvred the ball into the net; **~owanie produktu** Rekl. product placement ⇒ **uplasować**

[II] **plasować się** [sportowiec, polityk, kraj] to be placed, to be ranked; **~ować się na pierwszym/piątym miejscu w rankingach** to be ranked first/fifth; **jego dzieła ~ują się w czołówce list bestsellerów** his works come top of the bestseller list;

P

kraj ~uje się w rzędzie najbiedniejszych na świecie the country is one of a. is among the world's poorest ⇒ **uplasować się**

plastelin|a f sgt Plasticine®; **lepić figurki z ~y** to make Plasticine figures

plastelinow|y adi. [ludzik, zwierzątka] Plasticine attr.

plast|er m [1] Kulin. (mięsa, sera) slice; (bekonu) rasher; (do okładania mięsa) bard; **~er sera/ wołowiny** a slice of cheese/beef; **pokroić pieczeń/żółty ser w ~ry** a. **na ~ry** to cut roast meat a. the joint/cheese into slices; **na kanapkę położył ~er szynki** he put a slice of ham in his sandwich [2] Med. (opatrunek) (sticking) plaster C/U GB, Band-Aid® US; **~er z opatrunkiem** a (sticking) plaster (with a gauze pad) GB, a Band-Aid® US; **~er gorczycowy** a mustard plaster; **~er na odciski** a corn plaster; **~er przezskórny** a transdermal patch; **przykleić ~er na skaleczenie** a. **zalepić skaleczenie ~rem** to put a plaster on a cut [3] przen. (pociecha) balm przen., balsam przen.; **jej słowa były jak ~er na moje rany** her words were balm to my soul [4] (miodu) (honey)comb; **miód w ~rze** honey in the comb

plaster|ek m dem. [1] Kulin. (kawałek) slice; **~ek cytryny/pomidora/ogórka/kiełbasy** a slice of lemon/tomato/cucumber/sausage; **warzywa pokroić na a. w ~ki** slice the vegetables [2] Med. (opatrunek) (a piece of) plaster; (nasączony substancją) patch; **~ek nikotynowy** a nicotine patch; **przykleić ~ek do rany** to put a plaster on a wound

plastik m (G ~u) [1] (tworzywo sztuczne) plastic; **kubki/zabawki z ~u** plastic cups/toys [2] Techn., Wojsk. plastic; **ładunek ~u** a plastic bomb a. explosive

plastikow|y adi. [1] [talerz, okładka, fotel] plastic; **~e pieniądze** pot. plastic money pot., plastic pot. [2] Wojsk. [bomba, ładunek] plastic

plastycznie adv. grad. [1] Szt. artistically [2] (trójwymiarowo) in relief [3] (obrazowo) [opisywać, przedstawiać] vividly

plastyczno|ść f sgt [1] Techn. plasticity; **kryterium ~ci** yield criterion [2] (trójwymiarowość) three-dimensionality [3] (obrazowość) vividness [4] Biol. adaptability

plastyczn|y [] adi. grad. [1] (dający się modelować) [materiał, metal] plastic, malleable [2] (obrazowy) [opis, gestykulacja, narracja] vivid [] adi. [1] Szt. [dekoracje, prace] artistic; **sztuki ~e** the fine a. plastic arts; **szkoła ~a** an art school a. college; **pracownia ~a** Szkol. an art room; **oprawa ~a sztuki/ uroczystości** the setting for a play/a celebration [2] (wypukły, bryłowaty) [makieta] three-dimensional; **mapa ~a** a relief map [3] Techn. [obróbka] plastic; **odkształcenie ~e** plastic strain; **~e materiały wybuchowe** plastic explosives [4] Med. [chirurgia, chirurg] plastic

plasty|k¹ m, **~czka** f visual artist

plastyk² → plastik

plasty|ka f sgt [1] Szt. the fine a. visual a. plastic arts [2] (obrazowość) vividness [3] Szkol. (przedmiot szkolny) arts and crafts; **lekcje ~ki** art classes

plastykowy → plastikowy

platan m [1] Bot. (drzewo) plane (tree) [2] (drewno) plane wood

platanow|y adi. [aleja, drewno] plane attr.; [mebel, instrument] plane wood attr., of plane wood

plate|r m (G ~ru) [1] zw. pl (nóż, widelec, łyżka) piece of silver-/gold-plated cutlery; (naczynie) silver-/gold-plated vessel; **komplet ~rów na 12 osób** (sztućce) silver-/gold-plated cutlery for 12 [2] Chem., Techn. (warstwa metalu) plate U, plating U

plater|ować impf vt Chem., Techn. to plate [sztućce, naczynia]; **~ować coś złotem/ srebrem** to gold-plate sth, to plate sth with gold/to silver-plate sth, to plate sth with silver; **~owanie** (gold/silver) plating; **~owanie stali** steel cladding

platerowan|y [] pp → platerować [] adi. [sztućce, taca] plated; **~y złotem/ srebrem** gold-/silver-plated; **stal ~a** cladded steel

platform|a f [1] Transp. (nadwozie) (loading) platform; (samochód) lorry, platform truck; (wagon kolejowy) flatcar, wagon; (konna) dray przest.; **~a do przewożenia samochodów** Aut. a car transporter; Kolej. a piggyback; **ciężarówka z ~ą** a flat-bed lorry; **ładować towar na ~ę** to load goods onto a lorry/a wagon; **przywieźli dwie ~y cegieł** they brought two wagonloads of bricks [2] (pomost) platform; **jechać na ~ie tramwaju** przest. to ride on the tram platform [3] Techn. **~a wiertnicza** a drilling platform; **pracować na ~ie wiertniczej** to work on an oil rig; **~a wyrzutni rakietowej** a launch platform [4] przen. (płaszczyzna) platform; **~a porozumienia** common ground, modus vivendi; **~a dyplomatyczna/polityczna/gospodarcza** a diplomatic/a political/an economic platform; **stanowić wspólną ~ę dla ludzi o różnych poglądach** to provide a platform for all shades of opinion [5] zw. pl pot. (but) platform shoe zw. pl; (podeszwa) platform; **buty na ~ach** platform shoes [6] Geol. platform; **~a abrazyjna** an abrasion platform

platfus [] m pers. (Npl ~y) obraźl. flat-footed person; przen. wimp pot., wet GB pot. [] m inanim. (A ~a a. ~) pot. flat feet pl, splayfoot; **mieć ~a** to be flat-footed; **mieć ~a poprzecznego** to have fallen arches

Platon m Plato

platonicznie adv. platonically

platoniczn|y adi. [miłość, związek, marzenia] platonic, Platonic; **czuł do niej ~ą miłość** he loved her platonically

platoni|k m Filoz. Platonist

platonizm m sgt (G ~u) Filoz. Platonism

platońs|ki adi. Filoz. Platonic

platyn|a f Chem. (metal, pierwiastek) platinum; **wyroby z ~y** platinum objects

platynow|y adi. [1] [obrączka, naszyjnik] platinum attr. [2] [włosy, lis] platinum attr.; **~a blondynka** a platinum blonde; **~a płyta** Muz. a platinum disc record

playback /'plejbek/ m (G ~u) playback; **śpiewać z ~u** to lip-sync(h); **koncert z ~u** a playback concert

playbackow|y /ˌplejbe'kovɪ/ adi. [występ, koncert] playback attr.

playboy /'plejboj/ m pejor. playboy

plazm|a f [1] Biol. (materia) plasma, protoplasm [2] Fizj. (osocze) plasma [3] Fiz. (gaz) plasma [4] przen., książk. fog przen., haze przen.

plazmatyczn|y adi. Biol. protoplasmic; **komórki ~e** Fizj. plasmacytes, plasma cells

plazmow|y adi. Fiz. plasmic; **skalpel ~y** a plasma scalpel; **palnik ~y** plasma burner a. torch, plasmatron

plaż|a f beach; **na ~y** on the beach; **pójść na ~ę** to go to the beach; **~a piaszczysta/ kamienista** a sandy/pebbly beach; **dzika ~a** a beach without a lifeguard, an unsupervised beach

plaż|ować impf vi to sunbathe; **~ować nad morzem/nad jeziorem** to sunbathe by the sea/on the lakeside

plażowicz m, **~ka** f sunbather

plażow|y adi. [piłka, kosz] beach attr.; **kostium ~y** a sunsuit; **płaszcz ~y** a beachrobe; **stroje ~e** beachwear; **kabina ~a** a beach a. a bathing hut; **siatkówka ~a** beach volleyball

pląd|rować impf [] vt (rabować) to pillage, to plunder [miasto, teren]; to ransack [mieszkanie, szafy] ⇒ **splądrować** [] vi (szukać) to rummage (around); **~ować w a. po szufladach/szafach** to rummage a. rifle through drawers/cupboards; **~ować w czyichś rzeczach** to rummage through sb's things ⇒ **splądrować**

pląs m zw. pl (G ~u) żart. lively dance; **puścić się w ~y** to start dancing; to shake a leg pot.

pląsa|ć impf vi [1] przest., żart. (tańczyć) to dance; to cavort about a. around żart. [2] iron. to dance przen.; **~ć usłużnie przed kimś** to dance attendance on sb

pląsawic|a f sgt Med. chorea, St Vitus's dance; **~a miażdżycowa** a. **starcza** senile chorea; **~a mniejsza** Sydenham's chorea; **~a przewlekła Huntingtona** Huntington's chorea a. disease; **~a większa** hysterical chorea

plą|tać impf (~czę) [] vt [1] (motać, supłać) to tangle (up), to scramble [nici, sznurek, drut, włosy]; **wiatr ~tał jej włosy** the wind was tugging at her hair; **~tanie nici/lin** the tangling of thread/lines ⇒ **poplątać** [2] (mylić) to mix up, to confuse [fakty, daty, nazwiska]; **(on) ~cze różne kolory** he confuses different colours; **(ona) plącze język francuski z hiszpańskim** she mixes French up with Spanish; **~tać czyjeś plany** to throw sb's plans into disarray; **alkohol ~tał/zmęczenie ~tało mu myśli** he was muddled up by drink/tiredness; **~tanie faktów historycznych** mixing up a. muddling up historical facts ⇒ **poplątać** [3] (angażować, wciągać) to involve, to mix up; **(ona) niepotrzebnie ~cze w tę sprawę Adama** she doesn't have to involve Adam a. get Adam mixed up in the whole thing ⇒ **wplątać** [] **plątać się** [1] (motać się, supłać się) [nici, szmur] to tangle, to get tangled; **czerwona nitka ~cze się z niebieską** the red thread gets tangled up with the blue one ⇒ **splątać się, poplątać się** [2] (mylić się, gmatwać się) [fakty, daty, nazwiska] to become confused; **wszystkie fakty i daty ~tały mi się w głowie** I got the facts and dates mixed up a. muddled up; **~czą mi się**

nazwiska polityków I get the names of politicians mixed up ⇒ **poplątać się** 3 (wikłać się) *[osoba]* to flounder, to get confused; **~tać się w zeznaniach/wyjaśnieniach** to give confusing evidence/explanations; **~tała się, nie wiedząc, co powiedzieć** she floundered, not knowing what to say 4 (przeszkadzać) to get in the way; **aparat fotograficzny ~tał mu się u boku** the camera at his side was getting in his way; **nogi ~tały się jej w długiej spódnicy** her legs were getting tangled in her long skirt; **po całym pokoju ~czą się jej ubrania** her clothes are scattered all over the room; **pies ~tał mu się pod nogami** the dog was getting under his feet 5 *[obrazy, uczucia]* **w głowie ~tały mi się różne myśli** various thoughts kept going through my head; **natrętna melodia ~cze mi się po głowie** this tune keeps nagging me a. coming back to me 6 (krążyć, kręcić się) to mill around a. about; **po dworcu ~tali się podróżni** passengers were milling around the station; **~tała się po domu** she was drifting around a. about the house; **~tał się bez celu po ulicach** he was roaming the streets a. roving around the streets aimlessly; **~tał się koło gości, czekając na napiwek** he was hovering around the guests expecting a tip; **nie ~cz się w kuchni, przeszkadzasz mi** get out of the kitchen, you're getting in my way 7 (wdawać się, mieszać) to get mixed up (**w coś** in sth); **nie ~cz się w podejrzane interesy** don't get mixed up in shady deals ⇒ **wplątać się**

■ **język mu się ~tał** he was blabbering incoherently, his speech was slurred; **nogi mu się ~czą** he's unsteady on his feet

plątanin|a *f sgt* 1 (drutu, sznurka, włosów) tangle, muddle; (ulic) labyrinth, maze 2 (chaos) confusion; **~a słów/myśli/zdarzeń** a confusion of words/thoughts/events

pleban *m* przest., Relig. parish priest, parson

plebani|a /ple'banja/ *f* (*GDGpl* **~i**) presbytery

plebej|ka *f* książk. commoner, plebeian

plebejs|ki *adi.* książk. plebeian

plebejskoś|ć *f sgt* książk. plebeianism; **~ć pochodzenia** plebeian descent

plebejusz *m* (*Gpl* **~ów** a. **~y**) 1 książk. (prosty człowiek) commoner, plebeian 2 Hist. plebeian, commoner

plebejuszows|ki *adi.* książk. plebeian

plebiscy|t *m* (*G* **~tu**) 1 (głosowanie) (opinion) poll; **~t na najlepszego aktora/najlepszy film** a poll to choose the best actor/film; **wygrał w ~cie na najlepszego sportowca roku** he was chosen by popular vote as the best sportsman of the year; **aktorka wygrywa różne ~ty popularności** she's been voted the most popular actress in various polls 2 Polit. (referendum) plebiscite; **o przyłączeniu tego terenu do miasta zadecydował ~t** the question of incorporating this area into the city was resolved by plebiscite 3 Hist. (w starożytnym Rzymie) plebiscite

plebiscytow|y *adi. [metoda, komisja]* plebiscite *attr.*

plebs *m sgt* (*G* **~u**) 1 pejor. the commoners; the plebs pejor. 2 Hist. the plebs, the commoners

plecacz|ek *m* (small) rucksack GB, knapsack US

pleca|k *m* rucksack GB, (back)pack; **~k na stelażu** a frame backpack a. rucksack; **~k-komin** an alpine backpack; **wędrówka z ~kiem** hiking, backpacking; **wędrować z ~kiem** to hike, to backpack, to go backpacking; **turysta wędrujący z ~kiem** a backpacker

plecakow|y *adi [materiał, tkanina]* rucksack *attr.* GB, backpack *attr.*

plecion|ka *f* plaiting; **~ka z łyka/rafii/wikliny** woven bark/plaited raffia/wickerwork; **butla w słomianej ~ce** a straw-covered bottle; **sandały ze skórzaną ~ką** plaited-leather sandals

plec|iony 1 *pp* → **pleść**

11 *adi. [warkocz, sznur]* plaited, braided; *[koszyk, mata, wianek]* woven; **miała długie ~ione warkocze** she had long plaits, she wore (her hair in) long plaits a. braids; **~iony wiklinowy koszyk** a wicker basket

pleciuch *m* (*Npl* **~y**) pot. babbler; natterer GB pot.

pleciu|ga *m, f* pot. babbler; natterer GB pot.

pleck|i *plt dem.* (*G* **~ów**) pieszcz. back

plec|y *plt* (*G* **~ów**) 1 Anat. back; **szerokie/wąskie ~y** a broad/a narrow back; **zgarbione ~y** stooping shoulders, hunched back; **uderzyła go w ~y** a. **po ~ach** she slapped him on the back; **na ~y zarzuciła chustkę** she put a scarf round her shoulders; **niósł worek na ~ach** he carried a sack on his back; **zarzucił sobie torbę na ~y** he humped the bag on his back; **leżał na ~ach** he was lying on his back; **odwrócił się na ~y** he turned on his back; **upadł na ~y** he fell (over) on his back; **siedziała ~ami do drzwi** she was sitting with her back to the door; **stał za jej ~ami** he was standing behind her; **stańcie do siebie ~ami** stand back to back; **odwrócił się ~ami do słońca** he turned his back to a. on the sun; **odwrócić się do kogoś ~ami** to turn one's back on a. to sb także przen.; **oparł się ~ami o drzewo** he rested his back against the tree; **ból ~ów** backache, back pain; **bolą mnie ~y** I have back pain a. backache GB a. a backache US 2 (palta, sukienki) back; **płaszcz był za ciasny w ~ach** the coat was too tight across the back; **sukienka bez ~ów** a. **z odkrytymi ~ami** a backless dress; **suknia z głębokim dekoltem na ~y** a dress cut deep at the back 3 (tył szafy, lustra) back; **regał jest dębowy, ale ma ~y ze sklejki** the shelves are oak but the back is plywood

■ **chować się** a. **kryć się za czyjeś ~y** a. **za czyimiś ~ami** pejor. to hide behind sb's back; **cios w ~y** a stab in the back; **mieć giętkie ~y** pejor. to have no backbone; **miał giętkie ~y wobec każdej władzy** he was cringing before any authority; **nie mieć ~ów** pot. to have no backing a. support; **mieć (silne** a. **mocne) ~y** to have strong backing a. support, to have friends in high places; **pokazać komuś ~y** to thumb one's nose at sb; **robić coś za czyimiś ~ami** to do sth behind sb's back;

dlaczego zrobiłeś to za moimi ~ami? why did you go behind my back?; **stać za czyimiś ~ami** a. **stać komuś za ~ami** to be on sb's back; **wbić komuś nóż w ~y** to stab sb in the back

p|leć, p|ielić pot. *impf* (**pielisz, pieli, pełł, pełli, pielony**) *vt* to weed *[ogródek, grządkę];* **pleć grządki marchewki z chwastów** to weed carrot beds; **pleć w ogródku** to do some weeding in the garden; **ogródek musi być pielony raz na tydzień** the garden has to be weeded once a week; **pielenie chwastów to żmudna praca** weeding is tiresome work a. a tiresome job ⇒ **opleć, wypleć**

ple|d *m* (**~dzik** *dem.*) (*G* **~du**) rug, blanket; **~d z wełny** a woollen rug a. blanket; **~d podróżny** a travel rug, a lap robe US; **~d w kratkę/we wzory** a check/a patterned blanket; **~d w szkocką kratę** a plaid

pledow|y *adi. [deseń, materiał]* blanket *attr.*

pleja|da 1 *f* książk. array; pantheon książk.; galaxy przen.; **~da znakomitych artystów/sportowców** an array a. a galaxy of excellent artists/sportsmen

11 **Plejady** *plt* Mitol., Astron. the Pleiades

plejstocen *m* Geol. the Pleistocene

plejstoceńs|ki *adi.* Pleistocene

pleksi *n inv.* → **pleksiglas**

pleksiglas *m sgt* (*G* **~u**) Techn. Plexiglass®, perspex®; **dach z ~u** a Plexiglass a. perspex roof

plemiennie *adv. [zróżnicowany, jednolity]* tribally

plemienn|y *adi. [więzy, walki, starszyzna]* tribal; **organizacja ~a** tribalism

plemi|ę *n* (*G* **~enia**) 1 (szczep) tribe; **~ę Zulusów/Siuksów** the Zulus/Sioux; **~ona Izraela** Bibl. the tribes of Israel 2 przest. (ród) **ludzkie ~ę** the human race

plemnik *m* Biol. spermatozoon, sperm

plenarn|y *adi. [dyskusja]* plenary; **~e posiedzenie parlamentu** a plenary session of parliament

plene|r *m* (*G* **~ru**) 1 (otwarta przestrzeń) Szt. the open air; Kino exterior location; **malować w ~rze** to paint in the open air; **kręcić film w ~rze** to shoot in outdoor locations; **ekipa wyjechała w ~r** the crew went on location 2 (obraz, scena) Szt. plein-air painting; Kino outdoor scene 3 Szt. (sesja malarska) plein-air workshop 4 (miejsce za miastem) **przyjęcie w ~rze** an outdoor party; **pojechać w ~r** to go to the countryside

plenerow|y *adi.* 1 *[malarstwo]* plein-air; *[scena, zdjęcia, ujęcie]* outdoor 2 (na świeżym powietrzu) *[impreza, spotkanie]* outdoor

ple|nić się *impf v refl.* 1 (rośliny) (rozrastać się) to spread; (występować w dużych ilościach) to grow rank; **w ogródku ~niły się chwasty** weeds grew rank in the garden ⇒ **rozplenić się** 2 *[myszy, szczury, robaki]* (rozmnażać się) to proliferate; (występować w dużych ilościach) to be rampant; **wszędzie ~ni się robactwo** there are insects everywhere ⇒ **rozplenić się** 3 *[korupcja, narkomania]* (rozszerzać się) to spread; (być obecnym) to plague *vt*; **narkomania ~niąca się w szkołach** drug abuse plaguing the schools ⇒ **rozplenić się**

plenipotencj|a *f* (*Gpl* ~**i**) przest. plenipotentiary a. full powers

plenipoten|t *m* przest. [1] (pełnomocnik) plenipotentiary [2] Hist. (mandatariusz) plenipotentiary

plen|um *n* (*Gpl* ~**ów**) [1] (członkowie organizacji) plenum; **~um uchwaliło rezolucję** the plenum passed a resolution [2] (zebranie) plenary session; **przemawiać na ~um** to speak at the plenary session

pleonastyczn|y *adi.* Jęz., Literat. *[wyrażenie, termin]* pleonastic

pleonazm *m* (*G* ~**u**) Jęz., Literat. pleonasm

ple-ple *n inv.* pot., pejor. blah, blah-blah

plerez|a *f* [1] pot. (fryzura męska) *slicked-back hair growing long over the collar* [2] przest. (ozdoba kapelusza) ostrich plume (*on a hat*); **kapelusz z ~ą** a hat with an ostrich plume

pl|eść *impf* (**plotę, pleciesz, plecie, plótł, plotła, pletli**) **I** *vt* to plait *[linę, pasek]*; to weave *[koszyk, wianek]*; **pleść komuś warkocze** to plait sb's hair; **pleść kapelusze z rafii** to make raffia hats; **plecenie koszy** basket weaving ⇒ **upleść**
II *vi* pot., pejor. (mówić bez sensu) to drivel (on) pejor. (**o czymś** about sth); **pleść bzdury** a. **głupstwa** to talk rubbish; **co ty pleciesz?** what are you drivelling (on) about? ⇒ **napleść**
III **pleść się** [1] (wić się) *[włosy, roślina]* to wind (**wokół czegoś** around sth) [2] przen. (układać się) **życie dziwnie się plecie** how strange are the twists of fate!
■ **dziwnie (wszystko) się plecie na tym bożym świecie** przysł. how strange are the twists of fate!

pleśni|eć *impf* (**~eję, ~ał, ~eli**) *vi* [1] (psuć się) *[chleb, ser]* to go mouldy GB, to go moldy US; *[namiot, ubranie]* to become mildewed ⇒ **spleśnieć, zapleśnieć** [2] przen. *[osoba]* to rot away przen.; **~eć w prowincjonalnym miasteczku** to rot away in a provincial town

pleśniow|y *adi. [grzyb]* mildew *attr.*; **ser ~y** ≈ blue cheese

pleś|ń I *f sgt* (na żywności) mould GB, mold US; (na ścianie, papierze, materiale) mildew; **pokryty ~nią** *[ser, chleb]* covered with mould, mouldy; *[ściana, papier]* covered with mildew, mildewy
II **pleśnie** *plt* Bot. moulds GB, molds US
❏ **~ń śniegowa** Roln. snow mould; **~nie szlachetne** blue moulds; **szara ~ń** Roln., Ogr. grey mould

plew|a *f zw. pl* chaff *U*
■ **brać** a. **nabrać** a. **łapać kogoś na ~y** to take sb in; **nabrać się na ~y** to be taken in; **oddzielić** a. **odróżnić** a. **odsiać ziarno od ~** książk. to separate a. sort the wheat from the chaff

plew|ić *impf vt* to weed *[grządki]*; **~ić marchew/rzodkiewkę** to weed the carrots/radishes ⇒ **wyplewić**

plik *m* (*G* ~**u**) [1] (stos) wad (**czegoś** of sth); **~ dokumentów/banknotów** a wad of documents/banknotes [2] Komput. file; **~ tekstowy** a text file; **nazwa ~u** the file name; **zarządzanie ~ami** file management; **otworzyć nowy ~** to open a new file; **~i zapisane w formacie Excela** files saved in Excel format

plis|a *f* Moda [1] (fałda) pleat; **spódnica w ~y** a pleated skirt; **zaprasować ~y na spódnicy** to press the pleats of a skirt; **ułożyć materiał w ~y** to fold material into pleats, to pleat material [2] (naszyta) (decorative) band; **spódnica miała żółtą ~ę** the skirt was trimmed with a yellow band

plis|ka *f dem.* Moda [1] (fałdka) (narrow) pleat [2] (naszyta) (decorative) band

plis|ować *impf vt* Moda to pleat *[materiał]*

plisowan|y I *pp* → **plisować**
II *adi. [materiał, spódnica]* pleated

plisz|ka *f* Zool. wagtail
❏ **~ka siwa** grey wagtail; **~ka żółta** yellow wagtail
■ **każda ~ka swój ogonek chwali** przysł. ≈ everyone emphasizes their good points

plomb|a *f* [1] Stomat. filling; **założyć ~ę** to put in a filling; **~a mi wypadła** one of my fillings fell out, a filling fell out of one of my teeth [2] Budow. infill *U*; **w puste miejsca wstawiono dwie ~y** the gaps were infilled with two new buildings [3] (materiał) filling; **betonowa ~a** a concrete filling [4] (pieczęć) (lead) seal; **opatrzyć skrzynkę ~ą** to seal a box; **zerwać ~y** to break the seals
■ **być pod ~ą** *[mieszkanie, pomieszczenie]* to be sealed

plomb|ować *impf vt* [1] (zamykać) to seal *[drzwi, pomieszczenia]* ⇒ **zaplombować** [2] Stomat. (ząb) ⇒ **zaplombować** [3] Techn. (wypełniać ubytki) to fill *[dziurę, dziuplę]* (**czymś** with sth) ⇒ **zaplombować**

plon *m* (*G* ~**u**) [1] (zbiór) crop, harvest; (wydajność) yield; **tegoroczne ~y pszenicy** this year's wheat crops; **wysoki/niski ~ czegoś** a good/poor crop of sth; **~ z hektara** the yield per hectare; **osiągnąć** a. **uzyskać dobry ~** to have a good crop; **zebrać obfity ~ jabłek** to have a good crop of apples; **wydać obfity ~** to yield a good crop; **dawać wysokie ~y** *[ziemia, roślina]* to have a high yield [2] przen. fruit; **ich działania przyniosły ~ w następnym pokoleniu** their efforts bore fruit in the next generation; **badania przyniosły ~ w postaci ważnego odkrycia** the research yielded an important finding; **te zdjęcia są ~em jego podróży** the pictures are the result of his journey

plo|ta *f augm.* rumour GB, rumor US; **chodzić gdzieś na ~ty** to go somewhere for a gossip

ploteczk|a *f dem.* pieszcz. rumour GB, rumor US; **roznosić ~ki o kimś/czymś** to spread rumours a. gossip about sb/sth; **spędzać czas na ~kach** to spend one's time gossiping

plot|ka *f* rumour GB, rumor US; **~ki z życia wyższych sfer** society gossip; **roznosić** a. **rozpowiadać ~ki o kimś/czymś** to spread rumours a. gossip about sb/sth; **krążą** a. **chodzą ~ki, że...** rumour has it that..., rumours are circulating that...; **kto puścił tę ~kę?** who started this rumour?; **stać się obiektem ~ek** to become the target of gossip a. the subject of rumour; **to**

tylko ~ka! it's just a rumour!; **informacja o jego rezygnacji okazała się ~ką** the news of his resignation turned out to be just a rumour; **zaprzeczył ~kom o swoim rzekomym rozwodzie** he denied the rumours about his divorce; **przyjść do kogoś na ~ki** to come to sb for a gossip
■ **~ka wyleci wróblem, a wraca wołem** przysł. a tale never loses in the telling

plotkars|ki *adi.* pejor. *[środowisko, miasto, wiadomości]* gossip pejor.

plotkarstw|o *n sgt* pejor. gossip pejor.

plotka|rz *m*, **~rka, ~ra** *f* (*Gpl* ~**rzy, ~rek, ~r**) pejor. gossip pejor.; **straszny z niego ~rz/straszna z niej ~ra** he's/she's a terrible gossip

plotk|ować *impf vi* pejor. to gossip (**o kimś/czymś** about sb/sth); **ona ciągle ~uje ze swoimi koleżankami** she's always gossiping with her friends; **spędzać czas na ~owaniu** to spend one's time gossiping; **~owano, że ma romans z szefem** it was rumoured that she was having an affair with the boss

plu|cha *f* foul weather; **jesienna/listopadowa ~cha** foul autumn/November weather; **w taką ~chę nie chce mi się wychodzić z domu** it's such foul weather that I don't even want to go out

pluć *impf* → **plunąć**

pludr|y *plt* (*G* ~**ów**) przest. (knee) breeches przest.

plugastw|o *n* książk. filth

plugaw|ić *impf* książk., pejor. **I** *vt* to sully książk., pejor. *[imię]*; to defile *[miłość]*; **~ić wszelkie świętości** to sully all that's sacred ⇒ **splugawić**
II **plugawić się** to defile oneself książk., pejor. (**z kimś** with sb)

plugaw|iec *m* książk., obraźl. scoundrel obraźl.

plugaw|o *adv. grad.* książk. *[zakląć]* vilely książk.; *[wyglądać]* filthy *adi.*; **zachowałeś się ~** that was a vile thing to do

plugawoś|ć *f sgt* książk. vileness (**czegoś** of sth)

plugaw|y *adi. grad.* książk., pejor. *[słowa, zachowanie, towarzystwo]* vile pejor.; *[miejsce, knajpa]* filthy pejor.; **używać ~ego języka** to use vile language; **prowadzić ~e życie** to live a vile life

pluj|ka¹ *f* Zool. blowfly

pluj|ka² *f* pot. [1] (drukarka) inkjet printer [2] (napój) *tea or coffee brewed in a drinking glass*

plu|nąć *pf* — **plu|ć** *impf* (~**nęła, ~nęli** — ~**ję**) *vi* [1] (wypluwać) to spit; **~ć krwią** to spit (up) blood; **~nąć na podłogę** to spit on the floor; **~nąć komuś w twarz** to spit in sb's face także przen.; **~ć na kogoś/coś** przen. to not give a damn about sb/sth pot.; **~ń na niego!** przen. let him go to hell! pot.; **~ń na tę pracę!** przen. why don't you just jack it in! GB pot. [2] przen. (miotać) to spit *vt*; **~ć obelgami** a. **wyzwiskami** to heap a. shower abuse a. insults; **~nął mu prosto w twarz stekiem obelg** he hurled abuse at him; **karabin ~nął gradem kul** the gun spat a. blasted out bullets; **szyb naftowy ~ł ropą** oil spurted from the well
■ **~ć sobie w brodę** pot. to kick oneself pot.; **~ć i łapać** pot. to twiddle one's thumbs przen.

pluralistyczn|y *adi.* [1] Filoz. *[pogląd, teoria]* pluralist(ic) [2] Polit. *[system, państwo, świat]* pluralist(ic)

pluralizm *m sgt* (*G* **~u**) Filoz., Polit. pluralism; **~ polityczny** political pluralism; **~ poglądów** pluralism of ideas

plus **[I]** *m* [1] Mat. plus; **znak ~** the plus sign [2] Szkol. (podwyższenie oceny) plus; (oddzielna nagroda) star; **cztery ~** a. **z ~em** a B plus; **postawić komuś/dostać ~ za coś** to give sb/get a star for sth [3] pot. (dobra strona) plus; **znajomość języka to ogromny ~** knowing the language is a definite plus; **głównym ~em tego filmu jest...** the main advantage of the film is that...; **to rozwiązanie ma swoje ~y** the solution's got its good points; **~y i minusy życia w mieście** the good and bad sides of living in a city; **jest więcej ~ów niż minusów** the pluses outweigh the minuses **[II]** *adi. inv.* (dodatni) plus; **~ cztery** plus four; **~ 15 stopni** plus 15 degrees centigrade; **w lewym oku mam ~ 3** my left eye needs a lens with a dioptric of plus 3 **[III]** *coni.* [1] Mat. **dwa ~ dwa równa się cztery** two plus a. and two is four; **ile (to) jest sześć ~ sześć?** what's six plus six? [2] pot. plus pot.; **dwa plecaki ~ walizka** two rucksacks plus a suitcase **■ ~ minus** more or less; **być na ~ie** Fin. to be in the black; **mieć u kogoś ~** to be in somebody's good books; **można mu policzyć** a. **zapisać na ~ że...** it's to his credit that...; **wyróżniać się na ~** to be better than others; **zmienić się na ~** to change for the better

plusik *m dem.* pieszcz. [1] Mat. (small) plus sign [2] Szkol. star; **postawić komuś/dostać ~ za coś** to give sb/get a star for sth

plusk [I] *m* (*G* **~u**) splash; **wpaść do wody z ~iem** to fall into the water with a loud splash; **~ fal uderzających o burtę statku** the wash of waves against the side of the boat **[II]** *inter* splash!; **ryba ~ do wody** splash! the fish jumped into the water

pluskać *impf* → **plusnąć**

pluskiew|ka *f dem.* pot. drawing pin GB, thumbtack US

plusk|wa *f* [1] Zool. bedbug; **w łóżku zagnieździły się ~wy** the bed was infested with bugs [2] pot., obraźl. (osoba) louse pot., obraźl. [3] pot. (podsłuch) bug; **w mieszkaniu założono ~wy** the room was bugged [4] pot., Komput. bug

plu|snąć *pf* — **plu|skać** *impf* (**~snę**, **~snęła**, **~snęli** — **~ska** a. **~szcze**) **[I]** *vi* [1] *[woda]* to splash; *[deszcz, kropla]* to splatter; *[fale]* to wash; **deszcz ~skał o szyby** the rain splattered against the windowpanes; **fale ~skały o brzeg łodzi** the waves washed against the side of the boat; **woda ~snęła z kranu** water splashed from the tap [2] (uderzyć, upaść z pluskiem) to splash; **w pobliżu ~snęła ryba** I/we heard the splash of a fish nearby; **kamień ~snął w wodę** the stone splashed into the water; **~snąłem do basenu** I splashed into the pool; **wpaść do wody z głośnym ~śnięciem** to fall into the water with a loud splash; **~skanie wioseł** the splashing of oars

[II] pluskać się (**~ska się** a. **~szcze się**) *[ludzie, kaczki]* to splash (around); **dzieci ~skały się w morzu** the children were splashing around in the sea

plusow|y *adi. [liczba]* positive; **~a temperatura** a temperature above freezing

plusz *m* (*G* **~u**) Włók. plush; **fotele obite zielonym ~em** armchairs upholstered in green plush

pluszcz *m* Zool. dipper, water ouzel

pluszow|y *adi. [fotel, zabawka]* plush; **~y miś** a teddy (bear)

plut. (= plutonowy)

Pluton *m* Mitol., Astron. Pluto

pluton[1] *m* (*G* **~u**) Wojsk. platoon; **~ piechoty/czołgów** an infantry/a tank platoon; **~ medyczny/łączności** a medical/communications platoon; **dowódca ~u** a platoon commander; **~ egzekucyjny** a firing squad; **stanąć przed ~em egzekucyjnym** to face the firing squad

pluton[2] *m sgt* (*G* **~u**) Chem. plutonium

plutonow|y[1] Wojsk. **[I]** *adi.* platoon *attr.* **[II]** *m lowest rank among senior NCOs in Polish Army*; platoon sergeant US

plutonow|y[2] Chem. plutonium *attr.*

plwa|ć *impf vi* przest. to despise *vt*; **~ć na kogoś/coś** to despise sb/sth

plwocin|a *f* spit

płac|a *f* (wynagrodzenie) pay; **mieć wysoką ~ę** to receive good pay; **wzrost/spadek ~** a wage increase/reduction; **tygodniowa/miesięczna ~a** weekly wages/a monthly salary

❏ ~a minimalna minimum wage; **~a nominalna** nominal wages; **~a podstawowa** basic pay; **~a realna** real wages; **~a uzupełniająca** additional allowances; **~a zasadnicza** basic pay

■ jaka praca, taka ~a the pay is commensurate to the amount of effort put into the work

płach|eć *m, f* przest. patch; **~eć ziemi/łąki** a patch of land/meadow

płachet|ek *m dem.* patch; **~ek pola** a patch of land

płach|ta *f* sheet; **~ta foliowa** a plastic sheet; **~ta brezentowa** a tarpaulin (sheet); **~ta namiotowa** a tarpaulin; **ciężarówka nakryta brezentową ~tą** a tarpaulin covered truck; **rozłożyć na podłodze plastikową ~tę** to spread a plastic sheet on the floor

■ działać na kogoś jak (czerwona) ~ta na byka to be like a red rag to a bull for sb

pła|cić *impf* **[I]** *vt* [1] (opłacać) to pay; **~cić komuś za coś** to pay sb for sth; **~cić komuś wysoką pensję** to pay sb high wages; **~cić kary** to pay fines; **~cić za światło/gaz** to pay for the electricity/gas; **~cić rachunki** to pay (the) bills; **rachunki są ~cone w terminie** the bills are paid on time; **~cę tysiąc złotych miesięcznie za mieszkanie** I pay 1000 zlotys a month in rent; **~cić gotówką/kartą/czekiem** to pay in cash/with a credit card/by cheque; **~cić taksówkarzowi** to pay the taxi-driver; **ile ci ~cą?** how much do they pay you?; **ile ~cę?** what do you pay?; **ja ~cę!** it's on me! ⇒ **zapłacić** [2] przen. to pay; **najuboższi ~cą najwyższe koszty reform** the poorest bear the highest costs of the

reforms; **to cena, jaką ~cimy** a. **~ci się za postęp techniczny** that's the price we pay for technological progress ⇒ **zapłacić** **[II]** *vi* przen. to pay; **~cić za coś życiem** to pay with one's life for sth; **~cić za własne błędy** to pay for one's mistakes ⇒ **zapłacić**

■ ~cić komuś pięknym za nadobne to pay sb back (in kind)

płacowo *adv.* in terms of pay; **stanowiska zróżnicowane ~** jobs differing in terms of pay

płacow|y *adi. [żądania, warunki]* pay *attr.*; **negocjacje ~e** wage bargaining; **zaoferować komuś korzystniejsze warunki ~e** to offer sb better pay

płacz *m* (*G* **~u**) [1] *zw. sg* (łzy) crying; **wybuch ~u** a flood of tears; **oczy czerwone od ~u** eyes red from crying; **wybuchnąć ~em** to burst out crying; **zanosić się ~em** a. **od ~u** to cry wildly; **powstrzymać się od ~u** to choke back a. hold back one's tears; **powiedzieć coś z ~em** to say sth crying; **~em niczego nie załatwisz** crying won't get you anywhere; **być bliskim ~u** to be on the verge of tears; **zbierało jej się na ~** she was about to cry; **zza drzwi dochodził cichy ~** there was soft crying from behind the door; **słychać było głośne ~e** loud crying could be heard; **skończyć się ~em** *[zabawa, gra]* to end in tears; **ona nagle (uderzyła) w ~!** she suddenly burst into tears! [2] przen. (narzekanie) lament; **podnieść ~ z powodu czegoś** to start lamenting sth [3] przen. (odgłos) wail; **~ wiolonczeli** the wail of a cello; **~ wiatru za oknami** the wail of the wind outside; **~ psa** the whining of a dog [4] Ogr. bleeding

■ będzie ~ i zgrzytanie zębów Bibl. there will be weeping and gnashing of teeth; żart. someone's going to be very sorry!

płacz|ek *m* (*Npl* **~kowie** a. **~ki**) pot. crybaby pot., pejor.; (maruda) misery pot.

płacz|ka *f* [1] pot. (beksa) crybaby pot., pejor. [2] Hist. mourner

płaczliwie *adv. grad. [żalić się, skarżyć się]* tearfully

płaczliwoś|ć *f sgt* [1] (skłonność do płaczu) weepiness [2] (jękliwość) **~ć skrzypiec/wiatru** the plaintiveness of the violin/the wailing of the wind

płaczliw|y *adi. grad.* [1] *[dziecko, osoba]* weepy pot. [2] (żałosny) *[grymas, ton]* plaintive, tearful; *[melodia, pieśń]* tearful; **~e prośby** tearful pleas; **powiedzieć coś ~ym głosem** to say sth in a tearful voice [3] (jękliwy) *[zawodzenie, dźwięk]* wailing; **~e wycie wiatru** the wailing of wind

pła|kać *impf* (**~czę**) *vi* [1] (wylewać łzy) to cry; to weep książk.; **~kać z rozpaczy/bólu/wściekłości** to cry with despair/pain/rage; **~kać z radości** to cry a. weep for joy; **~kać ze wzruszenia** to be moved to tears; **~kać rzewnymi łzami** to cry bitter tears; **~kać jak bóbr** to cry like a baby; **~kać nad kimś/czymś** to cry over sb/sth; **~kać po kimś** a. **po stracie kogoś** to cry over the loss of sb; **dziecko ~kało za matką** the baby was crying for his/her mother; **czemu ~czesz?** what are you crying about a. for?; **aż serce w niej**

~kało her heart wept; **~kała z byle powodu** everything made her cry; **~kać mi się chce na myśl** a. **gdy pomyślę o tym** it makes me want to cry when I think about it; **sytuacja jest taka, że tylko (u)siąść i ~kać** the situation's enough to make you weep; **graliśmy tak, że tylko (u)siąść i ~kać** it makes you want to weep the way we played [2] przen. (narzekać) to whine; to bemoan książk.; **wszyscy ~czą, że...** everyone bemoans the fact that...; **~kać nad własną głupotą** to cry over one's own stupidity przen.

płaks|a[1] *m, f* pot., pejor. crybaby pot., pejor.
płaks|a[2] *f zw. pl* Zool. capuchin (monkey)
płask → na płask
płas|ki *adi.* [1] (niewypukły) *[powierzchnia, teren, dach, talerz, pudełko]* flat; **monitor o ~kim ekranie** a flat-screen monitor; **budynek z ~kim dachem** a flat-roofed house; **okolica była zupełnie ~ka** the landscape was completely flat; **~ki jak stół** as flat as a pancake [2] *[biust, brzuch, twarz]* flat; **twarz z szerokim, ~kim nosem** a face with a broad, flat nose [3] pot. (o małym biuście) *[kobieta]* flat-chested; **jest ~ka jak deska** she is as flat as a pancake [4] Moda **buty na ~kim obcasie** a. **~kie buty** flat-heeled shoes; flats US pot. [5] Sport *[piłka, podanie]* through; **zagrać ~ką piłkę** to play a through ball [6] pejor. (powierzchowny) *[interpretacja, film]* shallow; *[dowcip, pochlebstwo]* cheap [7] Mat. *[figura geometryczna]* plane [8] Sport *[bieg, wyścig]* flat

płasko *adv.* [1] (równo) *[leżeć, położyć]* flat; **spać ~ na plecach** to sleep flat on one's back; **~ położona ulica** a flat street; **wszędzie dookoła było ~** the countryside was flat [2] Sport flat; **posłać piłkę ~ nad siatką** to drive a ball flat over the net [3] pejor. (prymitywnie) **żart wypadł ~** the joke fell flat

płaskorzeźb|a *f* Szt. [1] (rodzaj rzeźby) low relief, bas-relief; **portal ozdobiony ~ami** a portal decorated with low reliefs [2] sgt (sztuka rzeźbienia) low relief carving

płaskostopi|e *n sgt* Med. flat foot; pes planus spec.; **mieć ~e** to be flat-footed

płaskoś|ć *f sgt* [1] (powierzchni, przedmiotu, terenu, figury) flatness [2] pejor. (filmu, interpretacji) shallowness (**czegoś** of sth); (dowcipu) cheapness (**czegoś** of sth)

płaskownik *m* Techn. flat (bar); **stalowe ~i** steel flats

płaskowyż *m* (*G* ~**u**) Geog. plateau

płaszcz *m* [1] Moda (over)coat; **męski/ damski** a man's/woman's coat; **letni/ zimowy ~** a summer coat/winter coat a. overcoat; **~ wojskowy** a military coat a. overcoat; **~ z kapturem** a hooded coat; **~ przeciwdeszczowy** a. **od deszczu** a raincoat, a mackintosh a. waterproof (coat); **narzucić ~ na ramiona** to throw a coat over one's shoulders; **otulić się ~em** to wrap oneself in a coat; **pola pokryte ~em śniegu** przen. fields covered in a blanket of snow; **włosy spływały jej ~em na plecy** przen. her hair cascaded down her back [2] (pozór) **pod ~em czegoś** under cover of sth; **robić coś pod ~em działalności dyplomatycznej** to do sth under cover of diplomatic status a. immunity; **ukrywać**

coś pod ~em przyjaźni/współczucia to conceal sth under the mask of friendship/ sympathy [3] Techn. (kabla) sheath; (reaktora) blanket; **~ wodny** a water jacket [4] Zool. (u mięczaków) mantle, pallium
❑ **~ kąpielowy** bathrobe; **~ ziemi** Geol. mantle
■ **film/powieść ~a i szpady** książk. cloak-and-dagger story

płaszcz|ka *f* Zool. ray

płaszcz|yć *impf* **[II]** *vt* (nadawać płaski kształt) to flatten
[III] płaszczyć się [1] (stawać się płaskim) to flatten, to be flattened; **trawa ~y się pod nogami** the grass is flattened under foot; **jego nos ~ył się na szybie** his nose was flattened against the windowpane [2] pejor. (poniżać się) to bow and scrape pejor. (**przed kimś/czymś** to sb/sth); **~ący się dworacy** the fawning lackeys pejor.

płaszczyk *m* [1] *dem.* Moda coat; **krótki ~** a short coat; **dziecięcy ~** a child's coat [2] (pozór) **pod ~iem czegoś** under cover of sth; **robić coś pod ~iem służby publicznej** to do sth under the pretence of it being a public service; **ukrywać coś pod ~iem przyjaźni/współczucia** to conceal sth under the mask of friendship/sympathy

płaszczy|zna *f* [1] (powierzchnia ziemi) plain; **porosła trawą ~zna** a grassy plain; **ciągnąca się aż po horyzont ~zna** a plain stretching (away) to the horizon [2] (płaska powierzchnia) surface; **~zna ściany/stołu** the surface of a wall/table [3] Mat. plane; **~zny równoległe** parallel planes; **punkty leżące** a. **położone na jednej ~źnie** points on the same plane [4] (sfera) plane; **na ~źnie politycznej/duchowej** on the political/spiritual plane; **przenieść konflikt na ~znę polityczną** to transfer a conflict to the political plane; **znaleźć ~znę porozumienia** to find (a) common ground for agreement
❑ **~zna odbicia** a. **symetrii** a. **zwierciadła** Miner. plane of symmetry

pła|t *m* (*G* ~**tu** a. ~**ta**) [1] (materiału) piece (**czegoś** of sth); (papy) sheet (**czegoś** of sth); **~t mięsa** (duży, nieregularny) a cut of meat; (plaster) a slice of meat; **pokroić mięso na ~ty** to cut meat into slices; **~ty łososia** salmon fillets; **schodzić ~tami** *[skóra, farba]* to peel off; **tynk odpadał ~tami ze ścian** plaster was peeling off the walls [2] (ziemi) patch; **~t ziemi/łąki/lasu** a patch of land/grassland/forest; **gdzieniegdzie leżały ~ty śniegu** there were patches of snow here and there [3] *augm.* **~ty śniegu** large snowflakes; **śnieg padał wielkimi ~tami** large snowflakes were falling [4] Anat. lobe; **~ty płucne** the lobes of the lungs; **~ty mózgu** brain a. cerebral lobes; **~t czołowy/skroniowy** the frontal/temporal lobe
❑ **~t nośny** Lotn. aerofoil

pła|tać *impf vt* [1] (robić) **~tać komuś figle** a. **psikusy** to play tricks on sb także przen.; **życie/historia ~ nam figle** a. **psikusy** life/history plays tricks on us ⇒ **spłatać** [2] przest. (rozcinać) to cut; **~tać mięso/rybę na kawałki** to cut meat/fish into pieces

płatecz|ek *m dem. zw. pl* pieszcz. [1] (kwiatu) petal [2] (kawałeczek) flake; (plasterek) slice [3] (śniegu) **~ek śniegu** a small snowflake

płat|ek *m* [1] (kwiatu) petal; **~ki róży** rose petals; **kwiat rozchylił/stulił ~ki** the flower opened/closed its petals; **opadające ~ki kwiatów** the falling petals [2] (ścinek materiału) scrap (**czegoś** of sth); **~ek gazy** a layer of gauze; **sukienka uszyta z kolorowych ~ków materiału** a dress made from colourful scraps of material [3] (kawałeczek) flake; (mięsa, wędliny) slice; **~ki kukurydziane/jęczmienne** corn/barley flakes; **~ki owsiane** oatmeal; **~ki ziemniaczane** potato flakes; **~ki mydlane** soap flakes; **~ki sadzy** flakes of soot; **złoto w ~kach** gold leaf; **z rąk schodziły mu ~ki skóry** skin was flaking off his hands; **przed oczami latały mu ciemne ~ki** przen. he saw black spots in front of his eyes [4] (śniegu) flake; **~ki śniegu** snowflakes
❑ **~ek małżowiny** Anat. ear lobe
■ **pójść jak z ~ka** pot. to go like clockwork; **wszystko poszło jak z ~ka** everything went like clockwork

płatners|ki *adi.* *[cech]* armourers' GB, armorers' US; *[wyrób, warsztat]* armourer's GB, armorer's US

płatnerz *m* (*Gpl* ~**y**) Hist. armourer GB, armorer US

płatnicz|y *adi.* **bilans ~y** the balance of payments; **możliwości ~e obywateli** financial resources of the general public; **nakaz ~y** a demand for payment; **środek ~y** Prawo (w spłacie długu) legal tender; (w transakcjach handlowych) a circulating medium; **prawny środek ~y** legal currency; **zobowiązanie ~e** a financial obligation

płatni|k *m* [1] (płacący należności) payer; **~cy podatków** taxpayers [2] (wypłacający pieniądze) paymaster [3] Transp., Żegl. purser

płatnoś|ć *f* [1] (płacenie należności) payment; **~ć gotówką** a cash payment; **termin ~ci** the payment date [2] *zw. pl* (należność) liability; **do końca roku wszystkie ~ci zostaną uregulowane** by the end of the year all financial obligations will have been fulfilled

płatn|y *adi.* [1] (otrzymujący wynagrodzenie) *[informator, pracownik, praktykant]* paid; **~y zabójca** a contract killer, a hit man; **byli nisko ~ymi robotnikami/wysoko ~ymi specjalistami** they were low-paid workers/ highly-paid specialists [2] (opłacany) *[praca, praktyka, usługa, urlop, wstęp]* paid; **autostrada ~a** a toll motorway; **most ~y** a toll bridge [3] (do zapłacenia w określonym terminie lub formie) due, paid, payable; **~e gotówką/w złotych/przelewem** paid in cash/in zlotys/ by money a. wire transfer; **~e z góry** paid in advance; **~e z dołu** paid on delivery/ after completing the work; **~e do końca miesiąca** due by the end of the month; **~e przy odbiorze** paid on delivery; **~e w ratach** payable in instalments

płatow|y *adi.* Anat., Med. lobar; **~e zapalenie płuc** lobar pneumonia

pław|a *f* [1] Żegl. (boja) buoy; **~a dzwonowa** a bell buoy; **~a świetlna** a beacon [2] *zw. pl* środ., Ryboł. (pływak utrzymujący sieć rybacką) float

pław|ić *impf* **[I]** *vt* (wpędzać do wody) to swim *[bydło, konie]*; **w średniowieczu ~iono**

czarownice in the Middle Ages witches were immersed in water; **~ienie Marzanny** the drowning of Marzanna (*a custom celebrating the first day of spring*)

Ⅲ pławić się [1] (kąpać się dla przyjemności) to bathe; **godzinami ~ili się w Wiśle** they would bathe in the Vistula for hours [2] przen. (upajać się) to bask; **~ić się w słońcu** to bask in the sunshine a. sunlight; **~ić się w szczęściu/luksusie** to bask in happiness/luxury

pławik m (przy wędce, sieci) float

płaz Ⅱ m anim. Zool. amphibian

Ⅲ m inanim. (G ~u) **~ szabli** the flat of a sword; **uderzyć kogoś ~em szabli** to strike someone with the flat of one's sword □ **~y beznogie** Zool. caecilians; **~y bezogonowe** Zool. tailless amphibians, anurans; **~y ogoniaste** Zool. caudata, urodela ■ **puścić ~em obelgę/zaczepkę** to let an insult/a taunt go unnoticed, to let an insult/a taunt slide; **puścić komuś wybryki ~em** to allow sb to get away with their carryings-on; **oszustwa/wagary uchodzą mu/im ~em** he gets/they get away with fraud/playing truant

płciowo adv. [dojrzały, rozbudzony] sexually; **osobnik dojrzały ~** a sexually mature individual; **rozmnażać się ~** to reproduce sexually

płciow|y adj. [cechy, organ, rozmnażanie, stosunek] sexual; [akt, popęd] sex attr.; **choroby przenoszone drogą ~ą** sexually transmitted diseases; **dojrzałość ~a** sexual maturity; **niemoc ~a** sexual dysfunction, impotence

płd. (= południe, południowy) S

płe|ć f [1] sgt (różnica) sex, gender; **nierówne traktowanie** a. **dyskryminacja ze względu na płeć** gender bias a. discrimination; **badania pozwalające określić płeć nienarodzonego dziecka** tests which can show the gender of a baby before it is born; **zmiana płci** a sex change [2] (osoby) **płeć męska/żeńska** the male/female sex; **płeć odmienna** a. **przeciwna** the other a. opposite sex; **słaba płeć** the weaker sex; **płeć piękna** the gentle a. fair sex; **płeć brzydka** żart. the sterner sex; **widzowie obojga płci** men and women in the audience [3] przest. (cera) complexion

płetw|a f [1] Zool. fin; **~a brzuszna** a pelvic fin; **~a grzbietowa** a dorsal fin; **~a odbytowa** an anal fin; **~a ogonowa** a caudal a. tail fin; **~a piersiowa** a pectoral fin [2] zw. pl Sport flipper; **para ~** a pair of flippers [3] Żegl. **~a steru** a. **sterowa** a rudder blade

płetwal m (Gpl ~i a. ~ów) Zool. rorqual

płetwonur|ek m (Npl ~kowie) (nurkujący bez kombinezonu) skin diver; (nurkujący w kombinezonie) frogman; (nurkujący z akwalungiem) scuba diver

płk (= pułkownik) Col

płn. (= północ, północny) N

płochliwie adv. grad. [rozglądać się, cofać się, umykać] timidly

płochliwoś|ć f sgt książk. timidity

płochliw|y adj. grad. [dziecko, dziewczyna, zwierzę, spojrzenie, uśmiech] timid

płochoś|ć f sgt przest., książk. flightiness pejor.; **młodzieńcza ~ć** the flightiness of youth

---

pło|chy adj. przest., książk. flighty pejor.; **~cha dziewczyna** a flighty girl

pło|ć f Zool. roach

płodnoś|ć f sgt [1] Biol. fertility, fecundity [2] przen. productivity

płodn|y Ⅱ adj. grad. [1] (zdolny do rozrodu) [kobieta, samica] fertile [2] (dający obfite plony) [roślina] prolific, fruitful; [gleba, ziemia] fertile; fecund książk. [3] (tworzący wiele dzieł) [pisarz, muzyk] prolific; **~a wyobraźnia** fertile a. fecund imagination; **to był najpłodniejszy okres w jego karierze artystycznej** that was the most prolific time in his artistic career [4] (inspirujący) [koncepcja, dzieło] inspiring

Ⅱ adj. (zdolny do posiadania potomstwa) fertile; **dni ~e** fertile days

płodow|y adj. [okres, życie] foetal GB, fetal; **błona ~a** the foetal membrane; **życie ~e** foetal life

płodozmian m (G ~u) Roln. crop rotation, shifting cultivation a. agriculture; **stosować ~** to rotate crops

płodozmianow|y adj. **gospodarka ~a** agriculture based on rotating crops

pło|dzić impf vt [1] książk. [mężczyzna] to father; to beget poet. [syna, córkę]; [mężczyzna i kobieta] to produce [dzieci, potomstwo]; [samiec] to father, to sire [młode, potomstwo] ⇒ **spłodzić** [2] przen., żart. to produce [artykuły, wiersze, kicze]; **co tydzień płodził nowe memoriały** every a. each week he produced new memoranda ⇒ **spłodzić**

płomieni|sty adj. [1] (koloru ognia) fiery; **~ste barwy** flaming colours; **~sta czupryna rudzielca** a shock of fiery red hair; **~sta purpura** flaming scarlet [2] (płonący) [krąg, miecz, żagiew] flaming

płomiennie adv. [1] (żarliwie) [przemawiać, przekonywać] passionately [2] (jaskrawo) fiery; **~ rude włosy** fiery red hair

płomienn|y adj. [1] (żarliwy) [bojownik] ardent; [mówca] fervent, fiery; [kazanie] fiery [2] (namiętny) ardent, passionate; **~a miłość** ardent love; **~y pocałunek** a passionate kiss; **~e spojrzenie/oczy** a passionate look [3] (koloru ognia) fiery, flaming; **~a zorza na zachodzie** a fiery sunset; **pęk ~ych maków** a bunch of flame-red poppies; **oblać się ~ym rumieńcem** to turn scarlet

płomie|ń m [1] (język ognia) flame; **migotliwy ~ń świecy** the flickering flame of a candle [2] zw. pl (żywioł) **morze ~ni** a sea of flames; **stanąć w ~niach** to burst into flames; **~nie strawiły cały ich dobytek** everything they had went up in flames; **oddać coś na pastwę ~ni** to commit sth to the flames [3] książk. (silne uczucie) flame, passion; **trawił go ~ń gorączki** he was consumed by (the flames of) passion [4] (dramatyczne wydarzenia) **~nie wojny/rewolucji ogarnęły cały kraj** the flames of war/revolution enveloped the whole country [5] książk. (silny rumieniec) blush; **~ń wstydu zalał mu twarz** he blushed scarlet in shame [6] książk. **widać było z daleka ~ń jej włosów** her fiery hair was seen from afar

płomycz|ek m dem. a little flame; **tlił się w niej jeszcze maleńki ~ek nadziei**

---

przen. a tiny flicker of hope was still alive inside her

płomyk m [1] (mały płomień) a little flame; **~ zapałki/zapalniczki** the flame of a match/lighter [2] (słabe uczucie) **~ nadziei** a flicker of hope

pło|nąć impf (~nęła, ~nęli) vi [1] (palić się) **ogień ~nie** the fire is burning [2] (być niszczonym przez ogień) [dom, las, miasto, statek] to be on fire; **stodoła ~nęła jak pochodnia** the barn was ablaze ⇒ **spłonąć** [3] (dawać światło, ciepło, energię) [świeca, węgiel, drewno] to burn; **ognisko na plaży nadal ~nie jasnym płomieniem** the fire on the beach is still burning bright [4] (być rozpalonym, gorącym) [głowa, policzki] to burn; **policzki jej ~nęły ze wstydu** her cheeks were burning with shame [5] przen. (doznawać intensywnych uczuć) **~nąć ciekawością/gniewem/świętym oburzeniem** to be burning with curiosity/rage/righteous outrage a. indignation; **~nąć żądzą zemsty** to be burning for revenge; **~nąć z oburzenia** to be burning with indignation; **~nąć z dumy** to be glowing with pride; **~nąć ku komuś miłością** a. **uczuciem** to be burning with love for sb; **jej oczy ~ną gorączką/radością** her eyes are shining with fever/joy; **oczy ~nące jak gwiazdy** eyes shining like stars [6] przen. (mieć bardzo intensywną barwę) [włosy, drzewa, kwiaty] to glow

płonic|a f sgt Med. scarlet fever

płonicz|y adj. **wysypka ~a** scarlet fever rash

pło|nić się impf v refl. książk. (rumienić się) to blush; **~nić się ze wstydu/zakłopotania** to blush with shame/embarrassment; **gdy ktoś jej prawił komplementy, dziewczyna ~niła się** the girl blushed at compliments ⇒ **spłonić się, zapłonić się**

płonn|y adj. [1] książk. (daremny) [nadzieja, obawa, wysiłek] vain; **urobek ~y** Górn. spoil [2] Bot. [drzewa, rośliny] barren [3] przest. (jałowy) [gleba, ziemia] barren

płosz|yć impf Ⅱ vt [1] (budzić popłoch) to frighten away; **~yć zwierzynę** to start the game; **w parkach narodowych obowiązuje zakaz ~enia ptaków** in national parks scaring birds is forbidden ⇒ **spłoszyć** [2] (wprawiać w zakłopotanie) to disconcert; **~yły go spojrzenia szefa** he felt disconcerted whenever the boss looked at him ⇒ **spłoszyć** [3] książk. przen. to interrupt [myśli, ciszę]; **niepokój ~y sen z powiek** anxiety keeps one awake

Ⅱ **płoszyć się** [1] (wpadać w popłoch) to panic, to take fright; **konie zaczęły się ~yć** the horses began to shy ⇒ **spłoszyć się** [2] (odczuwać zakłopotanie) to feel disconcerted; **Robert ~ył się, gdy czuł na sobie jej wzrok** feeling her eyes on him disconcerted Robert ⇒ **spłoszyć się**

pło|t m (G ~tu) (ogrodzenie) fence; **~t z desek/drutu kolczastego** a wooden/barbed-wire fence; **wiklinowy ~t** a wicker fence; **ogrodzić/odgrodzić teren ~tem** to fence the compound in/to fence off the area; **otoczyć** a. **zagrodzić teren ~tem** to enclose the compound with a fence; **stawiać ~t** to put up a fence; **uwiązać konia u** a. **do ~tu** to tie up a. hitch a horse to the fence; **pokrzywy rosnące pod ~tem** nettles growing by the fence

❑ **~t elektryczny** electric fence

płot|ek m ⓵ *dem.* a low fence ⓶ Sport hurdle; **bieg przez ~ki** a hurdle race

❑ **~ek faszynowy** Budow. fascine; **~ek odśnieżny** zw. *pl* snow-fence; **~ek szwedzki** Roln. a fence rack (*for drying hay*)

płot|ka f ⓵ Zool. roach ⓶ przen. a small fry; **idź do dyrektora, nie do byle ~ ki** go to the manager, not to some small fry

płotka|rz m, **~rka** f Sport hurdler

płowi|eć impf (**~eję, ~ał, ~eli**) vi ⓵ (blaknąć) to fade; **kolorowe zasłony ~eją od słońca** coloured curtains fade under direct sunlight ⇒ **spłowieć, wypłowieć** ⓶ (żółknąć) [*trawa, zboże*] to turn yellow; **latem zawsze ~eją mi włosy** every summer my hair fades to a flaxen gold ⇒ **spłowieć, wypłowieć**

płowoś|ć f sgt tawniness

płow|y adi. [*kolor*] fawn, tawny; [*włosy*] flaxen

❑ **zwierzyna ~a** Myślis. deer

pł|oza f ⓵ zw. *pl* (sań) runner; (samolotu) skid; **płoza ogonowa** tailskid; **płozy wodowaniowe** Żegl. skids ⓶ (ślizg narty) bottom face; (stalowa część łyżwy) runner

płozić się → **płożyć się**

płożąc|y adi. [*pędy, rośliny*] creeping

pł|ożyć się impf vi [*gałęzie, pędy, rośliny*] to creep; **mgła płożyła się po łące** the mist crept through a. along the meadow

płócien|ko n dem. fine linen

płócienn|y adi. [*bielizna, koszula, sukienka, obrus*] linen attr.; [*torba*] cloth attr.; [*worek*] canvas attr.; **książka w ~ej oprawie** a cloth-bound book; **splot ~y** plain weave

pł|ód Ⓤ m (G **płodu**) ⓵ foetus GB, fetus US; **usunąć** a. **spędzić płód** to abort a foetus ⓶ zw. *pl* książk., iron., żart. product; **płody geniuszu/wyobraźni** products of genius/ the imagination; **płody ludzkiej pracy** the fruits of human labour; **płody pędzla/ pióra nieznanego twórcy** paintings by an unknown artist/writings by an unknown author; **poronione płody chorego umysłu** the products of a diseased mind

Ⓤ **płody** plt (bogactwa natury) fruits; **płody rolne** agricultural produce; **płody ziemi/ lasu** the fruits of the earth/forest

pł|ótno n ⓵ (tkanina bielíźniana) linen U; (gruba tkanina na żagle, namioty) canvas U; **~tno harcerskie** ≈ Oxford cloth (*with white warp and grey weft*); **~tno krawieckie** wigan; **~tno namiotowe/żaglowe** canvas; **~tno szmerglowe** emery cloth; **szare ~tno** unbleached linen; **obrus/prześcieradło z lnianego ~tna** a linen tablecloth/ sheet; **książki oprawione w ~tno** cloth-bound books; **twarz blada** a. **biała jak ~tno** a face as white as a sheet; **na samą myśl/na samo wspomnienie o nim bladła jak ~tno** she went as white as a sheet at the very thought of him/whenever she remembered him ⓶ Szt. (zagruntowana tkanina) canvas U; **przenieść scenę/wydarzenie historyczne na ~tno** to depict a scene/historic event ⓷ Szt. (obraz) canvas; **kolekcja wczesnych ~cien Matejki** a collection of Matejko's early canvases

płuc|ko Ⓤ n dem. lung; **dziecko miało chore ~ka** the child had weak lungs

Ⓤ **płucka** plt Kulin. lights; **zupa na ~kach** soup cooked with lights stock

płucn|y adi. [*krążenie, nadciśnienie, tętnica*] pulmonary; **pęcherzyki ~e** air sacs; **specjalista (od) chorób ~ych** pulmonologist, lung specialist

płuc|o n ⓵ Anat. lung; **rak ~** lung cancer; **rozedma ~** emphysema; **zapalenie ~** pneumonia; **wciągnąć powietrze w ~a** to draw breath into the lungs; **wypluwać ~a** to cough heavily; **wypuścić powietrze z ~** to exhale; **zrywać sobie ~a** to shout at the top of one's voice a. lungs ⓶ zw. *pl* przen. the lungs; **te lasy to zielone ~a naszego miasta** these forests are the lungs of our town

płucoserc|e n Med. heart-lung machine

płucz|ka f ⓵ (rezerwuar) cistern ⓶ Roln. root cleaner ⓷ Górn. launder ⓸ Górn. **~ka wiertnicza** drilling fluid

pług m ⓵ Roln. plough GB, plow US; **~ jednoskibowy/wieloskibowy** a single-furrow/multi-furrow plough; **~ koleśny/ talerzowy** a riding/rotary plough; **~ lemieszowy** a mouldboard plough; **chodzić za ~iem** to plough; **wyjść w pole z ~iem** to go out into the field to plough; **wrócić do ~a** przen. to go back to the land ⓶ Aut. (do odśnieżania) snowplough GB, snowplow US ⓷ (G **~a** a. **~u**) Sport snowplough GB, snowplow US; **łuki z ~u** snowplough turns; **jechać ~iem** to snowplaugh

płu|kać impf (**~czę**) vt to rinse [*bieliznę, naczynia, warzywa*]; **~kać gardło** to gargle; **~cz gardło wodą z solą** gargle with salt water; **zawsze ~czę warzywa pod bieżącą wodą** I always rinse vegetables in running water a. under the tap; **cykl ~kania** a rinse cycle; **~kanie żołądka** Med. gastric lavage, stomach pumping ⇒ **wypłukać**

płukan|ka f ⓵ (płyn) (do włosów) rinse; (do ust) mouthwash ⓶ (płukanie) wash, rinse

płyci|na f Budow. panel

płyciu|teńki (**~sieńki**) adi. dem. ⓵ [*rzeczka, strumyk*] very shallow ⓶ pejor. [*artykuł, recenzja*] very shallow pejor., very superficial pejor.

płyciut|ki adi. dem. ⓵ [*basen, rów*] very shallow ⓶ pejor. [*film, powieść, recenzja*] shallow, superficial pejor.

płyciutko adv. ⓵ [*posadzony, wyżłobiony*] shallowly; **~ oddychać** to breathe shallowly ⓶ pejor. **temat został potraktowany ~** the subject was presented shallowly a. superficially pejor.

płyci|zna f ⓵ (w morzu, rzece lub jeziorze) the shallows ⓶ przen., pejor. (w filmie, książce, utworze) shallowness pejor.

płyn m (G **~u**) ⓵ (ciecz) liquid; **~ do mycia naczyń/płukania tkanin** dishwashing liquid/fabric conditioner; **~ do płukania ust/przemywania oczu** mouthwash/eyewash; **~ na odciski/porost włosów** corn removal liquid/hair tonic; **~ przeciw komarom/insektom** mosquito/ insect repellent; **mydło/pasta w ~ie** liquid soap/floor polish; **lekarstwo w ~ie** a. **w postaci ~u** liquid medicine; **~ hamulcowy** Aut. brake fluid; **~ infuzyjny** Med. plasma substitute; **~ mózgowo-rdze-**

niowy Med. cerebrospinal fluid; **~ nasienny** Med. semen; **~ opłucny** Med. pleural fluid; **~ chłodzący** a. **do chłodnic** Aut. radiator liquid; **~ przeciw(działający) zamarzaniu** Aut. antifreeze; **~ surowiczy** Med. serum; **~y ustrojowe** Med. bodily fluids; **przy gorączce proszę pić dużo ~ów** when you have a temperature please drink plenty of liquids ⓶ Fiz. (ciecz lub gaz) fluid; **mechanika ~ów** fluid mechanics

pły|nąć impf (**~nęła, ~nęli**) vi ⓵ [*osoba, zwierzę*] to swim; **~nąć żabką/kraulem/ na wznak** to do the breast stroke/the crawl/the backstroke; **~nąć pod wodą** to swim underwater; **~nąć pod prąd/z prądem (rzeki)** to swim with/against the river current; **~nąć pod prąd/z prądem** przen. to swim against/with the tide przen. ⇒ **popłynąć** ⓶ (być przewożonym) [*człowiek*] **~nąć jachtem/łodzią** to go by yacht/boat; **~nąć tratwą** to float on a raft ⇒ **popłynąć** ⓷ [*łódź, statek*] to sail, to steer; **~nąć pod (pełnymi) żaglami** to go in a. under full sail; **~nąć (kursem) z wiatrem/pod wiatr** to sail close to a. near the wind/in the teeth of a. against the wind; **statek ~nie do portu** the boat is heading a. sailing a. standing for port ⇒ **popłynąć** ⓸ [*rzeka, płyn, gaz, prąd elektryczny*] to flow, to run; **Wisła ~nie z południa na północ** the Vistula flows from South to North; **w przewodach ~nie prąd** electricity flows in a. through the wires, the wires are live; **z rur ~nęła woda** water flowed from the pipes; **rurociągiem ~nie gaz** gas is flowing in a. through the pipeline; **krew ~nęła z rany** blood ran from the wound; **łzy ~ęły jej po policzkach** tears ran down her cheeks; **pieniądze ~ną jak woda** (są wydawane) money is being spent like water; (napływają) money is coming in in huge amounts ⇒ **popłynąć** ⓹ [*obłoki, księżyc*] to float; **strumień pojazdów ~nął autostradą** a long stream of vehicles was moving along the motorway; **tłum ~nie wąskimi uliczkami** the crowd is moving along the narrow streets ⓺ [*dźwięk, ciepło, zapach*] (docierać) to float; **przez otwarte okno ~nęły dźwięki skrzypiec** the sound of violin playing floated in through the open window; **~nąca z ogrodu woń bzu** the scent of lilac coming from the garden; **ciepło ~nące z kominka** the warmth from the fireplace; **światło ~nące przez witraż** light coming in through the stained-glass window ⓻ [*czas, życie*] to go by, to pass ⓼ [*wniosek*] (wynikać) to come, to result (from); **jaka stąd ~nie nauka?** what lesson is there in this?; **~nie stąd jeden generalny wniosek, a mianowicie...** one general conclusion can be drawn from that, i.e. ... ⓽ książk. **kraina mlekiem i miodem ~nąca** a land of a. flowing with milk and honey

płynnie adv. grad. ⓵ (bez zakłóceń) smoothly; **wreszcie nauczyła się ~ zmieniać biegi** she finally learnt how to change gears smoothly; **robota idzie rytmicznie i ~** work is progressing rhythmically and smoothly; **informacje między wydziałami przepływały ~** the exchange of information between departments was smooth

P

⌐2⌐ (wprawnie) fluently; **mówił ~ czterema językami** he spoke four languages fluently; **chłopiec przeczytał tekst ~** the boy read the text fluently ⌐3⌐ (w sposób nieustabilizowany) fluidly; **sytuacja przedstawiała się ~, zmieniała się z godziny na godzinę** the situation was fluid a. unstable, it changed from hour to hour a. with every hour ⌐4⌐ (bez ostrych załamań) smoothly; **~ poprowadzony kontur** a smoothly drawn line

płynnoś|ć f sgt ⌐1⌐ (koordynacja ruchów) fluidity; **narciarz pokonał trasę z niezwykłą ~cią** the skier went down the run with remarkable fluidity; **w drugim akcie czarowała wszystkich niezwykłą ~cią tańca** in the second act she enchanted everyone with the extraordinary fluidity of her dancing ⌐2⌐ (brak zakłóceń) flow; **~ć ruchu ulicznego zależy od ustawienia sygnalizacji ulicznej** the flow of the traffic depends on the location of traffic lights ⌐3⌐ (wprawa) fluency; **czytasz już poprawnie, ale do ~ci jeszcze ci daleko** now you can read properly but fluency is still a long way off; **~ć jego stylu budziła zachwyt** the fluency of his style aroused admiration ⌐4⌐ (zmienność) fluidity, instability; **~ć przekonań** fluidity of ethics; **~ć kadr** staff turnover ⌐5⌐ (gładkość) smoothness; **~ć konturów** smoothness of lines; **~ć kształtów** roundness a. smoothness of shapes

płynn|y ⌐I⌐ adi. grad. ⌐1⌐ [ruch, chód, taniec] fluid ⌐2⌐ [praca, montaż, wymiana] steady ⌐3⌐ [czytanie, mówienie] fluent ⌐4⌐ [wiersz, styl] flowing ⌐5⌐ [kontur, linia] smooth ⌐6⌐ [granice, sytuacja] fluid

⌐II⌐ adi. (ciekły) [miód, mydło, paliwo, pokarm, wosk] liquid; [metal, szkło] molten; **~ owoc** ≈ fruit juice

pły|ta f ⌐1⌐ (metalu) sheet; (plastiku, szkła) plate; (drewna) board; (kamienia) slab; **~ty chodnikowe** flagstones, paving; **~ta gipsowa** a plaster panel; **~ta fotograficzna** a photographic plate; **~ta pancerna** an armoured plate; **~ta paździerzowa** chipboard, particle board; **~ta pilśniowa** hardboard; **~ta stropowa** floor slab; **~ta wiórowa** chipboard; **wielka ~ta** concrete slabs, slabs of concrete; **domy z wielkiej ~ty** houses built of prefabricated concrete ⌐2⌐ (blacha) plate; **~ta kuchenna** the hotplate; **rozpalić ogień pod ~tą** to light a fire in the stove ⌐3⌐ Muz. (zapis dźwięku) record; **~ta analogowa** an analogue record; **~ta długogrająca** a long-playing record; **~ta gramofonowa** a gramophone record, a vinyl; **~ta kompaktowa** a compact disc; **muzyka z ~t** music from records; **nastawić** a. **puścić ~tę** to put on a record; **nagrać ~ę** to record an album; **odtworzyć melodię z ~ty** to play a tune from a record; **zmienić ~tę** to change the record; **zmień ~tę** przen., pot. change the record; **powtarzać coś jak zdarta ~ta** przen., pot. to repeat sth like a broken record; **i znów ta sama ~ta** przen., pot. the same old tune; **złota ~ta** a gold record ⌐4⌐ (teren) surface; **~ta boiska/stadionu** the field; **~ta lotniska** the apron (area) ⌐5⌐ (rodzaj pomnika) plaque; **~ta nagrobkowa** a tombstone; **~ta pamiątkowa** a commemorative

plaque ⌐6⌐ (element konstrukcyjny urządzenia) board; **~ta główna komputera** the motherboard ⌐7⌐ Muz. (w instrumentach smyczkowych) belly; (w radiu) baffle board ⌐8⌐ Geol. plate

płyt|ka f dem. ⌐1⌐ (metalu, plastiku, szkła) tile, plate; **~ki podłogowe/ścienne** floor/wall tiles; **~ka łubkowa dachowa** a roof slate; **~ka wzorcowa** Meteo. a slip gauge ⌐2⌐ (część maszynki elektrycznej) hotplate ⌐3⌐ (mała płyta gramofonowa) record ⌐4⌐ zw. pl Biol. **~ki krwi** platelets, a thrombocytes

płyt|ki adi. grad. ⌐1⌐ [kałuża, rzeka, dół, rów, studnia] shallow; **~ki oddech** shallow breathing; **~kie pantofle** low-cut shoes; **~ki sen** light sleep; **~ka szuflada** a shallow drawer; **orka ~ka** shallow ploughing; **~ki talerz** a dinner plate; **~ka zakładka** Moda a little tuck ⌐2⌐ pejor. [film, sąd, utwór] superficial pejor.

pły|tko adv. grad. ⌐1⌐ [wyryć, osadzić] shallowly; [leżeć, zakopać] near the surface; **oddychać ~tko** to breathe shallowly; **spać ~tko** to sleep lightly ⌐2⌐ pejor. [omówić, traktować] superficially pejor.

płytote|ka f a collection of records

płytow|y adi. ⌐1⌐ [chodnik, droga] paved; **grzejniki ~e** panel heaters; **zbroja ~a** plate armour ⌐2⌐ [koncert] of recorded music; **nagranie ~e** music recorded on vinyl/CD; **wytwórnia ~a** a record company a. label ⌐3⌐ Geol. plate; **~a budowa geologiczna** geological plate structure

pływac|ki adi. swimming; **kostium ~ki** a swimsuit, a swimming costume GB; **zawody ~kie** a swimming gala a. competition

pływacz|ka f swimmer

pływa|ć impf vi ⌐1⌐ (osoba, zwierzę) to swim; **~ć żabką/kraulem/na wznak** to do the breast stroke/the crawl/the backstroke; **~ć pod wodą** to swim underwater; **lekcja ~nia** a swimming lesson; **on ~ a jak ryba** he's an excellent swimmer ⌐2⌐ (łódź, statek) to sail; **po jeziorze ~ły żaglówki** yachts were sailing on the lake; **czołg ~jący** an amphibious tank; **dok ~jący** a floating dock ⌐3⌐ (unosić się) to float, to swim; [korek, oliwa] to float; **kawałki mięsa ~ły w sosie** przen. pieces of meat were swimming in the gravy; **w basenie ~ły opadłe liście** fallen leaves were floating in the (swimming) pool ⌐4⌐ (być zatrudnionym na statku) to serve; **~ł na wielu statkach** he served on many ships; **często ~ na trasach dalekowschodnich** he often serves on ships going to the Far East ⌐5⌐ przen., pot. (migać się) to be evasive; **~ł, aby odwlec decyzję** he was evasive in order to put off making a decision

■ **ryba** a. **rybka lubi ~ć** żart. fish should be washed down with vodka

pływa|k ⌐I⌐ m pers. ⌐1⌐ Sport swimmer; **dobry/doświadczony ~k** a good/an experienced swimmer ⌐2⌐ pot., przen., pejor. (osoba powierzchowna) bluffer pot.; phoney pot., pejor., phony US pot., pejor.; (uchylający się od czegoś) shirker pejor.; eel pot., pejor.

⌐II⌐ m anim. Zool. diving beetle

⌐III⌐ m inanim. ⌐1⌐ Lotn., Ryboł., Techn. (pława) float ⌐2⌐ Ryboł. (pyr sieci) float, buoy ⌐3⌐ Żegl. float, buoy; **~k dźwiękowy** a whistle buoy; **~k świetlny** a light buoy

⌐IV⌐ **pływaki** plt Zool. (predaceous) diving beetles

pływakow|y adi. float attr.; **komora ~a** a float chamber; **wodnosamolot ~y** a floatplane, a seaplane; **zawór ~y** (w silniku) a float valve; (w rezerwuarze) a ballcock, a ball valve GB

pływalni|a f (Gpl ~) swimming pool; **~a kryta/otwarta** an indoor/open-air swimming pool; **pójść na ~ę** to go to the swimming pool

pnąc|y adi. [pędy, rośliny] climbing, rambling; **róża ~a** a rambling rose, a rambler

pnącz|e n (Gpl ~y) creeper, climber

p.n.e., pne. (= przed naszą erą) BC

pneumatyczn|y adi. [hamulce, karabinek] air; [młot, świder] pneumatic; **opony ~e** pneumatic tyres GB a. tires US; **poczta ~a** pneumatic post; **tratwa ~a** an inflatable life raft

pniacz|ek m dem. a small stump

pniak m ⌐1⌐ (część drzewa pozostała po ścięciu) stump ⌐2⌐ (część pnia ściętego drzewa) block; **~ do rąbania drzewa** a chopping block ⌐3⌐ zw. pl Myślis. stag's upper teeth

po praep. ⌐1⌐ (później niż) after; **po śniadaniu/pracy/wojnie** after breakfast/work/the war; **po chwili** after a bit a. moment; **po godzinie/dwóch latach** an hour/two years later, after an hour/two years; **po dwuletnim pobycie w więzieniu** after two years in prison; **po południu** in the afternoon; **pięć/kwadrans po czwartej** five/a quarter past four; **wróciła po dwunastej** she came back after twelve; **po ukończeniu studiów rozpoczął pracę w szkole** after a. on graduating he began working at a school; **zdrzemnął się po wyjściu gości** he nodded off after the guests had left pot.; **po pięćdziesiątce musisz zacząć dbać o siebie** when you're over fifty you need to take care of yourself; **po czym** and then, after which; **oprowadził mnie po starym mieście, po czym zaprosił na piwo** he showed me around the Old Town and then invited me for a beer; **po czasie** late; **oddał referat pięć dni po czasie** he handed in his paper five days late ⌐2⌐ (w przestrzeni, w różnych miejscach) (all) over, around, round GB; **po całym mieście/kraju/domu** all over (the) town/the country/the house; **po całej Europie** all over Europe, throughout the whole of Europe; **ubrania porozrzucane po pokoju** clothes flung all over a. scattered around the room; **porozlewać wodę po podłodze** to spill water all over the floor; **biegać po sklepach** to run round the shops pot.; **chodzić po korytarzu/pokoju** to walk up and down the corridor/around the room; **chodzić po lesie/górach** to walk in the forest/mountains; **oprowadzić kogoś po zamku** to show sb around a castle; **szukać czegoś po encyklopediach** to look a. hunt through encyclopedias for sth; **szepczą o tym po kawiarniach** tongues are beginning to wag (about it) ⌐3⌐ (o powierzchni) (na) on; (wzdłuż) along; **chodzić po piasku/trawie** to walk on sand/grass; **poruszać się po szynach** to move (along) on rails; **jechać na rowerze po szosie/ścieżce** to cycle along a. on a road/

path; **ślizgać się po zamarzniętym jeziorze** to skate on a frozen lake; **bębnić palcami po stole** to drum one's fingers on the table; **wchodzić/schodzić po schodach** to walk up/down the stairs; **zjeżdżać po poręczy** to slide down the banisters; **zupa ściekała mu po brodzie** the soup was dripping down his chin; **poruszać się po linii prostej** to move in a straight line; **przechodzić przez jezdnię po pasach** to cross the road at a zebra crossing; **głaskać kogoś po włosach/policzku** to stroke sb's hair/cheek; **całować kogoś po rękach** to kiss sb's hands; **pokrzywy parzyły go po nogach** nettles were stinging his legs 4 (o stronie) on; **po tej/drugiej stronie ulicy** on this/on the other side of the street; **po prawej stronie drogi** to the right of the road; **po obu stronach kartki** on both sides of the paper; **kawałek chleba posmarowany po wierzchu dżemem** a piece of bread with jam spread on top; **placek przypalony po brzegach** a pie burnt along the edges 5 (do górnej granicy) (przestrzennej) (up) to, (czasowej) up to, till, until; **po szyję/czubek głowy** up to the neck/the top of one's head; **silne wiatry od Bałkanów po Skandynawię** strong winds from the Balkans up to Scandinavia; **wody było po kolana** the water was knee-deep; **talerz pełen po brzegi** a plate full to the brim; **od średniowiecza po schyłek Oświecenia** from the Middle Ages up to a. until the end of the Enlightenment; **od profesora po sekretarkę** from the professor down to the secretary 6 (w hierarchii, kolejności) after; **była w naszym domu pierwszą osobą po ojcu** she was the second most important person in our home after father; **miał piąty po zwycięzcy czas na mecie** he had the fifth best time (after the winner); **jeden po drugim** one after the other a. another; **przesłuchiwał taśmę po taśmie** he listened to one tape after another; **krok po kroku** step by step; **dzień po dniu** day after day; day in, day out 7 (dziedziczenie) from (kimś sb); **odziedziczyć coś po kimś** to inherit sth from sb; **objąć stanowisko po kimś** to take over sb's position, to succeed sb; **objął tron po wuju** he succeeded his uncle to a. on the throne; **dom miał po dziadku** he inherited the house from his grandfather; **po matce miała talent muzyczny** she had inherited her mother's musical talent; **prowadził po ojcu sklep mięsny** he ran a butcher's shop inherited from his father; **nosić imię po dziadku** to be named after one's grandfather 8 (następstwo) [sprzątać, zmywać] after (kimś sb); **rozpaczać po kimś** to grieve over a. for sb; **płakać po kimś** to mourn sb; **obiecywać sobie coś** a. oczekiwać czegoś **po kimś/czymś** to expect sth from sb/sth; **nie obiecuj sobie po nim zbyt wiele** don't expect too much from him; **czego oczekujesz po tym zebraniu?** what are you expecting from the meeting?; **butelka po mleku/piwie** a milk/beer bottle; **pusty worek po ziemniakach** an empty potato sack 9 (na podstawie) by; **poznać kogoś po głosie/ruchach** to recognize sb by their voice/

movements; **po czym go poznałeś?** how did you recognize him?; **widać po twoich oczach, że jesteś zmęczona** I can see a. tell by your eyes that you're tired; **sądząc po akcencie, (on) pochodzi z Dublina** judging by a. from his accent, he comes from Dublin 10 (cel) for (kogoś/coś sb/ sth); **stać w kolejce po mięso** to stand in the meat queue, to queue up for meat; **zadzwonić po lekarza/taksówkę** to phone for the doctor/a taxi; **poszła do sklepu po chleb** she went to the shop for some bread; **poszedł po wnuczkę** he went to collect his granddaughter; **zatelefonowała do niego po radę** she called him to ask for some advice; **przyszedłem tu tylko po to, żeby wyjaśnić całą sprawę** I just came here to explain the whole thing a. business pot.; **nie po to przez pięć lat studiowałam prawo, żeby pracować jako kelnerka** I didn't study law for five years (in order) to work as a waitress; **co** a. **cóż ci po pękniętej filiżance?** what do you need a cracked cup for?; **nic mi po takich radach** what's the use of advice like that?; **nic tu po mnie** I'm not needed here; I may as well go a. be off pot.; **po co** what for?, why?; **po cóż** whatever for?; **po co ci nóż?** what do you need a knife for?; **nie wiem, po co tu przyszła** I don't know what she came here for a. why she came here 11 (wyrażające miarę, liczbę, wartość) **po trzy z każdej strony** three on each side; **po parę razy dziennie** several times a day; **trzy pliki po sto banknotów (każdy)** three bundles of a hundred banknotes each; **po 2 złote za sztukę** (at) 2 zlotys each a. apiece; **po 5 złotych za kilo** (at) 5 zlotys a. per kilo; **po ile?** a. **po czemu?** przest. how much?; **po ile te pomidory?** how much are these tomatoes?; **wchodziły po jednej** they entered one by one a. one at a time; **podchodzić do stołu po dwóch/trzech** to come up to a. approach the table in twos/ threes; **po trochu** bit by bit, little by little; **zapłaciliśmy po dziesięć złotych** we paid ten zlotys each; **dostali po dwa jabłka** they each got two apples; **każde dziecko dostało po zabawce** each child a. each of the children got a toy; **Adam i Robert wygrali po książce** Adam and Robert each won a book 12 (w wyrażeniu przysłówkowym) **po ojcowsku/profesorsku/ chłopięcemu** like a father/professor/boy; **zrób to po swojemu** do it your own way; **czy mówisz po litewsku/włosku?** can you speak Lithuanian/Italian?; **powiedz to po angielsku** say it in English

■ **po temu** (stosowny) for it; **to nie miejsce i czas po temu** this is not the (right) time or place for it; **powiem jej, kiedy nadarzy się po temu okazja** I'll tell her when I get the chance a. opportunity; **mam po temu powody** I have my reasons; **miała wszelkie warunki po temu, żeby być dobrą aktorką** she had all the makings of a good actress

p.o. (= pełniący obowiązki) acting *attr.*; **obecnie jest on p.o. prezesa spółki** at present he's the acting managing director of the company

pobaw|ić *pf* **I** *vt* (zająć się) to entertain *[gości]*; **~ przez chwilę dziecko** could you look after the baby for a while?

II *vi* (przebywać) książk. to sojourn, to stay; **~ił u krewnych tylko kilka dni** he sojourned a. stayed with his relatives only for a few days

III pobawić się 1 (spędzić pewien czas bawiąc się) to play; **~cie się klockami/lalkami** play with your building bricks/dolls; **później ~imy się w berka/chowanego** we'll play tag/hide and seek later 2 (spędzić czas na rozrywkach) to have fun, to have a good time

pobi|cie **I** *sv* → **pobić**

II *n* Prawo assault and battery

pobi|ć *pf* (~ję) **I** *vt* 1 (poturbować) to batter, to beat [sb] up, to beat up; **~li go do nieprzytomności** he was beaten a. battered unconscious; **~li go na śmierć** he was battered a. beaten to death; **został ~ty kijem golfowym** he was beaten with a golf club; **będzie odpowiadał przed sądem za ~cie żony** he's being taken to court for battering his wife; **deszcz/grad ~ł zboże** rain/hail destroyed the crop 2 (zwyciężyć) to defeat; **~ć nieprzyjaciela** a. **wroga** to defeat the enemy; **nasz tenisista ~ł wszystkich przeciwników i wygrał turniej** our tennis-player defeated all his opponents and won the tournament; **~ć rekord** to beat a. break a record; **~ć kogoś jego własną bronią** to beat sb at their own game

II pobić się to fight, to have a fight; **chłopcy ~li się o dziewczynę/rower** the boys had a fight over a girl/bike; **bracia pobili się o to, kto** a. **który z nich pierwszy zagra w nową grę komputerową** the brothers had a fight over which of them would play the new computer game first; **kibice gospodarzy ~li się z kibicami gości** the fans of the home team got into a fight with those of the visiting team

pobie|c, ~gnąć *pf* (~gnę, ~gniesz, ~gł, ~gła, ~gli) *vi* 1 to run; **~c do ogrodu/sklepu** to run to the garden/shop; **~c po dozorcę/lekarza** to run for the caretaker/doctor ⇒ **biec** 2 Sport to run; **~c w biegu na 100 metrów/5 kilometrów** to run in the 100 metres/5 kilometres (race); **jeśli dobrze ~gnie, zakwalifikuje się do finału** if he runs well, he'll get into the final; **to pierwsza kobieta, która ~gła 100 metrów w czasie poniżej 11 sekund** she is the first woman who has run a. sprinted the 100 metres in under 11 seconds ⇒ **biec** 3 (być poprowadzonym) [droga, linia kolejowa] to run; **rurociąg/linia wysokiego napięcia ~gnie przez tereny niezamieszkane** the pipeline/the electricity transmission line will run across uninhabited areas ⇒ **biec** 4 [myśli, wzrok, spojrzenie] to run; **nasze myśli ~gły ku przyszłości/ku Marii** our thoughts turned to the future/to Maria; **~gła wzrokiem** a. **jej wzrok ~gł ku matce** she turned her eyes to her mother ⇒ **biec**

pobiega|ć *pf* *vi* to run around; **niech dzieci sobie trochę ~ją w** a. **po parku** let the children run around a bit in the park

pobiegnąć → **pobiec**

pobielać *impf* → **pobielić**

pobiela|ły **II** *pp* → **pobieleć**

II *adi.* [1] *[wargi, twarz, knykieć]* whitened; **miał twarz ~łą ze** a. **od strachu** his face was white a. pale with fear [2] *(siwy)* **na skroniach miał już ~łe włosy** his hair was grey at the temples

pobielan|y **II** *pp* → **pobielić**

II *adi.* *[dom, ściany, płot, drzewa]* whitewashed; **grób ~y** Bibl. whited sepulchre

pobiel|eć *pf* (**~ał, ~eli**) *vi* [1] *(stać się bielszym)* *[bielizna]* to become whiter; *[dachy, pola, szczyty gór]* to turn white from the snow, to be turned white by snow; **~ało za oknami** the world outside has become white with snow [2] *(posiwieć)* *[włosy]* to turn grey, to grow white

pobiel|ić *pf* — **pobiel|ać** *impf* **II** *vt* [1] *(pomalować wapnem)* to whitewash *[dom, płot, ściany, drzewa]*; **~eniem domu zajmiemy się na samym końcu** we'll whitewash the house at the very end [2] *(powlec cyną)* to tin *[naczynie, garnek, patelnię]*

II pobielić się *(pobrudzić się)* to get white *(czymś* with sth); **cała ~iła się mąką** she got white with flour from head to foot

pobierać¹ *impf* → **pobrać¹**

pobiera|ć² *impf vt* przest., książk. to take *[lekcje]*; **~ł nauki w prywatnej szkole** he was educated at a private school; **~ć lekcje muzyki** to take music lessons

pobieżnie *adv. grad.* książk. *[przeszukać, obejrzeć]* casually; **czytałem to dość ~** I read it rather cursorily

pobieżnoś|ć *f sgt* książk. sketchiness *(czegoś* of sth); **~ć opisu** a sketchy description

pobieżn|y *adi. grad.* książk. *[analiza, obserwacja, opis, przegląd, ocena]* superficial; **~a znajomość przedmiotu** superficial knowledge of a subject; **już z ~ej lektury wynika, że...** even a cursory reading reveals that...

poblad|ły *adi. [policzki, twarz, osoba]* pale

pobladnąć → **poblednąć**

poblak|ły *adi. [fotografia, materiał]* faded; **zasłony ~łe od słońca** sun-faded curtains

poblak|nąć *pf* (**~ł** a. **~nął**) *vi [fotografia, materiał, kolor]* to fade; *[oczy]* to dim; **~nąć ze starości** to fade with age ⇒ **blaknąć**

poblask *m* (*G* **~u**) książk. gleam; **nikły ~ księżyca** a faint gleam of moonlight; **ostatnie ~i zachodzącego słońca** the last rays of the setting sun

pobl|ednąć *pf* (**~adł**) *vi* [1] *[osoba, twarz]* to pale; **~adły jej policzki** her cheeks paled; **~adł ze strachu** he paled with fear ⇒ **blednąć** [2] *[gwiazdy, materiał]* to fade; **kolory ~adły od słońca** the colours faded in the sun ⇒ **blednąć**

poblis|ki *adi. [budynek, teren, pola]* nearby

pobliż|e *n* vicinity; **z ~a dobiegał czyjś głos** somebody's voice could be a. was heard nearby; **poszedłem w ~e katedry** I went close by the cathedral; **w ~u czegoś** in the vicinity of sth; **w ~u kogoś** close to sb; **na szczęście byłem w ~u** fortunately, I was close by

pobłaża|ć *impf vi* książk. **~ć komuś** to be tolerant towards sb; **~ć czyimś wybrykom** to turn a blind eye to sb's excesses;

~ć czyjemuś lenistwu to tolerate sb's laziness; **nie ~ć komuś w niczym** to be tough on sb

pobłażani|e **II** *sv* → **pobłażać**

II *n sgt* książk. understanding; **mieć dla kogoś ~e** to be understanding of sb; **nie mieć ~a dla kogoś/czegoś** to be tough on sb/sth; **okazywać ~e dla czyichś słabostek** to tolerate sb's weaknesses; **uśmiechnąć się z ~em** to give a forgiving smile; **traktować kogoś z ~em** to treat sb with understanding; **karać kogoś bez ~a** to punish sb severely

pobłażliwie *adv. grad. [uśmiechać się]* indulgently; **traktować kogoś** a. **odnosić się do kogoś ~** to be indulgent towards sb; **patrzeć ~ na czyjeś błędy/wybryki** to tolerate sb's mistakes/excesses; **potraktował sprawę zbyt ~** he treated the matter a. issue too lightly

pobłażliwoś|ć *f sgt* książk. *(wyrozumiałość)* understanding; *(brak stanowczości)* leniency; **okazać komuś ~ć** to show leniency to a. towards sb; **traktować z ~cią czyjeś wybryki** to tolerate sb's excesses

pobłażliw|y *adi. [uśmiech, wzrok]* forgiving; *[osoba]* lenient; **być ~ym wobec kogoś** to be lenient towards a. with sb

pobłą|dzić *pf vi* [1] książk. *(zgubić drogę)* to lose one's way; **~dziliśmy w lesie** we got lost in the woods [2] *(powałęsać się)* to roam; **~dziliśmy trochę po mieście** we roamed around the city for a while [3] książk. *(popełnić błędy)* to err książk.

pobłogosław|ić *pf vt* [1] *(udzielić błogosławieństwa)* to bless *[osobę, przedmiot]*; **ksiądz ~ił zebranych** the priest blessed the congregation ⇒ **błogosławić** [2] przen. *(zaaprobować)* to give one's blessing to *[plan, zamiar]* ⇒ **błogosławić**

II *vi [Bóg]* to bless *vt*; **~ić komuś** to bless sb ⇒ **błogosławić**

pobocz|e *n* (*Gpl* **~y**) Aut. (hard) shoulder; **na ~u** on the (hard) shoulder; **zjechać na ~e** to pull over

poboczn|y *adi. [kwestia, sprawa]* marginal; **wątek ~y** a subplot; **akcent ~y** Jęz. a secondary stress

pobojowisk|o *n* battlefield; *(po bombardowaniu)* bomb site; **pokój wyglądał jak ~o** the room looked as if a tornado a. bomb had hit it

pobol|eć¹ *pf* (**~i, ~ał**) *vi* to hurt, to ache; **ząb ~ał i przestał** the tooth ached for some time and then stopped; **może trochę ~eć** it may hurt a bit

pobol|eć² *pf* (**~eję, ~ał, ~eli**) *vi* książk. to grieve *(nad kimś/czymś* for sb/sth); **tylko matka nad nim ~eje** only his mother will grieve for him

pobolewa|ć *impf vi [rana, noga]* to hurt; **głowa mnie ~** *(trochę* boli) I have a slight headache; *(boli z przerwami)* I get intermittent headaches a. the occasional headache; **~nie w dole brzucha** *(słaby ból)* a slight pain in the lower stomach; *(powtarzający się ból)* a nagging pain in the lower stomach; **trochę mnie ~ w nodze** my leg hurts a bit

poborc|a *m* collector; **~a podatkowy** a tax collector; **~a podatków** a tax collector

poborow|y **II** *adi.* Wojsk. *[karta, komisja]* conscription *attr.* GB, draft *attr.* US; **stanąć**

przed komisją ~ą to appear before the conscription board a. draft board US; **mężczyźni w wieku ~ym** men of military age

II *m* national serviceman, conscript

pobożnie *adv. grad. [przeżegnać się, klęknąć]* piously

pobożni|sia *f* pejor. goody-goody pot., pejor., goody-two-shoes pot., pejor.

pobożni|ś *m* pejor. ≈ Holy Joe pot., pejor.

pobożnoś|ć *f sgt* piety

pobożn|y *adi. grad.* [1] *(wierzący w Boga)* *[rodzina, życie]* godly, devout; *[bractwo]* religious [2] *(odnoszący się do Boga)* *[rozmyślania, hymn, modlitwy]* pious

pob|ór *m* (*G* **~oru**) [1] Wojsk. conscription; **obowiązkowy ~ór do wojska** compulsory enlistment into the armed forces, conscription GB, draft US; **~ór nowego rocznika** conscription of the new group of recruits; **zgłosić się do ~oru** to enrol GB a. enroll US for conscription; **moi koledzy z ~oru** pot. my friends from the army [2] *(czerpanie)* drawing; *(zużycie)* consumption; **urządzenie do ~oru wody** a device for drawing water; **~ór mocy** power consumption; **zwiększony ~ór wody/energii** increased consumption of water/energy [3] *(podatków, ceł)* collection **(czegoś** of sth)

II pobory *plt* książk. salary; **wysokie/niskie ~y** a high/low salary

pob|óść *pf* (**~odę, ~odziesz, ~odzie, ~ódł, ~odła, ~odli**) **II** *vt [byk, baran]* to gore; **~ódł go byk** he was gored by a bull ⇒ **bóść**

II pobóść się *[barany, jelenie]* to butt each other ⇒ **bóść się**

pob|rać¹ *pf* — **pob|ierać¹** *impf* (**~iorę, ~ierzesz — ~ieram**) **II** *vt* [1] książk. *(wymagać opłaty)* to charge *[opłatę, prowizję, podatek]*; **~ierać opłatę za wstęp** to charge an entrance fee; **~rał od nas opłatę w wysokości 100 dolarów** he charged us a fee of $100; **~ierać opłaty za przejazd** to collect tolls; **bank ~iera 1% od każdej operacji** the bank charges 1% (commission) on each transaction; **agent ~iera 10% prowizji** the agent charges 10% commission; **od transakcji ~rano 1% podatku** 1% tax was charged on the transaction; **~rać od kogoś 1000 złotych jako zaliczkę** to charge sb 1,000 zlotys as a deposit [2] książk. *(zarabiać)* to receive *[pensję, emeryturę, honorarium]*; **prezes ~iera pensję w wysokości 10 tysięcy złotych** the president receives a salary of 10,000 zlotys [3] *(wziąć)* to pick [sth] up, to pick up *[narzędzia, broń]*; **prowiant prosimy ~ierać w stołówce** please pick up your lunch bags in the canteen; **~brać pieniądze z konta** to withdraw a. draw money from an account [4] *(czerpać)* *[roślina, korzenie]* to take [sth] up, to take up *[wodę]*; *[urządzenie]* to take *[energię, prąd]*; **~ierać ciepło z miejskiej sieci** to have central heating from the communal supply system; **fabryka ~iera wodę z jeziora** the plant draws water from the lake; **rośliny ~ierają składniki odżywcze z ziemi** plants take up nutrients from the soil; **urządzenie ~iera zbyt dużo prądu** the device uses too much energy [5] *(do badań, przeszczepu)* to take *[organ, próbkę]*; **~rać komuś krew** to take a blood sample from sb; **miałem ~ieraną krew** I had a blood sample taken; **~rać komuś płyn rdzeniowy do analizy** to remove a sample of sb's spinal fluid; **sonda ~rała próbki marsjańskiego gruntu** the probe took samples of Martian soil

III pobrać się — pobierać się *[kobieta i mężczyzna]* to get married; **~rać się z kimś** to get married to sb; **podobno się ~racie** I hear you're getting married

pob|rać² *pf* (**~iorę**) *vt* (wziąć wiele) to take; **~rali mnóstwo niepotrzebnych rzeczy** they took lots of unnecessary stuff; **~rali kredyty i teraz nie mogą ich spłacić** they took out loans and now they can't pay them off

pobrata|ć *pf* książk. **II** *vt* to bring [sb] (back) together; **nieszczęście ich ~ło** the disaster brought them together

III pobratać się to fraternize (**z kimś** with sb)

pobratymcz|y *adi.* książk. *[naród, kraj]* brotherly

pobratym|iec *m* książk. [1] (rodak) countryman [2] (pokrewnej narodowości) **ich ~cy Rosjanie** Russians, their fellow Slavs [3] (druh) friend

pobru|dzić *pf* **II** *vt* to soil; (poplamić) to stain; (wysmarować) to smear; **~dzić ścianę rękami** to smear a wall with fingermarks; **~dzić coś tłuszczem** to smear sth with grease; **~dzić coś błotem** to get sth muddy; **~dzić sobie twarz/ręce sadzą** to get one's face/hands sooty; **~dzić sobie ubranie** to soil a. dirty one's clothes; **chusteczka ~dzona szminką** a handkerchief smeared with lipstick; **twarz/koszula ~dzona krwią** a bloodstained face/shirt ⇒ **brudzić**

III pobrudzić się *[osoba]* to get dirty; **~dzić się sadzą/błotem** to get sooty/muddy; **~dzić się farbą/smarem** to get oneself covered in paint/grease; **~dzić się na twarzy** to get one's face dirty; **cały się ~dziłeś** you're all dirty; **~dziła mi się sukienka** I've soiled my dress ⇒ **brudzić się**

pobru|ździć *pf vt* to furrow *[pole, drogę, twarz]*; **droga ~żdżona koleinami** a rutted road; **zmartwienia ~ździły mu twarz** worries have furrowed his brow; **twarz ~żdżona zmarszczkami** a furrowed face ⇒ **bruździć**

pobrzeż|e *n* (*Gpl* **~y**) książk. [1] (brzeg) **~e rzeki** a riverbank; **~e Morza Śródziemnego** the Mediterranean coast; **mapa ~a Bałtyku** a map of the Baltic coast [2] (skraj) edge (**czegoś** of sth); **~e drogi** the roadside; **na ~ach wsi** on the outskirts of the village; **na ~ach lasu** on the edge of the forest

pobrzeżn|y *adi.* książk. *[klimat, skały]* coastal

pobrzmiewa|ć *impf vi* książk. [1] *[muzyka, dzwon]* to be heard; **w pokoju ~ła muzyka** faint sounds of music could be heard in the room; **w dali ~ł dzwon** a bell tolled in the distance [2] przen. **w jej głosie ~ł ton groźby** her voice had a menacing edge to it; **w jego słowach ~ła nutka żalu** there was a note a. tinge of regret in his voice; **głos jej ~ł zniecierpliwieniem** her voice sounded impatient; **w powieści ~ją akcenty saty-**

ryczne the novel has a satirical edge a. some satirical undertones

pobud|ka *f* [1] (budzenie, sygnał) reveille; **~ka jest o 6** (the) reveille a. the wake-up call is at 6 a.m.; **urządzić komuś ~kę** to wake sb up; **zagrać ~kę** to sound the reveille; **~!** wakey-wakey! pot. [2] zw. *pl* książk. (motyw) reason; **~ki czyjegoś postępowania** the reasons for sb's actions; **~ka do działania** an incentive to act; **zrobić coś z ~ek patriotycznych** to do sth for patriotic reasons; **zrobić coś z niskich/ze szlachetnych ~ek** to act on a base/noble impulse

pobudliwoś|ć *f sgt* Fizj. excitability; **~ć nerwowa/ruchowa/płciowa** neural/motor/sexual excitability

pobudliw|y *adi.* *[osoba]* excitable; **jest zbyt ~a** she's too excitable

pobud|ować *pf* **II** *vt* to build; **w mieście ~owano wiele nowych biurowców** a lot of new office buildings were built in the city

III pobudować się to build a house for oneself

pobudzać *impf* → **pobudzić¹**

pobudzająco *adv.* **działać ~ na coś/na kogoś** to have a stimulating effect on sth/sb

pobudzając|y **II** *pa* → **pobudzić¹**

III *adi.* stimulating, stimulant; **leki/środki ~e** stimulants

pobudzeni|e **II** *sv* → **pobudzić¹**

III *n sgt* excitement; (zdenerwowanie) agitation

pobu|dzić¹ *pf* — **pobu|dzać** *impf* **II** *vt* [1] (nasilić) to stimulate *[zainteresowanie, apetyt]*; **~dzać czyjąś aktywność umysłową** to stimulate sb intellectually; **~dzać wydzielanie soków żołądkowych** to stimulate the gastric juices; **opisy ~dzające wyobraźnię** descriptions that fire the imagination [2] (zmotywować) to prompt *[osobę]*; **~dzać kogoś do działania** to spur sb into action; **~dzać serce do aktywniejszej pracy** to stimulate the heartbeat [3] (wywołać aktywność) *[alkohol, substancja]* to stimulate; **kawa ~dza (organizm)** coffee is a stimulant; **być (nadmiernie) ~dzonym** to be (over)excited [4] (seksualnie) to arouse *[osobę]*; **być ~dzonym** to be aroused

III pobudzić się — pobudzać się [1] (znaleźć motywację) to motivate oneself; **~dzać się do pracy** to motivate oneself to work [2] (brać środki pobudzające) to stimulate oneself; **~dzać się alkoholem** to use alcohol as a stimulant [3] (seksualnie) (masturbacją) to stimulate oneself; (pornografią) to be (sexually) roused

pobu|dzić² *pf* **II** *vt* (ze snu) to wake *[osoby]*; **~dził wszystkich w domu** he woke everybody in the home

III pobudzić się *[osoby]* to wake up; **wszyscy się ~dzili** everybody woke up

pob|yć *pf* (**~ędę**, **~ył**, **~yli**) to stay; **~ył u nas kilka miesięcy** he stayed with us for a few months; **~ądź ze mną chwilę** stay with me (for) a while

poby|t *m* (*G* **~tu**) stay; **krótki/dwuletni ~t w Anglii** a short/two-year stay in England; **w czasie (jego) ~tu w szpitalu** during his stay in hospital; **skrócić swój ~t za granicą** to cut short one's stay

abroad; **czyjeś miejsce ~tu** sb's whereabouts; (adres) sb's abode; **zameldować się na ~t stały** to register for permanent residence; **prawo stałego ~u** permanent residence permit

pobytow|y *adi.* **wczasy ~e** long-stay holidays; **wiza ~a** a long-stay a. residence visa

pocał|ować *pf* **II** *vt* to kiss; **~ować kogoś w policzek/usta** to kiss sb on the cheek/lips; **~ować kogoś na dobranoc/pożegnanie** to kiss sb goodnight/goodbye; **~ował ją szarmancko w rękę** he kissed her gallantly on the hand; **wyciągnęła rękę do ~owania** she held out her hand to be kissed; **~uj mamusię!** give mummy a kiss!; **daj, ~uję, żeby nie bolało** let me kiss it better ⇒ **całować**

III pocałować się to kiss; **~owali się** they kissed ⇒ **całować się**

■ zrobi to z ~owaniem ręki pot. he'll be happy to do it; **~uj mnie w dupę** a. **gdzieś!** posp. kiss my arse GB a. ass US! posp.

pocałun|ek *m* (*G* **~ku**) kiss; **długi/namiętny ~ek** a long/passionate kiss; **~ek w policzek/usta** a kiss on the cheek/lips; **złożyć ~ek na czyjejś dłoni** książk. to kiss sb's hand; **okryć** a. **obsypać kogoś ~kami** książk. to smother sb with kisses; **oddać ~ek** to kiss back; **przesłać komuś ~ek** to blow sb a kiss

pochew|ka *f* [1] dem. (na nóż) sheath; (etui) case; **~ka na okulary** a spectacle case [2] Bot. sheath [3] Techn. (zamknięcie) sleeve

pochlap|ać *pf* (**~ię**) **II** *vt* to spatter; **~ać kogoś/coś farbą** to spatter sb/sth with paint; **spodnie ~ane błotem** mud-spattered trousers

III pochlapać się [1] (ubrudzić się) **~ać się czymś** to spatter oneself with sth [2] (popluskać się) to splash; **chodźmy się ~ać w basenie** let's have a splash in the pool

pochlebc|a *m* książk. flatterer, sycophant

pochlebczo *adv.* książk. *[śmiać się, zachowywać się]* sycophantically; *[kłaniać się]* servilely

pochlebcz|y *adi.* książk. *[zachowanie, uśmiech]* sycophantic; *[opinia, gest]* flattering

pochlebiać *impf* → **pochlebić**

pochlebi|ć *pf* — **pochlebi|ać** *impf vi* książk. [1] (wychwalać) *[osoba]* to flatter *vt*; **~ać komuś** to flatter sb; **~ać czyjejś inteligencji** to flatter sb about a. on their intelligence; **~am sobie, że...** I flatter myself that... [2] (sprawiać przyjemność) **~a mi, że...** I'm flattered that...; **to mi ~a** I'm flattered; **~ać czyjejś próżności** to flatter sb's vanity; **jej słowa bardzo mu ~ły** he was very flattered by what she said

pochlebnie *adv. grad.* [1] (pozytywnie) favourably GB, favorably US; **wyrażać się ~** a. **jak najpochlebniej o kimś/czymś** to speak very highly a. favourably of sb/sth [2] (pochlebczo) flatteringly

pochlebn|y *adi. grad.* [1] (pozytywny) *[sąd, opinia, recenzja]* favourable GB, favorable US [2] pejor. (pochlebczy) *[słówka, gesty]* flattering [3] (godny pochwały) commendable; **to nie jest zbyt ~a cecha** it's not a very commendable trait

pochlebstw|o *n* książk. flattery; **słuchać tanich ~** to listen to cheap flattery; **~ami nic nie zyskasz** flattery will get you nowhere

pochlip|ywać *impf vi* to snivel; **ciche ~ywanie** quiet snivelling

pochlub|ić się *v refl.* książk. **móc się czymś ~ić** to pride oneself/itself on sth; **szkoła może się ~ić długą historią** the school prides itself on its long history; **mamy się czym ~ić** we have a lot to be proud of ⇒ **chlubić się**

pochłaniacz *m* [1] Chem. absorbent [2] Techn., Wojsk. absorber

pochłaniać *impf* → **pochłonąć**

pochł|onąć *pf* — **pochł|aniać** *impf* (**~onęła, ~onęli — ~aniam**) *vt* [1] (zniszczyć) [wojna, wypadek, powódź] to claim [osoby, życie]; [ogień, płomienie] to ravage [dobytek]; **katastrofa ~onęła setki ofiar** the disaster claimed hundreds of victims [2] (zużyć) [inwestycja, przedsięwzięcie] to eat up [wydatki]; to take [czas, siły]; **projekt ~onął ogromne sumy** the project ate up large sums of money; **to ~ania mnóstwo energii/czasu** it takes lots of energy/time [3] (zaabsorbować) to preoccupy; **~aniać czyjeś myśli** to preoccupy sb's thoughts; **~aniać czyjąś uwagę** to command sb's attention; **to go całkowicie ~onęło** he was totally preoccupied with it; **badania naukowe ~aniały go bez reszty** he was totally preoccupied with his research; **być ~oniętym pracą/lekturą** to be preoccupied with a. engrossed in one's work/with reading [4] (wessać) [lodowiec, fala, morze] to engulf; **niech go piekło ~onie!** may he rot in hell! [5] pot. (zjeść) to devour [obiad, posiłek]; to consume [herbatę, kawę]; **~onął dwa talerze zupy** he devoured two bowls of soup; **mój syn ~ania ogromne ilości jedzenia** my son consumes enormous quantities of food; **~aniać kogoś/coś wzrokiem** a. **oczami** przen. to devour sb/sth with one's eyes [6] (przeczytać) to devour [książkę]; **~onął coś jednym tchem** to devour sth in one sitting; **~aniał wszystkie książki, jakie znalazł** he devoured every book he could get his hands on [7] (wciągnąć) to absorb [kurz]; **filtr ~aniający zapachy/zanieczyszczenia** a filter absorbing smells/pollutants [8] Chem., Fiz. to absorb [dwutlenek węgla, promieniowanie, dźwięk, energię]

pochmurnie *adv.* [1] [patrzyć, spoglądać] sombrely GB, somberly US [2] (o pogodzie) **było ~** it was overcast

pochmurni|eć *impf* (**~eję, ~ał, ~eli**) *vi* [1] [niebo] to cloud over ⇒ **spochmurnieć** [2] [osoba] to become sombre GB, to become somber US; [twarz] to cloud over; **jego twarz ~ała zawsze, kiedy...** his expression clouded over whenever... ⇒ **spochmurnieć**

pochmurno *adv.* **jest ~** it's cloudy a. overcast

pochmurnoś|ć *f sgt* książk. [1] (zachmurzenie) overcast [2] (ponurość) sombreness GB, somberness US

pochmurn|y *adi. grad.* [1] Meteo. [niebo, dzień, pogoda] cloudy, overcast [2] (posępny) [osoba, twarz, milczenie] gloomy, sombre,

somber US; **był coraz ~iejszy** he grew more and more sombre a. gloomy

pochodni|a *f* (*Gpl* **~**) [1] torch; **nieść zapaloną ~ę** to carry a burning torch; **żywa ~a** przen. a human torch [2] Astron. facula

pochodn|y [] *adi. [forma, związek chemiczny]* derivative; **wyraz ~y** Jęz. a derivative; **wyrazy ~e od tego czasownika** derivates of a. words derived from this verb; **kolory ~e** Szt. secondary colours [] **pochodna** *f* [1] książk. (konsekwencja) consequence (**czegoś** of sth); (odbicie) reflection (**czegoś** of sth); **rozwój narkomanii jest ~ą liberalnego ustawodawstwa** the increase in drug abuse is a consequence of liberal laws; **zdrowa skóra jest ~ą ogólnego stanu zdrowia** a healthy skin is a reflection of good general health [2] Mat. derivative; **~a funkcji** the derivative of a function [3] Chem. derivative; **~e kwasów tłuszczowych** derivatives of fatty acids; **~e kokainy** cocaine derivatives; **nitroceluloza jest ~ą celulozy** nitrocellulose is a derivative of cellulose

pochodzeni|e [] *sv* → **pochodzić** [] *n sgt* [1] (społeczne) background; **~e robotnicze** a working-class background; **był chłopem z ~a** he came a. was descended from peasant stock; **osoby arystokratycznego ~a** people of aristocratic background (przynależność narodowa) descent, origin; **osoba polskiego/francuskiego ~a** a person of Polish/French descent; **angielski pisarz polskiego ~a** an English writer of Polish descent; **był z ~a Niemcem** he was a German by descent [3] (miejsce, sposób powstania) origin; **skały wulkanicznego ~a** rocks of volcanic origin; **białka ~a zwierzęcego** animal proteins; **słowo francuskiego ~a** a word of French origin; **kraj ~a** country of origin

pocho|dzić¹ *impf vi* [1] (wywodzić się) [osoba] to come (**z czegoś** from sth); **~dzić z Polski/Londynu** to come from Poland/London; **~dzić z rodziny robotniczej** to come from a working-class family; **skąd on ~dzi?** where does he come from?; **człowiek ~dzi od małpy** humans are descended from apes [2] (mieć źródło, przyczynę) [nazwa, słowo] to derive (**od czegoś** from sth); [ból] to originate (**z czegoś** in sth); **ból ~dzący z nerek** a pain originating in the kidneys; **towary ~dzące z przemytu/kradzieży** smuggled/stolen goods; **skąd ~dzą te plotki?** where do these rumours come from?; **rana ~dzi od uderzenia tępym narzędziem** the wound was caused by a blow with a blunt object; **informacja ~dzi z pewnego źródła** the information comes from a reliable source [3] (być z jakiegoś czasu) to date; **~dzić z XV wieku** to date from a. back to the 15th century; **film ~dzący z lat trzydziestych** a film dating from the 1930s

pocho|dzić² *pf vi* [1] (po mieście) to walk; (po górach, lesie) to ramble, to stroll; **~dzić (sobie) po parku** to have a stroll in a park; **lubię (sobie) ~dzić po górach** I enjoy an a. the occasional hike in the mountains; **~dź trochę po mieście** have a walk around the city; **muszę trochę ~dzić po sklepach** I have to go to some shops ⇒ **chodzić** [2] (w ubraniu) *vt*; **~dziłem**

w tych butach dwa miesiące I wore these shoes for two months ⇒ **chodzić** [3] pot. (dopilnować) **~dzić za czymś** a. **koło czegoś** to attend to sth; **trzeba ~dzić koło swoich spraw** you have to look after your own affairs ⇒ **chodzić**

pochopnie *adv. grad.* książk. rashly; **~ kogoś oskarżyć** to be too hasty in accusing sb; **nie rób nic ~** don't do anything rash

pochopnoś|ć *f sgt* książk. rashness, hastiness

pochopn|y *adi. grad.* książk. [decyzja, obietnica] hasty, rash; [osoba] rash; **wydać o kimś zbyt ~y sąd** to be rash in judging sb

pochor|ować *pf* [] *vi* to be sick; **~ował przez niecały tydzień** he was sick for less than a week; **dziecko musi (sobie) trochę ~ować** all children are sometimes sick [] **pochorować się** to fall sick; **ciężko się ~ować** to become seriously ill; **~ać się na grypę** to come down with a. to have (the) flu

pochowa|ć *pf* [] *vt* [1] (pogrzebać) to bury; **~ć kogoś żywcem** to bury sb alive; **~no go w rodzinnym grobowcu** he was buried in the family tomb; **jest ~ny w Londynie** he's buried in London; **~ła już trzech mężów** przen. she's already buried three husbands; **kazał się ~ć w metalowej trumnie** his last wish was to be buried in a metal coffin; **już cię ~łem!** przen. I thought you were dead! ⇒ **chować** [2] (ukryć) hide; (powkładać) to put [sth] away; **~ć prezenty w różnych kątach** to hide the presents around the house; **~ć talerze do szafki** to put the plates away in the cupboard; **~j swoje rzeczy do szuflady!** put your stuff away in the drawer!; **~jcie miecze!** sheathe your swords!; **partyzanci ~ni w górach** the guerrillas hiding in the mountains; **małe domki ~ne między drzewami** the little houses hidden among the trees ⇒ **chować** [] **pochować się** [1] (ukryć się) [osoby, zwierzęta] to hide; **dzieci ~ły się w krzakach** the children hid in the bushes [2] (zniknąć) to disappear; **nawet chmurki gdzieś się ~ły** even the clouds have disappeared

pochó|d *m* (*G* **~odu**) [1] (demonstracja) march; **~ód pierwszomajowy** a May Day march; **pójść na ~ód** to go on a march; **zorganizować ~ód ulicami miasta** to stage a march through the streets (of the city); **iść** a. **kroczyć w ~odzie** to march; **iść na czele ~odu** to head a march; **~ód ruszył spod siedziby partii** the march set off a. started from the party's headquarters [2] (grupa maszerujących ludzi) procession; **otwierać/zamykać ~ód** to head/bring up the rear of a procession [3] książk. (posuwanie się) march; **~ód wojsk** advance of the armies [4] przen., książk. march; **triumfalny ~ód komunizmu** the triumphal march of Communism

pochów|ek *m* (*G* **~ku**) [1] przest., książk. interment; **chciał mieć godny ~ek** he wanted a fitting burial; **zgotować komuś wspaniały ~ek** to inter sb with pomp; **zostawić czyjeś ciało bez ~ku** to leave

P

sb's body unburied [2] Antrop., Archeol. (grób) burial; **odkryto nowe ~ki Hunów** new Hunnish burial grounds were discovered

pochrap|ywać impf vi [1] [osoba] to snore; **spał, ~ując** (cicho) he snored softly; (od czasu do czasu) he snored every now and then a. occasionally [2] [koń] to snort; **konie ~ywały nerwowo** the horses were snorting nervously

pochrza|nić pf posp. **Ⅱ** vt to screw [sth] up posp.; **musiałem coś ~nić** I must have screwed sth up; **znowu coś ~nił w rachunkach** he's screwed up the calculations again

Ⅲ pochrzanić się (pomylić się) **~niły mi się daty/adresy** I screwed a. messed up the dates/addresses; **wszystko mu się ~niło** he screwed everything up

pochrząk|iwać impf vi [osoba, świnia] to grunt; **~iwał z zadowolenia/nerwowo** every now and then he grunted with pleasure/nervously; **słychać było ~iwanie świń** you could hear pigs grunting softly a. the soft grunting of pigs

poch|wa f [1] Anat. vagina [2] (pokrowiec) scabbard, sheath; **~wa na nóż** a knife sheath; **schować szablę do ~wy** to sheathe one's sword; **dobyć szabli z ~wy** to draw a sword [3] Bot. sheath

pochwalać impf → **pochwalić**[1]

pochwal|ić[1] pf — **pochwal|ać** impf vt to approve vi; **~ać kogoś/coś** to approve of sb/sth; **nie ~am bicia dzieci** I don't approve of hitting children; **ojciec nie ~ałby jego postępku** his father wouldn't approve of what he had done

pochwal|ić[2] pf **Ⅱ** vt to praise [osobę, rzecz, postępowanie]; **~ić kogoś za coś** to praise sb for sth; **zostali ~eni za lojalność** they were commended for their loyalty; **recenzenci ~ili film za autentyczność** the reviewers praised the film for its authenticity; **został ~ony przed całą klasą** he was praised in front of the entire class; **~ili moją pracę** they praised my work; **gość ~ił zupę** the guest praised the soup; **„ładne mieszkanie" – ~ił** 'nice flat,' he said approvingly; **niech będzie ~ony (Jezus Chrystus)!, ~ony!** praise be to God a. Praise the Lord! ⇒ **chwalić**

Ⅲ pochwalić się [1] (powiedzieć) **~iła mi się, że...** she proudly told me that...; **„zdałem" – ~ił się** 'I passed,' he said proudly [2] (popisać się) to show off; **~ić się czymś** to show sth off; **~ić się przed kimś** to show off to sb; **szkoła może się ~ić długą tradycją** the school boasts a long tradition; **mógł się ~ić wieloma osiągnięciami** he had many achievements to his credit ⇒ **chwalić się**

pochwalnie adv. **wyrażać się a. mówić ~ o kimś/czymś** to speak highly of sb/sth

pochwaln|y adi. [uwaga, wzmianka, przemówienie] laudatory; **list ~y** a letter of praise; **hymn ~y** a hymn of praise; **śpiewać hymny ~e na cześć kogoś/czegoś** to sing hymns of praise to sb; przen. to sing the praises of sb/sth

pochwa|ła f praise U; (oficjalna) commendation; **~ła życia/miłości** the praise of life/love; **otrzymać pisemną ~łę** a. **~łę na piśmie za coś** to receive a written

commendation for sth; **udzielić komuś ~ły za coś** to commend sb for sth; **otrzymywała a. zbierała same ~ły** she was always highly praised; **obsypywać kogoś ~łami** to heap praise on sb; **nie szczędzić komuś/czemuś ~ł** to be full of praise for sb/sth; **przesadzić w ~łach dla kogoś/czegoś** to overpraise sb/sth; **być żądnym ~ł** to be hungry for praise; **zasłużyć na ~łę** to deserve praise; **to, co zrobił, zasługuje na najwyższą ~łę** what he did deserves the highest praise; **jego cierpliwość jest godna ~ły** his patience is praiseworthy; **godny ~ły entuzjazm/umiar** a commendable a. praiseworthy enthusiasm/moderation; **w jej ustach to prawdziwa ~ła** that's praise indeed coming from her

pochwow|y adi. [wziernik] vaginal

pochwy|cić pf vt [1] (złapać) to seize; **~cić kij/siekierę/strzelbę** to seize a stick/an axe/a shotgun; **~cić czyjąś rękę** to seize sb's hand; **~cić kogoś w ramiona** to clutch sb in one's arms [2] (pojmać) to capture; (obezwładnić) to seize; **żołnierze ~cili zbiega** the soldiers captured the fugitive; **wilk/jastrząb ~cił swoją ofiarę** the wolf/hawk seized its prey [3] (wzrokiem, słuchem) to catch [dźwięk, zapach]; **psy ~ciły ślad** the hounds caught the scent [4] (zrozumieć) to grasp [sens, wątek]; **w lot ~cił, o co mi chodziło** he immediately grasped what I meant

pochylać impf → **pochylić**

pochyl|ić pf — **pochyl|ać** impf **Ⅰ** vt [1] (opuścić) to lower, to bend [głowę]; (z szacunkiem) to bow [głowę]; to dip [sztandar]; **~ić głowę na piersi** to lower one's head to one's chest; **stać z ~oną głową** to stand with one's head lowered a. bowed a. bent; **~ić głowę przed ołtarzem** bow your head to the altar; **~ić głowę przed kimś/czymś** przen. to take one's hat off to sb/sth przen.; **przywitać kogoś lekkim ~eniem głowy** to greet sb with a slight bow a. nod of the head; **byli ~eni nad mapą/książką** they were bent a. leaning over a map/book; **zobaczyła ~onego nad sobą mężczyznę** she saw a man bending a. leaning over her [2] (przekrzywić) to bend [słup, drzewo]; **wiatr ~ał drzewa** the wind was bending the trees

Ⅱ pochylić się — pochylać się [1] (zgiąć się) [osoba] to bend; **~ić się do przodu** to bend forward; **~ić się nad kimś/czymś** to bend a. lean over sb/sth; **~ać się nad ubogimi** przen. to reach out to the poor; **~ać się nad czyimiś problemami** przen. to give one's attention to sb's problems; **jego głowa ~iła się jeszcze bardziej** he bent his head even lower; **słońce ~iło się ku zachodowi** książk. the sun went down towards the west [2] (przekrzywić się) to tilt; **statek ~ił się na prawą burtę** the ship tilted to the right

pochylni|a f (Gpl ~) [1] ramp; **wjechać/zjechać po ~** to go up/down a ramp [2] Górn. ramp [3] (w stoczni) slipway; **statek stoi jeszcze na ~** the ship is still on the slipway; **nowy okręt zjechał z ~** the new ship has left the slipway

pochyłoś|ć f sgt slope; **ostra ~ć dachu** the sharp slope of a roof; **gospodarstwo leży na ~ci wzgórza** the farm is situated on a slope; **stoczyć się po ~ci** to roll down a slope

pochy|ły adi. [teren, uliczka, pismo, drzewo] sloping; **~ła powierzchnia dachu** a sloping rooftop

po|ciąć pf (potnę, pocięła, pocięli) **Ⅰ** vt [1] (na kawałki) to cut [materiał, szkło, metal] (czymś with sth); **pociąć coś na kawałki** to cut sth up; **pociąć coś na plasterki** to slice sth (up); **pociąć coś na paski** to cut sth into strips; **pociąć papier nożyczkami** to cut paper with scissors; **pociąć coś na złom** to turn sth into scrap; **pociąć drewno piłą/siekierą** to saw/chop some wood; **stos pociętego drewna** (piłą) a pile of sawn wood; (siekierą) a pile of chopped wood ⇒ **ciąć** [2] (rozciąć) to slash [rękę, siedzenie, obraz]; (porysować) to score [blat, ławkę]; **pociąć kogoś nożem** to slash sb with a knife; **pociąć komuś opony** to slash sb's tyres; **stół pocięty scyzorykiem** a table top scratched with a pocketknife; **czoło pocięte zmarszczkami** przen. a forehead furrowed with wrinkles; **krajobraz pocięty głębokimi wąwozami** przen. a landscape furrowed with deep gorges [3] pot. (pogryźć) [komary, muchy] to bite; [mole] to eat; **pocięły go osy** he was stung by wasps; **mrówki mnie pocięły** I was bitten by ants; **mole pocięły mi płaszcz** moths ate my coat; **spodnie pocięte przez mole** moth-eaten trousers

Ⅲ pociąć się pot. [1] (popełnić samobójstwo) to slash one's wrist [2] (pokaleczyć się nawzajem) to slash each other; **pocięli się brzytwami** they slashed each other with razors

pociąg m (G ~u) [1] Kolej train; **~ pośpieszny/ekspresowy** a fast/an express train; **~ towarowy** a freight train; **~ osobowy** a slow train; **~ podmiejski/dalekobieżny** a commuter/long-distance train; **~ elektryczny** an electric train; **~ do Krakowa** a train to Cracow a. a Cracow train; **~ z Berlina** a train from Berlin; **w ~u** on a. in the train; **przyjechać ~iem o piątej** to come on the five o'clock train; **wsiąść do/wysiąść z ~u** to get on/off a train; **podróżować ~iem** to travel by train; **pojechać ~iem do Paryża** to take a train to Paris; **zdążyć/spóźnić się na ~** to catch/miss a train; **wyjść po kogoś na ~** to meet sb's train; **o której odchodzi następny ~ do Warszawy?** when is the next train to Warsaw?; **dokąd jedzie ten ~?** where does this train go (to)?; **ostatni ~ odchodzi/przyjeżdża o północy** the last train leaves/arrives at midnight; **~ spóźnił się o godzinę** the train was an hour late; **~ ma dwie godziny opóźnienia** the train is running two hours late [2] (skłonność) predilection (**do kogoś/czegoś** for sb/sth); **~ do młodych chłopców** a predilection for young boys; **~ seksualny** sexual attraction; **mieć ~ do czegoś** to have a predilection for sth; **mieć ~ do wódki** to have a liking for drink; **stracić ~ do czegoś** to lose one's fondness for sth

❑ **~ drogowy** Techn. articulated lorry GB, trailer truck US; **~ pancerny** Techn. armoured train; **~ sanitarny** Med. ambulance train

pociągać *impf* → **pociągnąć**[1]

pociągająco *adv.* książk. **wyglądać ~** to look desirable

pociągając|y [] *pa* → **pociągnąć**[1]
[] *adi.* [1] (erotycznie) [osoba] desirable; **miała w sobie coś ~ego** there was something desirable about her [2] (atrakcyjny) [uśmiech, wygląd] appealing; **to nie jest zbyt ~a perspektywa** it's not the most appealing of prospects

pociąg|ły *adi.* [twarz] elongated, oval

pociąg|nąć[1] *pf* — **pociąg|ać** *impf* (~nęła, ~nęli — ~am) [] *vt* [1] (szarpnąć) to pull; **~nąć kogoś za rękaw/rękę** to pull sb's sleeve/hand; **~nąć psa za ogon** to pull a dog by its tail; **~nąć (za) linę** to pull (at) a rope; **~nął ją ku sobie** he pulled her towards him; **~nąć kogoś w przepaść** to pull sb down a precipice; **plecak ~nął go do tyłu** he stumbled backwards under the weight of his rucksack ⇒ **ciągnąć** [2] (przesunąć) to pull, to draw [wóz, wagon]; **koń tego nie ~nie** the horse won't manage to move it ⇒ **ciągnąć** [3] (być atrakcyjnym) to draw; (erotycznie) to attract; **ona go ~a** he feels attracted to her; **~ał go w niej jej uśmiech** it was her smile that attracted him; **zawsze ~ała go scena** he always felt drawn to the stage; **nie ~a mnie polityka** I don't feel drawn to politics; **~a go przygoda** he longs for adventure [4] (spowodować) **~nąć za sobą poważne skutki** to carry with it serious consequences; **to ~nęło za sobą spore straty** it resulted in considerable losses [5] (przesunąć) to draw; **~nąć ręką po twarzy** to draw one's hand across one's face; **~nąć smyczkiem po strunach** to draw a bow across the strings ⇒ **ciągnąć** [6] (pokryć) to cover; **~nąć coś warstwą farby/lakieru** to cover sth with a layer of paint/varnish [7] (zachęcić) **~ąć kogoś do zrobienia czegoś** to make sb do sth; **~nęła za sobą wielu ludzi** many people followed her [8] pot. (wypić) to drink, to take a sip of; **~nąć wódki** to knock back some vodka pot.; **~nąć łyk z butelki** to take a sip from a bottle; **tęgo ~nął z manierki** he took a long pull at his canteen ⇒ **ciągnąć**

[] **pociągnąć się — pociągać się** [osoba] **~nąć się za ucho** to pull one's ear ⇒ **ciągnąć się**

■ **~nąć kogoś do odpowiedzialności** to bring sb to justice; **sprawcy zostali ~nięci do odpowiedzialności** the perpetrators were brought to justice; **~nąć kogoś za język** to draw sb (out); **~ać nosem** to sniff

pociągn|ąć[2] *pf* (~ęła, ~ęli) [] *vt* [1] (wytyczyć) to run [linię kolejową, rurociąg, kabel]; **~ąć drogę wzdłuż rzeki** to build a road along a river ⇒ **ciągnąć** [2] (kontynuować) to carry on with [wątek]; **~ąć dalej jakąś myśl** to go further along a line of thought ⇒ **ciągnąć** [3] pot. (popchnąć) to push [sth] forward; **~ąć sprawę do przodu** to push an issue forward ⇒ **ciągnąć**
[] *vi* [1] (udać się) [armia, wódz] to head; **Napoleon ~ął na wschód** Napoleon

headed a. pushed east ⇒ **ciągnąć** [2] (powiać) **od rzeki ~ęło chłodem** there was a cool breeze off the river ⇒ **ciągnąć** [3] pot. (pożyć) **on już długo nie ~ie** he won't be around much longer pot.

pociągnię|cie [] *sv* → **pociągnąć**[1,2]
[] *n* [1] (szarpnięcie) pull; **jedno mocne ~cie i drzwi się otworzyły** one good pull and the door flew open; **~cie pędzla** a. **pędzlem** a stroke of a brush, a brush stroke [2] (posunięcie) move; **dobre/złe ~cie** a good/bad move

pociągow|y *adi.* [zwierzę, wół] draught; [siła] tractive; **koń ~y** a workhorse, a carthorse

po|cić się *impf v refl.* [1] [osoba, zwierzę, ręce] to sweat, to perspire; **pocić się od upału** to sweat a. perspire from the heat; **pocę się w tym swetrze/płaszczu** this pullover/coat makes me sweat; **pocić się ze strachu** to be in a cold sweat, to sweat with fear; **pocą mi się ręce/nogi** my hands/feet perspire a. are perspiring ⇒ **spocić się** [2] przen. (męczyć się) to drudge (**nad czymś** at sth) ⇒ **napocić się** [3] pot. [szyba, okulary] to mist over a. up

pocie|c *pf* (~kł, ~kła, ~kli) *vi* [woda] to trickle; [krew] to trickle, to ooze; [pot] to pour down; **woda ~kła z kranu** water trickled from the tap; **łzy ~kły jej po policzkach** tears trickled down her cheeks; **krew ~kła mu z nosa** blood trickled a. oozed from his nose

pocie|cha *f* [1] (pocieszenie) solace; **słowa ~chy** comforting words; **nieść komuś ~chę** to bring a. give solace to sb; **szukać ~chy w czymś/u kogoś** to seek solace in sth/from sb; **znajdować ~chę w czymś** to find solace in sth; **czerpać ~chę z czegoś** to draw solace from sth, to find solace in sth; **to marna ~cha, że...** (it's) cold comfort that... [2] pot. (pożytek) **miała z niego ~chę** (oparcie) he was a great comfort to her; (pomoc) he was of great help to her; **będzie z niego ~cha** he will be very useful; **mają sto ~ch z tym dzieciakiem** they have a lot of fun with the kid [3] pot., pieszcz. (dziecko) kid pot.

pocieknąć → **pociec**

po ciemku *adv.* [siedzieć, wstawać] in the dark

pociemnia|ły *adi* [1] [niebo] darkened [2] [drewno, obraz, metal] darkened; **ściany ~łe od dymu** smoke-darkened walls [3] [twarz, oczy] darkened; **oczy ~łe gniewem** a. **od gniewu** eyes darkened with anger

pociemni|eć *pf* (~eję, ~ał, ~eli) *vi* [1] [niebo] to darken, to grow dark; **na dworze ~ało** it grew dark outside; **~ało mu w oczach i zemdlał** everything went black and he fainted ⇒ **ciemnieć** [2] (kolor, włosy) to darken, to grow dark/darker; **bale ~ały ze starości** the logs darkened with age ⇒ **ciemnieć** [3] (ze złości) [oczy, twarz] to darken; **oczy mu ~ały z gniewu** his eyes darkened with anger ⇒ **ciemnieć**

pocierać *impf* → **potrzeć**

pocieszać *impf* → **pocieszyć**

pocieszająco *adv.* [mówić] comfortingly, consolingly; **to brzmi ~** it sounds comfor-

ting; **sytuacja nie wygląda ~** the situation doesn't look good

pocieszając|y [] *pa* → **pocieszyć**
[] *adi.* [1] [słowa, głos, ton] comforting, consoling [2] [wiadomość, znak] encouraging, heartening; **to ~ce, że...** a. **~ce jest to, że...** it is heartening that...

pocieszeni|e [] *sv* → **pocieszyć**
[] *n sgt* comfort, consolation; **znaleźć ~e w czymś** to find comfort a. consolation in sth; **szukać ~a w alkoholu** to seek solace in drink a. the bottle; **nagroda ~a** a consolation prize; **to żadne ~e, że...** it's no consolation, that...; **na ~e** as a consolation

pocieszn|ie *adv. grad.* [mówić, chodzić] hilariously; **wyglądać ~** to look hilarious

pocieszn|y *adi. grad.* [wygląd, mina, osoba] hilarious

pocieszyciel *m,* **~ka** *f* (Gpl ~i, ~ek) książk. comforter; **być komuś** a. **dla kogoś ~em/~ką** to be a comfort to sb

pociesz|yć *pf* — **pociesz|ać** *impf* [] *vt* to comfort, to console; **~yć kogoś po czymś** to console sb on sth; **ta wiadomość mnie ~yła** I found the news heartening; **~yło mnie, że...** I found it comforting, that...; **~ał mnie, że to można jeszcze naprawić** he tried to comfort me, saying that it could be repaired; **jeżeli cię to ~y...** if it's any comfort (to you)...

[] **pocieszyć się — pocieszać się** to console oneself; **~ał się myślą, że...** he consoled himself with the thought that...; **~ał się, że mogło być gorzej** he tried to console himself that it could have been worse; **~ się, że jemu też się nie udało** he failed as well, if it's any comfort (to you)

pociot|ek *m* (Npl ~ki) pot. distant relative

pocisk *m* (G ~u) missile; (artyleryjski) shell; (z pistoletu, karabinu) bullet; **~ balistyczny** a ballistic missile; **~ przeciwpancerny/ przeciwlotniczy** an anti-tank/anti-aircraft shell; **~ zapalający** an incendiary bomb; **grad ~ów** a hail of shells/bullets; **niedaleko wybuchł ~** a shell exploded nearby; **~ przeleciał nad nami** a shell flew overhead; **czołg został trafiony ~iem armatnim** the tank was hit by a shell; **~ ugodził go w ramię** he was hit by a bullet; **używali kamieni jako ~ów** they used stones as missiles

❏ **~ kierowany** guided missile; **~ odłamkowy** (lotniczy) fragmentation bomb; (artyleryjski) artillery shell; **~ smugowy** tracer bullet

pocukrować przest. → **pocukrzyć**

pocukrz|yć *pf vt* to sugar, to sweeten [herbatę, potrawę]; **mocno ~ona herbata** heavily sweetened tea ⇒ **cukrzyć**

pocwał|ować *pf vi* [1] [koń, jeździec] to gallop; **koń ~ował w las** the horse galloped off into the forest ⇒ **cwałować** [2] przen. [osoba] to gallop; **~ował z powrotem do pracy** he galloped off back to work ⇒ **cwałować**

pocz|ąć[1] *pf* — **pocz|ynać**[1] *impf* (~nę, ~ęła, ~ęli — ~ynam) książk. [] *vi* (zacząć) to begin; **~ąć coś robić** to begin to do sth; **~ął padać deszcz** it began to rain; **~ąwszy od środy** starting Wednesday; **ustawa wchodzi w życie ~ąwszy od następnego miesiąca** the law comes into force from next month; **wielu filozofów, od Platona ~awszy** a. **~ynając** many philosophers, from Plato onwards; **wszystko, ~awszy** a. **~ynając od spinaczy, na lodówkach kończąc** everything from paper clips to refrigerators; **różne zwierzęta, ~awszy** a. **~ynając od ślimaków, przez myszy i węże aż po koty** different creatures from snails, mice, and snakes, to cats **II począć się — poczynać się** to begin; **~ynał się dzień** day was beginning to break; **po południu ~eło się chmurzyć** in the afternoon clouds began to gather

począć² pf (**~nę, ~eła, ~eli**) książk. **I** vt 1 conceive [dziecko]; **od chwili ~ęcia** from the moment of conception 2 przen. **obyczaj ~ęty z polskiej tradycji** a custom having its origins in Polish tradition

II vi (zrobić) **cóż teraz ~niemy?** what shall we do now?; **co mam z tobą ~ąć?** what am I supposed to do with you?; **co ja bym bez ciebie ~ął?** what would I do without you?; **co mają ~ąć ci, którzy wszystko stracili?** what are the people who lost everything supposed to do?; **nie wiedział, co ze sobą ~ąć** he didn't know what to do with himself

III począć się — poczynać się [dziecko] to be conceived

począt|ek II m (G **~ku**) beginning; **~ek podróży/roku/rozmowy** the beginning of a journey/year/conversation; **na ~ku czegoś** at the beginning of sth; **już na samym ~ku** a. **zaraz na ~ku** at the very beginning; **na ~ku lat siedemdziesiątych** in the early 70s; **z ~kiem października** from the beginning of October; **z** a. **na ~ku był nieśmiały** he was shy at first; **był droższy, niż na** a. **z ~ku sądziłem** it was more expensive than I had initially thought; **od ~ku do końca** from beginning to end; **od ~ku świata** since the beginning of time; **pracuję tutaj od ~ku roku** I've been working here since the beginning of this year; **zacząć od ~ku** to start from the beginning; **od ~ku wiedziałem, że tak będzie** I always knew it would be like that; **wrócić do ~ku** to go back to the beginning; **brać ~ek od** a. **z czegoś** to have its beginnings a. origin in sth; **rzeka bierze ~ek w górach** the river has its source in the mountains; **dać ~ek czemuś** to originate sth; **na ~ek zastanówmy się, czy...** to begin with, let's think if...; **na ~ek dostałem sto złotych** to begin with I got a hundred zlotys; **nieźle jak na ~ek** not bad for a start; **~ek końca kogoś/czegoś** the beginning of the end for sb/sth; **zrobić dobry ~ek** to make a good start; **na dobry ~ek spróbujmy...** to make a good start, let's try to...

II początki plt 1 (pierwszy okres) beginnings; **~ki teatru/kina** the early days of theatre/cinema; **w ~kach chrześcijaństwa** in the origins of Christianity; **~ki parlamentu sięgają...** the origins of parliament go back to...; **~ki choroby** the early symptoms of a disease; **ich ~ki były trudne** in the beginning they had it tough 2 (podstawy) basics; **~ki angielskiego** the basics of English

początkowo adv. at first; **~ wszystko się układało** in the beginning everything went well; **trudniejszy niż ~ myślałem** more difficult than I initially thought

początkow|y adi. [sukcesy, niepowodzenia] initial; [litery, rozdziały, sceny] early

początkując|y II adi. [nauczyciel, kierowca] novice

II początkując|y m, **~a** f beginner; **angielski dla ~ych** English for beginners; **kurs dla ~ych** a beginners' course

poczciwie adv. grad. [wyglądać] good-natured adi.; **~ wyglądający człowiek** a good-natured looking man; **to bardzo ~ z jego strony** it's very kind of him

poczciw|iec m 1 (dobry człowiek) good chap 2 pejor. (prostaczek) good-natured simpleton

poczciwin|a m, f 1 (dobry człowiek) good old soul 2 pejor. (prostaczek) good-natured simpleton

poczciwoś|ć f sgt good nature

poczciw|y adi. grad. [osoba, uśmiech, twarz] good-natured; **~e psisko** a good old dog; **~y Robert!** good old Robert!; **nie ma to jak stary ~y gramofon!** there's nothing like a good old gramophone!

poczeka|ć pf vi 1 [osoba] to wait (**na kogoś/coś** for sb/sth); **~j tu na mnie** wait for me here; **~jmy do jutra** let's wait till tomorrow; **~jmy jeszcze tydzień** let's wait another week; **postanowili ~ć ze ślubem** they decided to put their wedding on hold; **~j, nie rób tego!** wait a minute, don't do it!; **~j, kto tak powiedział?** hold on, who said so?; **~jcie, nie wszyscy naraz!** hold on, one at a time!; **~jcie, niech ja pomyślę** wait a minute a. hold on let me think; **~j no, jeszcze cię dopadnę** pot. just wait till I get my hands on you! pot.; **~j, ~j jeszcze się przekonasz!** pot. just you wait and see! pot. ⇒ **czekać** 2 [praca, zadanie] to wait; **pranie może ~ć** the washing can wait; **raport niech sobie ~ka!** the report can wait! ⇒ **czekać**

poczekalni|a f (Gpl **~**) waiting room; **w ~** in the waiting room

poczekani|e II sv → **poczekać**

II n sgt pot. **robić/naprawiać coś na ~u** to make/repair sth while you wait; **wymyśliłem to na ~u** I made it up as I went along

poczerniać impf → **poczernić**

poczernia|ły adi. [drewno, zęby] blackened; **belki ~łe ze starości** beams blackened with age

poczer|nić pf — **poczer|niać** impf vt to blacken [twarz, rzęsy]

poczerni|eć pf (**~eję, ~ał, ~eli**) vi [srebro, drewno, zęby] to go black, to blacken ⇒ **czernieć**

poczerwienia|ły adi. [twarz, oczy, ręce] reddened; **oczy ~łe od płaczu** eyes reddened with crying

poczerwieni|eć pf (**~eję, ~ał, ~eli**) vi 1 [niebo, oczy] to redden; [nos, uszy] to go red; **jabłka już ~ały** the apples have already turned red; **ręce mu ~ały od mrozu** his hands went red with cold ⇒ **czerwienieć** 2 (zarumienić się) [osoba, twarz] to redden; **~eć ze złości/wstydu** to redden with anger/shame; **~eć jak burak** to turn as red as a beetroot ⇒ **czerwienieć**

pocze|sać pf (**~szę**) **II** vt **~sać (sobie) włosy** (grzebieniem) to give one's hair a quick comb; (szczotką) to give one's hair a quick brush ⇒ **czesać**

II poczesać się (grzebieniem) to give one's hair a quick comb; (szczotką) to give one's hair a quick brush

pocze|sny adi. grad. książk. important, prominent; **zajmować ~sne miejsce na półce** to have pride of place on a bookshelf; **zajmować ~sne miejsce w literaturze** to occupy an important place in literature

poczęt m (G **~tu**) 1 książk. (grono) **przyjąć kogoś w ~et studentów** to admit sb to a university; **zaliczyć kogoś w ~et członków towarzystwa** to admit sb as a member of a society 2 Szt. portrait gallery; **~et królów polskich** a gallery of portraits of Polish kings 3 Księg. **na ~et przyszłych wydatków** on account of future expenses; **dostać zaliczkę na ~et pensji** to receive one's pay in advance 4 Hist., Wojsk. (oddział) detachment

❏ **~et sztandarowy** colour party

poczęst|ować pf **II** vt 1 to offer (**kogoś czymś** sb sth); to treat (**kogoś czymś** sb to sth); **~ować kogoś herbatą/papierosem** to offer sb tea/a cigarette; **~ować kogoś obiadem** to give sb dinner ⇒ **częstować** 2 pot. **~ować kogoś wrogim spojrzeniem** to give sb a hostile look; **~ować kogoś wyzwiskami** to heap a. shower abuse on sb; **~ować kogoś pięścią** to give sb a knuckle sandwich pot. ⇒ **częstować**

II poczęstować się to help oneself (**czymś** to sth); **proszę się ~ować** please, help yourself/yourselves; **czy mogę się ~ować ciastem?** can I have some cake?

poczęstun|ek m (G **~ku**) (małe przyjęcie) snack; (jedzenie) snacks; **po przedstawieniu zapraszamy na ~ek** after the show join us for a snack; **zawsze mam coś na ~ek, na wypadek gdyby przyszli goście** I always keep some snacks handy in case somebody drops in

poczłap|ać pf (**~ię**) vi to shamble; **~ał z powrotem do pokoju** he shambled back to his room ⇒ **człapać**

poczochra|ć pf **II** vt to ruffle, to mess [sth] up [włosy]; **~ć kogoś** to mess up sb's hair; **~ć psa** to ruffle a dog's hair ⇒ **czochrać**

II poczochrać się 1 (zepsuć sobie fryzurę) to get one's hair messed up ⇒ **czochrać się** 2 (podrapać się) [zwierzę] to rub itself (**o coś** against sth) ⇒ **czochrać się**

poczołga|ć się pf v refl. to crawl; **~li się w stronę drzwi** they crawled towards the door ⇒ **czołgać się**

pocz|ta f 1 sgt (usługa) mail, post GB; (instytucja) postal service; **~ta lądowa/lotnicza** surface mail/airmail; **wysłać coś ~tą** to send sth by mail a. post, to mail sth; **otrzymać coś ~tą** to receive sth through the post; **skarżyć się na opieszałość ~ty** to complain about the slowness of the postal service; **~ta dyplomatyczna** a diplomatic bag, a diplomatic pouch US; **wysłać coś ~tą dyplomatyczną** to send sth in a diplomatic bag; **odpisać komuś/wysłać coś odwrotną ~tą** to reply/send sth by return (of post) [2] (placówka) post office; **~ta główna** the main post office; **pójść na ~tę** to go to the post office; **pracować na ~cie** to work at the post office [3] *sgt* (korespondencja) post GB, mail; **dzisiejsza ~ta** today's post a. mail; **czy jest dla mnie jakaś ~ta** is there any post a. mail for me?; **czy przyszła już ~ta?** has the post a. mail come yet? [4] *sgt* Komput. mail; **~ta elektroniczna** email; **sprawdzić ~tę** to check one's mail

❑ **~ta pneumatyczna** pneumatic conveyor; **~ta polowa** Wojsk. field post office ■ **~ta pantoflowa** the grapevine pot.; **dotarło do mnie ~tą pantoflową, że...** I heard on a. through the grapevine that...

pocztow|iec [I] *m pers.* (pracownik poczty) postal worker

[II] *m inanim.* przest. (statek pocztowy) mailboat, mailer

pocztow|y *adi.* [usługi] postal; [urząd] post *attr.*; [znaczek] postage *attr.*; [pociąg, wagon, dyliżans] mail *attr.*; **okienko ~e** a post office window; **skrzynka ~a** a postbox, a mailbox US; **kartka ~a** a postcard; **skrytka ~a** a post office box; **kod ~y** a zip code US, a postal code GB; **przekaz ~y** a postal order; **gołąb ~y** a carrier pigeon; **worek ~y** a mailbag; **wolny od opłaty ~ej** not subject to postal charges

pocztów|ka *f* postcard; **~ka z wakacji** a holiday postcard

❑ **~ka dźwiękowa** flexidisc

pocztówkowo *adv.* → **piękny krajobraz** a picture-postcard landscape

pocztówkow|y *adi.* [1] [format] postcard *attr.*; **zdjęcie formatu ~ego** a postcard-size picture [2] [krajobraz, pejzaż] postcard-like

pocztylion *m* (Npl **~i** a. **~owie**) daw. (listonosz) postman; (woźnica) post daw.

poczuci|e [II] *sv* → **poczuć**

[II] *n sgt* [1] (odczucie) sense, feeling (**czegoś** of sth); **~e bezpieczeństwa** a sense a. feeling of security; **mieć ~e winy** to have a sense of guilt; **zapewniać komuś ~e stabilizacji** to give sb a sense of stability; **dręczy go ~e winy** he's tormented with guilt; **żyć z ~em ciągłego zagrożenia** to live in constant fear; **mam ~e, że jestem potrzebny** I feel needed [2] (świadomość, znajomość) sense (**czegoś** of sth); **~e taktu/stylu/sprawiedliwości** a sense of tact/style/justice; **mieć ~e własnej wartości** to have high self-esteem; **zrobić coś z ~a obowiązku** to do sth out of a sense of duty; **stracić ~e rzeczywistości** to become out of touch with reality; **stracić ~e czasu** to lose all track of time; **mieć ~e humoru** to have a sense of humour a. fun; **być pozbawionym ~a humoru** to have no sense of humour

poczu|ć *pf* [II] *vt* [1] (odebrać zmysłami) to feel; (węchem) to smell; **~łem zapach spalenizny** I smelt something burning; **~ł w ustach gorzki smak** he tasted a bitter taste in his mouth; **~łem przejmujący chłód** I felt the piercing cold; **~ła, że czyjeś ręce unoszą ją do góry** she felt someone's hands lifting her from the ground ⇒ **czuć** [2] (doświadczyć uczucia) to feel; **~ć gniew/radość/ulgę** to feel

angry/happy/relieved; **~ł, że jest głodny/ szczęśliwy** he felt hungry/happy; **~ła, że go uraziła** she realized she'd offended him; **~łem, że naprawdę mam wakacje** I felt I really was on holiday; **~łem, że zaraz zemdleję** I felt I was about to faint; **~ł na sobie czyjś wzrok** he felt someone's eyes upon him; **nagle ~łem, że nie jestem w pokoju sam** suddenly I felt I wasn't alone in the room ⇒ **czuć**

[III] **poczuć się** to feel; **~ć się niezręcznie** to feel ill at ease; **źle się ~ć** to feel bad; **~łem się jak na przesłuchaniu** I felt as though I was being interrogated; **~łem się potrzebny/bezradny** I felt needed/helpless; **dzięki niemu ~ła się bezpiecznie** a. **bezpieczna** he made her feel safe; **~ć się na siłach (żeby) coś zrobić** to feel fit to do sth; **~ć się w obowiązku coś zrobić** to feel obliged to do sth; **~ł się Anglikiem/ artystą** he came to think of himself as an Englishman/artist

poczuwa|ć się *impf v refl.* to feel; **~ć się do odpowiedzialności/obowiązku/winy** to feel responsible/obliged/guilty; **nie ~ją się do polskości** they don't consider themselves to be Polish

poczwa|ra *f* książk. monster; **wyglądała jak ~ra** she looked ghastly

poczwar|ka *f* Zool. pupa; (ćmy, motyla) chrysalis; **wykluć się z ~ki** to emerge from a chrysalis

poczwarnie *adv. grad.* książk. **wyglądać ~** to look hideous

poczwarn|y *adi. grad.* książk. [osoba, zwierzę] hideous

poczwórnie *adv.* [zwiększyć się, wzmocnić] fourfold; **~ złożony rysunek/obrus** a drawing/tablecloth folded in four

poczwórn|y *adi.* [wzrost, spadek] fourfold; [medalista] four-time; [nić, materiał, blacha] four-ply

poczynać[1] *impf* → **począć**[1]

poczyna|ć[2] *impf vi* **nasza drużyna dzielnie sobie ~** our team are doing well; **złodzieje ~ją sobie coraz zuchwalej** thieves are bolder and bolder

poczyna|nia *plt* (G **~ń**) actions, doings; **ostatnie ~nia gwiazd filmowych** the latest goings-on of film stars; **~nia rządu zmierzające do ograniczenia deficytu** the governmental actions to reduce the deficit; **śledzić ~nia zespołu** to follow a team's fortunes

poczy|nić *pf vt* książk. [1] to make [przygotowania, próby]; **~nić obserwacje na temat czegoś** to make observations about sth; **~nić ustępstwa wobec kogoś** to make concessions to sb; **~nić w czymś zmiany** to make changes to sth; **~nić ogromne postępy** to make enormous progress; **~nić kroki, żeby...** to take steps in order to... ⇒ **czynić** [2] to wreak [szkody]; **burze ~niły spustoszenia w całym kraju** the storms wreaked havoc across the country ⇒ **czynić**

poczyta|ć[1] *pf vt* to read; **~ć sobie o czymś** to have a read of sth; **lubię sobie spokojnie ~ć** I enjoy a quiet read; **~j mi mamo!** read to me, mum!

poczyt|ać[2] *pf* — **poczyt|ywać** *impf vt* książk. to consider, to regard; **~ywać kogoś**

za **tchórza** to consider sb a coward; **~ywać coś za pozytywny objaw** to regard sth as a positive sign; **~no mu to za błąd** it was regarded as his mistake; **~uję sobie to sobie za mój obowiązek** I consider it my duty to do it; **~uję sobie za zaszczyt, że...** I consider it an honour that...

poczytalnoś|ć *f sgt* książk. sanity

poczytaln|y *adi.* [osoba] sane, sound of mind

poczytn|y *adi. grad.* [książka, autor] popular, widely-read; **najpoczytniejsza powieść** the most widely-read novel

poczytywać *impf* → **poczytać**[2]

poćwiart|ować *impf vt* [1] (podzielić) to cut up (into quarters), to quarter [mięso, zwierzę]; to cut up (into pieces) [ofiarę] ⇒ **ćwiartować** [2] Hist. (stracić) to quarter [skazańca] ⇒ **ćwiartować**

poćwicz|yć *pf* [I] *vt* [1] (potrenować) to practise GB, to practice US; **~yć na fortepianie** to practise the piano; **musisz jeszcze trochę ~yć** you still need some more practice [2] (fizycznie) to exercise [mięśnie, nogi, ręce]; (na siłowni) to work out; **pójść ~yć do siłowni** to go to the gym to work out a little; **~ godzinę dziennie** try exercising an hour a day

[II] **poćwiczyć się** to practise GB, to practice US; **~yć się w czymś** to practise sth

pod [I] *praep.* [1] (poniżej) under(neath), beneath, below; **~ kredensem/parasolem** under the sideboard/an umbrella; **~ ziemią** below (the) ground, under(neath) the ground; **~ powierzchnią** below a. under(neath) the surface; **mieszkanie ~e mną** the flat below a. underneath mine; **tunele ~ centrum miasta** tunnels under(neath) a. beneath the city centre; **~ warstwą tynku** beneath a layer of plaster; **czuć piasek ~ stopami** to feel the sand under a. beneath one's feet; **zaglądałeś ~ biurko?** have you looked under the desk?; **zginął ~ kołami ciężarówki** he died under the wheels of a lorry; **jego córka wpadła ~ samochód** his daughter was run over a. hit by a car; **włóż jakiś sweter ~ płaszcz** put a jumper on under your coat; **na liście jego nazwisko było ~ moim** his name was underneath mine on the list; **złożyć podpis ~ petycją** to sign a petition; **~ jego piórem/pędzlem** książk. in his rendition [2] (obok, koło) at, by; (z nazwą geograficzną) near; **~ drzwiami** at a. by the door; **~ ścianą** by the wall; **~ samym szczytem** just below a. right beneath the summit; **~ basztą/ wzgórzem zamkowym** at the foot of the tower/the castle hill; **~ lasem** at the edge of the forest; **spotkajmy się ~ kinem** let's meet outside the cinema; **podwiózł mnie ~ dom** he drove me right home; **podkradł się ~ bramę** he crept up to the gate; **miejscowość ~ Krakowem** a place near Cracow; **bitwa ~ Waterloo** the Battle of Waterloo; **na lato wyjeżdżali zwykle ~ Warszawę** in the summer they usually stayed somewhere outside Warsaw [3] (w kierunku przeciwnym do) against; **~ wiatr** against the wind; **~ prąd** against the current, upstream; **płynąć ~ prąd** to go against the current także przen.; **~ światło**

against the light; **iść/patrzeć na coś ~ słońce** to walk/look at sth with the sun in one's eyes; **zrobić zdjęcie ~ słońce** to take a photo against the sun; **~ górę** uphill; **ścieżka biegnąca ~ górę** an uphill path, a path going uphill [4] (wskazujące na podporządkowanie) under; **~ czyimś dowództwem/nadzorem** under sb's command/supervision; **~ eskortą policji** under police escort; **państwo Franków ~ rządami Karolingów** the Frankish state under (the rule of) the Carolingians; **tereny znajdujące się ~ okupacją niemiecką** areas under German occupation; **pacjenci/uczniowie ~ moją opieką** patients/pupils in my care; **córkę zostawili ~ opieką babci** they left their daughter in the care of her grandmother; **przekazać projekt ~ dyskusję** to put forward a plan for discussion; **poddać wniosek ~ głosowanie** to put a motion to the vote; **mam ~ sobą 20 pracowników** I have 20 people under me; **~ wiceministrem było pięciu dyrektorów** there were five directors below the deputy minister [5] (wskazujące na przyczynę, okoliczności) under; **~ narkozą** under a general anaesthetic; **~ moją/jego nieobecność** in my/his absence; **~ (czyjąś) presją** under pressure (from sb); **~ przymusem** under duress książk. a. coercion; **~ wpływem kogoś/czegoś** under the influence of sb/sth; **~ pretekstem ważnego spotkania** under a. on the pretext of having an important meeting (to attend); **złamać się/ugiąć się ~ ciężarem czegoś** to break/buckle under the weight of sth także przen.; **zeznawać ~ przysięgą** to testify under a. on GB oath; **obiecał to zrobić ~ słowem honoru** he gave his word of honour that he would do it, he promised on his word of honour that he would do it; **został aresztowany ~ zarzutem kradzieży** he was arrested on a theft charge a. on a charge of theft; **nasze pozycje znalazły się ~ silnym ostrzałem wroga** our positions came under heavy enemy fire [6] (wskazujące na konsekwencje) under; **~ groźbą eksmisji** under threat of eviction; **~ karą grzywny** under a. on penalty of a fine; **~ karą śmierci** a. under pain of death, under a. on penalty of death; **~ odpowiedzialnością karną** under a. on penalty of law [7] (z nazwą, tytułem) under; **wiersz ~ tytułem „Kot"** a poem entitled 'Cat'; **operacja ~ kryptonimem „Arka Noego"** an operation code-named a. under the code name 'Noah's Ark'; **kościół ~ wezwaniem św. Augustyna** a church dedicated to a. under the patronage of St Augustine; **~ pseudonimem** under a pseudonym; **urodzić się ~ znakiem Lwa/Raka** to be born under the sign of Leo/Cancer; **na liście figurowała ~ nazwiskiem panieńskim** she appeared on the list under her maiden name; **co rozumiesz ~ pojęciem feminizmu?** what do you understand by the notion of feminism? [8] (z adresem, numerem) at; **muzeum mieści się ~ numerem piątym** the museum is located at number five; **zanieś te bagaże ~ ósemkę** take this luggage to (room) number eight; **więcej informacji uzyska pan**

~ numerem 913 you can find out more by ringing 913; **zostaw dla mnie wiadomość ~ tym numerem** leave a message for me at this number [9] (wskazujące na dopasowanie) **kapelusz ~ kolor płaszcza** a hat to match the colour of the coat; **musisz dobrać narzutę ~ kolor zasłon** you need to a. have to choose a bedspread to go with a. match (the colour of) the curtains; **podkładać słowa ~ melodię** to put words to the music [10] pot. (w stylu) in the style of, in imitation of; **obrazy malowane ~ Picassa** pictures in the style a. in imitation of Picasso; **napisał wypracowanie ~ swoją polonistkę** he wrote his essay the way his Polish teacher would like it [11] (blisko) towards, toward US; **~ wieczór** towards the evening; **~ koniec wieku/przedstawienia** towards the end of the century/performance; **mieć ~ pięćdziesiątkę** to be getting on for a. approaching fifty; **temperatura dochodziła ~ czterdziestkę** pot. the temperature was approaching forty [12] (z okazji) pot. to; **wypijmy ~ twoją czterdziestkę** here's to your fortieth birthday! pot.; **~ nasze spotkanie!** here's to our little get-together! pot.; **kieliszek wódki ~ śledzika** a glass of vodka to go with the herring

III pod- w wyrazach złożonych (niżej w hierarchii) sub-, under-; **podtytuł** subtitle; **podsekretarz** undersecretary

poda|ć pf — **poda|wać** impf (**~m — ~ję**) **II** vt [1] (wręczyć) to hand; (podsunąć) to pass; **~ć komuś kartkę/długopis** to hand sb a note/pen; **~ć komuś płaszcz** (pomóc włożyć) to help sb into his/her coat; **~ć komuś krzesło** to give sb a chair; **~ć komuś ogień** to give sb a light; **~ć komuś rękę** (wyciągnąć) to hold out one's hand to sb, to give sb one's hand; (uścisnąć) to shake sb's hand; przen. to reach out to sb; **~ć komuś pomocną dłoń** przen. to give a. lend sb a helping hand; **~ć komuś rękę do pocałowania** to hold out one's hand to be kissed; **~ł jej ramię** he offered her his arm; **~li sobie ręce** they shook hands; **czy mógłbyś mi ~ć sól?** could you pass me the salt, please?; **~j mi ręcznik** hand me the towel, please [2] (zaserwować) to serve [obiad, potrawę]; to administer, to give [lekarstwo]; **~ć coś zimnego do picia** to serve cold drinks; **~ć coś na zimno/gorąco** to serve sth cold/hot; **~wać do stołu** to serve, to wait on a. at table; **~no do stołu!** dinner is served!; **zupę ~jemy w wazie** soup should be served in a tureen; **jedzenie było smaczne i ładnie ~ne** the food was good and nicely served; **lek ~jemy co sześć godzin** the medicine should be taken every six hours [3] (zakomunikować) to give [adres, przykład]; to provide [wiadomość, dane, notowania]; **~ć komuś swój numer telefonu** to give sb one's telephone number; **~ć prawidłową odpowiedź** to give the right answer; **~ć hasło** to give the password; **~ć coś do wiadomości** to announce sth; **~ć coś w wątpliwość** to cast doubt on sth; **kroniki ~ją, że...** chronicles state that...; **agencje nie ~ją, jak do tego doszło** there are no agency reports as to why it happened; **jak**

~ją statystyki, ... according to statistics; **~ję wyniki głosowania** here are the results of the vote; **odmówili ~nia szczegółów** they refused to give any details; **~wali sobie tę wiadomość z ust do ust** the news was passed on by word of mouth [4] (złożyć) to file [skargę, zażalenie]; **~ć sprawę do sądu** to take a case to court; **~ć kogoś do sądu** to sue sb [5] Sport to pass [piłkę]; **~ć do kogoś** to pass to sb; **~ć do przodu/tyłu** to pass forwards/backwards **III podać się — podawać się** [1] (udać) **~ć się za kogoś** to pass oneself off as sb; **~wał się za dziennikarza** to passed himself off as a journalist [2] przest. (pochylić się) to lean; **~ć się ku komuś** to lean towards sb; **~ć się do przodu/tyłu** to lean forwards/backwards

■ **~ć się do dymisji** to hand in one's resignation a. notice

podag|ra f Med. podagra

podajnik m Techn. feeder; **automatyczny ~ papieru** (w drukarce, kserokopiarce) an automatic paper feeder

poda|nie [] sv → **podać**

[] n [1] (pismo) (letter of) application; **~nie o pracę** a job application a. an application for a job; **~nie o urlop** an application for leave; **pisemne ~nie** a written application, an application in writing; **napisać ~nie do dyrektora** to write an application to the manager; **złożyć ~nie o przyjęcie na uczelnię** to make an application a. to apply for a university place; **~nie wpłynęło 15 maja** the application was submitted on 15 May [2] Sport. pass; **~nie do przodu/tyłu** a forward/backward pass; **~nie do bramkarza** a back pass; **niecelne ~nia** missed passes; **zdobyć bramkę z czyjegoś ~nia** to score goal on a pass from sb; **przechwycić ~nie** to intercept a pass [3] (legenda) tale; **ludowe ~nia** folk tales; **~nie o złym królu** a tale of a wicked king

podaniow|y adi. **papier ~y** A4 paper

podar|ek m (G ~ku) przest., książk. gift

podar|ować pf vt [1] (dać) to give; (w celach dobroczynnych) to donate; **~ować coś komuś** to give sb sth a. sth to sb; to present sb with sth książk.; **~ował swoją kolekcję miejscowemu muzeum** he donated his collection to a local museum ⇒ **darować** [2] (przebaczyć) to forgive [winę, grzech, dług]; **tym razem ci ~uję** I'll let you off this time pot. [3] pot. (zrezygnować z czegoś) to skip pot.; **~ować sobie sprzątanie** to skip the cleaning

podarun|ek m (G ~ku) książk. gift; **~ek ślubny/urodzinowy** a wedding/birthday gift; **obsypywać kogoś ~kami** to shower sb with gifts; **dać coś komuś w ~ku** to give sb a gift of sth

podat|ek m (G ~ku) Fin. tax; **~ek od sprzedaży** a sales tax; **płacić ~ki** to pay taxes; **zapłacić ~ek od czegoś** to pay tax on sth; **płacić ~ek od dochodów** to pay tax on one's earnings; **nakładać ~ek na kogoś/coś** to levy a. impose a tax on sb/sth, to tax sb/sth; **ściągać ~ki** to collect taxes; **podnieść ~ki** to a. increase a. raise taxes; **obniżyć ~ki** to cut taxes; **być wolnym od ~ku** to be tax-free; **można to sobie**

odpisać od ~ku it's tax-deductible; **zwrot nadpłaconego ~ku** a tax rebate; **być obłożonym 18% ~kiem** to be taxed at a rate of 18%; **zapłacić tysiąc złotych ~ku** to pay a thousand zlotys in tax

❏ ~ek bezpośredni direct tax; ~ek dochodowy income tax; ~ek drogowy road tax; ~ek gruntowy land tax; ~ek liniowy linear tax; ~ek od nieruchomości property tax; ~ek od towarów i usług Goods and Services Tax; ~ek od wartości dodanej value added tax; ~ek podymny Hist. roof tax; ~ek pogłówny Hist. poll tax; ~ek pośredni indirect tax; ~ek progresywny progressive tax

podatkow|y adi. [prawo, obciążenie] tax attr.; **zaległości ~e** tax arrears; **udogodnienia/ulgi ~e dla inwestorów** tax advantages/benefits for investors; **luka ~a** a tax loophole; **raj ~y** a tax haven; **deklaracja ~a** a. **zeznanie ~e** a tax return; **złożyć zeznanie ~e** to file a tax return; **znajdować się w najwyższym/najniższym przedziale ~ym** to be in the highest/lowest tax bracket

podatnik m taxpayer; **kupić/zbudować coś za pieniądze ~ów** to buy/build sth with taxpayers' money

podatnoś|ć f sgt susceptibility (**na coś** to sth)

podatn|y adi. grad. susceptible, prone (**na coś** to sth); **~y na wpływy** impressionable; **materiał ~y na korozję** a material susceptible a. prone to corrosion; **trafić na ~y grunt** [propozycja, idea] to meet with a favourable response

podawać impf → podać

podaż f sgt Ekon. supply; **zwiększona ~ cukru** an a. the increased supply of sugar; **~ pieniądza** money supply; **równowaga popytu i ~y** a balance between supply and demand

podążać impf → podążyć

podąż|yć pf — **podąż|ać** impf vi książk. to head; **~ać w tym samym kierunku** to be heading in the same direction; **~ać za kimś** to follow sb także przen.; **~ać swoją własną drogą** przen. to follow one's own path

podbarwiać impf → podbarwić

podbarw|ić pf — **podbarw|iać** impf vt [1] (zabarwić) to colour, to color US [wodę, włosy] (**czymś** with sth); **~ić coś na czerwono/niebiesko** to colour sth red/blue [2] przen. to colour, to color US [opowiadanie, historię]

podbia|ł m (G ~łu) Bot. coltsfoot; **~ł pospolity** common coltsfoot

podbi|cie [] sv → podbić
[] n [1] Anat. instep; **mieć wysokie/niskie ~cie** to have a high/low instep; **stopa o wysokim/niskim ~ciu** a foot with a high/low instep; **but ciasny w ~ciu** a shoe tight over the instep [2] (płaszcza, kołdry) lining [3] Sport. (piłki) flick up

podbi|ć pf — **podbi|jać** impf (~ję — ~jam) vt [1] (zdobyć) to conquer, to subdue [naród, państwo]; **te tereny już w V wieku zostały ~te przez Turków** these territories were conquered by the Turks as early as the 5th century; **~cie Bułgarii to początek imperium tureckiego** the con-

quest of Bulgaria marked the beginning of the Ottoman Empire [2] przen. (zyskać przychylność) to win; **~ć czyjeś serce** to win sb's heart; **~ła nas dobrocią/poczuciem humoru** her kindness/sense of humour has won us over [3] (uderzyć od dołu) to flick up [piłkę]; **~jać piłeczkę rakietą** to flick the ball up with a racket; **~ć komuś rękę** to knock sb's hand up; **fala ~ła wiosła** the wave pushed the oars up [4] pot. (podnieść) to push up, to bid up [cenę, stawkę]; **~janie cen** pushing up prices [5] (przymocować do spodu) to line sth [płaszcz, zasłony, kołdrę]; **~ć kurtkę futrem** to line a jacket with fur; **buty ~te gwoździami/korkami** hobnailed a. studded a. cleat boots [6] pot. (ostemplować) to stamp [legitymację]

■ ~ć komuś oko to give sb a black eye

podbie|c, podbie|gnąć pf —
podbie|gać impf (~gnę, ~gniesz, ~gł, ~gła, ~gli — ~gam) vi [1] (biegnąc zbliżyć się) to run up to (**do kogoś/czegoś** to sb/sth); **dziecko ~gło do matki/huśtawki** the child ran up to its mother/the swing; **nagle ~gł ku niemu jakiś człowiek** suddenly a stranger ran up to him [2] (przebiec krótki dystans) to run; **~głam tylko do przystanku/kilka metrów i się zadyszałam** I only ran to the bus stop/a few metres and got out of breath [3] przen. (podejść płynem) to fill (**czymś** with sth); **rana ~gła ropą** a wound filled with pus; **oczy ~głe krwią** bloodshot eyes

podbiegać impf → podbiec
podbiegnąć → podbiec
podbiegunow|y adi. Geog. [fauna, flora, noc, wyprawa] polar
podbierać impf → podebrać
podbierak m Ryboł. landing net
podbijać impf → podbić
podb|ój m (G ~oju) [1] (kraju, narodu) (w walce zbrojnej) conquest; **dokonać ~oju ziem wschodnich** to conquer territories in the East; **wyruszyć na ~ój** to set out to conquer [2] przen. (zdobycie uznania) conquest; **młoda aktorka/modelka udała się na ~ój Paryża** the young actress/model set out to conquer Paris [3] przen. (zdobycie wiedzy) conquest; **~ój kosmosu** the conquest of space [4] (szukanie przygody erotycznej) philandering; **ofiara miłosnych ~ojów** a conquest

podbramkow|y adi. Sport [akcja, zamieszanie] goalmouth attr.; **być w sytuacji ~ej** przen. to be in dire straits
podbród|ek m [1] (część twarzy) chin; **cofnięty/mocno zarysowany ~ek** a weak/strong chin [2] (fałd skóry) chin; **podwójny/potrójny ~ek** a double/triple chin [3] Muz. (na skrzypcach) chin rest
podbrzusz|e n (Gpl ~y) (u człowieka) abdomen; (u zwierzęcia) underbelly a. belly
podbud|owa f [1] (podstawa budowli) base, foundation, substructure; **~owa drogi** road base; **dom na ~owie z kamieni** a. **kamiennej/drewnianej** a house with a stone/wooden foundation(s) [2] sgt (budowanie podstawy) building the foundation(s); **~owa tarasu trwała kilka dni** building the foundations of the terrace took several days [3] sgt książk. (uzasadnienie) foundation, frame-

work; **psychologiczna ~owa powieści** the psychological underpinning of a novel
podbud|ować pf — **podbud|owywać** impf [] vt [1] (podeprzeć) to underpin [budowlę, strop] [2] książk. (uzasadnić) [osoba] to support [teorię, oskarżenie]; to underpin [działanie, program, wywód]; **~owywać oskarżenie faktami** to back up a. support the accusation with facts; **artykuł ~owany erudycją** a paper backed up by erudition [3] książk. (podnieść na duchu) to reassure, to boost; **pochwała/zachęta ~owała nas** the praise/incentive boosted our morale
[] **podbudować się** — **podbudowywać się** (podnieść się na duchu) to be heartened; **~owała się lekturą „Żywotów świętych"** she felt heartened after reading 'The Lives of the Saints'

podbudowywać impf → podbudować
podbudów|ka f (podstawa budowli) foundation(s), substructure; **drewniany dom na kamiennej ~ce** a wooden house with a stone foundation(s)
podbunt|ować pf — **podbunt|owywać** impf [] vt to incite; **~owywać dzieci przeciwko rodzicom** to incite children to rebel against their parents
[] **podbuntować się** — **podbuntowywać się** (nawzajem) to incite one another
podbuntowywać impf → podbuntować
podburzać impf → podburzyć
podburz|yć pf — **podburz|ać** impf [] vt to incite, to stir up; **~ać załogę do strajku** to incite a. instigate the staff to go on strike; **~ać tłumy** to stir up the crowds
[] **podburzyć się** — **podburzać się** (nawzajem) to stir one another up, to egg one another on
podchmiel|ić pf vi pot. **~ić sobie** to get tipsy; **~one towarzystwo** a group of tipsy people
podchod|y plt (G ~ów) [1] (ukradkowe zbliżanie się) stealing up C/U, stalking U; **~y nieprzyjaciela** an ambush [2] (chytre zabiegi) subterfuge [3] (zabawa w terenie) hare and hounds, paperchase; **gra a. zabawa w ~y** (playing) hare and hounds; **bawić się w ~y** to play hare and hounds
podchodzić impf → podejść
podchor. (= podchorąży)
podchorążac|ki adi. [mundur, szkoła] officer cadet attr.
podchorążów|ka f pot. officer cadet school
podchorąż|y m (Npl ~owie, Gpl ~ych) [1] Wojsk. (officer) cadet [2] Hist. ensign
podchow|ać pf — **podchow|ywać** impf vt (opiekować się przez krótki czas) to take care of, to look after; to nurture książk. [dziecko, zwierzę]; **chce ~ać dzieci, a potem wrócić do pracy** she wants to take care of the children for a while and then return to work; **~any szczeniak** a half-grown puppy
podchowywać impf → podchować
podchwy|cić pf — **podchwy|tywać** impf vt [1] (podjąć) to pick up [myśl, słowa, temat]; to follow up [pomysł]; (naśladować) to join in [śpiew, melodię]; to take on [zwyczaj] [3] (zauważyć) to catch [spojrzenie]; to spot [śmiesznostki]; (odkryć) to find out [sekret]

podchwytliwie *adv. grad.* **egzaminować kogoś** ~ to try and catch sb out during an oral exam; **zapytać** ~ to ask a trick question

podchwytliwoś|ć *f sgt* (pytania) trick nature

podchwytliw|y *adi. grad.* ~**e pytanie** a trick question

podchwytywać *impf* → podchwycić

pod|ciąć *pf* — **pod|cinać** *impf* (~etnę, ~cięła, ~cięli — ~cinam) *vt* 1 (tnąc skrócić) to cut *[drzewo, łodygi kwiatów]*; to clip *[żywopłot, włosy]*; to trim *[włosy, trawę]*; ~**ciąć korzenie działalności stowarzyszenia** przen. to undermine the work of the association 2 pot. (przewrócić silnym uderzeniem w nogi) to trip up, to trip sb up 3 pot., Sport to slice *[piłkę]* 4 pot. (pozbawić energii) to dishearten; **rozmowa z ojcem/utrata pracy ~cięła go całkowicie** he was utterly dismayed by his conversation with his father/by the loss of his job 5 pot. (uderzyć batem od dołu) to whip (up) *[konia]*

podciągać *impf* → podciągnąć

podciąg|nąć *pf* — **podciąg|ać** *impf* (~nęła, ~nęli — ~am) **II** *vt* 1 (przesunąć do góry) to pull up *[pończochy, rękawy, spodnie]*; ~**nąć kolana pod brodę** to pull one's knees up under one's chin; ~**nąć mur/budynek do wysokości pierwszego piętra** to build a wall/house to the first floor level 2 (ciągnąc przesunąć) to pull; ~**nąć stół do okna** to pull the table towards the window; ~**nąć koc/kołdrę pod szyję** to pull a blanket/quilt up to one's neck; ~**nąć nogi pod krzesło** to tuck one's feet under the chair 3 pot. (podnieść poziom) to improve *[stopień, znajomość języka]*; ~**nąć kogoś w matematyce** a. **z matematyki** to help sb improve his/her performance in maths; ~**nąć dyscyplinę w zespole** to improve discipline within the team 4 pot. (zaliczyć do kategorii) to subsume książk.; to bring under; **wykroczenie ~nięto pod paragraf dziesiąty** the offence was subsumed under Article Ten

II *vi* (zbliżyć się) to approach, to advance; **wojska ~nęły pod miasto** the army advanced on the town

III **podciągnąć się** — **podciągać się** 1 (wciągnąć się na rękach) to pull oneself up; **ćwiczyć ~anie się na drążku** to practise pull-ups on a bar 2 pot. (poprawić się) to improve; ~**nąć się w nauce** to improve one's performance at school; ~**nąć się w angielskim** to improve one's English; ~**nąć się z matematyki/historii** to get better marks in maths/history 3 (jeden drugiego) to pull one another; **taternicy ~ali się wzajemnie na linach** mountaineers pulled one another up on ropes

podcie|nie, ~ń *n, m zw. pl* Archit. arcade

podcieni|ować *pf vt* 1 (przyciemnić) to shade in *[kontur]* 2 pot. (przystrzyc od spodu) to layer *[włosy]*

podcieniow|y *adi. [dom, budynek]* arcaded

podcień *m* → podcienie

podcierać *impf* → podetrzeć

podcię|ty **II** *pp* → podciąć

II *adi.* pot. (podpity) merry pot., tipsy pot.

podcinać *impf* → podciąć

podciśnie|nie *n* 1 Fiz. underpressure 2 Med. hypotension; ~**nie tętnicze** arterial hypotension

podciśnieniow|y *adi. [pompa, przewód]* vacuum *attr.*

podczas książk. **II** *praep.* during; ~ **koncertu/zebrania** during the concert/meeting; ~ **jego nieobecności** during a. in his absence; ~ **robienia czegoś** while doing sth; **oglądać telewizję** ~ **jedzenia** to watch television while eating

II **podczas gdy, podczas kiedy** 1 (w czasie, kiedy) while, when; **zrobił kanapki,** ~ **gdy ja przygotowałam kawę** he did the sandwiches while I made the coffee; ~ **kiedy brałem kąpiel, zadzwonił telefon** while a. when I was having a bath, the phone rang 2 (natomiast) whereas, while; **lubię koty,** ~ **gdy on woli psy** I like cats, while a. whereas he prefers dogs

podczepiać *impf* → podczepić

podczep|ić *pf* — **podczep|iać** *impf* **II** *vt* 1 (przymocować od spodu) to attach below; ~**iłem nadajnik pod blat biurka** I attached the transmitter to the underside of the desk 2 (przyczepić do pojazdu) to hook up; ~**ić przyczepę do samochodu** to hook up a caravan to a car

II **podczepić się** pot. (przyłączyć się) to join in (*in order to profit from*); ~**ił się pod rządowy program restrukturyzacyjny** he attached himself to a government restructuring programme

podczerwie|ń *f sgt* Fiz. infrared; **daleka/bliska ~ń** far/near infrared

podczerwon|y *adi.* infrared

podczołg|ać się *pf* — **podczołg|iwać się** *impf v refl.* (zbliżyć się czołgając) to crawl (**do kogoś/czegoś** up to sb/sth)

podczołgiwać się *impf* → podczołgać się

podczyt|ywać *impf vt* pot. (czytać po trochu) to read in bits; (czytać ukradkiem) to read in secret; **nocami ~ywał książki z osobistej biblioteczki ojca** at night, in secret, he read books from his father's private library

podda|ć *pf* — **podda|wać** *impf* (~m — ~ję) **II** *vt* 1 (uznać klęskę) to surrender *[miasto, oddział żołnierzy]*; ~**ć fortecę nieprzyjacielowi** to surrender the fortress to the enemy 2 (wystawić na działanie) to subject; ~**ć kogoś kontroli/obserwacji** to check sb/to observe sb; ~**ć kogoś badaniu/przesłuchaniu** to put sb through an examination/an interrogatory; ~**ć coś oględzinom** to subject sth to scrutiny 3 (uzależnić) to submit; ~**ć coś pod dyskusję/rozwagę** to submit sth for discussion/for consideration; ~**ć coś pod głosowanie** to put sth to a vote 4 (podpowiedzieć) to suggest *[myśl, temat]*; to put forward *[pomysł, wniosek]*

II **poddać się** — **poddawać się** 1 (ulec przewadze) to surrender, to capitulate, to give in, to yield; ~**ć się nieprzyjacielowi** to surrender to the enemy; **twierdza nie ~ła się** the fortress didn't surrender 2 (zrezygnować) to give up; **on się nigdy nie ~je** he never gives up 3 (ulec) to submit oneself, to give in (**czemuś** to sth); to succumb książk. (**czemuś** to sth); ~**ć się czyjemuś wpływowi/urokowi** to succumb to sb's influ-

ence/charm; ~**ć się czyjejś woli** to submit oneself to sb, to submit to sb's will; ~**ć się chorobie/rozpaczy** to give in to illness/despair 4 (pozwolić na dokonanie) to undergo *[leczeniu, operacji]*

poddani|e **II** *sv* → poddać

II *n sgt* (uległość) submission; (kapitulacja) surrender

poddan|y **II** *pp* → poddać

II **poddan|y** *m*, ~**a** *f* 1 (monarchy) subject; Hist. liege; ~**y francuski/brytyjski** a French/British subject; ~**i króla** the king's lieges 2 Hist. (chłop pańszczyźniany) serf

poddańczo *adv. [służyć]* submissively

poddańcz|y *adi.* Hist. liege; **hołd ~y** homage; ~**a wierność** fealty

poddaństw|o *n sgt* Hist. serfdom, serfage

poddasz|e *n (Gpl* ~**y**) attic, garret, loft

poddawać *impf* → poddać

poddostawc|a *m* sub-supplier

poddu|sić *pf vt* 1 Kulin. to stew *[mięso, jarzyny, grzyby]* 2 (utrudnić oddychanie) *[dym, gaz]* to choke; *[osoba]* to strangle, to throttle

pode → pod

pod|ebrać *pf* — **pod|bierać** *impf* (~biorę — ~bieram) *vt* 1 pot. (podkradać) to filch, to pilfer *[pieniądze, papierosy, cukierki]*; ~**bierać jajka ptakom** to go bird's-nesting, to remove eggs from nests; ~**bierać komuś jabłka z sadu** to steal apples from sb's orchard, to scrump 2 Roln. ~**bierać ule** to remove honeycombs from the hive; ~**bierać zboże** to sheave corn 3 (zagarniać od spodu) to land *[ryby]*

podejmować *impf* → podjąć

podejrzanie *adv. [zachowywać się]* suspiciously; ~ **cicho** suspiciously quiet; **wyglądać** ~ to look suspicious

podejrzan|y **II** *pp* → podejrzeć

II *adi.* 1 (posądzony) suspected (**o coś** of sth); ~**y o kradzież/morderstwo/zdradę** suspected of theft/murder/treason 2 (nie budzący zaufania) *[wygląd, zachowanie]* suspicious; *[intencje, metoda, sposób]* dubious; *[okolica, towarzystwo]* disreputable; ~**y osobnik** a suspicious a. dubious character 3 (nieuczciwy) *[interes, firma]* suspicious, dubious 4 (dziwny) *[szmer, hałas, ruch]* suspicious; ~**y zapach** euf. a supicious a. dubious smell 5 (wątpliwy) *[elegancja, styl]* dubious

III **podejrzan|y** *m*, ~**a** *f* Prawo suspect

pod|ejrzeć, pod|glądnąć *pf* — **pod|glądać** *impf* (~ejrzysz, ~glądniesz, ~ejrzał, ~glądnął, ~ejrzeli, ~glądnęli — ~glądam) *vt* to peep, to peek (**kogoś/coś** at sb/sth); ~**ejrzeć kogoś przez szparę w drzwiach/zza firanki** to peep a. peek at sb through a crack in the door/from behind the curtain; **scenki uliczne ~ejrzane przez fotoreportera** street scenes caught by a press photographer

podejrze|nie **II** *sv* → podejrzeć

II *n* 1 (posądzenie) suspicion; **być poza ~niem** to be above suspicion 2 (przypuszczenie) suspicion; ~**nie raka wątroby** suspected liver cancer; **istnieje ~nie o nadużycia** there is a suspicion of malpractice

podejrzewa|ć *impf* **II** *vt* 1 (posądzać) to suspect; ~**ć kogoś o kradzież/morder-**

stwo to suspect sb of theft/murder; **~m, że nie mówisz prawdy** I suspect you're not telling the truth [2] (przypuszczać) to suspect; **lekarz ~ zapalenie płuc/grypę** the doctor suspects pneumonia/flu; **~m, że tego się nie da załatwić** I suspect that it can't be arranged

III podejrzewać się [1] (siebie samego) to suspect oneself; **nigdy nie ~łem się o altruizm** I never thought myself capable of altruism [2] (nawzajem) to suspect one another; **spiskowcy ~li się o zdradę/że któryś z nich przywłaszczył sobie pieniądze** the conspirators suspected one another of treason/that one of them had pocketed the money

podejrzliwie adv. grad. [rozglądać się, zachowywać się] suspiciously; (nieufnie) distrustfully, mistrustfully

podejrzliwoś|ć f sgt suspicion; **odnosić się do kogoś/czegoś z ~cią** to regard sb/sth with suspicion

podejrzliw|y adi. [1] (nieufny) mistrustful, suspicious; **być ~ym wobec** a. **w stosuku do obcych** to be mistrustful a. suspicious of strangers [2] (świadczący o nieufności) [spojrzenie, wyraz twarzy] mistrustful, distrustful

podejś|cie III sv → **podejść**

III n [1] (droga pod górę) climb; **ostre** a. **strome/niebezpieczne/łagodne ~cie** a steep/dangerous/gentle climb [2] sgt (stosunek) attitude, approach; **dobre/złe/rzeczowe ~cie do sprawy** the right/a wrong/a matter-of-fact approach to the matter; **naukowe ~cie do tematu** a scientific approach to the subject; **mieć właściwe ~cie do dzieci/ludzi starszych** to have the right touch with children/the elderly; (próba) **to jego pierwsze/drugie ~cie do egzaminu** it's the first/second time he's taken the exam; **zdał na studia za pierwszym ~ciem** he passed the entrance exam at the first attempt

pod|ejść pf — **pod|chodzić** impf (~ejdę, ~ejdziesz, ~szedł, ~eszła, ~eszli — ~chodzę) III vt [1] (tropić) to stalk; **~chodzić zwierzynę/przestępców** to stalk game/criminals [2] (oszukać) to trick [sb]

III vi [1] (zbliżyć się) to come (**do kogoś/czegoś** up to sb/sth); **nocą niedźwiedzie ~chodziły pod samo schronisko** at night the bears would come right up to the hostel; **nie mogę teraz ~ejść do telefonu** I can't come a. get to the phone right now [2] (wspiąć się) to climb [3] (wypełnić się od spodu cieczą) **mleko ~eszło serwatką** the curds separated from the whey; **piwnice ~eszły wodą** the cellars have been flooded [4] (potraktować) to approach (**do kogoś/czegoś** sb/sth); **~ejść do sprawy z rezerwą/tolerancyjnie** to approach the issue with reserve/with tolerance [5] Lotn. **~chodzić do lądowania** to come in to land, to make a final approach (in)to the airport [6] pot. **~ejść do egzaminu** to take an exam

podekscytowan|y adi. (podniecony) excited

podenerwowan|y adi. (zirytowany) edgy; (niespokojny) agitated

podeń = **pod niego**

pod|eprzeć pf — **pod|pierać** impf III vt [1] (podtrzymać) to prop, to support; **~eprzeć kogoś ramieniem** to support sb with one's arm; **~eprzeć głowę rękami** to prop a. support one's head on one's hands; **~eprzeć chorego poduszkami** to prop up the sick person with pillows; **kolumna ~pierająca sklepienie** a column supporting the vault [2] przen. (wspomóc) to support; **~eprzeć kogoś finansowo** to give sb financial support [3] przen. (wzmocnić) to support, to underpin; **~pierać oskarżenie dowodami** to underpin a. support the accusation with evidence

III podpierać się — **podeprzeć się** [1] (wesprzeć się) to lean; **~pierać się laską** to lean on a walking stick; **~eprzeć się ręką** a. **łokciem** to lean on one's arm a. elbow [2] przen. (wspomóc się) **~eprzeć się czyimś autorytetem** to back oneself (up) with sb's authority

■ ~pierać ściany to be a wallflower

podep|tać pf (~czę a. ~cę) vt [1] (zgnieść nogami) to trample [klomb, trawę, zboże]; **~tała niejadalny grzyb** she trampled a toadstool underfoot; **~tali mi nogi w autobusie** they trod on my feet on the bus ⇒ **deptać** [2] przen. (znieważyć) to trample (on/upon/over) a. to ride roughshod over [prawa, uczucia, zasady]; **~tać czyjś honor** to trample on sb's dignity ⇒ **deptać** [3] (zabrudzić) **~tać świeżo umytą podłogę** to leave (dirty) footprints on a freshly washed floor

pod|erwać pf — **pod|rywać** impf (~erwę — ~rywam) III vt [1] (unieść gwałtownie) to raise; **wiatr ~erwał firankę** the wind lifted the curtain [2] (spowodować gwałtowne działanie) to rouse; **~erwać kogoś ze snu** to rouse sb from sleep; **głos dzwonka ~erwał go z krzesła** the sound of the bell made him jump from his chair; **dowódca ~erwał oddział do ataku** the commander roused the unit to attack [3] przen. (osłabić) to undermine, to weaken [autorytet, wiarygodność, wiarę] [4] pot. (zdobyć względy) to pick up [dziewczynę, chłopaka]; **~erwał dziewczynę na samochód** he picked the girl up on the strength of his car

III poderwać się — **podrywać się** to rise; **~erwać się z miejsca** to get up suddenly; **~erwać się na równe nogi** to jump to one's feet; **~erwać się ze snu** to awake with a start; **ptaki ~erwały się do lotu** the birds rose from the ground

pod|erżnąć pf — **pod|rzynać** impf (~erżnęła, ~erżnęli) vt to cut, to slit [gardło, żyły]

podeschł|y, ~nięty adi. [bielizna, drzewo] almost dry; [chleb, ser] stale

pod|eschnąć pf — **pod|sychać** impf (~eschnął a. ~sechł) vi [ziemia, droga, trawa] to be almost dry; **bielizna ~eschła** the laundry a. washing is almost dry

podeschnięty → **podeschły**

pod|esłać¹ pf — **pod|syłać** impf (~eślę — ~syłam) vt [1] pot. (posłać) to send; **~eślę ci kogoś do pomocy** I'll send someone to help you; **~esłał mi paczkę przez znajomego** he gave his friend a parcel a. package for me [2] (posłać potajemnie) to send [broń, szpiega]

pod|esłać², pod|ścielić pf — **pod|ścielać, pod|ścielać** impf (~ścielę, ~ścielisz — ~ścielam, ~ścielam) vt [1] (podłożyć) to spread; **~esłać koc pod prześcieradło** to put a blanket under the sheet [2] (zrobić podściółkę) to provide litter a. bedding

pode|st m (G ~stu) [1] (schodów) landing [2] (podium) podium, platform, rostrum [3] Teatr (dla chóru) choir stand

podestow|y adi. [belka, płyta] landing attr.

podesz|ły III pp → **podejść**

III adi. [wiek, lata] advanced; **człowiek ~ły w latach** a man of advanced age

podesz|wa f [1] (spód buta) sole [2] (spód stopy) sole [3] Techn. (fundamentu) footing

■ to mięso jest twarde jak ~wa this meat is as tough as old boots

pod|etknąć, pod|etkać pf — **pod|tykać** impf (~etknęła, ~etknęli — ~tykam) vt [1] pot. (podsunąć) to push, to stuff; **~etknąć choremu poduszkę pod głowę** to push a pillow under the sick person's head; **~etknąć komuś mikrofon** to thrust a microphone at sb [2] pot. (poczęstować) to shove; **~tykać dziecku słodycze/hamburgery** to shove sweets/hamburgers at a child

pod|etrzeć pf — **pod|cierać** impf pot. III vt to wipe sb's bottom; **mama ~tarła dziecku pupę** his/her mum wiped the baby's bottom

III podetrzeć się — **podcierać się** to wipe one's bottom

pod|eżreć¹ pf — **pod|żerać¹** /pod'ʒɛratɕ/ impf vt pot. [1] (podkradać jedzenie) to nibble a. snack; **~żerać między posiłkami** to nibble a. snack between meals [2] (niszczyć) to eat away pot.; **rdza ~żera grzejniki** rust has been eating away at the radiators

pod|eżreć² pf vi pot. **ktoś ~żarł sobie** sb (has) feasted well

podfruwaj|ka f ≈ filly przest.

podgalać impf → **podgolić**

podganiać impf → **podgonić**

podgardlan|ka f pot. ≈ liverwurst, ≈ liver sausage

podgardlan|y adi. **kiszka ~a** ≈ liverwurst, ≈ liver sausage

podgardl|e n (Gpl ~i) [1] (człowieka) front of the neck; (fałd skóry) dewlap, double chin [2] (zwierzęcia) front of the neck; (fałdy skóry) dewlap; (ptaka) crop [3] Kulin. chap

pod|giąć pf — **pod|ginać** impf (~egnę, ~gięła, ~gięli — ~ginam) III vt (zgiąć) to bend slightly [drut, patyk]; **~giąć nogi pod siebie** to pull up one's legs, to pull one's legs up; **~giąć spódnicę** to hitch up a skirt

III podgiąć się — **podginać się** [kartka] to turn down; **róg zeszytu się ~giął** the corner of the copybook turned down; **książka z ~giętymi rogami** a dog-eared book

podginać impf → **podgiąć**

podglą|d m (G ~du) [1] sgt (czynność) monitoring (**czegoś** of sth); **być na ~dzie** [obiekt] to be monitored; **mamy ich na ~dzie dwadzieścia cztery godziny na dobę** we are monitoring them round the clock [2] (urządzenie) monitoring equipment sg a. device; **zainstalować ~d** to install a monitoring device [3] Komput. (urządzenie) previewer; **~d strony** page display a. preview; **~d wydruku** print preview; **przełączyć się na ~d** a. **włączyć ~d** to switch over to preview

podglądacz m (Gpl **~y** a. **~ów**) pot. voyeur; peeping Tom pot.

podglądać impf → **podejrzeć**

podglebi|e n sgt [1] Geol. subsoil, undersoil [2] przen. (dyskusji, sporu) foundations pl; substratum przen. (**czegoś** of sth)

podgłów|ek m (łóżka, tapczanu) bolster; (fotela) head rest

podg|olić pf — **pod|galać** impf pot. **Ⅰ** vt to shave [wąsy, brwi]; **~olić komuś kark** to shave the nape of sb's neck

Ⅱ podgolić się — **podgalać się** to shave

podg|onić pf — **pod|ganiać** impf vt pot. [1] (odrabiając zaległości) to speed up [pracę]; **~onić plan** to try to keep up with the schedule; **musimy trochę ~onić z robotą** we've got to catch up on our work [2] (popędzić) to gee up pot., to gee [sb] up pot.; **~onić konia** to gee up a horse

podgorączkow|y adi. **stan ~y** a raised a. slightly raised temperature; **mieć stan ~y** to have a slight temperature

podgot|ować pf — **podgot|owywać** impf **Ⅰ** vt to parboil [jarzyny, ryż]; **~ować mięso/obiad** to pre-cook meat/dinner

Ⅱ podgotować się — **podgotowywać się** [kluski] to be parboiled, **warzywa już się ~owały** the vegetables are almost ready

podgórs|ki adi. submontane, piedmont, foothill attr.

podgórz|e n (Gpl **~y**) foothills pl; **na ~u** in the foothills

podgrodzi|e n (Gpl **~**) Hist. settlement outside city walls

podgrymasza|ć impf vi pot. to fuss; **zawsze ~ przy jedzeniu** s/he's always fussing about her food

podgryzać[1] impf → **podryźć**

podgryza|ć[2] impf **Ⅰ** vt pot. (intrygować) to plot, to scheme (**kogoś** against sb); **(on) nie może wytrzymać bez ~nia kogoś** he always has to plot a. scheme against others **Ⅱ podgryzać się** to plot a. scheme against each other

podgry|źć pf — **podgry|zać**[1] impf (**~zę, ~ziesz, ~zł, ~zła, ~źli — ~zam**) vt (uszkodzić) to gnaw (**coś** at a. on sth); **bobry ~zły drzewa** beavers gnawed through the base of the tree tunks; **szczury ~zły kabel telefoniczny** rats gnawed (at) the telephone cable ⇒ **podgryzać**

podgrz|ać pf — **podgrz|ewać** impf (**~eję, ~ali** a. **~eli — ~ewam**) **Ⅰ** vt [1] (podwyższyć temperaturę) to heat, to warm, to heat a. warm [sth] up [mleko, wodę, zupę]; (zagrzać powtórnie) to reheat [potrawę, obiad]; **~ać coś na gazie/w piecyku** to heat up a. warm sth up on the gas stove/in the oven; **~ać coś w kuchence mikrofalowej** to microwave sth; **~ać mleko do temperatury wrzenia** to boil milk; **~ać sos do zbyt wysokiej temperatury** to overheat a. sauce; **słońce ~ało wodę w jeziorze** the sun warmed up the water in the lake; **~ałam ci zupę** I've heated up the soup for you; **ziemniaki ~ane w piekarniku**

potatoes heated a. warmed up in the oven; **basen z ~ewaną wodą** a heated swimming pool; **~anie czegoś** the warming a. heating (up) of sth; **płytka do ~ewania potraw** a hotplate; **piec do podgrzewania potraw** a warming oven; **urządzenie do ~ania basenów** an appliance for swimming pool heating [2] przen. to warm up [sth], to warm [sth] up [atmosferę, nastroje]; to add fuel to sth; (pogorszyć) to whip up [emocje]; **~ać dyskusję/spór** to add fuel to the debate/controversy

Ⅱ podgrzać się — **podgrzewać się** [potrawa, woda] to heat (up), to warm (up); **ziemniaki muszą się trochę ~ać** the potatoes need to be warmed a. heated up a bit

podgrzewacz m [1] (powietrza, wody) heater; **~ do butelek** a bottle warmer; **~ do talerzy** a plate warmer; **naczynie z ~em** a chafing dish; **wstawić obiad do ~a** to put dinner into a warming oven [2] Techn. (w silniku) heater (plug)

podgrzewać impf → **podgrzać**

podgrzyb|ek m (A **~ka** a. **~ek**) Bot. bay bolete

Podhalan|in m, **~ka** f (Gpl **~**, **~ek**) an inhabitant of the Podhale region

podhalańs|ki adi. [budownictwo, sztuka, krajobraz] of the Podhale region

podha|sło n sub-entry

podhol|ować pf vt to tow, to tug [łódź]; to tow [samochód]; **~ować łódź do brzegu** to tow a boat to the shore; **~oluj mnie do najbliższego warsztatu** give me a tow to the nearest garage

podirytowan|y adi. [osoba] irritated (**czymś** about a. at a. by a. with sth); piqued (**czymś** at a. by sth); [głos, ton] irritated; **„przestań", powiedział ~ym głosem** 'cut it out,' he said angrily

podi|um n (Gpl **~ów**) platform, stage; (małe) podium, dais; **~um dla orkiestry** a platform a. podium for the orchestra; (w parku) a bandstand; **stanąć/wejść na ~um** to stand on/climb the platform a. podium; **~um zwycięzców** Sport the podium (of winners); **stanął** a. **zajął miejsce na ~um jako trzeci w biegu z przeszkodami** he climbed the podium having won third place in the steeplechase; **miejsca na ~ wywalczyli zawodnicy niemieccy** the first three places went to German competitors

podjadać impf → **podjeść**

podjad|ek m Zool. **turkuć ~ek** mole cricket

pod|jazd m (G **~azdu**) [1] (do budynku) drive, driveway; (przed budynkiem) forecourt; (zadaszony) covered a. canopied drive(-through); **wjechać na ~azd** to turn into a driveway; **zaparkować/zakręcić na ~eździe** to park/turn in a drive(way) a. forecourt; **~azd do garażu** the driveway to a garage [2] (ułatwiający dostęp) ramp; **~azd dla wózków inwalidzkich** a wheelchair ramp; **~azd dla wózków dziecinnych** a ramp for prams [3] (pod górę) uphill road, uphill stretch of a road; **stromy/łagodny ~azd** a stretch of road going steeply/slightly uphill, a steep/gentle incline; **przy ~eździe wrzuć drugi bieg** put it in second when you go uphill; **kolarze**

zwolnili na ~eździe the cyclists slowed down on the uphill stretch [4] (krótka jazda) short drive; **~azd pod mój dom zajmie ci dwie minuty** it's a two minute drive to my house [5] zw. pl Wojsk. (wypad) foray, inroad; **robić ~azdy na terytorium wroga** to make forays a. inroads into enemy territory; **szarpać wroga ~azdami** to harass the enemy (with forays) [6] Hist., Wojsk. (oddział kawalerii) mounted foray

podjazdow|y adi. **wojna** a. **walka ~a** the tactics pl of lightning raids, harassment; przen. underhand tactics pl; **prowadzić walkę ~ą (z wrogiem)** to harass a. harry the enemy; **prowadzić wojnę ~ą przeciwko komuś** przen. to use underhand tactics against sb

pod|jąć pf — **pod|ejmować** impf (**~ejmę, ~jęła, ~jęli — ~ejmuję**) **Ⅰ** vt [1] (rozpocząć) to take (up) [pracę, walkę]; to take [działania, kroki, środki]; to undertake [badania, zadanie]; to make [starania]; to enter into [dyskusję, negocjacje]; **~jąć decyzję** to take a decision, to arrive at a decision; **~jąć uchwałę** to adopt a. pass a resolution; **~jąć ryzyko** to take a risk; **podjąć zobowiązanie** to take on a. assume an obligation; **~jąć kroki prawne** to take legal steps; **~jąć działania/środki przeciwko komuś/czemuś** to take action/steps against sb/sth; **~jąć próbę zrobienia czegoś** to make an attempt to do sth a. at doing sth; **~jął próbę pobicia rekordu świata** he attempted the world record, he made an attempt at beating the world record; **~jęli próbę ucieczki** they attempted an escape; **~jąć trud zrobienia czegoś** to make an effort to do sth; **~ejmowali starania o przyjście z pomocą głodującym** they made efforts to bring relief to the famine victims [2] (zainteresować się) to take up [projekt, temat, sprawę]; to accept [ideę, pomysł, hasło]; **~jąć apel** to respond to an appeal; **~jąć wyzwanie** to respond to a. take up a challenge [3] (przyłączyć się) to take up [melodię, pieśń, refren]; **~jąć dyskusję/rozmowę nad czymś** to join in the discussion/conversation about sth; **pieśń ~jęły setki głosów** hundreds of voices took up the song [4] (kontynuować) to take up, to resume [opowieść]; **~jąć przerwany wątek** to pick up the interrupted story; **„kiedy przybyłam na miejsce", ~jęła na nowo...** 'when I arrived,' she resumed a. she went on... [5] Fin. to draw, to withdraw [pieniądze]; **~jęła 1000 zł ze swego konta** she drew a. withdrew a thousand zlotys from her account [6] (gościć) to entertain [gości] (**czymś** to sth); to feast [gości] (**czymś** on a. with sth); **przyjaciele ~jęli ją kolacją** she was entertained to dinner by her friends; **~jęli nas łososiem** they served a. gave us salmon; **zawsze ~ejmują mnie bardzo gościnnie** they always receive me very hospitably; **często ~ejmują gości** they do a lot of entertaining; **w sobotę Legia Warszawa ~ejmie Manchester United** przen. on Saturday Legia Warszawa will play Manchester United at home [7] książk. (podnieść) to pick up [sth], to pick [sth] up [walizkę, książkę]; **~jął słuchawkę**

telefonu he picked up the receiver
II **podjąć się** — **podejmować się** (zobowiązać się) to undertake, to take it upon oneself (**zrobienia czegoś** to do sth); **~jąć się czegoś** to take on sth [zadania, pracy, obowiązków]; to undertake sth [współpracy]; to accept sth [funkcji]; **mogła się ~jąć każdej pracy** she could take any job; **nie ~ejmuję się z nim negocjować** I don't feel equal to negotiating with him; **~jąć się czyjejś obrony** Prawo to take up sb's case
■ **~jąć kogoś pod kolana** a. **nogi** a. **za nogi** przest. to wrap one's arms around sb's knees in obeisance
podj|echać pf — **podj|eżdżać** impf (**~adę** — **~eżdżam**) vi [1] (zbliżyć się) (samochodem) to drive up (**do kogoś/czegoś** to sb/sth); (konno, na rowerze) to ride up (**do kogoś/czegoś** to sb/sth); **samochód ~echał pod dom i zatrzymał się** the car drew up in front of the house [2] (dotrzeć do celu) to drive round; **~edź do pralni i odbierz marynarkę** drive round to the cleaners and collect the jacket; **po drodze ~edziemy po Marię** on the way we'll stop to collect Maria [3] (przebyć odcinek drogi) to ride; **~echać czymś** to ride in a. on sth, to go by sth [tramwajem, taksówką]; **~echał autobusem dwa przystanki** he went two stops by bus; **udało mi się ~echać okazją kawałek drogi** pot. I hitched a. managed to hitch a ride a. lift part of the way pot. [4] (wjechać pod górę) (samochodem) to drive up (hill); (konno, na rowerze) to ride uphill; **pociąg wolno ~eżdżał pod górę** the train was slowly climbing up a. going uphill [5] pot. (podnosić się) [winda] to go up; [bluza, spódnica, nogawki] to ride up; **winda ~echała na siódme piętro** the lift went up to the seventh floor; **spódnica ~echała jej do góry** her skirt rode up
podj|eść pf — **podj|adać** impf (**~em, ~esz, ~adł, ~adła, ~edli** — **~adam**) **I** vt [1] (zjeść ukradkiem) to sneak pot.; **zawsze ~ada mi ciastka** he's always sneaking my cakes; **kto mi ~adł czekoladę?** who's been at my chocolate?; **pies ~adł mięso ze stołu** the dog sneaked the meat from the table [2] (podgryźć) [owad, zwierzę] to nibble [korzenie]
II vi (pożywić się) to appease one's hunger; **~eść sobie do syta** to eat one's fill; **~adłeś sobie, czy ci jeszcze dołożyć?** feeling better (now that you've eaten), or shall I give you some more?; **dała mu trochę zupy, żeby sobie ~adł** she gave him some soup to appease his hunger
podjeżdżać impf → **podjechać**
podjudzacz m (Gpl **~y** a. **~ów**) pejor. troublemaker, instigator
podjudzać impf → **podjudzić**
podju|dzić pf — **podju|dzać** impf **II** vt to instigate (**do czegoś/do zrobienia czegoś** to sth/to do sth); **~dzać do buntu** to instigate a. foment a revolt; **~dzać kogoś do kradzieży/bójki** to put sb up to stealing/fighting; **~dzać kogoś przeciwko komuś** to set sb against sb; **~dzali go przeciw własnemu ojcu** they set him against his own father

II **podjudzić się** — **podjudzać się** to egg each other on
podka|sać pf — **podka|sywać** impf (**~szę** — **~suję**) vt to hitch up, to hitch [sth] up, to tuck up, to tuck [sth] up [spódnicę]; to pull up, to pull [sth] up [nogawki, rękawy]
podkasan|y **II** pp → **podkasać**
II adi. [sukienka, spódnica] skimpy; [dziewczyna] skimpily a. scantily dressed
■ **~a muza** żart. bawdy entertainment (cabaret, operetta, farce collectively)
podkasywać impf → **podkasać**
podkle|ić pf — **podkle|jać** impf vt to back, to line (**czymś** with sth); **mapa ~jona płótnem** a canvas-backed map
podklejać impf → **podkleić**
podkła|d m (G **~du**) [1] Techn., Budow. ground beam, underlay; **~d podłogowy** subfloor, underfloor; **~d nawierzchni** base course; **maszyny ustawiono na ~dach izolacyjnych** machines were placed on insulating beams [2] (pierwsza warstwa) (farby, lakieru, tynku) undercoat, base coat; Szt. ground; **~d kredowy** Szt. chalk a. gesso ground; **~d pod farbę/lakier** undercoat, primer [3] Kosmet. (krem) foundation cream; (w płynie) foundation fluid; (warstwa kosmetyku) foundation, make-up base; **~d kryjący** a covering make-up foundation; **~d transparentny** a translucent a. transparent foundation; **nałożyć ~d** to put foundation on, to apply foundation [4] Kolej. tie, sleeper GB, crosstie US; **wymieniać ~dy** to replace ties [5] Muz. (w filmie, spektaklu) background (music), incidental music; **~d instrumentalny** instrumental background; **~d wokalny** backing vocals; **~d muzyczny do filmu „Rydwany ognia"** the 'Chariots of Fire' score a. track [6] Med. (pod prześcieradłem) incontinence sheet [7] Ogr. stock
podkładać impf → **podłożyć**
podkład|ka f [1] (zabezpieczenie) (przed zadrapaniem) pad; (przed zalaniem, odparzeniem) mat; (usztywniająca) backing; **~ka gumowa/filcowa (pod meble)** a rubber/felt pad; **~ka korkowa (pod nakrycie)** a cork mat; **~ka pod nakrycie** place a. table mat; **~ka pod kufel** a beer mat; **~ka pod szklankę** a drip mat, a coaster; **~ka pod mysz** Komput. a mouse mat, a mouse pad; **~ka na biurko** a blotting pad; **~ka do pisania z klipsem** a clipboard [2] pot. (dokument) scrap of paper pot. (to justify or prove something); **nie zrobię tego bez odpowiedniej ~ki** I won't do it unless I have it all in writing; **miał ~ki na wszystkie swoje decyzje** he had all the right papers to justify his decisions [3] Ogr. stock [4] Techn. washer [5] Kolej. soleplate [6] Górn. sheet metal
podkładow|y adi. [1] Budow. [cement] foundation attr.; [kamień] base attr. [2] [emalia, farba] ground attr., priming [3] Kosmet. [warstwa] foundation attr.
podkoch|iwać się impf v refl. to fancy (**w kimś** sb); to be besotted (**w kimś** with sb)
podkolanów|ka f zw. pl knee(-length) sock zw. pl; (cienka) popsock zw. pl
podkolor|ować pf — **podkolor|owywać** impf vt [1] (podbarwić) to tint, to tinge; **~ować coś na niebiesko/różowo** to tint

sth blue/pink [2] przen. to embellish, to colour [opowieść, wspomnienia]; to embroider [fakty]
podkoloryzować pf vt [1] (ubarwić) to colour, to embellish [opowieść, wydarzenia, życiorys]; to embroider [facts] [2] rzad. (pomalować) to tint, to tinge
podkomendn|y **II** adi [oficer] subordinate
II m subordinate; **był ~ym generała Sikorskiego** he served under General Sikorski
podkomisj|a f (Gpl **~i**) subcommittee; **~a do spraw telekomunikacji** a subcommittee on telecommunications, a telecommunications subcommittee
podkop m (G **~u**) tunnel; **zrobić ~ do czyjejś piwnicy** to dig a tunnel to sb's cellar; **uciec ~em pod murem więzienia** to escape through a tunnel dug under the prison wall
podkop|ać pf — **podkop|ywać** impf (**~ię** — **~uję**) **II** vt [1] (usunąć ziemię) to dig (**coś** around sth); (naruszyć) to undercut [korzenie]; to undermine, to undercut [fundamenty] [2] przen. (osłabić) to undermine [autorytet]; to undermine, to erode [zaufanie]; to undercut [pozycję, wizerunek]; **ciężka praca ~ała jego zdrowie** hard work sapped his health
II **podkopać się** — **podkopywać się** to dig a tunnel; **~ać się pod murem/drutem kolczastym** to dig a tunnel under a wall/barbed wire; **nasz pies ~ał się do ogrodu sąsiada** our dog dug a hole into our neighbour's garden
podkopywać impf → **podkopać**
podkoszul|ek, ~ka m, f (under)vest, singlet GB, undershirt US; (z rękawami) vest, T-shirt; **~ek siatkowy** a string vest; **wybory Miss Mokrego Podkoszulka** a wet T-shirt contest
podk|owa f [1] (końska) (horse)shoe; **przybić koniowi ~owę/~owy** to shoe a horse; **końska ~owa przynosi szczęście** a horseshoe brings good luck [2] (kształt) horseshoe shape, semicircle; **stoły ustawiono w ~owę** the tables were arranged in a semicircle; **wygięła usta w ~owę** she turned down the corners of her mouth; **w kształcie ~owy** horseshoe-shaped [3] (pod oczami) half-moon; **miała ciemne ~owy pod oczami** she had dark circles under her eyes [4] Myślis. horseshoe (marking)
❏ **~owa ratunkowa** Żegl. horseshoe-shaped life buoy
podków|ka f [1] dem. (końska) (horse)shoe; **złota ~ka na łańcuszku** a gold horseshoe on a chain [2] dem. (kształt) horseshoe, semicircle; **dziecko wykrzywiło a. wygięło buzię w ~kę** the corners of the child's a. baby's mouth turned down [3] (portmonetka) horseshoe-shaped change purse [4] (okucie) crescent-shaped metal tip (across the heel or cap of a shoe)
podkpiwa|ć impf vi to chaff (**z kogoś** sb); to make fun (**z kogoś/czegoś** of sb/sth); to poke fun (**z kogoś/czegoś** at sb/sth); **„ładny z ciebie ojciec", ~ła** 'some father you are,' she teased
podkradać impf → **podkraść**
podkra|ść pf — **podkra|dać** impf **II** vt (**~dnę, ~dniesz, ~dł, ~dła, ~dli** —

~dam) II *vt* to pilfer *[rzeczy]* (**komuś** from sb); to steal *[pomysły]* (**komuś** from sb); **przyłapano go, jak ~dał pieniądze z kasy** he was caught pilfering money from the till

III podkraść się — podkradać się to steal up (**do kogoś** on sb); to creep up (**do kogoś** on sb); **~dłem się do nich od tyłu** I stole a. crept up on them from behind; **~dł się na odległość strzału** he stole up to within shooting distance; **~dła się pod drzwi** she crept up to the door; **w nocy ~dał się do ogrodu** at night he stole into the garden

podkrąż|ony *adi.* **~one oczy** eyes with dark circles a. rings around them; **mieć ~one oczy** to have dark circles a. rings round one's eyes

podkreślać *impf* → **podkreślić**

podkreśle|nie II *sv* → **podkreślić**

III *n* (linia) underline; **zetrzeć ~nia w tekście** to erase pencil marks in a text; „**~nie moje/autora**" 'my/author's underlining a. emphasis'

podkreśl|ić *pf* — **podkreśl|ać** *impf vt* **1** (narysować kreskę) to underline, to underscore *[wyraz]*; **błędy zostały ~one czerwoną linią** mistakes were underlined in red; **~ił zdanie za pomocą linijki** he underlined the sentence with a ruler; **~iła oczy brązowym ołówkiem** she outlined her eyes with a brown pencil **2** (zaakcentować) to emphasize, to stress *[znaczenie, wagę]*; **muszę to ~ić ze szczególną mocą** I say this most emphatically; **należy ~ić, że...** it should be emphasized a. stressed that...; **fakt ten zasługuje na ~enie** this fact needs to be emphasized a. stressed **3** (uwydatnić) to highlight *[cechę, kontrast]*; to pick out, to pick [sth] out *[kształt, zarys]*; **biel bluzki ~ała jej opaleniznę** the whiteness of her blouse emphasized her tan; **szeroki pasek znakomicie ~a talię** a wide belt emphasizes a. accentuates the waistline

podkręcać *impf* → **podkręcić**

podkrę|cić *pf* — **podkrę|cać** *impf vt* **1** (wzmocnić działanie) to turn up, to turn [sth] up *[gałkę, knot]*; **~cić gaz/radio/telewizor** pot. to turn up the gas/radio/TV; **~cić kołeczki skrzypiec** to adjust the pegs on the violin **2** (podwinąć) to twirl *[wąsy]*; to curl *[rzęsy]*; to curl up, to curl [sth] up *[włosy]*; **włosy miała ~cone do góry** her hair was curled up **3** Sport to spin, to twist *[piłkę]*; **~cona piłka** a spinner **4** pot. (przynaglić) to hurry up; to hurry [sb] up, **weź się do roboty, bo cię szef ~ci** make yourself useful or the boss will give you hell a. a rough ride; **~cić tempo** to step on it pot.

podku|ć *pf* — **podku|wać** *impf II vt* **1** to shoe *[konia]*; **~ł mi konia** he shod my horse; **dobrze ~ty koń** a well shod horse **2** to hobnail *[buty]*; **buty ~te gwoździami** hobnail(ed) boots **3** Szkol. (poduczyć się) to bone up on sth a. mug up, to mug [sth] up pot. *[przedmiot]*; **~ł trochę historię przed egzaminem** he boned up on history, he mugged up history

III podkuć się — podkuwać się Szkol. to hack (it) pot.; **~ł się z biologii** he boned

up on history pot., he mugged up history pot.

podkulać *impf* → **podkulić**

podkul|ić *pf* — **podkul|ać** *impf vt* to draw up, to draw [sth] up, to pull up, to pull [sth] up *[nogi]*; **siedziała z ~onymi nogami** she was sitting with her feet tucked up under her; **pies ~ił ogon** the dog tucked its tail between its leg; **pies uciekł z ~onym ogonem** the dog ran away with its tail between its legs

podkup|ić *pf* — **podkup|ywać** *impf vt* pot. **1** (dać wyższą cenę) to outbid (**komuś coś** sb for sth); to beat (**komuś coś** sb to sth); **ktoś mi ~ił samochód, który sobie upatrzyłem** somebody beat me to the car I had my eye on **2** (przekupić) to buy *[osobę]*; **~ują nam najlepszych specjalistów** they are outbidding us for our best specialists

podkupywać *impf* → **podkupić**

podkurczać *impf* → **podkurczyć**

podkurcz|yć *pf* — **podkurcz|ać** *impf vt* to draw up, to draw [sth] up, to pull up, to pull [sth] up *[nogi]*; **siedziała z ~onymi nogami** she was sitting with her feet tucked up under her

podku|sić *pf vt* pot. to tempt (**do czegoś** into sth); **~sić kogoś do kłamstwa/kradzieży** to tempt sb into lying/stealing, **co cię ~siło, żeby mu o tym powiedzieć?** what made you tell him about it?, why did you tell him about it?; **nie wiem, co mnie ~siło** I don't know what possessed me a. what came over me; **jakie licho go ~siło** a. **jaki diabeł go ~sił, żeby o tym wspomnieć** what on earth possessed him to mention it

podkuwać *impf* → **podkuć**

podl|ać *pf* — **podl|ewać** *impf* (**~eję, ~ali** a. **~eli — ~ewam**) *vt* **1** (zwilżyć) to water *[rośliny, grządkę, ogród]*; **~ać pomidory konewką** to water tomatoes with a watering can; **~ać trawnik wężem** to water a lawn with a hose; **~ać kapustę gnojówką** to feed cabbage with liquid manure; **kaktusy ~ewamy tylko na spodek** we water cacti only by pouring water into their saucers **2** Kulin. to baste *[pieczeń]*; **~ać jarzyny wodą** to add a bit of water to the vegetables; **~ać mięso winem** to baste the meat with wine; **ziemniaki ~ane sosem** potatoes with sauce

■ **~ać kolację winem/wódką** pot. to wash down supper with wine/vodka

Podlasian|in *m,* **~ka** *f* (*Gpl* **~, ~ek**) an inhabitant of the Podlasie region

podlas|ki *adi.* *[krajobraz, budownictwo]* of the Podlasie region

podlatywać *impf* → **podlecieć**

podle *adv. grad.* **1** (nikczemnie) *[postąpić, potraktować]* meanly, basely, shabbily; **jak mogłaś postąpić tak ~?** how could you be so mean?; **zachować się ~ wobec kogoś** to be mean to sb **2** pot. (kiepsko) *[zarabiać, płacić]* badly; *[wyglądać]* poorly; **czuć się ~** (być chorym) to feel lousy pot. a. rotten pot. a. mean US pot.; **czuję się ~, że ich nie zaprosiłem** I feel mean for a. about not inviting them; **wszystko, czym nas poczęstowali, smakowało ~** every-

thing they gave us to eat tasted disgusting; **mieszkali ~** they lived poorly

podlec *m* pot., obraźl. scoundrel, nasty piece of work

podl|ecieć *pf* — **podl|atywać** *impf vi* **1** (wzbić się) to fly up; (zbliżyć się) to fly up (**do kogoś/czegoś** to sb/sth); **gołębie ~atywały do jej wyciągniętej ręki** pigeons were flying up to her outstretched arm **2** pot. (podbiec) to come running (**do kogoś/czegoś** to sb/sth); **chłopiec ~eciał do ojca** the boy came running to his father

■ **brać wszystko, co** a. **jak ~eci** pot. to take everything indiscriminately; **chwytam się każdej pracy, jak ~eci** pot. I take on any job that comes my way; **potrafię zagrać na gitarze, co ~eci** pot. I can play any tune on the guitar

podlecz|yć *pf II vt* to patch up, to make [sb] better, to put [sb] on the road to recovery; **muszę ~yć sobie nerki/wątrobę** I need to do something about the state of my kidneys/my liver; **w sanatorium ~yli moją gruźlicę** I made a partial recovery from TB in the sanatorium; **~yła stopy dzięki maści** her feet healed a bit thanks to the balsam

III podleczyć się to make a partial recovery

podl|eć *impf* (**~eję, ~ał, ~eli**) *vi* **1** książk. (stawać się podłym) *[osoba]* to become wicked ⇒ **spodleć** **2** pot. (stawać się marnym) *[towar, jedzenie]* to depreciate ⇒ **spodleć**

podlega|ć *impf vi* **1** (być zależnym) to come under (**komuś** sb); to be subordinate a. responsible (**komuś/czemuś** to sb/sth); **~ć czyjejś władzy** to be under a. to come under sb's authority; **~ć bezpośrednio dyrekcji** to be directly responsible to the management **2** (być wystawionym, narażonym) to be subject (**czemuś** to sth); to be liable (**czemuś** to sth); **jego majątek nie ~ł nacjonalizacji** his estate was not subject to nationalization; **~ć karze** to be liable to a. for punishment; **czyn ten ~ karze śmierci/karze więzienia** this act is punishable by death/imprisonment; **wykroczenia ~jące karze** punishable offences; **~ć obowiązkowi służby wojskowej** to be liable for military service; **~ć ocleniu** to be liable for a. to duty; **~jący opodatkowaniu** taxable, declarable; **~jący ocleniu** dutiable, declarable; **~jący potrąceniu/ zwrotowi** deductible/redeemable; **~jący zaskarżeniu/karze** actionable/chargeable **3** (być pod działaniem) to be subject (**czemuś** to sth); **~ć zmianom/modyfikacjom** to be subject to change/modification; **~ć prawu polskiemu** to be subject to Polish law; **jego twórczość ~ła różnym wpływom** his work came under various influences; **łatwo ~ł naciskom** he easily gave in under pressure; **gatunek ~jący ochronie** a protected species **4** (ulegać) to succumb (**czemuś** to sth); **~ć urojeniom/ lękom** to succumb to hallucinations/fears; **~ć skostnieniu/wynaturzeniu** to become ossified/perverted; **~ć dalszej obróbce** to be subject to further treatment

■ **nie ~ dyskusji, że...** it goes without saying that...; **to nie ~ dyskusji** this is indisputable

podległoś|ć *f sgt* [1] (zależność) dependence (**komuś** on sb); (podporządkowanie) submission (**komuś** to sb); **ślepa/całkowita ~ć** blind/ complete submission; **nie wiąże jej z nim żadna służbowa ~ć** she's not subordinated to him in any official capacity; **~ć rady wobec parlamentu** subordination of the council to parliament [2] Polit. dependence; **~ć feudalna** Hist. vassalage

podleg|ły *adi.* [1] (zależny) subordinate (**komuś/czemuś** to sb/sth); dependent (**komuś/czemuś** on sb/sth); responsible (**komuś/czemuś** to sb/sth); **przedsiębiorstwa bezpośrednio ~łe ministerstwu rolnictwa** companies directly subordinate to the ministry of agriculture; **zwołał zebranie ~łych sobie pracowników** he called a meeting of his subordinates [2] Polit. *[naród, kraj]* (bez niezależności politycznej) dependent; *[zniewolony]* subjugated, slave *attr.* [3] przest. (podatny) **~ły zmianom** subject to change; **~ły wpływom kogoś/czegoś** under the influence of sb/sth

podlewać *impf* → **podlać**

pod|leźć *pf* — **pod|łazić** *impf* (**~lezę, ~leziesz, ~lazł, ~lazła, ~leźli — ~łażę**) *vt* pot. [1] (zbliżyć się) to come closer; **nie ~łaź zbyt blisko ognia** don't come too close to the fire [2] (podpełznąć) to crawl, to creep (**do czegoś** towards sth); **gąsienica ~lazła pod liść** a caterpillar crawled under a leaf; **dziecko na czworakach ~lazło do okna** the child crawled on all fours to the window

podliczać *impf* → **podliczyć**

podlicz|yć *pf* — **podlicz|ać** *impf vt* to count (up) *[punkty]*; to reckon up, to reckon [sth] up *[wydatki, straty]*; to add up, to add [sth] up *[sumy]*; **~ać słupki** to do the sums; **~yć utarg** to cash up

podl|ić *impf* [I] *vt* (odbierać godność) to debase *[osobę, naród]* ⇒ **spodlić**

[II] **podlić się** (tracić godność) *[osoba]* to debase oneself ⇒ **spodlić**

podli|zać się *pf* — **podli|zywać się** *impf* (**~żę się — ~zuję się**) *v refl.* to crawl przen., pot., to creep GB przen., pot.; **~zywać się komuś** to creep a. crawl to sb, to play up to sb; **zawsze umiała ~zać się ojcu** she always knew how to soft-soap a. butter up her father pot.

podlizuch *m* pot. creep pot., brown-nose pot.

podlizywać się *impf* → **podlizać się**

podlot|ek *m* (*Npl* **~ki**) pot. adolescent girl, teenage girl; **mając trzydzieści lat, ubierała się i zachowywała się jak ~ek** at thirty she dressed and behaved like a teenager

podludzi|e *plt* (*G* **~i**) subhumans, Untermenschen

podłap|ać *pf* — **podłap|ywać** *impf* (**~ię — ~uję**) *vt* pot. [1] (poderwać) to pick up pot. *[dziewczynę, chłopaka]* (zdobyć) to grab pot.; **~ać okazję** to grab the chance; **~ał robotę** he chanced on a job; **~ła jakieś przeziębienie** she caught some sort of a cold

podłapywać *impf* → **podłapać**

podłazić *impf* → **podleźć**

podłączać *impf* → **podłączyć**

podłącz|yć *pf* — **podłącz|ać** *impf* [I] *vt* to connect; **~yć aparat telefoniczny do sieci** to connect the phone; **~yć gaz/światło** to connect the gas/electricity supply; **czy kuchenka gazowa jest już ~ona?** has the gas cooker been connected yet?; **we wtorek ~ymy was do sieci** we'll connect you (to the mains) on Tuesday; **jeszcze nie jesteśmy ~eni do wodociągów** we haven't been plumbed in yet; **telewizor jest ~ony do głośników** the TV is wired up to the speakers; **~yć komuś kroplówkę** Med. to put sb on a drip; **jest ~ony do respiratora** Med. he's on a respirator, he's connected to a respirator

[II] **podłączyć się** — **podłączać się** [1] (połączyć nielegalnie) to connect; **~yć się do czyjegoś licznika** to connect to sb's meter, to break into sb's meter [2] (przyłączyć się do grupy) to tag along; **~yć się do jakiejś partii/pod jakieś stronnictwo** to become a hanger-on of a party

podł|oga *f* (płaszczyzna) floor, ground GB; (materiał) flooring *U*; **~oga z desek** plank flooring; **położyć ~ogę z klepek** to lay parquet flooring; **zamieść ~ogę** to sweep the floor; **zebrał szkło z ~ogi** he picked the glass up off the floor a. ground; **zapomnieliśmy kupić pastę do ~ogi** we forgot to buy some floor polish

❑ **ślepa ~oga** Budow. rough floor

podłogow|y *adi [wykładzina, pasta]* floor *attr.*; **panele ~e** flooring panels; **deska ~a** a floorboard

podłoś|ć *f* [1] (cecha charakteru) baseness, meanness; **~ć czyjegoś postępowania** the baseness a. shabbiness of sb's conduct [2] (czyn) wicked deed; **popełnić ~ć** to do something mean; **nie wierzę, żeby była zdolna do takiej ~ci** I can't believe she's capable of such wickedness a. baseness

podłoż|e *n* (*Gpl* **~y**) [1] (spodnia warstwa, podkład) foundation, base [2] Szt. ground; **obraz został namalowany na ~u drewnianym** the picture was painted on a wooden ground [3] (źródło zachowania) basis; **stanowić ~e czegoś** to underlie sth; **leżeć u ~a czegoś** to be a. lie at the bottom of sth; **podstawowy problem stanowiący ~e konfliktu** the fundamental issue which underlies a. issue underlying the conflict; **jej choroba ma ~e psychiczne** her illness is of mental origin [4] Geol. substratum [5] Biol. substrate

❑ **~e maściowe** Farm. ointment base

pod|łożyć *pf* — **pod|kładać** *impf* [I] *vt* [1] (podsunąć) to put; **~łożyć poduszkę pod głowę** to put a pillow under [sb's/one's] head [2] (podwinąć) to take up *[spódnicę]* [3] (podrzucić) to plant *[bombę]*; **~łożyć komuś anonim** to leave an anonymous letter for sb; **~kładać prezenty pod choinkę** to put presents under the Christmas tree [4] pot. **~łożyć słowa** a. **tekst pod muzykę** to set lyrics to music

[II] **podłożyć się** — **podkładać się** pot. to lay oneself wide open

■ **~łożyć gdzieś ogień** to set fire to; **~łożyć komuś świnię** pot. to do the dirty on sb pot.; **~łożyć do pieca/na ogień** to stoke (up) the fire; **~łożyła pod kuchnię** she stoked the fire in the kitchen stove

podług przest. → **według**

podługowa|ty *adi.* pot. *[kształt]* longish, slightly elongated

podłużać *impf* → **podłużyć**

podłużnie *adv.* longitudinally; **chromosomy rozszczepiają się ~** chromosomes divide a. split longitudinally a. along their length; **~ złożona koperta** an envelope folded lengthwise a. lengthways

podłużn|y *adi.* [1] (ciągnący się wzdłuż) longitudinal; **kot miał na grzbiecie ~e pręgi** the cat had stripes lengthwise on its back; **przekrój ~y** longitudinal cross section [2] (długi i wąski) *[przedmiot, pudełko]* oblong; *[twarz]* elongated

podłuż|yć *pf* — **podłuż|ać** *impf vt* to lengthen, to let down *[odzież]*; **~yć spodnie** to lengthen trousers; **muszę ~yć tę sukienkę o pięć centymetrów** I have to let this dress down five centimetres

pod|ły *adi. grad.* [1] (godny potępienia) nasty, spiteful; *[oszust, zdrajca]* foul; *[czyn, zachowanie]* base; *[intrygi]* mean; *[traktowanie, zachowanie]* shabby; **~łe kłamstwo!** a monstrous a. bloody pot. lie!; **co za ~ła zagrywka!** pot. what a shabby trick! [2] pot. (marny) *[powieść, pogoda]* lousy pot., rotten pot.; **~łe wino** a cheap a. poor-quality wine

podmakać *impf* → **podmoknąć**

podmal|ować *pf* — **podmal|owywać** *impf* [I] *vt* [1] (podkreślić makijażem) to make up; **~owywać usta szminką** to put a little lipstick on; **~owała sobie rzęsy** she applied a little mascara to her eyelashes [2] (położyć podkład z farby) to ground; **pracę rozpoczął od ~owania obrazu** he started work by grounding the painting

[II] **podmalować się** — **podmalowywać się** to apply (a little) make-up; **wyglądasz okropnie, ~uj się trochę** you look awful, put on some make-up

podmalowywać *impf* → **podmalować**

podmian|a *f* pot. swap; **~a części nowej na zużytą** a swap of a new part for a used one

podmiejs|ki *adi.* [1] (położony w pobliżu miasta) *[osiedle, osada]* suburban; *[okolica, supermarket, teren]* out-of-town; **dzielnica ~ka** a suburb; **obszar/pociąg ~ki** a commuter belt/train; **~cy ogrodnicy** market gardeners [2] (o komunikacji) suburban, commuter *attr.*; **pociąg ~ki** a commuter train; **bilety miesięczne są ważne również na liniach ~kich** monthly tickets are also valid on suburban lines

podmieniać *impf* → **podmienić**

podmie|nić *pf* — **podmie|niać** *impf* pot. [I] *vt* to change (secretly); **~nić obrazy w galerii** to swap paintings in the gallery; **jeśli jesteś zmęczony, to cię ~nię** if you're tired, I'll swap with you

[II] **podmienić się** — **podmieniać się** to swap; **~nili się dyżurami** they swapped shifts

podmin|ować *pf* — **podmin|owywać** *impf vt* [1] Wojsk. (umieścić minę) to mine *[bunkier, most]* [2] przen. (wywołać napięcie) to inflame; **swoją wypowiedzią ~owował studentów** his statement incensed the students

podminowan|y [I] *pp* → **podminować**

[II] *adi.* pot. charged, worked up; wired pot.;

uśmiechał się, ale widać było, że jest **~y** he was smiling, but you could see that he was worked up; **atmosfera w pokoju była ~a** the atmosphere in the room was highly charged

podminowywać *impf* → **podminować**

podmio|t [I] *m pers.* (*Npl* **~ty**) Filoz., Prawo subject [II] *m inanim.* (*G* **~tu**) Jęz. subject ❏ **~t bierny** Jęz. passive subject; **~t czynny** Jęz. active subject; **~t domyślny** Jęz. implied subject; **~t gramatyczny** Jęz. grammatical subject; **~t liryczny** Literat. lyrical subject; **~t logiczny** Jęz. logical subject; **~t nierozwinięty** Jęz. single subject

podmiotowo *adv.* [*traktować, ujmować*] subjectively

podmiotowoś|ć *f sgt* subjectivity; **~ć zjawisk/doznań** the subjectivity of phenomena/experience

podmiotow|y *adi.* Filoz., Jęz., Prawo subjective

podmok|ły *adi.* [*teren*] boggy, marshy

podm|oknąć *pf* — **podm|akać** *impf* (**~ókł** a. **~oknął** — **~aka**) *vi* to soak up; **namioty ~okły** the tents have got wet

podmors|ki *adi.* [*erupcja, wulkan, baza*] submarine; [*prąd, operacja, kabel*] undersea; [*wiercenia, złoża*] offshore

podmuch *m* (*G* **~u**) [1] (*naturalny*) breeze, flurry; **~ gorącego powietrza** a gust of hot air [2] (*spowodowany wybuchem*) blast; **atomowy ~ zmiótł tysiące budynków** the atomic blast swept away thousands of buildings [3] *przen.* foretaste, sign; **~ zimy/wiosny** a foretaste a. sign of winter/spring

podmur|ować *pf* — **podmur|owywać** *impf vt* to underpin; **~owany ganek/płot** a porch/fence underpinned with masonry

podmur|owywać *impf* → **podmurowywać**

podmurów|ka *f* underpinning; **kamienna ~ka** stone underpinning; **postawić ~kę** to lay underpinning a. a foundation

podmy|ć *pf* — **podmy|wać** *impf* (**~ję** — **~wam**) [I] *vt* [1] (*o wodzie*) **fale ~wają plażę** waves wash over the beach [2] (*umyć*) to wash [sb's] private parts [*dziewczynkę, pacjentkę*] [II] **podmyć się** — **podmywać się** [*kobieta*] to wash one's private parts; to perform one's ablutions *euf.*

podmywać *impf* → **podmyć**

podnaj|ąć *pf* — **podnaj|mować** *impf* (**~mę, ~ęła, ~ęli** — **~muję**) *vt* [1] (*wynająć podnajemcy*) to sublet (**komuś** to sb); **~ął pokój studentom** he sublet a room to students [2] (*wynająć od najemcy*) to rent (**od kogoś** from sb); **~ła mieszkanie u jego siostry** she rented a. subleased a flat from his sister

podnaj|em *m sgt* (*G* **~mu**) (*komuś*) sublet, sublease; (*od kogoś*) subtenancy; **oddać coś w ~em** to sublet sth, to lease sth to a subtenant; **wziąć coś w ~em** to lease sth from a tenant

podnajem|ca *m*, **~czyni** *f* subtenant

podnajmować *impf* → **podnająć**

podniebie|nie *n* [1] Anat. palate; **dotknął językiem poparzonego ~nia** he touched

his scalded palate with his tongue [2] *przen.* palate; **rozkosze ~nia** the delights of the palate; **wybredne ~nie** a discerning a. sophisticated palate; **umiał dogadzać swojemu ~niu** he knew how to satisfy his palate [3] Archit. intrados ❏ **~nie miękkie** Anat. soft palate, velum; **~nie twarde** Anat. hard palate ■ **mieć czarne ~nie** *pejor.* to be spiteful a. malicious

podniebienn|y [I] *adi.* [1] Anat. palatine [2] Jęz. palatal; **głoska ~a** a palatal sound [II] **-podniebienny** *w wyrazach złożonych* Jęz. **miękkopodniebienny** velar; **twardopodniebienny** palatal

podniebn|y *adi.* [1] (*wysoko pod niebem*) [*lot*] aerial; [*szlak, strefa*] flight *attr.*; [*podróż, wyprawa*] air *attr.* [2] (*bardzo wysoki*) [*skały, drzewa, budowle*] soaring

podniecać *impf* → **podniecić**

podniecając|o *adv.* [*wyglądać*] enticing *adi.*; [*działać*] stimulatingly

podniecając|y [I] *pa* → **podniecać** [II] *adi.* [*atmosfera, perspektywa, nastrój*] exciting, exhilarating; [*bielizna, perfumy*] alluring, tantalizing

podnieceni|e [I] *sv* → **podniecić** [II] *n sgt* [1] (*ożywienie*) excitement, titillation; **radosne ~e** exhilaration; **czuć a. odczuwać ~e** to feel excited, to be in a state of excitement; **wprawić kogoś w stan radosnego ~a** to fill sb with a sense of exhilaration; **był czerwony z ~a** his face was flushed with excitement; **żył w ciągłym ~u** he lived in a state of permanent excitement; he was in a permanent twitter *pot.*; **usiłował ukryć ~e** he tried to conceal his excitement; **ogarnęło a. opanowało go ~e** he was overcome with excitement [2] (*seksualne*) arousal

podnie|cić *pf* — **podnie|cać** *impf* [I] *vt* [1] (*ożywić*) to excite; **perspektywa wycieczki ~ciła wszystkich** everybody was excited by the prospect of an excursion [2] (*podsycić*) to stimulate, to arouse [*ambicję, wyobraźnię*]; **~cić nadzieję na coś** to arouse hope in sth; **spacer ~cił ich apetyty** the walk whetted their appetites [3] (*wzbudzić pożądanie*) to arouse [4] *przest.* (*podburzyć*) to incite; **~cić kogoś do działania/do walki** to incite sb to action/struggle [II] **podniecić się** — **podniecać się** [1] (*ożywić się*) to become excited; **widownia się ~ciła** the audience worked itself into a frenzy [2] (*seksualnie*) to become aroused

podnieco|ny [I] *pp* → **podniecić** [II] *adi.* [1] (*ożywiony*) excited; **z kuchni dobiegały a. słychać było ~one głosy** excited voices could be heard from the kitchen [2] (*seksualnie*) aroused

podniesie|nie [I] *sv* → **podnieść** [II] **Podniesienie** *n* Relig. Elevation

podn|ieść *pf* — **podn|osić** *impf* (**~iosę, ~iesiesz, ~iósł, ~iosła, ~ieśli — ~iosę**) [I] *vt* [1] (*unieść w górę*) to raise, to pick up; **~ieść dziecko do góry** to lift the child up; **~ieść kołnierz** to raise the/one's collar; **~ieść kurtynę** to raise the curtain; **~ieść słuchawkę telefonu** to pick up the receiver; **~ieść książkę z ziemi** to pick the book up off the ground [2] (*postawić*) **~ieść przewrócone krzesło** to pick up

the chair; **~ieść chorego na łóżku** to raise the patient up in his bed [3] (*przybliżyć*) to raise, to lift; **~ieść szklankę do ust** to raise the glass to one's lips; **~iósł lornetkę do oczu** he lifted the binoculars to his eyes [4] (*spowodować uniesienie w górę*) to raise; **samochód ~iósł tumany pyłu** the car raised clouds of dust [5] (*podwyższyć*) to raise, to increase; **~ieść płace/zarobki** to raise a. increase salaries; **~ieść kwalifikacje/wydajność pracy** to improve qualifications/the efficiency of the work force; **~ieść poziom nauczania** to raise the standard of education a. teaching; **~ieść napięcie prądu** to step up a. increase voltage; **nie wiem, jak obniżyć ~iesioną temperaturę u dziecka** I don't know how to bring down a raised temperature in a child [6] (*wszcząć*) to raise [*alarm, bunt, protest*]; **~ieść krzyk/płacz** to start to yell/cry; **~ieść wrzawę** to make a din a. a racket *pot.* [7] *książk.* (*uwydatnić*) to praise; **~ieść znaczenie czegoś** to praise the importance of sth; **~osić czyjąś dobroć/dzielność** to praise sb's kindness/courage [8] *przen.* (*odbudować*) to rebuild; **w ciągu kilku lat ~ieśli kraj z ruiny** within a few years they raised the country from ruin [9] Mat. **~ieść liczbę do potęgi** to raise a number to a given power; **~ieść liczbę do kwadratu/sześcianu** to square/cube a number, to raise a number to its square/cube; **5 ~iesione do kwadratu równa się 25** 5 squared equals 25; 5 raised to the 2nd power is 25 [II] **podnieść się** — **podnosić się** [1] (*wstać*) to raise oneself, to rise, to get up on one's feet; **~ieść się z krzesła/zza stołu** to get up from the chair/table; **~ieść się na palce** to stand on tiptoe [2] (*zostać uniesionym*) to go up; **~iosły się wszystkie ręce** all hands went up; **~iosło się ramię semafora** the semaphore's arm went up [3] (*wzlecieć*) to rise; **kurz się ~iósł** dust rose from the ground; **mgła się ~iosła** the fog lifted [4] (*podwyższyć się*) to rise; **w niektórych miejscach ląd się ~iósł** in some areas the land rose; **~iósł się poziom wody w rzece** the water level rose in the river [5] (*stać się większym*) to rise; **~iosły się dochody** incomes have risen [6] *przen.* (*otrząsnąć się*) to pick up; **~ieść się z nędzy** to rise up from poverty [7] (*dać się słyszeć*) to rise; **w tłumie ~iosły się krzyki/protesty** shouts rose up from the crowd; **~iosło się kilka głosów sprzeciwu** a few voices rose in protest ■ **~ieść głos** to raise (one's) voice; **usłyszałem ~iesiony głos** I heard a raised voice; **~ieść kogoś na duchu** to raise a. lift sb's spirits; **~ieść kogoś do godności arcybiskupiej** to elevate sb to the rank of archbishop; **~ieść kotwicę** Żegl. to weigh a. raise anchor *także przen.*; **~ieść żagle** Żegl. to set sail; **~ieść rękę na kogoś** to raise one's hand to strike sb; **~ieść się (z łóżka)** to recover from an illness, to rise from one's bed; **iść** a. **kroczyć z ~iesionym czołem** to walk tall; **~ieść kwestię/problem/temat** to raise the question/problem/subject; **~ieść oczy** a. **wzrok** to raise a. lift one's eyes, to look up

podnie|ta f [1] książk. impulse, stimulus [2] Med. stimulus

podniosłoś|ć f sgt solemnity, sublimity; ~ć chwili the solemnity of the occasion; ~ć wiersza the turgidity of the verse

podnio|sły adi. grad. [moment, nastrój, muzyka] solemn; [plan] grandiose; [uczucia, idea] lofty; [poemat, proza] turgid

podniośle adv. grad. [mówić, przemawiać] solemnly, affectedly; **wyrażać się** ~ to speak in a pompous way

podniszcz|ony adi. [płaszcz, ubranie, buty] shabby, tattered, worn-out; [książka] tattered; [meble] tatty pot.

podniszcz|yć się pf v refl. to (begin to) wear out; **skórzane fotele już się trochę** ~**yły** the leather armchairs have seen better days; the leather armchairs are slightly tatty pot.; **futro z lisów dość szybko mi się** ~**yło** my fox fur has worn out rather quickly

podnosze|nie [] sv → podnosić [] n lifting □ ~**nie ciężarów** Sport weightlifting; ~**nie oczek** stocking repair service

podnośnik m Techn. forklift, jack, elevator; ~ **hydrauliczny** a hydraulic ramp

podnośnikow|y adi. forklift attr.; **wózek** ~**y** a forklift truck

podnóż|e n (Gpl ~**y**) foot, base; **las u** ~**a góry** a forest at the foot a. base of a mountain; **u** ~**a zamku przepływała rzeka** there was a river at the foot of the castle

podnóż|ek [] m pers. (Npl ~**ki**) lackey pejor. [] m inanim. [1] (niski stołek) footrest, footstool; **oprzeć nogi na** ~**ku** to rest one's feet on a footrest a. footstool [2] (wioślarski) stretcher [3] Budow. tread, tread board

podoba|ć się impf v refl. [1] (wywrzeć dodatnie wrażenie) to appeal (**komuś** to sb); **czy ten pomysł ci się** ~**?** does the idea appeal to you?; **ten dom nie bardzo mu się** ~**ł** the house didn't particularly appeal to him, he didn't particularly like the house; **film** ~**ł się wszystkim** everybody liked the film; ~**ją mu się nowi koledzy** he likes his new friends; **chciały się** ~**ć chłopcom** they wanted to impress the boys, they wanted to be popular with the boys; ~**ł jej się z wyglądu/z zachowania** she liked his looks/manners, she approved of his looks/manners; **rób, jak ci się** ~ do as you like a. please, do whatever you like ⇒ **spodobać się** [2] (zasłużyć na uznanie) to win [sb's] approval; **nie** ~ **mi się jej zachowanie** I don't like her behaviour, I don't think much of her behaviour; ~**ło się jej, że chcieli pomagać starszym** she was pleased that they wanted to help the elderly ⇒ **spodobać się** ■ **co/gdzie/jak się komu (żywnie)** ~ pot. whatever/wherever/however one likes a. prefers; **możesz zjeść, ile ci się** ~ you can a. may eat as much/many as you like; **nie to ładne, co ładne, ale co się komu** ~ przysł. beauty is in the eye of the beholder

podobieństw|o n resemblance C/U, likeness C/U; similarity; ~**o pod względem czegoś** a similarity in sth; **rodzinne** ~**o** a family resemblance, a family likeness; **uchwycić** ~**o** to catch the likeness; **uderzające** ~**o tych dwojga dzieci** a striking similarity a. resemblance between the two children; **jej** ~**o do niego było zdumiewające** her likeness to him was astonishing; **zauważył** ~**o między braćmi** he noticed a resemblance between the brothers; **istnieje duże** ~**o między tymi dwoma obrazami** there's a close affinity between the two paintings; **wszelkie** ~**o do osób rzeczywiście istniejących jest przypadkowe** any resemblance to real a. existing persons is purely coincidental; **na tym** ~**a się kończą** there the similarity ends □ ~**o figur** Mat. congruity; **na obraz i** ~**o boże** Bibl. in the likeness and image of God; **Bóg stworzył człowieka na swój obraz i** ~**o** Bibl. God created man in his own image

podobi|zna f [1] (obraz, rysunek, zdjęcie) image, likeness; (rzeźba) effigy; **wierna** ~**zna** a good likeness; **narysować/zrobić czyjąś** ~**znę** to draw/take sb's likeness; **wszędzie wisiały** ~**zny cesarza** portraits of the emperor hung everywhere [2] (wyobrażenie) image

podobnie adv. [1] (prawie identycznie) alike, likewise, similarly; **... i podobnie...** ... and similarly...; **siostry ubierały się** ~ the sisters dressed alike; **wszystkie domy wyglądały** ~ the houses all looked alike; **wyglądali** ~ they resembled each other [2] (w równej mierze) **nie widział nic** ~ **pięknego** he's never seen anything so beautiful; **myślę** ~ **jak ty** I think the same way as you do

podobno part. apparently; (o czymś zasłyszanym) allegedly, reportedly; ~ **ma zdolności do muzyki** apparently s/he's musically gifted; ~ **jutro wyjeżdżasz** you're leaving tomorrow, so I'm told

podobn|y adi. [1] (zbliżony wyglądem) similar, much the same; **sen** ~**y do omdlenia** a coma-like a. trance-like sleep; **bracia byli do siebie bardzo** ~**i** the brothers were very much alike; **ojciec i syn są do siebie** ~**i z charakteru** the father and the son are similar in character; **są** ~**i jak dwie krople wody** they are like (two) peas in a pod; **jest** ~**y do brata jak dwie krople wody** he's the spitting image of his brother [2] (tego rodzaju) similar; **i temu** ~**e** a. **i tym** ~**e** and so on, and so forth; **pamiętam** ~**y wypadek** I remember a similar case ■ **być** ~**ym do ludzi** pot. to be (fairly) presentable; **coś** ~**ego!** honestly!, imagine that!; **czy podobna?...** could it be possible that...?; **do czego to** ~**e?** whoever heard (of) such things?; **nic** ~**ego!** not at all!, nothing of the kind!; **to do niego/niej zupełnie** ~**e** that's just like him/her

podocho|cić sobie pf v refl. pot. to get tiddly pot. a. mellow pot.; ~**cił sobie na weselu brata** he got tiddly a. mellow at his brother's wedding

podochoc|ony adi. pot. tipsy; tiddly GB pot.; ~**eni goście weselni zaczęli śpiewać** the wedding guests got (very) mellow and started to sing pot.

pododdzia|ł m (G ~**łu**) Wojsk. sub-unit

podofice|r m (Npl ~**rowie**) non-commissioned officer; ~**r rezerwy** non-commissioned officer in the reserve; ~**r zawodowy** non-commissioned officer in the regular army

podoficers|ki adi. non-commissioned officer attr.; **szkoła** ~**ka** a training school for non-commissioned officers; **stopnie** ~**kie** non-commissioned officer ranks

podoła|ć pf vi to manage; **czuła, że (temu) nie** ~ she felt she couldn't manage (it); ~**ć kłopotom** to cope a. deal with problems; **nie był w stanie** ~**ć obowiązkom/pracy** he couldn't cope with his duties/work; **nie** ~**my temu** we won't be up to it pot.; **idź już spać jeśli chcesz** ~**ć trudom jutrzejszej podróży** go to bed now if you want to prepare yourself for the rigours of tomorrow's journey

podoł|ek m przest. lap; **spleść dłonie na** ~**ku** to fold a. clasp one's hands in one's lap; **przyniosła jabłka w** ~**łku** she brought an apronful of apples

podom|ka f housecoat, robe; **krzątała się po mieszkaniu w kwiecistej** ~**ce** she was pottering about the flat in a flowery housecoat

podopieczn|y [] adi. jej/jego ~**i pacjenci** patients in his/her care; **moi** ~**i uczniowie** the pupils in my charge; **nasze** ~**e szkoły** the schools under our supervision [] podopieczn|y m, ~**a** f charge; **moi** ~**i robią coraz większe postępy w nauce** my charges are making increasing progress in their studies; **opiekunka zajmowała się swoimi małymi** ~**ymi do podwieczorku** the babysitter watched over her little charges until teatime

podo|rać pf — **podo|rywać** impf (~**rzę** — **ruję**) vt to plough up, to plow up US [ściernisko]

podorędzie → na podorędziu

podorywać impf → podorać

podoryw|ka f first ploughing a. plowing US

podówczas pron. książk. at that a. the time; **dziadek mój,** ~ **jeszcze kawaler...** my grandad, (who was) still a bachelor at the a. that time

podpadać impf → podpaść[1]

podpalacz m, ~**ka** f (Gpl ~**y** a. ~**ów**, ~**ek**) arsonist, fire-raiser GB; firebug pot.

podpalać impf → podpalić

podpalan|y pp → podpalić [] adi. [koń] bay; **czarny,** ~**y jamnik** a black dachshund with yellow markings

podpale|nie [] sv → podpalić [] n arson, fire-raising GB; **dopuścić się celowego** ~**nia** to commit arson; **na wiosnę plagą są** ~**nia suchych łąk** burning dry meadows is a plague in the spring

podpal|ić pf — **podpal|ać** impf vt [1] (wzniecić pożar) to set fire (**coś** to sth); to torch pot.; ~**ił stodołę w zeszłym roku** he torched the barn last year [2] (spowodować zapalenie się) to kindle [ogień]; ~**ić drewka w piecu** to light some sticks in the stove; ~**ić stos zeschłych liści** to set fire to a heap of dry leaves [3] (przypalić) ~**ić cukier na złoty kolor** to heat up sugar until it turns brown, to caramelize sugar

podpał|ka f sgt kindling, tinder, firelighter GB; **zbierać chrust na** ~**kę** to gather kindling; **zbierać szyszki na** ~**kę** to gather cones for kindling

podpar|cie [] *sv* → podeprzeć

III *n* support, prop

podpa|sać¹ *pf* — **podpa|sywać** *impf* (~szę — ~suję) przest. [] *vt* to gird książk.; **suknia ~sana szarfą** a dress girded with a sash

III **podpasać się — podpasywać się** to gird oneself książk. (**czymś** with sth)

podpasać² *impf* → podpaść²

podpas|ka *f* sanitary towel

podpasywać *impf* → podpasać¹

podpa|ść¹ *pf* — **podpa|dać** *impf* (~dnę, ~dniesz, ~dłem, ~dła, ~dli — ~dam) *vt* pot. [1] (podlegać) **~dać pod coś** to fall under sth; **~dać pod jakąś kategorię** to fall within a category; **oni nie ~dają pod amnestię** the amnesty doesn't apply to them [2] (narazić się) **~ść komuś** (rozgniewać) to get in sb's bad books pot.; (wejść w paradę) to tread on sb's toes

podpa|ść² *pf* — **podpasać²** *impf* (~sę, ~siesz, ~sł, ~sła, ~śli — ~sam) [] *vt* to fatten [sth] up [zwierzę]; **trzeba go trochę ~ść** żart. he needs some fattening up

III **podpaść się — podpasać się** żart. [osoba] to grow fatter

podpatrywać *impf* → podpatrzyć

podpatrzeć → podpatrzyć

podpat|rzyć, podpat|rzeć *pf* — **podpat|rywać** *impf vt* (zauważyć) to see; (obserwować) to watch [ptaki]; to observe [zachowanie]; **~rzyć, jak ktoś coś robi** to see sb do sth; **niechcący ~rzyłem, gdzie to chowają** I accidentally saw where they hid it; **musimy ~rzyć, jak oni to robią** we have to observe how they do it; **miny i gesty ~rzone u rodziców** expressions and gestures copied from one's parents

podpełzać *impf* → podpełznąć

podpełz|nąć *pf* — **podpełz|ać** *impf* (~ł a. ~nął — ~am) *vi* [osoba, mgła, płomień, przerażenie] to creep up; [wąż] to slither up; **~ł na skraj urwiska** he crept up to the edge of the cliff; **wąż ~ł do nas** a snake slithered up to us; **strach ~ł mu do gardła** przen. fear crept up on him

pod|piąć *pf* — **pod|pinać** *impf* (~epnę, ~pięła, ~pięli — ~pinam) *vt* [1] (dołączyć) to attach [zaświadczenie, rachunek] (**pod coś** to sth); (zszywaczem) to staple (on) (**pod coś** to sth) [2] (podwiązać) to tie [sth] up [włosy]; (szpilkami, spinkami) to pin [sth] up; **wysoko ~pięte włosy** hair pinned up high; **zasłony ~pięte wstążkami** curtains held a. drawn back with ties

podpi|ć *pf* — **podpi|jać** *impf* (~ję — ~jam) *vi* pot. **~ć sobie** to have a drop to drink; **trochę sobie ~ł** he's had a bit to drink; **~jać komuś wino/mleko** to help oneself to sb's wine/milk

podpierać *impf* → podeprzeć

podpił|ować *pf* — **podpił|owywać** *impf vt* [1] (nadpiłować) to cut halfway through [słup, drzewo] [2] (skrócić) to saw [sth] shorter [pręt, nogę stołu]

podpiłowywać *impf* → podpiłować

podpinać *impf* → podpiąć

podpin|ka *f* [1] Moda (detachable) lining; **kurtka z ~ką** a jacket with a detachable lining [2] [poszwa] duvet cover [3] (przy hełmie) chinstrap

podpinkow|y *adi.* [tkanina] lining *attr.*

podpis *m* (G ~**u**) [1] (imię i nazwisko) signature; **czytelny ~** a legible signature; **~ elektroniczny** an electronic signature; **złożyć swój ~ na czymś** to put one's signature on a. to sth; **zbierać ~y pod petycją** to collect signatures for a petition; **sfałszować a. podrobić czyjś ~** to forge sb's signature; **przesłać komuś dokumenty do ~u** to send sb documents for signature; **stwierdzić własnoręczność ~u** to authenticate a signature; **na dokumencie widnieje jego ~** the document bears his signature [2] (pod ilustracją) caption; **~ pod obrazkiem** a caption under a picture

podpi|sać *pf* — **podpi|sywać** *impf* (~szę — ~suję) [] *vt* [1] (złożyć podpis) to sign [dokument, umowę, petycję]; to write one's name on [test, kartkę]; **~sać kontrakt z kimś** to sign a contract with sb; **strony ~sały porozumienie** the parties have signed an agreement; **prezydent odmówił ~sania ustawy** the president refused to sign the bill; **~sać listę obecności** to sign the attendance list; **~sać na siebie wyrok śmierci** przen. to sign one's own death warrant [2] (napisać w kolumnie) **~sywać cyfry jedna pod drugą** to put figures in columns

III **podpisać się — podpisywać się** to sign *vt*; **~sać się na dokumencie** to sign a document; **~sać się pod protestem** to sign a protest; **~sać się pełnym imieniem i nazwiskiem** to sign one's full name; **proszę się tu ~sać** could you sign here, please?; **~sać się pod propozycją** przen. to agree with a. to a proposal; **~suję się pod tym, co powiedział mój przedmówca** I fully agree with what has just been said; **~suję się pod tym obiema rękami** przen. I absolutely agree with it

podpisan|y [] *pp* → podpisać

III *adi.* niżej ~**y**/~**a** the undersigned; książk. **ja, niżej ~y...** I, the undersigned...

podpisywać *impf* → podpisać

podpi|ty *adi.* pot. [osoba] (slightly) drunk

podpiwnicze|nie [] *sv* → podpiwniczyć

III *n* basement, cellar; **dom z ~niem** a house with a basement a. cellar

podpiwnicz|yć *pf vt* to build with a basement a. cellar [budynek, dom]; **~ony dom** a house with a basement a. cellar

podpłomyk *m* daw. pancake (made of flour and water)

podpły|nąć *pf* — **podpły|wać** *impf* (~nęła, ~nęli — ~wam) *vi* [1] [pływak, ryba, foka] to swim up; **~nąć bliżej do kogoś/czegoś** to swim closer to sb/sth [2] [łódź, pasażer, sternik] to come up; **~nąć bliżej do kogoś/czegoś** to come closer to sb/sth; **wkrótce ~nęła motorówka** a motor boat soon turned up; **~nęliśmy do brzegu** we sailed up to the beach; **woda ~nęła już do drzwi** the water is already up to the door [3] przen. (przybliżyć się) to approach *vt*; **warkot silnika ~wał coraz bliżej** the throb of the engine was getting closer and closer

podpływać *impf* → podpłynąć

podp|ora *f* [1] (wzmocnienie) support; Budow. (w moście) abutment [2] przen. (oparcie) support; **być czyjąś ~orą** to be sb's support [3] przen. (najważniejsza postać) mainstay; **być**

~orą drużyny to be the mainstay of a team

podporow|y *adi.* [belka] support *attr.*; **filar ~y** an abutment

podporuczni|k *m* (osoba, stopień) second lieutenant; (w lotnictwie) pilot officer GB, second lieutenant US; (w marynarce) acting sublieutenant GB, ensign US

podporządk|ować *pf* — **podporządk|owywać** *impf* [] *vt* [1] (opanować) to subdue [kraj, naród]; to gain control over [instytucję, organizację]; **~ować kogoś swojej woli** to bend sb to one's will; **~ować sobie kościół/partię** to gain control over a Church/a party [2] (uzależnić) to subordinate [sztukę, procedury] (**czemuś** to sth); **~owywać prawo czyimś interesom** to bend the law to suit sb; **~ować wojsko władzy cywilnej** to bring the army under civilian control; **gospodarka jest całkowicie ~owana ideologii** the economy is entirely subordinated to ideological considerations; **teraz wszystko jest ~owane dziecku** now everything revolves around the baby

III **podporządkować się — podporządkowywać się** to submit, to yield (**komuś/czemuś** to sb/sth); **~ować się czyjejś woli/decyzji** to submit a. yield to sb's will/decision; **~owywać się autorytetom** to submit to authority; **ona nie ~owuje się modom** she doesn't follow fashions; **on się nie umie ~ować** he's unable to take orders a. submit to discipline

podporządkowan|y [] *pp* → podporządkować

III *adi.* Transp. **ulica ~a** a minor road, a side road

podporządkowywać *impf* → podporządkować

podpowiadać *impf* → podpowiedzieć

podpowi|edzieć *pf* — **podpowi|adać** *impf* (~em, ~edział, ~edzieli — ~adam) *vt* [1] Szk. to whisper the answers, to feed answers (**komuś** to sb); **zostać ukaranym za ~adanie** to be punished for whispering the answers to other students [2] Teatr to prompt (**komuś** sb); **~adać kwestie aktorom** to feed lines to actors [3] (zasugerować) [osoba] to suggest; [instynkt, rozsądek, sumienie] to tell; **~edzieć komuś dobre rozwiązanie** to suggest a good solution to sb; **~edział jej, co ma zrobić** (poradził) he suggested what she should do; **~edzieć komuś pierwszą literę rozwiązania** to give sb the first letter of an answer; (poinstruował) he told her what to do; **~edział jej, żeby poszła do szefa** he suggested she should go and see the boss; **czy ktoś może mi ~edzieć, jak to się robi?** can anybody give me a hint how to do this?; **rozsądek ~ada, że...** common sense tells me that...; **instynkt ~adał mu, żeby...** his instinct told him to...

podpowie|dź *f* hint; **proszę o ~dź** could you give me a hint?; **słuchać złych ~dzi** Szk. to repeat wrong answers (whispered by other students)

podpór|ka *f* [1] (podpora) support; (tyczka) prop; (oparcie) rest; **~ki pod pomidory** tomato stakes; **~ka karabinu** a gun rest [2] pot., przen. (pomoc) aid; **zrobić coś bez**

żadnych ~ek to do sth without any help [3] Sport mieć ~kę przy lądowaniu *[skoczek narciarski]* to touch the snow on landing
podprowadzać *impf* → **podprowadzić**
podprowa|dzić *pf* — **podprowa|dzać** *impf vt* [1] (zaprowadzić, przyprowadzić) to lead *[osobę]*; to bring *[samochód]*; ~dzić kogoś do okna to lead a. take sb to the window; ~dzić samochód pod drzwi to bring a car to the door; ~dziłem ją kawałek w kierunku dworca I walked with her part of the way towards the station [2] pot. (ukraść) to walk off with [sth] pot.; ktoś mi ~dził długopis someone walked off with my pen [3] pot. (podpuścić) to con pot. *[osobę]*
podpu|cha *f* pot. set-up pot.; to tylko ~cha it's a set-up
podpułkowni|k *m* (osoba, stopień) lieutenant-colonel; (w lotnictwie) wing commander GB, lieutenant-colonel US
podpunk|t *m* (*G* ~tu) (część artykułu, paragrafu) subsection
podpuszczać *impf* → **podpuścić**
podpu|ścić *pf* — **podpu|szczać** *impf vt* [1] (dopuścić) ~ścić kogoś/coś bliżej to let sb/sth come closer *[przeciwnika, zwierzę]* [2] pot. (sprowokować) to egg [sb] on; ~ścić kogoś, żeby coś zrobił to egg sb on to do sth; (oszustwem) to con sb into doing sth pot.; ~ścili mnie, żebym to zjadł they conned me into eating it; przestań go ~szczać stop egging him on; „dalej, przywal mu!" – ~szczali go 'go on, punch him one!' they shouted, egging him on; ~ścić kogoś przeciwko komuś to turn sb against sb
podpyt|ać *pf* — **podpyt|ywać** *impf* pot. **II** *vt* to ask *[osobę]* (o kogoś/coś about sb/sth); ~ywał mnie o nią przy każdym spotkaniu every time we met he tried to discreetly find out something about her; próbowałem ją ~ać, czy to prawda I tried to find out from her if it was true **II** podpytać się — podpytywać się to try to find out; spróbuję się ~ać w biurze I'll try to find out in the office
podpytywać *impf* → **podpytać**
podrabiać *impf* → **podrobić**[1]
podrap|ać *pf* (~ię) **II** *vt* [1] (pomasować) to scratch; ~ać kogoś po plecach/kota za uszami to scratch sb's back/a cat behind the ears; ~ mnie w plecy a. po plecach scratch my back, please ⇒ **drapać** [2] (skaleczyć) *[osoba, zwierzę, gałąź]* to scratch; **ciernie ~ały jej nogi** her legs were scratched by thorns; **kot mnie ~ał** a cat scratched me; ~ała mu twarz paznokciami she scratched his face with her fingernails; wrócił do domu z ~aną twarzą he came home with a scratched face; byłem cały ~any I was covered in scratches; samochód miał ~any lakier the car was scratched ⇒ **drapać**
II podrapać się [1] (pomasować się) to scratch oneself; ~ać się w głowę a. po głowie to scratch one's head; nie mogłem się nawet ~ać I couldn't even scratch myself ⇒ **drapać się** [2] (skaleczyć się) to scratch oneself; ~ać się w rękę/kolano to scratch one's hand/knee; ~ać się o drut kolczasty to scratch oneself on barbed wire ⇒ **drapać się**

podras|ować *pf vt* pot. to soup [sth] up pot. *[samochód, silnik]*; ~owany samochód a souped-up car; ~ował stare meble na antyki he made the old furniture look like antiques
podrastać *impf* → **podrosnąć**
podrat|ować *pf vt* pot. to (slightly) repair *[meble, obrazy]*; ~ować kogoś finansowo to help sb out financially; ~ować zszargane nerwy to calm one's frayed nerves; ~ować zdrowie to recuperate; ~ować czyjś/swój słabnący prestiż to bolster sb's/one's waning prestige
podrażać *impf* → **podrożyć**
podraż|nić[1] *pf* — **podraż|niać** *impf vt* (niekorzystnie zadziałać) *[dym, substancja]* to irritate *[oczy, śluzówki]*; ~niony żołądek irritated stomach
podraż|nić[2] *pf* **II** *vt* (zdenerwować) to annoy *[osobę]* ⇒ **drażnić**
II podrażnić się (dokuczyć) ~nić się z kimś to tease sb; chciałem się z tobą tylko trochę ~nić I just wanted to tease you a little, that's all ⇒ **drażnić się**
podrażnie|nie **II** *sv* → podrażnić[1]
II *n* [1] (zdenerwowanie) annoyance, irritation; jej twarz zdradzała ~nie her face betrayed annoyance a. irritation [2] Med. irritation; powodować ~nie oczu/układu oddechowego to cause irritation to the eyes/respiratory tract; działać kojąco na ~nia śluzówek to soothe the irritations of the mucous membranes
podrażni|ony **II** *pp* → podrażnić
II *adi.* *[osoba]* annoyed; *[duma, ambicja]* bruised; powiedzieć coś ~onym głosem to say sth with annoyance
podregul|ować *pf vt* to (slightly) adjust *[televizor, ostrość]*; to (slightly) tune *[silnik]*
podreper|ować *pf* **II** *vt* [1] (naprawić) to fix [sth] up *[samochód, rower]*; to patch [sth] up pot. *[dach, płot]* [2] (polepszyć) ~ować zdrowie to recuperate a little; ~ować nadszarpniętą opinię to repair one's tarnished reputation; ~ować swój budżet to bolster one's finances
II podreperować się to recuperate a little
podrep|tać *pf* (~czę) *vi* [1] (pójść) *[małe dziecko]* to toddle; (kołysząc się) to waddle; dziecko ~tało do kuchni the child toddled to the kitchen [2] (przez pewien czas) ~tać trochę w miejscu to stamp one's feet for a while
podretusz|ować *pf* — **podretusz|o-wywać** *impf vt* [1] Fot. to retouch (slightly) *[zdjęcie, obrazek]*; ~owana fotografia a slightly retouched photograph [2] przen. to dress [sth] up *[rzeczywistość, prawdę]*
podretuszowywać *impf* → **podretu-szować**
podręcznik *n* textbook; ~ do angielskiego/fizyki an English/a physics textbook; ~ użytkownika a user's manual; tego nie ma w ~u it's not in the textbook; trzymać się ~a to stick to a textbook
podręcznikowo *adv. [przedstawić, potrak-tować]* in textbook fashion
podręcznikow|y *adi.* [1] (zawarty w podręczniku) *[informacje, wiadomości, historia]* textbook attr. [2] (klasyczny) *[przykład, przypadek]*

textbook *attr.* [3] (teoretyczny) *[wiedza]* academic
podręczn|y *adi.* bagaż ~y hand luggage; biblioteka ~a a reference library; apteczka ~a a first-aid kit; ~y słownik a concise dictionary
podr|obić[1] *pf* — **podr|abiać** *impf vt* to forge *[podpis, dokument, pieczęć, banknot]*; to counterfeit *[pieniądze]*; ~obione papiery fake a. forged papers; ~obione antyki fake antiques; być nie do ~obienia to be unforgiveable; styl nie do ~obienia an inimitable style
podr|obić[2] *pf* to crumble *[chleb, bułkę]*; ~obić chleb dla ptaków to throw out some bread for the birds ⇒ **drobić**
podrob|y *plt* (*Gpl* ~ów) Kulin. offal; (drobiowe) giblets
podrosły → **podrośnięty**
podr|osnąć *pf* — **podr|astać** *impf* (~ósł — ~astam) *vi* (stać się większym) *[osoba, drzewo]* to grow; *[włosy]* to grow longer; *[ciasto]* to rise; (wydorośleć) *[osoba]* to grow up; ~ósł przez wakacje he's grown during the holidays; dzieci ~osły, pokończyły szkoły the children grew up and finished school; zostaw ciasto, żeby ~osło let the dough rise for a while; nie zrywaj ich, niech jeszcze ~osną don't pick them yet, let them grow bigger
podrost|ek *m* pot. adolescent
podrośnię|ty *adi.* ~ty chłopak an adolescent boy; ledwo ~te szczeniaki very young puppies; drzewka były już trochę ~te the trees were already quite tall
podrozdzia|ł *m* (~lik *dem.*) (*G* ~łu, ~liku) subsection (o czymś on sth)
podroż|eć *pf* (~eję, ~ał, ~eli) *vi* to increase a. go up in price; benzyna ~ała petrol has gone up (o price); bilety autobusowe ~ały o dwa złote/o 10%/do trzech złotych bus fares have gone up by two zlotys/by 10%/to three zlotys ⇒ **drożeć**
podr|ożyć *pf* — **podr|ażać** *impf vt* to raise the cost of
podrób|ka *f* pot. fake; ~ka francuskich perfum fake French perfume
podróż *f* (*Gpl* ~y) (wyjazd) trip; (wyprawa) journey; (morska, kosmiczna) voyage; (podróżo-wanie) travel; ~óż służbowa a business trip; pojechać w ~óż służbową to go on a business trip; ~óże kosmiczne/zagranicz-ne space/foreign travel; ~óż poślub-na a honeymoon; pojechać gdzieś w ~óż poślubną to go somewhere on one's honey-moon; wybrać się w ~óż do Egiptu to go on a trip to Egypt; udać się w dalszą ~óż to continue one's journey; odpocząć po trudach ~óży to rest after a journey; w trakcie swoich ~óży... in the course of his travels...; ~óże kształcą travel broad-ens the mind; towarzysz ~óży a travelling companion; koszty ~óży travel expenses; to się przydaje w ~óży it's useful when travelling; jak ~óż? how was your journey?; (samolotem) how was your flight?; szczęśli-wej ~óży! (have a) safe journey
podróżnicz|y *adi. [książka, film, opowiada-nie]* travel *attr.*; zamiłowania ~e a passion for travelling

podróżni|k m, **~czka** f traveller GB, traveler US

podróżn|y [] adi. [ubranie, torba] travelling GB, traveling US; **czeki ~e** traveller's cheques GB, traveler's checks US

[] **podróżn|y** m, **~a** f zw. pl passenger; **~i** passengers

podróż|ować impf vi to travel; **~ować samochodem/samolotem** to travel by car/plane; **~ować po całej Europie** to travel all around Europe; **on dużo ~uje** he travels widely; **przez większość życia ~ował** he spent a. has spent most of his life travelling

podrumie|nić pf Kulin. [] vt to brown [mięso, masło]

[] **podrumienić się** [mięso, masło] to brown

podrwiwa|ć impf vi to scoff (**z kogoś/czegoś** at sb/sth)

podryg|i plt (G **~ów**) jiggling; **przyglądać się czyimś ~om** to watch sb jiggling around

■ **to są jego ostatnie ~i** pot., żart. he's on his last legs

podryg|iwać impf vi to jiggle; **~iwać w takt muzyki** to jiggle around to the beat of the music; **samochód ~iwał na wybojach** the car bounced down the road

podryw m (G **~u**) pot. pick-up pot., pass pot.

podrywacz m pot. skirt-chaser pot.

podrywać impf → **poderwać**

pod|rzeć pf (**~rę, ~rzesz, ~arł, ~arli**) [] vt [1] (na kawałki) to tear [sth] up [papier, dokument]; **~rzeć coś na kawałki/w strzępy** to tear sth to pieces/shreds ⇒ **drzeć** [2] (rozedrzeć) to rip, to tear; **~rzeć sobie spodnie/spódnicę** to rip one's trousers/skirt; **~arłem sobie koszulę o wystający gwóźdź** I ripped a. tore my shirt on a protruding nail; **~rzeć dżinsy** ripped jeans ⇒ **drzeć** [3] (zużyć) to wear [sth] out [płaszcz, garnitur, buty]; **~arte ubranie** worn-out clothes ⇒ **drzeć**

[] **drzeć się** [1] (rozedrzeć się) [koszula, spodnie, książka] to tear; **~arła mi się spódnica** I tore my skirt; **~arły mi się skarpetki** I had holes in my socks ⇒ **drzeć się** [2] (pokrzyczeć) to holler pot.; to bawl; **~arł się trochę i tyle** he hollered a bit and that was it ⇒ **drzeć się**

podrzem|ać pf (**~ię**) vi to take a nap; **lubił sobie ~ać po obiedzie** he was in the habit of taking a little nap after lunch ⇒ **drzemać**

podrzędnie adv. [1] (jako mniej ważne) **traktować coś ~ w stosunku do czegoś** to see sth as subordinate to sth [2] Jęz. **zdanie ~ złożone** a complex sentence

podrzędnoś|ć f sgt [1] (niższość) inferiority [2] Jęz. subordination

podrzędn|y [] adi. grad. (pośledni) [pisarz, literatura] second-rate; [znaczenie] secondary; [stanowisko] minor; **spełniać ~ą rolę** to play a minor role; **~iejsze stanowiska** less important jobs; **jedna z ~iejszych knajp** one of the second-rate bars

[] adi. [1] (podporządkowany) [organ, stanowisko] subordinate (**wobec** a. **w stosunku do czegoś** to sth) [2] (mniej ważny) inferior (**wobec** a. **w stosunku do czegoś** to sth); **film jest ~y wobec literatury** film is inferior to literature [3] Jęz. subordinate; **zdanie ~e** a dependent a. subordinate clause

podrzucać impf → **podrzucić**

podrzu|cić pf — **podrzu|cać** impf vt [1] (rzucić do góry) to toss, to throw; **~cać coś na dłoni** to be tossing a. throwing sth up and down in one's hand; **~cić coś w górę** to toss a. throw sth into the air; **~cił wysoko piłkę** he tossed the ball high into the air [2] (potrząsnąć) to toss; **~cić czuprynę** to toss (back) one's hair; **konie ~cały głowami/grzywami** the horses were tossing their heads/manes; **aż go ~ciło z oburzenia** pot., przen. he was outraged [3] (umieścić ukradkiem) to plant [broń, dowód] (**komuś** on sb); **~cić coś komuś do torebki** to plant sth in sb's handbag; **ktoś mu ~cił te narkotyki** someone has planted these drugs on him; **~cić komuś dziecko** (na stałe) to leave a baby on sb's doorstep; (na czas nieobecności) to leave a child with sb; **czy mogę ci dzisiaj ~cić dzieci?** can I leave the kids with you today? [4] (dołożyć) **~cić węgla do pieca** to stoke the furnace with coal; **~cić pod kuchnię/do ognia** to stoke the fire [5] pot. (dostarczyć) to drop [sth] round; **~cić coś komuś do domu/biura** to drop sth off at sb's house/office [6] pot. (podsunąć) to give [pomysł]; **~cić temat do rozmowy** to get a conversation going; **~cić czyjąś kandydaturę** to suggest sb as a candidate [7] pot. (podwieźć) to give [sb] a lift, to give [sb] a ride US; **~cić kogoś samochodem** to give sb a lift in one's car; **~cić kogoś do pracy/na dworzec** to give sb a lift to work/to the station

podrzu|t m (G **~tu**) [1] (podrzucenie) toss; **~t piłki** a toss of a ball [2] sgt Sport clean and jerk; **zaliczyć 200 kilo w ~cie** to lift 200 kilos in the clean and jerk

podrzut|ek m (Npl **~ki**) pot. foundling

podrzynać impf → **poderżnąć**

podsadzać impf → **podsadzić**

podsa|dzić pf — **podsa|dzać** impf [] vt [1] (podnieść) to give [sb] a leg up; **~dzić kogoś na konia** to give sb a leg up onto a horse [2] (podłożyć) to put; **~dzić coś pod coś** to put sth under sth

[] **podsadzić się — podsadzać się** (podeprzeć plecami) **~dzić się pod coś** to get one's shoulder under sth [ciężar, wóz]

podsądn|y m, **~a** f (Gpl **~ych, ~ych**) Prawo the accused, defendant

podsekretarz m (Gpl **~y**) Polit. under-secretary; **~ stanu** (zastępca sekretarza stanu) junior minister GB, undersecretary of state GB, undersecretary US; (w Polsce) (wiceminister) undersecretary of state

podsiąkać impf → **podsiąknąć**

podsiąk|nąć pf — **podsiąk|ać** impf (**~nął** a. **~ł, ~nęła** a. **~ła, ~nęli** a. **~li — ~am**) [] vt (podtopić od spodu) [ciecz] to permeate; **woda ~ła pola uprawne** water has permeated the fields

[] vi (zamoczyć się od spodu) to soak through; **namiot ~kł wodą** water soaked into the tent; **opatrunek ~nął krwią** the dressing is soaked with a. wet with blood

podskakiwać impf → **podskoczyć**

podsk|oczyć pf — **podsk|akiwać** impf vi [1] (skacząc, unieść się w górę) to jump up, to leap, to bounce; **~oczyć z radości** to jump for joy; **~oczyć ze strachu** to start; **~akiwać jak piłka** to bounce like a ball; **dziewczynka ~akiwała na jednej nodze** the girl hopped on one leg; **konik ~akiwał na łące** the pony pranced in the field; **rower ~akiwał na wybojach** the bike bounced on the bumpy road; **musiała ~oczyć, żeby dostać się do szafki** she had to jump up to reach the cupboard; **szedł, ~akując** he skipped along [2] (drgnąć) to jump; **aż ~oczyłem na dźwięk jego nazwiska** I jumped in my seat a. chair at the sound of his name [3] (podskokiem przybliżyć się) to leap at a. towards; **~oczyć do drzwi/okna** to leap towards the door/window; **jakiś pies ~oczył do mnie, szczekając** a dog leapt at me barking [4] pot. (udać się) to dash; **~ocz do sklepu po chleb** dash to the shop and get some bread; **~oczę do ciebie wieczorem** I'll pop in a. drop by tonight [5] (wzrosnąć) [cena, wskaźnik, temperatura] to soar; **~oczyć** to rise, to increase rapidly; [gorączka, ciśnienie] to rise; [tętno] to quicken [6] pot. (postawić się) to cheek, to give [sb] cheek; **lepiej nie ~akuj ojcu/szefowi** you'd better not cheek your father/boss, you'd better not give your father/boss cheek

podskok [] m (G **~u**) jump, leap; **wbiegła do pokoju w ~ach** she bounced into the room

[] **w podskokach** adv. pot. (natychmiast) like a shot; **zmykaj stąd w ~ach** out you go, but quickly, get out of here fast

podskórnie adv. [1] Biol., Med. (pod skórę) subcutaneously [2] Geol. (pod powierzchnią) underground attr. [3] Roln. (pod skórkę) subepidermally [4] przen. (intuicyjnie) intuitively; **czuł ~, że coś jest nie tak** he sensed intuitively that something was wrong [5] przen. (w ukryciu) underground; **~ dojrzewający bunt społeczny** social revolt growing undetected przen.

podskórn|y adi. [1] Biol., Med. [tkanka, wylew, tłuszcz, szczepienie, zastrzyk] subcutaneous [2] Geol. [woda] underground, subsoil [3] Roln. [plama, guz] subepidermal [4] przen. (nieracjonalny) [niepokój] inner [5] przen. (niejawny) [konflikt] hidden, underlying

podskub|ać pf — **podskub|ywać**[1] impf (**~ię — ~uję**) vt [1] (wyrwać trochę pierza) to pluck [kurę, gęś] [2] (jeść) [zwierzę] to browse [trawę, liście]; [osoba] to pick at a. over [jedzenie] [3] (szarpać lekko) to tug (**coś** at sth) [chusteczkę]; **~ywać wąsa** to tug at one's moustache

podskubywać[1] impf → **podskubać**

podskub|ywać[2] impf vt pot. (obmacywać) to paw pot. [dziewczynę]

podsłuch m (G **~u**) [1] sgt (podsłuchiwanie) tap; **~ telefoniczny** phone tapping; **jesteśmy na ~u** we're being tapped [2] (aparatura) wire tap, bug; **założyć ~ w czyimś domu** to plant a bug in sb's house; **założyć ~ w czyimś telefonie** to put a tap on sb's phone

podsłuch|ać pf — **podsłuch|iwać** impf vt (celowo, podstępnie) to eavesdrop; (przypadkiem) to overhear; **~ać czyjąś rozmowę** to eavesdrop on/to overhear a conversation; **~iwać pod drzwiami** to eavesdrop at the

door; **sekretarka lubiła ~iwać rozmowy telefoniczne** the secretary liked to listen in on a. to telephone conversations
podsłuchiwać *impf* → **podsłuchać**
podsłuchow|y *adi. [aparat, urządzenie]* bugging
podsmażać *impf* → **podsmażyć**
podsmaż|yć *pf* — **podsmaż|ać** *impf*
I *vt* to stir-fry *[warzywa, mięso]*
II podsmażyć się — **podsmażać się**
[1] Kulin. to get fried [2] pot., przen. to get sunburnt
podstarza|ły *adi. [hipis, podrywacz]* superannuated; **~ła kokietka** a superannuated coquette
podstaw|a *f* [1] Budow., Szt. base; **~a cementowa/marmurowa** a. **z cementu/ marmuru** a concrete/marble base; **~a dźwigu/obrabiarki** a crane/machine tool base; **~a kolumny/pomnika** a column/ monument base [2] (dolna część) base; **~a czaszki** Anat. skull base; **~a erozyjna** a. **erozji** Geol. base level; **~a chmur** Meteo. cloud base; **~a kwiatu** Bot. flower shoot; **~a łodygi** Bot. stool; **~a górskiego masywu** Geol. the base of a mountain range [3] (zasadniczy element) base, basis; **obiektywna/trwała/krucha ~a** objective/solid/fragile basis; **~y naukowe/prawne/materialne** scientific/legal/financial basis; **~a bytu/życia/działania** the basis for existence/of life/for action; **~y matematyki/ angielskiego** the rudiments of maths/ English; **leżeć/stać u ~** a. **stanowić ~ę czegoś** to be fundamental; **stanowić ~ę czegoś** to form the basis for sth; **służyć komuś za ~ę czegoś** a. **do czegoś** to be sb's basis for sth; **mieć ~ę ~y do czegoś** to have grounds for sth; **film na ~ie powieści Dumasa** a film based on the novel by Dumas; **na jakiej ~ie nas oskarżasz?** on what grounds are you accusing us?; **twierdzić coś nie bez ~** to state sth not without reason; **budować/ zaczynać coś od ~** to build/begin sth from scratch; **~a słowotwórcza** Jęz. root word [4] Mat. base; **~a trójkąta/równoległoboku/ostrosłupa** the base of a triangle/ parallelogram/pyramid; **~a potęgi** the base of a power; **~a opodatkowania** Ekon. taxation base
podstawiać *impf* → **podstawić**
podstaw|ić *pf* — **podstaw|iać** *impf vt* [1] (podsunąć) to place; **~ić miednicę pod kran** to place a bowl under the tap [2] (umieścić przed) to place; **~ić komuś talerz z zupą** to place a plate of soup in front of sb; **~ić komuś mikrofon** to place a microphone in front of sb; **~ić komuś nogę** to trip sb (up); przen. to plot against sb [3] (przyprowadzić) to provide *[samochód, autobus, sanie]*; **pociąg do Krakowa będzie ~iony na peron pierwszy/o godzinie dziesiątej** the train for Cracow will come in at platform one/at ten o'clock [4] (zastąpić) to substitute, to replace; **~ić kopię posągu w miejsce oryginału** to substitute a copy for the original statue; **~ić fałszywych świadków** to provide false witnesses; **w miejsce X ~ dowolną liczbę** replace X with any number [5] Prawo to name a substitute heir

podstaw|ka *f* [1] (podkładka) mat; **~ka pod kufel** a beer mat [2] (stojak) stand; **~ka do fajek/kałamarza i piór** a pipe stand/an inkstand; **~ka na przyprawy** a cruet; **~ka na sztućce** a knife rest [3] Bot. basidium [4] Muz. violin bridge
podstawow|y *adi.* (zasadniczy) *[surowce, artykuły żywnościowe, wiadomości, pojęcia]* basic; *[problem, sprawa, zasada]* fundamental; (najważniejszy) essential; **ziemniaki stanowią ich ~e pożywienie** potatoes are their staple diet; **płaca ~a** basic pay; **szkoła ~a** a primary school, elementary school US; **~ą rzeczą jest zdrowie** the most essential thing is good health
podstawów|ka *f* pot. (szkoła podstawowa) primary school, elementary school US
podstempl|ować *pf* — **podstempl|owywać** *impf vt* [1] (podeprzeć) to underpin *[strop, ścianę]* [2] (odcisnąć stempel) to stamp *[dokument, legitymację]*
podstemplowywać *impf* → **podstemplować**
podstęp *m* (G **~u**) (intryga) stratagem, deceit; (oszustwo) trick; **chytry/niecny ~** a devious/wicked stratagem a. trick; **uciec się do** a. **użyć ~u** to use a. employ a stratagem, to use deceit; **wietrzyć ~** to suspect a stratagem a. trick; **zdobyć coś ~em** to achieve sth by using a trick a. deceit; **za tym kryje się jakiś ~** there must be a stratagem behind this
podstępnie *adv. grad. [działać]* insidiously, deceitfully; *[zabić]* treacherously
podstępnoś|ć *f sgt* insidiousness
podstępn|y *adi.* [1] *[osoba]* devious, insidious [2] *[gra, zamiary]* treacherous; **~e pytanie** a trick(y) question, a catch a. leading question
podstrzy|c *pf* — **podstrzy|gać** *impf* (**~gę, ~żesz, ~że, ~gł, ~gła, ~gli** — **~gam**) **I** *vt* [1] (skrócić) to cut, to crop *[włosy, brodę]*; **krótko ~żone włosy** (close) cropped hair [2] (podciąć, wyrównać) to cut *[trawę, żywopłot]*
II podstrzyc się — **podstrzygać się** to have one's hair cut; **~gł się na krótko** he had his hair cropped
podstrzygać *impf* → **podstrzyc**
podsufit|ka *f* [1] Aut. ceiling lining [2] Budow. false ceiling
podsum|ować *pf* — **podsum|owywać** *impf vt* [1] (podliczyć) to add up *[rachunki, wydatki]*; **~ujmy, ile nas będzie kosztować ten wyjazd** let's add up how much this journey is going to cost [2] (streścić, ocenić) to recapitulate *[dyskusję, obrady]*; **~owała krytycznie wyniki pracy zespołu** she critically summed up the result of the team's a. group's work; **co jakiś czas ~owywał swoje życie** every now and then he would re-examine his life; **~owując, stwierdzam, że...** to sum up, I believe a. conclude that... [3] pot., iron. (ocenić negatywnie) to sum up *[osobę, zjawisko]*; **„dupek" – ~ował go Robert** 'an arsehole' – Robert summed him up
podsumowa|nie **II** *sv* → **podsumować**
II *n* (przegląd) summary, résumé
podsumowywać *impf* → **podsumować**
podsu|nąć *pf* — **podsu|wać** *impf* (**~nęła, ~nęli** — **~wam**) **I** *vt* [1] (przy-

sunąć) to draw up *[fotel, krzesło]*; **sekretarka ~nęła mi do podpisu rachunek** the secretary gave me the bill to sign; **gospodyni ~nęła gościowi półmisek z mięsem** the hostess passed the meat dish to her guest [2] (zaproponować) to suggest *[pomysł, radę]*; **ojciec ~wał nam w dzieciństwie książki o Indianach** when we were children father gave us books about Indians to read [3] (podrzucić ukradkiem) to plant *[list, dokument]*
II podsunąć się — **podsuwać się** (zbliżyć się ukradkiem) to creep; **~nęła się do okna/ bliżej** she crept up to the window/near
podsuwać *impf* → **podsunąć**
podsycać *impf* → **podsycić**
podsychać *impf* → **podeschnąć**
podsy|cić *pf* — **podsy|cać** *impf vt* [1] (dodać węgla, drewna) to feed *[ogień, płomień]* [2] przen. (podniecić) to fuel *[ciekawość, gniew, spory]*
podsyłać *impf* → **podesłać**[1]
podszczyp|ać, podszczyp|nąć *pf* — **podszczyp|ywać** *impf* (**~ię, ~nę, ~ała, ~nęła, ~ali, ~nęli — ~uję**) *vt* [1] (lekko uszczypnąć) to pinch; **~ywać dziewczyny** to pinch the girls [2] (skubać) to tug; **~ywać wąsa** to tug at one's moustache
podszczypnąć → **podszczypać**
podszczypywać *impf* → **podszczypać**
podszep|nąć *pf* — **podszep|tywać** *impf* (**~nęła, ~nęli — ~tuję**) *vt* [1] (podpowiedzieć) to prompt *[brakujące słowo, odpowiedź]* [2] (doradzić) to tell; **intuicja ~nęła jej, jak należy postąpić** intuition told her what to do
podszep|t *m* (G **~tu**) książk. (namowa) instigation; **zrobić coś za czyimś ~tem** a. **z czyjegoś ~tu** to do sth at sb's instigation
podszeptywać *impf* → **podszepnąć**
podszew|ka *f* [1] Włók. (tkanina) lining fabric; **bela atłasowej/jedwabnej ~ki** a bale of satin/silk for lining [2] Moda (podszycie) lining; **suknia na ~ce** a dress with a lining; **kurtka/czapka wywrócona ~ką do góry** a lined jacket/cap turned inside out
■ **znać coś od ~ki** ≈ to know the ins and outs of sth pot.
podszewkow|y *adi. [materiał, tkanina]* lining
podszk|olić *pf* **I** *vt* to coach *[ucznia, pracownika]*; **musisz mnie ~olić w fizyce/z przepisów ruchu** you must coach me in physics/traffic regulations
II podszkolić się to brush up (**w czymś** on sth); **~ol się z czasowników nieregularnych** brush up on irregular verb forms
podszy|cie **I** *sv* → **podszyć**
II *n* [1] (palta, kurtki) lining [2] *sgt* Leśn. undergrowth [3] *sgt* Roln. (runo) undercoat
podszy|ć *pf* — **podszy|wać** *impf* (**~ję — ~wam**) **I** *vt* [1] (podbić) to line *[palto, kurtkę, zasłony]* (**czymś** with sth); **skafander ~ty misiem** a cagoule lined with fleece; **płaszcz wiatrem ~ty** przen. a thin coat [2] (wykończyć) to hem *[spódnicę, rękaw]*
II podszyć się — **podszywać się** (udać kogoś innego) to impersonate; to personate książk.; **~yć się pod znanego adwokata/**

P

dziennikarza to impersonate a well-known lawyer/journalist

podszy|ty [I] *pp* → **podszyć**
[II] *adi.* [1] (zawierający element) streaked; **jego humor ~ty był goryczą** his humour was streaked with an undertone of bitterness [2] (zdradzający cechy) **on jest tchórzem ~ty** he's lily-livered; **on jest dzieckiem ~ty** he's puerile [3] Leśn. *[las]* with undergrowth

podszywać *impf* → **podszyć**
podścielać *impf* → **podesłać²**
podścielić → **podesłać²**
podścielać *impf* → **podesłać²**
podściół|ka *f* [1] (podkład) bed; **położyli się na ~ce z mchu** they lay on a bed of moss [2] Roln. (ściółka) litter
❑ **~ka tłuszczowa** Anat. an underlayer of fat

podśmiewa|ć się *impf v refl.* to snigger, to snicker (**z kogoś/czegoś** at sb/sth)
podśpiew|ywać *impf vt* to hum; **~ywać coś pod nosem** to hum to oneself
podświadomie *adv.* subconsciously; **~ liczył na pomoc** he subconsciously counted on being helped
podświadomoś|ć *f sgt* subconscious, subconsciousness
podświadom|y *adi.* subconscious; **~a niechęć do kogoś/czegoś** a subconscious resentment toward sb/sth; **~y odruch** a reflex
podtatusia|ły *adi.* pot., iron. hoary, past his prime; **~ły donżuan** an ageing Lothario
podtek|st *m* (*G* **~stu**) (ukryte znaczenie) (utworu, wypowiedzi) implied meaning, subtext; (sytuacji) undercurrent; **~st seksualny** sexual innuendo; **nie wszyscy zdołali odczytać filozoficzny ~st tego utworu** not every one managed to discern the philosophical subtext of the piece of writing
podtrzym|ać *pf* [I] *vt* [1] (chronić od upadku) to support *[staruszka, chorego, regał, wieszak]* [2] (uniemożliwić opadnięcie) *[belka, kolumna]* to support; *[szelki, podwiązki]* to hold up *[spodnie, pończochy, skarpetki]* [3] (obstawać przy czymś) to sustain *[żądanie, stwierdzenie, zarzut]*; to abide by *[opinię]* [4] (nie dopuścić do ustania) to sustain *[życie, ciążę]*; to keep going *[rozmowę]*; to maintain *[przyjaźń, znajomość, tradycję]*; to keep up, to feed *[ogień]*
[II] **podtrzymać się — podtrzymywać się** (nawzajem) to support one another
podtrzymywać *impf* → **podtrzymać**
podtykać *impf* → **podetknąć**
podtytu|ł *m* (*G* **~łu**) (utworu) subtitle; (artykułu w gazecie) subheading
podu|cha *f augm.* (do spania) a large pillow; (siedzisko) beanbag; **~chy śniegu** przen. soft piles of snow
poduczać *impf* → **poduczyć**
poducz|yć *pf* — **poducz|ać** *impf* [I] *vt* (nauczyć podstaw) to teach [sb] the basics; **~yć kogoś do egzaminu** to coach sb for the exam; **~yć kogoś zawodu** to teach sb the basics of the trade
[II] **poduczyć się — poduczać się** (nauczyć się podstaw) to learn the basics (**czegoś** of sth); **przed wyjazdem muszę ~yć się angielskiego** before leaving I must learn some English

podudzi|e *n* (*Gpl* **~**) Anat. (u człowieka) shin, shank; (u zwierząt) shank
poduma|ć *pf vi* książk. [1] (pomarzyć) to brood, to muse [2] (zastanowić się) to ponder *vt*; **~ć nad własnym życiem** to ponder one's life; **~j, czy ci się to opłaca** żart. ponder whether it's worth it
podupadać *impf* → **podupaść**
podupad|ły *adi. [zdrowie]* deteriorated; *[gospodarka, szkoła]* run-down; *[biznesmen]* impoverished
podupa|ść *pf* — **podupa|dać** *impf* (**~dnę, ~dniesz, ~dł, ~dła, ~dli ~dam**) *vi* [1] (zmarnieć) *[przedsiębiorstwo]* to fall into decline; **~ść finansowo** to become impoverished; **jego autorytet ~dł** his authority eroded [2] (stracić siły) to weaken; **~ść na zdrowiu** to be failing in health; **nie ~daj na duchu!** don't give up!
podu|sić *pf* [I] *vt* [1] (kolejno udusić) to strangle, to throttle; **lis ~sił kury w kurniku** the fox killed hens in the hen-house [2] Kulin. (dusić przez pewien czas) to stew for some time *[mięso, jarzyny]*
[II] **podusić się** [1] (umrzeć z braku powietrza) *[osoby, zwierzęta]* to suffocate; **w sali było tak gorąco, że o mało się nie ~siliśmy** it was so hot in the room that we almost suffocated [2] Kulin. to stew; **zapal pod mięsem, niech się trochę ~si** turn on the gas under the meat, let it stew a bit longer
poduszczać *impf* → **poduszczyć**
poduszczeni|e [I] *sv* → **poduszczyć**
[II] *n* (namowa) **za ~eniem** a. **z ~enia kochanki kazał zamordować swoją żonę** at the instigation of his lover he had his wife murdered
poduszcz|yć *pf* — **poduszcz|ać** *impf* książk. [I] *vt* to incite, to instigate; **~ać kogoś do bójki** to incite sb to a fight
[II] **poduszczyć się — poduszczać się** (nawzajem) to incite one another
poduszecz|ka *f dem.* [1] (do spania) a small pillow; (ozdobna) a small cushion; **~ka do igieł** a pincushion [2] zw. pl Anat. (dłoni, stopy, łapy) pad [3] (z tuszem) **~ka do stempli** an ink-pad
podusz|ka *f* [1] (do spania) pillow; (ozdobna, na kanapę) cushion; **walka na ~ki** a pillow fight; **czytać do ~ki** to read in bed; **książka** a. **lektura do ~ki** a bedside book; **pić** a. **popijać do ~ki** to have a drink before sleep; **~ka elektryczna** a warming cushion [2] (część mebla) squab [3] zw. pl Anat. (dłoni, stopy, łapy) pad [4] zw. pl Moda shoulder pad [5] (z tuszem) **~ka do stempli** an ink-pad
❑ **~ka powietrzna** Aut. air bag; Techn. ground effect
poduszkow|iec *m* Lotn. hovercraft
podwajać *impf* → **podwoić**
podwala|ć się *impf v refl.* posp. to make a pass (**do kogoś** at sb); **~ się do każdej dziewczyny, którą pozna** he makes a pass at every girl he meets
podwalin|a *f* [1] Budow. ground beam [2] zw. pl foundations; **~y teorii/dziedziny nauki** the underpinnings of a theory/branch of science; **kłaść ~y pod reformy** to lay foundations of reform
podważać *impf* → **podważyć**

podważ|yć *pf* — **podważ|ać** *impf vt* [1] (wypchnąć od spodu) to prise GB a. pry US [sth] off *[wieczko]*; to prise GB a. pry US [sth] open *[drzwi, okno, płytę, klapę]*; (dźwignią) to lever; **złodzieje podważyli okno łomem** the thieves pried open the window [2] przen. (podać w wątpliwość) to undermine; **~ać zaufanie do kogoś/czyjś autorytet** to undermine trust in sb/sb's authority; **~ać czyjąś teorię** to challenge sb's theory; **~ać czyjąś wiarygodność** to question sb's credibility
podwędzać *impf* → **podwędzić**
podwę|dzić *pf* — **podwę|dzać** *impf vt* [1] Kulin. to smoke a little *[mięso, rybę]* [2] pot. (buchnąć) to pinch, to lift pot.; **~dzał ojcu papierosy** he would pinch his father's cigarettes
podwiać *impf* → **podwiewać**
podwią|zać *pf* — **podwią|zywać** *impf* (**~żę — ~zuję**) *vt* [1] (wiążąc podciągnąć do góry) to tie up *[gałęzie, pomidory]* [2] Med. to ligate *[naczynia krwionośne]*; **~zał przecięte żyły** he ligated the severed veins
podwiązani|e [I] *sv* → **podwiązać**
[II] *n* (unieczynnienie) **~zanie jajowodów** tubal ligation; **~zanie nasieniowodów** vasoligation
podwiąz|ka *f* [1] (do pończoch, skarpetek) garter; **Order Podwiązki** the Order of the Garter [2] Med. ligature
podwiązywać *impf* → **podwiązać**
podwieczor|ek *m* (*G* **~ku** a. **~ka**) (posiłek) (high) tea GB, afternoon snack; **co chcesz na ~ek?** what will you have for tea?; **zaprosić kogoś na ~ek** to invite sb to tea; **proszony ~ek** a tea party; **w porze ~ku** at teatime
podwieczorkow|y *adi. [komplet, serwis]* tea *attr.*; **w porze ~ej** at teatime
podwie|sić *pf* — **podwie|szać** *impf* [I] *vt* to sling, to attach (**coś na czymś** a. **do czegoś** sth under sth); to suspend (**coś na** a. **pod czymś** sth from sth); **~sić półkę pod sufitem** to hang a shelf from the ceiling; **~sić nagłośnienie nad sceną** to suspend the sound system above the stage; **sufity ~szane** false a. suspended ceilings; **pocisk ~szany** Lotn., Wojsk. a pod; **zbiornik ~szany** Lotn. a pod; **~szony ładunek** an underslung load
[II] **podwiesić się — podwieszać się** [1] (zawisnąć) to swing; **~sić się pod półką skalną/nad sceną** to swing under the rock ledge/above the stage [2] pot., przen. **~szać się pod kogoś** to get in with sb; **~sił się na państwowej posadzie, żeby dostać rentę** he got himself a job in the civil service in order to get a pension
podwieszać *impf* → **podwiesić**
podwiewać *impf* → **podwiać**
podw|ieźć *pf* — **podw|ozić** *impf* (**~iozę, ~ieziesz, ~iózł, ~iozła, ~ieźli — ~ożę**) *vt* [1] (zabrać ze sobą) to give [sb] a lift, to drive [sb] round; to give sb a lift; **~ieźć kogoś do domu/do pracy** to give sb a lift home/to work, to drive sb home/to work; **~iózł mnie do apteki** he gave me a lift a. drove me round to the chemist's; **~ieź mnie do najbliższej stacji metra** drop me at the nearest underground station; **czy mogę cię dokądś ~ieźć?** can I give you a lift?;

poprosiła mnie o **~iezienie** she asked me for a lift [2] (dostarczyć) to bring [towar]
podwijać impf → **podwinąć**
podwi|nąć pf — **podwi|jać** impf [I] vt [1] (podnieść do góry) (wielokrotnie) to roll up, to roll [sth] up [rękawy, nogawki]; (raz) to turn back, to turn [sth] back [rękawy, nogawki]; **~nął nogawki do kolan** he rolled his trousers up to his knees [2] (schować) to draw up, to draw [sth] up, to pull up, to pull [sth] up [nogi]; **pies ~nął ogon** the dog tucked its tail between its legs; **pies uciekł z ~niętym pod siebie ogonem** the dog ran away with its tail between its legs; **siedział z ~niętymi po turecku nogami** he was sitting cross-legged
[II] **podwinąć się** — **podwijać się** [brzeg] to turn up; [spódnica] to ride up
podwładn|y [I] adi. [pracownik, żołnierz] subordinate (**komuś** to sb)
[II] **podwładn|y** m, **~a** f subordinate, inferior; underling pejor.; **jego/jej ~i** his/her subordinates a. men
podwodn|y adi. [wybuch, fauna, flora] underwater, subaqueous; [skała] underwater, sunken; **ciemna otchłań ~a** a dark underwater abyss; **okręt ~y** a. **łódź** pot. **~a** a submarine
podw|oić pf — **podw|ajać** impf [I] vt [1] (zwiększyć) to double [zyski, liczbę, płace, stawkę]; **~oić komuś dochody** to double sb's earnings; **~oić swoją cenę/liczbę/wielkość** to double in price/number/size; **~oić swoją wartość** to double in value; **~ojono liczbę studentów** the number of students doubled; **zysk firmy został ~ojony w porównaniu z poprzednim rokiem** the company's earnings doubled in comparison with the previous year; **~ojenie dochodów/kapitału** the doubling of earnings/capital; **~ojona stawka** a double stake; **~ojony iloczyn** a double product; **~ojenie** Biol. (re)duplication; **~ojony** Biol. reduplicate [2] przen. (wzmóc) to double, to redouble [wysiłki, starania]; **~oić szanse przedsięwzięcia** to double the chances of a venture [3] Jęz. to double [literę]; to geminate [głoskę]; **spółgłoska ~ojona** a double a. geminate consonant; **~ojone spółgłoski szczelinowe** geminate fricatives
[II] **podwoić się** — **podwajać się** [płace, zyski] to double, to increase twofold; **~oiła się liczba użytkowników telefonów** the number of phone-users has doubled
podwo|je plt (G **~i** a. **~jów**) przest., książk. grand entrance; (drzwi) doors pl, doorway; (brama) gateway; **rozwarły się przed nami spiżowe ~je zamku** the bronze castle doors opened before us; **otwierać (swoje) ~je** przen. (zacząć działalność) to open (its doors); **zamykać (swoje) ~je** przen. (zakończyć działalność) to close (its doors); **zamek otworzył/zamknął swoje podwoje dla publiczności** a. **przed publicznością** the castle opened/closed its doors to the public
podwozić impf → **podwieźć**
podwozi|e n (Gpl **~**) [1] Aut. underbody, chassis; **~e gąsienicowe** caterpillar mounting [2] Lotn. undercarriage, landing gear; **~e chowane** a retractable undercarriage a. landing gear; **~e nartowe** a ski

landing gear; **~e przednie** a nose wheel; **lądowanie ze schowanym ~em** a belly landing; **pilot wypuścił/schował ~e** the pilot lowered/retracted the landing gear a. undercarriage
podwoziow|y adi. Aut. underbody attr.; Lotn. undercarriage attr.
podwójnie adv. [1] (dwa razy tyle) [zapłacić, zarobić] double [2] (w dwójnasób) [ostrożny, oszukany, ukarany, ważny] doubly; [cierpieć, grzeszyć, skorzystać] doubly; **bezrobotni inwalidzi czują się ~ samotni** the unemployed who are disabled feel twice as lonely [3] (dwukrotnie) [złożyć] double; **złożyć kartkę ~** to fold a piece of paper double; **widzieć ~** to see double; **dźwięk ~ podwyższony/obniżony** (a) double sharp/flat; **tkanina ~ dziana** a double-knit fabric
podwójn|y adi. [1] (dwa razy większy, dwukrotny) [dawka, szerokość, zapłata] double; [wzrost] double, twofold; [wysiłek] double, redoubled; [energia, siła] twice as large; **dała mu ~ą porcję ziemniaków** she gave him a double helping of potatoes; **musimy zachować ~ą ostrożność** we must be doubly careful; **pracował z ~ą energią** he redoubled his efforts; **zaatakowali z ~ą siłą** they attacked with redoubled strength; **był ~ym wdowcem** he was twice widowed; **była ~ą sierotą** she had no mother or father, she was orphaned a. was an orphan [2] (złożony z dwóch części) [album, linia, okno, węzeł] double; **~e dno** (grube) a double bottom; (ukryte) a false bottom; **~e kliknięcie** Komput. a double-click; **~y obraz** (na ekranie) a ghost (image); **~e obywatelstwo** dual nationality; **~y podbródek** a double chin; **~e przeczenie** a double negative; **~e szyby** double glazing; **~a włóczka/wełna** two-ply wool/yarn; **~y zakręt** a double bend, an S-bend; **napisać tekst na maszynie z ~ym odstępem** to double-space a text, to type a text with double spacing [3] (dla dwojga) [tapczan, pokój, wózek] double; **~e zaproszenie** an invitation for two, a double invitation [4] (istniejący w dwóch postaciach) [korzyść, rola, sens] double, dual; **stosować ~e miary moralne** to apply double standards; **prowadzić ~e życie** to lead a double life; **~y agent** a double agent
■ **~a gra** a double game; **prowadzić ~ą grę** to play a double game
podwórecz|ko n dem. small yard
podwór|ko n (court)yard; (za domem) backyard; **na ~ku** in the courtyard; **idź się pobawić na ~ku** go (and) play outside; **w ~ku był sklep** there was a shop in the courtyard
■ **własne** a. **swoje/cudze ~ko** one's own/sb else's patch a. bailiwick a. backyard US pot.; **na jego/jej własnym ~ku** in his/her own patch a. bailiwick a. backyard US; **powołał się na przykład z własnego ~ka** he cited an example from his own experience; **nie chcę wchodzić na cudze ~ko** I don't want to interfere in what's none of my business
podwórkow|y adi. orkiestra **~a** a street band; **grajek ~y** a street musician, a busker; **ballady ~e** street ballads

podwórz|e n (Gpl **~y**) (court)yard; (za domem) backyard; **~e wiejskie** a farmyard; **~e gospodarskie** a barnyard; **okna wychodzą na ~e** the windows face the yard; **mieszkali od ~a** they lived at the back (of the house); **idź się bawić na ~e** go (and) play outside
podw|órzec m książk. courtyard; (przed budynkiem) forecourt
podwórzow|y adi. **~e drzewa/ławki** trees/benches in a courtyard; **grajek ~y** a street musician, a busker; **pies ~y** a watchdog
podwykonawc|a m subcontractor; **umowa z ~ą** a subcontract
podwykonawcz|y adi. [firma] subcontracting
podwyż|ka f [1] (podniesienie pensji) rise GB, raise US; **~ka poborów** a. **wynagrodzenia** a pay a. wage a. salary rise; **dostać** a. **otrzymać ~kę** to get a rise; **prosić o ~kę** to ask for a rise; **dać** a. **przyznać komuś ~kę** to give sb a rise; **~ka o 10%/200 złotych** a 10%/200 zlotys rise; **za ostatnią ~kę kupiła sobie nowe buty** she bought new shoes with the money from the last pay rise [2] (wzrost) increase, rise (czegoś in sth); **~ka cen/płac** a price/pay increase; **~ka czynszu/opłat za gaz** an increase in rent/gas charges; **dwudziestoprocentowa ~ka** an increase of twenty per cent, a twenty per cent increase; **siedmioprocentowa ~ka cen ropy naftowej** a seven per cent increase a. rise in oil prices; **rząd zapowiedział ~kę świadczeń socjalnych o 5 %** the government announced a 5% increase in social benefits
podwyższać impf → **podwyższyć**
podwyższe|nie [I] sv → **podwyższyć**
[II] n platform; **na ~niu** on a platform; **wejść na ~nie** to get onto a platform
podwyższ|ony [I] pp → **podwyższyć**
[II] adi. [ciśnienie, temperatura, poziom, stężenie] high, above normal; **grupa ~onego ryzyka** a high-risk group; **obszar ~onego ciśnienia** a high-pressure zone; **w garnizonie ogłoszono stan ~onej gotowości** the garrison was put on alert
podwyższ|yć pf — **podwyższ|ać** impf [I] vt [1] (powiększyć wysokość) to make [sth] higher [ogrodzenie, dom]; **~yć dom o jedno piętro** to add a storey to a house; **~yć drogę/tor na łuku** to bank up a road/race track, to bank a road/race track up; **buty na ~onym obcasie** built-up shoes [2] (zwiększyć) to increase, to raise [cenę, podatek, wartość, zalety]; to put [sth] up [czynsz, cenę]; to raise [kwalifikacje, poziom, standard]; to improve [szanse]; **~yć cło o 10%/200 złotych** to increase the duty by 10%/200 zlotys; **~yła swą ofertę do 1000 złotych** she raised her offer to 1,000 zlotys; **~yć karę za rozboje** to introduce harsher penalties for robbery; **~yć komuś ocenę** Szkol. to increase sb's marks; **~yć ocenę za wypracowanie** to give extra marks for an essay [3] Muz. to sharpen [dźwięk]; **Cis to dźwięk C ~ony o pół tonu** Cis is a sharpened C a. C sharp; **dźwięk podwójnie ~ony** a double sharp
[II] **podwyższyć się** — **podwyższać się** [1] (stać się wyższym) [osoba] to make oneself

look taller; **~ała się, nosząc wysokie obcasy** she always wore high heels to look taller [2] (zwiększyć się) [ceny, ciśnienie, temperatura] to go up, to increase, to rise; [poziom] to go up, to get higher [3] Muz. [dźwięk] to sharpen

podykt|ować pf vt [1] (przeczytać głośno) to dictate [list, plan, wiersz] (**komuś** to sb) [2] (narzucić) to dictate [warunki] (**komuś** to sb); **musiałem się zgodzić na wszystko, co mi ~ował** I had to agree to everything he demanded; **warunki, jakie nam ~ował, były nie do przyjęcia** the terms he dictated were unacceptable; **sędzia ~ował rzut karny** the referee awarded a penalty (kick); **~ować tempo** to set the pace; **od startu ~ował szybkie tempo** he set a quick pace from the starting line [3] (pociągnąć za sobą) to be the reason for a. behind; **racjonowanie wody jest ~owane suszą** the reason for the rationing of water is drought; **jego decyzja była ~owana względami praktycznymi/koniecznością** his decision was dictated by practical considerations/by necessity; **sojusz ~owany zdrowym rozsądkiem** an alliance dictated by common sense; **rób to, co** a. **rób, jak ci serce/sumienie ~uje** do what your heart/conscience tells you

podyplomow|y adi. [studia, kurs, staż] postgraduate attr. GB, graduate attr. US

podyskut|ować pf vi to discuss (**o czymś** sth); to have a discussion (**o czymś** about sth); **~ować z kolegami o filmie** to discuss a film with one's friends, to have a discussion about a film with one's friends; **lubił sobie ~ować** he liked discussing things

podzamcz|e /pod'zamtʃe/ n (Gpl **~y**) Hist. *settlement outside castle walls*

podzbi|ór /'podzbjur/ m (G **~oru**) Mat. subset

podzel|ować /ˌpodze'lovatɕ/ pf vt to (re)sole [buty]; **oddać buty do ~owania** to take one's shoes to be resoled

podzesp|ół /pod'zespuw/ m (G **~ołu**) [1] Techn. sub-assembly [2] (grupa) subgroup

podziab|ać pf (**~ię**) vt pot. to break [sth] into pieces [kotlet, ziemniaki]

podzia|ć — podzi|ewać impf (**~eję, ~ali** a. **~eli — ~ewam**) [I] vt pot. (zgubić) to mislay, to lose [parasol, zapalniczkę]; **gdzie ~ałeś klucze?** what have you done with the keys?; **~iałem gdzieś rękawiczki** I mislaid a. lost my gloves somewhere [II] **podziać się — podziewać się** [1] (przebywać) to be; **ciekawe, gdzie się wszyscy ~ali** I wonder where everybody is?, I wonder where they have all gone?; **gdzież to się ~ewałeś przez cały rok?** where have you been all the year?; **gdzie on się ~ewa?** what has become of him? [2] (znaleźć schronienie) to find one's place; **gdzie ja się teraz ~eję?** where am I to go now?, what shall I do (with myself) now?; **nie mam gdzie się ~ać** I have nowhere to go; **gdzie ja się na noc ~eję?** where shall I find somewhere a. some place to spend the night? [3] (zgubić się) to get lost; **gdzieś się ~ała moja torebka** I can't find my handbag; **gdzie się ~ała ta zapalniczka?** whatever happened to that lighter?; **gdzie**

się ~ał twój optymizm? przen. whatever happened to your optimism?

■ **nie mieć gdzie czegoś ~ać** to have nowhere to put sth; **nie wiemy, gdzie ~ać te rzeczy** we don't know where to put these things a. what to do with these things; **nie wiedział, gdzie oczy** a. **wzrok ~ać** he didn't know where a. which way to look, he didn't know where to put himself

podzia|ł m (G **~łu**) [1] (rozdzielenie) (na części) division (**czegoś na coś** of sth into sth); (między osoby) division (**czegoś** of sth); distribution (**pomiędzy kogoś** to sb); (rozłam) division, split (**na coś** into sth); **~ł majątku między spadkobierców** the division of the estate among the heirs, the distribution of the estates to the heirs; **~ł zysku między akcjonariuszy** the payment of dividend to the shareholders; **~ł na sylaby** Jęz. syllabification; **dokonać ~łu czegoś** to divide sth; **dokonano ~łu gruntów dworskich na małe działki** the manorial lands were divided into small plots; **łup do ~łu** the booty a. the spoils to be shared; **mamy 10 000 złotych do ~łu między 150 pracownikami** we have ten thousand zlotys to be shared among 150 employees [2] (klasyfikacja) division (**czegoś** of sth); **~ł głosek w języku polskim** the division of sounds in the Polish language; **~ł bohaterów na dobrych i złych** a division of the characters into good and bad; **klarowny ~ł nie jest możliwy** a clearcut division is impossible; **~ł uczniów na grupy o określonym poziomie** banding GB, streaming (of pupils) GB, tracking US [3] zw. pl (różnica) division, difference; **~ły społeczne/polityczne/ klasowe** social/political/class divisions; **~ły majątkowe** differences in wealth; **~ły między państwami europejskimi** divisions among the European states [4] Biol. division, fission; **~ł komórkowy** cell division; **~ł (pośredni) jądra** mitosis, karyokinesis; **~ł bezpośredni** amitosis; **~ł redukcyjny komórek** reduction division, meiosis; **bakterie zwykle rozmnażają się przez ~ł** bacteria usually multiply by division
□ **~ł dychotomiczny** dichotomic division; **~ł dochodu narodowego** Ekon. the distribution of the national income; **~ł dziesiętny** Mat. decimal division; **~ł złoty** a. **harmoniczny** Mat. golden section; **~ł logiczny** logical division; **~ł pracy** Ekon. the division of labour; **~ł administracyjny** a. **terytorialny** administrative a. territorial division

podziała|ć pf vi [1] (wywrzeć wpływ) to have an effect (**na kogoś** on sb); **~ć na kogoś przygnębiająco/zniechęcająco** to have a depressing/dispiriting effect on sb, to depress/dispirit sb; **~ć na kogoś uspokajająco** to have a soothing a. calming effect on sb, to soothe a. calm down sb; **~ć na kogoś zachęcająco/korzystnie** to encourage/ benefit sb; **~ć na czyjąś wyobraźnię** to have an impact a. make an impression on sb's imagination; **~ć na czyjeś uczucia** to affect sb's feelings [2] (poskutkować) [argument, metoda] to work; [kuracja, lekarstwo] to work (**na coś** against sth) [3] Chem., Fiz. to use; **~ć**

kwasem na metal to use acid on metal, to apply acid to metal

podział|ka f [1] (stosunek liczbowy) scale; **~ka rysunku/modelu** the scale of a drawing/ model; **~ka liniowa (mapy)** linear scale; **~ka 1:1** full scale; **~ka 1:2** half size [2] Miary (zbiór znaków) scale, gradation; **~ka centymetrowa/milimetrowa** a centi- metre/millimetre scale; **~ka kołowa/kątowa** a circular/an angular scale; **~ka termometru/zegara** the graduated scale of a thermometer/the marking on the clock face a. dial; **linijka z ~ką** a graduated ruler [3] Techn. pitch; **~ka koła zębatego** a gear pitch; **~ka łańcucha** a chain pitch

podzielać impf → **podzielić¹**

podziel|ić¹ pf — podziel|ać impf vt (doświadczyć wspólnie) to share [radość, obawy, zachwyt] (**z kimś** with sb); **~ić z kimś smutek/wrażenia** to share sb's sorrow/ experiences; **nie ~am twego optymizmu** I'm not as optimistic as you are; **~ić z kimś jego los** to share sb's fate; **zakład ~ił los wielu innych przedsiębiorstw państwowych** the company shared the fate of many other state enterprises; **~ać czyjś pogląd** to share sb's view, to be of the same opinion as sb; **w pełni ~am pani pogląd** I fully agree with you; **niektórzy nie ~ają tego poglądu** some people don't share this view; **nie wszyscy ~ali ich przekonania** not everybody shared their convictions

podziel|ić² pf [I] vt [1] (na części) to divide; **~ić coś na dwie/cztery części** to divide sth in two/four; **zawodników ~ono na dwie drużyny** the competitors were divided into two teams; **~ił kartkę ołówkiem wzdłuż i w poprzek** he took a pencil and divided the piece of paper crosswise into four ⇒ **dzielić** [2] (rozdzielić) to divide, to share [sth] out (**między kogoś** among sb); **~ił majątek równo między swych dwóch/pięciu synów** he divided his estate equally between his two sons/among his five sons; **pracę ~iła równo po sto stron dla każdego redaktora** she divided the workload equally, giving each editor a hundred pages; **zysk zostanie ~ielony między akcjonariuszy** the profits will be shared a. divided among the shareholders; **sprawiedliwie ~ił swój czas między obu przyjaciół** he divided his time fairly between his two friends ⇒ **dzielić** [3] (sklasyfikować) to divide; **~ił ludzi na kilka typów** he divided people into several types; **wady można ~ić na wrodzone i nabyte** defects can be divided into congenital and acquired ⇒ **dzielić** [4] (rozgraniczyć) to divide; **ścianka ~iła pokój na dwie części** a partition wall divided the room into two; **~iły ich oceany** they were separated by oceans ⇒ **dzielić** [5] (poróżnić) to divide [sojuszników, naród, rząd, partię]; **spór o aborcję ~ił społeczeństwo** the abortion issue divided society; **sprawa domu ~iła brata i siostrę na zawsze** because of the house the brother and sister became estranged forever ⇒ **dzielić** [6] Mat. to divide; **~ić sto przez pięć** a. **na pięć** to divide a hundred by five; **osiem ~ić** a. **~one na dwa równa się cztery** eight

divided by two equals four ⇒ **dzielić**
II podzielić się 1 (rozdzielić się) to divide, to split; **członkowie ~ili się na dwa obozy** the members split into two camps; **opozycja ~iła się i przegrała wybory** the opposition split a. become divided and lost the election ⇒ **dzielić się** 2 (rozdać między siebie) to divide, to split (**czymś** sth); to share (**czymś z kimś** sth with sb); **~ił się ze mną ostatnim kawałkiem chleba** he shared the last piece of bread with me; **bracia ~ili się majątkiem** the brothers divided the estate between/among themselves; **~ić się obowiązkami/odpowiedzialnością** to share duties/responsibility ⇒ **dzielić się** 3 (poinformować) to communicate (**czymś z kimś** sth to sb); **~iła się ze mną swoimi przemyśleniami na ten temat** she shared her ideas on this with me; **~ić się z kimś nowinami** a. **wiadomościami** to tell sb the news; **~ić się z kimś doświadczeniem/wiedzą** to share one's experience/knowledge with sb ⇒ **dzielić się** 4 Mat. to divide; **ta liczba nie ~li się przez dwa** this figure doesn't divide a. cannot be divided by two ⇒ **dzielić się**
podzielnik m Mat. factor, divisor; **największy wspólny ~** the highest common factor, the greatest common divisor
podzielno|ść f sgt divisibility; **~ć liczby** the divisibility of a number; **~ć wyrazu na sylaby** the divisibility of a word into syllables; **~ć uwagi** divisibility of attention, the ability to concentrate on two (or more) things at a time
podzieln|y adi. [zysk, liczba] divisible; **liczba ~a przez trzy** a number which can be divided by three; **mieć ~ą uwagę** to be able to concentrate on two/many things at a time, to have divided attention
podziel|ony II pp → **podzielić**
II adi. [zdania, opinie, głosy] divided; **opinie na ten temat są ~one** views on this matter are divided
podziemi|e /pod'zemje/ **I** n (Gpl ~) 1 (część budowli) basement, cellar; (kościoła, zamku) vault; **szatnia znajduje się w ~u** the cloakroom is in the basement; **zwiedziliśmy ~a katedry z grobami królów i biskupów** we visited the cathedral vaults a. crypt where kings and bishops had been buried 2 (przejście, tunel) underpass, subway GB **przy dworcu znajduje się ~e handlowe** there are underground shopping prescincts at the station 3 zw. sg Polit. (organizacja) the underground U; **być członkiem** a. **należeć do ~a** to be a member of the underground movement; **zbrojne ~e antyhitlerowskie** an armed anti-Nazi underground resistance movement 4 sgt Polit. (działalność) underground activity; **zejść do ~a** to go underground; **wyjść z ~a** to break cover; **książki wydawane w ~u** books published illegally; **~e aborcyjne** przen. the backstreet abortion industry; **~e gospodarcze** the economic underworld
II podziemia plt Mitol. the underworld
podziemn|y /pod'zemnɪ/ adi. 1 [kanał, korytarz, przewody, roboty, próba atomowa] underground; Geol. subterranean, underground; **kolej ~a** (the) underground GB,

subway US; **jechać koleją ~ą** to go on the underground a. by underground; **przejście ~e** underpass, subway GB; **wstrząsy ~e** earth tremors; **~a wyrzutnia rakietowa** a silo 2 Polit. [działalność, organizacja, prasa, wydawnictwo] underground
podziewać impf → **podziać**
podzię|ka f sgt książk. thanks pl, gratitude (**za coś** for sth); **słowa ~ki** words of thanks; **brak mi słów ~ki** I don't know how to express my gratitude; **ofiarować komuś coś w ~ce** to give sb sth as an expression of one's gratitude; **ładna mi ~ka za wszystko, co dla niego zrobiłem!** iron. that's the thanks I get for everything I did for him! iron.
podzięk|ować pf vi 1 (wyrazić wdzięczność) to thank (**komuś za coś** sb for sth); to say thank you a. thanks (**komuś** to sb); **~ować komuś za prezent/przysługę** to thank sb for a present/for help; **~uj, proszę, ode mnie rodzicom** please thank your parents from me; **~ować komuś serdecznie/z całego serca** to thank sb cordially/wholeheartedly; **nawet nie ~ował** he didn't even say thank you; **~ować komuś uśmiechem** to smile one's thanks to a. at sb; **jemu możesz ~ować za to** iron. you've got him to thank for that; **sobie ~uj za to, że straciłeś pracę** you've only got yourself to thank for losing the job ⇒ **dziękować** 2 (wyrazić grzecznie odmowę) to excuse oneself; **zatrzymywali go na obiedzie, ale ~ował** they asked him to stay to dinner but he excused himself; **śpieszyłem się, więc ~owałem mamie za kolację** I was in a hurry, so I declined mother's invitation to stay for supper 3 euf., iron. (zwolnić z pracy) to let [sb] go euf.; (zrezygnować z pracy) to hand in one's notice, to give notice; **~ować za posadę/służbę** to resign from one's job/ from service; **po miesiącu pracy ~owali mi** after a month they let me go; **premier ~ował swemu rzecznikowi za współpracę** the prime minister dismissed his spokesman
podziękowa|nie II sv → **podziękować**
II n thanks pl, gratitude U; **wyrazić komuś serdeczne ~nia** to thank sb cordially; **odesłać coś z ~niem** to send sth back with thanks; **~nia dla kogoś za coś** thanks to sb for sth; **list z ~niem** a letter of thanks, a thank-you letter; **„podziękowania"** (w książce) 'acknowledg(e)ments'
podzi|obać, podzi|óbać pf (**~obię, ~óbię**) vt 1 (o ptakach) (zjeść) to peck, to peck at [ziarno, okruszki]; **kogut ~obał mu rękę** the rooster pecked him on the hand a. pecked his hand; **~obał ziemniaki i zostawił** przen. he pecked a. picked at the potatoes and left them uneaten 2 (uszkodzić) to pit [powierzchnię]; **~obał blat stołu nożem** he pitted the table top with a knife; **~obane kulami mury domów** the walls of houses riddled with bullets, the bullet-ridden walls of houses; **twarz ~obana ospą** a face pitted by smallpox
podziuraw|ić pf **II** vt **~ić coś** [osoba] to wear holes in sth [ubranie, buty]; [kule] to riddle sth with holes, to pit sth [mur, blachę]; **~ić coś nożem** to make holes

in sth with a knife; **~ione buty** worn shoes; **~ione skarpetki/swetry** socks/ jumpers full of holes a. with holes in them; **~ione pociskami ściany** bullet-riddled a. bullet-ridden walls, walls riddled with bullets; **kadłub statku był ~iony jak sito** the boat's hull was riddled with holes
II podziurawić się [worek, rajstopy] to get worn out
podziurk|ować pf vt to perforate [papier, blachę]; **~ować papier dziurkaczem** to punch sheets of paper
podziw II m sgt (G ~u) admiration (**dla kogoś/czegoś** for sb/sth); awe (**dla kogoś/ czegoś** of sb/sth); **niemy/szczery ~** mute/ sincere admiration; **szmer/okrzyk ~u** a murmur/cry of admiration; **godny** a. **godzien ~u** admirable, worthy of admiration; **w sposób godny ~u** admirably; **z godnym ~u samozaparciem** with admirable determination; **pełny ~u** [spojrzenie, głos] admiring; **być pełnym ~u** to be full of admiration; **wzbudzić** a. **wywołać w kimś ~** a. **wprawić kogoś w ~** to fill sb with admiration a. awe; **patrzeć na kogoś/coś z ~em** to look at sb/sth admiringly, to look in admiration a. awe at sb/sth; **oniemieć** a. **zaniemówić z ~u** to stand in mute admiration; **wyrazić ~ dla kogoś/czegoś** to express one's admiration for sb/sth; **ogarnął go ~** he was filled with admiration a. awe; **nie mógł wyjść z podziwu (nad tym), że...** he couldn't stop marvelling that...
II nad podziw adv. admirably, wonderfully; **była nad ~ spokojna** she was admirably a. wonderfully calm
podziwia|ć impf **II** vt to admire, to be impressed by [osobę, cechę, obraz, widok]; **~m twoją odwagę** a. **~m cię za odwagę** I admire you for your courage
II podziwiać się to admire oneself; **godzinami ~ła się w lustrze** she spent hours admiring herself in the mirror
podzwonne n sgt 1 przest. death knell 2 książk., przen. final tribute przen.; **ten film to ~ dla polskiej literatury romantycznej** this film is a final tribute to Polish romantic literature
podzwrotnikow|y /ˌpodzvrotɲi'kovɪ/ adi. [roślinność, klimat, strefa] subtropical; **obszary ~e** the subtropics
podźwiga|ć pf **II** vt (nieść) to lug; **~ł walizy do przechowalni** he lugged the suitcases to the left-luggage office
II podźwigać się pot. (sforsować się) to overexert oneself; **~ł się nosząc ciężkie walizy** he overexerted himself carrying heavy suitcases
podźwign|ąć pf (**~ęła, ~ęli**) **II** vt 1 (podnieść) to hoist, to heave, to heft US [ciężar, ciężki przedmiot]; to lift with difficulty [rękę, głowę]; **ledwo ~ął ciężki wór** he heaved the heavy sack with difficulty, he could hardly heave the heavy sack; **~ęła go z podłogi** she heaved him up off the floor; **był tak słaby, że głowy nie mógł ~ąć z poduszki** he was so weak that he couldn't lift his head from the pillow 2 książk. (odbudować) to rebuild, to restore; **~ąć miasto z gruzów** to rebuild a

city from rubble; **~ąć kulturę/gospodarkę** przen. to shore up a. reinvigorate culture/the economy ③ książk., przen. (wytrzymać) to carry; **~ąć ciężar odpowiedzialności** to carry the burden of responsibility; **na jej barki spadł trudny do ~ęcia ciężar** a very heavy burden fell on her shoulders **Ⅲ podźwignąć się** ① (podnieść się) to heave oneself up; **~ąć się z łóżka** to heave oneself up from one's bed ② książk. (zostać odbudowanym) to be brought back to life, to recover; **~ąć się z gruzów** to rise from (the) rubble; **po trzęsieniu ziemi miasto już się nie ~ęło** the town never recovered after the earthquake; **~ąć się z biedy** to struggle back to one's feet przen.; **~ąć się z nieszczęścia** to recover from misfortune
podżegacz /podˈʒɛɡatʃ/ m, **~ka** /podˈʒɛɡatʃka/ f (Gpl **~y** a. **~ów**, **~ek**) incendiary, instigator; Polit. rabble-rouser; **~ wojenny** a warmonger
podżega|ć /podˈʒɛɡatɕ/ impf vt to incite (**kogoś do zrobienia czegoś** sb to do sth); **~ć do buntu/strajku/zamieszek** to instigate (a) revolt/a strike/unrest; **~ć do nienawiści rasowej** to incite racial hatred; **~ć do wojny** to whip up the war atmosphere, to spread warmongering propaganda; **~nie do wojny** warmongering; **~ć kogoś przeciw komuś** to incite sb against sb; **~ć kogoś do zbrodni** Prawo to incite sb to commit a crime; **pomocnictwo i ~nie** Prawo aiding and abetting; **~jące artykuły/wystąpienia** inflammatory articles/statements
podżerać impf → **podeżreć**
podżyr|ować /ˌpodʒɨˈrovatɕ/ pf vt Ekon. to endorse [weksel]; to guarantee [pożyczkę]; **~ować komuś pożyczkę** to guarantee sb a loan, to guarantee sb for a loan
poemacik m dem. (G **~u**) ① żart. short poem ② przen. sheer a. pure poetry przen.
poema|t m (G **~tu**) ① Literat. poem; **~t narodowy/filozoficzny** a national/philosophical poem; **~t prozą** a prose poem ② przen. (rzecz doskonała) masterpiece; sheer a. pure poetry przen.; **~t sztuki snycerskiej** a masterpiece of woodcarving; **ta sałatka to ~t!** this salad is sheer a. pure poetry! ③ zw. pl przen., żart. (elaborat) disquisition książk.
❑ **~t heroiczny** heroic poem; **~t opisowy** descriptive poem; **~t dydaktyczny** didactic poem; **~t dygresyjny** digressive poem; **~t epicki** epic poem; **~t heroikomiczny** mock-heroic poem; **~t symfoniczny** Muz. symphonic poem
poe|ta m poet
poet|ka f poet; poetess przest.
poetyc|ki adi. [geniusz, talent, wyobraźnia, wizja] poetic; [utwór] poetical; [wieczorek] poetry attr.; **twórczość ~ka** poetic work; **jego dorobek ~ki** his poetic(al) oeuvre; **licencja ~ka** poetic licence
poety|cko, **~cznie** adv. [wyrażać się, mówić] poetically
poetyckoś|ć f sgt poetic mood
poetycznoś|ć f sgt poetic mood
poetyczn|y adi. [nastrój, opis] poetic(al); **~a dusza** a poetic soul
poety|ka f sgt poetics (+ v sg)
poetyz|ować impf vt to poeticize

poezj|a Ⅱ f sgt ① Literat. poetry; **~a epicka/liryczna** epic/lyric poetry ② przen. (nastrój) poetry przen.; romantic mood; **~ja majowego wieczoru** the romantic mood of a May night
Ⅱ **poezje** plt poetry U, poems pl; **~e Mickiewicza** the poetry of Mickiewicz, Mickiewicz's poetry; **zbiór ~i** a poetry collection, a collection of poetry a. poems a. verse
❑ **~a aleksandryjska** alexandrine (verse); **~a lingwistyczna** linguistic poetry; **~a pasterska** pastoral poetry; **~a śpiewana** poetry set to music
pofalowan|y adi. ① [okolica, równina] undulating ② [blacha, papier, pręt] wavy
pofałd|ować pf vt ① Geol. to fold [powierzchnię] ② to gather into folds [zasłonę]; to pleat [spódnicę]
pofałdowan|y Ⅱ pp → **pofałdować**
Ⅱ adi. ① [teren, powierzchnia] undulating, rolling ② [spódnica] pleated; [zasłona] in folds
pofantazj|ować pf vi książk. to fantasize (**o kimś/czymś** a. **na temat kogoś/czegoś** about sb/sth)
pofatyg|ować pf książk. Ⅱ vt to inconvenience; **ośmieliłem się ~ować pana, ale sprawa jest pilna** książk. I took the liberty of asking you here, but the matter is urgent książk. ⇒ **fatygować**
Ⅱ **pofatygować się** to take the trouble (**żeby coś zrobić** to do sth); **zechce się pan do nas ~ować** could you please come and see us; **może ~ujesz się sam do sklepu** iron. why don't you go to the shop yourself?; **nawet się nie ~owała, żeby zadzwonić do nas** she didn't even bother to phone us ⇒ **fatygować się**
pofigl|ować pf vi ① książk. to prance about, to frolic ② pot. to have a roll in the hay a. the sack pot. (**z kimś** with sb)
pofilozof|ować pf vi to philosophize (**o czymś** a. **na temat czegoś** about sth)
poflirt|ować pf vi to flirt; **~ować sobie z kimś** to flirt with sb, to have a flirt a. a flirtation with sb ⇒ **flirtować**
pofolg|ować pf vi książk. ① (okazać pobłażanie) to treat leniently (**komuś** sb); to be soft (**komuś** on sb); **~ować komuś w obowiązkach** to relieve sb of his/her duties; **~ować komuś w pracy** to ease sb's burden; **~ować sobie z robotą** to take it easy ⇒ **folgować** ② (zelżeć) [mróz, zima] to lose its grip; **może jutro mróz ~uje** perhaps the frost will lose its grip tomorrow ⇒ **folgować** ③ (dać upust) **~ować czemuś** to give vent to sth [irytacji, uczuciu]; to give free rein to sth [marzeniom, wyobraźni] ⇒ **folgować** ④ (dogadzać) **~ować sobie** to indulge oneself; **~ować łakomstwu** to indulge in gluttony ⇒ **folgować**
pofru|nąć pf (**~nęła**, **~nęli**) vi (polecieć) to fly; (odlecieć) to fly away a. off; **~nąć na północ/południe** to fly north/south; **sikorka ~nęła na dach/do ogrodu** the tit flew onto the roof/into the garden; **list ~nął ze stołu** the letter was blown off the table
pogada|ć pf vi pot. ① (porozmawiać) to have a word (**z kimś** with sb); (dla przyjemności) to (have a) chat (**z kimś** with sb); **muszę z**

tobą **~ć** I need a word with you; **~m o tym z szefem** I'll talk to the boss about it; **~liśmy sobie trochę przy winie** we had a nice little chat over a glass of wine ⇒ **gadać** ② (mówić przez jakiś czas) to gab pot., to jabber pot.; **nie przejmuj się, ~a i przestanie** don't worry, he'll say his piece and that will be it
pogadan|ka f talk (**o czymś** on a. about sth); **~ka radiowa** a radio talk; **wygłosić ~kę** to give a talk
pogadusz|ka f zw. pl pot. chit-chat pot.; **babskie ~ki** female chit-chat; **nie czas teraz na ~ki!** no time for chit-chat!
pogad|ywać impf vi pot **~ywać sobie** to chat (**o czymś** about sth)
pogalop|ować pf vi ① [koń, jeździec] to gallop; **myśliwi ~owali do lasu** the hunters galloped off to the forest ⇒ **galopować** ② przen. (szybko pobiec) [osoba] to race off; **~ować do pracy/szkoły** to race off to work/school ⇒ **galopować**
poganiacz m (Gpl **~y** a. **~ów**) driver; **~ niewolników** a slave-driver; **~ mułów** a mule driver, a muleteer; **~ bydła** a cattle drover
poganiać impf → **pogonić¹**
pogan|in m, **~ka** f (Gpl **~**, **~ek**) Relig. pagan, heathen; **nawracać ~** to convert the pagans a. heathens
pogańs|ki adi. [rytuał, bogowie, świątynia] pagan, heathen
pogaństw|o n sgt ① (bycie poganinem) paganism, heathenism; **trwać w ~ie** to remain pagan ② (poganie) the heathen; **wyprawa przeciwko ~u** a crusade against the heathen
pogar|da f sgt contempt, disdain; **żywić dla kogoś/czegoś** a. **czuć do kogoś/czegoś ~dę** to feel contempt for sb/sth; **mieć kogoś/coś w (najwyższej) ~dzie** to hold sb/sth in (utter) contempt; **czuć ~dę wobec kogoś/czegoś** to feel contempt for sb/sth; **popatrzyć/splunąć z ~dą** to look/spit with contempt a. disdain; **odnosić się do kogoś z ~dą** to be disdainful a. contemptuous of sb; **być godnym ~dy** to be contemptible; **~da śmierci** contempt for death
pogardliwie adv. grad. [spojrzeć, uśmiechnąć się, powiedzieć] contemptuously, with contempt
pogardliw|y adi. [spojrzenie, uśmiech] contemptuous, scornful; **~y stosunek do kogoś/czegoś** contempt for sb/sth
pogardzać¹ impf → **pogardzić**
pogardz|ać² impf vt to despise; **~ać kimś/czymś** to despise sb a. to hold sb in contempt; **~ać sławą i bogactwem** to not care about fame and fortune; **~ać śmiercią** to have no fear of death
pogar|dzić pf — **pogar|dzać¹** impf vt (odrzucić) to spurn; **~dzić czyjąś propozycją/czyimś podarunkiem** to spurn sb's offer/gift; **on nie ~dzi piwem** he won't say no to beer
■ **oferta/suma nie do ~dzenia** an offer/a sum not to be despised a. not to be sneezed at
pogarszać impf → **pogorszyć**
poga|sić pf vt (wyłączyć) to put [sth] out [ogniska, ognie]; (wyłączyć) to switch [sth] off [lampy, ognie]

latarnie]; **~ście papierosy** put your cigarettes out; **trzeba ~sić światła** we need to switch off the lights
poga|snąć pf (**~sł**) vi [1] [ognie, lampy, gwiazdy] to go out; **w oknach ~sły światła** the windows went dark [2] [rozmowy, śmiechy] to die down [3] [kolory, rumieńce] to fade
pogawęd|ka f chat (**z kimś** with sb); **przyjacielska ~ka** a friendly chat; **spędzać czas na ~kach z kimś** to spend time chatting with sb; **wdać się w ~kę z kimś** to start chatting with sb
pogawę|dzić pf vi to chat (**z kimś** with sb); **~dziliśmy (sobie) trochę przy piwie** we had a little chat over a pint; **fajnie było z tobą ~dzić** it was fun chatting with you ⇒ **gawędzić**
pogdera|ć pf vi pot. to grouch pot. (**na kogoś/coś** about sb/sth); **ona musi sobie czasem ~ć** she can be a bit of a grouch at times; **~ł, ~ł, ale się zgodził** he grouched a bit but finally he agreed
poglą|d [1] m (G **~du**) view (**na coś** on a. about sth); **~d na świat** an outlook on life; **wymiana ~dów** an exchange of views; **wyrazić ~d, że...** to express a view that...; **wyrobić sobie ~d na coś** to form a view on sth; **podzielać czyjś ~d, że...** to share sb's view that...; **przeważa ~d, że...** the dominant view is that...
[II] **poglądy** plt views; **~dy polityczne** political views; **mieć zdecydowane ~dy polityczne** to hold strong political views; **mieć tradycyjne ~dy na temat czegoś** to be conservative in one's views on sth
poglądowo adv. **przedstawić coś ~** to present sth visually
poglądowoś|ć f sgt książk. **~ć nauczania** the use of visual methods in teaching
poglądow|y adi. [metoda, materiały] visual; **lekcja ~a** a hands-on lesson; przen. an object lesson; **lekcja ~a, jak należy grać** an object lesson on how to play
pogła|dzić pf [I] vt to caress; **~dzić kogoś po głowie** to caress sb's head ⇒ **gładzić**
[II] **pogładzić się** (pogłaskać się) **~dzić się po brodzie** to finger one's beard ⇒ **gładzić się**
pogła|skać pf (**~szczę** a. **~skam**) [I] vt to pat, to stroke; **~skać kogoś po głowie** to stroke sb's head; **~skać kogoś dłonią po włosach** to stroke sb's hair with one's hand; **~skać psa/kota** to pat a dog/cat ⇒ **głaskać**
[II] **pogłaskać się** (pogładzić się) **~skać się po brodzie/brzuchu** to stroke one's beard/stomach ⇒ **głaskać się**
■ **~skać czyjąś dumę/ambicję** to flatter sb
pogłębiać impf → **pogłębić**
pogłębiar|ka f Techn. dredger
pogłęb|ić pf — **pogłęb|iać** impf [I] vt [1] (obniżyć dno) to deepen [dół, wykop]; **trzeba ~ić tę studnię** the well needs deepening [2] (zwiększyć) to deepen [kryzys, ciemności, depresję]; **decyzje rządu ~iają bezrobocie** the government's decisions increase unemployment [3] (uszczegółowić) to deepen [zainteresowania]; **staram się ciągle ~iać swoją wiedzę na temat...** I am always trying to broaden my knowledge

about...; **~iona dyskusja** a detailed discussion; **~ione uwagi krytyczne** detailed critical remarks [4] Techn. to countersink [otwór]
[II] **pogłębić się — pogłębiać się** [1] [dziura, przepaść] to deepen; **zmarszczka na jego czole ~iła się** the line on his forehead deepened; **~ia się przepaść między bogatymi i biednymi** there is a growing gap between the rich and the poor [2] [kryzys, ciemność] to deepen; **ich wzajemna niechęć ~iała się coraz bardziej** their mutual hostility deepened; **krótkowzroczność ~ia się z wiekiem** myopia increases with age [3] (stać się bardziej szczegółowym) [wiedza] to advance; **w miarę ~iania się naszej wiedzy** as our knowledge advances
pogłos m (G **~u**) [1] sgt Fiz. echo; **ta sala ma duży ~** the hall is very reverberant; **akustyka była kiepska z powodu ~u** the acoustics were poor because of the echo [2] (dźwięk) echo (**czegoś** of sth); **daleki ~ czyichś kroków** sb's footsteps echoing in the distance [3] przen. resonance; **~y muzyki ludowej w jego utworach** the resonances of folk music in his works
pogłos|ka f rumour GB, rumor US; **szerzyć ~ki, że...** to spread rumours that...; **zdementować ~ki, jakoby...** to deny the rumours that...; **krążą a. szerzą się ~ki, że...** it's rumoured that...; **według ~ek** according to rumours a. hearsay; **oparty na ~kach** based on hearsay
pogłowi|e n sgt Roln. headage; **~e bydła** the headage of cattle
pogłówk|ować pf vi pot., żart. to (w)rack one's brain(s); **trzeba trochę ~ować, żeby znaleźć rozwiązanie** you have to rack your brains to find the answer
pogłuch|nąć pf (**~ł**) vi pot. [osoby] to grow deaf; **~liście czy co?** are you deaf or what?
pogmatwa|ć pf [I] vt [1] (utrudnić) to complicate [sprawę, życie] ⇒ **gmatwać** [2] to tangle [sth] (up) [nić, sznurek] ⇒ **gmatwać**
[II] **pogmatwać się** to get complicated; **wszystko się ~ło** things got complicated ⇒ **gmatwać się**
pogmatwan|y [I] pp → **pogmatwać**
[II] adi. [historia, losy, sprawa] tangled
pogme|rać pf (**~ram** a. **~rzę**) vi pot. (poszukać) to fumble; (pomajstrować) to tinker; **~rać w kieszeni/portfelu** to fumble in one's pocket/wallet; **~rać pod maską (samochodu)** to tinker under the bonnet; **~rać łyżką w zupie** to poke one's spoon around in one's soup ⇒ **gmerać**
pogna|ć pf [I] vt to drive [bydło, świnie]; **~ć krowy na pastwisko** to drive the cattle to pasture; **wiatr ~ł chmury na wschód** the wind drove the clouds east; **ciekawość ~ła go w świat** he left home driven by curiosity; **~ć kogoś do roboty** pot. to work sb hard
[II] vi [osoba] to race; **~ć do pracy/szkoły** to race off to work/school; **~ł bawić się z chłopakami** he raced off to play with his mates
pognębiać impf → **pognębić**
pognęb|ić pf — **pognęb|iać** impf vt [1] (prześladować) to oppress; (pokonać) to grind [sb] down [przeciwników, rywali]; **~ione**

narody oppressed peoples ⇒ **gnębić** [2] (zniechęcić) to put [sb] down; (zasmucić) to get [sb] down
pogni|eść pf (**~otę, ~eciesz, ~ótł, ~otła, ~etli**) [I] vt [1] (zmiąć) to crumple [sth] (up) [papier, kartkę]; (pomiąć) to crease, to crumple [materiał, ubranie]; **~eść sobie sukienkę** to crease one's dress; **~ecione spodnie** creased a. crumpled trousers; **~eciona kartka** a crumpled sheet of paper ⇒ **gnieść** [2] (rozgnieść) to mash [ziemniaki] ⇒ **gnieść**
[II] **pognieść się** [ubranie] to crumple, to crease; **~otła mi się koszula** I creased my shirt ⇒ **gnieść się**
pogniewa|ć się pf v refl. [1] (obrazić się) to get cross (**na kogoś o coś** with sb about sth); **chyba się na serio na nas ~li** it looks like they are really cross with us ⇒ **gniewać się** [2] (pokłócić się) to fall out (**z kimś** with sb); **~ły się ze sobą** they fell out with each other ⇒ **gniewać się** [3] (być złym przez jakiś czas) to be cross; **~ się trochę i przejdzie jej** she'll be cross for some time and then get over it ⇒ **gniewać się**
pogniewan|y adi. [przyjaciele, sąsiedzi] feuding; **są ~i na siebie** they are cross with each other
pogo|da f sgt [1] Meteo. weather; **ładna/piękna/brzydka ~da** good/beautiful/bad weather; **~da w kratkę** changeable weather; **~da była w kratkę** the weather was changing all the time; **psia** a. **pieska ~da** pot. rotten weather; **prognoza ~dy** a weather forecast; **oglądać ~dę (w telewizji)** to watch a weather forecast (on TV); **~da się poprawia/pogarsza** the weather is improving/deteriorating; **jeżeli ~da pozwoli** weather permitting; **niezależnie od ~dy** whatever the weather; **odpowiedni na każdą ~dę** suitable for all weathers a. all weather conditions; **nie wychodź przy takiej ~dzie** don't go out in this weather; **idealna ~da na piknik** perfect weather for a picnic; **jaka dziś ~da?** what's the weather like today? [2] (dobra pogoda) good weather; **nie mieliśmy ~dy** we had rather poor weather; **jeżeli będzie ~da** if the weather is good [3] (spokój) cheerfulness; **odznaczać się ~dą ducha** to be cheerful; **znosić coś z ~dą** to bear sth cheerfully [4] przen. (koniunktura) good period; **~da dla inwestorów/krajowego przemysłu** a good period for investors/domestic industry
pogodnie adv. grad. [1] (słonecznie) **było ~** the weather was nice; **weekend zapowiada się ~** there's a nice sunny weekend coming up [2] [uśmiechać się, powiedzieć] cheerfully; **~ patrzeć na świat** to have a cheerful outlook on life
pogodn|y adi. grad. [1] [niebo] clear; [dzień, wieczór, poranek] bright, sunny [2] [uśmiech, nastrój, osoba] cheerful
pogodow|y adi. [warunki, czynniki] weather attr.
pog|odzić pf [I] vt [1] (pojednać) to reconcile (**kogoś z kimś** sb with sb); **~odzić zwaśnione rodziny** to bring the feuding families together ⇒ **godzić** [2] (połączyć) to combine (**coś z czymś** sth with sth);

~odzić pracę z wychowywaniem dzieci to reconcile a career with bringing up children; ~odzić teorię z praktyką to bring together theory and practice ⇒ godzić

III pogodzić się [1] (pojednać się) to be reconciled (z kimś with sb); to make up (z kimś with sb); ~odzili się z żoną he made up a. mended fences with his wife; ~ódźcie się wreszcie! why don't you make peace at last ⇒ godzić się [2] (zaakceptować) to resign oneself (z czymś to sth); ~odzić się z losem to resign oneself to one's fate; ~odzić się z myślą, że... to get used to the thought that... ⇒ godzić się

pog|onić¹ *pf* — **pog|aniać** *impf vt* [1] (pospieszyć) to urge [zwierzę]; (batem) to whip [sth] up [konia]; (ostrogami) to spur [sth] on [konia]; ~aniać krowę kijem to urge a cow on with a stick [2] (pognać) to drive [bydło, świnie]; ~onić krowy na pastwisko to drive the cattle to pasture [3] (popędzać) to rush [osobę]; nie ~aniaj mnie don't rush me; nie chcę cię ~aniać, ale... I don't want to rush you but...; ~onić kogoś do roboty to work sb hard; zaraz ich ~onię, żeby to sprzątnęli I'll get them to clean it right away; „idź już!” – ~aniał mnie 'you'd better go now,' he urged me [4] pot. (odpędzić) to chase [sb] off

pogo|nić² *pf vi* pot. (pobiec) to rush; ~nić do domu/pracy to rush off home/to work; ~nić za kimś to rush after sb

pogo|ń *f* [1] (gonienie) pursuit *U*; ~ń za jeleniem/złodziejem the pursuit of a deer/thief; puścić się a. rzucić się a. ruszyć w ~ń za kimś/czymś to set off in pursuit of sb/sth; ~ń za zyskiem/sławą przen. the pursuit of wealth/fame; w ~ni za zbiegiem, przekroczyli granicę they crossed the border in pursuit of the fugitive; w ~ni za pieniądzem zapominamy o najważniejszym in pursuit of wealth we (tend to) overlook what's really important [2] (goniący ludzie) pursuit *U*; ujść a. umknąć ~ni to elude pursuit

pogorsze|nie II *sv* → **pogorszyć**
III *n* deterioration (czegoś in sth); ulec ~niu to deteriorate; u chorego nastąpiło ~nie the patient's condition has deteriorated

pog|orszyć *pf* — **pog|arszać** *impf* **II** *vt* to worsen [położenie, warunki]; ~arszać jakość towarów to lower the quality of products; to tylko ~arsza naszą sytuację it only makes our situation worse

III pogorszyć się — pogarszać się [sytuacja, wzrok, zdrowie] to deteriorate; stan pacjenta ~orszył się the patient's condition has deteriorated; pogoda się ~orszyła the weather has broken; ~orszyło mu się pot. he got worse; chyba mu się ~orszyło! pot. he must have gone off his head! pot.

pogorzel|ec *m* (*V* ~cze a. ~cu) fire victim; pomoc dla ~ców relief for fire victims

pogorzelisk|o *n* (miejsce po pożarze) site of the fire; (spalony dom) burnt-down house

pogotowi|e *n* [1] *sgt* (stan gotowości) alert; ~e strajkowe a strike alert; być w ~u to be on alert; postawić załogę/wojsko w stan (najwyższego) ~a to put the crew/army on (full) alert; mieć pistolet/długopis w ~u to have a gun/pen at the ready; zawsze mam latarkę w ~u I always have a. keep a torch handy [2] (*Gpl* ~) (instytucja) emergency service; ~e opiekuńcze emergency shelter (for children); górskie ~e ratunkowe the mountain rescue service; ~e energetyczne/gazowe/wodociągowe electricity/gas/water emergency service [3] *sgt* Med. (instytucja) emergency ambulance service; (część szpitala) casualty GB, emergency US; (karetka) ambulance; ~e ratunkowe emergency ambulance service; karetka ~a an ambulance; wezwać ~e to call an ambulance; zabrało go ~e an ambulance took him away

❏ ~e kasowe cash float

pogórz|e *n* (*Gpl* ~y) Geog. foothills; na ~u in the foothills

pogra|ć¹ *pf vi* [1] (w grę) to play *vt*; ~ć w karty/tenisa/piłkę to play cards/tennis/football; tam można sobie ~ć na komputerze you can play computer games there; ~jmy w siatkówkę let's have a game of volleyball; mogę z wami ~ć? can I play with you?; ~j ze mną w szachy play a game of chess with me [2] (na instrumencie) to play *vt*; ~ć na skrzypcach/fortepianie to play the violin/the piano; lubi sobie wieczorem ~ć na gitarze he likes playing his guitar in the evenings

pogra|ć² *pf* — **pogr|ywać** *impf vi* pot., przen. źle ~ałem I made a mistake; on jakoś dziwnie ~ywa he's playing a strange game

pogranicz|e *n* (*Gpl* ~y) [1] (obszar przy granicy) borderland, marches; ~e Polski i Niemiec a. polsko-niemieckie the borderland between Poland and Germany; na ~u in the borderland, in the marches [2] przen. ~e czegoś i czegoś the border(line) between sth and sth; książka z ~a historii i antropologii a book which combines the disciplines of history and anthropology; dziwny stan na ~u zachwytu i przerażenia a strange state between fascination and fear; grać na ~u faulu to play an aggressive game; doświadczenia na ~u mistyki experiences verging on the mystical

pograniczni|k *m* środ., Wojsk. border guard
pograniczn|y *adi.* [strefa, pas] frontier *attr.*; [patrol] border *attr.*; tereny ~e borderland

pogratul|ować *pf vi* to congratulate *vt*; ~ować komuś czegoś/że coś zrobił to congratulate sb on sth/on doing sth; ~ować sobie czegoś to congratulate oneself on sth ⇒ gratulować

pogrążać *impf* → **pogrążyć**
pogrąż|ony II *pp* → **pogrążyć**
III *adi.* [1] (pochłonięty) ~ony w myślach/modlitwie deep in thought/prayer; być ~onym we śnie [osoba, dom] to be asleep; postać ~ona w smutku a grief-stricken figure; był ~ony w milczeniu he was silent; kraj ~ony w chaosie a country plunged into chaos [2] (zanurzony) submerged;

pomost ~ony w wodzie a pier submerged in water; pokój ~ony w mroku a. ciemności a. ciemnościach a room plunged into darkness; ~ony w długach przen. debt-ridden

pogrąż|yć *pf* — **pogrąż|ać** *impf* **II** *vt* [1] (doprowadzić) to plunge; ~yć kraj w chaosie/anarchii to plunge a country into chaos/anarchy; jej śmierć ~yła go w rozpaczy her death plunged him into despair [2] (zanurzyć) to immerse; ~yć coś w gorącej oliwie to immerse sth in hot oil [3] (zalać) to flood; woda ~yła cały dolny pokład the lower deck was all flooded by water [4] (pogorszyć sytuację) to incriminate [oskarżonego, podejrzanego]; to destroy [przedsiębiorstwo]; to ją tylko bardziej ~yło it only served to incriminate her further; recesja ~yła nawet potężne firmy the recession destroyed even the most powerful companies

III pogrążyć się — pogrążać się [1] (oddać się) to lose oneself; ~yć się w rozmyślaniach/lekturze to lose oneself in thought/a book; ~yć się w pracy/grze to start working/playing [2] (wpaść) to plunge; ~yć się w anarchii/biedzie to plunge into anarchy/poverty; ~yć się w rozpaczy/smutku to plunge into despair/sorrow [3] (zanurzyć się) to sink; łódka ~yła się w jeziorze the boat sank in the lake; ~yć się w mroku a. ciemności a. ciemnościach to be plunged into darkness [4] (obciążyć się) to incriminate oneself; (doprowadzić się do zguby) to destroy oneself; lepiej nic nie mów, tylko się bardziej ~asz you'd better not say anything or you'll dig yourself even deeper into trouble

pogrobow|iec *m* (*V* ~cze a. ~cu) [1] (dziecko) posthumous child [2] przen. epigone; ~cy romantyzmu epigones of Romanticism

pogrom *m* (*G* ~u) [1] (na tle rasowym) massacre; (w Europie Wschodniej) pogrom; ~y Żydów w Rosji pogroms of Jews in Russia [2] (klęska) rout; ~ wrogiej armii the rout of an enemy army [3] pot., Sport massacre pot.

pogromc|a *m* [1] książk. vanquisher książk.; ~a niewiernych the vanquisher of the heathen; ~a Realu w lidze mistrzów the team which defeated Real in the Champions League [2] (treser) tamer; ~a lwów a lion-tamer

❏ ~a serc niewieścich żart. lady-killer

pogromczy|ni *f* [1] książk. vanquisher [2] (treserka) tamer

pogr|ozić *pf vi* [1] (gestem) ~ozić komuś palcem to wag one's finger at sb; ~ozić komuś pięścią to shake one's fist at sb; ~ozić komuś kijem to wave a stick at sb; ~ozić komuś rewolwerem to point a gun at sb, to threaten sb with a gun ⇒ grozić [2] (zagrozić) to threaten; „bo zawołam ochronę!” – ~oziła 'I'll call security!' she threatened

pogróż|ka *f* threat; list/telefon z ~kami a threatening letter/call

pogrubiać *impf* → **pogrubić**
pogrubia|ły *adi.* [1] [warstwa, skóra] thickened [2] [głos] deepened

pogrub|ić *pf* — **pogrub|iać** *impf vt* [1] (powiększyć) to thicken [warstwę, ścianę];

to make [sth] bold *[słowo, tekst]* 2 *[strój, wzór]* to make [sb/sth] look fat/fatter *[osobę, sylwetkę]*

pogrubi|eć *pf* (~**eję**, ~**ał**, ~**eli**) *vi* 1 *[warstwa, ścianka, skóra]* to thicken ⇒ **grubieć** 2 *[osoba, noga]* to grow fat/fatter ⇒ **grubieć** 3 *[głos]* to deepen; **głos mu ~ał** his voice has deepened ⇒ **grubieć**

pogrucho|tać *pf* (~**czę** a. ~**cę**) *vt* *(rozbić)* to mangle *[samochód]*; to shatter *[szkło, ścianę]*; ~**tać komuś kości** pot. to break sb's bones; **byłem nieźle ~tany** pot. I had a couple of broken bones

pogrup|ować *pf* 1 *vt* to group *[osoby, przykłady, przedmioty]*; ~**ować coś według czegoś** to group sth according to sth; ~**ować coś w klasy/kategorie** to group sth into classes/categories ⇒ **grupować** 1 **pogrupować się** to group (together) ⇒ **grupować się**

pogryza|ć *impf vt [osoba]* to nibble; ~**ć coś** to nibble (at) sth; **siedziała tam i ~ła herbatniki** she was sitting there nibbling biscuits

pogry|źć *pf* (~**zę**, ~**ziesz**, ~**zł**, ~**zła**, ~**źli**) 1 *vt* 1 *(pokaleczyć) [osoba, pies, owad]* to bite; *(zniszczyć) [dziecko, pies]* to chew; ~**zły mnie komary** I was bitten by mosquitoes; **byłem cały ~ziony** I was bitten all over; **chłopiec ~ziony przez psa** a boy bitten by a dog; ~**zł sobie wargi do krwi** he bit his lips till they bled; **mój pies ~zł nogę od stołu** my dog chewed a table leg 2 *(rozdrobnić)* to chew *[jedzenie, mięso]*; **dobrze ~ź przed połknięciem** chew it well before swallowing

1 **pogryźć się** 1 *(pobić się) [psy]* to fight; **psy ~zły się o kość** the dogs fought over a bone 2 pot. *(pokłócić się)* to fall out (**z kimś** with sb); **znowu się o coś ~źli** they fell out over something again

pogrzeb *m* (*G* ~**u**) 1 *(ceremonia)* funeral; ~ **wojskowy** a military funeral; **na ~ie** at a funeral; **pójść na czyjś** ~ to go to sb's funeral; **na jego** ~ **przyszły tysiące ludzi** thousands of people attended his funeral; **wyprawić komuś** ~ to give sb a funeral 2 *(kondukt)* funeral procession; ~ **wyruszył z katedry** the funeral procession started from the cathedral; **iść za ~em** to walk in a funeral procession 3 przen. end; ~ **komunizmu** the end of communism

pogrzebacz *m* *(do ognia)* poker

pogrzeb|ać *pf* (~**ię**) 1 *vt* 1 *(umieścić w grobie)* to bury; ~**ali go na pustyni** he was buried in the desert ⇒ **grzebać** 2 *(przysypać) [ziemia, lawina]* to bury; **zostali żywcem ~ani w zawalonym tunelu** they were buried alive in a collapsed tunnel ⇒ **grzebać** 3 przen. *(zniweczyć)* to ruin; ~**ać czyjeś/swoje szanse** to ruin sb's/one's chances ⇒ **grzebać**

1 *vi* 1 *(w piasku, ziemi)* to dig (around) (**w czymś** in sth); *(w śmieciach, kieszeni, szufladzie)* to rummage (around) (**w czymś** through a. in sth); *(narzędziem)* to poke around (**w czymś** in sth); ~**ał chwilę w kieszeni** he rummaged (around) in his pocket for a while; ~**ał kijem w ognisku** he poked the fire with a stick ⇒ **grzebać** 2 *(w książkach)* to poke around (**w czymś** in sth); **muszę**

trochę ~ać w słowniku I must dig around in the dictionary ⇒ **grzebać**

pogrzebow|y adi. 1 *[mowa, uroczystości, kondukt]* funeral attr.; **zakład ~y** funeral parlour GB, funeral parlor US, undertaker's 2 pot. *(ponury) [nastrój, mina, ton]* sombre GB, somber US

pogub|ić *pf* 1 *vt* to lose *[przedmioty, pieniądze]*; ~**iłem wszystkie moje rękawiczki** I've lost all my gloves; **dzieci ~iły mi wszystkie długopisy** the children have lost all my pens; **tak uciekali, że aż buty ~ili** they were running so fast that they lost their shoes

1 **pogubić się** 1 *(zostać zgubionym) [przedmioty]* to be lost; ~**iły mi się wszystkie chusteczki do nosa** I lost all my handkerchiefs 2 *(stracić orientację) [osoba]* to get lost; ~**iliśmy się w lesie** we got lost in the forest 3 *(zostać rozłączonym) [osoby]* to get split up; ~**iliśmy się w tłumie** we got split up in the crowd 4 *(zaplątać się) [osoba]* to get confused; **już się ~iłem w tej całej historii** I lost track of the story

pogubi|ony 1 *pp* → **pogubić**

1 adi. *(zagubiony) [osoby]* lost

pogwałcać *impf* → **pogwałcić**

pogwał|cić *pf* — **pogwał|cać** *impf* książk. to violate *[zasady, prawo, umowę]*; to offend *[dobry smak]*; ~**cić czyjeś uczucia** to offend sb's feelings; **to stanowi ~cenie praw człowieka** that's a violation of human rights; ~**cone zostały postanowienia układu** the terms of the treaty have been violated

pogwa|r *m* (*G* ~**ru**) książk. murmur; **dochodził do nas ~r rozmów** we heard a faint murmur of conversations

pogwarz|yć *pf vi* książk. to converse książk. (**z kimś** with sth); ~**yliśmy trochę o polityce** we had a little conversation about politics

pogwizd|ywać *impf* 1 *vt [osoba, ptak]* to whistle *[piosenkę, melodię]*

1 *vi [osoba, ptak]* to whistle; **na gałęziach ~ywały ptaki** birds whistled in the trees; **szedł ulicą ~ując wesoło** he walked down the street whistling merrily

poham|ować *pf* 1 *vt* *(powstrzymać)* to restrain *[osobę, złość]*; to hold [sth] back *[łzy]*; **nie mogłem ~ować ciekawości** I couldn't restrain my curiosity ⇒ **hamować**

1 **pohamować się** to restrain oneself; **miałem ochotę go uderzyć, ale się ~owałem** I wanted to hit him but I restrained myself ⇒ **hamować się**

pohańb|ić *pf* 1 *vt* książk. to dishonour książk. *[osobę, rodzinę, dobre imię]*

1 **pohańbić się** to disgrace oneself

poharata|ć *pf* pot. 1 *vt* to slash, to gush; ~**ć kogoś nożem** to slash sb with a knife; **był cały ~ny** he was cut all over; **miał ~ną twarz** his face was cut all over; **pociski ~ły mur** bullets have ripped into the wall ⇒ **haratać**

1 **poharatać się** to slash oneself; ~**ł się nożem** he slashed himself with a knife; ~**łem się o drut kolczasty** I tore my skin on barbed wire ⇒ **haratać się**

pohuk|iwać *impf vi* 1 *[sowa, osoba]* to hoot; *[grzmot, działa]* to rumble 2 *(strofować)* to scold sb; ~**iwać na kogoś** to scold sb

pohuśta|ć *pf* 1 *vt* *(pokołysać)* to rock; *(na huśtawce)* to give [sb] a swing

1 **pohuśtać się** *(na zawieszonej huśtawce)* to have a ride on a swing; *(na podpartej desce)* to ride a seesaw

pohybel → **na pohybel**

p|oić *impf* 1 *vt* 1 *(dawać pić)* to water *[zwierzę]*; to give [sb] a drink *[osobę]*; **poić kogoś wodą** to give water to sb ⇒ **napoić** 2 *(upijać)* **poić kogoś winem** to ply sb with wine ⇒ **napoić**

1 **poić się** 1 *[zwierzę]* to water 2 książk. *(upajać się)* to relish to książk.; **poić się widokiem czegoś/myślą o czymś** to relish the sight/thought of sth

poinform|ować *pf* 1 *vt* to inform *[osobę]* (**o czymś** of a. about sth); ~**owano mnie, że...** I was informed that...; **być dobrze ~owanym** to be well-informed; „**jutro wyjeżdżam**" – ~**ował** 'I'm leaving tomorrow,' he informed us; **wiadomość pochodzi z dobrze ~owanego źródła** the message comes from a well-informed source ⇒ **informować**

1 **poinformować się** to enquire; ~**ować się o pociągi/cenę biletów** to enquire about train services/fares ⇒ **informować się**

poinstru|ować *pf vt* to instruct; ~**ować kogoś, jak/kiedy...** to instruct sb how/when...; ~**ować kogoś, żeby coś zrobił** to instruct sb to do sth; ~**ować kogoś o sposobie obsługi maszyny** to instruct sb in using a machine ⇒ **instruować**

poin|ta /'pwenta/ *f* Literat. message, punchline; **sztuka bez ~ty** a play without a message a. moral; **zepsuć ~tę dowcipu** to spoil the point of a joke, to kill a joke

point|ować /'pwen'tovatɕ/ *impf vt* to add point; ~**ować dowcip** to add point to a joke ⇒ **spointować**

poiryt|ować *pf* 1 *vt* to irritate, to annoy; ~**owała go jej głupota** her silliness irritated him, he chafed at her silliness; ~**owana przez dzieci zaczęła krzyczeć** irritated by the children, she started to scream

1 **poirytować się** to lose one's temper, to show (some) annoyance; ~**ował się, a potem przeprosił** he lost his temper and then apologized

poirytowani|e 1 *sv* → **poirytować**

1 *n sgt* slight annoyance, slight irritation; **jego ~e wzrosło, gdy usłyszał wiadomości** his aggravation increased when he heard the news; **usiłowała ukryć ~e** she tried a. was trying not to show her annoyance a. irritation

poirytowan|y 1 *pp* → **poirytować**

1 adi. *[szef, nauczyciel, matka]* irritated, tetchy; *[głos, ton]* annoyed; **rano bywa bardzo ~y** he can be very tetchy first thing in the morning; **powtórzyła to nieco już ~a** she repeated it, slightly annoyed a. irritated

poj. (= **pojemność**)

pojada|ć *impf vt* pot. to snack pot.; **dzieci lubią ~ć słodycze** children like to snack on sweets; **musisz skończyć z ~niem**

między posiłkami you must stop eating between meals

pojaśnia|ły [] *pp* → pojaśnieć

[III] *adi.* [1] *[niebo, pokój]* brightened; **spojrzał na ~łe na wschodzie niebo** he looked at the sky which had brightened in the east [2] *przen. [oczy, twarz]* lit up; **patrzył na nią ~łymi oczami** he looked at her, his eyes lighting up

pojaśni|eć *pf* (~eję, ~ał, ~eli) *vi* książk. [1] (stać się jaśniejszym) to lighten; **niebo ~ało na wschodzie** the sky brightened in the east; **gdy ~eje, ruszymy w dalszą drogę** when it gets a. becomes lighter we'll continue our journey [2] *przen.* (stać się radosnym) to lighten up, to brighten up; **~eć z radości** to brighten a. light up with joy; **~eć na widok czegoś** to brighten up at the sight of sb; **świat ~ał mu w oczach** the world suddenly seemed to him like a better place; **jej twarz ~ała uśmiechem** a smile lit up her face

pojawiać się *impf* → pojawić się

pojaw|ić się *pf* — **pojaw|iać się** *impf v refl.* [1] (stać się widocznym) to appear, to come out; **~ić się nie wiadomo skąd** to spring up from a. out of nowhere; **na niebie ~ił się księżyc** the moon appeared a. came out in the sky; **na ulicy ~iły się plakaty** posters went up in the streets; **w drzwiach ~ił się jakiś mężczyzna** a man appeared at the door; **na twarzy chłopca ~ił się uśmiech** a smile appeared on the boy's face; **jej nazwisko stale ~ia się w gazetach** she's always cropping up in the papers; **jeśli ~i ci taka szansa, nie zmarnuj jej** if the chance ever comes up, take it; **tydzień temu ~iły się pierwsze objawy choroby** the first symptoms of the disease developed a week ago [2] (przybyć) to turn up; **~ili się dopiero o drugiej** they didn't turn up until two; **w ogóle się nie ~ili** they didn't turn up a. show up at all; **w biurze ~iła się później niż kiedykolwiek** she arrived at the office later than ever; **w okolicy ~iły się wilki** wolves have appeared a. made an appearance in the area [3] (znaleźć się w sprzedaży) to come in; **~iły się młode ziemniaki/truskawki** new potatoes/strawberries have come in; **właśnie ~iła się nowa odżywka do włosów** a new hair conditioner has just appeared on the market

poj|azd *m* vehicle
❏ **~azd dwuśladowy** four-wheeled vehicle; **~azd jednośladowy** two-wheeled vehicle; **~azd kosmiczny** spacecraft; **~azd księżycowy** Astronaut. lunar roving vehicle; moon buggy pot.; **~azd samochodowy** motor a. motorized vehicle; **~azd uprzywilejowany** *a vehicle of the emergency services which is not bound by the normal requirements of the Highway Code*

poj|ąć *pf* — **poj|mować** *impf* (~mę, ~ęła, ~ęli — ~muję) *vt* to understand, to comprehend; **~ąć coś w lot** to understand sth immediately; **nadal nic nie ~mował** he still didn't understand anything; **~ął wreszcie, o co chodzi** at last he understood what it was all about; **nie mogła ~ąć, co się stało** she couldn't comprehend what had happened; **nie mógł**

~ąć, dlaczego to zrobiła he couldn't fathom out why she did it
■ **~ąć kogoś za żonę** książk. to make sb one's wife książk.; to take a woman to wife przest.

poj|echać *pf* (~adę) *vi* (odbyć podróż) to go; **~echać do Paryża/miasta/pracy** to go to Paris/town/work; **~echać autobusem/pociągiem/rowerem/samochodem** to go by bus/train/bicycle/car; **~echać w góry** to go to the mountains; **~echać nad morze** to go to the seaside; **~echać za granicę** to go abroad; **~echać na wycieczkę** to go on a trip a. an excursion, to take a trip; **~echał konno** he went on horseback; **~echał za nimi na rowerze** he followed them on his bicycle; **tramwaje ~adą trasą zastępczą** the trams will take an alternative route ⇒ jechać
■ **~echać do Rygi** euf. to throw up; to cat US pot.

pojedn|ać *pf* — **pojedn|ywać** *impf* (~am — ~ywam a. ~uję) [] *vt* książk. to conciliate; to reconcile; **~ać zwaśnionych** to conciliate the belligerent parties

[III] **pojednać się** — **pojednywać się** to make (one's) peace (**z kimś** with sb); to reconcile a. be reconciled (**z kimś** with sb); **marnotrawny syn ~ał się z ojcem** the prodigal son was reconciled with his father; **w końcu się ~ali** finally they made peace a. made up (with each other), finally they made their peace

pojedna|nie [] *sv* → pojednać

[III] *n* reconciliation; **~nie między zwaśnionymi krajami** reconciliation between the belligerent countries

pojednawczo *adv.* placatingly; **uśmiechnąć się ~** to smile placatingly a. in an appeasing manner; **odezwać się ~** to speak in a conciliatory a. placatory manner; **początkowo była nastawiona ~** at first she was in a conciliatory mood

pojednawczoś|ć *f sgt* conciliatory spirit, conciliatory approach; **wyrzucał sobie zbytnią ~ć w tej dyskusji** he reproached himself for being too conciliatory in the discussion

pojednawcz|y *adi.* conciliatory; **zrobić ~y krok/gest** to make a conciliatory step/gesture, to approach sb in a conciliatory manner; **załatwić coś drogą ~ą** to settle a dispute in a conciliatory manner, to resolve sth in a (flexible and) conciliatory manner

pojedynczo *adv.* one by one, individually; (bez innych) singly; **pojawiali się ~ lub grupkami** they turned up individually or in small groups; **wchodzili do samolotu ~** they boarded the aircraft one by one; **zwierzęta żyjące ~** lone animals; **domy stojące ~** detached houses, houses standing alone

pojedyncz|y *adi.* [1] (jednostkowy) *[przypadek, słowo, epizod]* isolated [2] (składający się z jednego elementu) *[pokój, drzwi]* single; **napisany z ~ym odstępem** typed in single spacing

pojedyn|ek [] *m anim.* Myśliw. lone boar

[III] *m inanim.* (*G* ~ku) [1] Hist. (walka dwóch osób) duel; **~ek na pistolety** a dual of pistols; **~ek rywali** a duel between two rivals; **wyzwać kogoś na ~ek** to challenge sb to a duel; **zginąć w ~ku** to be killed in

a duel; **zabić w ~ku** to kill [sb] in a duel; **walczyć w ~ku** to fight a duel [2] daw. single combat (tournament) [3] Sport duel; **~ek o tytuł mistrza świata** a world championship duel, a duel for the world championship
■ **~ek na słowa** verbal duelling; shouting match pot.; **jestem zbyt zmęczony, żeby prowadzić ~ek na słowa** I'm too tired for verbal duelling

pojedyn|ka [] *f* [1] pot. (w hotelu) single room; (w areszcie) solitary confinement; **wynająć ~kę** to take a single room in a hotel [2] (strzelba) single-barrel gun [3] przest. (bryczka) one-horse vehicle

[III] **w pojedynkę** *adv.* **działać w ~kę** to do it alone a. on one's own; **iść na spacer w ~kę** to go for a walk on one's own; **w ~kę trudno prowadzić dom** it's difficult to run a single person household

pojedynk|ować się *impf v refl.* przest. to duel, to fight a duel; **~ował się o kobietę** he fought a duel over a woman

pojedynkow|y *adi.* duelling; **pistolety ~e leżały przygotowane** the duelling pistols lay ready

pojemnicz|ek *m dem.* container; **~ek jogurtu** a small yogurt container; **~ek na mocz** a specimen jar

pojemnik *m* container; **~ na śmieci** a dustbin GB, trash can US; **~ na wodę** a water container, a water carrier; **~ na chleb** a bread box; a bread bin GB; **~ na puszki** a can bank; **~i do przewożenia żywności** containers for transporting food

pojemnoś|ć *f sgt* capacity; **bojler o dużej ~ci** a large-capacity boiler

pojemn|y *adi. grad.* [1] (mieszczący duże ilości) *[zbiornik, bagażnik, szafa]* capacious; **ten twardy dysk jest ~iejszy od poprzedniego** this hard disk has more storage capacity than the old one [2] przen. (obejmujący wiele znaczeń) *[termin, tytuł, umysł]* broad(-ranging), wide(-ranging); **festiwal ma teraz ~iejszą formułę** the festival has a more comprehensive programme now

poj|eść *pf* (~em, ~esz, ~adł, ~adła, ~edli) *vi* pot. to eat; **odsunął talerz ledwo co ~adłszy** having barely eaten, he pushed his plate aside; **lubił dobrze ~eść** he liked to eat well; **~edliśmy, popiliśmy i poszliśmy spać** we had a bite to eat, and a drink or two, and went to bed

pojezierz|e *n* (*Gpl* ~y) Geog. lake district; **pas ~y** a lake district belt

poje|ździć *pf vi* [1] (przez pewien czas) **~ździć na rowerze** to go for a bicycle ride; **~ździć konno** to ride horseback, to go for a ride; **~ździł sobie po mieście na skradzionym motocyklu** he rode round the town on a stolen motorbike [2] (zwiedzić) to travel around; **~ździć po świecie** to travel extensively

poję|cie [] *sv* → pojąć

[III] *n* [1] (koncept) notion; **~cie patriotyzmu** the notion of patriotism; **~cie filozoficzne/literackie** a philosophical/literary term [2] *sgt* (pogląd) view; **wyrobić sobie ~cie o kimś/czymś** to form an opinion about sb/sth; **nie miał zbyt dobrego ~cia o jej talentach** he didn't think much of her talents; **w jej ~ciu książka nie była**

P

dobra in her opinion the book wasn't (any) good

❑ **~cie nadrzędne** Filoz. generic term

■ **dla mnie/niego to nie do ~cia** it's beyond my/his comprehension; **panował tam hałas nie do ~cia** the noise there was unbelievable; **nie mieć o czymś zielonego ~cia** pot. not to have the foggiest a. faintest (idea) about sth pot.

pojęciowo adv. notionally

pojęciow|y adi. notional; **poznanie ~e** notional perception

pojęk|iwać impf vi to moan (from time to time); **leżał na podłodze i ~iwał z bólu** he was lying on the floor giving out little moans of pain; **wiatr ~iwał wśród drzew** książk. the wind moaned a. was moaning among the trees; **~iwał, że ma dużo pracy** he moaned a. was moaning that he had a lot of work

pojętnie adv. grad. intelligently; **~ patrzeć/spoglądać** to look on intelligently

pojętność f sgt intelligence, cleverness; **wykazać się ~cią** to show intelligence, to demonstrate quick intelligence

pojętn|y adi. grad. [dziecko, pies] clever; **~i słuchacze** a receptive audience; **jest ~ym uczniem** he's quick to learn

pojm|ać pf (~ę) vt książk. to capture, to take captive [zbiega, złodzieja]

pojmować impf → **pojąć**

pojutrz|e ▯ adv. on the day after tomorrow; **spotkajmy się ~e** let's meet the day after tomorrow

▯ n sgt pot. the day after tomorrow; **jedzenia musi nam starczyć do ~a** the food will have to last us till the day after tomorrow

pojutrzej|szy adi. pot. **~sza podróż** the journey the day after tomorrow

pokaja|ć się pf v refl. książk. to beat one's breast; to eat crow US pot.; **zmuszono go do ~nia się** he was made to beat his breast

pokalecz|yć pf ▯ vt to cut, to injure; **odłamki szkła ~yły pasażerów** passengers were wounded by splinters of glass

▯ **pokaleczyć się** to cut oneself; **~yć się nożem/żyletką** to cut oneself with a knife/a razor blade

pokarm m (G ~u) ▯ (pożywienie) sustenance U książk.; food C/U; **~ dla kotów/rybek** cat/fish food; **~ dla psów i kotów** pet food; **~y stałe** solids; **więźniowie odmówili przyjmowania ~ów** the prisoners refused to eat; **podstawę jego diety stanowią ~y mączne** cereals are the basis of his diet ▯ (mleko matki) breast milk; **nadmiar ~u** excess breast milk; **ściągać ~** to pump breast milk

pokarmow|y adi. nutritional; **przewód ~y** digestive tract; **łańcuch ~y** the food chain

poka|słiwać, poka|szliwać impf vi ▯ (z lekka kasłać) to have a slight cough; **miał katar i ~słiwał** he had a runny nose and a slight cough ▯ (kasłać co pewien czas) to cough from time to time; **~słiwała w czasie koncertu** she coughed from time to time during the concert

pokaszliwać → **pokasłiwać**

pokawałk|ować pf vt to fragment; **~owana powieść** a fragmented novel

pokaz m (G ~u) display, demonstration; (impreza) show; **~ gotowania** a cookery demonstration; **~ filmowy/mody** a film/fashion show; **~ lotniczy** an air show; **~ przedpremierowy** a preview; **~ sztucznych ogni** a fireworks display; **na ~** for effect, for show; **robić coś na ~** to do sth for show; **nie lubię hojności na ~** I don't like ostentatious displays of generosity

poka|zać pf — **poka|zywać** impf (~żę — ~zuję) ▯ vt ▯ (dać zobaczyć) to show [książkę, obraz]; **~zać komuś drogę do wyjścia** to show sb the way out; **~zywać sztuki magiczne** to perform magic tricks ▯ (uczyć) to demonstrate; **~zać komuś, jak się tańczy salsę/jak się gotuje rosół** to show sb how to dance the salsa/how to cook broth ▯ (o przyrządach pomiarowych) to show, to indicate; **zegar ~zuje godziny** the clock shows the time; **termometr ~zuje temperaturę** the thermometer shows the temperature ▯ (przedstawiać) to show; **film ~zuje (nam) młodych naukowców** the film shows young scientists ▯ (dać dowód) to prove, to show; **głosowanie ~zało, że minister ma licznych zwolenników** the vote showed (that) the minister had numerous supporters; **czas ~że, czy...** time will tell whether...; **~zał, co potrafi** a. **umie** he showed what he could do; **~zał prawdziwe oblicze** he showed his real self

▯ **pokazać się — pokazywać się** ▯ (stać się widocznym) to appear; **~zać się w oknie** to appear at the window; **~zały się komary** mosquitoes appeared; **~zały się pierwsze truskawki** the first strawberries came in ▯ (przyjść) to show up; to put in an appearance; **czekał na nich, ale się nie ~zali** he was waiting for them, but they didn't show a. turn up; **nie ~zał się więcej** that was the last time he showed up; **czemu się u nas nie ~ujesz?** why don't you ever come to see us? ▯ (dać poznać) to show oneself; **~zać się z najlepszej strony** to show oneself to one's best advantage ▯ przest. (sprawdzić się) to turn out; **to się jeszcze ~że** time will tell; **~zało się, że nie miał racji** it turned out (that) he was wrong

■ **~zać komuś plecy** to take to one's heels pot., to turn tail pot.; **~zać figę** ≈ to thumb one's nose; **~zać komuś język** to stick out one's tongue at sb; **~zać komuś drzwi** to show sb the door; **~zać pazury** to bare one's claws; **nie ~zać po sobie gniewu/zmieszania** not to show how angry/embarrassed one is; **nie ~zał po sobie bólu** he kept a stiff upper lip about his pain; **starał się nie ~zać po sobie irytacji** he tried not to let his irritation show; **nie mógł/mogła** a. **nie śmiał/nie śmiała ~zać się ludziom na oczy** he/she was too embarrassed to face anybody

pokazowo adv. in an exemplary way; **~ wykonywać ćwiczenia gimnastyczne** to give a display of one's gymnastic prowess

pokazow|y adi. ▯ (wzorowy) showpiece attr.; **~y mecz** a showpiece match; **~e gospodarstwo** a showpiece a. an exemplary farm ▯ (będący przedmiotem pokazu) show attr.; **proces ~y** a show trial; **lekcja ~a** an exemplary lesson

pokazów|ka f pot. showpiece; **mistrzowie boksu wystąpili w ~ce** the champions appeared in a showpiece boxing match

pokazywać impf → **pokazać**

pokaźnie adv. grad. książk. [wyglądać] impressive adi.; **~ wyglądający mężczyzna** a hefty-looking man; **ten ~ wyglądający budynek to nowa biblioteka** this impressive-looking building is the new library

pokaźność f sgt książk. (dochodów, rozmiarów) sizeableness

pokaźn|y adi. książk. [księgozbiór, kolekcja] impressive; [pakunek] largish, large; [suma, fortuna, odszkodowanie] handsome, considerable; [premia, grzywna] hefty; [budowla] substantial; [ilość] copious

pokąsa|ć pf vt to bite; [owad] to sting; **wczoraj nasz pies ~ł przechodnia** yesterday our dog bit a passer-by; **pszczoły ~ły mojego sąsiada** my neighbour was stung by bees ⇒ **kąsać**

pokątnie adv. illicitly; **~ handlować alkoholem** to sell alcohol illegally, to bootleg; **liczne przypadki ~ dokonywanych aborcji** numerous cases of backstreet abortions

pokątn|y adi. illicit; shady pot.; **~y handlarz bronią** a gunrunner; **~ handel** illicit trade; **~e interesy** shady deals

poke|r m (A ~ra) Gry ▯ sgt (gra) (karciana) poker; (w kości) (five-dice) poker; **grać w ~ra na pieniądze** to play poker for money ▯ (pięć kart w jednym kolorze) poker hand, straight flush; **graliśmy całą noc i miałem dwa razy** we were playing all the night and I had a straight flush twice ▯ (układ kostek do gry) five of a kind

poker|ek m sgt (A ~ka) pieszcz., Gry poker; **może jeszcze jedną partyjkę ~ka?** what about another hand of poker?

pokerow|y adi. ▯ Gry poker attr.; **~i gracze** poker players; **odzywki ~e** poker bids; **rozgrywki ~e** poker deals ▯ przen. (sprytny i ryzykowny) bold, calculated; **~a zagrywka** a calculated manoeuvre; **było to ~e posunięcie premiera** it was a calculated move on the part of the prime minister ▯ (nieprzenikniony) [twarz, oblicze] poker attr.

pokerzy|sta m, **~ka** f poker player

pokibic|ować pf vi to look on, to watch (komuś sb); **~ować brydżystom/tenisistom** to watch bridge players/tennis players; **~ował swojemu faworytowi podczas kampanii wyborczej** he backed his favourite during the election campaign ⇒ **kibicować**

pokica|ć pf vi to hop; **zając ~ł w kierunku pola kapusty** a hare hopped over towards the cabbage field ⇒ **kicać**

pokićka|ć pf ▯ vt pot. to muddle; **~ć komuś w głowie** to confuse sb, to muddle sb; **~ła daty** she muddled up the dates ▯ **pokićkać się** to get muddled up; **coś mu się ~ło w obliczeniach** he got muddled up in his calculations

pokiełba|sić pf ▯ vt pot., żart. to muddle up; **~sił nazwiska, daty, adresy** he got (the) names, dates, and addresses all muddled up; ▯ **pokiełbasić się** to get muddled up; **wszystko mu się ~siło i przyszedł o**

godzinę za wcześnie he got all muddled up and came an a. one hour too early

pokieresz|ować *pf vt* to maul, to slash; to carve up *pot.*; **~ować komuś twarz** to carve sb's face up

pokier|ować *pf* **I** *vt* [1] (zarządzić) to lead; **nie umiał ~ować swoimi sprawami** he couldn't manage his own affairs; **trzeba było nią ~ować, bo sama nie wiedziała, co robić** she had to be nudged in the right direction, because she didn't know what to do; **~ował zespołem do jej powrotu** he led the team until her return ⇒ **kierować** [2] przest. (skierować w jakąś stronę) **~ować rzekę w nowe koryto** to reroute a river to a new channel [3] przest. (wychować, wykształcić) **~owali dzieci na pracowitych, uczciwych ludzi** they raised their children to become hard workers and honest people; **~owali córkę na nauczycielkę** they had their daughter trained as a teacher ⇒ **kierować**

II pokierować się przest. to be guided (czymś by sth); **~ować się względami artystycznymi** to be guided by artistic considerations; **~ował się instynktem** he followed his own instincts

pokiwa|ć *pf vi* **~ć palcem** to wag one's finger; **~ć głową** to nod, to bob one's head; **~ć komuś na pożegnanie** to wave goodbye to sb

poklask *m sgt* (*G* **~u**) applause, acclaim; **szukać ~** to seek plauditis; **zyskać ~** to win plaudits; **książka uzyskała ~ krytyki** the book was applauded by the critics

poklasyfik|ować *pf vt* to classify; **~ować papiery/zdjęcia** to classify papers/photographs

poklep|ać *pf* — **poklep|ywać** *impf* (**~ię** — **~uję**) **I** *vt* [1] (poufale, przyjaźnie) to pat, to clap; (mocniej) to slap; **~ać kogoś po plecach/po ramieniu** to pat sb on the back/on the shoulder; **~ać psa po głowie** to pat the dog's head [2] (wyrównać) to hammer out; **~ać kosę** to sharpen one's scythe; **~ać poduszkę** to plump up a pillow

II poklepać się — **poklepywać się** to pat oneself; **~ał się z zadowoleniem po brzuchu** he patted his belly contentedly; **~ywali się po plecach** they slapped each other's backs

poklepywać *impf* → **poklepać**

pokła|d *m* (*G* **~du**) [1] (na statku) deck; **górny/dolny ~d** the upper/lower deck; **~d główny** main deck; **~d szalupowy** boat deck; **spacerowy ~d** promenade deck; **wszyscy na ~d!** (do pasażerów) all aboard!; (do załogi) all hands on deck!; **na ~dzie statku/samolotu** on board a ship/plane; **czy wszyscy są już na ~dzie?** is everyone on board?; **wziąć kogoś/coś na ~d** (samolotu/statku) to take sb/sth on board (a ship/plane); **wsiąść na ~d** to go a. get on board; **na ~dzie statku/samolotu było 100 pasażerów** there were 100 passengers on board the ship/plane [2] (warstwa) layer; **~d ziemi** a layer of earth [3] Geol. seam, deposit(s); **~dy węgla** coal-seam(s)

■ **~dy energii** przen. reserve(s) of energy; **trzeba było mieć w sobie nieliche ~dy**

cierpliwości one needed considerable reserves of patience

pokłada|ć *impf* **I** *vt* książk. to bend; **wiatr ~ł trzciny** reeds bent over by the force of the wind

II pokładać się [1] (kłaść się od czasu do czasu) to stretch out; **źle się czuł i często się ~ł** he didn't feel well and often had to lie down [2] (zginać się do ziemi) to bend; **drzewa ~ły się pod silnymi podmuchami wiatru** the wind blew so hard that the trees bent over

■ **~ć się ze śmiechu** to laugh uproariously *pot.*; **~ć w kimś/czymś nadzieję** a. **wiarę** to pin one's hopes a. faith upon sb/sth

pokładow|y *adi.* deck *attr.*; **marynarz ~y** a deckhand; **karta ~a** a boarding pass

pokła|ść *pf* (**~dę, ~dziesz, ~dł, ~dła, ~dli**) **I** *vt* [1] (ułożyć wiele rzeczy) to put down; **wszystkie książki ~dł na miejsce** he put all the books back; **wpadnę do was, jak tylko ~dę dzieci spać** I'll drop in to see you, when I've put the children to bed [2] (przenocować) **gdzie ja was wszystkich ~dę?** where am I going to put you all up?

II pokłaść się [1] (zająć pozycję leżącą) to lie down; **wszyscy ~dli się na trawie** everybody lay down on the grass [2] (znaleźć się w pozycji pochyłej) to bend; **zboże ~dło się po deszczu** the corn was beaten down by the rain [3] (położyć się) to go to bed; **dzieci późno się ~dły** the children stayed up late; **goście ~dli się dopiero po północy** the guests didn't go to bed a. didn't retire książk. until after midnight

pokłon *m* (*G* **~u**) książk. bow; obeisance książk.; **niski ~** a deep bow a. obeisance książk.; **oddać/złożyć komuś ~** to make (an) obeisance to sb; **bić przed kimś ~y** to bow down before sb

pokło|nić się *pf vi* książk. to bow; **~ń się, chłopcze, matce ode mnie** pay my respects to your mother, my boy; **~nił się swemu panu nisko** he made a deep obeisance to his master, he bowed low before his master; **~nić się w pas** to make a deep obeisance

pokłosi|e *n* (*Gpl* **~**) [1] książk. (wynik) **~e spotkania** the outcome of the meeting; **~e konkursu** the result of the competition [2] przest. gleanings

pokłó|cić *pf* **I** *vt* to sow dissent (**kogoś z kimś** between sb and sb else); **~cił ze sobą siostry** he set the sisters at loggerheads; **~ciły ich interesy** they fell out over business; **rozstali się ~ceni** they parted in discord

II pokłócić się to quarrel; to fall out *pot.*; to have a quarrel (**z kimś o coś** with sb over a. about sth); **~ciła się z matką** she fell out with her mother; **~cili się o pieniądze** they fell out over money

pokłu|ć *pf* **I** *vt* [1] (zranić) to prick; **~ła sobie palce przy szyciu** she pricked her fingers (with a needle) while sewing; **osy ~ły dzieci** the children were stung by wasps [2] (przedziurawić) to perforate, to puncture; **~ł pudełko gwoździem** he perforated the box with a nail

II pokłuć się to prick oneself; **~ła się**

przy zbieraniu jeżyn she pricked herself while gathering blackberries

pokłus|ować[1] *pf vi* (ruszyć) to break into a trot, to trot away; **~owali do wsi** they trotted away to the village; **konie ~owały drogą** the horses trotted along the road

pokłus|ować[2] *pf vi* Myślis. to poach

pokocha|ć *pf* **I** *vt* to fall in love (**kogoś/coś** with sb/sth); **potem jednak ~ł swoją pracę** later, however, he grew to love his work; **~ć kogoś bez pamięci** to fall head over heels in love with sb; **~ć kogoś od pierwszego wejrzenia** to fall in love with sb at first sight

II pokochać się [1] (wzajemnie się zakochać) to fall in love; **~li się od pierwszego wejrzenia** they fell in love at first sight [2] pot. (odbyć stosunek płciowy) to make love

pokoik *m dem.* (*G* **~u**) small room; **wynajął ~ na poddaszu** he rented a small room in the attic(s)

pokojow|a *f* [1] przest. (służąca) maid [2] (pracownica hotelu) chambermaid

pokojowo *adv.* [1] (w zgodzie) peacefully; **konflikt zakończył się ~** the conflict ended peacefully [2] (spokojnie) peacefully; **~ usposobiony** peacefully inclined

pokojow|y[1] **I** *adi.* (odnoszący się do izby mieszkalnej) room *attr.*, indoor; **telewizor z anteną ~ą** a television (set) with an indoor aerial; **temperatura ~a** room temperature

II *m* valet

III -pokojowy *w wyrazach złożonych* **mieszkanie pięciopokojowe** five-roomed flat; **trzypokojowy apartament** three-roomed suite

pokojow|y[2] *adi* [1] (odnoszący się do stosunku między państwami) peaceful, peacetime *attr.*; **polityka ~a** peace policies; **~e współistnienie** peaceful coexistence [2] (odnoszący się do zakończenia działań wojennych) peace *attr.*; **rokowania ~e** peace negotiations; **podpisano traktat ~y** the peace treaty was signed [3] (odnoszący się do równowagi ducha) placid, peaceable; **rozstaliśmy się w ~ym nastroju** we parted peaceably; **odznaczał się ~ym usposobieniem** he was a placid a. peaceable man

pokojów|ka *f* maid, chambermaid

pokole|nie *n* generation; **~nie młodsze/ starsze** the younger/older generation; **od ~ń** for generations; **tradycje rodzinne były przekazywane z ~nia na ~nie** family traditions were handed down from generation to generation

■ **~nie Kolumbów** *representatives of the young Polish intelligentsia at the time of the Nazi occupation*; **~nie pryszczatych** *representatives of the young Polish intelligentsia in the 1950s*

pokoleniowo *adv.* generation-wise; **~ zróżnicowani artyści** artists of different generations; **linie podziału przebiegały wyraźnie ~** the lines of division ran clearly between the generations; **tworzą ~ jednorodne środowisko** generation-wise, they constitute a uniform milieu

pokoleniow|y *adi.* generation *attr.*; **różnice a. podziały ~e** the generation gap

pokolorow|ać *pf vt* to colour in, to crayon in *[obrazki]*; **dzieci miały ~ować rysunki**

P

w domu the children were to colour (in) their drawings at home ⇒ **kolorować**

pokon|ać *pf* — **pokon|ywać** *impf vt* [1] (zwyciężyć) to defeat, to conquer *[wroga]*; to defeat, to beat *[przeciwnika, drużynę]*; **~ać wroga w bitwie** to defeat the enemy in battle; **zostać ~anym w bitwie** to be defeated in battle, to lose a battle; **Legia ~ała Polonię (dwa jeden** a. **dwa do jednego)** Legia beat a. defeated Polonia (by two goals to one); **~ać rywali w biegu na 100 m** to defeat a. best one's opponents in the 100 m; **~ać kogoś w grze szachy/ hokeja** to beat sb at chess/hockey; **~ać kogoś bez trudu** to beat sb hands down; **~ał go kandydat lewicy** he was defeated by a left-wing candidate; **zostać ~anym w dyskusji** to be bested in an argument [2] (przezwyciężyć) to overcome, to surmount *[trudności, przeszkody]*; (opanować) to get the better of, to overcome *[nieśmiałość, strach, wstyd, złość]*; **~ać czyjś opór** to overcome sb's resistance [3] (przebyć) to cover *[odległość]*; (przeskoczyć) to clear *[przeszkodę]*; **~ywaliśmy siedemdziesiąt kilometrów dziennie** we covered a. did seventy kilometres a day; **w skoku wzwyż ~ała wysokość dwóch metrów** she cleared two metres in the high jump; **jednym sprężystym krokiem ~ał schodki** he went up the steps in one bound; **żeby tam dotrzeć, musieliśmy ~ać piaszczyste zbocze** to get there we had to climb a sandy bank

pokonan|y [] *pp* → pokonać

[] *adi.* [wojsko, bokser, szachista] defeated, beaten

[] pokonan|y *m,* **~a** *f zw. pl* **~ni** the vanquished

pokonywać *impf* → **pokonać**

poko|ra *f sgt* humbleness, humility; **z ~rą** *[patrzeć, prosić, mówić]* humbly; **przyjmować/znosić coś z ~rą** to accept/suffer sth meekly; **w ~rze ducha** meekly, with humility; **nauczyć kogoś ~ry** to teach sb humility; **uderzyć w ~rę** to humble oneself

pokornie *adv. grad.* [1] (uniżenie) *[patrzeć, prosić]* humbly; **najpokorniej pana przepraszam** I apologize most humbly [2] (posłusznie) *[słuchać]* meekly; **znosić ~ swój los** to suffer one's fate meekly a. submissively; **poddać się ~ czyjejś woli** to submit meekly to sb's will

pokorni|eć *impf* (**~eję, ~niał, ~nieli**) *vi* to become meek

pokorniut|ki *adi. dem.* meek

pokorniutko *adv. dem.* meekly

pokorn|y *adi. grad.* [1] (uniżony) *[osoba, mina, prośba, ukłon]* humble; **Pański ~y sługa, Jan Kowalski** przest. (w liście) your humble servant, Jan Kowalski przest.; **~e modły** humble prayers [2] (uległy) *[osoba, mina, ton]* meek

■ **~e cielę dwie matki ssie** przysł. ≈ the meek shall inherit the earth

pokos *m* (*G* **~u**) [1] (zżęty pas) swathe, swath US [2] (zbiór) crop; **drugi ~** an aftermath; **zbierali trzy ~y rocznie** they got three crops a year

poko|st *m sgt* (*G* **~stu**) drying oil, boiled oil; **~st lniany** linseed oil

---

pokost|ować *impf vt* to oil, to impregnate with oil *[meble, podłogę]*

pokostowan|y [] *pp* → pokostować

[] *adi.* [podłoga, meble] oil-finished

pokostow|y *adi.* *[farba]* oil *attr.*, boiled oil *attr.*

poko|t [] *m sgt* (*G* **~tu) Myślis. bag, kill (*killed animals displayed after a hunt*)

[] pokotem *adv.* *[paść, leżeć]* side by side; **trupy zasłały pole ~tem** the field was strewn with bodies; **kłaść wroga ~tem** to cut the enemy down

pokoziołk|ować *pf vi [osoba]* (celowo) to turn somersaults, to somersault; (bezwładnie) to tumble (down); *[samochód]* to somersault; **~ował z górki** he tumbled down the slope; **samolot ~ował na dół** the plane went into a spin

pok|ój¹ *m* (*G* **~oju,** *Gpl* **~oi** a. **~ojów**) (pomieszczenie) room; **~ój bawialny** przest. a drawing room; **~ój stołowy** a. **jadalny** a dining room; **~ój sypialny** a bedroom; **~ój śniadaniowy** a breakfast room; **~ój dzienny** a living a. day room; **~ój dziecinny** (dla niemowlęcia) a nursery; (dla starszego dziecka) a children's room; **~ój gościnny** a guest room, a spare room; **~ój nauczycielski** a staffroom; **~ój do pracy** a workroom; a den pot.; **~ój cichej nauki** a study room GB, a study hall US; a prep room GB pot.; **~ój biurowy/hotelowy** an office/a hotel room; **~ój sublokatorski** a rented room; digs GB pot.; **~ój frontowy/ od podwórka** a front/back room; **~ój z balkonem** a room with a balcony; **~ój z widokiem (na morze)** a room with a view (of the sea); **~ój jednoosobowy/ dwuosobowy** a single/double (room); **~ój umeblowany/nieumeblowany** a furnished/an unfurnished room; **~ój z kuchnią** a one-roomed flat with a kitchen; **~ój z łazienką** a room with an en suite (bathroom); **~ój do wynajęcia** a room to let; **„~oje do wynajęcia"** 'rooms to let'; **„wolne ~oje (do wynajęcia)"** 'Rooms to let', 'Vacancies'; **„wolnych ~oi brak"** 'No Vacancies'; **szukam ~oju do wynajęcia** I'm looking for lodgings; **wynajmować ~ój u kogoś** to take lodgings with sb; **chodzić po ~oju** to walk round a room; **wejść do ~oju** to enter a room; **zamknąć się w swoim ~oju** to lock oneself in one's room

pok|ój² *m sgt* (*G* **~oju**) [1] (nie wojna) peace; **powszechny i trwały ~ój** lasting universal peace; **~ój między narodami** peace between nations; **miłujący ~ój** peace-loving; **bojownik** a. **obrońca ~ju** a defender of the peace, a peace campaigner; **ruch obrońców ~oju** the peace movement; **marsz ~oju** a peace march; **utrzymywanie** a. **zachowanie ~oju** peacekeeping; **fajka ~ju** a peace pipe; **w czasie ~ju** in peacetime, in time of peace; **walczyć o pokój** to campaign a. fight for peace; **utrzymać** a. **zachować ~ój** to keep the peace; **naruszyć ~ój** to disturb a. break the peace; **od dwóch lat w tej części świata panuje ~ój** peace has prevailed in this part of the world for two years; **~ój między zwaśnionymi stronami nie trwał długo** peace between the warring

---

factions did not last long [2] Polit., Wojsk. (układ) peace (agreement); **zawrzeć ~ój z kimś** to conclude a. make peace with sb; **zerwać ~ój** to break a peace agreement; **dotrzymać warunki ~oju** to observe the conditions of a peace agreement; **~ój separatystyczny** separatist peace [3] książk. (spokój) peace; **nic nie mogło zmącić ~ju jego ducha** nothing could disturb his peace of mind; **dać komuś ~ój** to leave sb alone a. in peace; **~ój z tobą/wami** peace be with you; **~ój temu domowi** peace be with you; **„niech spoczywa w ~oju"** a. **„~ój jego/jej duszy"** 'may his/ her soul rest in peace', 'may God rest his/ her soul', 'requiescat in pace'; (na nagrobku) 'R.I.P.', 'RIP'

❑ **~ój Boży** Hist. Treuga Dei, the Truce of God

■ **gołąb** a. **gołąbek ~oju** white dove of peace

pokpi|ć *pf [] vt* **~ić sprawę** to mess up everything, to let things slide

[] *vi* to jeer, to jibe (z kogoś/czegoś** at sb/ sth)

pokpiwa|ć *impf vi* to jeer, to jibe (**z kogoś/czegoś** at sb/sth)

pokracznie *adv. grad. [poruszać się]* awkwardly, clumsily; **~ zdeformowane drzewa** misshapen trees, grotesquely shaped trees

pokracznoś|ć *f sgt* awkwardness, clumsiness

pokraczn|y *adi. grad. [szczenię, litery]* clumsy; *[karzeł]* misshapen; *[meble, domy]* misproportioned

pokrajać → pokroić

pokra|ka *f* (*Npl m* **~ki,** *Gpl m* **~k** a. **~ków;** *Npl f* **~ki,** *Gpl f* **~k**) monster, freak; **wyglądać jak ~ka** to look a sight

pokrapiać *impf* → **pokropić**

pokra|ść *pf* (**~dnę, ~dniesz, ~dł, ~dła, ~dli**) *vt* to steal; **obawiał się, że goście ~dną srebrne sztućce** he was afraid that the guests would steal the silver (cutlery)

pokratk|ować *pf vt* to rule [sth] in squares *[kartkę]*; **kawałek ~owanego papieru** a piece of squared paper; **mam dziś cały dzień ~owany** przen. I've got a very busy schedule today

pokreśl|ić *pf vt* to cover [sth] with lines *[kartkę]*; **kartka ~ona kolorowymi liniami** a piece of paper covered with criss-crossed coloured lines; **mocno ~one wypracowania/rękopisy** essays/manuscripts larded with corrections and crossings-out

pokrewieństw|o *n* [1] *sgt* (między ludźmi) (blood) relationship (**pomiędzy kimś a kimś** between sb and sb); kinship, consanguinity; **~o między nimi jest odległe** they are distantly related; **jakie jest między nimi ~o?** how are they related?; **więzy ~a** blood ties; **~o w linii prostej** lineal relationship; **~o po ojcu** a. **ze strony ojca** a relationship on one's father's side; an agnatic relationship spec.; **legalne ~o** relationship by marriage [2] *sgt* (wśród zwierząt) relationship, kinship; **bliskie ~o konia z osłem** a. **między koniem a osłem** the close kinship of the ass and the horse [3] (podobieństwo) affinity, similarity (**z kimś/czymś** to a. with sb/sth); **~o poglądów/upodobań/charakterów** a similarity of views/predilections/character; **można między nimi znaleźć wiele ~** one can find many similarities between them

pokrewnoś|ć *f sgt* affinity, similarity; **~ć gustów/zapatrywań/charakterów** similarity of tastes/outlook/character

pokrewn|y *adi.* [1] (podobny, bliski) related, similar; **medycyna i nauki ~e** medicine and related sciences; **książki na tematy ~e** books on related a. similar subjects; **~y czemuś** akin a. similar to sth; **wiersze ~e sonetom Asnyka** verses akin to Asnyk's sonnets; **są ~i duszą/wiarą/poglądami** they are akin in spirit/in their faith/in their views; **~e dusze** kindred spirits; **Robert i kilka ~ych mu duchowo osób** Robert and some like-minded spirits [2] Jęz. cognate; **być ~ym czemuś** to be cognate with sth [3] Biol., Chem. *[gatunek, odmiana, związek]* related, allied (**czemuś** to sth) [4] Muz. *[akord, tonacja]* related

pokręcać *impf* → **pokręcić**[1]

pokrę|cać[1] *pf* — **pokrę|cać**[1] *impf* **I** *vt* [1] (obrócić) to turn *[kurek, korbkę, śrubę]*; **~ć mnie (na karuzeli)** give me a spin [2] (zakręcić) to curl *[włosy]*; **~cić włosy w loki** to curl one's hair; **~cać wąsa** to twirl one's moustache

II *vi* (poruszyć) to turn, to spin; **~cić czymś** to turn a. spin sth *[korbką]*; to twiddle a. twist sth *[gałką, kurkiem]*; **~ciła głową z niedowierzaniem** she shook her head in disbelief; **pies ~cił ogonem** the dog wagged its tail

pokrę|cić[2] *pf* **I** *vt* [1] (zniekształcić) to twist out of shape *[drut, spinacz]*; **palce ~cone reumatyzmem** a. **od reumatyzmu** fingers misshapen a. gnarled with rheumatism; **~cone korzenie sosen** tangled roots of pine trees; **~ciło go/ją (lumbago)** pot. he/she could hardly move (because of lumbago); **żeby** a. **bodaj cię/go ~ciło!** pot., przen. damn you/him! pot. [2] pot. (pomylić) to muddle up; **jest tak roztargniony, że zawsze coś ~ci** he's so absent-minded that he always muddles things up; **chyba coś ~ciłam z jego nazwiskiem** I seem to have got his name muddled up a. wrong

II pokręcić się pot. [1] (powyginać się) *[gałęzie, korzenie]* to get twisted [2] (pogmatwać się) *[plany, rozkład]* to be thrown into disarray; **wszystko się ~ciło** everything became a muddle; **coś ci się ~ciło** a. **~ciło ci się w głowie** you've got it all wrong a. mixed up [3] (obracać się) *[koło, wiatrak]* to turn (around), to spin; **~cili się trochę na karuzeli** they took a ride on the merry-go-round [4] (potańczyć) to strut one's stuff pot. [5] (pochodzić) to walk around; (pokręcać się) to potter around a. about GB, to putter around a. about US; **~cić się po mieście** to wander around the town; **~cił się koło stołu** he pottered around the table [6] (poczynić starania) to try; **jak się dobrze ~cisz, znajdziesz dobrze płatne zajęcie** if you try hard, you'll get a well-paid job; **musisz się koło niego trochę ~cić** you must work on him; **spróbuj ~cić się koło tej**

wycieczki try to become involved in this trip

pokręc|ony **I** *pp* → **pokręcić**

II *adj* [1] *[konar, ciało]* twisted, misshapen; *[linia, ścieżka]* tortuous [2] pot. *[życie, biografia]* full of twists and turns; *[osoba]* batty pot.

pokręt|ło *n* knob, dial; **~ło siły głosu** a volume control

pokrętnie *adv.* *[tłumaczyć się, usprawiedliwiać się]* speciously, deviously; **sprawa wygląda ~** the whole thing stinks pot.

pokrętnoś|ć *f sgt* [1] (fałsz) deviousness, underhandedness; **~ć jego wypowiedzi** the deviousness of his statement [2] (zawiłość) tortuousness; **~ć fabuły/jego argumentacji** the twists and turns of the plot/his argument; **~ć ludzkich losów** the twists and turns of human fate

pokrętn|y *adi.* [1] (zawiły) *[fabuła, argumentacja]* tortuous [2] (nieuczciwy) *[osoba, rozumowanie]* devious [3] (skomplikowany) *[los, życie]* full of twists and turns [4] książk. *[linia]* tortuous, twisted

pokr|oić, pokr|ajać *pf* (**~oję, ~aję**) *vt* [1] (pociąć) to cut (up), to cut [sth] up *[chleb, ciasto, mięso, materiał]* (**czymś** with sth); **~oić coś na kawałki/paski** to cut sth up into pieces/strips; **~oić coś w plasterki** to cut sth into slices, to slice sth up; **~oić coś w kostkę** to cut sth into cubes, to cube sth *[mięso]*, to dice sth *[marchewkę]*; **~oić drobno marchew/cebulę** to chop carrots/onions finely; **~oić chleb na kromki** to slice bread; **~ojony chleb** sliced bread; **kto ~oi indyka?** who's going to carve the turkey?; **~oić materiał na bluzkę** to cut a blouse out of a piece of fabric [2] pot. (poranić) to cut [sb] up (**czymś** about sth); **~oili mu twarz żyletką** they cut his face with razor blades; **cała ławka (szkolna) ~ona była scyzorykami** the whole desk was scored with a penknives a. pocketknives [3] pot. (dokonać operacji) to cut [sb] open

pokrop|ić *pf* **I** *vt* to sprinkle (**czymś** with sth); **ksiądz ~ił nas święconą wodą** the priest sprinkled us with holy water; **~ sałatkę sokiem z cytryny** sprinkle a. drizzle the salad with lemon juice, sprinkle some lemon juice on a. over the salad

II *vi* **deszcz wczoraj ~ił** there was a sprinkle a. sprinkling of rain yesterday; **może tylko ~i, a może lunie jak z cebra** it may only drizzle, or we could have a downpour; **trochę ~iło i przestało** it drizzled for a while and then it stopped

III pokropić się [1] (samego siebie) to sprinkle oneself (**czymś** with sth) [2] (wzajemnie) to sprinkle each other (**czymś** with sth)

pokrow|iec *m* cover; **~iec na fotel/gitarę** an armchair/a guitar cover; **~iec na meble** a dust cover a. sheet; **~iec na siedzenie** Aut. a seat cover

pokr|ój *m* [1] książk. (typ) sort, description; **ludzie rozmaitego ~oju** people of various sorts a. descriptions; **człowiek innego ~oju** a man of a different type a. stamp; **nie lubię ludzi tego/jego ~oju** I don't like people of that/his kind; I don't like people of that/his ilk pot.; **Jan Matejko i artyści jego ~oju** Jan Matejko and

artists of his ilk pot. a. kind [2] Biol., Geol. habit

pokrótce *adv.* briefly, succinctly

pokrusz|yć *pf* **I** *vt* to crumble *[chleb]*; to break up, to break [sth] up *[grudę]*; to crush *[tabletkę]*; to crush up *[kamień]*; **~ona cegła** crushed brick

II pokruszyć się *[chleb, cegła]* to crumble

pokrwaw|ić *pf* **I** *vt* [1] (poranić) to lacerate, to cut *[ręce, nogi]*; **~ił sobie ręce, wdrapując się na mur** he lacerated a. cut his hands climbing the wall; **była cała ~iona** she was covered in blood; **~ione zwłoki** a bloody corpse; **~iona twarz** a blood-covered face [2] (poplamić krwią) to bloody *[ręce]*; to stain [sth] with blood, to get blood on a. over *[ubranie, prześcieradło]*; **~ił sobie całą koszulę** he got blood all over his shirt; **leżał na ~ionym prześcieradle** he was lying on a bloodstained sheet; **miał głowę owiniętą ~ionym bandażem** he wore a bloody bandage round his head

II pokrwawić się (zranić się) to cut oneself; **~ił się przy goleniu** he cut himself (while) shaving

pokry|cie **I** *sv* → **pokryć**

II *n* [1] (materiał) cover(ing); **~cie poduszki/materaca** a cushion/mattress cover; **~cia foteli były jaskraworóżowe** the covers of the armchairs were bright pink; **futro z wełnianym ~ciem** a woollen coat with a fur lining [2] Budow. (dachu) roof covering, roofing *U*; (ścian) facing, cladding *U*; **słomiane/gontowe ~cie dachu** a thatched/shingle roof; **~cie z blachy/papy** a metal/felted roofing; **cementowe ~cie ścian** cement facing of the walls; **materiał na ~cie dachu** roofing material [3] *sgt* Fin. cover (sufficient to discharge a liability); **czek bez ~cia** a bad cheque; a dud cheque pot.; **czek nie miał ~cia** the cheque bounced pot.; **brak ~cia** no funds, NF [4] przen. **bez ~cia** *[słowa, obietnice, hasła]* empty, hollow; *[zarzuty, stwierdzenie]* unfounded, groundless; **wszystko, co powiedział, ma ~cie w rzeczywistości** everything he said corresponded to a. matched reality; **jego oświadczenie znajduje tylko częściowo ~cie w faktach** his statement is only partly supported by facts

pokryciow|y *adi.* *[tkanina]* upholstery *attr.*; *[blacha, papa]* roofing

pokry|ć *pf* — **pokry|wać** *impf* (**~ję — ~wam**) **I** *vt* [1] (obić, obszyć) to cover, to upholster *[fotel, kanapę]* (**czymś** with sth); **~cie tych foteli skórą będzie drogo kosztować** it's going to be expensive to have these armchairs upholstered in leather [2] Budow. to roof (in) *[dom]* (**czymś** with sth); **~ć dom dachówką/gontem** to tile/shingle the roof of a house; **musimy na nowo ~ć dom** we must re-roof the house; **stodoła ~ta słomą** a thatched barn [3] (powlec) to coat *[powierzchnię, drewno, metal]* (**czymś** with sth); to spread *[powierzchnię, papier]* (**czymś** with sth); **~ć coś farbą** to apply a coat of paint to sth; **~ć coś lakierem/szkliwem** to varnish/glaze sth; **~ć ulicę nawierzchnią/nową nawierzchnią** to surface/resurface a street; **~ć ściany tynkiem** to plaster the walls; **fasadę domu ~to freskami** the façade of the house was covered with frescoes; **~ł jej twarz pocałunkami** przen. he covered her face with kisses [4] (zakryć) *[kurz]* to cover, to coat; *[śnieg]* to cover; *[szron]* to coat; *[błona]* to line; **rzekę ~wał lód** the river was icebound; **w nocy śnieg ~ł pola** during the night snow covered the fields; **biurko było ~te kurzem** the desk was covered a. coated with a film of dust; **śledziona jest ~ta błoną surowiczą** the spleen is lined with a serous membrane; **czoło ~ły jej kropelki potu** beads of perspiration stood out on her forehead; **jego policzki ~wał trzydniowy zarost** he had three-days' stubble on his cheeks; **ciała ich ~wał tatuaż** their bodies were covered in tattoos; **schody ~te dywanem** a carpeted staircase [5] (spłacić) to cover *[koszty, wydatki]*; to cover, to make good *[deficyt, straty]*; to discharge, to settle *[dług]*; **1000 złotych powinno wystarczyć na ~cie kosztów podróży** 1,000 zlotys should be enough to cover the travel expenses; **~ć niedobór w kasie** to make good the cash deficit in the till [6] (zaspokoić) to meet, to satisfy *[zapotrzebowanie]*; (uzupełnić) to make good *[braki]*; **import węgla ~wa 25% krajowego zapotrzebowania** coal imports satisfy a. meet 25% percent of the country's demand; **braki w produkcji ~ano importem** shortfalls in output were made up a. met with imports; **sposoby ~cia deficytu budżetowego** ways of covering a. making up the budget deficit [7] (zataić) to cover, to hide *[zmieszanie, zdumienie]*; **śmiechem ~ła zażenowanie** she laughed to cover a. hide her embarrassment; **wrodzoną nieśmiałość ~wał pewną szorstkością** he concealed his natural diffidence with a brusque manner; **zmieniła temat, żeby ~ć zdenerwowanie** she changed the subject to hide her nervousness; **~ć coś milczeniem** to turn a blind eye to sth [8] Wojsk. (ustawić się za kimś) to cover (*the front-rank man*) [9] Zool. to cover *[samicę]*

II **pokryć się — pokrywać się** [1] (stać się pokrytym) to become covered; **pola ~ły się śniegiem** snow covered the fields; **niebo ~ło się chmurami** the sky clouded over; **szyby ~ły się szronem** the window panes frosted over; **na te słowa jej twarz ~ła się rumieńcem** these words brought a blush to her cheeks; **srebro ~ło się nalotem** the silver became tarnished [2] (być zbieżnym) *[pogląd, zeznanie]* to agree, to coincide (**z czymś** with sth); *[linia, granica]* to coincide (**z czymś** with sth); **data jego urodzin ~wa się z datą imienin** his date of birth coincides with his name day; **nasze stanowiska się ~wają** our opinions coincide; **nowe granice diecezji ~wają się z granicami politycznymi** the new diocesan borders coincide with the political frontiers; **zeznania świadków nie ~wają się** the witnesses' depositions do not tally a. concur

III **pokryć się** (ukryć się) to hide; **ludzie ~li się po lasach** people hid in the forests

po kryjomu in secret; on the sly pot.; **spotykał się z Anną ~ przed ojcem** he was seeing Anna behind his father's back

pokryw|a *f* [1] (zamknięcie) (garnka, kotła) lid; (studzienki, włazu) cover; **~a pojemnika na śmiecie** a dustbin lid [2] (część obudowy) (w adapterze) lid, cover; Aut. (silnika, chłodnicy) bonnet GB, hood US; **~a bagażnika** Aut. a boot lid GB, a trunk lid US; (w kombi) a tailboard, a tailgate; **~a akustyczna** Komput. an acoustic hood [3] (warstwa) cover; **~a śniegu/ chmur** snow/cloud cover; **~a lodu** an ice cap; **~a kurzu/popiołu** a blanket a. layer of dust/ash; **~a śniegu w Tatrach wynosi 130 cm** the snow in the Tatras is 130 cm deep [4] Zool. (u owadów) wing case, elytron

pokrywać *impf* → **pokryć**

pokryw|ka *f* lid, cover; **~ka odkręcana** a twist-off lid a. top; **patelnia/miseczka z ~ką** a pan/bowl with a lid, a covered pan/ bowl; **przykryć (garnek) ~ką** to put on the lid; **zdjąć (z garnka) ~kę** to take off the lid

pokrzepiać *impf* → **pokrzepić**

pokrzepiająco *adv* *[uśmiechnąć się, działać]* encouragingly, hearteningly

pokrzepiając|y **I** *pa* → **pokrzepić**

II *adi.* *[drzemka]* restorative; *[myśl, wiadomość]* encouraging, heartening

pokrzep|ić *pf* — **pokrzep|iać** *impf* **I** *vt* [1] (fizycznie) to fortify, to reinvigorate; **~ieni dobrym obiadem ruszyli w dalszą drogę** fortified with a good lunch, they set off on their way; **~ili krótkim snem nadwątlone siły** a short nap boosted their sapped energy [2] (psychicznie) to fortify, to cheer *[sb]* up; **dobra wiadomość nieco ją ~iła** the good news cheered her up a bit; **~iała mnie świadomość, że niedługo się to skończy** I was fortified by the knowledge that it would soon be over; **~iać kogoś na duchu** a. **~iać w kimś ducha** *[osoba]* to cheer sb up; *[wiadomość, wydarzenie]* to lift a. raise sb's spirits; **szukałem ~ienia w jej towarzystwie** I looked for comfort in her company; **powieści pisane ku ~ieniu serc** novels written to cheer people's hearts

II **pokrzepić się — pokrzepiać się** [1] (fizycznie) to fortify oneself (**czymś** with sth); **~ili się w restauracji** they had something to eat in the restaurant; **~iła się szklanką mleka** she fortified herself with a glass of milk; **~ił się snem** he had some restorative sleep [2] (psychicznie) to console oneself (**czymś** with sth); **~iał się myślą o urlopie** he consoled himself with the thought of his a. a vacation; **~iali się nadzieją na zwycięstwo** they clung to the hope of victory

pokrzyk *m* (*G* **~u**) [1] książk. (zawołanie) (człowieka) shout; (ptaka) cry; **słychać było ~i gości weselnych** the shouts of the wedding guests could be heard [2] Bot. **~ wilcza jagoda** deadly nightshade, belladonna

pokrzyk|iwać *impf vi* *[osoba]* to shout repeatedly; *[ptak]* to cry out repeatedly; **~iwać na kogoś** (przywołać) to call to sb; (strofować) to scream at sb; (poganiać) to scream at sb to hurry up; **w krzakach ~iwały sroki** magpies were screeching in the bushes

pokrzyw|a *f* [1] Bot. (stinging) nettle; **dziecko wpadło w ~y** the child fell into

the (stinging) nettles [2] *zw. sg* (napar) nettle tea

pokrzywdz|ony **I** *adi.* (poszkodowany) aggrieved; **ludzie ~eni przez los** the disadvantaged (people)

II **pokrzywdz|ony** *m*, **~ona** *f* the aggrieved a. injured party

pokrzyw|ka *f* [1] Bot. *dem.* (small) nettle [2] Med. nettle rash *C/U*, hives *pl*; urticaria spec.; **po truskawkach miał zwykle ~kę** he usually came out a. broke out in nettle rash after eating strawberries

pokrzywow|y *adi.* *[sok, shampoo]* nettle *attr.*

pokrzyż|ować *pf* **I** *vt* [1] (udaremnić) to foil, to thwart *[plany, zamiary]*; **~ować komuś** a. **czyjeś plany** to foil a. thwart a. frustrate sb's plans; **~ować komuś życie/karierę** to mar sb's life/career ⇒ **krzyżować** [2] (umieścić na krzyż) to cross *[deski, linie]*; **~owane linie** criss-crossing lines; **~owane korzenie** tangled roots [3] Biol. to cross, to cross-breed *[gatunki, odmiany, rasy]*

II **pokrzyżować się** [1] *[plany, zamiary]* to become foiled a. thwarted a. frustrated; **wszystko mu się w życiu ~owało** his life became a mess [2] *[linie, drogi]* to crisscross

pokuma|ć się *pf v refl.* pot. to become chummy a. pally pot. (**z kimś** with sb); (w nieuczciwym przedsięwzięciu) to be in cahoots a. in league pot. (**z kimś** with sb); **był ~ny z dealerami narkotykowymi** he was in cahoots with drug traffickers

pokupn|y *adi.* *[towar]* saleable, merchantable

pokurcz pot. **I** *m pers.* obraźl. shrimp pot., obraźl.; little squirt pot.

II *m anim.* pejor. (pies) mutt pot., tyke pot.

pokurcz|ony *adi.* *[starzec, liść, skóra]* shrunken, shrivelled; *[drzewo, gałąź, ręce]* gnarled; **palce ~one przez reumatyzm** fingers gnarled with rheumatism

pokurczy|ć się *pf v refl.* *[osoba, roślina]* to shrivel, to shrink; **ze starości ciało mu się ~ło** he was shrivelled a. wizened with age

pokus|a *f* [1] (pragnienie) temptation (**zrobienia czegoś** to do a. of doing sth); **~a bogactwa/kariery** the temptation of wealth/a career; **~a nie do odparcia** an irresistible temptation; **oprzeć się ~ie** to resist a. overcome temptation; **ulec ~ie** to give in to temptation, to succumb a. yield to temptation; **nie mógł oprzeć się ~ie zobaczenia jej** he couldn't resist the temptation of seeing her; **brała mnie ~a, żeby wyjść** I was tempted to walk out; **wystawić kogoś na ~ę** to put temptation in sb's way [2] (to, co kusi) temptation; **walczyć z różnymi ~ami** to try to resist various temptations; **wystrzegać się ~** to avoid temptation

poku|sić się *pf v refl.* to attempt, to try (**o zrobienie czegoś** to do a. doing sth); **nie ~sił się nawet o wyjaśnienie spóźnienia** he didn't even try to explain why he was late

pokusze|nie *n* przest. temptation; **nie wódź nas na ~nie** lead us not into temptation

pokusztykać → **pokuśtykać**

P

poku|śtykać, poku|sztykać *pf vi* pot. to hobble; **~śtykał do kuchni** he hobbled to the kitchen

poku|ta *f sgt* ① Relig. penance, atonement (**za coś** for sth); **sakrament ~ty** the sacrament of penance a. reconciliation; **odbywać ~tę za grzechy** to do a. perform penance for one's sins, to make atonement for one's sins; **wyznaczyć komuś ~tę** to give sb penance; **za ~tę odmów trzy razy Zdrowaś Mario** for penance a. as a penance say three Hail Marys ② przen. penance przen.

pokutnicz|y *adi. [szaty, cela, bractwo]* penitential

pokutni|k *m*, **~ca** *f* penitent

pokutn|y *adi. [szaty, psalmy, modły]* penitential

pokut|ować *impf vi* ① Relig. to do a. perform penance (**za coś** for sth); **dusze ~ujące** souls in purgatory ② (cierpieć) to suffer, to pay (**za coś** for sth); **dzieci ~ują za błędy ojców** the children suffer a. pay for the sins of their fathers ③ przen. (pozostawać) *[przesąd, pogląd]* to linger on, to persist; **opinia ta ~uje jeszcze wśród niektórych badaczy** this view still persists a. lingers on among some researchers; **~ował gdzieś na głuchej prowincji** he remained somewhere out in the sticks pot. a. in the back of beyond

pokwap|ić się *pf v refl.* książk. to be in a hurry, to hasten (**ze zrobieniem czegoś** to do sth); **~ić się z pomocą** to be eager to help; **~ić się z wizytą** to hasten to pay sb a visit; **nie ~ił się nawet, żeby mi o tym powiedzieć** he took his time to tell me about it

pokwitani|e *n sgt* Med. puberty, pubescence; **okres ~a** the stage of pubescence; **w okresie ~a** at puberty; **dziewczyna/chłopak w okresie ~a** a pubescent girl/boy

pokwit|ować *pf vt* ① (poświadczyć) to receipt *[paczkę, przesyłkę]*; **~ować odbiór paczki/klucza** to sign for a parcel/key ② przest. (przyjąć do wiadomości) **~ować czyjąś uwagę śmiechem/wzruszeniem ramion** to laugh/shrug off sb's remark, to laugh/shrug sb's remark off; **przemówienie ~owano gorącymi oklaskami** the speech drew warm applause

pokwitowa|nie Ⅱ *sv* → **pokwitować**
Ⅲ *n* (wpłaconych pieniędzy) receipt; (potwierdzenie) chit; **podpisać/wypisać ~nie** to sign/write a receipt

Polacz|ek *m* (Npl **~ki**) pot., obraźl. Polack pot., obraźl.

pol|ać *pf* — **pol|ewać** *impf* (**~eję** — **~ewam**) Ⅱ *vt* ① to pour (**kogoś/coś czymś** sth over sb/sth); **~ać makaron sosem** to pour sauce over pasta; **~ewać jezdnię wodą** to hose down a road; **~ewać wężem podwórze** to hose down a courtyard; **omlet ~any sokiem malinowym** an omelet with raspberry juice; **herbatniki ~ewane lukrem/czekoladą** iced/chocolate biscuits; **garnki ~ewane** enamel(led) pots ② pot. to pour drinks/a drink; **~ej wszystkim!** pour everybody a drink!; **no to ~ewaj!** pot. give us a drink!

Ⅱ **polać się** — **polewać się** ① (zmoczyć się) to pour [sth] over oneself; **dla ochłody**

~ewał się wodą he poured water over himself to cool down; **~ała się zupą** she spilled soup all over herself ② (jeden drugiego) to pour [sth] over each other; **~ewali się wodą z wiader** they were pouring bucketfuls of water over each other

Ⅲ **polać się** (popłynąć) *[ciecz]* to pour (out); **z pękniętej butelki ~ało się wino** wine poured out of the cracked bottle; **zimna woda ~ała mu się za kołnierz** cold water trickled down his neck; **łzy ~ały się jej po policzkach** tears poured down her cheeks

■ **krew się ~ała** książk. blood was spilt a. spilled a. shed; **łzy się ~eją** there'll be tears, it will all end in tears

Pol|ak *m*, **~ka** *f* Pole; **~acy** the Poles; **on jest ~akiem/ona jest ~ką** he/she is Polish

■ **mądry ~ak po szkodzie** przysł. ≈ a Pole is wise after the event

polak *m* (A **~a**) środ., Szkol. ① *sgt* (przedmiot) Polish; **odrobiłeś ~a?** have you done your Polish homework?; **co zadane z ~a?** what's the Polish homework assignment? ② (lekcja) Polish class; **mieliśmy dwa ~i zamiast matmy** we had two Polish classes a. double Polish pot. instead of maths

polakier|ować *pf vt* to lacquer, to enamel *[metal, drewno]*; to varnish *[drewno]*; to enamel, to varnish *[paznokcie]*; **~ować meble na niebiesko/zielono** to enamel a. lacquer a. varnish furniture blue/green; **~owała sobie paznokcie na czerwono** she painted her nails red; **miała paznokcie ~owane na fioletowo** her nails were painted purple

polan|a *f* forest clearing, glade; **na ~ie** in a clearing a. glade

polan|ka *f dem.* (small) clearing, (small) glade

polan|o *n* ① (drewno) log, billet; **dorzucić ~ do ognia** to put more logs on the fire ② Myślis. (ogon wilka) wolf's tail

pola|r *m* Włók. Polartec®; pot. (micro)fleece

polarni|k *m* explorer of the polar regions

polarn|y *adi. [flora, fauna, dzień, noc, klimat, strefa]* polar; **koło ~e** a. **krąg ~y** a polar circle; **niedźwiedź ~y** a polar bear; **lis/zając ~y** an arctic fox/hare

polaryzacj|a *f* (Gpl **~i**) *sgt* ① książk. polarization; **~a poglądów** the polarization of opinions ② Fiz. polarization; **~a elektrolityczna** electrolytic polarization; **~a światła** polarization of light

polaryzacyjn|y *adi.* ① książk. *[tendencje]* towards polarization; **proces ~y** the process of polarization ② Fiz. *[filtr]* polarizing; *[mikroskop]* polarization attr., polarizing; **błona ~a** polaroid

polaryz|ować *impf* Ⅱ *vt* ① książk. to polarize *[poglądy, opinię publiczną]* ⇒ **spolaryzować** ② Fiz. to polarize; **prąd ~ujący** a polarizing current ⇒ **spolaryzować**
Ⅲ **polaryzować się** ① *[poglądy]* to polarize, to become polarized ② Fiz. to polarize ⇒ **spolaryzować się**

polde|r *m* (G **~ru**) Geog. polder

p|ole *n* ① (ziemia uprawna) field; **pola uprawne** farmland U, ploughland U; **pole pszenicy/żyta** a wheat/rye field; **pole ryżowe** a rice paddy a. paddy field; **orać/uprawiać pole** to plough/cultivate a field;

pracować na polu a. **w polu** to work in the fields ② (obszar, teren) field; **pole lodowe/firnowe** an ice/a firn field; **pole wyścigowe** a racecourse, a racetrack; **szczere** a. **głuche** field; **gołe pole** open country, empty space; **pociąg zatrzymał się w szczerym** a. **głuchym polu** the train stopped in the middle of nowhere ③ (dziedzina) field, area; **działać na polu polityki** to be active in the political field; **historia mody to wdzięczne pole badań** the history of fashion is a rewarding area of research; **chętnie podejmiemy współpracę na tym polu** we are willing to start cooperation in this field a. area; **jego/jej pole zainteresowań** his/her field of interest; **druga wojna światowa od dawna jest w polu jego zainteresowań** World War II has long been in his field of interest, he's been interested in World War II for a long time; **to wykracza poza jego pole zainteresowań** this is outside his field (of interest) ④ (sposobność) opportunity, chance; **pole do popisu** a chance to display one's skills; **dać komuś pole do popisu** to give sb a chance to display his/her skills; **pole działania** a. **do działania** scope for activity; **mieć szerokie pole działania** a. **do działania** to have a lot of scope; **pole manewru** room for manoeuvre, leeway; **mieć niewielkie pole manewru** to have little room for manoeuvre a. not to have much leeway; **nie pozostawiono nam wielkiego pola manewru** we were not given much room for manoeuvre a. much leeway; **niedopowiedzenia zostawiają pole do domysłów** vague hints may give rise to conjecture ⑤ (tło, powierzchnia) surface, field; **biały orzeł na czerwonym polu** a white eagle on a red background; **pole obrazu** the surface of a picture; **barwne pola na płótnie** patches of colour on canvas ⑥ Gry (część boiska) field; **dobra gra w polu** some good playing in the middle of the field; **piłka znowu znalazła się w polu przeciwnika** the ball was again in the opponent's half; **drużyny zmieniły pola** the teams changed ends ⑦ Gry (w szachach) square; **białe/czarne pola** white/black squares ⑧ dial. (podwórze) outside adv.; **wyjść na pole** to go outside; **jak jest na polu?** what's it like outside? ⑨ Fiz. field ⑩ Mat. (surface) area; **pole kwadratu/prostokąta/trójkąta** the (surface) area of a square/rectangle/triangle ⑪ Komput. field

❑ **martwe pole** Wojsk. dead ground; Aut. blind spot; **Pola Elizejskie** Mitol. the Elysian fields; (w Paryżu) the Champs Elysées; **pole akustyczne** Fiz. sound field; **pole bitwy** a. **walki** battlefield, battleground, the field of battle; **zginąć na polu bitwy** to die a. fall in the field, to die a. be killed in battle; **pole bramkowe** Gry goal area; **pole elektromagnetyczne** Fiz. electromagnetic field; **pole elektryczne** Fiz. electric field; **pole golfowe** Gry golf course, links pl; **pole grawitacyjne** Fiz. gravitational field, field of gravity; **pole karne** Gry penalty box a. area; **pole leksykalne** Jęz. semantic field; **pole lodowe** ice field; **pole magnetyczne** Fiz. magnetic field; **pole minowe** Wojsk. minefield; **pole naftowe** oilfield; **pole namiotowe** a. **kempingowe** campsite, camping site a. ground; **pole obiektywu** lens field; **pole operacyjne** Med. operative field a. area; **pole rażenia** Wojsk. field of fire; **pole semantyczne** Jęz. semantic field; **pole sił** Fiz. force field; **pole śmierci** killing field; **pole śniegowe** snowfield; **pole widzenia** Fiz. visual field, field of vision a. view; **pole złotonośne** Geol. goldfield

■ **Dzikie Pola** Hist. Zaporozhye (*steppes on the lower Dnieper*); **mieć wolne pole (do popisu)** to have a free hand; **zostawić komuś wolne pole (do popisu)** to give sb a free hand; **pole widzenia** view, field of vision; **zniknąć (komuś) z pola widzenia** to disappear from view; **tracić coś z pola widzenia** to lose sight of sth; **nie tracić czegoś z pola widzenia** to keep sth in view, not to lose sight of sth; **mieć ograniczone pole widzenia** to have a restricted view; **autora cechuje bardzo szerokie pole widzenia** the author takes a broad view (of the subject); **ustąpić** a. **oddać komuś pole** to give a. lose ground to sb; **wywieść** a. **wyprowadzić kogoś w pole** to lead sb up GB a. down US the garden path

pole|c *pf* (~**gnę**, ~**gniesz**, ~**gł**, ~**gła**, ~**gli**) *vi* książk. to fall euf.; ~**c na polu chwały** to fall in battle a. action, to be killed in battle a. action; ~**c na wojnie** to be killed in war; ~**c od kul** to die from bullet wounds; ~**c w walce o wolność** to fall fighting for freedom; ~**c (w walce) za kraj** to fall fighting for one's country; ~**c śmiercią walecznych** a. **żołnierza** to die a hero's a. soldier's death

polecać *impf* → **polecić**

polece|nie [] *sv* → **polecić**

[] *n* [] (rozkaz) order; ~**nie służbowe** an official order from one's boss; **dostać** a. **otrzymać** ~**nie, żeby nikogo nie wpuszczać** to get a. receive an order not to let anybody in; **wypełnić** a. **wykonać** ~**nie** to carry out an order [] Komput. command; **program nie wykonał** ~**nia** the program did not execute the command [] *sgt* (rekomendacja) recommendation; **przyjęliśmy go do pracy z waszego** ~**nia** we gave him the job on your recommendation

❑ ~**nie wypłaty** Fin. a draft

pole|cić *pf* — **pole|cać** *impf* [] *vt* [] (nakazać) to tell, to order; **szef** ~**cił mi sporządzić dla siebie raport** my boss told a. ordered me to make a report for him [] (powierzyć opiece) to commend, to entrust; ~**cił syna opiece przyjaciół** he commended his son to his friends' care; ~**cam mieszkanie opiece kuzynki** I'm leaving my flat in my cousin's care; ~**cam tę sprawę twojej uwadze/pamięci** I commend this matter to your attention/ memory [] (rekomendować) to recommend; ~**cić komuś książkę/hydraulika** to recommend sb a book/plumber; **szef kuchni** ~**ca dziś pomidorową** today the chef recommends the tomato soup, today's special is tomato soup

[] **polecić się** — **polecać się** to commend oneself; ~**cam się waszej modlitwie/ pamięci** I commend myself to your

prayers/memory; **dziękujemy za przybycie,** ~**camy się na przyszłość** (w restauracji, hotelu) thank you for coming, please visit us a. come again

pole|cieć *pf* (~**cisz**, ~**ciał**, ~**cieli**) *vi* [] (odbyć lot) [*ptak, samolot, osoba*] to fly; **ptaki** ~**ciały już do ciepłych krajów** the birds have already flown to warmer climates; ~**cieli rannym samolotem do Rzymu** they took the morning flight to Rome [] (wzbić się w powietrze) to soar up; **latawiec** ~**ciał wysoko** the kite soared up high [] (wylecieć w górę) to shoot; **iskry** ~**ciały w górę** sparks shot up; **czapki** ~**ciały w górę** hats were thrown into the air [] (spaść) [*osoba, przedmiot*] to fall; **kamienie** ~**ciały w przepaść** stones fell into the precipice; **ceny** ~**ciały w dół** pot., przen. prices fell [] pot. (wypłynąć nagle) to run; **krew** ~**ciała mu z nosa** blood ran from his nose; **łzy** ~**ciały jej po policzkach** tears ran down her cheeks [] pot. (przemieścić się) to be thrown, to be pushed; **kiedy tramwaj zahamował wszyscy** ~**cieliśmy do przodu** when the tram braked we were all thrown forward; **pchnięty fotel** ~**ciał w kąt pokoju** the chair was pushed into the corner [] pot. (pobiec) to dash; ~**ciał do sklepu/po papierosy/na mecz/kopać piłkę** he dashed to the shop/to fetch some cigarettes/to the match/to play football; **znów gdzieś** ~**ciała** she's gone a. off somewhere again [] pot. (zostać zwolnionym) to be fired; **po tej aferze** ~**ciał prezes i jego zastępca** after that affair the chairman and his deputy were dismissed a. fired [] pot. (złakomić się) to be tempted; ~**ciała na jego forsę** she was after his money; ~**ciał na jej urodę** he was seduced by her good looks [] (zacząć się pruć) [*szew*] to rip; [*guziki*] to pop; ~**ciało mi oczko w rajstopach** I've got a ladder in my tights

■ ~**cieć komuś po premii** pot. to reduce/ retract sb's bonus

polec|ony [] *pp* → **polecić**

[] *adi.* Poczta [*list, przesyłka*] recorded delivery, registered GB, certified US

[] *m* pot. (list polecony) registered a. recorded delivery letter GB, certified letter US

polecz|ka *f* dem. Taniec polka; **skoczna** ~**ka** a vivacious polka

polega|ć *impf vi* [] (ufać) to rely (**na kimś/ czymś** on sb/sth); ~**ć na czyimś zdaniu** to rely on sb's opinion; **czy można na nich** ~**ć?** are they reliable? [] (zasadzać się) to consist (**na czymś** in sth); **problem** ~ **na tym, że...** the problem is that...; **różnica** ~ **na tym, że...** the difference lies in...; **nie wierzył w siebie i na tym** ~**ł jego problem** he didn't believe in himself and that was his problem

poleg|iwać *impf vi* (pokładać się) to often lie down to have a rest

poleg|ły [] *adi.* [*bohater, żołnierz*] killed in action, fallen

[] *m* killed; **lista** ~**łych** a roll of honour; **pamięć** ~**łych uczczono minutą ciszy** those killed in action were honoured with a minute of silence

polemicznie *adv.* polemically

polemiczność *f sgt* (artykułu, wypowiedzi) polemic(al) character

polemiczn|y *adi.* [*styl, artykuł, broszura, uwaga*] polemic(al)

polemi|ka *f* polemics (+ *v sg*)

polemi|sta *m,* ~**stka** *f* polemicist

polemiz|ować *impf vi* to polemicize; **można** ~**ować z tym poglądem** euf. this opinion is not uncontroversial

poleniuch|ować *pf vi* pot. to idle the time away

polep|a *f* [] Budow. pugging [] (klepisko) threshing floor

polepszać *impf* → **polepszyć**

polepsze|nie [] *sv* → **polepszyć**

[] *n* (poprawa) (stanu zdrowia, poziomu życia) improvement; amelioration książk.

polepsz|yć *pf* — **polepsz|ać** *impf* [] *vt* (poprawić) to improve [*jakość, wydajność, smak, oświetlenie, warunki pracy*]; to ameliorate książk.; to better [*los*]

[] **polepszyć się** — **polepszać się** [*pogoda, zdrowie*] to improve; **czy mu się** ~**yło?** has his health improved?

poler|ować *impf vt* [] (nadawać połysk) to polish, to shine [*buty*]; to buff, to burnish [*metal*] ⇒ **wypolerować** (oczyszczać) to polish [*ryż, groch*]; **ryż** ~**owany** polished rice

polet|ko *n* dem. plot, patch, acre; ~**ko doświadczalne** Roln. an experimental plot

polew|a *f* [] Techn. glaze, glazing [] Kulin. (do deserów) sauce; (do ciast) coating glaze

polewacz|ka *f* [] (samochód) street cleaning lorry GB a. truck US [] (konewka) watering can

polewać *impf* → **polać**

polew|ka *f* Kulin. ~**ka piwna** beer soup; ~**ka winna** wine soup

❑ **czarna** ~**ka** Polish black soup

■ **podać komuś czarną** ~**kę** daw. to reject sb as a suitor

pol|eźć *pf* (~**ezę**, ~**eziesz**, ~**azł**, ~**azła**, ~**eźli**) *vi* pot. [] (powlec się) to trudge; **wolno** ~**azł na górę** he trudged up the stairs; **mimo zmęczenia** ~**azła jeszcze do sklepu** despite her weariness she dragged herself to the shop [] (pójść nie wiadomo dokąd lub bez potrzeby) to go; ~**azła gdzieś i teraz muszę na nią czekać** she's gone somewhere and now I must wait for her; **znów** ~**azł na "Casablankę"** he went to see 'Casablanca' (yet) again

poleż|eć *pf* (~**ysz**, ~**ał**, ~**eli**) *vi* [] (poleżeć jakiś czas) to lie for some time; **w niedzielę lubię** ~**eć sobie dłużej** on Sunday I like to lie in; ~ **trochę po obiedzie** lie down for a while after dinner; **lekarz kazał mi** ~**eć parę dni w łóżku** the doctor told me to stay in bed for a few days [] Kulin. (nabrać smaku) [*mięso, ryba*] to be left to marinate; (stać się zdatnym do jedzenia) [*owoce, warzywa*] to be left to ripen; **niedojrzałe jabłka muszą jeszcze** ~**eć** green apples must be left to ripen

polędwic|a *f* [] Anat. loin [] Kulin. (mięso) sirloin, tenderloin; **befsztyki z** ~**y** porterhouse steaks [] Kulin. (wędlina) smoked sirloin; ~**a sopocka** smoked pork sirloin

polędwicz|ka *f* Kulin. [] dem. (wędlina) sirloin [] (mięso) pork loin

poli- *w wyrazach złożonych* poly-; **polimorfizm** polymorphism; **polisylabiczny** polysyllabic

polibu|da f pot. (politechnika) poly pot.
policealn|y adi. [kurs, studia] ≈ college; **szkoła ~a** ≈ a vocational college
polichromi|a f (GD ~i) Szt. [1] (Gpl ~i) (wielobarwna dekoracja) polychrome [2] sgt (technika) polychromy
policj|a f (Gpl ~i) [1] (organ państwowy) police (+ v sg); **~a drogowa** traffic police; **~a kryminalna** crime squad; **~a rzeczna** river police; **tajna ~a** secret police; **~a wodna** water police; **pracować w ~i** to work in the police, to be in the police force; **wstąpić do ~i** to join the police [2] (funkcjonariusze) police (+v pl); **~a konna** mounted police; **być poszukiwanym przez ~ę** to be wanted by the police [3] (posterunek) police station; **zadzwoń na ~ę** call the police; **zostać wezwanym na ~ę** to be summoned to the police station
policjan|t m policeman, (police) officer
policjant|ka f policewoman, (police) officer
policyjn|y adi. [mundur, samochód, pies] police attr.; **państwo ~e** a police state; **godzina ~a** a curfew
policzaln|y adi. countable; **rzeczowniki ~e** countable nouns
policz|ek m [1] Anat. cheek [2] (uderzenie w twarz) a slap across the cheek; **wymierzyć komuś ~ek** to give sb a slap across the face [3] przen. (zniewaga) a slap in the face; **odczuł jego słowa jako ~ek** his words were like a slap in the face for him [4] Budow. stringer, string(board)
policzk|ować impf vt [1] (uderzać w twarz) to slap [sb's] face ⇒ **spoliczkować** [2] przen. (znieważać) to slap [sb's] face przen.; **każde twoje słowo mnie ~uje** every word you say is like a slap in the face
policzkow|y adi. Anat. cheek attr.; **kości ~e** cheekbones; **pasek ~y** cheekpiece; **worek ~y** cheek pouch
policz|ony [] pp → **policzyć**
[] adi. praed. numbered; **jego dni/godziny są ~one** his days/hours are numbered
policz|yć pf [] vt [1] (porachować) to count [osoby, rzeczy]; **~yć coś na palcach/liczydłach** to count sth on one's fingers/on an abacus; **~yć, ile osób się zebrało** to count how many people have gathered together ⇒ **liczyć** [2] (uwzględnić w rachunku) to charge; **~yć mało** a. **tanio/dużo** a. **drogo za robotę** to charge little/a lot for the job [3] (uwzględnić przy ocenie) to count; **~yć coś komuś za winę/zasługę** to regard sth as sb's fault/to sb's credit; **będzie ci to ~one w niebie** you'll be rewarded a. you'll get your reward for this in heaven
[] vi (wymienić kolejno liczby) to count; **~yć do dziesięciu/stu** to count up to ten/a hundred ⇒ **liczyć**
[] **policzyć się** [1] (nawzajem) to count; **szybko ~yli się – nikogo nie brakowało** they quickly counted – no one was missing [2] (rozliczyć się) to square accounts (**z kimś** with sb); **~yć się z kimś** przen. to get even with sb
poligami|a f sgt (GD ~i) polygamy
poligamiczn|y adi. polygamous
poliglo|ta m, **~tka** f polyglot; linguist pot.

poligon m (G ~u) [1] Wojsk. training ground; **~ artyleryjski** artillery range [2] przen. **~ doświadczalny** testing ground
poligonow|y adi. Wojsk. (ćwiczenia, strzelnica) field attr.
poligrafi|a f sgt (GD ~i) printing; **mała ~a** desktop publishing
poligraficzn|y adi. printing; **zakład ~y** a print shop
polikliniczn|y adi. polyclinic attr.
poliklini|ka f Med. polyclinic
polini|ować pf vt to line [kartkę, zeszyt]
poli|o n, n inv. sgt Med. polio, poliomyelitis
polip m (A ~ a. ~a) Med., Zool. polyp
poliptyk m (G ~u) Szt. polyptych
polis|a f (insurance) policy; **~a od wszelkich ryzyk** an all-in a. a comprehensive policy; **wykupić ~ę ubezpieczeniową** to take out an insurance policy
poliszynel m (Gpl ~i a. ~ów) Literat., Teatr Punch, Punchinello; **tajemnica ~a** przen. open secret
politechniczn|y adi. polytechnic; **studia/ wykształcenie ~e** applied science a. technical degree courses/education
politechni|ka f technical university; **Politechnika Warszawska/Śląska** the Warsaw/Silesian Technical University; **iść na politechnikę** to go to the Technical University; **studiować na politechnice** to study at the Technical University
politeistyczn|y adi. Relig. polytheistic
politeizm m sgt (G ~u) Relig. polytheism
politolo|g m (Npl ~gowie a. ~dzy) political scientist
politologi|a f sgt (GD ~i) political science
politologiczn|y adi. [koncepcja, książka] concerning political science
politowani|e n sgt pitifulness; **wzbudzać ~e** to be pitiful a. pitiable; **godny ~a** pitiful, pathetic
politru|k m (Npl ~cy a. ~ki) pot. [1] (w ZSRR) political instructor (in units of armed forces) [2] pejor. (w PRL) political indoctrinator (in factories and companies)
politu|ra f sgt French polish
politur|ować impf vt to French-polish [meble]
politurowan|y [] pp → **politurować**
[] adi. [stół, regał] french-polished
politycznie adv. [1] (pod względem władzy) politically; **kraj uzależniony gospodarczo i ~ od USA** a country economically and politically dependent on the USA; **program ważny ~** a programme of great political importance [2] przest. (rozważnie, układnie) prudently; **wobec teściowej zachowywał się bardzo ~** he acted a. behaved very prudently toward his mother-in-law
polityczn|y [] adi. [1] (związany z polityką) [poglądy, różnice, scena, kultura] political; **dyskusja ~a** a political discussion; **decyzja ~a** a politically motivated decision [2] przest. (rozważny, układny) prudent, politic
[] **polityczn|y** m, **~a** f pot. (więzień polityczny) political prisoner
polity|k m politician
polity|ka f sgt [1] (całokształt spraw dotyczących rządzenia państwem) politics (+ v sg); **interesować się ~ką** to be interested in politics; **w przyszłości ma zamiar poświęcić się ~ce** in the future he intends to go into

politics; **nie lubię dyskusji o ~ce** I don't like discussions on politics [2] (linia postępowania rządu) policy; **~ka wewnętrzna/zagraniczna** internal/foreign policy; **~ka gospodarcza/społeczna** economic/social policy [3] (strategia postępowania) policy; **~ka partii/firmy** party/company policy; **~ka cenowa** pricing policy; **~ka otwartych drzwi** an open-door immigration policy [4] (postępowanie) policy; **przyjęli ~kę nieangażowania się** they have adopted the a. a policy of neutrality; **krótkowzroczna ~ka** a short-sighted policy; **~ka personalna** personnel policy
politykie|r m pot., pejor. politico pejor.
politykiers|ki adi. pejor. [gra, dyskusja, propaganda] politicking pejor.
politykierstw|o n sgt pot., pejor. politicking; **uprawiać ~o** to engage in politicking
polityk|ować impf vi [1] pot. (rozmawiać o polityce) to talk politics; **~ował podczas spotkań rodzinnych** he would always talk politics at family gatherings [2] (działać, aby osiągnąć korzyść) to scheme; **chcąc utrzymać się na stanowisku, ~ował** he would scheme to keep his position
poli|zać pf vt (~żę) to lick
Pol|ka f Polish woman, Pole; **jesteś ~ką?** are you Polish?
pol|ka f [1] Muz., Taniec polka [2] pot. hassle; **miał niezłą ~kę z szefem/sąsiadem** the boss/the neighbour kept hassling a. bugging him
poln|y adi. [1] (związany z polem) **kamień ~y** fieldstone; **kwiaty ~e** wild flowers; **~a droga** a dirt road; **mysz ~a** a field mouse; **konik ~y** a grasshopper [2] Hist., Wojsk. **marszałek ~y** a field marshal
polo[1] n inv. Gry polo
polo[2] [] adi. inv. [bluzka, koszulka] polo attr.
[] n inv. Moda polo shirt
polodowcow|y adi. [krajobraz] postglacial; **tereny ~e** postglacial regions
polonez m (A ~a) [1] Muz., Taniec polonaise [2] (samochód) Polonez
polonezowy adi. [krok, korowód] polonaise attr.
Poloni|a /po'lɔɲja/ f sgt (GD ~i) [1] Latin word for Poland [2] Polish community abroad
poloni|ca /po'lɔɲika/, **~ka** plt (G ~ków) Polish material (written matter in Polish or concerning Poland)
polonijn|y adi. [działacz, ośrodek] of the Polish community abroad
polonika → **polonica**
poloni|sta m, **~stka** f [1] (specjalista) a specialist in Polish studies [2] Szkol. (nauczyciel) Polish (studies) teacher [3] pot. (student) student of Polish studies
polonistyczn|y adi. [studia, wykształcenie] in Polish studies
polonisty|ka f sgt (nauka, studia) Polish studies; (wydział) Polish studies department; **absolwent ~ki** a graduate in Polish studies; **studiować ~kę** to do a. take Polish studies
polonizacj|a f sgt Polonization
polonizacyjn|y adi. [proces, ruch] Polonization attr.
poloniz|ować impf [] vt to Polonize [osobę, nazwy] ⇒ **spolonizować**

II **polonizować się** to become Polonized ⇒ **spolonizować się**

polonus *m* (*Npl* **~owie** a. **~i** a. **~y**) *a member of the Polish community abroad*

polopiryn|a *f* [1] *sgt* ≈ aspirin [2] (tabletka) ≈ aspirin; **wzięła dwie ~y** she took two aspirins

polo|r *m sgt* (*G* **~ru**) [1] książk. (ogłada) polish, urbanity; **nabrać ~ru** to get some polish, to refine one's manners; **brakowało jej ~ru** she lacked the social graces [2] książk. (wykwintność) refinement; **pełen ~ru styl** a refined style; **bez ~ru** unrefined, unpolished; **nowe oświetlenie nadaje ulicom ~r wielkiego miasta** the new lighting adds a big-city lustre to the streets [3] przest. (połysk) polish, lustre GB; **nadać czemuś ~ru** to add polish a. lustre to sth

polo|t *m sgt* (*G* **~tu**) imaginativeness, panache; **z ~tem** *[pisać, grać]* with panache, imaginatively; *[wykonawca, występ]* imaginative; **bez ~tu** *[pisać, grać]* unimaginatively; *[wykonawca]* unimaginative, lacklustre GB; **przemówienie z ~tem/bez ~tu** an inspiring/an uninspiring speech; **pełen ~tu artysta** an imaginative artist; **brak mu ~tu** he's unimaginative a. unadventurous

pol|ować *impf vi* [1] (tropić i zabijać) *[osoba]* to hunt (**na coś** sth); (z bronią palną) to shoot GB (**na coś** sth); (jako sport) to go hunting, to go shooting GB; **~ować na grubą zwierzynę** to hunt big game; **~ować z sokołami** to hawk, to go hawking [2] (zdobywać pożywienie) *[zwierzę]* to hunt (**na coś** sth); to prey (**na coś** on sth) [3] pot. (starać się zdobyć) **~ować na coś** to hunt for sth *[książkę, mieszkanie, pralkę, pracę]*; to fish for sth *[informacje, zaproszenie]*; to look for sth, to seek sth *[przygody, sensacje]*; **~ować na męża** to hunt for a husband; **on tylko ~uje na posag** he's only a fortune-hunter; **już od kilku dni na niego ~uję** I've been trying to track him down for several days

polowa|nie **II** *sv* → **polować**

II *n* [1] (wyprawa myśliwska) hunt, hunting trip; (z użyciem broni palnej) shooting GB, shoot GB; **~nie na grubego zwierza** big-game hunting; **~nie na dzikie ptactwo** wildfowling; **~nie na kaczki** duck shooting a. a duck shoot; **~nie na jelenie/dziki/lisy** stag-/boar-/fox-hunting a. hunt; **pojechać/pójść na ~nie** to go hunting a. shooting [2] przen. (ściganie) hunt przen. (**na kogoś** for sb); **trwa ~nie na terrorystów** the hunt is on for the terrorists; **policja urządziła ~nie na złodziei kieszonkowych** the police launched a hunt for pickpockets

■ **~nie na czarownice** witchhunt

polow|y *adi.* [1] Roln. *[prace]* field attr., in the field [2] Wojsk. *[kuchnia, ambulans, szpital, działko]* field attr.; **ćwiczenia ~e** manoeuvres GB, maneuvers US; **lornetka ~a** field glasses; **łóżko ~e** a camp bed, a cot; **mundur ~y** battledress GB, (battle) fatigues; **czapka ~a** a forage cap; **msza ~a** Relig. camp a. open-air mass a. church service; **ordynariat ~y** Relig. military ordinariate [3] Elektr., Fiz. field attr.

polów|ka *f* pot. [1] (łóżko) camp bed, cot [2] Wojsk. forage cap

Pols|ka *f* Poland; **w ~ce** in Poland; **do/z ~ki** to/from Poland

pols|ki **II** *adi.* Polish; **robić coś po ~ku** a. **z ~ka** to do sth the Polish way; **z ~ka brzmiące nazwisko** a Polish-sounding surname; **karp po ~ku** carp à la polonaise a. Polish-style carp

II *m* [1] *sgt* (język) Polish, the Polish language; **lekcja ~kiego** a Polish lesson; **podręcznik do języka ~kiego** a Polish textbook; **uczyć/uczyć się ~kiego** to teach/learn Polish; **czy znasz ~ki?** do you know Polish?; **po ~ku** *[napisany]* in Polish; **czy mówisz po ~ku?** do you speak Polish?; **on biegle mówi po ~ku** he speaks fluent Polish, he's fluent in Polish; **powiedz to po ~ku** say it in Polish; **nie rozumiesz po ~ku?** pot. can't you understand what you're told? [2] *sgt* (przedmiot szkolny) Polish; **mamy trzy godziny ~kiego tygodniowo** we have three Polish lessons a week [3] pot. (lekcja) Polish lesson; **urwałem się z ostatniego ~kiego** pot. I skived off (from) GB a. cut US the last Polish lesson today

polskojęzyczn|y *adi. [osoba, region]* Polish-speaking; *[publikacja]* Polish-language, in Polish

polskoś|ć *f sgt* Polish (national) identity, Polishness; **manifestować swą ~ć** to manifest one's Polish identity

polszcz|yć *impf* **II** *vt* to Polonize *[słownictwo, naród]*

II **polszczyć się** to Polonize, to become Polonized

polszczy|zna *f sgt* the Polish language; **mówić/pisać piękną ~zną** to speak/write beautiful Polish; **łamana ~zna** broken Polish

polub|ić *pf* **II** *vt* to grow fond of, to take (a liking) to; **~iła nowe koleżanki** she grew fond of a. took to her new friends; **~ił dalekie spacery** he grew fond of long walks

II **polubić się** to grow fond of each other, to take to each other

polubownie *adv. [rozstrzygnąć, załatwić]* amicably; Prawo out-of-court

polubown|y *adi.* amicable; **~e załatwienie sporu** an amicable settlement of a dispute; **~a ugoda** a conciliatory agreement; **sąd ~y** arbitration (court); **sędzia ~y** an arbitrator

polucj|a *f* (*Gpl* **~i**) Med. wet dream, pollution

polukr|ować *impf vt* to ice, to frost US *[tort]*; **~owane pączki** iced a. frosted doughnuts

polutan|t *m* pollutant

poluz|ować *pf* — **poluz|owywać** *impf* **II** *vt* [1] to loosen *[węzeł, krawat, kołnierz]*; to slacken off, to slacken [sth] off *[linkę, kabel]* Żegl. to pay out, to ease *[linę, żagiel]*; to start, to ease *[śrubę, nakrętkę]*; **~ował pasy w samochodzie** he slackened the seat belts [2] przen. to relax *[dyscyplinę, przepisy, politykę]*; **~ować dietę** to relax a diet a. regimen **III** **poluzować się** *[śruba, nakrętka]* to start, to loosen

poluzowywać *impf* → **poluzować**

poluźniać *impf* → **poluźnić**

poluźni|ć *pf* — **poluźni|ać** *impf vt* [1] (uczynić luźniejszym) to loosen *[krawat, węzeł]*; to ease *[sukienkę, spódnicę]* [2] przen. to slacken *[nadzór, kontrolę]*; to relax *[przepisy, politykę]*

p|oła *f* (dolna część) (fraka, koszuli, palta) tail; (przednia część) front; (namiotu) flap, fly; **popędził, aż poły palta fruwały** he ran off, the tails of his coat flapping behind him; **chwycić kogoś za połę/poły marynarki** to grab sb by the lapels

połachotać → **połaskotać**

poła|ć *f* stretch, sweep; **wielkie ~cie ziemi/lasu** large stretches of land/forest; **~ć nieba** the sweep of the sky

połaj|ać *pf* (**~ę**) *vt* książk. to scold, to reprimand (**za zrobienie czegoś** for doing sth); **~ać kogoś za złe zachowanie** to scold a. reprimand sb for his/her bad behaviour; **matka nas ~e, że się spóźniliśmy** mother will scold us for being late

połajan|ka *f zw. pl* książk. invective U, tirade

połakom|ić się *pf v refl.* to have been tempted (**na coś** by sth)

połam|ać *pf* (**~ię**) **II** *vt* to break (up), to break up [sth] *[gałęzie, patyk]*; **~ać sobie ręce/nogi** to break one's arms/legs; **uciekał tak, że mało sobie nóg nie ~ał** he was fleeing at breakneck speed; **czuję się a. jestem ~ana** pot. I'm aching all over

II *v imp.* pot. **stał w przeciągu i go ~ało** he'd been standing in a draught and now he can hardly move a. he feels all achy

III **połamać się** *[krzesło, drzewo]* to break (up)

■ **~ać komuś kości** a. **gnaty** to break every bone in sb's body; to beat the living daylights out of sb pot.; **ręce/nogi!** a. **~ania rąk/nóg!** pot. break a leg! pot.; **na jego nazwisku można sobie język ~ać** he's got an unpronounceable (sur)name; **~ać sobie zęby na czymś** to fail in sth (after much effort)

połama|niec *m* (*V* **~ńcu** a. **~ńcze**, *Npl* **~ńcy** a. **~ńce**) pot. (kaleka) cripple; crock pot.; (ofiara wypadku) accident victim; **poruszać się jak ~niec** to walk like a cripple

połap|ać *pf* (**~ię**) **II** *vt* to catch *[motyle, muchy, ptaki]*

II **połapać się** pot. (zorientować się) to wise up pot. (**w czymś** to sth); to suss out GB pot. (**w czymś** sth); (uchwycić sens) to understand (**w czymś** sth); **~ać się, że...** to suss out that...; **trudno się w tym filmie ~ać** it's hard to make head or tail of this film; **nie móc się ~ać w czymś** not to be able to make head (n)or tail of sth

poła|sić się *pf v refl.* [1] (ocierać się) *[pies, kot]* to fawn (**do kogoś** over sb) [2] pot., przen. (połakomić się) to have been tempted (**na coś** by sth)

połasko|tać *pf* (**~oczę** a. **~ocę**) *vt* to tickle, to give [sb] a tickle; **~tać kogoś w podeszwy/pod pachami** to tickle sb's feet/sb under the arm; **gałązka ~tała ją po twarzy** a twig tickled her face; **~tać czyjąś próżność/dumę** przen. to tickle sb's vanity/pride

połaszcz|yć się *pf v refl.* pot. to have been tempted (**na coś** by sth)

P

połata|ć pf to patch (up), to patch [sth] up [spodnie, dętkę, dach]; **sweter ~ny na łokciach** a jumper with patches on the elbows

poławiacz m (Gpl ~y a. ~ów) ~ **fok** a sealer; ~ **wielorybów** a whaleman, a whaler; ~ **pereł/gąbek** a pearl/sponge diver

❑ ~ **min** Mors., Wojsk. minesweeper

poławia|ć impf vt to fish; ~**ć coś** to fish for sth [ryby]; to dive for sth [perły, gąbki]; **kryl ~ny jest specjalnie na mączkę (rybną)** krill is caught specially for fishmeal; ~**nie pereł/gąbek** pearl/sponge diving

poła|zić pf vi pot. to wander around, to traipse; ~**zić po mieście/sklepach** to wander around a. to traipse round the town/shops

połazik|ować pf vi pot. to go on a tramp

połącze|nie [] sv → **połączyć**

[] n [1] Techn. (miejsce złączenia) joint; ~**nie kątowe na ucios** a mitre joint; ~**nie nitowane** a riveted joint; ~**nie przegubowe** an articulated joint, articulation; ~**nie wczepione** a dovetail (joint); ~**nie zakładkowe** a lap joint; ~**nie na czopy** a mortise-and-tenon joint; ~**nie na wpust i pióro** a tongue-and-groove joint, a feather joint; ~**nie na zasuw** housing [2] Elektr. connection; ~**nie gwiazdowe** a. w gwiazdę a star connection; ~**nie równoległe** a parallel connection; ~**nie szeregowe** a series connection; ~**nie wielokątowe** a mesh connection [3] (zestawienie) combination; **modne ~nie czerwieni z czernią** a fashionable combination of red and black; ~**nie tragedii z farsą** a combination a. blend of tragedy and farce, a cross between a tragedy and a farce; **w ~niu z czymś** in combination with sth, combined with sth; **geniusz to talent w ~niu z ciężką pracą** genius is talent combined with a. plus hard work [4] Transp. connection, link (**z czymś** with sth); ~**nia kolejowe/lotnicze** rail/air links a. connections; ~**nie bezpośrednie** a direct link a. direct communication; ~**nie kolejowe/autobusowe z Warszawy do Krakowa** a. **pomiędzy Warszawą a Krakowem** a rail/bus link from Warsaw to Cracow a. between Warsaw and Cracow; **stolica kraju ma dobre ~nia z wybrzeżem** the capital has good communications with the coast, it's an easy journey from the capital to the coast; **zdążyć/nie zdążyć na ~nie** to make/miss one's connection [5] Telekom. (łączność) link; (rozmowa) connection, call; ~**nie telefoniczne/radiowe** a (tele)phone/radio link; ~**nie miejscowe** a local area call; ~**nie międzymiastowe** a. **zamiejscowe** a trunk call; ~**nie automatyczne** subscriber trunk dialling przest. GB; STD GB; **międzynarodowe ~nie automatyczne** international direct dialling GB, IDD GB; **bezpośrednie ~nie satelitarne** a direct link by satellite; **dostać** a. **otrzymać** a. **uzyskać ~nie z centralą/Londynem** to get a connection to the operator/with London, to get through to the operator/to London; **prosić o ~nie z kimś** to ask to be connected to sb; ~**nie zostało przerwane** the line went dead [6] Ekon., Polit. merger, fusion

połącz|ony [] pp → **połączyć**

[] adi. [rodzina] reunited; **Naczelne Dowództwo Połączonych Sił Zbrojnych NATO w Europie** Supreme Headquarters Allied Powers Europe, SHAPE

połącz|yć pf [] vt [1] (zespolić, scalić) to connect, to join [końce, przewody] (**z czymś** to sth); to amalgamate [organizację, spółkę] (**z czymś** with sth); to integrate [organizację, spółkę] (**z czymś** into sth); ~**yć dwie listwy klejem** to glue together two slats; ~**yć różne kolory wełny** to combine wool of different colours; **kółeczka ~one w długi łańcuch** rings linked to form a long chain ⇒ **łączyć** [2] Transp. to connect, to link; **nowa droga ~yła te dwa miasta** the new road connected a. linked the two cities; ~**yć mostem brzegi rzeki** to bridge a river; ~**yć dwa jeziora kanałem** to link two lakes with a canal; **wyspa ~ona z lądem mostem** an island connected to the mainland by a bridge ⇒ **łączyć** [3] Telekom. to connect; ~**yć kogoś z kimś/czymś** to connect sb to sb/sth; **czy może mnie pani ~yć z numerem 2567** could you get me 2567, please?; **proszę ~yć mnie z ministrem** I'd like to speak to the minister ⇒ **łączyć** [4] przen. to combine; ~**yć siły** a. **wysiłki** to combine forces, to join forces; ~**yć życie rodzinne z zawodowym** to combine family life with a career; **załamanie pogody, ~one z opadami śniegu** a change of weather, accompanied by snowfalls; **luźno ~one ze sobą epizody** loosely-connected episodes; **wszystkich ich ~ył ten sam los** they were all united by the same fate; **ludzie ~eni wspólnymi celami** people who share the same aims ⇒ **łączyć**

[] **połączyć się** [1] (zespolić się) [rzeki, drogi] to meet; [instytucje] to fuse, to merge ⇒ **łączyć się** [2] Telekom. to get through (**z kimś/czymś** to sb/sth); ~**yć się z dyrektorem/Warszawą** to get through to the director/to Warsaw; **nie mógł się ~yć z centralą** he couldn't get through to the operator ⇒ **łączyć się** [3] książk. (spotkać się) to be a. become reunited (**z kimś** with sb); ~**yli się po latach** after years of separation they were reunited [4] przen. (zacząć działać wspólnie) to join forces (**z kimś** with sb); ~**yć się z kimś we wspólnej walce** to join sb in the common struggle; ~**yć się, żeby dać odpór najeźdźcom** to join forces to repel the invaders ⇒ **łączyć się**

■ ~**yć się ślubem** książk. [para] to tie the knot; ~**yć kogoś ślubem** a. **węzłem małżeńskim** to declare sb man and wife

połech|tać pf (~**czę** a. ~**cę** a. ~**tam**) [1] (dotknąć) to tickle, to give [sb] a tickle; ~**tać kogoś pod pachami/po brzuchu** to tickle sb under the arm/on the tummy ⇒ **łechtać** [2] przen. to tickle, to massage; ~**tać czyjąś ambicję/dumę/próżność** to tickle sb's ambition/pride/vanity; ~**tać czyjeś ego** to flatter sb's ego ⇒ **łechtać**

poł|eć m [1] Kulin. large cut; ~**eć słoniny** a large cut of pork fat; ~**eć wędzonego boczku** a flit [2] przest. (zbocze) slope [3] Myślis.

iść na ~eć a. ~**ciem** to walk sideways; **stać ~ciem** to stand sideways (on)

poł|knąć pf — **poł|ykać** impf (~**knęła**, ~**knęli** — ~**ykam**) vt [1] (zjeść, wypić) to swallow (down) [jedzenie, napój, pigułkę]; ~**ykać coś z apetytem** to gulp down sth a. gulp sth down hungrily; ~**knął dwie aspiryny** he swallowed a. took two aspirins; ~**knął prędko kanapkę i wybiegł** pot. he bolted down a sandwich and left pot.; ~**knął żeton/monetę** pot., przen. [automat] to swallow a token/coin [2] przen. (opuścić) to swallow przen.; to slur [głoskę, wyraz] [3] pot., przen. (przyswoić sobie) to devour przen. [książkę, wiedzę] [4] pot., przen. (pochłonąć) to swallow up pot., to swallow [sth] up pot. [mniejszą firmę, obszar] [5] pot., przen. (przyjąć) to buy przen. [pochlebstwa]; to swallow przen. [docinki, obelgę]

■ **jakby kij ~knął** [chodzić] straight as a ramrod, stiff as a poker; **wyprostowany jakby kij ~knął** straight as a ramrod, stiff as a poker; ~**knąć bakcyla wędkarstwa** to be bitten by the angling bug pot.; ~**knąć gorzką pigułkę** to swallow the bitter pill; ~**knąć haczyk** to rise to the bait; ~**ykać łzy** to gulp back one's tears; ~**ykać kogoś/coś oczami** a. **wzrokiem** to devour sb/sth with one's eyes; ~**ykał ślinkę na widok tortu** his mouth watered at the sight of the cake

połogow|y adi. [okres, gorączka] puerperal

połonin|a f dial. mountain pasture (in the Eastern Carpathians)

poł|owa f [1] (część) half; ~**owa ludzi/jabłek/majątku** half (of) the people/apples/estate; ~**owa zebranych to ludzie młodzi** half of those gathered are young people; **spędził w górach ~owę roku/życia** he spent half a year/half of his life in the mountains; **ślęczał nad książkami ~owę dnia/nocy** he was poring over books for half the day/night; **w pierwszej/drugiej ~owie września** in the first/second half of September; **w pierwszej/drugiej ~owie XX wieku** in the first/second a. latter half of the 20th century; **podzielić/przeciąć coś na ~owę** to divide/cut sth in half; **mniejszy/większy o ~owę** half the size/half as big again; **więcej/mniej niż ~owa** more/less than (a) half; **większa/mniejsza ~owa czegoś** pot. the larger/smaller part of sth, more/less than (a) half of sth; **pomysł jest w ~owie mój** the idea is partly mine; **jestem w ~owie Rosjaninem, a w ~owie Litwinem** I'm half Russian and half Lithuanian [2] (punkt, moment) middle, mid-; **do ~owy miesiąca** till a. until the middle of the month; **w ~owie kwietnia/XIX wieku** in mid-June/in the mid-19th century, in the middle of June/the 19th century; **byłem w ~owie pasjonującej książki, kiedy...** I was in the middle of an exciting book when...; **rok szkolny dobiegał ~owy** the school year was halfway through a. over; **zatrzymać się w ~owie drogi** to stop halfway; **w ~owie drogi między Warszawą a Krakowem** midway a. halfway between Warsaw and Cracow; **wyszedłem w ~owie filmu** I left halfway through the film; **być w ~owie robienia czegoś** to be halfway through doing sth; **w**

~owie schodów halfway down/up the stairs; **w ~owie strony** halfway down the page; **wszystkie flagi opuszczono do ~owy masztu** all flags were at half mast 3 Sport (część meczu) half; (część boiska) half; **w pierwszej/drugiej ~owie** in the first/second half; **na ~owie Polaków** in the Poles' half

■ **brzydsza ~owa rodzaju** a. **rodu ludzkiego** żart. the male sex; **piękniejsza** a. **ładniejsza ~owa rodzaju** a. **rodu ludzkiego** żart. the fair sex; **jego/jej lepsza** a. **druga ~owa** żart. his/her better a. other half

połowic|a f żart. better half; **moja/jego ~a** my/his better half

połowicznie adv. partially, incompletely

połowiczność|ć f sgt imperfection, incompleteness

połowiczn|y adi. [efekt, reforma, rozwiązanie] partial; **~e środki** a. **sposoby** half measures; **~y sukces** a qualified success

połowin|ki plt (G ~ek) pot. a party for students who are halfway through their university education

połowow|y adi. [przedsiębiorstwo, statek, sprzęt] fishing

położe|nie Ⅱ sv → **położyć**

Ⅲ n 1 (miejsce) location, situation; **~nie miasta/domu** the situation a. location of a town/house; **malownicze ~nie zamku** the picturesque situation of a castle; **określić** a. **ustalić ~nie wsi/wojsk** to determine the location a. situation of a village/of troops; **określić** a. **ustalić ~nie okrętu podwodnego** to track the position of a submarine; **śledzić ~nie gwiazd na niebie** to observe the position of the stars in the sky; **zmienić ~nie czegoś** to change the position of sth 2 (sytuacja, warunki) situation, position; **ciężkie/przykre/trudne ~nie** a grave/an unpleasant/a difficult situation; **~nie finansowe/gospodarcze** a financial/an economic situation; **ich ~nie materialne** their circumstances; **stawiać kogoś w kłopotliwym ~niu** to put sb in an awkward situation; **postaw się moim ~niu** a. **wejdź w moje ~nie** put yourself in my place a. situation; **znaleźć się w trudnym ~niu** to be a. to find oneself in a difficult situation, to be faced with a difficult situation; **zorientować się w ~niu** to size up the situation; **nasze ~nie pogarsza się/zmienia się na lepsze** our situation is deteriorating/improving; **być/stać się panem ~nia** to be/become master of the situation

❏ **~nie geograficzne** Geog. geographical situation; **~nie martwe** Techn. dead position a. point; **~nie główkowe/pośladkowe/twarzyczkowe** Med. head a. cephalic/breech/face presentation; **~nie zerowe** Fiz. zero position

położn|a f (Gpl ~ych) Med. midwife

położnic|a f Med. (kobieta w połogu) woman in confinement przest., woman in childbed przest.; newly delivered mother; (kobieta rodząca) woman in labour

położnictw|o n sgt Med. 1 (dział medycyny) obstetrics, midwifery 2 (oddział szpitalny) obstetrics

położnicz|y adi. Med. [narzędzia, kleszcze] obstetric; **klinika ~a** an obstetric a. a maternity clinic; **oddział ~y** a maternity a. an obstetric ward

położni|k m Med. obstetrician

położ|ony Ⅱ pp → **położyć**

Ⅲ adi. situated; **~y nad jeziorem/na wzgórzu** situated on a lake/on top of a hill

poł|ożyć pf Ⅱ vt 1 (umieścić) to put, to place; **~óż to!** put it down!; **~óż to na miejsce!** put it back!; **~ożyć coś na półce/biurku** to put a. place sth on a shelf/desk; **~ożyć dłonie na klawiszach** to rest one's hands on the keyboard; **~ożył mi rękę na czole** he laid his hand on my forehead; **~ożyć rękę na sercu/palec na ustach** to put one's hand on one's heart/one's finger to one's lips; **~ożyć gazetę obok książki** to put a newspaper next to a book ⇒ **kłaść** 2 (zmienić pozycję na poziomą) to lay (down), to lay [sb/sth] down; **~óżmy go na plecach/na boku** let's lay him on his back/side; **siłą ~ożyli go na podłodze i związali mu ręce** they forced him to the floor and tied his hands; **grad ~ożył całe zboże** the hail beat down a. flattened all the corn; **huragan ~ożył pokotem wiele drzew** the hurricane blew down a. felled many trees; **~ożyć kogoś na obie łopatki** Sport to pin sb down; przen. to knock sb into a cocked hat pot.; **~ożyć uszy po sobie** [pies] to flatten its ears; przen. to come to heel przen. ⇒ **kłaść** 3 (dać miejsce do spania) to put up (for the night); (ułożyć do snu) to put [sb] to bed; **~ożymy ich w pokoju Adama/na kanapie** we'll put them in Adam's room/on the sofa 4 książk. (zabić, zranić) to bring down, to bring [sb/sth] down; **~ożył lwa trzema strzałami** he brought the lion down with three shots; **~ożyć kogoś trupem** a. **na miejscu** to kill sb on the spot 5 (wybudować) to lay (down), to lay [sth] down; **~ożyć rury/instalację gazową/wodociągową** to lay pipes/gas mains/water mains; **~ożyć tory kolejowe** to lay railway tracks; **~ożyć fundamenty czegoś** a. **pod coś** to lay the foundations for sth; **~ożyć podwaliny/kamień węgielny czegoś** a. **pod coś** przen. to lay the foundations/cornerstone of sth przen. ⇒ **kłaść** 6 (ułożyć) to lay [kafelki, dachówkę, wykładzinę]; **~ożyć glazurę/terakotę w kuchni** to tile a kitchen, to lay tiles in a kitchen; **~ożyć tynki** to plaster walls; **~ożyć puder na twarzy** to powder one's/sb's face ⇒ **kłaść** 7 pot. (zepsuć) to make a dog's breakfast a. dinner (out) of sth pot. [rolę, sztukę]; to blow pot. [dowcip] ⇒ **kłaść**

Ⅲ **położyć się** 1 (zająć pozycję leżącą, poziomą) to lie down; **~ożyć się na brzuchu/na boku** to lie down on one's stomach/side; **~ożyć się na plecach** a. **na wznak** to lie down on one's back; **~ożyć się na słońcu/w cieniu** to lie down in the sun/in the shade; **~ożyć się na kocu/na kanapie** to lie down on a blanket/on a sofa ⇒ **kłaść się** 2 (pójść spać) to go to bed; to turn in pot.; **~ożyłem się dopiero nad ranem** I stayed up till the early hours of the morning; **~ożyć się i już nie wstać** (umrzeć) to lie down and die ⇒ **kłaść się** 3 (przechylić się) [samolot] to bank; [łódź,

statek] to careen, to list; (przewrócić się) [łódź, statek] to keel over ⇒ **kłaść się**

■ **~ożyć akcent** a. **nacisk na coś** to lay a. put stress on sth, to place a. put the emphasis on sth; **~yć karty na stół** to lay a. put one's cards on the table; **~ożyć koniec** a. **kres** a. **tamę czemuś** to put a stop a. an end to sth; **~ożyć na czymś rękę** a. **łapę** pot. to get a. lay one's hands on sth; **~ożyć pieczęć na czymś** to put a. set the seal on sth; **~ożyć podpis na czymś** to put one's signature to sth; **~ożyć zasługi w dziedzinie ochrony środowiska** to render services in the field of environmental protection

poł|óg m (G ~ogu) Med. confinement; lying-in przest.; puerperium spec.

poł|ów m (G ~owu) Ryboł. 1 (łowienie) fishing (czegoś for sth); catching (czegoś of sth); **~ów** a. **~owy dorsza** cod fishing; **~ów** a. **~owy krewetek** shrimping; **~owy przybrzeżne/dalekomorskie** coastal/deep-sea fishing; **wyruszyć** a. **wypłynąć na ~** to set sail to the fishing grounds; **prowadzić ~owy na Oceanie Atlantyckim** to fish in the Atlantic 2 (zdobycz) catch, haul; **uzyskać obfity/niewielki ~ów** to have a big/poor catch

połów|ka f 1 (połowa) half; **wycisnąć sok z ~ki cytryny** to squeeze the juice from one half of a lemon; **wypalił ~kę papierosa** he smoked half a cigarette 2 pot. (butelka) a half-litre bottle of vodka

południ|e n sgt 1 (godzina dwunasta w dzień) noon; (środek dnia) midday; **w samo ~e** at high noon; **o dwunastej w ~e** at twelve noon; **przed ~em** in the morning; **po ~u** in the afternoon; **dziś/wczoraj/jutro przed ~em** this/yesterday/tomorrow morning; **dziś/wczoraj/jutro po ~u** this/yesterday/tomorrow afternoon; **tego dnia przed ~em/po ~u** that morning/afternoon; **jest 10 przed ~em/4 po ~u** it's 10 a.m./4 p.m.; **zegar wybił ~e** the clock struck twelve noon 2 (strona świata) south; **droga prowadzi/skręca na ~e** a. **ku ~owi** the road leads/turns south a. southward(s); **okna wychodzą na ~e** the windows face south; **wieś leży na ~e od Warszawy** the village lies south a. to the south of Warsaw; **autostrada omija miasto od ~a** the motorway goes south of the town; **wiatr wieje z ~a** the wind is blowing from the south; **droga prowadząca na ~e** a southbound road; **najdalej na ~e wysunięty punkt** the most southerly point; **najdalej na ~e położone miasto** the southernmost town; **~e Polski** the south of Poland, southern Poland; **przelotne deszcze na ~u** scattered showers in the south 3 (region geograficzny) the South; **spędził zimę na ~u** he spent the winter in the South

południk m Geog. meridian, line of longitude

❏ **~ niebieski** Astron. (celestial) longitude, celestial meridian; **~ zerowy** Geog. prime a. Greenwich meridian

południkowo adv. longitudinally, meridionally

południkow|y adi. longitudinal, meridional; **linie ~e** lines of longitude; **w kierunku ~ym** longitudinally

P

południow|iec m (V ~cu a. ~cze) southerner

południowo- w wyrazach złożonych south, southern; **południowosłowiański** South Slavonic

południowoafrykańs|ki adi. South African

południowoamerykańs|ki adi. South American

południowo-wschodni adi. [strona, ściana] south-east; [region, granica, wybrzeże] south-eastern; [wiatr] south-east, south-easterly

południowo-zachodni adi. [strona, ściana] south-west; [region, granica, wybrzeże] south-western; [wiatr] south-west, south-westerly

południow|y adi. [1] (w środku dnia) [skwar, pora, słońce] noon attr., midday attr.; **przerwa ~a w pracy** a midday break [2] (o stronie świata) [ściana, granica, wybrzeże] south, southern; [region, kraj, akcent] southern; [wiatr] south, southerly; **biegun ~y** the South Pole; **półkula ~a** the southern hemisphere; **rośliny/owoce ~e** southern plants/fruit; **~y wschód/zachód** south-east/south-west; **w ~ej Polsce** in southern Poland; **ruch samochodowy w kierunku ~ym** southbound traffic [3] przen. (ognisty) [rytmy] southern; **~y temperament** southern temperament

połykacz m (Gpl ~y a. ~ów) ~ **ognia** a fire-eater; ~ **noży** a knife-swallower

połyka|ć impf → **połknąć**

połysk m (G ~u) [1] sgt (drewna, materiału) sheen; (metalu, włosów) sheen, lustre GB, luster US; (wody) shimmer; **metaliczny/szklisty ~** a metallic/glassy sheen; **~ starego srebra** the burnished glow of old silver; **wytrzeć coś do ~u** to give sth a shine; **nadać czemuś ~** to give sth polish a. a shine; **nabrać ~u** to take on a shine; **bez ~u** matt, lustreless GB; **z ~iem** [zdjęcie, meble] with a gloss finish; [papier] glossy, satiny; **wysoki ~** (zdjęcia) high gloss; **meble na wysoki ~** highly-polished furniture; **wszystko zorganizowali na wysoki ~** pot., przen. they arranged everything in great detail; **stary rynek odpicowany na wysoki ~** pot., przen. the old marketplace tarted up from top to bottom pot. a. which was given a thorough facelift [2] (refleks świetlny) glint

połysk|iwać impf vi [drogie kamienie, rosa] to glisten, to shimmer; **słońce ~iwało przez listowie** the sun was shimmering through the leaves; **w jej uszach ~iwały kolczyki** she wore earrings which sparkled

połyskliwie adv. grad. [szary, niebieski] brilliantly; **światło księżyca ~ odbijało się w wodzie** moonlight was gleaming on the water

połyskliw|y adi. [rzeka, woda] shimmering; [sierść, włosy] glossy; **~y blask drogich kamieni** the sparkling glitter of precious stones

pomaca|ć pf [] vt [1] (sprawdzić dotykiem) to feel [materiał, torbę]; **~j, to czysta wełna** feel it, it's pure wool; **lekarz ~ł mi żołądek** the doctor felt a. examined my stomach; **~ć w torebce/kieszeni** to feel around in a bag/pocket; **~ła ręką, szuka-**

jąc kontaktu she groped around looking for the switch ⇒ **macać** [2] pot., żart. (uderzyć) to tickle żart.; **~ć kogoś kijem** to tickle sb with a stick

[] pomacać się to feel; **~ć się po głowie/kieszeniach** to feel one's head/in one's pockets ⇒ **macać się**

pomacha|ć pf vi [osoba] to wave, to flutter (**czymś** sth); [zwierzę] to wag (**czymś** sth); **pomachać komuś** a. **do kogoś ręką** to wave a. to sb; **~ć komuś na pożegnanie** to wave sb goodbye; **~ł mi przed nosem jakimiś papierami** he waved a. fluttered some papers under my nose; **pies ~ł ogonem** the dog wagged its tail

poma|da f przest. pomade przest., brilliantine przest.; **używać ~dy** to pomade a. brilliantine one's hair

pomad|ka f [1] Kosmet. lipstick; **~ka ochronna do ust** a lip balm, a Chap Stick [2] zw. pl Kulin. chocolate; **pudełko ~ek** a box of chocolates; **~ki likworowe** liqueur chocolates

pomadkow|y adi. Kulin. **masa ~a** chocolate filling; **lukier ~y** chocolate icing

pomagać impf → **pomóc**

pomagie|r m, **~rka** f pot. helper; sidekick pot.

pomaleńku → **pomalutku**

pomal|ować pf [] vt [1] (pokryć warstwą ochronną) to paint [ścianę, pokój, płot]; **~ować coś na biało/czerwono** to paint sth white/red; **pokój dziecinny ~ujemy niebieską farbą** we'll paint the children's room blue; **~ować podłogę lakierem** to varnish the floor; **~owanie ogrodzenia zajmie mi godzinę** painting the fence will take me an hour ⇒ **malować** [2] Kosmet. to paint [usta, paznokcie]; **~ować sobie rzęsy czarnym tuszem** to apply black mascara to one's eyelashes; **przed wyjściem ~owała sobie usta** before leaving she put on some lipstick; **usta ~owane czerwoną szminką** lips painted red ⇒ **malować**

[] pomalować się to put on make-up, to make oneself up ⇒ **malować się**

pomalutku [] adv. (powoli) [posuwać się] ever so slowly

[] inter. pot. easy!; **~! zaraz cię stamtąd wyciągnę!** easy! I'll get you out of there in no time; „jak zdrowie?" – „~" 'how are you?' – 'not too bad'

pomału [] adv. [1] (powoli) [posuwać się] slowly, without haste; **czas płynął ~** time was passing slowly [2] (stopniowo) gradually, bit by bit; **~ zaczynam to rozumieć** I'm slowly beginning to understand it

[] inter. pot. hold on!, slow down!; „jak idzie?" – „~" 'how's life?' – 'not so bad'

pomarańcz|a f (Gpl ~y a. ~) [1] (owoc) orange; **~a malinowa/gorzka** a blood/bitter orange; **cząstka ~y** an orange segment; **sok z ~y** orange juice [2] (drzewo) orange tree; **kwiaty ~y** orange blossom; **plantacja ~** an orange plantation

pomarańczar|nia f (Gpl ~ni a. ~ń) orangery

pomarańcz|ka f dem. orange

pomarańczowo [] adv. [zabarwiony, mieniący się] orange adi.; **pomalować coś na ~** to paint sth orange; **zabarwić się na ~** to turn orange

[] pomarańczowo- w wyrazach złożonych **pomarańczowo-czarna flaga** an orange and black flag; **pomarańczowożółte kwiaty** orange-yellow flowers

pomarańczow|y adi. [1] [dżem, drzewko, gaj, smak, zapach] orange attr.; **sok ~y** orange juice; **skórka ~a** orange peel; **o smaku/zapachu ~ym** orange-flavoured [2] [farba, sukienka] orange; **ściany koloru ~ego** orange(-coloured) walls

pomarszcz|ony [] pp → **pomarszczyć**

[] adi. [twarz, skóra, szyja] wrinkled, creased; [staruszek, ręce] shrivelled, wizened; [owoc, liście] shrivelled, dried up

pomarszcz|yć pf [] vt to crease, to crimp [bibułkę, tkaninę]; to ripple [powierzchnię wody]

[] pomarszczyć się [osoba, skóra] to shrivel; [twarz, szyja] to get wrinkled, to become lined; [koszula, materiał, papier] to crease ⇒ **marszczyć się**

pomarz|yć impf vi to dream (**o czymś** of a. about sth); to muse (**o czymś** over a. about sth); **o takiej pracy można sobie tylko ~yć** such a job is beyond one's wildest dreams

pomaszer|ować pf vi [żołnierze, oddział wojska] to march off; **~ować na północ/w kierunku wsi** to march off north/towards the village [2] żart. to march off; **~ować na plażę/do kuchni** to march off to the beach/to the kitchen

pomaturaln|y adi. [szkoła, kurs] post-secondary

pomawiać impf → **pomówić**[1]

poma|zać pf (~żę) [] vt [1] (pobrudzić) to smudge [ręce, twarz, ubranie]; **uważaj, żeby nie ~zać sobie rękawów sadzą/farbą** mind you don't smudge your sleeves with soot/paint [2] pot. (pokryć gryzmołami) to scribble; **ktoś ~zał świeżo pomalowaną ścianę napisami** someone has covered the freshly painted wall with graffitti [3] przest. (uroczyście namaścić) to anoint; **Samuel ~zał go na króla** Samuel anointed him king

[] pomazać się pot. (pobrudzić się) (samego siebie) to get smeared; (nawzajem) to smear each other/one another; **cała ~załam się tuszem** I got smeared with ink; **dzieciaki ~zały się ketchupem** the kids smeared one another with ketchup

pomaza|niec m (V ~ńcze) książk. the anointed; **~niec boży** God's a. the Lord's anointed

pomedyt|ować pf vi książk. (rozmyślać) to ponder; **~ował nad swoją trudną sytuacją** he pondered over his predicament

pomia|r m (G ~ru) [1] (mierzenie) measurement, mensuration; **przeprowadzać ~ry** to take measurements [2] (wynik mierzenia) measurement; **~ry kartograficzne** surveying

❑ **~r bezstykowy** Techn. non-contact measurement

pomiarow|y adi. [przyrząd, narzędzia, stacja] measuring; **wykryto błąd ~y** a measuring error has been found

pomiata|ć impf vt pot. to kick [sb] around a. about; **~ć ludźmi** to treat people like dirt

pom|iąć *pf* (~nę, ~ięła, ~ięli) **I** *vt* *[osoba]* to ruck up, to crumple, to rumple *[papier, tkaninę, ubranie]*; ~ięty garnitur a crumpled suit; ~ięta pościel rumpled bedclothes **II pomiąć się** *[tkanina, ubranie]* to ruck up, to crumple

pomido|r *m* (*A* ~r *a.* ~ra) **1** Bot., Kulin. tomato; **uprawiać/sadzić/zbierać ~ry** to grow/plant/pick tomatoes; **sałatka z ~rów** tomato salad **2** Gry *a game in which one person asks questions and the other must keep answering:* pomidor

pomidorow|y I *adi.* **1** Kulin. *[sok, sos, zupa]* tomato *attr.* **2** (kolor) tomato-coloured **II pomidorowa** *f pot.* tomato soup; **wolisz ~ą z makaronem czy z ryżem?** how do you prefer your tomato soup, with noodles or with rice?

pomidorów|ka *f pot.* tomato soup

pomiesza|ć *pf* **I** *vt* **1** (mieszając połączyć) to mix; ~ć farbę białą z zieloną to mix the white and green paint together; ~ć dokładnie wszystkie składniki to mix all the ingredients together well **2** (mieszać przez pewien czas) to stir; ~ć zupę w garnku to stir the soup in the pot **3** (pomylić) to confuse, to mix up; **na egzaminie ~ł wszystkie nazwiska i daty** during the exam he mixed up *a.* confused all the names and dates **4** (wprowadzić zamęt w czyjeś myśli) ~ć komuś w głowie to confuse sb **5** (wprowadzić bałagan) to shuffle *[karty, listy, pionki]*; **dlaczego ~łaś mi wszystkie rachunki?** why have you mixed up all my bills?

II pomieszać się 1 (przeniknąć się) *[światło, dźwięki, smaki]* to mingle; **widzowie ~li się z aktorami** the spectators mingled with the actors **2** (pomylić się) *[daty, fakty, słowa]* to get mixed up; **wszystko mi się ~ło** I got completely confused *a.* mixed up **3** (stracić zdolność racjonalnego myślenia) to get confused; **rozum mu się ~ł** *a.* **~ło mu się w głowie** he's gone off his rocker *pot.* **4** (znaleźć się w nieładzie) *[przedmioty]* to get mixed up; ~ały się nam baterie wyczerpane z nowymi the spent batteries have got mixed up with the unused ones

pomieszani|e II *sv* → pomieszać **II** *n sgt* confusion; ~e z poplątaniem *pot.* utter chaos

pomieszan|y I *pp* → pomieszać **II** *adi. pot.* **on jest chyba ~y na umyśle** he must be off his rocker *pot.*

pomieszczać *impf* → pomieścić[1]

pomieszcze|nie II *sv* → pomieścić[1,2] **II** *n* room; ~nie gospodarcze utility room; ~nia biurowe office space; ~nia mieszkalne living quarters; **szukam jakiegoś ~nia na magazyn** I'm looking for some storage space

pomie|ścić[1] *pf* — **pomie|szczać** *impf vt* książk. (opublikować) to print, to publish *[artykuł, tekst]*; **w 1970 roku ~ścił dwa artykuły w czasopiśmie naukowym** in 1970 he published two articles in a scientific *a.* an academic journal; **dzisiejsza gazeta ~szcza przemówienie premiera** the prime minister's speech is printed in today's paper

pomie|ścić[2] *pf* **I** *vt* (zmieścić) to hold *[rzeczy]*; to house *[urzędy, firmy]*; to accommodate *[ludzi, zwierzęta]*; **po przebudowie teatr może ~ścić ośmiuset widzów** after rebuilding, the theatre will have a capacity of eight hundred; **jak ja ~szczę tylu gości?** how shall I find room for so many people?; **czy ten plecak ~ści wszystkie moje rzeczy?** will this backpack hold all my things?

II pomieścić się *[przedmioty, ludzie, zwierzęta]* to fit, to go into; **nie martw się, jakoś się ~ścimy** don't worry, we'll cram in somehow

pomiędzy *praep.* **1** (w przestrzeni) (pośrodku) between; (w otoczeniu) among, amid; **autostrada ~ Berlinem i Hamburgiem** the Autobahn between Berlin and Hamburg; **postaw stolik ~ oknem a łóżkiem** put the side table between the window and the bed; **rzeka płynie ~ wzgórzami** the river winds among some hills **2** (w czasie) between; ~ (godziną) piątą a szóstą between five and six (o'clock); ~ 10 a 20 maja between the tenth and twentieth of May; ~ posiłkami between meals **3** (zależność) (dwóch) between; (kilku) among, between, amongst GB; **różnice ~ nimi** differences between/among them; **rywalizacja ~ pracownikami firmy** competition among the firm's employees *a.* workers; **konflikty ~ rodzicami a dziećmi** conflicts between parents and (their) children; **zachowanie równowagi ~ aktywnością a odpoczynkiem** maintaining a balance between active pursuits and rest **4** (podział, wybór) (dwóch) between; (kilku) among, between, amongst GB; **podzieliła słodycze ~ dzieci** she divided the sweets among/between the children **5** (o wspólnych cechach) between; **coś ~ esejem a reportażem** something between an essay and a report **6** (spośród, ze) among; **najpiękniejsza dziewczyna ~ uczestniczkami konkursu** the most attractive girl among the contestants

■ **coś ~** *pot.* something in between; **ani zielony, ani brązowy, tylko coś ~** neither green nor brown but something in between

pomijać *impf* → pominąć

pomimo książk. → mimo

pomi|nąć *pf* — **pomi|jać** *impf* (~nęła, ~nęli — ~jam) *vt* **1** (opuścić) to omit, to pass over *[fakt, informację]*; to skip *[zdanie, akapit]* **2** (nie wypowiedzieć się) to pass over; ~nąć coś milczeniem to pass over sth in silence **3** (nie uwzględnić) to pass [sb] over; ~nąwszy *a.* ~jając płacę/pośpiech, praca była wspaniała except for *a.* apart from the pay/rush, the job was great

pomio|t *m* (*G* ~tu) **1** Zool. (miot) litter; (maciory) farrow; (owcy) fall **2** Zool. (poród) fall **3** *sgt* (odchody zwierzęce) droppings

pomiot|ło *n* **1** (miotła) a long-handled broom *(for cleaning the oven at a bakery)* **2** *pot., obraźl.* drudge

pom|knąć *pf* — **pom|ykać** *impf* (~knęła, ~knęli — ~ykam) *pf* **1** (pobiec, pojechać) *[osoba, zwierzę, samochód]* to dash; (poszybować) *[piłka, strzała]* to shoot **2** (skierować się) *[spojrzenie]* to dart; *[głos]* to rever-

berate; *[myśli]* to go; **jej spojrzenie ~knęło w stronę drzwi/ku nieznajomemu** she darted a glance towards the door/the stranger; **głos ~knął po stepie** the voice reverberated over the steppe; **jej myśli ~knęły ku rodzinie** her thoughts went to her family

pomnażać *impf* → pomnożyć

pomnicz|ek *m dem.* **1** (znanej osoby) (small) monument **2** (nagrobek) (small) gravestone

pomniejszać *impf* → pomniejszyć

pomniejsze|nie II *sv* → pomniejszyć **II** *n* (zdjęcia, obrazu) reduced size; **oglądać coś w ~niu** to view sth in reduced size

pomniejsz|y *adi.* **1** (mniejszych rozmiarów) *[stacja kolejowa, miasteczko, fabryka]* smaller **2** (drugorzędny) *[pisarz, malarz, czasopismo]* minor, lesser

pomniejsz|yć *pf* — **pomniejsz|ać** *impf* **I** *vt* **1** (zmniejszyć) to reduce in size *[obraz]*; to reduce *[ilość, liczbę, koszty]* **2** przen. (umniejszyć) to diminish *[odpowiedzialność, straty]*; to belittle *[własne wysiłki, własne osiągnięcia, własne zasługi]*; to play down *[znaczenie, powagę]*

II pomniejszyć się — pomniejszać się 1 (zmniejszyć się) *[grupa, obszar, suma]* to decrease **2** przen. *[osoba]* to belittle oneself

pomnik *m* **1** monument, memorial; ~ Mickiewicza/Chopina a monument to Mickiewicz/Chopin; **wznieść komuś ~** to erect a monument to sb; ~ ku czci obrońców Westerplatte a memorial to *a.* a monument commemorating the defenders of Westerplatte; ~ dla upamiętnienia poległych w bitwie a war memorial; ~ dla uczczenia ofiar zamachu a memorial commemorating the victims of the terrorist attack **2** (nagrobek) gravestone, tombstone **3** (zabytek) monument; ~ polskiej literatury/architektury a classic of Polish literature/architecture; ~ przyrody Biol. *a natural feature of historic importance* **4** przen. (symbol) monument; **ten pałac to ~ pychy** the palace is a monument to vanity

pomnikowo *adv.* *[wyglądać, prezentować się]* monumentally

pomnikowoś|ć *f sgt* książk. *[postawy, dzieła]* monumentalism

pomnikow|y *adi.* **1** *[cokół, figura]* of the monument **2** przen. *[postawa, wygląd]* monumental **3** (ważny) monumental; ~e wydanie dzieł J. Kochanowskiego a special commemorative edition of J. Kochanowski's poetry

pomn|ożyć *pf* — **pomn|ażać** *impf* **I** *vt* **1** (powiększać) to accumulate *[majątek]*; to enlarge *[zbiory]*; to increase *[dochód, zysk, wartość]* **2** Mat. to multiply; ~ożyć 2 przez 4 to multiply 2 by 4; ~óż te dwie liczby przez siebie multiply these two numbers **II pomnożyć się — pomnażać się** *[dochody, zyski]* to grow, to increase

pomn|y *adi.* książk. mindful of, bearing in mind; ~y na ostrzeżenie *a.* ostrzeżenia matki, nie ufał nikomu mindful of his mother's warning, he didn't trust anybody; ~y na to *a.* tego, że byli kiedyś przyjaciółmi, wybaczył jej remembering that they had once been friends, he forgave her

pomoc *f* **1** *sgt* (pomaganie) help, assistance; (wsparcie) aid; **natychmiastowa/spóźniona**

~ immediate/delayed help; **~ lekarska/finansowa** medical/financial assistance; **~ państwa** state aid; **~ humanitarna dla powodzian/ofiar głodu** humanitarian aid to the victims of flood/famine; **szukać/potrzebować ~y** to look for/need a. require help; **korzystać z czyjejś ~y** to use sb's help; **odrzucić/przyjąć czyjąś ~** to refuse/accept sb's help; **nieść komuś ~** to come to sb's aid; **służyć komuś ~ą** to come to sb's aid; **pierwsza ~** first aid; **wołać o ~** a. **wzywać ~y** to call for help; **na ~!** a. **~y!** help!; **przyjść komuś na ~** a. **z ~ą** to come to sb's rescue; **kiedy miałam kłopoty, sąsiedzi przyszli mi z ~ą** when I was in trouble, my neighbours came to my aid; **przy ~cy** a. **z ~ą brata wyremontowałam dom** with my brother's help, I managed to refurbish the house; **za ~ą śrubokręta otworzyłam kłódkę** with the use of a screwdriver, I managed to unlock the padlock [2] (pomocnik) help, aid; **~ biurowa** an office junior; **~ kuchenna** a kitchen maid; **~ domowa** a domestic (help) [3] sgt (posiłki) help; **~ nadeszła za późno** help arrived too late [4] Sport fullbacks
❑ **~e szkolne** Szkol. teaching aids

pomocnic|a f aid, helper, assistant
pomocnicz|y adi. [personel, służby] support attr., auxiliary; **pytania ~e** supporting questions; **personel ~y** auxiliary staff; **materiały ~e** auxiliary materials; **oddziały ~e** auxiliaries

pomocni|k [I] m pers. [1] (osoba pomagająca) helper, assistant [2] Sport halfback
[II] m inanim. occasional table

pomocn|y adi. [1] (pomagający) helpful; **być komuś** a. **dla kogoś ~ym w czymś** to be of help to sb in sth; **czy mogę być tobie w czymś ~a?** can I be of help to you? [2] (przydatny) [rzecz] handy, useful; **narzędzia ~e w pracy** tools handy a. useful in one's work

pomocow|y adi. książk. [działania, cele] aid attr.

pom|odlić się pf v refl. to pray, to say one's prayers; **~odlić się do św. Antoniego/Ducha Świętego** to say a prayer to St Anthony/the Holy Spirit; **~odlić się w intencji Ojca Świętego** to say a prayer for the the Holy Father; **~ódlmy się za pomyślność/zmarłych** let us pray for our success/the souls of the dead

pomord|ować pf [I] vt [1] (zabić wiele osób) to murder, to massacre [mieszkańców, jeńców, więźniów]; **masowe groby ~owanej ludności cywilnej** mass graves of massacred a. murdered civilians [2] pot. (zmęczyć) to exhaust, to tire out [uczniów, uczestników wycieczki, współpracowników] [3] pot. (pomęczyć) to pester, to badger; **wnuczek ~ował mnie trochę pytaniami** my grandson pestered me with questions
[III] **pomordować się** [1] (wzajemnie) to kill each other [2] pot. (namęczyć się) to exhaust oneself, to tire oneself out; **~owali się strasznie przy żniwach** they tired themselves out harvesting

pomordowan|y [I] pp → pomordować
[II] **pomordowani** plt the killed, the slaughtered

pomors|ki adi. Pomeranian attr.
Pomorzan|in m, **~ka** f (Gpl ~, ~ek) Pomeranian

pomo|st m (G ~stu) [1] (nad jeziorem lub rzeką) pier, jetty; **przycumować łódź przy ~ście** to moor the boat to the pier; **łowić ryby/skakać z ~tu** to catch fish from/to jump off a jetty [2] (platforma) (na rusztowaniu) catwalk; (w tramwaju) platform [3] (łączący statek z nabrzeżem) gangway; (między burtami statku) bridge [4] przen. (most) bridge; **stworzyć ~st porozumienia między dyrekcją a załogą** to create a bridge between the management and the men

pomostow|y adi. [konstrukcja] bridge attr.; **suwnica ~a** Techn. bridge crane; **waga ~a** weighbridge, platform scale

pom|óc pf — **pom|agać** impf (~ogę, ~ożesz, ~ógł, ~ogła, ~ogli — ~agam) vi [1] (wspólnie pracować) to help; **~óc komuś w sprzątaniu/gotowaniu** to help sb clean/cook; **~óc komuś przy myciu okien/zbieraniu jabłek** to help sb with cleaning the windows/picking apples; **~óc komuś się spakować/rozwiązać zadanie** to help sb pack/solve a problem; **~agać dziecku w nauce** to help a child with school work; **~agać w domu** to help with the housework; **w piłce nożnej nie wolno ~magać sobie rękami** in football the players mustn't use their hands [2] (udzielić wsparcia) to help; **ojciec ~agał nam finansowo** father helped us financially; **przyjaciółka ~agała jej w rozwiązywaniu rodzinnych konfliktów** her friend helped her to solve family conflicts [3] (skutkować) to help; **to lekarstwo zawsze mi ~agało** this drug has always helped me; **płacz/zamartwianie się nic tu nie ~oże** it's no use crying/worrying; **krzyk ci nie ~oże** shouting won't help you; **żadne perswazje nie ~ogły** persuasion was of no avail; **masaże ~agają na ból kręgosłupa** pot. massage helps (to) relieve backache [4] (ułatwiać) to help; **dobry słuch ~aga w opanowaniu języka obcego** a good ear helps in learning languages

pom|ór m (G ~oru) plague; **~ór kur** Wet. fowl pest

pom|ówić¹ pf — **pom|awiać** impf vt (posądzić) to accuse (o coś of sth); to impute (kogoś o coś sth to sb); **~ówić kogoś o kłamstwo/fałszerstwo** to accuse sb of lying/forgery; **~ówić kogoś o złe zamiary** to impute bad intentions to sb

pomów|ić² pf vi (porozmawiać) to talk, to have a word with; **~ówić z kimś na osobności** a. **w cztery oczy** to speak to sb in private; **~ówić z kimś o interesach/dyscyplinie** to talk business/about discipline at work to a. with sb; **~ówmy o czymś innym** let's talk about something else

pomówie|nie [I] sv → **pomówić**
[II] n Prawo (ustne) slander; **sprawa (sądowa) o ~nie** a slander action

pomp|a¹ f [1] Techn. pump; **~a elektromagnetyczna** an electromagnetic pump; **~a paliwowa** a fuel pump; **~a próżniowa** a vacuum pump; **~a wtryskowa** an injection a. a jerk pump [2] (do wody) pump; **~a uliczna** hydrant [3] pot. (ulewa) downpour

pomp|a² f [1] sgt (uroczysta oprawa) pomp; **ślub odbył się z wielką ~ą i paradą/bez ~y** the wedding was celebrated with great pomp and ceremony/without pomp [2] pot. (uroczyste wydarzenie) ceremony; **oficjalna ~a zaczęła się od przemówień** the official ceremony started with the speeches

pompatycznie adv. grad. książk. [mówić, zachowywać się] pompously

pompatyczność f sgt książk. pompousness
pompatycz|y adi. grad. książk. [frazesy, osoba, uroczystość] pompous

pomp|ka f [1] (do materaca, piłki) (small) pump; **~ka ręczna/nożna** a hand/foot pump; **~ka rowerowa** a bicycle pump [2] Sport press-up GB, push-up US

pompon m (G ~a a. ~u) pompom, pompon; **czapka z ~em** a pompom hat

pomponik m dem. (small) pompom a. pompon

pomp|ować impf vt [1] (tłoczyć) to pump [ciecz, gaz] [2] (napełniać zbiornik) to pump up; **~ować materac/ponton** to pump up a mattress/rubber dinghy; **~ować balon helem** to pump up a balloon with helium ⇒ **napompować** [3] pot. to pump [pieniądze, środki]; **rząd ~uje pieniądze podatników w kopalnie** the goverment is pumping taxpayer's money into mines

pompowni|a f (Gpl ~) pumping station, pump house

pompow|y adi. pump attr.; **elektrownia ~a** a pump-storage power station

pomro|ka f sgt książk. mist; **zaginąć w ~ce dziejów** to be lost in the mists of time

pomruk m (G ~u) [1] (głuchy gardłowy dźwięk) growl; **niedźwiedź/brytan wydawał groźne ~i** the bear/hound gave threatening growls; **po sali przeszedł ~ niezadowolenia** a rumble of discontent ran through the hall [2] przen. rumble; **na zachodzie słychać było ~ burzy/lecących samolotów** the rumble of thunder/aircraft engines could be heard in the west

pomruk|iwać impf vi [1] (cicho mruczeć) [pies, niedźwiedź] to growl; [kot] to purr [2] (mamrotać) to murmur; **~iwać pod nosem** to murmur under one's breath

pom|rzeć pf vi (poumierać) to die; **mamy zapasy, z głodu nie ~rzemy** we've got a lot of supplies, we won't die of hunger

pom|sta f przest. (zemsta) vengeance; **wziąć ~stę na wrogach** to take vengeance (up)on one's enemies

pomst|ować impf vi to fulminate; **~ować na nowe przepisy/skorumpowanych urzędników** to fulminate against the new regulations/corrupt officials

pom|ścić pf [I] vt (wziąć odwet) to avenge [klęskę, krzywdę, upokorzenie]; **~ścić śmierć ojca** to avenge one's father's death
[II] **pomścić się** to take vengeance; **~ścić się na wrogach** to take vengeance on one's enemies

pomyj|e plt (G ~) (dla świń) pigswill, hogwash; (po myciu naczyń) dishwater; **to nie zupa, to ~e** this soup tastes like dishwater ■ **wylać na kogoś kubeł** a. **wiadro ~** a. **wylać kubeł** a. **wiadro ~ komuś na głowę** pot. to drag sb through the mud

pomykać impf → **pomknąć**

pomyle|niec *m* (*V* ~ńcze a. ~ńcu) pot. loony pot.

pomyl|ić *pf* **II** *vt* **1** (pomieszać) to mistake, to confuse; ~**ić daty/nazwiska/adresy** to mix up a. confuse the dates/names/addresses; ~**ić osoby** to mistake one person for another **2** (wprowadzić w błąd) to confuse; **bądź cicho, bo mi wszystko ~isz** be quiet or I'll get everything wrong

II pomylić się to make a mistake a. an error; ~**ić się w obliczeniach** to make a mistake in one's calculations; ~**iłam się co do niego/jego intencji** I was mistaken about him/his intentions; **wszystko mi się ~iło** I got utterly confused a. totally mixed up

pomyl|ony II *pp* → **pomylić**

II *adi.* pot. loony pot.; **on jest ~ony** he's off his rocker pot.

III pomyl|ony *m*, ~**ona** *f* pot. loony pot.

pomył|ka *f* **1** (błąd) mistake, error; **popełnić/naprawić ~kę** to make/correct a mistake; **obawiam się, że zaszła jakaś ~ka** I'm afraid there's been a mistake; **podejrzewam, że ten list trafił do mnie przez ~kę** I suspect (that) I got this letter by mistake **2** Telekom. wrong number; „**czy mogę mówić z Julią?" – „~ka"** 'may I speak to Julia, please?' – 'wrong number'

pomyłkowo *adv.* (przez pomyłkę) by mistake; **została ~ skreślona z listy** her name was crossed off the list by mistake

pomyłkow|y *adi.* [*adres, telefon, dane*] wrong

pomy|sł *m* (*G* ~słu) (koncepcja) idea, thought; **ciekawy/genialny/fantastyczny/głupi/zwariowany ~sł** an interesting/ an ingenious/a fantastic/a stupid/a crazy idea; ~**sł na kampanię reklamową/film dla młodzieży** an idea for an advertising campaign/a film for a young audience; **mieć ~sł** to have an idea; **mieć głowę pełną ~słów** to be full of ideas; **wpaść na ~sł** to hit (up)on an idea; **podać a. podsunąć komuś ~sł** to give sb an idea; **zrealizować ~sł** to carry out an idea; ~**sł loterii zrodził się w głowie naszej koleżanki** the lottery is the brainchild of our colleague; ~**sł audycji został zapożyczony z telewizji BBC** the idea for the programme was borrowed from BBC Television

■ **mieszkanie urządzone z ~słem/bez ~słu** an apartament decorated imaginatively/unimaginatively; **ty masz ~sły!** pot. you and your ideas!

pomysłodawc|a *m* originator; ~**ca konkursu/wyprawy** the originator of the competition/expedition

pomysłowo *adv.* ingeniously

pomysłowoś|ć *f sgt* książk. ingeniousness, inventiveness, ingenuity

pomysłow|y *adi.* **1** [*osoba*] (pełen pomysłów) inventive, full of ideas **2** [*urządzenie*] ingenious, clever

pomyślan|y *adi.* [*program*] well-thought-out; [*dom, projekt*] well-designed

pomyśl|eć *pf* (~isz, ~ał, ~eli) *vi* **1** (zastanowić się) to think; ~ **chwilę, a wszystko zrozumiesz** think for a moment and everything will become clear; ~, **ile czasu na to straciłam/kiedy będziesz mógł przyjść** think how much time I've wasted on that/ when you'll be able to come; ~, **zanim coś powiesz/zrobisz** think before you say/do sth; **muszę chwilę ~eć** a. **daj mi ~eć** let me think **2** (wyobrazić sobie) to think; ~**eć o kimś/czymś** to think about sb/sth; ~ **o czymś miłym** think about sth nice; ~, **co by było, gdybym wtedy nie wróciła** think what would have happened if I hadn't come then; **strach ~eć, ile wypadków zdarza się codziennie** it's terrifying to think how many accidents there are every day; **gotów ktoś ~eć, że ci u mnie źle** somebody might think (that) I don't take proper care of you; **kto by ~ał, że on dostanie nagrodę** who would have thought (that) he'd get the award; **i ~eć, że jeszcze rano byłam w Nowym Jorku!** imagine that this morning I was still in New York! **3** (zatroszczyć się) to think; **musisz ~eć wreszcie o sobie/swojej przyszłości** it's high time you thought about yourself/the future; **trzeba ~eć o wakacjach** we must think about the holidays

■ **być/nie być do ~enia** to be thinkable/ unthinkable; **czy takie rozwiązanie jest w ogóle do ~a?** is such a solution at all thinkable?; **kiedyś taka sytuacja byłaby nie do ~a** in the past such a situation was unthinkable

pomyślnie *adv. grad.* successfully, satisfactorily; **wszystko ułożyło się ~** all went well

pomyślnoś|ć *f* auspiciousness, propitiousness; **wypić/wznieść toast za ~ć kogoś/ czegoś** to drink to the/to toast the success of sb/sth; **życzyć komuś wszelkiej ~ci** to wish sb the best of luck

pomyśln|y *adi. grad.* favourable GB, favorable US; (udany) successful; (dobrze rokujący) auspicious; ~**y obrót sprawy** a happy turn of events; ~**a próba** a successful attempt; ~**y rezultat** a. **wynik** a satisfactory result; ~**a wiadomość** good news; ~**a wróżba** a good omen; ~**y zbieg okoliczności** a happy coincidence; ~**y wiatr** favourable wind

pomyślun|ek *m sgt* (*G* ~ku) pot. savvy pot.; **odznaczać się brakiem ~ku** to lack the necessary savvy

pomywacz *m* (*Gpl* ~y) dishwasher, washer-up

pomywacz|ka *f* dishwasher, scullery maid

pon. (= poniedziałek) Mon

ponad II *praep.* **1** (wyżej niż) over, above; ~ **kimś/czymś** over a. above sb/sth; ~ **miastem/lasem** above a. over the city/ forest; **szybowiec wzbił się ~ chmury** the glider soared up above the clouds; ~ **miasto nadleciała eskadra bombowców** a bomber squadron flew over the town **2** (w porównaniach) over, above; **przedkładać szczęście ~ bogactwo** to value happiness over wealth; **stawiać jakość ~ ilość** to put quality before quantity; ~ **wszystko** above all else; **kochać kogoś ~ wszystko** to love sb more than anything else in the world **3** (wskazujące na przekroczenie danego poziomu) beyond, above; ~ **przeciętną** above average; **dojrzały ~ wiek** mature beyond his age; **praca ~ siły** superhuman work; ~ **ludzką wytrzymałość** beyond human endurance; **być ~ czyjeś siły** to be beyond sb's strength; **być ~ takie przyziemne sprawy** to be above such mundane matters; **powiedziała nam niewiele ~ to, co już wiedzieliśmy** she didn't tell us much beyond what we already knew

II *part.* (przeszło) over, more than; (dłużej niż) over; ~ **pół miliona** over a. more than half a million; ~ **godzinę** over a. more than an hour; ~ **pięciokrotny wzrost** a more than fivefold increase, over a fivefold increase; ~ **dwudziestoletnie badania** over a. more than twenty years' research; **ona ma ~ sześćdziesiąt lat** she's over sixty (years old) a. more than sixty years old

ponadczasowoś|ć *f sgt* agelessness, timelessness; ~**ć bajek Ezopa** the timelessness of Aesop's fables

ponadczasow|y *adi.* [*dzieło, prawdy, wartości*] ageless, timeless

ponaddźwiękow|y *adi.* [*prędkość, samolot*] supersonic

ponadklasow|y *adi.* classless

ponadplanowo *adv.* extra; **przepracował ~ dziesiątki godzin** he's worked dozens of extra hours

ponadplanow|y *adi.* extra

ponadpodstawow|y *adi.* Szkol. [*szkoła, szkolnictwo, wykształcenie*] post-primary, secondary

ponadto *part.* książk. moreover, furthermore; **był zdolny, pracowity, a ~ odznaczał się miłym usposobieniem** he was clever and hard-working and he had a pleasant manner besides; **majątek był zdewastowany, ~ obciążony hipotecznie na znaczną sumę** the property was devastated and in addition it was heavily mortgaged; **lek ma poważne skutki uboczne, ~ może wywoływać uzależnienie** the drug has powerful side effects, moreover it can be addictive

ponaglać *impf* → **ponaglić**

ponaglająco *adv.* [*powiedzieć*] urgently

ponaglając|y II *pa* → **ponaglać**

II *adi.* [*list, ton, spojrzenie*] urgent

ponagle|nie II *sv* → **ponaglić**

II *n* (pismo) reminder; **otrzymaliśmy ~nie z Urzędu Skarbowego** we received a reminder from the tax office

ponagl|ić *pf* — **ponagl|ać** *impf vt* to urge; ~**ać kogoś do zrobienia czegoś** to urge sb to do sth; **skończyła wcześniej, mimo że nikt jej nie ~ał** she finished early though nobody pushed her

ponarzeka|ć *pf vi* pot. to complain; **lubi sobie od czasu do czasu ~ć** s/he likes complaining from time to time ⇒ **narzekać**

ponawiać *impf* → **ponowić**

ponch|o /'pontʃo/ *n, n inv.* poncho

poncz *m* (*G* ~u) Kulin. (napój) punch; **waza ~u** a bowl of punch

ponczow|y *adi.* [*ciastko*] punch attr. (impregnated with alcohol)

ponętnie *adv. grad.* **1** (pociągająco) **wyglądać ~** to look sexy a. alluring **2** (nęcąco) **wyglądać ~** [*potrawa*] to look enticing; **jedzenie pachniało ~** the food smelled a. smelt delicious

ponętn|y *adi. grad.* [1] *[kobieta, dziewczyna]* nubile; *[ciało, usta]* voluptuous [2] *[perspektywa, propozycja, zapach]* enticing

poniecha|ć *pf vt książk.* to abandon (**czegoś** sth) *[waśni, planów]*

poniedział|ek *m* (*G* ~ku) Monday; **w ~ek** on Monday; **w zeszły ~ek** last Monday

❑ **lany ~ek** Easter Monday (*on which people sprinkle each other with water*)

■ **szewski** a. **murarski ~ek** *pot. inability to work on Monday because of drinking too much on Sunday*

poniedziałkow|y *adi. [ranek, zebranie]* Monday *attr.*

poniekąd *part.* (w pewnym sensie) in a way; (do pewnego stopnia) to some a. a certain extent; **~ masz rację** in a way you are right; **chciał nas sprowokować, co mu się ~ udało** he wanted to provoke us, which in a way a. in a manner of speaking he did

poniektó|ry [I] *pron. przest.* some; (**co**) **~re kobiety/dzieci** some women/children; (**co**) **~rzy z moich przyjaciół** some of my friends

[II] **poniektó|ry** *m*, **~ra** *f pot.* some; **co ~rym woda sodowa uderzyła do głowy** *pot.* one or two of them are getting too big for their boots *pot. iron.*

poniemiec|ki *adi. [tereny]* formerly German; **~ki bunkier** an old German bunker; **~kie gospodarstwo** a farm abandoned by German refugees (*after World War II*)

pon|ieść¹ *pf* — **pon|osić¹** *impf* (~iosę, ~iesiesz, ~iósł, ~iosła, ~iesli ~oszę) *vt* [1] (doświadczyć) to incur *[koszty]*; to suffer *[klęskę, stratę]*; **~ieść śmierć** to die; **~ieść konsekwencje czegoś** to suffer the consequences of sth; **~ieść odpowiedzialność za coś** to be held responsible for sth; **~osić winę za coś** to be to blame for sth; **~ieść zasłużoną karę za coś** to be rightly punished for sth [2] (o emocjach) **~iósł go entuzjazm** he got carried away with his enthusiasm; **nerwy go ~iosły** he lost his nerve; **trochę mnie ~iosło** I got a bit carried away

poni|eść² *pf* (~osę, ~esiesz, ~ósł, ~osła, ~eśli) *vt* [1] (nieść przez chwilę) to carry; **~eść komuś walizkę** to carry a suitcase for sb; **daj, ~osę to** let me carry it for you ⇒ **nieść** [2] *[koń]* to bolt *vi*; **koń go ~ósł** his horse bolted [3] (zaprowadzić) **gdzie go znowu ~osło?** *pot.* where has he gone this time?; **szedł, gdzie oczy ~osą** he walked ahead without looking back

poniewiera|ć *impf* [I] *vt* to kick [sb] around; (fizycznie) to manhandle; **~ć kimś** to kick sb around; **nie pozwolę sobą ~ć!** I won't be kicked around by anybody!; **był bity i ~ny** he was beaten and manhandled ⇒ **sponiewierać**

[II] **poniewierać się** [1] (tułać się) to knock about; **latami ~ł się po świecie** for years he knocked about the world [2] (walać się) *[przedmioty, ubrania]* to kick around *pot.*; **książki ~ły się na podłodze** there were some books kicking around on the floor

poniewier|ka *f sgt książk.* (nędzne życie) life of misery; (tułaczka) homelessness, wandering; **po latach ~ki** after years of wandering

poniżać *impf* → **poniżyć**

poniżej [I] *praep.* [1] (niżej niż) below, beneath; **~ domu** below the house; **~ wzgórza** below a. beneath the hill; **tereny położone ~ poziomu morza** areas lying below sea level; **sięgać ~ kolan/talii** to reach below the knees/the waist [2] (położenie geograficzne) (na południe) (to the) south (**czegoś** of sth); (bliżej ujścia) downstream (**czegoś** of a. from sth); **miasto położone ~ Moskwy** a town lying (to the) south of Moscow; **zwykle wędkują ~ mostu** they usually fish downstream from the bridge [3] (mniej niż) below, under; **~ 60 procent** below a. under 60 per cent; **poniżej przeciętnej** below average; **20 stopni ~ zera** 20 degrees below (freezing); **temperatury ~ zera** sub-zero temperatures; **dla dzieci ~ lat dwunastu** for children up to (the age of) twelve [4] *przen.* beneath, below; **~ (wszelkiej) krytyki** beneath (all) criticism; **~ normy** below (the) norm; **być ~ oczekiwań** to fall short of expectations; **to było ~ jego godności** this was beneath his dignity a. beneath him; **kapela zagrała ~ swoich możliwości** the band weren't on top form

[II] *adv.* [1] (w przestrzeni) lower down; **zamek nad płynącym ~ Sanem** a castle with the San river flowing down below; **rosły krzaki** shrubs grew lower down [2] (w tekście) below; hereunder *książk.*; **patrz ~** see below; **na zdjęciu ~** in the photograph below

poniże|nie [I] *sv* → **poniżyć**

[II] *n* [1] *sgt* (stan) indignity, humiliation; **żyć w ~niu** to lead a life of indignity a. humiliation [2] (sytuacja) indignity, humiliation; **doznała wielu ~ń** she was subjected to all manner of indignities

poniż|szy *adi. [punkt, osoby, zarządzenie]* undermentioned; **~szy przykład/rysunek** the example/picture below

poniż|yć *pf* — **poniż|ać** *impf* [I] *vt* to humiliate; **~yć kogoś w oczach przyjaciół** to humiliate sb in front of their friends; **byli publicznie ~ani** they were humiliated in public; **~ające komentarze/uwagi** humiliating comments/remarks

[II] **poniżyć się** — **poniżać się** to debase a. demean oneself; **~yć się przed kimś** to debase a. demean oneself before sb; **~ać się prośbami o pieniądze** to stoop to asking for money

ponoć *part. przest., książk.* reportedly; **~ jest najlepszy** he's reportedly the best

ponosić¹ *impf* → **ponieść¹**

pono|sić² *pf vt* [1] (transportować) to carry *[niemowlę, plecak]*; **~sić dziecko przez chwilę na rękach** to carry a baby in one's

arms for a while [2] (używać) to wear *[buty, ubranie]*; **~sił te buty przez pół roku i wyrósł z nich** he wore these shoes for six months and then grew out of them; **długo tych spodni nie ~sisz** you won't get much wear out of these trousers

pon|owić *pf* — **pon|awiać** *impf* [I] *vt* to repeat *[prośbę, ostrzeżenie, próbę, ofertę]*; **~owili atak o świcie** they attacked again at dawn; **~awiam prośbę o ciszę!** I repeat once more: please, be quiet!

[II] **ponowić się** — **ponawiać się** *[krwotok, atak]* to recur; **ból ~awiający się co kilka godzin** a pain recurring every few hours; **~awiające się pytania/protesty** repeated questions/protests

ponownie *adv.* again, once more; **„jak się nazywasz?" – zapytał ~** 'what's your name?' he asked again; **zrobi to ~** he'll do it again; **~ kogoś osądzić** to retry sb; **~ przesłuchać świadka** to re-examine a witness; **~ rozpatrzyć sprawę** to rehear a case; **~ zdawać egzamin** to resit a. retake an exam; **zostać ~ wybranym na prezydenta/przewodniczącego** to be re-elected president/chairman; **~ wstąpić do partii** to rejoin a party; **~ przeliczyć głosy** to recount the votes; **~ wybrać numer** to redial a number; **~ zjednoczyć kraj** to reunite a country; **~ kogoś zatrudnić** to re-employ a. re-engage sb; **~ zasiedlić jakiś obszar** to resettle an area; **zebrać się ~** *[zgromadzenie, parlament]* to reconvene; **~ wykorzystywać surowce** to recycle raw materials; **zostać ~ aresztowanym** to be rearrested

ponown|y *adi. [atak, próba]* another; *[dyskusja, protesty]* new; **materiały do ~ego wykorzystania** recyclable materials; **~e zjednoczenie Niemiec** the reunification of Germany; **jego ~y wybór na prezydenta** his re-election as president; **zarządzić ~e liczenie głosów** to order a recount; **przycisk ~ego wybierania numeru** the redial button; **~e zatrudnienie** re-engagement; **~y proces** Prawo a retrial

ponton *m* (*G* ~u) [1] (łódka) (rubber) dinghy; **nadmuchać** a. **napompować ~** to inflate a rubber dinghy [2] Budow. pontoon [3] Żegl. (salvage) pontoon

pontonik *m dem.* (*G* ~u) (small) rubber dinghy

pontonow|y *adi.* Budow. *[most]* pontoon *attr.*

pontyfikaln|y *adi.* Relig. *[strój, msza]* pontifical

pontyfika|t *m* (*G* ~tu) [1] Relig. (urzędowanie papieża) pontificate; **~t Jana Pawła II** the pontificate of John Paul II; **za ~tu...** during the pontificate of... [2] Hist. (urząd arcybiskupa) pontificate

ponumer|ować *pf vt* to number *[kartki, strony]*; **miejsca są ~owane od 1 do 100** the seats are numbered from 1 to 100

ponurac|ki *adi. pot. [usposobienie, zachowanie]* sullen, surly

ponuractw|o *n sgt pot.* sullenness

ponura|k *m* (*Npl* ~cy a. ~ki) *pot.* sourpuss *pot.*

ponuro *adv.* [1] (z przygnębieniem) *[powiedzieć, patrzeć]* grimly; **wyglądać ~** to look gloomy a. grim; **spojrzał na nią ~** he

looked grimly at her [2] (przygnębiająco)
wyglądać ~ *[zamczysko]* to look dreary;
[krajobraz, miasto] to look bleak; **w pokoju
było ~** the room was gloomy a. bleak;
wicher wył ~ the wind howled dismally
ponuroś|ć *f sgt* [1] (osoby, spojrzenia) gloomi-
ness, grimness; **popaść w ~ć** to become
gloomy [2] (pejzażu, miasta) bleakness
ponu|ry *adi.* [1] (przygnębiony) *[osoba, twarz,
głos]* gloomy, grim; **być w ~rym nastroju**
to feel gloomy [2] (przygnębiający) *[zamczysko]*
dreary; *[pokój, miasto, dzień, pejzaż]* gloomy,
bleak; *[wiadomość]* grim
pony *m inv.* Zool. pony
poń =po niego
pończo|cha *f zw. pl* stocking; **pas do ~ch**
a suspender belt GB, a garter belt US;
trzymać pieniądze w ~sze przen. to keep
one's money under the mattress przen.
pończosz|ka *f dem.* stocking
pończosznictw|o *n sgt* hosiery trade
pończosznicz|y *adi.* *[sklep]* hosiery attr.;
artykuły ~e hosiery; **maszyna ~a** a
hosiery-making loom, stocking frame; **ścieg
~y** stocking stitch
poobiedni *adi.* *[spacer, sjesta]* after lunch;
postprandial książk.; **~a drzemka** an after-
lunch nap
poobija|ć *pf* [] *vt* [1] (poniszczyć) to bruise
[kolana, owoce]; to damage *[meble, ściany]*;
(wyszczerbić) to chip *[talerze, szklanki, tynk]*;
~ł sobie kostki palców he bruised
his knuckles; **~ne ściany/meble/garnki**
battered walls/furniture/pans a. cooking
pots; **~ne jabłka** bruised apples [2] (tapi-
cerką) to upholster *[krzesła, fotele]*; (blachą) to
clad *[drzwi, dachy]*; **~ć krzesła skórą** to
upholster the chairs with leather; **~ć coś
blachą** to clad sth with sheet metal
[] **poobijać się** *[owoce]* to become bruised;
[osoba, twarz] to be battered; *[talerze, szklanki, tynk]* to chip; **ściany się ~ły** the walls
were battered; **~łem się cały** I was all
battered
poobijan|y *pp →* **poobijać**
[] *adi.* *[osoba, twarz]* battered; **byłem tylko
trochę ~y** I only had a few bruises
poobtłuk|iwać *pf vt* to chip *[miski, kubki,
brzegi]*; **~iwane talerze** chipped plates;
~iwane garnki battered pans a. cooking
pots
po omacku *adv.* **iść ~** to feel a. grope
one's way; **zszedł ze schodów/wyszedł z
pokoju ~** he groped his way down the
stairs/out of the room; **szukał ~ zapałek
na stole** he felt a. groped around the table
for the matches; **~ szukała stopami kapci**
she felt around with her feet for her slippers; **ubrał się ~** he got dressed in the
dark; **szukać ~ odpowiedzi/rozwiązania**
przen. to grope for an answer/solution przen.;
cały czas poruszamy się ~ przen. we're
been groping in the dark all the time przen.
poo|rać *pf* **(~rzę)** [] *vt* [1] (zaorać) to plough
GB, to plow US *[pola, ugory]*; **~rane pola**
furrowed fields [2] (pożłobić) to furrow; (pokaleczyć) to rake; **twarz ~rana zmarszczkami** a face furrowed with wrinkles; **zmar-
twienie ~rało jej twarz** her face was
furrowed with worry; **~rała mu twarz
paznokciami** she raked his face with her
nails

[] *vi* (spędzić czas na oraniu) to plough GB, to
plow US; **~rał przez godzinę** he ploughed
for an hour
pop[1] *m* Relig. Orthodox priest
pop[2] [] *m sgt* (*G* **~u**) [1] Muz. pop (music);
słuchać ~u to listen to pop (music) [2] Szt.
(pop-art) pop art
[] *adi. inv* *[muzyka, gwiazda, zespół]* pop
[] *pop-* w wyrazach złożonych **popkultura**
pop culture
popadać[1] *impf →* **popaść[1]**
popada|ć[2] *pf* [] *vi* [1] Meteo. **śnieg/deszcz
~ł przez godzinę** it snowed/rained for an
hour; **jutro ~ śnieg/deszcz** it's going to
snow/rain tomorrow [2] (poupadać) *[osoby]* to
fall (down); **wszyscy ~li na podłogę**
everyone fell on the floor; **ludzie ~li na
kolana** people fell on their knees [3] (po-
zdychać) *[zwierzęta]* to die; **wszystkie nasze
krowy ~ały** all our cattle a. cows died
[] *v imp.* (o deszczu) to rain; (o śniegu) to
snow; **wczoraj trochę ~ło** it rained/
snowed a little yesterday; **dobrze by było
gdyby trochę ~ło** we could do with some
rain
popad|ywać *impf* [] *vi* **~ywał deszcz/
śnieg** it rained/snowed a little
[] *v imp.* (o deszczu) to rain (a little); (o
śniegu) to snow (a little); **przez cały dzień
~ywało** (trochę) there was light rain/snow
throughout the day; (od czasu do czasu) it
rained/snowed intermittently throughout
the day
popala|ć *impf vt* pot. to smoke (occasion-
ally) *[papierosy, fajkę]*; **czasem ~ł fajkę** he
occasionally smoked a pipe; **wiem, że mój
syn ~a** I know my son smokes; **siedzieli i
~li sobie trawkę** they sat there smoking
grass
popal|ić *pf* [] *vt* [1] (spalić) to burn
[dokumenty, meble]; to burn down, to burn
[sth] down *[zabudowania, domy]*; *[słońce]* to
scorch *[trawę]*; **wróg ~ił wsie i miasta** the
enemy burnt down villages and towns;
~one szczątki budynków the burnt(-out)
remains of the buildings; **ziemia ~ona
przez słońce** the sun-scorched earth
[2] (poniszczyć, poparzyć) *[osoba, substancja]* to
burn *[ubrania, palce]*; **~iła sobie sweter
papierosem** she burnt holes in her sweater
with a cigarette [3] (o używkach) to smoke
[papierosa, fajkę]; **~ił przez rok i przestał**
he smoked for a year and then quit; **chcesz
sobie ~ić?** do you want a smoke?
[] **popalić się** *[dokumenty, meble, zasłony]* to
burn; **wszystko się ~iło** everything was
burnt
■ **dać komuś ~ić** to give sb a rough ride
popamięta|ć *pf vt* [1] (zapamiętać) to re-
member; **~ to na całe życie** a. **do końca
życia** he won't forget it till the end of his
days [2] pot. (pożałować) **jeszcze ~sz!** I'll get
you one day! pot.; **jak cię tu jeszcze raz
zobaczę, to (ruski miesiąc) ~sz!** pot.
stay away from here, or you'll be sorry!
poparci|e [] *sv →* **poprzeć**
[] *n* [1] (wsparcie) support (**dla kogoś/
czegoś** for sb/sth); **~e militarne/poli-
tyczne** military/political support; **moralne
~e** moral support; **niewielkie ~e społeczne** little public support; **mieć czyjeś
~e** a. **cieszyć się czyimś ~em** to have

the support of sb; **udzielić komuś ~a** to
give sb (one's) support; **zyskać czyjeś ~e**
to win sb's support; **wyrazić ~e dla kogoś**
to express one's support for sb; **zrobić coś
przy czyimś ~u** to do sth with sb's
support a. with support from sb; **demon-
strować na znak ~a dla kogoś** to demonstrate in support of sb [2] (potwierdzenie) support; **argument na ~e decyzji/teorii** an
argument in support of a decision/theory
pop-ar|t, popar|t *m sgt* (*G* **~tu**) Szt. pop
art
popartow|ski, ~y *adi.* *[twórca, dzieło]*
pop art attr.
poparze|nie [] *sv →* **poparzyć**
[] *n* burn; (od gorącej wody, pary) scald; **~nie
pierwszego/drugiego/trzeciego stopnia**
Med. a first-/second-/third-degree burn; **doznać ~ń** to suffer burns; **mieć rozległe
~nia** to have extensive burns
poparz|yć *pf* [] *vt* *[osoba, przedmiot, kwas]* to
burn *[osobę, rękę]*; (gorącą cieczą, parą) *[osoba,
woda]* to scald *[osobę, rękę]*; **~yć kogoś
wrzątkiem** to scald sb with boiling water;
~yła sobie palce żelazkiem she burnt
her fingers with an iron; **~yła sobie nogi
gorącą zupą** she scalded her legs with hot
soup; **twarz ~ona kwasem** an acid-burnt
face; **był ciężko ~ony** he was badly burnt;
miałem ~one plecy (od słońca) I had a
sunburnt back
[] **poparzyć się** to burn oneself (**czymś**
with sth); (gorącą cieczą, parą) to scald oneself
(**czymś** with sth); **~yłem się w rękę
lutownicą** I burnt my hand with a solder-
ing iron; **~yła się w usta gorącą herbatą**
hot tea scalded her lips
popas *m* (*G* **~u**) [1] (przerwa w podróży) rest;
zatrzymać się na ~ to stop for a rest; to
bait przest.; **zrobić gdzieś dłuższy ~** to
stop somewhere for a long rest [2] (dla zwierząt) **puścić konie na ~** to put horses to
pasture; **miejsce ~u jeleni** a favourite
grazing spot for deer
popa|ść[1] *pf* — **popa|dać[1]** *impf* (**~dnę,
~dniesz, ~dł, ~dła, ~dli** — **~dam**) [] *vi*
(wpaść) to fall (**w coś** into sth); **~ść w
długi/nędzę/ruinę** to fall into debt/pov-
erty/ruin; **~ść w niełaskę u kogoś** to fall
into disgrace with sb; **~ść w tarapaty** to
get into trouble; **~ść w depresję** to become depressed; **~ść w alkoholizm** to
descend into alcoholism; **~ść w konflikt z
kimś** to come into conflict with sb
[] **popaść** *v imp.* (trafić się) **jedzą co ~dnie**
they eat whatever they can find; **spaliśmy
gdzie ~dło** we slept wherever we could;
rzucali w nas czym ~dło they were
throwing whatever they could get their
hands on at us; **połóż to jak ~dnie** just
put it anywhere; **robią interesy z kim
~dnie** they do business with anybody
popa|ść[2] *pf* (**~sę, ~siesz, ~sł, ~sła,
~śli**) [] *vt* (nakarmić) to graze, to feed; (popil-
nować) to herd; **~sł konia przed podróżą**
he fed his horse before the journey; **~sła
owce przez tydzień** she herded sheep for
a week
[] **popaść się** *[zwierzęta]* to graze; **konie
~sły się całą noc na łące** the horses
grazed all night on the pasture

P

popatrz|eć, popatrz|yć pf (~ysz, ~rzał a. ~ył, ~eli a. ~yli) **Ⅰ** vi ① (spojrzeć) to look (**na kogoś/coś** at sb/sth); ~**yć na film** to watch a film; ~**eć przez lunetę** to have a look through a telescope; ~**eć w lustro** to look in the mirror; ~**eć komuś w oczy** to look sb in the eyes; ~**eć na kogoś życzliwie** to give sb a kind look; ~**eć na kogoś z nienawiścią** to give sb a look of pure hatred; **chcesz ~eć?** do you want a look?; ~ **pod łóżkiem** look under the bed; ~**ył, czy nikt nie idzie** he made sure nobody was coming; ~**ył po zebranych** he looked around at the people present; ~**yli po sobie** they looked at each other; **aż przyjemnie było ~eć, jak sobie pomagają** it was a pleasure to watch them help a. helping each other; **było na co ~eć!** you should've seen it!; **widziałem ją wczoraj, jest na co ~eć!** pot. I saw her yesterday, she's quite something! pot.; ~, **co zrobiłeś!** look what you've done!; ~, **wcale się ciebie nie boi!** look, he's not afraid of you at all; ~, (~), **jaki mądry!** iron. look how smart he is! iron.; ~**cie (państwo), kto to idzie!** well, well, well, look who's coming!; ~**my, co my tutaj mamy** let's see what we've got here ② (rozważyć) to look (**na kogoś/coś** at sb/sth); ~**yć na coś realnie/trzeźwo** to look at sth realistically/rationally; ~**my na to z ich punktu widzenia** let's look at it from their point of view; ~**my na to inaczej** let's look at it from a different angle **Ⅲ popatrzyć się** pot. to look (**na kogoś/coś** at sb/sth); ~**ył się na mnie ze zdziwieniem** he gave me a surprised look
popatrzyć → **popatrzeć**
pop|chnąć pf — **pop|ychać** impf (~chnęła, ~chnęli — ~ycham) **Ⅰ** vt ① (posunąć, potrącić) to push [osobę, przedmiot, drzwi]; ~**chnąć kogoś/coś z całej siły** to push sb/sth with all one's might; ~**chnąć kogoś na łóżko** to push sb onto the bed; ~**chnął mnie lekko ku drzwiom** he pushed me gently towards the door; **czy mógłby mnie pan ~chnąć?** (o samochodzie) could you give me a push? ② (skłonić) [osoba, bieda, zazdrość] to drive [osobę]; ~**chnąć kogoś do samobójstwa** to drive sb to suicide; ~**ychać kogoś do działania** to spur sb into action ③ (zbliżyć do końca) to move [sth] forward; **to powinno ~chnąć sprawę naprzód** it should move the matter forward **Ⅲ popchnąć się** — **popychać się** to push each other; ~**ychali się nawzajem** they were pushing and shoving each other
popcorn /'popkorn/ m sg (G ~**u**) popcorn
popedał|ować pf vi ① (na rowerze) to pedal; **wsiadł na rower i ~ował do domu** he got on his bike and pedalled home ② przen. (szybko pójść) to hotfoot it; ~**ował do pracy** he hotfooted it to work
popelin|a f sgt ① Włók. poplin; **sukienka z ~y** a poplin dress ② (chłam) pot. trash pot.
popelinow|y adi. [koszula, spodnie] poplin attr.
popełniać impf → **popełnić**
popeł|nić pf — **popeł|niać** impf vt ① (zrobić) to commit [przestępstwo, grzech]; ~**nić samobójstwo** to commit suicide;

~**nić gafę** to make a gaffe; ~**niła mezalians** she married below her station przest.; ~**nia pan poważny błąd** you're making a big mistake ② żart. (stworzyć) to put together [powieść, wiersz]
popeł|znąć pf (~znął a. ~zł) vi ① [osoba] to crawl; [wąż] to slither; ~**źliśmy w kierunku zarośli** we crawled towards the bushes; **żmija ~zła do lasu** the adder slithered off into the forest ② przen. [samochód] to crawl
pop|ęd m (G ~**du**) ① Biol., Psych. drive; ~**d (płciowy) sex drive; **zaspokajać swoje ~dy biologiczne** to satisfy one's biological needs; ~**d wygasa z wiekiem** sex drive declines with age ② (skłonność) urge; **niepohamowany ~d do hazardu** an uncontrollable urge to gamble; **kontrolować swoje ~dy** to control one's impulses; **iść za ~dem serca** to follow one's heart ③ Fiz. impulse; ~**d siły** the impulse of a force ■ **dać komuś ~d** to put the screws on sb
popędliwie adv. grad. [działać] hastily; **zachowywać się ~** to be quick-tempered
popędliwość f sgt short temper; **hamować swoją ~ć** to keep one's temper
popędliw|y adi. grad. [osoba] (porywczy) quick-tempered; (ulegający namiętnościom) passionate; [charakter, słowa] impulsive
popędow|y adi. [zachowanie] impulsive
popędza|ć impf vt (ponaglać) to push [osobę]; to urge on, to urge [sth] on [konia]; **nie ~j mnie!** don't push me! pot.; **nikt cię nie ~** nobody's pushing you; **nie cierpi, kiedy się go ~** he hates being pushed; ~**ł konia ostrogami/batem** he spurred/whipped the horse on; **„szybciej, szybciej" — ~ł** 'hurry up,' he urged
popę|dzić pf **Ⅰ** vt to drive [gęsi, owce]; ~**dzić krowy na pastwisko** to drive the cattle to pasture **Ⅲ** vi (pognać) to dash; ~**dzić za kimś/czymś** to chase after sb/sth; ~**dził do pracy** he dashed off to work; ~**dził grać w piłkę** he dashed off to play football; ~**dził galopem do apteki** he galloped off to the chemist's
popęka|ć pf vi ① (nadłamać się, skaleczyć się) [szklanka, skóra, drewno, szyba] to crack; **rury ~ły od mrozu** the pipes cracked from the cold ② (wybuchnąć, rozerwać się) [rury] to burst; ~**ło mi naczynko w oku** I have burst a blood vessel in my eye; ~**ją z zazdrości, kiedy to zobaczą** pot. they will turn green with envy when they see it; **wszyscy ~ją ze śmiechu** pot. everybody will laugh their heads off
popękan|y adi. [talerz, skóra] cracked; **miała wargi ~e od mrozu** her lips were cracked from the cold
popi adi. [strój, broda] Orthodox priest's
popi|ć¹ pf — **popi|jać¹** impf (~ję — ~jam) vt to wash [sth] down (**czymś** with sth); ~**ć lekarstwo wodą** to wash a pill down with water; **ostrygi ~jane białym winem** oysters washed down with white wine
popi|ć² pf (~ję) **Ⅱ** vt ① (napić się) to drink; ~**ła sobie zimnej wody** she drank some cold water ② pot. (podpić sobie) to drink; **on lubi sobie ~ć** he likes a drink; ~**li wczoraj** they were drinking yesterday; **nie-**

źle żeście ~li! wow, you've drunk a lot!
Ⅲ popić się to get drunk; **wszyscy się ~li** everybody got drunk
popielato adv. **pomalować coś na ~** to paint sth light grey; **być ubranym na ~** to wear grey clothes
popielatoś|ć f sgt greyness; **różne odcienie ~ci** different shades of grey
popiela|ty adi. [garnitur, suknia] (light) grey; [twarz, cera] ashen
popielcow|y adi. [liturgia, msza] Relig. Ash Wednesday attr.; **środa ~a** Ash Wednesday
Popiel|ec m Relig. Ash Wednesday; **w ~ec** on Ash Wednesday
popielisk|o n ashes; **piec kartofle w ~u** to bake potatoes in the ashes of the fire; **z ~k unosił się dym** there was smoke rising from the ashes
popielnic|a f ① (urna) (cinerary) urn ② augm. (popielniczka) (large) ashtray
popielnicow|y adi. Archeol. **cmentarzysko ~e** an urnfield
popielnicz|ka f ashtray
popielnik m ① (część pieca) ash pan; **drzwiczki ~a** an ash pan door ② Bot. cineraria
popieprz|yć pf **Ⅱ** vt ① Kulin. (dodać pieprzu) to add pepper to [sth]; (posypać pieprzem) to sprinkle [sth] with pepper ⇒ **pieprzyć** ② posp. (pomieszać) to mess [sth] up pot.; (zepsuć) to screw [sth] up pot.; **znów wszystko ~yłeś** you a. you've messed everything up again **Ⅲ popieprzyć się** posp. (poplątać się) to get messed up posp.; **wszystko się ~yło** everything got all messed up; ~**yły mi się ich imiona** I messed up their names ⇒ **pieprzyć się**
popierać impf → **poprzeć**
popiersi|e n (Gpl ~) Szt. bust; ~**e Napoleona/Platona** a bust of Napoleon/Plato
popie|ścić pf vt to fondle [dziecko, kochankę]; to pet [psa, kota]; **kot przyszedł, żeby go ~ścić** the cat came to be petted ⇒ **pieścić**
popijać¹ impf → **popić¹**
popija|ć² impf vt (sączyć) to sip [herbatę, wino]; **siedzieli przy stole, ~jąc kawę** they sat at the table sipping coffee ② pot. (pić nałogowo) to drink; **ostatnio znów zaczął ~ć** recently he's started drinking again
popijaw|a f pot. drinking session, booze-up pot.; **pójść na ~ę** to go out for a booze-up; **urządził ~ę u siebie w domu** he organized a booze-up in his house
popiln|ować pf vt to keep an eye (**kogoś/czegoś** on sb/sth); ~**uj chwilę dziecka, dobrze?** keep an eye on the baby for a moment, will you?; ~**uję samochodu, a ty idź i znajdź parking** I'll keep an eye on the car and you go and find a car park a. parking lot US; ~**ować mleka, żeby nie wykipiało** to watch milk so that it doesn't boil over
popiołow|y adi. ash attr.; **hałdy ~e** ash heaps
popi|ół m (G ~**ołu**) ash(es), cinder(s); **wygrzebać ~ół z pieca** to clean the ashes from the stove; ~**ół z papierosa strącił na**

P

dywan he flicked cigarette ash onto the carpet; **spalić się na ~iół** to burn to ashes a. to a cinder a. to cinders

Ⅲ popioły *plt* ashes; **~oły przodków złożył w nowym grobie** he buried his ancestors' ashes in a new grave

❑ **~ół dymnicowy** Techn. pulverized fuel ash, PFA; **~ół wulkaniczny** Geol. volcanic ash

■ **obrócić coś w ~ół** to reduce sth to ashes; **powstać** a. **odrodzić się (jak feniks) z ~ołów** to rise a. emerge (like a phoenix) from the ashes; **posypać (sobie) głowę ~ołem** to repent, to admit one's guilt, to wear sackcloth and ashes

popis *m* (*G* **~u**) show, display; **~ gimnastyczny** a gymnastics display; **~ deklamatorski** (konkurs) a recitation contest; (wyczyn) a brilliant display of recitation; **~ solowy/zbiorowy** an individual/a team show; **~ zręczności** a display of skill; **~ odwagi** a show of courage; **~ ekwilibrystyczny** a balancing act; **~ sztuki aktorskiej** a brilliant piece of acting

■ **mieć/znaleźć pole do ~u** to have/get a chance to show what one can do

popi|sać *pf* (**~szę**) *vt* � (skończyć pisanie) to write; **~sał wreszcie kartki świąteczne** he finally wrote his Christmas cards; (napisać wiele) to scribble; **~sać uwagi na marginesach** to scribble notes in the margin ② (spędzić pewien czas na pisaniu) **~sał dwie godziny i poszedł na obiad** he wrote for two hours and then went out for lunch; **~szę dziś wieczorem** I'll do some writing tonight

popi|sać się *pf v refl.* to display *vt* (**czymś** sth) *[odwagą, siłą]*; **nie ~sałeś się** iron. you didn't exactly distinguish yourself iron.; **ale się ~sał!** iron. he really blew it! iron.

popisk|iwać *impf vi* to cry softly, to whimper; to mewl przest.; **~iwać cicho** to whimper quietly; **niemowlę ~iwało w kołysce** the baby whimpered a. was whimpering in its cradle

popisowo *adv.* in an exemplary way, spectacularly; **zagrał ~ rolę starca** his performance in the role of the old man was outstanding; **tańczył naprawdę ~** he was a really accomplished dancer

popisow|y *adi.* exemplary; **~ numer** a showpiece, a pièce de résistance; **~a scena** a set piece; **gulasz to ~a potrawa pana domu** goulash is the host's pièce de résistance

popi|sywać się *impf v refl.* (chełpić się) to show off (**kimś/czymś** sb/sth); to show off (**przed kimś/czymś** to a. in front of sb/sth); to swank pot. (**czymś** about sth); **chciał się ~sać przed innymi dziećmi** he wanted to show off in front of (the) other children; **nie lubił się ~sywać, chociaż był zdolny** he was bright, but he didn't like to show off; **lubiła ~sywać się swoim bogactwem** she liked to flaunt her prosperity a. wealth

poplam|ić *pf* Ⅰ *vt* to stain *[obrus, podłogę, ubranie]*; **palce ~ione atramentem** ink-stained fingers; **ręcznik ~iony krwią** a blood-stained towel

Ⅱ **poplamić się** to soil; **dzieci ~iły się czekoladą** the children smeared them-

selves with chocolate; **~ić się krwią** to be stained with blood; **obrus ~ił się kawą/winem** the tablecloth has coffee/wine stains, the tablecloth was stained with coffee/wine

poplą|tać *pf* (**~czę**) Ⅰ *vt* ① (splątać) to tangle (up); **~tać nici** to tangle up the threads; **wiatr ~tał nam włosy** our hair got tangled (up) in the wind ② (zagmatwać, pomylić) to confuse, to mix up, to mix [sth/sb] up *[osoby, fakty]*; to mess up pot., to mess [sth] up pot. *[fakty, dokumenty]*

Ⅱ **popląt ać się** ① (stać się poplątanym) to get tangled (up); **włosy się jej ~tały** her hair got tangled (up) ② przen. to become muddled, to become confused; **~tały mu się różne fakty/daty** he got various facts/dates mixed up a. confused

■ **~tać komuś szyki** to put a spoke in sb's wheel, to queer sb's pitch, to spike sb's guns; **język mu/jej się ~tał** he/she got his/her tongue in knots

poplecznictw|o *n sgt* ① (protekcja) unquestioning support, blind adherence; **uzyskać coś dzięki ~u** to gain sth by having friends in high places ② Prawo aiding and abetting, abetment

poplecznicz|ka *f* unquestioning supporter

popleczni|k *m* unquestioning supporter; henchman pejor.; **politycy muszą szukać ~ków** politicians have to look for loyal henchmen

poplotk|ować *pf vi* to gossip; **po zebraniu ~owały o szefie** after the meeting they gossiped about their boss; **przychodzi tu ~ować** s/he comes round here for a gossip

poplu|skać się *pf* (**~skam się** a. **~szczę się**) *v refl.* to splash about; **dzieci ~skały się nad brzegiem morza** the children splashed about on the seashore; **lubię ~skać się w wannie** I like to splash about in the bath

popłaca|ć *impf vi* to pay; **uczciwość ~** honesty is the best policy; **uczciwość nie ~** it doesn't pay to be honest; **zbrodnia/nieuczciwość nie ~** crime/dishonesty doesn't pay

popła|cić *pf vt* to pay (off) *[należności, rachunki]*; **~ciliśmy wszystkie nasze długi** we paid (off) all our debts

popła|kać *pf* (**~czę**) Ⅰ *vi* to have a cry; **trochę sobie ~kała i uspokoiła się** she had a (little) cry and calmed down

Ⅱ **popłakać się** to be moved to tears; **~kać się z radości/z żalu** to cry tears of joy/sorrow; **~kać się ze śmiechu** to cry with laughter

popłak|iwać *impf vi* to cry; **~iwać po kątach** to shed one's tears in private; **~iwać w poduszkę** to cry a. sob into one's pillow; **~iwała ukradkiem nad swoim życiem** she shed silent tears over her life

popłatn|y *adi.* well-paid, lucrative; **~y zawód** a lucrative profession; **~e zajęcie** a well-paid job; **~y interes** a profitable a. lucrative business; **to ciężka praca, ale ~a** it's a hard job but well paid

popłoch *m* ① *sgt* (*G* **~u**) scare, panic; **pierzchnąć/uciec w ~u** to flee in (a)

panic; **wywołać ~** to create a. cause panic; **wpaść w ~** to get into a panic; **wszyscy w ~u rzucili się do wyjścia** there was a stampede for the exit ② (*G* **~u** a. **~a**) Bot. cotton thistle, Scotch thistle

popłuczyn|a *f zw. pl* pot. ① (płyn po wypłukaniu) slops *pl* ② przen., pejor. leftovers *pl*; **~y po romantyzmie** vestiges of romanticism

popłu|kać *pf* (**~czę**) *vt* to rinse *[szklanki, talerze]*; **~kać gardło** to rinse one's throat, to gargle

popły|nąć *pf* (**~nęła, ~nęli**) *vt* ① (o płynie) to (start to) flow; **łzy ~nęły mi z oczu** tears started to flow down my face; **krew ~nęła z rany** blood started to flow from the wound; **gaz/energia ~nie** soon gas/energy will flow ⇒ **płynąć** ② (oddalić się płynąc) *[osoba]* to swim; *[statek]* to sail; **~nął w górę/w dół rzeki** he swam up/down the river a. upstream/downstream a. upriver/downriver; **frachtowiec ~nął z powrotem do Hamburga** the freighter sailed back to Hamburg ⇒ **płynąć** ③ przen. **znana melodia ~nęła z głośnika** a popular tune floated from the loudspeakers; **z całej Polski ~nęły dary na powodzian** donations for flood victims started to flow in from all over Poland ⇒ **płynąć**

popływa|ć *pf vi* (spędzić pewien czas na pływaniu) **~ł parę lat na kutrze** he spent a few years (as a crew member) aboard a fishing smack; **~li godzinę w basenie** they spent an hour swimming in the pool

popod *praep.* przest. ① (pod) below, under (neath); **~ warstwą liści** under a. below a layer of leaves; **myszy pochowały się ~ deski podłogi** the mice hid under the floorboards ② (blisko) (close) by; **~ lasem** at the edge of a. by the forest

popojutrz|e Ⅰ *n sgt* three days from now a. today; **będą tu do ~a** they'll be here until the day after tomorrow

Ⅱ *adv.* in three days' time; **~e kończą się wakacje** holidays will be over in two days' time

popołogow|y *adi.* Med. *[okres]* post-puerperal spec.

popołudni|e *n* afternoon; **miłego ~a!** have a nice afternoon!; **~em/~ami** in the afternoon/in the afternoons; **spędzili razem miłe ~e** they spent a pleasant afternoon together; **przyszedł dopiero późnym ~em** he only came in the late afternoon; **~ami grywali w tenisa** in the afternoons they played tennis

popołudniow|y *adi.* *[spacer, siesta]* afternoon *attr.*; *[koncert, seans]* matinee *attr.*; **pracuję na ~ej zmianie** I work afternoon a. evening shifts, I work a. I am on evenings ❑ **~a suknia** przest. tea gown przest.

popołudniów|ka *f* pot. ① (przedstawienie) matinee, afternoon performance ② (gazeta) evening paper; **poczytna ~ka** a popular evening paper

popow|y *adi.* Muz. pop *attr.*;

popraw|a *f sgt* ① (polepszenie) improvement; **~a pogody** an improvement in the weather (conditions); **~a gospodarki** an upturn in the economy, an upswing in economic activity; **nastąpiła ~a jej zdrowia** her health improved; **~a wypracowania/za-**

dania domowego a composition/homework done for a second time to improve one's marks [2] (w zachowaniu) betterment; **obiecywać/przyrzekać ~ę** to promise/resolve to mend one's ways; **ma w sobie mocne postanowienie ~y** he/she firmly resolved to do/behave better in future

poprawczak m pot. community home GB, young offenders' home, detention centre

poprawcz|y adi. Prawo [środki, działania] reformatory
❏ **zakład** a. **dom ~y** young offenders' institution; community home GB

poprawiacz m, **~ka** f (Gpl ~y, ~ek) pot. iron. improver; **~e całego świata** people who want to set the world to rights; **dopiski, skreślenia ~y tekstu** annotations and deletions made by manuscript 'improvers'

poprawiać impf → poprawić

popraw|ić pf — **popraw|iać** impf [I] vt
[1] (doprowadzić do porządku) to tidy up; **~ić makijaż** to touch up one's make-up; **~ić strój i włosy** to smarten a. tidy oneself up; **~iła sobie uczesanie przed lustrem** she neatened a. tidied her hair in front of the mirror; **~ił krawat** he straightened his tie; **~iła poduszki** she plumped up the cushions a. pillows [2] (udoskonalić) to improve on [wyniki, rekord]; to amend [ustawę]; **dobry koniak ~ił nam humory** (a) good cognac raised our spirits; **sąsiad ~ił jej nastrój swoją opowieścią** the neighbour cheered her up with his story [3] (zreperować) to mend; **~ić walący się płot** to repair the dilapidated fence; **~ić źle uszytą suknię** to make alterations to a. alter a badly-made dress [4] (usunąć błędy, wprowadzić poprawki) to correct; **~ić dyktando/wypracowanie** [nauczyciel] to mark a. correct mistakes in a dictation/composition; [uczeń] to correct one's dictation/composition; **~iała tekst czerwonym ołówkiem** she marked a. corrected the text with a red pencil; **~ił błędy w korekcie/w maszynopisie** he made corrections on the (galley) proofs/he made corrections to the manuscript [5] (zwrócić uwagę mówiącemu) to correct; **~iać swego rozmówcę** to correct one's interlocutor; **~ić błędnie wymówione nazwisko** to correct a mispronounced name; **nauczyciel angielskiego ~iał wymowę uczniów** the English teacher corrected the pupils' pronunciation [6] (powtórzyć cios) to hit (again); **uderzył go mocno i jeszcze ~ił** he hit him hard and added another blow for good measure

[III] **poprawić się — poprawiać się** [1] (wygodniej usiąść) to sit more comfortably; **~ić się na krześle/w siodle** to settle oneself more comfortably in one's chair/the saddle [2] (inaczej się wyrazić) to correct oneself; **mówca starannie dobierał słowa i ciągle się ~iał** the speaker chose his words carefully and kept correcting himself; **przejęzyczył się, ale zaraz się ~ił** he made a slip of the tongue, but quickly amended what he had said [3] (polepszyć się) to improve; **pogoda się wreszcie ~iła** the weather's improved at last; **dzięki temu lekowi stan zdrowia pacjenta znacznie się ~ił** the patient made a marked improvement with this drug [4] (przytyć) to put

on weight; **dziecko ~iło się i opaliło nad morzem** the child put on weight and acquired a suntan at the seaside [5] (zmienić się na lepsze) **~ić się w nauce** to make better progress at school; **~ił się pod wpływem dobrego kolegi** his behaviour improved under his friend's good influence
❏ **~ić rekord** Sport to set a (new) record
■ **~iać zeszyty** to mark a. correct homework; **~iała zeszyty przez trzy godziny** she spent three hours marking a. correcting the pupils' exercise books

poprawin|y plt (G ~) continuation of wedding/christening celebrations the day after the actual event

popraw|ka f [1] (zmiana) alteration, amendment; **oddać suknię/płaszcz do ~ki** to have some alterations made to a dress/a coat, to take a dress/coat for alteration; **dokonać drobnych ~ek w tekście** to make minor alterations to a text; **projekt ustawy przeszedł bez ~ek** the bill passed without (any) amendments [2] pot. (powtórny egzamin) retake, resit GB; **mieć ~kę z geografii** (zdawać) to resit a. retake (one's) geography, to resit a geography examination; (mieć ocenę niedostateczną) to have to resit a. retake (one's) geography [3] Techn. allowance

poprawkow|y adi. [egzamin] resit attr. GB, retake attr.

poprawnie adv. grad. [mówić, pisać, wymawiać] correctly, properly

poprawnościow|y adi. **słownik ~y języka polskiego** a dictionary of Polish usage; **zgodnie z regułami ~ymi** in conformity with the grammatical rules

poprawnoś|ć f correctness; **~ć manier** appropriate behaviour, good manners; **~ć stroju** dress code; **~ć gry aktorskiej** respectable acting; **~ć gramatyczna** grammaticalness, grammaticality, grammatical correctness; **kryteria ~ci językowej** criteria of grammatical correctness; **~ć polityczna** political correctness

poprawn|y adi. grad. [1] (prawidłowy) correct; **~y zwrot językowy** grammatically correct expression; **~a forma gramatyczna** grammatically correct form; **mówić ~ą angielszczyzną** to speak correct English; **~a konstrukcja sztuki** the balanced structure of a play [2] (zgodny z konwenansem) suitable; **~y strój wizytowy** suitable formal attire; **~e maniery** good manners; **~e zachowanie** appropriate behaviour; **jest ~y, ale mało serdeczny** he's all right a. OK pot., but rather aloof

popręg m (G ~u) girth, bellyband, cinch US; **rozluźnić/podciągnąć ~i** to loosen/tighten the girth; **dopiąć ~ów** to fasten the girth

poprodukcyjn|y adi. [1] (związany z produkcją) industrial; **odpady ~e** industrial a. production waste [2] (o ludziach) **w wieku ~ym** beyond retirement age

popromienn|y adi. radiation attr.; **choroba ~a** radiation sickness; **nowotwory ~e** radiation-induced tumours; **zgony ~e** deaths caused by radiation

popro|sić pf vt [1] (zwrócić się z prośbą) to ask; **~sić o pomoc/o pożyczkę** to ask for help/a loan; **~sił, żebym usiadł i odpoczął** he invited me to sit down and take a

rest ⇒ **prosić** [2] (zaprosić) **~sił ją do tańca** he invited her to dance, he asked her to dance with him; **~sić kogoś do telefonu** to call sb to the phone; **~sił ją do siebie do gabinetu** he asked her to come to his office ⇒ **prosić**
■ **~sić o głos** to request the right to speak, to ask for the floor; **~sić o ogień** to ask for a light; **~sić o rękę** to ask for sb's hand (in marriage); **wczoraj ~sił ją o rękę** yesterday he asked her to marry him

poprowa|dzić pf vt [1] (zaprowadzić) to take; **~dzić dzieci do parku** to take the children to the park; **~dzić konie do wodopoju** to take the horses to the watering place [2] Mat. to draw; **~dzić prostą równoległą/prostopadłą** to draw a parallel line/a perpendicular [3] Budow. to construct; **w zeszłym roku ~dzono drogę przez pola** last year a road was constructed across the fields [4] (pokierować pojazdem) to drive [samochód, pociąg]; to fly [samolot] [5] (stanąć na czele) to lead; **~dzić oddział do boju** to lead a detachment to battle; **~dzić mazura/poloneza** to lead the mazurka/polonaise; **~dzić orkiestrę** [dyrygent] to conduct an orchestra; [pierwszy skrzypek] to lead an orchestra; **~dzić gospodarstwo/firmę** to run a farm/company [6] (pokierować przebiegiem) to conduct; **~dzić lekcję** to conduct a. hold (a) class; **~dzić wykład** to give a. deliver a lecture; **~dzić zebranie** to preside over a. to chair a meeting

poprób|ować pf [I] vt [1] (skosztować) to taste, to try (**czegoś** sth) [wina, smakołyków] [2] (sprawdzić) to try out (**czegoś** sth) [noża, ostrza] [3] (podjąć próbę) to try (**czegoś** sth); **~ował, czy mu się uda wstać** cautiously he tried to get up; **~ował swych sił w zawodzie agenta ubezpieczeniowego** he tried his hand as an insurance agent
[II] **popróbować się** to wrestle; **~ować się z kolegą** to wrestle with a friend; **~ować się na rękę** to arm-wrestle

poprósz|yć pf [I] vt (posypać) to sprinkle; **~yć ciastka cukrem pudrem** to dust icing sugar over the cakes
[II] vi (o śniegu) **jutro ~y na południu** it will snow lightly tomorrow in the south, light snow expected tomorrow in the south; **w nocy trochę ~yło** during the night there were some light snowfalls

poprzecz|ka f [1] (listwa, kreska w poprzek) crosspiece [2] Sport crossbar; **~ka zachwiała się, ale nie spadła** the bar wobbled but it didn't fall a. but it stayed up; **piłka przeszła nad ~ką** the ball went over the crossbar
■ **podnieść/obniżyć ~kę** to raise/lower standards

poprzecznie adv. crosswise, transversely

poprzeczn|y adi. crosswise; **~a ulica** a side street which crosses a main road; **ulica Główna jest ~a do torów kolejowych** Main Street crosses a. intersects the railway line; **nasza ulica jest ~a do drogi głównej** our street crosses the main road

pop|rzeć pf — **pop|ierać** impf [I] vt [1] (wspomóc) to support, to back (up); **~ierać rozwój czegoś** to promote the development of sth; **~rzeć czyjąś prośbę** to back (up) sb's request; **~ierać czyjąś**

kandydaturę to support a. back (up) sb's candidacy [2] (uzasadnić, potwierdzić) to justify, to back up; **~rzeć swoje słowa dowodami** to back one's words with proof a. evidence; **~ierać swoje słowa czynami** to put one's money where one's mouth is, to suit actions to words; **deklaracja musi być ~arta skuteczniejszym działaniem** the declaration must be backed up with a. by more effective action

III **poprzeć się — popierać się** to support each other/one another; **członkowie rodziny solidarnie się ~ierali** the members of the family stood together

poprzedni adi. [rozdział, strona] preceding, previous; [właściciel, praca] previous; **~ prezydent** the former president; **nasz ~ szef** our previous a. former boss; **namoczyć fasolę ~ego dnia** (w przepisach) soak the beans the day before

poprzednicz|ka f predecessor

poprzedni|k I m pers. predecessor

III m inanim. Filoz. antecedent

poprzednio adv. previously, formerly; **uczy się lepiej niż ~** s/he's getting better results at school/college than (s/he was) before

poprzedzać impf → **poprzedzić**

poprze|dzić pf — **poprze|dzać** impf vt [1] (znaleźć się na przedzie) to precede; **pochód ~dzała kapela** a band preceded the parade [2] (umieścić na przedzie) to precede (**coś czymś** sth with sth); **~dził powieść krótkim wstępem** he preceded his novel with a short introduction; **występ został ~dzony krótką prelekcją** the performance was preceded by a short talk

poprzek → w poprzek

poprzesta|ć pf — **poprzesta|wać** impf (**~nę — ~ję**) vi to make do (**na czymś** with sth); to content oneself (**na czymś** with sth); **skończył szkołę średnią i na tym ~ł** he finished secondary school and that was that, he finished secondary school and that was as far as he went; **egzaminator ~ł na jednym pytaniu** the examiner was satisfied with (just) one question

■ **~ć na małym** to be content with what one's got a. one has

poprzestawać impf → **poprzestać**

poprzetrąca|ć pf vt pot. to knock [sb] about; **uważaj, bo ci kości ~m** be careful or I'll knock you into the middle of next week pot.; be careful, or I'll give you the works pot., przest.

poprzewraca|ć pf II vt [1] (przewrócić jedno za drugim) to overturn, to topple; **~ć szklanki/ krzesła** to overturn glasses/chairs; **wichura ~ła drzewa** the gale toppled a. overturned the trees [2] (zrobić nieporządek) **~ć w szufladach/w szafach** to rummage (through) the drawers/wardrobes; **~ć wszystko do góry nogami, szukając czegoś** to turn everything upside down in search of sth

II **poprzewracać się** to trip a. fall (over); **wiele dzieci ~ło się na ślizgawce** many children fell over on the skating rink

poprzez praep. książk. [1] (w przestrzeni) through; **brnąć ~ śnieg** to trudge through the snow; **dostrzec coś ~ mgłę** to see sth through the mist [2] (w czasie)

through, throughout; **~ dzieje** throughout history; **~ wieki** throughout the centuries; **~ długie godziny** for many hours; **od września ~ październik do listopada** from September through October until November [3] (o sposobie) through, by (means of); **zmniejszać bezrobocie ~ tworzenie nowych miejsc pracy** to curb unemployment through the creation of a. by creating new jobs [4] (za pośrednictwem) through [osobę]; via [urządzenie]; **rozmawiać ~ tłumacza** to talk through an interpreter; **prowadzić działalność ~ przedstawicieli regionalnych** to carry out one's activity through regional representatives; **głosować ~ Internet** to vote via the Internet; **sygnały przekazywane ~ satelitę** signals transmitted via satellite

poprztyka|ć się pf v refl. pot. to brawl pot., to scrap pot.; **~ła się z najlepszą przyjaciółką** she fell out with her best friend

poprzysi|ąc pf — **poprzysi|ęgać** impf (**~ęgnę, ~ęgniesz, ~ągł, ~ęgła, ~ęgli — ~ęgam**) vt to vow, to swear; **~ąc komuś wierność** to vow to remain faithful to sb; **~ąc zemstę** to vow vengeance, to swear a. vow revenge; **~ągłem sobie, że nie spocznę dopóki...** I vowed never to rest until...; **~ągł pomścić siostrę** he vowed to avenge his sister

poprzysięgać impf → **poprzysiąc**

popstrz|yć pf vt pot. to speck; **ściana ~ona przez muchy** flyspecked wall; **miała twarz ~oną piegami** her face was specked with freckles

popsu|ć pf II vt [1] (zniszczyć) to break [maszynę, zabawki]; to wreck, to spoil ⇒ **psuć** [2] (zakłócić) to spoil, to wreck, to mar; **~ć komuś zabawę** to spoil sb's fun; **zła pogoda ~ła nam wakacje** our holiday was ruined a. marred by foul weather; **sprzeczka ~ła stosunki między nami** the dispute soured our relationship ⇒ **psuć** [3] przest. to demoralize przest.; **był dobrym dzieckiem, ale ~li go koledzy** he was a good kid, but his friends had a bad influence on him; **~ł wnuki, kupując im wszystko, co chciały** he spoiled his grandchildren by buying them whatever they wanted ⇒ **psuć**

II **popsuć się** [1] (ulec zniszczeniu) to break down; **samochód wczoraj się ~ł** the car broke (down) yesterday; **telewizor się ~ł** the TV's kaput pot. ⇒ **psuć się** [2] (stać się niejadalnym) to spoil, to go bad a. off; **owoce ~ły się w lodówce** the fruit went off in the refrigerator ⇒ **psuć się** [3] (pogorszyć się) to deteriorate; **pogoda nagle się ~ła** the weather suddenly deteriorated; **~ła się atmosfera w domu** the atmosphere at home turned sour a. deteriorated ⇒ **psuć się**

■ **~ć komuś szyki** to queer sb's pitch, to thwart sb; **~ć (sobie) oczy/zęby/żołądek** to ruin one's eyes/teeth/stomach; **~ła sobie oczy czytaniem przy świecy** reading by candlelight ruined her eyes

popsu|ty pp → **popsuć**

II adi. [mięso, warzywa, owoce] rotten, spoiled, spoilt GB; [zegar, rower, zabawka]

broken; [urlop, wieczór, przyjemność] wrecked, spoilt

populacj|a f (Gpl **~i**) Biol., Socjol. population

populacyjn|y adi. [tematyka, zagadnienia] population attr.

popularnie adv. [1] (zrozumiale) in a popular way; **przedstawić ~ skomplikowane zagadnienie** to present a complicated problem in a popular way [2] (powszechnie) popularly, commonly; **~ zwany...** popularly a. commonly known as...

popularnonaukow|y adi. [wykład, książka] academic a. scientific for the general public; **przegląd/odczyt ~y** a review/ lecture on a scientific theme for the general public

popularnoś|ć f sgt popularity; **zdobyć/ zyskać ~ć** to achieve/gain popularity; **gonić za ~cią** to go in pursuit of popularity; **cieszyć się ~cią** to enjoy popularity; **była wtedy u szczytu ~ci** she was then at the height of her popularity; **ta piosenka zyskuje ~ć wśród dzieci** the song is becoming popular with children

popularn|y adi. grad. [1] (przystępny) [broszurka, odczyt] non-specialist, popular; exoteric książk. [2] (powszechnie używany) [danie, napój, rozrywka] popular; **~e gatunki kawy** popular a. leading brands of coffee [3] (sławny) [aktor, piosenkarz, sportowiec] popular; **~y pisarz** a best-selling writer

popularyzacj|a f sgt popularization

popularyzacyjn|y adi. [publikacje, działalność] popularizing

popularyzato|r m, **~rka** f popularizer

popularyzators|ki adi. popularizing; **prace ~kie** works for the general public

popularyzatorstw|o n sgt popularization, popularizing; **zajmował się ~em nowych odkryć naukowych** he was engaged in popularizing new scientific discoveries

popularyz|ować impf II vt to popularize [osiągnięcia nauki]; to bring [sth] into general use [termin, wyrażenie] ⇒ **spopularyzować**

II **popularyzować się** to become popular, to become generally accessible; **wiedza o filmie ciągle się ~uje** the general public is increasingly well-informed about film ⇒ **spopularyzować się**

populi|sta m, **~stka** f populist

populistycznie adv. in a populistic way

populistyczn|y adi. populistic

populizm m (G **~u**) Polit. populism

popuszcza|ć¹ pf II vt (wypuścić) to let out; **~ć konie na łąkę** to let the horses out into the meadow

II vi (przestać trzymać) to loosen; **sznury/liny ~ały** the ropes loosened; **wiosną lody na rzekach ~ły** in the spring the river thawed, in the spring the ice on the river melted away

popuszczać² impf → **popuścić**

popu|ścić pf — **popu|szczać²** impf II vt to relax; **~cić koniowi popręg** to loosen the horse's girth; **~cić cugli koniowi** to give a horse its head; **~szczać pasa** to loosen the belt; **~cił linę** he slackened his grip on the rope

II vi pot. [1] (ustąpić) to give way; **nie**

~szczać nikomu not to budge for anybody; **~ścił uczniom** he relaxed classroom discipline [2] (nie trzymać moczu, kału) **~szczać** to be incontinent, to lack bladder/bowel control; **~ścić** to have an accident pot.

■ **nie ~ścić broni/szabli z ręki** not to lower one's guard, to remain on alert; **~uścić cugle** a. **wędzidła** a. **wodze czemuś** to loosen one's grip a. hold on sth; **~ścił wodze** a. **cugle fantazji** he let his imagination run a. go wild, his imagination ran riot

popychać impf → **popchnąć**

popychadł|ło n pot. dogsbody GB pot.; doormat przen.; **była ~łem, dopóki się nie zbuntowała** she was a dogsbody until she rebelled

popy|t m sgt (G **~tu**) demand (**na coś** for sth); **wzrost/spadek ~tu** an increase/a fall a. slump in demand; **cieszyć się ~tem** to be in demand

por. [1] (= porównaj) cf. [2] (= porucznik) Lieut.

po|r¹ m Bot., Kulin. leek; **sałatka z porów** leek salad

po|r² m zw. pl (G **poru**) (otworek) pore; **pory w skórze/skale** skin/rock pores; **tonik ściąga pory** the toner closes the pores

p|ora [I] f [1] (część dnia, roku) time; (okres) season; **pora dnia** a time of the day; **pora roku** (jedna z czterech) season; (moment w roku) a time of the year; **cztery pory roku** the four seasons; **o tej porze dnia/roku** at this time of the day/year; **jest ciepło jak na tę porę roku** it's warm for this time of the year; **możesz dzwonić o każdej porze dnia i nocy** you can call at any time of the day or night; **pora udoju/karmienia** milking/ feeding time; **pora śniadania/kolacji** breakfast/supper time; **w porze obiadowej** at lunchtime; **w porze popołudniowej** in the afternoon; **pora deszczowa** the rainy season; **w porze lęgowej/godowej** during the hatching/mating season; **letnią/zimową porą** książk. in the summertime/wintertime; **o tej porze** (dnia) at this hour; (roku) at this time of the year; **nigdy nie wstaję o tak wczesnej porze** I never get up this early in the morning; **od tej pory** (od teraz) from now on; (od tamtego czasu) since then; **od tej pory będę uważał** from now on I'll be more careful; **od tej** a. **tamtej pory go nie widziałem** I haven't seen him since then; **do tej pory** (do teraz) so far; (do wtedy) till that time; **nigdy do tej pory tu nie byłem** I haven't been here before [2] (moment) time; **najlepsza/najgorsza pora na spacer** the best/worst time to go for a walk; **to nie jest (odpowiednia) pora na żarty** this is no time for jokes; **nadeszła pora, żeby...** the time has come to...; **pora spać!** it's time for bed a. it's bedtime!; **pora na obiad!** it's time for dinner a. it's dinnertime!; **na mnie już pora** I must be off now; **pora już, żeby ludzie to zrozumieli** it's time people realized it; **najwyższa pora, żeby wyszła za mąż** it's high time for her to get married; **przyszliście w samą porę** you're just in time; **na szczęście w porę skończyłem** fortunately I finished in time; **w samą porę** a. **najwyższa pora!** about time too!; **zrobić coś nie w porę** to do sth at the

wrong time; **ich wizyta była zupełnie nie w porę** they came at the wrong time

[II] praed. **pora zaczynać** it's time to start; **najwyższa pora wracać** it's high time to go back; **pora było się żegnać** it was time to say goodbye; **nie pora teraz płakać** this is no time for crying

porabia|ć impf vi pot. to do; **nie wiem, co teraz ~** I don't know what s/he's doing now; **co ~łeś** what have you been up to?; **cześć, co ~sz?** (pozdrowienie) hi, how are things going with you?

porach|ować pf [I] vt przest. to count [przedmioty, ludzi] ⇒ **rachować**

[II] **porachować się** [1] pot. (odpłacić) **~ować się z kimś** to settle a score with sb; **jeszcze się z tobą ~uję!** I'll get you! [2] przest. (rozliczyć się) to settle accounts (**z kimś** with sb)

■ **~ować komuś kości** a. **gnaty** a. **żebra** to knock sb into the middle of next week

porachun|ek m zw. pl (G **~ku**) **~ki mafijne** gang warfare; **krwawe ~ki między kimś a kimś** a blood feud between sb and sb; **załatwić ~ki z kimś** to settle a score with sb; **mieć z kimś stare ~ki** to have an old score to settle with sb

pora|da f advice U; **~dy dla młodych matek** advice a. counselling for young mothers; **zasięgnąć ~dy prawnej/fachowej ~dy u kogoś** to seek a. take legal/ professional advice from sb; **zasięgnąć ~dy lekarza** to consult a physician; **udzielić komuś ~dy** to give sb advice; **pójść do kogoś po ~dę** to go to sb for advice; **zrobić coś za czyjąś ~dą** to do sth on sb's advice

poradni|a f (Gpl **~**) [1] Med. (przychodnia) clinic; **~a alergologiczna/przeciwgruźlicza** an allergy/a TB clinic [2] (udzielająca porad) advice bureau, counselling service; **~a małżeńska** marriage counselling service; **~a dla młodych matek** advisory clinic a. counselling service for young mothers

poradnictw|o n sgt counselling; **~o rodzinne/zawodowe** family/career counselling

poradnik m (z instrukcjami) guide; (z poradami) how-to book pot.; **~ ogrodnika** a gardener's guide; **~ budowlany** a builder's guide a. handbook

poradnikow|y adi. [publikacja, wydawnictwo] how-to

pora|dzić pf vi [1] (udzielić rady) to advise vt.; **~dzić komuś, żeby coś zrobił** to advise sb to do sth; **~dzić komuś, jak/ kiedy/gdzie coś zrobić** to advise sb how/ when/where to do sth; **~dził mi czekać** he advised me to wait; **co ci lekarz ~dził?** what did the doctor say?; **czy ktoś mógłby mi ~dzić, co mam robić?** could someone advise me what to do?; **coś ci ~dzę** I will give you some advice; **~dzono jej zmianę diety** she was advised to change her diet; **„zacznij od nowa" – ~dził** 'start again,' he advised ⇒ **radzić** [2] (pomóc) **nic na to nie ~dzę** I can't help it; **co ja (na to) ~dzę, że ją lubię?** I can't help liking her; **nic się na to nie da ~dzić** it can't be helped [3] (sprostać) **~dzić komuś** to beat sb; **~dzić czemuś** to be able to lift

sth; **jemu nikt nie ~dzi** no one can beat him

[II] **poradzić się** (zasięgnąć rady) **~dzić się kogoś** to ask sb's advice; **chciałbym się ciebie ~dzić w pewnej sprawie** I need your advice on something ⇒ **radzić się**

[III] **poradzić sobie** to manage; **~dzić sobie z czymś** to handle sth; **~dzi sobie sama** she can manage on her own; **~dzisz sobie?** can you manage?; **dziękuję, ~dzę sobie** thank you, I can manage ⇒ **radzić sobie**

poran|ek m [1] (rano) morning; **o ~ku** książk. in the morning; **pewnego słonecznego ~ka...** one sunny morning... [2] (film) a morning screening; (koncert) a morning concert

pora|nić pf [I] vt to wound, to lacerate; **~nić komuś twarz** to wound a. lacerate sb's face; **~nić sobie stopy** to lacerate one's feet; **żołnierz ~niony w bitwie** a soldier wounded in a battle; **~nione ręce/ nogi** wounded a. lacerated hands/legs ⇒ **ranić**

[II] **poranić się** [1] (siebie samego) to be wounded; **~nił się przy czyszczeniu broni** he was wounded while cleaning his gun ⇒ **ranić się** [2] (siebie nawzajem) to lacerate each other ⇒ **ranić się**

porann|y adi. [gazeta, wiadomości, spacer] morning attr.; **robić ~ą gimnastykę** to do one's morning exercises

porastać impf → **porosnąć¹**

porat|ować pf vt [1] (pomóc) to help [osobę]; **~ować kogoś w potrzebie** to help sb in need; **nigdy biednego nie ~ował** he would never give a penny to a poor man [2] (poprawić) **~ować swoje zdrowie** to recuperate; **wyjechał do sanatorium dla ~owania zdrowia** he went to a sanatorium to recuperate

pora|zić¹ pf — **pora|żać** impf vt [1] (obezwładnić) to paralyse GB, to paralyze US [nerwy, mięśnie]; to dazzle [oczy, wzrok]; **~zić kogoś prądem** to give sb an electric shock; **została ~żona prądem** she got an electric shock [2] (zachwycić, przerazić) to transfix; (zdumieć) to shock, (sparaliżować) to paralyse GB, to paralyze US; **~ził mnie ten widok** I was transfixed by the sight; **był ~żony jej urodą** he was transfixed by her beauty; **~ziło mnie, że to się stało tak szybko** I was shocked that it all happened so fast; **~żała mnie myśl, że...** I was paralysed by the thought that... [3] (zaatakować) [choroba] to affect [roślinę]; **rośliny ~żone chorobą** plants affected by a disease

pora|zić² pf vt książk. (ugodzić) to hit [osobę]; **~zić kogoś strzałą/kamieniem** to hit sb with an arrow/a rock

porażać impf → **porazić¹**

poraże|nie [I] sv → **porazić**

[II] n Med. [1] (paraliż) paralysis; **~nie nerwu twarzowego** facial palsy; **~nie mózgowe** cerebral palsy; **dzieci z ~niem mózgowym** children suffering from cerebral palsy [2] (udar słoneczny) **~nie słoneczne** sunstroke; **dostać ~nia** to get sunstroke

❏ **~nie dziecięce** infantile paralysis; **~nie elektryczne** electrocution, electric shock; **~nie połowicze** hemiplegia; **~nie**

poprzeczne paraplegia; **~nie postępują-ce** locomotor ataxia, tabes dorsalis

poraż|ka f [1] (klęska) defeat; **~ka Niem-ców pod Stalingradem** the German defeat at Stalingrad; **~ka w wyborach** an election defeat; **~ka naszej drużyny ze Szwecją** our team's defeat at the hands of a. by Sweden; **~ka Anglii 3:2 w meczu z Włochami** England's 3-2 defeat at the hands of Italy; **ponieść ~żkę** to suffer a a. meet with defeat; **ponieść dotkliwą ~kę** to be badly defeated; **polscy piłkarze doznali wysokiej ~ki** the Polish football team suffered a heavy defeat; **poczuć gorycz ~ki** to feel the bitter taste of defeat; **przyznać się do ~ki** to admit a. concede defeat [2] (niepowodzenie) failure; **~ka miłosna** a failed romance; **~ka kasowa** a box-office failure

porąb|ać pf (**~ię**) vt [1] (pociąć) to chop [drewno]; **~ać stare sprzęty na opał** to chop up old furniture for firewood; **~ać kogoś/coś na kawałki** to chop sb/sth into pieces ⇒ **rąbać** [2] (poranić) to hack; **~ali go mieczami** they hacked him with their swords; **dałby się za nią ~ać** przen. he would go through fire and water for her [3] (spędzić czas na rąbaniu) to chop; **~ał przez godzinę i poszedł do domu** he chopped wood for an hour and then went home ⇒ **rąbać**

porąban|y [] pp → **porąbać**
[] adi. posp., obraźl. [osoba, pomysł] nutty pot.

porcelan|a f sgt (materiał, naczynia) china, porcelain; **chińska ~a** Chinese porcelain; **figurka z ~y** a china a. porcelain figurine; **kolekcja ~y** a collection of china a. porcelain; **jadać na ~ie** to use china tableware
❑ **~a miśnieńska** a. **saska** Meissen china a. porcelain; **~a sewrska** Sèvres china a. porcelain

porcelan|ka f Zool. cowrie

porcelanow|y adi. [1] [talerz, figurka] china attr., porcelain attr.; **glinka ~a** china clay [2] przen. [twarz, cera] fair-skinned

porci|ęta plt (Gpl **~ąt**) pot., żart. trews pot.

porcj|a f (Gpl **~i**) [1] (jedzenia) portion (**czegoś** of sth); (towarów, dokumentów) batch (**czegoś** of sth); **dwie ~e lodów** two portions of ice-cream; **dzienna ~a jedzenia** a daily portion of food; **dodatkowa ~a sałatki** an extra portion of salad; **wziąć drugą ~ę czegoś** to take a second helping of sth; **podzielić/pokroić coś na ~e** to divide/cut sth into portions; **podawać duże ~e** to serve large portions [2] przen. series (**czegoś** of sth); **~a komplemen-tów/narzekań** a series of compliments/complaints; **każdy dzień przynosił nową ~ę wrażeń** each day brought new excitement
∎ **żelazna ~a** iron ration

porcj|ować impf vt to portion [mięso, rybę]

porcjowan|y [] pp → **porcjować**
[] adi. [ryba, mięso] portioned

porcyj|ka f dem. (small) portion (**czegoś** of sth)

poręb|a f Leśn. clearing

poręcz [] f (Gpl **~y**) [1] (balustrada) railing; (na schodach) banister; (góra balustrady) hand-rail; **iść, trzymając się ~y** to walk holding

---

on to a handrail; **przechylić się przez ~** to lean over a railing; **zjechać po ~y** to slide down a handrail a. banister [2] (część krzesła, fotela) arm; (wyściełana) armrest
[] **poręcze** plt Sport (symetryczne) parallel bars; (asymetryczne) asymmetric bars, uneven bars US; **medal w ćwiczeniach na ~ach** (symetrycznych) a medal for the parallel bars; (asymetrycznych) a medal for the asymmetric bars

poręczać impf → **poręczyć**

poręcze|nie [] sv → **poręczyć**
[] n [1] Fin. (zobowiązanie) guarantee, guaranty; **pożyczka z ~niem** a guaranteed loan; **złożyć ~nie za kogoś** (przy zaciąganiu pożyczki) to guarantee sb for a loan; (za dobre sprawowanie) to give a guarantee of sb's good behaviour [2] Prawo (kaucja) **~nie (majątko-we)** bail, bail bond US; **wypuścić kogoś za ~niem (majątkowym)** to release sb on bail, to bail sb on a surety US

poręcznie adv. grad. [1] (wygodnie) [położony, rozmieszczony, usytuowany] conveniently; handily pot. [2] (łatwo) easily; **dużo ~j jest wrócić autobusem** it's much easier to come back by bus; **~j mi będzie poroz-mawiać z nim osobiście** I'd rather talk to him face to face

poręcznoś|ć f sgt handiness (**czegoś** of sth)

poręczn|y adi. grad. [1] (wygodny) [narzędzie, walizka, książka] handy pot. [2] (odpowiedni, dogodny) [położenie] convenient; handy pot.; **~y sposób na zrobienie czegoś** a handy way of doing sth

poręczyciel m, **~ka** f (Gpl **~i**, **~ek**) guarantor; **~ pożyczki** a guarantor of a loan; **~ weksla** a backer of a bill

poręcz|yć pf — **poręcz|ać** impf vt [1] Fin. to guarantee; **~yć za kogoś przy zacią-ganiu pożyczki** to guarantee sb for a loan; **~yć czyjś kredyt** to guarantee sb's loan; **~yć weksel** to back a. guarantee a bill [2] Prawo to guarantee; **~yć za kogoś** to guarantee sb's good behaviour

porę|ka f książk. [1] (polecenie) recommenda-tion; **z czyjejś ~ki** on sb's recommenda-tion; **dostałem pracę z jego ~ki** he recommended me for the job [2] (zapewnienie) guarantee; **zatrzymać coś jako ~kę, że...** to keep sth as a guarantee that...

porno [] n inv. sgt pot. porn(o) pot.
[] adi. inv. pot. porn(o) pot.; **filmy ~** porn films
[] porno- w wyrazach złożonych **porno-biznes** the porn business; **pornokasety** porn(o) tapes

pornografi|a f sgt (GD **~i**) pejor. porno-graphy; **~a twarda/miękka** hard(-core)/soft(-core) porn(ography); **kupować/sprze-dawać ~ę** to buy/sell pornography; **ten film to prawie ~a** the film comes close to pornography

pornograficzn|y adi. [film, rysunek, pisem-ko] pornographic

pornos m pot. (film) porn film pot.; (pismo) porn magazine pot.

por|obić pf [] vt [1] (zrobić) to make; **~obili sobie łuki z patyków** they made them-selves bows from sticks; **wszyscy ~obili wielkie kariery/majątki** they all made great careers/fortunes; **ze starych palt**

~obiła nowe ubrania she made new clothes out of old coats; **muszę tu ~obić porządki** I must clean this place; **wojna ~obiła z nich bogaczy** a. **ich bogaczami** the war made them rich; **sportowców z nich nie ~obisz** they will never be ath-letes; **zakładki ~obione z gazet** book-marks made from newspapers ⇒ **robić** [2] (robić przez pewien czas) to do; **~obiłbym coś konkretnego** I'd like to have some-thing specific to do ⇒ **robić**
[] vi pot. (popracować) to work; **~obił przez rok w kopalni** he worked in a mine for a year ⇒ **robić**
[] **porobić się** [1] (powstać) **~obiły mi się pęcherze na nogach** I got blisters on my feet; **w mieście ~obiły się korki** the city streets were jammed with traffic; **na ulicach ~obiły się wielkie zaspy/kałuże** huge snow drifts/puddles formed in the streets; **w kurtce ~obiły mi się dziury** I've worn a. got holes in my jacket ⇒ **robić się** [2] (stać się) to turn; **~obili się cali czerwoni** they turned all red; **z ubrań ~obiły się szmaty** the clothes turned to rags; **co się z wami ~obiło?** pot. what's happened to you?; **tak się ~obiło, że strach na ulicę wychodzić** pot. things have got so bad that people are afraid to walk the streets ⇒ **robić się**

porodow|y adi. [skurcze] labour attr. GB, labor attr. US; **sala ~a** a labour ward; **bóle ~e** labour pains a. birth pangs; **mieć bóle ~e** to be in travail; **zasiłek ~y** maternity benefit

porodów|ka f pot. labour ward GB, labor ward US

poro|nić pf vt Med., Wet. to abort, to miscarry [płód, dziecko]; **~niła po pięciu tygodniach** she miscarried a. had a mis-carriage after five weeks

poronie|nie [] sv → **poronić**
[] n Med., Wet. miscarriage; **mieć ~nie** to have a miscarriage; **sztuczne ~nie** euf. (an) abortion
❑ **~nie nawykowe** Med. habitual miscar-riage

poroni|ony [] pp → **poronić**
[] adi. pejor. [pomysł] misguided

por|osnąć[1] pf — **por|astać** impf (**~ósł — ~astam**) [] vt (pokryć) **krzaki ~astały dno wąwozu** there were some bushes growing in the bottom of the gorge; **mech ~astał pnie drzew** trees were covered with moss; **górną wargę ~astał mu wąsik** he had a small moustache on his upper lip; **zwierzę ~ośnięte** a. **~osłe gęstą sierścią** an animal covered with thick hair; **grób ~ośnięty** a. **~osły wy-soką trawą** a grave overgrown with high grass
[] vi [1] (pokryć się) **wzgórze ~osło trawą** grass has grown over the hill; **drzewo ~astało młodymi liśćmi** the tree was sprouting new leaves [2] pot. (puścić kiełki) [zboże] to sprout; **kartofle ~astały w piwnicy** the potatoes sprouted in the cellar
∎ **~osnąć w sadło** pot. to get rich

por|osnąć[2] pf (**~ósł**) vi (urosnąć) [osoby, drzewa] to grow; **dzieci ~osły przez zimę** the children grew over a. during the winter

P

poro|st m (G ~stu) [1] sgt (przyrost) growth; **szybszy ~st wełny u owiec** improved wool growth in sheep; **środek na ~st włosów** a hair restorer [2] zw. pl Bot. lichen ❏ **~st islandzki** Bot. Iceland moss

porowatoś|ć f sgt porosity

porowa|ty adi. [1] (przepuszczalny) [substancja, masa, skóra] porous [2] Kosmet. (mający widoczne pory) **~ta skóra** skin with large pores

porozbiorow|y adi. Hist. **okres ~y** the partition period (in Poland); **Polska ~a** Poland during the partition period

porozmawia|ć pf vi to talk; **~ć z kimś o czymś** to talk with a. to sb about sth; **~li chwilę i poszli do domu** they talked for a while and went home; **z nim można o wszystkim ~ć** you can talk to him about everything; **muszę z tobą ~ć** I need a word with you; **musimy poważnie ~ć** we need a serious talk; **możemy ~ć?** can we talk?; **~m o tym z szefem** I'll talk to the boss about it; **już ojciec z tobą ~!** pot. your father will deal with you! ⇒ **rozmawiać**

porozum|ieć się pf — **porozum|iewać się** impf (~iem się, ~iał się, ~ieli się — ~iewam się) v refl. [1] (przekazać informację) to communicate (z kimś with sb); **~iewać się na migi** to communicate through signs a. gestures; **~ieć się z kimś telefonicznie** to contact sb on the phone; **~iewali się po francusku** they talked in French [2] (dojść do zgody) to reach an agreement, to come to an agreement (z kimś with sb); **~ieć się co do czegoś** to reach an agreement on sth; **nie ~ieli się w sprawie...** they failed to reach an agreement on the question of...

porozumie|nie [] sv → **porozumieć się** [] n [1] (zgoda) agreement; **dojść z kimś do ~nia w sprawie czegoś** to reach a. come to an agreement on sth; **~nie z prezydentem okazało się niemożliwe** it proved impossible to reach an agreement with the president; **~nie między stronami wydaje się nieosiągalne** it seems unlikely that the parties can a. will reach an agreement; **zrobić coś w ~niu z kimś** to do sth with sb's approval; **zrobić coś bez ~nia z kimś** to do sth without consulting sb; **odejść z pracy za ~niem stron** to terminate an employment contract by mutual agreement [2] (zrozumienie) communication (z kimś with sth); **szukał ~nia z ludźmi** he wanted to communicate with people [3] Polit. (układ) agreement; **~nie handlowe/pokojowe** a trade/peace agreement; **~nie o zawieszeniu broni** a ceasefire agreement; **na mocy ~nia** under an agreement; **podpisać/ratyfikować ~nie** to sign/ratify an agreement

porozumiewać się impf → **porozumieć się**

porozumiewawczo adv. [spojrzeć, uśmiechnąć się] knowingly, conspiratorially; **mrugnął do mnie ~** he winked knowingly a. conspiratorially at me

porozumiewawcz|y adi. [1] [spojrzenie, uśmiech, mrugnięcie] knowing, conspiratorial; **dawać komuś ~e znaki** to gesture meaningfully to sb [2] Polit. **komisja ~a** a liaison committee

poroż|e n (Gpl ~y) Myślis. antlers pl; **jelenie zrzucają** a. **gubią ~e** stags cast their antlers

poróbstwo → **porubstwo**

por|ód m (G ~odu) (urodzenie dziecka) childbirth; (proces) labour GB, labor US; (ostatnia faza) delivery; **~ód naturalny** natural childbirth; **~ód domowy** a home birth; **~ód kleszczowy** forceps delivery; **~ód pośladkowy** breech delivery; **przyjmować** a. **odbierać ~ód** [położna, akuszerka] to assist in the birth of a. to deliver a baby; **być przy ~odzie** [ojciec, mąż] to be present at the birth; **umrzeć przy ~odzie** to die in childbirth; **~ód zaczął się rano** labour began in the morning

porówn|ać pf — **porówn|ywać** impf [] vt [1] (ocenić podobieństwo) to compare; **~ać kogoś/coś z kimś/czymś** to compare sb/sth to a. with sb/sth; **~ać dwie rzeczy/osoby** to compare two things/people; **tych zjawisk nie da się ~ać** a. **nie można ~ywać** these phenomena cannot be compared; **średniowiecznych bitew nie da się ~nać ze współczesną wojną totalną** medieval battles cannot be compared to modern total warfare; **nie mógł się ~ać z tak doświadczonym rywalem** he couldn't match his rival for experience; **tego się nie da z niczym ~ać** it cannot be compared to anything else [2] (przyrównać) to compare; **~ać kogoś/coś do kogoś/czegoś** to compare sb/sth to sb/sth; **w swoim wierszu ~uje śmierć do snu** in his poem death is compared to sleep; **jej śpiew można ~ać do miauczenia kota** her singing can be compared to the miaowing of a cat

[] **porównać się** — **porównywać się** [1] (szukać podobieństw) to compare oneself (z kimś to a. with sb); **człowiek zwykle ~uje się z innymi** people tend to compare themselves to others [2] (przyrównać się) to compare oneself (do kogoś to a. with sb); **zawsze ~ywał się do rzymskiego wodza** he would always compare himself to a Roman commander

porówna|nie [] sv → **porównać** [] n [1] (ocena podobieństwa) comparison; **~nie dwóch rzeczy/procesów** a comparison of two things/processes; **~nie pomiędzy kimś/czymś a kimś/czymś** a comparison between sb/sth and sb/sth; **~nie z konkurentami wypada dla nas korzystnie/niekorzystnie** we compare favourably/unfavourably with our competitors; **wytrzymywać ~nie z kimś/czymś** to bear a. stand comparison with sb/sth; **film nie wytrzymuje ~nia z książką** the film doesn't bear comparison a. doesn't compare with the book; **w ~niu z kimś/czymś** compared a. in comparison with sb/sth; **w ~niu z nim byłem nikim** I was nothing, compared with him; **ceny wzrosły w ~niu z zeszłym rokiem** prices have risen compared with last year; **ale to jeszcze nic w ~niu z tym, co się później stało** but that was nothing compared to what happened next a. after a. later; **niewielki mózg w ~niu do masy ciała** a rather small brain in comparison to the body mass; **dla ~nia** for comparison; **bez ~nia lepszy/trud-**

niejszy/droższy immeasurably better/harder/more expensive; **nie ma ~nia** there's no comparison [2] Literat. simile

porównawcz|y adi. [1] [badania, studia, metoda, gramatyka] comparative; **językoznawstwo historyczno-~e** historical and comparative linguistics [2] **skala ~a** reference point; **nie mam skali ~ej** I have no reference point

porównywać impf → **porównać**

porównywalnoś|ć f sgt comparability

porównywaln|y adi. comparable (z kimś/czymś with a. to sb/sth); **~y pod względem wielkości/wieku** comparable with respect to size/age

poróżni|ć pf [] vt **~ć kogoś z kimś** to drive a wedge between sb and sb; **~ła ich polityka** they fell out over politics; **wrócili do domu ~eni** they came back home cross with each other; **~one rody** feuding families

[] **poróżnić się** to fall out (z kimś with sb); **~li się między sobą** they fell out with each other

poróżowia|ły adi. [niebo, twarz] pink; **policzki ~łe od mrozu** cheeks pink with cold

poróżowi|eć pf (~eję, ~ał, ~eli) vi [policzki, niebo] to turn pink

por|t m (G ~tu) [1] (przystań) port, harbour GB, harbor US; **~t morski** a seaport; **~t rzeczny/śródlądowy** a river/an inland port; **~t wojenny/rybacki/handlowy** a naval/fishing/commercial port; **~t macierzysty** a home port; **wejść do/wyjść z ~tu** [statek] to come into/leave port; **zawinąć do ~tu** to put into port; **stać w ~cie** to be in dock [2] (miasto) port; **~t morski** a seaport; **ważny ~t śródziemnomorski** an important Mediterranean port [3] przen. (schronienie) **rodzina była dla niej bezpiecznym ~tem** the family was a safe haven for her [4] Komput. port; **~t wejścia/wyjścia** an input/output port; **~t równoległy/szeregowy** a parallel/serial port ❏ **~t lotniczy** airport

portal m (G ~u) [1] Archit. portal [2] Komput. portal; **~ internetowy** a web portal

portalow|y adi. Archit. [rzeźba, wnęka] portal attr.

portecz|ki plt dem. (G ~ek) pot., pieszcz. strides pot.; **krótkie ~ki** shorts

porte|r m (G ~ru) porter

portfel m [1] (na pieniądze, dokumenty) wallet; **mieć gruby** a. **~ przen.** to have wads of money pot.; **niechętnie sięgał do ~a** he was careful with money [2] książk. (zakres) range; **pełny ~ usług turystycznych** the full range of tourist services [3] książk. (fundusze) purse przen.; **pieniądze pochodzące z państwowego ~a** money coming from the public purse [4] Fin. portfolio; **~ akcji/obligacji** a portfolio of shares/bonds

portfelik m dem. (small) wallet

portfelow|y adi. [spódnica] wrap-around

portie|r m [1] (odźwierny) doorkeeper, porter GB, janitor [2] przest. (w hotelu) receptionist

portie|ra f curtain, portière

portier|ka f [1] (odźwierna) doorkeeper, porter GB [2] pot. (portiernia) porter's lodge a. box

portier|nia *f* (*Gpl* ~ni a. ~ń) porter's lodge a. box

portiers|ki *adi.* [1] (dotyczący odźwiernego) porter's GB, janitor's [2] przest. (w hotelu) **biuro** ~**kie** a reception; **lada** ~**ka** a reception desk

port|ki *plt* (*G* ~ek) pot. trews pot.; **krótkie** ~**ki** shorts; **chodzić bez** ~**ek** a. **nie mieć całych** ~**ek** pot. to not have two pennies to rub together pot.; **robić w** ~**ki** a. **mieć pełno w** ~**kach** posp. to be shit-scared posp.; ~**ki mu się trzęsą** a. **trzęsie** ~**kami** przen. he's shaking in his shoes

portmonet|ka *f* purse

porto[1] *n inv. sgt* Wina port (wine)

por|to[2] *n, n inv.* Poczta (opłata) postage

portow|iec *m* docker, longshoreman US

portow|y *adi.* [*urządzenia, maszyny*] port *attr.*; **żuraw** ~**y** a derrick; **robotnik** ~**y** a docker; **miasto** ~**e** a port; **opłaty** ~**e** harbour dues; **dzielnica** ~**a** the docks

portrecik *m dem.* (small) portrait

portreci|sta *m*, ~**stka** *f* portrait painter, portraitist; **fotograf** ~**sta** a portrait photographer

portre|t *m* (*G* ~**tu**) [1] Szt. (obraz, fotografia) portrait; ~**t Ludwika XIV** a portrait of Louis XIV; ~**t królowej na koniu** an equestrian portrait of the queen; ~**ty przodków** family portraits; ~**t pędzla Rembrandta** a portrait by Rembrandt; **pozować do** ~**tu** to pose for a portrait [2] *sgt* Szt. (gatunek malarstwa) portraiture [3] przen. (w książce, filmie) portrait, portrayal; **barwny** ~**t lokalnej społeczności** a vivid portrait a. portrayal of the local community; **autorka kreśli** ~**ty samotnych kobiet** the author portrays lonely women
❑ ~**t pamięciowy** identikit (portrait)

portret|ować *impf* [I] *vt* [1] Szt. [*malarz*] to paint portraits of, to portray; [*fotograf*] to take portraits of, to portray ⇒ **sportretować** [2] (w literaturze, filmie) to portray [*osobę, środowisko, styl życia*] ⇒ **sportretować**

[II] **portretować się** to have portraits painted of oneself; **królowie lubili się** ~**ować** kings liked to have portraits painted of themselves

portretow|y *adi.* Szt. [*fotografia, studio*] portrait *attr.*; **malarstwo** ~**e** portrait painting; **studium** ~**e** a portrait study; przen. (w literaturze, filmie) a portrayal

Portugal|czyk *m*, ~**ka** *f* Portuguese; **być** ~**czykiem** to be Portuguese

portugals|ki [I] *adi.* Portuguese
[II] *m sgt* (język) Portuguese; **mówić po** ~**ku** to speak Portuguese

portyk *m* (*G* ~**u**) Archit. portico

porubryk|ować *pf vt* to draw columns; ~**ować kartkę/zeszyt** to draw columns on a sheet of paper/in a copybook

porubstw|o *n sgt* przest., książk. promiscuity, promiscuousness

poruczać *impf* → **poruczyć**

porucze|nie [I] *sv* → **poruczyć**
[II] *n* książk., przest. commission; **urzędnik do specjalnych** ~**ń** a special affairs officer

poruczni|k *m* (osoba, stopień, tytuł) lieutenant

porucz|yć *pf* — **porucz|ać** *impf vt* przest., książk. (powierzyć) to charge książk.; to commission; ~**yć komuś wykonanie zadania** to

commission sb to do the job; ~**ać komuś swoje sprawy** to entrust one's affairs to sb

poruszać[1] *impf* → **poruszyć**

porusza|ć[2] [I] *pf vi* (kołysać) to rock; ~**ła kołyską i dziecko zasnęło** she rocked the cradle and the baby fell asleep
[II] *impf vt* (napędzać) to power, to drive; **para** ~ **lokomotywę** it's a steam(-powered) locomotive; **samochód** ~**ny silnikiem Diesla** a diesel (-engined a. -driven a. -powered) car
[III] **poruszać się** *pf* (zażywać ruchu) to move (around a. about); ~**j się trochę, bo zmarzniesz** move aroud a little or you'll freeze
[IV] **poruszać się** *impf* (przemieszczać się) to move; **trajektoria, po której** ~ **się cząstka** the trajectory along which the particle moves; **statek** ~ **się z prędkością 14 węzłów** the ship is moving at a speed of 14 knots; ~**ć się z gracją** to move gracefully; **po mieście** ~ **się rowerem** he gets around a. about town by bike
■ ~**ć się swobodnie po wielu dziedzinach wiedzy** to be well acquainted with many fields of knowledge

porusze|nie [I] *sv* → **poruszyć**
[II] *n* commotion, stir; **po oświadczeniu ministra powstało** a. **nastąpiło** a. **zapanowało ogólne** ~**nie** the minister's announcement caused a big commotion; **wiadomość wywołała wielkie** ~**nie** the news caused a big stir

porusz|yć *pf* — **porusz|ać**[1] *impf* [I] *vt* [1] (omówić) to bring up, to raise [*kwestię, zagadnienie*]; ~**ać ważkie problemy** to bring up a. raise important issues [2] (wzbudzać silne emocje) to move; **twój list mnie** ~**ył** your letter moved me; **był do głębi** ~**ony tym widokiem** he was deeply moved by the sight; ~**yć kogoś do żywego** to cut sb to the quick
[II] *vi* (wprawić w ruch) to move; ~**yć głową/rękami/ustami** to move one's head/arms/lips; **wiatr** ~**ył firanką** the curtain moved in the wind
[III] **poruszyć się** — **poruszać się** (wykonać ruch) to move; ~**ył się przez sen** he moved in his sleep; **flaga** ~**ała się lekko na wietrze** the flag moved slightly in the breeze; **nie** ~**ać się** to keep still, to remain motionless

por|wać[1] *pf* — **por|ywać** *impf* (~**wę** — ~**ywam**) [I] *vt* [1] (uprowadzić siłą) to kidnap, to abduct [*osobę*]; to hijack [*autobus, samolot*] [2] (gwałtownie unieść) [*wiatr*] to blow away a. off, to carry away a. off; [*rzeka*] to carry away a. off; **nagle wiatr** ~**wał mu kapelusz** a sudden gust blew his hat off; ~**wał ich silny prąd** they were carried away by the strong current [3] (chwycić) to grab, to seize; ~**wał go za kołnierz i wyrzucił za drzwi** he grabbed him by the collar and threw him out; ~**wała płaszcz i wybiegła** she grabbed her coat and rushed out; ~**wał z rąk brata list i zaczął czytać** he snatched the letter from his brother's hand and began to read [4] (ogarnąć) ~**wał mnie śmiech** I burst out laughing; ~**wał ją żal** she was burning with resentment; ~**wał go gniew** he lost his temper [5] (wywrzeć silne wrażenie) [*artysta, mówca, muzyka*]

to inspire, to rouse; **pieśń** ~**wała naród do walki** the song roused the people to fight
[II] **porwać się** — **porywać się** [1] (chwycić się) ~**wać się za głowę** to clap one's hand(s) to one's head; ~**wać się za boki ze śmiechu** to split one's sides laughing, to double over with laughter [2] (zerwać się) to jump, to leap; ~**wać się na równe nogi** to jump a. leap to one's feet [3] (rzucić się) to lunge; ~**wać się na nich z nożem** he lunged at them with a knife [4] (podjąć się) to attempt, to tackle; ~**wać się na niezwykły czyn/taką podróż** to attempt an extraordinary feat/such a journey [5] (zacząć bójkę) to set on one another; ~**wali się za włosy** they grabbed each other by the hair

porw|ać[2] *pf* [I] *vt* (podrzeć) to tear [*list, gazetę*]; ~**ać coś na strzępy** to tear sth up, to tear sth to shreds a. pieces a. bits; **chodzić w** ~**anej koszuli** to wear a ragged shirt
[II] *vi* (pomknąć) to be off like a shot; **konie** ~**ały z kopyta** the horses were off like a shot
[III] **porwać się** (podrzeć się) to get torn; **ścierka** ~**wała się na strzępy** the cloth got torn to shreds a. pieces a. bits

porwa|nie [I] *sv* → **porwać**
[II] *n* (uprowadzenie) (osoby) kidnapping, abduction; (pojazdu) hijacking

porycz|eć *pf* (~**ysz**, ~**ał**, ~**eli**) [I] *vi* [1] (ryczeć przez pewien czas) [*bydło*] to moo, to low; [*lew, niedźwiedź*] to roar; [*osioł, muł*] to bray [2] pot. (popłakać) to bawl; to blub(ber) pot.; **zostaw ją,** ~**y sobie trochę i przestanie** leave her alone, she'll stop blubbering after a while
[II] **poryczeć się** pot. to bawl; to blub(ber) pot.; ~**eć się ze śmiechu/z radości** to weep from laughter/joy; **mało się nie** ~**ałam** I nearly cried

pory|ć *pf* (~**ję**) *vt* (porobić bruzdy) to groove, to furrow; **dziki** ~**ły pole** wild boars tore up the field; **ziemia** ~**ta pociskami** the ground torn up by shells; **czoło** ~**te zmarszczkami** a furrowed brow

poryk|iwać *impf vi* [*bydło*] (ryczeć od czasu do czasu) to moo a. low from time to time; **krowy** ~**iwały w oborze** from time to time the cows would moo a. low in the shed

porys|ować *pf* [I] *vt* (porobić rysy) to mark up, to scratch [*powierzchnię*]; (butami) to scuff [*podłogę*]; ~**ować lakier samochodu** to sratch one's/sb's car a. paint
[II] *vi* (spędzić czas na rysowaniu) to do some drawing; ~**sował sobie trochę na urlopie** he did some drawing during his holidays
[III] **porysować się** (pokryć się rysami) [*blat, szyba, lakier*] to get scratched; (od butów) [*podłoga*] to get scuffed

poryw [I] *m* (*G* ~**u**) [1] (podmuch) gust; **prędkość wiatru dochodziła w** ~**ach do 150 km/godz.** the wind was gusting up to 150 km/h [2] (przypływ emocji) surge; (wybuch) outburst; (popęd) impulse; ~ **radości/rozpaczy** a surge a. an outburst of joy/despair; **młodzieńcze** ~**y** youthful passions; **chwilowy** ~ a passing a. momentary impulse; ~ **chwili** the impulse of the moment; **iść za** a. **kierować się** ~**em serca** to follow one's heart; **powiedziałam to w ~ie gniewu** I said that in the heat of anger; **w pierwszym ~ie** on the spur of the moment; **w pierwszym ~ie miłości/ zapału/optymizmu** in the first flush of love/enthusiasm/optimism; **w pierwszym ~ie złapał za strzelbę/wybiegł z domu** in the heat of the moment he grabbed the rifle/ran from the house

III w porywach *part.* pot. (maksymalnie) **na jego wykłady przychodzi stu, w ~ach stu pięćdziesięciu studentów** a hundred, and sometimes as many as a hundred and fifty, students come to his lectures

porywacz *m*, **~ka** *f* (*Gpl* **~y**, **~ek**) (osoby) kidnapper, abductor; (pojazdu) hijacker

porywać *impf* → **porwać¹**

porywająco *adv.* [grać, przemawiać] rousingly, inspiringly; [wyglądać] entrancing *adi.*, captivating *adi.*

porywając|y **II** *pa* → **porwać¹**

III *adi.* [mówca, muzyka, słowa] rousing, inspiring; (wciągający) captivating, riveting

porywczo *adv.* [zachowywać się, krzyknąć] impulsively, impetuously

porywczoś|ć *f sgt* impetuousness a. impetuosity, hot-headedness

porywcz|y *adi.* [osoba, natura, zachowanie] impetuous, impulsive; [osoba] quick tempered, hot-headed

porywi|sty *adi.* [1] [wiatr, podmuch] gusty a. gusting, blustery [2] przen. [taniec] wild, unrestrained

porywiście *adv.* **wicher dął ~** the wind blew gustily

porząd|ek **II** *m* (*G* **~ku**) [1] (ład) order *U*, tidiness *U*; **dbać o ~ek w domu/kuchni** to keep the house/kitchen neat a. tidy a. orderly; **robić ~ek w papierach** to organize one's documents a. papers, to put one's documents a. papers in order; **utrzymywać wzorowy ~ek w biurze/pracowni** to keep one's office/studio a. atelier in perfect order; **w pokoju panował idealny ~ek** the room was (as) neat as a pin a. in perfect order; **kiedy wreszcie doprowadzisz garaż/ogródek do ~ku?** when are you going to tidy up the garage/garden?; **doprowadź się do ~ku, zanim przyjdą goście** tidy yourself up before the guests arrive [2] *sgt* (kolejność) order; **w ~ku alfabetycznym/chronologicznym** in alphabetical/chronological order; **~ek prac parlamentu** the parliamentary order of the day a. schedule; **~ek prac rolnych** the agricultural cycle; **~ek obrad** the agenda, the order of the day; **~ek dzienny** a. **dnia** Admin. the agenda, the order of the day; **postawić coś na ~ku dziennym** to put sth on the agenda [3] *sgt* (system) order; **~ek publiczny** public order; **ład i ~ek** law and order; **zakłócić/przywrócić ~ek** to disturb the peace/to restore order; **~ek prawny (w państwie)** the law (of a country); **zrobić ~ek z parkowaniem na chodnikach** to take measures against parking on the pavements; **zrobić ~ek z wagarowiczami** to take measures to stop truancy; **~ek społeczny/ekonomiczny** the social/economic order; **ustalony ~ek społeczny** the status quo; **boski ~ek wszechświata** the divine order of the

universe; **uległ odwróceniu naturalny ~ek rzeczy** the natural order of things has been reversed [4] Archit. order; **~ek dorycki/joński/koryncki/toskański/kompozytowy** the Doric/Ionic/Corinthian/ Tuscan/composite order [5] Wyś. Kon. (joint a. co-)favourites *pl* GB, (joint a. co-)favorites *pl* US

III porządki *plt* [1] (sprzątanie) cleaning *sg*; **gruntowne ~ki** a thorough cleaning; **świąteczne ~ki** a holiday cleaning; **wiosenne ~ki** a spring cleaning [2] (reguły) order *sg*; **zaprowadzić nowe ~ki** to impose a new order; **nowy szef, nowe ~ki** a new broom a. brush sweeps clean przysł.

■ **w dużych miastach kradzieże samochodów/włamania do mieszkań są na ~ku dziennym** in big cities car thefts/ burglaries occur on a daily basis; **on/ona jest w ~ku** pot. he's/she's OK pot.; **on/ona jest zawsze wobec mnie w ~ku** pot. he's/she's always been nice a. decent to me; **coś tu nie jest w ~ku** pot. something's not (quite) right here; **wszystko było w ~ku** pot. everything was fine a. all right; **coś jest z nim nie w ~ku** pot. there's something wrong with him, there's something the matter with him; **„mogę wpaść wieczorem?" – „w ~ku"** pot. 'can I stop by tonight?' – 'sure' a. 'okay' pot.; **dla ~ku** for form's sake, as a formality; **przejść nad czymś do ~ku dziennego** to wave sth aside

porządk|ować *impf vt* [1] (sprzątać) to clean a. tidy up; **~ować pokój/mieszkanie** to clean a. tidy up the room/flat; **~ować szuflady** a. **w szufladach** to tidy up the drawers; **~ować ulice** to clean the streets ⇒ **uporządkować** [2] (układać) to put [sth] in order, to organize [rzeczy, zbiory, książki]; **~ować notatki według dat** to organize the notes by date, to put the notes in chronological order ⇒ **uporządkować** [3] (zaprowadzać ład) to organize [sprawy]; **~ować myśli** to get one's thoughts in order ⇒ **uporządkować**

porządkow|y **II** *adi.* [1] (dotyczący ładu) **przepisy ~e** regulations; **prace ~e w parku miejskim** park maintenance work; **kara ~a** a disciplinary penalty [2] (kolejny) [numer, liczebnik] ordinal

II porządkow|y *m*, **~a** *f* marshal

porządnic|ki *m*, **~ka** *f* pot., żart. neatness freak pot.

porządnie **II** *adv. grad.* [1] (starannie) [sprzątnąć, zapakować, złożyć, napisać] neatly; [przedstawiać się] neat *adi.*, tidy *adi.*; [2] (solidnie) solidly, soundly; **dom ~ zbudowany** a solidly built house; **~ ogrodzona działka** a neatly fenced allotment; **obciął włosy i nareszcie wygląda ~** he had his hair cut and looks presentable at last [2] (przyzwoicie) decently; **zachowywać się ~** to act decent a. decently, to behave decently; **prowadzić się ~** to lead a virtuous life

II *adv.* pot. (bardzo) **wyspać się/odpocząć ~** to get a good sleep/rest pot.; **~ nauczyć się czegoś** to really learn sth; to learn sth inside out pot.; **był ~ wystraszony** he was scared stiff pot.; **zmarzli ~** they froze half to death pot.

porządn|y **II** *adi. grad.* [1] (utrzymany w porządku) [mieszkanie, ogród] neat, tidy; (w dobrym stanie) [meble, ubranie] decent [2] (uczciwy) [osoba] decent; **~a rodzina/firma** a respectable family/company

III *adi.* pot. (potężny) heavy; **~y mróz** solid frost; **~a ulewa** heavy downpour; **ojciec sprawił mu ~e lanie** his father gave him a good thrashing pot.; **zjedliśmy ~e śniadanie** we had a proper breakfast pot.

porzecz|ka *f* Bot., Kulin. currant; **biała/ czerwona/czarna ~ka** white currant/red-currant/blackcurrant; **dżem z czarnych ~czek** blackcurrant jam

porzeczkow|y *adi.* [wino, sok, dżem, galaretka] currant *attr.*

porzekad|ło *n* saying; adage książk.; **stare, ludowe ~ło** an old saying

porzucać *impf* → **porzucić**

porzuca|ć² **II** *vt* (zostawić) to drop, to put down; **~li bagaże i natychmiast poszli spać** they dropped their bags and went straight to bed

II *vi* (spędzić czas na rzucaniu) to throw, to toss; **~ć piłką** to toss the ball around for a while

III porzucać się pot. (żachnąć się kilkakrotnie) to have a (temper) tantrum; to have a. throw a fit pot.; **zostaw ją, ~ się i gniew jej przejdzie** leave her alone, she's just letting off steam pot.

porzu|cić *pf* — **porzu|cać¹** *impf vt* [1] (zostawić) to abandon [dziecko, żonę]; to leave [kraj, żonę, dom]; **~cone niemowlę** an abandoned baby; **cmentarzysko ~conych samochodów** a breaker's yard GB, an auto cemetery US pot.; **kto kogo ~cił, on ją czy ona jego?** did he leave her or did she leave him? [2] (zaniechać) to give up [pracę, szkołę, plan, zamiar, nadzieję]; **~ć pióro** przen. to give up writing

porzyga|ć *pf* posp. **II** *vt* (wymiotując pobrudzić) to puke a. spew *vi* pot.; **~ł mi całą pościel/cały dywan** he puked a. spewed all over my bedclothes/carpet

II porzygać się [1] (zwymiotować) to puke a. spew pot. [2] (wymiotując pobrudzić się) to puke a. spew all over oneself pot.

porżn|ąć *pf* **II** *vt* [1] (pociąć) to cut; **~ąć pień na deski** to cut a log up into boards [2] (poryć) to cut; **ławka ~ięta scyzorykiem** a bench scratched with a penknife; **droga ~ięta kołami wozów** a road rutted by wagon wheels [3] (pomordować) to slaughter [ludzi, zwierzęta]

II porżnąć się pot. [1] (pokaleczyć) to cut oneself; **~ął się przy goleniu** he cut himself several times while shaving [2] (wzajemnie) to cut; **~ęli się nożami** they cut one another with their knives

posa|da *f* [1] (stałe zajęcie) job, position; **~da nauczyciela/sekretarza** a teaching/secretarial position; **dobrze/źle płatna ~da** a well/poorly paid job; **wolna ~da** a vacancy [2] Archit. (fundament) foundation

■ **chwiać się** a. **drżeć** a. **trząść się w ~dach** [budynek, instytucja, ustrój] to be shaken to the foundations

posad|ka *f dem.* pot., pejor. job; gig US pot.; **skromna, urzędnicza ~ka** a modest clerical job; **rozglądał się za jakąś ciepłą**

~ką he was looking for some cushy number GB pot.

posa|dzić pf vt [1] (podnieść do pozycji siedzącej) to sit [sb] up; (pomóc usiąść) to sit [sb] down [chorego, dziecko]; (wskazać miejsce siedzące) to seat [gości, słuchaczy]; **~dzić sobie dziecko na kolanach** to take a child on one's lap; **~dzono ich obok siebie** they were seated next to each other; **~dzić kurę na jajach** Roln. to set a hen hatching [2] (zasadzić) to plant [roślinę]; **~dzić kwiaty w doniczkach** to pot the plants [3] pot. (umieścić w więzieniu) to lock [sb] up pot., to put [sb] away pot. [4] Lotn. to land [samolot]

posadz|ka f [1] (wierzchnia warstwa podłogi) floor, flooring U; **marmurowa/drewniana ~ka** a marble/wooden floor; **~ka mozaikowa** parquet [2] (podłoga niczym nie pokryta) floor; **siedzieli na gołej ~ce** they were sitting on the bare floor

posadzkars|ki adi. [roboty, narzędzia] floor-laying attr.

posadzkarz m (Gpl ~y) floor-layer

posadzkow|y adi. [płytki, klepki, roboty] floor attr., flooring attr.

posag m (G ~u) dowry; **panna z ~iem** a girl with a dowry; **panna bez ~u** a girl without a dowry, a dowryless girl; **ożenić się dla ~u** to marry a girl for her dowry; **wnieść dom w ~u** to be dowered with a house

posagow|y adi. [majątek, suma] dowry attr.

posap|ywać impf vi (sapać z przerwami) to pant, to puff; **~ywać ze zmęczenia** to pant with exhaustion

posażn|y [1] adi. grad. [panna, wdowa] dowered

[II] adi. dowry attr.; **dobra ~e** dowry property

posądzać impf → posądzić

posądze|nie [II] sv → posądzić

[II] n (podejrzenie) suspicion C/U; **~nie o kradzież/oszustwo** suspicion of theft/murder; **~nie, że a. jakoby Marek współpracował z obcym wywiadem, wydawało się nam śmieszne** the suspicion that Mark collaborated with foreign intelligence seemed ridiculous

posą|dzić pf — **posą|dzać** impf [II] vt (podejrzewać) to suspect; **~dzić kogoś o kradzież/fałszerstwo** to suspect sb of theft/forgery; **~dzono ich o zdradę/branie łapówki** they were suspected of treason/accepting bribes; **~dzono go, że wiedział o przygotowaniach do zamachu** it was suspected that he knew an attack was being planned; **został niesłusznie ~dzony** he was wrongly suspected; **nie ~dzałem cię o taki zły gust** I never would have suspected you had such bad taste

[II] **posądzić się — posądzać się** (wzajemnie) to suspect one another

posąg m (G ~u) statue; **~ kamienny/z brązu** a stone/bronze statue; **~ konny** an equestrian statue

posągowo adv. książk. [stać] like a statue; [wyglądać] statuesque adi.

posągowoś|ć f sgt książk. (postaci, urody) statuesqueness

posągow|y adi. [1] (podobny do posągu) statuesque [2] książk. (niewzruszony) statue-like

posąż|ek m dem. statuette, figurine

posegreg|ować pf vt (uporządkować) to file [dokumenty, korespondencję]; to sort, to group [książki, znaczki]

posels|ki adi. ≈ parliamentary; **mandat ~ki** a parliamentary seat, a seat in Parliament; **zapytania ~kie** ≈ parliamentary questions; **~ki projekt uchwały** a draft bill

poselstw|o n [1] (placówka dyplomatyczna) diplomatic mission [2] (misja) mission [3] (delegacja) a group of envoys

po|seł m (Npl posłowie) [1] (członek parlamentu) Member of Parliament, MP; **poseł z okręgu krakowskiego** an MP for the Cracow district [2] (wysłannik) envoy, emissary [3] (przedstawiciel dyplomatyczny innego państwa) envoy

❏ **poseł sprawozdawca** MP reporting to Parliament on the proceedings of a parliamentary committee

posesj|a f (Gpl ~i) property, land

posępnie adv. grad. gloomily, sombrely GB, somberly US; [wyglądać] gloomy adi., sombre adi. GB, somber adi. US; **milczeć ~** to be gloomily silent; **~ wpatrywać się w ziemię** to stare at the ground

posępnoś|ć f sgt książk. (usposobienia) gloominess, sombreness GB, somberness US; (krajobrazu) gloominess, bleakness

posępn|y adi. grad. [mina, nastrój, usposobienie] gloomy, sombre GB, somber US; [niebo] overcast

■ **on rośnie** a. **zjawia się tam, gdzie go nie ~eli** pot. (niezaproszony) he's always showing up a. turning up uninvited; (nieoczekiwany) he's always showing up a. turning up where he's least expected

posiadacz m, **~ka** f (Gpl ~y, ~ek) (samochodu, nieruchomości) owner; (konta, polisy) holder

posiada|ć[1] impf vt [1] (mieć) to own, to have [majątek]; to have [rodzinę, przyjaciół]; **kraj ~ dużo bogactw naturalnych** the country has a lot of natural resources; **miasta ~ją za mało środków na ochronę środowiska** the cities have too little money for environmental protection; **stan ~nia** assets; **zezwolenie na ~nie broni** a gun permit; **objąć** a. **wziąć coś w ~nie** to take possession of sth; **wejść w ~nie czegoś** to come into (the) possession of sth; **znaleźć się w ~niu czegoś** to be in possession of sth; **majątek przeszedł w ~nie naszego kuzyna** our cousin came into the property [2] (charakteryzować się) to have [cechę, zdolność, dar]; to have, to possess [wiedzę, wykształcenie]; **~ła umiejętność słuchania innych** she was a good listener; **stary park ~ wiele uroku** the old park has a lot of charm [3] (dysponować) to have [zgodę, kontakty, zaproszenie, władzę]; **produkt ~ atest Ministerstwa Zdrowia** the product is certified by the Ministry of Health [4] (być wyposażonym) to have [zamek, blokadę]; **sejf ~**

wiele zabezpieczeń the safe has several security features

■ **nie ~ć się z gniewu/oburzenia/radości** to be beside oneself with rage/indignation/joy

posiada|ć[2] pf vi (jeden po drugim) to sit; **ptaki ~ły na drzewach** the birds came to roost on the trees

posiadłoś|ć [I] f (majątek ziemski) estate

[II] **posiadłości** plt Hist., Polit. dominions

posi|ąść pf (~ądę, ~ądziesz, ~adł, ~adła, ~edli) vt książk. [1] [mężczyzna] to possess [kobietę] książk., euf.; to take [kobietę] euf. [2] (poznać) to learn, to master [język obcy, rzemiosło]; **~ąść czyjąś tajemnicę** to find out a. learn sb's secret [3] (zyskać) to acquire, to come into [majątek, bogactwa] [4] (zdobyć) to gain, to take [władzę]

posiedze|nie [I] sv → posiedzieć

[II] n meeting, session; **~nie zarządu** a board meeting; **~nie Sejmu** a session of the Sejm; **~nie zamknięte** a closed meeting

posie|dzieć pf vi [1] (siedzieć przez pewien czas) to sit for a while; **~dzieć chwilę na ławce w parku** to sit for a while on a park bench; **~dzieć trochę przy kimś** to sit with sb for a while [2] (pobyć) to stay; **~dź w domu do całkowitego wyzdrowienia** stay at home until you feel well [3] pot. (odbyć karę w więzieniu) to do time pot. [4] pot. (zająć się) **~dzieć nad czymś** to work on sth

posieka|ć pf vt (pociąć na drobne kawałki) to chop up [mięso, warzywa]; **drobno ~ne migdały** finely chopped almonds

■ **dałby się ~ć za kolegów** he'd go through hell for his mates; **dałaby się ~ć za rower górski** she'd give her eyeteeth for a mountain bike

posiew m (G ~u) [1] Med. culture; **pobrać ~** to take a culture [2] przen. seed przen.; **~ cywilizacji/ewangelii** the seed of civilization/the Gospel

posika|ć pf pot. [I] vt [1] (zmoczyć) to wet; **dziecko ~ło pieluszki** the baby's wet its nappy [2] (oblać) to spray, to sprinkle; **~ł nas wodą z węża** he sprinkled us with water from the hose

[II] vi (oddawać mocz przez pewien czas) to pee pot.

[III] **posikać się** (mimowolnie) to pee oneself pot., to wet one's pants pot.; **~ć się ze śmiechu** to pee oneself laughing; **~ć się w majtki ze strachu** to wet one's pants from fright

posilać się impf → posilić się

posil|ić się pf — **posil|ać się** impf v refl. książk. to refresh oneself; **~iliśmy się kanapkami i owocami** we refreshed ourselves with sandwiches and fruit

posiln|y adi. (krzepiący) [posiłek] nourishing, nutritious; **~y sen** nourishing sleep

posił|ek [I] m (G ~ku) meal; **lekkostrawny/gorący/pożywny ~ek** a light/hot/nutritious meal; **w przerwie podano lekki ~ek** a light meal was served during the interval; **~ek przeciągał się w nieskończoność** the meal dragged on endlessly

[II] **posiłki** plt reinforcements; **wezwano** a. **ściągnięto ~ki** reinforcements were called in

posiłk|ować się impf v refl. książk. (używać) to avail oneself of książk.; to make use of;

pisząc powieść, **~ował się pamiętnikami emigrantów** he made use of emigrants' memoirs in writing his novel
posiłkow|y adi. [1] (pomocniczy) [oddziały, flota] reinforcement attr., back-up [2] Jęz. [czasownik, słowo] auxiliary
posiniacz|yć pf vt (pobić silnie) to bruise [plecy, nogi]; **był cały ~ony** he was bruised all over
posiwia|ły adi. [włosy] greying, graying US; [staruszek] grey-haired, gray-haired US
posiwi|eć pf (**~ał, ~eli**) vi (stać się siwym) to grey, to gray US, to turn a. go grey, to turn a. go gray US; **przedwcześnie ~eć** to turn grey prematurely; **~eć ze starości/ze zmartwienia** to turn grey with age/worry ⇒ **siwieć**
poskarż|yć pf [I] vi to tell (**na kogoś** on sb); [dziecko] to tattle (**na kogoś** on sb); **~yła na mnie ojcu** a. **do ojca** she told on me to father ⇒ **skarżyć**
[II] **poskarżyć się** [1] (obwinić) to complain (**na kogoś** about sb); **~ył się ojcu na brata** he complained to his father about his brother ⇒ **skarżyć się** [2] (narzekać) to complain; **~yć się na ból głowy** to complain of a headache; **~ła się, że nieuprzejmie ją potraktowano** she complained that she'd been treated rudely; **~ył się przyjacielowi na swój los** he complained to a friend about his situation
poskąp|ić pf vi [1] (pożałować) to skimp, to stint; **~ić na coś pieniędzy** to skimp a. stint on sth; **nie ~ił dzieciom niczego** he didn't skimp on anything when it came to his children ⇒ **skąpić** [2] przen. **natura nie ~iła jej urody i wdzięku** she had been blessed with good looks and charm; **los nie ~ił mu cierpień** fate had not been kind to him ⇒ **skąpić**
poskramiacz m (Gpl ~y a. ~ów) (dzikich zwierząt) tamer
poskramiać impf → poskromić
poskr|omić pf — **poskr|amiać** impf vt [1] (tresować) to tame [zwierzę] [2] (ujarzmić) to get [sb] under control [dziecko, chuligana] [3] (hamować) to curb [temperament, łakomstwo]; to restrain [gniew, ciekawość]
poskutk|ować pf vi (wywołać pożądany efekt) [lekarstwo, strategia, metoda] to work, to take effect; [upomnienie, kara] to be effective ⇒ **skutkować**
po|słać¹ pf — **po|syłać** impf (**poślę — posyłam**) vt [1] (wyprawić) to send; **posłać kogoś do sklepu/na targ/po zakupy** to send sb to the shop/to market/to do some shopping; **posłać kogoś po lekarza/ślusarza** to send sb to fetch the doctor/locksmith, to send sb for the doctor/locksmith; **posłać gońca z listem/zaproszeniem do kogoś** to send a letter/an invitation to sb by messenger [2] (skierować) to send; **posłać dziecko do szkoły** to send a child to school; **posłać dziecko na muzykę/angielski** to send a child to music/English lessons; **posłać kogoś do pracy za granicą/na platformie wiertniczej** to send sb to work abroad/on an oil platform; **posłać kogoś na urlop** to give sb leave; **posłać kogoś na emeryturę** to retire sb; **posłać kogoś na pewną śmierć** to send sb to a certain death [3] (wysłać) to send [list,

paczkę, pieniądze]; **posłać komuś widokówkę z wakacji** to send sb a postcard from one's holidays [4] (przesłać) **posłała mu ręką całusa i poszła** she blew a. threw him a kiss and went away; **posłał mi porozumiewawcze spojrzenie** he gave a. threw me a knowing look; **w odpowiedzi posłali nam wiązankę wyzwisk** they responded with a stream of abuse [5] (rzucić) **posłać piłkę do bramki** to send the ball into the net; **posłać piłkę do obrońcy** to pass the ball to the defender; **posłał strzałę w sam środek tarczy** his arrow hit the centre of the target; **posłać komuś kulę** to shoot at sb
■ **posłać statek/łódź na dno** to sink a ship/boat
po|słać², **po|ścielić** pf (**pościelę**) vt [1] (przygotować spanie) to make up a bed; **posłać komuś na tapczanie/wersalce** to make up a bed for sb on the sofa [2] (złożyć pościel) to make the bed
■ **jak sobie pościelesz, tak się wyśpisz** przysł. you've made your bed, so you must lie in it przysł.
posła|nie¹ [I] sv → posłać¹
[II] n książk. [1] (przesłanie) message; **~nie filmu/książki/kazania** the message of the film/book/lecture [2] (apel) appeal; **laureaci pokojowej nagrody Nobla wystosowali ~nie do przywódców supermocarstw** the laureates of the Nobel Peace Prize made an appeal to the leaders of superpowers [3] (misja, rola) mission [4] przest. (poselstwo) mission
posła|nie² [I] sv → posłać²
[II] n (spanie) bed; **~nie z futer/worków** a bed of furs/sacks; **prowizoryczne ~nie** a makeshift bed; **spać na miękkim/twardym ~niu** to sleep on a soft/hard bed
posła|niec m (V ~ńcu a. ~ńce) (z wiadomością) messenger, courier; (z przesyłką) courier; **posłać komuś kwiaty przez ~ńca** to have flowers delivered to sb
posłan|ka f Member of Parliament, MP
posłannictw|o n mission; **~o poety/artysty** the mission of a poet/an artist; **spełniać ~o dziejowe** to fulfil a(n) historical mission; **wierzył w ~o teatru** he believed that the theatre had a mission
posł|odzić pf vt to sweeten [herbatę, kawę, kompot]; **napój ~odzony miodem** a drink sweetened with honey; **dobrze ci zrobi kubek dobrze** a. **mocno ~odzonej herbaty** a mug of sweet tea will do you good
posłowi|e n (Gpl ~ń) afterword; **~e autorskie** the author's afterword; **poezje z ~em wydawcy** a volume of poems with the publisher's afterword
posłuch m sgt (G ~u) [1] (autorytet) respect; **budzić ~ u kogoś** to command sb's respect; **mieć ~ u kogoś** to be respected by sb; **zdobyć sobie ~ wśród podwładnych** to earn the respect of the staff [2] (posłuszeństwo) obedience; **zmusić kogoś do ~u** to make sb obey
■ **dać czemuś ~** (uwierzyć) to believe sth [plotkom, oskarżeniom]; (usłuchać) to heed sth [radom, ostrzeżeniom]
posłucha|ć pf [I] vi [1] (wysłuchać) to listen; **~ć kogoś/czegoś** to listen to sb/sth [muzyki, piosenki, osoby]; **~ć pod drzwiami**

to listen in at the door; **lubię sobie ~ć muzyki** I like listening to music; **proszę ~ć, co odpowiedział** here is what he answered; **~j/~jcie tego** listen to this; **~j, jak pada deszcz** listen to the rain; **~j mnie chwilę!** just listen to me for a second!; **~jcie, musimy coś z tym zrobić** listen guys, we have to do something about it ⇒ **słuchać** [2] (usłuchać) to obey vt; **~ć kogoś/czegoś** to obey sb/sth; **~ła mnie** she did what I told her; **~ł mojej rady** he did what I suggested; **jak nie ~sz, to będziesz miał kłopoty** you'll be in trouble if you don't do what you are told ⇒ **słuchać**
[II] **posłuchać się** to obey vt; **nie ~ł się mnie** he didn't do what I told him ⇒ **słuchać się**
posłucha|nie [I] sv → posłuchać
[II] n [1] sgt pot. (autorytet) respect; **ma ~nie w narodzie** people listen to him [2] przest. (audiencja) audience; **~nie u kogoś** an audience with sb; **prosić o ~nie** to ask for an audience
posłu|ga f [1] przest. service; **świadczyć komuś ~gi** (opiekować się) to minister to sb; **chodzić na ~gi do kogoś** to be a servant at sb's house [2] Relig. **~ga duszpasterska** ministry; **pełnić ~gę duszpasterską w parafii** to minister to a parish; **oddać komuś ostatnią ~gę** to perform the last offices for sb
posługacz m (Gpl ~y a. ~ów) (służący) servant; (sprzątacz) cleaner
posługacz|ka f charwoman
posług|iwać impf vi [1] przest. (być służącym) to be a servant; **~iwać na dworze** to be a servant in a manor house [2] Relig. [ksiądz, biskup] to minister; **~iwać w parafii jako proboszcz** to be a parish priest
posługiwać się impf → posłużyć się
posłuszeństw|o n sgt obedience; **~o wobec rodziców/prawa** obedience to one's parents/to the law; **zmusić kogoś biciem/groźbami do ~a** to beat/frighten sb into submission; **żądać od kogoś ślepego ~a** to expect blind obedience from sb; **wypowiedzieć ~o królowi/wodzowi** to forsake one's allegiance to a king/commander; **odmówić komuś ~a** [żołnierze, armia] to rebel against sb; **głos odmówił mi ~a** przen. my voice failed me; **nogi odmówiły mu ~a** przen. his legs refused to support him; **silnik odmówił ~a** przen. the engine failed
posłusznie adv. grad. obediently; **pies ~ biegł za swym panem** the dog obediently followed his master
posłuszn|y adi. grad. [dziecko] obedient; **być ~ym komuś/czemuś** to obey sb/sth; **być ~ym prawu** to obey the law
posłuż|yć pf vi [1] (zostać użytym) to serve; **~yć komuś za coś** to serve sb as sth; **~yć za pretekst do zrobienia czegoś** to serve as an excuse for doing sth; **to może ~yć za dowód/przykład** it may serve as evidence/an example; **worek ~ył mu za posłanie** the sack served him as bedding; **te informacje ~yły mu do napisania książki** he used this information to write a book; **miało to jedynie ~yć wprowadzeniu w błąd opinii publicznej** it's only

purpose was to misinform the public [2] (dobrze zrobić) **~yć komuś** [odpoczynek, urlop] to do sb good; **ta kawa/pizza mi nie ~yła** the coffee/pizza didn't agree with me [3] (służyć przez jakiś czas) to serve; **samochód ~ży nam jeszcze przez jakiś czas** the car is still going to be useful for some time; **te buty jeszcze mi ~ą** there is still plenty of wear left in these shoes

posłu|żyć się pf — **posłu|giwać się** impf v refl. to use v.; **~żyć się czymś** to use sth; **~żyć się kimś, żeby coś zrobić** to use sb to do sth; **~giwać się obcymi językami** to speak foreign languages; **~żył się fałszywymi dokumentami** he used fake documents; **wciąż ~gują się tymi samymi argumentami** they still use the same arguments; **umiesz się tym ~giwać?** do you know how to use it?

posłysz|eć pf (**~ysz, ~ał, ~eli**) vt książk. to hear [szept, kroki]; **~ał, że ktoś idzie** he heard somebody coming

posmacz|ek m dem. sgt (G **~ku**) pot. whiff; **~ek skandalu** a whiff of scandal

posmak m sgt (G **~u**) [1] (smak) aftertaste; **mieć dziwny ~** [woda, wino, potrawa] to have a strange aftertaste; **po wypiciu lekarstwa miałem w ustach przykry ~** the medicine left an unpleasant aftertaste in my mouth [2] przen. (skandalu) whiff; **cała sprawa miała ~ skandalu** there was a whiff of scandal around this case

posmak|ować pf książk. **I** vt [1] (spróbować) to taste [potrawy, napoju]; **~ować czegoś** to taste sth; **~uj tego wina** taste this wine ⇒ **smakować** [2] przen. (doświadczyć) to taste; **~ować życia** to taste life; **~ować swobody** to experience a taste of freedom; **~ować atmosfery Paryża** to experience the flavour of Parisian life ⇒ **smakować**

II vi (zasmakować) **pieczeń bardzo nam ~owała** we found the roast delicious

posmar|ować pf **I** vt [1] (pokryć) to spread; **~ować coś czymś** to spread sth with sth; **~ować chleb dżemem** to spread the bread with jam; **~ować blachę tłuszczem** to grease a baking tin; **chleb ~owany masłem** buttered bread; **~ować coś maścią** to apply an ointment to sth; **~ować twarz kremem** to put cream on one's face, to apply cream to one's face; **~ować komuś plecy olejkiem do opalania** to rub sb's back with suntan oil; **~uj mi plecy** could you do my back, please? ⇒ **smarować** [2] (pobrudzić) to smear; **~ować sobie ubranie smarem** to smear one's clothes with grease

II vi pot. (dać łapówkę) to pay a bribe; to pay a kickback pot.; **jak się nie ~uje, to się nic nie załatwi** you always have to grease someone's palm to get anything done ⇒ **smarować**

III posmarować się [1] (kremem) to put cream on one's face, to apply cream to one's face; **~ować się olejkiem do opalania** to use suntan oil ⇒ **smarować się** [2] (ubrudzić się) **~ować się na buzi czekoladą** to smear one's face with chocolate

posmutnia|ły adi. [osoba, twarz, oczy] saddened

posmutni|eć pf (**~eję, ~ał, ~eli**) książk. vi [osoba] to become sad; [twarz] to turn sad

po|snąć pf (**posnęła, posnęli**) vi [1] [dzieci, żołnierze] to fall asleep; **sprawdź czy strażnicy nie posnęli** make sure the sentries are awake [2] (pozdychać) [ryby] to die

poso|ka f sgt książk. blood; **broczyć ~ką** to be bleeding

pos|olić pf vt (dodać soli) to add salt to; (posypać solą) to sprinkle [sth] with salt; **~olić do smaku** to add salt to taste; **~olona woda** salted water ⇒ **solić**

posort|ować pf vt to sort; **~ować coś według koloru/wielkości** to sort sth by colour/according to size; **~ować coś na klasy/kategorie** to sort sth into classes/categories; **starannie ~owane papiery** meticulously sorted papers ⇒ **sortować**

pospacer|ować pf vi to walk; **~owałem trochę po parku** I had a short walk in the park

po|spać pf (**pośpię, pośpisz**) **I** vi to sleep; **pospać sobie do południa** to sleep on till noon; **pośpię sobie w czasie urlopu** I'll catch up with sleep when I'm on holiday; **pospałbym jeszcze godzinkę** I'd love to stay in bed for another hour

II pospać się pot. to fall asleep; **wszyscy w domu się pospali** the entire house fell asleep

pospiera|ć się pf v refl. to have a dispute (**z kimś** with sb); **~ć się o coś** to have a dispute about sth; **trochę ~liśmy** we had a little dispute ⇒ **spierać się**

pospieszać → pośpieszyć
pospieszny → pośpieszny
pospieszyć → pośpieszyć

pospolicie adv. grad. [1] (powszechnie) commonly; **ptaki ~ występujące w Polsce** birds commonly occurring in Poland; **roślina zwana świętojańskim zielem** a plant commonly known as St John's wort [2] pejor. (prostacko) [wyrażać się, zachowywać się] commonly pejor.; **wyglądała dość ~** she looked rather common

pospolici|eć impf (**~eje, ~ał, ~eli**) vi książk. (powszednieć) [nowości, sensacje] to go stale; **piękne widoki szybko ~eją** you begin to take beautiful views for granted ⇒ **spospolicieć**

pospolitoś|ć f sgt książk. [1] (powszechność) commonness (**czegoś** of sth) [2] pejor. (prostactwo) commonness pejor.

pospolit|ować się impf v refl książk., pejor. to fraternize; **~ować się z podwładnymi** to fraternize with the staff

pospoli|ty adi. grad. [1] (często występujący) [odmiana, imię, roślina] common; **to całkiem ~te zjawisko** it's quite a common phenomenon; **najbardziej ~te zwierzę domowe** the commonest domestic animal [2] pejor. (zwyczajny) [rysy, twarz] ordinary; **~ty złodziej/przestępca** a common thief/criminal; **nawet sny miał ~te i nudne** even his dreams were ordinary and dull [3] pejor. (prostacki) [osoba] common pejor.; **ona jest taka ~ta!** she's so common!

III adi. [1] [nazwa] common; **rzeczowniki ~te** Jęz. common nouns [2] przest. (wspólny) common; **~te dobro** the commonwealth przest.

pospołu adv. przest. together; **śpiewał ~ z innymi** he sang along with the others

pospólstw|o n sgt [1] Hist. common people, common folk [2] przest., pejor. the hoi polloi

posprawdza|ć pf vt to check [rachunki, zamki]; to mark [testy, wypracowania]; **~ć faktury** to check the invoices for accuracy; **~ła, czy dzieci już śpią** she checked that the children were sleeping ⇒ **sprawdzać**

posprząta|ć pf vt [1] (zrobić porządek) to clean, to tidy up, to tidy [sth] up [salę, pokój]; **~ć w łazience/kuchni** to clean the bathroom/kitchen; **~ć w szufladzie/na biurku** to clear out a drawer/to tidy a desk; **~ć po kimś** to tidy up a. clean up after sb; **~ć po remoncie/przyjęciu** to clean up after the renovation/party ⇒ **sprzątać** [2] (pozbierać) to clear away, to clear [sth] away [gruz, klocki]; **~ć papiery z biurka** to clear away the papers from the desk; **~ć ze stołu** to clear a table; **~j zabawki z podłogi** pick up your toys off the floor ⇒ **sprzątać** [3] książk. to gather [płody rolne]; **~ć zboże/siano z pól** książk. to gather grain/hay from the fields

posprzecza|ć się pf v refl. to argue (**z kimś** with sb); **~ć się o coś** to argue over a. about sth; **~li się, kto ma zapłacić** they argued over who should pay; **~liśmy się trochę** we had a little argument ⇒ **sprzeczać się**

posrebrzać impf → **posrebrzyć**
posrebrzan|y **II** pp → **posrebrzyć**

II adi. [biżuteria, sztućce] silvered, silver-plated

posrebrz|yć pf — **posrebrz|ać** impf **II** vt [1] (pokryć srebrem) to plate [sth] with silver, to silver-plate [sztućce, naczynia]; (pomalować) to paint [sth] silver [2] książk. (nadać srebrny kolor) to silver książk.; **księżyc ~ał wierzchołki drzew** the moon silvered the tops of the trees; **starość ~yła mu głowę** age silvered his hair; **miał lekko ~one skronie** he had a touch of silver at his temples

II posrebrzyć się — **posrebrzać się** książk. [głowa, włosy] to silver książk.

po|st m (G **postu**) [1] Relig. (głodowanie) fast, fasting; (dzień) fast day; **przestrzegać postu** to observe fasting; **złamać post** to break one's fast; **w piątek obowiązuje post** Friday is a day of fasting (and abstinence); **Wielki Post** Lent; **w Wielkim Poście** during Lent [2] przen. (wstrzemięźliwość) fast, fasting

post- w wyrazach złożonych post-; **postmodernizm** postmodernism; **postdatować** to post-date; **postkomunistyczny** post-Communist

posta|ć¹ f (Npl **~cie** a. **~ci**) [1] (forma) form; **~ć larwalna owadów** the larval form of insects; **w ~ci kryształów/pożyczki** in the form of crystals/a loan; **pomoc w ~ci darmowych obiadów** aid in the form of free lunches; **przyjmiemy pomoc w każdej ~ci** we appreciate help in any form; **przyjąć** a. **przybrać ~ć ludzką/łabędzia** to take a. assume the form of a man/a swan; **występować pod różnymi ~ciami** to occur in various forms; **nie tknie alkoholu pod żadną ~cią** he won't touch alcohol in any form; **Duch Święty objawił się pod ~cią gołębicy** the Holy

Spirit descended in the form of a dove; **pod ~cią chleba i wina** Relig. under the species of bread and wine; **komunia pod dwiema ~ciami** Relig. Communion in both kinds; **to zmienia ~ć rzeczy** that changes everything [2] (sylwetka) figure; **czyjaś szczupła/ogromna ~ć** sb's slim/ large figure; **z mgły wyłoniła się jakaś ~ć** a figure loomed out of the mist [3] (osobistość) figure; **~ć polityczna** a political figure; **ważna/legendarna/kontrowersyjna ~ć** an important/a legendary/a controversial figure; **najwybitniejsza ~ć epoki** the most prominent figure of the time; **niezbyt ciekawa ~ć** a rather shady figure [4] (bohater literacki, filmowy) character; **pierwszoplanowa ~ć** the leading character; **wszystkie ~cie są fikcyjne** all characters are fictional; **kreować w filmie ~ć prezydenta** to play the president in a film

post|ać² *pf* (**~oję, ~oisz**) *vi* [1] (stać przez jakiś czas) to stand; **~ał chwilę pod drzwiami** he stood at the door for a moment; **jak ~oisz dwie godziny na mrozie, to zrozumiesz** you'll understand if you stay out in the cold for a couple of hours; **~ać parę godzin na warcie** to stand on guard for a couple of hours [2] (przetrwać) **ten budynek jeszcze długo ~oi** this building still has a long life ahead of it

posta|ć³ (**~stanę, ~staniesz, ~stań**) *vi* książk. **to mi nawet w głowie nie ~ło** it never entered my mind a. head; **nawet mi w głowie nie ~ło, że.../żeby...** it never entered my mind that.../to...; **moja noga już tu więcej nie ~nie** I'll never set foot in this place again

postanawiać *impf* → **postanowić**

postan|owić *pf* — **postan|awiać** *impf* *vt* [1] (podjąć decyzję) to decide; **~owiłem przyjść/nie przychodzić** I decided to come/not to come; **~owiła zostać aktorką** she decided to become an actress; **~owiono, że...** it was decided that; **~owić sobie** to resolve; **~owiłem sobie, że tego więcej nie zrobię** I resolved never to do it again [2] Prawo to rule, to decide; **sąd ~owił, że...** the court ruled that...

postanowie|nie [] *sv* → **postanowić**

[] *n* [1] (zamiar) resolution; **noworoczne ~nie** a New Year's resolution; **uczynić** a. **powziąć ~nie, żeby...** to make a resolution to...; **to mnie umocniło w ~niu, żeby...** it strengthened my resolution to...; **nadal trwałem w ~niu, żeby...** I was firm in my resolution to...; **wyszedł z domu z ~niem, że nigdy nie wróci** he left home, resolved never to come/go back [2] Prawo ruling, decision; **~nie sądu** the court's ruling; **~nie rządu o obniżeniu podatków** the government's decision to cut taxes

postara|ć się *pf vi* [1] (dołożyć starań) to try; **~ć się coś zrobić** to try to do sth; **~ć się, żeby...** to see to it that...; **~ł się, żeby wszyscy byli zadowoleni** he saw to it that everybody was happy; **już on się ~, żeby cię wyrzucili** he'll see to it that you get fired ⇒ **starać się** [2] (zdobyć) **muszę się ~ć o nowy samochód** I must try to get a

new car; **~ł się o bilety na koncert** he bought tickets for the concert ⇒ **starać się**

postarzać *impf* → **postarzyć**

postarza|ły *adi.* książk. [osoba, twarz] aged; **przedwcześnie ~ły człowiek** a prematurely aged man

postarz|eć się *pf* (**~eję się, ~ał się, ~eli się**) *v refl.* [osoba] to age; **społeczeństwo się ~ało** the population has aged

postarz|yć *pf* — **postarz|ać** *impf* [] *vt* [przeżycie] to age [osobę, twarz]; [fryzura, makijaż] to age, to make [sb] look older [osobę, twarz]; **~yłem ją o kilka lat** I thought she was a couple of years older

[] **postarzyć się — postarzać się** (zmieniać wygląd) to make oneself look older; (udawać starszego) to pretend to be older than one really is

postaw|a *f* [1] (stosunek) attitude; (zachowanie) conduct; **~a wobec czegoś** an attitude to a. towards sth; **zajmować** a. **przyjmować ostrożną/sceptyczną ~ę wobec czegoś** to adopt a. take a cautious/sceptical attitude towards sth; **bohaterska/patriotyczna ~a** heroic/patriotic conduct; **~wy konformistyczne** conformist behaviour [2] (pozycja) posture, stance; **przyjąć** a. **przybrać swobodną ~ę** to assume a relaxed posture a. stance; **w ~ie stojącej/siedzącej** in a standing/sitting posture; **przyjąć ~ę zasadniczą** a. **stanąć w ~ie na baczność** Wojsk. to stand to attention; **~a! attention!** [3] (sylwetka) posture; (sposób noszenia się) bearing; **prawidłowa/nieprawidłowa ~a** good/bad posture; **korekcja wad ~y** posture correction; **człowiek okazałej ~y** a man of imposing bearing

postaw|ić *pf* [] *vt* [1] (umieścić) to put, to stand [osobę, kieliszek, lampę]; to put [telewizor, mebel]; to park [samochód]; **~ić szklankę/wazon na stole** to put a glass/ a vase on the table; **~ić dziecko na podłodze** to put a child down on the floor; **~ić zupę na gazie** to put the soup on the stove; **~ić wodę na herbatę** to boil some water for tea; **~ić przed kimś miskę zupy** to put a bowl of soup in front of sb; **~ić nogę na krześle** to put one's foot on a chair; **~ić kilka kroków** to make a. take a few steps; **gdzie mogę ~ić samochód?** where can I park my car? [2] (nadać pozycję pionową) to set [sth] upright [krzesło, kieliszek]; to turn [sth] up [kołnierz]; to stand [sb] up [osobę]; **~ić przewróconą ławkę/ lampkę** to set a bench/lamp upright again; **pies ~ił uszy** the dog pricked (up) its ears; **~ić kogoś na nogi** to stand sb on their feet; przen. to have sb back on their feet [3] (zbudować) to build [budynek]; to put [sth] up [płot, mur, namiot]; **~ić komuś pomnik** to put up a monument to sb [4] (wyznaczyć funkcję) to place; (rozmieścić) to place; **~ić kogoś na czele oddziału/armii** to place sb in command of an army/unit; **wysoko ~iona osoba** a highly-placed person; **~ić kogoś na warcie** to post sb on guard; **~ił dwóch ludzi przy drzwiach** he posted two people at the door; **~ić kogoś na bramce/ obronie** to put sb in goal/defence; **~ić ucznia w kącie** to make a student stand in the corner (as punishment) [5] (doprowadzić do stanu) to put; **~ić kogoś w trudnej/nie-**

wygodnej sytuacji [osoba, wydarzenie] to put sb in a difficult/an awkward situation; **~ić kogoś w niekorzystnym świetle** [wydarzenie, oskarżenie] to put sb in a bad light; **~ić kogoś przed dylematem/ poważnym problemem** to present sb with a dilemma/serious problem; **~ić kogoś przed faktem dokonanym** to present sb with a fait accompli; **~ić przedsiębiorstwo w stan likwidacji** to put a company into liquidation; **~ić załogę w stan gotowości** to put the crew on alert; **~ić kogoś w stan oskarżenia** to bring charges against sb; **~ić kogoś przed sądem** to bring sb to court [6] (napisać) to put [krzyżyk, przecinek]; **~ić kropkę na końcu zdania** to put a full stop at the end of a sentence [7] Szkol. to give [ocenę]; **~ił mi piątkę z dyktanda** he gave me an A for a spelling test [8] (sformułować, przedstawić) to put [sth] forward [tezę, wniosek, kandydaturę]; to pose [pytanie]; to make [diagnozę, warunek]; **~ić komuś zarzuty** to bring charges against sb; **~ić przed kimś trudne zadanie** to set sb a difficult task; **~ić sobie ambitne cele** to set oneself ambitious goals; **~ić sobie za cel zrobienie czegoś** to make doing sth one's goal; **~ił sobie za punkt honoru wszystko zrobić samemu** he made it a point of honour to do everything alone; **~ić bezpieczeństwo/zdrowie na pierwszym miejscu** to put safety/health first; **~ić kogoś/coś komuś za przykład** a. **wzór** to cite sb/sth as a role model for sb; **~my sprawę jasno** let's make things clear [9] (ułożyć) to play [pasjansa]; **~ić komuś horoskop** to read sb's horoscope [10] pot. (zafundować) to stand pot. [obiad, piwo]; **~ić coś komuś** to stand sb sth [11] (zaryzykować pieniądze) to bet, to gamble; **~ić na konia/ numer/kolor** to place a bet on a horse/ number/colour; **~ić 100 złotych na konia** to bet 100 zlotys on a horse; **~ić wszystko na jedną kartę** przen. to stake everything on one card; **~ić na niewłaściwego konia** przen. to back the wrong horse [12] Wojsk., Żegl. to put [sth] up [żagiel]; to lay [miny]

[] *vi* (wybrać) to pick *vt* (**na kogoś** sb) [osobę]; (zaufać) to be counting (**na kogoś/ coś** on sb/sth); (skupić się) to focus (**na kogoś/coś** on sb/sth); **~iliśmy na ciebie** we are counting on you; **~iliśmy na rozwój turystyki** we focused on the development of tourism

[] **postawić się** [1] (umieścić się) to put oneself; **~ić się w czyimś położeniu** to put oneself in sb's shoes [2] pot. (popisać się) to show off; **chciał się ~ić i urządził wielkie przyjęcie** he wanted to show off, so he gave a big party [3] pot. (sprzeciwić się) **~ić się komuś (kantem** a. **sztorcem)** to stand up to sb [4] (pobudować się) to build oneself a house

■ **~ić komuś głos** Muz. to train sb's voice; **~ić na swoim** to get what one wants

postawn|y *adi. grad.* [osoba] well-built

post|ąpić *pf* — **post|ępować** *impf vi* [1] (zachować się) to act; **~ępować ostrożnie/rozsądnie** to act carefully/reasonably; **~ąpić właściwie/niewłaściwie** to do a right/wrong thing; **~ąpiłeś uczciwie/ mądrze** this was an honest/a wise thing to do; **~ąpić jak łajdak/dżentelmen** to act like a bastard/gentleman; **~ępować zgodnie z własnym sumieniem/z prawem** to follow one's conscience/the law; **nie wiedział, jak ma ~ąpić** he didn't know what to do; **umiał ~ępować z dziećmi/zwierzętami** he knew how to deal with children/animals; **trzeba być ostrożnym w ~ępowaniu z takimi ludźmi** you should be careful in dealing with such people [2] (posunąć się do przodu) **~ąpić naprzód/o krok do przodu** to move forward/a step forward także przen.; **nie ~ąpiliśmy w tej sprawie ani o krok** we made no progress with this case; **~ępować za kimś** to follow sb [3] (rozwinąć się) *[choroba, badania]* to progress; **~ępujący zanik pamięci** creeping amnesia; **reforma ~ępuje bardzo powoli** the reform is proceeding very slowly; **świat ~ąpił naprzód** the world has progressed

poste|r m (G **~ru**) poster; **na ścianie wisiał ~r** there was a poster hanging on the wall

poste restante /ˌpostreˈstãt/ n inv. poste restante GB, general delivery US; **wysłać coś na ~** to send sth poste restante

posterun|ek m (G **~ku**) [1] (stanowisko) post; **~ek celny/graniczny** a customs/frontier post; **stać na ~ku** to be at one's post; **opuścić ~ek** a. **zejść z ~ku** to leave one's post; **trwać na ~ku** to remain at one's post; **zginąć na ~ku** to be killed at one's post [2] (komisariat) station; **~ek policji** a police station; **na ~ku** at a police station; **wziąć kogoś na ~ek** to take sb to a police station [3] (straż) guard; (patrol) patrol; **wyznaczyć gdzieś ~ek** to post a guard; **obstawić granicę ~kami** to post guards along a frontier; **zmiana ~ku** the changing of the guards

posterunkow|y m (stopień, osoba) (police) constable

❏ **starszy ~y** second lowest rank in the police force

postęk|iwać impf vi *[osoba]* to grunt; **~iwać z wysiłku** to grunt with effort; **~iwać z bólu** to groan in pain

postęp m (G **~u**) [1] (zmiana na lepsze) progress U; **~ gospodarczy/techniczny** economic/technological progress; **~ cywilizacyjny** the progress of civilization; **~ w naukach medycznych** progress in medical science; **~y nauki i techniki** the progress of science and technology; **obserwujemy stały ~ w dziedzinie telekomunikacji** telecommunications technology is developing all the time; **w ostatnich latach w tej dziedzinie dokonał się** a. **nastąpił olbrzymi ~** this area has progressed rapidly over recent years; **~y w nauce** progress in learning; **czynić** a. **robić ~y w angielskim/jeździe na nartach** to make progress in English/skiing; **~y w rozmowach pokojowych** some progress in peace talks; **śledzić ~y terapii** to monitor the progress of a treatment; **premier jest na bieżąco informowany o ~ach w negocjacjach** the Prime Minister is kept informed on the progress of the negotiations; **powiedział mi dzień**

dobry, to już **~** he said hello to me, now, that's an improvement! [2] sgt Mat. progression; **~ arytmetyczny/geometryczny** an arithmetic/a geometric progression; **zwiększać się w ~ie geometrycznym** przen. to increase exponentially a. at an exponential rate

postęp|ek m (G **~ku**) deed; **szlachetny/podły ~ek** a noble/wicked deed

postępować impf → **postąpić**

postępowa|nie [] sv → **postępować**
[] n [1] sgt (zachowanie) conduct; **karygodne ~nie** deplorable conduct; **zasady/normy ~nia** rules/norms of conduct; **zmienić swoje ~nie** to change one's behaviour; **zasady ~nia w razie wypadku** measures in case of an accident [2] Prawo proceedings; **~nie sądowe/dyscyplinarne/karne/rozwodowe** judicial/disciplinary/criminal/divorce proceedings; **~nie arbitrażowe** conciliation; **wszcząć ~nie przeciwko komuś** to bring a. institute proceedings against sb; **zapłacić koszty ~nia** to pay the costs

postępow|iec m progressive

postępowo adv. **myśleć** a. **być nastawionym ~** to have progressive views

postępowoś|ć f sgt (osoby, poglądów) progressiveness

postępow|y adi. *[osoba, ruch, stronnictwo, pogląd]* progressive

post factum /postˈfaktum/ adv. książk. *[dowiedzieć się, poinformować]* after the fact

postkomuni|sta m, **~stka** f post-Communist

postkomunistyczn|y adi. *[kraj, polityk]* post-Communist

postmoderni|sta m Szt., Literat. postmodernist

postmodernistycznie adv. in a postmodernist way

postmodernistyczn|y adi. Szt., Literat. *[artysta, sztuka, powieść]* postmodernist

postmodernizm m sgt (G **~u**) Szt., Literat. postmodernism

postn|y adi. *[dzień]* fast attr.; *[posiłek, danie, potrawa]* fasting attr.; (wielkopostny) *[pieśń, zwyczaj, potrawa]* Lenten

postojow|y [] adi. *[miejsce, światła]* parking attr.
[] **postojowe** n demurrage

post|ój m (G **~oju**, Gpl **~ojów** a. **~oi**) [1] (zatrzymanie się) stop; (przerwa w podróży) stopover; **miejsce ~oju** a stopping place; **zatrzymać się na** a. **zrobić sobie ~ój** *[turysta, podróżnik]* to make a. have a stop; **w czasie ~oju pociągu na stacji** when the train is in the station; **zjemy w czasie** a. **na ~oju** we'll eat something during the stop [2] (przystanek) **~ój taksówek** a taxi rank, a taxi stand US; **~ój dorożek** a (horse) cab rank [3] (przerwa w pracy) stoppage; **~ój maszyny** a machine stoppage

postpon|ować impf vt książk. to affront *[osobę]*; to disparage *[ideę, pogląd, okres]* ⇒ **spostponować**

postrach m sgt (G **~u**) [1] (groźna osoba, rzecz) terror; **być ~em szkoły/uczniów** to be the terror of a school/of schoolchildren; **kibice piłkarscy są ~em dla policji** football fans are the terror of the police [2] (strach) terror; **siać ~** to spread terror;

budzić w kimś ~ to scare sb; **strzelać na ~** a. **dla ~u** to fire warning shots; **powiesił to na drzewie na ~ ptactwa** he hung it on the tree to scare away the birds

postrada|ć pf vt książk. to lose *[majątek, życie]*; **~ć głos** to lose one's voice; **~ć rozum** a. **zmysły** to go out of one's mind; **czyś rozum ~ł?** are you out of your mind?

postrasz|yć pf vt (przerazić) to scare *[osobę]*; (pogrozić) to threaten *[osobę]*; **~yć kogoś bronią** to threaten sb with a gun; **~yła go, że powie jego żonie** she threatened she'd tell his wife; **~ył nas trochę deszcz** a few drops of rain threatened to spoil things for us

postron|ek m rope; (do pętania zwierząt) tether; **prowadzić krowę na ~ku** to lead a cow on a rope; **ma nerwy jak ~ki** (jest zdenerwowany) his nerves are on edge; (jest opanowany) he has nerves of steel

postronn|y adi. *[widz, obserwator]* outside; **osoby ~e** the outsiders

postrza|ł m (G **~łu**) [1] (postrzelenie) **otrzymać ~ł w brzuch/skrzydło** to be shot in one's stomach/wing; **otrzymać śmiertelny ~ł** to be shot dead [2] (rana) gunshot wound; **opatrzyć komuś ~ł** to dress sb's gunshot wound [3] Med. lumbago

postrzałow|y adi. *[rana]* gunshot attr.

postrze|c pf — **postrze|gać¹** impf (**~gę, ~żesz, ~gł, ~gła, ~gli — ~gam**) vt książk. (dostrzec) to notice *[osobę, przedmiot]*

postrzegać¹ impf → **postrzec**

postrzega|ć² impf vt książk. to perceive; **~ć coś zmysłami** to perceive sth with the senses; **~ć coś jako...** to perceive sth as...; **Polska jest ~na jako bezpieczny kraj** Poland is perceived as a safe country

postrzegaln|y adi. perceivable; **~y zmysłami** perceivable by the senses

postrzele|niec m (V **~ńcze** a. **~ńcu**) pot. nut pot.; nutter pot.

postrzel|ić pf [] vt to shoot; **~ić kogoś w rękę/nogę** to shoot sb in the arm/leg; **zostać ~onym** to be shot; **ptak z ~oną nogą** a bird with a shot leg
[] **postrzelić się** to shoot oneself; **~ić się w nogę** to shoot oneself in the leg; **~ić się śmiertelnie** to shoot oneself dead

postrzel|ony [] pp → **postrzelić**
[] adi. pot. *[osoba]* nutty pot.

postrzęp|ić pf [] vt to fray *[materiał, mankiety, linę]*; **~ione nogawki** frayed trouser legs ⇒ **strzępić**
[] **postrzępić się** *[kołnierzyk, materiał, lina]* to fray ⇒ **strzępić**

postrzępi|ony [] pp → **postrzępić**
[] adi. *[chmury, liście, stronice, brzegi]* ragged

postscriptum /postˈskriptum/ n inv. postscript także przen.; **dołączyć ~** to add a postscript; **napisać coś w ~** to write sth in the postscript; **jako ~ do mojego wykładu/przemówienia** przen. as a postscript to my lecture/speech

postuka|ć pf [] vi to tap vt; **~ć w stół (łyżką/palcem)** to tap a table (with a spoon/one's finger); **~ć palcem w czoło** to tap one's forehead
[] **postukać się** (uderzyć się) **~ć się w czoło** a. **głowę** to tap one's forehead

postuk|iwać impf vi (palcami, laską) to tap vt; (obcasami) to clack; **~iwać palcami w**

stół to tap one's fingers on a table; **szła, ~ując obcasami** she walked with her shoes clacking

postula|t *m* (*G* **~tu**) [1] (żądanie) demand; **~t podniesienia płac** a demand for a pay rise; **~t, aby rząd odwołał swoją decyzję** a demand that the government should withdraw its decision; **wysuwać** a. **stawiać ~ty** to make demands; **spełnić ~ty strajkujących** to meet the strikers' demands [2] Log. Mat. postulate [3] Relig. postulancy, postulantship

postul|ować *impf vt* książk. to call for; **~ować wprowadzenie zakazu reklamy papierosów** to call for a ban on (the) advertising of cigarettes

postumen|t *m* (*G* **~tu**) plinth, pedestal; **na wysokim ~cie z marmuru stał pomnik poety** the monument of the poet stood on a high marble plinth

postu|ra *f* książk. physique, frame; **był człowiekiem okazałej ~ry** he was a man of imposing physique; **był dość nikłej ~ry** he was a man of slight build, he was a slightly built man

posu|cha *f* książk. [1] (brak deszczu) drought; **nastała ~cha** a dry spell came, there came a dry spell [2] *sgt* przen. (brak) shortage, scarcity a. scarceness; **~cha na wybitnych krytyków** a shortage of outstanding critics; **w teatrach ~cha** there's not much worth seeing at the theatre

posu|nąć *pf* — **posu|wać** *impf* (**~nęła, ~nęli** — **~wam**) [I] *vt* [1] (przenieść sunąc) to move (on); **~nąć stolik do okna** to move a table towards the window; **~wać ciężkie meble po podłodze** to move heavy furniture across the floor [2] przen. (doprowadzić do pewnej granicy) **troskliwość ~nięta do przesady** overprotectiveness; **~wać odwagę do szaleństwa** to carry courage to the point of recklessness; **~nął żart za daleko** he carried the joke too far, he went too far with his joke [3] wulg. to fuck wulg.; **~wał ją przez parę miesięcy** he fucked her for a few months

[II] *vi* przest. (podejść) **~nął ku paniom w lansadach** he approached the ladies with long swinging strides, he advanced towards the ladies with long swinging strides

[III] **posunąć się** — **posuwać się** [1] (przebyć pewną drogę) to progress, to advance; **~nąć się do wyjścia** to make one's way towards the exit; **~wać się z wolna** to move on slowly; **~wać się krok za krokiem** a. **noga za nogą** to trudge wearily step by step, to drag one's feet; **samochód ~wał się z trudem po zatłoczonej jezdni** the car was making slow progress a. negotiating its way on the busy road [2] przen. (rozwinąć się) to continue, to progress; **praca nad słownikiem ~wała się pełną parą** the work on the dictionary was in full swing; **jego praca doktorska niewiele się ~nęła** he hasn't made much progress with his doctoral thesis [3] przen. (przekroczyć pewną granicę) **~nąć się do rękoczynów** to actually use force, to resort to fisticuffs; **~nęła się do twierdzenia, że...** she went as far as to assert that...; **w dowcipkowaniu ~nął się za daleko** he went too far

with leg-pulling a. wisecracking pot. [4] (zrobić miejsce) to move on; **~nąć się w ławce** to move on a. down on the bench

[IV] **posunąć się** książk. (postarzeć się) to age; **dziadek ostatnio bardzo się ~nął** grandpa has aged a lot recently

■ **~nąć się w latach** to grow old; **~wać nogami** to plod (along), to trudge (along); **~nąć pracę/sprawę naprzód** to make progress with one's work/the matter

posunię|cie [I] *sv* → **posunąć**

[II] *n* [1] (ruch w grach) move; **teraz twoje ~cie** now your move [2] (postępek, krok) move, act; **mistrzowskie ~cie** a masterful move; **genialne ~cie premiera** a stroke of genius by the Prime Minister; **ekonomiczne/polityczne/dyplomatyczne ~cie** an economic/political/diplomatic move; **tym ~ciem zdobył zaufanie załogi** this move a. act earned him the confidence of the team

posunię|ty [I] *pp* → **posunąć**

[II] *adi.* [prace, procesy, sprawy] advanced; **miał daleko ~tą sklerozę** he suffered from advanced sclerosis; **jest już mocno ~ty w latach** he's a man of advanced years

posuwać *impf* → **posunąć**

posuwi|sty *adi.* [1] (o kroku) swinging; **~sty chód** a swagger; **~sty taniec** a sweeping a. sliding dance [2] Techn. sliding; **ruch ~sty tłoka** the sliding motion of the piston

posuwiście *adi. grad.* swingingly; **iść ~** to swing along smartly

posyłać *impf* → **posłać**[1]

posył|ka *f* przest. parcel

■ **być na ~ki** pot. to do errands; **chłopiec/dziewczyna na ~ki** messenger boy/girl, errand-boy/errand-girl

posyp|ać *pf* — **posyp|ywać** *impf* (**~ię — ~uję**) [I] *vt* [1] (pokryć powierzchnię) to sprinkle, to scatter; **~ała ciasto cukrem pudrem** she sprinkled the cake with icing sugar; **w zimie ~ywali chodniki solą** in winter the pavements were salted a. were sprinkled with salt; **zeszłej zimy codziennie ~ywaliśmy chodnik piaskiem** last winter we sanded the pavement every day; **czy stolnica została już ~ana mąką?** has the board been floured yet? [2] (dać zwierzętom) to scatter, to throw [pszenicy, okruszków]; **~ ziarna kurom** throw out some grain to the hens; **~ała na parapet grochu dla gołębi** she scattered some peas on the window sill for the pigeons; **stajenny ~ał koniom obroku** the stable boy gave the horses their measure of fodder

[II] **posypać się** — **posypywać się** to cover oneself; **uważaj, żeby nie ~ać się cukrem pudrem** be careful not to get yourself covered in icing sugar

[III] **posypać się** [1] (odpaść) to fall (off); **tynk ~ał się ze ścian** the plaster fell off the walls; **pociski ~ały się na nieprzyjaciela** bullets fell on the enemy [2] (wystąpić w dużej ilości) **po występie skrzypka ~ały się gromkie brawa** after the performance the violinist was showered with applause; **~ały się aresztowania wśród opozycyjnych działaczy** there followed a wave of arrests within the opposition

posypywać *impf* → **posypać**

poszal|eć *pf* (**~eję, ~ał, ~eli**) *vi* [1] (powariować) to go mad; **chyba ~eli, podej-**

mując takie ryzyko they must be mad to take such a risk [2] (zabawić się) to gallivant, to roister; **lubił czasem ~eć do białego rana** he liked to revel all night, he liked roistering till the small hours

poszanowani|e *n sgt* książk. respect; **wzajemne ~e** mutual respect; **~e dla cudzej własności/osób starszych** respect for other people's property/one's elders; **~e prawa** respect for the law; **~e praw człowieka** respect for human rights; **~e godności drugiego człowieka** respect for human dignity, respect for the dignity of others; **całkowity brak ~a zasad ruchu drogowego** blithe disregard for the rules of the road; **brak ~a dla jakichkolwiek zasad moralnych** utter disregard for all moral principles; **mieć ~e u sąsiadów** to command respect from one's neighbours

poszarga|ć *pf vt* [1] książk. (sprofanować) **~ć świętości** to desecrate what is held sacred; **~ć czyjeś imię/nazwisko** to tarnish a. blacken sb's good name; **~li mu opinię** his reputation has been tarnished [2] przest. (zniszczyć) to tarnish; **~ne spodnie/buty** shabby trousers/shoes

poszarp|ać *pf* (**~ię**) [I] *vt* [1] (podrzeć) to tear, to rip; **pies ~ał obicie mebli** the dog ripped the upholstery; **ze złości ~ał gazetę na strzępy** he tore the newspaper to pieces in a fury ⇒ **szarpać** [2] (poranić) to rip, to maul; **wilki ~ały zająca** the wolves tore at the hare, the wolves ripped the hare apart a. to shreds; **odłamek pocisku ~ał mu stopę** a fragment of a bullet ripped his foot [3] pot. (potarmosić) to yank pot.; **~ał dziewczynkę za warkocz** he gave the girl's pigtail a yank

[II] **poszarpać się** [1] (podrzeć się) to get torn; **bielizna ~ała się nam w pralce** the linen got ripped in the washing machine [2] (poszamotać się) to thrash around; **ryba ~ała się jeszcze chwilę w sieci** the fish thrashed (about) in the net for another while [3] (pobić się) pot. to have a dust-up pot., to have a punch-up GB pot.; **~ał się z bratem** he had a punch-up with his brother

poszarpan|y [I] *pp* → **poszarpać**

[II] *adi.* [1] (o nierównych brzegach) [chmury, góry, skały] jagged, cragged; **~a linia brzegowa** the indented a. jagged coastline [2] przen. [zdania, dźwięk] garbled; **z jej ~ych zdań niewiele zrozumiał** he couldn't make out much from her garbled account

poszarza|ły *adi.* [1] [skóra, śnieg] greyish; **miał twarz ~łą ze zmęczenia** his face was grey with fatigue [2] przen. [życie, świat] dull; grey przen.

poszarz|eć *pf* (**~eję, ~ał, ~eli**) *vi* [1] (stać się szarym) to turn grey; **książki ~ały od kurzu** the books were grey with dust; **niebo ~ało** the sky clouded over a. turned grey [2] przen. (stać się nieciekawym) to become dull; **nasze życie ~ało** our life became dull

poszatk|ować *pf vt* Kulin. to shred [kapustę, jarzyny] ⇒ **szatkować**

poszczególn|y *adi.* individual, separate; **~e rozdziały** separate a. individual chapters

P

poszczeka|ć *pf vi* to bark; **jej piesek ~ł na obcych i schował się pod łóżko** her dog barked a bit a. gave a bark or two at the strangers, then hid under the bed

poszczek|iwać *impf vi* to yelp, to yap; **pies ~iwał wesoło** the dog was yapping happily

poszczę|ścić *pf* **▯** *vi* książk. to favour (**komuś** sb); **los im ~ścił** fate was kind to them ⇒ **szczęścić**

▮ **poszczęścić się** *v imp.* **~ściło się jej w życiu** she was lucky in her life; **jak mi się ~ści, to zdam ten egzamin** I'll pass the exam if I'm lucky, with luck I will pass the exam; **w końcu mu się ~ściło** he finally struck it lucky GB pot.; he finally got lucky ⇒ **szczęścić się**

poszczu|ć *pf vt* [1] (postraszyć psem) to bait, to halloo; **raz ~ł mnie psem** once he set his dog loose on me [2] przen. (podburzyć) to unleash; **kto was na mnie ~ł?** who set a. unleashed you on me?

poszczy|cić się *pf v refl.* książk. to be proud (**kimś/czymś** of sb/sth); to boast (**czymś** sth); **~cić się sukcesami/osiągnięciami** to boast of a. about one's successes/achievements; **chciała się ~cić dziećmi** she wanted to show off her children; **mógł się ~cić dwoma dyplomami** he boasted two diplomas; **jest się czym ~cić** (that's) something to boast about

poszep|tać *pf* (**~czę** a. **~cę**) *vi* to whisper; **~tali na boku przez moment i zaraz wyszli** they whispered one the side for a moment and left soon afterwards

poszept|ywać *impf vi* to whisper; **~ywali między sobą** occasionally they would whisper among themselves; **~ywano po kątach na jej temat** there were whispers about her here and there

poszerzać *impf* → **poszerzyć**

poszerz|yć *pf* — **poszerz|ać** *impf* **▯** *vt* [1] (zwiększyć szerokość) to widen, to broaden [ulice]; to ream, to widen [otwór]; to let out [ubranie] [2] (zwiększyć zasięg) to extend, to broaden; **~yć zakres prac remontowych** to extend the range of repairs

▮ **poszerzyć się** — **poszerzać się** to grow a. become wider, to widen, to expand; **droga znacznie się ~yła** the road became considerably wider; **wciąż ~a się grono kolekcjonerów dzieł sztuki** the circle of art collectors continues to widen a. expand

■ **~yć wiedzę** a. **zakres wiedzy/zainteresowania** to expand one's knowledge/range of interests; **czytanie książek ~a zakres naszych zainteresowań i naszej wiedzy** reading books broadens our minds and our range of interests

poszew|ka *f* pillowcase, pillowslip GB

poszkodowan|y **▯** *adi.* [osoba] (fizycznie) injured; (moralnie, materialnie) harmed; **osobom ~ym udzielono natychmiastowej pomocy** the injured were given immediate help

▮ **poszkodowan|y** *m*, **~a** *f* Prawo the aggrieved party; **~y oddał sprawę do sądu** the aggrieved party filed a suit for damages

poszla|ka *f* Prawo circumstantial evidence

poszlakow|y *adi.* Prawo circumstantial; **sprawa ~a** a circumstantial case

poszpera|ć *pf vi* pot. to poke around (**w czymś** in sth) [szafach, szufladach]; to fish

about a. around (**w czymś** in sth) [kieszeniach, torebce]; **muszę tu trochę ~ć** I must have a ferret around

poszturch|iwać *impf* pot. **▯** *vt* to poke, to push and shove

▮ **poszturchiwać się** to nudge; **~ując się, pchali się do wyjścia** pushing and shoving they made their way towards the exit

poszuka|ć *pf vi* to look for; **musisz ~ć sobie pracy** you must try and find yourself a job; **powinien ~ć towarzystwa** he should find himself some company; **~j tego w słowniku** look it up in the dictionary **■** **~ć czegoś w pamięci** to search one's memory for sth; **~ć kogoś/czegoś wzrokiem** a. **oczami** to look around for sb/sth; **~ła wzrokiem profesora** she looked around for the professor

poszukiwacz *m*, **~ka** *f* (Gpl **~y** a. **~ów**, **~czek**) searcher, prospector; **~ przygód/wrażeń** an adventurer; **~ skarbów** a treasure hunter; **~e złota** gold prospectors; gold-diggers przest.

poszuk|iwać *impf vt* to seek, to try to find; **rodzina ~uje zaginionego** the relatives are looking for the missing man; **~iwano ropy naftowej** oil prospecting was carried out; **firma ta ~iwała ropy naftowej** the company was prospecting for oil; **od miesięcy ~uję pracy** I've been job-hunting for months pot.; **policja ~uje sprawcy wypadku** the police are hunting for the perpetrator of the accident, the police are on the lookout for the perpetrator of the accident; **lista ~iwanych przez policję** a wanted list; **być ~iwanym przez policję** to be on a wanted list

poszukiwa|nie **▯** *sv* → **poszukiwać**

▮ *n* search, quest; **w ~niu kogoś/czegoś** in quest for sb/sth; **~nie pracy** a job-hunt pot.; **ciągłe ~nie informacji** a constant trawl for information; **ciągłe ~nie prawdy** the constant quest for the truth; **nie ustawać w ~niu kogoś/czegoś** to continue one's search for sb/sth; **podjąć na nowo/porzucić ~nia** to resume/abandon one's quest; **wyruszył na ~nie skarbów** he went on a treasure hunt, he went in search of treasure; **poszedł do kuchni w ~niu czegoś do jedzenia** he went to the kitchen on a forage for a. in search of something to eat; **~nia nie przyniosły rezultatów** the search didn't yield any results; **trwają ~nia terrorystów** the hunt is on for the terrorists

▯▯▯ **poszukiwania** *plt* [1] (prace badawcze) prospecting; **~nia archeologiczne/geologiczne** archaeological/geological survey [2] (w sztuce, literaturze, filozofii) experiments; **swoboda ~ń twórczych** creative freedom

poszukiwan|y **▯** *pp* → **poszukiwać**

▮ *adi.* sought after; **najdroższe i najbardziej ~e perfumy** the most expensive and sought after perfume; **~e umiejętności** marketable skills; **był ~ym adwokatem** he was sought after as a lawyer

▯▯▯ *m* wanted man; **~y ukrywa się w górach** the wanted man is hiding in the mountains

▮▮▮▮ **poszukiwana** *f* wanted woman

poszukiwawcz|y *adi.* search; **ekipa ~a** the search party; **wiercenia ~e** exploratory drilling

poszukując|y **▯** *pa* → **poszukiwać**

▮ *adi.* **był człowiekiem myślącym i ~ym** he was a thinking man with a questing mind

▯▯▯ **poszukując|y** *m*, **~a** *f* seeker; **~y prawdy** a seeker of a. after truth; **rekolekcje dla ~ych** a retreat for those who are searching for the truth

poszum *m* (G **~u**) książk. sough; **~ wiatru wśród drzew** the sough of the wind in the trees

posz|wa *f* duvet a. quilt cover

poszwenda|ć się *pf vi* pot. to traipse around; to mooch about a. around GB pot.; **trochę ~ł się po ulicach, a potem wrócił na dworzec** he traipsed around the streets for a while and then went back to the station

poszyb|ować *pf vi* to glide, to plane; **orzeł ~ował do gniazda** the eagle winged its way to its nest, the eagle glided towards its nest; **pocisk ~ował w powietrze** a bullet a. missile soared into the air ⇒ **szybować**

poszy|cie **▯** *sv* → **poszyć**

▮ *n* [1] (rośliny leśne) forest floor [2] (strzecha) thatch [3] (pokrycie szkieletu statku, samolotu) plating, planking; **~cie burtowe** side plating

❏ **~cie klinkierowe** Żegl. clinker planking

poszy|ć¹ *pf* — **poszy|wać** *impf* (**~ję** — **~wam**) *vt* [1] (pokryć słomą) to thatch [dach, budynek] [2] (pokryć sklejką, klepką) to plank; (pokryć blachą) to plate

poszy|ć² *pf* **▯** *vt* to sew; **~ć dzieciom piżamki** to make pyjamas for the children **▮** *vi* pot. to sew; **~ła przez dwie godziny i poczuła się zmęczona** after two hours of sewing she got tired

poszy|ty **▯** *pp* → **poszyć¹,²**

▮ *adi.* (pokryty) covered; **stara chata była ~ta słomą** the old cottage was thatched; **ziemia w tym miejscu jest ~ta mchem** the ground here is covered with moss

pościąga|ć *pf* **▯** *vt* [1] (zmniejszyć powierzchnię) to draw in, to reduce [2] (zdjąć kolejno) to take off; **~ła pokrowce z mebli** she took the dust covers off the furniture; **~j bieliznę ze sznurów** take the washing off the line; **~li buty** they took off their shoes [3] pot. (zgromadzić) to attract; **~ł do swego zakładu dobrych fachowców** he attracted well-qualified people to his company, he recruited well-qualified people for his company; **~ła na wakacje całą rodzinę** she gathered a. had the whole family for holiday [4] pot. (wykorzystać bezprawnie) to rip off pot. [pomysły, koncepcje]

▮ **pościągać się** to shrink; **materiał ~ł się po praniu** the fabric shrank after washing

■ **~ć warty/posterunki/straże** to put the sentries out of action

po|ścić *impf vi* to fast; **pościł w Wielki Piątek** he fasted on Good Friday

pościel *f sgt* [1] (koce, poduszki, kołdry) bedding, bed covering; **wywietrz ~ na słońcu** air the pillows and blankets/quilts in the sun [2] (prześcieradła, poszwy) bedclothes *pl*, bedlinen; **komplet ~i** a bedlinen set; **powlekła choremu czystą zmianę ~i** she changed the patient's sheets ③ (posłanie) bed; **zerwać się z ~i** to jump out of bed; **do południa wylegiwała się w ~i** she stayed in bed till noon

pościelić → **posłać²**

pościelow|y adi. [tkanina, materiał] sheeting; **bielizna ~a** bed-linen, sheets; **kupiła pięć metrów tkaniny ~ej** she bought five metres of sheeting a. of sheeting fabric

pościg m (G ~u) ① (pogoń) pursuit, chase; **~ samochodowy** a car chase; **w ~u za czymś** in pursuit of sth; **natychmiastowy ~** immediate chase; **ruszyć w ~ za złodziejem** to give chase to a thief, to go in pursuit of a thief; **w ~u udział brało pięć wozów policyjnych** there were five police cars in pursuit ② przen. pursuit; **~ za nowościami** the pursuit a. quest for novelty ③ (biorący udział w pogoni) pursuers; **wymknąć się ~owi** to manage to evade one's pursuers, to manage to give one's pursuers the slip; **wysłać a. zorganizować ~** to give pursuit

pościgow|y adi. pursuit attr.; **grupa ~a** a pursuit group; **samolot ~y** a pursuit plane

poślad|ek m Anat. buttock

pośladkow|y adi. Anat. **mięśnie ~e** glutei, gluteus muscles; **położenie ~e** Med. the natal positioning; **poród ~y** Med. a posterior labour

pośledni adi. grad. książk. mediocre; **~ aktor** a mediocre actor; **wino ~ego gatunku** a non-vintage wine; **zajmują ~e miejsce wśród wydawców** they rank low among the publishers; **kupiła wołowinę ~ejszego gatunku** she bought some poor(er) quality beef

pośli|nić pf vt to wet a. lubricate a. moisten [sth] with (one's) saliva; **~niwszy palec, zaczął liczyć pieniądze** he wetted a finger and started to count the notes; **~nił znaczek i przykleił go na kopercie** he licked the stamp and put it on the envelope

poślizg m (G ~u) ① Aut. skid; **wpaść w ~** to go a. get into a skid; **wyjść z ~u** to get out of a. correct a skid; **wpaść w ~ i zatrzymać się** to skid to a halt; **samochód wpadł w ~ i uderzył w mur** the car slid into a wall; **autobus wpadł w ~ i zjechał na pobocze** the bus slid off the road onto the shoulder ② pot., przen. delay; slippage U pot.; **~ roczny/dwumiesięczny** a one-year/two-month delay; **wybudowano osiedle mieszkaniowe bez ~ów** the housing estate was built on deadline a. as scheduled ③ (przesuwanie się) slide; **~ nart** ski glide

poślizga|ć się pf v refl. to skate (around), to glide (around); **można się ~ć na zamarzniętym stawie** you can skate a. glide around on the iced pond

poślizgn|ąć się pf v refl. to slip; **~ąć się na oblodzonej jezdni** to slip on the icy road; **~ął się i spadł ze schodów** he slipped and fell down (the) stairs; **~ęła się i upadła** she slipped an fell over a. down

poślizgow|y adi. ① (dotyczący ślizgania się) sliding; **~y ruch nart** the gliding of the skis ② Techn. gliding, sliding

poślizgnąć się → **poślizgnąć się**

poślubiać impf → **poślubić**

poślub|ić pf — **poślub|iać** impf vt książk. to marry; to enter into matrimony with książk.; to wed daw., to espouse daw.; **~iła go wbrew woli rodziców** she married him against her parents' wishes

poślubn|y adi. książk. postnuptial; **noc ~a** the wedding night; **podróż ~a** a honeymoon; **wyjechali w podróż ~ą do Włoch** they went on a honeymoon to Italy

pośmi|ać się pf (~eję się) v refl. pot. to have fun; to have a ball pot.; **~ać się na komedii** to enjoy a comedy

pośmieciusz|ka f Zool. crested lark

pośmiertnie adv. posthumously; **odznaczyć kogoś ~** to decorate sb posthumously

pośmiewisk|o n sgt pot. ① (drwiny) ridicule; **narazić kogoś na ~o** to subject a. expose sb to ridicule; **być celem ~a** to be an object of ridicule; **wystawić się na ~o** to be exposed to ridicule ② (przedmiot kpin) laughing stock; **stać się ~iem całej klasy** to become the laughing stock of the whole class, to become the butt of jokes of the whole class; **zrobić z kogoś/z siebie ~** to make a laughing stock of sb/oneself

pośniedziałły adi. książk. patinated, patina-covered

pośniedzi|eć pf (~eje, ~ał, ~eli) vi książk. to have a patina; **~ały dachy starych budowli** the old edifices had patinated a. patina-covered roofs

pośpiech m sgt (G ~u) hurry, haste; **działać w ~u** to act in haste; **w ~u zapomniał zabrać parasol** in his hurry he forgot his umbrella; **po co ten (cały) ~?** what's (all) the hurry a. haste?, why the haste a. hurry?

pośpieszać impf → **pośpieszyć**

pośpiesznie adi. grad. hurriedly, hastily, in haste; **nazbyt ~ podjęta decyzja** a decision made too hastily; **ubrać się/wyjść ~** to dress/leave hurriedly; **dopijał ~ kawę** he was finishing his coffee hurriedly; **pisała coraz ~j** she scribbled with increasing speed; **~ napisała parę słów** she scribbled a few words hastily a. in haste; **zjedli ~ śniadanie** they ate a hurried breakfast, they hurried over their breakfast; **„jutro" – dodał ~** 'tomorrow,' he hastened to add

pośpiesznoś|ć f sgt książk. hastiness, hurriedness

pośpieszn|y adi. ① (szybki) [kroki, decyzja, wyjazd] [winda, pociąg] fast ③ (pochopny) [decyzja, sąd, wniosek] hasty Ⅲ m Transp. fast train/bus; **~y wjechał na stację** the fast train arrived at the station; **~y do Warszawy miał wypadek na skrzyżowaniu** the fast bus to Warsaw had an accident at the crossroads

pośpiesz|yć pf — **pośpiesz|ać** impf Ⅱ vi ① (udać się szybko) to hurry, to hasten; **~yć na miejsce wypadku** to hurry to the site of the accident; **~yć (komuś) na ratunek** to hasten to sb's/the rescue; **~yć do domu** to hurry home; **~yć na czyjeś spotkanie** to hurry to meet sb ② (zrobić szybko) to hasten; **~yć z odpowiedzią** to answer quickly; **~ył dodać, że...** he added in haste a. hastened to add that...

Ⅲ **pośpieszyć się** to hurry up; **~ się, bo nie zdążysz do pracy** hurry up or you'll be late for work; **trzeba się ~yć z robotą** we must get on with our work; **~yli się z gratulacjami** their congratulations were premature

pośpiewa|ć pf vt to sing; **lubię sobie ~ć (od czasu do czasu)** I like to sing (from time to time); **~li kolędy i poszli** they sang carols for a while and left; **~j ze mną!** sing along with me!

pośpiew|ywać impf vi to sing away (quietly); **od czasu do czasu ~uje sobie** she sings away quietly to herself at times a. occasionally, sometimes she sings away quietly to herself; **często słyszała jak sąsiad ~uje w wannie** she often heard a neighbour singing away in his bath; **przy szyciu ~ywała stare szlagiery** she sang old favourites a. hits when sewing

pośredni adi. ① (niebezpośredni) indirect; **koszty ~e** indirect costs; **podatki ~e** indirect taxes a. taxation; **mieć ~ wpływ na coś** to have an indirect effect on sth ② (przejściowy) **sztuka była czymś ~m między farsą a komedią** the play was something in between a farce and a comedy; **etap ~** a staging post ❑ **głosowanie/wybory ~e** Prawo indirect voting/elections

pośredniak m pot. jobcentre GB, employment agency

pośrednictw|o n sgt ① (występowanie w roli łącznika) agency, mediation; **podjąć się ~a w trudnych rokowaniach** to offer one's services as a mediator in difficult negotiations; **prosić kogoś o ~o w sprawie wielkiej wagi** to ask sb to mediate a. intercede in a matter of great importance, to ask sb to act as a go-between in a matter of great importance ② (kojarzenie) agency; **~o w obrocie nieruchomościami** an estate agency GB, a real estate agency US Ⅱ **za pośrednictwem** adv. książk. via, by way of, through (the agency of); **transmitowany za ~em satelity** transmitted via satellite; **zwrócił się do narodu za ~em telewizji** he went on television to address the nation; **wynająć dom na wakacje za ~em biura turystycznego** to rent a holiday house through the agency of tourist office

pośrednicz|ka f ① (w sporach) intermediary, go-between; **stała się ~ką między synem a mężem** she became a mediator between her son and her husband ② (w transakcjach) agent, go-between; **załatwić wynajęcie mieszkania przez ~kę** to rent a flat through an agent

pośrednicz|yć impf vi ① (występować jako rozjemca) to mediate; **~yć w sporze pracowniczym** to mediate in an industrial dispute; **próbował ~yć między skłóconymi sąsiadami** he was trying to act as a mediator a. an intermediary between the quarrelling neighbours ② (załatwiać transakcje) to act as a go-between a. middleman; **~ył przy sprzedaży nieruchomości** he acted as an agent in selling real estate

pośredni|k m ① (w sporach) intermediary, go-between, mediator ② (w transakcjach) middleman, broker

pośrednio *adv.* indirectly; (nie sam) vicariously książk.

pośredniość *f sgt* książk. indirectness; (wypowiedzi) indirectness, obliqueness; **powiedział to wprost bez aluzyjnej ~ci** he said it outright without beating about the bush

pośrodku **II** *praep.* in the middle of, in the centre GB a. center US of; **~ drogi/jeziora** in the middle of the road/lake; **~ placu/stołu** in the middle a. centre of the square/table; **przedziałek ~ głowy** a centre parting, a parting down the middle **II** *adv.* in the middle, in the centre GB a. center US; **plac z fontanną ~** a square with a fountain in the middle a. centre

pośród → **wśród**

poświadczać *impf* → **poświadczyć**

poświadcze|nie **II** *sv* → **poświadczyć** **II** *n* (zaświadczenie) certificate; (pokwitowanie) receipt; **~nie autentyczności podpisu** the document attesting the authenticity of a signature

poświadcz|yć *pf* — **poświadcz|ać** *impf vt* (potwierdzić) to authenticate *[tożsamość podpisu, autentyczność dokumentu]*; **zeznanie ~one notarialnie/własnoręcznym podpisem** a testimony certified by a notary/a (personally) signed testimony

poświa|ta *f* książk. (gwiazd, księżyca, lamp ulicznych) glow, gleam; **ogród tonący w księżycowej ~cie** a moonlit garden

poświąteczn|y *adi. [okres, wyprzedaż]* post-holiday; **w poniedziałki i dni ~e muzeum nieczynne** the museum is closed on Mondays and the days immediately after a holiday

poświe|cić *pf vi* to shine a light; **~cić sobie latarką w piwnicy** to shine a torch in the cellar

poświęcać *impf* → **poświęcić**

poświęce|nie **II** *sv* → **poświęcić** **II** *n* [1] (ofiara) sacrifice; **najwyższe ~nie** the utmost sacrifice [2] (gotowość do ponoszenia ofiar) dedication; **robić coś z ~niem** to do sth with dedication

poświę|cić *pf* — **poświę|cać** *impf* **II** *vt* [1] Relig. (dokonać obrzędu święcenia) to consecrate *[kaplicę, cmentarz]*; to bless *[medalik, obrączki, autostradę, fabrykę, szpital, mieszkanie]*; **być pochowanym w ~conej** a. **~canej ziemi** to be buried in consecrated ground [2] (złożyć w ofierze) to sacrifice *[życie, karierę]*; **~cił własne szczęście dla dobra ojczyzny** he sacrificed his happiness for (the good of) his homeland [3] (zająć się) *[osoba]* to devote, to dedicate *[czas, uwagę]*; **wolny czas ~cał uprawianiu ogródka/pisaniu wspomnień** he devoted his free time to gardening/writing his memoirs; **~cał wiele czasu/uwagi dzieciom** he dedicated a. devoted a lot of time/attention to his children; **konferencja ~cona łamaniu praw człowieka** a conference dedicated to human rights abuses; **monografia ~cona kubizmowi** a monograph on cubism; **~ciła swój artykuł nieznanemu epizodowi z życia pisarki** she devoted her article to an unknown episode in the life of the writer **III** **poświęcić się — poświęcać się** [1] (ponieść ofiarę) to sacrifice oneself; **~cić**

się dla dobra sprawy/idei to sacrifice oneself for the cause/idea [2] (obrać cel życia) to devote oneself; **~ciła się wychowywaniu dzieci/karierze naukowej** she devoted herself to bringing up her children/an academic career

poświ|st *m* (*G* **~stu**) (pocisku, wiatru) whizz; (wiatru) whistle, sough; **~st słonek** the woodcocks' twitter

po|t **II** *m* (*G* **~tu**) sweat *U*, perspiration *U*; **krople/strużki potu** beads/trickles of sweat; **ostry zapach potu** a sour smell of sweat; **ciało lepkie od potu** a body sticky with sweat; **czoło zroszone potem** forehead covered with perspiration; **oblać się potem** to break out in a sweat; **oblać się zimnym potem ze strachu** to break out in a cold sweat from fright; **pracować w pocie czoła** to toil by the sweat of one's brow; **zdobyć coś w pocie czoła** to earn sth by the sweat of one's brow **II** **poty** *plt* (obfite pocenie się) perspiration *U*; **ziółka na poty** herbal tea to induce perspiration; **siódme poty na nią biły** she was sweating a. slogging her guts out pot.

potajemnie *adv. [wyjechać, wziąć ślub]* in secret

potajemn|y *adi. [plan, spotkanie, przejście]* secret

potakiwacz *m* (*Gpl* **~y** a. **~ów**) pot., pejor. yes-man

potakiwać *impf* → **potaknąć**

potak|nąć *pf* — **potak|iwać** *impf* (**~nęła**, **~nęli** — **~uję**) *vi* to assent; (ruchem głowy) to nod assent; **~iwać czyimś słowom** to say 'yes' to sb's speech; **dać ~ującą odpowiedź** to gave an answer in the affirmative

potakująco *adv.* skinąć **~ głową** to nod assent; **odmruknąć komuś ~** to murmur assent

potani|eć *pf vi* (**~ał**, **~eli**) pot. (stanieć) to become cheaper

potańców|ka *f* pot. dance; knees-up GB pot.

potańcz|yć *pf vi* to dance; **chodźmy gdzieś ~yć** let's go somewhere to dance

potarga|ć *pf* **II** *vt* [1] (zwichrzyć) to ruffle *[włosy]*; **wiatr ~ł mi fryzurę** the wind ruffled a. tousled my hair; **miał ~ne włosy/brodę i wąsy** he had dishevelled GB a. disheveled US hair/a dishevelled GB a. disheveled US beard and moustache [2] (podrzeć) to tear up; **pies ~ł gazetę/szmatę** the dog tore up the paper/cloth; **wiatr ~ł liny** the wind tangled the ropes **II** **potargać się** to get ruffled; **fryzura ~ła mi się na wietrze** my hair got ruffled in the wind; **~łam się, biegnąc** I got my hair messed up when I was running

potarg|ować *pf vi* (spędzić czas na targowaniu) to bargain, to haggle; **na bazarze trzeba umieć się trochę ~ować** at the market place you must know how to haggle

potas *m sgt* (*G* **~u**) Chem. potassium

potas|ować *pf vt* to shuffle; **~uj karty przed rozdaniem** shuffle the deck before dealing

potasow|y *adi. [mydło, nawóz, sole]* potassic

potąd *pron.* pot. (do tego miejsca) up to here; **woda sięgała mi aż ~** the water was right up to here; **mam tego ~!** (nie mogę

znieść) I've had it up to here! pot.; **mam cię/jego ~!** I've had just about enough of you/him! pot.; **forsy miał ~** (bardzo dużo) he was rolling in it pot.

potem *adv.* (następnie) then, next; (później) later, afterwards; **na ~** pot. for later; **zostaw sobie coś do zjedzenia/czytania na ~** leave sth to eat/read for later; **nie odkładaj roboty na ~** don't leave your work until a. till later

potencj|a *f sgt* [1] książk. (zdolność do działania) potency; **~a twórcza** creative power [2] Fizj. potency

potencjalnie *adv.* potentially

potencjaln|y *adi. [artysta, klient]* potential, would-be; **energia ~a** Fiz. potential energy; **elektrownia atomowa stanowi ~e zagrożenie dla środowiska** a nuclear power plant creates a potential hazard to the environment

potencja|ł *m* (*G* **~łu**) [1] (militarny, naukowy, produkcyjny) potential [2] Fiz. potential

potencjomet|r *m* (*G* **~ru**) potentiometer

potenta|t *m*, **~tka** *f* tycoon, captain of industry; **~t prasowy/filmowy** a newspaper/film tycoon a. mogul; **~t w przemyśle naftowym** an oil baron

potę|ga **II** *f sgt* (moc) power, might; **~ga miłości/rozumu** the power of love/the mind; **~ga pieniądza** the power of money; **~ga militarna Chin** China's military power [2] *sgt* (znaczenie) power, importance; **~ga militarna/gospodarcza** military/economic power; **~ga feudałów** the power a. importance of feudal lords; **wzrastać w ~gę** to grow more powerful; **stanąć u szczytu ~gi** to reach the height of (one's) power [3] (państwo) power; **~ga morska/ekonomiczna** a naval a. sea-going/economic power; **Japonia stanowi ~gę w dziedzinie elektroniki** Japan is an electronics superpower [4] Mat. power; **podstawa/wykładnik ~gi** the base number/exponent; **podnieść liczbę do czwartej/piątej ~gi** to raise a number to the fourth/fifth power; **pięć do drugiej/trzeciej ~gi** five squared/cubed **II** **na potęgę** *adv.* pot. (bardzo intesywnie) mightily; **pracować na ~gę** to labour mightily; **pić na ~gę** to drink heavily; **tyć na ~gę** to grow excessively fat

potęg|ować *impf* **II** *vt* [1] (wzmagać) to heighten, to enhance *[wrażenie]*; to compound *[niepokój]* [2] Mat. to exponentiate, to raise to a power; **~owanie** exponentiation **II** **potęgować się** (wzmagać się) *[agresja]* to escalate; *[hałas, napięcie]* to intensify; **mróz się ~uje** it's getting colder and colder; **upał się ~uje** it's getting hotter and hotter

potępiać *impf* → **potępić**[1]

potęp|ić[1] *pf* — **potęp|iać** *impf vt* [1] (napiętnować) to condemn *[wojnę, zbrodnię]*; **~ić kogoś za coś** to condemn sb for sth [2] Relig. (pozbawić zbawienia) to condemn *[grzesznika]*; **dusza ~iona** a condemned soul

potęp|ić[2] *pf* pot. **II** *vt* (stępić) to blunt *[ostrza]* **II** **potępić się** (stępić się) *[żyletki, noże, ostrza]* to blunt

potępie|nie **II** *sv* → **potępić** **II** *n* [1] (ocena potępiająca) condemnation; **spotkał się z ogólnym/ostrym ~niem**

he received widespread/severe condemnation ② Relig. (kara piekielna) damnation; **wieczne ~nie** eternal damnation

potępie|niec m (V **~ńcu** a. **~ńcze**) Relig. reprobate; **jęki ~ńców** the groaning of the damned; **cierpieć jak ~niec** to suffer like a reprobate; **krzyczeć jak ~niec** pot. to wail like the damned

potępieńczo adv. książk. **krzyczeć ~** to let out an unearthly scream

potępieńcz|y adi. książk. [cierpienia, męki] hellish; **~e wrzaski** hellish screams; **panował ~y upał** it was hellishly hot

potępi|ony II pp → **potępić**[1]
III **potępi|ony** m, **~ona** f Relig. damned soul; **dusze ~onych** the souls of the damned

potężnie adv. grad. ① [wyglądać] powerful adi.; **~ zbudowany mężczyzna** a powerfully built man ② [głodny, zmęczony] mightily; [wiać] powerfully; [brzmieć] mighty attr.

potężni|eć pf (**~eję ~ał, ~eli**) vi [osoba, zwierzę] to grow stronger; **grzmoty ~ały** the thunder grew louder and louder; **dynastia ~ała** the dynasty grew more powerful

potężn|y adi. grad. ① (silny) [mężczyzna, zwierzę, cios] mighty; [drzewo, budowla] huge; **~y umysł** a mighty mind; **~a indywidualność** a strong personality ② (wpływowy) [władca, państwo] mighty, powerful ③ (silnie działający) [uczucie, wrażenie] tremendous

pot|knąć się pf — **pot|ykać się**[1] impf vi ① (zaczepić nogą) to stumble; **~knąć się o próg** a. **na progu** to stumble over the threshold; **konie ~ykały się na wyboistej drodze** the horses stumbled on a bumpy road ② przen. (ponieść porażkę) to fail; **~knąć się na egzaminie** to fail an exam

potknię|cie II sv → **potknąć się**
III n (niewielka pomyłka) gaffe, fluff; **nauczyciel dostrzegał każde ~cie językowe ucznia** the teacher spotted every linguistic error made by the pupil

potłu|c pf II vt ① (porozbijać) to break, to shatter [naczynia, lampy, szyby]; **~czone szkło** broken glass ② (uderzyć mocno) to bruise; **upadając, ~kł sobie głowę/rękę** as he fell, he bruised his head/arm; **miał ~czone kolana** his knees were bruised
III **potłuc się** ① (ulec rozbiciu) [naczynia, szyby] to break ② (doznać obrażeń ciała) to get bruised; **~kł się mocno, spadając z drzewa** as he fell from the tree he got severely bruised

potłucze|nie II sv → **potłuc**
III n (stłuczenie) bruise, bruising, contusion

potni|eć impf (**~eję, ~ał, ~eli**) vi ① (okrywać się parą) [okulary, szyby] to sweat ⇒ **zapotnieć** ② (okrywać się potem) to sweat, to get sweaty; **ze zdenerwowania/emocji ~ały mu ręce** his hands a. palms got a. became sweaty with nervousness/excitement ⇒ **spotnieć**

potocz|ek m dem. (G **~ku** a. **~ka**) (small) brook

potocznie adv. [nazywać, sądzić] popularly; **wyrazy/zwroty używane ~** colloquial words/phrases

potoczność f sgt książk. (języka, stylu, wyrażenia) informality

potoczn|y adi. ① (spotykany na co dzień) [wiedza, opinia] popular; **sprawy ~e** every day matters; **w ~ym rozumieniu słowa/terminu** as the word/term is popularly understood ② Jęz. (kolokwialny) [język, nazwa, mowa] colloquial

potocz|yć pf II vt (toczyć przez pewien czas) to roll [wózek, piłkę, beczkę]; **~yć (dookoła) spojrzeniem** a. **wzrokiem** a. **oczami** (rozejrzeć się) to look around
III **potoczyć się** ① (przemieścić się tocząc) [moneta, kłębek, korale] to roll ② (pojechać) [pojazd] to roll ③ (popłynąć) [łzy, fale, krople] to flow ④ (trwać) [życie] to go by; [wypadki, rozmowa] to develop ⑤ pot. (zatoczyć się) to fall ⑥ pot. (pójść chwiejnym krokiem) to roll, to stagger ⑦ (zabrzmieć) [grzmot] to roll

potoczystoś|ć f sgt książk. (narracji, stylu, języka, wiersza) fluency

potoczy|sty adi. książk. [mowa, styl, narracja, dialog, proza] flowing, fluent

potoczyście adv. grad. książk. [pisać, mówić, wysławiać się] fluently

potok m (G **~u**) ① (strumień) stream, brook; **~ górski** a mountain stream; **wezbrany/wyschnięty ~** a swollen/dried out stream ② (duża ilość cieczy) (deszczu) torrent; (lawy) stream; (łez) flood; **krew lała się ~ami** it was a boodbath; **wino lało się ~ami** wine was flowing ③ przen. (duża ilość) (ludzi, słów, skarg) stream, flood; (światła, pieniędzy, wspomnień) flood; **~ wyzwisk** a volley of abuse

potokow|y adi. [ryby] river attr.; **pstrąg ~y** brown trout

potom|ek m, **~kini** f (Npl **~kowie, ~kinie**) descendant; **~ek męski/żeński** a male/female descendant; **być ~kiem rodziny książęcej** to come from noble stock; **umrzeć bez męskiego ~ka** to die without male issue

potomnoś|ć f sgt książk. posterity, future generations; **przeszedł do ~ci jako wynalazca** he was known to posterity as an inventor

potomn|y adi. ① Biol. [organizm] descendant; **komórka ~a** daughter cell ② książk. [pokolenie] descendant
III **potomni** plt książk. posterity

potomstw|o n sgt książk. offspring, progeny; **być obarczonym licznym ~em** to have numerous offspring; **obdarzyć kogoś ~em** to bear offspring for sb; **wilczyca ze swoim ~em** a she-wolf and her offspring; **ptasie ~o** bird's offspring

potop m (G **~u**) ① (powódź) deluge ② przen. (zalew) deluge; **~ informacji** a deluge of information; **~ łez/klęsk** a deluge of tears/disasters ③ Bibl. the Flood; **przed ~em** before the Flood ④ Hist. **Potop** the Swedish invasion of Poland in 1655-1660

potow|y adi. **gruczoł ~y** a sweat gland

potów|ka f zw. pl Med. miliaria U spec.; prickly heat U

potra|cić pf II vt ① (przestać mieć) to lose; **~cić zęby na starość** to lose one's teeth in old age; **drzewa ~ciły liście** the trees have shed their leaves; **z czasem ~cili nadzieję** as time went by they lost hope ② (stracić kolejno) to lose; **~cił synów na wojnie** he lost his sons in the war; **~cili majątki na wyścigach** they have lost a fortune at the

horseraces ③ (nie osiągnąć zysku) to lose; **~cili na tej transakcji** they have lost on that deal
III **potracić się** (nawzajem) **~cić się z oczu** to lose sight of one another

potraf|ić pf, impf vi ① (umieć) **~ić coś zrobić** to be able to do sth, to be capable of doing sth; **ona ~i/~iła świetnie gotować** she can/could cook very well; **on nie ~i/~ił rozwiązać prostego zadania** he can't/couldn't solve a simple problem; **ona nie ~iłaby skłamać** she wouldn't be capable of telling a lie a. lying; **czy będziesz ~iła to załatwić?** will you be able to arrange that? ② (mieć zwyczaj) **~ić coś zrobić** to be capable of doing sth; **~ił spać do południa** he was capable of sleeping until noon; **~ił parę dni nie wracać do domu** he was capable of staying away from home for a few days

potrajać impf → **potroić**

potrakt|ować pf vt ① (odnieść się) to treat; **~ować kogoś życzliwie/lekceważąco** to treat sb kindly/disdainfully; **~ować kogoś źle** to treat sb badly, to ill-treat sb; **~ować kogoś z góry** to patronize sb; **~ować kogoś jak własne dziecko** to treat sb as if he/she were one's own child ⇒ **traktować** ② (omówić) to treat; **~ować temat szkicowo/wybiórczo** to treat the matter sketchily a. vaguely/selectively ③ Chem. (poddać działaniu) to treat; **metalowa płytka ~owana kwasem siarkowym** a metal plate treated with sulphuric acid ⇒ **traktować** ④ pot. (uderzyć) **~ować kogoś kijem** to give sb a thrashing with a stick; **~ować kogoś kulą z pistoletu** to put a bullet through sb

potraw|a f ① (część posiłku) dish; **~y z jarzyn/drobiu/dziczyzny** vegetable/poultry/game dishes; **tradycyjne ~y wigilijne** traditional Christmas Eve dishes ② (danie) dish; **na obiad podano kilka ~** several dishes were served for dinner

potraw|ka f Kulin. ≈ fricassee; **~ka z kurczaka/cielęcia** a chicken/veal fricassee a. a fricassee of chicken/veal; **kurczak w ~ce** a chicken fricassee

potrącać impf → **potrącić**

potrące|nie II sv → **potrącić**
III n (suma potrącona) deduction; **dochód po ~niach** income after deductions

potrą|cić pf — **potrą|cać** impf II vt ① (szturchnąć niechcący) to jostle [osobę]; (poruszyć niechcący) to knock [krzesło, stolik] ② (jadąc uderzyć) to knock down, to run down; **ciężarówka ~ciła rowerzystę** a van knocked down a cyclist ③ (odliczyć) to deduct; **~cą ci to z pensji** it will be deducted from your salary
III vi przen. (poruszyć pobieżnie) to touch; **w dyskusji ~cono o sprawy drażliwe** sensitive issues were touched upon in the discussion
III **potrącić się** — **potrącać się** (nawzajem) to jostle; **przechodnie ~cają się na ulicy** passers-by often jostle one another in the strret

potren|ować pf vt ① (samemu ćwiczyć) to practise [tenisa, boks] ② (być instruktorem) to train [zawodnika, psa, konia]; **~ować zawodników w biegach/skoku o tyczce** to train men in running/the pole vault;

~ować psa, żeby przychodził na wołanie to train a dog to come when called

po trochu → **trochę**

potr|oić *pf* — **potr|ajać** *impf* **II** *vt* (powiększyć trzykrotnie) to triple *[dochód, ceny, produkcję, objętość, szybkość]*; to treble *[przewagę, wysokość nagrody]*

II potroić się — **potrajać się** (powiększyć się trzykrotnie) *[produkcja, obroty handlowe, zyski, objętość]* to triple; *[import, liczba ludności, zajmowany obszar]* to treble

po trosze → **trochę**

po troszeczku → **troszkę**

po troszeńku → **troszkę**

po troszku → **troszkę**

potrójnie *adv.* (trzykrotnie) *[złożyć]* triply; **wynagrodzić kogoś ~** (w trójnasób) to requite a. reward sb threefold

potrójn|y *adi.* *[zwycięzca, szereg, sznur]* triple; **~a porcja frytek** triple chips; **~y podbródek** a treble chin

potru|dzić się *pf v refl.* książk. **1** (popracować) to toil **2** książk. (pofatygować się) to take the trouble; **może zechce się pan ~dzić do nas dziś wieczorem?** would you kindly come and see us tonight?

potrwa|ć *pf vi* (utrzymać się) to last; **moja wizyta ~ najwyżej kwadrans** my visit will last a quarter of an hour at the most; **sztorm ~ z pewnością przez całą noc** the storm will surely last the whole night; **to nie ~ długo** it won't be long

potrzask *m* (*G* **~u**) **1** Myślis. trap; **zastawiać ~i na drapieżniki** to set traps for beasts of prey **2** przen. trap; **być** a. **znaleźć się w ~u** a. **wpaść w ~** to fall into a trap

potrząsać *impf* → **potrząsnąć**

potrzą|snąć *pf* — **potrzą|sać** *impf* (**~snęła, ~snęli** — **~sam**) *vt* to shake; **~snąć przecząco głową** to shake one's head; **~snąć skarbonką** to shake the money box; **policjant ~snął go za ramię** the policeman shook him by the arm; **syndrom dziecka ~sanego** Med. the shaken baby syndrome

potrzeb|a II *f* **1** *sgt* (nieodparte pragnienie) need; **~a samorealizacji/sprawdzenia się** the need for fulfilment/to test oneself; **~a miłości/przyjaźni/wymiany myśli** the need for love/friendship/exchange of views; **nagła** a. **gwałtowna ~a** an emergency; **odczuwać ~ę zwierzeń** to feel the need to confide in sb; **będziemy uzupełniać zapasy w miarę ~y** we'll be restocking supplies should the need arise; **przedłużymy ci urlop w razie ~y** your leave will be prolonged if need be a. if necessary; **nie dzwoń do mnie bez ~y** don't phone me unnecessarily; **wiedziony ~ą serca pomagał sierotom** he had a heartfelt need to help the orphans **2** euf. **~a fizjologiczna** a need to relieve oneself; **iść za swoją** a. **własną ~ą** euf. to go and see a man about a dog euf. **3** *zw. pl* (rzecz niezbędna do życia) need; **~y materialne/bytowe/mieszkaniowe** material/existential/housing needs; **zaspokajać elementarne/najpilniejsze ~y** to meet the basic/most urgent needs; **artykuły** a. **towary pierwszej ~y** necessities **4** *sgt* (ciężkie położenie) być/znaleźć się w ~ie to be/find oneself

in need; **przyjść komuś z pomocą w ciężkiej ~ie** to come to sb's help in need; **nie opuścić** a. **zostawić kogoś w ~ie** not to abandon sb in need

II *praed.* **~a nam nowych pracowników** we need new workers; **czego ci ~a?** what do you need?; **mówisz więcej, niż ~a** you speak more than is necessary

potrzebn|y *adi. grad.* (niezbędny) *[osoba]* needed, wanted; *[przedmiot, czynność]* needful *[książk.]*; **chorym ~y jest spokój** the sick need calm; **~a im jest wiara w siebie** they need self-confidence; **„pomoc domowa ~a od zaraz"** (w ogłoszeniu) 'domestic help needed a. wanted immediately'

potrzeb|ować *impf vi* **1** (odczuwać potrzebę) to need *[czasu, pieniędzy, pomocy, opieki, rady]*; **~ować czyjegoś uczucia** to need sb's love **2** (wymagać) to need; **rośliny do rozwoju ~ują słońca i wilgoci** plants need sunshine and water to grow **3** (musieć) **nie ~ujesz się tłumaczyć/spieszyć** you don't need to explain yourself/hurry

potrzebując|y II *pa* → **potrzebować**

II potrzebując|y *m*, **~a** *f zw. pl* the needy *pl*, needful people *pl*; **pomagać ~ym** to help the needy

po|trzeć[1] *pf* — **po|cierać** *impf* **II** *vt* (przyciskając przesunąć) to rub; **potarł dłonią czoło** he rubbed his forhead with his hand; **potrzeć zapałkę o pudełko** to strike a match against the box; **pocieraj pięty pumeksem** scrub your heals with a pumice stone

II potrzeć się — **pocierać się** **1** to rub; **potarł się ręką po stłuczonym kolanie** he rubbed the injured knee with his hand **2** (wzajemnie) to rub; **Eskimosi przy powitaniu pocierają się nosami** when greeting each other the Eskimos rub noses

pot|rzeć[2] *pf vt* środ., Leśn. (porozcinać piłą) to saw *[bale, kloce]*

potrzyma|ć *pf vt* **1** (trzymać przez pewien czas) to hold *[torbę, parasol, psa]*; **~ć dziecko na ręku** to hold a child in one's arms; **~ć termometr w ustach/pod pachą przez kilka minut** to keep a. hold the thermometer in one's mouth/under one's armpit for a few minutes; **~j tabletkę pod językiem do rozpuszczenia** hold the tablet under your tongue until it melts; **dał mi swój aparat fotograficzny do ~nia** he gave me his camera to hold for him **2** (przechować) to keep *[osobę, zwierzę, książkę]*; **~m u siebie tego psa, dopóki nie znajdzie się właściciel** I'll keep that dog until the owner is found

II *vi [mróz, zima]* to last

III potrzymać się (nawzajem) to hold; **~li się chwilę za ręce** they held one another's hand for a while

potulnie *adv. grad. [wykonywać polecenia, zachowywać się]* meekly, tamely

potulnoś|ć *f* docility, meekness; **znosić wszystko z ~cią baranka** to bear everything with the meekness of a lamb

potuln|y *adi. grad. [osoba, natura, uśmiech]* docile, meek; **cichy i ~y** meek and mild

poturb|ować *pf* **II** *vt* (pobić) to batter, to maul; **miejscowi chuligani ~owali przyjezdnych kibiców** local hooligans battered

visiting football fans; **mocno ~owany przez byka chłopak trafił na ostry dyżur** the boy, severely mauled by a bull, was taken to the accident and emergency department a. to A and E

II poturbować się **1** (nawzajem) to rough up; **chłopcy ~owali się podczas przerwy** the boys roughed one another up during the break **2** (doznać obrażeń) to get battered; **~ował się spadając z roweru** he got battered when he fell off his bike

poturla|ć *pf* **II** *vt* to roll *[piłkę, butlę]*

II poturlać się **1** (potoczyć się) *[kłębek wełny, piłka, człowiek]* to roll; **dziecko ~ło się z górki** the child rolled down the slope; **monety ~ły się pod szafę** the coins rolled under the wardrobe **2** (pojechać) *[samochód, powóz]* to roll **3** (pójść ociężale) *[osoba]* to lumber a. shuffle along

potwarz *f* książk. (oszczerstwo) calumny; (ustna) slander; (na piśmie) libel; **niegodna** a. **haniebna ~** disgraceful slander; **rzucać na kogoś ~e** to spread slander about sb; **odwołać ~** to retract a. take back the slander; **nie mogę puszczać płazem takich ~y** I can't let such slander go unnoticed

potwierdzać *impf* → **potwierdzić**

potwierdze|nie II *sv* → **potwierdzić**

II *n* (pismo) confirmation; **~nie odbioru** a receipt, a confirmation of receipt

potwier|dzić *pf* — **potwier|dzać** *impf* **II** *vt* (stwierdzić prawdziwość) to confirm *[fakt, wersję]*; (formalnie) to certify; (udowodnić) to prove *[hipotezę]*; **~dzić czyjeś zeznania** to confirm sb's testimony; **~dzić czyjąś tożsamość** to prove sb's identity; **~dzić swój udział w konferencji** to confirm one's participation in a conference; **~dzić odbiór przesyłki/przyjęcie zamówienia** to confirm the receipt of a parcel/an order; **~dzić coś eksperymentalnie** to prove sth experimentally; **~dzić swoją przydatność** *[urządzenie]* to prove its usefulness; **wyjątek ~dza regułę** the exception proves the rule; **~dzić, że...** to confirm that...; (oficjalnie) to certify that...; **powyższe dane ~dzają, że...** the data above confirm that...; **to ~dza moje obawy, że...** it confirms my fears that...; **„zgadza się" – ~dził** 'that's right' – he agreed; **czek ~dzony** a certified cheque

II potwierdzić się — **potwierdzać się** **1** (okazać się prawdziwym) *[teoria, hipoteza]* to prove correct; *[przypuszczenia, wiadomości]* to be confirmed; **~dziły się nasze najgorsze obawy** our worst fears were confirmed; **ich obawy się nie ~dziły** their fears proved to be unfounded; **żaden z zarzutów się nie ~dził** none of the accusations proved true **2** (udowodnić swoją przydatność) to prove oneself; **~dzić się jako nauczyciel/przywódca** to prove oneself as a teacher/leader

potwor|ek *m dem.* **1** (zdeformowany) monstrosity **2** (niegrzeczny) little monster

potworkowa|ty *adi. [postać, twarz]* monster-like

potwornie *adv. grad.* **1** (w sposób budzący grozę) *[zniekształcony, pobity, skatowany]* horribly **2** (brzydko) **wyglądać ~** to look horrible **3** (bardzo) *[głodny, zmęczony]* terribly; *[nudny, głupi]* frightfully pot.; **~ się**

nudzili they were frightfully bored; **było ~ duszno/gorąco** it was terribly stufty/hot

potwornoś|ć f [1] sgt (cecha) atrocity; **~ć zbrodni/wojny** the atrocity of a crime/war [2] (czyn) atrocity, monstrosity; **~ci hitlerowskiej okupacji** the Nazi monstrosities a. atrocities; **dopuścić się ~ci** to commit atrocities

potworn|y adi. grad. [1] (budzący grozę) [zbrodnia, wypadek] horrendous; [krzyk, wrzask] fearsome; **najpotworniejsza wojna w historii** the most terrible war in history [2] (brzydki) [twarz] horrible; [wygląd] ghastly [3] (wielki) [ból, upał, strach, osoba] horrible; [bałagan, nudziarz] frightful pot.; [koszty] enormous; **~y głupiec** a terrible fool

potw|ór [] m pers. (Npl **~ory**) [1] pejor. monster; **uważać kogoś za ~ora** to consider sb a monster; **~ór nie ojciec/nauczyciel** a monster of a father/teacher [2] (trudne dziecko) (little) monster [] m inanim. [1] (straszydło) monster; **skrzydlaty/dwugłowy ~ór** a winged/two-headed monster [2] (brzydka rzecz) monstrosity; **architektoniczny ~ór** a monstrosity of a building

potycz|ka f [1] (drobna bitwa) skirmish; **stoczyć ~kę z partyzantami** to skirmish with the guerrillas; **doszło do ~ki między armią a buntownikami** there was a skirmish between the army and the rebels [2] przen. (sprzeczka) skirmish; **~ka słowna z kimś** a verbal skirmish with sb; **~ka z premierem na temat podatków** a skirmish with the prime minister over taxes

potykać się[1] impf → **potknąć się**

potyka|ć się[2] impf vi Hist. [rycerz] to joust (**z kimś** with sb)

potylic|a f Anat. back of the head; occiput spec.

potyliczn|y adi. Anat. [kość, płat] occipital

pouczać impf → **pouczyć**[1]

pouczając|y [] pa → **pouczyć**[1] [] adi. [książka] instructive, enlightening; [przygoda] salutary; **stanowić ~ą lekturę** to make instructive a. enlightening reading; **to było bardzo ~e doświadczenie** it was a salutary experience

poucze|nie [] sv → **pouczyć**[1] [] n (upomnienie) caution; (porady) advice U; **udzielić komuś ~nia** [policjant] to caution sb; **skończyło się na ~niu** I/he/she was let off with a caution; **cała kampania ograniczała się do słownych ~ń** the entire campaign was restricted to verbal cautions

poucz|yć[1] pf — **poucz|ać** impf vt [1] (upomnieć) [policjant] to caution [kierowcę, sprawcę]; **nikt mnie nie będzie ~ał** I'm not going to have anybody tell me what to do; **dość mam tego jego ciągłego ~ania** I'm fed up of a. with his constant preaching [2] książk. (poinformować) to advise; (poinstruować) to instruct; **~yć kogoś o prawie do zachowania milczenia** to advise sb of their right to remain silent; **~yć kogoś, co ma robić** to instruct sb what to do; **~ono nas, żebyśmy...** we were instructed to... [3] (nauczyć) [doświadczenie, eksperyment] to teach; **his-**

toria ~a nas, że... history teaches us that...

poucz|yć[2] pf [] vt to teach; **~ył u nas przez rok i odszedł** he taught in our school for a year and then left [] **pouczyć się** to study; **muszę się trochę ~yć** I need to study a bit

poufale adv. grad. [zwracać się] familiarly; **zachowywać się wobec kogoś zbyt ~** to be over-familiar with sb; **odnosić się do kogoś coraz ~j** to become more and more familiar with sb

poufal|ić się impf to fraternize, to be too familiar (**z kimś** with sb); **~ić się z podwładnymi** to fraternize with the staff ⇒ **spoufalić się**

poufałoś|ć f [1] sgt (cecha) familiarity; **~ć w jego głosie** the familiarity of his tone; **traktować kogoś z ~cią** to be overfamiliar with sb [2] zw. pl (gest, słowo) **pozwalać sobie na ~ci wobec kogoś** to be overfamiliar with sb

poufał|y adi. grad. [rozmowa, pogawędka] familiar; [gest, klepnięcie] (przyjacielski) friendly; [osoba] too familiar, overfamiliar; **być z kimś na ~łej stopie** to be on familiar terms with sb

poufnie [] adv. grad. (poufale) [rozmawiać] informally [] adv. (w tajemnicy) [powiedzieć, zawiadomić] confidentially

poufnoś|ć f sgt confidentiality (**czegoś** of sth)

poufn|y [] adi. grad. (zażyły) [rozmowa] informal; **łączą ich ~e stosunki** they are on familiar terms [] adi. (w tajemnicy) [informacje, dokument] confidential, classified; [polecenie, narada, rozporządzenie] secret; **~a sprawa** a. **sprawa ~ej natury** a confidential matter; **powiedzieć coś ~ym tonem/szeptem** to say sth in a confidential tone/whisper

poukłada|ć pf [] vt [1] (ułożyć w porządku) to sort [sth] out, to sort out [dokumenty]; (odłożyć, odstawić) to put [sth] away, to put away [talerze, sztućce]; **muszę ~ć swoje papiery** I have to sort out my papers; **~ć coś w szafie** to put sth away in a wardrobe; **~ć coś starannie na półkach** to put sth neatly away on the shelves; **~ć coś w stosy** to stack sth; **~łem drewno w stosy, żeby wyschło** I stacked the wood up to dry; **~ć coś warstwami** to put sth in layers; **~ć sobie życie** przen. to sort out one's life; **muszę to sobie wszystko ~ć (w głowie)** I have to sort this out in my mind; **mieć dobrze ~ne w głowie** to be level-headed ⇒ **układać** [2] (położyć) to lay [osoby]; **~ać rannych na podłodze** to lay the wounded on the floor; **~ać dzieci do snu** to put the children to bed ⇒ **układać** [3] (spędzić czas na układaniu) to do [łamigłówkę]; to play [pasjansa]; **~jcie sobie puzzle** why don't you do a jigsaw ⇒ **układać** [4] (utworzyć) to compose [wierszyki]; **~ać zdania z wyrazów** to make sentences out of words ⇒ **układać** [] **poukładać się** [1] (położyć się) [osoby] to lie down; **~li się do snu** they went to bed; **~li się z powrotem na posłaniach** they went back to their beds ⇒ **układać się** [2] (uporządkować się) [sprawy] to sort itself out;

wszystko nam się ~ało things have sorted themselves out for us ⇒ **układać się**

poukładan|y [] pp → **poukładać** [] adi. [1] (leżący) [komandosi, policjanci] lying; **snajperzy ~i na dachu** snipers lying on the roof [2] (uporządkowany) [osoba] well-organized

pourazow|y adi. Med. [szok, zmiany] posttraumatic

powab m (G **~u**) książk. (życia, miłości) allure; (osoby, rzeczy) charm; **kobiece ~y** feminine charms; **wszystkich oczarowała swoim ~em** everybody was enchanted by her; **wyspa nęci turystów swoim ~em** the island attracts tourists with its charm; **podróżowanie straciło swój ~** travelling has lost its allure

powabnie adv. grad. książk. [uśmiechnąć się] charmingly; **wyglądać ~** to look charming

powabn|y adi. grad. książk. [dziewczyna, kobieta, uśmiech] charming

powachl|ować pf [] vt (wachlarzem) to fan; **~ować kogoś gazetą** to fan sb with a newspaper ⇒ **wachlować** [] vi (skrzydłami) to flap vt; (ogonem) to wag vt ⇒ **wachlować** [] **powachlować się** to fan oneself ⇒ **wachlować się**

powa|ga f [1] sgt (sposób bycia) seriousness, solemnity; **śmiertelna ~ga** sombreness; **zachować ~gę** to keep a straight face; **przybrać wyraz ~gi** to take on a solemn expression; **mówić/patrzyć z ~gą** to speak/look solemnly; **z całą ~gą** in all seriousness a. earnestness; **odnosić się do czegoś z ~gą** to treat sth seriously; **na jego twarzy malowała się ~ga** he had a solemn look on his face [2] sgt (ważność) seriousness; gravity; **~ga chwili** the solemnity of the situation; **zdawać sobie sprawę z ~gi sytuacji** to be aware of the seriousness a. gravity of a situation [3] sgt (autorytet) dignity; **~ga sądu/urzędu** the dignity of the court/office; **użyć swojej ~gi** to use one's authority; **dodawać** a. **przydawać komuś ~gi** to give sb dignity [4] (osoba) authority; **~gi naukowe/lekarskie** scientific/medical authorities

powalać[1] impf → **powalić**

powala|ć[2] pf pot. [] vt to soil [ubranie]; to smear [twarz]; **ręce ~ne atramentem** hands smeared with ink; **ubranie ~ne ziemią** clothes soiled with dirt [] **powalać się** to get dirty; **~ć się sadzą/błotem** to get sooty/muddy

powalcz|yć pf vi (spróbować osiągnąć) to fight (**o coś** for sth); [sportowiec, drużyna] to contend (**o coś** for sth); **~yć o podwyżkę** to fight for a pay rise; **~ymy o mistrzostwo** we'll contend for the title; **możemy ~yć z najlepszymi drużynami** we are able to challenge the best teams

powal|ić[1] pf — **powal|ać** impf [] vt [1] (przewrócić) [osoba, wiatr] to fell [osobę, drzewo]; **~ić kogoś na ziemię jednym ciosem** to fell sb with a single blow; **~ić kogoś na kolana** to bring sb to their knees także przen.; **drzewa ~one przez wichurę** the wind-felled trees [2] (zabić) to bring [sth] down [łosia, dzika, niedźwiedzia] [3] [choroba] to strike [sb] down; **~iła go grypa** he was struck down by (the) flu

III powalić się — powalać się pot. *[osoba, drzewo]* to fall; **~ił się na podłogę bez czucia** he fell senseless on the floor

powa|ła f przest. ceiling

powałęsa|ć się pf v refl. pot. to roam, to loiter; **~ć się po mieście/świecie** to roam around the city/world

powari|ować pf vi pot. [1] (zwariować) to go mad; **~owali z rozpaczy** they went mad with despair; **czyście całkiem ~owali?** are you out of your minds?; **całkiem ~owali z tymi telefonami komórkowymi** they've gone crazy about all these mobile phones ⇒ **wariować** [2] (pohasać) *[dzieci]* to romp; **dzieciaki ~owały chwilę w ogrodzie** the kids romped around a. about in the garden for a while ⇒ **wariować**

powaśni|ć pf książk. **III** vt **~ć kogoś z kimś** to drive a wedge between sb and sb; **~one rody** feuding families

III powaśnić się to fall out (**z kimś** with sb)

poważa|ć impf **III** vt książk. to esteem (**kogoś** sb); to hold [sb] in regard; **~no go** he was held in (high) regard; **~ny naukowiec** a highly esteemed scholar; **był ~ny za uczciwość** he was esteemed for his honesty

III poważać się (szanować się) **~ją się wzajemnie** they hold each other in high regard

poważani|e **III** sv → **poważać**

III n sgt **cieszyć się czyimś ~em** a. **mieć ~e u kogoś** to be held in high regard by sb; **z ~em...** (w liście do osoby nieznanej z nazwiska) yours faithfully; (w liście do osoby znanej z nazwiska) yours sincerely; **mieć kogoś w głębokim** a. **dużym ~u** iron. not to give a damn about sb pot.

poważnie adv. grad. [1] (odpowiedzialnie, bez żartów) seriously; **zastanowić się nad czymś ~** to give sth serious thought; **~ się zastanawiać nad zrobieniem czegoś** to seriously consider doing sth; **~ z kimś porozmawiać** to have a serious talk with sb; **muszę z tobą ~ porozmawiać** we need to talk seriously; **~ czymś się interesować** to be seriously interested in sth; **myśleć o kimś ~** to be serious about sb; **ty z nim tak na ~?** (o związku) are you serious about him?; **traktować kogoś/coś ~** to treat sb/sth seriously; **nikt nie brał tego (na) ~** nobody took it seriously; **on wszystko bierze (na) ~** he takes everything so seriously; **a tak już (na) ~...** but seriously...; **~? really?; ~ chcesz powiedzieć, że...?** are you seriously suggesting that...?; **mówię ~!** I mean it!; **chyba nie mówisz ~!** you can't be serious!; **~, był tutaj!** he really was here! [2] (istotnie) *[chory, zniszczony]* seriously; **~ wpłynąć na coś** to seriously affect sth; **być ~ zadłużonym** to be seriously in debt [3] (dostojnie) *[powiedzieć, spojrzeć]* seriously; **wyglądać ~** to look serious a. solemn; **wyglądał nad wiek ~** he looked older than his years; **~ ubrany pan** a respectably dressed man; **gruba książka wygląda ~j** a thick book looks more serious

poważni|eć impf (**~eję, ~ał, ~eli**) vi *[głos, osoba]* to grow (more) serious; **~eć z wiekiem** to grow (more) serious with age ⇒ **spoważnieć**

poważn|y adi. grad. [1] (serio) *[osoba, rozmowa]* serious; (skupiony) *[osoba, mina, spojrzenie, atmosfera]* grave, solemn; **zawsze była ~ym dzieckiem** she's always been a serious child; **coś ty taki ~y?** why are you so grave?; **bądź ~y choć przez chwilę** why can't you be serious for a moment?; **bądźmy ~i** let's be serious; **mówić ~ym głosem** to speak in a solemn a. grave voice; **patrzeć na kogoś ~ym wzrokiem** to look at sb solemnly a. gravely; **ta suknia jest dla ciebie za ~a** this dress is too matronly for you; **osoba w ~ym wieku** euf. an elderly person [2] (istotny) *[różnica, propozycja, zadanie]* serious; *[choroba, kontuzja, wykroczenie]* serious, grave; **lekarze oceniają jego stan jako ~y** doctors describe his condition as serious a. grave; **wśród uczonych istnieją ~e różnice zdań** there's a serious disagreement among scientists; **mam bardzo ~e wątpliwości, czy...** I seriously doubt if...; **to są bardzo ~e zarzuty** these are very serious accusations; **mieć ~y problem** to have a serious problem; **odgrywać ~ą rolę w czymś** to play a major role in sth; **mieć wobec kogoś ~e zamiary** to intend to marry sb [3] (znaczący, godny zaufania) *[osoba, instytucja, firma]* serious; **nie mieliśmy dotąd ~ego kupca** we haven't found a serious buyer yet; **być ~ym/najpoważniejszym kandydatem do zwycięstwa** to be a serious/the leading candidate to win [4] Muz., Literat., Film *[powieść, film]* serious; **muzyka ~a** classical music; **opera ~a** opera seria spec.; opera

■ **być w ~ym stanie** książk. to be in a delicate condition przest.

poważ|yć pf **III** vt to weigh *[osoby, przedmioty]*; **musimy je najpierw ~yć** we have to weigh them first

III poważyć się (o wielu osobach) **wszyscy poszliśmy/poszli się ~yć** we/they all went to weigh ourselves/themselves

poważ|yć się pf — **poważ|ać się** impf v refl. książk. to dare; **~yć się zrobić coś** a. **na zrobienie czegoś** to dare (to) do sth; **~ył się powiedzieć, co myśli** he dared to speak his own mind; **on by się na to nie ~ył** he wouldn't dare do it

powącha|ć pf **III** vt to smell, to sniff *[kwiatek, perfumy, jedzenie]*; **~ł mięso, czy się nie zepsuło** he smelled the meat to check whether it had gone off; **nigdy nawet nie ~ł prochu** przen. he has never seen battle

III powąchać się (wzajemnie) to sniff each other

powątpiewa|ć impf vi to doubt vt; **~ć w coś** to doubt sth, to have doubts about sth; **nigdy nie ~łem w twoją uczciwość** I've never doubted your honesty; **~ł, czy to w ogóle jest możliwe** he doubted if it was at all possible; **„to chyba nie ma sensu" — ~ł** 'I don't think there's any point,' he said doubtfully

powątpiewająco adv. *[powiedzieć, pokręcić głową]* doubtfully

powątpiewając|y **III** pa → **powątpiewać**

III adi. *[spojrzenie, ton, gest]* doubtful, dubious

powątpiewa|nie **III** sv → **powątpiewać**

III n sgt doubt; **wyrazić ~nie** to express one's doubt; **uśmiechnąć się z ~niem** to smile doubtfully

powesel|eć pf (**~eję, ~ał, ~eli**) vi *[osoba]* to cheer up, to brighten up; **~ała na widok syna** she cheered up when she saw her son; **cały świat nagle ~ał** suddenly my/his/her whole world brightened

powet|ować pf vt książk. **~ować komuś coś** to make it up to sb for sth; **~ować sobie coś** to make up for sth; **~ować sobie stracony czas** to make up for lost time; **~ować sobie początkowe straty** to make up for initial losses; **strata nie do ~owania** an irredeemable loss

powędr|ować pf vi [1] książk. (pójść) to walk; *[turysta]* to hike; **~ował przez pola** he walked off across the fields; **ubrał się i ~ował do pracy/szkoły** he got dressed and marched to work/school; **opuścili stepy i ~owali na wschód** they left the steppes and headed East [2] przen., żart. (zostać umieszczonym) to go; **~ować za kratki/do szpitala** to go to jail/hospital; **pieniądze ~owały do jego kieszeni** the money went to him; **stare meble ~owały na strych** the old furniture was relegated to the attic [3] przen. (skierować się) *[wzrok]* to turn; *[myśli]* to wander; **wszystkie spojrzenia ~owały w tamtym kierunku** all eyes turned in that direction; **~ował myślami do żony i dzieci** his thoughts wandered to his wife and children [4] (spędzić czas na wędrowaniu) to hike; **lubię sobie ~ować po górach** I like hiking in the mountains

powi|ać pf — **powi|ewać** impf (**~eję — ~ewa**) **III** vi [1] *[wiatr]* to blow; **od pustyni ~ał gorący wiatr** a hot wind blew in from the desert; **~ewał wieczorny wiaterek** the evening breeze was blowing [2] *[zapach, ciepło]* to come; **z wnętrza ~ał kwaśny zapach** there was a sour smell coming from inside [3] (wiać przez jakiś czas) to blow; **wiatr ~ał trochę i przestał** the wind blew for some time and then stopped

III v imp. [1] (ciągnąć) **od okna ~ało chłodem** a cold draught came from the window; **~ało od niego alkoholem** one/you could smell alcohol on his breath; **wśród słuchaczy ~ało grozą** przen. the audience were terrified; **smutkiem ~ało od jego słów** there was a note of sadness in his words [2] (wiać przez jakiś czas) **~ało chwilę i przestało** the wind blew for some time and then stopped

powiada|ć impf vi książk. to say; **ludzie ~ją, że...** people say that...; **święte księgi ~ją, że...** it says in holy writ that...; **a ja ci ~m, że...** I tell you that...; **mój nauczyciel ~ł, że...** my teacher used to say that...; **„zobaczymy" — ~** 'we'll see,' he says; **projekt, ~m, projekt umowy** a draft, I repeat, a draft of the contract; **więc ~ pan, że to było wczoraj** so you say it was yesterday, is that right?; **za tydzień, ~sz?** a week you say?; **„to niezły film" — „~sz?"** 'that's a pretty good film' —

'really?'; **jak ~ stare porzekadło...** as the old saying goes...; **~ją, że czas to pieniądz** they say time is money

powiadamiać *impf* → powiadomić

powiad|omić *pf* — **powiad|amiać** *impf vt* książk. to notify; **~omić kogoś o czymś** to notify sb about sth; **~omiono nas, że...** we were notified that...

powiast|ka *f* tale; **~ka dla dzieci** a tale for children

❑ **~ka filozoficzna** philosophical tale

powi|at *m* (*G* **~atu**) *second level of local government administration in Poland*

powiatow|y *adi. [władze, szpital, miasto]* ≈ county *attr.*

powią|zać *pf* (**~żę**) *vt* ① (połączyć) to tie [sth] together, to tie together *[sznurki, nitki]*; (obwiązać) to tie [sth] around *[walizki, paczki]*; (skrępować) to tie [sb] up, to tie up *[więźniów]*; **~zać coś w snopki/pęczki** to tie sth into sheaves/bunches; **pudło ~zane sznurkami** a box tied with string ② (znaleźć podobieństwa) to connect *[informacje]*; **~zać ze sobą fakty** to connect facts

powiąza|nie Ⅰ *sv* → powiązać

Ⅱ *n* ① (związek logiczny) connection; **~nie pomiędzy czymś a czymś** a connection between sth and sth; **rozpatrywać coś w ~niu z czymś** to view sth in connection with sth ② (kontakt) link, connection; **~nia międzynarodowe** international links; **niejasne ~nia pomiędzy spółkami** some shady links between the companies; **mieć ~nia ze światem przestępczym** to have underworld connections

powi|ć *pf* (**~ję**) *vt* książk. to give birth to

powid|ła *plt* (*Gpl* **~eł**) Kulin. ≈ plum jam; **smażyć ~ła** to make plum jam

powiedze|nie Ⅰ *sv* → powiedzieć

Ⅱ *n* saying; **jest takie ~nie:...** there is a saying:...

powie|dzieć *pf* (**~m, ~dział, ~dzieli**) *vt* ① (wyrazić słowami) **~dzieć coś** to say sth; **~dzieć, że...** to say (that)...; **~dzieć komuś coś** to tell sb sth; **~dzieć komuś o czymś** to tell sb about sth; **~dzieć prawdę** to tell the truth; **~dzieć głupstwo** a. **coś głupiego** to say something stupid; **~dzieć komuś, żeby coś zrobił/czegoś nie robił** to tell sb to do sth/not to do sth; **~dział, żebyśmy się nie martwili** he told us not to worry; **~dział, że tam był/że przyjdzie** he said he'd been there/would come; **~dział mi/nam/ojcu, że nie ma pieniędzy** he told me/us/his father he had no money; **nikomu nie ~dział o swojej chorobie** he didn't tell anybody that he was ill; **~dzieć sobie, że...** to tell oneself that...; **~dział sobie, że to zrobi** he told himself he must do it; **~dziano nam, że...** we were told that...; **~dz mi, o co chodzi** tell me what it's all about; **„dobrze” — ~dział** he said OK; **chciałbym ~dzieć o pewnej ważnej sprawie** I'd like to mention an important issue; **jak już wcześniej ~działem...** as I said before...; **wszystko mi jedno, co ludzie ~dzą** I don't care what people say; **było ~dziane, żeby tak nie robić** you/we/they were told not to do that; **rób tak, jak było ~dziane** do as you were told; **kto tak ~dział?** pot. says who? pot.; **~dzmy** let's say; **przyjdę, ~dzmy, w**

czwartek I'll come, let's say, on Thursday; **~dzmy, że...** let's say that...; **~dzmy, że się uda, co potem?** let's say it works, what next?; **że tak ~m** so to speak a. say; **byłem tym, że tak ~m, poirytowany** I was, so to speak, annoyed; **~dzmy sobie szczerze, nie stać nas na to** let's face it, we can't afford this; **trzeba to sobie jasno otwarcie ~dzieć, że...** we have to admit, that...; **wstyd ~dzieć, ale nie pamiętam** to my shame I've forgotten; **łatwo ~dzieć!** it's easier said than done; **trudno ~dzieć, czy/kiedy/jak...** it's hard to say if/when/how...; **~dzieć swoje** to say one's piece; **~działbym, że...** I would say (that)...; **wyglądała, ~działbym, na zmęczoną** she looked, I would say, tired; **przywitali nas, nie ~m wrogo, ale dosyć chłodno** their welcome, though not exactly hostile, was rather reserved; **nie ~m, żebym był zachwycony** I wasn't exactly happy; **nie można ~dzieć, żebyś się specjalnie postarał** I wouldn't exactly say you tried hard; **nie ~m, jedzenie było niezłe** I must say, the food was OK; **nie ~m, było całkiem przyjemnie** I must say it was quite nice; **był niezbyt rozgarnięty, żeby nie ~dzieć głupi** he was rather simpleminded not to say stupid; **można ~dzieć, że skończyliśmy** we are more or less ready; **prawdę** a. **szczerze ~dziawszy...** frankly speaking...; to be honest...; **no ~dz sam, czy tu nie jest ślicznie?** it's beautiful here, isn't it?; **niech pan sam ~, czy to w ogóle ma sens?** what do you think, does it make any sense at all?; **~m ci, że mi się nie chce** frankly speaking I don't feel like it; **~m panu, że niezbyt mi się ten film podobał** to be honest I didn't particularly like the film; **co ty ~sz/pan powie?** (ze zdumieniem) are you serious?; (ironicznie) oh, really?; **chciał przez to ~dzieć, że...** what he meant by this is that...; **co chcesz przez to ~dzieć?** what do you mean?; **to (za) mało ~dziane** it's an understatement; **nie przepadam to za mało ~dziane, ja ich nie znoszę** to say I'm not fond of them is an understatement, in fact I hate them; **to za wiele** a. **dużo ~dziane** that would be saying too much; **katastrofa to za dużo ~dziane** calling it a disaster would be saying too much; **dobrze ~dziane** well said; **mieć wiele do ~dzenia** (mieć wpływy) to have a lot of say; (dużo wiedzieć) to have a lot to say; **on nie ma tu nic do ~dzenia** he has no say in this matter; **nie wiele mieliśmy sobie do ~dzenia** we didn't have much to say to each other; **mam ci coś do ~dzenia** I have to tell you something; **nigdzie nie jest ~dziane, że...** there's no rule that...; **wcale nie jest ~dziane, że przegramy** no one says we have to lose; **kto by ~dział, że zrobi taką karierę** who would've guessed s/he would make such a career; **co to ja chciałem ~dzieć?** what was I to say?; **jak to ~dzieć?** how shall I put it?; **nie ~sz (chyba), że...** you don't mean to tell me that...; **nikt mi nie ~, że...** no one's going to tell me that...; **chyba za dużo ~działem** I think I said too much; **oddaj, bo ~m mamie** give it back or I'll tell

mum; **nikomu nie ~m** I won't tell anybody; **cześć, co ~sz?** pot. hi, how are things going?; **co ~sz na lody?** what would you say to an ice-cream?; **co ~sz na ten skandal z łapówkami?** what do you think about this corruption scandal? ② (wypowiedzieć, opowiedzieć) to recite *[wiersz]*; to tell *[dowcip]*; to give *[kazanie]*; to say *[słowo, zdanie]*; **~dz cioci dzień dobry** say hello to auntie; **dz: aaaa** (do pacjenta) say ah; **~dzieć wam kawał?** do you want to hear a joke? ③ (zwrócić się) to call; **~dzieć na kogoś „słoneczko"/„głupek"** to call sb sunshine/a fool; **~dzieć do kogoś po imieniu** a. **na ty** to address sb by their first name ④ (podpowiedzieć) *[rozum, serce, instynkt]* to tell; **doświadczenie ~działo mu, że...** his experience told him that...; **jej oczy wiele mu ~działy** her eyes told him a lot ⑤ (podać do wiadomości) to say; **w ustawie ~dziano, że...** it says in the act that...; **w punkcie drugim ~dziane jest...** it says in point two that...; **~dziane jest: „Nie zabijaj"** it is said: 'Thou shalt not kill'

■ **~dział, co wiedział!** pot. that's nonsense!

powiedzon|ko *n* pot. catchphrase; **jego ulubionym ~kiem było...** his favourite catchphrase was...

powie|ka *f* (eye)lid; **dolna/górna ~ka** the lower/upper eyelid; **cień do ~k** Kosmet. eye shadow; **opadanie ~ki** Med. ptosis; **zmrużyć ~ki** to squint; **patrzeć na kogoś spod przymkniętych ~k** to look at sb with half-closed eyes; **~ki mi się kleiły** a. same **zamykały** przen. my eyelids were heavy; **zrobić coś bez drgnienia** a. **zmrużenia ~ki** przen. to do sth without batting an eyelid przen.; **nawet jej ~ka nie drgnęła, kiedy to mówiła** przen. she said it without batting an eyelid przen.; **zamknąć ~ki** przen., książk. to close one's eyes euf.

powielacz *m* Techn. duplicator, mimeograph; **odbić coś na ~u** to mimeograph sth

❑ **~ fotoelektronowy** photomultiplier

powielaczow|y *adi. [sprzęt, urządzenie]* duplicating; **odbitka ~a** a mimeograph

powielać *impf* → powielić

powielarni|a *f* (*Gpl* **~**) copy room

powiel|ić *pf* — **powiel|ać** *impf vt* ① (kopiować) to duplicate *[dokument, rysunek, oprogramowanie]*; (na powielaczu) to mimeograph; **nielegalne ~anie filmów** illegal copying of films; **~ić coś w stu egzemplarzach** to make a hundred copies of sth ② (powtórzyć) to repeat *[motyw, schemat]*; to copy *[zachowanie]*; **~ać stare pomysły** to rehash old ideas; **pisarze wciąż ~ają ten sam wzór** writers repeat the same pattern over and over again

powierni|ca *f* confidante

powiernictw|o *n sgt* ① Polit. trusteeship; **sprawować ~o nad czymś** to hold sth in trust ② Prawo trust; **ustanowić ~o majątkowe** to set up a trust

powierniczka → powiernica

powiernicz|y *adi.* ① Polit. trust *attr.*; **terytorium ~e** a trust territory; **być terytorium ~ym Narodów Zjednoczonych** to be a UN trust territory a. to be under the trusteeship of the UN ② Prawo

P

trust *attr.*; **fundusz ~y** a trust fund; **umowa ~a** a trust deed; **spółka ~a** a trust company; **rachunek ~y** a trust account; **ustanowić zarząd ~y nad czymś** to put sth into trust; **ustanowić zarząd ~y na czyjąś rzecz** to set up a trust for sb
powierza|ć *impf* → **powierzyć**
powierzchni|a *f* (*Gpl* ~) [1] (wierzch) surface; **~a muru/ciała** the surface of a wall/the body; **boczna/tylna/górna ~a szafy** a side/the back/the top of a wardrobe; **na ~ czegoś** on the surface of sth; **wypłynąć na ~ę** *[łódź podwodna, nurek]* to come a. rise to the surface; przen. to come to prominence; **pracować na ~** Górn. to work on the surface; **wyjechać na ~ę** Górn. to go up (to the surface); **utrzymywać się na ~** to stay on the surface; przen. to keep one's head above water; **wydobyć** a. **wyciągnąć coś na ~ę** przen. to bring sth to light; **zniknąć z ~ ziemi** to be wiped off the surface of the earth; **znieść** a. **zetrzeć coś z ~ ziemi** to wipe sth off the surface of the earth [2] (przestrzeń) surface; **~a biurowa/użytkowa** office/floor surface [3] (wielkość) surface area; **obliczyć ~ę kwadratu/stożka** to calculate the surface area of a square/cone; **wzór na ~ę kuli/walca** the formula for calculating the surface area of a sphere/cylinder; **mieszkanie o ~ stu metrów kwadratowych** a flat with a floor area of a hundred square metres; **działka ma ~ę tysiąca metrów kwadratowych** the plot is a thousand square metres in area [4] przen. surface; **ślizgać się po ~ zagadnień** to skim the surface of problems; **wniknąć pod ~ę zjawisk** to look under the surface of things
powierzchniowo *adv.* **stosować coś ~** to apply sth to the surface; **środek ~ czynny** surfactant
powierzchniow|y *adi.* (warstwa, wody) surface *attr.* także przen.; **~y pracownik kopalni** a surface worker of a mine; **~a warstwa znaczeniowa** a surface layer of meaning
powierzchownie *adv.* [1] *[zbadać, ocenić]* superficially; **być ~ zorientowanym w zagadnieniu** to be superficially familiar with a matter; **znałem go tylko ~** I only knew him casually [2] *[skaleczyć się]* superficially
powierzchownoś|ć *f sgt* [1] książk. (wygląd) appearance; **osoba o ujmującej ~ci** a person with a charming appearance [2] (bycie powierzchownym) superficiality
powierzchown|y *adi.* [1] *[osoba, wiedza, opinia, związek]* superficial; *[lektura, obserwacja, obserwator, zainteresowanie]* casual; **~a znajomość tematu** a superficial knowledge of a matter [2] *[rana, oparzenie]* superficial
powierz|yć *pf* — **powierz|ać** *impf* **II** *vt* [1] (zlecić) **~yć komuś coś** to entrust sb with sth; **~yć komuś trudne/odpowiedzialne zadanie** to entrust sb with a difficult/responsible task; **~yć komuś zrobienie czegoś** to entrust sb with doing sth; **~ono nam zorganizowanie zebrania** we

were entrusted with organizing the meeting; **~yć komuś główną rolę** to give sb a leading role; **~yć komuś dowództwo nad armią** to give sb command of an army [2] (przekazać) to entrust; **~yć komuś swoje oszczędności** to entrust one's savings to sb; **~yć kogoś/coś czyjejś opiece** to entrust sb to sb's care [3] (wyjawić) to confide *[tajemnicę]*; **~yć komuś swój sekret** to confide one's secret to sb
II powierzyć się — powierzać się to entrust oneself; **~ać się czyjejś opiece** to entrust oneself to sb's care
powie|sić *pf* **II** *vt* [1] (zawiesić) to hang *[przedmiot, osobę]*; **~sić lustro na ścianie** to hang a mirror on the wall; **~sić płaszcz na wieszaku** to hang one's coat on a hook; **~siła zasłony w oknie** she hung curtains at the windows; **~sili go za nogi** he was hung by his feet [2] (zabić) to hang *[osobę]*; **~sić kogoś na gałęzi** to hang sb from a tree; **~szono go za zdradę** he was hanged for treason
II powiesić się to hang oneself; **~sił się na pasku/na kracie okiennej** he hanged himself with a belt/from a window bar
■ **można tam było siekierę ~sić** pot. it was so stuffy that you could hardly breathe
powieścidł|ło *n* pot., pejor. trashy novel pot., pejor.
powieściopisars|ki *adi.* *[zdolności]* novel-writing; **twórczość ~ka** (zajęcie) writing novels; (powieści) novels; **jej dorobek ~ki** her output as a novelist
powieściopisarstw|o *n sgt* novel writing
powieściopisa|rz *m*, **~rka** *f* (*Gpl* ~rzy a. ~rzów, ~rek) novelist
powieściow|y *adi.* **bohater ~y** a character from a novel
powieś|ć¹ *f* Literat. novel; **~ć kryminalna/podróżnicza/biograficzna** a mystery/travel/biographical novel; **~ć brukowa** a trashy novel; **~ć o małym chłopcu/emigrantach z Polski** a novel about a little boy/emigrants from Poland; **~ć dla dzieci** a children's novel; **~ć dla młodzieży** a novel for teenagers; **~ć w odcinkach** a serialized novel
❑ **~ć łotrzykowska** picaresque novel; **~ć poetycka** lyrical novel; **~ć rzeka** saga novel; **~ć z kluczem** roman à clef
powi|eść² *pf* (**~odę, ~edziesz, ~ódł, ~odła, ~edli**) książk. **II** *vt* (poprowadzić) to lead; **~eść żołnierzy do walki** to lead the soldiers to battle; **~eść kogoś do ołtarza** to lead sb up the aisle
II *vi* (przesunąć) to run *attr.*; **~eść ręką/palcami po czymś** to run one's hand/fingers over sth; **~odła wzrokiem po pokoju** her eyes swept the room; **~odła po nas spojrzeniem pełnym dezaprobaty** she gave us a disapproving glance
III powieść się *[zamiar, misja]* to succeed; **nie ~eść się** *[plan, misja]* to fail; **jego plan ~ódł się doskonale** his plan worked well; **próba się nie ~odła** the attempt ended in failure; **~odło nam się w życiu** we were successful in life; **spróbuj, może tym razem ci się ~edzie** try again, maybe you'll have better luck this time
powietrz|e *n sgt* [1] (mieszanina gazów) air; **czyste/rześkie/przejrzyste ~e** clean/

crisp/clear air; **rozrzedzone górskie ~e** the rarefied mountain air; **masy gorącego ~a** masses of hot air; **zimne ~e napływające z północy** cold air coming in from the North; **nabrać łyk ~a** to breathe in a gulp of air; **z trudem chwytać ustami ~e** to be gasping for air; **~e stało martwe** the air was motionless; (świeże) **~e** fresh air; **na (świeżym) ~u** in the fresh air; **wpuścić trochę świeżego ~a** to let in some fresh air; **zaczerpnąć (świeżego) ~a** to get some fresh air; **wyjść na (świeże) ~e** to go outside; **na wolnym** a. **otwartym ~u** in the open air; **zabawy na wolnym** a. **świeżym ~u** outdoor games; **teatr na otwartym ~u** an open-air theatre; **wypuścić ~e z koła/balonu** to let the air out of a wheel/balloon; **z koła zeszło ~e** the wheel went flat; **zeszło z niego ~e** przen. he ran out of steam; **traktować kogoś jak ~e** to ignore sb, to treat sb as if they didn't exist; **to jest mi potrzebne jak ~e** I can't live without it [2] (przestrzeń ponad ziemią) air; **unosić się w ~u** to float in the air; **wzbić się** a. **wznieść się w ~e** to rise up into the air; **strzelać w ~e** to fire in(to) the air; **bombardować coś z ~a** to bomb sth from the air; **złapać coś w ~u** to catch sth in the air; **fiknąć kozła w ~u** to turn a somersault in mid-air; **wysadzić coś w ~e** to blow sth up *[budynek, skałę]*; **wylecieć w ~e** *[budynek]* to blow up; **coś wisi w ~u** przen. there's something in the air; **deszcz wisi w ~u** there's rain in the air
■ **morowe ~e** przest. plague; **unikać kogoś/czegoś jak morowego ~a** to avoid sb/sth like the plague; **zepsuć ~e** euf. to break wind
powietrzn|y *adi.* *[prąd, powłoka, walki]* air *attr.*; **naruszyć przestrzeń ~ą kraju** to violate the air space of a country
powiew *m* (*G* ~u) [1] (ruch powietrza) waft, puff; **~ wiatru** a puff of wind; **od pól ciągnął ciepły ~** there was a warm breeze coming in from the fields [2] przen. (zapowiedź) hint; **~ sympatii** a hint of attraction; **wniosła z sobą ~ świeżości** her presence/arrival introduced a breath of fresh air
powiewa|ć¹ *impf* → **powiać**
powiewa|ć² *impf vi* to wave, to flutter; **~ć na wietrze** to blow in the breeze; **~ć chusteczką na pożegnanie** to wave [sb] goodbye with one's handkerchief, to wave one's handkerchief in farewell; **flaga ~ła na wietrze** the flag fluttered a. streamed in the air; **flaga ~ła dumnie na dachu** the flag flew proudly from the roof
powiewnie *adv.* grad. *[wyglądać]* flimsy *adi.*, floaty *adi.* GB
powiewn|y *adi.* grad. *[firanka, szata, szal]* flimsy, floating, floaty GB; **~a suknia** a floaty dress
powi|eźć *pf vt* książk. to take; **~ózł dzieci na wycieczkę autobusem** he took the children on an excursion a. trip by bus; **trumnę ~eziono na lawecie** the coffin was carried on a gun carriage; **pociąg ~ózł ich do odległego o 30 km miasta** the train took them to the town which was 30 km away
powiększać *impf* → **powiększyć**
powiększalnik *m* Fot. enlarger

powiększe|nie ∏ *sv* → powiększyć
∏ *n* [1] Fot. blow-up [2] (skala) magnification, enlargement; **ten mikroskop daje stukrotne ~nie** this microscope gives a magnification of about 1x100; **~nie biustu** breast enlargement a. enhancement a. augmentation; **naszkicować detal w ~niu** to sketch a magnification of a detail, to sketch a detail on a larger scale

powiększ|yć *pf* — **powiększ|ać** *impf*
∏ *vt* to enlarge [budynek, teren, dochody]; to increase [przydziały, dostawy, zbiory]; to expand [cesarstwo, sprzedaż, zatrudnienie]; to extend [fabrykę, parking, posiadłości]; to magnify [obraz, skalę]; to scale [sth] up, to scale up [rysunek, mapę]
∏ **powiększyć się** — **powiększać się** to expand, to extend; **pożar ~ał się z minuty na minutę** the fire was spreading with every passing minute; **moje długi ~yły się** my debts increased a. grew; **~ył się zespół lekarzy w szpitalu** the number of doctors a. the medical staff in the hospital increased; **rodzina nam się ~y** our family will grow a. expand

powijak|i *plt* (*G* ~**ów**) przest. swaddling bands przest.
■ **znajdować się (jeszcze/dopiero) w ~ach** to be still at a nascent stage, to be still embryonic; **ta dziedzina nauki jest jeszcze w ~ach** this field of science is still in its infancy; **wyjść** a. **wyzwolić się z ~ów** to grow out of infancy

powikła|ć *pf* ∏ *vt* to complicate [sprawy, stosunki]; **~ne losy** tangled fortunes, intertwined fates; **jest to długa, ~na historia** it's a long, involved a. complicated story
∏ **powikłać się** to become complicated

powikła|nie ∏ *sv* → powikłać
∏ *n* [1] (pogmatwanie) complication; **~nie w życiu osobistym** a complication in one's private life [2] zw. pl (skomplikowane problemy) imbroglio, confusion *U*; **zaczynam się już gubić w tym ~niu sprzecznych doniesień** I'm getting lost in the tangle of contradictory news [3] zw. pl Med. complication; **po operacji miała ~nia** she developed complications after surgery; **miał zapalenie wyrostka robaczkowego z ~iami** he had appendicitis with complications; **z ~niem pozawałowym trafił do szpitala** he was hospitalized for complications resulting from a heart attack

powi|nąć się *pf v refl.*
■ **noga mu/jej się ~nęła** he/she came a cropper pot.

powin|ien *impf* (~**ieneś**, ~**ien**, ~**no**) *vi* should, ought (to); **nie ~naś się tak zachowywać** you shouldn't behave like that; **~ien był zając się tą sprawą wcześniej** he should've dealt with the matter earlier; **dzieci ~ny słuchać rodziców** children should a. ought to obey their parents; **nie ~na była tego mówić** she shouldn't have said it; **czy nie ~niśmy się najpierw z nimi skonsultować?** shouldn't we consult them first?; **~no się chodzić na spacery** people should walk a. go for walks more often; **~ieneś się wstydzić!** you ought to be ashamed of yourself!

powinnoś|ć *f* [1] (obowiązek moralny) książk. duty, obligation; **głosowanie w wyborach to twoja obywatelska ~ć** voting in the elections is your civic duty [2] zw. pl Hist. villeinage *U*

powinowactw|o *n* [1] (rodzinne powiązania) family connections; **był z nią w ~ie** he was distantly related to her [2] przen. affinity, kinship; **~o artystyczne** artistic kinship; **~o umysłów** mental affinity
❑ **~o chemiczne** Chem. affinity

powinowa|ty ∏ *adi.* related; **~te rodziny** a. **domy** related families
∏ **powinowa|ty** *m*, ~**ta** *f* in-law, relation; **nie była żadną ~tą** she was no relation at all; **majątek zapisała krewnym i ~tym** she willed her estate to her own and her husband's relatives

powinsz|ować *pf vi* to congratulate *vi*; **~ować komuś z okazji ślubu** to congratulate sb on his/her marriage; **~ował jej w dniu urodzin** he wished her a happy birthday; **~owali mu świetnie zdanego egzaminu** he was congratulated on passing the exam with flying colours; **możemy sobie ~ować sukcesu** we can congratulate ourselves on a job well done

powinszowa|nie ∏ *sv* → powinszować
∏ *n* zw. pl congratulations; **z ~niem imienin** congratulations on your name day; **kartka z ~niami** greetings card GB, greeting card US; **otrzymać wiele ~ń** to receive numerous congratulations; **przesłać/złożyć komuś ~nia** to send/offer one's good wishes a. congratulations to sb

powiosł|ować *pf vt* [1] (popłynąć wiosłując) to row, to paddle; **~owali w kierunku brzegu** they paddled the boat towards the shore; **~owaliśmy jeszcze sto metrów dalej** we paddled out another hundred metres [2] (spędzić pewien czas na wiosłowaniu) **~ować przez godzinę** to paddle for an hour

powita|ć *pf vt* to greet, to welcome; **~ać kogoś radośnie/serdecznie** to welcome sb joyously/warmly; **~ć gości** to welcome guests; **~ć kogoś skinieniem głowy** to greet sb with a nod; **~ć kogoś z otwartymi ramionami** to welcome sb with open arms; **jego opowiadania krytyka ~ła entuzjastycznie** his short stories met with much a. widespread critical acclaim; **~ł ich w imieniu ministra** he welcomed them on behalf of the minister; **~ła go burza oklasków** he was greeted with a massive round of applause; **~ć!** welcome!

powitaln|y *adi.* welcoming; **uroczystości ~e** welcoming festivities a. celebrations a. ceremonies

powita|nie ∏ *sv* → powitać
∏ *n* welcome; **na ~nie** by way of greeting; **serdeczne ~nie** a warm welcome; **uroczyste ~nie delegacji odbyło się na lotnisku** the welcoming ceremony for the delegation took place at the airport; **nie spodziewał się takiego ~nia ze strony ministra** he didn't expect such a reception by a. on the part of the minister; **nie chciała żadnych uroczystych ~ń** she didn't want the red carpet treatment a. any welcoming committees

powl|ec¹ *pf* — **powl|ekać** *impf* (~**okę** a. ~**ekę**, ~**eczesz**, ~**ókł** a. ~**ekł**, ~**okła** a. ~**ekła**, ~**ekli** — ~**ekam**) ∏ *vt* [1] (pokryć) to coat, to cover; **~ec płytę miedzianą werniksem** to varnish a copper plate, to coat a copper plate with varnish; **głazy ~eczone lodem** rocks sheathed in ice; **ściany ~eczone farbą olejną** walls painted with oil-based paint [2] (nałożyć poszwy) to put; **~ec poduszki** to put pillows into pillowcases; **~ec kołdry** to put on duvet covers
∏ **powlec się** — **powlekać się** to cover; **niebo ~ekło się chmurami** the sky became obscured by clouds a. became completely clouded a. heavy with clouds

powl|ec² *pf* (~**okę** a. ~**ekę**, ~**eczesz**, ~**ókł** a. ~**ekł**, ~**okła** a. ~**ekła**, ~**ekli**) ∏ *vt* to drag; **~ec za sobą opierające się dziecko** to drag a recalcitrant a. stubborn child behind one
∏ **powlec się** to drag oneself, to plod on; **~ec się o kulach** to hobble along on one's crutches; **resztą sił ~okła się dalej** her strength wavering a. with her last ounces of strength she dragged herself along; dead on her feet she plodded on pot.; **chory ~ókł się do łóżka** the sick man dragged himself into bed

powlecze|nie ∏ *sv* → powlec
∏ *n* pot. sheets, bedding

powleka|ć *impf* → powlec

powlekan|y ∏ *pp* → powlekać
∏ *adi.* [papier, tkanina] coated; **pięć tabletek ~ych** five coated tablets

powłocz|ka *f* pillowcase, pillowslip GB

powło|ka *f* [1] (warstwa) coat(ing), layer; **~ka ochronna** a protective layer [2] (poszwa) cover; **muszę zanieść ~ki do magla** I must have the covers mangled [3] Anat. lining; **~ki brzuszne** the lining of the stomach [4] Łow. drag; **wkrótce pojawił się lis zwabiony zapachem ~ki** soon a fox appeared lured by the smell of a drag
❑ **~ka antykorozyjna** underseal GB; **~ka balonu** Lotn. envelope; **~ka elektrolityczna** a. **galwaniczna** electroplating; **~ka elektronowa** Chem. electron shell; **~ka lodowa** icecap; **~ka szlachetna** Chem. patina, verdigris; **~ka wodna** Geol. hydrosphere; **~ka zewnętrzna Ziemi** Geol. lithosphere
■ **~ziemska** a. **doczesna ~ka** przest., żart. mortal shell, corporeal clod; **nikt nie dba o moją doczesną ~kę, nawet nie zapyta, czy jestem głodny** nobody seems to care about my physical well-being, nobody has even asked if I'm hungry

powłócz|yć ∏ *pf vt* [1] Roln. to harrow [pole, owies] [2] pot. (poprowadzić w wiele miejsc) to drag; **~yła go po domach towarowych przez pół dnia** for half a day she dragged him around department stores
∏ *impf vi* [1] (ciągnąć) to trail; **~yła za sobą welon** her veil trailed along the ground [2] (nakładać poszewki) to cover; **~yć poduszki** to stuff pillows into pillowcases, to put pillowcases onto pillows
∏ **powłóczyć się** *pf* to gallivant pot.; to wander; **~yć się po świecie** to gallivant around the globe, to wander the globe; **~yli się po mieście i wrócili na dworzec** they hung around the town a.

they wandered around town for a while and then returned to the railway station
■ ~yć **nogami/pantoflami/trepami** to drag one's feet a. heels; **ledwo nogami ~yć** to feel dead on one's feet
powłóczy|sty *adi. książk. [suknia, kotara]* sweeping; **~ste szaty** sweeping a. flowing robes
■ ~ste **spojrzenie** smouldering glance; come-hither look
powłóczyście *adv.* sweepingly
■ **spojrzeć ~** to give [sb] a languorous a. a come-hither pot. look
powod|ować *impf* **I** *vt* [1] (być powodem) to cause, to bring about a. on; **~ować kaszel/ zadyszkę** to bring on a cough/to cause breathlessness; **~ować niezadowolenie/ rozgoryczenie** to cause discontent/distress; **~ować wesołość** to cause a. provoke mirth ⇒ **spowodować** [2] *przest.* (kierować) **nie dał sobą ~ować** he wouldn't have a. let anybody tell him what to do; **~owało nią pragnienie zemsty** she was driven by a desire for revenge
II powodować się to be driven (**czymś** by sth); **~ować się litością/współczuciem** to act out of pity/compassion; **~ować się chwilowym impulsem** to act on a sudden impulse a. on the spur of the moment
powodzeni|e **I** *n sgt* [1] (sukces) success; **~a!** good luck!, best of luck!; **niespodziewane ~e jego filmu** the unexpected success of his film; **jego trud/wysiłek został uwieńczony ~em** his toil/effort was rewarded with success; **~a w pracy zawodowej i życiu osobistym!** best of luck at work and in life!; **od lat bez ~a starał się o jej rękę** for years he vied for her hand in marriage but to no avail a. with no success [2] (popularność) popularity; **~e u kobiet/mężczyzn** popularity a. success with women/men; **mieć ~e** to be popular; **cieszył się dużym ~em wśród dziewczyn** he was very popular with the girls
II z powodzeniem *adv.* [1] (pomyślnie) *[wynegocjować, hodować]* successfully; *[konkurować, rozwijać]* effectively; **z ~em występować na scenie** to be successful on the stage; **roślinę tę można z ~em uprawiać w naszym klimacie** the plant can be successfully cultivated in our climate; **tkanina ta może z ~em być używana jako narzuta** the fabric can well be used as a bedspread a. throw; **róże można z ~em posadzić już w przyszłym tygodniu** roses can safely be planted as early as next week [2] (śmiało, z pewnością) **przecież on z ~em mógłby być jej ojcem!** he could easily be her father; **można to z ~em określić jako...** it can very well be described as...
powodzian|in *m*, **~ka** *f (Gpl ~, ~ek)* flood victim
powodzi|ć się *impf v imp.* ~ **mu/jej się dobrze/źle** he's/she's faring a. doing well/ badly; **materialnie ~ mu się dobrze** he well off; **jak ci się ~?** how are you doing?; **niezle jej się ~** she's not doing badly at all; **w szkole źle jej się ~** she's doing badly a. poorly at school; **od tego dnia ~ło mu się lepiej** from that day on he was more successful a. doing much better;

wtedy wszystkim się ~ło at that time everybody was well off a. prosperous, at that time everybody prospered; **żył długo i dobrze mu się ~ło** he lived long and fared well
powodziow|y *adi.* flood *attr.*; **wylewy ~e** floods; **wody ~e opadły po tygodniu** the flood waters subsided after a week; **ogłosić/ odwołać alarm ~y** to announce/call off a flood alert
powojenn|y *adi. [lata, losy]* post-war
powoli *adv.* slowly; **~, lecz systematycznie** slowly but surely; **mówił ~ i wyraźnie** he spoke slowly and clearly; **~ przyzwyczajała się do nowego otoczenia** she slowly got used to the new surroundings; **~! przemyśl to jeszcze** pot. hang on! think it over
■ **śpiesz się ~** przysł. make haste slowly; more haste, less speed przysł.
powolnie *adv. grad.* slowly; **koło obracało się coraz ~ej** the spinning (of the) wheel was slowing, the spinning (of the) wheel began to slow down; **~ podniosła się z miejsca** she slowly got to her feet a. got up (from her seat)
powolnoś|ć *f sgt* [1] (nieśpieszność) slowness; **~ć ruchów** the slowness of movement [2] *przest.* (uległość) **szantażem zmusił go do ~ci** through blackmail he forced him into submission
powoln|y *adi. grad.* [1] (nieśpieszny) slow; **~y taniec** a slow dance; **był z natury ~y** he was slow by nature [2] *przest.* (uległy) meek; **był całkowicie ~y swojemu pryncypałowi** he was at his principal's beck and call **~ być ~ym narzędziem w czyichś rękach** to be a tool in sb's hands
powolutku *adv. dem.* slowly; **~ wracał do zdrowia** slowly, slowly his health was improving
powoł|ać *pf* — **powoł|ywać** *impf* **I** *vt* [1] (wyznaczyć) to appoint; **~ać rząd** to appoint a. form a government; **~ać zarząd** to appoint a board; **~ać kogoś na stanowisko dyrektora** to appoint sb as director a. to appoint sb to the position of director; **~ać kogoś na świadka** to call sb as a witness [2] (wezwać) to recruit; **~ać do wojska** to call up (into the army), to enlist; **został ~any do służby w marynarce** he enlisted in naval service; **~ać pod broń** książk. to call to arms *[obywateli, rezerwistów]*
II powołać się — **powoływać się** to cite *vi* (**na kogoś/coś** sb/sth); to invoke *vi* (**na kogoś/coś** sb/sth); to quote *vi* (**na kogoś/ coś** sb/sth); to point (**na coś** to sth); **~ać się na przepisy** to cite the regulations; **~ując się na list** in reference to [sb's] letter; **~ać się na kogoś** to cite sb as an authority a. a reference; **możesz się tu na mnie ~ać** you can quote me on that
■ **~ać do życia towarzystwo naukowe/ komisję** to set up a scientific society/committee
powoła|nie **II** *sv* → **powołać**
II *n* [1] (zamiłowanie) vocation, calling; **czuć w sobie ~nie** to feel a vocation; **mieć ~nie do zawodu nauczycielskiego** to have a vocation to be a teacher, to be a born teacher; **był**

lekarzem z ~nia medicine was his true vocation; **zmalała/wzrosła liczba ~ń kapłańskich** the number of priestly vocations declined/increased [2] Wojsk. call-up *U*
■ **minąć się z ~niem** to miss one's vocation a. calling
powołan|y **I** *pp* → **powołać**
II *adi. praed.* obligated; **Teatr Narodowy jest ~y do krzewienia kultury w społeczeństwie** the National Theatre's mission a. raison d'être is to promote a. foster culture in society; **nie czuję się ~y do wydawania sądów ani opinii** it ill behoves me to pass judgement or express opinions
powoływać *impf* → **powołać**
powonieni|e *n sgt* smell; olfaction spec.; **zmysł ~a** a sense of smell; **mieć wrażliwe ~e** to have an acute sense of smell; **stracił ~e** he lost his sense of smell
pow|ozić **I** *pf vt* (wozić jakiś czas) **~oził ich trochę samochodem po mieście** he drove them around the town for a while; **pozwoliła mu ~ozić niemowlę w wózku** she let him push the baby in its pram
II *impf vi* (kierować) to drive; **dwukółką ~oził kilkunastoletni chłopak** a teenage boy was driving a dog cart
powozik *m dem.* carriage; **mały, staromodny ~** a small old-fashioned chaise
powozowni|a *f (Gpl ~)* coachhouse
pow|ód **I** *m pers. (Npl ~odowie)* Prawo plaintiff, complainant, petitioner; **~ód wniósł skargę** the plaintiff brought charges
II *m inanim. (G ~odu)* [1] (przyczyna) reason, cause; **z ~odu czegoś** because of sth; **~ód do narzekań** cause for complaint; **bez wyraźnego ~odu** for no (apparent) reason, without good reason; **nie bez ~odu** not without reason a. cause; **jeśli się spóźnisz z jakiegoś ~odu...** if you are late for any reason...; **z sobie tylko znanych ~odów wolała...** for reasons known only to herself she preferred...; **jaki był ~ód jego rezygnacji?** what was his reason for resigning?; **była zła i miała ~ody** she was angry, and with good reason; **miał więcej niż inni ~odów do narzekań** he had better reason than most to complain; **kłócili się bez ~odu** they argued over nothing; **przyszli tu z twojego ~odu** they came here because of you; **z jakiegoś ~odu nie chciała przyjść** for some reason she didn't want to come; **nie było ~odu, żeby tak rozpaczać** there was no reason a. cause for such despair [2] (rzemień lub sznur) halter; **trzymać konia za ~ód** to hold a horse by a halter; **prowadzić konia na ~odzie** to lead a horse on a halter
powód|ka *f* Prawo plaintiff, complainant, petitioner
powództw|o *n* Prawo action, plaint GB; **~o grupowe** a party action, a class action US; **~o cywilne o odszkodowanie** a civil action for damages; **wnieść a. wytoczyć ~o przeciw komuś** to bring an action against sb; **oddalić ~o** to dismiss an action
pow|ódź *f (Gpl ~odzi)* [1] (zalanie) flood; **tereny dotknięte ~odzią** flooded areas; **zniszczony przez ~ódź** destroyed by

floods a. a flood; **z powodu ~odzi zostaliśmy ewakuowani** we were flooded out ☐2 (wielka ilość rozlanej wody) flood; **mam ~ódź w łazience** I have a flood in my bathroom ☐3 przen. flood; **~ódź świateł/słów** a flood of light/words; **tonąć w ~odzi kwiatów** to be buried under blankets a. mounds of flowers

pow|ój m (G ~oju) Bot. bindweed U

pow|óz m (G ~ozu) carriage

powracać[1] impf → powrócić

powraca|ć[2] pf vi **wszyscy już z wojny ~li, tylko jej syn nie wrócił** everyone was coming back from the war, but her son did not return

powracając|y ▯ pa → powracać

▯ m (term used in newspaper advertisements referring to potential buyers returning to communist Poland with money earned abroad)

powrotn|y adi. [bilet, droga, lot] return attr.; **bilet ~y** a return ticket, a return GB; **poproszę ~y do Warszawy** a return to Warsaw, please

powr|ócić pf — **powr|acać**[1] impf vi ☐1 (przybyć ponownie) to return, to get back; **~ócić na łono rodziny** to return to the family fold; **ptaki ~acają na wiosnę** birds return in the spring; **~ócili do punktu wyjścia** they came full circle ☐2 (zająć się ponownie) to return, to get back; **~ócić do czytania książki** to get a. go back to reading a book; **stale ~acała do swej ulubionej książki** she constantly had recourse a. reverted a. returned to her favourite book; **~ócić do władzy** to return to power, to come back into power; **~ócić na dawne stanowisko** to return to one's old post; **~ócmy do tematu!** let's get back to the/our subject; **~ócili do przerwanej rozmowy** they resumed their interrupted conversation; **~ócił do starego nawyku** he reverted to his old habit; **często ~acał myślami do czasów, kiedy...** he often thought back to the time when... ☐3 (wystąpić ponownie) to return, to reappear; **objawy choroby ~óciły** the symptoms (of the disease) reappeared; **rumieńce ~óciły na jej twarz** the colour returned to her cheeks; **~óciła moda na spódniczki mini** the miniskirt is back (in fashion); **~acają stare wspomnienia** old memories are coming back; **~óciły wspomnienia** the memories came flooding back ☐4 (odzyskać) **~ócić do sił** to regain one's strength; **~acać do przytomności** to regain consciousness; **wyraźnie ~acał do zdrowia** he was definitely on the mend; **~ócić do równowagi psychicznej** to regain one's mental stability; **skradzione rzeczy ~óciły do właściciela** the stolen goods were returned to their owner

powró|sło n straw rope, twine U

powr|ót ▯ m (G ~otu) ☐1 (ponowne przybycie) return; **~ót do domu** [sb's] return home, homecoming; **po ~ocie** on a. after [one's] return; **mój ~ót do/z Londynu** my return to/from London ☐2 (ponowne zaistnienie sytuacji) return; **jej ~ót do zdrowia był szybki** her recuperation a. recovery was quick; **~ót do starych nawyków** a return to old habits; **~ót do władzy** a return to power; **kwietniowy ~ót zimy** winter's return in

April; **dość mam tych rozstań i ~otów** przen. I'm tired of these break-ups and make-ups

▯ **z powrotem, na powrót** ☐1 (w kierunku powrotnym) back; **zawrócił i pojechał z ~otem do miasta** he did a U-turn and drove back to the town; **chodzić tam i z ~otem** a. **tam i na ~ót** to be toing and froing; **ile ci zajmie droga tam i z ~otem?** how long will it take you to go there and back? ☐2 (na nowo) **być z ~otem** to be back; **wziął się na ~ót do roboty/do czytania** he resumed his work/his reading; **wyjął pieniądze i schował je z ~otem do szuflady** he took the money out and put it back into the drawer; **z ~otem masz same dwóje** once again you've failed everything

powr|óz m (G ~ozu a. ~oza) rope, twine U

powróż|yć pf vi to tell [sb's] fortune; **~yć komuś z ręki** to read sb's palm; **~yła mu z kart** she told his fortune with cards, she did a card reading for him

powsin|oga m, f (Npl m ~gi, Gpl m ~óg a. ~ogów; Npl f ~ogi, Gpl f ~óg) pot. gadabout pot.; **a ty, ~ogo, gdzie się włóczysz?** and you, you gadabout, where have you been?

powsta|ć pf — **powsta|wać**[1] impf (~nę — ~je) vi ☐1 (pojawić się) to come into being, to come into existence; **~ły nowe dzielnice/szkoły** new housing estates/schools came into existence a. were built a. sprang up; **~ło dużo nowych organizacji** numerous new organizations sprang up a. were established; **~ł problem** a problem arose a. developed; **~ły nowe trudności** new difficulties had arisen; **~ły plotki na temat żony ministra** rumours were circulating about the minister's wife; **w ogonku ~ło zamieszanie** there was a commotion in the queue, some commotion arose in the queue; **między nimi ~ł spór** they had an argument; **~ł ogólny śmiech** general merriment a. laughter ensued; **wśród tłumu ~ła panika** the crowd was thrown into a panic ☐2 książk. (podnieść się) to rise; **~ł z krzesła/klęczek** he arose from his chair/knees; **na jego widok wszyscy ~li** as he entered/approached everyone rose to their feet; **~ń!** on your feet! ☐3 książk. (zbuntować się) to rise (up), to revolt; **~ć przeciw okupantowi** to rise a. revolt against the occupying forces ☐4 (przeciwstawić się) to oppose (**przeciw czemuś** sth); **cała rodzina ~ła przeciw tym projektom** the whole family opposed a. was against these plans

powsta|ły ▯ pp → powstać

▯ adi. [szkody, bałagan] ensuing, resulting; **kto odpowie za ~łe szkody?** who is responsible for the resultant damage?; **właśnie wydano jego powieść ~łą na obczyźnie** his novel written in exile has just been published

powsta|nie ▯ sv → powstać

▯ n (zbrojny sprzeciw) uprising, insurrection; **Powstanie Warszawskie** the Warsaw Uprising; **wybuch ~nia** the outbreak of an uprising; **wzniecać/tłumić ~nie** to start/suppress an uprising

powsta|niec m (V ~ńcu a. ~ńcze) insurgent, insurrectionist, insurrectionary

powstaniow|y adi. uprising attr.; **epika ~a** narrative inspired by the uprising; **liryka ~a** a lyrical poetry inspired by an uprising; **tematy ~e w malarstwie** insurrectionary themes in painting

powstańcz|y adi. [plany, akcje, ruch] insurrectionary, insurrectionist, insurgent; **pieśni ~e** insurrectionary songs

powstawać[1] impf → powstać

powsta|wać[2] pf (~ję) vi to get up; **dziś wszyscy wcześnie ~wali** today everybody got up early

powstrzym|ać pf — **powstrzym|ywać** impf ▯ vt to stop; **~ać oddziały wroga** to hold off the enemy detachments; **~ać ofensywę** to halt an offensive; **~ać wroga** to deter a. hold back the enemy; **~ać pędzące konie** to stop galloping horses; **~ać upływ krwi opatrunkiem** to stop bleeding with a dressing; **~ać łzy** to gulp a. hold back one's tears; **~ać śmiech** to suppress laughter; **~ać oddech** to hold one's breath; **~ała go ruchem ręki** she held him back with a motion a. move of her hand; **nic jej nie ~a** nothing will stop her

▯ **powstrzymać się — powstrzymywać się** to refrain (**od czegoś** from sth); **~ać się od spożywania mięsa/alkoholu** to abstain from meat/alcohol; **z trudem ~ała się od płaczu** she could hardly contain the tears, she barely forced back her tears, she choked back a. fought back tears; **nie mógł ~ać się od śmiechu** he couldn't stop himself from laughing; **~aj się od uwag** keep your comments to yourself

powstrzymywać impf → powstrzymać

powsty|dzić się pf v refl.

■ **nie ~dzić się** to not be ashamed; **nawet dobry sportowiec nie ~dziłby się takiego wyniku** even a good athlete wouldn't be ashamed of such a result

powszechniak m pot. primary school GB, elementary school US

powszechnie adi. grad. universally, popularly; **~ akceptowany/chwalony/stosowany** universally accepted/praised/used; **~ szanowany obywatel** a well-respected member of the community, a well-respected citizen; **~ stosowane kryteria** universally applied criteria; **był ~ lubiany** he was very popular, he was well liked; **był w miasteczku ~ znany i szanowany** he was a popular a. a well-known and respected figure in the village; **~ wiadomo, że...** it's a well-known fact that...

powszechnoś|ć f sgt universality; **~ć poglądów** universally held views; **~ć nauczania/wybór** the universality of education/elections

powszechn|y adi. grad. ☐1 (ogólny) universal; **historia/literatura ~a** general history/literature; **~e prawo** a universal rule; **głosowanie ~e** universal suffrage; **cieszyć się ~ym poparciem** to enjoy widespread support; **cieszyła się ~ym uznaniem jako ekspert w tej dziedzinie** she was widely regarded a. recognized as an expert in the field; **zwrócić na siebie ~ną uwagę** to attract general attention; **pano-**

P

wała **~a radość** a general spirit of joy reigned [2] (popularny, częsty) common; **ta praktyka staje się ~a wśród lekarzy** the practice is becoming increasingly common among doctors; **panuje ~y zwyczaj wysyłania kartek świątecznych** there's a widespread custom of sending Christmas cards

powszedni adi. ordinary, common(place); **dzień ~** weekday

powszednie|ć impf (**~eję, ~ał, ~eli**) vi to go stale; **zabawy i rozrywki nigdy jej nie ~ały** for her fun and games never lost their charm; **nowi znajomi prędko mu ~eli** for him the novelty of new friends quickly wore off ⇒ **spowszednieć**

powszednioś|ć f sgt ordinary nature; **~ć spraw/wydarzeń** the ordinary nature of affairs/events

powściągać impf → **powściągnąć**

powściągliwie adi. grad. guardedly, cautiously; **zachowywać się ~** to behave cautiously, to act with restraint; **uśmiechać się ~** to smile guardedly; **wypowiadać ~ swoje sądy** to express one's opinions in a guarded way, to be careful in formulating one's opinions; **wyrażał się o niej ~** he was guarded in his remarks about her, he was unforthcoming about her

powściągliwoś|ć f sgt guardedness, self-restraint; (ostrożność) circumspection; **~ć w zachowaniu** self-restraint in one's behaviour; **zachowywać się względem kogoś z ~cią** to behave towards sb with some circumspection

powściągliw|y adi. grad. (cautious and) reserved; **~y uśmiech** a guarded smile; **~e zachowanie** cautious a. guarded a. reserved behaviour; **być ~ym w zachowaniu** to be cautious in (one's) behaviour, to be reserved in one's manner; **być ~ym w wyrażaniu opinii** to be reticent in expressing one's views; **była ~a w okazywaniu uczuć** she was reserved about showing her emotions

powściąg|nąć pf — **powściąg|ać** impf (**~nęła, ~nęli — ~am**) vt [1] (powstrzymać zwierzę) to bridle; **~nąć galopujące konie** to stop galloping horses [2] (opanować) to bridle; **nie umiał ~nąć języka** he couldn't bridle a. hold his tongue; **~ać się w paleniu** to cut down one's smoking

powtarzać impf → **powtórzyć**

powtarzalnoś|ć f sgt książk. repetitiveness, recurrence, repeatability

powtarzaln|y adi. [projekt, wzory] reproducible, repeatable

powtór|ka f pot. [1] Szkol. repetition, revision; **zrobił sobie ~kę przed egzaminem** he revised the material before the exam [2] (powtórne wykonanie) (emisja) rerun; Sport (ponowna próba) repeat attempt; Sport, TV (odtworzenie) replay

powtórkow|y adi. pot. repeat attr. [1] (powtórzeniowy) **lekcje ~e** revision classes [2] (powtórny) **egzamin ~y** a repeat exam

powtórnie adi. for the second time; **~ gdzieś pojechać/pójść** to go somewhere again; **po chwili ~ zapukał do drzwi** after a moment he knocked on the door again a. for the second time; **~ ożenił się w zeszłym roku** he remarried last year

powtórn|y adi. repeat attr.; **~e wezwanie** a repeat notice; **szczepienia ~e** repeat vaccinations

powt|órzyć pf — **powt|arzać** impf [] vt [1] (zrobić to samo) to repeat; **~órzyć koncert/przedstawienie** to give another concert/performance; **~órzyć dawny błąd** to make the same mistake again; **~arzać coś w myśli** to repeat sth to oneself in one's mind; **~arzać w kółko** to repeat [sth] over and over again; **~arzać czyjeś gesty/ruchy** to copy someone's gestures/moves; **dzieci ~arzały słowa piosenki za nauczycielką** the children repeated the words of the song after the teacher; **leczenie trzeba ~órzyć** the treatment has to be repeated [2] Szkol. (ponownie przerobić) **~arzać materiał kursu dla zaawansowanych** to review the advanced course; **~arzać lekcje** to revise school work; **~arzał trzecią klasę** he had to repeat the third grade [3] (przekazywać) to reveal [plotkę, sekret]; **nie ~arzaj tego nikomu** don't repeat this to anybody

[] **powtórzyć się — powtarzać się** [1] (zdarzać się ponownie) to repeat itself; **~arzały się ataki bólu** the pain attacks kept recurring; **słyszeli ~arzające się wybuchy** they heard repeated explosions; **żeby mi się to więcej nie ~órzyło!** this had better not happen again!, don't ever let this happen again! [2] (mówić, pisać to samo) to repeat oneself

■ **~arzać (jak) za panią matką** książk. to parrot [sb], to echo [sb]

powyżej [] praep. [1] (wyżej niż) above; **~ domu/kamieniołomów** above the house/stone quarry; **sięgać ~ kolan/pasa** to reach above the knees/waist; **rękawy zawinięte ~ łokcia** sleeves rolled up above the elbows; **~ poziomu morza** above sea level [2] (położenie geograficzne) (na północ) (to the) north (**czegoś** of sth); (bliżej źródła) upstream (**czegoś** of a. from sth); **wieś położona ~ Warszawy** a village lying (to the) north of Warsaw; **rozbili namioty ~ mostu** they pitched camp upstream of the bridge [3] (więcej niż) over, above; **~ 50 procent/200 złotych** over 50 per cent/200 zlotys, upwards of 50 per cent/200 zlotys; **~ przeciętnej** above (the) average; **~ normy** above (the) norm; **temperatury ~ zera** above-zero temperatures; **temperatura ~ 40 stopni** a temperature of over 40 degrees; **dla dzieci ~ lat dziesięciu** for children over ten a. above the age of ten

[] adv. [1] (w przestrzeni) higher up; **~ rozciągały się lasy** higher up there were forests; **z któregoś okna ~ słychać było śpiewy** singing could be heard from a window up above [2] (w tekście) above; **patrz ~** see above; **w tabeli ~** in the table above; **przytoczone ~ dane statystyczne** the statistics cited above; **jak wspomniano ~** as mentioned above a. previously

powyższ|y adi. książk. above, above-mentioned; **~e zarządzenie obowiązuje od jutra** the above directive takes effect from a. is effective as of tomorrow

■ **w związku z ~ym** książk. that being so

pow|ziąć pf (**~ezmę, ~zięła, ~zięli**) vt książk. to come to [decyzję]; to adopt [plan, uchwałę]; to take [działania, kroki]; **~ziął postanowienie, że...** he resolved to...; **~ziął zamiar, że...** he decided to...; **wtedy ~ziąłem pewną myśl** then an idea occurred to me; **~ziął myśl, że...** he came to think that...; **~ziął podejrzenie, że...** the suspicion grew in his mind that...; **~ziąć odpowiednie środki ostrożności** to take appropriate security measures

poz. (= pozycja)

p|oza¹ f [1] (postawa) pose; **stanąć w niedbałej pozie** a. **przyjąć niedbałą pozę** to assume a casual pose; **w dramatycznej pozie** in a dramatic pose [2] (maniera) pose; **to tylko poza** it's only a pose; **przybrać pozę** to strike a pose a. attitude

poza² [] praep. [1] (na zewnątrz) outside; (dalej niż) beyond; **urlop spędzał ~ granicami kraju** he spent his holiday outside the country; **hotel znajdujący się ~ miastem** a hotel situated outside the city; **wojska wycofały się ~ linię Maginota** the troops withdrew beyond the Maginot Line; **nikomu nie wolno wychodzić ~ bramę** no one is allowed outside a. beyond the gate; **cały dzień przebywa ~ domem** he's out all day long [2] (do tyłu, z tyłu) behind; **oglądać się ~ siebie** to look a. glance behind (one) a. back; **~ sobą usłyszał krzyk kobiety** he heard a woman's scream behind him; **najgorsze mamy już ~ sobą** the worst is (already) behind us; **miał ~ sobą trzyletnie doświadczenie** he had three years' experience behind him a. under his belt pot. [3] (w innym czasie lub środowisku) outside; **~ godzinami pracy** outside working hours; **nowe miejsca pracy ~ rolnictwem** new jobs outside agriculture; **wykraczać ~ zakres czyichś obowiązków** to go a. be beyond sb's responsibilities, to lie a. be outside sb's area of responsibility; **takie rozważania wybiegają ~ temat dzisiejszego wykładu** such deliberations go a. lie beyond the scope of today's lecture; **~ sezonem** out of season [4] (oprócz, wyłączając) apart a. aside from, except (for) (**kimś/czymś** sb/sth); **zawiadomili wszystkich ~ mną** they informed everyone apart from a. except me; **~ tym niewiele się zmieniło** apart from that nothing much has changed [5] (obok, włączając) apart a. aside from, besides (**kogoś/czegoś** sb/sth); **~ mną w pokoju było jeszcze dwóch chłopaków** apart from a. besides me there were two boys in the room; **~ wszystkim, nie lubię westernów** apart from anything else, I don't like westerns

[] **poza tym** part. (ponadto) besides, apart from that; **nie mam pieniędzy, ~ tym to strata czasu** I've no money, (and) besides it's a waste of time

pozagrobow|y adi. **życie ~e** an afterlife, life beyond the grave

pozaklasow|y adi. [1] Szkol. (poza godzinami zajęć szkolnych) **zajęcia ~e** after school activities [2] Roln. [grunt, gleba] unclassified

pozakonkursowo adv. [pokazać, wystąpić] out of competition; hors concours książk.

pozakonkursow|y *adi. [pokaz, występ]* out-of-competition; hors concours książk.

pozamałżeńs|ki *adi. [związek, stosunki]* extramarital; **~kie dziecko** a love child przest.; **~ki syn** a son born out of wedlock przest.

pozamiata|ć *pf vt* to sweep *[mieszkanie, ulice]*; **może byś ~ł w swoim pokoju** perhaps you'd like to sweep your room

pozamyka|ć *pf* **[]** *vt* **1** to close, to shut *[drzwi, okna, szuflady, książki, oczy]; (na klucz)* to lock *[drzwi, bramę]*; **~ć drzwi na kłódkę** to padlock the doors **2** *(pozagradzać)* to close *[drogi, granice]* **3** *(w pomieszczeniu, pojemniku)* **~ł dokumenty w szufladach** he locked the documents in a drawer; **~ć dzieci w pokojach** to lock the children in their rooms; **~li wszystkich przywódców opozycji** pot. all (the) opposition leaders were locked up **4** *(wstrzymać działalność)* to close (down), to close [sth] down; **~ć nierentowne kopalnie** to close down unprofitable mines; **na jeden dzień ~no wszystkie banki** all banks were closed for one day **5** pot. *(powyłączać)* to turn [sth] off, to turn off *[światła, gaz]*
[] **pozamykać się 1** *[drzwi, okna, książki]* to close **2** *[osoby]* to hide; *(na klucz)* to lock oneself; **ludzie ~li się w domach** people shut themselves up in their houses; *(na klucz)* people locked themselves in their houses

pozawałow|y *adi.* Med. **powikłania ~e** complications after a heart attack

pozazdroszczeni|e [] *sv* → **pozazdrościć**
[] *n sgt* envy; **godny ~a** enviable; **ma godny ~a talent do...** s/he has an enviable talent for...; **sytuacja/los nie do ~a** an unenviable situation/fate

pozazdro|ścić *pf vi* to envy *vt*; **~ścić komuś czegoś** to envy sb sth; **~ściłem mu jego sławy** I envied him his fame; **niejeden reżyser mógłby mu ~ścić** most directors would envy him

pozaziems|ki *adi. [istota, siła, inteligencja]* extraterrestrial

pozbawiać *impf* → **pozbawić**

pozbaw|ić *pf* — **pozbaw|iać** *impf* **[]** *vt* to deprive; **~ić kogoś czegoś** to deprive sb of sth; **choroba ~iła go sił** the illness drained all his strength; **~ić kogoś złudzeń** to shatter a. dispel sb's illusions; **~ić kogoś życia** książk. to take sb's life; **~ić kogoś praw obywatelskich** to disenfranchise sb
[] **pozbawić się — pozbawiać się** to deprive oneself (**czegoś** of sth); **~ić się szans na zrobienie czegoś** to deprive oneself of the opportunity to do sth; **~ić się życia** to take one's life

pozbawieni|e [] *sv* → **pozbawić**
[] *n sgt* Prawo deprivation; **~e wolności** imprisonment; **skazać kogoś na 10 lat ~a wolności** to sentence sb to 10 years' imprisonment; **~e praw obywatelskich** disenfranchisement; **~e praw rodzicielskich** deprivation of parental rights

pozbawi|ony [] *pp* → **pozbawić**
[] *adi.* (z natury) devoid (**czegoś** of sth); (w wyniku straty) deprived (**czegoś** of sth); **sztuka ~ona głębszego sensu** a play devoid of any deeper meaning; **dzieci**

~one opieki rodziców children deprived of parental care

pozbiera|ć *pf* **[]** *vt* **1** *(zgromadzić)* to gather, to collect *[chrust, informacje]*; to gather (together), to gather [sb] together *[osoby]*; to pick *[owoce, warzywa]*; **~ć pracowników na naradę** to assemble the staff for a meeting; **~ć myśli** przen. to gather one's thoughts **2** *(popodnosić)* to pick [sth] up, to pick up; *(posprzątać)* to clear [sth] away, to clear away; **~ć z podłogi zabawki/ubrania/papierki** to pick the toys/clothes/pieces of paper up off the floor; **~ć talerze ze stołu** to clear the plates (away) **3** Roln. to reap, to harvest; **~ć zboże z pól** to collect corn from the fields
[] **pozbierać się** pot. **~ć się (do kupy)** to pull oneself together; **jak mu przyłożę, to się nie ~** when I hit him he won't get up again

pozb|yć się *pf* — **pozb|ywać się** *impf* **(~ędziesz się — ~ywam się)** *v refl.* to get rid of *[świadków, sprzętów, choroby, kłopotów]*; **~yć się nieprzyjemnego zapachu w kuchni** to get rid of an unpleasant smell in the kitchen; **~yć się myszy z domu** to rid the house of mice; **~yć się złudzeń** to rid oneself of all illusions; **po prostu chcieli się mnie ~yć** they just wanted to get rid of me

pozbywać się *impf* → **pozbyć się**

pozdrawiać *impf* → **pozdrowić**

pozdr|owić *pf* — **pozdr|awiać** *impf* **[]** *vt* **1** *(powitać)* to greet; **~owić kogoś skinieniem głowy/ruchem ręki** to greet sb with a nod/wave **2** *(przekazać pozdrowienia)* **~owić kogoś** to give sb one's greetings a. regards; **~ów go/ją ode mnie** give him/her my greetings a. regards; **~awiam...** *(na końcu listu)* (with) kindest regards...; **matka cię ~awia** mother sends her regards
[] **pozdrowić się — pozdrawiać się** to greet each other

pozdrowie|nie [] *sv* → **pozdrowić**
[] *n* **1** *(powitanie)* greetings; **wymieniać ~nia** to exchange greetings **2** zw. pl *(wyrazy pamięci)* regards; **~nia dla kogoś/od kogoś** regards to sb/from sb; **przekazać komuś ~nia** to give sb one's regards; **~nia dla rodziców!** give my regards to your parents!
❏ **Pozdrowienie Anielskie** Relig. Hail Mary

poze|r *m* pejor. poser pejor.; pseud pot. pejor.

pozers|ki *adi.* pejor. posey pot., pejor.

pozerstw|o *n sgt* pejor. posturing pejor.

poz|ew *m (G ~wu)* Prawo **1** *(skarga)* (law)suit; *(wniosek)* petition; *(roszczenie)* claim; **~ew rozwodowy** a divorce petition; **~ew przeciwko komuś** a lawsuit against sb; **~ew o obrazę** a libel lawsuit; **~ew o odszkodowanie** a claim for compensation; **wnieść ~ew do sądu** to file a lawsuit/petition/claim; **oddalić czyjś ~ew** to dismiss sb's lawsuit/petition/claim **2** *(wezwanie)* subpoena (ad testificandum), summons

pozielenia|ły *adi.* **1** *[pole, kamień, wędlina]* green; **łąki ~łe od młodej trawy** fields green a. verdant with young grass **2** *(na twarzy)* green; **~ły z zazdrości** green with envy

pozieleni|eć *pf* **(~eję, ~ał, ~eli)** *vi* **1** *(stać się zielonym)* *[trawa, liście, wędlina]* to turn green **2** przen. *(zblednąć)* *[osoba, twarz]* to turn green; **~eć z zazdrości** to turn green with envy

poziom *m (G ~u)* **1** *(wysokość)* level; **~ cieczy w zbiorniku** the level of liquid in a tank; **wysoki/niski ~ wody w rzece** a high/low water level in a river; **~ wody opadł/poniósł się** the water level dropped/rose; **tysiąc metrów nad ~em morza** a thousand metres above sea level; **miasteczko leży 2000 metrów nad ~em morza** the town is situated 2000 metres above sea level **2** *(piętro, warstwa)* level także przen.; **zjechać na niższy ~** to go down to a lower level; **parking ma trzy ~y** this is a three level garage; **na ~ie duchowym/materialnym** on a spiritual/material level; **interpretować coś na różnych ~ach** to interpret sth on different levels; **rozważania na wysokim ~ie abstrakcji** highly abstract a. speculative considerations a. deliberations **3** *(ilość)* level; **niski/wysoki ~ cukru w krwi** high/low blood sugar level; **utrzymywać się na wysokim/stałym ~ie** *[bezrobocie, inflacja]* to keep at a high/steady level; **inflacja osiągnęła ~ 10%** inflation has reached the 10% level **4** *(jakość)* level; **wysoki/niski ~ cywilizacyjny** a high/low level of civilization; **wzrost ~u życia** an improvement in the standard of living; **przy obecnym ~ie medycyny** modern medicine being as it is...; **kursy na wszystkich ~ach zaawansowania** courses for all levels; **w tej szkole jest wysoki/niski ~** the standard of teaching is high/low in this school; **mecz stał na słabym/wysokim ~ie** it was a poor/good game; **~ zawodów był bardzo wyrównany** it was a very close contest; **zniżać się do czyjegoś ~u** to come down to sb's level; **człowiek na ~ie** pot. a man who's got class pot.; **film/książka na ~ie** pot. an ambitious film/book; **utrzymywać dom na ~ie** pot. to live in style; **żarty nie na ~ie** pot. cheap jokes **5** *(kierunek poziomy)* **trzymać ~** pot. *[podłoga, listwa]* to be level; **w ~ie** horizontally

poziomic|a *f* **1** Geog. contour (line) **2** Techn. *(narzędzie)* level

poziomicow|y *adi.* Geog. *[mapa]* contour (line) attr.

poziom|ka *f (~eczka dem.)* *(owoc, roślina)* wild strawberry

poziomkow|y *adi. [lody, konfitury]* wild strawberry attr.

poziomnic|a *f* Techn. level

poziomo *adv.* horizontally; *(w krzyżówkach)* across

poziom|y *adi.* **1** *[linia, płaszczyzna]* horizontal; **sukienka w ~e paski** a horizontally-striped dress **2** przen., pejor. *(przyziemny)* *[pobudki, dążenia]* base pejor.

pozjada|ć *pf vt* to eat [sth] up, to eat up; **ptaki ~ły wszystkie wiśnie z drzew** birds ate up all the cherries on the trees

pozłacać *impf* → **pozłocić**

pozłacan|y [] *pp* → **pozłocić**
[] *adi. [łańcuszek, broszka]* gilded, gold-plated; *[zegarek]* gold-plated

pozł|ocić *pf* — **pozł|acać** *impf vt* [1] (pokryć złotem) to gild *[łańcuszek, pierścionek]* [2] przen. *[słońce]* to gild; **zachodzące słońce ~ociło korony drzew** the setting sun gilded the tops of the trees

pozłocisto *adv.* książk. **lśnić ~** to shimmer with gold

pozłoci|sty *adi.* książk. shimmering with gold; **~sta szata/tkanina** a dress/fabric shimmering with gold

pozna|ć *pf* — **pozna|wać** *impf* [I] *vt* [1] (zdobyć wiedzę) to get to know; **~ć nowe kraje/nowych ludzi** to get to know new countries/people; **dobrze kogoś ~ć** to get to know sb well; **~ła go na tyle dobrze, żeby...** she got to know him well enough to... [2] (nauczyć się) to learn *[obyczaje]*; **~ć obce języki** to learn foreign languages; **~ć ojczyste dzieje** to learn the history of one's country [3] (zrozumieć, dowiedzieć się) to find *[powód, przyczynę, zasadę]*; **~ć istotę problemu** to find the root of a problem; **~ć prawdę** to find the truth [4] (zaznać) to know; **~ć nędzę/poniżenie** to know poverty/humiliation [5] (odgadnąć) **~łem, że płakała** I could tell that she'd been crying; **od razu można było ~ć, że...** it was immediately obvious that...; **po jej zachowaniu/westchnieniu ~ł, że...** he could tell from her behaviour/sigh that...; **nie dawałem po sobie ~ć zdenerwowania** I tried not to show my anxiety; **niczym nie dawał ~ć, że się boi** he showed no sign of being scared [6] (rozpoznać) to recognize; **~ć kogoś z daleka** to recognize sb at a distance; **od razu cię ~łem** I immediately knew it was you; **~ć kogoś po czapce/głosie/chodzie** to recognize sb by their hat/voice/walk; **wydawało mi się, że ~ję to miejsce** that place seemed familiar (to me); **to ten facet ze sklepu, ~jesz?** that's the guy from the shop, see?; **udawał, że mnie nie ~je** he pretended he didn't know me; **ja cię nie ~ję!** (zmieniłeś się) what's happened to you?; **nie ~wała go, taki się zrobił pracowity i odpowiedzialny** she didn't recognize him, he was so hardworking and responsible; **dał się ~ć jako utalentowany aktor/zręczny negocjator** he proved himself to be a talented actor/skilled negotiator [7] (zawrzeć znajomość) to meet; **~ć kogoś osobiście** to meet sb personally; **swojego przyszłego męża ~ła na przyjęciu** she met her future husband at a party; **miałem już przyjemność ją ~ć** I've had the pleasure of meeting her; **miło mi było pana/panią ~ć** it was nice a. a pleasure to meet you; **nowo ~ni koledzy** new friends [8] (przedstawić) to introduce; **~ć kogoś z kimś** to introduce sb to sb; **~ła ich ze sobą** she introduced them

[II] **poznać się** — **poznawać się** [1] (zawrzeć znajomość) to meet *vt*; **~ć się z kimś** to meet sb; **~li się na balu** they (first) met at a ball; **już się ~liśmy** we've already met; **~jcie się – to moja córka** I'd like you to meet my daughter [2] (zacieśnić znajomość) to get to know each other; **musimy się lepiej** a. **bliżej ~ć** we have to get to know each other better [3] (ocenić) **~ć się na kimś/czymś** (docenić zalety) to appreciate sb/sth;

(zauważyć wady) to see through sb/sth; **~ć się na żarcie** to appreciate a joke; **~ć się na czyichś kłamstwach** to see through sb's lies [4] (rozpoznać się) to recognize each other; **~li się z daleka** they recognized each other from afar

■ **~ć głupiego po śmiechu jego** przysł. stop laughing, you fool!

poznani|e [I] *sv* → **poznać**
[II] *n sgt* [1] Filoz. cognition; **teoria ~a** the theory of cognition; **~e intuicyjne/intelektualne** intuitive/intellectual cognition [2] (zaznajomienie się) **zyskiwać przy bliższym ~u** to improve on closer acquaintance; **zależy mi na bliższym ~u moich pracowników** I'd like to get to know my staff better [3] (rozpoznanie) recognition; **zmienić się nie do ~a** to change beyond recognition [4] (zrozumienie) **dać komuś do ~a, że...** to give sb to understand that...

poznawać *impf* → **poznać**

poznawalnoś|ć *f sgt* Filoz. cognizability (czegoś of sth); **~ć świata** cognizability of the world

poznawaln|y *adi.* Filoz. *[rzeczywistość, świat]* cognizable

poznawczo *adv.* **praca interesująca ~** an illuminating paper

poznawcz|y *adi.* [1] Filoz., Psych. *[akt, proces, zdolność]* cognitive [2] (naukowy) **pasja ~a** a passion for learning; **w celach ~ych** for research purposes; **ta książka ma niewątpliwe walory ~e** this is a very illuminating book

pozoracj|a *f (Gpl ~i)* [1] (udawanie) sham; **całe te negocjacje to jakaś ~a** all these negotiations are a sham [2] (symulacja) simulation; **~a ataku/wypadku** a simulated attack/accident [3] Wojsk. decoy operation

pozoracyjn|y *adi.* **działania ~e** Wojsk. decoy operation; **w warunkach ~ych** under simulated conditions

pozoranctw|o *n sgt* pejor. sham; **to było tylko ~o** it was only a sham

pozoran|t *m*, **~tka** *f* pejor. sham pejor.

pozornie *adv.* *[obojętny, spokojny]* seemingly; **był tylko ~ życzliwy** he only feigned friendliness

pozornoś|ć *f sgt* sham nature, ostensibility

pozorn|y *adi.* (udany) *[delikatność, grzeczność]* feigned, ostensible; *[ruch, reforma, działanie]* sham, ostensible; (złudny) *[obojętność, zadowolenie, podobieństwo, różnica]* surface *attr.*; **jego spokój był tylko ~y** he was only apparently a. calm

pozor|ować *impf vt* to fake *[samobójstwo, włamanie]*; **~ować pracę** to pretend to work; **~owany wypadek** a sham accident ⇒ **upozorować**

pozosta|ć *pf* — **pozosta|wać** *impf* (**~nę** — **~ję**) książk. *vi* [1] (nie odejść, nie zostać zabranym) to stay; **~ńcie na swoich miejscach** (nie wstawajcie) remain seated; (nie odchodźcie) remain where you are; **~ć przy chorym** to stay with a patient; **jeden egzemplarz umowy ~je u nas** one copy of the contract stays with us; **~ć w czyjejś pamięci** przen. to remain in sb's memory; **dzień ten ~ł w moich wspomnieniach jako jeden z najszczęśliwszych w moim życiu** I remember that day as one of the

best a. happiest in my life; **niech to ~nie między nami** this is just between me and you [2] (trwać) to remain; **~wać na wolności** to remain at large; **~wać na czyimś utrzymaniu** to be dependent on sb for support; **~ć przy swoim zdaniu** to not change one's mind; **~ć przy starej metodzie** to stick to an old method; **u nich wszystko ~ło jak dawniej** nothing had changed with them; **~ła samotna do końca życia** she remained single for the rest of her life; **jej słowa ~ły dla mnie zagadką** her words still remain a mystery to me; **moje pytanie ~ło bez odpowiedzi** my question remained unanswered; **mimo ogromnej popularności, ~ła skromną osobą** despite her enormous popularity she remained a modest person; **nie ~wać bez wpływu na coś** to have its impact on sth; **ich rozwód nie ~ł bez wpływu na dzieci** their divorce had its effect on the children [3] (stanowić resztę) to remain; **z dawnej drużyny ~ło zaledwie kilku graczy** only a few players remained from the old team; **~ła jeszcze minuta** there's one more minute left; **~ła nam jeszcze jedna możliwość** we have one more option left; **do rozstrzygnięcia ~je jeszcze jedna kwestia** there is one issue that remains to be settled; **~je jeszcze określenie ceny** the only thing remaining is to state the price; **~ło jeszcze wiele do zrobienia** a lot remains to be done; **~je faktem, że...** the fact remains that...; **nie ~ło** a. **~wało mi nic innego jak ucieczka/jak ich przeprosić** the only thing I could do was (to) run away/apologise to them; **na zakończenie ~je mi podziękować państwu za przybycie** it only remains for me to thank you for coming [4] (być pozostałością) to be left; **~ły po nim ubrania i kilka mebli** he left some clothes and furniture; **turyści odjechali, ~ły po nich tylko śmieci** the tourists drove off, leaving behind lots of rubbish

pozostałoś|ć *f* remains *pl*; **ten ogród jest ~cią wielkiego parku** the garden is all that remains of a large park; **~ci po dawnym systemie** a hungover from the old system; **ostatnie ~ci kolonializmu** the last restiges of colonialism

pozostał|y [I] *adi.* remaining; **osoby ~łe na pokładzie** people who remained on board; **~li przy życiu pasażerowie** the surviving passengers; **~ła część czegoś** the rest a. remaining part of sth; **~li domownicy** the rest of a. the other members of the household; **w ~łej części kraju** in the rest a. the remaining part of the country

[II] **pozostali** *plt* the rest, the others; **dwóch wyszło, a ~li rozmawiali w kuchni** two of them left and the others a. the rest were talking in the kitchen

pozostawać *impf* → **pozostać**

pozostawiać[1] *impf* → **pozostawić**

pozostawia|ć[2] *pf vt* to leave [sth] behind; **turyści ~li mnóstwo śmieci** the tourists left behind a lot of rubbish

pozostaw|ić *pf* — **pozostaw|iać**[1] *impf vt* [1] (nie zabrać) to leave; **~ili swój dobytek w domach** they left their possessions at

P

home; **~ić wiadomość na sekretarce** to leave a message on an answering machine 2 (opuścić) to leave; **~ić kogoś na chwilę samego** to leave sb alone for a moment; **~ił żonę z dwojgiem dzieci** he left his wife and two children; **kobiety ~ione przez mężów** women abandoned by their husbands; **~ić kogoś na łasce losu** to leave sb to their fate; **~ić kogoś w tyle** a. **za sobą** to leave sb behind także przen.; **już dawno ~ił za sobą pozostałych uczniów** przen. he's way ahead of the rest of the class; **~ić coś za sobą** przen. (zapomnieć) to leave sth behind 3 (po śmierci) to leave; **~ić coś komuś** to leave sth to sb; **~ić dzieciom mieszkanie** to leave the flat to one's children; **nie ~ić po sobie potomstwa** to leave no offspring; **umarł, ~iając żonę i dwójkę dzieci** he died, leaving his wife and two children 4 (wywołać skutek) to leave; **~ić ślady na piasku** to leave footprints in the sand; **~ić blizny na czymś** to leave scars on sth; **ta podróż ~iła niezapomniane wrażenia** it was an unforgettable journey; **problemy, jakie ~ił po sobie komunizm** problems left behind by communism 5 (nie ruszać, nie zmieniać) to leave; **~ić kogoś w spokoju** to leave sb alone; **nie ~ić nikogo przy życiu** to spare no-one; **~ić kogoś samemu** a. **samego sobie** to leave sb on their own; **~ieni sami** a. **samym sobie, całkiem nieźle sobie radzili** left on their own, they managed quite well; **~ić niesprzątnięte mieszkanie** to leave the flat in a mess; **~ić otwarte drzwi** to leave the door open; **~ić coś na parę minut pod przykryciem** to leave sth covered for a few minutes; **~ić niektóre kwestie bez odpowiedzi** to leave certain questions unanswered; **~iam to bez komentarza** no comments!; **~iamy na boku różnice polityczne** let's put aside political differences; **~ić odstęp między czymś a czymś** to leave a space between sth and sth 6 (pozwolić działać samodzielnie) **~ić komuś decyzję** to leave it to sb to decide; **~ić komuś wolny wybór** to leave the choice up to sb; (oddać, zostawić) **~ić kogoś/coś pod czyjąś opieką** to leave sb/sth in sb's care; **~ić coś czyjejś domyślności** to leave it to sb to guess ■ **nie ~iać wątpliwości, że...** to leave no doubt, that...; **~iać wiele do życzenia** to leave a lot to be desired

poz|ować impf vi 1 (być modelem) to pose; **~ować komuś** to pose for sb; **~ować do zdjęcia/portretu** to pose for one's photograph/portrait 2 pejor. (udawać) to pose pejor.; **~ować na kogoś/coś** to pose as sb/sth

pozowan|y adi. [zdjęcie, fotografia] posed

poz|ór m (G ~oru) appearance; **nadawać czemuś ~ory normalności** to give sth the appearance of normality; **sądzić po ~orach** to judge a. go by appearances; **zachowywać ~ory czegoś** to maintain an appearance of sth; **dla zachowania ~orów** a. **dla ~oru** for the sake of appearances, for appearances' sake; **~ory mylą** appearances can be deceptive; **wrócił pod ~orem sprawdzenia** a. **że musi sprawdzić, czy drzwi są zamknięte** he came back on a. under the pretext of

checking whether the door was locked; **robić coś pod byle ~orem** to do sth on any pretext; **pod żadnym ~orem** under no circumstances; **pod żadnym ~orem nie otwieraj drzwi!** don't open the door under any circumstances!; **na ~ór** a. **z ~oru** seemingly; **zwyczajny na ~ór człowiek** a seemingly ordinary man; **hipopotamy są z ~oru powolne, ale...** hippos are seemingly slow but...; **wbrew ~orom** contrary to a. in spite of appearances

poz|wać pf — **poz|ywać** impf (~wę — ~ywam) vt Prawo to sue; **~wać kogoś do sądu** a. **przed sąd** to sue sb; **~wać kogoś za coś** to sue sb for sth; **~wać kogoś w sprawie rozwodowej** to sue sb for divorce

pozwalać¹ impf → pozwolić

pozwala|ć² pf vt pot. 1 (złożyć) to dump pot. [walizki, torby]; **~li bagaże na peronie** they dumped the luggage on the platform; **~ć coś na kupę** to pile sth (up) 2 (pozrzucać) to knock [sth] off, to knock off [szklanki, talerze]; (poprzewracać) to fell [drzewa]; **~ć książki z półek** to knock the books off the shelves

pozwan|y U sv → pozwać

U pozwan|y m, **~a** f Prawo defendant

pozwole|nie U sv → pozwolić

U n 1 sgt (zgoda) permission; **pytać kogoś o ~nie** to ask sb's permission; **zrobić coś bez ~nia** to do sth without permission; **prosić o ~nie zrobienia czegoś** a. **na zrobienie czegoś** to ask (for) sb's permission to do sth; **za ~niem** by a. with your leave 2 (dokument) permit, licence, license US; **~nie na pracę** a work permit; **~nie na broń** a gun a. firearms licence; **~nie na budowę** a planning permission; **wystąpić o ~nie** to apply for a permit; **wydać ~nie** to issue a permit; **uzyskać ~nie** to obtain a permit

pozw|olić pf — **pozw|alać¹** impf **U** vi 1 (zgodzić się) to let, to allow; **~olić komuś coś zrobić** a. **na zrobienie czegoś** to let sb do sth a. to allow sb to do sth; **na wszystko mu ~alają** they let him do whatever he likes; **rodzice nie ~alali mi wracać po zmroku** my parents wouldn't let me come (back) home after dark; **~ólcie mu mówić** let him speak; **~olono mi wejść/go zobaczyć** I was allowed (to go) inside/to see him; **nie ~olę, żeby mnie wykorzystywali!** I won't have them exploit me!; **nie możemy ~olić, żeby mieszkali w hotelu** we can't have them staying in a hotel; **nie ~ól się tak traktować** don't let them treat you like that; **~oli pan, że o coś zapytam** książk. let me ask you something; **a teraz, jeśli pan ~oli, chciałbym...** książk. now, if you permit, I would like to... książk.; **~oli pan, że się przedstawię** książk. allow me to a. let me introduce myself książk.; **~oli pan, że dokończę** książk. please, let me finish; **~olą panowie, że panów opuszczę** książk. would you excuse me, gentlemen książk.; **~ól, że zapalę** książk. do you mind if I smoke?; **pani ~oli płaszcz** książk. allow me to take your coat książk.; **~oli pani jeszcze herbaty?** książk. would you care for some more tea? książk. 2 (umożliwić) [warunki,

zdrowie] to permit, to allow; **jeżeli czas/pogoda ~oli** if time/the weather permits; **to nam ~oli ograniczyć koszty** this will permit us to cut the costs; **wzruszenie nie ~ałało mu mówić** he was so moved (that) he couldn't utter a word; **duma nie ~ala jej przyznać się do błędu** her pride won't let her admit she made a mistake 3 książk. (zaproponować pójście) **pan ~oli ze mną do gabinetu** would you please come to my office?; **~ól mi tutaj** come here, please; **niech pani ~oli na chwileczkę** could you come here for a moment, please?

U pozwolić sobie — pozwalać sobie 1 (mieć możliwość) **mogę sobie ~olić na wyjazd na narty** I can afford a skiing holiday; **nie mogę sobie ~olić, żeby poświęcać na to tyle czasu** I can't afford to spend so much time on this 2 pejor. (zachować się niewłaściwie) **~olić sobie na zrobienie czegoś** to take the liberty of doing sth; **za dużo sobie ~alać (w stosunku do kogoś)** to take liberties (with sb); **nie ~alaj sobie!** what a cheek!; **~alać sobie na niestosowne uwagi** to make improper remarks; **nigdy bym sobie na coś takiego nie ~olił!** I would have never done such a thing! 3 książk. (w zwrotach grzecznościowych) **~oliłem sobie otworzyć okno** I took the liberty of opening the window; **~olę sobie przeczytać ten fragment** let me read this fragment; **~alam** a. **~olę sobie przypomnieć, że...** let me remind you that...

pozycj|a f (Gpl ~i) 1 (położenie) position; **~a geopolityczna Polski** Poland's geopolitical position; **określić ~ę statku/samolotu** to locate a. pinpoint a ship/an aircraft; **patrzyć na coś z ~i klienta** to view sth from the client's position; **z ~i siły** from a position of strength 2 (postawa, ustawienie) position; **robić coś w ~i stojącej/siedzącej/klęczącej** to do sth in a standing/sitting/kneeling position; **przyjąć/zmienić ~ę** to assume/change position; **przyjąć ~ę obronną** to assume a defensive position; **nie da się długo wytrzymać w jednej ~i** you can't stay too long in one position; **ustawić przełącznik w ~i „włączone"/„wyłączone"** to set a switch in the 'on'/'off' position 3 (ranga) position; **~a zawodowa/międzynarodowa** a professional/international position; **mieć mocną ~ę w firmie/partii** to be in a strong position in a company/party; **utrzymywać ~ę monopolisty** to retain one's monopolist position; **osłabić/wzmocnić czyjąś ~ę** to weaken/strengthen sb's position 4 Sport (lokata) position; **zajmować pierwszą/drugą/ostatnią ~ę** to be in first/second/last place; **awansować o trzy ~e** to climb three positions a. places 5 Sport (miejsce na boisku) position; **grać na ~i bramkarza/obrońcy** to be a goalkeeper/defender; **na jakiej ~i grasz?** what position do you play?; **być na ~i spalonej** to be offside; **znalazł się w idealnej ~i strzeleckiej** he got into a perfect scoring position 6 (punkt w spisie) item, entry; **~a druga/dziewiąta** item two/nine; **spis liczy ponad tysiąc ~i** the list comprises more than a thousand items a. entries; **wykreślić ~ę z listy** to

P

remove an item a. entry from a list; **dodać ~ę do listy** to add an item a. entry to a list [7] (książka) title; (film, przedstawienie) production; **pojawia się coraz więcej ~i poradnikowych** there are more and more advice a. how-to pot. titles coming out; **ciekawe ~e filmowe/sceniczne** interesting film/theatre productions [8] Wojsk. position; **zająć ~ę** to get into position; **stać na straconej** a. **przegranej ~i** przen. to be in a hopeless situation; **bronić straconych ~i** przen. to defend a lost cause [9] (stanowisko, opinia) stance; **zajmować ~ę w sporze** to take a stance in a dispute; **nie wiedziałem, jaką zająć ~ę** I didn't know what stance a. line to take

pozycyjn|y adi. [1] Wojsk. [wojna, działania] positional [2] Sport [gra] positional; **atak ~y** positional play [3] Mat. [system] positional

pozysk|ać pf → **pozysk|iwać** impf vt [1] (zjednać sobie) to recruit [współpracowników, agentów]; to win [sb] over, to win over [zwolenników, sprzymierzeńców, czytelników]; **~ać kogoś dla sprawy** to win sb over to a cause; **~ać kogoś do pomocy/współpracy** to enlist sb's help/co-operation; **~ać opinię publiczną** to win over the public [2] (zdobyć) to win [sympatię]; **~ać czyjeś względy/poparcie** to win sb's favour/ support [3] (zgromadzić) to raise [fundusze]; to acquire [energię]

pozyskiwać impf → **pozyskać**

pozytyw m (G ~u) [1] zw. pl (dobra strona) the positive; **podkreślać ~y** to accentuate the positive; **to ma swoje ~y** it has its advantages [2] Fot. positive

pozytywi|sta m, **~stka** [1] Filoz. positivist [2] (w Polsce) positivist (supporter of the political and cultural movement emphasizing progress through hard work)

pozytywistyczn|y adi. [1] Filoz. [filozof, metodologia, idee] positivist [2] (w Polsce) **literatura ~a** late 19th century realist literature (emphasizing progress through hard work)

pozytywizm m sgt (G ~u) [1] Filoz. positivism [2] (w Polsce) positivism (political and cultural movement emphasizing progress through hard work)

pozytyw|ka f (zabawka) musical toy; (pudełeczko) musical box, music box; **zegar z ~ką** a musical clock

pozytywnie adv. [1] (dobrze) positively; **odnosić się do czegoś ~** to be positively disposed to a. towards sth; **wpływać na kogoś ~** to have a positive effect on sb [2] (z aprobatą, konstruktywnie) [odpowiedzieć, zareagować] positively; **myśleć ~** to think positively

pozytywn|y adi. [1] (dobry) [skojarzenie, cecha] positive; **bohater ~y** a positive hero; **~a strona czegoś** positive side of sth; **to ma też swoje ~e strony** it also has its positive sides; **mieć ~y wpływ na coś** to have a positive effect on sth; **spełniać ~ą funkcję** to play a positive role in sth [2] (aprobujący, konstruktywny) [odpowiedź, reakcja, recenzja] positive; **myślenie ~e** positive thinking; **~e bodźce** positive stimuli; **uzyskać ~y wynik na egzaminie** to pass an exam [3] Med. [wynik] positive; **badania dały wynik ~y** the tests were positive; **miał ~y wynik kontroli antydopingo-**

wej he was tested positive for drugs [4] pot. (będący nosicielem) [osoba] positive

pozytywow|y adi. Fot. [kopia, odbitka] positive

pozywać impf → **pozwać**

pożal|ić się pf v refl. to complain; **~ić się na kogoś/coś** to complain about sb/sth; **~ić się komuś** to complain to sb ■ **wyglądać, że ~ się Boże** książk. to look pitiful

pożał|ować pf [I] vt (okazać współczucie) to take pity on [II] vi [1] (poczuć żal) to regret vt; **~ować czegoś** to regret sth; **natychmiast ~ował swoich słów** he regretted his words the moment he had spoken; **~ujesz tego!** you'll regret this!; **wyjdź stąd, bo ~ujesz!** get out of here or you'll be sorry! [2] (poskąpić) **~ować komuś jedzenia/pieniędzy** to refuse sb food/money; **nie ~ować pieniędzy** to be generous with money; **nie ~ować wysiłków** a. **starań, żeby coś zrobić** to make every effort to do sth

pożałowani|e [I] sv → **pożałować** [II] n sgt regret(s); **godny ~a incydent** a regrettable incident; **mieć ~a godne skutki** to have lamentable results; **być w ~a godnym stanie** to be in a pitiful condition; **to był ~a godny widok** it was a woeful sight

poża|r m (G ~ru) fire, (wielki) blaze; **~r budynku/lasu** a house/forest fire; **~r uczuć** przen. the flames of love; **wybuchł ~r** a fire broke out; **spowodować ~r** to start a fire; **walczyć z ~rem** to fight a fire; **ugasić ~r** to put out a fire; **~r ogarnął/strawił cały budynek** fire spread through/ consumed the entire building

pożarow|y adi. [zagrożenie, bezpieczeństwo, alarm] fire attr.

pożart|ować pf vi to joke; **~ować (sobie) z kimś** to joke with sb; **~ować (sobie) z kogoś** to joke at sb; **~ować sobie nie można?** I was only joking!

pożąda|ć impf vt [1] (pragnąć) to crave (czegoś sth); **~ć władzy/bogactwa** to crave power/money; **spokojne życie to jedyne, czego ~ł** a quiet life was all he wished for; **bardzo ~na praca** a much-desired job [2] (odczuwać pociąg) to desire [kobiety, mężczyzn]

pożąda|nie [I] sv → **pożądać** [II] n [1] (pragnienie) desire; **~nie władzy/bogactwa** a desire for power/wealth; **przedmiot ~nia** an object of desire; **budzić czyjeś ~nie** to be an object of desire for sb [2] (pociąg seksualny) desire, (silne) lust; **gwałtowne/niepohamowane ~nie** a violent/unstoppable desire; **czuć do kogoś ~nie** to feel desire for sb

pożądan|y [I] pp → **pożądać** [II] adi. (odpowiedni) [cecha, zawód, wynik] desirable; (zamierzony) [skutek] desired; **dać ~e efekty** to have the desired effect; **~e jest, aby każdy pracownik umiał...** it is desirable that all employees be able to...

pożądl|ić pf vt [osy, komary, szerszenie] to sting; **~iły mnie pszczoły** I was stung by bees

pożądliwie adv. grad. **patrzyć na coś ~** to cast covetous eyes on sth; **patrzyć na kogoś ~** to look at sb lustfully

pożądliwoś|ć f sgt lust, covetousness; **~ć w czyimś wzroku** lust a. covetousness in sb's eyes; **patrzyć na coś z ~cią** to cast covetous eyes on sth; **patrzyć na kogoś z ~cią** to look at sb lustfully

pożądliw|y adi. [1] (zachłanny) covetous; **patrzeć na coś ~ym wzrokiem** to cast covetous eyes on sth [2] (pełen żądzy) lustful; **przyciągać czyjeś ~e spojrzenia** to draw lustful looks from sb

pożegl|ować pf vi [1] (popłynąć) [osoba, statek] to sail; **~owaliśmy na wschód** we sailed East [2] (spędzić czas na żeglowaniu) to sail; **~owaliśmy trochę tego lata** we did some sailing this summer

pożegna|ć pf [I] vt [1] (na odchodnym) to say goodbye to; **~ć kogoś na stacji/lotnisku** to see sb off at the station/airport; **~ć swój kraj** to see one's country for the last time ⇒ **żegnać** [2] książk., przen. (pochować) to pay a last tribute to ⇒ **żegnać** [II] **pożegnać się** [1] (powiedzieć do widzenia) to say goodbye; **~ć się z kimś** to say goodbye to sb; **~li się ze łzami w oczach** they said a tearful goodbye; **~j się z ciocią** say goodbye to your aunt ⇒ **żegnać się** [2] (rozstać się) to part; **~jmy się jak przyjaciele** let's part as friends; **~ć się ze światem** książk. to depart from this world; **~ć się z mistrzostwami/awansem** pot. to say a. kiss goodbye to the championships/promotion pot. ⇒ **żegnać się**

pożegnaln|y adi. [pocałunek, prezent] parting; [list] farewell attr.; **przyjęcie ~e** a leaving a. farewell party; **~y występ** the last appearance

pożegna|nie [I] sv → **pożegnać** [II] n [1] (pozdrowienie) goodbye, leave taking; **wyjechać bez ~nia** to leave without saying goodbye; **pocałować kogoś/pomachać komuś na ~nie** to kiss/wave sb goodbye; **uśmiechnąć się do kogoś na ~nie** to give sb a parting smile [2] (rozstanie) parting; **nadszedł czas ~nia** the time has come to part; **urządzić komuś ~nie** to throw a farewell party for sb [3] książk., przen. funeral; **~nie sławnego pisarza** the funeral of a famous writer

pożeracz [I] m pers. (Gpl ~y) pot. devourer; **~ książek** a devourer of books; **~ serc (niewieścich)** a lady killer [II] m inanim. (A ~a) pot. **~ benzyny** a petrol a. gas US guzzler pot.; **~ czasu** a time waster; **to straszny ~ prądu** it consumes a lot of energy

pożerać impf → **pożreć**

pożera|ć[2] impf [I] vt [1] pot. (pochłaniać) [pożar, ogień] to devour [budynek]; [samochód, silnik] to guzzle pot. [paliwo, benzynę]; [czynność] to waste [czas]; to consume [pieniądze]; **~ć książki** to devour books [2] [namiętność, ciekawość] to devour [osobę]; **~ła go zazdrość** he was devoured by jealousy; **~ła go duma** he was consumed by pride [3] (patrzyć pożądliwie) **~ć kogoś wzrokiem** to devour sb with one's eyes [II] **pożerać się** przen. **~li się wzrokiem** they devoured each other with their eyes

pożoga f książk. [1] (pożar) conflagration; **miasto zniszczone ~ogą** a town destroyed by a conflagration [2] przen. (klęska) **wojenna ~oga** the ravages of war; **kraj**

ogarnięty wojenną ~ogą a country engulfed in the horrors of war

pożółk|ły adi. [liść, papier] yellowed; **palce ~łe od nikotyny** nicotine-stained fingers

pożółk|nąć pf (**~ł** a. **~nął**) vi [papier, liść, farba] to yellow, to turn yellow

poż|reć pf — **poż|erać**[1] impf (**~arł, ~arli** — **~eram**) [I] vt [zwierzę] to devour [ofiarę]; **~erać obiad/hamburgera** pot. to devour one's dinner/a hamburger [II] **pożreć się** pot. to have a row pot. (**z kimś** with sb); **~reć się o coś** to have a row over sth

pożyci|e [I] sv → **pożyć** [II] n sgt [1] (wspólne życie) life together; **w czasie naszego ~a** during our life together; **być trudnym/łatwym w ~u** to be hard/easy to live with [2] (współżycie płciowe) sexual relations

pożycz|ać impf → **pożyczyć**[1]

pożycz|ka f [1] (pieniądze, czynność) loan; **~ka długoterminowa** a long-term loan; **zaciągnąć u kogoś ~kę** to borrow money from sb; **poprosić kogoś o niewielką ~kę** to ask sb for a small loan; **udzielić komuś ~ki** [osoba] to lend sb money; [bank] to grant sb a loan; **wziąć ~kę z banku** to take out a. raise a bank loan; **wziąć dziesięć tysięcy złotych ~ki** to take out a ten thousand zloty loan; **wziąć ~kę na zakup czegoś** to take out a loan to buy sth; **zwrócić ~kę** to repay a loan [2] (zapożyczenie) borrowing; Jęz. loan word; **~ki łacińskie/francuskie** Latin/French loan words

pożyczkobiorc|a m Fin. borrower

pożyczkodawc|a m Fin. lender

pożyczkow|y adi. Fin. [kapitał, portfel] loan attr.

pożycz|yć[1] pf — **pożycz|ać** impf [I] vt **~yć coś komuś** to lend sb sth a. sth to sb; **~yć coś od kogoś** to borrow sth from sb; **~yć mąki od sąsiada** to borrow some flour from a neighbour; **~yć dziesięć złotych na obiad** to borrow ten zlotys for lunch; **~ać pieniądze na procent** (dawać) to lend at interest; (brać) to borrow at interest; **~ony samochód/długopis** a borrowed car/pen a. biro; **~ mi parę złotych** (could you) lend me a couple of zlotys?; **czy mogę ~yć twój parasol?** can a. may I borrow your umbrella? [II] **pożyczyć sobie — pożyczać sobie** to borrow także iron.; **~yłem sobie twój rower** I borrowed your bike; **ktoś sobie ~ył mój długopis** somebody took my pen ■ **dobry zwyczaj, nie ~aj** neither a borrower nor a lender be

pożycz|yć[2] pf vi (złożyć życzenia) to wish; **chciałem mu ~yć szczęścia** I wanted to wish him luck

poży|ć pf (**~ję**) vi [1] (być żywym) to live; **on już długo nie ~je** he hasn't got long to live; **mam nadzieję, że jeszcze trochę ~ję** I hope to be around for a while yet przen.; **~jesz, to zrozumiesz** one day you'll understand; **~jemy, zobaczymy** pot. we'll see [2] (spędzić czas) to live; **~ł przez rok na wsi** he lived one year in the country; **~li ze sobą dwa lata** they lived together for two years

pożytecznie adv. grad. [spędzać czas] usefully

pożyteczność f sgt usefulness

pożyteczn|y adi. grad. [zajęcie, praca] useful; [gatunek, roślina, zwierzę] beneficial

pożyt|ek [I] m (G **~ku**) (korzyść) benefit; **przynosić komuś ~ek** to be of benefit to sb; **mieć ~ek z czegoś** to find sth useful; **~ki płynące ze stosowania czegoś** the benefits of using sth; **będzie z niego ~ek** he will be useful; **nie było z niego żadnego ~ku** he was of no use to anybody; **robić coś z ~kiem dla innych** to do sth for the benefit of others; **wykorzystywać fundusze z ~kiem dla firmy** to use funds to the benefit of the company [II] **pożytki** plt (w pszczelarstwie) nectar, pollen and honeydew

pożywiać się impf → **pożywić się**

pożyw|ić się pf — **pożyw|iać się** impf v refl. książk. to eat; **~ili się przed drogą** they ate something before they left; **kiedy ja będę dyrektorem, wy też się przy mnie ~icie** przen., pot. when I become the manager you'll have your piece of the pie too

pożywieni|e n sgt food; **stanowić podstawę ~a niedźwiedzi** to be the staple food of bears; **ich jedynym ~em był...** their only food was...

pożyw|ka f [1] Biol. (podłoże) medium; (pokarm) food [2] przen. **stanowić ~kę dla plotek/nienawiści** to provide fuel for rumours/hatred

pożywn|y adi. grad. [danie, posiłek, pokarm] nourishing, nutritious

pójdź|ka f Zool. little owl

p|ójść pf (**pójdę, pójdziesz, poszedł, poszła, poszli**) [I] vi [1] (skierować się) to go, to walk; **pójść do domu** to go home; **pójść na skróty** to take a short cut także przen.; **pójść na przełaj** to walk cross-country; **pójść szybkim/wolnym krokiem w kierunku czegoś** to walk fast/slowly towards sth [2] (wyjść) to go; **już (sobie) poszedł** he's already gone [3] (wybrać się) to go; **pójść do kogoś z wizytą** to visit sb; **pójść do kogoś na skargę** to go to complain to sb; **pójść do kogoś na radę** to go to sb for advice; **pójść do kina/teatru/kościoła** to go to the cinema/the theatre/church; **pójść do lekarza/dentysty** to go to the doctor's/the dentist's; **pójść na spacer/wycieczkę** to go for a walk/a trip; **pójść na zakupy** to go shopping; **pójść na koncert/wystawę** to go to a concert/an exhibition; **pójść na grzyby/ryby/polowanie** to go mushroom picking/fishing/hunting; **pójść spać** to go to bed; **pójść popływać** to go swimming; **pójść pograć w tenisa/spotkać się z kimś/zobaczyć coś** to go to play tennis/meet sb/see sth; **pójdę umyć ręce/się ubrać** I'll go and wash my hands/get dressed; **pójść po piwo/chleb** to go to get a. to go for some beer/bread; **pójść po krzesło/drabinę** to go to fetch a. to go and fetch a chair/ladder; **pójść z kimś do łóżka** to go to bed with sb [4] (rozpocząć nowy okres w życiu) to go; **pójść do szpitala/więzienia** to go to hospital/prison; **pójść na operację** to go for an operation; **pójść pod sąd** [przestępca] to be

brought to justice; [żołnierz] to be court-marshalled; **pójść na wojnę** to go to war; **pójść do wojska** (dobrowolnie) to join the army; (z poboru) to be called up (to the army); **pójść do klasztoru** to enter a monastery/a convent; **pójść na uniwersytet** a. **studia/do szkoły** to go to college/school; **pójść na prawo/medycynę** to go to study law/medicine; **pójść na księdza/inżyniera** to become a priest/engineer; **pójść w dyrektory/ministry** pot. to become a manager/minister; **pójść na emeryturę** to retire; **pójść na urlop/zwolnienie** to go on holiday/to take sick leave; **pójść do niewoli** to be taken prisoner; **pójść na wygnanie** to go into exile; **pójść za mąż** [kobieta] to get married; **pójść na bruk** (stracić mieszkanie) to be thrown out on the street; (stracić pracę) to be thrown out of work [5] (rozpocząć czynność) **pójść do ataku** to attack; **pójść w tany** to start dancing [6] (postąpić według wzoru) **pójść za czyimś przykładem/czyjąś radą** to follow sb's example/advice; **pójść w czyjeś ślady** to follow in sb's footsteps; **nie wiedzieli, w jakim kierunku mają pójść** they didn't know which way to go [7] (odbyć się) to go; **jak ci poszło?** how did it go?; **wszystko poszło dobrze/zgodnie z planem** everything went well/according to plan; **cała akcja poszła jak z płatka** a. **jak po maśle** the whole operation went like clockwork; **nie poszło jej na egzaminie** she didn't do too well in the exam; **łatwo się zrażał, jak coś mu nie poszło** he was easily put off; **jak tak dalej pójdzie...** the way things are going...; **jeżeli wszystko dobrze pójdzie...** if everything goes well...; **a jeżeli coś pójdzie nie tak?** what if something goes wrong? [8] (zostać wysłanym) to go; **paczka już poszła** the parcel has already been sent; **poszła depesza do Warszawy** a telegram was dispatched to Warsaw; **po okolicy poszła wiadomość, że...** the rumour spread locally that... [9] (przemieścić się) to go; **pójść na dno** [statek] to go down; **balon poszedł w górę** the balloon went up; **kula poszła bokiem** the bullet went wide; **śmiech poszedł po sali** a roar of laughter went round the hall [10] (pociec) [woda] to run; **krew mu poszła z nosa** blood ran from his nose [11] pot. (zostać sprzedanym) to go; **obraz poszedł za sto tysięcy** the painting went for a hundred thousand; **wszystkie egzemplarze już poszły** all copies have sold [12] (zostać zużytym, wykorzystanym) **wszystkie pieniądze poszły na...** all the money went on...; **poszły już wszystkie pieniądze** the money has all gone; **poszło na to strasznie dużo cukru** an awful lot of sugar was put into it [13] (zostać umieszczonym, poprowadzonym) **ulica pójdzie dołem/tunelem** the street will run underneath/in a tunnel; **kanapa poszła na górę/na strych** the sofa went upstairs/to the attic; (nastąpić) **po hymnie poszły przemówienia** pot. the anthem was followed by the speeches [14] (zmienić się) **pójść w górę/w dół** [cena, wartość] to go up/down; **pójść naprzód** [nauka, medycyna] to advance [15] (zostać opublikowanym) **pójść na antenie** [reklama, rozmowa] to be put on the air; **artykuł**

poszedł w całości the article was printed in full 16 (zgodzić się) to agree; **pójść na coś** to agree to sth; **pójść na kompromis w sprawie czegoś** to compromise on sth; **pójść na ustępstwa wobec kogoś** to make concessions to sb; **pójść na współpracę** to agree to cooperate 17 pot. (zepsuć się) [żarówka, pasek, bezpiecznik, dach] to go; **poszła nam opona** we got a flat tyre; **poszło jej oczko w pończochach** her stocking has laddered **II** v imp. (być powodem kłótni) **o co im poszło?** why did they fall out; **poszło im o jakiś drobiazg** they fell out over some trifle ■ **pójść na szubienicę** to go to the scaffold; **pójść na złom/na śmietnik** to be scrapped/thrown away; **pójść na bok** a. **w kąt** to be put aside; **pójść w drzazgi/strzępy** to be smashed into matchwood/ripped to shreds; **pójść z dymem** to go up in smoke; **wszystko poszło na jego konto** (zasługi) he took all the credit; (winy) he got all the blame; **pójść za głosem serca** to follow one's heart; **pójść za postępem** to keep up with progress

póki coni. (do czasu kiedy) as long as, while; **pracował, ~ mógł** he worked as long as he was able to; **korzystaj z życia, ~ jesteś młody** enjoy life a. make the most of life while you're young; **~ nie** (jak długo nie) until, till; **zaczekaj tu na mnie, ~ nie wrócę** wait here for me until I return a. get back; **(do)póty** a. **dotąd (...), ~...** (for) as long as; **~ padał deszcz, póty siedzieli w domu** as long as it was raining they stayed at home; **(do)póty** a. **dotąd (...), ~...** until; **pies póty szczekał, ~ go nie wpuścili do domu** the dog kept barking until they let him/her in

pólko → **poletko**

pół II num. half; **~ jabłka** half an apple; **~ litra/metra** half a litre/metre; **~ godziny** half an hour; **wrócę za ~ godziny** I'll be back in half an hour; **~ tuzina** half a dozen, a half dozen; **osiem i ~** eight and a half; **dwa i ~ tysiąca** two and a half thousand; **trzy i ~ kilograma/mili** three and a half kilogram(me)s/miles; **pracować na ~ etatu** to work half normal hours, to work part time; **weź ~ szklanki mąki** take half a cup of flour; **sprzedał mi to za ~ ceny** he let me have it at half price; **~ czarnej** pot. a small (cup of) black coffee **II** pron. half (**czegoś** of sth); **~ miasta** half (of) the town; **zmarnował ~ życia** he wasted half of his life; **~ dnia biegała po mieście** she spent half a day running around town; **~ do drugiej/trzeciej** half past one/two; **spotkajmy się o ~ do ósmej** let's meet at half past seven; **woda sięgała mu do ~ łydki** the water came halfway up his legs; **miał marynarkę sięgającą do ~ uda** his jacket reached halfway down his thighs; **przerwać w ~ zdania** a. **słowa** to stop in mid-sentence; **przerwać komuś w ~ zdania** a. **słowa** to cut sb off a. interrupt sb in mid-sentence **III** part. half; **jest ~ Polakiem, ~ Niemcem** he's half Polish and half German; **~ kobieta, ~ ryba** half woman, half fish; **~ czytał, ~ drzemał** he was half reading, half dozing

IV **na pół** 1 [podzielić, przeciąć] in half; [złożyć] in half, double 2 (nie całkiem) half-, semi-; **na ~ ugotowany/wykończony** half-cooked/half-finished; **na ~ przytomny** half-conscious, semi-conscious; **na ~ poważna uwaga** a half-serious comment a. remark; **była na ~ rozebrana** she was half-undressed

V **pół na pół** [dzielić się, zmieszać] half-and-half; **głosy rozłożyły się ~ na ~** the votes were split half-and-half; **podzielmy się ~ na ~** let's go fifty-fifty pot.

VI **pół-** w wyrazach złożonych half-, semi- ■ **w ~ drogi** [zatrzymać się, zawrócić] halfway, midway; **mieszka w ~ drogi między apteką a kinem** he lives halfway between the chemist's and the cinema

półanalfabe|ta m, **~tka** f 1 (niepiśmienny) semi-literate; **był ~tą i listy pisała za niego siostra** he was semi-literate and his sister wrote letters for him 2 (osoba o małej wiedzy) pot., obraźl. illiterate

półanalfabetyzm m sgt semi-literacy

półautoma|t m (G ~tu) Techn. semi-automaton

półautomatyczn|y adi. [obrabiarka, pralka] semi-automatic

półbu|t m (~cik dem.) shoe, brogue; **para skórzanych ~tów** a pair of leather brogues

półcie|ń II m 1 (półmrok) partial shade, half-light 2 Fot., Szt. penumbra, half-light; **malarz doskonale operował ~niami** the artist was a master in painting half-light **II** **półcienie** plt (stany pośrednie) książk. penumbras; **nie ma w tym filmie miejsca na ~nie i refleksje** there is no room in this film for the penumbras a. penumbrae and reflections

półciężarów|ka f pickup (truck)

półdniow|y adi. [wędrówka, trening, dyżur] half-day attr.

półdup|ek m pot. cheek pot. GB, buns pl US pot.; **przysiadł ~kiem na krześle** he perched with one cheek of his behind on the chair

półdystans m (G ~u) Sport half distance

półdzi|ki adi. 1 (o człowieku) [plemię] half-civilized, half-wild 2 (o zwierzęciu) [koń] half-tamed; [pies, kot] stray, feral; [bydło] half-wild 3 (o roślinie) half-wild; **~kie drzewa już nie owocowały** half-wild apple trees bore no fruit any more 4 (o terenie) half-wild; **~ki, zaniedbany ogród** a half-wild derelict garden

półecz|ka f dem. shelf

półeta|t m (G ~tu) part-time job; **zatrudnić kogoś na ~t** to employ sb part-time a. on a part-time basis; **mamy wolne dwa ~ty** we have two vacant part-time positions

półetatow|iec m pot. part-time employee; part-timer pot.

półetatow|y adi. [pracownik, posada, zatrudnienie] part-time attr.

półfabryka|t m (G ~tu) semi-finished product

półfinali|sta m, **~stka** f semi-finalist; **~sta tenisowego turnieju olimpijskiego** a semi-finalist in the Olympic tennis tournament

półfinał m (G ~łu) semi-final; **dotrzeć do ~łu** to reach the semi-final

półfinałow|y adi. [spotkanie, zawody] semi-final attr.; **czterech sprinterów nie ukończyło biegu ~ego** four sprinters did not finish the semi-final heat

półgębkiem adv. [mówić, odpowiadać] in monosyllables; **odzywał się ~** he (only) spoke in monosyllables; **śmiać się ~** to chuckle, to titter; **zaśmiał się ~** he gave a half-suppressed laugh

półgłosem adv. [odezwać się, nucić] in hushed tones, sotto voce; **lekarz rozmawiał ~ z rodziną chorego** the doctor talked with the patient's family in hushed tones; **mruczał do siebie ~** he murmured to himself sotto voce; **modliła się ~** she prayed a. was praying in a hushed voice; **zaklął ~** he swore under his breath

półgłów|ek m (Npl ~ki) pot., obraźl. halfwit pot., dimwit pot., nitwit GB pot.

półgodzin|a f sgt half-hour, half an hour; **po ~ie** half an hour later; **przed ~ą** half an hour ago

półgodzinn|y adi. [spacer, dyżur, zebranie] half an hour attr., half-hour; **~a przerwa w dostawie prądu** a half-hour power blackout

półgolf m (~ik dem.) (G ~u a. ~a, ~iku a. ~ika) 1 (wykończenie) turtleneck, mock turtleneck US; **miała na sobie sweter z ~em** she wore a turtleneck 2 (sweter) round-neck(ed) sweater

półinteligenc|ki adi. pot., obraźl. [środowisko, rodzina] half-educated

półinteligen|t m, **~tka** f obraźl. half-educated; **ubliżał nam od ~tów** he called us half-educated

półjaw|a f sgt książk. half-dream; **trwał przez chwilę w ~ie** for a moment he hung between sleeping and waking

półjawny adi. [działania, sprzymierzeniec] half-secret; [metody] semi-legal

pół|ka f 1 (mebel) shelf; **~ka z drewna/metalu** a wooden/metal shelf; **~ka na książki** a bookshelf; **pojawić się/ukazać się na ~kach księgarskich** to appear in bookshops 2 Geol. ledge; **jakiś ptak przysiadł na skalnej ~ce** a bird perched on a rocky ledge

półkilogramow|y adi. [paczka, ciężar, pojemnik] half a kilogram(me) attr., half-kilogram(me) attr.; **~y odważnik** a half a kilogram(me) weight; **wysłał ~ą paczkę** he posted a parcel weighing half a kilo

półkilometrow|y adi. 1 (o długości pół kilometra) [plaża, aleja] half a kilometre long, a half-kilometre long 2 (oznaczający odległość) [bieg, marsz, spacer] half-kilometre attr., half a kilometre attr.

półkol|e n semicircle; **~em** in a semicircle; **stać ~em** to stand in (a) semicircle; **otaczać kogoś/coś ~em** to surround sb/sth in a semicircle; **goście ustawili ~em** a. **w ~e** the guests grouped themselves into a semicircle

półkolisto → **półkoliście**

półkoli|sty adi. [sklepienie, okno, wnęka] semicircular; **budynek o ~stej fasadzie** a bow-fronted house

półkoliście adv. [ustawić się, zbudować] in a semicircle; **ustawili się ~** they formed a semicircle, they grouped themselves in a

P

semicircle; **ulica biegła ~** the street formed a crescent

półkoloni|a /ˌpuwkoˈlɔnja/ f (GDGpl ~i) [1] (forma wypoczynku) summer play centre; **wysłać dzieci na ~e** to send the children to (a) summer play centre [2] Polit. semicolony; **przekształcić ~ę w państwo o rozwiniętym przemyśle** to transform a semi-colony into an advanced industrial nation

półkolonialn|y adi. Polit. semicolonial

półkownik m pot. film not released for political reasons

półkożusz|ek m dem. (bez rękawów) sheepskin jerkin; (z rękawami) sheepskin jacket

półkr|ew f sgt [1] (o ludziach) **był ~wi Francuzem** he was half-French [2] (o koniach) half-breed; **klacz ~wi** a half-breed mare; **klacz ~wi arabskiej** a half-Arab mare

półksiężyc m sgt [1] (sierp księżyca) crescent, half-moon [2] (przedmiot w kształcie sierpa) crescent; **piernikowe, lukrowane ~e** iced gingerbread crescents; **w uszach nosiła złote ~e** she wore a. was wearing gold half-moon earrings [3] sgt (symbol islamu) the crescent, the Crescent

❏ **Czerwony Półksiężyc** (the) Red Crescent

półksiężycow|y adi. [kolczyki, oczy] crescent-shaped

półkul|a f [1] (połowa bryły) half-globe; **~a czaszy spadochronu** a parachute dome [2] Geol., Geog. hemisphere; **~a wschodnia/ zachodnia/północna/południowa** the eastern/western/northern/southern hemisphere [3] Anat. (cerebral) hemisphere; **lewa/prawa ~a** the left/right hemisphere

półkuli|sty adi. [sklepienie, kopuła] hemispherical, hemisphere-shaped, dome-shaped

półlegalnie adv. in a semi-legal way, on the fringes of legality; **większość tych domów zbudowano ~** most of these houses were built without planning permission; **pracować ~** to work-semilegally; **prowadzić ~ działalność polityczną** to conduct semi-legal political activities; **załatwił sprawę ~** he settled the matter in a semilegal-way

półlegalnoś|ć f sgt książk. **działają w warunkach ~ci** they operate a. act on the fringes of legality

półlegaln|y adi. [organizacja, działalność, wiec, zebranie] semi-legal; **~a działalność firm** companies operating on the fringes of legality

półleżąc|y [] pa → półleżeć

[] adi. [pozycja] semi-recumbent, half-lying a. reclining; **czytać książkę w pozycji ~ej** to read in a half-lying position

półleż|eć impf (~ysz, ~ał, ~eli) vi to recline; **rozmawiała z nim, ~ąc na kanapie** she reclined on a sofa while she talked to him

półlitrow|y adi. [butelka, garnek, termos] half a litre attr.

półlitrów|ka f pot. a half-litre bottle (of vodka); **wypili we trzech ~kę** the three of them drank the half-litre bottle of vodka

półmet|ek m [1] (połowa) pot. halfway point, halfway mark; **żniwa są już na ~ku** the harvest reached its halfway point [2] Sport

halfway point; **zawodnicy zbliżali się do ~ka** competitors were approaching the halfway point

półmetrow|y adi. [1] (wynoszący pół metra) half-metre attr., half a metre attr.; [odległość, sznurek] half-metre long; [dół, otwór] half-metre deep; **~y kawałek materiału** a half-metre piece of fabric; **kawałek materiału ~ej szerokości/długości** a piece of fabric half a metre wide/long [2] pot. (o wadze, zawartości) **~y worek ziemniaków** a 50 kg sack of potatoes

półmis|ek m (naczynie) platter, serving plate a. dish; **zjeść cały ~ek naleśników** to eat the whole platter of pancakes

❏ **szwedzki ~ek** smorgasbord

półmrok m sgt (G ~u) semi-darkness, twilight; **pokój tonął w ~u** the room was in semi-darkness

półna|gi adi. [osoba] half-naked

półnago adv. [chodzić, opalać się] half-naked adi.

północ f sgt [1] (godzina) midnight; **o ~y** at midnight; **zegar wybił ~** the clock struck midnight [2] (kierunek) north; **na ~ od Warszawy** to the north of Warsaw [3] (część kraju, regionu, kontynentu) North; **mieszkał na ~y kraju** he lived in the North (of the country) [4] **Północ** (kraje północne) the North; **przepaść gospodarcza między Północą i Południem** the economic gap between the North and the South

północno- w wyrazach złożonych **pakt północnoatlantycki** the North Atlantic Treaty Organization; **północnobałtyckie wybrzeże** the North Baltic sea coast

północno-wschodni adi. [strona, ściana] north-east; [region, granica, wybrzeże] north-eastern; [wiatr] north-east, north-easterly

północno-zachodni adi. [strona, ściana] [region, granica, wybrzeże] north-western; [wiatr] north-west, north-westerly; **północno-zachodni wiatr** a northwester

północn|y adi. [ściana, granica, wybrzeże] north, northern; [wiatr, zbocze, rejon] north, northerly; **półkula ~a** the northern hemisphere; **biegun ~y** the North Pole; **~y wschód/zachód** north-east/north-west; **w kierunku ~ym** in a northerly direction; **ruch samochodowy w kierunku ~ym** northbound traffic

półnu|ta f Muz. minim GB, half note US

półnutow|y adi. Muz. minim attr.; **pauza ~a** a minim rest GB; a half rest US

półobr|ót m (G ~otu) half turn; **wykonać ~ót** to make a half turn

półoficjalnie adv. [rozmawiać] in a semi-official way, semi-officially

półoficjaln|y adi. [wizyta, wypowiedź, goście] semi-official

półokr|ąg m (G ~ęgu) semicircle; **krzesła ustawiono w ~ąg** chairs were arranged in a semicircle

półokrągło adv. [zwieńczyć, zakończyć] semicircularly; **zakończone ~ noski pantofli** shoes with rounded toes

półokrąg|ły adi. semicircular; **~ły dach meczetu** a domed roof of a mosque; **~ły taras** a semicircular terrace; **~ły kołnierzyk** a rounded collar

półotwar|ty adi. [drzwi, okno, usta] half open, partly open

półpa|siec m sgt Med. shingles pl (+ v sg)

półpięter|ko n dem. mezzanine

półpięt|ro n [1] (podest) landing [2] (piętro) mezzanine

półpraw|da f pejor. half-truth; **w przedstawionych faktach jest wiele ~d** the facts presented are littered with half-truths

półproduk|t m (G ~tu) half-finished product

półprofil m (G ~u) three-quarter profile; **ustawić się do fotografii ~em** to pose in half-profile a. three-quarter profile for the photographer

półprost|a f Mat. ray

półprzewodnik m zw. pl Fiz. semiconductor

półprzewodnikow|y adi. [materiały, przemysł] semiconductor attr.; [elementy, detektory] semiconducting; **materiały ~e** semiconductor a. semiconducting materials

półprzymknię|ty adi. [drzwi, okno] half-closed; **patrzył na nią spod ~tych powiek** he looked at her with half-closed eyes a. with his eyes half-shut

półprzytomnie adv. [wyglądać] dazed adi.; [słuchać, pytać] dazedly; **spojrzała na zegar ~** she looked dazedly at the clock; **~ rozglądała się za krzesłem** she was looking a. looked dazedly around for a chair

półprzytomn|y adi. [wzrok, oczy] befuddled, dazed; [głos] drowsy, somnolent; **był ~y ze zmęczenia** he was dazed with exhaustion; **~y ze snu** befuddled a. sluggish with sleep; **spojrzał ~ym wzrokiem na zegarek** he looked dazedly at his watch

półpusty|nia f semidesert

półrocz|e n [1] (okres) half year; **w pierwszym ~u produkcja spadła** in the first half year production fell [2] Szkol. semester; **pierwsze/drugie ~e** the winter/summer semester a. term; **zbliża się pierwsze ~e** the winter term a. the first semester is coming to an end

półroczn|y adi. [1] (trwający pół roku) [praca, trening, pobyt] six-month attr.; [prenumerata, gwarancja] half-yearly [2] (liczący pół roku) [dziecko, zwierzę, roślina] six-month-old attr. [3] (powtarzający się co pół roku) [zebranie, sprawozdanie] half-yearly, semi-annual

pół|sen m sgt (G ~snu) half-sleep; **zapaść w ~sen** to drift into a half-sleep; **w ~śnie słyszał jakieś głosy** in his half-sleep he heard some voices

półsenn|y adi. książk. half asleep; **~e majaczenia** semi-conscious ravings; **~y mamrotał jeszcze, ale szybko zasnął** he mumbled drowsily for a while, but quickly fell asleep

półserio [] adi. inv. half-serious; **to była rozmowa ~** it was a half-serious conversation

[] adv. [traktować, rozmawiać] half seriously; **miał wyraz twarzy ~** he had a half-serious expression on his face

półsiero|ta m, f (Npl m, f ~ty; Gpl m, f ~t) half-orphan

półsłod|ki adi. [wino, szampan] semi-sweet

półsłów|ka plt (G ~ek) monosyllables; **na moje pytania odpowiadał ~kami** he answered my questions in monosyllables; **porozumiewali się ~kami** they talked to each other/one another in monosyllables

P

półszlachetn|y *adi. [kamień, metal]* semi-precious

półśrod|ek *m* half measure; **rozwiązać problem za pomocą ~ków** to solve the problem with half measures; **~ki nas nie zadowolą** we won't be contented with half measures

półświat|ek *m sgt pot., pejor.* demi-monde, underworld; **~ek warszawski** Warsaw's criminal underworld; **kobieta z ~ka** a demi-mondaine

półtłu|sty *adi. [mleko, ser, śmietana]* semi-skimmed GB

półton *m zw. pl (G ~u)* [1] *(odmiana koloru)* książk. halftone; **rozproszone oświetlenie pozwoliło malarzowi wyzyskać całą skalę ~ów** diffused light enabled the painter to use the whole gamut of halftones [2] *przen.* undertone; **w jego głosie brzmiały ~y żalu** you could hear bitter undertones in his voice [3] *Muz.* semitone, half-tone US

półtor|a [I] *num.* one and a half; **~ej godziny** an hour and a half a. one and (a) half hours; **~a kilometra na godzinę** one and a half kilometres an hour; **~a roku** one and a half years, a year and a half; **wypili ~ej butelki wina** they drank one and a half bottles of wine

[II] **półtora-** *w wyrazach złożonych* one-and-a-half; **półtoralitrowa butelka wody mineralnej** a one-and-a-half-litre bottle of mineral water

■ **wyglądać jak ~a nieszczęścia** pot. to look pathetic, to look piteous

półtoragodzinn|y *adi. [film, zebranie, spacer]* an hour and a half long; **~e przedstawienie** a performance lasting an hour and a half

półtorametrow|y *adi. [kij, sznur, odległość]* one and a half metres long; *[słup, drzewo]* one and a half metres high; *[dół, wąwóz]* one and a half metres deep; **~a resztka materiału** a piece of fabric one and a half metres long

półtoraroczn|y *adi.* [1] *(trwający półtora roku)* [praca, pobyt]* a year and a half a. eighteen months (long) [2] *(istniejący półtora roku) [dziecko, zwierzę, drzewo]* eighteen months old, one and a half years old

półtramp|ek *m zw. pl ≈* canvas sports shoe *zw. pl*

półtusz|a *f* side; **~a wołowa/wieprzowa** a side of beef/pork

półuchem *adv.* **słuchać ~** to half listen; **słuchał ~, co mówił do niego ojciec** he half listened to what his father was saying to him

półuśmiech *m (G ~u)* half smile; **powiedzieć coś z ~em** to say sth with a half smile

półwiecz|e *n sgt książk.* half century, half a century, fifty years; **przyszłe/kolejne/ostatnie ~e** the next/following/last half century; **wczoraj obchodzili ~e zespołu** yesterday the band celebrated its half century

półwiek *m (G ~u)* half century a. half a century; **przed ~iem wiele państw było koloniami** fifty years ago many countries were colonies

półwiekow|y *adi.* książk. *[tradycja, zacofanie]* half a century long

półwys|ep *m (G ~pu)* peninsula; **Półwysep Iberyjski** the Iberian Peninsula

półwyż|szy *adi. [szkolnictwo, wykształcenie]* post-secondary

półzwro|t *m (G ~tu)* half-turn

półżartem *adv. [powiedzieć, napisać]* half jokingly

półżartobliwie *adv. [mówić, pisać]* half jokingly; *[traktować]* half seriously

półżartobliw|y *adi. [rozmowa, uwaga, tekst]* half-joking, half-serious; **~y charakter jego wypowiedzi** the half-joking manner of his statement

półżyw|y *adi.* half dead; **~y z zimna/głodu/przerażenia** half dead with cold/hunger/fear; **pasażerowie wyszli z katastrofy ~i** the passengers emerged half dead a. more dead than alive

póty *coni.* → **dopóty**

późnawo *adv.* pot. latish, rather late; **jest już ~** it's rather late

późnaw|y *adi.* pot. latish, rather late; **wrócił z pracy o ~ej porze** he came back from work rather late

późni|ć się *impf v refl. [zegar]* to be late; **mój zegarek ~ się o pięć minut** my watch is five minutes slow

późn|o [I] *adv. grad. [obudzić się, wracać, kłaść się]* late; **jest już ~o, chodźmy spać** it's late, let's go to bed; **„jest już północ" – „aż tak ~o?"** 'it's midnight' – '(is it) as late as that?'; **pośpiesz się, robi się ~o** hurry up, it's getting late; **jest ~iej niż sądziłem** it's later than I thought; **~o po południu/wieczorem** late in the afternoon/in the evening; **do domu wrócił ~o w nocy** he came home late at night; **~o chodził spać/wstawał** he kept late hours/was a late riser; **lubiła ~o wstawać** she liked sleeping in a. getting up late; **obudził się ~iej niż zwykle** he woke up later than usual; **~o jadłem śniadanie** I had a late breakfast; **~o się ożenił** he married late (in life); **ona wychodzi do pracy najpóźniej ze wszystkich** she's the last to leave for work; **Wielkanoc wypada w tym roku ~o** Easter is late this year; **spektakl zaczyna się ~o** the show doesn't start till late; **zebranie zaczęło się ~iej niż planowano** the meeting began later than planned; **za** a. **zbyt ~o** too late; **teraz za ~o na żale** it's too late to be sorry; **przybył na miejsce o pięć minut za ~o** he arrived five minutes too late; **trochę za ~o, żeby zmieniać zdanie** it's a bit late in the day a. in the game US to change your/my mind; **jeszcze nie jest za ~o, żeby z nią porozmawiać** it isn't too late to talk to her

[II] **później** *adv. comp.* later (on), afterwards GB, afterward US, then; **dwa lata/trzy tygodnie ~iej** two years/three weeks later; **tydzień/rok ~iej** the following week/year, a week/a year later; **~iej tego samego dnia** later that day; **najpierw lekcje, ~iej zabawa** first your homework, and then you can play; **powiem ci ~iej** I'll tell you later a. afterwards; **~iej tego żałowałem** I regretted it later a. afterwards; **wrócę nie ~iej niż o 6 wieczorem/we wtorek** I'll be back not a. no later than (at) 6 p.m./on Tuesday; **odłożyć coś na ~iej** (pracę,

zadanie) to put off sth a. put sth off until a. till later; **odłożył lekcje na ~iej** he put off doing his homework; **nie odkładaj tego na ~iej** don't put it off until later; **zostawię sobie to ciastko na ~iej** I'll leave this cake for later

[III] **najpóźniej** *part. [wyjechać, oddać]* at the latest; **wrócę w czwartek, najpóźniej w piątek** I'll be back on Thursday, Friday at the latest; **najpóźniej do dziesiątego** by the tenth at the (very) latest; **jak najpóźniej** as late as possible

[IV] **do późna** *adv.* till late; **pracować do ~a/do ~a w nocy** to work late/late into the night

[V] **późno-** *w wyrazach złożonych* late-; **kościół późnogotycki/późnoromański** a late-Gothic/-Romanesque church; **późnowiosenne przymrozki** late spring frosts; **długie późnozimowe wieczory** long nights in late winter

■ **prędzej** a. **wcześniej czy ~iej** sooner or later; **kto ~o przychodzi, (ten) sam sobie szkodzi** przysł. ≈ latecomers lose out, first come, first served; **lepiej ~o niż wcale** a. **nigdy** przysł. better late than never przysł.; **na naukę nigdy nie jest za ~o** przysł. it's never too late to learn przysł.

późn|y [I] *adi. grad.* [1] *(końcowy) [godzina, popołudnie, wieczór, noc, stadium]* late; **już ~a godzina, kładź się spać** it's late, go to bed; **pracował do ~ej nocy** he worked late into the night; **wrócił do domu ~ym wieczorem** he came home late at night; **wysłuchał ~ych wiadomości w telewizji** he listened to the late-night news on TV; **~y gotyk/renesans** the late Gothic/Renaissance; **pałac z okresu ~ego baroku** a late-Baroque palace; **tworzył w okresie ~ego renesansu** he was working in the late-Renaissance period; **~e lata 20. (XX wieku)** the late (19)20s a. (nineteen) twenties; **~a starość** advanced years a. a ripe old age; **dożył w zdrowiu ~ej starości** a. **~ego wieku** he was healthy to a ripe old age; **ożenił się w ~ym wieku** a. **w ~ych latach** he got married late in life; **w ~iejszym wieku** a. **życiu** late in life; **w ~iejszych latach** in later years; **ten obraz pochodzi z nieco ~iejszego okresu** this picture dates from a slightly later period; **w ~iejszym terminie** at a later date; **~ą wiosną/jesienią** late in spring/autumn [2] *(nowszy)* late-; **~e utwory geologiczne** late geological formations

[II] *adi.* [1] *(dojrzewające późno) [jarzyny, owoce, kwiaty, zboża]* late; **~a odmiana jabłek** a late variety of apples [2] *(spóźniony) [kolacja, gość]* late; *[decyzja]* belated; **~e macierzyństwo** late motherhood a. maternity

[III] **późniejszy** *adi. comp.* [1] *(kolejny) [utwór, korespondencja]* later; subsequent książk.; **~iejsze uzupełnienia i poprawki** later additions and amendments [2] *(przyszły)* later; **młoda aktorka, ~iejsza gwiazda filmowa** a young actress who was later to become a film star; **dyrektor banku, ~iejszy minister finansów** a bank manager, later Minister of Finance; **w Madrycie poznał swoją ~iejszą żonę** in Madrid he met his future wife a. his wife to be

ppłk (= podpułkownik) Wojsk. Lt Col

ppor. (= podporucznik) Wojsk. (w armii) 2nd Lt; (w lotnictwie) 2nd Lt GB, PO US; (w marynarce) Acting Sub-Lt GB

pra- *w wyrazach złożonych* [1] (pierwotny) pre-, ancient; **pradzieje** prehistory, ancient history; **prakolebka** the cradle przen.; **prastary** ancient [2] (w nazwach pokrewieństwa) great-; **praojcowie** for(e)bears, forefathers; **prawnukowie** great-grandchildren; **prapradziadek** great great-grandfather [3] (pierwszy) **prapremiera** first performance, premiere; **prawykonanie** first performance

prabab|cia *f dem. (Gpl ~ci a. ~ć)* great-grandmother

prabab|ka *f* książk. great-grandmother

prac|a [] *f* [1] *sgt* (działalność) work; (fizyczna) labour; **mieć dużo ~y** to have a lot of work (to do); **jest jeszcze dużo ~y** there's still a lot of work to be done; **zabrać się** a. **wziąć się do ~y** to set to a. get down to a. go to work; **przykładać się do ~y** to apply oneself to one's work; **przerwać ~ę** (zastrajkować) to come out a. go (out) on strike; **włożyć w coś wiele ~y** to put a lot of work into sth; **dojść do majątku (własną) ~ą** to get wealthy through one's own efforts; **wszystko osiągnął ciężką ~ą** he owes everything to his own hard work; **cała jego ~a poszła na marne** all his work came to naught a. went down the drain pot.; **(jego) ~a nad filmem/nową rolą** (his) work on a film/a new role; **~a przy** a. **na komputerze/taśmie** work on the computer/the production line; **~a z dziećmi upośledzonymi umysłowo** work with mentally handicapped children; **~a z młodzieżą** youth work; **~a fizyczna** physical work, manual labour; **~a umysłowa** (urzędnicza) white-collar work; (intelektualna) intellectual work; **~a zarobkowa** paid work, gainful employment; **~a badawcza** research work; **~a społeczna** voluntary a. community work; **~a polityczna** political activity; **~a charytatywna** charity work; **~a papierkowa** paperwork; **~a niewolnicza** slave labour; **~a ponad siły** superhuman work; **~a zespołowa** team work; **~a w grupach** group work; **~a wykonywana z zamiłowaniem** a labour of love; **człowiek ~y** a working man; **świat ~y** the working classes, the world of work; **narzędzia ~y** tools; przen. the tools of the trade; **nawał** a. **ogrom ~y** pressure of work; **podział ~y** Ekon. the division of labour; **tempo ~y** the pace of work; **wypadek przy ~y** an accident at work; an industrial accident; przen. a mishap; a slip-up pot. [2] *zw. sg* (zarobkowanie) work *U*, job; **mieć ~ę** to be in work, to have a job; **nie mieć ~y** to be out of work, out of a job; **szukać ~y** to look a. to be looking for work a. a job, to job-hunt; **iść do ~y** (zacząć zarabiać) to begin a. start work; **rozpoczynać/kończyć ~ę** to begin a. start/finish work; **dostać/stracić ~ę** to get/lose a job; **zmienić ~ę** to change jobs; **żyć z ~y własnych rąk** to earn one's living by honest work; **dać komuś ~ę** to give sb work a. a job; **zwolnić kogoś z ~y** to give sb (their) notice, to dismiss sb; **podziękować komuś za ~ę** to let sb go euf.; **~a w**

pełnym/niepełnym wymiarze godzin a full-time/a part-time job; **~a w systemie zmianowym** shift work; **~a etatowa/stała** a permanent/a steady job; **~a dorywcza** (fizyczna) an odd job, casual work; (biurowa) a temping job; **~a sezonowa** seasonal work; **~a sezonowa przy zbiorze truskawek** seasonal work as a strawberry picker; **~a wakacyjna** a holiday job; **~a dodatkowa** an extra job; **~a na akord** piecework; **~a zlecona** a. **na zlecenie** contract work; **dorabiał do pensji ~ami zleconymi** he supplemented his income with contract work; **~a na własny rachunek** self-employment; **~a zawodowa** career; **~a zawodowa przy domowym terminalu** telecommuting; **~a z utrzymaniem** a live-in job, work with bed and board; **dobrze płatna ~a** a well-paid job; **ciągłość ~y** continuity of employment; **staż ~y** seniority, length of service; **długi/krótki staż ~y** long/short service; **czas ~y** working time a. hours; **ruchomy czas ~y** flexitime; **skrócony czas ~y** short time; **dzień ~y** a working day; **dzień wolny od ~y** a holiday; **godziny ~y** (pracownika) working hours; (biura, sklepu) business hours; **miejsce ~y** work(place); **tworzenie nowych miejsc ~y** job creation; **rynek ~y** the labour market; **zakład ~y** workplace; **umowa o ~ę** contract of employment, employment contract; **nagroda za 10 lat ~y** a bonus for 10 years of service [3] (miejsce zatrudnienia) work; **być w ~y** to be at work; **pójść/przyjść do ~y** to go/come to work; **jeszcze nie wrócił (do domu) z ~y** he's not home from work yet; **ona zawsze spóźnia się do ~y** she's always late for work; **nie dzwoń do mnie do ~y** don't phone me at work; **koledzy/koleżanki z ~y** colleagues from work, fellow workers, workmates; **nieobecność w ~y** absence from work [4] (utwór, książka, obraz) work; **~a monograficzna** a monograph; **~a źródłowa** a study based on sources a. on source materials; **~a o muzyce/sztuce** a. **na temat muzyki/sztuki** a work on a. about music/art; **~a z (zakresu a. dziedziny) genetyki** a work on genetics; **napisać/ogłosić ~ę z zakresu fizyki** to write/publish a paper on physics; **wystawa ~ młodych artystów** an exhibition of work(s) by young artists; **na konkurs zgłoszono 20 ~** there were 20 entries for the competition [5] Szkol., Uniw. paper, project; **~a domowa** homework; **odrabiać ~ę domową** to do homework; **zadać uczniom ~ę domową** to give pupils homework a. an assignment US; **~a klasowa** a class test; **~a semestralna** a term a. an end-of-term paper; **~a egzaminacyjna** an examination paper a. script; **~a dyplomowa/magisterska** a Bachelor's dissertation/a Master's dissertation a. master's thesis; **~a doktorska/habilitacyjna** a doctoral/a postdoctoral dissertation; **~a pisemna z języka polskiego** a Polish essay; **poprawiać ~e studentów** to mark students' work [6] *sgt* (funkcjonowanie) workings *pl*, functioning, operation; **~a serca** the action of the heart; **zatrzymanie ~y serca** cardiac arrest; **~a mięśni** the work of the

muscles; **~a nerek** the functioning of the kidneys; **~a nóg** Sport footwork; **~a umysłu ludzkiego** the workings of the human mind; **~a maszyny/silnika** the work a. operation of a machine/an engine; **~a bez zakłóceń** smooth running; **tryb ~y** (urządzenia) a mode [7] Komput. job; **sterowanie ~ami** job control; **język sterowania ~ami** job control language; **kolejka ~** a job queue [8] *sgt* Fiz. work; **jednostka ~y** unit of work

[] **prace** *plt* work *U*; **~e badawcze/badawczo-rozwojowe** research/research and development work; **~e przygotowawcze/wykończeniowe** preparatory/completion work; **~e murarskie/transportowe** masonry a. bricklaying work/transport; **~e remontowe/restauracyjne** repair/restoration work; **~e polowe/żniwne** work in the field/harvesting; **~e budowlane** building work(s); **~e ziemne** earthworks; **~e budowlane jeszcze trwają** the building work is still going on a. in progress

❑ **~a mechaniczna** Techn. mechanical work także przen.; **~a nakładcza** outwork; **~a nieprodukcyjna** Ekon. non-productive labour; **~a organiczna** Hist. ≈ organic work (*a programme of economic and cultural development, launched by the Polish positivists*); **~a produkcyjna** Ekon. productive labour; **~a u podstaw** Hist. ≈ work at the grass roots (*a programme of spreading literacy and popularizing science among the masses, launched by the Polish positivists*); **~e domowe** housework; **~e ręczne** Szkol. handicrafts

■ **~a benedyktyńska** książk. painstaking work; **~a herkulesowa** a Herculean task; **~a syzyfowa** książk. Sisyphean task a. labours; **cześć ~y!** pot. (pożegnanie) cheerio! pot.; (powitanie) howdy! US pot. **bez ~y nie ma kołaczy** przysł. no gains without pains; **cierpliwością i ~ą ludzie się bogacą** przysł. all things come to those who wait przysł.; **jaka ~a, taka płaca** przysł. ≈ you only get paid for what you do; **żadna ~a nie hańbi** przysł. ≈ honest work is nothing to be ashamed of; **~a nie zając, nie ucieknie** pot. work can wait

pracochłonno|ść *f sgt* Ekon. labour intensity

pracochłonn|y adi. [1] *[czynność, zajęcie]* laborious; toilsome przest. [2] Ekon. labour-intensive

pracodaw|ca *m*, **~czyni** *f* employer

pracoholi|k *m*, **~czka** *f* workaholic

prac|ować impf vi [1] (trudnić się) to work; (ciężko) to labour, to toil; (być zajętym) to be busy; **~ować fizycznie/umysłowo** to do physical/intellectual work; **~ować zawodowo/zarobkowo** to have a career/a paid job; **~ować społecznie** to do voluntary work; **~uję zawodowo od dwudziestu lat** I've been working for twenty years; **~ować sezonowo/dorywczo** to do seasonal work/odd jobs; **~ować jako tymczasowo zatrudniony** to temp, to work as a temp; **nie mógł znaleźć stałej pracy, więc ~ował dorywczo** he couldn't find a permanent job, so he was temping a. doing odd jobs; **~ować bez wytchnienia/ze wszystkich sił/od świtu do nocy** to work without respite/as hard as one can/from dawn to dusk; **~ował w pocie czoła, aby wyżywić liczną rodzinę** he worked his fingers to the bone to provide for his large family; **~ować jak wół** to work like a Trojan; **~ować w godzinach nadliczbowych** to work overtime; **~ować na akord/na dniówkę** to be on piecework/be paid on a daily basis; **~ować na utrzymanie** a. **życie** a. **chleb** to work for a living, to earn one's living; **~ować na czyjeś utrzymanie** a. **na kogoś** to work to support sb; **~uję na samochód/nowe mieszkanie** I'm working to get enough money to buy a car/a new flat; **bogate kraje długo ~owały na swój dobrobyt** it took rich countries many years of hard work to become prosperous; **~ować dla kogoś/czegoś** to work for sb/sth; **~uję od lat dla ich firmy** I've been working for their company for years; **~ować nad kimś** to work on sb; **dużo ~ował nad sobą, żeby wyćwiczyć pamięć** he had to work hard to train his memory; **~ować nad czymś** to work a. on sth; **pisarz ~ował nad nową książką** the author was working on a new book; **komisja sejmowa ~uje nad ustawą budżetową/o ubezpieczeniach społecznych** a parliamentary committee is working on the budget bill/the social insurance bill; **musisz ~ować nad backhandem** you must practise your backhand ② (zarobkować) to work; **~ować jako nauczyciel/listonosz** to work as a teacher/a postman; **~ować w fabryce/w szpitalu** to work at a factory/hospital; **~ować w przemyśle/reklamie/ubezpieczeniach** to work in industry/advertising/insurance; **~ować na budowie** to work as a builder a. on a building site; **~ować etatowo/na pół etatu** to have a full-time/part-time job; **~ować w systemie zmianowym** to work shifts; **~ować na dziennej/nocnej zmianie** to work days/nights; **~ować przy sortowaniu listów** to have a job sorting letters; **~ować na komputerze/tokarce** to work at the computer/lathe; **~ować zawodowo przy domowym terminalu** to telecommute; **~ować głową** to do intellectual work; **~ować piórem** to live by the pen; **~ować łopatą** to be a. a labourer; **kobieta ~ująca** a working woman; **~ujące matki** working mothers ③ (współpracować) to work, to cooperate (**z kimś/czymś** with sb/sth); **dobrze mi się z nim ~uje** I like working with him; **komisja ~uje z zespołem doradców** the commission cooperates with a team of advisers; **~ować z młodzieżą** to work with young people ④ (funkcjonować) [serce, płuca, nerki] to work; [biuro, sklep] to work; [maszyna, silnik] to work, to operate, to run; **serce ~uje prawidłowo** the heart is functioning normally; **podczas pływania ~ują wszystkie mięśnie** when you swim, all your muscles work; **jego umysł ~ował sprawnie** he was of sound mind; **poczta dzisiaj nie ~uje** the post office is closed today; **sądy ~ują opieszale** the courts are slow in dealing with the business in hand; **szpitale ~ują bez przerwy** hospitals work non-stop; **sklepy ~ują do dwudziestej**

shops stay open till 8 p.m.; **wytwórnia ~uje na eksport/na rynek wewnętrzny** the plant manufactures for export/for the home market; **maszyna ~uje bez zarzutu** the machine is running smoothly; **tylko dwa z czterech silników ~ują** only two of the four engines work a. are working

■ **~ować pełną parą** a. **na pełnych obrotach** to work a. be working at full stretch pot.; **~ować na zwolnionych obrotach** to work a. be working at a slow pace; **~ować za dwóch** a. **trzech** to work like nobody's business pot., to do the work of two a. three (men) pot.; **czas ~uje dla niego** a. **na jego korzyść/przeciw niemu** a. **na jego niekorzyść** time is on his side/against him; **głowa** a. **główka** a. **baśka ~uje!** pot., żart. the old grey matter is working overtime żart.; **kto nie ~uje, ten nie je** przysł. if you don't work you shan't eat przysł.

pracowicie adv. grad. ① (pilnie) [trenować, uczyć się] diligently; **~ spędzony dzień** a busy day, a hard working day; **życie przeżył ~** he had a busy life ② (starannie) [wykonać, haftować, reperować] diligently, meticulously; **~ wykonany rysunek** a diligently a. a meticulously executed drawing

pracowitość f sgt diligence, industry, industriousness

pracowi|ty adi. grad. ① (pilny) [uczeń, student] diligent, hard-working; [pracownik] diligent, industrious; **~ty jak pszczółka** as busy as a bee ② (mozolny) [dzień, sezon, życie] arduous, busy; **miał przed sobą ~ty tydzień** he had a busy a. an arduous week to get through; **długie ~te życie** a long arduous life ③ książk. (wypracowany) [haft, rysunek] meticulous

pracowni|a f (Gpl ~) ① (artysty) studio, atelier; (pisarza) study; **~a kreślarska** a drawing office ② (naukowa, doświadczalna) laboratory; lab pot. ③ (zakład) (work)shop; **~a złotnicza/meblarska** a goldsmith's/a cabinetmaker's (work)shop; **~a fotograficzna/zegarmistrzowska** a photographic studio/a clockmaker's shop; **~a kapeluszy (damskich)/futer** a milliner's/a furrier's workshop ④ Szkol. **~a plastyczna** an art room; **~a biologiczna/fizyczna** a biology/physics laboratory a. lab pot.; **~a komputerowa** a computer room

pracownic|a f worker, employee; **~a fabryki/sklepu** an employee of a factory/a shop, a factory worker/a shop worker a. assistant

pracownicz|y adi. [płace, świadczenia] workers'; **akcjonariat ~y** Ekon. employee stock a. share ownership plan; **spór ~y** an industrial a. labour a. trade dispute; **stołówka ~a** a staff canteen; **wczasy ~e** organized holidays for the workforce

pracowni|k m worker, employee; **~k etatowy/na niepełnym etacie** a full-time/a part-time employee, a full-timer/a part-timer; **~k stały/sezonowy** a permanent employee/a seasonal (worker); **~k tymczasowo zatrudniony** a temporary employee; a temp pot.; **~k wykwalifikowany/niewykwalifikowany** a skilled a. qualified/an unskilled a. unqualified worker; **~k biurowy** an office worker; **~k**

poczty/służby zdrowia a post office/health service employee; **~k niższego szczebla/szczebla kierowniczego** a junior/an executive; **~cy sklepu/szkoły** the shop staff/staff in a school a. school staff; **~k naukowo-dydaktyczny** a research worker a. an academic/a university teacher; **instytucja zatrudniająca zbyt wielu ~ków** an overmanned a. an overstaffed institution; **świadczenia dla ~ków** employee benefits

❏ **~k fizyczny** blue-collar worker, labourer GB, laborer US; **~k produkcyjny** production a. manufacturing worker; **~k umysłowy** white-collar a. office worker; **niesamodzielny ~k naukowy** Uniw. ≈ junior academic; **samodzielny ~k naukowy** Uniw. ≈ senior researcher

pracując|y Ⅱ pa → **pracować**

Ⅲ adi. pot. (roboczy) **sobota ~a** Saturday as a working day in some institutions

pracu|ś m pers., żart., iron. workaholic; busy bee pot., eager beaver pot.

pracz Ⅱ m pers. (Gpl ~ **ów** a. **~y**) washer Ⅲ m anim. Zool. (**szop**) → raccoon

pracz|ka f laundress, washerwoman

pra|człowiek m (Npl **~ludzie**) Antrop. primitive man; **praludzie** primitive men

p|rać impf (**piorę, pierze**) Ⅱ vt ① (usuwać brud) (w wodzie) to wash, to launder [koszulę, bieliznę]; (chemicznie) to clean [palto, kurtkę]; **prać coś na sucho** to dry-clean sth; **ona pierze w poniedziałki** she does (the) washing on Mondays; **prać mydłem/w proszku** to use soap/powder for washing; **prać coś mydłem/w proszku** to wash sth with soap/washing powder; **prać w miednicy/w pralce** to do washing in a bowl/in a washing machine; **ten śpiwór można prać w pralce** this sleeping bag is machine-washable; **swetry piorę ręcznie** I wash jumpers by hand; **w czym pierzesz wełnę?** what do you wash (your) woollens in?, what do you use for washing (your) woollens?; **„prać na sucho/w temperaturze 30 stopni"** 'dry-clean/wash at 30 degrees'; **być pranym** to be washed; **płaszcz był prany chemicznie** the coat was dry-cleaned; **pranie bielizny pościelowej** the washing a. laundering of sheets; **pranie ręczne** hand washing; **pranie na sucho** dry-cleaning; **proszek/płyn do prania** washing powder/liquid; **jej babka zarabiała praniem** her grandmother took in washing a. laundry; **środki piorące** washing agents, detergents ⇒ **uprać** ② pot. (bić) to thrash; to wallop pot.; **prać kogoś pasem** to belt sb; **prał ją laską po plecach** he was thrashing her back with a stick ⇒ **sprać**

Ⅱ vi (strzelać) to fire a. blast away (**do kogoś/czegoś** at sb/sth); **prać z karabinów maszynowych** to fire a. blast away with machine guns

Ⅲ **prać się** ① (być pranym) to be washed, to wash; **twoje koszule się piorą** your shirts are in the wash; **ta sukienka dobrze się pierze** this dress washes easily ⇒ **uprać się** ② pot. (bić się) to fight, to have a dust-up pot.; **zaczęli się prać** they came to blows; **prali się pięściami** they were engaged in fisticuffs pot. ③ pot. (ostrzeliwać się) to fire a.

P

blast away at each other 4 pot. (uderzać się) to slap oneself

■ **prać brudy** to wash one's dirty linen a. laundry in public; **nie należy publicznie prać rodzinnych brudów** the family's dirty linen should never be washed a. laundered in public; **publiczne pranie brudów** the washing of dirty linen a. laundry in public

pradawn|y adi. książk. [obyczaje, czasy] ancient

pradzia|d m (Npl ~dowie) 1 (pradziadek) great-grandfather 2 zw. pl (przodek) grandfather, forefather; **nasi ~dowie** our forebears a. forefathers

■ **z dziada** a. **od dziada ~da** książk. (od najdawniejszych czasów) from a. since time immemorial; **Polak/katolik z dziada ~da** a Pole/a Catholic born and bred; **chłop/ szlachcic z dziada ~da** a bred-in-the-bone peasant/gentleman; **rybak/pszczelarz z dziada ~da** a fisherman/a beekeeper like his father and grandfather before him

pradziad|ek [] m (Npl ~kowie) 1 (ojciec dziadka lub babci) great-grandfather 2 zw. pl (przodek) grandfather, forefather; **nasi ~kowie** our forebears a. forefathers

[] **pradziadkowie** plt great-grandparents

pradziej|e plt (G ~ów) książk. ancient history, prehistory; **słowiańskie ~e** the prehistory of the Slavs; **~e Ziemi/człowieka** the prehistory of the Earth/of man

pradziejow|y adi. książk. [kultura, zabytki] prehistoric; **archeologia ~a** prehistoric archaeology GB, prehistoric archeology US

pragmatycznie adv. książk. [rozumować, interpretować, traktować] pragmatically

pragmatyczn|y adi. 1 książk. [działanie, rozumowanie, rozwiązanie] pragmatic 2 Jęz. pragmatic

pragmaty|k m książk. pragmatist

pragmaty|ka f sgt 1 Jęz. pragmatics (+ v sg) 2 Prawo labour regulations pl; **~ka służbowa** official practice

pragmatystyczn|y adi. książk. pragmatic

pragmatyzm m sgt (G ~u) Filoz. pragmatism

pragn|ąć impf (~ęła, ~ęli) vi 1 książk. (bardzo chcieć) to want, to desire, to crave (**czegoś** sth); to wish, to crave (**czegoś** for sth); **~ął tylko trochę spokoju** he wished only for a little peace and quiet; **czegóż więcej można jeszcze ~ąć?** what more could one wish for?; **~ęła z całego serca szczęścia dla swych dzieci** with all her heart she wished for her children's happiness; **~ął sprawiedliwości za doznane krzywdy** he wanted justice for the wrongs he had suffered; **osiągniesz wszystko, czego ~iesz** you'll get everything you crave for, you will get your heart's desire; **~ąc coś zrobić** to wish a. desire to do sth; **gorąco ~ę pojechać do Chin** I dearly wish to visit China; **~ę, żebyś dochował obietnicy** I want you to keep your promise; **~ęli, żeby córka wyszła za mąż** they wished their daughter would get married; **~ę wyjaśnić, że uczyniłem to na ich prośbę** I want a. wish to make it clear that I did it at their express request; **~iemy wyrazić wdzięczność wszystkim tym,** którzy **nam pomogli** we want a. wish to express our gratitude to all those who helped us; **~ę poinformować, że jutrzejszy wykład się nie odbędzie** I wish to a. would like to inform you that tomorrow's lecture has been cancelled 2 (pożądać) to desire, to want (**kogoś** sb); to lust (**kogoś** for sb); **~ęli siebie od chwili, kiedy się poznali** they were attracted (to each other) from the moment they met

■ **jak ~ę szczęścia** a. **zdrowia** pot. swear blind pot.; **~ąć czegoś jak kania dżdżu** a. **deszczu** to yearn a. pine for sth

pragnie|nie [] sv → **pragnąć**

[] n 1 (życzenie) desire, yearning (**czegoś** for sth); **najskrytsze ~nie** the most secret desire; **przemożne ~nie** an overwhelming desire; **spełnione/niespełnione ~nia** fulfilled/unfulfilled desires a. wishes; **~nie miłości/sławy/zemsty** a desire for a. craving for love/fame/revenge; **budzić/wzniecać czyjeś ~nia** to arouse/whet sb's desire; **nie mieć żadnych ~ń** to have no desires a. wishes; **spełnił wszystkie swoje ~nia** all his desires a. wishes were fulfilled; **spełniał** a. **zaspokajał jej wszystkie ~nia** he satisfied a. fulfilled all her desires; **wyraziła ~nie zobaczenia się z synem** she expressed a/the/her desire to see her son; **opanowało go ~nie zmian** he was overcome by a desire for change 2 sgt (uczucie suchości w ustach) thirst; **mieć** a. **odczuwać ~nie** to be a. feel thirsty; **ugasić ~nie** to quench a. slake one's thirst; **dręczyło go dokuczliwe ~nie** he was driven wild with thirst; **umieram z ~nia** I'm dying of thirst; **słone potrawy wzmagają ~nie** salty dishes make one thirsty

prahistoria → **prehistoria**

prahistoryczny → **prehistoryczny**

prajęzyk m Jęz. protolanguage, mother language a. tongue, common language

praktycyzm m sgt (G ~u) Filoz. practicalism

praktycznie [] adv. grad. [myśleć, działać] practically, in a practical way; [gospodarować, ubierać się] sensibly; **trzeba działać ~** one has to be practical; **ubierała się ~** she dressed sensibly, she wore practical clothes; **pieniędzmi trzeba gospodarować ~** one should spend money sensibly

[] adv. [wykorzystać, zastosować] in practice; **jak można tę teorię zastosować ~?** how can this theory be applied in practice?

[] part. practically, virtually; **to jest ~ niemożliwe** this is practically a. virtually impossible; **~ odpowiadał za wszystko** to all intents and purposes he was responsible for everything; **~ (rzecz) biorąc...** to all intents and purposes...

praktyczność f sgt 1 (zaradność) practicality; **życie nauczyło go ~ci** life taught him to be practical 2 (użyteczność) practicality, serviceability

praktyczn|y [] adi. grad. 1 (przydatny) [metoda, umiejętność] practical; [rada, wskazówka] good, sensible; **nie spodziewam się żadnych ~ych korzyści** I don't expect any practical advantages 2 (wygodny) [sprzęty, przyrząd] useful, handy; [ubranie] practical, sensible; **dostał same ~e prezenty** he only got practical presents; **w** podróży **najpraktyczniejszy jest mały plecak** a small backpack is (the) best for travelling 3 (zaradny) [człowiek] practical; **miał wrodzony zmysł ~y** he was practical by nature; **miał ~e spojrzenie na świat** he took a practical view of the world

[] adi. [szkolenie, wiedza, umiejętności] practical; **posiadał wiele umiejętności ~ych** he had (mastered) many practical skills; **w życiu bardziej liczy się wiedza ~a** in life practical knowledge is the most important thing; **na ~e wdrożenie tego pomysłu zabrakło pieniędzy** there were no funds available to put the idea into practice

prakty|k m 1 (ekspert) practitioner; **wybitny ~k gospodarczy** an outstanding practitioner in the field of economics; **spór ~ków z teoretykami** a dispute between practitioners and theoreticians 2 (uprawiający zawód) practitioner; **lekarz/adwokat ~k** a medical/a legal practitioner; **pedagog/inżynier ~k** a practising GB a. practicing US educationalist/engineer

prakty|ka [] f 1 sgt (doświadczenie) practice, experience; **miał dużą ~kę życiową/ zawodową** he was an experienced man; **mam dwudziestoletnią ~kę w tym zawodzie** I've had twenty years of experience in this profession; **miał ~kę w kłamaniu** he was a practised GB a. practiced US liar; „**potrzebny inżynier budowlany z ~ką**" 'experienced building engineer wanted'; **to tylko kwestia ~ki** it's just a question a. matter of practice; **z ~ki wiedział, jak trudny jest zawód nauczyciela** experience had taught him how difficult it is to be a teacher; **swoje twierdzenia opierał na ~ce** he based his claims on experience; **~ka dowodzi** a. **poucza, że...** practice proves that... 2 sgt (faktyczny stan rzeczy) practice; **rozbieżność pomiędzy teorią a ~ką** a gap between theory and practice; **w ~ce** in practice; **w praktyce** a. **jak pokazuje ~ka jest zupełnie inaczej** in practice, things are different; **metoda ta sprawdziła się w ~ce** this method was effctive (in practice); **zastosować coś w ~ce** to put sth into practice 3 sgt (zwyczaj) practice; **~ka nagradzania najlepszych pracowników** the practice of giving bonuses to the best workers; **przyjętą u nas od lat ~ką jest nieujawnianie takich szczegółów** for years it has been our practice not to reveal such particulars 4 (staż) (w zakładzie pracy) traineeship U, training period; (u rzemieślnika) apprenticeship U; (w szkole) teaching practice U; **~ka na budowie/za granicą** apprenticeship on the building site/work experience abroad; **~ki studenckie/wakacyjne** student/holiday training; **odbywać ~kę u fryzjera/krawca** to be apprenticed a. to be an apprentice to a hairdresser/ a tailor; **odbywać ~kę w fabryce/cukierni** to work as a trainee in a factory/as an apprentice to a confectioner; **odbywać ~kę nauczycielską** to be on a. be doing teaching practice; **oddać syna na ~kę do krawca** to apprentice one's son to a tailor 5 sgt (wykonywanie wolnego zawodu) practice; **~ka lekarska/adwokacka** medical/legal practice; **mieć prywatną ~kę** to work a.

be in private practice; **mieć dochodową ~kę** to have a profitable practice; **rozpocząć ~kę** to set up in a. go into practice; **on nie ma prawa prowadzić ~ki adwokackiej** he has no right to run a legal practice [6] *zw. pl* (proceder) practice; **monopolistyczne ~ki przedsiębiorstw** monopolistic practices of companies; **tajemnicze/zbrodnicze ~ki** mysterious/ criminal practices; **takie ~ki są niedopuszczalne** such practices are inadmissible [III] **praktyki** *plt* Relig. observance, ritual; **brał udział w ~kach religijnych** a. **kościelnych** he took part in religious observances, he was a churchgoer; **~ki szamańskie/magiczne** shamanic/magic practices a. rituals a. observances

praktykanc|ki *adi.* *[staż, praca]* training, probationary; *[grupa, okres]* trainee *attr.*, probationary; **po ~ku** inexpertly, unskilfully

praktykan|t *m*, **~tka** *f* (w zakładzie pracy) trainee, probationer; (u rzemieślnika) apprentice; (w szkole) student teacher; **~t sądowy** an articled clerk training to be a judge; **majster zatrudnił ~ta** the master hired an apprentice a. a trainee

praktyk|ować *impf* [I] *vt* (stosować) to practise GB, to practice US *[metodę, magię, zwyczaj]*; **~ować nową metodę leczenia genami** to practise a new method of genetic treatment; **tego obyczaju już się nie ~uje** this custom is no longer practised a. is no longer in use; **~owanie zasady „wszystkie chwyty dozwolone"** practising the principle of no holds barred
[II] *vi* [1] (wyznawać wiarę) to follow religious observances; **jest ~ującym katolikiem** he's a practising Catholic; **był wierzący, ale nie ~ował** he was a believer, but he didn't attend any church [2] (pracować) to be in practice; **~ować jako lekarz/prawnik** to practise GB a. practice US as a doctor/ lawyer; **~ował w szpitalu/w prywatnym gabinecie** he worked in hospital/in private practice [3] (być na stażu) to be in training; **~ować u fryzjera/krawca** to be apprenticed to a hairdresser/a tailor; **po rocznym ~owaniu** after a year's training period a. apprenticeship

pralecz|ka *f dem.* [1] pieszcz. (pralka) washing machine [2] (zabawka) toy washing machine

pralin|ka, ~a *f* Kulin. chocolate; **pudełko ~ek** a box of chocolates; **~ki o smaku malinowym** raspberry-flavoured chocolates

pral|ka *f* washing machine; **~ka automatyczna** an automatic washing machine; **~ka wirnikowa** an impeller a. an agitator washing machine; **~ka ładowana od góry/z przodu** a top-loader/a front-loader; **~ka z suszarką** a washer-dryer; **~ka z dwoma bębnami** a twin-tub washing machine; **nastawić ~kę** to put a washing machine on; **prać bieliznę w ~ce** to wash linen in a washing machine

pralni|a *f* (*Gpl* **~**) [1] (zakład) laundry; **~a chemiczna** a (dry-)cleaner, a (dry-)cleaner's; **~a samoobsługowa** a launderette GB, a laundrette GB, a laundromat US; **oddać bieliznę do ~** to take linen to the laundry;

odebrać płaszcz z ~ to get a coat from the cleaner's [2] (pomieszczenie) a laundry room

pralnicz|y *adi.* *[urządzenie, zakład, usługi]* washing; (do prania chemicznego) cleaning; **zakład ~y** (piorący bieliznę) laundry; (piorący chemicznie) cleaner, cleaner's; **automat ~y na monety** a coin-op, a launderette GB a. laundromat US

praludzie → **praczłowiek**

praludz|ki *adi.* *[jaskinia, broń]* prehistoric

prała|cki *adi.* Relig. *[szaty, godność, urząd]* prelatic, prelate's

prała|t *m* Relig. prelate; **ksiądz ~t odprawił mszę** the prelate said Mass

pramat|ka *f* książk. [1] (rodzicielka) foundress [2] Mitol. first mother; **~ka Ewa** Eve, the first mother; **~ka ziemia** Mother Earth

pra|nie [I] *sv* → **prać**
[III] *n* [1] *sgt* (brudne rzeczy) wash, (dirty) washing a. laundry; (świeżo uprane rzeczy) (clean) washing a. laundry; **powiesić/wywiesić ~nie** to hang/hang out a. peg out GB the washing; **włożyć ~nie do pralki** to put a load of washing into the machine, to load a washing machine; **wyjąć ~nie z pralki** to take the wash a. washing out of the machine; **twoja koszula jest w ~niu** your shirt is in the wash a. with the washing [2] (proces) washing; **oddać bieliznę do ~nia** to take linen to the laundry a. to be laundered; **oddać palto do ~nia** to take a coat to the cleaner's a. to be cleaned; **zrobić ~nie** to do the washing a. the laundry a. a wash; **zrobiłem dziś dwa ~nia** I've done two washes today; **po dwóch ~niach tkanina wyblakła/kolory się sprały** after two washes, the fabric faded/the colours ran; **nastawić/wyłączyć ~nie** pot. to turn the washing machine on/off [3] pot. (lanie) thrashing; **koledzy zrobili mu ~nie** his mates gave him a thrashing
■ **~nie brudów** washing dirty linen in public, muckraking; **~nie mózgu** a. **mózgów** pot. brainwashing; **zrobić komuś ~nie mózgu** to brainwash sb; **w obozie jenieckim przeszli ~nie mózgu** they were brainwashed in the POW camp; **wyjdzie** a. **okaże się w ~niu** pot. it will all come out in the wash

praojc|iec *m zw. pl* (*Npl* **~owie**) książk. forefather; **~iec Adam** Adam, the first father

praojczy|zna *f* książk. homeland, place of origin; original home książk.

prapoczą|tek *m* (*G* **~ku**) *zw. pl* książk. the earliest beginnings

prapra- → **pra-**

prapremie|ra *f* premiere; **światowa/warszawska ~ra sztuki** the world/Warsaw premiere of a play; **~ra filmu odbyła się** a. **film miał ~rę w Cannes** the film premiered a. was premiered at Cannes

prapremierow|y *adi.* *[przedstawienie, wykonanie]* first; *[film]* preview *attr.*

praprzod|ek [I] *m pers.* (*Npl* **~kowie**) primogenitor, progenitor
[III] *m anim.* ancestor, progenitor

praprzyczyn|a *f* książk. the First Cause, ultimate cause

pras|a *f* [1] *sgt* (gazety) the press; **~a codzienna/tygodniowa** the daily/weekly

press; **~a poranna/popołudniowa** the morning/evening papers; **~a literacka/ sportowa/fachowa** the literary/sports/specialist press; **~a brukowa** a. **bulwarowa** the gutter press; **~a regionalna/podziemna** local papers/the underground press; **przeglądać ~ę** to look through the papers; **w ~ie** a. **na łamach ~y** in the press; **ta wiadomość obiegła całą ~ę** the information appeared in all the papers; **~ę zaczyna czytać od wiadomości sportowych** he reads the papers starting with the sports column; **o tym skandalu dowiedziałem się z ~y** I learnt about the scandal in the press; **wydrukować** a. **opublikować coś w ~ie** to have sth printed a. published in the press; **zamieścić ogłoszenie w ~ie** to put an ad in a newspaper; **w ~ie opublikowano wywiad z autorem** the newspapers published an interview with the author; **czy w dzisiejszej ~ie jest coś ciekawego?** is there anything interesting in today's papers?; **pisano o tym w ~ie** the papers wrote about it; **~a donosi, że...** it has been reported in the press that...; **wolność ~y** the freedom of the press [2] *sgt* (instytucje) the press; **pracownicy ~y, radia i telewizji** the employees of the press, radio, and television [3] *sgt* (dziennikarze) the press a. Press, the press corps; **po południu premier spotkał się z ~ą** in the afternoon the premier met the press; **galeria dla ~y** a press gallery [4] Techn. (maszyna) press; **~a automatyczna/mechaniczna/hydrauliczna** an automatic/a power/a pneumatic press; **~a do tłoczenia winogron/ oliwy** a wine/an olive press [5] Druk. press; **~a drukarska** a printing press; **te ulotki dopiero co wyszły spod ~y** these leaflets have just come off the press; **książka jest już pod ~ą** pot. the book has gone to press
■ **mieć dobrą/złą ~ę** to have a good/a bad press; **zyskać (sobie) dobrą ~ę** to get a good press

prask *inter.* smack!; wham! pot.; (głośny upadek) splat! pot.; **odwróciła się i ~ go w twarz** she turned round and smacked a. slapped him across a. in the face

pras|ka *f* Kulin. press; **~ka do czosnku** a garlic press; **~ka do warzyw** a dicer, a ricer US

pras|ować *impf vt* [1] (wygładzać) to iron, to press *[sukienkę, koszulę]*; to do the ironing; **~ować coś żelazkiem/prasowalnicą** to press sth with an iron/in a press; **~ować coś przez wilgotną szmatkę** to iron sth under a. through a damp cloth; **~ować sobie spodnie na kant** to crease one trousers, to put creases in one's trousers; **być ~owanym** to be ironed; **deska do ~owania** an ironing board; **deska do ~owania rękawów** a sleeve board; **mam cały stos rzeczy do ~owania** I've got a pile of ironing; **„nie ~ować"** 'do not iron'; **„~ować żelazkiem nastawionym na niską/średnią/wysoką temperaturę"** iron at a low/medium/high setting'; **niewymagający ~owania** non-iron, wash-and-wear US; **prawie niewymagający ~owania** minimum iron ⇒ **uprasować** [2] Techn. (tłoczyć, zgniatać) to press *[ziarna, wióry]*; to mould *[tworzywa sztuczne]*; **płyty pilśniowe są ~owane z wiórów** fibreboards are made of compressed fibres; **~owanie makuchów** the compressing of oilcake; **~owanie tworzyw sztucznych** the moulding of plastics ⇒ **sprasować**

prasowalni|a *f (Gpl ~)* ironing a. pressing room

prasowalnic|a *f* press, mangle

prasowani|e **Ⅱ** *sv* → **prasować**

Ⅱ *n sgt (rzeczy uprane)* ironing; **mam mnóstwo ~a** I've got a pile of ironing

prasowan|y **Ⅱ** *pp* → **prasować**

Ⅱ *adi. [płyty]* pressed; *[tworzywa sztuczne]* press-moulded

prasow|y *adi. [artykuł, zdjęcie, wydawnictwo]* press *attr.*; *[ogłoszenie]* newspaper *attr.*; **agencja ~a** a press a. a news agency; **dziennikarz ~y** a newspaperman; **legitymacja/przepustka ~a** a press card; **loża ~a** a press box; **rzecznik a. sekretarz ~y** a press officer a. secretary; **wycinek ~y** a cutting GB a. a clipping; **archiwum wycinków ~ych** a cuttings a. a clippings library; **wiadomości ~e informują o nowych zamachach terrorystycznych** there is news in the papers of new terrorist attacks

prasoznawc|a *m* specialist in press studies

prasoznawcz|y *adi. [badanie, zagadnienie]* related to press studies

prasoznawstw|o *n sgt* press studies *pl*

prasta|ry *adi.* książk. *[dzieje, zwyczaj, ród]* ancient

praszczu|r książk. **Ⅱ** *m pers. (Npl ~rowie)* forebear, forefather, ancestor

Ⅱ *m anim.* ancestor, progenitor

praw|da **Ⅱ** *f* 1 *sgt (zgodność z rzeczywistością, z faktami)* the truth; **dowiedzieć się ~dy** to learn the truth (**o kimś/czymś** about sb/sth); **ujawnić ~dę** to reveal the truth (**o kimś/czymś** about sb/sth); **dążyć do ~dy** a. **poszukiwać ~dy** to search for a. seek the truth; **spojrzeć ~dzie w oczy** to face the truth, to face up to the truth; **powiedzieć ~dę** to tell the truth; **„mówić ~dę, całą ~dę i tylko ~dę"** Prawo; 'to tell the truth, the whole truth, and nothing but the truth'; **to tylko część ~dy** that's only half the truth; **mieszać ~dę z fantazją** to mix truth and fiction; **wyznał mi całą ~dę** he made a clean breast of it; **mijać** a. **rozmijać się z ~dą** euf. to be economical with the truth euf.; **być blisko ~dy** to be close to the truth; **być dalekim od ~dy** to be far from the truth, to be far from being true; **odpowiadający ~dzie/niezgodny z ~dą** true/untrue; **czy to ~da?** is it true?; **to ~da** that's true; **to ~da, ale...** (it's) true, but...; **to nie może być ~da!** it can't be true!; **~da jest taka, że...** the truth is that...; **w tym nie ma za grosz ~dy** there is no truth in that; **nie ma w tym słowa** a. **ani krzty ~dy** there is not a shred a. an iota of truth in that; **tkwi w tym ziarno ~dy** there's a grain a. kernel of truth in that; **jest w tym nieco/sporo ~dy** there is some/a great deal of truth in that 2 *(obiegowy pogląd)* truth; **~dy odwieczne/niepodważalne** eternal/undeniable truths; **stara** a. **obiegowa ~da** an

old a. a common truth; **~dy życiowe** worldly common truths

Ⅲ *inter.* 1 *(w zdaniu twierdzącym)* true!, that's right!; **„on nie mógł jej zabić" – „~da!, on by nawet muchy nie zabił"** 'he couldn't have killed her' – 'true! he wouldn't harm a fly'; **„miałeś tu posprzątać" – „~da! zupełnie zapomniałem"** 'you were supposed to clean here' – 'that's right a. that's true, it slipped my mind'; **święta ~da!** how very true! 2 *(w pytaniu)* **rok temu byłeś we Francji, ~da?** you were in France last year, weren't you?; **ładnie tu nad jeziorem, ~da?** it's nice here on the lake, isn't it?; **nigdy go nie poznałeś, ~da?** you've never met him, have you?; **~da, że tu pięknie?** isn't it beautiful here?; **~da, jaka ona ładna?** isn't she pretty?

Ⅲ *part.* pot. you know, I mean; **trzeba wreszcie, ~da, znaleźć jakieś, ~da, rozwiązanie tej kwestii** it's high time, you know, you found some, you know, solution to this problem

❏ **~da absolutna** Filoz. absolute truth; **fundamentalne ~dy wiary** Relig. articles of faith, fundamentals

■ **naga ~da** książk. the naked truth; **święta ~da** książk. the honest truth; **~dę mówiąc** a. **~dę powiedziawszy** a. **po ~dzie** pot. if truth be told, to tell you the truth; **~dę mówiąc, nie wiem, co o tym myśleć** if truth be told, I don't know what to think about it; **Bogiem a ~dą** książk. as a matter of fact; **co ~da** pot. admittedly, to be sure; **obiecywano mi co ~da stypendium, ale...** to be sure a. admittedly I've been promised a scholarship, but...; **mam w tym jakiś udział, co ~da minimalnie, ale jednak...** I have a share in it, admittedly a very small one, but still...; **dać świadectwo ~dzie** książk. to bear witness a. give testimony to the truth; **powiedzieć** a. **wygarnąć** pot. **komuś ~dę w oczy** to give it to sb straight from the shoulder US pot.; **powiedzieć komuś kilka słów ~dy** to tell sb a few home truths; **~da jak oliwa na wierzch wypływa** przysł. the truth will out; **~da w oczy kole** przysł. nothing hurts like the truth

prawdomówność|ć *f sgt* książk. truthfulness; veracity książk.; **rozbrajająca/naiwna ~ć** disarming/naive honesty

prawdomówn|y *adi.* książk. 1 *(szczery) [osoba]* truthful; veracious książk. 2 *(odsłaniający prawdę) [opis]* true; *[dziennikarstwo, twarz]* honest

prawdopodobieństw|o *n sgt* 1 *(możliwość)* probability, likelihood; *(twierdzenia, teorii, hipotezy)* plausibility (**czegoś** of sth); **nikłe** a. **znikome ~o** unlikelihood, improbability; **istnieje duże ~o, że osiągniemy sukces** there's a real chance that we shall succeed; **jest małe ~o, że dziecko jest jego** the chances of the child being his are almost nil; **według wszelkiego ~a** in all probability 2 *(prawda)* probability, verisimilitude

❏ **rachunek ~a** Mat. the probability calculus; **teoria ~a** Mat. the theory of probability, probability theory

prawdopodobnie **Ⅱ** *adv. grad.* *(wiarygodnie)* probably, plausibly; **zeznania świadka**

brzmiały ~ the witness's deposition sounded plausible

Ⅱ *part.* *(przypuszczalnie)* probably, presumably; **„wrócą do jutra?" – „~ tak"** 'will they be back by tomorrow?' – 'probably'; **~ będzie padać** it's probably going to rain

prawdopodobn|y *adi. grad.* 1 *(bliski prawdy) [wersja, wiadomość, fakt, okoliczności]* probable; feasible pot.; **mało ~a opowieść** an unlikely a. an improbable story 2 *(przypuszczalny) [termin, wydatki]* likely; *[winowajca]* presumed; **~e jest, że...** it's likely that...; **jest więcej niż ~e, że wyszła** it's more than likely that she's gone out; **jest mało ~e, żeby skończyli w terminie** it's unlikely a. hardly likely that they'll finish in time

prawdziw|ek *m* Bot. boletus

prawdziwie **Ⅱ** *adv. grad.* *(naprawdę) [kochać, cierpieć]* truly; **mówił pięknie i ~ o egzotycznych podróżach** he spoke beautifully and convincingly about his exotic journeys

Ⅱ *adi.* *(istotnie)* truly; verily przest.; **~ bohaterski wyczyn** a truly heroic deed

prawdziwkow|y *adi.* boletus *attr.*

prawdziwość|ć *f sgt (słów, wypowiedzi)* truth, truthfulness; *(dokumentu, podpisu)* authenticity; **mogę ręczyć za ~ć tego, co powiedziałem** I can vouch for the veracity of what I said; **sprawdzić ~ć teorii w praktyce** to check the truth of the theory in practice

prawdziw|y **Ⅱ** *adi.* 1 *(rzeczywisty) [fakty, powód]* true, real; **powieść osnuta na ~ych zdarzeniach** a novel based on real events; **nie podał ~ego motywu swojego czynu** he didn't give the true a. real reason for his deed; **swoje ~e nazwisko ukrywał pod pseudonimem** he used a pseudonym 2 *(autentyczny) [perły, jedwab]* real, genuine; **na ścianie wisiał ~y Rembrandt** there was a genuine a. an authentic Rembrandt on the wall 3 *(niekłamany) [miłość, talent]* true; *[niepokój, charakter, odwaga]* real; **odkryła jego ~e oblicze** she discovered his real character 4 przen. *(idealny) [przyjemność, radość, szczęście]* real; **była dla niego ~ą matką** she was like a real mother to him

Ⅱ **najprawdziwszy** *adi. superl.* pot. **najprawdziwsze perły** real pearls; **najprawdziwsza prawda** pot. the honest truth

■ **z ~ego zdarzenia** real, genuine; **fachowiec z ~ego zdarzenia** a very good tradesman; a real whizz pot.; **dżentelmen z ~ego zdarzenia** every inch the a. a gentleman

prawic|a *f* 1 *sgt* Polit. the Right, the right wing; **skrajna ~a** the extreme right (wing); **należeć do ~y** to belong to the right wing; **wywodzić się z ~y** to derive a. come from the right wing; **zwolennicy/ przeciwnicy ~y** right-wing supporters/ opponents of the right 2 przest. *(ręka)* right hand; **uścisnąć komuś ~ę** to shake hands with sb; **wyciągnąć ~ę do kogoś** to hold out one's (right) hand to sb; **po** a. **na ~y** on a. to the right, on the right-hand side

prawicow|iec *m* Polit. right-winger, rightist

prawicowo *adv.* Polit. **zorientowany/nastawiony** ~ with a right-wing bias/with right-wing a. rightist leanings

prawicowoś|ć *f sgt* Polit. rightism

prawicow|y *adi.* Polit. *[partia, działacz, pismo, poglądy]* right-wing, rightist; ~**y kandydat** a right-wing candidate

prawicz|ek *m (Npl* ~**ki)** pot. [1] (seksualny) virgin [2] przen. innocent przen., pot.

prawicz|ka *f* pot. virgin; maiden przest.

praw|ić *impf* przest., książk. **I** *vt* to say; **ludzie** ~**ią, że koniec świata bliski** people say that the end of the world is near; ~**ić komplementy komuś** to pay compliments to sb; ~**ić kazania** to preach pejor., to sermonize pejor.; ~**ić komuś kazania a. morały** to harangue sb; ~**ić złośliwości** to make snide remarks pot.; to be spiteful

II *vi* to expatiate książk. (**o czymś** on a. upon sth); to discourse książk. (**o czymś** on a. about sth); ~**ił im o swych przygodach** he was telling them about his adventures; **słusznie** ~**icie, mój panie** how right you are, my lord

prawid|ło *n* [1] przest. (przepis) rule; ~**ła gramatyczne/ortograficzne** grammatical/spelling rules, rules of grammar/spelling; **stosować surowe** ~**ła moralne** to apply strict moral rules a. precepts [2] (do butów) shoe tree, stretcher

prawidłow|o *adv. grad. [działać, funkcjonować, rozwijać się]* normally; *[rozwiązać]* correctly; **wymawiać** ~**o wyrazy** to pronounce words correctly; ~**o przechodzić przez jezdnię** to cross a street in accordance with traffic regulations; **proces chemiczny przebiegał** ~**o** the chemical process ran smoothly; ~**o przebiegająca ciąża** a normal pregnancy

prawidłowoś|ć *f* [1] *sgt* (cecha) correctness [2] *zw. pl* (zasada) regularity; ~**ci genetyczne/rozwojowe** genetic/developmental regularities

prawidłow|y **I** *adi. grad.* (zgodny z normą) *[forma, działanie, diagnoza, myślenie]* correct; *[zgryz, przemiana materii]* normal; (należyty) proper; ~**a jazda samochodem** obeying the rules of the road; ~**a dieta** a well-balanced diet; ~**y rozwój** normal development

II *adi.* (poprawny) correct; ~**a odpowiedź** a correct answer

prawie *adv.* almost, nearly; (z przeczeniem) hardly, scarcely; ~ **każdy/wszystko** almost a. nearly everyone/all; ~ **zawsze** almost a. nearly always; ~ **identyczny** almost identical; ~ **niemożliwe** almost a. practically impossible; ~ **nikt/nic** hardly a. scarcely anyone/anything, next to nobody/ nothing; ~ **nigdy** hardly a. scarcely ever, seldom if ever; **miasto** ~ **tak duże jak Gdańsk** a city almost a. nearly as large as Gdańsk; ~ **tej samej wielkości** (of) almost a. (of) much the same size; **jego stan** ~ **się nie zmienił** his condition is almost a. practically the same; ~ **skończyłem** I've almost a. nearly finished; **jesteśmy** ~ **na miejscu** we're almost a. nearly there; ~ **płakała** she was nearly crying; **chodził po mieście** ~ **cztery godziny** he walked around the town for

almost a. nearly four hours; **mamy** ~ **trzystu pacjentów** we have almost a. close on three hundred patients; **ręcznik jest** ~ **suchy** the towel is almost dry; **była** ~ **naga** she was almost a. practically naked; **była już** ~ **mężatką** she was just about to get married; **dziecko już** ~ **chodzi** the baby's almost walking (now); **kupiłam tę sukienkę** ~ **za darmo** I got this dress for next to a. practically nothing; ~ **go nie znam** I hardly know him; **wiatru** ~ **nie było** there was hardly any wind; **miał twarz drobną,** ~ **że dziecinną** he had a delicate, almost childish face; **to** ~ **że pewne** it's almost a. practically certain; ~ **nie pamiętam, co było potem** I can't really remember what happened next

prawiek *m (G* ~**u)** książk. time immemorial książk.; **przed** ~**ami** ages a. aeons ago; **od** ~**ów** from a. since time immemorial

prawierówni|a *f (Gpl* ~**)** Geol. peneplain, peneplane

prawnicz|y *adi. [terminologia, zawód, kancelaria]* legal; *[wydział, studia]* law *attr.*; **termin** ~**y** a legal term, a legalism; **żargon** ~**y** legal jargon; legalese pot.

prawnie *adv. [obowiązywać]* legally, lawfully; *[należeć się]* rightfully, by right; **tę kwestię powinno się uregulować** ~ this matter should be settled legally; ~ **obowiązująca umowa** a legally binding contract/agreement; **znak towarowy** ~ **chroniony** a (legally) protected trademark; **takie zabiegi są** ~ **zakazane** operations of this kind are forbidden by law

prawni|k *m,* ~**czka** *f* [1] (zawód) lawyer; (praktykujący) lawyer, legal practitioner US; **zasięgnąć rady a. poradzić się** ~**ka** to consult a lawyer, to seek a lawyer's advice [2] pot. (student) law student

prawnucz|ek *m (Npl* ~**kowie** a. ~**ki)** great-grandson

prawnucz|ę *n (G* ~**ęcia)** great-grandchild; (chłopiec) great-grandson; (dziewczynka) great-granddaughter; ~**ęta** great-grandchildren

prawnucz|ka *f* great-granddaughter

prawnuk *m (Npl* ~**owie** a. ~**i)** great-grandson; ~**i** (chłopcy) great-grandsons; (obojga płci) great-grandchildren

prawn|y *adi.* [1] (dotyczący prawa) *[akt]* legislative; *[norma, porada, sankcja, formalności, kodeks]* legal; (legalny) *[właściciel]* lawful książk., rightful książk.; legal; **czynności** ~**e** legal proceedings; **osoba** ~**a** a legal entity; **kruczek** ~**y** a (legal) loophole [2] (zajmujący się prawem) *[biuro, kancelaria, wydział]* law *attr.*, legal; **nauki** ~**e** (prawoznawstwo) jurisprudence

praw|o **I** *n* [1] *sgt* (ogół przepisów) law; ~**o nowożytne** modern law; ~**o polskie/ francuskie** Polish/French law; **reguły** a. **normy** ~**a** legal norms a. principles; **rządy** ~**a** the rule of law; **zgodnie z** ~**em** in accordance with a. according to the law; **zgodnie z polskim** ~**em** under Polish law; **zgodnie z duchem i literą** ~**a** in accordance with the spirit and the letter of the law; **wbrew** ~**u** against the law, contrary to the law; **stosować się do**

przepisów ~**a** to abide by a. obey the law; **złamać** ~**o** to break the law; **być niezgodnym z** ~**em** a. **wbrew** ~**u** to be against the law; **uznać przerywanie ciąży za niezgodne z** ~**em** to criminalize abortion; **działać w granicach** ~**a/niezgodnie z** ~**em** to operate within/outside the law; **stać ponad** ~**em** to be above the law; **wejść w konflikt z** ~**em** to fall foul of a. to come into conflict with the law; **wyjąć kogoś spod** ~**a** Hist. to outlaw sb; **człowiek wyjęty spod** ~**a** Hist. an outlaw; **w imieniu** ~**a** in the name of the law; **w obliczu** ~**a** in the eyes of the law; **w majestacie** ~**a** iron. in all the majesty of the law iron.; **nieznajomość** ~**a nie zwalnia od odpowiedzialności** ignorance of the law is no excuse a. defence, ignorance is no defence; ~**o drakońskie** Hist. Draconian law; **drakońskie** ~**a** a. ~**o** przen. draconian measures [2] (norma prawna, ustawa) law; (zapisana) statute; **zbiór** ~ a legal code a. code of laws; **system** ~ a system of law, a legal system; **uchwalać** a. **stanowić** ~**a** to enact a. make laws; **uchwalić** ~**o** to pass a. adopt a law; **uchylić** ~**o** to revoke a. rescind a law książk.; **naruszyć** a. **złamać** ~**o** to violate książk. a. break a law; ~**o o spółdzielczości/środkach masowego przekazu** a law on the cooperative movement/on the mass media; **nowe** ~**o wchodzi w życie** a. **obowiązuje od 1 maja** the new law comes into effect on a. applies as of 1 May; ~**o o stowarzyszeniach wygasa** a. **traci moc 31 grudnia** the law on association lapses on a. as of 31 December [3] *sgt* (nauka) law; **wydział** ~**a** a law faculty; **student/studentka** ~**a** a law student; **studiować** ~**o** to study a. read law; **ukończyć** ~**o** to graduate in law [4] (uprawnienie) right (**do czegoś** to sth); entitlement książk. (**do czegoś** to sth); eligibility *U* (**do czegoś** for sth); ~**a człowieka/zwierząt** human/animal rights; **działacz/kampania na rzecz obrony** ~ **zwierząt** an animal rights activist/campaign; ~**a kobiet** women's rights; ~**a publiczne/obywatelskie** public/civil rights; ~**a małżeńskie/rodzicielskie** marital/parental rights; ~**a i obowiązki obywatela** civil rights and duties; ~**o własności** proprietorship, ownership; ~**a spadkowe** inheritance rights; ~**a miejskie** a (town/city) charter; **nadać/odebrać** ~**a miejskie** to grant/ revoke a town/city charter; **uczestniczyć w zebraniu bez** ~**a głosu** to take part in a meeting without the right to vote; ~**o pierwszeństwa przejazdu** the right of way; **równe** ~**a** equal rights; ~**o do emerytury** pension rights; ~**o do pracy/ do strajku** the right to work/to strike; **mieć** ~ **do corocznego urlopu/do emerytury** to be entitled to annual leave/to a retirement pension; **mieć** ~**a do książki** to have a. hold the copyright on a. in a. for a book; **mieć** ~**o do ekranizacji powieści** to own the film rights to a novel; **mieć** ~ **o coś zrobić** to have the right a. to be entitled to do sth; **ona nie ma** ~**a tak cię traktować** she has no right to treat you like that; **masz**

pełne **~o odmówić** you have every right to refuse; **kto ci dał ~o mnie krytykować?** what gives a. who gave you the right to criticize me?; **rościć/zastrzec sobie ~o do czegoś** to claim/reserve the right to sth; **nabyć/utracić ~o do czegoś** to gain a. acquire/lose the right to sth; **zrzec się ~a do czegoś** to relinquish a. renounce one's right to sth książk.; **przyznać komuś ~o do czegoś** to grant sb the right to sth; **odmówić komuś ~a do czegoś** to deny sb the right to sth; **pozbawić kogoś ~a wykonywania zawodu** to deprive sb of the right to practise their profession, to ban sb from practising a profession; **upominać się o swoje ~a** a. **dochodzić swoich ~** to demand a. claim one's rights; **jakim ~em?** by what right?; **jakim ~em wtrącasz się w moje sprawy?** who gave you the right to interfere in my affairs?; **wszelkie ~a zastrzeżone** all rights reserved; **wywiad publikowany na ~ach wyłączności** an exclusive interview; **na równych ~ach** on equal terms; **ona jest tu na ~ach domownika** she's treated here as one of the family; **~o łaski** the prerogative of mercy; **skorzystać z ~a łaski** to pardon, to be pardoned ⑤ Aut. **~o jazdy** driving licence GB; driver's license US; **zdawać/zdać egzamin na ~o jazdy** to take/pass one's driving test; **chodzić na kurs ~a jazdy** to take driving lessons ⑥ (zasada, prawidłowość) law, principle; **~a naturalne/ekonomiczne/społeczne** natural/economic/social laws; **~a fizyczne/natury** the laws of physics/nature; **odkryć/sformułować ~o** to formulate a law a. principle; **podlegać ~om materii/przyrody** to be subject to the laws of matter/nature

Ⅱ adv. ① **na a. w ~o** (w prawą stronę) to the right; (po prawej stronie) on a. to the right; **na ~o od budynku jest sad** to the right of the building there's an orchard; **na ~o jest** a. **widzicie ratusz** to a. on your right is a. you can see the town hall; **iść/skręcić w ~o** a. **na ~o** to go/turn right; **skręć w pierwszą (ulicę) w ~o** take the first (street to the) right; **na ~o patrz!** Wojsk. eyes right!; **na ~o i (na) lewo** (wszędzie) everywhere; right and left and centre pot.; **szastał pieniędzmi na ~o i lewo** he was spending money right, left and centre pot.; **puszczała się na ~o i lewo** pot. she slept around a lot pot.; **w ~o i w lewo** (na wszystkie sposoby) in every possible way ② pot. (w polityce) **pójść na ~o** to veer to the right; **zwrot na ~o** a turn to the right; **być na ~o od kogoś** to be to the right of sb; **być na ~o od centrum** to be right of centre

Ⅲ z prawa pot. (po prawej stronie) from the right; **z ~a rozciągały się pola** to the right, there were fields; **z ~a i z lewa** from all sides

Ⅳ prawo- w wyrazach złożonych ① (odnoszący się do strony) right- ② (dotyczący prawa) law-

❑ **~a kardynalne** Hist. cardinal laws; **~o administracyjne** administrative law; **~o autorskie** copyright law; **~o biogenetyczne** recapitulation theory; Biol. palingenesis; **~o bliższości** Hist., Prawo (the right of)

primogeniture; **~o budowlane** building code; **~o chełmińskie** Hist., Prawo Chełm Law (a charter defining terms under which Polish towns were incorporated, modelled on the Magdeburg Law); **~o ciążenia Newtona** Fiz. Newton's law of gravitation; **~o cywilne** civil law; **~o doraźne** Prawo summary justice; **~o drogowe** Prawo the rules of the road, the Highway Code GB; **~o finansowe** a. **skarbowe** revenue law; **~o handlowe** commercial a. trade law; **~o kanoniczne** a. **kościelne** canon a. church a. ecclesiastical law; **~o karne** Prawo criminal law; **~o karne wykonawcze** penal law; **~o karne skarbowe** penal revenue law; **~o lokalowe** housing law; **~o łowieckie** game laws; **~o magdeburskie** a. **niemieckie** Hist., Prawo Magdeburg Law; **miasto na ~ie magdeburskim** a town chartered according to the Magdeburg law; **~o mennicze** Hist. minting rights; **~o międzynarodowe** international law; **~o Murphy'ego** Murphy's a. Sod's pot., żart. Law; **~o obywatelstwa** right of citizenship; **~o państwowe** constitutional law; **~o Parkinsona** Parkinson's law; **~o pracy** labour legislation, employment legislation; **~o prasowe** press legislation; **~o probiercze** assay law; **~o procesowe** adjective a. procedural law; **~o rodzinne** family law; **~o rzymskie** Roman law; **~o składowe** a. **składu** Hist. the right of storage; **~o wartości** Ekon. the law of value; **~o wojenne** law of war; **~o wyborcze** electoral a. election law; **bierne ~o wyborcze** eligibility to stand for election, right to be elected; **czynne ~o wyborcze** voting rights, suffrage, franchise; **powszechne ~o wyborcze** universal suffrage a. a universal franchise; **~o wyborcze dla kobiet** women's suffrage; **~o zwyczajowe** common law, custom

■ **psie ~o** pot. bounden duty przest.; **wilcze ~o** a. **~o dżungli** a. **pięści** the law of the jungle; **albo w ~o, albo w lewo** you can't have your cake and eat it

prawobrzeżn|y adi. [dzielnica, miasto] right-bank, right-hand bank; [dopływ] right, right-bank

prawodaw|ca m, **~czyni** f (osoba) legislator, lawgiver, lawmaker, solon US; (organ) legislative body

prawodawcz|y adi. [organ, władza] legislative; **inicjatywa ~a** legislative initiative

prawodawstw|o n sgt ① (ogół praw) legislation ② (stanowienie praw) legislation, law-making

prawomocnie adv. [stwierdzić, orzec] validly, with legal validity

prawomocnoś|ć f sgt legal validity, binding force

prawomocn|y adi. ① Prawo [orzeczenie, wyrok, wybory] legally valid; [akt] legally binding, effective; [władza] legal, lawful; **wyrok jest ~y** the (judge's) decision is final and binding; **wyrok nie jest ~y** the sentence is not legally valid ② książk. [definicja, reguła] valid

prawomyślnie adv. grad. książk. legalistically

prawomyślnoś|ć f sgt książk. law-abiding, legalism

prawomyśln|y adi. grad. książk. [obywatel, społeczeństwo] law-abiding; [poglądy] legalistic; pejor. [wiersz, sztuka] loyal przen.

praworęcznoś|ć f sgt right-handedness

praworęczn|y [] adi. [osoba] right-handed

[] **praworęczn|y** m, **~a** f right-hander

praworządnie adv. [postępować, działać] lawfully, legally; **~ zorganizowane państwo** a state of law and order

praworządnoś|ć f sgt (panowanie prawa) law and order; **~ć obywateli/urzędników państwowych** the law-abidingness of citizens/civil servants; **~ć decyzji** the lawfulness a. legality of a decision; **naruszać/łamać ~ć** to infringe/break the law; **strzec ~ci** to maintain law and order; **walczyć o ~ć** to fight for the law

praworządn|y adi. [władza, obywatel] law-abiding; [decyzja, działanie] lawful, legal; **~y kraj** a law-abiding country

prawoskrętnie adv. [nawinięty, skierowany] clockwise

prawoskrętnoś|ć f sgt ① (śruby, gwintu) right-handedness ② Chem. (cząsteczki) dextrorotation

prawoskrętn|y adi. ① [ruch] dextrogyrate; Chem. [cząsteczka] right-handed, dextrorotatory ② Techn. [nakrętka, gwint] right-handed

prawoskrzydłow|y [] adi. right-hand; Wojsk. right-flanked; **zająć ~ą pozycję frontu** to occupy positions on the right flank

[] **prawoskrzydłow|y** m, **~a** f Sport right wing, right-winger, outside right

prawosławi|e n sgt Relig. the Orthodox Church, the Orthodox faith

prawosławn|y [] adi. Relig. Orthodox; **cerkiew ~a** a. **kościół ~y** Archit. an Orthodox church; **Rosyjski/Grecki kościół ~y** (wyznanie) the Russian/Greek Orthodox Church; **krzyż ~y** a Russian cross

[] **prawosławn|y** m, **~a** f member of the Orthodox church

prawostronnie adv. on the right(-hand) side

prawostronn|y adi. right(-hand); **w Polsce obowiązuje ~y ruch pojazdów** Poland has right-hand traffic a. driving; **samochód z ~ym układem kierowniczym** a car with right-hand drive

prawoś|ć f sgt książk. probity, righteousness, integrity; **człowiek wielkiej ~ci** a person of great integrity

prawoślaz m (G **~u**) Bot. marshmallow

prawow|ać się impf v refl. przest. to go to law (o coś about a. over sth); **~ować się z kimś** to be a. engage in litigation with sb

prawowiernoś|ć f sgt orthodoxy

prawowiern|y [] adi. orthodox; **~y katolik** an orthodox catholic; **~y muzułmanin** an orthodox muslim

[] **prawowiern|y** m, **~a** f zw. pl **~i** the orthodox

prawowitoś|ć f sgt książk. legitimacy, legality

prawowi|ty adi. książk. [właściciel, spadkobierca] rightful, lawful; [syn, córka] legitimate

prawoznawstw|o n sgt jurisprudence

praw|y [] adi. ① [ręka, noga, rękaw, nogawka, but, rękawiczka] right; [strona,

brzeg, róg, guzik] right, right-hand; **oczko ~e** plain; **sklep jest po ~ej stronie** the shop is on the right-hand side; **po jego ~ej stronie stała mama** on a. to his right his mum was standing; **siedział po jej ~ej ręce** he was sitting on a. to her right; **odwrócił się w ~ą stronę/na ~y bok** he turned to the right (side)/on the right side; **samochód nadjechał z ~ej strony** the car came from the right [2] (zewnętrzny, wierzchni) *[strona]* right, front; **na ~ej stronie** (ubrania, poszewki) outside; (koperty, papieru) on the front; (materiału) on the right side; **przewróciła bluzkę na ~ą stronę** she turned the blouse right side out [3] Polit. *[odłam]* right-wing *attr.*; **~e skrzydło partii liberalnej** the right wing of the Liberal party [4] Techn. *[śruba, gwint]* right-hand [5] książk. (szlachetny) *[człowiek]* righteous, upright; *[uczciwy]* honest; *[charakter]* virtuous; **iść ~ą drogą** to keep to the straight and narrow; **zejść z ~ej drogi** to stray from the straight and narrow [6] przest. (prawowity) *[potomek]* legitimate; *[spadkobierca]* rightful, lawful
II *m* Sport (cios) right; **~y prosty/sierpowy** a straight right a. a right jab/a right hook
III prawa *f* [1] Wojsk. **raz, dwa, ~a...!** right!, right!... [2] (prawa strona) right(-hand) side; **po ~ej zobaczył most** to the right he saw a bridge; **~a wolna!** (stwierdzenie) it's OK on the right!; (polecenie) keep to the left!
■ **być czyjąś ~ą ręką** to be sb's right hand a. arm, to be sb's right-hand man; **pochodzić z ~ego łoża** a. **być dzieckiem z ~ego łoża** książk. to be a legitimate child
prawybor|y *plt* (*G* ~**ów**) Polit. primary, primary election; **~y bezpośrednie/powszechne** a direct/an open primary; **~y prezydenckie** the presidential primary election
prawykona|nie *n* first performance, premiere
prawz|ór *m* (*G* ~**oru**) książk. forerunner
prażon|y II *pp* → **prażyć**
II *adi.* Kulin. *[orzeszki]* roast(ed), toasted; **~a kukurydza** popcorn; **~e migdały** burnt almonds; **~e ziemniaki** roast potatoes
praż|yć *impf* **II** *vt* [1] Kulin. to roast *[mąkę, kaszę, orzechy, migdały, ziemniaki]* ⇒ **uprażyć** [2] pot. (smagać) to lash *[konia]*; **~yć konia batem** to lash a. to whip a horse [3] Techn. to calcine *[rudę]*
II *vi* [1] (palić) to beat a. blaze down; **słońce niemiłosiernie ~yło ich głowy** the sun was beating down mercilessly on their heads; **~ące słońce** a blazing a. a scorching sun [2] pot. (strzelać) to blaze (away); **~yć z dział/z karabinów maszynowych** to blaze away with guns/machine guns
III prażyć się [1] (w słońcu) to roast przen.; **od rana ~yli się na plaży** they had been roasting a. sunbathing on the beach since the morning [2] Kulin. (w piecu) to roast, to grill; (na patelni) to fry
prażyn|ki *plt* (*G* ~**ek**) crisps GB, chips US
prąci|e *n* (*Gpl* ~) Anat. penis
prąd *m* (*G* ~**u**) [1] Elektr., Fiz. (electric) current, electricity *U*; **~d elektryczny** electric current; **porażenie ~dem** an electric shock; **został porażony ~dem** a. **złapał go ~d** pot. he got a. was given an

electric shock; **zostać śmiertelnie porażonym ~dem** to be electrocuted; **włączyć/wyłączyć ~d** to switch on/off the electricity a. the power; **płacić za ~d i gaz** to pay for electricity and gas; **opłaty za ~d** electricity charges; **dostawa ~du** power a. electricity supply; **przerwa w dostawie ~du** a power cut, a blackout; **odciąć dostawę ~du do miasta** to cut power to a. to black out a town; **przewodnik ~du** power conductor; **natężenie/napięcie ~du** amperage/voltage; **źródło ~du** a source of power a. electricity, a power source a. an electricity source; **golarka/ suszarka do włosów na ~d sieciowy** a plug-in razor/hairdryer; **włączyć suszarkę (do włosów)/żelazko do ~du** to plug in the hairdryer/iron; **wyłączyć suszarkę (do włosów)/żelazko z ~du** to unplug the hairdryer/iron [2] (wody) (w rzece) current, flow, stream; (morski) current, tide, drift; **silny/szybki ~d** a strong/a rapid current; **płynąć pod ~d/z ~dem** *[osoba]* to swim upstream/downstream a. against/with the current; *[łódź]* to sail upstream/downstream a. against/with the current; **iść** a. **płynąć z ~dem/pod ~d** przen. to go a. swim with/ against the tide a. stream przen. [3] (powietrza) airstream, airflow; **przez otwarte okno wpłynął ~d świeżego, porannego powietrza** a gust of fresh air came in through the open window; **~d wiatru porywał liście** gusts of wind were blowing leaves around [4] (tendencja) current, trend, movement; **~dy racjonalistyczne w oświeceniu** rationalist trends during the Enlightenment; **twórca nowego ~du w malarstwie** the founder of a new trend a. movement in painting; **~dy rewolucyjne** revolutionary currents [5] (ruch) stream; **~d ludzi i pojazdów** a stream of people and vehicles; **dał się porwać ~dowi demonstrantów** he was swept along by a stream of demonstrators; **jechał pod ~d jednokierunkową ulicą** he was driving the wrong way up a one-way street
❑ **~d czynnościowy** Fizj. biocurrent; **~d faradyczny** Fiz. faradic a. faradaic current; **~d galwaniczny** Elektr. voltaic a. galvanic current; **~d głębinowy** Geog. undercurrent; **~d indukcyjny** Elektr. induced current; **~d jednofazowy** Elektr. monophase a. single-phase current; **~d jednokierunkowy** Elektr. unidirectional current; **~d kompensacyjny** Geog. compensatory current; **~d morski** Geog. sea current; **~d odpływowy** Geog. riptide; **~d podpowierzchniowy** Geog. undertow; **~d przemienny** a. **zmienny** Elektr. alternating current, AC; **~d stały** Elektr. direct current, DC; **~d strumieniowy** Meteo. jet stream; **~d termiczny** Meteo. thermal (current); **~d trójfazowy** Elektr. three-phase current; **~d wielofazowy** Elektr. multi-phase current; **~d wstępujący** Meteo. updraught; **~d zstępujący** Meteo. downdraught; **~dy błądzące** Elektr. stray currents; **~dy kompensacyjne** Geog. compensation currents; **Prąd Północnoatlantycki** Geog. the North Atlantic Drift; **Prąd Zatokowy** Geog. the Gulf Stream

prądnic|a *f* generator; (w rowerze) dynamo; **~a prądu stałego** DC generator, dynamo; **~a prądu przemiennego** AC generator
prądnicow|y *adi.* generator *attr.*
prądotwórcz|y *adi.* power-generating; **agregat/zespół ~y** a generator/generating set
prądow|y *adi.* power-driven
prąt|ek *m* [1] zw. *pl* Med. mycobacterium; **~ki gruźlicy** tubercle a. Koch's bacilli; **~ki trądu** leprosy a. Hansen's bacilli [2] Ogr. spray
prąż|ek *m* zw. *pl* (pasek) stripe; (na ciemnej tkaninie) pinstripe; (wypukły) cord, rib; **biało-czerwone ~ki** white and red stripes; **w ~ki** (kolorowe) striped; (wypukłe) ribbed, corded; **garnitur w ~ki** a pinstripe (suit) ❑ **~ki interferencyjne** Fiz. interference fringe
prążkowan|y *adi.* *[liść, materiał, sierść]* striped, stripy; *[ciemna tkanina]* pinstripe; (w wypukłe prążki) ribbed, corded
pre- w wyrazach złożonych pre-, prae-
preambu|ła *f* preamble (**czegoś** a. **do czegoś** to sth)
preben|da *f* Relig. prebend
prebenda|riusz, ~rz *m* Relig. prebendary
precedens *m* (*G* ~**u**) precedent; **bez ~u** without precedent, unprecedented; **niemający ~u** unprecedented, without precedent; **stworzyć ~** to set a precedent; **powołać się** a. **wskazać na ~** Prawo to invoke a precedent; **~ sądowy** Prawo legal precedent, test case
precedensow|y *adi.* (stanowiący precedens) *[rozstrzygnięcie]* precedential; **sprawa ~a** Prawo a leading case; **prawo ~e** case law
prec|el *m* (~**elek** dem.) (*A* ~**la** a. ~**el**, ~**elka** a. ~**elek**) pretzel
precepto|r *m* (*Npl* ~**rzy** a. ~**rowie**) przest. preceptor przest.
precjoz|a *plt* (*G* ~**ów**) książk. valuables; **rodzinne ~a** family heirlooms
precyzj|a *f sgt* [1] (dokładność) precision, accuracy; **zrobić coś z wielką** a. **drobiazgową ~ą** to do sth with great accuracy a. precision; **z aptekarską** a. **jubilerską ~ą** with surgical precision [2] (jasność) preciseness, clarity; **~a czyjejś wypowiedzi** precision of sb's statement; **~a myślenia** clarity of thinking a. thought
precyz|ować *impf* **II** *vt* (uściślać) to specify, to set down, to set [sth] down, to set out, to set [sth] out *[cele, plan, warunki, zarzuty]* to pin down, to pin [sth] down *[pojęcia, reguły]*; (wyjaśniać) to get something straight; **nikt nie potrafi ~ować swych myśli lepiej od niego** no-one is as precise in expressing his thoughts as he is ⇒ **sprecyzować**
II precyzować się (uściślać się) to become more precise a. specific ⇒ **sprecyzować się**
precyzyjnie *adv. grad.* precisely, with precision; (trafnie) accurately
precyzyjnoś|ć *f sgt* [1] (dbałość o precyzję) preciseness [2] (dokładność w działaniu) precision
precyzyjn|y II *adi. grad.* (dokładny) *[aparatura, mechanizm, instrument, pomiar, definicja, obliczenie]* precise; *[wskazówki, odpowiedzi]* accurate, exact; *[rozkaz]* strict; **mało ~a odpowiedź/definicja** a vague answer/definition

P

III *adi.* *[przemysł, przyrząd]* precision *attr.*; **bombardowanie ~e** precision bombing; **lądowanie ~e** precision landing; **ślusarz ~y** a die-sinker

precz II *adv.* away, out; **wypędzić kogoś ~** to turn sb out; **poszedł sobie ~** he went away; **cisnął młotek ~** he threw the hammer away; **wynoś mi się ~ z mojego domu!** get out of my house!

III *inter.* **~!, ~ stąd!** out!, off with you!, get lost!; begone! *przest.*; **~ mi z oczu!** out of my sight!; **~ z komuną/tyranią!** down with communism/tyranny!; **~ z rękami!** hands off!; **ręce ~...** hands off...

predestynacj|a *f sgt* [1] *książk.* fate, destiny [2] *Relig.* predestination

predestyn|ować *impf vt książk.* to predestine (**kogoś do czegoś** sb to sth); to mark out [sb] a. to mark out (**do czegoś** for sth a. to become sth); **jego dowcip ~uje go na komediopisarza** with his wit he has all the makings of a comedy writer

predeterminacj|a *f sgt Filoz.* predetermination

predetermin|ować *impf vt Filoz.* to predetermine

predyka|t *m* (*G ~tu*) *Jęz., Log.* predicate

predykatywn|y *adi. Jęz.* predicate, predicative

predylekcj|a *f* (*Gpl ~i*) *książk.* predilection, fondness *U* (**do czegoś** for sth); **jego ~e literackie/muzyczne** his literary/musical predilections; **mieć/zdradzać ~ę do ukazywania scen rodzajowych** to have/maninfest a predilection for showing a. to show genre scenes

predyspon|ować *impf vt książk.* (do choroby) to predispose (**do czegoś** to sth); (do zawodu) to mark out [sb] a. to mark out (**do czegoś** for sth a. to become sth); **każdy z nas ma w życiu zadanie, do którego jest ~owany** each of us has a task in life to which he or she is particularly predisposed

predyspozycj|a *f zw. pl* (*Gpl ~i*) *książk.* predisposition (**do czegoś** to a. towards sth); **~e psychiczne/genetyczne** psychological/genetic predisposition; **~e aktorskie/muzyczne** acting/musical predisposition; **mieć/zdradzać ~e do zawodu dyplomaty** to have/show a predisposition to the diplomatic profession

preegzystencj|a *f sgt Filoz.* pre-existence

preembrion *m* (*G ~u* a. *~a*) pre-embryo

prefabrykacj|a *f sgt Budow.* prefabrication

prefabryka|t *m* (*G ~tu*) *Budow.* prefabricated a. prefab *pot.* element; **wybudować coś z ~tów** to prefabricate sth; **wytwórnia ~tów** a prefab plant *pot.*; **dom z ~tów** a prefab *pot.*

prefabrykowan|y *adi.* *[części, element]* prefabricated a. prefab *pot.*, precast; **budynek ~y z elementów ~ych** a prefab *pot.*; **masa betonowa ~a** ready-mix; **element betonowy ~y** precast concrete

prefek|t *m* [1] (we Francji) prefect [2] (ksiądz katecheta) catechist

prefektu|ra *f* [1] (obszar) prefecture [2] (kancelaria) prefecture [3] *sgt* (godność) prefecture

preferencj|a *f* (*Gpl ~i*) [1] *zw. pl* (lepsze warunki) preferential treatment *U*; **dać a. stworzyć ~e rolnikom** to give farmers preferential treatment [2] (pierwszeństwo, upo-

dobanie) preference; **~e polityczne respondentów** the political preferences of respondents; **~a kierunków technicznych nad humanistycznymi** a preference for technical sciences over humanities; **nie mam szczególnych ~i** I have no particular preference

❑ **~a celna** *Ekon.* preferential tariffs

preferencyjnie *adv.* *[traktować]* in a preferential way

preferencyjn|y *adi.* [1] (korzystniejszy) *[cena, opodatkowanie, stawka, traktowanie]* preferential; **kredyt ~y** a loan on preferential terms [2] (wynikający z pierwszeństwa) **~a lista zakupów** a list of shopping items in order of preference

prefer|ować *impf vt książk.* [1] (woleć) to choose, to prefer; **~ować coś nad coś** to prefer sth to sth; **~owane przez młodzież kierunki studiów** the courses of study most popular with students [2] (popierać) to favour *GB*, to favor *US*, to support; **rząd ~uje niektóre gałęzie przemysłu** the government supports a. favours some branches of industry

prefiguracj|a *f* (*Gpl ~i*) *książk.* prefiguration

prefiks *m* (*G ~u*) [1] *Jęz.* prefix [2] *Telekom., Handl.* prefix

prefiksaln|y *adi. Jęz.* *[formacja, cząstka]* prefix *attr.*

prehistori|a *f sgt* (*GD ~i*) prehistory także *przen.*; **jego pierwsze małżeństwo to już ~a** his first marriage is already ancient history

prehistoryczn|y *adi.* prehistoric(al)

prekognicj|a *f sgt Psych.* precognition

prekolumbijs|ki *adi.* pre-Columbian

prekurso|r II *m pers. książk.* forerunner, precursor; **~r romantyzmu** a precursor of romanticism

III *m inanim.* *Chem.* precursor; **karoteny są ~rami witaminy A** carotenes are precursors of vitamin A

prekursor|ka *f książk.* forerunner, precursor

prekursors|ki *adi. książk.* *[metody, dzieło]* pioneering

prekursorsko *adv. książk.* innovatively, in a novel way

prekursorstw|o *n sgt książk.* (dzieła) pioneering nature; (autora) pioneering work

prelegenc|ki *adi. książk.* *[działalność]* lecturing; **mieć talent ~ki** to be a brilliant a. talented lecturer

prelegen|t *m*, **~tka** *f książk.* speaker, lecturer

prelekcj|a *f* (*Gpl ~i*) *książk.* talk, lecture (**na temat czegoś** on a. about sth); **wygłosić ~ę dla młodzieży** to give a talk to young people; **wysłuchać ~i** to listen to a talk

prelekcyjn|y *adi. książk.* *[sala]* lecture *attr.*

preliminari|a *plt* (*G ~ów*) *Polit.* preliminaries; **~a traktatu** treaty preliminaries; **~a pokojowe** preliminaries to a peace agreement

preliminarz *m Ekon.* preliminary estimate; **~ budżetowy rządu** a preliminary budget estimate

preliminarzow|y *adi. Ekon.* *[koszty, zyski, sumy]* preliminary

prelimin|ować *impf vt Ekon.* [1] (układać preliminarz) to make preliminary estimates of *[koszty, zyski]*; **~owane koszty/zyski** the preliminary estimation of costs/profits ⇒ **zapreliminować** [2] (zestawiać plan dochodów i wydatków) to budget *[sumy, wydatki, koszty, zyski]* ⇒ **zapreliminować**

preludi|um *n* (*G ~ów*) [1] *Muz.* prelude; **~a fortepianowe** piano preludes; **~a i fugi** preludes and fugues [2] *książk.* (zapowiedź) prelude; **~um do dalszych rokowań/dyskusji** a prelude to further negotiations/discussion

premedytacj|a *f sgt* [1] *książk.* (zaplanowanie) deliberation; **wypowiedział te słowa z pełną ~ą** he spoke the words with deliberation; **z całą ~ą nie dał mu dojść do słowa** he didn't let him get a word in (edgeways) [2] *Prawo* premeditation, criminal intent; **z ~ą** with malice aforethought; **morderstwo popełnione z ~ą** first degree *US* a. premeditated murder, murder with malice aforethought

premi|a *f* (*GDGpl ~i*) [1] (dodatek do pensji) bonus; **~a motywacyjna** an incentive bonus; **wypłacono pensję łącznie z ~ą** the salary was paid along with the bonus; **pracownikom przyznano duże ~e** the employees were given large bonuses [2] (nagroda) bonus, premium; **konkurs z ~ami** a competition with prizes [3] (dodatkowe odsetki) bonus interest a. reward [4] (bezpłatny dodatek do prenumeraty) bonus gift [5] *Sport* (dodatkowe punkty) (time) bonus points *pl*; **~a górska** a mountain stage (time) bonus

premie|r *m* premier, Prime Minister; **na konferencji prasowej pani ~r zaprzeczyła pogłoskom, że...** at her press conference the premier denied the rumours that...

premie|ra *f* first a. opening night, premiere; **~ra warszawska/światowa** the Warsaw/world premiere; **poznał ją na ~rze prasowej** he met her on press night; **~ra filmu odbyła się na festiwalu w Cannes** the film was premiered in Cannes

premierostw|o¹ *n sgt* (urząd) premiership, prime ministership

premierostw|o² *plt* (*GA ~a, L ~u*) (małżeństwo) the premier and his wife/her husband, the prime minister and his wife/her husband

premierow|y *adi.* *[spektakl, film, obsada]* first-night *attr.*; **~e przedstawienie/~a publiczność** the first-night performance/audience

premi|ować *impf vt* to award bonuses (**kogoś za coś** to sb for sth); **~owano pracowników za pilną pracę** the workers were awarded bonuses for diligent work; **~owanie produktów najwyższym znakiem jakości** awarding products top quality marks a. top marks for quality

premiow|y *adi.* [1] (odnoszący się do dodatkowych pieniędzy za pracę) bonus *attr.*; **fundusz/system ~y** a bonus fund/system [2] (odnoszący się do nagrody) bonus *attr.*; **~y bon oszczędnościowy** a bonus savings bond; **trafienia ~e** prize shots; **~e losowanie** a prize draw

prenatalnie *adv. Med.* *[zbadać, rozpoznawać]* prenatally, antenatally; **wykryto ~**

wadę genetyczną płodu a congenital abnormality of the foetus was diagnosed prenatally a. antenatally

prenataln|y *adi.* Med. prenatal, antenatal; **badania ~e** prenatal diagnostic tests; antenatals pot.

prenumera|ta *f* [1] (przedpłata) subscription (fee); **roczna ~ta tego pisma wynosi 500 zł** the annual a. yearly subscription fee for the magazine is 500 zlotys; **zapłaciłem już ~tę za następny kwartał** I've already paid the subscription (fee) for the next quarter [2] (subskrypcja, zamówienie) subscription; **czasopismo w ~cie** a subscription magazine; **wykupić/anulować/przedłużyć ~tę czegoś** to take out/cancel/renew a subscription to sth; **kolejne numery magazynu można otrzymać tylko w ~cie** all future issues of the magazine are available only on a. by subscription

prenumerato|r *m*, **~rka** *f* subscriber

prenumer|ować *impf vt* to subscribe to *[gazety, czasopisma, książki]*; **~uję ten tygodnik od dwóch lat** I have been subscribing to the weekly for two years ⇒ **zaprenumerować**

prepara|t *m* (*G* **~tu**) [1] Chem., Farm. preparation; **~t farmaceutyczny/ziołowy/hormonalny** a pharmaceutical/herbal/hormonal preparation; **~ty owadobójcze/bakteriobójcze** insecticides/germicides; **~t kosmetyczny do usuwania skórek** a cuticle remover; **~t do usuwania makijażu** a make-up remover [2] Biol., Med. preparation; **~t anatomiczny/biologiczny** an anatomical/a biological preparation; **~t tkanki/mięśnia** a tissue/muscle preparation; **~ty owadów/roślin** insect/plant specimens
❑ **~t mikroskopowy** Biol. microscope a. microscopic preparation; **~t promieniotwórczy** Chem., Fiz. radioactive preparation

prepar|ować *impf vt* [1] Chem., Farm. (przyrządzać) to prepare *[maść, szczepionkę, zioła, tytoń]* ⇒ **spreparować** [2] Biol., Med. (sporządzać preparaty) to dissect *[kości, tkankę, roślinę]*; **uczniowie na lekcji biologii ~owali żaby** during a biology lesson pupils dissected frogs; **~ować zwłoki w prosektorium** to dissect bodies a. corpses in a dissecting room ⇒ **spreparować, wypreparować** [3] książk. (wymyślać, fałszować) to fabricate, to (deliberately) concoct *[fakty, informacje, dokumenty]*; **prasa ~owała takie historie** the press manufactured such stories; **zdjęcia, które ukazały się w gazecie, były ~owane** the photographs which appeared in the newspaper were fakes a. fabricated; **posunął się do ~owania tych dokumentów** he went as far as to doctor the documents ⇒ **spreparować**

preparowan|y [] *pp* → **preparować**
[] *adi.* [1] (zakonserwowany) *[zwierzę, tkanka, narząd, rośliny]* dissected; **na lekcji biologii oglądaliśmy ~e żaby** during a biology lesson we were shown dissected frogs [2] książk. (zmyślony) fabricated, manufactured; **~e informacje na temat życia prywatnego polityków** concocted a. invented stories about the private lives of politicians ⇒ **spreparowany**

preri|a *f* (*GDGpl* **~i**) Geog. prairie
preriow|y *adi.* *[zwierzęta, roślinność]* prairie *attr.*; **piesek ~y** a prairie dog

prerogatyw|a *f zw. pl* książk. prerogative; **konstytucyjne ~y głowy państwa** constitutional prerogatives of the head of State

presj|a *f* (*Gpl* **~i**) książk. pressure; **~a moralna/fizyczna/psychologiczna** moral/physical/psychological pressure; **pod ~ą (moralną)** to be under (moral) pressure; **wywierać ~ę na kogoś** to exert a. sustain pressure on sb, to bring pressure to bear on sb; **ustąpić/ulec pod ~ą** to yield under pressure; **robić coś pod czyjąś ~ą** to do sth under pressure from sb

prestidigitato|r *m* książk. prestidigitator książk.; conjuror a. conjurer

prestidigitators|ki *adi.* książk. *[sztuczki, zręczność, zdolności]* prestidigitatorial a. prestidigitatory książk.; **~ka zręczność** prestidigitatory skill; **~ka sztuczka** a conjuring trick

prestidigitatorstw|o *n sgt* książk. [1] (sztukmistrzostwo) prestidigitation książk.; **tajniki ~a** secrets of prestidigitation [2] (sprawność) prestidigitation; **słowne ~o** verbal prestidigitation; **~o w żonglerce słowami** feats of verbal prestidigitation a. virtuosity

prestiż *m sgt* (*G* **~u**) książk. prestige; **mieć ~** to have prestige; **umocnić/wzmocnić swój/czyjś ~** to enhance one's/sb's prestige; **podnieść czyjś ~** to raise sb's prestige; **podważyć swój/czyjś ~** to damage one's/sb's prestige; **korupcja zachwiała ~ urzędników państwowych** corruption undermined the prestige of civil servants

prestiżowo *adv.* książk. *[potraktować, przyznać]* as a matter of prestige; **swój udział w tej sprawie potraktował ~** he treated his role in the affair as a matter of prestige; **dobra posada, finansowo i ~** a good job, financially sound and prestigious

prestiżow|y *adi.* książk. *[nagroda, sukces, pismo, uczelnia]* prestigious

pre|sto [] *n, n inv.* Muz. presto
[] *adv.* *[zapisać]* presto

pretek|st *m* (*G* **~stu**) książk. [1] (zmyślony powód) pretext, alleged reason, excuse; **~st do czegoś** an excuse for sth; **szukać ~stu do awantury/kłótni/sprzeczki** to look for a pretext for a row/quarrel/dispute; **robić coś pod ~stem czegoś/robienia czegoś** to do sth under a. on the pretext a. under pretence of sth/doing sth; **wymyślić jakiś ~st, żeby coś zrobić** to invent some excuse to do sth/for doing sth; **wynajdywał wciąż nowe ~sty, żeby nie pójść do szkoły** he kept finding new excuses for not going to school; **chłopcy spotykali się pod ~stem wspólnego odrabiania lekcji** the boys met on the pretext of doing their homework together [2] (okazja) pretext; **służyć za ~st do dalszej dyskusji** to serve as a pretext for further discussion

pretekstowo *adv.* książk. *[potraktować, zrobić]* as a pretext; **traktował swoją pracę w fabryce ~** he used his work in a factory as a pretext

pretekstow|y *adi.* książk. *[uzasadnienie, tłumaczenie, akcja]* pretext *attr.*; **~e uza-**

sadnienie sprawy a specious justification of the matter

pretenden|t *m*, **~tka** *f* [1] książk. pretender; **~t do tronu** a pretender a. a claimant to the throne; **miała wielu ~tów do swojej ręki** she had many suitors; **był jednym z głównych ~tów do tytułu mistrza świata** he was one of the main contenders for the title of world champion [2] Sport (w boksie, w szachach) challenger

pretend|ować *impf vi* książk. (ubiegać się) to aspire (**do czegoś** to sth); **~ować do urzędu prezydenckiego** to aspire to be the next president; **~ujesz do jej ręki?** do you aspire to marry her?

pretensj|a *f zw. pl* (*Gpl* **~i**) [1] (uraza, żal) grudge, grievance (**do kogoś** against sb); **nie mam do nikogo żadnych ~i** I bear no grudges against anyone; **listy zawierały często ~e i żale** the letters frequently contained grudges and complaints; **miała do niego ~e o tamtą noc** she harboured a. nursed a grudge against him for that night; **możesz mieć ~e do samego siebie** you have only yourself to blame; **mówił z ~ą w głosie** he spoke peevishly [2] książk. (roszczenie) claim; **dochodzić swych ~i** to make claims; **odstąpić od jakichś ~i** to abandon one's claims; **nie wnoszę żadnych ~i** I am not making any claims; **rościł sobie ~e do spadku** he made claims to the inheritance; **książę zrzekł się ~i do tronu** the prince relinquished his claim to the throne [3] pot. pejor. (wysokie mniemanie o sobie) pretence GB, pretense US; **mieć ~e do elegancji/do inteligencji** to have pretensions a. aspirations to elegance/intelligence; **nie roszczę sobie ~i do doskonałości** I don't claim to be perfect

pretensjonalnie *adv. grad.* (nienaturalnie) *[nazwać, brzmieć]* pretentiously; *[wyglądać]* pretentious *adi.*; **w tym kapeluszu wyglądasz ~** you look pretentious in that hat; **jak na swój wiek ubierała się ~** she dressed extravagantly for her age

pretensjonalnoś|ć *f sgt* [1] (nienaturalność) pretentiousness; **denerwowała go jej ~ć** he was irritated with her pretentious manner [2] (niegustowność) pretentiousness; **trudna do wytrzymania ~ć powieści** the highly irritating pretentiousness of the novel

pretensjonaln|y *adi. grad.* *[mowa, zachowanie, maniery, strój]* pretentious; **~a pannica** a hoity-toity little madam; **~i dorobkiewicze** nouveau-riche social climbers

prewencj|a *f* (*Gpl* **~i**) książk. prevention; **stosować ~ę** to apply preventive measures; **środki przymusu i ~i** coercive and preventive measures

prewencyjnie *adv.* książk. preventatively; **oskarżonego umieszczono ~ w areszcie** the accused has been placed in preventive custody a. detained as a preventive measure; **~ szczepiono dziewczynki przeciwko różyczce** girls were vaccinated against German measles as a preventive measure

prewencyjn|y *adi.* *[środki, działalność, akcja]* preventive; **areszt ~y** preventive custody a. detention; **wojna ~a** a preventive war; **stosować cenzurę ~ą** to exercise a. practice preventive censorship; **oddziały ~e policji** riot police

prezbiterialn|y *adi.* Relig. [1] (dotyczący kościoła) presbyterial, chancel *attr.*; **~a część kościoła** the presbyterial section of the church [2] (dotyczący prezbiterianizmu) Presbyterian; **duchowny ~y** a Presbyterian minister;

prezbiteri|um *n* (*Gpl* **~ów**) Relig. chancel

prezencj|a *f sgt* książk. appearance; **mieć świetną ~ę** to be (highly) presentable; **miała miłą ~ę** she had pleasant looks; **wymaga się od nich nienagannej dykcji i miłej ~i** they must be well spoken and highly presentable

prezen|t *m* (*G* **~tu**) present, gift; **dać** a. **ofiarować** a. **wręczyć komuś ~t** to give sb a present; **dostać coś w ~cie (od kogoś)** to get a. receive sth as a present (from sb); **zrobił jej ~t i kupił futro** he bought her a fur coat as a present; **na ~t kupiła mu zegarek** she bought him a watch as a present; **nowożeńcy zostali obsypani ~tami** the newly-weds were showered with presents

prezentacj|a *f* (*Gpl* **~i**) książk. [1] (pokaz) presentation; **~a nowej kolekcji wiosennej znanego projektanta** a showing of the spring collection by a famous designer; **podczas targów dokonano ~i nowego modelu samochodu** at the fair a new car model was exhibited [2] (przedstawianie) introduction(s); **gospodarz dokonał ~i gości** the host made the introductions

prezente|r *m*, **~rka** *f* [1] (w radiu, telewizji, na estradzie) presenter; **~r wiadomości** a newscaster a. newsreader a. news broadcaster; **~r pogody** a weather forecaster; **teleturniej prowadził znany ~r telewizyjny** the game show was hosted by a famous TV presenter [2] (towarów) demonstrator, merchandiser; **chciał być ~rem odzieży** he wanted to be a male model

prezenters|ki *adi.* [umiejętności, doświadczenie] of a presenter, as a presenter; **~ka praca wymaga znajomości potrzeb i gustów telewidzów** the work of a presenter requires a good knowledge of the needs and tastes of TV viewers

prezent|ować *impf* książk. [I] *vt* [1] (pokazywać) to present [książki]; to display, to demonstrate [towary, wyroby]; to display [stroje wieczorowe]; to present [sztukę teatralną, balet]; **~owała odkurzacze na targach międzynarodowych** she demonstrated vacuum cleaners at international fairs; **~ować broń** Wojsk. to present arms ⇒ **zaprezentować** [2] (wyrażać) to express, to present; **~ować swoje poglądy/opinie** to present one's views/opinions ⇒ **zaprezentować** [3] (przedstawiać) to introduce ⇒ **zaprezentować**

[II] **prezentować się** [1] (wyglądać) to look (presentable); **ona się całkiem nieźle ~uje** she's quite presentable; **świetnie ~ował się w smokingu** he looked splendid in his dinner jacket ⇒ **zaprezentować się** [2] (występować) [aktor, piosenkarz, zespół] to appear, to make appearance; **znana aktorka ~ująca się w**

---

nowej roli the famous actress appearing in a new role; **potem w naszym kościele ~ował się chór z Litwy** then the choir from Lithuania performed in our church ⇒ **zaprezentować się**

prezerwatyw|a *f* condom, sheath

prezes [I] *m* president, chairman, chairperson; **~ związku literatów** the president of the writers' union; **Prezes Sądu Najwyższego** Chief Justice; **jak pan ocenia sytuację klubu, panie ~ie?** as President, how do you assess the position of the club, sir?

[II] *f inv.* (woman) president, chairperson; **na konferencji prasowej pani ~ powiedziała, że...** at her press conference the president said that...

❑ **Prezes Rady Ministrów** Polit. President of the Council of Ministers, (in Poland) premier, Prime Minister

prezes|ka *f* pot. (woman) president, chairwoman; **~ka klubu muzycznego** the chairwoman of a music club

prezesostw|o¹ *n sgt* (stanowisko) chairmanship; **ubiegać się o ~o** to run for the chairmanship; **ustąpić/zrezygnować z ~a** to resign from the chairmanship a. as chairman/chairwoman/chairperson

prezesostw|o² *plt* (*GA* **~a**, *L* **~u**) (małżeństwo) the chairman and his wife/the chairwoman and her husband

prezesows|ki *adi.* [decyzja, nadużycia] president's, chairman's; **urząd ~ki** the chairmanship

prezesu|ra *f* chairmanship; **objął ~rę firmy** he took over as chairman of the company; **za jego ~ry w firmie zaszły radykalne zmiany** under his chairmanship the company underwent a radical transformation

prezydenc|ki *adi.* [wybory, podpis, doradcy] presidential

prezyden|t [I] *m* [1] Polit. president; **kandydować na urząd ~ta** to run for president; **~t John Kennedy** President John Kennedy; **jak pan ocenia sytuację w kraju, panie ~cie?** how do you assess the situation in the country, Mr President?; **Panie prezydencie, szanowni państwo!** Mr President, Ladies and Gentlemen! [2] Admin. (w samorządzie) mayor; **~t (miasta) Warszawy** the mayor of (the city of) Warsaw [3] (prezes, przewodniczący) president; **~t międzynarodowej federacji piłkarskiej FIFA** the president of the International Federation of Football Associations (FIFA)

[II] *f inv.* (woman) president; **pani ~t** Madam President; **jak pani ocenia sytuację w kraju, pani ~t?** how do you assess the situation in the country, Madam President?

prezydentu|ra *f* presidency; **czteroletnia ~ra** a four-year presidency

prezydialn|y *adi.* [stół, obrady, zebranie, posiedzenie] presidium *attr.*; **zebranie** a. **posiedzenie ~e** a meeting of the presidium

prezydi|um *n* (*Gpl* **~ów**) [1] (organ) presidium; **~um rządu/sejmu/senatu** the presidium of the government/Sejm/senate [2] (grupa osób) executive committee; **~um**

---

sesji/posiedzenia the steering committee of the session/meeting

pręcik *m* [1] (mały pręt) (thin) bar, (thin) rod [2] *zw. pl* Anat. (retinal) rod, bacillus [3] *zw. pl* Bot. stamen

pręd|ki [I] *adi.* grad. (szybki) [ruch, kroki] quick; [puls] fast, racing; [oddech] fast; **~ki nurt rzeki** the swift-moving a. fast current of the river

[II] *adi.* [1] (natychmiastowy) [reakcja, decyzja, zakończenie] quick, spectacular; **do ~kiego zobaczenia!** see you soon! [2] pot. (o człowieku) quick-tempered, short-tempered; **miała ~ki charakter** she had a quick a. hot temper; **nie bądź taki ~ki, najpierw pomyśl** look before you leap

■ **~ki do czegoś** a. **w czymś** pot. ready to do sth; **do bijatyki zawsze był ~ki** he was always spoiling for a fight; **był ~ki w podejmowaniu decyzji** he was quick in making up his mind

pręd|ko [I] *adv.* grad. [1] (szybko) [biec, iść, jeść] quickly; [mówić] rapidly; **musimy iść ~dzej, bo spóźnimy się** we must be a. move quicker, otherwise we'll be late; **nauczył się pływać ~dzej od brata** he learnt to swim faster than his brother; **nie tak ~dko!** hold on a bit! [2] (wkrótce, niebawem) [przyjść, przyjechać] soon; [odpisać] immediately, promptly; **przyjdź ~dko, czekamy na ciebie** come soon, we're waiting for you; **czym ~dzej** pot. as soon as possible; **wyszedł stamtąd czym ~dzej** he left as soon as he could a. immediately; **próbował się tam czym ~dzej dostać** he tried to get there as soon as he could; **im ~dzej, tym lepiej** the sooner the better; **~dzej czy później** sooner or later

[II] **prędzej** *part.* pot. rather; **tobie ~dzej uwierzy niż mnie** s/he'd sooner believe you than me; **była ~dzej pilna, niż zdolna** she was hard-working rather than bright; **~dzej pojadę w góry, niż nad morze** I'd rather go to the mountains than to the sea

[III] *inter.* pot. quick!; **chodź tu, ~dzej!** come here, quick!

■ **dwa razy daje, kto ~dko daje** przysł. he gives twice who gives quickly przysł.

prędkościomierz *m* Techn. speedometer, tachometer

prędkoś|ć *f* [1] (szybkość) speed; velocity książk.; **~ć wiatru** the wind speed; **~ć nurtu rzeki** the speed of the river current; **wczoraj dostał mandat za jazdę z niedozwoloną ~cią** yesterday he got a speeding ticket [2] *sgt* (cecha) pot. speed; **~ć jego decyzji zaskoczyła wszystkich** the speed with which he made the decision surprised everybody

❑ **~ć fazowa** Fiz. phase velocity; **~ć kosmiczna** Astron. cosmic speed; **~ć subsoniczna** Lotn., Fiz. subsonic speed; **stała ~ć** Fiz. constant velocity

prędziutko *adv.* dem. [uciekać, posprzątać] very quickly; in double quick time pot.; **~ się przebrała** she was changed in double quick time; **leć na górę ~!** you get upstairs double quick!; **chodź do domu, ~!** come inside, quick!, come inside and be quick about it!

prę|ga *f* [1] (smuga) mark; **na policzku miał krwawą ~gę** he had a red mark down one

P

side of his face [2] Kulin. shin [3] (u zwierząt) stripe

pręgierz m Hist. whipping post, pillory ■ **postawić kogoś/coś pod ~** a. **pod ~em opinii publicznej** książk. to pillory sb/sth; **stać** a. **stanąć** a. **być pod ~em opinii publicznej** książk. to be pilloried; **znalazł się pod ~em krytyki i mediów** he found himself pilloried by the media

pręgowa|ny, **~ty** adi. [tygrys, zebra, warchlak] striped, stripy a. stripey; **przyniosła do domu ~nego kotka** she brought home a little tabby cat

prę|t m (G **~tu**) [1] (drążek) bar; **~ty balustrady** railings [2] pot. (gałązka) rod, stake; **brzozowy/wiklinowy ~t** a birch/wicker rod; **wyplatać kosze z wiklinowych ~tów** to make baskets from wicker rods

prężnie adv. grad. [1] (dynamicznie) [rozwijać się, działać] dynamically; **firma rozwijała się ~** the company thrived a. throve a. was thriving [2] (sprężyście) [iść, poruszać się] in a springy step; **żołnierze na defiladzie maszerowali ~** the soldiers marched smartly on parade [3] (elastycznie) [napiąć] tight attr., tightly; **napiął ~ mięśnie** he flexed his muscles tight

prężnoś|ć f sgt [1] (dynamiczność) resilience [2] (sprężystość) springiness, suppleness; **~ć kroku** a springiness of step [3] (elastyczność) **~ć mięśni/skóry** the suppleness of muscles/skin [4] Fiz. compressibility; **~ć pary wodnej/gazu** the compressibility of vapour/gas

prężn|y adi. grad. [1] przen. (energiczny) [firma, przemysł, działalność] thriving, flourishing [2] (sprężysty) [ruchy, krok] springy [3] (elastyczny) [tkanina, skóra, mięśnie] supple

pręży|ć impf [] vt to flex [ramiona, grzbiet]; **~ć mięśnie** to flex one's muscles ⇒ **naprężyć**

[] **prężyć się** [1] (napinać się) to flex, to tauten; **mięśnie ~yły się od wysiłku** the muscles tautened in exertion ⇒ **naprężyć się** [2] (natężać się) to flex one's muscles, to tauten one's muscles; **~ył się służbiście** he assumed an attitude of stiff formality; **żołnierz ~ył się przed dowódcą** the soldier stiffened to attention before his commander; **tygrys ~ył się do skoku** the tiger tensed ready to spring ⇒ **wyprężyć się**

prima [] adi. inv. pot. [garnitur, samochód] first-rate, first-class; **topping** GB pot., przest. [] adv. [załatwić, bawić się] brilliantly pot.; superbly [] inter. super! pot.; brilliant! pot.; **film był ~!** the film was brilliant!; **garnitur ~!** that really is a topping suit! ■ **~ sort** pot. top of the range

prima aprilis m, m inv. (G **~u**) [1] (dzień) pot. April Fools' Day [2] (żart) pot. April Fools' Day joke; **„prima aprilis!"** ≈ 'April Fool!'

primaaprilisow|y adi. [dowcip, żart] April Fools' (Day) attr.

primabalerin|a f prima ballerina

primadonn|a f prima donna

primo voto → **voto**

prioryte|t m (G **~tu**) książk. [1] sgt (pierwszeństwo) priority; **ochronie zdrowia zapewniono wysoki ~t** health protection

has been given high priority [2] zw. pl (ważna sprawa) priority; **~tem jest budownictwo mieszkaniowe** housing is a priority

priorytetowo adv. książk. [traktować] as a priority

priorytetow|y adi. książk. [inwestycje, sprawy, rzeczy, zadania] priority attr.

PRL /ˌpeerˈel/ m, m inv. (= Polska Rzeczpospolita Ludowa) (G **PRL-u**) Hist. the Polish People's Republic, People's Poland; **studia w PRL-u były bezpłatne** higher education in the Polish People's Republic was free

PRL-ows|ki /ˌpeereˈlofski/ adi. **~ka cenzura/opozycja** the censorship/opposition in the Polish People's Republic

pro książk. [] n inv. pro; **wszelkie ~ i kontra** the pros and cons

[] adi. inv. [argumenty, teorie, dowody] **argumenty ~ i kontra** pro and con arguments; **zawsze był ~** he was always pro

[] adv. [świadczyć] pro

[] **pro-** w wyrazach złożonych pro-; **prowitamina A** provitamin A

probabilistycznie adv. Mat. [ustalać] probabilistically

probabilistyczn|y adi. Mat. probabilistic

probabilisty|ka f sgt Mat. probability calculus

probiercz|y adi. [urządzenie, aparat, skala] test attr.; **kamień ~y** a touchstone; **znak ~y** a hallmark

probierz m [1] książk. (miernik) touchstone, criterion; **~ patriotyzmu** a touchstone of patriotism [2] Techn. (przyrząd) **kierowców poddano kontroli ~em trzeźwości** drivers were given a sobriety test

problem m [1] (kłopot) problem; **~y współczesnego świata** the problems of the modern world; **~y dnia codziennego** everyday problems; **mieć ~y z kimś/czymś** to have problems with sb/sth; **nastręczać** a. **sprawiać ~** [zadanie, praca] to present problems; **rozwiązywać ~y** to solve problems; **zrobić coś bez ~u** to have no trouble doing sth; **trafiliśmy bez ~u** we had no trouble finding the place; **robić z czegoś ~** to make a fuss about sth; **dyrekcja stanęła przed ~em zwolnień** the management was faced with the problem of lay-offs; **firma ma a. przeżywa ~y finansowe** the company is having a. going through financial problems; **największym ~em młodego pokolenia jest bezrobocie** unemployment is the biggest problem facing young people; **~ narasta** a. **nabrzmiewa** the problem is growing; **~ w tym** a. **polega na tym, że...** the trouble is that...; **w czym ~?** what's the problem?; **nie ma ~u!** a. **to żaden ~!** it's no problem! [2] (zagadnienie) problem; **skomplikowany ~ moralny** a difficult moral problem; **postawmy ~ inaczej** let's look at the problem differently

problematycznie adv. książk. **przedstawiać się ~** [sprawa, zagadnienie] to be debatable; **jego uczciwość wyglądała ~** his honesty was rather dubious

problematycznoś|ć f sgt książk. (decyzji, stanowiska) controversiality

problematyczn|y adi. książk. (kontrowersyjny) [decyzja, wniosek, sprawa] debatable; (wątpliwy) [sukces, zwycięstwo] dubious; **jego istnienie jest wysoce ~e** it's highly debatable whether he/it exists at all

problematy|ka f sgt issues; **~ka religijna/gospodarcza** the religious/economic issues; **~ka powieści** the issues addressed in the novel

problemow|y adi. [1] (zajmujący się problemem) [sztuka, powieść] problem attr. [2] (dotyczący problemu) [zespół, grupa, komisja] task attr. [3] (stwarzający problemy) [dziecko, rodzina] problem attr.

probostw|o n [1] (parafia) parish [2] (stanowisko proboszcza) **nadać komuś ~o** to make sb a parish priest; **otrzymać ~o** to become a parish priest [3] przest. (plebania) presbytery

proboszcz m (Npl **~owie** a. **~e**) parish priest

proboszczows|ki adi. parish priest's

probów|ka f test tube; **dziecko z ~ki** a test-tube baby

proc. (= procent)

proc|a f (w kształcie widełek) catapult GB, slingshot US; (rzemienna) sling; **strzelać z ~y do kogoś/czegoś** to fire a catapult at sb/sth, to sling a stone at sb/sth; **wylecieć** a. **wyskoczyć skądś jak z ~y** pot. [osoba] to bolt out of somewhere; **wyleci ze stanowiska jak z ~y** he'll be kicked out of the job pot.

procede|r m zw. sg pejor. practice; **~r topienia w morzu odpadów radioaktywnych** the practice of dumping radioactive waste into the sea; **uprawiać nielegalny ~r** to be involved in illegal practices

proced|ować impf vi książk. [komisja] to proceed (**nad czymś** on sth)

procedu|ra f [1] (sposób) procedure; **~ra ubiegania się o wizę** the procedure of applying for a visa; **zaostrzyć ~ry prawne** to strengthen legal procedures; **uprościć ~rę** to simplify a procedure [2] Prawo (postępowanie) proceedings; **~ra sądowa/kryminalna** judicial/criminal proceedings

proceduraln|y adi. [spór, błąd, formalności] procedural

procen|t m (G **~tu** a. **~ta**) [1] (setna część) per cent; **jeden/dziesięć/sto ~t** one/ten/a hundred per cent; **pół ~t** half a per cent; **dwadzieścia ~t kobiet/Polaków uważa, że...** twenty per cent of women/Poles believe a. believes that...; **problem dotyczy trzech ~t populacji** the problem concerns three per cent of the population; **zrobić trzysta ~t normy** to fulfil three hundred per cent of the quota; **obniżyć/zwiększyć coś o dwa ~t** to reduce/increase sth by two per cent; **zyski wzrosły o dwadzieścia ~t** profits are up twenty per cent; **straty oszacowano na trzydzieści ~t** the damages were estimated at thirty per cent; **kurs waha się w granicach jednego ~tu** the rate oscillates within the one per cent range; **ludność jest w dziewięćdziesięciu ~tach polska** the population is ninety per cent Polish; **na sto ~t jutro skończę** pot. I'll be done by tomorrow for sure; **być czegoś w stu ~tach pewnych** pot. to be (a) hundred per cent certain of sth; **spełniać wymagania w stu ~tach** pot.

[osoba] to be fully qualified [2] (*G* **~tu**) (część) percentage; **uzyskać mały ~t głosów** to gain a low share of the vote; **Ukraińcy stanowili spory ~t mieszkańców** Ukrainians accounted for a high percentage of the population [3] (*G* **~tu**) (niewielka ilość) fraction; **istnieje pewien ~t ryzyka** there is a small element of risk [4] (*G* **~tu**) Fin. (odsetki) interest; **~t** a. **~ty od kapitału** interest on capital; **żyć z ~tów** to live on income from investments; **wypłacić komuś ~ty** to pay sb interest; **pożyczać pieniądze na ~t** to lend money at interest; **pożyczyć od kogoś pieniądze na dziesięć ~t** to borrow some money at ten per cent interest; **oddać coś z ~tem** przen. to return sth with interest

procent|ować *impf vi* [1] Fin. *[kapitał]* to earn interest; **nasze pieniądze ~ują** our money earns interest; **~ujące papiery wartościowe** interest-bearing securities [2] przen. to pay off; **to będzie ~ować w przyszłości** it will pay off in the future; **systematyczna praca w szkole średniej ~uje na studiach** hard work at secondary school pays off in college

procentowo *adv. [wzrosnąć, zmaleć, obliczać]* in percentage terms; **~ wyższy/niższy** higher/lower in percentage terms

procentow|y *adi.* [1] *[zmiana, wzrost]* percentage *attr.*; **skład ~y mieszaniny** the percentage composition of a mixture; **~y udział w rynku** the percentage share of the market; **sześcioprocentowy roztwór** a six per cent solution; **trzydziestoprocentowy wzrost/spadek** a thirty per cent rise/drop; **punkt ~y** percentage point [2] Fin. *[pożyczka, kapitał]* interest-bearing

proces *m* (*G* **~u**) [1] (ciąg wydarzeń) process; **~ produkcyjny** a production process; **~y chemiczne/geologiczne** chemical/geological processes; **~ jednoczenia się Europy** the process of European unification; **faza** a. **stadium ~u** a stage in a process; **podlegać** a. **ulegać ~owi starzenia się** to undergo the ageing process, to age; **przechodzić ~ fermentacji** to undergo fermentation, to ferment [2] Prawo (sprawa) (law)suit; (rozprawa) trial; **wytoczyć komuś ~** to bring a. file a (law)suit against sb, to sue sb; **wytoczyć ~ o odszkodowanie** to file a (law)suit for damages; **wygrać/ przegrać ~** to win/lose a (law)suit; **~ cywilny/karny/rozwodowy** a civil/criminal/ divorce trial; **~ o zniesławienie/morderstwo** a trial for libel/murder; **~ przeciwko komuś/czemuś** a lawsuit against sb/sth; **wyrok w ~ie** a trial verdict, the verdict in a trial; **koszty ~u** costs (of a trial); **umorzyć ~** to dismiss a case
❏ **~ beatyfikacyjny** Relig. beatification process; **~ kanonizacyjny** Relig. canonization process

procesj|a *f* (*Gpl* **~i**) [1] Relig., Antycz. procession; **~a Bożego Ciała** a Corpus Christi procession; **~a ku czci Dionizosa** a Dionysiac procession; **~a wokół kościoła** a procession around a church; **iść w ~i** to go in procession [2] przen. (tłum ludzi) stream; **do muzeum przybywały ~e turystów** streams of tourists came to the museum

proceso|r *m* Komput. central processing unit, processor
❏ **~r tekstu** Komput. word processor

proces|ować się *impf v refl.* to have a lawsuit; **~ować się z kimś o coś** to have a lawsuit with sb over sth; **~ujące się strony** the litigating parties

procesow|y *adi. [formalności, procedury]* trial *attr.*; **akta ~e** the files of a case; **koszty ~e** the costs

proch [I] *m* (*G* **~u**) [1] (materiał wybuchowy) (gun)powder; **~ strzelniczy** gun powder; **nigdy nie wąchał ~u** przen. he's never seen battle; **w mieście/kraju pachnie ~em** a. **czuć ~** przen. the town/country is a powder keg; **~u nie wymyślę** I won't reinvent the wheel; **~u to on nie wymyśli** przen. he won't set the world on fire [2] przest. (kurz, popiół) dust; **człowiek jest jedynie ~em marnym** książk. man is just a speck of dust
[II] **prochy** *plt* [1] (szczątki) ashes; dust książk.; **urna z jego ~ami** an urn with his ashes; **tu spoczywają jego ~y** his ashes rest here [2] pot. (lekarstwa, narkotyki) drugs; **brać ~y** to take drugs; **być na ~ach** to be on drugs
■ **beczka ~u** powder keg; **Bałkany to prawdziwa beczka ~u** the Balkans are a. the Balkan region is a real powder keg; **obrócić** a. **zamienić** a. **rozsypać się w ~** książk. *[człowiek, system, wiara]* to turn to dust; **zetrzeć kogoś/coś na ~** książk. to annihilate sb/sth *[wroga, przeciwnika]*; **z ~u jesteś** a. **powstałeś i w ~ się obrócisz** Bibl. for dust thou art and unto dust shalt thou return

prochow|iec *m* raincoat

prochowni|a *f* (*Gpl* **~**) Hist. (magazyn) powder magazine; (wytwórnia) gunpowder mill

prochow|y *adi. [ładunek, dym]* gunpowder *attr.*

prodiż *m* electric cake pan

producenc|ki *adi.* [1] Handl. **ugruntowana pozycja ~ka** a long-established market position [2] Kino, Teatr *[prawa, działalość]* producer's; **kariera ~ka** a career as a film producer

producen|t *m* [1] (wytwórca) producer; **~t nawozów/wina** a fertilizer/wine producer; **~t mebli/rowerów** a furniture/bicycle producer a. manufacturer; **kraje-~ci ropy naftowej** the oil-producing countries; **rynek ~ta** the seller's a. producer's market [2] Kino, Teatr producer; **~t filmowy** a film producer

produkcj|a *f* [1] *sgt* Przem. (proces) production; (wyprodukowane towary) output; **~a miedzi/stali/samochodów** copper/steel/automobile production; **~a broni chemicznej** production of chemical weapons; **~a rolna** agricultural production; **~a roślinna/ zwierzęca** crop/animal production; **środki ~ci** the means of production; **film ~i australijskiej/polskiej** an Australian-/a Polish-made film; **towary krajowej ~i** domestic goods; **specjalizować się w ~i opakowań** to specialize in packaging production a. manufacture; **wejść do ~i** to go into production; **zostać wycofanym z ~i** to go out of production; **~a ruszy w przyszłym tygodniu** (the) production

starts next week; **~a spadła/wzrosła** the production rose/dropped; **część ~i jest przeznaczona na eksport** a part of the production output is exported [2] *sgt* Fizjol. production; **wzmożona ~a hormonów** an increased production of hormones [3] Kino, Teatr production; **~a filmowa** film production [4] *sgt* (pisarza, epoki) output [5] (*Gpl* **~i**) (film, przedstawienie) production; **hollywoodzkie ~e** Hollywood productions

produkcyjniak *m* pot., pejor., Hist. (film) propagandist film pejor.; (książka) propagandist book pejor.

produkcyjn|y *adi.* [1] *[proces, linia, odpad, przedsiębiorstwo]* production *attr.*; **wiek ~y** an economically productive age; **moc** a. **zdolność ~a fabryki** a factory's capacity; **wykorzystywać pełną moc ~ą** to be in full production; **zejść z linii ~ej** to be discontinued a. taken out of production [2] pejor., Hist. *[film, powieść]* propagandist pejor.

produk|ować *impf* [I] *vt* [1] Przem. (wytwarzać) to produce, to manufacture, to make *[narzędzia, rowery, środki chemiczne]*; to produce *[energię, prąd, żywność]*; **firma ~ująca opony samochodowe** a company making a. manufacturing automobile tyres; **~ować na eksport** to produce goods for export; **musimy taniej ~ować** we must cut production costs; **towary ~owane masowo** mass-produced goods ⇒ **wyprodukować** [2] Fizjol. *[gruczoł, organizm, komórka]* to produce *[substancję, przeciwciała]*; **hormon ~owany przez trzustkę** a hormone produced in the pancreas ⇒ **wyprodukować** [3] Kino, Teatr to produce *[film, sztukę, program]* ⇒ **wyprodukować** [4] pot., pejor. (pisać, malować) to produce; (wymyślać) to make up; **~ował setki miłosnych wierszy** he used to produce hundreds of love letters; **~ować plotki** to make up rumours ⇒ **wyprodukować** [5] pot., przen. (wypuszczać) to produce; **uniwersytety ~ują tłumy absolwentów** universities produce hundreds of graduates ⇒ **wyprodukować**
[II] **produkować się** pot., pejor. to perform; **na scenie ~ował się zespół gitarzystów** a guitar band was performing on the stage

produk|t *m* (*G* **~tu**) [1] (wyprodukowany artykuł) product; **~ty rolne** agricultural produce; **~ty mleczarskie** dairy products; **najnowszy ~t naszej firmy** the latest product of our company; **niezbędne ~ty do upieczenia ciasta** the necessary ingredients for a cake [2] (efekt procesu) product; **~t przemiany materii** a product of metabolism; **~t końcowy** the end product; **~t uboczny** a by-product [3] przen. (wytwór, skutek) product; **~t czyjejś wyobraźni** a product of sb's imagination; **film jest ~tem kultury masowej** the film is a product of popular a. mass culture; **jestem typowym ~tem naszej cywilizacji** I'm a typical product of our civilization [4] Ekon. product
❏ **~t krajowy brutto** Ekon. gross domestic product; **~t narodowy brutto** Ekon. gross national product

produktywnie *adv. [pracować, spędzać czas]* productively

produktywnoś|ć *f sgt* productivity; **~ć ziemi** the productivity of land; **wskaźnik ~ci** a productivity index

produktywn|y adi. *[gospodarka, osoba]* productive; **lepiej znajdź jakieś bardziej ~e zajęcie** you'd better find yourself something more productive to do; **jest bardzo ~ym pisarzem** he's a very productive a. prolific writer; **~y przedrostek** Jęz. a productive prefix

prodziekan m Uniw. deputy dean, associate dean; **~ do spraw studenckich** a deputy dean a. an associate dean US for students a. student affairs

proekologiczn|y adi. *[polityka, urządzenie]* environment-friendly; *[organizacja]* ecological, Green

prof. (= profesor) Prof.

profan m [1] książk. (laik) layman; **nie nam, ~om osądzać dzieła mistrza** it's not for us laymen to judge the master's works [2] Hist., Relig. profane także przen.; **~om nie wolno było wejść do świątyni** the profane were not permitted to enter the temple

profanacj|a f *(Gpl ~i)* profanation; **~a grobów** the profanation of graves

profan|ka f książk. layperson

profan|ować impf vt książk. to profane *[grób, cmentarz, kościół]*; **oskarżono go o ~owanie symboli narodowych** he was accused of profaning national symbols ⇒ **sprofanować**

profanum n inv. książk. the profane; **sacrum i ~** the sacred and the profane

profesj|a f *(Gpl ~i)* książk. profession; **~a nauczycielska/prawnicza** the teaching/legal profession

profesjonali|sta m, **~stka** f profesional; **książka zarówno dla ~stów jak i laików** a book for professionals and lay people alike; **to morderstwo to robota ~stów** the murder was the work of professionals a. a professional job

profesjonalizacj|a f sgt professionalization (**czegoś** of sth); **~a sportu** the professionalization of sport

profesjonalizm m sgt *(G ~u)* [1] (wysokie kwalifikacje) professionalism; **od pracowników wymagamy pełnego ~u** from our staff we expect the highest professionalism [2] (zawodowstwo) professionalism; **przejść na ~** Sport to turn professional

profesjonalnie adv. [1] (zawodowo) profesionally; **~ grać w tenisa** to play tennis professionally; **~ zajmować się krytyką sztuki** to be a professional art critic [2] (fachowo) *[wykonać, zachowywać się]* professionally; **~ przygotowany pokaz** a professionally-made show

profesjonaln|y adi. [1] (zawodowy) *[tenisista, aktor]* professional; **~a skłonność do uproszczeń** a professional tendency to simplify things [2] (fachowy) *[kamera, usługi]* professional; **~y sprzęt** professional equipment; **nasz chór jest w pełni ~y** our choir is in every way professional

profeso|r m *(Npl ~rowie* a. **~rzy)** [1] (tytuł naukowy) professor; **~r fizyki** a professor of physics; **~r Kowalski/Kowalska** Professor Kowalski; **zostać mianowanym ~rem** to be made professor; **dzień dobry, panie ~rze/pani ~r!** good morning, Professor! [2] (w liceum) (secondary school) teacher; **~r od matematyki/chemii** a

maths/chemistry teacher; **~r Kowalski/Kowalska** Mr Kowalski/Ms Kowalski; **dzień dobry, panie ~rze** good morning, sir; **dzień dobry, pani ~r** good morning, miss
❑ **~r honorowy** honorary professor; **~r nadzwyczajny** ≈ associate professor; **~r zwyczajny** full professor

profesor|ek m dem. *(Npl ~ki)* pot., pejor. (akademicki) prof pot.; (w liceum) teach pot.

profesor|ka f pot. (secondary school) teacher; **~ka od matematyki/chemii** a maths/chemistry teacher

profesors|ki adi. [1] Uniw. *[tytuł, stanowisko]* professorial; **nominacja ~ka** a professorial appointment [2] Szkol. (nauczycielski) teacher's; **grono ~kie** the teaching staff

profesu|ra f [1] Uniw. (stanowisko, tytuł) professorship; **objąć ~rę na uniwersytecie** to take up a professorship at a university; **uzyskać ~rę** to become professor [2] (profesorowie) body of professors, professorate; **polska ~ra** Polish professors

profe|ta m książk. prophet

profet|ka f książk. prophetess

profetyczn|y adi. książk. *[wizja, dar]* prophetic

profetyzm m sgt *(G ~u)* książk. [1] (działalność, dar) prophecy; **być obdarzonym ~em** to have a gift of prophecy [2] Relig. (występowanie proroków) prophetism

profil m *(G ~u, Gpl ~ów* a. **~i)** [1] (twarz widziana z boku) profile; **ostry/delikatny ~** a sharp/delicate profile; **ustawić się ~em do obiektywu** to turn one's profile to the camera; **czyjś portret z ~u** sb's portrait in profile; **widzieć kogoś z ~u** to see sb in profile; **z ~u wyglądał jak jastrząb** in profile he looked like a hawk [2] (zarys) outline; **~e budynków wyłaniające się z mroku** an outline of buildings looming out of the darkness [3] (charakter) scope; **~ czasopisma/produkcji** the scope of a magazine/of a production; **klasa o ~u matematyczno-fizycznym** Szkol. a science-oriented class [4] Techn. (kształtownik) section; **~e gięte na zimno** cold rolled sections; **~e okienne** window sections [5] Archit., Szt. (ozdobna listwa) moulding, molding US [6] Techn. (kształt) profile; **~ skrzydła** a wing profile; **~ gwintu** a thread profile [7] Geol. (przekrój) profile; **~ glebowy** the soil profile [8] Geog. (wykres) profile; **~ rzeki/terenu** a profile of a river/an area

profilaktycznie adv. *[stosować, przepisać]* prophylactically; **brać lekarstwo ~** to take a medicine prophylactically a. as a prophylactic measure

profilaktyczn|y adi. prophylactic, preventive; **badania ~e** preventive screening; **obuwie ~e** supportive shoes; **stosować odpowiednie środki ~e** to take appropriate preventive a. prophylactic measures

profilakty|ka f sgt prevention; Med. prevention, prophylaxis; **~ka przeciwpożarowa** fire prevention; **~ka malarii/gruźlicy** malaria/tuberculosis prevention a. prophylaxis

profil|ować impf vt [1] Szkol. (wyodrębniać) **~ować zainteresowania uczniów** to make students specify their interests; **~ować klasy** to divide students according

to their interests ⇒ **sprofilować** [2] Techn. (nadawać kształt) to profile *[blachę, metal]* ⇒ **wyprofilować** [3] Geol. to profile *[glebę]* [4] Archit., Szt. (ozdabiać profilem) to mould, to mold US *[gzymsy, belki]*

profilowan|y [] pp → **profilować**
[] adi. *[blacha, cegła]* profiled; **~e wkładki do butów** shaped insoles

profilow|y adi. [1] *[portret, zdjęcie]* profile attr.; [2] Techn. *[stal, drut]* profile attr.; *[nóż]* moulding, molding US

profi|t m *(G ~tu)* książk. profit; **czerpać z czegoś ~t** a. **~ty** to draw profit from sth; **przynosić duży ~t** a. **duże ~ty** to generate a good profit

pro forma książk. as a matter of form, pro forma

progenitu|ra f sgt przest., żart. offspring; **doczekali się licznej ~ry** they had numerous offspring

progno|sta m książk. forecaster

prognosty|k [] m pers. forecaster; **według ocen ~ków, temperatura wzrośnie** according to forecasters, it's going to be warmer; **jak przewidują ~cy, produkcja wzrośnie** according to forecasts, production will increase
[] m inanim. [1] (zapowiedź) signal; **to dobry/zły ~k dla naszej firmy** it's a good/bad signal for our company; **dzisiejszy wynik stanowi pomyślny ~k na przyszłość** today's result is a positive signal for the future [2] (przepowiednia) prediction; **wszystkie jego ~ki się sprawdziły** all his predictions proved right

prognoz|a f [1] (przewidywanie) forecast; **~a pogody** a weather forecast; **jaka jest na jutro ~a?** what's the weather forecast for tomorrow?; **~y wyborcze/ekonomiczne** election/economic forecasts; **wynik był gorszy, niż przewidywały ~y** the result was worse than forecast a. predicted; **snuć ~y na przyszłość** to make predictions for the future [2] Med. prognosis; **~y lekarzy nie są dobre** the prognosis is poor

prognoz|ować impf vt to forecast *[dochody, wyniki]*; **~uje się, że ceny żywności wzrosną** food prices are forecast to increase; **fachowcy ~ują, że...** experts forecast that...

progow|y adi. [1] *[listwa, schodek]* sill attr. [2] (graniczny) *[dawka, stopień, wielkość]* threshold attr.

program m *(G ~u)* [1] (plan) programme GB, program US; (harmonogram) schedule; **przeładowany ~ wycieczki** an overloaded programme for an excursion; **prace przebiegają zgodnie z ~em** the work has progressed as scheduled; **w ~ie dnia było zwiedzanie muzeum** the programme for the day included a visit to the museum; **co mamy dzisiaj w ~ie?** what's on the programme for today? [2] (cele) programme GB, program US; **~ partii** a party's programme; (dokument) a party's manifesto a. policy statement; **~ wyborczy** an electoral programme; **~ poetycki** a poetic programme; **długoterminowy ~ zalesiania** a long-term programme for reforestation; **wprowadzać ~ reform** to introduce a. launch a programme of reforms [3] Teatr, TV (repertuar) programme GB, program US; **teatr**

ma w **~ie Hamleta** the theatre has Hamlet in its programme; **ulotka z ~em festiwalu** a leaflet with the festival programme; **gazeta z ~em (telewizyjnym)** a newspaper with a TV guide; **~ telewizyjny zszedł na psy** pot. the TV programme has gone down the tubes pot. [4] (koncertu, występu) programme GB, program US; **orkiestra wystąpiła z nowym ~em** the orchestra presented a new programme; **kolejny punkt ~u** a further item of a programme [5] Teatr (broszura) programme GB, program US [6] Radio, TV (audycja) programme GB, program US; **~ informacyjny/sportowy** a news/ sports programme; **~ o nowych trendach w modzie** a programme on a. about the latest trends in fashion; **nadać ~** to broadcast a programme; **wystąpić w ~ie** to appear in/on a programme; **zrobić ~ o czymś** to do a programme on sth [7] Radio, TV (kanał) channel; **~ III Polskiego Radia** Channel 3 of the Polish Radio; **~ lokalny** a local channel; **mecz jest na drugim ~ie** the game is on channel 2; **ile ~ów odbiera twój telewizor?** how many channels does your TV set receive? [8] Szkol. syllabus, curriculum; **~ nauczania w szkole podstawowej** the primary school curriculum; **zrealizować ~** to cover a syllabus; **trzymać się ~u** to stick to a syllabus; **tego nie ma w ~ie** it's not on the syllabus [9] (w urządzeniu) programme GB, program US; **~ prania/płukania** a wash/rinse programme; **wybrać/zmienić ~** to select/change a programme [10] Komput. program; **~ komputerowy** a computer program; **~ użytkowy** an application; **~ do nauki angielskiego** a computer program for learning English; **napisać ~** to write a program; **uruchomić ~** to run a program; **~ zawiesił się** the program hanged

❑ **~ dowolny** Sport free skating; **~ obowiązkowy** Sport compulsory dance
programato|r m Techn. program selector
programi|sta m, **~stka** f [1] Komput. programmer GB, programer US [2] Radio, TV programme editor GB, program editor US
programistyczn|y adi. [problem, technika] programming GB, programing US
program|ować impf **U** vt [1] (ustawiać parametry) to programme GB, to program US, to preset [kuchenkę, magnetowid] ⇒ **zaprogramować** [2] książk. (planować) to programme GB, to program US [imprezę, uroczystość] ⇒ **zaprogramować** [3] książk., przen. to programme GB, to program US [osobę, zachowanie]; **oni są ~owani do takiego działania** they are programmed to act like this ⇒ **zaprogramować**
III vi Komput. to program; **~ować w języku Fortran** to program in Fortran
programowo adi. [1] (ideowo) **różnić się ~** to have different programmes; **być ~ podobnym** to have similar programmes; **~ nie płacił podatków** he refused, on principle, to pay taxes [2] Komput. [sterowany, kontrolowany] by a computer program
programow|y adi. [1] (ideowy) [wystąpienie, przemówienie] platform attr.; **deklaracja ~a** a policy statement; **napisać artykuł ~y** to write an article stating one's programme; **jego powieść jest utworem**

~ym the novel is his artistic manifesto [2] (repertuarowy) [blok, pozycja] programme attr. GB, program attr. US; **zmiany ~e w telewizji** changes in the television programme [3] Szkol. [wymagania, cele] curricular [4] Komput. [operacja, błąd] program attr.
progresj|a f (Gpl **~i**) [1] książk. (postęp, przebieg) progression; **~a choroby** the progression of a disease; **~a podatkowa** tax progression [2] Muz. progression
progresywnie adv. progressively
progresywnoś|ć f sgt [1] książk. (postępowość) progressiveness [2] (podatku) progressiveness
progresywn|y adi. książk. [1] (wzrastający) [podatek, opłata] progressive; **opodatkowanie ~e** progressive taxation [2] (postępowy) [postawa] progressive
prohibicj|a f sgt prohibition; **wprowadzić/znieść ~ę** to introduce/lift a prohibition
prohibicyjn|y adi. [cło, prawo] prohibition attr.
projekcj|a f (Gpl **~i**) [1] (wyświetlanie) projection; **~a przezroczy** (pokaz) a slide show; **~a filmowa** a screening of a film [2] Psych. projection także przen.; **wiersz jest ~ą jego dziecięcych marzeń** the poem is a projection of his childhood dreams [3] Geog. (map) projection [4] Mat. (rzut) projection
projekcyjn|y adi. [1] [aparat, sprzęt] projection attr. [2] Psych. [mechanizm] projection attr.
projek|t m (G **~tu**) [1] (zamiar) plan; **~t podróży do Włoch** a plan to visit Italy; **snuć ~ty na przyszłość** to make plans for the future; **zrealizować ~t** to carry out a plan; **zarzucić ~t** to abandon a plan; **nosić się z ~tem kupienia domu** to plan to buy a house; **~t upadł** the plan fell through [2] (szkic) design; **~t pomnika/kostiumu** a design of a monument/costume [3] (umowy, kontraktu) draft; **~t ustawy** a bill; **skierować ~t ustawy do laski marszałkowskiej** to present a bill to parliament; **przyjąć/odrzucić ~t ustawy** to pass/to reject a bill; **~t przeszedł dużą większością głosów** the bill passed by a large majority [4] Techn. design; (rysunek) blueprint; (dokumentacja) specification; **~t mostu/budynku** a design for a bridge/building; **biuro ~tów** a construction design company; **wykonać ~t czegoś** to design sth; **zatwierdzić ~t** to approve a design; **zbudować coś zgodnie z ~tem** to build sth to specification [5] (przedsięwzięcie) project; **~t badawczy** a research project; **kierownik ~tu** a project manager; **brać udział w ~cie** to be on a project
projektanc|ki adi. [prace] design attr; **zespół ~ki** a team of designers
projektan|t m, **~tka** f [1] designer; **~tka mody/wnętrz** a fashion/an interior designer
projektodaw|ca m, **~czyni** f (ustawy, uchwały) drafter; (budynku, osiedla) designer; **~ca zmian w systemie zarządzania** an initiator of changes in the management system
projektodawcz|y adi. **zespół ~y** a team of designers

projekto|r m [1] Techn. projector; **~r filmowy** a film projector [2] (reflektor) **~r teatralny** a spotlight; **~r samochodowy** a headlight
❑ **~r pomiarowy** Techn. projection gauge; **~r telewizyjny** TV projector
projekt|ować impf vt [1] (wykonywać projekt) to design [budynek, maszynę]; **~owanie ogrodów** garden landscaping ⇒ **zaprojektować** [2] (planować) to plan [wycieczkę, remont]; **~owane zmiany w ustawie** the proposed changes to the act
projektow|y adi. [biuro, prace] design attr.; **zespół ~y** a team of designers
proklamacj|a f (Gpl **~i**) książk. [1] (oświadczenie) proclamation; **~a niepodległości** a declaration of independence; **~a do narodu** an address to the nation; **wydać ~ę** to issue a proclamation; **~a potępiająca zbrodnię** a statement condemning the crime [2] (ulotka) leaflet; **~e wyborcze** election leaflets
proklamacyjn|y adi. książk. [przemówienie] proclamatory
proklam|ować pf, impf książk. **U** vt to proclaim [niepodległość, republikę]; **~ować kogoś cesarzem** to proclaim sb emperor
III proklamować się to proclaim oneself; **~ował się naczelnym wodzem** he proclaimed a. declared himself commander-in-chief
prokreacj|a f sgt książk. procreation; **akt ~i** the act of procreation
prokreacyjn|y adi. książk. [funkcje, mechanizmy] procreative; [zdolność] reproductive; **kobiety w wieku ~ym** women of childbearing age
prokurato|r m Prawo (public) prosecutor; **mowa ~ra** the prosecutor's speech; **złożyć doniesienie do ~ra przeciwko komuś/w sprawie czegoś** to lay an information against sb/in connection with sth; **~r żąda kary śmierci** the prosecution calls for the death penalty; **sprawa trafiła do ~ra** the case was brought before the prosecutor; **sprawę bada ~r** the case is being investigated by the prosecutor's office; **dzień dobry, panie ~rze/pani ~r** good morning, sir/madam
❑ **~r generalny** Attorney General US; **~r okręgowy** District Attorney US; **~r wojskowy** military prosecutor
prokurators|ki adi. [funkcja, mowa] prosecutor's
prokuratu|ra f [1] (organ) (public) prosecutor's office; **sprawa trafiła do ~ry** the case was brought for prosecution; **przekazać sprawę ~rze wojewódzkiej** to pass the case to the provincial prosecutor's office [2] sgt (urząd) **objąć ~rę** to become a public prosecutor [3] sgt (ogół prokuratorów) (public) prosecutors
proletariac|ki adi. Polit., Socjol. [rewolucja, partia, pochodzenie] proletarian
proletaria|t m sgt (G **~tu**) [1] Polit., Socjol. proletariat; **~t miejski/wiejski** the urban/rural proletariat; **dyktatura ~tu** the dictatorship of the proletariat [2] Hist. (w Rzymie) proletariat
proletariusz m (Gpl **~y**) [1] Polit., Socjol. proletarian [2] Hist. (w Rzymie) proletarian

■ **~e wszystkich krajów łączcie się!**
Polit. workers of the world, unite!
proletariusz|ka f [1] Polit., Socjol. proletarian [2] Hist. (w Rzymie) proletarian
proletaryzacj|a f sgt książk. proletarianization
proletaryz|ować impf książk. **[]** vt to proletarianize [wieś, społeczeństwo]
[] **proletaryzować się** to become proletarianized, to adopt working-class values
prolog m (G ~u) [1] Literat., Muz. prologue; ~ **powieści** the prologue to a novel; **opisać coś w ~u** to describe sth in the prologue [2] Sport prologue; ~ **Tour de France** the prologue to the Tour de France; **wygrać ~** to win the prologue
prolonga|ta f książk. extension; **~ta wizy/ umowy** an extension of a visa/contract; **~ta spłaty pożyczki** an extension of the repayment period of a loan
prolong|ować pf, impf vt książk. to extend [umowę, termin płatności]
prom m (G ~u) ferry; **przepłynąć rzekę ~em** to cross a river by ferry; **kupić coś na ~ie** to buy sth on a ferry; **wsiąść na ~** to board a ferry; **~ kursuje co godzinę** the ferry sails every hour
❏ **~ kosmiczny** space shuttle
promena|da f [1] (aleja) promenade; **nadmorska ~da** a seaside promenade; **spacerować ~dą** to stroll along a promenade [2] Taniec promenade
promenadow|y adi. [koncert] promenade attr.
promes|a f książk. promise; **~a kredytowa** a promise of a loan; **~a wizy** promise of a visa
promieni|eć impf (~eję, ~ał, ~eli) vi książk. [1] [osoba] to beam; **~ał radością** a. **z radości** he beamed with happiness; **jej twarz ~ała zachwytem** her face beamed a. radiated with delight [2] (świecić) [lód] to gleam; [słońce] to beam
promieniotwórczość f sgt Fiz. radioactivity; **~ć uranu** radioactivity of uranium
promieniotwórcz|y adi. Fiz. [pierwiastek, substancja] radioactive; **odpady ~e** radioactive waste; **opad ~y** radioactive fallout; **skażenie ~y** radioactive contamination; **rozpad ~y** nuclear fission
promieni|ować impf **[]** vt (emitować) to radiate [ciepło, energię]
[] vi [1] [ciepło, energia] to emanate, to radiate (**z czegoś** from sth); [planeta] to radiate vt; **~ować światłem/ciepłem** to radiate light/heat; **~ujące ciało** a radiating body [2] przen. to radiate, to exude; **jej twarz ~owała radością** a. **z jej twarzy ~owała radość** her face radiated delight a. was radiant with delight; **~ował od niej wdzięk i uroda** grace and beauty radiated a. emanated from her, she radiated a. exuded grace and beauty; **z jej listów ~ował optymizm** her letters were full of optimism [3] (rozchodzić się) to radiate (**z czegoś** from sth); **ból ~ował na lewe ramię** the pain radiated a. extended to the left shoulder
promieniowani|e **[]** sv → **promieniować**
[] n sgt Fiz. radiation

❏ **~e elektromagnetyczne** electromagnetic radiation; **~e jądrowe** nuclear radiation; **~e kosmiczne** cosmic radiation; **~e podczerwone** infrared radiation; **~e słoneczne** solar radiation; **~e cieplne** a. **termiczne** heat a. thermal radiation; **~e nadfioletowe** a. **ultrafioletowe** ultraviolet radiation
promieni|sty adi. [1] [wzór, kompozycja, układ] radial, radiating; **~ste zmarszczki wokół oczu** lines radiating from the corners of the eyes [2] Fiz. [energia] radiant
promieniście adv. **linie/drogi rozchodzące się ~** radial lines/roads; **ulice odchodzą ~ od placu** the streets radiate from the square
promiennie adv. [1] [uśmiechać się] radiantly [2] (bardzo jasno) radiantly; **słońce świeciło ~** the sun shone radiantly
promienn|y **[]** adi. grad. [uśmiech, twarz, osoba] radiant
[] adi. [1] (jasny) [światło, blask, poranek] radiant [2] Fiz. [energia, porażenie] radiant
promie|ń m [1] (smuga światła) ray, beam; **~nie słoneczne** a. **słońca** rays of sunshine, sunrays, sunbeams; **~nie księżyca** rays of moonlight, moonbeams; **~ń lasera** a laser ray; **ostatnie ~nie zachodzącego słońca** the last rays of the setting sun; **~nie księżyca oświetlały mu drogę** the moon lit up a. illuminated his way [2] zw. pl Fiz. ray [3] przen. (odrobina) ray; **~ń szczęścia/ radości** a ray of happiness/joy; **zgasł ostatni ~ń nadziei** the last ray of hope had gone [4] Mat. radius; **koło o ~niu 3 cm** a circle with a radius of 3 cm; **w ~niu dwóch metrów/trzech kilometrów** within a two-metre/three-kilometre radius [5] zw. pl Zool. (kość) (u ryb) ray; (u ptaków) toe [6] zw. pl Zool. (część pióra) barb
❏ **~nie gamma** Fiz. gamma rays; **~nie ultrafioletowe** Fiz. ultraviolet rays; **~ń równikowy** Geog. equatorial radius; **~nie X** a. **rentgenowskie** a. **Roentgena** Fiz. X-rays
promil **[]** m per mille a. mil, per thousand; **trzy ~e populacji** 3 per mille of the population; **mieć 2 ~e alkoholu we krwi** to have a blood alcohol level a. count US of 0.2 per cent; **zadowolić się kilkoma ~ami zysku** to settle for a fraction of the profit
[] **promile** plt pot. (alkohol we krwi) blood alcohol level sg GB, blood alcohol count sg US
promille n inv. per mille, per mil
prominenc|ki adi. książk., pejor. VIP attr.; **~kie przywileje** the VIP privileges; **~kie wille** well-to-do houses
prominen|t m książk., pejor. VIP; worthy pejor.; **miejscowi ~ci** the local worthies; **~ci życia politycznego** political worthies
prominentn|y adi. książk. [pozycja, osoba] prominent; **zajmować ~e stanowisko** to occupy a prominent position
promocj|a f [1] (Gpl ~i) Handl. (akcja) promotion; (obniżenie ceny) special offer; **~a nowego proszku do prania** a new washing powder promotion; **trwa ~a ich najnowszego albumu** their new album is being promoted; **mamy dziś w ~i męskie koszule** men's shirts are on special offer

today; **ten jogurt jest w tym tygodniu w ~i** this yoghurt is on special offer this week; **kupić coś w ~i** to buy sth on special offer [2] sgt (popularyzacja) promotion; **~a polskiej kultury za granicą** the promotion of Polish culture abroad [3] (Gpl ~i) Wyd. (spotkanie z autorem) book launch a. promotion; **~a jego najnowszej książki** the promotion a. launch of his latest book [4] (Gpl ~i) Szkol. promotion; **uzyskać ~ę do następnej klasy** to move up to the next class, to be promoted to the next grade US [5] (Gpl ~i) Wojsk. (awans) promotion; (uroczystość) promotion ceremony; **otrzymać ~ę oficerską** to pass out as an officer [6] (Gpl ~i) Uniw. **~a doktorska** the graduation ceremony for the doctoral degree
promocyjn|y adi. [1] Handl. [kampania, akcja] promotional; **kupić coś po cenie ~ej** to buy sth on discount a. special offer [2] (popularyzujący) [działania] promotional [3] Wyd. [wieczór, spotkanie] promotional [4] Wojsk. passing out attr.; **uroczystość ~a** a passing-out ceremony
promoto|r m, **~rka** f [1] Uniw. thesis supervisor; **mój ~r** my thesis supervisor [2] książk. (propagator) promoter; **~rka reform gospodarczych** a promoter of economic reforms
prom|ować **[]** pf, impf vt [1] Szkol. to promote; **zostać ~owanym do następnej klasy** to move up to the next class, to be promoted to the next grade US [2] Wojsk. to promote; **zostać ~owanym na oficera** to be promoted to officer rank, to pass out as an officer [3] Uniw. **nowo ~owani doktorzy** newly graduated doctors
[] impf vt [1] Handl. to promote; **~ować swoje produkty** to promote one's products; **każdy produkt odpowiednio ~owany znajdzie nabywców** any product will sell if properly promoted ⇒ **wypromować** [2] (propagować) to promote; **zajmują się ~owaniem polskich naukowców** their job is to promote Polish scientists ⇒ **wypromować**
promow|y adi. ferry attr.; **przystań ~a** a ferry terminal; **przeprawa ~a** a ferry crossing
promy|k (~czek) m dem. [1] (smuga światła) ray, beam; **~k** a. **~czek słońca** a sunray, a sunbeam [2] przen. (odrobina) ray; **~k** a. **~czek szczęścia/radości** a ray of happiness/joy
propagan|da f sgt (polityczna) propaganda; (idei, poglądów) propagation; **~da czytelnictwa** the promotion of reading; **posłużyć się ~dą** to make use of propaganda; **pracować w ~dzie** pot. to work in propaganda a. for the propaganda machine pot.
propagandowo adv. in terms of propaganda; **wykorzystać coś ~** to use sth for propaganda purposes
propagandow|y adi. [hasła, film, ulotka] propaganda attr.; [siła] persuasive; **akcja ~a** a propaganda campaign; **mieć znaczenie ~e** to be valuable in terms of propaganda, to have considerable propaganda value

P

propagan|dysta, ~dzista *m* książk. propagandist; **partyjni ~dyści** the party propagandists

propagato|r *m*, **~rka** *f* książk. promoter (**czegoś** of sth); **żarliwy ~r idei wolnego rynku** a fierce promoter of free-market ideas

propagators|ki *adi.* książk. **działalność ~ka w zakresie oświaty** activities promoting education

propag|ować *impf vt* książk. to propagate; **~ować idee demokracji** to propagate the ideas of democracy; **~owanie polskiej kultury za granicą** the promotion of Polish culture abroad ⇒ **rozpropagować**

propan *m sgt* (*G* **~u**) Chem. propane

propedeutyczn|y /ˌpropedewˈtɪtʃnɪ/ *adi.* *[wykład]* introductory; *[kurs]* preparatory, introductory

propedeuty|ka /ˌprope'dewtɪka/ *f sgt* introduction; **~ka filozofii** introduction to philosophy

propon|ować *impf vt* [1] (oferować) to offer; **~ować gościom kawę** to offer coffee to the guests; **nikt ci nie ~uje, żebyś tu mieszkał** no-one's suggesting that you live here ⇒ **zaproponować** [2] (doradzać) to suggest, to propose; **~ować rozwiązanie** to suggest a. propose a solution; **~ować, żeby ktoś coś zrobił** to suggest that sb do a. should do sth; **~ować zrobienie czegoś** to suggest doing sth; **~uję, żebyśmy to jeszcze przemyśleli** I suggest we give it more thought; **~uję czekać** I suggest waiting; **co ~ujesz?** what do you suggest a. propose?; **to, co on ~uje, jest nie do przyjęcia** what he suggests is unacceptable; **~owałem, żeby wziął kilka dni urlopu** I suggested he take a few days off; **rząd ~uje wprowadzenie nowego podatku** the government proposes to introduce a new tax ⇒ **zaproponować** [3] (zgłaszać) to propose; **~uję profesora Nowaka na przewodniczącego** I propose professor Nowak as chairman; **żadna z ~owanych kandydatur nie przeszła** none of the proposed candidates was accepted ⇒ **zaproponować**

proporcj|a *f* [1] *sgt* Mat. proportion, ratio; **obliczyć coś na zasadzie ~i** to calculate sth proportionally [2] (*Gpl* **~i**) (stosunek) proportion, ratio; **~a długości i szerokości czegoś** the proportion a. ratio of the length to the width of sth; **mieszać coś w ~i a. ~ach dwa do jednego** to mix sth in a a. the ratio a. the a. proportion of two to one; **można je łączyć w dowolnych ~ach** they can be mixed in whatever proportions you wish; **zachowywać odpowiednią ~ę między teksem a muzyką** to maintain an appropriate balance between the text and the music [3] (harmonia) proportion; **budynek o idealnych ~ach** a building of classical proportions; **ten portret ma zachwiane ~e** the portrait is badly-proportioned

❏ **~a harmoniczna** Mat. harmonic proportion

■ **zachowując wszelkie ~e** ≈ mutatis mutandis, ≈ toutes proportions gardées

proporcjonalnie [] *adv.* (współmiernie) *[zmieniać się]* proportionally (**do czegoś** to

sth); **rosnąć ~ do czegoś** to increase proportionally to a. in proportion to sth; **zmieniać się wprost/odwrotnie ~ do czegoś** to vary in direct/inverse proportion to sth

[] *adv. grad.* (harmonijnie) **być ~ zbudowanym** to be well-proportioned

proporcjonalnoś|ć *f sgt* [1] (kształtność) good proportions; **podziwiała ~ć budowy jego ciała** she admired his well-proportioned body [2] Mat. proportion; **~ć prosta/odwrotna** direct/inverse proportion

proporcjonaln|y [] *adi.* (współmierny) proportional (**do czegoś** to sth); proportionate (**do czegoś** to sth); **być wprost/odwrotnie ~ym do czegoś** to be directly/inversely proportional to sth a. in direct/inverse proportion to sth; **kara ~a do winy** (a) punishment commensurate with the crime, a punishment to fit the crime

[] *adi. grad.* (harmonijny) well-proportioned; **mieć ~ą figurę** to be well-proportioned; **być ~ym** *[przedmiot, budowla]* to have good proportions

proporczyk *m* pennant; Żegl. burgee; **kapitanowie drużyn wymienili ~i** the captains of both teams exchanged pennants

propo|rzec *m* [1] (chorągiew) pennant; **~rzec zatknięty na wieży** a pennant flying from the tower [2] Żegl. jack

propozycj|a *f* (*Gpl* **~i**) [1] (oferta) proposal; **~a kupna/sprzedaży czegoś** a proposal to buy/sell sth; **otrzymać ~ę wyjazdu za granicę** to be given the opportunity to go abroad; **przyjąć/odrzucić ~ę** to accept/reject a proposal; **zrobić a. uczynić komuś ~ę** to make sb a proposal; **zgodzić się na czyjąś ~ę** to accept sb's proposal; **mamy dla pana interesującą ~ę** we have a proposal which you may find interesting [2] (rada) suggestion; **(czy są) jakieś ~e?** (are there) any suggestions?; **padła ~a, żeby przełożyć zebranie** it was suggested that the meeting be adjourned; **rad bym usłyszeć pańską ~ę** I'd be happy to hear your suggestions

■ **złożyć komuś/otrzymać ~ę nie do odrzucenia** to force sb/be forced to agree; **otrzymałem ~ę nie do odrzucenia, żebym wyjechał z kraju** I was told in no uncertain terms to leave the country

pro publico bono /ˌpro'publiko 'bono/ *adv.* książk. pro bono publico

prorekto|r *m* Uniw. ≈ pro-vice chancellor GB, ≈ deputy vice chancellor GB, ≈ vice president TV

proroctw|o *n* prophecy; **~o Izajasza** Isaiah's prophecy; **~a starotestamentowe** Old Testament prophecies; **~a astrologów spełniły/nie spełniły się** the prophecies of astrologers came/didn't come true

proroczo *adv.* *[powiedzieć, przepowiedzieć]* prophetically; **jego słowa zabrzmiały ~** his words seemed prophetic

prorocz|y *adi.* *[księga, sen, dar]* prophetic

proro|k *m* [1] Relig. prophet; **~k Izajasz** the prophet Isaiah; **biblijni ~cy** biblical a. Old Testament prophets; **fałszywi ~cy** the false prophets także przen. [2] przen. prophet; **katastroficzni ~cy** prophets of doom; **nie chcę a. nie chciałbym być złym ~kiem, ale...** I don't want to be a prophet

of doom but...; **obym był złym ~kiem** I hope I'm proved wrong [3] (głosiciel) prophet; **~k komunizmu** a prophet of communism [4] (w Islamie) **Prorok** the Prophet

■ **co rok ~k** przysł. they have a new baby every year; **nikt nie jest ~kiem we własnym kraju** przysł. a prophet is not without honour, save in his own country przysł.

proroki|ni *f* prophetess także przen.

prorok|ować *impf vt* to prophesy; **~ować komuś powodzenie** to prophesy sb's success; **~ować, że coś się wydarzy** to prophesy that sth will happen; **mieć dar ~owania** to have the gift of prophecy

prorządow|y *adi. [gazeta, dziennikarz, plakat]* pro-government

prosektori|um *n* (*Gpl* **~ów**) mortuary; (w akademii medycznej) anatomy laboratory

prosektoryjn|y *adi. [stół]* dissection *attr.*

proseminari|um *n* (*Gpl* **~ów**) Uniw. introductory seminar

proseminaryjn|y *adi.* Uniw. **ćwiczenia ~e** an introductory seminar

prosiacz|ek *m dem.* pieszcz. piglet

prosiak [] *m pers.* (*Npl* **~i**) pot., pejor. pig pot., pejor.

[] *m anim.* piglet; **jeść jak ~** pot. to eat like a pig a. to be a messy eater

[] *m inanim.* (*A* **~a**) Żegl. anchor weight

prosiąt|ko *n dem.* pieszcz. piglet

pro|sić *impf* [] *vt* [1] (zwracać się z prośbą) to ask; to request książk.; **~sić kogoś o coś** to ask sb for sth; **~sić kogoś, żeby coś zrobił** to ask sb to do sth; **~sić kogoś o przebaczenie** to ask a. beg sb's forgiveness; **(bardzo) ~szę nas częściej odwiedzać!** please come and see us more often!; **~szę o uwagę!** may I have your attention, please?; **~szę o spokój!** (w szkole) quiet please!; **podaj mi ~szę gazetę!** could you hand me the paper, please?; **~szę cię, zrób to dla mnie** please, would you do it for me?; **~szę dwa bilety** two tickets, please; **dowód osobisty ~szę** may I see your ID, please?; **~szę mi wierzyć, nic nie wiedziałem** (please) believe me, I didn't know anything about it; **przyniosłem książkę, o którą ~siłeś** I've brought the book you asked for; **ja ~siłem kawę, nie herbatę** I asked for coffee, not tea; **czy mogę pana o coś ~sić?** can a. could I ask you to do something for me, please?; **„uprzejmie ~szę o udzielenie mi urlopu bezpłatnego"** (w podaniu) 'I would like to apply for a period of unpaid leave' książk.; **~sił, żeby go zostawić samego** he asked to be left alone; **bardzo bym ~sił, żeby pan to poprawił** I'd be very grateful if you could correct it; **„nie idź jeszcze" – ~sił** 'don't go yet,' he begged a. pleaded; **pan Kowalski jest ~szony o zgłoszenie się do informacji** could Mr. Kowalski please report to the information desk ⇒ **poprosić** [2] (zapraszać, wołać) to ask; **~sić kogoś do środka** to ask sb in; **~szę do stołu, kolacja gotowa** please come to the table a. be seated; (then) dinner's ready; **~szę usiąść a. siadać** would you like to take a seat?, please sit down; **szef cię ~si** the boss wants to see you; **nikt cię tu**

nie ~sił no one asked you here; **przyszła nie ~szona** she came uninvited ⇒ **poprosić** ③ (do tańca) to ask; **~sić kogoś do tańca** to ask sb to dance; **czy mogę panią ~sić?** may I have a dance?; **panie ~szą panów!** ladies' invitation! ⇒ **poprosić** ④ (przez telefon) **czy mogę ~sić Adama?** can a. may I speak to Adam, please?; **wewnętrzny 125, ~szę** extension 125, please; **~szę z kierownikiem!** may I speak to the manager, please? ⇒ **poprosić**

II vi przest. (wstawiać się) to intercede (**za kimś** for sb)

III prosić się ① (zachęcać) **trawa aż ~siła się, żeby się na niej położyć** the grass was so inviting, you just had to lie down; **on aż się ~si, żeby go walnąć** pot. he's just asking for a punch on the nose; **aż się ~si, żeby tu posprzątać** the place needs a good clean-up; **tu się aż ~si o kilka przykładów** it would be good to have a few of examples here ② pot. (domagać się) to ask; **nie ~ś się, i tak ci nie dadzą** don't ask them, you won't get it anyway

IV proszę inter. ① (przy podawaniu) **~szę (bardzo)** here you are ② (zaproszenie) **~szę (bardzo)** (do wejścia) (do) come in, please; (żeby usiąść) (do) take a seat, please; (żeby się poczęstować) please, help yourself ③ (jako zgoda) please; **„mogę przyjść jutro?" – „(bardzo) ~szę"** 'may I come tomorrow?' – 'yes, please do'; **„czy mogę skorzystać z telefonu?" – „~szę (bardzo)"** 'please, may a. can I use the telephone?' – 'go ahead, please' ④ (w odpowiedzi na podziękowanie) **„dziękuję za pomoc" – „~szę (bardzo)"** 'thanks for your help' – 'you're welcome'; **„dziękuję" – „~szę, nie ma o czym mówić"** 'thank you' – 'that's all right, don't mention it' ⑤ (w odpowiedzi na pukanie) come in, please ⑥ (prośba o powtórzenie) **~szę?** (I beg your) pardon?, sorry? ⑦ (w zwrotach grzecznościowych) **~szę pana/pani!** sir!/madam!; **~szę państwa, zaczynamy!** ladies and gentlemen it's time to begin!; **oczywiście, ~szę wysokiego sądu** yes, of course, your honour; **już idę, ~szę cioci** I'm coming, aunt; **wyjechał i, ~szę ciebie, nie wrócił** he went away and, believe it or not, hasn't come back ⑧ (dla wyrażenia zdziwienia) **~szę, ~szę!, no ~szę!** well, well, well!; **~szę, ~szę! patrz, kto przyjechał!** well, well! look who's here! ■ **co ~szę?** pot. what was that? pot.; come again? GB pot.; **nie dał się dwa razy ~sić** he didn't have to be asked twice

pro|sić się impf v refl. [maciora, locha] to farrow

prosi|ę n (G **~ęcia**, Gpl **~ąt**) ① piglet; **kwiczeć jak zarzynane ~ę** pot. to squeal a. scream like a stuck pig; **jeść jak ~ę** pot. to be a messy eater a. to eat like a pig ② pot., żart. (osoba) pig ■ **rozmawiają jak gęś z ~ęciem** pot. they can hardly understand one another

pros|o n sgt (zboże, ziarno) millet; **uprawiać ~o** to grow millet; **karmić kury ~em** to feed millet to chickens

prospek|t m (G **~tu**) brochure, prospectus; **~t turystyczny** a tourist brochure; **~t**

naszej szkoły our school's prospectus □ **~t emisyjny** Fin. prospectus

prospektywn|y adi. książk. [myślenie] forward; [badania] forward-looking

prosperity /pros'periti/ f inv. sgt książk. ① Ekon. prosperity; **okres ~ największej** the peak of prosperity; **okres ~ miasta** the city's golden age ② przen. prosperity; **okres życiowej ~** a prosperous period in one's life

prosper|ować impf vi książk. [osoba, firma] to prosper; **świetnie ~ować jako pisarz** to be a successful writer; **dobrze ~ujące przedsiębiorstwo** a thriving company

prospołecznie adv. **zachowywać się ~** to be public-spirited

prospołeczność f sgt książk. public spirit

prospołeczn|y adi. książk. [postawa, wartości] prosocial; [osoba, działania] socially minded

prostac|ki adi. pot., pejor. [osoba, język, zachowanie] crude pejor.; **zachowywać się po ~ku** to act like a boor pejor.

prostacko adv. pot., pejor. [zachowywać się, wyrażać się] like a boor pejor.

prostactw|o n pot., pejor. ① sgt (cecha) crudeness ② (czyn, wyrażenie) **~a w czyimś zachowaniu** sb's crude behaviour; **~a w czyimś przemówieniu** the crudeness of sb's speech

prostacz|ek m (Npl **~kowie** a. **~ki**) (country) bumpkin pejor.; yokel żart.

prosta|k m, **~czka** f (Npl **~cy** a. **~ki**, **~czki**) pot., pejor. boor pejor.; **być ~kiem** to be uncouth

prosta|ta f Anat. prostate (gland); **przerost ~ty** an enlarged prostate

pro|sto II adv. grad. ① (wzdłuż linii prostej) [jechać, prowadzić, płynąć] straight; **ta ścieżka biegnie ~sto do morza** the path runs straight to the sea; **słońce świeciło im ~sto w oczy** the sun shone straight into their eyes; **spojrzała mu ~sto w oczy** she looked straight into his eyes ② (w pozycji pionowej) upright, straight; **stój ~sto, nie garb się** stand up straight, don't stoop!; **zawsze trzymał się ~sto jak żołnierz** he always stood erect like a soldier ③ (nieskomplikowanie) [tłumaczyć, mówić] simply, plainly; **już ~ściej nie mogę tego wyjaśnić** I can't explain it in a simpler way, I can't put it any more simply than that

II adv. ① (bezpretensjonalnie) simply, plainly; **ubierała się ~sto, przeważnie na czarno** she dressed simply, usually in black ② (nie zatrzymując się) straight (on a. ahead); **idź ~sto do biura** go straight to the office; **ze szkoły wracaj ~sto do domu** come straight home after school ③ (bezpośrednio) straight; **pił ~sto z butelki** he drank straight from the bottle; **mleko ~sto od krowy** milk fresh from the cow; **jabłka ~sto z drzewa** freshly picked apples

III po prostu ① (bezpośrednio) just, simply; **po ~stu idź tam i powiedz im całą prawdę** just go there and tell them the whole truth; **zwrócił się po ~stu do kolegów o pomoc** he simply asked his friends for help ② (zwyczajnie) only, just; **po ~stu wiatr huczy i stąd ten hałas** it's just a strong wind blowing, hence the noise; **po ~stu bądź przy mnie** just stay by me;

innego wyjścia po ~stu nie ma there's simply no other way out

IV prosto- w wyrazach złożonych **prostopadle do czegoś** at right angles to sth ■ **powiedzieć** a. **wygarnąć** pot. **coś komuś ~sto w oczy** a. **~sto z mostu** to tell sb sth straight from the shoulder; **mówiąc ~sto z mostu** to put it bluntly; **powiedziała mu, co o nim myśli ~sto w oczy** she told him in plain English a. in no uncertain terms what she thought of him; **powiem ~sto z mostu, weź rozwód** I'll come straight out with it: get a divorce

prostodusznie adv. grad. ingenuously, artlessly; **~ naiwna szczerość** artless sincerity; **wyznała ~ całą prawdę** she simply told the whole truth; **wierzył ~ w to, co mu powiedziano** he believed naively in what he was told

prostoduszność f sgt ingenuousness; **wierzyła wszystkim z naiwną ~cią** she trusted everybody with (a) naive sincerity; **wzrusza mnie jej wrodzona ~ć** I'm touched by her ingenuousness

prostoduszn|y adi. grad. artless, ingenuous; **miał ~ą naturę** he was ingenuous by nature, he was a simple soul; **podziwiam jej ~ą szczerość** I admire her earnest simplicity, I admire her artless sincerity

prostokącik m dem. (kształt) (small) rectangle

prostoką|t m ① Mat. rectangle ② (kształt) rectangle

prostokątn|y adi. ① [plac, pokój, stół, okno] rectangular ② Mat. [figura, trójkąt] right-angled ③ (przecinający się pod kątem prostym) **~y układ ulic w mieście** the grid system of the streets

prostolinijnie adv. grad. książk. [zachowywać się, rozumować] artlessly, guilelessly; **zawsze postępował ~** he was always straightforward (in his dealings with people)

prostolinijność f sgt książk. artlessness, guilelessness; **~ć charakteru** straightforwardness (in one's dealings with people)

prostolinijn|y adi. grad. książk. [osoba, postawa, wypowiedź] straightforward; **miał ~y charakter** he was a straighforward person

prostopadle adv. at right angles, perpendicularly (**do czegoś** to sth); **~ wznosząca się skała** a sheer rock (face); **ulice przecinały się ~** the streets ran at right angles; **droga biegła ~ do morza** the road ran straight down/up to the sea

prostopadłościan m (G **~u**) ① Mat. cuboid ② (budynek) cuboid

prostopadłościenn|y adi. [zbiornik, budynek] cuboidal

prostopad|ły II adi. [ulice, ściany] perpendicular, at right angles (**do czegoś** to sth); **u zbiegu dwóch ~łych ulic** at the junction of two streets running at right angles

II prostopadła f Mat. perpendicular

prosto|ta f sgt ① (skromność) simplicity, straightforwardness; **~ta w obejściu** simplicity of sb's manner; **powiedzieć coś/ uśmiechnąć się z ~tą** to say sth/to smile guilelessly ② (prosta forma) simplicity; **~ta stylu/języka** the simplicity of style/language; **~ta wiejskiego życia** the simplicities of pastoral life; **ubierała się z**

P

elegancką **~tą** she dressed with understated elegance; **surowa ~ta nowego kościoła robi wrażenie** the austere simplicity of the new church is impressive ③ (łatwość) simplicity; **zaletą urządzenia jest ~ta jego obsługi** the advantage of the/this device is that it's easy to use

prost|ować impf **[]** vt ① (wyrównywać) to straighten out [drut, gwóźdź, blachę]; **~ować plecy/grzbiet** to straighten one's back ⇒ **wyprostować** ② (wygładzać) to straighten (out) [kartkę, fałdę] ⇒ **wyprostować** ③ (poprawiać) to correct [wypowiedź, opinię, błąd]; to rectify [błąd, omyłkę]; **~ować fałszywe pogłoski** to rectify false rumours; **często ~ował, że nie jest konserwatystą** he often denied being a conservative ⇒ **sprostować** ④ Fiz. to rectify [prąd elektryczny]

[]] prostować się ① (wyprężać się) to straighten up; **babcia wstaje (z łóżka), ~uje się i nastawia radio** granny gets out of bed, straightens up, and turns on the radio ⇒ **wyprostować się** ② (stawać się gładkim) to straighten out; **materiał ~uje się podczas prasowania** the material smoothes out when ironed ⇒ **wyprostować się**

■ **~ować czyjeś błędne** a. **kręte ścieżki** książk. to return a. restore sb to the paths of righteousness książk., to call upon sb to mend their ways książk.; **~ować kości** a. **gnaty** pot. to straighten one's back; **kto drogi ~uje, ten w domu nie nocuje** przysł. ≈ you won't get anywhere by cutting corners

prostownicz|y adi. Techn. **lampa ~a** rectifier tube, vacuum-tube rectifier

prostownik m ① Techn. rectifier ② Anat. extensor

pro|sty [] adi. grad. ① (niewykrzywiony) [droga, ściana, zęby, nogi] straight; **miała długie ~ste włosy** she had long straight hair; **miała na sobie długą, ~stą spódnicę** she wore a. was wearing a long, straight skirt ② (niewyszukany) [suknia, meble, jedzenie] plain, simple; **~ste sprzęty** plain furnishings ③ (zwykły, skromny) [osoba] simple, humble; **~ści ludzie** the common people; **~ sty cieśla** a humble carpenter; **pochodził z ~stej rodziny** he came from a humble background; **ożenił się z ~stą, wiejską dziewczyną** he married a simple country girl; **ja jestem ~sty człowiek** iron. I'm a simple soul iron. ④ (nieskomplikowany) [narzędzie, metoda, objaśnienie] simple, straightforward; **to dziecinnie ~ste** it's simplicity itself; **kompas jest ~stym urządzeniem** the compass is a straightforward device ⑤ (jasny, zrozumiały) [fabuła, melodia, powód] simple

[]] adi. (oczywisty) common; **opiekę nad nią uważał zawsze za swój ~sty obowiązek** he considered looking after her (to be) his bounden duty; **~sta przyzwoitość nakazuje tak postępować** common decency dictates such a course of action; **pytam z ~stej ciekawości** I'm asking out of simple curiosity

[]] m Sport (cios) straight punch

[] prosta f ① Mat. straight line; **wykreślić ~stą** to draw a straight line ② Sport (odcinek toru) straight

■ **~sta droga** książk. a simple way; **jest na ~stej drodze do zrobienia kariery** książk. s/he's on the way to making a career; **otyłość ~stą drogą prowadzi do zawału serca** obesity leads straight to a heart attack; **chodzić ~stymi drogami** książk. to stay on a. to follow the paths of righteousness a. the straight and narrow książk.; **schodzić z ~stej drogi** książk. to stray from the paths of righteousness a. the straight and narrow książk.; **wyjść na ~stą** pot. to be out of the wood a. woods; **ciągle jeszcze nie możemy wyjść na ~stą** we're not out of the wood(s) yet

prostytucj|a f sgt prostitution; **uprawiać ~ę** to work as a prostitute, to walk the streets, to be on the streets

prostytu|ować impf **[]** vt książk. ① (zmuszać do prostytucji) to prostitute ② przen. to prostitute przen.; **~ował swój talent** he prostituted his talent ⇒ **sprostytuować**

[]] prostytuować się ① (uprawiać nierząd) to prostitute oneself ② przen. [artysta] to prostitute oneself przen. ⇒ **sprostytuować się**

prostytut|ka f prostitute; **męska ~ka** a male prostitute

proszaln|y adi. przest. [głos] begging; **~y list** a begging letter; **przed kościołem siedział dziad ~y** there was an old beggar sitting in front of the church

prosząco adv. [patrzeć, szeptać] pleadingly; beseechingly książk.

prosząc|y [] pa → **prosić**

[]] adi. [głos, gest] pleading; beseeching książk.; **spojrzał na nią ~ym wzrokiem** he looked at her imploringly a. beseechingly

prosz|ek m ① (G ~ku) (substancja sypka) powder; **mleko/zupa w ~ku** powdered milk/soup; **~ek do pieczenia** baking powder; **~ek do prania** washing powder; **zawsze piorę w tym ~ku** I always use this washing powder ② (G ~ka a. ~ku) pot. (lekarstwo) pill; **zażyć kilka ~ków nasennych** to take a few sleeping pills; **~ek na uspokojenie** a tranquillizer; **~ek przeciwbólowy** a painkiller

❏ **~ek szlifierski** Techn. grinding powder

■ **być w ~ku** pot. to not be ready; **jestem jeszcze w ~ku z tymi rysunkami** I'm not ready a. I'm behind schedule with the drawings

proszk|ować impf vt to powder, to grind [sth] into a powder [mleko, cukier]; to grind [pepper] ⇒ **sproszkować**

proszkow|y adi. powder attr.; **gaśnica ~a** a dry powder a. dry-chemical extinguisher

prosz|ony [] pp → **prosić**

[]] adi. pot., przest. **~ony obiad** a luncheon; **~ona kolacja/herbatka** a dinner/tea party

■ **iść** a. **chodzić po ~onym** przest. to beg for alms przest.

pr|ośba f ① (proszenie) request; **pokorna prośba** a humble request; **natarczywa prośba** an importunate request; **prośba o wodę/pomoc** a request for water/help; **na czyjąś prośbę** at the request of sb; **przychylić się do czyjejś prośby** książk. to accede to sb's request; **spełnić** a. **uwzględnić czyjąś prośbę** to comply with sb's

request; **mam prośbę** I need a favour; **mam (do ciebie) jedną prośbę** I've got a. one request to make (of you); **uwzględniono jego prośbę o urlop** he was granted his request for leave; **nie zwracał uwagi na jej gorące** a. **usilne prośby** he ignored her entreaties; **zwrócić się do kogoś z pokorną prośbą** to go to sb cap in hand; **przyszedł do mnie z prośbą o radę/pomoc** he sought my advice/help; **zwrócili się do mnie z prośbą o pożyczkę** they came to me a. asked me for a loan ② książk. (petycja) (formal) request; **napisał/wniósł prośbę o ułaskawienie** he submitted a plea for pardon. a reprieve; **wniósł prośbę o dymisję** he tendered a. submitted his resignation

■ **prośby i groźby** threats and entreaties; **nie pomogły prośby ani groźby** threats and entreaties were of no avail; **ani prośbami ani groźbami nic nie wskórali** they didn't achieve anything with either threats or entreaties; **chodzić** a. **iść po prośbie** przest. to go begging

prościut|ki, ~eńki adi. dem. ① (niepowyginany) [droga, patyk, włosy] dead a. perfectly straight ② (zwykły, skromny) [sukienka, kolacja, meble] (very) simple, (very) plain ③ (zrozumiały, nieskomplikowany) [zagadka, pytanie] very easy; **~ki pomysł** a remarkably simple idea; **na egzaminie miał ~kie pytania** his exam questions were as easy as pie

prościutko adv. dem. ① (nie skręcając) straight; **idź ~ przed siebie** go straight ahead ② (pionowo) [trzymać, ustawić] upright; **dziewczynka trzymała się ~** the girl held herself ramrod straight a. bolt upright ③ (bezpośrednio) straight; **~ z lotniska poszedł na przyjęcie** he went to a party straight from the airport

prośnoś|ć f sgt Zool. farrowing period, gestation period of sow

prośn|y adi. Zool. [locha] in pig; **miał pięć ~ych macior** he had five sows in pig

proteg|ować impf vt książk. to pull strings (**kogoś** for sb); **~ował ją swojemu szefowi** he put in a good word for her to his boss; **~ował ją na stanowisko doradcy handlowego** he used his influence to get her the post of commercial adviser ⇒ **zaprotegować**

protegowan|a f protégée; **to moja ~a** she's my protégée

protegowan|y [] pp → **protegować**

[]] protegowany m protégé

protein|a f zw. pl Biol. protein

proteinow|y adi. Biol. [pokarm, produkt] protein attr.

protekcj|a f (Gpl ~i) książk. patronage U, protection U; **szukać u kogoś ~i** to seek sb's protection; **znalazł dobrą pracę dzięki ~i** he found a good job thanks to friends in high places; **dzięki wysokim ~om otrzymał wreszcie koncesję** thanks to friends in high places he obtained the concession at last; **często korzystała z ~i prezesa** she often took advantage of the chairman's backing

protekcjonalnie adv. grad. książk. patronizingly, condescendingly; **uśmiechnął się do niej ~** he smiled at her patron-

P

izizing a. condescendingly; **traktowała go ~** she treated him condescendingly

protekcjonalnoś|ć f sgt książk. condescension; **życzliwość zabarwiona ~cią** kindness with a tinge of condescension; **bez cienia ~ci** without a hint a. trace of condescension; **z lekkim odcieniem ~ci** with a hint of condescension

protekcjonaln|y adi. grad. książk. [uśmiech, ton, traktowanie] patronizing, condescending; **traktował ją w ~y sposób** he treated her in a patronizing a. condescending way

protekcjonistyczn|y adi. Ekon. [tendencje, ochrona] protectionist; [cło] protective

protekcjonizm m sgt (G **~u**) Ekon. protectionism

protekcyjn|y adi. [1] Ekon. [polityka, cła] protective [2] książk. (dotyczący protekcji) **wystarczy jeden twój ~y telefon i dostanę tę pracę** a single phone call from you and I'll a. I'd get the job

protekto|r [I] m pers. patron; **możny/wpływowy ~r** a wealthy/influential patron; **~r malarzy/sztuk pięknych** a patron of painters/the arts
[II] m inanim. [1] Kosmet. protection factor [2] (podeszwa) lug sole US; **buty sportowe z ~rem** trekking a. hiking shoes/boots with lug soles [3] Techn. (bieżnik) tread; **opony z ~rem o specjalnej rzeźbie** tyres with a specially moulded tread

protektora|t m (G **~tu**) [1] Polit. (kontrola) protectorate; **rozciągnąć/sprawować ~t nad jakimś państwem** to establish a protectorate over a country [2] Polit. (terytorium) protectorate; **Protektorat Czech i Moraw** the Protectorate of Bohemia and Moravia; **gubernator ~tu** the governor of a protectorate [3] książk. (patronat) patronage U; **pod czyimś ~tem** under the aegis a. patronage of sb; **pod ~tem Ministerstwa Kultury** under the aegis a. auspices of the Ministry of Culture; **objąć ~t nad wystawą** to become the patron a. sponsor of an/the exhibition

protektor|ka f książk. patroness

prote|st m (G **~stu**) [1] (sprzeciw) protest; **na znak ~stu (przeciwko czemuś)** in protest (against sth); **wywołać falę/burzę ~stów** to generate a wave/storm of protest; **wnieść/złożyć/zgłosić ~st** to lodge a. file a. register a protest; **wywołać ~st** to cause a. draw a. spark off a. trigger a protest; **stłumić ~st** to put down a. quell a protest; **złożyli ~st w parlamencie** they lodged a protest with parliament; **wystosowali ~st do dyrektora generalnego w związku z...** they made a protest to the director general about...; **zgodził się na wszystko bez ~stu** he agreed to everything without protest; **wyszedł z domu, nie zważając na ~sty matki** he went out, ignoring his mother's protests [2] Fin., Prawo protest

protestacyjn|y adi. [list, marsz, akcja] protest attr.

protestanc|ki adi. Relig. [kościół, ludność, wychowanie] Protestant; **wyznanie ~kie** the Protestant faith

protestan|t m, **~tka** f Relig. Protestant
protestantyzm m sgt (G **~u**) Relig. Protestantism U; **wyznawca ~u** a Protestant

protest|ować impf [I] vt Fin., Prawo to protest [weksel] ⇒ **zaprotestować**
[II] vi (sprzeciwiać się) to protest; **~ować przeciwko czemuś** to protest against sth [władzy, wojnie, bezrobociu]; **~ować w sprawie czegoś/w związku z czymś** to protest about a. over sth; **tysiące rolników ~owało pod siedzibą ministerstwa** thousands of farmers staged a protest a. protested outside the ministry building; **nie ~owała, kiedy zapowiedział, że...** she didn't protest when he announced that...; **~uję! to nie jest dobry kandydat** I protest! he's not a good candidate ⇒ **zaprotestować**

protetyczn|y adi. [1] Med., Stomat. [uzupełnienie, pracownia, specjalista] prosthetic [2] Jęz. [element] prosthetic

protety|k m, **~czka** f Med., Stomat. prosthodontist spec.

protety|ka f sgt Med., Stomat. prosthodontics (+ v sg)

protez|a f [1] Med., Stomat. prosthesis; **~a dentystyczna** denture zw. pl, false teeth; **~a ortopedyczna** an artificial limb; **~a stawu biodrowego** a hip replacement, a replacement hip; **operacyjne wszczepianie ~y stawu biodrowego** a hip replacement operation [2] książk., przen. surrogate, stopgap; **dom dziecka może być jedynie ~ą rodziny** an orphanage can only serve as a stopgap family; **gospodarcze ~y często okazują się najtrwalsze** economic measures which act as a stopgap tend to become permanent [3] Jęz. prosthesis

protokolan|t m, **~tka** f minutes secretary; **~t zapisywał przebieg obrad** a clerk took a. was taking the minutes; **~t sądowy** a court reporter

protokolarnie adv. [spisać, udokumentować, potwierdzić] officially, formally, by official a. formal record; **mamy spisane ~ zeznanie świadka** we've got the witness's testimony formally on record

protokolarnoś|ć f sgt official record(s); **~ć stylu jest tu na miejscu** the formality of the style is appropriate here

protokolarn|y adi. [1] [dokument, zeznanie] (officially) minuted; **zeznania ~e świadka** the witness's signed testimony [2] (w dyplomacji) protocol attr.; **zrobić coś ze względów ~ych** to do sth because protocol so requires a. demands

protokoł|ować impf vt to minute, to take the minutes of [zeznania, obrady, sprawozdanie]; **sekretarz jak zwykle ~ował przebieg zebrania** as usual the secretary took the minutes of the meeting ⇒ **zaprotokołować**

protok|ół m (G **~ołu** a. **~ółu**) [1] (sprawozdanie) minute(s); **szczegółowy ~ół posiedzenia zarządu** a verbatim a. detailed report of the board meeting; **~ół rozprawy sądowej** a transcript a. record of court proceedings; **wnioski zostały wciągnięte do ~ołu** the motions were noted in the minutes; **to, co powiem, nie jest do ~ołu** off the record, I'd like to say... [2] (akt) protocol; **~ół zdawczo-odbiorczy** an acceptance protocol; **spisać/sporządzić ~ół** to draw up a protocol [3] Polit. **~ół dyplomatyczny** (diplomatic) protocol; **w myśl**

protokołu... protocol demands a. requires that..., in accordance with diplomatic protocol...; **przestrzegać ~ołu** to observe protocol
❑ **~ół handlowy** Handl. trade protocol; **~ół jednostronny** Polit. unilateral protocol; **~ół rozbieżności** Polit. record of differences

protokółować → **protokołować**
proton m (G **~u**) Fiz. proton
protonow|y adi. Fiz. [promieniowanie] proton attr., protonic

protopla|sta m, **~stka** f książk. [1] (założyciel rodu) progenitor; **była ~stką dynastii** she was the progenitor of a dynasty [2] przen. (pierwowzór) prototype, precursor; **~sta samochodu** a prototype of a car

prototyp m (G **~u**) [1] (pierwotny wzór) prototype; **~ samochodu** a prototype of a car; **romanse średniowieczne były ~em powieści** medieval romances were the prototypes for novels [2] przen. prototype; **~em bohatera filmu był generał Montgomery** the hero of the film is based on General Montgomery

prototypowoś|ć f sgt **~ć urządzenia** the innovative nature of the device

prototypow|y adi. [statek, samolot, urządzenie, rozwiązanie, projekt] prototype attr.; prototypal, prototypical

prowadnic|a f Techn. track, runner
❑ **~a rakietowa** Wojsk. missile launching ramp

prowadza|ć impf pot. [I] vt (często prowadzić) to take; **codziennie ~ła dziecko do przedszkola** every day she took the child to the kindergarten; **~ł ją do teatrów/na przyjęcia** he took a. escorted her to theatres/parties
[II] **prowadzać się** (przyjaźnić się) to be inseparable; **te trzy dziewczynki ~ły się wszędzie** the three girls went together everywhere a. were virtually inseparable; **~ się już pięć lat z dziewczyną** he's been going out a. around with the girl for five years now

prowadzeni|e [I] sv → **prowadzić**
[II] n sgt [1] Sport the lead; **drużyna gospodarzy uzyskała ~e już po czterech minutach** the home side took the lead after only four minutes [2] (sposób życia) conduct; **kobieta lekkiego ~a** a woman of loose morals a. easy virtue przest.; **jego ~e się było bez zarzutu** he conducted himself with the utmost propriety

prowa|dzić impf [I] vt [1] (wieść) to lead [dziecko, zwierzę]; **~dzić kogoś za rękę** to lead sb by the hand także przen.; **~dzić kogoś do stołu** to lead sb over a. to escort sb to the table; **co czwartek ~dziła go na spacer/na badanie krwi** every Thursday she took him for a walk/blood test ⇒ **zaprowadzić** [2] (być pierwszym) to lead [grupę, wycieczkę]; **~dzić mazura/poloneza** to lead the mazurka/polonaise [3] (przesuwać, wodzić) **~dzić pióro/ołówek** to guide a pen/pencil; **~dzić smyczek** to draw the bow, to bow; **~dzić piłkę/krążek** to dribble the ball/puck; **~dzić ręką/palcem po czymś** to run one's hand/finger over sth ⇒ **poprowadzić** [4] (kierować pojazdem) to drive [samochód, motocykl]; to fly *[samolot]*; **ona bardzo dobrze ~dzi** she's a very good driver 5 (*doprowadzać*) to carry; **żyły ~dzą krew do serca** the veins carry the blood to the heart; **te rury ~dziły wodę do starego domu** these pipes conveyed water to the old house 6 (*kierować w tańcu*) to lead *[partnerkę]*; **przyjemnie się z nim tańczy, bo dobrze ~dzi** it's fun to dance with him because he leads well; **pewnie ~dził swą partnerkę w tańcu** he led his dancing partner confidently 7 (*sprawować nadzór*) to run *[dom, firmę, sklep, restaurację]*; to preside over, to chair *[spotkanie, zebranie, obrady]*; **~dzić orkiestrę** to conduct an orchestra 8 (*realizować, wykonywać*) to conduct *[badania]*; to carry on, to have *[rozmowę]*; to do *[interesy]*; **~dzić spór** to have an argument; **~dzić korespondencję** to carry on a. to conduct (a) correspondence; **~dzić dziennik/dziennik pokładowy** to keep a diary/log (book); **~dzić dochodzenie/śledztwo** to carry out a. conduct an investigation a. inquiry; **~dzić sprzedaż obuwia sportowego/mebli ogrodowych** kryt. to sell sports shoes/garden furniture; **~dzić wykład** to give a. deliver a lecture; **~dzić lekcję** to conduct a. hold (a) class; **~dzić sprawę** to hear a case 9 Mat. **~dzić równoległą** to draw a parallel line ⇒ **poprowadzić** 10 Budow. to construct *[drogę, chodnik]* ⇒ **poprowadzić** 11 Muz. to lead *[linię melodyczną]* 12 Ogr. to train *[krzewy, pnącza]* 13 Techn. **~dzić wiertło** to guide a drill; **~dzić chodnik (w kopalni)** to drive a heading (in the mine)

II *vi* 1 (*wskazywać drogę*) to lead; **te schody ~dzą do piwnicy** the staircase leads to the cellar; **ścieżka ~dziła do stacji/przez las** the path led to the station/through the woods 2 (*przodować*) to lead, to take the lead; **~dzić 2:0** to lead 2-0; **~dzić o 5 sekund** to lead by 5 seconds; **~dzić trzema punktami** to have a lead of three points; **w pierwszej połowie nasi ~dzili 1:0** our team took a 1-0 lead in the first half; **socjaliści ~dzili w pierwszej turze wyborów** the Socialists took the lead in the first round of the elections 3 (*powodować*) to cause *vt* (**do czegoś** sth); to lead (**do czegoś** to sth); **palenie często ~dzi do raka płuc** smoking often causes lung cancer; **takie postępowanie ~dzi do śmieszności** such behaviour makes one look ridiculous

III prowadzić się 1 (*trzymać się*) **spacerowali ~dząc się pod rękę/za ręce** they were walking along arm in arm/holding hands; **~dzą się jak zakochani** they behave a. carry on as though they were in love 2 (*postępować*) **kobieta/dziewczyna źle się ~dząca** a woman of loose morals, a woman of easy virtue; **przyzwoicie się ~dziła** she led a blameless life; **~dził się nienagannie** he conducted himself with the utmost propriety książk.; **mówili, że się źle ~dziła** they said she was a woman of easy virtue

❑ **dźwięk ~dzący** Muz. leading note

■ **~dzić kogoś do ołtarza** to lead sb to the altar; **~dzić dom otwarty** to keep (an) open house; **~dzić ciemną a. dwulicową. obłudną a. podwójną grę** to play a double game; **~dzić kogoś na pasku** a. **na**

sznurku to have/keep sb on a short a. tight leash; **~dzić kogoś wzrokiem** a. **oczami** a. **oczyma** przen. to follow sb with one's eyes; **~dzić beztroskie/hulaszcze życie** to lead a life of pleasure/a life of dissipation a. a decadent life; **~dzić bujne życie towarzyskie** to have an active social life; (*często wychodzić z domu*) to go out a lot; (*przyjmować gości*) to entertain a lot; **do niczego nie ~dzić** to lead nowhere

proweniencj|a *f* (*Gpl* **~i**) książk. provenance; **dzieła sztuki o podejrzanej ~i** works of art of doubtful provenance

prowian|t *m* (*G* **~tu**) provisions *pl*, victuals *pl* przest.; **suchy ~t** dry provisions; **kazano nam wziąć ze sobą suchy ~t na trzy dni** we were told to take a three-day supply of dry provisions; **przygotujcie na drogę suchy ~t** take some food for the journey

prowincj|a *f* 1 pejor. the provinces; **szkolna wycieczka z ~i** a school excursion a. trip from the provinces; **krewny z ~i** a country cousin pejor., żart.; **głęboka** a. **głucha** a. **zapadła ~a** the back of beyond 2 Admin., Hist., Relig. province

prowincjonalizm *m* (*G* **~u**) 1 sgt pejor. provincialism; **ich maniery trącą ~em** their manners smack of provincialism 2 Jęz. provincialism

prowincjonalnie adv. grad. pejor. *[wyglądać]* provincial adi.; *[ubierać się, zachowywać się]* provincially

prowincjonalnoś|ć *f* sgt pejor. provincialism, parochialism

prowincjonaln|y adi. 1 (*peryferyjny*) *[miasto, teatr, gazeta]* provincial 2 pejor. *[poglądy, gust, ubiór, mentalność, obyczaje]* provincial; **~y styl ubierania się** a provincial a. small-town style of dressing; **~a gąska/gęś** a country bumpkin 3 Admin. *[władze, zgromadzenie]* provincial 4 Admin. Relig. *[synod, diecezja]* provincial

prowincjusz *m*, **~ka** *f* (*Gpl* **~y**, **~ek**) pejor. provincial; hick from the provinces US pot.; **sądząc po jego poglądach, to ~** judging by his attitude he's a provincial

prowizj|a *f* (*Gpl* **~i**) commission; **banki mogą pobierać ~ę** banks may charge a commission; **otrzymywać 5% ~i od sztuki** to get a 5% commission on each item

prowizori|um *n* książk. temporary measure; **~um na czas wojny** a temporary arrangement a. provisional measure while the war lasts a. during wartime; **życie w tym mieście traktował jako ~um** he regarded his life in that town as something temporary

■ **~um budżetowe** Ekon. mini-budget

prowizor|ka *f* pot. improvised arrangement; lash-up GB pot.; **trzeba skończyć z ~ką urządzeń sanitarnych** that makeshift sanitary equipment must be replaced

prowizorycznie adv. (*tymczasowo*) provisionally; **~ wyznaczone miejsce na parking** a makeshift parking place; **zbudowane ~ baraki dla robotników** bunkhouses haphazardly thrown together; **~ umeblować mieszkanie** to furnish the flat for the nonce a. time being; **radio naprawił ~** he temporarily repaired the radio

prowizycznoś|ć *f* sgt książk. provisionality, temporariness

prowizyczn|y adi. książk. *[barak, urządzenie]* makeshift; *[most, plomba]* temporary; **dokonać ~ej naprawy czegoś** to temporarily repair sth

prowizyjn|y adi. *[system, stawka]* commission attr.

prowod|y|r *m* pejor. ringleader; **policja schwytała ~ra gangu** the police caught the ringleader of the gang

prowokacj|a *f* (*Gpl* **~i**) provocation; **~a policyjna** an entrapment a. set-up

prowokacyjnie adv. grad. *[zachowywać się, ubierać się, śmiać się]* provocatively

prowokacyjn|y adi. *[śmiech, wystąpienie, zachowanie]* provocative

prowokato|r *m* (*szpieg*) agent provocateur; (*podburzacz*) agitator, inciter; rabble-rouser pot.; **aresztowano ~rów nielegalnej manifestacji** the instigators a. inciters of the illegal manifestation have been arrested

prowokators|ki adi. *[działalność, zamieszki]* provocative

prowok|ować impf vt 1 (*wyzywać*) to provoke; **~ować kogoś do czegoś** to provoke sb to sth *[kłótni, awantury, strajków]* 2 (*powodować reakcję*) to provoke, to stir up *[niepokoje społeczne]*; **kontrowersyjny film ~ował do dyskusji** the controversial film stirred up a discussion ⇒ **sprowokować**

prowokująco adv. grad. *[zachowywać się, śmiać się, ubierać się]* provocatively

prowokując|y **I** *pa* → **prowokować**

II adi. *[dziewczyna, uwaga, gest]* provocative

proz|a *f* sgt 1 prose; **wolę czytać ~ę niż poezję** I prefer (reading) prose to poetry; **napisać coś ~ą** to write sth in prose; **poemat ~ą** a prose poem 2 (*utwory*) prose (writing), prose works *pl*; **~a literacka/opisowa** literary/descriptive prose; **współczesna ~a polska** contemporary Polish prose; **zbiór ~y autora** a collection of the author's prose works; **~a pełna humoru** witty prose 3 przen. (*powszedniość*) prosaicness, mundaneness; **~a życia** the prosaic aspects of life

prozachodni adi. *[orientacja, polityka, polityk]* pro-Western

prozaicznie adv. grad. prosaically, mundanely

prozaicznoś|ć *f* sgt mundaneness

prozaiczn|y adi. grad. 1 (*powszedni*) *[zajęcie, czynność, powód, natura]* prosaic, mundane 2 *[utwór, przekład, tekst]* prose attr.; **~y przekład dramatu** a prose version of a drama

prozai|k *m*, **~czka** *f* prose writer

prozaizm *m* (*G* **~u**) Jęz., Literat. prosaism, prosaicism

prozators|ki adi. *[twórczość, utwór]* prose attr.; **jego dorobek ~ki** his prose works

prozeli|ta *m* książk. proselyte

prozelityzm *m* sgt (*G* **~u**) książk. proselytism

prozodi|a *f* sgt (*GD* **~i**) Jęz., Literat. prosody

prozodyczn|y adi. Jęz., Literat. prosodic

prozodyjny → **prozodyczny**

prób|a *f* 1 (*usiłowanie*) attempt; **podjąć ~ę zrobienia czegoś** to make an attempt to do sth a. at doing sth; **podjęto wiele ~**

ratowania pasażerów zatopionego statku repeated attempts were made to save the shipwrecked passengers; **~a pobicia rekordu świata powiodła się** a. **udała się** his/her attempt to beat the world record was successful; **przy pierwszej ~ie zrzucił poprzeczkę** he knocked the crossbar off on his first attempt; **po trzech/kilku ~ach** after three/a few attempts a. tries; **~a samobójcza** a suicide attempt, an attempted suicide; **~a gwałtu/morderstwa** an attempted rape/murder; **~a przejęcia władzy/tronu** a bid for power/the throne; **~a zamachu (na życie)** an assassination attempt; **bezskuteczne ~y** futile a. vain attempts; **nieudana ~a** an unsuccessful a. a failed attempt; **nieudana ~a zamachu stanu** an attempted coup d'état; **nie powiodły się wszelkie ~y pojednania** all attempts at reconciliation failed [2] (badanie) test, trial; **podziemne ~y jądrowe** underground nuclear tests; **układ o zakazie ~ jądrowych** a test ban treaty; **~a obciążenia/wytrzymałości** a load/an endurance test; **~a nowej maszyny/systemu** the trial runs of a new machine/system; **~a na zgniatania/zmęczenie** a crushing/fatigue test; **~a sił** a test of strength; **poddać nowy system ~om** to test a new system; **przeprowadzać ~y** to carry out a. conduct trial runs (**z czymś** on sth); **przechodzić ~y** to undergo tests a. trials [3] (sprawdzian) trial, test; **poddać kogoś ~ie** to put sb to the test; **zrobić coś na ~ę** a. **tytułem ~y** to try sth as an experiment; **weź to na ~ę** take it on a trial basis; **przyjęli ją do pracy na ~ę** they took her on for a trial period [4] przen. (trudności) trial, test; **ciężka ~a** an ordeal; **przejść przez ciężkie ~y** to go through an ordeal; **w godzinie ~y ujawnił wielki hart ducha** he showed great valour at the critical a. crucial moment; **ich przyjaźń/ moja cierpliwość wystawiona była na ciężką ~ę** their friendship was put to the test/my patience was sorely tried; **~a charakteru** a test of character; **~a nerwów/uczuć** a test of (sb's) nerves/love [5] (wynik wysiłków) attempt, effort; **jej pierwsze malarskie ~y nie zapowiadały wielkiego talentu** her first attempts at painting were not very promising; **ta książka była jego pierwszą ~ą pisarską** this book was his first literary effort [6] (niewielka ilość) samle; **pobrać ~ę krwi** to take a blood sample a. specimen; **~a losowa** Stat. a random sample; **badania przeprowadzono na 1000-osobowej ~ie losowej Polaków** a random sample of 1000 Poles were a. was interviewed [7] (metalu szlachetnego) purity *U (of precious metals)*; (znak stempla probierczego) hallmark; **złoto pierwszej ~y** ≈ 24-carat gold; **na pierścionku nie było ~y** there was no hallmark on the ring; **oznaczyć ~ę czegoś** to assay sth [8] Teatr, Muz. rehearsal, practice *U*; **~a chóru/orkiestry** a choir/an orchestra rehearsal; **~a czytana** a read-through; **~a generalna** a dress rehearsal także przen.; **~a nowej sztuki** a rehearsal of a. for a new play; **trwają ~y nowej sztuki** a new play is in rehearsal [9] Sport trial, trial run; **~a**

górska a mountain trial; **~a przedolimpijska** a pre-Olympic trial
❑ **~a ciążowa** Med., Wet. pregnancy test; **~a dźwięku** Audio sound check; **~a głosu** Muz., Teatr audition; **~a lakmusowa** Chem. litmus test; **~a mikrofonowa** Radio (studio) rehearsal; **~a plasterkowa** Med. patch test; **~a skórna** Med. skin test; **~a tuberkulinowa** Med. tuberculin test; **~a wysiłkowa** Med. stress test
■ **dobrej** a. **wysokiej ~y** *[malarstwo, przekład]* of a high order; **dokonania/ artyzm najwyższej ~y** achievements/artistry of the highest order; **metoda ~ i błędów** trial and error (method); **metodą ~ i błędów** by a. through trial and error; **~a ogniowa** a. **ognia** trial by fire także przen.; **wytrzymać ~ę czasu** to stand the test of time

prób|ka *f* [1] (do badania) sample, specimen; **pobrać ~kę krwi/gleby** to take a blood/ soil sample a. specimen [2] (towaru) sample; (tkaniny, tapety) sample, swatch; (kosmetyku w drogerii) tester [3] (przykład) example, sample; **~ka (czyjegoś) talentu/umiejętności** an example of sb's talent/skills; **masz oto ~kę jego bezczelności** here's an example of his arrogance [4] (namiastka) preview, (fore)taste; **to tylko ~ka tego, co nas czeka na egzaminie** this is just a preview of what we can expect in the exam [5] *dem.* (wynik wysiłków) attempt, effort; **jego pierwsze ~ki poetyckie/malarskie** his first poetic/artistic efforts

próbnie *adv.* experimentally a. as an experiment, on a trial basis; **latano ~ na nowych modelach myśliwców** new models of fighter jets were flight-tested; **rozważali ~ wprowadzenie nowego systemu** they were tentatively considering the introduction of a new system

próbnik *m* Techn. (do pobierania próbek) probe; (do testowania) tester
❑ **~ kosmiczny** Astron. space probe

próbn|y *adi.* test *attr.*, trial *attr.*; **~y alarm szalupowy/pożarowy** a life-boat/fire drill; **jazda ~a** a test-drive; **lot/odwiert ~y** a test flight/bore; **rozruch ~y** a test a. trial run; **~y przebieg** przen. a dry a. trial run; **~e odbitki** proofs, pulls; **egzaminy ~e** mock exams, prelims GB; **okres ~y** a trial a. probationary period; **być na trzymiesięcznym okresie ~ym** to be on a three-month trial a. probationary period; **zdjęcia ~e** (przy obsadzaniu ról) a screen test; **~e zdjęcia** (wstępne) test shots

prób|ować *impf* **I** *vt* [1] (sprawdzać smak) to try, to taste *[potrawy, wina]*; (poznawać smak) to try, to sample *[potrawy]*; **~owałaś tego sera?** have you tried this cheese?; **dzieci nie powinny nawet ~ować alkoholu** children shouldn't even taste alcohol; **~ował wszystkiego po trochu** he sampled a bit of everything; **~owała, czy zupa jest dostatecznie słona** she tasted the soup to see if it needed more salt ⇒ **spróbować** [2] środ., Teatr to rehearse; **~owali tę scenę wiele razy** they rehearsed the scene several times [3] (poddawać próbie) to try (out), to test; **~ować różnych sztuczek, żeby podlizać się szefowi** to try various tricks to curry favour

with the boss; **~ować nowych środków wyrazu/metod nauczania** to try (out) new modes of expression/teaching methods; **~ować ostrość** a. **ostrości brzytwy** to test the sharpness of the razor, to test the razor's edge; **trener ~ował kilku młodych piłkarzy** the coach tried out some novice players; **~owanie różnych materiałów** experimenting with various materials ⇒ **spróbować** [4] (poznawać na próbę) to try, to experiment with *[narkotyków]*; to try one's hand at *[wspinaczki, dziennikarstwa]*; **~ować aerobiku/nowego przepisu na sernik** to try aerobics/a new cheesecake recipe; **czy ~owałaś tych nowych pigułek nasennych?** have you tried these new sleeping pills?; **~owała wielu różnych zawodów** she tried her hand at various careers [5] (starać się) to try, to attempt; **~ować ucieczki** to try a. attempt to escape, to attempt an escape ⇒ **spróbować**

II *vi* (usiłować) to try, to attempt (**coś zrobić** to do sth); to make an attempt (**coś zrobić** to do sth a. at doing sth); **~ować nawiązać kontakt** to try to make contact; **dziecko ~owało już chodzić** the baby was making its first attempts at walking; **cały dzień ~owała się do niego dodzwonić** she was trying to phone him all day; **~ować popełnić samobójstwo** to attempt suicide; **~ować pobić rekord** to attempt to a. try to break the record; **nawet nie ~ował uciekać/tłumaczyć się** he didn't even try to escape/to explain himself; **~owano udowodnić tę hipotezę** attempts have been made to prove the hypothesis; **~ował sobie to wyobrazić** he tried to imagine it ⇒ **spróbować**

III próbować się [1] pot. (mocować się) to take on (**z kimś** sb); **~ować się z kimś na rękę/na miecze** to arm-wrestle/to have a sword fight with sb ⇒ **spróbować się** [2] przest. (być początkującym) to make one's first efforts a. attempts (**w czymś** at sth) *[reżyserii]*

■ **~ować (własnych) sił** to see what one can do a. manage on one's own; **~ować własnych sił w czymś** to try one's hand at sth; **~ował własnych sił jako reżyser** he tried his hand at directing; **~ować szczęścia** to try one's luck

próbówka → probówka

próchnic|a *f sgt* [1] Stomat. (tooth) decay; dental caries spec.; **mieć ~ę** to have cavities/a cavity; **pasta do zębów zapobiegająca ~y** (an) anti-cavity toothpaste [2] Roln., Ogr. humus

próchni|cowy, ~czy *adi.* [1] Stomat. *[zmiana, ubytek]* carious spec.; **choroba ~cowa u dzieci** caries a. tooth decay in children [2] Geol. *[gleba]* humus *attr.*; **proces ~czy** the process of decay

próchniczny → próchnicowy

próchni|eć *impf* (**~eje, ~ał, ~eli**) *vi* [1] (rozkładać się) *[drewno, pień]* to decay, to rot; **~ejący pień** a rotting tree stump; **~enie** decay rot ⇒ **spróchnieć** [2] pot. *[zęby]* to rot pot. ⇒ **spróchnieć** [3] pot., żart. (starzeć się) to be over the hill pot., żart. to be getting long in the tooth pot., żart.

próch|no n [1] sgt (w drewnie) rot, rotten a. rotting wood; **powalone pnie rozsypują się w ~no** the felled trees are rotting a. turning to rot [2] przen. **(stare) ~no** pot., obraźl. (mężczyzna) (doddering) old fart a. fool pot., obraźl.; (kobieta) (doddering) old cow a. bag pot., obraźl.
■ **~no się z niego sypie** pot., obraźl. he's on his last legs pot.

prócz → **oprócz**

pr|óg [1] m (G progu) [1] (wejście) threshold; (listwa) threshold, doorsill US; (stopień) doorstep; **potknąć się o próg** to trip on a. over the threshold; **siedzieć na progu** to sit on the doorstep; **nigdy więcej nie przestąpiła progu jego domu** she never set foot in his house again; **witali go już od progu** they were at the door to greet him; **stała w progu i machała do nich** she was standing on the doorstep waving to them; **od miesiąca nie rusza się za próg** s/he hasn't stepped a. ventured outside for a month; **za progiem** przen. (niedaleko domu) (right) on one's doorstep przen., (right) outside one's door przen.; **masz park tuż za progiem** you've got a park right on your doorstep [2] przen. (granica) threshold, verge; **być na progu dorosłego życia** to be on the threshold a. verge of adulthood; **próg słyszalności** the auditory threshold; **próg wytrzymałości** (one's/sb's) endurance; **mieć wysoki/niski próg bólu** to have a high/low pain threshold; **na** a. **u progu nowego milenium/XVIII wieku** on the eve of the new millennium/at the turn of the 17th and 18th centuries; **znaleźć się na progu bankructwa** to be on the verge a. brink of bankruptcy; **być na progu śmierci** to be at death's door [3] Geol. rock step [4] Sport take-off board [5] Muz. fret [6] Aut. (w samochodzie) (door) sill
[II] **progi** plt przen. abode sg poet., iron.; **oto nasze skromne progi** this is our humble abode; **u nich są takie gościnne progi** they are very hospitable; **witamy w naszych niskich/rodzinnych progach** welcome to our humble abode
❑ **próg podatkowy** Księg. income tax threshold; **próg rentowności** Ekon. breakeven point; **próg świadomości** Psych. threshold of consciousness; **próg wyborczy** Polit. electoral threshold; **próg zwalniający** Transp. road a. speed hump; sleeping policeman GB pot.
■ **to za wysokie progi na moje nogi** pot. it's out of my league; **na pewno nie przyjdzie, za niskie progi na jego nogi** pot. I'm sure he won't come, it would be beneath him iron.

prósz|yć impf vi [1] (padać) **~yło** a. **śnieg ~ył całą noc** it was snowing all night; **~y drobny śnieg** a. **drobnym śniegiem** a light snow is falling [2] (sypać) **~yła mąką na podłogę** she spilt flour all over the floor; **nie ~ mi piaskiem w oczy** stop it, you're getting sand in my eyes; **spod kół samochodu ~ył pył** the car was raising clouds of dust; **piasek ~ył nam w oczy** sand was getting in our eyes [3] Techn. to spray (czymś sth) [farbą]

próżni|a f sgt [1] Fiz. vacuum C; **wytworzyć ~ę** to create a vacuum; **szybkość rozchodzenia się światła w ~** the speed of light in a vacuum; **~a absolutna** a. **doskonała** an absolute a. a perfect vacuum; **~a kosmiczna** the cosmic vacuum a. void [2] (pustka) emptiness, empty space; **~a skalna** Geol. a cave; **wyciągnął do niej rękę, ale trafiła ona w ~ę** he extended a. put out his hand to her, but found only empty space; **jego ciosy trafiały w ~ę** he kept missing [3] przen. (stan nieistnienia) void, vacuum; **żyć w duchowej ~** to live in a spiritual void a. vacuum; **~a polityczna** a political void; **jestem zawieszony w ~** everything's up in the air
■ **padać** a. **trafiać w ~ę** książk. [słowa, apel] to fall on deaf ears; to fall on stony a. barren ground książk.; **zawisnąć ~** a. **być zawieszonym w ~** to be up in the air; **natura nie znosi ~** nature abhors a vacuum

próżniactw|o n sgt książk., pejor. idleness; **czas schodził mu na ~ie** he was idling the/his time away

próżniaczo adv. książk., pejor. idly; **spędzał czas ~** he was just bumming around pot., pejor.

próżniacz|y adi. książk., pejor. do-nothing pot., pejor., layabout attr. pot., pejor.; **prowadzić ~e życie** to lead a do-nothing a. layabout life

próżniacz|yć się impf v refl. książk., pejor. to loaf (about a. around) pejor., to be an idler a. a good-for-nothing pejor.; **całymi dniami ~ył się** he spent whole days just loafing about

próżnia|k m (Npl ~cy a. ~ki) pot., pejor. slacker GB pot., pejor., layabout pot., pejor.; good-for-nothing pejor.

próżniomierz m Fiz. vacuum gauge

próżniow|o adv. **pakowany ~o** vacuum-packed

próżniow|y adi. Fiz. [komora, lampa, opakowanie, pompa] vacuum attr.; **skafander ~y** a pressure suit

próżno adv. książk. (it's) no use; **na ~** in vain, to no avail; **~ by teraz się zastanawiać** no use wondering now; **próbowali go przekonać, ale na ~** they attempted to reason with him, but in vain a. to no avail; **na ~ szukał tu jakiegoś sensu** he tried in vain to find some sense in it; **długo czekał, ale na ~** he waited a long time in vain; **wszystko było na ~** it was all in vain; **nasza praca nie będzie na ~** our work won't be in vain

próżn|ość f sgt vanity; **~ość kobieca/męska** female/male vanity; **schlebiać czyjejś ~ci** to flatter sb's vanity; **łechtać czyjąś ~ć** to tickle sb's vanity

próżn|ować impf vi pejor. to loaf (about a. around) pejor.; to be idle a. idle the/one's time away

próżn|y adi. [1] pejor. (pyszałkowaty) [osoba] vain pejor.; **robić coś tylko dla ~ej chwały** to do sth only out of vanity [2] pejor. (płytki, powierzchowny) [osoba, myśli] idle [3] pejor. (daremny) [obietnica, słowa] empty, idle; [nadzieja, starania, wysiłek, oczekiwanie] vain, futile; [obawy] groundless; **nie przyszłam tu na ~ą pogawędkę** I didn't come here to indulge in idle chatter [4] książk.

(pusty) [słoik, butelka] empty
■ **odejść/przyjść/wrócić z ~ymi rękami** to leave/come/return empty-handed; **przelewanie z pustego w ~e** (o debatach) idle talk; **z ~ego i Salomon nie naleje** przysł. ≈ you can't get blood from a stone a. turnip przysł.; you can't make bricks without straw przysł.

prr inter. whoa

pru|ć impf (~ję) [I] vt [1] (likwidować dzianinę) to unravel; **~ć kamizelkę/sweter/szalik** to unravel a jumper/muffler/vest ⇒ **spruć** [2] (rozcinać) to unpick; **~ć sukienkę/szew** to unpick a dress/seam ⇒ **rozpruć** [3] przen. to cut through [fale, chmury, powietrze]; **świdry ~ły chodniki** the drills were ripping through the pavement ⇒ **rozpruć** [II] vi [1] pot. (gnać) [samochód, motocykl] to scorch along GB pot., to burn rubber pot.; **samochód ~ł z szybkością 120 km na godzinę** the car was scorching along at 120 km per hour ⇒ **popruć** [2] pot. (strzelać) to fire a. blast away; **~ć z karabinów maszynowych** to fire a. blast away with machine guns ⇒ **wypruć** [III] **pruć się** [1] to unravel, to fray; **~jące się rękawy swetra** the frayed sleeves of a jumper; **szalik mi się ~je** my scarf is unravelling [2] [sukienka, szew] to fall apart, to come apart ⇒ **rozpruć się**

pruderi|a f sgt (GD ~i) książk. prudishness, prudery

pruderyjnie adv. grad. książk. prudishly

pruderyjnoś|ć f sgt książk. prudishness, prudery

pruderyjn|y adi. grad. książk. [osoba, społeczeństwo] prudish

prukw|a f pot., obraźl. old bag pot., obraźl.

Prus m (Npl ~owie) Hist. (medieval) Prussian; **~owie** (naród) the Prussians

prusac|ki adi. Hist. [żołnierz, dyscyplina] Prussian

prusactw|o n sgt Hist. pejor. [1] (Prusacy) Prussians pl [2] (cechy Prusaków) Prussian traits pl

Prusa|k m, **~czka** f Hist. Prussian

prusa|k m Zool. (German) cockroach

prus|ki adi. Hist. Prussian; **~ki dryl** the Prussian drill; **błękit ~ki** Prussian blue; **kwas ~ki** Prussian acid; **mur ~ki** Budow. a half-timbered wall; **dom z muru ~kiego** a half-timbered house

Prus|y plt (G ~) Hist. Prussia sg; **~y Wschodnie** East Prussia; **~y Królewskie** Royal Prussia (a Polish province from 1466 to 1772); **~y Książęce** Ducal Prussia (a Polish fief from 1525 to 1657)

prychać impf → **prychnąć**

prych|nąć pf — **prych|ać** impf (~nę, ~nęła, ~nęli — ~am) vi [1] (parskać) [osoba, koń] to snort; [kot] to spit, to hiss; **~anie koni** the snorting of horses; **~anie kota** the hissing of a cat; **~nąć ze złości** to give an angry snort, to snort angrily [2] (odezwać się opryskliwie) to snap, to snarl (na kogoś at sb); **~nąć pogardliwie/ze złością** to snarl contemptuously/angrily; **„to bzdura!", ~nęła szyderczo** 'rubbish,' she snapped derisively; **~nęła coś w odpowiedzi** she snapped some reply; **~ał złośliwymi uwagami** he was making snide remarks; **~nąć śmiechem** to burst out laughing; to crack up (laughing) pot. ③ (o maszynie) to sputter, to cough; **silnik ~nął i zgasł** the engine sputtered and died

prychnię|cie n (konia, osoby) snort; (kota) hiss; (silnika) sputter, cough

prycz|a f (Gpl ~ a. ~y) pallet, plank bed; **~a piętrowa** a bunk (bed)

pryk m posp., obraźl. **stary ~** old fart pot., obraźl.

prym m sgt (G ~u) przest. superiority, primacy; **dzierżyć** a. **wieść ~** to be the leader a. front runner, to be in the lead a. at the forefront; **wieść ~ w informatyce/w badaniach nad AIDS** to be at the forefront of a. in information technology/AIDS research, to lead the way in information technology/AIDS research; **wieść ~ w rankingach popularności** to be front runner in the popularity polls; **wieść ~ wśród śpiewaczek koloraturowych** to be a leading coloratura singer; **przyznać komuś ~** to acknowledge sb's superiority

prym|a f ① Muz. unison; prime spec. ② Relig. prime

prymarnie adv. książk. (początkowo) originally; (głównie) primarily

prymarnoś|ć f sgt książk. primacy książk.; primary role

prymarn|y adi. książk. primal, primary

prymas m (Npl ~owie a. ~i) Relig. primate; **Prymas Polski** the primate of Poland

prymasostw|o n sgt Relig. primacy

prymasows|ki adi Relig. [pałac, kazanie] the primate's; [tytuł, infuła] primatial

pryma|t m sgt (G ~tu) książk. primacy, preeminence; **~t łaciny w średniowieczu** the pre-eminence of Latin in the Middle Ages; **rywalizować o ~t w produkcji samochodów** to compete for first place in car manufacture; **~t czegoś nad czymś** the primacy of sth over sth; **uznawał ~t praktyki nad teorią** he recognized the primacy of practice over theory

prymityw Ⅰ m pers. ① (Npl ~y) pejor. (prostak) barbarian pejor., Neanderthal pejor.; ape ② Szt. (artysta) primitive (artist)
Ⅱ m inanim. (G ~u) sgt ① (prymitywne warunki) primitive conditions pl ② Szt. (dzieło) primitive

prymitywi|sta m, **~stka** f Szt. primitive (artist)

prymitywistycznie adv. Szt. [malować, stylizować] in the primitivist style a. manner

prymitywistyczn|y adi. Szt. [malarstwo, rzeźba] primitive

prymitywizacj|a f sgt książk., pejor. primitivization książk., pejor.; **~a zagadnienia/gustów** the primitivization of a problem/of tastes

prymitywizm m sgt (G ~u) ① (pierwotny stan) primitivism; **~ metod produkcji** the primitivism of the production methods ② Szt. primitivism ③ pejor. (prostactwo) crudeness pejor., crudity pejor.; **jego chamstwo i ~** his vulgarity and crudeness

prymityz|ować impf Ⅰ vt książk., pejor. to primitivize [problem, sztukę, język] książk., pejor. ⇒ **sprymityzować**
Ⅱ **prymityzować się** książk., pejor. to become primitive pejor.

prymitywnie adv. grad. ① (nienowocześnie) [żyć, mieszkać] in primitive conditions; **~ urządzone mieszkanie** a primitively furnished flat ② pejor. (prostacko) [mówić, reagować, zachowywać się] crudely pejor., oafishly pejor.

prymitywnoś|ć f sgt ① (prostota) [konstrukcji, urządzenia] crudeness, crudity, primitiveness ② pejor. (prostactwo) crudeness, crudity pejor.

prymitywn|y adi. grad. ① (pierwotny) [osoba, plemiona, instynkt] primitive, primordial; **~e formy życia** primitive forms of life ② (nienowoczesny) [narzędzia, metody, zabudowania] primitive, crude; **żyli w ~ych warunkach, bez bieżącej wody i gazu** they lived in primitive conditions, without running water or gas ③ pejor. (prostacki) [osoba, rozrywka] crude pejor., oafish pejor.; [rozmowa, humor] primitive pejor., crude pejor.; **~y sposób myślenia** a primitive way of thinking; **~y język** primitive a. impoverished language

prym|ka f przest. plug; **~ka tytoniu** a plug of tobacco

prymul|a f (~ka dem.) (Gpl ~ a. ~i) Bot. primrose, primula

prymus Ⅰ m pers. (Npl ~y a. ~i) (uczeń) top student; **był ~em z chemii** he was top of the class in chemistry
Ⅲ m inanim. (do gotowania) Primus® (stove)

prymus|ka f top student; **była ~ką z matematyki** she was top of the class in maths

pryncipium → pryncypium

pryncypaln|y adi. przest. [ulica, plac] main

pryncypa|ł Ⅰ m pers. (Npl ~łowie) przest., żart. boss pot.
Ⅱ m inanim. (G ~łu) Muz. principal

pryncypializm m sgt (G ~u) książk. high principles pl, adherence to principles

pryncypialnie adv. grad. książk. [postąpić, rozstrzygnąć] in a principled way; [antykomunistyczny, przeciwny] uncompromisingly; **~ przestrzegać prawa** to be strictly law-abiding

pryncypialnoś|ć f sgt książk. ① (ważność) fundamental importance ② (uczciwość) high principles pl; (kategoryczność) resoluteness, uncompromising attitude; **~ć egzaminatorów** the examiners' principled attitude

pryncypialn|y adi. książk. ① (podstawowy) [wartości, sprawy, kwestie] principal, fundamental ② (bezkompromisowy) [osoba, podejście] (highly) principled pejor., hard-line pejor.; **ze względów ~ych odrzucił tę propozycję** he turned down the proposal as a matter of principle a. on principle

pryncypi|um n zw. pl (G ~ów) książk. principle; **~a polityki ekonomicznej państwa** the principles of the country's economic policy

prysiud|y plt (G ~ów) pot. (a dance step with the performer crouching and kicking out each foot in turn)

pryska|ć¹ impf vt (zraszać) to spray [rośliny] (czymś with sth); **~ć jabłonie środkiem owadobójczym** to spray apple trees with an insecticide; **czy te pomidory były ~ne?** have these tomatoes been sprayed?; **~nie drzew w sadzie** the spraying of trees in an orchard

pryskać² impf → prysnąć

pry|skać² pf — **pry|skać²** impf (~snę, ~snęła, ~snęli — ~skam) Ⅰ vi ① (zrosić) to spray vt, to sprinkle vt; (oblać) to splash vt, to splatter vt; **~skać na kogoś perfumami** to spray perfume on sb, to spray sb with perfume; **~snął sobie zimną wodą w twarz** he splashed cold water onto his face, he splashed his face with cold water; **samochody ~skały błotem na przechodniów** cars were splashing a. splattering mud on the pedestrians ② (rozpryskać się) [tłuszcz, woda, błoto] to splatter; [iskry] to fly; **tłuszcz ~snął z patelni na jej rękę** hot fat from the frying pan splattered her arm; **z ogniska ~skały iskry** sparks were flying from the bonfire; **spod kół samochodu ~snęło błoto** the car's wheels splattered mud ③ (pęknąć) [szkło] to shatter, to splinter; [bańka mydlana] to burst; **szyby okien ~skały pod gradem kul** window panes were shattering a. splintering in the hail of bullets; **~skają okowy niewoli** przen. the fetters of thraldom are bursting open przen. ④ pot. (uciec) to clear out pot., to run for it pot., to do a bunk a. a runner GB pot.; **włamywacz ~snął na widok policjanta** the burglar ran for it at the sight of the policeman; **rzucił kamieniem w okno i ~snął** he threw a rock through the window and ran for it; **~snął za granicę** he did a runner abroad ⑤ przen. (zniknąć) [radość, humor, nadzieja] to evaporate przen., to go up in smoke przen.; **wesoły nastrój zabawy ~snął** the festive mood evaporated
Ⅲ **prysnąć się — pryskać się** pot. ① (zrosić siebie samego) to spray oneself (czymś with sth); (oblać siebie samego) to splash oneself (czymś with sth) ② (jeden drugiego) to splash each other (czymś with sth)

pryszcz m ① (na skórze) pimple, spot GB; zit pot.; **miała twarz całą w ~ach** she had spots all over her face; **zrobił mi się ~ na czole** I have a pimple on my forehead; **wycisnąć ~** to squeeze a pimple ② pot. (drobnostka) cinch pot., piece of cake pot.; **to mały ~** it's a cinch a. a piece of cake

pryszcza|ty adi. [wyrostek, twarz, skóra] pimply, spotty GB

pryszczyc|a f Wet. foot and mouth (disease), hoof and mouth (disease) US

pryszczyk m dem. pimple, spot GB; zit pot.

prysznic m ① (urządzenie) shower; **kabina z ~em** a shower stall a. unit; **żel pod ~** shower gel; **kąpać się pod ~em** to have a. take a shower; **wejść pod ~** to step under the shower ② (kąpiel) shower; **wziąć ~** to have a. take a shower, to shower; **zimny ~** pot. **~ dobrze ci zrobi** a cold shower will do you good; **podziałać na kogoś jak zimny ~** pot. to act like a cold shower on sb ③ zw. pl (pomieszczenie) shower room; **na każdym piętrze są ~e** there are shower rooms on each floor

prysznicow|y adi. [kabina, zasłona, bateria, drzwi] shower attr.

prywaciars|ki adi. pot., pejor. [sektor] small business attr. (especially under communism); [zakład] private; **wygórowane, ~kie ceny**

steep prices charged by the small business sector

prywaciarz m (Gpl ~y) pot., pejor. small business owner (especially under communism)

prywa|ta f sgt książk., pejor. self-interest, self-serving

prywat|ka f pot., przest. party; **pójść na** ~kę to go to a party

prywatkow|y adi. pot., przest. [goście, zabawa, muzyka, tańce] party attr.

prywatnie adv. [1] (za pieniądze) **leczyć się** ~ to get private medical care, to go private GB; **uczyć się** ~ to take private lessons [2] (nieoficjalnie) as a private person; **premier przebywa tu** ~ the prime minister is here as a private person; ~ **to całkiem sympatyczny człowiek** he's quite nice in private [3] (na osobności) privately, in private; **porozmawiać z kimś** ~ to talk with sb privately a. in private; **powiem ci o tym** ~ I'll tell you about it in private

prywatnoś|ć f sgt privacy; **strzec swojej** ~ci to protect one's privacy; **naruszać/ szanować czyjąć** ~ć to infringe on/respect sb's privacy

prywatn|y adi. [1] (niepubliczny) [kolekcja, pieniądze, posesja] private; **wkroczyć na teren** ~y to trespass on private property; **„teren** ~y, wstęp wzbroniony!"** 'private property, no trespassing' [2] (niepaństwowy) [bank, firma, klinika, praktyka] private, privately-owned; **sektor** ~y the private sector, private industry; **przedsiębiorstwo** ~e a private a. a privately owned enterprise; **szkoła** ~a a private school, a public school GB; **lekcje** ~e private lessons; **dawać/brać** ~e lekcje to give/take private lessons; **prowadził** ~ą **praktykę lekarską** he was in private medical practice [3] (osobisty, nieurzędowy) [list, rozmowa, dochody] private, personal; ~y **adres/numer telefonu** sb's/one's home address/telephone number; **życie** ~e i **zawodowe** sb's/one's private and professional life; **kontakty urzędowe i** ~e business and personal contacts; **szczegóły dotyczące życia** ~ego details about sb's/one's private a. personal life; **udać się z** ~ą **wizytą na Węgry** to go on a private visit to Hungary; **do (jej/jego)** ~ego **użytku** for (her/his) private a. personal use; **osoba posiadająca** ~e **środki** a person of private means; **występować jako osoba** ~a to act in a private capacity a. as a private person; **jest teraz osobą** ~ą **i nie udziela wywiadów** he's now a private citizen and doesn't give interviews; **dużo pieniędzy ofiarowały osoby** ~e sizeable donations were made by private individuals

prywatyzacj|a f (Gpl ~i) Ekon. privatization, denationalization (czegoś of sth)

prywatyzacyjn|y adi. Ekon. [proces, przemiana] privatization attr.

prywatyz|ować impf Ekon. [1] vt to privatize, to denationalize ⇒ **sprywatyzować** [2] **prywatyzować się** to be a. become privatized a. denationalized ⇒ **sprywatyzować się**

pryzm|a f [1] (piasku, śniegu) heap; (buraków, ziemniaków, jabłek) pile; ~a **kompostowa** a compost heap; **zsypać żwir na** ~ę to pour gravel onto a heap [2] Mat. prism [3] Techn. flitch

pryzmacik m dem. (G ~u) small prism

pryzma|t m (G ~tu) Fiz., Mat. prism; ~t **optyczny** optical prism; **patrzeć na/widzieć coś przez** ~t **literatury/nauki/własnego doświadczenia** książk., przen. to see sth from the angle of literature/science/one's own experience

❑ ~t **okularowy** Fiz. prismatic eyepiece; ~t **pentagonalny** Fiz. pentaprism; Fot. reflex prism

pryzmatyczn|y adi. [kształt, lornetka, okulary] prismatic

przaśnoś|ć f sgt [1] (chleba) the quality of being unleavened; (miodu) the quality of being unfermented [2] (prostota, swojskość) folksiness [3] (brak ogłady) coarseness, roughness

przaśn|y adi. [1] (z niezakwaszonego ciasta) [chleb, placek] unleavened [2] (niewyszukany) [ubiór, przepis kulinarny] homespun; (stylizowany na ludowo) [wystrój wnętrza] folksy [3] (prostacki) [dowcip] coarse, rough

prząd|ka f [1] (osoba) spinner [2] Zool. eggar a. lappet moth

prz|ąść impf vt to spin [nici, len, pajęczynę] ⇒ **sprząść, uprząść**

■ **cienko** ~**ąść** pot. to live from hand to mouth, to lead a hand-to-mouth existence

przebaczać impf → **przebaczyć**

przebacz|yć pf — **przebacz|ać** impf vt to forgive; **matka** ~**yła mu złe zachowanie** mother forgave him his bad behaviour; ~**yli sobie nawzajem** they forgave each other/one another; **prosić (kogoś) o** ~**enie** to ask (sb's) forgiveness

przebada|ć pf [1] vt [1] (kolejno zbadać) to examine; **lekarz szkolny** ~ł **już większość dzieci** the school doctor has already examined most of the children; **w** ~**nych tekstach nie odkryłem niczego ciekawego** I found nothing really interesting in the texts I studied a. analysed [2] (zbadać dokładnie) to examine carefully a. thoroughly; ~**li go dokładnie, żeby wykryć przyczynę choroby** they gave him a thorough examination to find out the cause of the disease; **historyk** ~ł **rękopis w celu ustalenia autorstwa** the historian examined the manuscript in order to establish its authorship; **w naszej przychodni zostaniesz dokładnie** ~**ny** you will be given a thorough check-up in our health-centre [1] **przebadać się** to have a check-up; **każdy powinien** ~ć **się przynajmniej raz w roku** everyone should have a check-up at least once a year

przebąkiwać impf → **przebąknąć**

przebąk|nąć pf — **przebąk|iwać** impf (~**nęła,** ~**nęli** — ~**uję**) vi to hint; **zaczął** ~**iwać o przeprowadzce/że ma kłopoty finansowe** he would occasionally hint a. drop a hint about moving somewhere else/that he had financial problems

przebi|cie [1] sv → **przebić**

[1] n [1] pot. electricity leakage; **fachowiec stwierdził** ~**cie na grzałce pralki** the engineer found a leakage in the washing machine's heater [2] (otwór) (w murze) opening, hole; (w skale) tunnel [3] sgt pot. (zysk) profit; killing pot.; **mieć pięciokrotne** ~**cie przy sprzedaży akcji** to make a

fivefold profit selling shares [4] Górn. cut-through [5] sgt Med. perforation

przebi|ć pf — **przebi|jać**[1] impf [1] vt [1] (przekłuć ostrym przedmiotem) to puncture [skórę, oponę]; to perforate [ściankę jelita, bębenek ucha]; to go through [pancerz, szybę, ścianę]; **w czasie walki byk** ~ł **toreadora rogami** during the fight the bull gored the toreador; **morderca** ~ł **mu pierś a. go nożem/sztyletem** the murderer stabbed him in the chest with a knife/dagger; **kula** ~**ła tarczę/pancerz** the bullet went through the shield/armour(ed) plate; ~**ta opona** a punctured tyre [2] (zrobić przejście) to drill [tunel]; to build [przejście podziemne, szlak komunikacyjny] [3] (przeniknąć) [słońce, głos] to break through; ~**ć wzrokiem ciemność** to penetrate the darkness [4] pot., przen. (okazać się lepszym) to beat; ~**ła konkurentki urodą, talentem i inteligencją** she beat her rivals with her looks, talent, and intelligence [5] (proponować wyższą cenę) to outbid; ~**ć kogoś na licytacji** to outbid someone; ~**ć cenę** to beat down the price [6] Gry to beat; (atutem) to trump, to ruff; (w pokerze) to raise; ~**ć waleta damą/króla asem** to beat a jack with a queen/a king with an ace; [7] Sport to return [piłkę, lotkę] [8] (przetopić) to turn; **stołowe srebra** ~**li na monety** the silverware was turned into coins [9] (zmienić bezprawnie) to restamp [numery silnika]; **samochody miały** ~**te numery** the cars had the numbers restamped

[1] **przebić się — przebijać się** [1] (dźgnąć się) to stab oneself; ~**ć się nożem/sztyletem** to stab oneself with a knife/dagger [2] (zostać przekłutym) to be/get punctured; **w powrotnej drodze** ~**ła mi się opona** on the way back I got a puncture [3] (przedostać się z trudem) to fight one's way (przez coś through sth); ~**ć się przez tłum/gąszcz** to fight one's way through the crowd/thicket; **mały oddział wojsk** ~ł **się przez teren nieprzyjaciela** a small unit fought its way through enemy territory [4] (przeniknąć) [światło, dźwięk, głos] to break through; **około południa słońce** ~**ło się przez chmury** around midday the sun broke through the clouds; **krzyk kobiety** ~ł **się przez zgiełk tłumu** the scream of a woman broke through the tumult [5] [artysta, sportowiec] to make it (to the top) [6] (przekopać drogę) to cut through; **ratownicy usiłują** ~**ć się do zasypanych górników** rescue workers are trying to cut through to the stranded miners

przebie|c, przebie|gnąć pf — **przebie|gać**[1] impf (~**gnę,** ~**gniesz,** ~**gł,** ~**gła,** ~**gli** — ~**gam**) [1] vt [1] (przebyć jakąś drogę biegiem) to run; **tak się śpieszył, że** ~ł **całą drogę do szkoły** he was in such a hurry that he ran all the way to school; **nasz zawodnik** ~ł **800 metrów w czasie poniżej dwóch minut** our competitor ran 800 metres in less than two minutes; **po** ~**gnięciu nawet krótkiego dystansu dostawał zadyszki** after running even a short distance he'd get short of breath [2] (biegiem przedostać się na drugą stronę) to run across; **pies** ~ł **(przez) ulicę/tory kolejowe** the dog ran across the street/the railway track [3] (przeciąć) **~c komuś drogę** to run across sb's path

[II] *vi* [1] (biegnąc przenieść się z miejsca na miejsce) to run; **~c przez ogród/boisko** to run across the garden/field; **~c obok kogoś/czegoś** to run past sb/sth [2] (przemknąć) *[dreszcz]* to run; *[uśmiech]* to flash; *[myśl, pomysł]* to flit, to flash; **zimny dreszcz ~gł mu po krzyżu** a cold shiver ran down his spine; **grymas niezadowolenia ~gł mu po twarzy** a look of discontent crossed his face; **po sali ~gł szmer zdziwienia** a murmur of astonishment ran through the room; **~gła mu przez głowę myśl, że już się więcej nie spotkają** the thought that they'd never meet again flashed through his mind [3] (dokonać się) to go, to proceed; **operacja ~gła pomyślnie/zgodnie z planem** the operation went well/according to plan; **modernizacja ~ga bez zakłóceń** the modernization is proceeding smoothly

[III] **przebiec się, przebiegnąć się — przebiegać się** pot. to do some jogging; **każdego ranka musiał się trochę ~c dla kondycji** every morning he had to do some jogging to keep fit

■ **~c coś wzrokiem** a. **oczami** to skim through sth, to run one's eyes down a. over sth *[list, komunikat]*; **~c po czymś wzrokiem** a. **oczami** to run one's eyes over sth *[klasie, sali]*

przebied|ować *pf vi* to rough it

przebieg *m* (*G* **~u**) [1] *sgt* (tok obrad, choroby, procesu, sprawy) course; **~ kariery zawodowej** a career; **śledzić/odtworzyć ~ wydarzeń** to follow/reconstruct the course of events [2] *sgt* (trasa drogi, rzeki, ulicy) route; **~ funkcji** a function graph [3] Aut. mileage ❑ **pusty** a. **próżny ~** empty run

przebiegać¹ *impf* → **przebiec**

przebiega|ć² [I] *impf vi* [1] (ciągnąć się) *[droga, linia kolejowa, granica]* to run; **trasa wyścigu ~ przez tereny górzyste** the route of the race runs through mountainous areas [2] (być widocznym) *[blizna, szrama, rysa]* to run

[II] *pf vi* to spend the time running

przebiegle *adv. grad.* craftily, deviously; (podstępnie) guilefully, slyly

przebiegłoś|ć *f sgt* craftiness, deviousness; (podstępność) slyness

przebieg|ły *adi. [osoba]* crafty; *[mina, spojrzenie, uśmiech]* cunning; *[plan, pomysł, polityka]* devious

przebiegnąć *impf* → **przebiec**

przebierać¹ *impf* → **przebrać**

przebiera|ć² *impf vi* [1] (poruszać na przemian) **~ć palcami po stole** to tap one's fingers on the table; **~ć palcami po klawiaturze** to run one's fingers over the keys; **szybko ~ć nogami** to take quick strides; **~ć nogami w miejscu** to mark time [2] (nie móc się zdecydować) to pick and choose; **nie ~ć w słowach** to not mince one's words; **nie ~ć w środkach** to have no scruples, to stop at nothing; **nie ~jąc w środkach, pokonał konkurencję** by fair means or foul he beat his competitors

przebiera|niec *m* (*V* **~ńcu** a. **~ńcze**) [1] *a person in a bizarre disguise;* **bal ~ńców** a fancy dress ball [2] żart. an oddly dressed person

przebieran|ka *f* dressing up

przebijać¹ *impf* → **przebić**

przebija|ć² *impf* [I] *vi* [1] (przeświecać) to show; **przez cienkie zasłony ~ światło** light is coming in through the thin curtains; **ciemniejsza podszewka ~ spod sukienki** a darker lining is showing through the dress [2] (dawać się słyszeć) *[rozmowa, melodia]* to be heard; **w słuchawce ~ły odgłosy ruchu ulicznego** the hum of traffic could be heard on the telephone [3] (dawać się odczuć) *[uczucia, stany emocjonalne]* to be detectable; **z jego słów ~ optymizm** his words emanate optimism

[II] **przebijać się** (dawać się odczuć) *[uczucia, stany emocjonalne]* to be detectable; **w jej spojrzeniu ~ł się smutek** sadness was detectable in her look

przebijak *m* punch

przebiśnieg *m* (*G* **~u**) Bot. snowdrop

przebit|ka *f* [1] (cienki papier) copy paper [2] (kopia pisma) carbon copy [3] Gry ruff; **grać na ~ki** to crossruff [4] Górn. (poprzeczny chodnik) countershaft [5] Kino cut-in shot [6] pot. (dodatkowy zysk) killing pot.

przebitkow|y *adi.* [1] *[papier]* copy *attr.* [2] Gry *[lewa]* ruff *attr.*

przebłaga|ć *pf* — **przebłag|iwać** *impf vt* to conciliate, to propitiate; **~ać rodziców/czyjś gniew** to appease one's parents'/sb's wrath; **modlitwa/ofiara ~alna** a propitiatory prayer/offering

przebłagiwać *impf* → **przebłagać**

przebłysk *m* (*G* **~u**) [1] (światła) glimmer [2] przen. (geniuszu, talentu) stroke; **~ nadziei** a glimmer a. ray of hope; **~ intuicji/świadomości** a flash of intuition/conscience

przebłyskiwać *impf* → **przebłysnąć**

przebły|snąć *pf* — **przebły|skiwać** *impf* (**~snęła** a. **~sła** — **~skuje**) *vi* [1] (ukazać się na krótko) to shine through; **przez chmury ~snął promień słońca** a sunbeam shone through the clouds; **we mgle ~skiwały światła portu** the lights of the harbour glimmered through the fog [2] (dać się zauważyć) *[zjawiska, uczucia]* to be detectable; **w jej smutnym życiu z rzadka ~skiwały radość i szczęście** there were brief moments of joy and happiness in her otherwise sad life [3] przen. (przeminąć) *[sława, świetność]* to pass

przebogato *adv. [ilustrowany, zdobiony]* lavishly

przeboga|ty *adi.* [1] (niezwykle bogaty) *[osoba, królestwo, skarbiec]* extremely rich [2] (różnorodny) *[plon, doświadczenia, materiał dowodowy]* ample

przebojowoś|ć *f sgt* [1] (piosenki, filmu, modnego produktu) the quality of making a hit [2] (parcie do sukcesu) go-getting energy pot.; **zazdroszczę innym ~ci** I envy people their go-getting energy [3] (łamanie utartych kanonów) revolutionism

przebojow|y *adi.* [1] *[piosenka, sztuka, film]* hit *attr.*; *[książka, modny produkt]* best-selling [2] pot. *[osoba]* go-getting pot.

przebol|eć *pf* (**~eję, ~ał, ~eli**) *vt* to get over *[stratę, śmierć]*; **nie może ~eć, że jej córka nie zrobiła kariery jako modelka** she can't come to terms with a. can't accept the fact that her daughter didn't make a career as a model

przebłój [I] *m* (*G* **~oju**) (melodia, piosenka) hit; (książka, modny produkt) best-seller; **lista ~ojów** pop charts; **~ojem lata stały się lniane ubrania** linen clothes have become the hit of the summer season

[II] **przebojem** *adv.* (zdobywać coś) by storm; **do telewizji wszedł ~ojem i od razu zaczął odnosić sukcesy** he took TV by storm; **~ojem iść przez życie** to be a go-getter pot.

przeb|rać *pf* — **przeb|ierać¹** *impf* (**~io-rę, ~ierze — ~ieram**) [I] *vt* [1] (zmienić komuś ubranie) to change; **~rać kogoś w coś** to change sb into sth; **matka ~rała dzieci w piżamy/kostiumy kąpielowe** mother changed the children into pyjamas/bathing suits [2] (ubrać w kostium) to dress up; **~rać kogoś za kogoś/coś** (dla zabawy) to dress sb up as sb/sth; (dla zmiany wyglądu) to disguise sb as sb; **na szkolne przedstawienie nauczycielka ~iera dzieci za zwierzęta** in the school play the teacher dresses the children up as animals; **autor ~rał bohaterkę za mężczyznę** the author disguised his heroine as a man; **~rana nie do poznania, bawiła publiczność** disguised beyond all recognition she entertained the public [3] pot. (zmienić część ubioru) to change; **~rać bluzkę/buty** to change one's blouse/shoes; **~rać dzieciom pobrudzone spodnie/mokre skarpetki** to change the children's soiled trousers/wet socks [4] (dokonać selekcji) to sift out, to segregate; (sortować) to sort out; **matka ~rała śliwki, wyrzucając te zepsute i robaczywe** mother went through the plums, throwing out the rotten and wormy ones

[II] **przebrać się — przebierać się** [1] (zmienić ubranie) to change; **przed wyjściem ~ierz się w czystą koszulę** change your shirt before going out [2] (zmienić wygląd) (dla zabawy) to dress up (**za kogoś** as sb); (dla ukrycia tożsamości) to disguise oneself (**za kogoś** as sb); **na bal maskowy ~rałem się za średniowiecznego rycerza** I dressed up as a medieval knight for the fancy-dress party

■ **~rać miarę** a. **miarkę** pot. to go too far, to overstep the mark; **~rała się miara** a. **miarka** this is the last straw

przebra|nie [I] *sv* → **przebrać**

[II] *n* disguise; **diabeł w ~niu** a devil in disguise; **uciekł z więzienia w kobiecym ~niu** he escaped from prison disguised as a woman

przebrn|ąć *pf* (**~ęła, ~ęli**) *vi* [1] (przejść lub przejechać z trudem) to fight one's way through *[las, bagna]*; **~ąć przez śnieżne zaspy** to plough one's way through snowdrifts [2] (ukończyć zadanie) to struggle through *[eliminacje, rozmowę kwalifikacyjną]*; **~ąć przez książkę** to wade through a book; **~ąć przez ćwiczenia na czasy** to plough through a set of exercises on tenses; **~ięcie przez ten tekst wymaga dużego samozaparcia** wading through this text requires a lot of determination

przebrzmi|eć *pf* — **przebrzmi|ewać** *impf* (**~ał, ~eli — ~ewa**) *vi* [1] (skończyć brzmieć) *[melodia, słowa]* to die away [2] przen. (stracić aktualność) *[sława]* to pass; *[moda]* to become passé; **to sprawa ~ała** this matter is no longer current

przebrzmiewać *impf* → **przebrzmieć**

przebrzydle *adv. [postąpić]* nastily, abominably; **on jest ~ skąpy/zarozumiały** he's disgustingly mean/conceited

przebrzyd|ły *adi.* ① (budzący odrazę) *[leń, żarłok, robal]* abominable ② (paskudny) *[komary, muchy, bachory]* blooming pot., pesky pot.; **już od tygodnia jemy tę ~łą zupę** we've been eating this blasted soup for a week now pot.

przebud|owa *f* ① (domu) alteration, conversion; (ulicy, dzielnicy) redevelopment ② *sgt* (systemu, organizacji) restructuring

przebud|ować *pf* — **przebud|owywać** *impf vt* ① (zmienić konstrukcję budynku) to convert; **~ować kuchnię na pokój** to convert a kitchen into a bedroom; **zamieszkamy w ~owanej stajni** we're going to live in a converted barn ② (zmienić strukturę) to restructure; **trwa ~owywanie systemu oświaty** the education system is being restructured

przebudowywać *impf* → **przebudować**

przebudzać *impf* → **przebudzić**

przebudzeni|e *sv* → **przebudzić**
Ⅲ *n* awakening

przebu|dzić *pf* — **przebu|dzać** *impf*
Ⅰ *vt* ① (przerwać sen) to rouse, to wake up; **~dził nas hałas/dzwonek do drzwi** we were woken up by some noise/the doorbell ringing ② (sprowadzić do rzeczywistości) to rouse; **~dzić kogoś z marzeń/zadumy** to rouse sb from daydreaming/meditation; **gorzkie ~dzenie** a rude awakening
Ⅲ **przebudzić się** — **przebudzać się** ① (przestać spać) to wake (up) ② (odzyskać poczucie rzeczywistości) to rouse; **~dzić się z marzeń** to rouse from daydreaming ③ (ujawnić się) *[stan uczuciowy, talent]* to awaken; **~dziła się w niej urażona ambicja** hurt pride awoke within her; **~dził się w nim artysta** an artist awoke within him

przeb|yć *pf* — **przeb|ywać¹** *impf* (**~ędziesz, ~ędzie** — **~ywam**) *vt* ① (pokonać dystans) to travel; **pociąg ~ył trasę z Warszawy do Katowic w dwie i pół godziny** the train covered the distance from Warsaw to Katowice in two and a half hours; **~yłem sto kilometrów, żeby się z tobą spotkać** I travelled a hundred kilometres to meet you; **po ~yciu piechotą dziesięciu kilometrów poczułem się zmęczony** having walked 10 km, I felt tired ② (przeżyć) **~yć operację** to undergo an operation; **~yć trudny okres** to go through a difficult time; **wrócić do sił po ~ytej chorobie** to recover one's strength after an illness; **wróciła już do siebie po ~ytym szoku** she has recovered from the shock she experienced ③ (spędzić czas) to spend; **czas wojny ~ył w stalagu** he spent the war years in a Stalag

przebywać¹ *impf* → **przebyć**

przebywa|ć² *impf vi* ① (pozostawać jakiś czas) to stay; **od kilku tygodni ~ zagranicą** he's been abroad for several weeks; **prezydent ~ z oficjalną wizytą w Niemczech** the president is paying an official visit to Germany; **lubił ~ć dużo na świeżym**

---

powietrzu he liked spending a lot of time out of doors; **niebezpieczny przestępca już od kilku dni ~ na wolności** a dangerous criminal has been at large for a few days now; **zbyt długie ~nie na słońcu może być niebezpieczne dla zdrowia** staying in the sun for too long can be a health hazard ② (spędzać czas) to spend (**z kimś** with sb); **chętnie ~ła z rówieśnikami** she liked spending time with people her own age; **lubił ~ć sam** he liked spending time on his own

przecedzać *impf* → **przecedzić**

przece|dzić *pf* — **przece|dzać** *impf vt* ① (o płynach) to strain; **~dzić wywar przez sitko/gazę** to strain the stock through a strainer/a piece of gauze przen. (oddzielić prawdę od fałszu) to sift; **~dzić zebrane informacje** to sift through the information collected

przecen|a *f* (obniżenie ceny) price reduction; (wyprzedaż) sale; **kupić coś z ~y** to buy sth at a reduced price; **towary z ~y** cut-price a. reduced-price goods, sale items

przeceniać *impf* → **przecenić**

przece|nić *pf* — **przece|niać** *impf* **Ⅰ** *vt* ① (ocenić zbyt wysoko) to overrate, to overestimate; **~niać rolę/znaczenie kogoś/czegoś** to overestimate the role/importance of sb/sth; **~niać przeciwnika** to overrate the opponent; **ktoś/coś jest nie do ~nienia** sb/sth cannot be overestimated ② (obniżyć cenę) to mark down, to reduce the price; **~nić coś o 30%** to mark sth down by 30%; **towary ~nione** sale items, cut-price goods
Ⅲ **przecenić się** — **przeceniać się** to overestimate oneself

przechadza|ć się *impf v refl.* to stroll, to take a stroll

przechadz|ka *f* stroll; **iść/pójść na ~kę** to go for a stroll; **~ka dla zdrowia** a constitutional dat.

przeche|ra *m, f (Npl m ~ry, Gpl m ~rów* a. **~r**; *Npl f ~ry, Gpl f ~r*) przest. trickster

przechlap|ać *pf* (**~ię**) *vi* pot. **~ać sobie** to blow it; **mieć ~ane** to be done for pot.; **to have one's ass in a sling** US pot.; **mieć u kogoś ~ane** to be in the doghouse with sb pot.; to be in bad with sb US pot.

przechładzać *impf* → **przechłodzić**

przechł|odzić *pf* — **przechł|adzać** *impf* **Ⅰ** *vt* ① (uczynić zbyt zimnym) to over-cool, to overchill *[herbatę, kompot, wino]* ② pot. (przeziębić) to over-cool *[głowę, nogi]* ③ Fiz., Techn. to over-cool, to supercool
Ⅲ **przechłodzić się** — **przechładzać się** ① (przestygnąć) *[herbata, kompot, zupa]* to cool down ② (wyziębić się) *[mieszkanie]* to get overcooled; **w czasie awarii ogrzewania mieszkanie się ~odziło** during the breakdown of the heating system the flat got over-cooled ③ (przeziębić się) to catch a cold

przechodni *adi.* ① *[pokój, dziedziniec]* connecting ② *[puchar, sztandar]* challenge *attr.* ③ Jęz. transitive

przechodzić¹ *impf* → **przejść**

przecho|dzić² *pf vt* ① (spędzić pewien czas chodząc) to spend some time walking; **całą noc ~dził, nie mogąc spać** because he couldn't sleep, he spent the whole night

---

pacing the room ② (nosić przez pewien czas) to wear; **~dziła w lekkim płaszczu/jednych butach całą zimę** she wore a light coat/one pair of shoes throughout the winter ③ (nie położyć się do łóżka) **~dzić grypę/przeziębienie** to carry on with one's activities in spite of being ill with the flu/in spite of having a cold

przecho|dzień *m* passer-by

przechodz|ony **Ⅰ** *pp* → **przechodzić**
Ⅲ *adi.* pot. ① *[ubranie, samochód]* worn-out ② pejor. *[idee, wartości, prawdy]* worn-out, clichéd ③ iron. *[dziewczyna, amant]* past their prime

przechor|ować *pf* — **przechor|owywać** *impf* **Ⅰ** *vt* ① (spędzić pewien czas chorując) to be ill a. sick; **cały urlop ~ował na grypę** he was ill with the flu for the entire holiday ② (zapaść na zdrowiu) to fall ill; **~ował rozwód** he fell ill because of his divorce
Ⅲ **przechorować się** — **przechorowywać się** (przebyć jakąś chorobę) **~owali się na grypę/szkarlatynę** they were ill with flu/scarlet fever; **w zeszłym tygodniu ~ował się na żołądek** last week he had a serious stomach disorder

przechorowywać *impf* → **przechorować**

przechow|ać *pf* — **przechow|ywać** *impf* **Ⅰ** *vt* ① (zabezpieczyć) to keep *[drewno, węgiel, żywność]*; to store *[dane, informacje, meble]*; **~ać komuś ważne dokumenty/pieniądze** to be entrusted with sb's important documents/money for safekeeping; **czy możesz mi ~ać biżuterię na czas wakacji?** may I give my jewellery to you for safekeeping during the holidays?; **oddać bagaż na ~anie** to leave one's luggage at the left luggage office; **żywność ~ywana w lodówce** food kept in a fridge ② (uchronić przed zapomnieniem) to preserve *[wspomnienia, zwyczaje]* ③ (uchronić przed śmiercią lub aresztowaniem) to give shelter (**kogoś** to sb); to hide
Ⅲ **przechować się** — **przechowywać się** ① *[żywność, towary]* to keep; **ziemniaki nieźle ~ały się przez zimę** the potatoes have kept quite well through the winter ② (przetrwać w niezmienionej formie) *[zwyczaj, wspomnienie]* to be preserved ③ (przetrwać w ukryciu) to survive in hiding; **żydowski chłopiec ~ał się między chłopskimi dziećmi** a Jewish boy survived by hiding among peasant children

przechowalni|a *f (Gpl ~)* ① (bagażu) left luggage (office); checkroom US ② *[owoców, warzyw]* storehouse ③ (dla dzieci) (w hotelu, sklepie) crèche

przechowywać *impf* → **przechować**

przechrz|cić *pf* (**~ci**) **Ⅰ** *vt* ① (zmienić imię lub nazwę) to rename ② pot., żart. (skarcić) to tell [sb] off
Ⅲ **przechrzcić się** ① (zmienić wyznanie) to convert; **w wieku dwudziestu jeden lat ~cił się na katolicyzm** at twenty-one he converted to Catholicism; **kiedy wyszła za Rosjanina, ~ciła się według obrządku prawosławnego** when she married a Russian she converted to the Orthodox Church ② (zmienić imię lub nazwisko) to change one's name ③ (zmienić poglądy) to convert; **~cił się z komunisty na prawicowca** he con-

verted from communism to right-wing politics

przechwalać *impf* → **przechwalić**

przechwal|ić *pf* — **przechwal|ać** *impf*
I *vt* (przesadnie wychwalać) to overpraise *[osobę, dokonanie]*

II **przechwalać się** to boast, to brag; to blow one's own trumpet GB a. one's horn US pot.

przechwał|ka *f zw. pl* bragging, boast
przechwy|cić *pf* — **przechwy|tywać** *impf vt* [1] (zabrać) to intercept *[korespondencję, meldunek]*; to seize *[władzę]*; **wartość czarnorynkowa ~conych narkotyków jest ogromna** the street value of intercepted drugs is enormous [2] Wojsk. to intercept *[samolot, pocisk]*; **otrzymaliśmy meldunek o ~ceniu nieprzyjacielskich pocisków rakietowych nad naszym terytorium** we have received a report of the interception of enemy missiles in our airspace

przechwytywać *impf* → **przechwycić**
przechylać → **przechylić** *impf*
przechyl|ić *pf* — **przechyl|ać** *impf* **I** *vt* to tip, to tilt; **pies nasłuchiwał z ~oną głową** the dog listened, its head cocked to one side

II **przechylić się** — **przechylać się** [1] (przybrać pozycję pochyłą) to tilt; **statek ~ił się na prawy bok** the ship listed a. tilted to the right; **~ić się na czyjąś stronę** książk. to tip in favour of sb; **szala (zwycięstwa) ~iła się na czyjąś stronę** the scales were tipped in sb's favour [2] (wychylić się) to lean over; **~ić się przez balustradę/poręcz schodów/parapet** to lean over the balustrade/banister/window sill

przechył *m* (*G* **~łu**) [1] (ściany, wieży) lean [2] (pojazdu) lean; (statku) heel, list; (samolotu) banking; **statek płynął w niebezpiecznym ~le** the ship heeled a. listed dangerously [3] przen., Dzien. leaning; **skrajne ~ły polityków** the politicians' leanings towards extremes; **~ł w stronę demokracji/ku nowoczesności** a leaning towards democracy/modernity

przechytrzać *impf* → **przechytrzyć**
przechytrz|yć *pf* — **przechytrz|ać** *impf* **I** *vt* [1] (oszukać) to outwit, to outsmart; to outfox pot. [2] pot. (być zbyt sprytnym) to try to be too cunning; **~yć sprawę** to screw up by trying to be too clever US pot.

II **przechytrzyć się** — **przechytrzać się** [1] (oszukiwać siebie nawzajem) **próbowali się nawzajem ~yć, żeby objąć to stanowisko** they tried to outwit one another to get the position [2] (przesadzić w oszukiwaniu) to be too cunning a. clever by half; **tak kręcił, że się ~ył i nic nie wyszło z jego planów** he engaged in so much wheeling and dealing that in the end he screwed it up by being too clever by half US pot.

prze|ciąć *pf* — **prze|cinać** *impf* (**~tnę, ~cięła, ~cięli — ~cinam**) **I** *vt* [1] (tnąc podzielić na dwie części) to cut in two *[sznurek, drut, papier, materiał, blachę]*; **telefon nie działa, bo kabel jest ~cięty** the phone is dead because the cord has been cut; **~ciąć pępowinę** książk. to cut the (umbilical) cord także przen.; **~ciąć więzy** to sever (the) bonds [2] (naruszyć powierzchnię) to cut *[blachę,*

materiał, skórę] Med. to incise, to make an incision [3] (przejść, przejechać) to cross *[szosę, ulicę, tory]*; to cut across *[plac, skwer, polanę]*; **kanał ~cina las** a canal cuts through the forest [4] (pojawić się nagle) *[błyskawica]* to cut across *[niebo]* [5] (przerwać lub zakończyć) to end, to cut short *[dyskusję, cierpienia]*; to break *[ciszę]*

II **przeciąć się** — **przecinać się** *[linie, drogi]* (krzyżować się) to cross; (tworzyć siatkę) to criss-cross; **ich/nasze drogi ~cięły się** przen. their/our paths have crossed

przeciąg *m* (*G* **~u**) [1] (ruch powietrza) draught GB, draft US; **nie siedź w ~u** don't sit in a draught [2] daw. (odcinek czasu) **w ~u kilku godzin/tygodnia/miesiąca** within a few hours/a week/a month; **na ~ dnia/tygodnia/miesiąca** for a day/week/month; **na ~ wakacji** for the duration of the holidays

przeciągać *impf* → **przeciągnąć**
przeciągani|e **I** *sv* → **przeciągnąć**
II *n sgt* **~e liny** tug-of-war

przeciągle *adv.* **wołać/mówić ~** to call/speak in a slow, drawling voice; **spojrzeć na kogoś ~** to give sb a long look; **ziewnąć ~** to yawn lengthily

przeciągł|y *adi. [okrzyk, śpiew]* long-drawn-out; **~le spojrzenie** a long look

przeciąg|nąć *pf* — **przeciąg|ać** *impf* (**~nęła, ~nęli — ~am**) **I** *vt* [1] (przewlec) to thread *[nić]*; to pull through *[sznur, kabel]* [2] (umieścić między dwoma punktami) to stretch *[linkę, drut]*; **~nąć sznur między dwoma drzewami** a. **od drzewa do drzewa** to stretch a rope between two trees [3] (ciągnąc, zmienić położenie) to drag *[worek, skrzynię]* [4] (wygładzić) **~nąć ubranie żelazkiem** to iron sth out; **~nąć podłogę pastą** to polish the floor [5] (przedłużyć) to prolong *[pobyt, rozmowę]* [6] (wymawiać przeciągle) to drawl *[samogłoski, sylaby]*

II *vi* [1] (przemieścić się) *[chmury]* to drift by a. past; *[ptaki]* to fly overhead; *[pojazdy, pielgrzymi, wojsko]* to file past [2] (musnąć) **~nąć ręką po czymś** to run a. wipe one's hand across sth; **~nąć szczotką po włosach** to run a brush through one's hair

III **przeciągnąć się** — **przeciągać się** [1] (przedłużyć się) *[obrady, rozmowa, pobyt, zabawa]* to protract; **zebranie ~nęło się o godzinę** the meeting lasted an hour longer than planned; **obiad ~nął się do późna** dinner stretched out until late [2] (rozprostować się) to stretch

■ **~nąć kogoś batem po grzbiecie** pot. to hit someone with a whip; **~nąć kogoś na czyjąś stronę** to win sb over a. to one's side; **~nąć strunę** to overstep the mark

przeciążać *impf* → **przeciążyć**
przeciąż|yć *pf* — **przeciąż|ać** *impf* **I** *vt* [1] (nadmiernym ładunkiem) to overload *[pojazd, statek, zwierzę juczne]* [2] (obowiązkami) to overburden; **~yć kogoś pracą** to overburden sb with work [3] (narazić na nadmierny wysiłek) to overburden; **~yć pamięć** to overburden one's memory; **~yć organizm zbyt intensywnymi treningami** to overexert oneself, to overstrain oneself; **złamanie kości z ~enia** stress fracture [4] przen. (użyć w nadmiarze) **budowla ~ona ozdobami**

an edifice dripping with ornaments; **sztuka ~ona moralistyką** a play overloaded with moralizing [5] Elektr. to overload, to overcharge *[instalację elektryczną]*

II **przeciążyć się** — **przeciążać się** to overexert oneself, to overstrain oneself

przecie przest. → **przecież**
przecie|c, przecie|knąć *pf* — **przecie|kać** *impf* (**~knie,** a. **~kł** a. **~knął — ~ka**) *vi* [1] (przepuszczać płyny) *[garnek, dach, łódź]* to leak [2] (przenikać) *[woda, krew]* to leak (**przez coś** through sth) [3] pot. (nielegalnie wydostać się) *[informacje, tajemnice]* to leak out

■ **czas/życie ~ka komuś przez palce** time/life slips through sb's fingers; **pieniądze ~kają mu/jej przez palce** he/she spends money like water

przeciek *m* (*G* **~u**) [1] (wody, cieczy, gazu) leakage; (miejsce awarii) leak [2] przen. (informacji) leak; **z przecieków wiadomo, że...** it has leaked out that...

przeciekać *impf* → **przeciec**
przecie|r *m* (*G* **~ru**) Kulin. purée, paste; **~r pomidorowy** tomato paste; **zrobić ~r z warzyw** to purée a. liquidize vegetables

przecierać *impf* → **przetrzeć**
przecierp|ieć *impf* (**~iał, ~ieli**) *vt* [1] (przeżyć) to suffer, to go through *[chorobę, wojnę, niewolę]*; **wszyscyśmy w czasie wojny dużo ~ieli** we all went through a lot during the war [2] (przeboleć) to endure, to suffer *[zniewagę, przykrości]*; **~iała dużo upokorzeń** she suffered many humiliations

przecież *part.* [1] (uzasadniające) after all; **sam z nią porozmawiaj, ~ to twoja siostra** talk to her yourself, after all she's your sister [2] (polemiczne) but; **~ to śmieszne/oczywiste!** but that's ridiculous/obvious!; **~ go nie znasz** but you don't know him; **~ ci mówiłem!** I told you, didn't I? [3] (wyrażające zdziwienie) but; why przest.; **~ to Robert?** but that's Robert!, that's Robert, isn't it?

przecię|cie **I** *sv* → **przeciąć**
II *n* [1] (nacięcie) cut; (w tkaninie) cut, slit; (chirurgiczne) incision [2] (skrzyżowanie) (linii) intersection; (dróg, szlaków) crossing, intersection; **zatrzymać się na ~ciu dróg** to stop at a crossing a. an intersection; **punkt ~cia** an intersection

przeciętniactw|o *n sgt* pot., pejor. mediocrity

przeciętnia|k *m* pot., pejor. nonentity pejor., mediocrity pejor.

przeciętnie **I** *adv. grad.* unremarkably, moderately; **~ wykształcony** averagely educated; **dziewczyna ~ urodziwa** an unremarkable a. a plain girl

II *part.* (średnio) *[zarabiać, wynosić]* on average; **pracuję ~ osiem godzin dziennie** on average I work eight hours a day; **rodziny wielodzietne są, ~ biorąc, źle sytuowane** large families are usually a. on the whole badly off

przeciętnoś|ć *f sgt* mediocrity; **wybić się ponad ~ć** to rise above mediocrity a. the run of the mill

przeciętn|y *adi. grad.* (niewyróżniający się) *[uczeń, artysta, sztuka, film]* mediocre, run-of-the-mill

III *adi.* [1] (typowy) *[obywatel, zdolności]* average; **~a rodzina ma dwoje dzieci** the average family has two children; **~y zjadacz chleba** Mr Average, the man in the street [2] (średni) *[wielkość, cena]* average; **~a szybkość samochodu wynosi 80 km na godzinę** the car does 80 km per hour on average a. can average 80 km per hour; **~y zarobek nauczyciela/robotnika** the average pay of a teacher/worker; **wyższy/ niższy od ~ego** higher/lower than average **III przeciętna** *f* average; **~a wieku dojrzewania to 13 lat** the average age of puberty is 13; **powyżej/poniżej ~ej** a. **wyższa/niższa od ~ej** above/below (the) average

przecinać *impf* → **przeciąć**

przecinak *m* Techn. (do metalu) chisel; (w tokarce) cut-off a. parting-off tool

przecin|ek *m* [1] Jęz. comma; **postawić ~ek** to place a. to put in a comma [2] Mat. (decimal) point; **obliczyć coś do dwóch miejsc po ~ku** to calculate sth to two decimal places; **wymiary z dokładnością do trzech miejsc po ~ku** measurements accurate to three decimal places; **jeden ~ek 25** one point twenty five

przecin|ka *f* [1] Leśn. (ścieżka) forest path; (przeciwpożarowa) firebreak [2] Górn. (chodnik) drift, heading [3] Leśn., Roln. thinning *U* (*of trees, shrubs*)

przeciskać *impf* → **przecisnąć**

przeci|snąć *pf* — **przeci|skać** *impf* (**~snę, ~snęła, ~snęli** — **~skam**) **II** *vt* to push, to force (**przez coś** through sth) **III przecisnąć się** — **przeciskać się** to get through, to squeeze through a. past (**przez coś** sth); **~snąć się przez drzwi** to squeeze through the door; **~skać się przez tłum** to make one's way (with difficulty); **~snąć się obok kogoś** to squeeze past sb; **promienie słońca ~skające się przez zasłony** sunlight filtering through the curtains; **z trudem ~snął się między kuchenką a lodówką** he could hardly squeeze between the stove and the fridge; **słowa nie mogły jej się ~snąć przez gardło** przen. the words stuck in her throat

przeciw **I** *praep.* [1] (kontra) against (**komuś/czemuś** sb/sth); Prawo, Sport versus; **protest ~ czemuś** a protest against sth; **szczepienia ~ko grypie** flu vaccination, vaccination against flu; **ustawa ~ko zorganizowanej przestępczości** a law against organized crime; **przestępstwa ~ życiu i mieniu** crimes against life and property; **grzech ~ moralności** a sin against morality; **sprawa Kowalski ~ko Lisowi** (the case) Kowalski against a. versus Lis; **mecz Polska ~ko reszcie Europy** the Poland against the rest of Europe match; **walczyć/grać ~ komuś/czemuś** to fight/play against sb/sth; **być ~ko czemuś** to be against sth; **byli ~ budowie autostrady** they were against the building of the motorway; **mieć coś ~ko komuś/ czemuś** to have something against sb/sth; **nie mieć nic ~ko komuś/czemuś** to have nothing against sb/sth, not to mind sb/sth; **czy masz coś ~ko temu, że go zaproszę?** do you mind if I invite him?; **jeśli nie masz nic ~ko temu** if that's all

right with you, if you don't mind; **„pozwoli pani, że otworzę okno?" – „nie mam nic ~ko temu"** książk. 'is it okay a. all right if I open the window?' – 'yes, I don't mind at all'; **mieć kogoś/coś ~ sobie** to have sb/sth against one [2] przest. (w przeciwnym kierunku) against; **~ prądowi/wiatrowi** against the current/wind **II** *adv.* **100 głosów za i 20 ~** 100 votes for and 20 against; **dwunastu posłów było ~** twelve deputies were against

III przeciw- *w wyrazach złożonych* anti-, counter-

■ **za i ~** for and against; **argumenty za i ~** arguments for and against, pros and cons; **wywaźyć wszystkie za i ~** to weigh up (all) the pros and cons

przeciwalergiczn|y *adi.* Med. *[środek]* antiallergic

przeciwatomow|y *adi.* Wojsk. anti-nuclear; **schron ~y** a nuclear a. a fallout shelter

przeciwawaryjn|y *adi.* *[system]* fail-safe; *[brygada]* repair *attr.*

przeciwbakteryjn|y *adi.* Med. *[środek, działanie, osłona]* antibacterial

przeciwbólow|y *adi.* Med. *[lek, zastrzyk]* painkilling; analgesic spec., anodyne spec.; **środek ~y** a painkiller pot.; an analgesic spec., an anodyne spec.

przeciwci|ało *n zw. pl* Biol. antibody; **wykryto u dziecka ~ała** the child was found to be antibody-positive; **określić miano ~ał** to determine the antibody titre GB a. titer US

przeciwciern|y *adi.* antifriction

przeciwczołgow|y *adi.* Wojsk. *[zapora, pocisk, mina]* anti-tank; **rów ~y** a tank trap

przeciwdepresyjn|y *adi.* Med. *[lek]* antidepressant; **środek ~y** an antidepressant

przeciwdeszczow|y *adi.* *[strój]* showerproof; **płaszcz ~y** a raincoat; a mac pot.; **wiata ~a** a (rain) shelter

przeciwdziała|ć *impf vi* to counteract, to prevent (**czemuś** sth); **~ć przemocy/ skutkom nieprzemyślanej decyzji** to counter a. counteract violence/the effects of a rash decision; **~ć zanieczyszczeniu środowiska/starzeniu się skóry** to prevent environmental pollution/ageing of the skin; **~nie praktykom monopolistycznym** the countering of monopolistic practices, countermeasures against monopolistic practices

przeciwgazow|y *adi.* Wojsk., Techn. *[obrona]* anti-gas; **maska ~a** a gas mask, a respirator

przeciwgorączkow|y *adi.* Med. *[lek]* febrifugal; **środek ~y** a febrifuge

przeciwgruźliczy *adi.* Med. *[szczepionka, poradnia, sanatorium]* tuberculosis *attr.*, TB *attr.*

przeciwgrypow|y *adi.* Techn. *[szczepionka, lek]* flu *attr.*

przeciwieństw|o *n* [1] (odwrotność) opposite; antithesis książk.; **~em dobra jest zło** the opposite of good is evil; **~a przyciągają się** opposites attract; **był zupełnym ~em swojego brata** he was the opposite of his brother; **w ~ie do kogoś/do czegoś** unlike sb/sth, in contrast a. by contrast

with sb/sth; **w ~ie do brata był przykładnym uczniem** unlike his brother, he was a conscientious a. diligent pupil [2] (sprzeczność) contrast, conflict; **~o poglądów/postaw** conflicting views/attitudes [3] Filoz. (sąd przeciwny) antithesis [4] *zw. pl* (niepowodzenie) adversity *C/U*; **borykać się z ~ami losu** to weather adversities; **nie bać się ~** to be unafraid of adversity

przeciwja|d *m* (*G* **~du**) Biol., Med. antitoxin

przeciwjadow|y *adi.* Biol., Med. *[surowica, szczepionka]* antitoxic

przeciwko **I** *praep.* → **przeciw** **II z przeciwka** [1] (z przeciwnego kierunku) *[nadjeżdżać, nadchodzić]* from the opposite direction [2] (z innego domu) from across the street; (z innego mieszkania) from across the landing

przeciwkrzepliw|y *adi.* Med. *[lek]* anticoagulant; **środek ~y** an anticoagulant

przecivleg|ły *adi.* *[ściana, ulica, brzegi, końce]* opposite; *[brzeg, koniec]* the other; **ściana ~ła do okna** the wall opposite the window; **szedł po ~łej stronie ulicy** he was walking along the other side of the street; **mieszkali na ~łych krańcach kraju** they lived at the opposite ends of the country; **~ła prosta** Sport the back straight

przeciwlękow|y *adi.* Med. *[lek]* anxiolytic; **środek ~y** an anxiolytic

przeciwlotnicz|y *adi.* Wojsk. *[obrona, bateria, działo]* anti-aircraft; ack-ack przest., pot.; **działko ~e** an anti-aircraft gun; **schron ~y** an air-raid shelter; **syrena ~a** an air-raid siren

przeciwłupieżow|y *adi.* Med., Kosmet. *[szampon]* anti-dandruff

przeciwmg|ielny, ~łowy *adi.* fog *attr.*; **syrena ~łowa** a foghorn; **światła ~ielne** Aut. fog lamps a. lights

przeciwnakręt|ka *f* Techn. locknut

przeciwnatar|cie *n* Wojsk. counterattack, counter-offensive

przeciwnicz|ka *f* [1] (oponentka) opponent, enemy (**czegoś** of sth); objector (**czegoś** to sth); **~ka ustawy/teorii** an opponent of a law/a theory; **~ka aborcji/segregacji rasowej** an anti-abortionist/an anti-segregationist; **była ~ką kary śmierci/ tego planu** she was against a. she objected to capital punishment/this plan [2] (rywalka) opponent; adversary książk.

przeciwn|ie **I** *adv.* [1] (inaczej) *[robić, myśleć, przedstawić]* otherwise; **jest wręcz ~** it's quite a. just the opposite; **~ do kogoś/ czegoś** a. **niż ktoś/coś** unlike sb/sth, in contrast to sb/sth; **oni, ~ do nas, nie lubią kina** unlike us, they don't like the cinema [2] (w odwrotną stronę) in the opposite direction; **dwie siły skierowane ~** two opposite forces; **~ do ruchu wskazówek zegara** anticlockwise **II** *part.* on the contrary; **wprost ~ wręcz ~** just a. quite the opposite; **muzyka mi nie przeszkadza, ~, pomaga się skupić** music doesn't bother me, just a. quite the opposite – it helps me concentrate

przeciwni|k *m* [1] (oponent) opponent (**kogoś/czegoś** of sb/sth); objector (**czegoś** to sth); **miał wielu ~ków politycznych**

he had many political opponents; **~k ustawy/teorii** an opponent of a law/ a theory; **jest ~kiem kary śmierci** he is against a. he objects to capital punishment; **jest zawziętym ~kiem wejścia Polski do Unii Europejskiej** he's violently opposed to a. is a convinced opponent of Poland's joining the European Union 2 (rywal) opponent; adversary książk.; **znokautował ~ka w pierwszej rundzie** he knocked his opponent out in the first round; **~kiem Legii będzie zespół Manchester United** Legia's opponent will be Manchester United; **godny ~k** a worthy opponent 3 (w wojnie) enemy; **przełamaliśmy linię obrony ~ka** we broke the enemy's line of defence

przeciwność|ć f zw. pl 1 (przeszkoda) adversity C/U; **zmagać się z ~ciami losu** to face a. weather adversities; **zrażać się ~ciami** to lose heart in (the face of) adversity; **nie zrażał się ~ciami** he didn't let himself lose heart in (the face of) adversity 2 (przeciwieństwo) difference; **~ci klasowe i narodowościowe** class and ethnic differences

przeciwn|y adi. 1 (odmienny) [zdanie, twierdzenie] opposite; **diametralnie ~e charaktery** completely different characters; **płeć ~a** the opposite a. other sex; **skutki ~e do zamierzonych** effects contrary to what was intended; **próby nacisku powodują skutki ~e od zamierzonych** attempts at applying pressure are counterproductive; **posłowie z ~ych obozów politycznych** deputies from opposed political camps; **był ~ego zdania** he took the opposite view; **to jest ~e jej naturze** that's against her nature; **w ~ym razie** otherwise, or else 2 (sprzeciwiający się) against (**czemuś** sth); opposed (**czemuś** to sth); **być ~ym czemuś** to be against sth, to oppose sth; **w stronnictwie miał wielu ~ych sobie** many within the party were against him; **ustawa zapadła większością głosów, przy trzech ~ych** the law was adopted by a majority vote, with three against; **rodzice byli ~i temu, żeby zamieszkał sam** his parents were against his a. him living on his own 3 (przeciwległy) [strona, koniec] opposite, the other; **szła ~ą stroną ulicy** she was walking along the other side of the street; **~y kierunek** the opposite direction; **iść w ~ym kierunku** to go in the opposite a. the other direction; **odwróciła głowę w ~ym kierunku** she turned her head the other way; **w kierunku ~ym do ruchu wskazówek zegara** anticlockwise; **z ~ego kierunku** from the opposite direction; **wiatr ~y** headwind, opposite wind

przeciwoblodzeniow|y adi. [substancja, urządzenie] de-icing; **środek ~y** a de-icer

przeciwodblaskow|y adi. [lusterko] non-dazzle; **obiektyw z warstwą ~ą** a coated lens

przeciwoślepieniow|y adi. [ekran] antiglare

przeciwpancern|y adi. Wojsk. [pocisk, rakieta] armour-piercing; [artyleria, działo] anti-tank

przeciwpiechotn|y adi. Wojsk. [mina, rakieta] anti-personnel

przeciwpoślizgow|y adi. [opona, nawierzchnia] non-skid

przeciwpotn|y adi. Kosmet. [substancja] antiperspirant; **środek ~y** an antiperspirant

przeciwpowodziow|y adi. [ochrona, pogotowie, tama] flood attr.; **kanał ~y** a floodway; **wały ~e** floodbanks; **zbiornik ~y** a flood-control reservoir; **ogłosić stan pogotowia ~ego** to issue a flood alert

przeciwpożarow|y adi. [alarm, ćwiczenia, przepisy] fire attr.; [sprzęt] fire-fighting; **hydrant ~y** a fireplug, a fire hydrant; **kurtyna ~a** a safety curtain; **przegroda a. ściana ~a** a firewall

przeciwprąd m (G ~u) counter-current

przeciwprostokątn|a f Mat. hypotenuse

przeciwrdzewn|y adi. Techn. [farba, zabezpieczenie] anti-rust

przeciwskurczow|y adi. Med. [lek] antispasmodic; **środek ~y** an antispasmodic

przeciwsłoneczn|y adi. [kapelusz, osłona, żaluzja] sun attr.; **okulary ~e** sunglasses, dark glasses; shades pot.; **osłona ~a** a sun visor, a sunshade; Fot. a lens hood; **filtr ~y** Fot. a sunscreen; **krem z filtrem ~ym** Kosmet. a sunblock a. sunscreen

przeciwsobn|y adi. Elektr. [wzmacniacz, system] push-pull

przeciwstawiać impf → przeciwstawić

przeciwstawi|ć pf — **przeciwstawi|ać** impf **I** vt 1 (skonfrontować) to juxtapose (**coś czemuś** sth with sth); to contrast (**coś czemuś** sth with sth); to oppose (**coś czemuś** sth to sth); **~ienie dobra i zła** the juxtaposition of good and evil 2 (w walce) to oppose; **tej sile Polska mogła ~ić niespełna milion żołnierzy** Poland could only muster just under a million men against such a force

II przeciwstawić się — przeciwstawiać się to oppose, to defy (**komuś/czemuś** sb/ sth); to stand up (**komuś** to sb); **mało było odważnych, którzy by mu się~ili** there were but a few brave people who would stand up to him; **załoga ~iła się decyzji zarządu** the employees opposed a. defied the board's decision; **~ić się woli rodziców** to rebel against one's parent's wishes

przeciwstawie|nie II sv → przeciwstawić

II n 1 (przeciwieństwo) opposite; **w ~niu do czegoś** in contrast to a. in juxtaposition with sth 2 (sprzeczność) opposition

przeciwstawnie adv. [działać, użyć] in the opposite way

przeciwstawność|ć f sgt opposition; **~ć poglądów/teorii** the opposition between views/theories; **~ć humanistyki i nauk ścisłych** the opposition between the humanities and sciences

przeciwstawn|y adi. [pogląd, stanowisko, teoria] opposing; **cele ~e naszym dążeniom** a. **wobec naszych dążeń** aims that are counter to our aspirations

przeciwślizgow|y adi. [kolec, łańcuch] snow attr.

przeciwtężcow|y adi. Med. [zastrzyk, szczepionka] anti-tetanus

przeciwuczuleniow|y adi. Med. [środek] antiallergic

przeciwuderze|nie n counter-attack

przeciwwa|ga f zw. sg 1 przen. counterbalance, counterpoise (**dla czegoś** to sth); counterweight; **stanowić ~gę dla czegoś** to counterbalance a. counterpoise sth; **dla ~gi warto przedstawić stanowisko demokratów** as a counterbalance it's worthwhile presenting the position of the democrats 2 Techn. counterweight, counterbalance

przeciwwirusow|y adi. Med. [środek] antiviral; Komput. (ochrona) antivirus

przeciwwłamaniow|y adi. [system] burglar-proof, anti-theft; **alarm ~y** burglar alarm

przeciwwskaza|nie n contraindication (**do czegoś** against a. for sth); **~nia i skutki uboczne na opakowaniu leku** contraindications and side effects listed on the packaging of a medicine; **lekarze nie widzieli ~ń do transportu chorego** doctors didn't see any reason why the patient should not be transported

przeciwwymiotn|y adi. Med. [lek] antiemetic; **środek ~y** an anti-emetic

przeciwzakłóceniow|y adi. [antena, filtr, urządzenie] anti-interference

przeciwzapaln|y adi. Med. [lek] antiinflammatory; **środek ~y** an anti-inflammatory

przeciwzmarszczkow|y adi. Kosmet. [krem] anti-wrinkle

przeciwżylakow|y adi. [pończochy, rajstopy] support attr., surgical

przecudnie adv. [śpiewać, świecić] wonderfully; [wyglądać] lovely

przecudn|y adi. [kwiaty, obraz, uroda] lovely, beautiful

przecudownie adv. [wyglądać] lovely adi., beautifully; [grać] beautifully

przecudown|y adi. [dziewczyna, dzień, widok, pogoda] lovely, beautiful

przecukrzeni|e n sgt Med. hyperglycaemia

przecząco adv. [odpowiedzieć] in the negative; **~ pokręcił głową** he shook his head, meaning 'no'

przecząc|y II pa → przeczyć

II adi. 1 [gest, odpowiedź] negative 2 Jęz. negative; **zdania ~e i twierdzące** negative and affirmative sentences

przeczek|ać pf — **przeczek|iwać** impf vt 1 (poczekać na koniec) to wait for the end of [burzę, kryzys, wojnę]; **trzeba ~ać, aż się ściemni** we must wait until a. till it gets dark; **lepiej ~aj jej zły humor** you'd better wait until a. till she's in a better mood; **gra na ~anie** a waiting game; **polityka obliczona na ~anie** a waitand-see policy 2 (spędzić czas na czekaniu) to wait (out) [chwilę, godzinę]; **~ał cały dzień na próżno** he waited all day in vain; **noc ~amy w hotelu** we'll spend the night in a hotel

przeczekiwać impf → przeczekać

przecze|nie II sv → przeczyć

II n negative; **udzielał pełnych odpowiedzi, nie poprzestając tylko na twierdzeniach i ~niach** he gave full answers rather than giving only a 'yes' or a 'no'; **po ~niu używamy dopełniacza** after a negative we use the genitive; **podwójne ~nie** double negative

przecze|sać pf — **przecze|sywać** impf (**~szę** [_włosy_] — **~suję**) ▯ vt ▯1▯ (poprawić fryzurę) to comb [_włosy_]; **~sać sobie włosy szczotką** to give one's hair a quick brush; **~sał palcami zmierzwioną czuprynę** he raked his fingers through his untidy mop ▯2▯ (zmienić fryzurę) **~sać kogoś** to change sb's hairstyle ▯3▯ przen. (przeszukać) [_policja, żołnierze_] to comb, to sweep [_teren, las, miasto_]; [_radar, reflektory_] to scan, to sweep [_niebo_]; **policja ~sała całą dzielnicę w poszukiwaniu zbiega** the police combed a. swept the whole district (looking) for the fugitive; **patrole ~sują dom centymetr po centymetrze** patrols are combing every square inch of the house; **~sanie całego terenu zajęło ratownikom dwie doby** it took the rescuers two days and two nights to sweep a. comb the whole area

▯II▯ **przeczesać się** — **przeczesywać się** ▯1▯ (zmienić fryzurę) to change one's hairstyle ▯2▯ (poprawić fryzurę) to comb one's hair

przeczesywać impf → **przeczesać**

przecznic|a f ▯1▯ (ulica) cross street US, side street; **~a Krakowskiego Przedmieścia** a street off Krakowskie Przedmieście; **druga ~a w lewo/prawo** the second street (to the) left/right; **skręcili w ~ę** they turned into a side street; **hotel jest dwie ~e stąd** the hotel is two streets down from here, the hotel is two blocks from here US ▯2▯ Górn. heading, crosscut

przeczu|cie ▯▯ sv → **przeczuć**

▯II▯ n premonition (czegoś of sth); presentiment książk. (czegoś of sth); hunch a. intuition (że... that...); **złe ~cia** forebodings, misgivings; **była pełna najgorszych ~ć** she had grave misgivings (about sth); **mam ~cie, że coś mu się stało/że wygramy** I have a feeling that something's happened to him/that we'll win; **tknięty** a. **wiedziony złym ~ciem zawrócił do domu** with a feeling of apprehension he turned back home; **trapiły** a. **nękały go złe ~cia** she was full of grim forebodings

przeczu|ć pf — **przeczu|wać** impf (**~ła, ~li — ~wam**) vt to sense, to have an inkling of [_nieszczęście, śmierć_]; **~ł grożące mu niebezpieczeństwo** he felt he was in danger; **~ła, że stanie się coś złego** she sensed that something awful would happen; **wychodząc z domu jeszcze niczego nie ~wał** he didn't have any forebodings as he was leaving home

przeczuleni|e n sgt oversensitiveness

przeczul|ony adi. [_osoba_] oversensitive

przeczuwać impf → **przeczuć**

przecz|yć impf vi ▯1▯ (negować) to contradict [_osobie, słowom, faktom, prawdzie_]; **do niczego się nie przyznawał, wszystkiemu ~ył** he denied everything; **~yła sama sobie** she contradicted herself; **~yli sobie wzajemnie** they contradicted each other; **nie ~ę, że zdarzały się pomyłki** I don't deny that mistakes have been made; **nie ~ę, bywają i takie wypadki, ale...** it's true, it sometimes happens like that, but... ⇒ **zaprzeczyć** ▯2▯ (być w sprzeczności) to contradict, to contravene; [_przepisom_] to

belie [_faktom_]; **jego słowa ~yły czynom** his words belied his deeds; **fakty temu ~ą** facts contradict it; **ten pomysł ~y logice/ zdrowemu rozsądkowi** this idea defies logic/common sense

przeczy|sty adi. książk. [_powietrze, woda_] crystal clear; [_niebo_] pristine

przeczyszczać impf → **przeczyścić**

przeczyszczeni|e ▯▯ sv → **przeczyścić**

▯III▯ n sgt purge, purgation; **środek na ~e** Med. a laxative, a purgative; **wziąć/dostać coś na ~e** to take/be given a laxative

przeczy|ścić pf — **przeczy|szczać** impf (**~szczę — ~szczam**) ▯▯ vt ▯1▯ (usunąć brud) to wipe [_szybę, okulary_]; to sweep [_komin_]; to clean [_fajkę, karabin, rurę_]; **~ść szmatką szybę (w samochodzie)** give the windscreen a wipe ▯2▯ Med. to purge [_osobę_]; **środek ~szczający** a laxative, a purgative; **niektóre zioła działają ~szczająco** some herbs have purgative properties

▯II▯ v imp. **~ściło go po suszonych śliwkach** he evacuated his bowels after eating prunes

przeczyta|ć pf vt ▯1▯ (zapoznać się z treścią) to read [_książkę, gazetę, powieść, wiersz_]; **~ła list/swoje notatki** she read over a. through the letter/her notes; **~ł wiersz głośno** a. **na głos** he read the poem aloud a. out loud; **można o tym ~ć w gazecie** you can read about that in the newspaper; **~łem gdzieś/ w gazecie, że...** I've read somewhere/in some newspaper that...; **~ć coś komuś** to read sth to sb, to read sb sth; **~j mi, co tu jest napisane, bo zapomniałem okularów** read this out to me, because I've forgotten my glasses; **~j, jak brzmi odpowiedź** read the answer; **ten fragment trzeba uważnie ~ć** this bit has to be read carefully; **na dalszych stronach możemy ~ć o najnowszych odkryciach** further on you will read about the latest discoveries; **oddaj mi gazetę po ~niu** give the paper back (to me) when you've finished with it ⇒ **czytać** ▯2▯ (odcyfrować) to read, to decipher [_napis_]; **nie mogę ~ć jego bazgrołów** I can't decipher his scribble ⇒ **czytać**

p|rzeć impf (**prę, przesz, parł**) vi ▯1▯ (posuwać się) to push; **tłum parł naprzód/do bramy** the crowd pushed forward/towards the gate; **parł przed siebie, zapadając się w zaspy po kolana** he was pushing on, battling through knee-deep snow drifts; **piechota parła na wroga** the infantry was bearing down on the enemy ▯2▯ (naciskać) to push; **przeć na coś** to push against sth [_drzwi, bramę_]; (w dół) to push sth down, to push down sth; **ty przyj, a ja będę ciągnął** you push, and I'll pull; **ciecz zawarta w naczyniu prze na jego ścianki** the liquid in the vessel exerts pressure on its walls; **parł konia ostrogami** he was digging in his spurs, he was spurring the a. his horse ▯3▯ przen. (forsować) to push; **przeć do czegoś** to push for sth [_reform, rewolucji, ugody, walki_]; **rodzice parli do ich ślubu** the parents urged them to get married; **z determinacją parł do wytyczonego celu** he was determined to achieve his goal; **Japonia parła ku wojnie** Japan was going all out for war ▯4▯ (motywować) to drive, to spur

on; **niepohamowana ciekawość parła go do zwiedzenia opuszczonego domu** unquenchable curiosity prompted him to enter the deserted house; **party żądzą wiedzy, wyjechał na studia za granicę** driven by a thirst for knowledge, he went to study abroad ▯5▯ Med. (przy porodzie) to push, to bear down; **musisz teraz mocno przeć** you must now push a. bear down as hard as you can; **bóle parte** bearing down pains; **skurcze parte** pushing contractions

przećwicz|yć pf vt ▯1▯ (powtórzyć) to practise [_gamy, serwis, skoki, chwyt_]; to work on, to go over [_tabliczkę mnożenia_]; to rehearse [_rolę, program artystyczny_]; **~yć hamowanie na śliskiej nawierzchni** to practise braking on a slippery surface; **~yła z dziećmi dodawanie i odejmowanie** she went through addition and subtraction with the children; **całą rozmowę ~yłam z koleżanką, zanim do niego poszłam** I rehearsed the whole conversation with a friend before going to see him; **mamy już ~one wszystkie warianty ewakuacji** we've been through all the variants of the evacuation ▯2▯ (szkolić) to drill, to exercise [_żołnierzy_]; to coach, to train [_sportowców_]; to train [_kursantów, pracowników_] ▯3▯ pot. (nadwerężyć) to overexert, to overtax [_ręce, mięśnie_] ▯4▯ przest. (wychłostać) to chastise przest.

przed praep. ▯1▯ (w przestrzeni) (naprzeciw) in front of (czymś sth); (nie dochodząc) before (czymś sth); **siedzieć ~ lustrem/telewizorem** to sit in front of a mirror/the TV; **usiądź ~e mną** sit in front of me; **zatrzymać się ~ domem** to stop before a. in front of a house; **uklęknąć ~ kimś** to kneel before a. in front of sb; **skłonić się ~ kimś** to bow to sb; **iść/patrzeć ~ siebie** to walk/look straight ahead; **skręć w lewo ~ rondem** turn left before the roundabout; **samochód podjechał ~ kaplicę** the car drove up to the chapel; **wyszedł ~ bramę** he came out in front of the gate; (w tym samym kierunku) **szła z rękami wyciągniętymi ~ siebie** she walked with her arms stretched out in front of her; **pchała ~ sobą wózek (spacerowy)** she was pushing a pushchair (along) ▯2▯ (w kolejności) before; **na liście moje nazwisko jest ~ twoim** my name is before yours on the list; **była ~ nami w kolejce** she was in front of us (in the queue); **nie wpychaj się ~ nas** don't push in in front of us; **sprawy publiczne stawiał ~ innymi** he put public affairs before everything else; **Rosjanie wysunęli się ~ Holendrów** the Russians moved ahead of the Dutch ▯3▯ (wcześniej niż) before; **~ śniadaniem/świtem/wojną** before breakfast/daybreak/the war; **~ południem** in the morning; **V wiek ~ naszą erą** the fifth century before Christ a. BC; **przyszła ~ dwunastą** she came before twelve; **zdążył wrócić ~ zamknięciem bramy** he was back before the gate was closed; **kilka osób mówiło na ten temat ~e mną** several people spoke about it before me; **nie możesz podjąć tych pieniędzy ~ upływem trzech miesięcy** you can't withdraw the money until a period of three months has elapsed; **najgorsze jest jeszcze ~ nami** the worst is yet a. still to come a. still before us; **~ czasem** ahead of time a. schedule; **samolot przyleciał ~ czasem** the plane arrived ahead of schedule 4 (jakiś czas temu) before, earlier; **~ godziną/miesiącem/dwoma laty** an hour/a month/two years before a. earlier a. ago; **~ laty** years before a. earlier a. ago; **~ chwilą widziałam to na stole** I saw it on the table a moment ago 5 (obrona) against, from; **ochrona ~ zimnem/słońcem** protection against (the) cold/against sunlight; **schronienie ~ deszczem** shelter from a. against the rain; **strach ~ kimś/czymś** fear of sb/sth; **schować się ~ słońcem/ deszczem** to shelter from the sun/rain; **ukryć coś ~ kimś** to hide sth from sb; **opędzać się ~ komarami** to beat off mosquitoes 6 (wobec) **popisywać się ~ gośćmi** to show off in front of guests; **wystąpić ~ pełną salą** to appear in front of a. before a full house; **pochylić głowę ~ kimś** to bow to sb; **wyżalać się ~ kimś** to pour out one's troubles a. one's heart to sb; **niczego ~e mną nie ukryjesz** you can't hide anything from me; **został postawiony ~ Trybunałem Stanu** he was brought before the State Tribunal; **~ sądem odbywa się sprawa o ustalenie ojcostwa** a paternity case is in progress in court

przedagonaln|y adi. [stan, drgawki, śpiączka] pre-agonal; **gospodarka jest w stanie ~ym** przen. the economy is on its last legs

przedawk|ować pf — **przedawk|o-wywać** impf vt to overdose on także przen.; to take an overdose of [leki, narkotyki]; **~ować lekarstwo** to overdose on a medicine; **~ować kokainę** to take an overdose of cocaine, to overdose on cocaine; **~owanie** an overdose; **zmarł wskutek ~owania** he died from an overdose

przedawkowywać impf → **przedawkować**

przedawni|ć pf — **przedawni|ać** impf [] vt to apply the statute of limitations to [zbrodnie, roszczenia]

[] **przedawnić się — przedawniać się** 1 Prawo [przestępstwo, roszczenia] to fall under the statute of limitations; **przestępstwo kradzieży ~a się po trzech latach** theft comes under a three-year statute of limitations; **prawo do zasiłku ~a się po upływie roku** there is a one-year time limit for applying for benefits 2 (zdezaktualizować się) [pojęcie, problem, wartości] to become obsolete; [wiadomości] to become outdated

przedawnie|nie [] sv → **przedawnić**

[] n Prawo statute of limitations; **sprawa uległa ~niu** the case fell under the statute of limitations; **podlegać ~niu** to be subject to the statute of limitations; **„nie ma ~nia dla zbrodni przeciwko ludzkości"** 'no statute of limitations for crimes against humanity'

❑ **~nie nabywcze** Prawo positive prescription

przedawni|ony [] pp → **przedawnić**

[] adi. 1 Prawo [sprawa] time-barred; [roszczenia] stale; [dług] statute-barred 2 (nieaktualny) [fakty, gazeta] outdated; [wartości, obyczaje] obsolete

przedbieg m (G **~u**) Sport qualifying round a. heat; **Polacy odpadli w ~u** the Poles did not qualify for the next round; **odpaść w ~ach** przen. not to pass muster, not to come up to scratch

przedchrześcijańs|ki adi. pre-Christian

przed|dzień m 1 (poprzedni dzień) the day before; **w ~dzień (jego) wyjazdu/wypadku** the day before his departure/the accident; **w ~dzień ślubu/Wszystkich Świętych** on the eve of the wedding/All Saints' Day 2 przen. the eve of; **w ~dzień a. ~edniu wybuchu wojny** on the eve of the outbreak of war; **wiek XXI, w ~edniu którego stoimy** the 21st century, which we are about to enter

przede → **przed**

przedefil|ować pf vi 1 (przemaszerować) [wojsko, kompania honorowa] to march past (**przed kimś/czymś** sb/sth); **zwycięskie oddziały ~owały przez centrum miasta** the victorious troops paraded through the city centre 2 pot. to parade, to swagger (**przed kimś** before a. in front of sb)

przedefini|ować pf vt to redefine [pojęcie, termin]

przedemerytaln|y adi. [wiek, zarobki] pre-retirement attr.; **pracownicy w wieku ~ym** employees in the pre-retirement age group

przedeń książk. =**przed niego**

przedestyl|ować impf vt Techn. to distil GB, to distill US [wodę, spirytus]; **~owany spirytus** distilled alcohol, rectified spirit; **~owanie wody deszczowej** the distilling a. distillation of rainwater

przedgórz|e n (Gpl **~y**) Geol. foreland; **na ~u Alp** in the Alpine foreland, in the foreland of the Alps

przedgwiazdkow|y adi. [zakupy, przygotowania] pre-Christmas

przedhistoryczn|y adi. prehistoric

przedim|ek m Jęz. article; **~ek określony/nieokreślony** the definite/the indefinite article

przedkładać impf → **przedłożyć**

przed|łożyć pf — **przed|kładać** impf vt książk. 1 (przedstawić) to submit, to put forward [projekt, prośbę, wniosek]; to sponsor, to bring forward [wniosek, projekt ustawy]; to present, to tender [sprawozdanie, dokument]; to present, to put forward [argumenty, stanowisko]; to give [rację]; **~łożyć parlamentowi sprawozdanie** to submit a report to the chamber; **~łożyć dokument do podpisu/akceptacji** to submit a document for signature/approval; **~łożyć wniosek o kredyt** to apply for a loan 2 (wyjaśnić) **~łożył im swoje stanowisko w tej kwestii** he explained his position in the matter to them; **~kładała mu, że powinien ustąpić ze stanowiska** she was persuading him to resign 3 (woleć) to prefer (**kogoś/coś nad kogoś/coś** sb/sth to sb/sth); **~kładał kuchnię polską nad francuską** he preferred Polish to French cuisine; **ja osobiście ~kładam ponad wszystko polską jesień** personally, I like the Polish autumn best

przedłużacz m 1 Elektr. extension lead a. cable GB, extension cord US 2 (przyrządu) extension

przedłużać impf → **przedłużyć**

przedłuże|nie [] sv → **przedłużyć**

[] n (dalszy ciąg) continuation

przedłuż|ony [] pp → **przedłużyć**

[] adi. **mleko o ~onej trwałości** UHT a. long-life milk; **krem o ~onym działaniu** long-life cream; **o ~onym uwalnianiu** [lekarstwo, witamina] sustained-release

przedłuż|yć pf — **przedłuż|ać** impf [] vt 1 (czynić dłuższym) to lengthen, to extend [ulicę, sznur, linię, tunel]; **~yć coś o 10 cm** to lengthen sth by 10 cm; **~yć coś z 20 do 50 m** to lengthen sth from 20 to 50 m; **linia tramwajowa zostanie ~ona do dworca głównego** the tram service will be extended up to the central station; **~enie tunelu nie powinno trwać dłużej niż miesiąc** it shouldn't take longer than a month to extend the tunnel 2 (przeciągnąć) to prolong, to extend [pobyt]; to prolong [zebranie, lekcję]; to protract, to draw out [dyskusję, debatę]; **~yć sobie urlop** to lengthen a. prolong one's holiday; **~yć komuś życie** to prolong sb's life; **~enie tej rozmowy nie ma sensu** it's no use prolonging this conversation 3 (prolongować) to prolong, to renew [paszport, wizę, legitymację]; to extend [termin]; **termin złożenia prac ~ono do końca lipca** the deadline for submitting work was extended until a. till the end of July; **co trzy lata musiała ~ać prawo jazdy** she had to renew her driving a. driver's licence every three years; **~enie ważności wizy/paszportu** the renewal of a visa/passport; **~enie terminu spłaty** the extension of the repayment deadline; **substancja ~ająca świeżość pieczywa** a substance that keeps bread fresh longer

[] **przedłużyć się — przedłużać się** 1 (trwać dłużej) [cisza, wizyta] to lengthen; [dyskusja] to be prolonged a. protracted; [wykład, program] to overrun; **zebranie ~yło się do późnego wieczoru** the meeting didn't end until a. till late at night; **dyskusja niepotrzebnie się ~ała** the discussion was becoming unnecessarily long-drawn-out; **jego pobyt w naszym domu ~ył się** he stayed with us longer than expected; **krępujące milczenie ~ało się** the embarrassing silence was becoming interminable; **~ająca się niepewność** endless uncertainty 2 (powiększyć się) [trasa] to drag out

przedmałżeńs|ki adi. [seks, poradnia] premarital; [intercyza] premarital, prenuptial

przedmecz m (G **~u**) Sport pre-match

przedmiejs|ki adi. [ogród, restauracja, folklor] suburban

przedmiesiączkow|y adi. premenstrual; **napięcie ~e** Med. premenstrual tension, PMT; **zespół objawów ~ych** premenstrual syndrome, PMS

przedmieś|cie n suburb, (city) outskirts pl; **przekształcić coś w ~cie** to suburbanize sth

przedmiocik m dem. (G **~u**) little thing; **kosztowne ~i** expensive little things

przedmio|t m (G **~tu**) 1 (rzecz) object, article; **wartościowe ~ty** objects of value, valuables; **~ty użytkowe** utilitarian articles; **~ty codziennego użytku** everyday articles a. items; **~ty osobiste** personal effects, belongings; **~ty sztuki ludowej** specimens a. items of folk art; **~ty sztuki materialnej** artefacts; **~ty z brązu/kości słoniowej** objects made of bronze/ivory, bronzes/ivories; **~t o wartości muzealnej** a museum piece; **traktować kogoś jak ~t** to treat sb like an object 2 (temat) (filmu, książki) subject; (rozmowy, dyskusji) topic, subject; **~tem filmu jest gorąca namiętność** the subject of the film is burning passion; **stać się ~tem rozmów** to become a talking point; **książka stała się ~tem sporu** the book became the subject of a dispute; **~t rokowań** the subject of negotiations; **odbiegać od ~tu** to deviate from the subject 3 (obiekt) (temat) subject; **~t czyjejś obserwacji** the object of sb's observation; **~t zabiegów/starań** the object of sb's endeavours/efforts; **~t miłości/gniewu/troski** the object of sb's love/hate/care; **stał się ~tem ataków ze strony prasy** he was the subject of attacks from the press; **~tem jego badań był symbolizm w literaturze** the subject of his research was symbolism in literature 4 (zagadnienie) subject; **poproszono o opinię znawców ~tu** the opinion of experts on the subject was sought; **literatura ~tu** literature on the subject 5 Szk., Uniw. subject; **~ty ścisłe** the sciences; **~ty kierunkowe/dodatkowe** main subjects/minor subjects GB, majors/minors US; **~ty obowiązkowe/fakultatywne** compulsory/optional courses GB, compulsory/elective subjects a. courses US, requirements/electives US; **jaki ~t lubisz najbardziej?** which subject do you like best? what's your favourite subject?

przedmiotowo adv. 1 (oceniać) (rzeczowo) objectively 2 książk. (traktować) (instrumentalnie) like an object, like objects

przedmiotow|y adi. 1 (dotyczący przedmiotu) [nazwy, instrukcja] of objects; **katalog ~y** a subject catalogue 2 (obiektywny) [zjawisko, badanie, analiza] object attr. 3 Szk., Uniw. [pracownia, olimpiada] subject attr. 4 (służący jako środek) like an object; **~e traktowanie ludzi** treating people like objects 5 Prawo objective

przedm|owa f preface; (krótka) foreword; **~owa do książki** a preface a. foreword to a book; **w ~owie autor napisał, że...** in the preface the author wrote that...; **opatrzyć książkę ~ową** to preface a book

przedmów|ca m, **~czyni** f previous a. preceding speaker; **podzielam zdanie mojego ~cy** I agree with the preceding speaker

przedmuch|ać pf — **przedmuch|iwać** impf vt 1 (przeczyścić) to blow through [fajkę, ustnik, gaźnik]; **~ać nos** to blow one's nose 2 pot. (przewiać) **wiatr nas ~ał** a. **~ało nas niemiłosiernie** the wind chilled us to the bone

przedmuchiwać impf → przedmuchać

przedmurz|e n (Gpl ~y) 1 Archit. bulwark, outwork 2 przen. bulwark przen., outpost przen.; **~e chrześcijaństwa** the bulwark of Christendom

przedni I adi. grad. książk. (znakomity) [wino, cygaro] delectable, exquisite; [pomysł, rada]

excellent; spiffing GB pot., przest.; [towarzystwo, nauczyciel] excellent, outstanding; **podano najprzedniejsze trunki** the finest a. very finest liquors were served; **zabawa była ~a** it was good a. great fun II adi. (znajdujący się z przodu) [siedzenie, koła, szyba, odnóża, zęby] front; [strona, część] front, fore, forward; anterior książk.; **~a noga** a foreleg, a forefoot; **~a łapa** a forepaw; **~a szyba** Aut. a windscreen; **napęd na ~e koła** Aut. front-wheel drive, FWD; **samogłoska ~a** Jęz. a front vowel; **~a ćwierć (tuszy)** Kulin. a forequarter; **straż ~a** Wojsk. advance guard, vanguard

przedni|o adv. grad. książk. [zagrać, napisać, opowiedzieć] excellently, superbly

przednów|ek m ≈ pre-harvest scarcity of food; **na ~ku** during the period preceding the new harvest

przednówkow|y adi. [okres, bieda, drożyzna] pre-harvest

przednut|ka f Muz. appoggiatura

przedobiedni adi. [drink, godzina, spacer] preprandial książk., żart.

przedobrz|yć pf vi pot. to go overboard a. over the top pot. 1 (z a. **w czymś** with sth); **uważaj, żebyś nie ~ył sprawy** be careful, you risk overkill

przedolimpijs|ki adi. [sezon, turniej] pre-Olympic

przedoperacyjn|y adi. [badania, stan] preoperative; pre-op pot.

przedosta|ć się pf — **przedosta|wać się** impf (~nę się — ~ję się) v refl. 1 (dotrzeć) to get, to find a. make one's way; **~ć się na drugi brzeg/na drugą stronę ulicy** to get across to the other bank/the opposite side of the street; **~ć się przez góry/bagna** to get across a. through the mountains/marshes; **~ć się do środka** to get in, to gain access; **~ł się do ogrodu/parku przez płot** he got into the garden/park through a hole in the fence; **~ć się przez tłum/do baru** to make one's way through the crowd/to the bar 2 (przeniknąć) [ciecz, dźwięk, zapach] to penetrate; [ciecz] to seep in; [zapach] to permeate; **pył ~wał się do płuc** was penetrating into the lungs; **zawarte w kremach substancje ~ją się do skóry** the substances contained in face creams penetrate into the skin; **przez zasłonięte okno ~wało się światło** sunlight was filtering a. getting in through the curtained window; **żaden dźwięk nie ~wał się przez zamknięte drzwi** not a sound could be heard through the closed door; **woda ~wała się do wnętrza łodzi** water was leaking into the boat; **~wanie się zarazków do organizmu człowieka** the penetration of germs into the body 3 przen. (zostać ujawnionym) [informacja, fakty] to be leaked; **skandal ~ł się do mediów** the scandal leaked out to the media

przedostatni adi. the last but one książk., the next to last książk.; penultimate; **~a sylaba** the penultimate syllable

przedostawać się impf → przedostać się

przedpiersi|e n (Gpl ~) Wojsk. breastwork, parapet

przedpła|ta f advance payment, layaway US; **~ta na mieszkanie** a down payment for a flat; **dokonać ~ty** a. **wnieść ~tę na samochód** to make an advance payment for a car; **fabryka zaczęła realizować ~ty na ten rok** (zamówienie na towar) the factory started delivering this year's orders

przedpok|ój m (G ~oju, Gpl ~oi a. ~ojów) (entrance) hall, hallway; **w ~oju** in the hall

przedpol|e n (Gpl ~i) 1 (teren) outskirts pl; **na ~ach Warszawy** on the outskirts of Warsaw; **oczyścić** a. **przygotować ~e** przen. to clear a. prepare the ground 2 Sport goal area, goal mouth; **dobra gra na ~u** a good play in the goal area; **podanie na ~e** a pass to the goal area; **podał piłkę na ~e** he put the ball into the goal area 3 Wojsk. approaches pl; **na ~u linii Maginota** in front of the Maginot line; **ostrzeliwać ~e przeciwnika** to shell the approaches to the enemy lines 4 Myślis. (the) open; **na ~e wyszedł potężny dzik** a large boar came into the open

przedpołudni|e n (Gpl ~) (late) morning; **wczesnym ~em** in the morning; **~em** a. **~ami chodziliśmy na plażę** in the morning(s) we used to go to the beach

przedpołudniow|y adi. [pora, godzina, seans] (late) morning attr.

przedporodow|y adi. [sala, okres] antenatal; **skurcze ~e** contractions

przedpotopowo adv. żart., pejor. [ubierać się, myśleć] in an old-fashioned way; **myślisz ~, teraz są inne czasy** you've got antediluvian views, times have changed

przedpotopow|y adi. 1 (archaiczny) [jaskinia, zwierzęta] antediluvian 2 żart., pejor. [poglądy, osoba] antediluvian żart.; [kapelusz] old-fashioned; [samochód] antiquated, ancient; **być ~ym** to be out of the ark GB pot.

przedpremierow|y adi. Kino, Teatr preview attr.; Kino pre-release attr.; **seans ~y** a preview, a pre-release

przedrakow|y adi. [stan] precancerous

przedramieniow|y adi. Anat. [kość] forearm attr.

przedrami|ę n (G ~enia) Anat. forearm

przedrost|ek m Jęz. prefix

przedrostkow|y adi. Jęz. [formant, czasownik] prefixal

przedrozbiorow|y adi. Hist. [Polska, granica] pre-partition (before the partition of Poland in 1772)

przedruk m (G ~u) 1 sgt (ponowne wydrukowanie) reprint, reprinting; **dokonać ~u książki** to reprint a book 2 (dzieło) reprint; **~i znanych dzieł** reprints of well-known works

przedrukow|ać pf — **przedrukow|ywać** impf vt to (re)print [artykuł, wiersz]

przedrukowywać impf → przedrukować

przedrzeć pf — **prze|dzierać** impf (~darł, ~darli — ~dzieram) I vt 1 (rozerwać) to tear [materiał, papier]; **~drzeć coś na pół** to tear sth in half; **~darł opakowanie i wyjął cukierki** he tore the packet open and took out the sweets; **~darła sukienkę o gwóźdź** she tore her dress on a nail; **kontroler ~darł mój bilet** the ticket inspector tore my ticket in half;

P

znów **~darł spodnie na kolanach** he's torn his trousers again at the knees [2] książk., przen. to rend *[ciszę, chmury]*; **błyskawica ~darła ciemności** the lightning lit up the night sky

[II] **przedrzeć się — przedzierać się** [1] (rozerwać się) *[tkanina, papier]* to tear, to get torn; **banknot się ~darł na pół** the banknote has torn in half [2] (przedostać się) to force one's way through; **~dzierać się przez zarośla/tłum** to force one's way a. to struggle through the thicket/crowd; **nasze samoloty ~darły się przez obronę wroga** our aircraft broke through a. penetrated the enemy defences; **~drzeć się przez gąszcz przepisów/informacji** przen. to find one's way through a maze of regulations/information; **z trudem ~dzierał się przez stylistykę autora** he struggled through/wrestled with the author's abstruse style [3] przen. *[światło]* to burst through, to break through; *[dźwięk]* to penetrate; **słońce ~darło się przez chmury** the sun burst a. broke through the clouds; **przez ryk motorów ~darł się jego krzyk** his scream could be heard over the roaring of engines

przedrzem|ać *pf* (**~ię**) [I] *vt* to sleep through *[wykład, film]*; **~ał całe popołudnie/całą podróż** he drowsed the afternoon/ journey away

[II] **przedrzemać się** to have a snooze pot.

przedrzeźniacz *m* Zool. mockingbird

przedrzeźnia|ć *impf vt* to mimic, to mock *[osobę, akcent, chód]*; **przestań mnie ~ć** stop mocking me

przedsceni|e *n* (*Gpl* **~**) Teatr proscenium, apron stage

przedsiębiorc|a *m* entrepreneur, businessman; **drobny ~a** a small businessman; **~a budowlany** a building contractor; **~a handlowy** a merchant, a dealer; **~a internetowy** an internet entrepreneur; **~a pogrzebowy** an undertaker, a funeral director, a mortician US

przedsiębiorczo *adv.* enterprisingly, resourcefully

przedsiębiorczoś|ć *f sgt* [1] (operatywność) enterprise, resourcefulness; **wykazywał się dużą ~cią w załatwianiu różnych spraw/w prowadzeniu interesów** he showed great enterprise a. resourcefulness in dealing with various matters/in business; **brak mu ~ci** he's unenterprising a. unresourceful; **duch ~ci** the spirit of enterprise, the entrepreneurial spirit [2] (ogół firm) enterprise; **drobna/wolna ~ć** small/ free enterprise; **rozwój ~ci prywatnej** the development of private enterprise

przedsiębiorcz|y *adi.* enterprising, resourceful, venturesome

przedsiębiorstw|o *n* enterprise, company, business, firm; **~o państwowe/prywatne/spółdzielcze** a state/private/co-operative enterprise a. company; **~o budowlane/handlowe/transportowe** a building/commercial/transport enterprise a. company; **~o handlu zagranicznego** an export-import company; **~o pogrzebowe** a funeral parlour GB, a funeral parlor US; **~o usług komunalnych** a public service corporation; **małe i średnie ~a** small and

medium-sized enterprises, SMEs; **~a użyteczności publicznej** public utilities; **~o handlu artykułami spożywczymi** a grocery a. foodstuffs wholesaler; **założyć/prowadzić ~o** to establish/own a company a. business; **zarządzać ~em** to run a. head (up) a company; **dyrektor ~a** a company director; **nazwa ~a** a corporate name; **zarządzanie** a. **kierowanie ~em** business administration

przedsiębrać *impf* → przedsięwziąć

przedsię|wziąć *pf* — **przedsię|brać** *impf* (**~wezmę, ~weźmie, ~wzięła, ~wzięli — ~biorę**) *vt* to take *[działania, kroki, środki]*; to undertake *[podróż]*; **sytuacja nie usprawiedliwiała ~wzięcia tak drastycznych środków** the situation did not justify such drastic measures

przedsięwzię|cie [I] *sv* → przedsięwziąć

[II] *n* undertaking; (ryzykowne) venture; (poważne) enterprise; **ryzykowne ~cie** a risky venture, a gamble; **kosztowne/opłacalne ~cie** a costly/paying undertaking a. proposition; **~cie zakrojone na wielką skalę** a large-scale undertaking, an undertaking on a grand scale; **~cie z góry skazane na niepowodzenie** an undertaking doomed to failure; **realizacja wspólnych ~ć** the implementation of joint undertakings; **był inicjatorem wielu ~ć** he initiated many ventures

przedsion|ek *m* [1] (sień) vestibule; **~ek piekieł** przen. hell on earth; **teatr był dla mnie ~kiem wolności** przen. theatre gave me a foretaste of freedom [2] (przybudówka) porch [3] Anat. (serca) atrium, auricle; (ucha) vestibule

przedsmak *m sgt* (*G* **~u**) foretaste (**czegoś** of sth); **poczuć** a. **poznać ~ porażki** to have a foretaste of defeat; **dać komuś ~ tego, co ma nastąpić** to give sb a foretaste of what is to come

przedsprzedaż *f* advance booking; **~ biletów do teatru** advance booking of theatre tickets; **kupić bilety w ~y** to buy tickets in advance

przedsprzedażn|y *adi.* Ekon. *[informacja]* pre-sale, pre-purchase

przedstawiać¹ *impf* → przedstawić

przedstawia|ć² *impf* [I] *vt* [1] (ukazywać) *[obraz, utwór]* to show, to depict *[postać, widok]*; **portret ~ króla w stroju koronacyjnym** the portrait shows the king in coronation robes; **artykuł ~jący sylwetki poetów polskich** an article with profiles of Polish poets [2] (stanowić) to present *[widok, obraz]*; **pole bitwy ~ło wstrząsający obraz** a. widok the battlefield was a horrifying sight; **pałac ~ł sobą obraz nędzy i rozpaczy** kryt. the mansion was a pitiful sight to behold; **~ć dużą/znikomą wartość** to be of value/of hardly any value; **nie ~ć (dla kogoś) żadnego problemu** a. **żadnej trudności** to be no problem (for sb)

[II] **przedstawiać się** (wydawać się) to look; **~ć się interesująco/okazale** to look interesting/impressive; **sytuacja ~ się tragicznie/groźnie** the situation looks desperate/dangerous; **sprawa ~ się źle** the matter doesn't look good

przedstawiciel *m*, **~ka** *f* (*Gpl* **~i, ~ek**) [1] (reprezentant) representative (**kogoś/cze-**

goś of sb/sth); Handl., Zarządz. agent, representative; rep pot.; **~ handlowy** a business agent, a sales rep(resentative); **stały ~ dyplomatyczny** minister resident GB; **~ załogi** a workers' representative, a shop steward; **wyłączny ~ firmy X w Polsce** the sole agent a. representative of the X company in Poland; **najwybitniejszy ~ polskiego romantyzmu** the finest exponent of Polish Romanticism; **występować/ przemawiać jako czyjś ~** to appear/ speak as a representative of sb a. on behalf of sb; **mieć swoich ~i w parlamencie** to be represented in parliament [2] Prawo (pełnomocnik) proxy, plenipotentiary

przedstawiciels|ki *adi* *[organ, instytucja]* representative; *[demokracja]* representative, representational

przedstawicielstw|o *n* [1] (zespół) representation, representatives *pl*; **uzgodnić stanowiska z ~em związków zawodowych** to come to an agreement with the trade unions; **mieć swoje ~o w parlamencie** to be represented in parliament [2] (placówka) Polit. mission; Handl. agency, branch; **~o dyplomatyczne/handlowe** a diplomatic/trade mission; **spółka ma ~a w całej Europie** the company has branches a. agents all over Europe [3] (pełnomocnictwo) Handl. agency; Prawo representation, plenipotentiary powers *pl*

przedstaw|ić *pf* — **przedstaw|iać¹** *impf* [I] *vt* [1] (poznać) to introduce (**komuś** to sb); **~ię cię pani domu** I'll introduce you to our hostess; **zostałem ~iony samemu prezydentowi** I was introduced to the president, no less; **~ić kogoś z imienia i nazwiska** to introduce sb by giving his/her full name; **pan pozwoli ~ić sobie** a. **pan pozwoli, że ~ię mego syna** książk. allow me to introduce my son [2] (przedłożyć, zaprezentować) to put forward, to present *[dokument, pogląd]*; to present, to propose *[projekt]*; to advance, to propose *[hipotezę]*; to produce *[dowody]*; to make, to propose *[wniosek]*; **premier ~ił priorytety rządu** the prime minister set out the government's priorities; **~ić swoje warunki/opinię** to state one's conditions/view; **~ić zwolnienie lekarskie** to show a doctor's note; **~ić projekt do realizacji** to propose a plan for implementation [3] (pokazać, ukazać) *[autor]* to present *[wnioski]*; to show, to depict *[bohatera, widok, życie]*; **dziennikarz ~ia sylwetki znanych poetów** the journalist profiles well-known poets; **~ić kogoś w dobrym/złym świetle** to show sb in a good/ bad a. in a favourable/an unfavourable light; **wydarzenia ~ione w powieści są oparte na faktach** the events described in the novel are based on fact; **świat ~iony** Literat. the represented world [4] Teatr to show, to stage *[dramat, operę]*; to play *[postać]*; **sztuka była ~iona po raz pierwszy w Paryżu** the play was shown a. staged for the first time in Paris [5] (zarekomendować) to put forward *[osobę]*; **~ić kogoś do awansu/ nagrody** to put forward sb for promotion/a prize; **~ić czyjąś kandydaturę na dyrektora** to put sb forward (as a candidate) for director [6] (wyobrażać sobie) **~iać sobie coś** to visualize a. imagine sth; **czytając**

książkę, ~iamy sobie postacie i wydarzenia w niej opisane when we read a book, we visualize a. imagine the characters and events it describes

Ⅲ **przedstawić się — przedstawiać się** ① (wymienić nazwisko) to introduce oneself (**komuś** to sb); **państwo pozwolą, że się ~ię** książk. allow me to introduce myself ② (zaprezentować się) to present a. show oneself; **~ić się z najlepszej strony** to show oneself at one's best ③ (ukazać się) [widok, krajobraz] to present itself; **ze skał ~iał się piękny widok na zatokę** the cliffs afforded a magnificent view of the bay

przedstawie|nie **Ⅱ** sv → przedstawić **Ⅲ** n ① (widowisko) performance, show; **~nie teatralne/operowe/baletowe** a theatre/an opera/a ballet performance a. show a. production; **~nie lalkowe** a puppet show; **~nie objazdowe** a roadshow; **~nie galowe** a command a. gala show; **zespół zaprezentował trzy ~nia „Hamleta”** the company gave three performances of 'Hamlet'; **przygotować** a. **wystawić ~nie** to put on a. stage a show; **bilety na ~nie o siódmej zostały wyprzedane** the seven o'clock performance a. show is sold out ② przen., pejor. spectacle; dramatics pejor.; **robić z siebie ~nie** to make a spectacle of oneself; **odegrała przed nim żałosne ~nie** she made a pathetic scene in front of him; **skończ już to ~nie!** cut out the dramatics!, stop this nonsense! ③ (wizerunek) representation, depiction, portrayal (**kogoś/czegoś** of sb/sth); **symboliczne ~nie życia i śmierci** the symbolic representation of life and death; **islam zakazuje ~ń postaci ludzkich** Islam proscribes representations of the human form ④ Psych. perception

przedstawieniow|y adi. [sztuka, treść] representational

przedszkola|k m (~czek dem.) (Npl ~ki a. ~cy, ~czki) kindergarten a. nursery school pupil, pre-school pupil US, pre-schooler US

przedszkolan|ka f nursery school a. kindergarten teacher, pre-school teacher US

przedszkol|e n (Gpl ~i) nursery school, playgroup GB, playschool GB, pre-school US, kindergarten (for 3- to 6-year-olds); **chodzić do ~a** to go to nursery school/kindergarten ❑ **Domowe Przedszkole** TV Play School GB

przedszkoln|y adi. ① [ogródek, sala, budynek, teren] nursery school attr., kindergarten attr.; **wychowawczyni ~a** a nursery school/kindergarten teacher ② [wiek, okres] pre-school; **grupa ~a** a playgroup, a play centre; **opieka ~a** childcare; **wychowanie ~e** preschool education; **dzieci w wieku ~ym** pre-school children, pre-schoolers US

przedślubn|y adi. prenuptial

przedśmiertn|y adi. [drgawki, skurcze] last; [spowiedź, skrucha] deathbed attr.; [życzenie] dying; **~e rzężenie** death rattle; **~y wywiad poety** an interview given by the poet shortly before his death

przedświąteczn|y adi. (przed Bożym Narodzeniem) pre-Christmas; (przed Wielkanocą) pre-Easter; **dzień ~y** the eve of a holiday

przedświ|t m (G ~tu) książk. ① (pora dnia) daybreak, dawn ② przen. (zapowiedź) harbinger (**czegoś** of sth); herald przen. (**czegoś** of sth); prelude przen. (**czegoś** to sth)

przedtem adv. earlier, before (that); **krótko ~** shortly before (that); **jak nigdy ~** like never before; **nigdy go ~ nie widziałem** I'd never seen him before; **przyjdę do ciebie, ale muszę ~ coś kupić** I'll call round, but first I have to buy something; **~ pracowała w telewizji** previously a. before that she had worked in television

przedterminowo adv. [zdać, zwolnić] early, earlier; [wykonać] ahead of a. before schedule

przedterminow|y adi. [zwolnienie, wybory] early, earlier; **~e wykonanie planu** the fulfilment of a plan ahead of a. before schedule; **~e zwolnienie z zakładu karnego** an early release from prison

przedtrzonow|y adi. **ząb ~y** a bicuspid, a pre-molar tooth

przedtytu|ł m (G ~łu) Wyd. outline title

przedurodzeniow|y adi. antenatal

przedwcze|sny adi. [opinie, posądzenie, decyzja, optymizm] premature; [koniec, śmierć] premature, untimely; **~sna siwizna** prematurely grey hair; **narzekali na ~sne zimno** they complained about it getting cold too early; **~sny zapłon** Aut. pre-ignition

przedwcześnie adv. [dorastać, urodzić] prematurely; **dziecko urodziło się ~** the baby was born prematurely

przedwczoraj **Ⅱ** adv. [wrócić, zrobić, wydarzyć się] the day before yesterday **Ⅲ** **przedwczoraj** n inv. the day before yesterday; **od ~** since the day before yesterday, for two days; **do ~** until the day before yesterday, until two days ago; **to musi być gotowe na ~** pot. this has to be ready as soon as possible a. asap pot.

przedwczoraj|szy adi. [gazeta] two days old; **~szy dzień był bardzo ciepły** the day before yesterday it was very warm; **~sze wydarzenia polityczne** events that took place two days ago

przedwiedz|a f sgt Psych. precognition

przedwiosenn|y adi. [prace, odwilż, przymrozki] early spring attr.

przedwiośni|e n (Gpl ~) early spring

przedwojenn|y adi. [czasy, kamienica, film, granica, kryzys] prewar (especially from before World War II)

przedwojni|e n sgt książk. the prewar period (especially before World War II)

przedwstępn|y adi. [prace, badania] preliminary; **umowa ~a** a memorandum of agreement

przedwyborcz|y adi. [spotkanie, walka] election attr.; [sondaż] pre-election

przedwzmacniacz m Elektr. preamplifier

przedykt|ować pf vt to dictate [list, pismo] (**komuś** to sb)

przedyskut|ować pf — **przedyskut|owywać** impf vt ① (omówić) to discuss, to talk [sth] over [pomysł, sprawę, szczegóły] (**z kimś** with sb); **sprawa zostanie ~owana na posiedzeniu zarządu** the matter will be discussed at the board meeting; **ta propozycja wymaga ~owania** this proposition needs to be talked over;

potrzebujemy kilku godzin na ~owanie sprawy we need several hours to talk the matter over ② (spędzić na dyskusji) to discuss; **wiele wieczorów ~owaliśmy przy kawie i winie** we spent many nights talking together over coffee and wine

przedyskutowywać impf → przedyskutować

przedzawałow|y /ˌpʃedzavaˈwovɨ/ adi. Med. [ból] pre-infarct, pre-infarction; **stan ~y** a pre-infarct condition a. state; **pacjent w stanie ~ym** a pre-infarct patient

przedzia|ł m (G ~łu) ① Kolej. compartment; (w wagonie sypialnym) sleeping compartment, section US; **~ł dla palących** a smoking compartment; **~ł dla niepalących** a non-smoking compartment; a non-smoker GB pot.; **~ł pasażerski/bagażowy** a passenger/luggage compartment; **pociąg z ~łami** a corridor train ② (przegroda) division, partition (**pomiędzy czymś a czymś** between sth and sth) ③ (różnica) gulf, difference, division; **~ł cywilizacyjny między Europą i Afryką** the civilizational gulf between Europe and Africa ④ (okres) (time) period, time bracket; **w ~le lat 1874-1877** between the years 1874-1877; **w ~le trzech miesięcy** in a. over a three-month period ⑤ (liczbowy, cenowy) bracket, range; (wiekowy) bracket, band; **w ~le wiekowym od 15 do 20 lat** in the 15 to 20 age bracket a. band; **najlepszy samochód w tym ~le cenowym** the best car in this price range; **moje dochody mieszczą się w tym ~le** my income is within this range

przedział|ek m ① (na głowie) parting GB, part US; **mieć ~ek** a. **czesać się z ~kiem** to have a parting; **mieć ~ek po lewej stronie/na środku** to have a left/centre parting ② pot. (między piersiami) cleavage; (między pośladkami) cleft; crack pot.

przedzielać impf → przedzielić

przedziel|ić pf — **przedziel|ać** impf vt ① (rozgraniczać) to divide (**czymś** with sth) [kartkę, pokój, miasto]; **~ić coś na pół** a. **na dwie połowy** to divide sth in half a. into two halves; **ulica ~ała miasteczko na dwie części** the street divided the town in two; **linijką ~ił wszerz kartkę papieru** with a ruler he drew a line across the paper ② (odgraniczać) to separate; **byliśmy ~eni cienką ścianką** we were separated by a thin wall; **rozmawiali przez ~ający ich żywopłot** they were talking across the hedge

przedzierać impf → przedrzeć

przedzierzgać impf → przedzierzgnąć

przedzierzg|nąć pf — **przedzierzg|ać** impf (~nę, ~nęła, ~nęli — ~am) **Ⅱ** vt książk. to turn, to transform (**w kogoś/coś** into sb/sth); to metamorphose przen. (**w kogoś/coś** into sb/sth) **Ⅲ** **przedzierzgnąć się — przedzierzgać się** to turn (**w kogoś/coś** into sb/sth); to metamorphose przen. (**w kogoś/coś** into sb/sth)

przedziuraw|ić pf — **przedziuraw|iać** impf **Ⅱ** vt to make a hole in [papier, materiał, blachę, deskę]; to punch, to punch a hole in; **z ~ionej opony uchodziło powietrze** air was escaping from the punctured tyre; **ściany budynku były**

~ione od pocisków the walls of the house were riddled with bullet-holes **III przedziurawić się — przedziurawiać się** *[buty, sweter]* to wear through; *[dach, pojemnik, łódź]* to spring a leak; **dach się ~ił** the roof is leaking

przedziurk|ować *pf vt* to punch *[bilet, dokumenty]*

przedziwnie *adv.* [1] (osobliwie) *[zachowywać się]* bizarrely; (tajemniczo, niezrozumiale) *[brzmieć, przypominać]* uncannily; **wyglądasz ~ w tym kapeluszu** you look bizarre in that hat; **była ~ podobna do swej babki** she was uncannily like her grandmother [2] (zdumiewająco) *[wyglądać]* extraordinarily; *[piękny, mały]* extraordinarily, incredibly

przedziwn|y *adi.* [1] (osobliwy) *[pomysł, postać, zachowanie]* bizarre, very odd; (tajemniczy, niezrozumiały) *[podobieństwo, uczucie]* uncanny; **~y zbieg okoliczności** an uncanny coincidence [2] (zdumiewający, wyjątkowy) *[uroda, kwiat, wzór]* extraordinary

przedzwaniać *impf* → **przedzwonić**
przedzw|onić — **przedzw|aniać** *impf vi* pot. to call (**do kogoś/czegoś** sb/sth); **~oń do mnie jutro** give me a ring tomorrow GB

przeegzamin|ować *pf vt* [1] (sprawdzić wiedzę) to examine, to test *[studenta, kursanta]*; **~ować kogoś z matematyki/fizyki** to examine sb in mathematics/physics; **~ować kogoś z przepisów ruchu drogowego** to examine a. test sb on traffic regulations; **~owanie dziesięciu studentów zajęło mu dwie godziny** it took him two hours to examine ten students orally [2] przen. (wypytać) to question, to cross-examine; **ojciec dokładnie ją ~ował, gdzie była i z kim** her father questioned her closely a. cross-examined her about where she was and who she was with

przefaks|ować *pf vt* to fax *[dokument, projekt, zdjęcie, dane]*; **~ować coś komuś** to fax sth to sb, to fax sth to sb; **~ować do kogoś** pot. to fax sb

przefarb|ować *pf* **III** *vt* to dye, to change the colour of *[włosy]*; to (re-)dye *[sweter]*; **~owała włosy na rudo/sweter na niebiesko** she dyed her hair red/the jumper blue **III przefarbować się** [1] (o włosach) to dye one's hair, to change the colour of one's hair [2] przen., pejor. (zmienić poglądy) to change one's views, to change sides; **komuniści ~owali się teraz na socjaldemokratów** communists now paint themselves as social democrats; **polityk partii komunistycznej ~owany na liberała** a communist party politician professing to be a liberal a. passing himself off as a liberal

przefarbowan|y III *pp* → **przefarbować III** *adi.* przen., pejor. *[nomenklatura, dygnitarz]* erstwhile, reincarnate(d)

przefiltr|ować *pf* — **przefiltr|owywać** *impf vt* [1] (przesączyć) to filter *[wodę, sok, wino]*; **~ować sok przez cienką gazę** to filter juice through a piece of fine muslin [2] książk. (oddzielić) to sift through *[pojęcia, słowa, język, idee]*; **tworzył obrazy ~owane przez własną świadomość** he painted the world as he saw it

przefiltrowywać *impf* → **przefiltrować**
przeformat|ować *pf vt* Komput. to reformat

przeform|ować *pf* — **przeform|owywać** *impf* **III** *vt* to reform *[rząd, jednostkę]*; **~ować szyki** to realign; **~ować jednostkę w pułk piechoty** to re-form a unit as an infantry regiment **III przeformować się — przeformowywać się** *[rząd, szkoła, jednostka]* to reform

przeformuł|ować *pf* — **przeformułowywać** *impf vt* to formulate anew *[teorię]*; to change the wording of *[pismo, wypowiedź, zdanie]*

przefors|ować *pf* — **przefors|owywać** *impf* **III** *vt* [1] (załatwić) to force [sth] through, to force through *[plan, ustawę, decyzję]* [2] (umieścić na stanowisku) to force [sb] through, to force through *[kandydata]* [3] książk. (zmęczyć) to strain *[gardło, mięśnie]*; to overwork, to overtax *[drużynę]*; **być ~owanym** to be overworked a. overtaxed; **~owanie mięśni** the overworking a. overtaxing of muscles **III przeforsować się — przeforsowywać się** to overdo it, to overtax oneself, to drive a. push oneself too hard; **~ował się marszem z ciężkim plecakiem** he overtaxed himself marching with a heavy backpack

przeforsowywać *impf* → **przeforsować**
przegad|ać *pf* — **przegad|ywać** *impf vt* pot. [1] (rozmawiać) to chat (away) through *[okres czasu]* (**z kimś** with sb); **~ać noc/pięć godzin** to be chatting through the night/for five hours; **~aliśmy pół nocy przy piwie** we chatted through half the night over beer; **~adali godzinę o wszystkim i o niczym** for an hour they chatted away about everything and nothing in particular [2] (prześcignąć w gadaniu) to out-talk; **trudno go ~ać** it's hard to out-talk him, he's hard to out-talk; **Anna go ~ała** he was out-talked by Anna

przegadan|y III *pp* → **przegadać III** *adi.* pejor. *[utwór, artykuł, spektakl, film]* wordy, verbose; waffly pot.

przegadywać *impf* → **przegadać**
przeganiać *impf* → **przegonić**
przegapiać *impf* → **przegapić**
przegap|ić *pf* — **przegap|iać** *impf* pot. *vt* to miss *[moment, okazję, osobę, miejsce]*; to overlook *[błąd, szczegół]*; **takiej okazji nie można było ~ić** the chance was too good to miss; **to doskonały film, nie ~!** it's a great film, don't miss it; **kolejna ~iona okazja zarobku** another lost chance to earn some money

przeg|iąć *pf* — **przeg|inać** *impf* (**~nę, ~ięła, ~ięli** — **~inam**) **III** *vt* [1] (odchylić) to bend *[drzewo, maszt]*; to incline *[głowę]*; **~iąć coś do przodu/tyłu** to bend sth forward/back; **~ięła drucianą siatkę i przecisnęła się przez szparę** she bent back the wire mesh and squeezed through [2] pot. (przesadzić) to go over the top, to overdo it; **~inasz pałę w tych komplementach** a. **z tymi komplementami** pot., pejor. you're going over the top with compliments; **uważaj, nie ~inaj (pały)!** (groźba) don't push your luck!; watch your step! pot. **III przegiąć się — przeginać się** *[osoba,*

drzewo] to bend; **~iąć się do przodu/tyłu** to bend forward/back; **~inała się przed lustrem** she was flexing her body this way and that in front of the mirror

przegię|cie III *sv* → **przegiąć III** *n* [1] (miejsce zgięcia) bend [2] pot. **były też ~cia z naszej strony** we've been guilty of overdoing it more than once; **to naprawdę ~cie** that's a bit excessive

przegię|ty III *pp* → **przegiąć III** *adi. [modelka, kaskader]* leaning back, tilted back

przeginać *impf* → **przegiąć**
przeglą|d *m* (*G* **~du**) [1] (kontrola) (wagonu, pomieszczeń) inspection; (prac konkursowych) review; **~d kontrolny uzębienia** Stomat. a dental check-up; **dokonać ~du czegoś** to check sth *[wagon, pomieszczenie]*; to review a. survey sth *[prace]* [2] Techn. service a. servicing, overhaul; Aut. MOT test a. inspection GB; **przeprowadzić ~d czegoś** to service a. overhaul sth *[urządzenia, instalacji, maszyny]*; **~d po 20 000 km** a 20,000 km service; **fotokopiarka wymaga ~du technicznego** the photocopier is due for a service; **oddałem samochód do ~du** I've taken my car for a service a. for servicing; **przejść (pomyślnie) ~d techniczny/nie przejść ~du technicznego** *[samochód]* to pass/fail the MOT GB [3] (zestawienie) review, survey; **książka jest ~dem najważniejszych problemów współczesnego świata** the book is a review a. survey of the most important problems of today's world; **~d prasy** a press review; **~d najważniejszych wydarzeń** Radio, TV highlights; **~d wydarzeń tygodnia** Radio, TV the week in review, highlights of the week; **~d tygodnia** Kulin. pot., żart. ≈ rissole; **~d naukowy/literacki** (publikacja) a scientific/literary review [4] (pokaz) review, survey; **~d polskich filmów dokumentalnych** a review of Polish documentary films [5] Wojsk. inspection; muster książk.; **zrobić ~d pułku piechoty** to inspect an infantry regiment, to make an inspection of an infantry regiment

przeglądać *impf* → **przejrzeć**[1]
przeglądar|ka *f* [1] Fot. viewer [2] Komput. browser, viewer
przeglądnąć → **przejrzeć**[1]
przegląd|owy *adi. [artykuł, wystawa, referat]* survey attr.; **~e omówienie repertuaru warszawskich teatrów** a review a. an overall review of the repertoire of Warsaw theatres

przegładzać *impf* → **przegłodzić**
przegł|odzić *pf* — **przegł|adzać** *impf* **III** *vt* to starve; **~odzić chorego przed operacją** to starve a patient before an operation; **pacjent został ~odzony przed operacją** the patient fasted before surgery **III przegłodzić się — przegładzać się** to starve oneself, to go hungry; **jak się trochę ~odzisz, będziesz miał lepszy apetyt** when you starve yourself a little you'll have a better appetite, when you go hungry for a while you will have a better appetite

przegłos|ować[1] *pf* — **przegłos|owywać** *impf vt* (zatwierdzić) to vote through *[wniosek, projekt, ustawę]*; **~ować porządek**

zebrania to accept the order of the meeting a. agenda by vote

przegłos|ować[2] *pf vt* (pokonać większością głosów) to vote down, to outvote; **zawsze udawało się nam ~ować oponentów i uchwalić to, czego chcieliśmy** we always managed to vote down a. outvote our opponents and pass what we wanted

przegłosowywać *impf* → **przegłosować**[1]

przegna|ć *pf vt* [1] (przepędzić) to chase away, to chase out [*wroga, złodzieja, żebraka*]; **~ć kijem obcego psa** to chase out a stray (dog) with a stick; **~ła męża pijaka z domu** she chased her drunkard of a husband out of the house, she threw her hard-drinking husband out of the house [2] (zmusić do zmiany miejsca) to drive [*krowy, owce*]; **kowboje ~li bydło przez prerię** the cowboys drove a herd of cattle across the prairie ⇒ **gnać** [3] *przen.* (przesunąć) to chase away; **wiatr ~ł chmury na zachód** the wind chased the clouds away to the west ⇒ **gnać**

przegni|ć *pf vi* (zgnić całkowicie) to rot away a. down, to decay; **drewniany dach ~ił od wilgoci** the wooden roof rotted away from damp

przegni|ły *adi.* [*deski, liście, siano, ziemniaki*] rotten; **~łe łachmany** mouldy rags

przeg|onić *pf* — **przeg|aniać** *impf vt* [1] (przepędzić) to chase out, to chase away; **~aniać muchy z pokoju** to chase a. drive flies out a. from the room [2] (zmusić do zmiany miejsca) to drive [*krowy, owce*] [3] *przen.* (przesunąć) to chase away a. off; **na szczęście wiatr ~onił chmury** fortunately the wind chased off the clouds [4] *pot.* (zmusić do pośpiechu) to run, to hurry; **~onić wycieczkę po muzeach** to hurry a tourist excursion around museums; **~oniła mnie po całym mieście w poszukiwaniu jakiejś książki** she ran me through the whole town in search of some book; **zostaliśmy dziś nieźle ~onieni przez kaprala po torze przeszkód** we weren't half made to run over the obstacle course by the corporal today [5] *pot.* (wyprzedzić) to overtake, to pass; **~onił swojego przeciwnika tuż przed metą** he overtook his opponent just before the finishing line; **nigdy ci się nie uda rowerem ~onić samochodu** you'll never manage to overtake a car on a bicycle [6] *przen.* to surpass; **~oniła go w matematyce/geografii** she surpassed him at maths/geography; she went one better than him in maths/geography; **pod względem rozwoju gospodarczego Tajwan ~onił już wiele krajów** in terms of economic development Taiwan has already overtaken many countries

przegot|ować *pf* — **przegot|owywać** *impf* **[]** *vt* [1] (zagotować) to boil, to bring to the boil [*mleko, wodę*] [2] (gotować zbyt długo) to overcook, to overdo [*ziemniaki, makaron, mięso*] [3] (zagotować powtórnie) to reboil, to recook [*konfitury*]

[] przegotować się — **przegotowywać się** [1] (zagotować się) to boil; **woda już się ~owała, możesz zaparzyć kawę** the water has boiled, you can make coffee now

[2] (rozgotować się) to be overdone a. overcooked; **kartofle się wczoraj ~owały** the potatoes were overcooked a. overdone yesterday

przegotowywać *impf* → **przegotować**

przegr|ać[1] *pf* — **przegr|ywać** *impf vt* [1] (zostać pokonanym) to lose [*mecz, partię*]; **~ać seta** to lose a. drop a set; **Polska ~ywa 3:0** Poland is losing 3-0; **~aliśmy w tym turnieju** we've lost in the tournament; **~ali z drużyną włoską** they lost to the Italian team [2] (stracić) to lose [*pieniądze*]; **~ać do kogoś pieniądze w karty** to lose money at cards to sb; **~ać na giełdzie/na loterii** to lose money on the stock exchange/in the lottery; **~ał dom i samochód w pokera** he lost a house and a car at poker a. in a poker game; **~ałem do niego parę tysięcy złotych** I lost a few thousand zlotys to him [3] (ponieść klęskę) to lose, to be defeated; **~ać wojnę** to lose the war; **mieliśmy dobrych adwokatów, a ~aliśmy proces** we had good lawyers but we lost the case a. lawsuit [4] *Muz.* to rehearse [*sonatę, uwerturę*]; **~aj jeszcze raz** play it again [5] (odtworzyć) to play [*płytę, nagranie*]; **~ał taśmę magnetofonową z zapisem koncertu** he played a tape of a concert [6] *pot.* (skopiować) to copy, to record; **~ać parę utworów z płyty na kasetę magnetofonową** to copy a few tracks from a record to a tape; **~ać program komputerowy z dysku twardego na dyskietkę** to copy a computer program from the hard disk to a floppy disk

■ ~ać coś w życiu to have had a disappointment in life; **~ał swoją szansę w życiu** he lost his chance in life; **~ać życie** to be a loser; **~ywać z czymś** *książk.* to lose the contest with sth; **polskie filmy akcji ~ywają z filmami amerykańskimi** Polish action films cannot compete with American films, Polish action films cannot keep up with American films; **idea komunizmu ~ała z kapitalizmem** communism lost the struggle a. contest with capitalism

przegra|ć[2] *pf pot. vi* (spędzić jakiś czas na graniu) **~liśmy kilka godzin na fortepianie** we spent a few hours playing the piano; **całą noc ~li w brydża** they spent the whole night playing bridge

przegradzać *impf* → **przegrodzić**

przegran|a *f* [1] (porażka) defeat; **nie mógł pogodzić się z ~ą** he couldn't come to terms a. cope with his defeat [2] (kwota) loss; **jego ~a wyniosła 1000 złotych** he lost 1000 zlotys

przegran|y **[]** *pp* → **przegrać**[1]

[] *adi. pot.* [1] (zrezygnowany) downhearted, dispirited; **to człowiek kompletnie ~y** he's a wreck; **czuję się ~y i zniechęcony** I feel dispirited a. downhearted and discouraged; **miał ~ą minę** he looked despondent a. downhearted a. dispirited [2] *przen.* (skompromitowany) finished; **ten polityk jest już ~y** this politician is finished [3] *przen.* (stracony) [*sprawa, pozycja*] lost; **prowadzić z góry ~ą walkę z kimś/czymś** to fight a lost battle against sb/sth

[] **przegran|y** *m*, **~a** *f* loser; **~y ma prawo do rewanżu** the loser is entitled to

another match; **w tej wojnie nie ma ~ych ani zwycięzców** in this war there are no losers or winners

przegr|oda *f* [1] (przedzielenie) barrier; **po co oni postawili a. zbudowali tu taką wysoką ~odę?** why did they build such a high barrier here?; **widzów oddzielała od zawodników cienka drewniana ~oda** the spectators were separated from the players by a thin wooden barrier a. hoarding [2] (miejsce oddzielone) compartment; **~oda dla świń** a pig pen; **a to jest specjalna ~oda dla źrebnej klaczy** and this is a special stall for a mare in foal; **ułóż te rzeczy w oddzielnych ~odach** put these things into separate compartments ❑ **~oda międzykomorowa** *Anat.* interventricular septum; **~oda nosowa** *Anat.* nasal septum; **~oda serca** *Anat.* septum

przegr|odzić *pf* — **przegr|adzać** *impf vt* (rozdzielić) to partition, to divide [*pokój, pomieszczenie*]; to fence off, to wall off [*teren*]; **~odzić plac parkanem** to fence off a square; **~odzili rzekę tamą** they built a dam across the river; **pokój został ~odzony i powstało nowe małe pomieszczenie** the room was divided a. partitioned and another small room was created; **~odził ich ocean** they were separated by the ocean

przegród|ka *f dem.* [1] (ścianka przedzielająca) compartment, division; **szuflada z sześcioma ~kami** a drawer with six compartments a. dividers; **~ki na sztućce** cutlery divisions [2] (miejsce oddzielone) compartment; (w biurku, szafce) pigeonhole; **portfel z ~kami na banknoty i karty kredytowe** a wallet with compartments for notes and credit cards; **znalazłem liścik w mojej ~ce** I found a note in my pigeonhole; **walizka miała wiele ~ek** the suitcase had many compartments

przegrup|ować *pf* — **przegrup|owywać** *impf* **[]** *vt* [1] (zreorganizować) to reorganize [*pracowników*]; to reshuffle [*skład rządu*]; **przed wyborami prawica ~owuje swoje siły** in the run-up to the elections the Right is regrouping its forces a. the forces of the Right are regrouping [2] *Wojsk.* to regroup, to redeploy [*wojsko, siły, jednostki*]; **nieprzyjaciel atakuje, nie dając nam czasu na ~owanie wojsk** the enemy is attacking without giving our army time to regroup

[] przegrupować się — **przegrupowywać się** *Wojsk.* to regroup; **dywizje ~owały się** the divisions regrouped

przegrupowywać *impf* → **przegrupować**

przegrywać *impf* → **przegrać**[1]

przegryzać *impf* → **przegryźć**

przegry|źć *pf* — **przegry|zać** *impf* (**~zę, ~ziesz ~zie, ~zł, ~zła, ~źli — ~zam**) **[]** *vt* [1] (przeciąć zębami) to bite through [*przewody, nitkę*]; **szczury ~zły zły kabel telefoniczny/worek z ziarnem** the rats gnawed through the telephone cable/a grain sack [2] *pot.* (zjeść naprędce) to have a quick snack; to have a bite to eat *pot.*; **~źć coś przed obiadem** to have a quick snack before lunch [3] (przepleść picie jedzeniem) **wypił filiżankę herbaty i ~zł chlebem** he had a cup of tea and ate some bread; **każdy łyk mleka ~zała bułką** she ate a roll in between sips of milk [4] pot. (przedziurawić) to eat into a. away (**coś** at sth); **rdza ~zła żelazo** the rust ate away at the iron

II przegryźć się — przegryzać się [1] pot. (przemieszać się) to blend; **spirytus z miodem powinien się dobrze ~źć** the alcoholic spirit and honey should mix a. blend well; **sałatkę należy zrobić wcześniej, żeby wszystkie składniki zdążyły się ~źć** salad should be made beforehand so that all the ingredients blend together well [2] pot. (zrozumieć) to get through, to wade through [tekst]

przegrz|ać pf — **przegrz|ewać** impf **I** vt to overheat [mieszkanie, silnik]; **nie ~ewaj dziecka ani jego pokoju!** don't overheat the baby or the baby's room

II przegrzać się — przegrzewać się to overheat, to become overheated a. too hot; **silnik się ~ał** the engine overheated; **~ała się, bo była za ciepło ubrana** she got too hot, because she had too much clothing on a. she was dressed too warmly

przegrzeb|ek m Zool. scallop

przegrzewać impf → przegrzać

przegub m (G **~u**) [1] Anat. wrist [2] Techn. articulated joint [3] Fot. ball-and-socket head, ball joint

❏ **~ Cardana** Techn. universal joint

przegubow|iec m pot. articulated bus

przegubowo adv. Techn. [połączyć] by a flexible joint; **połączyć lampy ~** to connect lamps by an articulated joint a. by articulation

przegubow|y adi. [autobus, połączenie] articulated; **lampa ~a** an anglepoise®, an anglepoise lamp

przehandl|ować¹ pf — **przehandl|o-wywać** impf vt [1] pot., pejor. to trade, to bargain away; **~ował honor za dobrą posadę** he gave up a. traded his honour for a good job [2] (sprzedać) to sell; **~ował stary samochód, żeby kupić motocykl** he sold his old car to buy a motorbike [3] (zamienić) to trade off, to swap; **~ował stary samochód na motocykl** he traded off a. bartered his old car for a motorbike; **chłopiec ~ował piórnik na parę znaczków** the boy swapped his pencil box for some stamps

przehandl|ować² pf vt pot. (spędzić pewien czas na handlowaniu) **całe lato ~ował na straganie** he spent the whole summer selling a. vending things from a stall

przehandlowywać impf → przehand-lować¹

przehol|ować pf — **przehol|owywać** impf **I** vt (przemieścić) to tow [samochód, statek, szybowiec]; **musieli mnie ~ować do warsztatu** I had to be towed a. hauled to a garage; **we wtorek statek ~owano na głębsze wody** on Tuesday the ship was towed into deeper waters; **~owali jej samochód na parking** they towed her car to the car park

II vi pot. (przesadzić) to overshoot the mark; **~ować w czymś** to let sth get out of hand; **on zawsze musi ~ować w żartach** he always overdoes his jokes, his jokes are

always over the top; **nie ~uj z piciem** don't overdo the drink

przeholowywać impf → przeholować

przehula|ć pf vt pot. [1] (stracić) to run through, to revel away [pieniądze, majątek, oszczędności] [2] pot. (spędzić pewien czas na zabawie) to revel through [lato, noc, młodość]

przeinaczać impf → przeinaczyć

przeinacz|yć pf — **przeinacz|ać** impf vt to misrepresent, to contort [fakt, słowa]; **~ona wersja wydarzeń** a twisted a. contorted version of the events; **~ona relacja z debaty parlamentarnej** a warped account of a parliamentary debate; **~ył wypowiedź ministra** he twisted the minister's statement

przeintelektualiz|ować pf vt książk. to overintellectualize [bohatera, sztukę]; **film jest ~owany** the film's overintellectualized

przeistaczać impf → przeistoczyć

przeistocze|nie **I** sv → przeistoczyć

II n [1] książk. transformation, metamorphosis; **~nie larwy w szarańczę** the transformation a. metamorphosis from a larva into an adult locust; **~nie chłopca w mężczyznę** the boy's metamorphosis into a man [2] Relig. **Przeistoczenie** transubstantiation

przeist|oczyć pf — **przeist|aczać** impf **I** vt książk. to transform, to metamorphose; **miłość ~oczyła go** love transformed him; **swoje mieszkanie ~oczył w pracownię** he converted his flat into a studio

II przeistoczyć się — przeistaczać się to transform; **aktor ~aczał się na scenie** the actor underwent a complete transformation on the stage; **kraj z rolniczego ~oczył się w przemysłowy** the agricultural country transformed into an industrial one

przejadać impf → przejeść

przejaskrawiać impf → przejaskrawić

przejaskraw|ić pf — **przejaskra-w|iać** impf vt [1] przen. (przedstawić z przesadą) to exaggerate, to overemphasize; **historyk ~ił niektóre wydarzenia** the historian exaggerated a. overemphasized some events, the historian gave an overblown account of some events; **niektóre postacie były ~ione** some of the characters were overdrawn [2] (namalować zbyt jaskrawymi kolorami) to paint in too bright colours [obraz]; **malarz ~ił tło malowidła** the artist overdid a. overemphasized the colours of the background of the painting; **wszystkie płótna tego artysty są ~ione** the colours in all paintings by the artist are too bright

przejaśniać się impf → przejaśnić się

przejaśni|ć się pf — **przejaśni|ać się** impf vi to clear (up), to brighten (up); **niebo nareszcie się ~ło** the sky cleared at last; **przestało padać i już się ~a** it stopped raining and the weather is clearing; **na horyzoncie zaczęło się ~ać** the horizon started to brighten (up)

■ ~ło mu/jej się a. **rozjaśniło mu/jej się w głowie** he/she (suddenly) saw daylight pot., he/she had a brainwave pot.

przejaśnie|nie **I** sv → przejaśnić się

II n brighter spell, sunny spell; **zachmurzenie z ~niami** cloudy with brighter a.

sunny spells; **w dzień można spodziewać się ~ń** during the day brighter spells a. intervals are expected

przejaw m (G **~u**) książk. sign; (oznaka) indication; (objaw) manifestation; (wyraz) expression; **~ choroby Alzheimera** a symptom a. manifestation of Alzheimer's disease; **zdradzał ~y głupoty/okrucieństwa** he displayed signs of stupidity/cruelty; **różne ~y życia publicznego** various aspects of public life; **widać w tym ~ dobrej woli** it can be regarded as a sign of goodwill

przejawiać impf → przejawić

przejaw|ić pf — **przejaw|iać** impf **I** vt (okazywać) to display, to show [energię, entuzjazm, nieufność]; **~iał chęć udzielenia pomocy** he showed every sign of being ready a. wanting to help; **~iać talent muzyczny** to display a talent for music, to display musical talent; **zawsze ~iał ochotę do zabawy** he was always ready for some fun; **~iać skłonność do przesady** to have a proclivity for exaggeration

II przejawić się — przejawiać się to show, to manifest; **jego działalność ~iała się w różnych formach** his activities took various forms; **choroba ta ~ia się gorączką i bólem głowy** fever and headache are the symptoms of the disease; **prawdziwy talent poety ~ił się w pełni dopiero po wojnie** the poet's real talent began to emerge a. manifest itself after the war

przej|azd **I** m (G **~azdu**) [1] (jazda) (samochodem) drive, ride; (statkiem) sail, passage; (promem) crossing; **~azd taksówką** a taxi ride; **sześciogodzinny ~azd promem ze Świnoujścia do Ystad** a six-hour ferry crossing from Świnoujście to Ystadt; **~azd pociągiem** a ride on a train; **~azd autobusem do hotelu** a bus transfer to the hotel; **~azd środkami komunikacji miejskiej** a ride on public transport; **~azd z lotniska/na lotnisko** an airport transfer; **opłata za ~azd autobusem/koleją** a bus/railway fare; **~azd przez miasto zajął mu godzinę** it took him an hour to get through the town, a drive through the town took him an hour; **po nieodśnieżonej szosie ~azd był utrudniony** driving on the snowy road was difficult; **cena obejmuje ~azd promem w obie strony** the price includes the ferry crossing both ways; **dać pierwszeństwo ~azdu komuś** to give sb the right of way [2] (miejsce) crossing; level crossing GB, grade crossing US; **~azd dołem** an underpass a. undercrossing US; **~azd górą** a flyover a. an overcrossing US

II przejazdem adv. być/bawić/znaleźć się **~azdem** to pass through; **jestem tu ~azdem** I'm just passing through here, I'm here only for a short time; **byłem ~azdem w Berlinie** I passed through Berlin

przejazdow|y adi. [1] (odnoszący się do jazdy) [droga, trasa] transit attr.; **brama ~a** a gateway; **wiza ~a** a transit visa; **główna trasa ~a do miasta była zakorkowana** the main road a. transit route through the town was jammed [2] (odnoszący się do miejsca) **sygnalizacja ~a na torze kolejowym** the points and signals; **sygnalizacja ~a na**

skrzyżowaniu traffic lights; **budka ~a** a signal box; **dróżnik ~y zamykał szlaban** a signalman was closing the gate

przejażdż|ka *f* ride; **konna ~ka** a horse ride, a hack; **~ka saniami** a sleigh ride; **jechać/wybrać się na ~kę konną/samochodową** to go for a ride/drive; **~ka łodzią po jeziorze** a row on a lake; **zażyć ~ki konnej** to go horse (back) riding; **wybraliśmy się na ~kę rowerową do lasu** we went cycling through the woods; **zabrałem ją na ~kę moim nowym autem** I took her for a drive a. ride in my new car

przej|ąć *pf* — **przej|mować** *impf* (**~mę, ~ęła, ~eli** — **~muję**) **I** *vt* [1] (wziąć, odebrać) to take over; **~ął w spadku po ojcu gospodarstwo rolne** he inherited a farm from his father, he took over a farm inherited from his father [2] (przechwycić) to intercept [list, korespondencję]; to seize [dostawę, agenta]; **partyzanci ~eli dwa transporty amunicji** the partisans seized two ammunition transports [3] (zastąpić) to take over [obowiązki, funkcję, dyżur]; to assume [władze, kontrolę, odpowiedzialność]; **pułkownicy ~eli władzę** the colonels seized power [4] książk. (zapożyczyć) to adopt [tradycje, zwyczaj]; **~ął sposób mówienia brata** he adopted his brother's way of speaking [5] przen. (przeniknąć) to overcome; **~ąć kogoś dreszczem** to send a shiver down sb's spine; **~ął mnie dreszcz na samą myśl** I shuddered at the very thought; **~ął ją smutek po wyjeździe brata** she was overcome by sadness after her brother's departure; **zimno ~mowało go do szpiku kości** the cold penetrated to the marrow of his bones [6] przen. (poruszyć) to upset, to distress; **~ął go widok ludzkiego cierpienia** the sight of human suffering upset a. distressed him [7] Sport to intercept; **obrońca ~ął piłkę** the defender took possession of the ball

II **przejąć się** — **przejmować się** to bother, to become upset a. distressed; **~ął się tym do żywego** he really took it to heart; **nie ~muj się!** don't worry!, take it easy!; **wcale się tym nie ~muję** it doesn't bother me in the least; **nie ~muj się mną!** don't bother a. worry about me!; **ten gość niczym się nie ~muje** pot. he's a happy-go-lucky guy pot.; **~ęliśmy się złymi wiadomościami** we were upset by the bad news; **nie możesz się tak sobą ~mować!** you mustn't make so much fuss about yourself; **nie ~ął się zbytnio jej słowami** he took her words in his stride; **nie ~muję się specjalnie swoim wyglądem** I'm not particularly bothered about how I look; **nie ~ęła się jego zdaniem** she made very light of his opinion, she took no notice of his opinion

przej|echać *pf* — **przej|eżdżać** *impf* **I** *vt* [1] (przemieścić się) to travel; **wczoraj ~echał samochodem/rowerem/pociągiem 100 km** yesterday he travelled 100 km by car/bicycle/train; **~echaliśmy konno ze wsi do pobliskiego miasta** we travelled on horseback from the village to the nearby town; **~eżdżał kilkaset kilometrów dziennie** he travelled several

hundred kilometres every day; **~echaliśmy dziś szmat drogi od Warszawy** we travelled a long way from Warsaw today; **~echał całą Europę** he went a. travelled across Europe [2] (przekroczyć) to pass through [skrzyżowanie, tunel]; to go across [most]; **~echać granicę państwa** to cross the border a. frontier [3] (minąć) to pass by; **w drodze do pracy ~eżdża koło naszego domu** on his way to work he passes by our house [4] (rozjechać) to run over [osobę, zwierzę]; **o mało nie ~echał go samochód** he was very nearly run over by a car **II** *vi* [1] (zmienić miejsce pobytu) to go; **drogą co jakiś czas ~eżdżały ogromne ciężarówki** every now and then huge lorries passed by a. were passing by a. swept past; **z Krakowa ~echał do stolicy** from Cracow he went to the capital [2] (przesunąć) **~echać ściereczką/odkurzaczem po czymś** to run a duster/vacuum cleaner over sth; **~echała grzebieniem po włosach** a. **przez włosy** she ran a comb through her hair; **~echała po wargach jasną szminką** she ran a. went over her lips with a pale lipstick; **~echał dłonią po lśniącej powierzchni** he ran his hand over the shiny surface; **~echała palcem po spisie** she ran her finger down the list; **~echać wzrokiem po kimś/po czymś** to have a quick look at sth, to run one's eye over sb/sth; **~echał wzrokiem po zebranych, szukając kogoś** he ran his eye over the gathering in search of somebody; **~echała wzrokiem po wystawie sklepowej** she took a quick look at the shop window

III **przejechać się** — **przejeżdżać się** [1] (przemieścić się) to go on a ride; **~echali się do lasu** they went on a ride to the forest; **~echał się rowerem kolegi** he went for a ride on his friend's bicycle [2] pot. (oszukać się) **~echać się na czymś** to come a cropper on sth pot.; **~echałem się, inwestując na giełdzie** I came a cropper on the stock exchange; **~echała się na tej jego udawanej przyjaźni** she fell for his show of friendship; **na tym interesie można się tylko ~echać** there's nothing good you can say about this business

■ **~echać kogoś** a. **komuś kijem/laską po twarzy/plecach** a. **przez twarz/plecy** to hit sb with a stick across the face/back; **~echać się na tamten świat/na cmentarz** pot. to kick the bucket pot.; **~echać się po kimś/czymś** pot. to bash sb/sth pot.; to hammer sb/sth pot.; to pull sb/sth apart a. to pieces pot., to savage sb/sth pot.; **krytycy zdrowo ~echali się po nowym filmie** the critics pulled the new film to pieces; **~echać stację/przystanek** to miss the station/stop

przejedn|ać *pf* — **przejedn|ywać** *impf* *vt* książk. to placate, to mollify [przeciwników]; **próby ~ania Boga** attempts to mollify God; **~ać obrażonych przyjaciół** to placate one's friends

przejednywać *impf* → przejednać
przejedze|nie **I** *sv* → przejeść

II *n* surfeit, overeating; **zemdliło mnie z ~nia** I ate myself sick pot.; **rozchorowała się z ~nia** she became ill from overeating

przejedz|ony **I** *pp* → przejeść

II *adi.* full, gorged; **wstał od stołu strasznie ~ony** he got up from the table gorged with food; **czuję się ~ona, za chwilę pęknę** pot. I feel full, I'm going to burst in a minute

przej|eść *pf* — **przej|adać** *impf* (**~em, ~esz, ~je, ~adł, ~adła, ~edli** — **~adam**) **I** *vt* [1] (wydać na jedzenie) to fritter away [oszczędności, kosztowności, kredyt]; **~adłem całą pensję i nic nie odłożyłem** I've gone a. got through my entire salary and left nothing aside [2] pot. (spędzić czas na jedzeniu) **~adłem całe święta i przytyłem kilka kilogramów** I ate throughout Christmas and have put on several kilos

II **przejeść się** — **przejadać się** pot. [1] (zjeść za dużo) to overeat, to eat too much; **~adł się słodyczami i teraz go mdli** he's eaten too many sweets and now feels sick [2] przen. to be bored (czymś with sth); to be fed up (czymś with sth); to have enough (czymś of sth); **~adła mi się muzyka współczesna** I've had enough of modern music, modern music palled on me; **~adły mi się hamburgery** I'm fed up with hamburgers

przejezdnoś|ć *f sgt* suitability for driving; **zła/doskonała ~ć dróg** poor/excellent driving conditions

przejezdn|y **I** *adi.* [1] (przejeżdżający) [goście, turyści] transient; [podróżny] passing [2] (nadający się do przejazdu) [droga, szosa, ulica] drive(able), passable; **ta droga jest ~a tylko latem** the road is open a. drive(able) only in the summer

II **przejezdn|y** *m*, **~a** *f* traveller, transient; **~i zatrzymali się na nocleg w hotelu** the travellers stopped for the night in a hotel

przeje|ździć *pf* [1] (jeździć określony czas) **cały tydzień ~ździł na nartach/sankach/łyżwach** he spent the whole week skiing/sledging/skating; **~ździł pół dnia konno** he spent half a day riding [2] (wydać pieniądze na jazdy, podróże) **pół pensji ~ździła taksówkami** she spent half of her salary on taxis; **chłopiec wszystkie pieniądze ~ździł na karuzeli** the boy spent all the money on a roundabout

przejeżdżać *impf* → przejechać
przejęci|e **I** *sv* → przejąć

II *n sgt* excitement, fervour GB, fervor US; **patrzyła na niego z ogromnym ~em** she looked at him intently; **składał raport uroczyście, pełen ~a** he made his report solemnly, lyrically, with heartfelt empathy; **deklamował wiersz z ~em** he recited the poem with gusto a. lyrically a. with feeling; **opowiadał nam o swojej przygodzie z ~em** he was telling (us/them) about his adventure with great excitement; **słuchali z ~em opowiadania** they listened to the story intently a. with profound attention; **dostał wypieków z ~a** his face was flushed in excitement; **modlili się z ~em** they were engaged in earnest a. fervent prayer

przejęty **I** *pp* → przejąć

II *adi.* excited; **~te twarze słuchaczy** the excited faces of the listeners; **słuchała go uważnie, z ~tą miną** she listened to him

intently; **była tak ~ta, że nie słyszała, co do niej mówimy** she was so absorbed that she didn't hear what we were saying to her
przejęzyczać się impf → **przejęzyczyć się**
przejęzycze|nie n slip of the tongue
przejęzycz|yć się pf — **przejęzycz|ać się** impf v refl. pot. to make a slip of the tongue; **przepraszam, ~yłem się, ma być sto tysięcy** sorry, slip of the tongue, it's a hundred thousand
przejmować impf → **przejąć**
przejmująco adv. **jej głos brzmiał ~ żałośnie** her voice sounded heartbreakingly pitiful; **syreny wyły ~** sirens rent the air piercingly
przejmując|y II pa → **przejmować**
II adi. [głos, krzyk] piercing; [zimno] bitter, biting; [ból] excruciating, searing; [tęsknota] acute; **~a historia ich rodziny** the heartbreaking story of their family; **usłyszał ~y szloch** he heard racking sobs
przejrza|ły adi. [1] (zbyt dojrzały) [owoce, zboża] overripe [2] przen., iron. (podstarzały) overripened; **~ła piękność** an overripe beauty
prze|jrzeć¹, prze|glądnąć pf — **prze|glądać** impf (~jrzysz, ~jrzał, ~jrzeli — ~glądam) **II** vt [1] pot. (rozszyfrować) to see through; **~jrzeć czyjeś plany/tajemnice/zamiary** to see through sb's plans/secrets/intentions pot.; **~jrzałem go na wskroś/na wylot/do gruntu** I've got his number pot. [2] (przewertować) to look through, to go through a. over, to browse; **~glądała książkę w milczeniu** she paged a. was looking through the book in silence; **rano ~glądał pocztę** he went through his mail in the morning; **lubił ~glądać encyklopedie** he liked to browse through encyclopedias; **~glądała pisma ilustrowane** she looked a. was looking through some illustrated magazines; **~jrzyj moje wypracowanie** have a look at my composition; **dokładnie ~jrzeli teczki z dokumentami** they trawled through the files [3] pot. (sprawdzić) to check [samochód, broń, stan techniczny]; **~jrzał dokładnie sprawność hamulców** he checked the brakes carefully [4] przen. (przeszukać) to go through, to comb through [pokój, szufladę, teren]; **~jrzał kieszenie w poszukiwaniu pieniędzy/dokumentów** he went through his pockets in search of money/documents; **~jrzał dokładnie kartony** he combed through the (cardboard) boxes
II przejrzeć się — przeglądać się to look at oneself in the mirror; **całymi dniami ~glądała się w lustrze** she spent whole days looking at herself in the mirror; **czy ty się nigdy w lusterku nie ~glądasz?** have you looked at yourself in the mirror lately?; **muszę się jeszcze ~jrzeć w lustrze** I must just take a look at myself in the mirror; **lubiła ~glądać się w lustrze** she enjoyed looking at herself in the mirror
przejrz|eć² pf — przejrze|wać impf vi to overripen; **te winogrona ~ały na słońcu** the grapes have been overripened by the sun
przejrz|eć³ pf (~ysz, ~ał, ~eli) **II** vt (przeniknąć wzrokiem) to see through [ciemności, mrok]

II vi [1] (odzyskać wzrok) to regain one's sight [2] przen. (zrozumieć) **i wtedy ~ałem** and then the scales fell from my eyes; **zanim ~ał, popełnił wiele błędów** he made a lot of mistakes before he realized what was really going on
przejrzewać impf → **przejrzeć²**
przejrzysto|ść f sgt [1] (przezroczystość) transparency, clarity [2] przen. (zrozumiałość) lucidity, clarity; **~ć stylu** the clearness of style; **~ć języka/prozy** the lucidity of the language/the prose [3] przen. (jasność) transparency, clarity; **~ć zamierzeń** the transparency a. clarity of intentions
przejrzy|sty adi. [1] (przezroczysty) [woda, sukienka, szyba, powietrze] transparent; [niebo] limpid, clear; [materiał] gauzy, sheer; **miała jasną, ~stą cerę** she had a fair, clear complexion [2] (jasny, zrozumiały) [styl] lucid, (crystal) clear, (transparently) clear; [proza] crystal clear, pellucid; **~sta konstrukcja dramatu/powieści** lucid structure of the drama/novel; **pisze ~stym, komunikatywnym stylem** he writes in a limpid style [3] pot. (oczywisty) [gra, aluzja] transparent a. lucid; **było to kłamstwo aż nazbyt ~ste** it was a blatant a. transparent lie
przejrzyście adv. grad. pot. (zrozumiale) [tłumaczyć, pisać] clearly, lucidly
przejś|cie II sv → **przejść**
II n [1] (miejsce) passage, passageway; **~cie dla pieszych** a zebra crossing; **~cie podziemne** an underpass, a subway GB, a crosswalk US; **~cie między domami** a passageway between buildings, an alley; **~cie między rzędami krzeseł** an aisle a. a gangway; **stanąć w ~ciu** to stand in the way; **zrobić komuś ~cie** to make way for sb, to let sb pass; **proszę zrobić ~cie dla lekarza!** make way for the doctor!; **banda chuliganów zagrodziła mu ~cie** a gang of hooligans barred his way [2] książk. (faza pośrednia) transition; **~cia muzyczne/melodyczne** musical/melodic transitions; **łagodne ~cie między dzieciństwem a dorosłością** a smooth transition from childhood to adulthood; **rytuał ~cia** a rite of passage [3] przen. (przeżycie) trial, (trying) experience, hardship; **kobieta po ~ciach** pot. a woman who's been through a lot pot.; **po ostatnich ~ciach nie mógł dojść do siebie** he still hasn't been able to get over his recent trying experiences; **mimo ciężkich ~ć zachował pogodę ducha** despite his tribulations he maintained a zest for life
przejściowo adv. [mieszkać, przebywać] temporarily; **traktował tę pracę ~** he treated the job as a temporary one, he treated it as a temporary job
przejściowoś|ć f sgt temporariness; **~ć obowiązujących przepisów** the provisional character of the existing regulations
przejściow|y adi. [1] (chwilowy) [trudność, przepis, ochłodzenie] temporary, transitory; **spodziewane jest ~e ochłodzenie** a cold snap's expected [2] pot. (przechodni) [pokój, podwórko] connecting [3] książk. (pośredni) transition attr., transitory a. transitional; **okres ~y między socjalizmem a kapitalizmem** the interim a. transitional period

between socialism and capitalism [4] (tymczasowy) [obóz, cela, więzienie] temporary, transition attr.
prze|jść pf — **prze|chodzić¹** impf (~jdę, ~jdziesz, ~jdzie, ~szedł, ~szła, ~szli — ~chodzę) **II** vt [1] (doświadczyć, przeżyć) to experience, to go through; **wiele ~szli podczas wojny** they had gone through a lot during the war; **~jść twardą szkołę (życia)** to grow up in a hard school, to go through the mill; **w zeszłym roku ~szła ciężką grypę** last year she suffered from a bad case of (the) flu; **wiele ~szła** she's gone a. been through a lot [2] pot. (zostać poddanym badaniom) to pass; **mój samochód ~szedł pomyślnie wszystkie testy** my car has passed all its roadworthiness tests; **wszystkie urządzenia ~szły właśnie generalny remont** all equipment has just been overhauled [3] przest. (przestudiować, przerobić) to study; **powtarzała z dziećmi to, co ~szły w zeszłym roku w szkole** she revised with the children what they learned last year at school
II vi [1] (przebyć odległość, przemieścić się) **w ciągu dnia ~szli piętnaście kilometrów** during the day they covered fifteen kilometres; **~jdźmy do mojego biura** let's go to my office; **~szedł pieszo przez całe miasto** he went around the whole town on foot [2] pot. (przesunąć się) to pass; **właśnie ~szedł tędy pociąg** the train has just passed this way; **czy nikt tędy nie ~chodził?** has anybody passed this way?; **burza ~szła bokiem** the storm passed us/ them by; **zaraza ~szła przez cały kraj** the plague swept through the entire country [3] (idąc minąć) to pass by, to miss [dom, ulicę]; **~szła obok i nie zauważyła go wcale** she passed by and didn't notice him [4] (przedostać się na drugą stronę) **~jść przez coś** to get across [jezdnię, most]; to get over [płot, mur]; to get through [bramę, punkt kontrolny]; **pomógł jej ~jść przez ulicę** he helped her across the street; **przejdź po pasach!** take the zebra crossing!; **~jście wzbronione** no trespassing [5] przen. (przeniknąć) to go through, to come through; **igła nie chciała ~jść przez gruby materiał** the needle wouldn't go through the thick fabric; **światło nie ~chodziło przez brudne szyby** the light didn't filter through the dirty windows; **kula ~szła przez płuco** the bullet went through the lung [6] pot. (przeciąć) (o liniach, szlakach, drogach) to go through, to run through; **autostrada ma ~jść na wschód od miasta/przez środek wsi** the motorway is to run east of the town/through the middle of the village; **przez rzekę ~chodzi granica** the frontier a. border runs across the river [7] (spełnić warunki) (o rywalizacji) to pass, to qualify; **drużyna ~szła do półfinału** the team made it a. got through to the semi-finals; **~szliśmy pomyślnie eliminacje** we got through the qualifying round; **nie ~szedł do drugiej tury wyborów** he didn't make it to the second round of the election, he lost in the first round of the election [8] przen. (zostać przyjętym) (o projekcie, kandydaturze) to get through, to go through; **wniosek ~szedł 150 głosami przeciw 96** the motion was

carried by 150 votes to 96; **budżet ~szedł większością głosów** the budget was approved by a majority vote; **ustawa nie ~szła** the bill was rejected, the law failed to get through; **nie myśl, że ~idą takie numery!** pot. don't think you're going to get away with this! 9 (minąć) to go (over), to pass; **ból powoli ~chodził** the pain was slowly going away; **ból ~szedł po godzinie** the pain eased off after an hour; **terminy realizacji zobowiązań dawno ~szły** the deadlines have all been missed; **zima nareszcie ~szła** the winter's gone at last; **poczekam, aż burza ~jdzie** I'll wait until the storm subsides a. the storm's over 10 pot. (zacząć robić coś nowego) **~jść do cywila** to leave the armed forces; **~jść na nowe stanowisko** to take a new post; **~jść do rezerwy** to be transferred to the reserve, to pass to the reserve; **~jść na dietę** to go on a diet; **~jść do innego tematu** to change the subject; **w tym roku ~chodzę na wcześniejszą emeryturę** I'm taking early retirement this year; **~szedł z partii konserwatywnej do partii liberalnej** he went over to the conservative party from the liberals; **~jść na inną wiarę** to change one's faith; **~jść na katolicyzm/Islam** to convert to Catholicism/Islam; **~jść do wyższej/następnej klasy** to get through to the next year; **uczy się dobrze, ~chodzi z klasy do klasy** he's a good pupil and never has to repeat a year 11 przen. (przekształcić się) to turn, to evolve (**w coś** into sth); **~jść od wzniosłości do śmieszności** to go from the sublime to the ridiculous; **szarpanina ~szła w bójkę** a punch-up turned into a major fight a. incident; **energia chemiczna ~chodzi w elektryczną** chemical energy is converted into electrical energy; **jesień ~szła w zimę** the autumn turned a. wore into winter 12 (przesiąknąć) to become permeated; **nasze ubrania ~szły wilgocią** our clothes were permeated with damp; **cały dom ~szedł zapachem smażonej ryby** the aroma of fried fish spread through a. permeated the entire house

III przejść się pot. to take a walk (**po czymś** around a. about sth); **~szedł się po parku** he walked around the park; **~jdę się trochę przed obiadem** I'll have a little walk before lunch; **~jdę się do niej po obiedzie** I'll walk over to her after lunch

■ **~jść do historii/do potomności** książk. to go down in history a. to posterity; **~jdzie do historii jako wielki mąż stanu** he will go down in history as a great statesman; **~jść do tematu** to get down to the subject; **~jść na „ty"** pot. to start to address each other by first names; **~jść z kimś na „ty"** to call sb by a. move onto first name terms, to start to call sb by his/her first name; **w biurze wszyscy ~szli na „ty"** in the office everybody is on first name terms; **~jść suchą nogą** pot. to cross without getting one's feet wet; **~jść w czyjeś ręce** to pass into sb's hands; **~jść na angielski/niemiecki** pot. to switch to English/German; **~chodzenie z francuskiego na hiszpański sprawia mi trud-**

ność I can't switch from French to Spanish easily; **~jść nad czymś do porządku dziennego** to come to terms with sth; **ani przez myśl/głowę mi/jej nie ~szło** it didn't even occur to me/her; **ani przez głowę mi nie ~szło, żeby cię posądzić o coś takiego** it didn't even occur to me to suspect you of something like that; **to ~chodzi ludzkie pojęcie** a. **wszelkie pojęcie** a. **ludzkie wyobrażenie** a. **wszelkie wyobrażenie** that beats everything!; that takes the cake a. biscuit! pot., pejor.; **jego skąpstwo/ich zuchwalstwo ~chodzi ludzkie pojęcie** his miserliness a. stinginess/their impudence is indescribable; **~jść bez echa** to pass unnoticed; **~jść przez czyjeś ręce** pot. to pass through sb's hands; **ta sprawa musi ~jść przez ręce burmistrza** this matter has to be endorsed by the mayor; **ta decyzja musi jeszcze ~jść przez zarząd** pot. the decision must still be endorsed by the board; **~jść (czyjeś) najśmielsze oczekiwania** to exceed one's wildest expectations; **~jść samego siebie** to surpass oneself; **słowa nie chciały mu/jej ~jść** a. **~chodziły mu/jej z trudem przez gardło** pot. he/she was lost for words a. at a loss for words, he/she was unable to get a word out; **słowa przeprosin z trudem ~chodziły mu przez gardło** the apology stuck in his throat, he found it very difficult to say sorry; **ze wzruszenia słowa nie chciały ~jść jej przez gardło** she was so moved that she found herself tongue-tied a. that she was unable to get a word out; **dreszcze/ciarki ~szły po nim/niej** shivers ran down his/her spine; **strach ~szedł po nim** he suddenly shivered with fear; **na jego widok ciarki ~szły jej po plecach** he gave her the horrors, at the sight of him she felt prickles down her spine; **ciarki po mnie ~chodzą, gdy o tym pomyślę** it gives me the shivers when I think of it

przekabacać impf → przekabacić

przekaba|cić pf — **przekaba|cać** impf vt pot. to talk [sb] round a. over; **koledzy zupełnie go ~cili** he was talked round by his colleagues

przekalk|ować pf — **przekalk|owywać** impf vt to trace out, to calk [rysunek, wzór, mapkę]

przekalkowywać impf → przekalkować

przekarmiać impf → przekarmić

przekarm|ić pf — **przekarm|iać** impf 1 (dać zbyt dużo pożywienia) to overfeed [dziecko, zwierzę] 2 przen. to surfeit [literaturą, filmami, muzyką]; **był ~iony literaturą kryminalną** he was surfeited a. nauseated with crime novels; **~ili ją pochwałami** she was spoilt by praise

przekartk|ować pf — **przekartk|owywać** impf vt to page through, to thumb through [książkę, czasopismo, notes]

przekartkowywać impf → przekartkować

przekaz m (G ~u) 1 (blankiet) form 2 (pieniądze) money order, remittance; **~ pocztowy** a postal order; **wypełnił ~ na dwa tysiące złotych** he made out a postal a. money order for two thousand zlotys;

wysłać/otrzymać pieniądze ~em to send/receive a money order; **otrzymała pieniądze ~em pocztowym** she received money by postal order a. post office transfer 3 książk. (informacja) **~ źródłowy** a source; **~ ustny** oral tradition; **ustne ~y o słowach i czynach proroka** oral traditions about the words and deeds of the prophet; **legendy zachowane w ~ach ustnych** legends preserved a. surviving in oral tradition 4 Techn. medium; **środki ~u** a. **środki masowego ~u** mass media

przeka|zać pf — **przeka|zywać** impf (~żę — ~zuję) vt 1 (dać) to hand over [przedmiot]; to transfer [pieniądze]; to make over książk. [akt własności]; (w testamencie) to hand down książk.; to bequeath książk.; to pass down a. on [chorobę dziedziczną]; **~zał w testamencie kolekcję obrazów miastu** he bequeathed his art collection to the town; **ojciec ~zał mu gospodarstwo rolne** his father made over the farm to him; **tradycje są ~zywane z pokolenia na pokolenie** traditions are handed down from generation to generation 2 (oddać do dyspozycji) to hand over; **nielegalni uchodźcy zostali ~zani do ich ambasady** the illegal immigrants were handed over to their embassy 3 pot. (podać do wiadomości) to transmit [informacje, spostrzeżenia]; **godzinę temu w telewizji ~zano informację o dymisji ministra** the news of the minister's resignation was on television an hour ago; **prosił mnie, żebym ~zał ci pozdrowienia** he asked me to convey a. send a. give his regards to you; **~aż mu, że nie chcę go więcej widzieć!** tell him I don't want to see him ever again! 4 przen. (przesłać) to send [bodziec, impuls, sygnał] 5 pot. (transmitować) to broadcast, to transmit [koncert, zawody sportowe]; **~zywać coś na żywo** to transmit sth live

przekazywać impf → przekazać

przekaźnik m 1 Radio., TV transmitter 2 Elektr. relay 3 przen. transmitter; **DNA jest ~iem cech dziedzicznych** DNA is a transmitter of hereditary traits

przekaźnikow|y adi. Techn. [stacja] relay attr.; **satelitarne stacje ~e** satellite relay stations

przekąs m (G ~u) książk. **mówić/odpowiadać/pytać z ~em** to speak/reply/ask sneeringly a. with a sneer

przeką|sić pf II vt to nibble, to have a snack; to have a bite to eat pot.; **mam ochotę coś ~sić** I fancy a snack II vi (zjeść po wypiciu alkoholu) to eat; **wypili po kieliszku wódki i ~sili ogórkiem** they each had a glass of vodka and a gherkin to go with it

przeką|ska f 1 (między posiłkami) snack, titbit(s); nibbles pl pot. 2 (przed posiłkiem) hors d'oeuvre; **na ~kę podano rybę w galarecie** fish in aspic was served as an hors d'oeuvre

przekąskow|y adi. [bar] snack attr.

przekątn|a f Mat. diagonal; **ścieżka prowadziła po ~ej ogrodu** the path led diagonally through the garden

przekima|ć pf II vt pot. to sleep (**coś** through sth); **~ć całą podróż** to sleep through whole journey

II przekimać się to have a nap; to have a snooze *pot.*, to have a kip *GB pot.*; **~ł się po obiedzie** he snatched forty winks after lunch

przekl|ąć *pf* — **przekl|inać** *impf* (~nę, ~ęła, ~eli — ~inam) **I** *vt* [1] (złorzeczyć) to curse *[los, własną głupotę, warunki życia]*; **~inał godzinę, w której dał się namówić na ten interes** he cursed the hour when he let himself be persuaded to get involved in this business [2] (rzucić klątwę) to curse; **~ął swoich wrogów** he cursed his enemies

II *vi* (wypowiedzieć przekleństwo) to swear; **~ął siarczyście i trzasnął drzwiami** he swore vehemently and slammed the door; **słychać było głośne ~inania** loud swearing could be heard

■ **~inać na czym świat stoi** *pot.* to swear vehemently; **~inać, aż uszy więdną** a. **puchną** *pot.* to swear like a trooper

przekleństw|o *n* [1] *zw. pl* (obelga) curse; **bluznąć stekiem ~** to let out a stream of curses; **miotać ~a** to curse and swear; **obrzucać kogoś ~ami** to rain a. shower curses on someone; **mełł ~a w ustach** he swore under his breath [2] *książk.* (klątwa) curse; **rzucić na kogoś ~o** to curse sb, to put a curse on sb, to put sb under a curse; **zdjąć z kogoś ~o** to lift a curse from sb; **~o ciąży nad tą rodziną** this family is cursed, there is a curse on this family [3] (przyczyna nieszczęścia) curse; **choroba była jego ~em** the disease was his curse

przeklę|ty II *pp* → **przekląć**
II *adi.* damned, blasted *pot.*; **ten ~ty samochód znowu nie chce zapalić** this blasted car won't start again; **to ~te babsko na mnie naskarżyło** *pot.* that damned old bat has complained about me; **kiedy skończy się ta ~ta wojna!** let this damned war be over!

przeklinać *impf* → **przekląć**
przekła|d *m* (*G* ~du) [1] (tłumaczenie tekstu) translation; **powieść w polskim ~dzie** a Polish translation of a novel; **dokonać ~du z (języka) francuskiego na polski** to translate from French into Polish; **pracować nad nowym ~dem Biblii** to work on a new translation of the Bible; **~d automatyczny** an automatic translation; **~d autoryzowany** an authorized translation; **~d dosłowny** a literal translation; **~d wolny** a. **swobodny** a free translation [2] (tekst przetłumaczony) translation; **bibliofilskie wydanie ~dów Dantego** a bibliophilic edition of translations from Dante; **wydać tomik poetyckich ~dów** to publish a volume of verse translations [3] *przen.* translation; **~d prozy poetyckiej na język filmowy** a translation of lyrical prose into film language

przekładać *impf* → **przełożyć**
przekładalnoś|ć *f sgt* (języka, poezji) translatability; **~ć prozy poetyckiej na obrazy filmowe** the translatability of lyrical prose into film images
przekładaln|y *adi.* [1] (dający się przetłumaczyć na inny język) *[tekst, wiersz, wyraz]* translatable; **ten idiom nie jest ~y** this idiom is untranslatable [2] (dający się wyrazić w innej

formie) translatable; **warstwa psychologiczna utworu jest trudno ~a na język filmu** the psychological layer of the literary work is hard to translate into film language; **czy te obietnice są ~e na język konkretów?** are these promises translatable into the language of hard facts?

przekłada|niec *m* [1] *Kulin.* a layer cake [2] *przen.* ≈ mishmash; **doniesienia z miasta tworzyły istny ~niec** reports from town were a total mishmash; **~niec utworów muzycznych** a music mix
przekładni|a *f* (*Gpl* ~) *Techn.* transmission (gear); **~a łańcuchowa** chain transmission; **~a ślimakowa** worm gear; **~a zębata** toothed gear transmission
przekładniow|y *adi. Techn.* *[automat, olej, skrzynia]* gear *attr.*
przekładow|y *adi.* **dorobek ~y** translations; **działalność ~a** translation work, translating; **literatura ~a** translations
przekłam|ać *pf* — **przekłam|ywać** *impf* (~ię — ~uję) *vt* [1] (fałszować) to distort *[fakty, sprawozdania]*; **~ane koszty budowy** misrepresented building costs; **~ane wyniki sondaży** falsified survey results [2] *Komput.* to misrepresent *[dane]*
przekłama|nie II *sv* → **przekłamać**
II *n* [1] (przeinaczenie) distortion; **~nia prasowe** press distortions [2] *Techn.* false reading
przekłamywać *impf* → **przekłamać**
przekłu|ć *pf* — **przekłu|wać** *impf vt* to pierce *[uszy, nos, wargę]*; to puncture *[oponę, pęcherz, ropień]*; to prick *[balonik, pęcherz]*; **~cie uszu nie jest bolesne** it doesn't hurt to have one's ears pierced; **„~wanie uszu"** (w ogłoszeniu) 'ear-piercing'
przekłuwać *impf* → **przekłuć**
przekomarza|ć się *impf v refl.* to banter (**z kimś** with sb); **lubiła ~ć się z nim zalotnie** she liked to banter flirtatiously with him; **nie obrażaj się, to było tylko takie ~nie się** don't take offence, it was just innocent banter
przekomicznie *adv.* *[wyglądać]* hysterically funny *adi.*; **zachowywał się ~** he was being hysterically a. hilariously funny
przekomiczn|y *adi.* *[film, sytuacja, postać]* hysterically a. hilariously funny
przekon|ać *pf* — **przekon|ywać** *impf* **I** *vt* [1] (zmienić czyjś stosunek) to convince; (namówić) to persuade; **~ywał sąd o swej niewinności** he was trying to convince the court of his innocence; **~ywała go do przełożenia wyjazdu** she was trying to persuade him to put off his journey; **~ała nas do swoich racji** she has won us over a. round; **~aj go, że postępuje źle** convince him that he's not doing the right thing; **twoje słowa nikogo nie ~ują** your words aren't convincing anybody; **~anie matki, że mówi prawdę, zajęło mu dużo czasu** it took him a long time to convince his mother that he was telling the truth; **zostałem ~any** I've been convinced [2] (wpłynąć na opinię) to win [sb] over; **próbował ~ać rodziców do swoich pomysłów/swojej nowej dziewczyny** he was trying to make his parents warm to his ideas/his new girlfriend

II przekonać się — **przekonywać się**

[1] (uwierzyć) to become convinced; **wszyscy się ~ali, że pomysł był dobry** everybody became convinced that the idea was good [2] (zmienić zdanie na korzyść) to take to; **w końcu ~ała się do nowej koleżanki/metody pracy** eventually she took to the new colleague/accepted the new method of work

przekona|nie II *sv* → **przekonać**
II *n* (przeświadczenie) belief, conviction; **głębokie/niezachwiane/ustalone/wyrobione ~nie** a deep/a firm/a set/an established conviction; **osobiste/wewnętrzne ~nie** a personal/an inner conviction; **panuje ~nie, że mężczyźni są lepszymi kierowcami, niż kobiety** it's generally believed that men are better drivers than women; **w końcu doszliśmy do ~nia, że miał rację** eventually we came to believe that he was right; **twoje wyjaśnienia przemawiają** a. **trafiają mi do ~nia** your explanation convinces me; **zapewniam cię o tym z pełnym ~niem** I assure you of that with full conviction; **zaprzeczyła bez ~nia** she denied half-heartedly; **w moim/jego/ich ~niu...** it's my/his/their conviction that...; **mieć ~nie do kogoś/czegoś** to trust sb/sth; **mam ~nie do tego człowieka i jego kwalifikacji zawodowych** I have a high opinion of this man and his competence; **nie miał ~nia do jej sposobów wychowawczych** he was unconvinced by her educational methods
III przekonania *plt* (poglądy) beliefs; **~nia polityczne/religijne/społeczne** political/religious/social beliefs; **chwiejne/stałe ~nia** wavering/stable beliefs; **był człowiekiem lewicowych/prawicowych ~ń** he was a man of left-/right-wing views; **trwał niezłomnie przy swoich ~niach** he stuck firmly to his beliefs
przekonan|y II *pp* → **przekonać**
II *adi.* convinced (**o czymś** of sth); **był ~y, że innego rozwiązania nie ma** he was convinced that there was no alternative a. other solution
przekonująco *adv.* *[wypowiadać się, pisać, mówić]* convincingly; **jego wypowiedź brzmiała ~** his speech sounded convincing
przekonując|y II *pa* → **przekonywać**
II *adi.* *[alibi, argument, sposób mówienia]* convincing; **w tej roli był bardzo ~y** he gave a very convincing performance in this role
przekonywać *impf* → **przekonać**
przekonywająco → **przekonująco**
przekonywający → **przekonujący**
przekonywujący → **przekonujący**
przekop *m* (*G* ~u) (rów) cutting; *Górn.* drift
przekop|ać *pf* — **przekop|ywać** *impf* (~ię — ~uję) **I** *vt* [1] (skopać powtórnie) to dig up *[grządkę, rów]* [2] (skopać gruntownie) to dig over *[ogródek, teren]*; **~ać ziemię pod pomidory/fasolkę** to dig over an area for planting tomatoes/beans [3] (wydobyć ziemiopłody) to dig up *[buraki, ziemniaki]* [4] (wydrążyć) to excavate *[tunel]*; to dig *[rów, kanał]* [5] *pot.* (przeszukać) to burrow *[biurko, szufladę, archiwa]*

II przekopać się — **przekopywać się**
[1] (przedostać się) to dig through *[mur, skałę,*

zaspę] [2] (przeszukać) to dig through [papiery, podręczniki]

przekopywać impf → **przekopać**

przeko|ra [1] f sgt perversity, contrariness; **duch ~ry** the spirit of contrariness; **młodzieńcza ~ra** the youthful spirit of contrariness; **kobieca** a. **babska** pot. **~ra** the feminine spirit of contrariness; **żartobliwa ~ra** teasing; **zrobić/powiedzieć coś z (czystej) ~ry** to do/say sth out of (sheer) contrariness

[2] m, f żart. tease, teaser; **taki z niego ~ra, że trudno wytrzymać** it's hard to put up with him, he's such a bloody teaser pot.

przekornie adv. grad. [postępować] perversely, contrarily; [uśmiechać się] teasingly

przekorność f sgt contrariness

przekorn|y adi. [osoba] perverse, contrary; [uśmiech, mina] teasing

przekoziołk|ować pf [1] vi [osoba, samochód] to somersault, to do a. turn a somersault

[2] **przekoziołkować się** pot. [osoba, zwierzę] to somersault; **samochód ~ował się i wpadł do rowu** the car turned a somersault a. somersaulted and landed in a ditch

przekór m **robić coś na ~** to do sth from a. out of spite; **na ~ rodzicom wyszła za mąż** she got married to spite her parents; **na ~ wszelkim trudnościom odniósł sukces** despite all difficulties he succeeded; **większość fiołków, jakby na ~ nazwie, nie jest fiołkowa** most varieties of violets, in spite of a. despite the name, are not violet in colour

przekraczać impf → **przekroczyć**

przekradać się impf → **przekraść się**

przekrajać impf → **przekroić**

przekra|ść się pf — **przekra|dać się** impf (~dnę się, ~dniesz się, ~dł się, ~dła się, ~dli się — ~dam się) v refl. to sneak through; **jak ci się udało ~ść na strych/do parku?** how did you manage to sneak up to the attic/out into the park?; **~dali się lasami/przez góry w kierunku granicy** they sneaked through forests/mountains towards the frontier; **promienie słońca ~dły się przez żaluzje** sunrays shone through the blinds

przekrawać impf → **przekroić**

przekreślać impf → **przekreślić**

przekreśl|ić pf — **przekreśl|ać** impf vt [1] (usunąć przez skreślenie) to cross out a. through [słowo, zdanie]; **w rękopisie jest fragment ~ony zapewne ręką autora** the manuscript contains a passage which was probably crossed out by the author himself; **~enie tego zdania zmieni sens akapitu** crossing out this sentence will alter the meaning of the whole paragraph [2] przen. (zniweczyć) to shatter [plany, nadzieje, marzenia]; to blight [karierę, szanse] [3] przen. (puścić w niepamięć) to erase [przeżycie, podziały]; **~iła całą swą przeszłość** she drew a line through her whole past life; **wierzył, że urazy psychiczne uda się ~ić** he believed that psychological damage can be erased

■ **~ić kogoś** pot. to write sb off; **to, co zrobiła, ~a ją w moich oczach** after what she has done I'm writing her off

przekręcać impf → **przekręcić**

przekrę|cić pf — **przekrę|cać** impf [1] vt [1] (wykonać obrót) to turn; **~cić klucz w zamku** to turn the key in the lock; **~cić kurek od gazu/kontakt** to turn the gas knob/the switch on; **miał na głowie czapkę ~coną daszkiem do tyłu** he was wearing a peaked cap back to front [2] (przechylić na bok) to cock [głowę, czapkę] [3] pot. (zepsuć, kręcąc zbyt mocno) to overwind [sprężynę zegarka]; to strip [gwint] [4] pot. (położyć w innej pozycji) to turn; **~cić list do góry nogami** he turned the letter upside down; **pielęgniarka ~ciła pacjenta na bok** the nurse turned the patient over onto his side [5] pot. (niedokładnie powtórzyć) to mispronounce [słowo, nazwisko]; (przeinaczyć) to twist [słowa]; to misrepresent [fakty, opinie]; **sens jego wypowiedzi został ~cony** his words have been twisted [6] pot. (zatelefonować) to buzz pot. **(do kogoś sb); teraz go nie ma, ~cimy do niego później** he's out now, we'll buzz him again later

[2] **przekręcić się** — **przekręcać się** [1] (wykonać obrót) [osoba, zwierzę, pojazd] to turn [2] (przekrzywić się) [krawat, okulary] to come askew; **kapelusz jej się ~cił na głowie** her hat has come askew [3] pot. (zmienić pozycję) to turn over; **~cił się na drugi bok** he turned over [4] posp. (umrzeć) to kick the bucket pot.

■ **~cić mak/mięso/orzechy przez maszynkę** pot. to grind poppy seed/to mince meat/to grind nuts

przekrę|t m (G ~tu) pot. scam pot., racket pot.; **~t podatkowy** a tax dodge pot.; **zrobić ~t** to take part in a scam pot.

przekrocze|nie [1] sv → **przekroczyć**

[2] n (prawa, przepisów) contravention; **~nie szybkości** speeding; **~nie salda** overdraft; **drobne ~nia** minor offences; **popełnić ~nie** to commit an offence

przekr|oczyć pf — **przekr|aczać** impf vt [1] (przejść) to cross [granicę, próg, rzekę, rów] [2] (przewyższyć) to exceed [normę, liczbę, poziom, wiek]; **~oczyć dozwoloną prędkość** to exceed the speed limit; **~oczyć stan konta** to overdraw; **dawno już ~oczył czterdziestkę** it's been quite some time since he turned forty; **wyniki badań ~oczyły najśmielsze oczekiwania** the research results have exceeded the most daring expectations; **normy zanieczyszczenia powietrza są znacznie ~one** the air pollution norms have been exceeded [3] (naruszyć prawo) to overstep [normy, zasady, granice]; **burmistrz ~oczył swoje kompetencje** the mayor has exceeded his authority

■ **~oczyć Rubikon** książk. to cross the Rubicon

przekr|oić, przekr|ajać pf — **przekr|awać** impf (~oję — ~awam) [1] vt to cut [sth] in two; **~oić coś na pół** to cut sth in half, to halve sth

[2] **przekroić się, przekrajać się** — **przekrawać się** pot. to be cut; **ciastko się nierówno ~oiło** the cake was cut into unequal parts

przekrojowo adv. [ująć, opisać] cross-sectionally; **temat został potraktowany ~** the topic has been addressed cross-sectionally

przekrojow|y adi. [1] (będący przekrojem) sectional; **rysunek ~y maszyny/narządów człowieka** a sectional drawing of a machine/the vital organs [2] przen. [analiza, przedstawienie, ujęcie] cross-sectional; **badania ~e** large-scale research

przekr|ój m (G ~oju, Gpl ~ojów a. ~oi) [1] (obraz) section; **~ój pionowy/podłużny/poziomy/poprzeczny** a vertical/longitudinal/horizontal/cross section; **narysować coś w ~oju** to draw a section of sth [2] (średnica) diameter; **rura o ~oju 20 mm** a 20 mm diameter pipe [3] przen. cross section; **~ój społeczny ludności** a cross section of society

przekrw|ić się pf v refl. [część ciała, narząd, tkanka] to become congested; [oczy] to get bloodshot

przekrwie|nie n sgt Med. (mózgu, płuc) congestion

przekrwi|ony [1] pp → **przekrwić się**

[2] adi. [oczy] bloodshot; [arteria, wątroba] congested

przekrzy|czeć pf — **przekrzy|kiwać** impf (~czysz, ~czał, ~czeli — ~kuję) [1] vt to outshout; **nauczyciel usiłował ~czeć uczniów** the teacher was trying to shout down his pupils

[2] **przekrzyczeć się** — **przekrzykiwać się** to outshout one another; **dzieci ~kiwały się nawzajem** the children were shouting one another down

przekrzykiwać impf → **przekrzyczeć**

przekrzywiać impf → **przekrzywić**

przekrzyw|ić pf — **przekrzyw|iać** impf [1] vt to tilt [głowę, kapelusz]; **poprawił ~iony krawat** he straightened his tie

[2] **przekrzywić się** — **przekrzywiać się** [kapelusz, krawat, okulary] to come askew

przekształcać impf → **przekształcić**

przekształce|nie [1] sv → **przekształcić**

[2] n [1] zw. pl (zmiana) transformation, change; **~nia gospodarcze** economic changes; **~nia własnościowe** privatization [2] Mat. transformation

przekształ|cić pf — **przekształ|cać** impf [1] vt [1] (przeobrazić) to transform; **przedsiębiorstwo państwowe zostało ~cone w spółkę akcyjną** a state-owned company has been transformed into a joint-stock company [2] (zmienić funkcję) to convert [budynek, pomieszczenie]; **~cić strych w** a. **na mieszkanie** to convert an attic into a flat [3] Mat. to convert [równanie, wzór]

[2] **przekształcić się** — **przekształcać się** to metamorphose (**w kogoś/coś** into sb/sth); **larwa ~ca się w poczwarkę** a larva metamorphoses into a chrysalis; **z myszki ~ciła się w piękną kobietę** from a mouse she metamorphosed into a beautiful woman

przeku|ć pf — **przeku|wać** impf [1] vt [1] (przebić na wylot) to pierce; **~ć tunel w skale/otwór w suficie** to dig a tunnel through a rock/to make a hole in a ceiling [2] (zmienić kształt) to reforge [sztabę, żelazo]; **~ć miecze na lemiesze** to turn a. beat (one's) swords into ploughshares GB a. plowshares US [3] książk., przen. (zmienić) to turn; **~ć słowa na czyn** to suit actions to words; **~ć uczucia na poetyckie strofy** to put feelings into verse [4] (podkuć na nowo) to reshoe [konia]

II **przekuć się** — **przekuwać się** (przebić się) to pierce; **górnicy ~wali się kilofami przez skałę** the miners pickaxed their way through the rock

przekup|ić *pf* — **przekup|ywać** *impf vt* to bribe *[sędziego, urzędnika]* (**czymś** with sth); **~ywali dzieci cukierkami, żeby zachowywały się cicho** they bribed children with sweets into being quiet; **w sądzie zeznawali ~ieni świadkowie** bribed witnesses gave evidence in court

przekup|ień *m* (*Gpl* **~ni** a. **~niów**) przest. stallholder, market trader

przekup|ka *f* pot. stallholder, market trader

przekupnoś|ć *f sgt* venality, corruptibility

przekupn|y *adi.* pot., pejor. *[policjant, polityk, urzędnik]* venal, bribable, corruptible

przekupstw|o *n* bribery, corruption

przekupywać *impf* → **przekupić**

przekuwać *impf* → **przekuć**

przekwalifik|ować *pf* — **przekwalifik|owywać** *impf* **II** *vt* [1] (przygotować do nowego zawodu) to reskill *[bezrobotnego]*; to retrain *[robotnika, urzędnika]*; **~owanie pracowników jest alternatywą dla zwolnień** retraining is an alternative to redundancy [2] (zaliczyć do innej kategorii) to reclassify *[przestępstwo]*

III **przekwalifikować się** — **przekwalifikowywać się** to reskill, to retrain

przekwalifikowywać *impf* → **przekwalifikować**

przekwater|ować *pf* — **przekwater|owywać** *impf* **II** *vt* to rehouse *[lokatorów]*; to move [sb] to new quarters *[żołnierzy, oddział]*; **mieszkańcy zagrożonych domów czekają na ~owanie** the occupants of endangered houses are awaiting rehousing

II **przekwaterować się** — **przekwaterowywać się** to move; **~owanie się do innego akademika nie było łatwe** moving into another students' hostel wasn't easy

przekwaterowywać *impf* → **przekwaterować**

przekwitać *impf* → **przekwitnąć**

przekwita|nie **II** *sv* → **przekwitać** **II** *n sgt* Fizj. climacteric, menopause; change of life euf.

przekwit|ły *adi.* [1] (zwiędły) *[róże, bzy, lipy]* overblown [2] książk. *[piękność, uroda]* faded

przekwit|nąć *pf* — **przekwit|ać** *impf* (**~ł** a. **~nął** — **~am**) *vt* [1] (skończyć kwitnienie) to shed blossom [2] książk., przen. (stracić młodzieńczy wygląd) to wither; (przeminąć) to decay, to fade away; **~ająca sława/uroda** fading fame/beauty; **~ająca kultura** decaying culture [3] Fizj. to go through a. undergo (the) menopause

przel|ać *pf* — **przel|ewać** *impf* (**~eję** — **~ewam**) **II** *vt* [1] (z jednego naczynia do drugiego) to pour *[mleko, wodę, benzynę]*; **~ać sok z kartonu do dzbanka** to pour juice from a carton into a jug; **~ać wino do butelek** a. **w butelki** to pour wine into bottles [2] pot. (spłukać) to rinse *[jarzyny, owoce]*; **ugotowany makaron ~ej zimną wodą** drain and rinse pasta with cold water [3] Fin. to transfer; **~ać pieniądze na konto bankowe** to transfer money into a bank ac-

count; **~ać pieniądze z jednego konta na drugie** to transfer money from one account into another [4] przen. (przenieść uczucie) to transfer *[miłość, irytację]* (**na kogoś** to sb); **całe uczucie ~ała z męża na syna** she has transferred all her affection from her husband to her son [5] przen. (przekazać) to transfer *[prawa, majątek, uprawnienia]*

II *vi* (przepełnić) to fill to overflowing; **kiedy tankujesz benzynę, zawsze ~ewasz** when you fuel the car you always fill the tank to overflowing; **zabezpieczyć zbiornik przed ~aniem** to safeguard a tank from a. against overflowing

III **przelać się** — **przelewać się** [1] (wylać się) *[płyn]* to brim over, to spill over; **zakręć kran, bo woda ~ewa się z wanny** turn the water off because it's overflowing from the bath (tub) [2] pot. (zostać nadmiernie wypełnionym płynem) *[naczynie]* to overflow; **beczka wypełniona po brzegi wodą zaczęła się ~ewać** the water butt began to overflow [3] (przetoczyć się) to slosh; **fale ~ewały się przez pokład statku** waves washed the deck of the ship

■ **~ewać łzy** to shed tears; **~ać myśli/uczucia/wrażenia na papier** książk. to commit one's thoughts/feelings/impressions to paper; **~ewać z pustego w próżne** to indulge in idle chatter; **mnie/im się nie ~ewa** I/they can hardly make ends meet

przelatywać *impf* → **przelecieć**

przeląc się *impf* → **przelęknąć się**

przel|ecieć *pf* — **przel|atywać** *impf* (**~eciał, ~ecieli** — **~atuję**) **II** *vt* wulg. to screw wulg.; **od dawna miał ochotę ją ~ecieć** for a long time he'd been wanting to screw her

II *vi* [1] to fly; **nisko nad miastem ~eciał samolot** a plane flew low over the town; **ptaki ~atywały z drzewa na drzewo** birds flew from one tree to another; **~eciał przez Atlantyk balonem** he flew across the Atlantic in a balloon; **kula ~eciała ze świstem** a bullet whizzed through the air; **po niebie ~atywały chmury** clouds floated across the sky; **coś ~eciało obok nas** something flew by a. past [2] pot. (przemknąć) *[osoba, zwierzę]* to run by; *[pociąg, samochód]* to flash by [3] pot. (przeciec, przesypać się) to seep (**przez coś** through sth); **woda ~atywała przez szpary w dachu** water seeped through cracks in the roof; **piasek ~atywał przez sito** sand seeped through the sieve [4] przen. (pojawić się i zniknąć) *[uśmiech]* to flash; **dziwne myśli ~atywały mu przez głowę** strange thoughts were flashing through his mind; **przez salę ~eciał szmer** a murmur went through the hall [5] pot. (upłynąć) *[czas]* to go by, to fly; *[dzień, miesiąc, rok]* to pass; **urlop ~eciał jak z bicza trzasł** our holiday was over in no time at all [6] pot. *[deszcz]* to pass quickly

III **przelecieć się** — **przelatywać się** [1] pot. (polatać dla przyjemności) to go for a ride; **~eciał się helikopterem/balonem** he went for a ride in a helicopter/balloon, he went on a helicopter/balloon ride [2] pot. (przejść się szybkim krokiem) to go for a brisk

walk; (pobiegać) to run about; **~eciała się trochę po parku** she ran about in the park; **~eciała się po sklepach** she ran around the shops; **~eć się do kiosku po gazetę!** why don't you run down to the newsagent's for a paper?

przelew *m* (*G* **~u**) [1] Fin. transfer; **~ bankowy** a bank transfer; **dokonać ~u na konto** to transfer money to a bank account; **zrealizować ~** to effect a transfer; **płacić ~em** to pay by transfer [2] Prawo (cesja) transfer [3] Techn. (zbiornika) overflow (spillway); (wanny, umywalki) overflow (pipe) [4] Druk. ≈ page/line breaking; przest. (nowy skład) resetting

przelewać *impf* → **przelać**

przelew|ki *plt* (*G* **~ek**) pot. **to nie ~ki** it's no picnic; **z mafią to nie ~ki** dealing with the mafia is no picnic

przelewow|y *adi.* [1] *[otwór, przewód]* overflow *attr.* [2] Ekon. *[rozliczenie]* by transfer; **czek ~y** a transfer cheque

przel|eźć *pf* — **przel|azić** *impf* (**~ lezę, ~ leziesz, ~ lazł, ~ lazła, ~ leźli — ~ łażę**) *vi* pot. [1] (pokonać przeszkodę) **z trudem ~ lazł przez dziurę w płocie** he got through the hole in the fence with difficulty; **szli przez las ~ łażąc przez zwalone pnie** they went through the forest climbing over fallen tree trunks; **~ łaziliśmy pod szlabanem kolejowym** we would get through under the level crossing barrier [2] (przejść z jednego miejsca do drugiego) to saunter, to stroll; **cały dzień ~ łaził po mieście** he strolled around the town all day

przeleż|eć *pf* (**~ysz, ~ał, ~eli**) **II** *vt* **zachorował i ~ał tydzień w łóżku** he fell ill and took to his bed for the whole week; **cały dzień ~ała na plaży** she spent the whole day lying on the beach

II *vi* to lie; **skarb setki lat ~ał w ziemi, zanim go znaleziono** the treasure had been lying buried for hundreds of years before it was unearthed; **książka ~ała na półce w księgarni kilka lat** the book has been lying on the shelf in the bookshop for several years

III **przeleżeć się** (leżeć bardzo długo) to lie idle; **artykuł/wiersz ~ał się w szufladzie** the essay/poem has remained hidden in the drawer

przelękły → **przelękniony**

przel|ęknąć się *pf* (**~ąkł się**) *v refl.* to take fright (**kogoś/czegoś** at sb/sth); **dziecko ~ękło się nieznajomego** the child took fright at the stranger; **~ękła się myśli o utracie pracy** she took fright a. panicked at the thought of losing her job; **~ąkł się groźby** he was panicked by the threat

przelękni|ony *adi.* książk. *[dziecko, oczy, wyraz twarzy]* frightened, scared

przelicyt|ować *pf* — **przelicyt|owywać** *impf* **II** *vt* [1] (zaoferować wyższą cenę) to outbid, to overbid; **~ował innych amatorów/cenę podaną przez poprzednika** he outbid other interested purchasers/the price offered by his predecessor; **chciał kupić obraz, ale został ~owany** he wanted to buy the painting but was outbid [2] książk., przen. (prześcignąć) to cap, to outdo;

~owywał go w pomysłach he capped a. outdid his ideas with better ones [3] Gry (zalicytować więcej niż przeciwnik) to overcall *vi*; (zalicytować za dużo) to overbid [II] **przelicytowywać się** [1] (oferować wyższe ceny) to bid against each other, to try to outbid a. overbid one another [2] książk., przen. (rywalizować) to vie; **dzieci ~owywały się, aby przyciągnąć uwagę matki** the children vied for their mother's attention

przeliczać *impf* → **przeliczyć**

przeliczaln|y *adi. [zbiór]* countable; **wartość ~a na pieniądze** a value expressible in money terms

przelicze|nie [I] *sv* → **przeliczyć**
[II] *n* **w ~niu na dolary/cale** expressed in dollars/inches; **dochód narodowy w ~niu na głowę mieszkańca** national per capita income

przeliczeniow|y *adi. [kurs, tabela]* conversion *attr.*; **jednostka ~a** unit; **żmudne prace ~e** tedious conversion work

przelicznik *m* Ekon. conversion factor; **~ złotego na euro** the conversion rate of zlotys into euro(s); **stosować ~ dolarowy do czegoś** to express sth in dollars

przelicznikow|y *adi. [metody]* conversion *attr.*

przelicz|yć *pf* — **przelicz|ać** *impf* [I] *vt*
[1] (policzyć uważnie) to count *[pieniądze, resztę, ludzi, zwierzęta]* [2] (wyrazić wartość w innych jednostkach) to convert; **~yć złotówki na dolary/euro** to convert zlotys into dollars/euro(s); **~yć mile na kilometry** to convert miles into kilometres; **to są inwestycje/korzyści, które trudno ~yć na pieniądze** it is hardly possible to express these investments/profits in money terms a. in terms of money
[II] **przeliczyć się** — **przeliczać się** [1] (pomylić się licząc) to miscalculate; **księgowa ~yła się w rachunkach** the accountant has miscalculated the accounts [2] przen. (zawieść się w przewidywaniach, nadziejach) to miscalculate; **~yć się z siłami** to miscalculate one's abilities

przeliter|ować *pf vt* to spell *[nazwę, słowo]*; **urzędnik poprosił go o ~owanie nazwiska** the clerk asked him to spell (out) his name

przelo|t *m* (*G* **~tu**) [1] (lot samolotu) flight; (wędrówka ptaków) passage; **~ty pasażerskie** passenger flights; **~ty towarowe** cargo flights; **nasz ~t samolotem trwał godzinę** our flight lasted an hour; **~t z Warszawy do Nowego Jorku** the flight from Warsaw to New York; **~t nad oceanem/Himalajami** the flight over the ocean/the Himalayas [2] Techn. (rury, kanału) passage [3] (między zabudowaniami) passageway [4] Bot. kidney vetch, lady's finger
■ **jestem tu tylko ~tem** pot. I've only dropped in for a moment (in passing); **widział się/rozmawiał z nią tylko w ~cie** pot. he saw her only in passing

przelotnie *adv. [spojrzeć]* fleetingly; *[spotkać się]* briefly, in passing; **zainteresował się znaczkami tylko ~** he had only a passing interest in stamps

przelotność *f sgt* książk. (spojrzenia, uczuć) fleetingness

przelotn|y *adi.* [1] (krótkotrwały) *[spojrzenie]* fleeting; *[zainteresowanie]* passing; *[romans, znajomość]* short-lived [2] (pojawiający się na krótko) *[deszcz, obłoki, wiatr]* occasional; **~e opady** (w prognozie pogody) showers [3] Zool. *[ptactwo]* migratory, passing

przelotowo *adv. [przewiercić]* through; **otwory na kołki wywiercono w desce ~** holes for pegs were drilled straight through the board

przelotowoś|ć *f sgt* (drogi, linii kolejowej) traffic capacity

przelotow|y *adi.* [1] (związany z przelotem) **trasa ~a samolotu** the route a. course of a plane; **trasy ~e ptaków** birds' migratory routes [2] (otwarty z obydwu stron) *[otwór]* through; *[trasa, ulica]* arterial, through

przeludnieni|e *n sgt* overpopulation

przeludni|ony *adi. [kraj, miasto]* over-populated

przeład|ować *pf* — **przeład|owywać** *impf vt* [1] (przenieść na inny środek transportu) to trans-ship *[bagaż, ładunek, towar]*; **z pociągów węgiel ~owano na statek** coal was trans-shipped from the trains onto the ship [2] (nadmiernie obciążyć) to overload *[samochód, statek]*; **pociąg jest już ~owany** the train is already overloaded [3] przen. (przeciążyć) to overload *[pamięć, żołądek]*; **~owane programy nauczania** overloaded syllabuses [4] przen. (nadmiernie ozdobić) to overdo the ornaments in *[budowlę, strój]*; **pokój ~owany meblami** a room crammed with furniture; **film był ~owany efektami specjalnymi** the film was overloaded with special effects [5] (po wystrzale) to reload *[broń]*

przeładowywać *impf* → **przeładować**

przeładun|ek *m* (*G* **~ku**) handling, trans-shipment

przeładunkow|y *adi.* handling, trans-shipment *attr.*; **opłata ~a** handling charge

przełaj [I] *m* (*G* **~u**) Sport (bieg przełajowy) cross-country (race)
[II] **na przełaj** *adv.* **droga na ~** a road across country; **iść/biec na ~ przez pola** a. **polami** to take a short cut across the fields (while walking/running)

przełajow|iec *m* Sport cross-country runner

przełajow|y *adi.* Sport *[bieg, wyścig]* cross-country; **kolarstwo ~e** cyclo-cross; **biegacze/kolarze ~i** cross-country runners/cyclists; **gonitwa ~a z przeszkodami** Wyś. Kon. a point-to-point

przełam|ać *pf* — **przełam|ywać** *impf* (**~ię** — **~uję**) [I] *vt* [1] (rozłamać) to break *[bułkę, czekoladę]*; **~ać coś na pół/dwie części** to break sth in half/in two; **~ać kij na kolanie** to break a stick over one's knee [2] przen. (przezwyciężyć) to overcome *[niechęć, przeszkody, trudności]*; to break *[opór, upór]*; **~ać mur milczenia/obojętności** to break the wall of silence/indifference; **~ał nieśmiałość i poprosił ją do tańca** he overcame his shyness and asked her to dance; **jak ~ać upór dziecka?** how can you break a child's stubborness?; **nasze oddziały ~ały linię obrony nieprzyjaciela** Wojsk. our troops broke through the enemy's defences [3] Druk. to impose *[kolumny, tekst]* [4] Szt. to soften *[kolor, odcień]*
[II] **przełamać się** — **przełamywać się**

[1] (złamać się) to break; **kij/pręt ~ał się** the stick/bar broke; **łódź ~ała się na pół i zatonęła** the boat broke in half and sank [2] (przemóc się) to overcome one's feelings; **~ał się i przeprosił go pierwszy** he swallowed his pride and apologized to him; **~ywał się, żeby odpowiadać na pytania** he forced himself to answer questions [3] książk. (podzielić się z drugą osobą) **~ać się chlebem z kimś** to share bread with sb
■ **~ać (pierwsze) lody** to break the ice

przełamywać *impf* → **przełamać**

przełaz *m* (*G* **~u**) (w płocie, murze) stile; (między zabudowaniami) passage; **wąski ~ między garażami** a narrow passage between garages; **przejście ~em** a. **przez ~** a crossing over a stile

przełazić *impf* → **przeleźć**

przełączać *impf* → **przełączyć**

przełącznik *m* control, switch; Elektr. commutator
❏ **~ dwupozycyjny** two-way switch; **~ dwustabilny** toggle switch; **~ kanałów** Radio, TV channel selector; **~ przechylny** lever switch; **~ przyciskowy** button switch, push button; **~ świateł mijania** Aut. dip switch GB; **~ zakresu fal** Radio band switch a. selector; **~ zapłonu** Aut. ignition (switch)

przełącz|yć *pf* — **przełącz|ać** *impf* [I] *vt* [1] Elektr. (połączyć z innym przewodem) to change over, to change [sth] over *[antenę, telefon]*; **~yć telewizor na inną antenę** to connect the TV set to another aerial [2] (zmienić tryb pracy urządzenia) to switch; **~yć radio na inną stację/telewizor na inny kanał** to switch over to another radio station/TV channel; **~yć pralkę/kuchenkę mikrofalową na inny program** to change the programme of the washing machine/microwave (oven) [3] Telekom. to transfer *[rozmówcę]*; to divert *[połączenie]*; **proszę mnie ~yć do działu sprzedaży/kierownika** please transfer me to the sales department/the manager
[II] **przełączyć się** — **przełączać się** to switch over; **ta kombinacja klawiszy umożliwiła szybkie ~czanie się między oknami** Komput. pressing this combination of keys enables quick shifting between windows

przełęcz *f* (mountain) pass, gap; **dom na ~y** a house on the mountain pass; **iść ~ą** to go through a mountain pass; **spotkali się na ~y** they met on the mountain pass

przeł|knąć *pf* — **przeł|ykać** *impf* (**~knęła, ~knęli** — **~ykam**) *vt* [1] (połknąć) to swallow *[kęs, łyk, ślinę]*; **nie móc niczego ~knąć** to be unable to eat anything; **bolało go gardło i miał trudności z ~ykaniem** because of a sore throat he had problems swallowing [2] przen. (zaakceptować) to swallow *[krytykę, obelgę, przykrość]*; **z trudem ~knął pominięcie go w awansie** it was hard for him to swallow not being promoted a. being overlooked for promotion; **rada/prawda trudna do ~knięcia** an unpalatable piece of advice/truth
■ **~knąć (gorzką) pigułkę** to take one's medicine like a man; **będziesz musiał to**

jakoś **~knąć** you'll have to come to terms with it somehow

przełom m (G **~u**) [1] zw. sg książk. (gwałtowna i ważna zmiana) turning point, watershed; (sukces) breakthrough; **spotkanie z nim stało się ~em w jej życiu** meeting him was the turning point in her life; **nastąpił ~ w twórczości pisarza** there came a turning point in the writer's career; **dokonać ~u w leczeniu raka** to make a breakthrough in the treatment of cancer [2] (granica między dwoma okresami) turn; **na ~ie XIX i XX wieku** at the turn of the 19th and 20th centuries; **~ lat dwudziestych i trzydziestych** the end of the 1920s, the beginning of the 1930s; **~ lata** the end of summer; **~ maja i czerwca** the end of May and the beginning of June [3] Geol. gorge, ravine [4] Med. (przesilenie) crisis

przełomow|y adi. [1] książk. (zwrotny) [moment, znaczenie] crucial, decisive; **~e wydarzenie w życiu człowieka** a landmark in one's life; **~y okres/wynalazek** a watershed a. groundbreaking period/invention; **~a decyzja** a watershed a. landmark decision [2] Geol. [dolina, odcinek rzeki] ravined [3] Med. crisis attr.

przełoże|nie [] sv → przełożyć

[] n [1] sgt książk. (związek) translation; **nie ma bezpośredniego ~nia między nakładem pracy a jej efektywnością** there is no direct correlation between the amount of work done and its effectiveness [2] Techn. gear ratio, transmission ratio; **przekładnia o stałym ~niu** a constant ratio gear; **przekładnia o pięciu ~niach** a five gear transmission

■ **w ~niu** książk. translated, in translation; **zwrot „różnica zdań" w ~niu na normalny język oznacza poważny konflikt interesów** the phrase 'difference of opinion' means a serious conflict of interests when translated into everyday language

przełożon|y [] pp → przełożyć

[] adi. [władza, osoba] superior, supervising; **siostra ~a** (zakonnica) Mother Superior; (pielęgniarka) head nurse, matron; senior nursing officer GB

[] **przełożon|y** m, **~a** f superior

prze|łożyć pf — **prze|kładać** impf [] vt [1] (położyć na inne miejsce) to put elsewhere, to transfer; **~łożyć papiery do innej szuflady/na inną półkę** to put the papers into another drawer/on another shelf; **~łożył portfel z kieszeni do teczki** he transferred his wallet from his pocket to his briefcase; **~kładać książki na biurku** to rearrange the books on the desk; **~łożyć walizkę z jednej ręki do drugiej** to take the suitcase in the other hand; **~łożyć kogoś przez kolano** (zbić) to give someone a spanking, to spank sb's bottom [2] (przenieść górą) to put over, to put [sth] over; **~łożyła rękę przez płot i otworzyła furtkę** she reached over the fence and opened the gate; **~łożył nogi przez balustradę i skoczył w dół** he put his legs over the banister and jumped down; **~łóż linę nad poprzeczką** put the rope over the bar [3] (włożyć między warstwy) to interleave; **~kładała kartki w szkicowniku bibułką** she interleaved the pages in her sketch book with tissue paper;

~kładała tort masą czekoladową she spread the cake with layers of chocolate mousse; **dała mi bułkę ~łożoną szynką/serem** she gave me a ham/cheese roll [4] (zmienić termin) to postpone, to put off, to put [sth] off [urlop, wizytę]; to adjourn [debatę, rozprawę]; **wielokrotnie ~kładał termin spotkania/podjęcie decyzji** he postponed a. put off the meeting/making a decision many times [5] (przetłumaczyć) to translate; **~łożyć powieść z polskiego na angielski** to translate a novel from Polish into English; **~kładać wiersze poetów francuskich** to translate poems by French poets [6] (wyrazić w innej formie) to translate; **~kładać emocje na słowa** to translate a. put feelings into words; **~łożyć obietnice na konkretne działania** to translate promises into concrete actions [7] Gry **~łożyć karty** to cut [8] przest. (stawiać wyżej) to prefer; **teatr ~kładał nad inne rozrywki** he preferred (the) theatre to other forms of entertainment; **interes firmy ~kładał nad wszystko** he gave priority to the company's success over a. above everything else

[] **przełożyć się** — **przekładać się** [poglądy, idee] to translate (**na coś** into sth); **te teorie nie ~kładają się na konkretne działania** these theories don't translate into practice

przełyk m (G **~u**) Anat. gulle; oesophagus GB, esophagus US spec.

przełykać impf → przełknąć

przełykow|y adi. Anat. [otwór, mięśnie] oesophageal GB, esophageal US

przemagać impf → przemóc

przemail|ować /pʃemɛjˈlovatɕ/ pf vt pot. to email, to e-mail [dane, wiadomość]; **~ować coś komuś** to email sth to sb; **~ować do kogoś** to email sb

przemakać impf → przemoknąć

przemal|ować pf — **przemal|owywać** impf [] vt [1] (pomalować na inny kolor) to repaint [mieszkanie, samochód, szyld]; **~ować ściany na różowo** to repaint the walls pink; **~owała włosy na rudo** she has dyed her hair red [2] (namalować powtórnie) to paint over; **~ować obraz** to paint over a painting [3] pot. (spędzić czas na malowaniu) **~ował całe popołudnie** he's been painting all afternoon, he spent all afternoon painting

[] **przemalować się** — **przemalowywać się** [1] pot. (przefarbować włosy) to dye; **~owała się na rudo/blond** she has dyed her hair red/blond [2] pot., pejor. (zmienić poglądy polityczne) to be a turncoat, to change one's colours; **~ował się na socjalistę** he became a socialist

przemalowan|y [] pp → przemalować

[] adi. pot., pejor. ≈ johnny-come-lately attr. pot.

przemalowywać impf → przemalować

przemarsz m (G **~u**) march; **~ wojska** the march of troops; **~ protestujących robotników przez miasto** the march of protesting workers through town

przemarzać /pʃiˈmarzatɕ/ impf → przemarznąć

przemarzły /pʃiˈmarzwɨ/ → przemarznięty

przemar|znąć /pʃeˈmarznontɕ/ pf — **przemar|zać** /pʃeˈmarzatɕ/ impf (**~zł** a. **~znął — ~zam**) vi [1] (bardzo zmarznąć) to freeze; **~złam na mrozie/wietrze** I froze in the cold/wind; **~znąć do szpiku kości** to be a. get chilled to the marrow [2] (ulec zniszczeniu) to freeze; **jabłka/ziemniaki ~zły** the apples/potatoes froze a. got frostbitten

przemarznię|ty /ˌpʃmarˈznentɨ/ [] pp → przemarznąć

[] adi. [1] [osoba] frozen; **byłem ~ty do szpiku kości** I was chilled to the marrow a. frozen stiff; **miała ~te dłonie/palce/stopy** she had frozen hands/fingers/feet [2] [rośliny, kwiaty, owoce, warzywa] frostbitten

przemaszer|ować pf vi [1] [grupa ludzi, wojsko] to march; **żołnierze/demonstranci ~owali ulicami miasta/przed trybuną** the soldiers/the demonstrators marched through the town/past the parade stand [2] (przejść pospiesznie) to march; **całą drogę do domu ~ował szybkim krokiem** he marched briskly all the way home [3] pot. (przejść demonstracyjnie) to march; **~owała obok nas nawet nie odwróciwszy głowy** she marched past us without even turning her head

przemawiać impf → przemówić

przemądrzale adv. grad. [przemawiać, wyrażać się] conceitedly

przemądrzal|ec m pot., pejor. smart ass pot. a. arse wulg.; wiseacre

przemądrzałoś|ć f sgt pejor. conceitedness

przemądrza|ły adi. pot., pejor. [osoba] opinionated; clever-clever pot.; [nastolatek, mina] presumptuous, cocksure; **wygłosił jakieś ~łe wywody** he voiced some clever-clever theories

przemebl|ować pf — **przemebl|owywać** impf vt [1] (zmienić meble) to refurnish [pokój, mieszkanie, dom]; (zmienić ustawienie mebli) to rearrange the furniture; **~owanie pokoju zajęło nam cały dzień** rearranging the furniture in our room took us the whole day [2] pot., przen. (zmienić układ personalny) to reshuffle [rząd, drużynę sportową]

przemeblowywać impf → przemeblować

przemęczać impf → przemęczyć[1]

przemęcze|nie [] sv → przemęczyć

[] n exhaustion, fatigue; **skarżyć się na/odczuwać ~nie** to suffer from/complain of exhaustion

przemęczon|y [] pp → przemęczyć[1]

[] adi. [osoba] exhausted, overtired; [oczy, twarz] strained

przemęcz|yć[1] pf — **przemęcz|ać** impf [] vt (przeciążyć pracą, wysiłkiem) to tire [sb] out; **nauczyciel ~ał uczniów zbyt trudnymi zadaniami** the teacher overtaxed his students with problems that were too difficult; **~ył sobie oczy czytaniem drobnego druku** he overstrained his eyes reading the small print

[] **przemęczyć się** — **przemęczać się** (wyczerpać się) to overexert oneself (**czymś** with sth); **nie wolno mu się ~ać** he mustn't overexert himself; **nie ~ała się**

P

zbytnio nauką iron. she didn't exactly exert herself studying

przemęcz|yć² **[]** vt pot. (przetrwać z trudem) **~ył noc na dworcu** he somehow managed to sit through the night at the railway station; **~yli całą zimę w nieopalanym mieszkaniu** they roughed it all winter in an unheated flat

[]] przemęczyć się to manage to cope; **~yła się przez lato bez urlopu** she managed to get through the summer without taking (any) leave; **~yli się przez rok w jednym pokoju** they managed to put up with living on top of each other in one room for a year

przemia|ł m sgt (G **~łu**) 1 (proces) (ziarna) grinding; (gruzu) pulverization; (makulatury) recycling, shredding; **~ł ziarna na mąkę** milling; **pójść na ~ł** pot. [książka] to be destroyed; **stare książki zalegające magazyny wydawca oddał** a. **przeznaczył na ~ł** the publisher had the old books that took up storage space destroyed a. sent for recycling 2 (produkt) meal; (zbożowy) grist

przemiałow|y adi. zdolność **~a młyna** the milling capacity of the mill

przemian|a f książk. 1 (przeobrażenie) transformation, transmutation, transfiguration, change; **całkowita** a. **radykalna** a. **zupełna ~a** a complete transformation; **~a duchowa/wewnętrzna/psychiczna** a spiritual/an inner/a psychological transformation; **~y ekonomiczne/ideologiczne/polityczne** economic/ideological/political transformations; **~y kulturalne/światopoglądowe** cultural/ideological transformations; **~y klimatyczne/ekologiczne** climatic/ecological changes; **~y w świadomości społecznej** changes in the social consciousness; **ulec ~ie** to undergo a transformation; **~y dokonują się** a. **zachodzą** changes occur a. take place; **nastąpiła** a. **dokonała się w nim/niej ~a** he/she has undergone a change 2 (przeobrażenie się) transformation, metamorphosis; **~a larwy w motyla/żaby w królewicza** the metamorphosis of a larva into a butterfly/a frog into a prince 3 Fizj. **~a materii** metabolism; **dobra/zła ~a materii** good/bad metabolism; **podstawowa/spoczynkowa ~a materii** basal/rest metabolism; **produkt ~y materii** waste product

❑ **~a egzotermiczna** Chem. exothermic process; **~a endotermiczna** Chem. endothermic process; **~a fazowa** Fiz. phase change a. transition; **~a izobaryczna** Fiz. isobaric process, constant pressure cycle; **~a izochoryczna** Fiz. isochoric process, constant volume cycle; **~a izotermiczna** Fiz. isothermal process a. transformation; **~a jądrowa** Fiz. nuclear a. radioactive transformation; **~a nieodwracalna** Fiz. irreversible process; **~a odwracalna** Fiz. reversible process; **~a pokoleń** Biol. metagenesis, alternation of generations; **~a termodynamiczna** Fiz. thermodynamic process; **~y chemiczne** Chem. chemical changes; **~y fizyczne** Fiz. physical changes

przemian|ować pf — **przemian|owywać** impf **[]** vt to rename [ulicę,

szkołę, instytucję]; **Plac Piłsudskiego w Warszawie był kilkakrotnie ~owywany** the Piłsudski Square in Warsaw has been renamed several times

[]] przemianować się — przemianowywać się to change one's name; **domy publiczne ~owały się na gabinety masażu** brothels changed their names to a. rechristened themselves massage parlours

przemianowywać impf → przemianowywać

przemieniać impf → przemienić

przemie|nić — przemie|niać impf **[]** vt książk. (przeobrazić) to turn, to transform; to transfigure książk.; **~nić nieużytki w urodzajne gleby** to transform wasteland into fertile soil; **~niać ludzi w zwierzęta** (w bajkach) to turn people into beasts; **uśmiech ~nił mu twarz** a smile transfigured his face; **~nić teatr w salę balową/klub bingo** to convert a theatre into a ballroom/bingo hall; **Przemienienie Pańskie** Relig. the Transfiguration

[]] przemienić się — przemieniać się to change, to metamorphose; **radość szybko ~niła się w płacz** joy quickly changed a. dissolved into tears; **ze skromnej dziewczyny ~niła się w damę** from a modest girl she metamorphosed into a grand lady

przemiennie adv. alternately; **pracował ~, raz rano, raz po południu** he worked mornings and afternoons alternately

przemienność f sgt alternation; **~ć czuwania i snu** the alternation of wakefulness and sleep

przemienn|y adi. alternating; **~e wychylanie rąk** (w ćwiczeniu gimnastycznym, pływaniu) alternate arm swing; **~y ruch pojazdów na remontowanym odcinku drogi** single alternate line traffic due to road repairs

przemierzać impf → przemierzyć

przemierz|yć pf — **przemierz|ać** impf vt 1 książk. (w podróży) to travel across [szlak]; to roam [świat]; to traverse [ocean, pustynię]; **~ył kraj wzdłuż i wszerz** he travelled the length and breadth of the country; **codziennie ~ała tę samą drogę do pracy** every day she took the same route to work; **~ał pokój wielkimi krokami** he paced the room in long strides 2 (wymierzyć powtórnie) to measure [sth] up again [deskę, materiał]

przemiesza|ć pf **[]** vt 1 (wymieszać) to mix, to blend; **~ć piasek z cementem** to mix sand with cement; **padał deszcz ~ny ze śniegiem** it was sleeting; **~ć sos, żeby nie przywarł** to stir the sauce so that it won't stick 2 (przepleść) to interlace; **w opowiadaniu ~ł prawdę z fikcją** he interlaced truth with fiction in his story; **czerń włosów ~na z siwizną** black hair flecked with grey

[]] przemieszać się 1 (wymieszać się) to mix; **cukier ~ł się z solą** sugar got mixed with salt 2 (ulec zmieszaniu) to blend; **barwniki dokładnie się ~ły** the dyes have blended thoroughly 3 (przepleść się) to interweave; **w jego wypowiedzi słowa krytyki ~ły się z pochwałami** in his speech criticism and praise were interwoven

przemieszczać impf → przemieścić

przemie|ścić pf — **przemie|szczać** impf **[]** vt (przenieść gdzie indziej) to transfer [księgozbiór, sprzęt]; to relocate [ludzi, wieś, wojsko]

[]] przemieścić się — przemieszczać się (przenosić się) [ludzie] to migrate; Meteo. [niż, wyż] to move

przemiękać impf → przemięknąć

przemięk|ły **[]** pa → przemięknąć

[]] adi. [buty, ubranie, opatrunek] soaked through

przemięk|nąć pf — **przemięk|ać** impf (**~ł** a. **~nął — ~am**) vi (przemoknąć) [buty, ubranie, opatrunek] to soak through; **~ły mi buty** my shoes are drenched

przemijać impf → przeminąć

przemilczać impf → przemilczeć¹

przemilcz|eć¹ pf — **przemilcz|ać** impf (**~ysz, ~ał, ~eli — ~am**) vt 1 (świadomie zataić) to leave [sth] unsaid, to pass over [epizod, fakt]; **pisząc życiorys, ~ał swój udział w powstaniu** in his CV he omitted a. failed to mention his participation in the uprising; **~enie poważnych zagadnień** the concealment of major a. serious issues 2 książk. (zignorować) to pass [sth] over, to turn a deaf ear to [zaczepki, uwagi, krytykę]; **krytyka ~ała książkę** the critics ignored the book totally

przemilcz|eć² vt pot. (milczeć przez jakiś czas) to remain silent; **obraził się i ~ał cały dzień** he took offence a. umbrage and remained silent all day; **co za kobieta! trzech minut nie może ~eć!** what a woman! she can't keep her mouth shut for even three minutes!

przemilcze|nie **[]** sv → przemilczeć

[]] n 1 zw. pl książk. (skrywanie) concealment 2 zw. pl (to, co zostało przemilczane) concealment; **podręczniki historii bez zafałszowań i ~ń** textbooks without any distorted or concealed facts 3 sgt Prawo reticence

przemiło adv. [uśmiechać się] charmingly; **rozmawia się z nim ~** conversation with him is most enjoyable

przemi|ły adi. [osoba] charming; [wakacje, dzień] extremely pleasant, most enjoyable

przemi|nąć pf — **przemi|jać** impf (**~nęła, ~nęli — ~jam**) vi książk. (skończyć się) [czas] to elapse, to pass; [życie] to go by; [smutek] to pass away; [noc] to slip away a. by; **~jająca moda** a passing fashion; **~jająca uroda/młodość** fading beauty/youth; **~jająca przyjaźń** a waning friendship

przem|knąć pf — **przem|ykać** impf (**~knęła, ~knęli — ~ykam**) **[]** vi 1 (z dużą szybkością) [pociąg, samochód, pocisk] to flash by 2 (niepostrzeżenie) to steal; **zając ~knął przez miedzę** a hare stole across the baulk 3 przen. (pojawić się) to flash, to flit; **uśmiech ~knął jej po twarzy** a smile flitted across her face; **czasami w prasie ~knęło jego nazwisko** occasionally his name would appear in the press

[]] przemknąć się — przemykać się to slip, to sneak; **~knąć się chyłkiem** to sneak past a. by; **~knął się koło** a. **obok strażników/przez bramę** he sneaked past the guards/through the gate

przemnażać impf → przemnożyć

przemn|ożyć pf — **przemn|ażać** impf vt to multiply; **~ożyć dwie liczby** to multiply one number by the other; **~ożyć ułamek przez ułamek** to multiply one fraction by another; **~ożyć coś w pamięci** to mutiply sth in one's head

przemoc [] f sgt violence; **~ fizyczna** physical violence; **~ psychiczna** emotional abuse, mental cruelty; **akt ~y** an act of violence; **użyć ~y** to use violence; **ulec ~y** to yield to violence; **paść ofiarą ~y** to become a victim of violence; **naród wyzwolił się spod ~y** the nation has liberated itself from oppression

[] **przemocą** adv. [robić, zabrać] by force, forcibly; **~ narzucić komuś swoją wolę** to enforce one's will upon sb

przem|oczyć pf — **przem|aczać** impf [] vt to get [sth] soaking wet [ubranie, buty]; [deszcz, woda] to drench [osobę, ubranie, rzeczy]; to saturate [piasek, ziemię]; **włóż kalosze, żebyś nie ~oczył nóg** put on your wellingtons so (that) you won't get your feet soaking wet; **deszcz ~oczył nas do suchej nitki** we got soaked through a. drenched to the skin in the rain; **wszystkie rzeczy mieliśmy kompletnie ~oczone** all our things were drenched a. soaking wet; **wrócił do domu całkiem ~oczony** he came home dripping wet

[] **przemoczyć się — przemaczać się** [osoba, ubranie] to get soaked through, to get dripping wet

przemokły → przemoknięty

przem|oknąć pf — **przem|akać** impf (**~ókł** a. **~oknął**, **~okła**, **~okli** — **~akam**) vi [] (zmoknąć na deszczu) to get soaked a. drenched; **deszcz tak padał, że ~okliśmy doszczętnie** a. **do suchej nitki** it was raining so hard that we got soaked through a. to the skin; **ta peleryna zabezpieczy cię przed ~oknięciem** this cape will stop you (from) getting soaking wet [] (przemięknąć) [ubranie, buty, namiot] to get saturated; **namiot ~akał** the tent was leaking; **trudno jest znaleźć buty, które nie ~akają** it's difficult to get shoes that don't let water in a. that are waterproof

przemoknię|ty adi. [osoba] soaked to the skin, drenched; [ubranie] dripping wet; [ziemia] saturated

przem|owa f książk. speech; **~owa powitalna/pochwalna** a speech of welcome/praise; **~owa z okazji Dnia Niepodległości** an Independence Day speech; **~owa na cześć jubilata** a speech in honour of the celebrator; **miał do syna długą, pouczającą ~owę** he gave his son a long moralizing lecture; **wygłosić ~owę** to deliver a. give a speech; **wystąpić z ~ową do narodu** to make an address to the nation, to address the nation

przemożnie adv. książk. [wpływać] overwhelmingly; **to zdarzenie ~ zaważyło na jego losie** this event had a profound influence a. impact on his life

przemożn|y adi. książk. [lęk, tęsknota, wzruszenie, wpływ] overwhelming; [chęć, pokusa, ciekawość] irresistible; **ogarnęła ich ~a senność** they were overcome by sleepiness

przem|óc pf — **przem|agać** impf [] vt książk. [] (przezwyciężyć) to overcome [niechęć,

nieśmiałość, zmęczenie, ból] [] (przeważyć) [ciekawość, senność] to get the better (**kogoś** of sb); **jak zwykle ~ogła opinia większości** as usual the opinion of the majority won [] (zwyciężyć) **~óc nieprzyjaciela/ napastnika** to defeat the enemy/assailant

[] **przemóc się — przemagać się** (zmusić się) **bał się, ale się ~ógł i szedł dalej** he overcame his fear and went on; **musiał się ~óc, żeby wstać tak wcześnie** he had to force himself to get up so early

przem|ówić pf — **przem|awiać** impf [] vi [] (wygłosić mowę) to make a speech; **na zebraniu ~awiały cztery osoby** four speakers addressed the meeting a. took the floor at the meeting; **~awiał do dużego audytorium** he made a speech to a large audience; **zawsze ~awiała porywająco** she always spoke inspiringly; **ten polityk lubi ~awiać do tłumów** this politician likes to address the crowds [] książk. (odezwać się) to speak; **~ówiła do nas po angielsku** she spoke to us in English; **~awiał do niej czule** a. **czułym głosem** he spoke to her tenderly [] (przerwać milczenie) to speak; **czekała, aż ~ówi pierwszy** she was waiting for him to speak first; **dotąd milczała, ale w sądzie postanowiła ~ówić** she has kept quiet so far but she has decided to speak out in court [] książk. (odzyskać mowę) to regain the ability to speak; **po wyzdrowieniu chory ~ówił** after he'd recovered, the patient regained the a. his ability to speak [] przest. (wstawić się) to speak (**za kimś** for sb); **~ówiła za nami u szefa** she spoke to the boss on our behalf

[] **przemówić się — przemawiać się** książk. (posprzeczać się) to quarrel, to fall out; **~ówić się z kimś** to quarrel a. fall out with sb; **~ówili się o jakiś drobiazg** they've fallen out with each other over some trifle; **głośno ~awiali się o coś** they were quarrelling loudly over something

■ **dowody ~awiają na korzyść/na niekorzyść oskarżonego** a. **przeciwko oskarżonemu** the evidence weighs in favour of/against the accused; **twoje argumenty do mnie nie ~awiają** your arguments don't convince me; **rozsądek ~awiałby za drugim rozwiązaniem** common sense would call a. argue for the other solution; **~ówić jemu/jej/im do serca** a. **sumienia** to appeal to him/her/them; **ta scena ~awia do mojej wyobraźni** this scene appeals to my imagination; **muzyka konkretna/sztuka abstrakcyjna nie ~awia do mnie** concrete music/abstract art doesn't appeal to me; **~ówić komuś do ręki** a. **rączki** to grease sb's palm, to make it worth sb's while; **~ówić komuś do rozumu** a. **rozsądku** to talk sense into sb, to bring sb to their senses, to make him/her see sense; **zazdrość/gniew ~awia przez niego** he is full of jealousy/anger; **skąpiec/leń/patriota ~awia przez ciebie** you're acting like a miser/sluggard/patriot

przemówie|nie [] sv → przemówić

[] n [] (oficjalna wypowiedź) speech; **~nie prezydenta do narodu** the presidential a. president's address to the nation; **~nie powitalne/pożegnalne** a welcoming/fare-

well speech; **~nie okolicznościowe** an occasional speech a. address; **~nie programowe** a keynote speech; **wygłosić ~nie** to deliver a. give a speech; **wystąpić z ~niem** to make a speech [] (tekst oficjalnej wypowiedzi) speech; **~nia pisał mu znany dziennikarz** his speeches were written by a well-known journalist

przemycać impf → przemycić

przemy|cić pf — **przemy|cać** impf [] vt [] (przewieźć nielegalnie) to smuggle [alkohol, papierosy, narkotyki, broń, dzieła sztuki]; **~cać towary przez granicę/z Niemiec do Polski** to smuggle goods across the border/from Germany into Poland; **na targu kupowaliśmy ~cane papierosy/ wódkę** in the marketplace we would buy contraband tobacco/vodka [] przen. (dostarczyć po kryjomu) to smuggle [list, gryps, ulotkę]; **~cić butelkę wina/paczkę papierosów do szpitala** to sneak a bottle of wine/a packet of cigarettes into a. onto the hospital ward [] (przekazać nie wprost) to smuggle [treści, idee, wiadomości]; **w swoich książkach autor ~cał dużą dawkę humoru/ dydaktyczne treści** the author slipped a good dollop a. dose of humour/didacticism into his books

[] **przemycić się — przemycać się** pot. (przekraść się) to sneak; **~cił się na bal bez zaproszenia** he gatecrashed the ball; **~cili się przez granicę** they sneaked across the border

przemy|ć pf — **przemy|wać** impf (**~ję — ~wam**) vt [] (obmyć) to bathe [ranę, kolano]; to wash [oczy] [] (przepłukać) to wash [piasek, żwir, złoto]

przemykać impf → przemknąć

przemy|sł m (G **~słu**) [] (produkcja materialna) industry; **gwałtowny rozwój ~słu** a rapid development of industry; **rozwijać różne gałęzie ~słu** to develop various branches of industry [] daw. (pomysłowość) ingeniousness

❑ **~sł chłodniczy** refrigeration industry; **~sł ciężki** heavy industry; **~sł elektromaszynowy** electrical machinery industry; **~sł elektrotechniczny** electrical engineering industry; **~sł kluczowy** key industry; **~sł lekki** light industry; **~sł przetwórczy** processing industry; **~sł rolno- -spożywczy** food processing industry, agricultural and food industry; **~sł skórzany** leather industry; **~sł stoczniowy** shipbuilding industry; **~sł tytoniowy** tobacco industry

■ **zdobyć/osiągnąć coś własnym ~słem** daw. to use one's own initiative a. ingenuity to attain/achieve sth; **zrobić coś własnym ~słem** to use one's own initiative in doing sth

przemysłow|iec m industrialist

przemysłow|y adi. [ośrodek, zakład, odpady] industrial; **produkcja przemysłowo-rolnicza** industrial and agricultural production

przemyślan|y [] pp → przemyśleć

[] adi. [projekt, temat, plan, decyzja] well thought out; **~a strategia** a well-thought-out strategy; **kompozycja klarowna i ~a** a clear and cogent composition książk.

przemyśl|eć *pf* (~isz, ~ał, ~eli) **[]** *vt* (rozważyć) to think over, to think [sth] over; (dokładnie) to think through, to think [sth] through; (ponownie) to rethink; **~ała całą sprawę od nowa** she thought the whole thing through again; **musieli ~eć swoje plany** they were forced to rethink their plans

[] *vi* (spędzić czas na myśleniu) **~ał wiele godzin, siedząc przy biurku** he spent hours at his desk thinking, he sat at his desk for hours contemplating a. meditating

przemyśle|nie [] *sv* → **przemyśleć**

[] *n zw. pl* reflection; **~nia na temat czegoś** reflections on sth; **dzielił się ~niami ze swoim profesorem** he shared his thoughts with his professor

przemyśl|iwać *impf* książk. **[]** *vt* (analizować) to ponder książk.; **~iwał swój sen o ojcu** he pondered his dream about his father; **~iwał różne warianty** he pondered over various alternatives

[] *vi* (zastanawiać się) to ponder książk. (**nad czymś** over sth); to contemplate *vi/vt*; **~iwała, jak się go pozbyć** she pondered over the question of how to get rid of him; **~iwał o wyjeździe za granicę** he toyed with the idea of a. contemplated going abroad

przemyślnie *adv. grad.* [uszyć, urządzić, wykonać] cleverly, ingeniously

przemyślnoś|ć *f sgt* ingenuity; **był zdany na własną ~ć** he was left to sink or swim

przemyśln|y *adi. grad.* książk. **[]** (pomysłowy) clever, ingenious; **~y plan ucieczki** a clever escape plan; **drzwi zamykane są w bardzo ~y sposób** the doors are locked in a most ingenious way; **jest on konstruktorem paru ~ych urządzeń** he has devised some clever gadgets **[]** (o osobie) enterprising, inventive; **dobry i ~y z niego kucharz** he's a fine and inventive a. innovative cook; **~a pani domu urządziła tanim kosztem wystawne przyjęcie** the enterprising a. resourceful lady of the house concocted a splendid feast at very little cost

przemy|t *m sgt* (*G* **~tu**) smuggling; **~t alkoholu** alcohol smuggling, bootlegging US; **~t broni** arms smuggling, gunrunning; **trudnić się ~tem** to engage in smuggling; **sądzić kogoś za ~t** to try sb for smuggling

przemytnictw|o *n sgt* smuggling; **zwalczać ~o** to counter a. combat smuggling

przemytnicz|y *adi.* smuggling, smugglers'; **gang ~y** a smuggling gang; **trasa ~a** a smuggling route; **siatka ~a** a smuggling ring

przemytni|k *m* smuggler; **~ broni** an arms smuggler, a gunrunner; **~ alkoholu** an alcohol smuggler, a bootlegger US

przemywać *impf* → **przemyć**

przenajświętsz|y *adi.* książk. the (most) blessed; **Przenajświętszy Sakrament** the (Most) Blessed Sacrament; **Przenajświętsza Panienka** the Blessed Virgin (Mary); **Trójca Przenajświętsza** the Holy Trinity

przenic|ować *pf* — **przenic|owywać** *impf vt* **[]** (przeszyć na lewą stronę) to turn [kołnierz, płaszcz, ubranie] **[]** przen. (zmienić całkowicie) to change radically [światopogląd, świat wartości]; **~ować swoje poglądy** to

(completely) revise one's views; to turn one's coat przest., pejor. **[]** przen. (skrytykować) to tear [sth] to pieces przen.; **ale ~ował mój artykuł!** he tore my article to shreds! pot.; **~ował mnie spojrzeniem na wylot** he gave me a withering a. piercing look

przenicowywać *impf* → **przenicować**

przen|ieść *pf* — **przen|osić** *impf* (~iosę, ~iesiesz, ~iesie, ~iósł, ~iosła, ~ieśli — ~oszę) **[]** *vt* **[]** (niosąc, umieścić gdzie indziej) to carry [książki, stół, bagaż]; **~iósł ją przez próg** he carried her across the threshold; **~osili meble do innego pokoju** they were moving the furniture to another room; **~iósł niewiadomą z jednej strony równania na drugą** he transferred an unknown from one side of the equation to the other; **~osiła ciężar ciała z jednej nogi na drugą** she shifted the weight of her body from one leg to the other **[]** (rozprzestrzenić) to carry, to spread [choroby, zarazki]; to transplant [modę, zwyczaje]; **komary ~oszą malarię** malaria is carried by mosquitoes; **choroby ~oszone drogą płciową** sexually transmitted a. transmissible diseases; **wiatr ~osił szybko ogień na inne domy** the wind rapidly spread the fire to other buildings **[]** (ulokować w innym miejscu) to transfer, to move; **~ieść szkołę do innego budynku** to transfer a school to a different building **[]** (zmienić sytuację) to transfer; **~ieść kogoś na inne stanowisko** to transfer a. move sb to a different post; **~ieść coś na ekran/scenę** książk. to adapt sth for a. to transfer sth to the screen/stage; **autor ~iósł na papier swoje rozważania** the author transferred his thoughts (on)to paper; **malarz ~iósł na płótno to ważne wydarzenie historyczne** the artist committed this important historic event to canvas książk.; **film ~iósł nas w lata 70.** the film transported us back to the seventies; **~ieśli go na emeryturę** a. **w stan spoczynku** he was retired a. pensioned off **[]** (odtworzyć) to transfer; **poprawki korektorskie ~iono na czystopis** the proof-reader's corrections have been transferred onto the fair copy; **rysunek z książki ~iósł na karton** he copied a drawing from the book onto cartridge paper **[]** przen. (przelać) to transfer [uczucia, prawa autorskie]; **~iosła miłość z męża na dziecko** she transferred her love from her husband onto her child; **~iósł całą agresję z brata na bratową** he transferred all the aggression he felt towards his brother onto his sister-in-law; **~iósł prawa majątkowe na syna** he transferred the property to his son **[]** pot. to divide [wyraz]

[] **przenieść się – przenosić się []** (zmienić miejsce pobytu) to move; **~ieść się do innego miasta/na inny wydział** to move to a different town/department; **po podwieczorku ~ieśli się do ogrodu** after tea they moved into the garden **[]** (zostać przeniesionym) to move, to transfer; **~ieśmy się teraz dwieście lat wstecz** let's now move two hundred years back a. into the past; **ogień ~osił się na inne domy/na dach** the fire was spreading to other buildings/onto the roof; **szkoła ~iosła**

się do nowego budynku the school was moved a. was transferred to a new building, the school moved a. transferred to a new building; **wiadomości ~iosły się pocztą pantoflową** the news spread through the grapevine

■ **~ieść się do wieczności/na łono Abrahama** to go to glory, to (go to) meet one's Maker; **~ieść się myślą** a. **myślami do kogoś/czegoś** książk. to turn one's thoughts to sb/sth; **~iosła się myślą do lat wczesnej młodości** she turned her thoughts to her early youth, her thoughts went back to her early youth; **~ieść wzrok** a. **spojrzenie** a. **oczy z kogoś/czegoś na kogoś/coś** to turn one's eyes from sb/sth onto sb/sth, to move one's gaze from sb/sth to sb/sth; **~iosła wzrok z matki na ojca** her gaze moved a. she moved her gaze from her mother to her father

przenigdy *pron.* never (ever); **nigdy ~** never ever

przenikać *impf* → **przeniknąć**

przenikliwie *adv. grad.* **[]** (donośnie) [krzyczeć, gwizdać] penetratingly, piercingly; **syreny wyły ~** sirens rent the air piercingly **[]** (dokuczliwie) bitterly, piercingly; **~ zimny wiatr** a bitterly cold wind; **było ~ zimno** it was bitterly cold; **woda była ~ zimna** the water was freezing **[]** (wnikliwie) [spojrzeć, wpatrywać się] piercingly **[]** książk. (dogłębnie) [patrzeć, opisać] with insight, penetratingly; **~ przeprowadzona analiza** a penetrating analysis

przenikliwoś|ć *f sgt* **[]** (dokuczliwość) sharpness; **~ć bólu** the acuteness of the pain; **~ć zimna** the bitterness of the cold (weather) **[]** książk. (dociekliwość) perspicacity książk.; perceptiveness; **z niezwykłą ~cią oceniał sytuację** he assessed the situation with remarkable perceptiveness a. insight **[]** (o wzroku, spojrzeniu) **spojrzał na mnie z ogromną ~cią** he gave me a penetrating a. piercing look **[]** Fiz. penetrating power, hardness of radiation; **~ć promieni rentgenowskich** the penetrating power of X-rays

przenikliw|y *adi. grad.* **[]** (donośny) [sygnał, krzyk, gwizd] penetrating, piercing; [głos, krzyk] shrill **[]** (dokuczliwy) [woń] strong, powerful; [chłód] bitter, biting; [wiatr] bitterly cold, piercing; [ból] piercing, excruciating, searing; **~y zapach moczu** a penetrating smell of urine; **~y chłód styczniowego poranka** the biting cold of a January morning; **poczuł w plecach ~y ból** a searing pain tore through his back; **~a cisza zaległa na sali** there was a stunned silence in the audience **[]** (czujny) [wzrok, spojrzenie, oczy] piercing, penetrating **[]** (dociekliwy) [umysł, analiza] acute; **~y krytyk i obserwator** an insightful critic and observer

przenik|nąć *pf* — **przenik|ać** *impf* (~nęła, ~nęli — ~am) **[]** *vt* **[]** (przepełnić) to permeate książk., to pervade książk.; **ciepło z pieca ~a cały pokój** the warmth of the stove permeates a. fills the whole room; **jego muzykę ~a smutek i melancholia** an air of sadness and melancholy pervades his music; **byli ~nięci duchem liberalizmu** they were imbued with the spirit of liberalism książk.; **czuła, że wilgoć ~a ją do środka** she felt the dampness soaking through to her skin [2] (dobrze poznać) (zgłębić) to make out, to make [sth] out, to fathom (out); (odgadnąć) to penetrate; to divine książk.; **~nąć kogoś** to make a. fathom sb out; **~nąć czyjeś myśli** to penetrate a. divine sb's thoughts; **~nąć czyjeś zamiary** to guess a. divine sb's intentions; **~nąć czyjś sekret** to uncover sb's secret, to get to the bottom of sb's secret

[II] vi [1] [dźwięki, woń, ciepło] to filter, to penetrate; **promienie słoneczne ~ały przez brudne firanki** rays of sunshine filtered through the dirty net curtains; **zapach róż ~nął z ogrodu do mieszkania** the scent of roses wafted a. drifted into the flat from the garden; **krzyki z ulicy ~ały przez otwarte okno** screams from the street could be heard through the open window [2] książk. [zjawiska] to spread; **nowe prądy umysłowe ~nęły także do ich kraju** new intellectual trends spread to their country, too; **aforyzmy ~ają z kraju do kraju** aphorisms spread from one country to another [3] (niepostrzeżenie, nielegalnie) [osoba] to penetrate vt; [szpieg] to infiltrate vt, to penetrate vt; [informacje] to filter; **ich agentowi udało się ~nąć do wywiadu wojskowego** their agent succeeded in infiltrating a. penetrating the (Military) Intelligence Corps; **powstańcy kanałami ~ali do centrum miasta** the insurgents made their way through the sewers to the city centre; **tajne informacje ~nęły do prasy** secret information filtered into the press

[III] **przeniknąć się — przenikać się** [1] książk. (przemieszać się) to interpenetrate, to merge; **wzajemne ~anie się różnych dziedzin naukowych** the merging of different fields of science; **te dwie koncepcje ~ają się nawzajem** the two concepts interpenetrate [2] (poznać) to fathom; **wystarczyło im parę chwil, aby się nawzajem ~nęli** a few minutes were enough for them to fathom each other out

■ **~a go/ją zimno/chłód** he/she feels (icy) cold; **w drodze do pracy ~nął go ziąb do szpiku kości** on his way to work he was frozen to the marrow; **~nął mnie dreszcz na samą myśl o egzaminie** I shuddered at the very thought of the exam

przenoc|ować pf [I] vt (dać nocleg) to put [sb] up (for the night); **~owała u siebie kuzynów** she put her cousins up for the night; **czy możesz nas ~ować?** can you put us up (for the night)?

[II] vi (zanocować) to stay the night a. overnight, to put up; **musiał ~ować w hotelu** he had to stay at a. put up at a hotel; **~owała u brata** she spent a. stayed the night at her brother's; **jest późno, może ~ujesz?** it's very late, why don't you stay the night?

przenosić impf → **przenieść**

przenosin|y plt (G ~) pot. move, relocation; **jutro odbędą się nasze ~y do nowego mieszkania** tomorrow we're moving to a new flat; **~y naszej firmy do nowego budynku odbyły się wczoraj** the reloca-

tion of our company to a new building took place yesterday

przenośni|a f (Gpl ~i) Literat. metaphor; **w ~i** figuratively a. metaphorically (speaking); **dosłownie i w ~i** literally and figuratively

przenośnie adi. [użyć, rozumieć] metaphorically, figuratively; **mówiąc ~** figuratively a. metaphorically speaking

przenośn|y adi. [1] (ruchomy) [radio, telefon, komputer] portable; [barak] portakabin; **~y radiotelefon** a walkie-talkie [2] (metaforyczny) [użycie, wyrażenie, zwrot] metaphoric(al), figurative; **w znaczeniu ~ym** in the figurative sense

przeobra|zić pf — **przeobra|żać** impf [I] vt książk. (przekształcić) to transform, to change; **szykowna kreacja ~ziła ją w elegancką kobietę** the chic outfit transformed a. changed her into an elegant woman; **nowe meble całkowicie ~ziły jej sypialnię** new furniture completely transformed her bedroom; **uśmiech ~ził jej twarz** a smile transformed her face

[II] **przeobrazić się — przeobrażać się** [1] książk. (zmienić się) to transform, to change; **~ża się w potwora** s/he's turning into a monster; **na oczach widzów ~ża się w starca** he transforms himself into an old man (right) in front of the audience's eyes; **z brzydkiego kaczątka ~ziła się w piękną dziewczynę** przen. she changed from a. was transformed from an ugly duckling into a beautiful girl; **potrzebował czasu, by się ~zić duchowo** he needed time to grow a. develop spiritually [2] Zool. (przekształcić się) to pupate; **poczwarka ~ża się w motyla** a chrysalis pupates into a butterfly

przeobrażać impf → **przeobrazić**

przeobraże|nie [I] sv → **przeobrazić**

[II] n książk. [1] (przemiana) transformation; **~nia gospodarcze/polityczne** economic/political changes; **~nie duchowe/umysłowe** a spiritual/an intellectual transformation [2] Zool. pupation, eclosion

❑ **~nie zupełne** Biol. metamorphosis

przeoczać impf → **przeoczyć**

przeocze|nie n [1] (luka) omission; **drobne ~nie w tekście** a minor omission in the text [2] (niedopatrzenie) oversight C/U; **przez ~nie** due to an oversight, through a. by an oversight; **przez ~nie nie zaprosiliśmy jej** through an oversight we didn't invite her

przeocz|yć pf — **przeocz|ać** impf vt to overlook [błąd, fakt]; to miss [wydarzenie, osobę, szansę]; **~ył dziesięć błędów literowych** he overlooked ten misprints; **~yła go w tłumie na dworcu** she missed him in the crowd at the station; **~ył termin wizyty u dentysty** he missed his dental appointment

przeogromn|y adi. książk. [1] (wyjątkowo ogromny) [góra, gmach, zwierzę] enormous, huge [2] (intensywny) [smutek, zagrożenie] immense; **ogarnęła go ~a radość** he was overcome with immense joy

przeo|r m (Npl ~rzy a. ~rowie) Relig. prior; **~r ojców dominikanów** Prior of the Dominican Community

przeo|rać¹ pf — **przeo|rywać** impf (~rzę — ~ruję a. ~rywam) vt [1] (zaorać) to plough up GB, to plow [sth] up GB, to plow up US, to plow [sth] up US [pole, ziemię, glebę] [2] książk. (zryć) to churn up, to churn [sth] up; **pociski ~rały ziemię** bullets churned up the ground; **lodołamacz ~rywał krę na rzece** the icebreaker churned up a. was churning up the ice chunks on the river; **czoło miał ~rane bruzdami** his brow was furrowed with wrinkles [3] przen. (ukształtować na nowo) to remodel [psychikę, myślenie, umysł]; **telewizja ~rała świadomość współczesnego człowieka** television has remodelled the consciousness of contemporary man; **propaganda ~rywała ludzkie umysły** people were being brainwashed by propaganda

przeo|rać² pf (~rzę) vt przen. (przeszukać) to go through, rummage about a. around [książki, zakamarki]; **~rał wszelkie biblioteki/księgarnie, ale potrzebnej książki nie znalazł** he went through all the libraries/bookshops, but couldn't find the book he wanted; **~rała torbę, szukając kluczy** she ferreted a. rummaged about in her handbag in search of the keys

przeorysz|a f Relig. prioress

przeorywać impf → **przeorać¹**

przepacać impf → **przepocić**

przepad|ać¹ impf vi (lubić) to be very fond (za kimś/czymś of sb/sth); to be very keen (za kimś/czymś on sb/sth); **nie ~am za kuchnią orientalną** I'm not very keen on oriental cuisine; **~ał za czekoladą** he loved chocolate; **~ała za tańcem** she was very keen on a. fond of dancing, she loved dancing; **dzieci po prostu za nim ~ały** children simply adored him; **nie ~am za kotami** cats are not my cup of tea pot.

przepadać² impf → **przepaść²**

przepad|ek m zw. sg (G ~ku) Prawo confiscation, forfeiture; **podlegać ~kowi** to be forfeitable, to be subject to confiscation; **utrata praw i ~ek mienia** forfeiture of civil rights and property; **grozi jej ~ek mienia** she's faced with forfeiture of her property

przepad|ły [I] pp → **przepaść**

[II] adi. [1] (zaginiony) lost, missing; **uznali go za ~łego, a on się niespodziewanie pojawił** he was presumed lost a. missing when he suddenly reappeared [2] (utracony) lost; (jako kara) forfeited; **próbowali odzyskać ~łe mienie** they tried to regain the property they had lost [3] przen. (zmarnowany) [nadzieje, plany] wasted

przepajać impf → **przepoić**

przepak|ować pf — **przepak|owywać** impf vt [1] (zapakować na nowo) to repack; **herbata/kawa była ~owywana do małych opakowań** tea/coffee was being repacked into small batches [2] (zapakować inaczej) to repack [plecak, torbę]; **~uj walizkę i spróbuj zmieścić jeszcze kalosze** repack your suitcase and try to squeeze in your wellingtons

przepakowywać impf → **przepakować**

przepalać impf → **przepalić**

przepal|ić pf — **przepal|ać** impf [I] vt [1] (zniszczyć) to burn (a hole); **~iła obrus**

żelazkiem/papierosem she burnt a hole in the tablecloth with the iron/a cigarette ② pot. ~ić fajkę to break in a pipe Ⅲ *vi* pot. to stoke the fire; ~ał w piecu co drugi dzień he lit the stove every other day Ⅲ przepalić się — przepalać się (ulec uszkodzeniu) to blow, to go; ~iły się bezpieczniki the fuse has gone a. blown; żarówka w żółtej lampie się ~iła the bulb in the yellow lamp has gone a. has burnt out

przepal|ony Ⅱ *pp* → przepalić Ⅲ *adi.* ① *[żarówka]* burnt-out; *[bezpiecznik]* blown, burnt-out ② pot. czuł się ~ony he felt awful after so much smoking pot.

przepa|sać¹ *pf* — **przepa|sywać** *impf* (~szę — ~suje) Ⅱ *vt* (opasać) to tie; ~sać kapelusz wstążką to tie a ribbon round a hat; długi szalik ~sywał jej szyję she had a long scarf draped around her neck; młody człowiek ~sany fartuchem zmywał naczynia an apron-clad young man was washing the dishes; ratownicy ~sani linami schodzili do jaskini rescuers secured with ropes were going down into the cave; dla ozdoby ~suje czoło opaską she wears a decorative headband; ~sywał go gruby pas he was wearing a wide belt Ⅲ przepasać się — przepasywać się (owinąć się w pasie) to sash; ~sała się fartuchem she tied on a. donned an apron

przepasać² *impf* → przepaść³

przepas|ka *f* band; ~ka na oczy a blindfold; ~ka na oko an eye-patch; ~ka na włosy a hairband; ~ka na biodra a loincloth; nosił ~kę na czole he sported a. wore a headband

przepa|stny, **~ścisty** *adi.* książk. ① (rozległy) *[puszcza, pustynia, przestrzeń]* vast, immense ② (bardzo głęboki) *[kieszenie]* ample; voluminous książk.; *[fotel]* ample; commodious książk.; *[szafa]* spacious, ample; ~stne urwisko a yawning a. gaping precipice ③ przen. (niezgłębiony) *[oczy]* fathomless, cavernous; *[spojrzenie]* inscrutable, unfathomable

przepasywać *impf* → przepasać¹

przepaści|sty → przepastny

przepaś|ć¹ *f* ① (urwisko) chasm, precipice; ich samochód zawisł nad ~cią their car was perched over a precipice; droga wije się nad ~cią the road winds along the edge of a precipice; dwaj alpiniści spadli w ~ć two mountaineers have fallen down a chasm ② przen. (różnica) gap, gulf; chasm książk.; ~ć kulturowa a culture gap; ~ć między pokoleniami the generation gap; ogromna ~ć między anarchistami a socjalistami the enormous difference a. chasm between anarchists and socialists; rośnie ~ć między bogatymi a biednymi the gulf between rich and poor is widening; kiedyś byli przyjaciółmi, teraz dzieli ich ~ć nie do pokonania they used to be friends once, but now there is an insurmountable gulf between them ③ książk., przen. (uczuć) abyss; ~ć rozpaczy/bólu the abyss of despair/pain ■ balansować na krawędzi a. skraju ~ci to teeter on the brink a. edge of disaster; stać na skraju ~ci książk. to stand on the edge of a precipice, to be on the brink of

disaster; **stoczyć** a. **staczać się w ~ć** czegoś to slide a. fall into an abyss of sth; stoczył się w ~ć zbrodni he fell a. drifted into a life of crime; po ostatnich wydarzeniach miał wrażenie, że stoczył się na dno ~ci recent events made him feel he had hit rock bottom pot.

przepa|ść² *pf* — **przepa|dać²** *impf* (~dnę, ~dniesz, ~dł, ~dła, ~dli — dam) *vi* ① (zaginąć) to disappear, to vanish; wyjechał za granicę i ~dł bez wieści he went abroad and vanished without trace; gdzie on ~da na całe dnie? where does he disappear to for days on end?; ~dła nam cała biżuteria all our jewellery disappeared; ~dła mi gdzieś twoja książka I've lost your book somewhere; list ~dł bezpowrotnie the letter was irretrievably lost ② (zniknąć) to disappear; samolot ~dał co chwila w chmurach the aircraft kept disappearing into the clouds; pies ~dł w ciemności the dog disappeared in the darkness ③ (zmarnować się) to be lost; w powodzi ~dł nam domek z ogrodem we lost a house with a garden in the flood; ~dły mi pieniądze zainwestowane na giełdzie I've lost the money I invested in stocks; ~dły wyniki tylu lat doświadczeń so many years of experiments have been irretrievably lost ④ (nie dojść do skutku) to fall through; projekt ~dł wskutek braku pieniędzy the project fell through due to lack of money; miałem zawał i ~dł mi rejs po Morzu Karaibskim I had a heart attack and missed the Caribbean cruise; pośpiesz się, bo ci ~dnie wizyta u lekarza hurry up or you'll miss your appointment with the doctor ⑤ (doznać niepowodzenia) to fail, to lose; nasz kandydat ~dł w pierwszej turze wyborów our candidate lost in the first round of the elections; połowa studentów ~dła podczas egzaminu końcowego half of the students failed their final exam; biedaczka, ~da we wszystkich konkursach poor thing, she never makes it to the winner's rostrum of any competition; nasza drużyna ~dła w finałach our team failed in the finals; wszystko ~dło all is lost ⑥ książk. (nie poradzić sobie) to be lost; jest tak niezaradna, że bez pomocy rodziców ~dłaby she's so impractical, she would be lost without her parents

przepa|ść³ *pf* — **przepa|sać²** *impf vt* (przekarmić) to overfeed; ~ść bydło/świnie to overfeed the cattle/pigs; ~ść konia owsem to overfeed the horse with oats; ~sione tuczniki overfed porkers

przepatrywać *impf* → przepatrzyć

przepatrzeć *impf* → przepatrzyć

przepat|rzyć *pf* — **przepat|rywać** *impf vt* to look through, to go through *[schowki, zakamarki, kąty, las]*; ~rzył wszystkie sklepy, ale nie znalazł nic odpowiedniego he looked through all the shops but didn't find anything suitable

przep|chać, przep|chnąć *pf* — **przep|ychać** *impf* (~chała, ~chnęła, ~chali, ~chnęli — ~ycham) Ⅱ *vt* ① (przesunąć) to push (through); ~chnąć list przez szparę nad progiem to push a letter

(through a gap) under the door; ~chać samochód do warsztatu to push a car to a repair garage ② pot. (przeczyścić) to unblock *[rurę, zlew, palnik gazowy]*; ~chać przewód kominowy to sweep the chimney; ~chał fajkę wyciorem he cleaned his pipe with a pipe-cleaner ③ pot. (przeforsować) to push through, to push [sth] through, to force through, to force [sth] through *[projekt]*; ~chnąć sprawę to force the issue; dopiero wczoraj ~chnięto sprawę podwyżek the question of pay rises was forced through only yesterday Ⅲ przepchać się, przepchnąć się — przepychać się (przedostać się siłą) to push (one's way), to elbow (one's way); to shove (one's way) pot.; ~ychać się do przodu to elbow a. jostle forward; ~ychać się przez tłum to push a. force one's way through the crowd, to elbow (one's way) through the crowd; w tłoku ~ychał się do wyjścia he elbowed his way to the exit; ~ychał się łokciami przez życie przen. he elbowed his way through life ■ ~chać kogoś przez szkołę pot. to push sb through school; mimo słabych ocen ~chnięto go do następnej klasy despite his poor marks he was pushed up to the next year; nasz profesor ~chnął go przez egzamin our professor got him through the exam

przepchnąć → przepchać

przepełniać *impf* → przepełnić

przepeł|nić *pf* — **przepeł|niać** *impf* Ⅱ *vt* ① pot. (wypełnić) to overflow *[pociąg, autobus, restaurację]*; to overfill *[dzban, naczynie]*; tłumy kibiców ~niały stadion crowds of fans overflowed the stadium ② książk. (o uczuciach) to overflow; radość/miłość ~niła jej serce her heart overflowed with joy/love; ~niała nas trwoga we were filled with awe Ⅲ przepełnić się — przepełniać się to overflow (czymś with sth); miasto latem ~nia się turystami in the summer the town overflows with tourists ■ ~niła się miara jej cierpliwości książk. she ran out of patience, her patience wore out; miara jej cierpliwości zaczynała się ~niać książk. her patience was beginning to wear thin; miara jej cierpień jeszcze się nie ~niła książk. her suffering hadn't yet come to an end

przepełnieni|e Ⅱ *sv* → przepełnić Ⅲ *n sgt* (tłok) overcrowding; ~e w szkołach/salach wykładowych overcrowding in a. of schools/lecture theatres a. halls; ~e w pociągach overcrowding on the trains; narzekać na ~e w szpitalach to complain about overcrowded hospital wards

przepełni|ony Ⅱ *pp* → przepełnić Ⅲ *adi. [autobus, pociąg, szkoła]* overcrowded; *[szpital]* overcrowded, overflowing; *[kielich, naczynie, zbiornik]* overfilled; półki biblioteczne ~one książkami overfilled library shelves; dojeżdżam do pracy ~onym pociągiem I commute on a jam-packed train; latem restauracje ~one są gośćmi in the summer restaurants are overflowing with customers; pociąg ~ony młodzieżą wjechał na stację the train, packed with young people, arrived at the station

przepędzać *impf* → **przepędzić**

przepę|dzić *pf* — **przepę|dzać** *impf vt* 1 (*wypędzić*) to chase away, to chase [sb] away *[intruza]*; to fight off, to fight [sb] off *[napastnika]*; to drive away a. off, to drive [sb] away a. off, to force back a. out, to force [sb] back a. out *[nieprzyjaciela, najeźdźcę]*; **armia ~dziła wroga z kraju** the army forced a. drove the enemy back across the border(s); **~dziła go z domu** she chased him out of the house 2 (*zmusić do zmiany miejsca*) to drive *[sportowców, owce, gęsi]*; **trener ~dził nas dziesięć kilometrów przez las** the coach ran us through ten kilometres of forest; **przewodnik ~dzał turystów z muzeum do muzeum** the guide hurried the tourists from one museum to another; **~dzali bydło przez pastwisko/most** they drove a. were driving the cattle across a pasture/bridge 3 *przen.* to drive away, to drive [sth] away, to chase away, to chase [sth] away; **wiatr ~dził chmury** the wind drove a. chased the clouds away 4 książk., przest. to spend *[młodość, życie]*; **~dziła wiele lat na studiach zagranicznych** she spent many years studying abroad; **nie możesz całego dnia ~dzić w łóżku** you can't spend the whole day in bed

przepi|cie *n* **II** *sv* → **przepić**

II *n* 1 (*nadużywanie alkoholu*) overdrinking, too much drinking; **z ~cia bolała go głowa** he had a headache caused by too much drinking 2 pot. (*kac*) hangover pot., the morning after the night before pot.

przepi|ć *pf* — **przepi|jać** *impf* (**~ję** ~**jam**) **II** *vt* 1 (*wydać pieniądze na alkohol*) to drink one's way through one's salary/savings; **co zarobi, to ~je** he drinks away a. his way through whatever he earns 2 (*spędzić czas na piciu*) **~li całą noc** they drank the whole night through, they drank through the night

II *przepić się* — *przepijać się* pot. (*wypić za dużo*) to have too much drink; **~li się, a teraz chorują** they had too much drink, and now they're sick

■ **~ć do kogoś** pot. to drink to sb, to drink to sb's health

przepierać *impf* → **przeprać**

przepier|ka *f* pot. wash; **zrobiła ~kę we wtorek** she did a quick wash on Tuesday

przepierzać *impf* → **przepierzyć**

przepierze|nie *n* **II** *sv* → **przepierzyć**

II *n* 1 (*ścianka działowa*) partition (wall); **dzieliło ich tylko ~nie z dykty** only a plywood partition separated them 2 Górn. bulkhead

przepierz|yć *pf* — **przepierz|ać** *impf vt* to partition *[pokój, korytarz]* (**czymś** with sth)

przepięknie *adv.* *[wyglądać]* very beautiful *adi.*; *[śpiewać]* beautifully; **to ~ położone miasto jest bardzo stare** this beautifully situated town is very old; **brama była ~ udekorowana kwiatami** the gate was exquisitely decorated with flowers

przepiękn|y *adi.* *[dziewczyna, oczy, miasto]* very beautiful; *[robota]* exquisite; *[widok]* superb; **~a muzyka** music of extraordinary beauty

przepijać *impf* → **przepić**

przepik|ować *pf* — **przepik|owywać** *impf vt* 1 (*przeszyć*) to quilt *[kołdrę, kurtkę, skafander]* 2 Ogr. (*rozsadzić*) to prick out, to prick [sth] out, to plant out, to plant [sth] out; **mozolnie ~owywał sałatę ze skrzynek na grządki** he laboriously pricked a. was laboriously pricking out lettuce seedlings from boxes into beds

przepił|ować *pf* — **przepił|owywać** *impf vt* to saw through *[deskę, drzewo, kłódkę]*; **krata w oknie została ~owana** the iron bars on the window were sawn through

przepiórcz|y *adi.* quail *attr.*; **świeże ~e jaja** fresh quail eggs

przepiór|ka *f* Zool. quail

przepis *m* (*G* ~**u**) 1 Kulin. recipe; ~ **na gulasz** a recipe for goulash; **zgodnie z ~em** a. **według ~u** according to the recipe 2 (*obowiązujące zarządzenie*) regulation; ~**y ruchu drogowego/bezpieczeństwa** traffic/safety regulations; **luka w ~ach** a loophole in the regulations; **zbiór ~ów** a set of regulations; **zgodnie z nowymi ~ami** under the new regulations; **lekceważyć/naruszać/łamać ~y** to disregard/ trespass upon/break the law; **stosować się do ~ów** to comply with the regulations; **przestrzegać ~ów** to observe a. follow the rules a. regulations; **robić coś wbrew ~om** to do sth contrary to a. against the regulations 3 Prawo article; ~ **prawny** a legal article; **nowelizacja ~ów** update of the laws

przepi|sać *pf* — **przepi|sywać** *impf* (**~szę** — **~suję**) *vt* 1 (*napisać to samo*) to copy *[wypracowanie, notatki, fragment]*; **~sał wypracowanie na czysto** he made a fair a. clean copy of his composition; **~sali notatki do zeszytów** they copied out their notes into their books; **notatki zostały następnie ~sane na maszynie** then the notes were copied out by machine; **musiała jeszcze raz ~sać na maszynie jego esej** she had to retype his essay 2 (*odpisać*) *[uczeń]* to copy *[zadanie, wypracowanie]*; **w pośpiechu ~sywał pracę domową od kolegi** he hurriedly copied his homework from a friend; **daj mi ~sać zadanie z fizyki** let me copy (your answer to) the physics problem 3 (*zalecić*) to prescribe *[lekarstwo, zastrzyki, kąpiele]*; **~sać tabletki na bezsenność** to prescribe sleeping pills; **~sano jej kurację hormonalną** she was prescribed a hormone treatment; **~sali mi specjalną dietę** I was put on a special diet 4 Prawo (*przekazać*) to transfer *[ziemię, dom]*; **~sał na córkę cały swój majątek** he transferred all his property to his daughter

przepisowo *adv.* in accordance with regulations; **salutować ~** to give a regulation salute; **mój samochód był ~ zaparkowany** my car was parked in accordance with the regulations; **nasza drużyna zagrała ~** our team played by the rules

przepisow|y *adi.* regulation *attr.*, prescribed; ~**y mundur** a regulation uniform; ~**e godziny pracy** regular a. prescribed working hours

przepisywacz *m* copyist; amanuensis książk.; ~**e religijnych traktatów** copiers of religious treatises

przepisywać *impf* → **przepisać**

przepi|ty **II** *pp* → **przepić**

III *adi.* pot. 1 *[osoba]* drink-sodden; **był ~ty i bolała go głowa** he had a hangover and a headache; **wrócił do domu brudny i ~ty** he got back home filthy and drink-sodden 2 (*zniszczony alkoholem*) *[wątroba]* drink-sodden; **mówił chropawym, ~tym głosem** he spoke in a gruff, drinker's voice

przeplatać *impf* → **przepleść**

przeplatan|ka *f* alternation; ~**ka pieśni i recytacji** a medley of songs and recitations; ~**ka śpiewu i muzyki** a medley of singing and music

przepl|eść *pf* — **przepl|atać** *impf* (**~otę**, ~**eciesz**, ~**ecie**, ~**ótł**, ~**etli** — ~**atam**) **II** *vt* 1 (*spleść na przemian*) to intertwine, to interlace, to interweave *[warkocz, koszyk, nitki]*; **lubiła ~atać warkocz wstążką** she liked to interlace the ribbon with her plait; ~**atała nitki białe i czarne** she interwove white and black threads; ~**ótł między palcami różaniec** he slid the rosary beads through his fingers 2 przen. (*przedzielić*) alternate; ~**atać rymy w wierszu** to alternate rhymes in a poem; **autor ~ótł sceny tragiczne z humorystycznymi** the author interwove the tragic scenes with the humorous ones 3 (*urozmaicić*) to interlard; **swoją wypowiedź ~atał dygresjami/cytatami z poezji** he interlarded his speech with digressions/poetry quotations

II *przepleść się* — *przeplatać się* książk. (*mieszać się*) to alternate; **deszcz ~atał się ze śniegiem** rain alternated with snow

■ **kwiecień - plecień, bo przeplata trochę zimy, trochę lata** przysł. ≈ never cast a clout till May be out przysł.

przeplo|t *m zw. pl* (*G* ~**tu**) intertwinement; ~**t narracji historycznej z biografią** the mixing of historical narrative with biography

przepłacać *impf* → **przepłacić**

przepła|cić *pf* — **przepła|cać** *impf vt* 1 (*zapłacić więcej*) to overpay (**coś** a. **za coś** for sth); ~**ciłem wartość działki** I paid too much for the plot of land; **w restauracji ~ciliśmy sporo** we overpaid a lot in the restaurant; **za tę marynarkę nieźle ~ciłeś** you've paid over the odds for the jacket 2 przest. (*przekupić*) to bribe *[portiera, strażnika]*

przepłu|kać *pf* — **przepłu|kiwać** *impf* (**~czę** — **~kuję**) *vt* to rinse out *[usta, naczynia, pranie]*; ~**cz szklanki ciepłą wodą** rinse out a. wash out the glasses with hot water; **mam do ~kania pranie** I have washing a. laundry to rinse

■ **~kać gardło** pot. to wet one's whistle pot.

przepłukiwać *impf* → **przepłukać**

przepły|nąć *pf* — **przepły|wać¹** *impf* (**~nęła**, ~**nęli** — ~**wam**) *vt* (*wpław*) to swim across *[rzekę, jezioro]*; (*statkiem, łodzią*) to sail (across), to cross *[jezioro, morze, ocean]*; ~**nąć ocean transatlantykiem** to cross the ocean on board a transatlantic liner; **dwukrotnie ~nął Atlantyk** he crossed a. sailed the Atlantic twice

II *vi* 1 (*o cieczach, gazach, elektryczności*) to flow; **przez miasto ~wa spora rzeka** a major river flows through the town; **przez**

obwód **~wa teraz prąd elektryczny** the electric current is now flowing round the circuit ②️ przen. (przemieścić się) to flow, to pass through; **przez ręce kasjerki w banku ~wają ogromne sumy pieniędzy** enormous amounts of money pass through a bank cashier's hands; **ulicą ~wały w obu kierunkach tłumy ludzi** crowds were flowing in both directions along the street

przepływ m (G **~u**) ①️ (cieczy, gazu, prądu) flow; **~ krwi przez serce** the flow of blood through the heart; **staw z ~em** a pond with a stream flowing through (it) ②️ (informacji) flow, transfer; **łączność satelitarna umożliwia swobodny ~ informacji** satellite communication enables the free flow a. transfer of information ③️ książk. (o ludziach) flow, movement; **~ siły roboczej** the movement of labour

przepływać¹ impf → **przepłynąć**

przepływa|ć² ▯ pf vt (spędzić jakiś czas na pływaniu) **~ł całe lato na żaglówce** he spent the whole summer sailing

▮ impf vi (o uczuciach, bólu) to run (**przez coś** through sth); **różne myśli ~ły mu przez głowę** various thoughts ran through his mind a. head

przepływow|y adi. ①️ [woda, powietrze, prąd] flow attr., flowing ②️ Techn. flow attr.; **~y ogrzewacz wody** a flow a. current water heater, a tankless water heater

przep|ocić pf — **przep|acać** impf ▯ vt to drench [sth] with sweat [koszulę, bieliznę, sweter, skarpetki]; **~ocona pościel** sweaty bedlinen

▮ **przepocić się — przepacać się** [ubranie, pościel, buty] to get wet with sweat

przep|oić pf — **przep|ajać** impf (**~oję — ~ajam**) ▯ vt książk. ①️ (przesycić) (płynem) to saturate; (zapachem) to scent; **ciastko ~ojone rumem** a cake soused with rum; **leśne powietrze ~ojone żywicą** forest air filled with the scent of resin ②️ (przepełnić uczuciem) to imbue, to pervade; **~oił swoje wiersze optymizmem** he imbued his poems with optimism; **napisała list ~ojony tęsknotą** she wrote a letter pervaded with nostalgia

▮ **przepoić się — przepajać się** to become filled; **powietrze ~oiło się wonią kadzidła** the air was filled with the aroma of incense; **jego serce ~oiło się uczuciem błogości** he was filled with beatitude

przepoławiać impf → **przepołowić**

przepoł|owić pf — **przepoł|awiać** impf ▯ vt to halve, to bisect [jabłko, bochenek chleba, ciastko]; **ogród ~owiony żywopłotem** a garden bisected by a hedge

▮ **przepołowić się — przepoławiać się** to break in half

przepomp|ować pf — **przepompp|owywać** impf vt ①️ (przelać pompując) to pump [wodę, gaz, paliwo]; **~ować wodę ze zbiornika do basenu** to pump water from the cistern into the pool ②️ (przetłoczyć) [serce] to pump [krew]; **~ować krew komuś** pot. to give sb a blood transfusion

przepompowywać impf → **przepomppować**

przepon|a f ①️ Anat. diaphragm ②️ Techn. (membrana) diaphragm, membrane

przeponow|y adi. ①️ [mięśnie, oddychanie] diaphragm attr., diaphragmatic; **nerw ~y** phrenic nerve ②️ Techn. diaphragm attr., membrane attr.; **pompa ~a** a membrane a. diaphragm pump

przepowiadać impf → **przepowiedzieć**

przepowiedni|a f (Gpl **~**) (proroctwo) prophecy; (prognoza) forecast, prediction; **~a sprawdziła się/nie sprawdziła się** the prophecy was fulfilled/was not fulfilled; **ludowe ~e dotyczące pogody** weather forecasts based on folklore

przepowi|edzieć pf — **przepowi|adać** impf (**~em, ~edział, ~edzieli — ~adam**) vt ①️ (przewidzieć) to foretell [przyszłość]; to predict [sytuację]; to forecast [pogodę, inflację]; **wróżka ~edziała mu sławę** a. **że zdobędzie sławę** a fortune-teller foretold him fame ②️ pot. (powtórzyć tekst) to say; **~edzieć lekcję/wiersz** to say one's lesson/a poem

przeprac|ować pf — **przeprac|owywać** impf ▯ vt ①️ (spędzić czas pracując) to work; **~ował tam tydzień/miesiąc** he has been working there for a week/month ②️ (opracować powtórnie) to rework [plan, projekt]; to go through [zagadnienie]

▮ **przepracować się — przepracowywać się** (pracować ponad siły) to overwork; **lekarz zabronił mi się ~owywać** my doctor told me I mustn't overwork; **nie lubił się ~owywać** iron. he didn't like to overwork

przepracowani|e ▮ sv → **przepracować**

▮ n sgt overwork; **rozchorowała się z ~a** she fell ill as a result of overwork; **te wszystkie błędy to wynik ~nia** all these mistakes are the result of overwork

przepracowan|y ▯ pp → **przepracować**

▮ adi. [osoba] overworked

przepracowywać impf → **przepracować**

przep|rać pf — **przep|ierać** impf (**~iorę — ~ieram**) vt to wash [bieliznę, pończochy]

przepraszać impf → **przeprosić**

przepraszając|o adv. [uśmiechnąć się, spojrzeć] apologetically

przepraszając|y ▯ pa → **przeprosić**

▮ adi. [ton, gest, wzrok] apologetic

przepraw|a f ①️ (przejście) crossing; **~a przez góry/pustynię** crossing the mountains/desert; **~a promowa** a ferry crossing ②️ (miejsce przejścia) crossing; **szukać ~y przez rzekę** to look for a suitable place to cross the river ③️ pot. (trudności) a hard time; **miałem z szefem ciężkie ~y** my boss gave me a hard time a. a lot of aggro pot.; **czeka mnie ~a z ojcem** my dad'll kick up a fuss a. row pot.

przeprawiać impf → **przeprawić**

przepraw|ić pf — **przepraw|iać** impf ▯ vt (przeprowadzić przez trudny teren) to get [sb/sth] across; **~ić wojska przez rzekę** to get the army across the river; **przewodnik ~ił łącznika przez góry/pustynię** the guide led the liaison man across the mountains/desert; **turyści zostali ~ieni na wyspę łodzią** tourists were ferried to the island

▮ **przeprawić się — przeprawiać się** to cross; **~ić się przez góry/granicę** to cross the mountains/border; **~ić się przez rze**

kę/strumień [osoba, pojazd] to ford the river/stream

przeprawow|y adi. [ruch] bridging, crossing; **punkt ~y** Wojsk. a crossing point; **sprzęt ~y** Wojsk. bridging equipment

przepr|osić pf — **przepr|aszać** impf ▯ vt (prosić o wybaczenie) to apologize; **~osić kogoś za coś** to apologize to sb for sth; **~osiła nas za spóźnienie/kłopot, który sprawiła** she apologized to us for coming late/the trouble she had caused; **czekała, aż przyjaciółka pierwsza ją ~osi** she was waiting for her friend to apologize to her first; **chcę cię ~osić** I want to say I'm sorry, I want to apologize

▮ vi (formuła grzecznościowa) excuse me, (I'm) sorry; I beg your pardon książk.; **~aszam, która godzina?** excuse me, what time is it?; **~aszam (chciałabym przejść)** excuse me (please, I'd like to pass); **~aszam** (potrąciwszy kogoś) I'm (terribly a. awfully) sorry; (kichnąwszy) excuse me; **~aszam, że się wtrącę/przeszkadzam, ale...** sorry to interrupt/disturb you, but...; **~aszam na moment, muszę otworzyć drzwi/odebrać telefon** excuse me (for) a moment, I must open the door/answer the phone; **~aszam, ale zaszło jakieś nieporozumienie** excuse me, I'm afraid there's been a misunderstanding; **~aszam, ale to chyba nie ja, a ty powinnaś się wytłumaczyć** excuse me, but I think you should be doing the explaining, not me; **~aszam! tego nie powiedziałem!** excuse me! a. no, I'm sorry!, that's not what I said (at all)!

▮ **przeprosić się — przepraszać się** ①️ (pogodzić się) to make up; **pokłócili się, ale szybko się ~osili** they quarrelled but they soon made up (with each other) ②️ pot., żart. (zacząć znowu używać) **~osić się ze starym płaszczem/kapeluszem** to start wearing an old coat/hat again ③️ pot. (udobruchać się) to stop being angry; **obraził się na dobre i nie chce się ~osić** he took offence and won't accept apologies

przeprosin|y plt (G **~**) apology sg, apologies; **przyjąć ~y** to accept sb's apology a. apologies; **przysłać bukiet kwiatów na ~y** to send a bunch of flowers as an apology; **winna ci jestem ~y** I owe you an apology; **zostali zobowiązani do umieszczenia w prasie stosownych ~** they were obliged to place an official apology in the press

przeprosze|nie ▯ sv → **przeprosić**

▮ n apology **z** a. **za ~niem** pardon the expression; **ten twój znajomy to, z ~niem, dureń** that acquaintance of yours is a complete idiot, if you'll pardon the expression

przeprowadzać impf → **przeprowadzić**

przeprowa|dzić pf — **przeprowa|dzać** impf ▯ vt ①️ (z miejsca na miejsce) to take [osobę, zwierzę, pojazd]; **nauczycielka ~dziła dzieci przez jezdnię** the teacher shepherded the children across the street; **kapitan ~dził statek przez cieśninę** the captain navigated the ship through the strait; **skazanych ~dzono pod eskortą z więzienia do sądu** the convicts were escorted from prison to the court [2] pot. (z mieszkania do mieszkania) to move; **~dzić rodziców do stolicy/nowego mieszkania** to move one's parents to the capital/a new flat [3] (zbudować) to build *[drogę, linię kolejową]*; (przeciągnąć) to carry *[linię telefoniczną, linię wysokiego napięcia]* [4] (wykonać) to carry out *[badania, dochodzenie, remont, kontrolę, transakcję, pomiary, plan]*; **chirurg ~dził operację** the surgeon performed an operation; **~dzić wywiad/ankietę** to carry out an interview/a survey; **muszę z nim ~dzić męską rozmowę** I must have a serious talk with him

II przeprowadzić się — przeprowadzać się to move; **~dził się do innego miasta/większego mieszkania** he moved to another town/a bigger flat

przeprowadz|ka f move, removal; **pomagać komuś w** a. **przy ~ce** to help someone with the move; **samochód do ~ek** a removal van

przepuklin|a f [1] Anat. hernia; **~a brzuszna** abdominal hernia; **~a mosznowa** scrotal hernia; **~a pępkowa** umbilical hernia [2] Bot. clubroot

przepust|ka f [1] (upoważnienie do wejścia) pass; **~ka stała/jednorazowa** a multiple entry/single entry pass; **biuro ~ek** a pass desk; **wydać komuś ~kę** to issue a pass to sb; **otrzymać ~kę** to obtain a pass; **wejść gdzieś za ~ką** a. **okazaniem ~ki** to show one's pass on admission [2] (pozwolenie na wyjście) pass; **~ka z wojska/więzienia/szpitala** a pass from the military quarters/prison/hospital; **być na ~ce** *[więzień, żołnierz]* to be on a pass [3] Techn. sluice gate [4] przen. ticket; **dyplom tej uczelni to ~ka do kariery** a degree from this university is a ticket to a career; **małżeństwo z nim było ~ką do lepszego życia** marriage with him was a ticket to a better life

przepustowoś|ć f sgt (arterii komunikacyjnej) traffic capacity; (linii telefonicznej) throughput; (łącza) bandwidth; (baru, sklepu, dworca) capacity

przepuszczać impf → przepuścić

przepuszczalnoś|ć f sgt [1] (gleby, tkaniny) permeability [2] Fiz. light transmittance

przepuszczaln|y adi. *[tworzywo, materiał, gleba]* permeable

przepu|ścić pf — **przepu|szczać** impf (~szczę, ~ścisz — ~szczam) **I** vt [1] (wpuścić) to let in; **strażnik miał polecenie ich ~ścić** the guard was told to let them pass; **otworzono szlaban i ~szczono samochody** the gate was opened and all the cars were allowed through; **nie wszyscy turyści zostali ~szczeni przez granicę** not all the tourists were allowed to cross the border [2] (ustąpić z drogi) to make way; **gospodarz ~ścił gościa przodem** the host stepped back to make way for his guest; **~ścił mnie w drzwiach** he stepped back to let me go through the door first; **~ść ciężarówkę, potem skręcaj** let this truck pass and then turn; **kierowca zatrzymał samochód i ~ścił przechodzących przez jezdnię** the driver stopped to let the people cross the street; **proszę mnie ~ścić!** please let me pass!; **prosiła, żeby ~ścili ją bez kolejki** she asked the people

in the queue a. line US to let her be served before them [3] Szkol. to promote [sb] to the next form GB a. grade US *[ucznia]* [4] (poddać działaniu) **~ścić mięso przez maszynkę** to mince meat, to put meat through a mincer; **~ścić pranie przez wyżymaczkę** to mangle the washing, to put the washing through a mangle; **~ścić kandydatów przez szereg badań i testów** to put candidates through a series of tests [5] Techn. **~ścić prąd przez elektrody** to run electric current through electrodes; **~ścić światło przez pryzmat** to shine a beam of light through a prism [6] (umożliwić przedostanie się) to let in; **dziurawy dach ~szczał wodę** the roof leaked a. let in water; **podeszwy butów ~szczały wodę** the shoes let in water; **nieszczelne rury ~szczały gaz** the gas pipes leaked; **zasłony nie ~szczały światła** the curtains kept the light out [7] pot. (darować) **nikomu nie ~ścił zaniedbania** he wouldn't let anybody get away with any negligence; **takiej zniewagi nie ~szczę** I can't allow anyone to get away with a slight like that! I can't allow such a slight go unnoticed a. pass [8] (przeoczyć) to miss, to overlook *[błąd]*; to miss, to pass up *[okazję]*; **nie ~ścił żadnego filmu kryminalnego** he didn't miss any mystery film [9] pot. (roztrwonić) to splurge *[pieniądze]*; to blow pot. *[pieniądze, majątek]*

II vi pot. (szukać znajomości) **to kokietka, żadnemu chłopakowi nie ~ści** she's a flirt, she'll make a play for any young man pot.; **nie ~ści żadnej blondynce** he'll come on to every blonde pot.

■ **~ścić autobus/tramwaj** to wait for another bus/tram

przeputa|ć pf vt pot. (roztrwonić) to blow pot. *[majątek, pieniądze]*

przepych m sgt (G **~u**) [1] (wystawność) splendour GB, splendor US, sumptuousness [2] przen. (obfitość) lavishness, richness

przepychać impf → przepchać

przepychan|ka f pot. [1] (szarpanina) scramble; **~ka uliczna** a street run-in pot.; **~ka w tramwaju/autobusie** a scrimmage on the tram/bus; **~ka w kolejce** pushing and shoving in the queue a. line US [2] (rywalizacja) rough-and-tumble; **~ka personalna** a race for positions

przepysznie adv. książk. **wyglądać/smakować/pachnieć ~** *[potrawa]* to look/taste/smell delicious; **bawić się ~** to have a splendid time; **czuć się ~** to feel splendid; **~ udekorowana sala** a lavishly decorated hall

przepyszn|y adi. książk. *[zupa, ciasto]* delicious; *[pałac, strój]* lavish; *[klejnot]* splendid; **to była ~a zabawa** that was great fun

przepyt|ać pf — **przepyt|ywać** impf **I** vt [1] Szkol. (sprawdzić wiadomości) to test; **nauczyciel ~ywał ucznia z historii** the teacher gave the pupil an oral test in history; **możesz mnie ~ać z geografii?** can you ask me some test questions in geography? [2] (zapytać wiele osób) to question; **~ywał kolegów o wrażenia z wycieczki** he questioned his colleagues about their impressions from the trip; **~ywała nas, co mu kupić na urodziny** she asked us all in turn what to buy him for his birthday

II przepytać się — przepytywać się pot. [1] (przeegzaminować się nawzajem) to test one another; **~ać się ze słówek** to quiz one another on new vocabulary [2] (dopytywać się wielu osób) to ask around; **~ywał się, czy nie widzieli kogoś nieznajomego** he was asking around whether they had seen any strangers

przepytywać impf → przepytać

przerabiać impf → przerobić[1]

przerabian|y pp → przerobić

II adi. interwoven; **szyfon ~y srebrem/złotem** chiffon interwoven with silver/gold

przeradzać się impf → przerodzić się

przerafinowani|e n sgt książk. oversophistication

przerafinowan|y adi. książk. *[sztuka, utwór]* oversophisticated

przerastać impf → przerosnąć

przera|zić pf — **przera|żać** impf **I** vt to horrify, to terrify, to scare; **~ziły go złe wiadomości** he was horrified at the bad news; **nie ~żały go trudności** he wasn't put off by difficulties; **~ził ją swoim wyglądem** she was horrified by his appearance; **dom ~żał pustką** the emptiness of the house gave one the creeps

II przerazić się — przerażać się to become horrified a. terrified; **~ziła się na widok obcego człowieka** she was terrified by the sight of the stranger; **~ził się, że zgubił pieniądze** he was horrified that he had lost his money

przeraźliwie adv. grad. [1] (strasznie) dreadfully; **wrzasnął ~** he screamed shrilly, he let out an earsplitting scream; **błysnęło się/zagrzmiało ~** it flashed/thundered terribly [2] przen. (bardzo) terrifyingly; frightfully przest.; **było ~ ciemno i zimno** it was frightfully dark and cold; **~ chudy chłopak** a frightfully thin boy

przeraźliw|y adi. grad. [1] (budzący strach) *[widok]* dreadful; *[krzyk]* piercing; *[blask]* blinding [2] (intensywny) *[ból, cisza]* terrible; **śmierć męża pozostawiła ~ą pustkę w jej życiu** the death of her husband left a terrible void in her life

przerażać impf → przerazić

przerażająco adv. [1] (budząc przerażenie) *[krzyczeć, jęczeć]* horribly, terribly [2] (ogromnie) *[chudy, wysoki, nudny]* awfully, terribly

przerażając|y **I** pa → przerażać

II adi. [1] (budzący przerażenie) *[widok, wiadomość, krzyk]* terrifying, horrifying; **opowiadała nam ~e historie o duchach** she told us terrifying stories about ghosts [2] (budzący osłupienie) terrible, awful; **robił ~e błędy ortograficzne** he made terrible spelling mistakes

przerażeni|e n sgt **I** sv → przerazić

II n sgt (silny lęk) terror; **oniemieć z ~a** to be struck dumb with terror; **ochłonąć z ~a** to recover from one's terror; **ogarnęło go ~e** he was overcome with terror; **okrzyk ~a wyrwał się z jej piersi** she let out a scream of terror a. horror; **z ~em myślał o egzaminach/przeprowadzce** the thought of the exams/of moving terrified him a. filled him with dread a. dismay; **ku swojemu ~u zobaczyła, że nie ma paszportu** to her horror a. (utter) dismay she saw that she didn't have her passport (with her)

P

przeraż|ony adi. [osoba, mina, głos, wzrok, twarz] terrified, horrified; **jestem ~ony tym, co mówisz** I'm horrified at what you're saying

przerąb|ać pf — **przerąb|ywać** impf (**~ię — ~uję**) **I** vt [1] (na dwie części) to chop through [pień, drewno, kość]; **~ywał szczapy na rozpałkę** he chopped the kindling for the fire [2] (wyrąbać przejście) to cut; **~ać ścieżkę w dżungli** to cut a path in the jungle; **~ać lód na rzece** to cut ice on the river [3] pot. (przerzedzić) to cut down [drzewa] **II** **przerąbać się — przerąbywać się** (zrobić sobie przejście) to cut one's way (**przez coś** through sth); **~ali się przez zarośla** they cut their way through the thicket

■ **mieć ~ane** pot. to be done for pot., to have one's ass in a sling US pot.; **mieć u kogoś ~ane** pot. to be in the doghouse with sb pot., to be in bad with sb US pot.

przerąbywać impf → **przerąbać**

przerdzewia|ły adi. [błotniki, rury, blacha, instalacja] rust-eaten

przerdzewi|eć pf (**~ał**) vi [błotnik, rura, siatka] to rust

przeredag|ować pf — **przeredag|owywać** impf vt to edit, to redraft [artykuł, rękopis]; to reword [akapit]; **~owany słownik** a revised edition of a dictionary

przeredagowywać impf → **przeredagowywać**

przereklam|ować pf vt to overrate [film, książkę, wystawę, autora]; **ten sklep/pub jest bardzo ~owany** this shop/pub is highly overrated

przeręb|el m, **~la** f blowhole, airhole; **wyrąbać ~el** a. **~lę na rzece** to drill a blowhole in the river; **łowić ryby w ~lu** a. **~li** to catch fish in the blowhole

przer|obić¹ pf — **przer|abiać** impf **I** vt [1] (na lepsze) to alter [kapelusz, sukienkę, płaszcz]; to rewrite [powieść, sztukę]; to redecorate [kuchnię, łazienkę]; (na coś innego) to convert [piwnice, stajnie]; to adapt [nowelę, sztukę]; **~obić strych/garaż na mieszkanie** to convert an attic/a garage into a flat; **powieść ~obiona na przedstawienie teatralne** a novel adapted for the stage; **kurtka/spódnica ~obiona z płaszcza** a jacket/skirt made out of an overcoat; **~obić cywila w wojaka** pot. to make a soldier out of a civilian [2] (przetworzyć) to process; **~obić buraki/trzcinę na cukier** to process beet(s)/cane to obtain sugar; **~abiać ropę naftową na benzynę** to refine crude oil into petrol [3] pot. (przestudiować dział wiedzy) to go through, to study, to do; **~obić ćwiczenia/zadania** to go through the exercises/problems; **~obiłem całą fizykę/matematykę do egzaminu** I revised all the course material in physics/maths for the exam; **nie ~abiliśmy jeszcze funkcji** we haven't done functions yet; **~obienie gramatyki zajmie nam cały semestr** doing grammar will last the whole term; **kąpiele/terapia grupowa? – już to ~abiałem** baths/group therapy? – I've already done that [4] (na drutach) to knit; (na prawo) to knit; (na lewo) to purl; **~ób pięć oczek prawych i trzy lewe** knit five, purl three; **~obiła kilka rzędów/trzy centymetry** she knitted several rows/three centimetres

II **przerobić się** pot. to be too clever by half pot.

■ **~obić kogoś** pot. (oszukać) to do sb pot.; **uważaj, żeby cię kumple nie ~obili** look out or your pals will do you; **dać się ~obić** to be taken in

przer|obić² pf pot. **I** vt (przepracować) **~obiłem dwadzieścia lat w fabryce** I've worked (for) twenty years in a factory **II** **przerobić się** (przepracować się) to overdo it a. things pot.; to overstrain oneself

przerobow|y adi. [surowce] industrial; **owoce ~e** fruit for processing

❑ **moc** a. **zdolność ~a** Ekon. production capacity

przer|odzić się pf — **przer|adzać się** impf v refl. książk. to turn (**w coś** into sth); **niechęć ~odziła się w nienawiść** dislike turned into hatred; **wiec ~odził się w strajk** the rally turned into a strike

przer|osnąć pf — **przer|astać** impf (**~ósł — ~astam**) **I** vt [1] (stać się wyższym) to outgrow; **syn już ~asta ojca** their son is already getting taller than a. outgrowing his father; **~ósł brata o głowę** he is a full head taller than his brother; **topole ~osły inne drzewa** the poplars have outgrown the other trees; **~astać czyjeś siły/możliwości** przen. to be beyond sb's strength/capabilities [2] (prześcignąć) to surpass książk.; **~asta kolegów inteligencją i wiedzą** his intelligence and knowledge surpass those of his colleagues; **sukces ~ósł nasze oczekiwania** the success exceeded a. surpassed our expectations [3] (przepleść się) **trawa ~osła bruk** grass has grown up in the cracks in the paving **II** vi to overgrow; **~ośnięte ziemniaki** overgrown potatoes; **ciasto ~osło** the dough was left to rise for too long

przero|st m (G **~stu**) [1] książk. (nadmiar) excess; **~st ambicji/wyobraźni/uczuciowości** an excess of ambition/imagination/emotion a. feeling; **~sty administracyjne** the excesses of bureaucracy; **~sty zatrudnienia** overmanning, overstaffing; **~st formy nad treścią** the triumph of form over content [2] Med. hypertrophy; **~st nerki/mięśnia sercowego** hypertrophied kidney/heart muscle; **~st gruczołu krokowego** prostatic hypertrophy

❑ **~st zastępczy** Med. compensatory hypertrophy

przerostow|y adi. Med. hypertrophic

przerośnię|ty I pp → **przerosnąć**

II adi. [1] (nadmiernie wyrośnięty) [warzywa, owoce] exuberant; **~ty uczeń** pot. a pupil older than his classmates [2] (zawierający wrośnięte kawałki) streaky; **mięso ~te tłuszczem** streaky a. marbled meat

przer|ób m (G **~obu**) [1] sgt (surowców) processing; **bawełna/drewno do ~obu** cotton/timber for processing; **~ób buraków na cukier** the processing of sugar beet into sugar [2] zw. pl (produkty) product; **~oby z mleka/owoców** milk/fruit products [3] sgt (jednostka rozliczeniowa) throughput; **~ób dzienny/roczny** daily/annual output

przerób|ka f [1] (odzieży) alteration; (tekstu) adaptation; **„~ki krawieckie"** (w ogłoszeniu) 'alterations'; **oddała kostium do ~ki**

she is having her suit altered [2] (utwór po zmianach) adaptation; **~ka sceniczna powieści** an adaptation of the novel for the stage; **~ka noweli na słuchowisko radiowe** an adaptation of a short story for the radio [3] Techn. processing; **~ka ropy naftowej** crude oil refining

przeróżnoś|ć f sgt książk. great variety; **~ć form i kształtów** a great variety of forms and shapes

przeróżn|y adi. książk. [tematy, pory, trudności] various; **przychodzili tu ~i ludzie** all sorts of people used to come here; **wymyślał najprzeróżniejsze historie** he would make up all sorts of stories

przerw|a f [1] (wstrzymanie) break, interruption; (w debatach, obradach, rozprawie) adjournment, recess US; (w dostawie, transmisji) cut, interruption; (o transporcie) disruption; **~a w pracy** a (work) stoppage; **~a w rozmowie** a break a. lull a. pause in the conversation; **~a w dopływie prądu** an electricity a. a power cut a. failure, a blackout; **~a w dostawie gazu** a gas cut; **~a w komunikacji** disruption of transport services; **~a w ruchu pociągów** disrupted train a. rail services, train delays; **sąd zarządza teraz ~ę** the court will now adjourn; **z ~ami** at intervals; (nieregularnie) off and on, on and off; **od rana pada deszcz z krótkimi ~ami** it's been raining off and on a. intermittently since (this) morning; **studiował z ~ami, lecz w końcu otrzymał tytuł magistra** he had several breaks in his (university) course, but he got his degree in the end; **głos mu drżał, mówił z ~ami** his voice was trembling and he spoke in fits and starts; **bez ~y** [pracować, padać] continuously, without a break; **on bez ~y gada** he goes on and on; he never stops yapping pot.; **bez ~y miała do mnie jakieś pretensje** she was always nagging (at) me about something [2] (wolny czas) (między lekcjami) break GB, playtime GB, recess US; (ferie) break, vacation; (w pracy) break; **duża ~a** ≈ the long break (a morning break in Polish schools lasting 20-30 minutes); **dzwonek na ~ę** the bell for break; **~a międzysemestralna** the winter break a. vacation (at Polish universities usually the first two weeks in February); **~a wakacyjna** the holiday break; **~a obiadowa** the lunch break a. hour; **~a śniadaniowa** a morning break [3] (w przedstawieniu, koncercie) interval, intermission US; (w meczu) half-time, interval [4] (puste miejsce) gap; (między wersami, stolikami) space; **ukazała się ~a w murze** a break a. gap in the wall appeared

■ **~a w życiorysie** pot. (okres niepamięci) blackout; **służba wojskowa to dwa lata ~y w życiorysie** military service is just two years of one's life down the drain a. thrown away pot.

przer|wać pf — **przer|ywać** impf (**~wę, ~wiesz — ~ywam**) **I** vt [1] (rozerwać) to break [nitkę, sznurek] [2] (zrobić wyrwę) to break [tamę, linię frontu]; **~wać blokadę** to break a blockade [3] (zrezygnować z wykonywania) to give up [pracę, naukę, studia] [4] (zakłócić ciągłość) to stop [czytanie, pisanie, gotowanie]; to discontinue [dostawy, produkcję, budowę]; **mówca często ~ywał, żeby napić się**

wody the speaker often broke off to drink some water; **gwałtowna burza ~wała pracę w polu** a heavy storm disrupted work in the fields; **hałas ~wał mu sen** a noise disrupted his sleep; **~wana łączność telefoniczna** disrupted telephone services; **skecze satyryczne ~ywane piosenkami** satirical sketches a. skits interspersed with songs; **wreszcie ktoś ~wał kłopotliwe milczenie** eventually someone broke the embarrassing silence; **proszę mi nie ~ywać** please don't interrupt (me); **„za dużo mówisz", ~wał Robert** 'you talk too much,' Robert broke a. cut in; **~wać w pół słowa** a. **zdania** a. to stop in mid-sentence a. mid-word; **~wać komuś w pół słowa** a. **zdania** to interrupt sb in mid-flow; **~wać ciążę** [lekarz] to perform an abortion a. a termination; [ciężarna] to have an abortion, to terminate a pregnancy [5] Ogr., Roln. to thin [buraki, marchew, astry]

III przerywać się — przerwać się [1] (zostać przerwanym) [korale, nić, sznurek, łańcuch] to break [2] (zostać wstrzymanym) [dyskusja, łączność, śpiew, więzi] to break off [3] pot. (podźwignąć się) to be ruptured

przerys|ować pf — **przerys|owywać** impf vt [1] (skopiować) to copy [rysunek, mapę, szkic]; **~ować fason sukni z żurnala** to copy a dress from a fashion journal; **~owała przez kalkę wykrój bluzki** she copied the pattern of a blouse using tracing paper [2] przen. to exaggerate [problemy]; to overdraw [postać sceniczną, cechy charakteru]; **aktor ~ował odtwarzaną postać** the actor created a larger-than-life character

przerysowa|nie II sv → przerysować

II n [1] (wyolbrzymienie) exaggeration; **reżyser w swoim filmie uniknął ~ań** the director managed to avoid exaggeration in his film [2] Fot. oversharpness

przerysowywać impf → przerysować

przerywać impf → przerwać

przerywan|y pp → przerwać

II adi. [oddech, odgłos] broken; **linia ~a** (na papierze) a dotted line; (na jezdni) a broken line; **stosunek ~y** coitus interruptus

przerywnik m [1] (filmowy, muzyczny, baletowy) interlude [2] przen. interlude [3] Druk. vignette

przerze|dzić pf — **przerze|dzać** impf **II** vt [1] (przetrzebić) to thin out [rośliny, drzewa] [2] (zmniejszyć liczebnie) to thin; **wojna ~dziła nasze pokolenie** our generation was thinned out by the war

II przerzedzić się — przerzedzać się [1] (stać się rzadszym) [włosy, mgła] to thin [2] (zmaleć liczebnie) [szeregi wojska, grono ludzi] to thin; **wieczorem tłum na ulicach się ~dzał** in the evenings the crowds in the streets would thin out; **na targu ~dziło się** the crowd in the market has thinned out

przerzucać impf → przerzucić

przerzu|cić pf — **przerzu|cać** impf **II** vt [1] (rzucić z jednego miejsca w inne) to throw; (przewieść) to throw, to sling [torbę, szalik]; **~cać ziemię/węgiel łopatą** to shovel soil/coal; **~cać gruz koparką** to move the rubble with an excavator; **~cić kamień przez płot** to throw a stone over the fence; **~cić piłkę ponad siatką** to send the ball

over the net; **~cił sobie płaszcz przez ramię** he slung the coat over his shoulder; **sweter ~cony przez oparcie krzesła** a sweater thrown over the back of a chair; **~cić linę przez bloczek** to pass a rope through a pulley [2] (przetransportować) to redeploy [żołnierzy, sprzęt]; (nielegalnie) to smuggle [broń, narkotyki, emigrantów]; **~cić robotników do innej budowy** pot. to move the workers to another construction site [3] pot. (przetrząsnąć) to go a. rummage through; **~cił wszystko w biurku, szukając rachunku** he went a. rummaged through his desk looking for the bill [4] (przejrzeć) to flip through, to flick through [czasopismo, gazetę, książkę] [5] (obarczyć) to offload, to shift; **firma ~ciła poniesione koszty dodatkowe na odbiorców** the company offloaded the extra costs onto its clients; **niektórym bankom udaje się ~cić prawie całe ryzyko na klientów** some banks manage to shift almost all the risk of the operations to their clients; **obrońca oskarżonego usiłował część winy ~cić na drugiego kierowcę** the barrister for the defendant tried to offload part of the blame onto the other driver; **niektórzy rodzice chcieliby ciężar wychowania ~cić na szkołę** some parents would like to shift the burden of bringing up their children onto the school; **~cić na kogoś obowiązki** to pass one's duties onto sb; **~cić na kogoś odpowiedzialność** to shift the responsibility onto sb

II przerzucić się — przerzucać się [1] (zmienić miejsce pobytu, pracę, zajęcie) to switch; **autor ~cił się z prozy na poezję** the writer switched over from prose to poetry; **rolnik ~cił się na hodowlę zwierząt** the farmer switched to breeding livestock [2] (rozprzestrzenić się) [choroba, ogień, rdza] to spread; **nowotwór ~cił się na wątrobę** a secondary tumour has developed in the liver

■ **~cić bieg** pot. to change gear(s); **~cić most przez rzekę** to bridge a river, to throw a bridge across a river; **~cić kładkę nad strumieniem** to span a brook with a catwalk; **~cać się z jednej ostateczności w drugą** książk. to go a. swing from one extreme to another; **~cać się żartami** to swap a. exchange jokes

przerzu|t m (G **~tu**) [1] (ludzi, towarów) transportation U, conveyance U; (żołnierzy, sprzętu) redeployment U; (przemyt) smuggling U; (narkotyków) traffic U, trafficking U [2] Med. metastasis U [3] Sport (w grach piłkarskich) cross, swing pass; (w zapasach, dżudo) throw; (w gimnastyce akrobatycznej, skokach do wody) somersault; (w skoku wzwyż) flop; **~t bokiem** a cartwheel

przerzut|ka f gears

przerzutow|y adi. [1] [punkt, trasa] smuggling [2] Med. metastatic [3] Sport **styl ~y** flop high jump (technique)

przerzynać impf → przerżnąć

prze|rżnąć pf — **prze|rzynać** impf (~rżnęła, ~rżnęli — ~rzynam) **II** vt [1] (na dwie części) (nożem) to cut (through) [tekturę]; (piłą) to saw through [deskę, pień, kratę] [2] [droga, jar, tor] to intersect [las, pola]; **rzeka ~rzyna dolinę** a river cuts

through the valley [3] pot. (przegrać) to gamble away [pieniądze]; (zepsuć) to screw up pot. [sprawę] [4] wulg. (odbyć stosunek) to screw wulg.

II vi pot. (przegrać) to take a licking pot.

III przerżnąć się — przerzynać się [rzeka, strumień] to cut through [skały, wąwóz]

przesa|da f sgt [1] (przejaskrawienie) exaggeration; **~da w ubiorze/ostrożności** overdressing/overcautiousness; **nie było ~dy w tym, co powiedział** there was no exaggeration in what he said; **to, bez ~dy, najlepszy/najgorszy film** it is no overstatement to say that this is the best/the worst film; **uczciwy/uprzejmy aż do ~dy** honest/kind to a fault; **wpaść w ~dę** to go to extremes [2] (afektacja) affectation; **mówić/gestykulować z ~dą** to talk/gesture affectedly

przesadnie adi. (zbytnio) [wystrojony] excessively; **dziewczyna była ~ wrażliwa** the girl was oversensitive

przesadn|y adi. [elegancja, gestykulacja] overdone; [troska, czułość, dokładność, poczucie odpowiedzialności] exaggerated; **kłaniał się z ~ą uprzejmością** he bowed with exaggerated politeness

przesadzać impf → przesadzić

przesa|dzić pf — **przesa|dzać** impf **II** vt [1] (posadzić w innym miejscu) to replant [drzewo, roślinę]; **~dził flance z inspektów do gruntu** he has replanted the seedlings from the cold frames into soil; **~dzanie roślin doniczkowych** repotting [2] (wskazać inne miejsce) to move; **nauczyciel ~dził ucznia do innej ławki** the teacher moved the schoolboy to another desk [3] (pomóc przedostać się na drugą stronę) to heave; **~dzić kogoś przez płot** to heave sb over the fence [4] pot. (przeskoczyć) to jump [ogrodzenie, rów]

II vi (nie zachować umiaru) to exaggerate, to overdo; **~dził w pochwałach/zachwytach** he was fulsome in his praise/appreciation; **starał się nie ~dzać w ocenie sytuacji/faktów** he tried not to exaggerate the situation/facts; **nie ~dzajmy z tą jego mądrością/tym jego talentem** pot., iron. let's not exaggerate his wisdom/talent; **czy pani nie ~dza?** aren't you exaggerating a bit?

przesadz|ony pp → przesadzić

II adi. [plotki, obawy, opinie, zarzuty] exaggerated

przesalać impf → przesolić

przesączać impf → przesączyć

przesącz|yć pf — **przesącz|ać** impf **II** vt (przefiltrować) to filter [sok, wodę]

II przesączyć się — przesączać się [1] (przez filtr) to filter [2] (przesiąknąć) to seep, to percolate; to permeate książk.; **krew ~yła się przez bandaż** blood had seeped through the bandage [3] (przeniknąć) [światło, zapach] to filter, to seep; to permeate książk.; **słońce ~ało się przez chmury** sunlight a. the sun filtered through the clouds; **dym ~ył się przez szczeliny** (the) smoke seeped through the cracks

przesą|d m (G **~du**) [1] (zabobon) superstition, old wives' tale; **wiara w ~dy** belief in superstitions [2] zw. pl (uprzedzenie) prejudice U; **hołdować ~dom** to bow to prejudice; **walka z ~dami** a fight against prejudice

przesądnie adv. superstitiously

przesądnoś|ć f sgt superstitiousness

przesądn|y adi. [osoba, myśl, strach] superstitious

przesądzać impf → **przesądzić**

przesądz|ić pf — **przesądz|ać** impf vt [1] książk. (rozstrzygnąć) to settle; **to ~a sprawę** that settles the matter [2] (mieć decydujący wpływ) to determine; **o wyniku meczu ~iła jedna bramka** one a. a single goal determined the result of the match; **niska cena ~iła o zakupie artykułu** the low price was the decisive factor in the purchase

przesądz|ony [] pp → **przesądzić**
[] adi. [los] sealed; **wynik meczu był ~ony** the outcome of the match was a foregone conclusion

przes|chnąć pf — **przes|ychać** impf (~chnął a. ~echł — ~ycham) vi [1] (stracić część wilgoci) to dry (off) somewhat [2] (stracić zbyt dużo wilgoci) to dry up

przeschnię|ty [] pp → **przeschnąć**
[] adi. [1] (mniej wilgotny) just dried off [2] (zbyt suchy) dried up

przesi|ać pf — **przesi|ewać** impf [] vt [1] (przez sito) to sieve, to sift [mąkę, ziarno, piasek]; to riddle [ziemię]; **~ewał piasek przez palce dłoni** he sifted sand through his fingers [2] przen. (selekcjonować) to sift (through) [informacje, fakty, prace]; to winnow down, to screen [kandydatów]
[] **przesiać się — przesiewać się** to pass through a sieve; **mąka dobrze się ~ała przez nowe sito** the new sieve sifted flour well

przesiadać się impf → **przesiąść się**

przesiad|ka f change (of train, bus, plane); transfer US; **podróż z ~ką** a journey with a change of trains/buses/flights; **podróż/lot bez ~ki** a direct journey/flight; **do Londynu jechał bez ~ki** he took a direct train/bus to London; **mieć dwie ~ki w podróży** to have to change twice on the journey; **będziesz miał ~kę w Krakowie** you'll have to change in Cracow

przesiadkow|y adi. **bilet ~y** a through ticket

przesiad|ywać impf vi to spend a lot of time; **(ona) godzinami ~uje u sąsiadki** she spends whole hours next door; **~ywaliśmy po nocach, tocząc burzliwe dyskusje** we spent whole nights arguing passionately; **(ona) ~uje w biurze poza godzinami pracy** she stays after hours in the office; **czy on nie za często ~uje u nas w domu?** don't you think he's spending too much time here?

przesiąkać impf → **przesiąknąć**

przesiąk|nąć pf — **przesiąk|ać** impf (~nął a. ~ł, ~nęła a. ~ła, ~nęli a. ~li — ~am) vi [1] (przeniknąć) [krew, woda, wilgoć] to soak through, to seep through (**coś** sth); **~nąć przez coś** to soak a. seep through sth [2] (zostać przepojonym) to be a. become saturated a. permeated (**czymś** with sth); **pokój ~ł swądem** the smell of burning pervaded the room; **~ł/ubranie ~nęło mu dymem papierosowym** he/his clothes reeked of cigarette smoke;

ubranie **~ło jej wilgocią** her clothes were sodden [3] (wpić się) przen. (**czymś** sth); to soak in (**czymś** sth); to imbibe przen. (**czymś** sth); **~nął ideologią marksistowską/kulturą włoską** he soaked up Marxist ideology/Italian culture; **~nęła niechęcią do wszystkiego, co obce** she developed a deep aversion to anything foreign

przesiąknię|ty [] pp → **przesiąknąć**
[] adi. [1] [powietrze, ubranie, ziemia] saturated (**czymś** with sth); **powietrze ~te zapachem kwiatów** air scented with flowers; **ubranie ~te wilgocią** sodden clothes; **ziemia ~ta wilgocią** waterlogged earth [2] przen. [osoba, obraz] pervaded (**czymś** with sth)

przesi|ąść się pf — **przesi|adać się** impf (**~ądę się, ~ądziesz się, ~ądzie się, ~adł się, ~adła się, ~edli się — ~adam się**) v refl. [1] (usiąść gdzie indziej) to move (to another seat); **~ąść się z kanapy na fotel** to move from a sofa to an armchair; **~adła się na drugą stronę stolika** she moved to the other side of the table [2] (zmienić środek lokomocji) to change, to transfer; **~ąść się z autobusu do pociągu** to change from bus to train; **~adłem się do innego tramwaju** I changed trams; **w Suchej ~adła się na pociąg do Żywca** at Sucha she changed for Żywiec; **na następnym przystanku musisz się ~ąść** you must change at the next stop; **żeby się dostać z A do B, trzeba się trzy razy ~adać** getting from A to B involves three changes; **to szok ~ąść się z fiata do mercedesa** it's quite a shock to change from a Fiat to a Mercedes

przesiedlać impf → **przesiedlić**

przesiedle|nie [] sv → **przesiedlić**
[] n relocation, resettlement U; **masowe ~nie ludności** mass relocation of the population

przesiedle|niec m (V ~ńcze a. ~ńcu) (dobrowolny) migrant; (przymusowy) displaced person, DP; **obóz przejściowy dla ~ńców** a DP camp

przesiedleńcz|y adi. [akcja] displacement attr.; **ruchy ~e ludności** the migration of people; **mienie ~e** property subject to a duty-free relocation allowance

przesiedl|ić pf — **przesiedl|ać** impf [] vt (przenieść) to resettle [ludność]; **tysiące ludzi ~ono w głąb Rosji** thousands of people were resettled deep in Russia; **~ono ludność z terenów zagrożonych powodzią** people from the flood-threatened area were evacuated; **akcja ~ania ludności** the resettlement of the population
[] **przesiedlić się — przesiedlać się** to migrate, to resettle; **~ić się ze wsi do miasta** to migrate from country to town; **~ić się do Niemiec** to migrate to Germany

przesie|dzieć pf (**~dzisz, ~dział, ~dzieli**) vt [1] to spend [wieczór, godzinę]; **~działa noc przy chorym dziecku** she sat a whole night by the sick child's bedside; **~dział za biurkiem jako urzędnik 25 lat** przen. he had worked as a clerk for 25 years; **~dział kilka lat za granicą** he spent several years abroad [2] pot. (o więźniu) **~dzieć trzy lata** to do three years

pot.; **młodość ~działem na syberyjskim zesłaniu** I spent my youth as an exile in Siberia

przesie|ka f (po wycięciu drzew) clearing; (przeciwpożarowa) firebreak

przesiew m (G ~u) [1] (czynność) sifting sgt; **~ mąki/zboża** the sifting of flour/grains [2] (przesiany materiał) fines pl [3] pot. (selekcja) screening sg, selection; **~ kandydatów na studia** the selection of university candidates

przesiewacz m (siatka) screen; (maszyna) sifter

przesiewać impf → **przesiać**

przesiewow|y adi. Med. screening attr.; **badania ~e** screening; **onkologiczne badania ~e** cancer screening

przesilać się impf → **przesilić się**

przesile|nie n [1] (punkt krytyczny) turning point; **~nie gospodarcze/polityczne** an economic/a political crisis; **~nie dziejowe** a turning point in history [2] Med. crisis; **u chorego nastąpiło ~nie** the patient is past the critical stage [3] Astron. solstice; **~nie letnie/zimowe** the summer/winter solstice

przesil|ić się pf — **przesil|ać się** impf v refl. [choroba] to reach a critical point; [burza] to be at its worst; **zima się ~iła, śnieg stopniał** winter was past its worst, the snow melted

przeskakiwać impf → **przeskoczyć**

przeskal|ować pf — **przeskal|owywać** impf vt to graduate [aparaturę, termometr]; **~owywać coś na system metryczny** to metricate sth

przeskalowywać impf → **przeskalować**

przesk|oczyć pf — **przesk|akiwać** impf [] vt [1] (pokonać przeszkodę) [osoba, koń, pies] to jump, to leap [rów, przeszkodę]; **koń czysto ~oczył mur i rów** the horse cleared the wall and the ditch; **~akiwał po dwa stopnie naraz** he was bounding up the stairs two (steps) at a time; **~oczył skrzyżowanie na czerwonym świetle** he jumped the lights, went over a red light at the crossroads [2] przen. (znaleźć się powyżej określonego poziomu) to go beyond a. over [poziom, próg]; **czterdziestkę to on już dawno ~oczył** he's well over forty; **~oczyć kogoś** (wzrostem) to become taller than sb; (umiejętnościami) to outstrip a. outflank sb [3] pot. (pominąć) to skip (over), to skip [sth] over [rozdział, temat, fragment]; **takie są przepisy i ja ich nie ~oczę** these are the regulations and I cannot do anything about it; **pewnych spraw nie da się ~oczyć** there are certain things that cannot be avoided
[] vi [1] (przemieszczać się) to jump, to skip; **~oczyć przez coś** to jump a. leap over a. across sth [rów, płot, kałużę]; to vault (over) sth [poprzeczkę, barierę]; **~akiwał z kamienia na kamień** he was hopping from stone to stone; **wiewiórka ~akiwała z gałęzi na gałąź** the squirrel was leaping from branch to branch; **iskra elektryczna ~akuje między elektrodami** a spark passes between the electrodes; **wskazówka zegara ~oczyła na trzecią** the hand of the clock moved to three [2] (przechodzić od

jednej rzeczy do drugiej) to skip; **~akiwać z tematu na temat** to skip from one subject to another; **myśl ~akuje z tematu na temat** my/his/her thoughts are in turmoil a. in a whirl; **aktor ~akuje od tragizmu do komizmu** the actor is able to switch from the tragic to the comic

■ **sam siebie nie ~oczysz** pot. you can't do more than that; **nie mów hop, póki nie ~oczysz** przysł. there's many a slip 'twixt cup and lip przysł.

przeskok m (G ~**u**) [1] jump, leap; **~ przez przeszkodę** a jump across a. over an obstacle; **~ iskry elektrycznej** a flashover; **~ elektronu z orbity na orbitę** an electron jump from one orbit to another [2] przen. sudden change; **~i z tematu na temat** sudden changes of subject, skipping from subject to subject; **~i myśli** confused thoughts; **~i nastroju** sudden changes of mood, mood swings; **~i czasowe w jego nowym filmie** time shifts in his new film

przeskrob|ać pf vt pot. to do mischief, to be up to no good; **co tym razem ~ałaś?** what have you been up to this time?

prze|słać[1] pf — **prze|syłać** impf (**~ślę — ~syłam**) vt [1] (dostarczyć) to send, to forward [list, raport, dokumentację] (**komuś** to sb); to forward, to remit [pieniądze] (**komuś** to sb); [urządzenie] to transmit, to transfer [dane, obraz, energię] (**do czegoś** to sth); [antena, satelita] to beam, to transmit [obraz, sygnał] (**do czegoś** to sth); **~słać coś komuś pocztą** to send sb sth a. sth to sb by post a. mail, to post sb sth a. sth to sb, to mail sb sth a. sth to sb; **~słać coś komuś telegraficznie** to cable sb sth, to cable sth to sb; **~słać coś komuś dalekopisem** to telex sth to sb; **~słać coś komuś pocztą elektroniczną** to e-mail sth to sb; **~słać komuś depeszę/faks/ e-mail** to cable/fax/e-mail sb; **~słać paczkę przez kolegę** to get a friend to deliver a parcel; **~syłam panu wyrazy współczucia z powodu śmierci żony** please accept my condolences on the death of your wife; **~ślij mu moje serdeczne życzenia** please give him my very best wishes; **~syłanie danych/plików** Komput. data/file transfer; **~syłanie impulsów do mózgu** the sending of impulses to the brain; **prosimy o ~syłanie zgłoszeń na nasz adres...** please send applications to our address... [2] (przekazać) to give, to send [znak, spojrzenie, gest] (**komuś** sb); **~słać komuś pocałunek** to blow sb a kiss; **~słała mu uroczy uśmiech** she flashed a charming smile at him, she smiled at him fetchingly; **~słał jej ukłon** he bowed to her [3] Techn. to send [ropę naftową, gaz]; to transmit [prąd]; **~syłać ropę/gaz rurociągiem** to pipe oil/gas; **kable ~syłające prąd** electricity cables; **gazociągiem tym ~syłano gaz z Syberii do Europy** this pipeline carried gas from Siberia to Europe

prze|słać[2] pf — **prze|ścielać** impf (**~ścielę — ~ścielam**) vt (poprawić) to remake [łóżko]; **~ścielę ci łóżko, żeby ci było wygodniej** I'll remake your bed so that you're more comfortable

przesładzać impf → przesłodzić
przesłaniać impf → przesłonić

przesła|nie [] sv → przes|łać

[] n [1] (główna myśl) message; **film z ~niem** a film with a message; **oba filmy mają podobne ~nie** both films convey a similar message [2] książk. (wypowiedź) message; **odczytał ~nie papieskie** he read out the Pope's message

przesłan|ka f zw. pl [1] (założenie) premise; **fałszywe/prawdziwe ~ki** false/true premises; **~ka większa/mniejsza** Filoz. a major/minor premise [2] (powód) reason zw. pl; **~ki polityczne/ekonomiczne** political/economic reasons; **nie jest to wystarczająca ~ka do podjęcia decyzji** this is not enough to go on (in order) to make a decision; **są ~ki, żeby coś zrobić** there are (good) reasons to do sth [3] (warunek) condition, circumstance; **stworzono ~ki dla dobrej współpracy/do poprawy sytuacji** conditions were created for good cooperation/an improvement of the situation [4] Prawo evidence; **~ka procesowa** evidence in court proceedings; **~ki do wszczęcia postępowania karnego** evidence pointing to the possibility of opening criminal proceedings

przesł|odzić pf — **przesł|adzać** impf vt [1] to make [sth] too sweet [napój, potrawę]; **~odziłem sobie herbatę** I put too much sugar in my tea; **~odzony tort** a sickly sweet gateau; **~odzona herbata/kawa** over-sweet tea/coffee [2] przen. to make [sb/sth] over-sentimental a. schmaltzy pot. [film, powieść, bohatera]; **~odzony uśmiech** a saccharine a. sugary smile; **~odzone komplementy** sickly sweet compliments; **~odzony ton** a silken tone

przesłon|a f [1] screen; przen. (dymu, mgły, chmur) veil; **~a mgły/kurzu** a veil of mist/dust; **nieprzenikniona śnieżna ~a** the impenetrable veil of snow [2] (w urządzeniach optycznych) diaphragm, shutter; **szeroko otwarta/przymknięta ~a** a wide/narrow aperture [3] Gry (w szachach) cover

przesł|onić pf — **przesł|aniać** impf [] vt [1] (zakryć) to obscure, to obstruct [widok]; to obscure the view of, to hide [sth] from view [budynek, ekran, osobę]; **chmury ~oniły słońce** clouds darkened the sun; **mgła ~aniała góry** the mist veiled the mountains; **tuman kurzu ~onił wędrowców** the travellers disappeared in a cloud of dust; **kobieta z twarzą ~oniętą woalką** a veiled woman [2] przen. to hide, to veil [rzeczywistość, braki]

[] **przesłonić się — przesłaniać się** to be hidden; **niebo ~oniło się chmurami** the sky clouded over

■ **~aniać komuś świat** to be all the world to sb

przesłuch|ać pf — **przesłuch|iwać** impf vt [1] Prawo (na policji, w prokuraturze) to interrogate, to question [podejrzanego, świadka]; (w sądzie) to examine [oskarżonego, świadka]; **policja chce go ~ać w związku z wypadkiem** he is wanted for questioning in connection with the accident; **wszyscy zostali ~ani w charakterze świadków** they were all interviewed a. questioned as witnesses [2] (sprawdzić kwalifikacje) [komisja, jury] to audition [aktora, muzyka, spikera] (**do czegoś** for sth); **~ać ucznia z**

geografii przest. to examine a pupil in geography [3] (posłuchać) to play, to listen to [płytę, taśmę]

przesłucha|nie [] sv → przesłuchać

[] n [1] Prawo (zatrzymanego, świadka) interrogation C/U, questioning U, examination U (**w sprawie czegoś** a. **w związku z czymś** about sth a. in connection with sth); **~nia świadków/podejrzanych** the questioning of witnesses/suspects; **poddać kogoś ostremu ~niu** to subject sb to close questioning; to give sb a grilling pot.; **zatrzymać kogoś/zostać zatrzymanym celem ~nia** to detain sb/to be held for questioning; **przyprowadzić podejrzanego na ~nie** to bring in a suspect for questioning; **przyznać się do czegoś podczas ~nia** to confess to sth under questioning [2] (sprawdzian umiejętności) Film, Muz., Teatr audition; Admin. interview; **~nia kandydatów do konkursu chopinowskiego** auditions for the Chopin competition; **iść na ~nie** [aktor, muzyk] to go for an audition; **odbywać ~nia do roli Hamleta/do nowego filmu** to hold auditions for the Hamlet part/a new film

przesłuchiwać impf → przesłuchać

przesłysz|eć się pf (**~ysz się, ~ał się, ~eli się**) v refl. to mishear; **musiałeś się ~eć** you must have misheard; **chyba się ~ałem!** (oburzenie) I must be hearing things!

przesmyk m (G ~**u**) [1] (wąskie przejście) pass; (w górach) defile, gorge [2] Geog. (pas lądu) isthmus; (pas wody) inlet, narrows pl

przesmyk|nąć się pf — **przesmyk|iwać się** impf (**~nęła się, ~nęli się — ~uję się**) vi to sneak, to slip, to slink (**obok kogoś/czegoś** past sb/sth); **~nął się przez dziurę w płocie** he slipped through a hole in the fence; **niezauważony ~nął się do pokoju** he slipped a. sneaked unnoticed into the room

przes|olić[1] pf — **przes|alać** impf vt to add too much salt, to oversalt [zupę, ziemniaki]; **~olony sos** an oversalted sauce

przesoli|ć[2] pf vi pot. (przesadzić) to go over the top pot., to go OTT pot. (**z a. w czymś** about a. with sth); **tym razem naprawdę ~łeś** this time you've really gone over the top

przespacer|ować pf [] vi to walk [odcinek drogi]; **ten ostatni kawałek drogi możemy ~ować** we can do this last bit on foot; **~ować cały wieczór** to walk around all evening

[] **przespacerować się** to take a walk a. stroll; **~uję się do Adama po tę książkę** I'll walk over to Adam's and collect the book

prze|spać pf — **prze|sypiać** impf (**~śpię, ~śpisz — ~sypiam**) [] vt [1] (spędzić na spaniu) to sleep (for) [godzinę]; to sleep through [noc, dzień]; **~spał do dwunastej** he slept till twelve; **~spałem pół filmu** I slept through half of the film; **piłkarze ~spali pierwszą połowę meczu** przen. the players didn't make much of an effort a. didn't push themselves in the first half; **jestem zmęczony po źle ~spanej nocy** I'm tired because I didn't sleep well last

P

night [2] (śpiąc przetrwać) to sleep off *[ból głowy, kaca]* [3] (śpiąc przepuścić) **~spać godzinę odjazdu pociągu** to oversleep and miss a train [4] przen. (przegapić) to miss, to let [sth] slip *[okazję, szansę, możliwość]*; **~spał szansę na zdobycie dobrej pracy** he let slip the chance of a good job **[II] przespać się — przesypiać się** [1] (zażyć trochę snu) to have a. take a nap **~śpij się po obiedzie** have a snooze after lunch; **~spałem się w miejscowym hotelu** I spent the night in a local hotel [2] pot. **~spać się z kimś** to go to bad with sb

przesta|ć¹ *pf* — **przesta|wać¹** *impf* (**~nę** — **~ję**) *vi* [1] (przerwać) to stop; to lay off pot., to quit (**coś robić** doing sth); to desist książk. (**coś robić** from doing sth); **~ń traktować mnie jak dziecko** stop treating me like a child; **~ć palić/pić** to stop a. quit a. give up smoking/drinking; **~ć brać pigułki antykoncepcyjne/narkotyki** to come off the pill/off drugs pot.; **~ń!** stop it!, lay off!, give it a rest! [2] (utracić zdolność) to stop (**coś robić** doing sth); to cease (**coś robić** doing a. to do sth); **~ć słyszeć na jedno ucho/widzieć na jedno oko** to lose the hearing in one ear/ sight in one eye [3] (skończyć się) to stop (**coś robić** doing sth); **deszcz ~ł padać** it stopped raining

przest|ać² *pf* (**~oję, ~oisz**) **[I]** *vt* (spędzić stojąc) to stand *[koncert, podróż]*; **całą drogę ~ał na korytarzu** he spent the whole journey standing in the corridor; **~ały godzinę plotkując** they stood a. were standing around gossiping for an hour **[II] przestać się** *[jedzenie]* to be left standing too long; **owoce ~ały się na drzewie** the fruit grew overripe on the tree

przestankowani|e *n sgt* Jęz. punctuation **przestankow|y** *adi.* Jęz. **znak ~y** a punctuation mark

przestarzał|y *adi. [poglądy, zasady, styl, wyraz]* (out)dated, outmoded; *[urządzenie, broń, metoda, system]* obsolete, antiquated, redundant GB

przestawać¹ *impf* → przestać
przesta|wać² *impf* (**~ję**) *vi* [1] książk. (obcować) to associate, to keep company (**z kimś** with sb) [2] przest. (zadowalać się) to content oneself, to be content (**na czymś** with sth)

■ **kto z kim ~je, takim się staje** przysł. judge a man by the company he keeps

przestawiać *impf* → przestawić
przestawi|ć [I] *pf* — **przestawi|ać** *impf* *vt* [1] (przenieść na inne miejsce) to move, to shift *[przedmiot, mebel, samochód]*; to move about, to rearrange *[przedmioty, meble]*; to swap over *[graczy]*; **~ać coś z miejsca na miejsce** to move sth about [2] (zmienić kolejność) to transpose, to permute *[litery, wyrazy]*; **~ć głoski w wyrazie** to transpose sounds in a word [3] (zmienić ustawienie) to readjust, to reset *[zegarek, pokrętło]*; to switch *[radio, lodówkę, zwrotnicę]*; **~ć zegarki na czas letni/zimowy** to reset a. readjust watches to summer/winter time; **~ć regulator w lodówce na najniższą temperaturę** to switch the fridge to the extra cold setting; **~ć radio na inny**

program to switch the radio to another programme [4] (zmienić kierunek) to redirect, to gear *[produkcję, przemysł]* (**na coś** to sth); **~ł swój sposób myślenia** he changed his way of thinking [5] (zbudować w innym miejscu) to move, to shift *[piec, płot]* **[III] przestawić się — przestawiać się** [1] (zmienić kolejność) *[klocki]* to shift round [2] (zmienić położenie) *[programator]* to shift, to move [3] (zmienić sposób działania) to switch, to change over (**z czegoś na coś** away) from sth to sth); **~amy się na nowy zakres usług** we are introducing a new range of services; **~ł się na dietę wegetariańską** he changed to a vegetarian diet

przestaw|ka *f* Jęz. metathesis
przest|ąpić *pf* — **przest|ępować** *impf* *vi* [1] (przejść nad) to step over *[kłodę, rów]*; **~ąpić próg czyjegoś domu** książk. to cross sb's threshold [2] przest. (złamać) to break; to infringe książk. *[prawo, ustawę]*; to violate, to disobey *[rozkaz]*

■ **~ępować z nogi na nogę** to shift one's weight from foot to foot

przestebn|ować *pf vt* to backstitch *[kieszeń, kołnierz, mankiet]*
przestębnować → przestebnować
przestęp|ca *m*, **~czyni** *f* criminal, offender; transgressor książk.; **~ca kryminalny** a criminal; **~ca gospodarczy** a person found guilty of (business) fraud; **~cy wojenni** war criminals; **drobny ~ca** a petty criminal; **młodociany ~ca** a juvenile offender a. delinquent; **~ca dotychczas niekarany** a first-time offender; **domniemany portret ~cy** a composite portrait; **portret pamięciowy ~cy** an identikit® picture

przestępczoś|ć *f sgt* crime U, delinquency; **~ć kryminalna** crime; **~ć gospodarcza** business fraud; **~ć wśród nieletnich** a. **młodocianych** juvenile crime a. delinquency; **~ć zorganizowana** organized crime; **~ć komputerowa** computer crime; **~ć seksualna** sex crime; **walka z ~cią** a. **zapobieganie ~ci** crime prevention; **statystyka ~ci** crime figures

przestępcz|y *adi. [działalność, skłonność, czyn, środowisko]* criminal; *[zachowanie, postępek]* delinquent; **grupa ~a** a criminal gang; **organizacja ~a** a syndicate, a criminal organization; **zmowa ~a** a criminal conspiracy; **światek ~y** the underworld; **nosić przy sobie broń palną z zamiarem ~ym** to carry firearms with criminal intent

przestępn|y *adi.* [1] Prawo *[czyn, występek, działalność]* criminal [2] Mat. *[funkcja, liczba]* transcendental [3] *[rok, miesiąc, dzień]* leap

przestępować *impf* → przestąpić
przestępstw|o *n* crime, offence; **~o karne** a criminal offence; **~o gospodarcze** business fraud; **~a wojenne** war crimes; **drobne ~o** a petty crime; **ciężkie ~o** felony; **~o na tle seksualnym** a sex crime a. offence; **~o przedawnione** a time-limited a. time-barred offence; **~o przeciwko mieniu/życiu** a crime a. an offence against property/the person; **winny ~a** a criminal; **popełnić ~o** a. **dopuścić się ~a** to commit a crime a. an offence; **organ do ścigania ~** a crime prevention agency

przest|ój *m* (*G* **~oju**) [1] (przerwa w pracy) stoppage; **~oje w produkcji na skutek awarii maszyn** stoppages due to machinery breakdown; **czas ~oju** downtime, stoppage US [2] (dłuższy postój) demurrage

przestrach *m sgt* (*G* **~u**) fright, scare, terror; **krzyknęła z ~u** she gave a cry of fright, she cried in terror; **opanował/ sparaliżował ją ~** fear gripped/paralysed her; **z ~u nie mógł wykrztusić słowa** he couldn't say a word from a. for fear; **dostrzegł ~ w jej oczach** he saw terror in her eyes

przestrajać *impf* → przestroić
przestrasz|ony *adi. [osoba, zwierzę, głos, wzrok, mina]* frightened, alarmed (**czymś** at a. by sth); (nagle) startled (**czymś** at a. by sth); *[wołanie]* fearful; **patrzyła na ojca ~ona** she looked at her father in fright; **obudził się ~ony, że zaspał** he woke up terrified that he had overslept; **dlaczego masz taką ~oną minę?** why this frightened expression on your face?

przestrasz|yć *pf* — **przestrasz|ać** *impf* **[I]** *vt* to frighten, to alarm; (nagle) to startle; **~yłaś mnie tą wiadomością** your news alarmed me; **nie ~ały go żadne przeciwności** he feared no adversity; **~yłaś mnie/ wróble!** you startled me/the sparrows!; **ale mnie ~yłeś!** you gave me a fright!; **coś mnie ~yło** something alarmed a. startled me; **niełatwo mnie ~yć** I'm not easily frightened **[II] przestraszyć się — przestraszać się** to get a fright; to get scared (**kogoś/czegoś** of sb/sth); to take fright (**czegoś** at sth); **ciekawe, czego się tak ~yli** I wonder what made them so scared a. what gave them such a scare; **wyglądał tak, że można się było go ~yć** the mere sight of him could scare you

przestr|oga *f* warning, caution (**przed czymś** against sth); **niech to będzie dla ciebie ~ogą na przyszłość!** let that be a warning to you in the future!; **dawać komuś ~ogi** a. **udzielać komuś ~óg** to warn sb; **usłuchać/nie usłuchać ~óg** to heed/disregard warnings; **na niego żadne ~ogi nie działają** a. **nie skutkują** with him all warnings are of a. to no avail; **słowo ~ogi** a word of caution, a word to the wise; **ku ~odze** as a warning; **rady ku ~odze** cautionary advice; **opowiastka ku ~odze** a cautionary tale

przestr|oić *pf* — **przestr|ajać** *impf* (**~oję** — **~ajam**) *vt* [1] Muz. to retune, to alter the pitch of *[fortepian, gitarę, skrzypce]* [2] Techn. to retune *[radio, telewizor]*; **~oić radio na inny zakres** to retune a radio to a different frequency [3] przen. to redirect *[gospodarkę]*; to change, to alter *[poglądy]*

przestronnie *adv. grad.* **w mieszkaniu zrobiło się ~** the flat became (more) roomy a. spacious

przestronnoś|ć *f sgt* (pomieszczenia, domu) spaciousness, roominess

przestronn|y *adi. grad.* [1] *[dom, pokój]* roomy, spacious; commodious książk.; *[plac, ogród]* large; **~y, jasny** a. **widny pokój** a large and airy room [2] przest. *[płaszcz, sweter]* loose-fitting

przestrza|ł **I** *m* (*G* ~**łu**) (przebicie) bullet hole; (rana) shot through (*the leg, head*)
II na przestrzał (po obu stronach) **okna były otwarte na** ~**ł** the windows were open on both sides; **otwarta na** ~**ł klatka schodowa** a staircase open on both sides; **dom był otwarty na** ~**ł** the doors of the house were open on both sides; **korytarz biegnący na** ~**ł przez cały dom** (wzdłuż) a corridor running straight through the house

przestrze|c *pf* — **przestrze|gać**[1] *impf* (~**gę**, ~**żesz**, ~**że**, ~**gł**, ~**gła**, ~**gli** ~ **gam**) *vt* (upomnieć) to warn (**przed czymś** against a. off sth); to caution (**przed kimś/ czymś** against sb/sth); ~**gał ją, żeby nie wychodziła z domu** he warned her not to go out a. against going out; „**to nieodpowiedni moment na kupno domu**", ~**gał (ją)** 'it's a bad time to buy a house,' he warned her; ~**ganie o zgubnych skutkach picia alkoholu** warnings about the harmful effects of drink

przestrzegać[1] *impf* → **przestrzec**
przestrzega|ć[2] *impf vt* (stosować się do) to obey, to keep (to) [*przepisów, prawa, zaleceń*]; to observe [*zwyczajów, postu*]; to abide by [*umowy, traktatu*]; to watch [*diety*]; ~**ć/nie** ~**ć form towarzyskich** to observe/ignore the (social) niceties; **nie** ~**ć przepisów** to disobey rules; ~**ć/nie** ~**ć tajemnicy** to keep/betray a secret; **trzeba** ~**ć godzin posiłków** one must eat one's meals at regular hours; ~**nie przepisów/zwyczajów** observance of a. adherence to rules/ customs; ~**jący prawa obywatel** a law-abiding citizen

przestrzel|ić *pf* — **przestrzel|iwać** *impf vt* [1] to shoot through [*rękę, płuco, oponę*]; **gangsterzy** ~**ili mu oba kolana** the gangsters shot him through both knees a. kneecapped him [2] Sport ~**ić rzut karny** to miss a penalty

przestrzennie *adv.* [*zaprojektować, rozmieścić*] spatially; **społeczność bliska nam kulturowo i** ~ a community close to us both culturally and geographically
przestrzennoś|ć *f sgt* [1] (obrazu, widoku) spatial dimension; (przedmiotu) three dimensionality [2] (placu, promenady) spaciousness
przestrzenn|y *adi.* [1] [*model, forma, rysunek, wyobraźnia*] spatial; **dźwięk** ~**y** surround sound; **ruch** ~**y** movement in space; **geometria** ~**a** solid geometry, geometry of solids, stereometry; **kąt** ~**y** a solid angle; **sieć** ~**a** a crystal lattice; **postrzeganie** ~**e** spatial awareness a. intelligence; **brak ci wyobraźni** ~**ej** you've no spatial imagination [2] Ekon., Archit., Budow. spatial; **gospodarka** ~**a** spatial development; **planowanie** ~**e** town-and-country a. spatial planning; **w mieście potrzebny jest pewien ład** ~**y** the town needs some spatial order [3] (przestronny) [*mieszkanie, sala*] spacious, roomy; [*podwórko, parking*] spacious
przestrze|ń *f* **I** [1] (obszar nieskończony) space; **ruchy ciał w** ~**ni** movement of bodies in space; **zjawiska fizyczne są zmienne w czasie i w** ~**ni** physical phenomena are variable in time and space [2] (obszar) space, room; **mieszkali na niewielkiej** ~**ni** they lived in (relatively) cramped conditions;

wypełnić wolne ~**nie w mieszkaniu** to fill in the empty spaces in the flat [3] (rozległa powierzchnia) expanse; **rozległa** ~**ń stepów/ oceanu** the vast expanse of the steppes/ ocean; **dalekie/niezmierzone** ~**nie** far-off/vast expanses; **otwarta** ~**ń** an open space; **na otwartej** ~**ni** in the open; **zagospodarować** ~**ń wokół domu** to make some use of the area around a house [4] (odstęp) space, gap; **wąskie** ~**nie między wysokimi domami** narrow gaps a. spaces between high buildings; ~**ń między domem a stajnią** the area between the house and the stables [5] książk. (ogół zjawisk) sphere; ~**ń publiczna/polityczna** the public/political sphere; **w swej książce próbował ogarnąć jak największą** ~**ń kulturową** in his book he tried to cover the widest cultural spectrum [6] Astron. space; ~**ń kosmiczna** (cosmic a. outer) space; ~**ń kosmiczna daleka** deep space; **spacer w** ~**ni kosmicznej** a space walk; ~**ń międzyplanetarna** interplanetary space; ~**ń powietrzna** airspace; ~**ń powietrzna i kosmiczna** aerospace
II na przestrzeni *adv.* [1] (na obszarze) over a distance a. an area of; **lasy ciągnęły się na** ~**ni kilku kilometrów** the woods stretch over an area of several kilometres [2] (w czasie) in a. within the space of; **na** ~**ni wieków** over the centuries; **na** ~**ni dziejów** throughout history; **na** ~**ni ostatnich pięciu lat** in a. within the space of the last five years
❑ ~**nie międzykomórkowe** Bot. intercellular space; ~**ń dyskowa** Komput. disc space; ~**ń euklidesowa** a. **kartezjańska** Mat. Euclidean a. Cartesian space; ~**ń fazowa** Techn. phase space; ~**ń ładunkowa** Transp. stowage, cargo space; ~**ń pozaotrzewnowa** Med. extraperitoneal cavity; ~**ń wielowymiarowa** multidimensional space
■ ~**ń życiowa** przen. (living) space; **potrzebować** ~**ni życiowej** to need (one's own) space

przestudi|ować *pf vt* to read up on, to study [*filozofię, średniowiecze*]; to peruse książk. [*książkę, relacje, instrukcję*]; to study [*mapę, rozkład jazdy*]; ~**owanie wszystkich dokumentów zajęło mu tydzień** the perusal of all the documents took him a week

przestudzać *impf* → **przestudzić**
przestu|dzić *pf* — **przestu|dzać** *impf* **I** *vt* to cool, to cool (down) [*wodę, herbatę*]; **kawa była już** ~**dzona** the coffee had already cooled (down)
II przestudzić się — **przestudzać się** [*herbata, mleko*] to get cooler, to cool (down)

przestworze *n* (*Gpl* ~**y**) zw. *pl* książk. expanse; **rozciągały się przed nim nieskończone** ~**a oceanu** an endless expanse of ocean spread before him; **lot statku kosmicznego w** ~**ach** the flight of a rocket in space; **podbój** ~**y** the conquest of space

przestw|ór *m* (*G* ~**oru**) przest., poet. expanse, vastness *U*; wastes *pl* poet.; ~**ór oceanu** vast ocean

przestyg|ły **I** *pp* → **przestygnąć**
II *adi.* [*mleko, herbata, zupa*] lukewarm, tepid
przestyg|nąć *pf* (~**ł** a. ~**nął**) *vi* to get cool, to cool (down)
przestyliz|ować *pf vt* [1] (zmienić styl) to change the style of [*utwór, wypowiedź, motyw*] [2] (nadmiernie wystylizować) to overdo the stylization of [*rolę, film, utwór*]
przesu|nąć *pf* — **przesu|wać** *impf* (~**nęła**, ~**nęli** — ~**wam**) **I** *vt* [1] (przenieść na inne miejsce) to move, to shift [*mebel, pionek, skrzynię*]; ~**nął czapkę na tył głowy** he pushed his hat to the back of his head [2] (zmienić ustawienie) to (re)set, to (re)adjust [*zegarek*]; to move, to shift [*dźwignię*]; ~**ąć zegarek na godzinę piątą** to set a watch to five o'clock; ~**ąć zegar do przodu/do tyłu** to put a clock on a. forward/back; ~**ąć taśmę do przodu/do tyłu** to wind on/rewind a tape [3] (zmienić termin) to reschedule [*zebranie, wykład*]; **rozmowy** ~**nięto na przyszły piątek/tydzień** talks were rescheduled for Friday/next week, talks were postponed till next Friday/week; ~**nąć zebranie o godzinę** (na późniejszą godzinę) to reschedule a meeting to begin an hour later, to postpone a meeting for an hour; (na wcześniejszą godzinę) to reschedule a meeting to begin an hour earlier, to put forward a meeting by an hour [4] (przenieść) to transfer, to move [*pracownika*]; to reallocate, to redirect [*fundusze, środki*]; to shift [*akcent*]; ~**nąć kogoś na wyższe/niższe stanowisko** to promote/demote sb; ~**nięto go na stanowisko kierownicze** he was promoted to an executive position; **większość środków** ~**nięto na ten projekt** a major part of resources were redirected a. reallocated to this project; ~**nąć granice państwa na wschód/ zachód** to move a. shift the country's borders east/west
II *vi* (lekko dotknąć) to pass, to run (**czymś** sth); ~**nął dłonią po karoserii/klawiszach** he passed a. ran his hand over the body of the car/over the keyboard; ~**nęła językiem po wargach** she ran her tongue across her lips; ~**wać wzrokiem** a. **spojrzeniem** a. **oczami po kimś/czymś** to run one's eyes over sb/sth
III przesunąć się — **przesuwać się** [1] (przenieść się na inne miejsce) to move, to shift; ~**nąć się z krzesłem do stołu** to edge one's chair closer to the table; ~**nąć się do przodu/do tyłu autobusu** to move to the front/back of a bus; ~**wać się do wyjścia** to move towards the exit; ~**ń się!** move over a. up!; **front** ~**nął się na zachód** the front line moved a. shifted to the west; **opady deszczu** ~**wają się w głąb kraju** the belt of rain is moving a. shifting to the centre of the country; **chmury** ~**wały się szybko na niebie** clouds were scudding across the sky; **różne obrazy** ~**wały im się przed oczami** they could see various images moving before their eyes [2] (ulec zmianie) [*termin*] (na późniejszy) to be put forward; (na wcześniejszy) to be put back; **termin składania prac konkursowych** ~**nął się o pięć dni** the deadline for submitting competition

entries was extended by five days ③ (przecisnąć się) to squeeze (**przez coś** through sth)

przesunię|cie ⊔ *sv* → **przesunąć**

⊞ *n* ① (zmiana położenia) shift; **~cia górotwórcze** orogeny; **~cie o wiersz** Komput. linefeed ② (zmiana na stanowiskach) transfer, redeployment; **~cia personalne** a reshuffle ③ (zmiana przeznaczenia) reallocation, redeployment; **~cia środków** reallocation a. redeployment of resources

przesuszać *impf* → **przesuszyć**

przesusz|yć *pf* — **przesusz|ać** *impf* ⊔ *vt* ① (lekko wysuszyć) to dry up [sth] a little *[koszulę]*; to cure [sth] by drying *[grzyby, jabłka]* ② (wysuszyć całkowicie) to dry up *[ubranie, buty]* ③ (spowodować wyschnięcie) to make [sth] too dry *[glebę, skórę, włosy]*; **miała skórę ~oną na skutek opalania** she had very dry skin as a result of sunbathing

⊞ **przesuszyć się** — **przesuszać się** ① (wyschnąć lekko) *[trawa, siano]* to dry up a bit ② (wyschnąć całkowicie) to dry up ③ (wyschnąć nadmiernie) *[owoce]* to shrivel; *[gleba, skóra]* to get parched; **szampon zapobiegający ~aniu się włosów** a shampoo for dry and brittle hair, a moisturizing shampoo

przesuw *m* (*G* **~u**) travel; **szybkość ~u taśmy/filmu** tape/film speed; **wałek a. rolka ~u taśmy** a capstan

przesuwać *impf* → **przesunąć**

przesuw|ka *f* Jęz. shift; **~ka samogłoskowa/spółgłoskowa** a vowel/consonant shift

przesuwn|y *adi.* *[siedzenie, drzwi]* sliding; **rejestr ~y** Komput. shift register

przesycać *impf* → **przesycić**

przesyceni|e ⊔ *sv* → **przesycić**

⊞ *n sgt* supersaturation (**czymś** with sth); glut (**czymś** of sth); **~e rynku wydawniczego** a glut in the publishing market; **w mediach nastąpiło ~e tematem korupcji** the public has grown weary of the subject of corruption

przesychać *impf* → **przeschnąć**

przesy|cić *pf* — **przesy|cać** *impf* ⊔ *vt* ① (spowodować przeniknięcie) to saturate, to impregnate (**czymś** with sth); **~cić tkaninę środkiem impregnującym** to weatherproof fabric; **liny ~cone smołą** ropes impregnated with tar; **roztwór ~cony** Chem. a supersaturated solution ② (przeniknąć) to permeate, to impregnate (**czymś** with sth); **być ~conym czymś** to be permeated a. impregnated with sth *[zapachem, dymem]*; to be suffused a. transfused with sth *[światłem, barwą]* ③ przen. (przepoić) to saturate; to imbue książk.; to suffuse (**czymś** with sth); **uwaga ~cona ironią** a remark laced with irony ④ przen. (spowodować nadmiar) to oversaturate (**czymś** with sth); **~cić rynek towarami** to flood the market with goods

⊞ **przesycić się** — **przesycać się** ① (zostać przesiąkniętym) to become permeated a. impregnated (**czymś** with sth); **ubranie ~ciło się zapachem farby** the clothes became impregnated with the smell of paint ② (doznać uczucia przesytu) to glut oneself, to overdose (**czymś** on sth); przen.

to grow weary (**czymś** of sth); **~cić się jedzeniem** to have eaten too much

przesylabiz|ować *pf vt* to syllabify, to spell out syllable by syllable; **próbowała ~ować niewyraźny napis** she tried to decipher the faint inscription syllable by syllable; **~uj mi ten wyraz** spell out this word for me syllable by syllable

przesyłać *impf* → **przesłać**

przesył|ka *f* ① (paczka) parcel; (list) letter; (depesza) telegram; **~ka pocztowa** a letter/parcel sent by post; **~ka pieniężna** a money order; **~ka polecona** a registered letter/parcel; **nadać na poczcie ~kę** to post a letter/parcel; **doręczono ~kę (poleconą)** a (registered) letter/parcel was delivered; **~ka z butami właśnie nadeszła** the parcel containing shoes has just been delivered ② (wysyłka) dispatch, despatch; **koszt ~ki** postage; **~ka paczek** parcel dispatch; **~ka paczek/korespondencji się spóźniała** there was a delay in the delivery of parcels/mail

przesyłkow|y *adi.* dispatch *attr.*, delivery *attr.*; **firma trudni się działalnością ~ą** the company provides a delivery service

przesyłow|y *adi.* Techn. *[linia, sieć, kabel]* transmission *attr.*; **zakład ~y gazu** a gas transmission company

przesyp|ać *pf* — **przesyp|ywać** *impf* (**~ię** — **~uję**) ⊔ *vt* ① (wsypać) to pour (out); **~ała mąkę do worka** she poured the flour into a bag; **~ała jagody z dzbanka na talerz** she tipped the berries out of the jug onto a plate ② (pokryć) to sprinkle; **~ywał owoce cukrem** he sprinkled the fruit with sugar, he poured sugar over the fruit

⊞ **przesypać się** — **przesypywać się** ① (zmienić miejsce) to run a. pour through; **piasek ~ał się w klepsydrze** the sand passed through the hour glass; **cement ~ał się przez nieszczelne dno przyczepy** the cement ran through the gaps in the bottom of the trailer ② (przepełnić naczynie, zbiornik) to pour over, to spill over; **uważaj, cukier ~ał się przez brzegi pojemnika!** watch out, the sugar is coming out of the container!

przesypiać *impf* → **przespać**

przesypywać *impf* → **przesypać**

przesy|t *m sgt* (*G* **~tu**) ① (nadużycie jedzenia lub picia) fullness, surfeit; **odczuwał ~t po zjedzeniu dużej ilości słodyczy** he felt full after eating too many sweets pot. ② (znużenie) satiety, glut; **widzowie odczuwają ~t filmami gangsterskimi** filmgoers are satiated with gangster films

przeszczep *m* (*G* **~u**) Med. ① (operacja) transplant, graft; **~ serca/nerki/szpiku kostnego** a heart/kidney/bone marrow transplant; **~ skóry** a skin graft; **~y tkankowe** tissue transplants; **(on) jest po ~ie wątroby** he's had a liver transplant ② (przeszczepiona tkanka) graft; (przeszczepiony narząd) transplant; **~ fragmentu wątroby** a kidney graft; **~ przyjął się/nie przyjął się** the transplant took/was rejected; **jej organizm odrzucił ~** her organism rejected the transplant, her transplant failed

❑ **~ alogeniczny** Biol. allogenic transplant

przeszczepiać *impf* → **przeszczepić**

przeszczep|ić *pf* — **przeszczep|iać** *impf vt* ① Med. to transplant *[serce, wątrobę, szpik kostny]*; to graft *[skórę]*; **~iona nerka podjęła pracę** the kidney transplant took ② książk., przen. to transplant; **~ić obce idee na swojski grunt** to transplant foreign ideas on to a familiar ground ③ Ogr. to graft *[drzewa owocowe]*

przeszkadzać *impf* → **przeszkodzić**

przeszkalać *impf* → **przeszkolić**

przeszkl|ić *pf vt* to fit with glass, to glaze in *[pokój, dom, pawilon]*; **nowoczesne autokary są ~one** modern coaches have picture windows; **~enie klatki schodowej było dobrym pomysłem** glazing the stairway was a good idea

przeszk|oda *f* ① (zawada) obstacle, obstruction *C/U*; **natrafić na a. napotkać ~odę** to come across a. confront a. encounter an obstacle; **usunąć/ominąć ~odę** to remove/avoid an obstacle; **próbował omijać ~ody na trasie** he was trying to steer clear of a. avoid obstacles on the road; **zwalone drzewo na drodze było ~odą dla kierowców** a fallen tree made the road impassable to drivers ② Sport. obstacle; **bieg z ~odami** an obstacle race; (w jeździectwie, lekkoatletyce) a steeplechase; **tor ~ód** an obstacle course; **przesadzić ~odę** to clear an obstacle; **koń brał każdą ~odę** the horse took a. cleared every obstacle ③ (trudność) obstacle, impediment; **główną ~odą był brak pieniędzy** the main obstacle was lack of money; **nie zrażał się żadnymi ~odami** he wasn't (to be) daunted by any obstacles; **brak umiejętności koncentracji jest ~odą w efektywnej nauce** inability to concentrate is an impediment to effective learning; **dostał się tam bez ~ód** he got there without any mishap a. hindrance; **na ~odzie ich małżeństwu stanęli rodzice** their parents stood in the way of their getting married a. marrying; **już nic nie stało na ~odzie ich zaręczynom** there was now nothing to prevent them from getting engaged; **nic nie stoi na ~odzie, aby realizować ten plan** nothing stands in the way of the plan being carried out, nothing is preventing the plan from being carried out

przeszk|odzić *pf* — **przeszk|adzać** *impf vi* ① (utrudnić) to disturb *vt*; to interfere (**w czymś** with sth); **„nie ~adzać"** 'do not disturb'; **~adzać komuś w pracy** to disturb sb's work; **on nikomu nie ~adza** he's not disturbing anybody; **burza ~odziła nam w dotarciu na szczyt** the storm prevented us from reaching the summit; **policji udało się ~odzić w napadzie na sklep** the police managed to prevent a shop burglary ② (zahamować) to hamper; **kampania wyborcza nie powinna ~odzić reformie gospodarczej** the election campaign shouldn't hamper economic reform; **brak funduszy ~odził w realizacji projektu** the project was hampered by lack of funds

■ **nie ~adzaj sobie** a. **proszę sobie nie ~adzać** don't let me disturb you

przeszkole|nie ⊔ *sv* → **przeszkolić**

⊞ *n* (brief) training; **można obsługiwać to urządzenie bez specjalnego ~nia** the device can be operated without any particular training; **odbył ~nie w trakcie pracy** he was trained on the job

przeszk|olić *pf* — **przeszk|alać** *impf* **I** *vt* to train, to instruct; **~olić kogoś w zakresie czegoś** to instruct sb in sth; **~olić pracowników w zakresie bezpieczeństwa pracy** to give workers a brief training course in occupational safety, to instruct workers in occupational safety; **personel był należycie ~olony** the staff were properly trained

II przeszkolić się — **przeszkalać się** to train; **~olił się na kursach zawodowych** he trained at vocational courses

przeszło *part.* over, more than; **czekałem ~ godzinę** I waited over an hour; **od ~ trzech lat** for over a. more than three years; **~ pięciokrotny wzrost** a more than fivefold increase

przeszłość *f sgt* [1] (historia) past; **w ~ci** in the past; **żyć ~cią** to live in the past [2] książk. (miniony okres życia) past; **on ma kryminalną ~ć** he has a criminal history a. record

■ **należeć do ~ci** a. **odejść w ~ć** to be a thing of the past; **to już należy do ~ci** that's all in the past, that's all past now; **kobieta z ~cią** a woman with a past

przeszł|y *adi.* [1] książk. (dawny) [konflikt, życie] past; **~łe pokolenie przeżyło koszmar wojny** previous a. past generations went through the nightmare of war [2] przest. (ubiegły) [tydzień, miesiąc, rok] last; **~ły poniedziałek obfitował w wydarzenia** last Monday was very eventful [3] Jęz. past; **czas ~ły dokonany** past perfect tense

przeszmugl|ować *pf vt* pot. to smuggle; **skradzione antyki zostały ~owane za granicę** the stolen antiques were smuggled abroad

przeszpieg|i *plt* (G ~ów) pot. spying U; **chodźmy na ~i** let's go and do a bit of spying; **sąsiad przyszedł do nas na ~i** a neighbour came to spy on us a. to do a bit of spying on us

przeszuk|ać *pf* — **przeszuk|iwać** *impf vt* to search, to comb a. go through; **policjant ~ał podejrzanego o napad** a policeman searched a mugging suspect; **~ał kieszenie, ale nie znalazł pieniędzy** he went through his pockets, but didn't find any money; **celnicy ~ali mi wszystkie rzeczy** the customs officials went through all my things; **dokładnie ~ał cały samochód** he searched every inch of the car, he combed the car inch by inch

przeszukiwać *impf* → **przeszukać**

przeszwarc|ować *pf* **I** *vt* pot. (przemycić) to smuggle; to sneak pot. [broń, towary]; **~ować uciekinierów przez granicę** to smuggle a. sneak refugees over a. across the border

II przeszwarcować się to sneak pot.; **~ował się przez granicę na lewym paszporcie** he slipped across the border a. frontier with a false passport; **~ował się do środka bez biletu** he slipped a. sneaked in without a ticket

przeszy|ć *pf* — **przeszy|wać** *impf* (~ję — ~wam) *vt* [1] (zeszyć złożony materiał) to sew through, to stitch through; **~ć puchową**

kołdrę to quilt an eiderdown; **~ła na maszynie dół spódnicy** she sewed the hem of the skirt on the sewing machine, she machine-stitched the hem of the skirt [2] (przerobić, uszyć inaczej) to resew; **~ć rękawy sukienki** to resew the sleeves of a dress; **tylko ~ję guzik i spodnie będą w sam raz** I'll move the button and the trousers will fit perfectly [3] (przebić) to pierce, to lance; to transpierce książk.; **w pojedynku ~ł go szpadą** he pierced a. lanced him with a sword in a duel [4] przen. (przeniknąć) to penetrate, to pierce; **~ł go nagły ból** a sudden pain shot through him; **~ć kogoś wzrokiem** a. **rzucić komuś ~ywające spojrzenie** to fix sb with a piercing gaze; **~ł mnie wzrokiem na wylot** his eyes lanced right through me; **powietrze ~ł nagły krzyk** a sudden scream pierced the air; **błyskawica ~ła ciemność** lightning pierced the darkness; **~wający ból** stabbing pain

przeszywać *impf* → **przeszyć**

prześcielać *impf* → **przesłać²**

prześcielić *pf* → **przesłać²**

prześcieradeł|ko *n dem.* sheet; **kupiła białe ~ka do wózka** she bought white sheets for the pram

prześcierad|ło *n* sheet; **~ło z gumką** a fitted sheet; **~ło kąpielowe** a bath sheet

■ **drzeć się jak (stare) ~ło** pot. to shout one's head off

prześcigać *impf* → **prześcignąć**

prześcig|nąć *pf* — **prześcig|ać** *impf* (~nęła, ~nęli — ~am) **I** *vt* [1] (być szybszym) to outrun, to outstrip; **~nął wszystkich zawodników na bieżni** he overtook all the other runners; **nasz faworyt ~nął inne konie** our favourite outran the other horses [2] (przewyższyć) to surpass; **wkrótce ~nął kunsztem swojego mistrza** his skill soon surpassed his master's

II prześcignąć się — **prześcigać się** [1] (wyprzedzić) to outdistance each other; **dwaj rowerzyści ~ali się** the two cyclists were trying to outdistance each other [2] (współzawodniczyć) to outdo; **kobiety ~ały się w kupowaniu drogich strojów** the women tried to outdo one another in buying expensive clothes

prześlad|ować *pf vt* [1] (gnębić) to persecute; **za swoje poglądy byli ~owani** they were persecuted for their convictions; **w szkole dzieci ~owały ją z powodu tuszy** at school the children taunted her about her weight [2] (nudzić, męczyć) to pester, to taunt; **~ował ją swoją zazdrością** he tormented her with his jealousy; **stale ~owała go telefonami** she constantly pestered him with telephone calls; **~owała mnie listami z prośbą o pożyczkę** she harassed me with letters asking for a loan [3] (nie dawać spokoju) to torment, to taunt; **~ował go koszmarny sen** he was tormented by a recurring nightmare; **~owały nas komary** we were tormented by mosquitos; **~owały ją myśli samobójcze** she was obsessed with thoughts of suicide; **~uje mnie ta melodia** the tune has been haunting me; **ten widok ~ował mnie latami** the sight haunted me for years; **~uje go/ją cukrzyca/depresja** he/she has a problem with

diabetes/depression; **~uje ją coś w rodzaju grypy** she has flu-like symptoms; **los a. pech mnie/go ~uje** I'm/he's dogged by misfortunes; **~uje mnie pech, nic mi się nie udaje** I'm beset by a. with bad luck, I can't get anything right

prześladowa|nie II *sv* → **prześlad|ować III** *n zw. pl* persecution U, oppression U; **ofiary religijnych ~ń** victims of religious persecution

prześladow|ca *m*, **~czyni** *f* książk. persecutor, tormentor; **~cy i ich ofiary** persecutors and their victims

prześladowcz|y *adi.* [1] książk. persecution attr.; **potępiono wszelkie akcje ~e i terrorystyczne** all acts of persecution and terrorism were condemned [2] Psych. persecution attr.; **mania ~a** a. **myśli ~e** persecution complex

prześlepiać *impf* → **prześlepić**

prześlep|ić *pf* — **prześlep|iać** *impf vt* przest. to miss, to overlook [okazję, wydarzenie]; **~ić tropy/ślady** to overlook a. fail to notice traces/tracks

prześlęcz|eć *pf* (~ysz, ~ał, ~eli) *vt* **~eć cały dzień/wieczór nad zadaniami matematycznymi** to slog away at a. pore over maths problems all the evening/day; **~ała cały dzień przy maszynie do szycia** she slaved away at her sewing machine all day

prześlicznie *adv.* [wyglądać] lovely adi., delightful adi.; **dzień zapowiada się ~** it looks like a lovely day; **była ~ ubrana** she was exquisitely dressed

prześliczn|y *adi.* delightful, lovely

prześlizgiwać się *impf* → **prześlizgnąć się**

prześli|zgnąć się, prześli|znąć się *pf* — **prześli|zgiwać się** *impf* (~zgnęła się, ~zgnęli się — ~zguję się) *v refl.* [1] (przedostać się, przemknąć się) to sneak; to slip pot.; **~zgnąć się przez dziurę w płocie** to sneak through a hole in the fence; **~zgnąć się w dół po schodach** to sneak a. creep down the stairs; **~zgnął się tylnymi drzwiami do środka** he sneaked a. slipped in through the back door [2] (o spojrzeniu, wzroku, świetle) to glide over, to skate; **reflektory samochodów ~zgiwały się po fasadach domów** car headlights glided over the facades of the houses; **~zgiwał się wzrokiem po tytułach książek** he skimmed a. glanced through the book titles [3] (potraktować powierzchownie) to skim przen. (**po czymś** a. **przez coś** over a. through sth); **~zgnął się przez studia prawie się nie ucząc** somehow he made his way through a. swanned through GB pot. university without doing any proper work; **~zgiwał się po temacie** he skimmed over a. through the topic

prześmiardnąć → **prześmierdnąć**

prześmiardnięty, prześmiardły → **prześmierdnięty**

prześmi|erdnąć, prześmi|ardnąć *pf* (~erdł a. ~erdnął) *vi* pot. to be pervaded with a stench; **~erdnąć dymem tytoniowym** to stink of cigarette smoke, to be permeated with cigarette smoke; **jego ubranie ~erdło zapachem smażonej**

ryby the smell of fried fish permeated his clothing

prześmierdnię|ty *adi. pot.* stinky pot.; reeking; **był ~ty potem** he smelt of sweat; **włosy miał ~te dymem papierosowym** his hair was reeking of cigarette smoke; **zrzucił z siebie ubranie ~te potem** he discarded his sweat-drenched a. sweaty clothes

prześmiesznie *adv. [wyglądać]* very funny *adi.*; **~ opowiadał nam o swojej przygodzie** he told a. was telling us about his adventure in a most a. very amusing way

prześmieszn|y *adi. [film, książka, sytuacja]* very funny (indeed), hilarious; **film był ~y** the film was a riot pot.; **założyła ~y kapelusz** she put on an amusing hat

prześmiewa|ć się *impf v refl. książk.* to make fun (**z kogoś/czegoś** of sb/sth); to mock (**z kogoś/czegoś** sb/sth); **~ali się z jej obcego akcentu** they made fun of a. mocked her foreign accent; **~ano się z jego cudacznego stroju** he was ridiculed for his absurd get-up

prześmiewc|a *m książk.* mocker, lampoonist

prześmiewczo *adv. książk.* mockingly, irreverently; **...zwany ~ szlakiem tygrysów** ...mockingly a. irreverently referred to as the tiger route; **film ~ ukazywał życie dorobkiewiczów** the film was a mocking account of the life of the nouveaux riches

prześmiewcz|y *adi. książk. [ton, uwaga]* bantering, mocking; *[postawa, książka, sztuka]* irreverent; **~e spojrzenie na coś** an irreverent look at sth; **~y komentarz popularnego satyryka** an irreverent commentary by a popular satirist

przeświadcze|nie *n książk.* conviction, confidence *U*; **w pełnym ~niu, że...** in the full confidence that...; **mieć głębokie ~nie, że...** to entertain a strong conviction that...; **utwierdzić kogoś w jakimś ~niu** to reinforce a. bolster sb's convictions about sth; **mieć ~nie o własnej nieomylności** to be prone to self-righteousness; **mogę z pełnym ~niem powiedzieć, że...** I can say with confidence that...; **miał ~nie o słuszności swojego postępowania** he was convinced that he was doing the right thing

przeświadcz|ony *adi. książk.* convinced, sure; **był ~ony o jej uczciwości** he was convinced of her honesty; **~eni, że zwyciężą, ruszyli do boju** confident of victory, they went into battle; **był ~ony, że znowu go oszukano** he was sure that he had been cheated again

prześwie|cać *impf vi* to show through; **księżyc ~cał spoza chmur** the moon showed through the clouds; **w płytkiej wodzie ~cało coś białego** something white showed through the shallow water; **~cająca tkanina** see-through fabric; **~cająca porcelana** translucent china

prześwietlać *impf* → prześwietlić

prześwietle|nie *□ sv* → prześwietl|ić
□ *n Med.* [1] (badanie) X-ray; **iść na ~nie** to go for an X-ray; **zrobić sobie ~nie klatki piersiowej** to have a chest X-ray

[2] (obraz rentgenowski) X-ray; **robić ~nia** to take X-rays

prześwietl|ić *pf* — **prześwietl|ać** *impf*
□ *vt* [1] (przeniknąć) to illuminate; **słońce ~a wodę w rzece** the sun shines on the water in the river; **płomień świecy ~ał jej palce** the flickering candle illuminated her fingers [2] Med. to X-ray; **~ić (sobie) płuca** to have a lung X-ray [3] *przen., pot.* (zbadać) to vet, to screen; **~ać kandydatów startujących w wyborach** to vet a. screen election candidates; **dokładnie ~ili jego przeszłość** his past was vetted [4] Fot. to overexpose *[film, błonę, kliszę]* [5] Leśn., Ogr. to thin out *[drzewa, sad]*

□ **prześwietlić się** — **prześwietlać się** [1] Med. to have an X-ray [2] Fot. to be overexposed; **film ~ił się przy przewijaniu** the film was overexposed while being rewound

prześwietnie *adv. książk.* splendidly; **bawiła się ~** she enjoyed herself tremendously; **aktorzy grali ~** the actors were superb

prześwietn|y *adi. książk.* [1] (nadzwyczajny) *[film, humour]* excellent; *[strój]* splendid [2] (czcigodny) *[zgromadzenie, trybunał, komisja]* distinguished, eminent; **po raz pierwszy miałem okazję być w tak ~ym towarzystwie** it was the first time I had the opportunity of finding myself in such illustrious company [3] (imponujący) *[gmach, mauzoleum]* splendid, superb; **~e zwycięstwo** a magnificent victory

prześwi|t *m (G ~tu)* [1] (odstęp) gap; **~t w murze** a gap in the wall; **las jest gęsty, bez ~tów** the forest is dense without any clearings; **między belkami dachu jest dosyć ~tu** there's enough clearance between the beams of the roof [2] Archit. span **❑ ~t pojazdu** ground clearance

prześwitując|y □ *pa* → prześwitywać
□ *adi. [materiał]* transparent, filmy; *[bluzka, suknia]* see-through, diaphanous

prześwit|ywać *impf vi* to show through; **słońce ~ywało zza chmur** the sun showed through the clouds; **ten materiał ~uje** this material is see-through

przetaczać *impf* → przetoczyć
przetak *m (G ~a. ~u)* sieve
przetańcz|yć *pf vt* [1] (odtańczyć) to dance; **~ył z nią walca** he danced a waltz with her [2] (spędzić jakiś czas na tańcach) **~yć całą noc** to dance the night away, to dance the whole night through [3] *przen.* to misspend *[młodość, lato]*

przetarg *m (G ~u)* [1] (licytacja) auction; **wystawić coś na ~u** to put sth up for auction; **kupił samochód na ~u** he bought a car at auction; **zbankrutowana firma wystawiona jest na ~** the bankrupt company is up for auction [2] (konkurs ofert) tender; **~ publiczny/nieograniczony** public/open tender; **ogłosić ~ na coś** to put sth out to tender; **ogłosić ~ na realizację zlecenia** to put a contract out to tender; **sprzedać coś w drodze ~u** to sell sth by tender; **wygrać/przegrać ~** to win/lose a tender, to bid successfully/unsuccessfully; **kontrakt przyznano w drodze ~u** the contract was awarded by tender [3] *zw. pl przen.* bargaining *U*, horse-

trading *U*; **~i między dyrekcją z związkowcami** horse-trading between the management and union leaders; **~i polityczne w sprawie redukcji zbrojeń** political horse-trading on armaments reductions

przetargow|y *adi.* [1] (związany z przetargiem) *[komisja, tryb]* tender *attr.*; *[system]* tendering; **tryb ~y zawierania kontraktów** the awarding of contracts by tender [2] (odnoszący się do kwestii spornych) bargaining; **ich rząd chciał zająć lepszą pozycję ~ą** their government wanted to make its bargaining position stronger, their government wanted to aquire a more powerful bargaining position

przetas|ować *pf* — **przetas|owywać** *impf vt* [1] (tasując przemieszać) to make, to reshuffle *[karty]* [2] (zmienić szyk) to reshuffle; **~owano niektóre epizody w nowym serialu** some instalments in the new television serial have been reshuffled

przetasowa|nie □ *sv* → przetasować
□ *n* reshuffle; shake-up pot.; **ostatnie ~nia w kierownictwie** the latest round of musical chairs involving top management; **wczoraj nastąpiły ~nia w rządzie** yesterday there was a reshuffle in the cabinet; **pracodawca dokonał ~ń personelu** the employer reshuffled the workforce

przetasowywać *impf* → przetasować
przeterminowan|y *adi.* [1] (nienadający się do użytku) *[żywność, kosmetyk]* past the a. its sell-by date; **~e kremy wycofano ze sprzedaży** the face creams which were past their sell-by date were withdrawn from sale [2] Fin. overdue; **~y czek** an overdue cheque

przetest|ować *pf vt* [1] (sprawdzić nowy produkt) to test *[urządzenie, samochód, lek]*; to sample *[metodę, system]*; **próbki leków/kosmetyków do ~owania** drug/cosmetic samples for testing [2] (sprawdzić umiejętności) to test *[uczniów, studentów]*

przet|kać¹ *pf* — **przet|ykać** *impf vt* [1] (przepchać) to unblock, to unplug *[rurę, zlew]*; to clean out, to sweep *[komin]* [2] (przepleść tkaninę) to interweave, to intertwine; **sztandar ~tykany srebrem** a banner interwoven with silver

przetka|ć² *pf vt* (spędzić czas na tkaniu) **~ła cały ranek** she spent the whole morning weaving

przetłumacz|yć *pf vt* [1] (przełożyć) to translate; to render książk.; **tego wyrażenia właściwie nie da się ~yć na angielski** the phrase is almost impossible to render into English; **~ył książkę z francuskiego na polski** he translated a book from French into Polish [2] *pot.* (wytłumaczyć) to explain; **~ mu, że jestem już dorosła** tell him I am (a) grown up; **spróbuję mu ~yć, żeby nie robił z tego afery** I'll try to persuade him not to make an issue of it

przetłuszczać *impf* → przetłuścić
przetłuszcz|ony □ *pp* → przetłuścić
□ *adi. [cera, włosy]* greasy, oily

przetłu|ścić *pf* — **przetłu|szczać** *impf* (**~szczę, ~ściła, ~ścił** — **~szczam**)
□ *vt* to grease, to saturate [sth] with fat; **mydło ~szczone** superfatted soap; **~szczony papier** greasy paper

P

III przetłuścić się — przetłuszczać się to become oily a. greasy; **włosy szybko się jej ~szczają** her hair becomes greasy very quickly; **używała kremu do cery ~szczającej się** she used cream for oily skin

przeto książk. *coni.* hence książk., thus książk.; therefore; **młody, ~ niedoświadczony** young, hence a. and thus inexperienced

przet|oczyć *pf* — **przet|aczać** *impf* **II** *vt* 1 (przesunąć tocząc) to roll; **~aczać pociąg na boczny tor** to shunt the train into a siding; **~oczył beczki do szopy** he rolled the barrels into the shed 2 (przelać, przepompować) to decant, to transfer; **~oczyć wino do beczki** to put wine into a barrel; **~aczać ropę do cystern** to transfer a. discharge oil into drums 3 Med. to transfuse *[krew, plazmę, osocze]*; **~aczanie krwi** blood transfusion; **rannemu kierowcy ~oczono krew** the wounded driver was given a blood transfusion

III przetoczyć się — przetaczać się 1 (przejechać) to roll; **lokomotywa ~oczyła się wolno** the locomotive rolled along slowly; **furgonetka ~oczyła się po ulicy** the van rolled along the street 2 książk. (przesunąć się) to roll; **chmury ~aczają się nad miastem** clouds are rolling over the town; **grzmot ~oczył się w oddali** thunder roared a. boomed in the distance; **front ~oczył się na północ** the front moved to the north; **wojna ~oczyła się przez kraj** war swept through the country

przeto|ka *f* 1 Med. fistula, stoma 2 Geog. sound

przetranspon|ować *pf vt* 1 książk. to transpose; **~ował romantyczną tragedię na musical** he transposed a romantic drama into a musical 2 Muz. to transpose; **basy zostały ~owane o oktawę** the basses have been transposed down an octave

przetransport|ować *pf vt* to transport *[meble, towary, więźniów]*; **~ować wojsko i sprzęt lotniskowcem** to transport troops and equipment aboard an aircraft carrier

przetrawiać *impf* → **przetrawić**

przetraw|ić *pf* — **przetraw|iać** *impf* **II** *vt* 1 Fizj. to digest *[pokarm]* 2 przen. (przyswoić) to digest, to take in; **~ić doznane wrażenia** to digest one's impressions; **~ić czyjeś słowa** to absorb sb's words, to take in sb's words 3 Chem., Techn. to pickle *[kliszę fotograficzną, metal]*; **kwas ~ił metal** the metal was pickled in acid

II przetrawić się — przetrawiać się to corrode; **metal ~ił się kwasem** acid ate into the metal

przetrą|cić *pf vt* pot. 1 (nadwerężyć, uszkodzić) to injure; **pies z ~coną łapą** a dog with an injured a. lame paw; **~cić sobie rękę/nogę** to injure one's arm/leg; **~cił jej kamieniem rękę** he injured her arm with a stone; **po wypadku miał ~cony kręgosłup i nogę** after an accident he had a damaged spine and leg 2 pot. (przekąsić) to have a bite (to eat) pot.; **~ćmy coś przed obiadem** let's have a bite before lunch

przetrw|ać *pf* **II** *vt* (przeżyć) to survive, to make it through *[zimę, wojnę]*; to weather *[recesję, kryzys]*; **dąb ~ał wszystkie burze** the oak weathered every storm; **tradycja ta ~ała wieki** the tradition has survived throughout the centuries; **obóz ~ania** a survival camp

II *vi* (wytrzymać dłużej) to hold out; **~ałem do końca programu** I managed to hold out until the end of the programme; **ten dom nas ~a** the house will outlast us

■ ~ać próbę czasu książk. to survive the test of time; **ich przyjaźń ~ała próbę czasu** their friendship survived a. endured the test of time, their friendship has endured through time

przetrwo|nić *pf vt* książk., pejor. to squander, to fritter away *[pieniądze, majątek, kapitał]*

przetrząsać *impf* → **przetrząsnąć**

przetrzą|snąć *pf* — **przetrzą|sać** *impf* (**~snęła, ~snęli** — **~sam**) *vt* 1 (przeszukać) to search, to rake; **~snął kieszenie, szukając monet** he went a. raked through his pockets in search of small change; **policja ~snęła mu całe mieszkanie** the police searched his house from top to bottom; **celnicy ~sali bagaże podróżnych** the customs searched the passengers' luggage; **~śnięto cały kraj w poszukiwaniu zaginionych dzieci** the whole country was combed in an effort to find the missing children 2 (zmieszać) to ted *[siano, słomę]*

przetrzebiać *impf* → **przetrzebić**

przetrzeb|ić *pf* — **przetrzeb|iać** *impf vt* 1 (przerzedzić) to thin (out), to thin [sth] out *[park, las]* 2 (częściowo wybić) to cull *[zwierzynę]*; to decimate *[oddział]*; **ludność kraju została ~iona** the inhabitants of the country had been decimated 3 przen. (zniszczyć) to ransack; **akta zostały ~ione** the files had been ransacked; **wojna ~iła bibliotekę ojca** his father's library was decimated by the war

prze|trzeć *pf* — **prze|cierać** *impf* (**~tarł, ~tarli** — **~cieram**) **II** *vt* 1 (wytrzeć) to wipe *[okna, okulary, szklankę]*; **w kółko ~cierał chustką spocone czoło** he kept wiping his sweaty brow with a handkerchief; **~cierała chusteczką załzawione oczy** she wiped tears away with a handkerchief, she dabbed at her tears with a handkerchief; **~tarła podłogę wilgotną szmatą** she wiped the floor with a damp cloth; **~tarł krawat wilgotną szmatką** he dabbed at his tie with a damp cloth; **musiał ~trzeć papierem ściernym framugi** he had to sand down the window frames 2 (podziurawić) to wear through, to wear [sth] through *[spodnie, rękawy]*; **być ~tartym na łokciach** to be worn through at the elbows; **~tarła sobie dżinsy na kolanach** she had worn through the knees in her jeans 3 (przepuścić przez sito) to purée, to liquidize GB *[jarzyny, owoce]*; **~trzeć jabłka przez sito** to pass the apples through a sieve 4 Techn. to saw; **~cierać kłody na deski** to saw the logs into planks

III przetrzeć się — przecierać się 1 (ulec częściowemu zniszczeniu) to wear through; **niebieskie spodnie ~tarły się na kolanach** the blue trousers had worn through at the knees 2 (przejaśnić się) to clear (up), to brighten (up); **niebo się ~tarło i wyjrzało słońce** the sky cleared and the sun came out; **~ciera się, będzie ładna pogoda** it's clearing, and it looks like nice weather 3 przen., pot. (nabrać ogłady) to gain experience; **~tarł się między ludźmi** he'd knocked about a bit and learned a thing or two; **~tarł się trochę po świecie** he's been around pot.

■ ~trzeć drogę (oczyścić) to clear the way; **~trzeć szlak** (wyznaczyć) to blaze a trail; **~cierać drogę** a. **szlak** a. **ścieżkę komuś/czemuś** to pave a. smooth the way for sb/sth; **~cierać oczy** to not believe one's eyes

przetrzym|ać *pf* — **przetrzym|ywać** *impf vt* 1 (zatrzymać dłużej) to detain; **~ać statek w porcie** to keep a. detain a ship in port; **~ać książkę z wypożyczalni** to keep an overdue book out of the library (after the return date); **~ać uczniów po lekcjach** to keep the pupils in, to make the pupils stay behind after class a. school; **szef ~ał nas dłużej na zebraniu** the boss kept us longer at the meeting 2 (przechować) to store; **~ywać przetwory w piwnicy** to keep a. store preserves in the cellar 3 (przeżyć) to survive, to endure; **~ać ból/senność** to endure pain/sleepiness; **rośliny nie ~ały suszy** the plants didn't survive the drought 4 (wytrzymać dłużej) to last out; **~ał gości i wyszedł ostatni** he lasted out all the guests and was the last to leave 5 (nie puścić) to hold on (**coś** to sth); **~ał jej dłoń przy powitaniu** he held on to her hand as he greeted her

przetrzymywać *impf* → **przetrzymać**

przetwarzać *impf* → **przetworzyć**

przetw|orzyć *pf* — **przetw|arzać** *impf vt* 1 (przerobić) to process *[surowiec, substancję]*; **~orzone mleko** processed milk; **produkty żywnościowe o wysokim stopniu ~orzenia** highly processed foods 2 (przemienić) to convert; **~orzyć promieniowanie na sygnały elektryczne** to convert radiation into electrical signals; **cukier zostaje ~orzony na kwas mlekowy** sugar is converted into lactic acid; **~arzanie prądu stałego w prąd zmienny** the conversion of direct current to alternating current 3 (przekształcić) to transform *[rzeczywistość]* 4 Komput. to process *[dane]*; **~arzanie i gromadzenie informacji** the processing and storage of information; **~arzanie obrazów satelitarnych** the image-processing of satellite pictures

przetw|ór *m zw. pl* (*G* **~oru**) preserve; **~ory owocowe** fruit preserves; **~ory warzywne/mięsne** canned a. tinned vegetables/meat; **wołowina i jej ~ory** beef and beef products; **robić ~ory na zimę** to make preserves for winter

przetwórcz|y *adi.* *[przemysł]* food-processing *attr.*; **zakład ~y** a food-processing plant

przetwórni|a *f* (*Gpl* **~**) food-processing plant; **~a ryb/owoców** a fish-/fruit-processing plant; **statek-przetwórnia** a factory ship

przetwórstw|o *n sgt* processing; **~o rolno-spożywcze** food processing; **~o rybne/**

owocowe fish/fruit processing; **~o drzewne** a. **drewna** timber processing

przetykać impf → **przetkać**

przetykan|y [] pp → **przetkać**

[] adi. interwoven także przen. (**czymś** with sth); **jedwab ~y srebrną nicią** silk shot with silver threads; **przemówienie ~e dowcipami** a speech interlaced with jokes

przeuroczo adv. [śpiewać, tańczyć] most charmingly; **wyglądasz ~** you look very charming

przeurocz|y adi. [osoba, zakątek] most charming; **jest ~ą młodą osóbką** she is a most charming young lady

przewa|ga f [] (większa liczebność) majority; **mieć ~gę w parlamencie** to have a majority in parliament; **mieć ~gę liczebną nad przeciwnikiem** to outnumber the enemy; **las mieszany z ~gą drzew iglastych** a mixed forest with a predominance of conifers; **~ga sarkazmu nad humorem** more sarcasm than humour [] (wyższość) advantage (**nad kimś** over sb); **osiągnąć gospodarczą/militarną ~gę nad kimś** to gain an economic/a military advantage over sb; **mamy tę ~gę, że znamy angielski** we have the advantage of knowing English; **gra w ~dze** Sport power play; **grać z ~gą jednego zawodnika** Sport to have a. enjoy a one-man advantage; **mieć wyraźną ~gę** Sport to have a a. the clear advantage; **mieć 13 sekund ~gi nad kimś** to be 13 seconds ahead of sb; **wygrać z ~gą dwóch minut/ trzech metrów** to win by two minutes/ three metres; **utrzymać/stracić/powiększyć ~gę nad rywalami** to maintain/lose/ extend one's advantage over one's opponents a. adversaries [] Sport (w tenisie) advantage; **~ga: Sampras** advantage: Sampras

przewalać impf → **przewalić**

przewal|ić pf — **przewal|ać** impf pot. [] vt [] (przewrócić) to knock [sb/sth] down, to knock down; **wiatr ~ił mnóstwo drzew** the wind blew down a lot of trees [] (przerzucić) **~ać coś z kąta w kąt** to lug sth from one place to another; **próbowałem ~ić ten głaz** I tried to shove a. shift the rock; **~iłem tonę węgla** I shovelled away a. shifted a ton of coal

[] **przewalić się — przewalać się** [] (przewrócić się) to tumble over; **~iłem się na rowerze** I fell off my bike; **~ił się o wystający korzeń** he tripped over a protruding root [] (przekręcić się) to toss; **całą noc ~ał się z boku na bok** he tossed and turned in his bed all night [] (przejść, przejechać) to roll; **pociąg ~ił się przez stację** the train rolled through the station; **przez kraj ciągle ~ały się wojny** wars were always rumbling through the country; **ulicą ~ały się tłumy przechodniów** the street was crowded with people; **przez moje życie ~iło się mnóstwo ludzi** przen. I've crossed paths with many people during my lifetime [] (przetoczyć się) to roll; **chmury ~ały się po niebie** clouds were scudding across the sky; **fala ~iła się przez pokład** a wave rolled over the deck;

w oddali ~ił się grzmot thunder rolled in the distance

przewałęsa|ć pf vt pot. to roam around vi; **~ć cały dzień** to spend the whole day wandering around aimlessly

przewartości|ować pf — **przewartości|owywać** impf to redefine [zasady]; to revise [opinie, sądy]; **tradycyjne normy uległy ~owaniu** traditional values have been redefined

przewartościowa|nie [] sv → **przewartościować**

[] n (zasad, norm) redefinition (**czegoś** of sth); (sądów, opinii) revision (**czegoś** of sth)

przewartościowywać impf → **przewartościować**

przewa|żać¹ impf vi (być w większości) to predominate; **na wschodzie ~ają muzułmanie** Muslims predominate in the east; **wróg ~ał nad nami liczebnie** we were outnumbered by the enemy; **wady ~ały nad zaletami** the disadvantages outweighed the advantages; **~a pogląd, że...** it is commonly believed that...

przeważać² impf → **przeważyć**

przeważając|y [] pa → **przeważać**

[] adi. **~e siły wroga** the superior strength of the enemy; **kraj jest w ~ej części katolicki** the country is predominantly Catholic; **~a większość obywateli** the vast majority of citizens

przeważnie adv. mainly; **czytał ~ poezję** he read mainly poetry

przeważ|yć pf — **przeważ|ać²** impf [] vt [] (przechylić) to overbalance; **walizka ~yła wózek** the suitcase toppled a. overturned the trolley [] (powtórnie zważyć) to reweigh [towar] [] (zważyć za dużo) to weigh out too much of; **~yć coś o dziesięć gramów** to weigh out 10 grams too much of sth

[] vi (zadecydować) to prevail; **obowiązek wobec dzieci ~ył** responsibility towards the children took precedence; **chciwość ~yła w nim nad rozwagą** greed got the better of his common sense

[] **przeważyć się — przeważać się** to overbalance, to tip over; **~yć się na bok** to lean heavily to one side

przewąch|ać pf — **przewąch|iwać** impf vt pot. to sniff [sth] out, to sniff out [niebezpieczeństwo]; **już coś ~ali** they've got wind of something; **~iwał, że chcą go oszukać** he could sense they were trying to cheat him; **muszę ~ać sytuację** I have to see which way the wind's blowing; **~iwał w tym dobry interes** he sensed a. sniffed out an opportunity

przewąchiwać impf → **przewąchać**

przewert|ować pf vt (przeczytać) to read through; (w poszukiwaniu czegoś) to scour, to search through [tekst, akta]; **~ować gazetę w poszukiwaniu czegoś** to scour a newspaper for sth ⇒ **wertować**

przewędr|ować pf [] vt (przemierzyć) to travel; **~ować kawał drogi** to travel a long way; **~ował pół świata** he travelled half the world

[] vi [] (przenieść się) to travel; **~ował z Niemiec do Polski** he travelled from Germany to Poland [] (spędzić w podróży) to travel; **~ował kilka lat** he travelled for a few years

przewęże|nie n narrowing; **~nie rury/ drogi** a narrowing in the pipe/road

przewi|ać pf — **przewi|ewać** impf (**~eję — ~ewam**) vt [] (przeziębić) **~ać kogoś** [wiatr] to cut through sb's clothes; **~ało mnie** I caught a chill [] (przedostać się) [wiatr] to penetrate [ściany] [] (przemieścić) to blow [sth] away, to blow away [chmury, dym, smog] [] (oddzielić od plew) to winnow [ziarno]

przewią|zać pf — **przewią|zywać** impf (**~żę — ~zuję**) [] vt [] (opasać) to tie [paczkę, prezent] (**czymś** with sth); **~zać włosy przepaską** to tie one's hair back with a headband; **płaszcz ~zany w pasie** a coat belted at the waist [] (opatrzyć) to wrap [sth] up, to wrap up, to tie [sth] round, to tie up [ranę, rękę, nogę]

[] **przewiązać się — przewiązywać się** (opasać się) **~zać się liną** to tie a rope round a. around one's waist

przewiązywać impf → **przewiązać**

przewidując|y [] pa → **przewidzieć**

[] adi. [gospodarz, właściciel, przedsiębiorca] prudent; **być ~ym** to have foresight; **był na tyle ~y, że to zrobił** he had the foresight to do it

przewidywać impf → **przewidzieć**

przewidywalnoś|ć f sgt predictability (**czegoś** of sth)

przewidywaln|y adi. [osoba, zjawisko, proces] predictable; **w ~ej przyszłości** in the foreseeable future; **to może mieć trudno ~e następstwa** it can have unforeseen consequences

przewidywa|nie [] sv → **przewidzieć**

[] n zw. pl prediction; **~nia co do przyszłości** predictions about the future; **moje ~nia sprawdziły się** my predictions proved right; **zgodnie z ~niami/ wbrew ~niom inflacja spadła** as expected/contrary to expectations, inflation has fallen; **wyniki nie odbiegają od ~ń** the results are in line with a. conform to expectations; **wyjechał z kraju w ~niu wojny** a. **w ~niu, że wybuchnie wojna** he left the country in anticipation of war

przewidze|nie [] sv → **przewidzieć**

[] n **to było do ~nia, że...** it was to be expected that...; **to było nie do ~nia** no one could have foreseen that

przewi|dzieć pf — **przewi|dywać** impf (**~dzisz, ~dział, ~dzieli — ~duję**) vt [] (odgadnąć) to predict [skutek, katastrofę, zwycięstwo]; to forecast [pogodę, deszcz]; (spodziewać się) to anticipate; **~dzieć wynik z dokładnością do 2%** to predict the result to within 2%; **naukowcy ~dują, że...** scientists predict that...; **~duje się, że budowa potrwa rok** the construction is expected to take a year; **~dywane dochody** the expected income; **wyniki były lepsze niż ~dywano** the results were better than expected; **na dzisiaj ~dywane są opady** rain is forecast for today; **nie mogłem ~dzieć, jakie będą tego konsekwencje** I could not have foreseen the consequences; **koszty są trudne do ~dzenia** the costs are hard to predict; **kto mógł ~dzieć, że...** who could have predicted that... [] (zaplanować) to anticipate; **w tym**

roku nie **~dujemy większych zmian** we don't anticipate any major changes this year; **nie ~duje się kolejnych zwolnień** no further redundancies are anticipated; **musimy wydać więcej, niż ~dywaliśmy** we have to spend more than planned for; **dla zwycięzców ~dziane są** a. **~dziano nagrody** there are prizes for the winners [3] [*kodeks, ustawa*] to provide for [*karę, rozwiązanie*]; [*program*] to include; **prawo ~duje taką możliwość** the law provides for such a possibility; **regulamin ~duje, że...** the rules provide for...; **program ~duje zwiedzanie miasta** the itinerary includes sightseeing in the city

przewielebnoś|ć *m, f* Relig. (arcybiskup) Most Reverend; (biskup) Right Reverend; (inny duchowny) Very Reverend; **jego ~ć ksiądz biskup Adam Nowak** the Right Reverend Bishop Adam Nowak; **Wasza Przewielebność** Your Grace

przewielebn|y *adi. grad.* Relig. [*ksiądz*] reverend; [*biskup, nuncjusz*] the Right Reverend; **~a matka przeorysza** Reverend Mother a. Mother Superior; **najprzewielebniejszy ksiądz biskup Adam Nowak** the Right Reverend Bishop Adam Nowak

przewiercać *impf* → przewiercić

przewier|cić *pf* — **przewier|cać** *impf* *vt* [1] (zrobić dziurę) to drill [*otwór*]; **~cić kafelek** to drill a hole through a tile; **~cić ścianę na wylot** to drill through a wall [2] przen. to drill; **~cał ją wzrokiem** his eyes drilled into her; **jej oczy ~cały mnie na wylot** her eyes drilled a. bored into me

przewie|sić *pf* — **przewie|szać** *impf* [] *vt* [1] (przerzucić) **~sić marynarkę przez krzesło** to hang one's jacket over the back of a chair; **miał aparat fotograficzny ~szony przez ramię** he had a camera hanging over his shoulder; **~szona przez balustradę rozmawiała z sąsiadką** she hung a. leaned over the railing talking to a neighbour [2] (powiesić gdzie indziej) to rehang [*obraz*]; **~sił lustro na inną ścianę** he rehung the mirror on another wall; **~siłem twoje palto do szafy** I put your coat in the wardrobe

[] **przewiesić się** — **przewieszać się** (przechylić się) **~szać się przez coś** to hang over sth; **gałęzie ~szały się przez płot** branches of the tree hung over the fence

przewieszać *impf* → przewiesić

przewiesz|ka *f* (we wspinaczce) overhang

przewietrzać *impf* → przewietrzyć

przewietrz|yć *pf* — **przewietrz|ać** *impf* [] *vt* [1] to air [*pokój, ubranie, pościel*]; **nowy minister będzie chciał ~yć ministerstwo** przen. the new minister will want to reshuffle the department

[] **przewietrzyć się** — **przewietrzać się** to get some fresh air

przewiew *m* air circulation; **w pokoju nie ma ~u** there is no air in the room

przewiewać *impf* → przewiać

przewiewnie *adv. grad.* **ubierać się ~** to wear light clothes

przewiewnoś|ć *f sgt* (ubrań) lightness; (pomieszczenia) good ventilation

przewiewn|y *adi. grad.* [*ubranie, sukienka*] light; [*pomieszczenie, szopa*] airy; **~a gleba** well-aerated soil

przew|ieźć *pf* — **przew|ozić** *impf* (~iozę, ~ieziesz, ~iózł, ~iozła, ~ieźli — ~ożę) *vt* [1] (przetransportować) to transport; (statkiem) to ship; (samolotem) to fly; (w walizce) to carry; **został ~ieziony do innego więzienia** he was taken to another prison; **samochód/pociąg ~ożący materiały wybuchowe** a lorry/train carrying explosives; **~ieziono ich helikopterem do szpitala** they were helicoptered to hospital, they were taken to hospital by helicopter; **został aresztowany za ~ożenie narkotyków** [2] pot. (wziąć na przejażdżkę) to take [sb] for a ride; **~iózł mnie swoim motorem** he took me for a ride on his motorbike

przewijać *impf* → przewinąć

przewin|a *f* książk. misdeed

przewi|nąć *pf* — **przewi|jać** *impf* (~nęła, ~nęli — ~jam) [] *vt* [1] (zmienić opatrunek) to apply a clean dressing to [*ranę, nogę, rękę*]; **~nąć oparzenie czystym bandażem** to put a fresh dressing on a burn [2] (zmienić pieluchę) to change [*dziecko*]; **trzeba ją ~nąć** she needs changing [3] (ponownie nawinąć) to rewind [*wełnę, nitkę*] [4] (do przodu) to wind on, to wind [sth] on [*kliszę, taśmę*]; (szybko) to fast-forward [*taśmę, kasetę*]; (do tyłu) to rewind [*kliszę, taśmę*]; **~ń do początku** rewind the tape back to the beginning; **~ń do końca** wind the tape to the end; **klawisz szybkiego ~jania** (do tyłu) the rewind button; (do przodu) the fast-forward button

[] **przewinąć się** — **przewijać się** [1] (przesunąć się) (do przodu) [*klisza, taśma*] to wind on; (szybko) [*taśma, kaseta*] to fast-forward; (do tyłu) [*klisza, taśma*] to rewind; **film ~ja się automatycznie** the film winds on automatically [2] (przejść, przejechać) to come and go; **na bazarze ~jał się tłum ludzi** the market was full of people coming and going; **w porcie już od rana ~jały się jachty** from early morning there were yachts sailing in and out of the harbour [3] (manewrować) to weave one's way; **~jać się wśród tłumu** to weave one's way through a crowd [4] (pojawić się na krótko) **~jać się przez coś** [*temat, nuta*] to run through sth; **przez te wszystkie lata przez firmę ~nęło się mnóstwo osób** there have been a lot of people working in a. for the company over the years; **ten motyw ~ja się we wszystkich jego utworach** a. **przez wszystkie jego utwory** this theme runs through all his plays; **drwiący uśmiech ~nął się po jej wargach** a mocking smile played about her lips

przewi|nić *pf vi* książk. to offend; **~nić wobec Boga** to offend against God

przewinie|nie [] *sv* → przewinić

[] *n* offence; Sport foul; **popełnić ~nie** to commit an offence/a foul

przew|lec *pf* — **przewl|ekać** *impf* (~okę a. ~ekę, ~eczesz, ~ókł a. ~ekł, ~ekła, ~ekli — ~ekam) [] *vt* [1] (przedłużać) to stall [*rozmowy, proces*] [2] (przeciągnąć) to thread [*sznur, linę*]; **~ec coś przez**

dziurę to thread sth through a hole [3] (zmienić) **~ec poduszkę** to change a pillowcase; **~ec pościel** to change the sheets

[] **przewlec się** — **przewlekać się** to drag out; **proces może się ~ec** the trial might drag out

przewlekać *impf* → przewlec

przewlekle *adv.* [1] [*opowiadać, mówić*] lengthily, at length [2] Med. [*chorować*] chronically

przewlekłoś|ć *f sgt* (rozwlekłość) lengthiness [2] Med. chronicity

przewlek|ły *adi.* [1] (długo trwający) [*dyskusja, proces*] lengthy [2] Med. [*choroba, zapalenie*] chronic

przewodni *adi.* [1] (główny) [*temat, motyw, myśl*] central; **~a nić** a. **~a filmu** the central theme of a film [2] (przywódczy) [*rola*] leading □ **skamieniałości** a. **skamieliny ~e** Geol. index fossils

przewodnic|ki *adi.* [*kurs*] guide attr.

przewodnictw|o *n* [1] (przewodniczenie) chairmanship; (kierowanie) leadership; **komisja pod ~em profesora Nowaka** a committee chaired by Professor Nowak; **objąć ~o zebrania** to take the chair at a meeting; **objąć ~o partii** to become party leader; **polska delegacja pod ~em Adama Nowaka** a Polish delegation led by Adam Nowak [2] (praca przewodnika) guiding; **~o górskie** mountain guiding [3] Fiz. conduction; **~o cieplne/elektryczne** thermal/electrical conduction □ **~o nerwowe** Fizj. neural conduction

przewodnicząc|y [] *pa* → przewodniczyć

[] *m* (zebrania, komisji) chairperson, chair; (mężczyzna) chairman; **~y komisji parlamentarnej** the chairman of a parliamentary committee; **tak, panie ~y** yes, Mr. Chairman [2] Szkol. captain; **~y samorządu szkolnego** the head boy (of the school)

[] **przewodnicząca** *f* [1] (zebrania, komisji) chairwoman; **tak, pani ~a** yes, Madam Chairwoman [2] Szkol. captain; **~a samorządu klasowego/szkolnego** the form/school captain

przewodnicz|ka *f* [1] (prowadzący) guide [2] (doradczyni) guide; **być czyjąś ~ką duchową** to be sb's spiritual director a. guide [3] Turyst. (tour) guide [4] Zool. leader; **~ka stada** the pack leader

przewodnicz|yć *impf vi* (być przewodniczącym) to chair; (kierować) to lead; **~yć zebraniu/komisji** to chair a meeting/committee; **~yć wyprawie** to lead an expedition

przewodni|k [] *m pers.* [1] (prowadzący) guide; **służyć komuś za ~ka** to act as a guide to sb [2] (doradca) guide; **być czyimś ~kiem duchowym** to be sb's spiritual director a. guide [3] Turyst. (tour) guide; **„wstęp tylko z ~kiem"** 'guided tours only'

[] *m anim.* [1] (przywódca) leader; **~k stada** the pack leader [2] (pies) **pies ~k** a guide dog

[] *m inanim.* [1] (informator turystyczny) guide, guidebook; **~k po Polsce** a guide to Poland [2] (podręcznik) companion; **~k po literaturze polskiej** a companion to Polish literature [3] Elektr. conductor; **być dobrym/**

P

słabym ~kiem to be a good/poor conductor

przewodowo _adv._ **połączyć coś ~** to connect sth with wires; **pociski kierowane ~** wire-guided missiles

przewodow|y _adi._ [1] Electr., Telecom. _[komunikacja, łączność]_ wired [2] (będący przewodem) **rura ~a** a conduit [3] (złożony z przewodów) **gazyfikacja ~a** laying gas pipes

przew|odzić _impf_ **I** _vt_ [1] Fiz. to conduct _[ciepło, prąd]_; **dobrze/słabo ~odzić ciepło** to be a good/poor heat conductor [2] Fizj. _[nerwy]_ to transmit _[bodźce, impulsy]_ [3] Bot. _[komórki]_ to conduct _[wodę, sole mineralne]_ **II** _vi_ to lead; **~odzić grupie/wyprawie** to lead a group/an expedition

przewozić _impf_ → **przewieźć**

przewozow|y _adi._ **przedsiębiorstwo ~a** a shipping company; **opłata ~a** haulage

przewoźni|k _m_ [1] (osoba) (na promie) ferryman; (kierowca ciężarówki) haulier; **~k węgla** a haulier [2] (przedsiębiorstwo) carrier; **~k lotniczy** an air carrier

przew|ód _m_ (_G_ ~**odu**) [1] (drut) wire, cable; (przy żelazku, telefonie) cord, flex; **~ody elektryczne/telefoniczne** electric/telephone wires; **~ody wysokiego napięcia** a high voltage power line; **ciągnąć** a. **kłaść ~ody** to lay cables; **wiatr zerwał ~y tramwajowe** the wind brought down the overhead tram wires [2] (kanał) duct; (rura) pipe; **~ód gazowy** a gas pipe; **~ód kanalizacyjny** a sewer; **~ód dymowy** a. **kominowy** a flue; **~ód główny** a main; **główny ~ód gazowy** a gas main; **~ód doprowadzający** a feed pipe; **~ód odprowadzający** a. **odpływowy** an outlet pipe; **wydostać się na zewnątrz ~odem wentylacyjnym** to escape through a ventilation duct [3] Anat. canal; **~ód pokarmowy** the alimentary canal; **~ód słuchowy** an auditory canal [4] Prawo proceedings _pl_; **~ód sądowy** the court proceedings; **dowody przedstawione w toku ~odu** the evidence given a. presented during the court proceedings [5] Myślis. (część lufy) bore [6] przest., książk. (przywództwo) **pod czyimś ~odem** under sb's leadership

❏ **~ód doktorski** Uniw. the registration and conferment procedure for a doctoral degree; **~ód myślowy** książk. reasoning; **~ód wiertniczy** Górn. drill string

przew|óz _m_ (_G_ ~**ozu**) [1] (przewożenie) transport; **~ozy kolejowe/samochodowe** rail/road transport a. haulage; **~óz pasażerów** passenger transport; **opłata za ~óz bagażu** a luggage charge [2] przest. (przeprawa) ferry crossing

■ **wóz albo ~óz** sink or swim

przewracać _impf_ → **przewrócić**

przewrażliwieni|e _n sgt_ hypersensitivity (**na coś** to sth); **~e na punkcie własnego wyglądu** over-selfconsciousness a. oversensitivity about one's looks

przewrażliwi|ony _adi._ _[osoba]_ oversensitive; **być ~onym na punkcie czegoś** to be oversensitive about sth

przewrot|ka _f_ pot. [1] (przewrót) roll; **zrobić ~kę w przód/tył** to do a forward/backward roll [2] (przewrócenie się kajaka) capsize; **mieć ~kę** to capsize [3] Sport overhead

kick; **strzelić gola ~ką** a. **z ~ki** to score an overhead goal

przewrotnie _adv. grad._ _[postępować, udawać]_ perversely

przewrotnoś|ć _f sgt_ perversity; **odznaczać się ~cią** to be perverse

przewrotn|y _adi. grad._ _[osoba, pytanie, tytuł, uśmiech]_ perverse; **robić coś z ~ą przyjemnością** to take a perverse pleasure in doing sth

przewr|ócić _pf_ — **przewr|acać** _impf_ **I** _vt_ [1] (spowodować upadek) _[osoba]_ to knock [sb/sth] over, to knock over _[osobę, szklankę]_; _[wiatr]_ to blow [sb/sth] over, to blow over _[osobę, drzewo]_; **wiatr ~ócił płot** the wind blew the fence down [2] (odwrócić) to turn [sb/sth] over, to turn over; **~ócić coś do góry nogami/na drugą stronę** to turn sth upside down/over; **~acać łopatką naleśniki na patelni** to turn the pancakes over with a spatula; **~ócić stronę w książce** to turn a page in a book; **~acała kartki w książce** she was flipping through a book; **fale ~óciły łódź do góry dnem** waves capsized the boat; **~ócić coś na lewą stronę** to turn sth inside out [3] (przetrząsnąć) **~acać rzeczy w szafie** to rummage a. go a. rifle through the contents of a wardrobe; **~óciłem cały dom do góry nogami** I turned the house upside down

II **przewrócić się** — **przewracać się** [1] (upaść) to fall down; **~ócić się o wystający korzeń** to fall over a protruding root; **~ócić się na rowerze** to fall off a bike [2] (odwrócić się) to turn over; **~ócić się do góry nogami** to turn upside down; **~ócić się na bok** to turn on to one's side; **pies ~ócił się na grzbiet** the dog turned over on to its back; **~acała się z boku na bok** she was tossing and turning; **łódka ~óciła się do góry dnem** the boat capsized

■ **~acać oczami** to roll one's eyes; (zalotnie) to flutter one's eyelashes; **~acać się w grobie** to turn in one's grave; **twój ojciec ~aca się** a. **~óciłby się w grobie, widząc, co ty wyprawiasz** your father would turn in his grave if he knew what you were up to; **flaki** a. **bebechy** a. **wnętrzności się we mnie ~acają, kiedy o tym myślę** it turns me a. my stomach over to think about it; **~óciło mu się w głowie** on ma **~ócone w głowie** he is swollen-headed a. big-headed; **to mu ~óciło w głowie** it made his head swell

przewr|ót _m_ (_G_ ~**otu**) [1] Polit. coup; **~ót wojskowy** a military coup; **dokonać ~otu** to stage a coup; **udaremnić ~ót** to defeat a coup [2] (przełom) revolution; **dokonać ~otu w nauce** to revolutionize scholarship; **to odkrycie spowodowało ~ót w astronomii** the discovery brought about a revolution in astronomy [3] Sport (ćwiczenie) roll; **zrobić ~ót w przód/tył** to do a forward/backward roll [4] Lotn. Immelman turn [5] Muz. inversion

❏ **~ót kopernikański** Copernican revolution także przen.

przewyższać _impf_ → **przewyższyć**

przewyższ|yć _pf_ — **przewyższ|ać** _impf_ _vt_ [1] (mieć większą wysokość, wzrost) _[osoba]_ to be taller than; _[budynek, drzewo]_ to be higher

than; **~ał ojca o głowę** he was a head taller than his father; **nowy wieżowiec ~a wszystkie budynki w mieście** the new skyscraper is higher than all other buildings in the city [2] (mieć wyższą wartość) to exceed; **wydatki ~yły dochody** expenses exceeded income; **wysokość szkody ~a 500 złotych** the cost of the damage is in excess of a. more than 500 zlotys [3] (być lepszym) to be ahead of; **~ać kogoś wiedzą** to know more than sb; **~ać kogoś o głowę pod względem doświadczenia** to have miles more experience than sb; **przeciwnicy ~ali nas o głowę** we were outclassed

przez _praep._ [1] (na drugą stronę) across, through _[park, pustynię]_; over _[przeszkodę, płot, barierę]_; over, across _[most, rów]_; (na wylot) through _[ścianę, chmury]_; **głęboka blizna przechodząca mu ~ czoło** a deep scar stretching across his forehead; **chmury ciągnące się od Skandynawii, przez Morze Północne po Wyspy Brytyjskie** clouds stretching from Scandinavia across the North Sea as far as the British Isles; **przejść ~ jezdnię** to cross the street, to go across the street; **przeskoczyć ~ strumyk** to jump over a. across a stream; **sweter przerzucony ~ oparcie krzesła** a jumper thrown over the back of a chair; **wejść/ wyskoczyć ~ okno** to come in through/ jump out of the window; **przeciskać się ~ tłum** to push one's way through the crowd; **brnąć ~ śnieg** to plough through the snow; **usłyszeć jakiś hałas ~ ścianę** to hear some noise through the wall; **most ~ Wisłę** a bridge across a. over the Vistula; **pociąg do Kolonii ~ Poznań i Hanower** a train to Cologne via Köln a. passing through Poznań and Hanover; **torba z paskiem ~ ramię** a bag with a shoulder strap; **okno ~ całą szerokość ściany** a window covering the entire width of the wall [2] (po drugiej stronie) across; **mieszkali ~ podwórko** they lived across the courtyard; **nocowaliśmy ~ ścianę** we slept in adjacent rooms [3] (o doświadczeniu) through _[fazę, okres, życie]_; **przejść pomyślnie ~ egzamin** to pass a. get through an exam; **przejść ~ piekło** przen. to go through hell [4] (czas trwania) for; (od początku do końca) through; **~ dwa dni/trzy lata** for two days/three years; **~ chwilę** for a moment; **~ jakiś czas** for some time; **~ cały czas** all the time; **~ cały dzień/rok** all through the day/year, throughout the day/year; **pracować ~ całą noc** to work all through the night a. the whole night (through); **skończę tłumaczenie ~ niedzielę/maj** I'll finish the translation over Sunday/ during May [5] (w stronie biernej) by (**kogoś/ coś** sb/sth); **dom zniszczony ~ pożar** a house destroyed by fire; **zakazany ~ prawo** forbidden by law; **został ukąszony ~ węża** he was bitten by a snake [6] (za pomocą) **~ lunetę/szkło powiększające** through a telescope/magnifying glass; **~ telefon** _[rozmawiać]_ on the phone; _[poinformować]_ over the phone; **transmitowany ~ radio/telewizję** broadcast a. transmitted on the radio/on television; **pić sok ~ słomkę** to drink juice through a. with a straw; **napisać coś ~ kalkę** to make a carbon copy of sth; **prasować spodnie ~ mokrą szmatkę** to iron a pair of trousers through a damp cloth; **uczcili pamięć zmarłych ~ powstanie** they paid tribute to the dead by rising from their seats; **głosowali ~ podniesienie ręki** they voted by a show of hands; **słowo „chirurg" pisze się ~ „ch"** the word 'chirurg' is spelt with a 'ch' [7] (z powodu) through, out of; **~ niedopatrzenie/nieuwagę** through a. out of negligence/carelessness; **~ złośliwość** out of malice; **~ pomyłkę/przypadek** by mistake/accident; **~ kogoś** because of a. through sb; **~ niego złamałem sobie nogę** because of a. thanks to him I broke my leg; **to wszystko ~ ciebie/~e mnie** it's all your/my fault, it's all because of you/me; **~ to** because of that; **miał krótszą jedną nogę i ~ to lekko utykał** he had one leg shorter than the other and because of that he had a slight limp; **~ to, że...** through the fact that..., because...; **straciliśmy mnóstwo pieniędzy ~ to, że mu uwierzyliśmy** we lost a lot of money, all because we trusted him [8] (za pośrednictwem) through; **rozmawiać ~ tłumacza** to speak through an interpreter; **zarezerwować hotel ~ biuro podróży** to book a hotel through a travel agent; **poznałem przyszłą żonę ~ Roberta** I met my wife through Robert; **list wysłano ~ gońca** the letter was sent by messenger a. through a messenger [9] (wskazujące na interpretację) by; **~ pierwiastki ciężkie rozumiemy pierwiastki cięższe od wodoru** by heavy elements we undertstand elements heavier than hydrogen; **co ~ to rozumiesz?** what do you understand by that?; **co chcesz ~ to powiedzieć** what do you mean by (saying) that? [10] Mat. by; **podziel/pomnóż sumę ~ 5** divide/multiply the sum by 5 [11] (w numerach) by; **Domaniewska 7/9 (siedem łamane ~ dziewięć)** 7-9 (seven to nine) Domaniewska Street

przezabawnie adv. hilariously; **wyglądać ~** to look hilarious

przezabawny adi. [osoba, historia, powieść] hilarious

przeze praep. → przez

przezeń = przez niego

przeziera│ć impf vi książk. [1] (wyglądać) to peep out; **słońce ~ło przez chmury** a. **zza chmur** the sun peeped out from behind the clouds; **księżyc ~jący przez gałęzie drzew** the moon peeping through the 'ch branches of the trees [2] przen. **przez jego słowa ~ła zazdrość** his words betrayed a tinge of envy a. jealousy

przeziębiać impf → przeziębić

przezięb│ić pf — **przezięb│iać** impf [] vt **~ić dziecko** to let a baby catch cold; **nie ~ dziecka** don't let the baby catch cold; **~ić gardło/pęcherz** to get a throat/bladder infection

[] **przeziębić się — przeziębiać się** to catch a cold; **on się często ~a** he catches colds easily

przeziębie│nie [] sv → przeziębić

[] n Med. cold

przeziębi│ony [] pp → przeziębić

[] adi. **być ~onym** to have a cold

przezim│ować pf vi [1] (spędzić zimę) [osoba, zwierzę, roślina] to winter; (przetrwać zimę) [roślina, owad] to overwinter ⇒ **zimować** [2] Szk. pot. to retake a year; **~ował w trzeciej klasie** he repeated the third year ⇒ **zimować**

przeznaczać impf → przeznaczyć

przeznacze│nie [] sv → przeznaczyć

[] n [1] (los) destiny; **wierzyć w ~nie** to believe in destiny; **jego ~niem było zostać pisarzem** he was destined to become a writer [2] (powołanie) destiny; **jej ~niem był teatr** she was destined for the stage [3] (zastosowanie, cel) purpose; **używać czegoś zgodnie/niezgodnie z ~niem** to use/not use sth for what it was intended; **jakie jest ~nie tego przedmiotu?** what's this thing a. object for?; **wszystko ma swoje ~nie** everything serves a purpose; **miejsce ~nia** destination; **dotrzeć do miejsca ~nia** to reach one's/its destination

przeznacz│ony [] pp → przeznaczyć

[] adi. **praca w szkole była mi ~ona** I was destined to be a teacher; **nie ~one mi było spać tej nocy** I wasn't meant to sleep that night; **oni są dla siebie ~eni** they are meant for each other

przeznacz│yć pf — **przeznacz│ać** impf vt [1] (wygospodarować) to allot [pieniądze, miejsce] (**na coś** to a. for sth); to allow a. set aside [czas] (**na coś** for sth); (ofiarować) to donate [majątek, kwotę]; **~yć jakąś sumę na cele dobroczynne** to donate a sum of money to charity; **~ył swój księgozbiór dla miejscowej biblioteki** he donated all his books to a local library; **musisz na to ~yć co najmniej dwa dni** you must allow a. set aside at least two days for the job; **pieniądze ~one na projekt** the money allocated for the project; **dziennik ~a mnóstwo miejsca na ogłoszenia** the newspaper allots plenty of space to small ads [2] (wyznaczyć cel, odbiorcę) **dom ~ony do rozbiórki** a house earmarked for demolition; **utwory ~one do druku** works intended for publication; **opony ~one do jazdy po śniegu** tyres designed for driving in the snow; **krem ~ony dla osób o wrażliwej cerze** a cream for sensitive skin; **film ~ony dla młodych widzów** a film for young viewers; **pokój ~ony dla matek z dziećmi** a room for mothers with babies [3] (wyznaczyć zadanie) to assign [osobę]; **~yć kogoś do pracy w kuchni** to assign sb to work in the kitchen; **zawsze ~ano go do najtrudniejszych zadań** he was always given the most difficult assignments; **wiedzieli, że ~ono ich na śmierć** they knew they were marked down to die

przezornie adv. grad. (ostrożnie) cautiously; (przewidująco) prudently; **~ zabrał ze sobą jedzenie** he was wise enough to take some food with him

przezorno│ść f sgt caution; **wrodzona ~ć kazała mu milczeć** his natural caution prevented him from saying anything

przezorn│y adi. grad. (ostrożny) [osoba, rada, polityka] cautious; (przewidujący) [osoba] prudent

■ **~y zawsze ubezpieczony** better safe than sorry

przezrocz│e n (Gpl ~y) [1] (zdjęcie) transparency, slide; **wyświetlać ~a** to show slides a. transparencies [2] książk. (tafla) **~e jeziora** the clear surface of a lake [3] Archit. window with tracery

przezroczysto│ść f sgt transparency; **tworzywo o dużej ~ci** a highly transparent material

przezroczy│sty adi. [1] (przejrzysty) [folia, płyn] transparent; [strumień, powierzchnia] clear [2] (prześwitujący) [sukienka, materiał] seethrough, transparent, diaphanous [3] (delikatny) [skóra] translucent; **był bardzo blady i prawie ~sty** he was very pale, and his skin was almost translucent [4] przen. (oczywisty) [osoba, cel] transparent; **jego zamiary są całkiem ~ste** his motives are quite transparent

przezroczyście adv. **~ czysta woda** crystal-clear water; **jego twarz była ~ blada** his face was pale and the skin was almost translucent

przez│wać pf (~wę) vt to call, to dub [osobę, przedmiot]; to nickname [osobę]; **~wano ją Kopciuszkiem** she was nicknamed Cinderella

przezwisk│o n [1] (żartobliwa nazwa) nickname; **nadać komuś/mieć ~o „Żyrafa"** to nickname sb/to be nicknamed 'Giraffe' [2] (obelżywa nazwa) (rude) name

przezwyciężać impf → przezwyciężyć

przezwycięż│yć pf — **przezwycięż│ać** impf [] vt to overcome [przeszkodę, trudność, strach, senność]; **~yć w sobie lenistwo/zazdrość** to overcome one's laziness/jealousy; **zrobić coś ~ając nieśmiałość** to do sth by overcoming one's shyness

[] **przezwyciężyć się – przezwyciężać się** (przemóc się) **trzeba się ~yć i powiedzieć prawdę** you must overcome your fear and tell the truth; **chciał zapalić, ale się ~ył** he overcame his desire to smoke

przezywa│ć impf vt pot. to call [sb] names

przeźrocze → przezrocze

przeźroczysty → przezroczysty

przeżar│ty [] pp → przeżreć

[] adi. pot. (przejedzony) gorged; stuffed pot.

przeżegna│ć pf [] vt to bless [sb/sth] with the sign of the cross [wiernych, chleb]

[] **przeżegnać się** to cross oneself, to make the sign of the cross ⇒ żegnać się

przeżerać impf → przeżreć

przeż│reć pf — **przeż│erać** impf (~arł, ~arli — ~eram) [] vt [1] posp. (przejeść) to eat through [pensję]; **~arli cały majątek** they ate through all their fortune [2] [rdza, kwas, dym] to eat [sth] away, to eat away; **płaszcz ~arty przez mole** a moth-eaten coat; **organizm ~arty rakiem** a body eaten up by cancer [3] przen. **państwo ~arte korupcją** a state riddled with corruption

[] **przeżreć się – przeżerać się** [1] posp. (objeść się) to eat oneself sick (**czymś** on sth); **w święta zawsze się ~erają** at Christmas/Easter they eat themselves sick [2] [kwas, rdza] to eat through; **rdza ~arła się przez blachę na wylot** rust has eaten clean through the metal sheet

przeżu│ć pf — **przeżu│wać**[1] impf vt [1] (rozdrobnić) to chew; **w pośpiechu ~ł kęs wołowiny** he hurriedly gobbled up a mouthful of beef; **konie ~wały obrok** the horses were munching their oats 2 pot. (rozważyć) to chew over; **wciąż ~wał, to co mu powiedziałem** he was still chewing over what I had told him

■ **~ć (w ustach) przekleństwo** pot. to mumble a curse, to curse under one's breath

przeżuwacz m Zool. ruminant

przeżuwać[1] impf → **przeżuć**

przeżuwa|ć[2] impf vt Zool. (być przeżuwaczem) to ruminate, to chew the cud; **zwierzęta ~jące** ruminant animals

przeży|cie [] sv → **przeżyć**

[] n experience; **było to dla mnie wstrząsające ~cie** for me it was a shocking experience; **opisał swoje ~cia w książce** he described his experiences in a book

przeży|ć pf — **przeży|wać** impf (~ję — ~wam) [] vt 1 (nie umrzeć) to survive [operację, wypadek, upadek]; **kierowca nie ~ł wypadku** the driver died in the crash; **z trzydziestoosobowej załogi ~ło tylko dwóch** out of the thirty crew members only two survived; **w takich przypadkach ~wa jedynie co piąty pacjent** in such cases only one in five patients survives; **jakoś to ~ję** somehow I'll survive; **on tego nie ~je!** he'll be devastated!; **ledwie udaje im się ~ć do pierwszego** przen. they hardly get by from pay day to pay day; **walka/walczyć o ~cie** the struggle/to struggle for survival 2 (doświadczyć) to go through [kryzys, załamanie]; to experience [szok, wstrząs]; to live through [wojnę, powódź]; **każdy co jakiś czas ~wa chwile zwątpienia** everybody has their moments of doubt at times; **~wamy obecnie trudne chwile** we are going through a difficult period; **~wać ciekawe przygody** to have exciting adventures; **przemysł muzyczny ~wa świetny okres** the music industry is booming 3 (być zasmuconym) to be affected by; (być podnieconym) to be excited about; **bardzo ~ł to rozstanie** he was deeply affected by the break-up a. parting; **dzieci bardzo ~wają rozwód rodziców** children are deeply affected by their parents' divorce 4 (spędzić) to spend; **dzieciństwo ~ła na wsi** she spent her childhood in the country; **chciałbym resztę swoich dni ~ć razem z tobą** I'd like to spend the rest of my days a. life with you; **~yć życie spokojnie i bez kłopotów** to live a quiet and trouble-free life 5 (być na świecie) to live; **~ł 90 lat** he lived to 90; **~łem już 70 lat** I am 70 already 6 (umrzeć później) to outlive; to survive; **~ć kogoś o pięć lat** to outlive a. survive sb by five years

[] **przeżyć się — przeżywać się** [moda, tendencja] to have had its day; **ta teoria się ~ła** the theory has had its day

■ **~ć samego siebie** to live too long; (o artyście) to outlive one's reputation

przeżyt|ek m (G ~ku) 1 pejor. relic; **to/ on jest ~kiem minionej epoki** it/he is a relic of a bygone age; **twoje poglądy są ~kiem** your views are out of date 2 Biol. relic

❑ **~ki kulturowe** cultural relics; **~ki społeczne** social anachronisms

przeży|ty [] pp → **przeżyć**

[] adi. 1 (przestarzały) [pogląd, zwyczaj] outdated 2 (zblazowany) jaded

przeżywać impf → **przeżyć**

przędz|a f Włók. yarn; **~a bawełniana/ wełniana** cotton/wool yarn; **~a jedwabna** spun silk, silk yarn

❑ **~a czesankowa** worsted yarn; **~a szklana** spun glass; **~a zgrzebna** carded yarn

przędzal|nia f (Gpl ~ni a. ~ń) Włók. spinning mill; **~nia bawełny/wełny/jedwabiu** a cotton/wool/silk mill

przędzalnian|y adi. przemysł ~y spinning industry

prze|sło n Budow., Kolej. span; **~sło mostu** a bridge span

przod|ek [] m pers. (Npl ~kowie) ancestor; **portrety ~ków** portraits of ancestors; **mój ~ek po mieczu/kądzieli** an ancestor on my father's side/my mother's side; **~kowie dzisiejszych Słowian przywędrowali z Azji** the ancestors of today's Slavs migrated from Asia

[] m anim. Biol. ancestor; **~ek świni domowej** an ancestor of the domestic pig

[] m inanim. (G ~ka a. ~ku) 1 Górn. face; **~ek węglowy** a coalface; **~ek ścianowy** a longwall; **pracować na ~ku** to work at the coalface 2 (część wozu) forecarriage

❑ **~ek działowy** Wojsk. limber

przod|ować impf vi to lead the way przen. (w czymś in sth); **~ować w produkcji samochodów** to be a leading car producer; **zawsze ~ował w dobrych pomysłach** he always came up with the best ideas

przodowni|ca, ~czka f przest. leader; **~ca pracy socjalistycznej** a heroine of socialist labour; **~ca w nauce** the best student

przodownictw|o n sgt lead; **~o w życiu gospodarczym** the economic lead

przodowni|k m przest. leader; **~k chóru** a choir leader; **~k pracy socjalistycznej** a hero of socialist labour; **~k w nauce** the best student

przodując|y [] pa → **przodować**

[] adi. [osoba, instytucja, kraj] leading; **kraje ~e pod względem uprzemysłowienia** the leading industrialized countries; **zajmować ~e miejsce** a. **odgrywać ~ą rolę w świecie** to play a leading role in the world

prz|ód m (G ~odu, L ~odzie a. ~edzie) 1 (przednia część) front; **~ód koszuli/samochodu** the front of a shirt/car; **sukienka zapina się z ~odu** the dress buttons down the front a. up at the front; **mieć plamę z ~odu** a. **na ~odzie** to have a stain on the front; **usiąść z ~odu** (w samochodzie) to sit in the front; (w teatrze, w klasie) to sit at the front; **miejsce z ~odu** a. **na ~odzie autobusu** a seat at the front of a bus; **iść na ~odzie** a. **~edzie pochodu** to walk at the head of a procession; **oficer jechał konno na ~odzie** a. **~edzie** the officer rode in front on horseback; **kot cały ~ód miał biały** the cat had a white front; **zdjęcie z ~odu** a head-on photograph; **miał złoty ząb na ~odzie** he had a gold tooth at the front; **stać/siedzieć ~odem**

do kogoś to stand/sit facing sb; **siedzieć ~odem do kierunku jazdy** to have a seat facing forward; **włożyć coś tyłem na ~ód** to put sth on back to front 2 (przestrzeń przed czymś) **z ~odu budynku** in front of the building; **na ~ód** a. **do ~odu** forward; **przepychać się do ~odu** to push to the front; **pochylić się do ~odu** a. **ku ~odowi** to lean forward; **zrobić krok w ~ód** a. **do ~odu** to take a step forward także przen.; **kołysać się w ~ód i w tył** to rock to and fro; **podejść do kogoś z ~odu** to approach sb from the front; **pójść ~odem** to go on ahead; **wysłać kogoś ~odem** to send sb on ahead; **przepuścić kogoś ~odem** to let sb in front of one; **parł uparcie do ~odu** przen. he stubbornly pressed ahead; **posunąć sprawę do ~odu** pot. to take an issue forward; **pchnąć naukę do ~odu** pot. to be a scientific a. academic breakthrough 3 (o czasie) **do ~odu** a. **w ~ód** ahead; **przestawić zegarki o godzinę do ~odu** to put the clock forward an hour; **wybiegać myślami w ~ód** to look ahead

■ **być do ~odu z robotą** pot. to be ahead of schedule; **być sto/tysiąc złotych do ~odu** pot. to be a hundred/thousand zlotys ahead pot.; **mieć egzamin do ~odu** pot. to have passed one's exam

przytycz|ek m pot. 1 (uderzenie) flick, flip; fillip przest.; **dać komuś ~ka w nos/ucho** to flick sb's nose/ear 2 przen. (kpina) jibe; (drobna nagana) ticking off; rap on a. over the knuckles pot.; **dostać ~ka** to get a ticking off, to get a rap on a. over the knuckles

przytyk inter. flick

przytykać impf → **przytknąć**

przytyk|nąć pf — **przytyk|ać** impf (~nęła, ~nęli — ~am) [] vt (uderzyć, nacisnąć) to flick; **~nąć kogoś w nos** to flick sb's nose; **~nąć światło** to flick the light switch (on/off)

[] vi (wydać dźwięk) [osoba] to snap; [włącznik, zapalniczka] to click; [kukurydza, kasza] to pop; **~nąć palcami** to snap one's fingers

przy praep. 1 (w pobliżu) by; **~ oknie/ drzwiach** by the window/door; **siedzieć ~ stole/biurku** to sit at a table/desk; **usiądź ~ mnie** sit by me a. next to me; **przystanek autobusowy jest zaraz ~ kwiaciarni** the bus stop is right next to a. right by the flower shop; **pociąg z Krakowa zatrzymuje się ~ peronie trzecim** the train from Cracow stops at platform three; **nie mam ~ sobie pieniędzy** I don't have any money on me; **policja znalazła ~ nim narkotyki** the police found drugs on him; **hotel ~ głównej ulicy** a hotel on the main road; **mieszkam przy ulicy Klonowej 20** I live at 20 Klonowa Street; **głowa ~ głowie, ramię ~ ramieniu** head to head, shoulder to shoulder 2 (w obecności) in front of, in the presence of; **~ gościach** in front of a. in the presence of guests; **~ świadkach** in front of a. in the presence of witnesses; **nie ~ ludziach!** not in front of other people!; **~ niej zapominał o wszystkich kłopotach** in her presence a. by her side he forgot (about) all his troubles; **byłem ~ tym, jak to powiedział** I was (right) there when he said it

3 (podczas, w czasie) ~ **śniadaniu/obiedzie** at a. over breakfast/lunch; **rozmowa ~ kawie/piwie** a conversation over coffee/a beer; **grali w karty ~ piwie** they were playing cards and drinking beer; **rozmawiali ~ muzyce** they talked as music played in the background; **wypadki ~ pracy** accidents at work; **spacer ~ świetle księżyca** a walk in the a. by moonlight; **kolacja ~ świecach** a candlelit supper; **~ dwudziestostopniowym mrozie** at a temperature of minus twenty, when the temperature is minus twenty; **~ tym tempie/tej prędkości** at this rate a. pace/speed; **spali ~ otwartym oknie** they slept with the window open; **sztukę grano ~ pełnej/pustej widowni** the show played to a full/an empty house; **~ niedzieli zwykle zakłada garnitur** he usually wears a suit on Sundays; **~ odrobinie szczęścia/dobrej woli** with a bit of luck/goodwill; **~ tym** a. **czym** in addition (to which), at the same time; moreover książk.; **~ czym** a. **tym warto podkreślić, że...** at the same time it's worth stressing that...; **jest przystojny, ~ tym niegłupi** he's good-looking and he's not stupid either; **sama zarabiała na siebie, ~ czym utrzymywała młodszych braci** she earned her own keep and in addition (she) supported her younger brothers 4 (w porównaniu do) alongside, next to; **~ wysokim mężu wydawała się niska** alongside her tall husband she appeared short; **~ młodej twarzy miała całkiem siwe włosy** she had a young face, but her hair was completely grey; **~ całym swoim bogactwie był bardzo skąpy** for all his wealth he was very tight-fisted 5 (wskazuje na przyporządkowanie) **tłumacz ~ ONZ** a translator/an interpreter at the UN; **szkoła średnia ~ Akademii Rolniczej** a secondary school attached to the Agricultural Academy; **kaplica ~ parafii św. Jakuba** a chapel belonging to a. attached to the parish of St James; **w rubryce „zawód" wpisano jej: „~ mężu"** under the heading 'profession', they wrote 'housewife' 6 (wskazuje na uzupełnienie) **pasek ~ spodniach** a trouser belt; **spinki ~ mankietach** cufflinks; **guziki ~ koszuli** buttons on a shirt; **miała broszkę ~ sukni** she had a brooch pinned to her dress 7 (wskazuje na obiekt działań) **majstrować/dłubać ~ czymś** to fiddle around/tinker with sth; **pracował ~ budowie tego mostu** he worked on the construction of this bridge; **lubię pracę ~ koniach** I like working with horses; **nie chciała siedzieć w domu ~ dzieciach** she didn't want to stay at home looking after the children; **przez dwie noce czuwał ~ chorej matce** he spent two nights watching over his ailing mother 8 pot. (wskazuje na posiadanie) **być ~ władzy** to be in a. to hold power; **być ~ piłce** to have a. possess the ball; **był ~ forsie** he had money to spare a. quite a bit of money

przybi|ć pf — **przybi|jać** impf [] vt 1 (młotkiem) to nail [deskę, półkę]; **~jać coś do czegoś** to nail sth to sth; **~ć obcas do buta** to nail a heel on to a shoe 2 (odcisnąć) **~ć stempel w paszporcie** to stamp a passport; **~ć urzędową pieczęć na dokumencie** to stamp a document with an official seal; **~ć na czymś pieczątkę z datą** to stamp sth with the date, to date-stamp sth 3 (zasmucić) to distress [osobę]; **~ła go ta wiadomość** he was distressed by the news; **był wyraźnie ~ty** he was clearly distressed 4 (przygnieść) to beat [sth] down, to beat down; **grad ~ł zboże do ziemi** the hail beat down upon the crops [] vi (przypłynąć) [łódź, statek] to draw up; **~ć do brzegu** to reach the shore; **~ć do portu** to land; **~ł jachtem do portu** his yacht put into the harbour
■ **~ć na zgodę** pot. to shake hands; **~ć piątkę** to give sb a five pot.

przybie|c, przybie|gnąć pf — **przybie|gać** impf (**~gnę, ~gniesz, ~gł, ~gła, ~gli — ~gam**) vi to come running; **~gł do nas, jak tylko nas zobaczył** he ran up to us as soon as he saw us; **szybko ~gła z pomocą** she ran over to help; **pies ~ga na każde zawołanie** the dog will come when called; **Polak ~gł na metę pierwszy** the Pole finished first

przybiegać impf → przybiec
przybiegnąć → przybiec
przybierać impf → przybrać
przybijać impf → przybić
przyblad|ły [] pp → przyblednąć
[] adi. 1 [twarz, policzki] (slightly) pale 2 [zdjęcie, napis, gwiazdy] (slightly) faded 3 przen. [wspomnienie] (slightly) faded
przybladnąć → przyblednąć
przyblak|ły [] pp → przyblaknąć
[] adi. 1 [kolory, oczy] (slightly) faded 2 [wspomnienia] (slightly) faded
przyblakn|ąć pf (**~ł** a. **~nął**) vi 1 [fotografia, materiał, kolor] to fade (slightly); [oczy] to dim; **~nąć ze starości** to fade with age 2 przen. [wspomnienia, kłopoty, uroda] to fade (slightly)

przybl|ednąć pf (**~ednął** a. **~adł**) vi 1 [osoba, twarz] to pale (slightly); **~adły jej policzki** her cheeks paled slightly; **~adł ze strachu** he paled with fear 2 [gwiazdy, materiał] to fade (slightly); **kolory ~adły od słońca** the colours faded slightly in the sun 3 przen. [wspomnienie, radość] to fade (slightly); **jego sława ostatnio nieco ~adła** recently his fame has slightly faded

przybliżać impf → przybliżyć
przybliże|nie [] sv → przybliżyć
[] n approximation; **duże ~nie** a rough approximation; **podać ~nie jakiejś liczby** to give an approximation a. rough idea of a number; **w ~niu** approximately; **podać wartość w ~niu** to give an approximate value a. rough estimate; **ocenić coś z pewnym ~niem** a. **w pewnym ~niu** to make a rough guess; **straty szacuje się w ~niu na 15 milionów** the damage is estimated at approximately 15 million; **nie można nawet w ~niu określić wieku tych przedmiotów** the age of these objects cannot even be estimated; **to jest w ~niu to, o co nam chodzi** this is more or less what we want
❏ **~nie dziesiętne** Mat. decimal approximation, approximation to the nearest decimal point

przybliż|ony [] pp → przybliżyć
[] adi. [wartość, liczba, odległość] approximate; [obliczenie, tłumaczenie, ocena] rough; **znane są jedynie ~one dane** only rough data are available; **~ony wzór/algorytm** a rough formula/algorithm

przybliż|yć pf — **przybliż|ać** impf [] vt 1 (przysunąć) to move [sth] close/closer (**do czegoś** to sth); **~yć krzesło do czegoś** to move a chair closer to sth; **~yć gazetę do oczu** to look more closely at a newspaper 2 (posunąć, przyśpieszyć) to bring [sb/sth] close/closer (**do czegoś** to sth); **to odkrycie ~a nas do zrozumienia całego procesu** this discovery brings us closer to understanding the whole process; **to ~a rozwiązanie problemu** this brings the problem nearer to the solution 3 (upodobnić) to make [sth] similar (**do czegoś** to sth) 4 (wytworzyć więź) to bring [sb] close/closer (**do kogoś** to sb); **to nieszczęście bardzo ich do siebie ~yło** the tragedy brought them closer together 5 (wyjaśnić) to introduce; **pokaz ~ył uczestnikom nowe techniki komputerowe** the presentation introduced the participants to new computer technologies; **chciałbym państwu ~yć jego osiągnięcia** let me briefly outline his achievements 6 (podać w przybliżeniu) to give an approximation of [wartość, liczbę]; **~yć wynik z dokładnością do jednej setnej** to give the result correct to two decimal places; **wartości te zostały jedynie ~one** the values are only approximate 7 (optycznie) **luneta ~a przedmioty** a telescope brings things closer; **kamera ~yła ich twarze** the camera showed their faces in close-up
[] **przybliżyć się — przybliżać się** 1 (zmniejszyć odległość) to get close/closer (**do kogoś/czegoś** to sb/sth); (przysunąć się) to move closer (**do kogoś/czegoś** to sb/sth); (podejść) to come closer (**do kogoś/czegoś** to sb/sth); **samochód niebezpiecznie ~ył się do przepaści** the car got dangerously close to the cliff edge; **las coraz bardziej się ~ał** we/they were getting closer and closer to the forest; **kroki ~yły się** the footsteps got a. came closer; **hałas ~ał się coraz bardziej** the noise was getting closer and closer 2 (do celu) to come close/closer (**do czegoś** to sth); **~ać się do rozwiązania tajemnicy** to come close to solving a mystery 3 (nadchodzić) [pora, burza] to get close/closer 4 (upodobnić się) to be similar (**do czegoś** to sth) 5 (zaprzyjaźnić się) to become close/closer (**do kogoś** to sb); **po śmierci ojca bardzo się do siebie ~yli** they became much closer when their father died

przybłąka|ć się pf v refl. to wander up; **~ł się do nas bezpański pies** a stray dog wandered up to us; **jakiś pies ~ł się na nasze podwórko** a dog strayed into our yard
przybłąkan|y adi. **~y pies** a stray dog
przybłę|da m, f (Npl m, f ~dy, Gpl m ~dów a. ~d; Gpl f ~d) pejor. (zwierzę) stray; (człowiek) stranger
przyboczn|y [] adi. [adiutant, straż, lekarz] personal

Ⅲ **przyboczn|y** *m*, **~a** *f* (w harcerstwie) ≈ lieutenant

przybornik *m* Techn. kit; **~ rysunkowy** a drawing set

przybor|y *plt* (*G* **~ów**) items; **~y toaletowe** toiletries; **~y kreślarskie** drawing instruments; **~y szkolne** school equipment

przyb|ór *m* (*G* **~oru**) [1] (wody) surge, rise [2] przen. (przyrost) rise, increase

przyb|rać *pf* — **przyb|ierać** *impf* (**~iorę** — **~ieram**) **Ⅰ** *vt* [1] (przyjąć) to take on, to assume [pozę, kształt, rozmiar]; **~rać minę niewiniątka** to put on an innocent look; **~rać postawę zasadniczą** to stand to attention; **~rać pseudonim artystyczny** to assume a pen-name/stage name; **~rane nazwisko** an assumed name; **pod ~ranym nazwiskiem** under an assumed name; **w ciemności drzewa ~ierały dziwne kształty** in the darkness the trees took on strange forms; **jego twarz ~rała wyraz zdumienia** his face assumed an expression of surprise; **zjawisko ~rało niepokojące rozmiary** the phenomenon took on alarming proportions; **sprawy ~rały poważny obrót** things began to look serious [2] (przystroić) to decorate [pokój, grób]; to garnish [potrawę]; **pieczeń była ~rana natką pietruszki** the roast was garnished with parsley [3] (ubrać) to attire; **dworzanie ~rani w odświętne szaty** courtiers in ceremonial robes

Ⅱ *vi* to rise; **woda ~rała o kilka centymetrów** the water rose a few centimetres; **rzeka wciąż ~iera** the river is sill rising

Ⅲ **przybrać się** — **przybierać się** (*osoba*) to dress oneself up (**czymś** in sth)

■ **~ierać na sile** [wiatr, protesty] to grow a. get stronger; **~ierać na wadze** a. **ciele** pot. to put on weight

przybra|nie **Ⅱ** *sv* → **przybrać**

Ⅱ *n* Kulin. garnish; Moda trimming; **tort z czekoladowym ~niem** a birthday cake decorated with chocolate; **suknia z kolorowym ~niem** a dress with colourful trimmings; **„życzy pan sobie ~nie?"** (w kwiaciarni) 'do you want the flowers made into a bouquet?'

przybran|y **Ⅱ** *pp* → **przybrać**

Ⅱ *adi.* [ojczyzna] adopted; [rodzina] adoptive; **~e dziecko** an adopted child, a foster-child; **~i rodzice** adoptive parents, foster-parents

przybru|dzić *pf* **Ⅱ** *vt* to soil (slightly); **~dzona koszula** a soiled shirt; **~dzone okno** a slightly grubby window

Ⅲ **przybrudzić się** to become soiled a. dirty; **~dziła mi się sukienka** my dress is rather dirty

przybrzeżn|y *adi.* [wody, skały, płycizny] inshore; [roślinność] littoral; **~e trzciny/ drzewa** (nad rzeką) riverside reeds/trees; (nad jeziorem) lakeside reeds/trees; **rybołówstwo ~e** inshore fishing

przybudów|ka *f* [1] (część budynku) annex, annexe GB, extension; (z jednospadowym dachem) lean-to; **dom z późniejszymi ~kami** a house with later additions [2] przen. offshoot; **~ka młodzieżowa Partii Demokratycznej** the youth wing of Democratic Party, Young Democrats

przyb|yć *pf* — **przyb|ywać** *impf* (**~ędziesz** — **~ywam**) *vi* [1] książk. (dotrzeć) to arrive; **~yć na dworzec/lotnisko** to arrive at the station/airport; **~yć do Warszawy/Polski** to arrive in Warsaw/ Poland; **~yć z Berlina** to arrive from Berlin; **do Warszawy z oficjalną wizytą ~ył premier Rosji** the Russian Prime Minister arrived in Warsaw on an official visit; **witać ~ywających gości** to greet the arriving guests; **dziękuję państwu za ~ycie** ladies and gentlemen, thank you for coming; **po ~yciu do Londynu zatrzymał się u przyjaciela** after arriving in London he stayed with a friend [2] (zwiększyć swoją liczebność) **we wsi ~yły nowe domy** a. **~yło nowych domów** new houses were built in the village; **~ył nam nowy lokator** we have a new lodger; **miastu ~yła nowa szkoła** a new school was built in the town; **co roku ~ywa nam konkurentów** a. **~ywają nam konkurenci** the competition grows every year; **nie ~ędzie mu od tego zwolenników** this won't gain him supporters; **od zeszłego roku ~yło mu dziesięć centymetrów** since last year he's grown ten centimetres; **ludzi ciągle ~ywało** more and more people arrived; **wody znowu ~yło** the water rose again; **~yło mu lat** he's grown older; **znów ~yło mi na wadze** I've been putting on weight again; **po Nowym Roku dnia szybko ~ywa** from January 1 the days get longer

przyby|ły **Ⅱ** *adi.* **człowiek ~ły z zagranicy** a person who has come from abroad; **nowo ~li goście** the newly-arrived guests **Ⅱ** **przyby|ły** *m*, **~ła** *f* arrival; **nowo ~ły/ ~ła** a newcomer; **witać ~łych** to greet the arrivals

przybysz *m* (*Gpl* **~ów** a. **~y**) (nieznajomy) stranger; **~ z kosmosu** an alien; **~ z dalekich stron** a stranger from far away a. from a far-away country a. land

przybyt|ek *m* (*G* **~ku**) [1] książk., żart. temple przen.; **~ek sztuki/nauki** a temple to art/learning; **~ek hazardu** a gambling den [2] euf., żart. (ubikacja) facilities *pl* [3] *sgt* (wzrost) **~ek miejsc pracy** an increase in available jobs

■ **od ~ku głowa nie boli** you cannot have too much of a good thing

przybywać *impf* → **przybyć**

przychodne → **na przychodne**

przychodni|a *f* (*Gpl* **~**) clinic; **~a okulistyczna** an eye clinic; **~a dla chorych na gruźlicę** a TB a. tuberculosis clinic; **~a rejonowa** a local clinic; **zapisać się do ~** to make an appointment at a clinic

przychodzić *impf* → **przyjść**

przych|ód *m* (*G* **~odu**) [1] Fin. gross receipts [2] (dochód) income; **~ody z gospodarstwa rolnego** an income from farming; **opodatkowanie ~odów** income tax

przychów|ek *m* *sgt* (*G* **~ku**) offspring; **z tych macior będzie sto sztuk ~ku** these sows will produce a hundred offspring a. young; **krowa z ~kiem** a cow with its calf/ calves; **dochować się licznego ~ku** przen., żart. to have numerous offspring

przychwy|cić *pf* — **przychwy|tywać** *impf* pot. **Ⅱ** *vt* [1] (przyłapać) to catch; to nab pot. [osobę]; **~cić kogoś na przemycie** to catch sb smuggling; **~ciła go z inną kobietą** she caught him in bed with another woman [2] (zatrzymać) to seize [osobę, towar]; **policja ~ciła sto kilogramów kokainy** police seized a hundred kilos of cocaine

Ⅲ **przychwycić się** — **przychwytywać się** to find a. catch oneself; **~ciłem się na tym, że za nią tęsknię** I found myself missing her

przychwytywać *impf* → **przychwycić**

przychyl|ić *pf* — **przychyl|ać** *impf* **Ⅱ** *vt* (nachylić) to tilt [kieliszek, filiżankę]; **wiatr ~ał drzewa do ziemi** the wind bent the trees to the ground

Ⅲ **przychylić się** — **przychylać się** [1] (wyrazić zgodę) **~ić się do czyjejś prośby** książk. to accede to sb's request [2] (być tego samego zdania) **~ać się do czyjegoś zdania** to concur with sb's opinion; **~iłabym się do tego, co powiedział pan minister** I'm inclined to agree with the minister [3] (nachylić się) [osoba, drzewo] to bend; **nieznajomy ~ił się bliżej** the stranger bent closer; **gałęzie ~ały się ku oknom** the branches were leaning towards the windows

■ **nieba bym jej/im ~ił** I'd do anything for her/them

przychylnie *adv.* grad. favourably GB, favorably US; **zostać ~ przyjętym** [film, powieść] to be favourably received; **być ~ nastawionym do kogoś/czegoś** to be favourably disposed a. inclined towards sb/sth; **patrzyć na kogoś/coś ~** to look favourably on sb/sth

przychylnoś|ć *f* *sgt* favour GB, favor US; **zdobyć sobie czyjąś ~ć** to win favour with sb; **spotkać się z ~cią wielu ludzi** to get a sympathetic response from a lot of people

przychyln|y *adi.* grad. [osoba, widownia] sympathetic; [opinia, odpowiedź] favourable GB, favorable US; **być komuś/czemuś ~ym** to be favourably inclined towards sb/sth; **patrzyć na kogoś/coś ~ym okiem** to be favourably disposed a. inclined towards sb/sth; **patrzeć na kogoś/coś niezbyt ~ym okiem** to take a dim view of sb/sth; **otrzymać ~e recenzje** to be favourably reviewed; **spotkać się z ~ym przyjęciem** [film, książka, propozycja] to be favourably received

przyciasno *adv.* **wyglądać ~** [garnitur, sukienka] to look too tight; [pokój, mieszkanie] to look cramped; **jest nam trochę ~ w tym mieszkaniu** we're a bit cramped in this flat; **w autobusie zrobiło się ~** the bus got a bit too crowded

przycia|sny *adi.* [koszula, kołnierzyk] too tight; [pokój, mieszkanie] cramped; **te buty są trochę ~sne** these shoes are a bit too tight

przy|ciąć *pf* — **przy|cinać** *impf* (**~tnę, ~cięła, ~cięli** — **~cinam**) **Ⅱ** *vt* [1] (skrócić) to trim [włosy, żywopłot, zdjęcie]; **~ciąć blachę** to cut a metal sheet to size; **bródka ~cięta w szpic** a goatee (beard); **krótko ~cięte włosy** close-cropped hair [2] (przytrzasnąć) to trap [palec]; **~cięła (sobie) płaszcz drzwiami** a. **w drzwiach** her coat got caught a. she caught her coat in the door; **~ciąć (sobie) palec szufladą** to trap one's finger in a drawer; **~ciąć sobie język zębami** to bite one's tongue **Ⅱ** *vi* (przygadać) to snipe (**komuś** at sb)

przyciąg|ać¹ *impf* Astron., Fiz. **Ⅰ** *vt [planeta, magnes]* to attract; **Ziemia ~a Księżyc** the Earth attracts the Moon **Ⅱ** **przyciągać się** *[planety, ciała]* to attract each other

przyciągać² *impf* → **przyciągnąć**

przyciąganie Ⅰ *sv* → **przyciągać¹,²** **Ⅱ** *n sgt* Astron., Fiz. attraction; **~e ziemskie** gravity; **wzajemne ~e** mutual attraction

przyciąg|nąć *pf* — **przyciąg|ać²** *impf vt* **[1]** (fizycznie) to pull; **~nąć łódkę do brzegu** to pull a boat to the shore; **~nąć kogoś do siebie** to pull a. draw sb to oneself **[2]** (przytaszczyć) to drag; **~nął do kuchni worek ziemniaków** he dragged a sack of potatoes into the kitchen **[3]** przen. to attract *[klientów, widzów]*; **miasto ~a turystów z całego świata** the town attracts tourists from around the world; **~ać czyjąś uwagę** to draw sb's attention; **~ać czyjś wzrok** to catch sb's eye; **(on) umie ~nąć do siebie ludzi** he draws people to him

przycichać *impf* → **przycichnąć**

przycich|ły Ⅰ *pp* → **przycichnąć** **Ⅱ** *adi.* (przygaszony) *[osoba]* subdued

przycich|nąć *pf* — **przycich|ać** *impf* (**~ł** — **~am**) *vi* **[1]** *[dźwięk, muzyka]* (stać się cichszym) to die down; (stopniowo) to fade away; (urwać się) to stop; **kroki ~ły** the footsteps faded away **[2]** *[osoba, miejsce, pomieszczenie]* to fall silent **[3]** (uspokoić się) *[tłum, osoba]* to become quiet; **ostatnio jakoś dziwnie ~ła** recently she's been strangely quiet **[4]** *[afera, skandal, ból, wichura]* to die down; **cała sprawa wkrótce ~nie** the whole thing will die down soon; **deszcz powoli ~a** the rain is subsiding a. abating

przyciemniać *impf* → **przyciemnić**

przyciemnian|y Ⅰ *pp* → **przyciemnić** **Ⅱ** *adi.* *[szyba, okulary]* tinted; *[włosy, rzęsy]* darkened

przyciemni|ć *pf* — **przyciemni|ać** *impf vt* **[1]** (uczynić ciemniejszym) to darken *[tło, kolory, włosy]* **[2]** (przygasić) to dim *[światło, reflektor]*; **w ~onym świetle nie mogłem rozpoznać jej rysów** I couldn't make out her face in the dim light

przyciemni|ony Ⅰ *pp* → **przyciemnić** **Ⅱ** *adi.* *[pokój, salon]* dimmed

przycierać *impf* → **przytrzeć**

przycięż|ki *adi.* **[1]** *[torba, łopata]* (dość ciężki) somewhat heavy, heavyish; (zbyt ciężki) too heavy; **to dla ciebie ~kie** it's too heavy for you **[2]** *[osoba]* (dość ciężki) stout; (zbyt ciężki) too heavy; (ociężały) lumbering; **on jest raczej ~ki jak na swój wiek** he's rather overweight for his age; **iść ~kim krokiem** to walk heavily **[3]** *(bez polotu) [film, dowcip]* obvious; *[styl]* dull and uninspired; **on ma trochę ~ki dowcip** his jokes are a bit too obvious **[4]** (toporny) *[konstrukcja]* bulky

przyciężko *adv.* **[1]** (za ciężko) **z tym plecakiem szło się trochę ~** the rucksack was a bit too heavy to carry **[2]** (ociężale) *[iść, poruszać się]* heavily **[3]** *(bez polotu)*

[opowiadać, pisać] dully **[4]** (trudno) hard; **jest mi ~ samej zajmować się dziećmi** I find it rather difficult to take care of the children by myself

przycinać *impf* → **przyciąć**

przycin|ek *m zw. pl* (przytyk) snide; **robić ~ki do czegoś** to snipe at sth, to make snide remarks about sth; **nasłuchała się ~ków na swój temat** she heard a lot of snide remarks about herself

przycisk *m* (*G* **~u**) **[1]** (przełącznik) button; **~ dzwonka** a button **[2]** (do papierów) paperweight **[3]** (akcent) stress; **~ wyrazowy** word stress; **powiedzieć coś z ~iem** to say sth emphatically

przyciskać *impf* → **przycisnąć**

przyciskow|y *adi.* **[1]** Jęz. **akcent ~y** a stress **[2]** Techn. **guzik ~y** a push-button; **~y aparat telefoniczny** a push-button telephone

przyci|snąć *pf* — **przyci|skać** *impf* (**~snę, ~snęła, ~sneli** — **~skam**) **Ⅰ** *vt* **[1]** (przygnieść) to press; **~snąć czoło do szyby** to press one's forehead against a window; **~skać kogoś do piersi** to clasp sb to one's bosom; **~snąć kogoś do ziemi** to pin sb to the ground; **~snąć coś ciężkim przedmiotem** to press sth down with a heavy weight a. to weigh sth down; **~snąć sobie palec w drzwiach** to trap one's finger in the door; **za mocno ~skasz pióro** you are pressing the pen too hard; **ułóż płytkę i mocno ~śnij** position the tile and press firmly **[2]** (nacisnąć) to press *[klawisz, klamkę]*; **~snąć jeden guzik** you only have to press one button; **to się włącza przez ~śnięcie guzika** it's switched on by pressing a button **[3]** pot. (dokuczyć) **kiedy głód go ~śnie** when he is hard-pressed by hunger; **~śnięty biedą zdecydował się do niej napisać** when he was hard-pressed for money he decided to write to her **[4]** pot. (wywrzeć presję) to put the screws on; **~skać kogoś, żeby coś zrobił** to press a. push sb into doing sth pot. **Ⅱ** *v imp.* **~snęło go** pot. (nie ma pieniędzy) he must be really pressed for cash posp.; (musiał iść do toalety) he was desperate to go to the loo; he was taken short **Ⅲ** **przycisnąć się** — **przyciskać się** **[1]** *[osoba]* to press a. push oneself; **~skać się do kogoś/czegoś** to press oneself against sb/sth **[2]** (do siebie nawzajem) to press; **~skali się do siebie** they were pressing against each other

przyciszać *impf* → **przyciszyć**

przycisz|ony Ⅰ *pp* → **przyciszyć** **Ⅱ** *adi.* **[1]** *[rozmowa]* quiet, hushed; *[muzyka]* quiet, soft; **mówić ~onym głosem** to speak in a low voice **[2]** *[osoba]* quiet, subdued

przycisz|yć *pf* — **przycisz|ać** *impf vt* **[1]** (ściszyć) to turn [sth] down, to turn down *[telewizor, muzykę]*; **~ trochę to radio!** turn the radio down a bit **[2]** przen. (uspokoić) to quieten GB, to quiet US, to calm *[niepokój, wyrzuty sumienia]*

przycum|ować *pf* — **przycum|owywać** *impf* **Ⅰ** *vt* to moor, to tie [sth] (up), to tie (up), *[łódź, statek]*; **~ować łódź do pomostu** to tie a boat (up) to a jetty; **do mola ~owany był jacht** there

was a yacht moored to the pier **Ⅱ** *vi* to moor (**do czegoś** to sth); **~ować w porcie** to moor in the harbour

przycumowywać *impf* → **przycumować**

przycupn|ąć *pf* (**~ęła, ~ęli**) *vi* pot. **[1]** (przykucnąć) to squat (down), to crouch; (przysiąść) to perch; **~ąć za krzakiem** to crouch behind a bush; **~ąć na brzegu krzesła** to perch on the edge of a chair **[2]** przen. **na brzegu rzeki/u podnóża góry ~ęły małe domki** small houses were perched on the riverbank/tucked at the foot of the mountain

przycupnię|ty Ⅰ *pp* → **przycupnąć** **Ⅱ** *adi.* **[1]** (przykucnięty) **siedział ~ty za krzakiem** he was crouching behind a bush; **siedziała ~ta na brzegu krzesła** she was perched on the edge of the chair **[2]** przen. **wioska ~ta na brzegu rzeki/u podnóża góry** a village perched on the riverbank/ tucked at the foot of the mountain

przyczaj|ić się *pf* — **przyczaj|ać się** *impf v refl.* **[1]** (ukryć się) to skulk, to lurk; **~ić się za drzwiami** to skulk behind the door; **dzik ~ił się w zaroślach** the boar was skulking in the bushes; **lepiej się ~jmy na dzień lub dwa** we'd better lie low for a day or two **[2]** przen. (ukryć swoje zamiary) to bide one's time; (nie zwracać na siebie uwagi) to keep a low profile; **~ił się dla uspokojenia opinii publicznej** he's biding his time until the public outcry dies down **[3]** *[uczucie]* to lurk; **lęki ~jone w naszej podświadomości** fears that lurk in our subconscious **[4]** książk. *[osada, dom]* to be tucked; **w zakolu rzeki ~iła się wioska** there was a small village tucked in the river bend

przyczajać się *impf* → **przyczaić się**

przyczaj|ony *adi.* **[1]** *[zwierzę, przestępca]* lurking; **czekać ~onym** to lie in wait **[2]** *[niepokój, strach]* lurking **[3]** *[osada, domy]* tucked; **wioska ~ona u stóp wzgórza** a village tucked at the bottom of a hill

przyczep|a *f* trailer; (motocyklowa) sidecar; **samochód z ~ą** a car towing a trailer; **ciągnąć ~ę** to tow a trailer; **wieźć coś w/ na ~ie** to carry sth in/on a trailer ☐ **~a kempingowa** caravan GB, trailer US

przyczepiać *impf* → **przyczepić**

przyczep|ić *pf* — **przyczep|iać** *impf* **Ⅰ** *vt* (przyłączyć) to attach (**do czegoś** to sth); **~ić kartkę na drzwiach** to post a notice on the door; **~ić do czegoś etykietkę** to label a. tag sth, to affix a label to sth; **~ić komuś etykietkę buntownika** to label a. tag sb a rebel; **pyłki ~ione do płaszcza** fluff stuck to one's/sb's coat **Ⅱ** **przyczepić się** — **przyczepiać się** **[1]** (przykleić się) to stick (**do czegoś** to sth); **~ić się do czegoś pazurami** *[zwierzę]* to hook its claws on to sth; **coś ci się ~iło do rękawa** you've got something stuck to your sleeve; **małże ~iają się do skał** mussels cling to the rocks **[2]** (utkwić w pamięci) **~iła się do mnie ta melodia** I can't get the melody out of my head **[3]** pot. (narzucać się) latch on (**do kogoś** to sb); **~ił się do niej jakiś facet** some guy latched on to her; **~ił się do nas jak rzep do psiego ogona** he stuck to us like a burr a. like glue **[4]** pot.

P

(mieć zastrzeżenia) to find fault (**do kogoś/ czegoś** with sb/sth); **~ić się do kogoś** (uwziąć się) to pick on sb; to get on sb's case pot., to give sb a hard time pot.; **~iła się do mnie nauczycielka** the teacher's picking on me; **~ił się do mojej fryzury** he gave me a hard time about my hairdo; **~ili się, że nie mam pozwolenia** they got on my case for not having a permit; **zawsze się do czegoś ~ią** they always find fault with something [5] pot. **grypa się do niego ~iła** he caught the flu

przyczep|ka f [1] dem. (small) trailer; **~ka motocyklowa** a sidecar [2] Bot. elaiosome spec.

■ **zabrać kogoś ze sobą na ~kę** pot. to take sb along a. in tow; **film zdawał się być zrobiony na ~kę do muzyki** pot. the film seemed to be tacked on to the soundtrack as an afterthought

przyczepnoś|ć f sgt (kleju, farby) adhesion; (opony) grip; **klej o dużej ~ci do podłoża** a glue with good adhesion; **te opony mają dobrą ~ć** the tyres grip well; **samochód utracił ~ć** the car went into a skid

przyczepn|y adi. grad. [1] (dobrze przylegający) **farba dobrze ~a do różnych podłoży** a paint which adheres well to different surfaces; **te opony są bardzo ~e** these tyres grip well [2] (doczepiany) [silnik] outboard

przyczerniać impf → przyczernić

przyczer|nić pf — **przyczer|niać** impf vt [1] (pomalować) to blacken, to black [twarz, powierzchnię]; to blacken [brwi, tło] [2] przen. **~niać sytuację** to paint a gloomy picture of a situation

przycze|sać pf — **przycze|sywać** impf (**~szę** — **~suję**) [] vt to smooth [sth] down, to smooth down [włosy, grzywkę]; (grzebieniem) to comb [sth] down, to comb down [włosy, grzywkę]; **gładko ~sane włosy** neatly combed hair

[] **przyczesać się** — **przyczesywać się** to comb one's hair

przyczesywać impf → przyczesać

przyczołg|ać się pf — **przyczoł- g|iwać się** impf v refl. [osoba, zwierzę] to crawl up; **~ać się do kogoś/czegoś** to crawl up to sb/sth

przyczołgiwać się impf → przyczołgać się

przyczół|ek m [1] Wojsk. bridgehead; **~ek na lewym brzegu Wisły** a bridgehead on the left bank of the Vistula; **zdobyć ~ek** to establish a bridgehead [2] przen. stronghold przen.; **samorząd lokalny stał się ~kiem opozycji** the local council became an opposition stronghold [3] Budow. (wzmocnienie) abutment; **~ek mostu** a bridge abutment [4] Archit. pediment

przyczółkow|y adi. [1] Wojsk. [teren, obszar] bridgehead attr. [2] Budow. **podpora ~a** an abutment [3] Archit. [płaskorzeźba] pediment attr.

przyczyn|a f reason (**czegoś** for sth); cause (**czegoś** of sth); **z niewiadomych ~** for some unknown reason; **z ~ zdrowotnych** for health reasons; **bez wyraźnej ~y** for no apparent reason; **z tej ~y nie mogę tego zrobić** that's why I can't do it; **gniewać się bez ~y** to be angry for no reason; **zrozumieć ~y własnych niepo-**

wodzeń to understand the reasons for one's failure; **~ą zgonu było zapalenie płuc** the cause of death was pneumonia; **nie będę wnikać w ~y, dlaczego tak się stało** I won't go into the reasons why it happened; **to stało się bezpośrednią ~ą ich rozwodu** that was the direct cause of a. immediate reason for their divorce

przyczyn|ek m (G **~ku**) [1] (artykuł) monograph, (monographic) article (**na temat czegoś** on sth); (książka, praca naukowa) monograph (**na temat czegoś** on sth) [2] (fragment) **książka stanowi cenny ~ek do dyskusji na temat...** the book represents a valuable contribution to the discussion on...

przyczyniać impf → przyczynić

przyczy|nić pf — **przyczy|niać** impf [] vi książk. to cause vt; **~niać komuś kłopotów** to cause sb trouble; **~nił jej wielu cierpień** he caused her a great deal of suffering; **~niła nam wielu radości** she gave us a lot of joy

[] **przyczynić się** — **przyczyniać się** to contribute (**do czegoś** to sth); **~nić się do rozwoju miasta** to contribute to the development of a city; **brak wody ~nił się do wybuchu epidemii** the water shortage contributed to the epidemic; **~nił się do ujęcia sprawców** he played a part in arresting the perpetrators

przyczynkars|ki adi. książk. [artykuł, materiał, opracowanie, rozprawa] contributory

przyczynkarstw|o n sgt książk. **zajmuje się ~em historycznym** he writes historical monographs

przyczynkarz m (Gpl **~y**) książk. (pisarz historyczny) monographer, monographist

przyczynkow|y adi. (wtórny) unoriginal, imitative; (szczegółowy) narrow in scope

przyczynowo adv. [powiązany, połączony] causally

przyczynowo-skutkow|y adi. [związek, zależność] cause and effect attr.

przyczynowoś|ć f sgt causality

przyczynow|y adi. [1] [związek, łańcuch] causal [2] Med. **leczenie ~e** causal treatment [3] Jęz. [zdanie] causative

przyćmi|ć pf — **przyćmi|ewać** impf [] vt [1] (osłabiać) to dim [światło]; to fade [kolor]; **chmury ~ły słońce** clouds eclipsed the sun; **smutek ~ł jej oczy** sadness clouded her eyes [2] przen. (wydać się atrakcyjniejszym) to outshine [osobę]; (wydać się ważniejszym) to overshadow, to eclipse; **~ła wszystkich urodą** her beauty outshone all the others; **~ł inteligencją swoich kolegów** his intelligence far surpassed his colleagues'; **zbliżający się wyjazd wszystko ~ł** the upcoming trip eclipsed everything else [3] przen. (zmącić) to dim [pamięć]; to cloud [umysł]; **miłość ~ła mu zdrowy rozsądek** love clouded his judgement

[] **przyćmić się** — **przyćmiewać się** [lampa, słońce] to grow dim, to dim; **jej oczy ~ły się smutkiem** her eyes clouded with sadness

przyćmiewać impf → przyćmić

przyćmi|ony [] pp → przyćmić

[] adi. [1] pot. [osoba] out of it pot.; dazed;

[głos, wzrok] dazed [2] [światło] dim; [kolor] dull, muted

przyda|ć pf — **przyda|wać** impf (**~m — ~ję**) [] vt książk. [1] (dodać) to lend; **~ć komuś godności/autorytetu** to lend sb dignity/authority; **~ć czemuś znaczenia** to lend importance to sth; **~ć czemuś tajemniczości** to lend an air of mystery to sth; **~wać komuś szyku** to give sb style [2] (przypisać) **~wać wagi czyimś słowom** to attach importance to sb's words; **~wano światu formę kulistą** the universe was believed to be spherical

[] **przydać się** — **przydawać się** to be useful a. of use, to come in handy; **to ci się ~ w podróży** it'll come in handy on your trip; **to mi się na nic nie ~** it's of no use to me; **może się na coś ~m?** can I help with anything?; **to może się jeszcze ~ć do froterowania podłogi** it'll still come in handy for polishing floors; **świeca może się zawsze ~ć w domu** a candle might come in handy at home; **~łby się deszcz** we could use some rain; **~łby mi się nowy samochód** I could do with a new car pot.; **~łoby się zrobić tu remont** this place could do with renovation pot.; **~łoby się, żebyś jutro przyszedł** it would be good if you could come tomorrow

przydarzać się impf → przydarzyć się

przydarz|yć się pf — **przydarz|ać się** impf v refl. to happen; **coś mu się ~yło** something's happened to him; **to może się ~yć każdemu** it can a. could happen to anyone

przydatk|i plt (G **~ów**) Anat., Med. (uterine) adnexa spec.; **zapalenie ~ów** adnexitis spec.

przydatnoś|ć f sgt usefulness (**dla kogoś/ do czegoś** to sb/for sth); **data ~ci do spożycia** expiry date; (na produkcie) 'best by a. before...'; **oceniać coś pod kątem ~ci** to assess the usefulness of sth

przydatn|y adi. [osoba] useful; [narzędzie, książka] useful, handy; **sprzęt ~y dla policji** equipment that's useful to the police; **ten słownik jest bardzo ~y w pracy** the dictionary is very handy at work; **narzędzie ~e do cięcia drutu** a useful a. handy tool for cutting wire; **okazała się bardzo ~a firmie** she proved very useful to the company

przydawać impf → przydać

przydaw|ka f Jęz. attribute; **~ka rzeczowna/przymiotna** a nominal/an adjectival attribute; **występować w funkcji ~ki** to be used attributively

przydawkow|y adi. Jęz. attributive

przydepnąć → przydeptać

przydep|tać pf — **przydep|tywać** impf (**~czę — ~tuję**) vt (nastąpić) to step on; (rozgnieść) to stamp on; **~tała sobie spódnicę** she stepped on her skirt; **~tał niedopałek** he stamped out the (cigarette) butt **~tane kapcie** slippers with broken-down heels, down-at-heel slippers

przydeptywać impf → przydeptać

przydłu|gi adi. pot. [1] [sukienka, płaszcz] longish, on the long side; **spodnie były trochę ~gie** the trousers were a bit too long [2] [wykład, podróż] longish, on the long side; **film był dobry, choć trochę**

~**gi** the film was good though a bit on the long side

przydługo adv. pot. [trwać, pracować] (for) too long

przydom|ek m (G ~**ka** a. ~**ku**) (podkreślający cechy) nickname; (odróżniający od innych) nickname, byname; **nosić** ~**ek** to be called by a nickname; **nadać komuś** ~**ek** to give sb a nickname; **król zyskał sobie** ~**ek** „**Śmiały**" the king earned the appellation 'the Bold'; ~**ek ten zawdzięczał swojej sile** he was nicknamed that because of his strength

przydomow|y adi. ~**y ogródek** a home garden; ~**a uprawa roślin zielnych** the home-garden cultivation of herbs

przydrał|ować pf pot. to leg it pot.; ~**ować do domu** to leg it home; ~**ować do kogoś** to tear up to sb pot.

przydrep|tać pf (~**czę** a. ~**cę**) vi to toddle; **chłopiec** ~**tał do matki** the boy toddled up to his mother

przydroż|ny adi. [drzewa, kapliczka, restauracja] roadside attr.

przydu|sić pf — **przydu|szać** impf vt [1] (utrudnić oddychanie) to stifle GB, to suffocate; (ścisnąć) to choke, to throttle; ~**sić kogoś poduszką** to stifle a. smother sb with a pillow [2] (przycisnąć) to push [sth] down, to push down [pedał, przycisk]; to pin [sb] down, to pin down [osobę]; ~**sić kogoś do podłogi** to pin sb to the floor; ~**sić kogoś własnym ciałem** to pin sb down with one's body [3] (przytłumić) to smother [ogień]; to stifle [rozwój, konkurencję]; **podatki** ~**siły prywatną przedsiębiorczość** high taxes stifled private enterprise [4] pot. (wywrzeć presję) to squeeze pot., to put the squeeze on pot.; **wszystko powie, jak go** ~**sisz** he'll come clean if you squeeze him

przyduszać impf → **przydusić**

przydu|ży adi. pot. [dom, ubranie] (a bit) too big

przydyb|ać pf (~**ię**) vt pot. to catch; ~**ać kogoś na czymś** to catch sb doing sth; ~**ał ją w łóżku z innym facetem** he caught her in bed with another guy

przydym|ić pf vt to smoke [szkiełko]

przydymi|ony [] pp → **przydymić**
[] adi. [szkło, okulary] smoked; [kolor] smoky

przydzia|ł m (G ~**łu**) [1] (przydzielanie) (funduszy) allotment; (zadań) assignment; Wojsk. posting GB; ~**ł stanowisk** the assignment of posts; **buty z** ~**łu** standard-issue shoes; **jestem bez** ~**łu** I don't have any assignment; **otrzymać** ~**ł na mieszkanie** to be allotted a flat [2] (przydzielone rzeczy) ration; ~**ł chleba** a bread ration; **zużyliśmy już nasz** ~**ł** we've already used up our ration

przydziałow|y adi. [ubranie, buty] standard-issue

przydzielać impf → **przydzielić**

przydziel|ić pf — **przydziel|ać** impf vt [1] (przyznać) to allot; ~**ić komuś mieszkanie/samochód** to allot sb a flat/car [2] (skierować) to assign; ~**ić kogoś do zadania** to assign sb to a task; ~**ić komuś zadanie** to assign sb a task; ~**ono go do naszej grupy roboczej** he was assigned to our task force; ~**ono nas do obierania**

ziemniaków we were assigned to peeling potatoes

przydźwiga|ć pf vt to lug; ~**ć coś do pokoju** to lug sth into a room

przyfastryg|ować pf [] vt (przyszyć) to baste a. tack [sth] on, to baste a. tack on; ~**ować coś do czegoś** to baste a. tack sth to sth
[] vi pot. (uderzyć) to bash pot.; ~**ować komuś w nos** to bash sb on the nose

przygad|ać pf — **przygad|ywać** impf pot. [] vt (poderwać) to pick [sb] up, to pick up pot.; ~**ał sobie jakąś panienkę** he picked up some chick
[] vi (dogryźć) to taunt vt; ~**ywać komuś** to taunt sb; **aleś mu** ~**ał!** you sure had a go at him! pot.

przygadywać impf → **przygadać**

przygan|a f reproof U; **powiedzieć coś z** ~**ą w głosie** to say sth reprovingly; **spojrzeć na kogoś z** ~**ą** to give sb a reproving glance

przyganiać[1] impf → **przyganić**

przyganiać[2] impf → **przygnać**[1]

przyga|nić pf — **przyga|niać**[1] impf vi to reprove vt; ~**niać komuś za coś** to reprove sb for sth
■ ~**niał kocioł garnkowi (a sam smoli)** the pot (is) calling the kettle black

przygarbiać impf → **przygarbić**

przygarb|ić pf — **przygarb|iać** impf [] vt to hunch [plecy, ramiona]
[] **przygarbić się** — **przygarbiać się** [osoba, plecy, ramiona] to be hunched a. stooped; ~**ił się z wiekiem** he was stooped with age

przygarbi|ony [] pp → **przygarbić**
[] adi. [osoba] stooped, bent; ~**ony staruszek** a stooped a. stooping old man; ~**ony pod ciężarem plecaka** bent under a heavy rucksack

przygarn|ąć pf — **przygarn|iać** impf (~**ęła, ~ęli — ~iam**) vt [1] (przytulić) to take [sb] in one's arms; ~**ąć kogoś do piersi** to clasp sb to one's breast [2] (zaopiekować się) to take in, to take [sb/sth] in [osobę, psa]; **zostać** ~**iętym przez kogoś** to be taken in by sb; **dwójka** ~**iętych dzieci** two foster-children

przygarniać impf → **przygarnąć**

przygasać impf → **przygasnąć**

przyga|sić pf — **przyga|szać** impf vt [1] (przytłumić) to put [sth] out, to put out, to extinguish [ogień]; (przydusić) to smother [ogień]; to turn [sth] down [ogień] [2] (zmniejszyć) to lower, to reduce [inflację]; to dampen [zapał, entuzjazm] [3] (przyćmić) to get [sb] down pot.; **to go trochę** ~**siło** it got him down a bit [4] (przyćmić) to outshine; ~**sił wszystkich swym urokiem** he outshone everybody with his charm

przyga|sły adi. [1] [blask, światło] dim; **patrzył na nią** ~**słymi oczami** he looked at her with his lustreless eyes [2] [zapał, entuzjazm] dampened

przyga|snąć pf — **przyga|sać** impf (~**sł — ~sam**) vi [1] (przestać płonąć) [ogień, płomień] to die (down), to go out; **ognisko** ~**sa** the fire is dying down [2] (stracić blask) [światło, blask, lampa] to grow dim, to dim; **gwiazdy na niebie** ~**sły** the stars dim-

med; **jej oczy** ~**sły** her eyes dimmed [3] przen. (osłabnąć) [sława, energia, entuzjazm] to fade, to wane; **jego popularność ostatnio** ~**sła** his popularity has waned recently; **jej zapał zaczął ostatnio** ~**sać** her enthusiasm has begun to wane [4] przen. [osoba] to become subdued; **jakoś ostatnio** ~**sł** recently he's been strangely subdued

przygaszać impf → **przygasić**

przygasz|ony [] pp → **przygasić**
[] adi. [kolor] muted, subdued; [osoba] subdued

przyg|iać pf — **przyg|inać** impf (~**nę, ~ięła, ~ięli — ~inam**) [] vt [1] (pochylić) to bend [gałąź, drzewo]; ~**iać coś do ziemi** to bend sth to the ground [2] (zgiąć) to bend [drut, gwóźdź]
[] **przygiąć się** — **przyginać się** [osoba, drzewo] to bend

przyginać impf → **przygiąć**

przyglądać się impf → **przyjrzeć się**

przyglądnąć się → **przyjrzeć się**

przygładzać impf → **przygładzić**

przygła|dzić pf — **przygła|dzać** impf vt to smooth [sth] down, to smooth down [włosy, obrus]; ~**dził sobie ręką włosy** he smoothed down his hair

przygłuch|nąć pf (~**ł**) vi to go partially deaf, to have partial hearing loss; ~**nąć na jedno ucho** to go partially deaf in one ear

przygłu|chy adi. hard of hearing; cloth-eared GB pot., pejor.; (muzycznie) tone-deaf

przygłup m (Npl ~**y**) pot., obraźl. halfwit pot., obraźl.; dimwit pot., obraźl.

przygłupi adi. pot., obraźl. [osoba, dowcip, mina] half-witted pot., obraźl., dim-witted pot., obraźl.

przygłupiasto adv. pot., obraźl. [uśmiechnąć się, odezwać się] like a halfwit a. dimwit pot., obraźl., half-wittedly a. dim-wittedly pot., obraźl.

przygłupia|sty adi. pot., obraźl. [osoba, uśmiech] half-witted pot., obraźl., dim-witted pot., obraźl.

przygłupio adv. pot., obraźl. [uśmiechnąć się, odezwać się] like a halfwit a. dimwit pot., obraźl., half-wittedly a. dim-wittedly pot., obraźl. dim-wittedly; [wyglądać] idiotic adi.

przyg|nać[1] pf — **przyg|aniać**[2] impf vt [1] (przygonić) to drive [sth] in, to drive in [zwierzęta]; ~**nać krowy na noc/z pastwiska** to drive the cows in for the night/from the pasture [2] pot. (przynieść) [rzeka, wiatr, chciwość, ciekawość] to bring; **wicher** ~**nał czarne chmury** the wind has driven black clouds in; **los ich tu** ~**nał** fate has brought them here; **znów** ~**nało tu tych łobuzów!** here come those thugs again!

przygna|ć[2] pf vi pot. (przybiec) [osoba, zwierzę] to race; ~**ć do domu** to come racing home

przygnębiać impf → **przygnębić**

przygnębiająco adv. [cichy, pusty] depressingly; **działać na kogoś** ~ to have a depressing effect on sb

przygnębiając|y [] pa → **przygnębić**
[] adi. [film, atmosfera, myśli] depressing; **miasto robi** ~**e wrażenie** the town looks depressing

przygnębi|ć pf — **przygnębi|ać** impf to depress; **ta wiadomość bardzo go** ~**ła** the news depressed him deeply

P

przygnębieni|e Ⅱ *sv* → **przygnębić**
Ⅲ *n sgt* depression, dejection; **wpaść w ~e**
.to sink into depression; **ogarnęło go ~e** he
was overcome by dejection

przygnębi|ony *adi.* *[osoba, spojrzenie]* depressed, dejected; **być czymś ~onym** to
be depressed about a. over sth

przygniatać *impf* → **przygnieść**

przygniatająco *adv.* ① (groźnie) *[wyglądać]*
formidable *adi.*; ② (przygnębiająco) *[ponury]*
oppressively; *[wyglądać]* overwhelming *adi.*,
oppressive *adi.*; **milczenie działało ~** the
silence was oppressive

przygniatając|y Ⅱ *pa* → **przygniatać**
Ⅲ *adi.* ① (masywny) *[budowla, dekoracje]*
crushing ② (przygnębiający) *[atmosfera, cisza,
sytuacja]* crippling; **ogarnął ją ~y smutek**
she felt an overwhelming sadness ③ (miażdżący) *[przewaga, większość]* overwhelming

przygni|eść *pf* — **przygni|atać** *impf*
(**~otę**, **~eciesz**, **~gniecie**, **~ótł**, **~otła**,
~etli — **~atam**) *vt* ① (przycisnąć) to crush,
to squash; (unieruchomić) to pin; **cysterna
~otła robotnika** a worker was crushed by
a cistern; **~eść niedopałek papierosa
butem** to squash out a cigarette end with a
shoe; **napastnik ~ótł go do ziemi** the
attacker pinned him to the ground ② *przen.*
(przytłoczyć) to crush, to weigh [sb] down, to
weigh down; **był ~eciony ogromem
nieszczęścia** he was crushed by the
enormity of the disaster; **bieda go ~iotła**
he was crushed by poverty

przyg|oda *f* ① (niezwykłe zdarzenie) adventure;
dziwna/niezwykła/niebezpieczna ~oda
a strange/an unusual/a dangerous adventure; **łowieckie/jeździeckie ~ody** hunting/horse-riding adventures; **przykra** a.
niemiła ~oda a mischance; **spotkała
mnie zabawna ~oda w podróży** I had
a funny adventure during my journey, a
funny thing happened to me on my trip;
podróż minęła bez ~ód the journey was
uneventful; **po tej ~odzie z psem będę
ostrożniejsza** after that incident with the
dog I'll be more careful; **poszukiwacz
~ód** an adventurer; **żądza ~ód** a hankering after adventure ② (przelotny romans) love
affair, fling; **miał wiele ~ód miłosnych**
he had many love affairs; **szukać łatwej
~ody** to look for a one-night stand ③ *sgt*
przen. (doświadczenia, przeżycia) exciting experience; love affair *przen.*; **studia były dla
mnie intelektualną ~odą** university
studies were an intellectual adventure for
me; **moja ~oda z górami zaczęła się od
wycieczki w Tatry** my love affair with
the mountains began with a trip to the
Tatras; **wielką ~odą w jego życiu był
sport/jazz** he had a lifelong love affair
with sport/jazz

przygodnie *adv.* (przypadkowo) by chance;
~ spotkany znajomy a chance acquaintance; **~ dobrany zespół aktorów** a
company of actors selected by chance

przygodn|y *adi.* ① (przelotny) *[znajomość]*
passing; (nieistotny) chance, accidental; **~e
miłostki** fleeting a. passing a. casual romances ② (spotkany przypadkiem) casual; **~i
słuchacze/towarzysze podróży** casual
listeners/travelling companions

przygodow|y *adi.* *[wątek, film, literatura]*
adventure *attr.*

przygot|ować *pf* — **przygot|owywać**
impf Ⅱ *vt* ① (przyszykować) to prepare *[posiłek,
lekcję]*; **~ować przyjęcie/sypialnie dla
gości** to prepare the reception/to make
ready bedrooms for the guests; **~ować
bieliznę do prania** to put together the
laundry; **~ować artykuł/książkę do druku** to make an article/book ready for
printing; **~ować glebę pod siew** to
prepare the soil for sowing; **kotlety
~owane do smażenia** chops ready for
frying; **listy ~owane do wysłania** letters
ready for posting; **referat/umowa jest w
~owaniu** the paper/agreement is in preparation; **„tom Ⅱ w przygotowaniu"**
(zapowiedź wydawnicza) 'volume two to appear
soon'; **przemawiać bez ~owania** to speak
impromptu a. offhand; **odpowiadać bez
~owania** to answer off the cuff ② (uprzedzić) to prepare *[osobę]*; **~ować kogoś na
złą wiadomość** to prepare sb for (the) bad
news; **bądź ~owana na to, że możesz
stracić wszystko** be prepared to lose
everything; **nie jestem ~owany na takie
ryzyko** I'm not prepared to take such a risk
③ (przysposobić) to prepare *[osobę]*; **~ować
kogoś do egzaminu** to prepare sb for the
exam; **szkoła powinna ~owywać młodzież do życia** the school should prepare
young people for real life

Ⅲ **przygotować się** — **przygotowywać
się** ① (szykować się) to get ready; **~owywać
się do podróży/do wyjścia** to get ready
for a journey/to go out ② (oswoić się z myślą)
to prepare oneself; **~ować się na przykrości/śmierć** to prepare oneself for trouble/death; **~uj się na najgorsze** be prepared for the worst ③ (nauczyć się) to
prepare, to study; **~owywać się do
egzaminu** to prepare a. study for an
examination ④ (być urządzanym) to be prepared; **~owuje się bal sylwestrowy** a
New Year ball is being prepared

■ **~ować grunt do przeprowadzenia wyborów/zasadniczych reform** to
smooth a. prepare the way for elections/
fundamental reforms; **~ować grunt dla
rewolucji/rozmów pokojowych** to prepare the ground for a revolution/peace talks

przygotowa|nie Ⅱ *sv* → **przygotować**
Ⅲ *n zw. pl* preparation, arrangements *pl*;
~nia wojenne preparations for war, war
preparations; **przedświąteczne ~nia**
Christmas/Easter preparations; **czynić
~nia do podróży** a. **wyjazdu** to make
preparations for the journey; **~nia do
wesela/balu** preparations for the wedding
party/the ball

przygotowawcz|y *adi.* *[prace, działania]*
preparatory; **kurs ~y** (elementarny) a foundation course; (do egzaminów) ≈ a crammer
GB, ≈ a review preparatory course US; **postępowanie ~e** Prawo preparatory proceedings

przygotowywać *impf* → **przygotować**

przygraniczn|y *adi.* *[pas, strefa, ludność,
handel]* border *attr.*; **tereny ~e** borderland

przygrub|y *adi.* *[osoba]* fattish, on the fat
side; *[kromka chleba, podeszwa buta]* thickish

przygruntow|y *adi.* Meteo. ground *attr.*;
~e przymrozki ground frost; **~a warstwa
powietrza** surface air layer

przygrywa|ć *impf vi* (wtórować) to play
along; **~ć do tańca** to play for dancing;
~ć gościom na fortepianie to play
background music on the piano

przygryw|ka *f* ① Muz. (wstęp instrumentalny)
prelude; (podkład muzyczny) accompaniment;
~ka orkiestrowa an orchestral prelude;
~ka do sceny baletowej an accompaniment to a ballet scene; **~ka do tańca** a
dance tune ② *przen.* (zapowiedź) prelude;
**to była dopiero ~ka do właściwej
awantury** that was only a prelude to a real
row

przygryzać *impf* → **przygryźć**

przygry|źć *pf* — **przygry|zać** *impf*
(**~zę**, **~ziesz**, **~zł**, **~zła**, **~źli** —
~zam) Ⅱ *vt* (przyciąć zębami) to bite *[wargi,
usta]*; to chew *[wąsy, cybuch]*; **~zła sobie
język** she bit her tongue
Ⅲ *vi* *pot.* (dokuczyć docinkami) to jibe (**komuś**
at sb); **lubił ~zać innym** he liked to jibe
at people

przygrz|ać *pf* — **przygrz|ewać** *impf*
(**~eję** — **~ewam**) Ⅱ *vt* (odgrzać) to heat
up *[zupę, mięso]*
Ⅲ *vi* ① (mocno grzać) to beat down; **słońce
~ało i śnieg zaczął topnieć** the sun shone
for a while and the snow began to thaw
② *pot.* (dosięgnąć pociskami) to blast; **~aliśmy
im z ciężkich dział** we blasted away at
them with heavy artillery ③ *pot.* (mocno
uderzyć) to bash; **~ał mu batem** he struck
him with a whip ④ *pot.* (zderzyć się) to crash;
**wpadliśmy w poślizg i ~aliśmy w
drzewo** we skidded and crashed into a tree
Ⅲ **przygrzać się** — **przygrzewać się**
(zostać odgrzanym) *[potrawa]* to heat up; **w
piecyku ~ewał się obiad** dinner was
heating up in the oven

przygrzewać *impf* → **przygrzać**

przygważdżać *impf* → **przygwoździć**

przygw|oździć *pf* — **przygw|ażdżać**
impf vt ① *przen., pot.* (unieruchomić) to pin;
~oździć kogoś spojrzeniem to transfix
sb with a look; **choroba ~oździła go do
łóżka** he was bedridden ② *pot., przen.*
(pokonać) to pin [sb] down, to pin down;
~oździć kogoś pytaniem/argumentem
to pin sb down with a question/an argument ③ *przest.* (przybić) to pin; **~oździł go
bagnetem do ziemi** he pinned him to the
ground with his bayonet

przyham|owywać *pf* — **przyham|owywać** *impf* Ⅱ *vt przen.* (spowolnić) to slow [sth]
down, to slow down *[tempo zmian]*; to curb
[rozwój, inflację]; **~ować czyjeś zapędy/
uczucia** to curb sb's inclinations/emotions
Ⅲ *vi* (zmniejszyć szybkość jazdy) (stopniowo) to
slow down; (gwałtownie) to brake; **kierowca/
samochód gwałtownie ~ował** the driver/
the car braked hard

przyhamowywać *impf* → **przyhamować**

przyhol|ować *pf* — **przyhol|owywać**
impf vt ① (przyciągnąć) to tow *[łódź, przyczepę,
samochód]* ② *pot.* (przyprowadzić) to bring in
tow *[osobę, grupę osób]*

przyholowywać *impf* → **przyholować**

przyhołubiać *impf* → **przyhołubić**

przyhołub|ić *pf* — **przyhołub|iać** *impf* *vt* książk. to take [sb/sth] in *[osobę, zwierzę]*; **~iała wszystkie zabłąkane koty/psy** she would take in all stray cats/dogs

przyim|ek *m* Jęz. preposition

przyimkow|y *adi.* Jęz. *[zwrot, przydawka]* prepositional

przyjaci|el *m* (*Gpl* **~ół**, *Ipl* **~ółmi**) [1] (osoba darzona przyjaźnią) friend; **dobry/oddany/serdeczny/wierny ~el** a good/devoted/close/faithful friend; **grono ~ół** a circle of friends; **fałszywi ~ele** (o ludziach) false friends; **mieć ~ela** to have a friend; **zjednać sobie ~ół** to win over friends; **pies jest najlepszym ~elem człowieka** a dog is man's best friend; **~el domu** a family friend [2] (sympatyk) friend; **~el młodzieży/zwierząt** a friend of the young/of animals; **szkoła zyskała wielu ~ół** the school has enlisted many friends; **Towarzystwo Przyjaciół Warszawy/Muzyki** the Society of Friends of Warsaw/Music [3] euf. (kochanek) man friend, gentleman friend, boyfriend
■ **~el od kieliszka** a drinking companion; **~el od serca** a bosom friend; **prawdziwych ~ół poznajemy** a. **poznaje się w biedzie** przysł. a friend in need is a friend indeed przysł.

przyjaciels|ki [I] *adi. [rozmowa, rada, przysługa, spojrzenie]* friendly; **być z kimś w ~kich stosunkach** to be on friendly terms with sb; **utrzymywać z kimś ~kie stosunki** to maintain friendly relations with sb; **~kie grono/spotkanie** a group/meeting of friends
[II] **po przyjacielsku** *adv. [poradzić, pomóc, rozmawiać]* like a friend; **potraktował/przyjął mnie po ~ku** he treated/received me in a friendly way a. amicably

przyjacielsko *adv. [poradzić, potraktować, spojrzeć]* in a friendly way, amiably

przyjaciół|ka *f* (kobieta darzona przyjaźnią) (girl) friend; **dobra/serdeczna/oddana ~ka** a good/close/devoted friend; **zostałyśmy najlepszymi ~kami** we became best friends [2] euf. (kochanka) girlfriend

przyj|azd *m* (*G* **~azdu**) arrival; **„Przyjazdy"** (w rozkładzie jazdy) 'Arrivals'

przyjazdow|y *adi.* arrival *attr.*; **hala ~a** arrival lounge

przyja|zny *adi. grad.* [1] (życzliwy) *[osoba]* friendly [2] (wyrażający życzliwość) *[atmosfera, ton, spojrzenie, rada, stosunki]* friendly [3] (korzystny) *[klimat, okolica]* pleasant; **~zny dla środowiska** environmentally friendly, eco-friendly; **~zny dla użytkownika** user-friendly

przyjaź|nić się *impf v refl.* to be friends (**z kimś** with sb) ⇒ **zaprzyjaźnić się**

przyjaźnie *adv. grad.* [1] *[patrzeć, rozmawiać, uśmiechać się]* amicably; **odnieśli się do nas ~** they treated us in a friendly manner [2] przen. amicably; **wiosenne słońce ~ grzeje** the spring sun gives friendly warmth

przyjaź|ń *f* friendship; **bliska/bezinteresowna/dozgonna/zażyła/prawdziwa ~ń** close/unconditional/lifelong/devoted/true friendship; **~ń do grobowej deski** friendship to the grave; **być z kimś w ~ni** to be sb's friend; **darzyć kogoś**

~nią to be friendly towards sb; **okazać/zaprzysiąc komuś ~ń** to show/swear friendship to sb; **szczycić się czyjąś ~nią** to take pride in sb's friendship; **żyć z kimś w ~ni** to live at peace with sb; **uczucie/więzi ~ni** the feeling/bonds a. ties of friendship; **moja ~ń z Anną zaczęła się w szkole** my friendship with Anna began at school; **nie wierzę w ~ń między kobietą i mężczyzną** I don't believe in friendship between a man and a woman

przyj|ąć *pf* — **przyj|mować** *impf* (**~mę, ~ęła, ~eli** — **~muję**) [I] *vt* [1] (wziąć) to accept *[kwiaty, prezent, napiwek, nagrodę]*; to take *[czek, łapówkę]*; **~ąć podanie od kandydata** to accept a letter of application from a candidate; **~ąć coś w zastaw** to take sth in pledge; **~ąć towar do sklepu** to take in merchandise; **hydraulik nie ~ął zapłaty za usługę** the plumber didn't take any money for his work [2] (zaakceptować) to accept *[propozycję, postulat, warunki, kandydaturę, zaproszenie, plan]*; **~ąć czyjąś rezygnację** to accept sb's resignation; **~ąć uchwałę/ustawę** to pass a resolution/bill; **wniosek ~ęto przez aklamację** the motion was passed by acclamation; **nie ~ąć oferty** to turn down an offer [3] (zażyć, zjeść) to take, to ingest *[lekarstwo, pokarm]* [4] (zgodzić się wykonać) to take [sth] on, to take on *[godność, posadę, pracę, stanowisko]*; **~ąć zobowiązanie** to take on an obligation; **kelner ~ął od nas zamówienie** the waiter took our order [5] (wysłuchać) to accept *[raport, meldunek, gratulacje]*; **~ąć zażalenie/skargę** to receive a complaint [6] (zapożyczyć) to adopt *[poglądy, zwyczaje, wzorce, praktyki]* (**od kogoś** from sb) [7] (zareagować) to receive; **~ąć wiadomość entuzjastycznie** to receive (the) news with enthusiasm; **aktora ~ęto oklaskami** the actor was greeted with applause; **alarm wszyscy ~eli za kiepski żart** everybody treated the alarm as a bad joke [8] (wziąć na siebie) to take [sth] on, to take on *[obowiązek, odpowiedzialność, winę]* [9] (uczynić członkiem społeczności) to enrol *[uczniów, nowych członków]*; to admit *[pacjentów]*; **~ąć kogoś do rodziny** to make sb a member of the family [10] (zatrudnić) to take [sb] in, to take in *[pracownika]*; **starać się o ~ęcie do pracy** to apply for a job [11] (ugościć) to entertain *[gościa]*; **~ąć kogoś obiadem/kawą** to give sb dinner/coffee; **~ąć kogoś z honorami** to receive sb with full honours [12] (zgodzić się na rozmowę) to see *[interesanta, delegację]*; **~ąć kogoś uprzejmie/lodowato** to give sb a polite/an icy welcome [13] Admin. *[lekarz, dentysta]* to see patients; *[adwokat, urzędnik]* to hold consulting hours; **lekarz/dentysta ~muje po południu/od 8 do 10** the doctor/dentist sees patients in the afternoon/from 8 till 10 a.m.; **„Przyjęcia interesantów w pon., wt., śr."** 'consulting a. office hours Mon., Tue., Wed.' [14] (zgodzić się zostać żoną) **~ąć oświadczyny** to accept the proposal; **oświadczył się i został ~ęty** he proposed and was accepted [15] (dać schronienie) to take [sb/sth] in, to take in *[pogorzelców, uciekinierów, uchodźców]*; **~ąć kogoś na nocleg** to put sb up;

kapitan ~ął rozbitków na statek the captain took the shipwrecked people on board [16] (założyć) to assume; **powszechnie ~muje się, że...** it is widely assumed that...; **~ąć założenie, że...** to make an assumption that... [17] Relig. to take *[komunię]*; **~ąć chrzest** to be baptized; **~ąć święcenia kapłańskie** to take holy orders, to be ordained; **~ąć katolicyzm/protestantyzm** to convert to Catholicism/Protestantism [18] Sport to catch *[podanie, piłkę]* [19] Chem. *[materiał]* to absorb *[barwniki, farbę]* [20] (przybrać) *[instytucja, organizacja, osoba]* to take on *[nazwę, imię, pseudonim]*; **po ślubie wiele kobiet ~muje nazwisko męża** after marriage a lot of women take their husband's name [21] (zmienić) to assume *[kształt, barwę, formę]*; **kameleon ~muje barwę otoczenia** a chameleon takes on a. assumes the colour of its environment; **płyn ~muje kształt naczynia** liquid assumes the shape of the container
[II] **przyjąć się** — **przyjmować się** [1] *[drzewo, roślina]* to take root; **sadzonki się ~ęły** the cuttings have taken root [2] (rozpowszechnić się) *[powiedzenie, moda, zwyczaj]* to catch on; **~ęło się mówić/robić/uważać coś** it has become customary to say/do/think sth [3] Med. *[szczepionka]* to give positive results [4] Med. *[przeszczep]* to take, to be accepted; **przeszczep nerki się ~ął/nie ~ął** the kidney transplant took/was rejected [5] książk. (gościć się wzajemnie) to entertain one another
■ **w naszym miasteczku nie jest ~ęte, żeby młoda dziewczyna sama chodziła do pubu** in our town it is unacceptable for a young girl to go to a pub on her own

przy|jechać *pf* — **przy|jeżdżać** *impf vi* [1] (przybyć) *[osoba, środek lokomocji]* to arrive, to come; **~jechać autobusem/pociągiem** to come a. arrive by bus/train; **~jechać konno** to come on horseback; **~jechać do Warszawy/Polski** to come to Warsaw/Poland; **~jechać na dworzec** to arrive at the station; **~jechać do kogoś w odwiedziny** a. **z wizytą** to come to see sb; **~jechać na wizytację** to come on inspection; **pociąg ~jeżdża do Krakowa o 21.15** the train arrives at Cracow at 21:15 a. 9.15 p.m.; **codziennie ~jeżdżał po niego samochód** a car would come for him every day [2] (stawić się) to arrive, to come; **~jeżdżaj natychmiast** come at once a. immediately; **~jechał na stałe do domu** he came home for good

przyjemniacz|ek *m* (*Npl* **~ki**) pot., iron. nasty customer pot.; **niezły ~ek z niego** he's quite a nasty customer; **mam dość tego ~ka** I'm fed up with that nasty customer

przyjemnie *adv. grad.* pleasantly, nicely; **~ urządzone mieszkanie** a nicely a. pleasantly furnished flat; **~ pachnący kwiat** a flower with a nice fragrance; **~ wyglądający człowiek** a man with a nice appearance, a nice-looking man; **~ spędzić urlop** to have a nice holiday; **było mu ~, kiedy słyszał komplementy** he was pleased to hear compliments

przyjemnoś|ć *f* [1] *sgt* (miłe uczucie) pleasure; **prawdziwa/wielka** a. **ogromna ~ć** a true/great pleasure; **to ~ć czytać jej wspomnienia** it is a pleasure to read her memoirs; **sprawić komuś ~ć** to please sb; **twój list/komplement sprawił jej ~ć** your letter/compliment pleased her; **robić coś dla ~ci** to do sth for pleasure; **uczyć się języków/uprawiać sport dla ~ci** to learn languages/practise sport for pleasure; **robić coś z ~cią** to do sth with pleasure; **patrzeć na coś/słuchać czegoś z ~cią** to look at sth/listen to sth with pleasure; **nie należeć do ~ci** to be no pleasure at all; **wizyta u dentysty/podróżowanie zatłoczonym autobusem nie należy do ~ci** a visit to the dentist/a ride on a crowded bus is no pleasure at all; **odmówić sobie ~ci czegoś** to deprive oneself of the pleasure of sth, to deny oneself the pleasure of sth; **nie potrafię odmówić sobie ~ci zjedzenia jeszcze jednego kawałka ciasta** I can't deny myself the pleasure of eating another piece of that cake; **znajdować ~ć w czymś** to find pleasure in sth; **nie znajduję żadnej ~ci w pracy w ogródku/gotowaniu** I don't find any pleasure in gardening/cooking; **dostarczać komuś ~ci** to give sb pleasure; **sport/praca dostarcza mu wiele ~ci** sport/work gives him much pleasure; **zepsuć komuś ~ć** to spoil sb's pleasure; **nie psuj nam ~ci kąśliwymi uwagami** don't spoil our pleasure with your cutting remarks; **mieć ~ć znać/poznać/słyszeć kogoś** to have the pleasure of knowing/meeting/hearing sb; **mam ~ć powitać państwa/ogłosić wyniki konkursu** I have the pleasure of welcoming you/announcing the results of the competition; „**dziękuję za przysługę**" – „**cała ~ć po mojej stronie**" 'thank you for doing me a favour' – 'oh, the pleasure is mine'; „**z kim mam ~ć?**" 'to whom do I have the pleasure of speaking?'; „**napijesz się czegoś?**" – „**z ~cią**" 'would you like a drink?' – 'gladly a. with pleasure'; **średnia** a. **wątpliwa ~ć** *pot.* a dubious pleasure [2] (bodziec wywołujący uczucie zadowolenia) pleasure; **spotkała mnie ogromna ~ć** something nice happened to me; **uganiać się za ~ciami życia** to pursue life's pleasures; **używać wszelkich ~ci** to indulge in all kinds of pleasures; **nie mam pieniędzy na ~ci** I have no spending money

przyjemn|y [I] *adi. grad.* [głos, marzenie, okolica] pleasant, nice; **~y człowiek** an agreeable person; **~y dla oka/ucha** pleasing to the eye/ear; **materiał/przedmiot ~y w dotyku** a material/an object pleasant to the touch
[II] **przyjemne** *n sgt* **łączyć ~e z pożytecznym** to combine business with pleasure

przyjezdn|y [I] *adi.* [artysta, kaznodzieja] visiting; **~y gość** a visitor
[II] **przyjezdn|y** *m*, **~a** *f* visitor, stranger; **rzesze ~ych co roku odwiedzają nasze miasto** crowds of visitors come to our town every year; **informacja dla ~ych** information for visitors

przyjeżdżać *impf* → **przyjechać**
przyję|cie [I] *sv* → **przyjąć**
[II] *n* [1] (spotkanie towarzyskie) reception, party;

oficjalne/uroczyste/wystawne ~cie an official/a grand/a sumptuous reception; **kameralne/skromne ~cie** a small/modest party; **słodkie ~cie** *a party with cakes, desserts, and fruit;* **~cie imieninowe/urodzinowe** a name day/birthday party; **~cie weselne** a wedding reception; **~cie na sto** a. **dla stu osób** a party for a hundred guests; **wydać** a. **urządzić ~cie z okazji czegoś** to give a reception for sth; **wydać** a. **urządzić ~cie na cześć kogoś** to give a reception for sb; **pójść do kogoś na ~cie** to go to sb's party; **zaprosić kogoś na ~cie** to invite sb to a party a. reception [2] *sgt* (reakcja) reception; **chłodne/życzliwe ~cie kogoś/czegoś** a cool/kind reception of sb/sth; **spotkać się z gorącym ~ciem** [osoba] to receive a warm welcome; [film, przedstawienie, książka] to receive a warm reception [3] Med. admission

przyję|ty [I] *pp* → **przyjąć**
[III] *adi.* [zachowanie, zwyczaj] accepted; [normy postępowania, zwyczaj] established

przyjmować *impf* → **przyjąć**

przy|jrzeć się, przy|glądnąć się *pf* — **przy|glądać się** *impf* (**~jrzysz się, ~jrzał się, ~jrzeli się** — **~glądam się**) *vi* [1] (obejrzeć) to observe, to watch; **~glądać się komuś/czemuś z ciekawością/z zainteresowaniem** to watch sb/sth with curiosity/interest; **~jrzyj się dobrze** a. **uważnie, jak ja to robię** watch carefully how I do it; **~glądać się sobie w lustrze** to contemplate one's image in the mirror [2] (zanalizować) to examine; **~jrzeć się jakiejś sprawie/jakiemuś zjawisku** to examine a case/phenomenon; **~glądać się życiu** to observe life

przy|jść *pf* — **przy|chodzić** *impf* (**~jdę, ~jdziesz, ~szedł, ~szła, ~szli** — **~chodzę**) *vi* [1] (idąc przybyć) [osoba, zwierzę] to come; **~jść do domu** to come home; **~jść do pracy/biura** to come to work/to the office; **~jść do kolegi** to come to see a friend; **~jść (do kogoś) w odwiedziny** a. **z wizytą** to come to see a. visit sb; **~jść na spotkanie/koncert** to come to a meeting/concert; **~jść na dworzec/lotnisko** to come to the station/airport; **~jść się pożegnać/przywitać** to come to say goodbye/hello; **~jść do kogoś do sprzątania/prania/mycia okien** to come to clean sb's house/do sb's laundry/clean sb's windows; **~jść do kogoś po (po)radę** to come to ask a. seek sb's advice; **~jść do kogoś z prośbą/propozycją/skargą** to come to sb with a request/an offer/a complaint; **~jść komuś z odsieczą** to come to sb's rescue *także przen.* [2] *pot.* (jadąc przybyć) [autobus, tramwaj, pociąg] to arrive, to come; **pociąg ~szedł o czasie/z opóźnieniem** the train arrived a. came in on time/late; **o której ~chodzi autobus z Zakopanego?** what time does the bus from Zakopane arrive? [3] (rozpocząć naukę, pracę) to come; **w ostatnim czasie ~szło kilku nowych nauczycieli/uczniów** several new teachers/students have recently arrived; **~jść na czyjeś miejsce** to take sb's place; **do szkół/wojska ~chodzi teraz wyż demograficzny** the baby boomers are beginning school/army service now [4] *pot.* [faks, list,

paczka, pieniądze] to come, to arrive; **z frontu ~chodziły sprzeczne informacje** conflicting reports were arriving from the front line; **poczta/prasa ~chodzi zawsze o tej samej porze** the post is/newspapers are always delivered at the same time [5] *pot.* (nadciągnąć) [burza, fala, ocieplenie] to come; **huragan ~szedł z północy** the hurricane came from the north [6] *pot.* (nastąpić) [lato, chwila, sen, termin] to come; **~szła noc** night came; **~szła fala upałów** a heatwave came a. broke; **~szła bieda/starość** lean times/old age came; **poczekaj, ~jdzie kolej na gratulacje** wait, the time for congratulations will come; **~jdzie kolej na ciebie** your turn will come; **~szła moda na kapelusze** hats came into fashion [7] *pot.* (powstać w umyśle) [pomysł] to come; **~szedł mi do głowy pewien pomysł** an idea came to my mind, I had an idea; **w tym kontekście ~szedł mi na myśl pewien znajomy** in connection with that I thought of a certain acquaintance of mine; **potem ~szła refleksja** afterwards a reflection came to me/him; **~szła jej/nam ochota na tańce** suddenly she/we felt like dancing; **~szła mu fantazja wybudować fontannę w ogrodzie** he had a fancy to build a fountain in the garden [8] (o umiejętnościach, czynnościach) to come; **nauka/pisanie listów ~chodzi mu łatwo/trudno** studying/writing letters comes/doesn't come easy to him *pot.* [9] (osiągnąć korzyść) **co ci z tego ~jdzie, że ją oszukasz?** what will you get out of cheating her?; **nic mi nie ~jdzie z tego, że skończę kolejny kurs** I'll get nothing out of finishing another course
■ **~jść na gaszenie świec** to come at the very end of an event; **~jść na gotowe** to come when everything is ready; **~jść do równowagi** to recover control of oneself; **~jść do siebie/sił/zdrowia** to recover; **zobacz, na co mi ~szło, bez pomocy nawet kroku nie zrobię** look what things have come to for me, I can't even make one step unaided; **~jdzie mi sprzedać dom/przenieść się na wieś** the moment will come when I'll have to sell the house/move to the country; **jak ~jdzie co do czego, to możecie na mnie liczyć** when the time comes, you can count on me; **łatwo ~szło, łatwo poszło** *przysł.* easy come, easy go

przyka|zać *pf* — **przyka|zywać** *impf* (**~żę** — **~zuję**) *vt* to tell; **~zać dzieciom, żeby siedziały cicho** to tell the children to be quiet; **~zywali nam ostrożność** they told us to be careful; **chory miał ~zane leżenie** the patient was told to stay in bed

przykaza|nie [I] *sv* → **przykazać**
[II] *n* [1] *przest.* (polecenie) order; **dostać ~nie wykonania czegoś** to be given an order to do sth, to be told to do sth [2] *Relig.* commandment; **dziesięcioro ~ń** the Ten Commandments; **~nia kościelne** the Chief Commandments of the Church; **wypełniać/pogwałcić ~nie** to obey/violate a commandment [3] (żelazna zasada) commandment; **pierwsze ~nie dziennikarza: fakty są święte, komentarz dowolny** the first commandment of a journalist: facts are sacred, comment is free

przykazywać *impf* → przykazać
przyklaskiwać *impf* → przyklasnąć
przykla|snąć *pf* — **przykla|skiwać**
impf (~snęła, ~snęli — ~skuję) *vi*
(wyrazić aprobatę) to applaud; **~snąć mów-**
cy/przedsięwzięciu/inicjatywie to applaud the speaker/the project/initiative
przykle|ić *pf* — **przykle|jać** *impf* [1] *vt*
[1] (umocować za pomocą kleju) to paste, to stick;
~ić znaczek na kopertę a. **na list** to stick
a stamp on an envelope a. a letter; **~ić**
ogłoszenie/plakat to paste a notice/poster;
~ić obtłuczone uszko do filiżanki to
glue a broken handle to a cup; **~ić ogło-**
szenie taśmą do tablicy to sellotape a
notice to a noticeboard [2] pot. (przyłożyć) to
stick, to press; **~ił czoło do szyby** he
pressed his forehead against the window
pane; **uciekinierzy leżeli ~jeni do ziemi**
the fugitives lay flattened on the ground
[II] **przykleić się — przyklejać się**
[1] (przywrzeć) to stick; **przepocona koszula**
~iła się mu do pleców the sweaty shirt
stuck to his back; **etykieta mocno się**
~iła the label was stuck fast; **ten blat/stół**
jest tak brudny, że można się do niego
~ić this top/table is so sticky with dirt that
one might get glued to it for good; **resztki**
jedzenia ~jone do talerzy remnants of
food stuck to the plates [2] pot. to cling; **~ić**
się do kogoś w tańcu to press one's body
against one's dance partner; **~ił się do**
niej na cały wieczór he clung to her
throughout the evening
przyklejać *impf* → przykleić
przyklep|ać *pf* — **przyklep|ywać** *impf*
(~ię — ~uję) *vt* [1] (spłaszczyć) to flatten
[poduszkę, skopaną ziemię]; to pat [sterczące
włosy] [2] pot. (potwierdzić) **~ać umowę** to
clinch a deal
przyklepywać *impf* → przyklepać
przyklękać *impf* → przyklęknąć
przyklękiwać *impf* → przyklęknąć
przykl|ęknąć *pf* — **przykl|ękać,**
przykl|ękiwać *impf* (~ęknął a. ~ąkł,
~ęknęli a. ~ękli — ~ękuję) *vi* (uklęknąć)
to kneel downt; (ugiąć kolano) to genuflect
przykła|d [1] *m* (G ~du) [1] (wzór do na-
śladowania) example; **~d rodziców/nauczy-**
cieli the example of one's parents/teachers;
być dla kogoś ~dem to be an example to
sb; **brać z kogoś ~d** to follow sb's
example; **dawać dobry/zły ~d** to set a
good/bad example; **iść za czyimś ~dem**
to follow sb's example; **stawiać kogoś/coś**
za ~d komuś to hold sb/sth up as an
example for sb to follow; **ukarać/nagro-**
dzić kogoś dla ~du to make an example
of sb by punishing/rewarding them; **świe-**
cić ~dem to give a. set a good example;
~d idzie z góry the example comes from
the top [2] (dowód) example, instance; **~d**
architektury gotyckiej/poezji roman-
tycznej an example of Gothic architec-
ture/Romantic poetry; **~d niekompeten-**
cji/arogancji an instance of incompetence/
arrogance; **odwołać się do ~dów** to quote
examples; **posłużyć się ~dami** to use
examples; **przytoczyć ~d na coś/popar-**
cie tezy, że... to give an example of sth/to
support the thesis that...; **uzasadniać**
swoją tezę ~dami to quote examples to

support one's thesis
[III] **na przykład** *part.* for example, for
instance; **lubię delikatne kolory, na**
~d lila albo rezedowy I like delicate colours, like (for example) lilac or pis-
tachio
przykładać *impf* → przyłożyć
przykładnie *adv. grad. [zachowywać się]*
exemplarily; **żyć ~** to lead an exemplary
life
przykładnoś|ć *f sgt* (zachowania, postępowania)
exemplariness
przykładn|y *adi. grad.* (wzorowy) [uczeń,
rodzina, życie] exemplary
przykładowo [1] *adv.* (dla przykładu) as an
example; **podać jakieś dane ~** to quote
some data as an example; **wyjaśnić coś ~**
(na przykładzie czegoś) to explain sth with the
use of an example
[II] *part.* (na przykład) for example, (let us) say;
jeśli ktoś pracuje ~ sześć godzin
dziennie, to... if somebody works, for
example a. let us say, six hours a day, then...
przykładow|y *adi.* [1] (ilustracyjny) [plansza,
ilustracja, materiał] demonstration *attr.*
[2] (wzorowy) model; **~y sposób rozwiąza-**
nia konfliktu/prowadzenia negocjacji a
model way of solving a crisis/conducting
negotiations
przykręcać *impf* → przykręcić
przykrę|cić *pf* — **przykrę|cać** *impf vt*
[1] (umocować za pomocą śrub) to screw [element,
półkę, tabliczkę] (do czegoś to sth); **~cić**
zamek do drzwi to screw a lock on to the
door [2] (zmniejszyć dopływ) to turn [sth] down,
to turn down [wodę, gaz]; **~cić kran** to turn
down the tap; **~cić knot u lampy** to turn
the wick down in lamp
przyk|ro [II] *adv. grad.* (nieprzyjemnie) unpleas-
antly; **być ~ro zaskoczonym** to be
disagreeably surprised; **~ro wygląda za-**
niedbany dom a neglected house makes a
sorry sight; **~ro musieć odmawiać ko-**
muś pomocy it is unpleasant to have to
refuse to help sb; **~ro jest żyć na czyjejś**
łasce it is unpleasant to live off sb; **~ro**
mu było, że nikt na niego nie czekał/
nie pamiętał o jego urodzinach he was
hurt that there was nobody waiting for him/
nobody remembered his birthday; **zrobiło**
mi się ~ro, że ją uraziłem I felt sorry
that I had hurt her; **~ro nam z powodu**
twojej choroby we're sorry about your
illness
[II] *adv.* **~ro nam, ale musi pan zapłacić**
grzywnę we're sorry but you must pay a
fine; „**tak mi ~ro**" 'I'm very sorry'; **aż**
~ro patrzeć, jak oni harują it's painful to
look at the way they toil away; **jest tak**
chudy, że aż ~ro he's so skinny that it
makes one feel sorry for him
przykroś|ć *f* [1] *sgt* (niemiłe uczucie) distress;
wielka ~ć great distress; **sprawić** a.
wyrządzić a. **zrobić komuś ~ć** to hurt a.
distress sb; **odczuć ~ć** a. **doznać ~ci z**
powodu czegoś/na widok czegoś to be
hurt a. distressed because of sth/at the sight
of sth; **z ~cią muszę powiedzieć, że...** I
regret to say that...; **z ~cią zawiadamia-**
my Panią o śmierci męża it is with regret
that we must inform you about the death of
your husband; **z ~cią podjęliśmy decyzję**

o zamknięciu naszego sklepu it is with
regret that we have reached a decision to
close down our shop [2] (nieprzyjemny fakt,
zdarzenie) unpleasantness, tribulation; **do-**
znać a. **doświadczyć wielu ~ci** to experience many tribulations; **mieć ~ci (z**
czyjejś strony) to get into trouble (with
sb); **narazić kogoś na ~ci** to get sb into
trouble; **oszczędzić komuś ~ci** to spare
sb trouble; **sprawić** a. **wyrządzić** a. **zrobić**
komuś ~ć to hurt sb; **znosić ~ci** to
endure distress a. tribulations; **spotkała**
mnie ~ć I had an unpleasant experience
przykrót|ki *adi.* [1] [sukienka, spódnica
rękaw, zasłona] shortish, on the short side
[2] [weekend, film] a bit (too) short
przyk|ry *adi. grad.* [1] (nieprzyjemny dla zmy-
słów) [pogoda, dolegliwość, zapach] unpleasant
[2] (wywołujący niezadowolenie) [słowa, rozmowa,
sytuacja, misja, wspomnienie] unpleasant;
powiedzieć komuś coś ~rego to tell sb
something unpleasant [3] (niesympatyczny)
[osoba, charakter, usposobienie] nasty, dis-
agreeable
przykry|cie [1] *sv* → przykryć
[III] *n* (narzuta) bedspread, cover; (pościel)
bedclothes; (pokrywa) cover, lid; **spać bez**
~cia to sleep without bedclothes; **goto-**
wać/dusić pod ~ciem to cook/stew in a
covered dish
przykry|ć *pf* — **przykry|wać** *impf* (~ję
— ~wam) [1] *vt* [1] (nakryć) to cover; **~ć**
kogoś kocem/kołdrą to cover sb with a
blanket/quilt; **~ć tapczan narzutą** to
cover a divan bed with a throw a. bedspread;
~ć róże na zimę liśćmi to cover the roses
for the winter with dry leaves; **śnieg ~ł już**
ziemię the snow has already covered the
ground [2] (zasłonić od góry) to cover; **~ć**
garnek pokrywką/talerzem to cover a pot
with a lid/plate; **~ć rów deską** to board a
ditch over; **rotunda ~ta kopułą** a domed
rotunda
[III] **przykryć się — przykrywać się** to
cover oneself; **~ć się kocem** to cover
oneself with a blanket; **~ć się ciepło** to
cover oneself up warmly
przykryw|a *f* (kotła, studzienki) lid
przykrywać *impf* → przykryć
przykryw|ka *f* [1] (pokrywa) lid; **~ka**
garnka a pot lid; **~ka do** a. **od słoika** a
jar cap [2] przen. cover; **sklepik był tylko**
~ką dla jego innej działalności the shop
was only a cover for his other activities;
robili mętne interesy pod ~ką firmy/
działalności charytatywnej they did
their shady business under the cover of
their company/of charity
przykrz|yć się *impf v refl.* **~y mi/jej się**
w domu I'm/she's bored of sitting at home;
~y mi się to czekanie/powtarzanie w
kółko tego samego I'm weary of waiting/
repeating the same thing over and over
again; **~y mu się bez towarzystwa/żony**
he misses company/his wife ⇒ sprzykrzyć
się
przykucać *impf* → przykucnąć
przykuc|nąć *pf* — **przykuc|ać** *impf*
(~nęła, ~nęli — ~am) *vi* to crouch, to
squat (down), to hunker down; **~nęli za**
murkiem they crouched down behind a
low wall; **~nęła przy dziecku** she squatted

P

a. hunkered down beside the child; **grzali się, ~nięci przy ognisku** squatted in front of the fire they warmed themselves
przyku|ć *pf* — **przyku|wać** *impf* **Ⅱ** *vi* ① (przymocować) to chain; **niewolników ~wano do wioseł** slaves were chained to the oars; **stać/siedzieć jak ~ty** to stand/sit riveted to the spot ② przen. (skupić) **dobry mówca potrafi ~ć uwagę słuchaczy** a good speaker can rivet the attention of the audience; **olbrzymi plakat ~wa wzrok przechodniów** a giant poster catches the eye of passers-by ③ przen. (unieruchomić) to rivet; **surowe spojrzenie ojca ~ło go do miejsca** his father's stern look riveted him to the spot; **być ~tym do łóżka/wózka** to be bedridden/chairbound
Ⅲ przykuć się — **przykuwać się** to chain oneself (**do czegoś** to sth); **aktywiści Greenpeace ~li się do drzew** Greenpeace activists have chained themselves to trees

przykurcz *m* (*G* **~u**, *Gpl* **~y** a. **~ów**) Med. contracture
przykuwać *impf* → **przykuć**
przyl|ać *pf* — **przyl|ewać** *impf* (**~eję** — **~ewam**) *vi* pot. (uderzyć mocno) to hit; (sprawić lanie) to give [sb] a thrashing
przylaszcz|ka *f* Bot. hepatica
przylatywać *impf* → **przylecieć**
przyląd|ek *m* Geog. cape, foreland; (wydłużony) headland; (wysoki) promontory; **Przylądek Horn** Cape Horn
przyl|ecieć *pf* — **przyl|atywać** *impf* (**~ecisz**, **~eciał**, **~ecieli** — **atuję**) *vi* ① (przybyć) [owad, ptak] to fly in; [samolot] to arrive ② (przybyć samolotem) [osoba] to arrive by plane ③ pot. (przybiec) to come running
przylega|ć *impf vi* ① (przywierać) [części] to fit tight; [tapeta] to adhere; [włosy] to cling; **deski podłogi ściśle ~ją do siebie** the floorboards fit tight ② (stykać się) to adjoin; **pokój jadalny ~ł do kuchni** the dining room adjoined the kitchen; **ulice ~jące do rynku** the streets adjacent to the marketplace
przyległości *plt* (*G* **~**) książk. **kupić dom z ~ami** to buy a house together with adjoining property
przyległ|y *adi.* [pokój, teren] adjacent, adjoining
przylep|a *f* pot. **z mojej Ani to taka ~a** my little Ania is so cuddly
przylepiać *impf* → **przylepić**
przylep|ić *pf* — **przylep|iać** *impf* **Ⅱ** *vt* to stick [znaczek, naklejkę]; **~ić znaczek na kopertę** to stick a stamp on the envelope; **~ić oderwaną podeszwę do buta** to stick the torn sole to a shoe; **~ić nos/czoło do szyby** to press one's nose/forehead to the pane; **aktor miał ~ione sztuczne wąsy** the actor had a false moustache stuck on; **zawsze chodził z papierosem ~ionym do kącika ust** he always walked around with a cigarette stuck in the corner of his mouth
Ⅲ przylepić się — **przylepiać się** ① (przykleić się) to adhere, to stick; **śnieg ~iał się do butów** snow clung to the boots; **ciasto ~iało się do stolnicy** the dough adhered to the board; **mokre ubranie ~iało się do ciała** wet clothes

clung to sb's body ② (tulić się) to cling; **dziecko ~iło się do matki** the child clung to his/her mother ③ pot. (towarzyszyć) **~iło się do niej kilku adoratorów** several admirers clung to her
przylep|iec *m* sticking plaster
przylep|ka *f* ① (piętka chleba) heel ② pot. → **przylepa**
przylepn|y *adi.* ① [taśma, plaster, glina] adhesive ② pot. [dziecko, osoba] cuddly
przylewać *impf* → **przylać**
przy|leźć *pf* — **przy|łazić** *impf* (**~lezę**, **~leziesz**, **~lazł**, **~lazła**, **~leźli** — **~łażę**) *vi* pot. ① (bez zaproszenia) to blow in pot., to show up pot.; **znowu ~lazł ten nudziarz** this bore is here again ② (z trudem) to get (in); **~lazłem do domu/na dworzec zmęczony jak nie wiem co** I got home/to the station dead tired ③ (wpaść na pomysł) **co im ~lazło do głowy!** whatever gave them that idea!
przylgn|ąć *pf* (**~ęła**, **~ęli**) *vi* ① (przywrzeć) to cling, to stick (**do czegoś** to sth); **przemoczona sukienka ~ęła jej do ciała** the wet dress clung to her body; **~ął do ściany/ziemi** he flattened himself against the wall/on the ground; **~ął ustami do jej ręki** he pressed his lips to her hand; **pieniądze ~ęły mu do ręki** przen. he swiped the money pot. ② (przytulić się) to cling, to nestle up (**do kogoś/czegoś** to sb/sth); **chłopiec ~ął do matki całym ciałem** the boy clung to his mother with all his body; **~ęli twarzami do szyby** they pressed their faces against the window ③ przen. (przywiązać się) to cling (**do kogoś** to sb); to grow fond (**do kogoś** of sb)
przylgnię|ty *adi.* **~ta do szyby twarz** a face pressed against the window; **lep czarny od ~tych much** a flypaper black with flies
przyli|zać *pf* — **przyli|zywać** *impf* (**~żę** — **~zuję**) **Ⅱ** *vt* pot. to slick [sth] down, to slick down, to sleek [sth] down, to sleek down [włosy]; **mieć ~zane włosy/~zany wąsik** to have sleek hair/a sleek moustache
Ⅲ przylizać się — **przylizywać się** to slick a. sleek down one's hair
przylizywać *impf* → **przylizać**
przylo|t *m* (*G* **~tu**) arrival; **~t samolotu** the arrival of a plane; **hala ~tów** an arrival(s) hall; **tablica ~tów** an arrivals board; **wiosenne ~ty ptaków** (return) spring flights of birds
przylotow|y *adi.* **sala ~a** an arrival(s) hall
przylut|ować *pf* — **przylut|owywać** *impf* **Ⅱ** *vt* to solder (**do czegoś** on a. onto sth)
Ⅲ *vi* pot. to sock *vt* pot. (**komuś** sb); **~ować komuś w zęby** to give sb a knuckle sandwich pot.; **~uj mu!** sock him one!
przylutowywać *impf* → **przylutować**
przyłap|ać *pf* — **przyłap|ywać** *impf* (**~ię** — **~uję**) **Ⅱ** *vt* to catch [sb] out; **~ać kogoś na kłamstwie/na kradzieży** to catch sb lying/stealing; **~ać kogoś na gorącym uczynku** to catch sb red-handed a. in the act; **dać się ~ać na gorącym uczynku** to be caught red-handed a. in the act

Ⅲ przyłapać się — **przyłapywać się** to come to realize (**na czymś/na robieniu czegoś** sth/that one is doing sth); to find oneself (**na czymś** doing sth)
przyłapywać *impf* → **przyłapać**
przyłata|ć *pf vt* to patch [kawałek materiału, skóry] (**do czegoś** onto sth); **~no mu przezwisko Ważniak** przen. he was nicknamed Bighead
■ **ni przypiął, ni ~ł** a. **ni przypiąć, ni ~ć** pot. (jako przysłówek) without rhyme or reason; (jako przymiotnik) (sticking a. standing out) like a sore thumb
przyłazić *impf* → **przyleźć**
przyłączać *impf* → **przyłączyć**
przyłącz|yć *pf* — **przyłącz|ać** *impf* **Ⅱ** *vt* ① (dodać) to connect, to hitch [wagon] (**do czegoś** to sth); to incorporate [terytorium, dzielnicę, organizację] (**do czegoś** into sth); **~yć kilkoro dzieci do wycieczki** to add several children to a group of tourists ② Techn. to connect [dom, dzielnicę] (**do czegoś** to sth); to link [computer, urządzenie] (**do czegoś** to a. with sth); **~yć budynek do sieci wodociągowej/kanalizacyjnej** to connect a building to the water mains/sewage system; **~yć dom do sieci elektrycznej** to wire a house ③ Chem. to bond; to form bonds (**coś** with sth)
Ⅲ przyłączyć się — **przyłączać się** ① to join (**do kogoś/czegoś** sb/sth); to attach oneself (**do kogoś/czegoś** to sb/sth); **~yć się do towarzystwa** to join the company; **~yć się do demonstracji/strajku** to join in a demonstration/strike; **~yć się do rozmowy/dyskusji** to join in a conversation/discussion; **~ się do nas, przecież potrafisz śpiewać!** come on, join in! you can sing!; **do naszego wniosku ~ył się Kowalski** Kowalski supported our motion; **do zwykłego zmęczenia ~ył się niepokój o los córki** the ordinary tiredness was compounded by anxiety over his/her daughter's fate ② pot. to connect illegally (to the electricity/gas supply)
przyłbic|a *f* ① Hist. (hełm) beaver ② (część hełmu) visor; **opuścić ~ę** to lower a visor ③ (spawacza) welding helmet
■ **odsłonić** a. **podnieść ~ę** to drop one's guard; **z otwartą** a. **podniesioną ~ą** openly, with one's head held high
przył|oić *pf vi* pot. to lay into pot. (**komuś czymś** sb with sth)
przy|łożyć[1] *pf* — **przy|kładać** *impf* **Ⅱ** *vt* ① (przytknąć) to apply [kompres] (**na coś** to sth); to press [bibułę, opatrunek] (**na coś** a. **do czegoś** onto sth); to put [butelkę, lunetę, nóż] (**do czegoś** to sth); **~łożyć czoło do szyby** to put one's forehead against the glass; **~łożył ucho do drzwi** he put his ear to the door; **~łożył pieczęć na dokumencie** he sealed the document; he affixed a seal to the document książk.; **ledwie ~łożył głowę do poduszki, zasnął** he was fast asleep as soon as his head touched a. hit pot. the pillow ② (obciążyć, przygnieść) to weigh down, to weigh [sth] down (**czymś** with sth); **~łożył książką stos kartek** he weighed down a pile of papers with a book ③ (dodać) to put more (**czegoś** sth); **~łożyła mu kartofli** she gave him more potatoes

III przyłożyć się — przykładać się [1] (*włożyć dużo wysiłku*) to apply oneself (**do czegoś** to sth); **~kładać się do nauki/pracy** to apply oneself to one's studies/work, to study/work diligently; **jak się ~łożysz, szybko poprawisz oceny** you can easily improve your marks if you get your head down pot. [2] pot. (*przespać się*) to get one's head down pot.; **ledwie się ~łożył, zasnął** he was asleep as soon as he hit the pillow pot.

■ **dobry/miły, że (choć) do rany ~łóż** a. **~łożyć** a better chap never drew breath; **psuli wszystko, do czego ~łożyli rękę** they spoiled everything they touched; **ja do tego ręki nie ~łożę!** I won't have a hand in it!, I don't want to have anything to do with it!; **~kładać do czegoś wagę** a. **znaczenie** to attach importance to sth, to give weight to sth; **~łożyć komuś nóż do gardła** to have sb over a barrel pot.

przył|ożyć² *impf vi* pot. **~ożyć komuś** (*uderzyć*) to lay into sb pot. (**czymś** with sth); (*skarcić*) to tell sb off, to give sb a talking-to (**za coś/za zrobienie czegoś** for sth/for doing sth); (*skrytykować*) to come down on sb; **tak ci ~ożę, że popamiętasz!** I'll give you such a hiding that you won't forget it in a hurry; **ostro ~ożył miejscowej władzy** he came down on the local authorities like a ton of bricks

przymał|y *adi.* [*ubranie, buty, pomieszczenie*] a bit (too) small

przymarzać /pʃɨ'marzatɕ/ *impf* → **przymarznąć**

przymarzły /pʃɨ'marzwɨ/ → **przymarznięty**

przymarz|nąć /pʃɨ'marznɔɲtɕ/ *pf* — **przymarz|ać** /pʃɨ'marzatɕ/ *impf* (**~ł** a. **~nął** — **~am**) *vi* to freeze (up) (**do czegoś** to sth); **lód ~ł do ścianek zamrażalnika** the walls of the freezer froze up

przymarznię|ty /ˌpʃɨmar'zɲɛntɨ/ *adi.* **~te do szyb kryształki lodu** ice crystals formed on the glass panes

przymawiać *impf* → **przymówić**

przymgl|ony *adi.* [*niebo, słońce, widok, okulary, szyba, spojrzenie, wzrok*] misty; [*światło*] hazy; [*wspomnienie*] dim; **oczy ~one smutkiem** eyes veiled by sadness; **oczy ~one ze starości** eyes dimmed by old age

przymiar|ka *f* [1] (*u krawca*) fitting; **~ka sukni ślubnej** the fitting of a wedding dress; **mieć ~kę u krawca** to have a fitting (at the tailor's/dressmaker's) [2] przen. (*sprawdzian*) dress rehearsal przen. (**przed czymś** for a. before sth); **~ka przed otwarciem wystawy** a dress rehearsal before the opening of an exhibition; **~ka przed rozruchem nowej linii produkcyjnej** a trial run of a new production line [3] przen. (*zamiar*) attempt (**do zrobienia czegoś** at doing a. to do sth)

przymiera|ć *impf vi* **~ć głodem** to starve; **~jący głodem** half-starved, starving

przymierzać *impf* → **przymierzyć**

przymierzal|nia *f* (*Gpl* **~ni** a. **~ń**) fitting room, changing room US

przymierz|e *n* (*Gpl* **~y**) [1] Polit. alliance (**z kimś/czymś** with sb/sth); **~e między Polską a Litwą** an alliance between Poland and Lithuania; **zawrzeć ~e z kimś** to form an alliance with sb; **wejść w ~e z kimś** to enter into an alliance with sb; **zerwać** a. **złamać ~e** to dissolve a. break off an alliance; **działać w ~u z sąsiadującymi państwami** to work in alliance with the neighbouring states [2] książk., przen. harmony; **człowiek żyje w ~u z przyrodą** man lives in harmony a. at one with nature [3] Relig. covenant; **Stare/Nowe Przymierze** the Old/New Covenant; **Arka Przymierza** the Ark of the Covenant

❏ **Święte Przymierze** Hist. Holy Alliance

przymierz|yć *pf* — **przymierz|ać** *impf* **I** *vt* [1] (*włożyć*) to try on, to try [sth] on [*buty, palto, sukienkę*]; **~yć sukienkę, żeby sprawdzić, czy to dobry rozmiar/czy dobrze leży** to try on a dress for size/for fit [2] (*przyłożyć*) to put (**do czegoś** to sth); **~ał kolejno klucze do zamka** he tried to fit key after key into the lock [3] książk. (*porównać*) to compare (**do czegoś** with a. to sth); (*zmierzyć*) to measure (**do czegoś** against sth)

II przymierzyć się — przymierzać się [1] (*przygotować się*) to get ready; **~ać się do strzału** (*z broni palnej*) to take aim, to level one's gun; (*piłką*) to get ready to kick the ball; **~ać się do skoku** to get ready to jump [2] pot. (*rozważyć*) to think (**do czegoś/do zrobienia czegoś** of a. about sth/doing sth); to contemplate (**do zrobienia czegoś** doing sth); **~am się do doktoratu** I'm thinking of doing a doctorate a. a PhD

III nie przymierzając if I may say so, (if you'll) pardon the expression; **zachował się jak, nie ~ając, kretyn** he behaved, pardon the expression, like a moron

przymilać się *impf* → **przymilić się**

przymil|ić się *pf* — **przymil|ać się** *impf v refl.* [*osoba*] to keep [sb] sweet; to fawn pejor. (**do kogoś** on a. upon sb); to try to ingratiate oneself pejor. (**do kogoś** with sb); **dziecko ~ało się o pieszczotę** the child was asking for a cuddle

przymilnie *adv. grad.* ingratiatingly, cajolingly

przymilnoś|ć *f sgt* (*osoby*) cajolery; **~ć głosu/uśmiechu** an ingratiating tone/smile

przymiln|y *adi. grad.* [*osoba, uśmiech, gest*] ingratiating; fawning pejor.

przymio|t *m zw. pl* (*G* **~tu**) attribute, quality; (*pozytywny*) merit, virtue; **miał wiele ~tów** he had many attributes; **~ty umysłu/ducha** attributes a. qualities of the mind/spirit; **~ty charakteru** virtues

przymiotnik *m* Jęz. adjective

❏ **~i dzierżawcze** possessive adjectives; **~i jakościowe** qualitative adjectives; **~i odczasownikowe** verbal adjectives; **~i odrzeczownikowe** ≈ relational adjectives; **~i złożone** compound adjectives

przymiotnikowo *adv.* [*funkcjonować, zostać użytym*] adjectivally; [*odmieniać się*] like an adjective

przymiotnikow|y *adi.* Jęz. [*końcówka, wyrażenie, odmiana*] adjectival; **deklinacja ~a** adjectival declension; **imiesłów ~y bierny/czynny** a past/present participle

przymiotn|y *adi.* Jęz. adjectival; **przydawka ~a** a qualifier

przym|knąć *pf* — **przym|ykać** *impf* (**~knęła, ~knęli — ~ykam**) **I** *vt* [1] (*zamknąć niecałkowicie*) to push [sth] to [*drzwi, okno*]; **~knij tylko drzwi, żebyśmy słyszeli, co się tam dzieje** leave the door ajar so that we can hear what's going on there; **drzwi do salonu były tylko ~knięte** the door to the sitting room was ajar; **~knąć powieki** to squint one's eyes; **zerkać na kogoś/coś spod ~kniętych powiek** to squint at sb/sth; **~knąć przysłonę** Fot. to stop down [2] pot. (*uwięzić*) to put away pot., to put [sb] away pot.; to lock up pot., to lock [sb] up pot.; **~knąć kogoś za coś/za zrobienie czegoś** to lock sb up a. put sb away for sth/for doing sth; **~knąć kogoś na dziesięć lat** to lock sb up a. put sb away for ten years

III przymknąć się — przymykać się (*zamknąć się lekko*) [*drzwi, okno*] to close, to shut; **drzwi ~knęły się pod podmuchem wiatru** a gust of wind pushed the door to; **oczy się mu się ~ykały ze zmęczenia** he was so tired that he couldn't keep his eyes open

IIII przymknąć się pot. (*zamilknąć*) to pipe down pot., to shut up pot.; **~knąłbyś się wreszcie!** why don't you shut up a. pipe down!; **każ im się ~knąć!** shut them up!

■ **~ykać na coś oczy** a. **oko** to turn a blind eye to sth, to close a. shut one's eyes to sth, to blink at sth

przymoc|ować *pf* — **przymoc|owywać** *impf vt* to attach, to secure (**do czegoś** to sth); (*gwoździami*) to nail [*tablicę, listwę*] (**do czegoś** to sth); (*śrubami*) to screw [*tablicę, listwę*] (**do czegoś** into a. onto sth); (*kołkami*) to peg down, to peg [sth] down [*linkę, namiot, tropik*]; (*sznurkiem, liną*) to tie down, to tie [sth] down; (*łańcuchem*) to chain down, to chain [sth] down; **~ować coś sznurkiem/gwoździami** to fasten a. fix sth with a piece of string/with nails; **~owany na stałe** [*rączka, uchwyt*] non-detachable

przymocowywać *impf* → **przymocować**

przym|ówić *pf* — **przym|awiać** *impf* **I** *vi* to jibe (**komuś** at sb); **zawsze musi komuś ~ówić** he always makes jibes about people

II przymówić się — przymawiać się to drop hints; to wheedle (**o coś** sth out); **~awiać się o pożyczkę/datek** to try to wheedle out a loan/a contribution; **~awiał się, żebym mu pożyczyła 100 złotych** he was trying to wheedle a hundred zlotys out of me; **nie ~awiaj się, i tak ci nie kupię tej sukienki** stop pestering me, I won't buy you this dress anyway; **~awiać się o komplementy/pochwały** to fish for compliments/praise

przymów|ka *f* [1] (*złośliwość*) jibe (**do czegoś** at sth); taunt (**do czegoś** about a. over sth); **~ki do jego tuszy/wyglądu** jibes at his weight/looks, taunts about a. over his weight/looks; **robić komuś ~ki** to make jibes about sb [2] (*aluzja*) hint (**o coś** about sth); **czy to ~ka o pożyczkę/łapówkę?** is this a veiled request for a loan/a bribe?; **~ka do kieszeni** przest. a veiled request for a loan/bribe

przymroz|ek m (G ~ku a. ~ka) slight frost U; **przygruntowe ~ki** ground frost

przymrużać impf → przymrużyć

przymruż|yć pf — **przymruż|ać** impf vt ~yć oczy a. powieki to screw up one's eyes, to squint; **~yła oczy z powodu silnego blasku** she screwed up her eyes against the harsh glare; **~ył porozumiewawczo jedno oko** he winked conspiratorially; **~ając oko, wycelował** he squinted and took aim; **~yła oko i spojrzała przez dziurkę od klucza** she squinted through the keyhole; **zerkać na kogoś/coś spod ~onych powiek** to squint at sb/sth

■ **z ~eniem oka** (pobłażliwie) good-naturedly, indulgently a. with indulgence; (żartobliwie) (with) tongue in cheek; (z powątpiewaniem) with a pinch of salt

przymus m sgt (G ~u) [1] (presją) compulsion (**robienia czegoś** to do sth); (konieczność) obligation (**robienia czegoś** to do sth); **~ wewnętrzny** compulsion; **~ posyłania dzieci do szkoły** the obligation to send children to school; **pod ~em** under compulsion a. constraint a. duress; **zrobić coś pod ~em** to do sth under compulsion a. constraint a. duress; **zrobić coś bez ~u** to do sth of one's own free will; **odpowiadać komuś z ~em** to answer sb unwillingly; **wywierać na kogoś ~** to coerce a. pressurize sb; **stosować wobec kogoś ~** to bring pressure to bear on sb; **od pewnego czasu w stosunkach z Adamem wyczuwam pewien ~** for some time now I've sensed some constraint in Adam's attitude to me; **nie ma ~u!** it's a free country! [2] Prawo constraints pl; **środki ~u** coercive measures, means of coercion

❏ **~ administracyjny** administrative constraint; **~ fizyczny** Prawo physical constraint; **~ moralny** moral constraint a. obligation

przymu|sić pf — **przymu|szać** impf [] vt [1] (wywrzeć presję) to force (**do zrobienia czegoś** to do sth); (silniej) to coerce (**do zrobienia czegoś** into doing sth); **~szać dzieci do posłuszeństwa** to teach children obedience; **~szać dzieci do nauki** to drive children to do school work; **mówisz, jakbym cię ~szał, a ja tylko proponuję** you're talking as if I was pressurizing you, while this is only a suggestion [2] książk. (zgwałcić) to force książk. [kobietę]; to ravish przest. [kobietę]

[] **przymusić się** — **przymuszać się** to force oneself (**do zrobienia czegoś** to do sth); **nie mógł się ~sić do uśmiechu** he couldn't force a smile

przymusowo adv. [wysiedlić] forcibly; [szczepić] compulsorily; **lądowaliśmy ~ w Atenach** we had a forced landing in Athens

przymusowoś|ć f sgt ~ć sytuacji extraordinariness of the situation

przymusow|y adi. [praca, robotnik] forced; [wykwaterowanie] forcible; [leczenie, lektura, ubezpieczenie] compulsory; [lenistwo, pobyt] enforced; **skierowanie kogoś na ~e leczenie** sb's committal; **skierować kogoś**

na ~e leczenie to commit sb; **~e lądowanie** an emergency a. a forced landing; **nigdy nie wrócił z ~ych robót** he never came back from forced labour; **być w sytuacji ~ej** to find oneself in a compulsory situation

przymuszać impf → przymusić
przymykać impf → przymknąć
przynaglać impf → przynaglić

przynaglająco adv. [wołać, patrzeć] urgently

przynaglając|y [] pa → przynaglać

[] adi. [głos, gest, ton] urgent

przynagl|ić pf — **przynagl|ać** impf vt to rush, to hurry (up), to hustle; **~ać kogoś do pośpiechu** to ask sb to hurry up; **~ać kogoś do wyjścia** to hurry sb out; **~ać kogoś do małżeństwa** to rush sb into marriage; **~ać kogoś do zrobienia czegoś** to hustle a. rush sb into doing sth; **„pośpiesz się", ~ał** 'hurry up a. be quick,' he urged him/her

przynajmniej part. at least; **zostanę tu ~ do końca tygodnia** I'll stay here at least until the end of the week; **pisz do mnie ~ raz na tydzień** write to me at least once a week; **jest zimno, ale ~ świeci słońce** it's cold, but at least the sun is shining; **mogliby ~ zadzwonić** they could at least phone, the least they could have done was phone; **~ nie cierpiała** at least she didn't suffer; **~ tyle mogę zrobić** it's the least I can do; **poszedł spać, ~ tak sądzę** he's gone to bed, at least that's what I think; **nie możemy wyjść z domu, ~ na razie** we can't go out, at least not at the moment a. not yet anyway

przynależ|eć impf (~ysz, ~ał, ~eli) vi książk. [1] (być członkiem) to belong (**do czegoś** to sth); to be a member (**do czegoś** of sth) [2] (być częścią) to be a. form part (**do czegoś** of sth) [3] (przysługiwać) to be due (**komuś** to sb); **oddał mu ~ącą mu cześć** he paid a. gave him the honour due to him

przynależnoś|ć f [1] sgt (członkostwo) membership, affiliation; **~ć narodowa** nationality, national status; **~ć polityczna/religijna** political/religious affiliation; **~ć związkowa** union membership; **~ć do partii/związku zawodowego** membership of a party/trade union; **był podejrzany o ~ć do organizacji wywrotowej** he was suspected of belonging to a. of being a member of a subversive organization; **mieć poczucie ~ci do społeczności miejscowej** to feel a member of the local community [2] sgt Jęz. adjunct; **związek a. składnia ~ci** adjunction [3] zw. pl Prawo fixture zw. pl, appurtenance zw. pl; **sprzedać nieruchomość z ~ciami** to sell a property with fixtures a. appurtenances

przynę|ta f [1] Myślis., Ryboł. bait, lure; **~ta dla ryb** fish bait, bait for fish; **łowić ryby na ~tę** to angle using bait; **założyć ~tę na haczyk** to bait a hook; **założył w pułapce na myszy ser na ~tę** he baited the mousetrap with a piece of cheese [2] przen. lure, bait; **użyć kogoś/czegoś jako ~ty** to use sb/sth as bait; **~tą dla złodzieja było otwarte okno** the open window was an invitation to the thief; **jego nazwisko miało być ~tą dla poważnych**

inwestorów his name was to lure a. seduce serious investors; **dać się wziąć a. złapać na ~tę** to rise to the bait

■ **na ~tę** as (a) bait; **obiecali mu duże pieniądze na ~tę** they promised him a large sum to tempt a. lure him

przyn|ieść pf — **przyn|osić** impf vt [1] (dostarczyć) to bring [rzecz, osobę]; (pójść po coś i wrócić) to fetch [rzecz]; **~ieść coś komuś** to bring sb sth, to fetch sb sth; **~ieść coś dla kogoś** to bring sth for sb; **~eść coś ze sobą** to bring along a. around sth, to bring sth along a. around; **~ieść coś do domu/do szkoły/do biura** to bring sth home/to school/to the office; **pójdź do kuchni i ~ieś mi łyżeczkę** go to the kitchen and fetch me a teaspoon; **(on) pensję ~osi pierwszego** he brings his pay on the first; **~ieś!** (do psa) fetch (it)!; **~oszę panu wiadomości/pozdrowienia od Roberta** I've got news/greetings for you from Robert; **więcej szczegółów ~iosły gazety poranne** more details were published in the morning press; **co godzinę radio ~osiło świeże serwisy informacyjne** every hour the radio brought the latest news [2] (spowodować) to bring [korzyść, popularność, ulgę]; to cause [nieurodzaj]; to bring about [straty]; (dawać) to bring in, to yield [zysk, dochód, odsetki]; to give [satisfaction]; **~ieść komuś szczęście/pecha** to bring sb luck/bad luck; **lekarstwo ~iosło jej ulgę w cierpieniu** the medicine relieved a. alleviated her suffering; **muzyka ~iosła mu ukojenie** music was balm to his soul; **zamiast zysku inwestycja ~iosła straty** instead of profit, the investment brought about a. resulted in losses; **~osić milionowe dochody** to yield millions; **~osić komuś wstyd/hańbę** to bring shame/disgrace on sb; **kto wie, co ~iesie jutro** who knows what tomorrow may bring?; **wrzesień ~iósł ożywienie na giełdzie** September saw brisker trading on the stock exchange; **każdy dzień ~osi nowe zmiany** each day sees new changes [3] (sprowadzić) to bring [zapach, dźwięk, chorobę]; **~iosła do domu grypę** she infected everybody at home with flu; **~iosła go tu ciekawość** he came here led by curiosity; **co ciebie tu ~iosło?** why have you come here?; **a tego co tu ~iosło?** obraźl.. what's he doing here?

■ **diabli go ~ieśli** a. **licho go ~iosło!** why the devil a. hell has he come here? pot., what the devil a. hell has he come here for? pot.; **diabli go ~ieśli akurat wtedy, kiedy byłem w wannie** he barged in just when I was having a bath; **mówić a. gadać** pot. a. **pleść** pot. **co komuś ślina na język ~iesie** (bez sensu) to talk through one's hat; (bez przerwy) to talk nineteen to the dozen GB; **~ieść ze sobą na świat ciekawość/odwagę** to be born inquisitive/brave

przynit|ować pf — **przynit|owywać** impf vt to rivet [sth] down (**do czegoś** to sth)

przynitowywać impf → przynitować
przynosić impf → przynieść
przynudza|ć impf vi pot., pejor. to bore [sb] to death pot.; **przestań wreszcie ~ć!** will

you shut up! pot.; stop going on, will you! pot.; **ojciec mi ciągle ~, że za mało się uczę** father keeps on at me that I don't study enough

przyobiec|ać *pf* — **przyobiec|ywać** *impf vt* książk. to promise (**coś komuś** sb sth, **sth to sb**); **~ał solennie poprawę** he made a solemn promise to mend his ways a. that he'd mend his ways; **~ywał pisać codziennie** a. **~ywał, że będzie pisał codziennie** he promised to write a. that he'd write every day; **~ał sobie, że przeczyta tę książkę** he promised himself to read this book; **~ano im pomoc** they were promised help; **co z ~aną nam podwyżką?** what about the rise that's been promised to us?

przyobiecywać *impf* → przyobiecać

przyobl|ec *pf* — **przyobl|ekać** *impf* książk. **I** *vt* [1] (ubrać) to clothe (**w coś** in sth); to attire książk. (**w coś** in sth); to apparel przest., książk. (**w coś** in sth); **~ec kogoś w mundur** to attire sb in a uniform; **panna młoda ~eczona w koronki/w biel** a bride dressed a. clad in lace/in white książk.; **schody ~eczone w czerwone chodniki** stairs lined with red carpets [2] przen. to clothe [obraz, myśl] (**w coś** in sth); **~ec coś w jakąś formę** a. **postać** to give sth some form a. the form of sth; **~ec twarz w grymas/uśmiech** to crease one's face into a scowl/smile; **myśli ~eczone w kształt konkretnych czynów** ideas translated into deeds **II** **przyobłec się** — **przyoblekać się** [1] (ubrać się) to clothe oneself (**w coś** in sth); to array oneself książk. (**w coś** in sth); **~ekła się na czarno** she clothed a. arrayed herself in black [2] przen. **~ec się bielą/zielenią** [sad, wzgórza] to become clothed in white/green; **jej twarz ~ekła się smutkiem** she donned an expression of sadness; **~ekać w ciało** a. **w realne kształty** to take on substance

przyoblekać *impf* → przyoblec

przyodzi|ać *pf* — **przyodzi|ewać** *impf* (**~eję** — **~ewam**) książk. **I** *vt* to clothe [osobę] (**w coś** in sth); to attire książk. [osobę] (**w coś** in sth); to don książk. [palto, suknię]; **nie mieli w co ~ać dzieci** they had no clothes for their children; **~ać nagość** to cover one's nakedness; **rycerz ~any w zbroję** a knight clad in armour; **bogato/biednie ~any** richly attired/shabbily dressed **II** **przyodziać się** — **przyodziewać się** to clothe oneself (**w coś** in sth); to array oneself książk. (**w coś** in sth)

przyodziewać *impf* → przyodziać

przyodziew|ek *m* (*G* ~ku) przest., książk. clothes *pl*, garb *U*; **~ek podróżny** travelling garb; **w bogatym ~ku** in fine attire, finely attired; **otworzyła mu drzwi w skąpym ~ku** she opened the door to him scantily clad

przyozdabiać *impf* → przyozdobić

przyozd|obić *pf* — **przyozd|abiać** *impf* **I** *vt* to embellish [pokój, książkę] (**czymś** with sth); to adorn książk. [pokój, suknię] (**czymś** with sth); to decorate [kanapki, ciasto] (**czymś** with sth); to deck

out, to bedeck [ulicę, dom] (**czymś** with sth); to dress [witrynę, choinkę] (**czymś** with sth); **jego skronie ~obi kiedyś królewska korona** one day he will wear a royal crown **II** **przyozdobić się** — **przyozdabiać się** to adorn oneself książk. (**czymś** with sth); **wiosną drzewa ~abiają się kwieciem** in spring the trees are covered in bloom

przypadać *impf* → przypaść

przypad|ek **I** *m* [1] (*G* ~ku) (traf) coincidence, accident; (los) chance; **czysty** a. **prosty** a. **ślepy ~ek** pure a. sheer chance, pure a. sheer accident, pure a. sheer coincidence; **to czysty ~ek, że się spotkaliśmy** it was (by) pure chance that we met; **to kwestia ~ku** it's pure chance; **przez ~ek** by chance, by accident, by coincidence; **dzięki ~kowi** by a lucky chance a. coincidence; **tylko ~kowi zawdzięczam, że nie zginąłem w tej katastrofie** I owe it only to my good luck that I was not killed in the accident; **pozostawić wszystko ~kowi** a. **zdać się na ~ek** to leave everything to chance; **niczego nie pozostawiać ~kowi** to leave nothing to chance; **~ek zrządził** a. **chciał, że...** it happened that..., as chance would have it ...; **~ek zrządził** a. **chciał inaczej** chance decreed otherwise; **nic nie jest dziełem ~ku** nothing happens by accident; **wszystko jest dziełem ~ku** it's all pure chance [2] (zdarzenie, sytuacja) case, instance; **w jego/jej ~ku** in his/her case; **w kilku ~kach** in several cases a. instances; **w większości ~ków** in most cases a. instances; **w sześciu ~kach na dziesięć** in six cases a. instances out of ten; **w tym ~ku** in this case a. instance a. event; **w przeciwnym ~ku** otherwise; **w żadnym ~ku** in no case; **w ~ku pożaru** in case of fire, in the event of fire; **znane są ~ki, kiedy pisarze niszczyli wczesne rękopisy** cases are known of authors destroying their early manuscripts; **niedawno podobny ~ek zdarzył się w Warszawie** a similar case has been recently noted in Warsaw [3] (osoba) case; **ona jest ciężkim ~kiem** she's a difficult case [4] Med. case; **ciężki ~ek anoreksji** a serious case of anorexia; **dziesięć ~ków ospy wietrznej** ten cases of chickenpox; **najwięcej ~ków raka piersi odnotowano wśród kobiet starszych** most breast cancer cases were in older women [5] Jęz. case; **formy ~ków** case forms; **odmiana rzeczowników/przymiotników/zaimków przez ~ki** declension of nouns/adjectives/pronouns **II** **przypadkiem** *adv.* [1] (niespodziewanie) by chance, by accident a. accidentally; **natknąć się na kogoś/coś ~kiem** to stumble upon a. across sb/sth; **spotkać kogoś ~kiem** to chance to meet sb; **znaleźć się gdzieś ~kiem** to happen to be somewhere [2] pot. (może, czasem) by any chance; **czy nie wiesz ~kiem, gdzie jest moja książka?** do you know by any chance where my book is?; **czy ~kiem nie zostawiłam tu torby?** have I left my handbag here by any chance?, I haven't left my handbag here by chance, have I? ❑ **~ki zależne** Jęz. oblique cases; **~ki konkretne** Jęz. inherent cases

■ **~ki chodzą po ludziach** accidents happen

przypadkowo *adv.* (niespodziewanie) by chance, by accident; (niechcący) accidentally; **zupełnie ~** by sheer coincidence a. chance; **~ dowiedziałem się, że...** I happened to learn that...; **gdybyś ~ zobaczył gdzieś mój pierścionek...** if you should chance a. happen to see my ring somewhere...

przypadkowość *f sgt* [1] (nieprzewidywalność) randomness (**czegoś** of sth); **pozorna ~ć praw natury** the apparent randomness of the laws of nature; **~ć zdarzeń** the coincidental occurrence of events; **~ć naszego spotkania** the unexpectedness of our meeting; **przyczynowość i ~ć** causality and randomness [2] Filoz. contingency

przypadkow|y *adi.* [1] (nieplanowany) [spotkanie, błąd] accidental, chance *attr.*; [śmierć, zatrucie] accidental; [odkrycie, znajomość] chance *attr.*; [podobieństwo] coincidental; adventitious książk.; [świadek, zdarzenie, znajomy] casual; [miejsce, wybór, zbiór] random; [charakter] incidental; [gol, strzał, zwycięzca] fluky pot., flukey pot.; **~e kontakty seksualne** casual a. promiscuous sex; **wszelkie podobieństwo do rzeczywistych osób/zdarzeń jest całkowicie** ~ any similarity to actual persons a. people/events is purely coincidental; **ustawić coś w sposób ~y** to arrange sth haphazardly a. randomly; **~emu obserwatorowi może się wydać, że...** to the casual observer a. eye it may seem that...; **nie jest rzeczą ~ą, że...** it's no accident that...; **to nie jest ~a decyzja** this is not a chance decision [2] Jęz. [forma, końcówka] case *attr.*

przypadłość *f* [1] (schorzenie) affliction, complaint; (ona) **skarży się na różne ~ci** she complains of various ills [2] przen. (negatywne zjawisko) affliction; disease przen.

przypalać *impf* → przypalić

przypaleni|zna *f sgt* [1] (zapach) burning; **woń ~zny** the smell of burning [2] (przypalona warstwa) burnt layer

przypal|ić *pf* — **przypal|ać** *impf* **I** *vt* [1] (spalić) to burn [obiad, mięso, mleko, garnek, patelnię]; to singe, to scorch [materiał, koszulę]; to cauterize [ranę] (**czymś** with sth); **jeńcom ~ano skórę** a. **jeńców ~ano rozpalonym żelazem** the captives were burnt with searing irons [2] (zapalić) to light [papierosa, fajkę]; **~ić (sobie) papierosa zapałką/zapalniczką** to light a cigarette with a match/lighter; **~ić komuś papierosa** (podać ogień) to give sb a light; (zapalić i podać) to light a cigarette for sb **II** **przypalić się** — **przypalać się** [mięso, mleko, sos] to burn; **mieszaj sos, żeby się nie ~ił** stir the sauce to prevent it burning; **mleko zawsze mi się ~a** I always burn the milk

przypałęta|ć się *pf v refl.* pot. [1] (zjawić się) to come uninvited; to attach oneself (**do kogoś** to sb); (narzucać swoje towarzystwo) to latch on pot. (**do kogoś** to sb); **jakiś pies ~ł się pod moje drzwi** some dog turned up on my doorstep [2] (o chorobie) to develop; **~ło mi się jakieś przeziębienie** I've come down with a cold

przypa|sać *pf* — **przypa|sywać** *impf* (~**szę** — ~**suję**) **▯** *vt* to buckle on, to buckle [sth] on *[szablę, rewolwer]*; to gird on książk. *[miecz]*; to fasten *[fartuch]*; ~**sać kogoś do fotela** to buckle sb into his/her seat; **być ~sanym do fotela** to be buckled into one's seat

▮ **przypasać się** — **przypasywać się** to buckle a. belt up, to buckle oneself into one's seat

przypas|ować *pf* — **przypas|owywać** *impf vt* to fit (**do czegoś** into sth); ~**ować okna do futryny** to fit windows into a frame; ~**ować ramkę do obrazka** to adjust the size of the frame to fit a picture

przypasowywać *impf* → przypasować
przypasywać *impf* → przypasać
przypa|ść *pf* — **przypa|dać** *impf* (~**dnę**, ~**dniesz**, ~**dł**, ~**dła**, ~**dli** — ~**dam**) *vi* [1] (przywrzeć) to press a. flatten oneself (**do czegoś** against sth); ~**ść do ziemi** to throw oneself to the ground, to drop to the ground; ~**ść do czyichś kolan** a. **komuś do kolan** to wrap one's arms around sb's knees; ~**dli do siebie po długiej rozłące** they fell into each other's arms after a long separation [2] (rzucić się, doskoczyć) to throw oneself, to spring (**do kogoś** at sb) [3] (zdarzyć się, wypaść) to fall; ~**dać na coś** to coincide with sth; **rok temu Wigilia ~dła w sobotę** last year Christmas Eve fell on a Saturday; **rok przestępny ~da co cztery lata** a leap year is every four years [4] (dostać się, należeć się) *[nagroda, miejsce w rankingu, mandat poselski, tytuł, zwycięstwo]* to fall (**komuś** to sb); ~**dł mi (w udziale) obowiązek powiadomienia państwa o tym, że...** it has fallen to me to inform you that...; ~**dł jej (w udziale) zaszczyt otwarcia ceremonii** she was given the honour of opening the ceremony; ~**dła mi (w udziale) rola tłumacza** it fell to me to act as an interpreter; ~**dł mu w spadku dom z ogrodem** he inherited a house with a garden; ~**dło mu z podziału 100 obligacji państwowych** his share was a hundred government bonds; **na jednego dobrego nauczyciela ~da co najmniej dwóch złych** there is one good teacher to at least two bad ones

■ ~**dło jej do gustu** a. **smaku to mieszkanie/zadanie** she liked this flat/task; **nie ~dła mu do gustu ta książka** he didn't think much of this book; ~**dła mu do gustu a. serca nowa pielęgniarka** he took a liking to a. he took to the new nurse; **od razu ~dli sobie do gustu** they took to each other on sight; ~**dło nam żyć w trudnych czasach** we've been fated a. destined to live in difficult times

przypatrywać się *impf* → przypatrzyć się
przypatrzeć się → przypatrzyć się
przypat|rzyć się, przypat|rzeć się *pf* — **przypat|rywać się** *impf v refl.* [1] (przyjrzeć się) to eye, to look on (**komuś/czemuś** sb/sth); ~**rywać się komuś/czemuś badawczo** a. **pilnie** to scrutinize sb/sth; ~**rz mu się dobrze** have a good look at him; **odsunęła się, żeby mu się**

lepiej ~rzeć she drew back to get a better look at him; ~**rywał się, co robi Anna** he was watching what Anna was doing; ~**rywała się, jak Robert zmywa naczynia** she was watching Robert (doing the) washing up [2] (zbadać) to scrutinize *[dokumentowi, planom]*; to look at *[życiu, sytuacji, problemowi]*; ~**rzeć się zjawisku/decyzji** to look carefully at a phenomenon/decision; **warto ~rzeć się, jak funkcjonuje ta instytucja** it is well worth looking carefully at the functioning of this institution

przypełz|nąć *pf* (~**ła** a. ~**nął**) *vi* [1] *[osoba]* to creep up (**do kogoś/czegoś** to sb/sth); *[płaz]* to slither up (**do kogoś/czegoś** to sb/sth); ~**ł do nas jakiś żołnierz** a soldier crept up to us; **wąż ~ł na skraj ścieżki** a snake slithered up to the edge of the path [2] przest. (zblaknąć) to fade; **zasłony ~ły na słońcu** the curtains have faded in the sun

przypęta|ć się *pf v refl.* pot., pejor. [1] *[osoba, pies]* to come wandering up (**do kogoś** to sb); **po co się tu ~łeś?** what the hell did you come here for? pot. [2] przen. ~**ła mi się grypa** I came down with the flu

przyp|iąć *pf* — **przyp|inać** *impf* (~**nę**, ~**ięła**, ~**ięli** — ~**inam**) **▯** *vt* to attach (szpilką, pinezką) to pin; (paskiem) to strap; ~**iąć narty** to put on one's skis; ~**iąć kartkę do drzwi** to pin a note to the door; **do sukni miała ~ięty kwiat** she had a flower pinned on a. to her dress; **miał mikrofon ~ięty do klapy marynarki** he had a microphone clipped to his lapel; ~**iąć dziecko do fotelika** to strap a baby into his/her car seat; ~**iąć komuś etykietkę komunisty/złodzieja** przen. to label sb a communist/thief

▮ **przypiąć się** — **przypinać się** [1] (zapiąć pasy) to fasten one's seat belt; ~**iąć się pasami do fotela** to fasten one's seat belt, to buckle oneself into one's seat [2] pot., pejor (przyczepić się) ~**iąć się do kogoś** to latch on to sb; ~**iął się do butelki** he latched on to the bottle; **ona, jak się do czegoś ~nie, to łatwo nie zrezygnuje** once she sets her mind on sth she doesn't give up easily; **czegoś się tak ~iął do mojej fryzury?** stop picking on my hairstyle

■ **wyglądał ni ~iął ni przyłatał** he looked completely out of place; **ten fotel był zupełnie ni ~iął nie przyłatał** the armchair looked completely out of place; **dodali tę scenę zupełnie ni ~iął ni przyłatał** the scene they added was completely out of sync with the rest pot.

przypie|c *pf* — **przypie|kać** *impf* (~**kę**, ~**czesz**, ~**kł**, ~**kła**, ~**kli** — ~**kam**) **▯** *vt* [1] (upiec) to toast *[kromkę chleba, ser]*; ~**kać kiełbaski nad ogniskiem** to roast sausages over a fire; **za bardzo ~kłeś to mięso** you've overcooked the roast [2] (oparzyć) to burn; ~**kać kogoś gorącym żelazem** to burn sb with a red-hot iron; **piasek ~kał nam stopy** the sand scorched our feet

▮ *vi* (grzać) *[słońce]* to blaze (down)

▮ **przypiec się** — **przypiekać się** [1] (zarumienić się) *[chleb, ser]* to get toasted; **mięso za bardzo się ~kło** the meat is

overdone [2] pot. (na słońcu) to get sunburnt a. sunburned

przypiec|ek *m* przest. stove bench (*a ledge for sitting or sleeping on a old-fashioned tile stove*); **spać na ~ku** to sleep on the stove bench

przypieczęt|ować *pf* — **przypieczęt|owywać** *impf vt* [1] (ostemplować) to stamp, to seal *[dokument]* [2] książk. to seal *[porozumienie, układ]*; **to ~owało naszą przyjaźń** that sealed our friendship; **gol, który ~ował nasze zwycięstwo** the goal that sealed the game for us; ~**ować coś uściskiem dłoni** to shake hands on sth

przypiekać *impf* → przypiec
przypieprz|yć *pf* — **przypieprz|ać** *impf* **▯** *vt* (przyprawić) ~**yć coś** to add pepper to sth

▮ *vi* posp. [1] (uderzyć) to bash *vt* pot., to smash *vt* pot. (**komuś** sb); ~**yć komuś w głowę kijem/kamieniem** to bash sb on the head with a stick/rock; ~**yć głową we framugę** to bash one's head against the door frame [2] (dokuczyć) to give [sb] a hard time pot.; **zawsze musi komuś ~yć** he's always picking on sb pot. a. getting on sb's case pot.

▮ **przypieprzyć się** — **przypieprzać się** posp. [1] (skrytykować) ~**yć się do kogoś o coś** to slag a. tick sb off for sth GB pot., to chew sb out for sth US pot.; ~**ył się, że nie mam zapalonych świateł** he picked on me a. got on my case for not having my headlights on pot. [2] ~**yć się do kogoś** (stać się natrętnym) to start bugging sb pot.; (zalecać się) to come on to sb pot.; **przez cały wieczór się do mnie ~ał** he was coming on to me all evening

przypierać *impf* → przyprzeć
przypierdalać *impf* → przypierdolić
przypierdol|ić *pf* — **przypierd|alać** *impf* wulg. **▯** *vi* to bash *vt* pot., to smash *vt* pot.; ~**olić komuś w szczękę** to bash a. smash sb in the jaw; **ale mu ~olę!** I'll kick the shit out of him! posp.; **samochód ~olił w drzewo** the car smashed into a tree

▮ **przypierdolić się** — **przypierdalać się** [1] (skrytykować) ~**olić się do kogoś** to give sb a bollocking GB wulg.; ~**olił się o głupi błąd** he gave me a bollocking for some stupid mistake; ~**olił się, że nie zamknąłem drzwi** he gave me a bollocking for leaving the door unlocked [2] ~**olić się do kogoś** (stać się natarczywym) to start bugging the shit out of sb posp.; (zalecać się) to come on to sb pot.

przypilać *impf* → przypilić
przypil|ić *pf* — **przypil|ać** *impf vt* pot. [1] (zmusić to pośpiechu) **co cię tak ~iło?** what's all this rush about?; **ale go ~iło!** he's in quite a rush [2] (o potrzebie fizjologicznej) ~**iło go** he was taken a. caught short pot.

przypiln|ować *pf vt* to keep an eye on *[dzieci, kasy, domu, bagażu]*; to look after *[dzieci, chorych, starców]*; to (keep) watch over *[więźnia, zakładnika]*; ~**ujesz moich rzeczy?** will you keep an eye on my stuff?; ~**uj, żeby odrobił lekcję** make sure he does his homework; ~**uj ognia, żeby nie zgasł** make sure the fire doesn't go out

przypinać *impf* → przypiąć

przypinan|y [] *pp* → przypiąć
[] *adi. [kaptur, rękaw]* detachable; *(na guziki)* button-on; *(na suwak)* zip-on; *[mikrofon]* clip-on; **podpinka ~a na suwak** a zip-in lining

przypis *m* (*G* ~u) note; *(na dole strony)* footnote; **~y na końcu rozdziału/książki** endnotes, notes at the end of a chapter/book; **~y do drugiego rozdziału** notes to chapter two; **antologia zaopatrzona w ~y** an annotated anthology

przypis|ać *pf* — **przypis|ywać** *impf* (~szę — ~uję) [] *vt* [1] (uznać za sprawcę, przyczynę) to attribute, to ascribe *[cechę, autorstwo, odpowiedzialność]*; **~ywać coś komuś** to attribute a. ascribe sth to sb; **~ywać komuś/czemuś magiczną moc** to attribute a. ascribe magic powers to sb/sth; **rzeźba ~ywana Michałowi Aniołowi** a sculpture attributed to Michelangelo; **jego zmienne nastroje ~ywano chorobie** his moodiness was attributed a. ascribed to his illness; **czemu rząd ~uje ostatni wzrost inflacji?** how does the government explain the recent rise in inflation?; **czemu mam ~ać ten zaszczyt?** to what do I owe this honour? [2] (przydzielić) to assign; **byłem ~any do drugiej grupy** I was assigned to group two [3] Hist. **chłopi byli ~ani do ziemi** peasants were bound to the land
[] **przypisać się** — **przypisywać się** (zaliczyć się) **do której kategorii byś się ~ał?** which category would you put yourself in?

przypis|ek *m* (*G* ~ku) książk. [1] *dem.* (w książce) footnote, note [2] (w liście) PS, postscript; **~ek do listu** a PS a. postscript to a letter; **dołączyć** a. **umieścić ~ek** to add a PS a. postscript

przypisywać *impf* → przypisać

przyplą|tać się *pf* — **przyplą|tywać się** *impf* (~czę — ~tuję) *v refl.* pot. [1] (przybłąkać się) **pies, który ~tał się do nich w zeszłym roku** the stray dog that adopted them last year pot., żart.; **pijak, który ~tał się do ekipy podczas zdjęć** a drunk that was hanging around during the shoot pot. [2] (przytrafić się) **~tało mu się zapalenie płuc** he came down with pneumonia [3] przen. **~tała się do mnie dziwna myśl** I got this strange idea in(to) my head pot.; **~tała się do mnie ta melodia** I couldn't get the tune out of my head

przyplątywać się *impf* → przyplątać się

przypłacać *impf* → przypłacić

przypła|cić *pf* — **przypła|cać** *impf vt* **~cił to życiem** it cost him his life; **~cił to więzieniem** it earned him a prison sentence; **skok do wody ~cił kalectwem** he was crippled in a diving accident; **~cił to gardłem** książk. he was hanged/beheaded for this

przypły|nąć *pf* — **przypły|wać** *impf* (~nęła, ~nęli — ~wam) *vi* [1] *[statek, pasażer]* to arrive; **~nąć do brzegu** to reach the shore/bank; **~nąć do kogoś** *[pływak, łabędź, delfin]* to swim up to sb; **~nąć do mety** to reach the finish(ing) line; **statek ~nął do portu/do Gdańska** the ship put in to the port/Gdańsk [2] przen. *[dźwięk, dym]* to waft up, to drift up; **~nął do niej**

słodki zapach a sweet aroma wafted up to her; **z nad rzeki ~wał chłód nocy** cool night air was rising from the river; **nagłą falą ~nęła do niego tęsknota** a sudden wave of longing washed over him przen.

przypływ *m* (*G* ~u) [1] Geog. (przybór wody) rising tide; (szczytowy moment) high tide; **wody ~u** tidewater; **w czasie ~u** at high tide; **był ~** the tide was in; **zaczął się ~** the tide was starting to come a. rise [2] (napłynięcie) surge, inflow, influx; **~ wody/powietrza** a surge a. an inflow of water/air; **nagły ~ gotówki** przen., żart. a sudden influx of cash, a sudden improvement in one's/sb's cash flow situation [3] (nasilenie się) surge; **~ radości/czułości** a surge of joy/tenderness; **odczuć nagły ~ gniewu/energii** to feel a surge of anger/energy; **zrobić coś w ~ie wściekłości/szaleństwa** to do sth in a fit of rage/madness

przypływać *impf* → przypłynąć

przypochlebiać *impf* → przypochlebić

przypochleb|ić *pf* — **przypochleb|iać** *impf vi* książk., pejor. [] *vi* to adulate *vt* (**komuś** sb) książk.
[] **przypochlebić się** — **przypochlebiać się** to adulate *vt* (**komuś** sb) książk.

przypominać[1] *impf* → przypomnieć

przypomina|ć[2] *impf* [] *vt* (być podobnym) to resemble; (z wyglądu) to look like; **to ~ło wielki parasol** it resembled a giant umbrella; **z profilu ~ł ojca** in profile he looked like his father; **on mi ~ mojego brata** he reminds me of my brother; **co ci to ~?** what does it remind you of?; **czy to ci coś ~?** does it remind you of anything?; does it ring any bells with you? pot.; **budynek z wyglądu ~ł koszary** the building looked like a barracks; **to w smaku ~ło truskawkę** the taste was reminiscent of strawberry; **to raczej ~ło zapasy niż piłkę nożną** it was more like wrestling than football; **w niczym nie ~ć czegoś** to bear no resemblance to sth; **zwierzę ~jące żyrafę** an animal resembling a giraffe
[] **przypominać sobie** to remember, to recall; **~m sobie, że tu był** I remember that he was here, I remember a. recall his being here; **teraz sobie ~m** now I remember; **nie ~m sobie** I don't a. can't remember; **nie ~m sobie, żebym coś takiego powiedział** I don't remember a. recall ever saying anything like that; **nie ~m sobie takiej osoby/takiego filmu** I don't remember anyone/any film like that; **czy ~sz sobie, kiedy go ostatnio widziałeś?** do you remember when you last saw him?
[] **przypominać się** pot., euf. (odbijać się) **~ją mi się te ogórki** those cucumbers are repeating on me pot., euf.

przypom|nieć *pf* — **przypom|inać[1]** *impf* (~nisz — ~niał, ~nieli — ~inam) [] *vt* [1] to remind; **~nieć komuś coś** to remind sb of sth; **~nieć komuś, że...** to remind sb (that)...; **~nieć komuś, żeby coś zrobił** to remind sb to do sth; **~nieć komuś wczorajszy incydent** to remind sb of what happened yesterday; **~nieć komuś, że ma wysłać list** to remind sb to mail a letter; **chciałbym panu ~nieć,**

że... let me remind you that...; **~niane zostały jej osiągnięcia** her achievements were recounted; **podczas spektaklu ~niane zostały piosenki z repertuaru Edith Piaf** the show included songs from Edith Piaf's repertoire; **~ina się, że w czasie całego lotu obowiązuje zakaz palenia** we'd like to remind you that smoking is prohibited throughout the flight; **~inam o jutrzejszej klasówce** don't forget about tomorrow's test; **~nij mi, ile to kosztuje** remind me how much it costs; **~nij mi, żebym kupił gazetę** remind me to buy a newspaper; **to mi ~ina moją młodość** it brings back my childhood (days)
[] **przypomnieć sobie** — **przypominać sobie** to remember; **~niała sobie tamten dzień** she remembered that day; **~niał sobie, że nie zamknął drzwi** he realized that he'd forgotten to lock the door; **nie mogłem sobie ~nieć, jak ma na imię** I couldn't remember a. recall a. recollect his/her name; **~nij sobie, jak to było** try to remember how it happened; **„jestem umówiony", ~niał sobie** 'I have an appointment,' he remembered; **ktoś sobie wreszcie o nas ~niał** iron. how nice of him/her/them to remember (us) iron.
[] **przypomnieć się** — **przypominać się** **~niał mi się dowcip** that reminds me of a joke; **nagle mu się coś ~niało** he suddenly remembered something; **właśnie mi się ~niało, że...** I've just remembered that...; **~nieć się komuś** *[osoba]* (zwrócić uwagę, że się czeka) to try to get sb's attention; (kiedy nas nie poznają) to reintroduce oneself to sb

przyporządk|ować *pf* — **przyporządk|owywać** *impf vt* to assign; **~ować coś czemuś** to assign sth to sth; **dźwięki i ~owane im znaczenia** sounds and the meanings assigned to them

przyporządkowywać *impf* → przyporządkować

przypowieściow|y *adi. [charakter, tekst]* parabolic

przypowieś|ć *f* parable; **~ci biblijne** Biblical parables; **~ć o siewcy** the Parable of the Sower

przypraw|a *f* Kulin. seasoning *C/U*; **~y korzenne** spices; **~y ziołowe** herbs; **łagodna/ostra ~a** curry mild/hot curry powder; **~a do mięs** meat seasoning

przyprawiać *impf* → przyprawić

przypraw|ić *pf* — **przypraw|iać** *impf* [] *vt* [1] Kulin. to season; **~ić coś bazylią/czosnkiem** to season sth with basil/garlic; **~ić zupę do smaku** to season the soup to taste; **~ić coś na ostro** to make sth spicy; **delikatnie ~ione mięso** lightly seasoned meat [2] (przyczepić) to attach, to affix; **~ić coś z powrotem** to reattach sth; **~ić ucho do garnka** to reattach the pan handle; **~ić sobie brodę** to put on a fake beard [3] (powodować) **~ać kogoś o ból głowy/niestrawność** to give sb a headache/to give sb indigestion; **~iać kogoś o zawrót głowy** przen. to make sb's head spin przen.; **to mnie ~ia o mdłości** it makes me sick także przen.
[] *vi* pot., żart. (upić się) to get smashed pot., to

get tanked up pot., to get plastered pot.
■ ~ić komuś rogi to cuckold sb

przyprawi|ony [] *pp* → przyprawić
[] *adi.* pot., żart. tanked up pot.; three sheets to the wind pot., żart.; **lekko ~ony** a bit smashed pot., slightly fuddled pot.

przyprawow|y *adi.* **korzenie ~e** spices

przyprowadzać *impf* → przyprowadzić

przyprowa|dzić *pf* — **przypro-wa|dzać** *impf vt* to bring [*osobę, konia, rower, samochód*]; **~dź (ze sobą) znajo-mych** bring your friends along; **po co mnie tu ~dziłeś?** why have you brought me here?

przyprószać *impf* → przyprószyć

przyprósz|yć *pf* — **przyprósz|ać** *impf vt* (przykryć, przysypać) to dust; **ulice ~one śniegiem** the snow-dusted streets; **ubranie ~one mąką** flour-dusted clothes; **czas ~ył mu włosy** his hair has turned grey with age; **miała włosy ~one siwizną** her hair was touched with grey

przyp|rzeć *pf* — **przyp|ierać** *impf* (~arł, ~arli — ~ieram) [] *vt* ① (przycisnąć) to press; **~rzeć kogoś do czegoś** to press sb against sth; **~rzeć kogoś do muru** przen. to nail sb down; **być ~artym do muru** przen. to be up against the wall przen., to have one's back to the wall przen. ② (zablokować) to trap [*armię, statki*]; **zostali ~arci do rzeki** they were trapped against the river
[] *v imp.* posp. **~arło go** he was taken a. caught short pot.

przypudr|ować *pf* — **przypudr|owy-wać** *impf* [] *vt* to powder [*nos*]; **~ować sobie/komuś twarz** to powder one's/sb's face
[] przypudrować się — przypudrowy-wać się to powder one's face

przypudrowywać *impf* → przypudro-wać

przypuszczać *impf* → przypuścić

przypuszczając|y [] *pa* → przypusz-czać
[] *adi.* Jęz. [*tryb, konstrukcja*] conditional

przypuszczalnie *adv.* presumably, prob-ably

przypuszczaln|y *adi.* [*dochód, wynik, koszt*] expected, anticipated; **~i laureaci konkursu** the probable winners of the contest; **~ą przyczyną wypadku był...** the accident was presumably caused by...

przypuszcze|nie [] *sv* → przypuścić
[] *n* conjecture *C/U*, speculation *C/U*; **to tylko ~nia** it's sheer conjecture; **gubić się w ~niach, co się stało** to be making wild conjectures about what happened; **wyraził ~nie, że...** he conjectured a. speculated that...; **nasze ~nia się potwierdziły** our conjectures proved correct

przypu|ścić *pf* — **przypu|szczać** *impf* [] *vt* ① (dopuścić) to let [*sb*] (come) near; **nikogo do siebie nie ~szczała** she wouldn't let anybody near her ② (przeprowa-dzić) to launch [*szturm*]; **~ścić atak na kogoś/coś** to launch an attack on sb/sth także przen.
[] *vi* to suppose, to imagine; **~szczam, że...** I suppose a. imagine (that)...; **jest gorzej, niż ~szczałem** it's worse than I thought a. expected; **tak jak ~szczałem** just as I thought, just as I('d) imagined a.

expected; **nawet nie ~szczała, co ją czeka** she had no idea what lay a. was lying ahead; **~szcza się, że...** it is believed that...; **kto** a. **któż by ~szczał, że...** who would've thought a. imagined a. expected (that)...; **~śćmy, że się nie zgodzi** (let's) suppose a. (let's) say he refuses; **pożyczam mu, ~śćmy, tysiąc złotych** I lend him, (let's) say, a thousand zlotys

przyrastać *impf* → przyrosnąć

przyro|da *f sgt* ① (natura) nature; **~da żywa** flora and fauna; **~da nieożywiona** geological features; **zjawiska ~dy** natural phenomena; **ochrona ~dy** the conserva-tion of nature, nature conservation a. con-servancy; **miłośnik ~dy** a nature lover; **w ~dzie** in nature; **~da budzi się do życia** nature comes to life ② Szkol. biology; **lekcja/nauczyciel ~dy** a biology lesson/teacher

przyrodni *adi.* **~ brat/~a siostra** a stepbrother/stepsister; **~e rodzeństwo** stepbrothers and stepsisters

przyrodniczo *adv.* **teren cenny ~** an area of great natural interest

przyrodnicz|y *adi.* [*nauki*] natural; [*książ-ka, film*] nature attr.; [*muzeum*] natural history attr.; **środowisko ~e** the natural environment; **mieć zainteresowania ~e** to be interested in natural history

przyrodni|k, ~czka *f* (specjalista) nat-uralist; (nauczyciel) biology teacher

przyrodolecznictw|o *n sgt* natural medi-cine

przyrodolecznicz|y *adi.* [*zakład*] natural medicine attr.

przyrodoznawcz|y *adi.* [*studia*] natural history attr.

przyrodoznawstw|o *n sgt* natural his-tory

przyrodze|nie *n* ① pot. (genitalia) privates *pl*; **kopnąć kogoś w ~nie** to kick sb in the crotch ② sgt przest., książk. (natura) **z ~nia** by nature

przyrodz|ony *adi.* książk. [*dobro, zło*] in-herent, innate; **~ona człowiekowi cieka-wość** humans' inherent curiosity

przyro|sły *adi.* rooted, fixed; **stał jakby ~sły do ziemi** he stood rooted to the spot

przyr|osnąć *pf* — **przyr|astać** *impf* ① (~ósł — ~astam) *vi* ① (przyłączyć się) [*pędy, bluszcz*] to cling, to attach itself; **wino ~osło do pnia** the vine was clinging to the trunk ② (zwiększyć się) [*zadłużenie, ludność*] to grow, to increase
■ **żołądek mi ~asta do krzyża** żart. my belly thinks my throat's been cut pot., żart.

przyro|st *m* (*G* **~stu**) ① (zwiększenie się) growth *U*, increase; **~st ludności** popula-tion growth; **~st produkcji** an increase in production; **~st masy mięśniowej** an increase in muscle mass; **~st dochodów wyniósł 2%** earnings increased by 2% ② Socjol. **~st naturalny** the birth rate; **spadający/wzrastający ~st naturalny** a falling/rising birth rate; **mieć ujemny ~st naturalny** to have a negative birth rate

przyrost|ek *m* Jęz. suffix

przyrostkow|y *adi.* suffixal, suffix attr.

przyrostow|y *adi.* ① Bot. **pierścień** a. **słój ~y** a growth ring, a growth increment ② Komput. incremental; **enkoder ~y** an

incremental encoder; **wyszukiwanie ~e** an incremental search

przyrośnięty → przyrosły

przyrówn|ać *pf* — **przyrówn|ywać** *impf* [] *vt* to compare (**do kogoś/czegoś** to a. with sb/sth)
[] przyrównać się — przyrównywać się to compare oneself (**do kogoś/czegoś** with a. to sb/sth); **gdzież mu ~ywać się do ojca** he can't compare to a. with his father

przyrównywać *impf* → przyrównać

przyrumieniać *impf* → przyrumienić

przyrumie|nić *pf* — **przyrumie|niać** *impf* Kulin. [] *vt* to brown; **~ń placki z obu stron** brown the pancakes on both sides
[] przyrumienić się — przyrumieniać się to brown; **wyjmij ciasto, kiedy się ~ni** remove the cake from the oven once it's browned nicely

przyrządzać *impf* → przyrządzić

przyrzą|dzić *pf* — **przyrzą|dzać** *impf vt* książk. to prepare [*posiłek, napój, mieszankę*]; **dobrze ~dzone jedzenie** well-prepared food

przyrze|c *pf* — **przyrzek|ać** *impf* (~knę, ~kniesz, ~kł, ~kła, ~kli — ~kam) *vt* (zobowiązać się) to promise; (uro-czyście) to pledge; **~kł zająć się tą sprawą** he promised to see to it; **rząd ~kł, że nie podniesie podatków** the government promised not to raise taxes; **~kł rodzicom, że więcej tego nie zrobi** he promised his parents he wouldn't do it again; **~knij (mi), że więcej tam nie pójdziesz** prom-ise (me) you won't go there again; **ojciec ~kł jej rękę księciu** her father had promised the duke her hand (in marriage); **~kła sobie, że już nigdy nie zaufa żadnemu mężczyźnie** she swore she'd never trust a man again; **~kł sobie nie wracać do tego tematu** (w myślach) he decided to put the subject out of his mind; (w mowie) he swore he'd never mention the subject again; **ciągle sobie ~kam, że już nie będę palić** I keep promising myself a. meaning to give up smoking

przyrzecze|nie [] *sv* → przyrzec
[] *n* pledge; **dać komuś ~nie** to make a. pledge to sb; **złożył ~nie, że to zrobi** he pledged to do it; **dotrzymać ~nia** to keep one's pledge a. promise; **złamać ~nie** a. **nie dotrzymać ~nia** to break one's pledge a. promise

przyrzekać *impf* → przyrzec

przy|rżnąć¹ *pf* — **przy|rżynać** *impf* (~rżnęła, ~rżnęli — ~rzynam) *vt* (przy-ciąć) to saw [*sth*] to size; **~rżnąć deski na parkan** to saw planks for a fence

przyrżn|ąć² *pf* (~ęła, ~ęli) *vi* pot. **~ąć komuś** to sock sb pot.; **~ąć komuś pięścią w nos** to punch sb in the nose; **~ąć głową w półkę** to bash one's head on the shelf pot.

przysadzi|sty *adi.* grad. [*osoba*] stocky, squat; [*drzewo, dom*] squat

przys|chnąć *pf* — **przys|ychać** *impf* (~echł — ~ycham) *vi* ① (przylgnąć) [*błoto, krew*] to cake (**do czegoś** on sth); [*bandaż*] to stick (**do czegoś** to sth); **język ~echł mi do podniebienia** przen. I was parched pot. ② (wysuszyć się) [*błoto*] to dry, to cake;

[rana] to dry; *[trawa]* to wither; *[owoc]* to shrivel ③ przen. *[sprawa, afera]* to blow over

przyschnię|ty *adi.* *[błoto]* caked (**do czegoś** on sth); **resztki jedzenia ~te do talerza** scraps of food dried to the plate

przysia|d *m* (*G* **~du**) (ćwiczenie) (deep) knee bend *zw. pl*; **robić ~dy** to do (deep) knee bends; **wstać z ~du** to rise from a squatting position

przysiadać *impf* → **przysiąść**

przysi|ąc *pf* — **przysi|ęgać** *impf* (**~ęgnę, ~ęgniesz, ~ągł, ~ęgła, ~ęgli** — **~ęgam**) Ⅱ *vt* ① (obiecać) to promise; (uroczyście) to swear, to pledge; **~ągł jej miłość** he promised her his love; **~ęgam, że nikomu nie powiem** I swear I won't tell anybody; **~ągł jej opiekować się dziećmi** he promised her that he'd take care of the children; **~ągł sobie w duchu zemstę** he swore a. vowed revenge; **~ęgała sobie, że już tam więcej nie pójdzie** she promised herself she would never go there again; **~ęgła sobie nigdy go nie zostawiać samego** she swore never to leave him alone ② (zapewnić) to swear; **~ęgać na Biblię/honor** to swear on the Bible/on one's honour; **~ęgam (ci), że nie wiedziałem** I swear I didn't know; **~ągłbym** a. **mógłbym ~ąc, że już go kiedyś widziałem** I could have sworn I'd seen him before, I could swear I've seen him before; **gotów był ~ąc, że kiedyś już tu był** he could have sworn he'd been there before; **można było ~ąc, że śpi** you would have sworn he was sleeping; **~ągłbyś, że to uczciwi ludzie** you could have sworn they were honest people

Ⅲ **przysiąc się** — **przysięgać się** pot. to swear; **~ęgał się, że nic nie wie** he swore he didn't know anything

przysi|ąść *pf* — **przysi|adać** *impf* (**~ądę, ~ądziesz, ~adł, ~adła, ~edli** — **~adam**) Ⅱ *vt* to sit on; **~ąść komuś spódnicę** to sit on sb's skirt

Ⅲ *vi* ① (usiąść) *[osoba]* to perch (oneself), to sit down; *[ptak]* to perch, to land; *[motyl, ważka]* to land; **~adł na brzegu ławeczki** he perched (himself) on the edge of the bench; **od czasu od czasu jakiś wróbel ~adał na parapecie** every now and then a sparrow perched on the window sill ② (przykucnąć) *[osoba]* to squat (on one's haunches); *[zwierzę]* to sit (on its haunches); **~ąść z wrażenia** przen. to be dumbfounded

Ⅲ **przysiąść się** — **przysiadać się** (przyłączyć się) **~ąść się do kogoś** to join sb (at the table); **czy mogę się ~ąść?** can I join you?

■ **~ąść fałdów** to knuckle down pot.; to get down to work

przysi|ęga *f* ① (przyrzeczenie) oath; **~ęga małżeńska** marriage a. wedding vows; **~ęga na wierność** a pledge a. an oath of allegiance; **składać ~ęgę** to take a. swear an oath; **złożył ~ęgę, że zachowa tajemnicę** he took an oath of secrecy; **być związanym ~ęgą** to be bound by an oath; **zwolnić kogoś z ~ęgi** to release sb from an oath; **złamać ~ęgę** to break one's oath; **zeznawać pod ~ęgą** to testify under oath; **stwierdzić pod ~ęgą, że...** to testify

under oath that... ② Wojsk. (uroczystość) swearing-in (ceremony), oath ceremony

przysięgać *impf* → **przysiąc**

przysięg|ły Ⅱ *adi.* ① Prawo **sędzia ~ły** a member of the jury, a juror; **tłumacz ~ły** a certified a. an official translator ② *[wróg]* sworn; *[komunista, zwolennik]* declared

Ⅲ *m* Prawo member of the jury, juror; **ława ~łych** the jury

przysięgnąć → **przysiąc**

przysiół|ek *m* hamlet

przyskakiwać *impf* → **przyskoczyć**

przysk|oczyć *pf* — **przysk|akiwać** *impf vi* to leap; **~oczyć do kogoś/czegoś** to leap towards a. up to sb/sth

przyskrzyniać *impf* → **przyskrzynić**

przyskrzy|nić *pf* — **przyskrzy|niać** *impf vt* pot. (aresztować) to bust pot., to pinch GB pot.; (przyłapać) to nab pot.; **~nić kogoś za coś** to bust sb for sth; **~nić kogoś na czymś** to nab sb doing sth

przy|słać *pf* — **przy|syłać** *impf* (**~ślę ~syłam**) *vt* to send (in) *[paczkę, pieniądze, osobę]*; **~słać komuś list/pocztówkę** to send sb a letter/postcard; **~słać wiadomość przez kogoś** to send a message by sb; **~ślij go, jak tylko się zjawi** send him in as soon as he comes; **~ślemy po pana samochód** we'll send a car to pick you up; **~słał jej kwiaty przez posłańca** he had flowers delivered to her; **~ślali po nią z biura** she was sent for from the office

przysłaniać *impf* → **przysłonić**

przysłon|a *f* ① Fot. (otwór) aperture; (urządzenie) diaphragm; **automatyczna regulacja ~y** an automatic aperture control; **ustawić ~ę** to adjust the aperture; **zmniejszyć/zwiększyć ~ę** to reduce/increase the aperture ② Aut. **~a wlotu powietrza** the choke

przysł|onić *pf* — **przysł|aniać** *impf* Ⅱ *vt* ① (utrudnić widzenie) *[mgła, chmura]* to obscure; **nadmiar słów ~ania prawdę** przen. superfluous words obscure the truth ② (zakryć) *[osoba]* to cover; **~onić coś czymś** to cover sth with sth ③ (osłonić) to shade *[lampę, świeczkę]*; **~oniła oczy od słońca** she shaded her eyes from the sun

Ⅲ **przysłonić się** — **przysłaniać się** to cover oneself (**czymś** with sth); **~oniła się wachlarzem** she hid her face behind her fan

przysł|owie *n* proverb, saying; **czas to pieniądz, jak mówi ~owie** time is money, as the saying a. proverb goes; **stare ~owie mówi, że...** an old proverb says that...

przysłowiowo *adv.* proverbially; **~ głupi/pracowity** proverbially stupid/hardworking

przysłowiow|y *adi.* ① *[zwrot, wyrażenie]* proverbial; **szukanie ~ej igły w stogu siana** looking for the needle in the proverbial haystack ② (legendarny) *[uczciwość, pracowitość]* proverbial; **jego szczodrość stała się ~a** his generosity became proverbial

przysłown|y *adi.* Jęz. adverbial

przysłów|ek *m* Jęz. adverb

przysłówkow|y *adi.* *[wyrażenie, fraza]* adverbial

przysłuch|iwać się *impf v refl.* to listen; **~iwać się komuś/czemuś** to listen to sb/

sth; **konferencji ~iwało się kilku dziennikarzy** a few reporters were present at the conference

przysłu|ga *f* favour, favor US; **wyświadczyć** a. **oddać komuś ~gę** to do sb a favour; **poprosić kogoś o ~gę** to ask sb for a favour; **~ga za ~gę** one good turn deserves another

■ **wyświadczyć komuś niedźwiedzią ~gę** to do sb more harm than good

przysług|iwać *impf vi* ① (na mocy prawa) **~uje nam zasiłek/dzień urlopu** we are entitled to benefit/a day off; **~uje mu prawo mianowania ambasadorów** he has the right to appoint ambassadors; **skorzystać z ~ującego komuś prawa** to exercise one's right ② (należeć się) **to jej w pełni ~uje** she fully deserves it ③ (odnosić się) **tytuł ~ujący księżom** a title reserved for priests

przysłuż|yć się *pf v refl.* to render a service (**komuś/czemuś** to sb/sth); **źle się nam ~yli** they did us a bad turn

przysmak *m* (*G* **~u**) delicacy; **uważa to za największy ~** it's his/her greatest delicacy

przysmażać *impf* → **przysmażyć**

przysmaż|yć *pf* — **przysmaż|ać** *impf* Ⅱ *vt* (usmażyć) to fry *[sth]* up, to fry up; (przyrumienić) to brown; (przypalić) to overdo

Ⅲ **przysmażyć się** — **przysmażać się** (przyrumienić się) *[kotlet, cebula]* to brown; (przypalić się) to burn

przys|nąć *pf* — **przys|ypiać** *impf* (**~nęła, ~nęli — ~ypiam**) *vi* to doze off; **~nął na kilka sekund** he dozed off for a few seconds

przysparzać *impf* → **przysporzyć**

przyspawa|ć *pf vt* to weld *[sth]* on; **~ć coś do czegoś** to weld sth on to sth; **~ny do ramy** welded to the frame

przyspieszać → **przyśpieszyć**

przyspiesze|nie Ⅱ *sv* → **przyśpieszyć**

Ⅲ *n* ① (wzrost prędkości) acceleration; **jednostka ~nia** a unit of acceleration; **mój samochód ma doskonałe ~nie** my car has spectacular acceleration ② (szybsze tempo) acceleration; **nabrać ~nia** *[wydarzenia, narracja, akcja]* to gain momentum

❑ **~nie grawitacyjne** a. **ziemskie** Fiz. gravitational acceleration

przyspieszony → **przyśpieszony**

przyspieszyć → **przyśpieszyć**

przysp|orzyć *pf* — **przysp|arzać** *impf vt* **~orzyć komuś przyjaciół/wrogów/zwolenników** to win sb friends/enemies/support; **~orzyć komuś kłopotów/smutku/cierpienia** to cause sb problems/sorrow/pain; **~orzyć komuś grosza** to earn sb a lot of money; **~orzyć komuś sławy** to make sb famous

przysposabiać *impf* → **przysposobić**

przyspos|obić *pf* — **przyspos|abiać** *impf* książk. Ⅱ *vt* ① (przystosować) to adapt; **~obić coś do czyichś potrzeb/wymagań** to adapt sth to sb's needs/requirements ② (przygotować) to prepare; **~obić kogoś do pracy/życia** to prepare sb for work/life; **~obić kogoś do zawodu** to train sb for a job ③ (adoptować) to adopt *[dziecko]*

Ⅲ **przysposobić się** — **przysposabiać**

się to prepare; **~abiać się do wojny/ podróży** to prepare for war/a journey

przys|sać się *pf* — **przys|ysać się** *impf* (**~sę się — ~ysam się**) *v refl.* [1] *[osoba, szczeniak]* to latch on (**do kogoś/czegoś** to sb/sth); *[pijawka]* to attach itself (**do czegoś** to sth) [2] *(przylgnąć)* to adhere (by means of suction); **~sać się do powierzchni** to adhere to a surface [3] *pot. (przyczepić się)* **~sać się do kogoś** to stick to sb like glue *pot.* [4] *przen. (zająć się)* **~sać się do telewizora** to be glued to the TV

przyssan|y *adi. [pijawka]* attached

przyssaw|ka *f* [1] Zool. sucker [2] *(zaczep)* sucker; **przyczepić coś ~kami** to attach sth with suckers; **wieszak na ~kę** a suction hook

przyssawkow|y *adi.* [1] Zool. *[organ]* suctorial [2] *(na przyssawki) [wieszak, lusterko]* suction *attr.*

przysta|ć¹ *pf* — **przysta|wać¹** *impf* (**~nę — ~ję**) *vi książk.* [1] *(zgodzić się)* to agree; to consent *książk.*; **~ć na coś** to agree a. consent to sth; **~ć na czyjeś warunki** to agree to sb's conditions; **~ć na czyjąś propozycję** to accept sb's offer; **nie mogę na to ~ć** I can't agree to it; **~ła na to z ochotą** she eagerly agreed [2] *(przystąpić)* to join *vt*; **~ć do partyzantów** to join the partisans

przyst|ać² *pf* (**~oi, ~ało**) *v imp. książk.* [1] *(należy)* **jak na sportowca/księcia ~ało** as befits a sportsman/prince; **był ubrany, jak ~oi** he was appropriately dressed [2] *(wypada)* **to nie ~oi księżniczce** it's unbecoming of a. in a princess; **nie ~oi ci kłamstwo/tego robić** it ill befits you to lie/to do it *książk.*

przysta|nąć *pf* — **przysta|wać²** *impf* (**~nęła, ~nęli — ~ję**) *vi (zatrzymać się) [osoba, pojazd]* to stop; **autobus często ~wał** the bus made frequent stops

przystan|ek *m* (*G* **~ku**) [1] Transp. *(miejsce, odcinek)* stop; **~ek autobusowy/tramwajowy** a bus/tram stop; **~ek końcowy** a terminus; **~ek na żądanie** a request stop; **na ~ku** at a bus/tram stop; **wysiądź na piątym ~ku** get off at the fifth stop; **przejechać trzy ~ki** to go three stops; **to cztery ~ki stąd** it's four stops away from here [2] *(przerwa)* stop; **po drodze robili częste ~ki** they made frequent stops along the way [3] *przen. (etap)* stage; **kolejny ~ek na drodze życia** another stage in life

przystankow|y *adi. [wiata, słupek]* bus-stop *attr.*

przysta|ń *f* [1] Żegl. harbour, harbor US; *(dla jachtów)* marina; **~ń rybacka** a fishing harbour; **~ń promowa** a ferry point a. jetty a. port; **zawinąć do ~ni** to sail into a marina [2] *przen. (safe)* haven; **stanowić bezpieczną ~ń dla kogoś** to be a safe haven for sb

przystawać¹ *impf* → **przystać**

przystawać² *impf* → **przystanąć**

przysta|wać³ *impf* (**~ję**) *vi* [1] *(pasować)* to fit in; **~wać do kogoś/czegoś** to fit in with sb/sth; **argumenty obu stron w ogóle nie ~wały** the arguments of the two sides were incompatible [2] *(przylegać) [części, deski]* to fit; **elementy nie ~wały do siebie** the elements didn't fit

[3] Mat. *[figury]* to be congruent; **trójkąty ~jące** congruent triangles

przystawiać *impf* → **przystawić**

przystaw|iać się *impf v refl. pot.* **~iać się do kogoś** to make a pass at sb *pot.*

przystaw|ić *pf* — **przystaw|iać** *impf vt* [1] *(przysunąć)* **~ić drabinę do okna** to put a ladder up a window; **~ić bliżej krzesło** to draw up a chair [2] *(przytknąć)* to put; **~ić komuś pistolet do skroni** to put a gun to sb's head; **~ić butelkę do ust** to put a bottle to one's mouth; **~ić pieczątkę na czymś** to stamp sth

przystaw|ka *f* [1] Kulin. appetizer, hors d'oeuvre; **podać coś na ~kę** to serve sth as an appetizer [2] *(końcówka)* attachment; **~ka do wiertarki/miksera** an attachment to a drill/food processor; **~ka mieszająca** a blender attachment [3] *(dobudowany element)* annex; **~ka namiotowa do przyczepy kempingowej** a caravan awning [4] Techn. *(podpora)* support

przyst|ąpić *pf* — **przyst|ępować** *impf vi* [1] *(zabrać się)* to set about; **~ąpić do pracy nad czymś** to set about working on sth; **~ąpić do budowy szpitala** to set about building a hospital [2] *(wziąć udział)* to enter *vt*; **~ąpić do konkursu/przetargu** to enter a contest/an auction; **~ąpić do rozmów z opozycją** to enter into talks with the opposition [3] Relig. **~epować do komunii/spowiedzi** to go to Communion/ confession; **~ąpić do pierwszej komunii świętej** to receive one's First Communion; **~ąpić do sakramentu chrztu/bierzmowania** to be baptized/confirmed [4] *(wstąpić)* to accede *książk.*; **~ąpić do Unii Europejskiej** to accede to the European Union [5] *książk. (podejść)* to walk up; **~ąpiło do niego dwóch mężczyzn** two men walked up to him

przystęp *m sgt* (*G* **~u**) [1] *(dostęp)* access; **mieć ~ do kogoś/czegoś** to have access to sb/sth [2] *(przypływ)* access; **w ~ie wściekłości/szczęścia** in a fit of rage/happiness

przystępnie *adv. [pisać, tłumaczyć]* accessibly

przystępnoś|ć *f sgt* [1] *(tekstu, wykładu)* accessibility; **~ć stylu** accessibility of style [2] *(przyjacielskość)* approachability [3] *(cen)* affordability [4] *(miejsca, brzegu)* accessibility

przystępn|y *adi. grad.* [1] *(łatwy) [książka, film, język]* accessible; **wytłumaczyć/ przedstawić coś w ~y sposób** to explain/present sth in an accessible way [2] *(przyjacielski) [osoba]* approachable [3] *[cena]* affordable, accessible; **kupić coś po ~ej cenie** to buy sth at an affordable price [4] *książk. (dostępny) [brzeg]* accessible

przystępować *impf* → **przystąpić**

przystojniacz|ek *m* (*Npl* **~ki**) *pot.* a bit of all right *pot.*

przystojnia|k *m* (*Npl* **~cy** a. **~ki**) *pot.* dish *pot.*, hunk *pot.*; **niezły z niego ~k** he's quite a dish

przystojnie *adv. grad. [wyglądać]* handsome *adi.*

przystojni|eć *impf* (**~eję, ~ał, ~eli**) *vt* to become (more) handsome; **z roku na roku ~ał** he was becoming more and more handsome every year ⇒ **wyprzystojnieć**

przystojn|y *adi. grad. [mężczyzna]* handsome, good-looking; *[kobieta]* attractive

przystop|ować *pf* — **przystop|owywać** *impf pot.* [I] *vt (zwolnić, zatrzymać)* to slow [sth] down, to slow down *[proces, inflację]*; to make [sb] stop *[osobę]*; to put a brake on *[ambicje, zapędy]* [II] *vi* to slow down *także przen.*; **~uj troszkę** slow down a bit

przystopowywać *impf* → **przystopować**

przystos|ować *pf* — **przystos|owywać** *impf* [I] *vt* to adapt; **~ować coś do czegoś** to adapt sth to sth; **~ować coś do robienia czegoś** to adapt sth for doing sth; **~ować coś do celów wojskowych** to adapt sth for military use; **~ować coś do czyichś potrzeb** to adapt sth to suit sb's needs; **~ować szpital do potrzeb współczesnej medycyny** to adapt a hospital for modern medical practice; **pojazd ~owany do jazdy po bezdrożach** a vehicle designed for off-road use [II] **przystosować się** — **przystosowywać się** *[osoba, zwierzę]* to adapt (**do czegoś** to sth); *[oczy]* to adjust (**do czegoś** to sth); **~ować się do nowego otoczenia/nowych warunków** to adapt to new surroundings/conditions; **łatwo się ~owywać** to be adaptable; **wzrok ~owuje się do ciemności** the eyes adjust to darkness

przystosowani|e [I] *sv* → **przystosować** [II] *n sgt* Biol., Socjol. *(proces)* adaptation (**do czegoś** to sth)

przystosowan|y [I] *pp* → **przystosować** [II] *adi. [osoba, zwierzę, organ]* (well) adapted; **słabo ~y** poorly adapted; **~y do latania/ życia w wodzie** adapted for flight/aquatic life; **~y do otoczenia** well adapted to the environment

przystosowawcz|y *adi. [zdolność, działania, okres]* adaptation *attr.*

przystosowywać *impf* → **przystosować**

przystrajać *impf* → **przystroić**

przystr|oić *pf* — **przystr|ajać** *impf* [I] *vt* to bedeck *[budynek, stół, ulicę]* (**czymś** with sth); to trim *[suknię]* (**czymś** with sth); **~oić kogoś wieńcem laurowym** to crown sb with laurels [II] **przystroić się** — **przystrajać się** *(ubrać się)* **~oiła się w najlepszą sukienkę** she was decked out in her best dress

przystrzy|c *pf* — **przystrzy|gać** *impf* (**~gę, ~żesz, ~gł, ~gła, ~gli — ~gam**) *vt* [1] *(ostrzyc)* to trim *[włosy, żywopłot]*; to cut *[trawę]*; **~c sobie włosy** *(samodzielnie)* to trim one's hair; *(u fryzjera)* to have one's hair trimmed; **bródka ~żona w klin** a beard trimmed into a point; **krótko ~żone włosy** cropped hair [2] *przen.* to cut *[tekst, artykuł]*

przystrzygać *impf* → **przystrzyc**

przysu|nąć¹ *pf* — **przysu|wać** *impf* (**~nęła, ~nęli — ~wam**) [I] *vt* to move; **~nąć coś bliżej** to move sth closer; **~nąć sobie krzesło** to pull up a chair; **~nąć komuś krzesło** to pull up a chair for sb [II] **przysunąć się** — **przysuwać się** to move; **~nąć się do kogoś/czegoś** to move close/closer to sb/sth; **~uń się bliżej!** come closer!

przysu|nąć[2] *pf* (~nęła, ~nęli) *vi* pot. (uderzyć) to biff *vt* pot.; **~nąć komuś w nos** to give sb a biff on the nose pot.

przysuwać *impf* → **przysunąć**[1]

przyswajać *impf* → **przyswoić**

przyswajalnoś|ć *f sgt* Biol. assimilability (**czegoś** of sth)

przyswajaln|y *adi. [substancja, składnik]* assimilable

przysw|oić *pf* — **przysw|ajać** *pf vt* [1] (nauczyć się) to assimilate *[informacje, materiał]*; to acquire *[umiejętności]*; to learn *[język obcy, słowa]*; **~ajać (sobie) wiedzę** to assimilate knowledge [2] (przejąć) to assimilate *[terminologię, słowa]*; to adopt *[idee, zwyczaje]*; **~oić (sobie) obce obyczaje** to adopt foreign customs [3] Fizj. to assimilate *[pożywienie, lek]*

przysychać *impf* → **przyschnąć**

przysyłać *impf* → **przysłać**

przysyp|ać *pf* — **przysyp|ywać** *impf* (~ię — ~uję) *vt* [1] (pokryć) to sprinkle *[ciasto, owoce]* (**czymś** with sth); **~ać ognisko piaskiem** to smother a fire with sand; **ogród był ~any liśćmi** the garden was carpeted with fallen leaves; **drogi były ~ane śniegiem** (pokryte) roads were covered with snow; (nieprzejezdne) roads were snowbound [2] (zasypać) *[lawina, ziemia]* to bury; **~ała go lawina** he was buried by a. in an avalanche; **w kopalni ~ało czterech górników** four people were buried alive in the mine

przysypiać *impf* → **przysnąć**

przysypywać *impf* → **przysypać**

przysysać się *impf* → **przyssać się**

przyszłoroczn|y *adi. [budżet, wakacje, absolwenci]* next year's

przyszłościowo *adv.* **myśleć ~** to look forward

przyszłościow|y *adi.* [1] (perspektywiczny) *[plany, zamiary]* future [2] (obiecujący) *[zawodnik, inwestycja]* promising; **~e źródło energii** the energy source of the future

przyszłoś|ć *f sgt* [1] (czas, który nastąpi) future; **w ~ci** in the future; **w najbliższej/ niedalekiej ~ci** in the immediate/not too distant future; **nauka ~ą ~ć** a lesson for the future; **przepowiadać komuś ~ć** to tell sb's fortune; **z lękiem/ufnością patrzyć w ~ć** to look into the future with anxiety/confidence; **snuć plany na ~ć** to make plans for the future; **nikt nie wie, co przyniesie ~ć** no one knows what the future holds a. might bring; **~ć pokaże, kto miał rację** the future will show who was right; **na ~ć bądź bardziej uprzejmy/pamiętaj o tym** next time be more polite/remember about it; **samochód/ komputer ~ci** the car/computer of the future; **to jeszcze wciąż melodia a. pieśń ~ci** it's still a thing of the future [2] (przyszłe powodzenie) future; **mieć przed sobą ~ć** to have a future; **wróżyć komuś wspaniałą ~ć** to predict a bright future for sb; **ludzie z ~cią/bez ~ci** people with good prospects/with no prospects; **ten zawód nie ma ~ci** there is no future in this kind of work; **spór o ~ć polskiej gospodarki** a debate over the future of the Polish economy; **młodzież jest ~cią narodu** young people are the future of this country;

~ć telekomunikacji to światłowody fibre optics is the future of telecommunications

przyszł|y [I] *adi.* [1] *[zięć, sukces, zarobki]* future; **~łe pokolenia** future generations; **jej ~ła synowa** her future daughter-in-law; **~łe życie** *(reszta życia)* future life; *(po śmierci)* an afterlife [2] (najbliższy) *[sobota, tydzień]* next; **w ~ły poniedziałek/wtorek** next Monday/Tuesday; **w ~łym miesiącu/roku** next month/year [3] Jęz. *[czas]* future; **w czasie ~łym** in the future

[II] *m* future husband, husband-to-be

[III] **przyszła** *f* future wife, wife-to-be

przyszpilać *impf* → **przyszpilić**

przyszpil|ić *pf* — **przyszpil|ać** *impf vt* [1] (przyczepić) to pin; **~ić coś do ściany/ tablicy** to pin sth up on the wall/board; **~ić coś do sukni** to pin sth on a. to a dress [2] pot. to pin [sb] down, to pin down; **~ić kogoś wzrokiem** to give sb a dirty look, to transfix sb with a look

przyszwa *f* (w bucie) vamp

przyszy|ć *pf* — **przyszy|wać** *impf* (~ję — ~wam) *vt* to sew; **~ć coś do czegoś** to sew sth on (to) sth; **~ć sobie guzik** to sew a button back on; **krzywo ~ty kołnierzyk** an unevenly sewn collar

przyszyk|ować *pf* — **przyszyk|owywać** *impf* [I] *vt* to prepare; **~ować coś do wysłania** to get sth ready for posting; **~ować komuś coś do jedzenia** to fix sb sth to eat

[II] **przyszykować się** — **przyszykowywać się** to get ready; **~ować się do wyjazdu** to get ready to leave

przyszykowan|y [I] *pp* → **przyszykować**

[II] *adi.* ready; **~y do wyjazdu** ready to leave

przyszykowywać *impf* → **przyszykować**

przyszywać *impf* → **przyszyć**

przyszywan|y [I] *pp* → **przyszywać**

[II] *adi.* pot. **to jest nasz ~y dziadek/wujek** we call him granddad/uncle; **to jest tylko taka ~a ciocia** she's not my real aunt

przyśni|ć się *pf v refl.* **~ł mi się wąż/ pożar** I had a dream about a snake/fire; **~ło mi się, że...** I dreamt a. dreamed that...; **coś ci się ~ło!** przen. you must be imagining things!

przyśpieszać *impf* → **przyśpieszyć**

przyśpieszenie → **przyśpieszenie**

przyśpiesz|ony [I] *pp* → **przyśpieszyć**

[II] *adi.* [1] *[krok]* stepped-up; *[oddech, tętno]* quickened; **mieć ~ony oddech** to breathe quickly; **pracować w ~onym tempie** to work faster than usual [2] Prawo *[proces]* summary; **w trybie ~onym** summarily [3] Transp. *[pociąg, linia, autobus]* fast [4] (wcześniejszy) *[wybory]* early

przyśpiesz|yć *pf* — **przyśpiesz|ać** *impf* [I] *vt* to speed [sth] up, to speed up *[proces, zmiany, rozwój]*; to precipitate *[kryzys, upadek, klęskę]*; to hasten *[rozstanie, wyjazd, moment]*; to bring [sth] forward, to bring forward *[ślub, wybory]*; **~yć tempo reform** to increase the pace of reforms; **próbował ~yć wydanie swojej książki** he tried to bring forward the publication of his book

[II] *vi [osoba, samochód]* to speed up; *[samo-*

chód] to accelerate; **~yć kroku** to quicken the pace

przyśpiew *m* (*G* ~u) Muz. simple refrain

przyśpiew|ka *f* song; **weselne ~ki** wedding songs

przyśpiew|ywać *impf vt* to sing; **~ywać wesołe piosenki** to sing merry songs; **~uje sobie przy goleniu** he sings when he's shaving

przyśrub|ować *pf* — **przyśrub|owywać** *impf vt* to bolt; (wkrętem) to screw; **~owywać coś do czegoś** to bolt/screw sth to sth

przyśrubowywać *impf* → **przyśrubować**

przyświecać[1] *impf* → **przyświecić**

przyświeca|ć[2] *impf vi* [1] (stanowić przyczynę) to motivate *vt*; **~ć komuś** to motivate sb; **~ła mu chęć zysku** he was motivated by greed; **jaki cel im ~ł?** what motivated them?; **idea ~jąca tym badaniom** the idea lying behind this research [2] (świecić) *[słońce, księżyc]* to shine

przyświe|cić *pf* — **przyświe|cać**[1] *impf vi* (poświecić) **~cać sobie latarką** to light one's way with a torch

przytachać → **przytaszczyć**

przytaczać *impf* → **przytoczyć**

przytakiwać *impf* → **przytaknąć**

przytak|nąć *pf* — **przytak|iwać** *impf* (~nęła, ~nęli — ~uję) *vi* (potwierdzić) to say yes; (skinąć głową) to nod; **~nąć głową** to nod (one's head) in agreement; **~nąć komuś** to agree with sb; **~nąć czyjemuś pomysłowi** to say yes to sb's idea; **on zawsze wszystkim ~uje** (jest zgodny) he agrees with everybody; (jest uległy) he's a yes-man pot., pejor.; **„to prawda", ~nął** 'that's right,' he confirmed

przytakująco *adv.* **kiwnąć głową ~** to nod (one's head) in agreement

przytakując|y [I] *pa* → **przytaknąć**

[II] *adi. [słowa, gesty, skinienie]* confirming; *[uśmiech]* reassuring; *[osoba]* compliant

przytarga|ć *pf vt* pot. to lug pot. ⇒ **targać**

przytaskać → **przytaszczyć**

przytaszcz|yć *pf vt* pot. [I] *vt* to lug (in); **~yć coś do pokoju** to lug sth into a room; **~yć coś na górę** to lug sth up the stairs; **~ył wielkie pudło** he lugged in a large box

[II] **przytaszczyć się** pot. (przyjść) to roll up pot.

przytępiać *impf* → **przytępić**

przytęp|ić *pf* — **przytęp|iać** *impf* [I] *vt* [1] przen. (przytłumić) to dull *[słuch, pamięć, umysł]*; **~ić czyjś dowcip** to blunt sb's wit [2] (stępić) to blunt *[nóż, nożyczki]*

[II] **przytępić się** — **przytępiać się** [1] (stracić ostrość) *[nóż, nożyczki]* to blunt, to become dull [2] przen. *[umysł]* to become dull; *[wzrok, pamięć]* to become impaired; **na starość słuch mu się ~ił** his hearing got worse with age

przytęp|iony [I] *pp* → **przytępić**

[II] *adi.* [1] *[nóż, nożyczki]* blunt, dull [2] *[węch, słuch]* dull

przyt|knąć *pf* — **przyt|ykać**[1] *impf* (~knęła, ~knęli — ~ykam) *vt* to put; **~knąć zegarek do ucha** to put a. lift a watch to one's ear; **~knąć głowę do poduszki** to lay one's head on a pillow;

stała z czołem ~kniętym do szyby she was standing there with her forehead pressed against the window

przytłaczać impf → przytłoczyć

przytłaczająco adv. [nudny] depressingly; **~ długa cisza** oppressive silence

przytłaczając|y [] pa → przytłoczyć
[] adi. [1] [budowla, meble] (ogromny) massive; (przygniatający) oppressively large; [huk, hałas] overwhelming [2] (przygnębiający) [atmosfera, cisza] oppressive; [wiadomość] overwhelming; **~e uczucie osamotnienia** an overwhelming feeling of loneliness [3] [zwycięstwo, przewaga] overwhelming; **jest tak w ~ej większości wypadków** it's true in the overwhelming majority of cases

przytł|oczyć pf — **przytł|aczać** impf vt [1] (przygnieść) to crush; **wiatr ~aczał ich do ziemi** the wind pressed them against the ground [2] (stanowić ciężar) [obowiązek, odpowiedzialność, ciężar] to weigh down on; [rozmiar, wielkość] to overwhelm; **czuł się ~oczony ogromem oceanu** he was overwhelmed by the vastness of the ocean

przytłu|c pf (~kę, ~czesz, ~kł, ~kła, ~kli) [] vt (uderzyć) to hit; (przygnieść) to crush; **~c sobie palec młotkiem** to hit one's finger with a hammer; **spadająca gałąź ~kła mu rękę** his hand was crushed by a falling branch
[] **przytłuc się** pot. to drag oneself (**do czegoś** to sth); **~c się do domu** to to drag oneself home

przytłumiać impf → przytłumić

przytłum|ić pf — **przytłum|iać** impf vt [1] (przygasić, przyciszyć) to dim [światło]; to muffle [dźwięk]; to smother [ogień, płomień]; **~ione odgłosy rozmowy** a muffled conversation [2] przen. (ograniczyć) to smother [osobę, roślinę]; to throttle [rozwój, przedsiębiorczość]; **chwasty ~iły kwiaty** the flowers were smothered by weeds [3] (powstrzymać) to smother [westchnienie, śmiech]; to hold [sth] back, to hold back [gniew]

przytocze|nie [] sv → przytoczyć
[] n quotation; **~nia zaczerpnięte z różnych autorów** quotations from various authors

przyt|oczyć pf — **przyt|aczać** impf [] vt [1] (zacytować) to quote [fragment]; **~oczyć coś we fragmentach** to quote fragments of sth; **~oczę tu jego sławne powiedzenie...** let me quote his famous saying...; **na wstępie autor ~acza anegdotę** at the beginning the author quotes an anecdote [2] (wymienić) to quote [argumenty, dane]; **~oczone przez nich fakty** the facts quoted by them [3] (przyturlać) to roll [kamień]; to wheel [działo, armatę]; **~oczyć beczkę do drzwi/z piwnicy** to roll a barrel up to the door/from the cellar
[] **przytoczyć się** — **przytaczać się** [1] (przyturlać się) [kamień, piłka] to roll; **~oczyć się do kogoś** to roll up to sb [2] pot. (przybyć) [samochód, osoba] to roll up pot.; (pijana osoba) to stagger up (**do kogoś** to sb)

przytomnia|k m (Npl ~ki a. ~cy) pot. smarty-pants pot.

przytomnie adv. grad. [odpowiedzieć] astutely; **zachować się ~** to be quick to react; **~ zauważył, że...** he astutely ob-

served that... **patrzyć na kogoś ~** to look sb with clear eyes; **umarła ~** she died conscious

przytomni|eć impf (~eję, ~ał, ~eli) vi to come to one's senses także przen. ⇒ **oprzytomnieć**

przytomnoś|ć f sgt [1] (świadomość) consciousness; **utrata ~ci** loss of consciousness; **stracić/odzyskać ~ć** to lose/regain consciousness; **leżeć bez ~ci** to lie unconscious [2] (bystrość) presence of mind; **zachować ~ć umysłu** to keep one's presence of mind; **miał na tyle ~ci umysłu, żeby...** he had the presence of mind to... [3] przest. (obecność) presence; **w czyjejś ~ci** in sb's presence; **w ~ci królowej** in the presence of the queen

przytomn|y [] adi. grad. [osoba] (trzeźwo myślący) clear-headed; (opanowany, czujny) alert; [uwaga, komentarz] astute; **okazał się najprzytomniejszy z nich wszystkich** he was the quickest to react
[] adi. Med. [osoba] conscious; **w pełni/na pół ~y** fully conscious/half-conscious; **jej wzrok/głos był ~y** her eyes were/voice was clear

przytraczać impf → przytroczyć

przytrafiać się impf → przytrafić się

przytraf|ić się pf — **przytraf|iać się** impf v refl. [przygoda, pech] to happen; **~ić się komuś** to happen to sb; **coś złego mu się ~iło** something bad has happened to him; **opowiedział mi, co mu się ~iło** he told me what had happened to him; **~iło jej się nieszczęście** a disaster happened to her; **~iło mi się zapalenie płuc** I caught pneumonia

przytr|oczyć pf — **przytr|aczać** impf vt to strap; **~oczyć coś do siodła** to strap sth to a saddle; **walizka ~oczona do roweru** a suitcase strapped to a bicycle

przytrzaskiwać impf → przytrzasnąć

przytrza|snąć pf — **przytrza|skiwać** impf (~snęła, ~snęli — ~skuję) [] vt [1] (przyciąć) to trap, to shut [palec]; to get [sth] caught [płaszcz, sukienkę]; **~snąć komuś palce w drzwiach** to trap a. shut sb's fingers in a door; **~snąć sobie palce szufladą** to get one's fingers trapped a. shut in a drawer; **~snąć sobie sukienkę w drzwiach** to get one's dress caught in the door [2] (zamknąć z trzaskiem) to slam (shut) [drzwi, pokrywę]
[] **przytrzasnąć się** — **przytrzaskiwać się** [1] (przyciąć się) [palec, szalik] to get trapped; **~snąć się w drzwiach** to get trapped in the door [2] (zamknąć się z trzaskiem) [drzwi, klapa, właz] to slam (shut)

przy|trzeć pf — **przy|cierać** impf (~tarł, ~tarli — ~cieram) [] vt (pilnikiem) to file [sth] down (a bit); (papierem ściernym) to sand [sth] down (a bit)
[] vi (otrzeć) to scrape vt; **~trzeć samochodem o coś** to scrape a car against sth
[] **przytrzeć się** — **przycierać się** Techn. (dopasować się) [tłoki, zasuwka] to wear in
■ **~trzeć komuś rogów** to cut sb down to size

przytrzym|ać pf — **przytrzym|ywać** impf [] vt [1] (nie pozwolić odejść) to hold; **~ać kogoś za rękaw** to hold sb by a sleeve; **~ał moją rękę w swojej** he held my hand in

his; **chciał iść, ale go ~ano** he wanted to go, but they stopped him; **chciał mnie pobić, ale go ~ano** he wanted to attack me, but he was restrained [2] (zapobiec upadkowi, otwarciu, przesunięciu) to hold; **~ać kogoś, żeby nie upadł** to hold sb to prevent them from falling; **~ać komuś drzwi** to hold the door open for sb; **~ać komuś drabinę** to hold the ladder for sb; **~ać ręką włosy** to hold one's hair back with one's hand; **ręką ~ywała rozchylający się szlafrok** she was holding her bathrobe together [3] (przymocować) [śruba, pręt] to hold; **fryzurę ~ywały dziesiątki szpilek** (her) hair was held in place by dozens of hairpins [4] (zatrzymać) to keep; **~ać kogoś w szkole/pracy** to keep sb at school/work [5] (potrzymać) to hold; **możesz mi ~ać płaszcz?** can you hold my coat for me? [6] pot. (zająć) to keep [pokój, krzesło]; **~aj mi to miejsce** will you keep this seat for me?
[] **przytrzymać się** — **przytrzymywać się** (chwycić się) **~ać się kogoś/czegoś** to hold on to sb/sth; **musiałem ~ać się ściany** I had to hold on to the wall

przytrzymywać impf → przytrzymać

przytulać impf → przytulić

przytulan|ka f soft toy, cuddly toy GB

przytul|ić pf — **przytul|ać** impf [] vt [1] (przygarnąć) to hug; (z czułością) to cuddle; **~ić kogoś mocno** to hug sb close; **~iła dziecko mocno do piersi** she cuddled the baby close to her; **~ mnie!** give me a hug!; **~ mnie mocno!** hold me tight! [2] (przyłożyć) to snuggle [głowę, policzek]; **~ić twarz do czyjegoś ramienia** to snuggle one's face into a. against sb's shoulder [3] przen. (dać schronienie) to take [sb] in, to take in; **~ić kogoś u siebie** to take sb into one's house; **~ić kogoś na noc** to take sb in for the night
[] **przytulić się** — **przytulać się** [1] (do kogoś) to cuddle; **~ić się do kogoś** to cuddle up to sb; **~ali się do siebie** they were cuddling (each other); **~ili się do siebie dla rozgrzewki** they cuddled together to keep out the cold [2] przen. (schronić się) **~ić się u kogoś** to find shelter with sb; **czy mógłbym się u was na noc ~ić?** would you put me up for the night? [3] przen., książk. (być blisko) [miejscowość, domy] to be snuggled; **wieś ~iła się do zbocza** the village was snuggled into the hillside
■ **nie mieć gdzie głowy ~ić** to have nowhere to go

przytulisk|o n książk. shelter; **znaleźć u kogoś ~o** to find shelter with sb

przytulnie adv. grad. [urządzony, umeblowany] cosily, cozily US; **w pokoju było ciepło i ~** the room was warm and cosy

przytulnoś|ć f sgt cosiness, coziness US

przytuln|y adi. grad. [mieszkanie, pokój] cosy, cozy US

przytul|ony [] pp → przytulić
[] adi. **spała ~ona do matki** she was sleeping cuddled up to her mother; **siedzieli ~eni do siebie** they were sitting there cuddling

przytuł|ek m (G ~ku) [1] przest. (zakład opieki) **~ek dla sierot** an orphanage; **~ek dla ubogich** a poorhouse; **~ek dla**

starców an old people's home [2] książk. shelter; **znaleźć u kogoś ~ek** to find shelter with sb; **nie mieć żadnego ~ku** to have nowhere to go; **odmówić komuś ~ku** to refuse shelter to sb

przytup m (G ~**u**) stamp; **tańczyć z ~em** to dance with stamping

przytup|ywać impf vi to stamp one's feet; **~ywać dla rozgrzewki** to stamp one's feet to keep warm

przyturla|ć pf [I] vt to roll [kamień, kłodę]; **~ć coś do drzwi/bramy** to roll sth up to the door/gate

[II] **przyturlać się** [1] [moneta, piłka] to roll; **~ć się do kogoś** to roll up to sb [2] pot. [samochód, osoba] to trundle

przytwierdzać impf → przytwierdzić
przytwier|dzić pf — **przytwierdz|ać** impf vt [1] (przyczepić) to attach; **~dzić coś do czegoś** to attach sth to sth; **łańcuchy ~dzone do ściany** chains attached to the wall [2] książk. (potwierdzić) to confirm [słowa, wersję]; (zgodzić się) to agree; **~dzić skinieniem głowy** to nod one's head in agreement; **,,masz rację" – ~dził** 'you're right,' he agreed

przyty|ć pf (~**ję**) vi to put on weight; **ostatnio trochę ~ła** she's put on some weight recently

przytyk m (G ~**u**) taunt; **robić ~i do czyjejś tuszy** to taunt sb about their weight; **pozwalać sobie na złośliwe ~i pod czyimś adresem** to make hurtful remarks about sb

przytykać[1] impf → przytknąć
przytyka|ć[2] impf vi [dom, pokój] to adjoin vt; **jego ogród ~ł do naszego** his garden adjoined ours

przyty|ty adi. pot. [osoba] overweight
przyuczać impf → przyuczyć
przyucz|yć pf — **przyucz|ać** impf [II] vt to teach; **~yć dziecko do porządku** to teach a child to be tidy; **~yć kogoś do zawodu** to train sb for a job; **~yć kogoś, jak coś robić** to show sb how to do sth

[II] **przyuczyć się** — **przyuczać się** to learn; **~ać się do zawodu** to learn a job

przyuważ|yć pf vt pot. to spot; **~yć że, ...** to spot that...; **~yli go, jak wychodził z biura** he was spotted leaving the office

przywabiać impf → przywabić
przywab|ić pf — **przywab|iać** impf vt [1] (zwabić) to decoy [zwierzę, wroga] [2] przen. (przyciągnąć) to entice [turystów, klientów]

przywalać impf → przywalić
przywal|ać się impf v refl. posp. **~ać się do kogoś** to make a pass at sb pot.; to hit on sb US posp.

przywal|ić pf — **przywal|ać** impf [II] vt [1] (przygnieść) [drzewo, kamień] to crush; **~iło go drzewo** he was crushed by a falling tree; **~ić otwór kamieniem** to roll a stone over the entrance [2] przen., pot. (obciążyć) to overload [osobę]; **~ić kogoś papierkową robotą** to overload sb with paperwork; **jest ~ony obowiązkami** he's overloaded with responsibilities

[II] vi pot. [1] (dorzucić) to chuck [sth] in pot.; **~ trochę więcej węgla** chuck in some more coal [2] (uderzyć) to whack vt pot.; **~ić komuś w mordę** to whack sb in the face;

~ić komuś kijem to whack sb with a stick

przywałęsa|ć się impf v refl. pot. [osoba, kundel] to wander up

przywa|ra f książk. vice; **mieć wiele ~r** to have many vices; **to jego główna ~ra** it's his main vice

przywar|ty adi. **z twarzą ~tą do ziemi** with his/her face pressed against the ground; **siedzieli ~ci do siebie** they sat clinging on to one another

przywdzi|ać pf — **przywdzi|ewać** impf (~**eję** — ~**ewam**) vt książk. to don [szaty, kapelusz, minę]; **~ać maskę przyjaciela** to put on a friendly mask; **~ać mundur/habit** przen. to join the army/an order; **~ać sutannę** przen. to become a priest, to take the cloth; **~ać żałobę** to go into mourning

przywdziewać impf → przywdziać
przywędr|ować pf vt to travel; **~owali tutaj z Francji** they travelled here from France

przywi|ać pf — **przywi|ewać** impf (~**eję** — ~**ewam**) vt [1] (przygnać) [wiatr] to blow [sth] in, to blow in [chmury, śnieg]; to bring [zapach]; **patrzcie, kogo ~ało!** pot. look what the wind's blown in! pot.; **co za licho cię tu ~ało?** pot. what the hell brought you here? pot. [2] (przysypać) **~ać coś śniegiem/piaskiem** [wiatr] to blow snow/sand over sth; **śnieg ~iewał ślady** the snow blotted out all footmarks

przywią|zać pf — **przywią|zywać**[1] impf (~**żę** — ~**zuję**) [II] vt [1] (przymocować) to tie; **~zać coś do czegoś** to tie sth (on) to sth; **~zać coś sznurkiem/liną** to tie sth (on) with a string/rope; **do pudełka ~zana była karteczka** there was a little card tied on to the box [2] (emocjonalnie) **~zał ją do siebie** she grew attached to him; **to miasto ~zuje ludzi do siebie** you grow attached to this city

[II] **przywiązać się** — **przywiązywać się** [1] (przymocować się) to tie oneself (**do czegoś** to sth); **~zać się liną do masztu** to tie oneself to a mast [2] (emocjonalnie) to grow attached (**do kogoś/czegoś** to sb/sth); **zdążyłem się do nich ~zać** I've grown attached to them

przywiązani|e [II] sv → przywiązać
[II] n sgt attachment (**do kogoś/czegoś** to a. for sb/sth); **okazywać komuś swoje ~e** to show one's attachment to sb

przywiązan|y [II] pp → przywiązać
[II] adi. (emocjonalnie) attached; **być do kogoś/czegoś ~ym** to be attached to sb/sth

przywiązywać[1] impf → przywiązać
przywiąz|ywać[2] impf vt (przykładać) to attach [wagę, rolę]; **~ywał do tego dużą wagę** he attached great significance to it

przywidywać się impf → przywidzieć się

przywidze|nie n delusion; **mieć ~nia** to be seeing things; **ulegać chorobliwym ~niom** to suffer from delusions; **chyba masz jakieś ~nia!** you must be seeing things!

przywi|dzieć się pf — **przywid|ywać się** impf (~**dzisz się**, ~**dział się**, ~**dzieli się** — ~**duję się**) v refl. **~działo mu się, że ktoś go obserwuje** he had the feeling

of being watched; **chyba coś ci się ~działo** you must be seeing things

przywierać impf → przywrzeć
przyw|ieść pf — **przyw|odzić** impf (~**iodę**, ~**iedziesz**, ~**iódł**, ~**iodła**, ~**iedli** — ~**odzę**) vt książk. [1] (przyprowadzić) [osoba, ścieżka, strumień] to bring; [pragnienie, chęć] to drive; **~iedli go przed oblicze króla** he was brought before the king; **droga, która ~iodła ich do miasteczka** the road that brought them to the town; **~iódł ich tutaj głód** they were driven here by hunger; **co cię tu ~iodło?** what brought you here? [2] (doprowadzić) to drive; **~ieść kogoś do szaleństwa** to drive sb mad; **~ieść kogoś do rozpaczy** to drive sb to despair; **~ieść kogoś do upadku** to be sb's downfall

■ **~odzić komuś na myśl kogoś/coś** to make sb think of sb/sth; **to mi ~odzi na myśl moje dzieciństwo** it makes me think of my childhood

przywiewać impf → przywiać
przyw|ieźć pf — **przyw|ozić** impf (~**iozę**, ~**ieziesz**, ~**iózł**, ~**iozła**, ~**ieźli** — ~**ożę**) vt to bring [osobę, prezent, nowinę]; **~ozić kogoś samochodem do szkoły** to drive sb to school; **~ieźć coś komuś z zagranicy** to bring sb sth from abroad; **~ieźć złe wiadomości** to bring bad news; **~ieźć ukłony** a. **pozdrowienia od kogoś** to bring greetings from sb

przywięd|ły adi. [1] [kwiat, sałata] wilted [2] [osoba, twarz] withered

przywi|ędnąć pf (~**ądł**, ~**ędła**, ~**ędli**) vi [1] [liście, kwiat] to wilt ⇒ **więdnąć** [2] [osoba, twarz] to wither ⇒ **więdnąć**

przywilej m (G ~**u**) [1] (uprawnienie) privilege; **~e szlacheckie** privileges of the nobility; **~ dyplomatyczny** diplomatic privilege; **otrzymać/nadać komuś ~** to be granted/to grant sb a privilege; **korzystać z ~ów** to enjoy privileges; **miał ten ~, że odebrał dobre wykształcenie** he's been privileged to have had a good education [2] Hist. charter; **~ lokacyjny** a foundation charter (for a new town)

przywita|ć pf [II] vt (pozdrowić, przyjąć) to greet [osobę, wiadomość]; **~ć kogoś w progu** to greet sb at the door; **~ć kogoś uśmiechem/skinieniem głowy** to greet sb with a smile/nod; **~no nas bardzo serdecznie** we were warmly welcomed; **~ły ich oklaski/gwizdy** they were greeted with applause/booing; **Warszawa ~ła nas deszczem** przen. Warsaw greeted us with rain; **na lotnisku ~ło nas słońce** przen. at the airport we were greeted with sunshine ⇒ **witać**

[II] **przywitać się** to say hello; **~ć się z kimś** to say hello to sb; (oficjalnie) to greet sb; **~li się serdecznie** they greeted each other warmly; **~j się z mamusią!** say hello to mummy! ⇒ **witać się**

przywita|nie [II] sv → przywitać
[II] n greeting; **pomachać/uśmiechnąć się do kogoś na ~nie** to greet sb with a wave/smile

przywl|ec pf — **przywl|ekać** impf (~**okę** a. ~**ekę**, ~**eczesz**, ~**ókł** a. ~**ekł**, ~**ekła**, ~**ekli** — ~**ekam**) [II] vt [1] (przyciągnąć) to drag [przedmiot, osobę]; **~ec coś**

na stację/z lasu to drag sth to the station/ from the forest; **~ekli go przed oblicze dowódcy** they dragged him before the commander ⇒ **wlec** 2 (przynieść, przywieźć) to bring *[chorobę, szkodniki]*; **syfilis został ~eczony z Ameryki** syphilis was brought from America

III **przywlec się** pot. to drag oneself; **~ec się do domu/pracy** to drag oneself home/ to work ⇒ **wlec się**

przywlekać *impf* → **przywlec**

przywłaszczać *impf* → **przywłaszczyć**

przywłaszcz|yć *pf* — **przywłaszcz|ać** *impf vt* **~yć sobie coś** to appropriate sth; (zdefraudować) to convert sth *[pieniądze]*; (ukraść) to steal sth *[torebkę, samochód]*; to plagiarize sth *[pomysł]*

przywodzić *impf* → **przywieść**

przywoł|ać *pf* — **przywoł|ywać** *impf vt* 1 (zawołać) to summon; **~ać kogoś do swojego gabinetu** to summon sb to one's office; **~ać kogoś do telefonu** to call sb to the telephone; **~ać psa gwizdnięciem** to whistle up a dog; **~ał go skinieniem ręki** he waved him to come over; **~ać uśmiech na usta** przen. to put on a smile 2 (przypomnieć) to bring [sth] back *[dzieciństwo, czas]*; to evoke *[wspomnienia]* 3 (powołać się) to refer to *[osobę]*; to quote *[przykład]*; **w swoim artykule ~ał wielu autorów** in his article he refered to a. cited many authors

■ **~ać kogoś do porządku** to take sb to task

przywoływać *impf* → **przywołać**

przywozić *impf* → **przywieźć**

przywozow|y *adi. [cła, opłaty]* import *attr.*

przywód|ca *m*, **~czyni** *f* leader; **duchowy ~ca** a spiritual leader; **~ca partii** the leader of a party; **wybrać kogoś na ~cę** to elect sb leader

przywódcz|y *adi. [cechy, zdolności]* leadership *attr.*

przywództw|o *n sgt* leadership; **walka o ~o** leadership battle; **objąć ~o partii** to take the leadership of a party; **zrezygnować z ~a** to surrender the leadership; **potrzebne nam jest silne ~o** we need strong leadership

przyw|óz *m* (*G* **~ozu**) 1 (import) import; **~óz towarów z zagranicy** import of goods 2 (dostarczanie) supply; **uniemożliwić ~óz żywności** to cut off the supply of food

przywracać *impf* → **przywrócić**

przywr|ócić *pf* — **przywr|acać** *impf vt* 1 (doprowadzić do poprzedniego stanu) to restore *[pokój, porządek, równowagę]*; to reinstate, to reintroduce *[prawo, przepis]*; **~ócić komuś wzrok/wiarę w siebie** to restore sb's sight/ confidence; **~ócić komuś zdrowie/życie** to restore sb to health/life; **~ócić komuś przytomność** to revive sb; **~ócić karę śmierci** to reinstate a. reintroduce the death penalty; **w armii ~ócono dyscyplinę** discipline has been restored in the army; **~ócić kogoś do łask** to restore sb to favour; **~ócić coś do pierwotnego stanu** to restore sth to its original state 2 (ponownie powołać) to restore; **~ócić kogoś do władzy** to restore sb to power; **~ócić kogoś do pracy** to restore sb to his/her

job, to give sb his/her job back; **~ócić monarchę na tron** to restore a monarch

przyw|rzeć *pf* — **przyw|ierać** *impf* (**~arł**, **~arli** — **~ieram**) *vi* 1 (przycisnąć się) *[osoba]* to cling; **~rzeć do kogoś/ czegoś** to cling (on) to sb/sth; **~arła do niego mocno** she clung on to him tightly; **~arli do siebie** they clung together, they clung on to one another; **~arł mocno do ściany** he pressed himself close against the wall; **~arł policzkiem do szyby** he pressed his cheek against the window 2 (przylepić się) *[ubranie, kasza]* to stick; **bandaż ~arł do rany** the bandage stuck to the wound; **ryż ~arł do garnka** the rice stuck to the pan; **mieszaj, żeby nie ~ało** stir it a lot to make sure it doesn't stick

przywykać *impf* → **przywyknąć**

przywyk|ły *adi. książk. [osoba, oczy]* accustomed (**do czegoś/robienia czegoś** to sth/ to doing sth)

przywyk|nąć *pf* — **przywyk|ać** *impf* (**~ł**, **~li** — **~am**) *vi książk.* to become accustomed (**do czegoś** to sth); **~nąć do samotności** to become accustomed to loneliness; **powoli ~ał do tego miejsca** he was slowly becoming accustomed to that place; **~nąć do rannego wstawania** to become accustomed to getting up early; **~nąć do ciemności** *[osoba, oczy]* to become accustomed to the dark; **~ł, że go tak traktują** he became accustomed to being treated like this; **~ła chodzić spać wcześnie** she was/is accustomed to going to bed early

przyziemnie *adv.* **myśleć ~** to have a mundane way of thinking

przyziemnoś|ć *f sgt* mundaneness (**czegoś** of sth)

przyziemn|y *adi.* 1 (zwyczajny, praktyczny) *[sprawy, zajęcia, problemy, osoba, życie, potrzeby]* mundane; **z ~ych pobudek** for mundane reasons 2 (blisko ziemi) *[wiatr, mgła, roślina]* ground *attr.*

przyzna|ć *pf* — **przyzna|wać** *impf* (**~m** — **~ję**) I *vt* 1 (uznać za słuszne) to admit, to acknowledge; **~ć komuś rację** to admit that sb is right; **sama ~sz, że tak się nie robi** you'll admit that it's not the thing to do; **~ł, że zawinił** he acknowledged that he was at fault; **~ję, że to wspaniały pomysł** I admit it's a great idea; **"masz słuszność", ~ł** 'you're right,' he admitted 2 (udzielić) to grant, to award; **~ć komuś nagrodę/stypendium** to award sb a prize/ scholarship; **~ć komuś zasiłek** to grant sb an allowance; **pierwsza nagroda została ~na drużynie z Gdańska** the first prize went to the team from Gdańsk

II **przyznać się** — **przyznawać się** to admit, to own; **~m się, że jestem głodny/ zmęczony** I admit (that) I'm hungry/tired; **pisał wiersze, ale się do tego nie ~wał** he wrote poetry, but he never admitted (to) it; **~ć/nie ~ć się do winy** Prawo to plead guilty/not guilty; **~ć się do popełnienia kradzieży/fałszerstwa** to own up to the theft/forgery; **jeśli włożysz ten kapelusz, nie ~m się do ciebie** żart. if you wear that hat, I'll disown you

przyznawać *impf* → **przyznać**

przyz|wać *pf* — **przyz|ywać** *impf* (**~wę** — **~ywam**) *vt książk.* to summon; **~wać kogoś ruchem ręki/skinieniem głowy** to beckon someone over with one's hand/a nod of the head

przyzwalać *impf* → **przyzwolić**

przyzwalająco *adv.* acquiescently; **skinął głową ~** he nodded in assent

przyzwalając|y II *pa* → **przyzwolić**

II *adi. książk. [spojrzenia, słowa, gesty, uśmiech]* consenting, assenting

przyzwoicie *adv. grad.* decently

przyzwoit|ka *f przest.* chaperone także przen.

przyzwoitoś|ć *f sgt* decency; **to się kłóci z moim poczuciem ~ci** it goes against my sense of decency; **dla ~ci poczekała chwilę, nim wyszła** for the sake of appearances she waited a while before leaving

przyzwoi|ty *adi. grad.* 1 (moralny) *[osoba, postępowanie]* decent; *[towarzystwo, zachowanie]* respectable 2 (dostatni) *[mieszkanie, wynagrodzenie]* decent; *[ubranie]* proper

przyzwole|nie *n* consent

przyzw|olić *pf* — **przyzw|alać** *impf vi książk.* to assent, to consent

przyzwycza|ić *pf* — **przyzwycza|jać** *impf* I *vt* to accustom; **~ić kogoś do czegoś/robienia czegoś** to accustom sb to sth/doing sth; **~ić oczy a. wzrok do ciemności** to accustom one's eyes to the darkness

II **przyzwyczaić się** — **przyzwyczajać się** to get a. become used (**do czegoś** to sth); to grow a. become accustomed (**do czegoś** to sth); **~ić się do rannego wstawania/nowego otoczenia** to get used to getting up early/the new environment; **~ić się do kogoś** to get used to sb

przyzwyczajać *impf* → **przyzwyczaić**

przyzwyczaje|nie II *sv* → **przyzwyczaić**

II *n* habit; **siła ~nia** force of habit; **robić coś z ~nia** to do sth out of a. from habit

■ **~nie jest drugą naturą człowieka** przysł. man is a creature of habit

przyzywać *impf* → **przyzwać**

PS /pe'es/, **P.S.** (= postscriptum) PS

psalm *m* (*G* **~u**) 1 Bibl. psalm; **śpiewać ~y** to sing psalms; **Księga psalmów** (the Book of) Psalms 2 Literat. psalm

❏ **~ responsoryjny** responsorial psalm

psalmi|sta *m* 1 Bibl. psalmist 2 Relig. (diak) cantor

psałterz *m* psalter; **Psałterz Davida** the Book of Psalms

pseu|do /'psewdo/ II *n, n inv. pot.* (pseudonim) alias

III *w wyrazach złożonych książk.* pseudo; **pseudoartysta** pseudo artist; **pseudoelegancja** pseudo elegance; **pseudonaukowy** pseudo-scientific

pseudonim /psew'dɔɲim/ *m* (*G* **~u**) pseudonym; **~ literacki** a pen name, a nom de plume; **~ sceniczny** a stage name; **występować/ukrywać się pod ~em** to perform/hide under a pseudonym

psi *adi.* 1 *[łapa, ogon, nos]* canine, dog's; **~a buda** (dog's) kennel; **obudziło ich ~e szczekanie** they were woken by the dogs barking 2 *[instynkt, zachowanie]* canine; *[wierność, przywiązanie, agresywność]* canine;

doglike przen. ☐3 przen. (marny) **~ los** a dog's life; **~a pogoda** foul weather ☐4 pot. (grzyb niejadalny) **grzyb ~** a toadstool; **nie zbieraj tych grzybów, bo to są ~e** don't pick these mushrooms, they're inedible

■ **~a nędza** pot. dammit pot., damn! pot.; darn! pot., euf.; **~ obowiązek** pot. sb's bounden duty; **~e prawo** pot. God-given right; **~m swędem** pot. by a fluke; **~ syn** pot. sonofabitch pot.; **~a wachta** Żegl. pot. dog watch

psiak m pot. ☐1 (młody pies) doggy, doggie ☐2 (grzyb niejadalny) toadstool

psiakość inter. pot. gorblimey! GB pot., blast! GB pot.; dash it! GB pot., przest.

psiakrew inter. pot. dammit pot., damn! pot.; darn! pot., euf.

psiamać inter. posp. gorblimey! GB pot.

psiapsiół|ka, ~a f pot., pieszcz. friend

psiar|nia f (Gpl **~ni** a. **~ń**) ☐1 (pomieszczenie dla psów myśliwskich) kennel; **w mieszkaniu jest zimno jak w ~ni** it's icy cold in the flat ☐2 (sfora) a pack of hounds

psik inter. ☐1 atishoo!; **„a ~!" – „na zdrowie!"** 'atishoo!' – 'bless you!' ☐2 shoo!; **~, ~, uciekaj kocie!** shoo, pussy cat, shoo!

psikus m prank, practical joke; **zrobić** a. **spłatać komuś ~a** to play a prank a. practical joke on sb

psin|a f ☐1 pieszcz. doggy, doggie ☐2 (współczująco) poor little dog

psin|ka f pieszcz. doggy, doggie

psiocz|yć impf vi pot. to go on pot. (**na coś** about sth); to beef pot. (**na coś** about sth); to bitch pot. (**na kogoś** about sb)

psisk|o n ☐1 augm. huge dog; **rzuciło się na niego ogromne ~o** a huge dog attacked him ☐2 pieszcz. dog; **stare, wierne ~o** a faithful old dog

pso|cić impf vi to be up to mischief ⇒ **napsocić**

pso|ta f jape, prank; **niewinna ~ta** playful mischief

psotni|k m, **~ca** f prankster

psotn|y adi. grad. [dziecko] impish; [zachowanie, zabawa] mischievous

pst inter. → **psyt**

pstrąg m Zool. trout; **~ potokowy** brown trout; **~ tęczowy** rainbow trout; **~ źródlany** char; **~ w galarecie** Kulin. trout in aspic

pstrągow|y adi. [jezioro, rzeka, strumień] trout attr.; **gospodarstwo ~e** a trout farm

pstro ☐1 adv. **~ ubarwione jajeczka/piórka** variegated eggs/feathers; **ubrać się ~** to put garish clothes in all sort of colours

☐2 inter. pot., żart. **„no i co?" – „~"** 'so what?' – 'nothing'

■ **mieć ~ w głowie** to be flighty

pstrokaci|zna f sgt motley of colours GB a. colors US

pstroka|to adv. grad. motley; **~to ubrany błazen** a fool dressed in motley

pstroka|ty adi. ☐1 [tkanina, kostium] motley ☐2 Zool. dappled

pst|ry adi. [tłum] motley; [chusta] multicoloured GB a. multi-colored US

pstryk inter. click!; **~! przekręciła gałkę grzejnika** click! she turned the knob of the heater; **~! – jasno – ~! – ciemno** click!

the light goes on, and click! the light goes off; **~! strzelił palcami** he snapped his fingers

pstrykać impf → **pstryknąć**

pstryk|nąć pf — **pstryk|ać** impf (**~nęła, ~nęli** — **~am**) pot. ☐1 vt Fot. to snap; **~ać dzieciom zdjęcia w parku** to snap (photos of) children in the park

☐1 vi ☐1 (nacisnąć) to flick [przycisk]; **~nąć wyłącznikiem grzejnika** to flick the heater on/off ☐2 (wydać charakterystyczny dźwięk) [pstryczek, zapalniczka, zamek] to click; **usłyszeć ~nięcie** to hear a click ☐3 (przytknąć) to flick [pestką, grochem]; **~nąć kogoś w nos/ucho** to give sb's nose/ear a flick; **~kać palcami** to snap one's fingers

pstrz|yć impf ☐1 vt ☐1 (nakrapiać) to speck [pisanki, materiał] ⇒ **upstrzyć** ☐2 pot. [mucha, pająk] to leave flyspecks on [szybę, żyrandol] ⇒ **upstrzyć**

☐1 **pstrzyć się** (mienić się) [łąka, ogród, ulica] to be bright with colours GB a. colors US

psubra|t m (Npl **~ty**) przest., posp. varlet przest.

psu|ć impf ☐1 vt ☐1 (niszczyć) to break [maszynę, zabawkę, urządzenie] ⇒ **popsuć, zepsuć** ☐2 (uszkadzać) to ruin [oczy, wzrok, zdrowie, żołądek] ☐3 (pogarszać) to spoil [przyjemność, zabawę]; **~ć komuś opinię** to ruin sb's reputation ⇒ **popsuć, zepsuć** ☐4 (rozpieszczać) to spoil [dziecko] ⇒ **zepsuć**

☐1 **psuć się** ☐1 (niszczyć się) [zegarek, samochód, urządzenie] to break ⇒ **popsuć się, zepsuć się** ☐2 (gnić) [owoce, warzywa] to rot; [mięso] to go bad ☐3 (uszkadzać się) [wzrok, zdrowie] to deteriorate; [zęby] to decay; **od pracy przy komputerze ~ją się oczy** working on the computer damages your eyesight ⇒ **popsuć się, zepsuć się** ☐4 (pogarszać się) [pogoda, stosunki] to deteriorate ⇒ **popsuć się, zepsuć się**

psuj m (Npl **~e**) pot., żart. ≈ menace

psychiat|ra m psychiatrist

psychiatri|a f (GD **~i**) ☐1 sgt Nauk. psychiatry ☐2 (Gpl **~i**) (oddział) psychiatric unit a. ward

psychiatrycznie adv. psychiatrically

psychiatryczn|y adi. psychiatric

psychicznie adv. [wyczerpany, załamany] mentally, psychologically; **chory ~** mentally a. psychologically ill; **przygotować pacjenta ~ do operacji** to prepare a patient mentally for an operation

psychiczn|y ☐1 adi. ☐1 [proces, rozwój, stan, depresja, napięcie, zahamowanie] psychological; [blokada, zdrowie] mental; **uraz ~y** a trauma; **spowodować uraz ~y u kogoś** to cripple sb; **tortury ~e** mental torture; **znęcanie się ~e** mental cruelty ☐2 pot. (o osobie) mental pot.

☐1 **psychiczn|y** m, **~a** f pot. mentally ill person

psychi|ka f sgt psyche; **~ka ludzka** human psyche; **~ka dziecka/przestępcy** the mentality of a child/criminal

psycho- w wyrazach złożonych psycho-; **psychofizjologia** psychophysiology; **psychokineza** psychokinesis

psychoanalitycznie adv. Psych. psychoanalytically

psychoanalityczn|y adi. psychoanalytic(al); **seans ~y** a psychoanalytical session

psychoanality|k m, **~czka** f psychoanalyst; shrink pot.; headshrinker US pot.

psychoanaliz|a f sgt psychoanalysis

psychodram|a f Med. psychodrama, roleplay

psycholo|g m (Npl **~dzy** a. **~gowie**) ☐1 psychologist; **~g kliniczny** a clinical psychologist; **~g szkolny** an educational psychologist ☐2 przen. psychologist; **uważał się za dobrego ~ga** he thought himself a good psychologist

psychologi|a f sgt (GD **~i**) ☐1 Nauk. psychology; **~a kliniczna/eksperymentalna** clinical/experimental psychology; **~a pracy** industrial psychology ☐2 Uniw. the psychology department

psychologicznie adv. psychologically

psychologiczn|y adi. [badania, test, film, powieść] psychological; **wojna ~a** psychological warfare

psychopa|ta m, **~tka** f Med. psychopath

psychopati|a f sgt (GD **~i**) psychopathy

psychopatyczn|y adi. [osobnik, objawy, skłonności] psychopathic

psychoterapeu|ta /ˌpsɪxoteraˈpewta/ m, **~tka** f psychotherapist

psychoterapeutyczn|y /ˌpsɪxoteraˈpewˈtɪtʃnɪ/ adi. psychotherapeutic

psychoterapi|a f sgt (GD **~i**) Med. psychotherapy; **~a grupowa** group psychotherapy

psychotropow|y adi. Farm. [leki, środki] psychoactive, psychotropic

psychotrop|y plt (G **~ów**) pot. psychotropics

psychotyczn|y adi. Med. [stany, objawy, urojenia, reakcje] psychotic; **pacjenci ~i** psychotic patients

psychoty|k m Med. psychotic

psychoz|a f ☐1 Med. psychosis; **~a maniakalno-depresyjna** manic-depressive psychosis ☐2 książk., przen. scare; **~a strachu** mass fear; **masowa ~a** mass psychosis

psyk inter. (uciszenie) shush!, hush!; (przywołanie) psst!

psykać impf → **psyknąć**

psyk|nąć pf — **psyk|ać** impf (**~nęła, ~nęli** — **~am**) vi to hiss (to hush sb)

psyt inter. hush!, shush!

pszczelars|ki adi. [sezon, sprzęt] apiarian

pszczelarstw|o n sgt bee-keeping, apiculture

pszczelarz m (Gpl **~y** a. **~ów**) beekeeper, apiarist

pszczel|i adi. bee attr.; **mleczko ~e** royal jelly; **wosk ~i** beeswax

pszcz|oła f Zool. bee; **~oła miodna** a honey bee; **~oła robotnica** a worker bee; **rój ~ół** a swarm of bees; **brzęczenie ~ół** the buzz of the bees

pszczół|ka f dem. bee; **być pracowitym jak ~ka** to be as busy as a bee

pszenic|a f sgt ☐1 (roślina) wheat; **~a jara/ozima** spring/winter wheat; **kłos ~y** a wheat-ear; **snop ~y** a wheatsheaf, a sheaf of wheat; **pole ~y** a wheat field ☐2 (ziarno) wheat; **zarodki ~y** wheatgerm

P

pszeniczn|y adi. [1] [łan, słoma, gleba] wheat attr. [2] [włosy] straw-yellow

pszenn|y adi. [chleb, mąka, otręby] wheat attr., wheaten; [pole, słoma] wheat attr.

pt. [1] (= piątek) Fri [2] (= pod tytułem) (en)titled

ptactw|o n sgt (ogół ptaków) fowl; (stado ptaków) birds pl; **stado ~a** a flock of birds; **ćwierkanie ~a** the chirping of birds ❑ **~o błotne** marshbirds; **~o domowe** domestic fowl; **~o dzikie** wild fowl; **~o łowne** game birds; **~o ozdobne** ornamental birds; **~o wodne** waterfowl

ptak [I] m anim. Zool. bird; **~i dzikie/hodowlane** a. **domowe** wild/domestic birds; **~i hodowane w klatce** cage birds; **~i chronione** protected a. endangered birds a. bird species; **budka dla ~ów** a bird house; **karmnik dla ~ów** a bird table; **klatka dla ~ów** a birdcage; **ostoja/rezerwat ~ów** a bird sanctuary; **sezonowe wędrówki ~ów** seasonal bird migration; **hodowca ~ów** a bird fancier, an aviculturist książk.; **obserwator ~ów** a birdwatcher, a twitcher GB; **obserwować ~i** to go birdwatching; **widok z lotu ~a** a bird's eye view; **Warszawa z lotu ~a** a bird's eye view of Warsaw; **wolny jak ~** (as) free as a bird, footloose and fancy free; **czuć się jak ~ zamknięty w klatce** to feel like a caged bird; **podobny do ~a** bird-like

[II] m inanim. (A ~a) posp. (penis) willie a. willy GB pot.; pecker US posp. ❑ **~i błotne** marshbirds; **~i brodzące** wading birds, waders; **~i drapieżne** birds of prey; **~i gniazdowe** sedentary birds; **~i łowcze** trained birds of prey; **~i łowne** game birds; **~i ozdobne** ornamental birds; **~i przelotne** a. **wędrowne** migratory birds, birds of passage; **~i śpiewające** songbirds; **rajski ~** bird of paradise; **stalowy ~** aeroplane, airplane US ■ (i) **po ~ach** a. **ptokach** pot. it's over and done with; **niebieski ~** pejor. adventurer, freebooter; **zły to ~, co własne gniazdo kala** przysł. it's an ill bird that fouls its own nest przysł.

ptasi adi. [1] [dziób, pióro] bird's; [gody, wrzawa] birds'; **~ śpiew** birdsong, a bird call; **~e gniazdo** a bird's nest; **zupa z ~ch gniazd** Kulin. bird's nest soup; **szukać ~ch gniazd** to go bird's-nesting [2] [twarz, profil] bird-like ❑ **~e mleczko** Kulin. ≈ small oblong chocolate marshmallow C/U; **~e mleko** Zool. birds' milk; przen. delicacy, treat ■ **~ móżdżek** pot. birdbrain pot., pea-brain pot., feather-brain pot., pinhead pot.; **mieć ~ móżdżek** to be birdbrained a. feather-brained a. hare-brained pot.; **brakuje** a. **brak mu/jej tylko ~ego mleka** he/she wants for nothing

ptaszarni|a f (Gpl ~) aviary

ptaszą|tko n pieszcz. chick, nestling, fledg(e)ling

ptasz|ek [I] m pers. (Npl ~ki) pejor. rogue, rascal; **ładny ~ek z niego!** he's a slippery customer! pot.

[II] m anim. dem. (nieduży ptak) birdie pot.; dziec. dicky bird GB pot.; **jeść jak ~ek** to eat like a bird; **być wesołym jak ~ek** to be as happy as a lark

[III] m inanim. [1] (znak w kształcie litery V) tick, check US; **postaw ~ek, żebym widział, gdzie skończyłeś** put a tick, so that I know how far you've got; **postawić ~ek przy czymś** to tick off a. check off US sth, to tick a. check US sth off [nazwisku, pozycji] [2] (A ~ka) euf. (penis) willie GB pot., willy GB pot., pee-pee US pot. ■ **ranny ~ek** żart. an early bird, an early riser

ptasz|ę n (G ~ęcia) książk. little bird; (pisklę) chick, nestling, fledg(e)ling

ptaszni|k [I] m pers. bird fancier; fowler przest. [II] m anim. Zool. bird spider

ptaszyn|a f pieszcz. [1] (ptak) chick, nestling, fledg(e)ling [2] przen. darling; ducky GB pot.

ptaszysk|o n augm. ugly bird

ptysiow|y adi. **ciasto ~e** puff a. choux pastry; **groszek ~y** small plain profiteroles; **torcik ~y** a choux pastry cake

pty|ś m (A ~sia) pastry puff, choux bun; **~ś z kremem** a cream puff; **~ś z bitą śmietaną** a choux bun with whipped cream

pub /pab/ m (G ~u) public house GB; pub GB pot.; **pójść do ~u na piwo** to go to a pub for (a) beer; **właściciel ~u** a publican

publicity /pa'blisiti/ n inv., f inv. publicity; **mieć ~** to receive a. get publicity; **zrobić** a. **zorganizować komuś/czemuś ~** to do a. run publicity for sb/sth; **hałaśliwa ~ wokół premiery nowego filmu** a blaze of publicity accompanying a. surrounding the launch of a new film

public relations /ˌpablikri'lejʃns/ plt inv. public relations; **dział ~** a public relations department; **specjalista od ~** a public relations officer; **każda firma powinna dbać o własne ~** every company should be concerned about its public relations

publicy|sta m, **~stka** f columnist, feature writer; **~sta „Gazety Wyborczej"** a columnist a. feature writer for 'Gazeta Wyborcza'

publicystycznie adv. [traktować, przedstawiać] in a journalistic way

publicystyczność|ć f sgt journalistic approach

publicystyczn|y adi. [praca, twórczość] as a columnist a. feature writer; [polemika] press attr.; [pasja] of a columnist a. feature writer; [film, powieść] journalistic; **radiowy/telewizyjny program ~y** a radio/television feature programme; **redakcja ~a telewizji** the feature programme a. programming department a. office of a television channel

publicysty|ka f journalism; **~ka społeczna/polityczna/kulturalna** (piśmiennictwo) articles on social/political/cultural subjects; (w radiu, telewizji) programmes on social/political/cultural subjects; **zajmować się ~ką** a. **uprawiać ~kę** to be a columnist, to be feature writer a. journalist

publicz|ka f sgt pot., pejor. the undiscriminating public; (w teatrze, kinie) an undiscriminating audience; **schlebiać najniższym gustom ~ki** to pander to the public's worst taste; **grać/tworzyć/pisać pod ~kę**

to play to the gallery a. grandstand pejor.; **kręci swoje filmy pod ~kę** his films are addressed to an undiscriminating audience; **grę pod ~kę opanował do perfekcji** he mastered the art of playing to the gallery

publicznie adv. [ogłosić, oświadczyć, pochwalić] publicly; [pokazywać się, występować] in public

publiczność|ć f sgt the public; (w kinie, teatrze) the public, audience; **~ć kinowa/teatralna** the cinema-/theatre-going public; **pojętna/żywo reagująca ~ć** a perceptive/responsive public a. audience; **szpalery wiwatującej ~ci** cheering crowds; **udostępnić park/pałac ~ci** to open a park/palace to the public; **wystąpić przed ~cią** [aktor, muzyk] to give a performance; **popisywać się przed ~cią** to display one's skills a. to show off in front of an audience; **program telewizyjny z udziałem ~ci** a television programme with a studio audience; **~ć zgromadzona w studiu** a studio audience; **galeria dla ~ci** a public gallery; (w parlamencie) a strangers' gallery GB

publiczn|y adi. [1] (dotyczący ogółu) [interes, sektor, własność, biblioteka, toaleta] public; **dobro ~e** the common good; the public weal przest.; **grosz ~y** public money; **miejsce ~e** a public place; **zakaz gromadzenia się w miejscach ~ych** a ban on public meetings; **porządek ~y** public order; **ustawa o przestrzeganiu porządku ~ego** a public order act; **zakłócenie porządku ~ego** a public order offence, breach a. disturbance of the peace; **roboty ~e** public works; **spółka ~a** Ekon. a public company; **tajemnica ~a** an open secret; **wydatki na cele ~e** public expenditure; **występ ~y** a public appearance; **~a służba zdrowia** national health service GB, public health service; **~e środki transportu** public transport; **oddać budynek do użytku ~ego** to open a building to the general public [2] (jawny) [wystąpienie, egzekucja, spowiedź] public; **wystawić dzieło/obraz na widok ~y** to show a work/painting to the public; **trumna z jej ciałem zostanie wystawiona na widok ~y** her body will lie in state; **zażądali ~ych przeprosin** they demanded a public apology

publi|ka f sgt pot. the public; (w teatrze, kinie) audience; **grać/pisać pod ~kę** to play to the gallery a. grandstand pejor.

publikacj|a f [1] sgt (ogłoszenie drukiem) publication, publishing (czegoś of sth); **przygotować coś do ~i** to prepare sth for publication; **domagać się ~i tajnych akt** to demand the publication a. publishing of secret records a. documents; **starał się o ~ę swojej nowej książki** he tried to get his new book published; **oświadczenie w formie nadającej się do ~i** a statement in a publishable form [2] (Gpl ~i) (tekst) publication; **~a naukowa/oświatowa** an academic/educational publication; **~a książkowa** a book; **(on) ma w swym dorobku dwie ~e** he has two publications to his name; **czy ma pan na swoim**

P

koncie jakieś ~e? have you published anything?

publikacyjn|y *adi.* [działalność] publishing; **dorobek ~y tego autora** (the number of) the author's publications

publik|ować *impf vt* to publish [utwory, dokumenty, autora, wyniki, kłamstwa]; **~ował bardzo rzadko** he didn't publish much; **artykuły ~owane w tej antologii** the articles published in this anthology; **niepublikowana rozprawa doktorska** an unpublished PhD thesis ⇒ **opublikować**

puc *m* (*G* ~u) posp. eyewash pot.; bullshit posp.; **wszystko to tylko ~!** that's a lot of eyewash pot. a. a load of bullshit posp.!; **zrobić coś dla ~u** to do sth just for show a. the hell of it

puch *m* (*G* ~u) sgt [1] (pióra) down; ~ **gęsi/łabędzi** goose down/swansdown; **poduszka/kołdra z ~u** a down pillow/quilt; **kurtka ocieplana ~em** a down jacket; **miękki jak ~** (as) soft as down [2] (meszek) down; ~ **na policzkach/pod nosem** down on sb's cheeks/upper lip; **sypał mu się ~ pod nosem** he was sprouting fine down on the upper lip; ~ **brzoskwiń** down covering peaches; ~ **ostu** thistledown; **dookoła fruwał biały ~ z topól** down from poplar trees was floating around [3] (śnieg) powdery snow [4] przen. **wiśnie obsypane ~em kwiatów** cherry trees in blossom ■ **kobieto! ~u marny!** książk. woman, you fickle a. wayward creature!; **rozbić** a. **roznieść armię/wroga w ~** książk. to put an army/the enemy to rout książk.; **sypiać** a. **wylegiwać się w ~ach** to be in clover

puchacz *m* Zool. eagle owl

pucha|r *m* (*G* ~ru) [1] (naczynie) cup; **spełnić** a. **wypić ~r za młodą parę** to drink a toast to bride and groom; **wypić ~r wina** to drink a cup of wine [2] (nagroda) cup; **zawody o ~r prezydenta** a contest for the President's Cup, a President's Cup contest; **~r przechodni** a challenge cup; **zdobyć ~r w pływaniu** to win a cup for swimming [3] (zawody) cup competition a. contest; **brać udział w europejskich ~rach** to take part in European cup competitions a. contests; **Puchar Europejski** the European Cup; **Europejski Puchar Zdobywców Pucharów** the European Cup Winners' Cup

puchar|ek *m dem.* [1] (do wina) cup; **wypić ~ek wina** to drink a cup of wine [2] (do deserów) cup

pucharow|y *adi.* Sport [mecz, spotkanie, rozgrywki] cup attr.; **finał rozgrywek ~ych** a cup final

pucha|ty *adi.* [miś, czapka, wełna] fluffy, fleecy; [bazie, kurczątko] downy

puchlin|a *f sgt* Med. dropsy, hydropsy; **~a wodna** hydropsy

puchlinow|y *adi.* Med. [zmiany] dropsical, hydropic; **płyn ~y** ascitic fluid

puch|nąć *impf* (~ł a. ~nął) *vi* [1] [noga, palec, twarz] to swell (up); [powieki, oczy] to puff up; **~ł** a. **twarz mu ~ła od ukąszeń komarów** his face was getting swollen from mosquito bites; (**ona**) **~nie z dumy** przen. she's all puffed up with pride ⇒ **spuchnąć** [2] przen. [pomieszczenie] to be

bursting (at the seams) przen.; **to be full to bursting** (point) a. to overflowing; **magazyny ~ły od gromadzonych towarów** the stores were bursting at the seams with the amassed goods; **półki ~ły od książek i papierów** books and papers were spilling off the shelves; **~ną akta sprawy gangu** the dossier a. file on the gang is getting thicker [3] pot. (tracić kondycję) [biegacz, piechur] to flag, to lose one's stamina; (**on**) **~nie na dłuższych dystansach** he falls behind on a. over longer distances ⇒ **spuchnąć** ■ (**tylko**) **bić i patrzeć, czy równo ~nie** żart. someone needs to be taught a lesson; **głowa mi od tego wszystkiego ~nie** (z powodu kłopotów) I'm at my wit's end; **uciszcie się! głowa mi ~nie od waszych wrzasków** be quiet! my head is splitting from your screaming; **uszy mi ~ną od tego hałasu** I can't bear this noise; **wrzask taki, że aż uszy ~ną** an ear-splitting noise; (**on**) **przeklina, aż uszy ~ną** he swears like a trooper a. sailor, his language makes one's ears burn

puchow|y *adi.* [pióra, włosy] down attr., downy; [poduszka, śpiwór] down attr.; **kołdra ~a** an eiderdown, a down-filled quilt

puch|y *plt* (*G* ~) pot. shortage of goods; **w sklepach były same ~y** you couldn't get anything in the shops; **w zimie nad morzem są ~y** the seaside region is deserted in winter

pucołowa|ty *adi.* [twarz] chubby; [dziecko] chubby-cheeked, chubby

puc|ować *impf* **I** *vt* pot. (glansować) to shine, to polish up, to polish [sth] up [buty, meble, podłogę]; (szorować) to scrub [podłogę, twarz]; **~ował sobie twarz gąbką** he was scrubbing his face with a sponge ⇒ **wypucować** **II pucować się** to scrub oneself ⇒ **wypucować**

puculowaty → **pucołowaty**

pucybu|t *m* (*Npl* ~ty a. ~ci) bootblack, shoeshine (boy)

pucz *m* (*G* ~u) Polit. putsch; **krwawy/bezkrwawy ~** a bloody/bloodless putsch; ~ **generałów** a generals' putsch, a putsch of generals; **dokonać ~u** to stage a putsch

puczy|sta *m* Polit. putsch member, rebel

pu|d *m* Hist. pood (*a Russian measure of weight equal to 16.38 kg*) ■ **na pudy** tons of pot. [książek, jedzenia]; lots of [kłopotów, przewinień]; **mieli gazet na pudy** they had tons of papers; **absolwentów wyższych uczelni jest na pudy** there are masses of university graduates; **nudy na pudy** pot. deadly boring

pudding *m* (*G* ~u) Kulin. pudding

pud|el *m* (*Gpl* ~li a. ~lów) poodle

pudel|ek *m dem.* (mały) toy poodle; (młody) poodle pup a. puppy

pudełecz|ko *n* (kartonowe, drewniane) little box, little case; (metalowe) tin; (okrągłe) little pot; (na lekarstwa) pillbox; **połknęła całe ~ko pigułek nasennych** she swallowed a whole packet of sleeping pills; **~ko kremu** a pot of cream ■ (**czysto i schludnie**) **jak w ~ku** spotlessly clean and tidy; **w domu miała jak w ~ku** her house was spotlessly clean and tidy

pudeł|ko *n* [1] (pojemnik) box, case; (blaszany) tin; (kartonowy) carton; (plastikowe) tub; (okrągły) pot; **~ko z przyborami do szycia** a. **na przybory do szycia** a workbox; **~ko na drobiazgi** a box for odds and ends; **~ko na lekarstwa** a pillbox; **~ko po butach/czekoladkach** an old shoebox/chocolate box; **~ko czekoladek** a chocolate box, a box of chocolates; **~ko zapałek** a matchbox [2] (zawartość) box(ful), case, package (czegoś of sth); (z metalu) tin (czegoś of sth); (z kartonu) carton (czegoś of sth); **~ko kremu** a pot of cream; **~ko margaryny** a tub of margarine; **zużył dwa ~ka zapałek** he used up two boxes of matches

pudełkow|y *adi.* [1] [karton] for boxes [2] [budynek] like a box; **scena ~a** Teatr an apron stage

pud|er *m* (*G* ~ru) powder; **~er kosmetyczny** face powder; **~er w kremie** foundation cream a. fluid, cream powder; **~er w kamieniu** compact a. pressed powder; **nałożyła trochę ~ru na nos i policzki** she put a little powder on her nose and cheeks, she dabbed her nose and cheeks with a powder puff ❏ **~er formierski** Techn. parting powder

pudernicz|ka *f* (powder) compact

pud|ło¹ *n* [1] *augm.* box, case; (metalowe) tin; (kartonowe) carton; **~ło na kapelusz** a hatbox, a bandbox; **~ło na zabawki** a toy box; **~ło na narzędzia** a toolbox, a tool chest [2] (obudowa) box, case [3] Muz. (pianina) case; **~ło ekspresyjne** swell (box); **~ło rezonansowe** soundbox, body [4] pot. (ciężarówki) back, platform; (wagonu, powozu) coach body; **żołnierze wskakiwali do ~ła ciężarówki** the soldiers were jumping into the back of the truck [5] pot., obraźl. (kobieta) bag pot., obraźl.; **stare ~ło** an old bag [6] pot., pejor. (stary samochód) bone shaker pot.; (stary fortepian) old piano; old tinkle box pot.; (instrument strunowy) fiddle pot. [7] pot. (więzienie) clink pot., slammer pot., pen US pot.; **już trzy lata siedział w ~le** he had already done three years in the clink; **dostał pięć lat ~ła** he was given five years in the clink a. slammer

pud|ło² *n* pot. [1] (niecelny strzał) miss; „**trafiłeś?**" – „**nie, znowu ~ło**" 'did you hit the target?' – 'no, missed again' [2] pot. (niepowodzenie) boob pot., boo-boo pot.; balls-up GB posp.; blooper US pot.; ball-up US posp. ■ **bez ~ła** pot. (bezbłędnie) bang on pot., spot on GB pot.; (bez zakłóceń) [pracować, funkcjonować] without a hitch a. glitch pot.; (na pewno) sure as eggs is eggs pot.

pudł|ować¹ *impf vi* pot. (chybiać) to miss (the target), to be (way) off a. wide of the mark; **~ował raz po raz** he missed the target a. went wide of the mark again and again ⇒ **spudłować**

pudł|ować² *impf vi* pot. (być w więzieniu) to do time pot.; (**on**) **~uje od trzech lat** he's been in the clink a. slammer for three years pot.

pudr|ować *impf* **I** *vt* to powder [twarz]; **~ować** a. (**sobie**) **nos/policzki** to powder one's nose/cheeks; **~ować niemowlęciu pupę** to powder a baby's bottom **II pudrować się** to powder one's face;

~**ować się z umiarem/przesadnie** to use powder moderately/immoderately

puenta → pointa

puentować → pointować

puf[1] m (G ~**u** a. ~**a**) pouf(fe), hassock US

puf[2], **puff** inter. puff!

pugina|ł m (G ~**łu**) Hist. dagger

puk inter. knock!; „~, ~!" – „kto to?" 'knock, knock!' – 'who's there?'; **dzięcioł ~, ~ w drzewo** a woodpecker drumming against a tree

pukać impf → **puknąć**

pukanin|a f sgt żart. shooting, shots pl, gunfire; **dolatywały nas odgłosy jakiejś ~y** we could hear the sound of shots a. gunfire

pukaw|ka f pot., żart. [1] (zabawka) a toy, sometimes like a gun, which makes a loud noise [2] (broń palna) piece pot.; iron. popgun iron.

puk|iel m (Gpl ~**li** a. ~**lów**) książk. ringlet, curl; **miała długie, opadające na ramiona ~le** she had long tresses falling to her shoulders; **odgarnąć ~iel włosów** to brush away a curl of hair

puklerz m (Gpl ~**y** a. ~**ów**) Hist. buckler

puk|nąć pf — **puk|ać** impf (~**nęła, ~nęli** — ~**am**) [II] vt (uderzyć) to tap; (mocniej) to knock, to rap; ~**nąć kogoś w głowę/w ramię** to tap a. knock sb on the head/on the arm; **poczułem, że ktoś ~nął mnie w ramię** I felt a tap on the shoulder; **w złości ~nął sąsiada butelką w głowę** he was so angry that he rapped his neighbour on the head with a bottle; **uspokój się, bo cię ~nę!** cut it out or I'll let you have it pot.

[III] vi [1] (uderzyć) to knock, to tap; (mocniej) to rap; ~**ać do drzwi/okna** to knock at a. on the door/window; **ktoś ~ał do pokoju** there was a knock a. tap at the door (of the room); **czemu nie ~asz, zanim wejdziesz** why don't you knock before you enter; ~**nąć w deskę/w blat stołu** to knock a. tap (once) on a board/table top; ~**nięcie** a knock; ~**anie** (a) knocking; **usłyszała ~anie do drzwi** she heard a knock a. a knocking at the door; **serce jej głośno ~ało** her heart was beating loudly a. was going pit-a-pat [2] pot. (strzelać) to shoot, to fire (**do kogoś/czegoś** at sb/sth); (niecelnie, dla zabawy) to take a potshot (**do kogoś/czegoś** at sb/sth); ~**ać z wiatrówki** to fire an air gun; ~**ali do puszek po coca-coli** they were potting a. taking potshots at coca-cola tins; ~**ali z dział do samolotu** they were firing cannon at the aircraft [3] pot. (zderzyć się) [samochód] to hit (**w coś** sth); to knock (**w coś** into a. against sth)

[III] **puknąć się** — **pukać się** to knock (**o coś** against sth); ~**nął się w głowę o framugę** he knocked his head against the door frame

■ ~**ać do czyichś drzwi** to apply to sb for help, to go to sb cap in hand; ~**ać palcem w czoło** a. ~**ać się w głowę** a. **czoło** a. **łeb** pot. to tap one's finger against one's forehead; ~**nij się w czoło** a. **głowę** a. **łeb** pot.! you must be mad! pot.

puknię|ty [II] pp → **puknąć**

[III] adi. pot. (zwariowany) bonkers pot., nutty pot., touched pot.

pul|a f [1] (zasób) (mieszkań, środków finansowych) pool, reserve; (nagród) pool; (materiałów, towarów) quota; **dodatkowa ~a drewna** an extra consignment of timber; **mieszkanie dostali z ~i prezydenta miasta** they got a flat from the reserve pool at the disposal of the mayor; **cała żywność szła do wspólnej ~i i sprawiedliwego podziału** all the food went to a common reserve which was then fairly distributed; ~**a nagród dla uczestników konkursu wciąż się powiększa** the pool of prizes for the competitors is getting larger; **środki finansowe przekazywane z ~i Ministerstwa Kultury** financial resources coming from the Ministry of Culture [2] Gry (stawka) bank, kitty, pool, stakes pl; **podwoić ~ę** to double the stakes; **zgarnąć całą ~ę** to rake a. scoop the pool [3] Gry (partia) (w grze w karty) hand; (w grze w bilard, kręgle) game; (w grze w snookera) frame; **zasiąść do ~i** to sit down to a hand; **rozegrać ~ę** (w karty) to play a hand; (w bilard) to play a game

❑ ~**a finałowa** Sport the finalists

pulchni|eć impf (~**eję, ~ał, ~eli**) vi [1] [ciasto] to get spongy [2] [osoba] to get plump a. chubby a. podgy

pulchniut|ki adi. dem. [1] [ciasto] spongy [2] [niemowlę, nóżki, rączki] plump, podgy

pulchnoś|ć f sgt [1] (ciasta) sponginess; (gruntu) mellowness [2] (człowieka) plumpness; ~**ć jej kształtów** her plumpness

pulchn|y adi. grad. [1] [ciasto] spongy; [gleba] mellow, light [2] [osoba, palce, ręce] plump, podgy; [twarz] chubby, chubby-cheeked

pulowe|r m (G ~**ra** a. ~**ru**) pullover, sweater, jumper GB; (bez rękawów) sleeveless pullover, vest US; ~**r z dekoltem w szpic** a V-neck sweater/vest US; ~**r z golfem** a turtleneck

pulower|ek m dem. (G ~**ka** a. ~**ku**) pullover, sweater, jumper GB

pulpecik dem. [II] m pers. (Npl ~**i**) żart. roly-poly przen., pot., dumpling przen., pot.; **zrobił się z niej ~** she's turned into a roly-poly [III] m inanim. (A ~ a. ~**a**) Kulin. meatball

pulpe|t [II] m pers. (G ~**ty**) żart. roly-poly przen., pot., dumpling przen., pot.; **zrobił się z niego ~t** he's turned into a roly-poly [III] m inanim. (G ~**ta** a. ~**tu**, A ~**t** a. ~**ta**) Kulin. (z mięsa) meatball; ~**ty w sosie pomidorowym** meatballs in tomato sauce

pulpi|t m (G ~**tu**) [1] Muz. (do nut) (przenośny) music stand; (wbudowany) music rest; ~**t dyrygencki** the conductor's stand a. podium; **za ~tem dyrygenckim stanie X** the orchestra will be conducted by X [2] (do pisania) desktop; (do czytania) bookrest; ~**t podnoszony** a flap; ~**t wysuwany** a pull-out top, an extension [3] (stolik) (w sali wykładowej, kościele) lectern; (do pisania) writing desk [4] Techn. panel, console; ~**t sterowniczy** a control panel a. unit, a console [5] Komput. desktop

puls m (G ~**u**) [1] (tętno) pulse; **rytmiczny a. regularny ~** a steady a. regular pulse; **nieregularny ~** an erratic a. irregular a. unsteady pulse; **przyśpieszony ~** a rapid pulse; ~ **słabnie** a. **ustaje** the pulse is getting weaker a. faint; ~ **był ledwo wyczuwalny** the pulse was hardly discernible; **zbadać komuś ~** to take a. check sb's pulse [2] (nadgarstek) pulse; **wziąć/trzymać kogoś za ~** to feel sb's pulse [3] przen. (rytm) rhythm przen.; ~ **codziennego życia** the rhythm of everyday life

■ **trzymać rękę na ~ie** to have one's finger on the pulse (**czegoś** of sth); to be in the swim pot.

pulsacyjn|y adi. [światło, dźwięk] pulsating; **hamowanie ~e** pulse braking; **lampa ~a** a pulse lamp; **silnik odrzutowy ~y** a pulse-jet

puls|ować impf vi [1] (kurczyć się i rozkurczać) [serce, wodniczka] to pulse, to pulsate; (tętnić) [krew] to pulse, to pulsate, to throb; **krew ~owała mu w skroniach** the blood was pulsing a. throbbing a. pounding in his temples; **czuł, jak krew ~uje mu w uszach** he could feel the pulse throbbing in his ears; ~**owanie krwi w żyłach** the pulsation of blood in the veins; ~**ujący ból** a throbbing pain a. ache [2] przen., książk. to throb; **miasto ~owało życiem do późna w nocy** the town pulsated a. throbbed a. bustled with life till late at night [3] Astron. [gwiazda] to pulsate [4] Fiz. [światło] to pulsate, to flash; ~**ujące światło latarnii morskiej** the flashing a. pulsating light of the lighthouse

pułap m (G ~**u**) [1] (sufit) ceiling; **sięgał głową ~u** his head reached the ceiling [2] przen. (najwyższy poziom) ceiling, upper limit; ~ **jej zdolności organizacyjnych** the limits of her management capabilities; **komisja ustaliła ~ płac na najbliższy kwartał** the commission fixed the wage ceiling for the next quarter [3] Lotn. ceiling

❑ ~ **chmur** Meteo. cloud ceiling; **ślepy ~** Budow. sound boarding

pułap|ka f [1] (potrzask) trap; ~**ka zatrzaskowa** a steel-toothed trap; **zakładać** a. **zastawiać ~kę na coś** to set a. lay a trap for sth; **wpaść w ~kę** to fall into a trap [2] przen. (zasadzka) trap; ~**ka na złodzieja** a trap to catch a thief; **pytanie okazało się ~ką** it proved to be a trick question

pułk m (G ~**u**) Wojsk. regiment; ~ **czołgów/piechoty/kawalerii** a tank/infantry/cavalry regiment

pułkownik m colonel; ~ **służby czynnej** a serving colonel; **doszedł do stopnia ~a** he reached the rank of colonel; **tak jest, panie ~u!** yes, sir!

pułkownikows|ki adi. colonel attr., colonel's; **dystynkcje ~kie** colonel's insignia; ~**ki mundur** a colonel's uniform

pułkow|y adi. Wojsk. regimental; **sztandar ~y** a regimental standard, regimental colours; **oficerowie ~i** regimental officers

pum|a f puma, cougar US, panther US, mountain lion US

pumeks m (G ~**u**) [1] (do szorowania) pumice, pumice stone [2] sgt (skała) pumice

pumeksow|y adi. [skały, kruszywo] pumiceous, pumice attr.

pumpernik|iel m pumpernickel U

pump|y plt (G ~**ów** a. ~) knickerbockers pl; plus fours pl przest.

punk /paŋk/ **I** *m pers.* (*Npl* ~**i**) punk, punk rocker; **uczesanie na** ~**a** punk haircut a. hairdo

II *m inanim. sgt* (subkultura) punk *U*, punk rock *U*

punkcik *m dem.* (*G* ~**a** a. ~**u**) (tiny) dot, fleck, speck; **gwiazdy na niebie wyglądają jak świecące** ~**i** the stars look like tiny points of light in the sky

punkcj|a *f* (*Gpl* ~**i**) Med. puncture

punkcyjn|y *adi. [igła]* puncture *attr.*

punkow|y /paŋ'kovɪ/ *adi.* [1] Socjol. *[subkultura, fryzura]* punk *attr.* [2] Muz. *[muzyka, zespoły]* punk rock *attr.*

punk rock /'paŋkrok/ *m* Muz. punk rock

punkrockow|y /ˌpaŋkro'kovɪ/ *adi. [zespół, muzyka]* punk rock *attr.*

punk|t **I** *m* (*G* ~**tu**) [1] (kropka) dot, spot, speck; **ciemny** ~**t na horyzoncie** a dark point a. speck on the horizon; **samoloty stanowiły srebrne** ~**ty na niebie** aeroplanes looked like silver dots in the sky [2] (miejsce) point; **najdalej/najwyżej położony** ~**t** the furthest/highest point; ~**t, z którego nie ma powrotu** a point of no return; **patrzeć nieruchomo w jeden** ~**t** to look steadily at one point, to fix one's gaze on one point; **mieszkamy w dobrym/złym** ~**cie** we live in a good/bad area [3] (placówka) point, centre; ~**t sanitarny** a dressing station, a (medical) dispensary, a first-aid post; ~**t apteczny** a dispensary; ~**t biblioteczny** a branch library; ~**t graniczny** a border post; ~**t konsultacyjny** a consulting point; ~**t noclegowy** a bunkhouse, basic sleeping accommodation; ~**t usługowy** a repair shop; ~**t zborny** an assembly point, a rallying point [4] (pozycja) point, post; ~**t obserwacyjny** an observation point; ~**t dowodzenia** a command post; ~**t strategiczny** a strategic point; **zniszczyć** ~**ty oporu nieprzyjaciela** to destroy the enemy's pockets of resistance [5] (część tekstu) paragraph; (w wyliczeniach) item; (w aktach prawnych) clause; ~**ty traktatu/umowy** clauses in a treaty/agreement; **przejrzeć tekst** ~**t po** ~**cie** to go through a text point by point [6] (element) point; **najważniejsze** ~**ty zagadnienia** the main points of the problem; **zgadzać się/różnić się z kimś w jakimś** ~**cie** to agree/differ with sb on some point; ~**t kulminacyjny** *przen.* the climax; ~**tem kulminacyjnym wycieczki miała być audiencja u papieża** the highlight a. high spot of the tour was to be an audience with the pope [7] (programu) act, item, event; **a teraz, proszę państwa, kolejny** ~**t programu** and now ladies and gentlemen, the next item on the programme a. agenda [8] (jednostka w grach) point, score; **obliczać** ~**ty** to count scores; **wygrać/przegrać czterema** ~**tami** to win/to be beaten by 4 points; **młody bokser wygrał na** ~**ty** the young boxer won on points; **zdobył 10** ~**tów dla swojej drużyny** he scored 10 points for his team [9] Druk. point [10] Mat. point; ~**t przecięcia się dwóch linii** the intersection of two lines, the point of intersection [11] Fin. point; **akcje naszej firmy poszły w górę o cztery** ~**ty** our company's share index rose by four points

II **punkt** *part.* pot. (punktualnie) on the dot pot.; **przyszedł** ~**t ósma** he arrived at eight (o'clock) on the dot

III z punktu *adv.* pot. immediately, instantly; **cała sprawa z** ~**tu wzięła zły obrót** the whole thing went wrong from the start

☐ ~**t ciężkości** Fiz. centre of gravity; ~**t karny** Sport penalty point; ~**t przyziemny** Astron. perigee; ~**t styczności** Mat. point of contact; ~**t węzłowy** junction; ~**t widokowy** vantage point; ~**t wysokościowy** Geog. elevation point; ~**t zerowy** Mat. zero point; ~**ty preferencyjne** Uniw. ≈ weighting (*preferential points accorded in university entrance exams in communist Poland to young people of working class or peasant origin*); **kardynalne** ~**ty horyzontu** Astron. cardinal points of the horizon; **kardynalne** ~**ty układu optycznego** Fiz. cardinal points (of the optical system); **martwy** ~**t** Techn. dead point

■ ~**t honoru** a matter a. point of honour; ~**t oparcia** a refuge, a haven, an asylum; ~**t widzenia** a point of view; ~**t wyjścia czegoś** a point of departure for sth; ~**t zapalny** a trouble spot; ~**t zwrotny** a turning point; **był to** ~**t zwrotny w jego karierze** it was a turning point in his career; **czyjś mocny/słaby** ~**t** sb's strong/weak point; **być przeczulonym/mieć obsesję na** ~**cie czegoś** to be oversensitive/to have an obsession about sth; **miał bzika na** ~**cie odchudzania się** pot. he had this thing about dieting pot.; **była przeczulona na** ~**cie swojego wieku** she had a hang-up about her age; **utknąć w martwym** ~**cie** to come to a standstill a. a deadlock a. an impasse

punktacj|a *f* (*Gpl* ~**i**) [1] (zasady kwalifikowania) scoring; ~**a olimpijska/pucharowa** Olympic/championship scoring [2] (suma uzyskanych punktów) score; ~**a indywidualna/zespołowa** the individual/team score; **wysunąć się na czoło w** ~**i zespołowej** to score the highest team score

punkt|ować *impf vt* [1] (przyznawać punkty) to score *[zawodników, łyżwiarzy]* [2] (przedstawiać w punktach) to itemize; ~**ować najważniejsze zadania** to itemize the most important tasks ⇒ **wypunktować** [3] (podkreślać) to emphasize, to highlight ⇒ **wypunktować** [4] Szt. (w malarstwie) to stipple; (w rzeźbiarstwie) to point [5] Techn. to punch, to prick

punktow|iec *m* ≈ tower block GB

punktowo *adv.* point-wise; **elementy karoserii zgrzewane** ~ spot-welded elements of a chassis; **reflektor** — **oświetlał scenę** the spotlight projected a beam of light onto the stage

punktow|y *adi.* [1] (w wybranych miejscach) **siew** ~**y** Roln. spot seeding; **spawanie/zgrzewanie** ~**e** Techn. tack-welding, spot-welding; **reflektor** ~**y** searchlight; Teatr spotlight [2] Sport scoring *attr.*; **klasyfikacja** ~**a** classification by points; **mieć przewagę** ~**ą** to be leading on points

punktualnie **I** *adv. grad.* punctually, on time; **pociąg przyjechał/odjechał** ~ the train departed/arrived on time

II *adv.* punctually, promptly, prompt GB; ~ **o szóstej** promptly at six o'clock; **budzić**

się ~ **o szóstej** to wake up punctually at six, to wake up at six sharp

punktualnoś|ć *f sgt* punctuality, promptness; **nie grzeszył** ~**cią** punctuality wasn't his strong point

punktualn|y *adi. grad. [pociąg, autobus]* punctual; ~**y co do minuty** punctual to the minute; ~**e kursowanie pociągów** the punctuality of trains; **jest** ~**y i można na nim polegać** he's punctual and reliable

pup|a *f* (~**ka**, ~**cia** *dem.*) pot. bottom GB; behind pot., bum GB pot., fanny US pot.; **dać komuś klapsa w** ~**ę** to slap sb's behind a. bottom

pupil *m* (*Gpl* ~**ów** a. ~**i**) favourite GB, favorite US, darling; **najmłodszy syn był** ~**em matki** the youngest son was mother's favourite a. pet

pupil|ek *m*, ~**ka** *f dem.* (*Npl* ~**ki**) pet, darling; **była** ~**ką publiczności** she was the darling of the audiences

purchaw|ka *f* [1] (grzyb) puffball [2] przen. stuffed shirt pot.

purée /py're/ *n inv. sgt* Kulin. purée; ~ **ziemniaczane** potato purée, mashed potato; mash GB pot.; ~ **z groszku** mushy peas

purpu|ra *f sgt* [1] (kolor) crimson, purple scarlet [2] (tkanina) purple [3] (strój) the purple ☐ ~**ra kardynalska** *the official scarlet dress of a cardinal*

■ **oblać się** ~**rą** to turn crimson

purpurow|o *adv. grad.* ~ **zabarwiony ametyst** a purple-coloured amethyst; **nad lasem robiło się coraz** ~**wiej** the sky was turning purple a. was purpling over the woods

purpurow|y *adi. grad.* purple; **był** ~**y z wściekłości** he was purple with rage

pury|sta *m*, ~**stka** *f* purist

purystyczn|y *adi. [postawa, tendencja]* puristic

purytan|in *m*, ~**ka** *f* [1] Relig. Puritan [2] przen. puritan

purytanizm *m sgt* [1] Relig. Puritanism [2] przen. puritanism

purytańs|ki *adi.* [1] Relig. Puritan [2] przen. puritan; **prowadził** ~**kie życie** he lived the life of a puritan

puryzm *m sgt* (*G* ~**u**) [1] Jęz. purism [2] Szt. Purism

pusta|k **I** *m pers.* (*Npl* ~**i**) przest. scatterbrain; **chłopak jest dobry, chociaż** ~ he's a good boy, though empty-headed a. feather-brained

II *m inanim.* Budow. hollow brick, hollow tile

pustawo *adv.* nearly empty *adi.*; **kiedy przyszliśmy, w kawiarni było jeszcze** ~ the café was still emptyish a. relatively empty when we arrived

pustaw|y *adi.* almost empty, emptyish; ~**e ulice** half-empty a. half-deserted streets; ~**a widownia** a half-empty auditorium

pustelni|a *f* (*Gpl* ~) Relig. [1] (mieszkanie pustelnika) hermitage [2] (siedziba odludka) lair, hideaway; **w górach znalazł swoją** ~**ę** he found a refuge a. retreat in the mountains

pustelnic|a *f* [1] Relig., Hist. anchoress, hermit [2] przen. recluse

pustelnictw|o *n sgt* the life of a hermit a. recluse

P

pustelniczo *adv. [żyć]* like a hermit a. recluse

pustelnicz|y *adi.* hermit *attr.*, hermit's; **wybrał życie ~e** he chose to live in seclusion a. like a recluse

pustelni|k **I** *m pers.* [1] Relig. hermit; **mnisi-pustelnicy** anchorites, hermit monks [2] przen. hermit, recluse, loner; **żyć jak ~k** to live the life of a hermit, to live like a hermit

II *m anim.* Zool hermit crab

pust|ka *f* [1] (brak rzeczy, ludzi) emptiness; **mieć ~ki w szafie/spiżarni** to have nothing to wear/to eat; **na ulicach ~ki** the streets are deserted; **po wyjeździe dzieci zapanowała w domu ~ka** after the children had departed the house seemed empty [2] przen. emptiness, blank, void; **~ka duchowa** spiritual emptiness a. void; **poczucie całkowitej ~ki** a sense of utter emptiness; **mam kompletną ~kę w głowie** my mind is a total blank; **w głowie poczułem ~kę** I a. my mind went blank; **jego śmierć pozostawiła ~kę w jej życiu** his death left a void in her life; **czuł kompletną ~kę emocjonalną** he felt devoid of all emotion; **wypełnić** a. **zapełnić czymś pustkę w życiu** to fill the void in one's life with sth

■ **mieć ~ki w kieszeni** to be out of money; to be without a bean pot.; **mam ~ki w kieszeni** I don't have a penny, I'm penniless; **ziać ~ką** a. **pustkami** to be deserted; **kino świeci** a. **zieje ~kami** the cinema is practically deserted; **ten dom na wzgórzu zieje ~ką od lat** the house on the hill has been deserted a. unoccupied for years

pustkowi|e *n (Gpl ~)* wilderness, the wilds; **dom na głuchym ~u** a house in the forbidding wilds

pu|sto *adv. grad.* [1] (brak rzeczy, ludzi) empty *adi.*; **w mieszkaniu było pusto** the flat was empty a. deserted; **w tej restauracji jest puściej w porze lunchu** this restaurant is less crowded at lunchtime [2] (beztrosko) airily, frivolously; **mieć pusto w głowie** to be empty-headed a. featherbrained a. frivolous

pustosłowi|e *n sgt* verbosity, verbiage, long-windedness; waffle GB pot.; **popadać w ~e** to become verbose, to begin to blather on

pustostan *m (G ~u)* środ. *empty, uninhabited flat or building*

pustosz|eć *impf (~ał) vi* to empty, to become empty; **po siódmej wieczorem ~eją ulice** after 7 p.m. the streets begin to empty; **po przedstawieniu teatr powoli ~ał** after the show the theatre gradually emptied ⇒ **opustoszeć**

pustosz|yć *impf vt* to wreak havoc (**coś** on sth); to ravage; **kraj ~ony przez wojnę** a war-torn country; **choroby ~yły wsie** disease was wreaking havoc in the villages; **wojna ~yła kraj** the country was ravaged by war; **powodzie, które ~yły nadrzeczne osiedla** the floods that laid waste the riverside settlements; **huragany co roku ~ą wybrzeże** every year hurricanes wreak havoc on the coast ⇒ **spustoszyć**

pustułecz|ka *f* Zool. lesser kestrel

pustuł|ka *f* Zool. kestrel; windhover GB dial.

pu|sty *adi.* [1] (nienapełniony) *[pudełko, szklanka, żołądek]* empty; (niezajęty) *[dom, wagon, miejsce, teren]* empty, vacant; *[przestrzeń, kartka]* blank [2] (niepoważny) *[chłopak, dziewczyna]* frivolous, empty-headed; **puste zabawy/figle** fun and games, frolics, antics [3] (bezcelowy, bez znaczenia) futile, pointless, worthless; **pusta dyskusja/gadanina** idle discussion/talk a. chatter; **pusta ciekawość** idle curiosity

❏ **pusty dźwięk** Muz. sound; **pusta struna** Muz. empty string

■ **puste słowa** empty words; **pusty frazes** idle platitude; **pusta głowa** feather-brain a. feather-head; **pusta kieszeń/kasa** empty pockets/coffers; **przelewać z pustego w próżne** to engage a. indulge in idle chatter, to go on (and on), to blather on (and on); to waffle on (and on) pot.; **przyjść z pustymi rękami** to come empty-handed; **wrócić z pustymi rękami** to return empty-handed; **z pustego i Salomon nie naleje** przysł. ≈ you cannot squeeze water a. blood from a stone

pusty|nia *f* [1] (obszar bez wody i roślinności) desert, wasteland [2] przen. wilderness, the hinterland, (the) wilds *pl*, the backwoods *pl*; **większość małych miasteczek to prawdziwe ~nie kulturalne** most small towns are cultural deserts

pustynnie *adv.* *[robić się, wyglądać]* desert-like *adi.*

pustynni|eć *impf (~ał) vi* to turn into desert; **pastwiska ~eją** pastures are turning into desert

pustynnoś|ć *f sgt* emptiness, barrenness; **~ć krajobrazu** the emptiness a. barrenness of the scenery

pustynn|y *adi.* [1] *[roślinność, klimat, zwierzęta]* desert *attr.* [2] (przypominający pustynię) *[kraj, krajobraz, okolica]* desert-like

puszcz|a *f* forest, wilderness; **Puszcza Kampinoska** the Kampinos forest

■ **głos wołającego na ~y** a voice crying in the wilderness

puszczać *impf* → **puścić**

puszczals|ki pot., pejor. **I** *adi. [dziewczyna, kobieta]* loose-living; **mieć opinię ~kiej** to have the reputation of being an easy lay pot.

II **puszczalska** *f* floozie pot., slag GB pot.

puszczańs|ki *adi. [obszar, osada, plemię]* forest *attr.*

puszczyk *m* Zool. tawny a. brown owl

pusz|ek *m (G ~ku)* [1] (u niemowląt, ptaków, ssaków) fluff; **sypał mu się ~ek nad górną wargą** he was spouting fine down on his upper lip [2] Bot., Zool. pubescence *U* [3] (G ~ka) Kosmet. (powder) puff

pusz|ka *f* [1] (opakowanie) can, tin GB; **~ka piwa** a can of beer; **~ka po piwie** a beer can; **~ka po sardynkach** a sardine tin; **kupił owoce w ~ce** he bought tinned a. canned fruit [2] (zawartość) can, tin GB (**czegoś** of sth); **dodała do sosu ~kę czerwonej fasoli** she added a tin a. can of red beans to the sauce [3] (metalowe pudełko) (metal) tin; **~ka z herbatą/na herbatę** a tea caddy; **~ka na cukier/na mąkę** a sugar/flour tin [4] (blaszana skarbonka) collection box; **wrzucać pieniądze do ~ki** to put money in the collection box; **zbierać pieniądze do ~ki** to go around with a collection box [5] Elektr. cable box [6] Bot. capsule [7] Relig. (na komunikanty) ciborium, pyx

❏ **~ka mózgowa** Anat. cranium, braincase

■ **~ka Pandory** Pandora's box

puszkow|y *adi. [ananasy, pomidory, brzoskwinie]* canned, tinned GB

pusz|yć *impf* **I** *vt* to fluff (up); **ptaki ~yły pióra** the birds were fluffing up a. fluffed up their feathers

II **puszyć się** [1] (o ptakach) to fluff up [its] feathers; **indyk ~ył się i gulgotał** the turkey fluffed up its feathers and gobbled [2] przen. (pysznić się) to put on airs and graces; **~yć się jak paw** to strut around like a peacock

puszystoś|ć *f sgt* fluffiness; **~ć dywanu** the pile of the carpet; **nasz szampon nada ~ć twoim włosom** our shampoo will add volume to your hair

puszy|sty **I** *adi.* [1] (przypominający puch) *[futerko, dywan, włosy]* fluffy; **~sty ogon** a bushy tail; **~sty kotek** a furry kitten; **utrzyj masło z cukrem na ~stą masę** cream the butter and sugar until light and fluffy [2] euf. (tęgi) *[kobieta]* plump

II **puszy|sty** *m,* **~sta** *f zw. pl* **sklep dla ~stych** an outsize shop

pu|ścić *pf* → **pu|szczać** *impf* **I** *vt* [1] (przestać trzymać) to let go; **puścić drzwi** to let go of the door; **puścił rękę dziecka i zaczął gestykulować** he let go of the child's hand and started to gesticulate; **„puśćcie mnie!" błagał** 'let me go!' he begged [2] (spowodować przemieszczenie) to let; **puszczać fajerwerki** to let off fireworks; **puszczać kaczki na wodę** to play ducks and drakes; **puszczać wodę z kranu** to run water from a tap; **puszczę ci ciepłą wodę na kąpiel** I'll run you a hot bath; **puszczać bańki mydlane** to blow soap bubbles; **puszczać komuś krew** to bleed sb; **dzieci puszczały latawca nad rzeką** the children flew a. were flying a kite on the riverbank [3] (pozwolić wyjść) to release; **przyjdę, jeżeli rodzice mnie puszczą** I'll come if my parents let me; **puszczać kogoś przodem** to let sb go first; **puścić kogoś na wolność** to let sb out, to set sb free; **puszczono go za kaucją** he was released on bail; **puścić w obieg fałszywe pieniądze** przen. to put false banknotes into circulation; **puszczać złośliwe plotki o sąsiadach** przen. to spread malicious gossip about the neighbours [4] (pozwolić wejść) to let [sb] in, to let in, to admit; **nie puszczał nikogo za próg** he didn't let anybody in; **dzieci bez opieki nie puszczano na trybuny** unaccompanied children were not admitted to the stands [5] (wydzielać) to release; **drzewa puszczają listki** the trees sprout a. put forth new leaves; **jagody puszczają już sok** berries are already giving off a. rendering their juices; **puścić bąka** posp. to fart posp. [6] (uruchomić) to set in motion; **puść tę nową płytę** put this new record on; **puść wiatrak, jest tak gorąco** turn the electric fan on, it's so hot [7] (zbudować) to build *[drogę, tunel]*; **puścili nową linię autobusową** a new bus line was introduced; **puścili kabel pod dywanem** they ran the cable a. wire under the carpet 8 pot. (trwonić) to squander, to fritter away; **wszystko puszcza na wódkę** he fritters away all his money on vodka; **w rok puścił cały spadek** he blew the whole inheritance in a year pot. 9 daw. (wydzierżawić) **puścić coś w dzierżawę** to rent sth out, to rent out sth, to lease sth out, to lease out sth **III** vi 1 (ustąpić pod naciskiem) to let go; **drzwi puściły** the door gave; **drzwi nie puściły** the door didn't give; **oczko puściło ci w pończosze** your stocking has laddered; **szwy puściły w spódnicy** the skirt came apart at the seams 2 (tracić barwę) to run; **czerwona farba puściła w praniu** the red dye ran in the wash; **brud/plama nie puszcza** the dirt/spot won't come out **III** puścić się — puszczać się 1 (wyruszyć) to set out; **puścił się pędem po schodach** he rushed a. galloped down the stairs; **puścili się w drogę** they set out on their way; **puszczać się biegiem** a. **cwałem** a. **galopem** a. **kłusem** a. **jak strzała** to run for dear life 2 (zacząć ciec) to start to run a. running; **krew puściła mu się z nosa** his nose started to bleed 3 posp., pejor. (o kobiecie) to be an easy lay, to be promiscuous

■ **lód puszcza** the ice is melting; **mróz/zima puszcza** it's thawing; **puścić kogoś kantem** a. **w trąbę** pot. to dump sb pot., to ditch sb pot., to chuck sb pot.; **puścić oko** a. **oczko do kogoś** pot. to wink at sb, to give sb a wink; **puścić się na niebezpieczne** a. **mętne** a. **zdradzieckie wody** to skate on thin ice; **puścić się w tany** a. **w pląsy** żart. to start to dance a. dancing, to break into a dance; **puścić w ruch pięści** to break into a fist fight, to resort to fisticuffs; **puścić coś mimo uszu** to turn a deaf ear to sth; **puścić coś w niepamięć** to consign sth to oblivion; **puścić w niepamięć** to forgive and forget; **puścić coś z dymem** to burn down sth, to burn sth down; **puścić kogoś na szerokie wody** to throw sb in at the deep end; **puścić się na szerokie wody** to jump in at the deep end

puściut|ki, ~eńki adi. dem. [talerz, kubek] empty
puściutko adv. (practically) empty adi.
puścizn|a f przest. legacy, bequest; **~a po ciotce** a legacy from an aunt; **~a romantyków** przen. the legacy of the Romantics
puzder|ko n dem. przest. box, casket; **~ko z biżuterią** a jewellery box
puzd|ro n przest. box; **srebra rodowe pakowano w wielkie ~ra** family silver was packed away in large boxes a. trunks
puzon m (G ~u) Muz. trombone
puzoni|sta m, **~stka** f Muz. trombonist
puzz|el /ˈpuzel/ **II** m (A ~el a. ~la) an element of a jigsaw puzzle
III puzzle plt jigsaw puzzle; **układać ~le** to do a jigsaw
pych m pot.
■ **ruszać na ~** pot. to push-start a. bump-start a car; **płynąć na ~** pot. to punt
py|cha[1] f sgt (wyniosłość) excessive pride, arrogance; hubris książk., vainglory książk.; **wpaść** a. **popaść w pychę** to become big-headed

pycha[2] **II** adi. inv. pot. (o jedzeniu) delicious; scrumptious pot.; **~ czekolada** delicious chocolate
III inter. yum-yum! pot., yummy! pot.; **upiekła ciastka – ~!** she's baked cakes – yummy, yum-yum!
pycho|ta f dem., **~tka** pot., pieszcz. yum-yum pot.
pyk inter. puff
pykać impf → **pyknąć**
pyk|nąć pf — **pyk|ać** impf **II** vt to puff [cygaro]; **~ać fajkę/z fajki** to puff a pipe/at one's pipe
III vi (o silnikach) to sputter; (o gotujących się potrawach) to bubble; **motor ~nął kilka razy i zgasł** the engine sputtered a couple of times and died; **kasza ~a w garnku** kasha is bubbling away in the pot
pylic|a f Med. pneumoconiosis spec.; (węglowa) black lung; (krzemowa) miner's lung
pylicz|y adi. [zmiany] pneumoconiosis attr.
pyl|ić impf **II** vi to raise dust, to throw up dust; **śnieg ~i w oczy/w twarz** the snow gets into one's eyes/on to one's face; **cementownia ~i od dwudziestu lat** the cement works has been emitting dust for twenty years
II pylić się 1 (pokrywać się pyłem) to get dusty; **włosy ~ą mi się przy pracy** my hair gets dusty at work 2 Bot. to discharge a. spread a. produce pollen
py|ł m (G pyłu) dust; **pył wciskał się w oczy, osiadał na ustach** the dust got in one's eyes and mouth
❑ **pył dymnicowy** Techn. pulverized fuel dust; **pył gwiezdny** Astron. interstellar dust; **pył kosmiczny** Astron. cosmic dust
■ **otrzepać** a. **otrząsnąć** a. **wydobyć coś z pyłu zapomnienia** to rescue sth from oblivion; **rozbić/zetrzeć coś w pył** to annihilate sth, to pulverize sth; **oddziały nieprzyjacielskie starli w pył** they annihilated the enemy detachments
py|łek m (G ~ku) dem. 1 sgt (warstwa) (film of) (fine) dust; **parapet był pokryty ~kiem kurzu** the window sill was covered with a thin film of dust 2 (drobina piasku, sadzy) particle, speck; **była okropną pedantką, zauważyła każdy ~ek** she was incredibly pedantic: she noticed every speck of dust; **wpadł mi ~ek do oka** I've got a speck of dust in my eye
❑ **~ek kwiatowy** Bot. pollen
pyłow|y adi. dust attr.; **burza ~a** a dust devil
pyp|eć m (Gpl ~ciów a. ~ci) 1 pot. (znamię) blotch; **mieć ~eć na nosie** to have a mole on one's nose 2 Wet. (A ~cia) the pip U
■ **niech dostanie ~cia** a. **bodaj dostał ~cia (na języku)** pot. ≈ I wish he'd hold his tongue!
pyrrusow|y adi.
■ **~e zwycięstwo** pyrrhic victory
pysk m 1 (zwierzęcia) face; (psa, konia) muzzle; **pogłaskała psa/konia po ~u** she stroked the dog's/horse's muzzle; **ryba miała szeroki, mięsisty ~** the fish had a wide, fleshy mouth 2 pot., obraźl. (twarz lub usta) trap pot., gob GB pot., yap US pot., puss US pot.; **trzasnąć** a. **strzelić** a. **walnąć kogoś w ~** a. **po ~u** to give sb a knuckle sandwich posp.; **wylecieć na (zbity) ~** to be out on

one's ear pot.; **dała mu po ~u** she gave him a smack across the face; **stul ~!** shut your trap!, shut your face!
■ **dać ~a** przest. to give sb a smacker pot.; **daj ~a na zgodę!** let's shake hands and forget about it, let's kiss and make up pot.; **iść/pójść/(po)lecieć z ~iem (na kogoś)** pot. to sneak a. do the dirty on sb; to rat on sb pot., to rat sb out US pot.; **mocny w ~u** pot. fast-talking; **mocny w ~u to on jest** he is a fast talker; **nie mieć co do ~u włożyć** pot. to have nothing to eat; **o głodnym ~u** with an empty stomach; **rozpuścić** a. **rozedrzeć** a. **rozewrzeć ~** pot. to rant (on); **trzymać kogoś za ~** to have sb by the short and curlies a. short hairs; **wyskoczyć** a. **wyjechać** a. **wylecieć do kogoś** a. **na kogoś z ~iem** pot. to slag sb off pot.; **ja do niej grzecznie, a ona na mnie z ~iem** I approached her nicely and she started screaming at me; **dozorca wyskoczył na nas z ~iem** the caretaker started ranting at us
pyskacz m (Gpl ~y) pot. loudmouth pot.
pyska|ty adi. pot. loud-mouthed pot., mouthy pot., lippy pot.; **~ta przekupka** a fishwife
pysk|ować impf vi pot. to mouth off pot.; **nie ~uj mi!** don't answer me back!
pysków|a f augm. pot. free-for-all, shouting match, slanging match GB
pysków|ka f pot. 1 (kłótnia) slanging match GB, shouting match 2 (sprawa sądowa) (verbal) altercation
pysza|łek m (Npl ~ki) pejor. braggart, poser; **chodzi dumny jak paw, ~ek jeden** he's strutting around as proud as a peacock, the smug little runt; **odkąd awansował, zrobił się z niego nadęty ~ek** he's become stuck-up a. self-important since he got promoted
pyszałkowato adv. conceitedly; **zachowywał się ~** he was (all) stuck-up
pyszałkowa|ty adi. conceited; stuck-up pot., toffee-nosed GB pot.; **okazał się aroganckim i ~tym typem** he turned out to be arrogant and conceited
pyszcz|ek m dem. 1 (zwierzęcia) snout, muzzle; **koci ~ek** a cat's face 2 pieszcz. (twarz dziecka) face; (usta dziecka) mouth
pyszni|ć się impf v refl. to put on airs and graces; **lubił ~ć się przed kolegami** he liked to show off in front of his friends; **~ł się swoim bogactwem** he flaunted his wealth
pysznie adv. grad. splendidly; **~ się bawić** to enjoy oneself tremendously; **~ gotować** to be a superb cook
pyszności II plt (G ~) delicious things; **na kolację przygotowała ~** she prepared some delicious things for supper
II adi. inv. scrumptious pot., yummy pot.; scrummy pot.; delicious; **~ kiełbasa** yummy sausage
III inter. yum-yum! pot.; **~! obiad udał się nadzwyczajnie** yum-yum! the dinner was a tremendous success; **ciastka – ~!** the cakes! just scrumptious
pyszn|y[1] adi. grad. haughty; **~y władca** the haughty ruler
■ **mieć się z ~a** to be up a gum tree GB pot.; to get oneself into a hole pot.

pyszn|y[2] *adi. grad.* [1] (smakowity) delicious; **najpyszniejsze jabłka, jakie w życiu jadłem** the most delicious apples I've ever eaten [2] (doskonały, świetny) great pot.; **~y dowcip** a great joke; **mieliśmy ~ą zabawę** we had enormous fun

pyszota → pychota

pyszotka → pychota

pyt. (= pytanie)

pyta|ć *impf* **[I]** *vt* [1] (zadawać pytanie) to ask; **~ć kogoś o drogę/godzinę** to ask sb the way/(for) the time; **~ć kogoś o radę** to ask sb's advice; **~ć o radę** to ask for advice; **~ła o twoich rodziców** she asked about your parents, she inquired after your parents; **policja ~ła o ciebie** police were asking about you; **gdy coś mi się podoba, nie ~m o cenę** if I like something I don't ask about the price ⇒ **spytać** [2] (egzaminować) to test; **nauczyciel zamknął podręcznik i zaczął ~ć** the teacher closed the textbook and began to ask questions; **byłeś dziś ~ny z historii?** were you tested on history today?

[II] pytać się (zadawać pytania) to ask, to inquire (**o kogoś/coś** about sb/sth); **~łem się o drogę/o cenę** I asked for the way/the price; **~łem się ojca, czy mogę iść do kina** I asked my father if I could go to the cinema ⇒ **spytać się**

■ **kpisz, czy o drogę ~sz** you can't be serious; **kto ~, nie błądzi** przysł. ≈ there's no harm in asking, don't be afraid to ask

pytająco *adv.* questioningly, inquiringly; **spojrzeć na kogoś ~** to look at sb questioningly a. inquiringly

pytając|y **[I]** *pa* → pytać

[II] *adi.* [1] (wyrażający ciekawość) *[spojrzenie, ton]* questioning, inquiring, interrogative; **~y wzrok** an inquiring look [2] Jęz. interrogative; **zdanie ~e** an interrogative sentence

pytajnik *m* [1] Jęz. question mark; **postaw ~ na końcu zdania pytającego** put a question mark at the end of an interrogative sentence [2] (niejasny punkt, wątpliwość) question mark; **jego życie kryje wiele ~ów** there are many question marks in his life; **jego twórczość zawiera kilka ~ów** his works contain several unanswered questions

pytajn|y *adi.* Jęz. interrogative

pyta|nie **[I]** *sv* → pytać

[II] *n* [1] (zdanie pytające) question, query; **podchwytliwe ~nie** a trick question; **zdawkowe ~nie** a banal question; **~nie o kogoś/coś** a question about sb/sth; **~nia od czytelników** readers' questions; **zadawać/rzucać/stawiać ~nia** to ask a. pose/raise/put questions; **odpowiedzieć komuś na ~nie** to answer sb's question; **zwrócić się do kogoś z ~niem** to ask sb a question; **postawić komuś ~nie** to put a question to sb; **mam do was ~anie** I've a question to ask you; **~nie zadane w tytule pozostaje bez odpowiedzi** the question posed in the title remains unanswered [2] (kwestia, problem) question, problem

❏ **~nie retoryczne** rhetorical question

■ **zarzucać** a. **zasypywać kogoś ~niami** to bombard sb with questions; **~nia krzyżowe** a. **krzyżowy ogień ~ń** cross-examination; **brać/wziąć kogoś w krzyżowy ogień ~ń** to cross-examine sb, to cross-question sb; **też ~nie!** a. **co za ~nie!** what a question (to ask)!

pytan|y **[I]** *pp* → pytać

[II] pytan|y *m,* **~a** *f zw. pl* respondent; **prezydent miał poparcie 56 procent ~ych** the president was supported by 56 per cent of the respondents, 56 per cent of respondents expressed support for the president

pytl|ować *impf* **[I]** *vt* (przesiewać mąkę) to bolt a. boult

[II] *vi* przen. pot. to jabber on pot.; **dosyć tego ~owania językiem!** stop (your) jabbering pot.

pyton *m* Zool python

❏ **~ siatkowy** Zool. reticulated python

pyz|a *f* [1] (kluska) ≈ potato dumpling [2] żart. chubby face, dumpling; **~a, uśmiechnij się do nas** hey chubby cheeks, give us a smile!; **teraz, jak utyła, prawdziwa z niej ~a** now that she's put on some weight she's a real dumpling; **ma śliczną buzię jak ~a i złote kędziorki** she has a cherubic face and golden curls [3] (policzek) chubby cheek; **ucałowała go w zaczerwienione ~y** she kissed his chubby red cheeks

pyza|ty *adi. [dziecko, buzia]* chubby

R

R, r *n inv.* R, r

r. (= rok) **urodził się 15 maja 1954 r.** he was born on 15 May 1954 a. 15th of May a. May 15th, 1954

raban *m* (*G* **~u**) *sgt* pot. fuss; hullabaloo pot.; **straszliwy/nieopisany ~** tremendous fuss; **po co ten cały ~?** what is all the fuss about?; **narobić ~u** to make a fuss, to raise a hullabaloo; **podnieść ~ w związku z czymś** to raise a hullabaloo over sth; **narobił takiego ~u, że obudził sąsiada** he made so much noise that he woke up a neighbour of his

rabarba|r *m* (*G* **~ru**) rhubarb

rabarbarow|y *adi.* [*kompot, wino*] rhubarb *attr.*

raba|t *m* (*G* **~tu**) discount; **kupić/sprzedać coś z ~tem** to buy/sell sth at a discount; **udzielić komuś ~tu** to give sb a discount; **otrzymać ~t na coś** to get a discount on sth; **po odliczeniu ~tu płaci pan 100 zł** you pay a discount(ed) price of 100 zlotys

raba|ta *f* (**~tka** *dem.*) (flower) bed; **~ta róż** a rose bed, a bed of roses

rabatow|y[1] *adi.* [*cena*] discount *attr.*

rabatow|y[2] *adi.* [*rośliny*] bedding *attr.*

rabin *m* Relig. rabbi; **naczelny ~** the Chief Rabbi

rabinac|ki *adi.* [*urząd, sąd*] rabbinic; **szkoła ~ka** a rabbinic(al) school

rab|ować *impf vt* [1] (*zabierać siłą*) to rob, to plunder [*mieszkania, banki*]; to loot [*sklepy*]; **~owali z domów co się dało** they robbed the houses of whatever they could lay their hands on a. of whatever they could find ⇒ **obrabować** [2] Górn. to draw off, to withdraw [*obudowę*]; **~owanie obudowy drewnianej** timber drawing, timber recovery

rabun|ek *m* (*G* **~ku**) [1] (*zabranie cudzej własności*) robbery, plunder; **oskarżono go o ~ek i napad z bronią** he was accused of armed robbery [2] Górn. drawing off, prop withdrawing

rabunkowo *adv.* wastefully; **~ prowadzona gospodarka leśna** wasteful exploitation of forestry resources

rabunkow|y *adi.* [1] (*odnoszący się do rabunku*) **napad ~y** assault and robbery; **~a eksploatacja złóż** wasteful exploitation of resources [2] Górn. **drużyna ~a** a prop withdrawing team

rabu|ś *m* książk. robber, marauder

rac|a *f* (sky)rocket, flare, maroon GB; **wystrzelić ~ę sygnalizacyjną** to fire a. launch a signal rocket; **~e ratownicze** distress rockets a. flares; **rozbitkowie wystrzelili ~e ratownicze** the castaways set off a. fired distress flares

■ **~ce dowcipu** flashes of wit (and humour)

rachitycznie *adv.* [*wyglądać*] rickety *adi.*

rachityczność|ć *f* ricketiness

rachityczn|y *adi.* [1] (*krzywiczy*) [*dziecko, nogi*] rachitic, rickety [2] (*wątły, słaby*) [*krzesła, stoły*] rickety; [*rośliny*] puny, sickly

rachmistrz *m* (*Npl* **~owie** a. **~e**) [1] (*biegły w arytmetyce*) arithmetician; **moja żona to doskonały ~** my wife is quick at figures a. good with numbers [2] (*wykonujący obliczenia*) enumerator, census taker; **~owie biorący udział w spisie powszechnym** agents taking the census [3] daw. accountant

rach|ować *impf* przest. **I** *vt* to count, to reckon; **~ować w pamięci** to count in one's head; **biegle ~ować** to be quick at figures, to be good with numbers; **~ować do pięciu/stu** to count (up) to five/one hundred ⇒ **porachować**

II *vi* (*brać w rachubę*) to count (**na kogoś/coś** on sb/sth); **~ować na kogoś/na czyjąś pomoc** to count on sb/sb's help

III rachować się [1] (*rozliczać się*) to settle one's accounts przest. ⇒ **porachować się** [2] (*nie lekceważyć*) to appreciate; **~ować się z czyimś zdaniem** to value sb's opinion

rachub|a **I** *f* [1] przest. (*obliczanie*) calculation; **kalendarzowa ~a** the calendar calculation [2] przest. (*dział*) counting house daw.

II rachuby *plt* (*plany, nadzieje*) **pomylił się w swoich ~ach** he was wrong in his calculations; **nasze ~y na podwyżkę zawiodły** our hopes for a salary rise were dashed

■ **wydawał pieniądze bez ~y** he spent money recklessly; **brać kogoś/coś w ~ę** to take sb/sth into consideration; **nie wchodzić w ~ę** to be out of the question; **on nie wchodzi w ~ę, jest za młody do tej pracy** he's too young, so he can't be considered for the job; **stracić ~ę czegoś** to lose count a. track of sth; **stracić ~ę czasu** to lose all sense of time, to lose track of time

rachunecz|ek *m dem.* (*G* **~ku**) bill; **proszę, oto pański ~ek** here's your bill, sir

rachun|ek **II** *m* (*G* **~ku**) [1] (*obliczenie*) calculation; **wykonała prosty ~ek pamięciowy** she made a. did a simple calculation in her head; **on jest biegły w ~kach** he's quick at figures a. good with numbers; **~ek się nie zgadza** the sums don't tally a. add up [2] (*konto bankowe*) account; **na czyimś ~ku** in sb's account; **otworzyć ~ek** to open an account [3] (*podsumowany spis należności*) bill; **słony ~ek** an exorbitant bill; **~ek za elektryczność/gaz** an electricity/a gas bill; **wystawić ~ek** to make out a bill; **uregulować ~ek** to pay a. settle an account, to pay the bill; to foot the bill pot.

III rachunki *plt* [1] pot., przest. arithmetic; **dzieci całe popołudnie odrabiały ~ki** the children did their sums the whole afternoon [2] (*stan majątku, kapitału*) accounts; **komisja sprawdziła ~ki firmy** the commission inspected the company's accounts ❑ **~ek bieżący** current account GB, checking account US; **~ek całkowy** Mat. integral calculus; **~ek czekowy** current account, checking account; **~ek oszczędnościowo-rozliczeniowy, ROR** interest-bearing current account; **~ek prawdopodobieństwa** Mat. theory of probability, calculus of probability; **~ek różniczkowy** Mat. differential calculus; **~ek sumienia** Relig. examination of conscience także przen.

■ **~ek zysków i strat** profit and loss account; **cokolwiek zrobił, szło na mój ~ek** whatever he did, I was blamed for it; **złe zachowanie córki idzie na jego ~ek** he is blamed for his daughter's bad behaviour; **pracować na własny ~ek** to be self-employed; **w ostatecznym ~ku** at the last count; **wyrównać ~ki** to settle a score; **zdać ~ek z czegoś** to account for sth; **nie będę przed nikim zdawać ~ków** I won't account to anybody for anything; **żyć na własny ~ek** to be financially independent

rachunkowo *adv.* [*przedstawić, ująć*] arithmetically, in figures; **przedstawić ~ zyski i straty przedsiębiorstwa** to present profit and loss accounts for the company

rachunkowość|ć *f* [1] (*księgowość*) bookkeeping, accounting [2] (*dział w instytucji*) bookkeeping department, accounts

rachunkow|y *adi.* [1] (*dotyczący działań na liczbach*) arithmetic, computational; **dziecko wykonało proste działania ~e** the child did some simple sums; **uważaj na błędy ~e** watch out for mistakes in arithmetic a. calculation [2] (*dotyczący obrotów finansowych*) [*sprawozdanie, zestawienie*] bookkeeping *attr.*; **księga ~a** an account book

rac|ica *f* (**~czka** *dem.*) hoof

racj|a[1] *f* (*Gpl* **~i**) [1] *sgt* (*słuszność*) rightness; **mieć ~ę** to be right; **nie mieć ~i** to be wrong; **przyznać komuś ~ę** to agree with sb; **jest w tym trochę ~i** there's a point there; **w tym, co mówisz, jest trochę ~i** there's some reason in what you say

2 (argument) argument; **przedstawić/wyłożyć swoje ~e** to present/put forward one's arguments; **przekonywać kogoś do swoich ~i** to try to bring sb round; **mieć wszelkie ~e po swojej stronie** to have all the arguments in one's favour 3 *sgt* (powód) reason; **nie bez ~i mówi się, że...** it's not without reason that they say that...; **z jakiej ~i wtrącasz się do moich spraw?** what right do you have to meddle in my affairs?; **z ~i czegoś** by virtue of sth, because of sth; **z ~i (jej/jego) wieku** by virtue of his/her age; **nie przyszedł z ~i choroby** he didn't come on account of ill health; **z ~i podeszłego wieku należy mu się szacunek** he deserves respect on account of his advanced years 4 Log. reason

❏ **~a bytu** raison d'être; **~a stanu** Polit. raison d'état, reason of state

■ **~a! co ~a, to ~a!** yes, (yes) indeed!; **bez dania ~i** without any particular reason; **obraził się bez dania ~i** he took offence for no apparent reason; **odrzucił pomysł bez dania (jakichkolwiek) ~i** he rejected the idea out of hand; **święta ~a** amen to that!; **mieć świętą ~ę** to be absolutely right

racj|a² *f* (*Gpl* **~i**) ration; **~e żywnościowe** food rations; **skromne/głodowe ~e** meagre/beggarly rations; **dzienna ~a chleba** the daily ration of bread; **ograniczyć komuś ~e** to put sb on short rations

racjonali|sta *m*, **~stka** *f* rationalist
racjonalistycznie *adv.* rationalistically
racjonalistyczn|y *adi.* [*metoda, pogląd, system*] rationalist
racjonalizacj|a *f sgt* 1 Ekon. streamlining 2 Psych. rationalization
racjonalizato|r *m*, **~rka** *f* rationalizer
racjonalizators|ki *adi.* streamlining; **pomysł** a. **projekt ~ki** an improvement scheme
racjonalizatorstw|o *n sgt* improvement schemes; **dyrekcja popiera ~o** the management supports improvement schemes
racjonalizm *m* (*G* **~u**) *sgt* Filoz. rationalism
racjonaliz|ować *impf* Ⅱ *vt* książk. to rationalize [*postawy, doświadczenia*]; to streamline [*pracę, procesy produkcyjne*] ⇒ **zracjonalizować**
Ⅲ **racjonalizować się** to become more efficient; **gospodarstwo stopniowo ~uje się** the farm is undergoing a slow process of modernization ⇒ **zracjonalizować się**
racjonalnie *adv.* rationally, sensibly; **próbuję myśleć ~** I try to think rationally
racjonalnoś|ć *f sgt* rationality
racjonaln|y *adi.* 1 (oparty na metodach dających dobre wyniki) efficient; **~e odżywianie** a well-balanced diet 2 (oparty na rozumie) rational; **musi być jakieś ~e wytłumaczenie** there must be some rational explanation; **staram się być ~y w ocenie własnych osiągnięć** I'm trying to be rational in assessing my own achievements
racjon|ować *impf vt* to ration [*cukier, mąkę*]
racu|ch *m* (**~szek** *dem.*) ≈ drop scone; **rozrobić ciasto na ~chy** to make batter for drop scones

raczej *part.* 1 (właściwie) rather; **drzewo, a ~ krzak** a tree, or rather a bush; **był ~ młody** he was a youngish man; **była ~ nieduża** she was a bit on the small side pot.; **dzieci są ~ grzeczne** the children are rather well-behaved 2 (bardziej) rather, more; **~ zdziwiony niż zły** more surprised than angry; **jest ~ mechanikiem niż inżynierem** he's more (of) a mechanic than an engineer; **to był ~ wypadek, niż działanie umyślne** it was an accident rather than intentional wrongdoing; **wolę ~ kawę niż herbatę** I really prefer coffee to tea
raczk|ować *impf vi* 1 (o małych dzieciach) to crawl (on all fours) 2 przen. to be a novice; **być ~ującym narciarzem** to be a novice skier; **być ~ującym adwokatem** to be a budding lawyer; **w sporcie rajdowym dopiero ~ujemy** we're new to rally driving
racz|yć *impf* Ⅰ *vt* 1 książk. (częstować) to treat, to regale; **~yć kogoś smakołykami** to ply sb with delicacies; **~ono ich wybornym winem** they were plied with exquisite wine 2 przest. iron. to deign książk.; **nie ~ył nawet odpowiedzieć** he didn't deign to vouchsafe an answer, he didn't deign to reply; **ledwie ~yła spojrzeć** she hardly deigned to look 3 iron. (obdarzać) to treat, to ply, to regale; **~yć kogoś długą opowieścią** to regale sb with a long story; **w sierpniu telewizja ~y nas powtórkami** in August we are plied with reruns on television
Ⅱ **raczyć się** przest. żart. to gorge oneself (**czymś** on sth); **~ył się tortem czekoladowym** he gorged himself on chocolate cake
■ **Bóg ~y wiedzieć** God a. Heaven only knows
ra|d¹ *adi. praed.* przest. 1 (zadowolony) glad; **byli radzi gościom** they were glad to see their guests; **był rad, że został zauważony** he was glad to be noticed 2 (chętny) glad; **rad słuchał opowiadań babki** he liked to listen to his grandmother's stories; **rad bym widzieć was u siebie** I'd love you to come (and a. to) visit me; **rad by ją poznać** he'd love to meet her
■ **rad nierad** nolens volens książk.; willy-nilly, whether willing or not; **rad nierad musiał ustąpić** whether he wanted to or not, he had to give in; whether willing or not he had to give in; **rad nierad postanowiłem...** I decided to make a virtue of necessity and...; **czym chata bogata, tym rada** ≈ all we have is at your disposal, please take advantage of our humble hospitality; **rada by dusza do raju (ale grzechy nie puszczają)** przysł. ≈ the spirit is willing (but the flesh is weak) przysł.
rad² *m* Chem. Fiz. radium
rad³ *m* Fiz. Miary rad
ra|da *f* 1 (porada) advice U; **prosić kogoś o radę** to ask sb's advice; **zasięgać rady u kogoś** to seek a. get advice from sb; **usłuchać czyjejś rady** a. **pójść za czyjąś radą** to take a. follow sb's advice; **zrobić coś za czyjąś radą** to do sth on sb's advice; **to była dobra/mądra rada** it was good/sound

advice; **dam ci (jedną) radę...** I'll give you a piece of advice a. a word of advice...; **posłuchaj mojej rady** take a tip from me, take my tip 2 (zgromadzenie) council; **wybierać/rozwiązywać radę** to elect/dissolve a council; **wezwali nas wczoraj na radę** we were summoned to a council meeting yesterday

❏ **Polska Rada Kościołów** Polish Council of Churches; **Rada Bezpieczeństwa ONZ** UN Security Council; **rada gminy** district council; **rada komisarzy ludowych** Hist. Council of People's Commissars; **rada królewska** Hist. royal council; **rada miejska** city a. town council; **Rada Ministrów** Council of Ministers; **rada nadzorcza** board of trustees; **rada narodowa** Hist.. people's council (*in communist Poland*); **Rada Państwa** Hist. Council of State (*in Poland in 1952-89*); **rada parafialna** parish council; **rada pedagogiczna** Szkol. staff meeting; **rada starszych** Hist. council of elders; **rada wojenna** council of war, war council; **rada wydziału** Uniw. faculty council a. board US; (posiedzenie) the faculty council meeting; **Rada Wzajemnej Pomocy Gospodarczej** Hist. Council for Mutual Economic Assistance (Comecon); **rada zakładowa** works committee; **Światowa Rada Kościołów** World Council of Churches

■ **dać radę (coś zrobić)** to manage (to do sth), to cope (with sth); **mam tyle obowiązków, że czasem już nie daję rady** I have so many responsibilities that sometimes I just can't cope any more; **w życiu każdy musi sobie dawać radę sam** everyone must cope with life as best they can; **nie daje sobie rady z nauką w szkole** s/he's not doing well at school; **dać/dawać sobie radę** to get by a. along, to cope, to manage; **czy da sobie radę z trudnościami?** will s/he manage?; **nie dam rady, to za ciężkie** I can't (manage), it's too heavy; **jedyna rada, to...** the only thing to do is to...; **jedyna rada to czekać, co będzie dalej** the only thing to do is to wait and see; **nie martw się, i na to znajdzie się rada** don't worry, we'll think of something; **w tej sytuacji jest tylko jedna rada...** there's only one way to remedy the situation...; **nie ma innej rady** there's no other way; **rada w radę postanowili powiedzieć jej o wypadku** after a. on careful consideration they decided to tell her about the accident; **trudna rada** a. **nie ma rady** there's nothing to be done; **nie ma rady, musimy się z tym pogodzić** there's nothing to be done, we have to live with it; **na upór nie ma rady** there's none so deaf as those who won't hear
rada|r *m* (*G* **~ru**) radar
radarow|y *adi.* radar *attr.*; **antena ~a** a radar scanner; **kontrola ~a** a radar trap
radc|a *m* counsellor, adviser; **~a dworu** Hist. Court counsellor; **~a handlowy** commercial adviser a. counsellor; **~a prawny** Prawo legal adviser; **był ~ą prawnym w naszej firmie** he was our company lawyer; **tajny ~a** Hist. privy counsellor

radcows|ki *adi.* of the legal adviser; **przyjął posadę ~ką w wielkim przedsiębiorstwie** he took up the post of company lawyer in a big firm

radiacj|a *f sgt* Fiz. radiation

radiacyjn|y *adi.* Fiz. radiation *attr.*; **zagrożenie ~e** a radiation hazard

radialnie *adv.* radially

radialn|y *adi.* radial; **opona ~a** a radial, a radial tyre

radieste|ta *m,* **~tka** *f* dowser, water diviner GB

radiestezj|a *f sgt* dowsing, water divining GB

radiestezyjn|y *adi.* [praktyki, badania] dowsing, water divining GB

radi|o [] *n* (*L* ~**o** a. ~**u**) [1] (urządzenie) radio (set); **~o z budzikiem** a radio clock, a radio alarm (clock); **w ~u** on the radio; **nastawić** a. **włączyć/wyłączyć** to turn on/ to turn off the radio [2] Telekom. radio; **przez ~o** over a. by radio; **nadać wiadomość przez ~o** to send a message over the radio [3] (instytucja) radio station

[] **radio-** *w wyrazach złożonych* radio-; **radiooficer** radio operator; **radiografia** radiography

❑ **~o taxi** taxi, minicab GB

radioaktywnoś|ć *f sgt* radioactivity

radioaktywn|y *adi. attr.* radioactive

radioamato|r *m* (radio) ham *pot.*

radioamators|ki *adi. attr.* amateur radio *attr.*; **~ka krótkofalówka** a ham walkie-talkie

radiofoni|a /ˌradjoˈfɔɲja/ *f* (*GD* ~**i**) [1] *sgt* (dział telekomunikacji) radio broadcasting [2] (*Gpl* ~**i**) (instytucja) radio broadcasting; **~a publiczna** public (radio) broadcasting ❑ **~a bezprzewodowa** Techn. cordless broadcasting; **~a przewodowa** Techn. cable a. wire broadcasting

radiofoniczn|y *adi.* Techn. broadcasting; **stacja ~a** a broadcasting station

radiofonizacj|a *f sgt* installation/extension of the telegraph network

radiofoniz|ować *impf vt* to install a. extend the telegraph network to [wieś, osiedle] ⇒ **zradiofonizować**

radiolo|g *m* (*Npl* ~**dzy** a. ~**gowie**) radiologist

radiologi|a *f sgt* (*GD* ~**i**) radiology

radiologicznie *adv.* radiologically

radiologiczn|y *adi.* radiological

radiolokacj|a *f sgt* radiolocation

radiolokacyjn|y *adi.* [stacja, urządzenia] radar *attr.*

radiomagnetofon *m* (*G* ~**u**) radiocassette (recorder)

radioodbiornik *m* radio set

radiosłuchacz *m,* **~ka** *f* (*Gpl* ~**y** a. ~**ów,** ~**ek**) radio listener

radiostacj|a *f* (*Gpl* ~**i**) radio station; **~a pokładowa** (w samolocie) airborne radio station; (na statku) ship radio station

radiotechniczn|y *adi.* [kurs, przemysł] radio engineering *attr.*

radiotechnik *m* radio engineer

radiotechni|ka *f* Techn. *sgt* radio engineering

radiotelefon *m* (*G* ~**u**) radiotelephone

radiotelegrafi|sta *m,* **~stka** *f* wireless operator, radiotelegraph operator

radiowę|zeł *m* radio broadcasting system

radiow|iec *m pot.* [1] (pracownik radia) (dziennikarz) radio journalist [2] (radiotechnik) radio engineer, radio a. wireless technician

radiow|óz *m* (*G* ~**ozu**) radio car

radiow|y *adi.* [program, audycja, sprawozdawca] radio *attr.*; **drogą ~ą** by radio, by wireless; **komunikat ~y** a wireless message; **wywiad ~y** a radio interview

rad|ło *n* wooden plough, coulter

radn|y *m* councillor, councilman US

rado|cha *f pot.* fun; **mają ~chę, bo jutro nie idą do szkoły** they're happy because they don't have to go to school tomorrow, what fun for them not to have to go to school tomorrow; **ale ~ocha, wyjeżdżamy nad morze!** what fun, we are going to the seaside! *pot.*

rado|sny *adi.* [1] (pełen radości) happy, cheerful [2] (wyrażający, wywołujący radość) [świadomość, nastrój] cheerful, joyful; [uśmiech, mina, okrzyk] joyful, glad; **zwiastun ~snych wieści** the bearer of happy tidings a. news; **wszyscy zapamiętają ten ~sny dzień** everyone will remember that happy day; **przeżyli wspólnie ~sne chwile** they had happy moments together

radoś|ć *f* joy, glee; **~ć życia** joie de vivre *książk.*; **ogarnęła ją wielka ~ć na wieść, że...** she was overcome with joy when she heard that...; **w jej oczach pojawiły się łzy ~ci** tears of joy welled up in her eyes; **jej twarz promieniowała ~cią** joy radiated from her face; **na jej widok oczy zaświeciły mu ~cią** his eyes gleamed with joy a. delight when he saw her; **z ~cią zawiadamiamy, że...** it is with great pleasure that we inform you that...

radośnie *adv. grad.* joyfully, gaily; **pies szczekał ~ i merdał ogonem** the dog barked joyfully a. gaily and wagged its tail; **wiosną ludzie patrzą ~j na świat** in the spring, people look more joyfully at the world around them

rad|ować *impf książk.* [] *vt* to please; **~ował ją piękny, wiosenny dzień** the lovely spring day made her happy; **widok z twojego okna ~uje oczy** the view from your window is pleasing to the eye; **jego osiągnięcia w szkole ~ują serce** his achievements at school warm the heart ⇒ **uradować**

[] **radować się** to be pleased, to rejoice; **~ować się odniesionym zwycięstwem** to rejoice in the victory; **~ował się pięknem przyrody** he enjoyed the beauty of nature

radow|y *adi.* [1] (dotyczący radu) [preparat] radiotherapeutic; [instytut] radiotherapy *attr.* [2] Fiz., Chem. rad *attr.*

radyj|ko *n dem. pot.* (small) radio

radykali|sta *m,* **~stka** *f* radical

radykalizacj|a *f sgt książk.* radicalization

radykalizm *m sgt* (*G* ~**u**) [1] (bezkompromisowość) radicalism [2] Filoz. radicalism

radykaliz|ować *impf książk.* [] *vt* (skłaniać się ku radykalizmowi) to radicalize [środki, działania] ⇒ **zradykalizować**

[] *vi* (mieć radykalne poglądy) to be radical; **~ował we wszystkich swych pismach** he was radical in all his writings

[] **radykalizować się** to become radical ⇒ **zradykalizować się**

radykalnie *adv. grad.* [1] (w sposób zasadniczy) radically, once and for all; **~ zerwał z nałogiem** he gave up his bad habit a. broke with his addiction once and for all [2] (w duchu radykalizmu) radically; **~ nastawione jednostki** radically oriented a. inclined individuals

radykalnoś|ć *f sgt* radicalness

radykaln|y *adi. grad.* [1] (dążący do zasadniczych zmian) [działacz, metody, teorie] radical; **~a reforma** a radical a. root and branch reform [2] (skuteczny) [lekarstwo, metoda] radical; [środek, lekarstwo] drastic; **trzeba było zastosować ~ą kurację** we had to use a radical treatment

radyka|ł *m* (*Npl* ~**łowie**) radical; **uważał się za ~ła w sprawach moralnych** he regarded himself as a radical on moral issues

ra|dzić *impf* [] *vi* [1] (udzielać rad) to advise, to counsel; **radzono mu wyjechać i odpocząć** he was advised to get away (from it all) and rest ⇒ **poradzić** [2] (obradować, naradzać się) to debate; **radzili, jak wybrnąć z trudnej sytuacji** they debated how to deal with the difficult situation; **radzili o przyszłości dzieci** they pondered over the children's future, they discussed their children's future

[] **radzić się** to seek advice; **radził się ojca, jak ma postąpić** he asked his father's advice on what to do; **radził się lekarza** he sought the doctor's advice

■ **radzić sobie (z kimś/czymś)** to manage (sb/sth)

radziec|ki *adi.* Hist. [władza, ustrój, system] Soviet

radż|a *m* (*Npl* ~**owie**) raja(h)

raf|a[1] *f* reef; **~a przybrzeżna** a fringing reef; **statek rozbił się o ~y** the ship was wrecked on a reef ❑ **~a koralowa** coral reef

raf|a[2] *f* Techn. sifter

rafi|a *f* (*GD* ~**i**) [1] Bot. raffia [2] *sgt* (włókno z liści palm) raffia; **kapelusz z ~i** a raffia hat

rafinacj|a *f sgt* Techn. refining

rafina|da *f sgt* refined sugar

rafineri|a *f* (*GDGpl* ~**i**) refinery

rafineryjn|y *adi.* [przemysł] refining *attr.*; [produkt] refinery *attr.*

rafin|ować *impf vt* to refine [cukier, oleje]; **w sprzedaży jest cukier/olej ~owany** shops sell refined sugar/oil

raglan → **reglan**

ragtim|e /ˈraktajm/ *m* (*G* ~**e'u**) Muz. ragtime

ra|ić *impf vt pot.* to recommend; **raić komuś pannę/kawalera** to find a match for sb; **rajono im gosposię** a housekeeper was recommended to them ⇒ **naraić**

raj *m* (*G* ~**u**) [1] *sgt* Relig. paradise [2] Relig. (biblijny ogród) Paradise, Garden of Eden; **Adam i Ewa zostali wygnani z ~u** Adam and Eve were expelled from Paradise [3] przen. (zachwycające miejsce) paradise, heaven; **ta wyspa to wymarzony ~ na ziemi** this island is a paradise a. heaven on earth [4] przen. (miejsce sprzyjające) haven; **~ dla narciarzy** a haven for skiers, a skiers' paradise; **~ podatkowy** a tax haven

■ (o) **~u!** pot. Jeez! pot.; **baju, baju będziesz w ~u** żart. ≈ fiddle-faddle!; **czuć się jak w ~u** to be in heaven, to be on top of the world

rajc|a m [1] Hist. town councillor (*in Poland*) [2] żart. councillor

rajc|ować¹ *impf vt* pot. (podniecać) to give [sb] a kick a. thrill pot.; **~ują go szybkie samochody** fast cars give him a kick a. thrill; **mnie to towarzystwo nie ~uje** I'm not keen on their company

rajc|ować² *impf vi* pot. (gadać) to gab, to prattle

rajcown|y *adi.* pot. *[bielizna, pończochy]* sexy, exciting

rajd m (G ~du) [1] (zawody sportowe) rally [2] (wyprawa turystyczna) expedition; **~d pieszy** a hike, a trek; **~d konny** a horseback tour [3] Wojsk. raid

rajdow|iec m rally driver

rajdow|y *adi.* *[samochód, trasa]* racing; *[kierowca]* rally *attr.*, racing

rajfu|r m (Npl ~rzy a. ~ry) przest. pander przest.; procurer

rajfur|ka f przest. bawd przest.; procuress

rajs|ki *adi.* [1] (odnoszący się do krainy szczęśliwości) paradisiacal, paradisal; **Adam i Ewa mieszkali w ~kim ogrodzie** Adam and Eve lived in the Garden of Eden [2] (wspaniały) heavenly; **w tym roku nad morzem była ~ka pogoda** we had heavenly a. wonderful weather at the seaside this year; **wieść ~kie życie** to live in clover

rajsko *adv.* pot. heavenly pot.; blissfully; **na wyspie było ~** it was heavenly (to be) on the island

rajstop|ki *plt dem.* (G ~ek) tights; **dziecięce ~ki** children's tights

rajstop|y *plt* (G ~) tights GB, pantyhose US; **~y przeciwżylakowe** support tights; **~y z lycry** lycra tights

rajta|r m Hist. mercenary (*cavalry*) trooper *during the 16th-17th centuries*

rajtari|a f sgt Hist. (w Niemczech) mercenary (*cavalry*) troops of the 16th-17th centuries

rajtars|ki *adi.* *[chorągiew, strój]* cavalry *attr.*

rajtuz|y *plt* (G ~ów) tights, leggings

rajz|a f pot. roaming; **wyruszyć na wielką ~ę** to go (on a) roaming (trip)

Rak [] m *pers.* (*Npl* ~i) (urodzony pod znakiem Raka) Cancer; **jest ~iem** he's a Cancer [] m *inanim. sgt* [1] (znak zodiaku) Cancer; **on jest spod (znaku) ~a** he's a Cancer [2] Astron. (gwiazdozbiór) Cancer

rak [] m *anim.* crayfish [] m *inanim.* [1] sgt (nowotwór) cancer; **~ szyjki macicy/piersi** cervical/breast cancer; **chory na ~ka** a cancer patient; **chorować na** a. **mieć ~a** to have cancer; **umrzeć na ~a płuc** to die from lung cancer; **leczył się na ~a wątroby** he was treated for liver cancer [2] sgt (choroba roślin) canker [3] sgt książk., przen. (negatywny proces społeczny) **~ biurokracji** the cancer of bureaucracy; **żerał go ~ zazdrości** he was possessed with a. by overwhelming jealousy [4] zw. pl (metalowy zaczep) crampon zw. pl, climbing irons pl [5] Górn. ≈ fishing tool [6] Muz. crab canon [7] Literat. cancrine verse spec.; palindrome

■ **być czerwonym jak ~** to be red like a boiled lobster; **na bezrybiu i ~ ryba**

beggars can't be choosers; **pełzać** a. **chodzić ~iem** to crawfish, to crab; **spiec ~a** to turn crimson

rakarz m (G ~y) [1] (likwidator wałęsających się zwierząt) dog catcher [2] przen., obraźl. butcher, slaughterer

rakie|ta f [1] (pojazd) rocket [2] (pocisk) missile, rocket; **~ta średniego zasięgu** a medium-range missile; **~ta międzykontynentalna** an intercontinental (ballistic) missile; **~ta z mechanizmem samonaprowadzającym** a homing missile [3] (urządzenie pirotechniczne) rocket; **~ta oświetlająca** a. **świetlna** a flare; **~ta sygnalizacyjna** a signal rocket, a flare [4] Sport (do odbijania piłki) (tennis) racket; przen. (tenisista) tennis player; **być czołową/pierwszą ~tą** to be a leading/top tennis player

❑ **~ta meteorologiczna** a sounding rocket; **~ta nośna** Lotn. carrier rocket, booster rocket; **~ta śnieżna** racket, snowshoe; **~ta wielostopniowa** multistage rocket

rakiet|ka f Sport (do badmintona) racket; (do tenisa stołowego) (table-tennis) bat, (table-tennis) racket

rakietnic|a f flare pistol

rakietow|y *adi.* [1] *[człon, sonda, technika]* rocket *attr.* [2] *[głowica, broń, wyrzutnia]* rocket *attr.*, missile *attr.*; **okręt ~y** a rocket a. missile cruiser [3] *[sygnał]* rocket *attr.*, flare *attr.* [4] (dotyczący rakiety tenisowej) *[struny, naciąg]* racket *attr.*

rakotwórczo *adv.* **działać ~** to have a carcinogenic effect

rakotwórczoś|ć f sgt carcinogenicity

rakotwórcz|y *adi.* carcinogenic

rakowaci|eć *impf* (~ał) *vi [komórki]* to turn cancerous ⇒ **zrakowacieć**

rakowa|ty *adi.* *[narośl, tkanka, komórka]* cancerous; **~te drzewa** cankerous trees

rakow|y *adi.* [1] (dotyczący skorupiaka) crayfish *attr.*; **zupa ~a** bisque [2] (dotyczący nowotworu) *[komórki, zmiany]* cancerous [3] (dotyczący choroby roślin) cankerous

RAM m sgt (G **RAM-u**) Komput. RAM

ram|a [] f [1] (oprawa) frame; **~a obrazu/okienna** a picture/window frame; **oprawić obraz/lustro w ~y** to frame a picture/mirror [2] Techn. frame; **~a podwozia** an underframe; **~a roweru** a crossbar; **wieźć kogoś na ~ie** to ride sb on a crossbar

[] **ramy** *plt* (konstrukcja) framework; (zakres) extent U, scope U; **ciasne ~y konwenansu** tight constrictions of etiquette; **robić coś w ~ach czegoś** to do sth as part of sth; **odbywać się w ~ach festiwalu/występu** to be held as part of the festival/performance; **nie chcieli narzucać dyskusji ściśle określonych ~** they didn't want to impose strict guidelines on the discussion; **skromne ~y artykułu nie pozwalają na wyczerpanie zagadnienia** the modest scope of the article does not allow for exhaustive treatment of the subject; **w ~ach 20 godzin lekcyjnych 3 godziny przypadają na konsultacje** within the 20 teaching hours, 3 hours are devoted to consultations

ramadan m sgt (G ~u) Relig. Ramadan; **w ~ie obowiązuje ścisły post** Ramadan is a period of strict fasting

ramazan → **ramadan**

ramiącz|ko n [1] (plisa, taśma) strap, shoulder strap; **suknia bez ~ek** a strapless dress; **musiała skrócić ~ka przy staniku** she had to shorten the shoulder-straps of her bra [2] (do wieszania ubrania) coat hanger; **powiesić marynarkę na ~ku** to hang a jacket on a coat hanger

ramieniow|y *adi.* arm *attr.*; brachial spec., humeral spec.; **kość ~a** an arm bone, humerus; **wyrostek ~y** Zool. brachial appendage

ramienn|y [] *adi.* [1] (znajdujący się w ramieniu) arm *attr.*; *[kość, staw, splot]* humeral, brachial [2] (o urządzeniach) arm *attr.*; **semafor ~y** an arm semaphore

[] **-ramienny** *w wyrazach złożonych* (o gwieździe) -pointed; (o świeczniku) -branched; (o osobie, posągu) -armed; **pięcioramienna gwiazda** a five-pointed star; **siedmioramienny świecznik** a seven-branched candelabrum; **sześcioramienna bogini** a six-armed deity

rami|ę n (G ~enia) [1] (bark) shoulder; **na ~ę broń!** slope arms!; **ze strzelbą na ~eniu** with a rifle at the slope; **z płaszczem przewieszonym przez ~ę** with a coat thrown over one's arm; **zarzuciła chustkę na ~ona** she threw a scarf over her shoulders [2] (od barku do stawu łokciowego) arm; **z ~onami skrzyżowanymi na piersiach** with one's arms crossed; **nosił na ~eniu czarną opaskę** he wore a black armband [3] Fiz. arm

❑ **~ę kąta** Mat. arm of (an) angle; **~ę koła** Mech. spoke; **~ę siły** Fiz. arm of a force

■ **~ę przy ~eniu** shoulder to shoulder, abreast; **~ę w ~ę** shoulder to shoulder; **działać** a. **występować z czyjegoś ~enia** to act on behalf of sb a. on sb's behalf, to act in the name of sb; **klepać** a. **poklepywać kogoś po ~eniu** to pat sb on the shoulder; **rzucić się** a. **paść sobie w ~ona** to fall into one another's arms; **porwać** a. **wziąć kogoś w ~ona** to take sb in one's arms, to embrace sb; **przyjąć kogoś z otwartymi ~onami** to receive sb with open arms; **podać komuś ~ę** to offer one's arm to sb; **służyć komuś ~eniem** to offer one's arm to sb; **służę pani ~eniem** may I offer you my arm, my lady?; **wzruszyć ~onami** to shrug one's shoulders

ramion|ko n dem. shoulder; **córeczka oplotła mu szyję ~kami** his daughter put her arms around his neck

ram|ka f dem. frame

ramol m (Gpl ~i a. ~ów) pot. (old) dodderer; (old) crock pot.; **ten ~ stale gubi parasole!** that doddering old fool keeps losing his umbrella!

ramo|ta f pejor. (utwór) trash U

ramowo *adv.* in outline

ramow|y *adi.* [1] (w kształcie ramy) frame *attr.*; **antena ~a** a frame aerial [2] (ogólny) general; **~y plan wypracowania** an outline of a composition; **~y program konferencji** conference programme in general outline

ramów|ka f pot. programming, programme format; **~ka wakacyjna** holiday programme format; **zmiana ~ki telewizyjnej** change of television programming

ramp|a _f_ [1] (pomost ładunkowy) loading ramp [2] (w teatrze) footlights; **światła ~ na Broadwayu** the footlights of Broadway [3] (na przejazdach kolejowych) barrier, gate

ran|a _f_ wound, injury; **~a na głowie** a head wound a. injury

❏ **~a cięta** Med. cut, gash; **~a kłuta** Med. puncture a. stab wound; **~a szarpana** Med. laceration; **powierzchowna ~a** Med. flesh wound

■ **~y Julek!** pot. gosh pot., gee whizz! US pot.; **czas leczy** a. **goi ~y** time heals all wounds; **(dobry, choć) do ~y przyłóż** a. **przyłożyć** as good as gold; **rozdrapywać (stare) ~y** to reopen old wounds, to rub it in; **lizać ~y** to lick one's wounds; **sypać sól na ~y** to rub salt in the wounds

rancho /ˈrantʃo/ → **ranczo**

rancz|o _n_, _n inv._ ranch

rand|ka _f_ pot. date pot.; **pójść z kimś na ~kę** to go on a date with sb; **umówił się na ~kę w parku** he has a date in the park

ran|ek [I] _m_ morning; **poprzedniego/następnego ~ka** the previous/following morning

[II] **rankiem** _adv._ in the morning

ran|ga _f_ [1] (stopień w hierarchii wojskowej) rank; **wysoki/niski ~gą** of high/low rank; **miał ~gę porucznika** he held the rank of lieutenant; **pułkownik jest starszy ~gą od kapitana** a colonel outranks a captain [2] przen. (znaczenie) **Szekspir jest pisarzem światowej ~gi** Shakespeare is a writer of world renown; **w naszej klinice pracują specjaliści najwyższej ~gi** top specialists work in our clinic; **zdobył wysoką ~gę wśród uczonych** he gained prestige among scholars; **ostatnia rola podniosła ją do ~gi wybitnej aktorki** her latest role won her the reputation of a great actress

■ **urastać do ~gi problemu/symbolu** to become a. turn a. grow into a problem/symbol

ra|nić [I] _pf, impf vt_ [1] (zadać ranę) to wound, to injure; **raniono go w walce** he was wounded in a. during combat; **ranił ją nożem** he injured a. wounded her with a knife; **raniono go ciężko** he was heavily a. badly a. severely wounded [2] (kaleczyć) to cut; **kolce róż raniły jej dłonie** rose thorns cut a. pierced her fingers, she pricked her fingers on the rose thorns; **ostry żwir ranił bose stopy** sharp pebbles stabbed his/her bare feet

[II] _impf vt_ przen. (sprawić przykrość, urażać) to hurt; **ranić czyjeś serce** to hurt sb's feelings; **ranił jej uczucia** he hurt her feelings; **posądzenia raniły jego dumę** suspicions wounded his pride ⇒ **zranić**

[III] **ranić się** _pf_ (skaleczyć samego siebie) **ranił się wymachując siekierą** he injured a. hurt himself waving an axe about

[IV] **ranić się** _impf_ (ulegać kaleczeniu) **ręce ranią się podczas wspinaczki** hands get lacerated (with scratches) while climbing

raniu|tko (**~teńko, ~sieńko**) _adv. dem._ at the crack of dawn, early in the morning

ran|ka _f dem._ (zadrapanie) graze; (zadraśnięcie) cut, nick; **posmarowała ~kę jodyną** she applied iodine to the graze

ranking _m_ (_G_ ~u) ranking; **awansować w ~u** to improve one's ranking; **zająć czołowe miejsce w ~u** to be classified high in the ranking

rankingow|y _adi._ [pozycja] in the ranking; **lista ~a** a ranking list; **znalazł się na wysokiej pozycji ~ej** he has a high position in the ranking, he's high in the ratings

rann|y¹ [I] _adi._ wounded, injured

[II] _m_ wounded man, injured man; **~i** the wounded, the injured; **~y został ułożony na noszach** the wounded a. injured man was laid out on a stretcher

[III] **ranna** _f_ **~a nie straciła przytomności** the wounded woman/girl didn't lose consciousness

rann|y² _adi._ [mgła, gazeta, pociąg] morning attr.

ran|o [I] _n_ morning; **nad ~em** at dawn; **wybrali się na polowanie z samego ~a** they went hunting early in the morning

[II] _adv._ in the morning; **obudził się ~o** he woke up in the morning

■ **do białego ~a** till the crack of dawn

rap¹ _m_ Zool. asp

rap² _m sgt_ (_G_ ~u) Muz. rap _C/U_

rape|r _m_ Muz. rapper

rapie|r _m_ (_G_ ~ra a. ~ru) Hist. rapier

rapor|t _m_ (_G_ ~tu) [1] (sprawozdanie) report; **~t o stanie robót** a progress report; **złożyć ~t** to submit a. file a report; **przedstawić ~t na temat czegoś** to report back about a. on sth [2] Szt., Włók. (powtarzający się element) repeat

❏ **~t karny** Wojsk. report

■ **podać kogoś do ~tu** to lodge a. file a complaint against sb; **stanąć do ~tu** to be put on report; **urzędnik niesłusznie został podany do ~tu** the complaint that was filed against the clerk a. official was unfounded

raport|ować _impf vt_ to report; **~ować o przybyciu oddziału** to report the arrival of the unit; **~ować komuś szczegóły wydarzeń** to report to sb the details of the events

raportów|ka _f_ shoulder bag (used by soldiers and policemen to carry reports and documents)

rapowo _adv._ [grać, śpiewać] (in) rap style

rapow|y _adi._ [płyta, wersja] rap attr.; **był wykonawcą ~ym** he was a rapper

rapso|d [I] _m pers._ (_Npl_ ~dowie a. ~dzi) Antycz. rhapsodist

[II] _m inanim._ (_G_ ~du) Literat. rhapsody

rapsodi|a _f_ (_GDGpl_ ~i) Muz. rhapsody; **Błękitna Rapsodia** Rhapsody in Blue

rapsodyczn|y _adi._ [teatr, hymn, tryptyk] rhapsodic

raptem _adv._ [1] (nagle) suddenly, all of a sudden; **~ lunął deszcz** all of a sudden it started to rain [2] (zaledwie only) (just); **miał ~ dwadzieścia lat** he was only twenty; **kolekcja składała się ~ z kilku obrazów** the collection consisted of only a few pictures; **podróż trwała ~ godzinę** the journey lasted no more than an hour

raptownie _adv._ [wstać, skręcić, wpaść] abruptly

raptown|y _adi. grad._ [1] (nagły) [ruch, skręt, burza] sudden; **~e zmiany temperatury** sudden temperature changes; **przebiegła**

jej przez głowę ~a myśl a sudden thought came to her [2] (porywczy) [osoba] quick-tempered; **jego ~y charakter** his quick temper

raptularz _m_ daw. diary

raptularzow|y _adi._ daw. [notatka, zapiski] diary attr.

raptus _m_ (_Npl_ ~y) przest. hotspur przest.

rar|óg _m_ [1] Zool. saker (falcon); **polowanie z ~ogami** hunting with sakers [2] przen. (dziwak) oddball pot.; **patrzeć na kogoś jak na ~oga** to look at sb as if they were an oddball; **uchodzić za ~oga** to be considered an oddball

rarytas _m_ (_G_ ~u) rarity; (dla kolekcjonera) collector's item; (przysmak) delicacy; **ten obraz to prawdziwy ~** the painting is a real collector's item; **cukierki były wtedy prawdziwym ~em** sweets were really a delicacy back then

rarytasow|y _adi._ [przedmiot, eksponat] rare

ras|a _f_ [1] Antrop. race; **~a biała/czarna/żółta** the white/black/Asian race; **mężczyzna ~y białej** a white male; **~a ludzka** the human race; **~a panów** the master race [2] Zool. breed; **~a psów/owiec** a dog/sheep breed; **bydło ~y holenderskiej** Friesian cattle; **królik ~y angora** an angora rabbit; **pies ~y mieszanej** a mixed-breed dog, a cross-bred, a mongrel; **zwierzę czystej ~y** a pure-bred animal

rasi|sta _m_, **~stka** _f_ racist

rasistows|ki _adi._ [pogląd, polityka, napis] racist

rasizm _m sgt_ (_G_ ~u) racism

rasowo _adv._ [zróżnicowany, jednolity] racially

rasowy _adi._ [1] (dotyczący rasy) [konflikt, nienawiść, dyskryminacja] racial [2] Zool. (czystej krwi) [pies, kot] pure-bred [3] przen. (prawdziwy) [pisarz, aktor, napastnik] proper [4] przest. [twarz, rysy] aristocratic

rasz|ka _f_ Zool. robin

raszp|la _f_ (_Gpl_ ~i) [1] Techn. rasp [2] Zool. angel shark [3] pot., obraźl. (zrzędliwa kobieta) old hag a. bag pot., obraźl.; fishwife pejor.

ra|ta _f_ Handl. instalment, installment US; **płacić za coś w ratach** to pay for sth in instalments; **spłacać pożyczkę w miesięcznych/rocznych ratach** to repay a loan in a. by monthly/annual instalments; **zapłacić pierwszą/drugą ratę** to pay the first/second instalment; **kupić coś na raty** to buy sth on hire purchase GB a. on an installment plan US; **zrobić coś na raty** przen. to do sth in stages

ratafi|a _f_ (_GDGpl_ ~i) ratafia

rataln|y _adi._ **sprzedaż ~a** hire purchase GB, installment plan US; **spłata ~a** repayment by a. in instalments

ratan → **rattan**

ratle|r, **~rek** _m_ miniature pinscher

ratler|ka _f_ miniature pinscher bitch

rat|ować _impf_ [I] _vt_ [1] (ocalić) [osoba, przedmiot, wydarzenie] to save; (w niebezpieczeństwie, katastrofie) to rescue; **~ować kogoś przed kimś/czymś** to save sb from sb/sth; **~ować kogoś od śmierci** to save sb from death; **~ować kogoś z kłopotów** to help sb out of trouble; **~ować kogoś przed utratą pracy** to save sb from losing their job; **~ować własną skórę** to save one's own skin; **~ować swój dobytek** to save one's possessions; **~ować ginący gatunek** to save a dying a. an endangered species; **program ~owania finansów państwa** a programme for rescuing the country's finances; **program ~owania przedsiębiorstwa** a rescue package; **~ować twarz** to save face; **jedyne, co nas ~uje to to, że...** the only thing that will save us is... ⇒ **uratować** [2] (polepszać) to save, to redeem; **~ować sytuację** to save the day a. situation; **film ~uje świetne aktorstwo** the film is redeemed by excellent acting; **jedynie piękne drzewa ~ują wygląd miasta** the beautiful trees are the only redeeming feature of the city; **nawet zaskakujące zakończenie nie ~uje tej książki** even the surprising ending cannot redeem the book ⇒ **uratować**

II ratować się (wybawiać się) to save oneself; (przed niebezpieczeństwem, katastrofą) to rescue oneself; (ochraniać się) to protect oneself; **~ować się przed utonięciem** to prevent oneself from drowning; **~ować się od głodu** to protect oneself from hunger; **~ować się przed bombami** to protect oneself from bombs; **musieli ~ować się ucieczką** they had to flee ⇒ **uratować się**

ratownictw|o n sgt (działalność, służby) rescue; (udzielanie pierwszej pomocy) lifesaving; **~o morskie/górskie** sea/mountain rescue

ratownicz|y adi. [sprzęt, akcja, drużyna] rescue attr.; [kurs] lifesaving attr.

ratownik m rescuer; (na plaży, basenie) lifeguard

rattan m sgt (G **~u**) rattan; **meble z ~u** rattan furniture

rattanow|y adi. [fotel, listewka] rattan attr.

ratun|ek m (G **~ku**) [1] (pomoc) rescue; **przyjść/pospieszyć komuś na ~ek** to come/to go to sb's rescue; **czekać na ~ek** to wait for a rescue; **szukać ~ku u kogoś** to come to sb for help; **~ku!** help! [2] (szansa ocalenia) hope; **jedynym ~kiem dla osób dotkniętych tą chorobą jest...** the only hope for people suffering from this condition is...; **nie było dla nich ~ku** they were doomed, there was no hope for them

■ **być ostatnią deską ~ku dla kogoś** to be a last resort for sb

ratunkow|y adi. [akcja, służba, sprzęt] rescue attr.; **koło ~e** a lifebelt, a lifesaver; **kamizelka ~a** a life jacket; **łódź ~a** a lifeboat

ratusz m town hall

ratuszow|y adi. [wieża, zegar] town hall attr.

ratyfikacj|a f (Gpl **~i**) ratification U; **~a traktatu** the ratification of a treaty; **dokonać ~i umowy** to ratify an agreement; **przedstawić dokument do ~i przez parlament** to submit a document for ratification by parliament

ratyfikacyjn|y adi. [proces, debata] ratification attr.

ratyfik|ować impf, pf vt to ratify [układ, traktat]

rausz m (G **~u**) tipsiness; **być na ~u** a. **pod ~em** to be tipsy

rau|t¹ m (G **~tu**) (przyjęcie) banquet; **wydać ~t** to hold a banquet; **na ~cie u prezydenta** at a banquet held by the president

rau|t² m (G **~tu**) [1] (diament) rose-cut diamond [2] Archit., Szt. diamond-shaped ornament

rautow|y adi. [sala, smoking] banquet attr.

raz¹ [I] m (G **~u**) [1] (ilość wystąpień) time; **tylko ~** only once; **zrobić coś ~/dwa ~y/ trzy ~y** to do sth once/twice/three times; **setki ~y** hundreds of times; **dwa ~y większy/droższy** twice as big/expensive; **trzy/dziesięć ~y szybszy** three/ten times as fast a. faster; **dwa ~y więcej osób/ czasu** twice as many people/as much time; **sprzedał dom trzy ~y drożej, niż kupił** he sold the house for three times the price he paid for it; **półtora ~a więcej wypadków niż rok temu** one and a half times more accidents than last year; **podróż trwała kilka ~y dłużej niż zwykle** the journey lasted several times as long as usual; **sto a. tysiąc** a. **milion ~y lepszy/ większy** przen. way better/bigger; **zrobiłbym to sto ~y lepiej** I'd do it way a. a hundred times better; **jest tysiąc ~y przystojniejszy od brata** he's way more handsome than his brother; **choć** a. **chociaż ~ chciałbym...** just for once I'd like to...; **ile ~y?** how many times?; **ile ~y mam powtarzać?** how many times do I have to repeat myself?; **ile ~y go widzę, zawsze wygląda na zadowolonego** whenever I see him he looks happy, every time I see him he looks happy; **ileż to ~y próbowałem go przekonać!** how many times have I tried to convince him?; **to się zdarzyło już tyle ~y, że...** it already happened so many times that...; **pierwszy/ drugi/ostatni ~** a. **po ~ pierwszy/drugi/ ostatni** for the first/second/last time; **zawsze kiedyś jest ten pierwszy ~** there's always a first time; **kolejny ~** a. **po ~ kolejny** once again; **po ~ ostatni widziałem go w...** I last saw him in...; **kiedy z nim ostatni ~ rozmawiałem...** when I last talked to him...; **zrobiłem to po ~ pierwszy i ostatni** a. **pierwszy i ostatni ~** I did it for the first and (the) last time; **po ~ setny** a. **nie wiem który** for the umpteenth time pot.; **zrobić coś jeszcze ~** a. **~ jeszcze** to do sth once more a. one more time; **nie ~ (i nie dwa)** more than once; **nie ~ chodziliśmy tam razem** we've been there together more than once; **~ czy dwa a. ~ i drugi** once or twice; **rozmawiałem z nim ~ czy dwa** I've talked to him once or twice; **ani ~u** not (even) once; **ani ~u o niej nie wspomniał** he never once mentioned her; **~/dwa ~y/trzy ~y na godzinę** once/ twice/three times an hour; **~ na rok** a. **do roku** once a year; **~ na sto lat** once every one hundred years; **~ na dzień** a. **dziennie** once a day; **~ na jakiś czas** (every) once in a while; **coś takiego zdarza się tylko ~ w życiu** something like this happens only once in a lifetime; **~ na zawsze** once and for all; **powiedziałem mu ~ na zawsze, że...** I told him once and for all that...; **było ~ ciepło, ~ zimno** it was first warm and then cold;

wiodło im się ~ lepiej, ~ gorzej they had their ups and downs; **wiało ~ z północy, to znowu z północnego wschodu** the wind was changing from north to north-east; **~ po** a. **~ za ~em** (bez przerwy) over and over (again); (co jakiś czas) every now and then; **~ po ~ spoglądał na zegarek** every now and then he looked at his watch; **tym ~em** this time; **tym ~em ci daruję** I'll let you off this time; **następnym ~em** a. **na drugi ~** next time; **następnym ~em, kiedy go zobaczysz...** next time you see him...; **poprzednim** a. **ostatnim ~em** the last time; **poprzednim ~em, kiedy tu był...** the last time he was here; **za pierwszym/ drugim ~em** the first/second time round; **zdałem za trzecim ~em** I passed the test the third time round; **za każdym ~em** each a. every time; **trafiał za każdym ~em** he hit the target every time; **za każdym ~em, kiedy go widzę...** every time I see him... [2] (zdarzenie) case; **w takich ~ach** in such cases; **w ~ie pożaru/ wypadku** in case of fire/accident; **w ~ie potrzeby** if need be; **w ~ie, gdyby coś się stało/ktoś pytał** in case something happens/somebody asks; **w ~ie czego** if anything happens; **innym ~em** some other time; **pewnego** a. **jednego ~u** one day; **w każdym (bądź) ~ie** in any case, anyway; **jest najlepszy, a w każdym ~ie tak uważa** he's the best, that's what he thinks anyway; **w najgorszym/najlepszym ~ie** at (the) worst/at best; **w przeciwnym ~ie** otherwise; **w takim ~ie** in that case; **w żadnym ~ie** (nigdy) never; (pod żadnym pozorem) under no circumstances; (bynajmniej) by no means; **on w żadnym ~ie się nie zgodzi** he will never agree; **proszę w żadnym ~ie z nimi nie rozmawiać** you must not under any circumstances talk to them; **w żadnym ~ie nie uważam się za eksperta** I don't consider myself an expert by any means

II num. one; **~, dwa, trzy** one, two, three

III adv. [1] (kiedyś) once; **~ byłem świadkiem ich kłótni** once I saw them arguing; **była sobie ~ królewna** once upon a time there was a princess [2] (wreszcie) at last; **chciałbym, żeby to się już ~ skończyło!** I'd like it to be over at last [3] (ostatecznie) once; **jak już ~ coś obiecam, to dotrzymuję słowa** once I promise something I always keep my word; **jak już ~ zaczniesz...** once you start... [4] (po pierwsze) first; **nie zrobiłem tego, ~, a że nie miałem czasu a dwa, że mi się nie chciało** I didn't do it, for one thing because I had no time, and for another because I didn't feel like it

IV razy coni. times; **jeden ~y dwa** one times two; **trzy ~y pięć równa się piętnaście** three times five is fifteen

V na razie adv. (w tej chwili) at the moment, for the time being; (do tej pory) so far; **(jak) na ~ie nie ma niebezpieczeństwa** there's no danger at the moment; **„jak idzie?" – „na ~ie dobrze"** 'how is it going?' – 'so far, so good'; **na ~ie!** (pożegnanie) see you later!; **no to na ~ie, chłopaki!** see you, guys!

VI od razu *adv.* at once, right away; **od ~u go poznał** he recognized him right away; **od ~u wiedziałem, że tak będzie** I always knew it would be like that

■ **zrobić coś ~, dwa** a. **~·~** to do sth in no time; **~ się żyje!** you only live once; **jak ~ zadzwonił telefon** *pot.* at that very moment the telephone rang; **w sam ~ dla kogoś** perfect for sb; **praca w sam ~ dla informatyka** the right kind of a. a perfect job for a computer expert; **spodnie były w sam ~** the trousers fitted perfectly

raz² *m zw. pl* (*G* **~u**) (cios) blow; **okładać kogoś ~ami** (batem) to whip sb; (pięściami) to pummel sb; **otrzymywać ~y batem** to be whipped; **na jego plecy sypały się ~y** blows rained on his back; **rozdzielać ~y na prawo i lewo** to deal blows left and right; *przen.* [krytycy] to criticize everybody and everything; **malował płot bardzo starannie: ~ przy ~ie** he was painting the fence with great care: stroke by stroke

razem *adv.* ① (wspólnie) together; **mieszkać/pracować ~em** to live/work together; **chodzić ~ do szkoły** to go to school together; **trzymać wszystkie książki/pieniądze ~** to keep all books/one's money together; **pisać coś ~** to write sth as one word; **to się pisze ~** it's written as one word; **~ z kimś/czymś** together with sb/sth; **dom ~ z meblami** a house together with furniture; **poszedłem tam ~ ze wszystkimi** I went there together with everybody else; **było im dobrze ~** they were happy together; **musimy trzymać się ~** we have to stick together; **zebraliśmy się tu wszyscy** we have gathered here together; **to wszystko ~ wygląda podejrzanie** it all looks suspicious; **zarabiał więcej niż oni wszyscy ~ wzięci** he earned more than all the rest of them put together ② (w sumie) altogether; **ile to jest ~?** how much is that altogether?; **~ ważą dwieście kilo** altogether they weigh two hundred kilos; **wszystkiego ~ będzie sto złotych** it will be a hundred zlotys altogether; **~ z dziećmi było nas dziesięcioro** there were ten of us including children ③ (w jednym czasie) together, at once; **wszyscy mówili ~** they were all talking at once; **nie wszyscy ~!** one at a time, please!; **a teraz wszyscy ~!** all together now!; **~ ze słońcem** at dawn; **przyszedł do szkoły ~ z dzwonkiem** he arrived at school just as the bell rang

ra|zić¹ *pf, impf vt* ① (porazić) [piorun] to strike [osobę]; **rażony paraliżem** paralysed; **stał jak rażony piorunem** he was thunderstruck, he was struck speechless ② *książk.* (uderzyć) [osoba] to strike; **razić kogoś szpadą** to strike sb with a sword; **razić kogoś kamieniem** to hit sb with a stone; **razić napastników** (strzelać) to fire at the attackers

ra|zić² *impf vt* ① (przeszkadzać) to offend; **rażą mnie swoim zachowaniem** I find their behaviour offensive; **razi mnie, że...** it offends me that..; **to mnie nie razi** I don't mind it, I don't find it offensive; **razić czyjś wzrok/czyjeś uszy** to offend sb's eyes/ears ② (oślepiać) to dazzle [osobę]; **razić kogoś w oczy** to dazzle sb's eyes

razow|iec *m pot.* wholemeal bread

razow|y ① *adi.* ① Kulin. [mąka, chleb] wholemeal ② przest. (zgrzebny) [płótno] plain ③ *m* wholemeal bread

raźn|o, ~ie *adv. grad.* ① (energicznie) [iść, biec] jauntily, briskly; **zabrali się ~o do pracy** they set briskly to work ② (bezpiecznie) at ease; **poczuł się** a. **było mu ~iej** he felt more at ease; **zrobiło mi się ~iej na duchu, kiedy...** my spirits rose when...

raźn|y *adi.* [osoba, krok] sprightly, brisk

rażąco *adv.* [niesprawiedliwy, nieodpowiedzialny, niepoprawny] grossly

rażąc|y ① *pa → razić*

② *adi.* ① [niesprawiedliwość, błąd] gross; [kontrast, sprzeczność] glaring; **~e zaniedbanie obowiązków służbowych** gross dereliction a. neglect of duty; **~y brak odpowiedzialności** gross irresponsibility; **stać w ~ej sprzeczności z czymś** to be in glaring contradiction to a. in breach of sth; **w sposób ~y** grossly; **w sposób ~y nadużywać swoich uprawnień** to grossly abuse one's position ② [światło, kolory] glaring

rażeni|e ① *sv → razić*

② *n sgt* Wojsk. **siła ~a** the striking power; **znajdować się w polu ~a artylerii** to be within the range of the artillery

rąbać¹ *impf → rąbnąć¹*

rąb|ać² *impf* (**~ię**) ① *vt* ① (ciąć, ścinać) to chop [drewno]; to chop [sth] down [drzewa, las]; to hew [węgiel]; to hack [mięso]; **~ać drewno na opał** to chop firewood; **pieniek do ~ania drewna** a chopping block ⇒ **porąbać** ② (wycinać) to cut [otwór, przejście]; **~ać stopnie w lodzie** to cut steps in the ice; **~ać tunel w skale** to cut a tunnel through the rock ⇒ **wyrąbać** ③ *pot.* (zjadać) to nosh *pot.* [obiad, czekoladki] ⇒ **wrąbać** ④ *pot.* (grać) to bang away *pot.*; **~ać na pianinie** to bang away on the piano ⑤ *wulg.* to bang *wulg.* [kobietę]

② **rąbać się** *wulg.* **~ać się z kimś** to bang sb *wulg.*

■ **gdzie drwa ~ią, tam wióry lecą** przysł. ≈ you can't make an omelette without breaking eggs przysł.

rąban|ka *f pot.* hacked-up meat

rąb|ek *m* ① (zakładka) hem; **~ek sukienki/chusteczki** the hem of a dress/handkerchief ② *książk.* (słońca, księżyca) rim; **~ek błękitu** a patch of blue sky

■ **uchylić przed kimś ~ka** a. **~ek tajemnicy** to let sb in on the secret; **złej tanecznicy zawadza** a. **przeszkadza ~ek u spódnicy** przysł. a bad workman (always) blames his tools przysł.

rąb|nąć¹ *pf* — **rąb|ać¹** *impf* (**~nęła, ~nęli — ~ię**) ① *vt* ① *pot.* (uderzyć, rzucić) to bang *pot.*; **~nąć pięścią w stół** to bang one's fist on the table; **~nąć kogoś w głowę/nos** to bang sb on the head/nose; **~nąć głową w** a. **o podłogę/ścianę** to bang one's head on the floor/wall; **~nąć słuchawkę** a. **słuchawką** to bang the receiver down ② *pot.* (strzelić) to blast away *pot.*; **~ać do kogoś z karabinów maszynowych** to blast away at sb with machine-guns ③ *pot.* (powiedzieć) to blurt out; **~nąć komuś kazanie** to give sb a sermon; **~ać komuś prawdę w oczy** to

give it to sb straight (from the shoulder); **„nie twój interes" - ~nąłem** 'that's none of your business,' I blurted out

② **rąbnąć się — rąbać się** *pot.* ① (uderzyć się) **~nąć się w plecy/kolano** to bang one's back/knee; **~nąć się głową o półkę** to bang one's head on a shelf ② (pomylić się) **~nąć się w obliczeniach** a. **rachunkach** to get one's calculations wrong; **~nąć się o kilka złotych/stopni/milimetrów** to get sth wrong by a few zlotys/degrees/millimetres

rąbn|ąć² *pf* (**~ęła, ~ęli**) *pot.* ① *vt* ① (zabić) to do [sb] in *pot.*; **~nąć kogoś z pistoletu** to blow sb away with a gun *pot.* ② (ukraść) to swipe *pot.*; **~nąć komuś portfel** to swipe sb's wallet; **~nąć coś ze sklepu** to swipe sth from a shop ③ (oszukać) to shaft *pot.*; **~nąć kogoś na sto/milion złotych** to shaft sb out of a hundred/million zlotys ④ (wypić) **~nąć sobie kielicha** to knock one back *pot.* ⑤ (doświadczyć) to hit; **kryzys ~nął nawet w największe firmy** the crisis hit even the biggest companies

② *vi* ① (upaść) **~nąć na ziemię** [osoba] to take a header *pot.*; [przedmiot] to go flying to the ground ② (huknąć, wybuchnąć) to bang; **nagle coś ~nęło** there was a sudden bang

rącz|ęta *plt* (*G* **~ąt**) pieszcz. arms; (dłonie) hands

rącz|ka *f* ① *dem.* pieszcz. arm; (dłoń) hand; **trzymać dziecko za ~kę** to hold a child's hand; **prowadzić kogoś za ~kę** to lead sb by the hand *także przen.* ② (uchwyt) handle; **chwycić torbę za ~kę** to grasp a bag by the handle; **pociągnąć ~kę hamulca bezpieczeństwa** to pull the emergency brake

■ **złota ~ka** *pot.* (osoba wykonująca drobne naprawy) handyman; **być złotą ~ką** (umieć majsterkować) to be handy about the house; **całuję ~ki** przest., żart. good day, madam

rącznik *m* Bot. castor oil plant

rączo *adv. książk.* [biec] fleetly *książk.*

rącz|y *adi. książk.* [rumak, jeleń, strumień, bieg] fleet *książk.*

rączyn|a *f dem.* pieszcz. arm; (dłoń) hand

rde|st *m* (*G* **~stu**) Bot. (ptasi) **~st** knotgrass

rdz|a *f* ① *sgt* (na metalu) rust; **pokryty ~ą** covered with rust; **karoserię zżerała ~a** the body of the car was being eaten away by rust ② *sgt* Bot. (grzyb) rust ③ (*Gpl* **~y**) Ogr., Roln. rust

□ **biała ~a** Ogr., Roln. white rust; **~a zbożowa** Roln. wheat rust

rdzawo *adv.* **~ zabarwiony** rust-coloured GB, rust-colored US

rdzaw|y *adi.* rust-coloured GB, rust-colored US

rdzeniow|y *adi.* ① Bot. **promienie ~e** rays ② Anat. [płyn, znieczulenie] spinal ③ Techn. [odlew] cored ④ Jęz. [morfem] root *attr.*

rdzennie *adv.* [polski, niemiecki] ethnically

rdzenn|y *adi.* ① (rodowity) [ludność, mieszkańcy, ziemie] native; **była ~ą najrdzenniejszą warszawianką** she was born in Warsaw, she was a born Varsovian; **mówić ~ą polszczyzną** to speak pure Polish ② Jęz. [morfem] root *attr.*

R

rdze|ń *m* [1] (centralna idea) core; (najważniejsza część) core, nucleus; **chrześcijański ~ń współczesnej etyki** the Christian core of contemporary ethics; **mieć wspólny ~ń** to have common roots; **ci zawodnicy stanowią ~ń drużyny** these players form the core a. nucleus of the team [2] Bot. medulla [3] Anat. medulla; **~ń nerek** renal medulla; **~ń (kręgowy)** the spinal cord; **~ń przedłużony** medulla oblongata [4] Techn. core; **~ń transformatora/reaktora** a transformer/nuclear core; **~ń kabla/liny** a cable/rope core [5] Techn. (w odlewnictwie) core [6] Jęz. root; **wyrazy pochodzące od wspólnego ~nia** words coming from the same root

rdzewi|eć *impf* (**~ał**) *vi* [1] [metal, przedmiot] to rust; **~ejące rurociągi** rusting pipelines; **stare maszyny, ~ejące na deszczu** old machines rusting in the rain; **zabezpieczyć coś przed ~eniem** to protect sth from rusting ⇒ **zardzewieć** [2] przen., pejor. (marnować się) [talent, umiejętność] to rust, to moulder GB, to molder US ⇒ **zardzewieć** [3] przen., książk. (rudzieć) [trawa, liście] to turn red

■ **stara miłość nie ~eje** old love will not be forgotten

re *n inv.* Muz. ray, re

re- *w wyrazach złożonych* [1] (powtórzenie) re-; **reintegracja** reintegration [2] (przeciwstawność) re-; **reprywatyzować** to reprivatize

reag|ować *impf vi* [1] [osoba, organizm, oko, rynek] to react, to respond (**na coś** to sth); **~ować krzykiem/gwizdami** to react a. respond with shouts/boos; **~ować podniesieniem cen** to react a. respond by putting up prices; **źrenica ~uje na światło** the pupil reacts a. responds to light; **źle ~ować na lekarstwo** to react a. respond badly to the medicine; **po prostu nie ~uj na ich zaczepki** just ignore their jeers ⇒ **zareagować** [2] Chem. [substancja] to react (**z czymś** with sth)

reakcj|a *f* [1] (G*pl* **~i**) (zareagowanie) reaction, response (**na coś** to sth); **nie było z jego strony żadnej ~i** there was no response from him; **spotkać się z przychylną/wrogą ~ą z czyjejś strony** to meet with a favourable/hostile reaction a. response from sb; **spotkać się z brakiem ~i** to meet with no response; **wywołać żywą ~ę z czyjejś strony** to draw a strong response from sb; **moją pierwszą ~ą był strach/było zdziwienie** my first reaction was one of fear/surprise; **obawiałem się jej ~i na tę wiadomość** I was afraid of her reaction to the news [2] (G*pl* **~i**) (sprzeciw) reaction (**przeciw czemuś** against sth) [3] *sgt* Polit. reaction; **siły ~i** the forces of reaction [4] (G*pl* **~i**) Chem. reaction; **~a chemiczna** a chemical reaction; **~a utleniania** oxidation; **wchodzić w ~ę z czymś** to react with sth; **ulegać ~om pod wpływem ciepła/ciśnienia/światła** to undergo reactions when exposed to heat/high pressure/light [5] (G*pl* **~i**) Biol. reaction; **~a alergiczna na coś** an allergic reaction to sth; **wywoływać niekorzystne ~e fizjologiczne** to cause adverse physical reactions ❏ **~a egzotermiczna** Chem. exothermic reaction; **~a endotermiczna** Chem. endothermic reaction; **~a jądrowa** Chem.

nuclear reaction; **~a łańcuchowa** chain reaction także przen.; **~a termojądrowa** thermonuclear reaction

reakcjoni|sta *m*, **~stka** *f* pejor. reactionary pejor.

reakcyjnie *adv.* pejor. **myśleć ~** to have reactionary views pejor.

reakcyjn|y *adi.* pejor. [poglądy, tendencja] reactionary pejor.

reakto|r *m* Chem., Nukl. reactor; **~r jądrowy** a nuclear reactor

reaktorow|y *adi.* [paliwo, technika] reactor attr.; **odpady ~e** nuclear a. radioactive waste

reaktyw|ować *impf, pf vt* [1] to re-establish [partię, katedrę, imprezę]; to revive [idee, wartości] [2] (powołać ze stanu spoczynku) to reactivate [oficera]

real *m* (A **~a**) Fin. real

reali|a *plt* (G **~ów**) książk. reality *sg*, realities; **~a polityczne/ekonomiczne** political/economic realities; **~a życia na wsi** the realities of rural life; **takie były wtedy ~a** that was what things were like then; **powieść mocno osadzona w ~ach** a novel full of realistic background detail; **dbałość o ~a historyczne** the emphasis on historical accuracy

reali|sta *m*, **~stka** *f* [1] Literat., Szt. realist [2] (osoba trzeźwo myśląca) realist; **bądź ~stą!** get real! pot.; try to be realistic!; **bądźmy ~stami!** let's be realistic!

realistycznie *adv.* [1] (rozsądnie) [myśleć, szacować] realistically; **~ oceniać czyjeś/swoje szanse** to be realistic about sb's/one's chances; **patrząc ~, możemy jedynie...** realistically, we can only... [2] (prawdziwie) [opisać, namalować] realistically; **scena została przedstawiona bardzo ~** it was a very realistic scene

realistyczn|y *adi.* [1] Literat., Szt. [pisarz, powieść] realist attr. [2] (trzeźwy) [poglądy, podejście] realistic; **opierać się na ~ych szacunkach** [plany, projekt] to be based on realistic estimates [3] (prawdziwy) [opis, scena] realistic

realizacj|a *f* [1] *sgt* (pragnień, projektów) realization; (planów) accomplishment; **~a marzeń/pomysłów** the realization of dreams/ideas; **przeszkodzić komuś w ~i planów** to hinder sb's plans; **uzależniają swoją zgodę od ~i postulatów** they won't agree unless their demands are met [2] *sgt* (wykonanie) completion; **~a umowy/zamówienia** the completion of a contract/an order; **termin ~i** the completion date; **w tym roku rozpoczęto ~ę nowego osiedla** the construction of a new housing estate has begun this year; **~a filmu trwała kilka lat** the shooting of the film took a couple of years; **sztuka nie doczekała się ~i scenicznej** the play has never been put on stage [3] (G*pl* **~i**) (film, sztuka) production [4] *sgt* (wykupienie) **~a czeku** the cashing of a cheque; **~a kuponu/weksla** the redemption of a voucher/bill; **~a zysku** profit-taking; **~a recepty** dispensing of a prescription

realizacyjn|y *adi.* **trudności ~e przy wykonaniu projektu** difficulties in carrying out a project

realizato|r *m*, **~rka** *f* [1] (wykonawca) director; **~r inwestycji** a contractor [2] Film, TV producer; **~r filmu/programu** the producer of a film/programme; **~r dźwięku** a sound producer

realizators|ki *adi.* Film, TV **ekipa ~ka** a television crew; **rozpocząć prace ~kie nad nowym filmem** to start work on a new film

realizatorsko *adv.* (pod względem realizacji) technically; **~ film jest bez zarzutu** technically the film is flawless

realizm *m sgt* (G **~u**) [1] (rozsądek) realism [2] Filoz., Literat., Szt. realism
❏ **~ krytyczny** Literat., Szt. critical realism; **~ magiczny** Literat. magic(al) realism; **~ socjalistyczny** Literat., Szt. socialist realism

realiz|ować *impf* [I] *vt* [1] (spełniać) to realize [marzenia]; to accomplish [cele, zamiary]; to carry out [projekt, plan, obietnicę]; to make, to shoot [film]; to complete [zamówienie]; **~ować zasady w praktyce** to put principles into practice; **zdjęcia ~owano w Hiszpanii** the shooting was done in Spain ⇒ **zrealizować** [2] (wykupywać) to cash [czek]; to redeem [weksel, obligacje]; to dispense [receptę]; **~ować zyski** to take profits ⇒ **zrealizować**

[II] **realizować się** [1] (znajdować spełnienie) [osoba] to fulfil oneself, to fulfill oneself US; **~ować się jako matka** to fulfil oneself as a mother; **~ować się w czymś** to find fulfilment in sth ⇒ **zrealizować się** [2] (stawać się faktem) [obawy, przeczucia, marzenia] to come true

realnie *adv.* [1] (realistycznie) [oceniać, myśleć] realistically; **patrzeć na świat ~** to have a realistic outlook on life [2] (rzeczywiście) really; (tak naprawdę) in reality; **takie zagrożenie ~ istnieje** such a threat is real a. really exists [3] Ekon. [zarabiać, mieć wartość] in real terms

realnoś|ć *f sgt* [1] (prawdopodobieństwo) plausibility (**czegoś** of sth) [2] (rzeczywistość) reality; **granica między ~cią a fantazją** the boundary between reality and fantasy; **nadać dekoracjom/historii ~ci** to make the sets look real/the story sound true

realn|y [I] *adi. grad.* [1] (prawdopodobny) [możliwość, nadzieja] real; **istnieje ~e zagrożenie, że...** there's a real danger that...; **istnieje ~a szansa, że...** the chances are good that...; **takie niebezpieczeństwo staje się coraz ~iejsze** such a threat is becoming more and more real [2] (realistyczny) [ocena, pogląd] realistic; **mieć ~y stosunek do życia** to have a realistic approach to life [II] *adi.* [1] [świat, postać, skutek] (prawdziwy) real; **świat ~y** the real world; **nie przynieść żadnych ~ych rezultatów** to have no real effect; **przybrać ~e kształty** [marzenie, obawa] to come true [2] Ekon. [dochody, płaca, koszt, wartość] real

reanimacj|a *f* (G*pl* **~i**) [1] *sgt* Med. resuscitation; **przeprowadzić ~ę** to carry out resuscitation; **podjąć próbę ~i pacjenta** to attempt to resuscitate a patient [2] pot. (oddział intensywnej terapii) intensive care unit, ICU [3] przen. resuscitation przen.; **~a gospodarki** the resuscitation of the economy

reanimacyjn|y adi. [sprzęt, zespół, sala] resuscitation attr.; **karetka ~a** an ambulance with resuscitation equipment

reanim|ować pf, impf vt [1] Med. to resuscitate [pacjenta, chorego] [2] przen. to resuscitate przen., książk. [gospodarkę, program, proces]

reasum|ować pf, impf vt książk. to sum up, to recapitulate, to summarize; **~ować rozważania/wnioski z dyskusji** to sum up a. summarize the arguments/conclusions of the discussion; **~ując – wiemy, że w tej sprawie da się coś zrobić** to sum up, we know that something can be done about this

rebeli|a f (GDGpl ~i) [1] (zbrojny bunt) rebellion; **~a chłopska przeciw królowi** the peasants' rebellion against the king; **szerzyć/stłumić ~ę** to spread/suppress a rebellion [2] zw. pl przen. rumpus; **wyprawiać ~e** to make a rumpus; **u sąsiada wciąż pijackie ~e** they're always having drunken binges next door pot.

rebelianc|ki adi. pejor. (dotyczący spiskujących) [oddziały, przywódca, czołgi] rebellious, rebel attr.; **~ki stosunek do każdej władzy** przen. a rebellious attitude to all authority

rebelian|t m, **~tka** f rebel; **rozgromić ~tów** to crush the rebels; **pojmano i rozstrzelano jedną z ~tek** one of the rebels was captured and shot; **to wieczna ~tka!** przen. she's a permanent rebel!

rebours /re'bur/ → à rebours

rebus m (G ~u) rebus; **układać ~y** to make up rebuses; **rozwiązywać ~y** to solve rebuses

recenzenc|ki adi. [styl, uwagi, egzemplarz] reviewer attr.

recenzen|t m, **~tka** f reviewer, critic; **~t wewnętrzny** an internal reviewer a. examiner (of a thesis)

recenzj|a f (Gpl ~i) review, notice; **pochlebna/nieprzychylna ~a** a favourable/an unfavourable review; **jej pierwszy film miał dobre ~e** her first film had good reviews

recenz|ować impf vt to review [książkę, spektakl, pracę doktorską] ⇒ **zrecenzować**

recenzyjn|y adi. review attr.; **napisał esej ~y** he wrote a review a. critical essay

recepcj|a f (Gpl ~i) [1] (w hotelu) reception (area/desk); **poczekaj na mnie na dole, w ~i** wait for me downstairs, in reception; **w ~i zostawił klucz do swojego pokoju** he left the key to his room at reception [2] sgt książk. (przyjmowanie, przyswajanie) reception; **~a literatury polskiej za granicą** the reception of Polish literature abroad

recepcjoni|sta m, **~stka** f receptionist, desk clerk US, room clerk US; **pracowała jako ~stka w gabinecie dentystycznym** she worked as a dental receptionist

recepcyjn|y adi. [1] (odnoszący się do recepcji w hotelu) [biuro] reception attr. [2] (odnoszący się do przyjęć) [sala] reception attr.

recep|ta f [1] (zlecenie lekarskie) prescription; **to lekarstwo jest tylko na ~tę** it's a prescription medicine, this medication is obtainable only by prescription; **kupisz ten lek bez ~ty** you'll buy this medicine over the counter [2] przen. (niezawodny sposób) recipe; **~ta na zdrowie/szczęście/zbawienie** the recipe for health/happiness/salvation; **~ta**

na szybkie wzbogacenie się a get-rich-quick scheme; **znaleźć ~tę na coś** to find a solution for sth; **na wszystko masz prostą ~tę** you've got a simple solution for everything; **~tą na zdrowie jest odpowiednia dieta i ruch** the recipe for good health is the right diet and exercise

recepto|r m receptor

receptorow|y adi. [komórki] receptor attr.

receptu|ra f [1] sgt (dział farmacji i medycyny) dispensing [2] (przepis) prescription; **lekarstwa wykonano ściśle według ~ry** the medications were prepared strictly in accordance with the prescription

receptur|ka f rubber band, elastic band

recepturow|y adi. [przepis, lek] prescription attr.

recesj|a f (Gpl ~i) [1] Ekon. recession; **czasy ~i** times of recession; **inflacja utrudnia wychodzenie z ~i** inflation makes it difficult to come out of recession [2] Geog. recession; **~a morza** recession of the sea

recesyjn|y adi. recessional, recessive; **~y rynek mieszkaniowy** the recessive housing market

recesyw|ny adi. [tendencje, cecha, forma] recessive

rechocik m (G ~u) pejor. cackle

recho|t m (G ~tu) [1] (głos wydawany przez żaby) croak; **ze stawu rozbrzmiewał żabi ~t** the frogs were croaking loudly from the pond [2] pejor. (głośny śmiech) guffaw, cackling **chamski ~t wyrostków** the oafish guffaws of some louts

recho|tać impf (~czę a. ~cę) vi [1] [żaba] to croak; **w stawie ~tały żaby** the frogs were croaking in the pond [2] (śmiać się) to cackle; **~tać dwuznacznie** to cackle knowingly

rechotliwie adv. grad. [śmiać się] raucously

rechotliw|y adi. [śmiech] raucous, cackling

recital /re'tʃital/ m (G ~u) recital; **~ fortepianowy** a piano recital

recitalow|y /ˌretʃita'lovɪ/ adi. [program, występy, koncert] recital attr.

recycling /ri'sajkliŋ/ → **recykling**

recydyw|a f sgt [1] Prawo recidivism, reoffending; **mieć kontakt z ~ą** to have contacts among reoffenders a. recidivists [2] Med. (nawrót choroby) recurrence; **~a raka** a recurrence of cancer; **nastąpiła ~a choroby** there's been a relapse [3] (powtórzenie negatywnego zjawiska) recurrence; **kolejna ~a wspomnień** another recurrence of memories; **~a nastrojów prowojennych** a recurrence of pro-war sentiments

recydywi|sta m, **~stka** f reoffender, recidivist; jailbird pot., repeater US pot.

recykling /re'tsɪkliŋ/ m (G ~u) recycling; **te odpady nie nadają się do ~u** this waste material is non-recyclable

recytacj|a f (Gpl ~i) recitation, declamation

recytacyjn|y adi. [kunszt] declamatory

recytato|r m, **~rka** f reciter

recytators|ki adi. declamation attr.; **konkurs ~ki** a declamation contest

recytatyw m (G ~u) Muz. recitative U

recyt|ować impf vt [1] (wygłaszać) to recite [wiersze, prozę] ⇒ **wyrecytować** [2] (wyli-

czać) to recite [lekcję, daty, przykazania] ⇒ **wyrecytować**

red. (= redaktor) ed.

re|da f roadstead; **stać na redzie** to lie off; **statek zakotwiczony na redzie** a ship floating a. riding at anchor in the roadstead

redag|ować impf vt [1] (opracować) to edit [tekst, książkę] ⇒ **zredagować** [2] (kierować redakcją) to edit [dziennik, gazetę]

redakcj|a f [1] sgt (opracowanie tekstu) editing; **~a książki była już skończona** the editing of the book was already finished [2] (Gpl ~i) (wersja tekstu) version, draft; **artykuł po drugiej ~i** the second version of the article; **pod ~ą... edited by...; jest to zbiór esejów pod ~ą naszego profesora** it's a collection of essays edited by our professor [3] (Gpl ~i) (dział) editorial section; (zespół pracowników) editorial staff, editorial team; **~a sportowa** sports desk [4] (Gpl ~i) (lokal) editorial office ❏ **~a naukowa** (academic) editing; **~a techniczna** (czynności) make-up, technical editing; (zespół) make-up editors, production editors; (siedziba) production department

redakcyjnie adv. editorially; **tekst został zmieniony ~** the text was altered editorially; **ten maszynopis trzeba opracować ~** the manuscript needs editing

redakcyjn|y adi. [kolektyw, komitet] editorial

redakto|r m [1] (pracownik wydawnictwa) editor, editorial worker [2] (w gazecie) editor; (dziennikarz) reporter, journalist; **~r wiadomości** a news editor; **~r działu miejskiego** a city editor; **~r wydania porannego** the night editor [3] (funkcja, tytuł) editor; **~r naczelny** the editor-in-chief; **podobno zmienił się ~r miejscowej gazety** apparently, there's a new editor of the local newspaper; **dzień dobry, pani ~r!** good morning, Madam! [4] (w radiu, telewizji) journalist; **~r w telewizji** a television presenter ❏ **~r techniczny** make-up editor, production editor

redaktor|ka f editor; (dziennikarka) journalist; **~ka pisma kobiecego** a journalist for a woman's magazine; **jest ~ką rubryki towarzyskiej** she's a gossip columnist; **była ~ką działu mody/urody** she was a fashion/beauty editor

redaktors|ki adi. [poprawka, uwaga] editorial

redemptory|sta Relig. **[I]** m Redemptorist **[II] redemptoryści** plt Redemptorists; **Zgromadzenie Ojców Redemptorystów** Congregation of Redemptorist Fathers, the Order of the (Most Holy) Redeemer

redemptoryst|ka Relig. **[I]** f Redemptoristine **[II] redemptorystki** plt the Redemptorist nuns

redukcj|a f (Gpl ~i) [1] (zmniejszenie) reduction, cutback; **premier zapowiedział ~ę sił zbrojnych** the Prime Minister promised reductions in the armed forces; **~e objęły także nasz dział** the staff reductions also affected our department; **w fabryce zapowiadana jest ~a** a lay-offs are planned at the factory; **robotnicy protestowali przeciwko zapowiadanym**

R

~om the workers protested a. were protesting against redundancy plans [2] Chem. reduction [3] Jęz. elision, reduction ❏ **~a iloczasu** Jęz. quantity reduction

redukcyjn|y adi. [1] (zmniejszający) reducing [2] Chem. [środek] reducing [3] Filoz. [wnioskowanie] regressive, reductive

reduk|ować impf [] vt [1] (zmniejszać) to reduce, to cut [wydatki, koszty, zatrudnienie]; **~ować biegi** to gear down, to change down gears ⇒ **zredukować** [2] Chem. to reduce ⇒ **zredukować**

[] **redukować się** [1] (ograniczać się) to boil down (**do czegoś** to sth); **wina jego ~uje się do biernego udziału w wypadku** his fault boils down to passive participation in the accident ⇒ **zredukować się** [2] Chem. to be reduced; **tlenek miedzi ~uje się wodorem** copper oxide is reduced (to copper metal) by hydrogen ⇒ **zredukować się**

redu|ta f [1] Hist. (umocnienie ziemne) redoubt [2] daw. (bal maskowy) masked ball

redyk m (G **~u**) herding the sheep up/down to mountain pastures; **~ wiosenny/jesienny** the spring/autumn herding

reedukacj|a f sgt [1] Socjol. (przestępców) re-education [2] (po wypadku, chorobie) therapy [3] Szkol. remedial teaching

reedukacyjn|y adi. [1] Socjol. re-education attr. [2] Szkol. remedial

reedycj|a f (Gpl **~i**) re-edition

refektarz m refectory

refera|t m (G **~tu**) [1] (opracowanie, sprawozdanie) paper, report [2] (dział instytucji) department, office; **prowadzić ~t personalny** to be in charge of the personnel department

referencj|a f (Gpl **~i**) [1] zw. pl reference; **szukam opiekunki do dziecka z ~ami** I'm looking for a childminder GB a. babysitter US with references [2] Log. reference

referend|um n (Gpl **~ów**) referendum; **odbyły się dwa ~a** two referendums a. referenda were held

referen|t m [1] (referujący) reporter, speaker [2] Admin. (urzędnik) clerk; **samodzielny ~t ds. współpracy z zagranicą** ≈ international affairs officer

referent|ka f reporter, speaker

refer|ować impf [] vt to report; **~ować komuś przebieg zebrania** to report to sb the proceedings of a meeting, to give sb an account of the meeting; **~ował jej jakiś problem** he was giving her an account of some problem ⇒ **zreferować**

[] vi Nauk. to present a paper

refleks m (G **~u**) [1] sgt (reakcja) reflex zw. pl; **bramkarz miał doskonały ~** the goalkeeper had superb reflexes; **błyskawiczny ~ kierowcy uratował ich** the driver's quick reflexes saved them; **doszło do wypadku, bo kierowca miał spóźniony ~** the accident occurred because the driver had slow reflexes; **wykazała wspaniały ~ szybko zmieniając temat** she showed great presence of mind in quickly changing the subject [2] (odblask) reflection; **~ światła** the reflection of light; **~y latarń** reflections from the street lamps; **~y księżyca padały na wodę jeziora** reflections of the moon a. moon reflections fell on the surface of the lake

refleksj|a f (Gpl **~i**) [1] (głębsze zastanowienie) reflection U, thought; **snuć refleksje nad czymś** to reflect on sth; **pobudzać a. skłaniać do ~i** to provoke reflection; **snuł ~e nad kolejami życia ludzkiego** he reflected on the vicissitudes of human life; **lubiła dzielić się ~ami po obejrzeniu filmu** she liked to share her thoughts after watching a film; **przyszedł czas na ~e** this is a time for reflection [2] Filoz. reflection

refleksyjnie adv. reflectively, meditatively; **był usposobiony ~** he had a reflective disposition

refleksyjnoś|ć f sgt reflectiveness, thoughtfulness

refleksyjn|y adi. (skłonny do refleksji) reflective; [umysł, usposobienie] meditative, contemplative; **był poetą ~ym** he was a reflective poet

reflekto|r m [1] (lampa elektryczna) floodlight; **~r samochodowy** a headlight; **~r punktowy** (w teatrze) a spotlight; (na dworze) a searchlight; **budynek był oświetlony ~rami** the building was floodlit [2] Elektr. (element odbijający promieniowanie) reflector [3] Astron. reflector, reflecting telescope

reflektorow|y adi. searchlight attr.

reflekt|ować impf [] vi książk. to be interested (**na coś** in sth); **~owałby na stanowisko prezesa** he would like to take the post of chairman; **nie ~ował na kupno tego domu** he didn't want to buy the house

[] **reflektować się** to come to one's senses, to come to reason; to think better of it pot. ⇒ **zreflektować się**

reform|a f reform; **~a rolna** agricultural reform

[] **reformy** plt przest. drawers przest., żart.; bloomers przest.

reformacj|a f sgt Hist. the Reformation

reformac|ki adi. Reformati attr.; **~ka szkoła klasztorna** a school run by the Order of the Reformati

reformacyjn|y adi. reformation attr.; **ruch ~y** the Reformation movement

reforma|t Relig. [] m (zakonnik) member of the Order of the Reformati

[] **reformaci** plt (zakon) the Order of the Reformati

reformato|r m, **~rka** f reformer

reformators|ki adi. [ruch] reform attr.; [tradycje, dążenia] reforming; [kierunek, działalność] reformatory; **zapędy ~kie** reforming zeal

reform|ować impf vt to reform [szkolnictwo, gospodarkę] ⇒ **zreformować**

reformowaln|y adi. [system] reformable

reformowan|y adi. Reformed; **Kościół ~y** the Reformed Church; **ewangelicy ~i** Reformed Protestants

refren m (G **~u**) Muz. refrain, chorus; **powtarzajcie ~!** join in the chorus!; **powracać jak ~** to keep recurring

refrenow|y adi. Muz. [część, motyw] refrain attr.

refundacj|a f (Gpl **~i**) refund, reimbursement; **opłata nie podlega ~i** the payment is not refundable

refund|ować impf vt to refund [wydatki, kredyt] ⇒ **zrefundować**

regali|a plt (G **~ów**) regalia

rega|ł m (G **~łu**) bookshelf; **~ł wypełniony książkami** a bookcase filled with books

regatow|y adi. [łódź] racing; **jacht ~y** a racer

regat|y plt (G **~**) (wyścig) race; (seria wyścigów) regatta; **~y żeglarskie/wioślarskie/bojerowe** a sailing/rowing/an iceboat regatta

regencj|a f (Gpl **~i**) [1] (funkcja, okres) regency; **objąć ~ę** to assume the regency; **sprawować ~ę** to act as regent; **w czasie jego/jej ~i** during his/her regency [2] sgt Hist., Szt. the French Regency; **meble w stylu ~i** Régence a. French Regency furniture

regenc|ki adi. [władza, rozkaz] regent's; **rządy ~kie** regency

regencyjn|y adi. [rada] regency attr.; **rządy ~e** regency

regeneracj|a f sgt [1] Biol. regeneration; **~a tkanek/komórek** tissue/cell regeneration; **ulegać ~i** to regenerate [2] (odzyskanie sił) recuperation; **~a organizmu** recuperation of the body; **czas na ~ę sił** time for recuperation [3] (naprawa) repair; (silników, urządzeń) renovation; (opon) retreading; (taśm do drukarek) re-inking [4] Techn. (odzyskiwanie) reclamation; **~a energii** reclamation of energy

regeneracyjn|y adi. regeneration attr.; **posiłki ~e** free meals (to which some kinds of employees are entitled); **szampon ~y** a revitalizing shampoo

regener|ować impf [] vt [1] Biol. [organizm, zwierzę] to regenerate [komórki, tkanki, części ciała] ⇒ **zregenerować** [2] (odnawiać) to recuperate vi; **~ować siły** [osoba] to recuperate; **sen ~uje nasz organizm** sleep allows our body to recuperate; **~ować włosy/skórę** to revitalize hair/skin ⇒ **zregenerować** [3] (naprawiać) to renovate [silnik]; to retread [oponę]; to re-ink [taśmę do drukarki] ⇒ **zregenerować**

[] **regenerować się** [1] Biol. [tkanka, komórka, narząd] to regenerate ⇒ **zregenerować się** [2] [osoba, organizm] to recuperate ⇒ **zregenerować się**

regenerowan|y [] pp → **regenerować**

[] adi. [silnik, część] renovated

regen|t m regent

regent|ka f regent, regentess

reggae /ˈrege/ [] n inv. Muz. reggae

[] adi. inv. [muzyka, zespół] reggae attr.

reg|iel m wooded sections of the Tatra mountains

regimen|t m (G **~tu**) Hist. regiment; **~t piechoty/kawalerii** an infantry/a cavalry regiment

region m (G **~u**) [1] Geog. (kraina geograficzna) region; (obszar) area; **jeden z najpiękniejszych ~ów kraju** one of the most beautiful regions of the country; **~ dotknięty bezrobociem** an area affected by unemployment [2] przen. (sfera) region; **mroczne ~y czyjejś psychiki** the dark regions of sb's mind

regionalizacj|a f sgt regionalization

regionalizm m (G **~u**) [1] sgt (ruch społeczny) regionalism [2] (kultura regionu) regional culture; **~ góralski** the mountain culture [3] Jęz. regionalism

regionalnie adv. [używany, występować] in the regions, locally

regionaln|y adi. [zwyczaj, muzyka, władze] regional

reglamentacj|a f sgt [1] Ekon. rationing; ~a żywności/benzyny food/petrol rationing; **podlegać ~i** to be rationed; **obowiązuje ~a niektórych towarów** some goods are rationed [2] Prawo restrictions; ~a dostępu do czegoś restrictions on access to sth

reglamentacyjn|y adi. [przepisy] rationing attr.; [kupon] ration attr.

reglament|ować impf vt Ekon. to ration [żywność, benzynę]; **towary ~owane** rationed goods

reglan m (G ~u) [1] sgt (krój) raglan [2] (płaszcz) raglan coat; (sweter) raglan jumper; (rękaw) raglan sleeve; **sweter z ~em** a raglan jumper

reglanow|y adi. [płaszcz, rękaw] raglan

regres m (G ~u) książk. [1] (cofnięcie się) regression; (spadek) slump; ~ gospodarczy/kulturalny an economic/a cultural decline; ~ formy Sport a slump in form; **przeżywać ~** a. **znajdować się w ~ie** to be going through a slump; **nastąpił ~ produkcji** there's been a slump in production [2] Prawo recourse

regresj|a f (Gpl ~i) książk. [1] (cofnięcie się) regression; ~a choroby the regression of a disease [2] Biol. (ewolucyjne zanikanie) degeneration [3] Geog. (cofanie się morza) regression [4] Stat. regression [5] Fin. ~a podatkowa regressive taxation [6] Psych. regression

regresy|jny, ~wny adi. książk. [tendencje, siły] regressive

regulacj|a f [1] sgt (ustawianie) adjustment; (dostosowywanie) control; (naprawa) tuning, tune-up; **automatyczna/ręczna/zdalna ~a temperatury** automatic/manual/remote temperature control; ~a ostrości focus adjustment; ~a rzek river regulation; ~a urodzeń a. **urodzin** birth control; ~a nerwowa/humoralna Fizj. neural/humoral regulation; **oddać narty/rower do ~i** to bring one's skis/bike in for a tune-up; **mieć ~ę wysokości** [mebel] to be height adjustable; **siedzenie z ~ą nachylenia** a tilt adjustable seat [2] sgt Prawo (unormowanie) regulation; **to wymaga ~i prawnej** it should be regulated by law [3] (Gpl ~i) Prawo (przepis) regulation; ~e prawne regulations [4] sgt (opłacenie) settlement; ~a rachunków/długów the settlement of bills/debts

regulacyjn|y adi. [1] Techn. [gałka, dźwignia, przycisk] control attr. [2] Fizj. [funkcja, mechanizm] regulating

regulamin m (G ~u) rules plt, regulations plt; ~ szkoły the rules of a school; **przestrzegać ~u** to observe the rules; **zapoznać się z ~em** to read the rules; **zgodnie z ~em** in accordance with the rules; ~ określa, ile/kiedy/jak... the rules state how much/when/how...

regulaminowo adv. according to the rules a. regulations

regulaminow|y adi. [strój, rozmiar] regulation attr.

regularnie II adv. grad. [1] (systematycznie, miarowo) [trenować, odwiedzać] regularly; ~

ćwiczyć to take regular exercise; ~ się odżywiać to eat regularly; ~ otrzymuję od nich listy I regularly receive letters from them [2] (foremnie) regularly; jej ~ zarysowany profil her regular profile; wzory były ~ ułożone the patterns were regularly arranged

III adv. [1] (stale) [kursować, zbierać się, odbywać się] on a regular basis [2] (zgodnie z regułami) [odmieniać się, zachowywać się] regularly

regularnoś|ć f sgt [1] (systematyczność, miarowość) regularity; ~ć występowania pewnych zjawisk the regular occurrence of certain phenomena; z niezawodną/niezwykłą ~cią with unfailing/incredible regularity [2] (foremność) regularity [3] (zgodność z regułami) regularity

regularn|y II adi. grad. [1] (systematyczny, powtarzający się) [oddech, puls, rytm, trening] regular; [krok] even; ~e comiesięczne zebrania regular monthly meetings; ~e badanie lekarskie regular medical check-ups; **mieć ~y tryb życia** to have a regular lifestyle; **w ~ych odstępach** at regular intervals [2] (foremny) [twarz, kształty, linie, pismo] regular; **miasto o ~ej zabudowie** a regularly laid out town; ~a sieć ulic a regular grid of streets; **myśliwce leciały w ~ym szyku bojowym** the fighters flew in regular battle formation

III adi. [1] (stały) [transport, gość, klient, armia] regular; **mieć ~e dochody** to have a regular income; ~a żegluga promowa regular ferry services; ~a wojna a full-scale war [2] (zgodny z regułami) [czasownik, forma, odmiana, język] regular [3] pot. (prawdziwy) [złodziej, lanie] regular pot.

regulato|r m [1] (w urządzeniu) adjuster; ~r temperatury a temperature adjuster; ~r głosu a volume control; ~r strojenia Radio a tuner; ~r barwy głosu Audio., Radio a tone control button; **na cały ~r** pot. at full blast pot; **telewizor grał na cały ~r** the TV was going a. on at full blast; **włączyliśmy grzejnik na cały ~r** we had the heater on at full blast [2] (czynnik regulujący) regulator; ~r kwasowości acidity regulator; ~r wzrostu Bot. a growth regulator; **las jest ~rem klimatu** forests regulate (the) climate

regul|ować impf vt [1] Techn. (doprowadzać do porządku) [osoba] to adjust [zegarek, sprzęgło, telewizor]; to tune [silnik] ⇒ **wyregulować, naregulować** [2] Techn. (dostosowywać) [osoba, urządzenie] to regulate [ciśnienie, wysokość]; (ustawiać) to adjust [głośność, ostrość]; **policjant ~ujący ruch** a policeman directing the traffic; ~owana wysokość/szerokość adjustable height/width ⇒ **wyregulować, naregulować** [3] Fizj. to regulate; ~ować trawienie/ciśnienie to regulate metabolism/blood pressure [4] (normować) [norma, prawo] to regulate [stosunki]; [osoby, kraje, instytucje] to resolve [sporne kwestie]; **ustawa ~ująca stosunki państwa z Kościołem** a law regulating relations between (the) Church and (the) state; ~ować problemy sporne drogą pokojową to resolve disputes by peaceful means ⇒ **uregulować** [5] książk. (zapłacić) to square [należność, rachunek] ⇒ **uregulo-**

wać [6] Techn. to regulate [rzekę] ⇒ **uregulować**

reguł|a f [1] (zasada) rule; ~y gry w szachy/piłkę nożną the rules of chess/football; ~y gry the rules of the game także przen.; ~y gramatyczne grammatical rules; **wyjątek od ~y** an exception to a rule; **przestrzegać ~ł** to observe the rules; **trzymać się ~ły, że...** to stick to the rule that...; **obowiązuje ~ła, że...** there's a rule that...; ~łą jest, że... it's a general rule that...; **upalne lato jest u nas ~łą** hot summers are the rule here; **nie ma na to ~ły** there are no rules for that; **z ~ły** as a (general) rule [2] Relig. rule; **surowa ~ła zakonna** a strict monastic rule

❑ ~ła trzech Mat. rule of three

reguł|ka f dem. pejor. (grammatical) rule; **uczyć się na pamięć ~ek** to memorize rules

rehabilitacj|a f sgt [1] Med. rehabilitation; ~a ortopedyczna/neurologiczna orthopaedic/neurological rehabilitation; ~a ofiar wypadków rehabilitation of accident victims; **ośrodek ~i** a rehabilitation centre; **poddawać kogoś ~i** to rehabilitate sb [2] Prawo rehabilitation; **pośmiertna ~a** the posthumous rehabilitation [3] (przywrócenie dobrej opinii) rehabilitation, vindication [osoby, idei]

rehabilitacyjn|y adi. [1] Med. [zabiegi, ćwiczenia, ośrodek] rehabilitation attr. [2] Prawo [proces] rehabilitation attr.

rehabilitan|t m, ~tka f physiotherapist

rehabilit|ować pf, impf II vt [1] Med. to rehabilitate [chorego, pacjenta] [2] Prawo to rehabilitate [skazanego] ⇒ **zrehabilitować** [3] (przywracać dobre imię) to rehabilitate [osobę, ideę] ⇒ **zrehabilitować**

III **rehabilitować się** (odzyskiwać dobre imię) to restore one's reputation ⇒ **zrehabilitować się**

reifikacj|a f sgt książk. reification książk.

reifik|ować impf vt książk. to reify książk. [osobę, stosunki międzyludzkie]

reinkarnacj|a f [1] sgt (wędrówka dusz) reincarnation; **wierzyć w ~ę** to believe in reincarnation [2] (Gpl ~i) (ponowne wcielenie) reincarnation

reinterpretacj|a f (Gpl ~i) książk. reinterpretation; **poddać coś ~i** to reinterpret sth

reisefieber /ˌrajzeˈfiber/ m inv., f inv. pot. **mieć ~** to be nervous about a journey ahead

rej m sgt (G ~u) **wodzić** a. **wieść ~** to call the tune

re|ja f (Gpl rej a. rei) Żegl. yard

rejen|t m [1] przest. (notariusz) notary (public) [2] Hist. court clerk

rejentalnie adv. przest. [zaświadczyć, przekazać] notarially, before a notary

rejentaln|y adi. przest. [akt, zapis, umowa] notarial, attested before a notary

rejest|r m (G ~ru) [1] (spis) register, record; ~r urodzeń the register of births; **centralny ~r skradzionych pojazdów** the national register of stolen cars; ~r zabytków the national register of historic monuments; **prowadzić ~r czegoś** to keep a register of sth; **wpisać coś do ~ru** to enter sth in a register; **figurować w ~rze** to be

R

listed on a register ② Muz. (część skali dźwiękowej) register; **dolny/środkowy/górny ~r** the lower/middle/upper register; **~r basowy/tenorowy** the bass/tenor register ③ Muz. (w organach) **~r (organowy)** an organ stop ④ Komput. register

❏ **~r handlowy** register of companies; **~r statków** register of shipping

■ **co było, a nie jest, nie pisze się w ~r** przysł. ≈ let bygones be bygones

rejestracj|a f ① sgt (ewidencja) registration; **~a pojazdów/wyborców** vehicle/voter registration; **odmówić ~i spółki** to refuse to register a company ② (Gpl ~i) (w przychodni, szpitalu) reception desk; **w ~i** at the reception desk ③ sgt (zapis) recording; **cyfrowa ~a dźwięku/obrazu** digital sound/image recording ④ (Gpl ~i) (numer rejestracyjny) registration number; (tablica rejestracyjna) number plate GB, license plate US; **samochody z obcymi ~ami** cars with foreign number a. registration plates; **ciężarówka na niemieckiej ~i** a German-registered truck ⑤ sgt Muz. registration

rejestracyjn|y adi. [numer, opłata] registration attr.; **tablica ~a** a number plate GB, a license plate US

rejestrato|r Ⅰ m pers. ① (w przychodni) receptionist ② książk. (kronikarz) recorder

Ⅱ m inanim. Techn. recorder; **~r lotu** a flight recorder

rejestrator|ka f ① (w przychodni) receptionist ② książk. (kronikarka) recorder

rejestr|ować impf Ⅰ vt ① (umieszczać w rejestrze) to register [samochody, pacjentów] ⇒ **zarejestrować** ② Techn. [osoba, urządzenie] to record [temperaturę, wstrząsy]; **~ować dźwięk/obraz** to record sound/image ⇒ **zarejestrować** ③ [wzrok, słuch, zmysły] to register [obrazy, dźwięki, bodźce] ⇒ **zarejestrować** ④ (przedstawiać) [film, książka, autor] to record [wydarzenia, atmosferę] ⇒ **zarejestrować**

Ⅱ **rejestrować się** to register; **~ować się urzędzie pracy** to register with the employment service a. jobcentre GB ⇒ **zarejestrować się**

rejestrow|y adi. [księga] register attr.; **cięgło ~e** Muz. (w organach) a slider; **tona ~a** Mors., Transp. register tone

rejon m (G ~u) ① (obszar) area; **~ bieguna północnego** the area around the North Pole; **niższe ~y gór** the lower parts of the mountains; **~y rolnicze** agricultural areas; **~ o najwyższej stopie bezrobocia** an area of the highest level of unemployment; **w ~ie Warszawy/Londynu** in the Warsaw/London area; **turyści przyjeżdżający w ~ Zakopanego** tourists visiting the Zakopane area ② Admin. district; (w służbie zdrowia, szkolnictwie) (catchment) area; (dla policjanta) beat; **pacjenci spoza ~u** patients from outside the catchment area; **policjant przemierzający swój ~** a policeman on the beat ③ pot. (przychodnia rejonowa) local clinic; **lekarz z ~u** a doctor from the local clinic ④ książk. (sfera) area; **niektóre ~y egzystencji/literatury** some areas of existence/literature

rejonizacj|a f (Gpl ~i) ① (podział na rejony) division into (catchment) areas; **obowiązu-** je ~a szkół children are assigned to local schools a. to schools in their catchment area; **nie obowiązuje ~a szpitali** patients are free to choose any hospital irrespective of their catchment area ② (rozmieszczenie przemysłu, upraw, inwestycji) regionalization

rejonow|y adi. [sąd, prokurator, szpital] district attr.; **przychodnia ~a** a local clinic; **lekarz ~y** a doctor in a local clinic; ≈ GP

rejow|y adi. Żegl. [okręt] square-rigged; **ożaglowanie ~e** square rig

rejs m (G ~u) ① Żegl. voyage; (wycieczkowy) cruise; **~ po Morzu Śródziemnym** a Mediterranean cruise; **odbyć dziewiczy ~** to make a maiden voyage; **wyruszyć w ~** to go on a cruise ② Lotn. flight; **~ do Londynu** a flight to London; **~ czarterowy** a charter flight; **następnym ~em wrócił do kraju** he took the next flight home

rejsow|y adi. [lot] scheduled; **samolot ~y** an airliner

rejtera|da f przest., żart. flight; **ratowali się haniebną ~dą** they beat a hasty and shameful retreat

rejter|ować impf vi przest., żart. to take flight przest., żart. ⇒ **zrejterować**

rejwach m sgt (G ~u) przest. racket pot.; **narobić ~u** to make a racket; **powstał straszny ~** there was a terrible racket

rekapitulacj|a f (Gpl ~i) książk. recapitulation książk.; summing-up; **dokonać ~i najważniejszych faktów** to recapitulate the most important facts

rekapitul|ować impf vt książk. to recapitulate książk. [fakty, punkty] ⇒ **zrekapitulować**

rekin Ⅰ m pers. (Npl ~y) pejor. (bogacz) tycoon; (wyzyskiwacz) shark pot., pejor.; **~ giełdowy/wydawniczy** a stock market/publishing tycoon; **~y finansowe** financial sharks

Ⅱ m anim. shark; **~ ludojad** a man-eating shark

Ⅲ **rekiny** plt Zool. sharks

rekini adi [płetwa, ogon] shark's; [mięso] shark attr.

reklam|a f ① sgt advertising, promotion; (rozgłos) publicity; **~a swoich produktów** advertising of one's products; **~a pozytywna/negatywna** positive/negative advertising; **najskuteczniejsza forma ~y** the most effective form of advertising; **specjalista do spraw ~y** a publicist, a publicity agent; **spec od ~y** pot. an adman pot.; **biuro ~y** an advertising agency; **~a bezpośrednia** direct mailing; **pracować w ~ie** to work in the advertising business a. in advertising; **zrobić komuś/czemuś ~ę** to give sb/sth publicity; **być świetną/kiepską ~ą dla czegoś** to be a good/poor advertisement for sth pot.; **on nie dba o ~ę** he doesn't care for publicity ② (materiał reklamowy) advertisement; ad pot.; (w radiu, telewizji) commercial; **~a radiowa/telewizyjna** a radio/TV commercial; **~a piwa/samochodu** a beer/car advertisement; (w radiu, telewizji) a beer/car commercial; **przerwa na ~ę** a commercial break

reklamacj|a f (Gpl ~i) Handl. (customer) complaint; **złożyć ~ę w sprawie czegoś** to complain about sth; **nikt nie zgłaszał ~i** we've had no complaints from anybody

reklamacyjn|y adi. Handl. [procedura, postępowanie] complaints attr.; **list ~y** a letter of complaint

reklamiars|ki adi. pejor. [artykuł, film] self-advertising pejor.

reklamiarstw|o n sgt pejor. self-advertisement pejor.

reklam|ować impf Ⅰ vt ① (promować) to advertise, to promote [towary, usługi, imprezę]; (zachwalać) to recommend; **plakaty ~ujące jego najnowszy film** posters advertising a. promoting his latest film; **książka ~owana jako...** a book advertised as...; **zakaz ~owania alkoholu** a ban on alcohol advertising; **~owała mnie swoim przyjaciółkom jako najlepszego specjalistę w mieście** she recommended me to her friends as the best expert in town ⇒ **zareklamować** ② Handl. to complain vi; **~ować wadliwe wyroby** to complain about faulty goods ⇒ **zareklamować** ③ (domagać się zwolnienia) **~ować kogoś z wojska/więzienia** to demand sb's release from the army/from prison ⇒ **wyreklamować**

Ⅱ **reklamować się** [firma] to advertise; [osoba] to promote oneself; **ona się umie ~ować** she knows how to promote herself ⇒ **zareklamować się**

reklamow|y adi. [zdjęcie, plakat, film, kampania] advertising, promotional; [prezentacja, zdjęcia] promotional

reklamów|ka f ① (ulotka) advertising leaflet; (film) commercial ② (torba) carrier bag

rekolekcj|e plt (G ~i) Relig. retreat; **~e adwentowe/wielkopostne** an Advent/a Lent(en) retreat; **pójść na ~e** to go on a retreat; **odprawiać ~e** to lead a retreat

rekomendacj|a f książk. recommendation; **dostać pracę dzięki czyjejś ~i** to get a job on sb's recommendation; **dać komuś ~ę** to give sb a recommendation; **ona ma świetne ~e** she comes highly recommended

rekomend|ować impf vt książk. to recommend; **~ować kogoś/coś komuś** to recommend sb/sth to sb; **~ować kogoś na stanowisko przewodniczącego** to recommend sb as chairman ⇒ **zarekomendować**

rekompensacyjn|y adi. [fundusz] compensatory

rekompensa|ta f compensation (**za coś** for sth); **tytułem ~ty** in a. as a. by way of compensation; **przyznać komuś ~tę** to award sb compensation

rekompens|ować impf vt to compensate; **~ować komuś coś** to compensate sb for sth; **~ować sobie coś** to compensate for sth; **~ować sobie czymś niepowodzenia** to compensate for one's failures by doing sth ⇒ **zrekompensować**

rekonesans m (G ~u, Npl ~e a. ~y) książk. reconnaissance; **~ fotograficzny** a photoreconnaissance; **wysłać kogoś/wybrać się na ~** to send sb/to go on reconnaissance

rekonesansow|y adi. [lot] reconnaissance attr.

rekonstrukcj|a f ① (czynność, przedmiot) reconstruction C/U; **wierna ~a wydarzeń** a faithful reconstruction of events; **~e średniowiecznych fortyfikacji** reconstructions of medieval fortifications; **dokonać ~i czegoś** to reconstruct sth ② Polit. reconstruction; **~a rządu** a cabinet reshuffle

rekonstrukcyjn|y adi. [prace] reconstruction attr.

rekonstru|ować impf vt to reconstruct [budynek, rzeźbę, nos, wydarzenia] ⇒ **zrekonstruować**

rekont|ra f Gry redouble

rekonwalescencj|a f sgt convalescence, recovery; **okres ~i** the period of convalescence; **jego ~a postępowała powoli** his recovery was long; **przechodzić ~ę** to be convalescing

rekonwalescencyjn|y adi. [urlop] convalescent attr.

rekonwalescen|t m, **~tka** f convalescent

rekor|d m (G ~du) ① Sport record; **~d krajowy/świata/olimpijski** the national/world/Olympic record; **~d życiowy** a personal best; **ustanowić ~d** to establish a. set a record; **pobić ~d** to beat a. break a record; **do kogo należy ~d skoczni?** who holds the hill record?; **podczas wczorajszych zawodów padło kilka ~dów świata** during yesterday's competition several world records were broken ② (najwyższe osiągnięcie) record; **serial bije ~dy popularności** the TV serial is enjoying record popularity; **w tym rejonie bezrobocie/przestępczość bije wszelkie ~dy** in this region unemployment/crime reaches record proportions; **na światowych giełdach padł kolejny ~d cen ropy naftowej** oil prices reached another record high on the world market; **księga ~dów** book of records, record book; **zostać wpisanym do księgi ~dów** to go down in the book of records ③ Komput. record

rekordowo adv. **~ niskie temperatury/ceny** record low temperatures/prices; **przebiegł trasę w ~ krótkim czasie** he ran the race in record time

rekordow|y adi. [wynik, zyski, frekwencja] record(-breaking) attr.; **dom postawiono w ~ym tempie** the house was built in record time

rekordzi|sta m, **~stka** f ① Sport record holder; **~sta świata/Europy/Polski w podnoszeniu ciężarów** the world/European/Polish weightlifting record holder ② (zwierzę) champion; **krowa ~stka daje 9 tysięcy litrów mleka rocznie** the champion milker produces 9,000 litres of milk per year

rekreacj|a f sgt książk. (odpoczynek) recreation; **ośrodek sportu i ~i** a sports and recreation centre; **różne formy ~i** various recreational activities

rekreacyjnie adv. książk. **uprawiać pływanie/jeździectwo ~** to swim/ride as a form of recreation

rekreacyjn|y adi. książk. [ośrodek, zajęcia] recreation(al); **gimnastyka ~a** recreational gymnastics

rekruc|ki adi. [okres] recruit attr.

rekru|t m Wojsk. recruit; **pobór ~tów** recruitment

rekrutacj|a f (Gpl ~i) ① Wojsk. (pobór rekrutów) recruitment ② (nabór do szkół) enrolment; (nabór do pracy, służby ochotniczej) recruitment

rekrutacyjn|y adi. [akcja, okres] recruitment; **komisja ~a** a recruitment commission

rekrut|ować impf ① vt ① (do wojska) to recruit [żołnierzy] ② (do pracy, organizacji) to recruit; (do szkół) to enrol; **nasza organizacja zajmuje się ~owaniem ochotników do pracy w obozach dla uchodźców** our organization carries out recruitment of volunteers to work in refugee camps

⇒ **rekrutować się** to come from; **animatorzy zajęć z młodzieżą ~owali się spośród studentów** youth leaders came from among students

rekto|r m (Npl ~rowie a. ~rzy) ① Uniw. (osoba) vice-chancellor GB, president US; **~r Uniwersytetu/Akademii Teatralnej** the President of the University/Theatre Academy; **wybory nowego ~ra** the election of a new vice-chancellor ② Uniw. (tytuł) **pan ~r Białkowski** vice-chancellor Prof. Białkowski ③ Relig. rector

rektora|t m (G ~tu) Uniw. ① (urząd) vice-chancellor's Office; **objąć ~t** to take up the office of vice-chancellor ② (kadencja) vice-chancellor's term of office; **za jego ~tu wybudowano nową bibliotekę** during his term of office as vice-chancellor a new library was built ③ (biuro rektora) president's a. vice-chancellor's office

rektors|ki adi. vice-chancellor's; **nagroda ~ka** the vice-chancellor's award

rekultywacj|a f sgt Biol., Leśn., Roln. rehabilitation, reclamation; **~a wysypiska śmieci/wyrobiska** waste dump/pit rehabilitation

rekultywacyjn|y adi. Biol., Leśn., Roln. [technika, zabiegi, prace] rehabilitation attr.

rekultyw|ować pf impf vt Biol., Leśn., Roln. to rehabilitate [wyrobiska, ekosystemy] ⇒ **zrekultywować**

rekwir|ować impf vt ① książk. (zajmować) to commandeer, to requisition [żywność, pojazdy] ⇒ **zarekwirować** ② żart. (konfiskować) to appropriate ⇒ **zarekwirować**

rekwizycj|a f (Gpl ~i) Admin., Prawo requisition

❏ **~a sądowa** Prawo rogatory letter, letter of request

rekwizy|t m (G ~tu) ① Kino, Teatr (stage) prop zw. pl ② książk., przen. requisite

rekwizyto|r m Kino, Teatr prop man, props master

rekwizytor|ka f Kino, Teatr prop girl, props mistress

rekwizytorni|a f (Gpl ~) Kino, Teatr props department, props room

relacj|a f (Gpl ~i) ① (sprawozdanie) account, report; **zdać krótką/szczegółową ~ę z czegoś** to give a short/detailed account of sth; **składać/złożyć komuś ~ę o tym, co uzgodniono** to give sb an account of what has been agreed; **~a naocznego świadka** an eye-witness account; **o 19. telewizja nada obszerną ~ę z obrad Sejmu** at 7 p.m. TV will broadcast extensive coverage of the parliamentary debate; **~a na żywo** (a) live coverage ② Log., Mat. relation, relationship ③ książk. (stosunek, zależność) relation, relationship; **~e międzyludzkie** human relationships ④ Kolej. **pociąg ~i Warszawa-Kraków** the Warsaw-Cracow train

relacjon|ować impf vt to relate, to report on, to give an account of [przeżycia, wydarzenia, wizytę]; **w listach ~ował szczegółowo swoje wrażenia z podróży do Włoch** in his letters he gave a detailed account of his impressions from the journey to Italy ⇒ **zrelacjonować**

relacyjn|y adi. relational

relaks m sgt (G ~u) ① Med., Psych. (odprężenie) relaxation; **głęboki ~** deep relaxation ② książk. (odpoczynek) relaxation; **~ po pracy** relaxation after work; **pełny/zdrowy ~** full/healthy relaxation

relaks|ować się impf v refl. to relax; to chill out pot. ⇒ **zrelaksować się**

relaksowo adv. **spędzić wieczór ~** to spend a relaxed evening

relaksow|y adi. relaxing; **~y film/atmosfera** a relaxing film/atmosphere; **przybierz pozycję ~ą** assume a relaxed posture

relaksująco adv. **kąpiel w ziołach wpływa ~ na organizm** a herb bath has a relaxing effect; **gra w tenisa/spacer z psem działa na niego ~** a game of tennis/taking the dog for a walk relaxes him

relaksując|y adi. [ćwiczenia, lektura, muzyka, kąpiel, film] relaxing

relatywi|sta m, **~stka** f Filoz. relativist

relatywistyczn|y adi. Filoz., Fiz. relativist attr., relativistic; **postawa ~a** a relativist attitude; **astrofizyka/kosmologia ~a** relativist astrophysics/cosmology

relatywizacj|a f sgt relativization; **~a dobra i zła** relativization of good and evil

relatywizm m sgt (G ~u) Filoz. relativism; **~ etyczny/kulturowy** ethical/cultural relativism

relatywiz|ować impf ① vt to relativize [pojęcia, kryteria] ⇒ **zrelatywizować**

② **relatywizować się** [normy etyczne, kryteria, moralność, prawda] to become relativized ⇒ **zrelatywizować się**

relatywnie adv. (stosunkowo) [niski, tani] relatively; **zarabiam/wydaję ~ dużo** I earn/spend a relatively large amount

relatywnoś|ć f sgt (pojęć, zjawisk) relativity

relatywn|y adi. (względny) [ocena, pojęcie] relative; **zaobserwowano ~y wzrost dochodów ludności** a relative increase in people's incomes has been observed

relegacj|a f (Gpl ~i) książk. expulsion; **~a ze szkoły/z uczelni** expulsion from school/university; **grozi mu ~a z akademika** he faces expulsion from the hall of residence

releg|ować pf, impf vt książk. to expel [ucznia, studenta]; **~owano go z uczelni za propagowanie ideologii rasistowskiej** he was expelled from university for spreading racist ideas

relief m (G ~u) Geol., Geog., Szt. relief ❏ **~ płaski** Szt. low relief, bas-relief; **~ wypukły** Szt. high relief; **~ wklęsły** Szt. intaglio

reliefowo _adv._ Szt. in relief

reliefow|y _adi._ Szt. relief _attr._

religi|a _f_ _(GDGpl_ ~i) ① (wiara) religion; ~**a chrześcijańska/mahometańska** Christian/Muslim religion; ~**a katolicka/protestancka/prawosławna** Catholic/Protestant/Orthodox religion; ~**e monoteistyczne/politeistyczne** monotheistic/polytheistic religions; **wyznawać/zmienić** ~**ę** to practise a religion/change religion; **krzewić** a. **szerzyć** ~**ę** to spread religion; ② przen. religion; **konsumpcjonizm jako nowa** ~**a** consumerism as a new religion ③ Szkol. (przedmiot) religious instruction; (lekcja) religion (class); **co masz z** ~**i?** what mark have you got in religion?; **część uczniów nie chodzi na** ~**ę tylko na etykę** some pupils don't have religion – they have ethics instead

❑ ~**a panująca** Polit. official religion

religianc|ki _adi._ książk., pejor. _[poglądy]_ religiose

religianctw|o _n sgt_ książk., pejor. religiosity

religijnie _adv._ _[żyć]_ religiously

religijnoś|ć _f sgt_ religiousness

religijn|y _adi._ ① (mający związek z religią) _[kult, praktyki, pieśni]_ religious; **przedmioty kultu** ~**ego** religious cult objects; **prześladowania** ~**e** religious persecution ② (pobożny) religious; **człowiek prawdziwie/głęboko** ~**y** a deeply/truly religious person

religioznawc|a _m_ specialist in religious studies

religioznawcz|y _adi._ religious studies _attr._

religioznawstw|o _n sgt_ religious studies

relik|t _m_ _(G_ ~tu) ① (pozostałość) relic; ~**ty przeszłości** relics of the past ② Biol. relic, relict; ~**t glacjalny** a glacial relic

reliktow|y _adi._ Biol., Geol. relict _attr.;_ **lasy** ~**e** relict forests; **jezioro** ~**e** a relict lake; **minerały** ~**e** relict minerals

relikwi|a _f_ _(GDGpl_ ~i) Relig. relic także przen.; **święte** ~**e** holy relics; ~**e świętych** relics of the saints; **przechowywać coś jak** ~**ę** to treasure sth like a relic

relikwiarz _m_ (~**yk** _dem._) Relig. reliquary

remak|e /'rimejk/ _m_ _(G_ ~**e'u**) Kino remake

remanen|t _m_ _(G_ ~tu) Handl. stocktake a. stocktaking także przen.; **zrobić** a. **sporządzić** ~**t** to do the stocktaking; „**zamknięte z powodu** ~**tu**" (wywieszka) 'closed for stocktaking'

❑ **upłynnić** ~**ty** to liquidate the stocks

remanentow|y _adi._ _[komisja, spis]_ stocktaking _attr._

remedi|um _n_ _(Gpl_ ~**ów**) książk. remedy

remibrydż _m sgt_ Gry rummy; **grać w** ~**a** to play rummy

remik _m_ Gry pot. rummy

remiks _m_ _(G_ ~**u**) Muz. remix

remilitaryzacj|a _f_ _(Gpl_ ~i) Polit. rearmament

remilitaryzacyjn|y _adi._ Polit. rearmament _attr._

reminiscencj|a _f_ _(Gpl_ ~i) ① książk. (wspomnienie) reminiscense; ~**e z dzieciństwa/podróży** reminiscences of one's childhood/journeys; ~**e czasu wojny** reminiscences of the war ② Lit., Muz., Szt. reminiscence; ~**e literackie/romantyczne** literary/Romantic reminiscences

remis _m_ _(G_ ~**u**) draw, tie; **uzyskać** ~ to draw; **mecz zakończył się bezbramkowym remisem** the match ended in a goalless draw

■ **grać na** ~ to play to a draw

remis|ować _impf vi_ to draw, to tie ⇒ **zremisować**

remisowo _adv._ **mecz zakończył się** ~ the match ended in a draw

remisow|y _adi._ _[rezultat, mecz]_ drawn

remiz _m_ Zool. penduline tit

remiz|a _f_ ① (tramwajowa) depot; (strażacka) fire station, firehouse US, engine house; **zabawa w** ~**ie** a dance at the firehouse ② Myśliw. winter cover a. covert

remon|t _m_ _(G_ ~**tu**) (budynku) renovation; (dachu, jezdni) repair; ~**t generalny** a. **całkowity budynku** complete refurbishment; **przeprowadzić** ~**t czegoś** to renovate sth; **winda wymaga** ~**tu** the lift needs repair; **samochód nie nadaje się do** ~**tu** the car can't be repaired

❑ ~**t kapitalny** (budynku) extensive a. major renovation; (urządzenia, silnika) a complete overhaul

remont|ować _impf vt_ to renovate _[budynek, mieszkanie]_; to repair _[dach, maszynę, statek]_ ⇒ **wyremontować**

remontow|y _adi._ _[ekipa, plan, usługi]_ renovation _attr.;_ **stocznia** ~**a** a repair shipyard; **fundusz** ~**y** maintenance and renovation fund

ren[1] _m sgt_ _(G_ ~**u**) Chem. rhenium

ren[2] _m_ Zool. reindeer

renci|sta _m,_ ~**stka** _f_ pensioner książk.

renega|t _m_ książk. renegade

renegocjacj|a _f zw. pl_ książk. renegotiation

renegocj|ować _pf, impf vt_ to renegotiate _[traktat, warunki umowy]_

renesans _m sgt_ _(G_ ~**u**) ① Filoz., Literat., Szt. the Renaissance ② książk. (ponowny rozkwit) renaissance; ~ **muzyki organowej** a renaissance of organ music

■ **człowiek** ~**u** Renaissance man

renesansow|y _adi._ ① _[wizja świata, teatr, artysta]_ Renaissance _attr._ ② książk. _[osobowość]_ Renaissance _attr._

rene|ta _f_ rennet apple

renife|r _m_ Zool. reindeer; **stado** ~**rów** a herd of reindeer; **zaprzęg** ~**rów** a team of reindeer

reniferow|y _adi._ _[futro, skóry, buty]_ reindeer _attr._

renklo|da _f_ Bot. greengage

renklodow|y _adi._ _[kompot, dżem]_ greengage _attr._

renom|a _f sgt_ książk. renown, reputation, repute; **firma/udrowisko o światowej** ~**ie** a world-famous company/spa; **cieszyć się** ~**ą** a. **mieć** ~**ę wybitnego specjalisty** to enjoy the reputation as an excellent specialist; **zdobyć** a. **zyskać** ~**ę** to build up a reputation

renomowan|y _adi._ książk. _[firma, instytucja]_ reputed, reputable; _[szkoła, uczelnia]_ prestigious; ~**y prawnik** a highly-regarded lawyer

renons _m sgt_ _(G_ ~**u**) Gry void

renowacj|a _f_ _(Gpl_ ~i) książk. (budynków, zabytków) renovation; (dzieł sztuki, mebli, pojazdów, budynków) restoration; (futer, dywanów) repair;

oddałam futro z norek do ~**i** I'm having my mink coat repaired

renowacyjn|y _adi._ _[prace, zakład]_ renovation _attr._

ren|ta _f_ ① (świadczenia pieniężne) pension, allowance, state pension GB; ~**ta starcza** an old-age pension; ~**ta kombatancka** a war (disability) pension; ~**ta roczna** an annuity; ~**ta rodzinna** a family allowance; **być na** ~**cie** to draw a pension a. an allowance ② Ekon. rent

❑ ~**ta czynszowa** Hist. rent; ~**ta feudalna** Hist. feudal rent; ~**ta naturalna** Hist. rent in kind; ~**ta odrobkowa** Hist. labour service

rentgen _m_ ① pot. (aparat) X-ray machine ② pot. (badanie) X-ray; ~ **wykonujemy tylko rano** we only take X-rays in the morning ③ pot. (zdjęcie) X-ray; ~ **klatki piersiowej/płuc** a chest/lung X-ray ④ Fiz. (jednostka) roentgen

rentgenografi|a _f sgt_ _(GD_ ~i) Med. roentgenography; **wykonano** ~**ę przewodu pokarmowego** roentgenography a. an X-ray of the digestive tract was made

rentgenograficzn|y _adi._ _[badanie, zdjęcie]_ roentgenographic, X-ray _attr._

rentgenogram _m_ _(G_ ~**u**) roentgenogram, X-ray; ~ **płuc** lung X-ray; ~ **kryształu** a roentgenogram of a crystal

rentgenolo|g _m_ _(Npl_ ~**dzy** a. ~**gowie**) radiologist

rentgenologi|a _f sgt_ _(GD_ ~i) radiology, roentgenology

rentgenologicznie _adv._ roentgenologically

rentgenologiczn|y _adi._ _[badania, opis]_ X-ray _attr.;_ _[pracownia, ciemnia]_ radiological

rentgenows|ki _adi._ _[badanie, zdjęcie]_ X-ray _attr._

rentie|r _m_ rentier, gentleman of leisure

rentier|ka _f_ rentier, lady of independent means

rentiers|ki _adi._ _[procent, kapitał, odsetki]_ rentier _attr._

rentownoś|ć _f sgt_ profitability; ~**ć naszej firmy wzrosła** our business has become more profitable

rentown|y _adi._ _[produkcja, gospodarstwo]_ profitable, (economically) viable

rentow|y _adi._ social security _attr.;_ **świadczenia** ~**e** social security payment

reorganizacj|a _f_ _(Gpl_ ~i) reorganization, reshuffle; **nastąpiła nieprzewidziana** ~**a rządu** an unforeseen cabinet reshuffle has taken place

reorganizacyjn|y _adi._ _[projekty, wnioski, okres]_ reorganizational; **plan** ~**y systemu podatkowego** a plan for reorganizing taxation a. the tax system

reorganiz|ować _impf_ Ⅱ _vt_ to reorganize, to remodel _[gospodarkę, biuro, plan zajęć]_ ⇒ **zreorganizować**

Ⅲ **reorganizować się** to reorganize; **firma się** ~**uje** the company is undergoing reorganization ⇒ **zreorganizować się**

reorientacj|a _f sgt_ reorientation; ~**a polityki zagranicznej** reorientation of foreign policy

reparacj|a _f_ _(Gpl_ ~i) zw. pl reparations; **określono sumę** ~**i i czas ich spłaty** the amount and duration of the reparations payments were established

reparacyjn|y *adi.* *[kwota, suma, rata]* reparation(s) *attr.*

repartycj|a *f sgt* książk. distribution

❑ **~a znaczeniowa** Jęz. semantic repartition

repasacj|a *f sgt* stockings repair service

repasacyjn|y *adi.* **punkt ~y** a stockings repair service

repasacz|ka *f woman who repairs stockings*

repasaż *m* (*G* ~**u**, *Npl* ~**y** a. ~**ów**) Sport repêchage

repasażow|y *adi.* Sport repêchage *attr.*

repatriacj|a *f sgt* repatriation

repatriacyjn|y *adi.* *[urząd, ustawa]* repatriation *attr.*

repatrianc|ki *adi.* *[karta, transport]* repatriation *attr.*

repatrian|t *m*, ~**tka** *f* returned expatriate, repatriate

reperacj|a *f* (*Gpl* ~**i**) repair; **wymagać ~i** to be in need of repair; **oddał telewizor do ~i** he sent the TV in for repair(s); **zajął się ~ą zamka do drzwi** he started mending the lock

reperkusj|a *f zw. pl* (*Gpl* ~**i**) repercussion; **oświadczenie prezydenta wywołało ~e w Senacie** the President's statement had repercussions in the Senate

reper|ować *impf vt* to repair, to mend *[obuwie, ubranie, kable]*; to repair *[samochód]*; **~ować połamane krzesło** to mend the broken chair ⇒ **zreperować**

repertua|r *m* (*G* ~**ru**) repertoire, repertory; ~**r przekleństw** przen. repertoire of swear words, catalogue of obscenities; **żelazny ~r** standard repertoire

repertuarowo *adv.* repertoire-wise; ~ **nic szczególnego** nothing very daring repertoire-wise; ~ **koncert był bardzo ciekawy** repertoire-wise the concert was very interesting

repertuarow|y *adi.* of the repertoire, repertorial; **przekrój ~y sezonu operowego** an overview of the repertoire of the opera season

repesaż → **repasaż**

repe|ta *f* pot. [1] *(dokładka)* extra helping, second helping; **dostać ~tę** to get a second helping [2] *(pozostanie na drugi rok)* (w szkole) the repetition of a form a. year a. class; (na uczelni) the repetition of a course; **mieć ~tę** (w szkole) to have to repeat a year a. grade US; (na uczelni) to have to repeat a course

repet|ować *impf vt* [1] pot. *(pozostawać na drugi rok)* to repeat *[klasę, rok, semestr]* [2] Wojsk. *(przygotować broń)* to repeat

repetycj|a *f* (*Gpl* ~**i**) książk. [1] *(powtórzenie przerobionego materiału)* revision [2] Muz. repetition

repetytori|um *n* (*Gpl* ~**ów**) [1] *(zajęcia utrwalające materiał nauczania)* recapitulatory lecture/seminar; recap pot. [2] *(podręcznik)* compendium (for higher education courses); ~**um z logiki** a logic compendium

replay /'riplej/ *m* (*G* ~**u** a. ~**a**) action replay

repli|ka *f* książk. [1] *(odpowiedź na zarzuty)* reply, rejoinder; replication przest.; comeback pot.; **dowcipna ~ka** a witty repartee; **cięta ~ka** a cutting rejoinder, a counterblast [2] *(odpowiedź aktora na scenie)* retort, reply line

[3] *(kopia dzieła sztuki)* replica; **namalował wiele ~k** he painted many replicas [4] Jęz. loan-translation, replica

■ **być ~ką** a. **stanowić ~kę czegoś** to be an exact replica of sb/sth

replik|ować *impf vi* to reply, to retort

reportaż *m* (*G* ~**u**) *(gatunek prozy)* reportage U; *(telewizyjny, filmowy)* documentary, feature *(programme)*; **ciekawy ~** an interesting piece of reportage; ~ **literacki** a piece of literary reportage; **w telewizji pokazano ~ z podróży po Chinach** a documentary on a journey across China was shown on TV; **lubił czytać ~e z podróży** he liked reading travelogues

❑ ~ **dźwiękowy** radio report a. feature

reportażowo *adv.* documentary-style, in a documentary style

reportażow|y *adi.* *[materiały, zdjęcia]* documentary *attr.*

reportaży|sta *m*, ~**stka** *f* reporter

reporte|r *m* reporter, newsman; **początkujący ~r** a cub reporter pot.; **na miejsce wybuchu dotarli już ~rzy radiowi i telewizyjni** TV and radio reporters are already at the place of the explosion

reporter|ka *f* [1] *(kobieta reporter)* reporter; **na miejscu zginęła ~ka miejscowej gazety** a reporter of the local newspaper was killed on the spot [2] sgt pot. *(zajęcie reportera)* reporting; **parał się ~ką** he worked as a reporter

reporters|ki *adi.* reporter's, reportorial US; ~**ka ciekawość** reporter's curiosity; **wokół błyskały ~kie flesze** reporters' flashes were going off everywhere

reporterstw|o *n sgt* reporting; **trudnił się ~em** he worked as a reporter

represj|a *f* (*Gpl* ~**i**) [1] zw. pl *(prześladowania)* repression; repressive measures *pl*; **paść ofiarą ~i** to fall victim to repression; **ściągnąć na siebie/kogoś ~e** to bring down repression on oneself/sb [2] Psych. repression

❑ ~**a karna** Prawo repressive punishment

represjonizm *m sgt* (*G* ~**u**) repression; **polityka ~u** a policy of repression

represjon|ować *impf vt* książk. to repress, to victimize *[dysydentów, opozycjonistów]*; **obrona ~owanych** the defence of the oppressed

represyjnie *adv.* *[działać, postępować]* repressively

represyjn|y *adi.* repressive, coercive; **środki ~e** coercive a. repressive measures

reprezentacj|a *f* (*Gpl* ~**i**) [1] Sport *(szkolna, narodowa)* team; **wczoraj wybrano ~ę na olimpiadę** the Olympic squad a. team was selected yesterday [2] *(grupa reprezentująca interesy)* representatives *pl*; ~**a młodzieży spotkała się z prezydentem** youth representatives had a meeting with the President

reprezentacyjn|y *adi.* [1] *(przeznaczony do reprezentowania)* *[strój]* formal; *[sala, gmach]* fine, stately; *[dzielnica]* elegant; *[limuzyna]* sleek; **apartament ~y** an executive suite; **fundusz ~y** expense account, entertainment allowance; **kompania ~a** the guard of honour [2] *(o wyglądzie)* *[kobieta]* stunning(ly attractive), stylish; **miał ~y wygląd** he was an impressive-looking man

reprezentan|t *m*, ~**tka** *f* representative; ~**t Polski zdobył medal olimpijski** the Polish representative won a medal in the Olympics

reprezentatywnie *adv.* representatively

reprezentatywnoś|ć *f sgt* [1] *(typowość)* representative nature a. character; ~**ć twórczości pisarza dla współczesnej mu literatury** the representative nature a. character of a writer's work in the context of the literature of his day [2] Stat. representativeness

reprezentatywn|y *adi.* [1] *(typowy)* representative [2] Stat. **próbka ~a** a representative sample

reprezent|ować *impf vt* to represent *[kraj, instytucję, władzę]*; ~**ować pogląd, że...** to be of the opinion that...; ~**ować swój kraj** to compete for one's country

reprin|t *m* (*G* ~**tu**) książk. reprint, facsimile (edition); ~**t rzadkiego starodruku** a facsimile of a rare old print

reprintow|y *adi.* *[wydanie, wersja]* facsimile *attr.*, reprint *attr.*

reprodukcj|a *f* (*Gpl* ~**i**) [1] *(kopia obrazu, rysunku)* reproduction; **kolorowa ~a** a colour reproduction [2] sgt *(wykonywanie kopii)* reproduction; **zajmował się ~ą dokumentów** he worked on the reproduction of documents [3] sgt *(ponowne wytworzenie)* reproduction; ~**a czerwonych krwinek w organizmie** the reproduction of red corpuscles a. erythrocytes in the system [4] sgt Biol. reproduction, breeding; ~**a stada** herd reproduction [5] sgt Ekon. reproduction; ~**a prosta i rozszerzona** simple and extended reproduction

reprodukcyjn|y *adi.* [1] *(związany z wytwarzaniem kopii)* reproduction *attr.*; **nowa technika ~a dzieł sztuki** a new technique of reproducing works of art [2] Biol. *(mający zdolność powielania się)* replicative, reproductive; **mieć zdolności reprodukcyjne** to be capable of replication [3] Roln. breeding *attr.*; **prowadził hodowlę macior ~ych** he kept a. raised breeding sows

reproduk|ować *impf vt* to reproduce *[obrazy, teksty]*

reprodukowan|y [I] *pp* → **reprodukować**

[II] *adi.* *[fotografia, obraz, dokument]* reproduced

reprodukto|r *m* sire

reprymen|da *f* książk. reprimand; **dać komuś ~dę** to give someone a sharp reprimand

reprywatyzacj|a *f sgt* reprivatization

reprywatyzacyjn|y *adi.* *[ustawa, fundusz]* reprivatization *attr.*

reprywatyz|ować *pf, impf vt* to reprivatize *[majątek, nieruchomości]*

republi|ka *f* republic; **Republika Francuska** the French Republic

republikan|in *m*, ~**ka** *f* [1] *(zwolennik republiki)* republican [2] *(w USA)* Republican; **głosować na ~ów** to vote Republican

republikanizm *m sgt* republicanism

republikańs|ki *adi.* republican

reputacj|a *f sgt* reputation; **narażać na szwank czyjąś/swoją ~ę** to risk tarnishing sb's/one's reputation

R

requiem /'rekfjem/ *n inv.* [1] Muz. requiem; **śpiewać** ~ to sing a requiem [2] Relig. (msza za zmarłych) requiem (mass); **odprawić** ~ to celebrate (a) requiem mass

resentymen|t *m* (*G* ~**tu**) *zw. pl* książk. resentment *C/U*; **łagodzić wzajemne** ~**ty** to soothe mutual resentments; **nie żywiła już do niego** ~**tu** she no longer bore a. harboured resentment towards him

resocjalizacj|a *f sgt* rehabilitation, resocialization; **ośrodek** ~**i** a rehabilitation centre

resocjalizacyjn|y *adi.* [*system, zakład*] rehabilitation *attr.*; [*zabiegi*] rehabilitative

resocjaliz|ować *impf* **[]** *vt* to rehabilitate, to socialize [*alkoholików, byłych więźniów*] **[]]** **resocjalizować się** to rehabilitate oneself

reso|r *m* (*G* ~**ru**) coil spring □ ~**r piórowy** Techn. leaf spring ■ **bujda na** ~**rach!** a likely tale! *iron.*

resor|ować *impf vt* [1] (zaopatrywać w resory) to spring [*samochody, wozy*]; ~**owane koła pojazdu** sprung carriage wheels [2] (zachowywać się jak sprężyna) to spring; **miękko** ~**ujący samochód** a car with good suspension

resorow|y *adi.* leaf sprung *attr.*

resor|t *m* (*G* ~**tu**) [1] (dział gospodarki) (government) department; ~**ty mają swoje przedstawicielstwa w terenie** government departments have local branches [2] pot. (zakres działalności) domain

resortow|y *adi.* [*pracownicy, ministrowie, inwestycje*] departmental

respek|t *m sgt* (*G* ~**tu**) respect; **czuć** ~**t przed kimś** to feel respect for sb; **wzbudzać** ~**t** to command respect; **traktować kogoś z** ~**tem** to treat sb with respect; **okazywał swemu ojcu wielki** ~**t** he showed deep respect a. esteem for his father; **traktował mnie zawsze z** ~**tem** he always held me in respect a. esteem

respekt|ować *impf vt* [1] książk. (przestrzegać) to respect [*prawo, przepisy*] [2] przest. (szanować) to respect; ~**ować czyjeś uczucia i pragnienia** to respect sb's feelings and wishes

respirato|r *m* [1] Med. respirator, ventilator [2] (maska z filtrem) Tech. respirator, gas mask

responden|t *m*, ~**tka** *f* Socjol. respondent; **większość** ~**tów uważała, że...** most of the respondents felt that...

restauracj|a[1] *f* (*Gpl* ~**i**) (lokal gastronomiczny) restaurant; **włoska/chińska** ~**a** an Italian/ a Chinese restaurant; ~**a dworcowa/hotelowa** a station/hotel restaurant; **obiad w** ~**i** a dinner in a. at a restaurant; **pójść do** ~**i** to go to a restaurant

restauracj|a[2] *f sgt* [1] (budynku, ogrodu) restoration; ~**a zabytków** the restoration of historic buildings; **dokonać** ~**i czegoś** to restore sth [2] (przywrócenie do władzy) restoration; ~**a monarchii** the restoration of (the) monarchy

restauracyj|ka *f dem.* (small) restaurant

restauracyjn|y *adi.* **sala** ~**a** a dining room; **wagon** ~**y** a restaurant a. dining car, a diner US

restaurato|r[1] *m*, ~**rka** *f* restaurateur, restaurant owner

restaurato|r[2] *m* (konserwator) restorer; ~**r zabytków** a restorer

restaurators|ki *adi.* [*prace, pracownia*] restoration *attr.*

restaur|ować *impf vt* to restore [*zabytki*] ⇒ **odrestaurować**

restruktur|yzacja, ~**alizacja** *f sgt* reorganization; Fin. restructuring; ~**yzacja** a. ~**alizacja przemysłu/przedsiębiorstwa** the restructuring of industry/a company; ~**yzacja** a. ~**alizacja armii** the reorganization of the army

restruktur|yzacyjny, ~**alizacyjny** *adi.* [*plany, pakiet*] restructuring *attr.*

restrykcj|a *f* (*Gpl* ~**i**) książk. restriction; ~**e importowe/handlowe** import/trade restrictions; **nałożyć na kogoś** ~**e** to impose restrictions on sb

restryk|cyjnie, ~**tywnie** *adv.* książk. restrictively

restryk|cyjny, ~**tywny** *adi.* książk. [*prawo, polityka, kroki*] restrictive

restytucj|a *f* (*Gpl* ~**i**) książk. [1] (przywrócenie) reconstitution (**czegoś** of sth) [2] Biol. (odtworzenie populacji) restoration; ~**a gatunku** the restoration of a species [3] Biol (odtworzenie tkanki, narządu) restitution [4] Prawo (zwrot właścicielowi) restitution

restytucyjn|y *adi.* Prawo [*przepis, wniosek*] restitution *attr.*

restytu|ować *pf impf vt* książk. [1] (ponownie utworzyć) to reconstitute [*partię, organizację*]; to restore [*granice*] [2] Biol. (odtworzyć populację) to restore [*gatunek*]

résumé /ˌrezyˈme/ *n inv.* résumé (**czegoś** of sth)

resz|ka *f* tails; **orzeł czy** ~**ka?** heads or tails?; **wybrać** ~**kę** to call tails; **wypadła** ~**ka** it came down tails

resz|ta *f* [1] (pozostałość) rest (**czegoś** of sth); ~**ta czasu/osób/mleka** the rest of the time/people/milk; **przez** ~**tę życia** for the rest of my/his life; **przyszło tylko trzech,** ~**ta została w domu** only three of them came, the rest (of them) stayed at home; **prezydent i cała** ~**ta** pot. the president and all the rest pot.; **bez** ~**ty** (bez zastrzeżeń) [*poświęcić się, oddać się*] unreservedly; (całkowicie) [*zaabsorbowany, zajęty*] wholly; **do** ~**ty** completely; **zgłupiał do** ~**ty!** he's completely out of his mind!; **dokonać** a. **dopełnić** ~**ty** to complete the work of destruction [2] *sgt* (pieniądze) change; **pięć złotych** ~**ty** five zlotys in change; **wydać komuś** ~**tę** to give sb (their) change; ~**ty nie trzeba** keep the change [3] Mat. remainder; **dzielić się bez** ~**ty** to be divided without a remainder

resz|ka **[]** *f* [1] *dem. zw. pl* (pozostałość) remains; ~**ki budowli/fortyfikacji** the remains of a building of/ fortifications; ~**ki sił/cierpliwości** the last reserves of energy/patience; ~**ki godności** the last shreds of dignity; ~**ki fortuny/świetności/włosów** what remains of sb's wealth/ glory/hair; ~**ki jej urody** the remnants of her beauty [2] (kawałek materiału) remnant; **sklep z** ~**kami** a remnant shop **[]]** **resztki** *plt* (jedzenie) leftovers ■ **gonić** ~**kami** to scrape the bottom of the barrel; **gonić** ~**kami sił** to be at the end of one's tether

resztkow|y *adi.* [*tkanina*] remnant *attr.*; [*złoże*] residual

resztów|ka *f* [1] Hist. *a piece of land remaining after parcelling out of a landed estate* [2] pot. remains

reto|r *m* książk. (mówca) orator; rhetor książk.; (nauczyciel) rhetorician

retorycznie *adv.* [*zapytać*] rhetorically

retoryczno|ść *f sgt* rhetorical nature (**czegoś** of sth)

retoryczn|y *adi.* [*styl, chwyt*] rhetorical; **figura** ~**a** a rhetorical figure; **pytanie** ~**e** a rhetorical question; **pytanie było czysto** ~**e** the question was purely rhetorical

retory|ka *f sgt* [1] Literat. rhetoric [2] pejor. rhetoric pejor.; **pusta** ~**ka** empty rhetoric

retransmisj|a *f* (*Gpl* ~**i**) Telekom. retransmission, relay; Radio, TV rebroadcast; ~**a programu** a rebroadcast of a programme; ~**a koncertu/meczu** recorded coverage of a concert/game

retransmisyjny *adi.* [*aparatura, rozgłośnia, stacja*] relay *attr.*

retransmit|ować *impf vt* Telekom. to retransmit, to relay [*dane, sygnały*]; Radio, TV to rebroadcast [*program*]; to show recorded coverage of [*mecz, koncert*]

retro **[]** *n inv.* retro **[]]** *adi. inv.* retro; **muzyka w stylu** ~ retro music

retrospekcj|a *f* (*Gpl* ~**i**) [1] Kino, Literat. flashback [2] (wspominanie) retrospection *U*; (wspomnienie) flashback

retrospekcyjn|y *adi.* Kino, Literat. [*scena*] flashback *attr.*

retrospektyw|a *f* [1] Kino, Szt. retrospective; ~**a filmów Felliniego** a Fellini retrospective a. season [2] (wspominanie) **w** ~**ie** in retrospect

retrospektywnie *adv.* [1] Kino, Literat. [*ukazać, przedstawić*] in flashback [2] (z perspektywy czasu) [*spojrzeć*] retrospectively, in retrospect

retrospektywn|y *adi.* [1] Kino, Szt. [*wystawa, pokaz*] retrospective [2] Kino, Literat. [*scena, wstawka*] flashback *attr.* [3] [*spojrzenie*] retrospective

return *m* (*G* ~**u**) Sport return

retusz *m* (*G* ~**u**, *Gpl* ~**ów** a. ~**y**) [1] Fot. retouch [2] (poprawka) alteration; **dokonać drobnych** ~**ów** to make small alterations; **przedstawić coś bez** ~**ów** to present sth as it is

retusz|ować *impf vt* [1] Fot. to retouch [*zdjęcie, negatyw*] ⇒ **wyretuszować** [2] (upiększać) to embellish [*fakty, rzeczywistość*] ⇒ **wyretuszować**

retuszowan|y **[]** *pp* → **retuszować** **[]]** *adi.* [*zdjęcie, negatyw*] retouched

rety *inter.* pot. **(o)** ~**!** gosh!, gee! US

reumatolo|g *m* rheumatologist

reumatologi|a *f sgt* (*GD* ~**i**) [1] Med. rheumatology [2] pot. (oddział) rheumatology ward

reumatologiczn|y *adi.* rheumatological

reumatyczn|y *adi.* [*ból, choroba*] rheumatic

reumaty|k *m*, ~**czka** *f* pot. rheumatic

reumatyzm *m sgt* (*G* ~**u**) rheumatism

rewaloryzacj|a *f* książk. [1] *sgt* (odnawianie) restoration; ~**a zabytków/dzieł sztuki** the restoration of historical buildings/art

② (Gpl ~i) (podwyższenie świadczeń) uprating; **~a świadczeń/emerytur** the index-linking of benefits/pensions ③ (Gpl ~i) Fin. (podwyższenie kursu waluty) revaluation (**czegoś** of sth) ④ sgt (tradycji, poglądów, idei) re-evaluation (**czegoś** of sth)

rewaloryzacyjn|y adi. (konserwatorski) [prace, projekt] restoration attr.

rewaloryz|ować pf impf vt książk. ① (odnawiać) to restore [zabytki, dzieła sztuki] ⇒ **zrewaloryzować** ② (podwyższać) to uprate [pensje, emerytury, świadczenia] ⇒ **zrewaloryzować** ③ Fin. to revalue [walutę] ⇒ **zrewaloryzować** ④ (przewartościować) to re-evaluate [poglądy, opinie, tradycje] ⇒ **zrewaloryzować**

rewaluacj|a f (Gpl ~i) Fin. revaluation; **~a funta wobec euro** the revaluation of the pound against the euro

rewalu|ować pf, impf vt Fin. to revalue [walutę] (**wobec czegoś** against sth)

rewanż m (G ~u) ① (zemsta) revenge (**za coś** for sth); **wziąć ~ na kimś** to get one's revenge on sb; **w ~u za coś** in revenge for sth ② (odwzajemnienie) return of a favour; **w ~u za coś** in return for sth ③ Sport (okazja do odegrania) rematch; (drugi mecz w rundzie) second leg; **mecz był ~em za finał mistrzostw świata** the game was a rematch of the World Cup final

rewanż|ować się impf v refl. ① (brać odwet) to get one's revenge (**komuś** on sth) ⇒ **zrewanżować się** ② (odwzajemniać) to return the favour; **~ować się komuś** to return sb's favour ⇒ **zrewanżować się**

rewanżow|y adi. Sport **mecz ~y** (szansa na odegranie się) a rematch; (drugi mecz w rundzie) the second-leg match

rewanżystows|ki adi. książk. [tendencje, polityka] revanchist

rewanżyzm m (G ~u) książk. revanchism

rewelacj|a f (Gpl ~i) (sensacja) revelation; **~e prasowe na temat czegoś** the press revelations about sth; **~a turnieju/sezonu** (sportowiec, wydarzenie) the revelation of the tournament/season; **festiwal nie przyniósł żadnych ~i** nothing exceptional happened at the festival

rewelacyjnie adv. [grać, śpiewać] sensationally well pot.; **wyglądasz ~** you look sensational

rewelacyjn|y adi ① (zdumiewający) [odkrycie, zeznanie] sensational ② (znakomity) [muzyk, piłkarz, maładzenie] sensational pot.

rewerencj|a f (Gpl ~i) przest., książk. reverence; **okazywać komuś ~ę** a. **~e** to treat sb with reverence

rewers m (G ~u) ① (monety, medalu) reverse; **godło na ~ie** an emblem on the reverse ② (kwit) IOU; **~ na 100 złotych** an IOU for 100 zlotys; **wystawić komuś ~** to give sb an IOU ③ (w bibliotece) order slip, call slip; **wypisać/złożyć ~** to fill in/submit an order slip

rewi|a f (GDGpl ~i) ① Teatr (widowisko) revue, variety show; (teatr) revue theatre; **~a na lodzie** a show on ice ② Wojsk. military parade ③ (pokaz) parade; **~a gwiazd** a parade of stars; **~a mody** a fashion parade; także przen.

rewiden|t m, **~tka** f auditor

rewid|ować impf vt ① (przeszukiwać) to search [osoby, pomieszczenie, bagaże] ⇒ **zrewidować** ② (zmieniać) to revise [poglądy, opinię, stanowisko] ⇒ **zrewidować**

rewindykacj|a f (Gpl ~i) książk. regaining (**czegoś** of sth); (przejęcie przez wierzyciela) repossession; **~a nieruchomości** a re-entry

rewindyk|ować pf impf vt książk. to regain possession of

rewiow|y adi. [artysta, teatr] revue attr., variety attr.; **numer ~y** a variety act; **tancerka ~a** a showgirl

rewi|r m (G ~ru) ① (leśnika, listonosza) walk; (kelnera) section; (policjanta) beat ② Hist. (w obozie koncentracyjnym) sick room

rewirow|y m daw. officer in charge of a police unit

rewizj|a f (Gpl ~i) ① (przeszukanie) search; **~a w mieszkaniu** a house search; **nakaz ~i** a search warrant; **przeprowadzić ~ę w czymś** to carry out a search of sth; **poddać kogoś ~i** to search sb; **~a osobista** a body search; (z rozbieraniem) a strip-search; **poddać kogoś ~i osobistej** to strip-search sb ② (zmiana) revision; (przegląd) review; **~a granic** a revision of borders; **~a systemu podatkowego** a review of a taxation system; **poddać coś ~i** to bring sth under review; **dokonać ~i swoich poglądów politycznych** to revise one's political views ③ Prawo appeal; **wnieść ~ę od wyroku** to lodge an appeal against a sentence; **oddalić ~ę** to dismiss an appeal ④ (kontrola) inspection; Księg. audit; **przeprowadzić ~ę ksiąg rachunkowych** to audit the accounts ⑤ Wyd. revise

rewizjoni|sta m, **~stka** f revisionist

rewizjonistyczn|y adi. [poglądy, propaganda] revisionist

rewizjonizm m sgt (G ~u) revisionism

rewizo|r m przest. inspector; Księg. auditor

rewizyjn|y adi. ① Prawo **rozprawa ~a** an appeal trial ② Księg. **komisja ~a** an audit committee ③ Techn. **studzienka ~a** an inspection chamber

rewizy|ta f książk. return visit; **udać się do kogoś z ~tą** to pay a return visit to sb

rewizyt|ować pf impf vt książk. to pay a return visit to

rewol|ta f revolt (**przeciw komuś/czemuś** against sb/sth); **studencka ~ta lat sześćdziesiątych** the student revolt of the 60s; **wszcząć ~tę** to stage a revolt; **stłumić ~tę** to suppress a revolt

rewolucj|a f (Gpl ~i) ① (przewrót) revolution; **~a proletariacka/socjalistyczna** a proletarian/socialist revolution; **bezkrwawa ~a** a bloodless revolution; **w Rosji wybuchła ~a** a revolution broke out in Russia ② przen. (dramatyczna zmiana) revolution; **~a technologiczna/obyczajowa** a technological/moral revolution; **~a w medycynie/informatyce/modzie** a revolution in medicine/information technology/fashion; **w tej dziedzinie dokonała się prawdziwa ~a** there's been a real revolution in this area; **to odkrycie przyniosło ~ę w nauce** this discovery brought about a revolution in science; **tym wynalazkiem dokonał ~i** his invention brought about a revolution; **to była prawdziwa ~a w moim życiu** this turned my life upside

down ③ żart. (zakłócenia) mayhem; **~a hormonalna** hormonal mayhem; **mieć ~e żołądkowe** to have an upset stomach ❑ **~a francuska** the French Revolution; **~a kulturalna** Cultural Revolution; **~a przemysłowa** Industrial Revolution; **aksamitna ~a** velvet revolution; **~a angielska** the English Revolution (the period of English Civil War, Commonwealth and Protectorate); **~a pałacowa** palace revolution; **Rewolucja Październikowa** October Revolution

rewolucjoni|sta m, **~stka** f revolutionary także przen.

rewolucjonizm m sgt (G ~u) revolutionism

rewolucjoniz|ować impf ❶ vt ① (wprowadzać zmiany) to revolutionize [naukę, sztukę] ⇒ **zrewolucjonizować** ② (pobudzać do rewolucji) to incite [sb] to revolution [masy, naród] ⇒ **zrewolucjonizować** ❷ vi ① (przechodzić zmiany) [sztuka, nauka] to be undergoing a revolution ⇒ **zrewolucjonizować się** ② [masy, naród, nastroje] to become radicalized ⇒ **zrewolucjonizować się**

rewolucyjnie adv. [zdobyć, obalić] by means of a revolution; [zmienić się] in a revolutionary way; **wpłynąć na coś ~** to have a revolutionary effect on sth

rewolucyjnoś|ć f sgt (rewolucyjny charakter) revolutionary nature (**czegoś** of sth); (rewolucyjne podejście) revolutionary approach (**w czymś** to sth)

rewolucyjn|y adi. ① [idea, działacz, spisek] revolutionary ② (przełomowy) [odkrycie, zmiana, dzieło] revolutionary

rewolwe|r m (G ~ru) (pistolet) revolver; **~r sześciostrzałowy** a six-shooter

rewolwerow|iec m gunslinger

rewolwerow|y adi. ① [lufa, kula] revolver attr. ② Techn. **głowica ~a** a turret; **tokarka ~a** a turret lathe

reze|da f Bot. mignonette, reseda

rezedow|y adi. reseda green

rezerw|a f ① (zapas) reserve; **~a złota/waluty** gold/currency reserves; **~a budżetowa** budget reserve; **~y ropy/żywności/amunicji** oil/food/ammunition reserves; **mieć coś w ~ie** to keep a. hold sth in reserve; **mieć ~y energii** to have reserves of energy; **niewykorzystane ~y produkcyjne** unused production capacity ② Sport substitutes; **~y** (drużyna) the reserves; **być w ~ie** to be on the (reserve) bench; **grać w ~ach Barcelony** to play for the Barcelona reserves ③ Wojsk. (nie w służbie czynnej) reserve; **oficer ~y** a reserve officer; **przejść/przenieść kogoś do ~y** to be transferred/transfer sb to the reserve ④ Wojsk. (odwody) reserve ⑤ sgt (powściągliwość) reserve; **odnosić się do kogoś/czegoś z ~ą** to treat sb/sth with reserve

rezerwacj|a f (Gpl ~i) booking, reservation; **~a grupowa** a group booking; **zrobić ~ę** a. **dokonać ~i** to make a booking a. reservation; **odwołać ~ę** to cancel (a reservation a. booking); **miejsca objęte ~ą** pre-bookable seats; **czy ma pan ~ę?** do you have a reservation?; **radzimy wcześnie dokonywać ~i** you are advised to book early

rezerwa|t *m* (*G* **~tu**) [1] (przyrodniczy) reserve, sanctuary; **~t przyrody** a nature reserve; **~t ptaków/wilków/dębów** a bird sanctuary/a wolf reserve/an oak reserve [2] (Indian) reservation; **~t indiański** a Native American reservation; **żyć w ~cie** to live on a reservation [3] przen. (pozostałość) vestige; **ostatni ~t komunizmu** the last vestige of communism

rezerwatow|y *adi.* *[ziemia, grunty]* reservation *attr.*; **zwierzęta ~e** animals living in a reserve

rezerwi|sta *m* Wojsk. reservist

rezerw|ować *impf vt* [1] (zamawiać) to book, to reserve *[stolik, pokój, miejsce]*; **~ować dla kogoś hotel** to book sb a hotel room ⇒ **zarezerwować** [2] (pozostawiać) to set aside *[czas, pieniądze]*; to leave *[miejsce]*; to reserve *[nazwę, określenie]* ⇒ **zarezerwować** [3] (zastrzegać) to reserve; **~ować sobie prawo do czegoś** to reserve the right to do sth

rezerwow|y [I] *adi.* (zapasowy) *[fundusze, oddział]* reserve *attr.*; *[zawodnik, bramkarz]* substitute *attr.*, reserve *attr.*; **~y parking** an overflow car park

[II] **rezerwow|y** *m*, **~a** *f* Sport substitute, reserve; sub pot.; **ławka ~ych** the (substitute's) bench

rezerwua|r *m* (*G* **~ru**) [1] (zbiornik) reservoir; (spłuczka) cistern [2] przen. reservoir; **~r taniej siły roboczej** a reservoir of cheap labour

rezerwuar|ek *m dem.* (zbiornik) (small) reservoir

rezoluqj|a *f* (*Gpl* **~i**) resolution; **~a wzywająca do czegoś** a resolution calling for sth; **~a potępiająca coś** a resolution condemning sth; **przyjąć/odrzucić ~ę stwierdzającą, że...** to pass/reject a resolution that...

rezolutnie *adv. grad.* cleverly; cutely US pot.

rezolutnoś|ć *f sgt* quick-wittedness; **stracił całą ~ć** all his quick-wittedness deserted him

rezolutn|y *adi.* *[odpowiedź]* quick-witted; *[mina]* determined; *[uczeń, dziewczynka]* smart; cute US pot.

rezon *m* (*G* **~u**) książk. self-assurance, composure; **nabrać ~u** to acquire self-assurance; **odzyskać ~** to regain composure; **nie tracił nigdy ~u** he never lost his self-assurance

rezonans *m* (*G* **~u**) [1] (pogłos) resonance [2] Fiz., Muz. resonance
❏ **~ magnetyczny** Med. magnetic resonance; **~ nosowy** Jęz. nasality

rezonansow|y *adi.* *[drgania]* resonance *attr.*; **płyta ~owa fortepianu** the sounding board a. soundboard of a piano

rezonato|r *m* Fiz., Jęz., Muz. resonator

rezone|r *m*, **~rka** *f* [1] książk., pejor. (pouczający innych) reasoner, quibbler [2] Literat. chorus

rezoners|ki *adi.* *[ton, tyrada]* moralizing

rezonerstw|o *n sgt* moralizing; **wypowiadać się bez ~a** to avoid moralizing

rezon|ować¹ *impf vi* to pontificate, to argue

rezon|ować² *impf vi* Fiz. to resonate

rezulta|t [I] *m* (*G* **~tu**) result(s); **z niecierpliwością czekał na ~t egzaminu**

he was anxiously waiting for his exam results
[II] **w rezultacie** *adv.* as a result, consequently

rezurekcj|a *f* (*Gpl* **~i**) Relig. the Resurrection Mass

rezurekcyjn|y *adi.* *[nabożeństwo, procesja, dzwony]* Resurrection *attr.*; **procesja ~a** the Resurrection procession

rezus Zool. *m* rhesus (monkey)

rezydencj|a *f* (*Gpl* **~i**), residence, seat; **wiejska ~a** a country residence a. seat

rezydencjaln|y *adi.* [1] (odnoszący się do rezydencji) *[dzielnica, architektura]* residential [2] (związany z miejscem rezydowania) *[kardynał, biskup]* residential; **kanonik ~y** a residentiary canon

rezydencjonalny → **rezydencjalny**

rezyden|t *m* [1] Polit. (przedstawiciel dyplomatyczny) resident [2] daw. *poor relation living in a manor*

rezydent|ka *f* daw. *poor relation living in a manor*

rezydentu|ra *f* Polit. residency, residentura

rezyd|ować *impf vi* książk. to reside; **~ować na zamku** to reside in a castle

rezygnacj|a *f sgt* [1] (zrzeczenie się) resignation; **~a ze stanowiska** resignation from a post; **~a z urzędu prezydenta** resignation as president; **złożyć ~ę** to send in a. hand in one's resignation; **zgłosić gotowość ~i** to offer a. tender one's resignation [2] (uczucie zniechęcenia) resignation; **był pełen ~i** he was full of resignation; **przyjęła tę wiadomość z ~ą** she accepted the news resignedly a. with resignation

rezygn|ować *impf vi* to give up *vt* (**z czegoś** sth); to renounce (**z czegoś** sth); **nie chciała ~ować z działalności społecznej** she didn't want to give up her voluntary activities ⇒ **zrezygnować**

reżim *m* (*G* **~u**) [1] *sgt* (przestrzeganie ustalonego trybu) regime, regimen, regimentation; **narzucić sobie ~ w jedzeniu** to impose a diet on oneself [2] Polit. regime; **obalić rządy ~u** to topple a regime

reżimow|iec *m* pot. advocate a. supporter of a regime

reżimow|y *adi.* [1] (odnoszący się do sposobu rządzenia) *[polityka, przywódcy]* regime *attr.*; **~y przywódca** the regime leader, the regime's leader [2] (dotyczący ustalonego trybu postępowania) *[plan, porządek, dieta]* regimented, disciplined; **~owy plan dnia** a regimented daily schedule

reżym → **reżim**

reżymowiec → **reżimowiec**

reżymowy → **reżimowy**

reżyse|r *m* director; **jest ~rem filmowym i teatralnym** he's a film and theatre director; **słynny ~r zrealizował kolejny film** the celebrated director made another film

reżyseri|a *f sgt* (*GD* **~i**) direction; **spektakl telewizyjny w ~i wybitnego aktora** the television play directed by a famous actor; **dostał Oscara za ~ę...** he got an Oscar for his direction of...

reżyser|ka *f* [1] (kobieta reżyser) director; **była cenioną ~ką słuchowisk radiowych** she was a highly-rated director of radio plays

[2] pot. (pomieszczenie w studiu) control room [3] pot. (reżyseria) direction

reżyser|ować *impf vt* to direct *[film, dramat, słuchowisko]* ⇒ **wyreżyserować**

reżyserowan|y [I] *pp* → **reżyserować**
[II] *adi.* *[film, sztuka, słuchowisko]* directed

reżysers|ki *adi.* *[debiut, talent]* directorial; **egzemplarz ~ki scenariusza** a director's copy of the screenplay; **kunszt ~ki** stagecraft

rębaj|ło *m* (*Npl* **~ły**) daw. swashbuckler

ręcznicz|ek *m dem.* towel

ręcznie *adv.* *[przepisywać]* by hand; *[obsługiwać]* manually; **prom rzeczny obsługiwany ~** a manually-operated ferry; **~ malowana tkanina** a hand-painted fabric; **~ wykonane pudełko** a hand-made box

ręcznik *m* towel
❏ **~ do rąk** hand towel; **~ kąpielowy** bath towel

ręczn|y *adi.* [1] (wykonywany ręką) *[haft]* handmade; *[notatka]* handwritten [2] (nieautomatyczny) *[maszyna do szycia]* manual; *[wózek inwalidzki]* manually-operated; **piła ~a** a handsaw; **hamulec ~y** a handbrake [3] (do noszenia na ręce) **zegarek ~y** a wristwatch [4] książk. manual

ręcz|yć *impf vi* [1] (gwarantować) to stand surety (**za kogoś/coś** for sb/sth); **~yć za czyjąś uczciwość** to vouch for sb's honesty and integrity; **~yć honorem/słowem (honoru)** to pledge one's honour/one's word; **~ę, że to co mówi jest prawdą** I vouch that what he says is true [2] (być pewnym) to be sure; **~ę, że jutro będzie ładna pogoda** the weather tomorrow will be fine, mark my words; **można ~yć za skuteczność tego leku** the effectiveness of this medication can be guaranteed
■ **nie ~ę za siebie** I won't be answerable for my actions; **jeśli tu się pojawi, nie ~ę za siebie** if he turns up, I won't be answerable for my actions

rę|ka [I] *f* (*Ipl* **rękami** a. **rękoma**) [1] (dłoń) hand; **spracowane ręce** work-roughened a. work-worn hands; **spocone/lepkie (od potu) ręce** sweaty/sticky hands; **ręce splamione krwią** blood-stained hands; **mieć coś w ręku** to have sth in one's hand; **chwycić kogoś za rękę** to take sb's hand; **wziąć kogoś za rękę** to take sb by the hand; **trzymać kogoś za rękę** to hold sb by the hand; **uścisnąć czyjąś rękę** to shake sb's hand; **pocałować kogoś w rękę** to kiss sb's hand; **chodzić/stawać na rękach** to walk/stand on one's hands; **klaskać w ręce** to clap one's hands; **oprzeć a. wesprzeć głowę na rękach** to prop one's head on one's hands; **siedział z brodą opartą na ręce** he sat with his chin propped on his hand; **podłożyć sobie ręce pod głowę** to clasp one's hands behind one's head; **podnieść rękę do góry** to put up one's hand (to answer the question); **posłać komuś ręką całusa** to blow a kiss to sb; **przekładać coś z ręki do ręki** to shift sth from one hand to the other; **skaleczyć sobie rękę** a. **skaleczyć się w rękę** to cut one's hand; **skinąć na kogoś ręką** to beckon sb; **walić ręką w stół** to bang the table with one's fist; **wsunąć ręce do kieszeni** a. **w kieszenie** to slide one's hands into one's pockets; **wyciągnąć** a. **wyjąć ręce z kieszeni** to take one's hands out of one's pockets; **wytrzeć ręce (czymś** a. **w coś** a. **o coś)** to wipe one's hands (with sth a. on sth); **załamywać ręce** to wring one's hands; **zwinąć** a. **zacisnąć ręce w pięści** to clench one's fists; **zakryć usta rękami** to cup one's hands around one's mouth; **złożyć ręce do modlitwy** to fold one's hands in prayer; **doręczyć** a. **oddać coś komuś do rąk własnych** to deliver sth to sb personally a. in person; **wróżyć komuś z ręki** to read sb's palm; **nałożenie rąk** laying on of hands, imposition of hands ⟦2⟧ (ramię) arm; **machać rękami** to wave one's arms (about); **wywijać rękami** to flail one's arms; **podnieść** a. **unieść ręce do góry** a. **w górę** to lift one's arms; **wykręcić komuś rękę** to twist sb's arm; **rozkrzyżować ręce** to spread out one's arms; **spleść** a. **skrzyżować ręce na piersiach** to cross one's arms over one's chest a. in front of one's chest; **rozkładać bezradnie ręce** to spread one's arms helplessly; **wziąć płaszcz na rękę** to fling one's coat over one's arm; **zarzucić komuś ręce na szyję** to throw one's arms around sb's neck; **wziąć kogoś pod rękę** to link one's arm through sb's ⟦3⟧ przen. **fachowa/ mistrzowska ręka** the hand of an expert/ master; **brak rąk do pracy** lack of manpower a. staff; **na rękę** pot. (gotówką) in cash; (netto) clear

Ⅲ od ręki adv. on the spot; **naprawić coś od ręki** to fix a. repair sth on the spot; **załatwił sprawę od ręki** he settled the matter on the spot

■ **ciężka** a. **twarda** a. **silna** a. **żelazna ręka** iron fist; **rządy silnej ręki** strong-arm government; **rządzić krajem ciężką** a. **twardą** a. **żelazną ręką** to rule the country with a heavy hand, to rule the country with a rod of iron; **gołymi rękami** with one's bare hands; **złapał pstrąga gołymi rękami** he caught a trout with his bare hands; **zamordowałby ją gołymi rękami** he could've killed her with his bare hands; **na własną rękę** on one's own initiative a. account, off one's own bat; **poszedł tam na własną rękę** he went there on his own initiative; **wiadomości z pierwszej ręki** first-hand information, information straight from the horse's mouth; **towar/wiadomości z drugiej/trzeciej ręki** second-hand/third-hand goods/news; **kupić coś z drugiej ręki** to buy sth second-hand; **z pocałowaniem ręki** pot. readily, willingly, eagerly; **przyjął mój stary płaszcz z pocałowaniem ręki** he was only too glad to take my old coat; **z ręką na sercu** frankly, to be frank, to tell the truth; **ręka sprawiedliwości** the long arm of the law; **bronić się przed czymś rękami i nogami** to resist sth with might and main; **być komuś na rękę** to suit sb; **ich wizyta była jej nie na rękę** their visit came at an awkward time for her; **było to na rękę niektórym politykom** it suited certain politicians; **być pod ręką** to be within reach; **być w dobrych rękach** to be in good hands; **zostawiam cię w dobrych rękach** I am

leaving you in good hands; **być czyjąś prawą ręką** to be sb's right hand; **być w czyichś rękach** to be in sb's hands; **wszystko jest w ich rękach** everything is in their hands; **ich los jest w naszych rękach** their fate lies in our hands; **być/ stawać się narzędziem w czyichś rękach** to be/become a tool in the hands of sb; **dać** a. **zostawić komuś wolną rękę** to give sb carte blanche; to give sb a free hand **(co do czegoś** in sth); **dać sobie rękę uciąć za kogoś/coś** to stand by sb/sth through thick and thin; **dałbym sobie rękę uciąć, że to jego widziałem w kinie** I'd swear blind it was him I saw at the cinema; **rozdawać coś hojną ręką** to give sth out unstintingly a. lavishly; **grać na cztery ręce** to play (piano) duets; **walczyć gołymi rękami** to fight barefisted; **iść z kimś ręka w rękę** to go hand in hand with sb, to play ball with sb; **przychodzić/wracać/odchodzić z gołymi** a. **pustymi** a. **próżnymi rękami** to come/return/walk away empty-handed; **przepraszam, że przychodzę z gołymi rękami** so sorry I'm coming up empty-handed; **przychodzić/wracać/odchodzić z pełnymi rękami** to come/return/leave with one's hands full, to not come/return/ leave empty-handed; **pójść komuś na rękę** to accommodate sb, to meet sb halfway; **jeść komuś z ręki** to eat out of sb's hand; **będzie ci jadł z ręki** you'll have him in the palm of your hand; **mieć długie ręce** (kraść) to have light a. sticky a. itchy fingers; (umieć zaszkodzić) to be able to pull strings; **mieć dobrą rękę do roślin** to have green fingers; **mieć dwie lewe ręce** to be all (fingers and) thumbs; **mieć dziurawe** a. **maślane** a. **gliniane ręce** to be all (fingers and) thumbs, to be ham-fisted; to be cack-handed GB pot.; **mieć fach w ręku** a. **mieć w ręku kawałek chleba** to have a trade to fall back on; **mieć lekką rękę do robienia czegoś** to be clever at doing sth; **mieć lekką rękę do wydawania pieniędzy** to be open-handed, to be reckless in spending money; **mieć mocną rękę** (energicznie kierować) to have a firm hand; (postępować bezwzględnie) to act firmly; **mieć złote ręce** to be handy (with one's fingers); **mieć pełne ręce roboty** to have one's hands full; **mieć szczęśliwą rękę do czegoś** a. **w czymś** to be lucky at sth, to be successful at sth; **mieć rozwiązane ręce** to have a free hand; **mieć związane** a. **skrępowane ręce** to have one's hands tied; **mam związane ręce** my hands are tied; **mieć wszystkie atuty w ręku** to hold all the aces; **nawinąć się komuś pod rękę** pot. to come sb's way; **nie mieć o co rąk zaczepić** pot. to be jobless; **nie móc ruszyć (ani) ręką, ani nogą** pot. to be dead on one's feet pot., to be worn to a frazzle pot.; **nosić kogoś na rękach** to think the world of sb, to dote on sb; **oddać** a. **ofiarować komuś rękę** to give sb one's hand in marriage; **prosić/ubiegać się/ starać się o czyjąś rękę** to ask sb's hand in marriage, to seek sb's hand; **odmówić komuś ręki** a. **odtrącić czyjąś rękę** to

refuse to marry sb; **odmówiła mu ręki** he had been refused her hand; **opuścić ręce** to give in; **nie opuszczaj rąk** never say die; **zginąć z czyjejś ręki** a. **z czyichś rąk** to die at the hands of sb; **patrzeć komuś na ręce** to keep an eye on sb; **podać komuś** a. **wyciągnąć do kogoś rękę** to offer a. to extend a. to lend a helping hand to sb; **możemy sobie podać ręce** we are in the same boat; welcome to the club; **podnieść rękę na kogoś** to raise one's hand to hit sb, to lift a hand to hit sb; **przechodzić przez czyjeś ręce** to go a. pass through sb's hands; **przechodzić** a. **wędrować z rąk do rąk** (zmieniać właścicieli) to change hands; (być podawanym) to be passed a. handed round; **przemawiać do czyjejś ręki** to give sb a backhander; **przyjąć kogoś/coś z otwartymi rękami** to welcome sb/sth with open arms; **przykładać rękę do czegoś** to have a hand in sth; **robić coś lekką ręką** (bez wysiłku) to take sth in one's stride; (bez zastanowienia) to do sth recklessly, to do sth light-heartedly; **siedzieć/czekać z założonymi rękami** to stand idly; **składać coś w czyjeś ręce** to place sth in sb's able hands; **trzymać rękę na pulsie (czegoś)** to have one's finger on the pulse (of sth); **umywać ręce** to wash one's hands; **urabiać sobie ręce po łokcie** to work one's fingers to the bone; **wpaść w niepowołane ręce** to fall into the wrong hands; **wyciągnąć rękę do zgody** to hold out the olive branch, to make an offer of reconciliation; **wyjść z czegoś obronną ręką** to come away (completely) unscathed from sth; **z najgorszych tarapatów wychodził obronną ręką** he would emerge from the worst predicaments unscathed; **wytrącić komuś broń z ręki** to cut the ground from under sb's feet; **wziąć sprawę w swoje** a. **we własne ręce** to take a matter into one's own hands; **zacierać ręce** to rub one's hands (with satisfaction); **złapać kogoś za rękę** to catch sb red-handed a. in the act; **żyć z pracy własnych rąk** to earn a living; **ręka rękę myje (noga nogę wspiera)** you scratch my back and I'll scratch yours; **ręce (mi) opadają (na myśl o...)** my heart fails (at the thought of...); **ręka mnie/ją świerzbi** my/her hand is itching; **ręka mnie świerzbi, żeby im wygarbować skórę** my hand is itching to give them a good hiding; **jak** a. **jakby ręką odjął** as if by magic; **migrena mi przeszła, jakby ręką odjął** my migraine disappeared a. vanished as if by magic; **w twoje/wasze/pana ręce!** przest. here's to you!; **ręce przy sobie!** (keep your) hands off!; **ręce przy sobie, bo będę strzelał!** hands off or I'll shoot you!; **niech ręka boska broni!** God forbid!; **ręka, noga, mózg na ścianie!** żart. (jako groźba) watch out or there'll be murder! a. or I'll blow your brains out a. or I'll give you the works

rękaw m ⟦1⟧ (część ubrania) sleeve; **bluzka z krótkimi/długimi ~ami** a short-sleeve(d)/long-sleeve(d) blouse; **suknia bez ~ów** a sleeveless dress; **podwinąć ~y** to roll up one's sleeves; **pociągnąć kogoś za**

~ to tug at sb's sleeve [2] Lotn. air sock, wind sock [3] Techn. chute

rękaw|ek *m* [1] *dem.* sleeve [2] *pot.* (do prasowania) sleeve board

rękawic|a *f* glove; **skórzane/gumowe/ochronne ~e** leather/rubber/protective gloves; **~e z jednym palcem** mittens ❑ **~a kąpielowa** bath glove; **~a kuchenna** oven glove GB, pot holder US; **~e bokserskie** boxing gloves ■ **podnieść** a. **podjąć (rzuconą) ~ę** to take up the gauntlet; **rzucić komuś ~ę** to throw down the gauntlet to sb

rękawicz|ka *f* glove; **para ~ek** a pair of gloves; **założyć rękawiczki** to put on one's gloves; **ściągnąć** a. **zdjąć ~ki** to pull a. take off one's gloves ■ **obchodzić się z kimś w białych ~kach** to handle sb with kid gloves; **załatwiać coś w białych ~kach** to handle sth in velvet gloves; **zmieniać kochanków jak ~ki** to change lovers as often as one changes one's clothes

rękoczyn *m* (*G* **~u**) fisticuffs *pl*; **posunąć się do ~ów** to resort to fisticuffs; **obeszło się bez ~ów** we/they managed to avoid coming to blows; **doszło do ~ów** there was a good deal of fisticuffs, there was an outbreak of fisticuffs

rękodzielnictw|o *n sgt* handicraft(s)

rękodzielnicz|y *adi.* [*wyroby, przedmioty*] handicraft *attr.*, craft *attr.*

rękodzielnik *m* handicraftsman, craftsman

rękodzie|ło *n* [1] (przedmiot) handicraft product; **zbiór ~ł artystycznych** a collection of craftwork a. handicraft products [2] *sgt* (ręczny wyrób przedmiotów artystycznych) handicraft

rękojeś|ć *f* hilt; **~ć miecza/noża** a sword/knife hilt; **~ć sztyletu** a dagger haft; **chwycić coś za ~ć** to grasp sth by the handle

rękojmi|a *f* (*Gpl* **~**) [1] (poręczenie) guarantee, warranty, safeguard; **regularne oszczędności mogą stać się ~ą na przyszłość** regular savings can be a safeguard for the future [2] Prawo (kwota pieniężna) deposit [3] Handl. (odpowiedzialność za wady) warranty

rękopis *m* (*G* **~u**) [1] (tekst napisany ręcznie) manuscript; **pozostawiła dużo prac w ~ie** she left a lot of work in manuscript form [2] (maszynopis autorski) manuscript; **zaniósł do wydawnictwa ~y nowych opowiadań** he took the manuscripts of his new short stories to the publisher.

rękopiśmienn|y *adi.* [*tekst, zabytek, spuścizna*] manuscript *attr.*

richelieu /ˌriʃeˈlje/ *m inv., n inv.* Richelieu embroidery

riesling /ˈrizliŋ/ *m* (*G* **~a** a. **~u**) [1] *sgt* (winorośl) Riesling [2] *sgt* (wino) Riesling; **butelka ~u** a bottle of Riesling [3] (porcja wina) **zamówić dwa ~i** to order two glasses of Riesling

riksz|a *f* rickshaw

rikszarz *m* (*Gpl* **~y**) rickshaw driver

ring *m* (*G* **~u**) (boxing) ring

ringo *n, n inv.* Sport *a game in which a rubber ring is thrown and caught*

ringow|y *adi.* [*walka, sędzia*] ring *attr.*

ripo|sta *f* [1] (szybka odpowiedź) riposte; **celna ~sta** a cutting retort; **dowcipna ~sta** witty repartee, a witty riposte [2] (reakcja na agresywne zachowanie) response; **~sta NATO była natychmiastowa** NATO's response was immediate [3] Sport riposte

ripost|ować *impf vt* to retort; **~ował, że to bzdura** he retorted that it was nonsense

riusz|ka *f* ruche; **bluzka wykończona ~ką** a blouse finished with a ruche

robactw|o *n sgt* vermin; **tępić ~o** to control vermin; **w ich mieszkaniu roi się od ~a** their flat is infested with vermin

robacz|ek *m dem* maggot, worm ❑ **~ek świętojański** Zool. glow-worm, firefly

robaczyc|a *f* verminous disease

robaczywi|eć *impf* (**~ał**) *vi* to become maggot infested, to become infested with maggots ⇒ **zrobaczywieć**

robaczyw|y *adi.* [*jabłko, grzyb*] worm-eaten a. wormy, maggoty

robak *m* [1] (owad, insekt) worm, maggot; **w worku z mąką zalęgły się ~i** maggots have bred in the flour bag [2] *zw. pl* Med. (pasożyt) **robaki** worms *pl* ■ **gryzie go/ją ~** he/she feels a. is down in the dumps *pot.*; **zalewać ~a** to drown one's sorrows

robal *m augm. pot.* creepy-crawly *pot.*

rob|er *m* (**~erek** *dem.*) (*A* **~ra**, **~erka**) rubber; **zagrać kilka ~rów** to play a few rubbers

r|obić *impf* **I** *vt* [1] (produkować, wytwarzać) to make; **robić meble/zabawki** to make furniture/toys; **robić herbatę/obiad** to make tea/lunch; **robić szal szydełkiem/na drutach** to crochet/knit a shawl; **robić obuwie na obstalunek** a. **na zamówienie** [*szewc*] to make shoes to order; **robił sobie garnitury na miarę** he had his suits made to measure ⇒ **zrobić** [2] (wykonywać czynność) to do; **robić wdech/wydech** to breathe in/breathe out; **robić pranie** to do (the) washing; **robić porządki w domu** to do (some) house cleaning, to clean the house; **robić korektę** to proof-read; **robić notatki** to make notes; **robić badania naukowe** to do research; **robić makijaż** to make up; **robić komuś operację** to operate on sb; **robić komuś prześwietlenie** to give sb an X-ray; **robiła mu opatrunki** she dressed his wound/cut; **robić komuś prezenty** to give sb presents; **robić przygotowania do czegoś** to make preparations for sth; **robić zebranie załogi** to organize a staff meeting; **nie móc nic robić** to be unable to do anything, to be incapable of doing anything ⇒ **zrobić** [3] (postępować w określony sposób) **robić awanturę** a. **piekło** to make a row; **robić scenę** to make a scene; **robić głupstwa** to be silly; **nie rób głupstw** don't be silly; **robić obietnice/propozycje** to make promises/proposals; **robić dygresje** to make digressions, to digress; **robić ustępstwa** to make concessions; **robić zamieszanie** to make a fuss; **robić panikę** to panic; **dobrze/źle robi, że idzie na urlop** it's a good/bad idea for him/her to go on holiday; **robić komuś wymówki/zarzuty (z powodu czegoś)** to reproach sb (for sth); **robić komuś krzywdę** to do

harm to sb; **robić aluzje (do czegoś)** to make allusions (to sth) ⇒ **zrobić**

II *vi pot.* (pracować zarobkowo) to work; **robić na budowie** to work on a construction site; **robić od świtu do nocy** to work from dawn until dusk; **robić przy nafcie** to work on an oil rig; **robić u kogoś** *pot.* to work for sb

III robić się [1] (być przygotowywanym) to be underway; **śniadanie już się robi** breakfast is being made ⇒ **zrobić się** [2] (zmieniać się) **robi się z niego prawdziwy mężczyzna** he's growing into a real man ⇒ **zrobić się** [3] (stawać się) to get; **robi się ciemno/widno/zimno** it's getting dark/light/cold; **kiedy na nią patrzy, robi mu się wesoło na sercu** when he looks at her his spirits rise ⇒ **zrobić się** [4] *pot.* to become, to turn; **robić się na blond/rudo** to dye one's hair blond/red; **robić się na piękną** a. **bóstwo** to tart oneself up GB *pot.* ■ **co ja robię/co on robi (najlepszego)?** what the heck am I/is he doing?; **co z nim/nimi robić?** what shall we do with him/them?; **co tu (tam) robisz?** what have you been up to?; **co** a. **cóż (było) robić?** what is/was there to do?; **wiek robi swoje** age takes its toll; **moje argumenty zrobiły swoje** my reasoning was effective; **coś się ze mną/z tym komputerem robi** something's the matter with me/the computer; **czas robi swoje** time marches on; **każdy robił co mógł** ≈ everybody did their best; **robił co mógł, żeby jej pomóc** he did his best to help her; **robi, co (do niego/niej) należy** he/she's doing what he/she has to do; **robi, co chce** he/she does as he/she likes; **tu każdy robi co mu się żywnie podoba** it's Liberty Hall here!; **ziółka dobrze jej robią na wątrobę** herbal tea is good for her liver; **niewiele sobie robić z kogoś/czegoś** to not care much about sb/sth; **niewiele sobie robi z twoich uwag** he/she doesn't care much about what you have to say; **robi mi się niedobrze** a. **słabo** I feel sick; **robi mi się za gorąco** a. **za zimno** I'm beginning to feel too hot/cold; **robi się!, już się robi!** *pot.* right oh!; **robić dużo** a. **wiele dobrego** to do a lot of good; **robić pieniądze/fortunę** a. **majątek** to make money/a fortune; **robić grymasy** a. **fochy** to sulk, to be in a pet; **robić 100 kilometrów na godzinę** to do a 100 kilometres per hour; **robić kogoś na szaro** *pot.* to set sb up, to frame sb; **robić komedie** *pot.* to indulge in play-acting, to be play-acting; **robić komuś kawały** to play tricks on sb; **robić pod siebie** *pot.* to be incontinent; **robić sobie z kogoś zabawę** to make fun of sb; to make sport of sb *dat.*; **robić swoje** to do one's job, to do one's own thing; **robić tragedię z czegoś** to make sth out to be a tragedy; **nie rób tragedii, wszystko się ułoży** don't despair, everything will be alright; **robić w majtki** a. **spodnie** a. **portki** *posp.* to wet oneself *posp.*; to wet one's pants, to mess oneself; **robił w portki ze strachu** he was scared out of his wits; he shat himself with fright *posp.*, he was scared shitless *posp.*; **robić wiele/wszystko, aby...** to do a lot/everything in order to...; **robić wyjątek** to make an exception; **robić z czegoś sekret** a. **tajemnicę** to make a secret out of sth, to be secretive about sth; **nie robiła z tego sekretu** a. **tajemnicy** she made no secret of it; **robić z kogoś durnia** a. **głupca** a. **balona** to make a fool of sb; **robić z siebie/kogoś pośmiewisko** to make a laughing stock of oneself/sb

robini|a /ro'binja/ f (GDGpl ~i) Bot. Robinia

❏ **~a akacjowa** Bot. locust

robinsona|da[1] f [1] (podróż, okres życia) expedition, odyssey [2] (opowieść) (tale of) adventures, robinsonade

robinsona|da[2] f Sport. flying save

robociars|ki adi. pot. [kombinezon, buty] workman's

robociarz m (Gpl ~y) pot. workman

roboci|zna f labour; **materiał i ~zna** material and labour; **koszt ~zny** the cost of labour, labour costs

roboczo adv. **rozmawialiśmy ~ we wtorek** we spoke briefly on Tuesday; **jej książka ~ zatytułowana...** her book, provisionally entitled... a. with the working title...

roboczodniów|ka f środ. man-day
roboczogodzin|a f środ. man-hour
robocz|y adi. [1] (związany z pracą) [ubranie, dzień] working; [brygada] work attr.; **ubrany był po ~emu** he was dressed in work clothes; **zwierzę ~e** a draught animal, a work animal, a beast of burden; **siła ~a** the workforce [2] (mający charakter wstępny) [faza, konferencja, tytuł] working

robol m (Gpl ~i) pot., obraźl. prole pot., pejor.
robo|t m (A ~ta) robot; **~t kuchenny** food processor

rob|ota [I] f [1] (praca) work U; **wziąć** a. **zabrać się do ~oty** to set to work, to get down to work; **mieć coś do ~oty** to have sth to do; **nie mieć nic do ~oty** to have nothing to do, to be at a loose end; **zmuszał ją do ciężkiej ~oty** he forced her to do hard work [2] (rezultat pracy) job; **to była udana ~ota** that was a good job [3] pot. sgt (zajęcie) job; **stracił ~otę w fabryce** he lost his job in the factory; **dostał dobrze płatną ~otę** he got a well-paid job; **szukał wszędzie ~oty** he looked for work a. a job everywhere

[II] **roboty** plt (zbiorowe prace fizyczne) work U; **~oty szły zgodnie z planem** the work went according to plan

❏ **~oty przymusowe** forced labour; **~oty publiczne** public works; **~oty ręczne** Szkol., przest. (przedmiot) craft, design and technology (CDT) GB; (prace uczniów) handiwork

■ **ciężkie ~oty** hard labour; **został skazany na dziesięć lat więzienia i ciężkie ~oty** he was sentenced to ten years' (imprisonment and) hard labour; **czarna ~ota** spade work; **krawcowa przepraszała, że moja spódnica jest jeszcze w ~ocie** my dressmaker apologized that my skirt wasn't ready yet; **tort urodzinowy własnej ~oty** a home-made birthday cake; **prezent swojej ~oty** a present made with one's own hands; **nie mam tam nic do ~oty** I have nothing to

do there; **robić dobrą ~otę** to do a good job; **ugrzęznąć (po uszy) w ~ocie** to be up to one's ears a. eyes a. neck a. eyeballs in work; **to twoja/jego ~ota!** that's your/his doing! a. handiwork!

robotnic|a f [1] (pracownica fizyczna) worker [2] Zool. (pszczoła) worker bee; (mrówka) worker ant

robotnicz|y adi. [aktyw, działacz, partia] workers'; **klasa ~a** the working class; **oboje byli pochodzenia ~ego** they both came from a working class background

robotni|k m worker; **~k budowlany** a construction worker; **~k hutniczy** a steelworker; **~k kolejowy** a railway worker; **~k najemny** a wage earner; **~k niewykwalifikowany** an unskilled labourer; **~k portowy** a port worker

❏ **~k przymusowy** Hist. forced labourer; **~k rolny** (na gospodarstwie) farm labourer; (na polu) field hand

robotn|y adi. [gospodarz, majster] hardworking, industrious

roboty|ka f sgt robotics

robotyzacj|a f sgt robotization; **~a przemysłu samochodowego** the robotization of the automotive industry

robót|ka f [1] pot. (praca) job; **utrzymywał się z drobnych ~ek** he earned his living doing odd jobs [2] przest. (przedmiot wykonywany na drutach lub szydełkiem) needle-work; **lubiła ~ki na drutach** she liked knitting

❏ **~ki ręczne** needlework

rock /rok/ m sgt (A ~ a. ~a) rock (music); **tańczyli ~a** they danced to rock music

rock and roll /ˌrokend'rol/ m [1] (taniec) Muz. rock and roll; **zatańcz ze mną rock and rolla** will you rock and roll with me? [2] (muzyka do tańca) rock and roll; **zespół grał rock and rolla** the band played rock and roll

rockandrollow|y /ˌrokendro'lovɪ/ adi. [taniec, muzyka] rock and roll attr.

rock'n'roll → **rock and roll**

rockowo /ro'kovo/ adv. rock style; **zaaranżowany ~ stary przebój** an old favourite arranged rock style

rockow|y /ro'kovɪ/ adi. [muzyka, zespół, grupa] rock attr.

rococo /ro'koko/ → **rokoko**

roczek m dem. (G roczku, Npl latka) year; **dziecko nie miało nawet roczku** the child wasn't even a year old; **ich syn kończy trzy latka** their son will be three; **Basia zaczęła drugi roczek** Basia has just turned one

roczniak m Zool. [1] (koń) yearling [2] (narybek) fry

rocznic|a f (ślubu, śmierci, wydarzenia) anniversary; **dziesiąta/dwudziesta ~a zdobycia Everestu/wyboru papieża** the tenth/twentieth anniversary of the conquest of Everest/election of the Pope; **setna/dwóchsetna/trzechsetna/pięćsetna ~a bitwy** the centenary/bicentenary/tercentenary a. tricentenary/quincentenary of the battle; **okrągła ~a** a round anniversary; **obchodzić ~ ślubu** to celebrate one's wedding anniversary

rocznicow|y adi. [akademia, obchody, bal, koncert, uroczystość] anniversary attr.

rocznie adv. [1] (w ciągu jednego roku) annually; **chciałabym zaoszczędzić jedną pensję ~** annually I'd like to be able to save the equivalent of one month's salary [2] (każdego roku) yearly; **ile mleka produkuje się w Posce ~?** how much milk is produced in Poland annually a. yearly?

rocznik m [1] (ogół ludzi lub zwierząt urodzonych w tym samym roku) **z którego jesteś ~a** a. **który jesteś ~?** which year were you born in?; **~i powojennego wyżu demograficznego** those born in the post-war baby boom; **absolwenci wydziału prawa, ~ 1972** the 1972 Law Department graduates [2] Szkol., Wojsk. class; **pierwszy powojenny ~ zdaje maturę** the first post war class are taking their school leaving exams a. (wina) vintage; **dobry/zły ~** a good/bad vintage [4] (wszystkie numery pisma wydane w jednym roku) annual bound volume; **wertował stare ~i czasopism** he scoured old annual volumes of journals; **sprzedam oprawione ~i „Przekroju" z lat 1960-65** (w ogłoszeniu) annual bound volumes of 'Przekrój' for the years 1960-65 for sale [5] (wydawnictwo periodyczne wychodzące raz na rok) yearbook; **~ statystyczny** a statistical yearbook [6] Hist. zw. pl (kronika) annal

roczn|y adi. [1] (mający rok) [dziecko, zwierzę, roślina, wino] one-year-old [2] (trwający jeden rok) [urlop, pobyt, kontrakt] one-year attr. [3] (obejmujący okres jednego roku) [dochód, plan, budżet, sprawozdanie, prenumerata] annual

rodacz|ka f (krajanka) (fellow) countrywoman, compatriot

roda|k m (krajan) (fellow) countryman, compatriot

rode|o n, n inv. (Gpl ~ów) rodeo

rodn|y adi. **narządy ~e** Anat. reproductive organs

rododendron m (G ~u) Bot. rhododendron

rododendronow|y adi. Bot. [krzew, zarośla] rhododendron attr.

rodowi|ty adi. [Polak, warszawianin, paryżanka] native

rodowodow|y adi. Zool. [zwierzę] pedigree attr.

rodow|ód m (G ~odu) [1] (pochodzenie) (dzieła, wyrazu) origin(s) [2] (historia rodu) lineage, descent, bloodline [3] Zool. pedigree

rodow|y adi. [herb, srebra] ancestral; **nazwisko ~e** family name; **szlachta ~a** nobility

rodzaj m (G ~ju, Gpl ~jów a. ~i) [1] (typ) (diety, materiału, obuwia, gleby) kind, sort; **~j ballady/kazania/happeningu/ciasta** a kind of ballad/sermon/happening/cake; **nie lubiła tego ~ju uwag/dowcipów** she didn't like that kind of question/joke [2] Biol. genus

❏ **~j gramatyczny** Jęz. grammatical gender; **~j literacki** Literat. genre; **~j męski** Jęz. masculine gender; **~j męskoosobowy** Jęz. masculine personal gender; **~j nijaki** Jęz. neuter gender; **~j żeński** Jęz. feminine gender; **~j niemęskoosobowy** a. **żeńskorzeczowy** Jęz. non-masculine gender

■ **miał na głowie coś w ~ju hełmu/pióropusza** he was wearing something resembling a helmet/crest; **kupił skuter,** czy coś w tym ~ju he bought a scooter or something like that; **dostał grypy czy czegoś w tym ~ju** he went down with flu or something like that; **jedyny w swoim ~ju** (oryginalny) one of its kind; **napisał swego ~ju traktat albo rozprawę** he wrote a kind of a treatise or dissertation; **była kimś w ~ju damy do towarzystwa/ pielęgniarki** she was a kind of companion/ nurse

rodzajow|y adi. [1] książk. [malarstwo, obrazek, scena] genre; **malarz ~y** genre painter [2] Biol. generic; **nazwa ~a rośliny** generic name of a plant

rodzeństw|o n siblings pl; **czy masz ~o?** do you have any brothers or sisters?; **cioteczne/stryjeczne ~o** cousins

rodzic m [1] pot. (jedno z rodziców) parent [2] daw. (ojciec) pater przest., pot.

rodzic|e plt (G ~ów) parents pl; **przybrani ~e** adopted a. foster parents; **~e chrzestni** godparents

rodziciel|ka f daw. mother

rodziciels|ki adi. [miłość, opieka, prawa, dom] parental; **komitet ~ki** Szkol. ≈ parent-teacher association

rodzicielstw|o n sgt parenthood

ro|dzić impf [1] vt [1] (wydawać na świat potomstwo) [kobieta, samica] to give birth to; to bear książk. [syna, córkę]; **rodzić młode** to litter; **wszystkie dzieci rodziła w domu** she gave birth to all her children at home ⇒ **urodzić** [2] (wydawać owoce, plony) to bear, to produce [owoce, plony]; **stare jabłonie przestały rodzić owoce** old apple trees do not yield fruit any more [3] (wywoływać) to give rise to, to breed [agresję, pogardę, tęsknotę]; **agresja rodzi agresję** violence breeds violence; **porażka rodzi frustrację** failure breeds frustration ⇒ **zrodzić**

[II] **rodzić się** [1] (przychodzić na świat) [osoba, zwierzę] to be born; **kocięta/szczenięta rodzą się ślepe** kittens/puppies are born blind ⇒ **urodzić się** [2] [rośliny, owoce] to grow [3] (powstawać) [marzenia, uczucia, potrzeby] to arise ⇒ **zrodzić się**

rodzim|y adi. [1] [krajobraz, kultura, sztuka, tradycja] native; **~y użytkownik języka** a native speaker [2] Chem., Miner. native

rodzin|a f [1] (krewni i powinowaci) family; **najbliższa/bliska/daleka ~a** immediate/ close/distant family; **~a wielodzietna** a large family; **~a dwupokoleniowa** a nuclear family; **~a wielopokoleniowa** an extended family; **~a niepełna** a single-parent family; **~a dysfunkcyjna** Psych., Socjol. a disfunctional family; **~a zastępcza** a foster family; **kochająca się ~a** a loving family; **~a bardzo ze sobą zżyta** a closely-knit family; **ojciec/głowa ~y** the father/ head of the family; **należeć do ~y** to belong to the family; **utrzymywać ~ę** to support a family; **zakładać ~ę** to start up a family [2] (ród) family, stock; **pochodzić z ~y mieszczańskiej/ziemiańskiej** to come of bourgeois/landowning stock; **członek ~y panującej** a member of the ruling family [3] książk. (grupa przedmiotów lub zjawisk) family; **~a językowa** Jęz. a language family; **~a instrumentów smyczkowych/komputerów osobistych** the string

family of instruments/a family of personal computers [4] Bot., Zool. family

❏ **Święta Rodzina** Relig. the Holy Family

■ **mieszkać przy ~ie** (wynajmować pokój) to live with a family

rodzin|ka f dem. family; **kochana/wesoła ~ka** a dear/merry family

rodzinnie adv. **być powiązanym ~ z kimś** to be related to sb; **być obciążonym ~ chorobą** to be genetically prone to a disease

rodzinnoś|ć f sgt the family spirit; **istota ~ci** the essence of the family spirit; **atmosfera ~ci** a true family atmosphere

rodzinn|y adi. [miłość, podobieństwo, tradycja, więzi, życie] family attr.; [miasto, strony] home attr.; **kraj ~y** homeland, one's native country; **zasiłek ~y** child benefit; **to bardzo ~y człowiek** he's a family man

rodz|ony adi. [matka, ojciec, syn, córka, wuj, ciotka] one's own; **~ona żona** żart. one's own wife

■ **~onego ojca a. ~oną matkę by sprzedał** he'd sell his own grandmother; **sprać a. zbić kogoś tak, że go ~ona matka nie pozna** to beat a. smash sb to a pulp

rodzyn|ek m (A ~ek a. ~ka) zw. pl [1] Kulin. raisin; **~ki korynckie/sułtańskie** currants/sultanas; **ciasto z ~kami** a raisin cake [2] przen., żart. **mamy ~ka w klasie** there's only one boy in our class

rodzyn|ka f zw. pl Kulin. raisin

rodzynkow|y adi. [ciasto, wino] raisin attr.

rogaci|zna f sgt Roln. horned livestock, horned cattle

rogacz [1] m pers. pot., żart. cuckold

[III] m anim. Myśliw. stag

rogal m [1] Kulin. (bułka) crescent shaped bun [2] (wydma) crescent-shaped dune; (księżyc) crescent moon

rogalik m dem. Kulin. (z ciasta drożdżowego) (small) crescent roll; (z ciasta francuskiego) croissant

rogat|ek m Bot. hornwort

rogat|ka f [1] Hist. zw. pl (budynek) tollbooth; **mieszkał za ~kami miasta** he lived beyond the bounds of the town [2] (zapora drogowa) barrier

roga|ty adi. [1] [zwierzę] horned, antlered [2] (kanciasty) [czapka] horned [3] książk. (krnąbrny) haughty [4] przen. (zdradzany) cuckolded

rogatyw|ka f [1] Wojsk. four-cornered hat worn by Polish soldiers [2] four-cornered hat, part of the Cracovian folk costume

rogowaci|eć impf (~ał) vi [skóra, tkanka, komórka] to grow callused a. corneous

rogowa|ty adi. [naskórek] horny

rogow|y adi. [1] Anat. [łuska, płytka, kopyto] corneous [2] [grzebień, guzik] horn attr.; **okulary w ~ej oprawie** horn-rimmed glasses a. spectacles

rogów|ka f Anat. cornea

roi|ć impf [1] vi (fantazjować) to fantasize; **~ła o przyszłym szczęściu** she fantasized about her future happiness; **~ł sobie, że wygra wszystkie zawody** he fantasized that he would win all the contests

[II] **roić się** [1] (występować tłumnie) [ptaki, zwierzęta, ludzie] to swarm; **na ulicach ~ło się od turystów/pielgrzymów** the streets were teeming with tourists/pilgrims; **w lesie ~ się od kleszczy** there are legions

of ticks in the forest; **w jej wypracowaniu ~ się od błędów** her essay is full of mistakes ⇒ **zaroić się** [2] (marzyć się) to run in sb's head; **~ły mu się dalekie podróże** he dreamt of travelling far and wide [3] Zool. [pszczoły, mrówki skrzydlate] to swarm, to churn

rojali|sta m, **~stka** f Polit. royalist

rojalistyczn|y adi. [sympatie, poglądy] royalist attr.

rojalizm m (G ~u) Polit. royalism

rojnie → **rojno**

rojn|o, **~ie** adv. grad. teeming; **na targu jest ~o i gwarno o każdej porze dnia** at any time of the day the market place is teeming with people

rojn|y adi. [bazar, rynek, ulica] teeming

rojowisk|o n [1] (ludzi, pojazdów) throng, swarm; **~o myśli** a swarm of thoughts [2] (ruchliwe miejsce) hive

rok [1] m (G **roku**, Npl **lata**) [1] (jednostka rachuby czasu) year; **rok bieżący/miniony** a. **przeszły** a. **zeszły/przyszły** the current/ past a. last/next year; **dobry/zły/tragiczny rok** a good/bad/tragic year; **rok urodzenia** the year of birth; **jestem z 1949 roku** I was born in 1949; **to się wydarzyło w roku 1965** it happened in 1965; **w tym roku pojedziemy do Włoch/zaczniemy budowę domu** we're going to Italy/starting to build a house this year; **odwiedzam/ zapraszam ich co rok** a. **co roku** a. **rok w rok** I go to visit them/I invite them every year; **raz do** a. **w roku wyjeżdża na wakacje/chodzi do dentysty** once a year she would go on holiday/visit a dentist; **dzieci przychodziły na świat rok po roku** children came into the world year in year out; **powierzchnia/liczba mieszkańców wyspy maleje z roku na rok** a. **z każdym rokiem** the surface area/population of the island is getting smaller by the year; **w ciągu tego roku/ostatnich lat udało mi się zaoszczędzić trochę pieniędzy** within this year/the last few years I managed to put by some money; **lata trzydzieste/pięćdziesiąte** the thirties/fifties; **akcja powieści rozgrywa się w latach czterdziestych XVIII wieku** the action of the novel is set in the 1740s; **w połowie lat osiemdziesiątych sytuacja zmieniła się** in the mid-80s the situation changed [2] (każde kolejne 365 dni) year; **ile masz lat?** how old are you?; **jutro zaczynasz trzydziesty pierwszy rok życia** tomorrow you'll be thirty one; **Basia wygląda/nie wygląda na swoje lata** Basia certainly looks/doesn't look her age; **kobiety lubią ujmować sobie lat** women like to deduct a few years from their age; **nie dodawaj sobie lat** don't exaggerate your age; **między nimi jest rok różnicy** there's a year's difference between them; **szkoda, że nie przyjechaliście rok/kilka lat wcześniej** it's a pity you didn't come a year/a few years earlier; **to było chyba dwa lata temu, a może przed rokiem** I think it was two years ago, or maybe just a year; **jutro upływa rok od jego śmierci/ przyjazdu** it's a year tomorrow since his death/arrival; **został skazany na pięć lat więzienia** he was sentenced to five years imprisonment; **minęło trzy i pół roku od tamtego wydarzenia** three years and six months have passed since that event; **minęło już trzy i pół roku odkąd tu mieszkamy** we've been living here for three and a half years; **za rok wychodzę za mąż** I'm getting married in a year a. year's time; **za trzy lata skończy studia** he will have finished his studies in three years; **w rok po ślubie urodziła bliźniaki** a year after getting married she had twins; **lata mijają** a. **płyną** the years pass; **już rok z okładem** a. **z czymś temu obiecał do mnie zadzwonić** a year or so a. just over a year ago he promised to phone me; **sprowadziliśmy się tu przed dwoma laty** we moved here two years ago ③ Uniw. year; **niższe/wyższe lata** junior/senior years; **jestem na trzecim roku prawa** I'm in my third year of law; **byliśmy na jednym roku** we were in the same year; **(po)zostać na drugi rok** a. **powtarzać rok** to repeat a year of the course of study; **przez chorobę stracił rok** because of his illness he missed a year of his course of study ④ (studenci) year; **kolega z roku** a colleague from the same class a. year at university; **bal dla trzeciego roku** a ball for the third year students

III lata *plt* (długi nieokreślony odcinek czasu) **od lat** for years; **dyskusja/konflikt trwa od lat** the discussion/conflict has lasted for years; **na lata** for years; **to inwestycja/ praca na lata** this is an investment/work for years; **ten odkurzacz starczy ci na lata** this vacuum cleaner will last you for years; **po latach** years later; **po latach przeczytałam tę książkę na nowo/ponownie odwiedziłam to miasto** years later I reread that book/revisited that town; **latami** a. **przez długie lata** for years; **latami** a. **przez lata marzyliśmy o własnym domu/podróży dookoła świata** for years we dreamt of our own house/travelling around the world; **przed laty** a. **dawnymi laty** years ago; **przed laty** a. **dawnymi laty była tu cukiernia** years ago there was a cake shop here; **z latami** a. **z biegiem lat** with the years; **z latami** a. **z biegiem lat nasza znajomość zmieniła się w przyjaźń** with the years our acquaintanceship developed into friendship; **ostatnimi laty** over recent years; **ostatnimi laty bardzo się postarzała** in recent years she has really aged; **od niepamiętnych lat** from time immemorial; **znamy się od niepamiętnych lat** we've known each other for ages

❑ **rok akademicki** a. **uniwersytecki** Uniw. academic year; **rok bazowy** Fin. base year; **rok finansowy** Fin. fiscal a. financial year; **rok gospodarczy** Ekon. production year; **rok gwiazdowy** Astron. sidereal year; **rok jubileuszowy** jubilee year; **rok kalendarzowy** calendar year; **rok kościelny** a. **liturgiczny** Relig. liturgical year, church year; **rok obrachunkowy** Ekon. financial year; **rok pański** Anno Domini, AD; **roku pańskiego 1812.** the year of our Lord, 1812; **rok podatkowy** Fin. tax year; **rok przestępny** leap year; **rok szkolny** Szkol. school year; **rok świetlny** Astron. light year; **rok zerowy** Uniw. foundation year, pre-freshman year US; **rok**

zwrotnikowy Astron. solar year, tropical year; **lata dziecinne** childhood; **lata młodzieńcze** youth; **lata dojrzałe** adulthood; **lata podeszłe** old age; **lata matuzalowe** a. **matuzalemowe** advanced years; **Rok Święty** Relig. Holy Year

■ **Nowy Rok** the New Year; **Szczęśliwego Nowego Roku!** A Happy New Year!; **Do siego roku!** A Happy New Year!; **być w latach** a. **leciech** przest. to be advanced in years; **mieć swoje lata** to be no spring chicken pot.; **Sto lat!** (formuła życzeń urodzinowych) many happy returns (of the day); (piosenka śpiewana jubilatom) ≈ For he's/she's a jolly good fellow!

rokfo|r *m* (*G* **~ru** a. **~ra**) *sgt* Roquefort®
roki|cina, ~ta *f* Bot. rosemary-leaved willow
Roki|ta *m* devil
rokitnicz|ka *f* Zool. sedge warbler
rokitnik *m* Bot. sea buckthorn
rokok|o II *n, n inv. sgt* Archit., Szt. Rococo; Literat. literary rococo
II *adi. inv.* [styl, przedmiot, poezja] rococo
rokokow|y *adi.* Archit., Szt., Literat. rococo
rokosz *m* (*G* **~u**) Hist. (bunt szlachty) rebellion, sedition; **wzniecić ~ przeciwko królowi** to organiz a rebellion a. to revolt against the king
rokoszan|in *m* (*Gpl* **~**) Hist. rebel
rokoszow|y *adi.* Hist. [obóz, wojsko, zjazd] rebel
rok|ować *impf vi* ① Polit. (pertraktować) to negotiate; **walczące państwa nie chciały ~ować o pokój** the belligerent countries did not want to negotiate peace; **~ować w sprawie zniesienia embarga** to negotiate the lifting of the embargo ② książk. (wróżyć) to prognosticate; **to dobrze/źle ~uje na przyszłość** it portends well/badly for the future; **to ~uje nadzieje** it holds promise; **~owali mu świetną przyszłość/szybki powrót do zdrowia** a glorious future/ quick recovery was prognosticated for him ③ książk. (zapowiadać) to augur; **ciepłe lato ~uje mroźną zimę** a hot summer augurs a cold winter
rokowa|nie II *sv* → **rokować**
II *n* ① *zw. pl* Polit. negotiations *pl*; **prowadzić/zerwać ~nia pokojowe** to conduct/break off peace negotiations; **przewodzić ~niom o zawieszenie broni** to chair ceasefire negotiations; **nastąpił impas w ~niach** negotiations have reached a stalemate; **nastąpił przełom w ~niach** there was a breakthrough in negotiations ② Med. prognosis
rokpol *m* (*G* **~u**) a Polish cheese similiar to Roquefort
rokrocznie *adv.* (corocznie) every year, yearly
r|ola¹ *f I* ① Teatr, Kino (postać odtwarzana przez aktora) part, role; **rola pierwszoplanowa/ drugoplanowa** the leading/supporting part; **rola główna/epizodyczna** the main/a bit part; **rola popisowa** a signature role; **rola tytułowa** the title role; **rola charakterystyczna** character part; **rola króla/służącego/pierwszej naiwnej** the part of a king/a servant/an ingénue; **rola komiczna/tragiczna** a comic/tragic role; **grać** a. **kreować** a. **odtwarzać rolę** to play

a part; **obsadzić kogoś w roli Hamleta** a. **powierzyć komuś rolę Hamleta** to cast sb as Hamlet a. in the role of Hamlet ② Kino, Teatr (tekst) part, lines *pl*; **świetnie napisana rola** a marvellously written part; **nauczyć się roli na pamięć** to learn one's lines by heart; **zapomnieć roli** to forget one's lines ③ (zadanie) role; **jego decydująca/kluczowa/ważna rola w czymś** his decisive/key/ important part in sth; **jej znacząca/ drugorzędna/dwuznaczna rola w czymś** her major/secondary/ambiguous part in sth; **pełnić rolę gospodarza/opiekuna** to function as host/guardian; **moja rola polega na zbieraniu informacji** my role is gathering information; **podjął się niewdzięcznej roli pośrednika** he has taken up the thankless role of a go-between; **jaką rolę w tym procesie spełniają bakterie?** what is the role of bacteria in this process?; **doradca prezydenta spełnia nieocenioną rolę** the presidential advisor plays an invaluable role; **moja rola skończona** my role is finished; **z prawej ręki szefa spadł** a. **zszedł do roli podrzędnego urzędnika** from being the boss's right-hand man he was reduced to the role of an office clerk

■ **grać** a. **odgrywać rolę** (mieć określone znaczenie) to play a part, to matter; (udawać) to play; **wiara w Boga odgrywa poważną rolę w moim życiu** faith in God is of great importance in my life; **czas odgrywa istotną rolę** time matters greatly; **moje zdanie nie gra roli** my opinion is of no consequence; **pieniądze nie grają roli** money is no object; **prezydent powinien grać rolę arbitra** the president should play the part of a mediator; **prasa powinna grać rolę niezależnego obserwatora wydarzeń** the press should play the part of an independent observer; **w sądzie odgrywa rolę skruszonego** in court he plays a conscience-stricken man; **wejść w czyjąś rolę** to assume someone's role; **szybko weszła w rolę pani domu** very quickly she assumed the role of the lady of the house; **wyjść** a. **wypaść z roli** to abandon one's role; **nie wytrzymał napięcia i wypadł z roli** he couldn't stand the tension and abandoned his role
r|ola² *f* (ziemia uprawna) soil, farmland; **osiąść na roli** to settle down on a farm; **pracować na roli** to work on the land; **uprawiać rolę** to till the soil; **żyć z pracy na roli** to live off the land
rol|a³ *f augm.* (papieru, blachy, papy) (large) roll
rola|da *f* (**~dka** *dem.*) Kulin. ① (mięsna) meat roll; **~da z kaczki** a duck roll; **plaster ~dy wieprzowej** a slice of pork roll ② (słodka) Swiss roll; **~da biszkoptowa** a sponge cake roll
role|ta *f* roller-blind; **podnieść/spuścić ~tę** to roll up/pull down the blind
rol|ka II *f* ① (papieru, papy, blachy, tapety) roll; **~ka filmu** a roll of film; **~ka papieru toaletowego** a toilet roll ② (szpulka) spool; **nawinąć nici na ~kę** to wind thread on a spool, to spool thread ③ (ruchomy wałek) roller ④ pot. *zw. pl* roller blade; **jeździć na ~kach** to roller blade
II rolki *plt* Sport roller drums
rolkow|y *adi.* **łożysko ~e** roller bearing

rolmops m Kulin. rollmop

rolnictw|o n sgt [1] (uprawa ziemi i hodowla zwierząt) farming, agriculture; **~o ekologiczne** organic a. ecological farming, ecological agriculture [2] Nauk. agriculture; **studiować ~o** to study agriculture [3] Econ. (dział gospodarki) agriculture; **Ministerstwo Rolnictwa** the Ministry of Agriculture

rolniczo adv. agriculturally; **zalesienie nieużytecznych ~ gruntów** the afforestation of agriculturally non-productive land

rolniczoprzemysłow|y adi. agroindustrial

rolniczo-przemysłowy adi. [kraj, wystawa] agricultural and industrial

rolnicz|y adi. [narzędzia, maszyny, wystawa, kraj, szkoła] agricultural; [spółdzielnia] farming

rolni|k m, **~czka** f [1] (zawód) farmer [2] Uniw. agriculturist; **inżynier ~k** agricultural engineer

rolno-spożywcz|y adi. [artykuły, eksport] farm and food; **przemysł ~y** farm and food industry

roln|y adi. [polityka] agrarian; [robotnik, płody, przemysł, ziemia] agricultural; **bank ~y** land bank; **gospodarstwo ~e** an arable farm

rol|ować impf [] vt [1] to roll [dywan, koc, śpiwór] ⇒ **zrolować** [2] pot. (oszukiwać) to short-change; **~ował wspólnika na każdym kroku** he short-changed his partner all the time

[] **rolować się** [1] (zwijać się) [arkusz bristolu, papy] to roll ⇒ **zrolować się** [2] (oszukiwać się nawzajem) to short-change one another; **~ują się jak mogą** they short-change one another whenever they can

ROM m (G **~u**) Komput. ROM

romani|sta m, **~stka** f specialist in Romance studies

romanistyczn|y adi. [studia, wykształcenie] Romance studies attr.

romanisty|ka f sgt Uniw. Romance studies pl

romanizacj|a f sgt romanization

romanizm f sgt (G **~u**) [1] Jęz. romanic expression [2] Szt. Romanesque

romaniz|ować impf [] vt to romanize [kraj, ludność] ⇒ **zromanizować**

[] **romanizować się** to become romanized ⇒ **zromanizować się**

romans m (G **~u**) [1] (przygoda miłosna) love affair, romance; **~ biurowy** an office romance; **burzliwy/przelotny ~** a stormy/ brief love affair; **mieć ~ z kimś** to have a love affair with sb [2] Literat. (utwór epicki) romance; (powieść o tematyce miłosnej) love story; **~ rycerski/dworski** a chivalrous/ courtly romance; **ckliwy ~** novelette [3] Muz. romance; **śpiewać ~e cygańskie/ rosyjskie** to sing Gypsy/Russian romances [4] przen. (entuzjazm) love affair; **~ z komunizmem** a love affair with Communism

■ **mam do ciebie ~** pot. I'd like to have a word with you about sth

romansid|ło n pejor. novelette; **historyczne ~ło** a bodice ripper pot., żart.

romansik m dem. (G **~u**) książk. fling; **mieć z kimś ~** to have a fling with sb

romans|ować impf vi (flirtować) **~ować z kimś** to have an affair with sb

romansow|y adi. [1] Literat. [wątek, powieść] romance attr. [2] pot., żart. [atmosfera] conducive to romance; [chłopak, dziewczyna] flirty, flirtatious

romantycznie adv. książk. [1] (egzaltowanie) romantically; **podchodzisz do życia zbyt ~** you take life too romantically [2] (nastrojowo) romantically; **w świetle księżyca jezioro wygląda bardzo ~** the moonlit lake looks very romantic; **ta ballada brzmi bardzo ~** this ballad sounds very romantic

romantyczność|ć f sgt książk. romantic character

romantyczn|y adi. [1] Filoz., Literat., Szt. [literatura, styl, tradycja] Romantic [2] książk. [charakter, natura, miłość, wieczór, krajobraz] romantic

romanty|k m, **~czka** f [1] Filoz., Literat., Szt. Romantic [2] książk. (idealista, marzyciel) romantic; **była niepoprawną ~czką** she was an incurable romantic

romanty|ka f sgt książk. (tajemniczy urok) romance

romantyzm m sgt (G **~u**) [1] Filoz., Literat., Szt. Romanticism [2] książk. (postawa życiowa, atmosfera) romanticism

romańs|ki adi. [1] Hist. (związany z kulturą starorzymską) [cywilizacja, pismo] Roman; **kraje ~kie** Latin countries (of Europe); **języki ~kie** Romance languages [2] Archit. [architektura, kościół, rzeźba] Romanesque attr.

romb m (G **~u**) Mat. rhombus, rhomb

rond|el m [1] (płaski garnek z rączką) pan, saucepan; **~el do smażenia konfitur** a preserving pan [2] (zawartość takiego naczynia) panful, saucepanful; **nagotowała ~el kapusty** she cooked a saucepanful of cabbage

rondel|ek m dem. [1] (small) pan, (small) saucepan; **odgrzej sobie obiad w ~ku** heat your meal up in a small saucepan [2] (zawartość takiego naczynia) **~ek zupy** a small saucepanful of soup

ron|do n [1] Transp. roundabout GB, traffic circle, rotary US; **wjechać na ~do/ zjechać z ~da** to enter/exit a roundabout [2] Moda brim; **kapelusz z wywiniętym ~dem** a hat with the brim turned up; **kapelusz z miękkim/opuszczonym ~dem** a hat with a floppy/dropped brim [3] Literat. rondeau [4] Muz. rondo

ro|nić impf vt [1] książk. **nalał wino/wodę, nie roniąc ani kropli** he filled the glasses with wine/water without spilling a drop; **ronić łzy** to shed tears; **za kim ona tak roni łzy?** who is she weeping for? ⇒ **uronić** [2] Med. to abort, to miscarry ⇒ **poronić**

rop|a f sgt [1] Med. pus; **rana podeszła ~ą** the wound become filled with pus [2] Chem. petroleum, crude (oil), (mineral) oil; **cena ~y za baryłkę** oil price per barrel; **złoża ~y** oil deposits; **wyciek ~y** an oil spill; **plama ~y** an oil slick [3] pot. (paliwo) diesel; **silnik na ~ę** a diesel engine

❏ **ropa naftowa** Chem., książk. petroleum, crude (oil), (mineral) oil

ropi|eć impf [**~eje**, **~ał**] vi Med. to suppurate, to fester; **~ejąca rana** a purulent a. festering wound; **oczy mi ~eją** my eyes are discharging; **jak leczyć ~nie**

kieszonek zębowych? how can one can treat an abcess under a tooth? ⇒ **zaropieć**

rop|ień m Med. abscess

❏ **~ień dziąsłowy** Med. gumboil; **~ień kości** Med. Brodie's abscess; **~ień kulszowo-odbytniczy** Med. ischiorectal abscess; **~ień okołomigdałkowy** Med. tonsilitis; quinsy przest.; **~ień okołowierzchołkowy** Med. apical abscess; **~ień podprzeponowy** Med. subphrenic abscess

ropniak m (A **~a** a. **~**) [1] Med. empyema [2] (A **~a**) pot. (samochód) diesel

❏ **~ macicy** Med. pyometra; **~ opłucnej** Med. pyothorax; **~ pochwy** Med. pyocolpos

ropn|y adi. [1] Med. [zapalenie, wydzielina] purulent; **~e zapalenie migdałków/płuc** purulent tonsilitis/pneumonia; **~y wyciek z ucha** otorrchoea [2] Chem., Geol. [złoża] oil attr. [3] Techn. [silnik, pojazd] oil-fired

ropu|cha f [1] Zool. toad [2] pejor., obraźl. old hag pejor., obraźl.; old bag pot. pejor.

ropusz|ka f dem. Zool. (mała) toadlet; (młoda) baby toad

ropusz|y adi. [oczy, pysk] toadlike

roquefort /rok'for/ m → **rokfor**

rorat|y plt (G **~ów** a. **~**) early morning Advent Mass

ros|a f sgt dew; **krople ~y** dew drops; **trawa mokra od ~y** grass wet with dew; **chodzić boso po ~ie** to walk barefoot through a. in the dew

■ **o ~ie** książk. at dawn

rosarium → **rozarium**

rosicz|ka f Bot. sundew

ro|sić impf [] vt [1] książk. (zwilżać) **pot rosił mu czoło** sweat beaded his forehead; **rosić trawnik wodą** to sprinkle the lawn with water ⇒ **zrosić** [2] Roln. to ret [len, konopie]

[] vi książk. (mżyć) to drizzle; **deszcz rosił od rana** it was drizzling from first thing (in the morning)

[] **rosić się** [okulary] to mist up

Rosjan|in m, **~ka** f (Gpl **~**, **~ek**) Russian

ro|sły adi. grad. książk. (silnie zbudowany) [chłopak, mężczyzna] brawny, sturdy; **rosły dąb/ koń** a sturdy oak/horse

r|osnąć impf (**rósł**) vi [1] (wzrastać) [dziecko, zwierzę, roślina, włosy, paznokcie] to grow; **pod naszymi oknami z dnia na dzień rosła góra śmieci** the rubbish dump a. heap in front of our windows was growing overnight ⇒ **urosnąć** (chować się) [dziecko] to grow up; **rósł w atmosferze rodzinnej** he grew up in a loving home [3] Bot. (występować) [roślina] to grow; **palmy nie rosną w naszym klimacie** palms don't grow in our climate [4] (zwiększać się) [odległość, bezrobocie, inflacja, przestępczość] increase; [ceny, stawki] to rise; [majątek] to grow ⇒ **wzrosnąć** [5] (potęgować się) [ból, gniew, radość, niepokój, zainteresowanie, sława] to grow ⇒ **wzrosnąć** [6] (rozwijać się) [produkcja, wydajność] to increase ⇒ **wzrosnąć** [7] Kulin. [ciasto] to rise ⇒ **urosnąć**

■ **rosnąć w bogactwo/potęgę/siłę** książk. to grow in richness/might/strength; **rosnąć w oczach** to grow bigger and bigger

rosocha|ty adi. książk. [drzewo, rogi] forked, branched; bifurcate książk.

rosoł|ek m pieszcz. stock soup; **lekki ~ek z kurczaka dobrze ci zrobi** some light chicken soup will do you good

rosołow|y adi. Kulin. stock attr.; **kostka ~a** stock cube; **mięso ~e** meat for stock [III] **rosołowe** n pot. (mięso wołowe na rosół) beef a. meat for stock

rosomak m Zool. wolverine

ros|ół m (G **~ołu**) Kulin. broth, soup stock, bouillon; (czysty) consommé; **~ół z kury** chicken stock; **~ół wołowy** beef stock; **~ół warzywny** vegetable stock; **~ół z makaronem** broth with noodles; **mięso na ~ół** meat for stock; **~ół w kostce** a stock cube

■ **rozebrać się do ~ołu** pot. to strip down to one's underwear; **byli porozbierani do ~ołu** they were in various states of undress

rosów|ka f pot. earthworm, dew worm US

rostbef /'rozdbef/ m (G **~u**) Kulin. (część tuszy wołowej) rump cut; (potrawa) roast beef

rosyjs|ki [II] adi. [literatura, język, muzyka] Russian
[II] m [1] (język rosyjski) Russian; **mówić po ~ku** to speak Russian; **biegle władać ~kim** to be fluent in Russian [2] pot. (lekcja) a Russian class a. lesson

rosza|da f [1] Gry castling (move) [2] zw. pl książk., przen. (zmiany personalne) reshuffle

roszcze|nie [I] sv → **rościć**
[II] n Prawo (legal) claim; **~nie ubezpieczeniowe/pieniężne/płacowe** an insurance/a cash a. financial/a wage claim; **~nie do spadku/majątku** an inheritance/estate claim; **~nie do tronu** a claim to the throne; **wysunąć ~nie o zwrot majątku** to lay a claim for the restitution of property

roszczeniow|y adi. [1] **postulaty ~e związkowców** the claims of the trade unionists; **młodzież ma postawę ~ą** the young people take too much for granted [2] Prawo **sprawy ~e** claims cases

ro|ścić impf vt to claim; **rościć sobie prawo do niezależności** to claim the right to independence; **rościć pretensje do własności** to claim the property; **rościć sobie pretensje do nieomylności** to claim infallibility

roścież → **na oścież**

roślin|a f [1] Bot. plant [2] pot., obraźl. (chory) cabbage pot., obraźl.

❏ **~y aromatyczne** Bot. aromatic plants; **~y cebulkowe** Bot. bulbous plants; **~y chronione** książk. protected plant species; **~y cieniolubne** Bot. shade-loving a. shade-seeking plants; **~y cieplarniane** Bot. hothouse plants; **~y ciepłolubne** Bot. stenothermal plants; **~y darniowe** Bot. turf plants; **~y dnia długiego** Bot. long-day plants; **~y dnia krótkiego** Bot. short-day plants; **~y doniczkowe** Bot. pot plants; **~y drzewiaste** Bot. arborescent plants; **~y dwuletnie** Bot. biennial plants; **~y dwuliścienne** Bot. dicotyledons; **~y garbnikodajne** Bot. tanniferous a. tannin-producing plants; **~y glebotwórcze** Bot. soil builder crops; **~y gruboszowate** Bot. succulents; **~y jednoliścienne** Bot. monocotyledons; **~y jednoroczne** Bot. annual plants, annuals; **~y kapustne** Bot. cabbage plants; **~y kauczukodajne** Bot. rubber-producing plants; **~y kwiatowe** Bot. flowering plants;

~y lądowe Bot. land plants; **~y lecznicze** Bot. medicinal a. healing plants; **~y leptokauliczne** Bot. leptocaulous plants; **~y leśne** Bot. forest plants; **~y mezotroficzne** Bot. mesotrophic plants; **~y mięsożerne** Bot. carnivorous plants; **~y mikroskopijne** Bot. microphytes; **~y miododajne** Bot. honey-producing plants; **~y monokarpiczne** Bot. monocarpic plants; **~y motylkowe** Bot. papilionaceous plants; **~y naczyniowe** Bot. vascular plants; **~y nasienne** Bot. seed plants; **~y nitrofilne** Bot. nitrophilous plants; **~y niższe** Bot. non-vascular plants; **~y ochronne** Bot. nurse crops; **~y okopowe** Bot. root crops; **~y oleiste** Bot. oil plants; **~y oligotroficzne** Bot. oligotrophic plants; **~y owadożerne** Bot. insectivorous plants; **~y ozdobne** Bot. ornamentals; **~y ozime** Bot. winter crops; **~y pachykauliczne** Bot. pachycaulous plants; **~y pastewne** Bot. fodder plants; **~y pionierskie** Bot. pioneer plants; **~y płożące** Bot. trailing a. creeping plants, creepers; **~y pnące** a. **pienne** Bot. climbing plants; **~y przeciwerozyjne** Bot. soil binders; **~y przemysłowe** Bot. plants a. crops grown for industrial purposes; **~y skąpożywne** Bot. oligotrophic plants; **~y skrytopączkowe** Bot. cryptophytes; **~y słonolubne** Bot. halophytes; **~y strączkowe** Bot. leguminous plants, legumes; **~y sucholubne** Bot. hygrophobes; **~y światłolubne** Bot. light-loving plants; **~y trujące** Bot. poisonous plants; **~y uprawne** a. **użytkowe** Bot. crop plants; **~y wieloletnie** Bot. perennial plants; **~y wodne** Bot. water plants; **~y zarodnikowe** Bot. cryptogams; **~y zbożowe** Bot. cereals; **~y zielne** Bot. herbaceous plants, herbs; **~y zimozielone** a. **wiecznie zielone** Bot. evergreens; **~y złożone** Bot. composite plants

roślin|ka f dem. small plant, plantlet

roślinność f sgt książk. flora, vegetation

❏ **~ć podzwrotnikowa** Bot. sub tropic flora; **~ć alpejska** a. **wysokogórska** Bot. Alpine flora; **~ć morska** Bot. marine flora; **~ć polarna** Bot. arctic flora; **~ć wydmowa** Bot. dune flora; **~ć zwrotnikowa** Bot. tropic flora

roślinn|y adi. [1] (związany z roślinami) [komórka, organizm, włókno, świat] plant attr. [2] (wyprodukowany z roślin) [olej, masło, pokarm, klej] vegetable attr.

roślinożerc|a m Zool. herbivore

roślinożerność f sgt Zool. herbivorousness; herbivority rzad.

roślinożern|y adi. Zool. herbivorous

ro|ta[1] f (przysięgi, ślubowania) oath; **rota ślubowania** an oath formula

ro|ta[2] f Hist. army unit (of Polish infantry in 16th and 17th cent.)

rot|a[3] Relig. the Rota

rotacj|a f (Gpl **~i**) [1] Fiz. (ruch obrotowy wokół własnej osi) rotation [2] (osób, rzeczy, zjawisk) rotation [3] Roln. crop rotation [4] Sport rotation [5] Druk. rotary printing

rotacyjnie adv. on a rotation basis; **prąd będzie wyłączany ~** there will be rotational power cuts

rotacyjn|y adi. [1] Fiz. [energia] rotational; [silnik] rotatory [2] książk. rotatory; **mieszkanie ~e** flat a. apartment alloted on a rota-

tion basis; **~e przewodnictwo w organizacji** rotary chairmanship; **strajk ~y** a strike organized on a rotational basis [3] Sport [ruch tułowia] rotation attr. [4] Druk. rotary; **maszyna ~a rolowa** web-fed rotary machine

rotmistrz m (Npl **~e** a. **~owie**) Wojsk., Hist. cavalry captain

rotmistrzows|ki adi. [komenda, rozkaz] cavalry captain's

rottweile|r /ro'dvajler/ m, **~rka** /rodvaj'lerka/ f Zool. Rottweiler

rotun|da f [1] Archit. rotunda [2] sgt Druk. rotunda

rotundow|y adi. Archit. rotunda attr.; **sala ~a** a rotunda

row|ek m [1] dem. (bruzda) groove; (w ziemi) furrow [2] Techn. (nacięcie) groove [3] pot. (między piersiami, pośladkami) cleavage

rowe|r m (G **~ru**) [1] (pojazd jednośladowy) bicycle; bike pot.; **jechać ~rem** a. **na ~rze** to cycle; **wsiąść na ~r** to mount a bike; **zsiąść z ~ru** to dismount a bike [2] augm. Sport (ćwiczenie gimnastyczne) bicycle crunch

❏ **~r damski** a lady's bike; **~r męski** a gent's bike; **~r młodzieżowy** a teenager's bike; **~r górski** a mountain bike; **~r hybrydowy** a hybrid bike; **~r składany** a folding bike; **~r szosowy** a roadster; **~r terenowy** an all-terrain bike; **~r treningowy** an exercise bike; **~r trójkołowy** a tricycle; **~r turystyczny** a tourer; **~r wodny** a pedal boat; a pedalo GB; **~r wyścigowy** a racer

rower|ek m (G **~ka** a. **~ku**) [1] dem. (mały rower) (small) bicycle; **~ek dziecinny** a child's bicycle; **~ek trzykołowy** a tricycle [2] Sport (ćwiczenie gimnastyczne) bicycle crunch

rowerow|y adi. [dętka, opona, pompka, szprycha] bicycle attr.; **karta ~a** a cycling licence; **ścieżka ~a** a bicycle lane; **turystyka ~a** a cycling tourism

rowerzy|sta m, **~stka** f cyclist; biker pot.

rowk|ować impf vt [1] Techn. (żłobić) to groove, to flute; **płyty ~owane** grooved panels [2] Druk. to bend

rowkowa|nie [I] sv → **rowkować**
[II] n fluting, grooving

rowkowan|y [I] pp → **rowkować**
[II] adi. [opona, płyta, deska] grooved; [kolumna] fluted; **rant ~y monety** the milled edge of a coin

rozaniel|ony adi. (wniebowzięty) [osoba] blissful; **patrzył na nią ~onymi oczami** he was gazing at her with ecstatic eyes

rozari|um n (Gpl **~ów**) rose garden

rozbab|rać pf (**~rzę** a. **~ram**) vt pot. [1] (rozmazać) to mess up, to smear [jedzenie, klej]; **~rał szpinak widelcem po całym talerzu** he smeared the spinach with his fork all over the plate; **zostawiła ~rane łóżko** she left a rumpled bed [2] (porzucić rozpoczętą czynność) **~rał robotę i wyjechał** he started the job, made a mess of it and left; **~rana ulica/plac budowy** a torn-up street/building site

rozbawiać impf → **rozbawić**

rozbaw|ić pf — **rozbaw|iać** impf [I] vt to amuse, to entertain [towarzystwo, publiczność]; **~iłeś mnie swoim opowiadaniem** you've amused me with your story
[II] **rozbawić się — rozbawiać się** [osoba]

to begin to enjoy oneself; **~ił się dopiero pod koniec balu** it was only towards the end of the ball that he began to enjoy it

rozbawieni|e [] *sv* → **rozbawić**

[] *n sgt* amusement; **z dużym ~em czytaliśmy twój tekst/obserwowaliśmy tę scenę** we read your essay/watched that scene with great amusement

rozbawi|ony [] *pp* → **rozbawić**

[] *adi.* [człowiek, towarzystwo] amused; [głos, spojrzenie] full of amusement

rozbebeszać *impf* → **rozbebeszyć**

rozbebesz|yć *pf* — **rozbebesz|ać** *impf* *vt* pot. to jumble up [szafę, szufladę, walizkę]; **~ona pościel** rumpled bedclothes

rozbecz|eć się *pf* (**~ysz się, ~ał się, ~eli się**) *v refl.* [] pot. [osoba] to burst into tears; [dziecko] to start blubbering pot., to start bawling pot. [] [owca, koza] to start bleating

rozbełt|ać *pf* — **rozbełt|ywać** *impf* *vt* to beat [zsiadłe mleko, jajka]; **~ać żółtka z mlekiem** to beat egg yolks with milk

rozbełtywać *impf* → **rozbełtać**

rozbestwiać *impf* → **rozbestwić**

rozbestw|ić *pf* — **rozbestw|iać** *impf* [] *vt* [] pot. to enrage; **~iony tłum** the enraged mob [] pot. to spoil; **~iły go sukcesy** success spoilt him; **~iony dzieciak** a spoilt kid

[] **rozbestwić się** — **rozbestwiać się** pot., pejor.; **dzieci ~iły się na wakacjach** during the holidays the children got out of hand; **kierowcy tak się ~ili, że dyktują, gdzie chcą jechać!** the taxi drivers have become so damn cocky that they'll tell you where they want to go! pot.

rozbi|ć *pf* — **rozbi|jać** *impf* (**~ję ~jam**) [] *vt* [] (potłuc) (celowo) to smash; (przypadkowo) to break; **~ć szybę kamieniem** to smash/break a window-pane with a stone; **~jać bryły węgla kilofem** to break lumps of coal with a pick-axe; **~ć jajko** to break an egg; **~ć talerz o ścianę** to smash a plate against the wall; **po wypiciu szampana ~li kieliszki o podłogę** after drinking champagne they smashed their glasses on the floor [] (roztłuc) to pound, to tenderise [mięso]; **~ć tłuczkiem mięso na kotlety** to tenderise meat chops with a meat mallet [] (zniszczyć) to crash, to smash [samochód, samolot]; to wreck [dom, bunkier]; **~ł nowiutki samochód o drzewo** he smashed up a brand new car against a tree; **bomba ~ła ich dom** a bomb wrecked their house; **pilot ~ł samolot przy lądowaniu** the pilot wrecked the plane on landing [] (zranić) to hurt, to injure; **upadła i ~ła sobie kolano/łokieć** she fell and hurt her knee/elbow; **~ł koledze nos** he smashed his colleague's nose; **po wypadku miałam ~tą głowę** after the accident my head was injured; **przez kilka dni chodził z ~tym czołem** for a few days he had a gashed a. injured forehead [] (wyróżnić części) to divide; **~ć klasę na grupy** to divide the class into groups; **~ć reformę na etapy** to divide the implementation of the reform into stages; **~cie dzielnicowe Polski** Hist. the period of regional disintegration in Poland (XII-XIV century) [] (rozgromić) to beat, to defeat

[nieprzyjaciela, wojsko]; to break up [gang, grupę przestępców] [] przen. to wreck [nadzieje, plany]; **~ć małżeństwo/rodzinę** to break up a marriage/family; **dzieci z ~tych rodzin** a. **domów** children from broken families a. homes [] pot. (włamać się) to break into; **~ć sklep/kiosk** to break into a shop/kiosk [] (rozstawić) to put up, to pitch [namiot]; **~liśmy obóz nad samą rzeką** we pitched camp right on the river bank [] (rozciągnąć) **~ć buty** to stretch shoes; **dać buty do ~cia** to have one's shoes stretched; **~janie obuwia** (w ogłoszeniu) shoe stretching

[] **rozbić się** — **rozbijać się** [] (rozdzielić się) [towarzystwo] to split [] (rozłożyć obóz) to pitch camp; **latem wędrowny cyrk ~jał się na błoniach** in summer a circus would pitch their tent on the village green [] pot. (nie powieść się) to founder; **plan budowy basenu ~ł się o brak pieniędzy** the project of building a swimming pool foundered a. for lack of funds

[] **rozbić się** — (rozpaść się) [filiżanka, wazon] to break; **talerz spadł na posadzkę i ~ł się** the plate fell to the floor and broke [] (zostać zniszczonym) [samochód, samolot, statek] to crash; **okręt ~ł się o skały** the ship crashed on the rocks; **samochód/ autobus ~ł się o drzewo** the car/coach crashed into a tree; **samolot ~ł się o zbocze góry** the plane crashed into the mountain [] (ulec wypadkowi) [osoba] to crash; **~ł się (jadąc) motocyklem** he had a crash while riding his motorbike [] (rozprysnąć się) [fala] to break

[] **rozbić się** [] (urządzać awantury) **~jał się po pijanemu** when drunk, he would ask for trouble [] pot. **~jać się sportowym wozem po mieście** to cruise around the town in a sports car; **~jać się taksówkami** to drive around ostentatiously in taxis

rozbie|c się, rozbie|gnąć się *pf* — **rozbie|gać się** *impf* (**~gnę się, ~gniesz się, ~gł się, ~gła się, ~gli się ~gam się**) *v refl.* [] (uciec) to disperse; **dzieci ~gły się po lesie** the children dispersed in the forest; **demonstranci ~gli się we wszystkie strony** the demonstrators dispersed in all directions [] przen. [drogi, ulice, ścieżki] to diverge

rozbieg *m* (*G* ~**u**) [] Lotn. take-off run; **samolot o krótkim ~u** an aircraft capable of a short take-off run [] Sport run-up; **wziąć ~** to take a run-up; **z ~u skoczył przez rów** he took a run-up and jumped over the ditch; **potknęła się na ~u** she tripped on the run-up [] Sport (część skoczni narciarskiej) inrun [] Techn. (maszyny, urządzenia) warming-up (phase)

rozbiegać się *impf* → **rozbiec się**

rozbiegan|y *adi.* [] (zapędzony) [ludzie] bustling, running about [] (pędzący) [dzieci, konie] running [] przen. (niespokojny) feverish; **nie mógł skupić ~ych myśli** he couldn't control his feverish thoughts; **~e oczy** a. **~e spojrzenie** restless eyes

rozbiegnąć się *pf* → **rozbiec się**

rozbierać *impf* → **rozebrać**

rozbieralni|a *f* (*Gpl* ~) [] (szatnia) changing room [] Przem. (w zakładzie mięsnym) cutting room

rozbieżnie *adv.* (krańcowo różnie) divergently; **ludzie ~ reagują na kampanię reklamową** people's reactions to the advertising campaign differ considerably

rozbieżnoś|ć *f* (zdań, opinii, poglądów) divergence, variance

rozbieżn|y *adi.* [oceny, opinie, poglądy] divergent; **~e interesy/dążenia/koncepcje** divergent interests/aspirations/concepts; **wasze postulaty są ~e z już ustalonym planem** your postulates diverge from the already agreed plan; **dyskutanci zajęli ~e stanowiska** the participants in the discussion represented divergent attitudes

rozbijac|ki *adi.* pot., pejor. (destrukcyjny) [działalność, robota] destructive

rozbijać *impf* → **rozbić**

rozbiorow|y *adi.* Hist. partition *attr.* (connected with the partitions of Poland in 1772-1795); **trzy mocarstwa podpisały traktat ~y** three great powers signed the partition treaty

rozbi|ór *m* (*G* ~**oru**) [] (analiza) analysis; **~ór krytyczny wiersza** a critical analysis of a poem [] Polit. partition, partitioning; **pierwszy/drugi/trzeci ~ór Polski** the first/second/third partition of Poland [] Techn. (maszyny, urządzenia) disassembly [] Roln. cutting up

❏ **~ór gramatyczny zdania** Jęz. morphological analysis of a sentence; morphological parsing spec.; **~ór logiczny zdania** Jęz. syntactic analysis of a sentence, sentence structure analysis; syntactic parsing spec.

rozbiór|ka *f* [] (budynków) demolition; **dom przeznaczony do ~ki** a. **na ~kę** a house designated for demolition [] (maszyn) dismantlement [] (mięsa) cutting up

rozbiórkow|y *adi.* [prace, przedsiębiorstwo] demolition *attr.*; [drewno, cegła] recycled

rozbisurmaniać *impf* → **rozbisurmanić**

rozbisurma|nić *pf* — **rozbisurma|niać** *impf* [] *vt* pot. to spoil, to overindulge [dziecko]; **~niony chłopak** a spoilt brat

[] **rozbisurmanić się** — **rozbisurmaniać się** [dziecko] to get out of hand

rozbit|ek *m* (*Npl* ~**kowie** a. ~**ki**) [] (w katastrofie morskiej) shipwrecked person; (wyrzucony na brzeg) castaway; (w katastrofie lotniczej) air crash survivor [] książk., przen. **~kowie życiowi** flotsam

rozbi|ty [] *pp* → **rozbić**

[] *adi.* (zmęczony i przygnębiony) drained

rozbłyskiwać *impf* → **rozbłysnąć**

rozbły|snąć *pf* — **rozbły|skiwać** *impf* (**~sł** a. **~snął, ~sła** a. **~snęła, ~śli ~sneli** — **~skuję**) *vi* [] [ekran, świeczka, lampy] to light up; (wybuchnąć) [petarda, raca] to flare up; **niebo ~sło tysiącem barw** the sky lit up with thousands of colours; **wśród chmur ~sło słońce** the sun broke through the clouds [] przen. [oczy] to light up; (gwałtownie) to flare; **~snąć radością/ szczęściem** to light up with joy/happiness; **oczy ~sły jej na widok tych skarbów** her eyes lit up at the sight of the treasure

rozbol|eć *impf* (**~isz, ~ał, ~eli**) *vi* **~ała mnie głowa** I had/I've got a headache; **~ał mnie od tego brzuch** it gave me a stomach-ache; **nogi mnie ~ały od dłu-**

giego marszu my feet started to hurt a. ache from the long march

rozb|ój *m* (*G* ~**oju**) Prawo armed robbery, mugging; **wzrasta ilość** ~**ojów** mugging is on the increase; **to** ~**ój w biały dzień** a. **na równej drodze!** przen. it's daylight robbery!

rozbójni|k *m* przest. robber; (napadający na podróżnych) highwayman; ~**k morski** a buccaneer; **Ali Baba i czterdziestu** ~**ków** Ali Baba and the forty thieves

rozbrajać *impf* → **rozbroić**

rozbrajająco *adv.* [szczery, naiwny] disarmingly; **uśmiechać się** ~ to smile disarmingly

rozbrajając|y **II** *pa* → **rozbrajać**
II *adi.* [osoba, uśmiech, szczerość] disarming

rozbra|t *m sgt* (*G* ~**tu**) książk. gap; ~**t elit ze społeczeństwem** a gap between the elites and the people; ~**t między teorią a praktyką** a gap between theory and practice; **wziąć** ~**t z czymś** to give sth up; **wziął** ~**t z pijaństwem** he gave up drinking

rozbr|oić *pf* — **rozbr|ajać** *impf* **II** *vt* **1** (odebrać broń) to disarm [wroga, armię, kraj] **2** (zabezpieczyć) to disarm, to defuse [minę, granat, bombę] **3** (oczarować) to disarm [krytyków, przeciwników] **4** Fiz. to discharge [ciało, ładunek]
II rozbroić się — **rozbrajać się** [kraj, armia] to disarm

rozbrojeni|e **II** *sv* → **rozbroić**
II *n sgt* disarmament; **międzynarodowe/światowe** ~**e** international/global disarmament

rozbrojeniow|y *adi.* [rozmowy, konferencja] disarmament *attr.*; **układ** ~**y** a disarmament treaty

rozbryka|ć się *pf v refl.* [dziecko, koń] to go wild

rozbrykan|y *adi.* [źrebak, szczeniak] frisky; [dziecko] playful

rozbryzg *m* (*G* ~**u**) splash; ~**i wody** splashes of water

rozbry|zgać *pf* — **rozbry|zgiwać** *impf* (~**znę** — ~**zguję**) **II** *vt* [osoba, samochód] to splash [wodę, błoto]
II rozbryzgać się — **rozbryzgiwać się** to be splashed; ~**zgać się naokoło** to be splashed around; **fale** ~**zgujące się o brzegi** waves splashing against the shoreline

rozbryzgiwać *impf* → **rozbryzgać**
rozbryznąć → **rozbryzgać**

rozbrzmi|eć *pf* — **rozbrzmi|ewać** *impf* (~**ał**, ~**eli** — ~**ewa**) *vi* książk. **1** [rozmowy, muzyka] to resound; (potężnie) to blast out; ~**ały radosne hymny** joyous hymns resounded through the air; ~**ały dzwony** the bells rang; **w mieście** ~**ewała kanonada** gunfire was heard across the city; **w pokoju** ~**ewały śmiechy** peals of laughter resounded through the room **2** [pokój, budynek] to resound (**czymś** with sth); **kościół** ~**ewał śpiewem** the church resounded with singing

rozbrzmiewać *impf* → **rozbrzmieć**
rozbucha|ć *pf* pot. **II** *vt* (wyolbrzymić) to blow [sth] up [sprawę, temat]
II rozbuchać się **1** (rozzuchwalić się) [osoba]

to become cocky pot. **2** (rozrosnąć się) [rośliny] to run riot; [osoba] to put on weight

rozbuchan|y *adi.* **1** (rozbrykany) [źrebak] frisky **2** (bujny) [chwasty] rank; [zieleń, roślinność] lush; [wyobraźnia] vivid

rozbudow|a *f* (konstrukcji, organizacji) expansion; (miasta) growth; (programu) extension

rozbud|ować *pf* — **rozbud|owywać** *impf* **II** *vt* **1** (powiększyć) to extend [budynek, parking, fabrykę] **2** (rozwinąć) to develop [przemysł, system, sieć komunikacyjną] **3** (skomplikować) to extend [strukturę, program]; ~**owane zdania** elaborate sentences; **bardzo** ~**owany system** a very complicated system
II rozbudować się — **rozbudowywać się** [miasto, firma] to grow, to develop

rozbudowywać *impf* → **rozbudować**
rozbudzać *impf* → **rozbudzić**
rozbu|dzić *pf* — **rozbu|dzać** *impf* **II** *vt* **1** (obudzić) to wake [osobę] **2** (pobudzić) to arouse [ciekawość, zazdrość, wyobraźnię]; to incite [nienawiść]; ~**dzić w kimś nadzieję, że...** to give sb hope that...; **to ponownie** ~**dziło w nas nadzieję** it revived our hopes; ~**dzić czyjś talent** to bring out sb's talent; **być** ~**dzonym seksualnie** to be sexually aware; ~**dzać kogoś intelektualnie** to stimulate sb intellectually; **być** ~**dzonym intelektualnie** to be intellectually alert
II rozbudzić się — **rozbudzać się** **1** [osoba] to wake up **2** [namiętności] to be aroused; ~**dziła się w nas nadzieja** we were given hope; (ponownie) our hope was restored

rozbuja|ć *impf* **II** *vt* to give [sb] a swing [osobę]; to set [sth] rocking [łódkę, kołyskę]; to set [sth] swinging [huśtawkę, dzwon]; ~**ny pokład statku** the rocking deck of a ship
II rozbujać się [osoba] to start swinging

rozcapierzać *impf* → **rozcapierzyć**
rozcapierz|yć *pf* — **rozcapierz|ać** *impf vt* to splay [palce]; ~**one palce** splayed fingers; ~**one skrzydła/gałęzie** outstretched wings/branches

rozchełstan|y *adi.* pejor. [koszula] gaping; [osoba] scruffy

rozchlap|ać *pf* — **rozchlap|ywać** *impf* (~**ię** — ~**uję**) **II** *vt* to splash (around) [wodę, błoto]
II rozchlapać się — **rozchlapywać się** [woda, błoto] to splash (around)

rozchlapywać *impf* → **rozchlapać**
rozchmurzać *impf* → **rozchmurzyć**
rozchmurz|yć *pf* — **rozchmurz|ać** *impf* **II** *vt* ~**yć czyjeś oblicze** to make sb brighten up; ~**ył twarz** his face brightened up
II rozchmurzyć się — **rozchmurzać się** **1** [niebo] to clear; ~**yło się** it cleared up **2** [osoba, twarz, oczy] to brighten up, to cheer up

rozchodnik *m* Bot. stonecrop
rozcho|dzić *pf* **II** *vt* **1** (rozruszać) ~**dzić zesztywniałe/bolące kolano** to walk off a stiffness/pain in one's knee **2** (powiększyć) to wear in [buty]
II rozchodzić się **1** [osoba] to walk off a stiffness in one's legs **2** [buty] to get worn in

rozchodzić się[1] *impf* → **rozejść się**

rozchodz|ić się[2] *impf v refl.* imp. posp. kryt. **o co się** ~**i?** what's it all about?

rozchor|ować się *pf v refl.* to fall ill, to be taken ill; ~**ować się na grypę** to be taken ill a. to fall ill with the flu; ~**ować się poważnie na żołądek** to fall ill with a serious stomach complaint; ~**owała mu się żona** his wife fell ill

rozchwi|ać *pf* — **rozchwi|ewać** *impf* (~**eję** — ~**ewam**) **II** *vt* **1** [wiatr] to sway [drzewo]; [osoba] to wobble [ząb, konstrukcję] **2** to upset [równowagę]
II rozchwiać się — **rozchwiewać się** **1** [drzewo] to begin to sway; [ząb, konstrukcja] to begin to wobble **2** [równowaga] to be upset

rozchwian|y **II** *pp* → **rozchwiać**
II 1 [ząb, poręcz, schody] wobbly **2** [osoba] unstable; ~**y emocjonalnie** emotionally unstable

rozchwiewać *impf* → **rozchwiać**
rozchwyt|ać *pf* — **rozchwyt|ywać** *impf vt* (wykupić) to snap [sth] up [towary]; **bilety były** ~**ywane na miesiąc naprzód** the tickets were snapped up a month in advance; **na przyjęciu był** ~**ywany** at the party he was the centre of attention

rozchwytywać *impf* → **rozchwytać**
rozchwytywan|y **II** *pp* → **rozchwytywać**
II *adi.* [pracownik] sought-after; **najbardziej** ~**i specjaliści** the most sought-after specialists

rozchylać *impf* → **rozchylić**
rozchyl|ić *pf* — **rozchyl|ać** *impf* **II** *vt* to part [zasłony, usta]; to open [koszulę, okiennice, płatki]; **jej** ~**one usta** her parted lips
II rozchylić się — **rozchylać się** [zasłony, wargi] to part; [pąk, płatki] to open; **jego usta** ~**iły się w uśmiechu** his lips parted in a smile

roz|ciąć *pf* — **roz|cinać** *impf* (~**etnę**, ~**cięła**, ~**cięli** — ~**cinam**) *vt* **1** (zrobić otwór) to slit [nogawkę, namiot, płótno]; (zniszczyć) to slash [materiał, pokrowiec, obicie] ~**ciąć kopertę** to slit a. cut an envelope open; **spódnica** ~**cięta z boku** a skirt with a slit at the side; **błyskawica** ~**cięła niebo** przen. lightning slashed the sky; **wzgórze** ~**cięte głębokim wąwozem** przen. a hill cut through by a deep ravine **2** (skaleczyć) to cut; ~**ciąć sobie stopę/rękę o coś** to cut one's foot/hand on sth **3** (przeciąć na części) to cut [sznurek, fotografię]

rozciągać *impf* → **rozciągnąć**
rozciąga|ć się *impf v refl.* **1** (być położonym) [kraina, obszar, widok] to stretch (out); ~**ć się aż po horyzont** to stretch away to the horizon **2** (obejmować) [władza, odpowiedzialność] to extend (**na coś** to sth)

rozciągliwoś|ć *f sgt* stretchablity
rozciągliw|y *adi.* [materiał, lina] stretchy
rozciągłoś|ć *f sgt* książk. **1** (zakres) **w całej** ~**ci** [zgadzać się, potwierdzać] fully **2** (rozwlekłość) lengthiness

rozciąg|nąć *pf* — **rozciąg|ać** *impf* (~**nęła**, ~**nęli** — ~**am**) **II** *vt* **1** (wydłużyć) to stretch [gumę, sprężynę, sweter] **2** (rozpiąć, rozłożyć) to stretch [linę, sznur, kabel]; to spread [płachtę]; ~**nąć płótno na ramie** to stretch canvas over a frame; ~**nąć dywan na podłodze** to spread a carpet on the floor; **sznur do bielizny ~nięty pomiędzy drzewami** a washing line stretched between two trees 3 (przeciągnąć) to prolong *[słowa, zdania]*; **projekt ~nięty w czasie** a project stretching over a long period of time 4 (rozszerzyć) to extend *[zakres, władzę]*; **~nąć odpowiedzialność na kogoś/coś** to extend responsibility to sb/sth 5 pot. (porozrzucać) to scatter [sth] around *[przedmioty]*; **~ać zabawki po całym pokoju** to scatter toys around the room

III rozciągnąć się — rozciągać się 1 (wydłużyć się) *[sweter, mięśnie]* to stretch; *[sprężyna, guma]* to stretch, to expand; **~nąć się w praniu** to stretch in the wash 2 (rozproszyć się) *[grupa, pościg]* to stretch; **peleton ~nął się na dwa kilometry** the pack stretched out for two kilometres 3 (przeciągnąć się w czasie) to stretch; **projekt ~nął się na dwa lata** the project stretched to two years 4 (położyć się) to stretch out; **~nąć się na łóżku/podłodze** to stretch out on the bed/floor

rozciągnię|ty II *pp* → rozciągnąć

III *adi.* 1 *[grupa, peleton]* stretched; **pochód ~ty na trzy kilometry** a procession stretched out for three kilometres 2 (leżący) *[osoba]* stretched out; **leżeli ~ci na piasku** they lay stretched out on the sand

rozcieńczać *impf* → rozcieńczyć
rozcieńczalnik *m* diluter, thinner
rozcieńcz|yć *pf* — **rozcieńcz|ać** *impf vt* to dilute *[roztwór]*; to thin *[farbę, lakier]*; **~yć zupę/sos** to thin the soup/sauce down; **~ać coś wodą** to thin sth with water; **~ać drinki** to water down drinks; **~ony roztwór** a dilute a. diluted solution; **wino ~one wodą** watered-down wine
rozcierać *impf* → rozetrzeć
rozcież → na oścież
rozcię|cie II *sv* → rozciąć

III *n* 1 (skaleczenie) gash; **głębokie ~cie na nodze** a deep gash in a leg 2 (rozdarcie) rip 3 Moda slit; **głębokie ~cie** a deep slit; **sukienka z ~ciem** a dress with a slit skirt
rozcinać *impf* → rozciąć
rozczapierzyć → rozcapierzyć
rozczar|ować *pf* — **rozczar|owywać** *impf II vt* to disappoint *[osobę]*; **~ować kogoś czymś** to disappoint sb with sth; **~owałeś mnie** I'm disappointed in you; **film ~owuje** the film is disappointing, the film is a disappointment; **jak na razie nasza drużyna bardzo ~owuje** our team has been a big disappointment so far; **wynik wszystkich ~ował** there was general disappointment at the result

III rozczarować się — rozczarowywać się to be disappointed, to become disenchanted (**do kogoś/czegoś** with sb/sth)
rozczarowa|nie II *sv* → rozczarować

III *n* disappointment *C/U*, disenchantment *U*; **przeżyć wielkie ~nie** to be gravely disappointed; **życie przyniosło mu wiele ~ń** life has brought him many disappointments; **nie umiał ukryć ~nia** he couldn't hide his disappointment; **ku mojemu ~niu** to my disappointment
rozczarowan|y II *pp* → rozczarować

III *adi.* disappointed, disenchanted (**kimś/ czymś** with sb/sth); **był ~y, że przegrał**

he was disappointed at losing; **byłem ~y, kiedy zobaczyłem...** I was disappointed to see...
rozczarowywać *impf* → rozczarować
rozczepiać *impf* → rozczepić
rozczep|ić *pf* — **rozczep|iać** *impf II vt* to pull [sth] apart *[włókna]*; to detach *[wagony, elementy]*; to unhook *[łańcuszek]*

III rozczepić się — rozczepiać się *[łańcuszek]* to unhook itself; *[wagony, elementy]* to become detached
rozcze|sać *pf* — **rozcze|sywać** *impf* (**~szę — ~suję**) *vt* to comb [sth] out, to comb out *[włosy, wełnę, warkocze]*
rozczesywać *impf* → rozczesać
rozczłonk|ować *pf* — **rozczłonk|o-wywać** *impf vt* to divide *[tekst]*; to dismember *[kurczaka, kraj]*; **~owany kraj/ ~owana organizacja** a dismembered country/organization
rozczłonkowywać *impf* → rozczłonkować
rozczochra|ć *pf II vt* to mess [sth] up *[włosy]*; (ręką) to ruffle *[włosy]*; **~ć kogoś** to mess up sb's hair; **~ne włosy** messy a. dishevelled a. ruffled hair; **~ny młodzieniec** an unkempt young man ⇒ czochrać

III rozczochrać się *[osoba]* to mess up one's hair; *[włosy]* to get messed up ⇒ czochrać się
rozczulać *impf* → rozczulić
rozczulająco *adv.* touchingly; **wyglądać ~** to be a touching sight
rozczulając|y II *pa* → rozczulić

III *adi.* *[widok, naiwność]* touching
rozczuleni|e II *sv* → rozczulić

III *n sgt* (czułość) tenderness; **spojrzeć na kogoś z ~em** to look at sb tenderly; **ogarnęło go ~e** (czułość) he felt a surge of tenderness; (wzruszenie) he felt touched
rozczul|ić *pf* — **rozczul|ać** *impf II vt* to touch *[osobę]*; **~ić kogoś do łez** to touch sb deeply; **~iła mnie tą opowieścią** I was touched by her story

III rozczulić się — rozczulać się 1 (wzruszyć się) to be touched 2 pejor. **~ać się nad czymś** to get soppy about sth pot.; **~ać się nad sobą** a. **nad własnym losem** to be full of self-pity; **~ający się nad sobą** self-pitying
rozczyn *m* (*G* **~u**) Kulin. leaven
rozczyt|ywać się *impf v refl.* **~ywać się w czymś** to love reading sth
rozd|ać *pf* — **rozd|awać** *impf* (**~am — ~aję**) *vt* 1 (dawać) to hand [sth] out, to distribute *[formularze, ulotki, jedzenie]*; **~wać autografy** to sign autographs; **~ać majątek ubogim** to give all one's money to the poor; **~ać nagrody** to give away prizes; **uroczystość ~ania nagród** a prize giving ceremony; **~ano nam narzędzia** we were given tools 2 Gry to deal *[karty]*; **kto ~aje?** whose deal it is?, who's dealing?
rozdając|y II *pa* → rozdać

III *m* Gry dealer
rozdar|cie II *sv* → rozedrzeć

III *n* 1 (uszkodzenie) tear, rip; **naprawić ~cie** to mend a tear a. rip 2 (niepewność) dilemma; **przeżywać ~cie** to be in a dilemma
rozdar|ty II *pp* → rozedrzeć

III *adi.* (zagubiony) **być ~tym** to be in a

dilemma; **być ~tym pomiędzy czymś a czymś** to be torn between sth and sth
rozdawać *impf* → rozdać
rozdawnictw|o *n sgt* free distribution; **~o żywności** free distribution of food
roz|dąć *pf* — **roz|dymać** *impf* (**~edmę, ~dęła, ~dęli — ~dymam**) *II vt* 1 (napompować) to inflate *[koło, balon]*; to distend *[brzuch, żołądek]*; to dilate *[nozdrza, chrapy]*; to fill *[żagiel]*; **~dęte gazem baloniki** gas-filled balloons; **~dęte płuca** inflated lungs; **~dęte ego** przen. an overblown ego przen.; **~dymała go duma** przen. he was puffed up with pride 2 (wyolbrzymić) to hype [sth] up pot. *[historię, problem]*; **sprawa została sztucznie ~dęta przez prasę** the case was hyped up by the press

III *vi* *[jedzenie]* to cause flatulence

III *v imp.* **~dęło mnie** I feel bloated

IV rozdąć się — rozdymać się (nabrać powietrza) *[policzki, zwierzę]* to puff up; *[brzuch, żołądek]* to distend; *[nozdrza, chrapy]* to dilate; **~dąć się z dumy** przen. to be puffed up with pride
rozdep|tać *pf* — **rozdep|tywać** *impf* (**~czę — ~tuję**) *II vt* 1 (nadepnąć) to tread on; (celowo zmiażdżyć) to crush *[owada, żuka]*; to stamp out, to stamp [sth] out *[niedopałek]*; **~tać robaka** to crush an insect with one's foot a. shoe 2 (rozmieść) to tread, to track; **~tać błoto po całym dywanie/domu** to track mud all over the carpet/house 3 (masowo odwiedzać) to trample; **miejsce ~tywane przez tysiące turystów** a place trampled by thousands of tourists 4 (zniszczyć) to wear [sth] down *[buty]*; **~tane pantofle** worn-down shoes

III rozdeptać się — rozdeptywać się *[buty]* to get worn down
rozdeptywać *impf* → rozdeptać
rozdłub|ać *pf* — **rozdłub|ywać** *impf* (**~ię — ~uję**) *vt* 1 (otworzyć) to poke [sth] open, to poke open; **~ać w czymś dziurę** to poke a hole in sth 2 pot. (zacząć) to start *[robotę]*; **mamy ~any projekt** we have a project underway
rozdłubywać *impf* → rozdłubać
rozdmuch|ać *pf* — **rozdmuch|iwać** *impf vt* 1 (podsycić) to fan *[płomień, ogień]*; **~ać w kimś nienawiść** przen. to fuel sb's hatred 2 (wyolbrzymić) to blow [sth] up *[przypadek, problem]*; **sprawa została ~ana przez media** the case was blown up by the media 3 (rozmieść) *[wiatr]* to blow [sth] around *[liście, dym, śmieci]*
rozdmuchiwać *impf* → rozdmuchać
rozdrabniać *impf* → rozdrobnić
rozdrap|ać *pf* — **rozdrap|ywać** *impf* (**~ię — ~uję**) *vt* 1 *[osoba]* to pick at *[krosta, strup]*; *[kura]* to scratch away, to scratch [sth] away *[ziemię, grządki]* 2 pot., pejor. to snap [sth] up pot., to snap up pot. *[towary, produkty]*; **dłużnicy ~ali cały jego majątek** the creditors divided his property up between them
rozdrapywać *impf* → rozdrapać
rozdrażniać *impf* → rozdrażnić
rozdrażni|ć *pf* — **rozdrażni|ać** *impf vt* 1 (złością) to irritate, to annoy *[osobę]*; to provoke *[zwierzę]* 2 (spowodować ból) to irritate *[ząb, oczy]*

rozdrażnieni|e **I** *sv* → rozdrażnić

II *n sgt* irritation, annoyance; **wprawić kogoś w stan ~a** to irritate a. annoy sb; **powiedzieć coś z ~em** to say sth crossly a. irritably; **wpadać w ~e z byle powodu** to get worked up over the slightest thing

rozdrażni|ony **I** *pp* → rozdrażnić

II *adi. [osoba, ton]* irritated, annoyed, worked up; **powiedział ~onym głosem** he said crossly a. irritably

rozdr|obnić *pf* — **rozdr|abniać** *impf* **I** *vt* **1** (rozkruszyć) to grind [sth] down, to grind down *[produkty, skały, kamienie]*; **zęby służą do ~abniania pokarmu** teeth are used to grind food **2** (podzielić) to fragment *[kraj, strukturę]*; **~obniona struktura własnościowa** fragmented ownership

II **rozdrobnić się** — **rozdrabniać się** *[kraj, struktura]* to become fragmented

III **rozdrabniać się** *pot. [osoba]* to get sidetracked (**na coś** into sth); **co się będziemy ~abniać!** let's not be too particular!

rozdroż|e *n (Gpl ~y)* crossroads także przen.; **na ~u** at the crossroads; **być/znaleźć się na ~u** przen. to be/to find oneself at the crossroads

rozdwajać *impf* → rozdwoić

rozdw|oić *pf* — **rozdw|ajać** *impf* **I** *vt* to split *[włos, zapałkę]*; **~ojony język węża** the forked tongue of a snake

II **rozdwoić się** — **rozdwajać się** *[włos, droga]* to split

rozdwojeni|e **I** *sv* → rozdwoić

II *n sgt* Psych. **~e jaźni** split personality

rozdygo|tać się *pf (~czę się a. ~cę się)* *v refl.* (zacząć) to start to shiver; *[samochód, pociąg]* to start to shake

rozdygotan|y *adi [ręce, głos]* trembling; **być ~ym ze strachu** *[osoba]* to be trembling a. shaking with fear; **cały był ~y** he was trembling a. shaking all over

rozdymać *impf* → rozdąć

rozdyspon|ować *pf* — **rozdyspon|owywać** *impf vt* książk. (rozdzielić) to allocate *[nagrody, pracę, zadania]*; **~ował majątek między synów** he shared out his property among his sons; **zasady ~owania środków na inwestycje** rules concerning the allocation of funds for projects; **wszystkie fundusze zostały już ~owane** all funds have already been comitted

rozdysponowywać *impf* → rozdysponować

rozdz. (= rozdział) ch., chap.

rozdzialik *m dem. (G ~u)* short chapter

rozdzia|ł *m (G ~łu)* **1** (książki, pracy naukowej) chapter; **~ł pierwszy/piąty/ostatni** the first/fifth/last chapter; **napisał już dwa ~ły swojej pracy magisterskiej** he's already written two chapters of his MA thesis; **bohatera powieści poznajemy dopiero w ~le drugim** it is only in the second chapter that we meet the protagonist of the novel **2** przen., książk. (w historii, modzie, życiu) chapter; **to był ważny ~ł w dziejach naszej szkoły** it was an important chapter in the history of our school; **zaczął nowy ~ł w życiu** to begin a new chapter in one's life **3** *zw. pl* (przydzielanie) (środków, żywności) distribution; (kompetencji, odpowiedzialności) apportionment **4** (podział)

partition, partitioning **5** (rozgraniczenie) separation; **~ł kościoła od państwa** the separation of Church and State **6** (niezgoda) split, schism; **~ł w rodzinie** a split within the family

■ **to jest całkiem osobny ~ł** that's quite another story

rozdział|ek *m dem. (G ~ku)* short chapter

rozdziawiać *impf* → rozdziawić

rozdziaw|ić *pf* — **rozdziaw|iać** *impf* pot. **I** *vt* **~ić paszczę** to open the mouth wide; **~ić usta** to gape; **patrzeć/stać/ słuchać z ~ioną gębą** to look/stand/listen with mouth agape

II **rozdziawić się** — **rozdziawiać się** *[dziób, usta, gęba]* to gape; **usta mu się ~iły ze zdumienia** his mouth gaped a. his jaw fell with amazement

rozdzielać *impf* → rozdzielić

rozdzielczoś|ć *f sgt* Techn. definition, resolution; **wysoka/niska ~ć** high/low definiton; **~ć obrazu/przyrządu optycznego** image/microscope resolution; **~ć materiałów światłoczułych** the resolution of photosensitive materials

rozdzielcz|y *adi.* (związany z rozdzielaniem) distribution *attr.*; **tablica ~a** Elektr. (power) distribution board, control panel; **deska ~a** Aut., Lotn. dashboard

rozdziel|ić *pf* — **rozdziel|ać** *impf* **I** *vt* **1** (podzielić na części) to divide; **~ić jabłko na pół** to halve an apple; **~ić studentów na grupy** to divide students into groups; **~ać wyrazy na sylaby** to divide words into syllables; **zaczęli się bić, ale zaraz ich ~ono** they started to fight but were soon separated; **tłum nas ~ił i straciłam go z oczu** we were separated by the crowd and I lost sight of him **2** (rozdać) to distribute, to divide; **~ić między siebie napoje i żywność** to share the drinks and food; **~ić majątek między spadkobierców** to distribute one's property among one's heirs; **~ić słodycze między dzieci** to deal out sweets among the children; **~ać pracę między współpracowników** to divide work among the co-workers; **~ić łupy** to split the booty **3** (rozgraniczyć) to separate; **~ać dobro od zła** to separate good from evil; **~ić politykę od gospodarki** to separate the economy from politics **4** (przegrodzić) to divide; **~ić pokój regałem** to divide the room in two with a bookshelf; **rzeka ~ała nieprzyjacielskie wojska** the enemy armies were separated by a river **5** książk. (spowodować rozłąkę) to separate; **los nas ~ił** fate separated us; **dzieci ~one od matek** children separated from their mothers **6** książk. (poróżnić) to separate; **~a ich różnica poglądów** differences of opinion separate them

II **rozdzielić się** — **rozdzielać się** **1** (rozpaść się) to split; **klasa ~ła się na grupy** the class split (up) into groups; **ustalmy, gdzie się spotkamy, gdybyśmy musieli się ~ić** let's arrange where we'll meet should we become separated **2** (rozgałęzić się) *[droga, rzeka, korytarz]* (na dwie odnogi) to fork; (na więcej odnóg) to branch **3** książk. (rozstać się) to part; **~ili się na zawsze** they parted forever

rozdzielni|a *f (Gpl ~)* **1** (listów, przesyłek) sorting office **2** Elektr. (pomieszczenie) distribution board room; (urządzenie) distribution board

rozdzielnictw|o *n sgt* książk. distribution; **~o materiałów budowlanych** distribution of building materials; **centralne ~o** central distribution

rozdzielnie *adv.* separately; **wnoszę, aby poprawki głosować ~** I move that we vote the amendments separately; **„nie" z czasownikiem pisze się ~** 'nie' and the verb are written as separate words

rozdzielnik *m* Admin. a distribution list

rozdzielnopłciowoś|ć *f sgt* Biol. dioecy

rozdzielnopłciow|y *adi.* Biol. dioecius

rozdzielnoś|ć *f sgt* separation; **~ć majątkowa małżonków** division of marital property; **~ć władzy ustawodawczej i wykonawczej** separation of legislative and executive powers

rozdzieln|y *adi. [konto]* separable; **wyrazy złożone o ~ej pisowni** compounds written as separate words

rozdzierać *impf* → rozedrzeć

rozdzierająco *adv.* książk. *[płakać, szlochać]* heart-rendingly, heartbreakingly; *[krzyczeć]* piercingly

rozdzierając|y **I** *pa* → rozedrzeć

II *adi.* **1** (przeraźliwy) *[krzyk]* ear-splitting, (ear-)piercing **2** (rozpaczliwy) *[jęk, płacz, szloch]* heart-rending, heartbreaking; *[scena, widok]* excruciating; *[ból]* agonizing, excruciating

rozdziewiczać *impf* → rozdziewiczyć

rozdziewicz|yć *pf* — **rozdziewicz|ać** *impf vt* posp. **~yć kogoś** to pop sb's cherry pot.

rozdziob|ać *pf* — **rozdziob|ywać** *impf* (~ię — ~uję) *vt [ptak]* to peck to pieces *[chleb, padlinę]*

rozdziobywać *impf* → rozdziobać

rozdzwaniać się *impf* → rozdzwonić się

rozdzw|onić się *pf* — **rozdzw|aniać się** *impf v refl.* **1** (zacząć dzwonić) *[dzwon, dzwonek]* to ring out; **~oniły się telefony** the telephones started ringing **2** poet. (wypełnić się dźwiekami) to resound; **las ~onił się śpiewem ptaków** the forest resounded with the singing of birds

rozdzwoni|ony *adi. [telefon, dzwon]* ringing

rozdźwięk *m (G ~u)* (rozbieżność) dissonance, rift; **nastąpił ~ miedzy małżonkami/w rodzinie** there was discord in their marriage/the family; **~ między teorią a praktyką** the rift between theory and practice

roz|ebrać *pf* — **roz|bierać** *impf* (~biorę, ~bierze — ~bieram) **I** *vt* **1** (zdjąć z kogoś odzież) to undress, to unclothe; **~ebrać dziecko do kąpieli** to undress a child for its bath; **~ebrać kogoś z płaszcza** to take sb's coat off **2** (rozłożyć na części) to dismantle, to take to pieces a. bits *[maszynę, radio, zegarek]*; **~biorę ci łóżko do spania** pot. I'll make up your bed for the night **3** Roln. to butcher, to cut up *[tusze, mięso]* **4** (zlikwidować) to pull down, to demolish *[budynek]*; to take down *[dekoracje]* **5** pot. (rozchwytać) to snap up *[bilety, słodycze,*

towary]; **bezdomni szybko ~ebrali między siebie koce** the homeless quickly divided up the blankets among themselves **[II] rozebrać się — rozbierać się** undress, to take off one's clothes; **~ebrać się do spania** to get undressed for bed; **~ebrać się do naga/pasa** to strip naked/to the waist; **~ebrać się do bielizny** to strip down to one's underwear; **~ebrać się z płaszcza/ze swetra** to take off one's coat/sweater
■ **gorączka/wino mnie ~biera** *pot.* the fever/wine is making me drowsy

rozedm|a *f sgt* Med. **~a płuc** (pulmonary) emphysema

rozedni|eć *pf vi* książk. (rozwidnić się) to dawn; **kiedy ~ało, ruszyli w dalszą drogę** when it dawned, they set off; **nim ~ało, skończył pisanie** he finished writing before daybreak

rozedrga|ć się *pf v refl.* (zacząć drgać) to start vibrating; **~ły się druty telefoniczne** telephone wires started vibrating; **obraz monitora ~ł się** the monitor screen started to vibrate

rozedrgan|y *adi.* książk. [1] (wibrujący) quivering; **powietrze ~e upałem** a heat haze; **~e plamy światła** dancing patches of light [2] (podniecony) shaking, quivering; **cała była ~a od śmiechu** she was all shaking with laughter; **nie mógł spać, był cały ~y** he couldn't sleep, he was so jittery

roz|edrzeć *pf* — **roz|dzierać** *impf* **[I]** *vt* (rozerwać) to tear *[papier, materiał, ubranie]*; **~edrzeć kopertę** to tear an envelope open; **~edrzeć powietrze** *[błyskawica, grzmot, krzyk]* to rend the air **[II] rozedrzeć się — rozdzierać się** [1] (pęknąć) *[materiał, ubranie]* to tear apart; **~darła mu się koszula na plecach** his shirt tore apart at the back; **opakowanie ~darło się podczas transportu** the wrapping tore apart during transportation [2] książk., przen. (rozpierzchnąć się) *[mgła, chmury]* to disperse [3] książk., przen. (przepełnić się bólem) *[dusza, serce]* to be torn apart [4] posp. (wrzasnąć) to yell; **~edrzeć się na kogoś** to yell at sb; **~edrzeć się na całe gardło** to yell at the top of one's voice

rozegnać *pf* → rozgonić

roz|egrać *pf* — **roz|grywać** *impf* (**~egram** — **~grywam**) **[I]** *vt* [1] (przeprowadzić grę) to play *[mecz, turniej, spotkanie]*; **~egrać partię szachów z przyjacielem** to play a game of chess with a friend; **~egrać piłkę/rzut rożny** Sport to play the ball/corner (kick) [2] (doprowadzić do końca) to fight *[bitwę]*; **bardzo dobrze ~egrał tę sprawę** he played his cards right [3] środ. Kino, Teatr to play; **dobrze/źle ~egrana scena** a well/badly played scene **[II] rozegrać się — rozgrywać się** [1] książk. (odbyć się) *[zajście, bitwa]* to take place; **akcja powieści/filmu ~grywa się w małym miasteczku** the action of the novel/film is set in a small town [2] Kino, Teatr, Sport (wpaść w zapał gry) to get into one's stride; **aktorzy ~egrali się dopiero w drugim akcie** it wasn't until the second act that the actors got into their stride; **zawodnicy ~egrali się dopiero pod koniec pierwszej poło-**

wy meczu it was only towards the end of the first half of the match that the players got into their stride

rozejm *m* (*G* **~u**) [1] Wojsk. truce, armistice; **zawrzeć/zerwać ~** to make/break off a truce a. ceasefire [2] przen. truce

rozejmow|y *adi.* *[układ, porozumienie]* truce *attr.*

roz|ejrzeć się, roz|glądnąć się dial. *pf* — **roz|glądać się** *impf v refl.* [1] (popatrzeć dookoła) to look around a. about; **~ejrzeć się dookoła** to look around; **~glądać się po pokoju/ogrodzie** to look around a. about the room/garden; **~ejrzeć się po ludziach** to scan the faces of the people; **~ejrzyj się, czy go tu gdzieś nie ma** look out for him, he might be around [2] (zorientować się) to look around; **~ejrzeć się w sytuacji/terenie** to get acquainted with the situation/area; **~ejrzeć się w interesach** to look out for business opportunities; **~ejrzeć się w papierach** to browse through some documents
■ **~ejrzeć się za pracą/mieszkaniem** to look for a job/a flat; **~glądać się za nowymi pracownikami** to look for new employees

roz|ejść się *pf* — **roz|chodzić się**[1] *impf* (**~ejdę się, ~szedł się, ~eszła się — ~chodzą się**) *v refl.* [1] (udać się w różne strony) *[ludzie, uczniowie]* to go separate ways; *[grupa]* to break up; **tłum się powoli ~chodził** the crowd was slowly dispersing; **~eszli się do domów/namiotów** they went home/to their tents; **ludzie ~eszli się do swoich zajęć** people returned to their jobs; **policja wezwała demonstrantów do ~ejścia się** the police told the demonstrators to disperse [2] *[małżeństwo]* (zacząć żyć osobno) to split up, to separate; (rozwieść się) to divorce; **~ejść się z mężem/żoną** to split up with one's husband/wife [3] (rozprzestrzenić się) *[głos, światło]* to travel; *[woń, ciepło]* to permeate; **w powietrzu ~eszła się woń kadzidła** the scent of incense permeated the air; **czuł, jak ciepło ~chodzi się po całym ciele** he felt the warmth permeate his body [4] *[plotka, wiadomość]* to spread; **pogłoski o katastrofie błyskawicznie ~eszły się po okolicy/wśród mieszkańców** rumours about the disaster spread instantly throughout the area/among the inhabitants [5] *[drogi, szlaki]* (rozwidlać się) to branch; **za wsią droga ~chodziła się w trzech kierunkach** beyond the village the road branched in three directions [6] *[mgła, chmury]* (rozproszyć się) to disperse, to disappear [7] pot. *[pieniądze]* to be spent quickly; *[nakład książki, płyty, akcje]* to sell well [8] *[deski, klepki, szwy]* to split apart
■ **~chodzić się w szwach** *[argumentacja, wywód]* to be incoherent; **z czasem ich drogi ~eszły się** with time their paths diverged

rozentuzjazm|ować *pf* **[I]** *vt* (wywołać entuzjazm) to excite, to stir [sb] up *[publiczność, tłum]*; **~owana widownia** the excited audience **[II] rozentuzjazmować się** (wpaść w entuzjazm) to become enthusiastic

roz|epchać, roz|epchnąć *pf* — **roz|pychać** *impf* (**~epchała, ~epchnę-**

ła, ~epchali, ~pchnęli — ~pycham) **[I]** *vt* [1] (rozciągnąć) to stretch *[buty, spodnie]*; **sweter ~epchany na łokciach** a jumper with baggy elbows [2] (roztrącać) to push and shove *[ludzi]* **[II] rozepchać się, rozepchnąć się — rozpychać się** (rozciągnąć się) *[buty, sweter]* to stretch **[III] rozpychać się** to elbow, to jostle; **~pychał się do wyjścia** he elbowed his way towards the exit
■ **~pychać się łokciami** to press on regardless, to push through

rozepchnąć → rozepchać

roz|eprzeć *pf* — **roz|pierać** *impf* **[I]** *vt* **ciekawość/duma/radość ~piera kogoś** sb is bursting with curiosity/pride/joy; **energia ją ~piera** she's bursting with energy **[II] rozeprzeć się — rozpierać się** to lounge; **siedział ~party na kanapie** he was lounging on the sofa

roz|erwać[1] *pf* — **roz|rywać** *impf* (**~erwę — ~rywam**) **[I]** *vt* [1] (rozedrzeć) to tear, to rend *[materiał, ubranie, papier]*; **~erwać kopertę** to tear open an envelope; **bomba ~erwała dom/zaporę** a bomb destroyed the house/dam; **granat ~erwał człowieka** a hand grenade tore the man apart; **zreperować ~erwany rękaw** to mend a torn sleeve [2] (zniszczyć związek) to break off, to sever *[sojusz, więzi między ludźmi]* [3] *[kaszel, płacz]* to rend; **łkanie ~rywało jej piersi** sobbing threatened to burst her chest **[II] rozerwać się — rozrywać się** [1] (pęknąć) *[sznur, łańcuch]* to break; *[materiał, ubranie, papier]* to tear [2] (eksplodować) *[pocisk, granat]* to burst
■ **poczekaj, przecież się nie ~erwę** pot. wait, I can't do two things at a time

rozerw|ać[2] *pf* (**~ę**) *vt* (rozweselić) to amuse, to divert; **nic go nie mogło ~ać** nothing would divert him **[II] rozerwać się** (zabawić się) to divert oneself, to entertain oneself; **po ciężkim dniu pracy musiał się trochę ~ać** after a hard day's work he wanted to divert himself

roz|erżnąć *pf* — **roz|rzynać** *impf* (**~ęrżnęła, ~erżnęli — ~rzynam**) *vt* (rozciąć) to cut; **~erżnąć deskę piłą** to saw a plank; **~erżnąć linę scyzorykiem** to sever a rope with a penknife

rozesch|ły *adi.* *[balia, beczka]* dried out

roz|eschnąć się *pf* — **roz|sychać się** *impf* (**~eschnął się a. ~sechł się — ~sycha się**) *v refl.* *[balia, beczka]* to dry out; **podłoga się ~eschła** the floor has dried out

rozeschnięty → rozeschły

roz|esłać[1] *pf* — **roz|syłać** *impf* (**~eślę — ~syłam**) *vt* (wysłać w wiele miejsc) to send out *[listy, zaproszenia, wezwania, posłańców]*; **~esłać informację drogą elektroniczną** to circularize information by e-mail

roz|esłać[2], roz|ścielać *pf* — **roz|ścielać** *impf* (**~ścielę, ~ścielam — ~ścielam**) **[I]** *vt* (rozpostrzeć) to spread *[obrus, koc, chodnik]* **[II] rozesłać się, rozścielać się — rozścielać się** (rozpościerać się) to spread; **mgła ~esłała się nad łąkami** mist was spread out over the meadows

■ **~esłać łóżko** to make up the bed for the night

roz|espać się *pf* — **roz|sypiać się** *impf* (~**eśpię się, ~eśpisz się** — ~**sypiam się**) *v refl.* [1] (czuś się sennym) to feel drowsy [2] (zapaść w głęboki sen) to be sound asleep

rozespan|y *adi.* [1] (senny) *[osoba]* heavy-eyed, half asleep [2] (zaspany) sleepy; ~**y głos** a sleepy voice

roześmi|ać się *pf* (~**eję się**) *v refl.* to burst out laughing

roześmian|y *adi.* [1] (śmiejący się) *[osoba, towarzystwo]* laughing [2] (radosny) *[oczy, twarz]* happy

roze|ta *f* [1] Archit. (motyw ornamentacyjny) rosette [2] Archit (okno) rose window [3] Bot. rosette

rozet|ka *f* [1] *dem.* Archit. (motyw ornamentacyjny) small rosette [2] (orderu) rosette [3] Bot. rosette

rozetowy *adi.* Archit. [1] *[ornament]* rosette *attr.* [2] *[okno]* rose *attr.*

roz|etrzeć *pf* — **roz|cierać** *impf vt* [1] (rozmasować) to chafe *[ramiona, kark]*; to rub *[dłonie]*; ~**etrzeć zdrętwiałą nogę** to chafe feeling into a numb leg [2] (rozgnieść) to pound *[zioła, masło, żółtka]*; ~**tarła liść mięty w palcach** she rubbed a mint leaf between her fingers; **czosnek ~tarty na pastę** garlic pounded to a paste [3] (rozprowadzić) to rub *[maść]*; to spread *[krem]*

roz|ewrzeć *pf* — **roz|wierać** *impf* [1] *vt* książk. [1] (rozchylić) to open *[oczy, usta]*; ~**ewrzeć okno/drzwi** to open the window/door wide; **krokodyl czekał z ~wartą paszczą** the crocodile waited, mouth agape [2] (rozpostrzeć) to spread *[palce, ramiona]*

[II] **rozewrzeć się — rozwierać się** *[drzwi, usta]* to open; **rankiem ~wierają się pąki kwiatów** at dawn the flower buds open

rozezna|ć *pf* — **rozezna|wać** *impf* (~**m** — ~**ję**) [1] *vt* (rozpoznać) to discern, to make out *[kształty, litery]*

[II] **rozeznać się — rozeznawać się** (zorientować się) to know one's way around; **trudno się ~eznać w tym tekście** it's difficult to make head or tail of this text

rozeznani|e [1] *sv* → **rozeznać**

[II] *n sgt* insight (**w czymś** into sth); discrimination, perception; **mieć dobre ~e w sytuacji** to have much a. deep insight into the situation; **zdobyć ~e na rynku nieruchomości** to gain an insight into property market

rozeznawać *impf* → **rozeznać**

rozeźl|ić *pf* pot. [1] *vt* (rozzłościć) to make [sb] angry; **zachowanie syna ~iło go** his son's behaviour made him angry

[II] **rozeźlić się** (wpaść w złość) to get very angry; ~**ił się na dzieci za niepunktualność** he got very angry with the children for being late

rozeźl|ony *adi.* pot. annoyed; ~**ony, walnął pięścią w stół** he banged his fist on the table in a fit of fury

rozfanatyzowan|y *adi. [tłum, kibice]* frantic

rozgad|ać *pf* — **rozgad|ywać** *impf* [1] *vt* pot. (rozgłosić) to blab *[tajemnicę, informację]*; **boję się, że dzieci ~ają, co się tutaj dzieje/że wujek jest w więzieniu** I'm afraid that the children will blab out what's going on here/that their uncle is in prison

[II] **rozgadać się — rozgadywać się** pot. to go on; ~**ał się, zapominając o późnej porze** forgetting how late it was, he went on and on; **kiedy się ~a o dawnych czasach, nie można jej przerwać** once she starts (going) on about the old times, there's no stopping her

rozgadan|y [1] *pp* → **rozgadać**

[II] *adi.* pot. [1] (lubiący dużo mówić) *[osoba, towarzystwo]* chatty, talkative; **nauczyciel nie lubił tej ~ej klasy** the teacher disliked the talkative class [2] pejor. (przegadany) *[powieść, film]* long-winded

rozgadywać *impf* → **rozgadać**

rozgałę|ziacz, ~źnik *m* Elektr. (z kablem) extension cord; (bez kabla) adapter

rozgałęziać *impf* → **rozgałęzić**

rozgałę|zić *pf* — **rozgałę|ziać** *impf* [1] *vt* (rozdzielać) to split, to ramify *[przewody elektryczne, telefoniczne]*

[II] **rozgałęzić się — rozgałęziać się** *[krzew]* to branch; *[tory kolejowe]* to ramify; *[rzeka, korytarz]* (na dwie odnogi) to fork; (na kilka odnóg) to branch off

rozgałęzie|nie [1] *sv* → **rozgałęzić**

[II] *n* [1] (miejsce) fork, bifurcation; **czekaj na mnie przy ~niu dróg** wait for me at the fork in the road; **ptak uwił gniazdo w ~niu konarów** the bird built its nest in the fork of the tree [2] (odnoga) branch; **skierowaliśmy łódź w jedno z ~ń rzeki** we turned our boat into one of the branches of the river

rozgałęzi|ony [1] *pp* → **rozgałęzić**

[II] *adi.* [1] (tworzący odgałęzienia) branched, branchy; **bardzo ~ona rodzina** a family with many branches [2] (zróżnicowany) *[kontakty, sieć usług]* manifold

rozgałęźnik → **rozgałęziacz**

rozganiać *impf* → **rozgonić**

rozgardiasz *m sgt* (*G* ~**u**) [1] (nieporządek) chaos; **w mieszkaniu panował ~** the flat was in a state of chaos [2] (krzątanina) confusion, commotion; **na dworcu panował straszliwy ~** the station was in a state of commotion

rozgarn|ąć *pf* — **rozgarn|iać** *impf* (~**ęła, ~eli** — ~**iam**) *vt* (rozsunąć na boki) to rake up *[śnieg, piasek, popiół, zeschłe liście]*; to part *[włosy, gałęzie]*

rozgarniać *impf* → **rozgarnąć**

rozgarnię|ty [1] *pp* → **rozgarniać**

[II] *adi.* pot. (bystry) bright, sharp-witted; **mało ~ty dzieciak** a slow-witted kid; **miał wygląd mało ~ty** he looked rather bovine

rozgaszczać się *impf* → **rozgościć się**

rozgęszczać *impf* → **rozgęścić**

rozgę|ścić *pf* — **rozgę|szczać** *impf* [1] *vt* [1] (rozrzedzić) to thin down *[farbę, zupę]* [2] (zmniejszyć zagęszczenie) to ease congestion; **kwaterunek podjął kroki, żeby ~ścić przeludnione mieszkania** the housing authority has taken steps to ease overcrowding

[II] **rozgęścić się — rozgęszczać się** (zająć większą przestrzeń) to spread over a larger area; **zaadaptowali strych i nareszcie się ~ścili** they've converted the attic and at last stopped living on top of each other

roz|giąć *pf* — **roz|ginać** *impf* (~**egnę, ~gięła, ~gięli** — **ginam**) [1] *vt* (rozprostować) to unbend *[drut, kraty]*; ~**giął skurczone z zimna palce** he unbent his fingers which were stiff with cold

[II] **rozgiąć się — rozginać się** *[drut, pręt]* to unbend

rozginać *impf* → **rozgiąć**

rozglądać się *impf* → **rozejrzeć się**[1]

rozglądnąć się → **rozejrzeć się**[1]

rozgłaszać *impf* → **rozgłosić**

rozgłos *m sgt* (*G* ~**u**) renown, publicity; **zdobyć ~** to win renown; **cieszyć się światowym ~em** to enjoy worldwide renown; **nadać premierze filmu duży ~** to give the premiere of the film wide publicity; **nie nadawać spotkaniu/śledztwu wiele ~u** to give the meeting/investigation low-key publicity; **robić coś bez ~u** to do sth without much publicity; to do sth on the quiet pot.; **wiele osób prywatnych prowadzi działalność charytatywną skromnie, bez ~u** a lot of people engage in charity privately, not looking for publicity; **robić coś dla ~u** to do sth for the sake of gaining publicity

rozgł|osić *pf* — **rozgł|aszać** *impf vt* (rozpowiedzieć) to make public, to trumpet *[wiadomość, nowinę]*; ~**aszała o nas skandaliczne historie** she spread scandalous stories about us; **niepotrzebnie ~osił, co tu widział/że dostał propozycję innej pracy** he shouldn't have let everyone know what he had seen here/that he had been offered another job

rozgłośni|a *f* (*Gpl* ~) Radio broadcasting station; ~**a lokalna/komercyjna** a local/commercial broadcasting station

rozgniatać *impf* → **rozgnieść**

rozgni|eść *pf* — **rozgni|atać** *impf vt* (zmiażdżyć) to mash *[owoce, ziemniaki]*; to grind *[pieprz]*; to crush *[czosnek]*; to squash *[robaka]*; ~**eść niedopałek papierosa** to stub out a cigarette

rozgniewa|ć *pf* [1] *vt* (rozzłościć) to anger, to enrage; ~**ł mnie swoim uporem** I was angered by his stubbornness; **co cię tak ~ło?** what vexed a. enraged you so much?

[II] **rozgniewać się** (rozzłościć się) to get angry; ~**ł się na mnie za to spóźnienie** he got angry with me for being late; ~**ła się, bo córka się jej sprzeciwiła** she got angry because her daughter stood up to her; ~**łam się, że mi nie wierzą** I got angry that they didn't believe me

rozgniewan|y *adi. [głos, mina, osoba]* angry

roz|gonić, roz|egnać *pf* — **roz|ganiać** *impf vt* (rozpędzić) to disperse *[demonstrantów, chuliganów, gapiów]*; **wiatr ~gonił chmury** the wind dispersed the clouds; **pies ~gonił kurczęta po całym podwórzu** the dog chased the chicks all over the yard

rozgorączkowani|e *n sgt* (podniecenie) agitation, fever; **atmosfera ~a** an atmosphere of feverish excitement

rozgorączkowan|y *adi.* [1] (silnie podniecony) agitated, feverish; ~**e oczy/twarze** frantic eyes/faces; ~**y tłum** frantic mob [2] (rozpalony) feverish; ~**e dziecko** a feverish child

R

rozgoryczeni|e *n sgt* bitterness, resentment; **ogarnęło go ~e** he was overwhelmed with bitterness

rozgorycz|ony *adi. [osoba]* bitter, embittered, chagrined

rozgorz|eć *pf* (**~eję, ~ał, ~eli**) *vi* [1] (wybuchnąć) *[spory, walki, dyskusje, emocje]* to flare up, to break up [2] (zapłonąć) *[ognisko]* to burst into flame [3] (zajaśnieć) to be set ablaze; **niebo ~ało łunami pożarów** the sky was set ablaze with the glow of fires [4] książk. (zapałać uczuciem) *[osoba]* to flare up; **~eć gniewem** to fly into a rage; **~eć miłością** a. **uczuciem do kogoś** to be infatuated with sb; **~eć nienawiścią do kogoś** to be overwhelmed by hate a. hatred towards sb

rozg|ościć się *pf* — **rozg|aszczać się** *impf v refl.* to make oneself comfortable; **proszę się ~ościć** please make yourself comfortable

rozgot|ować *pf* — **rozgot|owywać** *impf* [1] *vt* to overcook *[kartofle, ryż]*

[1] **rozgotować się** — **rozgotowywać się** to overcook; **fasola się ~owała** the beans are overcooked

rozgotowywać *impf* → rozgotować
rozgrabiać *impf* → rozgrabić
rozgrab|ić *pf* — **rozgrab|iać** *impf vt* [1] (dokonać grabieży) to plunder; **~bić opuszczone gospodarstwa** to plunder deserted farms [2] (rozdzielić grabiami) to rake over *[siano, grudki ziemi]*

rozgradzać *impf* → rozgrodzić
rozgramiać *impf* → rozgromić
rozgraniczać *impf* → rozgraniczyć
rozgranicze|nie [1] *sv* → rozgraniczyć
[1] *n* border, delimitation

rozgranicz|yć *pf* — **rozgranicz|ać** *impf vt* [1] (wytyczyć linię graniczną) to demarcate *[posiadłości]* [2] (przedzielić) to divide; **droga ~ała wieś** a road divided the village [3] przen. to distinguish; **~yć prawdę od nieprawdy** to distinguish truth from falsehood a. the truth from lies

rozgr|odzić *pf* — **rozgr|adzać** *impf vt* [1] (zlikwidować ogrodzenie) **~odzili ogród** they took down a. removed a garden fence [2] (oddzielić) to bisect; **wierzby ~odziły pole** a line of willows divided the field, the field was divided by a line of willows

rozgr|omić *pf* — **rozgr|amiać** *impf vt* [1] (pokonać) to rout, to crush *[wroga, oddziały nieprzyjacielskie]* [2] środ., Sport to whitewash, to shut out US; to thrash pot. *[przeciwników]*

rozgrymasz|ony *adi. [dziecko]* fretful, whimpering

rozgrywać *impf* → rozegrać

rozgryw|ka [1] *f* [1] (walka) conflict [2] Sport game

[1] **rozgrywki** *plt* Sport match; **~ki brydżowe/szachowe** a bridge/chess tournament; **środa to tradycyjnie dzień ~ek piłkarskich** Wednesday is traditionaly the day for football matches

rozgryzać *impf* → rozgryźć

rozgry|źć *pf* — **rozgry|zać** *impf* (**~zę, ~ziesz, ~zł, ~zła, ~źli** — **~zam**) *vt* [1] (otworzyć) to bite open; (zmiażdżyć) to bite into; **~źć cukierek/tabletkę** to bite into a. crunch up a sweet/pill [2] (zrozumieć) to work out, to figure out; **dopiero po dłuższym**

czasie **~złem jego słowa** I only fathomed a. worked out what he had said after a long time; **~zienie tego problemu wymagało namysłu** working a. solving that problem took a lot of thinking

rozgrz|ać *pf* — **rozgrz|ewać** *impf* (**~eję — ~ewam**) [1] *vt* [1] (podnieść temperaturę) to heat up *[metal, asfalt]*; to warm *[ręce, nogi]*; **~ać dłonie nad ogniem** to warm one's hands over the fire [2] (wprawić w podniecenie) to warm up, to get [sb] going *[publiczność, kibiców]*; **~ał mnie jej entuzjazm** I was stimulated a. excited by her enthusiasm

[1] **rozgrzać się** — **rozgrzewać się** [1] (rozgrzać samego siebie) to warm (oneself) up; **~ał się po zjedzeniu gorącej zupy** he warmed himself up by eating some hot soup [2] (stać się gorącym) to heat up; **piec się ~ał i jest ciepło** the stove has heated up and it's warm; **jedź powoli, dopóki silnik się nie ~eje** drive slowly until the engine has warmed up [3] (przygotować się do wysiłku) to warm up; **zawodnik ~ał się przed wejściem na boisko** the player warmed up before coming onto the field [4] przen. (ożywić się) to warm up; **zespół ~ał się dopiero po zagraniu kilku utworów** the band only warmed up after playing several numbers

rozgrzeb|ać *pf* — **rozgrzeb|ywać** *impf* (**~ię — ~uję**) *vt* [1] (grzebiąc rozrzucić) to dig up a. over, to turn up a. over *[ziemię]*; to rake *[popiół]*; **~ywał ziemię rękami** he dug in the soil with his hands [2] (pozostawić w nieładzie) to leave [sth] in a mess a. disorder *[robotę, plac budowy]*; to leave [sth] scattered about *[papiery, ubrania]*; **zostawił ~ane łóżko** he left his bed unmade

rozgrzebywać *impf* → rozgrzebać
rozgrzeszać *impf* → rozgrzeszyć
rozgrzesze|nie [1] *sv* → rozgrzeszyć
[1] *n* absolution; **udzielić ~enia** to give a. administer absolution (from sins); **dostać ~enie** to be absolved from sins; **poszedł do spowiedzi i dostał ~nie** he went to confession and was absolved a. given absolution

rozgrzesz|yć *pf* — **rozgrzesz|ać** *impf* [1] *vt* [1] (przebaczyć) to absolve; **~yła go z jego sprawek** she absolved him for his misdeeds a. wrongdoings [2] Relig. *[ksiądz]* to absolve *[grzesznika]*

[1] **rozgrzeszyć się** — **rozgrzeszać się** to justify oneself; **~yć się z lenistwa** to justify a. excuse one's laziness

rozgrzewać *impf* → rozgrzać

rozgrzew|ka *f* [1] (rozgrzanie się) warm-up; **wypij kieliszek wódki na ~kę** a glass of vodka will warm you up; **dla ~ki przytupywała sobie w rytm piosenek harcerskich** to warm herself up she stamped her feet to the rhythm of scout songs [2] Sport warm-up; **zrobić ~kę** to warm up

rozgwa|r *m (G ~ru) sgt* książk. din, hubbub; **kipieć ~rem** to bubble with noise; **w takim ~rze trudno było wytrzymać** it was difficult to stand such a din

rozgwi|azda *f* Zool. starfish

rozgwieżdż|ony *adi. [niebo, horyzont]* starry, star-filled, starlit

rozharata|ć *pf vt* pot. to cut open, to lacerate *[kolano, głowę]*; to tear *[ubranie, spodnie]*

rozhart|ować *pf* — **rozhart|owywać** *impf* [1] *vt* [1] to unharden *[stal]* [2] (pozbawić odporności) to reduce the powers of resistance of *[rośliny]*; **~owywać organizm** to undermine one's natural resistance

[1] **rozhartować się** — **rozhartowywać się** [1] *[stal, żelazo]* to unharden [2] *[organizm]* to lose one's resistance; **~owałem się, odkąd zimy spędzam na południu Europy** I've become less robust a. more fragile since I started spending winters in the south of Europe

rozhisteryzowan|y *adi.* hysterical, raving; **~y tłum kłębił się u wejścia** the hysterical crowd milled around the entrance; **~e wielbicielki obległy go ze wszystkich stron** hysterical fans mobbed him from all sides

rozhukan|y *adi.* [1] (o zwierzętach) uncontrollable, wild [2] (niesforny) *[klasa, młodzież]* rowdy, unruly

rozhula|ć się *pf v refl.* to paint the town red

rozhulan|y *adi.* [1] (o rozbawionej osobie) *[towarzystwo, goście]* exuberant, boisterous [2] (o wietrze) raging, howling

rozhuśta|ć *pf* [1] *vt* to swing, to set in swinging motion; **~ć łódkę** to rock the boat

[1] **rozhuśtać się** *[łódź]* to start to pitch and roll a. pitching and rolling; **morze się ~ło** the sea got rough

rozindycz|ony /ˌrozɪnˈdɪtʃɔnɪ/ *adi.* pot. furious

rozindycz|yć się /ˌrozɪnˈdɪtʃtɕ ɕɛ̃/ *pf v refl.* pot. to fly into a rage; **~yć się na kogoś** to be furious with sb

roziskrzać się /roˈzɪskʃatɕ ɕɛ̃/ *impf* → roziskrzyć się

roziskrz|ony /ˌroziˈskʃɔnɪ/ *adi. [niebo]* starry; *[oczy]* sparkling, glittering; **~ony gwiazdami horyzont** the star-spangled horizon

roziskrz|yć się /roˈzɪskʃtɕ ɕɛ̃/ *pf* — **roziskrz|ać się** *impf v refl.* to sparkle, to glitter; **choinka ~yła się kolorowymi lampkami** the Christmas tree was ablaze with coloured lights; **oczy ~yły mu się radością na widok prezentów** his eyes sparkled with joy at the sight of the presents

rozjarzać *impf* → rozjarzyć
rozjarz|ony [1] *pp* → rozjarzyć
[1] *adi. [oczy]* glistening, burning; **patrzył na nich wściekłymi, ~onymi oczami** he looked at them, his eyes burning with anger

rozjarz|yć *pf impf* [1] *vt* to light up; **błyskawice ~yły niebo** lightning flashed across the sky

[1] **rozjarzyć się** — **rozjarzać się** to light up; **choinka rozjarzyła się światełkami** the Christmas tree became ablaze with lights; **w oczach ~ył mu się gniew** przen. his eyes were burning with fury

rozjaśniać *impf* → rozjaśnić
rozjaśni|ć *pf* — **rozjaśni|ać** *impf* [1] *vt* [1] (oświetlić, rozwidnić) to lighten, to light up; **lampa ~ała pokój** the lamp lighted up the room; **błyskawica ~ła mrok** lightning hit the darkness; **~ć (komuś/sobie) włosy**

to bleach sb's/one's hair [2] (rozpromienić) to brighten; **uśmiech ~ł jej twarz** a smile brightened her face

III **rozjaśnić się — rozjaśniać się** to brighten up, to clear up; **niebo ~a się** the sky is brightening; **twarz mu się ~ła na ich widok** his face lighted up at their sight ■ **~ło mu/jej się w głowie** his/her mind cleared, he/she saw the light

rozj|azd **II** *m* (*G* **~azdu**) Techn. junction, crossover

II **rozjazdy** *plt* (ciągłe wyjazdy) travelling, traveling US; **być w ~azdach** to be away, to travel a great deal a. frequently; **jest ciągle w ~azdach, bardzo trudno umówić się z nim na spotkanie** he's always travelling, so it's difficult to make an appointment with him

rozjazgo|tać się *pf* (**~czę się** a. **~cę się**) *v refl.* to start to chitter-chatter, to start to babble a. gabble; **~tały się psy** the dogs started to yap excitedly

rozjazgotan|y *adi. pot. [osoba]* blabbering; *[pies]* yapping; **uciszał ~ą żonę** he tried to hush his blabbering wife

rozjątrzać *impf* → rozjątrzyć
rozjątrz|ony **II** *pp* → rozjątrzyć
II *adi.* vexed, exacerbated
rozjątrz|yć *pf* — **rozjątrz|ać** *impf* **II** *vt* [1] to aggravate *[ranę]*; **nie ~aj starych ran** przen. don't open the old wounds przen. [2] (rozzłościć) to exacerbate, to aggravate; **kłótnia jeszcze bardziej go ~yła** the quarrel made him even more aggravated

II **rozjątrzyć się — rozjątrzać się** [1] *[rana]* to aggravate [2] *[osoba]* (wpaść w gniew) to go into a rage; *[kłótnia]* to grow worse; **awantura ~ała się coraz bardziej** the fracas grew a. was growing worse

rozj|echać *pf* — **rozj|eżdżać**[1] *impf* (**~adę, ~edzie — ~eżdżam**) **II** *vt* to run over a. down *[osobę, psa]*

II **rozjechać się — rozjeżdżać się** [1] (odjechać) to part; **~echali się w dwie strony** they went their separate ways [2] (rozsunąć się) **narty mu się ~echały** his skis each went in a different direction, his skis went apart

rozjemc|a *m* arbitrator, mediator, peacemaker; **był ~ą w naszym sporze** he mediated a. acted as a peacemaker in our dispute

rozjemcz|y *adi. [wyrok, trybunał]* mediatory, conciliation *attr.*; **komisja ~a** a grievance committee; **sąd ~y** an arbitration court

rozjemstw|o *n sgt* mediation, arbitration
rozje|ździć *pf* — **rozje|żdżać**[2] *impf* **II** *vt [samochody]* to damage *[nawierzchnię drogi]*

II **rozjeździć się — rozjeżdżać się** to travel a lot; **~żdżać się po świecie** to travel extensively

rozjeżdżać[1] *impf* → rozjechać
rozjeżdżać[2] *impf* → rozjeździć
rozjuszać *impf* → rozjuszyć
rozjusz|yć *pf* — **rozjusz|ać** *impf* **II** *vt* to enrage; **kłótnia jeszcze bardziej go ~yła** the quarrel enraged him even more; **~ony dzik zaatakował ich** an enraged boar attacked them

II **rozjuszyć się — rozjuszać się** to go into a rage; **~ał się z byle powodu** he

would go into a rage at the slightest provocation

rozkapry|sić *pf* — **rozkapry|szać** *impf* **II** *vt* to overindulge, to spoil *[dzieci]*
II **rozkaprysić się — rozkapryszać się** *[dziecko]* to start to wail, to start to whine
rozkapryszać *impf* → rozkaprysić
rozkaprysz|ony **II** *pp* → rozkaprysić
II *adi.* [1] (kapryśny) *[gwiazda filmowa]* moody, spoiled [2] (świadczący o niezadowoleniu) *[mina, nastrój]* bad-tempered, tetchy

rozkaz *m* (*G* **~u**) [1] (polecenie) order, command; **z ~u generała** on the orders of the General; **aż do otrzymania dalszych ~ów** until further orders; **wydawać ~y** to give orders a. commands; **wydać ~ zrobienia czegoś** to order sth to be done; **łamać ~y** to breach (the) orders; **wypełniać** a. **wykonywać** to carry out a command a. an order; **słuchać czyichś ~ów** to obey sb's orders; **nie będę słuchał jego ~ów** I won't take orders from him; **kapitan dał ~ marszu/do marszu** the captain gave the command to start marching; **żołnierz zgłosił się w sztabie po ~y** the soldier reported to headquarters for orders; **twoje życzenie jest dla mnie ~em** żart. your wish is my command; **mam ~ pilnowania drzwi** my orders are to guard the door; **mam ~ nikogo nie wpuszczać** my orders are not to let anybody through [2] Komput. command; **zmienił ~ w pamięci komputera** he altered the command in the computer's memory ❑ **~ dzienny** Wojsk. order of the day; **~ wymarszu** Wojsk. marching orders ■ **być pod czyimiś ~ami** to be under sb's command a. orders; **być na czyjeś ~y** to be at sb's command; **mieć kogoś pod swoimi ~ami** to have sb under one's command; **pod swoimi ~ami miał cały pułk wojska** he had the whole regiment under his command; **oddać się/zaciągnąć się pod czyjeś ~y** to put oneself/enlist under sb's command; **~! a. według ~u!** yes, Sir!

rozka|zać *pf* — **rozka|zywać** *impf* (**~żę — ~zuję**) *vt* to order; **~zał wszystkim, żeby opuścili pokój** he ordered everybody to leave the room

rozkazodawc|a *m* commander

rozkazująco *adv. [mówić, krzyczeć]* peremptorily, in a commanding tone
rozkazując|y **II** *pp* → rozkazać
II *adi.* [1] (wyrażający rozkaz) *[głos, ton]* peremptory, commanding [2] Jęz. *[tryb, forma]* imperative
rozkazywać *impf* → rozkazać

rozkiełzać *impf* → rozkiełznać
rozkiełz|nać, rozkiełz|ać *pf* — **rozkiełz|nywać, rozkiełz|ywać** *impf* **II** *vt* to unbridle *[konie]*
II **rozkiełznać się, rozkiełzać się — rozkiełznywać się, rozkiełzywać się** *[koń]* to unbridle
rozkiełznywać *impf* → rozkiełznać
rozkiełzywać *impf* → rozkiełznać
rozklep|ać *pf* — **rozklep|ywać** *impf* (**~ię — ~uję**) **II** *vt* pot. to wear down *[buty, sandały]*
II **rozklepać się — rozklepywać się** pot.

to wear down; **buty mi się ~ały** my shoes have a. are worn out
rozklapywać *impf* → rozklapać
rozkle|ić *pf* — **rozkle|jać** *impf* **II** *vt* [1] (rozlepić) to paste up; **na mieście ~jono plakaty** the posters were put up in the streets [2] (oddzielić w miejscu sklejenia) to open *[kopertę]*

II **rozkleić się — rozklejać się** [1] (odlepić się) to unglue, to come off; **pudełko ~iło się pod wpływem wilgoci** the box came apart because of the damp [2] (rozgotować się) to overboil (into gruel) [3] pot. to get (all) soppy pot., to get (all) gooey pot.; **był tak wzruszony, że całkiem się ~ił** he was so moved that he got all soppy a. all gooey
rozklejać *impf* → rozkleić
rozkleko|tać *pf* (**~czę** a. **~cę**) **II** *vt* pot. **~tany fortepian** a rickety piano pot.; **~tany pojazd** a rickety old crate pot.; **~tana maszyna** a clapped-out machine pot.; **~tane nerwy** przen. shattered nerves
II **rozklekotać się** [1] (zacząć głośno klekotać) to (start to) clatter; **bociany ~tały się na dachu** the storks began to (bill-)clatter on the roof; **~tały się karabiny maszynowe** machine guns started to clatter a. chatter [2] pot. (zostać uszkodzonym) to have had it, to be ruined
rozklep|ać *pf* — **rozklep|ywać** *impf* (**~ię — ~uję**) *vt* to flatten *[metal, sztabkę]*
rozklepywać *impf* → rozklepać
rozkła|d *m* (*G* **~du**) [1] (plan) schedule, timetable; **szczegółowy ~d moich/twoich zajęć** a detailed breakdown of how I/ you spend the week; **jaki jest twój ~d dnia?** what's your schedule for today?; **nauczyciele narzekali na ~d lekcji** the teachers complained about the timetable; **~ jazdy** Transp. timetable; **według ~u jazdy pociąg powinien być tutaj za pięć minut** according to the timetable the train is due in five minutes [2] (rozplanowanie) layout; **nie podoba mi się ~d tego mieszkania** I don't like the layout of the flat [3] (rozprzężenie) disintegration; **rodzina jest w stanie ~du** the family is disintegrating [4] Biol. decay, decomposition [5] Chem. decomposition ❑ **~d liczby na czynniki pierwsze** Mat. factorization
rozkładać *impf* → rozłożyć
rozkładan|y **II** *pp* → rozłożyć
II *adi. [łóżko, fotel, stół]* fold-out, folding; *[kanapa]* convertible
rozkładowo *adv.* destructively; **alkoholizm wpływa ~ na życie rodzinne** alcohol is a destructive influence on family life
rozkładow|y *adi.* [1] (dotyczący sposobu rozmieszczenia) layout *attr.*; **kolumny ~e** a double spread; **mieszkanie ~e** a well-planned flat [2] Biol. *[proces]* of decay [3] Chem. decomposing, decomposition *attr.*
rozkładów|ka *f* Druk. centrefold GB, centerfold US
rozkoch|ać *pf* — **rozkoch|iwać** *impf* **II** *vt* to capture [sb's] affections; **~ać kogoś w sobie** to arouse sb's passion
II **rozkochać się — rozkochiwać się** to become infatuated (**w kimś** with sb); **~ać się w kimś na zabój** to fall head over ears

in love with sb; to become potty about sb GB pot.; **~ał się w literaturze francuskiej** he became enamoured of a. with French literature

rozkochan|y _adi._ [1] (kochający) enamoured (**w kimś/czymś** of a. with a. by sb/sth); **była to młodzież ~a w sporcie** those adolescents were passionate about sport [2] (wyrażający uczucie miłości) _[oczy, spojrzenie]_ adoring, loving; **wodził za nią ~ym wzrokiem** he looked at her lovingly

rozkochiwać _impf_ → rozkochać

rozkojarzeni|e _n sgt_ absent-mindedness, distractedness

rozkojarz|ony _adi._ absent-minded, muddle-headed

rozkolport|ować _pf vt_ to distribute _[ulotki, broszury]_

rozkoły|sać _pf_ (~szę) [1] _vt_ to swing, to set [sth] in swinging motion _[huśtawkę, łódź]_ [1] **rozkołysać się** to rock; **~sane morze** the rolling; **drzewa ~sały się na wietrze** the trees swayed in the wind

rozkop _m_ (_G_ ~u) pit, excavation

rozkop|ać _pf_ — **rozkop|ywać** _impf_ (~ię — ~uję) [1] _vt_ [1] (zrobić dół) to dig (up) _[ogród, ulicę]_ [2] pot. (skłębić, rozrzucić) to kick off; **~ać pościel** to kick one's bedclothes off [1] **rozkopać się** — **rozkopywać się** to kick one's bedclothes off

rozkopywać _impf_ → rozkopać

rozkosz _f_ [1] _sgt_ (uczucie szczęścia) bliss; **~ zmysłowa** sensual a. sexual pleasure [2] (rzecz przyjemna) delight; **~ dla oka/podniebienia** a delight to the eye/palate; **opływała we wszystkie ~e** she had all the delights of the world at hand
■ **z dziką ~ą** with relish, with immense pleasure; **napiję się soku z dziką ~ą** I could really murder a glass of juice

rozkosznie _adv. grad._ [1] (w sposób wywołujący przyjemność) _[wyglądać]_ delightful _adi._; _[ciepło]_ delightfully; **tu jest ~ miło** it's a real pleasure to be here [2] (w sposób świadczący o przeżywaniu przyjemności) contentedly; **westchnął ~ przez sen** he gave a sigh of contentment in his sleep

rozkoszn|y _adi. grad._ _[smak, widok, uśmiech]_ delicious, lovely; _[cień, ciepło, uczucie]_ pleasurable, pleasing; _[niemowlę, kotek]_ cute

rozkosz|ować się _impf v refl._ **~ować się czymś** to take (great) delight (**czymś** in sth); to delight (**czymś** in sth); to revel (**czymś** in sth); **~ować się ciepłem/słońcem** to bask in the warmth/sun; **~ować się smakiem wina/zapachem kwiatów** to delight in the taste of wine/the scent of the flowers

rozkraczać _impf_ → rozkraczyć

rozkracz|yć _pf_ — **rozkracz|ać** _impf_ [1] _vt_ **~yć nogi** to straddle, to stand with one's legs apart [1] **rozkraczyć się** — **rozkraczać się** to stand/sit legs astride

rozkradać _impf_ → rozkraść

rozkraj|ać → rozkroić

rozkra|ść _pf_ — **rozkra|dać** _pf_ (~dnę, ~dniesz, ~dł, ~dła, ~dli — ~dam) _vt_ **~ść czyjeś mienie** to steal sb's possessions

rozkrawać _impf_ → rozkroić

rozkręcać _impf_ → rozkręcić

rozkrę|cić _pf_ — **rozkrę|cać** _impf_ [1] _vt_ [1] (rozprostować) to uncoil, to untwist _[łańcuszek, spiralę]_ [2] (rozłożyć na części) to undo, to take [sth] to pieces; **~cić piecyk gazowy** to take a gas stove to pieces [3] pot. (uaktywnić) to get [sth] going _[produkcję, robotę]_ [1] **rozkręcić się** — **rozkręcać się** [1] (ulec rozkręceniu) to uncoil; **wąż się ~cił** the snake uncoiled [2] pot. (pozbyć się skrępowania) to warm up, to loosen up; **~cić się w rozmowie** to unwind in the course of conversation [3] pot. (rozwinąć się pomyślnie) to begin to flourish; **projekt się ~cił** the project swung into action

rozkr|oić, rozkr|ajać _pf_ — **rozkr|awać** _impf vt_ to cut in two _[bułkę, pomidor]_

rozkrok _m_ (_G_ ~u) _sgt_ straddle position; **stanąć w szerokim/niewielkim ~u** to stand with one's legs wide astride/a little apart; **zrobić ~** to adopt a straddle position, to stand with one's legs apart

rozkruszać _impf_ → rozkruszyć

rozkrusz|yć _pf_ — **rozkrusz|ać** _impf_ [1] _vt_ [1] _vt_ (rozgnieść) to crush _[tabletkę, lód, kamień]_; to crumble _[ser, chleb]_; **~anie kamieni moczowych laserem** laser lithotripsy [1] **rozkruszyć się** — **rozkruszać się** (rozpaść się) _[chleb, ser, skała]_ to crumble

rozkrwawiać _impf_ → rozkrwawić

rozkrwaw|ić _pf_ — **rozkrwaw|iać** _impf vt_ (zranić do krwi) to cut _[rękę, stopę, kolano]_; **upadła i ~iła sobie czoło** she fell and cut her forehead

rozkrzewiać _impf_ → rozkrzewić

rozkrzew|ić _pf_ — **rozkrzew|iać** _impf_ [1] _vt_ [1] książk. to promote _[czytelnictwo, sport amatorski]_; to propagate _[ideę, kult]_ [2] Bot. (spowodować bujny rozrost) to increase growth of; **przycięcie pędów powoduje lepsze ~ienie rośliny** cutting off shoots increases the growth of a plant; **silnie ~iony rododendron/bez** a well-branched rhododendron/lilac [1] **rozkrzewić się** — **rozkrzewiać się** [1] książk. (upowszechnić się) to spread; **~iła się wiara w parafarmaceutyki** the trust in parapharmaceuticals has spread [2] Bot. _[roślina]_ to branch, to spread; **w ogródku ~iły się chwasty** weeds have grown and spread in the garden; **pelargonie ładnie się ~iły** the geraniums have branched (out) nicely

rozkrzyczan|y _adi._ [1] _pp_ → rokrzyczeć [1] _adi._ _[dzieciarnia, tłum]_ boisterous

rozkrzycz|eć _pf_ (~ysz, ~ał, ~eli) [1] _vt_ (rozgłosić) to trumpet _[nowiny, wiadomości]_ [1] **rozkrzyczeć się** [1] (zacząć krzyczeć) _[osoba]_ to start yelling [2] (zacząć głośno płakać) _[dziecko]_ to start bawling

rozkrzyż|ować _pf_ — **rozkrzyż|owywać** _impf vt_ to spread out _[ramiona, ręce]_

rozkrzyżowywać _impf_ → rozkrzyżować

rozku|ć _pf_ — **rozku|wać** _impf_ [1] _vt_ [1] (rozkruszyć kilofem) to crush _[węgiel, lód, tynk]_ [2] (uwolnić z więzów) to unchain, to unshackle _[jeńca, więźnia]_ [3] (rozklepać) to forge flat _[żelazo]_ [4] (zdjąć podkowy) to unshoe _[konia]_

[1] **rozkuć się** — **rozkuwać się** (uwolnić się z więzów) to unshackle oneself, to unchain oneself

rozkulbaczać _impf_ → rozkulbaczyć

rozkulbacz|yć _pf_ — **rozkulbacz|ać** _impf vt_ to unsaddle _[konia, muła]_

rozkułaczać _impf_ → rozkułaczyć

rozkułacz|yć _pf_ — **rozkułacz|ać** _impf vt_ Hist. deprive a kulak of land

rozkup|ić _pf_ — **rozkup|ywać** _impf vt_ (całkowicie wykupić) to buy up _[gazetę, bilety]_

rozkupywać _impf_ → rozkupić

rozkurcz _m_ (_G_ ~u) Med. (serca) diastole

rozkurczać _impf_ → rozkurczyć

rozkurczająco _adv._ **działać ~ na tkanki/mięśnie** to have a relaxing effect on the tissues/muscles

rozkurczając|y [1] _pa_ → rozkurczyć [1] _adi._ _[działanie, lek]_ relaxant

rozkurczowo _adv._ **działać ~** to have a relaxing effect

rozkurczow|y _adi._ _[leki, środki]_ relaxant; **~e ciśnienie krwi** diastolic blood pressure

rozkurcz|yć _pf_ — **rozkurcz|ać** _impf_ [1] _vt_ (rozprostować) to loosen _[mięśnie]_; to unclench _[pięść]_ [1] **rozkurczyć się** — **rozkurczać się** (rozluźnić się) _[mięśnie]_ to loosen; _[serce]_ to relax; _[palce]_ to unclench

rozkurz _m sgt_ (_G_ ~u) Techn. (mąki, surowca) wastage
■ **pójść na ~** to be wasted; **cała premia poszła na ~** all the bonus money was spent like water

rozkuwać _impf_ → rozkuć

rozkwa|sić _pf_ — **rozkwa|szać** _impf vt_ pot. (mocno zranić) to smash _[część ciała]_; **~sić sobie nos/kolano** to smash one's nose/knee; **~sić komuś gębę** to smash sb's phiz pot.

rozkwaszać _impf_ → rozkwasić

rozkwiec|ony _adi._ książk. _[ogród, łąka]_ strewn with flowers

rozkwilać się _impf_ → rozkwilić się

rozkwil|ić się _pf_ — **rozkwil|ać się** _impf v refl._ [1] (zacząć kwilić) _[niemowlę]_ to start whimpering [2] (zacząć ćwierkać) _[ptak]_ to start tweeting

rozkwi|t _m sgt_ (_G_ ~tu) [1] (osiągnięcie pełni rozwoju) full bloom, heyday; **~t gospodarczy** prosperity, economic boom; **~t sił twórczych** the peak of creativity; **~t talentu** the full bloom of one's talent; **~t kultury** the peak development of (a) culture; **~t handlu** trade boom; **jej kariera jest w ~cie** her career is in full bloom; **teatr eksperymentalny/nasza uczelnia przeżywa ~t** experimental theatre/our university is in its heyday; **jej uroda jest w pełnym ~cie** her beauty is in its prime a. in full bloom [2] Bot. blossom, bloom; **drzewa owocowe w ~cie** fruit trees in bloom

rozkwitać _impf_ → rozkwitnąć

rozkwit|ły _adi._ książk. [1] _[kwiat, pąk]_ efflorescent, full-blown [2] przen. _[cywilizacja]_ flourishing, in full bloom

rozkwit|nąć _pf_ — **rozkwit|ać** _impf_ (~ł a. ~nął — ~am) _vi_ [1] (zakwitnąć) _[kwiat]_ to bloom; _[drzewo]_ to blossom; _[pąk]_ to flower [2] (rozwinąć się) _[osoba]_ to blossom;

[cywilizacja, sztuka, handel] to flourish [3] przen. (pojawić się) to bloom; **na twarzy dziewczyny ~ł rumieniec/uśmiech** a blush/smile bloomed on the girl's face

rozkwitnię|ty [II] *pp* → rozkwitnąć

[II] *adi. [kwiat]* full-blown

rozl|ać *pf* — **rozl|ewać** *impf* (**~eję — ~ewam**) [I] *vt* [1] (niechcący) to spill *[wodę, mleko]*; **~ać kawę na stół/obrus** to spill coffee over the table/tablecloth [2] (wlać do kilku naczyń) to pour; **~ać wino do kieliszków** to pour wine into glasses [3] (wystąpić z brzegów) *[rzeka]* to flood

[II] **rozlać się** — **rozlewać się** [1] (rozpłynąć się po powierzchni) *[woda, sok]* to spill; **zupa ~ała sie po całym stole** soup has spilt all over the table [2] (wystąpić z brzegów) *[rzeka]* to flood; **wiosną staw ~ewał się szeroko** in spring the lake would flood everything around [3] przen. (rozprzestrzenić się) *[światło, ból]* to spread; **fala strajków ~ała się po kraju** a wave of strikes swept across the country

rozlan|y [II] *pp* → rozlać

[II] *adi.* [1] (nieostry) *[kontur, druk, obraz]* blurred, out of focus [2] (nabrzmiały) *[rysy, twarz, ciało, postać]* bloated

rozlatan|y *adi.* [1] (rozbiegany) *[oczy, wzrok]* nervous; *[ręce]* fidgety [2] (chaotyczny) *[myśli]* uncontrolled

rozlatywać się *impf* → rozlecieć się

rozlazłoś|ć *f sgt* pot., pejor. sloppiness, slovenliness

rozla|zły *adi.* pot. [1] (powolny i niechlujny) *[osoba]* sluggish, languid [2] (pozbawiony spójności) *[przemowa, powieść]* incoherent, long-winded

rozl|ecieć się *pf* — **rozl|atywać się** *impf* (**~ecisz się, ~eci się, ~eciał się, ~ecieli się — ~atuję się**) *v refl.* [1] *[ptaki, owady]* to disperse [2] pot. (rozbiec się) *[ludzie, zwierzęta]* to disperse [3] pot. (rozpaść się) *[but, mebel, książka]* to fall apart a. to pieces [4] pot. (zepsuć się) *[samochód, rower, odkurzacz]* to fall apart [5] pot. (przestać istnieć) *[partia, zespół]* to disband, to break up; *[małżeństwo]* to fall apart

rozle|c się, rozle|gnąć się *pf* — **rozle|gać się¹** *impf* (**~gnie się, ~gł się, ~gła się — ~ga się**) *v refl.* *[dźwięk, gwizd, huk, trzask]* to sound; *[echo, kroki, wołanie]* to reverberate; **~gły się gromkie brawa** there was rapturous applause; **w oddali ~gły się strzały** some shots sounded in the distance

rozlegać się¹ *impf* → rozlec się

rozle|gać się² *impf v refl.* (roztaczać się) *[widok]* to unfold; *[las, pola]* to stretch

rozlegle *adv. grad.* [1] (szeroko w przestrzeni) *[ciągnąć się]* vastly, sprawlingly [2] przen. *[planować, zamierzać]* expansively

rozległoś|ć *f sgt* książk. [1] (horyzontu, pola) extensiveness, vastness [2] (zainteresowań, wiedzy) extent, range

rozległ|y *adi. grad.* [1] *[widok, panorama, pole, stadion]* extensive, vast [2] *[wiadomości, wpływy, stosunki]* extensive

rozlegnąć się → rozlec się

rozleniwiać *impf* → rozleniwić

rozleniw|ić *pf* — **rozleniw|iać** *impf* [I] *vt* to make [sb] indolent; **upał ~ia** hot weather makes one indolent; **ogarnęło go**

wiosenne **~ienie** he was suffering from spring indolence; **~ieni siedzieli na kanapie** they were lounging indolently on the sofa

[II] **rozleniwić się** — **rozleniwiać się** to become indolent; **kot się ~ił i nie chce polować na myszy** the cat has become so lazy that he won't hunt mice; **uczniowie ~ili się przez wakacje** during the holidays the pupils became very lazy; **na starość się ~iłam** I've become indolent in my old age

rozlepiać *impf* → rozlepić

rozlep|ić *pf* — **rozlep|iać** *impf vt* [1] (przykleić w wielu mejscach) to post (up) *[ogłoszenia, klepsydry, plakaty]* [2] (porozdzielać) to separate *[sklejone kartki]*

rozlew *m* (*G* **~u**) [1] *sgt* (wody mineralnej, piwa) bottling [2] książk. (rozlewisko) floodwaters [3] książk. (wystąpienie z brzegów) flooding

■ **~ krwi** bloodshed

rozlewać *impf* → rozlać

rozlewisk|o *n* (teren zalany wodą) overflow area; (naturalny zbiornik wód) pool

rozlewni|a *f* (*Gpl* **~**) (mleka, piwa, wody mineralnej) bottling plant; (paliw) a fuel distribution plant

rozlewnie *adv. grad.* książk. (powoli) *[opowiadać]* prolixly

rozlewnoś|ć *f sgt* książk. (narracji) prolixity; (melodii) slow tempo

rozlewn|y *adi. grad.* książk. [1] (szeroko rozlany) *[rzeka, strumień]* expansive, widespread [2] (rozwlekły) *[narracja, melodia]* drawn-out

roz|leźć się *pf* — **roz|łazić się** *impf v refl.* pot. [1] *[osoby, zwierzęta]* (porozchodzić się) to disperse; *[karaluchy, mrówki]* to sprawl [2] (zniszczyć się) *[ubranie, materiał]* to be torn; **koszula ~lazła się w praniu** the shirt got tattered and torn in the washing; **stara marynarka ~łazi się w szwach** the old jacket is gaping at the seams [3] (rozejść się) *[pieniądze]* to be spent quickly, to melt

■ **robota ~łazi mu się w rękach** his work is going to pieces before his eyes

rozliczać *impf* → rozliczyć

rozlicze|nie [II] *sv* → rozliczyć

[II] *n* [1] Ekon. settlement; **~nie miesięczne/roczne** monthly/yearly settlement; **~nie bezgotówkowe** a. **czeku** clearing; **~nie gotówkowe** cash settlement; **termin ~nia podatkowego** tax return deadline [2] przen. (obrachunek) squaring a. settling accounts; **~nie z przeszłością/komunizmem** squaring a. settling accounts with the past/ Communism

rozliczeniow|y *adi.* [1] Ekon. *[arkusz, operacja, system]* accounting *attr.* [2] przen. (podsumowujący) **literatura ~a** literature that summarizes and comes to terms with a particular phenomenon (usually political)

rozliczn|y *adi.* książk. (wieloraki) *[obowiązki, zainteresowania, zajęcia]* manifold; *[przechodnie, znajomi]* numerous

rozlicz|yć *pf* — **rozlicz|ać** *impf* [I] *vt* [1] Ekon. to account for *[koszty]*; to square *[należności]*; **~yć kogoś z pieniędzy** to ask sb to account for a sum of money; **czy wszystkie wydatki zostały ~one?** have all expenses been accounted for? [2] książk. (podsumować) to appraise; **~yć pracownika z obowiązków** to assess an employee

[II] **rozliczyć się** — **rozliczać się** [1] (uregulować rachunki) **~yć się z kimś** to settle a. square accounts with sb; **~yć się z czegoś** to account for sth [2] przen. (ocenić) **~yć się z własną przeszłością** to critically review one's past

rozlok|ować *pf* — **rozlok|owywać** *impf* [I] *vt* [1] (przydzielić kwatery) to quarter *[harcerzy, żołnierzy, pogorzelców]*; **ofiary powodzi ~owano po domach krewnych i przyjaciół** flood victims were quartered in the homes of relatives and friends [2] (rozmieścić) to deploy *[artylerię, rakiety]*; to station *[oddziały]*; to install *[przedstawicielstwo]*; to place, to arrange *[książki]*; **przedstawicielstwa firmy ~owano we wszystkich większych miastach** agencies of the company were installed in all big cities; **udało ci się ~ować już wszystkie książki na półkach?** have you managed to shelve all your books yet?

[II] **rozlokować się** — **rozlokowywać się** [1] (rozgościć się) to make oneself at home; **uczestnicy kursu ~owali się w pokojach** the course participants settled into their rooms [2] (ulokować się) to settle; **w przedziale wszyscy ~owali się wygodnie** the passengers settled down in the compartment

rozlokowywać *impf* → rozlokować

rozlos|ować *pf* — **rozlos|owywać** *impf vt* to distribute [sth] by lot; **wśród zwycięzców ~owane będą cenne nagrody** the winners will take part in a lottery with valuable prizes

rozlosowywać *impf* → rozlosować

rozluźniać *impf* → rozluźnić

rozluźniająco *adv.* **ten lek działa ~ na mięśnie** this drug has a relaxing effect on the muscles

rozluźniając|y [II] *pa* → rozluźnić

[II] *adi. [masaż, ćwiczenia]* relaxing

rozluźn|ić *pf* — **rozluźn|iać** *impf* [I] *vt* [1] (odprężyć) to relax *[mięśnie, uchwyt]* [2] (poluzować) to loosen *[krawat, kołnierzyk, pasek, popręg]* [3] przen. (zrelaksować) to relax; **alkohol ~a go** alcohol relaxes him [4] przen. (złagodzić) to slacken *[rygory, cenzurę]* [5] przen. (osłabić) to loosen *[więzi, związki]*

[II] **rozluźnić się** — **rozluźniać się** [1] (obluzować się) *[rzemień, sznurowadło, opatrunek]* to loosen [2] (stać się mniej zatłoczonym) *[autobus, pociąg]* to become less crowded [3] (pozbyć się skrępowania) *[osoba]* to relax, to unwind [4] (stać się mniej rygorystycznym) *[cenzura, dyscyplina]* to slacken [5] (osłabnąć) *[więzi, kontakty]* to loosen

rozluźnieni|e [II] *sv* → rozluźnić

[II] *n sgt* [1] (odprężenie) relaxation; **pływając, odczuwał pełne ~e** he felt completely relaxed when swimming [2] (brak skrępowania) slackening; **~e obyczajów** a slackening of morals

rozład|ować *pf* — **rozład|owywać** *impf* [I] *vt* [1] to unload *[pociąg, towar, broń]* [2] Fiz. to discharge *[baterię, akumulator]* [3] przen. to relieve *[napięcie, stres, złość]*; **~ować tłok/korek na ulicy** to relieve congestion/a traffic jam

[II] **rozładować się** — **rozładowywać się** [1] Fiz. *[kondensator, bateria, akumulator]* to go flat, to run down [2] przen. *[napięcie, konflikt]*

R

to be defused; *[tłok, korek uliczny]* to get relieved [3] przen. *[osoba]* to let a. blow off steam

rozładowywać *impf* → **rozładować**

rozładun|ek *m* (*G* ~ku) (surowca, towarów) unloading, discharge

rozładunkow|y *adi.* *[prace, ekipa, stacja]* unloading

rozłam *m* (*G* ~u) (w grupie) split, rift; (religijny) schism; **doszło do ~u w partii/ rodzinie** there was a split in the party/ a rift in the family

rozłam|ać *pf* — **rozłam|ywać** *impf* **[]** *vt* (łamiąc podzielić) to break *[chleb, bułkę]*; **~ać czekoladę na pół** to split the chocolate bar into two

[] **rozłamać się** — **rozłamywać się** [1] (podzielić się) to split; **kolumna wojska ~ała się** the column of soldiers split [2] książk. (rozpaść się) to split; **partia ~ała się na kilka frakcji** the party split into several fractions

rozłamywać *impf* → **rozłamać**

rozłazić się *impf* → **rozleźć się**

rozłączać *impf* → **rozłączyć**

rozłącznie *adv.* (osobno) **niektóre złożenia pisze się razem, inne ~** some compounds are written as one word, others as separate words; **proponuję potraktować te wnioski ~** I suggest that we deal with these motions separately

rozłączn|y *adi.* [1] (osobny) *[pisownia, sprawy]* separate [2] (rozłączalny) *[połączenie]* detachable [3] Jęz., Log. strongly disjunctive; **alternatywa ~a** strong disjunction

rozłącz|yć *pf* — **rozłącz|ać** *impf* **[]** *vt* [1] (odłączyć) to disconnect *[kable, przewody]* [2] (oddzielić) to separate *[rodzinę, przyjaciół]*; **wojna ~yła matkę z dziećmi** the war separated the mother from her children; **póki śmierć nas nie ~y** till death do us part [3] (przerwać łączność telefoniczną) to cut off; **coś nas ~yło** a. **zostaliśmy ~eni** we were cut off

[] **rozłączyć się** — **rozłączać się** [1] (ulec odłączeniu) *[przewody]* to disconnect [2] (rozstać się) to part; **~yć się z rodziną/ukochanym** to part with one's family/one's beloved [3] (przerwać łączność telefoniczną) to hang up; **nie ~aj się** hold on

rozłą|ka *f sgt* książk. separation *C/U*

rozłoż|ony *pp* → **rozłożyć**

roz|łożyć *pf* — **roz|kładać** *impf* **[]** *vt* [1] (rozprostować) to unfold *[gazetę, prześcieradło]*; (rozpostrzeć) to spread *[obrus, koc]*; **~kładane łóżko** a folding bed; **~kładana kanapa** a folding sofa; **~kładany fotel** a folding chair; **~łożyć obóz** a. **obozowisko** to pitch camp; **~łożyć bezradnie ręce** to spread one's arms helplessly [2] (rozlokować) to lay out *[książki, sprawunki]*; **~łożyć żołnierzy na kwaterach** to quarter the soldiers; **~łożyć karty w rzędach** to lay out cards in rows [3] (rozplanować) to divide *[prace, zadania]*; **~łożyć spłatę na raty na dwadzieścia lat** to spread the payments out over twenty years [4] (rozmontować) to take to pieces, to dismantle *[maszynę, zegar]* [5] (wyodrębnić części składowe) **~łożyć związek na pierwiastki** Chem. to resolve a compound into constituent parts; **~łożyć liczbę na czynniki pierwsze** Mat. to fac-

torize a number; **~łożyć wyraz na morfemy** Jęz. to divide a word into morphemes [6] pot. (przewrócić) to knock *[sb]* down [7] pot. (zniszczyć) to upset, to disrupt; **inflacja ~łożyła gospodarkę** inflation has disrupted the economy; **aktor ~łożył rolę** the actor botched his part [8] Biol. (spowodować rozkład) to decompose, to rot *[odpadki]*

[] **rozłożyć się** — **rozkładać się** [1] (położyć się) to stretch out; **~łożył się wygodnie na łóżku** he stretched out comfortably on the bed [2] (rozlokować się) **~łożyć się biwakiem** to bivouac; **harcerze ~łożyli się nad rzeką** the scouts pitched camp on the riverbank; **~łożyć się z towarem** to display one's goods for sale [3] (otworzyć się) to unfold; **parasol ~łożył się** the umbrella unfolded [4] (zostać podzielonym) to be spread out; **prace remontowe ~łożyły się na kilka etapów** the repair work was carried out in several stages [5] Chem. (rozdzielić się) to decompose [6] Biol. (ulec rozkładowi) *[odpadki]* to putrefy, to decompose [7] przen. pot. **~łożyć się na grypę** to go down with flu; **~łożyć się na egzaminie** to botch an exam [8] pot. (upaść) to fall down

rozłoży|sty *adi.* (rozległy) wide-stretching, expansive; **~ste biodra** wide hips

rozłożyście *adv. grad.* widely (spreading); **porzeczki krzewiły się ~** the currants were spreading wide; **~ ścielące się łąki** vast and spreading meadows

rozłup|ać *pf* — **rozłup|ywać** *impf* (~ię — ~uję) **[]** *vt* (rozłamać) to split; **piorun ~ał drzewo** the lightning split a tree; **~ać skałę kilofem** to break a rock with a pick **[]** **rozłupać się** — **rozłupywać się** *[orzech, gliniane naczynie]* to split

rozłupywać *impf* → **rozłupać**

rozmach *m* (*G* ~u) *sgt* [1] (zamach) swing; **wziąć ~** to take a swing [2] (tempo, skala) **nabierać ~u** to gather momentum [3] (śmiałość) dash, panache; **żyć/pracować z ~em** to live/work on a grand scale; **podziwiali ~ jego pędzla/pióra** they admired the flourish a. dash of his painting/ writing

rozmaczać *impf* → **rozmoczyć**

rozmagnes|ować *pf* — **rozmagnes|owywać** *impf* **[]** *vt* Fiz. to demagnetize **[]** **rozmagnesować się** — **rozmagnesowywać się** *(igła w kompasie)* to demagnetize

rozmagnesowywać *impf* → **rozmagnesować**

rozmaicie *adv.* *[nazywany, stosowany]* variously; *[interpretować, oceniać]* in many different ways; **można to ~ rozumieć** it can be understood in many different ways

rozmaitoś|ć *f sgt* variety (czegoś of sth); **wielka ~ć towarów/gatunków** a wide variety of goods/species

[] **rozmaitości** *plt* sundries; **muzyczne ~ci** musical sundries; **opowiadał ~ci o swoim życiu** he said various things about his life

rozmai|ty *adi.* *[metody, zwierzęta, kwiaty, kolory]* various; **~te gatunki/nazwy** various species/names

rozmakać *impf* → **rozmoknąć**

rozmamłani|e *n sgt* pot. (niechlujność) slovenliness, sloppiness; (lenistwo) indolence

rozmamłan|y *adi.* pot. [1] (niechlujnie ubrany) *[osoba]* sloppily dressed; (nie do końca ubrany) dishevelled; *[koszula]* unbuttoned [2] (bez energii) indolent

rozmaryn *m* (*G* ~u) Bot., Kulin. rosemary

rozmarynow|y *adi.* *[olejek]* rosemary *attr.*

rozmarzać¹ /roˈzmarzatɕ/ *impf* → **rozmarznąć**

rozmarzać² *impf* → **rozmarzyć**

rozmarzająco *adv.* **działać na kogoś ~** to make sb dream

rozmarzając|y **[]** *pa* → **rozmarzyć** **[]** *adi.* *[muzyka, dźwięk, widok]* dreamy

rozmarzeni|e **[]** *sv* → **rozmarzyć** **[]** *n sgt* daydream; **ogarnęło ją ~e** she was lost in a daydream; **w ~u zapomniał, że...** lost in his daydreaming he forgot that...; **powiedzieć coś w ~u** a. **z ~em** to say sth dreamily

rozmarz|nąć /roˈzmarznɔntɕ/ *pf* — **rozmarz|ać** /roˈzmarzatɕ/ *impf* (~ła, ~li — ~am) *vi [mięso, rzeka, ziemia]* to thaw

rozmarznię|ty /rozmarzˈɲɛntɨ/ *adi.* *[mięso, mrożonka]* thawed

rozmarz|ony *adi.* *[uśmiech, spojrzenie]* dreamy; **być ~onym** to be daydreaming; **~eni słuchacze** an entranced audience; **patrzyć ~onym wzrokiem** to look dreamily; **powiedzieć coś ~onym głosem** to say sth dreamily

rozmarz|yć *pf* — **rozmarz|ać** *impf* **[]** *vt* to make *[sb]* dreamy **[]** **rozmarzyć się** — **rozmarzać się** to be lost in daydreaming; **„to byłoby cudowne” — ~yła się** 'that would be wonderful,' she said dreamily

rozmas|ować *pf* — **rozmas|owywać** *impf vt* to rub, to massage *[ramię, łydkę, mięsień]*

rozmasowywać *impf* → **rozmasować**

rozmawia|ć *impf vi* to talk (**z kimś** to a. with sb); **~ć o czymś** to talk about sth; **~ć o polityce/sporcie/interesach** to talk politics/sport/business; **nie ~jmy o pracy** let's not talk shop; **~ć z kimś przez telefon** to talk to sb on the phone; **~ć przez tłumacza** to speak through an interpreter; **~li po angielsku/polsku** they were speaking English/Polish; **proszę nie ~ć!** please be quiet!; **nie ~m z nią** I'm not talking to her; **nie ~ją ze sobą** they are not on speaking terms; **w ogóle nie chcieli z nami ~ć** they refused to talk to us; **prezydenci ~li o...** the two presidents discussed...

rozmaz *m* (*G* ~u) Med. smear; **~ krwi** blood smear

rozma|zać *pf* — **rozma|zywać** *impf* (~żę — ~zuję) **[]** *vt* [1] (rozsmarować) to smear; (zabrudzić) to smudge *[tusz, atrament]*; **~zać sobie makijaż/szminkę** to smudge one's make-up/lipstick; **~zać sobie farbę na twarzy** to smear one's face with paint; **~zać brud na szybie** to smear dirt over the windscreen [2] (rozmyć) to blur *[obraz, odpowiedzialność, różnice, granice]*; **~zane kształty/litery/zdjęcia/słowa** blurred shapes/letters/pictures/words **[]** **rozmazać się** — **rozmazywać się** [1] (rozsmarować się) *[szminka, makijaż, tusz, atrament]* to smudge [2] (rozmyć się) *[kształty, granice, różnice]* to blur; **słowa ~zywały mi**

się przed oczami the words blurred before my eyes; **granice między dobrem a złem ~zują się** the boundaries between good and evil blur a. become blurred [3] pot. (rozpłakać się) to start blubbering pot.

rozmazany [] *pp* → **rozmazać**
[] *adi.* pot. *[osoba]* weepy pot.

rozmazga|ić *pf* — **rozmazga|jać** *impf* pot. [] *vt* to turn [sb] into a namby-pamby pot.
[] **rozmazgaić się** — **rozmazgajać się** to start to snivel

rozmazgajać *impf* → **rozmazgaić**
rozmazywać *impf* → **rozmazać**
rozmemłanie → **rozmamłanie**
rozmemłany → **rozmamłany**

rozmia|r [] *m* (*G* **~ru**) [1] Handl. size; **~r buta** shoe size; **buty/sukienka w czymś ~rze** shoes/a dress in sb's size; **buty/ubrania we wszystkich ~rach** shoes/clothes in all sizes; **jaki ~r pan/pani nosi?** what size are you a. do you take? [2] (wymiary) dimensions, size; **przedmiot pokaźnych ~rów** a sizeable object; **obraz niewielkich ~rów** a small picture; **organizm mikroskopijnych ~rów** a living organism of microscopic dimensions; **pojazd kosmiczny gigantycznych ~rów** a spaceship of enormous dimensions; **posąg naturalnych ~rów** a life size(d) statue; **przedmiot ~rów piłki tenisowej** an object the size of a tennis ball; **nie różnić się ~rami od czegoś** to be no bigger than sth
[] **rozmiary** *plt* (problemy, porażki) size *sg*; (zagrożenia, zniszczeń) scale *sg*; **osiągnąć ~ry klęski/epidemii** to reach catastrophic/epidemic proportions; **jego popularność osiągnęła olbrzymie ~ry** he gained enormous popularity

rozmiażdż|yć *pf vt* to crush; **~ony czosnek** crushed garlic
rozmieniać *impf* → **rozmienić**
rozmie|nić *pf* — **rozmie|niać** *impf vt* to change *[banknot, sumę]*; **~nić dziesięć złotych na dwie piątki** to change a. break a ten-zloty note a. bill US into two fives; **czy mogłaby mi pani ~nić dwadzieścia złotych?** could you change me a twenty-zloty note?
■ **~niać się na drobne** to get sidetracked into minor issues
rozmiesza|ć *pf vt* to mix, to stir *[farbę, sos]*; **~ć coś z wodą** to mix sth with water; **~ć coś w wodzie/mleku** to mix sth with water/milk
rozmieszczać *impf* → **rozmieścić**
rozmieszczeni|e [] *sv* → **rozmieścić**
[] *n sgt* (populacji, gatunków) distribution; (ustawienie, ułożenie) arrangement; (na stronie) layout; **~e surowców naturalnych na świecie** the distribution of natural resources in the world; **~e sił nieprzyjaciela** the positions of enemy forces
rozmie|ścić *pf* — **rozmie|szczać** *impf* [] *vt* (ustawić, ułożyć) to arrange *[przedmioty]*; to lay [sth] out *[tekst, ilustrację]*; to post *[strażników]*; to deploy *[jednostki, oddziały]*; (zakwaterować) to quarter *[żołnierzy]*; **~ścić eksponaty na półkach** to arrange exhibits on shelves; **~ścić zdjęcia na stronie** to lay out the pictures on a page; **~ścić wojska wzdłuż rzeki** to deploy the troops

along a river; **~ścić gości przy stole** to seat the guests at the table; **uchodźców ~szczono w szkołach** the refugees were given shelter in schools; **szkoły wyższe/szpitale powinny być równomiernie ~szczone po całym kraju** higher education institutions/hospitals should be evenly distributed around the country
[] **rozmieścić się** — **rozmieszczać się** to be located; **towarzystwo ~ściło się już w autobusie** all the party were already seated on the coach
rozmiękać *impf* → **rozmięknąć**
rozmiękczać *impf* → **rozmiękczyć**
rozmiękczeni|e [] *sv* → **rozmiękczyć**
[] *n* **~e mózgu** Med. encephalomalacia; softening of the brain pot.
rozmiękcz|yć *pf* — **rozmiękcz|ać** *impf vt* [1] to soften *[skórę]*; (namoczyć) to soak *[podłoże, glebę]*; **~yć sucharek w mleku** to soak a biscuit in milk; **deszcz ~ył ziemię** the rain made the ground soggy [2] (złamać opór) to soften [sb] up *[przeciwnika, świadka]*; [3] (wzruszyć) **~yć kogoś** a. **czyjeś serce** soften sb's heart
rozmięk|nąć *pf* — **rozmięk|ać** *impf* (**~ł** — **~am**) *vi* [1] *[ziemia, substancja, skóra]* to soften; **pantofelki ~ały jej na deszczu** she was getting her shoes soaked in the rain [2] przen. *[osoba, serce]* to soften
rozmigo|tać się *pf* (**~czę się** a. **~cę się**) *v refl.* to begin to shimmer; **jezioro ~tało się w słońcu** the lake began to shimmer in the sunlight; **ulica ~tała się neonami** the street came alive with neon lights; **niebo ~tało się tysiącem gwiazd** the sky lit up with thousands of stars
rozmigotan|y *adi. [tafla, jezioro, niebo]* shimmering, glittering
rozmijać się *impf* → **rozminąć się**
rozmił|ować się *pf* — **rozmił|owywać się** *impf v refl.* [1] książk. **~ować się w czymś** to come to love sth *[poezję, malarstwo]* [2] przest. **~ować się w kimś** to became enamoured of sb książk.
rozmiłowan|y *adi* książk. *[osoba]* enamoured GB, enamored US (**w kimś/czymś** of sb/sth); *[wzrok]* loving
rozmiłowywać *impf* → **rozmiłować**
rozmi|nąć się *pf* — **rozmi|jać się** *impf* (**~nął się, ~nęli się** — **~jam się**) *v refl.* [1] (wminąć się) to pass each other; **samochody z trudem mogły się ~nąć** two cars could barely pass (each other) [2] (nie spotkać się) *[osoby]* to miss each other; **musieliśmy się ~nąć** we must have missed each other; **właśnie się ~nęliście** you've just missed him; **nasze listy się ~nęły** our letters crossed [3] (nie dostosować się) **~nąć się z prawem** to break the law; **~jać się z czyimiś oczekiwaniami** *[film, podwyżka]* to fail to meet sb's expectations; **~nąć się prawdą** to stretch the truth; **teoria ~ja się z praktyką** theory and practice don't tally
rozmin|ować *pf* — **rozmin|owywać** *impf vt* to clear [sth] of mines *[drogę, obszar, kanał]*; **budynek został ~owany** the building was cleared of explosives
rozminowywać *impf* → **rozminować**
rozmnażać *impf* → **rozmnożyć**

rozmnażani|e [] *sv* → **rozmnożyć**
[] *n sgt* Biol. reproduction; **~e płciowe/bezpłciowe** sexual/asexual reproduction; **~e przez podział** reproduction by multiple fission, schizogony
rozmn|ożyć *pf* — **rozmn|ażać** *impf* [] *vt* [1] Biol. to propagate, to multiply *[rośliny]* [2] (zwiększyć ilość) to multiply *[pieniądze, zyski]*; **~ożenie chleba** Bibl. the feeding of the multitude
[] **rozmnożyć się** — **rozmnażać się** [1] Biol. (mieć potomstwo) to reproduce; (zwiększyć populację) to multiply; **~ażać się płciowo/bezpłciowo** to reproduce sexually/asexually; **~ażać się przez podział** to reproduce by multiple fission; **króliki szybko się ~ożyły** the rabbits multiplied fast [2] żart. (pojawić się w dużych ilościach) *[partie, organizacje, specjaliści]* to spring up; **~ożyli się ostatnio różni uzdrowiciele** a lot of faith healers have sprung up recently
rozm|oczyć *pf* — **rozm|aczać** *impf vt* to soak; **~oczyć coś w wodzie/mleku** to soak sth in water/milk
rozmodleni|e *n sgt* wyraz **~a w oczach** a pious look in sb's eyes; **widząc jej ~e, ...** seeing that she was at prayer...
rozmodl|ony *adi. [osoba]* praying; **być ~onym** to be engrossed in prayer
rozmok|ły *adi. [ziemia, grunt]* soggy; *[droga, boisko]* waterlogged
rozm|oknąć *pf* — **rozm|akać** *impf* (**~ókł** — **~akam**) *vi [chleb, płatki]* to become soggy; *[droga, grunt, ziemia]* to become waterlogged
rozmont|ować *pf* — **rozmont|owywać** *impf vt* to disassemble, to dismantle *[urządzenie, konstrukcję]*
rozmontowywać *impf* → **rozmontować**
rozm|owa [] *f* [1] (wymiana zdań) conversation; **~owa przez telefon** a telephone conversation; **podtrzymywać ~owę** to keep a conversation going; **nawiązać z kimś ~owę** to start a conversation with sb; **prowadzić długie ~owy na temat...** to have long conversations about...; **wtrącić się do czyjejś ~owy** to butt in on sb's conversation; **pogrążony w ~owie** deep in conversation; **~owa się nie kleiła** the conversation was strained; **~owa zeszła na...** the conversation turned to...; **z nim nie ma ~owy** there's no talking to him; **~owa kwalifikacyjna** an interview; **przeprowadzić z kimś ~owę kwalifikacyjną** to interview sb [2] Telekom. (połączenie) call; **~owa międzymiastowa** a long-distance call
[] **rozmowy** *plt* talks; **~owy pokojowe/rozbrojeniowe** peace/arms talks; **zasiąść do ~ów** to sit down to talks; **prowadzić ~owy** to hold talks; **zerwać ~owy** to break off the talks
rozmownie *adv.* **nastrajać kogoś ~** to put sb in a conversational mood
rozmownoś|ć *f sgt* (otwartość) forthcomingness; (gadatliwość) talkativeness
rozmown|y *adi. grad. [osoba]* (chętny do rozmowy) forthcoming; (gadatliwy) talkative; **nie jesteś dziś zbyt ~y** you're not very talkative today; **stać się bardziej ~ym** to become more eager to talk

R

rozmów|ca *m*, **~czyni** *f* (partner w rozmowie) interlocutor książk.; (podczas wywiadu) interviewed person; (osoba lubiąca rozmawiać) conversationalist; **błyskotliwy/dowcipny rozmówca** a brilliant/witty conversationalist; **był świetnym ~cą/była świetną ~czynią** he/she was great to talk to; **jego/jej ~ca** the person he/she is talking to

rozmów|ić się *pf v refl.* [1] (porozmawiać) to have a talk (**z kimś** with sb) [2] przest. (porozumieć się) to communicate (**z kimś** with sb); **~ić się z kimś po łacinie** to communicate with sb in Latin

rozmów|ka [1] *f* chit-chat [2] **rozmówki** *plt* (książka) phrasebook; (dialogi) phrases; **~ki polsko-angielskie** a Polish-English phrasebook

rozmównic|a *f* [1] (w klasztorze) parlour GB, parlor US; (w więzieniu) visiting room [2] (na poczcie) telephone booth

rozmrażać *impf* → **rozmrozić**

rozmr|ozić *pf* — **rozmr|ażać** *impf* [1] *vt* to thaw, to defrost [mięso]; to defrost [lodówkę, szyby]; **~ożone mięso** defrosted meat; **~ożone lody** melted ice cream [2] **rozmrozić się** — **rozmrażać się** [mięso] to thaw, to defrost; [lody] to melt; [lodówka] to defrost

rozmy|ć *pf* — **rozmy|wać** *impf* (**~ję** — **~wam**) [1] *vt* [1] [deszcz, rzeka] to wash [sth] away [ślady, brzeg, drogę] [2] przen. to blur [kształty, zarysy]; to muddy [granice, różnice] [2] **rozmyć się** — **rozmywać się** [1] [ślady, ziemia] to be washed away [2] przen. [obraz, kształty] to blur; [pojęcie, przekaz] to get muddied

rozmydlać *impf* → **rozmydlić**

rozmydl|ić *impf* — **rozmydl|ać** *impf* [1] *vt* to blur [sprawę]; **~ona odpowiedzialność** blurred responsibility [2] **rozmydlić się** — **rozmydlać się** [sprawa, odpowiedzialność] to become blurred

rozmy|sł *m sgt* (*G* **~słu**) **z ~słem** deliberately, on purpose; **bez ~słu** unintentionally

rozmyśla|ć *impf vi* to muse (**nad czymś** on sth); to ponder (**nad czymś** over sth); **siedział tam i ~ł** he was sitting there and thinking; „**to chyba on**" – **~ł** 'it must be him,' he mused; „**o co mu chodzi?**" – **~ła** 'what does he want?' she wondered

rozmyślać się *impf* → **rozmyślić się**

rozmyśla|nie [1] *sv* → **rozmyślać** [2] *n* (czynność) contemplation; **~nia** Literat. meditations; **być pogrążonym w ~niach** to be lost a. deep in contemplation

rozmyśl|ić się *pf* — **rozmyśl|ać się** *impf v refl.* to change one's mind

rozmyślnie *adv.* [uderzyć, nieudolny] deliberately, on purpose

rozmyśln|y *adi.* [zabójstwo, działanie] deliberate, premeditated

rozmywać *impf* → **rozmyć**

roznamiętniać *impf* → **roznamiętnić**

roznamiętni|ć *impf* — **roznamiętni|ać** *pf* [1] *vt* [1] (wzbudzić emocje) to cause excitement among [naukowców, historyków]; **~eni kibice** passionate fans [2] (wzbudzić pożądanie) to arouse passion in [2] **roznamiętnić się** — **roznamiętniać się** [1] (zaangażować się) **~ć się czymś** to

become passionately involved in sth [2] [osoba] to become aroused

roznegliż|ować się *pf v refl.* książk. to strip off

roznegliżowan|y *adi.* [osoba] (nagi) nude; (skąpo ubrany) skimpily dressed; **~e panienki** naked a. nude/skimpily dressed girls

rozniecać *impf* → **rozniecić**[1]

roznie|cić *pf* — **roznie|cać** *impf* [1] *vt* [1] to kindle [ogień]; **~cić ognisko** to light a fire [2] przen. to kindle [zapał, nadzieję, złość, zainteresowanie] [2] **rozniecić się** — **rozniecać się** [ogień] to kindle

rozn|ieść *pf* — **rozn|osić**[1] *impf* (**~iosę**, **~iesiesz**, **~iósł**, **~iosła**, **~ieśli** — **~oszę**) *vt* [1] (dostarczyć) to hand [sth] around [zeszyty]; [listonosz] to deliver [paczki, listy]; [kelner] to serve [napoje, kanapki]; **~ieść coś po klasie/sali** to hand sth around the classroom/room; **kelnerzy ~oszący jedzenie** waiters serving food [2] (przetransportować) [krew, wiatr] to carry [sth] around [składniki, liście, popiół]; [zwierzę] to spread [choroby, wirusy]; **krew ~osi tlen po całym organizmie** blood carries oxygen around the body [3] (rozpowszechnić) to spread, to spread [sth] around [plotki, wiadomości]; **zaraz ~iesie wszystko po mieście** he will blab it around town [4] (zniszczyć, pokonać) to demolish, to rip [sb] apart [przeciwnika, drużynę]; to tear [sth] apart [dom, budynek]; **~ieść armię nieprzyjacielską w puch** to rip the enemy army to shreds [2] **roznieść się** — **roznosić się** [1] [informacja, plotka] to spread; **wiadomość ~iosła się po całym biurze** the news spread around the office [2] [dźwięk, hałas] to be heard; **w powietrzu ~osiły się cudowne zapachy** beautiful scents floated in the air

■ **~ieść kogoś na językach** pot. to tell tales about sb

roznosiciel *m* (*Gpl* **~i**) [1] (dostawca) delivery man; **~ gazet** a newsboy; **~ mleka** a milkman [2] Biol. carrier; **~e chorób** carriers of diseases

roznosiciel|ka *f* [1] delivery woman [2] Biol. carrier

roznosić[1] *impf* → **roznieść**

rozno|sić[2] *impf vt* **~siła go energia/radość** he was bouncing with energy/joy

rozocho|cić *pf* [1] *vt* [wino] to make [sb] merry [2] **rozochocić się** [1] (pod wpływem alkoholu) to become merry; **~cić się do tańca/zabawy** to become eager to dance/play

rozochoc|ony [1] *pp* → **rozochocić** [2] *adi.* (pod wpływem alkoholu) [osoba] merry

rozogniać *impf* → **rozognić**

rozogni|ć *pf* — **rozogni|ać** *impf* [1] *vt* [1] (rozpalić) to heat [blachę, pręt]; **~ony do czerwoności** red hot [2] (zakazić) to infect [ranę]; **~ona rana** a festering wound [3] przen. to inflame [spór, konflikt] [2] **rozognić się** — **rozogniać się** [1] (rozpalić się) [blacha, pręt] to become hot [2] [rana] to begin to fester [3] przen. [konflikt, spór] to become inflamed [4] (zaczerwienić się) [twarz] to redden; **jego policzki ~ły się z emocji** his cheeks reddened with emotion

rozogni|ony [1] *pp* → **rozognić** [2] *adi.* [oczy, twarz] fevered

rozo|rać *pf* — **rozo|rywać** *impf* (**~rzę** — **~ruję**) *vt* [1] (pługiem) to plough [sth] away GB, to plow [sth] away US [miedzę, kopiec] [2] przen. to gash [rękę, głowę]; **~rać sobie nogę czymś** to gash one's foot on sth

rozorywać *impf* → **rozorać**

rozpacz *f sgt* despair, desperation; **być pogrążonym w ~y** to be in despair; **doprowadzić kogoś do ~y** to drive sb to despair a. desperation; **zrobić coś z ~y** to do sth out of despair a. desperation; **akt ~y** an act of desperation; **ogarnęła ją (czarna) ~** she was overcome with despair

rozpacza|ć *impf vt* to despair; **~ć z powodu czegoś** to be in despair at sth; **~ć po stracie kogoś** to grieve for a. over sb

rozpaczliwie *adv. grad.* [1] (z rozpaczą) [patrzeć, pisać] desperately, despairingly [2] (bardzo źle) desperately; **wyglądać ~** to look desperate; **~ czegoś potrzebować** to be in desperate need of sth; **tu jest ~ nudno** pot. this place is desperately boring pot. [3] (desperacko) [usiłować, próbować, walczyć] desperately

rozpaczliw|y *adi.* [1] (pełen rozpaczy) [spojrzenie, ton, list] desperate, despairing [2] (bardzo zły) [sytuacja, warunki] desperate; **odczuwać ~y brak pieniędzy** to be in desperate need of money; **ale ze mnie ~y głupiec!** I'm a desperate fool! pot. [3] (desperacki) [próba, kroki, ucieczka, atak] desperate

rozpaćka|ć *pf* pot. [1] *vt* to squash [owoce] [2] **rozpaćkać się** [owoce] to turn into a gooey pulp pot.

rozpa|d *m sgt* (*G* **~du**) [1] (podział na składniki) disintegration; **~d planety/meteorytu** the disintegration of a meteorite/planet; **~d chorych komórek** the disintegration of infected cells [2] (upadek systemu) collapse, break-up; **~d Imperium Osmańskiego** the demise of the Ottoman Empire; **~d ich małżeństwa** the breakdown of their marriage; **~d rodziny** the breakdown of the family [3] Biol. decomposition [4] Chem., Fiz. breakdown

❑ **~d promieniotwórczy** radioactive disintegration a. decay

rozpadać się[1] *impf* → **rozpaść się**

rozpada|ć się[2] *pf v refl.* to start to rain steadily; **ale się ~ło!** pot. the heavens opened!

rozpadlin|a *f* cleft, rift; **~ą w skale płynął strumień** a stream flowed through a cleft in the rocks

rozpak|ować *pf* — **rozpak|owywać** *impf* [1] *vt* to unpack [walizkę, plecak] [2] **rozpakować się** — **rozpakowywać się** to unpack; **najpierw się ~uj!** first unpack!

rozpakowan|y [1] *pp* → **rozpakować** [2] *adi.* unpacked; **jestem już ~y, chodźmy zwiedzać miasto** I've already unpacked, so let's do some sightseeing, I've done the unpacking, so let's go and see the town

rozpakowywać *impf* → **rozpakować**

rozpalać *impf* → **rozpalić**

rozpal|ić *pf* — **rozpal|ać** *impf* [1] *vt* [1] (rozniecić ogień) to kindle; **~ić ognisko** to light a bonfire; **~ić w piecu/pod**

kuchnią to light the fire in the stove/in the (kitchen) range [2] (nadać blask) to light up; **słońce ~iło niebo złotym blaskiem** the sun filled the sky with a golden glow [3] (silnie rozgrzać) to heat; **~ić metal do czerwoności** to heat metal red hot [4] przen. (ożywić, podniecić) to kindle; **~ić wyobraźnię** to kindle a. fire the imagination; **~ić umysły** to fire people's enthusiasm; **~ić entuzjazm** to whip up enthusiasm **Ⅲ rozpalić się — rozpalać się** [1] (zapłonąć dużym płomieniem) to flame up; **ogień szybko się ~ił** the fire quickly flamed up [2] przen. (wzmóc się) to intensify; **bitwa ~ała się coraz bardziej** the battle intensified [3] (rozbłysnąć na czerwono, żółto) to flame; **niebo ~iło się czerwonym blaskiem** the sky flamed red [4] (nagrzać się) to flush; **policzki ~iły się jej rumieńcem** her cheeks turned a. went red [5] przen. (ożywić się) to liven up; **dyskusja ~ała się coraz bardziej** the discussion grew more and more lively

rozpal|ony Ⅱ pp → **rozpalić** **Ⅲ** adi. [1] (mający gorączkę, gorący) feverish, fevered; **~one czoło** a burning a. fevered brow [2] przen. [publiczność, wyobraźnia] animated

rozpał|ka f sgt tinder, kindling; **drewno na ~kę** tinder, kindling; **szyszki świetnie służą na ~kę** cones make marvellous kindling; **zbierać szyszki na ~kę** to gather cones for kindling

rozpamięt|ywać impf vt to dwell on a. upon, to brood over; **~ywał jej słowa** he brooded over her words, he turned over her words in his mind

rozpanosz|ony adi. pejor. **~one wojsko** rampaging soldiers; **~eni pseudokibice wybijali szyby w sklepach** rampaging football hooligans got out of control and began smashing shop windows; **~one zjawisko komputerowego piractwa** rampant computer piracy

rozpanosz|yć się pf v refl. [1] (o ludziach) to hold sway; **wojsko ~yło się w zdobytym mieście** the military held sway in the conquered a. captured town [2] (o zwierzętach, roślinach) **myszy ~szyły się w piwnicy** the mice have taken over the cellar, the mice have run riot in the cellar; **chwasty ~szyły się w ogrodzie** the weeds are overrunning the garden

rozpapl|ać pf **~ę** a. **~am** pot. **Ⅱ** vt to blab (out) pot., to spill pot. [sekret]; **~ał o jej awansie** he blabbed out a. spilled the news about her promotion **Ⅲ rozpaplać się** to jabber away, to babble on a. away

rozpap|rać pf — **rozpap|rywać** impf (**~rzę**) vt pot. [1] (zrobić nieporządek) to make a mess of; **~rać jedzenie na talerzu** to make a mess of the food on one's plate [2] (zacząć i nie skończyć) to botch pot.; **~rać robotę** to botch the job, to make a mess of the job

rozpaprywać impf → **rozpaprać**

rozparcel|ować pf — **rozparcel|owywać** impf vt to parcel out [las, majątek]; **~ować teren na działki** to divide an aread into plots

rozparcelowywać impf → **rozparcelować**

rozpar|ty adi. sprawled; **~ty na kanapie oglądał telewizję** he was sprawled on the sofa, watching television

rozpaskudzać impf → **rozpaskudzić**

rozpasku|dzić pf — **rozpasku|dzać** impf pot. **Ⅱ** vt [1] (nie skończyć) to bungle; to botch (up) pot.; **~dził robotę i poszedł** he bungled the job a. botched up the job and left [2] (rozpuścić) to spoil [sb] rotten pot. [jedynaka, wnuki] **Ⅲ rozpaskudzić się — rozpaskudzać się** to become utterly spoilt; **~dził się, bo wszyscy mu ustępowali** he became spoilt because everybody let him have his own way

rozpa|ść się pf — **rozpa|dać się**[1] impf (**~dł się, ~dła się, ~dli się — ~dam się**) v refl. [1] (rozlecieć się) to break down, to fall apart; **budynek ~dł się w gruzy** the building crumbled away; **talerz ~dł się na kawałki** the plate broke into pieces; **buty ~dły mi się od długiego noszenia** my shoes have fallen apart through all that wear; **dom ~dł się ze starości** the house collapsed from old age [2] przen. to disintegrate; **rodzina jej się ~dła** her family disintegrated; **stowarzyszenie ~dło się na dwa odłamy** the association disintegrated a. split into two factions [3] Chem. to disintegrate

rozpatrywać impf → **rozpatrzyć**

rozpatrzeć → **rozpatrzyć**

rozpat|rzyć, rozpat|rzeć pf — **rozpa|t|rywać** impf **Ⅱ** vt to examine, to look into [możliwości, warianty]; **~rywać skargi i zażalenia** to investigate complaints and grievances; **sąd ~trzył sprawę** the court heard a. examined the case **Ⅲ rozpatrzyć się, rozpatrzeć się — rozpatrywać się** to acquaint oneself (**w czymś** with sth); **~rzyć się w terenie** to reconnoitre the area

rozpełzać się impf → **rozpełznąć się**

rozpełz|ły adi. [1] (o gadach, płazach) creeping, crawling; **w nocy zabijał ~łe po pokoju karaluchy** during the night he would kill the cockroaches that were scurrying around the room [2] (o mgle, dymie, roślinach) spreading

rozpeł|znąć się pf — **rozpeł|zać się** impf (**~znął się** a. **~zł się — ~zam się**) v refl. [1] (rozejść się w różne strony) to spread; **gąsienice ~zły się po listkach** caterpillars were crawling all over the leaves [2] (rozpłynąć się) to disperse; **płyn ~zł się po ściankach butelki** the liquid spread over the inside walls of the bottle; **mgła ~zła się po lesie** the fog spread all through the forest

rozpę|d m sgt (G **~du**) momentum, impetus; **nabrać ~du** to gain a. gather momentum; **tracić ~d** to lose momentum; **pojazd poruszał się** a. **toczył się siłą ~du** the vehicle continued to move of its own momentum; **skoczek wziął ~d** the jumper took a run-up

rozpędzać impf → **rozpędzić**

rozpę|dzić pf — **rozpę|dzać** impf **Ⅱ** vt [1] (zmusić do rozejścia się) to disperse, to dispel [demonstrantów, gapiów]; **~dzić złe myśli**

przen. to disperse black thoughts; **deszcz ~dził zgromadzonych** przen. the rain dispersed the gathering [2] (nadać szybkość) to accelerate; **~dzać rower** to gather speed on one's bike; **~dziła samochód na autostradzie** she accelerated on the motorway **Ⅲ rozpędzić się — rozpędzać się** to gather speed; **~dzić się do skoku** to take a run-up to a jump ■ **~dzić na cztery wiatry** to break up [zgromadzenie, towarzystwo]

rozpędz|ony Ⅱ pp → **rozpędzić** **Ⅲ** adi. rushing, speeding; **pieszy wpadł pod ~ony samochód** the pedestrian was run over a. hit by a speeding car

rozpękać się impf → **rozpęknąć się**

rozpęk|ły adi. [mury, głaz] cracked

rozpęk|nąć się pf — **rozpęk|ać się** impf (**~ł się** a. **~nął się — ~a się**) v refl. to crack; **granat ~ł się kilka metrów od nas** the shell burst a few metres away from us; **szyba ~ła się na kawałki** the window pane broke into pieces

rozpęt|ać pf — **rozpęt|ywać** impf **Ⅱ** vt [1] (uwolnić z pęt) to unbridle [konie, krowy] [2] (wywołać) to provoke [dyskusję, debatę, kłótnię]; to unleash [wojnę, walkę]; **~ać w kimś gniew** to provoke sb's anger; **~ał w niej nienawiść do polityków** he unleashed a hatred of politicians in her **Ⅲ rozpętać się — rozpętywać się** [1] (uwolnić się z pęt) to throw off the manacles, to break a. burst one's bonds [2] (przybrać gwałtowny przebieg) to break out; **gwałtowna burza ~ała się na morzu/nad miastem** a violent storm broke out over the sea/town; **wczoraj walka ~ała się na dobre** fighting flared up yesterday; **~ała się bójka na pięści** a brawl broke out

rozpętywać impf → **rozpętać**

roz|piąć pf — **roz|pinać** impf (**~epnę, ~pięła, ~pięli — ~pinam**) **Ⅱ** vt [1] (otworzyć z zapięcia) to unbutton [marynarkę, płaszcz]; to undo [guziki, zamek]; to unzip [spodnie]; to unbuckle [pasek, klamrę]; **czy możesz mi ~piąć zamek?** could you unzip me?; **masz ~pięty rozporek** your fly's open a. undone, your flies are undone [2] (rozciągnąć) to spread [sieci]; **~piąć namiot** to pitch a tent; **ptak ~piął skrzydła** the bird spread its wings; **błękitne niebo ~pięte nad świerkami** the blue sky stretching above the spruce trees **Ⅲ rozpiąć się — rozpinać się** [1] (rozpiąć na sobie odzież) to undo; **~piąć się pod szyją** to undo a button at one's neck [2] (stać się rozpiętym) to become undone; **suwak ciągle się ~pinał** the zip came undone all the time [3] (rozciągnąć się) to stretch; **nad nami ~pinało się błękitne niebo** a blue sky stretched above us

rozpi|ć pf — **rozpi|jać** impf (**~ję — ~jam**) **Ⅱ** vt [1] (skłonić do picia) to encourage [sb] to drink; **~ł mojego męża** he turned my husband into a drunk(ard) [2] pot. (wypić) to drink **Ⅲ rozpić się — rozpijać się** to take to drink, to become a drunkard; **~ił się, kiedy go opuściła** he took to drink when she left him

R

rozpieczęt|ować *pf* — **rozpieczęt|o-wywać** *impf* **I** *vt* to unseal *[kopertę, list]*
II rozpieczętować się — **rozpieczęto-wywać się** to come unsealed; **list ~ował się w drodze** the letter came unsealed (somewhere) on the way

rozpieczętowywać *impf* → rozpieczęto-wać

rozpieprzać *impf* → rozpieprzyć

rozpieprz|yć *pf* — **rozpieprz|ać** *impf* wulg. **I** *vt* (zepsuć) to bugger up GB wulg., to fuck up wulg.; **~ył samochód ojca** he smashed in a. up his father's car
II rozpieprzyć się (zepsuć się) to break down; (potłuc się) to break
■ ~yć robotę posp. to bugger up the job posp.; to fuck up the job wulg.

rozpierać *impf* → rozeprzeć

rozpierzchać się *impf* → rozpierzchnąć się

rozpierzch|ły *adi.* książk. [1] (o ptactwie, zwierzętach) scattered [2] przen. (rozproszony) *[słowa]* chaotic; **zbierać ~łe myśli** to check one's wandering thoughts

rozpierzch|nąć się *pf* — **rozpierzch|ać się** *impf* (~nął się a. ~chł się, ~nęli się a. ~li się — ~a się) *v refl.* to scatter, to scamper off; **uciekający ~li się w zaroślach** the fugitives disappeared into the bushes; **kury ~ły się na widok jastrzębia** the hens scattered at the sight of an eagle; **wszyscy moi koledzy ~nęli się po świecie** my friends are scattered about all over the world

rozpieszczać *impf* → rozpieścić

rozpie|ścić *pf* — **rozpie|szczać** *impf* **I** *vt* to pamper, to spoil *[dziecko, psa]*; **życie jej nie ~szczało** life had not dealt kindly with her
II rozpieścić się — **rozpieszczać się** to become spoilt GB a. spoiled US

rozpię|cie **I** *sv* → rozpiąć
II *n* placket, opening; **~cie przy sukience/bluzce** a dress/blouse opening; **suknia bez ~cia** a dress without a placket

rozpiętoś|ć *f sgt* [1] (odległość) span, spread; **~ć skrzydeł** wingspan, wingspread [2] (zakres) range; **~ć głosu** the vocal range; **~ć płac** the wage differential

rozpijacz|ony *adi.* pot. drunken; **mieszka z jakimś ~onym facetem** pot. she lives with some drunk

rozpijacz|yć się *pf v refl.* to take to drink; **~ył się, kiedy rzuciła go żona** he took to drink when his wife left him

rozpijać *impf* → rozpić

rozpił|ować *pf* — **rozpił|owywać** *impf* *vt* to saw through *[kłódkę, obręcz]*

rozpiłowywać *impf* → rozpiłować

rozpirzać *impf* → rozpirzyć

rozpirz|yć *pf* — **rozpirz|ać** *impf vt* posp. [1] (zniszczyć) to knock a. pull down *[rudery, mur]* [2] (przegnać) to kick out pot., to send [sb] packing pot.; **~ać demonstrację** to disperse a demonstration; **miał ochotę ~yć całe towarzystwo** he felt like sending the whole bunch packing

rozpi|sać *pf* — **rozpi|sywać** *impf* **I** *vt* [1] (podać do ogólnej wiadomości) to announce; **~sać konkurs (na coś)** to invite tenders a. entries a. applications (for sth); **~sać wybory** to call an election; **~sać ankietę** to send out a questionnaire; **~sać pożyczkę** to float a loan; **~sać subskrypcję** to offer a subscription [2] (przepisać role, głosy) **~sać kantatę na głosy** to write out the voices a. parts for a cantata
II rozpisać się — **rozpisywać się** (napisać rozwlekle) to write at length; **gazety ~sywały się o tym wypadku** the newspapers wrote at length about the accident

rozpis|ka *f* pot. agenda; **matka zrobiła mi szczegółową ~kę zadań domowych** mother gave me a detailed (to-do) list of household chores

rozpisywać *impf* → rozpisać

rozplakat|ować *pf* — **rozplakat|owywać** *impf vt* to put up, to post; **~ować ogłoszenie** to post an announcement

rozplakatowywać *impf* → rozplakatować

rozplan|ować *pf* — **rozplan|owywać** *impf vt* [1] (sporządzić plan rozmieszczenia) to lay out; **racjonalnie ~owane ulice** streets planned out in a rational way [2] (ułożyć plan czynności) to plan out; **~ować dzień/pracę** to plan out one's day/work

rozplanowywać *impf* → rozplanować

rozplatać *impf* → rozpleść

rozplą|tać *pf* — **rozplą|tywać** *impf* (~czę — ~tuję) **I** *vt* [1] (rozsupłać, odplątać) to unravel, to untwist *[nici, sznurek]*; to undo *[węzeł]*; to untangle *[sieć]*; **próbował ~tać zwój lin** he tried/ was trying to disentangle a coil of rope [2] przen. (wyjaśnić) to untangle, to unravel *[tajemnicę, zagadkę]*; **~tał zawiłą sprawę...** he solved the intricate issue of...
II rozplątać się — **rozplątywać się** to extricate oneself; **z trudem ~ał się z więzów** it was with some difficulty that he extricated himself from the ropes

rozplątywać *impf* → rozplątać

rozplenić się *impf* → rozplenić się

rozple|nić się — **rozple|niać się** *impf v refl.* [1] (rozmnożyć się) to proliferate; **chwasty ~niły się w ogrodzie** the weeds ran wild in the garden; **myszy ~niły się w piwnicy** mice have taken over the cellar [2] (stać się uciążliwym) to become rampant; **złodziejstwo bardzo się ~niło** theft is on the increase all the time

rozpl|eść *pf* — **rozpl|atać** *impf* (~otę, ~eciesz, ~ecie, ~ótł, ~otła, ~etli — ~atam) **I** *vt* to unbraid, to let down a. undo one's plaits; **~eść warkocze** to let down a. undo one's plaits
II rozpleść się — **rozplatać się** to unfasten; **włosy ~otły jej się w czasie biegu** her hair came undone during the run

rozplotk|ować *impf* **I** *vt* to gossip away, to babble out; **~ować wszystkim zasłyszaną tajemnicę** to blab out a secret one's heard to all and sundry
II rozplotkować się to have a good old gossip

rozpła|kać się *pf* (~czę się) to burst out crying; **~kała się nad losem córki** she burst into tears over the fate of her daughter

rozpłaszcza|ć *impf* → rozpłaszczyć

rozpłaszcz|yć *pf* — **rozpłaszcz|ać** *impf* **I** *vt* to flatten; **~yć nos na szybie** to flatten one's nose against the window
II rozpłaszczyć się — **rozpłaszczać się** to flatten oneself; **~ył się na ziemi** he flattened himself against the ground

rozpłata|ć *pf vt* to split (open), to slit (open); **~ć nożem brzuch ryby** to cut open the belly of a fish; **~ć komuś głowę toporem** to split sb's head open with an axe

rozpłodow|y *adi.* breeding; **bydło ~e** breeding cattle; **ogier ~y** a stud horse, a breeding stallion; **klacz ~a** a stud mare

rozpł|ód *m sgt* (*G* ~odu) breeding; **~ód bydła/pszczół** cattle/bee breeding; **przeznaczyć konia do ~odu** to put a horse out to stud

rozpły|nąć się *pf* — **rozpły|wać się**[1] *impf* (~nęła się, ~nęli się — ~wam się) *v refl.* [1] (rozlać się w różne strony) to spill (out); **atrament ~nął się po obrusie** ink spilled all over the tablecloth [2] (rozpuścić się) to melt; **masło ~nęło się zupełnie** the butter completely melted; **lód ~nął się w ciągu jednej nocy** ice melted during one night [3] (powoli zaniknąć) to disperse; **mgła ~nęła się rano** the fog dispersed in the morning; **klucz żurawi ~nął się w oddali** a skein of cranes disappeared in the distance
■ ~nąć się w powietrzu to dissolve into thin air; **~wać się we łzach** to shed floods of tears; **~wać się w ustach** to melt in the mouth

rozpływać się[1] *impf* → rozpłynąć się

rozpływa|ć się[2] *impf v refl.* przen. to slobber (nad kimś/czymś over sb/sth); **wszyscy ~li się nad jego talentem** everyone was gushing over his talent pejor.

rozpocz|ąć *pf* — **rozpocz|ynać** *impf* (~nę, ~ęła, ~ęli — ~ynam) **I** *vt* to begin, to start; **~ąć pracę nad czymś** to begin work on sth; **malarz ~ął pracę nad nowym płótnem** the painter began work on a new canvas; **właśnie ~ął nową pracę** he's just started a new job; **~ąć podróż** to start a journey; **po południu ~ęli poszukiwania** they began their search in the afternoon; **~ąć dzień od gimnastyki** to start one's day by doing exercises; **~ąć nowe życie** to start a new life; **~ąć coś na nowo** to recommence sth *[rozmowy, negocjacje]*; **~ął trzeci rok prezydentury** he entered his third year as president; **~yna pięćdziesiąty rok życia** she's entering her fiftieth year
II rozpocząć się — **rozpoczynać się** to start, to begin; **przedstawienie ~ęło się o drugiej** the performance started at two; **bal ~ął się mazurem** the ball began with a mazurka; **~ęły się słoty** the rainy season began; **za ogrodem/sadem ~ynały się pola** the fields began at the end of the garden/orchard

rozpoczynać *impf* → rozpocząć

rozpogadzać *impf* → rozpogodzić

rozpogodze|nie **I** *sv* → rozpogodzić
II *n* sunny spell, bright spell; **chwilowe ~nie** a bright interval; **całkowite ~nie** clear skies; **zachmurzenie duże z ~niami** cloudy with brighter a. sunny spells

rozpog|odzić *pf* — **rozpog|adzać** *impf* **I** *vt* to brighten; **stał przed nią ~odzony,**

spokojny he stood before her, content and calm

II rozpogodzić się — rozpogadzać się [1] (o niebie) to brighten up, to clear up; **po południu niespodziewanie się ~odziło** it cleared up a. brightened up unexpectedly in the afternoon [2] (rozweselić się) to cheer up, to brighten up; **~odzić się na czyjś widok** to cheer up a. brighten up at the sight of sb; **~odziła się na wieść o ich przybyciu** she cheered up at the news of their arrival

rozpolityk|ować się pf vi to get on to politics; **~owali się przy kielichu** once they started drinking they got on to politics

rozpolitykowani|e n sgt talking politics

rozpolitykowan|y adi. politically minded

rozpoławiać impf → rozpołowić

rozpoł|owić pf — **rozpoł|awiać** impf [I] vt to halve [przedmiot]; **~owione jabłko** a halved apple

II rozpołowić się — rozpoławiać się to split in half

rozpor|ek m [1] (w spodniach) fly, flies; **~ek na suwak/guziki** a zip/button fly; **zapiąć/ rozpiąć ~ek** to do up/undo one's fly a. flies; **z rozpiętym ~kiem** with one's fly undone [2] (w spódnicy) slit; **spódnica z ~kiem z tyłu/z boku** a skirt with a slit at the back/side

rozporządzać[1] impf → rozporządzić

rozporządza|ć[2] impf vi książk. (posiadać) **~ć czymś** to dispose of sth książk.

rozporządze|nie [I] sv → rozporządzić

II n (decyzja) directive; (akt prawny) order; **~nie rady ministrów** a government order; **~nie z mocą ustawy** a statutory instrument; **~nie o utworzeniu...** a directive to establish...; **park narodowy został utworzony ~niem Rady Ministrów z dnia 21 lipca 1990** the national park was established by government order on 31 July 1990; **~nie, na mocy którego....** a directive saying that...; **wydać ~nie** to issue a directive; **wyszło ~nie, że...** a directive was issued that...

rozporzą|dzić pf — **rozporzą|dzać**[1] impf książk. [I] vi [1] (zadecydować) [sąd, sędzia] to rule; [kierownik, właściciel] to order; **dyrektor ~dził, żeby nikogo nie wpuszczać** the manager ordered that nobody should enter; **ustawa ~dza, że...** the law says that... [2] (przekazać w testamencie) **~dzić swoim majątkiem** to dispose of one's fortune

II rozporządzić się — rozporządzać się (używać) **~dzić się czymś bez pozwolenia** to use sth without permission

rozpostar|ty [I] pp → rozpostrzeć

II adi. [skrzydła, ramiona] outstretched; **szeroko ~te gałęzie dębu** wide-reaching branches of an oak

rozpo|strzeć pf — **rozpo|ścierać** impf (~starł, ~starli — ~ścieram) [I] vt to spread [sth] out [ramiona]; to spread [dywan, obrus, mapę, skrzydła]; to open [parasol]

II rozpostrzeć się — rozpościerać się [widok, kraina, morze] to stretch; **po obu stronach drogi ~ścierały się pola** there were fields stretching away on both sides of the road

rozpościerać impf → rozpostrzeć

rozpowiadać impf → rozpowiedzieć

rozpowi|edzieć pf — **rozpowi|adać** impf (~em, ~edział, ~edzieli — ~adam) vt to put [sth] around [plotki]; **~ada na prawo i lewo, że...** he's been putting it around that...; **~edział wszystkim, jak go potraktowano** he told everybody how they had treated him

rozpowszechniać impf → rozpowszechnić

rozpowszechni|ć pf — **rozpowszechni|ać** impf [I] vt [1] (opublikować) to spread, to circulate [plotki, pogłoski]; to distribute [film, materiały] [2] (upowszechnić) to popularize [muzykę]; to spread [zwyczaj]; **bardzo ~ony napój** a very popular drink; **bardzo ~ony gatunek** a very common species

II rozpowszechnić się — rozpowszechniać się [tradycja, zwyczaj] to spread; [urządzenie, metoda] to become commonly used

rozpozna|ć pf — **rozpozna|wać** impf (~m — ~ję) [I] vt [1] (zidentyfikować) to recognize [osobę]; to diagnose [chorobę]; to identify [potrzeby, zagrożenia]; **~ć kogoś po czymś** to recognize sb by sth; **można ją łatwo ~ć po...** she is instantly recognizable by...; **~ć u kogoś padaczkę** to diagnose sb as having epilepsy; **trudno ~ć, że...** it's hard to tell that...; **nie mogłem ~ć, czy ona tam jest** I couldn't see if she was there or not [2] Prawo [sąd] to hear [sprawę, wniosek]

II rozpoznać się — rozpoznawać się [1] (samego siebie) to recognize oneself; (nawzajem) to recognize each other [2] (zorientować się) **~ać się w czymś** to become familiar with sth

rozpozna|nie [I] sv → rozpoznać

II n [1] Med. diagnosis; **trafne/błędne ~nie** a right/wrong diagnosis; **~nie schizofrenii** a diagnosis of schizophrenia [2] Wojsk. reconnaissance; **~nie lotnicze** air reconnaissance; **przeprowadzić ~nie** to make a reconnaissance [3] Prawo **po ~niu sprawy** after hearing the case

rozpoznawać impf → rozpoznać

rozpoznawalnoś|ć f sgt recognizability

rozpoznawaln|y adi. recognizable; **łatwo ~y styl** a distinctive a. instantly recognizable style

rozpoznawcz|y adi. [1] (identyfikujący) **znak ~y** identification; **nosić coś jako znak ~y** to wear sth for identification; **cechy ~e** distinctive features [2] Wojsk. [misja, patrol, lot] reconnaissance attr.; **samolot ~y** a pathfinder

rozprac|ować pf — **rozprac|owywać** impf vt to work [sth] out [plan, program]; to figure [sth] out; to suss [sth] out pot. [problem, zagadkę]; to uncover, to expose [siatkę, organizację]; **~owujemy gang przemytników** we are trying to uncover a gang of smugglers

rozpracowywać impf → rozpracować

rozpras|ować pf — **rozpras|owywać** impf vt [1] (wyrównać) [osoba] to iron [sth] out [kant, szew, zakładkę]; [walec] to roll [sth] out [nierówności] [2] (rozpłaszczyć) to press [sth] flat

rozprasowywać impf → rozprasować

rozpraszać impf → rozproszyć

rozpraszająco adv. distractingly; **działać na kogoś ~** to be a distraction to sb

rozpraszając|y [I] pa → rozpraszać

II adi. [widok, hałas] distracting

rozpraw|a f [1] (bitwa) battle także przen.; **~a z przestępczością** a crackdown on crime [2] (praca naukowa) treatise (**na temat czegoś** on sth); (na stopień naukowy) dissertation, thesis (**na temat czegoś** on sth); **~a doktorska** a PhD thesis a. dissertation [3] Prawo trial; **sala ~** a courtroom [4] zw. pl (dyskusja) debate; **toczą się długie ~y na temat...** there's a long debate going on about...

rozprawia|ć impf vi to discourse (**z kimś** with sth); **długo ~ć o czymś** to discourse at great length about sth

rozprawiać się impf → rozprawić się

rozprawiczać impf → rozprawiczyć

rozprawicz|yć pf — **rozprawicz|ać** impf vt posp. to pop [sb's] cherry [kobietę, mężczyznę]

rozpraw|ić się pf — **rozpraw|iać się** impf vt **~ić się z opozycją/wrogiem** to crush the opposition/enemy; **~ić się z rywalami** Sport. to take one's opponents apart; **~ić się z przestępczością/handlem narkotykami** to crack down on crime/drug-dealing; **~ić się z teorią, że...** to dispose of a theory that...; **już ja się z wami ~ię!** I'll knock your heads together

rozpraw|ka f short dissertation; (szkolne wypracowanie) essay

rozprężać impf → rozprężyć

rozprężeni|e [I] sv → rozprężyć

II n sgt anarchy; **~e dyscypliny** a slackness in discipline; **w domu panowało ~e** the house was in total anarchy

rozprężony [I] pp → rozprężyć

II adi. [1] [osoba] relaxed [2] [gaz] expanded

rozpręż|yć pf — **rozpręż|ać** impf [I] vt [1] (rozluźnić) to relax [mięśnie]; **~yć ramiona** to stretch one's arms [2] Fiz. to expand [gaz, parę wodną]

II rozprężyć się — rozprężać się [1] (fizycznie, psychicznie) [ciało, mięśnie, osoba] to relax; **~ się!** relax! [2] Fiz. [gaz, para wodna] to expand

rozpromieniać impf → rozpromienić

rozpromie|nić pf — **rozpromie|niać** impf [I] vt [uśmiech] to brighten [twarz]; **twarz ~niona radością** a face beaming with joy

II rozpromienić się — rozpromieniać się [osoba, twarz] to brighten up; **~nił się na jej widok** he brightened up at the sight of her

rozpromieni|ony [I] pp → rozpromienić

II adi. [twarz] beaming; [osoba] beaming with joy

rozpropag|ować pf vt to propagate [ideę, pomysł]; to popularize [metodę, sprzęt] ⇒ **propagować**

rozprost|ować pf — **rozprost|owywać** impf [I] vt [1] (wygładzić) to smooth [sth] out [papier, materiał, zmarszczki] [2] (wyciągnąć) to stretch [ramiona, nogi]; (po zgięciu) to unbend, to uncurl [palce, kolana]; **~ować kości** [osoba] to stretch

rozprostować się — **rozprostowywać się** (przeciągnąć się) *[osoba]* to stretch; (wyprostować się) *[osoba, palce]* to unbend, to uncurl

rozprostowywać *impf* → **rozprostować**

rozproszeni|e [] *sv* → **rozproszyć**

[] *n sgt* [1] (po świecie) **być w ~u** to be dispersed [2] (dekoncentracja) lack of concentration

rozprosz|ony [] *pp* → **rozproszyć**

[] *adi.* [1] (rozrzucony) *[społeczność, naród]* dispersed; *[budynki, punkty]* scattered; *[ruch]* diffuse; *[odpowiedzialność, władza]* dispersed; **~ony po całym świecie** scattered throughout the world [2] (zdekoncentrowany) *[uwaga]* distracted; *[osoba]* abstracted; **zebrać ~one myśli** to gather one's scattered thoughts [3] *[światło]* diffuse

rozpr|oszyć *impf* — **rozpr|aszać** *pf* [] *vt* [1] (rozgonić) to disperse, to break [sth] up *[tłum]*; to disperse, to dispel *[chmur, mgłę, mrok]*; **huragan ~oszył flotę** a storm dispersed the fleet [2] (rozdrobnić) to fragment *[system, organizację]*; to split *[fundusze, wysiłki]*; to diffuse *[światło]* [3] (zdekoncentrować) *[osoba, hałas]* to distract *[osobę]*; **~aszać czyjąś uwagę** to distract sb; **~aszał mnie ten hałas** I was distracted by the noise [4] (rozsiać) to disperse *[pył]*; **~aszała wokół siebie piękną woń** perfum she wafted a beautiful scent around her [5] (rozwiać) to dispel, to dissipate *[wątpliwości, obawy, nieufność]*; **~aszać czyjąś senność** to keep sb awake

[] **rozproszyć się** — **rozpraszać się** [1] (rozejść się) *[tłum]* to disperse, to break up; *[chmury, mgła]* to dissipate; *[ciemności, mrok]* to be dispelled [2] (rozdrobnić się) *[system, organizacja]* to become fragmented [3] (zdekoncentrować się) *[osoba, uwaga]* to be distracted; **on się łatwo ~asza** he's easily distracted [4] *[obawy, wątpliwości]* to be dispelled [5] (rozmyć się) *[odpowiedzialność]* to be dispersed; **odpowiedzialność ~asza się na wiele różnych instytucji** the responsibility is dispersed among many different institutions

rozprowa|dzać *impf* → **rozprowadzić**

rozprowa|dzić *impf* — **rozprowa|dzać** *impf vt* [1] (rozwieźć, roznieść) to carry *[krew]*; to distribute *[prąd, wodę]*; **krew jest ~dzana po całym organizmie** blood is carried around the body; **woda jest ~dzana rurami** water is distributed through a system of pipes [2] (sprzedać, rozdać) to distribute, to push *[narkotyki]*; to pass [sth] out *[ulotki]* [3] (rozsmarować) to spread *[klej, lakier]*; **~dzić farbę wałkiem** to spread paint with a roller [4] (rozcieńczyć) to thin *[farbę]*; (rozpuścić) to dissolve *[proszek]*; **~dzić farbę wodą** to thin the paint with water; **~dzić kakao mlekiem** to dissolve the cocoa in milk

rozpróżniaczać się *impf* → **rozpróżniaczyć się**

rozpróżniacz|ony *adi.* pejor. *[osoba]* slothful pejor., idle pejor.

rozpróżniacz|yć się *pf* — **rozpróżniacz|ać się** *impf v refl.* pejor. to fall into idleness pejor.

rozpru|cie [] *sv* → **rozpruć**

[] *n* (rozdarcie) rip (**w czymś** in sth)

rozpru|ć *pf* — **rozpru|wać** *impf* [] *vt* [1] (usunąć szwy) to unstitch *[szew, rękaw]*; (podrzeć) to split; **~łem sobie spodnie w kroku** I split my trousers at the crotch [2] (przeciąć) *[błyskawica, pocisk]* to rip through *[niebo]*; *[strzała, nóż, huk]* to slash through *[powietrze]* [3] pot. (rozciąć) to open *[sejf]*; to rip *[łódź, kadłub]*; to split [sth] open *[brzuch]*

[] **rozpruć się** — **rozpruwać się** (rozejść się na szwach) to come unstitched; (rozedrzeć się) to split open

rozpruwać *impf* → **rozpruć**

rozprysk *m* (*G* ~**u**) [1] (fontanna) spray; (ślad) splash; **~i błota/wody** sprays of mud/water; **~i farby na płótnie** splashes of paint on the canvas [2] Wojsk. (rozerwanie się pocisku) fragmentation

rozprysk|ać *pf* — **rozprysk|iwać** *impf* [] *vt* (rozchlapać) to spray *[wodę, błoto]*; **~ać wodę po całej łazience** to spray water all over the bathroom; **koła samochodu ~iwały błoto** the car's wheels were sending up sprays of mud

[] **rozpryskać się** — **rozpryskiwać się** (olej) to spatter; **tłuszcz ~ujący na wszystkie strony** fat spattering all around; **krople deszczu ~iwały się o szybę** the raindrops splashed against the window

rozpryskiwacz *m* spray nozzle

rozpryskiwać *impf* → **rozpryskać**

rozpryskiwać się *impf* → **rozprysnąć się**

rozpry|snąć się *pf* — **rozpry|skiwać się** *impf* (~**sł się** a. ~**snął się**, ~**sneli się** — ~**skuję się**) *v refl.* [1] (rozpaść się) *[wazon, doniczka]* to shatter; ~**snąć się na kawałki** to shatter into pieces; **szczątki samolotu ~sły się po okolicy** fragments of the plane were scattered over the area [2] (rozproszyć się) *[tłum]* to scatter; **ludzie ~sneli się na wszystkie strony** people scattered in all directions

rozpryśnię|ty *adi. [szkło]* shattered; **szkło ~te na jezdni** broken glass scattered over the roadway

rozprz|ąc *pf* — **rozprz|ęgać** *impf* (~**ęgę** a. ~**egnę**, ~**ężesz** a. ~**egniesz**, ~**ągł** a. ~**egł** a. ~**egnął**, ~**egli** — ~**egam**) [] *vt* [1] (z zaprzęgu) to unharness *[konie]* [2] przen. (~**egać kogoś moralnie** to weaken sb's moral fibre; **~egać komuś nerwy** *[sytuacja, strach]* to set sb's nerves on edge

[] **rozprząc się** — **rozprzęgać się** *[system]* to fall into chaos

rozprzeda|ć *pf* — **rozprzeda|wać** *impf* (~**m** — ~**je**) *vt* to sell; **~ć wszystkie bilety/egzemplarze** to sell out of all tickets/copies; **musiał ~ć wszystkie meble** he had to sell all his furniture

rozprzedawać *impf* → **rozprzedać**

rozprzedaż *f sgt* selling; **zajmować się ~ą czegoś** to sell sth

rozprzestrzeniać *impf* → **rozprzestrzenić**

rozprzestrze|nić *pf* — **rozprzestrze|niać** *impf* [] *vt* to diffuse *[zapach]*; to disseminate *[hasła, idee]*

[] **rozprzestrzenić się** — **rozprzestrzeniać się** *[ogień, epidemia, moda]* to spread; **~nić się po całym kraju** to spread across the country; **ogień ~nił się na sąsiednie**

budynki the fire spread to the neighbouring buildings

rozprzestrzeni|ony *adi.* **(szeroko) ~ony** *[gatunek, zjawisko]* widespread

rozprzęgać *impf* → **rozprząc**

rozprzęgnąć → **rozprząc**

rozprzężeni|e [] *sv* → **rozprząc**

[] *n sgt* [1] (dezorganizacja) anarchy; **w państwie szerzy się ~e** anarchy is spreading throughout the country [2] (rozluźnienie) slackness; **~e moralne** moral slackness

rozpuk *m sgt* (*G* ~**u**) **śmiać się do ~u** to laugh one's head off

rozpulchniać *impf* → **rozpulchnić**

rozpulchni|ć *pf* — **rozpulchni|ać** *impf* [] *vt* (narzędziem) to scarify *[glebę]*; *[dżdżownica]* to aerate *[glebę]*; to soften *[ciasto, skórę]*

[] **rozpulchnić się** — **rozpulchniać się** (rozmięknąć) **ziemia ~ła się po deszczu** rain softened the ground

rozpu|sta *f sgt* [1] przest. (rozwiązłość) debauchery; **oddawać się ~ście** to indulge in debauchery [2] żart. (nadmiar przyjemności) decadence; **toż to czysta** a. **jawna ~sta!** that's pure decadence!

rozpustnic|a *f* przest., pejor wanton przest.

rozpustnie *adv.* **żyć ~** to live a life of debauchery

rozpustni|k *m* pejor., żart. lecher

rozpustn|y *adi. [mężczyzna]* lecherous; *[kobieta]* wanton; *[piosenka]* lewd; *[życie, orgia]* debauched; **pędzić ~e życie** to lead a debauched life

rozpuszczać *impf* → **rozpuścić**

rozpuszczalnik *m* solvent; **~ benzynowy** organic solvent; **~ do farb** paint thinner; **woda jest dobrym ~iem** water is a good solvent

rozpuszczalnoś|ć *f sgt* solubility; **niska/wysoka ~ć w wodzie** low/high water solubility

rozpuszczaln|y *adi. [substancja]* soluble; **~y w wodzie** water-soluble; **kawa ~a** instant coffee

rozpu|ścić *pf* — **rozpu|szczać** *impf* [] *vt* [1] (utworzyć roztwór) *[osoba, ciecz]* to dissolve; (rozcieńczyć) to thin *[farbę]*; **~ścić coś w czymś** to dissolve sth in sth; **~ścić tabletkę w łyżeczce wody** to dissolve a tablet in a teaspoon of water; **~ścić farbę terpentyną** to thin paint with turpentine; **woda ~szcza skałę** water dissolves the rock [2] (roztopić) to melt *[lód]*; **~szczone masło** melted butter [3] (rozpiąć) to let [sth] down *[włosy]*; to loosen *[warkocz, kok]*; **z ~szczonymi włosami** with one's hair loose [4] (pozwolić odejść) to send [sb] home *[żołnierzy, pracowników]*; **uczniów ~szczono do domów** the pupils were sent home [5] (wydać) to squander *[pieniądze]*; **~ścić majątek na coś** to squander one's fortune on sth [6] (rozpowszechnić) to set [sth] about *[pogłoski, wiadomości]*; **~ścić plotkę, że...** to set it about that... [7] pot. (zdemoralizować) to spoil *[dziecko]*; **~ścić kogoś jak dziadowski bicz** to spoil sb rotten; **~szczony dzieciak** a spoilt child

[] **rozpuścić się** — **rozpuszczać się** [1] (zmieszać się) to dissolve; **~ścić/szczać się w czymś** to dissolve in sth [2] (roztopić się) *[lody, masło]* to melt [3] pot. (zdemoralizować się) to be spoilt

rozpychać *impf* → **rozepchać**

rozpylacz *m* [1] (urządzenie) sprayer; (do lekarstw) vaporizer; **~ do roślin** a plant sprayer; **~ do perfum** a perfume atomizer [2] pot. machine gun

rozpylać *impf* → **rozpylić**

rozpyl|ić *pf* — **rozpyl|ać** *impf* [I] *vt* to spray *[perfumy, wodę]*; to throw [sth] up *[kurz]*; **~ać środki owadobójcze z samolotów** to spray crops from the air [II] **rozpylić się** — **rozpylać się** *[ciecz]* to break up into a fine spray

rozpyt|ać *impf* — **rozpyt|ywać** *impf* [I] *vt* to ask *[osoby]*; **~ywać kogoś o coś** to ask sb about sth; **~ywać o kogoś** to ask around for sb [II] **rozpytać się** — **rozpytywać się** to ask around; **~ać się o coś** to ask around about sth; **trochę się ~ytam** I'll do some asking around

rozpytywać *impf* → **rozpytać**

rozrabiac|ki *adi.* pot., pejor. *[towarzystwo]* unruly

rozrabiactw|o *n sgt* pot., pejor. (skłonność do awantur) unruliness

rozrabiacz *m*, **~ka** *f* pot., pejor. troublemaker pejor.

rozrabiać[1] *impf* → **rozrobić**

rozrabia|ć[2] *impf vi* pot. [1] pejor. (robić burdy) to brawl; (wywoływać zamieszanie) *[osoba]* to stir up trouble ⇒ **narozrabiać** [2] *[dziecko]* to be up to some mischief ⇒ **narozrabiać**

rozrabia|ka *m* pot. (awanturnik) troublemaker; (żywe dziecko) rascal

rozrachun|ek [I] *m* (*G* **~ku**) [1] Księg. account; **zrobić ~ek** to do one's accounts; **z ~ku wynika, że...** it's clear from the accounts that...; **być na własnym ~ku** *[organizacja]* to be self-financing; *[pracownik]* to be self-employed; *[osoba]* (samemu się utrzymywać) to be financially independent [2] przen. (podsumowanie) **przeprowadzić ~ek z przeszłością** to come to terms with one's past; **dokonać ~ku z własnym życiem** to examine one's own life [II] **rozrachunki** *plt* (porachunki) score-settling

rozrachunkow|y *adi.* **film/artykuł ~y** a film/an article analysing responsibility for public events

rozrad|ować *pf* książk. [I] *vt* to gladden *[osobę]*; **jej widok bardzo go ~ował** it gladdened his heart to see her [II] **rozradować się** to be gladdened; **jego serce się ~owało** his heart was gladdened

rozradowani|e [I] *sv* → **rozradować** [II] *n sgt* jubilation

rozradowan|y [I] *pp* → **rozradować** [II] *adi. [osoba, twarz, mina]* jubilant

rozrastać się *impf* → **rozrosnąć się**

rozrąb|ać *pf* — **rozrąb|ywać** *impf* (**~ię** — **~uje**) *vt* to chop up, to cleave *[polano, kłodę]*; **~ać coś siekierą** to chop sth up with an axe; **~ał mu głowę pałaszem** he split his head with a sword

rozrąbywać *impf* → **rozrąbać**

rozregul|ować *pf* — **rozregul|owywać** *impf* [I] *vt* to upset *[mechanizm]* [II] **rozregulować się** — **rozregulowywać się** to go wrong

rozregulowywać *impf* → **rozregulować**

rozreklam|ować *pf vt* to advertise, to publicize *[wyroby, film]*; **szeroko ~owany występ zagranicznej piosenkarki** a highly publicized appearance by a foreign singer

rozr|obić *pf* — **rozr|abiać**[1] *impf vt* to mix; **~obić ciasto** to make pastry a. dough US; **~obić mąkę mlekiem** to mix flour and milk; **~obić wapno** to attenuate lime; **~obić wodą zgęstniały klej** to thin out the hard/thick glue with water

rozrodczoś|ć *f sgt* Biol. reproductiveness

rozrodcz|y *adi.* Biol. *[komórki, gruczoły]* reproductive; **kobiety w wieku ~ym** women of child-bearing age

rozrosły *adi.* → **rozrośnięty**

rozr|osnąć się *pf* — **rozr|astać się** *impf v refl.* [1] (rozwinąć się) to grow; **małe świerczki ~osły się w ogromne drzewa** small spruces grew into enormous trees; **chwasty zaczęły się ~astać** the weeds began to sprout a. proliferate; **~ósł się i zmężniał** he's grown up into a fine figure of a man; **~ósł się w klatce piersiowej** his chest expanded [2] (powiększyć się objętościowo) **miasto ~astało się w kierunku południowym** the town expanded a. spread southward; **synowie się pożenili, rodzina się ~osła** the sons got married, the family grew; **artykuł ~ósł się do niebywałych rozmiarów** the article took on mammoth proportions [3] (powiększyć się ilościowo) to proliferate

rozro|st *m sgt* (*G* **~stu**) [1] (rozrastanie się) proliferation; **bujny ~st chwastów** the prolific growth of weeds [2] (powiększenie się) development; **gwałtowny ~st miast** the rapid expansion a. development of towns ❑ **~st tkanki/narządu** Med. tissue/organ proliferation

rozrośnię|ty *adi. [krzewy, drzewa]* big; **mężczyzna ~ty w barach** a broad-shouldered man

rozrób|a *f* (**~ka** *dem.*) pot. brawl; bovver GB pot.; **chuligańskie/pijackie ~y** hooligan/drunken brawls

rozr|ód *m* (*G* **~odu**) *sgt* Biol. reproduction

rozróżniać *impf* → **rozróżnić**

rozróżnialn|y *adi.* distinguishable; **przedmioty ~e wzrokowo** visually distinguishable objects

rozróżni|ć *pf* — **rozróżni|ać** *impf vt* [1] (dostrzec różnicę) to distinguish, to differentiate; **bliźnięta są tak podobne, że nie sposób ich ~ć** the twins are so alike you can't tell them apart; **daltoniści nie ~ają barw czerwonej i zielonej** people who are colour-blind confuse red and green; **nie ~am brązowego i zielonego** I can't differentiate between brown and green [2] (rozpoznać) to distinguish; **w ciemnościach z trudem ~ał zarysy postaci** he could hardly distinguish a. make out the silhouettes in the darkness; **w panującym gwarze nie można było ~ć poszczególnych słów** the hubbub was so intense that you could hardly distinguish individual words

rozruch [II] *m* (*G* **~u**) [1] Techn. start(ing)-up, warm(ing)-up; **~ próbny** a test run; **~ silnika przed startem** warming up the en-gine before starting [2] Przem. start-up; **~ elektrowni/zakładu** the start-up of a power station/plant; **fabryka na etapie a. w okresie a. w fazie ~u** a factory in the start-up phase [II] **rozruchy** *plt* riot(s), unrest; **~y na tle rasowym** a race riot; **stłumić ~y** to quell a. crush a riot; **~y antyrządowe trwają** anti-government unrest continues; **w stolicy doszło do ~ów** riots broke out in the capital

rozruchow|y *adi.* [1] Techn. *[akumulator, dźwignia]* starting; **przewody ~e** jump leads GB, jumper cables US [2] Techn. *[siła, moc]* starting; start-up *attr.* [3] (dotyczący uruchomienia produkcji) start-up *attr.*; **możliwości ~e zakładu produkcyjnego** the start-up potential of a production plant

rozrusza|ć *pf* [I] *vt* [1] (przywrócić sprawność) to loosen up; **~ć zesztywniałe stawy** to lossen up one's joints stiff joints [2] (wprawić w ruch) to start, to set in motion *[urządzenie techniczne, silnik]* [3] (ożywić) to liven up *[towarzystwo]*; **wizyta wnuczki trochę go ~ła** his granddaughter's visit livened him up a bit [II] **rozruszać się** [1] (odzyskać sprawność fizyczną) to relax; **muszę wstać, ~ć się, bo się zasiedziałem** I have to get up and stretch my legs [2] (nabrać energii) to liven up; **~ł się w ich towarzystwie** he livened up in their company

rozrusznik *m* Techn starter ❑ **~ serca** Med. (artificial) pacemaker

rozry|ć *pf vt* to root up; **koparki ~ły drogę** the excavators dug up the road

rozrys|ować *pf* — **rozrys|owywać** *impf vt* to draw up *[detale, plany]*

rozrysowywać *impf* → **rozrysować**

rozrywać *impf* → **rozerwać**[1]

rozryw|ka *f* entertainment *U*, pastime; **~ka dla całej rodziny** family entertainment; **robić coś dla ~ki** to do sth for a. as an amusement; **gonić za ~kami** to lead a life of idle pleasure; **traktować coś jako ~kę** to treat sth as a distraction; **łączyć naukę z ~ką** to combine learning and entertainment; **oglądanie telewizji jest jego jedyną ~ką** watching television is his only entertainment; **naszą główną ~ką było czytanie** our chief diversion was reading; **książeczka z ~kami umysłowymi** a puzzle book

rozrywkowo *adv.* facetiously, frivolously; **to zbyt poważne sprawy by je traktować ~** the issues are too serious to be treated frivolously

rozrywkow|y *adi.* light; **lektura ~a** light reading; **muzyka ~a** light music; **przemysł ~y** show business; **program ~y w radiu/telewizji** light entertainment on the radio/on television

rozrzedzać *impf* → **rozrzedzić**

rozrzedz|ić *pf* — **rozrze|dzać** *impf vt* to thin (down); **~dzić farbę/klej wodą** to water down paint/glue; **~dzone powietrze górskie** the rarefied mountain air; **las stopniowo się ~dza** the forest gradually thins out; **tłum trochę się ~dził** the crowd thinned (out) a little

rozrzewniając|y [I] *pa* → **rozrzewnić** [II] *adi. [melodia, wspomnienia, atmosfera]*

R

moving, touching; **~a ballada** a poignant ballad

rozrzewniać *impf* → rozrzewnić

rozrzewni|ć *pf* — **rozrzewni|ać** *impf* **[I]** *vt* to move; **~ć kogoś do łez** to move sb to tears; **~ł nas swoim opowiadaniem** we were moved by his story

[II] rozrzewnić się — **rozrzewniać się** to be moved; **~li się pod wpływem wspomnień** they were moved by the memories; they got all gooey with the memories pot.; **~ła się, kiedy mówiła o rodzinie** she got sligthly dewy-eyed as she talked about her family

rozrzewnieni|e [I] *sv* → rozrzewnić

[II] *n* emotion; **spoglądała na dzieci z ~em** she looked at the children with a tender expression on her face

rozrzucać *impf* → rozrzucić

rozrzu|cić *pf* — **rozrzu|cać** *impf* **[I]** *vt* **1** (ciskać w różne strony) to scatter, to spread *[nasiona, nawóz]*; **~cić piasek na śliskiej drodze** to sand the icy road, to scatter sand on the icy road; **~cić sól na śliskiej drodze** to salt the icy road, to sprinkle the icy road with salt; **~cić śmiecie** to throw litter around **2** (umieszczać w różnych miejscach) to scatter *[zabawki, ulotki]*; **domy ~cone wśród drzew** houses scattered among the trees; **poskładał ~cone książki** he gathered up the scattered books; **~cono ich po różnych domach** they were located in various houses **3** (burzyć) to tear down; **~cić widłami stertę siana** to fork over a stack of hay; **~cili szałas** they tore down the hut

[II] rozrzucić się — **rozrzucać się** to spread, to scatter; **włosy ~ciły jej się na poduszce** her hair spread over the pillow

■ **~cać pieniądze garściami** to spend money recklessly, to throw money about

rozrzu|t *m* (*G* **~tu**) **1** (rozmieszczenie) scattering; **równomierny ~t nasion przy siewie** the even distribution of seed in sowing; **~t liter na karcie tytułowej** the letter spacing on the title page **2** (broni) dispersion; **~t pocisków** the dispersion of shells; **pole ~tu** a field of dispersion

rozrzutnic|a *f* spendthrift, squanderer

rozrzutnie *adi. grad.* prodigally, improvidently; **żyli ~** they made the money fly, they spent money like water a. hand over fist; **~ gospodarował funduszami państwowymi** he was prodigal in his use of public funds

rozrzutni|k [I] *m pers.* spendthrift, squanderer

[II] *m inanim.* Roln. spreader; **~k obornika** a muck spreader

rozrzutnoś|ć *f sgt* prodigality; **pohamować czyjąś ~ć** to curb sb's extravagance; **był hojny aż do ~ci** he was generous to a fault

rozrzutn|y *adi. grad.* **1** (nie liczący się z pieniędzmi) high-spending, overspending **2** (marnotrawny) prodigal, wasteful; **~a gospodarka** a wasteful economy; **~e wydawanie pieniędzy** reckless a. extravagant spending

rozrzynać *impf* → rozerżnąć

rozsa|da *f* seedling; **wysadzanie ~dy** a. **~d do gruntu/w skrzynki balkonowe**

placing a. planting seedlings in the ground/ the boxes

rozsadnik *m* **1** Leśn. (tree) seedling nursery **2** Ogr. seedbed, seedling nursery **3** przen. breeding ground; **~ bakterii/ choroby** a breeding ground for bacteria/ diseases; **widliszek jest ~iem malarii** the mosquito is a malaria carrier; **~ zepsucia** a den of iniquity

rozsadzać *impf* → rozsadzić

rozsa|dzić *pf* — **rozsa|dzać** *impf vt* **1** (usadowić) **~dzić gości przy stole** to seat guests around a table **2** (rozdzielić) to split up *[uczniów, dzieci]* **3** (rozrzedzić) to plant out *[rośliny, flance]*; **drzewa ~dzone symetrycznie po obu stronach drogi** trees planted out symmetrically on each side of the road **4** (doprowadzić do rozpadnięcia się) to blast (out) *[skałę]*

rozsąd|ek *m sgt* (*G* **~ku**) reason; **głos ~ku** the voice of reason; **brak ~ku** unreasonableness; **w granicach ~ku** within reason, within reasonable a. acceptable limits; **słuchać głosu ~ku** to listen to reason; **zapomnieć o ~ku** to throw caution to the wind(s)

■ **zdrowy ~ek** common sense; **to przekracza granice zdrowego ~ku** it is a. goes beyond all reason

rozsądnie *adv. grad.* sensibly, reasonably; **mówić ~** to talk sense; **postępować ~** to act sensibly; **zachowywać się ~** to behave reasonably; **podchodzić do czegoś ~** to be reasonable about sth; **najrozsądniej byłoby to zignorować** the wisest thing (to do) would be to ignore it

rozsądn|y *adi. grad.* *[rada]* sound; *[decyzja]* wise; *[pomysł, plan, wybór]* sensible; *[polityka]* sane; *[cena, propozycja]* reasonable; **~e postępowanie** a judicious course of action; **bądź ~y!** be reasonable!; **była na tyle ~a, że wezwała taksówkę** she was wise enough to call a taxi; **wtedy wydawało się to ~ym posunięciem** it seemed the rational thing to do at the time

rozsądzać *impf* → rozsądzić

rozsą|dzić *pf* — **rozsą|dzać** *impf vt* to arbitrate, to adjudicate *[spór, kwestię sporną]*; **trudno ~dzić, kto z was ma rację** it's difficult to decide a. work out which of you is right

rozsi|ać *pf* — **rozsi|ewać** *impf* (**~eję, ~ali — ~ewam**) **[I]** *vt* **1** to scatter *[nasiona, nawozy]*; to spread; **~ewała wokół siebie zapach perfum** she wafted perfume; **~ewała zarazki** she breathed germs, she spread germs **2** (rozpowszechniać) to spread, to plant *[pogłoski, plotki]*

[II] rozsiać się — **rozsiewać się** to spread; **chwasty same się ~ewają** weeds are self-propagating

rozsiadać się *impf* → rozsiąść się

rozsian|y [I] *pp* → rozsiać

[II] *adi. [domy, punkty turystyczne]* scattered; *[ludność]* sparse; **gwiazdy ~e po niebie** stars scattered across the sky

rozsi|ąść się *pf* — **rozsi|adać się** *impf* (**~ądę się, ~ądziesz się, ~adł się, ~adła się, ~edli się — ~adam się**) *v refl.* (siąść wygodnie) to lounge; **~ąść się wygodnie w fotelu/na kanapie** to lounge comfortably in an armchair/on the sofa;

~edli się naokoło ogniska they sat down round the camp fire

rozsier|dzić *pf* — **rozsier|dzać** *impf* **[I]** *vt* książk. to enrage, to infuriate; **był ~dzony jej uporem** he was incensed with her stubbornness

[II] rozsierdzić się — **rozsierdzać się** książk. to become infuriated (**na kogoś/coś** with sb/sth); to become enraged (**na kogoś/coś** at sb/sth); **bardzo się ~dził na dzieci** the children made him see red

rozsierdz|ony *adi.* enraged, infuriated; **słychać było jej ~ony głos** you could hear her infuriated voice

rozsiewać *impf* → rozsiać

rozsiodł|ać *pf* — **rozsiodł|ywać** *impf vt* to unsaddle *[konia, wielbłąda]*

rozsiodływać *impf* → rozsiodłać

rozsław|ić *pf* — **rozsław|iać** *impf* **[I]** *vt* to render famous; **~ić czyjeś imię** make sb's name famous

[II] rozsławić się — **rozsławiać się** to become famous; **jego imię ~iło się na całym świecie** his name became famous all over the world; **~ili się swoim wyczynem** their deed a. feat won them fame

rozsmak|ować się *pf* — **rozsmak|o- wywać się** *impf v refl.* to delight in the taste (**w czymś** of sth); to acquire a taste (**w czymś** for sth); **~ować się w muzyce/ poezji** to take to music/poetry, to acquire a taste for music/poetry

rozsmakowan|y *adi.* **był ~y w poezji/ muzyce** he had a taste for, he loved poetry/ music

rozsmakowywać się *impf* → rozsmako- wać się

rozsmar|ować *pf* — **rozsmar|owy- wać** *impf* **[I]** *vt* to spread *[dżem, klej]*; **cienko ~ować masło na chlebie** to spread butter thinly on bread; **~ować krem na szyi** to apply cream to one's neck, to rub cream into one's neck; **margarynę łatwo ~ować** margarine spreads easily

[II] rozsmarować się — **rozsmarowywać się** *[masło, margaryna]* to spread; **masło nie chciało się ~ować** the butter wouldn't spread

rozsmarowywać *impf* → rozsmarować

rozsnu|ć *pf* — **rozsnu|wać** *impf* **[I]** *vt* książk. to spin (out); **pająk ~ł pajęczynę** the spider spun a web; **wiatr ~wa babie lato po polach** the wind carries a. disperses the gossamer threads over the fields

[II] rozsnuć się — **rozsnuwać się** książk. to spread; **mgły ~ły się w powietrzu/nad łąkami** mist spread through the air/over the fields; **dymy ~ły się nad miastem** smoke spread over the town

rozsnuwać *impf* → rozsnuć

rozsroż|ony [I] *pp* → rozsrożyć

[II] *adi. [ojciec nauczyciel]* raging, livid

rozsroż|yć książk. *pf* **[I]** *vt* to infuriate, to enrage; **upartym milczeniem ~yła go jeszcze bardziej** her obstinate silence infuriated him even more; **~ony ojciec ukarał go surowo** his enraged father punished him severely

[II] rozsrożyć się **1** (rozgniewać się) to become enraged, to become infuriated **2** przen. (o zjawiskach atmosferycznych) **burza/**

zima ~yła się na dobre the storm/winter has set in

rozsta|ć się *pf* — **rozsta|wać się** *impf* (~nę się — ~ję się) *v refl.* [1] (odejść) to part; ~ć się z kimś na krótko/na zawsze to part with sb for a short time/for ever; **po krótkiej rozmowie ~li się** after a short conversation they parted company; **~ć się z mężem/z żoną** to split up with one's husband/wife; **~li się pięć lat później** they parted five years later; **~li się przed wejściem** they parted company at the entrance; **~liśmy się w najlepszej komitywie** we parted on the best of terms; **~li się w przyjaźni** they parted friends [2] (pozbyć się) to part; **nie ~wał się z teczką ani na chwilę** he wouldn't be parted from his briefcase even for a moment; **bez żalu ~ł się ze starymi meblami** he parted with old furniture without regret; **~ć się z nadzieją na coś** *przen.* to give up hope for sth

■ **~ć się z życiem** a. **ze światem** a. **z tym światem** to depart this life, to pass away

rozstaj *m zw. pl* (*G* ~**u** a. ~**a**) crossroad(s); **dojechali do ~ów dróg i tam się pożegnali** they came to the crossroad(s) and there they said goodbye

rozstajn|y *adi.* diverging, parting

■ **być na ~ych drogach** to be at the crossroads

rozsta|nie *n* (pożegnanie) parting; (zerwanie) split-up; (rozłąka) separation; **lata ~nia** years of separation; **bolesne ~nia na dworcach kolejowych** anguished partings at railway stations; **po ~niu z nim** after splitting up with him

rozstaw *m* (*G* ~**u**) gauge; **wąski/szeroki ~ torów** a narrow/wide gauge; ~ **kół** track of wheels

❏ ~ **osi** *Techn.* wheelbase

rozstawać się *impf* → rozstać się

rozstawiać *impf* → rozstawić

rozstaw|ić *pf* — **rozstaw|iać** *impf* [1] *vt* [1] (ustawić w pewnym porządku) to deploy, to position [straże, warty]; to set out [talerze, kieliszki]; **był ~iony z numerem szóstym** Sport he was seeded sixth a. (number) six; ~ić **talerze i kieliszki na stole** to set out plates and glasses on the table; **~ić nogi** to splay one's legs, to stand with one's legs wide apart; **szeroko ~ione niebieskie oczy** widely set blue eyes; **słupy były ~ione w odległości 100 metrów od siebie** the pylons were spaced 100 metres apart [2] (postawić sprzęt) to unfold, to set; ~ić **leżak/sztalugi** to set up one's deckchair/easel

[3] **rozstawić się** — **rozstawiać się** to position a. place oneself; **~ili się wzdłuż drogi, co pięć metrów** they placed themselves along the road at intervals of five metres

rozstawieni|e [1] *sv* → rozstawić

[3] *n* [1] (odległość) setting; **~e oczu/kości policzkowych** the setting of the eyes/cheekbones [2] *Sport.* seed

rozstawn|y *adi.* **konie ~e** relays of horses; **podróżowali otwartym powozem ~ymi końmi** they travelled in an open carriage with post horses

rozst|ąpić się *pf* — **rozst|ępować się** *impf v refl.* [1] (usunąć się na boki) **tłum się ~ąpił, żeby przepuścić lekarza** the crowd parted to let the doctor pass [2] (rozpaść się) to split; **od uderzeń kilofa skała się ~ąpiła** the rock split under the blows of the pickaxe

rozstęp *m* (*G* ~**u**) [1] (wolna przestrzeń) gap; ~ **między dwoma budynkami** a gap between the two buildings; **w ~ie skały wyrosło drzewo** there was a tree growing in the crack in the rock [2] *Med., Kosmet.* stretch mark

rozstępować się *impf* → rozstąpić się

rozstrajać *impf* → rostroić

rozstr|oić *pf* — **rozstr|ajać** *impf* [1] *vt* [1] (rozdrażnić) to upset, to unhinge [osobę]; **byli ~ojeni brakiem wiadomości** they were perturbed a. put out by the lack of news [2] (spowodować rozregulowanie instrumentu) to put [sth] out of tune; **mam ~ojone skrzypce** my violin is out of tune

[3] **rozstroić się** — **rozstrajać się** to be out of tune; **fortepian się ~oił** the piano is out of tune

rozstr|ój *m* (*G* ~**oju**) książk. chaos; ~**ój finansów/administracji** chaos in finances/administration

❏ ~**ój nerwowy** nervous breakdown; ~**ój żołądka** stomach upset

rozstrzel|ać *pf* — **rozstrzel|iwać**[1] *impf vt* to execute [sb] by firing squad, to put [sb] before a firing squad; **~ać kogoś za dezercję/szpiegostwo** to shoot sb for desertion/spying; **skazać kogoś na ~anie** to sentence sb to death by firing squad

rozstrzel|ić *pf* — **rozstrzel|iwać**[2] *impf vt* to space out [litery, wyrazy]; **głosy w wyborach były ~one** the votes were scattered; **zdania na ten temat były ~one** opinions on the matter differed a. diverged

■ **mieć ~oną uwagę** a. **~one myśli** to be distracted

rozstrzeliwać[1] *impf* → rozstrzelać

rozstrzeliwać[2] *impf* → rozstrzelić

rozstrzygać *impf* → rozstrzygnąć

rozstrzygając|y [1] *pa* → rozstrzygnąć

[3] *adi.* [bitwa, głos, czynnik] decisive; **~y cios** the winning stroke; **~y argument** the clinching argument; **mieć ~y głos** to have the casting vote; **pytanie ~e** *Jęz.* a yes-no question

rozstrzygaln|y *adi.* [problem, zagadnienie] soluble

rozstrzyg|nąć *pf* — **rozstrzyg|ać** *impf* (~ęła, ~ęli, — ~am) [1] *vt* to decide, to settle [spór, sprawę, konflikt]; to adjudicate [konkurs]; to negotiate [problem]; **sprawę ~nął Sąd Najwyższy** the case was adjudicated in the High Court; **~nąć czyjeś wątpliwości** to resolve a. dispel sb's doubts; **~ać o czyimś losie** to decide sb's fate

[3] **rozstrzygnąć się** — **rozstrzygać się** to be decided, to be settled; **~ają się teraz jego losy** his fate is now being decided

rozsu|nąć *pf* — **rozsu|wać** *impf* (~nęła, ~nęli — ~wam) [1] *vt* [1] (odsuwając rozdzielić) to draw aside a. back, to part [kurtynę, zasłony]; to space widely [stoliki, krzesła]; to unzip [suwak] [2] (rozstawić) to unfold [stół]

[3] **rozsunąć się** — **rozsuwać się** [1] (roz-

dzielić się) [kurtyna, zasłona] to part [2] (rozstąpić się) [ludzie] to part; **strażnicy ~nęli się, żeby nas przepuścić** the guards parted to let us pass

rozsupł|ać *pf* — **rozsupł|ywać** *impf vt* [1] (rozwiązać) to unknot [sznurek, węzeł] [2] książk., przen. (rozwikłać) to untangle [tajemnicę]; ~**ywać zawiłości tekstu** to untangle the complexities of the text

rozsupływać *impf* → rozsupłać

rozsuwać *impf* → rozsunąć

rozsuwan|y [1] *pp* → rozsunąć

[3] *adi.* [drzwi] sliding; **stół ~y** an extension table, a draw-(top) table

rozsychać się *impf* → rozeschnąć się

rozsyłać *impf* → rozesłać[1]

rozsyp|ać *pf* — **rozsyp|ywać** *impf* (~ię — ~uje) *vt* (rozrzucić) to spill, to scatter [sól, mąkę, kaszę, ziarno]; to strew [papiery, fotografie, znaczki pocztowe]; **włosy ~ane na poduszce** hair strewn over the pillow

[3] **rozsypać się** — **rozsypywać się** [1] (zostać rozrzuconym) [cukier, sól] to spill [2] (rozlecieć się) [szopa, książka] to fall apart [3] (rozpierzchnąć się) [grupa osób, stado zwierząt] to disperse [4] pot. (popsuć się) [maszyna] to break down [5] pot. [osoba] (przeżyć załamanie nerwowe) to fall apart, to go to pieces; (stracić kondycję fizyczną) to get out of condition a. shape [6] pot. (rozpaść się) [małżeństwo, partia, ruch] to fall apart

rozsypan|y [1] *pp* → rozsypać

[3] *adi.* [oddziały, domy] scattered; **gwiazdy ~e po niebie** stars scattered all over the sky

rozsypiać się *impf* → rozespać się

rozsyp|ka *f* (bezładna ucieczka) dispersion; **uciekać w ~e** to run away in confusion; **pułk poszedł w ~kę** the regiment was dispersed

rozsypywać *impf* → rozsypać

rozszala|ły *adi.* [1] (rozwścieczony) [zwierzę, tłum] raging, frenzied [2] [ogień, śnieżyca, żywioł] raging

rozszal|eć się *pf* (~eję się, ~ał się, ~eli się) *v refl.* [1] (wpaść w szał) [osoba, zwierzę] to go wild; **na widok swojego idola kibice się ~eli** when they saw their idol the fans went wild; **~eć się z radości/rozpaczy** to go wild with joy/grief [2] (rozpętać się) [zamieć, wichura, ogień, epidemia] to break out

rozszarp|ać *pf* — **rozszarp|ywać** *impf* (~ię — ~uję) *vt* (porwać na kawałki) to tear apart a. to pieces; **wilki ~ały owcę** the wolves tore a sheep apart; **granat ~ał mu nogę** a grenade tore through his leg; **ból ~ywał mu wnętrzności** the pain tore through him

rozszarpywać *impf* → rozszarpać

rozszczep *m* (*G* ~**u**) (odlewu) fissure; (włosa) split

❏ ~ **kręgosłupa tylny** Med. spina bifida; ~ **podniebienia** Med. cleft palate; ~ **wargi** Med. hare lip, cleft lip

rozszczepiać *impf* → rozszczepić

rozszczep|ić *pf* — **rozszczep|iać** *impf* [1] *vt* [1] (rozłupać) to cleave, to splinter [kłodę, polano]; **piorun ~ił drzewo** the lighting split a tree; **kij ~iony na końcu** a stick splintered at the end [2] Chem. Fiz. to decompose [światło]; **~ienie jądra** nuclear fission

Ⅲ rozszczepić się — rozszczepiać się ⒈ (pęknąć) *[gałąź]* to splinter ⒉ przen. (podzielić się) *[ruch, organizacja]* to split ⒊ Chem. Fiz. (ulec rozszczepieniu) *[światło, związek]* to decompose

rozszczepie|nie Ⅱ *sv* → rozszczepić
Ⅲ *n* → rozszczep

rozszerzać *impf* → rozszerzyć

rozszerz|yć *pf* — **rozszerz|ać** *impf* Ⅰ *vt* ⒈ (powiększyć średnicę) to ream *[otwór]*; **leki ~ające naczynia krwionośne** drugs dilating blood vessels; vasodilatory drugs spec.; **~one źrenice** dilated pupils; **patrzeć ~onymi ze zdumienia oczami** to gaze wide-eyed in amazement ⒉ (powiększyć szerokość) to widen *[szczelinę]* ⒊ (powiększyć zakres) to broaden *[doświadczenie]*; to widen *[wiedzę, krąg zainteresowań]*; to expand *[przywileje, wpływy]*; to extend *[ofertę, repertuar]*; **~yć ułamek** Mat. to extend a fraction; **powołać komisję w ~onym składzie** to set up an extended committee ⒋ (szerzej rozstawić) to space widely *[nóżki statywu]*

Ⅲ rozszerzyć się — rozszerzać się ⒈ (stać się szerszym) *[droga, ulica]* to widen; *[spódnica, spodnie, rękawy]* to flare; **oczy ~yły jej się z przerażenia** her eyes widened with terror ⒉ (rozprzestrzenić się) *[ogień, pożar, epidemia]* to spread ⒊ (zwiększyć zasięg) *[wiedza, znaczenie wyrazu]* to broaden; *[strajk]* to spread ⒋ Fiz. (zwiększyć objętość) *[ciecz, metal]* to expand

rozszlocha|ć się *pf v refl.* to start to sob; **~ć się w głos** to start sobbing loudly

rozszlochan|y *adi.* książk. *[osoba]* sobbing; **uciszała ~e dziecko** she was hushing the sobbing child

rozsznur|ować *pf* — **rozsznur|owywać** *impf* Ⅰ *vt* to unlace *[buty, gorset, namiot]*

Ⅲ rozsznurować się — rozsznurowywać się to come unlaced; **but mi się ~ował** my shoe has come unlaced

rozsznurowywać *impf* → rozsznurować

rozszumia|ły *adi.* *[drzewa, morze]* murmuring

rozszumi|eć się *pf* (~ał się) *v refl.* książk. *[drzewa, morze]* to (start to) murmur

rozszyfr|ować *pf* — **rozszyfr|owywać** *impf vt* ⒈ (odczytać zaszyfrowany tekst) to decipher, to decode *[depeszę, radiogram]* ⒉ (odcyfrować) to decipher, to make out *[nieczytelne pismo]*; **~ować czyjeś bazgroły** to decipher sb's scrawls; **jej pismo jest nie do ~owania** her handwriting is indecipherable ⒊ (rozwikłać) to decode *[skrót, pseudonim]* ⒋ (odgadnąć) to unravel *[aluzję, tajemnicę, zagadkę]* ⒌ (poznać prawdziwy charakter) to see through; **~ować kogoś** to see through sb

rozszyfrowywać *impf* → rozszyfrować
rozścielać *impf* → rozesłać²
rozścielić → rozesłać²

rozśmieszać *impf* → rozśmieszyć

rozśmiesz|yć *pf* — **rozśmiesz|ać** *impf vt* (wywołać śmiech) to amuse, to crease [sb] up *[osobę, widownię]*; **~yć kogoś opowiadaniem/sztuczkami** to crease sb up with a story/tricks; **~yć kogoś do łez** to make sb laugh until he/she cries; to have sb in

stitches pot.; **co cię tak ~yło?** what made you laugh?

rozśpiew|ać *pf* — **rozśpiew|ywać** *pf* Ⅰ *vt* (zachęcić do śpiewania) to make [sb] sing; **piosenkarz ~ał publiczność** the singer got the audience to join in the singing

Ⅲ rozśpiewać się — rośpiewywać się ⒈ (nabrać zapału do śpiewania) *[osoba, grupa ludzi]* to start singing; **po kilku piosenkach cała sala się ~ała** after a few songs the whole hall was singing ⒉ (wykonywać ćwiczenia głosowe) *[śpiewak]* to sing vocal exercises; **zawsze wychodzę na scenę dobrze ~ana** when I appear on stage my voice is always well warmed-up

rozśpiewan|y Ⅱ *pp* → rozśpiewać
Ⅲ *adi.* **wracali z wycieczki zadowoleni, ~i** they were returning from the outing happy and singing; **~e przedstawienie** an all-singing performance

rozśpiewywać *impf* → rozśpiewać
rozświecać *impf* → rozświecić

rozświe|cić *pf* — **rozświec|ać** *impf* Ⅰ *vt* książk. (rozświetlić) to lighten up, to illuminate *[pokój, noc]*; **blask księżyca ~cił taflę jeziora** the moon illuminated the surface of the lake

Ⅲ rozświecić się — rozświecać się książk. (rozbłysnąć) to lighten (up), to be illuminated; **okna ~ciły się blaskiem pożaru** the windows were illuminated with the blaze of the fire; **jej oczy ~ciły się radością** her eyes lightened (up) with joy

rozświetlać *impf* → rozświetlić

rozświetl|ić *pf* — **rozświetl|ać** *impf* Ⅰ *vt* ⒈ (uczynić jasnym) to lighten up, to illuminate; **błyskawice raz po raz ~ały niebo** every now and then lightning illuminated the sky ⒉ przen. (uczynić radosnym) to brighten up; **uśmiech ~ił mu twarz** a smile brightened up his face ⒊ (uczynić zrozumiałym) to throw light on *[zagadkę, zawiłą kwestię]*

Ⅲ rozświetlić się — rozświetlać się (rozbłysnąć) to lighten; **niebo ~iło się łuną pożarów** the sky lightened with the glow of the fires

roztaczać *impf* → roztoczyć

roztaj|ać *pf* (~ę) *vi* ⒈ (stopnieć) *[lód, śnieg]* to thaw; **drogi ~ały** the roads have thawed ⒉ przen. (złagodnieć) *[osoba]* to thaw out; **serce w nim ~ało** his heart melted

roztaja|ły *adi.* *[śnieg, pola, łąki, drogi]* thawed *attr.*

roztańcz|ony *adi.* dancing *adv.*; **~ony tłum** a dancing crowd

roztańcz|yć się *pf v refl.* (nabrać ochoty do tańca) to begin dancing; **~yć się na dobre** to dance with abandon

roztapiać *impf* → roztopić

roztargnieni|e *n sgt* absent-mindedness, forgetfulness; **przeoczyć/zgubić coś przez ~e** to miss/lose sth on account of one's absent-mindedness; **patrzeć na coś/słuchać czegoś z ~em** to look at sth/listen to sth absent-mindedly

roztargni|ony *adi.* ⒈ *[osoba]* absent-minded ⒉ *[spojrzenie, wzrok]* absent, distracted; *[wyraz twarzy]* vague; **~onym ruchem odgarnęła włosy** absent-mindedly she raked her hair aside

rozter|ka *f* dither, quandary; **głęboka ~ka** a serious dilemma; **~ki moralne** moral dilemmas; **być w ~ce** to be in a dither a. quandary; **jestem w ~ce, co robić** I'm in a dilemma a. quandary over what to do

roztkliwiać *impf* → roztkliwić

roztkliw|ić *pf* — **roztkliw|iać** *impf* Ⅰ *vt* to move; **~iła mnie ta historia** this story has moved me deeply

Ⅲ roztkliwić się — roztkliwiać się (rozrzewnić się) to sentimentalize; **~ić się nad kimś/czymś** to sentimentalize about a. over sb/sth

roztłu|c *pf* (~kę, ~czesz, ~cze, ~kł, ~kła, ~kli) Ⅰ *vt* to break *[butelkę, szybę]*; to crash *[ziarno, przyprawy]*

Ⅲ roztłuc się (zbić się) *[kieliszek, butelka, salaterka]* to break, to smash; **wazon ~kł się na drobne kawałki** the vase smashed into a thousand pieces

roztocz *m* ⒈ Zool. mite; **~ kurzu domowego** house dust mite ⒉ Biol. → roztocze

roztocz|e *n zw. pl* Biol. saprophyte

rozt|oczać *pf* — **rozt|aczać** *impf* Ⅰ *vt* ⒈ (rozwinąć) to spread; **ptak ~oczył skrzydła nad gniazdem** the bird spread its wings over the nest; **paw ~oczył swój wspaniały ogon** the peacock spread its gorgeous tail feathers ⒉ przen. (ukazać) to unfold *[perspektywy, wizję, plany]*; **wiosna ~acza swe uroki** spring unfolds its charms ⒊ (rozsiewać) to exude *[blask, zapach]*; to ooze *[urok]*; **~aczał wokół siebie atmosferę życzliwości** he exuded friendliness ⒋ Techn. to ream *[otwór]*

Ⅲ roztaczać się (rozpościerać się) to stretch, to unfold; **z okna ~aczał się widok na zatokę** a view over the bay stretched beyond the window

■ **~oczyć opiekę nad kimś/czymś** to take sb/sth under one's care

roztop *m zw. pl* (*G* **~u**) melt, thaw; **zaczęły się wiosenne ~y** the spring melt a. thaw has begun; **brnąć przez ~y** to wade through melting snow

rozt|opić *pf* — **rozt|apiać** *impf* Ⅰ *vt* to melt *[tłuszcz, metal, śnieg]*

Ⅲ roztopić się — roztapiać się ⒈ (stopnieć) *[lód, śnieg]* to melt, to thaw; *[lody, ser, tłuszcz]* to melt ⒉ (stać się niewyraźnym) *[kontury, dźwięki]* to melt; **światła przystani ~apiały się we mgle** the lights of the port melted into the fog

■ **nie jesteś z cukru, nie ~opisz się** you won't melt in the rain

roztrajko|tać *pf* (~czę a. ~cę a. ~tam) Ⅰ *vt* pot. (rozpaplać) to blab pot. *[nowinę, informację]*; **nie ~cz wszystkiego sąsiadkom** don't blab everything to the neighbours

Ⅲ roztrajkotać się pot. ⒈ (rozgadać się) *[osoba]* to twitter on ⒉ (rozterkotać się) *[maszyna]* to start whirring

roztrajkotan|y Ⅱ *pp* → roztrajkotać
Ⅲ *adi.* *[dziewczyny, przekupki]* twittering

roztrąb|ić *pf v* pot. to trumpet *[nowiny, wiadomość]*; **~iła wszystkim o naszym rozwodzie** she told all and sundry about our divorce

roztrącać *impf* → roztrącić

roztrą|cić *pf* — **roztrą|cać** *impf vt* to jostle *[ludzi]*; **pędził na oślep, ~cając**

przechodniów he rushed headlong, jostling the passers-by; **szliśly przez las, ~cając gałęzie** we made our way through the forest pushing the branches aside
roztropnie *adv. grad.* (rozsądnie) *[mówić, postępować]* judiciously, sagaciously; **~j będzie milczeć** it will be more prudent to keep quiet
roztropnoś|ć *f sgt* prudence, sagacity; **życie nauczyło go ~ci** life taught him prudence; **podziwiam ~ć jego decyzji** I admire the sagacity of his decision
roztropn|y *adi. grad.* (rozsądy) *[człowiek, dziecko, decyzja, działanie]* sagacious; **spodobało mi się jego ~e spojrzenie** I liked his thoughtful look
roztrwaniać *impf →* roztrwonić
roztrw|onić *pf —* **roztrw|aniać** *impf vt* (przepuścić) to squander, to waste *[majątek, pieniądze]*; **~onił swój talent, występując w reklamach** he wasted his talent by appearing in commercials
roztrzask|ać *pf —* **roztrzask|iwać** *impf* **[l** *vt* (rozbić uderzeniem) to smash, to shatter; **~ać coś na** a. **w kawałki** to smash a. shatter sth to pieces; **~ać komuś głowę kamieniem** to smash sb's head with a stone; **~ać lustro o podłogę** to smash a. shatter a mirror against the floor; **~ać samochód o drzewo** to smash a car against a tree
[ll] **roztrzaskać się — roztrzaskiwać się** (rozbić się) *[figurka, szklanka, wazon]* to smash, to splinter; **okręt/samolot ~ał się o skały** the ship/aircraft smashed against the rocks
roztrzaskiwać *impf →* roztrzaskać
roztrząsa¹ *impf →* roztrząsnąć
roztrząsa|ć² *impf vt* (rozpatrywać szczegółowo) to belabour GB, to belabor US, to discuss at length *[kwestię, sprawę, zagadnienie]*
roztrząsa|nie **[l** *sv →* roztrząsać²
[ll] *n* książk. (rozważanie) lengthy discussion; **wdawać się w ~nia na tematy filozoficzne** to enter into lengthy discussions on philosophical matters
roztrzą|snąć, roztrzą|ść¹ *pf —* **roztrzą|sać¹** *impf* (**~snęła, ~snęli — ~sam**) *vt* (rozsypywać) to spread *[nawóz, siano]*
roztrząść¹ *→* roztrząsnąć
roztrz|ąść² *pf* (**~ęsę, ~ęsiesz, ~ąsł, ~ęsła, ~ęśli**) *vt* **~ęsiony wóz** a rickety a. ramshackle cart; **~ęsiona maszyneria** rickety machinery
roztrzep|ać *pf —* **roztrzep|ywać** *impf* (**~ię — ~uję**) **[l** *vt* **[1]** (zwichrzyć) to tousle *[włosy]*; **~ana grzywka** a tousled fringe **[2]** (rozdrobnić i wymieszać) to stir and shake *[zsiadłe mleko, śmietanę]*; **~ać jaja z mlekiem** to mix eggs with milk
[ll] **roztrzepać się — roztrzepywać się** (zwichrzyć się) *[włosy]* to become tousled
roztrzepani|e **[l** *sv →* roztrzepać
[ll] *n sgt* scattiness pot.; **z powodu** a. **wskutek ~a zapomniała podpisać podanie** on account of her scattiness she forgot to sign her application
roztrzepa|niec **[l** *m pers.* (*V* **~ńcze** a. **~ńcu**) pot. scatterbrain pot.
[ll] *m inanim.* (*A* **~niec** a. **~ńca**) pot. stirred and shaken curds

roztrzepan|y **[l** *pp →* roztrzepać
[ll] *adi. [osoba]* scatterbrained
roztrzepywać *impf →* roztrzepać
roztrzęsi|ony **[l** *pp →* roztrząść
[ll] *adi.* **[1]** (bardzo zdenerwowany) *[osoba]* jittery **[2]** (drżący) *[głos, ręka]* shaking **[3]** (zniszczony) *[pojazd, schody]* ramshackle
roztw|ór *m* (*G* **~oru**) Chem. solution; **~ór alkoholowy/wodny** alcoholic/water solution; **~ór cukru/soli** sugar/salt solution; **skład ~oru** solution composition; **stężenie ~oru** the concentration of a solution
❑ **~ór buforowy** Chem. buffer solution; **~ór fizjologiczny** Med., Farm. physiological (salt) solution; **~ór hipertoniczny** Biol. hypertonic solution; **~ór hipotoniczny** Biol. hypotonic solution; **~ór izotoniczny** a. **izoosmotyczny** Fiz. isotonic a. isoosmotic solution; **~ór koloidowy** Chem. colloidal solution; **~ór mianowany** Chem. standard solution; **~ór molowy** a. **molarny** Chem. molar solution; **~ór nasycony** Chem. saturated solution; **~ór nienasycony** Chem. unsaturated solution; **~ór przesycony** Chem. supersaturated solution; **~ór stały** Chem. solid solution, mixed crystal; **~ór stężony** Chem. concentrated solution; **~ór właściwy** Chem. true solution, molecular solution
rozty|ć się *pf* (**~ję się**) *v refl.* to grow fat
rozty|ty *adi. [osoba]* overweight, fat
rozum *m* (*G* **~u**) **[1]** (władza poznawcza umysłu) mind, intellect; **człowiek wielkiego ~u** a man of great intellect; **objąć** a. **ogarnąć coś ~em** to understand sth; **górować nad kimś ~em** to be more intelligent than sb **[2]** (u człowieka) (rozsądek) reason, sense; (u zwierzęcia) cleverness; **~ przychodzi z wiekiem** a. **z latami** one gets wiser as one grows older; **~ dyktuje, żeby nie działać zbyt pochopnie** reason tells us not to act too hastily; **miejże ~, nie rób tego!** have some sense, don't do that!
❑ **chłopski ~** pot. common sense, good sense; **czysty ~** Filoz. pure reason
■ **brać coś na ~** to use one's common sense; **być niespełna ~u** to be out of one's mind, to be off one's head; **co głowa, to ~** so many heads, so many minds; **człowiek do śmierci ~u uczy** man is always learning; **głowa wielka a ~u mało** a big head and little sense; **mieć swój ~** pot. to know one's own mind; **mieć więcej szczęścia niż ~u** ≈ to have more luck than judg(e)ment; **(jak) na mój głupi ~** pot. in my opinion; **nauczyć kogoś ~u** to teach sb a lesson; **nie grzeszyć ~em** to be rather stupid; **odchodzić od ~u z rozpaczy/strachu** to be beside oneself a. to be out of one's mind with grief/fear; **pozjadać wszystkie ~y** pot. to have all the answers; **pójść po ~ do głowy** to use one's head; **przemówić komuś do ~u** to bring sb to reason; **~ mu odjęło** he must be out of his mind; **rusz ~em!** put your thinking cap on!; **to przechodzi ludzki ~** it's beyond human understanding; **kogo Bóg chce ukarać, temu ~ odbiera** przysł. whom the gods would destroy they first make mad; **włos długi ~ krótki** pot. long on hair and short on brains; **lepszy funt szczęścia niż cetnar ~u** przysł. an ounce of luck is better

than a pound of wisdom; **od wódki ~ krótki** przysł. when drink is in, wit is out
rozum|ek *m dem.* (*G* **~ku**) pot., iron. little brain; **miś o bardzo małym ~ku** a bear of very little brain
rozumi|eć *impf* (**~em, ~ał, ~eli**) **[l** *vt* **[1]** (pojmować) to understand *[sens, tekst, instrukcję, pytanie]*; **z przejęcia niewiele ~ała, co do niej mówią** on account of her excitement she hardly understood what they were saying to her; **nie pozwalaj się wykorzystywać, ~esz?** don't let yourself be exploited, understand?; **w potocznym ~eniu tego słowa...** in the ordinary meaning...; **ćwiczenia na ~enie tekstu** comprehension exercises ⇒ **zrozumieć [2]** (znać język obcy) to understand; **~esz po polsku/węgiersku?** do you understand Polish/Hungarian?; **zostaw ich, nie ~esz po polsku?** leave them alone, don't you understand plain Polish? ⇒ **zrozumieć [3]** (wyciągać wnioski) to understand; **~eli, że grozi im niebezpieczeństwo** they understood that they were in danger; **zapytał, jak ma to ~eć** he asked what he was to understand by that a. make of that; **źle ~ane poczucie lojalności** an ill-conceived sense of loyalty; „**przepraszam za spóźnienie, ale wykład się przedłużył**" – „**~em**" 'sorry I'm late, but the lecture lasted longer than planned' – 'I see'; **teraz, ~em, szuka pan nowej pracy** and now, I gather, you're looking for a new job; **prawie co dzień, ~esz, kupuje coś do ubrania** pot. almost every day, you see, she buys something new to wear; **a na koniec, ~esz, on prosi mnie o pożyczkę!** pot. and in the end, you see, he asks me for a loan!; **oni, pani ~e, mają szerokie znajomości** you must understand that they know people in all places ⇒ **zrozumieć [4]** (wczuwać się) to understand, to sympathize; **~eć dzieci/młodzież** to understand children/youth; **~eć czyjąś sytuację/czyjeś uczucia** to understand the situation sb is in/sb's feelings ⇒ **zrozumieć**
[ll] **rozumieć się [1]** (wzajemnie) to understand one another; **~eli się bez słów** they understood one another without words; **zawsze dobrze ~ałem się z rodzicami** my parents and I have always understood one another very well, I've always had a good relationship with my parents **[2]** pot. (znać się na czymś) **~eć się na interesach/sztuce współczesnej** to know a thing or two about a. to be well up on business/modern art **[3]** (jest rozumiane) **potocznie ~e się demokrację jako rządy większości** democracy is popularly understood as majority rule
■ **to się samo przez się ~e** pot. it goes without saying; **do szkoły, ma się ~eć, nie poszliśmy** pot. naturally we didn't go to school; **to ~em!** pot. now you're talking!; **taka podróż to ~em! zwiedzimy kawał świata** now you're talking! we're going to see a lot of the world
rozumieni|e **[l** *sv →* rozumieć
[ll] *n sgt* **czym jest ochrona przyrody w ~u ustawy o ochronie środowiska?** what is nature conservancy as defined by the protection of the environment act?

rozumnie adi. grad. [mówić, postępować] judiciously; ~ **patrzące oczy** judicious eyes

rozumn|y adi. grad. [1] [osoba] judicious; **człowiek to istota ~a** a man is a rational being [2] [odpowiedź, rada, spojrzenie] judicious

rozum|ować impf vi to reason; **~ować logicznie/błędnie** to reason logically/ wrongly; **błąd w ~owaniu** a mistake in reasoning, a fallacy; **tok ~owania** the line of thought

rozumowo adv. rationally; **uzasadnić coś ~** to justify sth rationally

rozumow|y adi. [analiza, poznanie, dowody] rational

rozwadniać impf → rozwodnić

rozwa|ga f sgt deliberation, prudence; **brakuje mu ~gi** he lacks prudence; **wypowiedź pełna ~gi** a very thoughtful speech; **postępować z ~gą** to act with deliberation

■ **brać coś pod ~gę** to take sth into consideration

rozwalać impf → rozwalić

rozwal|ić pf — **rozwal|ać** impf pot. **I** vt [1] (rozbić na kawałki) to knock down [mur, ścianę, dom]; to smash up [bryłę węgla] [2] przen. (doprowadzić do rozpadu) to destroy [małżeństwo]; to smash [organizację, zespół] [3] (otworzyć na całą szerokość) to open wide [drzwi, okno] [4] (rozłożyć na dużej przestrzeni) to scatter [książki, ubrania] [5] (skaleczyć) to cut [nogę, rękę]; **~ić komuś gębę** pot. to bash sb's mug [6] (zabić) to kill; **~ić kogoś bez sądu** to do away with sb without a trial

II **rozwalić się** — **rozwalać się** [1] (rozpaść się) to crumble, to crash; **samolot ~ił się o szczyt góry** the plane crashed into the summit; **płot ~a się ze starości** the fence is crumbling with age [2] przen. (ulec dezorganizacji) [rodzina, robota] to crumble [3] (ulec zranieniu) [stopa, ręka] to get cut [4] (mieć wypadek) [osoba] to crash; **~ił się na ostrym zakręcie** he crashed on a sharp bend [5] (rozsiąść się) to sprawl; **~ić się na kanapie/w fotelu** to sprawl on the sofa/ in a chair

rozwal|ony **I** pp → rozwalić

II adi. pot. sprawled; **siedział ~ony na kanapie/w fotelu** he sat sprawled across the sofa/in a chair

rozwał|ka f pot. (rozstrzelanie) death by firing squad; **pójść na ~kę** pot. to be shot a. executed by firing squad

rozwałk|ować pf — **rozwałk|owywać** impf vt Kulin. to roll up [ciasto, placek]; **cienko ~owane ciasto** thinly rolled dough

rozwałkowywać impf → rozwałkować

rozwarci|e **I** sv → rozewrzeć

II n [1] (skrzydeł drzwi) opening; **kąt ~a** dilation angle [2] Med., Jęz. dilation

rozwarstwiać impf → rozwarstwić

rozwarstwi|ć pf — **rozwarstwi|ać** impf **I** vt to delaminate [sklejkę]

II **rozwarstwić się** — **rozwarstwiać się** (ułożyć się w warstwy) [zawiesina, mieszanina, społeczeństwo] to stratify; [sklejka, narta] to delaminate; [paznokcie] to peel

rozwarstwieni|e **I** sv → rozwarstwić

II n sgt [1] Socjol. stratification; **~e spo-**

łeczne social stratification [2] Techn. (sklejki, laminatu) delamination [3] Geol. (skał) stratification

rozwarstwi|ony **I** pp → rozwarstwić

II adi. [skała] stratified; [sklejka, laminat] delaminated; [społeczeństwo] stratified; (podzielony na klasy) class-ridden

rozwar|ty **I** pp → rozewrzeć

II adi. Mat. [kąt] obtuse

rozważać impf → rozważyć

rozważa|nie **I** sv → rozważyć

II n zw. pl (przemyślenie) deliberation; (omówienie) discussion; (rozprawa) dissertation; **~nia nad czymś** deliberations on sth; **~nia, co należy zrobić** deliberations about what should be done; **snuć ~nia** to deliberate; **przedmiotem moich ~ń było...** the topic of my dissertation was...; **podsumujmy nasze ~nia** let's sum up our discussion

rozważnie adv. grad. [działać, postępować] prudently

rozważn|y adi. grad. [osoba, decyzja, krok] prudent

rozważ|yć pf — **rozważ|ać** impf vt [1] (zastanowić się) to consider [propozycję, możliwość]; to ponder [problem, zagadnienie]; to weigh [argumenty, dowody, czynniki]; **~ać czyjeś słowa** to ponder sb's words; **~yć zrobienie czegoś** to consider doing sth; **~yć wszystkie za i przeciw** to weigh the pros and cons; **trzeba ~yć takie rozwiązanie** this solution has to be considered; **~ane były różne koncepcje** many options were considered; **trzeba ~yć, co dalej robić** we have to think what to do next; **„a gdyby tak się zgodzić" – ~ał** 'and what if I agreed,' he pondered [2] Handl. to weigh [sth] up [produkty]; **~yć coś na małe porcje** to weigh sth into small portions

rozweselać impf → rozweselić

rozwesel|ić pf — **rozwesel|ać** impf **I** vt to cheer [sb] up [osobę, towarzystwo]; **~ona publiczność** a cheerful crowd; **gaz ~ający** laughing gas

II **rozweselić się** — **rozweselać się** [osoba] (rozchmurzyć się) to cheer up; (poprawić sobie humor) to cheer oneself up

rozwi|ać pf — **rozwi|ewać** impf (~eję — ~ewam) **I** vt [1] (rozrzucić, rozproszyć) [wiatr] to blow [sth] about [liście, papiery]; to disperse, to dispel [chmury]; to blow [włosy, płaszcz]; **~ewać komuś włosy na wszystkie strony/do tyłu** to blow sb's hair about/ back; **koń z ~aną grzywą** a horse with its mane flowing in the wind [2] przen. to dispel, to dissipate [obawy, wątpliwości]; to disappoint [nadzieje]; to dispel [mit, złudzenia]

II **rozwiać się** — **rozwiewać się** [1] (rozproszyć się) [chmura, mgła] to disperse, to dissipate; [włosy, grzywa, sukienka] to be blowing; **jej włosy ~ewały się na wietrze** her hair was blowing in the wind [2] (zniknąć) [sny, obawy, złudzenia] to be dispelled; [mit] to be shattered; [nadzieje, marzenia] to evaporate [3] pot. (przepaść) [osoba] to vanish; **~ać się w powietrzu** to vanish into thin air

rozwią|zać pf — **rozwiąz|ywać** impf (~żę — ~zuję) **I** vt [1] (odpłątać) to untie, to undo [węzeł, sznurowadło, linę, krawat]; to

untie [paczkę, ręce, jeńca]; **~zać komuś ręce/nogi** to untie sb's hands/legs; **mam teraz ~zane ręce** a. **to mi ~zuje ręce** przen. I'm not bound by anything now; **~zane sznurowadło** an undone (shoe)lace [2] (znaleźć rozwiązanie) to solve [problem, krzyżówkę, równanie, zagadkę, konflikt]; **~zać skrót** to work out a. figure out an acronym; **mam dwa zadania do ~zania** I've got two problems to solve [3] (unieważnić) to dissolve [układ, małżeństwo]; to cancel [umowę, kontrakt]; **~zać z kimś stosunek pracy** to terminate sb's employment [4] (zamknąć) to dissolve [parlament, sejm]; to disband [organizację]; **partia została ~zana** the party was disbanded [5] (zaprojektować) design; **funkcjonalnie ~zane wnętrze** a functionally designed interior [6] Kino., Literat. to end [akcję]

II **rozwiązać się** — **rozwiązywać się** [1] (rozplątać się) [węzeł, kokardka] to come untied; [osoba] to untie oneself; **but ci się ~zał** your lace is undone [2] (przestać sprawiać kłopoty) to solve itself; **problem sam się ~zał** the problem solved itself [3] (przestać działać) [sejm, parlament] to dissolve itself; [organizacja, partia] to disband; [demonstracja] to disperse; **po godzinie pochód się ~zał** after an hour the procession dispersed [4] Kino., Literat. [akcja] to end

rozwiąza|nie **I** sv → rozwiązać

II n [1] (wyjście, odpowiedź) solution; (w teście, quizie) answer; **znaleźć ~nie czegoś** to find a solution to sth; **prawidłowe ~nia prosimy nadsyłać do redakcji** correct answers should be sent to the editor; **to będzie dla nas idealne ~nie** this will be a perfect solution for us; **ostateczne ~nie** Hist. the Final Solution [2] Polit. dissolution; **~nie parlamentu** the dissolution of parliament [3] (projekt) solution; **nowatorskie ~nia architektoniczne/techniczne** novel architectural/technical solutions [4] Kino., Literat. **~nie akcji** denouement [5] Med. delivery

rozwiązłoś|ć f sgt dissolution, dissipation

rozwią|zły adi. [osoba, tryb życia] dissolute, dissipated

rozwiązywać impf → rozwiązać

rozwichrzać impf → rozwichrzyć

rozwichrz|ony **I** pp → rozwichrzyć

II adi. [wyobraźnia, myśli, temperament] wild

rozwichrz|yć pf — **rozwichrz|ać** impf **I** vt [wiatr] to ruffle [włosy]; **jego ~ona czupryna/broda** his straggly hair/beard

II **rozwichrzyć się** — **rozwichrzać się** [włosy] to get tousled

rozwidlać impf → rozwidlić się

rozwidle|nie n fork; **~nie rzeki** a fork of the river; **przy ~niu dróg** at the fork of the road

rozwidl|ić się pf — **rozwidl|ać się** impf v refl. [rzeka, droga] to fork; **rzeka ~a się na dwie odnogi** the river splits into two branches; **pień ~a się na dwa konary** the trunk divides into two branches

rozwidl|ony adi. [gałąź, rogi, korzenie] forked; **język węża jest na końcu ~ony** a snake's tongue is forked at the end

rozwidniać się impf → rozwidnić się

rozwidni|ć się pf — **rozwidni|ać się** impf v imp. to get light; **~a się** it's getting light; **kiedy się ~ło** when it was light

rozwiedz|iony [I] *adi.* *[osoba]* divorced; **oni są ~eni** they are divorced [II] **rozwiedz|iony** *m*, **~iona** *f* divorcee

rozwielit|ka *f* Zool. daphnia, water flea

rozwierać *impf* → **rozewrzeć**

rozwiercać *impf* → **rozwiercić**

rozwier|cić *pf* — **rozwier|cać** *impf vt* (wywiercić, zrobić otwór) to drill *[szyb naftowy, deskę, płytę]*; (poszerzyć) to ream *[otwór]*

rozwie|sić *pf* — **rozwie|szać** *impf vt* [1] (zawiesić) to hang; **~sić marynarkę na krześle** to hang a jacket on the back of a chair; **~sić pranie na dworze** to hang out a. peg out the washing; **~sić hamak pomiędzy drzewami** to string a hammock between two trees [2] (rozlepić) to put [sth] up, to stick [sth] up *[plakaty, ogłoszenia]*

rozwieszać *impf* → **rozwiesić**

rozw|ieść *pf* — **rozw|odzić** *impf* (**~iodę, ~iedziesz, ~iódł, ~iodła, ~iedli — ~odzę**) [I] *vt [osoba]* to be the cause of [sb's] divorce [II] **rozwieść się — rozwodzić się** to get divorced; **~ieść się z kimś** to divorce sb; **~iedli się dwa lata temu** they were divorced two years ago

rozw|ieść się *impf* — **rozw|odzić się** *pf* (**~iodę się, ~iedziesz się, ~iódł się, ~iodła się, ~iedli się — ~odzę się**) *v refl.* (opowiadać) **~odzić się nad czymś** to go on at length about sth; **nie ma potrzeby się nad tym ~odzić** there's no need to go on about it

rozwiewać *impf* → **rozwiać**

rozw|ieźć *pf* — **rozw|ozić** *impf* (**~iozę, ~ieziesz, ~iózł, ~iozła, ~ieźli — ~ożę**) *vt* to deliver *[pocztę]*; **~ieźć gości do hoteli** to drive the guests to their hotels; **~ozić wodę po całym mieście** to distribute water around the town

rozwijać *impf* → **rozwinąć**

rozwikł|ać *pf* — **rozwikł|ywać** *impf* [I] *vt* [1] to solve *[zagadkę, problem]* [2] to untangle *[sieć, liny, nici]* [II] **rozwikłać się — rozwikływać się** *[zagadka, problem]* to solve itself

rozwikływać *impf* → **rozwikłać**

rozwi|nąć *pf* — **rozwi|jać** *impf* (**~nęła, ~nęli — ~jam**) [I] *vt* [1] (rozprostować) to unfurl *[żagiel, transparent, sztandar]*; to unwind *[linę, bandaż, kłębek]*; to uncoil *[drut]*; to unroll *[dywan, śpiwór, belę]*; to unreel *[kliszę, wąż ogrodowy]*; to reel off *[nitkę]*; **~nąć włóczkę z kłębka** to pull out some yarn from the ball; **~nąć materiał z beli** to unroll a bale of material [2] (rozpakować) to unwrap *[paczkę, pakunek]*; **~nąć kwiaty z papieru** to unwrap the flowers; **szelest ~janych papierków** the rustle of sweets being unwrapped; **kanapka do połowy ~nięta z folii** a half-unwrapped sandwich [3] (rozchylić) *[kwiat]* to open *[płatki]*; **~nąć liście/pąki** *[drzewo, krzak]* to come into leaf/bud [4] (ukształtować) to develop *[cechę, umiejętności, styl]*; to develop, to build [sth] up *[mięśnie]*; **~nąć kogoś fizycznie** *[ćwiczenia]* to build up sb's muscles; **~jać w sobie cierpliwość/wytrwałość** to learn to be patient/persistent; **~jać w kimś zainteresowania** to encourage sb to develop their interests; **~jać w kimś poczucie obowiązku** to instil a sense of duty in sb;

~jać swoje zdolności/umiejętności to develop one's skills/abilities [5] (rozbudować) to develop *[przemysł, handel, oświatę, firmę]* [6] (szerzej omówić) to elaborate on *[temat, plan]*; **~nąć szerzej jakiś temat** to elaborate on a subject; **czy mógłbyś ~nąć tę myśl?** could you elaborate on this idea?; **chciałbym nieco ~nąć ten punkt** I think I need to elaborate on this point [7] Wojsk. **~nąć tyralierę** *[żołnierze]* to spread in an extended line; **~nąć wojsko do ataku** to draw out an army for the attack [8] (osiągnąć) *[pojazd]* to reach *[prędkość]*; **pociąg ~jający prędkość 150 km/godz.** a train capable of speeds of up to 150 km/h [II] **rozwinąć się — rozwijać się** [1] (rozprostować się) *[drut, wąż]* to uncoil; *[taśma, lina]* to unwind; *[klisza, rolka, szpulka]* to unroll; *[spadochron]* to open [2] (rozchylić się) *[kwiat, pąk]* (rozkwitnąć) to come into bloom; (rozchylić płatki) to open; **róże się ~nęły** the roses have come into bloom; **na drzewach ~jają się już liście** the trees are coming into leaf; **z pąka ~nął się piękny kwiat** the bud opened up into a beautiful flower [3] (urosnąć, ukształtować się) *[osoba, organ, cecha]* to develop; **~jać się prawidłowo** to develop correctly; **~nąć się zawodowo/intelektualnie** to develop intellectually/professionally; **nasz syn wcześnie się ~nął** our son is an early developer; **takie dzieci szybciej się ~jają** such children develop earlier a. faster; **pierwsze organizmy żywe, jakie ~nęły się na ziemi** the first living organisms which developed on Earth; **~nęła się w nim podejrzliwość** he became suspicious [4] (osiągnąć wyższy poziom) *[kraj, przemysł, gospodarka]* to develop; **kraje ~jające się** developing countries; **jeżeli firma nadal będzie się ~jała w takim tempie...** if the company continues to develop at such a rate... [5] (przebiec, wydarzyć się) *[wydarzenia, sytuacja]* to unfold; **sytuacja ~jała się zgodnie z planem** the situation unfolded as planned; **akcja ~ja się interesująco** the story unfolds nicely; **zdarzenia ~jały się bardzo szybko** the events unfolded very fast; **~nęła się gorąca dyskusja** a heated discussion followed [6] Wojsk. **~nąć się w tyralierę** *[pluton, wojsko]* to move a. change into extended line ■ **~nąć skrzydła (do lotu)** przen. to spread one's wings

rozwinię|cie [I] *sv* → **rozwinąć** [II] *n* Mat. expansion; **~cie funkcji** the expansion of a function; **~cie dziesiętne** decimal expansion ❏ **~cie akcji** Literat. development of the action

rozwinię|ty [I] *pp* → **rozwinąć** [II] *adi.* [1] developed; **dobrze ~ty** well-developed; **kraje wysoko ~te** the developed countries; **nadmiernie ~ty** *[mięśnie, osoba]* overdeveloped; **słabo ~ty** *[organ, mózg, zmysł]* underdeveloped; **być nad wiek ~tym** to be very mature for one's age [2] *[kwiat]* blooming; **na wpół ~ta róża** a half-opened rose; **świeżo ~te kwiaty** newly opened flowers

rozwl|ec *pf* — **rozwl|ekać** *impf* (**~okę a. ~ekę, ~eczesz, ~ókł a. ~ekł, ~ekła, ~ekli — ~ekam**) [I] *vt* [1] (porozrzucać) to

drag [sth] around; **~ec śmiecie po podwórzu** to drag the rubbish around the yard [2] (przeciągnąć) to pad [sth] out *[przemówienie, artykuł]*; **~eczona** the book is long-winded; **powieść jest nadmiernie ~eczona** the book is long-winded [II] **rozwlec się — rozwlekać się** [1] (rozwodzić się) **~ekać się na jakiś temat** to go on at length about sth [2] (ciągnąć się) **książka za bardzo się ~eka** the book is long-winded

rozwlekać *impf* → **rozwlec**

rozwlekle *adv. grad.* [1] (długo) *[mówić, pisać]* lengthily [2] (powolnie) *[mówić]* slowly

rozwlekłość *f sgt* [1] (filmu, książki) lengthiness; **~ć jego stylu** the prolixity a. diffuseness of his style [2] (powolność) slowness

rozwlekł|y *adi. grad.* [1] *[opis, książka, film]* lengthy; *[styl, narracja, wywód]* prolix, diffuse; **być ~łym mówcą** to speak lengthily [2] (powolny) *[sposób mówienia]* slow

rozwłócz|yć *pf vt* to drag [sth] around; **~yć coś po całym domu** to drag sth around the house

rozw|odnić *pf* — **rozw|adniać** *impf* [I] *vt* [1] to water [sth] down *[mleko, piwo]*; **~odniona zupa** watered-down soup [2] pejor. **~odnić prawdziwe przesłanie filmu** to obscure the real message of a film; **~odnione przemówienie** a lengthy speech [II] **rozwodnić się — rozwadniać się** *[argumenty, dyskusja]* to become vague

rozwodni|k *m* divorcee, divorcé US; **trzykrotny ~k** a three-time divorcee

rozwodow|y *adi. [sprawa, wniosek]* divorce *attr.*

rozwodzić *impf* → **rozwieść**

rozwodzić się *impf* → **rozwieść się**

rozwojow|y *adi. [proces, wada, zaburzenia]* developmental

rozwolnie|nie *n* diarrhoea; **mieć ~nie** to have diarrhoea; **dostać ~nia** to get diarrhoea

rozwozić *impf* → **rozwieźć**

rozw|ód *m* (*G* **~odu**) divorce; **wziąć ~ód** to get divorced; **wystąpić o ~ód** to file for divorce

rozwód|ka *f* divorcee, divorcée US; **trzykrotna ~ka** a three-time divorcee

rozw|ój *m sgt* (*G* **~oju**) [1] (wzrost, kształtowanie się) development; **~ój gospodarczy/technologiczny** the economic/technological development; **~ój osobniczy/rodowy** Biol. ontogenesis/phylogenesis; **hamować ~ój czegoś** to impede the development of sth; **być opóźnionym w ~oju** to be developmentally delayed [2] (przebieg) course; **~ój wypadków** a course of events; **w miarę ~oju sytuacji** as the situation developed

rozwrzeszczan|y *adi. pot. [dziecko, fanki]* screaming; *[wyrostek, kibic]* rowdy

rozwrzeszcz|eć się *pf* (**~ysz się, ~ał się, ~eli się**) *v refl.* pot. (zacząć wrzeszczeć) *[dziecko]* to start screaming; (wrzasnąć) to yell

rozwścieczać *impf* → **rozwścieczyć**

rozwścieczeni|e [I] *sv* → **rozwścieczyć** [II] *n sgt* fury; **zrobić coś z ~em** to do sth furiously; **w swoim ~u zapomniał, że...** he was so furious a. infuriated that he forgot that...

rozwścieczǀony ▯ _pp_ → rozwścieczyć

▯▯ _adi._ _[osoba, twarz]_ furious, infuriated; **powiedzieć coś ~onym głosem** to say sth furiously

rozwścieczǀyć _pf_ — **rozwścieczǀać** _impf_ ▯ _vt [osoba, zdarzenie]_ to infuriate _[osobę]_; **~yło go, że...** it infuriated him that...

▯▯ **rozwścieczyć się** — **rozwścieczać się** to be infuriated

rozwścieklić → rozwścieczyć

rozwściekłony → rozwścieczony

rozwydrzeniǀe ▯ _sv_ → rozwydrzyć

▯▯ _n sgt_ (dzieci) unruliness; (chuliganów, bandytów) lawlessness

rozwydrzǀony ▯ _pp_ → rozwydrzyć

▯▯ _adi._ pot. _[dzieciak, tłum]_ unruly; _[chuligani]_ rowdy

rozwydrzǀyć _pf_ — **rozwydrzǀać** _impf_ pot. ▯ _vt [rodzice]_ to spoil _[dzieci]_

▯▯ **rozwydrzyć się** — **rozwydrzać się** _[dziecko]_ to become unruly

rozziew _m sgt_ (G **~u**) gap (**między czymś a czymś** between sth and sth); **istnieje ~ między tym co mówi, a tym co robi** there is a gap between what he says and what he does; **coraz większy stawał się ~ miedzy władzą a społeczeństwem** the gap between the government and the people was widening

rozzłoszczǀony ▯ _pp_ → rozzłościć

▯▯ _adi._ angry (**na kogoś** at sb); **~ony czyimś zachowaniem** angry at sb's behaviour; **powiedzieć coś ~onym głosem** to say sth angrily; **rzucić komuś ~one spojrzenie** to shoot sb an angry look

rozzłoǀścić _pf_ ▯ _vt_ to make [sb] angry; **jego upór go ~ścił** he was angry at his stubbornness; **to go jeszcze bardziej ~ściło** this made him even more angry; **długie oczekiwanie ~ściło go** he was angry at having to wait so long

▯▯ **rozzłościć się** to get angry (**na kogoś** at sb)

rozzuchwalać _impf_ → rozzuchwalić

rozzuchwalǀenie ▯ _sv_ → rozzuchwalić

▯▯ _n sgt_ (dzieci) unruliness; (przestępców) temerity

rozzuchwalǀić _pf_ — **rozzuchwalǀać** _impf_ ▯ _vt_ to encourage _[przestępcę]_; **bezkarność ~a przestępców** impunity encourages criminals

▯▯ **rozzuchwalić się** — **rozzuchwalać się** _[dzieci]_ to become unruly; _[przestępcy]_ to become audacious

rozzuǀć _pf_ — **rozzuǀwać** _impf_ ▯ _vt_ przest. to take [sth] off _[buty]_; **~ć kogoś** to take off sb's shoes

▯▯ **rozzuć się** — **rozzuwać się** to take off one's shoes

rozzuwać _impf_ → rozzuć

rozżalać _impf_ → rozżalić

rozżaleniǀe ▯ _sv_ → rozżalić

▯▯ _n sgt_ (smutek) misery; (uraza) bitterness; **płakać z ~a** to cry miserably; **myśleć o czymś z ~em** to think about sth with bitterness; **mówić z ~em w głosie** to speak bitterly; **odczuwać ~e z powodu czegoś** to feel bitter about sth

rozżalǀić _pf_ — **rozżalǀać** _impf_ ▯ _vt_ (zasmucić) to make [sb] feel miserable; (rozgoryczyć) to make [sb] feel bitter

▯▯ **rozżalić się** — **rozżalać się** to feel

miserable; **~ić się nad swoim losem** to start lamenting one's fate; **~ić się na kogoś** (poczuć urazę) to become resentful of sb; (zacząć narzekać) to start complaining about sb; „**i co ja teraz pocznę?" – ~iła się nagle** 'and what am I supposed to do now?' she lamented

rozżalǀony ▯ _pp_ → rozżalić

▯▯ _adi._ (smutny) _[osoba, głos, oczy]_ miserable; (rozgoryczony) bitter, embittered (**na coś** about a. at sth); resentful (**na coś** at sth); **być ~onym na kogoś** to feel resentment towards sb; **powiedzieć coś ~onym głosem** to say sth bitterly a. resentfully

rozżarzać _impf_ → rozżarzyć

rozżarzǀyć _pf_ — **rozżarzǀać** _impf_ ▯ _vt_ to heat [sth] up; **prąd ~a drucik w żarówce** electricity heats up the filament until it glows; **~ony słońcem piasek/asfalt** sunbaked sand/tarmac; **~one węgle** red-hot coals; **~one żelazo** red-hot iron; **~one oczy** przen. glowing eyes

▯▯ **rozżarzyć się** — **rozżarzać się** _[drut]_ to heat up; _[węgle]_ to start glowing; **~yć się do czerwoności** to become red-hot; **jego oczy ~yły się w ciemności** przen. his eyes started to glow in the dark

rǀożek _m_ ▯ _dem._ (Npl **rożki** a. **różki**) Zool. horn; (motyla) feeler ▯ _dem._ (kącik) corner ▯ Kulin. (rogalik) crescent roll; (z ciasta francuskiego) croissant ▯ (wafel) cornet GB, cone; **lody w rożku** an ice-cream cone ▯ Muz. horn

❑ **rożek angielski** Muz. English horn, cor anglais

rożǀen _m_ (szpikulec) spit; (urządzenie) spit-roaster, rotisserie; **piec coś na ~nie** to cook sth on a spit; **kurczak z ~na** spit-roasted chicken

rożnǀy ▯ _adi._ Sport **rzut ~y** a corner (kick); **wybijać rzut ~y** to take a corner kick

▯▯ _m_ Sport corner (kick)

rǀód _m_ (G **rodu**) ▯ (rodzina) family; **magnackie/królewskie rody** aristocratic/royal families; **zwaśnione rody** feuding families; **głowa/protoplasta rodu** the head/founder of a family; **wywodzić się ze znanego rodu** to come from a famous family; **ród ludzki** a. **człowieczy** a. **Adama** książk. the human race; **ród męski** zn. the male species; **ród niewieści** żart. womankind ▯ (pochodzenie) **być rodem z Warszawy/Krakowa** to be born in Warsaw/Cracow; **znany pisarz rodem z Gdańska** a well-known Gdańsk-born writer; **słownictwo rodem spod budki z piwem** foul language; **krajobrazy rodem z Kafki** Kafka-like landscapes ▯ Roln. (potomstwo rośliny, zwierzęcia) stock

rǀóg _m_ (G **rogu**) ▯ Zool. horn; **rogi bawołu/krowy** buffalo/cow horns; **rogi jelenia/łosia** deer/elk antlers; **rogi jeleni na ścianach** (deer) antlers hanging on the walls; **zrzucać rogi** to shed antlers; **ślimak wystawił/schował rogi** the snail put out/pulled a. drew in its horns; **pokazać rogi** przen. to show one's temper ▯ _sgt_ (substancja) horn; **nóż oprawny w róg** a knife with a horn handle; **grzebień z rogu** a horn comb ▯ (pojemnik) horn; **róg z prochem/tabaką** a powder/snuff horn; **róg obfitości** the horn of plenty, the cornucopia; **oferty sypały**

się jak z rogu obfitości offers poured in ▯ Muz. horn; **róg sygnałowy/myśliwski** a signal/hunting horn; **róg alpejski** an alpenhorn; **grać na rogu** to play a a. the horn; **zadąć w róg** to blow a horn ▯ (u zbiegu krawędzi) corner; **róg kartki/kołnierzyka** a corner of a page/collar; **pozaginane rogi w książce** dog-eared corners of a book; **wycierać oczy rogiem chusteczki** to wipe one's eyes with the corner of one's hanky; **uderzyć się głową o róg stołu** to hit one's head on the corner of a table; **siedzieć na rogu** to sit at the corner of a table; **róg kanapy/pokoju** a corner of a couch/room; **w rogu pokoju** in the corner of a room; **róg ulicy** a corner of a street; **róg Hożej i Marszałkowskiej** the corner of Hoża and Marszałkowska streets; **sklep/dom na rogu** a shop/house on the corner; **zatrzymać się na rogu ulicy** to stop at the corner of the street; **skręcić za róg** to turn around the corner; **zniknąć za rogiem** to disappear around the corner; **mieszkam tuż za rogiem** I live just around the corner ▯ Sport (miejsce, rzut rożny) corner; **odgwizdać róg** pot. to award a corner; **wybijać róg** pot. to take a corner; **strzał w krótki/długi róg** a shot at the near/far post

■ **chwycić** a. **wziąć byka za rogi** to take the bull by the horns; **przyprawić** a. **przypiąć komuś rogi** to cuckold sb; **przytrzeć komuś rogów** to cut sb down to size pot.; **zapędzić kogoś w kozi róg** to drive sb into a corner

rǀój _m_ (G **roju**) ▯ Zool. (rodzina pszczela) swarm ▯ (chmara) swarm; **roje ludzi/owadów** swarms a. a swarm of people/mosquitoes; **rój meteorów** a meteor swarm

rójǀka _f_ Zool. (rojenie się pszczół) swarming; (loty godowe) mating flights

rólǀka _f dem._ Kino, Teatr. small part

rǀów _m_ (G **rowu**) ditch; **rów melioracyjny** a drainage ditch; **rów strzelecki** Wojsk. a trench; **rów z wodą** Sport a water jump; **wykopać rów** to dig a ditch; **wjechać do rowu** _[kierowca, samochód]_ to drive into a ditch

❑ **Rów Mariański** Marianas Trench; **rów oceaniczny** ocean trench; **rów tektoniczny** rift valley

rówieśniczǀy _adi._ _[grupa]_ peer attr.

rówieśniǀk _m_, **~ca** a. **~czka** _f_ peer; **być czyimś ~kiem/czyjąś ~cą** to be sb's age; **są ~kami** they are of an age a. the same age; **jest wyższy niż ~cy** he's taller than his peers

równǀać _impf_ ▯ _vt_ ▯ (wyrównywać) to level _[ziemię, powierzchnię]_; **~j w prawo/lewo!** Wojsk. dress right/left! ⇒ **wyrównać** ▯ (zrównywać) **~ć kogoś z kimś** to put sb on the same level as sb ⇒ **zrównać**

▯▯ **równać się** ▯ (mieć taką samą wartość) to equal _vt_; **~ć się czemuś** to equal sth; **dwa razy dwa ~ się cztery** two times two equals four; **jedno euro ~ się czterem złotym** one euro equals four zlotys ▯ (oznaczać) **~ć się czemuś** to amount to sth; **to się ~ło zdradzie stanu** this amounted to high treason; **porażka ~ się spadkowi z ligi** a defeat means a relegation ▯ (do-

R

równywać) to equal *vt*; **~ć się z kimś/czymś pod względem czegoś** to equal sb/sth in sth; **nikt nie może się z nim ~ć** nobody can equal him; **nic nie może się z tym ~ć** nothing compares to it [4] (doganiać) **~ć się z kimś** to catch up with sb ⇒ **zrównać się** [5] (wyrównywać się) [szeregi] to dress ⇒ **wyrównać się**

■ **~ć w górę/dół** [nauczyciel] to level up/down standards; (uczeń, sportowiec, pracownik) to strive to develop oneself/to content oneself with mediocrity

równa|nie [I] *sv* → **równać**

[II] *n* equation; **~nie kwadratowe/liniowe** a quadratic/linear equation; **~nie z jedną niewiadomą/dwiema niewiadomymi** an equation with one unknown/two unknowns; **rozwiązać ~nie** to solve an equation

równi|a *f* (*Gpl* ~) [1] (powierzchnia) plane; **~a pochyła** an inclined plane; **staczać się po ~ pochyłej** przen. to be on the skids pot. [2] **na ~ z kimś/czymś** equally with sb/sth; **stawiać** a. **traktować kogoś na ~ z kimś** to treat sb equally with sb; **metoda stosowana na ~ z innymi** an equally valid method; **pracowała na ~ z mężczyznami** she worked as hard as men; **miejsce odwiedzane na ~ przez panów i panie** a place visited by men as well as women

równia|cha *m* (*Npl* ~chy) pot. good guy

równie *adv.* equally; **~ dobry/tani jak...** equally good/cheap as...; **~ szybko/trudno jak...** equally fast/hard as...; **wojna skończyła się ~ szybko, jak wybuchła** the war ended as quickly as it started; **było to ~ nieoczekiwane, jak nieprzyjemne** it was unexpected as well as unpleasant; **dawno nie było ~ ładnej pogody** we haven't had such nice weather for quite a time; **~ dobrze możemy...** we can equally well a. just as well...; **mogła mieć ~ dobrze trzydzieści, co i czterdzieści lat** she could equally well be thirty or forty

również *adv.* książk. also, as well; **muszę powiedzieć, że...** I also have to say that...; **przyszedł ~ i on** he also came; **to dotyczy wszystkich, ciebie ~** it applies to everybody, you too; **jest nie tylko ładna, ale** a. **lecz ~ inteligentna** not only is she pretty but also intelligent; **zaproszono premiera, jak ~ kilku ministrów** the prime minister was invited as well as some ministers; **jutro wyjeżdżamy i oni ~** we are leaving tomorrow and so are they

równik *m* [1] Geog. equator; **leżeć na ~u** to be situated on the equator; **przekroczyć ~** to cross the equator [2] Mat. equator

❑ **~ niebieski** a. **astronomiczny** Astron. celestial equator

równikow|y *adi.* [strefa, klimat, las] equatorial

równin|a *f* plain, flatlands; **Wielkie Równiny** Great Plains

równinn|y *adi.* [krajobraz] flat; **teren ~y** flatland(s)

równiu|tki (~sieńki, ~teńki) *adi.* dem. [1] [powierzchnia, droga] (gładki) even, smooth [2] (nie zakrzywiony) [linia, rząd, zęby] even [3] (jednakowy) [przerwy, odstępy, paseczki] even; **byli ~tcy** (równego wzrostu) they were

of exactly the same height [4] (dokładny) **~tki rok/kilometr** exactly one year/kilometre

równiu|tko (~sieńko, ~teńko) *adv.* dem. [1] (bez wypukłości) [pomalować, posmarować, rozłożyć] evenly [2] (bez zakrzywień) [przyszyć, przykleić] evenly; [uciąć] evenly, cleanly; **~tko coś poustawiać** to line sth up carefully [3] (na równe części) [podzielić] evenly [4] (dokładnie) exactly; **~tko tydzień temu/sto złotych** exactly a week ago/a hundred zlotys [5] (równocześnie) **~tko z kimś** at the same time as sb; **skończyć ~tko z dzwonkiem** to finish as soon as the bell rings

równ|o [I] *adv. grad.* [1] (bez wypukłości) [rozłożyć, rozciągnąć, pomalować] evenly; **posmarować coś ~o masłem/klejem** to spread sth evenly with butter/glue; **ubić ~o ziemię** to level the soil; **wygładzić ~o powierzchnię** to smooth a surface; **~o przylegać do czegoś** to stick evenly to sth [2] (bez zakrzywień) [przykleić, przyszyć] evenly; [uciąć] evenly, cleanly; (starannie) neatly; **~o przycięte włosy** evenly cut hair; **~o wisieć** (poziomo) to be level; **pisać ~o** to have a neat handwriting; **ustawić coś ~o jak pod sznur** to line sth up; **książki były ~o poustawiane** the books were neatly lined up; **iść ~o obok kogoś** to walk side by side with sb [3] (miarowo) [oddychać] evenly; [iść, biec] at a steady pace; **serce biło ~o** the heartbeat was steady; **silnik pracował ~o** the engine ran smoothly [4] (systematycznie, przewidywalnie) [grać, pracować] consistently; **w tym sezonie grają bardzo ~o** Sport they've been very consistent this season

[II] *adv.* [1] (jednakowo) evenly; **podzielić coś ~o** to divide sth evenly; **było po ~o chłopaków i dziewczyn** there was an equal number of boys and girls; **rozdać każdemu po ~o** to give everybody an equal share; **podzielić się czymś po ~o** to share sth evenly; **~o poprzycinane deski** even-sized boards [2] (dokładnie) exactly; **~o o dziewiątej** at nine o'clock sharp; **~o rok temu** exactly a year ago; **~o pięć tysięcy** exactly five thousand [3] (równocześnie) **~o z kimś** at the same time as sb; **~o ze zmrokiem** at dusk; **skończyć ~o z dzwonkiem** to finish as soon as the bell rings; **zacząłeś ~o ze mną** you started at the same as I did [4] pot. (bardzo) like hell pot.; **chichotałyśmy ~o** we giggled like hell; **no to masz ~o przechlapane** so you've got a hell of a problem

równoboczn|y *adi.* [trójkąt] equilateral

równobrzmiąc|y *adi.* [oświadczenia, teksty, rozkazy] identical

równoczesnoś|ć *f sgt* simultaneousness (**czegoś** of sth)

równocze|sny *adi.* [czynności, działania] simultaneous (**z czymś** with sth); **większe wydatki przy ~snym spadku dochodów** more expenses and at the same time a drop in income

równocześnie *adv* [1] (w tym samym czasie) [występować, odbywać się] at the same time, simultaneously; **robić kilka rzeczy ~** to do several things at the same time; **śmiejąc się i płacząc ~** laughing and crying at the same time; **odbywać się ~ z czymś** to

take place at the same time as sth a. simultaneously with sth [2] (zarazem) at the same time; **chciał tego i bał się ~** he wanted it and at the same time was scared

równolat|ek *m*, **~ka** *f* (*Npl* ~ki a. ~kowie, ~ki) peer; **być czyimś ~kiem/czyjąś ~ką** to be sb's age; **są ~kami** they are of an age

równolegle *adv.* [1] [leżeć, ułożyć] parallel (**do czegoś** to a. with sth); **być usytuowanym ~** to be parallel; **przebiegać ~ do siebie** to run parallel to each other; **iść ~ z kimś** to walk side by side with sb [2] (jednocześnie) [odbywać się, rozwijać się] parallel (**z czymś** to a. with sth)

równoległoboczn|y *adi.* rhomboid

równoległobok *m* (*G* ~u) parallelogram, rhomboid

równoległościan *m* (*G* ~u) parallelepiped

równoległościenn|y *adi.* parallelepipedal

równoległoś|ć *f sgt* parallelism (**czegoś** of sth)

równoleg|ły *adi.* [1] [odcinki, proste] parallel (**do czegoś** to a. with sth) [2] (równoczesny, taki sam) [klasy, kursy, rozwój] parallel

równoleżnik *m* Geog., Mat. parallel; **na północ od pięćdziesiątego ~a szerokości północnej** north of the 50th parallel of north latitude

❑ **~ niebieski** Astron. celestial latitude

równoleżnikowo *adv.* [wiać, przebiegać, być położonym] latitudinally

równoleżnikow|y *adi.* Geog. latitudinal

równomiernie *adv. grad.* [rozprowadzić, nagrzewać się, oddychać] evenly; **rozmieszczony ~** evenly distributed

równomiernoś|ć *f sgt* (oddechu, rozprzestrzenienia) evenness (**czegoś** of sth)

równomiern|y *adi.* [podział, oddech] even; [warstwa, powierzchnia] even, smooth; **~a praca silnika** the smooth running of the engine

równonoc *f* (*Gpl* ~y) equinox; **~ wiosenna/jesienna** the vernal/autumnal equinox

równoprawnie *adv* [traktować] equally

równoprawnoś|ć *f sgt* equality; **~ć wszystkich obywateli** equal rights of all citizens

równoprawn|y *adi.* [członek, obywatel] legitimate; **~a współpraca** a partnership on equal terms; **dwaj ~i właściciele** two equal co-owners; **~e regiony** independent regions; **~e traktowanie innych religii/mniejszości narodowych** the equal treatment of other religions/ethnic minorities; **~y z kimś** having equal rights with sb; **uznać coś za ~e z czymś** to grant sth equal status with sth

równoramienn|y *adi.* [trójkąt] isosceles; **krzyż ~y** the Greek cross

równorzędnie *adv.* [traktować] equally

równorzędnoś|ć *f sgt* (stron, partnerów) equal status (**kogoś/czegoś** of sb/sth)

równorzędn|y *adi.* [partner, rywal] equal; [stanowisko, produkt] equivalent; **stanowić dla kogoś ~ego przeciwnika** to be a match for sb; **nie potrafiliśmy nawiązać z nimi ~ej walki** we were hardly a match for them; **przyznać dwie ~e nagrody** to award a joint prize; **być ~ym z kimś/ czymś** [urzędnik, instytucja, jednostka podziału] to be of equal status with sb/sth

równościow|y adi. [polityka, tendencje] egalitarian

równoś|ć f sgt [1] (równy status) equality; **wolność, ~ć, braterstwo** liberty, equality, fraternity; **~ć wobec prawa** equal rights; **~ć szans dla kobiet i mężczyzn** equal opportunities for men and women [2] (równa wartość) **~ć dwóch liczb** two numbers being equal; **~ć wieku** being of the same age; **znak ~ci** the equal(s) sign; **stawiać znak ~ci między czymś a czymś** przen. to treat sth as one [3] (powierzchni, deski) evenness, smoothness

równouprawnieni|e n sgt (równe prawa) equal rights; (zrównanie wobec prawa) granting equal rights; **walczyć o ~e kobiet** to fight for equal rights for women

równowa|ga f sgt [1] (stała postawa) balance; **narząd/zmysł ~gi** an organ/the sense of balance; **utrzymać** a. **zachować ~gę** to keep one's balance; **stracić ~gę** to lose one's balance; **usiłował złapać ~gę** he tried to catch his balance [2] (spokój) balance, equilibrium; **~ga psychiczna** sb's mental balance a. equilibrium; **odzyskać ~gę** to recover one's mental equilibrium; **wytrącić kogoś z ~gi** to throw sb off balance przen.; **wyprowadzić kogoś z ~gi** to make sb angry [3] (stabilizacja) balance; **~ga sił** the balance of power; **~ga ekologiczna** ecological balance; **zachowywać ~gę między czymś a czymś** to maintain a balance between sth and sth; **naruszyć** a. **zachwiać ~gę** to upset a. disturb the balance; **na rynku panuje ~ga** supply and demand are balanced; **dla ~gi** for the sake of fairness [4] Fiz. balance [5] Sport deuce □ **~ga chwiejna** Fiz. unstable balance; **~ga stała** Fiz. stable balance

równowartościow|y adi. [towar] of equal value

równowartoś|ć f sgt equivalent (czegoś of a. for sth); **~ć w dolarach** the equivalent in dollars; **~ć dwumiesięcznej pensji** an equivalent of two months salary

równoważni|a f (G ~) Sport (balance) beam; **ćwiczenia na ~** the beam exercise

równoważnik m (odpowiednik) equivalent (czegoś of sth) □ **~ zdania** Jęz. gerund clause

równoważnoś|ć f sgt equivalence

równoważn|y adi. [funkcje, twierdzenia] equivalent; **być ~ym z czymś** a. **czemuś** to be equivalent to sth

równoważ|yć impf [I] vt to balance [wydatki]; to even [sth] up [ciężar]; to counterbalance [siły]; **~yć import eksportem** to balance imports and exports; **~yć straty zyskami** to balance the losses by the profits ⇒ **zrównoważyć**

[II] **równoważyć się** [siły] to counteract each other; [zalety, straty] to balance out; **korzyści i wady wzajemnie się ~ą** the benefits and drawbacks balance out ⇒ **zrównoważyć się**

równoznacznoś|ć f sgt (słów, wyrażeń) synonymity; (wypowiedzi, propozycji) equivalence

równoznaczn|y adi. [1] (mający to samo znaczenie) [wyrazy, określenia] synonymous; [oferty, propozycje] equivalent [2] (oznaczający) tantamout; **być ~y z czymś** to be tantamount to sth; **rezygnacja byłaby ~a z przyznaniem się do winy** the resignation would be tantamount to an admission of guilt

równ|y [I] adi. grad [1] (bez wypukłości) [powierzchnia, deska, podłoże] even, smooth; (poziomy) level; **~y teren** (krajobraz) flat countryside; (grunt) level ground [2] (bez skrzywień) [linia, zęby] even; [pismo] neat; **stać w ~ej linii** to be lined up [3] (niezmienny, przewidywalny) [gra, zawodnik] consistent; **utrzymywać ~y poziom artystyczny** to maintain artistic standards [4] (miarowy) [oddech, puls, rytm] even; **biec ~ym tempem** to run at an even pace

[II] adi. [1] (taki sam) [odcinki, prawa, pensje] equal; **podzielić coś na trzy ~e części** to divide sth into three equal parts; **są w ~ym wieku** they are the same age; **jesteśmy ~ego wzrostu** we are the same height; **są ~i rangą** a. **stopniem** they are the same rank; **mieć ~ą liczbę punktów** to have equal scores; **w ~ym stopniu** a. **w ~ej mierze** to the same degree; **suma tych liczb jest ~a trzem** the sum of these numbers is three; **nagroda ~a milion złotych** a prize of one million zlotys [2] (cały) **~y miesiąc później** exactly a month later; **~e 100 km/godz.** exactly 100 km/h [3] (równorzędny, równoprawny) [przeciwnicy, partnerzy] equal; **wszyscy są ~i wobec prawa** everybody has equal rights; **to była ~a walka** it was a close contest; **nie mieć sobie ~ych pod jakimś względem** to be unrivalled in sth; **są ~i i równiejsi** żart. all men/citizens/students are equal but some are more equal than others [4] pot. (fajny) **~y z niego gość** he's a good guy [5] Jęz. **stopień ~y** the positive degree

[III] m (równorzędny partner) equal; **traktować kogoś jak ~ego** to treat sb as one's equal; **rozmawiać jak ~y z ~ym** to talk on equal terms

[IV] **równe** n **jechać/iść po ~ym** to drive/ walk on the level

rózecz|ka f dem. (gałązka) twig, switch; (do bicia) rod

róz|ga [I] f (gałązka) twig, switch; (do bicia) rod; **brzozowa ~ga** a birch twig

[II] **rózgi** plt (chłosta) the birch; **dostać ~gi** to be given the birch; **wymierzyć komuś ~gi** to birch sb

róż m (G ~u) [1] (kolor) pink; **różne odcienie ~u** different shades of pink [2] (kosmetyk) rouge, blusher; **nałożyć cienką warstwę ~u na policzki** to put a thin layer of rouge on one's cheeks [3] książk. (rumieniec) blush; **jej policzki oblał delikatny ~** a slight blush crept up to her cheeks

róż|a f [1] Bot. rose; **herbaciane ~e** tea roses; **dzika ~a** the wild rose; **owoc dzikiej ~y** a rosehip; **syrop z dzikiej ~y** rosehip syrup; **bukiet ~** a bunch of roses; **jego życie nie jest usłane ~ami** a. **nie ma życia usłanego ~ami** przen. his life is not all roses; **przez całe życie stąpała po ~ach** przen. her life was a bed of roses

[2] Med. erysipelas [3] Myślis. coronet □ **~a chińska** Bot. China rose; **~a cierniowa** Bot. dog rose; **~a jerychońska** Bot. rose of Jericho; **~a kompasowa** Żegl. compass rose; **~a pustyni** Geol. desert rose; **~a wiatrów** Geog. wind rose ■ **nie ma ~y bez kolców** przysł. there's no rose without a thorn przysł.

różanecznik m Bot. rhododendron

róża|niec m Relig. (przedmiot, modlitwa, nabożeństwo) rosary; **odmawiać ~niec** to say the rosary a. the beads

róża|ny adi. [1] [ogród, zapach] rose attr.; [syrop] rosehip attr. [2] [cera, policzki] rosy

różańcow|y adi. rosary attr.; **modlitwa ~a** the rosary; **kółko ~e** a rosary group; **tajemnice ~e** mysteries of the rosary

różdż|ka f [1] (magiczna) wand; **czarodziejska ~ka** a magic wand; **jak za dotknięciem czarodziejskiej ~ki** as if by magic [2] (do wykrywania wody) dowsing rod, divining rod

różdżkars|ki adi. [umiejętność, talent] dowsing attr., divining attr.

różdżkarstw|o n sgt dowsing, divining

różdżkarz m (Gpl ~y) dowser, (water) diviner, water finder

różnic|a f [1] (odmienność) difference (między czymś a czymś between sth and sth); **~e polityczne/ideologiczne** political/ ideological differences; **duże ~e temperatur** large temperature differences; **znaczna ~a wieku między nimi** a significant age difference between them; **głębokie ~e w rozumieniu czegoś** deep differences in understanding sth; **istnieje między nami ~a zdań** there's a difference of opinion between us; **z tą ~ą, że...** with the difference that...; **jedyna ~a między nimi to...** the only difference between them is that...; **~a polega na tym, że...** the difference is that...; **nie robić ~ między swoimi dziećmi** to treat all one's children fairly; **to mi nie robi** a. **sprawia ~y** it makes no difference to me; **kilka minut nie robi mi ~y** a few more minutes won't make much difference; **nie sprawia mu wielkiej ~y, czy...** it makes no difference to him if...; **czy ten sprawi pani ~y, jeżeli przyjdę później?** will it make any difference to you if I come later?; **co za ~a?** what's the difference?; **to bez ~y** same difference pot.; **dla mnie to żadna ~a** it makes no difference; **to ~a!** that's a difference; **lubić a kochać to ~a** liking and loving are two different things [2] Mat. difference; **~a dwóch liczb** the difference between two numbers; **~a wynosi pięć** the difference is five

różnic|ować impf [I] vt to diversify [społeczeństwo] ⇒ **zróżnicować**

[II] **różnicować się** [gatunki, języki] to diversify ⇒ **zróżnicować się**

różni|ć impf [I] vt (odróżniać) to make [sb/sth] different (od kogoś/czegoś from sb/sth); **~ ich bardzo wiele** they are very different; **niewiele ~ go od reszty pracowników** he's not much different from the rest of the staff

[II] **różnić się** [1] (być innym) to differ, to be different (od kogoś/czegoś from sb/sth); **~ć się czymś** to differ in sth; **~ą się tym,**

że... they differ in that...; **~ć się bardzo/ znacząco** to differ widely/markedly; **nie wiele się od siebie ~ą** they are very much the same [2] (sprzeczać się) **~ć się w wielu sprawach** to have different opinions on many things; **~ć się w ocenie czegoś** to view sth differently

różnie adv. differently, variously; **można to ~ rozumieć** it can be understood in different ways; **najróżniej ubarwione ptaki** variously coloured birds; **~ im się powodziło** they had their ups and downs; **~ w życiu bywa** life has its ups and downs; **~ się może zdarzyć** who knows what might happen?; **~ o nim mówią** people say all sorts of things about him

różnobarwnie adv. **~ ubrany tłum** a multicoloured crowd

różnobarwn|y adi. [tłum, ptak, motyl] multicoloured, varicoloured

różnojęzyczn|y adi. [tłum, publikacja] multilingual

różnokolorowo adi. **mienić się ~** to glitter in all sorts of colours

różnokolorow|y adi. [czasopisma, plakaty, sukienki] colourful, colorful US

różnora|ki adi. [towary, kolory] different; **na ~kie sposoby** in all sorts of ways; **świadczyć ~kie usługi** to provide all sorts of services

różnorako adv. in all sorts of ways

różnorodnie adv. diversely

różnorodnoś|ć f sgt diversity (**czegoś** of sth)

różnorodn|y adi. [owoce, twórczość] diverse; **książki na ~e tematy** books on diverse subjects

różnoś|ć [I] f sgt difference; **poszanowanie ~ci** a respect for differences

[II] **różności** plt (różne) **~ci** all sorts of things; **naopowiadać komuś (różnych) ~ci** to tell sb all sorts of things

różnowierc|a m person of another faith

różnowiercz|y adi. **~e groby** the graves of people of other faiths

różnowierstw|o n sgt [1] (wyznawanie innej religii) **czyjeś ~o** the fact that sb belongs to another religion [2] (ludzie innych religii) people of other faiths

różn|y [I] adi. [1] (różnorodny) different, various; **~e** a. **najróżniejsze książki/miasta** different a. various books/towns; **~e różności** pot. all sorts of things [2] (nie ten sam) different; **dwa ~e stanowiska** two different positions; **kawałki ~ych materiałów** pieces of different fabrics; **krańcowo ~e reakcje** totally different reactions; **dzieci w ~ym wieku** children of different ages; **być ~ym od czegoś** to be different from sth; **liczba ~a od zera** a number other than zero [3] pot. (jakiś) all sorts; **~i ludzie** all sorts of people; **~e tajemnicze interesy** all sorts of secret dealings

[II] **różni** plt all sorts of people; **~i tu do nas przychodzą** we get all sorts of people coming in; **~i różnie mówią** people say all sorts of things; **wymyślać komuś od ~ych** pot. to shout abuse at sb

różowawo adv. pinkishly rzad.

różowaw|y adi. pinkish

różowi|ć impf [I] vt **świt ~ł niebo** the eastern sky glowed pink ⇒ **zaróżowić**

[II] **różowić się** [niebo, śnieg, policzki] to glow pink ⇒ **zaróżowić się**

różowi|eć impf (**~eję, ~ał, ~eli**) vi [1] (stawać się różowym) to turn pink ⇒ **poróżowieć** [2] (być różowym) [niebo, śnieg, policzki] to glow pink

różowiut|ki adi. pieszcz. pink

różowiutko adv. pieszcz. pinkly

różowo adv. [1] pinkly; **kwitnąć ~** to have pink flowers; **ubierać się na ~** to wear pink; **pomalować coś na ~** to paint sth pink; **w pokoju było ~** the room was pink [2] przen. **wyglądać ~** [przyszłość, sytuacja, życie] to look rosy

różowoś|ć f sgt pinkness; (skóry, cery) rosiness; **jej policzki nabrały dawnej ~ci** her cheeks became rosy again

różow|y adi. [1] (o kolorze) pink; [cera, skóra] rosy [2] przen. (optymistyczny) [przyszłość] rosy; **rzeczywistość nie okazała się aż tak ~a** in reality it was not all roses

■ **być w ~ym humorze** to be in great humour; **patrzeć na kogoś/coś przez ~e okulary** to see sb/sth through rose-coloured spectacles; **patrzeć na świat przez ~e okulary** to see the world through rose-coloured spectacles; **przedstawiać coś w ~ych kolorach** a. **barwach** to paint a rosy picture of sth

różycz|ka f [1] dem. (small) rose [2] (przedmiot w kształcie róży) rose, rosette [3] Archit. rosette [4] Med. German measles, rubella

różyczkow|y adi. Med. [wysypka, objawy] rubella attr.

RP (= Rzeczpospolita Polska) Republic of Poland

rtęciow|y adi. [sól, lampa] mercury attr.

rtęciów|ka f pot. mercury lamp

rtę|ć f sgt (pierwiastek) mercury; (metal) mercury, quicksilver; **słupek ~ci podnosi się/ opada** the mercury rises/drops; **słupek ~ci wskazywał dziesięć stopni** the thermometer read ten degrees

Ruandyj|czyk m, **~ka** f Rwandan, Rwandese

ruandyjs|ki adi Rwandan, Rwandese

rubasz|ka f Hist. rubashka (type of tunic worn in Russia)

rubasznie adv. [śmiać się] heartily

rubasznoś|ć f sgt (osoby) heartiness; (dowcipu) broadness

rubaszn|y adi. [osoba, zachowanie] hearty; [żart, humor] broad; [piosenka] bawdy

rub|el m (A ~la) Fin. rouble, ruble

rubensows|ki adi. Rubenesque, Rubensesque; **~kie kształty** a Rubenesque figure

rubież f (Gpl ~y) [1] książk. (kresy) frontier; **wschodnie ~e Polski** the eastern frontiers of Poland [2] Wojsk. (obszar) ground; **~ ataku** a ground for attack

Rubikon m sgt (G ~u) Rubicon

■ **przekroczyć ~** to cross the Rubicon

rubin m (G ~u) [1] (kamień) ruby; **naszyjnik z ~ów** a ruby necklace; **pierścionek z ~em** a ruby ring [2] sgt (kolor) ruby; **~ jej ust** her ruby lips

rubinowo adv. **~ pomalowane usta** ruby-painted lips

rubinow|y adi. [1] (zrobiony z rubinów) [sygnet, naszyjnik] ruby attr. [2] [usta, płyn] ruby, ruby-coloured GB, ruby-colored US

rublow|y [I] adi. [transakcja, przeliczenia] rouble attr., ruble attr.

[II] **-rublowy** w wyrazach złożonych **banknot jednorublowy/sturublowy** a one-rouble/a hundred-rouble banknote

rublów|ka f (moneta) one-rouble coin; (banknot) one-rouble banknote; **dać komuś ~kę** to give sb a rouble

rubry|ka f (~czka dem.) [1] (tabela) table; (kolumna) column; (rząd) row; (puste miejsce do wypełnienia) space, blank; **wpisać coś w odpowiedniej ~ce** to write sth in the space provided; **wypełnić ~ki ankiety** to fill in a questionnaire [2] (w gazecie) column; **~ka skandali towarzyskich** a gossip column; **mieć swoją stałą ~kę** to have one's own column

rubryk|ować impf vt **~ować kartkę** to divide a page into sections ⇒ **porubrykować**

ruch m (a. ~u) [1] sgt (zmienianie położenia) movement, motion; **~ ciał w przestrzeni** the movement of bodies in space; **~ ziemi wokół słońca** the Earth's movement around the Sun; **ledwie zauważalny ~ powietrza** barely noticeable movement of the air; **być w ~u** to be in motion; **wprawić coś w ~** to set sth in motion [wahadło, koło]; **zgodnie z ~em/przeciwnie do ~chu wskazówek zegara** clockwise/anticlockwise [2] (poruszanie się) movement; (poruszenie się) move; (gest) gesture; **wdzięczne/ociężałe ~y** graceful/heavy movements; **wykonać a. zrobić ~ ręką/ głową** to make a gesture with one's hand/ head; **nie rób żadnych gwałtownych ~ów** don't make any sudden moves; **wskazać coś ~em ręki** to point at sth with one's hand; **pochwycić coś zręcznym ~em** to catch sth with a graceful movement of one's hand; **czytać z ~u warg** to lip-read; **krępować ~y** [ubranie] to restrict movement; **zapewniać komuś swobodę ~ów** to give sb freedom of movement także przen.; **stać/siedzieć/leżeć bez ~u** to be standing/sitting/lying motionless; **jego ~y wyrażały zdenerwowanie** you could tell by his movements that he was nervous; **śledził każdy jego ~** he watched his every move; **jeden ~ i nie żyjesz!** one move and you're dead! [3] sgt (aktywność fizyczna) exercise; **~ na świeżym powietrzu** outdoor exercise; **zażywać dużo ~u** to take a lot of exercise; **pies potrzebuje trochę ~u** the dog needs some exercise [4] sgt (krzątanina) flurry of activity; (zamieszanie) commotion; (tłok) rush; **przedświąteczny ~** the pre-Christmas rush; **w kuchni panował gorączkowy ~** there was a flurry of activity in the kitchen; **na sali panował nieopisany ~** the room was full of commotion; **być w ciągłym ~u** to be always on the go; **mamy ~ w interesie** business is brisk [5] sgt Transp. traffic; **~ uliczny** the road traffic; **~ pieszy/kołowy** pedestrian/motor traffic; **~ autobusowy/kolejowy** bus/rail traffic; **~ osobowy/towarowy/tranzytowy** passenger/freight/transit traffic; **~ jednokierunkowy/dwukierunkowy** one-way/two-way traffic; **~ prawostronny/lewostronny** driving on the right/left(-hand) side of

R

the road; **przepisy ~u drogowego** traffic regulations; **droga szybkiego ~u** a throughway; **pas ~u** a lane; **kontroler ~u lotniczego** an air-traffic controller; **kierować ~em** to direct traffic; **włączyć się do ~u** to merge with traffic; **na ulicach panował wzmożony ~** the traffic was heavier than usual 6 (przemieszczanie się) movement; **~y wojsk** the movement of troops; **~y migracyjne** the migratory movement 7 (zorganizowana działalność) movement; **~ ludowy/niepodległościowy** a peasant/an independence movement; **~ artystyczny/kulturalny** an artistic/a cultural movement; **~ na rzecz czegoś** a movement in support of sth; **~ oporu** the resistance movement 8 Gry move; **zrobić ~ pionem** to move one's pawn; **teraz twój ~** it's your move; **zrobić coś w trzech/ sześciu ~ach** to do sth in three/six moves 9 (posunięcie) move; **dobry/zły ~** a good/ bad move; **śledzić czyjeś ~y** to follow sb's moves; **wykonać ~** to make a move; **jaki będzie ich następny ~?** what's going to be their next move?; **jeden fałszywy ~ i po tobie** one false move and you're dead; **teraz ~ należy do nich** the ball is in their court przen. 10 książk. (zmiana) fluctuation; **~y stóp procentowych/cen** the fluctuations in interest rates/prices; **~ kadrowy w firmie** staff turnover

❑ **~ harmoniczny** Fiz. harmonic motion; **~ jednostajnie przyspieszony/opóźniony** Fiz. uniformly accelerated/retarded motion; **~ jednostajny** Fiz. uniform motion; **~ nastyczny** Bot. nastic movement; **~ obrotowy** rotary motion; **~ prostoliniowy/krzywoliniowy** Fiz. linear/curvilinear motion; **~ robaczkowy** Fizj. peristalsis; **~y artykulacyjne** Fonet. articulatory movements; **~y Browna** Fiz. Brownian movement; **~y górotwórcze** Geol. orogenic movements

■ **pójść w ~** [kamery, aparaty fotograficzne] to be switched on; **pięści poszły w ~** fists were flying; **w ~ poszły noże** knives were drawn; **puścić coś w ~** to set sth in motion

rucha|ć impf wulg. **Ⅰ** vt to screw wulg. ⇒ **wyruchać**

Ⅲ ruchać się to screw wulg.; **~ć się z kimś** to screw sb

ruchaw|ka f przest., pot. disorder; **uliczne ~ki** street disorder

ruchliwie adv. **na ulicach było gwarno i ~** the streets were noisy and busy

ruchliwoś|ć f sgt 1 (skłonność do zmian) mobility; **~ć zawodowa** professional mobility 2 (osoby) liveliness; (nerwowość) fidgetiness

ruchliw|y adi. 1 [ulica, dzielnica, port] busy 2 [życie] active; **prowadzić ~e życie** to live an active life; **mam bardzo ~ą pracę** my work keeps me on the move 3 [osoba] (żywy) lively; (wiercący się) fidgety; (energiczny) energetic; [oczy] lively; [płomień] flickering

ruchomoś|ć f 1 (zdolność ruchu) mobility; **~ć stawów/kończyn** the mobility of joints/limbs 2 sgt (elementu, święta) movability 3 zw. pl Prawo chattel; **~ci** movables

ruchom|y adi. 1 (będący w ruchu) [cel, kra] moving 2 (zdolny do ruchu) [element, ściana,

koła] mov(e)able, mobile; [staw, kończyna] Med. mobile; (odłączany) [część, element] detachable; **schody ~e** an escalator, a moving staircase GB; **~e piaski** quicksands 3 (zmienny) [święto] mov(e)able; [czas pracy] flexible; **mieć ~y czas pracy** to work flexible hours 4 Prawo mov(e)able; **majątek ~y** a. **mienie ~e** mov(e)ables

ruchowo adv. **dzieci upośledzone ~** physically handicapped children; **być sprawnym ~** to be physically talented

ruchow|y adi. 1 Fizj. [funkcje, nerwy, upośledzenie] motor 2 (związane z ruchem) **zdolności ~e** physical abilities; **zabawy ~e** games involving physical movement

ruczaj m (G **~u**) książk. (strumień) brook

ru|da f Geol. ore; **ruda żelaza/miedzi** iron/ copper ore

❑ **ruda bagienna** bog iron

rudawo adv. **jej włosy połyskiwały ~** her hair had a reddish tint to it

rudaw|y adi. [upierzenie] russet; [włosy, broda] reddish; [osoba] reddish-haired

rude|ra f pejor. ruin of a building pot. pejor.; **drewniane ~ry** wooden shacks

rudo adv. **ufarbować włosy na ~** to die one's hair red

rudoblond adi. inv. [włosy] reddish

rudobro|dy adi. [osoba] red-bearded

rudoś|ć f sgt (włosów) redness; (osoby) red-hairedness

rudowęglow|iec m Transp. ore and coal carrier

rudowłos|y adi. [osoba] ginger, ginger-haired, red-haired

ru|dy Ⅰ adi. 1 [liść, glina, sierść] reddish-brown, russet 2 [włosy, broda] red, ginger; [osoba] ginger, ginger-haired, red-haired

Ⅲ rudy m, **ruda** f pot. ginger pot.

rudymen|t m (G **~tu**) książk. 1 (podstawa) rudiment; **~ty gramatyki** rudiments of grammar 2 Biol. rudiment

rudymentarn|y adi. książk. 1 (podstawowy) rudimentary 2 (szczątkowy) vestigial

rudzi|eć impf (**~eję, ~ał, ~eli**) vi 1 (stawać się rudym) [włosy] to turn red 2 (być rudym) **w trawie ~ały kasztany** the reddish brown conkers lay scattered in the grass

rudziel|ec m (G **~ca**) pot. ginger pot.

rudzik m Zool. robin; (robin) redbreast pot.

ruf|a f Żegl. stern; **na ~ie** in a. at the stern; **pójść na ~ę** to go aft; **wykonać zwrot przez ~ę** to gybe, to jibe US

❑ **~a pawężowa** counter stern

rufow|y adi. Żegl. aft; **część ~a statku** the after part of the ship; **nadbudówka ~a** a poop; **pokład ~y** a quarterdeck

ru|ga f zw. pl pot. dressing-down pot.; **dostać rugę** to get a dressing-down; **nie szczędzić komuś rug** to scold sb often

ruga|ć impf → **rugnąć**

rugbi|sta /rag'bista/ m rugby player

rugby /'ragbi/ n inv. rugby (football); **~ trzynastoosobowe/piętnastoosobowe** rugby league/rugby union

rug|i plt (G **~ów**) (pozbawianie ziemi) farmland clearances; **~i pruskie** Hist. mass farmland clearances in the German partition zone in 19th-century Poland

rug|nąć pf — **rug|ać** impf (**~nęła, ~nęli — ~am**) vt pot. to dress [sb] down pot. (**za coś** for sth)

rug|ować impf vt 1 (wysiedlać) to remove [chłopów, osadników]; **~ować kogoś z ziemi** to remove sb from their land ⇒ **wyrugować** 2 (eliminować) to weed [sth] out [zło, błędy] ⇒ **wyrugować**

ruin|a Ⅱ f 1 (zdewastowany budynek) ruin; **dom był kompletną ~ą** the house was a complete ruin 2 (stan upadku, dewastacji) ruin; **~a gospodarki** economic ruin; **leżeć w ~ie** [kraj, miasto, budynek] to be in ruins a. a state of ruin; **popaść w ~ę** [budynek] to fall into ruin; **firmie grozi ~a** the company is on the brink of (financial) ruin; **doprowadzić przedsiębiorstwo/swoje zdrowie do ~y** to ruin a company/one's health 3 przen. (wycieńczony człowiek) wreck; **~a człowieka** a wreck of a man; **~a siebie samego** a wreck of his/her former self

Ⅱ ruiny plt ruins; **~y średniowiecznego zamku** the ruins of a medieval castle; **dźwignąć** a. **podnieść coś z ~** książk. to rebuild sth [kraj, budynek]; **dźwignąć się** a. **podnieść się z ~** książk. [kraj, miasto] to rise from the ruins

ru|ja f sgt Zool. oestrus, heat; (u łań, saren) rut; **mieć ruję** to be in oestrus a. in season a. on heat

rujnacj|a f (Gpl **~i**) pot. ruination; **doprowadzić coś do ~i** to cause the ruination of sth

rujn|ować impf **Ⅱ** vt 1 (niszczyć) to devastate [budynek, miasto] ⇒ **zrujnować** 2 (doprowadzać do bankructwa) to ruin [osobę, firmę] ⇒ **zrujnować** 3 (zepsuć) to ruin [zdrowie, szczęście, nerwy]; **~ować komuś życie** to ruin sb's life ⇒ **zrujnować**

Ⅱ rujnować się (trwonić majątek) **~ować się na coś** to splash out on sth ⇒ **zrujnować się**

■ **zgoda buduje, niezgoda ~uje** przysł. united we stand, divided we fall

rule|ta f Gry roulette

rulet|ka f 1 (gra) roulette; (urządzenie) roulette wheel; **grać w ~kę** to play roulette; **wygrać/przegrać coś w ~kę** to win/lose sth playing roulette 2 przen. lottery; **nigdy nie wiadomo na pewno, to zawsze ~ka** you can never be sure, it's always a lottery

❑ **rosyjska ~ka** Russian roulette także przen.

ruletkow|y adi. [stół] roulette attr.

rulon m (**~ik** dem.) (G **~u**) 1 (papieru) roll; (banknotów) wad; **zwinąć coś w ~** to roll sth up 2 (monet) roll

rum m sgt (G **~u**) rum; **biały ~** white rum

rumak m książk. steed; **dosiąść ~a** to mount a steed

rumb|a f (taniec, muzyka) rumba, rhumba; **tańczyć ~ę** to dance the rumba, to rumba

rumian|ek m (G **~ku**) 1 Bot. camomile, chamomile 2 sgt (napar) camomile tea

rumiankow|y adi. [mydło, szampon] camomile attr., chamomile attr.

rumiano adv. 1 **wyglądać ~** to look ruddy 2 Kulin. **przypiec coś na ~** to roast sth golden brown

rumian|y adi. 1 [cera, policzki, twarz] ruddy; [osoba] ruddy-faced 2 **~e jabłko** an apple with a red blush 3 [chleb, skórka] golden brown

rumie|nić *impf* **[I]** *vt* Kulin. to brown *[cebulę, mięso]* ⇒ **przyrumienić**

[II] rumienić się [1] *[osoba]* to blush; **~nić się ze wstydu/zakłopotania** to blush with shame/embarrassment; **~nić się jak panna** to blush like a schoolgirl; **~nić się za kogoś** to blush for sb ⇒ **zarumienić się** [2] *[ciasto, chleb, mięso]* to brown ⇒ **przyrumienić się** [3] książk. **na drzewach ~niły się jabłka** there were apples glowing red on the trees ⇒ **zarumienić się**

rumie|niec *m* [1] (oznaka zdrowia) colour GB, color US; (oznaka gniewu) flush; (oznaka wstydu) blush; **oblać się ~ńcem wstydu** to blush with shame; **na jego twarz wystąpił ~niec gniewu** he flushed with anger; **miała na twarzy zdrowe ~ńce** she was healthy and ruddy-cheeked; **nabrać ~ńców** *[osoba]* to get back one's colour [2] przen. (wyrazistość) colour GB, color US; **tym wierszom brak ~ńca** these poems lack colour; **nabrać ~ńców** *[mecz, dyskusja]* to warm up [3] (na jabłku) blush

rumieniow|y *adi.* Med. erythemic

rumie|ń *m* Med. (zaczerwienie) erythema ❏ **~ń lombardzki** pellagra; **~ń guzowaty** nodulous erythema

rumieńczyk *m dem.* (gniewu, dumy) slight flush; (wstydu) slight blush

rumo|r *m* (*G* **~ru**) clatter; **~r odsuwanych krzeseł** a clatter of chairs being pulled back; **narobić ~ru** to make a clatter

rumowisk|o *n* [1] (gruz) rubble; (sterta gruzu) heap of rubble; **zamienić coś w ~o** to turn sth into rubble [2] Geol. debris; **~o skalne** rock debris; **~o przenoszone przez rzekę** eroded material carried by a river

rumowiskow|y *adi.* **zbocze ~e** a scree

rumow|y *adi. [zapach, lody]* rum *attr.*

rumsztyk *m* (*G* **~u**) Kulin. rump steak

Rumun *m*, **~ka** *f* Romanian, Rumanian

rumuńs|ki **[I]** *adi.* Romanian, Rumanian **[III]** *m* (język) Romanian, Rumanian; **mówić po ~ku** to speak Romanian

run *m sgt* (*G* **~u**) [1] pot. (wzmożony popyt) run (**na coś** on sth) [2] Ekon. (wycofywanie kapitału) run (**na coś** on sth); **~ na banki** a run on the banks; **~ na giełdzie** a run on the stock market

ru|nąć *pf* (**runęła, runęli**) *vi* [1] (przewrócić się, spaść) *[osoba]* to tumble (down); *[budynek, wieża]* to come down, to collapse; *[samolot]* to come down, to plummet; **runął jak długi na ziemię** he tumbled to the floor; **runąć w dół ze schodów** to tumble down the stairs; **budynek runął w gruzy** the building came crashing down [2] (rzucić się) **runąć na wrogów** to charge at the enemy; **tłum runął do drzwi** the crowd rushed at the door; **fala powodziowa runęła na miasto** the flood hit the town [3] przen. (ponieść klęskę) *[plany]* to fall through; *[mocarstwo, imperium]* fall

run|da *f* [1] (faza, etap) round; **~da rozmów/negocjacji** a round of talks/negotiations [2] Sport (w boksie, zapasach) round; **w pierwszej/czwartej ~dzie** in the first/fourth round [3] Sport (szczebel rozgrywek) round; **przejść** a. **awansować do następnej ~dy** to go through a. progress through to the next round; **odpaść w pierwszej**

~dzie to be knocked out in the five round [4] (okrążenie) lap; **zrobić dwie ~dy wokół stadionu** to make two laps around the track; **wykonać ~dę honorową** to do one's lap of honour

rund|ka *f dem.* (okrążenie) lap

run|o *n* [1] (wełna) fleece; **wyprawa po złote ~o** Mitol. the quest for the Golden Fleece [2] (w dywanie) nap [3] Leśn. undergrowth; **owoce ~a leśnego** fruits of the forest

run|y *plt* (*Gpl* **~ów**) (pismo) runes

rupi|a *f* (*GDGpl* **~i**) Fin. rupee

rupieciarni|a *f* (*Gpl* **~**) [1] (pomieszczenie) lumber room; junk room pot. [2] (rupiecie) junk pot.

rupie|ć *m* piece of junk pot.; **~cie** junk

ru|ra *f* [1] (przewód) tube, pipe; **rura kanalizacyjna** a drainpipe; **rura z gazem/gorącą wodą** a gas/hot-water pipe; **rozprowadzać coś rurami** to distribute sth by pipes; **na górze pękła rura** the water pipe burst upstairs [2] wulg. (kobieta) bitch pot., pejor. ❏ **rura ssawna** suction pipe; **rura wydechowa** Aut. exhaust pipe ■ **rura mu zmiękła** pot. he drew in his horns; **walić z grubej rury** pot. to not mince words

rur|ka **[I]** *f dem.* [1] tube; **konstrukcja z aluminiowych ~ek** an aluminium tube construction; **karmić kogoś przez ~kę** to tube-feed a. force-feed sb; **zwinąć papier w rurkę** to roll a piece of paper into a tube; **~ka do nurkowania** a snorkel; **nurkować z ~ką** to snorkel; **~ka z kremem** a cream roll [2] (do picia) straw; **pić przez ~kę** to drink sth through a straw **[II] rurki** *plt* [1] Kulin. (makaron) macaroni [2] Moda drainpipes ❏ **~ka mleczna** Bot. laticifer; **~ka włoskowata** capillary tube; **~ka kwiatowa** a. **kielichowa** Bot. calix; **~ka sitowa** Bot. sieve tube

rurkowato *adv.* **zwinąć coś ~** to roll sth into a tube

rurkowa|ty *adi.* tube-like, tubular

rurociąg *m* (*G* **~u**) pipeline; **~ gazowy/naftowy** an oil/a gas pipeline

rurociągow|y *adi. [transport, złącze]* pipeline *attr.*

rurow|y *adi* (konstrukcja, rusztowanie) tubular

rusał|ka *f* [1] (boginka wodna) water nymph [2] Zool. (motyl) nymphalid

Rus|ek *m* (*Npl* **~ki**) pot., obraźl. Russki pot., obraźl., Russky pot., obraźl.

rus|ek *m* (*A* **~ka**) środ., Szkol. [1] *sgt* (przedmiot) Russian (language) [2] (lekcja) Russian lesson

Rus|ki *m*, **~ka** *f* (*Npl* **~cy**, **~kie**) pot., obraźl. Russki pot., obraźl., Russky pot., obraźl.

rus|ki **[I]** *adi.* [1] Hist. *[książęta, ziemie]* Ruthenian, Russniak [2] pot., obraźl. *[wojska, czołg, telewizor]* Russki pot., obraźl., Russky pot., obraźl. **[III]** *m* [1] *sgt* pot., obraźl. (język) Russian [2] *sgt* środ., Szkol. (przedmiot) Russian (language) [3] środ., Szkol. (lekcja) Russian lesson

rustykalnie *adv.* książk. rustically

rustykalnoś|ć *f sgt* książk. (wzornictwa, architektury) rusticity

rustykaln|y *adi. [styl, ornamenty, wzornictwo, architektura]* rustic

rusycy|sta *m*, **~stka** *f* [1] (filolog) specialist in Russian studies [2] (nauczyciel) Russian

teacher [3] pot. (student) student of the Russian department

rusycystyczn|y *adi.* Russian studies *attr.*

rusycysty|ka *f sgt* [1] Nauk. Russian studies [2] Uniw. Russian department

rusycyzm *m* (*G* **~u**) Russianism, Russian expression

rusyfikacj|a *f sgt* Hist. Russification, Russianization

rusyfikacyjn|y *adi. [akcja, polityka]* Russification *attr.*, Russianization *attr.*

rusyfik|ować *impf* **[I]** *vt* to Russify, to Russianize *[naród, młodzież, szkoły]* ⇒ **zrusyfikować** **[II] rusyfikować się** to become Russified a. Russianized ⇒ **zrusyfikować się**

ruszać *impf* → **ruszyć**

ruszcz|yć *impf* **[I]** *vt* (rusyfikować) to Russify, to Russianize *[naród, młodzież, szkoły]* ⇒ **zruszczyć** **[II] ruszczyć się** to become Russified a. Russianized ⇒ **zruszczyć się**

ruszczy|zna *f sgt* książk. [1] (języki ruskie) Russian languages [2] everything Russian; **otaczał się ~zną** he surrounded himself with everything Russian

ruszeni|e **[I]** *sv* → **ruszyć** **[II]** *n pospolite* **~e** Hist. levy in mass a. en masse

rusznic|a *f* Wojsk. harquebus ❏ **~a przeciwpancerna** Wojsk. armour-piercing rifle

rusznikarni|a *f* (*Gpl* **~**) [1] gun repair shop [2] Hist. gunsmith's workshop, armory US

rusznikars|ki *adi.* gunsmith *attr.*

rusznikarstw|o *n sgt* gunsmithing, gunsmithery

rusznikarz *m* (*Gpl* **~y**) [1] Hist. gunsmith [2] Wojsk. armourer GB, armorer US

rusz|t *m* (*G* **~tu**) [1] (część paleniska) grate; **czyścić ~ty pieców** to clean the grates in the stoves [2] Kulin. gridiron; **mięso/ryba/ziemniaki z ~tu** meat/fish/potatoes baked on a gridiron; **opiekać coś na ~cie** to grill sth [3] Budow. (konstrukcja nośna) (foundation) grillage ■ **wrzucić coś na ~t** pot. to have a snack

rusztowa|nie *n* Budow. scaffolding; **stawiać ~nie** to put a. set up the scaffolding; **pracować na ~niu** to work up on the scaffolding; **wspiąć się na ~nie** to climb up the scaffolding

rusz|yć *pf* — **rusz|ać** *impf* **[I]** *vt* [1] (wykonać ruch) to move; **~yć ręką/nogą** move one's arm/leg; **~ać ustami** to move one's lips; **nie móc ~yć ręką ani nogą** przen. to be dead tired; **ruszyć głową** a. **konceptem** to put one's thinking cap on; **no, ~ wreszcie tyłek!** pot. pull your finger out! pot. ⇒ **poruszyć** [2] (używać) to touch; **nie ~ moich rzeczy!** don't touch my things!; **nie chcę ~ać tych pieniędzy** I don't want to use that money [3] (zmienić położenie) to move; **~yć kamień z miejsca** to move a rock; **założę się, że nie ~ysz tej skrzyni** I bet you won't be able to move that chest ⇒ **poruszyć** [4] pot. (niepokoić) to move; to shift pot.; **spróbuj tylko ~yć dzikich lokatorów** just try to move the squatters [5] pot. (poruszyć problem) to touch on; **lepiej nie ~aj tej sprawy** you'd better not bring up this problem ⇒ **poruszyć** [6] (wywołać emocje) *[widok, głos]* to move; **to mnie nie ~a** it leaves me cold ⇒ **poruszyć**

II *vi* [1] (wyruszyć) *[osoba]* to set off; *[samochód]* to start; **~amy o świcie** we're setting off at dawn; **~yć komuś z pomocą** to rush to help sb; **~ać do ataku** to move into the attack; **wody** a. **lody ~yły, rzeka ~yła** the ice broke [2] (zacząć funkcjonować) *[budowa, kampania]* to start, to be launched; **fabryka ~yła** the factory started operating

III **ruszyć się — ruszać się** [1] (wyjść, wyjechać) to stir; **rzadko ~am się z domu/z Warszawy** I varely go out of the flat/leave town [2] (krzątać się) to move about; **był tak słaby, że ledwo się ~ał** he was so weak that he could hardly move about [3] (chwiać się) *[liść]* to stir; **ząb mi się ~a** one of my teeth is loose ⇒ **poruszyć się** [4] (drgnąć) to make a move; **kiedy weszliśmy, pies nawet się nie ~ył** when we came in, the dog didn't even move ⇒ **poruszyć się**

■ **ani ~ nie mogę się w tym połapać** pot. I can't make head nor tail of it; **ani ~ tego załatwić** there's no way of arranging it; **co (i) ~ ktoś wchodził albo wychodził** pot. every now and then sb would come in or go out; **sumienie go ~yło** his conscience troubled a. pricked him

ru|ta *f sgt* Bot. rue

rut|ka *f dem.* rue

■ **siać ~kę** przest. *[kobieta]* to be left on the shelf

rutyn|a *f sgt* [1] (wprawa) practice, experience; **nabrać ~y w gotowaniu/przeprowadzaniu wywiadów** to gain practice in cooking/interviewing people [2] pejor. rut, groove; **biurokratyczna ~a** bureaucratic routine; **~a myślowa** routine thinking; **popaść w ~ę** to settle into a groove; **bronić się przed ~ą** to do one's best not to fall into a routine [3] (monotonia) routine; **codzienna/szkolna ~a** everyday/school routine

rutyniars|ki *adi.* pejor. *[metody, zabiegi, myślenie, postępowanie]* routine *attr.*

rutyniarstw|o *n sgt* pejor. prevalance of routine, routinism

rutyniarz *m* (*Gpl* **~y**) [1] pejor. (działający według schematów) routinist, routineer [2] pot. (wyga) old hand

rutynowan|y *adi.* (wykwalifikowany) *[lekarz, rzemieślnik, pielęgniarka, narciarz]* experienced

rutynowo *adv.* routinely

rutynow|y *adi. [badanie, kontrola, czynność]* routine *attr.*

rw|a *f sgt* Med. sciatica

❏ **rwa kulszowa** Med. sciatica

rw|ać *impf* (**rwę**) **II** *vt* [1] (szarpać) to tear; **rwać ubranie na strzępy** to tear clothes to shreds; **koń rwał pęta** the horse wanted to break out of the hobbles [2] (zbierać) to pick *[owoce, kwiaty]* [3] (wyrywać) to pull (out) *[zęby, włosy]*; **czeka mnie dzisiaj rwanie zęba** I'm going to have a tooth pulled out today [4] (sprawiać silny ból) *[ząb, kolano]* to cause shooting pain

II **rwać się** [1] (pękać) to break [2] przen. (tracić płynność) to become broken; **dialogi rwały się** the dialogues broke up a. faltered; **mówić rwącymi się zdaniami** to speak

in broken sentences [3] przen. (pragnąć) **rwać się do tańca/pracy** to be raring to dance/work; **rwać się do walki** to be spoiling for a fight

rwani|e **II** *sv* → **rwać**

II *n sgt* Sport snatch

rwąc|y **II** *pa* → **rwać**

II *adi.* [1] *[potok, rzeka]* rapid, rushing [2] *[ból]* shooting

rwetes *m sgt* (*G* **~u**) pot. commotion; hullabaloo pot.

Ryb|a *f* (urodzony pod znakiem Ryby) Pisces, Piscean

II **Ryby** *plt* Astron., Astrol. the Pisces, the Fishes

ryb|a *f* [1] Zool. fish; **~y morskie/słodkowodne** saltwater/freshwater fish; **~y denne/głębinowe/akwariowe** bottom a. ground/deep-sea/aquarium fish; **~y drapieżne** predatory fish; **ławica ~** a shoal of fish; **iść na ~y** to go fishing; **łowić ~y** to fish; **łowić ~y na wędkę** to angle; **łowić ~y w sieć** a. **siecią** to net fish; **~a dziś nie bierze** the fish aren't biting today [2] Kulin. fish; **~a gotowana/smażona/wędzona** boiled/fried/smoked fish; **~a z wody** boiled fish; **~a w galrecie** fish in jelly

❏ **~a młot** Zool. hammerhead (shark); **~a piła** Zool. sawfish; **~y latające** Zool. flying fish

■ **być zimnym jak ~a** to be a cold fish; **czuć się jak ~a w wodzie** to be in one's element; **przed komputerem czuł się jak ~a w wodzie** he took to the computer like a duck to water; **pływać jak ~a** to be an excellent swimmer, to swim like a fish; **być zdrowym jak ~a** to be as fit as a fiddle, to be as right as rain; **łowić ~y przed niewodem** książk. to count one's chickens before they're hatched; **~a psuje się od głowy** przysł. corruption starts at the top

rybac|ki *adi. [łódź, sieć, port, wioska]* fishing *attr.*; **kapelusz ~ki** sou'wester

rybactw|o *n sgt* fishing

rybaczk|i *plt* (*Gpl* **~ów**) ≈ capri pants

ryba|k *m* fisherman; **~k dalekomorski** deep-sea fisherman

rybe|ńka *f* pot., pieszcz. (kochanie) darling, sweetheart

rybi *adi.* [1] *[ości, skrzela, szkielet, ogon, płetwy]* piscine; **~e mięso** fish [2] przen. (nieczuły) *[temperament, natura]* cold-blooded

❏ **~ ogon** Techn. (wiertło) fishtail bit; (czop) dovetail; **łączyć elementy drewniane na ~ ogon** to dovetail pieces of wood; **~a łuska** Med. ichthyosis

■ **~e oczy** fishy a. fish(-like) eyes

rybitw|a *f* Zool. tern

ryb|ka *f* [1] *dem.* small fish; **złota ~ka** goldfish [2] pieszcz. darling, sweetheart [3] Żegl. main plank, king plank [4] środ., Literat. (tłumaczenie) a word-for-word translation [5] środ., Muz. a rough draft of the lyrics

■ **iść na ~kę** pot. to hit the bar; **powiedzieć coś/spytać o coś na ~kę** to say sth/ask about sth so as to check the reaction

rybn|y *adi.* [1] (wytwarzany z ryb) *[zupa, konserwa, pasta]* fish *attr.*; **mączka ~a** fishmeal; **paluszek ~y** a fish finger [2] *[targ, staw]* fish *attr.*; **sklep ~y** a fishmonger's

(shop) [3] książk. *[rzeka, łowisko, jezioro]* full of fish

rybołów *m* Zool. osprey

rybołówcz|y *adi. [przemysł]* fishery *attr.*; **statek ~y** a fishing vessel

rybołówstw|o *n sgt* fishery, fishing

❏ **~o dalekomorskie** deep-sea fishery; **~o przybrzeżne** inshore fishery

ryc. (= rycina) fig.

rycers|ki *adi.* [1] Hist. *[zbroja, turniej]* knight's [2] Hist. **stan ~ki** knighthood; **zakon ~ki** a knightly order [3] *[etos, cnoty, duch]* knightly [4] (pełen galanterii) *[mężczyzna]* chivalrous; **zachowywać się/postępować po ~ku** to behave/act chivalrously

rycersko *adv. [walczyć, skłonić się]* chivalrously także przen.

rycerskoś|ć *f sgt* chivalry także przen.

rycerstw|o *n sgt* Hist. knighthood; **kwiat ~a polskiego/francuskiego** the flower of Polish/French knighthood

rycerz *m* (*Gpl* **~y**) Hist. knight także przen.; **~ bez skazy** an unblemished knight; **pasować kogoś na ~a** to knight sb

❏ **błędny ~** knight-errant

rycerzyk *m* (*Npl* **~i**) [1] *dem.* little knight [2] iron. (obrońca) defender

rych|ło *adv. grad.* [1] książk. (w niedługim czasie) soon; **~ło okaże się, kto ma rację** we shall soon see who was right [2] przest. (wcześnie) early; **zmierzch zapadł ~ło** the dusk came early

■ **~ło w czas** pot., iron. (za późno) a bit (too) late; **~ło w czas mi to mówisz/zabierasz się do nauki!** it's a bit late telling me that/starting to learn now!

rych|ły *adi. grad.* [1] książk. (bliski) near; nigh przest.; **przeczuwał ~łą śmierć** he sensed death was near; **życzę ci ~łego powrotu do zdrowia** I wish you a quick recovery [2] przest. (wczesny) early; **~łym rankiem wybrał się na grzyby** he went picking mushrooms early in the morning

rycin|a *f* [1] (ilustracja) drawing, print; (rysunek) figure [2] (sztych) print

rycyn|a *f sgt* pot. (olej rycynowy) castor oil

rycynow|y *adi.* **olej ~y** castor oil

ryczałt *m* (*G* **~u**) Ekon. [1] (globalna suma na wydatki) lump sum; **~t miesięczny/roczny** a monthly/yearly lump sum; **~t na benzynę** a car allowance; **~t na dojazdy** a mileage allowance; **płacić/rozliczać się ~tem** to pay a flat rate [2] (ustalona z góry kwota podatku) flat rate

ryczałtowo *adv.* flat-rate; **podatek płacił ~** he paid flat-rate tax

ryczałtow|y *adi. [stawki, umowy]* flat-rate *attr.*; **opłata ~a** flat rate; **cena ~a** a blanket price

ryczeć *impf* → **ryknąć**

ry|ć *impf* **II** *vt* [1] (robić doły w ziemi) to dig, to churn; **buldożery ryją ziemię** bulldozers are churning up the ground ⇒ **zryć** [2] (kopać) to dig *[rów]*; to burrow *[korytarz]*; **krety ryją korytarze w ziemi** moles burrow in the ground; **żołnierze ryli okopy wokół miasta** soldiers were digging trenches around the town ⇒ **wyryć** [3] (wyrzynać) to engrave, to incise *[ornament, napis]*; **sceny mitologiczne ryte w marmurze** mythological scenes engraved in marble ⇒ **wyryć**

III *vi* [1] pot. (uczyć się) to grind away [2] pot. (harować) to toil away [3] posp. (naśmiewać się) **ryć z kogoś/czegoś** to laugh at sb/sth [4] posp. (przeszukiwać) to root through [sth] **III ryć się** [1] pot. (uczyć się) to grind away [2] posp. (śmiać się) to crease up; **ryją się z kiepskich dowcipów** they crease up at bad jokes

■ **ryć pod kimś** posp. to plot against sb
rydwan *m* (*G* **~u**) Hist. chariot; **wyścigi ~ów** chariot race
rydz *m* Bot. saffron milk cap

■ **być zdrowym jak ~** pot. to be as fit as a fiddle, to be as sound as a bell; **lepszy ~ niż nic** przysł. half a loaf is better than no bread przysł.
rydzyk *m dem.* (small) saffron milk cap
ry|ga *f* [1] (liniuszek) underlines [2] Druk. spacing material
Ry|ga *f* Geog. Riga

■ **jechać do Rygi** a. **rygi** euf. to honk GB pot., to barf US pot.
ryg|iel *m* (*Gpl* **~li** a. **~lów**) [1] (zamek) bolt; **zamknął drzwi na ~iel** he bolted the door [2] Techn. (element blokujący) bolt [3] Budow. spandrel beam [4] Geog. riegel, rock bar
❏ **~iel nadokienny** Budow. still rail; **~iel podokienny** Budow. window lintel; **~iel poziomy** Budow. nogging piece
rygl|ować *impf vt* to bolt [drzwi, okno, broń]
rygo|r *m* (*G* **~ru**) [1] (dyscyplina) strict discipline; **w domu panował wojskowy ~r** there was an atmosphere of strict military discipline at home; **narzucił wszystkim żelazny ~r** he imposed a strict discipline on everybody [2] (reguły) strict discipline; **~ry poezji klasycznej** strict discipline of classical poetry; **~ry prawne/technologiczne** legal/technological discipline

■ **trzymać kogoś w ~rze** to keep a tight rein on sb; **pod ~rem sankcji karnych zabrania się palenia ognisk/wycinania drzew w lesie** making fires/cutting trees in the forest will be prosecuted
rygory|sta *m*, **~stka** *f* rigorist
rygorystycznie *adv.* rigorously, strictly; **~ przestrzegał przepisów** he strictly adhered to regulations; **~ egzekwował kary** he rigorously enforced penalties; **nie musisz tak ~ traktować diety** you needn't adhere to the diet so meticulously
rygorystycznoś|ć *f sgt* (prawa, przepisów) stringency, strictness
rygorystyczn|y *adi.* [1] (oparty na rygorze) [poglądy, nakazy, przepisy] rigorous, strict [2] (formalistyczny) [rodzice, urzędnik, szef] rigorous, strict
rygoryzm *m* (*G* **~u**) sgt rigorism
ryj *m* [1] (zwierzęcia) snout; **świński ~** a pig's snout [2] posp., obraźl. (twarz) chops pot., kisser pot.; **dać komuś w ~** a. **w ~a** to smack sb in the chops; **oberwać po ~u** to get one across the chops
ryj|ek *m* [1] dem. (u zwierząt) little snout [2] (u owadów) snout [3] pot., żart. (twarz) face

■ **zrobić ~ek** pot. to pout one's lips
ryjkowa|ty *adi.* [pyszczek, wargi] snouty, snoutlike
ryjowa|ty *adi.* [pysk, gęba] snouty, snoutlike
ryjów|ka *f* Zool. shrew

ryk *m* (*G* **~u**) [1] (niedźwiedzia, lwa) roar; (krowy) moo; (osła) bray [2] (silnika, wodospadu) roar; (syreny, radia) blare [3] pot. (dziecka) howl; (tłumu) roar; (kibiców) yell; **mały przwrócił się i w ~** the kid tripped over and started to howl; **dziewczynka wpadła z ~iem do pokoju** the little girl burst howling into the room
ry|knąć *pf* — **ry|czeć** *impf vi* [1] [lew, niedźwiedź] to roar; [krowa] to moo; [osioł] to bray; **bydło ryczało z głodu** the cattle mooed in hunger [2] [morze] to roar; [syrena] to blare; **ryczące czterdziestki** Geog. the roaring forties [3] pot. [dziecko, osoba] to howl; [kibic] to yell; **ryczeć na kogoś** to yell at sb; **ryczeć ze śmiechu** to roar with laughter; **ryczeć z bólu** to howl in pain; **ryczeć w niebogłosy** to howl to high heaven
rykosze|t *m* (*G* **~tu**) [1] (pocisku, piłki) ricochet; **odbić się ~tem od czegoś** to rebound from sth [2] (odbity pocisk) rebound; **~t ugodził go w pierś** the rebound hit him in the chest [3] przen. (konsekwencja) rebound; **zła decyzja wcześniej czy później odbije się na nas ~tem** sooner or later the wrong decision is going to rebound on us
rykowisk|o *n* Myśliw. [1] (okres godowy) the rut, rutting season [2] (miejsce schodzenia się zwierząt) rutting ground
ryksza → **riksza**
rykszarz → **rikszarz**
ry|ło *n* posp. (twarz) chops pot., kisser pot.; **aż się prosił, żeby dostać w ryło** he was asking to get smacked across the chops
rym¹ *m* (*G* **~u**) Literat. rhyme
rym² *inter.* wham!; **~! wazon spadł na podłogę** crash! the vase fell to the floor; **zapatrzył się na ładną dziewczynę i ~ jak długi na chodnik** he stared at a pretty girl and wham! a. splat! fell flat on the pavement
rymars|ki *adi.* [warsztat, wyroby] leathercraft *attr.*, leather working
rymarstw|o *n sgt* leathercraft, leatherwork
rymarz *m* (*Gpl* **~y**) leatherworker
rymn|ąć¹ *pf* (**~ęła, ~ęli**) *vi* pot. [1] (przewrócić się) to sprawl; **~ął jak długi na podłogę** he sprawled across the floor [2] (spaść gwałtownie) to go down pot.; **gdzieś w pobliżu ~ęła bomba** a bomb landed somewhere near
rymn|ąć² *pf* (**~ęła, ~ęli**) *vi* pot. (powiedzieć do rymu) to make a rhyme
rymopis *m* (*Npl* **~owie** a. **~y**) [1] przest. (poeta) poet [2] książk., pejor. (wierszokleta) poetaster książk.; versifier
rymotwórcz|y *adi.* książk. **sztuka ~a** the art of rhyming
rym|ować *impf* **III** *vt* (składać rymy) to rhyme [słowa]; **~owane hasło reklamowe** a rhymed commercial slogan
III rymować się (tworzyć rym) to rhyme (**z czymś** with sth) ⇒ **zrymować się**
rymowan|ka *f* pot. (krótki wierszyk) rhyme; **dziecięca ~ka** a nursery rhyme
rymowan|y **III** *pp* → **rymować**
III *adi.* [utwór] rhymed; **~y dwuwiersz** a rhyming couplet
ryms → **rym²**
rymsnąć → **rymnąć¹**

rynecz|ek *m dem.* (*G* **~ku**) market square, marketplace
ryn|ek *m* (*G* **~ku**) [1] (główny plac) market square, marketplace [2] (wymiana kapitałów, usług) market; **~ek krajowy** the domestic market; **~ek spekulacyjny** a speculative market; **~ek zwyżkujący/zniżkujący** the bull/bear market; **~ek eurowalutowy** the Euromarket; **~ek akcji** the share a. equities market; **~ek papierów wartościowych** the stock market; **czarny ~ek** the black market; **zielony ~ek** the fruit and vegetable market; **wolny ~ek** free market; **~ek zbytu na coś** a market for sth; **wprowadzić a. wpuścić coś na ~ek** to release a. put sth on the market; **rzucić coś na ~ek** pot. to put sth on the market; **dostarczyli na ~ek nowy produkt** they launched a new product on the market; **na ~ku wzrasta popyt na towary elektroniczne** there's a growing market demand for electronic goods a. commodities; **~ek wchłonie każdą ilość telewizorów/komputerów** the market will absorb any number of television sets/computers
ryngraf *m* (*G* **~u**) gorget
rynien|ka *f* [1] dem. (mała rynna) (small) gutter [2] (naczynie kuchenne) stewing pan, stewpan GB [3] (rodzaj podstawki) tray
rynkow|y *adi.* [1] (dotyczący placu) marketplace *attr.*; market-square *attr.*; **podcienia ~e** the marketplace a. market-square arcades [2] (odnoszący się do stosunków handlowo-gospodarczych) market *attr.*; **wartość ~a** market value; **ceny ~kowe poszły w górę** market prices went up
ryn|na *f* [1] (do odprowadzania wody deszczowej) gutter, drainpipe [2] Żegl. channel [3] Budow., Górn. chute, flume [4] Geol. trough, postglacial channel
rynnow|y *adi.* [1] (związany z rynną do transportu) **przenośnik ~y znacznie ułatwia pracę na budowie** the chute makes construction work much easier [2] Geol. channel *attr.*; **jeziora ~e** postglacial channel lakes
rynszt|ok *m* (*G* **~a** a. **~u**) gutter

■ **skończyć w ~u** a. **stoczyć się do ~a** to end up in the gutter; **wyciągnąć kogoś z ~a** pot. to pick sb (up) out of the gutter, to drag sb out of the gutter
rynsztokow|y *adi.* [1] (dotyczący rynsztoka) drain; **~e zapachy** bad odours from a gutter [2] przen. (wulgarny) [język, słownictwo] of the gutter, gutter *attr.*; [dowcipy, piosenki] filthy
rynsztun|ek *m* (*G* **~ku**) (wyposażenie i uzbrojenie) gear; **policja w ~ku bojowym** police in battle gear; **maszerować w pełnym ~ku** to march in full gear
rypać¹ *impf* → **rypnąć**
ryp|ać² *impf* (**~ię**) **III** *vi* pot. (boleć) **głowa mnie ~ała cały dzień** I had a splitting headache all day
III *vt* [1] wulg. (mieć stosunek płciowy) to fuck wulg., to screw wulg. [2] pot. (grać) to saw away; **~ał na skrzypcach od świtu do nocy** he was sawing away on his violin from dawn till dusk
III rypać się wulg. to fuck wulg., to screw wulg.
ryp|nąć *pf* — **ryp|ać¹** *impf* (**~nęła** a. **~ła, ~nęli** a. **~li** — **~ię**) pot. **III** *vt* [1] (powiedzieć

otwarcie) to say bluntly; **~nął mu, co o nim myśli** he told him bluntly what he thought of him [2] (uderzyć) to bang; **~nął pięścią w stół** he banged his fist on the table [3] przen. (wymierzyć) to slap *[podatek, cło]*; **ich rząd ~nął embargo na import stali** their government slapped an embargo on steel imports

[II] **rypnąć się — rypać się** pot. [1] (pomylić się) to make a howler pot.; to make a slip-up; **~nąć się w rachunkach** to get muddled up in one's calculations [2] pot. (uderzyć się) to knock (**o coś** on sth); **~nął się o kant stołu** he banged his leg/arm on the edge of the table

■ **sprawa się ~ła** (wyszło na jaw) the whole thing came out of the woodwork; (nie udało się) the thing came a cropper

ryps m (G ~u) grosgrain; **wstążka z ~u** a grosgrain ribbon

rypsow|y adi. *[obicia, wstążka]* grosgrain attr.

rys m (G ~u) [1] (właściwość) trait, feature; **indywidualny ~** a personal touch; **znał wszystkie ~y jej charakteru** he knew all the traits of her character [2] zw. pl (układ linii twarzy) features pl; **miała wyraziste ~y twarzy** she had very distinctive features [3] (krótki opis) outline; **~ historyczny miasta Warszawy** an outline of the history of the city of Warsaw

rys. (= rysunek) fig.

rys|a f [1] (ślad, zadrapanie) scratch [2] (pęknięcie, szczelina) crack; **na starym murze pojawiły się ~y** some cracks appeared on the old wall

rysi [I] adi. *[skóra, futro]* lynx attr.; **palto miał podbite ~m futrem** his coat was lined with lynx (fur)

[II] **rysią** adv. przest. at a trot

rysic|a f Zool. female lynx

rysik m [1] daw. slate pencil [2] (do automatycznych ołówków) (pencil) lead (refill); **włożył nowy ~ do ołówka** he put a new lead refill into the pencil [3] Techn. scriber, scribe

rysopis m (G ~u) description; **~ oskarżonego/zaginionego** a description of the suspect/missing person

rys|ować impf [I] vt [1] (kreślić kontury) to draw *[karykatury, zwierzęta]*; **~ować kredą** to draw with chalk, to chalk; **~ować ołówkiem** to draw with a pencil, to pencil; **~ować z natury/z pamięci** to draw from nature/memory; **~owanie z natury** life drawing ⇒ **narysować** [2] przen. (przedstawiać obrazowo) to portray, to depict ⇒ **narysować** [3] (zostawiać zadrapania) to scratch, to scuff ⇒ **porysować**

[II] **rysować się** [1] (stawać się widocznym) to show, to appear; **na tle lasu ~owały się ruiny zamku** a castle emerged against the background of the forest [2] (pokrywać się rysami) to have cracks; **ściana ~owała się w paru miejscach** the wall had cracks in several places [3] przen. to look; **przyszłość ~owała mu się pesymistycznie** the future looked bleak to him; **~uje się plan wycieczki** a plan for a trip is taking shape

rysownic|a f drawing board

rysownicz|y adi. drawing; **przybory ~e** drawing materials; **talent ~y** a talent for drawing

rysownik m graphic designer, graphic artist

rysunecz|ek m dem. (G ~ku a. ~ka) (small) drawing

rysun|ek m (G ~ku) [1] (obraz) drawing; **~ek ołówkiem/tuszem** a pencil/an ink drawing; **~ek piórkiem** a pen-and-ink drawing; **cykl ~ków węglem** a series of charcoal drawings [2] Szt. (dziedzina sztuk plastycznych) drawing [3] (kształt, zarys) outline, shape; **piękny ~ek podbródka** a beautifully shaped chin

❏ **~ek lawowany** wash drawing; **~ek techniczny** technical drawing

rysunkowo adv. graphically

rysunkow|y adi. [1] (związany z rysowaniem) drawing; **przybory ~e** drawing materials [2] (mający charakter rysunku) **dowcip ~y** a comic strip; **film ~y** a cartoon (film)

ry|ś [I] m anim. Zool. lynx

[II] m inanim. (skóra) lynx

❏ **ryś perski** Zool. desert lynx; **ryś rudy** Zool. bobcat

rytm m (G ~u) [1] (powtarzanie się w określonej kolejności) rhythm; **wsłuchiwała się w ~ jego oddechu** she listened to the rhythm of his breathing; **wciągnął się w ~ pracy** he got into the rhythm of the work [2] Literat. metre GB, meter US, rhythm, cadence [3] Muz. rhythm, cadence; **on nie ma poczucia ~u** he's got no rhythm; **zgubił ~ w tańcu** he lost the rhythm of the dance

❏ **~ swobodny** Muz. free rhythm

rytmicznie adv. [1] (miarowo, jednostajnie) rhythmically; **poruszać się ~ w takt muzyki** to move rhythmically to the music; **serce bije ~** the heart beats rhythmically [2] (regularnie) regularly; **~ realizowane dostawy** the regularity of the deliveries; **~ powtarzający się motyw dekoracyjny** a regularly repeated ornamental motif

rytmicznoś|ć f sgt rhythmicality; **nudziła go ~ć pracy** he was bored by the monotony a. unchanging pattern of his work

rytmiczn|y adi. [1] (miarowy, regularny) rhythmic(al), measured; **ich kroki były ~e** they marched at a. with measured pace; **przyzwyczaił sie do ~ych zmian przyrody** he got used to the rhythmic changes of the seasons [2] (odnoszący się do rytmu) *[melodia, wiersz]* rhythmic(al)

rytmi|ka f sgt [1] (regularne pojawianie się czynności) rhythmicity; **musieli utrzymywać ~kę pracy przy taśmie produkcyjnej** they had to maintain a steady rhythm while working at the production line [2] (ćwiczenia ruchowe przy muzyce) eurhythmics (+ v sg), eurhythmy US; **prowadziła ~kę w przedszkolu osiedlowym** she ran eurhythmics classes in the local kindergarten [3] Muz. rhythmicity, cadence

rytmizacj|a f sgt rhythmization

rytmiz|ować impf vt to rhythmize ⇒ **zrytmizować**

rytualizacj|a f sgt ritualization

rytualnie adv. ritually, ritualistically; **składano ofiarę bogom** a ritual offering was made to the gods

rytualn|y adi. *[mord, obrzezanie, samobójstwo]* ritual, ritualistic

rytuał m (G ~łu) ritual; **kapłan odprawił ~ł zaślubin** the priest conducted the

wedding ritual; **jej wizyty u sąsiadów stały się ~łem** her visits to the neighbours became a ritual

rywal m, **~ka** f (Gpl ~i, ~ek) rival; **masz ~i starających się o jej rękę** you've got rivals who are after her hand; **pokonał ~i** he beat his rivals; **pogratulowała ~ce sukcesu** she congratulated her rival on her success

rywalizacj|a f (Gpl ~i) rivalry C/U, competition U; **~a między rodzeństwem** sibling rivalry; **rozpoczęła się ~a firm ubezpieczeniowych o klientów** insurance companies have begun to compete for clients

rywaliz|ować impf vi to compete (**z kimś** with sb); to vie (**o coś** for sth); **~ujący kandydaci** contending candidates; **niewielu może ~ować z tobą pod względem siły** few can rival you for strength, few can compete with you for strength; **~owała z nim o pierwsze miejsce** she was contending with him for first place; **o pierwsze miejsce ~uje ze sobą trzech kandydatów** there are three contenders for first place; **~owali ze sobą o względy dziewczyny** they vied with each other for the girl's attention

ryza¹ f (miara ilości papieru) ream; **kupować papier w ~ach** to buy paper in reams

ryz|a² f [1] Leśn. (log) flume [2] przest. (karność, porządek) discipline

■ **trzymać a. utrzymać kogoś w ~ach** to keep a tight rein on sb, to keep sb on their toes

ryzykanc|ki adi. (brawurowy) reckless; **dał popis ~kiej jazdy** he gave an exhibition of reckless driving; **mieć ~kie usposobienie** to have a reckless nature

ryzykancko adv. recklessly, in a reckless way; **~ jeździł samochodem** he drove recklessly; **~ grał w pokera** he played a reckless hand of poker

ryzykanctw|o n sgt recklessness; **~o na drodze** recklessness on the road

ryzykan|t m, **~tka** f chancer, daredevil

ryzyk-fizyk inter. pot. ryzyk-fizyk, **wchodzę na egzamin, może uda się go zdać** I'll chance my arm and take this exam and maybe I'll pass it

ryzyk|o n [1] sgt risk, hazard; **zapinając pasy w samochodzie zmniejszamy ~o wypadku** fastening seatbelts in the car lowers the risk of an accident; **bał się ~a porażki** she feared the risk of failure [2] Prawo risk; **ubezpieczyła się od ~a kradzieży** she took out insurance against the risk of theft

ryzyk|ować impf vt to risk, to take a risk a. risks; **~ować życiem** to risk one's neck ⇒ **zaryzykować**

■ **kto nie ~uje, ten w kozie nie siedzi** nothing ventured, nothing gained

ryzykownie adv. grad. riskily; **~ postawiona teza** a riskily formulated thesis

ryzykown|y adi. grad. *[krok, pomysł, jazda, decyzja]* risky, hazardous; **było to ~e przedsięwzięcie** it was a risky a. hazardous venture

ryż m sgt (G ~u) [1] Bot., Kulin. rice [2] pot. (ścieg) moss stitch

❏ **~ dmuchany** puffed rice

ryżaw|y *adi.* reddish-yellow, ginger; **~a czupryna** a reddish-yellow a. ginger mop of hair

ryżow|y *adi. [pola, mata, wódka]* rice *attr.*

ryż|y **[I]** *adi.* pot. red-haired, ginger; **był ~y** he was red-haired

[II] **ryży** *m*, **~a** *f* redhead; ginger nut pot., pejor.

rzad|ki *adi. grad.* [1] (prawie płynny) *[śmietana, zupa]* thin, watery [2] (rozproszony, rozrzucony) *[deszcz, włosy]* thin; **las był coraz ~szy** the forest was thinning out [3] (niecodzienny, wyjątkowy) rare; **~kiej urody naszyjnik** a rare beauty of a necklace; **jest ~kim gościem we własnym domu** he's rarely at home

rza|dko **[I]** *adv. grad.* [1] (w dużych odległościach) sparsely [2] (niecodziennie) rarely, seldom; **~dko, jeśli w ogóle** seldom if ever; **~dko mam od niej wiadomości** I seldom hear from her; **to miasto ~dko jest odwiedzane przez turystów** the town is seldom visited by tourists; **taki talent jak ten jest ~dko spotykany** such talent is rare; **coraz ~dziej się uśmiechała** she smiled less and less often; **~dko jej się zdarza, żeby mu pomagała** it's rare for her to help him; **~dko trafiają nam się tak interesujące oferty** rarely do we get such interesting offers

[II] *part.* (ledwie) hardly; **~dko kto zna język irlandzki** hardly anybody knows Irish; **~dko kiedy ogląda telewizję** he hardly ever watches television

[III] **z rzadka** *adv.* [1] (daleko od siebie) sparsely; **z ~dka rosnące brzozy** sparse birch trees [2] (nieczęsto) rarely; **z ~dka tędy przejeżdżał samochód** very occasionally a car would pass this way; **odzywał się z ~dka** he spoke at rare intervals

rzadkoś|ć *f* [1] (zjawisko rzadko spotykane) rarity, scarceness; **wielki talent to ~ć** great talent is rare [2] *sgt* (płynność, wodnistość) thinness, wateriness; **~ć zaprawy murarskiej** the thinness of the mortar

rzadziut|ki *adi. dem.* (prawie płynny) *[zupa, sos]* (rather) thin; **przed gankiem wyrosła ~ka trawa** grass grew sparsely in front of the porch

rzą|d¹ *m* (G **~du**) [1] Polit. (gabinet) government (+ v sg/pl); **utworzyć ~d** to form a government [2] zw. pl (system sprawowania władzy) government (+ v sg/pl), rule; **~dy demokratyczne/parlamentarne** democratic/parliamentary government; **~dy prawa** rule of law; **~dy mniejszości** minority rule; **babskie ~dy** pot. pejor. the petticoat government pot., pejor.; **po przewrocie zapanowały ~dy silnej ręki** after the coup d'état a strong-arm régime was introduced; **sprawował ~d dusz** he ruled people's hearts and minds [3] *sgt* Jęz. government; **związek** a. **składnia ~du** government

rzą|d² *m* [1] (ciąg, szereg) row, line; **pierwszy/ostatni rząd krzeseł** the first/last row of chairs; **rząd osób witających gości** the receiving line; **stać rzędem obok siebie** to stand in a line; **drzewa rosły rzędem** the trees grew in a (straight) line; **pięć razy/dni/tygodni z rzędu** five times/days/weeks in a row [2] (kategoria) class, order;

urzędnik niższego rzędu an official of a lower order; **nakręcił film z rzędu arcydzieł** he made a film which is considered to be a masterpiece; **znalazł się w rzędzie zwycięzców** he entered into the ranks of champions; **potrzeby/sprawy niższego rzędu** needs/matters of a lower order [3] Biol. order [4] Hist. (uprząż) trapping

■ **konia z rzędem temu, kto...** a king's ransom to whoever...

rządc|a *m* przest. land steward, bailiff GB

rządek *m dem.* row, line; **posadził kapustę w ~kach** he planted the cabbage in rows a. drills

rządn|y *adi.* przest. thrifty, economical; **był ~ym gospodarzem** he was a thrifty farmer

rządow|y *adi. [urzędnik, instytucja, subwencja]* government *attr.*, governmental

rzą|dzić *impf* **[I]** *vt* [1] (kierować, mieć władzę) to rule (czymś sth); to govern (czymś sth); to reign; **partia ~dząca** the ruling party; **~dzić państwem/miastem** to govern the state/city; **~dzić mądrze/sprawnie** to rule well/effectively; **~dzić domem** to rule one's house; **~dzić żelazną ręką** przen. to rule with an iron fist, to rule with a rod of iron [2] Jęz. to govern; **czasownik zaprzeczony w języku polskim ~dzi dopełniaczem** in Polish the verb in negative form takes the genitive

[II] **rządzić się** [1] (postępować według swej woli) **~dzić się u kogoś jak we własnym domu** to act as though one owned the place [2] (gospodarować u siebie) **~dzić się oszczędnie** to be thrifty in the management of one's affairs; **nie umieć się ~dzić** to be incapable of managing one's (own) affairs

■ **~dzić się jak szara gęś** to throw one's weight about a. around

rze|c *pf* (**~knę**, **~kniesz**, **~kł**, **~kła**, **~kli**) *vt* książk. to say; **prawdę ~kłszy** to tell the truth; **jak(o) się ~kło** as it's been said before; **by a. żeby nie ~c** not to say; **jest niemądra, by nie ~c głupia** she's silly, not to say downright stupid; **~c można** one could say; **bez przesady rzec można, że...** without exaggeration one could say that...; **jest piękna, ~kłbym, bardzo piękna** she's beautiful, I'd say, very beautiful; **„Tako ~cze Zaratustra"** Thus Spake Zarathustra; **wyszedł, nie ~kłszy słowa** he left without (saying) a word

rzecz *f* [1] (przedmiot) thing; **~y osobiste** personal belongings; **biuro ~y znalezionych** the lost property office; **zabrał ze sobą tylko najpotrzebniejsze ~y** he took only the most necessary things with him; **zabrał wszystkie swoje ~y i poszedł** he took all his stuff a. belongings and went; **traktował ją jak swoją ~** he treated her as his plaything [2] (sprawa) matter, question; **to nie twoja ~** it's none of your business; **jej źródło utrzymania to drażliwa ~** the source of her income is a touchy matter [3] (nieokreślone zjawisko) thing; **zajmować się różnymi/wieloma ~ami** to be engaged in various/many things; **wykształcenie i wychowanie to dwie różne ~y** education and upbringing are two different things a. matters; **lubi malować, rysować i w ogóle takie ~y** pot. he likes painting and

drawing and stuff like that pot.; **jest kilka ~y, które lubię, na przykład truskawki** there are a number of things I like, for example strawberries; **ludzie mówili różne ~y** people were saying all sorts of things [4] (treść myśli, wypowiedzi) thing; **brać ~ dosłownie** to take it literally; **ujmować ~ jednostronnie** to take a one-sided view of the matter; **mówił o niej nieprzyjemne ~y** he said unpleasant things about her; **chciał wyrazić tę ~ w słowach** he tried to express the thing in words [5] (zadanie, obowiązek) business; **to nie twoja ~** it's none of your business, it's of no concern to you; **~ą pisarza jest przede wszystkim dostarczanie dzieł literackich** it's a writer's job to produce literature [6] (wydarzenie, fakt, okoliczność) thing; **stała się nieprawdopodobna ~** an unbelievable thing happened; **to ~ naturalna, że młody chłopak się zakochał** it's a natural thing for a young boy to fall in love [7] Filoz. thing; **~ sama w sobie** the thing in itself [8] (dzieło sztuki, utwór literacki, muzyczny) piece; **to dobrze napisana ~** it's a good piece of writing; **czytałem ciekawą ~** I read an interesting thing; **komponował znakomite ~y** he composed superb things; he composed great stuff pot.

■ **(cała) ~ w tym, że...** the thing is..., the point is...; **to moja/twoja/jego rzecz** it's my/your/his business; **~ prosta** of course, naturally; **~ prosta, pomogę ci, ale...** of course, I'll help you, but...; **bieg** a. **kolej** a. **obrót** a. **porządek ~y** a course of events; **brać/wziąć się do ~y** to get down to business; to get down to brass tacks pot.; **nie od ~y będzie/byłoby...** it wouldn't be a bad idea to...; **nie od ~y byłoby przypomnieć jego osiągnięcia** it would be worthwhile to recall his achievements; **co to ma do ~y?** what's that got to do with it?; **być do ~y** to be all right pot.; **to wypracowanie jest do ~y, całkiem nieźle** the essay is sensibly written, not bad at all!; **ta dziewczyna jest całkiem do ~y** the girl's quite all right; **nie twoją/jego/jej ~ą jest...** it's not your concern to...; **błądzić jest ~ą ludzką** to err is human; **istota** a. **sedno ~y** the heart a. crux of the matter; **ładne ~y!** my word!; **mówić do ~y** to talk sense; **mówić od ~y** a. **nie do ~y** to talk nonsense; **zbierali datki na ~ bezdomnych** they were collecting money for the homeless; **nazwać ~ po imieniu** to call a spade a spade; **nic z tych ~y** pot. nothing of the kind a. of the sort; **odbiegać od ~y** to stray from the point, to digress; **ogólnie/ściśle ~ biorąc** generally/strictly speaking; **~ idzie o najwyższą stawkę** it's a matter of life and death; **stan** a. **postać ~y** state of affairs; **to nie ma nic do ~y** that's beside the point; **w gruncie ~y** a. **w istocie ~y** a. **w samej ~y** as a matter of fact; **w samej ~y, nie o to mi chodzi** in fact, this is not what I mean; **wiadoma ~** a. **jest ~ą wiadomą, że...** it's a well-known fact that...; **wiadoma ~ jak jest w wojsku** we all know what it's like in the army; **widzieć/wiedzieć, jak ~y stoją** a. **jak się ~y mają** to know/see how the land lies;

lepiej żeby wiedział jak ~y stoją it would be better for him to know how matters stand; **wielkie ~y!** a. **wielka (mi) ~!** pot. big deal! iron.; **wielka mi ~, każdy umie tak śpiewać!** big deal, anyone can sing like that!; **wracać/przystępować do ~y** to return/come to the point; **nie wtrącaj się w nie swoje ~y** mind your own business; **z natury ~y** a. **siłą ~y** (quite) naturally; **siłą ~y musiał tam pojechać** he simply had to go there; **znać się na ~y** to know what's what

rzecz|ka f dem. small river, rivulet

rzecznicz|ka f [1] (przedstawicielka) spokeswoman; **~ka związkowa** a union spokeswoman [2] (zwolenniczka) advocate; **~ka medycyny alternatywnej** an advocate of alternative medicine

rzeczni|k m [1] spokesman; **~k rządu** the government spokesman; **~k prasowy** the press spokesman [2] (zwolennik) advocate; **~k niepodległości** an advocate of a. for independence [3] Hist. intercessor
❏ **~k patentowy** patent agent GB; **~k praw obywatelskich** ombudsman

rzeczn|y adi. [tama, port, stocznia] river attr.; [erozja, osady, środowisko] fluvial; **lubiła kąpiele ~e** she liked to bathe in the river

rzecz|ony adi. książk. [opinie, poglądy, zarządzenia] the said; **~ony mężczyzna skierował się w stronę domu ofiary** the said man went towards the victim's house

rzeczownik m Jęz. noun
❏ **~ jednostkowy** singular noun; **~ nieżywotny** inanimate noun; **~ osobowy** personal noun; **~ pospolity** common noun; **~ własny** proper noun; **~ zbiorowy** collective (noun); **~ żywotny** animate noun

rzeczownikowo adv. [odmieniać się] substantively, as a substantive

rzeczownikow|y adi. Jęz. nominal, substantive

rzeczown|y adi. Jęz. noun (complement); **zaimek ~y** pronoun

rzeczow|o adv. grad. [mówić, zeznawać, ocenić] accurately, to the point

rzeczowoś|ć f terseness, conciseness

rzeczow|y adi. [1] (dotyczący przedmiotów) [dar, nagroda] non-cash attr.; **dowód ~y** material evidence [2] (obiektywny, nieoparty na emocjach) [sposób bycia, ton] no-nonsense, businesslike; [dyskusja, ocena, informacja] matter-of-fact; **indeks ~y** a subject index

rzeczoznawc|a m expert; **ocena/opinia ~y** an expert judgement/opinion; **powołać ~ę** to call in an expert

rzeczoznawstw|o n sgt expertise; **zajmował się ~em sztuki secesyjnej** he was an expert in art nouveau

rzecz|pospolita f (Gpl **~ypospolitych** a. **~pospolitych**) Polit. **Rzeczpospolita Polska** the Republic of Poland; **Polska Rzeczpospolita Ludowa** Hist. the Polish People's Republic

rzeczywistoś|ć f sgt [1] (świat realny) reality; **w ~ci** in fact; **fałszować ~ć** to falsify reality; **być oderwanym od ~ci** to be out of touch with reality; **jej relacja jest niezgodna z ~cią** her report does not correspond with the facts [2] (warunki życia,

realia) **trzeba liczyć się z ~cią** one has to take reality into account; **nie mógł znieść ponurej ~ci** he couldn't bear the grim reality of his life
❏ **wirtualna ~ć** Komput. virtual reality

rzeczywi|sty adi. [1] (realny) [wydarzenia, postać] real [2] (prawdziwy) actual, real; **on ma ~sty talent** he has genuine a. real talent [3] (w odniesieniu do stanowisk) [członek] regular

rzeczywiście adv. really, indeed; **była ~ piękna** she was really beautiful; **czy ~ tak było?** was it really like that?; **~ prawdopodobne jest, że...** it is indeed likely that...

rzed|nąć, rzed|nieć impf (**~nął** a. **~ł, ~niał**) vi [1] (stawać się miękkim, płynnym) **masło ~nie pod wpływem ciepła** butter melts in the heat ⇒ **zrzednąć** [2] (stawać się rzadkim) to thin (out); **las/tłum ~nie** the forest/crowd thins (out); **jego włosy ~ną** his hair is thinning (out)
■ **mina jej/jemu ~ie** she/he loses her/his countenance

rzednieć → rzednąć

rze|ka f [1] (płynąca masa wody) river; **~ka Warta/Wisła** the River Warta/Vistula; **w dół ~ki** downriver, downstream; **w górę ~ki** upriver, upstream; **miasto nad ~ką** a town on the river [2] przen. (przesuwająca się masa) river; **~ka łez** a river of tears; **potężna ~ka ludzi płynie w kierunku stadionu** a huge stream of people is moving in the direction of the stadium
❏ **~ka podziemna** Geog. underground river
■ **~ka zapomnienia** river of forgetfulness

rzekomo adv. allegedly; **miał się z nim ~ spotkać** he allegedly met him; **~ nic o tym nie wiedział** he says he didn't know about it

rzekom|y adi. [przygody, przyjaciel, przyczyny] alleged

rzekot|ka [I] f Zool. tree frog, hyla
[III] rzekotki plt tree frogs

rzemienn|y adi. [pasek] leather; **~y bicz** leather crop

rzemie|ń m thong; (pasek) leather strap; **~ń bata** a whipcord

rzemieślnicz|y adi. [1] [produkty] craft attr.; **warsztat ~y** a craftsman's workshop [2] (warsztatowy) technical; **~a strona dzieła sztuki** the technique of a work of art

rzemieślni|k m [1] (rękodzielnik) craftsman, artisan [2] pejor. **~k pióra** a mediocre writer; **jest raczej ~kiem niż artystą** he's more of an artisan than an artist

rzemio|sło n [1] (rękodzielnictwo) craft; **~sło artystyczne** handicraft; **~sło garncarskie** the potter's craft [2] (wyroby) craft; **wystawa ~sła** a craft exhibition [3] (fach) trade; **znać swoje ~sło** to know one's trade; **nauczyć się ~sła** to learn a trade

rzemy|k m (**~czek** dem.) thong; **sandały na ~ki** thong sandals

rzep m [1] pot. (z łopianu, ostu) bur, burr; **przyczepić się do kogoś jak ~ do psiego ogona** to stick to sb like a leech [2] (do zapinania) Velcro; **zapinany na ~y** Velcro-fastened; **buty na ~y** Velcro shoes

rzep|a f Bot., Kulin. turnip; **dziewczyna jak ~a** przen. a robust girl; **zdrowy jak ~a** as fit as a fiddle; **na jego szyi można by ~ę siać** żart. his neck was filthy dirty

rzepak m rape, colza, cole

rzepakow|y adi. rape attr.; **olej ~y** rape oil, rapeseed oil

rzep|ka f [1] dem. Bot. turnip [2] Anat. kneecap, patella
■ **każdy sobie ~kę skrobie** everybody looks after their own

rzesz|a f [1] książk. mass; (tłum) crowd; **~a bezrobotnych** the unemployed masses; **milionowa ~a** a million-strong crowd [2] Hist. **Rzesza** Reich; **Trzecia Rzesza** the Third Reich

rzeszo|to n sieve; (do piachu) riddle; **podziurawiony jak ~to** riddled with holes

rześ|ki adi. [1] (świeży) fresh; **obudził się ~ki i wypoczęty** he woke up as fresh as a daisy [2] [głos, ruchy] lively [3] (orzeźwiający) [powietrze, wiaterek, poranek] brisk, crisp

rześko adv. [1] (świeżo) **czuć się/wyglądać ~** to feel/look fresh [2] (żwawo) eagerly; **~ zabrał się do roboty** he eagerly set to work [3] (orzeźwiająco) **na dworze było ~** it was a crisp day; **wiatr powiał ~** there was a brisk breeze

rześkoś|ć f sgt [1] (świeżość) freshness [2] (energia) liveliness [3] (powietrza, poranka) briskness

rzetelnie adv. grad. [1] [pracować] diligently; [ocenić, opisać] honestly [2] pot. (na dobre) [zdenerwować, podpity] thoroughly

rzetelnoś|ć f [1] (lojalność) reliability; (sumienność) diligence [2] (prawdziwość) accuracy; **~ć informacji/relacji** the accuracy of the information/account

rzetelny adi. grad. [1] [osoba, pracownik] (godny zaufania) reliable; (sumienny) diligent [2] (porządny) [praca, wiedza, aktorstwo] solid [3] (prawdziwy) [relacja, opis] honest; **~y obraz sprawy** an honest picture of the situation [4] pot. (przyzwoity) [posiłek, wynagrodzenie] decent

rzewie|ń m Bot. rhubarb

rzewnie adv. [popatrzyć, uśmiechnąć się, grać, śpiewać] wistfully; [płakać] bitterly

rzewnoś|ć f sgt wistfulness

rzewn|y adi. książk. [1] (smutny) [wyraz twarzy] wistful; [płacz] bitter; **płakać ~ymi łzami** to cry bitter tears [2] (tkliwy) [piosenka, ballada] wistful

rzez|ać impf vt przest. [1] (ciąć) to cut [drewno] [2] (rzeźbić) to carve; **~ać litery w kamieniu** to carve letters in stone

rzeza|niec m (V **~ńcze** a. **~ńcu**) przest. eunuch, castrate

rzezan|y [I] pp → **rzezać**
[III] adi. carved; **~y w bursztynie** carved from amber

rzezimiesz|ek m (Npl **~ki**) przest. (złodziej) cutpurse przest.; (bandyta) cut-throat przest.

rze|ź f [1] (ubój) slaughter; **prowadzić bydło na ~ź** to drive cattle to slaughter [2] przen. slaughter; **dokonać okrutnej ~zi** to slaughter a lot of people; **~ź niewiniątek** Bibl. the Massacre of the Innocents

rzeźb|a f [1] Szt. (figura) sculpture, carving; **gliniana ~a** a clay sculpture; **~a w drewnie** a wooden sculpture, a woodcarving; **~a Wenus** a sculpture of Venus [2] sgt Szt. (dziedzina sztuki) sculpture; **studiować ~ę** to study sculpture [3] (ukształtowanie) **~a terenu** the lie of the land; **monumentalna ~a budynku** the overwhelming architecture of the building; **~a bieżnika** the (tyre-)tread

rzeźbiar|ka f sculptress

rzeźbiars|ki adi. [glina, narzędzia] sculpting; [pracownia] sculptor's; **talent ~ki** a talent for sculpture

rzeźbiarsko adv. sculpturally; **być ~utalentowanym** to have a talent for sculpture

rzeźbiarstw|o n sgt (działalność, rzeźby) sculpture; **wystawa ~a afrykańskiego** an exhibition of African sculpture

rzeźbiarz m (Gpl **~y**) sculptor

rzeźb|ić impf vt [1] (formować) [osoba] to carve, to sculpt; **~ić posągi w marmurze** to carve a. sculpt statues in marble; **~ić zwierzątka z drewna** to carve animals out of wood ⇒ **wyrzeźbić** [2] (ryć) [osoba] to carve; **~ić drewno we wzory** to carve patterns on wood; **na kamieniach ~iono tajemnicze znaki** secret signs were carved on stone; **czas ~i zmarszczki na twarzy** przen. age carves the face with wrinkles ⇒ **wyrzeźbić** [3] Geol. [woda, lodowiec] to carve [doliny, wąwozy] ⇒ **wyrzeźbić** [4] książk. [wydarzenia] to shape [charakter, przyzwyczajenia]

rzeźbi|ony [] pp → rzeźbić
[] adi. [ołtarz, meble] carved

rzeźni|a f (Gpl **~**) slaughterhouse, abattoir

rzeźni|cki, ~czy adi. [nóż, hak, sklep] butcher's

rzeźni|k m [1] (zajmujący się ubojem) butcher, slaughterer; (sprzedający mięso) butcher; (sklep) the butcher's (shop); **pójść do ~ka** to go to the butcher's; **mięso od ~ka** butcher's meat [2] pot., pejor. (morderca) butcher [3] pot., pejor. (chirurg) bad surgeon, butcher

rzeźn|y adi. [zwierzę, bydło] slaughter attr.

rzeźwi|ć impf vt (chłód, woda) to invigorate [osobę] ⇒ **orzeźwić**

rzeźwo adv. [1] **pachnieć ~** to have a refreshing smell [2] **czuć się ~** to feel full of energy

rzeźwoś|ć f sgt [1] (poranka, nocy) crispness; **w powietrzu była jakaś ~ć** there was a crispness in the air [2] (uczucie świeżości) freshness [3] (energia) verve

rzeźw|y adi [1] [powietrze, zapach] invigorating; [poranek] crisp [2] (wypoczęty) fresh; (energiczny) lively; [staruszek] sprightly

rzeżącz|ka f sgt Med. gonorrhoea GB, gonorrhea US

rzeżączkow|y adi. Med. [objawy, infekcja] gonorrhoeal GB, gouorrheal US

rzeżu|cha f cress; **sałatka z ~chy** cress salad
□ **~cha łąkowa** cuckooflower, lady's smock; **~cha wodna** watercress; **~cha zwyczajna** a. **ogrodowa** garden cress

rzęch m (A **~a**) pot., pejor. (samochód) banger

rzędn|a f Mat. ordinate; **oś ~ych** the Y-axis

rzędow|y adi. silnik o układzie **~ym** an in-line engine

rzępol|ić impf vi pot. to saw away pot.; **~ić na skrzypcach/wiolonczeli** to saw away on the violin/cello

rzępoł|a m, f (Npl m **~ły**, Gpl m **~ł** a. **~łów**; Npl f **~ły**, Gpl f **~ł**) pot., pejor. scraper pot.

rzęs|a f [1] (eye)lash; **trzepotać ~ami** to flutter one's lashes; **wpadła mu ~a do**

oka he got a lash in his eye [2] sgt Bot. duckweed

■ **chodzić na ~ach** pot. to go crazy; **stanie na ~ach, żeby...** pot. he'll do everything in order to...

rzęsist|ek m Biol. trichomonad

rzęsi|sty adi. książk. [deszcz] torrential; [łzy] copious; **rozległy się ~ste oklaski** there was a roar of applause; **~sty pot wystąpił mu na czoło** beads of perspiration trickled down his forehead; **~sty blask świateł** a flood of lights

rzęsiście adv. książk. **~ oświetlony** brilliantly illuminated; **płakać ~** to cry profusely; **skropić coś ~ wodą** to drench sth with water; **deszcz padał ~** the rain was pouring down in torrents

rzę|zić impf (**~żę, ~zisz**) vi [osoba, samochód, silnik] to wheeze; **~żenie w piersiach** a wheezing in the chest

rzodk|iew f Bot., Kulin. radish

rzodkiew|ka f radish; **pęczek ~ek** a bunch of radishes

rzucać impf → rzucić

rzu|cić impf — **rzu|cać** pf [] vt [1] (cisnąć) to throw; **~cić coś** a. **czymś** to throw sth; **~cić w kogoś kamieniem** to throw a stone at sb; **~cić coś w kąt** to throw sth aside; **~cić komuś koniec liny** to throw sb one end of a rope; **~cić sieci** to cast the nets; **~cić kotwicę** to drop a. cast anchor; **~cić broń** to drop one's weapons; **~ć broń!** drop the gun!; **~cić monetą** to toss a coin; **~cić monetą, kto pójdzie** to toss up who should go; **~ćmy monetą** let's toss for it [2] (powalić) [cios, wybuch, osoba] to throw; **~cić przeciwnika na deski** to throw one's opponent to the ground; **wichura ~ciła nim o ścianę** the wind threw him against the wall; **zahamował tak ostro, że aż go ~ciło na szybę** he braked so abruptly that he was thrown against the windscreen [3] (poruszyć gwałtownie) [osoba, zwierzę] to toss; **~cać głową/ramionami** to toss one's head/arms; **konie ~cały łbami** the horses were tossing their heads [4] (potrząsnąć) [wiatr] to toss [łódką]; **fale ~cały statkiem** waves tossed the ship about; **samolotem ~cało** the plane was tossed about; **samochód ~cał na wybojach** the car bumped over the rutted road; **~cały nim drgawki** he was shaken by convulsions [5] (wysłać) to send [wojska, piechotę]; **~cić oddziały do natarcia** to send the troops into battle; **~cić na rynek nowy produkt** to launch a new product; **do sklepu ~cili masło/mięso** pot. there's some butter/meat at the grocery [6] (emitować) [lampa, drzewo] to cast, to throw [światło, cień]; **latarnia ~cała krąg światła na chodnik** the street lamp cast a ring of light on the pavement; **~cić nowe światło na coś** przen. [dowód, odkrycie] to shed new light on sth [7] (wyświetlić, namalować, opisać) [osoba] to throw [obraz]; **~cić obraz na ścianę/ekran** to throw an image onto a wall/screen; **~cić coś na papier** to put sth on paper; **ciemny wzór ~cony na białe tło** a dark pattern against a white background [8] (skierować) to cast [czar, zaklęcie, oskarżenie]; to throw, to cast [spojrzenie, uśmiech]; **~cić na kogoś urok** to cast a

spell on sb; **~cić na kogoś klątwę** (przekląć) to cast a curse on sb; (wykląć) to anathematize sb; **~cić komuś wyzwanie** to throw down the gauntlet to sb; **~cić komuś spojrzenie pełne nienawiści** to throw sb a look of hatred; **~cić na coś okiem** to have a look at sth; **~cić na kogoś podejrzenie** to cast suspicion on sb [9] (powiedzieć) **~cić rozkaz/pytanie** to order/to ask a question; **~cać uwagi** to make remarks; **~cić przekleństwo** to curse; **~cać kurwami** wulg. to eff and blind pot.; **~cić komuś w twarz obelgę** to throw an insult at sb; **~cić myśl** a. **pomysł, żeby...** to come up with an idea to...; **~cić hasło do odmarszu** to give an order to depart; **~cić hasło odnowy moralnej** to call for moral revival; **„zobaczysz, że mam rację" – ~cił na odchodnym** 'you'll see I was right,' was his parting shot [10] (zbudować) to throw; **~cić most przez rzekę** to throw a bridge over a river [11] (zdecydować o miejscu pobytu) **los ~cił go do Francji** he found himself in France [12] pot. (porzucić) to leave; to dump pot. [żonę, męża]; **chłopak ją ~cił** her boyfriend dumped her; **~cił ją dla młodszej** he left her for a younger woman [13] (zrezygnować) to give [sth] up [palenie, pracę]; **~cić szkołę** to give up a. quit school; **~cić wszystko w diabły** pot. to let it all go to hell; **~cił wszystko i wyjechał** he dropped everything and left; **~cił wszystko i wybiegł z domu** he dropped everything and ran outside

[] **rzucić się — rzucać się** [1] (skoczyć, paść) to throw oneself; **~cić się w przepaść/z okna** to throw oneself off a rock/out of a window; **~cić się pod pociąg** to throw oneself in front of a train; **~cić się na ziemię/łóżko** to throw oneself on the ground/bed; **~cić się komuś na szyję** a. **w ramiona** a. **w objęcia** to throw oneself into sb's arms; **~cić się komuś do kolan** a. **stóp** przest. to throw oneself at sb's feet [2] (pobiec) to rush; (skoczyć) to lunge; **~cić się do drzwi** to rush towards the door; **~cić się do przodu** to lunge forward; **~cić się do ucieczki** to dart away; **~cić się w pościg za kimś** to dart after sb; **~cić się komuś na ratunek** to rush to sb's rescue [3] (zaatakować) **~cić się na kogoś** to throw oneself at sb; **~cić się na kogoś z nożem** to lunge at sb with a knife; **~cił się na niego pies** he was attacked by a dog [4] (zabrać się z zapałem) to throw oneself; **~cić się w wir pracy** to throw oneself into work; **~cił się na jedzenie** he attacked the food ravenously; **~cać się na książki** to read voraciously; **~cić się robić coś** to rush to do sth; **wszyscy ~cili się kupować maski gazowe** people rushed to buy gas masks [5] (miotać się) to thrash about; (we śnie) to toss about; **~cać się przez sen** to toss about in one's sleep; **ryba ~cała się na piasku** the fish was thrashing about on the sand [6] (obruszyć się) to bridle; **~cił się na to oskarżenie** he bridled at the accusation [7] pot. (wdać się) [infekcja, zakażenie] to set in; **~ciła się gangrena** gangrene set in; **~ciło jej się na płuca/nerki** her lungs/

R

kidneys were affected; **na mózg** a. **rozum mu się chyba ~ciło** he must be out of his mind [8] pot. (wydać pieniądze) to lash out pot.; **~cił się i kupił jej złoty pierścionek** he lashed out and bought her a gold ring **III rzucać się** pot. (wykłócać się) to argue; (sprawiać kłopot) to cause trouble

■ **~cać mięsem** pot. to hurl abuse; **~cać się w oczy** to be conspicuous, to stick out; **od razu ~cało się w oczy, że...** it was clearly visible that...; **~ciło mi się w oczy, że...** I noticed that...; **~cający/nierzucający się w oczy** conspicuous/inconspicuous

rzucik m (G ~u) (delicate) pattern; **krawat w drobny/brązowy ~** a delicately/brown patterned tie; **pomalować coś w ~** to paint sth in patterns

rzu|t m (G ~tu) [1] (rzucenie) throw; **~t kostką** a roll a. throw of the dice; **~t monetą** a toss-up; **celny/niecelny ~t** an accurate/a wide throw; **~t był celny** the throw was on target; **o** a. **na ~t kamieniem** a. **beretem od czegoś** pot. a stone's throw from sth, within spitting distance of sth [2] Sport (w piłce nożnej) kick; (w koszykówce, piłce ręcznej) throw; **~t karny/wolny/rożny** a penalty/free/corner kick; **wykonać ~t karny/wolny/rożny** to take a penalty/free/ corner kick; **podyktować ~t karny/wolny/rożny** to award a penalty/free/corner kick; **~ty osobiste** free throws [3] Sport (dyscyplina) throw; **~t młotem/dyskiem/oszczepem** the hammer/the discus/the javelin; **mistrz świata w ~cie młotem/dyskiem/oszczepem** the world hammer/discus/javelin champion [4] (skok) lunge; **wykonać ~t do przodu** to make a lunge forward; **dopaść do czegoś jednym ~tem** to get somewhere in one leap; **~t na taśmę** przen. a last-minute attempt; **wygrać ~tem na taśmę** Sport to win by inches także przen. [5] Sport (w dżudo, zapasach) throw; **~t przez bark/biodro** a shoulder/hip throw [6] (etap) stage; (część) part; (grupa osób) group; **robić coś w dwóch/trzech ~tach** to do sth in two/three stages; **pierwszy ~t ochotników** the first group of volunteers; **pierwszy/drugi ~t natarcia** Wojsk. the first/second attack; **zrobić coś w pierwszym/kolejnym ~cie** to do sth first/at a later stage [7] Med. phase; **pier-**

wszy/drugi ~t choroby the first/second phase of the disease [8] Mat. (odwzorowanie, wynik odwzorowania) projection; **~t na płaszczyznę** the projection onto a plane [9] Archit. projection; **~t pionowy budynku** an elevation of a building; **~t poziomy budynku** a plan of a building [10] Zool. litter; **dwa ~ty rocznie** two litters a year

■ **~t oka** glance; **wystarczył jeden ~t oka, żeby...** one glance was enough to...; **na pierwszy ~t oka** at first glance

rzut|ek m clay pigeon; **strzelanie do ~ków** skeet (shooting), trap shooting US

rzut|ki adi. [osoba, umysł] enterprising

rzutkoś|ć f sgt enterprising spirit

rzutni|a f (Gpl ~) [1] Mat. projection plane [2] Sport throwing area

rzutnik m (slide) projector

rzut|ować impf **II** vt [1] książk. (przenosić) to project (**na kogoś/coś** on sb/sth) [2] Mat. to project [bryłę, budynek] (**na coś** onto sth) [3] (wyświetlać) to project [obraz] (**na coś** onto sth)

II vi książk. to have an effect (**na coś** on sth); **~ować na coś dodatnio/ujemnie** to have a positive/negative effect on sth

rzygać impf → rzygnąć

rzygi → rzygowiny

rzyg|nąć impf → **rzyga|ć** pf (~nęła, ~nęli — ~am) vi [1] pot. (wymiotować) to throw up pot., to puke pot.; **~ać krwią** to throw up blood; **chcę mi się ~ać** I feel like throwing up a. puking; **~ać mi się od tego chce** it makes me want to puke; **~ać mi się chce, kiedy o tym pomyślę** it makes me want to puke thinking of it; **~am już tym!** I'm sick to death of it! [2] (bluzgać) [wulkan, armata] to spit vt; **~ać lawą/ogniem** to spit lava/fire

rzygowin|y plt (Gpl ~) posp. puke pot.; **śmierdziało ~ami** it stank of puke

Rzym m sgt (G ~u) (miasto, państwo, papiestwo) Rome; **starożytny ~** ancient Rome

■ **wszystkie drogi prowadzą do ~u** przysł. all roads lead to Rome

Rzymian|in m, **~ka** f Hist. Roman; **starożytni ~ie** the ancient Romans

rzyms|ki adi. [1] Hist. Roman; **w czasach ~kich** in Roman times; **mitologia ~ka** the Roman mythology; **mieć ~ki nos** to have a Roman nose [2] (dotyczący miasta) Roman [3] Relig. [katolicyzm, kuria] Roman

rzymskokatolic|ki adi. Roman Catholic; **być wyznania ~kiego** to be a Roman Catholic

rż|eć impf (rżysz, rżał, rżeli) vi [1] [koń] to neigh, to whinny [2] pot. (śmiać się) [osoba] to chuckle; **z czego rżysz?** what are you chuckling at?

rże|nie II sv → rżeć

III n neighing, whinnying

rż|nąć¹ pf (~ęła, ~ęli) vt pot. [1] (cisnąć) to hurl; **~ąć coś** a. **czymś o ziemię** to hurl sth on the floor [2] (walnąć) to whack pot.; **~ąć kogoś w mordę** to whack sb in the face

rż|nąć² impf (~ęła, ~ęli) **II** vt [1] (ciąć) to cut, to saw [drewno]; **~ąć deski** to saw logs into planks; **~ąć sieczkę** to make chaff [2] (rzeźbić) to carve [wzory]; to cut [kamienie, szkło]; **~ąć wzory w drewnie** to carve patterns in wood [3] (zabijać) to slaughter [zwierzęta]; **~ąć ludzi** pot. to slaughter people ⇒ **zarżnąć** [4] pot. (grać) to play; **~ąć w pokera/brydża** to play poker/bridge; **~ąć na harmonii** to pump away on the accordion pot.; **~ąć na perkusji** to pound away on the drums pot.; **orkiestra ~ęła polki i walce** the band played polkas and waltzes [5] pot. (strzelać) to blast away pot.; **~ąć z karabinów maszynowych** to blast away with machine guns [6] pot. (udawać) to play; **~ąć niewiniątko/mądralę** to play the innocent/the smart-arse pot.; **~ąć głupa** posp. to play dumb pot. [7] pot. (mówić) **~ąć komuś prawdę prosto w oczy** to give it to sb straight from the shoulder [8] wulg. (odbywać stosunek płciowy) to shaft wulg. [kobietę] ⇒ **zerżnąć** [9] pot. (uwierać) **~ąć kogoś** [paski, gumka] to dig into sb's skin

II vi [1] posp. (oddawać kał) **~ąć w gacie** to shit in one's pants wulg. [2] pot. (iść, jechać) **~ął pędem na motorze** he was roaring along on his motorbike pot.; **~ij prosto do domu** you go straight home!

III v imp. pot. (boleć) **~ie mnie w brzuchu** I have stomach cramps; I have bellyache pot.

IV rżnąć się pot. (zabijać się) to slaughter each other

rżni|ęty II pp → rżnąć

II adi. [szkło] cut; [wazon, kielich] cut-glass attr.

rżysk|o n (na polu) stubble

S

S, s *n inv.* S, s

s¹ (= sekunda) sec.

s² *inter.* hiss; **sss... zasyczał wąż** the snake went hiss, hiss, hiss

s. [1] (= strona) p., p; **zobacz s. 120 i ss. 140-145** see p. 120 and pp. 140-145 [2] (= siostra) Relig. Sr; **s. Maria** Sr Mary; **ss. Nazaretanki** Sisters of Nazareth

S.A. (= Spółka Akcyjna) plc, PLC

saba|t *m* (*G* **~tu**) [1] (zlot czarownic) Sabbath; **~t czarownic** witches' sabbath [2] Relig. → **szabat**

sabo|t *m* zw. *pl* sabot

sabotaż *m* (*G* **~u**) sabotage *U*; **~ gospodarczy** economic sabotage; **dopuścić się ~u** to commit sabotage; **nie będziemy uprawiać ~u we własnej firmie** we won't sabotage our own company □ **mały ~** Hist. *anti-Nazi underground activities during World War II*

sabotażow|y *adi.* [działalność, akcja] sabotage *attr.*

sabotaży|sta *m*, **~stka** *f* saboteur

sabot|ować *impf vt* to sabotage [porozumienie, zarządzenia, produkcję]

sacharyn|a *f sgt* Chem. saccharin

sacrum /ˈsakrum/ *n inv.* książk. the sacred; **~ i profanum** the sacred and the profane

sa|d *m* (sadek *dem.*) (*G* **sadu, sadku**) orchard; **sad wiśniowy/jabłoniowy** a cherry/an apple orchard; **kwitnące sady** blooming orchards

sad|ło *n sgt* [1] (tłuszcz zwierzęcy) fat; **świńskie ~ło** pig's fat [2] pot., pejor. (u otyłych) blubber; **obrastać w ~ło** to grow fat; przen. to feather one's (own) nest; **pozbyć się ~ła** to lose weight [3] przest. (słonina) lard ■ **góra ~ła** pot., pejor. fatty pot., fatso pot.; **zalać komuś ~ła za skórę** pot. to get under sb's skin

sadomasochistyczn|y *adi.* Psych. [skłonności, relacje, zboczenie] sadomasochistic

sadomasochizm *m sgt* (*G* **~u**) Psych. sadomasochism

sad|owić *impf* **I** *vt* to seat, to sit; **~owić gości przy stole** to seat the guests at the table; **~owiła sobie dziecko na kolanach** she sat the child on her lap ⇒ **usadowić**

II sadowić się to seat oneself, to sit oneself (down); **~owi się z książką w fotelu** she's sitting herself down in an armchair with a book; **widzowie ~owili się na widowni** the spectators were taking their seats in the house ⇒ **usadowić się**

sadownictw|o *n* Roln. *sgt* fruit farming

sadownicz|y *adi.* Roln. [drzewa, krzewy] fruit *attr.*; [prace, literatura] fruit farming *attr.*; **produkcja ~a** fruit farming

sadowni|k *m* Roln. fruit farmer

sady|sta *m*, **~stka** *f* [1] (brutal) sadist, brute [2] Psych. sadist

sadystyczn|y *adi.* [morderca, gwałciciel, skłonności] sadistic

sadyzm *m sgt* (*G* **~u**) [1] (okrucieństwo) sadism, brutality [2] Psych. sadism

sadz|a *f* (*Gpl* **~y**) soot *U*; **ręce pobrudzone ~ą** sooty hands

sadza|ć *impf vt* [1] (sadowić) to seat, to sit; **~ć gości do stołu** to seat the guests at the table; **~ć dziecko na krześle** to sit a child on a chair; **~ć kogoś do więzienia** a. **za kraty** to put sb into prison a. behind bars; **~ć kurę na jajkach** to set a hen ⇒ **posadzić** [2] (zmuszać) to make, to get; **~ć dziecko do lekcji** to make a child do homework; **~ć kogoś do pisania listów** to get sb to write letters ⇒ **posadzić**

sadzaw|ka *f* (**~eczka** *dem.*) pot. pool, pond

sadzeniak *m* zw. *pl* Roln. seed potato

sa|dzić *impf* **I** *vt* to plant [kwiaty, drzewa, krzewy, pomidory] ⇒ **posadzić, zasadzić**

II *vi* pot. (pędzić) to lope; **sadzić w górę po schodach** to lope upstairs; **pies sadził długimi susami przez podwórko** the dog was loping across the yard

III sadzić się (silić się) to go out of one's way; **sadzić się na dowcipy/na uprzejmości** to go out of one's way to be funny/to be polite; **zawsze sadził się na wystawne przyjęcia** he always went out of his way to give sumptuous parties

■ **sadzić błędy** to make a lot of mistakes; **sadzić cholerami** a. **przekleństwami** pot. to swear like a trooper; **sadzić żartami** pot. to reel off jokes

sadzon|ka *f* [1] Ogr., Roln. (flanca) seedling, plant [2] Ogr., Roln. (odnóżka) cutting [3] (drzewko) sapling

sa|dź *f sgt* hoar frost

safandulstw|o *n sgt* książk., pejor. milksopism

safandu|ła *m, f* (*Npl m* **~ły**, *Gpl m* **~ł** a. **~łów**; *Npl f* **~ły**, *Gpl f* **~ł**) książk., pejor. slowcoach GB, slowpoke US, milksop

safari **I** *n inv.* [1] (wyprawa) safari; **brać udział w/pojechać na ~** to be/go on safari [2] Moda (ubranie) safari clothes [3] Sport **Rajd Safari** the Safari Rally

II *adi. inv.* Moda [styl, krój, kostium, kapelusz] safari *attr.*

safian *m sgt* (*G* **~u**) saffian; **pantofelki/rękawiczki z ~u** saffian shoes/gloves

safianow|y *adi.* [pantofle, obicia, portfel] saffian *attr.*; **~a skóra** saffian (leather)

sa|ga *f* Literat. saga; **sagi islandzkie** the Icelandic sagas; **saga Egilu** Egil's saga; **„Saga rodu Forsyte'ów"** 'The Forsyte Saga'

sagan *m* cauldron; **~ ziemniaków/zupy** a cauldron of potatoes/soup

sajgon|ka *f* Kulin. spring roll

saj|ra *f* Zool. saury, skipper

sak *m* (*G* **~a** a. **~u**) [1] Ryboł. *small fishing net* [2] przest. (worek podróżny) duffel bag [3] Myślis. snare

sake *n inv. sgt* (trunek) sake

sakiew|ka *f* pouch

sak|ra *f* Hist., Relig. anointment, anointing; **otrzymać ~rę biskupią** to be anointed bishop

sakralizacj|a *f sgt* książk. sacralization

sakralnoś|ć *f sgt* książk. sacredness

sakraln|y *adi* książk. [architektura, muzyka, sztuka, obrzędy] sacred, church *attr.*

sakramenc|ki *adi.* pot. [1] (przeklęty) [robota, dyscyplina, rodzina] blessed pot., ruddy pot. [2] obraźl. (w wyzwiskach) [dziad, dureń] damned pot., bloody pot. [3] (intensywny) [upał, ból] bally pot., blooming pot.

sakramencko *adv.* pot. **~ niewygodne krzesło** a mighty a. devilishly uncomfortable chair; **poplątało się to wszystko ~** it turned into one hell of a mess

sakramen|t *m* (*G* **~tu**) Relig. sacrament; **~t chrztu/małżeństwa/pokuty** the sacrament of baptism/marriage/penance; **udzielić komuś ~tu** to administer a sacrament to sb; **przystąpić do ~tu** to receive a sacrament; **przyjąć ~t** to receive a sacrament; **ostatni ~t** the last rites; **Najświętszy** a. **Przenajświętszy Sakrament** the Holy a. Blessed Sacrament

sakramentaln|y *adi.* [1] Relig. sacramental; **~y związek małżeński** the sacramental bonds of matrimony [2] (stały) [pytanie, słowa, formułki] regular

sakrament|ka Relig. **I** *f* (zakonnica) Sister of the Blessed Sacrament

II sakramentki *plt* (zakon) Order of the Blessed Sacrament

saksofon *m* (*G* **~u**) Muz. saxophone; **grać na ~ie** to play the saxophone

saksofoni|sta *m*, **~stka** *f* Muz. saxophonist, saxophone player; **~sta barytonowy/tenorowy** a baritone/tenor saxophonist

saksofonow|y *adi.* [koncert, trio, muzyka] saxophone *attr.*

saks|y *plt* (*G* **~ów**) pot. seasonal labour; **pojechać na ~y do Niemiec** to go to

Germany to earn some hard cash (by doing casual work)

sakw|a f [1] augm. (na pieniądze) moneybag [2] zw. pl (przy rowerze) saddlebag, pannier [3] zw. pl daw. (przy siodle) saddlebag

sakwojaż m (Gpl ~y a. ~ów) przest., książk. valise, travelling bag

sal|a f [1] (pomieszczenie) room, hall; **~a koncertowa/muzealna** a concert/exhibition hall; **~a balowa** a ballroom; **~a konferencyjna** a meeting hall; **~a wykładowa** a lecture hall a. room; **~a szkolna** a classroom; **~a sądowa** a courtroom; **~a operacyjna** an operating theatre a. room; **~a gimnastyczna** a gymnasium, a gym pot.; **~a amfiteatralna** an amphitheatre; **koncert odbył się przy pełnej ~i** the concert was played to a full house [2] (publiczność) room, house; **~a ryczała ze śmiechu** the whole room roared with laughter; **odpowiadać na pytania z ~i** to answer questions from the audience

salamand|ra f Zool. salamander; **~ra plamista** European fire salamander

salami n inv. Kulin. [1] (kiełbasa) salami [2] (ser) salami cheese U

salater|ka f [1] (naczynie) bowl [2] (zawartość) bowl; **zjeść ~kę truskawek** to eat a bowl of strawberries

salceson m (G ~u) Kulin. brawn GB, head cheese US

sal|do n Ekon., Księg. balance; **sporządzić ~do** to calculate the balance; **~do bankowe** bank balance; **~do ujemne** debit balance; **~do dodatnie** credit balance

salet|ra f Chem., Roln. saltpetre GB, saltpeter US

❑ **~ra amonowa** Chem., Roln. ammonium nitrate; **~ra chilijska** Miner., Roln. Chile saltpetre GB, Chile saltpeter US, Chile nitre GB, Chile niter US; **~ra potasowa** Chem., Roln. potassium nitrate, saltpetre GB, saltpeter US

salezjan|in Relig. **I** m (Gpl ~) (zakonnik) Salesian

III salezjanie plt (zakon) Salesian order

salezjan|ka Relig. **I** f (zakonnica) Salesian

III salezjanki plt (zakon) Salesian order

salezjańs|ki adi. Relig. [zakład, zgromadzenie, seminarium] Salesian

salicylow|y adi. Chem., Farm. **kwas ~y** salicylic acid; **spirytus ~y** salicylic alcohol

sal|ka f dem. (small) room

salmiak m sgt (G ~u) Chem. sal ammoniac, ammonium chloride

salmonell|a f (Gpl ~i) [1] Biol. salmonella [2] pot. (choroba) salmonella poisoning; salmonellosis spec.

salmonelloz|a f Med. salmonellosis

salomonow|y adi. książk. **~y wyrok** książk. judgement of Solomon

salon m (G ~u) [1] (bawialnia) living room, sitting room, drawing room [2] (miejsce zebrań towarzyskich) salon, drawing room; **~ literacki** a literary salon; **wprowadzić kogoś do ~ów** a. **na ~y** to introduce sb into society [3] (zakład usługowy) salon; **~ fryzjerski/kosmetyczny** a hairdressing/beauty salon; **~ mody** a fashion house; **~ samochodowy** a car showroom; **~ meblowy** a furniture store; **~ piękności** a beauty salon a. parlour; **~ gier** an amusement arcade GB

[4] (wystawa sztuki) salon, exhibition; **~ impresjonistów** an Impressionist salon [5] (wystawa towarów) fair, show; **tegoroczny ~ samochodowy w Genewie** this year's car show in Geneva

salonik m dem. (G ~u) (small) living room, (small) sitting room

salon|ka f przest., Kolej. saloon (car) GB, parlor car US

salonow|iec II m pers. man of fashion, (the) man about town

III m inanim. (A ~ca) Gry a parlour game in which players have to guess who slapped their backside

salonowo adv. książk. courteously

salonowoś|ć f sgt książk. courteousness

salonow|y adi. książk. [1] (elegancki) [maniery, uprzejmość] courteous; **~a rozmowa** a dinner party conversation [2] (stanowiący wyposażenie) living room attr., sitting room attr., drawing room attr.

salop|a f (~ka dem.) Hist. pelisse

salow|y m, **~a** f orderly, hospital attendant

sal|to n Sport somersault, salto; **wykonać ~to** to do a. turn a somersault; **~to w tył** a backward somersault; **~to półśrubą** a half-twist somersault

❑ **~to mortale** Sport double somersault; (wypadek samochodowy) overturn

salu|t m (G ~tu) [1] (salwa) salute; **~t armatni** a gun salute; **~t z 20 dział** a twenty-gun salute; **oddać ~t** to fire a salute [2] Wojsk. salute; **pozdrowić kogoś ~tem** to salute sb

❑ **~t bandery** Żegl. dipping the colours GB, dipping the colors US

salut|ować impf vi to salute vt, to give a salute; **~ować oficerowi** to salute an officer; **~ować szablą** to salute with a sabre ⇒ **zasalutować**

salw|a f [1] (wystrzał) salvo; (na cześć) salute; **~a armatnia** a gun salvo; **oddać ~ę honorową** to fire an honorary salute [2] zw. pl przen. (śmiechu) peal; (braw) thunder; **po przemówieniu rozległy się ~y braw** there was a thunderous applause when the speech ended

sała|ta f Bot. lettuce C/U; **główka ~ty** a head of lettuce

❑ **~ta karbowana** curly lettuce; **~ta lodowa** iceberg lettuce; **~ta masłowa** butterhead lettuce; **~ta rzymska** romaine lettuce

sałat|ka f [1] (potrawa) salad; **~ka jarzynowa** vegetable salad GB; **~ka owocowa/ziemniaczana** fruit/potato salad; **~ka z porów** leek salad [2] dem. (warzywo) (small) lettuce

sałatkow|y adi. [olej, przyprawy, warzywa, bar] salad attr.

sam¹ II adi. [1] (bez pomocy) (by) oneself; **~ to zrobiłeś?** did you do it (by) yourself?; **drzwi ~e się zamknęły** the door closed on its own; **~o się zagoi** it'll heal by itself; **~o się nie zrobi** it won't get done by itself; **musicie ~i zdecydować** you have to a. must decide for yourselves; **„jak ~emu zbudować dom?"** 'how to build one's own house?'; **~ z siebie** of one's own accord, without being asked; **(ona) ~a z siebie nigdy nie zabiera głosu** she never speaks up of her own accord a. without being

asked; **nic nie dzieje się ~o z siebie** nothing happens by itself a. without a reason; **wszystko zawdzięczam ~emu sobie** I owe everything to my own efforts; **włosy jej się ~ kręcą** her hair curls naturally [2] (samotny) alone, by oneself; **był ~ w domu** he was alone a. on his own at home; **nie wolno jej ~ej wychodzić na ulicę** she is not allowed to go out by herself a. on her own; **trudno jest żyć człowiekowi ~emu** it's difficult a. hard living on your own a. living alone; **~ jeden** all alone, all by oneself; **po śmierci rodziców została ~a jedna** when her parents died she was left on her own a. all alone; **słowo „bohater" pisze się przez ~ h, nie przez ch** the word 'bohater' is spelt with an h, not ch [3] (tylko, bez dodatków) only, nothing but; **mieli ~e córki** they had only daughters; **~e nieszczęścia nas spotykają** we've had a. met with nothing but trouble; **~e zdolności nie wystarczą** talent alone is not enough; **mówić prawdę, ~ą prawdę i tylko prawdę** to tell the truth, the whole truth, and nothing but the truth [4] (jako uściślenie) very, right; **w ~ym środku** in the very centre, right in the middle; **na ~ym początku/końcu** at the very beginning/end; **na ~ej górze/na ~ym dole** at the very top/bottom, right at the top/bottom; **dom nad ~ym morzem** a house right on the sea; **gałęzie zwisające do ~ej ziemi** branches hanging right down to the ground; **w ~o południe** at midday, at high noon; **do ~ego rana** right through to the morning [5] (jako podkreślenie) oneself; **~ sobie przeczysz** you're contradicting yourself; **~a tak powiedziała** she said so herself; **~i sobie są winni** they've only got themselves to blame; **mnie ~ego to zaskoczyło** I was surprised myself; **~o miasto niczym szczególnym się nie wyróżnia** the town itself is nothing special; **~ widzisz** you can see for yourself; **~a widzisz, że to nie takie proste** see, it's not that easy; **~ zobacz** see a. look for yourself; **~ powiedz** you tell me; **~i powiedzcie, czy nie mam racji** you tell me if a. that I'm wrong [6] (wskazuje na najwyższe miejsce w hierarchii) oneself; **widziałem ~ego prezydenta** I saw the president himself [7] (wskazuje na przyczynę) mere, very; **na ~ą myśl o tym chce mi się płakać** the mere a. very thought of it makes me want to cry; **od ~ego zapachu robiło mu się niedobrze** the very smell (of it) made him sick

II pron. taki **~** the same; **mamy takie ~e pióra** we've got the same a. identical pens; **(on) ma taki ~ kolor włosów jak jego brat** his hair is the same colour as his brother's; **twój kapelusz jest prawie taki ~ jak mój** your hat is practically the same as mine; **wszyscy mężczyźni są tacy ~i** all men are the same a. alike; **ten ~** the same; **byli w tym ~ym wieku** they were the same age; **ta ~a kobieta, którą widziałem wczoraj** the same woman (as a. that) I met yesterday; **Paryż jest wciąż ten ~** Paris is just a. still the same; **to ~o** the same; **to ~o dotyczy ciebie** the same applies to you; **poproszę jeszcze raz to**

~o! (the) same again please!; **zrób to ~o co wujek** do the same as uncle (did); **jeden i ten ~** one and the same; **to jedna i ta ~a osoba** they are one and the same person; **jedno i to ~o** one and the same thing; **odwaga i brawura to nie jedno i to ~o** bravery and foolhardiness are not the same thing; **tak ~o** *[traktować, uważać]* the same; **tak ~o będzie i tym razem** it'll be the same this time; **tak ~o jak dwa lata temu** just the same as two years ago; **są tak ~o winni** they are equally guilty; **zniknął tak ~o nagle, jak się pojawił** he vanished just as unexpectedly as he had appeared; **„muszę już iść" – „ja tak ~o"** 'I've got to go' – 'me too'; **tyle ~o** (z policzalnymi) the same number, just as many; (z niepoliczalnymi) the same amount, just as much; **tyle ~o pracowników, co rok temu** the same number of a. just as many workers as last year; **tyle ~o prawdy, ile kłamstwa** the same amount of truth as lies; **mają tyle ~o lat** they're (of) the same age

■ **maleńkie ~ na ~ z kimś** a little tête-à-tête with sb; **porozmawiać z kimś ~ na ~** to talk to sb one-on-one; **marzył, żeby zostać z nią ~ na ~** he dreamt of being alone with her; **~ nie zje i drugiemu nie da** przysł. (she's/he's) a dog in the manger; **klimat, który ~ przez się jest czynnikiem leczniczym** the climate, which is itself a healing factor; **takie nastawienie jest ~o przez się zrozumiałe** taken by itself such an attitude is understandable; **to się rozumie ~o przez się!** it goes without saying!; **rozumie się ~o przez się, że...** that goes without saying that...; **~ w sobie** in itself; **dla niego praca jest celem ~ym w sobie** work for him is an end in itself; **ten dokument ~ w sobie nie stanowi dowodu** in and of itself the document does not constitute evidence książk.; **tym ~ym** in the process; **uzyskał obywatelstwo polskie, a tym ~ym prawo ubiegania się o to stanowisko** he acquired Polish citizenship, thus a. thereby gaining the right to apply for the post

sam² *m* (*G* ~**u**) pot. supermarket

Samarytan|in *m*, ~**ka** *f* Hist. Samaritan

samarytan|in *m*, ~**ka** *f* (*Gpl* ~, ~**ek**) książk. (good) Samaritan

samarytańs|ki *adi.* *[uczynek, pomoc, praca]* charitable

samarytańsko *adv.* książk. like a Good Samaritan

samb|a *f* Taniec samba; **tańczyć ~ę** dance a. do the samba, to samba

samcz|y *adi.* [1] Zool. *[rywalizacja, wygląd]* male; **~e walki/zaloty** male combat/courtship [2] pot., pejor. *[dominacja, instynkt, pociąg, popęd]* male, masculine; **zaspokoić swoje ~e potrzeby** to satisfy one's masculine needs

❏ **narecznica** a. **paproć ~a** Bot. male fern

samczyk *m dem.* pieszcz. male

samic|a *f* [1] Zool. female; **~a królika** a female rabbit, a doe; **~a słonia/wieloryba** a cow elephant/whale; **~a z młodymi** a female with her a. its young; **mój chomik to ~a** my hamster is (a) female a. a she [2] pot., obraźl. female

samicz|ka *f dem.* pieszcz. female

samicz|y *adi.* [1] Zool. *[instynkt, cechy]* female; **~a troska o młode** female care for the young [2] pot., pejor. *[bierność, uległość, punkt widzenia]* female

sam|iec [] *m pers.* pot., obraźl. male; **napalony ~iec** a horny male pot.; **prawdziwy ~iec** a true male, a he-man; **stuprocentowy ~iec** a real macho man

[] *m anim.* Zool. male; **~iec królika** a male a. buck rabbit; **~iec zięby** a male a. cock chaffinch; **~iec słonia/wieloryba** a bull elephant/whale; **mój kanarek to ~iec** my canary is (a) male a. a he

samiut|ki (~**eńki**) *adi. dem.* [1] (opuszczony) all alone; **został sam ~ki w wielkim pokoju** he was left all alone in a big room [2] (żaden inny) only, nothing but; **(on) ma ~eńkie trójki** he's got nothing but Cs; **mów ~ką prawdę** say nothing but the truth [3] (jako uściślenie) very, right; **na ~kiej krawędzi** on the very edge; **na ~kim początku** right at the (very) beginning; **przy ~kiej drodze** right by the road(side)

samo- *w wyrazach złożonych* self-; **samozapłon** self-ignition; **samoleczenie** self-treatment, self-medication

samobiczowani|e *n sgt* [1] (biczowanie się) self-flagellation [2] książk., przen. (samokrytyka) self-flagellation, self-castigation

samobieżn|y *adi.* Techn. *[kombajn, siewnik, czołg, dźwig]* self-propelled

samobó|j *m* (*A* ~**ja**, *Gpl* ~**i** a. ~**jów**) pot. own goal

samobój|ca *m*, ~**czyni** *f* suicide; **niedoszły ~ca** a would-be suicide; **potencjalny ~ca** a. **kandydat na ~cę** a potential suicide; **pilot ~ca** a suicide a. kamikaze pilot; **nie jestem ~cą** przen. I have no desire to commit suicide; **musiałbym być ~cą, żeby to zrobić** przen. I'd have to be suicidal to do that!

samobójczo *adv.* suicidally; **zginąć ~** to die by suicide

samobójcz|y *adi.* [1] *[myśli, atak]* suicidal; **próba ~a** a suicide attempt a. bid, attempted suicide; **~e skłonności/zamiary** suicidal tendencies/intent; **śmierć ~a** death by suicide; **zginął śmiercią ~ą** he died by suicide [2] książk., przen. (ryzykowny, niebezpieczny) *[polityka, decyzja]* suicidal [3] Sport **~a bramka** a. **~y gol** an own goal; **~y strzał** a shot into one's own net; **strzelić ~ego gola** to score an own goal

samobójstw|o *n* [1] (śmierć) suicide; **masowe/zbiorowe ~o** mass/collective suicide; **nieudane ~o** a. **~o** failed a. botched suicide, a failed a. botched suicide attempt; **pozorowane ~o** Med. parasuicide; **upozorowane ~o** a death made to look like suicide; **był o krok od ~a** he was on the brink of suicide; **doprowadzić/pchnąć kogoś do ~a** to drive/push sb to suicide; **myśleć o ~ie** to contemplate suicide; **popełnić ~o** to commit suicide, to kill oneself; **próbowała popełnić ~o** she tried to commit suicide, she attempted suicide; **wszystko wskazuje na ~o** all the evidence points to suicide [2] przen. suicide; **polityczne ~o** political suicide; **jazda po pijanemu graniczy z ~em** a. **to ~o** drink-driving is little short of suicide a. is

tantamount to suicide; **to byłoby ~o** it would be suicide a. suicidal

samochodow|y *adi.* *[opona, radio, silnik, wycieczka, wypadek]* car attr.; *[olej, ruch, sport]* motor attr.; *[atlas, mapa]* road attr.; **akcesoria ~e** car a. motor accessories; **części ~e** car a. automotive parts; **kino ~e** a drive-in (cinema) pot.; **mechanik ~y** a car a. motor a. garage mechanic; **przemysł ~y** the car a. motor a. an automotive industry; **rajd ~y** a car a. motor rally; **warsztat ~y** a garage, a car repair shop; **wyścigi ~e** motor racing

samochodów|ka *f* pot. automotive technical school a. college

samochodziarz *m* (*Gpl* ~**y**) pot. [1] (mechanik) car a. motor mechanic [2] (miłośnik samochodów) car enthusiast; gearhead US pot. [3] (kierowca) (car) driver, motorist [4] (rajdowiec) rally driver

samochodzik *m dem.* (mały samochód) small car; (zabawka) toy car

■ **zasuwać jak mały ~** pot. to be (as) busy as a bee, to beaver away

samoch|ód *m* (*G* ~**odu**) car, automobile US; **~ód osobowy** a. a motor car; **~ód ciężarowy** a lorry GB, a truck; **~ód dostawczy** a delivery truck, a (delivery) van; **~ód sportowy/wyczynowy/wyścigowy** a sports/stunt/racing a. competition car; **~ód służbowy** a company car; **~ód dwudrzwiowy/czterodrzwiowy** a two-door/four-door car; **fabryka ~odów** a car factory, an automobile plant US; **producent ~odów** a car a. an automobile US manufacturer; **jechać/podróżować ~odem** to go/travel by car; **pojechać/przyjechać ~odem** to go/arrive by car a. in a car; **wpaść pod ~ód** to be run over by car; **rozbić ~ód** to crash one's car; **prowadzić ~ód** to drive (a car); **wsiąść do ~odu** to get in a. into a car; **wysiąść z ~odu** to get out of a car

❏ **~ód do przewozu żywych ryb** Aut. fish truck, fish lorry GB; **~ód kompaktowy** Aut. compact (car) US, medium-sized car; **~ód pancerny** Wojsk. armoured car; **~ód specjalny** a. **uprzywilejowany** Aut. emergency vehicle; **~ód terenowy** Aut. jeep pot., off-road a. sport utility vehicle; **~ód-pułapka** pot. car bomb, booby-trapped car; **otwarty ~ód** Aut. convertible, open car

■ **~ód nieźle daje** pot. the car runs like a dream pot., the car's really hot pot.; **jestem ~odem** I've come by car, I've got my car with me; **mogę cię podwieźć, jestem ~odem** I can give you a lift, I have the car; **nie jestem dziś ~odem** I don't have the car (with me) today; **nie piję, jestem ~odem** no thanks, I'm driving

samochwalstw|o *n sgt* boasting, bragging

samochwa|ła *m, f* (*Npl m* ~**ł**, *Gpl m* ~**łów** a. ~**ł**; *Npl f* ~**ły**, *Gpl f* ~**ł**) pot. boaster, braggart; **straszna z niej ~ła** what a boaster a. show-off pot. she is

samoczynnie *adv.* [1] Techn. (automatycznie) *[otwierać się, pracować, działać]* automatically; **lodówka rozmraża się ~** the fridge defrosts automatically [2] (bez udziału człowieka) *[zachodzić, powstawać]* spontaneously

samoczynn|y *adj.* [1] Techn. (automatyczny) *[bezpiecznik, broń]* automatic; *[zawór, hamulec]* automatic, self-acting; **wyłącznik ~y** a trip, a tripper; **zapłon ~y** self-ignition [2] (samodzielny) *[przemiana materii]* independent; *[proces, wypływ wody]* spontaneous; **~e oczyszczanie rzeki** self-purification of a river

samodoskonaleni|e *n sgt* self-improvement, self-betterment

samodyscyplin|a *f sgt* self-discipline; **przy odrobinie ~y** with a bit of self-discipline; **to wymaga pewnej/dużej ~y** it takes a certain amount/a good deal a. a high degree of self-discipline; **ćwiczyć się w ~ie** to train oneself in self-discipline; **nie mam na tyle ~y, żeby rzucić palenie** I don't have enough self-discipline. I'm not self-disciplined enough to give up smoking

samodzia|ł *m* (*G* **~łu**) Włók. homespun (cloth), handwoven cloth

samodziałow|y *adj. [marynarka, spódnica, płótno]* homespun, handwoven

samodzielnie *adv.* [1] (niezależnie) *[pracować, rządzić]* independently, on one's own; **chciał jak najszybciej zacząć żyć ~** he wanted to start living on his own a. independently as soon as possible; **nasze dziecko chodzi już ~** our baby can now walk on its own a. unaided; **odrabiać lekcje ~** to do homework on one's own a. by oneself [2] (odrębnie, oddzielnie) *[istnieć, występować]* separately

samodzielnoś|ć *f sgt* [1] (zaradność) self-reliance, independence; **uczył dzieci ~ci** he taught his children self-reliance a. to be self-reliant [2] (niezależność) independence; **odznaczać się ~cią myśli** to show independence of thought [3] (odrębność, samoistność) autonomy

samodzieln|y *adj.* [1] (zaradny) self-reliant, independent; **była bardzo ~a** she was very self-reliant, she was highly independent; **stawiać pierwsze ~e kroki** to take one's first independent steps; **zestaw/szafa do ~ego montażu** a self-assembly kit/wardrobe; **podręcznik do ~ej nauki** a self-study textbook [2] (niezależny) *[myślenie, praca]* independent, unassisted; *[stanowisko, pracownik, państwo, instytucja]* independent; **zachęcać dzieci do ~ego myślenia** to encourage children to think for themselves a. to do their own thinking [3] (odrębny) separate, autonomous; **obie części książki tworzą dwie ~e całości** the two parts of the book form self-contained wholes; **~e mieszkanie** a self-contained flat; **~y pokój** a self-contained room

samofinans|ować się *impf v refl.* Ekon. to be self-financing a. self-supporting; **~ujące się przedsiębiorstwo** a self-funded a. self-supporting company

samogłos|ka *f* Jęz. vowel
❑ **~ka ciemna** dark vowel; **~ka czysta** pure vowel; **~ka długa** long (vowel); **~ka jasna** bright vowel; **~ka krótka** short (vowel); **~ka niska** low vowel; **~ka nosowa** nasal (vowel); **~ka okrągła** a. **zaokrąglona** round(ed) vowel; **~ka płaska** unrounded a. flat vowel; **~ka przednia** front vowel; **~ka ścieśniona** a. **pochylona** close vowel; **~ka tylna** back vowel; **~ka**

ustna oral vowel; **~ka wysoka** high vowel; **~ki zredukowane** reduced vowels

samogłoskow|y *adj.* Jęz. *[element, system, zakończenie wyrazu]* vowel attr., vocalic

samogon *m sgt* (*G* **~u**) pot. hooch pot., rotgut GB pot., moonshine US pot.; **pędzić ~** to distil moonshine, to run a still

samograj *m* pot. [1] (instrument samogrający) automatic player [2] (atrakcyjny temat) sure hit; crowd-puller pot. [3] (dzieło bez wartości artystycznej) box-office hit *(of little artistic value)* [4] (łatwa rola) easy part (to play)

samogwał|t *m sgt* (*G* **~tu**) Psych., Med. masturbation; self-abuse euf.; **uprawiać ~t** to engage in masturbation

samoistnie *adv.* książk. *[występować, wybuchać, oddychać]* spontaneously; *[istnieć]* intrinsically; **objawy ustąpiły ~** the symptoms subsided spontaneously a. by themselves

samoistnoś|ć *f sgt* książk. (odrębność) self-contained nature, self-containedness

samoistn|y *adj.* książk. [1] (samodzielny) *[poronienie, wyleczenie, pęknięcie, eksplozja]* spontaneous; *[ból głowy]* idiopathic [2] (odrębny) *[dzieło, utwór]* self-contained; *[półprzewodnik, wartość, byt]* intrinsic

samokontrol|a *f sgt* self-control, self-restraint; **stosować ~ę** to practise self-control; **tracić ~ę** to lose one's self-control

samokrytycyzm *m sgt* (*G* **~u**) (capacity for) self-criticism; **nie mieć za grosz ~u** to be completely devoid of self-criticism; **mieć skłonność do ~u** to be prone to self-criticism

samokrytycznie *adv.* *[stwierdzić, przyznać]* self-critically

samokrytyczn|y *adj.* *[analiza, ocena, pisarz, referat]* self-critical

samokryty|ka *f sgt* self-criticism; **surowa/szczera ~ka** severe/honest self-criticism; **dokonać ~ki** to carry out self-criticism; **złożyć ~kę** to go through a process of self-criticism

samokształceni|e *n sgt* self-education, self-teaching

samokształceniow|y *adj.* *[metody, podręczniki]* self-learning, self-teaching; **kółko ~e** a self-learning group

samolocik *m dem.* (*G* **~a** a. **~u**) [1] (mały samolot) small plane [2] (zabawka) toy aeroplane GB, toy airplane US

samolo|t *m* (*G* **~tu**) Lotn. plane, aeroplane GB, airplane US, aircraft; **~t pasażerski/ transportowy/wojskowy** a passenger/ transport a. freight/military plane; **~t rozpoznawczy/szpiegowski/zwiadowczy** a reconnaissance plane/a spy plane/a scout; **~t bojowy/wielozadaniowy** a combat/ multi-purpose aircraft; **~t sanitarny** an air ambulance; **~t jednosilnikowy/dalekiego zasięgu** a single-engine(d)/long-range aircraft; **lecieć ~tem** to go by plane a. air; **podróżować ~tem** to travel by plane, to fly; **polecieć ~tem do Wiednia** to go to Vienna by air, to fly to Vienna; **spóźnić się na ~t** to miss one's plane a. flight; **wsiadł do ~tu** he got on a. he boarded the plane; **wysiadł z ~tu** he got off a. stepped off the plane; **w ~cie** on the plane; **nigdy nie leciałem ~tem** I've never been on a plane a. flown

(in a plane); **~t LOT-u** a LOT plane
❑ **~t bezzałogowy** robot plane; **~t bombowy** Wojsk. bomber; **~t gospodarczy** Roln. agricultural aircraft; **~t myśliwski** Wojsk. fighter (plane), pursuit plane; **~t niewidzialny dla radaru** Wojsk. stealth aircraft; **~t odrzutowy** jet (aircraft); **pasażerski ~t odrzutowy** jet(liner); **~t szkolny** training plane, trainer; **~t turboodrzutowy** turbojet aircraft; **~t turbośmigłowy** turboprop aircraft

samolotow|y *adj. [silnik, pilot, szkolenie]* aircraft attr.; **mechanik ~y** an aircraft mechanic a. engineer; **park ~y** a fleet of aircraft; **sport ~y** aviation sport; **połączenia ~e z Oslo** plane a. flight connections to Oslo

samolub *m* (*Npl* **~y**) pot. egoist, selfish person; **okropny z niego ~** what a selfish person he is, he's extremely a. supremely selfish

samolubnie *adv.* grad. *[zachować się, postępować]* selfishly; **grać ~** (o piłkarzach) to play selfishly, to be selfish with the ball

samolubn|y *adj. [osoba, postępowanie, zachowanie]* selfish, self-seeking; **kierować się ~ymi pobudkami** to be guided by selfish motives, to be motivated by self-interest

samolubstw|o *n sgt* selfishness, self-seeking

samoobron|a *f sgt* [1] (obrona siebie) self-defence GB, self-defense US, self-protection; **instynkt/odruch ~y** the instinct/reaction of self-defence; **sztuka ~y** the art of self-defence; **działać w ~ie** to act in self-defence [2] Wojsk. civil defence GB, civil defense US; **oddziały ~y** civil defence units, self-defence groups

samoobronn|y *adj.* [1] (broniący się) *[mechanizm]* self-defence attr. GB, self-defense attr. US [2] Wojsk. *[organizacje]* civil defence attr. GB, civil defense attr. US

samoobsłu|ga *f* self-service; **w supermarketach jest ~ga** supermarkets are self-service

samoobsługow|y *adj. [sklep, bar, stacja benzynowa]* self-service; **pralnia ~a** a launderette, a laundromat US

samookalecze|nie *n* self-mutilation, self-inflicted injury; **dokonać ~nia** to commit (an act of) self-mutilation

samoopalacz *m* Kosmet. self-tanning cream, bronzer

samopas *adv.* przest., książk. [1] (bez dozoru) **biegać/włóczyć się ~ po okolicy** to run wild/to roam uncontrolled in the neighbourhood; **puścić psa ~** to let a dog run wild a. uncontrolled; **zostawić dziecko ~** to leave a child unsupervised a. unattended [2] (w pojedynkę) **iść ~** to go (all) alone

samopoczuci|e *n sgt* (general) physical and mental state; **mieć dobre/złe ~e** to feel well/bad; **mieć kiepskie ~e** to be in a bad way; **jak (twoje) ~e?** how are you (feeling)?; **filiżanka herbaty poprawi ci ~e** a cup of tea will make you feel better a. will pick you up pot.

samopomoc *f sgt* [1] (pomoc wzajemna) mutual aid a. assistance, self-help; **uczniowska ~** self-help a. mutual help among pupils; **~ sąsiedzka** ≈ neighbourhood watch [2] (zrzeszenie) mutual aid society; **kasa ~y** a mutual aid fund

samopomocow|y adi. [grupa, organizacja] self-help attr., mutual aid attr.; **program ~y** a self-help scheme; **ośrodek ma charakter ~y** the centre operates on a self-help basis

samoprzylepn|y adi. [taśma, naklejka] self-adhesive; [etykieta] self-adhesive, stick-on; [tapeta] pre-pasted; **karteczki ~e** self-stick notes, Post-it® notes

samorod|ek m Miner. nugget; **~ek złota** a gold nugget

samorodnoś|ć f sgt [1] (bycie cechą wrodzoną) inborn nature, innateness; **~ć talentu pisarza** the writer's innate talent [2] (oryginalność) originality

samorodn|y adi. [1] (wrodzony) [talent] inborn, natural; [zdolności] innate, natural; [geniusz] natural [2] (mający wrodzony talent) [pisarz, malarz] born [3] (oryginalny) original, authentic

samorzą|d m (G ~du) Admin. [1] (system zarządzania) self-government, autonomy; **~d gospodarczy** economic self-government; **~d lokalny** local government; **~d miejski** municipal government; **~d pracowniczy** workers' self-management a. control; **~d szkolny/studencki** student government [2] (grupa ludzi) self-government body

❏ **~d adwokacki** Prawo lawyers' self-governing council; **~d terytorialny** Admin. local government

samorządnie adv. [1] (niezależnie) [rządzić się] autonomously [2] Admin. **firma była zarządzana ~** the company was self-governed

samorządnoś|ć f sgt [1] (niezależność) autonomy, independence [2] Admin. self-government

samorządn|y adi. [1] (niezależny) autonomous, self-governed [2] Admin. self-governing

samorządow|y adi. Admin. [instytucja, organizacja, pracownik] self-government; **władze ~e miasta** municipal authorities; **organy ~e miasta** municipal bodies

samorzutnie adv. [1] (spontanicznie) [organizować, pomagać] spontaneously; **zgłosić się ~** to volunteer unprompted [2] (samoczynnie) [przyłączyć się, zachodzić] spontaneously

samorzutnoś|ć f sgt książk. voluntariness, spontaneity

samorzutn|y adi. [1] (dobrowolny, spontaniczny) [inicjatywa, pomoc] voluntary, spontaneous; **~a akcja zbierania pieniędzy** a voluntary fund-raising effort [2] (bez udziału czynników zewnętrznych) [ruch, rozpad] spontaneous

samosą|d m sgt (G ~du) mob law; **dokonać na kimś ~du** to punish sb without due process of law, to inflict summary punishment on sb; **paść ofiarą ~du** to be punished by mob action

samo|sia f (Gpl ~si a. ~ś) pot., żart. one-man band przen.; **od dziecka była (Zosią) ~sią** since childhood she has always been a loner a. one-man band

samosiej|ka f [1] (samosiew) self-seeder, self-sown plant [2] (tytoń) home-grown tobacco, tobacco grown for personal use

samospale|nie n self-immolation, burning oneself to death; **akt ~nia** an act of self-immolation

samostanowieni|e n sgt Polit. self-determination; **prawo narodów do ~a** the right of nations to self-determination

samoświadomoś|ć f sgt książk. [1] (świadomość siebie) self-awareness, self-consciousness [2] (świadomość odrębności grupowej) identity; **~ć narodowa** a sense of national identity

samotni|a f (Gpl ~) książk. retreat, solitude; **wracać do swojej ~** to go back to one's retreat

samotnic|a f recluse, loner

samotnictw|o n sgt książk. solitude, solitariness; **mieć skłonności do ~a** to be given to solitude

samotnicz|ka f [1] (samotnica) recluse, loner [2] (samotna żeglarka) single-handed a. solo yachtswoman

samotniczo adv. (samotnie) **żyć ~** to live in seclusion, to keep oneself to oneself

samotnicz|y adi. [1] (samotny) [przyzwyczajenia] reclusive; **prowadzić ~y tryb życia** to lead a. live a reclusive life [2] Żegl. [rejs, wyprawa] solo attr.

samotnie [1] adv. grad. solitarily; **umrzeć ~** to die alone; **żyć ~** to live alone a. on one's own, to lead a solitary life; **było jej smutno i ~** she felt sad and lonely

[2] adv. **spacerować ~** to walk alone; **matka ~ wychowująca dziecko/dzieci** a single mother

samotni|k [1] m pers. [1] (odludek) recluse, loner; **być ~kiem** to be a loner, to enjoy one's own company; **on jest z natury ~kiem** he's a loner a. lone wolf by nature; **był typem ~ka** he was the solitary a. lonely type [2] (żeglarz) single-handed a. solo yachtsman; **transatlantyckie regaty ~ków** single-handed transatlantic yacht race

[2] m anim. Zool. rogue a. lone (animal); **wilki to ~ki** wolves are loners a. solitary animals

samotnoś|ć f sgt [1] (bycie samotnym) solitude; **pragnąć/szukać ~ci** to long for/seek solitude; **uciec w ~ć** to retreat into solitude; **żyć/umrzeć w ~ci** to live/die in solitude; **~ć we dwoje** shared solitude, being alone together [2] (poczucie osamotnienia) loneliness; **uczucie ~ci** a feeling a. sense of loneliness; **lękać się ~ci** to have a fear of loneliness; **odczuwać ~ć** to experience loneliness, to feel a sense of solitude; **zmagać się/walczyć z ~cią** to struggle with/to fight loneliness; **doskwierała mu ~ć** loneliness weighed heavily on him

samotn|y [1] adi. [1] (żyjący samotnie) [osoba] lonely; **był zupełnie ~y** he was all a. quite alone; **czuć się ~ym** to feel lonely a. lonesome US; **czuła się ~a i opuszczona** she felt lonely and isolated [2] (opuszczony) [podróżny, chory] lonely; **była zupełnie ~a** she was all by herself a. all on her own; **wieść ~e życie** to live a lonely a. solitary life [3] (zdany na siebie) [wędrowiec, podróżnik] lonely, solitary [4] (bez towarzystwa) [spacer, życie] solitary, lonely; [wycieczka] lonely, solitary [5] (odosobniony) [dom, drzewo, wyspa] solitary, isolated; [żagiel] lonely, solitary [6] (nieżonaty, niezamężna) single [7] [bojowniczka, głos] solitary

[3] m **samotn|y, ~a** f single a. unattached person; **~i** the lonely, lonely people; **bar dla ~ych** a singles bar

samouctw|o n sgt self-teaching, self-education

samoucz|ek m dem. teach yourself book a. manual; **~ek do nauki języka polskiego** a teach yourself Polish manual

samou|k m (Npl ~ki a. ~cy) self-taught person; autodidact książk.; **być ~kiem** to be self-taught a. self-educated; **malarz ~k** a self-taught painter

samounicestwieni|e n sgt książk. self-annihilation

samouwielbieni|e n sgt self-admiration, self-adoration; **wpaść a. popaść w ~e** to fall into self-admiration

samowa|r m (~rek dem.) samovar

samowiedz|a f sgt książk. self-knowledge

samowład|ca m, **~czyni** f książk. autocrat

samowładn|y adi. książk. [monarcha, przywódca] autocratic

samowładztw|o n sgt książk. autocracy

samowol|a f sgt lawlessness, licence; **akt ~i** an act of lawlessness

samowolnie adv. [postąpić, oddalić się] wilfully GB, willfully US

samowoln|y adi. [osoba] wilful GB, willful US; [postępek, decyzja] arbitrary

samowystarczalnoś|ć f sgt self-sufficiency; **~ć gospodarstwa/firmy** the self-sufficiency of a farm/a company

❏ **~ć kraju** Ekon. autarky, autarchy

samowystarczaln|y adi. [gospodarstwo, firma] self-sufficient; **kraj ~y** an autarky

samowyzwalacz m Fot. delayed-action release, self-timer

samozachowawcz|y adi. **instynkt/odruch ~y** the instinct/sense of self-preservation

samozagła|da f sgt książk. self-annihilation, self-destruction

samozaparci|e n sgt perseverance; **robić coś z ~em** to do sth with perseverance

samozwa|niec m książk. pretender, usurper; **car ~niec** a pretender to the tsar's throne; **Dymitr Samozwaniec** Hist. the (First) False Dmitri

samozwańczo adv. książk. **~ mianował się królem** he usurped the throne

samozwańcz|y adi. [wódz, władza] self-appointed; [król] self-anointed; [republika] self-proclaimed

samuraj m (Npl ~owie a. ~e) Hist. samurai

samurajs|ki adi. [kodeks, przywilej, miecz] samurai attr.

sanacj|a f sgt [1] książk. (uzdrowienie) reform; **~a oświaty/gospodarki** the reform of the educational system/economy [2] Hist., Polit. **Sanacja** adherents of Piłsudski and the period of Piłsudski's rule

sanacyjn|y adi. [1] książk. (uzdrawiający) [działania, reformy] sanative [2] Hist., Polit. **okres ~y** Piłsudski's rule; **obóz ~y** the adherents of Piłsudski

sanatori|um n (Gpl ~ów) sanatorium GB, sanitarium US; **~um kardiologiczne** a cardiological sanatorium; **~um dla gruźlików** a tuberculosis sanatorium

sanatoryjnie adv. **leczyć się ~** to receive treatment at a sanatorium

S

sanatoryjn|y adi. [leczenie, rehabilitacja, lekarz] sanatorium attr.

sandacz m Zool. pikeperch, zander

sanda|ł¹ m (~łek dem.) zw. pl sandal zw. pl; **chodzić w ~łach** to wear sandals

sanda|ł² m sgt (G ~łu) pot. (drewno) sandalwood; **meble z ~łu** sandalwood furniture

sandałow|iec m [1] Bot. sandalwood [2] sgt (drewno) sandalwood; **meble z ~ca** sandalwood furniture

sandałow|y adi. [olejek, meble, zapach] sandalwood attr.; **drzewo ~e** sandalwood

sandwicz /'sandwitʃ/ m (Gpl ~y a. ~ów) Kulin. sandwich; **~ z szynką/serem** a ham/cheese sandwich

sandwiczow|y /ˌsandwi'tʃovɪ/ adi. **bar ~y** sandwich bar

saneczkars|ki adi. Sport [tor, zawody, wyścigi] toboggan attr.

saneczkarstw|o n sgt Sport tobogganing; **uprawiać ~o** to toboggan

saneczka|rz m, **~rka** f (Gpl ~y, ~rek) Sport tobogganist, tobogganer

saneczk|i plt (G ~ek) [1] dem. (dla dzieci) sledge GB, sled US; **jeździć na ~kach** to sledge [2] Sport (sanki) toboggan, sledge [3] Sport (dyscyplina) tobogganing

saneczkow|y adi. Sport [tor, wyścigi] toboggan attr.; **sport ~y** tobogganing

sa|nie plt (G sań a. sani) [1] (pojazd konny) sleigh, sledge; **jechać w saniach** a. **saniami** to ride in a sleigh [2] Żegl. cradle
❏ **sanie silnikowe** Techn. motor sleigh

sanitaria|t m (G ~tu) [1] zw. pl (pomieszczenie) washing facility zw. pl, bathroom zw. pl [2] (urząd) sanitary authorities

sanitariusz m (Gpl ~y a. ~ów) [1] (na wojnie) (medical) orderly, stretcher-bearer [2] (w pogotowiu) ≈ paramedic

sanitariusz|ka f (medical) orderly, nurse

sanitar|ka f pot. ambulance

sanitarn|y adi. [1] (dotyczący higieny) [urządzenia, warunki, kontrola, inspektor] sanitary [2] (dotyczący służby zdrowia) **punkt ~y** a first-aid post; **helikopter ~y** an air ambulance; **pociąg ~y** an ambulance train

sankcj|a f (Gpl ~i) książk. [1] zw. pl (przy wymierzaniu kary) sanction zw. pl; **~e prawne/karne** legal/criminal sanctions; **~a pozbawienia wolności** the penalty of imprisonment; **~e dyscyplinarne** disciplinary action [2] zw. pl (represja) sanction zw. pl; **~e handlowe wobec państwa** trade sanctions against a country; **obłożyć kraj surowymi ~ami gospodarczymi** to impose severe economic sanctions against a country; **znieść ~e** to lift a. raise sanctions [3] (zatwierdzenie) sanction; **zarządzenie to jest nieważne bez ~i premiera** this regulation is invalid without the sanction of the Prime Minister; **~a społeczna** the sanction of society; **władza monarsza posiadała ~ę boską** the monarchy was sanctioned by God
❏ **~a pragmatyczna** Hist., Prawo pragmatic sanction

sankcjon|ować impf vt książk. to sanction [dokument, układ, przepisy] ⇒ **usankcjonować**

san|ki plt (G ~ek) [1] (dla dzieci) toboggan, sledge GB, sled US; **jeździć na ~kach** to sledge [2] Sport

---

toboggan [3] dem. (pojazd konny) sleigh [4] Techn. slide

sanktuari|um n (Gpl ~ów) [1] Relig. sanctuary, shrine; **~um maryjne w Lourdes** the sanctuary of Our Lady of Lourdes [2] przen. shrine; **ten pokój pełen pamiątek po zmarłym synu był dla niej ~um** she turned the room full of mementos into a shrine to her dead son

sanskryc|ki adi. [gramatyka, literatura, język] Sanskrit

sanskry|t m sgt (G ~tu) Sanskrit

sapać impf → **sapnąć**

sape|r m Wojsk. sapper, engineer

saper|ka f [1] (łopatka) camp shovel [2] zw. pl (but) a soldier's boot

apers|ki adi. [prace, sprzęt, czołg] sapper's, engineering; **czołg ~ki** an engineering tank

sap|ka f Med. coryza

sap|nąć pf — **sap|ać** impf (~nęła, ~nęli — ~ię) vi [1] (oddychać z trudem) to pant, to puff; **~ać z wysiłku/ze złości** to pant with fatigue/anger [2] przen. [parowóz, parostatek] to chug, to puff

saradela → **seradela**

sardel|a f (Gpl ~i) Zool., Kulin. anchovy

sardyn|ka f Zool. sardine, pilchard; **~ki w puszce** a tin of sardines
■ **gnieść się** a. **tłoczyć się jak ~ki w puszce** to be packed a. crammed like sardines pot.

sarkać impf → **sarknąć**

sarka|nie [I] sv → **sarkać**
[II] n zw. pl grumbling U, moan zw. pl; **nie obyło się bez ~ń na brzydką pogodę** as usual, there was a lot of grumbling about the bad weather

sarkastycznie adv. grad. książk. [uśmiechać się, odpowiadać] sarcastically

sarkastyczn|y adi. książk. [ton, uśmiech, odpowiedź, krytyk] sarcastic

sarkazm m sgt (G ~u) książk. sarcasm

sark|nąć pf — **sark|ać** impf (~nęła, ~nęli — ~am) vi to grumble, to moan (**na coś** about sth); **~ali, że muszą pracować w sobotę** they grumbled that they had to work on Saturday; **„nie przeszkadzaj mi", ~nął** 'don't bother me,' he snapped

sarkofag m (G ~u) sarcophagus

sarmac|ki adi. [1] daw. **~ka gościnność** traditional Polish hospitality; **~kie obyczaje** the customs of the Polish nobility [2] Hist. [plemiona] Sarmatian

sarmatyzm m sgt (G ~u) Hist. the culture of Polish nobility in the 17th and 18th centuries

sar|na f [1] Zool. roe deer [2] pot. (grzyb) hedgehog fungus

sarni adi. [kopyta, ślady, sierść] roe deer's; **~e mięso** venison; **mieć ~e oczy** przen. to be doe-eyed

sarniąt|ko n pieszcz. fawn

sarni|ę n (G ~ęcia) dem. fawn

sarnin|a f sgt Kulin. venison

Sas m zw. pl Hist. (mieszkaniec Saksonii) Saxon
■ **od ~a do lasa** pot. (as) different as chalk and a. from cheese; **jeden do ~a, drugi do lasa** przysł. ≈ everyone a. each for himself (and the devil take the hindmost) przysł.; **za króla ~a jedz, pij i popuszczaj pasa** przysł. ≈ the good old days

---

sasan|ka f Bot. pasque flower

saszet|ka f książk. [1] (torebka) ≈ clutch bag [2] (opakowanie) sachet GB, packet US; **szampon w ~ce** a sachet of shampoo; **herbata w ~kach** tea bags; **lawendowe ~ki** lavender sachets

sataniczn|y adi. [1] [grymas, śmiech, wygląd, spojrzenie] satanic, diabolic(al) [2] [obrzędy, ruch] satanic

satani|sta m satanist, devil worshipper

satanistyczn|y adi. [sekta, tematyka] satanist

satanizm m sgt (G ~u) satanism, devil worship

satelic|ki adi. [państwo, dzielnica] satellite attr.

satel|ita m [1] (księżyc) satellite; **Księżyc jest naturalnym ~tą Ziemi** the Moon is a natural satellite of the Earth [2] (urządzenie) satellite; **sztuczny ~ta** an artificial satellite; **umieścić na orbicie ~tę** to put a satellite into orbit [3] przen. (osoba) satellite, follower; **na spotkanie przyszedł ze swoim ~tą** he took his satellite to the meeting [4] przen. (państwo) satellite (state) [5] przen. (miasto) satellite town [6] Techn. planet wheel, planet gear
❏ **~ta łącznościowy** Telekom. a communication(s) satellite; **~ta meteorologiczny** Meteo. weather satellite; **~ta retransmisyjny** a. **telekomunikacyjny** Telekom., TV telecommunications satellite

satelitarn|y adi. [łączność, zdjęcia, telewizja] satellite attr.; **antena ~a** a satellite dish

satrap|a m (Npl ~owie a. ~y) książk. [1] (władca) satrap, despot [2] pejor. (człowiek bezwzględny) despot, tyrant

saturato|r m soda fountain

Saturn m sgt Astron., Mitol. Saturn

satyn|a f Włók. satin; **sukienka z ~y** a satin dress

satynow|y adi Włók. [bluzka, wstążka, zasłony] satin attr.

saty|r m (Npl ~rowie a. ~ry) [1] Mitol. satyr [2] pejor. (lubieżnik) satyr; old goat pot.

saty|ra f [1] Literat. satire, lampoon; **~ra na instytucję małżeństwa** a satire on the institution of marriage [2] sgt (ośmieszanie) satire; **komedia ta kłuje ostrzem ~ry** the comedy is full of biting satire

satyrycznie adv. [interpretować, przedstawiać, oceniać] satirically

satyryczność f sgt satiric(al) character

satyryczn|y adi. [wiersz, poeta, rysunek] satiric(al)

satyry|k m, **~czka** f satirist

satysfakcj|a f (Gpl ~i) [1] (zadowolenie) satisfaction; **praca dawała mu wiele ~i** he got a lot of satisfaction from his work; **mam ~ę, że to zrobiłem** I have the satisfaction of knowing that I really did it; **czerpać z czegoś ~ę** to derive satisfaction from sth; **zrobić coś dla własnej ~i** to do sth for one's own satisfaction; **z ~ą stwierdzam, że pracownicy wykonali plan w terminie** I must say with great satisfaction that the employees did their job on time; **przysłuchiwałem się im z niekłamaną ~ą** I listened to them with immense satisfaction; **nie mogła odmówić sobie ~i obserwowania jego po-**

rażki she couldn't resist the satisfaction of observing his defeat; **nie dam mu ~i i nie przeproszę go** I won't give him the satisfaction of apologizing to him; **~a seksualna** sexual gratification [2] (zadość-uczynienie) satisfaction, reward

■ **dawać komuś ~ę** przest. to accept the challenge of a duel with sb; **zażądać od kogoś ~i** przest. to challenge sb to a duel; **żądam ~i** przest. I demand the satisfaction of a gentleman

satysfakcjon|ować impf vt książk. to satisfy; **to wyjaśnienie mnie nie ~uje** I'm not satisfied by this explanation; **jego przeprosiny całkowicie mnie ~ują** I'm quite satisfied by his apology ⇒ **usatysfakcjonować**

satysfakcjonując|y [] pa → **satysfakcjonować**

[] adi. książk. [praca, wyniki] satisfying, rewarding

saun|a /'sawna/ f sauna; **wziąć ~ę** to have a sauna; **gorąco tu jak w ~ie** it is like a sauna in here

❑ **~a parowa** a. **turecka** Turkish bath; **~a sucha** a. **fińska** sauna

sauté /so'te/ adi. inv. Kulin. sauté attr.; **podano krewetki ~** sautéd prawns were served

savoir-vivre /ˌsavuar'vivr/ m sgt (G **~'u**) książk. savoir vivre; **postępować zgodnie z zasadami** a. **przestrzegać ~'u** to possess savoir vivre

sawann|a f Geog. savanna(h)

sawannow|y adi. [roślinność, zwierzęta] native to the savanna(h); [klimat, obszar, krajobraz] savanna(h) attr.

są → **być**

sącz|ek m [1] Chem. filter [2] Med. drain [3] Roln., Tech. land drain; **zakładać ~ki** to lay down land drains

❑ **~ek ilościowy** Chem. paper filter

sącz|yć impf [] vt [1] (popijać) to sip, to sip at; **~yć napój przez słomkę** to drink through a staw; **~yła wino z kieliszka** she sipped (at) her (glass of) wine ⇒ **wysączyć** [2] (wlewać) to dribble, to trickle; **~yć choremu lekarstwo do ust** to dribble a. trickle a medicine into a patient's mouth [3] (wydzielać) [drzewo, roślina] to exude [żywicę, sok]; [rana] to ooze [4] (cedzić) to filter [sok, ocet] ⇒ **przesączyć** [5] przen. (promieniować) to cast [światło, blask]; **księżyc ~y blade światło** the moon casts a pale light ⇒ **przesączyć**

[] **sączyć się** [1] (wydzielać się) [ropa, rosa] to exude, to ooze; (płynąć) [potok, woda] to trickle; **krew ~yła mu się z ust/nosa** blood was oozing from his mouth/nose [2] (przenikać) [wilgoć, światło, dym] to seep; **deszcz ~y się przez dach** the rain's coming through the roof; **z ogrodu ~y się woń bzu** the fragrance of lilacs exudes from the garden ⇒ **przesączyć się**

są|d m (G **sądu**) [1] Prawo (organ wymiaru sprawiedliwości) court (of law a. justice), law court; **sąd cywilny/karny** a civil/criminal court; **sąd pierwszej instancji** a court of first instance, a trial court US; **jawna rozprawa sądu** a trial in open court; **wyrok/orzeczenie sądu** a court sentence/verdict; **dostać wezwanie do sądu** to

receive a summons a. be summoned to appear in a. at court; **mieć sprawę w sądzie za napad** to be in court for robbery; **oddać sprawę do sądu** to take one's/a case to court, to go to court; **podać** a. **zaskarżyć kogoś do sądu za coś** Prawo to sue sb for sth; **pójść z czymś do sądu** pot. to bring sth to court; **pozwać kogoś do sądu** to take sb to court; **składać zeznanie w sądzie** to testify a. give evidence in court; **sprawa/skarga wpłynęła do sądu rejonowego** a case/complaint has come up in a. come to a district court; **stawić się w sądzie** to appear in court; **wygrać/przegrać sprawę w sądzie** to win/lose one's court case [2] Prawo (zespół sędziów) court; **posiedzenie sądu** court sitting; **skazany przez sąd obradujący za zamkniętymi drzwiami** sentenced by a court sitting in camera; **sąd obraduje** a. **odbywa posiedzenie** the court is in session; **sądowi przewodniczy sędzia X** the court was presided over by judge X; **sąd postanawia, że...** the court rules a. holds that...; **sąd wydał wyrok/oddalił powództwo** the court passed a sentence/dismissed a complaint; **Wysoki Sądzie!** Your Lordship! GB, Your Honor! US [3] Prawo (proces) trial; **skazać/ukarać kogoś bez sądu** to convict/punish sb without trial; **odprawiać** a. **odbywać sąd nad kimś za coś** to try sb for sth; **każdy ma prawo do sądu** everyone has the right to receive a fair trial [4] Prawo (siedziba) court; (budynek) courthouse, court building [5] (opinia) judgement, judgment (o kimś/czymś a. na temat kogoś/czegoś of sb/sth); **subiektywny/pochopny/opaczny sąd** a subjective/a snap/an impaired judgement; **wydać sąd o kimś/czymś** to pronounce judgement on sb/sth; **być ostrożnym w wygłaszaniu** a. **wypowiadaniu sądów** to be careful in making judgements; **wstrzymać się z wydawaniem sądów o czymś** to reserve judgement on sth; **utwierdzam się w moich sądach o tej sztuce** I'm confirmed in my judgement of the play [6] Log. proposition

❑ **sąd administracyjny** Prawo administrative court; **sąd apelacyjny** Prawo court of appeal GB, appellate court; **sąd arbitrażowy** Prawo independent body appointed to settle industrial disputes; **sąd asertoryczny** Log. assertion; **sąd asesorski** Hist., Prawo ≈ chancery court; **Sąd Boży** Hist., Relig. trial by ordeal; **sąd dla nieletnich** Prawo juvenile court, youth court GB; **sąd doraźny** Prawo summary proceedings, court of summary jurisdiction GB; **sąd grodzki** Hist., Prawo (w Polsce międzywojennej) court of first instance; (w dawnej Polsce) law court in a borough; **sąd hipotetyczny** Log. hypothetical proposition; **sąd honorowy** court of honour GB, court of chivalry GB; **sąd kapturowy** Hist., Prawo law court during the interregna in Poland; przen. (nieoficjalny, tajny) kangaroo court; **sąd koleżeński** body that arbitrates disputes within a group, staff, or organization; **sąd konieczny** Log. necessary judgement; **sąd konsystorski** Prawo, Relig. consistory (court); **Sąd Najwyższy** Prawo Supreme Court; **Sąd Ostateczny** Relig. the

Last a. Final Judgement; **sąd polowy** Prawo, Wojsk. court-martial; **sąd polubowny** (zespół) panel of arbitrators; (instytucja) court of conciliation (and arbitration); (proces, decyzja) arbitrament; **sąd powszechny** Prawo court of general jurisdiction; **sąd pracy** Prawo industrial tribunal; **sąd przysięgłych** Prawo jury; **sąd rewizyjny** Prawo ≈ court of appeal; **sąd rodzinny** Prawo Family Division GB, court of domestic relations US; family court US; **sąd skorupkowy** Hist. ostracism; **sąd wojenny** Prawo, Wojsk. court-martial; **sąd wojewódzki** Prawo voivodship court (superior court in an administrative department in Poland); **sąd wojskowy** Prawo, Wojsk. military tribunal GB, military court US

■ **ciągać** a. **włóczyć** a. **wodzić kogoś po sądach** pot., pejor. to repeatedly take sb to court; **iść pod sąd** książk. to stand trial; **oddać kogoś pod sąd** a. **stawić kogoś przed sąd** pot. to take sb to court

sądn|y adi. **~y dzień** (katastrofa) a doomsday; pot. (zamęt) madhouse przen.

❑ **Sądny Dzień** Relig. (w chrześcijaństwie) doomsday, Judgement Day, Day of Judgement; (w judaizmie) Yom Kippur, Day of Atonement

■ **do ~ego dnia** pot. till a. until doomsday pot.

sądownictw|o n sgt [1] (ogół sądów) judiciary, judicature; **~o miejskie/państwowe/federalne** the municipal/national/federal judiciary; **niezawisłość ~a** the independence of the judiciary [2] (władza sądów) judicature, the administration of justice; **prawodawstwo i ~o są od siebie niezależne** the legislature and the judicature are independent of each other

❑ **~o administracyjne** Prawo administrative judiciary; **~o konstytucyjne** Prawo constitutional judiciary; **~o kościelne** Prawo, Relig. ecclesiastical judiciary; **~o międzynarodowe** Polit., Prawo international judiciary; **~o polubowne** książk. system of conciliation and arbitration; **~o szczególne** Prawo special jurisdiction; **~o wojskowe** military jurisdiction

sądownicz|y adi. Prawo [organy, system] judicial; **podział władzy na ~ą, ustawodawczą i wykonawczą** the division of power into judicial, legislative, and executive

sądownie adv. Prawo [uznany, przyznany] legally, judicially, by a court (of law); [odpowiadać, występować, rozstrzygać] in court; **został ~ skazany/uniewinniony** he was found guilty/not guilty by a court; **był karany/nie był karany ~** he has a criminal/clean record; **jest ścigany ~ za malwersacje** he is being prosecuted for embezzlement; **będziemy dochodzić swoich praw ~** we'll go to court

sądow|y adi. Prawo [protokolant, sprawa, nakaz] court attr.; [władze, separacja, orzecznictwo, akta] judicial; **wyrok ~y** a. **orzeczenie ~e** a judicial decision; **postępowanie ~e** a legal proceedings; **proces ~y** a. **przewód ~y** a lawsuit; **domagać się ~ej rewizji wyroku** to seek judicial review of a sentence; **wystąpić na drogę ~ą** to take legal action; **koszty ~e pokrywa**

S

pozwany court costs must be paid by the defendant

są|dzić[1] *impf* **II** *vt* [1] Prawo (stawiać przed sądem) to try; **być sądzonym za zdradę/korupcję** to be tried for treason/corruption; **być sądzonym według prawa zwyczajowego/koranicznego** to be tried according to common/Koranic law; **sądzono go za morderstwo, ale został uniewinniony** he was tried for murder but acquitted [2] (osądzać) to judge *[osobę, sprawę]*; **nikt nie ma prawa jej sądzić** no one has the right to judge her; **nie powinieneś sądzić ludzi po wyglądzie/zachowaniu** you shouldn't judge other people by their appearance/behaviour

III sądzić się pot. (procesować się) to flight it out in court; **sądzić się z kimś o coś** to sue sb for sth

■ **jest mu/jej to sądzone** książk. he's/she's destined for it; (negatywnie) he's/she's doomed to it; **takie życie było mu sądzone** he was destined for such a life; **jemu sądzona jest śmierć** he is doomed to die; **nie sądźcie, abyście nie byli sądzeni** judge not, that ye be not judged

są|dzić[2] *impf vi* [1] (uważać) to think; **sądzę/sądzimy, że masz rację** I/we think you are right; **nie sądzę, by to się mogło udać** I don't think it'll work; **„wygramy mecz" – „nie sądzę"** 'we'll win the match' – 'I don't think so'; **sądzić o kimś/czymś** to think about sb/sth; **co sądzisz/pani sądzi o tej wystawie?** what do you think a. what is your opinion about the exhibition?; **nie wiem, co o nim sądzić** I don't know what to think about him; **co sądzę o polityce rządu? ja nic nie sądzę** what do I think about the government policy? I don't have an opinion; **powszechnie sądzi się, że...** it is commonly believed that... [2] (wnioskować) to judge; **sądząc z tego** a. **po tym, co mówił/jak się zachowywał** judging from what he said/how he behaved; **sądząc z jego opisu/listów** judging by a. from his description/letters

sąsi|ad *m* [1] (osoba) neighbour GB, neighbor US; **nasi ~edzi zza ściany/z góry** our next-door/upstairs neighbours; **są ~adami z jednego domu/piętra** they live in the same building/on the same floor [2] (państwo) neighbour GB, neighbor US; **nasz wschodni ~ad** our eastern neighbour

sąsiad|ka *f* (osoba znajdująca się obok) neighbour GB, neighbor US; **moja ~ka zza ściany** my next-door neighbour; **to nasza ~ka z piętra** she lives on the same floor as us

sąsiad|ować *impf vi* [1] (mieszkać obok) *[osoba, rodzina]* to live next door (**z kimś** to sb); **~ujemy ze sobą** we are next-door neighbours [2] (siedzieć obok) to sit next (**z kimś** to sb) [3] (graniczyć) *[państwo, wieś, szkoła]* to neighbour GB, to neighbor US (**z czymś** sth a. on sth); *[kraj, region, teren]* to border (**z czymś** sth a. on sth); to be adjacent (**z czymś** to sth); **dom ~ował z sadem** the house bordered (on) an orchard; **łąki/lasy ~ujące z rzeką** meadows/woodland adjacent to a. bordering (on) a river; **~ujące ze sobą państwa** neighbouring

countries; **które kraje ~ują z Francją?** which countries border France? [4] (upodabniać się) to border (**z czymś** on sth)

sąsiedni *adi. [kraj, wyspa, stolik]* neighbouring GB, neighboring US; *[teren, część]* adjacent; **zajmuję ~ pokój** I'm staying next door a. in the next-door room; **~e pokoje mają wspólny balkon** adjacent rooms share a balcony

sąsiedz|ki *adi. [pomoc, przysługa, wizyta]* neighbourly GB, neighborly US; **spory ~kie** feud among neighbours; **mieszkamy po ~ku** (obok siebie) we live next door to each other; (zgodnie) we are good neighbours; **pomagali sobie po ~ku** they offered each other neighbourly help

sąsiedztw|o *n sgt* [1] (bliskość) proximity, neighbourhood GB, neighborhood US; **drażni mnie ~o lotniska/szkoły** I find the proximity a. neighbourhood of an airport/a school irritating; **nikt z ~a nie wezwał policji** nobody in the neighbourhood called the police; **~o teściów bywa uciążliwe** it can be a nuisance having in-laws as neighbours [2] (osoby mieszkające obok) neighbours *pl* GB, neighbors *pl* US; (przy stole, w kinie, w samolocie) company; **nasze najbliższe ~o to bezdzietne małżeństwa** our next-door neighbours are childless couples; **miałaś dobre ~o w przedziale/podczas lotu?** did you have good company in your compartment/on the flight? [3] (otoczenie) neighbourhood GB, neighborhood US, vicinity; **domy w najbliższym ~ie stadionu piłkarskiego** houses in the immediate vicinity of a football stadium

sąż|eń *m* Hist., Miary (ok. 170 cm) ≈ fathom

sążni|sty *adi. [list, podanie, artykuł]* lengthy

sążniście *adv.* [1] *[rozpisać się, relacjonować]* at (great) length [2] (bardzo) *[wiosłować, pchnąć]* powerfully; **zmęczyć** a. **zmachać się** ~ pot. to become bone-weary a. bone-tired; **napracować** a. **narobić się** ~ to have done more than one's fair share of work

SB (= Służba Bezpieczeństwa) *f, n* Hist. *the secret police in communist Poland*

scalać *impf* → **scalić**

scal|ić *pf* — **scal|ać** *impf* **II** *vt* [1] (połączyć) to merge *[części organizacji, firmy, procesy, kultury]*; to blend (together) *[okruchy złota, plastiku]*; to blend *[style, ideologie, gatunki]*; to combine *[grupy, utwory]*; to join *[majątki, grunty, działki]*; to consolidate *[konta bankowe, pakiety akcji]* [2] (zjednoczyć) to unite *[państwo, zespół, wspólnotę]*

III scalić się — scalać się [1] (połączyć się) *[kultury, firmy, programy, siły, zadania]* to merge (**z czymś** with sth); *[okruchy metalu, plastiku]* to blend (together) [2] (zjednoczyć się) *[społeczność]* to unite

❑ **układ** a. **obwód ~ony** Elektr. integrated circuit

sced|ować *pf vt* książk. to cede *[majątek, władzę]* (**na kogoś** to sb); to assign *[prawa, odpowiedzialność, zyski]* (**na kogoś** to sb); **~ował dom na wnuka** he transferred a. assigned his house to his grandson ⇒ **cedować**

scement|ować *pf* **II** *vt* [1] Budow. (spoić cementem) to cement, to fix with cement *[cembrowiny, płyty]* ⇒ **cementować** [2] przen.

(umocnić) to cement przen. *[przyjaźń, związek]* ⇒ **cementować**

III scementować się *[grupa, zespół]* to consolidate; *[związek, znajomość]* to cement ⇒ **cementować się**

scen|a *f* [1] Teatr (podium) stage; **dekoracja** a. **wystrój ~y** stage scenery; **oświetlenie ~y** the lights on stage; **grać na ~ie** to act on stage; **wyjść na ~ę** to go a. step on stage; **wystawić sztukę na ~ie** to stage a play, to put a play on the stage; **stać z lewej strony/z tyłu/po środku ~y** to stand left stage/upstage/centre stage; **zza ~y dobiegają hałasy** there are noises offstage [2] Teatr (działalność teatralna) the stage, the theatre GB, the theater US; (konkretny teatr) theatre GB, theater US; **~a dramatyczna/komediowa** a drama/comedy theatre; **~a operowa** an opera house; **repertuar ~ warszawskich** the repertoire of Warsaw theatres; **od dzieciństwa pociągała go ~a** he'd been stage-struck since childhood; **zrobić karierę na ~ie** to have a successful stage career [3] Literat., Teatr (część aktu) scene; **akt II, ~a 3** Act Two, Scene Three; **~a zbiorowa/finałowa** a crowd/drop scene [4] Kino, Literat., Szt. (epizod) scene; **~y batalistyczne/miłosne/erotyczne** battle/love/sex scenes; **~y z życia zwierząt/dużego miasta** scenes from animal/urban life; **najlepsze ~y z jego ostatniego filmu** the best scenes from his latest film; **ryciny/rzeźby przedstawiają ~y biblijne/mitologiczne/rodzajowe** prints/sculptures depict biblical/mythological/genre scenes [5] książk. (widok) scene; **~a pożegnania/rozstania** a farewell/parting scene; **zabawna/tragiczna/wzruszająca ~a** a funny/a tragic/an emotional scene; **gwałtowne ~y uliczne** scenes of violence in the streets; **cóż za czuła ~a** what a display of tenderness [6] pot. (scysja) fuss U, scene; **~a małżeńska/rodzinna** a marital/domestic dispute; **robić** a. **urządzać ~y** to make a scene [7] książk. (miejsce wydarzeń) scene; **na ~ie międzynarodowej/politycznej** on the international/political scene, in the international/political arena

❑ **~a obrotowa** Teatr, Techn. revolving stage; **~a otwarta** Teatr open stage; **~a pudełkowa** Teatr box stage; **~a szufladowa** Teatr sliding stage

■ **dantejskie ~y** (okrutne) scenes of atrocity; (obrazujące zamęt) scenes of uproar a. confusion; **zdjąć sztukę ze ~y** Teatr to no longer perform a play; **zejść ze ~y** Teatr *[aktor]* to leave the stage; *[sztuka, przedstawienie]* to be performed no longer; (wycofać się) to leave the stage

scenariusz *m* [1] Kino, Literat., Teatr, TV (tekst) script; Kino, Teatr (opis) scenario; (tekst sztuki, libretto) book (of words); Kino (opis i tekst do filmu) screenplay; **napisać ~ do filmu** to write the screenplay for a film; **zdobyć Oskara za najlepszy ~** to win an Oscar for best screenplay [2] (program) progamme GB, program US; **~ konferencji/wizyty** a programme of a conference/visit; **zgodnie ze ~em** according to schedule; **opracować ~ spotkań z wyborcami** to schedule the hustings [3] (przebieg) scenario; **~ wydarzeń politycznych/działań wojen-**

nych a scenario of political developments/ warfare; **katastroficzny ~** a worst-case a. nightmare scenario

❏ **~ komunikacyjny** Jęz. role-play

scenariuszowo adv. Kino, Teatr, TV **opracować sztukę/powieść ~** to script a play/novel

scenariuszow|y adi. Kino, Teatr, TV **twórczość ~a** (pisanie dialogów) scriptwriting; (opisywanie filmu, ujęć, dialogów) screenwriting; **~y opis filmu** a screenplay; **uwagi ~e reżysera** director's remarks about a script

scenarzy|sta m, **~stka** f Kino, Teatr, TV (autor dialogów) scriptwriter; (autor opisu filmów i dialogów) screenwriter, scenarist

sceneri|a f (GDGpl **~i**) [1] Kino, Teatr (oprawa plastyczna) setting; **sztuka/film w ~i dużego miasta** a stage play/film in a. with an urban setting [2] (tło) setting; (krajobraz) scenery U; **spotkanie w górskiej/zimowej ~i** an encounter in mountain scenery/ in a winter setting

scenicznie adv. Teatr [opracować] for the stage

sceniczność f sgt Teatr stageability

sceniczn|y adi. Teatr [rekwizyty, kariera, pseudonim] stage attr.; [przedstawienie, dzieło, technika] theatric(al); **muzyka ~a** theatre music, music for the theatre; **~a adaptacja** a. **przeróbka powieści** a dramatization of a novel; **autor ma niebywały talent ~y** the author has an amazing talent for writing dramatic scripts

❏ **sztuka ~a** stagecraft

■ **deski ~e** pot. the boards pot.

scen|ka f dem. [1] (niewielka scena) stage [2] Teatr (teatrzyk) the stage, the theatre GB, the theater US [3] Teatr (część aktu) scene [4] Literat., Szt., Teatr (epizod) scene

❏ **~ka rodzajowa** Szt., Teatr genre scene

scenograf m, **~ka** f (Npl **~owie**, **~ki**) Teatr stage designer; Kino film set designer

scenografi|a f (GDGpl **~i**) [1] (oprawa plastyczna) Kino film set; Teatr, TV stage design, theatrical a. stage scenery; (do pojedynczej sceny) stage set; **zmiana ~i w drugim akcie** a change of scenery in Act Two [2] sgt Teatr (sztuka, wykonanie) scenography [3] sgt pot. (kierunek studiów) scenography

scenograficznie adv. Teatr, Kino, TV **opracować ~ sztukę teatralną** to prepare a stage design for a play; **opracować ~ film** to design film sets

scenograficzn|y adi. [projekt, szczegóły] Kino of a film set; Teatr, TV of a stage design; **realizacja ~a sztuk Becketta** the stage design to Beckett's plays

scenopis m (G **~u**) Kino shooting script

scenopisars|ki adi. Literat., Teatr [twórczość, sztuka] dramatic; [arcydzieło] of playwriting; [kunszt, debiut] in playwriting

scenopisarstw|o n sgt [1] Literat., Teatr playwriting [2] Kino writing screenplays

scentraliz|ować pf vt książk. to centralize [państwo, kontrolę, zarządzanie]

scentr|ować pf [1] vt [1] (skrzywić) to decentre GB, to decenter US [koło] [2] Sport (dośrodkować) to centre GB, to center US [piłkę] [3] Techn. to centre GB, to center US [mikroskop, wiertło]

[1] **scentrować się** pot. [koło rowerowe] to become decentred a. decentered US

sceptycyzm m sgt (G **~u**) [1] książk. (powątpiewanie) scepticism GB, skepticism US; **ze ~em przyjął moje uwagi** he took my comments with a dose of scepticism [2] Filoz. scepticism GB, skepticism US; **~ aksjologiczny/metodologiczny** axiological/methodological scepticism

sceptycz|ka f książk. sceptic GB, skeptic US

sceptycznie adv. grad. książk. [oceniać] sceptically, skeptically US; **odnoszę się do tego ~** I'm sceptical about it

sceptyczn|y adi. książk. [1] (powątpiewający, krytyczny) sceptical GB, skeptical US; **był ~y w ocenie sytuacji** he was sceptical about the situation [2] Filoz. sceptical GB, skeptical US

scepty|k m [1] książk. sceptic GB, skeptic US; **nie bądź ~kiem, tym razem się uda** don't be such a sceptic, this time it will work out [2] Filoz. sceptic GB, skeptic US; **szkoła ~ków** the school of scepticism

schab [1] m (**~ik** dem.) (G **~u**) Kulin. (mięso) loin of pork; **~ karkowy** neck of pork; **~ na kotlety** pork chops; **~ na pieczeń** a joint of pork; **na obiad mieliśmy pieczony ~** a. **pieczeń ze ~u** we had roast loin of pork for dinner

[1] **schaby** plt pot., żart. love handles pot.

schaboszczak m augm. pot., Kulin. pork chop; **porcja ~a z kapustą** a dish of pork chop with cabbage

schabow|y Kulin. [1] adi. [pieczeń, rolada] pork attr.; **w kuchni pachniało pieczenią ~ą** the kitchen smelt of roast pork

[1] m pot. (kotlet) pork chop; **zamówił dwa ~e** he ordered two pork cutlets

schadz|ka f książk. tryst book.

schamia|ły adi. pot., pejor. [osoba] boorish, loutish

schami|eć pf (**~eję**, **~ał**, **~eli**) vi pot., pejor. to become boorish a. loutish; **w tym towarzystwie ~ejesz do reszty** mixing with these people you'll become a total boor a. lout

scharakteryz|ować pf [1] vt książk. to characterize [osobę, styl, wygląd]

[1] **scharakteryzować się** książk. to characterize oneself; **potrafił trafnie się ~ować** he was able to characterize himself accurately

sche|da f książk. [1] (dziedziczony spadek) inheritance (**po kimś** from sb); legacy (**po kimś** left by sb); **otrzymać ~dę** to come into one's inheritance; **roztrwoniła swoją/jego ~dę** she frittered away a. wasted her/his inheritance [2] (następstwo) inheritance, legacy [3] sgt (duchowe dziedzictwo) heritage; **~da literacka/kulturalna** literary/cultural heritage [4] żart. (pamiątka) keepsake, reminder [5] przen., iron. (pozostałość) legacy; **~dą po zwolnionym szefie były długi** the former boss left nothing but debts

schema|t m (G **~tu**) [1] (uproszczony szkic) diagram; (ogólny plan) outline; schema spec.; **~t filmu/spektaklu** an outline of a film/ performance; **~t przebiegu produkcji** a diagram a. an outline of a production process; **narysować ~t maszyny/budynku** to draw a diagram of a machine/ building [2] pejor. (wzorzec) pattern; formula pejor.; **operować oklepanymi ~tami** to

use clichés; **trzymać się ~tu** to follow a pattern; **powielać ~ty** to reproduce patterns; **powielała ~ty zachowań swojej matki** she inherited her mother's behavioural patterns

❏ **~t ideowy** Techn. schematic diagram; schematic spec.; **~ty myślowe** książk. patterns of thought

schematycznie adv. [1] [przedstawić, pokazać] (ogólnie) schematically; (w postaci szkicu) diagrammatically, in diagrammatic form [2] pejor. (szablonowo) [działać, myśleć, postępować] conventionally; schematically pejor.

schematyczność f sgt książk. [1] (prostota) schematic character; (forma przedstawienia) diagrammatic form [2] pejor. (szablonowość) conventionality; schematic character pejor.

schematyczn|y adi. [1] [rysunek, przedstawienie] (uproszczony) schematic; (w formie szkicu) diagrammatic, schematic [2] pejor. (szablonowy) [działanie, myślenie, interpretacja] conventional; schematic pejor., formulaic pejor.; **~y sposób myślenia** conventional thinking; **powieść o ~ej fabule** a novel with a schematic plot

schematyzm m sgt (G **~u**) książk., pejor. schematism

scherzo /ˈskertso/ n Muz. scherzo

schizm|a f zw. sg [1] Relig. schism [2] książk. (rozłam) schism, scission; **ideologiczna/ doktrynalna ~a w partii** an ideological/ doctrinal schism in a party

❏ **~a wschodnia** Relig. the Great Schism (of 1054); **~a zachodnia** Relig. the Great Schism (of the Western Church)

schizmatyc|ki adi. [1] Relig. [podział, kościół] schismatic; schismatical rzad. [2] książk. [skłonności, poglądy] schismatic

schizmaty|k m [1] Relig. schismatic [2] książk. (odstępca) schismatic

schizofreni|a f /sxizoˈfrɛɲja/ f sgt (GD **~i**) [1] Med., Psych. schizophrenia; dementia praecox przest.; **stwierdzono u niej ~ę** she was diagnosed as (a) schizophrenic [2] (niespójność) schizophrenia; **~a poglądów** ≈ doublethink

schizofrenicznie adv. Med. [zaburzony, zniekształcony] due to schizophrenia

schizofreniczn|y adi. [1] Med. [zaburzenia, urojenia] schizophrenic [2] (niespójny) [sytuacja, koncepcja, pomysł] schizophrenic

schizofreni|k m, **~czka** f Med., Psych. schizophrenic; **jego syn był ~kiem** his son was (a) schizophrenic

schl|ać się pf (**~eję się**) v refl. pot., pejor. to get plastered a. pie-eyed pot.; **~ał się do nieprzytomności** a. **w trupa** he drank himself into a stupor; he got pissed out of his mind pot.; **~ał się jak bela** a. **świnia** he got blotto a. blind drunk pot.

schlan|y adi. pot., pejor. plastered pot., pie-eyed pot.; **przyszedł ~y do pracy** he came to work plastered

schla|stać pf (**~szczę**) [1] vt pot. [1] (zbić) to lash, to thrash; **~stał konia batem/kijem** he lashed a. thrashed a horse with a whip/ stick; **~stał dziecko po plecach** he thrashed a child across the back ⇒ **chlastać** [2] (przeciąć) to slash; **~stali mu oponę w aucie** they slashed a tyre on his car [3] (zachlapać) to spatter; (zmoczyć) to splash; **ciężarówka ~stała mi cały płaszcz**

błotem a passing lorry spattered mud all over my coat a. my coat with mud; **~stał nas wodą** he splashed us with water ▣ (skrytkować) to run down; to trash pot.; **~stano jej powieść** her novel was trashed a. run down ▣ (usunąć fragmenty) to cut *[tekst, powieść, sztukę]*; **cenzura tak mu ~stała film, że nie ma czego oglądać** the censor has cut the film so much a. so much of the film that it's hardly worth seeing

III schlastać się pot. ▣ (zbić jeden drugiego) to lash each other, to thrash each other; **podczas kłótni ~stali się po twarzy** during an argument they beat each other about the face ⇒ **chlastać się** ▣ (ochlapać jeden drugiego) to splash each other

schlebia|ć *impf vi* ▣ pejor. (nadskakiwać) to adulate *vt* (**komuś** sb); to flatter *vt* (**komuś/czemuś** sb/sth) *[szefowi, czyjejś próżności, ambicji]*; to pander pejor. (**czemuś** to sth) *[oczekiwaniom, gustom, poglądom]*; **~ł dyrektorowi/jego zarozumialstwu licząc na podwyżkę** he flattered the manager/his conceitedness hoping for a rise; **brukowce ~jące prymitywnym/przeciętnym gustom** tabloids pandering to primitive/popular taste; **~ć modzie** to be a fashion victim; **~ć modom** to slavishly follow fads ▣ (sprawiać przyjemność) *[pochwały, zainteresowanie, opinia]* to flatter *vt*; **~ła jej znajomość z ministrem/uwaga mediów** she was a. felt flattered by her acquaintance with a minister/by media attention

schludnie *adv.* grad. książk. *[ubierać się, ubrany]* sprucely, neatly; *[wyglądać]* spruce *adi.*, neat *adi.*; **w kuchni było bardzo ~** the kitchen was a. looked very spruce

schludnoś|ć *f sgt* książk. spruceness, neatness

schludn|y *adi.* grad. książk. *[osoba, wygląd, pomieszczenie]* spruce, tidy, neat; **czy dziewczynki są ~iejsze od chłopców?** are girls neater a. tidier than boys?

schładzać *impf* → **schłodzić**

schł|odzić *pf* — **schł|adzać** *impf vt* ▣ (ochłodzić) to cool *[zupę, makaron, jajko]*; (w lodówce) to chill *[wino]* ▣ Techn. to cool (down) *[metal, wodę, reaktor atomowy]*

schłopia|ły *adi.* (prostacki) ≈ peasant-like; hick US

schłopi|eć *pf* (**~eję, ~ał, ~eli**) *vi* to become a rustic a. a peasant pejor.

s|chnąć *impf* (**schnęła a. schła, schnął a. sechł**) *vi* ▣ (suszyć się) *[włosy, pranie, glina, chleb]* to dry; **zioła/grzyby nie powinny schnąć na słońcu** herbs/mushrooms shouldn't (be left to) dry in the sun; **schnie mi/mu w gardle** a. **ustach** my/his mouth is becoming dry ⇒ **wyschnąć** ▣ (więdnąć) *[kwiaty, rośliny]* to wither ⇒ **uschnąć** ▣ pot. (chudnąć) to waste away; **schła na starość** she became wizened in (her) old age ⇒ **wyschnąć** ▣ przen. (cierpieć) to pine away; **schnąć z miłości/żalu** to pine away from love/grief książk.; **schnąć z zazdrości/zawiści** to be green with jealousy/envy

schod|ek ▣ *m* step, stair; **pierwszy/najwyższy/dolny ~ek** the first/top/bottom step a. stair

III schodki *plt dem.* (w budynku) stairs; (na zewnątrz) steps; **obrośnięte mchem ~ki do altany** moss-covered steps to an arbour; **~ki prowadzące do piwnicy** steps a. stairs leading to the cellar; **wejść/zejść ~kami** a. **po ~kach** to come a. go up/down the stairs a. steps, to ascend/descend the stairs a. steps

❏ **~ki sztormowe** Żegl. Jacob's ladder

schodkowo *adv.* *[wznosić się]* stepwise, gradually; *[ułożyć]* in steps

schodkow|y *adi.* *[wzrost, zmiana]* stepwise, gradual; *[konstrukcja, występy]* steplike; **~a piramida** a step pyramid

schodow|y *adi.* **klatka ~a** a stairwell

schod|y *plt* (*G* **~ów**) ▣ (szereg stopni) (wewnątrz budynku) staircase *U*, stairway *U*; (na zewnątrz) steps; **strome/wąskie ~y** a steep/narrow stairway a. staircase; **~y prowadzące na piętro** a stairway a. staircase leading upstairs; **wchodzić/schodzić ~ami** a. **po ~ach** to come a. go up/down the stairs a. steps, to ascend/descend the stairs a. steps; **wszedłeś po ~ach, czy wjechałeś windą?** did you walk upstairs, or did you take a lift? ▣ (klatka schodowa) stairwell ▣ Lotn. (szyk samolotów) echelon

❏ **~y ewakuacyjne** (na zewnątrz budynku) fire escape; (wewnątrz budynku) emergency stairway; **~y frontowe** front stairs; **~y kręcone** spiral a. winding staircase; **~y kuchenne** backstairs; **~y ruchome** escalator

■ **spuścić** a. **zrzucić kogoś ze ~ów** pot. to kick sb down the stairs; (**żarty się skończyły,) zaczęły się ~y** pot. (that was the easy part,) now the hard part begins

scho|dzić¹ *impf* ▣ *vi* ▣ (iść w dół) to descend; **~dzić po schodach** a. **ze schodów** to descend a staircase, to walk down the stairs; **~dzili z przełęczy w dolinę** they were descending from a col into a valley; **~dzenie w dół bardziej męczy niż podchodzenie** walking downhill is more tiring than going up ⇒ **zejść** ▣ (opuszczać miejsce) **~dzić z roweru/motocykla/konia** to dismount from a bicycle/motorcycle/horse; **~dzić z drogi** a. **na bok** to get out of the way; **uważaj przy ~dzeniu z chodnika na jezdnię** be careful while stepping from the pavement onto the street; **skóra ~dzi mi z nosa** (the skin on) my nose is peeling; **plamy z czerwonego wina ciężko ~dzą** red wine stains are especially stubborn a. hard to remove ⇒ **zejść** ▣ przen. (produkować) **samochody/telewizory ~dzące z taśmy produkcyjnej** cars/TV sets leaving the production line ⇒ **zejść** ▣ Lotn., Mors. (obniżać się) *[samolot]* to descend; *[łódź podwodna]* to dive; **samolot ~dzi do lądowania** an aircraft is descending (to land) ⇒ **zejść** ▣ (zmniejszać się) *[temperatura, wskaźniki, poziom]* to drop; **inflacja ~dzi poniżej 5%** inflation drops below 5% ⇒ **zejść** ▣ (mijać) *[czas, ranek, życie]* to pass; **czas ~dził szybko** time was passing quickly; **popołudnia ~dzą mu na nauce/grze w tenisa** he passes the afternoons studying/playing tennis ⇒ **zejść** ▣ (prowadzić w dół) *[droga, schody, zbocze, trasa]* to descend; **wydma/promenada ~dząca na plażę** a dune/promenade descending onto a beach; **ścieżka ~dzi (stromym zboczem) do źródła** a footpath descends (a steep slope) to a spring ▣ (zmieniać się) *[rozmowa, dyskusja, opowieść]* to veer; **~dzić z tematu** to veer away from a subject ⇒ **zejść** ▣ pot. (sprzedawać się) *[towary]* to sell ⇒ **zejść**

III schodzić się ▣ (gromadzić się) *[ludzie, grupy]* to gather ⇒ **zejść się** ▣ (łączyć się) *[ścieżki, linie, trasy]* to come together, to meet; **drogi ~dzą się w dolinie** the roads come together a. meet in the valley ▣ (występować jednocześnie) *[wydarzenia, daty]* to coincide, to concur (**z czymś** with sth); **jej urodziny ~dzą się w tym roku z Wielkanocą** her birthday coincides with Easter this year ⇒ **zejść się** ▣ (godzić się) to make up; **rozstawali się i ~dzili dwa razy** they've split up and made up twice so far ⇒ **zejść się**

scho|dzić² *pf* ▣ *vt* ▣ (wielokrotnie przejść) to walk *[ulicę, trasę, świat]*; **~dziła okolicę w poszukiwaniu sklepu** she walked around the whole neighbourhood in search of a shop ▣ (zniszczyć) to wear out *[buty]*

III schodzić się pot. to walk one's legs off pot.; **tyle się ~dziłem, a nic nie załatwiłem** I've walked so much and got nothing done

scholastycznie *adv.* Filoz. scholastically

scholastyczn|y *adi.* ▣ Filoz. *[teologia, logika]* scholastic ▣ książk., pejor. *[argumentowanie, dociekanie]* scholastic

scholasty|k *m* ▣ Filoz. scholastic, schoolman ▣ Hist., Relig. schoolman

scholasty|ka *f sgt* Filoz. scholasticism

schorowan|y *adi.* *[osoba]* ailing; *[organ, kończyny]* diseased; *[twarz]* sick; **wygląda na ~ą** she looks sickly

schorza|ły *adi.* książk. *[serce, ręce]* diseased

schorze|nie *n* ▣ Med. (dolegliwość) disease, condition; **~nia alergiczne/reumatyczne** allergic/rheumatic conditions; **~nie serca wymagające hospitalizacji** a heart condition requiring hospitalization; **cierpieć na ~nia nerek/wątroby** to suffer from kidney/liver diseases a. disorders ▣ zw. pl książk., przen. deficiency, inadequacy, ill zw. pl; **~nia systemu podatkowego** deficiencies of the tax system; **~nia wymiaru sprawiedliwości** inadequacies of the system of justice

❏ **~nia organiczne** Med. organic diseases

schowa|ć *pf* ▣ *vt* ▣ (umieścić, włożyć) to put *[sth]* (away), to put (away); **~ć chustkę do kieszeni** to put a handkerchief in one's pocket; **przed wyjściem ~j wszystkie zabawki** put all the toys away before you go; **~ć coś na pamiątkę** to keep sth as a memento; **~ć miecz do pochwy** to sheathe one's sword ⇒ **chować** ▣ (ukryć) to conceal, to hide *[sth]* (away), to hide (away); **~ć narkotyki w podwieszanym suficie** to conceal drugs in a false ceiling; **~ć cukierki przed dziećmi** to hide the sweets from the children; **co tam ~łeś w tej szufladzie?** what have you got hidden (away) in that drawer?; **~ć zbiegłego więźnia w stodole** to hide an escaped prisoner in the barn ⇒ **chować** ▣ (wciągnąć) to draw a. pull in, to draw a. pull *[sth]* in *[czułki, macki]*; to sheathe *[pazury]*; to retract *[podwozie]* ⇒ **chować** ▣ (odłożyć na później) to put *[sth]* aside, to put aside, to

S

store [sth] away, to store away; **~ć chleb na drogę/na jutro** to put aside some bread for the journey/for tomorrow ⇒ **chować** 5 (zasłonić) to bury; **~ć głowę pod poduszkę** to bury one's head under a pillow; **~ła twarz w dłoniach/w poduszkę** she buried her face in her hands/ in the pillow; **~ł ręce do kieszeni** he hid his hands in his pockets ⇒ **chować**
II schować się 1 (zniknąć) to disappear, to hide (oneself); [księżyc, słońce] to hide; **pociąg ~ł się w tunelu** the train disappeared into the tunnel; **skoro tylko słońce się ~ło, ważki zniknęły w trzcinach** as soon as the sun went down, the dragonflies disappeared into the reeds; **księżyc ~ł się za chmury** the moon hid itself behind the clouds ⇒ **chować się** 2 (schronić się) to hide out, to hole up; **~ć się przed policją** to hide from the police; **~ć się pod drzewem/przed burzą** to find shelter under a tree/from the storm ⇒ **chować się** 3 (wsunąć się) to retract; **czy podwozie się ~ło?** did the landing gear retract? ⇒ **chować się**
■ **~j się ze swoimi radami/pomysłami** pot. keep your advice/ideas to yourself; **inne ogrody przy twoim mogą się ~ć** pot. your garden puts others to shame
schowan|ko n dem. pot., pieszcz. (kryjówka) hiding place
schowan|y 1 pp → **schować**
II adi. (ukryty) concealed, hidden; **oczy ~e za ciemnymi okularami** eyes hidden behind dark glasses
schow|ek m 1 (kryjówka) hiding place; **musieli znaleźć jakiś ~ek na ukradzione pieniądze** they had to find a hiding place for the stolen money 2 (pomieszczenie) cubbyhole, storeroom; (na przybory do sprzątania) broom cupboard 3 (pojemnik na bagaż) locker; (w samochodzie) glovebox, glove compartment; (w samolocie) overhead locker 4 Komput. (część pamięci operacyjnej) clipboard
schron m (G **~u**) Wojsk. 1 (fortyfikacja wojskowa) bunker; (dla okrętów podwodnych) submarine pen; **~ amunicyjny/bojowy/ obserwacyjny** an ammunition/a combat/ an observation bunker 2 (dla ludności cywilnej) shelter; **~ przeciwatomowy/przeciwbombowy/przeciwlotniczy** a nuclear/a bomb/an air-raid shelter; **~ podziemny** an underground shelter; **~ przeciwsztormowy** a storm cellar
schro|nić pf 1 vt książk. (schować, ukryć) to shelter (**kogoś przed kimś/czymś** sb from sb/sth)
II schronić się książk. to shelter, to take cover a. shelter; **~nić się przed deszczem pod drzewo** a. **drzewem** to take cover a. shelter from the rain under a tree; **~nić się w dżungli/górach/lesie** to take to the jungle/hills/forest; **~nił się przed światem w starym opactwie** he took refuge from the world in an old abbey ⇒ **chronić się**
■ **mieć/nie mieć gdzie głowy ~nić** książk. to have a place/no place to lay one's head
schronie|nie 1 sv → **schronić**
II n książk. refuge, (a place of) sanctuary, shelter; **szukać ~nia przed prześladowcami** to seek refuge from one's persecutors;

znaleźć ~nie u przyjaciółki to find shelter at a friend's place; **udzielić ~nia zbiegłemu więźniowi** to give shelter to a. to shelter an escaped prisoner
schronisk|o n 1 Turyst. hostel; **~o górskie/ młodzieżowe** a mountain/youth hostel 2 książk. (miejsce schronienia) refuge, shelter 3 (dla zwierząt) animal sanctuary, (animal) shelter; **przygarnął psa ze ~a** he took in a dog from a shelter 4 (przytułek dla chorych) hospice; (dla bezdomnych, uchodźców) hostel; (dla ofiar przemocy domowej) refuge
schroniskow|y adi. Turyst. [bufet, przewodnik, regulamin, wypożyczalnia] hostel attr.
schrup|ać pf (**~ię**) vt książk. (zjeść chrupiąc) to crunch, to munch; (zjeść z apetytem) to gobble [sth] up, to gobble up; **zatrzymała się w drodze, żeby ~ać jabłko** she stopped on her way to crunch an apple; **królik ~ał marchewkę** the rabbit munched a carrot; **„chętnie bym cię ~ał', powiedział wilk do Czerwonego Kapturka** 'I'd love to gobble you up,' said the wolf to Little Red Riding Hood ⇒ **chrupać**
schrypnię|ty 1 pa → **schrypnąć**
II adi. [osoba, śmiech, śpiew] hoarse; **mówić ~tym głosem** to croak; **zaczął szeptać ~tym głosem** he began to whisper hoarsely
schrznia|ć impf 1 vi posp. (uciekać) to blow pot., to scram pot.; to haul ass US posp.; **a teraz ~jcie!** now scram!; **chłopaki, ~my stąd!** let's leg it, boys! wulg.
II schrzaniać się posp. (uciekać) to blow pot., to scram pot.; to haul ass US posp.
schrza|nić pf 1 vt posp. (wykonać źle) to mess [sth] up pot., to screw up a. screw [sth] up pot. [plan, projekt, przygotowania, zadanie]; **~nić robotę** to screw up a job ⇒ **chrzanić**
II schrzanić się — schrzaniać się posp. 1 (popsuć się) [komputer, maszyna] to go on the blink pot.; [pogoda] to turn foul; [jakość, warunki] to go down the tubes pot.; **coś się między nami ~niło** things have gone sour between us ⇒ **chrzanić się** 2 (spaść) to have a. take a spill; **~nił się z drabiny i skręcił nogę** he took a spill from a ladder and twisted his leg
schud|nąć pf (**~ł**) vi to slim down, to thin down US, to lose weight; **~nąć z powodu choroby** to lose weight because of an illness; **jak ~nąć 10 kg w ciągu miesiąca?** how can one lose 10 kilos in a month?; **dzięki diecie ~ł kilka kilogramów** on a diet he lost several kilos ⇒ **chudnąć**
schwał → na schwał
schwy|cić pf 1 vt książk. 1 (złapać, pochwycić) to catch, to grab, to grasp, to seize; **~cić kogoś za rękę** to grab a. grasp sb's arm a. sb by the arm; **~cić kogoś za klapy marynarki** to grab sb by his lapel(s); **~cić kogoś za ramię/nogę** to seize sb's arm/leg; **~ciła dziecko w ramiona** she caught the baby in her arms; **daremnie usiłowała ~cić linę** she futilely snatched at the rope; **~cić za szablę** to grab one's sword 2 przen. (zjawić się, owładnąć) to catch, to grip, to seize; **po drodze ~cił nas deszcz** we got caught in the rain on the way; **~cił go strach** he

was gripped with fear; **nagle ~cił go ból** he was seized with a. by a sudden pain; **mróz ~cił w nocy** there was a frost in the night; **płacz ją ~cił za gardło** she was choking with tears; **lęk ~cił ją za serce** fear gripped her heart 3 przen. (spostrzec, rozpoznać) to catch; **~cił jej zaniepokojone spojrzenie** he caught her worried glance; **nie ~cił ani słowa z ich rozmowy** he couldn't catch a word of their conversation
II schwycić się książk. 1 (dotknąć się) to clutch; **~cić się za brzuch/głowę z bólu** to clutch one's stomach/head in pain 2 (złapać się wzajemnie) to catch a. grab a. grasp a. seize hold of each other; **walczący ~cili się za bary** the fighters grappled with each other 3 (przytrzymać się) to catch a. grab a. grasp a. seize hold (**czegoś** of sth); **~cił się oburącz poręczy** he gripped the rail with both hands; **~ciła się krzesła, żeby nie upaść** she grabbed hold of the chair to keep from falling
schwy|tać pf książk. 1 vt (pojmać, złapać) to capture, to catch [ptaka, rybę, zająca]; (w siatkę lub sieć) to net; (w sidła) to snare; (w pułapkę) to trap; **~tać zbiega/więźnia** to capture a fugitive/prisoner; **~tał ich na kradzieży/paleniu papierosów** he caught them stealing/smoking; **~tać zwierzę w sidła** to catch an animal in a snare, to snare an animal; **~tać rybę na wędkę** to catch a fish with a fishing-rod
II schwytać się to be/get caught; **sarna ~tała się w sidła** a roe deer got caught in a snare
schylać impf → **schylić**
schyl|ić pf — **schyl|ać** impf 1 vt to bow, to bend; **~iła głowę** she bent a. bowed her head; **~ić gałąź jabłoni, żeby zerwać jabłko** to bow (down) a. bend down an apple branch to pick an apple; **uprzejmie ~ić głowę w ukłonie** to bow one's head politely
II schylić się — schylać się 1 (zgiąć się w pasie) to bend (down), to lean (down/over), to stoop (down); **~ić się w ukłonie** to bow; **~ił się, żeby podnieść monetę** he stooped to pick up a coin 2 (zostać pochylonym) to bend down, to lean; **gałęzie ~ają się pod ciężarem owoców** the branches are bending (down) under the weight of the fruit
schyl|ony 1 pp → **schylić**
II adi. [głowa] bent, bowed; [osoba] bent, bowed, stooping; [płot] leaning; **dziewczyna ~ona nad książką** a girl bent over a book
schył|ek m sgt (G **~ku**) książk. (koniec) (lata, roku, stulecia, wieku) close; (kariery) decline, downturn; **~ek imperium** the declining years of the empire; **lato miało się ku ~kowi** the summer was drawing to a close; **u ~ku dnia** at the close of the day; **u ~ku XIX wieku** at the close of the 19th century; **u ~ku życia** in the evening of one's life, in one's declining years
schyłkowoś|ć f sgt książk. decadence
schyłkow|y adi. książk. (dekadencki) decadent; (końcowy) final, last; **~e tendencje w literaturze** decadent tendencies in literature; **urodził się w ~ych latach**

XIX wieku he was born in the last years of the 19th century

science fiction /ˌsajens'fikʃn/ Kino, Literat. **I** adi. inv. [film, literatura, tematyka] science fiction attr.

II f inv., n science fiction

scjentyficznie adv. książk. (naukowo) [pojmować, rozumować] scientifically

scjentyficzn|y adi. książk. (naukowy) [język, myślenie, podejście, rozumowanie] scientific

scjenty|sta m Filoz. proponent of scientism

scjentystycznie adv. [1] Filoz. [pojmować, rozumować] scientistically; [brzmieć] scientistic adi. [2] książk. (naukowo) [myśleć] scientifically; [brzmieć] scientific adi.

scjentystyczn|y adi. [1] Filoz. [filozofia, myśliciel, światopogląd] scientistic [2] książk. (naukowy) [teorie, doświadczenia] scientific

scjentyzm m sgt (G ~u) [1] Filoz. scientism [2] książk. a respect for science and readiness to follow its precepts

scrabble /'skrable/ m, m inv. Gry Scrabble® **grać w ~** a. **w ~'a** to play Scrabble

scrabble'ow|y /skra'blovi/ adi. Gry [litery, plansza, zasady] Scrabble® attr.

scukrowany → scukrzony

scukrzać impf → scukrzyć

scukrz|ony II pp → scukrzyć **II** adi. [miód, dżem, konfitury] crystallized, solidified

scukrz|yć pf — **scukrz|ać** impf **II** vt to crystallize, to solidify **II** scukrzyć się — scukrzać się to crystallize, to solidify

Scyll|a f sgt Mitol. Scylla ■ **być/znaleźć się między ~ą a Charybdą** książk. to be between Scylla and Charybdis

scysj|a f (Gpl ~i) książk. (starcie, zatarg) confrontation, contretemps; (sprzeczka) altercation; **mieliśmy ~ę z nauczycielami** we had a confrontation with our teachers; **podczas zebrania doszło między nimi do ostrej ~i** a sharp altercation between them took place during the meeting

scyzoryk m clasp knife, penknife, pocket knife; **ostrzyć ołówek ~iem** to sharpen a pencil with a penknife ■ **składać się** a. **zginać się jak ~** pot. (być sprężystym) to jacknife; (być uległym, uniżonym) to bow and scrape (**przed kimś** to sb)

sczepiać impf → sczepić

sczep|ić pf — **sczep|iać** impf **II** vt (połączyć) to couple [wagony]; to fasten [sth] together, to hook together, to hook [sth] together; (spiąć) to clip [sth] together; **~ić kartki spinaczem** to fasten the pages together with a paperclip; **klucze były ~ione metalowym kółkiem** the keys were hooked together with a metal ring **II** sczepić się — sczepiać się [1] (złączyć się) to get locked together; **~ili się nartami** their skis got locked together [2] (zmagać się w walce) to be/get locked, to lock; **~ili się w walce** they were locked in combat; **zapaśnicy ~ili się ramionami** the wrestlers locked arms

sczepi|ony II pp → sczepić **II** adi. [wagony] coupled; [elementy konstrukcyjne] fastened together; [cząsteczki] hooked together; [palce, ramiona] locked together;

[dokumenty, formularze, kartki] clipped together

sczernia|ły adi. książk. [drewno, skóra] blackened, darkened; [lustro, metal] tarnished; **~ła od sadzy ściana** a wall blackened with soot; **uśmiechnął się, ukazując ~łe zęby** he smiled, showing blackened teeth; **~ła ze zmęczenia twarz** a face dark with fatigue; **skóra ~ła od opalenizny** skin darkened by the sun

sczerni|eć pf (~ał) vi książk. to blacken, to go a. turn black, to darken; [lustro, metal] to tarnish; **niebo ~ało przed burzą** the sky blackened a. darkened before the storm; **srebrne naczynia ~ały ze starości** the silver dishes have tarnished with age ⇒ czernieć

sczerstwi|eć pf (~eję, ~ał, ~eli) vi [1] (stracić świeżość) to go stale; **chleb ~ał** the bread has gone stale ⇒ czerstwieć [2] książk. [osoba, twarz] to become healthier; **~ała i odmłodniała po urlopie** she looks healthier and younger after her holiday; **rumiana ~ała cera** ruddy, healthy complexion

scze|sać pf — **scze|sywać** impf vt [1] (zgarnąć włosy) to brush, to comb; **~sać włosy do tyłu** to brush one's hair back; **zawsze ~sywała włosy na jedną stronę** she always combed her hair to one side [2] Włók. (oczyścić) to hackle [konopie, len]

sczesywać impf → sczesać

scze|zły adi. książk. (martwy, zmarniały) [nadzieja] dead, extinguished; [osoba, świat] dead; [świat, tradycja] defunct książk.; [zabytek] ruined

scze|znąć pf (~nął a. ~zł) vi książk. (przepaść, zginąć) [osoba, ojczyzna, ród, świat] to perish książk.; [marzenia, nadzieja, tradycja, uczucie] to die; **obyś ~zł w piekle!** may you rot in hell!

se → sze

seans m (G ~u) [1] Kino showing, show; **~ popołudniowy** a matinee; **~ wieczorny** an evening showing; **ostatni/pierwszy ~** the last/first showing; **w ciągu dnia są dwa ~e** there are two showings daily [2] przest. (pozowanie) sitting ❑ **~ hipnotyzerski** hypnosis session; **~ psychoanalityczny** Psych. psychoanalytical session; **~ spirytystyczny** seance

secesj|a f [1] sgt Szt. Art Nouveau; **arcydzieła/styl ~i** Art Nouveau masterpieces/style; **~a wiedeńska** the Vienna Secession [2] (Gpl ~i) książk. (odłączenie) secession; **dokonać ~i (z grupy/partii/związku)** to secede (from a group/party/union) [3] Hist. (odłączenie stanów) the Secession [4] sgt Polit. (oddzielenie się części kraju) secession; **~a plebejuszy** Hist., Polit. secessions of the plebeians

secesyjn|y adi. [1] Szt. [artysta, fasada, ornament, sztuka] Art Nouveau attr. [2] Hist. [armia, generałowie, oddziały] Secessionist; **wojna ~a** the American Civil War

secundo voto /seˌkundo'voto/ → voto

sedan m Aut. [1] (typ nadwozia) saloon a. sedan US car body [2] (samochód) saloon, sedan US; **ford w wersji ~** a ford saloon a. sedan

sedes m (G ~u) lavatory, toilet, stool US; **~ pokojowy** commode; closestool przest.; **siedzieć na ~ie** to sit on the toilet;

wrzucić coś do ~u to throw sth down the toilet

sedesow|y adi. [deska, pokrywa, rura, spłuczka] lavatory attr., toilet attr.

sedn|o n sgt książk. (główny, zasadniczy element) crux, gist; nitty-gritty pot.; **dotrzeć do ~a sprawy** to get to the bottom of the matter; **~o problemu/zagadnienia** the core of the problem/issue; **wreszcie dochodzimy do ~a sprawy** finally we come to the crux a. nub of the matter; **przejdę od razu do ~a sprawy** I'll come straight to the point; **miłość i przebaczenie są ~em jego nauki** love and forgiveness are the essence a. pith of his teachings; **walka człowieka o przetrwanie to ~o tej powieści** a man's struggle for survival is the gist of the novel ■ **trafić** a. **utrafić w (samo) ~o** książk. to hit the nail on the head; **tym stwierdzeniem utrafił w samo ~o** he really hit the nail on the head with that statement

segmencik m dem. (G ~u) (element) (little) segment, (little) unit

segmen|t m (G ~tu) [1] (wyodrębniony element) section, segment; (regału) unit; **~t rynku** a market segment [2] (komplet mebli) unit furniture [3] Budow. terrace(d) house [4] Mat. segment [5] Med. segment [6] Zool. segment

segmentacj|a f sgt [1] książk. (podział) segmentation; **~a rynku** market segmentation [2] Biol. segmentation

segmentow|y adi. [piła, ściernica] segmental; [rejestr] segment attr.; [lustro teleskopu, pomiar światła, wyświetlacz] segmented; [meble] modular, sectional US; [masaż] segmentary

segregacj|a f sgt [1] (danych, zbiorów liczb) collating; (dokumentów) filing; (poczty) pigeonholing; (książek, przesyłek, zbiorów) sorting [2] Polit. segregation; **~a rasowa/etniczna/religijna** racial/ethnic/religious segregation [3] Techn. segregation [4] Biol. segregation ❑ **~a dendrytyczna** Techn. dendritic segregation; **~a strefowa** Techn. macrosegregation

segregato|r m [1] (szafa na dokumenty) filing cabinet, file cabinet US [2] (teczka na dokumenty) (loose-leaf a. ring) binder

segreg|ować impf vt (grupować, klasyfikować, sortować) to collate [dane, zbiory liczb]; to file [dokumenty]; to pigeonhole [pocztę]; to sort [książki, przesyłki, zbiory]; **te sprawozdania są ~owane według kraju pochodzenia** we file these reports under country of origin; **~ować wiadomości w porządku chronologicznym** to sort messages in chronological order ⇒ posegregować

sejf m (G ~u) (szafa) safe; (skrzynka) strongbox; **otworzyć ~** to open a safe; **włamać się do ~u** to break into a safe; **schować/zamknąć coś w ~ie** a. **do ~u** to hide/lock sth in a safe

sejfow|y adi. [szyfr, zamek] safe attr.; **skrytka ~a** a safe-deposit box

sejm m (G ~u) [1] Polit. the Sejm, the Seym (the lower chamber of the Polish parliament); **sesja ~u** a Sejm session; **kadencja/rozwiązanie ~u** the term of office/dissolution of the Sejm; **wybierać posłów do ~u** to elect deputies to the Sejm; **zasiadać w ~ie** to have a seat in the Sejm; **~**

uchwalił ustawę budżetową the Sejm passed the budget [2] (siedziba) the Sejm (building) [3] książk., przen. (burzliwe zgromadzenie) (raucous) gathering

❏ **Sejm Czteroletni** a. **Sejm Wielki** Hist. the Four Years' Sejm (*which passed the first Polish constitution, 1788-1792*)

sejmik *m* (*G* ~**u**) [1] Polit. (władza w terenie) regional council [2] Hist., Polit. (lokalny zjazd szlachty) regional diet [3] przen. (zebranie specjalistów) convention, gathering [4] (hałaśliwe zgromadzenie) ~ **bocianów/gawronów** a gaggle of storks/rooks

sejmikow|y *adi.* [1] Admin. *[biuro, budżet, radny]* regional council *attr.* [2] Hist. *[dyskusja, obrady, uchwała]* regional diet *attr.* [3] przen. convention *attr.*; **delegat** ~**y** a delegate to the convention

sejmokracj|a *f sgt* Polit., pejor. *a political system in which the parliament is seen as having too much power*

sejmow|y *adi. [obrady, głosowanie, przemówienie, trybuna]* Sejm *attr.*, parliamentary; **ożywiona debata** ~**a** a lively debate in the Sejm

sejsmicznie *adv.* Fiz., Geol. *[aktywny, niebezpieczny, niestabilny]* seismically, seismologically

sejsmiczn|y *adi.* Fiz., Geol. *[drgania, wstrząsy]* seismic, seismical; *[badania, stacja]* seismologic, seismological

sejsmograf *m* (*G* ~**u**) [1] Fiz., Geol., Techn. seismograph [2] przen. (wskaźnik zmian nastrojów) barometer przen.

sejsmograficzn|y *adi.* Geol., Fiz., Techn. *[badania, pomiary, obserwacje, wykres, zapis]* seismographic, seismographical

sejsmolo|g *m* (*Npl* ~**gowie** a. ~**dzy**) Fiz., Geol. seismographer, seismologist

sejsmologi|a *f sgt* (*GD* ~**i**) Fiz., Geol. seismology

sejsmologiczn|y *adi.* Fiz., Geol. seismologic, seismological

sek. (= sekunda) sec.

sekato|r *m* clippers *pl*, (a pair of) secateurs *pl* GB, garden a. pruning shears *pl*; **przycinać żywopłot** ~**rem** to prune a hedge with a pair of secateurs

sekciars|ki *adi.* pejor. [1] (doktrynerski) *[poglądy, postawy]* sectarian [2] (należący do sekty religijnej) *[grupa, obrzędy, wspólnota]* sectarian, cultish

sekciarstw|o *n sgt* pejor. [1] (doktrynerstwo) sectarianism; ~**o ideowe/polityczne** ideological/political sectarianism [2] (w sferze religii) cultism, sectarianism

sekciarz *m* (*Gpl* ~**y**) pejor. [1] (doktryner) sectarian [2] (członek sekty) cultist, sectarian, sectary

sekcj|a *f* (*Gpl* ~**i**) [1] (wydział, oddział organizacji) section; (stowarzyszenia, związku) chapter; ~**a kolarska/piłkarska/lekkoatletyczna** a cycling/a football/an athletics section [2] Med. (autopsja) autopsy, post-mortem; **przeprowadzić** a. **zrobić** ~**ę** to perform a. do an autopsy a. a post-mortem [3] Techn. (element składowy) section; ~**a kadłuba statku** a section of a ship's hull [4] Wojsk. (część plutonu) section

❏ ~**a rytmiczna** Muz. rhythm section

sekcyjn|y *adi.* [1] *[budżet, obrady, wydział, zajęcia]* chapter *attr.*, section *attr.* [2] Med.

[badanie, sala] autopsy *attr.*, post-mortem *attr.*; **stół** ~**y** a slab pot. [3] Techn. *[kocioł, komora]* sectional

sekrecik *m dem.* (*G* ~**u**) książk. (little) secret

sekre|t *m* (*G* ~**tu**) [1] (tajemnica) secret; **wyjawić komuś** ~**t** to tell sb a secret; **dochować** ~**tu** to keep a secret; **dopuścić kogoś do** ~**tu** to let sb in on a secret; **nie mieć przed kimś żadnych** ~**tów** to have no secrets from sb; **chować** ~**t** to hide a secret; **robić z czegoś** ~**t** to be secretive about sth; **utrzymywać** a. **trzymać coś w** ~**cie** to keep sth secret a. under wraps; **węszyć** a. **wyczuwać** ~**t** to suspect a secret; **wyciągnąć** a. **wydobyć z kogoś** ~**t** to worm a secret out of sb; **powiedziała mi o tym w** ~**cie** she told me about it in secret; **w** ~**cie zbierał o nas informacje** he was secretly gathering information about us [2] zw. *pl* (tajniki) secret (**czegoś** of sth); ~**ty natury/ludzkiej psychiki** the mysteries of nature/the human mind; **cały** ~**t polega na odpowiednim dobraniu składników** the whole secret is a. lies in the proper selection of ingredients; **odkryć/ posiąść** ~**ty czegoś** to discover/master the secrets of sth; **w czym tkwi** ~**t szczęścia/powodzenia?** what is the secret of happiness/success?

■ **zabrał (swój)** ~**t do grobu** książk. the secret died with him

sekretaria|t *m* (*G* ~**tu**) [1] (dział administracyjny firmy, redakcji, szkoły) front office, reception (desk); (w rządzie, organizacji) secretariat; **pracować w** ~**cie** to work in the front office [2] (pomieszczenie) front office, reception desk, secretariat

sekretar|ka *f* secretary; (osobista) personal assistant, private secretary; **kurs dla** ~**ek** a secretarial course; **szkoła** ~**ek** a secretarial college

❏ **automatyczna** ~**ka** Techn. (telephone) answering machine, answerphone GB; **zostawić wiadomość na automatycznej** ~**ce** to leave a message on the answering machine

sekretars|ki *adi. [personel, praca, stanowisko, usługi]* secretarial

sekretarz [I] *m pers.* (*Gpl* ~**y**) [1] (zajmujący się korespondencją) secretary; ~ **pisarza** a writer's secretary [2] Admin. secretary; ~ **ambasady** (diplomatic) secretary; ~ **redakcji** secretary [3] (na czele organizacji) secretary; ~ **generalny ONZ** Secretary-General of the UN [4] Hist. (pisarz lub komornik królewski) secretary [5] Hist. (tytuł honorowy) secretary

[II] *m anim.* Zool. (ptak) secretary bird

❏ ~ **stanu** Polit. secretary of state, Secretary of State US

sekretarzyk *m* [1] (ozdobne biurko) escritoire, secretaire, davenport GB [2] (część regału) writing desk

sekrete|ra *f* książk. secretaire, secretary, bureau GB

sekretnie *adv.* (potajemnie, skrycie) *[donieść, knuć, planować]* in secret, secretively, secretly; (ukradkiem) *[podać, wymknąć się]* furtively, stealthily, surreptitiously

sekretn|y *adi. [dokument, przejście, wiadomość]* secret; *[działania, taktyka]* cloak-and-

dagger; *[operacje, spotkanie, ślub]* clandestine; *[spotkanie, układ]* furtive

seks [I] *m sgt* (*G* ~**u**) [1] (aktywność płciowa) sex; **uprawiać z kimś** ~ to have sex with sb; ~ **grupowy/pozamałżeński** group/extra-marital sex [2] (tematyka erotyczna) sex; **współcześnie** ~ **jest wszechobecny** in modern times sex is ever-present [3] (atrakcyjność seksualna) sex appeal; **ta dziewczyna jest pełna** ~**u** that girl has a lot of sex appeal [II] **seks-** *w wyrazach złożonych* sex; **seks-shop** sex shop

❏ ~ **oralny** oral sex; **bezpieczny** ~ safe sex

seksapil *m sgt* (*G* ~**u**) sex appeal; **mieć** ~ to have sex appeal

seksbomb|a *f* pot. sex bomb pot.

seksi|sta *m*, ~**stka** *f* książk., pejor. sexist

seksizm *m sgt* (*G* ~**u**) książk. sexism

seksownie *adv. grad. [poruszać się, ubierać się]* sexily; *[brzmieć, wyglądać]* sexy *adi.*

seksowność *f sgt* sexiness

seksown|y *adi. grad. [chłopak, dziewczyna, ruchy, bielizna]* sexy

sekstan|s, ~**t** *m* (*G* ~**su**, ~**tu**) Lotn., Żegl. sextant

seksxte|t *m* (*G* ~**tu**) Muz. [1] (zespół) sextet; **grać/śpiewać w** ~**cie** to play/sing in a sextet [2] (utwór) sextet; ~**t na fortepian i instrumenty dęte** a sextet for piano and winds

seksualizm *m sgt* (*G* ~**u**) (seksualność) sexuality; (tematyka seksualna) sex; **damski/ męski** ~ female/male sexuality; **film pełen** ~**u** film full of sex

seksualnie *adv.* sexually

seksualność *f sgt* sexuality; ~**ć człowieka** human sexuality

seksualn|y *adi.* sex *attr.*, sexual; **maniak** ~**y** a sex maniac; **przestępstwo na tle** ~**ym** a sex crime; **współżycie** ~**e** sexual intercourse; **molestowanie** ~**e** sexual harassment

seksuolo|g *m* (*Npl* ~**gowie** a. ~**dzy**) Med. sexologist, sex therapist

seksuologi|a *f sgt* (*GD* ~**i**) Med. sexology

seksuologiczn|y *adi.* Med. *[gabinet]* sexologist's, sex therapist's; *[badania, poradnictwo, wiedza]* sexological; **międzynarodowy kongres** ~**y** international congress of sexology

sek|ta *f* [1] Relig. sect; ~**ta satanistyczna** a Satan-worshipping cult; **przystąpić do** ~**ty** to join a sect, to become a member of a sect; **założyć** ~**tę** to found a sect [2] (odłam ideologiczny) sect pejor.

sekto|r *m* [1] (dzielnica miasta, kraju) sector; (część samolotu, basenu, widowni) section; (obszar oceanu, regionu) area; **miasto podzielono na** ~**ry** the city was divided into sectors [2] książk. (dziedzina) sector; ~**r państwowy/ prywatny** the public/private sector; ~**r przemysłu/rolnictwa/usług** the manufacturing/agricultural/service sector [3] Komput. sector

sekularyzacj|a *f sgt* książk. [1] Relig. (poddanie władzy świeckiej) secularization; ~**a zakonu krzyżackiego** the secularization of the Teutonic order [2] (zeświecczenie) secularization; **postępująca** ~**a sztuki** the increasing secularization of art [3] Relig. (zwolnienie ze stanu duchownego) laicization

S

sekularyz|ować *pf, impf* **[]** *vt* książk. [1] Relig. (poddać władzy świeckiej) to secularize *[majątki, prawo]* [2] (zeświecczać) to secularize, to imbue with secularism *[społeczeństwo, kulturę]* [3] Relig. (zwolnić ze stanu duchownego) to laicize *[zakonnika, księdza]*
[]] sekularyzować się książk. *[społeczeństwo, kultura, szkoła]* to become secularized

sekun|da *f* [1] (miara czasu) second; **z prędkością kilku metrów na ~dę** at a speed of several metres per second [2] (chwila) instant; second pot.; **w jednej ~dzie** a. **w kilka ~d wszystko zniknęło** everything vanished within seconds; **na ~dę zgasło światło** the light went out for an instant a. a second; **zaczekaj ~dę** wait a second a. moment; **~dę!** pot. just a second; **w tej ~dzie bierz się do roboty!** get to work this instant!; **na ułamek ~dy zawahał się** he hesitated for a split second a. for a fraction of a second; **dojrzał niebezpieczeństwo w ostatniej ~dzie** he noticed the danger in the nick of time; **podjął decyzję w ciągu ~dy** a. **w jednej ~dzie** he made an instantaneous decision; **w ~dę zjadł kanapkę/rozwiązał zagadkę** he ate the sandwich/solved the puzzle in no time at all; **ona co ~da** a. **co ~dę zmienia zdanie** she is constantly changing her mind [3] Mat. (miara kąta) (arc) second, second of arc [4] Muz. (interwał) second, supertonic
❑ **mała ~da** Muz. minor interval; **wielka ~da** Muz. major interval

sekundan|t *m* (w pojedynku, meczu bokserskim) second; (w sporze, staraniach, pracy) seconder
sekundarn|y *adi.* książk. secondary
sekund|ka, ~eczka *f dem.* pot. sec pot., jiff(y) pot.; **za ~kę jestem z powrotem** I'll be back in a jiffy; **~kę!** just a sec! pot.
sekundnik *m* [1] (wskazówka) second hand, sweep hand US [2] (tarcza) second face
sekund|ować *impf vi* [1] (pomagać) to second *vt* przest., to back up *vt* (**komuś** sb); **~owała synowi w karierze politycznej** she backed (up) her son in his political career [2] (w pojedynku) to act as second (**komuś** to sb)
sekundow|y [] *adi.* [1] *[strzałka, wskazówka]* second *attr.*; *[różnice, pomiary]* of seconds [2] Mat. *[różnica]* of arc second [3] Muz. *[interwał]* of a second
[]] -sekundowy *w wyrazach złożonych* -second *attr.*; **pięciosekundowy odstęp** a five-second interval
sekutnic|a *f* książk., pejor. shrew, termagant
sekwencj|a *f* (*Gpl* ~i) książk. [1] (następstwo) sequence, succession; **~a pór roku/dźwięków** the succession of the seasons/sounds; **odtworzyć ~ę wydarzeń** to reconstruct a sequence of events; **~a tematyczna utworu literackiego** the thematic sequence of a literary work [2] Kino (film) sequence; **połączyć batalistyczne i taneczne ~e filmu** to cross-cut battle sequences with those of dancing [3] Muz. (motyw) progression, sequence [4] Literat., Relig. (pieśń kościelna) sequence, prose
sekwencyjnie *adv.* książk. *[odtworzyć, przetwarzać]* sequentially

sekwencyjn|y *adi.* książk. *[przebieg, etap]* sequential; **~e przetwarzanie plików** Komput. sequential processing of files
sekwens *m* (*G* ~u) Gry sequence, run; **~ w pikach od króla do dziesiątki** a sequence a. run from the king to the ten of spades
sekwo|ja *f* (*Gpl* ~i) [1] Bot. (drzewo) sequoia, redwood [2] (drewno) redwood
❑ **~a wiecznie zielona** Bot. Califonia a. coast redwood
sekwojow|y *adi.* [1] Bot. *[las, szyszki]* sequoia *attr.*, redwood *attr.*; **las ~y** a redwood forest [2] *[deski, meble]* redwood *attr.*; **drewno ~e** redwood lumber
seledyn *m* (*G* ~u) celadon *U*, willow a. celadon green
seledynowo *adv.* **~ zabarwione szkło** celadon-tinted glass; **ściany pomalowane na ~** walls painted (in) celadon green; **była ubrana na ~** she wore willow-green clothes
seledynow|y *adi.* *[odcień, materiał, glazura]* celadon *attr.*, willow green *attr.*
selekcj|a *f* (*Gpl* ~i) książk. selection *U*, screening *U*; **~a zawodników do kadry narodowej** the selection of players for the national team; **dokonać ~i kandydatów do służby w policji** to screen candidates for the police service; **filmy/kandydatów poddano starannej ~i** the films/candidates were hand-picked
❑ **~a hodowlana** a. **sztuczna** Roln. artificial selection; **~a naturalna** Biol. natural selection; **~a negatywna** Biol. negative selection także przen.; **~a pozytywna** Biol. positive selection
selekcjone|r *m* [1] (do konkursu, festiwalu) qualifier [2] Sport (do drużyny, zawodów) selector [3] Myślis. culler
selekcjon|ować *impf vt* książk. to select; **~ować graczy na zawody/do drużyny** to select players for an event/a team; **~ować owoce według wielkości** to select fruits according to size ⇒ **wyselekcjonować**
selekcyjn|y *adi.* [1] książk. (kwalifikujący) *[egzamin, proces, spotkanie]* selection *attr.* [2] Roln. *[ziarno]* select; *[hodowla, ubój]* selective [3] Myślis. *[wybór]* selective; **~y odstrzał zwierzyny łownej** a cull, culling
selektywnie *adv. grad.* książk. *[myśleć, wybierać]* selectively
selektywnoś|ć *f sgt* [1] książk. (wybiórczość) selectivity, selectiveness [2] Techn. selectivity
selektywn|y *adi. grad.* książk. *[czytanie, dobór, działanie]* selective; **~a uwaga** selective attention
sele|r *m* [1] Bot. celery [2] Bot., Kulin. (korzeń) celeriac *U*, root a. knob celery *U*; (łodyga) celery *U*; **utrzyj dwa ~ry** grate two heads of celeriac; **ile potrzebujesz łodyżek ~ra?** how many celery sticks do you need? **[]] selery** *plt* pot. (brudne, zlepione włosy) rat's tails GB pot.
selerow|y *adi.* *[zupa, surówka, sok]* (z korzenia) celeriac *attr.*; (z łodyg, liści) celery *attr.*; **sól ~a** celery salt
semafo|r *m* [1] Kolej. (urządzenie) semaphore [2] Mors. (system sygnalizacji) semaphore; **sygnalizować ~rem** to semaphore
semantycznie *adv.* Jęz. semantically
semantyczn|y *adi.* Jęz. semantic

semanty|ka *f sgt* [1] Jęz., Log. semantics (+ *v sg*); **~ka tekstu** text semantics [2] książk. (sens) semantics (+ *v sg*)
semest|r *m* (*G* ~ru) Szkol., Uniw. semester; **~r zimowy/letni** an autumn/a spring semester; **zaliczyć ~r** to have earned all one's semester credits; **zajęcia z logiki mieliśmy w poprzednim ~rze** we had a course in logic (in) the previous semester
semestraln|y *adi.* Szkol., Uniw. *[praca, egzamin, przerwa]* semester *attr.*
semic|ki *adi.* [1] Hist. *[ludy, języki]* Semitic [2] (żydowski) *[rysy, pochodzenie]* Semitic, Jewish
seminari|um *n* (*Gpl* ~ów) [1] Uniw. seminar; **~a z ekonomii/literatury** economics/literature seminars; **~um magisterskie** a graduate seminar [2] (konferencja) seminar; (naukowe) colloquium [3] Szkol. (pedagogiczne, nauczycielskie) ≈ college [4] Hist., Uniw. (zakład naukowy) ≈ college
❑ **~um duchowne** Relig. seminary
seminaryjn|y *adi.* [1] Uniw. *[referat, zajęcia, tematy]* seminar *attr.* [2] Relig. **nauka ~a** seminary study; **kościół ~y** a church attached to a seminary
seminarzy|sta *m* [1] Uniw. seminar student [2] Relig. seminarist, seminarian
seminarzyst|ka *f* Uniw. seminar student
Semi|ta *m* Hist. Semite
sen *m* (*G* snu) [1] *sgt* (spanie) sleep; **głęboki/niespokojny/lekki** a. **płytki sen** a deep/a sound/fitful/light sleep; **kołysać kogoś do snu** to lull sb to sleep; **obudzić kogoś ze snu** to wake sb up; **ułożyć dzieci do snu** to put the children to bed; **mówić/krzyczeć/uśmiechać się przez sen** to talk/cry/smile in one's sleep; **zażywać tabletki na sen** to take sleeping pills; **zapadać w sen** to go to sleep; **morzy mnie sen** I am a. feel drowsy; **powoli pogrążał się we śnie** he was slowly drifting into sleep; **hałas/dzwonek telefonu wyrwał ją ze snu** she was roused from her sleep by a noise/the telephone; **sen letni** Zool. aestivation, estivation US; **niektóre płazy zapadają w krótki sen letni** some amphibians aestivate for a short period; **sen zimowy** Zool. hibernation, winter sleep; **niedźwiedź pogrążony w zimowym śnie** a hibernating bear; **czy lisy zapadają w sen zimowy?** do foxes hibernate?; **fazy snu** Med. phases of sleep [2] (marzenie senne) dream (**o kimś/czymś** about sb/sth); **zły/męczący/kolorowy/erotyczny sen** a bad/a tormenting/a technicolour/an erotic dream; **widzieć kogoś/coś we śnie** to see sb/sth in a dream; **tłumaczyć sny** to interpret dreams; **spał bez snów** his sleep was dreamless, he had a dreamless sleep; **prześladują go sny o tym, że tonie** he has a recurring dream that he's drowning; **wszystko odbyło się jak we śnie** it all happened like in a dream; **to chyba sen!** it must be a dream!; **„dobranoc, kolorowych snów!"** 'good night, sweet dreams!' [3] (marzenie) dream; **sny mojego dzieciństwa** my childhood dreams; **w najśmielszych snach nie przypuszczałem, że wygram** in my wildest dreams I never thought I'd win; **ziścił** a. **spełnił się jego sen o zdobyciu szczytu**

K2 his dream of reaching the summit of K2 has come true; **snuła sny o karierze w Paryżu** she was daydreaming about making a career in Paris

■ **jak we śnie** *[poruszać się, mówić]* (nieprzytomnie) in a dream, in a daze, as if half asleep; (w rozmarzeniu) dreamily; **po jej śmierci żył jak we śnie** after she died he lived in a daze; **jak zły sen** like a bad dream; **sen na jawie** a daydream; **snujesz sny na jawie** you are daydreaming; **być** a. **zdawać się snem** książk. to be a dream; **być pięknym jak sen** to be a dream; **dziewczyna/suknia piękna jak sen** a dream of a girl/dress; **chodzić przez sen** a. **we śnie** (o lunatyku) to sleepwalk, to walk in one's sleep; **poszedł we śnie do kuchni i odkręcił kran** he sleepwalked into the kitchen and turned on the tap; **mieć czujny sen** a. **spać czujnym snem** to sleep with one eye open; **pamiętać** a. **przypominać sobie kogoś/coś jak przez sen** to have (only) a hazy memory of sb/sth; **widzę/słyszę go jak przez sen** I have a hazy memory of his appearance/voice; **przemijać jak sen** to pass too quickly; to fleet (away) książk.; **spać snem sprawiedliwego** to sleep the sleep of the just; **spędzać** a. **odbierać komuś sen z oczu** a. **z powiek** to rob sb of their sleep; **takie drobiazgi nie spędzają mi snu z oczu** I don't lose any sleep over such trivial matters; **sen mara, Bóg wiara** przysł. you should not believe in bad dreams

senac|ki adi. Polit., Uniw. *[komisja, miejsca, poprawka]* senate attr.

sena|t m (G ~**tu**) Polit., Uniw. senate; **przedstawiciele studentów w ~cie uczelni** student representatives on a. in the university senate a. in the university governing body; **uchwała ~tu** a senate resolution; **zostać wybranym do ~tu** to be elected to the senate; **~t obraduje/zawiesza obrady** the senate is in session/adjourns; **zasiadać w ~cie** to be a member of the senate

senato|r m (Npl ~**rowie** a. ~**rzy**) Polit., Uniw. senator; **~r prawicy/republikański** a right-wing/Republican senator; **spisek rzymskich ~rów** Hist. a conspiracy of Roman senators

senators|ki adi. Polit., Uniw. *[powaga, mandat, urząd]* senatorial; **izba ~ka** the senate; **krzesło ~kie** a seat in the senate

Senegal|czyk m, ~**ka** f Senegalese

senegals|ki adi. Senegalese

senio|r m (Npl ~**rowie** a. ~**rzy**) [1] (najstarszy w rodzinie) patriarch; (starszy krewny) senior; **~r rodu** the patriarch of a family; **Scott ~r nie dorównywał bratu** Scott senior was no match for his brother [2] (nestor) doyen; (starsza osoba) senior (citizen); **~rzy sceny politycznej/telewizyjnego dziennikarstwa** doyens of the political scene/of television journalism; **był ~rem wśród pracowników/członków komisji** he was the eldest of the employees/committee members [3] Sport senior; **mistrzostwa kraju ~rów w pływaniu** a national swimming championship for seniors [4] Hist. (feudał) feudal lord, seigneur

❏ **dom ~ra** retirement home; **klub ~ra**

club for senior citizens, Darby and Joan club GB

senioraln|y adi. Hist. *[zwierzchnictwo, godność, pozycja]* seigneurial

senior|ka f [1] (w rodzinie) the eldest woman [2] (nestorka) doyenne; (starsza osoba) senior (citizen) [3] Sport senior

sennie adv. grad. [1] (śpiąco) *[ziewać, mrużyć oczy, kiwać się]* sleepily, drowsily [2] (usypiająco) *[szumieć, kołysać, przemawiać]* soporifically, somnolently; **deszcz/monotonny śpiew nastrajał mnie ~** the rain/monotonous singing had a soporific a. somnolent effect on me; **w pokoju było gorąco i ~** there was a hot and sleepy atmosphere in the room [3] (leniwie) *[snuć się, poruszać się]* torpidly, dozily

sennik m dream book

senno|ść f sgt [1] (potrzeba snu) sleepiness; (chęć spania) drowsiness, doziness; **po posiłku zawsze ogarnia go ~ć** he always becomes drowsy a. dozy after a meal; **przezwyciężyć ~ć** to overcome drowsiness [2] (ospałość) sleepiness; (spokój) somnolence, drowsiness; **~ć niedzielnego południa/małego miasteczka** the sleepiness a. somnolence of a Sunday afternoon/little town

senn|y adi. [1] *[dziecko, zwierzę]* (potrzebujący snu) sleepy; (chcący spać) drowsy, dozy; *[oczy, ruch, głos]* sleepy; **chłopczyk o ~ej buzi** a boy who looks half asleep; **~e odrętwienie** a. **~a drętwota** a torpid state; **popadł w ~e odrętwienie** he became torpid; **po obiedzie zrobił się ~y** after dinner, he became drowsy a. dozy [2] (usypiający) *[skwar, bezruch, nastrój]* sleepy, drowsy; *[głos, rytm]* soporific, somnolent [3] (przeżywany we śnie) *[majaki, wizje]* seen in a dream; **~y koszmar** a nightmare; **marzenie ~e** a dream [4] (ospały) *[wioska, przedmieścia]* sleepy, somnolent; (spokojny) *[tempo, firma]* drowsy

■ **chodzić/poruszać się/pracować jak ~a mucha** pot. to mooch (about a. around)

sens m (G ~**u**) [1] (znaczenie) meaning, sense; **dosłowny/przenośny ~** a literal/figurative meaning a. sense; **ekologia w ~ie potocznym** ecology in the accepted meaning (of the word); **dobrze pojmować** a. **rozumieć ~ wiersza/teorii** to correctly understand the meaning a. sense of a poem/theory; **wypaczyć/zatrzeć/zmienić ~ słów** to distort/obscure/change the meaning a. sense of words; **film ma niejasny/głęboki/podwójny ~** the film has an unclear a. an obscure/a deep/a double meaning; **jaki jest dosłowny ~ tego słowa?** what's the literal sense a. meaning of this word? [2] sgt (celowość, sensowność) sense, meaning; **działalność/rozmowa pozbawiona ~u** a. **bez ~u** a senseless a. pointless activity/conversation; **w tym, co mówisz, jest ~** a. **to, co mówisz, ma ~** what you say makes sense; **nie pojmuję ~u twojej decyzji** I can't see any sense in your decision; **macierzyństwo nadało jej życiu (całkowicie) nowy ~** motherhood has added a. has given (a whole) new meaning to her life; **naprawianie przestarzałych urządzeń nie ma/ma niewiele ~u** there is no/little sense in repairing

outdated devices; **co za ~ ponownie malować zupełnie czyste ściany?** what's the point of a. sense in redecorating perfectly clean walls?

■ **w pewnym ~ie** (niejako) in a way; (pod jednym względem) in one way; (do pewnego stopnia) in some ways; **w pewnym ~ie masz rację** in a way you're right; **w pewnym ~ie telewizja to strata czasu** in some ways watching television is a waste of time; **w ~ie czegoś** (pod względem) with respect to sth, as regards sth; **piękna kobieta w ~ie atrakcyjności seksualnej** a beautiful woman with respect to a. as regards her sex appeal; **różne elementy podobne do siebie tylko w ~ie koloru lub długości** various elements similar to one another only in respect of colour or length; **chłopcy są do siebie podobni w ~ie fizycznym** the boys are physically similar; **coś w tym ~ie** pot. something to that effect; **powiedział coś w tym ~ie, że powinniśmy...** he said something to the effect that we should...; **mówić z ~em** to talk sense; **nareszcie mówisz z ~em** now you're talking

sensacj|a [I] f (Gpl ~**i**) sensation; **dziennikarstwo goniące za ~ą** sensational a. yellow journalism; **gapie żądni ~i** onlookers thirsty for sensation; **jej zniknięcie wzbudziło** a. **wywołało ~ę** her disappearance caused a. created a sensation; **wiadomość miała posmak ~i** the news bordered on the sensational; **nowa kolekcja/wystawa okazała się ~ą** the new collection/exhibition turned out to be a sensation; **zrobił z tego ~ę** he made an issue of it

[II] **sensacje** plt (niedomagania) trouble; **mieć** a. **odczuwać ~e żołądkowe** to have an upset stomach a. a stomach upset

sensacyj|ka f dem. juicy sensation

sensacyjnie adv. *[przedstawiony, opisany]* sensationally; **mecz/wywiad zakończył się ~** the end of the match/interview was a sensation

sensacyjno|ść f sgt (cecha) sensational character; (nadana forma) sensationalism; **filmy/artykuły epatujące tanią ~cią** films/articles that seek to shock with cheap sensationalism

sensacyjn|y adi. [1] (rewelcyjny) *[wiadomość, odkrycie, fakty]* sensational [2] (kryminalny) **~a powieść/sztuka/~y film** a thriller; **autor powieści ~ych** a writer of thrillers; **księgarnie zarzucone ~ą tandetą** bookshops flooded with pulp fiction

sensa|t m, ~**tka** f [1] pot. sensation seeker [2] książk. (przesadnie poważny) wiseacre przest.; sobersides US

sensownie adv. grad. *[postępować, myśleć, wyjaśniać]* sensibly, reasonably; **~j będzie się nie mieszać** it'll be more sensible a. reasonable not to interfere; **zachowuj się ~ w każdej sytuacji** be sensible a. reasonable in all circumstances

sensowno|ść f sgt sense; **wyjaśnić ~ć organizowania marszu protestacyjnego** to explain the sense of organizing a protest march

sensown|y adi. grad. [1] (rozsądny) *[opinia, rozmowa, argumenty]* sensible, reasonable;

czy decyzja powrotu jest **~iejsza?** is the decision to return more sensible a. reasonable?; **to, co powiedział, było nawet ~e** what he said was actually quite sensible [2] pot. (roztropny) [osoba] sensible, reasonable; clever pot.

sensualnoś|ć f sgt książk. sensuality

sensualn|y adi. książk. [1] (odbierany zmysłami) [doznania, bodźce] sensory; [wizja, sztuka] sensuous [2] [poezja, kontakt, przyjemność] (miły dla zmysłów) sensuous; (erotyczny) sensual

sensu stricto /ˌsensuˈstrikto/ książk. sensu stricto książk.; strictly speaking; **książka nie jest biografią ~** the book is not a biography sensu stricto a. is not strictly speaking a biography

sentencj|a f (Gpl ~i) (ogólna, powszechnie znana) dictum, adage; (moralna, filozoficzna) sentence; **grecka ~a „poznaj samego siebie"** the ancient Greek adage 'know thyself'; **lubił wygłaszać mądre/filozoficzne ~e** he liked preaching wise/philosophical dicta a. dictums; **na elewacji wyryto** a. **wykuto ~ę** a motto was carved out on the wall of the building

❑ **~a wyroku** Prawo sentence

sentencjonalnie adv. [sformułowany, zapisany] in the form of a maxim a. dictum; [wypowiadać się, powiedzieć] aphoristically

sentencjonalnoś|ć f sgt (cecha) aphoristic character

sentencjonaln|y adi. [styl, mowa, wypowiedź] aphoristic; **używać ~ej mowy** to aphorize

sentymen|t m (G ~tu) [1] (sympatia) fondness, affection (**do kogoś/czegoś** for sb/sth); (przywiązanie) (sentimental) attachment (**do kogoś/czegoś** to sb/sth); **mieć ~t do kogoś/czegoś** to feel a. have a sentimental attachment to sb/sth; **czuć ~t do kogoś/czegoś** to be fond of stb/sth; **wspominać kogoś/coś z ~tem** to have fond memories of sb/sth; **opowiada o tobie/swoim mieście bez ~tu** he talks about you/his town without affection [2] zw. pl (uczuciowość) sentiment C/U, sentimentality U; **listy/wypowiedzi pozbawione ~tu** letters/statements devoid of sentiment; **w polityce nie ma ~tów** politics has no time for sentiment; **w pracy/na służbie nie będziemy się bawić w ~ty** we won't let sentiments interfere with our work/duties

sentymentali|sta m, **~stka** f sentimentalist

sentymentalizm m sgt (G ~u) [1] pejor. (ckliwość) sentimentality, sentimentalism; **popadać w ~** to become sentimental; **traktować coś z ~em** to be sentimental about sth [2] Literat., Szt. sentimentalism (of the eighteenth century)

sentymentalnie adv. grad. książk. [naiwny, napisany] sentimentally; [śpiewać, grać] in a sentimental manner; **~ kogoś/coś wspominać** to have fond memories of sb/sth; **być ~ nastrojonym** to be in a sentimental a. nostalgic mood

sentymentalnoś|ć f sgt (cecha) sentimentality, sentimentalism

sentymentaln|y adi. [osoba, utwór, nastrój] sentimental; **ten przedmiot ma dla**

mnie wielką wartość **~ą** the object is of great sentimental value to me

separacj|a f (Gpl ~i) [1] Prawo (trial) separation; judicial a. legal separation spec.; **małżonkowie/jej rodzice żyją w ~i** the couple/her parents are separated; **żyję z mężem w ~i** I have separated from my husband [2] książk. (oddzielenie) separation; (rozdział) segregation U, isolation U; **~a grup ludności** the separation a. segregation of social groups; **żył w ~i od społeczeństwa/życia towarzyskiego** he lived isolated from society/social life

separat|ka f (w szpitalu) private room; (w więzieniu) separate cell

separaty|sta m, **~stka** f Polit. separatist

separatystyczn|y adi. Polit. separatist

separatyzm m sgt (G ~u) Polit. separatism

separ|ować impf ▯ vt książk. [1] (rozdzielać) to separate (**kogoś/coś od kogoś/czegoś** sb/sth from sb/sth); **tendencja ~owania dzieci upośledzonych od ich rówieśników** a tendency to separate disabled children from their peers; **las ~uje nas od reszty wsi** the woodland separates us from the rest of the village ⇒ **odseparować** [2] (odizolowywać) to isolate (**kogoś/coś od kogoś/czegoś** sb/sth from sb/sth); **musimy ~ować agresywnych więźniów/zakaźnie chorych** we have to isolate aggressive prisoners/infected patients ⇒ **odseparować**

▯ **separować się** książk. [1] (odosabniać się) to isolate oneself (**od kogoś/czegoś** from sb/sth); **nie możesz się ~ować od reszty świata** you can't isolate yourself from the rest of the world ⇒ **odseparować się** [2] (nie utożsamiać się) to distance oneself (**od kogoś/czegoś** from sb/sth); **~ował się od wszelkiej działalności politycznej** he distanced himself from all kinds of political activity ⇒ **odseparować się**

sepi|a f (GDGpl ~i) [1] sgt (barwnik, kolor) sepia; **fotografie w kolorze ~i** sepia a. sepia-toned photographs [2] (odcień) sepia tone [3] Szt. sepia

sepiow|y adi. [zdjęcie, szkic, odcień] sepia attr., sepia-toned; **ołówek ~y** a sepia-toned crayon

sefle|nić impf vi to lisp, to speak with a lisp; **tak ~nił, że prawie nic nie rozumiałem** he lisped so badly I could hardly understand him

se|r m Kulin. cheese C/U; **krowi/owczy ser** cow's/ewe's a. sheep's milk cheese; **kozi ser** goat's milk cheese; **chudy/tłusty ser** low-fat/whole-milk a. cream cheese; **plasterek/ kawałek sera** a slice/piece of cheese; **kanapka z serem** a cheese sandwich; **duży wybór serów** a good selection of cheeses; **sery podano przed deserem czy po nim?** was a cheeseboard served before or after the dessert?

❑ **biały ser** cottage cheese, curd cheese GB, pot cheese US; **ser edamski** Edam (cheese); **ser parmezański** Parmesan cheese; **ser pleśniowy** (z białą pleśnią) soft cheese; (z ciemną pleśnią) blue cheese; **ser podpuszczkowy** rennet cheese; **ser szwajcarski** przest. hard cheese; **ser topiony** processed cheese, cheese spread; **ser trapistów** Trappiste (cheese), Port Salut; **ser**

tylżycki Tilsit (cheese); **ser wędzony** smoked chese; **żółty ser** hard cheese

seradel|a f sgt Bot. bird's-foot C, serradilla C

seraj m (G ~u) [1] Archit. (pałac sułtana) the Seraglio [2] (harem) seraglio, harem

Serb m, **~ka** f Serb, Serbian

serbs|ki adi. Serbian

serc|e n [1] Anat., Med. heart; **atak/choroba ~a** a heart attack/disease; **bicie jego ~a** the beat a. beating of his heart, his heartbeat; **operacja na otwartym ~u** open-heart surgery; **przeszczep ~a** Med. (operacja) a heart transplant; **rozrusznik** a. **stymulator ~a** Med. a pacemaker; **wrodzona wada ~a** a congenital heart defect; **mieć słabe/chore ~e** to have a weak/bad heart; **umrzeć na ~e** to die of heart failure; **on ma ~e jak dzwon** he has a healthy a. strong heart; **od lat jest chory na ~e** he's had a heart condition for years; **~e waliło mu jak młotem** his heart was thumping away like a drum [2] sgt (pierś) heart, breast; **tulić kogoś do ~a** to hug sb to one's breast; **upadł, łapiąc się za ~e** he fell pressing his hand to his heart; **złożył przysięgę, kładąc rękę na ~u** he took an oath with his hand on his heart [3] (usposobienie) heart; **człowiek wielkiego ~a** a. **o wielkim ~u** a big-hearted a. generous-hearted person; **być człowiekiem małego ~a** a. **o małym ~u** to be a faint-hearted a. pigeon-hearted person; **mieć dobre/miękkie/zimne/nieczułe ~e** to have a good/ soft/cold/hard heart; **~e jak kamień** a. **~e z kamienia** a heart of stone; **potrzeba nam gorących/ofiarnych ~** we need enthusiastic/dedicated people [4] książk. (siedlisko uczuć) heart; **sekrety jej ~a** the secrets of her innermost soul; **kochać/ nienawidzić kogoś całym ~em** a. **z całego ~a** to love/hate sb with all one's heart a. with one's whole heart; **mam ~e przepełnione radością/smutkiem** my heart brims over with joy/sadness; **napełniasz nasze ~a dumą/szczęściem** you fill our hearts with pride/happiness; **myśli, które napełniają ~a rodziców strachem** thoughts that strike fear in the hearts of parents; **on jest bliski/drogi memu ~u** he is close/dear to my heart; **ta wiadomość uraduje twoje ~e** the news will gladden your heart; **~em jestem przy was** a. **z wami** my heart goes to you a. is with you; **zjednała sobie ~e publiczności** she won the hearts of the audience; **zawsze okazywał nam ~e** he was always kind-hearted towards us [5] sgt (miłość) heart; **oddać komuś ~e** to give one's heart to sb; **zabrać** a. **skraść komuś ~e** to steal sb's heart; **zdobyć/podbić czyjeś ~e** to win/ capture sb's heart; **złamać komuś ~e** to break sb's heart [6] sgt (męstwo) heart; **wojownik o lwim ~u** a lionhearted warrior; **nawoływał towarzyszy, by nie tracili ~a** he appealed to his companions not to lose heart [7] (przedmiot, symbol) heart; **~e z piernika/czekolady** heart-shaped gingerbread/chocolate; **wisiorek w kształcie ~a** a pendant in the shape of a heart [8] (środek) heart; **w ~u dżungli/miasta** in the heart of a jungle/city [9] (w dzwonie) clapper, tongue

❑ **Serce Jezusa** Relig. the Sacred Heart; **sztuczne ~e** Med. artificial a. mechanical heart; **Ryszard Lwie Serce** Richard of the Lion's Heart

■ **do głębi ~a** *[przejąć się, wzruszyć]* deeply; **jak** a. **co ~e (komuś) dyktuje** *[mówić, pisać]* from the a. one's heart; **od ~a** *[rozmowa, wyznanie, słowa]* heart-to-heart; *[bić brawo, pomagać]* wholeheartedly; **przyjaciel/przyjaciółka od ~a** a bosom friend; **w głębi ~a** *[zazdrościć, myśleć, odczuwać]* in one's heart of hearts, deep in one's heart; **w prostocie ~a** *[wierzyć, zwierzać się]* naively; *[postępować]* artlessly; **w ~u** *[uważać, czuć]* privately; **z biciem** a. **drżeniem ~a** a. **z bijącym ~em** (z niepokojem, niepewnością) with one's heart in one's mouth; (ze wzruszeniem) with a lump in one's throat; **z bólem ~a** with an aching heart; **z ciężkim ~em** with a heavy heart; **z dobrego** a. **z dobroci ~a** *[pomagać, ofiarować]* out of the goodness of one's heart; **ze szczerego ~a** *[wspomagać, poświęcać się]* kind-heartedly; **z głębi ~a** *[uczucia, życzenia]* from the bottom of one's heart; **z lekkim ~em** (radośnie) with a light heart; (nie bacząc na konsekwencje) light-heartedly; **z otwartym ~em** *[przyjąć, witać, odnosić się]* with an open heart; **dama** a. **pani** a. **wybranka** a. **królowa czyjegoś ~a** sb's sweetheart; sb's lady-love przest.; **zdobywca** a. **pogromca** a. **pożeracz ~ a** heartbreaker; a ladykiller pot.; **brać (sobie) coś do ~a** to take sth to heart; **być bez ~a** a. **nie mieć ~a** to have no heart; **chwytać kogoś za ~e** to tug at sb's heartstrings; **czytać w czyimś ~u** to read sb's thoughts; **kamień spadł mi z ~a** that is a weight off my mind; **leży mi na ~u twoje zdrowie/szczęście** I have your health/happiness at heart; **tyle kłopotów leży mi na ~u** I have so many troubles to worry about; **mieć gołębie ~e** to be gentle at heart; **mieć ~e dla kogoś/do czegoś** to be fond of sb/sth; **mieć ~e jak głaz** a. **z kamienia, mieć kamienne ~e** to have a heart of stone; **mieć ~e na dłoni** to have one's heart in the right place; **on co ma w ~u, to w gębie** pot. a. **na języku** he is a person of candour; **mieć zajęcze ~e** to be chicken-hearted a. chicken-livered; **mieć złote ~e** to have a heart of gold; **miękko mi się robi koło ~a** my heart melts; **nie mieć ~a czegoś zrobić** to not have the heart to do sth; **nie mam ~a powiedzieć jej prawdy** I haven't (got) the heart to tell her the truth; **nie mieć ~a dla** a. **do kogoś** to dislike sb; **nie mam już dla niej ~a** I don't like her any more; **nie mieć ~a do czegoś** (nie mieć ochoty) to be lukewarm about sth; **on nie ma ~a do sportu** his heart's not in sport; **nosić** a. **chować kogoś/coś w ~u** to have sb/sth engraved upon one's heart; **otworzyć ~e komuś** a. **przed kimś** to open one's heart to sb, to pour out one's heart to sb; **pójść za głosem ~a** to follow one's heart; **idź za głosem swojego ~a** let your heart rule your head; **przypaść komuś do ~a** to take a. catch sb's fancy; **przypadł mi do ~a** I took an instant liking to him; **przypadłeś**

jej do ~a she took a shine to you pot.; **~e kraje się** a. **pęka mi na widok...** it breaks my heart to see...; **~e o mało nie pękło mu z żalu/tęsknoty** his heart almost burst with grief/longing; **~e mi krwawi** pain rends my heart; **~e staje mu w gardle** a. **podchodzi** a. **skacze mu do gardła** (z niepokoju, obawy) he has his heart in his mouth a. throat; (z podniecenia, wzruszenia) his heart leaps; **~e rosło na widok jej zdrowych dzieci** it was a joy to see her healthy kids; **~e wyrywa się mu do kogoś/czegoś** he feels a yearning for sb/sth; **~e zamiera mu w piersi** his heart skips a. misses a beat; **~e zamarło jej z zachwytu** she was speechless with delight; **trafić** a. **przemówić do czyjegoś ~a** to touch sb's heart; **ująć kogoś za ~e** a. **poruszyć czyjeś ~e** (wzruszyć) to touch sb's heart; **jednym uśmiechem potrafi ująć ją za ~e** his smile is enough to melt her heart; **ukłuć kogoś w ~e** to pierce sb's heart (like a dagger); **wkładać w coś (całe) ~e** to put one's heart and soul into sth; **wkraść się do czyjegoś ~a** to gain a place in sb's affections; **wyrzucić kogoś z ~a** to wipe sb out of one's memory; **zdjąć komuś kamień z ~a** to take a load off sb's mind; **zrzucić kamień z ~a** to get it off one's chest pot.; **~e nie sługa** przysł. the heart knows no master

sercowato adv. *[ukształtowany, wyglądający]* like a heart

sercowat|y adi. *[otwór, forma]* heart-shaped; *[liść]* cordate spec.

sercow|iec m pot. cardiac pot.

sercow|y adi. [1] Anat., Med. *[atak, bóle, mięsień]* heart attr.; *[schorzenie, arytmia]* cardiac [2] (uczuciowy) *[tajemnice, odurzenie, związek, przygoda, kłopoty]* romantic; **sprawy ~e** affairs of the heart [3] pot. (chory na serce) **on był ~y** he had a heart condition

serda|k m (~czek dem.) pot. a type of waistcoat or vest often made of sheepskin or fur

serdecznie adv. grad. [1] (życzliwie) cordially, warmly; **~ uściskał go na powitanie** he greeted him warmly with a hug; **zajął się nią ~** he took good care of her; **~ podziękował jury za pierwszą nagrodę** he thanked the jury warmly for the first prize; **zapraszamy was ~ na Święta Wielkanocne** you are cordially invited for Easter; **pragnę wam najserdeczniej podziękować** I'd like to thank you from the bottom of my heart; **~ was pozdrawiam, Anna** (w liście) love a. kind regards, Anna; **~ kogoś pozdrowić** to extend warm greetings to sb; **~ kogoś przyjąć** to extend a cordial welcome to sb [2] (bardzo) wholeheartedly, heartily; **uśmiał się ~ na tej komedii** he had a good laugh watching that comedy; **był ~ znudzony przyjęciem** he was thoroughly bored with the party; **nie znoszę go ~** I can't stand him

serdeczność|ć f [1] sgt warmth, cordiality; **stworzyć atmosferę ~ci** to create an atmosphere of warmth; **przyjąć kogoś z wielką ~cią** to give sb a very warm welcome [2] zw. pl (słowa) endearments pl; (gesty) cordialities pl; (pozdrowienia) love; **na pięćdziesiąte urodziny przesłał ciotce ~ci i powinszowania** he sent his love and

best wishes to his aunt on her 50th birthday; **dostała list pełen ~ci** she received a letter full of endearments

serdeczn|y adi. grad. (życzliwy, przyjazny) *[przyjaciel]* bosom; *[osoba]* friendly, warm-hearted; *[list, uśmiech, słowa, podziękowania, uścisk]* cordial; **przesłał jej ~y uśmiech** he gave her a cordial smile; **~y uścisk dłoni** a warm handshake

❑ **palec ~y** ring finger

serdel|ek m sausage; **~ek drobiowy** poultry sausage; **~ki z musztardą** sausages with mustard; **dziecko miało nóżki jak ~ki** the child had legs like sausages

serdelow|y [1] adi. of sausage

[1] **serdelowa** f (kiełbasa) minced-beef/pork sausage

serduszk|o n dem. [1] pieszcz. (narząd) (tiny) heart; **~o niemowlęcia biło miarowo** the baby's tiny heart was beating regularly; **dziecko przyciskało lalkę do ~a** the child was holding a doll to its heart a. breast [2] sgt książk., pieszcz. (charakter, natura) heart; **dziewczynka miała dobre ~o** the girl had a kind heart [3] sgt książk., pieszcz. (dusza) heart; **~a maluchów wypełniała radość** the kids' hearts were filled with joy [4] (wyobrażenie serca) (small) heart; **pierścionek z ~iem** a ring with a heart

ser|ek m [1] dem. cheese [2] pot. (dekolt) V-neck; **sweter w ~ek** a V-neck (sweater); **bluzka wycięta w ~ek** a V-necked top ❑ **~ek homogenizowany** Kulin. cream cheese; **~ek topiony** Kulin. processed cheese, cheese spread; **~ek twarogowy** Kulin. curd cheese

serena|da f Muz. serenade

seri|a f (GDGpl ~i) [1] (ciąg wydarzeń) series, run; (zabiegów) course; **lekarz zalecił mu ~ę zastrzyków** the doctor prescribed him a course of injections; **~a zbiegów okoliczności** a series a. sequence of coincidences; **~a niepowodzeń** a string of misfortunes [2] (zbiór przedmiotów) series, set; **~a znaczków pocztowych** a series of stamps [3] (strzałów) burst; (wybuchów) series; **żołnierz strzelał krótkimi ~ami z broni automatycznej** the soldier fired short bursts from a machine gun; **~a wybuchów gazu** a series of gas explosions [4] (wyroby jednego wzoru) batch, line; **próbna ~a nowych kosmetyków** a sample batch of new cosmetics; **wyroby z ostatniej ~i są nowocześniejsze i bardziej funkcjonalne** the latest line of products are more modern and practical [5] Geol. (warstwy skalne) series [6] Muz. series, row ❑ **~a informacyjna** Handl. new line; **~a wydawnicza** book series

serial m (G ~u) series, serial; **~ historyczny/kryminalny/komediowy** a historical/detective/comedy series

serio [1] adv. seriously; **nie traktował jej ~** he didn't take her seriously; **rozgniewała się na niego na ~** she got really angry with him

[1] adi. inv. [1] (poważny) serious; **był ~ człowiekiem** he was a serious person; **co za mina ~!** what a serious expression! [2] (o dużym znaczeniu) *[praca, kłótnia, przerażenie]* serious

sernicz|ek m dem. cheesecake

sernik m [1] (ciasto) cheesecake; **upiec ~** to bake a cheesecake [2] (ciastko) piece of cheesecake [3] Biol. (kazeina) casein
❏ **~ na zimno** unbaked cheesecake with a jelly topping; **~ wiedeński** Viennese cheesecake

sernikow|y adi. cheesecake attr.; **masa ~a** cheesecake mixture

serologiczn|y adi. Biol., Med. serologic; **konflikt ~y** serologic incompatability

serowars|ki adi. Przem. cheese-making

serowarstw|o n sgt Przem. cheese-making

serowiat|ka f Bot. edible agaric of the genus Russula

serow|y adi. [masa, deser, paluszki] cheese attr.; **paluszki ~e** cheese sticks

serpentyn|a f [1] zw. pl (spiralna wstęga) streamer [2] (kręta droga) switchback

serpentynow|y adi. [szlak, droga, ścieżka] winding, switchback attr.

serw m (G ~u) Sport serve, service; **przyjmować ~y przeciwnika** to receive the opponent's serves; **stać na ~ie** to stand on the serving line

serwant|ka f przest. display cabinet, glass(-fronted) cabinet

serwat|ka f whey

serwe|ta f (obrus) tablecloth

serwet|ka f [1] (dla ochrony ubrania) (table) napkin, serviette GB; **rozłożyć ~kę na kolanach** to put a napkin on one's lap [2] (mały obrus) doily; **~ki zrobione szydełkiem** crocheted doilies

serwili|sta m książk., pejor. sycophant, toady

serwilistyczn|y adi. książk., pejor. [pracownik, polityk, postawa] servile

serwilizm m sgt (G ~u) książk., pejor. servility

serwis¹ m (G ~u) [1] (komplet naczyń) service, set; **~ do kawy** a coffee set a. service; **~ na 24 osoby** a 24-place service a. set [2] Dzien. (materiały prasowe) bulletin, news; **~ informacyjny** news bulletin; **~ z ostatniej chwili** last-minute bulletin, the latest news [3] Techn. (obsługa techniczna) service; (punkt obsługi) (urządzeń) service centre GB, service center US; (pojazdów) garage a. service station; **~ fabryczny** a factory service centre; **~ techniczny** technical service; **oddać samochód do ~u** to take a car in for a service; **prowadził ~ samochodów marki Fiat** he ran a Fiat service station a. garage; **~ naprawczy** a repair shop; **autoryzowany ~ firmy Sony** an authorized Sony service centre

serwis² m (G ~u) Sport serve, service; **~ na pole przeciwnika** a serve into the opponents' half

serwisow|y¹ adi. [1] **komplet ~y** a service a set; **filiżanka ~a do kawy** a cup from a coffee set [2] Dzien. [informacje, doniesienia] bulletin attr., news attr. [3] Techn. [punkt, ekipa, naprawa, obsługa] service attr.

serwisow|y² adi. Sport [piłka, podanie, błędy] service attr.

serwolat|ka f Kulin. cervelat

serw|ować impf vt [1] Sport (wybijać piłkę) to serve; **piłka była źle ~owana** the ball was poorly served ⇒ **zaserwować** [2] książk. (podawać do stołu) to serve; **w tej restauracji ~ują dobre jedzenie** they serve good food in this restaurant ⇒ **zaserwować** [3] przen.

(przekazywać, oferować) to serve (up); **znowu ~ujesz te same dowcipy** you're dishing up old jokes again

serwus inter. pot. (na powitanie) hi, hello; (na pożegnanie) bye; **~, stary, co u ciebie słychać?** hello, old man, how are things?; **~, powodzenia!** bye, good luck!

seryjnie adv. [produkować, wydawać] on a large scale; **produkowali ~ części rowerowe** they mass-produced bike parts

seryjnoś|ć f sgt seriality, mass-produced character; **~ć produkcji przemysłowej** the mass-production of industrial goods

seryjn|y adi. [1] (masowy) [produkcja] serial; [towar, produkt] mass-produced; **numer ~y** a serial number [2] (kolejny) [zdarzenia, wypadki] consecutive, successive; **~e niepowodzenia** a series a. string of misfortunes; **w szkole doszło do ~ych zachorowań na żółtaczkę** successive cases of jaundice have been observed in the school; **~y morderca** a serial killer [3] (tworzący całość) [film, wydawnictwo] serial attr.

sesj|a f (Gpl ~i) [1] (narada, obrady) session; **~a publiczna/zamknięta** a public/closed session; **~a robocza** a working session [2] (cykl obrad, posiedzeń) session; **~a parlamentarna/sejmowa** a parliamentary session; **~a plenarna sejmu** a plenary session of the Sejm; **odroczyć/zwołać ~ę** to adjourn/convene a session; **otwierać/zamykać ~ę** to open/close a session [3] (konferencja) symposium; **zorganizować ~ę naukową** to organize a symposium [4] (na giełdzie) trading session [5] Uniw. (examination) session
❏ **~a egzaminacyjna** Uniw. examination session; **~a nagraniowa** Muz. recording session; **~a sądowa** Prawo law term; **~a zdjęciowa** Fot. photo session; **~a zwyczajna** Polit. ordinary session

sesyjn|y adi. [1] [system, okres] session attr. [2] Uniw. [egzaminy, termin] session attr.; **zdać egzaminy ~e** to pass the exam session [3] [muzyk] session attr.

se|t m (A set a. seta) Sport set; **wygrać seta** to win a set

se|ta f augm. posp. shot (of vodka), large vodka; **pójść na setę** to go for a drink

setbol m (A ~ a. ~a) Sport set point; **wygrać ~a** to win set point; **obronił ~** he defended set point

sete|r m setter; **~r irlandzki** an Irish setter

seter|ek m dem little setter

set|ka f [1] pot. [1] (liczba sto) hundred; **liczyć/dodawać ~kami** to count/add up in hundreds [2] (sto elementów) hundred; **~ka uczniów/żołnierzy** a hundred students/soldiers; **~ki tysięcy mieszkańców** hundreds of thousands of inhabitants [3] (banknot) one hundred (units) (of a given currency); **płacić ~kami** to pay in hundreds [4] (mapa) 1:100 000 map [5] (porcja alkoholu) ≈ jigger (100 ml); **zamówił dwie ~ki wódki** he ordered two large vodkas [6] sgt (sto lat) **dziadek dożył ~ki** the grandfather lived to be a hundred (years old) [7] (w numeracji) **mieszkam pod ~ką** I live at No. 100; **~ka uciekła jej sprzed nosa** she just missed the No. 100 bus [8] sgt pot. (prędkość) **starał się nie przekraczać ~ki na autostradzie** he was trying not to go over

100 kph on the motorway; **jechać ~ką** to do 100 kph [9] (wełna) pure wool; **garnitur/płaszcz z ~ki** a pure wool suit/coat [10] Sport (dystans) hundred metres, hundred meters US; **biegał i pływał na ~kę** he ran and swam in the hundred metres; **na wiosnę odbył się półfinał ~ki** the hundred metre semi-finals were held in spring [II] plt (bardzo dużo) hundreds; **przeczytał (całe) ~ki książek i artykułów** he read hundreds of books and articles; **~ki razy** hundreds of times; **widział ten film ~ki razy** he saw that film hundreds of times

setnie adv. przest. [bawić się, podjeść] splendidly, excellently; **bawił się ~ przez cały wieczór** he was having a splendid time the whole evening long

setn|y [I] num. ord. [przedstawienie, numer, rocznica] hundredth
[II] adi. [1] (część) hundredth; **~a część sekundy** a hundredth of a second; **dostał ~ą część nagrody** he was given a hundredth share of the prize [2] przest. (świetny, znakomity) great; **~a zabawa** jolly good fun
[III] **setna** f (w ułamkach) one hundredth
■ **~y chłop** pot. a great chap a. guy US

setow|y adi. Sport set attr.

setuchn|a f dem. pot., żart. shot (of vodka)

sex appeal /ˌseksaˈpil/ → **seksapil**

sex shop, sex-shop /ˈseksʃop/ m (G **sex shopu**) sex shop

sexy /ˈseksi/ [I] adi. inv. [aktorka, kreacja] sexy adi.
[II] adv. [tańczyć, chodzić] sexily; [wyglądać] sexy

sezam m (G ~u) [1] książk. vault [2] Bot. sesame; **nasiona ~u** sesame seeds
■ **~ie, otwórz się!** książk. open, sesame!

sezam|ek, ~ka m, f zw. pl sesame snap

sezamow|y adi. [ziarno, olej] sesame attr.

sezon m (G ~u) [1] (pora roku) season; **~ letni/zimowy** the summer/winter season; **~ deszczowy/upałów** the rainy/hot season [2] (okres aktywności) season; **~ teatralny/urlopowy** the theatre/holiday season; **przed ~em/po ~ie** before the season/after the season; **pełnia** a. **szczyt ~u** the height of the season; **atrakcja ~u** the highlight of the season; **zostać gwiazdą ~u** to be a flash in the pan pot. [3] Ogr., Roln. season; **~ truskawek/pomidorów** the strawberry/tomato season [4] Sport season; **~ piłkarski/narciarski** the football/ski season
❏ **~ grzewczy** a. **ogrzewczy** Admin. period when flats are centrally heated
■ **~ ogórkowy** pot. silly season, close season; **martwy ~** pot. off season, dead season

sezon|ować impf Budow. [I] vt to season [deski, cegły]
[II] **sezonować się** [deski, cegły] to be seasoned

sezonowan|y [I] pp → **sezonować**
[II] adi. Budow. [drewno, cegły, maszty] seasoned

sezonowo adv. [zatrudnić, pracować, zmieniać się] seasonally; **czynne tylko ~** open only in season

sezonowoś|ć f sgt książk. seasonal character a. nature; **~ć cen/zatrudnienia** the seasonal character of prices/employment

sezonow|y I adi. [1] [praca, wyprzedaż, migracje] seasonal [2] [pracownicy, robotnicy] seasonal

II m pot. seasonal worker

sęcz|ek m dem. [1] (gałązka) snag; **zaczepić rękawem o ~ek** to catch one's sleeve on a snag [2] (ślad po gałęzi) knot; **dobierać deski bez ~ków** to choose knotless boards; **laska z ~kami** a knotted stick

sędzi|a m (D ~emu, Npl ~owie) [1] Prawo judge, justice GB; **powołać kogoś na stanowisko ~ego** to appoint sb as judge [2] przen. (opiniodawca) judge; **pozwól, że sam będę ~ą w tej sprawie** I will be the judge of that, if you don't mind [3] Sport (arbiter) (w boksie, futbolu) referee; (w tenisie, krykiecie) umpire; **~a liniowy** (w tenisie) linesman; (w rugby) touch judge; **~a podyktował rzut karny** the referee awarded a penalty (kick) ❏ **~a penitencjarny** Prawo penitentiary judge; **~a pokoju** Prawo magistrate, justice of the peace; **~a polubowny** Prawo arbitrator; **~a przysięgły** Prawo member of the jury, juror; **~a punktowy** Sport scorer, scorekeeper; **~a ringowy** Sport referee; **~a śledczy** Prawo examining magistrate

■ **~a kalosz** Sport, obraźl. abuse directed at a sports referee; **nikt nie jest ~ą we własnej sprawie** przysł. ≈ it is hard to be objective in matters that concern oneself

sędzin|a f [1] pot. judge [2] przest. judge's wife

sędzi|ować impf **I** vt Sport to umpire, to referee

II vi Prawo to judge

sędziows|ki adi. [1] Prawo [egzamin, urząd, władza] judicial; [łańcuch, biret, toga] judge's; **skład ~ki** the Bench [2] (w konkursach, zawodach) referee's, umpire's; **komisja ~ka** the referees, the umpires; **rzut ~ki** a jump ball

sędziwie adv. grad. książk. [wyglądać] venerable adi., old adi.

sędziwoś|ć f sgt książk. venerability; **doczekać a. dożyć ~ci** to live to a ripe old age

sędziw|y adi. grad. książk. [osoba] aged; [instytucja, uczelnia, puszcza] venerable, ancient; **ojciec dożył ~ego wieku** father lived to a ripe old age

sęk m [1] (uschnięta gałąź) snag [2] (ślad na desce) knot [3] zw. pl środ., Myślis. snag

■ **w tym ~** pot. that's the problem, there's the rub

sękacz m [1] Kulin. (ciasto) tree cake (a cake baked on a rotary spit) [2] Leśn. gnarled tree [3] przest. (kij) knotty stick

sęka|ty adi. knotty, gnarled; **~te drzewo** knobby wood; **~te palce** gnarled fingers

■ **~ta dusza** an obstinate soul

sęp m Zool. vulture także przen.; **rzucili się jak ~y na jego majątek** they threw themselves on his property like vultures

sępi adi. Zool. [1] [szpony, skrzydła] vulture's; [lot] of a vulture; **~ dziób** the beak of a vulture, a vulture's beak [2] książk. [spojrzenie, nos, palce] vulture-like, vulturine

sfabryk|ować pf vt [1] pot. (wytworzyć) to make, to manufacture; **rower został ~owany ze starych części** the bike was made up of old parts [2] (spreparować, sfałszować) to forge; **~ować dokumenty/podpis** to forge documents/a signature; **dowody przeciwko niemu ~owano** the evidence against him was fabricated a. manufactured; **testament został ~owany** the will was forged ⇒ **fabrykować**

sfabularyz|ować pf vt książk. to fictionalize; **powieściopisarz ~ował stare listy i pamiętniki** the novelist fictionalized the old letters and journals ⇒ **fabularyzować**

sfajcz|yć pf **I** vt posp. to burn ⇒ **fajczyć**

II sfajczyć się pot. [1] (spalić się) to burn (down); **od niedopałka ~yła mu się chałupa** the house burnt down due to a (smouldering) cigarette end [2] (przypalić się) to burn; **obiad mi się ~ył** I have burned the dinner ⇒ **fajczyć się**

sfajd|ać się pf v refl. posp. to mess one's pants pot.

sfal|ować pf **I** vt [1] (utworzyć fale) [wiatr] to ripple [wodę, jezioro] [2] (ułożyć w fale) to wave [włosy] [3] Geol. to undulate [teren] ⇒ **falować**

II sfalować się [1] (wzburzyć się) (o wodzie) to become rough [2] Geol. to undulate ⇒ **falować się**

sfałd|ować pf **I** vt [1] (ułożyć w fałdy) to pleat [spódnicę, zasłony] [2] (zmarszczyć) to knit [czoło]; to wrinkle [twarz] [3] Geol. to fold [skorupę ziemską] ⇒ **fałdować**

II sfałdować się [1] (ułożyć się w fałdy) to crinkle [2] (zmarszczyć się) to wrinkle [3] Geol. to be folded ⇒ **fałdować się**

sfałsz|ować pf vt [1] (podrobić) to forge; **~ować pieniądze/dokumenty** to forge money/documents ⇒ **fałszować** [2] (o produktach spożywczych) to falsify [miód, wino] ⇒ **fałszować** [3] (przedstawić nieprawdę) to falsify [przeszłość, dane statystyczne] ⇒ **fałszować** [4] Muz. to sing/play [sth] out of tune ⇒ **fałszować**

sfanatyzowan|y adi. książk. fanatical; **~y tłum demonstrantów** a fanatical mob of demonstrators

sfastryg|ować pf vt to tack, to baste US; **~ować sukienkę** to tack the dress together ⇒ **fastrygować**

sfatygowan|y adi. pot. [1] (zniszczony) tatty, shabby; **~e buty/książki** tatty shoes/books; **jeździł mocno ~ym samochodem** he drove a very shabby car [2] przest. exhausted

sfeminiz|ować pf **I** vt książk. [1] (poddać feminizacji) to feminize [zawód] [2] (nadać cechy żeńskie) to feminize [mężczyzn, ubiory] ⇒ **feminizować**

II sfeminizować się książk. to become feminized ⇒ **feminizować się**

sfe|ra f [1] książk. (zakres, domena) sphere; **~ra wpływów** the sphere of influence; **(czyjaś) ~ra działalności** sb's sphere of activity; **~ra duchowa/emocjonalna** the spiritual/emotional sphere; **~ra życia społecznego/politycznego** the social/political sphere [2] zw. pl książk. (środowisko, warstwa) class, circle; **~ry rządzące/dyplomatyczne/ wojskowe** the ruling/diplomatic/military spheres; **~ry kulturalne/towarzyskie/naukowe** cultural/social/scientific circles; **wyższe ~ry** high society, upper classes;

obracał się w lepszych ~rach he mixed with the top drawer pot. [3] Astron. firmament, the vault of the sky [4] Geog. zone; **~ra podbiegunowa** the Arctic zone; **~ra wiecznych śniegów** the zone of eternal snow [5] Mat. sphere, spherical surface

❏ **~ra armilarna** Hist., Astron. armillary sphere; **~ra budżetowa** Ekon. ≈ the public sector; **~ra niebieska** Astron. celestial sphere; **muzyka a. harmonia ~r** Filoz. music a. harmony of the spheres

sferment|ować pf vi Biol., Chem. to ferment; (zepsuć się) to go off ⇒ **fermentować**

sfermentowan|y I pp → **sfermentować**

II adi. [sok, dżem] spoiled, fermented; [wino, piwo] spoiled

sferycznie adv. książk. spherically

sferyczn|y adi. książk. [kształt, kopuła, czasza] spherical

sfiks|ować pf vi pot. to go mad; **~ował na starość** he's gone mad in his old age; **~owałeś do reszty a. kompletnie** you've gone completely mad ⇒ **fiksować**

sfiksowan|y adi. pot. [1] (zwariowany) [dziewczyna, chłopak] mad, crazy; **jest ~a na punkcie swojego psa** she's mad a. crazy about her dog [2] (szalony) [pomysł] crazy

sfilc|ować pf **I** vt to felt [tkaninę, wełnę] ⇒ **filcować**

II sfilcować się [tkanina, wełna] to felt ⇒ **filcować się**

sfilcowan|y I pp → **sfilcować się**

II adi. [sweter, czapka] felted

sfilm|ować pf vt [1] (utrwalić) (na filmie) to film; (na taśmie video) to video; to capture on film a. video; **~ować przyjęcie urodzinowe dziecka** to video the child's birthday party; **napad został ~owany przez kamery wideo** the hold-up was captured on video cameras [2] (zekranizować) to film; **~ować powieść** to film a novel ⇒ **filmować**

sfinaliz|ować pf vt książk. to finalize, to complete [rokowania, umowę, sprawę]; **~ować transakcję handlową** to finalize a transaction; **sprzedaż domu została ~owana** the sale of the house has been completed a. finalized ⇒ **finalizować**

II sfinalizować się książk. to be finalized ⇒ **finalizować się**

sfinans|ować pf **I** vt to finance ⇒ **finansować**

II sfinansować się to be financed, to finance oneself ⇒ **finansować się**

sfing|ować pf vt książk. to fake; **~ował napad, żeby dostać odszkodowanie** he faked a robbery to collect the insurance; **dowody przeciwko niemu zostały ~owane** the evidence against him has been manufactured a. fabricated ⇒ **fingować**

Sfinks m sgt (A ~a) Mitol. the Sphinx (of Thebes); **kto rozwiązał zagadkę ~a?** who solved the riddle of the Sphinx?

sfinks m (A ~a) [1] Szt. (egipska rzeźba) sphinx; **posąg ~a w Gizie** the (Great) Sphinx at Giza [2] (osoba tajemnicza) sphinx; **przemawiać jak ~** to be a sphinx [3] Zool. (owad) hawkmoth, sphinx US

sfinksow|y adi. książk. [wrażenie, wyraz twarzy, uśmiech] enigmatic, sphinxlike

S

sflacza|ły [I] *pp* → **sflaczeć**

[II] *adi.* pot. [1] (zwiotczały) *[skóra, ciało, mięśnie]* flabby; *[roślina, kwiat]* limp, wilted; **~ła opona** a flat tyre [2] *[osoba]* (pozbawiony energii) limp, wilted; (zmęczony) flat [3] (zdeformowany) *[płaszcz, kapelusz]* floppy

sflacz|eć *pf* (**~eję, ~ał, ~eli**) *vi* pot. [1] (zwiotczeć) *[skóra, mięśnie, pierś]* to become flabby; *[ręka, chorągiew]* to go limp; *[roślina, kwiat]* to wilt; *[balon, opona]* to deflate ⇒ **flaczeć** [2] *[osoba]* (stracić energię) to wilt; (stracić formę) to become unfit ⇒ **flaczeć** [3] (stracić fason) *[płaszcz, sweter]* to become floppy; **sukienka ~ała po praniu w wodzie** the dress went limp after being washed in water ⇒ **flaczeć**

sf|ora *f* [1] Myślis. pack; **na lisy poluje się ze sforą psów** foxes are hunted with a pack of hounds [2] pejor. (zgraja) pack pejor., horde pejor.; **sfora wścibskich fotoreporterów** a horde a. pack of intrusive photojournalists

sformaliz|ować *pf* [I] *vt* książk. [1] (uczynić oficjalnym) to formalize *[stosunki, czynność, plan]*; to regularize *[status, system, obowiązki]*; **~owany tryb** a standard procedure ⇒ **formalizować** [2] (ująć w system) to formalize *[język, teorię, opis]* ⇒ **formalizować**

[II] **sformalizować się** książk. *[język, procedura]* to become formalized ⇒ **formalizować się**

sformat|ować *pf vt* Komput. [1] to format, to initialize *[dyskietkę, dysk]* ⇒ **formatować** [2] to format *[tekst, akapit]* ⇒ **formatować**

sform|ować *pf* [I] *vt* [1] (utworzyć) to form *[rząd, zespół]*; to assemble *[pułk]*; **z robotników rolnych ~owano oddział partyzancki** farm workers were formed into a guerilla group; **powierzono mu misję ~owania gabinetu** he was mandated to form a cabinet ⇒ **formować** [2] (ustawić) to form *[kolejkę, krąg, szyk]*; **czołgi/żołnierze ~owani w czwórkowe kolumny** tanks/troops formed in four-deep columns ⇒ **formować**

[II] **sformować się** [1] (uszeregować się) *[wojsko, samoloty, czołgi]* to form (up); *[osoby]* to form oneself (up); **robotnicy ~owali się w kolumnę** the workers formed themselves up into a column; **harcerze ~owali się w dwuszeregu** the scouts fell in two deep ⇒ **formować się** [2] (powstać) *[pochód, kolejka, szpaler]* to form up; *[rząd, komitet, oddział]* to be formed; **grupa samopomocy ~owała się wśród słabszych uczniów** the weaker pupils organized themselves into a self-help group ⇒ **formować się** [3] (ukształtować się) *[wrzód, chmura]* to form; **dymy ~owały się w ciemną chmurę** the smoke formed a dark cloud ⇒ **formować się**

sformuł|ować *pf* [I] *vt* [1] (ułożyć i przedstawić) to formulate, to frame *[teorię, myśl, plan, program, dokument]*; (w określony sposób) to word, to phrase *[list, pytanie, wypowiedź, tekst]*; (szczegółowo) to delineate *[warunki, postanowienia, zasady]*; **starannie ~owane przepisy/definicje** carefully worded a. carefully phrased regulations/definitions; **ostro ~owany list** a strongly-worded letter; **niejasno ~owane pojęcie/pytanie**

an ill-defined notion/a vague question ⇒ **formułować** [2] (zakomunikować) to express, to voice *[opinię, wniosek, postulaty]*; (wyraźnie, dobitnie) to enunciate; **nie ~owano wobec niego żadnych zastrzeżeń** no reservations were voiced about him ⇒ **formułować**

[II] **sformułować się** to form; **wniosek/pomysł ~ował mu się w myśli** a conclusion/an idea formed in his mind ⇒ **formułować się**

sformułowa|nie [I] *sv* → **sformułować**

[II] *n* [1] (sposób wyrażenia) wording *U*, phrasing *U*; (przedstawienie myśli, teorii, prawa) formulation; (wyrażanie w słowach) articulation *U*; **ogólnikowe/niejasne/staranne ~nie pytania** the general/vague/careful wording a. phrasing of a question; **wstępne ~nie teorii elektryczności** a preliminary formulation of a theory of electricity [2] (zwrot, wyrażenie) expression; **posługiwać się a. operować dosadnymi ~niami** to use crude expressions; **miał zastrzeżenia tylko do niektórych moich ~ń** he only had reservations about some of my statements

sfors|ować *pf* [I] *vt* [1] (pokonując trudności) to force *[drzwi, okno, zamknięcie]*; to cross, to cross over *vi [rzekę, most]*; **~ować pozycje wroga** to storm and overrun enemy positions; **~owano rzekę po dwóch dniach ciężkich walk** the river was crossed after two days of heavy fighting; **ostatnia próba ~owania przełęczy/szczytu** the last attempt to reach the col/summit [2] (nadwerężyć) to overstrain *[mięśnie, serce]* ⇒ **forsować**

[II] **sforsować się** (przemęczyć się) to overstrain oneself ⇒ **forsować się**

sfotograf|ować *pf* [I] *vt* to photograph ⇒ **fotografować**

[II] **sfotografować się** (przez kogoś) to have one's photograph taken; (za pomocą samowyzwalacza) to photograph oneself; **dał się ~ować** he allowed himself to be photographed ⇒ **fotografować się**

sfrustr|ować *pf* [I] *vt [porażka, brak uznania]* to frustrate ⇒ **frustrować**

[II] **sfrustrować się** to be exasperated (**czymś** by a. at sth) ⇒ **frustrować się**

sfrustrowan|y [I] *pp* → **sfrustrować**

[II] *adi.* frustrated (**czymś** by sth); exasperated (**czymś** at a. by sth)

sfuszer|ować *pf vt* pot. to botch pot. *[robotę]* ⇒ **fuszerować**

sherry /ˈʃeri/ *n inv.* Wina sherry *C/U*

Shoah /ˈʃoax/ *m, n inv.* książk. the Shoah, the Holocaust

show /ʃow/ *m inv.* show; **uroczystość wręczenia Oskarów to gigantyczny ~** an Oscar ceremony is a gigantic show

show-biznes /ʃowˈbiznes/ *m* (*G* **~u**) *sgt* [1] (przemysł rozrywkowy) show business, showbiz pot.; **pracował w ~ie** he worked a. was in show business [2] pot. (wybitne osoby z branży rozrywkowej) show business personalities; **ona ma kontakty z ~em** she has some show business connections; **on należy do śmietanki ~u** he is one of the showbiz personalities a. one of the glitterati pot.

showman /ˈʃowmen/ *m* [1] (prezenter) showman; (artysta) entertainer [2] (kontaktowa osoba) showman; **nauczyciel powinien być po**

trosze ~em a teacher should be a bit of a showman

si|ać *impf* (**sieję**) [I] *vt* [1] Ogr., Roln. to sow *[nasiona, rośliny]*; **siać marchewkę w rzędach** to sow carrots in drills, to drill carrots; **kukurydza siana jest maszynowo** maize is sown mechanically ⇒ **posiać, zasiać** [2] (wywoływać) to sow, to sow (the) seeds of *[wątpliwości, zamęt, podejrzenia]*; (szerzyć) to spread *[plotki, idee, panikę, grozę]*; to cause *[śmierć, zgorszenie]*; **siać nienawiść** to stir up hatred; **siać niezgodę między sąsiadami** to sow discord among neighbours; **siać spustoszenie** to cause a. wreak havoc; **huragan siał w lasach spustoszenie** the hurricane wreaked a. wrought havoc on forests ⇒ **posiać, zasiać** [3] pot. (gubić) to lose *[parasol, długopis]*; (zarzucać) to mislay *[okulary, klucze]*; **siać pieniędzmi** to drop money pot. ⇒ **posiać** [4] (przesiewać) to sift *[mąkę]* ⇒ **przesiać**

[II] *vi* [1] *[deszcz]* to fall [2] (strzelać) to shoot (**z czegoś** with sth); to rain *vt* (**czymś** sth); **siać z karabinu maszynowego/pistoletu** to shoot with a machine gun/pistol; **siali na nas granatami** they rained grenades on us

■ **cicho, jak makiem siał** książk. (as) quiet a. silent as the grave; **w domu/pokoju było cicho jak makiem siał** the house/room was quiet as the grave; **głupich nie sieją, sami się rodzą** przysł. there's one (sucker) born every minute pot.; **siać rutę** a. **rutkę** przest. to be left on the shelf

sia|d [I] *m* (*G* **~du**) Sport sitting position; **~d płaski** an upright sitting position; **~d rozkroczny** a straddle (in a sitting position); **~d kuczny** a squat a. sqatting position; **podnieść się z ~du** to rise from a sitting position

[II] *inter.* (komenda do psa) sit!

siadać *impf* → **siąść**

siad|ywać *impf vi* to sit (*often or regularly*); **wieczorami ~ywali na ganku** in the evening they used to sit on the porch

siak *pron.* przest., pot. **i tak, i ~** this way and that; (nie przebierając w środkach) by hook or by crook; **jak nie tak, to ~** one way or the other a. or another; **ni tak, ni ~** neither one way nor the other; **tak czy ~** (w każdym razie) anyway, in any case

sia|ki *pron.* przest., pot. **różni tam mieszkają, i tacy, i ~cy** various sorts (of people) live there; **ornamenty takie, ~kie i owakie** all sorts of ornaments; **takie czy ~kie osiągnięcia** various achievements of one kind or another; **zasłony koloru ni takiego, ni ~kiego** curtains of a colour that was neither one thing nor the other; **„czy ten garnitur jest czarny, czy granatowy?” – „ani taki, ani ~ki”** 'is this suit black or navy blue?' – 'it's neither one nor the other'; **taki ~ki** (byle kto) just anyone; **ty, taki ~ki!** euf. you so-and-so! euf.

siamto *pron.* pot. **to, i tamto i jeszcze ~** this, that, and the other

siank|o *n sgt dem.* Roln. hay

sian|o *n sgt* [1] Roln. hay; **wiązka/stóg ~a** a bundle of hay/a haystack; **sprzątać ~o z pola** to haul hay from the field; **dać koniom ~a** to hay horses [2] pot. (pieniądze) dosh GB pot., dinero US pot. [3] pot., pejor. (papierosy) the weed pot. [4] (nieładne włosy) thatch (of hair) pot.; **~o mi się zrobiło na głowie** my hair got spiky

■ **daj sobie z tym ~a** pot. forget it; **mieć ~o w głowie** to be feather-brained a. feather-headed; **szukać igły a. szpilki w stogu ~a** pot. to try to find a needle in a haystack; **wykręcić się ~em** to wriggle out of it; **powinien zapłacić karę, ale wykręcił się ~em** he should have paid a fine but wriggled out of it

sianokos|y plt (G **~ów**) haying U; **pracować przy ~ach** to work at haying; **słota w ~y** a. **podczas ~ów** a spell of bad weather during haying

siarczan m (G **~u**) Chem. sulphate GB, sulfate US; **~ miedzi/wapnia** copper/ calcium sulphate

siarczan|y adi. Chem. [opary, dym, gaz] sulphurous GB, sulfurous US; [źródła, kąpiele] sulphur GB, sulfur attr. US; [złoże, związek] containing sulphur GB, containing sulfur US

siarczy|sty adi. grad. książk. [1] (mocny) [mróz] biting; [gorzałka] fiery; [całus, klaps] hearty; [wyzwiska, przekleństwa] coarse; [język, wyzwiska] sulphurous GB, sulfurous US; **wymierzył mu ~sty policzek** he slapped him hard across the face [2] (żwawy) [osoba, taniec, marsz] spirited, lively

siarczyście adv. grad. książk. [1] (mocno) [ucałować, klepać] heartily; [kląć] coarsely [2] (żwawo) [tańczyć] in a spirited a. lively manner

siar|ka f sgt Chem. sulphur GB, sulfur US

siarkowod|ór m sgt (G **~oru**) Chem. hydrogen sulphide GB, hydrogen sulfide US, sulpheretted a. sulfereted US hydrogen przest.

siarkow|y adi. Chem. [1] [kwas, preparat, substancja] sulphuric GB, sulfuric US; [związek, bakterie, barwniki] sulphur GB a. sulfur attr. US [2] [mydło, szampon] sulphur attr. GB, sulfur attr. US

sia|ta f augm. pot. shopping bag

siatecz|ka f dem. [1] (plecionka) [jedwabna, druciana] net; (materiał) mesh U; **~ka do włosów** a hairnet; **woalka z czarnej ~ki** a face veil of black mesh [2] (wzór) network; **~ka ulic/zmarszczek** a fine network of streets/mesh of wrinkles

siat|ka f [1] (plecionka) net, mesh; (materiał) mesh U, netting U; **druciana ~ka** wire netting; **~ka z cienkiego drutu** chicken wire; **drobna ~ka z cienkiego drutu** wire gauze; **~ka ze sznurka** a. **sznurowa** rope mesh; **~ka maskująca** Wojsk. camouflage netting; **~ka na motyle** a butterfly net; **~ka na włosy** a hairnet; **~ka na zakupy** (ze sznurka) a string bag; (z folii plastikowej) a shopping bag; **~ka ochronna** a. **asekuracyjna** a safety net; **~ka od komarów** a. **owadów** (nad łóżkiem) a mosquito net; (w oknie, drzwiach) a screen; **rakieta tenisowa z nylonową ~ką** a tennis racket with nylon netting; **ogrodzenie z metalowej ~ki** a wire fence [2] sgt (układ linii, ulic, przewodów) grid, network; (rozkład zajęć) timetable, schedule; **(tygodniowa) ~ka zajęć** (w szkole, na uczelni) a timetable GB, a schedule US; **~ka organizacyjna** the structure of an organization [3] (duża ilość) (o kreskach, ścieżkach) crisscross; (o drogach) network; **~ka gałęzi**

nad głową a criss-cross a. lattice of branches overhead [4] (zorganizowana grupa) ring; **~ka handlarzy narkotyków** a drug ring; **~ka szpiegowska** a spy ring [5] pot. (siatkówka) volleyball [6] Sport (w tenisie, siatkówce, badmintonie) net; (w futbolu) (goal) net; (w hokeju) cage; **piłka wpadła a. trafiła prosto do ~ki** the ball was clipped directly into the net

❑ **~ka dyfrakcyjna** Fiz. diffraction grating; **~ka geograficzna** Geog. geographical grid; **~ka haseł** Jęz. framework; **~ka kartograficzna** Geog. (map) graticule; **~ka płac** Admin. pay scale; **~ka poligraficzna** Druk. screen

siatkar|ka f Sport. volleyball player

siatkarz m (Gpl **~y**) [1] Sport volleyball player [2] Techn. netter

siatkow|y adi. [firanki, koszula] net attr.; [materiał, wzór, wstawka] fishnet attr.; [ogrodzenie, płot] wire-net attr.; **pończochy ~e** fishnet stockings; **piłka ~a** volleyball

siatków|ka f [1] Sport volleyball; **grać w ~kę** to play volleyball [2] Anat. retina ❑ **odwarstwienie ~ki** Med. detachment of the retina; **zapalenie ~ki** Med. retinitis

siatkówkow|y adi. [1] Sport volleyball attr. [2] Anat. [obraz, warstwa, choroby] retinal

siąkać impf → **siąknąć**

siąk|nąć pf — **siąk|ać** impf (**~nęła**, **~nęli** — **~am**) vi pot. to sniff, to sniffle; **~ał nosem z zimna** he sniffled a. sniffed because of the cold; **~nął płaczliwie** he sniffled tearfully

siąp|ić impf vi **~i deszcz** a. **mżawka** it is drizzling; **zaczęło ~ić** it started to drizzle; **szedł w ~iącym deszczu** he walked in the drizzling rain

si|ąść pf — **si|adać** impf (**siądę, siądziesz, siadł, siadła, siedli** — **siadam**) vi [1] (przybrać pozycję siedzącą) [osoba] to sit (down), to sit oneself down; [zwierzę] to sit; [ptak] to sit, to perch; **siąść na fotelu** a. **w fotelu/na ławce** to sit (down) in an armchair/on a bench; **siąść przy stole** a. **za stołem** to sit (down) at a table; **siądźmy na chwilę** let's sit down for a while; **kot siadł na parapecie** a cat sat on a window sill; **podczas obiadu siądziesz obok wujka Jana** at dinner, you will sit next to Uncle Jan [2] (przystąpić) to sit down; **siedliśmy do obiadu/podwieczorku** we sat down to dinner/tea; **siadajmy do obiadu/stołu** let's sit down to dinner/at the table; **siadł do komputera i zaczął pracować** he sat down in front of the computer and started working [3] pot. (zepsuć się) [lodówka, silnik] to break down; (nie funkcjonować) [komputer, program] to crash; [firma, teatr, klub] to go under; **siada rynek literatury podróżniczej** the travel book market is going under a. diminishing; **nastrój na imprezie siadł, kiedy skończyło nam się piwo** our spirits at the party sank when we ran out of beer [4] Lotn. (wylądować) to land [5] pot. (wsiąść) (do samochodu, ciężarówki) to get in; (do autobusu, samolotu, pociągu, na konia) to get on [6] pot. (obniżyć się) [ceny, wartość, poziom, wyniki] to go down, to sink; [fundament, ściany, grunt] to drop, to subside; **nie czekaj ze sprzedażą domu, bo ceny mogą nagle siąść** don't put off

selling the house, because prices can suddenly plummet

■ **sytuacja była taka, że tylko siąść i płakać** the situation was such that there was absolutely nothing to be done about it

sic /sik/ inter. (po cytacie) sic; (dla zwrócenia uwagi) please note

sid|ło n zw. pl (wnyki) snare; **zakładać ~ła na zające** to set snares for hares; **chwytać zwierzynę w ~ła** to snare game

■ **wpaść w ~ła** to fall into a trap; **wpadł w ~ła hazardu** he fell into the trap of gambling; **wpaść we własne ~ła** to be hoist with a. by one's own petard; **zastawiać na kogoś ~ła** to lay snares for sb; **złowić kogoś w ~ła** to snare sb; **złowiła w swoje ~ła bogatego faceta** she snared a wealthy bloke

siebie → **się**

sie|c impf (**~kę, ~czesz, ~kł, ~kła, ~kli**) **I** vt książk. [1] (siekać) to chop (finely); (ciąć) to cut; **~c trawę kosą** to cut grass with a scythe [2] (chłostać) to lash; **~kł chłopca kijem/batem** he lashed the boy with a stick/whip [3] (uderzać) to slash; **~c kogoś szablą/mieczem** to slash sb with a sabre/sword [4] [deszcz] to lash down vi (**kogoś** on sb); [wiatr, deszcz] to whip; **wicher ~kł po twarzy** the wind whipped their faces

II **siec się** [1] (okładać jeden drugiego) to lash each other [2] (ranić jeden drugiego) to cut each other [3] (okładać siebie) to slap oneself; **w saunie ~kł się brzozowymi rózgami** in the sauna he slapped himself with birch twigs

sieciow|y adi. [1] Ryboł. **połów ~y** net fishing [2] (siatkowy) [wzór, materiał] mesh-like; [otwór, zamknięcie] netted [3] Techn. [gaz, dostawa, napięcie] mains attr.; [instalacja, przekaźnik, konstrukcje] power grid attr.; [urządzenie, zasilacz, przyrząd] plug-in; **prąd ~y** mains electricity [4] Komput. [aplikacja, kabel, baza danych] network attr.

siecz|ka f sgt [1] Roln. chaff [2] (rozdrobniony materiał) shred zw. pl; **pociąć/porwać coś na ~kę** to cut/tear sth to shreds [3] pejor. (błahostki) hotchpotch, hodgepodge US; **świąteczna ~ka telewizyjna** a hotchpotch of TV programmes at Christmas; **~ka nic nie znaczących słów** gibberish; **~ka informacyjna** trivia [4] (drobne koraliki) tiny coloured beads

■ **mieć ~kę w głowie** pot. (być głupim) to be a cloth head pot.; (być zdezorientowanym) to be addled a. befuddled

sieczkar|nia f (Gpl **~ni** a. **~ń**) Roln., Techn. (maszyna) chaff-cutter

sieczn|y **I** adi. **broń ~a** side arms

II **sieczna** f Mat. secant

sie|ć f [1] (do łapanie zwierząt, ryb) net; **złowić a. schwytać rybę/ptaka/zająca w ~ć** to catch a fish/bird/hare in a net, to net a fish/bird/hare; **zarzucić ~ć** to cast a net; **delfin zaplątał się w ~ć rybacką** a dolphin became tangled a. enmeshed in a fishing net [2] zw. pl (pułapka) net przen., snare przen., trap; **omotany ~cią intryg** caught in a web of intrigue; **wymknąć się z ~ci** to escape the net; **zastawiać na kogoś ~ci** to lay a trap for sb; **próbował wyplątać** a. **wyrwać się z miłosnych**

~ci książk. he tried to escape the snares of love [3] (pajęczyna) (spider's) web; **pająk snuje** a. **przędzie** ~ć a spider spins a web [4] (system rozgałęzień) network; (splątana struktura) labyrinth; **~ć rur kanalizacyjnych/kabli telefonicznych** a network of sewage pipes/telephone cables; **~ć ciemnych uliczek** a labyrinth of dark streets; **~ć zmarszczek wokół oczu** a mesh of wrinkles around eyes; **cieniutka ~ć żyłek** a tracery of veins [5] (komercyjna, handlowa, usługowa) chain; (system instytucji, zakładów) network; **~ć supermarketów/multikin** a chain of supermarkets/multiplex cinemas; **rozwijamy ~ć wiejskich bibliotek** we're developing a network of libraries in the countryside [6] Komput. network; (Internet) the Web; **być w ~ci** a. **być podłączonym do ~ci** to be online; **surfować po ~ci** to surf the Web; **administrator/zarządca ~ci** network administrator/controller; **program sterowania ~cią** network control program [7] (nielegalna organizacja) organization, network; (przestępcza) ring [8] Anat. omentum

❏ **~ć ciągniona** Ryboł. (za jedną łodzią) trawl (net); (w połowach rzecznych) dragnet; (niewód) otter trawl; **~ć ciepłownicza** Techn. heat distribution network; **~ć drogowa** road network; **~ć dryfująca** a. **pływająca** Ryboł. drift net; **~ć elektroenergetyczna** Elektr. power grid; **~ć gazownicza** Techn. gas supply system, the gas mains GB; **~ć kanalizacyjna** Budow. sewage a. sewerage system; **~ć komputerowa** Komput. computer network; **~ć komunikacyjna** Transp. transport system, transportation (network a. system); **~ć krystaliczna** Miner. crystal lattice; **~ć nerwowa** Anat. nervous system; **~ć rzeczna** a. **wodna** Geog. waterway network, network of waterways; **~ć stojąca** Ryboł. seine (net); **~ć trakcyjna** Kolej. (system of) overhead cables; **~ć triangulacyjna** Geog. triangulation system; **~ć włókowa** Ryboł. purse seine a. net; **~ć wodociągowa** Techn. water supply system, the water mains GB; **~ć zastawna** Ryboł. ring net

■ **miotać** a. **rzucać się jak ryba w ~ci** to flounder (around) przen.

sied|em num. seven

■ **~em lat tłustych i ~em lat chudych** książk. seven years of great plenty, seven years of famine; **brzydki jak ~em grzechów głównych** książk. (as) ugly as sin; **od ~miu boleści** pot., pejor. [kucharz, tancerz, kierowca] rotten pot.; pitiable; [poeta, muzyk, malarz] poor; **zamknięty na ~em spustów** locked and bolted

siedemdziesi|ąt num. seventy
siedemdziesiąt|ka f [1] (liczba) seventy [2] pot. (wiek) seventy; **być po ~ce** to be in one's seventies [3] (prędkość) seventy; **jechał ~ką** he was doing seventy

siedemdziesią|ty [I] num. ord. seventieth [II] adi. [część] seventieth; **lata ~te (dwudziestego wieku)** the (nineteen) seventies [III] **siedemdziesiąta** f (w ułamkach) seventieth; **jedna ~ta** one seventieth

siedemdziesięcio- w wyrazach złożonych seventy-; **siedemdziesięciolitrowy zbiornik** a seventy-litre tank; **siedemdziesię-**

---

cioletnia kobieta a woman of seventy; **siedemdziesięciopięcioletnia lipa** a seventy-five-year-old lime tree
siedemdziesięciokrotnie adv. [powtórzyć] seventy times; [wzrosnąć, zmaleć] seventyfold; [szybszy, większy] seventy times
siedemdziesięciokrotn|y adi. [wzrost, przewaga] seventyfold
siedemdziesięciolat|ek [I] m pers. (Npl ~kowie a. ~ki) septuagenarian [II] m anim. (zwierzę, drzewo) seventy-year-old specimen
siedemdziesięciolat|ka f (kobieta) septuagenarian
siedemdziesięcioleci|e n [1] (okres) seventy years [2] (rocznica) seventieth anniversary
siedemdziesięcior|o num. mult. → siedemdziesiąt
siedemdziesięciotysięczn|y adi. seventy-thousandth
siedemnast|ka f seventeen
siedemnasto- w wyrazach złożonych seventeen-; **siedemnastoelementowa układanka** a seventeen-piece puzzle; **siedemnastoletni chłopak** a boy of seventeen, a seventeen-year-old boy
siedemnastokrotnie adv. [przebiec, pomniejszony, większy] seventeen times
siedemnastokrotn|y adi. [wzrost, zysk] seventeenfold; **~y medalista w boksie** a winner of seventeen medals in boxing
siedemnastolat|ek [I] m pers. (Npl ~kowie a. ~ki) seventeen-year-old [II] m anim. (zwierzę, drzewo) seventeen-year-old specimen
siedemnastolat|ka f (dziewczyna) seventeen-year-old
siedemnastowieczn|y adi. [sztuka, poeta, zabytek] seventeenth-century attr.
siedemnast|y [I] num. ord. seventeenth [II] adi. [odcinek] seventeenth [III] m (data) seventeenth; **~y maja** the seventeenth of May, May the seventeenth [IV] **siedemnasta** f [1] (godzina) five p.m., seventeen hundred hours [2] (w ułamkach) seventeenth; **jedna ~a** one seventeenth
siedemna|ście num. seventeen
siedemnaścior|o num. mult. → siedemnaście
sied|emset [I] num. seven hundred [II] **siedemset-** w wyrazach złożonych seven-hundred-; **siedemsetkilogramowy ładunek** a seven-hundred-kilo load; **siedemsetletni zabytek** a seven-hundred-year-old monument
siedemsetleci|e n [1] (okres) seven hundred years [2] (rocznica) septcentenary
siedemsetn|y [I] num. ord. seven-hundredth [II] adi. [część] seven-hundredth, septcentenary [III] **siedemsetna** f (w ułamkach) seven-hundredth
siedemsettysięczn|y adi. seven-hundred-thousandth; **~a armia** a seven-hundred-thousand strong army
siedlisk|o n [1] książk. (ludzkie skupisko) settlement; (zamieszkania) home; **opuścić rodzinne ~o** to leave one's family home [2] (źródło negatywnych zjawisk) hotbed; (źródło pozytywnych zjawisk) fountain [3] Biol. habitat

---

siedmio- w wyrazach złożonych seven-, sept(i)-, hepta-; **siedmiocalowy** seven-inch; **siedmiokąt** a heptagon; **siedmiolecie** a septenary, a septennium; **siedmiowartościowy** Chem. septivalent, heptavalent
siedmiobarwn|y adi. książk. seven-colour GB attr., seven-color US attr.
siedmiodniow|y adi. [1] [niemowlę, szczenię] seven-day-old attr., week-old attr. [2] [termin, wycieczka, pobyt] seven-day attr.
siedmiokrop|ka f Zool. seven-spot ladybird
siedmiokrotnie adv. [1] [wykonać, obliczyć] seven times [2] [wzrosnąć, powiększyć] sevenfold; [szybszy, większy] seven times
siedmiokrotn|y adi. [wzrost] sevenfold; **~y zwycięzca** a seven times winner
siedmiolat|ek [I] m pers. (Npl ~ki a. ~kowie) seven-year-old [II] m anim. (zwierzę, roślina) seven-year-old specimen
siedmiolat|ka f (dziewczynka) seven-year-old
siedmiomiesięczn|y adi. [1] [chłopiec, źrebak] seven-month-old attr. [2] [pobyt, gwarancja] seven-month attr.
siedmiomilow|y adi. [droga, odcinek] seven-mile attr.
■ **~e buty** seven-league boots
siedmior|o num. mult. → siedem
siedmiotysięczn|y [I] num. ord. seven-thousandth [II] adi. seven-thousandth; **~a armia** a seven thousand strong army
siedząco adv. **na ~** in a sitting position; **drzemać na ~** to nod off in a chair
siedząc|y [I] pa → siedzieć [II] adi. [zajęcie, praca, tryb życia] sedentary; **miejsce ~e** a seat; **pozycja ~a** a sitting position
siedze|nie [I] sv → siedzieć [II] n [1] (w samochodzie) seat; **przednie/tylne ~nie** the front/back seat [2] (krzesła, stołka) seat; **zerwał się z ~nia i wybiegł** he jumped up from the seat and ran out [3] (ubrania) seat; **spodnie mają plamę na ~niu** there's a stain on the seat of the trousers [4] pot., euf. (pośladki) rear pot., seat pot.; **przetrzepać komuś ~nie** to give sb a good hiding
siedzib|a f [1] (miejsce urzędowania) seat, registered office; **~a rządu** the seat of government; **firma ta ma swoją ~ę w Warszawie** the company has its seat a. registered office in Warsaw; **~a główna** headquarters, head office [2] książk. (miejsce pobytu) residence, domicile; **~a rodowa** a family residence
sie|dzieć impf (~dzisz, ~dział, ~dzieli) vi [1] (być w pozycji siedzącej) to sit; **~dzieć w fotelu/na krześle** to sit in an armchair/on a chair; **~dzieć za stołem** a. **przy stole** to sit at the table; **często zasypiam, ~dząc** I often nod off in a chair; **~dź cicho!** be quiet!; **pod sufitem ~dzi pająk** there's a spider on the ceiling; **kura ~działa na jajach** the hen was sitting on eggs [2] pot. (przebywać) to stay; **nie lubił ~dzieć długo w jednym miejscu** he didn't like staying in one place for long; **~dzieć za granicą** to stay abroad; **~dź tutaj, ja zaraz wrócę**

stay here and I'll be back in a moment; **~dzieć całymi dniami przed telewizorem** to be a couch potato pot. ③ pot. (w więzieniu) to do bird pot., to do time pot.; **~dział pięć lat za kradzieże** he did five years for theft ④ pot. (znajdować się) to sit, to be; **śruba dobrze ~dzi w desce** the screw sits tight in the board; **pociski/kule ~dzą w murze** there're shells/bullets in the wall ■ **~dzieć w kimś** [wspomnienia, uczucia] to haunt sb; **~dzi w nim diabeł** the devil is in him; **nie ~dzieć w kimś** pot. to not know what goes on inside sb's head; **~dzieć nad czymś** pot. to work on a. at sth; **~dzieć na tyłku** pot. a. **dupie** wulg. to sit around a. about; to arse about a. around wulg.; **~dzieć na wysokim/intratnym stanowisku** to be highly placed/to have a lucrative job; **~dzieć u kogoś na garnuszku** pot. to live off a. on sb; **~dzieć w czymś** pot. (zajmować się) to be in sth; to know sth inside out przen.; **~dzieć w długach (po uszy)** pot. to be up to one's ears in debt; **~dzieć w garnkach** a. **w garach** pot. to slave over a hot stove pot.; **~dzieć w nocy** a. **do późna** to sit up (late); **~dzieć z założonymi rękami** to sit by, to sit about; **~dź, jak ci dobrze** pot. keep your nose out of it; **~dzieć drugi rok w tej samej klasie** pot. to repeat the class a. year; **mieć na czym ~dzieć** pot. to be broad in the beam pot.; **wiedzą sąsiedzi, jak kto ~dzi** przysł. ≈ you can't keep anything from the neighbours

siedzisk|o n książk. ① (miejsce) seat; **pieniek służył mu za ~o** he used a stump as a seat ② (krzesła, fotela, stołka) seat

sie|ja f (Gpl ~i) Zool. Baltic whitefish, powan

siekacz m ① pot. (nóż) chopper, cleaver ② zw. pl Anat. incisor

sieka|ć impf Ⅱ vt ① (ciąć) to chop (up) [mięso, jarzyny] ⇒ **posiekać** ② (chłostać) to lash; **~ć kogoś batem** to lash sb with a whip ③ przen. (z broni palnej) to shoot, to shell; **żołnierze ~ali z broni maszynowej** the soldiers were shooting a. firing their machine guns ④ [wiatr, deszcz] to lash; [deszcz, śnieg] to pelt

Ⅲ **siekać się** książk. (w walce) to slash one another; **~li się szpadami** they were slashing each other with their swords

siekanin|a f sgt pot. ① (rozdrabnianie) chopping ② (pocięte kawałki) **~a wieprzowa/jarzynowa** chopped pork/vegetables ③ (bijatyka) bloodbath

siekie|ra f ① (narzędzie) axe GB, ax US ② pot. (mocna kawa) strong coffee; (mocna herbata) strong tea; (mocny papieros) strong cigarette ■ **~rę można powiesić** pot. you can cut the air with a knife

siekier|ka f dem. (small) axe GB, (small) ax US, hatchet ■ **zamienił stryjek ~kę na kijek** przysł. ≈ it's a bad bargain

sielan|ka f ① (coś błogiego) idyll GB, idyl US; **~ka małżeńska/rodzinna** marital/family bliss; **wiejska ~ka** a rural idyll; **życie w wielkim mieście to nie ~ka** life in a big city is no picnic pot. ② Literat. idyll GB, idyl US, eclogue, bucolic(s); **~ka epicka** an epic idyll

sielankowo adv. książk. idyllically; **żyli ~** they led an idyllic life

sielankowoś|ć f sgt idyllic character, idyllic quality

sielankow|y adi. ① [nastrój, scena, krajobraz] idyllic, bucolic, pastoral ② Literat. [poezja, tematyka, bohaterowie] idyllic, bucolic

sielaw|a f Zool. European whitefish, vendace

siels|ki adi. książk. [krajobraz, atmosfera, życie] pastoral, rustic

sielsko adv. książk. idyllically; **~ wyglądający krajobraz** a pastoral a. idyllic landscape

sielskoś|ć f sgt książk. pastoral character, idyllic character

siemasz inter. pot. hiya! pot.

siemi|ę n sgt (G ~enia) Bot., Roln. seed (of oil plant); **~ę lniane** flaxseed, linseed; **olej z ~enia lnianego** linseed oil

siennik m pallet, palliasse GB, paillasse US

sienn|y adi. książk. [zapach, aromat, stogi] hay attr.; **katar ~y** hay fever

si|eń f (**sionka** dem.) entrance hall, hall (-way)

siepacz m zw. pl (Gpl ~y a. ~ów) książk., pejor. hired assassin; hit man pot.

siepać impf → **siepnąć**

siep|nąć pf — **siep|ać** impf (~nęła, ~nęli — ~ię) Ⅱ vt przest. (bić) to lash, to flog; **~ać konia batem** to whip a horse; **deszcz ~ał go po twarzy** the rain was lashing at his face

Ⅲ **siepać się** pot. (strzępić się) [tkanina, obrus, mankiety] to fray

siermię|ga f daw. peasant's homespun coat

siermiężnie adv. grad. książk. plainly; **~ ubrani chłopi** plainly dressed peasants

siermiężnoś|ć f książk. (ubrania, wystroju) plainness

siermiężn|y adi. ① książk. [kolacja, strój] plain; [obyczaje, maniery] coarse, plebeian ② daw. **~i chłopi** poor peasants

sieroci|niec m przest. orphanage

sieroctw|o n sgt orphanage przest.; orphanhood

sieroc|y adi. [los, renta, życie] orphan's; **choroba ~a** Psych. separation anxiety disorder

siero|ta m, f ① (dziecko) orphan; **zostać ~tą** to be orphaned ② pejor. (niezdara) sissy pot., wimp pot.

sierot|ka f ① dem. (dziecko) (small) orphan ② dem. pot. (niezdara) sissy pot., wimp pot. ③ żart. (osoba losująca) person chosen to draw the winning tickets in a lottery

sierp m ① (narzędzie) sickle ② (wygięty przedmiot) crescent; **~ księżyca** a crescent moon ③ Sport hook, sidewinder US

sierp|ień m August; **w ~niu** in August

sierpniow|y adi. [dzień, ranek, upały] August attr.

sierpowato adv. **~ wygięte strąki** falcate pods; **~ zakrzywiony nóż** a crescent-shaped knife

sierpowa|ty adi. książk. [księżyc, łódź] crescent; [liść, strąk] falcate

sierpow|y Ⅱ adi. ① Sport **cios ~y** a hook, a sidewinder US ② [liść, strąk] falcate

Ⅲ m Sport hook, sidewinder US; **prawy/lewy ~y** a left/right hook; **dostał lewym**

~ym w szczękę he got a left hook to the jaw

sierś|ć f sgt hair; pelage spec.; (psa, wilka) coat; (kota) fur; **sweter z wielbłądziej ~ci** a camel-hair cardigan; **gubić/zmieniać ~ć** to moult; **wilki noszą już zimową ~ć** wolves are already in their winter coats

sierż. (= sierżant) Sgt

sierżan|t m Wojsk. (osoba, stopień, tytuł) sergeant

siew m (G ~u) Roln. ① (sianie) sowing U, planting U; **przygotować pole pod ~** a. **do ~u** to prepare the fields for sowing; **ziarno do ~u** a. **na ~** grain for sowing ② (zasiew) sowing U; **wiosenny ~ już wschodzi** the spring sowing is already sprouting ❏ **~ czysty** pure sowing; **~ gniazdowy** planting; **~ krzyżowy** criss cross sowing; **~ mieszany** mixed sowing a. seeding; **~ punktowy** drilling; **~ rzędowy** drilling, drill seeding; **~ rzutowy** broadcast (sowing)

siewc|a m ① (rolnik) sower, seeder ② książk., przen. (propagator) sower, propagator; **~a idei wolności i równości** a propagator of the idea of freedom and equality; **~a niezgody** a sower of discord

siew|ka f ① Zool. plover ② (sadzonka) seedling

siewnik m Roln., Techn. sower, seeder; **~ rzutowy** a broadcaster; **~ rzędowy** a seed drill; **~ nawozowy** a fertilizer distributor

siewn|y adi. **maszyna ~a** a sowing machine, a sower; **ziarno ~e** seed corn

się pron. ① (siebie samego) oneself; **zobaczył ~ w lustrze** he saw himself in the mirror; **umyła/ubrała ~** she washed/dressed herself; **nie widzę ~ w tej roli** I can't see myself in this/that role; **uważaj, bo zrobisz sobie krzywdę** be careful or you'll hurt yourself; **nie można myśleć tylko o sobie** you can't think only of yourself; **"dla kogo to kupiłeś?" – "dla siebie"** 'who did you buy it for?' – '(for) myself'; **zatrzymał taksówkę i kazał ~ wieźć na dworzec** he waved down a taxi and told the driver to take him to the station; **nie pozwól mu na siebie krzyczeć** don't allow him to shout at you; **nie dawaj (nikomu) sobą pomiatać** don't let people walk all over you pot.; **czuć się jak u siebie** to feel at home; **czuj się jak u siebie** make yourself at home; **jestem zła na siebie** I'm angry with a. at myself; **sam sobie jesteś winien** you have only yourself to blame ② (wzajemnie) each other, one another; **znają ~ od dwóch lat** they've known each other for two years; **psy goniły ~ po trawniku** the dogs were chasing one another on the grass; **przeproście ~** say sorry to each other; **spojrzeli sobie w oczy** they looked into each other's eyes; **nie mogą bez siebie żyć** they can't live without each other; **obie siostry są do siebie bardzo podobne** the two sisters are very much alike ③ (w konstrukcjach bezosobowych) **ryż uprawia ~ w Azji** rice is grown in Asia; **powinno ~ jeść dużo warzyw** one should eat a lot of vegetables; **jak to ~ pisze?** how do you spell it?; **mówi ~, że...** they say that..., it is

S

said that...; **nigdy ~ nie wie** one never knows [4] (w funkcji podmiotu) **słyszało ~ to i owo** I've heard a thing or two; **tutaj posadzi ~ żonkile** I'll/we'll plant some daffodils here; **zarabia ~ całkiem nieźle, co?** I guess you (must) earn quite a bit, eh? pot. [5] (w konstrukcjach wskazujących na sposób wykonania czynności) **jak wam ~ mieszka w nowym domu?** how's the new house?; **wygodnie ci ~ siedzi?** are you comfortable?; **tak mi ~ jakoś powiedziało** it just came out (like that) pot. [6] (w konstrukcjach biernych) **dom ~ buduje od roku** they've been building the house for a year now; **kolacja już ~ robi** dinner's almost ready; **już ~ robi!** pot. I'll be a. I'm right on it! pot. [7] pot. (jako wzmocnienie) **proszę pani, on ~ bije/kopie** Miss, he's hitting/kicking me

sięga|ć¹ impf vi książk. (datować się) to date back to, to date from; **historia tego miasta ~ czasów króla Kazimierza Wielkiego** the history of this town dates back to the reign of Casimir the Great; **nasza znajomość ~a czasów liceum** our friendship dates back to our school years

sięgać² impf → **sięgnąć**

sięg|nąć pf — **sięg|ać²** impf (~nęła, ~nęli — ~am) [1] (wyciągnąć rękę) to reach (**po coś** for sth); **~nąć do kieszeni po chusteczkę** to reach inside a. into one's pocket for a handkerchief; **~nął po szklankę wody** he reached out for a glass of water [2] (korzystać z informacji) to refer (**do czegoś** to sth); to use vt; **~ać do archiwów/słownika/źródeł** to refer to the archives/a dictionary/sources; **poetka ~a do zasobów mowy potocznej** the poet uses the colloquial language [3] przen. (starać się zdobyć) to strive (**po coś** for sth); to aspire (**po coś** to sth); **~ać po władzę** to strive for power; **~ać po koronę** to be king; **~nąć po władzę/koronę** to take power/to crown oneself king; **sportowiec ma szansę ~nąć po złoty medal** the sportsman stands a good chance of winning gold; **~nąć po laury** to win laurels [4] (używać) to use vt; **lekarze ~ają po nowoczesne metody terapii** the doctors use the latest methods of therapy; **w chwilach rozpaczy ~ała po alkohol** when she was depressed she turned to drink; **zbyt często ~amy po tabletki nasenne** we use sleeping pills too often; **~nąć po pióro** przen. to start writing; **~nąć po pędzel** przen. to start painting [5] (dotykać) to reach vt; to come (**do czegoś** to sth); **broda ~ała mu pasa** his beard came a. reached down to his waist; **głową ~ał żyrandola** he could reach a lamp with his head; **sukienka ~ająca kolan** a. **do kolan** a knee-length skirt (dochodzić) to reach vt, to run into; **bezrobocie ~nęło 13 procent** the unemployment rate reached 13 per cent; **straty firmy ~ają milionów** the company's losses run into millions; **emocje ~nęły szczytu** emotions reached their peak; **tereny, gdzie ~ała jego władza** the territory under his jurisdiction ■ **ich ręce daleko** a. **wszędzie ~ają** they are very influential, they have long arms; **~ać do kieszeni** a. **portfela** to loosen the purse strings; **~ać po cudze** a. **po cudzą**

własność to appropriate sth; **~ać prawą ręką do lewego ucha** a. **lewą ręką do prawego ucha** to do things ass-backwards pot.; **~ać (za) wysoko** a. **daleko** to aim high; **odkąd ~amy pamięcią** a. **odkąd nasza pamięć ~a** from a. since time immemorial; **odkąd ~am pamięcią** as far back as I can remember

signum temporis /ˈsignumˈtemporis/ n inv. książk. sign of the times

sikacz m pot. plonk

sikać impf → **siknąć**

sikaw|ka f [1] (wąż) hose(pipe); (strażacka) fire hose [2] Techn. hand pump

sik|i plt (G ~ów) posp. [1] (mocz) piss U [2] (słaba herbata) dishwater U

siklaw|a f dial. waterfall

sik|nąć pf — **sik|ać** impf (~nęła, ~nęli — ~am) pot. **[I]** vt to spout, to squirt; **polewaczka ~ała strumieniami wody** the street-cleaning truck spouted out streams of water; **bufetowa ~nęła piwa do kufla** the barmaid squirted beer into the mug **[II]** vi [1] (oddać mocz) to piss pot., to pee pot. [2] [woda, krew] to gush, to squirt; **krew ~nęła z rany** blood gushed from the wound; **strumienie wody ~ały z fontanny** streams of water spouted from the fountain

siko|ra Zool. **[I]** f tit, titmouse **[II] sikory** plt titmice

sikorecz|ka f dem. Zool. (small) tit

sikor|ka f [1] Zool. tit, titmouse [2] przen., żart. (dziewczyna) bird pot., chick pot.

siks|a f pot., pejor. chit pot.

siku n inv. pot., dziec. pee; **zrobić ~** to pee; **chce mi się** a. **chcę ~** I must go for a. have a pee

sil|ić się impf v refl. to go out of one's way; **~ić się na uprzejmość/dowcip** to try to be polite/funny; **nie ~ił się nawet na odpowiedź** he didn't even bother to give the answer ⇒ **wysilić się**

silikon /siˈlikon/ m (G ~u) Chem. silicone

silikonow|y /silikoˈnɔvɨ/ adi. [oleje, smar] silicone attr.; **~y biust** silicone breast implants

silnicz|ek m dem. (small) engine, (small) motor

silnie adv. grad. [1] (mocno) [uderzyć, szarpnąć] strongly, violently; **wiatr wiał coraz ~j** the wind was getting stronger and stronger; **~ zbudowany mężczyzna** a strongly-built a. powerfully-built man [2] (intensywnie) [przeżywać, nienawidzić] intensely; **działające lekarstwo** a strong a. potent drug; **~ pachnące kwiaty** flowers with a powerful a. strong smell; **wody powierzchniowe są ~ zanieczyszczone** the rivers and lakes are heavily polluted; **~ przeżył porażkę** he took his failure/defeat badly

silnik m engine, motor; **~ samochodowy** a car engine; **w pralce trzeba wymienić ~** the washing machine needs a new motor; **włączyć** a. **zapuścić** a. **zapalić ~** to switch a. turn the engine on; **wyłączyć** a. **zgasić ~** to switch a. turn the engine off ❑ **~ bocznikowy** Tech. shunt motor; **~ cieplny** Techn. thermal a. heat engine; **~ czterosuwowy** a. **czterotaktowy** Techn.

four-stroke engine; **~ elektryczny** Techn. electric motor; **~ indukcyjny** Techn. induction motor; **~ jądrowy** Fiz., Techn. nuclear engine; **~ odrzutowy** Techn. jet engine; **~ pneumatyczny** Techn. compressed-air a. pneumatic engine; **~ rakietowy** Techn. rocket engine a. motor; **~ spalinowy** Techn. internal-combustion engine; **~ tłokowy** Techn. piston engine; **~ turboodrzutowy** Techn. turbojet engine; **~ turbośmigłowy** Techn. turboprop; **~ wysokoprężny** Techn. compression-ignition engine, diesel (engine); **~i szeregowe** Elektr., Techn. in-line engines

silnikow|y adi. [olej, smar, paliwo] engine attr., motor attr.

siln|y [I] adi. grad. [1] (mocny) [osoba, ręce, serce] strong; **mieć ~e nerwy** to have strong nerves; **być ~ym duchem** to have inner strength; **mieć ~ą wolę** to have a strong will; **~y charakter** a strong character; **nasza drużyna wystąpi w najsilniejszym składzie** our team will be represented by its best players [2] (działający z dużą siłą) [wiatr, uderzenie, wstrząs] strong, heavy; **~y lek/narkotyk** a strong a. potent medicine/drug; **nosić ~e szkła** to wear strong glasses; **żyć w ~ym stresie** to live under intense pressure [3] (wpływowy) [grupa, lobby, państwo, władza] strong, powerful; **~a waluta** a strong currency; **mieć ~ą pozycję** to be in a strong position; **~y kandydat** a strong candidate [4] (przekonujący) [argument, wpływ] strong; [perswazja] forceful [5] (liczny) [eskorta, oddział, grupa] strong [6] (intensywny) [zapach, głos, światło, akcent] strong; **~y ból** an intense pain; **~y mróz** a hard frost; **~a gorączka** a high fever [7] (trwały) [uczucie, więzi, wrażenie] strong; **~a demokracja** stable democracy **[II] siln|y** m, **~a** f [1] (fizycznie, duchowo) strong person; **w przyrodzie obowiązuje prawo ~ego** survival of the fittest is a law of nature [2] (osoba wpływowa) powerful person; **kapitalizm to system dla ~ych ekonomicznie** capitalism is a system for the economically powerful

silos /ˈsilos/ m (G ~u) Budow., Roln. silo

si|ła [I] f [1] zw. sg (fizyczna) strength U; **tracić siły** to lose one's strength; **być u kresu sił** to be absolutely tired out a. exhausted; **harował ponad siły** he worked like a horse; **nie miał siły zwlec się z łóżka** he didn't have the strength to get up; **wytężył wszystkie siły, żeby nie upaść** he strained every nerve not to fall down; **maszyna napędzana siłą ludzkich rąk** a hand-operated machine [2] zw. pl (możliwości) power C/U, strength U; **przeliczyć się ze swoimi siłami** to overestimate one's ability; **zbierał siły, żeby stawić czoła niebezpieczeństwu** he gathered all his strength to face the dangerous situation; **wierzyć we własne siły** to have confidence in oneself; **nie wierzył we własne siły** he lacked self-confidence; **to przerasta moje siły** it's beyond my power a. capabilities; **pisarz umarł w pełni sił twórczych** the writer died at the height of his creative powers; **siła woli** will power [3] sgt (moc) strength, force; **siła argumentów** the force of argument; **kobieta świadoma swojej**

uwodzicielskiej **siły** a woman aware of her seductive powers; **siła miłości/słów** the power of love/words; **siła armii** military power; **wciąż wzrasta siła związków zawodowych** trade unions are getting more and more powerful; **siła dolara/funta** the strength of the dollar/the pound; **siła wiatru/wstrząsu** the force of the wind/the earthquake; **zamieszki wybuchły ze zdwojoną siłą** the riot broke out with redoubled strength; **hałas przybierał na sile** the noise was getting louder; **siła napędowa** a. **sprawcza** a. **motoryczna czegoś** przen. the driving force a. lifeblood of sth [4] sgt (przemoc) force, violence; **użyć siły** to use force; **zrobić coś siłą** to do sth by force [5] sgt (atut) strength; **siłą tego filmu jest subtelna obserwacja psychologiczna** the film's strength lies in its subtle psychological observation [6] zw. pl (tajemnicze zjawisko) power, force; **siły nadprzyrodzone** supernatural powers; **siły nieczyste** the powers of darkness, the forces of evil; **niewidzialna siła** an invisible force [7] (pracownicy) labour GB, labor US, workforce; **tania siła robocza** cheap labour (force); **fachowa siła** skilled labour; **siła najemna** hired labour [8] zw. pl (grupa ludzi) force zw. pl; **siły demokratyczne/postępowe** forces of democracy/progress; **siły rynku** market forces; **siły społeczne** social forces [9] Fiz. force; **siła tarcia** friction force; **siła ciężkości** the force of gravity

II siły plt [1] (możliwości) power U; **połączyć siły** to join a. combine forces; **robić coś wspólnymi siłami** to make a joint effort to do sth; **równowaga sił między Moskwą a Waszyngtonem** a balance of power between Russia and the USA [2] (oddziały) forces; **siły nieprzyjacielskie** the enemy forces; **siły powstańcze** (the) rebel forces; **siły lądowe/morskie/powietrzne** (the) ground/naval/air forces; **siły porządkowe** the forces of law and order; **siły zbrojne** the (armed) forces

III siła adv. [1] (przemocą) by force, forcibly [2] (z trudem) hardly; **siłą powstrzymywała się od płaczu** she could hardly stop herself from crying

IV na siłę adv. pot. [1] (przemocą) by force, forcibly; **na siłę wypchnął ich z mieszkania** he pushed them out of his flat by force; **karmić dziecko na siłę** to forcefeed a child [2] (wbrew) **nie można uszczęśliwiać ludzi na siłę** you can take a horse to water but you can't make it drink przysł.; **na siłę starał się o jej względy** he made every effort a. endeavour to win her favour [3] (jeżeli nie można inaczej) at a push pot.; **na siłę zdążę na piątek** I could do it by Friday, but at a push

❑ **siła aerodynamiczna** Fiz. aerodynamic force; **siła bezwładności** Fiz. inertial force; **siła dośrodkowa** Fiz. centripetal force; **siła elektrodynamiczna** Fiz. electrodynamic force; **siła elektryczna** Fiz. electric force; **siła nabywcza** Ekon. purchasing power; **siła nośna** Techn. aerodynamic lift; **siła odśrodkowa** Fiz. centrifugal force; **siła pociągowa** Techn. tractive force; **siła pozorna** Fiz. inertial force; **siła spójności** Fiz. cohesion; **siły wytwórcze** Ekon. production forces

■ **być skazanym na własne siły** to be left to one's own devices; **być w sile wieku** to be in one's prime; **co sił w nogach** at full pelt; **co sił** a. **z całej siły** a. **z całych sił** a. **ze wszystkich sił** a. **ile sił** with all one's strength a. might; **to nie jest na moje/jej siły** it's too much for me/her, it's beyond my/her power a. capabilities; **(nie) czuć się na siłach coś zrobić** to (not) feel up to doing sth; **mieć siłę przebicia** pot. to push oneself forward; **nie ma na niego/na to siły** he's/it's out of control; **nie mieć siły** a. **sił do kogoś/czegoś** to not put up with sb/sth any longer; **oddział w sile 20 żołnierzy** a twenty-strong detachment; **opadać z sił** to run out of steam; **próbować swoich sił w czymś** a. **na jakimś polu** to try one's hand at sth; **robić coś o własnych siłach** a. **własnymi siłami** to do sth on one's own, to do sth unaided; **siła by o tym opowiadać** książk. a lot can be said about it; **siła wyższa** circumstances beyond one's control; force majeure książk.; **siła złego na jednego** przysł. ≈ it never rains but it pours przysł.; **siłą rzeczy** perforce książk.; necessarily; **trwać** a. **odbywać się siłą rozpędu** a. **bezwładu** a. **inercji** to be a. run out of control; **nie ma takiej siły, żebym tam poszedł** wild horses wouldn't drag me there; **żadna siła mnie stąd nie ruszy** wild horses wouldn't drag me away from here

siłacz m (Gpl ~y a. ~ów) (atleta) strongman

siłacz|ka f (atletka) strongwoman; przen. paragon of moral strength

sił|ować się impf v refl. [1] (walczyć) to wrestle, to struggle (**z kimś** with sb); **~ować się z kimś na rękę** to arm-wrestle with sb [2] przen. (zmagać się) to wrestle (**z czymś** with sth); **~owała się z puszką groszku** she wrestled with a can of peas

siłowni|a f (Gpl ~) [1] Sport gymnasium; gym pot. [2] Techn. power plant, power station; **~a parowa** a steam power plant; **~a wodna** a hydropower plant

siłowo adv. [1] (siłą) by force; **spór roztrzygnęli ~** the dispute was resolved by force [2] Sport **zawodnicy byli dobrze przygotowani ~** the sportsmen received good weight training

siłow|y adi. [1] [ćwiczenia] weight attr.; **trening ~y** a. **ćwiczenia ~e** weight training [2] pejor. (związany z użyciem siły) **konflikt rozwiązano metodą ~ą** the conflict was resolved by force; **rozwiązanie ~e** power play

sine qua non n inv. książk. **warunek ~** sine qua non

singel /ˈsɪŋɡjel/ (Gpl ~i a. ~ów) m [1] (płyta) single [2] Sport singles; **przegrać/wygrać ~la** to lose/win the singles; **finały w ~lu mężczyzn** the men's singles finals [3] Gry singleton

singli|sta /sɪŋˈɡlista/ m, ~**stka** f Sport singles player

singlow|y /sɪŋˈɡlɔvɨ/ adi. [1] (dotyczący płyty) **płyty ~e zespołu the Rolling Stones** Rolling Stones' singles; **nagranie ~e** a single [2] Sport [rozgrywki, turniej] singles attr.; **gra ~a** the singles [3] Gry [as, walet, dama] singleton attr.; **karta ~a** a singleton

siniak m [1] (na skórze) bruise; **miał całe ciało w ~ach** he was covered in bruises; **nabić sobie ~a** to bruise oneself; **~ pod okiem** a black eye [2] Bot. bluish bolete [3] Zool. stock dove

sinic|a f [1] sgt Med. cyanosis [2] zw. pl Bot. blue-green alga zw. pl

si|niec m bruise; **plecy miał całe w sińcach** his back was covered in bruises; **nabić sobie sińca** to bruise oneself; **sińce pod oczami** shadows under sb's eyes

sini|eć impf (~eję, ~ał, ~eli) vi [1] (stawać się sinym) [twarz, nos, drewno] to turn blue, to become blue; **ręce ~ały mi z zimna** my hands were turning blue with cold; **pacjent ~ał i tracił oddech** the patient was turning blue and was short of breath ⇒ **zsinieć** [2] (wyglądać sino) **smuga dymu ~ała nad domami** there was a blue wisp of smoke over the houses

sino adv. [wyglądać] blue adi.; **w pokoju było ~ od dymu** the room was filled with smoke; **~ podkrążone oczy** shadows under sb's eyes

sinolo|g /siˈnɔlɔɡ/ m (Npl ~dzy a. ~gowie) sinologist

sinologi|a /sinɔˈlɔɡja/ f sgt (GD ~i) sinology

sinologiczn|y /sinɔlɔˈɡitʃnɨ/ adi. [studia, badania, prace] sinological

sinoś|ć f sgt (nieba, ust, twarzy) blueness; **~ć pod oczami** shadows under sb's eyes

sin|y adi. [dym, mgiełka, twarz] blue; **był ~y z zimna** he was blue with cold; **~e cienie pod oczami** shadows under sb's eyes

sio[1] inter. pot. shoo!

sio[2] pron. → **to**

siodeł|ko n [1] (w rowerze, motocyklu) saddle [2] dem. (do jazdy konnej) (small) saddle [3] (w wyciągu) chair [4] Geog. saddle, col [5] Żegl. poppet

siodełkow|y adi. **wyciąg ~y** a chairlift

siodł|ać impf vt to saddle (up) [konia] ⇒ **osiodłać**

siod|ło n [1] (do jazdy konnej) saddle; **siedzieć w ~le** to sit in the saddle; **wskoczył na ~ło** he swung himself into the saddle; **koń pod ~łem** saddled horse; **koń pod ~ło** riding horse; **damskie ~ło** side-saddle [2] pot., przen. (stanowisko) saddle; **siedzieć (mocno) w ~le** to be (firmly) in the saddle; **wysadzić kogoś z ~ła** to knock sb off their perch [3] Geog. saddle, col

❑ **~ło tureckie** Anat. sella turcica, Turkish saddle

si|oło n książk. hamlet

siorbać impf → **siorbnąć**

siorb|nąć pf — **siorb|ać** impf (~nęła, ~nęli — ~am) vt pot. to slurp; **~ał kawę** he slurped his coffee; **~ał głośno, jedząc zupę** he slurped his soup noisily

si|ostra f [1] (krewna) sister; **to moja siostra** she's my sister; **jesteśmy siostrami** we're sisters; **starsza/młodsza siostra** an older/a younger sister; **siostra bliźniaczka** a twin sister [2] (bliska osoba) sister; **była mi przyjaciółką i siostrą** she was a friend and sister to me; **byłyśmy jak siostry** we were like sisters; **siostra w wierze** a sister in faith [3] (pielęgniarka) sister GB, nurse US; **siostra przełożona** head nurse [4] (zakonnica) sister; **siostry zakonne** nuns; **siostry**

karmelitanki the Carmelite nuns ⑤ przen. sister; **cierpliwość jest bliźniaczą siostrą cierpienia** patience is the twin sister of suffering

❑ **mleczna siostra** *a girl breastfed by the same wet nurse as another child*; **siostra miłosierdzia** Relig. Sister of Mercy

siostru|nia *f* pieszcz., iron. (*Gpl* **~ni**) dear sister

siostrzan|y *adi.* książk. ① *[rzeczy, koleżanki, dom]* sister's; *[pocałunek, rada, miłość, pomoc]* sisterly; **żywić do kogoś ~e uczucia** to feel sisterly towards sb; **po ~emu** like a sister ② przen. *[firma, uczelnia]* sister *attr.*; **~e miasta** twin towns

siostrzenic|a *f* niece

siostrze|niec *m* (*V* **~ńce**) nephew

siostrzyc|a *f* książk. sister

siostrzycz|ka *f dem.* pieszcz. ① *(krewna)* little sister, kid sister ② *(pielęgniarka)* sister ③ *(zakonnica)* sister

siódem|ka *f* ① *(liczba, numer)* seven ② *(oznaczenie)* number seven; **jeździł do pracy ~ką** he took a a. the number seven (tram/bus) to work; **mieszkać pod ~ką** to live at number seven; **~ka pik** the seven of spades ③ *(grupa)* seven; **do kina wybraliśmy się w ~kę** all seven of us went to the movies

siódmoklasi|sta *m*, **~stka** *f* seventh-grader US; **~ści** year sevens GB

siódm|y Ⅱ *num. ord. [klasa, piętro, rocznica]* seventh; **rozdział ~y** chapter seven; **zająć ~e miejsce w wyścigu** to come seventh in a race

Ⅱ *m (data)* the seventh; **~y maja** the seventh of May, May the seventh

Ⅲ **siódma** *f* ① *sgt (godzina)* seven o'clock; **wstaję o ~ej rano** I get up at seven (o'clock) in the morning; **za pięć ~a** five to seven; **punkt ~a** seven (o'clock) sharp ② *(w ułamkach)* seventh; **jedna ~a** one seventh; **dwie/trzy ~e** two/three sevenths

Ⅳ *adi. [część]* seventh

■ **pracować do ~ych potów** to work one's fingers to the bone; **wyciskać z kogoś ~e poty** to put sb through the mill

sir /ser/ *m inv.* sir

sit|ko *n dem. (small)* sieve, (small) strainer; **~ko do herbaty** a tea strainer

❑ **~ko madreporowe** Zool. madrepore, sieve plate

■ **nowe ~ko na kołek** a. **na kołku** the latest trend a. fashion

si|to *n* ① *(kuchenne)* sieve, strainer; **przesiać mąkę przez sito** to sieve the flour; **przetrzeć jarzyny przez sito** to press the vegetables through a sieve; **odcedzić makaron na sicie** to strain the pasta; **być dziurawym jak sito** to leak like a sieve ② przen. *(proces sprawdzający)* **przejść przez sito eliminacyjne** to pass through the qualifying round; **towary przeszły przez sito kontroli jakości** the goods passed the quality control ③ Techn. riddle

■ **sitem wodę czerpać** przysł. to be on a hiding to nothing GB pot.

sitowi|e *n sgt* Bot. bulrush

sitw|a *f* pot., pejor. clique, coterie

siup[1] *inter.* jump!; **~, nie bój się, skacz!** come on, don't be afraid, jump!; **wpadła do domu i ~ do łóżka** she burst into the house and hopped into bed

■ **no to ~ (w ten głupi dziób)** posp. here's mud in your eye pot., bottoms up pot.

siup[2] *m zw. pl* (*G* **~u**) pot. jape, prank; **robić ~y** to pull pranks

siur|ek Ⅱ *m pers.* (*Npl* **~ki**) pot. pipsqueak pot.

Ⅱ *m inanim. sgt* pot., dziec. willy GB pot., willie GB pot.

siurpryz|a /cur'priza/ *f* książk. surprise; **zrobić komuś ~ę** to surprise sb

siusia|ć *impf vi* pot., dziec. to pee pot., to wee pot. ⇒ **wysiusiać**

siusiak *m* pot., dziec. willy GB pot., willie GB pot.

siusiu *n inv.* pot., dziec. pee pot., wee pot.; **zrobić ~** to pee; **wyszli na ~** they went out for a pee; **mamo, ~!** mum, I need to pee; **chcę ~** a. **chce mi się ~** I need to pee

siu|siumajtka, ~śmajtka *f* pot., pejor. teenybopper pot.

siuśk|i *plt* (*G* **~ów**) pot. ① *(mocz)* pee pot., wee pot. ② *(słaba herbata)* dishwater

siwaw|y *adi. [mężczyzna, włosy, broda]* greyish GB, grayish US

siw|ek *m* grey GB, gray US

siwi|eć *impf* (**~eję, ~ał, ~eli**) *vi* ① *[osoba]* to go a. turn grey GB, to go a. turn gray US; *[włosy]* to grey GB, to gray US; **zaczynał już ~eć** he was greying; **~eć na skroniach** to go grey at the sides ② *(odróżniać się od tła)* to be a grey silhouette GB, to be a gray silhouette US; **góry ~ały na tle nieba** the mountains were silhouetted in grey against the blue sky

siwiut|ki (**~eńki**) *adi. dem. [osoba, włosy]* grey GB, gray US

siwi|zna *f sgt* grey GB, gray US; **włosy przyprószone ~zną** hair streaked with grey

siw|o *adv. grad. [wyglądać]* grey *adi.* GB, gray *adi.* US

siwobro|dy *adi. [starzec]* grey-bearded GB, gray-beared US

siwowłos|y *adi. [staruszka]* grey-haired GB, gray-haired US, grizzled

siwu|cha *f sgt* pot. cheap vodka

siw|y Ⅱ *adi.* ① *[osoba, włosy, koń, dym]* grey GB, gray US; **starzec z ~ą brodą** a grey-bearded old man; **być ~ym jak gołąb** to be silver-grey ② Zool. **czapla ~a** grey heron; **wrona ~a** hooded crow

Ⅱ **siw|y** *m*, **~a** *f* pot. grey GB, gray US

sje|sta *f* książk. siesta; **mieć/udać się na ~stę** to have/take a siesta

ska, s-ka *f* = spółka) Co., co.

skacowan|y *adi.* pot. hung-over

skafand|er *m* ① *(kurtka)* anorak ② *(ochronny)* suit; **~er kosmiczny** a spacesuit; **~er nurka** a diving suit

skafander|ek *m dem. (small)* anorak

skaj *m* (*G* **~u**) leatherette; **kurtka ze ~u** a leatherette jacket

skakać *impf* → **skoczyć**[1]

skakan|ka *f* skipping rope GB, jump rope US; **skakać na ~ce** a. **przez ~kę** to skip GB, to skip rope US

skal|a *f* (*Gpl* **~i** a. **~**) ① *(zbiór liczb)* scale; **~a Celsjusza/Fahrenheita** the Celsius/Fahrenheit scale; **zero stopni w ~i Celsjusza** zero degrees Celsius a. centigrade; **wiatr o sile ośmiu stopni w ~i**

Beauforta a wind of force eight on the Beaufort scale; **odpowiedzi oceniano w ~i pięciopunktowej** the answers were rated on a five-point scale ② *(podziałka)* scale, dial; **szukać na ~i radia BBC** to look for BBC on the scale ③ *(uporządkowany zbiór)* scale; **~a wartości** a set of values; **~a ocen** a marking scale a. scheme; **na drugim końcu ~i mieszczą się osoby zarabiające poniżej minimum socjalnego** at the other end of the scale there are people on the lowest income; **~a porównawcza** standards for comparison ④ *(zasięg)* range, scale; **szeroka ~a zainteresowań** a wide range of interests; **~a wzrostu cen** a scale of price increase; **~a barw** a range of colour; **~a głosu** the compass of a singer's voice; **~a uczuć** a gamut of emotions ⑤ Geog., Mat. scale; **mapa w ~i 1 : 500,000** a map at a scale of 1 : 500 000; **makieta w ~i 1 : 5** a model on a scale of 1 : 5 ⑥ Muz. scale

❑ **~a jońska** Muz. Ionian mode; **~a termometryczna** Fiz. Kelvin scale

■ **na wielką/małą ~ę** on a large/small scale; **żyć na wielką ~ę** to live it up, to live life to the full

skala|ć Ⅱ *pf* Ⅱ *vt* książk. ① *(zhańbić)* to besmirch, to taint; **~ać nazwisko** to besmirch one's good name; **~ny grzechem** tainted with sin ⇒ **kalać** ② *(zabrudzić)* to sully; **ręce miał ~ne krwią** his hands were sullied with blood ⇒ **kalać**

Ⅱ **skalać się** ① książk. *(zhańbić się)* to be besmirched, to be tainted; **~ć się kłamstwem/kradzieżą/zdradą** to be tainted by deceit/theft/betrayal ⇒ **kalać się** ② iron. **nie ~ć się czymś** to not lift a. raise a finger to do sth; **nigdy nie ~ł się żadną pracą** he's never lifted a. raised a finger to do any work

skala|r Ⅱ *m anim.* Zool. angelfish

Ⅱ *m inanim.* (*G* **~ru**) Fiz., Mat. scalar

skalecze|nie Ⅱ *sv* → **skaleczyć**

Ⅱ *n (rana)* cut; **~nia na dłoniach/kolanach** cuts on the hands/knees

skalecz|yć *pf* Ⅱ *vt* to cut; **~yć rękę odłamkiem szkła** to cut one's hand on a piece of glass; **~yć nogę o kamień** to hurt one's leg on a stone; **~yć kogoś nożem** to cut sb with a knife ⇒ **kaleczyć**

Ⅱ **skaleczyć się** to cut oneself; **~yć się w palec/w nogę** to cut one's finger/leg; **~yć się nożem/szkłem** to cut oneself with a knife/on a piece of glass ⇒ **kaleczyć się**

skalistoś|ć *f sgt* rockiness

skali|sty *adi.* ① *[teren, wyspa, obszar]* rocky ② *[ziemia, droga]* rocky, stony

skalkul|ować *pf vt* ① *(obliczyć)* to calculate *[ceny, koszty]* ⇒ **kalkulować** ② pot. *(rozważyć)* to reckon; **~ował, że lepiej będzie załatwić sprawę od ręki** he reckoned that it would be better to deal with the matter on the spot ⇒ **kalkulować**

skaln|y *adi. [krawędź, ściana]* rock *attr.*; **~e rumowisko** debris; **półka ~a** a ledge; **formacja ~a** a rock formation; **roślina ~a** a rock plant; **gołąb ~y** a rock dove a. pigeon

skal|ować *impf vt* to calibrate, to graduate *[miernik, termometr]* ⇒ **wyskalować**

skalp *m* (*G* **~u**) daw. scalp

skalpel *m* Med. scalpel

❑ **~ plazmowy** Med., Techn. plasma scalpel

skalp|ować *impf vt* daw. to scalp ⇒ **oskal-powować**

ska|ła *f* [1] Geol. rock *C/U*; **~ła bazaltowa/granitowa** basalt/granite rock; **erozja ~ł** rock erosion; **twardy jak ~ła** (as) hard as a rock [2] (góra) rock; **zamek wznosi się na stromej ~le** the castle is situated on a steep rock; **statek rozbił się o podwodną ~łę** the ship struck an underwater rock; **wspinać się po ~łach** to go rock climbing ❑ **~ła erupcyjna** Geol. eruptive rock, igneous rock; **~ła ilasta** Geol. argillaceous rock; **~ła lita** Geol. solid rock; **~ła luźna** Geol. loose rock; **~ła magmowa** Geol. igneous rock; **~ła metamorficzna** Geol. metamorphic rock; **~ła osadowa** Geol. sedimentary rock; **~ła płonna** Górn. waste rock; **~ły chemiczne** Geol. chemically-formed rocks; **~ły efuzywne** Geol. effusive rocks; **~ły głębinowe** Geol. abyssal a. plutonic rocks; **~ły intruzyjne** Geol. intrusive rocks; **~ły klastyczne** Geol. clastic rocks; **~ły kontaktowe** Geol. contact metamorphic rocks; **~ły melanokratyczne** Geol. melanocratic rocks; **~ły pierwotne** Geol. primary rocks; **~ły sypkie** Geol. loose rock material; **~ły wulkaniczne** Geol. volcanic a. extrusive rocks; **~ły zasadowe** Geol. basic rocks

■ **być ze ~ły** a. **jak ~ła** pejor. to be (as) hard as nails, to be stony-hearted

skał|ka *f* [1] *dem.* (small) rock; **wspinać się po ~kach** to go rock climbing [2] przest., Wojsk. flint; **karabin ze ~ką** a flintlock

❑ **egzotyczne ~ki** Geol. xenoliths

skałkow|y *adi.* [1] (związany z górami) **wspinaczka ~a** rock climbing [2] przest., Wojsk. **broń ~a** a. **karabin ~y** a flintlock

skamielin|a *f* [1] *zw. pl* (skamieniałości) fossil; **~y z karbonu** fossils from the Carboniferous (period), Carboniferous fossils [2] przest., pejor. fossil; **~y obyczajowe** fossilized customs; **~y językowe** fossilized a. archaic expressions

skamieniałoś|ć *f* fossil

❑ **żywa ~ć** Bot., Biol. living fossil

skamienia|ły *adi.* [1] Geol. *[zwierzęta, rośliny]* fossilized [2] przen. (znieruchomiały) *[twarz]* petrified; **ludzie ~li ze strachu** people petrified a. frozen with fear

skamieni|eć *pf* (**~eję, ~ał, ~eli**) *vi* [1] (stwardnieć) to petrify; **~ała glina** rock-hard clay; **skorupiaki ~ałe w skale** fossilized crustaceans; **drzewa ~ały na mrozie** the trees were petrified by frost ⇒ **kamienieć** [2] przen. (znieruchomieć) to petrify; **~eć ze zgrozy** to be petrified with fear; **twarz ~ała mu z przerażenia** his face froze with fear ⇒ **kamienieć** [3] przen., książk. (stać się nieczułym) to harden; **~ał na cudze nieszczęście** his heart hardened to other people's suffering ⇒ **kamienieć**

skamlać → **skomleć**

skamleć → **skomleć**

skamłać → **skomleć**

skanaliz|ować *pf vt* [1] (założyć kanalizację) to install a sewer system in, to fit a sewer system to, **~ować dom/mieszkanie** to install a waste disposal system in a house/flat ⇒ **kanalizować** [2] (dokonać kanalizacji) to

canalize *[rzekę]* ⇒ **kanalizować** [3] książk., przen. to (re)channel *[emocje]*; to provide an outlet for *[napięcia społeczne]* ⇒ **kanalizować**

skancer|ować *pf vt* to damage *[znaczek]* ⇒ **kancerować**

skandal *m* (**~ik** *dem.*) (*G* **~u, ~iku**) scandal; **~ polityczny/obyczajowy** a political/sex scandal; **rubryka ~i towarzyskich** a gossip column; **wywołać ~** to cause a. create a scandal; **kiedy napisała o tym prasa, wybuchł ~** scandal broke after the story had been reported in the press; **wokół filmu wybuchł ~** the film created a. caused a scandal; **to ~, że/żeby...** it's a scandal a. scandalous that...

skandalicznie *adv. grad. [postępować, zachowywać się]* scandalously, disgracefully

skandaliczność|ć *f sgt* książk. scandalousness

skandaliczn|y *adi.* [1] *[romans, afera]* scandalous, disgraceful [2] (oburzający) *[warunki, jakość]* outrageous, scandalous

skandali|sta *m*, **~stka** *f* scandalmonger

skandaliz|ować *impf vt* to scandalize; **~owała wszystkich swoimi romansami** she scandalized everybody by her love affairs

skandalizując|y [1] *pa* → **skandalizować** [2] *adi. [wypowiedź, zachowanie]* scandalous, disgraceful; *[sztuka, film]* scandalous; **szerzyć ~e plotki** to spread gossip

skand|ować *impf vt* to chant *[pieśni, hasła]*; **„jesteś głupi, głu-pi", ~ował** 'you're stupid, stu-pid,' he chanted ⇒ **wyskando-wać**

Skandynaw *m*, **~ka** *f* (*Npl* **~owie, ~ki**) Scandinavian

skandynawi|sta *m*, **~stka** *f* specialist in Scandinavian studies

skandynawistyczn|y *adi. [literatura, studia]* Scandinavian

skandynawisty|ka *f sgt* Nauk. Scandinavian studies

skandynaws|ki *adi. [kraje, literatura, klimat]* Scandinavian

skane|r *m* Komput., Med. scanner

skan|ować *impf vt* Komput., Techn. to scan *[dokumenty, dane, powierzchnię]* ⇒ **zeskanować**

skansen *m* (*G* **~u**) [1] (muzeum) open-air ethnographic museum [2] pejor. (miejsce zacofane) backwater; **region ten stał się ~em przemysłowym Europy** the region became an economic backwater in Europe

skapcania|ły [1] *pp* → **skapcanieć** [2] *adi.* (zmęczony) dog-tired pot., done in pot.

skapcani|eć *pf* (**~eję, ~ał, ~eli**) *vi* pot., pejor. to flag ⇒ **kapcanieć**

skaper|ować *pf vt* pot. to poach *[pracownika, piłkarza]* ⇒ **kaperować**

skapitul|ować *pf vi* [1] (poddać się) *[armia, oddział, żołnierz]* to capitulate, to surrender (**przed kimś** to sb) ⇒ **kapitulować** [2] przen. (zrezygnować) to capitulate, to yield; **~ować przed czyimiś żądaniami** to yield to sb's demands; **~ował wobec argumentacji rodziców** he yielded to his parents' arguments ⇒ **kapitulować**

skap|nąć *pf* — **skap|ywać** *impf* (**~nęła, ~nęli — ~uję**) *vi* [1] *[woda, łzy]* to dribble, to drip; **pot ~uje mu z czoła** sweat is

dripping down his forehead; **krew ~ywała z rany** blood was trickling out of the wound [2] pot. *[pieniądze]* to come in; **z tego interesu i dla niego coś ~nie** he'll get something out of it too pot.; **~nęło mi parę złotych przed pierwszym** some small change trickled in before pay day

skap|ować *pf* [1] *vi* pot. to cotton on pot. (**coś** to sth); to twig pot.; **~owałeś wreszcie, o co mi chodzi** you've finally cottoned on to what I mean; **~ował, że nie będzie miał we mnie poplecznika** he twigged that I wouldn't be on his side ⇒ **kapować** [2] **skapować się** pot. to twig pot.; **przez rok nie ~ował się, kto mu robi te żarty** it took him a year to twig who was pulling tricks on him

skapt|ować *pf vt* pot. to pouch *[pracownika, piłkarza]*; to win [sb] over a. round, to win over a. round *[zwolenników]* ⇒ **kaptować**

skapywać *impf* → **skapnąć**

skarabeusz *m* (*Gpl* **~y** a. **~ ów**) Zool. scarab (beetle)

skarani|e *n sgt*

■ **~e boskie z tym chłopakiem/telewizorem** pot. this boy/television is a real curse pot.

skarb *m* (*G* **~u**) [1] *zw. pl* (zbiór kosztowności) treasure *U*; **szukać ~u** to search for buried treasure; **poszukiwacze ~ów** treasure hunters [2] *zw. pl* (zabytek) treasure *zw. pl*; **~y sztuki** art treasures; **~y narodowe** national treasures [3] przen. treasure, gem; **taki pracownik to ~** such an employee is a real gem; **jej talent to prawdziwy ~** her talent is a real treasure; (**mój**) **~ie!** pot., pieszcz. darling!, sweetheart! [4] *sgt* przest. (finanse państwa) treasury

❑ **Skarb Państwa** Prawo State Treasury

■ **za (żadne) ~y (świata)** not for (all) the world, not for love nor a. or money

skarbcow|y *adi. [skrytki, zamki, zabezpieczenia]* treasury attr.

skarbczyk *m dem.* [1] (pomieszczenie) (small) strongroom [2] (kosztowności) treasures *pl*; **rodowy ~** the family treasures

skarb|iec *m* [1] (w banku) strongroom; (w zamku) treasury [2] (zbiór kosztowności) treasures *pl*; **~iec koronny** the royal treasures [3] przen., książk. (skarbnica) treasure trove, treasure house; **~iec tradycji/wiedzy** a treasure trove of tradition/information

skarbnic|a *f* [1] (w banku) strongroom; (w zamku) treasury [2] (zbiór kosztowności) treasures *pl* [3] książk. (zasób) treasury, treasure house; **~a wiedzy/kultury** a treasury of information/culture

skarbnicz|ka *f* treasurer, collector

skarbni|k *m* [1] (w organizacji) treasurer, collector [2] (duch podziemi) kobold [3] Hist. royal treasurer

skarbon|a *f augm.* collection box

skarbon|ka *f* money box GB, piggy bank

skarbow|y *adi. [urząd, kontrola, wykroczenie]* tax attr.; **bon ~y** a Treasury bill; **znaczek ~y** a revenue stamp

skar|cić *pf vt* (zganić) to scold, to rebuke, to reprimand *[dziecko, ucznia]*; **~cić kogoś wzrokiem** to give sb a scolding look ⇒ **karcić**

skar|ga f [1] (narzekanie) complaint; **~gi chorych** the moaning of the sick; **nigdy nie usłyszałam z jej ust żadnej ~gi** I've never heard her complain [2] (wyraz niezadowolenia) complaint; **księga ~gi i wniosków** the complaints and suggestions book; **~gi na sąsiadów/złą jakość usług** complaints about neighbours/poor service; **poszła na ~gę do dyrektora** she went to the manager to complain [3] Admin. complaint; **wnieść** a. **złożyć ~gę z powodu czegoś** to file a. lodge a complaint about sth [4] Prawo plaint; **wnieść ~gę do sądu przeciwko komuś** to file a. lodge a plaint against sb ❑ **~ga kasacyjna** Prawo appeal against sentence; **~ga rewizyjna** Prawo appeal

skarla|ły adi. [1] (skarłowaciały) [drzewo, gałąź] stunted, dwarfed [2] przen. [pokolenie, plany, marzenia] stunted

skarl|eć pf vi [drzewo, gałąź, zwierzę] to stunt, to dwarf ⇒ **karleć**

skarłowacia|ły adi. (skarlały) [drzewo, gałąź] stunted, dwarfed

skarłowaci|eć pf vi [drzewo, zwierzę] to stunt, to dwarf ⇒ **karłowacieć**

skarp|a f [1] (urwiska, wykopu) escarpment, bluff; (rzeki) bank, enbankment [2] Archit. buttress

skarpe|ta f sock; **para ~t** a pair of socks; **grube wełniane ~ty** thick woollen a. woolen US socks
■ **trzymać oszczędności w ~cie** a. **odkładać oszczędności do ~ty** pot. to keep one's savings under the mattress

skarpet|ka f sock; **~ka do kostki** an ankle sock; an anklet US; **para ~ek** a pair of socks; **długie/krótkie ~ki** long/short socks

skarykatur|ować pf vt to caricature [osobę, zjawisko, stosunki] ⇒ **karykaturować**

skarż|yć impf **I** vt Prawo to sue, to bring an action against
II vi (donosić) to tell tales; **~yć na kogoś** to tell on sb; to sneak on sb GB pot. ⇒ **naskarżyć, poskarżyć**
III skarżyć się (narzekać) to complain; **~yć się na bóle/zimno** to complain of the pain/cold; **~yć się na sąsiadów/dzieci** to complain about the neighbours/children

skarżypy|ta m, f (Npl m ~ty, Gpl m ~t a. ~tów; Npl f ~ty, Gpl f ~t) pot. telltale

skas|ować pf vt [1] (przedziurkować, ostemplować) to punch [bilet] ⇒ **kasować** [2] (zlikwidować) to erase [nagranie]; to delete [plik]; to cancel [zarządzenie]; to close [sth] down, to close down [instytucję, urząd, sklep]; **kaseta zabezpieczona przed ~owaniem** an erase-protected cassette ⇒ **kasować** [3] Admin. to write off [maszyny, pojazdy, urządzenia] ⇒ **kasować** [4] pot. (zniszczyć) to crash, to write [sth] off [samochód, rower] [5] Prawo to overrule [wyrok] ⇒ **kasować**

ska|t m sgt (A ~ta) Gry skat

skatalog|ować pf vt [1] (spisać) to catalogue, to catalog US [archiwum, księgozbiór] ⇒ **katalogować** [2] Komput. to catalogue, to catalog US [pliki] ⇒ **katalogować**

skateboar|d /'skejdbord/ m (G ~du) sgt Sport skateboard

skat|ować pf vt to beat cruelly [człowieka, zwierzę] ⇒ **katować**

skatow|y adi. [turniej, rozgrywki] skat attr.

skau|t /skawt/ m (Boy) Scout

skauting /'skawtiŋg/ m sgt (G ~u) scouting

skaut|ka /'skawtka/ f (Girl) Scout, Girl Guide

skautows|ki /skaw'tofski/ adi. [obóz, piosenki] scout attr.

skawalać impf → **skawalić**

skawal|ić pf — **skawal|ać** impf **I** vt [wilgoć] to solidify [cukier, sól]; [słońce] to cake [mud]
II skawalić się — skawalać się [cukier, sól] to solidify; [błoto] to cake

skawalony adi. [cukier, sól] caked; [proszek do prania, gips] baked

skaz|a f [1] (usterka) flaw; **~a w** a. **na materiale** a flaw in the fabric; **brylant bez ~y** a flawless diamond; **oglądał wazon pod światło, czy nie ma jakiejś ~y** he was holding the vase against the light to spot any flaw [2] przen. flaw, blemish; **~a na honorze** a blemish on sb's honour; **człowiek bez ~y** an unblemished man; **mimo wielu ~ w charakterze, był ogólnie lubiany** despite numerous flaws in his character he was well liked [3] Med. diathesis ❑ **~a krwotoczna** Med. haemophilia GB, hemophilia US; **~a moczanowa** Med. gout; **~a szczawianowa** Med. oxalosis; **~a wysiękowa** Med. exudative diathesis

ska|zać pf — **ska|zywać** impf (~żę — ~zuję) **I** vt [1] (wydać wyrok) to condemn, to sentence; **~zać kogoś na rok więzienia/dożywocie** to sentence sb to a year's/to life imprisonment [2] przen. (przesądzić o losie) to condemn, to doom; **~zany na samotność/bezczynność** condemned to loneliness/idleness; **artysta ~zany na zapomnienie** an artist doomed to oblivion; **sprawa z góry ~zana na przegraną** an issue doomed to failure from the start
II skazać się — skazywać się (wyznaczyć sobie los) to condemn oneself (**na coś** to sth); **~zać się na osamotnienie/na nędzę** to condemn oneself to loneliness/poverty

skaza|niec m (V ~ńcze a. ~ńcu) Prawo convict; (na śmierć) condemned man

skazan|y **I** pp → **skazać**
II skazan|y m, **~a** f Prawo condemned person

ska|zić pf — **ska|żać** impf vt [1] (zanieczyścić) to contaminate [środowisko naturalne, wodę]; to pollute, to taint [powietrze]; **teren ~żony** a contaminated area; **~żenie radioaktywne** contamination [2] (uczynić niezdatnym do spożycia) to contaminate [mięso, sól]; **spirytus ~żony** methylated spirit [3] książk. (zeszpecić) to uglify; **twarz ~żona bliznami** a scarred face, a face disfigured by scars [4] książk., przen. (zdeformować) to infect; **ludzie ~żeni apatią/cynizmem** people infected with apathy/by cynicism

skazując|y **I** pa → **skazać**
II adi. **wyrok ~y** a conviction

skazywać impf → **skazać**

skażać impf → **skazić**

skąd **I** pron. [1] (w pytaniu) where from?; whence? przest., książk.; **~ masz ten zegarek?** where did you get this watch (from)?; **„~ jesteście?" – „z Krakowa"** 'where are you from?' – 'Cracow'; **~ przychodzicie?** where have you come from?; **ciekawe, ~ (ona) ma te informacje** I wonder where she got that information (from); **nie wiesz, ~ dzwonił?** do you know where he was phoning from?; **~ wiesz?** how do you know?; **~ ci to przyszło do głowy?** what gave you that idea?; **~ ta pewność?** what makes you so sure?; **pojawił się nie wiadomo ~** he appeared out of a. from nowhere [2] (względny) **miejsce, ~ wyruszyliśmy** the place we set off from; **odłóż nożyczki tam, ~ je wziąłeś** put the scissors back where you found them
II inter. not at all!, why, no!; **„powiedziałeś mu?" – „ależ ~" a. „~ znowu"** 'did you tell him?' – 'of course not!'

skądciś → **skądś**

skądinąd **I** pron. (z miejsca) from somewhere else, from some other place; (ze źródła) from elsewhere, from other sources
II part. otherwise; **te ~ różne dziedziny przemysłu** these otherwise different branches of industry

skądkolwiek pron. no matter from where; **przyjmiemy każdą pomoc, ~ przyjdzie** we'll take help from any quarter, we'll take any help we can get

skądsiś → **skądś**

skądś pron. from somewhere (or other); **przyniosła ~ skrzypce** she brought a violin from somewhere; **ja chyba ~ go znam** I think I know him from somewhere; **~ dobiegało gdakanie kur** the clucking of hens could be heard from somewhere

skądże **I** pron. where from?; whence? przest., książk.; **~ wracacie?** where have you come from?; **~ mam wiedzieć?** how (on earth) would a. should I know?; **~ zdobyłeś te pieniądze?** where did you get this money from?
II inter. not at all!, why, no!; **„nie przeszkadzam?" – „ależ ~" a. „~ znowu"** 'am I disturbing you?' – 'not at all!' a. 'but of course not!'

skąp|ać pf (~ię) **I** vt [1] książk. (zamoczyć gwałtownie) to plunge; **~ał go w rzece po szyję** he plunged him in the river up to the neck [2] przen. to bathe; **twarz ~ana we łzach** a face bathed in tears; **ogród ~any w słońcu** a garden bathed in sunlight; **kraj ~any we krwi** a country bathed in blood
II skąpać się [1] (zamoczyć się) to bathe [2] przen. to bathe; **~ać się w krwi nieprzyjaciela** to bathe in enemy blood

skąp|ić impf vt [1] (nadmiernie oszczędzać) to stint [jedzenia, ubrania]; **~ić dzieciom mleka** to grudge the children milk, to stint on milk for the children; **~ić na jedzenie** a. **na jedzeniu** to stint on food; **~ić grosza** to tighten the purse strings ⇒ **poskąpić** [2] przen. to spare; **nie ~ić wysiłków** to spare no pains a. trouble; **nie ~ić komuś pochwał** to spare no praise for sb ⇒ **poskąpić**

skąp|iec m (V ~cze a. ~cu) miser

skąpiradł|o n pot. skinflint pot., tightwad US pot.

skąp|o adv. [1] (niewystarczająco) barely, poorly; **~o oświetlony pokój** a poorly lit room; **~o odziana dziewczyna** a scantily dressed girl [2] (oszczędnie) stingily; **~o wydawał na życie** he lived frugally [3] (biednie) **u nich w domu zawsze było bardzo ~o** theirs has always been a poor home

skąpstw|o *n sgt* meanness, miserliness

skąp|y *adi.* [1] (nadmiernie oszczędny) *[osoba]* mean, stingy; **być ~m w słowach** to be sparing with words [2] (niewystarczający) *[informacje]* skimpy; *[posiłek, światło, strój]* scanty

skecz *m* (*G* ~**u**, *Gpl* ~**y** a. ~**ów**) Teatr skit

skib|a *f* [1] (gleby) ridge; **pług odkładał równe ~y** the plough left even ridges [2] (chleba) slice

skib|ka *f dem.* (chleba) small slice

skibob *m* (*G* ~**u**) Sport skibob; **jeździć na ~ie** to skibob

skier|ować *pf* — **skier|owywać** *impf* **[]** *vt* [1] (zwrócić w jakąś stronę) to direct, to point *[lunetę, strumień wody]*; **~ować broń w stronę przeciwnika** to aim at the enemy; **~ować reflektory w niebo** to point the searchlights at the sky; **~ować wzrok na kogoś/coś** to turn one's eyes towards sb/sth; **~ować rozmowę na inne tory** to divert the conversation towards another topic; **drogowskaz ~owany na północ** a signpost pointing to the north ⇒ **kierować** [2] (posłać) to dispatch *[pismo]*; **~ować projekt ustwy do komisji** to refer the draft of the bill to the committee; **~ować sprawę do sądu** to bring a case to court ⇒ **kierować** [3] (kazać iść) to direct; **~ować kogoś do kasy** to direct sb to the cash desk; **~ować pacjenta do lekarza specjalisty** to refer a patient to a specialist; **~ować pacjenta do szpitala** to send a patient to hospital; **~ować kogoś w złą stronę** to misdirect sb ⇒ **kierować** [4] (adresować) to direct; **~ować pytanie do kogoś** to direct a question to sb; **ówać myśli ku komuś/czemuś** to direct one's thoughts at a. towards sb/sth; **~ować uczucia ku komuś** to direct one's feelings towards sb ⇒ **kierować**

[] **skierować się** — **skierowywać się** (zwrócić się) *[osoba]* to head; *[oczy, pojazd]* to turn; **~ował się ku domowi** he headed home a. for home; **~owaliśmy się do wyjścia** we headed towards the exit; **wszystkie oczy ~owały się w jedną stronę/na nas** all eyes turned in one direction/towards us; **autobus ~ował się w boczną uliczkę** the bus turned into a side street

skierowa|nie **[]** *sv* → **skierować**
[] *n* Admin., Med request; **~nie na badania** a laboratory order a. request; **~nie do szpitala** a referral to hospital

skierowywać *impf* → **skierować**

skiks|ować *pf vi* [1] Sport to miskick, to miscue ⇒ **kiksować** [2] Muz. to fluff ⇒ **kiksować**

skin *m* (*Npl* ~**i** a.~**owie** a. ~**y**) pot. skinhead

ski|nąć *pf* (~**nęła**, ~**nęli**) *vi* (głową) to nod; (ręką) to beckon; **~nąć potakująco głową** to nod; **~nąć komuś głową na powitanie** to nod a welcome to sb; **~nął na kelnera** he beckoned the waiter; **~nęła na nas, żebyśmy szli za nią** she beckoned us to follow

skinhea|d /'skinxed/ *m* skinhead
skinie|nie **[]** *sv* → **skinąć**
[] *n* (być głową) nod; (ręką) wave; beck książk.
■ **być gotowym na czyjeś (każde) ~nie** to be at sb's beck and call

ski|sły *adi. [mleko, śmietana, woda, powietrze]* rancid

ski|snąć *pf* (~**snął** a. ~**sł**, ~**sneli** a.~**śli**) *vi* [1] (skwaśnieć) *[mleko, woda, gleba]* to go rancid ⇒ **kisnąć** [2] (zgnuśnieć) to moulder GB, to molder US ⇒ **kisnąć**
■ **żebyś** a. **bodajbyś ~sł!** damn you!

sklasyfik|ować *pf vt* [1] to classify *[ziarno, grunt, zabytki]* ⇒ **klasyfikować** [2] to rank *[zawodnika]*; to give marks to GB, to grade US *[ucznia]*; **Francuzka została ~owana na ósmym miejscu** the French competitor came eighth ⇒ **klasyfikować**

skl|ąć *pf* (~**nę**, ~**ęła**, ~**ęli**) *vt* ~**ąć kogoś** to swear at sb; ~**ąć kogoś od ostatnich** to call sb the vilest of names

skle|cić *pf vt* [1] (zbudować z byle czego) to throw [sth] together, to patch [sth] together *[szałas, tratwę, budę dla psa]* ⇒ **klecić** [2] (ułożyć) to throw [sth] together *[tekst, list]* ⇒ **klecić** [3] (zorganizować w pośpiechu) to cobble [sth] together, to cobble together *[orkiestrę, zespół]* ⇒ **klecić**

skle|ić *pf* — **skle|jać** *impf* **[]** *vt* [1] (połączyć, zlepić) to glue [sth] together *[deski, kartki, porcelanę]*; **pot** ~**ił mu włosy** his hair was glued together with sweat; **dobry tusz nie ~ja rzęs** a good mascara won't make eyelashes stick together [2] przen. (utworzyć) to put [sth] together *[zdanie]*; to cobble [sth] together *[zespół, rząd]* [3] przen. (zapobiec rozpadowi) to put [sth] together *[małżeństwo]* ⇒ **klecić**
[] **skleić się** — **sklejać się** [1] (zlepić się) *[kartki, znaczki, części]* to get glued together [2] (przywrzeć) *[strony]* to get stuck together
■ **sen ~jał mu oczy** a. **powieki** his eyes were heavy with sleep

sklejać *impf* → **skleić**
sklej|ka *f* [1] Techn. plywood [2] Fot. splice
sklejkow|y *adi. [pudełko, ścianka]* plywood *attr.*

sklep *m* (*G* ~**u**) shop GB, store US; ~ **spożywczy** a grocery; ~ **warzywny** a greengrocery; ~ **odzieżowy/obuwniczy** a clothes/shoe shop; ~ **samoobsługowy** a self-service shop; ~ **fabryczny** a factory outlet; ~ **muzyczny** a music shop; ~ **ogrodniczy** a garden centre; ~ **żelazny** a hardware shop, an ironmonger's (shop); ~ **z zabawkami/upominkami/butami** a toy/gift/shoe shop; **sieć ~ów** a chain of shops, a retail chain; **prowadzić ~** to run a shop; **pracować w ~ie** to work in a shop; **otwierać/zamykać ~** to open/close a shop; **likwidacja ~u** closing down
□ ~ **bławatny** przest. mercer's shop; ~ **kolonialny** przest. high-class grocer's; ~ **korzenny** przest. spice shop; ~ **wirtualny** cybershop; ~ **wolnocłowy** duty-free shop

sklepie|nie *n* [1] Archit. vault; **łukowate ~nie bramy** the arched vault of the gate; ~**nie kościoła** the church vault [2] Med. vault; ~**nie czaszki** the cranial vault; ~**nie stopy** the arch of the foot [3] Astron. ~**nie niebieskie** a. **nieba** a. **niebios** the heavenly vault, the vault of heaven

□ ~**nie beczkowe** Archit. barrel vault; ~**nie gwiaździste** a. **gwiazdowe** Archit. stellar vault; ~**nie klasztorne** Archit. cloister vault; ~**nie kolebkowe** a. **walcowe** Archit. tunnel vault; ~**nie kryształowe** Archit. ribbed vault; ~**nie krzyżowe** Archit. cross vault; ~**nie palmowe** Archit. palm vault; ~**nie wachlarzowe** Archit. fan vault; ~**nie żebrowe** Archit. ribbed vault

sklepik *m dem.* (*G* ~**u**) small shop; ~ **ze słodyczami** a small sweet shop; ~ **na rogu** a corner shop

sklepikars|ki *adi.* pot. *[nastawienie, wyliczenie]* mercenary pejor.

sklepika|rz *m*, ~**rka** *f* (*Gpl* ~**y**, ~**rek**) shopkeeper GB, storekeeper US

sklepi|ony *adi.* [1] *[piwnica, komnata, kruchta]* vaulted; **łukowato ~one okno** arched vaulted window [2] książk., przen. *[czoło, czaszka]* vaulted

sklepow|y **[]** *adi. [lokal, wystawa, waga]* shop *attr.*; **kasa ~a** a cash register, a till; **wystawa ~a** a shop window, a shop front GB, a store front US
[] **sklepow|y** *m*, ~**a** *f* shop assistant GB

sklerotyczn|y *adi.* Med. *[osoba, zwyrodnienie, zmiany]* sclerotic

skleroty|k *m*, ~**czka** *f* [1] Med. senile person [2] pot. numbskull, scatterbrain

skleroz|a *f sgt* [1] Med. sclerosis [2] pot., obraźl. mieć ~**ę** to be gaga pot.

sklon|ować *pf vt* to clone *[rośliny, zwierzęta, organy]* ⇒ **klonować**

skła|d *m* (*G* ~**du**) [1] (drużyny, zespołu) line-up; (komisji, zarządu) make-up, composition; ~**d rządu** the composition of the Cabinet; ~**d narodowościowy kraju** the ethnic composition of a country; **orkiestra w pełnym ~dzie** a full orchestra; **drużyna w pełnym/niepełnym ~dzie** the team at full strength/below strength; **wchodzić w ~d delegacji/ekipy olimpijskiej** to be a member of the delegation/Olympic team [2] (substancji, kolekcji) composition; ~**d krwi/leku** the composition of blood/a drug; **w ~d kolekcji wchodzi wiele cennych płócien** a large number of valuable canvases are included in the collection; „Skład" (na opakowaniu) 'Ingredients' [3] (magazyn) (zboża, żywności) warehouse, storehouse; (drzewa, węgla) yard; (amunicji, broni) depot; **mieć coś na ~dzie** to have sth in stock [4] przest. (sklep) ~**d apteczny** a pharmacy, a chemist's; ~**d materiałów piśmiennych** a stationer [5] Druk. composition, typesetting; ~**d ręczny/maszynowy/komputerowy** hand/machine/computer typesetting; **rozsypać ~d** to dismantle a job [6] Roln. strip
□ ~**d pociągu** Kolej. number of carriages in a train; **Skład Apostolski** Relig. the Apostles' Creed

składacz *m*, ~**ka** *f* (*Gpl* ~**y** a. ~**ów**, ~**ek**) Druk. type setter, compositor

składa|ć *impf* → **złożyć**

składak *m* (*A* ~ a. ~**a**) [1] (rower) folding bike; (kajak) folding canoe; **jeździć ~iem** a. **na ~ku** to ride a folding bike [2] (samochód) kit car; **komputer/telewizor ~** a self assembled computer/TV set

składan|ka *f* (muzyczna) medley; (estradowa, kabaretowa) variety act

składan|y ▯ *pp* → **składać**

▯ *adi.* ① *[fotel, rower, stołek]* folding, collapsible; **nóż ~y** a jackknife; **łóżko ~e** a foldaway bed ② **program ~y** a variety programme

skład|ka *f* ① *(darowizna)* donation, contribution, subscription; **hospicjum zbudowano ze ~ek społecznych** the hospice was built thanks to public donations; **zbierać ~ki na pomoc dla najuboższych** to collect donations for help to the poorest ② *(wpłata obowiązkowa)* fee; **~ka członkowska/ubezpieczeniowa** a membership/insurance fee; **~ka na fundusz emerytalny** a pension (fund) contribution ③ *(zbiórka) (publiczna)* collection; **~ka na pomnik** a collection to erect a monument; **~ka na pomoc dla głodujących** a collection for famine relief; **zrobiliśmy ~kę na prezent dla koleżanki** we clubbed together to buy our colleague a gift

składkow|y *adi.* *[prezent]* joint; **zabawa ~a** a bottle/potluck US party

składni|a *f* Jęz. syntax

❏ **~a przynależności** adjoinment; **~a rządu** government; **~a zgody** concord, agreement

składnic|a *f* ① Handl. *(magazyn)* storehouse ② *(książk.* (opału, paliwa, makulatury) repository; **~a złomu** a scrapyard

składnie *adv. grad.* *[wyrażać się, opowiadać, pisać]* coherently; **pracowali szybko i ~** they worked efficiently; **robota szła nam ~** we worked efficiently

składnik *m* ① *(część składowa)* element, ingredient, component, constituent; **~i stopu/perfum** alloy/perfume components; **kosmetyki z naturalnych ~ów** cosmetics with natural components; **„Składniki"** (na opakowaniu) 'Ingredients' ② Mat. element

składniowo *adv.* Jęz. syntactically

składniow|y *adi.* Jęz. *[błąd, funkcja]* syntactic(al); **analiza ~a** a. **rozbiór ~y** syntactic analysis; syntactic spec.

składn|y *adi. [wypowiedź]* coherent; *[działanie]* efficient

skład|ować *impf vt* to store *[drewno, węgiel]*; **~ować kartofle w kopcach** to store potatoes in clamps a. mounds; **~owanie odpadów** waste disposal

składowe *n* storage payment

składowisk|o *n* stockpile; **~o złomu** a scrapyard; **~o śmieci** a landfill site, a refuse a. rubbish dump GB; **~o odpadów chemicznych/przemysłowych** a chemical/an industrial waste stockpile

składow|y ▯ *adi.* ① *[plac, pomieszczenie, chłodnia]* storage *attr.*, warehouse *attr.*; **pomieszczenia ~e** storage a. warehouse space ② **część ~a** an element, a component

▯ **składowa** *f* Fiz., Mat. component

składzik *m* *(G ~u* a. **~a)** *pot.* shed; **~ na narzędzia** a toolshed; **~ na węgiel** a coal shed; **~ na drewno na opał** a woodshed; **szkolny ~ ze sprzętem sportowym** the school's storeroom for sports equipment

skłam|ać *pf* (**~ię**) *vi* to tell a lie, to lie; **~ać komuś** a. **przed kimś, że...** to lie to sb that...; **~ać bez zająknienia** to lie brazenly a. barefacedly; **żeby nie ~ać** *pot.* to tell the truth, to be truthful ⇒ **kłamać**

skłaniać *impf* → **skłonić**
skłębiać *impf* → **skłębić**

skłębi|ć *pf* — **skłębi|ać** *impf* ▯ *vt* to tangle *[nici, włosy]*; **~ona pościel** a tangle of bedclothes; **~one chmury** tumbling clouds; **~one myśli/wrażenia** przen. (a maze of) cluttered thoughts/impressions

▯ **skłębić się** — **skłębiać się** *[kurz, dym]* to swirl; **pszczoły ~ły się wokół chłopca** bees clustered around the boy

skłon *m* *(G ~u)* ① *(w gimnastyce)* bend; **seria ~ów w przód** a. **do przodu** a series of forward bends; **zrób kilka ~ów z pogłębieniem** do a few deepening bends ② *(stok)* slope; **stromy ~ góry** a steep slope of the mountain ③ przest. *(ukłon)* bow; **~em głowy powitał zebranych** he welcomed the assembled people with a bow a. an inclination of his head

skł|onić *pf* — **skł|aniać** *impf* ▯ *vt* ① *(namówić)* to induce (**do zrobienia czegoś** to do sth); **~onić kogoś do posłuszeństwa** to get sb under one's thumb; **~onić kogoś do wyjazdu na odpoczynek** to persuade sb to take a holiday ② książk. **~onić nisko głowę** to bend one's head low

▯ **skłonić się** książk. *(złożyć ukłon)* to bow; **~ił się uprzejmie** he bowed politely

▯ **skłaniać się** ① *(decydować się)* to incline; **~aniać się do zgody** to be inclined to agree; **~aniać się do kupna czegoś** to be inclined to buy sth ② *(mieć skłonność)* to lean (**ku czemuś** towards sth); **~aniał się ku nacjonalizmowi** he leaned towards nationalism ③ książk., przen. to lean; **słońce ~aniało się ku zachodowi** the sun leaned to the west; **dzień się ~aniał ku wieczorowi** the day drew a. was drawing to a close

■ **~onić przed kimś głowę** to take one's hat off to sb przen.; **nie mieć gdzie głowy ~onić** to have nowhere to rest one's head

skłonnoś|ć *f* ① *sgt (podatność)* tendency, inclination, penchant; **mieć ~ć do migren/depresji/przesady** to be prone to migraines/depression/exaggeration; **mój syn ma ~ć do przeziębień** my son has a tendency to catch colds; **po matce odziedziczył ~ć do tycia** he inherited his mother's tendency to put on weight ② *zw. pl (zamiłowanie)* tendency, penchant; **~ci sadystyczne** sadistic tendencies; **mieć/przejawiać ~ci do majsterkowania** to have a penchant for do-it-yourself, to show a bent for tinkering around ③ *sgt* przest. *(sympatia)* affection; **wieloletnia wzajemna ~ć zawiodła ich w końcu do ołtarza** many years of mutual affection eventually led to marriage; **czuł ~ć do pięknej sąsiadki** he felt affection for his beautiful neighbour

skłonn|y *adi.* ① *(łatwo ulegający)* prone (**do czegoś** to sth); **jest ~y do przeziębień** he's prone to (catch) colds ② *(chętny)* prone (**do czegoś** to sth); inclined (**do czegoś** to sth); **~y do przesady** prone to exaggeration; **widzę, że nie jesteś ~a do zwierzeń** I can see you're not prone to confidences; **był ~y się z nią pogodzić** he was inclined to make up with her; **była ~a mu uwierzyć** she was inclined to

believe him; **byli ~i przyjąć tę ofertę** they were inclined to accept the offer

skłócać *impf* → **skłócić**

skłó|cić *pf* — **skłó|cać** *impf vi* ① *(doprowadzić do kłótni)* to set [sb] at variance; **~cić kogoś z kimś** to set sb at variance with sb; **~cić ze sobą kolegów/całą rodzinę** to set one's colleagues/the whole family at variance; **był ~ony ze sobą i ze światem** he was at variance with himself and the whole world, he was a misfit ② przest. *(zmieszać)* to stir *[płyn]*; **~cić spirytus z sokiem** to stir spirit into the juice

skne|ra *m, f (Npl m ~ry, Gpl m ~r* a. **~rów;** *Npl f ~ry, Gpl f ~r)* pot., pejor. miser, penny-pincher; skinflint pot.; meanie pot.

sknerstw|o *n sgt* penny-pinching, niggardliness

sknerz|yć *impf vi* to watch the a. one's pennies; **~yć przez całe życie** to scrimp and save all one's life

skno|cić *pf vt* pot. to botch pot.; **~cić robotę** to botch the job, to make a pig's ear of the job; **spódnica ~ona przez krawcową** a skirt ruined by the dressmaker; **naprawić to, co ktoś (inny) ~cił** to put right what somebody else has botched a. made a mess of ⇒ **knocić**

skob|el *m (~elek dem.)* staple; **zamykać się na ~el** to close on a staple

skocz|ek ▯ *m pers. (Npl ~kowie)* ① *(akrobata)* jumper, acrobat ② Sport jumper; **~ek z trampoliny** a high diver; **~ek do wody** a diver; **~ek narciarski** a ski jumper; **~ek w dal** a long jumper; **~ek wzwyż** a high jumper; **~ek spadochronowy** a parachutist

▯ *m anim.* Zool. ① *(pluskwiak)* grasshopper ② *(gryzoń)* **~ek pustynny egipski** a jerboa; **rodzina ~ków** the Dipodidae

▯ *m inanim. (A ~ka)* Gry knight; **wymienił ~ka na gońca** he exchanged a knight for a bishop

skoczni|a *f (Gpl ~)* Sport ski jump

❏ **~ia mamucia** giant ski jump

skocznie *adv. grad.* at a lively pace; **orkiestra grała ~** the orchestra was playing a lively air

skoczno|ść *f sgt* ① *(żywe tempo)* lively pace; **~ć melodii** the lively pace of the tune ② *(sprawność w wykonywaniu skoków)* jumping ability; **poprawił swoją ~ć ćwiczeniami** he improved his jumping ability with exercise

skoczn|y *adi.* ① *[taniec, rytm]* lively, high-spirited; **~a melodia ludowa** a lively folk tune ② *[bramkarz, siatkarka]* agile ③ *[krok, chód]* springy

sk|oczyć¹ *pf* — **sk|akać** *impf* (**skoczę — skacz**) *vi* ① *(wykonać skok)* to jump; **skoczyć przez płot** to jump over the fence; **skoczyć przez rów** to jump across a. over a ditch; **skakać przez przeszkody** to jump over obstacles; **skakać przez skakankę** to play with the skipping rope; **skoczyć na konia** to jump on horseback a. on a horse; **skoczyć do basenu/do rzeki** to jump into the swimming pool/the river; **skoczyć z dachu/z okna** he jumped off the roof/out of the window ② pot. *(gwałtownie podnieść się)* to jump; **akcje skaczą (w górę)** stocks are

S

shooting up a. soaring; **przed świętami ceny skoczyły w górę** prices went up before Christmas

■ **skakać koło kogoś** a. **przed kimś** to be all over sb; **skakać z radości** to jump up and down (for joy), to hop up and down with delight; **skakać z tematu na temat** to jump from one topic to another; **skoczyć do kogoś z kijem** to take a stick to sb; **skoczyć komuś do gardła** to jump down sb's throat przen.; **skoczyć na równe nogi** to jump to one's feet, to leap up; **skoczyć po rozum do głowy** to hit on an idea; **skoczyć w ogień za kimś** to go through fire and water for sb

skocz|yć² *pf vi* pot. (pobiec) to dash; **skoczyć komuś na pomoc/na odsiecz** to jump to sb's rescue/defence; **skoczyć do sklepu** to dash off a. to rush off to a shop

skodyfik|ować *pf vt* to codify [*przepisy prawne, normy prawne*] ⇒ **kodyfikować**

skojarze|nie Ⅱ *sv* → **skojarzyć**

Ⅲ *n* association; **nieprzyjemne ~nia** unpleasant associations; **słowo „feministka" budzi określone ~nia** the word 'feminist' has certain associations a. connotations

skojarzeniow|y *adi.* associational, associative; **mieć pamięć ~ą** to have associational a. associative memory

skojarz|yć *pf* Ⅱ *vt* ① (spowodować związek) to pair [sb] off, to pair off [*małżeństwo, parę*]; **~yli córkę z synem sąsiada** they paired their daughter off with the neighbour's son ⇒ **kojarzyć** ② (połączyć zjawiska psychiczne) to associate (**z czymś** with sth); **~yć fakty** to put two and two together ⇒ **kojarzyć**

Ⅲ **skojarzyć się** ① (połączyć się) to couple up ② (o wrażeniach, wyobrażeniach) to become associated (**z czymś** with sth); **z tą melodią ~yły mu się przykre wspomnienia** the tune evoked unpleasant memories; **zapach leków ~ył jej się ze szpitalem** she associated the smell of medicines with hospitals

skok *m* (*G* **~u**) ① (odbicie się od ziemi) jump, bound, leap; **kangur porusza się ~ami** the kangaroo moves by hopping and jumping ② (nagła zmiana) jump; **~ temperatury** a temperature jump; **~ cen energii elektrycznej** a jump in electrical energy prices; **dwudziestoprocentowy ~ zysków** a 20 per cent jump in profits ③ (zorganizowana kradzież) pot. robbery, hold-up; **plany ~u na bank powstały jeszcze w więzieniu** they planned the bank raid a. bank robbery while they were still in prison ④ Zool., Anat. tarsometatarsus ⑤ Myśliw. hare's leg ⑥ Sport jump; **~ w dal** the long jump GB, the broad jump US; **~ wzwyż** the high jump; **~ o tyczce** the pole vault; **konkurs ~ów narciarskich** a ski jumping competition ❑ **~ gwintu** Techn. pitch; **~ tłoka** Techn. travel of a piston

■ **~ w bok** pot. brief affair; hanky-panky pot.; **zdarzały mu się ~ki w bok** he did have some one-night stands; **jednym ~iem** in a bound, with one bound; **jednym ~iem znalazł się przy drzwiach** he was by the door in a bound a. with one bound; **w kilku ~ach był**

przy koniach he reached the horses in a few bounds a. leaps

skokowo *adv.* jerkily, by leaps; (nagle) abruptly; **cała jego nauka odbywała się ~** his whole education consisted of irregular intensive bouts

skokow|y *adi.* ① (dotyczący skoków) [*narty*] jumping ② (odbywający się skokami) [*nauka, postępy*] irregular; **~e zmiany temperatury** abrupt changes of temperature ③ (dotyczący ruchu tłoka w cylindrze) **objętość ~a cylindra** cylinder capacity

skolektywiz|ować *pf vt* to collectivize [*wieś, rolnictwo*] ⇒ **kolektywizować**

skoligacon|y *adi.* książk. ① (daleko spokrewniony) distantly related (**z kimś** to sb) ② (mający wysokie koligacje) well connected; **była piękna i dobrze ~a** she was beautiful and well connected

skoloniz|ować *pf vt* ① (przekształcić w kolonię) to colonize [*kraj*] ⇒ **kolonizować** ② (zasiedlić) to settle [*teren*] ⇒ **kolonizować**

skołatan|y *adi.* exhausted; **jego ~e serce nie wytrzymało tak silnego ciosu** his exhausted heart couldn't take such a bitter blow

skołowacia|ły *adi.* pot. stupefied; **od tego hałasu jestem ~ły** my head's swimming from all that noise; the noise makes me so discombobulated US żart.

skołowaci|eć *pf* (**~eję, ~ał, ~eli**) *vi* pot. ① (zdrętwieć) to stiffen, to become dumbstruck; **język mu ~iał** he became tonguetied ⇒ **kołowacieć** ② (stracić przytomność umysłu) to get dizzy; **~iał od ciągłego pośpiechu** constant hurry made him dazed and confused ⇒ **kołowacieć**

skoł|ować *pf vt* pot. ① (zdezorientować) to daze; to flummox pot.; **~ować kogoś sprzecznymi informacjami** to daze sb with contradictory information; **jestem dzisiaj zupełnie ~owany** I'm in a complete daze today, I'm completely flummoxed today; **była ~owana i nie wiedziała, co robić** she was in a spin and didn't know what to do ② (zdobyć nieuczciwie) to wangle pot., to hustle US pot., to scare up US pot.; **muszę ~ować trochę kasy na wakacje** I must get my mitts on some cash for a holiday a. the holidays

skołtu|nić *pf* Ⅱ *vt* to tangle; **~nione włosy** ratty a. tangled hair; **~niona grzywa konia** a tangled horse's mane; **~ona przędza** matted and tangled cotton yarn ⇒ **kołtunić**

Ⅲ **skołtunić się** to become tangled; **sierść psa się ~niła** the dog's hair got ratty a. tangled ⇒ **kołtunić się**

skołtuni|eć *pf vi* ① (splątać się) to get matted and tangled ⇒ **kołtunieć** ② (stać się zacofanym) to become a narrow-minded bigot ⇒ **kołtunieć**

skomas|ować *pf vt* ① Roln. to aggregate [*grunty*] ⇒ **komasować** ② książk. (połączyć) to integrate [*placówki usługowe, siły*] ⇒ **komasować**

skombin|ować *pf vt* ① pot. (zdobyć) to wangle pot., to hustle US pot., to scare up US pot.; **obiecał im ~ować trochę sadzonek do ogrodu** he promised to get hold of some seedlings for them ② (połączyć) to throw [sth] together, to improvise; **~owała**

kolację z wczorajszych resztek she threw some supper together from yesterday's leftovers; **~ował czapkę ze skrawków skórek** he improvised a cap from scraps of leather

skoment|ować *pf vt* ① (ocenić) to comment (**coś** on a. about sth); **~ował decyzje rządu jednym słowem** he commented on the government decisions with one word; **chcę, żebyś ~ował jej artykuł** I want you to comment on her article, I want your comment on her article ⇒ **komentować** ② (skrytykować) to make comments; **jego polecenie ~owano nieprzychylnie** his request has aroused comment; **złośliwie ~ała jego wygląd** she made an acerbic remark about his appearance ⇒ **komentować**

skomercjaliz|ować *pf* Ⅱ *vt* książk. to put [sth] on a profit-making a. commercial basis [*działalność, instytucję*] ⇒ **komercjalizować**

Ⅲ **skomercjalizować się** [*kino, instytucje*] to be put on a commercial basis; **w zeszłym roku przedsiębiorstwo ~owało się** the company was put on a commercial basis last year ⇒ **komercjalizować się**

skoml|eć, skoml|ić *impf* (**~isz** a. **~esz, ~ali** a. **~eli**) *vi* to yelp, to whimper; **usłyszała ~enie psa za zamkniętymi drzwiami** she heard the dog whimpering a. yelping behind the closed door; **~eć o łaskę/litość/pomoc** przen. to beg for mercy/pity/help ⇒ **zaskomleć**

skompil|ować *pf vt* książk. ① (zestawić w całość) to compile; **~ować artykuł z wycinków prasowych** to compile an article from press cuttings ⇒ **kompilować** ② Komput. to compile ⇒ **kompilować**

skomplet|ować *pf vt* to complete [*grupę, kolekcję*]; **wreszcie ~owała listę gości** at last she completed a list of guests ⇒ **kompletować**

skomplik|ować *pf* Ⅱ *vt* to complicate; **związek z nim mógłby mi tylko ~ować życie** involvement with him could only complicate my life ⇒ **komplikować**

Ⅲ **skomplikować się** [*sprawa, sytuacja*] to become complicated ⇒ **komplikować się**

skomplikowan|y Ⅱ *pp* → **skomplikować**

Ⅲ *adi.* complicated; **długa i ~a opowieść** a long and complicated saga; **~y system polityczny** an elaborate political system; **~y mechanizm** an intricate mechanism; **~e złamanie** a complicated fracture; **sytuacja jest bardziej ~a, niż się wydaje** the situation is more complex than it appears; **ma jakąś ~ą sytuację rodzinną** his/her family situation is complicated

skompon|ować *pf vt* ① (stworzyć utwór muzyczny) to compose, to write [*melodię, operę*]; **~ować utwór na skrzypce/wiolonczelę** to compose a. write a piece for violin/cello ⇒ **komponować** ② (stworzyć harmonijną całość) to compose, to arrange; **pomysłowo ~owana dekoracja stołu** an ingeniously arranged table decoration; **zachwycająco ~owane barwy** beautifully matched colours ⇒ **komponować**

skompromit|ować *pf* **Ⅰ** *vt* ☐ (wystawić na wstyd) to disgrace, to bring shame to; **~owałeś dobre imię rodziny** you brought shame to a. you disgraced the family name; **~ował szkołę** he was a disgrace to the school ⇒ **kompromitować** ☐ (narazić na represje, krytykę) to compromise; **zniszczył listy, które mogłyby go ~ować** he destroyed the letters which could have compromised him; **~owany polityk opuścił kraj** the disgraced politician left the country ⇒ **kompromitować** **Ⅲ skompromitować się** (ośmieszyć się) to compromise oneself, to disgrace oneself; **~ował się swoją niewiedzą** he disgraced himself with his ignorance ⇒ **kompromitować się**

skomprym|ować *pf vt* książk. to condense, to compress *[tekst, zdanie]* ⇒ **komprymować**

skomputeryz|ować *pf* **Ⅰ** *vt* to computerize *[przedsiębiorstwo, prace biurowe]* ⇒ **komputeryzować**

Ⅲ skomputeryzować się to become computerized; **nasze biuro już dawno się ~owało** our office was computerized a long time ago ⇒ **komputeryzować się**

skomunik|ować się *pf v refl.* książk. to get in touch (**z kimś** with sb); to communicate (**z kimś** with sb); **~ował się z dawnym kolegą ze szkoły** he communicated a. got in touch with an old school friend; **~ował się z policją, aby zawiadomić o popełnionym przestępstwie** he made contact with the police to inform them about the crime; **wczoraj ~owali się telefonicznie** yesterday they communicated by a. via telephone ⇒ **komunikować się**

skomuniz|ować *pf* **Ⅰ** *vt* to communize *[państwo, naród]* ⇒ **komunizować**

Ⅲ skomunizować się to become communist ⇒ **komunizować się**

skona|ć *pf vi* książk. to die ⇒ **konać**

■ **niech (ja) ~m!** posp. cross my heart and hope to die!

skonan|y *adi.* pot. dog-tired; dead beat pot., whacked GB pot.; **muszę się położyć – jestem ~y** I must go to bed – I'm dead beat

skoncentr|ować *pf* **Ⅰ** *vt* ☐ (zgromadzić) to concentrate *[wojska]* ⇒ **koncentrować** ☐ przen. **~ować myśli** to concentrate one's thoughts; **~ować uwagę na czymś** to fix a. focus one's attention on sth; **w przyszłym roku ~ują siły do walki o władzę** next year they will concentrate their efforts on the struggle for power ⇒ **koncentrować** ☐ (uczynić zgęszczonym) to concentrate; **~owany sok pomarańczowy** concentrated orange juice ⇒ **koncentrować**

Ⅲ skoncentrować się ☐ (zgromadzić się) *[wojsk, przemysł]* to concentrate ☐ (zostać skupionym) to concentrate; **życie kulturalne ~owało się na południu prowincji** cultural life was concentrated in the south of the province ⇒ **koncentrować się** ☐ (wytężyć uwagę) to concentrate; **bokser ~ował się przed walką** the boxer concentrated before the fight; **nie mógł się ~ować na lekcji** he couldn't concentrate during the class ⇒ **koncentrować się**

skondens|ować *pf* **Ⅰ** *vt* ☐ (zagęścić) to condense; **mleko ~owane** condensed milk ⇒ **kondensować** ☐ (uczynić zwięzłym) to condense; **przedstawić informację w sposób ~owany** to present information in a condensed way ⇒ **kondensować** ☐ Fiz. to condense ⇒ **kondensować**

Ⅲ skondensować się Fiz. *[gaz, para]* to precipitate ⇒ **kondensować się**

skonfisk|ować *pf vt* to confiscate *[majątek, towary]* (**komuś** from sb) ⇒ **konfiskować**

skonflikt|ować *pf vt* to bring [sb/sth] into conflict; **partia jest ~owana i podzielona** the party is conflict-ridden and divided

skonfront|ować *pf vt* to confront; **~ować teorię z praktyką** to confront theory with practice; **~ować ofiarę z napastnikiem** to confront the victim with the attacker ⇒ **konfrontować**

skonfund|ować *pf* **Ⅰ** *vt* przest. to confound; **~ować kogoś niedyskretnym pytaniem** to confound sb with an indiscreet question ⇒ **konfundować**

Ⅲ skonfundować się przest. to lose countenance ⇒ **konfundować się**

skonfundowan|y *adi.* przest., książk. disconcerted, confounded

skonkretyz|ować *pf* **Ⅰ** *vt* książk. to specify; **~ować swoje plany** to specify one's plans ⇒ **konkretyzować**

Ⅲ skonkretyzować się to crystallize, to take shape; **nasze plany wreszcie się ~owały** our plans took shape at last ⇒ **konkretyzować się**

skonsolid|ować *pf* **Ⅰ** *vt* to consolidate *[państwo, naród]* ⇒ **konsolidować**

Ⅲ skonsolidować się *[organizacje]* to consolidate ⇒ **konsolidować się**

skonstat|ować *pf vt* książk. to note; **ze zdziwieniem/z radością ~ował, że...** he was surprised/pleased to note that...; **lekarz ~ował poprawę** the doctor noted some improvement ⇒ **konstatować**

skonsternowan|y *adi.* książk. (zakłopotany) dismayed, discomfited; (zdziwiony) perplexed; **byli ~i nieoczekiwaną wizytą** they were discomfited by the unexpected visit; **była ~a zachowaniem syna** she was perplexed by her son's behaviour

skonstru|ować *pf vt* ☐ (zbudować) to construct, to build *[maszynę, model]*; **poprawnie ~owane zdanie** a correctly constructed sentence ⇒ **konstruować** ☐ przen. to formulate *[argument, teorię]*; to put [sth] together, to form *[koalicję, system]*; to draw [sth] up, to draw up *[budżet]*; **zręcznie ~owana fabuła powieści** a skilfully structured a. constructed plot of the novel ⇒ **konstruować**

skonsult|ować *pf* **Ⅰ** *vt* to consult (**coś z kimś** (with) sb about sth); to confer (**coś z kimś** with sb about sth) ⇒ **konsultować**

Ⅲ skonsultować się to consult (**z kimś** sb) ⇒ **konsultować się**

skonsum|ować *pf vt* książk. ☐ (spożyć) to consume, to eat *[posiłek, owoce]*; to consume, to drink *[napoje]*; **~owali nieco alkoholu** they drank some alcohol ⇒ **konsumować** ☐ (zużyć) to consume, to use (up); **w zeszłym roku fabryka ~owała ogromną**

ilość energii last year the factory consumed an enormous amount of energy ⇒ **konsumować** ☐ (rozpocząć współżycie seksualne) to consummate *[małżeństwo]*; **małżeństwo można unieważnić, jeśli nie jest ~owane** a marriage can be annulled if it has never been consummated

skontakt|ować *pf* **Ⅰ** *vt* to contact, to put [sb] in touch (**z kimś** with sb); **~ować dawnych znajomych** to put one's old acquaintances in touch with each other; **~owała go ze swoim szefem** she put him in touch with her boss ⇒ **kontaktować**

Ⅲ skontaktować się to get in touch (**z kimś** with sb); to contact (**z kimś** sb); **~ować się z kimś telefonicznie/drogą radiową** to contact sb by phone/radio; **nie można się było z nim ~ować** he couldn't be contacted; **chwilowo nie można się z nim ~ować telefonicznie** he's not contactable by phone at the moment; **firmy wczoraj ~owały się ze sobą** the companies contacted each other a. were in touch with each other yesterday ⇒ **kontaktować się**

skontrast|ować *pf vt* to contrast, to juxtapose; **artysta ~ował barwy w obrazie** the artist juxtaposed different colours in his painting ⇒ **kontrastować**

skontrol|ować *pf vt* (sprawdzić) to control, to inspect, to check; **księgowi ~ują rachunki firmy** the accountants will check the company's books; **pielęgniarka ~owała ciśnienie pacjenta** the nurse checked the patient's blood pressure; **policjant zatrzymał ich, żeby ~ować dokumenty** the policeman stopped them to check their documents; **muszą ~ować stan techniczny swego samochodu** they need to have a check-up done on their car ⇒ **kontrolować**

skontr|ować *pf* **Ⅰ** *vt* ☐ Sport (w boksie) to counter(punch); **bokser chciał ~ować ciosy rywala lewym prostym** the boxer wanted to counter with a left straight ⇒ **kontrować** ☐ książk. (szybko odpowiedzieć) to counter; **~ować pytanie pytaniem** to counter a question with a question; **w dyskusji ~owała jego słowa** she contradicted what he said in the discussion ⇒ **kontrować**

Ⅲ *vi* Gry (w brydżu) to double ⇒ **kontrować**

skonwencjonaliz|ować *pf* **Ⅰ** *vt* książk. to conventionalize *[postaci]*; **~owane figury poetyckie** conventionalized poetic figures; **wysoce ~owany gatunek literacki** a highly conventionalized literary genre

Ⅲ skonwencjonalizować się to be conventionalized

skończeni|e **Ⅰ** *sv* → **skończyć**

Ⅲ *adv.* supremely; **była ~ piękna** she was supremely beautiful

■ **do ~a świata** till doomsday

skończonoś|ć *f sgt* ☐ (przeciwieństwo nieskończoności) finiteness; **~ć czasu/świata** the finiteness of time/of the world ☐ (doskonałość) perfection; **urzekła go ~ć jej urody** he was captivated by her perfect beauty

skończ|ony **Ⅰ** *pp* → **skończyć**

Ⅲ *adi.* ☐ (całkowity) *[uroda]* consummate; *[głupiec, drań]* utter, thorough, out-and-out; **ależ to ~one arcydzieło!** my, this is an absolute a. consummate masterpiece!; **uchodziła za ~oną piękność** she was considered a consummate beauty; **~ony ze mnie głupiec, na śmierć o tym zapomniałem** what an absolute fool I am, I've completely forgotten all about it! [2] (wykwalifikowany) *[lekarz, prawnik]* qualified [3] (nie mający perspektyw) finished; **człowiek ~ony jako polityk** a political has-been; **jest ~ony jako bokser** he's finished as a boxer; **jestem ~ony!** I'm done for; **po tym skandalu jej kariera była ~ona** after the scandal her career was finished

skończ|yć *pf* [] *vt* [1] (doprowadzić do końca) to finish; **~yć pracę/sprzątanie/rozmowę** to finish work/cleaning/the conversation; **~yłem właśnie czytać książki** I've just finished reading my book ⇒ **kończyć** [2] Szkol., Uniw. to finish, to complete *[kurs, uniwersytet]*; **studia ~ył rok temu** he graduated a year ago; **~yliśmy szkołę 20 czerwca** the school year ended on 20 June; **szkoły ~yły lekcje wczoraj** schools broke up yesterday ⇒ **kończyć** [3] (osiągnąć wiek) **~yć pięćdziesiąt/dwadzieścia lat** to turn fifty/twenty; **w zeszłym tygodniu ~ył osiemnaście lat** he was eighteen last week ⇒ **kończyć**

[] *vi* [1] pot. (zerwać) to be through pot. **(z kimś** with sb); **wczoraj definitywnie ~li ze sobą** they broke up with each other a. finished with each other yesterday ⇒ **kończyć** [2] (zaprzestać) to be through **(z czymś** with sth); to have done **(z czymś** with sth); **~ył z piciem/paleniem/kartami** he's through with drinking/smoking/playing cards ⇒ **kończyć** [3] pot. (zabić) to finish [sb] off pot.; to do [sb] in pot.; **~yli z tym zdrajcą** they finished that traitor off [4] pot. (trafić) to end up; to wind up pot.; **na pewno ~y w więzieniu** he will wind up in prison for sure; **wiele uciekających z domu nastolatek ~ło na ulicy** many teenage runaways ended up on the streets ⇒ **skończyć** [5] pot. (umrzeć) to die; **~ył w strasznych bólach** he died in agony ⇒ **kończyć**

[] **skończyć się** [1] (przestać trwać) to end; **wakacje się ~yły** the holidays are over; **semestr zimowy ~ył się tydzień temu** the winter semester ended a week ago; **~yły się jej cierpienia** her suffering ended [2] (zamknąć się) to end **(czymś** with sth); **film ~ył się happy endem** the film had a happy ending; **sprawa się na tym nie ~yła** this was not the end of the matter; **to wszystko ~yło się łzami** it all ended in tears [3] (ograniczyć się) to be limited; **moja znajomość kuchni włoskiej ~yła się na pizzy i spaghetti** my knowledge of Italian cuisine was limited to pizza and spaghetti [4] (wyczerpać się) *[zapasy, paliwo]* to run out, to give out; **pieniądze mi się ~yły** I've run out of money; **moja cierpliwość się ~yła** my patience has run out ⇒ **kończyć się** [5] pot. (wyczerpać się twórczo) to have had it pot., to be washed up pot.; **~ył się jako pisarz/kompozytor** he's washed up as a writer/composer ⇒ **kończyć się**

■ **~ona sprawa!** a. **~ona rzecz!** a. **~one!** that's that, that's all there is to

it; **~yć ze sobą** to take one's own life; **~yło się na strachu** they/I/he got off with nothing worse than a bad fright; **~yło się u niej na strachu** she was more frightened than hurt; **mam nadzieję, że ~y się tylko na przeziębieniu** I hope it doesn't turn out to be anything worse than a cold; **~y się na tym, że będzie musiała pożyczyć od kogoś pieniądze** she's going to have to borrow money from somebody in the end; **~yć się na niczym** to come to nothing, to come to naught; **~yć z dotychczasowym życiem** to turn over a new leaf; **wszystko dobrze się ~yło** everything turned out well; **źle ~yć** to come to a sticky end

skoordyn|ować *pf vt* to coordinate *[wysiłki, politykę]*; **~owana akcja** a coordinated action ⇒ **koordynować**

skop|ać¹ *pf* — **skop|ywać** *impf* (**~ię** — **~uję**) *vt* [1] (spulchnić grunt) to dig (in a. up) *[ogród, grządkę]* [2] to kick off; **dziecko ~ywało kołderkę** the baby kept kicking off its blanket

skop|ać² *pf* (**~ię**) *vt* (zbić kopaniem) to kick [sb] black and blue

skop|ek *m* milking pail

skopi|ować *pf vt* to copy *[obraz, rzeźbę]*; to duplicate, to copy *[dokument, umowę]*; **to nagranie zostało wczoraj ~owane** a copy of the recording was made yesterday ⇒ **kopiować**

skopywać *impf* → **skopać¹**

skor|ek *m* Zool. earwig

skorel|ować *pf* książk. *vt* (powiązać) to correlate *[wyniki, dane, interesy]* ⇒ **korelować**

skoro *coni.* książk. [1] (jeśli) since, if; **~ tu jesteś, pomóż mi przesunąć stół** since you're here, you can help me move the table; **~ tak mówisz** if you say so; **~ tak, to sobie idę** well in that case a. if that's the case I'll be going; **~ już musisz to robić, to...** if you really have to do it...; **~ już o tym mowa** since we're on the subject; **czemu sam tam nie pójdzie, ~ to takie ważne?** why doesn't he go there himself if it's so important? a. since it's that important? [2] przest. (kiedy) as soon as, directly GB; **~ tylko mnie zobaczył, zatrzymał się** as soon as a. directly he saw me he stopped

skorod|ować *pf* [] *vt* to corrode; **~owane rury** corroded pipes ⇒ **korodować**

[] *vi* *[metal, samochód]* to corrode ⇒ **korodować**

skoroszy|t *m* (*G* **~tu**) ring binder

skorowidz *m* [1] (spis tematów) index; **~ osobowy** an index of names; **~ rzeczowy** an index of subjects [2] (zeszyt) thumb-indexed notebook

Skorpion [] *m pers.* (*Npl* **~y**) Astrol. Scorpio; **małżeństwo ~a z Bykiem** a marriage between a Scorpio and a Taurus

[] *m inanim.* [1] (znak zodiaku) Scorpio [2] Astron. Scorpio

skorpion *m* Zool. scorpion

skorump|ować *pf vt* to corrupt *[polityka, urzędnika]*; **~owany policjant nie chciał im pomóc** the corrupt policeman wouldn't help them ⇒ **korumpować**

skorup|a *f* [1] Zool. (ślimaka, jajka) shell; (raka, żółwia) shell, carapace; **schować się w ~ie** to withdraw into its shell [2] Bot. shell; **~a kokosa/orzecha włoskiego** a coconut/walnut shell [3] (twarda powłoka) crust; **~a tłuszczu na zupie** a crust of hardened fat on the soup; **ziemia zmieniła się w twardą ~ę** the ground turned into a hard crust; **jezioro pokryło się ~ą lodu** the lake was covered with a crust of ice [4] (ściany budynku) shell; **z domu została sama ~a** the house was nothing but a shell [5] zw. pl (potłuczony kawałek) broken piece; **~y (z) rozbitego dzbanka** pieces of a broken jug [6] pot. (naczynie gliniane) earthen pot [7] przen. shell; **~a obojętności** a shell of indifference; **zamknąć się** a. **zasklepić się (jak ślimak) w ~ie** to develop a hard shell; **wyjść ze swojej ~y** to come out of one's shell

❑ **~a ziemska** Geol. the earth's crust

skorupiak [] *m* Zool. crustacean

[] **skorupiaki** *plt* crustacea

skorup|ka *f dem.* [1] Bot., Zool. shell; **~ka jaja** an eggshell [2] (twarda warstewka) thin crust; **~ka lodu** a thin crust of ice [3] (potłuczony kawałek) broken piece

■ **czym ~ka za młodu nasiąknie, tym na starość trąci** przysł. as the twig is bent, the tree's inclined a. so grows the tree przysł.

sko|ry *adi.* (gotowy) willing **(do zrobienia czegoś** to do sth); (chętny) game **(do czegoś** for sth); (skłonny) inclined **(do robienia czegoś** to do sth); **być ~rym do płaczu** to be inclined to cry; **być ~rym do gniewu** to be short-tempered; **jest zawsze ~ry do śmiechu** he's always game for a laugh; **jest zawsze ~ry do pomocy** he's always willing to help; **nie jest zbyt ~ry do pisania** he's not very keen on writing

skoryg|ować *pf vt* książk. [1] (zmienić) to correct *[postępowanie, błędy]*; to adjust *[projekt, harmonogram]*; **~ować plany tak, aby były wykonalne** to adjust the plans to make them feasible ⇒ **korygować** [2] Wyd. to proof(read) *[tekst, rozdział]* ⇒ **korygować**

skorzysta|ć *pf vi* [1] (posłużyć się) to use *vt*; **~ć z toalety/kuchni** to use the toilet/kitchen; **~ć z czyjejś rady** to take sb's advice; **skwapliwie ~ć z czyjegoś zaproszenia** to eagerly accept sb's invitation; **~ć z metra** to take the underground; **czy mogę ~ć z telefonu?** can I use your phone, please? ⇒ **korzystać** [2] (wykorzystać) to take advantage **(z czegoś** of sth); **~ć z okazji** to seize an opportunity; **~ł z okazji, że...** he took advantage of the fact that...; **~ł z zamieszania i uciekł** he took advantage of the general confusion to run away ⇒ **korzystać** [3] (użyć) **~ć z prawa/przywileju** to exercise one's right/privilege; **prezydent ~ł z przysługującego mu prawa weta** the president exercised his right of veto; **~ć z ulgi podatkowej** to take advantage of the tax relief ⇒ **korzystać** [4] (odnieść korzyść) to benefit **(na czymś** from sth); **~ją na tym najbiedniejsi** this will benefit the poorest ⇒ **korzystać**

skos *m* (*G* **~u**) [1] (pochylenie) angle; (w pionie) slant; **przejść na ~** a. **~em przez pole** to cut diagonally across a field; **umieścić/**

S

obciąć/złożyć coś na ~ to place/cut/fold sth diagonally; **napisać coś ~em przez całą kartkę** to write sth diagonally across a page; **ścieżka szła ~em w dół** the path headed at an angle ⇒ slantwise down the slope; **korytarz opadał ~em w dół** the tunnel slanted down; **połączyć coś na ~** to join sth at an angle [2] Moda bias; **spódnica (skrojona) ze ~u** a skirt cut on the bias

sko|sić *pf vt* [1] (ściąć) to reap *[zboże]*; (kosą) to scythe *[zboże, trawę, łąkę]*; to mow przest.; (maszyną) to mow *[trawę, trawnik]*; **świeżo ~szony trawnik** a newly mown lawn ⇒ **kosić** [2] pot. (zarobić) to rake in pot. *[forsę]*; **~sić mnóstwo szmalu** to rake in loads of cash ⇒ **kosić** [3] pot. (na egzaminie) to flunk pot. *[osobę]* ⇒ **kosić** [4] pot. (zastrzelić) to mow [sb] down pot.; **~sić kogoś z karabinu maszynowego** to mow sb down with a machine gun ⇒ **kosić**

skostnia|ły *adi.* [1] (zdrętwiały) *[osoba, palce]* numb (with cold); **cały byłem ~ły z zimna** I was all numb with cold [2] pejor. (zaskorupiały) *[system, instytucja]* fossilized, ossified [3] (zamieniony w kość) *[tkanka]* ossified

skostni|eć *pf* (~eję, ~ał, ~eli) *vi* [1] (zmarznąć) to become numb (with cold); **cały ~ałem z zimna** my fingers were numb with cold ⇒ **kostnieć** [2] pejor. (utracić świeżość) *[wartości, system, instytucja]* to become ossified ⇒ **kostnieć** [3] (stwardnieć) *[masło, ciasto]* to harden ⇒ **kostnieć** [4] Zool. (zamienić się w kość) *[tkanka, szkielet, chrząstka]* to ossify ⇒ **kostnieć**

skostnieni|e [I] *sv* → **skostnieć**
[II] *n sgt* [1] Med. ossification [2] przen. ossification; **~e umysłowe** intellectual ossification

skoszar|ować *pf vt* [1] Wojsk. to barrack *[żołnierzy, pułk]*; **rekruci zostali ~owani** the recruits were placed in barracks ⇒ **koszarować** [2] (umieścić w zagrodach) to pen *[bydło]* ⇒ **koszarować**

skoszt|ować *pf vt* to taste, to try; **~ować czegoś** to taste a. try sth *[wina, potrawy]*; **~uj tego** have a taste of this, try this ⇒ **kosztować**

skośnie *adv.* *[ułożyć, zaparkować, przebiegać]* at an angle, obliquely, diagonally (**do czegoś** to sth); *[opadać]* slantwise; **mieć ~ osadzone oczy** to have slanting eyes

skośnoo|ki *adi.* *[osoba]* slant-eyed

skośn|y *adi. [promienie]* oblique; *[sufit, ściana]* sloping; *[oczy]* slanting

skotł|ować *pf* [I] *vt* pot. to tumble *[pościel]*; **~ować wszystko w szafie** to turn the whole wardrobe upside down ⇒ **kotłować**
[II] **skotłować się** *[pościel]* to get rumpled; *[chmury]* to billow ⇒ **kotłować się**

skowron|ek *m* [1] Zool. skylark, lark [2] pot., przen. (ranny ptaszek) early bird pot.
■ **być całym w ~kach** to be happy as a lark

skowycz|eć *impf vi* [1] *[pies]* to whine [2] przen. *[osoba]* to howl; **~eć z bólu** to howl with pain

skowy|t *m sgt* (*G* ~**tu**) (psa) whine; (człowieka) howl

skowytać → **skowyczeć**

skó|ra *f* [1] Anat. skin; **~ra dłoni** the skin of the hand; **~ra głowy** the scalp; **~ra na plecach/twarzy** the skin of the back/face; **pielęgnacja ~ry** skin care; **krem do pielęgnacji ~** skin cream; **zapalenie ~ry** dermatitis; **rak ~ry** skin cancer; **przeszczep ~ry** a skin graft; **kolor ~ry** (rasa) the colour of one's/sb's skin; **~ra ci schodzi** your skin is peeling; **~ra schodzi mu z nosa** his nose is peeling; **zedrzeć sobie ~rę z kolana/łokcia** to skin one's knee/elbow; **zdjąć ~rę z jelenia/niedźwiedzia** to skin a deer/bear; **zrzucić ~rę** Zool. to shed its skin; **ostrzyc kogoś do gołej ~ry** to shave sb's head; **obedrzeć kogoś żywcem ze ~ry** to skin sb alive także przen.; **złupić kogoś ze ~ry** a. **zedrzeć z kogoś ~rę** przen. to rip sb off; **darł się** a. **krzyczał** a. **wrzeszczał, jakby go ze ~ry obdzierali** he was screaming his head off; **~ra mi cierpnie na myśl, że...** przen. it gives me the creeps to think that... pot.; **została z niego ~ra i kości** przen. he's nothing but skin and bones; **złoić** a. **wygarbować komuś ~rę** a. **dać komuś w ~rę** to whip a. tan sb's hide; przen. (pokonać) to give sb a licking; **dostać w ~rę** to get a licking także przen.; **są podobni, jakby ~rę zdjął** they are the spitting image of each other [2] przen. (życie, własny interes) **ratować własną ~rę** to save one's own skin; **bać się o własną ~rę** (o życie) to fear for one's life; (o stanowisko) to fear for one's job; **każdy dba o własną ~rę** it's every man for himself; **zapłacił za to własną ~rą** (życiem) he paid for it with his own life; (stanowiskiem) it cost him his job; **tanio swojej ~ry nie sprzeda** he's not going to give in easily [3] przen. (postać, przebranie, położenie) **wilk w owczej ~rze** a wolf in sheep's clothing; **potwór w ludzkiej ~rze** a monster in human form; **zmieniać ~rę** to change one's spots; **wejść w czyjąś ~rę** to put oneself in sb's position; **nie chciałbym być w twojej ~rze** I wouldn't like to be in your shoes [4] (materiał) leather; (zdjęta i wyprawiona) hide; (z futrem) skin, pelt; **świńska/cielęca ~ra** pigskin/calfskin; **~ra wołowa** cowhide; **królicze ~ry** rabbit skins; **sztuczna ~ra** imitation leather, leatherette; **przedmioty ze ~ry** leather articles; **buty ze ~ry cielęcej** calfskin shoes; **torebka z krokodylej ~ry** a crocodile handbag; **lamparcia/lwia ~ra na podłodze** a leopard/lion's skin on the floor; **wyprawiać ~rę** to tan leather; **oprawić coś w ~rę** to bind sth in leather; **książka oprawna w ~rę** a leather-bound book [5] (banana, cytryny, pomidora) skin; (chleba) crust [6] pot. (skórzane ubranie) leathers *pl*; **chodzić w ~rze** to wear leathers; **motocykliści w ~rach** leather-clad bikers
■ **czuć przez ~rę, że...** to feel in one's bones that...; **dobrać się komuś do ~ry** (spuścić lanie) to whip a. tan sb's hide; (zaatakować) to get at sb; **dzielić ~rę na niedźwiedziu** to count one's chickens (before they're hatched); **mieć cienką/grubą ~rę** to have a thin/thick skin; **omal ze ~ry nie wyskoczył z ciekawości** he

was dying to find out; **przekonać się na własnej ~rze, że...** to personally find out that...; **wyłazić ze ~ry, żeby coś zrobić** to fall over oneself to do sth; **zaleźć komuś za ~rę** *[osoba]* to be a nuisance to sb

skór|ka *f dem.* [1] pieszcz. skin [2] (przy paznokciu) cuticle; **wycinać sobie ~ki** to trim one's cuticles; **zadarła mi się ~ka** I have a hangnail [3] (materiał) skin; **~ki królicze** rabbit skins; **buty z wężowej ~ki** snakeskin boots [4] (banana, kiełbasy) skin; (sera, cytryny) rind; (ziemniaka, jabłka) peel; (chleba) crust; **~ka pomarańczowa** orange peel; **obrać pomidory ze ~ki** to skin tomatoes; **poślizgnąć się na ~ce od banana** to slip on a banana skin
■ **nie warta ~ka wyprawki** a. **nie opłaci się ~ka za wyprawkę** the game is not worth the candle

skórkow|y *adi. [rękawiczki, buty]* hide *attr.*

skórn|y *adi. [choroba, narośl, zmiany]* skin *attr.*; **lekarz ~y** pot. a skin specialist; **torba ~a** Zool. a pouch

skóropodobn|y *adi.* **materiał ~y** imitation leather, leatherette

skórzan|y *adi. [buty, torba, pasek, kurtka]* leather *attr.*

sk|ra *f* książk. spark

skracać *impf* → **skrócić**

skrada|ć się *impf v refl.* to creep; *[drapieżnik, szpieg, napastnik]* to prowl about; **~ć się po schodach** to creep upstairs; **tygrys ~ł się w kierunku ofiary** the tiger crept a. moved stealthily towards its prey

skradając|y się [I] *pa* → **skradać się**
[II] *adi. [kroki, stąpanie]* stealthy

skraj *m* (*G* ~**u**) [1] (lasu, skarpy, drogi) edge; (miasta, wsi) edge, outskirts *pl*; **usiąść na ~u łóżka** to sit on the edge of the bed; **dom na ~u miasteczka** a house on the outskirts of the town; **iść ~em doliny/drogi** to walk along the edge of the valley/road [2] (stan) verge, brink; **na ~u nędzy** on the verge of poverty; **na ~u bankructwa** on the brink of ruin; **na ~u upadku** on the verge a. brink of collapse

skrajać → **skroić**

skrajnie *adv.* [1] (niezwykle) *[wyczerpany, nieracjonalny]* extremely [2] (zupełnie) *[różny]* completely; **dwie ~ przeciwstawne opinie** two diametrically opposed opinions

skrajnoś|ć *f* [1] *sgt* extremity; **~ć jego poglądów** the extremity of his views; **realizm posunięty do ~ci** realism at its most extreme [2] (przeciwieństwo) extreme; **popadać w ~ć** to go to extremes; **popadać z jednej ~ci w drugą** to go from one extreme to the other

skrajn|y *adi.* [1] (odbiegający od przeciętności) *[bieda, poglądy, prawica, rozwiązania]* extreme; **w ~ych przypadkach** in extreme cases; **mieć ~e poglądy** to be extreme in one's views; **być czyimś ~ym przeciwieństwem** to be sb's exact opposite; **odrzucać ~e wyniki** to disregard extreme readings a. results; **popadać w ~e nastroje** to experience extreme moods [2] (najbardziej wysunięty) outermost

skrapiać *impf* → **skropić**

skraplać *impf* → **skroplić**

skra|ść *pf* (~**dnę**, ~**dniesz**, ~**dł**, ~**dła**, ~**dli**) *vt* to steal; **~dziono mi portfel** my wallet was stolen; **~dzione obrazy** stolen pictures; **~ść komuś całusa** to steal a kiss from sb

skrawać¹ _impf_ → **skroić**

skrawa|ć² _impf vt_ Techn. to machine _[metal, drewno]_; **obróbka ~niem** machining

skraw|ek _m_ (**~eczek** _dem._) [1] (materiału, papieru, mięsa) scrap [2] (ziemi, ogrodu, nieba) patch

skreślać _impf_ → **skreślić**

skreśle|nie [] _sv_ → **skreślić**

[] _n_ crossing-out; **tekst pełen ~ń** a text full of crossings-out

skreśl|ić _pf_ — **skreśl|ać** _impf vt_ [1] (wykreślić) to cross [sb/sth] off, to cross off _[imię, osobę, punkt]_; to cross [sth] out, to cross out _[zdanie, słowo]_; **~ić kogoś/coś z listy** to cross sb/sth off a list; **~ić komuś dotacje** to take away sb's subsidies; **~ić kogoś** przen. to give up on sb [2] (napisać) to put _[sth]_ down _[słowa, zdanie]_; to write _[podpis]_

skretynia|ły _adi._ pot., obraźl. _[osoba]_ brain-dead pot., obraźl.

skretyni|eć _pf_ (**~eję**, **~ał**, **~eli**) _vi_ pot., obraźl. to go daft GB pot., to go goofy US pot.; **czyś ty ~ał?** are you nuts? pot.

skręcać _impf_ → **skręcić**

skrę|cić _pf_ — **skrę|cać** _impf_ [] _vt_ [1] (wkrętami) to screw [sth] together, to screw together _[elementy, deski]_; (śrubami) to bolt [sth] together, to bolt together _[elementy, deski]_; **meble do samodzielnego ~cenia** self-assembly a. kit furniture [2] (zrobić) to twist _[sznur]_; to roll _[papierosa]_; **~cić linę z prześcieradła** to twist a sheet up into a rope [3] (zwinąć) to twist; **~cić kulkę z papieru** to twist a sheet of paper into a ball; **jej ~cone włosy** her curled hair; **~cony arkusik papieru** a twisted piece of paper; **~cone ze sobą druty** wires twisted together; **~cić drut w spiralę** to twist a wire into a spiral [4] (uszkodzić) to twist, to sprain _[nogę]_; **~cić sobie nogę w kostce** to twist a. sprain one's ankle; **~cić kark** to break one's neck [5] (obrócić) to turn _[głowę, tułów]_ [6] pot. (denerwować) **zazdrość go ~ca** he's green with envy pot.; **aż mnie ~ca, kiedy tego słucham** it sickens me when I listen to this pot.

[] _vi_ (zmienić kierunek) _[osoba, pojazd, droga]_ to turn; **~cić w prawo/lewo** to turn right/left; **rzeka ~ca na północ/południe** the river turns north/south; **~cić z autostrady w boczną drogę** to turn off a motorway onto a. into a side road; **~ć w pierwszą ulicę w lewo/prawo** to take the first turn(ing) left/right; **samochód ~cił gwałtownie** the car swerved abruptly

[] **skręcić się** — **skręcać się** [1] (zwinąć się) _[włosy, liście]_ to curl [2] (wić się) to writhe; **~cać się z bólu** to writhe in pain; **~cać się ze śmiechu** przen., pot. to be convulsed with laughter

skręp|ować _pf vt_ [1] (związać) to tie _[ręce, nogi]_; to tie [sb] up, to tie up _[osobę]_ ⇒ **skrępować** [2] (ograniczyć) to hinder _[osobę, rozwój]_; **niczym nieskrępowany rozwój/dostęp** unhindered development/access

skrępowani|e [] _sv_ → **skrępować**

[] _n sgt_ self-consciousness; **robić coś bez ~a** to do sth without inhibitions

skrępowan|y [] _pp_ → **skrępować**

[] _adi._ self-conscious; **czuć się ~ym czyjąś obecnością** to feel awkward in sb's presence

skrę|t _m_ [1] (_G_ **~u**) (zmiana kierunku) turn; **~t o 90°** a 90° turn; **zakaz ~tu w prawo/lewo** (znak drogowy) no right/left turn; **~t równoległy** Sport a parallel turn; **promień ~tu** Aut. the turning circle; **niespodziewany ~ samochodu** a sudden swerving of a car; **wykonać ~t w prawo/lewo** to turn right/left; **zmusił konia do gwałtownego ~tu** he made the horse veer suddenly [2] (_G_ **~u**) (łuk) curve; **droga szła łagodnym ~tem w kierunku lasu** the road curved gently towards the forest [3] (_G_ **~u**) (przekręcenie) twist; (obrót) turn; **~t tułowia** a twist of the body; **gwałtowne ~ty kierownicą** rapid turns of the steering wheel [4] (_G_ **~u**) (zwój) curl; **~ty włosów** curls of hair; **roślina wiła się ~tami po ścianie** the plant was curling up the wall [5] (_A_ **~a**) pot. (papieros) roll-up GB pot., roll-your-own US pot.; (z marihuaną) joint pot.; **palić ~ty** to smoke roll-ups; **zrobić sobie ~ta** to roll oneself a cigarette

❑ **~t kiszek** pot. volvulus, intestinal torsion

skrobacz|ka _f_ [1] (skrobak) scraper; (do czyszczenia butów) boot scraper; **kamienna ~ka** Archeol. a flint scraper; **~ka do szyb** Aut. a windscreen scraper [2] (do obierania) peeler; **~ka do warzyw** a vegetable peeler [3] Med. surgeon's rasp, raspatory

skrobać¹ _impf_ → **skrobnąć**

skrob|ać² _impf_ (**~ię**) _vt_ to peel _[kartofle, marchew]_; to scale _[rybę]_ ⇒ **oskrobać**

■ **~ać komuś marchewkę** a. **marchewki** pot. to tread on sb's heels

skroban|ka _f_ pot. (aborcja) abortion

skrobi|a _f sgt_ starch; **produkty bogate w ~ę** starchy foods

skrobiow|y _adi._ _[syrop]_ starch attr.; _[bulwy, warzywa]_ starchy

skrob|nąć _pf_ — **skrob|ać¹** _impf_ (**~nęła**, **~nęli** — **~ię**) [] _vt_ [1] (trzeć) to scrape; (wydawać odgłos) to scratch; **~ać coś żyletką** to scrape sth with a razor blade [2] pot. (napisać) to scribble; **~nij słówko, co u was słychać** drop me a line about what you've been up to

[] _vi_ (szurać) **~ać do drzwi** to scratch at the door; **~ać łyżką o dno garnka** to scrape the bottom of a pan with a spoon; **gdzieś w kącie ~nęła mysz** there was a scratching of a mouse in the corner

[] **skrobnąć się** — **skrobać się** (podrapać się) **~ać się w nogę/głowę** to scratch one's leg/head

skrofuliczn|y _adi._ Med., przest. scrofulous

skrofuloz|a _f sgt_ Med., przest. scrofula

skrofuł|y _plt_ (_Gpl_ **~ów**) Med., przest. scrofula _U_

skr|oić, skr|ajać _pf_ — **skr|awać¹** _impf vt_ [1] (odkroić) to cut [sth] off, to cut off _[skórkę, spaleniznę]_; **~oić tłuszcz z szynki** to cut the fat off the ham [2] (pokroić) to cut, to slice _[kiełbasę, chleb]_; to shred _[kapustę]_; **~ić cały bochenek chleba** to slice the whole loaf of bread [3] (wyciąć) to cut _[buty, sukienkę]_;

dobrze/źle ~ojony garnitur a well-cut/badly-cut suit; **film był zgrabnie ~ojony** przen. the film was well made [4] pot. (zbić) to whip; **~oić komuś skórę** to whip sb's hide pot.; **~oić konia batem** to whip a horse

skromnie _adv._ grad. [1] (bez zarozumiałości) _[powiedzieć, uśmiechnąć się]_ modestly; **stać ~ z boku** to keep modestly in the background [2] (nie wyzywająco) _[zachowywać się, ubierać się]_ modestly; **spuścić ~ oczy** to look modestly down [3] (z prostotą) _[ubrany, urządzony]_ modestly [4] (słabo) **wyniki przedstawiały się nader ~** the results were rather modest; **Polska była ~ reprezentowana na konferencji** the Polish delegation to the conference was rather small

skromni|sia _f_ pot., pejor. Miss Prim and Proper pot., pejor.

skromni|ś _m_ pot., pejor. Holy Joe pot., pejor.

skromniut|ki _adi. dem._ pieszcz. [1] (nie zarozumiały) _[człowiek, uśmiech]_ modest [2] (prosty) _[sukienka, posiłek, mieszkanie]_ simple and basic [3] (niewielki) _[pensyjka]_ modest

skromniutko _adv. dem._ pieszcz. [1] (bez zarozumiałości) _[uśmiechnąć się]_ modestly [2] (prosto) _[ubrany, urządzony]_ modestly

skromnoś|ć _f sgt_ [1] (brak zarozumiałości) modesty; **fałszywa ~ć** false modesty; **nie grzeszyć ~cią** to be rather conceited [2] (brak zalotności) modesty [3] (prostota) modesty [4] (niewielkie rozmiary) modesty

skromn|y _adi. grad._ [1] (nie zarozumiały) _[osoba, uśmiech]_ modest, unassuming; **był człowiekiem ujmująco ~ym** he was an unassuming and kindly man; **zachować ~e milczenie** to remain modestly silent; **był na tyle ~y, że...** he was so modest that...; **jesteś zbyt ~y** you're just being modest; **byłbym fałszywie ~y, gdybym...** it would be falsely modest of me to...; **moim ~ym zdaniem...** in all modesty, I think that... [2] (nie wyzywający) _[osoba, strój]_ modest, demure; **przybrać ~ą minkę** iron. to put on a demure face [3] (prosty) _[ubranie, domek, przyjęcie]_ modest; _[ślub]_ quiet [4] (zwykły) _[urzędnik, posada]_ humble [5] (niewielki) _[suma, możliwości, wyniki, wymagania, oszczędności, zapasy]_ modest

skroniow|y _adi._ Anat. _[kość, płat]_ temporal

skroń _f_ (_Gpl_ **~ni**) Anat. temple; **krew pulsowała mu w ~niach** his temples throbbed wildly; **mieć posiwiałe ~nie** to have streaks of grey at the temples; **włożyć komuś wieniec laurowy na ~nie** to place a laurel wreath on sb's temples

skr|opić _pf_ — **skr|apiać** _impf_ [] _vt_ to sprinkle; **~opić coś wodą** to sprinkle sth with water; **~opić koszulę przed prasowaniem** to dampen a shirt for ironing; **~opić roślinę środkiem owadobójczym** to spray a plant with a pesticide; **sałata ~opiona cytryną** lettuce sprinkled with lemon juice; **kolacja obficie ~opiona winem** przest. a dinner washed down with plenty of wine

[] **skropić się** — **skrapiać się** (popryskać się) **~opić się wodą kolońską** to dab on some cologne

skr|oplić *impf* — **skr|aplać** *pf* **I** *vt* to liquefy *[gaz]*; to condense *[parę wodną]*; **~oplony azot/wodór** liquefied nitrogen/hydrogen **II** skroplić się — skraplać się *[gaz]* to liquefy; *[para wodna]* to condense; **para ~apla się na szybie** steam condenses on the window

skroś → wskroś

skr|ócić *pf* — **skr|acać** *impf* **I** *vt* ① (zmniejszyć długość) to shorten *[sznurek, łańcuch]*; to shorten, to take up *[spódnicę, zasłony]*; **~ócić sobie drogę** to take a short-cut; **spodnie wymagały ~ócenia** the trousers needed taking up; **~ócić coś o połowę/dziesięć centymetrów** to shorten sth by half/by ten centimetres; **poprzeczne paski ~acają** horizontal stripes make you look shorter; **~ócić kogoś o głowę** to behead sb ② (zmniejszyć czas trwania) to shorten *[czas, okres]*; **~ócić swój wyjazd** to shorten one's trip; **domagać się ~ócenia czasu pracy** to demand shorter hours; **~ócić o połowę czas realizacji zamówienia** to halve the time of completion of an order; **~acać sobie czas robieniem czegoś** to while away the time by doing sth ③ (uczynić zwięzłym) to shorten, to abridge *[tekst, film]*; to abbreviate *[wyraz]*; **~ócona wersja przemówienia** an abridged text of the speech ④ Mat. to reduce *[ułamek]* **II** skrócić się — skracać się ① (stracić na długości) *[sznurek, sukienka]* to shorten, to become shorter ② (trwać krócej) *[czas oczekiwania, film]* to shorten; *[dzień]* to grow shorter; **~ócić się o połowę** to halve ③ pot. **~acaj się!** get to the point!

skró|t *m* (G **~tu**) ① (książki) abridgement (**czegoś** of sth); (artykułu, referatu) abstract (**czegoś** of sth); **~t wiadomości** news headlines; **~t meczu w telewizji** the highlights of a game on TV ② (pominięcie) cut; **dokonać ~tów w tekście** to make cuts in a text; **~t myślowy** a mental shortcut; **autor posługuje się ~tem** the author is sparing with words; **przedstawić coś w telegraficznym** a. **błyskawicznym ~cie** to outline sth briefly; **w ~cie można powiedzieć, że...** generally it can be said that... ③ (skrócona nazwa) abbreviation (**od czegoś** for sth); (akronim) acronym; **UE to ~t od Unia Europejska** EU is short for European Union; **od czego to jest ~t?** what is it short for? ④ (krótsza droga) shortcut także przen.; **pójść na ~ty** a. **~tem** a. **~tami** to take a shortcut; **pójść na ~ty przez pole** to take a shortcut across the field ⑤ Sport (w tenisie) drop shot ⑥ Szt. foreshortening; **narysować coś w perspektywicznym ~cie** to draw sth in perspective; **widok katedry w perspektywicznym ~cie** a foreshortened view of the cathedral

skrótow|iec *m* Jęz. acronym

skrótow|o *adv.* briefly; **omówić coś ~o** to discuss sth briefly; **przedstawić coś ~o** to outline sth briefly

skrótowoś|ć *f sgt* (wypowiedzi, opisu) brevity; **~ć jego stylu** his telegraphic style

skrótow|y *adi.* *[opis, charakterystyka]* brief, telegraphic; **~a relacja z czegoś** TV a news clip about sth

skru|cha *f sgt* remorse; **okazać ~chę za swoje czyny** to show remorse for one's actions; **odczuwać ~chę za coś** to repent of sth; **powiedzieć coś ze ~chą** to say sth remorsefully; **spojrzenie pełne ~chy** a remorseful look; **akt ~chy** Relig. the act of contrition

skrupiać się *impf* → skrupić się

skrup|ić się *pf* — **skrup|iać się** *impf v refl. książk.* (złość) to focus (**na kimś/czymś** on sb/sth); **wszyscy byli winni, ale ~iło się na mnie** it was everybody's fault but I got the blame; **skutki ~iły się na nas** we suffered the consequences

skrupulan|t *m*, **~tka** *f* pedant; **być ~tem** to be scrupulous a. meticulous

skrupulatnie *adv.* scrupulously, meticulously; **robić coś ~** to be scrupulous a. painstaking about doing sth; **~ przestrzegać przepisów** to follow the rules scrupulously; **~ przestrzegać zasad higieny** to be scrupulous about hygiene

skrupulatnoś|ć *f sgt* scrupulosity, scrupulousness

skrupulatn|y *adi.* *[osoba]* scrupulous, meticulous; *[opis, poszukiwania]* meticulous; **~e przestrzeganie przepisów** the scrupulous observance of the rules

skrupu|ł *m zw. pl* (G **~łu**) scruple; **mieć ~ły** to have scruples; **bez ~łów** without scruple; **człowiek bez** a. **pozbawiony ~łów** an unscrupulous man; **robić coś bez ~łów** to have no scruples a. qualms about doing sth; **naszły go ~ły** he started to have second thoughts

skrusza|ły *adi.* ① *[skała, mur]* weather-beaten ② *[mięso, dziczyzna]* gamey, high

skrusz|eć *pf* (**~eję**, **~ał**, **~eli**) *vi* ① (kruszyć się) *[mur, skała]* to crumble ⇒ **kruszeć** ② *[mięso, dziczyzna, zając]* to age, to become gamey; **powiesić mięso do ~enia** to hang meat; **zostawić mięso, aż ~eje** to leave meat until it's high ⇒ **kruszeć** ③ przen. (osłabnąć) *[opór]* to crumble; *[osoba]* to knuckle under ⇒ **kruszeć**

skrusz|ony **I** *pp* → skruszyć **II** *adi.* *[osoba]* repentant *[spojrzenie, mina]* remorseful; **...powiedziała ~ona** ...she said remorsefully; **powiedzieć coś ~onym tonem** to say sth in a remorseful tone

skrusz|yć *pf* **I** *vt* ① (rozdrobnić) *[osoba, maszyna]* to crush *[skałę, kamienie, bryłę]*; to break *[pieczęć]*; **~yć skałę/ściany** *[deszcz, czas]* to wear away the rock/walls; **~ona skała** crumbled rock; **~yć czyjeś serce** przen. to soften sb's heart przen. ⇒ **kruszyć** ② przen. to break *[opór, upór]* ⇒ **kruszyć** ③ (skłonić do skruchy) to make [sb] repent *[osobę]* **II** skruszyć się ① *[ściana, skała]* to crumble ⇒ **kruszyć się** ② (poczuć skruchę) *[osoba]* to repent

skrutacyjn|y *adi.* **komisja ~a** a returning committee; **członek komisji ~ej** a scrutineer

skrwawi|ony *adi.* *[ręce, twarz]* bloody, blood-covered; *[osoba]* bleeding; *[bandaże, koszula]* bloodstained

skryb|a *m* (Npl **~y** a. **~owie**) ① Hist. scribe ② pejor. (pisarz) scribbler pot.; (urzędnik) pen-pusher pot.

skrycie *adv.* *[marzyć, pragnąć, opuścić, wyjechać]* secretly

skry|ć *pf* — **skry|wać** *impf* (**~ję** — **~wam**) **I** *vt* książk. ① (schować) to hide *[przedmiot, osobę]* ② (zasłonić) to hide; **~ć twarz w dłoniach** to hide one's face in one's hands; **zmrok ~wał ich twarze** their faces were hidden in the darkness ③ (trzymać w tajemnicy) to hide, to conceal *[uczucia]* (**przed kimś** from sb); **~wać swoje zamiary** to hide one's intentions; **~wać przed światem swoje prawdziwe oblicze** to hide one's true self from the world; **~wana satysfakcja/pogarda** concealed satisfaction/disdain; **zrobić coś z ledwie/ze źle ~wanym zniecierpliwieniem** to do sth with barely concealed/ill-concealed impatience ④ (zawierać) **co jeszcze ~wa przed nami kosmos?** what other secrets does the universe hold? ⇒ **kryć** **II** skryć się — skrywać się ① (schować się) *[osoba]* to hide; **~ć się za drzewem** to hide behind a tree; **księżyc ~ył się za wieżą kościelną** the moon hid behind the church tower ② (nie okazywać uczuć) *[osoba]* to hide oneself; **~ywać się przed ludźmi** to hide oneself from people

skryp|t *m* (G **~tu**) ① Uniw. course book ② (szkic) draft; **~t artykułu** the first draft of an article □ **~t dłużny** Fin. IOU, promissory note

skrystaliz|ować *pf* **I** *vt* to crystallize *[poglądy, plany]* ⇒ **krystalizować** **II** *vi [substancja]* to crystallize ⇒ **krystalizować** **III** skrystalizować się ① Fiz. *[substancja]* to crystallize ⇒ **krystalizować się** ② przen. *[plany, zamiary, poglądy]* to crystallize ⇒ **krystalizować się**

skrystalizowan|y **I** *pp* → skrystalizować **II** *adi.* *[węgiel, cukier]* crystallized

skryt|ka *f* ① (schowek) hiding place; **biurko ze ~ką** a desk with a secret drawer; **~ka w ścianie** a secret hiding place in the wall ② Poczta **~ka pocztowa** a post office box; **~ka pocztowa 135** (w adresie) PO box 135

skrytobójc|a *m* książk. assassin; **zginąć z ręki ~y** to be killed by an assassin

skrytobójczo *adv.* książk. **zginąć ~** to be assassinated

skrytobójcz|y *adi.* książk. *[plany]* assassination *attr.*; **zamach ~y** an assassination

skrytobójstw|o *n sgt* książk. assassination

skrytoś|ć *f sgt* (zamknięcie w sobie) reserve; (tajemniczość) secretiveness; **w ~ci serca** *[marzyć, życzyć]* secretly **ducha**

skry|ty **I** *pp* → skryć **II** *adi.* ① *[osoba, osobowość]* (zamknięty w sobie) reserved; (tajemniczy) secretive; **była bardzo ~ta** she was very reserved ② (ukryty) *[plany, marzenia]* secret; **spełnić czyjeś najskrytsze marzenia** to fulfil sb's innermost dreams

skrytyk|ować *pf vt* to criticize *[osobę, książkę, pomysł, teorię]* (**za coś** for sth) ⇒ **krytykować**

skrywać *impf* → skryć

skrza|t *m* (**~cik** dem.) ① (baśniowy stworek) dwarf; (brzydki i złośliwy) goblin; (strzegący skarbów) gnome ② pieszcz. (małe dziecko) tiny tot

skrzecz|eć impf (~ysz, ~ał, ~eli) vi
1 [papuga] to squawk; [żaba, wrona] to
croak; [małpa] to chatter ⇒ **zaskrzeczeć**
2 pejor. [osoba, radio] to squawk; ~**ący głos**
a squawking voice ⇒ **zaskrzeczeć**

skrzek m 1 sgt Zool. (frog)spawn; **żabi** ~
frogspawn; **składać** ~ [żaba] to spawn
2 (papugi, osoby) squawk; (żaby, wrony) croak;
(małpy) chatter

skrzekliwie adv. [powiedzieć, zaśmiać się]
screechingly

skrzekliw|y adi. [głos] screechy; [śmiech]
screeching

skrzel|e n zw. pl (Gpl ~i) 1 Zool. (narząd)
gill; branchia spec.; (pokrywa) gill cover;
operculum spec.; **oddychać ~ami** to
breathe through gills 2 Lotn. slat

skrzelow|y adi. Zool. gill attr.; branchial
spec.; **pokrywy** ~**e** gill covers

skrzep m (G ~u) 1 Med. (skrzepnięta krew)
(blood) clot; (zakrzep) (blood) clot; thrombus
spec.; ~**y w naczyniach** blood clots in
blood vessels; **miał** ~ **w mózgu/płucach**
he had a blood clot on the brain/in the
lungs 2 (zakrzepła substancja) coagulum;
(krzepnięcie) coagulation; ~ **białka mlecz-
nego** curd; ~ **stalowy** Techn. skull

skrzep|ły adi. [krew] clotted; [błoto] caked;
[galareta] set

skrzep|nąć pf (~ł, ~ła, ~li) vi [krew] to
clot; [galareta] to set; [tłuszcz] to solidify ⇒ **krzepnąć**

skrzepnię|ty III pp → **skrzepnąć**
III adi. → **skrzepły**

skrze|sać pf (~szę) vt to strike [ogień,
iskrę] ⇒ **krzesać**

skrzętnie adv. grad. (pilnie) [zanotować,
pozbierać] busily; (starannie) [ułożyć, zapisać]
meticulously; ~ **gospodarować pieniędzmi** to manage money economically;
~ **coś omijać** to carefully avoid sth; ~
coś ukrywać to thoroughly hide sth; ~
wykonywać rozkazy to scrupulously
carry out orders

skrzętnoś|ć f sgt (gospodarność) thrift

skrzętn|y adi. grad. 1 (gospodarny) thrifty
2 [badania, poszukiwania] meticulous

skrzycz|eć pf (~ysz, ~ał, ~eli) vt to
scold (**za coś** for sth); ~**eć kogoś, że coś
zrobił** to scold sb for doing sth

skrz|yć się impf v refl. 1 (migotać) [śnieg,
woda] to sparkle; ~**yć się w słońcu** to
sparkle in the sun; **noc** ~**yła się gwiazdami** the night sparkled with stars; **łąka
~yła się od porannej rosy** the meadow
sparkled with dew 2 [oczy] to sparkle; **w jej
oczach ~yła się radość** a. **jej oczy ~yły
się radością** her eyes sparkled with joy
3 (być pełnym) ~**yć się dowcipem** a.
humorem [tekst, książka, film] to be ripe
with humour

skrzydeł|ko n 1 dem. wing; ~**ka owa-
dów** insects' wings 2 Kulin. wing; ~**ko
kurczaka** a chicken wing 3 Wyd. jacket
flap; **notka na ~ku** a note on the jacket
flap 4 dem. Techn. (wentylatora, wiatraka) blade
5 Bot. (przy nasieniu) wing

skrzydla|ty adi. 1 (mający skrzydła) [zwierzę,
smok] winged 2 (podobny do skrzydła) [rękaw]
wing-like

■ ~**te słowa** well-known quotations

skrzyd|ło n 1 Zool. wing; **rozpiętość ~eł**
the wingspan; **ptak o niebieskich ~łach**
a blue-winged bird; **rozpostrzeć ~ła** to
spread one's wings; **machać/trzepotać
~łami** to flap/flutter one's wings; **po-
biec/przylecieć jak na ~łach** przen. [oso-
ba] to run/come as if on wings; **pędził,
jakby go ~ła niosły** a. **jakby mu ktoś
~ła przyprawił** he was moving as if on
wings; **czułem, jak rosną mi ~ła u
ramion** przen. I felt I was growing wings;
unosić się na ~łach wyobraźni przen. to
be carried away by one's imagination;
unosiły go ~ła nadziei przen. he was lifted
on the wings of hope 2 Lotn. (część samolotu)
wing 3 (otwierana część) wing, leaf; ~**ło
drzwi/lustra** a door/mirror leaf; ~**ło
ołtarza** the side of an altar 4 (w turbinie,
wiatraku) blade 5 (fragment budynku) wing; **w
północnym/południowym ~le pałacu**
in the north/south wing of the palace
6 Sport wing; **grać na prawym/lewym
~le** to play on the right/left wing; **grać
~łami** to play on the wing 7 Wojsk. flank,
wing; **atak na ~le** a flank(ing) attack, an
attack on the flank; **dowodzić prawym/
lewym ~łem** to command the right/left
wing 8 Lotn., Wojsk. (oddział) wing 9 Polit.
(frakcja) wing; **lewe/prawe ~ło partii** the
left/right wing of a party 10 Hist. (u zbroi)
wing

■ **dodać komuś ~eł** (podtrzymać na duchu) to
give sb a boost; **podciąć komuś ~ła** to
clip sb's wings; **rozwinąć ~ła** to spread
one's wings; **wyrwać się spod czyichś
~eł** to break away from sb's tutelage;
wziąć kogoś pod swoje ~ła a. **roztoczyć
nad kimś opiekuńcze ~ła** to take sb
under one's wing

skrzydłow|y III adi. 1 Zool. [pokrywa, pióra]
wing attr. 2 Sport [gra] wing attr.
III **skrzydłow|y** m, ~**a** f Sport. winger

skrzykiwać impf → **skrzyknąć**

skrzyk|nąć pf — **skrzyk|iwać** impf
(~nęła, ~nęli — ~uję) pot. III vt ~**nąć
ludzi do pomocy** to get some people to
help
III **skrzyknąć się — skrzykiwać się**
(zorganizować się) to band together; ~**nęli
się, żeby razem walczyć o swoje** they
banded together to fight for their rights

skrzynecz|ka f dem. 1 (pojemnik) box
2 (obudowa) casing

skrzy|nia f 1 (pojemnik) box; (zawartość) box,
boxful; (z wiekiem na zawiasach) trunk; (na
owoce) crate; ~**nia z węglem** a coal box;
~**nia na narzędzia** a tool chest; **towary w
drewnianych ~niach** goods in wooden
boxes 2 (kufer) chest; **dębowa ~nia** an oak
chest 3 (część wersalki) storage box; (wysuwana)
storage drawer 4 (przyrząd gimnastyczny) vaulting box 5 (nadwozie ciężarówki) platform 6 Aut.
~**nia biegów** a gearbox; **samochód z
automatyczną ~nią biegów** a car with
automatic transmission

skrzyn|ka f 1 (pojemnik) box; (zawartość) box,
boxful; (na owoce, warzywa) crate; (z wiekiem na
zawiasach) trunk; ~**ka na kwiaty** a window
box; ~**ka na narzędzia** a toolbox; (do
korespondencji) box; ~**ka pocztowa** (do wrzu-
cania listów) a postbox GB, a mailbox US;
Komput. a mailbox; ~**ka na listy** (na drzwiach)

a letter box; (na słupku przed posesją) a mailbox
US; ~**ka nadawcza/odbiorcza** Komput. an
out-box/in-box; ~**ka wniosków i zapytań**
a suggestion box; **wrzucić list do ~ki** to
drop a letter in a postbox 3 (obudowa) casing
❑ ~**ka kontaktowa** contact point; **czarna
~ka** Lotn. flight recorder, black box; Elektron.
black box

skrzynkow|y adi. [aparat, latawiec, dźwi-
gar] box attr.

skrzyp[1] m sgt (G ~u) (drzwi, podłogi, schodów)
creak; (pióra) scratch; ~ **pióra po papierze**
the scratch of a pen on paper; ~, ~, ~
ktoś schodził ze schodów creak, creak,
creak, somebody was walking down the
stairs

skrzyp[2] m (G ~u) Bot. horsetail

skrzypacz|ka f violinist

skrzyp|ce plt (Gpl ~iec) violin; **grać na
~cach** to play the violin; **pierwsze/drugie
~ce** the first/second violin; **grać pierwsze
~ce** przen. to play the leading role

skrzypcow|y adi. [koncert, sonata, koncert]
violin attr.

skrzypeczki → **skrzypki**

skrzyp|ek m violinist; (ludowy) fiddler;
pierwszy ~ek first violin

skrzypieć impf → **skrzypnąć**

skrzyp|ki plt (Gpl ~ek) fiddle pot.

skrzyp|nąć pf — **skrzyp|ieć** impf
(~nęła, ~nęli — ~isz, ~iał, ~ieli) vi
[podłoga, drzwi, schody] to creak; [pióro] to
scratch; [śnieg] crunch; **śnieg ~iał pod
nogami** the snow crunched underfoot;
~**nięcie łóżka** a creak of a bed; ~**ienie
pióra po papierze** the scratching of a pen
on paper; **drzwi otworzyły się ze
~ieniem** the door creaked open; ~**iące
schody** creaky stairs; ~**iący głos** a creaky
voice

skrzyw|dzić pf vt (zrobić krzywdę) to hurt;
(wyrządzić krzywdę) to wrong; ~**dzić kogoś
niesłusznym oskarżeniem** to unfairly
accuse sb; **nie pozwolę nikomu cię
~dzić** I won't let anybody hurt you;
muchy by nie ~dził he wouldn't hurt a
fly; **ludzie ~dzeni przez los** the disad-
vantaged; **czuć się ~dzonym przez los** to
feel ill-used

skrzywiać impf → **skrzywić**

skrzyw|ić pf — **skrzyw|iać** impf III vt
1 (zgiąć) to bend [gwóźdź, koło]; (skręcić) to
twist [kierownicę]; ~**isz sobie kręgosłup**
you'll get a twisted spine 2 (w grymasie) ~**ić
usta w uśmiechu** to twist one's mouth
into a smile
III **skrzywić się — skrzywiać się**
1 (wygiąć się) [gwóźdź, drut] to bend;
[kręgosłup] to curve; (skręcić się) [kierownica]
to twist; (przechylić się) [słup, latarnia] to bend
down; ~**iła mi się kierownica w rowerze**
I twisted my handlebars 2 (zrobić minę)
[osoba] to grimace; ~**ić się z bólu/obrzy-
dzenia** to give a grimace of pain/disgust;
~**ić się na widok kogoś/czegoś** to wince
at the sight of sb/sth; „**znowu?**", ~**iła się**
'again?' she said with a grimace; **nawet się
nie ~ił, kiedy...** he didn't even wince
when...

skrzywie|nie III sv → **skrzywić**
III n 1 Med. ~**nie kręgosłupa** curvature of
the spine; **boczne ~nie kręgosłupa** a side

to side curve, scoliosis [2] (mina) grimace, wince; **lekceważące ~nie ust** a disdainful grimace; **bez ~nia** without wincing [3] (odchylenie) distortion; **~nia psychiczne** psychological distortions; **~nie zawodowe** a professional bias

skrzywi|ony [] *pp* → skrzywić

[] *adi.* [1] (wykrzywiony) *[twarz]* twisted; (niezadowolony) *[twarz, mina]* sulky; **jego ~ona z bólu twarz** his face twisted with pain; **jest wiecznie ~ony** he sulks all the time [2] *[kręgosłup]* curved; *[osoba]* bent; **chodzi ~ony** he walks with a stoop [3] (zmieniony) *[obraz, wersja, psychika]* distorted; **wyjdą z tego ~eni psychicznie** they will be psychologically affected

skrzyżn|y *adi.* **siad ~y** the cross-legged position

skrzyż|ować *pf* [] *vt* [1] (ułożyć na krzyż) to cross *[patyki, widelce]*; **~ować coś z czymś** to cross sth with sth; **~ować ręce na piersi/pod głową** to cross one's arms on one's chest/under one's head; **~ować nogi** to cross one's legs; **~ować z kimś szpady/ miecze** to cross swords with sb także przen.; **~ować z kimś spojrzenia** to exchange glances with sb ⇒ **krzyżować** [2] Biol. to cross, to crossbreed (**z czymś** with sth); **~ować dwa gatunki** to crossbreed two species ⇒ **krzyżować** [3] przen. (połączyć) to combine; **lotnia ~owana ze spadochronem** a combination of a hang-glider and a parachute ⇒ **krzyżować**

[] **skrzyżować się** [1] (przeciąć się) *[linie, drogi]* to cross; **nasze spojrzenia ~owały się** our eyes met ⇒ **krzyżować się** [2] Biol. *[gatunki]* to crossbreed, to interbreed ⇒ **krzyżować się** [3] przen. (połączyć się) *[cechy]* to be combined ⇒ **krzyżować się** [4] (popaść w konflikt) *[cele, zamiary]* to clash ⇒ **krzyżować się**

skrzyżowa|nie [] *sv* → skrzyżować

[] *n* [1] (przecięcie dróg) intersection, crossroads; **~nie Hożej i Kruczej** a. **z Kruczą** the intersection a. crossroads of Hoża and Krucza Streets; **~nie bezkolizyjne** (z wiaduktem) a flyover; (z tunelem) an underpass; **skręcić na ~niu** to turn at an intersection; **na ~niu głównych szlaków handlowych** at the intersection of the main trading routes; **na ~niu wielu kultur** przen. at the meeting point of many cultures [2] Biol. cross; **~nie konia z osłem** a cross between a horse and a donkey [3] przen. (połączenie) combination; **~nie spódniczki z szortami** a combination of a skirt and shorts

skser|ować *pf vt* to make a (photo)copy of, to xerox *[dokument]* ⇒ **kserować**

skubać[1] *impf* → **skubnąć**

skub|ać[2] *impf* (**~ię**) *vt* [1] to pluck *[gęś, kaczkę, pierze]*; to tease *[len, wełnę]* ⇒ **oskubać** pot. (oszukiwać) to rip [sb] off, to rip off; (wyciągać pieniądze) to milk *[osobę]*; **~ać kogoś z pieniędzy** to milk sb for money ⇒ **oskubać**

skuba|niec *m* posp. tricky a. sly bastard posp.; **a to ~niec, znowu mnie nabrał!** he's taken me in again, the sly bastard!

skuban|y [] *pp* → skubać

[] *m* posp. tricky a. sly bastard posp.

[] **skubana** *f* posp. sly bitch a. cow posp.

skub|nąć *pf* — **skub|ać**[1] *impf* (**~nęła, ~nęli**) [] *vt* [1] (pociągnąć) to tug at *[brodę, wąsy]*; (dłubać) to pick at *[zarost, pryszcze, rożek, chleb]* [2] (wyrwać) to pluck *[liście]* [3] (zjeść) *[osoba, krowa]* to nibble *[jedzenie, trawę]*; (bez apetytu) *[osoba]* to pick at *[jedzenie]*; **ledwie ~nęła obiad** she hardly touched her dinner [4] (uszczypnąć) to pinch *[osobę, policzek]* [5] pot. (ukraść) to pinch pot. *[portfel]*

[] **skubnąć się** — **skubać się** (pociągnąć się) **~ać się za brodę/wąsy** to tug at one's beard/moustache

sku|cha *f* dziec. (w grze, zabawie) miss; (przy skakaniu na skakance) trip; **~cha!** you missed!

sku|ć *pf* — **sku|wać** *impf vt* [1] (usunąć) to hack [sth] off, to hack off *[tynk, kafelki]* [2] (połączyć) to forge [sth] together *[pręty]* [3] (łańcuchami) to chain [sb] (up) *[więźnia, nogi]*; (kajdankami) to handcuff; to cuff pot.; **~ć komuś ręce z tyłu** to cuff sb's hands behind their back; **~ty mężczyzna** a handcuffed man [4] książk. **rzeka ~ta lodem** an ice-bound river [5] pot. (zbić) **~ć komuś mordę** to smash sb in the face pot.

skudła|cić *pf* [] *vt [wiatr]* to tangle *[włosy, brodę]* ⇒ **kudłacić**

[] **skudłacić się** *[włosy, wełna, broda]* to get tangled ⇒ **kudłacić się**

skudłac|ony [] *pp* → skudłacić

[] *adi. [włosy, broda, wełna]* tangled

skul|ić *pf* [] *vt [osoba]* to hunch *[ramiona, plecy]*; to draw [sth] up, to draw up, to pull [sth] up, to pull up *[nogi]*; **~ić głowę** to bury one's head in one's shoulders ⇒ **kulić**

[] **skulić się** (ze strachu) to cower, to cringe; (z zimna) to huddle (up), to hunch (up); (w łóżku) to curl up; **~ić się z zimna** to huddle up for warmth; **~ić się z przerażenia** to cringe in terror ⇒ **kulić się**

skul|ony [] *pp* → skulić

[] *adi. [osoba]* huddled; **siedział ~ony w kącie** he sat huddled in the corner; **~ony ze strachu** cowering in terror

skuma|ć się *pf v refl.* pot. to pal up GB pot., to buddy up US pot. (**z kimś** with sb); (w złych zamiarach) to get in cahoots pot. (**z kimś** with sb)

skuman|y *adi.* pot. **być z kimś ~ym** to be in cahoots with sb pot.

skumbri|a *f* (GDGpl **~i**) tinned fish in tomato sauce

skumul|ować *pf* [] *vt* to accumulate *[podatek, energię]*; **nagroda ~owana** Gry ≈ jackpot ⇒ **kumulować**

[] **skumulować się** to accumulate ⇒ **kumulować się**

skunk|s [] *m pers.* (Npl **~sy**) pot., obraźl. skunk pot., obraźl.

[] *m anim.* Zool. skunk

[] *m inanim.* zw. pl (futro) skunk; **nosić ~sy** to wear skunk

skup *m sgt* (G **~u**) (skupowanie) purchase; (miejsce) collection point; **~ produktów rolnych** the purchase of agricultural produce; **punkt ~u** a collection point; **~ butelek** a bottle exchange; **~ makulatury** a paper recycling centre; **zawieźć coś do ~u** to take sth to a collection point

skupiać *impf* → **skupić**[1]

skup|ić[1] *pf* — **skup|iać** *impf* [] *vt* [1] (skoncentrować) to focus *[uwagę, myśli]* (**na**

czymś on sth); **~iać na sobie uwagę** to be the focus of attention; **~ić wzrok na czymś** to gaze at sth; **całą swoją uwagę ~ili na...** they focused their attention on... [2] (zebrać) to concentrate *[władzę, kapitał]*; **~ić władzę w swoich rękach** to gather power in one's hands [3] (zgromadzić) to gather *[ludzi]*; **~iać wokół siebie wielu zwolenników** to gather a lot followers around one; **organizacja ~iająca ludzi o różnych poglądach** an organization embracing people of different opinions [4] Fiz. *[soczewka]* to focus *[światło, promienie]*; **soczewka ~iająca** a convergent lens

[] **skupić się** — **skupiać się** [1] (skoncentrować się) *[osoba, działania]* to focus, to concentrate (**na czymś** on sth); **nie mogę się ~ić** I can't concentrate; **~my się na...** let's focus on...; **~ się!** concentrate! [2] (zgromadzić się) *[osoby, budynki, wyniki]* to cluster (**wokół kogoś/czegoś** around sb/ sth) [3] (być szczególnie intensywnym) **~iać się wokół czegoś** *[działania, plany, handel, przemysł]* to centre around sth; **życie rodzinne ~iało się w kuchni** family life centred around the kitchen; **elita intelektualna ~iała się wokół dworu królewskiego** the intellectual elite gathered around the Court [4] Fiz. *[światło]* to focus

skup|ić[2] *pf* — **skup|ować** *impf vt* to buy, to purchase *[zboże, mleko, owoce leśne]* (**od kogoś** from sb); to buy [sth] in, to buy in *[akcje]* (**od kogoś** from sb)

skupieni|e [] *sv* → skupić

[] *n* [1] sgt (koncentracja) concentration; **słuchać ze ~em** a. **w ~niu** to be listening with concentration; **to wymaga ~ia** it requires concentration [2] sgt (zagęszczenie) concentration; **wielkie ~e ludności/ wojsk** a high concentration of population/ troops [3] (skupisko) concentration; (grupka) cluster; **największe ~a ludności** the highest concentrations of population; **mieszkać w małych ~niach** to live in small communities; **szyszki rosną w ~ach po pięć** cones grow in clusters of five [4] sgt Fiz. **stan ~a** a state of matter

skupi|ony [] *pp* → skupić[1,2]

[] *adi.* [1] (uważny) *[osoba, twarz]* attentive; (zmobilizowany) *[osoba]* focused; **być ~onym na czymś** to be focused on sth; **słuchał ~ony** he was listening with concentration [2] (zwarty) *[zabudowa, populacja]* dense [3] (otaczający) **stali ~eni wokół stołu** they clustered around the table; **politycy ~ieni wokół prezydenta** politicians gathered around the president

skupisk|o *n* [1] (miejsce nagromadzenia) centre, center US; **~ka przemysłowe** industrial centres; **~ko miejskie** an urban agglomeration; **Polska była największym ~iem ludności żydowskiej** Poland had the largest Jewish population [2] (rud, minerałów) deposit; (domów, drzew, gwiazd) cluster

skupować *impf* → **skupić**[2]

skurcz *m* (G **~u**) [1] Fizjol. (skurczenie się) contraction; **~ mięśnia sercowego** a contraction of the heart muscle; systole spec.; **~e porodowe** labour pains, contractions; **mieć ~e (porodowe)** to have contractions; **zaczęły się ~e porodowe**

labour started ☑ (ból) cramp; **~e żołądka** stomach cramps; **złapał mnie ~ w nodze/ ręce** I've got cramp GB a. a cramp US in my leg/arm; **na jego twarzy pojawił się ~ bólu** a spasm of pain crossed his face ③ Techn. (metalu, tkaniny) shrinkage ❑ **~ kloniczny** Fizjol. clonus

skurcz|ony ▯ pp → **skurczyć** ▐ adi. ① (skulony) [osoba] huddled; **siedział ~ony w kącie** he sat huddled in the corner; **~ony ze strachu** cowering in terror ② (zmniejszony) [spodnie, materiał] shrunken; **człowiek ~ony ze starości** a man shrunken with age ③ (zaciśnięty) [mięsień] contracted; **twarz ~ona z bólu** a face contorted in pain; **ze ~onym sercem** przen. (ze strachem) with one's heart in one's mouth przen.

skurczow|y adi. ① Fizjol. [szmery] systolic ② Techn. shrinkage attr.

skurczybyk m (Npl **~i**) posp. son-of-a-gun posp.

skurcz|yć pf ▐ vt [osoba] to hunch [ramiona]; to clench [palce]; to pull [sth] up, to pull up [nogi]; **spać ze ~onymi nogami** to sleep with one's legs pulled a. bent up ⇒ **kurczyć**
▐ **skurczyć się** ① (skulić się) [osoba] to huddle; **~yć się z zimna** to huddle for warmth; **~yć się ze strachu** to cower in terror ⇒ **kurczyć się** ② (ściągnąć się) [materiał, ubranie] to shrink; **~yć się w praniu** to shrink in the wash; **~yć się na starość** [osoba] to shrink with age; **liście ~yły się od gorąca** the leaves curled from the heat ⇒ **kurczyć się** ③ (zacisnąć się) [naczynie krwionośne, mięsień] to contract; [twarz] to contort; **aż mi się serce ~yło na jej widok** przen. it broke my heart to see her przen.; **twarz ~yła mu się z bólu** his face contorted in pain ⇒ **kurczyć się** ④ przen. (zmaleć) [dochód, ludność] to shrink ⇒ **kurczyć się**

skurw|ić się pf v refl. wulg., pejor. ① [kobieta] to whore oneself wulg. ⇒ **kurwić się** ② przen. (sprzedać się) to prostitute oneself; to sell out pot. ⇒ **kurwić się**

skurwiel m wulg., obraźl. son of a bitch wulg., obraźl., motherfucker US wulg., obraźl.

skurwi|ony adi. wulg., pejor. [system, świat] rotten pot., pejor.

skurwysyn → **skurwiel**

skurwysyństw|o n wulg., pejor. ① (podłość) **to już było ~o** that was a wicked thing to do ② (śmieć) shit wulg., pejor.; **wywal to ~o!** throw this shit away! ③ (hołota) scum pot., pejor.

sku|sić pf ▐ vt (przyciągnąć) [osoba, perspektywa] to lure; (namówić) to tempt [osobę]; **~sić kogoś do zrobienia czegoś** a. **żeby coś zrobił** to tempt sb to do sth; **~sić kogoś czymś** to lure sb with sth; **hotel ~sił nas swoim położeniem** we were attracted to the hotel by its location; **przyjechał ~szony ciekawymi propozycjami** he came, lured by attractive offers; **~szeni ładną pogodą, wyszliśmy na dwór** the weather tempted us outside; **dał się ~sić ceną** he was tempted by the price; **już prawie dał się ~sić** he was half tempted; **co was ~siło, żeby to zrobić?** what on earth made you do that?; **licho go ~siło,**

żeby to kupić what on earth made him buy it? ⇒ **kusić**
▐ vi pot., dziec. (w grze) to miss; (przy skakaniu na skakance) to trip; **aż ktoś ~si** until someone misses
▐ **skusić się** (skosztować) **~sić się na coś** to help oneself to sth; **może się ~sisz na kieliszek wina?** can I tempt you to a glass of wine?; **kto się ~si na kawę?** would anyone like some coffee?

skutecznie adv. [pracować, zwalczać, pomagać] effectively; **działać najskuteczniej** to be the most effective; **próbowała, ale mało ~** she tried but to little effect a. with little success

skuteczność f sgt effectiveness (**czegoś** of sth)

skuteczn|y adi. grad. [lekarstwo, ochrona, osoba] effective; [próba] successful; **najskuteczniejszy sposób walki z przestępczością** the most effective way of fighting crime; **metoda okazała się nader ~a** the method proved more than effective

skut|ek m (G **~ku**) effect, result (**czegoś** of sth); **przykre ~ki uzależnienia od narkotyków** the sad effects of drug addiction; **zabezpieczyć coś przed ~kami trzęsienia ziemi/powodzi** to protect sth against the effects of an earthquake/a flood; **przynieść pożądanie ~ki** to have the desired effect, to produce the desired result; **wywołać odwrotny ~ek** to have the opposite effect, to produce the opposite result; **odnieść ~ek** [starania, zabiegi] to be successful; **doprowadzić coś do ~ku** to carry out sth [plan]; to bring about sth [porozumienie, reformę]; **dojść do ~ku** [spotkanie, uroczystość] to take place; **nie dojść do ~ku** to not come off; **rodzić ~ki prawne** Prawo [umowa, kontrakt] to have legal effect; **używać czegoś z dobrym ~kiem** to use sth to good effect; **bez ~ku** to no effect, without success; **próbował dwa razy, ale bez ~ku** he tried twice, but to no effect a. without success; **z niewielkim ~kiem** to little effect; **~kiem** a. **na ~ek czegoś** as a result of sth; **na ~ek czego, przedsiębiorstwo zbankrutowało** with the result that the company went bankrupt; **próbuj aż do ~ku** try until you succeed; **dramatyczna/fatalna/nieoczekiwana w ~kach decyzja** a decision with dramatic/fatal/surprising consequences; **brzemienna w ~ki decyzja/pomyłka** a fateful decision/mistake

skute|r m (motor) scooter; **~r wodny** a jet ski; **~r śnieżny** a snow scooter

skutk|ować impf vi ① (być skutecznym) to be effective; **to zawsze ~uje** it's always effective ⇒ **poskutkować** ② książk. **~ować czymś** to result in sth

skutkow|y adi. Jęz. [zdanie] consecutive

skuwać impf → **skuć**

skuw|ka f ① (w długopisie, piórze) (pen) top, cap; **zdjąć ~kę z długopisu** to uncap a pen ② (w lasce) ferrule

skwapliwie adv. [słuchać, zgodzić się, pomóc] eagerly

skwapliwoś|ć f sgt eagerness; (**czyjaś**) **~ć w wykonywaniu rozkazów** sb's eagerness to carry out orders

skwapliw|y adi. [pomocnik, wykonawca, pomoc, uwaga] eager

skwa|r m (G **~ru**) scorching heat; **ale ~r!** it's scorching!

skwar|ek m, **~ka** f zw. pl Kulin. **~ki** pork scratchings

skwarn|ie, ~o adv. grad. **ale dziś ~ie** it's scorching today

skwarn|y adi. [dzień, popołudnie] scorching hot

skwa|sić pf ▐ vt przen. to sour; **~sić wszystkim humory** to sour everybody's mood ⇒ **kwasić**
▐ **skwasić się** [mleko, kapusta] to sour ⇒ **kwasić się**

skwasz|ony ▯ pp → **skwasić**
▐ adi. [osoba] (w złym humorze) cross, peeved; (ponury) glum; [mina] sour; **co masz taką ~oną minę?** why do you look so glum?

skwaśnia|ły adi. ① [mleko, zupa] sour ② [osoba] embittered; [mina] sour

skwaśni|eć pf (**~eję, ~ał, ~eli**) vi ① [mleko] to sour; [zupa] to go bad ⇒ **kwaśnieć** ② przen. [osoba] to grow bitter; **mina mu ~ała** his expression soured ⇒ **kwaśnieć**

skwe|r m (G **~ru**) (placyk) square; (zieleniec) green; **spotkajmy się na ~rze** let's meet in the square

skwer|ek m dem. (G **~ku**) (placyk) small square; (zieleniec) small green

skwiercz|eć impf (**~ał**) vi [tłuszcz] to sizzle; **skwarki ~ą na patelni** pork scratchings are sizzling in the pan; **~ał dopalający się knot** the burning out wick made a sizzling sound; **w ciszy słychać było tylko ~enie świec** only the sizzling of the burning candles broke the silence ⇒ **zaskwierczeć**

skwit|ować pf vt (zareagować) to acknowledge; **~ować coś śmiechem/wzruszeniem ramion** to laugh/shrug sth off; **~ować coś machnięciem ręki** to shrug sth off; **ukłonem ~ował pochwały** he acknowledged the praise with a bow; **„bzdura", ~ował** 'rubbish,' he said ⇒ **kwitować**

slaj|d m (G **~du**) Fot. slide, transparency; **pokaz ~dów** a slide show

slalom m (G **~u**) Sport slalom ❑ **~ gigant** Sport giant slalom; **~ kajakowy** Sport canoe slalom; **~ równoległy** Sport dual slalom; **~ specjalny** Sport slalom

slalomi|sta m, **~stka** f Sport slalomer

slalomow|y adi. Sport slalom attr.

slang m (G **~u**) Jęz. slang, argot; **~ młodzieżowy/złodziejski** teenage/thieves' argot a. slang; **mówić ~iem** to speak slang; **słownik ~u** a dictionary of slang

slangow|y adi. [wyrażenie, określenie] slang attr.

slapstick /'slapstik/ m (G **~u**) Kino slapstick

slapstickow|y /ˌslapstiˈkovɪ/ adi. Kino [humor] slapstick attr.; **komedia ~a** a slapstick comedy

slapstikowy → **slapstickowy**

slawi|sta m, **~stka** f Slavonic scholar, Slavist

slawistyczn|y adi. [studia, badania] Slavonic

S

slawisty|ka *f sgt* Nauk. Slavonic studies *pl*; **instytut ~ki** the institute of Slavonic studies

sleeping /'sliping/ → **sliping**

sliping *m* (*G* **~u**) Kolej. (wagon sypialny) sleeping car; (miejsce sypialne) sleeper; **bilety na ~** tickets for the sleeper

slip|y, ~ki *plt* (*G* **~ów, ~ków**) briefs

slogan *m* (*G* **~u**) [1] pejor. (frazes) tag, platitude; **operować ~ami** to speak in platitudes [2] (hasło) slogan; (reklamowy, wyborczy) catchword, catchphrase; **łatwo wpadający w ucho ~** a jingle

sloganowo *adv.* pejor. [brzmieć] slogan-like *adi.*

sloganowoś|ć *f sgt* pejor. platitudinousness

sloganow|y *adi.* [język, wypowiedź] platitudinous

slow-fox /'slowfoks/ *m* (*A* **slow-foksa**) Muz., Taniec slow foxtrot

slums /slams/ **[]** *m* (*G* **~u**) (nędzny budynek) slum

[] slumsy *plt* (dzielnica nędzy) slums

słabeusz *m* (*Gpl* **~y**) pot. [1] (fizycznie) weakling [2] (w szkole) poor student

słabiut|ki *adi.* pot. [1] [organizm, noworodek, staruszek] frail, fragile [2] [dźwięk, światło, podmuch, puls] faint; **dla mnie ~ka kawa/herbata** very weak coffee/tea for me [3] [uczeń, zawodnik, forma, wynik, wzrok, słuch] weak, very poor

słabiutko *adv.* [1] [stukać, uciskać] feebly [2] [pamiętać, świecić, słychać] hardly [3] [orientować się, grać, śpiewać] poorly; **~ znam rosyjski** my Russian is very very poor

słabi|zna *f* [1] pot., pejor. (artykuł, powieść, film) very poor stuff; (fragment dzieła) weak point; **~zna z tego malarza/pisarza** he's a very poor painter/writer [2] euf. privates *pl*

słabn|ąć *impf* (**~ł** a. **~ął**) *vi* (tracić siły) [osoba] to grow weaker; **~ąć od upału** to droop in the heat; **~ąć ze zmęczenia** to weaken due to exhaustion; **pacjentowi ~ie serce/tętno** the patient's heart/heart rate is becoming weaker; **wzrok mi ~ie** my eysight is getting weak ⇒ **osłabnąć** [2] (zmniejszać się) [ruch, wiatr, deszcz] to die down; [zainteresowanie] to diminish, to decline; [ból, trudności] to ease off; [tempo] to slacken ⇒ **osłabnąć**

słab|o *adv. grad.* [1] (lekko) [uderzyć, nacisnąć] weakly, feebly; **puls/serce bije mu bardzo ~o** his pulse/heart is beating very feebly; **jest mi** a. **robi mi się ~o** I feel faint [2] (ledwie) hardly, barely; **~o go pamiętam** I can hardly remember him; **~o go słychać** we can barely hear him; **~o zaludniona okolica** a poorly a. sparsely populated area; **~o rozwinięty przemysł** a poorly developed a. an underdeveloped industry [3] (źle) poorly, badly; **piłkarze grają dziś ~o** the footballers are playing poorly today; **~o napisane dialogi** badly written dialogues; **~o się orientuję w przepisach dotyczących ubezpieczeń** my knowledge of regulations concerning insurance is very poor; **bardzo ~o mówił po polsku** he spoke very poor Polish; **~o zdała egzamin** she didn't do too well in the exam; **~o widzę/słyszę** my sight/hearing is poor

słabost|ka *f* weakness; (przywara) foible; **niewinna ~ka** an innocent weakness; **ludzkie ~ki** human weaknesses; **staram się znosić jego ~ki** I'm trying to put up with his foibles

słaboś|ć *f* [1] *sgt* (osłabienie) weakness; **~ć towarzysząca chorobie** weakness accompanying an illness; **ogarnęła ją nagła ~ć** she was suddenly overwhelmed by weakness [2] *sgt* (brak silnej woli) weakness; **~ć charakteru/natury ludzkiej** weakness of character/human nature; **chwila ~ci** a moment of weakness; **przezwyciężyć ~ć** to overcome one's weakness; **wykorzystać czyjąś ~ć** to take advantage of sb's weakness [3] *sgt* (brak trwałości) flimsiness; **~ć papieru/materiału/budulca** flimsiness of the paper/fabric/building materials [4] *zw. pl* (wada) failing; **próżność jest jego ~cią** vanity is his failing; **znać czyjeś ~ci** to know sb's failings [5] *sgt* (upodobanie) weakness, weak spot; **mieć ~ć do dzieci/koni/kapeluszy** to have a weakness for children/horses/hats; **mieć ~ć do blondynek** to have a weakness a. weak spot for blondes [6] *sgt* (brak autorytetu) weakness; **~ć rządu/parlamentu/opozycji** the weakness of the government/parliament/opposition

słabowitoś|ć *f sgt* (dziecka, staruszka) frailty, feebleness

słabowi|ty *adi. grad.* [niemowlę, dziecko, staruszek] frail, fragile

słab|y [] *adi. grad.* [1] (wątły) weak; **po grypie jeszcze jest bardzo ~y** after the flu he's still very weak; **jestem za ~a, żeby ruszyć tę szafę** I'm too weak to move this wardrobe [2] (uległy) weak; **to człowiek ~y i chwiejny** he's weak and wavery; **człowiek ~ego ducha** a person weak in spirit [3] (nieznaczny) faint, slight; **~y podmuch wiatru** a slight breeze; **~y dźwięk** a faint sound; **~e światło** a faint light; **~y puls** a faint pulse; **~a kawa/herbata** weak coffee/tea; **~e wino/piwo** weak wine/beer; **~e szkła** a. **okulary** weak lenses [4] (nietrwały) [papier, materiał, budulec] flimsy; **~e nici** flimsy thread [5] (niedysponujący siłą) [państwo, armia] weak [6] (marny) [uczeń, pracownik] poor; **~a pamięć** poor memory; **~y słuch/wzrok** poor hearing/eyesight; **mieć ~e płuca/serce** to have weak lungs/a weak heart [7] (na niskim poziomie) [utwór, widowisko] poor; **~e zbiory** a poor crop; **~y mecz** a poor match

[] słab|y *m*, **~a** *f* (fizycznie, psychicznie) weakling; **złośliwość jest bronią ~ych** malice is the weapon of weaklings

[] słabszy *m* [1] (konkurent) the underdog [2] (kandydat, uczeń) a poor one; **~si nie mają szans w konkurencji** the poor ones have no chance in the competition

■ matematyka to mój ~y punkt a. **moja ~a strona** maths is my weak point; **~ą stroną naszego planu jest brak środka transportu** the lack of a means of transport is the weak point of our plan

słać¹ *impf* (**ślę**) *vt* książk. (posyłać) to send [gońca, posła, pismo, pieniądze]; **słać po doktora** to send for a doctor; **ślemy wam pozdrowienia/wyrazy szacunku** we're sending you our greetings/regards;

stała mu uśmiechy/czułe spojrzenia she gave him smiles/tender looks

słać² *impf* (**ścielę**) **[]** *vt* [1] (rozkładać pościel) to make the bed (for the night); **słać komuś na kanapie/podłodze** to prepare a bed for sb on the sofa/floor [2] (składać pościel) to make the bed; **ściel łóżko, śniadanie czeka** make the bed, breakfast is waiting [3] (kłaść podściółkę) to litter down; **słać słomę w stajni/oborze** to bed down straw in the stable/cowshed

[] słać się książk. (rozpościerać się) [pola, łąki] to stretch; [mgły, dymy] to float

słania|ć się *impf v refl.* to stagger, to reel; **~ł się na nogach ze zmęczenia** he could barely stand due to exhaustion

sław|a *f* [1] *sgt* (rozgłos) fame, renown; **zdobyć** a. **zyskać ~ę** to achieve fame a. renown; **zdobył ~ę doskonałego chirurga** a. **jako doskonały chirurg** he gained a reputation as a splendid surgeon; **miała ~ę świetnej kucharki** she enjoyed renown as an excellent cook; **naukowiec światowej ~y** a scientist of worldwide renown; **śpiewaczka u szczytu ~y** a singer at the peak of fame; **pianista opromieniony ~ą** a pianist surrounded by fame [2] *sgt* książk. (reputacja) reputation, good name; **bronić czyjejś ~y** to defend sb's good name; **szarpać czyjąś ~ę** to tarnish sb's good name; **pozbawić kogoś dobrej ~y** to rob sb of their good name; **ten lokal cieszy się dobrą/złą ~ą** this place has a good/bad reputation [3] pot. (osoba) celebrity, big name; **obsada złożona z samych ~** a cast consisting entirely of big names; **widownia złożona z samych ~** an audience of celebrities; **to ~a w dziedzinie medycyny/archeologii** she's/he's a big name in medicine/archeology

sławetn|y *adi.* (osławiony) [ród] glorious; [gród, miasto] famous; iron. [afera, knajpa] notorious

sław|ić *impf vt* (opiewać) to glorify, to praise [osobę, czyny, zasługi]

sławn|y *adi. grad.* [artysta, dzieło] famous; [restauracja, miasto, uzdrowisko] famous, renowned; **dzięki swojemu wynalazkowi stał się ~y** he made a name for himself with his invention

sławoj|ka *f* pot. (outside) privy

słodkawo *adv.* [1] [pachnieć, smakować] sweetish *adi.*, mawkish *adi.* [2] [uśmiechać się] mawkishly

słodkaw|y *adi.* [1] [potrawa, owoc, napój] slightly sweet [2] [zapach] somewhat sweet [3] iron. [utwór, list] syrupy, corny

słod|ki *adi. grad.* [1] [potrawa, owoc, napój] sweet [2] [zapach] sweet, sweetish [3] [dźwięk, głos, melodia] sweet; [buzia, dziecko, sukienka] cute, sweet [4] [nastrój, wspomnienia] sweet; **~kie słówka** sweet talk

sło|dko [] *adv. grad.* [1] [smakować, pachnieć, brzmieć] sweet *adi.*; [wyglądać] sweet *adi.*, cute *adi.* [2] [uśmiechać się, spać] sweetly

[] na słodko Kulin. [potrawa] sweet; **ryż/ryba na ~dko** rice/fish with a sweet flavour

[] słodko- w wyrazach złożonych **słodko-gorzki** bitter-sweet; **słodko-kwaśny** sweet and sour; **słodko-słony** sweet and salt

słodkoś|ć [] *f sgt* (potraw, owoców) sweetness; **to wino pozostawia charakterystyczną**

~ć w ustach this wine leaves a characteristic sweetness in the mouth **III słodkości** plt pot. sweets; **być łasym na ~ci** to have a sweet tooth

słodkowodn|y adi. [ryba, roślina] freshwater

słodow|y adi. [ekstrakt, piwo] malt attr.

słodycz f sgt 1 (smaku, woni, dźwięku) sweetness; **~ karmelu/miodu** the sweetness a. sweet taste of caramel/honey; **~ woni bzów/róż** the sweetness of the fragrance of lilac/roses; **~ jej głosu/melodii** the sweetness of her voice/the tune; **poczuć ~ w ustach** to have a sweet taste in one's mouth 2 (charakteru) sweetness; **~ usposobienia/spojrzenia** the sweetness of sb's character/look; **anielska ~** angelic sweetness 3 (rozkosz) joy; **~ wiosennego poranka/domowego ogniska** the joy of a spring morning/of home; **~ zwycięstwa** the joy of victory; **mieć serce przepełnione ~ą** to have one's heart filled with joy 4 (nektar kwiatów) honey, nectar; **pszczoły wysysają ~ z kwiatów** bees collect honey a. nectar from flowers

słodycz|e plt (G **~y**) sweets; **sklep ze ~ami** a sweet shop; **być łasym na ~e** to have a sweet tooth

sł|odzić impf vt to sweeten [herbatę, kompot]; **słodzisz (herbatę)?** do you take sugar (in your tea)?; **dziękuję, nie słodzę** no sugar, thanks ⇒ **posłodzić**

słodzik m sweetener

słodziut|ki, ~eńki adi. dem. pot. 1 [owoc, napój, konfitury] very sweet 2 [głosik, minka, uśmiech] saccharine attr.

słodziut|ko, ~eńko adv. grad. [uśmiechać się, patrzeć] sweetly

słodz|ony II pp → **słodzić**
II adi. [kawa, herbata, mleko, napój] sweetened

słoicz|ek m small jar, pot; **~ek z dżemem/balsamem** a small jar of jam/balm; **~ek kremu pod oczy starcza mi na rok** a small jar of eye cream lasts me for a year

słoik m 1 (naczynie) jar; **~ dżemu/majonezu** a pot of jam/a jar of mayonnaise; **~ z jakimś płynem** a jar with some liquid 2 (pojemność) jarful; **zjadł cały ~ chrzanu na raz** he ate the whole jar of horseradish (sauce) at one go

słom|a f 1 sgt straw; **~a owsiana/pszeniczna/żytnia** oat/wheat/barley straw; **~a makowa** poppy staw; **sterta/stóg/wiązka ~y** a heap/stack/bundle of straw; **siennik wypchany ~ą** a straw mattress; **chata kryta ~ą** a thatched cottage; **włosy koloru ~y** hair the colour of straw; **rżnąć ~ę na sieczkę** to cut straw for chaff; **owijać krzewy ~ą na zimę** to wrap shrubs with straw for winter 2 (źdźbło) straw; **żuć ~ę** to chew a straw
■ **~a mu wyłazi z butów** pot., iron. he's just a country bumpkin GB a. country hick US pot., pejor.

słomian|ka f doormat; (słomiana) straw doormat

słomian|y adi. 1 (wykonany ze słomy) [kapelusz, mata] straw attr.; **~y dach** a thatched roof 2 (koloru słomy) [włosy, wąsy, czupryna] straw attr., straw-coloured GB, straw-colored US

■ **~a wdowa** żart. a grass widow; **~y wdowiec** żart. a grass widower; **~y ogień** a. **zapał** a flash in the pan

słom|ka f 1 (źdźbło) straw; **żuł ~kę** he was chewing a straw 2 (rurka) straw; **pić coś przez ~kę** to sip a. drink sth through a straw 3 sgt (materiał) straw; **kapelusz ze ~ki** a straw hat; **zabawki na choinkę ze ~ki** straw ornaments for the Christmas tree 4 pot. very weak tea

słomkow|y adi. 1 (wykonany ze słomki) [abażur, kapelusz, łańcuch na choinkę] straw attr. 2 [barwa] straw attr., straw-coloured GB, straw-colored US; **~a herbata** very weak tea; **~e włosy** flaxen hair; **wino ~ej barwy** golden wine

słonawo adv. [smakować, pachnieć] salty adi.; **morze pachnie ~** the sea has a salty tang

słonaw|y adi. [potrawa, napój] slightly salty

słoneczk|o n 1 dem. pot. (słońce) the sun; **~o wyjrzało zza chmurki** the sun appeared from behind a cloud 2 dem. (światło słoneczne) sunshine; **wygrzewali się na ~u** they were warming themselves in the sunshine; **wyjść przed dom na ~o** to go out into the sunshine 3 pieszcz. sunshine, sweetheart; **moje kochane ~o!** my sweetheart! 4 pot. (grzejnik elektryczny) electric heater

słonecznie adv. grad. sunny adi.; **po burzy zrobiło się ciepło i ~** it got warm and sunny after the storm

słonecznik m (A **~** a. **~a**) 1 Bot. sunflower; **bukiet ~ów** a bunch of sunflowers 2 (głowa słonecznika) sunflower head; **skubać ~** to pick sunflower seeds 3 sgt sunflower seeds pl; **jeść ~** to eat sunflower seeds; **chleb z ziarnem ~a** sunflower seed bread

słonecznikow|y adi. [olej, pestki] sunflower attr.; **chleb ~y** sunflower seed bread

słoneczn|y adi. 1 [energia, orbita] solar; **tarcza ~a** the Sun's disc; **żar ~y** white heat 2 (nasłoneczniony) [dzień, pogoda, pokój, mieszkanie] sunny

słoniątk|o n pieszcz. elephant calf

słonic|a f Zool. cow elephant

słonik m 1 pieszcz. baby elephant 2 Zool. weevil GB, snout beetle US

słonin|a f 1 sgt pork fat; **połeć ~y** a flitch of pork fat; **jajecznica na ~ie** eggs scrambled with pork fat; **skwarki ze ~y** pork scratchings 2 pot. thick rubber; **buty na ~ie** boots with thick rubber soles

słonin|ka f dem sgt pork fat; **ziemniaki ze ~ką** potatoes with pork scratchings

słoniowaciźn|a f sgt Med. elephantiasis

słoniowato adv. [poruszać się] like an elephant; [wyglądać] elephantine adi.

słoniowatoś|ć f sgt (niezgrabność) elephantlike heaviness of movement

słoniowa|ty adi. [ruchy, postać, postura, nogi] elephantine

słoniow|y adi. [skóra] elephant attr; [noga, kły, trąba] elephant's; **kość ~a** ivory

słonisk|o n augm. large elephant

słonk|o n sgt dem. 1 (słońce) the sun 2 pieszcz. sunshine, sweetheart; **moje ~o kochane!** my sweetheart 3 (ciepło) sunshine, the sun; **kotek wygrzewał się na ~u** the pussy cat was warming itself in the sun

słono II adv. 1 [smakować] salty adi.; [przyprawić] saltily; **jadać ~** to use a lot of salt 2 pot. [kosztować] to cost a pretty penny; **~ zapłacić** to pay through the nose; **~ sobie policzyć** to charge a steep price
II na słono Kulin. **twarożek na ~** salted cottage cheese
III słono- w wyrazach złożonych **słonogorzki** bitter and salty

słonoś|ć f sgt (wody, potrawy) saltness; **czuć nieprzyjemną ~ć w ustach** to feel an unpleasant saltness in the mouth

słonowodn|y adi. [jezioro, ryby, rośliny] saltwater attr.

słon|y adi. 1 [potrawa, napój] salty 2 [zapach] somewhat salty 3 pot. [ceny, opłaty] steep; **~y rachunek** a steep bill 4 pot. [dowcip] spicy

sło|ń 1 m pers. pot., przen. (osoba) clumsy oaf pot., pejor.
II m anim. Zool. elephant; **stado ~ni** a herd of elephants
❑ **~ń morski** Zool. elephant seal, sea elephant
■ **~ń a sprawa polska** książk., żart. a tendency to see everything in terms of Polish interests; **~ń w składzie porcelany** a bull in a china shop; **~ń mu na ucho nadepnął** pot. he's tone-deaf

słońc|e n 1 Astron. (ciało niebieskie) sun; **Słońce** the Sun, the sun; **plamy na Słońcu** spots on the sun; **wybuchy na Słońcu** eruptions on the sun; **jest wiele ~ we wszechświecie** there are many suns in the universe; **~e świeci** the sun is shining; **~e wschodzi/zachodzi** the sun is rising/setting; **~e przedziera się przez chmury** the sun is breaking through the clouds; **~e mocno operuje** the sun is beating down 2 (światło słoneczne) sun, sunlight, sunshine; **śnieg iskrzył się w ~u** the snow was sparkling in the sun; **w mieszkaniu jest pełno ~a** there's a lot of sunshine in the flat; **ulice zalane ~em** streets flooded with sunshine; **ogród tonący w ~u** a garden flooded with sunshine; **okulary od ~a** sunglasses; **przyglądać się czemuś pod ~e** to look at sth with the sun in one's eyes; **nie rób zdjęć pod ~e** don't take photos facing direct sunlight; **koronkowe firanki przepuszczają ~e** lace curtains let in the sun; **rolety nieprzepuszczające ~a** blinds blocking the sunlight 3 pieszcz. joy; **synowie są jej ~em i pociechą** her sons are the joy of her life and her comfort
■ **być jasne jak ~e** to be (as) clear as day; **nie ma nic łatwiejszego pod ~em** there's nothing easier under the sun; **on jest najuczciwszym człowiekiem pod ~em** he's the most honest man alive; **to nic nowego pod ~em** that's nothing new

sło|ta f rainy weather

słotno adv. rainily, wetly; **dzień zaczął się ~** the day began rainily; **było zimno i ~** it was cold and rainy

słotn|y adi. [dzień, jesień, listopad] wet, rainy; **~a pogoda** foul weather

słowac|ki II adi. Slovak
II m sgt (język) Slovak; **mówić po ~ku** to speak Slovak; **list po ~ku** a letter in Slovak

S

Słowa|k m, **~czka** f Slovak

Słowe|niec m, **~nka** f Slovenian

słoweńs|ki [] adi. Slovenian

[] m (język) Slovenian; **mówić po ~ku** to speak Slovenian; **książka po ~ku** a book in Slovenian

Słowian|in m, **~ka** f (Gpl ~, ~ek) Slav

słowiańs|ki adi. [ludność, kraje, uroda] Slav, Slavic; [języki] Slavonic GB, Slavic US; **dusza ~a** the Slav soul

słowiańszczy|zna f sgt [1] książk. Slavism [2] **Słowiańszczyzna** (ziemie Słowian) Slav lands [3] **Słowiańszczyzna** (narody słowiańskie) Slavdom

słowicz|ek m dem. poet. nightingale

słowicz|y adi. [1] [gniazdo, śpiew] nightingale's; **~e trele** nightingale's warble a. trill [2] [głos] nightingale-like

słowik m Zool. nightingale; **śpiewać jak ~** to sing like a nightingale

❑ **~ szary** Zool. thrush nightingale

słownictw|o n sgt [1] (języka) vocabulary; lexis spec.; (utworu, autora, środowiska) vocabulary; **~o bierne/czynne** passive/active vocabulary; **mieć bogate ~o** to have a rich vocabulary; **rozwijać/wzbogacać ~o uczniów** to develop a. build/enrich the pupils' vocabulary; **zaśmiecać język obcym ~em** to mess up the language with foreign words [2] (dziedziny, specjalności) vocabulary; **~o techniczne/religijne** technical/religious vocabulary; **~o polityki** political vocabulary; **~o potoczne/książkowe** colloquial/formal vocabulary; **często posługuje się dosadnym ~em** euf. he often uses vulgar language

słownicz|ek m [1] (mały słownik) mini dictionary [2] (lista terminów) glossary; **trudniejsze terminy wyjaśniono w ~ku na końcu książki** more difficult terms are explained in the glossary at the end of the book

słownie adv. (napisać) in words; **proszę wpisać miesiąc/kwotę ~** please write the month/amount in words

słownik m [1] (publikacja) dictionary; **~ języka polskiego/francuskiego** a dictionary of the Polish/French language; **~ polsko-angielski** a Polish-English dictionary; **~ jednojęzyczny/dwujęzyczny** a monolingual/bilingual dictionary; **~ etymologiczny** an etymological dictionary; **~ ortograficzny** a spelling dictionary; **~ obrazkowy** a pictorial a. visual dictionary; **~ ilustrowany** an illustrated dictionary; **~ wyrazów bliskoznacznych** a thesaurus; **~ biologiczny/terminów literackich** a dictionary of biology//literary terms; **~ biograficzny** a dictionary of biography; **muszę sprawdzić to słowo w ~u** I must look this word up in a dictionary [2] (słownictwo) vocabulary, lexicon; **mieć ubogi/bogaty ~** to have a poor/rich vocabulary

słownikarstw|o n sgt lexicography

słownikarz m (Gpl ~y) lexicographer

słownikowo adv. [zdefiniować] dictionary-wise

słownikow|y adi. [hasło, definicja] dictionary attr.

słownoś|ć f sgt dependability, reliability; **liczę na twoją ~ć** I count on your

reliability; **można polegać na jego ~ci** his reliability is unquestionable

słown|y [] adi. grad. [osoba] dependable, reliable; **to człowiek ~y** he's a man of his word

[] adi. (ustny) verbal; **obietnica ~a** a verbal promise; **dowcip ~y** a pun; **kto zwyciężył w tym starciu ~ym?** who won in this verbal clash?

[] **słowno-** w wyrazach złożonych **wieczór słowno-muzyczny** an evening of music and poetry

sł|owo [] n [1] (wyraz) word; **polskie/obce słowo** a Polish/foreign word; **proste/banalne słowa** simple/banal words; **słowa otuchy/skargi** words of encouragement/complaint; **słowa prawdy** the truth; **powiedzieć komuś kilka a. parę słów prawdy** to tell sb a few home truths; **powiedzieć komuś kilka słów do słuchu** to give sb a piece of one's mind; **dobór słów** the choice of words; **oszczędność słów** economy of words; **znaczenie słowa** the meaning of a word; **poznawać nowe słowa** to learn new words; **brak mi słów, żeby wyrazić swoją wdzięczność/moje oburzenie** I'm at a loss for words to express my gratitude/my outrage; **chwytać a. łapać kogoś za słowa** to trip sb up; **starannie dobierać a. odmierzać słowa** to choose one's words very carefully; **połykać słowa** to mumble; **nie przebierać w słowach** to not mince one's words; **opowiadać coś własnymi słowami** to relate sth in one's own words; **rozumieć się w pół słowa** to understand one another instantly; **od słowa do słowa zgadało się, że chodziliśmy do tej samej szkoły** one thing led to another and it turned out that we went to the same school; **przejść od słów do czynów** to move from words to action; **czyny przemawiają głośniej niż słowa** actions speak louder than words; **skończyło się na słowach** it was just talk; **ująć coś w słowa** to express sth in words; **wpaść komuś w słowo** to interrupt sb in mid-sentence; **wepchnąć komuś słowa w gardło** to make sb swallow their words; **słowa grzęzną mu/jej w gardle** he/she chokes on words; **nie lubię wielkich słów** I don't like big talk; **w krótkich słowach** a. **w paru słowach podsumowała dyskusję** she summed up the discussion briefly a. in a few words; **w liście nie było ani słowa o pieniądzach** in the letter there was no mention of money; **wyszedł bez słowa** he left without saying a word [2] (krótka rozmowa) word; **czy mogę zamienić z tobą kilka słów?** may I have a word with you?; **pozwól na słowo** come here, I'd like to have a word with you; **mam do ciebie słowo** there's something I'd like to tell you [3] sgt (mowa) **słowo mówione/drukowane/pisane** the spoken/printed/written word; **żywe słowo** live words; **mieć dar słowa** to have the gift of the gab; to have kissed the blarney stone pot.; **mistrz słowa** a master of words; **wolność słowa** freedom of speech; **słowo wiążące** Teatr a linking commentary [4] (przyrzeczenie) word; **dać/złamać słowo** to give/break one's word; **dotrzymać słowa** to keep one's

word; **trzymać kogoś za słowo** to take sb at his word; **ręczyć za coś słowem** to swear by sth; **uwierzyć komuś na słowo** to trust sb's word; **„nikomu nie powiesz, słowo?" – „słowo"** 'you won't tell anybody, promise?' – 'promise'; **być z kimś po słowie** przest. to be engaged to sb; **zwrócić komuś słowo** przest. to break the engagement; **słowo honoru!** I swear!, I'm giving you my word of honour!; **obiecuję zwrócić tę książkę pod słowem honoru** I promise on my honour to return this book; **ten guzik/ta półka trzyma się tylko na słowo honoru** pot., przen. this button/shelf is hanging on by a prayer; **wierzę ci na słowo** I'll take your word for that; **słowo daję, widziałam go na własne oczy** believe me, I saw him with my very own eyes; **no, słowo daję! nie przesadzaj!** pot., iron. my foot! stop exaggerating!

[] **słowa** plt [1] (uwaga) remark; **masz rację, święte słowa** you're right, wise words; **moje słowa puszczał mimo uszu** he turned a deaf ear to what I said; **wspomnisz moje słowa** mark my words! [2] (tekst utworu) lyrics; **„muzyka i słowa..."** 'music and lyrics by...'; **muzyka do słów znanej poetki** music to the words by a well-known poet; **w połowie piosenki zapomniałam słów** in the middle of the song I forgot the lines

❑ **słowo boże** Relig. word of God; **słowo wstępne** preface, foreword

■ **usłyszeć od kogoś dobre słowo** to hear a kind word from sb; **być spragnionym dobrego słowa** to long for a kind word; **nie można złego słowa o nim powiedzieć** you can't praise him enough, you can't find a bad word to say about him; **jednym słowem** in a word; **ostatnie słowo skazańca** a convict's last words; **nie będę czekał dłużej niż miesiąc, to moje ostatnie słowo** I will not wait longer than a month, that's final; **czy to twoje ostatnie słowo (w tej sprawie)?** is that your last word (on the matter)?; **ten artysta nie powiedział jeszcze swojego ostatniego słowa** this artist hasn't said his last word yet; **ostatnie słowo techniki** the last word in technology; **powtórzyć coś słowo w słowo** to repeat sth word for word a. verbatim; **słowo się rzekło, kobyłka u płotu** przysł. you can't go back on your word now

słowolejstw|o n sgt wordiness, verbosity, prolixity, waffle

słowotwórczo adv. in derivational terms; **wyraz ~ podzielny/niepodzielny** a complex word/a simplex

słowotwórcz|y adi. Jęz. [proces, reguła] derivational; [analiza, budowa] morphological

słowotwórstw|o n sgt Jęz. word formation

sł|ód m sgt (G słodu) malt

sł|ój m (Gpl słojów a. słoi) [1] large jar; **słój z ogórkami** a large jar of pickled cucumbers [2] (zawartość) jarful (czegoś of sth) [3] (G słoju a. słoja) Leśn. (tree) ring; **słój przyrostowy** a growth ring

słóweczk|o n dem. word; **szeptać komuś czułe ~ka** to whisper tender words to sb;

S

nie pisnąłam nikomu ani **~ka** my lips were sealed

słów|ko n [1] dem. word; **napisz choć ~ko** drop me a line; **szepnij mu ~ko za mną** say a good word for me to him; **czy mogę cię prosić na ~ko?** may I have a word with you? [2] zw. pl Szkol. **zeszyt do ~ek** a vocabulary notebook

■ **czułe ~ka** terms of endearment; **słodkie ~ka** sweet-talk

słuch [1] m (G ~**u**) [1] sgt (zmysł) hearing; **mieć dobry/zły/przytępiony ~** to have good/bad/impaired hearing; **mieć słaby ~** to be hard of hearing; **stracić ~** to lose one's hearing; **wysilać** a. **wytężać ~** to strain one's ears [2] sgt Muz. ear for music; **nie mam ~u** I have no ear for music, I'm tone-deaf [3] zw. pl Myślis. ear

[II] **słuchy** plt pot. rumours; **~y chodzą, że dostałeś awans** rumour has it that you've been promoted; **doszły (do) nas ~y o twoich zaręczynach** we've heard rumours about your engagement

❑ **~ absolutny** Muz. absolute pitch

■ **powiedzieć komuś kilka słów do ~u** to give sb a piece of one's mind; **od tamtej pory ~ po nim/niej zaginął** he/she was never heard of after that; **zamienić się w ~** to be all ears; **grać/śpiewać ze ~u** to play/sing by ear

słuchacz m, **~ka** f (Gpl ~**y** a. **~ów, ~ek**) [1] (radia, koncertu) listener [2] (student) student

❑ **wolny ~** Uniw. unenrolled student, auditor US

słucha|ć impf [II] vt to listen vi (**czegoś** to sth); **~ć uważnie** a. **z uwagą** to listen carefully a. attentively; **~ć w skupieniu** to listen with concentration; **~ć radia/koncertu przez radio** to listen to the radio/to a concert on the radio; **~ł, czy ktoś nie idzie/puka** he listened in case somebody was coming/knocking on the door; **~ł, jak gra kapela/ptaki śpiewają** he listened to the band playing/birds singing; **~j! gdzie jest najbliższy bankomat?** look here! where's the nearest cash dispenser?; **~j, kiedy do ciebie mówię** listen to me, I'm speaking to you; **~m? Barbara Zych** (przez telefon) hallo? a. hello? Barbara Zych speaking; **~m? proszę powtórzyć** pardon? a. sorry? please repeat; **~ć spowiedzi** Relig. to hear sb's confession; **~ć mszy** Relig. to hear Mass

[II] vi to obey vt [rodziców, nauczyciela]

[III] **słuchać się** to obey vt [rodziców, nauczyciela]

■ **~j uchem, a nie brzuchem** pot., dziec. ≈ wash your ears out! pot.

słuchaw|ka f [1] (telefoniczna) receiver, handset; **~ki radiowe** headphones, earphones; **podnieść ~kę** to pick up the receiver; **odłożyć ~kę** to hang up; **proszę nie odkładać ~ki** hold on, please; **włożyć ~ki** to put on the headphones a. earphones; **pracować w ~kach ochronnych** to work with protective headphones on [2] Med. stethoscope

słuchawkow|y adi. [gniazdo, wyjście] earphones attr.; **zestaw ~y** hands-free kit

słuchow|iec m Psych. audile

słuchowisk|o n Radio radio drama

słuchowiskow|y adi. [zespół] radio drama attr.

słuchowo [I] adv. [badać, zapamiętywać] aurally

[II] **słuchowo-** w wyrazach złożonych **słuchowo-wzrokowy** audiovisual

słuchow|y adi. [1] Med. aural, auditory; **trąbka ~a** ear trumpet; **kosteczka ~a** ossicle; **aparat ~y** a hearing aid [2] [wrażenia, bodźce, doznania] aural, auditory; **mieć omamy ~e** to have aural hallucinations

słucki adi. → **pas**

słu|ga [I] m (Npl ~**gi** a. **~dzy,** Gpl ~**g** a. **~gów**) przest. (man)servant

[II] f przest. (maid)servant, housemaid

❑ **~ga boży** książk. God's servant

sługus m (Npl ~**y** a. **~i**) pot., obraźl. minion, flunkey

słup m [1] (telefoniczny) pole; (wysokiego napięcia) pylon; (latarni) post; (mostu) pillar; **~ graniczny** a border post; **~ ogłoszeniowy** a poster pillar [2] (dymu, ognia) column [3] Fiz. (cieczy) column [4] Geol. column; **~ soli** salt plug

■ **stać jak ~** pot. to stand petrified; **zamienić się w ~ soli** książk. to be petrified

słup|ek m [1] dem. pillar, post; **daszek wsparty na ~kach** a roof supported by pillars [2] Fiz. (cieczy) column; **~ek rtęci** mercury column [3] (forma) matchstick; **pokroić warzywa w ~ki** to cut the vegetables into matchsticks [4] zw. pl (ścieg) bars pl; **obrobić brzeg ~kami** to finish the edge with crochet bars [5] Moda (obcas) Cuban heel [6] Bot. (część kwiatu) pistil [7] zw. pl Szkol. a table of sums to be completed

❑ **~ek startowy** Sport starting post

■ **zając stanął ~ka** Myślis. the hare stood on its hind legs

słusznie [I] adv. grad. [1] (trafnie) [zauważyć, nadmienić, nazwać, określić] aptly, rightly [2] (sprawiedliwie) [nagrodzić, ukarać, domagać się] justly, rightly; **„będę domagać się przeprosin" – „i ~, przecież cię obrażono"** 'I'm going to demand an apology' – 'and rightly so, you've been insulted'

[II] inter. that's right; **„proponuję jeszcze zaczekać" – „~, tak będzie lepiej"** 'I suggest we should still wait a bit' – 'that's right, we'd better'

słuszność f sgt [1] (racja) rightness; **mieć ~ć** to be right; **przyznać komuś ~ć** to admit that sb is right; **nie można odmówić mu ~ci** you can't deny he's right; **~ć jest po waszej stronie** you're right [2] (trafność) (oceny, wyboru, rozumowania) rightness

słuszn|y [I] adi. grad. [1] (trafny) [uwaga, ocena, pogląd, wniosek] correct, right [2] (uzasadniony) [zarzut, wyrok, wybór] just, justified; [zarzut] legitimate

[II] adi. przest. (okazały) [wzrost, budowa, postura] impressive; [mężczyzna] well-built

służalczo adv. książk., pejor. [uśmiechać się, kłaniać się, zachowywać się] obsequiously, servilely

służalczość f sgt książk., pejor. servility, servileness, obsequiousness; **~ć wobec zwierzchników** servility towards one's superiors

służalcz|y adi. [osoba, stosunek, zachowanie] obsequious, servile

służal|ec m (V ~**cze** a. **~cu,** Npl ~**cy** a. **~ce**) książk., pejor. menial

służalstw|o n sgt książk., pejor. obsequiousness, servility

służąc|y [I] pa → **służyć**

[II] m (man)servant

[III] **służąca** f (house)maid, domestic

służb|a f [1] (instytucja użyteczności publicznej) service; **~a meteorologiczna/rolna/geologiczna** meteorological/agricultural/geological service [2] (praca instytucji użyteczności publicznej) service; **odbywać ~ę w policji/wojsku** to serve in the police/army [3] zw. pl (pracownicy instytucji użyteczności publicznej) service; **~y porządkowe** policing service; **~y specjalne** secret service; **~y komunalne** municipal services [4] sgt (godziny pracy) duty; **być na/po ~ie** to be on/off duty [5] sgt (misja) service; **~a kapłańska** ministration; **~a obywatelska** public service; **praca w ~ie narodu** serving the nation [6] sgt (praca służącego) domestic service; **pójść na ~ę do kogoś** to go into service with sb; **podziękować komuś za ~ę** to dismiss sb from service; **wypowiedzieć komuś ~ę** to give up service with sb [7] sgt (ogół służących) the servants; **pokoje dla ~y** the servants' rooms

❑ **~a czynna** Wojsk. active military service; **~a drogowa** road maintenance; **~a dyplomatyczna** the diplomatic service; **~a ruchu** Kolej. railwaymen; Admin. traffic police; **~a śledcza** investigative services; **~a wojskowa** military service; **~a zdrowia** health service; **zasadnicza ~a wojskowa** Wojsk. compulsory military service

■ **~a nie drużba** przysł. duty comes first

służbi|sta m, **~stka** f pejor. stickler

służbistość f sgt adherence to the rules

służbi|sty adi. [osoba] martinettish; [ton, zachowanie] formal

służbowo adv. [powiadomić] through official channels; [podróżować] on business; **być zależnym od kogoś ~** to be officially subordinate to sb

służbow|y adi. [funkcje, obowiązki, kontakty] official; [samochód, telefon] company attr.; **godziny ~e** office hours; **mieszkanie ~e** tied accommodation; **tajemnica ~a** ≈ confidential information; **wyjazd ~y** a business trip

służbów|ka f pot. servant's room

służebnie adv. przest., poet. [traktować] servilely

służebność f sgt ancillary nature

służebn|y adi. [1] (pomocniczy) [charakter, funkcja] ancillary [2] przest. (dotyczący służby) [pokój, obowiązki] servants'; **panna ~a** a housemaid

służ|ka f [1] Archit. respond [2] przest. (sługa) servant

służ|yć impf vi [1] (poświęcać się sprawie, idei) to serve; **~yć krajowi/biednym** to serve the country/the poor [2] (nadawać się do dalszego użytku) to be good; **płaszcz/samochód jeszcze mi ~y** this coat/car is still serviceable [3] (być do dyspozycji) to oblige, to serve; **~yć komuś pomocą/ramieniem** to offer help/one's arm to sb; **~yć komuś po-**

życzką to oblige sb with a loan; **czym mogę ~yć?** what can I do for you? ⁴ (prosić) *[pies]* to beg ⁵ (pełnić funkcję) to serve; **przyczepa kempingowa/barka ~ła im za dom** the caravan/barge served as their home; **~yć za wzór** a. **przykład** to serve as model ⁶ (wpływać dodatnio) to do good; **morskie powietrze/wiejskie jedzenie mi ~y** sea air/country food does me good ⁷ (dopisywać) **zdrowie/apetyt mu ~y** he enjoys good health/a good appetite; **pamięć/wzrok mu nie ~y jak dawniej** his memory/eyesight is failing ⁸ (pracować) to serve; **~yć u kogoś** to be at sb's service; **~yć w wojsku/marynarce** to serve in the army/navy ∎ **~yć do mszy** to serve at Mass; **trudno dwóm panom ~yć** it's difficult to serve two masters; **używaj świata, póki ~ą lata** make the most of your years while you're still fit

słychać *impf v imp.* ① (być słyszalnym) to be heard; **przez ścianę było ~ muzykę/kłótnię** music/a fight could be heard through the wall; **z daleka ~ grzmoty/strzelaninę** thunder/gunfire is heard in the distance ② (być wiadomym) to be heard of; **~ o strajkach/epidemii** one hears rumours of strikes/an epidemic; **~, że będą zwolnienia** one hears that there will be redundancies; **wyjechał i nic nie było o nim ~** he left and has not been heard of since; **co (u ciebie) ~?** what's up?, how are things?; **co ~ z waszą przeprowadzką?** any news about your move? ③ (być wyczuwalnym) to be heard; **w jej głosie ~ było nutę histerii/samozadowolenia** a note of hysteria/self-content could be heard in her voice

sły|nąć *impf* (**~nęła, ~nęli**) *vi* to be famous (**z czegoś** for sth); **~nąć z odwagi/poczucia humoru** to be famous for one's courage/sense of humour; **~nąć urodą/rozumem** to be famous for one's beauty/brains; **~nąć na cały świat** to be world famous; **hotel ~nący z gościnności** a hotel famous for its hospitality ⇒ **zasłynąć**

słynn|y *adi. grad. [osoba, obraz]* famous, famed; **artysta ~y na cały świat** a world-famous artist; **miasto ~e z koronek** a city famous for its lace

słyszalnie *adv.* książk. audibly; **mówić/szeptać ledwo ~** to speak/whisper barely audibly

słyszalnoś|ć *f sgt* audibility

słyszaln|y *adi. [osoba, dźwięk]* audible

słysz|eć *impf* (**~ysz, ~ał, ~eli**) **Ⅰ** *vt* ① (odbierać wrażenia dźwiękowe) to hear *[muzykę, rozmowę, głos, hałas]*; **dobrze/źle ~eć** to hear well/badly; **mówił głośno, żeby go wszyscy ~eli** he was speaking loudly so that everybody could hear him; **nie ~ał, co się do niego mówi** he couldn't hear when he was spoken to; **mówię do ciebie, ~ysz?** I'm speaking to you, are you listening? ⇒ **usłyszeć** ② (dowiadywać się) to hear (**o kimś/czymś** about sb/sth); **~ę, że wybierasz się w podróż** I hear you're going away; **to najlepszy współczesny malarz, o jakim ~ałem** he's the best contemporary painter I've heard of; **~eliś-**

my **przez radio, że...** we've heard on a. over the radio that... ⇒ **usłyszeć**

Ⅱ słyszeć się to hear one another; **hałas był taki, że prawie się nie ~eli** the noise was such that they could hardly hear one another ⇒ **usłyszeć się**

∎ **nie chciała o nim/tym ~eć** she wouldn't hear about him/that; **pierwsze ~ę** pot. it's news to me

słyszeni|e *sv* → **słyszeć**

∎ **znać kogoś/coś ze ~a** to have heard of sb/sth

smacz|ek *m* (*G* **~ku**) ① *dem.* (potrawy, napoju) taste, flavour GB, flavor US; **ta zupa ma dziwny/podejrzany ~ek** this soup tastes strange/suspicious ② przen. spice; **ta wiadomość dodaje całej sprawie ~ku** this piece of news adds spice to the whole affair

smacznie *adv. grad. [wyglądać, pachnieć]* tasty *adi.*; **~ przyrządzona potrawa** a tastily cooked dish; **gotować ~** to cook well

smaczn|y *adi. grad.* ① *[potrawa, napój]* tasty, nice ② książk., przen. *[temat, szczegół, cytat]* spicy

Ⅱ smacznego *inter.* bon appétit

smagać *impf* → **smagnąć**

smagłoś|ć *f sgt* swarthiness

smagł|y *adi. [osoba, skóra]* swarthy

smag|nąć *pf* — **smag|ać** *impf* (**~nęła, ~nęli — ~am**) **Ⅰ** *vt* ① (batem, gałęzią) to whip, to lash *[osobę, zwierzę]*; **kiedy biegliśmy, ostre trzciny ~ały nam nogi** as we were running, sharp canes lashed our legs; **deszcz smagał nam twarze** the rain lashed our faces ② przen. to lash; **~ać kogoś ironią/gniewnym spojrzeniem** to lash sb with ironical remarks/angry looks

Ⅱ smagać się (rózgą, witką) to flagellate oneself

smagnię|cie **Ⅰ** *sv* → **smagnąć**

Ⅱ *n* lash także przen.

smak *m* (*G* **~u**) ① *sgt* (zmysł) taste; **mieć czuły/wyrobiony/wyrafinowany ~** to have refined/cultivated/sophisticated taste; **mieć przytępiony ~** to have a diminished sense of taste; **rozpoznać coś ~iem** a. **po ~u** to recognize sth by its taste; **nie mieć ~u z powodu kataru** to lose one's sense of taste on account of a cold ② (potrawy, napoju) taste, flavour GB, flavor US; **~ miodu/tytoniu** the taste of honey/tobacco; **gorzki/kwaśny/słodki/słony ~** a bitter/sour/sweet/salty taste; **łagodny/ostry w ~u** mild/harsh to the taste; **lody o ~u cytrynowym/waniliowym** lemon/vanilla (flavoured) ice cream; **kosztować** a. **próbować ~u czegoś** to taste sth; **przyprawić coś do ~u** to season sth to taste; **zepsuć czymś ~ potrawy** to ruin the taste of a dish with sth; **te jabłka przypominają w ~u ananasa** these apples taste a bit like pineapple; **ta zupa jest kompletnie bez ~u** this soup is absolutely tasteless ③ *sgt* (apetyt) relish; **jeść coś ze ~iem/bez ~u** to eat sth with/without relish; **mieć ~ na czereśnie** to fancy cherries ④ *sgt* (gust) taste; **dobry/zły ~** a good/bad taste; **artystyczny/ekscentryczny ~** an artistic/eccentric taste; **ubierać się ze ~iem** to dress with taste; **dom urządzony ze ~iem** a

house decorated with taste ⑤ przen. (życia, przygody) taste; **gorzki ~ porażki** the bitter taste of defeat ⑥ *sgt* (wywar) stock ⑦ *sgt* (przyprawa) flavour GB, flavor US

∎ **jego słowa były jej nie w ~** his words were not to her liking; **ich wizyta była mi trochę nie w ~** their call was a bit inconvenient for me; **bilety na koncert były wyprzedane i musieliśmy obejść się** a. **obyć się ~iem** pot. tickets for the concert were sold out and we had to stomach the disappointment

smakoły|k *m* (*G* **~u** a. **~a**) titbit GB, tidbit US, treat; **~i** goodies pot.

smakosz *m* (*Gpl* **~y** a. **~ów**) gourmet, epicure; connoisseur (**czegoś** of sth)

smakoszostw|o *n sgt* gourmandism

smakoszows|ki *adi. [gust, podniebienie, upodobania]* discriminating, gourmet's

smak|ować *impf vt* ① (próbować) to taste *[potrawę, napój]* ⇒ **posmakować** ② (rozkoszować się smakiem) to savour GB, to savor US, to relish *[potrawę, wino]* ③ *[potrawa, napój, papieros]* to taste; **naleśniki ~owały doskonale** the pancakes tasted delicious; **~uje ci ta kawa?** do you like this coffee?; **ta herbata ~uje jak ziółka** this tea tastes like tisane ④ przen. (znać) to taste; **wiem, jak ~uje bieda/porażka** I know what poverty/defeat tastes like ⇒ **posmakować** ⑤ przen. (doceniać) to delight in; **~ował urok romansów rosyjskich** he savoured the charm of Russian romances ⇒ **zasmakować**

smakowicie **Ⅰ** *adv. grad. [pachnieć, wyglądać]* tasty *adi.*; **~ przyrządzona potrawa** a tastily cooked dish

Ⅱ *adv. [jeść, mlaskać]* with relish

smakowitoś|ć **Ⅰ** *f sgt* (potrawy) tastiness

Ⅱ smakowitości *plt* titbits GB, tidbit US; goodies pot.

smakowi|ty *adi. grad.* ① *[potrawa, napój] [potrawa, zapach]* tasty, savoury GB, savory US ② przen. *[tekst, lektura, informacja]* delectable, tasty

Ⅱ *adi. [mlaskanie]* of relish

smakow|y *adi.* ① *[bodziec, wrażenia, przyzwyczajenia]* gustatory; **kubek ~y** Anat. taste bud ② *[wartości, walory]* taste *attr.*

smal|ec *m sgt* (*G* **~cu**) Kulin. lard; **~ec ze skwarkami/z cebulką** lard with pork scratchings/onion; **smażyć coś na ~cu** to fry sth in lard

smal|ić *impf vt* przest. (przypiekać) to soot *[ściany, pnie drzew]* ⇒ **osmalić**

sma|r *m* (*G* **~ru**) grease, lubricant, lubricator; **~r grafitowy** blacklead; **~r do nart** ski wax

smardz *m* Bot. morel

smark **Ⅰ** *m pers.* (*Npl* **~i**) pot., pejor. (smarkacz) brat pot., snot pot., whipper-snapper pot.

Ⅱ *m inanim. zw. pl* (*G* **~u**) pot. snot *U* pot.

smarkacz *m* (*Gpl* **~y** a. **~ów**) pot., pejor. brat pot., snot pot., whipper-snapper pot.

smarkać *impf* → **smarknąć**

smarkateri|a *f sgt* (*GD* **~i**) pot., pejor (młodzież) snots *pl* pot., punks *pl* US pot.

smarka|ty **Ⅰ** *adi.* pot., pejor. (niedorosły) *[osoba, wygląd, wiek]* callow; green pot.

Ⅱ smarkata *f* chit; teenybopper pot.

smar|knąć *pf* — **smar|kać** *impf* (~knęła, ~knęli — ~kam a. ~czę) posp. to blow one's nose

smarkul|a *f* (*Gpl* ~i a. ~) pot., pejor. chit; teenybopper pot.

smar|ować *impf* **□** *vt* [1] (powlekać powierzchnię) (smarem) to grease, to lubricate, to oil; (kremem) to smear; (pastą) to spread; **~ować chleb masłem** to butter some bread; **~ować zawiasy smarem** to grease hinges; **~ować chleb smalcem** to spread lard on bread; **~ować twarz kremem** to smear one's face with cream, to apply cream to one's face; **~ować chore miejsce maścią** to apply ointment to the sore spot; **~ować narty smarem** to wax skis ⇒ **posmarować** [2] pot. (mazać) to smear; **nie ~uj ściany kredkami** don't smear the wall with coloured crayons ⇒ **usmarować** [3] pot. (pisać) to smear [hasła, graffiti] ⇒ **nasmarować** [4] pot. (pędzić) to rush ⇒ **posmarować** [5] pot. (dawać łapówkę) to grease [sb's] palm ⇒ **posmarować**

□ smarować się (rozprowadzać na skórze) ~ować się kremem/balsamem to put on cream/balm

smarowid|ło *n* pot. (do maszyn) grease; (do ciała) lotion, balm; (do chleba) spread

smażalni|a *f* (*Gpl* ~) fish and chip shop

smaż|ony □ *pp* → **smażyć**

□ *adi.* [ryba, placek, jajko] fried

smaż|yć *impf* **□** *vt* Kulin. to fry [rybę, jajko, kotlet]; **~yć coś na maśle/oleju** to fry sth in butter/oil; **~yć coś na patelni** to pan-fry sth; **~yć coś w tłuszczu** to deep-fry sth; **~yć coś w cukrze** to candy sth; **~yć powidła/konfitury** to make plum jam/fruit preserves ⇒ **usmażyć**

□ smażyć się [1] [kotlety, ryba] to fry ⇒ **usmażyć się** [2] pot. [osoba] to roast pot.; **~yć się na słońcu** to roast in the sun; **~yć się w piekle** to burn in hell

smecz *m* (*G* ~u) Sport smash

smęt|ek *m* (*G* ~ku) książk. (smutek) gloom

smętnie *adv.* grad. [1] [śpiewać, uśmiechać się] wistfully; **brzmieć ~** to sound wistful; **~ brzmiąca melodia** a wistful tune [2] (marnie) **wyglądać ~** to look pitiful; **nasza przyszłość zapowiada się ~** our future looks bleak

smętnoś|ć *f sgt* wistfulness

smętn|y *adi.* [1] (smutny) [uśmiech, spojrzenie, melodia, nastrój] wistful [2] (marny) [widok, obraz] pitiful; [perspektywy] bleak

smocz|ek *m* [1] (do karmienia) teat GB, nipple US; **karmić dziecko ~kiem** a. **przez ~ek** to bottle-feed a baby [2] (do ssania) dummy GB, pacifier US; **ssać ~ek** to suck on a dummy; **dać dziecku ~ek** to give a baby a dummy

smocz|y *adi.* [ogon, łuska, jama] dragon's

smog *m sgt* (*G* ~u) smog; **chmura ~u nad miastem** a cloud of smog over a city

smok *m* [1] (potwór) dragon; **~ ziejący ogniem** a fire-breathing dragon; **pić jak ~** (łapczywie) to drink greedily [2] augm. (*A* ~a) (do ssania) dummy GB, pacifier US [3] Techn. (w pompie) strainer [4] (do przetykania zlewów) plunger

□ latający Zool. flying lizard, (flying) dragon

smoking *m* (*G* ~u) Moda dinner jacket, DJ GB, tuxedo US

smokingow|y *adi.* dinner jacket *attr.*, DJ *attr.* GB, tuxedo *attr.* US

smolarz *m* (*Gpl* ~y) Hist. tar maker

smol|ić *impf* **□** *vt* (brudzić) [osoba] to get [sth] sooty [ręce, twarz] ⇒ **usmolić**

□ *vi* [garnek] to get sooty; [komin] to emit soot

□ smolić się (brudzić się) [osoba, garnek] to get sooty ⇒ **osmolić się, usmolić się**

smoli|sty *adi.* [1] (zawierający smołę) [substancje] tarry; **papierosy o niskiej zawartości substancji ~stych** low-tar cigarettes [2] (czarny) [oczy, włosy] pitch-black [3] (zawierający dużo żywicy) [drewno] resinous

smoliście *adv.* ~ czarny pitch-black

smoln|y *adi.* [drewno, polano] resinous

smoluch *m* (*Npl* ~y) pot., pejor. slob pot., pejor., (dirty) pig pot., pejor.

smoł|a *f sgt* tar; (do pokrywania dachów): pitch; **czarny jak ~a** pitch-black

□ ~ła węglowa coal tar; **~ła gazownicza** gas tar

smołow|y *adi.* [olej] tar *attr.*; **lepik ~y** pitch

smre|k *m* (~czek *dem.*) dial. spruce

smrekow|y *adi.* dial. [las, drewno] spruce *attr.*

smrod|ek □ *m pers. dem.* (*Npl* ~ki) pot. (dziecko) brat pot.

□ *m inanim. dem.* [1] (zapach) smell, stench (czegoś of sth); **~ek spalenizny** a smell of burning [2] *sgt* pot., pejor. **książka/film ze ~kiem dydaktycznym** a somewhat preachy book/film; **wokół tej sprawy jest jakiś ~ek** there's something fishy about this case

smrodliwie *adv.* **strasznie tu ~** it stinks here

smrodliw|y *adi.* [wyziewy, ciecz, zaułek] foul-smelling

smro|dzić *impf vi* pot. [1] [fabryka, gazownia] to give out a stink, to stink; **~dzić papierosami** to stink up the air with tobacco smoke ⇒ **nasmrodzić** [2] posp. (puszczać wiatry) to fart pot. ⇒ **nasmrodzić**

smr|ód □ *m pers.* (*Npl* ~ody) pot., pejor. (dziecko) snotnose pot., pejor., punk US pot., pejor.

□ *m inanim.* (*G* ~odu) [1] (zapach) stench, stink (czegoś of sth); **w powietrzu unosił się straszny ~ód** there was an awful stench in the air [2] *sgt* przen., pot. stink; **zrobić ~ód wokół czegoś** to raise a stink about sth; **ciągnie się za nim jakiś ~ód** there's something fishy about him; **został uniewinniony, ale ~ód pozostał** he was acquitted but a shadow of suspicion remained

■ łazić a. **pętać się jak ~ód po gaciach** posp. to wander around aimlessly

smu|cić *impf* **□** *vt* to sadden [osobę]; **najbardziej ~ci mnie to, że...** what saddens me most is that...

□ smucić się to be sad; **nie ~ć się** don't be sad

smu|ga *f* (brudu, koloru, światła) streak; (dymu, zapachu) trail; **~ga światła** a streak of light; **brudne ~gi na szybie** dirty streaks on a windowpane; **zobaczyć coś w ~dze reflektorów** to see sth in the beam of headlights; **za samolotem ciągnęła się ~ga dymu** the plane was leaving a trail of smoke behind it; **szła za nią ~ga delikatnych perfum** she was leaving a trail of delicate perfume behind her

□ ~ga kondensacyjna Lotn. vapour trail, contrail US

■ przekroczyć ~gę cienia książk. to be past one's prime

smuk|ło *adv.* grad. **wyglądać ~ło** to look slim

smukłoś|ć *f sgt* slenderness

smuk|ły *adi.* grad. [osoba, szyja, palce, wieża] slender; **jej ~ła sylwetka** her slender figure

smutas *m* (*Npl* ~y) pot., pejor. misery guts pot., pejor.

smutecz|ek *m dem.* (*G* ~ku) [1] *sgt* (uczucie) sadness [2] *zw. pl* (troska) sorrow

smut|ek *m* (*G* ~ku) [1] *sgt* (uczucie) sadness; **~ek na czyjejś twarzy** the look of sadness on sb's face; **naznaczona ~kiem twarz** a grief-stricken face; **patrzeć na coś/powiedzieć coś ze ~kiem** to look at sth/say sth sadly; **pogrążyć się w ~ku** to be overcome with sadness; **~kiem napawa mnie fakt, że...** it makes me sad that...; **ogarnął ją ~ek** she was overcome with sadness [2] *zw. pl* (troska) sorrow; **ukoić czyjeś ~ki** to soothe sb's sorrows; **topić ~ki w alkoholu** to drown one's sorrows

smutnie → **smutno**

smutni|eć *impf* (~eję, ~ał, ~eli) *vi* [osoba, twarz] to become sad ⇒ **posmutnieć**

smutn|o *adv.* grad. [wzdychać, uśmiechać się, śpiewać] sadly; **wyglądać ~o** to look sad; **patrzeć na coś coraz ~iej** to look at sth with increasing sadness; **upijać się na ~o** to get sad when drunk; **~o mi** I feel sad; **zrobiło mu się ~o** he felt sad; **przyszłość zapowiada się ~o** the future looks bleak

smutn|y *adi.* grad. [osoba, uśmiech, głos, zdarzenie] sad; **być ~ym z powodu czegoś** to be sad because of sth; **powiedzieć coś ~ym głosem** to say sth sadly; **to ~e, że...** it's sad that...; **najsmutniejsze jest to, że...** the saddest thing is that...

smycz *f* lead, leash; **prowadzić psa na ~y** to keep a dog on the lead; **założyć psu ~** to put a dog on its lead; **spuścić psa ze ~y** to let a dog off the lead, to unleash a dog; **zerwać się ze ~y** to break loose; **trzymać kogoś na krótkiej ~y** przen. to keep sb on a short a. tight leash

smycz|ek □ *m* Muz. bow

□ smyczki *plt* pot. strings

smyczkow|y *adi.* [orkiestra, kwartet] string *attr.*; [instrument] stringed

smyk □ *m pers.* (*Npl* ~i) pot., żart. (dziecko) nipper pot.

□ *m inanim.* Muz. bow

□ *inter.* **kot miauknął i ~ za drzwi** the cat miaowed and scampered behind the door

smykać *impf* → **smyknąć**

smykał|ka *f sgt* pot. flair; **mieć ~kę do czegoś** to have a flair for sth

smyk|nąć *pf* — **smyk|ać** *impf* (~nęła, ~nęli — ~am) *vi* to skitter; **zając ~nął im spod nóg** a hare skittered from under their feet

smyrgać *impf* → **smyrgnąć**

smyrg|nąć *pf* — **smyrg|ać** *impf* (~nęła, ~nęli — ~am) pot. **[]** *vt* (rzucić) to chuck; **~nąć coś** a. **czymś w kąt** to chuck sth in the corner

[] *vi* (uciec) *[osoba, zwierzątko]* to skitter; **wiewiórka ~nęła na drzewo** the squirrel skittered up the tree

snack-ba|r /'snagbar/ *m* (*G* **snack-baru**) snack bar

snadź *adv.* daw. evidently

snajpe|r *m* (zabójca) sniper; (policjant) marksman, sniper; **~r policyjny** a police marksman

snajpers|ki *adi.* *[karabin]* sniping

snąć *impf* (**snę, snęła, snęli**) *vi* *[ryby]* to die ⇒ **posnąć**

snob *m*, **~ka** *f* (*Npl* ~y, ~ki) pejor. snob; **straszne z nich ~y** they are terrible snobs

snobistycznie *adv.* snobbishly

snobistyczn|y *adi.* *[publiczność, książka]* snobbish

snobizm *m* (*G* ~u) snobbery; **~ na coś** a vogue for sth

snob|ować się *impf v refl.* pejor. **~ować się na kogoś** (naśladować) to model oneself on sb; **~ować się na przyjaźń z kimś** to be friendly with sb out of snobbery; **Wiedeń ~ował się psychoanalizą** psychoanalysis was in vogue in Vienna

snooke|r /'snuker/ *m* (*A* ~ra) Sport snooker

snop *m* [1] (słomy, zboża) sheaf; **wiązać coś w ~y** to sheaf sth, to bind sth into sheaves; **ustawiać ~y w kopki** to stack sheaves into shocks [2] przen. **~ iskier** a stream of sparks; **~ pary** a plume of steam; **rzucić na coś ~ światła** to cast a shaft of light on sth

snop|ek *m dem.* sheaf; **~ek zboża** a sheaf of corn

snopowiązał|ka *f* Roln. binder

snowboar|d /'snowbord/ *m* (*G* ~du) (deska) snowboard; (dyscyplina) snowboarding; **jeździć na ~dzie** to snowboard

snowboardow|y /ˌsnowbor'dovɨ/ *adi.* *[sprzęt]* snowboard *attr.*; *[zawody]* snowboarding *attr.*; **deska ~a** a snowboard

snu|ć *impf* **[]** *vt* [1] (prząść) to spin *[przędzę, wełnę]* [2] przen. to spin *[opowieść]*; **~ć wspomnienia** to take a trip down memory lane; **~ć domysły** a. **przypuszczenia na temat czegoś** to conjecture about sth; **~ć opowieść o czymś** to spin a tale about sth; **~ć plany na przyszłość** to make one's plans for the future; **~ć sieć intryg** to weave a web of intrigue [3] (wyciągać) to draw; **~ć nitkę ze szpulki** to draw a thread from a spool [4] Zool. *[pająk, gąsienica]* to spin *[sieć, oprzęd]*

[] **snuć się** [1] (wyciągać się) to spin; **nić ~ła się z kołowrotka** the thread was spinning off the spindle [2] (przesuwać się) *[mgła, dym, zapach]* to trail; **wieczorne mgły ~ły się nad jeziorem** the evening mist trailed over the lake; **zapach ~ł się w powietrzu** the scent trailed in the air [3] (przebiegać) **~ły się wspominki** they/we remembered the old days; **różne myśli ~ły mi się po głowie** all sorts of thoughts went through my head [4] (wałęsać się) *[osoba, psy]* to float about; **~ć się z miejsca na miejsce** to float about aimlessly; **~ł się jak błędny po miesz-**

---

kaniu he was mooning about the house; **~ć się za kimś jak cień** to follow sb around like a shadow

snycer|ka *f sgt* pot. woodcarving

snycers|ki *adi.* *[nóż, dłuto]* woodcarving

snycerstw|o *n sgt* woodcarving

snycerz *m* (*Gpl* ~y) woodcarver

sob. (= sobota) Sat.

sob|ek *m* (*Npl* ~ki) pejor. egotist pejor.; **nie bądź takim ~kiem** don't be so selfish

sobie **[]** *pron.* → **się**

[] *part.* **zwykły ~ człowiek** quite an ordinary man; **pobiegajcie ~ po podwórzu** go and have a run around outside; **posiedzimy, pogadamy ~** we'll sit down and have a chat (together); **idę ~ ulicą, a tu nagle...** I was calmly walking down the street when all of a sudden...; **podjadłeś ~?** have you had enough (to eat)?; **chyba ~ żartujesz** you're joking of course, you must be joking; **co ty ~ właściwie myślisz?** who do you think you are exactly?; **dawno, dawno temu był ~ król** once upon a time there was a king

sobiepan|ek *m* (*Npl* ~ki a. ~kowie) pejor. (urzędnik) mandarin pejor.

sobiepańs|ki *adi.* książk., pejor. *[zachowanie, decyzje]* high-handed

sobiepaństw|o *n sgt* książk., pejor. self-seeking aggrandizement

sobkostw|o *n sgt* pejor. selfishness pejor.

sobkows|ki *adi.* *[charakter, natura, zachowanie]* selfish

sobol|owy, ~i *adi.* *[futro, kołnierz]* sable *attr.*

soborow|y *adi.* Relig. *[postanowienie, uchwała]* conciliar

sob|ota *f* Saturday; **w ~otę** on Saturday; **Wielka Sobota** Holy Saturday, Easter Eve; **wolna/pracująca ~ta** a non-working/working Saturday

■ **~ta ci wygląda spod niedzieli** żart. Charlie's dead pot.

sobotni *adi.* *[wieczór, spacer, gazeta]* Saturday *attr.*

sobowtó|r *m* (*Npl* ~ry) double, lookalike; **czyjś ~r** sb's double a. lookalike

sob|ól **[]** *m* Zool. sable; **polować na ~ole** to hunt sable

[] **sobole** *plt* (futro) sable; **nosić ~ole** to wear sable

sob|ór *m* Relig. council

❑ **Sobór Watykański II** the Second Vatican Council, Vatican II

sobót|ka *f* [1] (święto) ≈ Midsummer Night's celebration [2] (ognisko) *bonfire lit on Midsummer Night*

sobótkow|y *adi.* *[zwyczaje, pieśni]* Midsummer Night's

so|cha *f* Hist. wooden plough, wooden plow US

socjaldemokracj|a *f sgt* Polit. social democracy

socjaldemokra|ta *m*, **~tka** *f* Polit. social democrat

socjaldemokratyczn|y *adi.* *[poglądy, partia, rząd]* social democratic

socjali|sta *m*, **~stka** *f* socialist

socjalistycznie *adv.* socialistically

socjalistyczn|y *adi.* *[poglądy, polityk, partia, rząd]* socialist

socjalizacj|a *f sgt* Psych., Polit. socialization

---

socjalizacyjn|y *adi.* Psych., Polit. *[proces]* socialization *attr.*

socjalizm *m sgt* (*G* ~u) socialism

❑ **~ naukowy** scientific socialism; **~ realny** real socialism; **~ utopijny** utopian socialism

socjalnie *adv.* socially

socjaln|y *adi.* [1] (bytowy) *[ustawodawstwo, polityka]* social; **sprawy ~e** welfare; **warunki ~e** living conditions; **świadczenia ~e** social benefits; **pomoc ~a** public assistance, welfare work; **dział ~y** the welfare department; **pracownik ~y** (w terenie) a social worker; **stypendium ~e** Uniw. maintenance grant; **budownictwo ~e** council a. communal housing; **minimum ~e** Ekon. subsistence level [2] (społeczny) *[grupa, konflikt]* social

socje|ta *f* książk. (high) society; **warszawska ~ta** Warsaw's high society; **należeć do ~ty** to be a member of high society

socjo- *w wyrazach złożonych* socio-; **socjolingwistyka** sociolinguistics; **socjocentryczny** sociocentric

socjolo|g *m* (*Npl* ~gowie a. ~dzy) sociologist

socjologi|a *f sgt* (*GD* ~i) sociology; **~a kultury** sociology of culture

❑ **~a roślin** plant sociology; **~a zwierząt** animal sociology

socjologicznie *adv.* sociologically

socjologiczn|y *adi.* *[zjawisko, badania]* sociological

socjotechniczn|y *adi.* **metody ~e** methods of social engineering

socjotechnik|a *f* [1] *sgt* (kształtowanie zachowania) social engineering [2] (metoda) techniques of social engineering

socrealistyczn|y *adi.* Literat., Szt. *[styl, obraz, powieść, twórca]* socialist realist

socrealizm *m sgt* (*G* ~u) Literat., Szt. socialist realism

socz|ek *m dem.* (*G* ~ku) pieszcz. juice; **~ki dla dzieci** baby juices

soczewic|a *f sgt* Bot. lentil; Kulin. lentils *pl*

soczew|ka *f* [1] Fiz. lens; **~ka wklęsła/wypukła** a concave/convex lens; **~ka dwuwypukła** a biconvex lens; **~ki sferyczne** spherical lenses; **~ki kontaktowe** contact lenses; **okulary o grubych ~kach** glasses with thick lenses [2] Anat. (crystalline) lens

soczewkow|y *adi.* *[kształt]* lenticular

soczystoś|ć *f sgt* [1] (owoców) juiciness [2] (kolorów) vividness [3] (dźwięków) fruitiness [4] (opisu, relacji) vividness [5] (języka) ripeness

soczy|sty *adi. grad.* [1] (zawierający dużo soku) *[owoc, mięso]* juicy [2] (intensywny) *[kolor]* vivid [3] (wyraźny) *[głos, dźwięk]* fruity [4] (barwny) *[opis, relacja]* vivid [5] (dosadny) *[język]* ripe; *[dowcip]* broad; *[przekleństwo]* earthy

soczyście *adv. grad.* [1] **wyglądać ~** *[owoc, mięso]* to look juicy [2] (intensywnie) *[zielony]* vividly [3] (barwnie) *[opisywać]* vividly [4] (dosadnie) *[kląć]* volubly

so|da *f sgt* Chem. soda

❑ **soda kaustyczna** a. **żrąca** caustic soda; **soda oczyszczona** baking soda; **soda rodzima** Miner. natron

Sodom|a *f sgt* Sodom

■ **~a i Gomora** (gorszące miejsce, zachowanie) a den of iniquity; (bałagan) mayhem

sodomi|a *f sgt* (*GD* ~**i**) bestiality, buggery

sodomi|ta *m*, ~**tka** *f* bugger

sodow|y *adi.* [1] (związany z sodem) sodium *attr.* [2] (związany z sodą) **woda** ~**a** soda water

sof|a *f* sofa

sofi|sta *m* Filoz. sophist także przen.

sofistycznie *adv.* Filoz. sophistically także przen.

sofistyczn|y *adi.* Filoz. sophistic także przen.

sofisty|ka *f sgt* Filoz. sophistry także przen.; **uprawiać** ~**kę** to use sophistry

sofizma|t *m* (*G* ~**tu**) sophistry

softwa|re /'softwer/ *m sgt* (*G* ~**re'u**) software

softwarow|y /ˌsoftweˈrovɪ/ *adi.* [*piractwo*] software *attr.*

soj|a *f sgt* (roślina) soya, soy; (nasiona) soya beans *pl*

sojow|y *adi.* [*olej, sos, mleczko*] soya *attr.*, soy *attr.*

sojusz *m* (*G* ~**u**) (związek, umowa) alliance; ~ **północnoatlantycki** the North Atlantic Alliance; ~ **obronny** a defence alliance; ~ **robotniczo-chłopski** Hist. the worker-peasant alliance; ~ **między Polską a Stanami Zjednoczonymi** an alliance between Poland and the United States; **rozłam w** ~**u** a split in the alliance; **być z kimś w** ~**u** to be in alliance with sb; **wejść w** ~ a. **zawrzeć** ~ **z kimś** to enter into an alliance with sb; **zerwać** ~ to break an alliance; **przystąpić do** ~**u** to join an alliance; **wystąpić z** ~**u** to leave an alliance

sojusznicz|y *adi.* [*wojska, kraje*] allied; **układ** ~**y** a treaty of alliance

sojuszni|k *m*, ~**czka** *f* (osoba, partia, państwo) ally; **być czyimś** ~**kiem w robieniu czegoś** to be sb's ally in doing sth; **strach nie jest najlepszym** ~**kiem rozsądku** przen. fear and clear thinking don't usually go together

sok *m* (*G* ~**u**) [1] (do picia) juice; (syrop) squash; ~ **z cytryny** lemon juice; ~ **pomarańczowy/jabłkowy** orange/apple juice; **szklanka wody z** ~**iem** a glass of squash; **puścić** ~ [*owoc*] to release the juice [2] Bot. sap; **wiosną zaczynają krążyć** ~**ki** the sap rises in spring [3] Fizj. juice; ~ **trzustkowy** pancreatic juice; ~**i trawienne** digestive juices; **wydzielanie** ~**u żołądkowego** the secretion of stomach juices ■ **wyciskać z kogoś ostatnie** ~**i** to work sb to the bone

sokol|i *adi.* [1] [*gniazdo, dziób*] falcon's [2] przen. **mieć** ~**i wzrok** to be eagle-eyed

sokolnictw|o *n sgt* falconry

sokolni|k *m* falconer, hawker

sokowirów|ka *f* juice extractor, juicer

sokownik *m* juice extractor

sok|ół *m* Zool. falcon; ~**ół wędrowny** a peregrine (falcon); ~**ół łowny** a hawk; **polować z** ~**ołami** to hawk

sol¹ *n inv.* Muz. soh, sol

sol² *m* Fin. sol

sol|a *f* (*Gpl* ~**i**) Zool. sole

solan|ka *f* [1] (w uzdrowisku) brine; **kąpiele w** ~**ce** brine baths [2] (słona woda) brine; **zakonserwować coś w** ~**ce** to brine sth [3] Kulin. *bread roll sprinkled with coarse-grained salt* [4] Bot. saltwort

solankow|y *adi.* [*źródło, kąpiele*] brine *attr.*

solari|um *n* (*Gpl* ~**ów**) [1] (gabinet) solarium [2] (miejsce do opalania) sunbathing area

solarn|y *adi.* książk. [*kult, religia*] solar

soldates|ka *f sgt* pejor. soldiery

solenizan|t *m* (obchodzący urodziny) birthday boy; **być** ~**tem** (obchodzić imieniny) to have one's name day

solenizant|ka *f* (obchodząca urodziny) birthday girl; **być** ~**ką** (obchodzić imieniny) to have one's name day

solennie *adv.* grad. [1] książk. (uroczyście) [*obiecać, przyrzec, obchodzić*] solemnly [2] żart. [*ośmieszyć się, przegrać*] thoroughly

solenność *f sgt* solemnity

solenn|y *adi.* [1] książk. (poważny, uroczysty) [*przysięga, obietnica, przemówienie*] solemn; **otrzymać** ~**e zapewnienie, że...** to be solemnly assured that... [2] żart. [*głupstwo, przegrana*] thorough

solfeż *m sgt* (*G* ~**u**) Muz. solfeggio

s|olić *impf vt* (dodać soli) to add salt to [*zupę, mięso*]; (posypać solą) to sprinkle salt over [*ogórki, pomidory*]; (konserwować) to salt [*ryby*] ⇒ **osolić, posolić, zasolić**

solidarnie *adv.* grad. [1] [*działać, zdecydować*] jointly; ~ **oświadczyli, że...** they jointly stated that... [2] Prawo [*odpowiadać*] jointly and severally

solidarnościow|y *adi.* [1] (popierający) [*wiec, strajk*] sympathy *attr.* [2] (związany ze związkiem zawodowym) [*działacz, rząd*] Solidarity *attr.*

solidarnoś|ć *f sgt* [1] (współodpowiedzialność) solidarity; ~**ć z kimś** solidarity with sb; ~**ć w robieniu czegoś** solidarity in doing sth; **męska/kobieca** ~**ć** a male/female solidarity [2] Prawo joint and several obligation [3] (związek zawodowy) **Solidarność** Solidarity; **działacz Solidarności** a Solidarity activist

solidarn|y *adi.* [1] [*przyjaciele, partnerzy*] loyal; **zająć** ~**e stanowisko** to adopt a joint declaration; **być** ~**ym z kimś** to be loyal to sb [2] Prawo [*dług, zobowiązanie, dłużnik*] joint and several

solidaryzm *m sgt* (*G* ~**u**) solidarity; ~ **społeczny/klasowy** social/class solidarity

solidaryz|ować się *impf v refl.* książk. ~**ować się z kimś** to sympathize with sb; ~**ować się z czyjąś decyzją** to support sb's decision; ~**ować się z ogółem** to feel the same way as everybody else

solidnie *adv.* grad. [1] [*przygotować się*] thoroughly; ~ **pracować** (ciężko) to work hard; (uczciwie) to be a reliable a. solid worker [2] (mocno) [*zbudowany, przymocowany*] solidly; **wyglądać** ~ to look solid [3] pot. (bardzo) [*zmęczyć się, narozrabiać, oberwać*] thoroughly

solidnoś|ć *f sgt* [1] (pracownika) solidity; (wiedzy) soundness [2] (konstrukcji, wykonania) solidity

solidn|y *adi.* [1] (rzetelny) [*firma*] reliable, solid; **to** ~**y pracownik** he's a good solid worker; ~**a robota** a solid piece of work [2] (mocny) [*konstrukcja, buty, meble*] solid; [*budowa ciała, osoba*] sturdy; [*kij*] heavy [3] (gruntowny) [*wiedza, wykształcenie*] solid, sound [4] pot. (duży) [*lanie*] thorough; [*guz, porcja*] solid

soli|sta *m*, ~**stka** *f* [1] Muz., Teatr soloist [2] Sport singles skater; **konkurencja** ~**stów/**~**stek** men's/ladies' singles

solmizacj|a *f sgt* Muz. solmization

solmizacyjn|y *adi.* Muz. [*sylaba*] solmization *attr.*

solnicz|ka *f* [1] (naczynie) salt cellar, salt shaker [2] pot. zw. *pl* (zagłębienie nad obojczykiem) salt cellar pot.

soln|y *adi* [1] (dotyczący soli kamiennej) [*złoże, źródła*] salt *attr.*; **komora** ~**a** Hist. a salt house [2] Chem. **kwas** ~**y** hydrochloric acid; **kąpiel** ~**a** a salt bath

solo [1] *n inv.* Muz. solo; ~ **gitarowe** a guitar solo; ~ **na trąbce** a trumpet solo [2] *adi.* Muz. [*taniec, występ*] solo [3] *adi.* Muz. [*grać, śpiewać, występować*] solo

sol|ony [1] *pp* → **solić** [2] *adi.* [*śledzie, masło, mięso*] salted

solow|y *adi* [1] Muz. [*partia, występ, płyta, kariera*] solo [2] Sport solo; **piękna** ~**a akcja** a beautiful solo effort; **łyżwiarstwo** ~**e** singles skating; **konkurencje** ~**e kobiet i mężczyzn** (w łyżwiarstwie figurowym) men's and ladies' singles

solów|ka *f* Muz. solo; **gitarowe** ~**ki** guitar solos

soluks *m* (*G* ~**u**) Med. infrared lamp; (zabieg) infrared lamp session

sołda|t *m* (*Npl* ~**ty** a. ~**ci**) pot., pejor. soldier; **pójść w** ~**ty** pot. to be enlisted in the army

sołecki| *adi.* **rada** ~**ka** the village council (*the lowest auxiliary level of local administration in a village*)

sołectw|o *n the lowest unit of local administration, usually comprising a single village*

sołtys *m*, ~**ka** *f* (urzędnik) village leader (*locally elected local government officer*)

sombre|ro *n* sombrero

somnambulicznie *adv.* książk. [*chodzić, poruszać się*] somnambulantly

somnambuliczn|y *adi.* książk. [*trans, sen*] somnambulistic

somnambuli|k *m*, ~**czka** *f* książk. somnambulist, sleepwalker

somnambulizm *m sgt* (*G* ~**u**) książk. somnambulism, sleepwalking

sona|ta *f* Muz. sonata; ~**ta fortepianowa** a piano sonata; ~**ta na fortepian i skrzypce** a sonata for piano and violin

sonatow|y *adi.* Muz. [*forma*] sonata *attr.*

son|da *f* [1] Techn. probe; (transmitująca dane) sonde; ~**da głębinowa** a plumb; ~**da akustyczna** a sonic depth finder; ~**da kosmiczna** a space probe; **spuścić/wypuścić** ~**dę** to send down/out a probe; **wystrzelić** ~**dę** to launch a space probe; ~**da zarejestrowała dziwne zjawisko** the probe registered a strange phenomenon [2] Med. (surgical) probe, sound; **wprowadzić** ~**dę do czegoś** to insert a probe into sth; ~**da żołądka** gastroscopy; **zbadać ranę** ~**dą** to examine a wound with a surgical probe [3] (sondaż) survey; ~**da uliczna** a street survey; ~**da wśród studentów** a survey among students; **przeprowadzić** ~**dę na temat czegoś** to carry out a survey on sth

sondaż *m* (*G* ~**u**) [1] (badanie opinii) survey; Polit. poll; ~ **opinii publicznej** an opinion poll; ~**e przedwyborcze** pre-election polls;

S

przeprowadzić ~ **wśród kogoś** to carry out a. conduct a. do a survey among sb; **prowadzić w ~ach** to lead (in) the polls; **z ~y wynika, że...** the polls indicate that...; **czytać najnowsze ~e** to read the latest poll results; ~ **przeprowadzony na czyjeś zlecenie** a survey conducted on behalf of sb; **jeżeli wierzyć ~om...** if opinion polls are to be trusted... ② Techn. sounding; ~ **atmosfery** the sounding of the atmosphere

sondażow|y adi. ① (dotyczący badania opinii) **badania ~e** a survey; **wyniki ~e** poll results; **prowadzić z kimś ~e rozmowy** to hold exploratory talks with sb ② Techn. [łódź, sprzęt] sounding

sond|ować impf vt ① Techn. to sound, to plumb [głębokość]; to probe [atmosferę] ② (badać opinię) to sound [sb/sth] out; ~**ować czyjąś opinię na temat czegoś** to sound sb out about sth; ~**ować możliwość czegoś** to sound out the possibility of sth; ~**ować kogoś wzrokiem** to survey sb; ~**ował, co wiem na ten temat** he was trying to sound me out about it ⇒ **wysondować** ③ Med. to sound [żołądek]; to probe [ranę]

sone|t m (G ~**tu**) Literat. sonnet; ~**t włoski** Petrarchan sonnet

song m (G ~**u**) Muz. song

sop|el m ① (lodu) icicle; **z dachów zwisały ~le lodu** icicles hung from the roofs; **zamienić się w ~el** przen. a. **zmarznąć na ~el** to freeze to the marrow a. to death ② zw. pl Bot. white radish

sopel|ek m dem. small icicle

sopran Muz. **I** m pers. (Npl ~**y**) (kobieta, chłopiec) soprano
II m inanim. (G ~**u**) ① (głos) soprano; ~ **dramatyczny/liryczny** dramatic/lyric soprano; **partia na ~** a soprano part; **śpiewać ~em** to sing soprano ② środ. (saksofon) soprano sax

soprani|sta m, ~**stka** f Muz. soprano

sopranow|y adi. Muz. [głos, aria, instrument] soprano attr.

sorgo n, n inv. sgt Bot. sorghum

sor|t m (G ~**tu**) pot. grade; **lepszy/gorszy ~t owoców** high-grade/low-grade fruit
❑ ~**ty mundurowe** kit

sortowacz m, ~**ka** f grader, sorter

sort|ować impf vt to sort [listy, paczki]; to grade [owoce, ziemniaki] ⇒ **posortować**

sortowni|a f (Gpl ~) (owoców, ziemniaków) sorting plant; (poczty) sorting office

sortownik m Techn. (maszyna) grader, sorter

sortymen|t m (G ~**tu**) Handl. choice, product line a. range; **oferujemy bogaty ~t sprzętu gospodarstwa domowego** we offer a wide range of household appliances

SOS /ˌɛsɔˈɛs/ n inv. SOS (distress signal); **jakiś statek nadawał ~** some ship was sending an SOS

sos m (G ~**u**) Kulin. sauce; ~ **do pieczeni** gravy; ~ **do sałatek** (salad) dressing; ~ **cebulowy/chrzanowy/koperkowy** onion/horseradish/dill sauce; ~ **czekoladowy/waniliowy** chocolate/vanilla sauce; **wołowina/wieprzowina w ~ie własnym** beef/pork in its own gravy; **w krótkim ~ie** [dusić] in a court-bouillon a. stock
■ **być** a. **czuć się nie w ~ie** pot. to feel out of sorts; **dusić** a. **kisić się we własnym**

~**ie** pot., pejor. [grupa ludzi] to stick together; [jedna osoba] to keep oneself to oneself

sosen|ka f dem. sgt (small) pine tree

sosik m dem. (G ~**u**) pot. sauce; **klopsiki w pysznym ~u koperkowym** meatballs with a. in a delicious dill sauce

sosjer|ka f sauce boat

so|sna f ① Bot. pine ② sgt (sośnina) pinewood; **meble z sosny** pine furniture
❑ **sosna górska** Bot. mountain pine; **sosna zwyczajna** Bot. Scots pine

sosnow|y adi. ① [kora, szyszka] pine attr. ② [deska, meble] pine(wood) attr.

sośnin|a f ① sgt (las) pine forest; **zbocze porośnięte ~ą** a pine-clad slope ② (drewno) pinewood; **meble z ~y** pine furniture; **izbę przyozdobiono ~ą** the room was decorated with pine branches

sotni|a f (Gpl ~) Hist. sotnya (Cossack squadron)

soul /soʊl/ **I** m inv., m sgt (G ~**u**) Muz. soul; **słuchać ~u** to listen to soul; **grać/śpiewać ~** to play/sing soul
II adi. inv. [styl, muzyka] soul attr.

soulowo /soʊˈlovo/ adv. Muz. [śpiewać, grać] in soul style

soulow|y /soʊˈlovɪ/ adi. [muzyka, wokalista] soul attr.

souveni|r /suˈvɛnir/ m (G ~**ru**) książk. souvenir

s|owa f ① Zool. owl ② (osoba) (night) owl
❑ **sowa płomykówka** Zool. barn owl; **sowa śnieżna** Zool. snowy owl; **sowa uszata** Zool. screech owl, long-eared owl

sowchoz m (G ~**u**) Hist. sovkhoz

sowchozow|y adi. Hist. [pole, gospodarstwo] sovkhoz attr.

sowi adi. [krzyk, pióro] of an owl; ~**e oczy** owl-like eyes

sowicie adv. grad. książk. (hojnie) generously; **jego trud został ~ wynagrodzony** his efforts were amply rewarded

sowiec|ki adi. [system, władza, generał] Soviet

Sowie|t **I** m pot. Russki pot., pejor., Russky pot., pejor.; ~**ci pierwsi opanowali kosmos** the Russkies were the first to conquer space
II Sowiety plt pot. the Soviet Union

Sowiet|ka f pot. Russian woman

sowietolo|g m (Npl ~**dzy** a. ~**gowie**) Nauk. Sovietologist

sowietologi|a f sgt (GD ~**i**) Nauk. Sovietology

sowietologiczn|y adi. [badania] Sovietological

sowietyzacj|a f sgt Hist Sovietization

sowi|ty adi. [nagroda, zapłata, napiwek] generous

sowizdrzals|ki adi. [żart, humor, usposobienie] roguish; [literatura] ≈ picaresque

sowizdrza|ł m (Npl ~**ły**) rogue; Literat. ≈ picaro spec.

s|ód m (G **sodu**) Chem. sodium; **sole sodu** sodium salts

sójcz|y adi. [pióro] jay attr.

sój|ka f ① Zool. jay ② pot. (kuksaniec) poke; **dać komuś ~kę w bok** to poke sb in the ribs
■ **wybierać się jak ~ka za morze** to dither about setting off

s|ól f ① sgt Kulin. salt; **sól kuchenna** a. **jadalna** table salt; **sól gruboziarnista** coarse salt; **szczypta soli** a pinch of salt; **sól jodowana** iodized table salt; **dodać soli do potrawy** to salt a dish; **posypać coś solą** to sprinkle sth with salt; **kopalnia soli** a salt mine; **złoża soli** salt deposits ② Chem. salt; **sole mineralne** mineral salts; **sole do kąpieli** Kosmet. bath salts
❑ **sole trzeźwiące** przest. smelling salts; **sól emska** Farm. Bad Ems salts; **sól fizjologiczna** Med. Ringer's solution; **sól glauberska** Chem. Glauber's salt; **sól gorzka** Med. bitter salt; **sól karlsbadzka** Farm. Carlsbad salts
■ **być komuś solą w oku** to be a thorn in sb's side a. flesh; **sól ziemi** książk. the salt of the earth; **zjeść z kimś beczkę soli** to go back a long way with sb

sów|ka f ① dem. small owl ② Zool. noctuid moth

sp. (= spółka) Co.

space|r m (G ~**ru**) walk, stroll; **konny ~r** a ride; ~**r do parku/nad rzekę** a walk to the park/the river; ~**r w deszczu** a walk in the rain; ~**r przy księżycu** a moonlit walk; ~**r za miasto** a walk outside the town; **pójść** a. **wybrać się na ~r** to go for a walk a. stroll, to take a walk a. stroll; **zrobić sobie ~r** to take a walk; **pójść ~rem przez park** to walk across the park; **wyprowadzać psa na ~r** to walk the dog

spacer|ek **I** m dem. (G ~**ku**) pot. walk, stroll; **wybrać się na mały ~ek** to take a short walk a. stroll; **zabrać psa na ~ek** to go walkies pot.; **Reksio! ~ek!** Reksio! walkies! pot.; „**przyjechałaś autobusem?" – „nie, przyszłam ~kiem"** 'did you take a bus?' – 'no, I came on foot'
II spacerkiem adv. at a leisurely pace

spacerni|ak, ~**k** m środ. prison yard

spacer|ować impf vi to walk, to stroll; ~**ować po mieście/parku** to stroll about the town/park

spacerowicz m stroller; **tłumy ~ów w parku** crowds of strollers in the park

spacerow|y adi. [trasa, aleja] for pedestrians; **krok ~y** a leisurely pace; **statek ~y** an excursion boat; **wózek ~y** a pushchair GB, a stroller US

spacerów|ka f pot. pushchair GB, stroller US

spacj|a f (Gpl ~**i**) Druk. (światło) space; przest. (myślnik) long dash

spacyfik|ować pf vt to pacify [manifestację, wieś] ⇒ **pacyfikować**

spacz|yć pf vt ① (wykrzywić) to warp; **wilgoć ~yła podłogę** damp has warped the floorboards ⇒ **paczyć** ② przen. (zniszczyć) to warp [charakter]; ~**yć czyjąś psychikę** to warp sb's psyche ⇒ **paczyć** ③ przen. (przeinaczyć) to twist [pomysł]; ~**yć myśl autora** to distort the author's meaning ⇒ **paczyć**
II spaczyć się [drzwi, okno, skrzynia] to warp ⇒ **paczyć się**

spać impf (śpię) vi ① (nie być obudzonym) to sleep; **spać dobrze/źle** to sleep well/badly; **spać głęboko** to sleep soundly, to be fast asleep; **czy oni śpią/nie śpią?** are they asleep/awake?; **iść spać** to go to bed; **położyć dziecko spać** to put a child to bed; **szykować się spać** to get ready for bed; **chce mi się spać** I am a. feel sleepy; **nie chciała budzić śpiącego dziecka** she didn't want to wake the sleeping child; **ta sprawa nie daje mi spać** przen. this matter keeps me awake przen. [2] pot. (współżyć) **spać z kimś** to sleep with sb

spa|d m (G ~du) [1] (nachylenie) pitch; **~d dachu** roof pitch; **stromy ~d góry** the steep slope of the mountain [2] zw. pl Ogr. windfall

spadać[1] impf → **spaść**[1]

spada|ć[2] impf vi [1] [droga, teren] (ostro) to drop; (łagodnie) to slope (down); **ogród ~ł tarasami ku rzece** the terraced garden sloped down towards the river; **za zakrętem szlak ~ł gwałtownie w dół** beyond the bend the route dropped sharply downwards [2] [włosy] to fall; **grzywka ~ła jej na oczy** her fringe fell over her eyes [3] pot. to take off pot.; **no to ja ~m, mam jeszcze coś do zrobienia** I'm taking off, I've got things to do; **~j!** take yourself off! pot., get lost! pot.

spad|ek m (G ~ku) [1] (góry, terenu) slope, gradient; **~ek wodny** Geog. river gradient [2] (cen, dochodów) decrease; (temperatury, ciśnienia, napięcia) drop; (popularności, wartości) fall [3] (upadek) fall [4] Prawo (spuścizna) inheritance, legacy; **~ek po kimś** an inheritance from sb; **otrzymać a. dostać ~ek** to come into an inheritance; **otrzymać a. dostać coś w ~ku** to inherit sth; **zostawić komuś ~ek** to leave sb a legacy a. bequest; **zapisać komuś coś w ~ku** to leave sb sth in one's will; **zrzec się ~ku** to refuse a. turn down a legacy; **rościć sobie prawa do ~ku** to claim an inheritance [5] przen. legacy; **dzisiejsze kłopoty gospodarcze to ~ek po komunizmie** the present economic trouble is a legacy of Communism [6] Literat. (kadencja) cadence

spadkobierc|a m Prawo heir także przen., inheritor także przen.; **jedyny ~a** sole beneficiary; **~a majątku/fortuny** the heir to the property/fortune; **mianować kogoś swoim ~ą** to name sb one's heir; **duchowy ~a epoki romantyzmu** the spiritual heir of Romanticism

spadkobierczy|ni f Prawo heiress także przen., inheritor także przen.

spadkow|y adi. [1] (malejący) decreasing, declining; **tendencja ~a w gospodarce** a downward trend in the economy [2] Prawo [prawo, postępowanie, podatek, formalności] inheritance attr.; **sprawa ~a** an inheritance case; **masa ~a** the estate

spad|ły adi. [liście, owoce, śnieg] fallen

spadochron m (G ~u) parachute; **czasza ~u** a parachute canopy; **wylądować na ~ie** to land with a parachute; **skoczyć ze ~em a. na ~ie** to jump with a parachute, to parachute; **zrzucić desant/pomoc humanitarną na ~ie** to parachute troops/relief supplies

spadochroniars|ki adi. [kurs, zawody] parachuting

spadochroniarstw|o n sgt Lotn. parachuting; Wojsk. military parachuting; Sport sport parachuting, skydiving; **uprawiać ~o** to do skydiving

spadochroniarz m (Gpl ~y) [1] Lotn. parachutist; Wojsk. paratrooper [2] Sport parachutist, skydiver

spadochronow|y adi. [sport, skoczek] parachute attr.

spadziow|y adi. honeydew attr.

spadzisto adv. → spadziście

spadzistoś|ć f (dachu, ramion) slope; (zbocza) steepness

spadzi|sty adi. [schody, zbocze, stok] steep; [ramiona] sloping; [dach] sloping, high-pitched

spadziście adv. [opadać] steeply

spa|dź f honeydew

spaghetti /spaˈgetti/ n inv. sgt spaghetti

spajać[1] impf → spoić[1]

spajać[2] impf → spoić[2]

spak|ować pf vt to pack [walizkę, plecak, rzeczy] ⇒ **pakować**
II spakować się to pack one's things ⇒ **pakować się**

spakowan|y [1] pp → spakować
II adi. **jesteś już ~a?** have you packed (your things) yet?

spalać impf → spalić[1]

spaleni|zna f sgt burning; **czuję swąd ~zny** I can smell burning; **warstwa ~zny przywarła do dna garnka** the bottom of the pan was badly burnt

spal|ić[1] pf — **spal|ać** impf [1] vt [1] (zniszczyć ogniem) to burn [listy, notatki, gałęzie, śmieci]; **doszczętnie ~ić zdobyte miasto** to burn the conquered city to the ground; **z zemsty ~ił dom sąsiada** out of revenge he burnt his neighbour's house; **z zemsty spalił sąsiada** pot. out of revenge he burnt his neighbour's property; **Jana Husa ~ono na stosie** Jan Hus was burnt at the stake; **taktyka ~onej ziemi** scorched earth tactics [2] (na ogniu) to burn [pieczeń, garnek]; (żelazkiem) to scorch [ubranie]; **twarz ~ona słońcem** a. **od słońca** a sunburnt face [3] (zniszczyć) to blow [bezpiecznik]; to burn out [silnik, żarówkę]; **~ić sobie włosy farbą** to scorch one's hair with hair dye [4] (zużywać) [silnik, piec] to consume, to use up [benzynę, ropę, węgiel] [5] Biol. [organizm] to metabolize [substancje pokarmowe]
II spalić się — **spalać się** [1] (wyżywać się) to give one's all książk.; **~ać się w pracy** to give oneself entirely to one's work [2] Biol. to burn
III spalić się [1] (spłonąć) to be burnt; **budynek ~ił się do cna** the house was burnt to the ground; **~ili się zeszłego lata** last summer their house was burnt down [2] (przepalić się) [bezpiecznik] to be blown; [silnik] to be burnt out [3] (zostać wysuszonym) [potrawa] to be scorched; **trawa ~iła się od lipcowego skwaru** the grass was scorched by the July heat [4] pot. (zostać zdekonspirowanym) [kryjówka] to become hot pot.
■ **~ić się ze wstydu** to burn with shame; **~ić dowcip** a. **kawał** to kill a joke

spal|ić[2] pf vt Sport (w skoku w dal, rzucie dyskiem) to be a. go over the line; **być na pozycji ~onej** to be offside; **zawodnik ~ił skok/rzut** the jumper/the thrower went over the line

spalinow|y adi. [silnik, gazy] combustion attr.; **lokomotywa ~a** a diesel locomotive

spalin|y plt (G ~) Techn. (exhaust) fumes

spal|ony [1] pp → spalić
II adi. [1] pot. (zdekonspirowany) [lokal, adres] hot pot. przen.; (skompromitowany) [osoba] discredited [2] Sport [pozycja, zawodnik] offside
III m Sport offside

spałasz|ować pf vt pot. to wolf down; to gobble pot.; to demolish ⇒ **pałaszować**

spał|ować pf vt pot. to beat [sb] with a truncheon; **demonstranci zostali ~owani przez policję** the demonstrators were beaten with truncheons by the police ⇒ **pałować**

spam m (G ~u) Komput. spam

spamięta|ć pf vt pot. (zapamiętać) to remember; **tyle jest tu teraz osób, że nie mogę ich wszystkich ~ć** there are so many people here now that I can't remember them all

spa|nie [1] sv → spać
II n (posłanie) bed; **mieć wygodne ~nie** to have a comfortable bed; **przygotować komuś ~nie na antresoli** to make a loft bed for sb

spaniel m (~ek dem.) spaniel

spaniel|ka f pot. spaniel bitch

spanik|ować pf vi pot. to panic ⇒ **panikować**

spanikowan|y adi. pot. [osoba, tłum] panicked

spap|rać pf (~rzę) vt pot. [1] (zrobić niechlujnie) to botch (up) [robotę] ⇒ **paprać** [2] (zniszczyć) to mess up [plan, wakacje, życie] ⇒ **paprać**

sparafraz|ować pf vt to paraphrase [powiedzenie, utwór] ⇒ **parafrazować**

sparaliż|ować pf vt [1] Med. (dotknąć paraliżem) to paralyse GB, to paralyze US [osobę, część ciała]; **być ~owanym od pasa w dół** to be paralysed from the waist down; **mieć ~owaną rękę** to have one arm paralysed; **zostać częściowo ~owanym** to become partially paralysed ⇒ **paraliżować** [2] przen. (obezwładnić) [strach, bezsilność] to paralyse GB, to paralyze US, to freeze; **widok oprawcy ~ował ją** she was paralysed by the sight of her torturer ⇒ **paraliżować** [3] (uniemożliwić funkcjonowanie) [śnieżyca, strajk] to paralyse GB, to paralyze US [kraj, miasto, ruch]; **ruch na lotnisku został ~owany przez strajk/mgłę/śnieżycę** the airport was strikebound/fogbound/snowbound ⇒ **paraliżować**

sparcia|ły adi. [1] [warzywa, owoce] shrivelled [2] [buty, sznurek] rotten

sparci|eć pf (~ał) vi [1] [warzywa, owoce] to shrivel up ⇒ **parcieć** [2] [tkanina, skóra] to rot ⇒ **parcieć**

sparing m (G ~u) Sport spar; (w boksie) sparring; (w piłce nożnej) training match

sparingow|y adi. Sport [partner] sparring; [mecz] training

sparingpartne|r m Sport sparring partner

sparodi|ować pf vt to parody [utwór, artystę]; to spoof [film]; to mimic [głos, osobę] ⇒ **parodiować**

spar|ować[1] pf vt to parry [cios, cięcie] ⇒ **parować**[2]

spar|ować[2] pf vt to steam [ziemniaki] ⇒ **parować**[1]

spar|ować[3] pf vt Zool. to mate [zwierzęta]

sparring → sparring

S

sparringowy → sparingowy

sparringpartner → sparingpartner

sparszywia|ły adi. pot. [1] [zwierzę, osoba] mangy [2] [roślina, kartofel] scabby

sparszywi|eć pf (~eję, ~ał, ~eli) vt pot. [1] [pies, osoba] to get the mange ⇒ **parszywieć** [2] [roślina] to get scabby ⇒ **parszywieć**

Spar|ta f sgt Sparta

spartacz|yć pf vt pot., pejor. to botch (up) pot., pejor. [robotę] ⇒ **partaczyć**

spartakia|da f sports event; ~da młodzieży an inter-school competition

Spartan|in m, ~ka f (Gpl ~, ~ek) [1] (mieszkaniec Sparty) Spartan [2] przen. (asceta) być spartaninem/spartanką to live a spartan life

spartańs|ki adi. [1] (właściwy Sparcie) Spartan [2] przen. [warunki, tryb życia] spartan; wychowywać kogoś po ~ku to bring sb up under strict discipline

spartol|ić pf vt pot., pejor. to screw [sth] up pot., pejor. [robotę] ⇒ **partolić**

sparz|yć pf [I] vt [1] (oparzyć) [osoba, kwas, żelazko] to burn [osobę]; [zupa, wrzątek] to burn, to scald; ~yć komuś/sobie palce to burn sb's/one's fingers; ~ył (sobie) usta/język herbatą he burnt his lips/tongue on his tea, the tea scalded his lips/tongue ⇒ **parzyć** [2] (jadem) [pokrzywa, meduza] to sting [osobę]; ~yć kogoś w nogę to sting sb's leg ⇒ **parzyć** [3] (polać wrzątkiem) to scald [owoce, narzędzia] ⇒ **parzyć**

[II] **sparzyć się** [1] (oparzyć się) to burn oneself; (cieczą) to scald oneself; ~yć się w rękę/nogę to burn one's hand/leg; ~ył się w usta/język herbatą he burnt his lips/tongue on his tea, the tea scalded his lips/tongue ⇒ **parzyć się** [2] (jadem) ~ył się pokrzywą w nogę a nettle stung his leg ⇒ **parzyć się** [3] przen. (mieć złe doświadczenia) to get one's fingers burnt przen. (na czymś on sth)

■ **kto się na gorącym ~ył, ten na zimne dmucha** przysł. once bitten, twice shy

sparz|yć się pf v refl. Myślis., Roln. [zwierzęta] to mate ⇒ **parzyć się**

spasać impf → **spaść²**

spasi|ony [II] pp → **spaść²**
[III] adi. (utuczony) [zwierzę] fattened; pot., pejor. [osoba, kot, pies] fat

spasku|dzić pf vt pot., pejor. to foul [sth] up pot., pejor.; ~dzić robotę to foul things up ⇒ **paskudzić**

spasły → **spasiony**

spas|ować pf vi [1] (w brydżu) to pass ⇒ **pasować²** [2] pot. (zrezygnować) to give up ⇒ **pasować²**

spa|ść¹ pf — **spa|dać¹** impf (~dnę, ~dniesz, ~dł, ~dła, ~dli — ~dam) vi [1] (upaść) [osoba, przedmiot, deszcz, liście] to fall (down); ~ść z drzewa/roweru/konia to fall from a tree/off a bike/off a horse; ~ść ze schodów to fall down the stairs; ~ść na podłogę to fall on the floor; ~ść komuś na głowę to fall on sb's head; ~ść w przepaść to fall down a cliff; ~ść dziesięć metrów w dół to fall ten metres; ~dają mu spodnie his trousers are falling down; ~dały mu buty his shoes were falling off his feet; w nocy ~dł śnieg it snowed in the night; ~dło dwadzieścia centymetrów śniegu twenty centimetres of snow fell; wreszcie ~dło trochę deszczu we got some rain at last; zaczynają już ~dać liście leaves are beginning to fall; ~dające gwiazdy falling stars; zranił go ~dający kawałek muru he was hurt by falling masonry; z nieba mi ~dłeś przen. you are a godsend; on zupełnie jakby ~dł z księżyca he's living in cloud cuckoo land; z byka ~dłeś? are you out of your mind?; jak się dowie, to ~dnie z krzesła przen. he's in for a shock when he finds out [2] (uderzyć) [bat, kij, cios] to fall; razy ~dały na jego głowę/plecy blows were falling on his head/back; ~ść na kogoś/coś [katastrofa, głód] to strike sb/sth; na kraj ~dła klęska suszy the country was struck by a drought; ~ść na kogoś [tragedia, nieszczęście] to befall sb książk.; ~dł na nas duży kłopot we were faced with a serious problem; ~dły na niego zaszczyty a number of honours fell upon him [3] (obciążyć) [obowiązek, zadanie] to fall (na kogoś/coś on sb/sth); odpowiedzialność ~da na kierownika the responsibility falls on the manager; wina ~dnie na niego he will get the blame; organizacja przyjęcia ~dła na mnie it fell to me to organize the party [4] książk. (ogarnąć) [ciemność, sen] to fall (na kogoś/coś on sb/sth) [5] (zaatakować) [drapieżnik, wojsko] to fall; ~ść na ofiarę/nieprzyjaciela to fall on its prey/the enemy [6] (zmniejszyć się) [liczba, produkcja, cena, ciśnienie, wydatki] to fall; [dolar, akcje] to go down; ~ść dwukrotnie to drop by half; ~ść o 10%/o dwa stopnie to fall (by) 10%/two degrees; ~ść w rankingu/klasyfikacji to slip down the rankings/standings; ~ść na trzecie miejsce to fall to third place; ~ść do dziesięciu punktów to fall to ten points; ~ść do najniższego poziomu w historii to fall to an all-time low; temperatura ~dła poniżej zera the temperature fell below zero; ~ść na wadze [osoba] to lose weight

spa|ść² pf — **spas|ać** impf (~sę, ~siesz, ~sł, ~sła, ~śli — ~sam) [I] vt [1] pot. to fatten [sb] up [osobę] [2] (dać do zjedzenia) to feed [chleb]; ~ść siano końmi to feed horses with hay
[II] **spaść się** pot. [osoba] to become fat

spatałasz|yć pf vt pot., pejor. to make a muck of [sth] pot., pejor. ⇒ **patałaszyć**

spauperyz|ować pf książk. [I] vt to impoverish [społeczeństwo, kraj]; ~owana arystokracja impoverished aristocracy ⇒ **pauperyzować**
[II] **spauperyzować się** [społeczeństwo, kraj] to become impoverished ⇒ **pauperyzować się**

spaw m (G ~u) [1] (złącze) weld [2] sgt (czynność) welding; ~ ręczny hand welding

spawacz m (Gpl ~y a. ~ów) welder

spawa|ć impf vt to weld; złamaną część trzeba było ~ć the broken part had to be welded ⇒ **zespawać**

spawalnictw|o n sgt welding

spawalnicz|y adi. [sprzęt] welding

spawan|y [II] pp → **spawać**
[III] adi. [konstrukcja, części] welded

spawar|ka f Techn. welder

spazm [I] m (G ~u) (skurcz) spasm; ~ bólu/strachu a spasm of pain/fear; ~ wykrzywił mu twarz his face contorted
[II] **spazmy** plt sobbing; dostać ~ów to be reduced to sobs

spazmatycznie adv. [trząść się, drżeć] spasmodically; płakać ~ to sob

spazmatyczn|y adi. [drgawki] spasmodic; ~y płacz sobbing

spąsowia|ły adi. książk. [twarz, policzki] blushing

spąsowi|eć pf (~eję, ~ał, ~eli) vi książk. [twarz] to crimson; ~ał ze wstydu his face crimsoned with shame ⇒ **pąsowieć**

speaker /'spiker/ → spiker

speakerka /spi'kerka/ → spikerka

spec m pot. expert; whizz pot., boffin GB pot.; ~ od reklamy/komputerów an advertising/a computer whizz; ~e z gazowni iron. the gasmen

spécialité de la maison /spesjali'te delame'zõ/ n inv. książk. speciality of the house

specjali|sta m, ~stka f [1] (ekspert) specialist, expert; ~sta od czegoś a specialist a. an expert in sth; być ~stą od czegoś to specialize in sth; ~sta od reklamy an advertising expert; ~sta do spraw marketingu a marketing man; ~sta w zakresie poradnictwa rodzinnego a family counselling specialist; ~ści z różnych dziedzin specialists in different areas; wysokiej klasy ~sta a top-class specialist [2] Med. specialist; (ze specjalizacją) consultant; lekarz ~sta a medical specialist; ~sta pediatra a consultant paediatrician

specjalistycznie adv. osoba ~ wykształcona a person with specialist qualifications

specjalistyczn|y adi. [wiedza, szpital, sklep, sprzęt] specialist

specjalizacj|a f [1] sgt (proces) specialization; postępująca ~a w każdej dziedzinie increasing specialization in every field; ~a komórek Biol. cell specialization [2] (Gpl ~i) (dziedzina) specialization; osoby o różnych ~ach people of different specializations [3] (Gpl ~i) Med. (stopień) mieć ~ę to be a consultant; zrobić ~ę z chirurgii/neurologii to become a consultant surgeon/neurologist; lekarz bez ~i a general practitioner

specjalizacyjn|y adi. [program] specialization attr.

specjaliz|ować się impf v refl. [1] (być specjalistą) [osoba, firma, sklep] to specialize (w czymś in sth); aktor ~ujący się rolach komediowych an actor specializing in comedy roles ⇒ **wyspecjalizować się** [2] Biol. [komórki, organy] to become specialized ⇒ **wyspecjalizować się**

specjalnie adv. [1] (celowo) on purpose; zrobił to ~, żeby ich przestraszyć he did it on purpose to frighten them [2] (w konkretnym celu) specially, specifically; przyjść ~, żeby coś zrobić to come specially a. specifically to do sth; zrobić coś ~ dla kogoś to make/do sth specially for sb; zrobić coś ~ na jakąś okazję to do sth specially for an occasion; zaprojektowany ~ do jazdy w trudnym terenie designed specifically for rough terrain [3] pot. (wyjątkowo) particularly; **nie był ~ mądry** he wasn't particularly intelligent; **nic mu się ~ nie stało** nothing really happened to him; **ja się ~ nie dziwię** I'm not particularly surprised

specjalnoś|ć f [1] (specjalizacja) speciality, specialty US; **lekarze różnych ~ci** doctors of different specialities; **jego ~cią jest historia starożytna** he specializes in ancient history [2] (mocna strona) speciality, specialty US; **~ć regionu** the speciality of a region; **pizza to jego ~ć** pizza's his speciality

specjaln|y adi. [1] (o szczególnym przeznaczeniu, nadzwyczajny) [wysłannik, urządzenie, przycisk, komisja, pociąg] special; **agent ~y** a special agent; **służby ~e** the intelligence services; **szkoła ~a** a special school; **szkolnictwo ~e** special education; **dzieci ~ej troski** children with special needs; **efekty ~e** Kino special effects; **slalom ~y** Sport slalom; **do zadań ~ych** for special assignments; **na ~e życzenie** by special request; **ubranie na ~e okazje** clothes for special occasions; **~y program wyborczy** TV an election special; **dodatek ~y** Dzien. a special, an extra; **przyznać komuś ~e uprawnienia** to grant sb special prerogatives; **okazywać komuś ~e względy** to show favour to sb [2] (szczególnie ważny, duży, dobry) special, particular; **to nic ~ego** it's nothing special; **nie mam ~ych zastrzeżeń** I have no particular objections; **bez ~ego powodu** for no special a. particular reason; **nie odniósł ~ych korzyści** he didn't benefit too much; **nie było ~ych zmian** there were no particular changes

specja|ł m (G ~łu) delicacy; **~ły chińskiej kuchni** Chinese delicacies; **kawior i inne ~ły** caviar and other delicacies

speckomisj|a f (Gpl ~i) pot. special committee; **~a sejmowa** a parliamentary special committee

specyficznie adv. uniquely; **~ pachnieć/ smakować** to have a unique a. special smell/taste

specyficznoś|ć f sgt specificity; **~ć terenu** the specificity of the terrain

specyficzn|y adi. [atmosfera, smak, poczucie humoru] unique, special; **~y dla kogoś/ czegoś** specific a. unique to sb/sth

specyfik m (G ~u) książk. (gotowy lek) patent medicine; (środek) medicine; specific przest.; **~ na kaszel** a cough medicine

specyfi|ka f sgt specificity (czegoś of sth); **mieć swoją ~kę** to be unique; **~ką tego regionu jest...** the region is unique in its...

specyfikacj|a f (Gpl ~i) specification (czegoś of a. for sth); **~a towarów** a specification of goods; **być zgodnym ze ~ą** to comply with specifications

spedycj|a f sgt Handl. (transport) transport, carriage; (pośrednictwo) freight forwarding; **~a kolejowa** rail transport; **~a krajowa/ międzynarodowa** domestic/international freight forwarding

spedycyjn|y adi. Handl. [usługi, firma] (freight) forwarding

spektakl m (G ~u) [1] Teatr performance; **wieczorny ~** an evening performance; **wystąpić w ~u** [aktor] to appear in a play [2] (widowisko) spectacle; **kibice obejrzeli**

wspaniały ~ the fans were treated to a rare spectacle; **~ polityczny** pejor. a political spectacle

spektakularnie adv. książk. [zwyciężyć] spectacularly

spektakularnoś|ć f sgt książk. spectacular nature (czegoś of sth)

spektakularn|y adi. książk. [sukces, zwycięstwo, akcja, ucieczka] spectacular

spektr|um n (Gpl ~ów) [1] książk. (zakres) spectrum; **~um polityczne** the political spectrum; **całe ~um zachowań/poglądów** a full spectrum of behaviour/opinions; **antybiotyk o szerokim ~um działania** a broad-spectrum antibiotic [2] Fiz. spectrum

spekulacj|a f [1] sgt pejor. (handel) profiteering pejor.; **~a żywnością** profiteering in food; **wzbogacić się dzięki ~i** to get rich through profiteering [2] (Gpl ~i) Fin. (transakcja) speculation (czymś in sth); **~e giełdowe** stock exchange speculations; **~e walutami** currency speculations [3] zw. pl (Gpl ~i) książk. (przypuszczenie) speculation; **~e na temat czegoś** speculations about a. over sth; **snuć ~e** to speculate; **to tylko ~e** it a. this is only speculation

spekulacyjnie adv. [inwestować, kupować] speculatively

spekulacyjn|y adi. [1] pejor. profiteering pejor.; **po cenach ~ych** at profiteering prices [2] Fin. [transakcja, inwestycja] speculative

spekulanc|ki adi. pejor. [firma, ceny] profiteering pejor.

spekulanctw|o n sgt pejor. profiteering pejor.

spekulan|t m, **~tka** f pejor. profiteer pejor.; **~ci wojenni** war profiteers

spekulatywnie adv. książk. [rozumować] speculatively

spekulatywnoś|ć f sgt książk. speculativeness

spekulatywn|y adi. książk. [rozumowanie, rozważania, wniosek] speculative

spekul|ować impf vi [1] (handlować) to speculate (czymś in sth); **~ować na giełdzie** to speculate on the Stock Exchange; **~ować towarami deficytowymi** to speculate in goods that are in short supply; **~owanie żywnością** food profiteering [2] książk. (rozważać) to speculate (na temat czegoś on a. about sth); **można jedynie ~ować, dlaczego...** one can only speculate as to why...

speleolo|g m speleologist

speleologi|a f (GD ~i) speleology

speleologiczn|y adi. speleological

spelun|ka f (~a augm.) pot., pejor. (knajpa) dive pot., pejor.

spełniać impf → spełnić

speł|nić pf — **speł|niać** impf [] vt [1] to fulfil GB, to fulfill US [pragnienie, wolę, marzenie, obowiązek]; to keep [obietnicę, przyrzeczenie]; to carry [sth] out [rozkaz, groźbę]; to grant [prośbę, życzenie]; to meet [kryteria]; to accomplish [misję, cel]; **~niać wymogi czegoś** to comply with a. meet the requirements of sth; **muszą być ~nione następujące warunki** the following conditions must be met; **~niać funkcję** a. **rolę czegoś** to act as sth; **~nić czyjeś marzenia** to make sb's dreams

come true; **~niać czyjeś nadzieje** a. **oczekiwania** to measure up to sb's expectations; **nie ~nia pokładanych w nim nadziei** he's been a great disappointment; **~niać równanie** Mat. to satisfy an equation [2] książk. (wypić) **~nić toast** to drink a toast; **~nić czyjeś zdrowie** to drink sb's health

[] **spełnić się** — **spełniać się** [1] (ziścić się) [marzenie, sen, życzenie, wróżba, przepowiednia] to come true; [nadzieje, oczekiwania] to be fulfilled; **~niło się to, czego się obawiałem/o czym marzyłem** my fears/ dreams have come true [2] (odnaleźć satysfakcję) to find fulfilment GB a. fulfillment US; **~niać się jako matka** to find fulfilment in motherhood

spełnieni|e [] sv → spełnić

[] n sgt [1] (satysfakcja) fulfilment GB, fulfillment US [2] (marzeń, przepowiedni) fulfilment GB, fulfillment US (czegoś of sth)

spełzać impf → spełznąć

spełz|ły adi. [materiał, kolor] faded

spełz|nąć[1] pf — **spełz|ać** impf (~ł — ~am) vi [1] [osoba, wąż] **~nąć z drogi/ łóżka** to crawl off the road/bed; **~nąć ze wzgórza/drzewa** to crawl down a hill/tree [2] (nie powieść się) **~nąć na niczym** [wysiłki, zamiary] to come to nothing

spełz|nąć[2] pf (~ł) vi (spłowieć) [kolor, materiał] to fade

spenetr|ować pf vt książk. [1] (zbadać) to explore [teren, okolicę] ⇒ **penetrować** [2] (zgłębić) to penetrate [tajemnicę, zagadki] ⇒ **penetrować**

sper|ka f dial. [1] sgt (słonina) pork fat [2] zw. pl (skwarka) **~ki** pork scratchings

sperm|a f sgt Biol. semen; sperm pot.

speszony adi. [mina] disconcerted; **być ~onym** [osoba] to feel uneasy

spesz|yć pf [] vt [osoba, sytuacja] to make [sb] feel uneasy ⇒ **peszyć**

[] **speszyć się** [osoba] to be disconcerted (czymś by sth) ⇒ **peszyć się**

spetryfik|ować pf [] vt [1] książk. to petrify książk. [system] ⇒ **petryfikować** [2] Budow. to petrify [substancję] ⇒ **petryfikować**

[] **spetryfikować się** książk. [tradycja, poglądy] to become petrified ⇒ **petryfikować się**

spęcznia|ły adi. [brzuch] swollen; [żyły] bulging

spęczni|eć pf (~ał) vt [groch, kasza] to expand; [żyły] to bulge; [brzuch] to swell ⇒ **pęcznieć**

spę|d m (G ~du) [1] **~d bydła/owiec** (pędzenie) a cattle/sheep drive; (targ) a cattle/ sheep market [2] żart. (zgromadzenie) flocks; **~d turystów** flocks of tourists

spędzać impf → spędzić

spę|dzić pf — **spę|dzać** impf vt [1] (przeżyć) to spend [rok, urlop]; **~dzić dwa lata za granicą** to spend two years abroad; **~dzać czas na robieniu czegoś** to spend time doing sth; **~dzić z kimś noc** to spend a night with sb; **przyjemnie ~dzać czas** to enjoy oneself; **ulubione sposoby ~dzania wolnego czasu** favourite pastimes; **całe życie/dzieciństwo ~dził na wsi** he spent all his life/childhood in the country [2] (przegonić) to chase [sb/sth] off [osobę, zwierzę]; **~dzić dzieci z ulicy** to chase the

S

children off a street; **~dzić muchę ze stołu** to flick a fly off the table; **~dzić płód** przest. to abort a foetus [3] (zgromadzić) to round up [ludzi, więźniów]; **~dzić krowy do obory** to drive cows into the shed ■ **~dzać komuś sen z powiek** [problem, pytanie] to give sb sleepless nights

spękan|y adi. [mur, wargi] cracked; **ziemia ~a od słońca** sun-cracked earth

spęta|ć pf vt [1] (związać) to tie [sb] up, to bind [osobę]; to tie, to bind [ręce, nogi]; to tether [konia, byka] ⇒ **pętać** [2] przen. (skrępować) **być ~nym konwenansami** to be bound by conventions ⇒ **pętać**

spiąć pf — **spinać** impf (zepnę — spinam) [] vt [1] (połączyć) to fasten [sth] together; (spinaczem) to clip [sth] together [kartki, dokumenty]; (zszywaczem) to staple [sth] together [kartki, dokumenty]; (paskiem) to strap [sth] together [książki]; (szpilkami) to pin [sth] together [materiał]; **spiąć włosy w kok** to tie up one's hair into a bun; **spinać początek z końcem powieści** przen. to link the beginning and the end of a novel; **most spina oba brzegi rzeki** przen. the bridge links the two banks together [2] (ścisnąć) to tie; **spodnie spięte pod kolanem** trousers tied under the knee [3] Jeźdź. to spur; **spiął konia ostrogami** he spurred his horse, he put spurs to his horse

[] **spiąć się — spinać się** pot. to buck up pot.

spichlerz m granary; **Polska była ~em Europy** przen. Poland was the granary of Europe

spichlerzyk m dem. (small) granary

spichrz → **spichlerz**

spicz m (G ~u) pot. speech

spiczasto adv. **~ przystrzyżona bródka** a pointed beard

spicza|sty adi. [bródka, nos] pointed; **buty o ~stych noskach** shoes with pointed toes

spi|ć pf — **spi|jać** impf (~ję — ~jam) [] vt [1] [osoba, zwierzę] to drink [piankę, nektar]; **kot ~ł śmietanę z mleka** the cat drank the cream off the milk [2] pot. to make [sb] drunk; **~ć kogoś piwem/winem** to make sb drunk on beer/wine

[] **spić się** pot. to get drunk; **~ć się do nieprzytomności** a. **na umór** to drink oneself senseless

spie|c pf — **spie|kać** impf (~kę, ~czesz, ~cze, ~kł, ~kła, ~kli — ~kam) [] vt [1] pot. (zbyt mocno opalić) to burn [twarz, plecy] [2] (przypalić) to scorch [potrawę]; **~czona skórka od chleba** well done bread crust [3] (wysuszyć) to parch; **wargi ~czone gorączką** lips parched with fever; **ziemia ~czona słońcem** parched land [4] Techn. to sinter [sproszkowaną rudę]

[] **spiec się — spiekać się** [1] pot. [osoba] to get sunburnt; **~c się na czerwono a. jak rak** to be sunburnt, to turn red like a lobster from the sun [2] Techn. [grudki rudy] to become sintered

spiek|ły adi. [język, usta, wargi, ziemia] parched

spieko|ta f (skwar) scorching heat, swelter

spie|nić pf [] vt [mydliny]

[] **spienić się** [mydliny, piwo, woda] to foam, to froth

spieniężać impf → **spieniężyć**

spienięż|yć pf — **spienięż|ać** impf vt książk. to (en)cash, to redeem [akcje, udziały]; to sell [pamiątki rodzinne, dom]

spieni|ony [] pp → **spienić**

[] adi. [1] [fale, potok, rzeka] foaming, bubbling [2] [koń] foaming [3] pot. (wściekły) [osoba] foaming at the mouth

spieprzać impf → **spieprzyć**[1]

spieprz|yć[1] pf — **spieprz|ać** impf vi wulg. (uciec) to fuck off wulg., to sod off wulg.

spieprz|yć[2] pf [] vt wulg. (spartaczyć) to screw up wulg. [robotę]

[] **spieprzyć się** [1] (zepsuć się) [urządzenie, obraz w telewizorze] to cock up wulg. [2] (spaść) [osoba] to come a cropper pot.

spierać impf → **sprać**[1]

spiera|ć się impf v refl. (sprzeczać się) to dispute, to wrangle; **~ć się o coś** a. **na temat czegoś** to wrangle over a. about sth

spierdalać impf → **spierdolić**[1]

spierd|olić[1] pf — **spierd|alać** impf vi wulg. (uciec) to fuck off wulg., to sod off wulg.

spierdol|ić[2] pf wulg. [] vt (spartaczyć) to screw up wulg. [robotę]

[] **spierdolić się** [1] (zepsuć się) to cock up wulg.; **coś się ~iło w silniku** something's cocked up in the engine [2] (spaść) [osoba] to come a cropper pot.

spiernicza|ły adi. pot., pejor. (o mężczyźnie) past it pot., gaga pot.

spiernicz|eć pf (~eję, ~ał, ~eli) vi pot., pejor. to become gaga a. past it pot.

spierzch|nąć pf vi [ręce, usta] to chap ⇒ **pierzchnąć**[2]

spierzchnię|cie [] sv → **spierzchnąć**

[] n chap; **maść na ~cia** an ointment to treat chapping

spierzch|nięty, ~ły adi. [wargi, dłonie] chapped

spieszczać impf → **spieścić**

spieszcze|nie [] sv → **spieścić**

[] n Jęz. hypocorism

spiesznie → **śpiesznie**

spieszno → **śpieszno**

spieszny → **śpieszny**

spieszyć[1] → **śpieszyć**

spieszyć[2] pf vi Wojsk. to dismount [ułana, oddział]

spie|ścić pf — **spie|szczać** impf vt Jęz. to make a hypocorism of; **~szczać imiona** to make hypocorisms of names; **~szczać słowa/głos w rozmowie z dzieckiem** to baby-talk

spietra|ć się pf v refl. pot. to get in a (blue) funk, to wimp out; **~ł się i uciekł** he chickened out

spietran|y adi. pot. [osoba] funky pot.

spię|cie [] sv → **spiąć**

[] n [1] Elektr. (zwarcie elektryczne) short circuit, blowout [2] przen. (sprzeczka) clash; **między nimi często dochodzi do ~ć** they often clash

spiętrzać impf → **spiętrzyć**

spiętrze|nie [] sv → **spiętrzyć**

[] n [1] (sterta) heap; (lodu, kry) hummock [2] (problemów, zdarzeń) mass [3] (tama) dam

spiętrz|yć pf — **spiętrz|ać** impf [] vt [1] (układać jedno na drugim) to pile up, to heap [siano, słomę]; **~yć włosy nad czołem** to pile one's hair high up over one's forehead ⇒ **piętrzyć** [2] (spowodować podniesienie poziomu) to bank up [wodę, rzekę] ⇒ **piętrzyć**

[] **spiętrzyć się — spiętrzać się** (nawarstwić się) to accumulate także przen.; **lód na rzece się ~ył** the ice on the river accumulated; **trudności się ~yły** problems accumulated ⇒ **piętrzyć się**

spię|ty [] pp → **spiąć**

[] adi. pot. [osoba] tense, strung up

spijać impf → **spić**

spike|r m (telewizyjny) announcer, linkman; (radiowy) (radio) announcer

spiker|ka f [1] (telewizyjna) announcer, linkwoman; (radiowa) (radio) announcer [2] pot. (zawód) the job of an announcer [3] środ., Radio, TV the announcer's cabin

spikers|ki adi. [dyżur, głos, kariera] announcer's

spikn|ąć pf (~ęła, ~ęli) pot. [] vt (doprowadzić do spotkania) to bring [sb] into contact [kolegów, sąsiadów]

[] **spiknąć się** (poznać się) to meet; (sprzymierzyć się) to collude

spił|ować pf — **spił|owywać** impf vt [1] (obrobić za pomocą piły) to saw [pień drzewa, deskę] ⇒ **piłować** [2] (zetrzeć za pomocą pilnika) to file down [paznokcie, ostre brzegi] ⇒ **piłować**

spiłowywać impf → **spiłować**

spinacz m [1] (paper)clip; **spiąć kartki ~em** to clip the sheets together with a paperclip [2] Żegl. wire rope clamp a. clip; (obrotowy) turnbuckle [3] Kolej. coupler

spinać impf → **spiąć**

spin|ka f (do włosów) hairpin; (do krawata) tiepin; (do mankietu) cufflink; (do kołnierzyka) collar stud

spinning /'spiniŋ/ m (G ~u) Ryboł. [1] (wędka) spinning [2] sgt (sposób łowienia) spinning

spinningi|sta m Ryboł. spin fisherman

spinningowiec → **spinningista**

spinningowy adi. [sprzęt, zawody] spinning

spiorun|ować pf vt **~ować kogoś wzrokiem** to glare at sb ⇒ **piorunować**

spiral|a f [1] spiral; **schody wznoszące się ~ą** a spiral staircase; **wycinać ~e z kolorowej bibułki** to cut spirals of coloured tissue paper [2] Techn. (zwój) coil; **drut zwinięty w ~ę** a coil of wire [3] Lotn. spiral, spiral glide [4] Mat. (linia krzywa) spiral, helix [5] Med. (wkładka) coil, inter-uterine device, IUD [6] Biol. helix ❑ **~a grzejna** heating coil; **~a zbrojeń** arms race

spiral|ka f dem. (small) spiral

spiralnie adv. [wić się, skręcać, zwijać] spirally

spiraln|y adi. [kształt, linia] spiral; **schody ~e** a spiral staircase

spiritus movens /ˌspiritus'movens/ książk. the driving spirit (**czegoś** of sth); spiritus movens

spirytualistyczn|y adi. Filoz. [poglądy, myśliciel] spiritualist

spirytualizm m sgt (G ~u) Filoz. spiritualism

spirytus m sgt (G ~u) spirit, alcohol ❑ **~ denaturowany** methylated spirit; **~ drzewny** wood alcohol; **~ rektyfikowany** rectified spirit

spirytusow|y *adi.* *[roztwór, maszynka]* spirit *attr.*; **przemysł ~y** the distilling industry

spiryty|sta *m*, **~stka** *f* spiritualist

spirytystyczn|y *adi.* spiritualistic; **seans ~y** a seance

spirytyzm *m* (*G* **~u**) *sgt* spiritism, spiritualism

spis *m* (*G* **~u**) [1] (wykaz) list; **~ abonentów/lokatorów/nazwisk** a list of subscribers/tenants/names [2] (sporządzanie wykazu) registration; **w którym roku odbył się ~ zwierząt gospodarskich?** when did registration of the farm animals take place? ❏ **~ inwentarza** stock list; **~ ludności** census; **~ rzeczy** a. **treści** Druk. (table of) contents

spi|sać *pf* — **spi|sywać** *impf* (**~szę — ~suję**) **[]** *vt* [1] (sporządzić spis) to make a list of [2] (ułożyć tekst) to write down *[pamiętnik, wspomnienia, kronikę]*; to draw up *[umowę, testament]* [3] środ., Szkol. (odpisać) to copy; **~sywać na klasówce od sąsiada** to copy from one's neighbour during a test

[]] spisać się — spisywać się książk. (postąpić) to acquit oneself; **~sać się dobrze/źle** to acquit oneself well/badly; **jak się ~sujesz w szkole?** how are you doing at school?

spis|ek *m* (*G* **~ku**) (tajne sprzysiężenie) conspiracy, plot; **~ek na czyjeś życie** a plot to assassinate sb; **uknuć ~ek przeciwko królowi/rządowi** to hatch a plot against the king/government; **wykryć ~ek** to discover a conspiracy

spisk|ować *impf vi* to conspire, to scheme, to plot; **~ować przeciwko królowi/rządowi** to plot against the king/government; **~ować z wrogiem** to conspire with the enemy

spiskow|iec *m* (*V* **~cu** a. **~cze**) conspirator, plotter

spiskow|y *adi.* *[organizacja, siatka, grupa]* conspiratorial; **~a teoria dziejów** a conspiracy theory

spisywać *impf* → **spisać**

spiż *m* (*G* **~u**) [1] *sgt* bronze, gunmetal; **posąg ze ~u** a bronze statue; **broń ze ~u** gunmetal weapons [2] (*Gpl* **~y** a. **~ów**) przest., poet. (broń, działa, dzwony) bronze

spiżar|ka *f* [1] *dem.* pot. (pomieszczenie) small larder [2] (szafka) ventilated food cupboard

spiżarni|a *f* (*Gpl* **~**) (pomieszczenie) larder, pantry; **pełna/pusta ~a** a full/an empty larder

spiżarnian|y *adi.* *[półki, pomieszczenie]* larder *attr.*

spiżow|y *adi.* [1] książk. *[dzwon, brama]* bronze *attr.* [2] przen. (dźwięk, ton) bronzy [3] przen. *[osoba]* indomitable

splajt|ować *pf vi* pot. *[firma]* to go belly up pot., to go down the drain pot.; *[osoba]* to go bankrupt ⇒ **plajtować**

splam|ić *pf* **[]** *vt* książk. [1] (zabrudzić) to soil, to stain *[ubranie, obrus]* ⇒ **plamić** [2] przen. (zhańbić) to tarnish, to sully *[honor, dobre imię, reputację]* ⇒ **plamić**

[]] splamić się (zniesławić samego siebie) to tarnish one's reputation; **~ić się tchórzostwem/zdradą** to tarnish one's name with cowardice/treason ⇒ **plamić się**

■ **nie ~ić się pracą** to not soil one's hands with work

splatać *impf* → **spleść**

splądr|ować *pf vt* [1] (spustoszyć) to plunder, to pillage *[miasto, kraj, sklep, mieszkanie]*; **~owane muzeum** a looted museum ⇒ **plądrować** [2] (przetrząsnąć) to ransack *[szafy, szuflady]* ⇒ **plądrować**

splą|tać *pf* (**~czę**) **[]** *vt* [1] (pogmatwać) to tangle up *[nici, sznurki, linki, kable]*; **~tane sieci** tangled fishing nets; **rozczesać ~tane włosy** to comb out tangled hair ⇒ **plątać** [2] przen. (zagmatwać) to muddle *[wątki, akcję utworu]*; **~tane losy ludzkie** muddled lives ⇒ **plątać**

[]] splątać się [1] *[nici, przewody, sieci, włosy]* to get tangled [2] przen. (powikłać się) *[życie, losy]* to get muddled

splec|iony *pp* → **spleść**

[]] adi. stali pod parasolem ~eni ramionami they stood beneath an umbrella with their arms intertwined; **w filmie tragizm i komizm są ~ione nierozerwalnie** in the film tragedy and comedy are inextricably interwoven

spleen /splin/ → **splin**

splendo|r *m* (*G* **~ru**) książk. [1] (świetność) splendour GB, splendor US [2] (zaszczyt) accolade; **wielki ~r spłynął na artystę** a great accolade was bestowed on the artist; **to stanowisko łączy się z niemałym ~rem i popularnością** this position means privilege and popularity; **nie dbać o ~ry** to not seek accolades

spl|eść *pf* — **spl|atać** *impf* (**~otę, ~eciesz, ~ecie, ~ótł, ~otła, ~etli ~atam**) **[]** *vt* (połączyć) to wreathe *[wieniec, girlandę]*; to plait *[włosy]*; to intertwine *[pasma]*; to interlace *[gałęzie]*; to lock *[palce]*; **~eść włosy w warkocz** to plait hair; **~eść włosy w dwa warkocze** to make two plaits; **~atać kosze z wikliny** to weave wicker baskets

[]] spleść się — splatać się to intertwine także przen., to interweave także przen.; **~eść się w uścisku** to entwine; **gałęzie drzew się ~atają** tree branches intertwine; **w sztuce fakty i fikcja ~atają się w jedną fabułę** in the play facts and fiction interweave to form the plot

spleśnia|ły *adi.* *[siano, chleb, ubranie]* mildewed, mouldy GB, moldy US

spleśni|eć *pf* (**~ał**) *vi* *[chleb, ubranie, siano]* to mildew

splin *m* (*G* **~u**) książk. spleen

splo|t *m* (*G* **~tu**) [1] (gałęzi, korzeni) tangle; (włosów, liny) plait [2] Włók. weave; **tkanina o luźnym/wyraźnym ~cie** loose/distinct weave fabric; **~t atłasowy** satin weave; **~t płócienny** plain weave; **~t rypsowy** warp ribbed weave; **~t skośny** twill weave; **~t waflowy** honeycomb weave; **~t żakardowy** Jacquard weave [3] (w koszykarstwie) weave; **~t prosty** randing; **~t skośny** oblique randing; **~t warstwowy** rib randing [4] Żegl. splice [5] Anat. plexus; **~t szyjny/barkowy/ramienny** cervical/acromial/brachial plexus; **~t krzyżowy** sacral plexus; **~t lędźwiowy** lumbar plexus; **~t słoneczny** solar plexus [6] przen. coincidence; **~t wydarzeń** a series of events

splugaw|ić *pf vt* książk. to defile, to sully *[dobre imię, honor]* ⇒ **plugawić**

splu|nąć *pf* — **splu|wać** *impf* (**~nęła, ~nęli — ~wam**) *vi* to spit, to hawk; **~wać krwią** to spit blood; **~nąć na podłogę** to spit on the floor; **~nąć z obrzydzenia** to spit with disgust

spluw|a *f* pot. (rewolwer) shooter pot.

spluwacz|ka *f* spittoon

spluwać *impf* → **splunąć**

spłacać *impf* → **spłacić**

spłach|eć *m* przest. (ziemi, roli, łąki) a piece; **~eć śniegu** a patch of snow

spłachet|ek *m dem.* przest. (ziemi) a small piece

spła|cić *pf* — **spła|cać** *impf vt* to pay off, to repay *[pożyczkę, odsetki]*; **~cić wierzyciela** to pay off one's creditor; **~cać dług w ratach** a. **na raty** to pay the debt off in instalments GB a. installments US; **~cić dług wdzięczności** to repay an obligation

spła|kać się *pf* (**~czę się**) *v refl.* pot. to cry, to weep; **~kać się serdecznie** to cry one's eyes out

spłakan|y *adi.* *[osoba]* exhausted from crying; *[twarz]* tear-stained; *[oczy]* tear-stained

spłaszczać *impf* → **spłaszczyć**

spłaszcz|ony **[]** *pp* → **spłaszczyć**

[]] adi. [przedmiot] flat; **~ona kula** an oblate sphere

spłaszcz|yć *pf* — **spłaszcz|ać** *impf* **[]** *vt* [1] (zrobić płaskim) to flatten *[kotlet, główkę kapelusza]* [2] przen. (spłycić) to oversimplify *[problem, sprawę]*

[]] spłaszczyć się — spłaszczać się (ulec spłaszczeniu) *[torba, poduszka]* to flatten

spła|ta *f* [1] (spłacanie) repayment [2] (rata) repayment; **długoterminowe ~ty** long-term repayment; **harmonogram ~t** repayment schedule; **rozłożyć ~ty na kilka lat** to prepare a multi-year repayment agreement; **zalegać ze ~tami** to fall behind with one's repayments

spłata|ć *pf vt* **~ć komuś figla** a. **psikusa** to play a trick a. prank on sb

spław *m* (*G* **~u**) Transp. (drzewa, towarów, zboża) floating

spławiać *impf* → **spławić**

spław|ić *pf* — **spław|iać** *impf vt* [1] (przewieźć drogą wodną) to float *[drzewo]* [2] pot. to fob off *[natręta, interesanta, klienta]*

spławik *m* Ryboł. cork, float

spławikow|y *adi.* *[wędkarstwo]* float *attr.*

spławnoś|ć *f* Transp. (rzeki, wód) navigability

spławn|y *adi.* *[rzeka, kanał, wody]* navigable

spł|odzić *pf vt* [1] przest., książk. to beget *[dziecko, córkę, syna]* ⇒ **płodzić** [2] przen., żart. to produce; to perpetrate żart. *[wiersz, artykuł, powieść]* ⇒ **płodzić**

spło|nąć *pf* (**~ęła, ~ęli**) *vi* [1] *[dom, las]* to burn down; **ofiara ~ęła żywcem** the victim was burnt alive ⇒ **płonąć** [2] przen. *[osoba]* to blush; **na jego widok ~ęła rumieńcem** she blushed at the sight of him ⇒ **płonąć**

spło|nić się *pf v refl.* książk. to blush; **~nić się ze wstydu/z emocji** to blush with shame/excitement; **~nić się na widok**

S

kogoś to blush at the sight of sb ⇒ **płonić się**

spłoni|ony adi. książk. [twarz] blushed; [osoba] blushing

spłon|ka f Wojsk., Techn. primer; **~ka nabojowa** a percussion cap

spłosz|ony [] pp → **spłoszyć**

[] adi. [osoba] frightened; [spojrzenie, głos] alarmed

spłosz|yć pf [] vt [1] (spowodować ucieczkę) to scare away [zwierzę, ptaka, złodzieja] ⇒ **płoszyć** [2] (onieśmielić) to disconcert, to embarrass [osobę]; **~yłem wyrostka groźnym spojrzeniem** the youth was disconcerted by my angry stare ⇒ **płoszyć**

[] **spłoszyć się** [1] (przestraszyć się) [zwierzę, ptak, złodziej] to bolt away; **konie się ~yły** the horses shied ⇒ **płoszyć się** [2] (zmieszać się) [osoba] to become disconcerted ⇒ **płoszyć się**

spłowia|ły adi. (wyblakły) [ubranie, zasłony] faded; [włosy] (sun)bleached

spłowie|ć pf (~ał) vi [1] (zblaknąć) [tkanina] to fade; **firanki ~ały od słońca** the curtains have been faded by the sun ⇒ **płowieć** [2] (zżółknąć) [trawa, rośliny, włosy] to bleach ⇒ **płowieć**

spłucz|ka f (rezerwuar) toilet cistern

spłu|kać pf — **spłu|kiwać** impf (~czę — ~kuję) [] vt [1] (obmyć) to rinse [twarz, ręce]; **po kilku minutach ~cz odżywkę** after a few minutes rinse off [2] (zgarnąć) [deszcz, woda] to wash away [błoto, śnieg]

[] **spłukać się — spłukiwać się** [1] (obmyć się) to rinse oneself, to sluice oneself [2] pot. (wydać wszystkie pieniądze) to spend all one's money; to shoot the works US pot.

spłukan|y [] pp → **spłukać**

[] adi. pot. hard up pot.; **być kompletnie ~ym** to be stony broke

spłukiwać impf → **spłukać**

spłycać impf → **spłycić**

spły|cić pf — **spły|cać** impf [] vt [1] (zmniejszać głębokość) to make [sth] shallow [wykop, zbiornik] [2] przen. (uprościć) to over-simplify, to trivialize [problem, sprawę, charakterystykę postaci]

[] **spłycić się — spłycać się** (stać się płytszym) [zbiornik, koryto rzeki] to became shallow

spły|nąć pf — **spły|wać** impf (~nęła, ~nęli — ~wam) vi [1] (ściec) to flow; **woda ~wa kanałem** water flows down the canal; **śnieg ~wa z gór** melting snow flows down the mountains; **krople deszczu ~wają po szybie** raindrops dribble down the pane; **pot ~wał mu z czoła** sweat streamed down his forehead; **łzy ~wały jej po policzkach** tears flowed down her cheeks [2] książk., przen. (ogarnąć) to fall; **mrok ~nął na ziemię** darkness fell over the earth; **mgła ~nęła na łąkę** fog fell over the field; **blask słoneczny ~wał na miasto** sunshine fell on the town [3] książk., przen. (opaść) to fall; **włosy ~wały jej na ramiona** hair fell over her shoulders; **girlandy róż ~wały z balkonu** garlands of roses fell down from the balcony [4] Geogr. (zsuwać się) [lodowiec] to flow [5] Żegl. [łodzie, tratwy] to flow [6] pot. (uciec) to shove off; **~wajmy, nic tu po nas** let's shove off, there's nothing doing here; **~waj, bo oberwiesz!** shove off a. take a hike US, or you're in for it!

■ **~nęło na nas ukojenie** książk. we felt comfort; **~nęło ze mnie napięcie/przygnębienie** książk. tension/depression left me; **~ywać krwią/potem** to be bathed in blood/sweat

spływ m (G ~u) [1] (ściekanie wody) flow, run-off; **~ wód deszczowych do rzeki** the flow of rain water into the river [2] Geog. (zbieg rzek) confluence [3] Sport (tratwami) rafting; (kajakami) canoeing [4] sgt (dokumentów, darów, surowców) inflow

spływać impf → **spłynąć**

spochmurnia|ły adi. [osoba] gloomy; [twarz] darkened

spochmurni|eć pf (~eję, ~ał, ~eli) vi [1] [niebo] to cloud over, to become overcast ⇒ **pochmurnieć** [2] [osoba] to turn gloomy; [twarz] to darken ⇒ **pochmurnieć**

spo|cić się pf v refl. [1] [osoba] to perspire, to sweat; **~cić się po aspirynie** to break out in a sweat after taking an aspirin; **~cić się z wysiłku/emocji** to break out in a sweat because of exertion/excitement ⇒ **pocić się** [2] pot. [szyba, mur] to steam up ⇒ **pocić się**

spoc|ony adi. [1] [osoba, zwierzę, ręce, plecy] sweaty [2] [szkło, metal] steamed up

spocz|ąć pf — **spocz|ywać** impf (~nę, ~ęła, ~ęli — ~ywam) vi książk. [1] (usiąść, odpocząć) to sit down; **~ąć na kanapie/trawie** to sit down on a sofa/the grass; **~ąć w fotelu/cieniu** to sit down in a chair/the shade; **proszę ~ąć!** a. **niech pan/pani ~nie!** take a seat a. be seated, please; **nie ~nę, dopóki nie dowiem się prawdy** I will never rest until I know the truth [2] (zostać umieszczonym) to rest, to repose; **jej spojrzenie ~ęło na nas** her eyes rested on us; **testament/klejnot ~ywał w sejfie** the will/jewel reposed in the safe [3] (stać się obowiązkiem) **na nas ~ywa odpowiedzialność** responsibility lies with us

■ **~nij!** Wojsk. at ease!; **~cząć w grobie** a. **w ziemi** to die and be buried; **niech ~ywa w pokoju** may s/he rest in peace

spoczyn|ek m sgt (G ~ku) [1] (odpoczynek) rest, repose [2] (sen) sleep; **pora ~ku** bedtime; **udać sie na ~ek** to retire (for the night) książk. [3] Fiz. rest [4] Bot. dormancy

■ **(czyjeś) miejsce wiecznego ~ku** sb's grave; **odprowadzić kogoś na wieczny ~ek** a. **miejsce wiecznego ~ku** to attend sb's funeral a. burial; **generał w stanie ~ku** a retired general; **zostać przeniesionym w stan ~ku** to be retired

spoczynkow|y adi. **~a przemiana materii** Biol. basal metabolic rate; **masa ~a** Fiz. rest mass

spoczywać impf → **spocząć**

spod praep. [1] (z dołu) from under; **~ stołu/kołdry** from under the table/duvet; **wyjść ~ prysznica** to come out of the shower; **spojrzała na niego ~ przymkniętch powiek/gęstych rzęs** she looked at him from under half-closed eyelids/her thick eyelashes [2] (z określeniem miejsca) **pochodził ~ Krakowa** he came from somewhere around Cracow; **przesuń krzesło ~ ściany na środek pokoju** move the chair from by the wall to the middle of the room; **policja zabrała ją ~ domu** the police took her from outside a. in front of her house [3] (poza) from; **uwolnić coś ~ kontroli państwa** to free sth from state control; **wyzwolić się ~ czyjegoś wpływu** to free oneself from sb's influence; **wyjąć cmentarze ~ jurysdykcji kościelnej** to remove cemeteries from church jurisdiction [4] Astrol. **być ~ znaku Lwa** to be a Leo

■ **~ czyjegoś pióra/dłuta** to have been written/sculpted by sb

spode praep. → **spod**

spodecz|ek m dem. [1] (talerzyk) small saucer [2] (zawartość talerzyka) small saucerful; **~ek mleka/poziomek** a small saucerful of milk/wild strawberries

spod|ek m [1] (talerzyk) saucer [2] (zawartość talerzyka) saucerful; **~ek mleka/malin** a saucerful of milk/raspberries [3] Górn. **~ek wyrobiska** bottom, sole [4] Techn. **~ek kowalski** bottom fuller

❏ **~ek prostopadłej** Mat. foot of perpendicular; **latający ~ek** żart. flying saucer

spoden|ki plt (G ~ek) [1] dem. (dziecinne) trousers, pants US [2] (krótkie) shorts; **~ki gimnastyczne** gym shorts; **~ki kąpielowe** swimming trunks

spodla|ły adi. [osoba] wicked

spodl|eć pf (~eję, ~ał, ~eli) vi [1] pejor. (stać się podłym) [osoba] to become wicked ⇒ **podleć** [2] (stracić wartość) [towar, jedzenie] to depreciate ⇒ **podleć**

spodl|ić pf pejor. [] vt (odebrać godność) to debase [osobę, naród]; **poczuć się ~onym** to feel debased ⇒ **podlić**

[] **spodlić się** [osoba] (stracić godność) to debase oneself ⇒ **podlić się**

spodni adi. [warstwa, pokład] bottom attr.; **~a strona liścia/materaca** the underside of a leaf/mattress

spodni|e plt (G ~) trousers, pants US; **para ~** a pair of trousers; **chodzić w ~ach** to wear trousers; **nosić ~e** to wear trousers

spodnium m (G ~u) trouser suit GB, pantsuit US; **chodzić w ~ie** to wear a trouser suit

spodoba|ć się pf v refl. **~ła mi się ta sukienka/dziewczyna** I liked that dress/girl; **nie ~ł mi się ten pomysł** that idea didn't appeal to me; **~ło mu się pomalować pokój na czarno** he had the whim to paint his room black ⇒ **podobać się**

spodziewa|ć się impf v refl. [1] (oczekiwać) to expect [listu, nagrody]; **nie ~ł się, że to załatwi** he didn't expect that he'd be able to fix it; **po tym chłopaku można się wszystkiego ~ć** that boy's capable of anything iron.; **nie ~łam się tego po tobie** I didn't expect that of you; „**podziękuję jej**" – „**~m się**" 'I'm going to thank her' – 'I expect you are'; **kto by się ~ł?** who'd have expected that? [2] (oczekiwać przybycia) to expect [gości]; **~ się dziecka** she's expecting pot.; **~ją się dziecka** they're going to have a baby

spodziewan|y adi. [wizyta, podwyżka] expected; **dawno ~y gość** a long expected visitor; **najmniej ~y telefon** the least expected telephone call

spoglądać impf → **spojrzeć**

sp|oić[1] *pf* — **sp|ajać**[1] *impf* **[I]** *vt* [1] (zlepić) to bond (together), to cement *[cegły, kamienie]*; **mury spojone cementem/zaprawą** walls bonded with cement/mortar; **warstwy drewna spojone klejem** layers of wood bonded with glue [2] przen. (jednoczyć) to hold together, to join; **most spajał brzegi rzeki** the bridge linked the river banks; **język spaja naród** language holds a nation together; **przyjaźń spajająca zespół** friendship holding the team together

[II] spoić się — spajać się (połączyć się) *[warstwy, elementy]* to bond toghether

sp|oić[2] *pf* — **sp|ajać**[2] *impf* **[I]** *vt* pot. (upić) to make [sb] drunk; **spoić kogoś wódką** to make sb drunk on vodka

[II] spoić się (upić się) to get drunk; **spoić się do nieprzytomności** to drink oneself senseless

spoid|ło *n* [1] Techn. (lepiszcze) binder, binding material [2] Anat. commissure

❏ **~ło szare (rdzenia)** Anat. grey commissure; **~ło białe (rdzenia)** Anat. white commissure; **~ło wielkie (mózgu)** Anat. corpus callosum

spoint|ować /spwen'tɔvate/ *pf vt* to give a point to; **~ować artykuł** to give a point to an article ⇒ **pointować**

spoistoś|ć *f sgt* Fiz., Geol., Techn. cohesion; **~ć rodziny** family cohesion

spoi|sty *adi.* [1] *[gleba, skała]* cohesive [2] książk. *[rozprawa, wypowiedź]* cohesive

spoiw|o *n* [1] Techn. (lepiszcze) binder, binding material [2] przen. bond, cement

spoje|nie **[I]** *sv* → **spoić**

[II] *n* [1] Techn. (muru, szyn) joint [2] Anat. symphisis; **~nie łonowe** interpubic joint, pubic symphysis, symphysis pubis; **~nie żuchwy** mandible symphysis

spojów|ka *f* Anat. conjunctiva; **zapalenie ~ek** conjunctivitis

spojówkow|y *adi.* Anat. **gruczoł ~y** conjunctival gland

sp|ojrzeć *pf* — **sp|oglądać** *impf* (spojrzysz, spojrzał, spojrzeli — spoglądam) **[I]** *vi* [1] (popatrzyć) to look, to gaze; (przelotnie) to glance; **spojrzeć na kogoś/coś** to look at sb/sth; **spoglądać na zegarek** to glance at one's watch; **spojrzeć w lustro** to look at oneself in the mirror; **spojrzeć przez okno** to look out of the window; **spojrzeć przez lornetkę** to look through binoculars; **spojrzeć spod oka** to look from the corner of one's eye; **spojrzeć na kogoś wymownie** to look at sb suggestively; **spojrzeć na kogoś błagalnie z błagalnym wzrokiem** to look at sb pleadingly, to give sb a pleading look; **spojrzeć po sali** to look about the room; **spojrzeć po sobie** to look at one another; **spojrzeć na kogoś z ciekawością/wyrzutem** to look at sb curiously/accusingly a. reproachfully; **spojrzeć na coś z obrzydzeniem** to look at sth with disgust; **spojrzeć na kogoś przelotnie** to cast a brief glance at sb; **spojrzeć na kogoś z góry** to look down at sb; **spojrzeć komuś (prosto) w oczy** to look sb in the eyes [2] (rozważyć) to look, to consider; **spojrzeć na coś obiektywnie/krytycznie** to look at sth objectively/critically

[II] spojrzeć się — spoglądać się pot. to look; **spojrzeć się na kogoś** to look at sb;

spojrzeć się za siebie to look behind

■ **spojrzeć śmierci w oczy** to look death in the eye; **spojrzeć w przeszłość** to look back; **spojrzeć w przyszłość** to look ahead

spojrze|nie **[I]** *sv* → **spojrzeć**

[II] *n* [1] (wzrok) look, glance; **pytające/ szydercze ~nie** a questioning/mocking look; **ukradkowe ~nie** a sidelong glance; **rzucić ~nie na kogoś** to glance at sb; **zgromić kogoś ~niem** to give sb a rebuking look; **mówca objął salę ~niem** the speaker glanced around the room; **nasze ~nia skrzyżowały się** our eyes met; **wymieniliśmy ~nia** we exchanged glances [2] (sposób widzenia) look; **nowe/ krytyczne ~nie na coś** a new/critical look at sth

spoko *inter.* pot. cool it! pot.

spokojnie **[I]** *adi. grad.* [1] (bez emocji) *[mówić, patrzeć, reagować, zachowywać się]* quietly, calmly [2] (bez incydentów) uneventfully; **święta minęły ~** the holidays passed uneventfully; **w mieście było ~** the town was calm [3] (monotonnie) calmly, placidly; **rzeka płynęła ~** the river flowed placidly; **muzyka brzmiała ~** the music was tranquil; **poruszała się statecznie i ~** she moved deliberately and calmly

[II] *adv.* (na pewno) easily; **~ zdasz egzaminy** you'll easily pass your exams; **~ zdążysz na pociąg** you'll easily catch your train

[III] *part.* pot. **czekam już tu ~ 10 godzin** I've been waiting here a good ten hours

[IV] *inter.* pot. **tylko ~!** cool it! pot.

spokojniut|ki *adi. dem.* [1] (zrównoważony) *[człowiek, ton]* calm [2] (nieruchomy) *[morze, jezioro]* quiet [3] (stonowany) *[kolor, strój]* subdued

spokojniutko *adv. dem.* very quietly

spokojn|y *adi. grad.* [1] (zrównoważony) *[osoba]* calm; **być ~ym o kogoś/coś** to be confident of sb/sth; **mieć ~ą głowę** to have an easy mind; **~a głowa! damy sobie radę** don't worry! we'll manage [2] (opanowany) *[twarz, głos, ton]* calm; *[charakter, usposobienie]* placid [3] (bez trosk) *[czasy]* peaceful, uneventful; **dom ~ej starości** an old people's home; **wiedli ~y żywot** they led a quiet life [4] (bez incydentów) *[dyskusja, debata, manifestacja]* peaceful [5] (zaciszny) *[ulica, wieś, okolica, las]* quiet; **~e morze** a quiet sea [6] (stonowany) *[kolor, strój, elegancja]* quiet, subdued

spokornia|ły *adi. [osoba]* meek

spokorni|eć *pf* (~eje, ~ał, ~eli) *vt [osoba]* to become meek ⇒ **pokornieć**

spok|ój *m sgt* (G **~oju**) [1] (stan równowagi psychicznej) calmness; (opanowanie) composure; **stoicki ~ój** stoic calmness; **~ój ducha/ sumienia** peace of mind/ease of conscience; **~ój wobec niepowodzeń** calmness in face of failure; **zachować ~ój** to remain calm; **znosić ze ~ojem krzywdy** to suffer wrongs with calmness [2] (spokojne życie) peace; **burzyć czyjś ~ój** to disturb sb's peaceful life [3] (ład publiczny) peace; **demonstracje przebiegały w ~oju** the demonstrations were peaceful; **policja przywróciła ~ój w mieście** the police restored peace in town [4] (cisza) (wsi, miasteczka) quietness; **~ój letniego popołudnia** the quietness of a summer afternoon

■ **dać sobie ~ój z kimś/czymś** to give up on sb/sth, to forget sb/sth; **dać komuś (święty) ~ój** to leave sb alone; **dajcie ~ój! jak tak można?** come on! how can you?; **ta sprawa/zagadka nie daje mi ~oju** this matter/puzzle is haunting me; **sąsiadka nie daje mi ~oju o psa** my neighbour is constantly nagging me about my dog; **modlić się za ~ój czyjejś duszy** Relig. to pray for sb's soul; **niech spoczywa w ~oju** Relig. may s/he rest in peace; **zrobić coś dla świętego ~oju** to do sth for the sake of peace and quiet; **~ój! a. proszę o ~ój!** silence, please!; **tylko ~ój może nas uratować** the most important thing is to keep calm

spokrewni|ony *adi.* [1] (związany pokrewieństwem) related, akin (**z kimś** to sb); **blisko/ daleko ~ony** closely/distantly related; **jesteśmy z nimi ~eni przez dziadka** we're related through our grandfather [2] (mający takie samo pochodzenie) *[rośliny, zwierzęta]* related (**z czymś** to sth); **czy por jest ~ony z cebulą?** is the leek related to the onion?; **języki ~one z sanskrytem** languages related to Sanskrit

spolaryz|ować *pf* **[I]** *vt* [1] Fiz. to bipolarize, to polarize *[elektrody, cząsteczki wody]*; **światło ~owane** polarized light ⇒ **polaryzować** [2] książk., przen. to polarize *[opinię publiczną, scenę polityczną]* ⇒ **polaryzować**

[II] spolaryzować się *[poglądy, wrtości]* to become polarized

spolegliwoś|ć *f sgt* książk. [1] (rzetelność) trustworthiness [2] (uległość) compliance

spolegliw|y *adi.* książk. [1] (godny zaufania) *[osoba]* trustworthy [2] (uległy) *[osoba]* compliant

spoliczk|ować *pf vt* to slap [sb's] face ⇒ **policzkować**

spoloniz|ować *pf* **[I]** *vt* to polonize *[osobę, nazwy]* ⇒ **polonizować**

[II] spolonizować się *[osoba]* to become polonized

spolszczać *impf* → **spolszczyć**

spolszcze|nie **[I]** *sv* → **spolszczyć**

[II] *n* (przekład na język polski) translation into Polish, Polish translation

spolszcz|yć *pf* — **spolszcz|ać** *impf* **[I]** *vt* [1] (spolonizować) to polonize *[ludność]* [2] (przełożyć) to translate [sth] into Polish *[tekst, nazwę]*

[II] spolszczyć się — spolszczać się *[osoba]* to become polonized

społeczeństw|o *n* [1] (ludzie) society; **~o polskie** (ogół Polaków) the Polish people; **~o klasowe/bezklasowe** class/classless society; **~a pierwotne** primeval societies; **ogół ~a** a general public; **wyrzutek ~a** a social outcast; **nauka o ~ie** social studies; **pracować dla ~a** to work for society; **żyć w ~ie** to live in society [2] Zool. society; **~o owadów/mrówek** insect/ant society

społecznie *adv.* [1] *[szkodliwy, nieprzystosowany]* socially [2] **pracować ~** (dla społeczności) to do community service; (bez wynagrodzenia) to work on a voluntary basis

społeczni|k *m*, **~ca** *f* community worker

społecznikostw|o *n sgt* commitment to the community

społecznikows|ki adi. książk. [pasja, inicjatywa] of a community worker; **postawa ~ka** community awareness

społeczno- w wyrazach złożonych socio-; **społecznoekonomiczny** socio-economic; **społecznopolityczny** socio-political

społeczność|ć f książk. community; **~ć szkolna/akademicka** the school/academic community; **~ć żydowska/tatarska** the Jewish/Tartar community; **~ć lokalna** a. **miejscowa** the local community; **~ć wiernych** the community of believers

społeczn|y adi. ① (odnoszący się do społeczeństwa) [klasa, ustrój, przemiany] social; **awans ~y** social advance; **drabina ~a** the social ladder; **pochodzenie ~e** social origins; **pozycja ~a** a social rank; **reformy ~e** social reforms; **świadomość/wrażliwość ~a** social awareness/conscience; **zasady życia ~ego** social code; **zjawisko ~e** a social phenomenon ② (utworzony przez ogół obywateli) [majątek, mienie, fundusz] public; **własność ~a** public property ③ (zaspokajający potrzeby społeczeństwa) [instytucja] social; **opieka ~a** welfare ④ (zbiorowy) [wysiłek] public; **czyn ~y** community action; **interes ~y** public interest; **opinia ~a** public opinion; **zaufanie ~e** public trust; **zapotrzebowanie ~e** public demand ⑤ (utworzony samodzielnie przez ludzi) [organizacja, szkoła] charter; **inicjatywa ~a** a grassroots initiative; **ruch ~y** a grassroots movement

społem adv. przest. (wspólnie) jointly, together

spomiędzy praep. (z dwóch) from between; (z kilku) from among; from the midst of książk.; **~ dwóch kęp trawy** from between two tussocks of grass; **~ drzew** from among the trees; **wybrać dwa ~ nadesłanych listów** to choose two letters from among those sent in

sponad praep. książk. ① (z kierunku) [nadlatywać, zbliżać się] from over; **~ gór wiał mroźny wiatr** an icy wind blew from over the mountains ② (nad) over, above; **spojrzał na nią ~ okularów** he looked at her over (the rim of) his glasses; **~ płotu wystawała czyjaś głowa** someone's head stuck out a. was sticking out above the fence

sponiewiera|ć pf vt (zmaltretować) to manhandle, to treat [sb] badly [osobę]; **~ć czyjąś godność** to violate sb's dignity; **~ni ludzie** ill-treated people ⇒ **poniewierać**

sponso|r m książk. sponsor; **~r imprezy** the sponsor for the event; **mieć/poszukiwać ~ra** to have/look for a sponsor

sponsoring m sgt (G ~u) książk. sponsorship

sponsor|ować impf vt to sponsor [imprezę, artystę]

spontanicznie adv. [reagować, śmiać się, zachowywać się] spontaneously

spontaniczność|ć f sgt spontaneity

spontaniczn|y adi. [osoba, zachowanie, oklaski] spontaneous; **~e wystąpienie** an off-the-cuff speech

spopielać impf → spopielić

spopiela|ły adi. ① (zamieniony w popiół) [kości, mumia] turned to ashes ② (mający barwę popiołu) [włosy] bleached, ashen

spopiel|eć pf (~ał) vi ① (zamienić się w popiół) [żar] to burn to ashes ② (przybrać barwę popiołu) [twarz] to turn ashen

spopiel|ić pf — **spopiel|ać** impf Ⅱ vt ① (zmienić w popiół) to reduce [sth] to ashes [drzewa, zabudowania, węgiel]; **~one ciała zmarłych** cremated bodies of the dead ② (nadać barwę popiołu) [słońce] to bleach [ziemię, trawę]

Ⅲ **spopielić się — spopielać się** [węgiel] to burn to ashes

spopularyz|ować pf Ⅱ vt to popularize [teorię, wynalazek]; to bring [sth] into general use [termin, wyrażenie] ⇒ **popularyzować**

Ⅲ **spopularyzować się** [książka, piosenka] to become popular ⇒ **popularyzować się**

sporadycznie adv. [występować, używać, telefonować] occasionally, sporadically

sporadyczność|ć f sgt (zjawiska) occasionality

sporadyczn|y adi. [wypadek, wizyta] occasional; [kłótnia] sporadic; **wystąpią ~e opady śniegu** there will be occasional snowfalls

sporaw|y adi. pot. [paczka, porcja] relatively big; **dzieci są już ~e** the children are quite big

sporn|y adi. ① [definicja, kryterium, rola] arguable, disputable; **kwestia ~a** a controversial a. contentious issue; **punkt ~y** a moot point ② [osoba] litigious

sporo Ⅱ pron. (z policzalnymi) quite a lot, a good many (czegoś of sth); (z niepoliczalnymi) quite a lot, a good deal (czegoś of sth); **~ pieniędzy** quite a lot a. a good deal of money; **~ ludzi** quite a lot of a. a good many people; **masz ~ racji, ale...** there's a good deal a. quite a lot (of truth/sense) in what you say, but...

Ⅲ adv. quite a lot, a good deal; **~ podróżował** he travelled quite a lot, he did a fair amount of travelling

spor|t m (G ~tu) sport C/U; **~t amatorski/wyczynowy** amateur/professional sport; **~ty wodne/zimowe** water/winter sports; **interesować się ~tem** to be keen on sport; **uprawiać ~t** to practise GB a. practice US sport

❑ **~t kwalifikowany** Sport championship sports; **~t rekreacyjny** Sport recreational sports; **~ty ekstremalne** Sport extreme sports

■ **robić coś dla ~tu** pot. to do sth for the fun of it pot. a. for sport

sportow|iec m athlete, sportsperson; (mężczyzna) sportsman; (kobieta) sportwoman

sportowo Ⅱ adv. [ubierać się] casually; **nie zachowałeś się ~** you didn't behave sportingly

Ⅲ **na sportowo** pot. ubierać się na ~ to dress casually

sportow|y adi. ① [klub, boisko, samochód, dziennikarz] sports attr.; **komentator ~y** a sportscaster, a sports commentator; **strój ~y** sportswear; **duch ~y** sportsmanship ② [ubranie] casual; **po ~emu** pot. [zachować się] sportingly; [ubierać się] casually

sportret|ować pf vt ① książk. (sporządzić portret) to portray, to paint a. make a portrait of [osobę] ⇒ **portretować** ② przen. (przedsta-

wić) to portray [osobę, środowisko] ⇒ **portretować**

sportsmen m książk. sportsman

sportsmen|ka f książk. sportswoman

spo|ry adi. [zainteresowanie, ilość] considerable; [drzewo, ogród, sypialnia] fair-sized, decent-sized; **zaoszczędził ~rą sumkę** he saved up a tidy sum; **miała ~rą pensję** she earned a respectable salary; **do nich jest ~ry kawał drogi** they live quite a long way away

sporysz m (G ~u) Bot. ergot

sporyszow|y adi. [zaraza, leki] ergot attr.

sporządni|eć pf (~eję, ~ał, ~eli) vi to mend one's ways; **~ał w nowym środowisku** he mended his ways in his new surroundings

sporządzać impf → sporządzić

sporzą|dzić pf — **sporzą|dzać** impf vt książk. to make out, to compile [wykaz, listę]; **~dzić testament** to make one's will; **~dzić kopię dokumentu** to duplicate a document

sposępnia|ły adi. gloomy, saddened

sposępni|eć pf (~eję, ~ał, ~eli) vi to turn gloomy, to gloom; **~ał na tę wiadomość** his spirits sank at the news ⇒ **posępnieć**

spos|obić impf przest. Ⅱ vt ① (przygotowywać) to prepare; **~obić się do zrobienia czegoś** to gear oneself up to do sth; **~obić dom na przyjęcie gości** to get the house ready for the guests ② (uczyć) to prepare; **~obić uczniów do egzaminu** to prepare pupils for the exam

Ⅲ **sposobić się** ① (przygotowywać się) to get ready, to gear up; **~obić się do drogi** to get ready for the journey ② (uczyć się) to prepare oneself; **~obić się do egzaminu** to get ready for the exam, to prepare oneself for the exam

sposobność|ć f opportunity, chance; **przy tej ~ci** on that occasion; **przy pierwszej ~ci** at one's earliest convenience; **stracić ~ć ucieczki** to miss the opportunity to escape; **porozmawiam z nim, kiedy tylko nadarzy się ~ć** I'll talk to him as soon as I have the opportunity; **żałuję, że ominęła mnie ~ć porozmawiania z nim** I wish I hadn't missed the opportunity to talk to him; **dokuczała mu przy każdej ~ci** she teased him at every opportunity; **zajdziemy kiedyś do was przy ~ci** we'll call on you when we're round your way

spos|ób m (G ~obu) ① (metoda, styl) way; **~ób ubierania się** a way of dressing; **~ób mówienia** a manner of speaking; **~ób odżywiania się** eating habits; **~ób myślenia** a. **rozumowania** a line of thought; **~ób wyrażania się** a turn of phrase; **~ób działania** a modus operandi; **w dziwny/brutalny ~ób** in a strange/brutal fashion a. manner a. way; **zrób to w ten ~ób** do it this/that way; **w jaki ~ób mam to zrobić?** which way shall I do it?; **robić coś we właściwy/niewłaściwy ~ób** to do sth the right/wrong way; **na swój ~ób to mili ludzie** they're nice people in their own way ② (możliwość) [ratunku] way; **nie ma lepszego ~obu na zabicie nudy, niż...** what better way to overcome boredom than to...; **ten napar to wypróbowany ~ób**

S

przeciw bólom this herbal infusion is a well-tried way to relieve pain

❏ **~ób artykulacji** Jęz. manner of articulation; **~ób bycia** manner, bearing; **swobodny ~ób bycia** an easy manner

■ **wziąć się na ~ób** to resort to a trick; **chwytać się wszelkich ~obów** to grasp at straws; **zrobiony domowym ~obem** home-made; **jakim ~obem** how come; **znaleźć ~ób (na kogoś/coś)** to find a way to deal with sb/sth; **takim czy innym ~obem** by hook or by crook; **w jakiś ~ób** a. **jakimś ~obem** somehow or other; **w pewien ~ób** in some way; **był w pewien ~ób rad, że...** in a way he was pleased that...; **w żaden ~ób** a. **żadnym ~obem** in no way; **żadnym ~obem nie udało mi się dowiedzieć czegoś o jej życiu** I could find no way to discover anything about her life

spospolici|eć pf (~**eję**, ~**ał**, ~**eli**) vi książk. to grow stale; **rozrywki mu/jej ~ały** the novelty of the amusements wore off for him/her; **piękne widoki szybko jej ~ały** she began to take beautiful views for granted ⇒ **pospolicieć**

spospolit|ować się pf v refl. książk. to fraternize (**z kimś** with sb); to become overfamiliar (**z kimś** with sb); **~ował się ze służbą** he became overfamiliar to a. with his servants; **~ował się zbytnio z podwładnymi** he fraternized with the staff too much ⇒ **pospolitować się**

spospolitowan|y adi. overfamiliar; **temat dość ~y: rywalizacja ojca i syna o kobietę** a familiar theme of the rivalry between father and son over a woman

spostpon|ować pf vt książk. to slight; **~ował go przy obcych** he slighted him in front of strangers; **czuł się ~owany** he felt slighted ⇒ **postponować**

spostrze|c pf — **spostrze|gać** impf (~**gę**, ~**żesz**, ~**że**, ~**gł**, ~**gła**, ~**gli** ~**gam**) ❚ vt 1 (zauważyć) to spot, to notice; to catch sight (**kogoś/coś** of sb/sth); **~gł w tłumie znajomego** he caught sight of a. spotted a. noticed an acquaintance in the crowd 2 (zorientować się) to realize; **~c, że...** to become aware of the fact that...; **~gła, że zrobiła mu przykrość** she realized that she had been unkind to him

❚❚ **spostrzec się** — **spostrzegać się** (zorientować się) to realize; **zanim się człowiek** ~ before you know where you are; **nie ~gł się, że zapadł zmrok** he hadn't noticed that dusk had fallen

spostrzegać impf → **spostrzec**

spostrzegawczoś|ć f sgt perceptiveness; **człowiek obdarzony niezwykłą ~cią** a man with enormous powers of observation; **ćwiczyć ~ć** to hone one's powers of observation; **wyrabiać ~ć** to improve a. hone one's powers of observation

spostrzegawcz|y adi. perceptive, observant; **ta dziewczynka jest wyjątkowo ~a jak na swój wiek** for her age the little girl is very perceptive; **jesteś mało ~y** you are unobservant, you have no powers of observation; **jest bardzo ~y, skoro zauważył różnicę** it was very observant of him to notice the difference; **ta praca osłabiła**

mój zmysł ~y this work has weakened my powers of observation

spostrzeże|nie ❚ sv → **spostrzec**

❚❚ n observation; **książka pełna (niezwykle) trafnych ~ń** a book full of remarkable insights; **poczynić ~nie** to make an observation; **podzielił się ze mną swoimi ~niami na temat nowego szefa** he shared with me his observations on a. about the new boss

spośród praep. 1 (z grupy) from among, out of; **trzech ~ wymienionych wyżej pisarzy** three of the above-mentioned writers 2 (z miejsca) out of; from the midst of książk.; **~ drzew** out of a. from among the trees; **wyłonić się ~ dymu i płomieni** to appear out of the smoke and flames

spotęg|ować pf ❚ vt (wzmocnić) to heighten, to enhance; **~owane uczucie niechęci** a growing feeling of resentment; **wiatr ~ował wrażenie zimna** the wind made it feel colder

❚❚ **spotęgować się** to intensify; **ból się ~ował** the pain intensified ⇒ **potęgować się**

spotężnia|ły adi. magnified; **~ły huk wodospadu** the magnified roar of the falls

spotężni|eć pf (~**eję**, ~**ał**, ~**eli**) vi 1 (nabrać intensywności) to intensify; **huk wzburzonego morza ~ał** the roar of the rough sea intensified ⇒ **potężnieć** 2 (stać się silniejszym i większym) **chłopiec urósł i ~ał** the boy's grown up into a fine figure of a man

spot|kać pf — **spot|ykać** impf ❚ vt 1 (zobaczyć się) to meet; **~kać znajomego/kolegę** to meet a friend/colleague; **~kać kogoś na ulicy/w teatrze** to chance (up)on sb in the street/in the theatre 2 (zaznajomić się) to meet; **~kała w swoim życiu wielu interesujących ludzi** during a. in the course of her life she met many interesting people 3 (zdarzyć się) **~kało go nieszczęście** he met with misfortune; a misfortune has befallen him książk.; **~kała go kara** he was punished; **~kał ich afront** they were slighted; **~kało ich dobre przyjęcie** they were well received; **~kało ich złe przyjęcie ze strony ministra** they got a cool reception from the minister

❚❚ **spotkać się** — **spotykać się** 1 (zejść się) to meet (**z kimś** with sb); **~kać się po latach** to meet years later; **~kał się z delegacją/kolegami** he met with the delegation/his colleagues; **~kali się w barze** they met in a bar; **komitet ~ka się jutro** the committee will meet tomorrow; **~kali się przypadkowo na ulicy** they met each other by chance in the street 2 (być obiektem reakcji) to meet (**z czymś** with sth); **~kać się z uznaniem/krytyką** to meet with approval/criticism; **~kać się z odmową ze strony kogoś** to meet with a refusal from sb; **~kać się z ciepłym/dobrym przyjęciem** to be warmly/well received 3 przen. (schodzić się) to meet; **w tym miejscu szlak ~yka się z główną drogą** here the route meets the main road; **nasze ręce się ~kały** our hands met

❚❚❚ **spotykać się** (umawiać się na randki) [chłopak, dziewczyna] to rendezvous; **~ykają**

się już od roku they've been going out together for a year

■ **nasze oczy** a. **spojrzenia ~kały się** our eyes met; **jej oczy ~kały się z jego oczami** a. **jej spojrzenie ~kało się z jego spojrzeniem** her eyes met his; **~kać się z kimś twarzą w twarz** a. **oko w oko** to come face to face a. eye to eye with sb

spotka|nie ❚ sv → **spotkać**

❚❚ n 1 (kontakt) meeting; **przypadkowe ~nie** a chance encounter; **wyjść komuś na ~nie** to go out to meet sb; **mam umówione ~nie, muszę już iść** I've arranged a meeting with somebody, I have to go; I have an appointment, I must go now; **mieliśmy małe ~nie** we had a bit of a get-together; **u szefa odbywa się ~nie z zarządem** there is a board meeting in the boss's office; **nie lubię ~ń towarzyskich** I don't like social gatherings 2 (mecz dwóch drużyn) match, meeting; **rozegrać ciekawe i emocjonujące ~nie** to play an interesting and exciting match

■ **wyjść na ~nie kogoś/czegoś** to meet sb/sth half way

spotnia|ły adi. 1 (pokryty potem) [ręce, czoło, twarz] sweaty 2 (pokryty parą wodną) [szyba, okulary] steamy

spotni|eć pf (~**eję**, ~**ał**, ~**eli**) vi 1 (pokryć się potem) to perspire, to sweat; **czoło mu ~ało** sweat broke out on his brow; **~ał ze strachu** he was sweating with fear ⇒ **potnieć** 2 przen. (pokryć się parą) to mist over, to get covered by steam; **lustro w łazience ~ało** the mirror in the bathroom misted over ⇒ **potnieć**

spotulni|eć pf (~**eję**, ~**ał**, ~**eli**) vi to become docile, to become meek(er); **~ał po dwóch latach więzienia** he had come down a peg or two after two years in prison pot. ⇒ **potulnieć**

spotykać impf → **spotkać**

spoufalać impf → **spoufalić**

spoufal|ić pf — **spoufal|ić** impf ❚ vt to fraternize (**kogoś** with sb); **~ić podwładnych/uczniów** to fraternize with the staff/one's pupils

❚❚ **spoufalić się** — **spoufalać się** to fraternize (**z kimś** with sb); **nie lubił ~ać się z podwładnymi** he didn't like to be overfamiliar with his staff

spoufal|ony adi. chummy pot.; **był ~ony z szefem** he was chummy with the boss

spowalniać impf → **spowolnić**

spoważni|eć pf (~**eję**, ~**ał**, ~**eli**) vi [młodzież, twarz] to grow (more) serious; **z wiekiem ~ał** he grew (more) serious with age ⇒ **poważnieć**

spowiada|ć impf ❚ vt 1 Relig. (słuchać wyznania grzechów) to confess, to hear [sb's] confession; **księża ~li dzieci** the priests confessed the children, the priests were hearing the children's confessions; **~nie wiernych jest obowiązkiem każdego księdza** hearing the confessions of the faithful is every priest's duty ⇒ **wyspowiadać** 2 (żądać wyjaśnienia) to grill; to give [sb] the third degree pot.; **matka ~da go za każdym razem, gdy ten wraca późno do domu** his mother gives him the third degree whenever he comes home late

Ⅲ spowiadać się 1 Relig. (wyznawać grzechy) to confess, to go to confession; **~ć się (księdzu) ze swoich grzechów** to confess one's sins (to the priest); **wierni ~ją się przy konfesjonale** the faithful confess their sins in the confessional ⇒ **wyspowiadać się** 2 (zwierzać się) to confide *vt* (komuś to a. in sb); **przy każdym spotkaniu ~ła mi się ze swoich kłopotów** whenever we met she confided her problems to me ⇒ **wyspowiadać się** 3 (być zmuszonym do wyjaśnień) to give a report; **po powrocie z delegacji musiał się ~ć żonie ze wszystkiego, co robił** after his business trip he had to give a report on every detail to his wife ⇒ **wyspowiadać się**

spowi|ć *pf* — **spowi|jać** *impf* (~ję ~jam) Ⅱ *vt* książk. 1 (zakrywać dokładnie) to envelop; **dziecko ~te w pieluszki** a baby swathed in nappies 2 przen. to envelop; **mgła ~ła miasto** the city was enveloped in fog

Ⅲ spowić się — **spowijać się** 1 (owinąć samego siebie) to envelop oneself; **~ć się w jedwabie** to envelop oneself in silks; **~ć się w futra** to wrap oneself in furs 2 przen. (zostać okrytym) to become enveloped; **miasto ~ło się w ciemność** the town was blanketed a. enveloped in darkness

spowiedni|k *m* Relig. confessor

spowie|dź *f* Relig. confession; **~dź powszechna** general confession; **tajemnica ~dzi** the seal of confession; **chodzić do ~dzi** to go to confession; **wysłuchać ~dzi** to hear confessions

■ **wyznać coś jak (księdzu) na (świętej) spowiedzi** to make a clean breast of sth

spowijać *impf* → **spowić**

spowinowacać się *impf* → **spowinowacić się**

spowinowa|cić się *pf* — **spowinowa|cać się** *v refl.* to become related by marriage (z kimś to sb)

spowinowac|ony *adi.* (distantly) related (z kimś to sb)

spowod|ować *pf vt* to cause [wypadek, zamieszanie]; to provoke [kryzys, skargi]; to bring about [zmiany, śmierć]; to occasion książk. [wizytę, telefon]; to produce [reakcje, radość, złość]; to trigger [sth] off, to trigger off [ból głowy, areszt]; **trzęsienie ziemi ~owało powódź** the earthquake caused floods; **trzęsienie ziemi ~owało ogromne straty** the earthquake took a heavy toll; **strajk na kolei ~ował chaos** the railway strike brought chaos ⇒ **powodować**

spow|olnić *pf* — **spow|alniać** *impf vt* to slow down, to inhibit; **~olnienie gospodarki** a slow down in the economy; **w tym roku upały ~olniły wegetację roślin** a heat wave inhibited vegetation this year

spowszednia|ły *adi.* [rozrywki, krajobraz] commonplace

spowszedni|eć *pf* (~eję, ~ał, ~eli) *vi* to lose the charm of novelty, to grow stale; **wszystko mu ~ało** he took a jaded view of everything; **~ał mi krajobraz górski** the mountain landscape has lost its charm a. attraction for me ⇒ **powszednieć**

---

spoza *praep.* 1 (nie należący) from outside; **studenci ~ Polski** students from outside Poland; **przyjaciółka ~ szkoły** a friend from outside school; **posłowie ~ koalicji** deputies from outside the coalition 2 książk. (zza przedmiotu) from behind; (zza przestrzeni) from beyond; **~ chmur/płotu** from behind the clouds/fence; **~ lasu** from beyond the forest; **~ zakrętu wyjechało auto** a car came around the bend

spoziera|ć *impf vi* książk. to glance; **~ł ukradkiem na zegarek** he glanced furtively at his watch

spożyci|e Ⅱ *sv* → **spożyć**

Ⅲ *n sgt* consumption, intake; **wysokie ~e cukru** a high sugar intake; **dzienne ~e kalorii** a daily intake of calories; **data przydatności do ~a** the use-by date, the expiry date; **ograniczać ~e alkoholu/tytoniu** to reduce alcohol/tobacco consumption; **~e energii elektrycznej z roku na rok wzrasta** energy consumption is growing with every passing year

spoży|ć *pf* — **spoży|wać** *impf* (~ję ~wam) *vt* książk. to eat, to consume [posiłek, obiad]; to drink, to consume [alkohol]

spożytk|ować *pf* — **spożytk|owywać** *impf vt* to use (up), to exploit; **~ować zasoby naturalne** to exploit natural resources; **dobrze ~ować czas wolny** to make the best use of one's leisure; **najkorzystniej ~ować swoje zdolności** to make the most of one's abilities; **umieć ~ować swoje talenty/zdolności** to know how to use one's talents/abilities; **niewłaściwie ~ował swoje talenty** he misused his talents

spożytkowywać *impf* → **spożytkować**

spożywać *impf* → **spożyć**

spożywcz|y Ⅱ *adi.* food *attr.*, foodstuff *attr.*; **artykuły ~e** foodstuffs; **hurtownia ~a** a wholesaler of foodstuffs, a foodstuff warehouse; **przemysł ~y** food industry; **przetwórstwo ~e** food processing

Ⅲ *m* pot. (sklep) grocery; **wyskoczę do ~ego, żeby kupić masło** I'll pop out to the grocer's (shop) a. grocery to get some butter

sp|ód *m* (G spodu) 1 (dno) base, bottom, underside; **na spodzie** at the bottom; **spod spodu** from underneath; **spod spodu wyciągnęła dwa prześcieradła** from underneath she took out two sheets; **pod spodem** (najniżej) at the bottom; (na ciele) underneath; **nie miała niczego pod spodem** she had nothing on underneath; **pod spód** (najniżej) underneath; **wsunęła pamiętnik pod spód szafy** she put her diary under the wardrobe; (na ciało) underneath; **jest zimno, włóż kamizelkę pod spód** it's cold, put on a vest underneath; **u spodu** at the bottom; **spodnie były postrzępione u spodu** the trousers were frayed at the bottom 2 (dolna część) bottom; **spód bezowy** a meringue shell; **spód kołdry podarł się w pralce** the bottom of the duvet got torn in the washing machine 3 (część bielizny damskiej) petticoat; **koronkowa suknia na atłasowym spodzie** a lace dress lined with satin, a lace dress with a satin lining

---

■ **wąchać kwiatki od spodu** to push up the daisies

spódnic|a *f* skirt; **szeroka/długa/prosta ~a** a full/long/straight skirt; **~a portfelowa** a wrapover skirt, a wrap-around skirt

■ **policjant** a. **żandarm w ~y** female despot; **trzymać się czyjejś ~cy** to be tied to sb's apron strings

spódnicz|ka *f* 1 *dem.* skirt 2 pot., żart. (kobieta) skirt; **latać/oglądać się za ~kami** to go after/look out for a bit of skirt

spójni|a *f* książk. bond; **dzieci są ważną ~ą między rodzicami** children forge a bond between their parents, children cement the bond between their parents

spójnie *adv. grad.* książk. coherently, cohesively; **jego wypowiedź brzmiała ~ i przekonywująco** what he said was coherent and convincing

spójnik *m* Jęz. conjunction

❑ **~ łączny** Jęz. copulative conjunction; **~ podrzędny** Jęz. subordinate conjunction; **~ przeciwstawny** Jęz. adversative conjunction; **~ rozłączny** Jęz. disjunctive conjunction; **~ współrzędny** coordinating conjunction; **~ wynikowy** consecutive conjunction

spójnikow|y *adi.* Jęz. conjunctive

spójnoś|ć *f sgt* 1 (ścisła łączność) cohesion; **twojemu wypracowaniu brak ~ci** your essay lacks coherence 2 Fiz. cohesion; **wietrzenie powoduje rozluźnienie się ~ci cząstek skały** weathering affects the cohesion of rock particles

spójn|y *adi. grad.* [powierzchnia, substancja] cohesive; [rozumowanie, teoria] consistent, coherent

spółdzielc|a *m* member of a cooperative

spółdzielczoś|ć *f sgt* cooperative movement

spółdzielcz|y *adi.* cooperative, collective

spółdzielni|a *f* (Gpl ~) cooperative

❑ **~a lokatorska** housing association; **~a własnościowa** private housing association

spółgłos|ka *f* Jęz. consonant

❑ **~ka dwuwargowa** bilabial consonant; **~ka dźwięczna** voiced consonant; **~ka ejektywna** ejective consonant; **~ka eksplozywna** plosive consonant, explosive consonant; **~ka emfatyczna** emphatic consonant; **~ki bezdźwięczne** voiceless consonants; **~ki miękkopodniebienne** a. **tylnojęzykowe** velar consonants; **~ki półotwarte** a. **sonorne** sonorants; **~ki syczące** hissing consonants; **~ki szczelinowe** fricative consonants; **~ki miękkie** a. **średniojęzykowe** a. **środkowojęzykowe** soft a. palatal consonants; **~ki zwartoszczelinowe** affricates

spółgłoskow|y *adi.* consonantal

spół|ka company, partnership

❑ **~ka akcyjna** joint-stock company, public company; **~ka z ograniczoną odpowiedzialnością** limited liability company

■ **do ~ki (z kimś)** together (with sb), in a joint effort (with sb); **do ~ki z bratem posprzątał całe mieszkanie** he and his brother have together cleaned the whole appartment; **na ~kę** przest. jointly, together; **wejść do ~ki** to enter a. go into partnership

spółk|ować *impf vi* to copulate

sp|ór *m* (*G* **sporu**) dispute, argument; **spór pracowniczy** an industrial dispute; **przedmiot sporu** a bone of contention; **spory graniczne/międzynarodowe** border/international disputes; **spór słowny/prawny dotyczący czegoś** a verbal/legal tussle about sth; **toczyć z kimś spór** to have a dispute with sb; **wszcząć z kimś spór** to enter into a dispute with sb, to start a feud with sb; **wywołać namiętny spór** to provoke a heated argument; **rozstrzygnąć spór** to settle a. arbitrate a dispute; **rozgorzał spór** the dispute flared up; **toczyli zacięty** a. **zażarty spór na temat...** they had a bitter argument a. feud over a. about...; **być przedmiotem sporu** Prawo to be the subject of litigation

spóźniać się[1] *impf* → **spóźnić się**

spóźnia|ć się[2] *impf v refl.* [zegar] to be slow; **mój budzik ~ się o 10 minut** my alarm clock is 10 minutes slow

spóźnials|ki *m*, **~ka** *f* (*Gpl* **~kich**, **~kich**) pot. latecomer

spóźni|ć się *pf* — **spóźni|ać się**[1] *impf v refl.* to be late; **~ać się do pracy/teatru** to be late for work/the theatre; **~ć się na pociąg** to miss the train, to be late for the train; **z powodu wypadku pociąg ~ł się** the accident made the train late; **pociąg znowu się ~ł** the train has been delayed again; **obiad ~ał się** dinner was getting late; **nie wypada się ~ć** it doesn't do to be late; **~ł się z płatnościami** he got behind with his payments

spóźnie|nie[1] *sv* → **spóźnić się**
[2] *n* [1] (niepunktualne przybycie) lateness; **przepraszam za ~nie** I'm sorry I'm late; **wyleciał z pracy za zbyt częste ~nia** he was fired for being late too often; **nasz pociąg ma ponad dwugodzinne ~nie** our train has been delayed by over two hours [2] (niewykonanie w porę) delay; **musi nadrobić dwudniowe ~nie** he has to make up for the two-day delay

spóźni|ony *adi.* [1] (przybyły za późno) late, delayed; **na peron drugi wjeżdża ~ony pociąg z Zakopanego** the delayed train from Zakopane is arriving at platform two; **jestem już ~ony na ważne spotkanie** I'm already late for an important meeting; [2] przen. **jest ~ona w stosunku do swoich kolegów z klasy o ponad rok** she's over a year behind her classmates [3] (wykonany z opóźnieniem) belated, tardy; **przesyłamy wam ~one życzenia z okazji rocznicy ślubu** please accept our belated greetings on your wedding anniversary

sprac|ować się *pf v refl.* to exhaust oneself; to work one's fingers to the bone pot.

spracowan|y *adi.* [1] (zmęczony pracą) [matka, górnik] tired-out, work-worn [2] (świadczący o wykonywaniu ciężkiej pracy) [ręce] toilworn, work-worn

sp|rać[1] *pf* — **sp|ierać** *impf* (**spiorę** — **spieram**) *impf* [1] *vt* (usunąć brud, kolor) to wash out a. off; **stary, sprany fartuszek** an old, washed out apron
[2] **sprać się** — **spierać się** [1] (o brudzie) to wash off; **ta plama nie chce się sprać** the stain won't wash off [2] [kolor] to wash out

sp|rać[2] *pf* (**spiorę**) *vt* pot. (zbić) to tan, to thrash
■ **sprać komuś pysk** a. **mordę** a. **gębę** to punch sb in the face

spragni|ony *adi.* [1] (odczuwający pragnienie) thirsty; **byli głodni i ~eni** they were hungry and thirsty [2] (żądny) craving (**czegoś** for sth); yearning (**czegoś** for sth); **~ony wiedzy** thirsty a. craving for knowledge; **każde dziecko jest ~one czułości** every child yearns for tenderness

spras|ować *pf* — **spras|owywać** *impf vt* (spłaszczyć pod ciężarem) to press; **~owywać bawełnę w bele** to press cotton into bales

sprasowywać *impf* → **sprasować**

spraszać *impf* → **sprosić**

spraw|a *f* [1] (fakt, wydarzenie) matter; **~y handlowe/finansowe** business/money matters; **chodzić koło swoich ~** to mind one's own business; **mieszać się** a. **wtrącać się do cudzych** a. **nieswoich ~** to interfere in sb's affairs; **wtrącać się do ~ małżeńskich** to interfere between husband and wife; **wywlekać jakieś ~y** to drag things up; **mieć ważne ~y do omówienia** to have important matters to discuss; **posunąć ~ę naprzód** to make progress with things; **zapomnieć o ~ie** to let the matter drop; **ruszyć ~ę z miejsca** to get things going; **zgłoś tę ~ę na policję** pot. report the matter to the police; **~ą zajmuje się policja** the police are dealing with the matter; **~a ucichła** nothing more was heard about the matter; **~a przybrała inny obrót** the tide turned; **to zupełnie inna ~a** it's a different kettle of fish; **to beznadziejna ~a** it's a losing battle; **~a się komplikuje** the plot thickens; **Ministerstwo Spraw Zagranicznych/Wewnętrznych** the Ministry of Foreign/Internal Affairs [2] (rzecz do załatwienia) errand, business; **~a służbowa** a business matter; **~a niecierpiąca zwłoki** a matter of great urgency; **mieć kilka ~ do załatwienia** to have some errands to do a. to run; **wyjechał w ważnych ~ach** he's away on important business; **zająć się swoimi ~ami** to go about one's business; **uporządkować swoje ~y** to put one's affairs in order [3] książk. (wzniosły cel) cause; **w słusznej ~ie** for a. in a good cause; **dla dobra ~y** all in good cause; **przyłączyć się do kogoś dla wspólnej ~y** to make common cause with sb; **poświęcić życie dla ~y** to sacrifice one's life for the cause [4] Prawo case, cause; **głośna ~a** a cause célèbre; **~a o ustalenie ojcostwa** a paternity suit; **~a cywilna/kryminalna/rozwodowa** a civil/criminal/divorce case; **~a o morderstwo** a murder case; **~a Kowalskiego** the Kowalski case; **wygrać ~ę** to win one's case; **przegrać ~ę** to lose a case; **czy ~a zakończyła się w sądzie?** did the case come to court?; **~a jest zamknięta** the case is closed; **jego ~a jutro wchodzi na wokandę** his case comes up tomorrow
❑ **~a honorowa** matter a. affair of honour
■ **godny lepszej ~y** worthy of a better cause; **~a otwarta** open question; **~a sumienia** matter of conscience; **~a życia i śmierci** matter of life a. and death; **~y sercowe** affairs of the heart; **brudna** a. **ciemna** a. **nieczysta ~a** shady business; **gorsza ~a, że...** what makes the matter worse...; **i ~a skończona** a. **załatwiona** and that's that; **inna ~a, że...** on the other hand, ...; **zobaczmy, jak ~a stoi** let's see where we stand, let's see where matters stand; **na dobrą ~ę** to all intents and purposes; **pokpić ~ę** to botch the job, to make a hash of it; **poruszyć** a. **podnieść jakąś ~ę** to raise a matter; **przesądzać ~ę** to put a lid on it, to sort it out; **przybić** a. **ubić ~ę** to settle the matter once and for all; **śliska ~a** hot potato; **śmierdząca ~a** can of worms; **to ~a dwóch, trzech dni/kilku tygodni** it's a matter of two, three days/of a few weeks; **to moja/twoja ~a** it's my/your business; **trudna** a. **niełatwa z nim/nią ~a** he/she is a difficult person; **wziąć ~ę w swoje (własne) ręce** to take the matter into one's own hands; **zdawać sobie ~ę, że...** to realize that...; **zdawał sobie ~ę z ryzyka, jakie podjął** he realized how risky his decision was

spraw|ca *m*, **~czyni** *f* [1] (obwiniony) perpetrator; **~ca wykroczenia** an offender; **policja szuka ~cy tego zuchwałego rabunku** the police are looking for the perpetrator of that audacious robbery [2] daw. (twórca) creator, originator

sprawcz|y *adi.* causative; **moc ~a** the prime mover

sprawdzać *impf* → **sprawdzić**

sprawdzalnoś|ć *f sgt* verifiability; **~ć prognoz meteorologicznych** the (accuracy and) reliability of weather forecasts

sprawdzaln|y *adi.* [fakt, hipoteza, skutek] verifiable; **w swoim rozumowaniu opierał się na ~ych faktach** his reasoning was based on ascertainable a. verifiable facts

sprawdzian *m* (*G* **~u**) [1] (sposób skontrolowania) test, trial; **wspólne mieszkanie będzie ~em ich miłości** sharing a flat will be a test of their love [2] środ., Szkol. (klasówka) (class) test; **ze ~u z matematyki dostanę chyba jedynkę** I'll probably fail the maths test [3] Techn. gauge; **~ pierścieniowy/szczękowy/tłoczkowy** a ring/plug/snap gauge

spraw|dzić *pf* — **spraw|dzać** *impf* [1] *vt* (zbadać) to test [poziom inteligencji, znajomość angielskiego]; to check [bilety, mechanizm, urządzenie]; **~dzili jego znajomość aktualnej problematyki** they checked him on his knowledge of current affairs; **~dzać, czy stan pacjenta poprawia się** to check a patient's progress; **~dzać zawartość paczki** to check out the contents of the parcel; **~dzili, czy w hotelu nie ma bomby/nie ulatnia się gaz** they checked the hotel for bombs/gas leaks; **kandydat do tej pracy został ~dzony przez służby specjalne** the candidate for the job was screened a. vetted GB by the special services; **po ~dzeniu uznano, że może pracować w służbie państwowej** he has been vetted for the Civil Service; **warto by ~dzić, czy...** it's worth investigating whether...
[2] **sprawdzić się** — **sprawdzać się** [1] (spełnić się) to come true; **niektóre jego przepowiednie ~dziły się** some of his

predictions came true; **jej oczekiwania nie ~dziły się** her expectations failed to materialize; **nasze nadzieje nie ~dziły się** our hopes failed to materialize 2 (okazać się przydatnym) **~dzić się jako nauczyciel/ opiekunka do dzieci** to turn out to be a good teacher/baby sitter 3 (okazać się sprawnym) [urządzenie, samochód] to perform well; **~dził się jako mężczyzna** he performed nicely euf., pot.; **ta metoda/hipoteza ~dza się** the method/hypothesis works

sprawdz|ony adi. 1 (niezawodny) [kompetencje, solidność] proven; [pracownik, kadra, wspólnik] reliable; [fakty, informacje] hard 2 (skuteczny) [lekarstwo, metoda] well-tried

sprawiać impf → sprawić

spraw|ić pf — **spraw|iać** impf [] vt 1 (być przyczyną) to cause; **~ić komuś ból** to distress sb; **~ić komuś radość** to please sb; **~ić komuś kłopot** to inconvenience sb, to put sb to trouble; **nie ~i mi to żadnego kłopotu** it's no trouble at all; **~iać (komuś) trudności** to be difficult for sb; **matematyka ~iała mu trudności w szkole** he had problems with maths at school; **wiosna ~iła, że poczuł się lepiej** the spring made him feel better 2 książk. (kupować) to buy **~ić sobie futro** to get oneself a fur coat 3 (przygotować) to dress [drób, ryby, zwierzynę]

[] **sprawić się — sprawiać się** (działać, funkcjonować) to behave; **jak się ~ia ten nowy goniec?** how is the new messenger boy doing?; **~ się dobrze!** do your best!; **samochód ~iał się dobrze od samego początku** the car did a. was doing well from the very beginning

■ **los/przypadek ~ił, że...** by coincidence...; **~iał wrażenie zmęczonego/zadowolonego** he gave the impression of being tired/contented, he looked tired/contented; **~ić komuś lanie** a. **baty** a. **cięgi** pot. to beat the living daylights out of sb pot., to wipe the floor with sb pot.

sprawiedliwie adv. grad. justly, fairly

sprawiedliwoś|ć f sgt 1 (prawość w osądzaniu) justice; **domagać się** a. **dochodzić** a. **szukać ~ci** to seek justice 2 (sądownictwo) justice

❑ **~ć społeczna** social justice

■ **~ci stało się zadość** justice has been done; **oddać komuś/czemuś ~ć** to do sb/ sth justice; **po ~ci** pot. in all justice, in all fairness; **po ~ci, powinien za ten czyn siedzieć w więzieniu** in all justice, he should go to jail for that; **ręka** a. **ramię ~ci** the long arm of the law; **tego zbrodniarza dosięgnie niedługo ramię ~ci** justice will soon catch up with that criminal; **~ć nakazuje** a. **wymaga, żeby...** the just a. proper thing would be to...; **uczynić zadość ~ci** to do justice; **wymierzyć komuś ~ć** to mete out justice to sb; **sąd wymierzył ~ć grupie złodziei samochodów** the court dispensed a. administered justice to a gang of car thieves

sprawiedliw|y [] adi. grad. 1 (obiektywny w sądach) just, fair; **Bóg jest sędzią ~ym** God is a just judge 2 (zgodny ze słusznymi prawami) [ustrój, walka, ustawa] just, right

[] m Bibl. a just man

■ **spać snem ~ego** to sleep the sleep of the just

spraw|ka f dem. (minor) misdemeanour, prank; **mieć różne ~ki na sumieniu** to be guilty of various pranks

sprawnie adv. grad. [uwinąć się, zorganizować, kierować] efficiently, competently; **~ działająca machina wyborcza/organizacja** a well-oiled election machine/organization; **reformy zostały ~ przeprowadzone** the reforms were efficiently carried out

sprawnościow|y adi. 1 (dotyczący żywego organizmu) fitness attr.; **test ~y** a fitness test 2 (dotyczący sprawnego funkcjonowania) efficiency attr.; **próba ~a nowego typu silnika wypadła dobrze** the efficiency test for the new type of engine went well

sprawnoś|ć f 1 sgt (umiejętność ruchowa) (physical) fitness; (umiejętność umysłowa) mental fitness; **po postrzale stracił ~ć lewej ręki** after being shot he lost the use of his left arm 2 sgt (właściwe funkcjonowanie) efficiency; **na ćwiczeniach wojskowych oceniano ~ć bojową czołgów** the combat efficiency of the tanks was tested during military exercises 3 sgt (zasób umiejętności) competence; **~ć zawodowa** professional competence 4 środ. (w harcerstwie) skill; (odznaka) badge; **przygotowujemy się do zdobycia ~ci ogrodnika** we want to earn a gardening skills badge

❑ **~ć gleby/pola** Roln. soil productivity

sprawn|y adi. grad. 1 (odznaczający się sprawnością fizyczną) [żołnierz, sportowiec] fit, able; [ręce, ruchy] dextrous, skilful GB, skillful US 2 (dobrze działający) [administracja, organizacja] efficient; **~y silnik** an engine in (good) working order; **~e rzemiosło aktorskie** accomplished acting

spraw|ować impf [] vt to exercise [władzę, kontrolę, nadzór]; to hold [urząd, godność, mandat]; **~ować opiekę nad kimś** książk. to take care of sb

[] **sprawować się** książk. [osoba] to conduct oneself książk.; **dobrze się ~ować** to be well-behaved

sprawowani|e [] sv → sprawować

[] n sgt Szkol. conduct; **ocena ze ~a** a conduct mark; **dwója ze ~a** pot. a bad conduct mark

sprawozda|nie n 1 report; **~nie roczne** an annual report; **~nie z czegoś** a report on sth; **złożyć komuś ~nie z czegoś** to report to sb on sth 2 (transmisja) broadcast; **~nie z meczu** a broadcast of a game

sprawozdawc|a m Radio, TV commentator; **~a sportowy** a sports commentator, a sportscaster US; **~a parlamentarny** a parliamentary commentator a. reporter

sprawozdawczoś|ć f sgt reporting; (dział) reporting department

sprawozdawcz|y adi. [dział, zebranie] reporting

sprawunk|i plt (G ~ów) przest. shopping; **iść na ~i** to go shopping; **robić** a. **załatwiać ~i** to do the shopping

spray /sprej/ m (G ~u) (substancja) spray; (pojemnik) spray can; **~ do włosów** hairspray; **~ na owady** insect spray; **farba w ~u** spray paint

sprecyz|ować pf [] vt to specify [żądania, wymagania, cele]; to define [znaczenie]; **to**

pojęcie wymaga ~owania this notion needs defining ⇒ **precyzować**

[] **sprecyzować się** (ustalić się) [zainteresowania] to crystallize ⇒ **precyzować się**

sprepar|ować impf vt 1 (przyrządzić) to prepare [maść, szczepionkę, mieszankę] ⇒ **preparować** 2 Biol., Med. (sporządzić preparat) to dissect [kości, tkankę, roślinę]; **~owane zwłoki** a dissected corpse ⇒ **preparować** 3 książk. (sfałszować) to fabricate [fakty, informacje, dokumenty]; **~owane dowody/zarzuty** fabricated evidence/charges ⇒ **preparować**

sprezent|ować pf vt książk. to present; **~ować komuś coś** to present sb with sth

sprężać impf → sprężyć

sprężar|ka f Techn. compressor

spręż|ony [] pp → sprężyć

[] adi. (zmobilizowany) [osoba] focused

spręż|yć pf — **spręż|ać** impf [] vt 1 to tense [mięśnie, ramiona] 2 Fiz. to compress [gaz]; **~ony tlen** compressed oxygen

[] **sprężyć się — sprężać się** 1 (napiąć się) [mięśnie] to tense up; [osoba] to tense oneself, to tense one's body; **~yć się do skoku** to tense oneself preparing to leap 2 pot. (zmobilizować się) to buck up one's ideas 3 Fiz. [gaz] to become compressed

spręży|na f 1 (elastyczny element) spring; **~ w łóżku** bedsprings; **~a tapicerska** a box spring; **~a w zegarku** a mainspring; **przekręcić ~ę w zegarze** to overwind a clock; **skrzypiące ~y** creaking bedsprings; **łóżko na ~ach** a fully sprung bed; **zerwać się jak ~a** to spring to one's feet 2 przen. (osoba) prime mover; (siła napędowa) mainspring; **być (główną) ~ą czegoś** [osoba] to be the prime mover in doing sth; [czynnik] to be the mainspring of sth

■ **nacisnąć** a. **poruszyć wszystkie ~y, żeby coś zrobić** to pull every string to do sth

spręży|ka f dem. spring; **~ka od długopisu** a ballpoint pen spring

spręży|nować impf vi [deska] to be springy; **~ujący materac** a springy mattress

sprężynow|iec m pot. flick knife GB, switchblade US

sprężyn|owy adi. [mechanizm, zapadka, waga] spring attr.; [materac] sprung; **nóż ~owy** a flick knife GB, a switchblade US

sprężystoś|ć f sgt 1 (materiału) resilience; (materaca, podłoża, włosów) springiness, bounciness 2 (chodu, ruchów) spring; **~ć czyjegoś kroku** the spring in sb's step 3 (działań, organizacji) efficiency

spręży|sty adi. 1 [materiał, drut] resilient; [guma] elastic; [materac, gałązka, włosy, podłoże] springy, bouncy 2 [chód] springy; **iść ~stym krokiem** to walk with a spring in one's step 3 (energiczny) [organizacja, kierownik] efficient

spręży|ście adv. 1 (gwałtownie) **przykrywka odskoczyła ~** the lid sprang open; **gałąź wyprostowała się ~** the branch sprang back 2 (zręcznie) **poruszać się ~** to walk with a spring in one's step 3 (energicznie) [działać] efficiently

sprin|t m (G ~tu) 1 Sport sprint 2 sgt (szybki bieg) sprint; **biec ~tem** to sprint; **robić coś ~tem** to do sth at full speed

sprinte|r m, **~rka** f Sport sprinter

sprinters|ki adi. Sport **bieg ~ki** a sprint

sprofan|ować pf vt książk. to profane, to desecrate [grób, miejsce kultu] ⇒ **profanować**

sprofil|ować pf vt [1] (wyspecjalizować) **~ować produkcję** to narrow the scope of production; **~ować klasy** to divide students according to their interests; **wąsko ~owane wykształcenie** narrowly specialized education ⇒ **profilować** [2] Techn. (nadać kształt) to profile [blachę, metal] ⇒ **profilować**

sprokur|ować pf vt [1] książk. to fabricate [dowody, oskarżenia]; to contrive [zamieszanie, kryzys] ⇒ **prokurować** [2] żart. **~ować naprędce obiad** to whip up a dinner ⇒ **prokurować**

spr|osić pf — **spr|aszać** impf vt pot. to invite [gości, krewnych]

sprosta|ć pf vi [1] (podołać) **~ć czemuś** to face up to sth [obowiązkom, trudnościom]; to meet sth [wymaganiom]; **~ć zadaniu** to manage a task; **~ć oczekiwaniom rodziców** to live up to one's parents' expectations; **nie ~ć czyimś oczekiwaniom** to fall short of sb's expectations [2] (dorównać) **~ć komuś** to rival sb; **nie ~ć komuś** (przegrać) to be beaten by sb

sprost|ować pf vt to put [sth] right [błąd, nieścisłość]; **muszę ~ować pana informację** I must put a. set you right ⇒ **prostować**

sprostowa|nie [] sv → **sprostować**
[] n (poprawka) correction; (w gazecie) disclaimer; **zamieścić ~nie** to place a disclaimer

sprostytu|ować pf [] vt książk. [1] (zmusić do prostytucji) to prostitute [osobę] ⇒ **prostytuować** [2] przen. to prostitute [talent, zdolności] ⇒ **prostytuować**
[] **sprostytuować się** to prostitute oneself także przen. ⇒ **prostytuować się**

sproszk|ować pf — **sproszk|owywać** impf [] vt to powder; **~owana kreda** powdered chalk ⇒ **proszkować**
[] **sproszkować się** — **sproszkowywać się** to turn to powder

sproszkowywać impf → **sproszkować**

sprośnie adv. [uśmiechać się, rechotać] obscenely

sprośnoś|ć f [1] sgt (cecha) obscenity [2] (nieprzyzwoita rzecz) obscenity, smut U; **opowiadać/oglądać ~ci** to talk/watch smut

sprośn|y adi. [piosenka, dowcip, uwaga, komentarz] lewd; (humorystyczny) bawdy, ribald; [książka] dirty

sprowadzać impf → **sprowadzić**

sprowa|dzić pf — **sprowa|dzać** impf []
vt [1] (spowodować przybycie) to get, to bring [lekarza]; to bring [sb] in [policję, posiłki]; to import [produkt]; **~dzić pomoc** to get help; **towary ~dzane z zagranicy** imported goods; **co pana do nas ~dza?** what brings you here? [2] (wywołać) to bring [sth] about [katastrofę, wojnę]; **~dzić na kogoś nieszczęście** to bring bad luck on sb; **wojna ~dziła głód** the war brought famine; **lekarstwo ~dzające sen** a sleep-inducing drug [3] (skierować) to direct; **~dzić wagon na boczny tor** to shunt a railway car into

the siding; **~dzić kogoś na złą drogę** przen. to lead sb astray; **~dzić rozmowę na jakiś temat** to direct a conversation to sth [4] (pomóc zejść) to lead [sb] down; **~dzić kogoś po schodach** to lead sb down the stairs; **~dzić kogoś ze szczytu** to lead a. bring sb down from a mountain; **~dzić kogoś do piwnicy** to lead a. take sb down to the basement [5] (ograniczyć) **~dza wychowanie do zakazów i nakazów** his idea of raising children comes down to a set of dos and don'ts
[] **sprowadzić się** — **sprowadzać się** (wprowadzić się) to move in; **~dzić się do kogoś** to move in with sb
[] **sprowadzać się** (ograniczać się) **~dzać się do czegoś** [problem, zagadnienie] to come down to sth; **dokument ~dzał się do samych frazesów** the document was nothing but empty platitudes; **do tego to się ~dza** this is what it comes down to; **jego życie ~działo się do pracy** his life was all work

sprowok|ować pf vt to provoke [osobę, reakcję, dyskusję]; **~ować kogoś do zrobienia czegoś** to goad sb into doing sth; **nie daj się ~ować** don't let yourself be provoked ⇒ **prowokować**

sprób|ować pf [] vt [1] (skosztować) to try, to taste [potrawy, napoju]; **~uj tego** try some of this; **daj ~ować** can I try some?; **dostać coś na ~owanie** to have a taste of sth ⇒ **próbować** [2] (poznać na próbę) to try; **~ować czegoś** to try sth; **~ować własnych sił w czymś** to try one's hand at sth; **~ować szczęścia w czymś** to try one's luck at sth ⇒ **próbować**
[] vi [1] (usiłować) to try; **~ować coś zrobić** to try to do sth; **chociaż ~uj!** give it a try!; **~uj sobie przypomnieć** try to recall it; **warto ~ować** it's worth a try; **~uj tylko!** (groźba) just you try! ⇒ **próbować** [2] (upewnić się) to see; **~uj, czy umiesz to zrobić** see if you can do it ⇒ **próbować**
[] **spróbować się** (zmierzyć się) **~ować się z kimś** to try one's hand against sb ⇒ **próbować się**

spróchnia|ły adi. [1] [drzewo, pień, podłoga] rotten [2] pot. [zęby] decayed

spróchni|eć pf (**~eję, ~ał, ~eli**) vi [1] [drewno, drzewo, mebel] to rot, to decay ⇒ **próchnieć** [2] pot. [zęby] to decay ⇒ **próchnieć**

spru|ć pf (**~ję**) [] vt [1] (wyciągnąć nitkę) to unravel [dzianinę, sweter] ⇒ **pruć** [2] (rozciąć) to unpick [szew, sukienkę] ⇒ **pruć**
[] **spruć się** [dzianina, sweter] to unravel ⇒ **pruć się**

spryciar|ka, ~a f pot. crafty one pot.; **to stara ~ra** she's a crafty old vixen

spryciarz m (Gpl **~y**) pot. crafty bugger pot.; **być ~em** to be crafty; **stary ~** an old fox

sprymitywiz|ować pf [] vt książk., pejor. to primitivize, to oversimplify [problem, sztukę, język] ⇒ **prymitywizować**
[] **sprymitywizować się** książk., pejor. to become primitive ⇒ **prymitywizować się**

spryska|ć pf — **sprysk|iwać** impf [] vt to spray [rośliny, włosy]; **~ać koszulę przed prasowaniem** to dampen a shirt for ironing

[] **spryskać się** — **spryskiwać się** to spray oneself; **~ać się wodą kolońską** to spray oneself with cologne

spryskiwacz m (w ogrodzie) sprinkler; (w samochodzie) windscreen washer jet; **płyn do ~y** windscreen washer (fluid); **żelazko ze ~em** a steam spray iron

spryskiwać impf → **spryskać**

spry|t m (G **~tu**) (bystrość) smartness; (przebiegłość, zaradność) cunning; **brak mu ~tu** he's not cunning enough; **do tego potrzeba ~tu** you have to be smart to do it

sprytnie adv. grad. (przebiegle, zmyślnie) cleverly; **bardzo ~!** that's very clever

sprytn|y adi. grad. [osoba] (bystry) clever, smart; (przebiegły, zaradny) cunning; (zmyślny) [przyrząd, urządzenie, plan, intryga] clever

sprywatyz|ować pf [] vt to privatize [przemysł, przedsiębiorstwo] ⇒ **prywatyzować**
[] **sprywatyzować się** [przemysł, przedsiębiorstwo] to be a. become privatized ⇒ **prywatyzować się**

sprzą|c, sprzę|gnąć pf — **sprzę|gać** impf (**~ęgę** a. **~ęgnę, ~ężesz** a. **~ęgniesz, ~ągł** a. **~ęgnął, ~ęgła, ~ęgli — ~ęgam**) [] vt [1] (połączyć) to couple [urządzenie, pojazd]; **~ąc coś z czymś** to couple sth with sth; **~ąc ze sobą dwa wagony** to couple two railway cars together; **kamera ~ężona z komputerem** a camera linked with a computer [2] przen. to link [elementy, procesy] (**z czymś** to sth); **dwa pojęcia ściśle ze sobą ~ężone** two concepts closely linked to each other [3] to harness [sth] together [konie, woły]
[] **sprząc się** — **sprzęgać się** [urządzenia] to interfere (**z czymś** with sth)

sprzącz|ka f clasp; (na pasku, bucie) buckle; **buty na ~ki** buckled shoes; **zapiąć coś na ~kę** to buckle sth; **rozpiąć ~kę** to undo a clasp/buckle

sprzą|ść pf (**~ędę, ~ędziesz, ~ądł, ~ędła, ~ędli**) vt to spin [len, wełnę] ⇒ **prząść**

sprzątacz m (Gpl **~y**) cleaner

sprzątacz|ka f cleaning lady, cleaner, charlady GB

sprzątać impf → **sprzątnąć**

sprząt|nąć pf — **sprząt|ać** impf (**~nęła, ~nęli — ~am**) vt [1] (zrobić porządek) to clean, to tidy [sth] up [salę, pokój]; **~nąć w łazience/na strychu** to clean the bathroom/the attic; **~nąć w szufladzie/na biurku** to clear out a drawer/desk; **~nąć po kimś** to tidy up a. clean up after sb; **~nąć po remoncie/przyjęciu** to clean up after the renovations/party; **kobieta do ~ania** a cleaning lady [2] (usunąć) to clear [sth] away [gruz, klocki]; **~nąć papiery z biurka** to clear away the papers from the desk; **~nąć ze stołu/z biurka** to clear a table/desk; **~nij zabawki z podłogi** pick up your toys from the floor [3] Roln. to gather [plony]; **~ać zboże/siano z pól** książk. to gather grain/hay from the fields [4] pot. (zjeść) to tuck [sth] away pot.; **~nął dwa kotlety** he tucked away two steaks [5] pot. (zabrać) to snatch; **~nąć coś komuś sprzed nosa** to snatch sth out from under sb's nose; **~nąć komuś dziewczynę** to make off with sb's girlfriend [6] pot. (zabić) to blow [sb] away pot.

sprzeciw m (G ~u) [1] (brak zgody) opposition (**wobec kogoś/czegoś** to sb/sth); **spotkać się z ostrym** a. **zdecydowanym ~em ze strony kogoś** to meet with strong opposition from sb; **wyrazić ~ wobec czegoś** to express opposition to sth; **to budzi mój ~** I object to it; **powiedzieć coś tonem nie znoszącym ~u** to say sth in a voice that brooks no argument [2] Prawo objection; **wnieść ~ wobec czegoś** to make a. raise an objection to sth; **podtrzymać/oddalić ~** to sustain/overrule an objection; **~, wysoki sądzie!** objection, your honour!

sprzeciwiać się impf → **sprzeciwić się**
sprzeciw|ić się pf — **sprzeciw|iać się** impf v refl. (nie zgodzić się) to oppose vt [osobie, pomysłowi]; (zaprotestować) to object (**komuś/czemuś** to sb/sth); **stanowczo się czemuś ~iać** to be strongly opposed to sth; **~ić się władzy/czyimś rozkazom** to go against the government/sb's orders; **~ić się czyjemuś wyjazdowi** to object to sb's leaving; **„nieprawda" — ~ił się** 'that's not true,' he protested

sprzecza|ć się impf v refl. to argue; (o drobiazgi) to bicker (**z kimś** with sb); **~ć się o coś** to argue over sth; **oni ciągle się ~ją** they always argue

sprzecz|ka f argument; **wdać się w ~kę z kimś** to start an argument with sb

sprzecznie adv. contrary (**z czymś** to sth); **działać ~ z zasadami** to act contrary to rules

sprzeczność|ć f contradiction (**między czymś a czymś** between sth and sth); **~ć interesów** a conflict of interests; **stać w ~ci z czymś** to stand in contradiction to sth; **pogodzić ~ci** to reconcile contradictions

sprzeczn|y adi. [cechy, zeznania] contradictory; **~y z czymś** contrary to sth; **być ~ym z czyimś charakterem** to be against sb's nature

sprzed praep. [1] (z okresu) **znam go ~ wojny** I know him from before the war; **to moje zdjęcie ~ dziesięciu lat** this is a photo of me taken ten years ago; **wydarzenia ~ roku** events from one a. a year ago; **gazeta ~ tygodnia** a week-old newspaper [2] (z miejsca) from in front of; **samochód odjechał ~ domu** the car drove off from outside a. from in front of the house

sprzeda|ć pf — **sprzeda|wać** impf (~m — ~je) [I] vt [1] (odstąpić za pieniądze) to sell; **~ć coś komuś** to sell sth to sb, to sell sb sth; **~wać kwiaty/samochody** to sell flowers/cars; **~wać w piekarni/u rzeźnika** pot. to be a shop assistant in a bakery/butcher's shop; **~ć coś za sto złotych/po złotówce za sztukę** to sell sth for a hundred zlotys/at a. for one zloty each; **~ć coś ze stratą/z zyskiem/po niskiej cenie** to sell sth at a loss/profit/low price; **rodzoną matkę by ~ł** przen. he would sell his own mother; **można by go ~ć** przen. he's totally naive; **drogo ~ć swoje życie** książk. to sell one's life dearly; **tanio skóry nie ~dzą** pot. they won't be easily beaten

[2] (zdradzić) to sell [ojczyznę, przyjaciela]
[3] (zaprezentować) **~ć swoją wiedzę na egzaminie** to make a good impression in an exam
[II] **sprzedać się — sprzedawać się** [1] pejor. (pójść na współpracę) to sell out pot. (**komuś** to sb); **~ć się konkurencji** to sell out to the competition [2] pejor. (uprawiać nierząd) to sell oneself (**komuś** to sb) [3] pot. (zaprezentować się) to sell oneself pot.; **on umie się ~ć** he knows how to sell himself [4] (zostać sprzedanym) [towar] to sell; **dobrze się ~wać** to be selling well; **~wać się jak świeże bułeczki** to be selling like hot cakes; **książka ~ła się w tysiącach egzemplarzy** the book has sold thousands of copies

sprzedając|y [I] pa → **sprzedawać**
[II] **sprzedając|y** m, **~a** f shop assistant
sprzedajnoś|ć f sgt książk. venality
sprzedajn|y adi. książk. [sędzia, polityk] venal; **~a miłość** sex for money
sprzedawać impf → **sprzedać**
sprzedaw|ca m, **~czyni** f seller; (w sklepie) shop assistant; **~ca/~czyni gazet** a news vendor; **~ca/~czyni lodów** an ice-cream seller
sprzedawczyk m (Npl **~i**) książk., pejor. traitor pejor.
sprzedaż f sgt (sprzedanie) sale; (sprzedawanie) selling; (sprzedane towary) sales; **~ hurtowa** wholesale; **~ detaliczna** retail sales; **~ ratalna** hire purchase; **na ~** for sale; **wystawić coś na ~** to put sth up for sale; **pójść na ~** to go on sale; **być w ~y** to be on sale; **zajmować się ~ą czegoś** to sell sth; **dział ~y** a sales department; **prognozowana ~** a sales forecast; **dyrektor do spraw ~y** a sales director; **~ wzrosła/spadła** the sales are up/down; **dochód ze ~y czegoś** a profit from the sale of sth
sprzedażn|y adi. [umowa, cena, powierzchnia] sales attr.
sprzeniewierzać impf → **sprzeniewierzyć**
sprzeniewierz|yć pf — **sprzeniewierz|ać** impf [I] vt książk. to misappropriate, to embezzle [środki, fundusze]
[II] **sprzeniewierzyć się — sprzeniewierzać się** to betray vt; **~yć się swoim zasadom/ideałom** to betray one's principles/ideals
sprzęgać impf → **sprząc**
sprzęg|ło n Aut. (urządzenie, pedał) clutch; **pedał ~ła** a clutch pedal; **wcisnąć ~ło** to press the clutch (pedal) down
sprzęgłow|y adi. Aut. [tarcza] clutch attr.
sprzęgnąć → **sprząc**
sprzęt¹ m (G **~tu**) [1] zw. pl (urządzenie) appliance; **~ty domowe** (meble) furniture; **~ty gospodarstwa domowego** domestic appliances; **~ty kuchenne** kitchen utensils [2] sgt (wyposażenie) equipment; **~t medyczny/sportowy** medical/sports equipment; **~t do nurkowania/wspinaczki** diving/climbing equipment a. gear; **~t wędkarski** fishing tackle; **~t komputerowy** computer hardware
sprzęt² m sgt (G **~tu**) Roln. harvesting; **~t zboża/warzyw** grain/vegetable harvesting

sprzętow|y adi. [braki, problemy] equipment attr.; **wymagania ~e** Komput. hardware requirements
sprzęże|nie [I] sv → **sprząc**
[II] n [1] (związek) link (**między czymś a czymś** a. **czegoś z czymś** between sth and sth); **istnieje ~nie pomiędzy czymś a czymś** there is a link between sth and sth [2] Techn. coupling; **~nie elektroniczne/indukcyjne** electronic/inductive coupling ❏ **~nie zwrotne** Techn. feedback; **~nie zwrotne między czymś a czymś** przen. positive feedback between sth and sth
sprzyja|ć impf vi [1] (być korzystnym) **~ć komuś** [warunki, pogoda, wiatr] to be in sb's favour; **~ć rozprzestrzenianiu się chorób** [klimat] to favour the spread of diseases; **~ć powstawaniu konfliktów** to create favourable conditions for conflicts to arise; **nie ~ć efektywnej pracy/nawiązywaniu kontaktów towarzyskich** [atmosfera, okoliczności] to make efficient work/socializing difficult; **pogoda/szczęście nam ~ło** the weather/luck was on our side; **odważnym szczęście ~** fortune favours the brave [2] (popierać) **~ć komuś/czemuś** to support sb/sth; (być przychylnym) to be well disposed towards sb/sth [3] przest. (przyjmować zaloty) **~ć komuś** to welcome sb's advances
sprzyjając|y [I] pa → **sprzyjać**
[II] adi. [pogoda, warunki, okazja] favourable GB, favorable US
sprzykrz|yć pf [I] vt **~yć sobie coś** to grow weary of sth
[II] **sprzykrzyć się** (znudzić się) **~yło mu się to robić** he got tired of doing it; **~yło mu się samotne życie** he grew weary of living on his own
sprzymierzać się impf → **sprzymierzyć się**
sprzymierze|niec m (V **~ńcze** a. **~ńcu**) książk. (osoba, kraj) ally; **znaleźć w kimś ~ńca** to find an ally in sb; **pogoda była naszym ~ńcem** przen. the weather was on our side
sprzymierz|ony adi. [kraje, siły] allied; **kraje ~one z Polską** Poland's allies; **być z kimś ~onym** to be allied with a. to sb
sprzymierz|yć się pf — **sprzymierz|ać się** impf v refl. to ally oneself (**z kimś** with a. to sb); **~yli się przeciwko nam** they allied themselves against us
sprzysiąc się, sprzysi|ęgnąć się pf — **sprzysi|ęgać się** impf (**~ęgnę się, ~ągł się, ~ęgła się, ~ęgli się — ~ęgam się**) v refl. [1] książk. (zawiązać spisek) to form a conspiracy (**przeciw komuś** against sb); **~ąc się, żeby obalić prezydenta** to form a conspiracy to overthrow the president [2] przen. (uwziąć się) [pogoda, okoliczności] to conspire (**przeciw komuś** against sb); **wszystko się ~ęgło przeciw nam** everything conspired against us
sprzysięgać się impf → **sprzysiąc się**
sprzysięgnąć się → **sprzysiąc się**
sprzysięż|ony adi. **być ~onym przeciwko komuś** to be involved in a conspiracy against sb
spsiał|y adi. pot. [dzielnica, arystokracja] rundown
spsi|eć pf (**~eję, ~ał, ~eli**) vi pot. [kraj, instytucja] to go to the dogs pot.

S

spso|cić pf vt ~cić coś [dziecko, szczeniak] to be up to some mischief ⇒ **psocić**

spuch|nąć pf (~ł a. ~nął) vi [1] [noga, palec, twarz] to swell (up); [oczy] to puff up; **powieki jej ~ły od płaczu** her eyes puffed up from crying; **~ł cały jak balon** he swelled up like a balloon ⇒ **puchnąć** [2] pot. (osłabnąć) [biegacz, piechur] to run out of strength; **~ł już po pierwszym okrążeniu** after only one lap he ran out of strength ⇒ **puchnąć**

spuchnię|ty adi. [kolano, kostka] swollen

spudł|ować pf vi pot. (chybić) to miss; **~ować do pustej bramki** to miss the open goal ⇒ **pudłować**[1]

spuentować → **spointować**

spulchniacz m [1] Kulin. raising agent [2] Roln. (narzędzie) scarifier

spulchniać impf → **spulchnić**

spulchni|ć pf — **spulchni|ać** impf vt [1] Roln. (wzruszyć) to break up, to scarify [ziemię, glebę]; (napowietrzyć) to aerate [ziemię, glebę] [2] Kulin. [drożdże, proszek do pieczenia] to raise [ciasto]

spu|st m (G ~stu) [1] (w broni palnej) trigger; **pociągnąć za** a. **nacisnąć ~st** to pull the trigger [2] Techn. release; **~st migawki** a shutter release; **~st wody** (łańcuszek) a flush chain; (przycisk) a flush button

■ **mieć ~st** pot. to be a big eater; **zamknąć coś na cztery ~sty** to lock and bolt sth [drzwi, pomieszczenie]

spustosze|nie [1] sv → **spustoszyć**

[2] n (zniszczenia) havoc; **poczynić ~nie** a. **~nia w czymś** [wojna, pożar, powódź] to wreak havoc in sth

spustosz|yć pf vt [wojsko, pożar, susza] to ravage; **kraj ~ony przez wojnę** a war-ravaged country; **choroba ~yła jej organizm** the disease ravaged her body ⇒ **pustoszyć**

spustow|y adi. [mechanizm] release attr.; **języczek ~y** a trigger

spuszczać impf → **spuścić**

spu|ścić pf — **spu|szczać** impf [1] vt [1] (zniżyć, zrzucić) to lower [głowę, oczy, rolety, osobę]; to let [sth] down, to lower [kubeł, linę]; to drop [bomby, most zwodzony]; **~ścić kogoś na linie do studni** to lower sb down a well on a rope; **~ścić kogoś na dach z helikoptera** to lower sb onto a roof from a helicopter; **~ścić szalupę na wodę** to launch a lifeboat; **~ścić wzrok z zakłopotaniem** to lower a. drop one's eyes in embarrassment; **nie ~szczać z kogoś wzroku** (ciągle patrzyć) to not take one's eyes off sb; **nie ~szczać kogoś/czegoś z oka** a. **oczu** (pilnować) to keep a close watch on sb/sth; **nie można ich nawet na chwilę ~ścić z oka!** they can't be left alone even for a moment!; **~ścić oczko** (w dziewiarstwie) to decrease; **~ścić dwa oczka** to decrease two stitches; **~ścić na coś kurtynę** a. **zasłonę** książk. to forget about sth; **lepiej już ~śćmy na to zasłonę** we'd better forget about it [2] (uwolnić) to release [psa]; **~ścić psa z łańcucha/ze smyczy** to let a dog off the chain/lead a. to unchain/unleash a dog [3] (wylać, opróżnić) to drain [wodę]; **~ścić powietrze z materaca** to deflate a mattress; **~ścić komuś powietrze z kół** to let down the tyres on sb's car/bike;

~ścić wodę z basenu to drain a pool; **~ścić wodę (w sedesie)** to flush the toilet; **~ścić coś w sedesie** to flush sth down the toilet; **nie da się ~ścić wody** the toilet doesn't flush; **~ścić staw** to drain a pond; **~szczać ścieki do rzeki** [osoba, fabryka] to discharge a. dump sewage into a river [4] pot. (sprzedać) to sell; **~ścić coś komuś po okazyjnej cenie** to sell sth to sb at a bargain price [5] pot. (obniżyć) **~ścić cenę** a. **z ceny** to lower the price

[1][I] **spuścić się** — **spuszczać się** [1] (zniżyć się) to lower oneself; **~ścić się na linie** to lower oneself down a rope; **~ścić ze skały** to lower oneself down a rock face [2] pot. (spruć się) **~ściły mi się oczka w rajstopach** I've laddered my tights [3] przest. (zdać się) to rely; **~ścić się na kogoś w jakiejś sprawie** to rely on sb to do sth [4] wulg. [mężczyzna] to shoot one's load wulg.

■ **~ścić komuś lanie** a. **manto** a. **cięgi** pot. to give sb a licking pot.; to tan sb's hide pot.; **~ścić z tonu** to draw a. pull in one's horns

spuści|zna f sgt książk. legacy także przen.; **otrzymać coś w ~źnie od kogoś** przest. to inherit sth from sb; **~zna literacka Sienkiewicza** the literary legacy of Sienkiewicz; **bolesna ~zna po komunizmie** a painful legacy of the Communist era

sputnik m sputnik

spychacz m Techn. bulldozer; **wyrównać teren ~em** to bulldoze the ground level

spychać impf → **zepchnąć**

spychologia → **spychotechnika**

spychotechni|ka f sgt żart. passing the buck pot.; **uprawiać** a. **stosować ~kę** to pass the buck

spyta|ć pf [1] vt to ask; **~ć kogoś o coś** to ask sb about sth; **~ć kogoś o drogę/godzinę** to ask sb the way/time; **~ł mnie o rodziców/o zdrowie** he asked me how my parents were/how I was; **~ć kogoś, czy/kto/dlaczego...** to ask sb if/who/why...; **~ć kogoś z matematyki/historii** Szkol. to test sb orally in maths/history ⇒ **pytać**

[1][I] **spytać się** pot. to ask ⇒ **pytać się**

spytk|i plt

■ **wziąć kogoś na ~i** pot. to interrogate sb; **wzięty na ~i, przyznał, że...** when interrogated he admitted that...

sracz m (~yk dem.) posp. shithouse wulg.

sracz|ka f posp. the shits wulg.; **mieć ~kę** to have the shits; **miałem od tego ~kę** it gave me the shits

sraczkowa|ty adi. posp. shit-coloured GB, shit-colored US, wulg.

sra|ć impf vi wulg. [1] (oddawać kał) to shit wulg.; **~ć (w gacie) ze strachu** to shit oneself [2] (nie dbać) **~ć na kogoś/coś** to not give a shit about sb/sth wulg.

sreber|ko n silver foil U; **zawinąć coś w ~ko** to wrap sth up in silver foil

srebrnik m (A ~a) Hist. piece of silver

srebrno → **srebrnie**

srebrno- w wyrazach złożonych [1] (o odcieniu) **srebrnoniebieska sukienka** a silvery-blue dress [2] **srebrnowłosy** silver-haired

srebrn|y adi. [1] (zrobiony ze srebra) [pierścionek, biżuteria] silver [2] (w kolorze srebra) silver, silvery; **~y ekran** przen. the silver

screen [3] Sport [medal, medalista] silver [4] książk. [dźwięk, ton] silvery

sreb|ro [1][I] n [1] sgt (pierwiastek, materiał) silver; **związki ~ra** silver compounds; **azotan ~ra** silver nitrate; **bransoleta ze ~ra** a silver bracelet; **woreczek ~ra** a bag of silver (coins); **oprawić coś w ~ro** to set sth in silver; **suknia wyszywana ~rem** a dress embroidered with silver [2] sgt (naczynia, sztućce) silverware; **jadać na ~rze** to use silverware [3] Sport (medal) silver; **zdobyć ~ro na 200 metrów** to win the silver in the 200 metres [4] sgt (kolor) silver; **~ro we włosach** silver streaks in sb's hair

[1][I] **srebra** plt silverware

■ **żywe ~ro** (rtęć) quicksilver ; **być żywym ~rem** [osoba] to be a live wire

srebrz|ony [1][I] pp → **srebrzyć**

[1][I] adi. [sztućce, talerze] silver-plated

srebrz|yć impf [1][I] vt [1] (powlekać srebrem) to silver, to silver-plate [talerze, sztućce]; (malować na srebrno) to paint [sth] silver ⇒ **posrebrzyć** [2] przen., książk. (nadawać srebrny kolor) to silver; **księżyc ~ył taflę jeziora** the moon silvered the surface of the lake ⇒ **posrebrzyć**

[1][I] **srebrzyć się** książk. **w trawie ~yła się rosa** the dew glittered in the grass; **gdzieniegdzie ~yły się pnie brzóz** the silver trunks of beech trees could be seen here and there

srebrzystoś|ć f sgt silveriness

❏ **~ć liści** Bot. silver leaf

srebrzy|sty adi. grad. [1] [poświata, szron] silvery, silver [2] [głos, dźwięk, ton] silvery

srebrzyście adv. grad. [1] (w kolorze srebrzystym) **pobłyskiwać ~** to have a silvery lustre [2] (srebrzystym głosem) **rozbrzmiewać ~** to sound silvery

srocz|ka f dem. (little) magpie

srocz|y adi. [gniazdo, pióro] magpie's

srodze adv. sorely; **~ się zawieść** to be sorely disappointed; **los ich ~ pokarał** they were sorely punished; **~ się rozgniewać** to become extremely angry

sro|gi adi. grad. książk. [1] (surowy) [władca, pan] ruthless; [nauczyciel, rodzic, głos, twarz] stern; **wpaść w ~gi gniew** to become extremely angry [2] [mróz, zima, ból] severe; **spotkał go ~gi zawód** he was sorely disappointed

sro|go adi. grad. [powiedzieć, spojrzeć] sternly

srogoś|ć f sgt [1] (bezwzględność) ruthlessness; (surowość) sternness [2] (zimy, klimatu) severity

sro|ka f Zool. magpie; **gapić się na kogoś/coś jak ~ka w gnat** a. **kość** to gawk at sb/sth

■ **trzymać** a. **łapać kilka ~k za ogon** to have many irons in the fire; **nie wyleciałem** a. **wypadłem ~ce spod ogona** I'm not just anybody

sroka|ty adi. [koń] piebald

srom m (G ~u) [1] Anat. vulva [2] przest. disgrace

sromotnie adv. **przegrać ~** to be thoroughly beaten

sromotnik m (A ~a) Bot. stinkhorn

sromotnikow|y adi. Bot. stinkhorn's; **muchomor ~y** a death cap

sromotn|y adi. [klęska] ignominious

sromow|y adi. Anat. [okolica] vulval; **wargi ~e** labia

sroż|yć się impf v refl. książk. [1] [król, pan] to rage ⇒ **nasrożyć się** [2] przen. [zima, zaraza] to rage

ss|ać impf (ssę) **I** vt [1] (wysysać) [dziecko, szczenię, maszyna] to suck [płyn, powietrze]; **ssać pierś** to suck at the breast; **ssać mleko z butelki** to suck milk from a bottle; **pompa ssąca** a suction pump [2] (trzymać w ustach) to suck [cukierek, fajkę, smoczek]; **tabletki do ssania** lozenge; **nie ssij palca!** stop sucking your thumb! **II** v imp. (z głodu) **ssie mnie w dołku** a. **żołądku** I'm terribly hungry

ssak I m anim. Zool. mammal

II m inanim. Med. aspirator

III ssaki plt Zool. Mammalia

ssaw|ka f [1] Zool. (u motyli) proboscis [2] Bot. haustorium [3] (w odkurzaczu) nozzle

SS-man m Hist. SS man

SS-manka f Hist. SS woman

st. [1] Wojsk. (= starszy) [2] (= stopień)

stabilizacj|a f sgt (ustabilizowanie się) stabilization; (stabilność) stability; **~a stosunków międzynarodowych** a stabilization of international relations; **ludzie potrzebują ~i** people need stability

stabilizacyjn|y adi. [program, proces] stabilization attr.

stabilizato|r m [1] Techn. stabilizer; **~r napięcia** a voltage stabilizer [2] Lotn. stabilizer [3] Chem. stabilizer [4] przen. stabilizing factor; **~r rynku** a factor stabilizing the market

stabiliz|ować impf **I** vt to stabilize [rynek, gospodarkę, poziom] ⇒ **ustabilizować**

II **stabilizować się** [sytuacja, stan] to stabilize ⇒ **ustabilizować**

stabilizująco adv. **wpływać na coś ~** to have a stabilizing effect on sth

stabilizując|y I pa → **stabilizować**

II adi. [rola, działania, czynniki] stabilizing

stabilnie adv. grad. [rozwijać się, przebiegać] steadily, stably

stabilnoś|ć f sgt stability; **~ć cen** the price stability; **zapewnić ~ć polityczną** to ensure political stability

stabiln|y adi. grad. [1] (stały) [sytuacja, stan, posada, rząd, kraj] stable [2] (zachowujący równowagę) [konstrukcja, pojazd] stable

stacca|to I /sta'kato/ **II** n inv. Muz. staccato

II adv. Muz. [grać, śpiewać] staccato

stachanow|iec m Stakhanovite także przen.

stacj|a f (Gpl **~i**) [1] (dworzec, przystanek) station; **~a kolejowa** a railway station; **~a metra** an underground GB a. subway US station; **~a końcowa** a terminal, a rail terminus GB; **dolna/górna ~a kolejki linowej** the top/bottom station of a cable car; **~a rozrządowa** a marshalling yard; **~ węzłowa** a railway junction; **naczelnik ~i** a stationmaster; **na ~i** in a. at the station; **odprowadzić kogoś na ~ę** to see sb off to the station; **wysiadam na następnej ~i** I'm getting off at the next station; **pociąg wjechał na ~ę** the train pulled into the station [2] (placówka) station; **~a doświadczalna** a research station; **~a polarna** a polar station [3] Aut. station; **~a benzynowa** a petrol station, a filling station, a gas station US; (z parkingiem i restauracją) a service area; **na ~i benzynowej** at a petrol station; **dojechać do najbliższej ~i** to drive to the nearest petrol station [4] Radio, TV station; **~a radiowa/telewizyjna** a radio/TV station; **~e pirackie** pirate stations; **~e lokalna/ogólnokrajowa** a local/national station; **odbierać ~ę** to receive a station

❏ **~a bunkrowa** Żegl. coaling station; **~a dysków** Komput. disk drive; **~a filtrów** water treatment plant; **~a klimatyczna** health resort; **~a kosmiczna** Astronaut. space station; **~a krwiodawstwa** blood transfusion centre; **~a meteorologiczna** weather station; **~a obsługi** Aut. service station; **~a orbitalna** Astronaut. space station; **~a pomp** pump house; **~a przekaźnikowa** relay station; **~a radiolokacyjna** radar station; **~a transformatorowa** Elektr. transformer station; **~e drogi krzyżowej** Relig. the Stations of the Cross

stacjonarnie adv. Uniw. **studiować ~** to be a full-time student

stacjonarn|y adi. [1] (nieruchomy) [niż, front] stationary; **~a orbita** a Astron. a geostationary orbit [2] Uniw. [studia, student] full-time

stacjon|ować impf vi Wojsk. [oddział, pułk, osoba] to be stationed

stacyj|ka f [1] dem. Kolej. (small) station [2] Aut. ignition; **kluczyk do ~ki** an ignition key; **włożyć kluczyk do ~ki** to put the key in the ignition; **przekręcić kluczyk w ~ce** to turn the key in the ignition

stacyjn|y adi. [budynek, bar] station attr.

staczać impf → **stoczyć**

st|ać¹ impf (**stoję, stoisz**) vi [1] (być w pozycji pionowej) [osoba] to stand; **stać na palcach** to stand on tiptoe; **stać na rękach** to stand on one's hands; **stać na głowie** to stand on one's head; **stać okrakiem nad czymś** to straddle sth; **stać na baczność** to stand at attention; **robić coś stojąc** to do sth standing up; **ledwie stał na nogach ze zmęczenia** he was so tired that he could hardly stand; **nie może stać o własnych siłach** he's too weak to stand up on his own [2] (trwać bez ruchu) to stand; **stać w miejscu** [osoba] to stand still; **stoimy w miejscu** a. **projekt stoi w miejscu** we're not making headway a. any progress; **stój spokojnie!** stand still!; **nie stój tak, zrób coś** don't just stand there, do something!; **stać w korku** to be stuck in a traffic jam; **pociąg stoi na stacji** the train is standing at the station; **winda stoi między piętrami** the lift is stuck between floors; **statek stoi na kotwicy** the ship is lying at anchor; **stój!** a. **stać!** (komenda wojskowa) halt!; (do uciekającego przestępcy) freeze!; **stójcie, nie tak szybko** (idźcie wolniej) slow down!; (zastanówcie się jeszcze) hold on, not so fast!; **powietrze stoi** the air is still [3] (być umiejscowionym, być obecnym) [osoba, przedmiot] to stand; **stać w szeregu** to stand in a row; **przy oknie stał jakiś mężczyzna** some man or other was standing at the window; **nie stójcie na deszczu** don't stand in the rain; **szafa stojąca w kącie pokoju** a wardrobe standing in the corner of the room; **na półce stały książki** there were some books on the shelf; **sok stoi w dzbanku** the juice is in the jug; **dom stoi na wzgórzu** the house stands on a hill; **stać na solidnych fundamentach** [budynek, związek, firma] to have solid foundations; **stojące rzędami samochody** cars standing in rows; **gdzie stoisz?** (samochodem) where have you parked?; **stać przed/za czymś** [przymiotnik, przecinek] to precede/follow sth, to go before/go after sth; **na ulicy stoi woda** the streets are flooded with water; **stać wysoko na niebie** [księżyc, słońce] to be high in the sky; **stać komuś w pamięci** przen. to stand out in sb's memory; **w oczach stoi mi jej postać** przen. I can see her in my mind's eye [4] (wykonywać czynność, pełnić funkcję) **stać na warcie** to be on guard; **stać przy kuchni** to stand over a stove; **stać u steru** (na statku) to stand behind the wheel; przen. to be at the helm; **stać na czele partii** to be the leader of a party; **stać na bramce** to be in goal; **stać przy maszynie** to operate a machine; **stać za ladą** to stand behind the counter; **stać po mięso/chleb** pot. to queue GB a. line up US for meat/bread [5] (znajdować się w położeniu, być w stanie) **stać na skraju przepaści** przen. to be on the edge of disaster; **stać u progu kariery** to be on the threshold of a career; **stać wysoko w hierarchii** to be high up in the pecking order; **stać wysoko w sondażach** to be riding high in the polls; **stać na równi z kimś** to be on an equal footing with sb; **stać wyżej od kogoś na szczeblach władzy** to be above sb in the ranks of power; **stać ponad prawem** to be above the law; **stać za czymś** przen. (być sprawcą) to be behind sth; **kto za tym wszystkim stoi?** who's behind all this?; **stać przy kimś** przen. (wspierać) to stand by sb; **stać nad kimś** przen. (pilnować) to stand over sb; **stać nad kimś, jak kat nad dobrą duszą** to stand over sb like a prison guard; **stać po czyjejś stronie** (popierać) to be on sb's side; **stać z boku** to stand to one side; **stać komuś na drodze** przen. to stand in sb's way przen.; **stać ponad podziałami** to be above petty divisions; **stać w ogniu** [budynek, miasto] to be in flames; **stać otworem** [brama, drzwi] to stand open; **dom stoi pusty** the house stands empty; **dobrze stać finansowo** [osoba, przedsiębiorstwo] to be doing well; **dobrze/kiepsko stoję z matematyki** pot. my maths marks are good/poor; **jak stoimy z czasem?** pot. how are we (doing) for time?; **stać na wysokim/niskim poziomie** [mecz, zawody] to be of high quality; **stać wysoko/nisko** [kultura, przemysł] to be well/poorly developed; **nasze akcje nisko/wysoko stoją** our shares are doing well/badly; **jak stoją dolary?** pot. what's the exchange rate for the dollar?; **jak sprawy stoją?** what's the situation?; **stać na stanowisku, że...** to be of the opinion that...; **stać przed problemem/wyzwaniem/dylematem** to be faced with a problem/challenge/dilemma; **stać wobec groźby czegoś** to face the threat of sth; **stać w obliczu konieczności zrobienia czegoś** to be confronted with the necessity of doing sth; **stać w sprzeczności z czymś** to be at odds with sth; **stać w sprzeczności ze zdrowym rozsądkiem** to go against common sense; **nic nie stoi na przeszkodzie, żebyśmy...** there's no reason why we/you shouldn't...; **chcę wiedzieć, na czym stoję** pot. I want to know where I stand [6] (nie zmarnieć) *[roślina]* to last; **róże mogą stać i miesiąc** roses can last a month cut [7] (być w pionie, sterczeć do góry) to stand; **stojące uszy psa** a dog's pricked-up ears; **stojąca lampa** a standard lamp; **wieszak stojący** a coat stand; **stoi mu** posp. (ma erekcję) he has a hard-on wulg. [8] (nie działać) *[fabryka]* (z powodu strajku) to be on strike; (wstrzymać produkcję) to not work; **mój zegarek stoi** my watch has stopped; **produkcja stoi** the production is on hold; **cały kraj stoi** the entire country is on strike [9] pot. (być napisanym) to say; **tam stoi napisane, że...** it says there that...; **w dokumencie stoi, że...** it says in the document that... [10] książk. (opierać się) **stać na czymś** to be based on sth; **nasza gospodarka stoi na węglu** our economy is based on coal mining; **Polska rolnictwem stoi** the Polish economy is based on agriculture [11] przest. (dbać) **stać o coś** to be after sth; **ja nie stoję o pieniądze** I'm not after money [12] przest. (mieszkać, stacjonować) **stać gdzieś na kwaterze** to be quartered somewhere; **stać gdzieś obozem** *[armia, wódz]* to encamp somewhere; **we wsi stało wojsko** soldiers were stationed in the village [13] przest. (wystarczyć) **nie stało mu sił** he ran out of strength; **nie stało mu talentu** he didn't have enough talent ■ **umowa stoi!** it's a deal!; **wybiegł, jak stał** he stormed out without stopping to think

stać[2] *praed.* [1] (finansowo) **~/nie ~ mnie na to** I can/can't afford it; **nie stać nas, żeby to zrobić** we can't afford to do it [2] (moralnie) **nie każdego byłoby ~ na coś takiego** (miałby odwagę) not everyone would have the courage to do something like that; **nie każdego stać na przebaczenie** not everyone is capable of forgiving; **~ ich było na największe poświęcenia** they were ready to make tremendous sacrifices; **~ć go było na to, żeby przyznać się do winy** he had the guts to admit his guilt

sta|ć się *pf* — **sta|wać się** *impf* (**~nę się** — **~ję się**) *v refl.* [1] (wydarzyć się) to happen; **~ał się cud** a miracle happened; **~ało się nieszczęście** a disaster struck; **co się ~ło?** what happened?, what's the matter?; **co się z nim ~ło?** what happened to him?; **co się ~ło z moimi okularami?** what happened to my glasses?; **kiedy to się ~ło?** when did it happen?; **musiało się ~ać coś strasznego** something terrible must have happened; **wolę nie myśleć, co by się ~ło** I dread to think what might have happened; **nic się nikomu nie ~ło** nobody was hurt; **jakby nic się nie ~ło** as if nothing had happened; **to się musiało ~ać** it was bound to happen; **dobrze/ niedobrze się ~ło, że...** it was fortunate/ unfortunate that...; **jak to się ~ło, że...?** how did it happen that...?; **jak to się ~ło, że została pani aktorką?** how did you become an actress?; **chciałem wyjechać, tak się jednak nie ~ło** I wanted to go away, but it wasn't to be; **~ło się!** what's done is done!; **jeden błąd w obronie i ~ło się** one mistake by the defence and that

was it; **nic się nie ~ło!** it's all right! [2] (zostać) to become; **~ć się sędzią/ pośmiewiskiem** to become a judge/laughing stock; **to się ~ło tradycją/regułą** it became a tradition/rule; **~ła się milsza** she became nicer; **~wał się coraz bardziej natarczywy** he was becoming more and more intrusive; **długie suknie ~ły się niemodne** long dresses have gone out of fashion; **~ło się jasne** a. **oczywiste, że...** it became clear a. obvious that...; **wszystko ~ło się jasne** everything became clear; **sprawiedliwości ~ło się zadość** justice was done; **jego życzeniu ~ło się zadość** his wish was granted

■ **co się ~ło, to się nie odstanie** what's done cannot be undone

stadialn|y *adi.* *[proces, rozwój]* gradual

stadion *m* (*G* ~**u**) [1] Sport stadium; **korona ~u** the rim of a stadium; **na ~ie** in/at the stadium [2] Hist. (miara długości) stadium

stadi|um *n* (*Gpl* ~**ów**) książk. (etap) stage, phase; **w początkowym ~um rozwoju** at an early stage a. in the early phase of development; **znajdować się w ~um początkowym** *[projekt, badania]* to be in its infancy

stad|ło *n* (~**ełko** dem.) [1] żart. married couple; **dobrane ~ło** a good couple [2] Zool. pair

stadnie *adv.* **żyć ~** to live in herds; *[wilki]* to live in packs

stadnin|a *f* (hodowla, stado) stud

stadn|y *adi.* *[zwierzę]* gregarious; **instynkt ~y** the herd instinct

sta|do *n* (~**dko** dem.) [1] Zool. (bydła, bizonów, słoni) herd; (wilków) pack; (lwów) pride; (wielorybów, delfinów) school; (ptaków) flock; **~do owiec** a flock of sheep; **~do mlecznych krów** a dairy herd, a herd of milking cows; **lecące ~do dzikich gęsi** a flight of wild geese; **żyć w ~dzie** to live in herds/ packs [2] pejor. (tłum) herd; **~da turystów** herds a. flocks of tourists; **ludzie przychodzili ~dami** people came in flocks; **listy przychodziły ~dami** the letters just poured in

stagnacj|a *f sgt* [1] książk. stagnation [2] Ekon. stagnation; **~a w przemyśle** stagnation in industry

staj|ać *pf* (~**je** a. ~**ja**) *vi [lód, śnieg]* to melt, to thaw

staja|ły *adi. [śnieg, lód]* melted, thawed

stajen|ka *f dem.* (small) stable

stajenn|y **I** *adi. [boks, dziedziniec, lampa]* stable *attr.*; **chłopiec ~y** a stable boy; **służba ~a** stable hands **II** *m* stableman, groom

staj|nia *f* (*Gpl* ~**ni** a. ~**en**) [1] (pomieszczenie dla koni) stable; **~nie** mews; **trzymać konia w ~ni** to keep a horse in a stable [2] (stado koni) stable, stud; **~nia wyścigowa** a racing stable; **barwy ~ni wyścigowej** racing colours [3] pot. (zespół) stable; **kierowcy ze ~ni McLarena** drivers from the McLaren stable

■ **~nia Augiasza** książk. the Augean stables

stal *f* steel; **~ nierdzewna/kwasoodporna** stainless/acid-resistant steel; **huta ~i** a steelworks; **nóż/szabla ze ~i** a steel knife/ sword

❏ **~ besemerowska** Techn. Bessemer steel;

~ damasceńska Hist. damask (steel), Damascus steel; **~ konstrukcyjna** Techn. constructional steel; **~ narzędziowa** Techn. tool steel; **~ niskostopowa** Tech. low-alloy steel; **~ niskowęglowa** Techn. low-carbon steel; **~ stopowa** Techn. alloy steel; **~ szybkotnąca** Techn. high-speed steel; **~ tyglowa** Techn. crucible a. pot steel; **~ tytanowa** Techn. titanium steel; **~ ulepszona** Techn. toughened steel; **~ węglowa** Techn. carbon a. common steel; **~ zbrojeniowa** Techn. reinforced steel

■ **być twardym jak ~** to be as hard as steel; **mieć nerwy ze ~i** to have nerves of steel; **mieć wzrok zimny jak ~** to have steely eyes

stalag *m* (*G* ~**u**) Hist. Stalag

stalagmi|t *m* (*G* ~**tu**) Geol. stalagmite

stalagmitow|y *adi.* Geol. *[naciek, stożek]* stalagmitic

stalakty|t *m* (*G* ~**tu**) Geol. stalactite

stalaktytow|y *adi.* Geol. *[skamieliny, twory]* stalactitic

stale *adv.* (bez przerwy) constantly, permanently; **być ~ zajętym/zapracowanym** to be constantly busy/overworked; **on jest ~ głodny/śpiący** he's permanently hungry/sleepy; **on ~ zadaje to samo pytanie** he's constantly asking the same question; **~ mieszkam w mieście** I'm a permanent resident in the city

stalini|sta *m*, **~stka** *f* Polit. Stalinist

stalinizm *m sgt* (*G* ~**u**) Polit. Stalinism

stalinowiec → **stalinista**

stalinows|ki *adi.* Polit. *[system, terror]* Stalinist; **zbrodnie ~kie** Stalinist crimes

stall|e *plt* (*G* ~**i** a. ~**ów**) choir stalls

stalory|t *m* (*G* ~**tu**) Druk. steel engraving

stal|ować *impf vt* przest. (zamawiać) to order *[buty, meble]*; **~ować garnitur u krawca** to have a suit made to measure ⇒ **obstalować**

stalowni|a *f* (*Gpl* ~) Techn. steelworks, steel plant

stalow|y *adi.* [1] (wykonany ze stali) *[konstrukcja, gwóźdź, odlew]* steel *attr.* [2] książk. (mający kolor stali) *[mundur, oczy, niebo]* steel blue, steely [3] przen. (twardy) *[mięśnie, ramiona, nogi]* of steel [4] przen. (niezłomny) *[wola, charakter]* unbending

stalów|ka *f* [1] (do pióra) nib [2] pot. (miarka) tape-measure, measuring tape [3] (lina) wire rope [4] Ryboł. steel hook

stałoś|ć *f sgt* [1] Fiz. (ciał, substancji) solidity [2] (uczuć, przekonań) constancy [3] (zatrudnienia, wynagrodzenia) permanence [4] (charakteru) stability; **~ć w przyjaźni** constancy in friendship

stał|y **I** *adi.* [1] Fiz. (nieciekły, nielotny) solid; **ciało ~łe** a solid body, a solid; **paliwo ~łe** solid fuel; **~ły stan skupienia** solid-state aggregation [2] (zawsze ten sam) *[adres, element, miejsce]* permanent; **~ła kolumna w gazecie** a regular column in the paper; **~ła publiczność/klientela** a regular audience/regular customers [3] (określony) *[wielkość, cena, temperatura]* fixed; **opłata ~ła** a standing charge [4] (ciągły) *[wystawa, zatrudnienie, zarobki, opieka]* permanent [5] (wytrwały) *[miłość, przyjaźń]* constant, lasting; *[charakter]* steady; **być ~łym w uczuciach** to be constant in one's feelings

II stała *f* [1] (element stały) constant [2] Mat., Fiz. constant

III na stałe *adv.* (na zawsze) *[wyjechać, osiedlić się, mieszkać]* permanently; **przymocować coś na ~łe** to fix sth permanently; **to jest przymocowane na ~łe** it's non-detachable; **on jest tu zameldowany na ~łe** he is permanently registered at this address

❑ **~ła fizyczna** Fiz. physical constant; **~ła grawitacji** a. **grawitacyjna** Fiz. gravitational constant; **~ła logiczna** Log. logical constant

stamtąd *pron.* from there; thence przest., książk.; **~ łatwo trafisz do hotelu** you won't have any trouble finding (your way to) the hotel from there; **pojechali do Paryża, a ~ do Londynu** they went to Paris and from there a. thence to London; **~, gdzie stali, nic nie było widać** from where they were standing they couldn't see anything; **otworzyła szafę i wyjęła ~ sukienkę** she opened the wardrobe and took out a dress

stan¹ *m* (*G* **~u**) [1] *sgt* (sytuacja) state; (kondycja) condition; **~ faktyczny czegoś** the actual state of sth; **~ liczbowy czegoś** the number of sth; **czyjś ~ majątkowy** sb's assets a. property; **czyjś ~ umysłowy/zdrowotny** sb's state of mind/health; **ciężki ~ chorego** the patient's critical condition; **~ zapalny przewodu pokarmowego/skóry** inflammation of the digestive tract/skin; **~ pogody** weather conditions; **~ techniczny maszyny** the technical condition of the machine; **~ sprawności fizycznej** sb's physical condition; **~ przygotowań do czegoś** the degree of preparation for sth; **~ rokwitu/rozkładu czegoś** the prospering/declining condition of sth; **~ gotowości bojowej** a state of combat readiness; **~ czyjejś świadomości** the state of sb's consciousness; **przedsiębiorstwo w ~ie likwidacji** a company in liquidation; **przywrócić coś do ~u pierwotnego** to restore sth to its original condition; **doprowadzić coś do ~u używalności** to restore sth to a usable condition; **dom był w opłakanym ~ie** the house was in a pitiful condition [2] (nastrój) state; **~ duchowy** a. **ducha** a state of mind; **~ psychiczny/uczuciowy** a mental/an emotional state; **~y emocjonalne/lękowe** emotional/anxiety states; **~y maniakalne** manic states; **~ apatii/euforii** a state of apathy/euphoria; **~ rozdrażnienia/odprężenia** a state of irritation/relaxation

❑ **~ ciekły** Fiz. liquid state; **~ cywilny** marital status; **~ krytyczny** Fiz. critical state; **~ małżeński** marital status; **~ nietrzeźwości** intoxicated state; **~ nieważkości** Fiz. zero-gravity state; **~ oblężenia** state of siege; **~ panieński** maidenhood; **~ podgorączkowy** Med. subfebrile temperature; **~ skupienia** Fiz. state of aggregation; **~ wody** water level; **~ wolny** singleness; (w kwestionariuszu) single; **~ surowy** Budow. (building) shell; **~ surowy zamknięty** Budow. roofed (building) shell; **~ kawalerski** bachelorhood; **~ wojenny** Polit. martial law; **~ wyjątkowy** Polit. state of emergency

■ **być w ~ie pomóc komuś** to be able to help sb, to be in a position to help sb; **być w ~ie dotrzeć gdzieś/załatwić coś** to be able to get somewhere/arrange sth; **nie być w ~ie dokończyć/nauczyć się czegoś** to be unable to complete/learn sth; **postawić kogoś w ~ oskarżenia** to bring charges against sb; **być w ~nie błogosławionym** a. **poważnym** to be in the family way

stan² **II** *m* (*G* **~u**) [1] (część państwa związkowego) State; **granica ~u** the state border; **Stany Zjednoczone Ameryki Północnej** the United States of America [2] Hist. (warstwa społeczna) class; **~ chłopski** the peasantry; **~ ziemiański** the gentry; **~ średni** (mieszczaństwo) the middle class; **~ trzeci** the third estate; **~ duchowny** the clergy; **~ rycerski** the knightly order; **człowiek niskiego/wysokiego ~u** a person of low/high rank; **żyć ponad ~** to live beyond one's means [3] przest., książk. (zawód) profession; **~ nauczycielski/urzędniczy/wojskowy** the teaching/administrative/military profession [4] przest. (państwo) state; **mąż ~u** a statesman; **sekretarz ~u** a secretary of state; **racja ~u** raison d'état; **tajemnica ~u** a state secret; **trybunał ~u** the State Tribunal; **zamach ~u** a coup d'état; **zdrada ~u** high treason

II Stany *plt* pot. (USA) the States pot.

❑ **Stany Generalne** Hist. Estates General, States General

stan³ *m* (*G* **~u**) [1] (talia) waist, middle; **szczupłość ~u** smallness of the waist [2] (część tułowia) trunk; **mieć krótki/długi ~** to have a high/low waist [3] (góra sukni) bodice; **luźny/dopasowany ~** a loose/form-fitting bodice

sta|nąć¹ *pf* — **sta|wać** *impf* (**~nęła, ~nęli** — **~ję**) *vi* [1] (przybrać pozycję pionową) to stand up; **~nąć na baczność** to stand to attention; **~nąć na głowie** to stand on one's head; **~nąć na rękach** to do a handstand; **pies ~nął na tylnych łapach** the dog stood up on its hind legs; **~nęła na palcach, żeby więcej widzieć** she stood on her toes in order to see more [2] (zostać ustawionym pionowo) to stand; **książki ~nęły na półkach** the books were placed on the shelves [3] (zatrzymać się w ruchu) to stop; **pociąg ~nął na stacji** the train stopped at the station; **samochód ~nął przed posterunkiem policji** the car pulled up in front of the police station; **~wać przed wystawami** to stop in front of shop windows [4] (przestać funkcjonować) to stop; **zegar ~nął** the clock has stopped; **fabryki ~nęły** the factories have stopped operating; **ruch uliczny ~nął** traffic was brought to a standstill [5] (zgłosić się) to appear; **~nąć przed sądem/komisją lekarską** to appear before a court/the medical board; **~nąć do konkursu** to enter a competition; **~nąć do walki z kimś** to square up to sb; **~nąć do przetargu** to put in a bid; **~nąć do apelu** to fall in for roll-call [6] (pojawić się) to appear, to turn up; **goście ~nęli w drzwiach naszego domu** some visitors turned up at our door [7] posp. (być w stanie wzwodu) *[członek]* to be erect; **~ął mu** he had a hard-on wulg. [8] przest. (wystarczyć) **nie ~je mu odwagi, żeby...**

he lacks the courage to...; **poczekaj! tchu mi już nie ~je** wait! I'm getting out of breath [9] przest. (zatrzymać się) to make a stop; **na noc ~nęliśmy w gospodzie** we stopped at an inn for the night; **wojsko ~nęło obozem we wsi** the army made camp in the village

stan|ąć² *pf* (**~ęła**) *vi* [1] (zamarznąć) to freeze; **rzeki ~ęły** the rivers froze [2] (zakrzepnąć) to set; **galaretka jeszcze nie ~ęła** the jelly hasn't set yet [3] (zostać zbudowanym) to be raised a. erected; **na placu ~ął pomnik** a monument was erected in the square [4] pot. (dojść do skutku) to be settled; **umowa ~ęła** the deal was settled; **zakład ~ął** the bet was settled; **w końcu ~ęło na tym, że...** eventually it was decided that...

stancj|a *f* (*Gpl* **~i**) przest. lodgings; digs GB pot.; **mieszkać na ~i** to live in lodgings a. digs

standar|d *m* (*G* **~du**) [1] (przeciętna norma) standard; **wysoki/niski ~d mieszkania** a high/low housing standard; **~d życia** a. **życiowy** the standard of living; **towar spełnia/nie spełnia ~dów UE** this product complies/doesn't comply with EU standards [2] Muz. standard; **~dy jazzowe** jazz standards [3] (podstawowa wersja wyrobu) standard; **samochód w wersji ~d** the standard model of a car

standardowo *adv.* (typowo) **~ urządzone mieszkanie** a conventionally furnished flat; **wytwarzać coś ~** to produce sth in a standard version; **myśleć ~** to think conventionally

standardow|y *adi.* [1] (odpowiadający podstawowym normom) *[towar, wyrób, domek]* standard [2] (przeciętny) *[opinia, sposób myślenia]* conventional

standaryzacj|a *f sgt* (wyrobów, języka, kultury) standardization

standaryz|ować *impf vt* to standardize *[budownictwo, pisownię wyrazów]*; **opakowania ~owane** standardized containers

stangre|t *m* coachman; **~t w liberii** a liveried coachman

stanic|a *f* książk. [1] (turystyczna, harcerska) hostel; **~a wodna** a riverside hostel [2] Wojsk. przest. (strażnica) border watchtower [3] Hist. (osada kozacka) stanitsa

stanicz|ek *m dem.* [1] (biustonosz) bra [2] przest. (gorset) bodice, camisole [3] (góra sukni) bodice, corsage [4] (część stroju ludowego) bodice

stani|eć *pf* (**~eje, ~ał**) *vi* [1] *[towary, usługi]* to become cheaper ⇒ **tanieć** [2] przen. *[uczciwość, odwaga, życie]* to be cheapened ⇒ **tanieć**

stanik *m* [1] (biustonosz) bra; brassiere przest. [2] przest. (gorset) bodice, camisole [3] (góra sukni) bodice, corsage [4] (część stroju ludowego) bodice

stanisławows|ki *adi.* Hist., Literat. of the times of the reign of Stanislaus II (1764-1795)

stanowczo *adv.* [oświadczyć, oznajmić, żądać] firmly; [odmówić, sprzeciwić się] categorically

stanowczoś|ć *f sgt* firmness

stanowcz|y *adi.* [1] *[osoba]* resolute [2] *[głos, ton, odpowiedź, odmowa, protest]* firm

stan|owić *impf* **II** *vt* [1] (tworzyć) to make, to constitute; **~owili dobraną parę** they made a perfect couple; **mieszkanie ~owiło główną część naszego majątku** the flat was our main asset; **przestępcy ~owią zagrożenie dla bezpieczeństwa publicznego** criminals constitute a hazard to public safety; **drzewa ~owiły ochronę przed wiatrem** the trees provided shelter against the wind ② (rozstrzygać) to decide, to determine; **~owić o swoim losie** to decide about one's future; **~owić prawa** to establish laws; **prawo ~owi, że...** the law says that...

③ *vi* (być czynnikiem decydującym) to determine; **łagodny klimat ~owi o atrakcyjności tego miejsca** the pleasant climate makes the place attractive to visitors

stanowisk|o *n* ① (miejsce wykonywania czynności) post, stand; **~o archeologiczne** an archeological excavation site; **~o pracy** a workstation; **~o obserwacyjne** an observation post; **~o sprzedaży biletów** a ticket-sales point ② (miejsce postoju) **autobus do Zakopanego odjeżdża ze ~a drugiego** the coach for Zakopane is departing from Bay Two; **samolot do Paryża kołuje na ~o startowe** the plane for Paris is taxiing into take-off position ③ (pozycja w hierarchii zawodowej, służbowej) post, position; **~o w rządzie** a government post; **człowiek na eksponowanym ~u** a person of high standing; **zajmować ~o kierownicze** to hold a managerial position ④ (punkt widzenia) position, stand; **zająć zdecydowane ~o w jakiejś sprawie** to take a definite stand on sth; **jakie jest twoje ~o w tej sprawie?** what's your position a. where do you stand on this matter?; **wypracować wspólne ~o** to work out a common position a. stance; **on stoi na ~u, że...** he takes the view that... ⑤ Wojsk. position; **~o obronne** a defensive position ⑥ Myślis. position ⑦ Bot., Zool. position; **~o słoneczne/podmokłe** a sunny/damp position

stanow|y *adi.* ① [władze, wybory] state *attr.* ② [przynależność, różnice] class *attr.*

stapiać *impf* → **stopić**

stara|ć się *impf v refl.* ① (ubiegać się) to try, to attempt; to strive książk.; **~ć się o posadę/stypendium** to try to get a job/scholarship; **~ć się kogoś przekonać** to try to persuade sb; **~ć się zrobić karierę** to attempt to make a successful career ② (próbować) to try; **~j się nie spóźnić** try not to be late; **~ła się być dobrą uczennicą** she did her best to be a good pupil; **~łam się, jak mogłam** I was trying my best ⇒ **postarać się**

■ **~ć się o czyjąś rękę** to court sb przest.

stara|nie ③ *sv* → **starać się**

③ **starania** *plt* efforts; endeavours książk.; **czynić ~nia o coś** to make efforts to achieve sth; **dokładać wszelkich ~ń, żeby...** to spare no effort to...; **po latach ~ń osiągnęliśmy swój cel** after years of endeavour we succeeded in achieving our objective

starannie *adv. grad.* [sprzątać, odrabiać lekcje] carefully; [ubrany, uczesany] neatly; **~ utrzymany ogród** a well-kept garden

staranność *f sgt* (wykonania, wykończenia) care; **ubierała się z wyszukaną ~cią** she dressed with elaborate care

starann|y *adi. grad.* ① [pismo] neat; [makijaż, poszukiwania] careful ② [osoba] diligent, meticulous

staran|ować *pf vt* to ram [pojazd, bramę] ⇒ **taranować**

starawo *adv.* [wyglądać, pachnieć] oldish *adi.*

staraw|y *adi.* [osoba, twarz, chleb] oldish

star|cie ③ *sv* → **zetrzeć**

⑪ *n* ① (potyczka) clash, scuffle; **~cie zbrojne** an armed clash; **~cie na noże/ pistolety** a clash with knives/guns; **gwałtowne ~cia demonstrantów z policją** violent clashes between the demonstrators and the police ② Sport (w boksie, zapasach, szermierce) round; **nasz reprezentant wygrał w pierwszym ~ciu** our competitor won in the first round ③ przen. (ostra wymiana zdań) squabble; **~cie pomiędzy dyskutantami** a sharp exchange between discussion participants; **~cie na tle politycznym** a squabble over politics ④ Med. (otarcie naskórka) abrasion, graze

starczać *impf* → **starczyć**

starczo *adv.* in a senile manner

starczość *f sgt* senility

starcz|y *adi.* senile; **demencja ~a** senile dementia

starcz|yć *pf* — **starcz|ać** *impf vi* to suffice, to be enough; **żywności ~yło dla wszystkich** there was enough food for everyone; **pieniędzy ~y do końca miesiąca** the money should last until the end of the month; **życia nie ~y na przeczytanie tych książek** a lifetime won't be enough to read all these books; **to jedno zdanie ~yło za komentarz** that one sentence sufficed as a comment; **kawałek chleba musi ~yć za cały posiłek** a piece of bread will have to do for a whole meal; **~y!** that's enough!, that'll do!

stareń|ki *adi.* pieszcz. [osoba, zwierzę, drzewo, obraz] very old

stareńko *adv.* pieszcz. [wyglądać] very old *adi.*

starga|ć *pf* ⑪ *vt* ① (poplątać) to tousle [włosy]; to tangle [nici, sznurek] ② (nadszarpnąć) to ruin [zdrowie]; **mieć ~ne nerwy** to have frayed nerves

⑪ **stargać się** ① [nerwy] to fray; [siły] to become overtaxed ② [włosy] to become tousled

sta|ro ⑪ *adv. grad.* [wyglądać, czuć się] old *adi.*

⑪ **staro-** w wyrazach złożonych old-; **staromodny** old-fashioned; **starochrześcijański** Early Christian

staro|ć *f* antique; **targ ~ci** an antique(s) fair; **latem w telewizji pokazują same ~cie** in summer they show nothing but repeats on TV

starodawnie *adv.* in an old-fashioned manner

starodawność *f sgt* antique nature

starodawn|y *adi.* [pieśń, taniec] old; [meble] antique

starodruk *m* (*G* **~u**) antique book

starodrzew *m* (*G* **~u**) ancient forest

starokawalers|ki *adi.* [nałogi, przyzwyczajenia] old bachelor's

starokawalerstw|o *n sgt* old-bachelorhood

staromiejs|ki *adi.* [rynek, ratusz, kamienica] old town *attr.*

staromodnie *adv.* in an old-fashioned manner a. way

staromodn|y *adi.* [osoba, strój, przyzwyczajenie] old-fashioned

staropanieńs|ki *adi.* [nawyki, fochy] old-maidish, spinsterish

staropanieństw|o *n sgt* spinsterhood

staropols|ki ⑪ *adi.* [literatura, gościnność, kuchnia] Old Polish

⑪ **po staropolsku** *adv.* [witać, gościć] in the Old Polish manner

staropolszczy|zna *f sgt* ① (język) Old Polish ② (obyczaje) Old Polish ways and customs

starorzecz|e *n* (*Gpl* **~y**) Geog. old river bed

staro|sta *m* (*Npl* **~stowie**) ① Hist., Admin. (urzędnik państwowy) starosta, starost ② **~sta weselny** a master of ceremonies; **~sta klasy** a class a. form GB prefect

starostw|o *n* ① Admin. (godność) office of a starost ② Admin. (siedziba) the offices of the district authorities ③ Hist. (dobra ziemskie) starosty

starościn|a *f* ① Hist. (żona starosty) a starost's wife ② **~a weselna** matron of honour; **~a klasowa** a class a. form GB prefect

staro|ść *f* ① (okres życia) old age ② (dawność) antiquity; **papier pożółkły ze ~ści** paper yellowed with age

■ **~ść nie radość** przysł. age is a heavy burden

staroświec|ki ⑪ *adi.* [mebel, ubranie, pogląd] old-fashioned

⑪ **po staroświecku** *adv.* **ubierać się po ~ku** to dress in an old-fashioned way

staroświecko *adv.* [wyglądać, brzmieć] old-fashioned *adi.*; [ubierać się] in an old-fashioned manner a. way

starozakonn|y ⑪ *adi.* [księgi, prawo] Old Testament *attr.*

⑪ **starozakonn|y** *m*, **~a** *f* Orthodox Jew

starożytnoś|ć *f sgt* ① (okres dziejów) antiquity ② przest. (antyki) antiques *pl* ③ przest. (budowli, rodu) antiquity ④ (starożytni) the ancients *pl*

starożytn|y *adi.* ① [sztuka, literatura, historia] ancient ② [zwyczaje, nazwisko, bogowie] ancient

starów|ka *f* (dzielnica) the Old Town

starsza|k *m* (*Npl* **~ki** a. **~cy**) pot. (w przedszkolu) six-year-old (boy or girl belonging to the group of eldest children in a kindergarten)

starszeństw|o *n sgt* seniority; **zajmować miejsca według ~a** to be seated according to seniority

starszy|zna *f sgt* the elders *pl*; **~zna rodowa** the family elders

star|t *m* (*G* **~tu**) ① Sport (początek biegu, wyścigu) start; **stanąć na linii ~tu** to line up at the start ② (udział w zawodach) participation *U*; **potwierdził swój ~t w czerwcowych mistrzostwach** he confirmed his participation in the June championship ③ (pierwsza faza lotu) take-off; **~t samolotu opóźnił się z powodu mgły** take-off was delayed by the fog ④ (rozpoczęcie działalności) start; **mieć gładki ~t w życiu** to get off to a flying start in life; **zapewnić wszystkim równy ~t** to give everyone an equal start

❏ **~t lotny** Sport flying start; **~t niski** Sport crouch a. block start; **~t wysoki** Sport standing start

■ **stanąć na ~cie** to enter an event; **~t życiowy** a start in life; **~t! go!**

starte|r [] *m pers.* starter; **czekać na znak ~ra** to be under starter's orders, to wait for the starter's signal

[] *m inanim.* (rozrusznik) starter; **nacisnąć guzik ~ra** to press the starter button

start|ować *impf vi* [1] (stawać do zawodów) to enter a race [2] (o samolocie) to take off [3] pot. (rozpoczynać działalność) to make a start; **~ować w teatrze/filmie** to make one's debut in the theatre/in film; **~ować jako adwokat/dentysta** to be starting out as a solicitor/a dentist; **~ować w wyborach** to stand for election, to run in an election

■ **~ować od zera** to start from scratch

startow|y *adi.* [1] Sport *[sygnał, blok, pistolet, linia]* starting [2] (związany z pierwszą fazą lotu) take-off; **pas ~y** a runway; **pole ~e** a tarmac; **droga ~a** the centre of the runway

staruch *m* (*Npl* ~owie a. ~y) pot., pejor. old man; **obleśny ~** a dirty old man pot.

staru|cha *f* pot., pejor. old woman

starusz|ek [] *m pers.* (*Npl* ~kowie) [1] (o starym mężczyźnie) old man; **drogą szli dwaj ~kowie** two old gentlemen were walking along the road; **drogą szło dwoje ~ków** an elderly couple were walking down the road [2] (o ojcu) old man pot.; **moi ~kowie obchodzili wczoraj złote gody** yesterday my parents celebrated their golden anniversary

[] *m anim.* przen. (o starym zwierzęciu) **trzymał psa ~ka na smyczy** he had his old dog on a leash, he had the old boy on a leash

[] *m inanim.* (o starej, lubianej rzeczy) (dear) old thing; **czy twój ~ek samochód jeszcze na chodzie?** is that old car of yours still going?

starusz|ka *f* [1] (kobieta) old lady; **jaka z niej miła ~ka** what a nice old lady! [2] (zwierzę) **nasza ~ka to zwyczajny kundelek** this old girl of ours is an ordinary mongrel [3] (rzecz) (dear) old thing; **twoja maszyna ~ka jeszcze sprawnie działa** your old machine is still working well; **na skraju wioski stała ~ka kapliczka** at the edge of the village stood a venerable old roadside shrine

sta|ry [] *adi. grad.* [1] (liczący wiele lat) *[ojciec, dziadek, pies, dom]* old; **Stary Świat** the Old World; **~rzy mistrzowie** the old masters; **~rszy syn/brat** one's elder son/brother [2] (podniszczony, nienowy) old; **~ry, zardzewiały grat** a rusty old wreck [3] (dawny, nieaktualny) *[adres, tygodnik]* old; **potrzebny mi jest ~ry numer Newsweeka** I need a back issue a. back copy of Newsweek [4] (nie tracący na aktualności) *[przyjaźń, znajomość]* old; **po ~emu** as of old; **narzekał po ~emu** he complained as usual; **u nas wszystko po ~emu** thing's the same as usual with us [5] (o produktach żywnościowych) *[chleb, piwo, ser]* stale

[] *adi.* [1] (mający wieloletnie doświadczenie)

[fachowiec, majster] old [2] *[przyjaciel, znajomy]* old [3] pot. (w wyzwiskach) old; **ty ~ry durniu!** you old fool!

[] **starszy** *adi. comp.* [1] (niemłody) elderly; **jakiś ~rszy pan pytał o ciebie** an elderly gentleman was asking after you; **przyjeżdża tu odpocząć wiele ~rszych osób** many elderly people come here on holiday [2] (stojący wyżej w hierarchii) *[redaktor, wykładowca, wspólnik]* senior; *[oficer]* superior, senior; **~rszy mat/szeregowy lotnictwa** ≈ a leading seaman/aircraftman; **~rszy sierżant sztabowy** ≈ a staff sergeant major GB, a chief master sergeant US; **~rszy bosman sztabowy** ≈ a chief petty officer; **~rszy chorąży sztabowy** ≈ a chief warrant officer; **w ~szych klasach uczniowie piszą prace semestralne** in the upper forms the students write term papers [3] (z nazwiskiem) **~rszy Kowalski** Kowalski Senior; **Pliniusz Starszy** Pliny the Elder

[] **sta|ry** *m*, **~ra** *f* [1] (dorosły) an old person [2] pot. (przełożony) boss; **masz się natychmiast zgłosić do ~rego** you're to report to the boss immediately [3] pot. (ojciec) old man; (matka) old woman; **~ry zrobił mi wczoraj awanturę, że późno wróciłam** my/the old man gave me merry hell for being late yesterday [4] pot. (mąż) old man pot.; (żona) old lady pot.; **kupiła ~remu krawat na urodziny** she bought her old man a tie for his birthday

[] **stare** *n sgt* the old; **walka nowego ze ~rym** the battle of the old and the new; **budować nowe na gruzach ~rego** to build something new on the ruins of the old

[] **starsi** *plt* elders; **trzeba słuchać ~rszych** you should obey your elders; **trzeba ustępować miejsca ~rszym** one should give up one's seat to the elderly; **~rsi mają pierwszeństwo** age before beauty

[] *inter.* pot. **cześć, ~ry!** hello, old buddy! US pot.; hello, old bean! przest., pot.

■ **ten kapelusz jest dla ciebie za ~ry** that hat is too old for you; **~ry ale jary** there's life in the old dog yet; **~ry lis** a. **wróbel** a slippery customer

sta|rzec [] *m pers.* (*V* ~rcze) old man; **czcigodny ~rzec** a venerable old man; **dom ~rców** an old people's home; **rządy ~rców** gerontocracy

[] *m inanim.* Bot. groundsel

starz|eć się *impf* (~eję się, ~ał się, ~eli się) *v refl.* [1] (stawać się starym) to age, to grow old; **ładnie się ~eć** to grow old gracefully, to age well; **on się już trochę ~eje** he's knocking on a bit pot.; **~ejąca się kobieta** an ageing woman ⇒ **zestarzeć się** [2] przen. (tracić aktualność) *[utwór, opinia, pogląd]* to become outdated; **nie ~ejący się szlagier** an evergreen hit ⇒ **zestarzeć się** [3] (tracić świeżość) *[olej, ser]* to go off, to go bad; **masło się szybko ~eje** butter turns rancid very quickly ⇒ **zestarzeć się** [4] Socjol. to age; **~ejące się społeczeństwo** an ageing society ⇒ **zestarzeć się**

starzy|zna *f sgt* junk; **sklep ze ~zną** a junk shop; **handlować ~zną** to sell junk

statecz|ek *m dem.* (little) ship

statecznie *adv. grad.* [1] (rozważnie, dostojnie) *[wyglądać]* sedate *adi.* [2] (zachowując równowagę) steadily; **utrzymywać się ~ na łodzi** to maintain one's balance in a boat

statecznik *m* Lotn. fin, stabilizer

stateczność *f sgt* [1] (rozwaga) sedateness, staidness [2] (zdolność powracania do położenia pierwotnego) stability [3] Bud. stability

stateczn|y *adi. grad.* [1] (działający rozważnie) *[biznesmen, obywatel]* solid, level-headed; *[firma]* solid, well-established; **człowiek poważny i ~y** a serious, level-headed person [2] *[łódź, statek, samolot]* stable

stat|ek *m* (*G* ~ku) Żegl. ship; **podróżować ~kiem** to travel by ship; **wsiąść na ~ek do Indii** to take a ship to India; **~ek podniósł kotwicę i ruszył w drogę** the ship weighed anchor and set off

❏ **~ek atomowy** nuclear-powered ship; **~ek drobnicowy** general cargo vessel; **~ek flagowy** flagship; **~ek hydrograficzny** hydrographic ship; **~ek jądrowy** nuclear ship; **~ek kablowy** cable layer; **~ek kołowy** paddle steamer, paddle boat; **~ek kontenerowy** container ship; **~ek kosmiczny** Astronaut. spaceship, spacecraft; **~ek latarniowy** lightship; **~ek liniowy** liner; **~ek powietrzny** Lotn. airship; **~ek pożarniczy** fireboat; **~ek przetwórnia** factory ship; **~ek ratowniczy** lifeboat; **~ek skośnożaglowy** bark; **~ek spacerowy** pleasure boat; **~ek szkolny** training ship; **~ek warsztatowy** repair ship

statk|i *plt* (*G* ~ów) pot. dishes

statu|a *f* (*G* ~y a. ~i) statue; **Statua Wolności** the Statue of Liberty

statuet|ka *f dem.* statuette, figurine; **kolekcjonować porcelanowe ~ki** to collect porcelain figurines; **otrzymał ~kę Oskara za najlepszy film** he received an Oscar for best film

status *m sgt* (*G* ~u) status; **~ społeczny/zawodowy** social/professional status; **~ uchodźcy** refugee status

statu|t *m* (*G* ~tu) statute

statutowo *adv.* statutorily, according to the statute

statutow|y *adi. [zmiany, przepisy]* statutory

statycznie *adv.* statically; **ujmować coś ~** to view sth in a static way; **wyważyć ~ i dynamicznie koła samochodu** to balance the wheels statically and dynamically

statyczność *f sgt* [1] (nieuleganie zmianom) stability; **~ć zarządzeń** stability in regulations; **skrytykował ~ć przedstawienia** he criticized the performance as being too static [2] (stan równowagi) stability, static equilibrium

statyczn|y *adi.* [1] (pozostający w bezruchu) *[malarstwo, rzeźba]* static [2] (będący w stanie równowagi) *[pojazd, łódź, ciśnienie]* static

staty|ka *f sgt* Fiz. statics *pl*

staty|sta *m*, **~stka** *f* (w kinie, teatrze) supernumerary, extra

statyst|ować *impf vi* to work as an extra; **~ował w scenach batalistycznych** he worked as an extra in battle scenes

statystycznie *adv.* statistically

statystyczn|y *adi.* statistical

statysty|k *m* statistician

statysty|ka *f sgt* statistics *pl*; **~ki wykazują spadek zachorowań na cholerę**

statistics a. figures show a drop in cholera cases; **~ka handlu zagranicznego** trade figures; **~ka przestępczości** crime figures
statyw m (G **~u**) stand; **~ trójnożny** a tripod stand
staw[1] m (G **~u**) pond; **~ rybny** a fish pond; **~ górski** a tarn
■ **wedle ~u grobla** ≈ you pays your money and takes your choice pot.
staw[2] m (G **~u**) Anat. (ruchome połączenie kości) joint; **łupie mnie w ~ach** pot. my joints are aching
❏ **~ barkowy** shoulder joint; **~ biodrowy** hip joint; **~ kolanowy** knee joint
stawać impf → **stanąć**[1]
stawać się impf → **stać się**
stawiacz m (Gpl **~y**)
❏ **~ min** Wojsk. minelayer
stawia|ć impf **I** vt [1] (umieszczać, ustawiać) to put; **~ć filiżanki/talerze na stole** to put cups/plates on the table; **~ć komuś bańki** to cup sb przest.; **~ć komuś pijawki** to apply leeches to sb przest.; **~ć horoskop** to draw up a horoscope; **~ć pasjansa** to play patience; **~ć karty** a. **kabałę** to tell fortunes by cards; **~ć sidła** to lay a. set a snare; **~ć stopnie** to give marks; **~ć kogoś pod pręgierz** a. **pod pręgierzem** to pillory sb; **często ~ł dziecko do kąta** he often put the child in the corner [2] (podnosić do góry) to turn a. put up; **~ć kołnierz** to turn up a. raise one's collar; **~ć żagle** to make sail, to set sail [3] (nadawać pozycję pionową) to stand up, to set [sth] upright [kieliszek, wazon]; **zaczęła już ~ć dziecko na nóżki** she's begun to get the baby to stand [4] (budować) to build [dom, piec]; to erect [rusztowanie, pomnik]; to put up [namiot, płot] [5] (przedstawiać) **~ć komuś ultimatum** to issue a. deliver a. give an ultimatum to sb; **~ć diagnozę** to make a diagnosis [6] (wykładać jako stawkę w grze) **~ać na konia na wyścigach** to (put a) bet on a horse at the races [7] pot. (fundować) to stand pot.; **~ć komuś obiad/drinka** to stand sb lunch/a drink
II stawiać się pot. (przeciwstawiać się) to rebel (**komuś** a. **wobec kogoś** against sb); **~ć się rodzicom** to rebel against one's parents
■ **~ć kogoś w złym/dobrym świetle** to present sb/sth unfavourably/favourably, to place sb in an unfavourable/a favourable light; **~ć coś komuś przed oczy** a. **przed oczami** to make sb aware of sth; **~ć coś na głowie** to put the cart before the horse; **~ć coś pod znakiem zapytania** to place sth under a question mark; **~ć kogoś na nogi** (poprawiać stan) to stand sb on their feet; (zmuszać do działania) to have sb back on their feet; **~ć kogoś przed faktem dokonanym** to present sb with a fait accompli; **~ć kogoś w trudnej/przykrej sytuacji** to place sb in a difficult/an unpleasant situation; **~ć na kimś/czymś krzyżyk** to write sb/sth off; **~ć na kogoś/coś** to count on sb/sth; **~ć na swoim** to have one's way; **~ć pierwsze kroki** to take one's first steps; **~ć przeszkody** to pose obstacles; **~ć się na równi z kimś** to consider oneself sb's equal; **~ć kogoś/coś poza nawias** a. **poza nawiasem** to ignore sb;

~ć kogoś/coś wysoko to regard sb/sth highly, to think highly of sb/sth; **~ć kogoś/coś za wzór** a. **za przykład** to put sb/sth forward as a model; **~ć między czymś a czymś/między kimś a kimś znak równości** to equate sth with sth/sb with sb
stawiać się impf → **stawić się**
staw|ić się pf — **staw|iać się** impf v refl. to turn up, to appear; **~ić się na rozprawę/na egzamin** to turn up for the trial/exam; **~iać się na każde wezwanie** a. **zawołanie** to be at sb's beck and call
stawiennictw|o n sgt appearance; **~o na rozprawę jest obowiązkowe** appearance in court is obligatory a. mandatory
stawik m dem. (small) pond
staw|ka f [1] (kwota) rate; **~ka jednolita zryczałtowana** a flat rate; **minimalna ~ka godzinowa/dzienna** a minimum hourly/daily rate of pay; **~ka za nadgodziny** the overtime rate; **~ki dla tłumaczy/za korektę** translating/proofreading rates; **~ki za reklamę** advertising rates; **jego ~ka za godzinę wynosi $20** his hourly rate is $20; **jaka jest teraz ~ka dla opiekunek do dzieci?** what's the going rate for babysitters?; **podniesiono/obniżono ~ki podatkowe** tax rates have been raised/lowered [2] (w grach hazardowych) stake; **grać o wysokie ~ki** to play a. gamble for high stakes; **podnieść ~kę** to raise the bidding a. stakes; **podwoić ~kę** to double the stakes [3] przen. stake; **~ką jest życie dziecka** the child's life is at stake [4] Myślis. fox's race [5] (konie, zawodnicy) the starters (in this race)
❏ **~ka amortyzacyjna** Ekon. rate of depreciation
■ **ostatnia ~ka** the last stake
stawon|óg Zool. m arthropod
stawow|y[1] adi. (dotyczący zbiornika wodnego) pond attr.
stawow|y[2] adi. Anat. [bóle, gościec] articular; **maź ~a** the synovia; **torebka ~a** a synovial capsule
staż m (G **~u**, Gpl **~y** a. **~ów**) [1] (okres próbny) traineeship; **być na ~u** a. **odbywać ~** to be on placement, to serve one's internship US; **dostać się na ~ do firmy** to get a placement with a company; **odbyć roczny ~ w przemyśle** to spend one year on industrial placement [2] (czas od podjęcia pracy, funkcji) seniority U; **pracownik z długim ~em** a long-serving employee; **mam za sobą dwudziestoletni ~ pracy** I have twenty-years' work experience; **w zależności od ~u pracy** in order of seniority
stażow|y adi. **~owa pensja jest zazwyczaj bardzo niska** entry-level pay is usually very low; **okres ~y w tym przedsiębiorstwie wynosi sześć miesięcy** the period of probation in this company is six months
staży|sta m, **~stka** f probationer, trainee; **nauczyciel ~sta** a probationary a. trainee teacher
stąd II pron. [1] (wskazuje na miejsce) from here; **dwa kilometry ~** two kilometres from here a. away; **to dziesięć minut ~** it's ten minutes' walk away a. from here; **daleko ~**

a long way from here; **blisko ~** near here; **to kawał drogi ~** it's a long way off a. from here; **ja nie jestem ~** I'm not from around here a. from these parts, I'm a stranger here; **zabierz to ~** take that a. it away (from here); **wynoś się** a. **zjeżdżaj ~!** pot. clear off (out of it)! pot.; get out of here!; **~ dotąd** from here to here/there; **~ dotąd jest dziesięć centymetrów** it's ten centimetres from here to here; **przeczytaj wiersz ~ dotąd** read the poem from here up a. down to here; **~, gdzie teraz stoję, widać ocean** from where I'm standing now I can see the ocean; **odeślą go tam, ~ przyszedł** they'll send him back where he came from [2] (wskazuje na przyczynę) **wyciągnięto ~ niepoprawne wnioski** that a. this gave rise to false conclusions; **pomysł wziął się ~, że wszyscy potrzebowali pieniędzy** the whole idea arose because all of them/us were in need of money; **~ biorą się nasze obecne trudności** that's the source a. cause of our present difficulties
II part. hence; **był niskiego wzrostu, ~ przydomek** he was short, hence the a. his nickname
■ **cóż ~** so what? pot., what of it? pot.; **cóż ~, że ma już czterdzieści lat** so what if he's forty?; **ni ~, ni zowąd** all of a sudden; out of the blue pot.
stąg|iew f (**~iewka** dem.) przest. vat
stąpać impf → **stąpnąć**
stąp|nąć pf — **stąp|ać** impf (**~nęła, ~nęli — ~am**) vi to tread; **~ać na palcach** to tiptoe; **dumnie ~ać** to strut; **~ać ciężko** to lumber, to plod; **~ać niezdarnie** to blunder; **źle ~nąć** to miss one's footing; **~ać po cienkim lodzie** przen. to be treading on thin ice przen.; **~ać po śliskim gruncie** przen. to be on dangerous ground; **nie mógł ~nąć chorą nogą** he was unable to take a step with his gammy leg
■ **(mocno) ~ać po ziemi** to have one's feet firmly fixed on the ground; **~ać po różach** to be in clover; **całe życie ~ał po różach** his whole life was a bed of roses; **gdzie** a. **gdziekolwiek ~nąć** wherever you turn
stąpnię|cie II sv → **stąpnąć**
II n [1] (odgłos) (foot)step; footfall książk.; **jego głośne ~cia obudziły dziecko** his noisy footsteps woke the baby [2] (zrobienie kroku) tread; **mocne ~cie** a heavy tread
stchórz|yć pf vi to chicken out pot.; **~ył przed ostateczną decyzją** he got cold feet at the last moment ⇒ **tchórzyć**
stearyn|a f sgt stearin
stearynow|y adi. [świeca, preparat] stearin attr.
stebn|ować impf vt to backstitch ⇒ **przestebnować**
stebnowa|nie II sv → **stebnować**
II n backstitch
stebnowan|y II pp → **stebnować**
II adi. [kołnierzyk, mankiety, kieszenie] backstitched
stebnów|ka f backstitching
stechnicyz|ować pf vt [1] (wprowadzić usprawnienia techniczne) to introduce technology into; **~ować proces produkcyjny** to

make technological improvements in the production process ⟨2⟩ (poddać dominacji techniki) **~owana cywilizacja** a technological civilization

stefan|ka f (ciasto) layered sponge cake (filled with cream and topped with chocolate icing)

stek m (G **~u**) ⟨1⟩ Kulin. steak; **krwisty ~** a rare steak; **~i smażone** fried steaks ⟨2⟩ Zool. cloaca ⟨3⟩ (nagromadzenie) **~ nonsensów/ głupstw** a load of nonsense/rubbish; **~ kłamstw** a pack of lies; **~ wyzwisk** a torrent a. shower of abuse

stekow|iec m Zool. monotreme

stelaż m (G **~a** a. **~u**) frame; **plecak na ~u** a frame rucksack; **~ na butelki z winem** a wine rack; **~ do wystawiania eksponatów** a display rack; **~ pod materac** a bedstead, a bed frame; **nuty są na ~u** the score is on the music stand

stelefoniz|ować pf vt **~ować wieś** to provide a village with telephone services ⇒ **telefonizować**

stempel m ⟨1⟩ (przyrząd) stamp ⟨2⟩ (odbita pieczęć) stamp ⟨3⟩ Górn. pit prop, sprag ⟨4⟩ Techn. die; **zrobili sobie ~el do bicia monet** they constructed a die a. stamp for coining

stempel|ek m dem. ⟨1⟩ (przyrząd) stamp ⟨2⟩ (odbitka pieczęci) stamp

stempl|ować impf vt ⟨1⟩ (znaczyć stemplem) to postmark [kopertę, kartkę]; to frank, to postmark [znaczek]; to validate, to stamp [paszport, bilet]; **list ~y w Polsce** a letter with a Polish postmark ⇒ **ostemplować** ⟨2⟩ Techn. (podpierać) to prop (up) [strop, ścianę, tunel]; to shore up [budynek] ⇒ **ostemplować** ⟨3⟩ Leśn. (zaznaczać) to mark; **~ować drzewa przeznaczone do wycięcia** to mark trees for cutting ⇒ **ostemplować**

stemplowa|nie ⟨I⟩ sv → **stemplować**

⟨II⟩ n Górn. pit prop, sprag

stemplowan|y ⟨I⟩ pp → **stemplować**

⟨II⟩ adi. [znaczki, listy] postmarked; [bilety, dokumenty] validated

sten m Wojsk. Sten gun

stenograf m (Npl **~owie**) shorthand typist GB, stenographer US

stenografi|a f sgt (GD **~i**) shorthand (writing) GB, stenography US

stenograficzn|y adi. [pismo, sprawozdanie, zapis] shorthand attr. GB, stenographic US

stenograf|ować impf vt to take [sth] down in shorthand; **uczyć się ~ować** to learn to do shorthand

stenogram m (G **~u**) shorthand notes GB, stenographic record US; **proszę odczytać ~** please read out the shorthand; **proszę sporządzić ~ z posiedzenia** please make a stenographic record of the meeting

step[1] m (G **~u**) steppe; **bezkresny ~** the endless steppe

step[2] m Taniec tap dance

step|ować impf vi to tap dance; **~owanie** tap dancing

stepowi|eć impf (**~eje**, **~ał**) vi to turn into steppe; **~ejąca tajga** taiga turning into steppe

stepow|y[1] adi. [roślinność, zwierzęta, obszar] steppe attr.

stepow|y[2] adi. tap dancing; **krok ~y** a tap step

ste|r m (G **~ru**) ⟨1⟩ Żegl. helm; **stanąć przy ~rze** to take the helm; **stać za ~rem** to stand at the helm; **przejąć ~r(y)/zdać ~ry** to take over/hand over the helm ⟨2⟩ Lotn. rudder; **~r wysokości** an elevator; **bloka-da ~rów** a rudder stop ⟨3⟩ przen. (władza) helm, reins; **stanąć u ~ru rządu** to assume the reins of government; **oddać/ powierzyć komuś ~r państwa** to hand over/entrust the helm of the state to sb

stera|ć pf vt to wear out; **jest jeszcze młoda, ale ~na życiem** she's still young, but worn out by life

stercz|eć impf (**~ysz**, **~ał**, **~eli**) vi ⟨1⟩ to project; **~ące wąsy** a prominent moustache; **~ące uszy** protruding ears; **pod powierzchnią wody ~ały korzenie** roots were protruding under the water's surface ⟨2⟩ pot. (tkwić w jednym miejscu) to hang around pot.; **~eć godzinami na ulicy** to loiter for hours on the street; **~ała całymi dniami przy oknie** she hung around the window for days on end; **nie ma po co tu ~eć** there's no point (in) hanging around here

stereo ⟨I⟩ adi. inv. [transmisja, wieża, sprzęt] stereo

⟨II⟩ n inv. pot. (sprzęt grający) stereo; **kupić ~** to buy a stereo

⟨III⟩ adv. [nagrywać, odtwarzać] in stereo

⟨IV⟩ **stereo-** w wyrazach złożonych **stereo-skopowy** stereoscopic; **stereochromia** stereochromatic technique

stereofoni|a f sgt (GD **~i**) stereophony

stereofonicznie adv. stereophonically, in stereo

stereofoniczn|y adi. [technika, transmisja] stereophonic, stereo

stereoskopi|a f sgt (GD **~i**) Fiz., Fot. stereoscopy

stereoskopow|y adi. Fiz., Fot. [widzenie, zdjęcie] stereoscopic

stereotyp m (G **~u**) ⟨1⟩ (wyobrażenie) stereotype ⟨2⟩ Druk. stereotype

❏ **~ dynamiczny** Psych. dynamic stereotype

stereotypowo adv. stereotypically

stereotypowoś|ć f sgt **~ć myślenia** a stereotyped a. stereotypical way of thinking

stereotypow|y adi. stereotyped, stereotypical

sterling /'[terliŋ/ → **szterling**

sterni|k m ⟨1⟩ Żegl. steersman; (na okręcie) helmsman; (w łodzi wiosłowej) coxswain; cox pot.; **czwórka ze ~kiem/bez ~ka** Sport a coxed/coxless four ⟨2⟩ (stopień żeglarski) holder of a sailing certificate; **stopień ~ka** type of sailing certificate

❏ **~k automatyczny** Żegl. autopilot

ster|ować impf vt ⟨1⟩ [osoba] to steer; **~ować łodzią/samolotem** to steer a boat/plane; **~ować w kierunku czegoś** to steer a boat towards sth ⟨2⟩ Techn. to control; **~ować procesem** to control a process; **być ~owanym ręcznie/automatycznie** to be manually/automatically controlled; **urządzenie ~ujące działaniem czegoś** a device controlling the operation of sth; **produkcja ~owana komputerowo** a computer-controlled production system; **zdalne ~owanie** remote control; **pocisk zdalnie ~owany** a remote-controlled missile; **~owanie numeryczne** Komput.

numerical control ⟨3⟩ przen. **~ować kimś** to manipulate sb; **~ować polityką zagraniczną kraju** to control a country's foreign policy

sterow|iec m Lotn. airship

sterowni|a f (Gpl **~**) ⟨1⟩ (w fabryce) control room ⟨2⟩ Żegl. wheelhouse, pilot house

sterownicz|y adi. [dźwignia] steering; **pulpit ~y** a control panel

sterownik m Komput. driver

sterownoś|ć f sgt steerability; **samolot stracił ~ć** the aircraft stalled

sterown|y adi. [łódź, samolot] manoeuvr-able GB, maneuverable US

sterow|y adi. ⟨1⟩ Żegl. **koło ~e** a steering wheel; **płetwa ~a** a rudder blade ⟨2⟩ Lotn. **drążek ~y samolotu** an aircraft's control column

sterroryz|ować pf vt to terrorize [osobę, miasto] ⇒ **terroryzować**

ster|ta f ⟨1⟩ (stos) pile; **~ta śmieci/ubrań** a pile of rubbish/clothes; **ułożyć coś w ~tę** to pile sth ⟨2⟩ (zboża, siana) stack

sterylizacj|a f sgt ⟨1⟩ sterilization; **pod-dawać narzędzia ~i** to sterilize instruments ⟨2⟩ (kastrowanie) sterilization; **poddać kogoś/coś ~i** to sterilize sb/sth

sterylizato|r m Med. sterilizer

steryliz|ować impf vt ⟨1⟩ (wyjaławiać) to sterilize [narzędzia, naczynia, żywność] ⇒ **wysterylizować** ⟨2⟩ (kastrować) to sterilize [osobę, zwierzę] ⇒ **wysterylizować**

sterylizowan|y ⟨I⟩ pp → **sterylizować**

⟨II⟩ adi. ⟨1⟩ [żywność, naczynia, narzędzia] sterilized ⟨2⟩ [osoba, zwierzę] sterilized

sterylnie adv. ⟨1⟩ (jałowo) **~ czysty** sterile; **~ pakowane strzykawki** syringes sealed in sterile packs ⟨2⟩ przen. immaculately; **~ czysty** immaculately clean; **jego strój wyglądał ~** his clothes looked immaculate

sterylnoś|ć f sgt ⟨1⟩ (jałowość) sterility ⟨2⟩ (bezpłodność) sterility

steryln|y adi. ⟨1⟩ [opatrunek, strzykawka, igła, gaza] sterile ⟨2⟩ przen. (czysty) [pomieszcze-nie] immaculately clean; **panowała tam ~a czystość** the place was immaculately clean

stetoskop m (G **~u**) Med. stethoscope

stetrycza|ły adi. [osoba] old and grumpy

stetrycz|eć pf (**~eję**, **~ał**, **~eli**) vi pejor. to go senile ⇒ **tetryczeć**

stewar|d /'stjuard/ m steward; (w samolocie) flight attendant

stewardes|a /ˌstjuar'desa/ f stewardess; (w samolocie) flight attendant, air hostess GB

stewardessa → **stewardesa**

stębnować → **stebnować**

stębnowanie → **stebnowanie**

stębnówka → **stebnówka**

stęchli|zna f sgt mustiness

stęchł|y adi. [siano, powietrze, zapach] musty

stęch|nąć pf (**~ł**) vi ⟨1⟩ (zatęchnąć) [woda, jedzenie] to become musty ⇒ **tęchnąć** ⟨2⟩ [obrzęk, opuchlizna] to go down; **moje spuchnięte kolano ~ło** the swelling in my knee went down ⇒ **tęchnąć**

stęka|ć[1] impf → **stęknąć**

stęk|ać[2] impf vi pot. (narzekać) to moan (**na coś** about sth); **~ać, że...** to moan that...

stęk|nąć pf — **stęk|ać**[1] impf (**~nęła**, **~nęli** — **~am**) vi ⟨1⟩ [osoba] (z wysiłku, bólu)

S

to grunt [2] przen. *[deska, ciężki przedmiot]* to groan

stęp *m sgt* walk; **iść ~a** *[koń]* to walk; **jechać ~a** *[jeździec]* to ride at a walk

stępiać *impf* → **stępić**

stępia|ły *adi.* przen. *[zmysły, uwaga]* dulled; *[osoba]* numb

stępi|ć *pf* — **stępi|ać** *impf* **I** *vt* [1] *[osoba, kamień]* to blunt, to dull *[ostrze, nóż]*; **~iona siekiera** a blunted axe [2] przen. to blunt, to dull *[zmysły, wrażliwość]*

II stępić się — **stępiać się** [1] *[ostrze, nóż]* to become blunt [2] przen. *[zmysły, wrażliwość]* to become blunted a. dulled

stępi|eć *pf* (**~eję, ~ał, ~eli**) *vi* [1] *[ostrze, nóż]* to become blunt ⇒ **tępieć** [2] przen. *[zmysły, wrażliwość]* to become blunted a. dulled; *[osoba]* (popaść w otępienie) to become apathetic ⇒ **tępieć**

stęp|ka *f* Żegl. keel

stęskni|ć się *pf v refl.* to greatly miss *vt*; **~ć się za kimś/czymś** a. **do kogoś/ czegoś** to miss sb/sth greatly a. badly; **~łem się już za zimą** I really wish it was winter again

stęskni|ony *adi.* *[oczy, wzrok]* longing; **być ~onym za kimś/czymś** *[osoba]* to miss sb/ sth; **być ~onym za domem** to be homesick

stęża|ły *adi.* [1] *[beton, miód, galaretka]* set; *[błoto, krew]* caked [2] *[twarz]* hardened; *[ciało]* stiffened

stęż|eć *pf* (**~eję, ~ał, ~eli**) *vi* [1] *[beton, galaretka]* to set; *[błoto]* to cake ⇒ **tężeć** [2] *[twarz]* to harden; *[osoba]* to stiffen; **~eć na widok czegoś** to stiffen at the sight of sth; **jego rysy ~ały z bólu** his face was contorted with pain

stęże|nie **I** *sv* → **stężeć**

II *n* Chem. concentration; **niskie/wysokie ~nie** a low/high concentration; **~nie glukozy we krwi** the concentration of glucose in the blood; **roztwory o różnych ~ach** solutions of different concentrations ❑ **~nie pośmiertne** Med. rigor mortis

stężon|y *adi.* Chem. *[roztwór, kwas]* concentrated

stiuk *m* (*G* **~u**) Archit., Szt. [1] *sgt* stucco [2] *zw. pl* (ornament) stucco

stiukow|y *adi.* *[sufit, ornament]* stucco *attr.*

stłaczać *impf* → **stłoczyć**

stłam|sić *pf* (**~si**) *vt* [1] (pognieść) to crumple *[koszulę, prześcieradło]*; **~szone spodnie** crumpled trousers ⇒ **tłamsić** [2] (stłumić) to suppress, to repress *[żal, gniew]*; **~sić w sobie urazę** to suppress one's resentment ⇒ **tłamsić** [3] (odebrać wolność) to dominate, to stifle *[osobę]*; **czuć się ~szonym** to feel dominated; **nie dał się ~sić** he refused to be dominated ⇒ **tłamsić** [4] (ograniczyć) to stifle *[inicjatywę, przedsiębiorczość]* ⇒ **tłamsić**

stł|oczyć *pf* — **stł|aczać** *impf* **I** *vt* to crowd, to jam *[osoby]*; **~oczono nas w małym pokoiku** we were crowded a. jammed into a small room; **małe domki ~oczone w dolinie** small houses crowded together in a valley

II stłoczyć się — **stłaczać się** to crowd together; **~oczyć się wokół kogoś/cze- goś** to crowd around sb/sth ⇒ **tłoczyć się**

stłu|c *pf* (**~kę, ~czesz, ~cze, ~kł, ~kła, ~kli**) **I** *vt* [1] (rozbić) to break *[szybę, szklankę]*; **~czony talerz** a broken pla- te ⇒ **tłuc** [2] (uderzyć się) to bang, to hit *[łokieć, nos]*; **~c sobie kolano** to bang one's knee; **~czone ramię** an injured shoulder [3] (pobić) pot. to beat [sb] up ⇒ **tłuc**

II stłuc się *[talerz, lustro, wazon]* (pęknąć) to break; (zostać rozbitym) to get broken ⇒ **tłuc się**

stłucze|nie **I** *sv* → **stłuc**

II *n* (uraz, miejsce na ciele) bruise, injury; **~nie kolana** a bruised knee; **skończyło się na kilku ~niach** he/she/I ended up with a few bruises

stłucz|ka *f* [1] pot. (kolizja) bump, prang GB, fender bender US; **mieć ~kę** to have a bump [2] pot. (stłuczenie) breakage; **~ki w transporcie** breakages during transport [3] *sgt* **~ka szklana** broken glass

stłum|ić *pf vt* [1] (wyciszyć) *[materiał, ściana, trawa, osoba]* to muffle *[odgłos, kroki, okrzy- ki]* ⇒ **tłumić** [2] (pokonać) to put down *[bunt, powstanie]* ⇒ **tłumić** [3] (opanować) to sup- press *[uczucie]*; to stifle *[westchnienie, pragnie- nie, śmiech]*; **~ić w sobie gniew** to hold back one's anger ⇒ **tłumić** [4] (ograniczyć) to bring down *[inflację]*; to stifle *[rozwój]* ⇒ **tłu- mić** [5] (zgasić) to smother *[ogień]* ⇒ **tłumić**

stłumi|ony **I** *pp* → **stłumić**

II *adi.* *[krzyk, dźwięk, odgłos]* muffled

st|o *num.* [1] (liczba) a hundred; **sto dwa- dzieścia pięć** a hundred and twenty-five; **stu z nas** a hundred of us [2] przen. (bardzo dużo) hundred; **już ci sto razy mówiłem** I've told you a hundred times; **już ze sto lat tam nie byłem** it's ages since I went there; **ten jest sto razy lepszy** this one's a hundred times better; **zabawa była na sto dwa** pot. we had a hell of a good time pot.; **do stu piorunów!** pot. I'll be damned! pot.

stochastycznie *adv.* książk. stochastically

stochastyczn|y *adi.* książk. stochastic

stoczni|a *f* (*Gpl* **~**) shipyard, dockyard; **~a remontowa** a ship repair yard

stoczniow|iec *m* shipyard worker

stoczniow|y *adi.* *[przemysł]* shipbuilding *attr.*

st|oczyć[1] *pf* — **st|aczać** *impf* **I** *vt* [1] (zepchnąć) to roll *[beczkę, pojazd]*; **stoczyć kamień z drogi** to roll a stone off the road; **stoczyć samochód ze wzgórza** to roll a car down a hill [2] to fight *[bitwę]*; **stoczyć z kimś potyczkę** to skirmish with sb

II stoczyć się — **staczać się** [1] (sturlać się) *[pojazd, beczka]* to roll; (spaść) *[osoba]* to tumble; **stoczyć się ze zbocza/w prze- paść** to roll down a slope/down a cliff; **stoczyć się ze stołu** to roll off the table; **stoczył się ze schodów** he tumbled a. went tumbling down the stairs; **krople deszczu staczające się po szybie** rain- drops rolling down the windowpane [2] (zejść zataczając się) to stumble; **stoczyć się ze schodów** to stumble down the stairs [3] pot. (upaść moralnie) *[osoba]* to end up in the gutter

stocz|yć[2] *pf vi* książk. *[rdza, korniki]* to eat [sth] away *[metal, drewno]*; **system ~ony przez korupcję** a corrupt system ⇒ **to- czyć**

stod|oła *f* barn; **dom wielki jak ~oła** a (great) barn of a house

■ **chodzić za ~ołę** euf. to go behind a bush

stodół|ka *f dem.* (small) barn

stoic|ki *adi.* [1] Filoz. *[filozofia, logika, dok- tryna]* Stoic [2] *[spokój, opanowanie]* stoical, stoic; **zrobić coś ze ~kim spokojem** to do sth stoically; **przyjmować coś po ~ku** to stoically accept sth

stoicko *adv.* stoically

stoicyzm *m sgt* (*G* **~u**) [1] Filoz. Stoicism [2] (opanowanie) stoicism

stoi|k *m* [1] Filoz. Stoic [2] (człowiek spokojny) stoic

stoisk|o *n* [1] (w domu towarowym) department; **~o papiernicze/nabiałowe** a stationery/ dairy department; **~o z owocami/butami** a fruit counter/a shoe department [2] (na ulicy, targach) stall, stand; (budka) booth; **uliczne ~o** a street stall; **~o z książkami** a bookstall; **mieć swoje ~o na targach** to have one's stand at a fair; **w ~u naszej firmy** at our company's stand

stojak *m* [1] (podpórka) stand; (z przegródkami, prętami) rack; **~ na rowery** a bicycle rack; **~ na parasole** an umbrella stand; **~ na płyty kompaktowe** a CD rack a. stand [2] (chodzik) walker [3] pot. (stanie) **robić coś na ~ka** to do sth standing up

stojąco *adv.* **robić coś na ~** to do sth standing up; **owacja na ~** a standing ovation; **praca na ~** work involving standing

stojąc|y **I** *pa* → **stać**

II *adi.* [1] (w pozycji pionowej) upright; **w pozycji ~ej** in standing position; **zegar ~y** a free-standing clock; **lampa ~a** a standard a. floor lamp; **miejsca ~e** stand- ing places; **~a praca** work involving standing [2] *[woda, zbiornik]* stagnant

stok *m* (*G* **~u**) slope; **~ narciarski** a ski slope; **iść w dół/w górę ~u** to go down/up the slope

stokroć *adv.* (po) **~** *[próbować, powtarzać]* a hundred times; (po) **~ lepszy** a hundred times better; (po) **~ ciekawszy od czegoś** vastly more interesting than sth; **ten, kto daje zyskuje ~ więcej** he who gives receives a hundredfold in return; **to się po ~ opłaci** it will be worth it a hundred times over

stokrot|ka *f* (**~eczka** *dem.*) daisy; **bukie- cik ~ek** a bunch of daisies

stokrotnie *adv.* książk. [1] (wiele razy) a hundred times; **~ ci powtarzałem** I've told you a hundred times [2] (bardzo) a hundredfold; **~ kogoś wynagrodzić** to reward sb a hundred times over; **to się ~ opłaci** it will pay off a hundred times over; **~ przepraszam!** a thousand apolog- ies!

stokrotn|y *adi.* książk. *[zysk, nagroda]* hun- dredfold; **~e dzięki!** a thousand thanks!

stolar|ka *f sgt* [1] Techn. woodwork, joinery; **~ka okienna** window frames [2] (zajęcie) carpentry

stolarni|a *f* (*Gpl* **~**) carpenter's shop, joiner's shop

stolars|ki *adi.* *[narzędzia, warsztat]* carpen- ter's, joiner's

stolarstw|o *n sgt* carpentry; (produkcja mebli) cabinetmaking

stolarz *m* (*Gpl* ~**y**) carpenter; (robiący elementy budowlane) joiner; (robiący meble) cabinetmaker

stolcow|y *adi.* → **kiszka**

stol|ec *m* [1] Med. (kał) stool; **wolny ~ec** loose stools; **zatrzymywanie ~ca** anal retention; **oddawać ~ec** to pass stools [2] przest. (tron, władza) throne; **~ec książęcy** a princely throne [3] żart. (stanowisko) seat; **ministerialny ~ec** a ministerial seat

stolic|a *f* [1] Admin. capital (city); **Warszawa jest ~ą Polski** Warsaw is the capital (city) of Poland; **~a województwa/powiatu** ≈ a district/county town; **~a regionu** the main city of a region [2] przen. capital; **~a światowej mody** the fashion capital of the world; **zimowa ~a Polski** the skiing capital of Poland

❏ **Stolica Apostolska** the Holy See

stolicz|ek *m dem.* (small) table

stolik *m* [1] *dem.* (small) table; **~ karciany** a card table; **~ nocny** a bedside table; **~ na kółkach** a tea trolley [2] (w kawiarni, restauracji) table; **siedzieć przy ~u** to sit at a table; **zarezerwować ~** to book a table; **wszystkie ~i są zajęte** all the tables are taken [3] *dem.* (w brydżu) table

stolnic|a *f* pastry board

stolec|ek *m* [1] *dem.* (small) stool; **składany ~ek** a folding stool [2] (ze splecionych rąk) four-hand seat

stołeczność|ć *f sgt* capital city status; **400 lat ~ci Warszawy** Warsaw's 400 years as the capital of Poland

stołeczn|y *adi.* **miasto ~e** the capital city; **~e teatry/autobusy** theatres/buses in the capital city; (w Warszawie) Warsaw theatres/buses; **~ni aktorzy** actors from the capital; (z Warszawy) Warsaw actors

stoł|ek *m* [1] (mebel) stool; **~ek barowy** a bar stool [2] pot., pejor. (stanowisko) job; **walka o ~ki** the struggle for power; **dba tylko o swój ~ek** all he cares about is his job; **siedzieć na dwóch ~kach** to hold two posts; **trzymać się ~ka** to hold on to one's post

stoł|ować *impf* [1] *vt* to provide meals for [gości, wczasowiczów]

[2] **stołować się** to eat; **stołować się w restauracji** to eat at a restaurant; **~uję się u nich** I eat at their place

stołowni|k *m*, **~czka** *f* (w stołówce, w domu) diner; **mam dziś pięciu ~ków na obiedzie** today I have five people for dinner; **pozostali ~cy** the other people at the table

stołow|y [1] *adi* [1] [noga, blat] table *attr.*; **być głupim jak noga ~a** to be as thick as two (short) planks [2] (używany przy jedzeniu) [naczynia, srebra] table *attr.*; **łyżka ~a** a tablespoon, a soup spoon; **zastawa ~a** tableware; **pokój ~y** a dining room [3] (podawany do stołu) [woda, wino] table *attr.*

[2] *m* dining room

stołów|ka *f* canteen; (samoobsługowa) cafeteria; **szkolna/zakładowa** a school/company canteen; **jadać w ~ce** to eat in a canteen

stołówkow|y *adi.* **bon ~y** a dinner voucher; **obiad ~y** a canteen dinner/lunch

stomatolo|g *m* (*Npl* ~**dzy** a. ~**gowie**) dental surgeon, dentist

stomatologi|a *f sgt* dentistry

❏ **~a zachowawcza** preventive dentistry

stomatologiczn|y *adi.* [poradnia, gabinet] dental

ston|ka *f* Zool. Colorado beetle

❏ **~ka ziemniaczana** Colorado (potato) beetle

ston|oga *f* Zool. woodlouse

ston|ować *pf vt* [1] (osłabić kontrasty) to tone down; **~owane barwy** subdued colours; **~owany dywan** a carpet in muted tones, a carpet in subdued colours ⇒ **tonować** [2] (osłabić natężenie) to soften [światło, blask] ⇒ **tonować** [3] przen. (złagodzić ostrość) to sanitize, to water down [artykuł, raport] ⇒ **tonować**

stop[1] *m* (*G* ~**u**) alloy

❏ **~ antyfrykcyjny** Techn. anti-friction alloy; **~ drukarski** Druk. type metal; **~ niskotopliwy** Techn. fusible metal a. alloy

stop[2] [1] *m sgt* (*G* ~**u**) pot. [1] (światło hamowania) brake light, stop light; **włączyć ~** to apply a. put on the brakes [2] (*A* ~**a**) pot. (autostop) hitching pot.; **podróżować ~em** to hitch

[3] *inter.* [1] (nakaz przerwania) stop, halt; **~!** **ani kroku dalej** halt! not a step further [2] (w telegramie) stop; **przyjedź natychmiast ~ mama chora ~ jutro operacja** come immediately stop mum ill stop operation tomorrow

st|opa *f* [1] (część nogi) foot; **ślady stóp** footprints; **szedł ostrożnie stawiając stopy** he stepped carefully [2] (część pończochy, skarpety) foot; **cerować sobie stopę w skarpetce** to darn the foot of one's sock [3] Literat. foot [4] (jednostka długości) foot [5] Techn. base [6] (poziom) standard; **niska/wysoka stopa życiowa** a low/high standard of living; **od razu widać, że żyją na wysokiej stopie** you can see at once that they enjoy a high standard of living

❏ **nietknięty ludzką stopą** untrodden, unexplored; **odpowiadać z wolnej stopy** Prawo to be released pending trial; **płaska stopa** flat foot; **stopa amortyzacji** Ekon. depreciation rate, rate of depreciation; **stopa hiperkatalektyczna** Literat. hypercatalectic foot; **stopa katalektyczna** Literat. catalectic foot; **stopa procentowa** Ekon. interest rate; **stopa szpotawa** Med. club foot; talipes spec.; **stopa zysku** Ekon. profit margin

■ **być a. żyć z kimś na dobrej stopie** to be on friendly terms with sb; **być a. żyć z kimś na wojennej stopie** to be on (a) war footing with sb; **kłaniać się aż do (samych) stóp** to bow down low; **leżeć/czołgać się u czyichś stóp** to grovel at sb's feet; **mieć kogoś/coś u swoich stóp** to have sb/sth at one's feet; **mieć świat u swych stóp** to have the world at one's feet; **od stóp do głów** from head to foot a. toe; **paść do czyichś stóp** to fall at sb's feet; **prowadzić dom a. żyć na wysokiej/niskiej stopie** to have a high/low standard of living; **składać coś u czyichś stóp, rzucać coś do czyichś stóp** to place sth at sb's feet; **wyspy/szczyty, na których ludzka stopa jeszcze nie postała** islands/peaks where no man has trod before; **u stóp ołtarza/wysokiej góry** at the foot of the altar/high mountain

stope|r [1] *m pers.* Sport centre half, midfielder

[2] *m inanim.* [1] (przyrząd) stopwatch; **włączyć ~r** to start a stopwatch [2] zw. pl earplug zw. pl; **na noc zakładał sobie ~ry do uszu** he used earplugs at night

st|opić *pf* — **st|apiać** *impf* [1] *vt* [1] (roztopić) to melt; **słońce stopiło lód i śnieg** the sun melted the ice and the snow; **stopione masło** melted butter; **stopiony ołów** molten lead [2] (złączyć) to alloy; **stopić srebro z miedzią** to alloy silver with copper

[2] **stopić się — stapiać się** [1] [masło, ser] to melt (down), to liquefy; **śnieg stopił się przez jedno popołudnie** the snow melted (away) within one afternoon [2] (złączyć się w całość) to melt, to blend; **słowa idealnie stopiły się z muzyką** the words blended perfectly with the music

stop|ień *m* [1] (element schodów) (zewnątrz budynku) step; (wewnątrz budynku) stair; **uwaga ~ień!** mind the step!; **przeskakiwać po dwa ~nie naraz** to go up/down two steps at a time [2] (między dwoma poziomami) step; **brzeg ~niami opadał ku morzu** the shore dropped down to the sea in steps; **kuć ~nie w skale** to fashion steps in the rock [3] (w hierarchii) rank; **urzędnik wyższego ~nia** an official of a higher rank, a senior official; **~ień doktora** a doctor's degree; **dosłużyć się ~nia kapitana** to be promoted to the rank of captain [4] (w klasyfikacji hierarchicznej) grade; **nagroda pierwszego ~nia** a first class award; **oparzenie I/II/III ~nia** a first/second/third degree burn [5] (ocena wiadomości ucznia) mark; grade US; **~ień z klasówki** a class test mark; **dostać dobry/słaby ~ień** to get a good/poor mark a. grade; **stawiać ~nie** to give marks a. grades; **pytać na ~nie** to give the class/pupils an oral test [6] (jednostka) degree; **~nie Celsjusza** degrees Celsius, centigrade; **~nie Fahrenheita** degrees Fahrenheit; **40 ~ni gorączki** a temperature of 40 degrees (Celsius); **przeciwległy kąt ma 30 ~ni** the opposite angle is 30 degrees; **~ień szerokości geograficznej** a degree of latitude; **~ień długości geograficznej** a degree of longitude [7] (poziom, intensywność) degree, extent; **w znacznym ~niu** to a considerable degree, to a large extent; **w wysokim/najwyższym ~niu niepokojący** extremely worrying; **~ień zamożności społeczeństwa** the degree of affluence; **określić ~ień czyjejś winy** to establish the extent of sb's guilt; **test gramatyczny o wysokim ~niu trudności** a grammatical test with a high degree a. level of complexity [8] Jęz. degree; **~ień równy, wyższy i najwyższy przymiotnika** the positive, comparative, and superlative degree of an adjective; **przysłówek w ~niu najwyższym** a superlative adverb [9] Muz. step

stop|ka *f* [1] *dem.* (część nogi) foot; **na piasku zostały ślady drobnych ~ek** there were tiny footprints in the sand [2] *dem.* (część pończochy, skarpety) foot; **~ki skarpetek zrobię dziecku zielone** I'll make the feet of the baby's socks green [3] Druk. (publisher's) imprint [4] Techn. (część tokarni, kołowrotka) treadle [5] Techn. (część maszyny do szycia) presser foot

stop-klat|ka *f* freeze-frame

stopnia|ły *adi. [śnieg, asfalt]* melted

stopni|eć *pf* (**~ał**) *vi* [1] (przejść w stan płynny) *[lód, śnieg]* to melt; *[masło, ser]* to melt, to liquefy ⇒ **topnieć** [2] przen. (zmaleć) *[kapitał, majątek]* to melt away ⇒ **topnieć** [3] przen. (złagodnieć) to evaporate, to dissolve; **urazy ~ały z czasem** the resentment evaporated with time; **serce w nim ~ało** his heart melted ⇒ **topnieć**

stopni|ować *impf vt* [1] (zwiększać nasilenie) to grade *[kary, nagrody]* [2] Jęz. to compare *[przymiotnik, przysłówek]*

stopniowo *adv.* (powoli) gradually; *[poznawać, zdobywać, nabierać wprawy]* little by little

stopniow|y *adi. [wzrost, spadek, postępy]* gradual

stop|ować *impf vt* [1] (zatrzymywać, hamować) to stop *[ruch, silnik, windę]* ⇒ **zastopować** [2] przen. to hamper, to thwart; **~ować czyjś zapał/entuzjazm** to cool sb's zest/enthusiasm ⇒ **zastopować** [3] Sport to stop *[piłkę]* ⇒ **zastopować**

stopow|y¹ *adi. [składniki, stal]* alloy attr.

stopow|y² *adi.* Aut. brake attr.; **światła ~e** brake lights

stora *f* (rozsuwana) curtain; (podnoszona) blind

storczyk *m* Bot. orchis, orchid

❏ **~ purpurowy** lady orchid; **~ samiczy** green-winged orchid

storped|ować *pf vt* [1] (zniszczyć torpedą) to torpedo *[łódź podwodną, statek]* ⇒ **torpedować** [2] przen. (uniemożliwić) to torpedo, to scuttle *[negocjacje, rozmowy]*; **~owali tę ustawę** they put paid to the bill ⇒ **torpedować**

stos *m* (*G* **~u**) [1] (rzeczy jedna na drugiej) stack, pile; **~ papierów/książek** a stack of papers/books; **ułożyć talerze/cegły w ~** to stack up plates/bricks; **poukładaj książki w ~y** put the books into piles [2] (sterta drewna do spalenia) log pile; **~ pogrzebowy** a funeral pyre [3] *sgt* Hist. (kara śmierci) stake; **spalenie na ~ie** the burning at the stake, auto-da-fé; **spłonąć na ~ie** to be burnt at the stake; **pójść na ~** to go to the stake [4] Górn. crib, cribwork [5] Leśn. pile a. stack of logs

❏ **~ atomowy** Fiz. atomic pile; **~ pacierzowy** przest. backbone

stos|ować *impf* **[I]** *vt* to take *[leki, środki nasenne]*; to apply *[zasady, reguły, przepisy]*; to practice *[metody, tortury]*; **~ować wobec kogoś bojkot towarzyski** to ostracize sb; to send sb to Coventry GB pot.

[II] stosować się [1] (podporządkowywać się) to obey (**do czegoś** sth); to abide (**do czegoś** by sth) *[wymagań, żądań, życzeń]*; **należy się ~ować do przepisów bezpieczeństwa** safety regulations have to be obeyed; **~ować się do czyjejś woli** to submit to sb's will; **~ować się do czyichś kaprysów** to submit to sb's whims, to go along with sb's whims; **wszyscy musieli się do niego ~ować** everyone had to fit in with his wishes [2] (dotyczyć) to apply; **ten zakaz nie ~uje się do nas** the ban doesn't apply to us

stosowan|y **[I]** *pp* → **stosować**

[II] *adi. [nauka, chemia, językoznawstwo]* applied

stosownie *adv. grad.* appropriately, suitably

stosowność *f sgt* appropriateness, suitability

stosown|y *adi. grad. [chwila, czas, moment]* appropriate, suitable; **niezbyt ~e żarty** inappropriate jokes; **uznać** a. **uważać za ~e przeprosić kogoś** to think it fit to apologize to sb; **masz już ~e umiejętności do poprowadzenia firmy samodzielnie** you've got the right skills for running the company on your own

stosun|ek **[I]** *m* (*G* **~ku**) [1] (relacja) relationship; **jaki jest między wami ~ek pokrewieństwa?** how closely are you related?; **w ~ku 5:8** in a. by a ratio of 5:8; **~ek cukru do truskawek w konfiturach wynosi jeden do jednego** the ratio of sugar to strawberries in preserves is 1 to 1; **w ~ku do kogoś/czegoś** in comparison with sb/sth, compared to sb/sth; **w ~u do zeszłego lata w tym roku jest ładna pogoda** compared to last summer the weather this year is very nice [2] (odnoszenie się, traktowanie) attitude; **lekceważący ~ek do podwładnych/ludzi o innych poglądach** a disparaging attitude to one's subordinates/toward people with different views; **zawsze zazdrościłem ci tego pogodnego ~ku do życia** I've always envied you your relaxed approach to life; **uprzejmy w ~ku do obcych** polite to strangers; **dlaczego jesteś taki szorstki w ~ku do matki?** why are you so abrupt with your mother? [3] *zw. pl* (romans) affair; **~ki pozamałżeńskie** extramarital affairs [4] (akt spółkowania) (sexual) intercourse; coitus książk.; **~ek przerywany** coitus interruptus [5] Mat. quotient

[II] stosunki *plt* [1] (łączność) relations; **~ki międzyludzkie** human intercourse; **~ki dyplomatyczne/handlowe** diplomatic/trade relations; **~ki między Wschodem a Zachodem** East-West relations; **pozostajemy od wielu lat w dobrych ~ach** we've been on good terms for many years; **miał łatwość nawiązywania ~ków towarzyskich** he made friends easily [2] (znajomości) connections, contacts; **spróbuj interweniować, masz takie rozległe ~ki** you should try to intervene, you've got so many contacts; you should try to intervene, you've got friends in high places [3] (położenie, sytuacja) conditions; **nowe ~ki społeczne** new social conditions; **uzdrowić ~ki ekonomiczne** to rectify the economic situation

❏ **~ek prawny** Prawo legal relation; **~ek produkcji** Ekon. production relations

stosunkowo *adv.* relatively, comparatively; **powodziło im się ~ dobrze** they were relatively well off; **czuję się ~ dobrze** I'm feeling tolerably well; **jest ~ młody** he's relatively young

stosunkow|y *adi.* [1] (proporcjonalny) proportional [2] (względny) relative; **~a poprawa pogody** a relative improvement in weather conditions

stotin|ka *f* Fin. stotinka; **pięć ~ek** five stotinki

stowarzyszać *impf* → **stowarzyszyć**

stowarzysze|nie **[I]** *sv* → **stowarzyszyć**

[II] *n* association; **~nie konsumentów** a consumer group

❏ **~nie wyższej użyteczności** registered charity, philanthropic organization

stowarzysz|ony **[I]** *pp* → **stowarzyszyć**

[II] *adi. [członek, państwo]* associate(d), affiliated

[III] stowarzysz|ony *m*, **~ona** *f* (associate) member

stowarzysz|yć *pf* — **stowarzysz|ać** *impf* **[I]** *vt* to affiliate *[uczniów, mieszkańców]*

[II] stowarzyszyć się *[firma, grupa]* to affiliate (**z czymś** with sth)

stoż|ek *m* Geol., Mat. cone; **~ek góry** a mountain cone

❏ **~ek ścięty** Mat. truncated cone; **~ek wulkaniczny** Geol. volcanic cone; **~ek wzrostu** Bot. apex

stożkowa|ty *adi.* conical, cone-shaped, coniform; **~ta korona drzewa** a conical treetop

stożkow|y **[I]** *adi.* conical, cone-shaped, coniform

[II] stożkowa *f* Mat. conic (section)

st|óg *m* (*G* **stogu**) stack, rick; **zasnąć w stogu siana** to fall asleep in a haystack

stój|ka *f* [1] (kołnierzyk) mandarin collar [2] (w koszulach męskich) collarband [3] Myślis. set [4] pot. (stanie bez ruchu) standing to attention [5] Sport (stanie na głowie) headstand; (stanie na rękach) handstand [6] Sport (w zapasach) standing position

stójkow|y *m* (*Gpl* **~ych**) przest. policeman

st|ół *m* (*G* **stołu**) [1] (mebel) table; **stół mahoniowy/sosnowy** a mahogany/pine table; **stół rozkładany** a gate-leg table; **nakryć do stołu** to lay a. set the table; **prosić do stołu** to announce that dinner/supper/tea is served; **siąść do stołu** to sit down to table; **siedzieć przy stole** to sit at the table; **sprzątać ze stołu** to clear the table; **podano do stołu!** dinner/supper is served! [2] *sgt* (pożywienie) board, fare; **rozkosze stołu** the pleasures of the table; **skromny stół** plain fare

❏ **stół konferencyjny** conference table; **stół lodowcowy** Geol. rock-topped ice pillar; **stół mikserski** Techn. mixer console; **stół montażowy** Kino editing a. cutting table; **stół operacyjny** Med. operating table; **stół Pański** Relig. Lord's table; **szwedzki stół** buffet (meal), smorgasbord

■ **gładki jak stół** as smooth as glass; **wyłożyć karty na stół** to lay a. put one's cards on the table; **obrady okrągłego stołu** round-table talks; **żywić się okruchami** a. **ochłapami z pańskiego stołu** to live on crumbs from one's master's table; **uderz w stół, a nożyce się odezwą** if the cap fits, wear it; **wyłożyć pieniądze na stół** to put one's money on the table

stópka → **stopka**

stów|a, ~ka *f* pot. one hundred; ton GB pot.; **pożycz mi ~ę** lend me a hundred

■ **jechać ~ą** to do a hundred

str. (= strona) p.

strace|nie **[I]** *sv* → **stracić**

[II] *n* (egzekucja) execution

S

■ **iść jak na ~nie** to drag along, to plod; **nie mieć nic do ~nia** to have nothing to lose

strace|niec m (V **~ńcu** a. **~ńcze**) desperado przest.

straceńczo adv. recklessly; **brnąć ~ w sytuację bez wyjścia** to blunder recklessly into a situation from which there's no escape

straceńcz|y adi. [brawura, odwaga, bohaterstwo] reckless, foolhardy

strach [] m sgt (G **~u**) fear, dread; **~ przed inwazją/zatrutą żywnością** an invasion/ food scare; **żyć w ~u przed kimś/czymś** to live in dread a. fear of sb/sth; **nie móc mówić ze ~u** to be unable to speak for a. from fear

[] praed. **~ tak po ciemku po Warszawie łazić** one's afraid to go out at night in Warsaw; **~ pomyśleć, że mogło ją przejechać** it's awful a. terrible to think that she might have been run over; **ciemno tu, że aż ~** it's so dark here, it's scary; **najadłem się, że aż ~** I've eaten so much, it's awful

❏ **~ na wróble** scarecrow

■ **~ ma wielkie oczy** fear makes cowards of us all; **~ mnie/go obleciał** I/he was overcome by fear; **~y na Lachy** empty threats; **blady ~** naked fear; **mieć ~a** to be scared; **najeść się ~u** to receive the fright of one's life; **napędzić komuś ~u** a. **~a** to put the fear of God into sb, to scare sb out of his/her wits; **nie ma ~u** never fear!; **nie znać ~u** to know no fear; **robić w portki/gacie ze ~u** posp. to be shit-scared wulg.; **umierać ze ~u** to be dead scared

strachaj|ło m (Npl **~ły**) pot., żart. scaredy-cat pot.

strachliwie adv. grad. [zachowywać się, spoglądać] timidly, timorously

strachliwoś|ć f sgt timidity, pusillanimity; **wrodzona ~ć** sb's innate timidity a. pusillanimity

strachliw|y adi. grad. timid, chicken-livered

stra|cić pf [] vt [1] (przestać mieć) to lose [posadę, ząb, przyjaciół]; **~cić bliską osobę** to lose sb close; **~cić szacunek dla kogoś/czegoś** to lose respect for sb/sth; **~cić czyjś szacunek** to lose sb's respect; **~cić słuch/głos/życie** to lose one's hearing/voice/life; **~cić pamięć** to lose one's memory; **~cić władzę w nogach/dużo krwi** to lose the use of one's legs/a lot of blood; **~cić dobrą figurę** to lose one's figure; **~cić kontakt z kimś** to lose touch with sb; **miejsce pracy ~ci 100 osób** a hundred jobs will be lost; **powieść wiele ~ciła w tłumaczeniu** the novel lost a lot in translation; **najwięcej ~cą rolnicy** the biggest losers will be farmers; **partia ~ciła wiele głosów w wyborach** the party suffered heavy losses in the election ⇒ **tracić** [2] (zmarnować) to lose; **~cić okazję/ szansę** to miss an opportunity/chance ⇒ **tracić** [3] (wykonać wyrok śmierci) to execute; **został skazany na śmierć i ~cony** he was sentenced to death and executed; **został ~cony na krześle elektrycznym** he was executed by electric chair

[] vi (stać się gorszym) to lose; **okolica wiele ~ciła** the place loses a lot (of its beauty/ attraction); **~cił na humorze na wieść o wyniku** his spirits sank when he heard the result ⇒ **tracić**

[] **stracić się** przest. (zniknąć) to disappear into thin air, to become lost; **~cić się w świecie** to be lost to the world

■ **~cić orientację** to lose orientation; **~cić energię** to run out of steam; **~cić głowę** to lose one's head; **~cić głowę dla kogoś** to fall for sb, to fall head over heels for sb; **~cić kogoś/coś z oczu** to lose sight of sb/sth; **~cić na wadze** to lose weight; **~cił pięć kilogramów** he lost five kilos; **~cić panowanie nad pojazdem** to lose control of a vehicle; **~cić panowanie nad sobą** a. **nad nerwami** to lose one's composure; **~cić poczucie rzeczywistości** to lose one's grip on reality; **~cić pokarm** a. **mleko** to lose one's milk; **~cić rozum** to lose one's mind; **~cić serce do kogoś/czegoś** to be disillusioned with sb/sth; **~cić się z oczu** to lose sight of each other; **~cić w czyichś oczach** to go down in sb's estimation; **~cić wątek** to lose the thread; **niech ~cę** easy come, easy go!

strac|ony [] pp → **stracić**

[] adi. [energia, czas] wasted; **~one złudzenia** shattered illusions; **stać na ~onej pozycji** to be fighting a losing battle; **to ~ona sprawa, zapomnijmy o tym** it's a lost cause, let's forget about it

■ **jeszcze (nie ma) nic ~ego** all's not yet lost

stragan m (G **~u**) stall, stand; **~ jarmarczny** a market stall; **~ z kwiatami** a flower stall

straganiars|ki adi. **kolorowe budy ~kie** colourful stalls; **~kie towary/zabawki** goods/toys (sold) from stalls

stragania|rz m, **~rka** f (Gpl **~y, ~rek**) stallholder

straganik m dem. (G **~u** a. **~a**) (small) stall, (small) stand

straganow|y adi. stall attr., stand attr.; **~e słodycze i błyskotki** sweets and trinkets sold at stands a. stalls

strajk m (G **~u**) strike; **fala ~ów** a wave of strikes; **~ górników/kolejarzy** a miners'/ rail strike; **mieć prawo do ~u** to have the right to strike; **podjąć ~** to take strike action; **przerwać strajk** to call off a strike; **przystąpić do ~u** to join a strike; **wyłamywać się ze ~u** to blackleg GB pejor.

❏ **~ generalny** a. **powszechny** general strike; **~ głodowy** hunger strike; **~ okupacyjny** sit-in; **~ solidarnościowy** sympathy strike, secondary picket; **~ włoski** work-to-rule, go-slow GB; **~k rotacyjny** rolling strike; **dziki ~** wildcat strike

strajk|ować impf vi to strike; **~kować, domagając się czegoś** to strike for sth; **~kować w proteście przeciwko czemuś** to strike against sth

strajkow|y adi. [komitet, fundusz, zasiłek] strike attr.

strap|ić pf [] vt książk. to distress, to upset; **~iła go ta wiadomość** the news distressed a. upset him ⇒ **trapić**

[] **strapić się** to get upset; **~ił się jej chorobą** he was upset about her illness ⇒ **trapić się**

strapie|nie n książk. worry, distress; **rozmowa z nim przyniosła mi ulgę w ~niu** talking to him relieved some of my worry

strapi|ony [] adi. książk. worried, distressed; **co masz taką ~oną minę, stało się coś?** you look so worried, has something happened?

[] **strapi|ony** m, **~ona** f distressed person; **pocieszać ~ych** to console the distressed a. those in distress

straszak [] m pers. (Npl **~i**) bogey (man)

[] m inanim. [1] (imitacja broni) toy pistol (which fires blanks); **policjanci używają czasami ~ów** policemen sometimes use mock(-up) pistols [2] (do straszenia) threat, bugaboo US; **miał na psy ~ w postaci sękatego kija** he used a gnarled stick to threaten the dogs [3] Myślis. (do odstraszania zwierzyny) (bird) scarer

straszliwie adv. grad. [1] (przerażająco) [zawyć, zagrzmieć] terribly, horribly [2] pot. (bardzo) [zmarznąć, zmęczyć się] terribly, awfully; **~ nudny/bolesny** excruciatingly boring/painful

straszliw|y adi. grad. [1] (przerażający) [burza, ulewa] terrible, terrific; [widok, morderstwo] gruesome [2] (bardzo zły) [styl, błędy, dykcja] terrible, awful [3] (bardzo intensywny) [cierpienie, ból, hałas] excruciating; **~y upał** a terrible heatwave

strasznie, ~o adv. grad. [1] (w sposób wzbudzający strach) **świeca zgasła, zrobiło nam się jakoś ~o** the candle went out and we were kind of terrified; **zrobiło mi się ~ie na samą myśl** I became terrified a. filled with dread at the very thought; **jakoś ~o w tej kaplicy, chodźmy już stąd** this chapel's scary, let's get out of here [2] (okropnie) [wyglądać] terrible adi., horrible adi.; [zachowywać się, traktować] terribly, appallingly; [nieuprzejmy, arogancki] terribly [3] pot. (bardzo) terribly, awfully; **miał ~ie dużo szczęścia** he was terribly lucky; **~ie się boję tego egzaminu** I'm terribly a. really worried about this exam; **~ie się o niego martwię** I'm awfully worried about him; **teraz jestem ~ie zajęty** I'm terribly busy right now; **~ie śmierdziało** it stank to high heaven; **czy musicie tak ~ie głośno rozmawiać?** do you have to talk so loudly?; **ta woda jest ~ zimna/gorąca** this water is so cold/hot

strasznoś|ć f [1] sgt (cecha) horribleness, terribleness [2] (rzecz budząca grozę) horror; **~ci wojny** the horrors of war; **nasłuchał się ~ci** he had listened to too many horror stories

straszn|y adi. grad. [1] (budzący strach) terrible, dreadful; **umarł ~ą śmiercią** he died a terrible death [2] (o dużym nasileniu) [choroba, warunki, pogoda] terrible, awful [3] pot. (bardzo intensywny) [ból, smutek] terrible; [mróz, upał, burza] fearful; **~y z niego drań** he's a real bugger pot.; **zarabia na tym ~e pieniądze** he has an awful lot of money from that; **narobił ~ego szumu** he made a dreadful fuss

strasz|yć impf [] vt [1] (wzbudzać strach) to frighten; **~yć dzieci dziadem** to frighten children with the bogey man, to tell the children the bogey man will get them [2] (grozić) to threaten; **~ono go więzieniem** he was threatened with prison; **~yli, że go zabiją** they threatened to kill him **III** *vi* [1] (o duchach) to haunt; **w ich domu ~yło** their house was haunted [2] przen. **mieszkanie ~yło pustką** the flat was eerily empty **III straszyć się** to frighten each other; **chłopcy ~yli się wzajemnie** the boys tried to frighten each other

straszyd|ło *n* [1] (czupiradło) fright; scarecrow pot.; **wyglądać jak ~ło** to look a fright; **mieli kolekcję glinianych ~eł** they had a collection of frightful clay objects [2] (postać wzbudzająca strach) monster; **~ła występują tylko w bajkach** monsters only exist in fairy tales

stra|ta *f* [1] (utrata, ubytek) loss; **~ta czasu i pieniędzy** a waste of time and money; **oszacować ~ty** to estimate the losses; **ponieść ~ty (w ludziach)** to suffer losses (in men); **~ty w ludziach były duże/niewielkie** there were heavy/light casualties; **wynagrodzę ci te ~ty** I'll make up for your loss; **twoje odejście to dla nas niepowetowana ~ta** your resignation is an irreparable loss to us; **ich ~ta to nasz zysk** their loss is our gain; **powoli dochodził do siebie po bolesnej ~cie** he was slowly getting over his bereavement [2] Ekon. loss; **sprzedać coś ze ~tą** to sell sth at a loss; **firma poniosła ~ty w zeszłym roku** the company made a loss last year **■ spisać coś na ~ty** to write sth off

strate|g *m* (*Npl* ~**dzy** a. ~**gowie**) strategist; **domorosły ~g** an armchair strategist pejor.

strategi|a *f* (*GDGpl* ~**i**) [1] Wojsk. strategy; **Napoleon był mistrzem ~i** Napoleon was a master of strategy. [2] przen. strategy; **~a finansowa/marketingowa** a financial/marketing strategy; **przyjąć ~ę** to adopt a strategy

strategicznie *adv.* [trudny, skomplikowany, ważny] strategically

strategiczn|y *adi.* (ważny) [punkt, miejsce, manewr] strategic; **mieć talent ~y** to have a talent for strategy; **mający znaczenie ~e** przen. of the utmost importance

stratn|y *adi.* **być ~ym na czymś** to lose money on sth; **ja jestem najbardziej ~y na tej transakcji** I'm the one who came out worst on this deal

strat|ować *pf vt* to trample; **zostać ~owanym na śmierć** to be trampled to death; **konie ~owały zboże** the horses trampled the corn ⇒ **tratować**

stratyfikacj|a *f sgt* Socjol., Geol. stratification

stratyfikacyjn|y *adi.* książk. [podział, warstwy] stratificational

straw|a *f sgt* [1] przest. (pożywienie) fare przest.; **prosta ~a** a simple fare; **nagotowała garnek pożywnej ~y** she prepared a pot of wholesome fare [2] przen. diet przen.; **~a duchowa** intellectual nourishment

strawest|ować *pf vt* to travesty [wypowiedź, zdanie, poemat] ⇒ **trawestować**

straw|ić *pf vt* [1] (wchłonąć i przyswoić) to digest [pokarm, posiłek] ⇒ **trawić** [2] (zniszczyć) to consume, to destroy; **pożar ~ił miasto** the fire consumed the town; **rdza ~iła metal** rust ate through the metal; **~iła go choroba** he was eaten away by illness ⇒ **trawić** [3] przest. (spędzić) to spend [życie, młodość] (na czymś doing sth); **~ić życie na podróżach** to spend one's life travelling; **~ił całą noc przy kartach** he spent the whole night playing cards ⇒ **trawić** **■ nie mógł/mogli ~ić jej zachowania** he/they couldn't bear her conduct

strawn|y *adi. grad.* [1] (łatwy do strawienia) digestible; **lekko ~a potrawa** a light dish; **lżej ~y** more digestible [2] przen. (łatwy do zrozumienia) palatable; **przedstawić coś w ~iejszej formie** to present sth in a more palatable form

straż *f* [1] *sgt* (strzeżenie) guard; **pełnić ~** to be on guard; **stać na ~y pokoju** to guard peace; **osadzić kogoś pod ~ą** to put sb under guard [2] (*Gpl* ~**y**) (warta) guard; **zdwoić ~e** to double guards; **zdjąć ~e** to relieve the guards; **rozstawiono ~e** guards were posted **□ ~ ogniowa** a. pożarna fire brigade; **~ przednia** Wojsk. advance guard, vanguard; **~ przybrzeżna** coastguard; **~ sąsiedzka** neighbourhood watch; **~ tylna** Wojsk. rearguard

strażac|ki *adi.* **wóz ~ki** a fire engine, a firetruck US; **hełm ~ki** a fireman's helmet; **pompa ~a** firefighting pump; **remiza ~ka** an engine house, a fire station, a firehouse

straża|k *m* fireman, firefighter

strażnic|a *f* watchtower

strażnicz|ka *f* (kobieta strażnik) guard; **~ka więzienna** a prison officer, a warden; **~ki moralności publicznej** przen. guardians of public morality

strażnicz|y *adi.* [budka, wieża] guard attr., guard's

strażni|k *m* guard, watchman (strzegący tradycji) guardian; **~k demokracji** an upholder of democracy

strącać *impf* → **strącić**

strą|cić *pf* — **strą|cać** *impf* **II** *vt* [1] (spowodować upadek) to knock [sb/sth] off [jeźdźca, wazon]; **~cić kogoś z konia** to knock sb off a horse; **~cić kieliszek ze stołu** to knock a glass off the table; **~cać kijem jabłka z drzewa** to knock apples from the tree with a stick [2] (zestrzelić) to shoot down [samolot, ptaka] [3] pot. (odliczyć) to knock off [zaliczkę, ratę] [4] Chem. (wydzielić) to precipitate [substancję, osad] **II strącić się — strącać się** Chem. [substancja, osad] to precipitate

strącz|ek *m dem.* Bot. small pod

strączkow|y *adi.* Bot. [nasiona, owoce] leguminous; **rośliny ~e** leguminous plants, pulses

strąk *m* Bot. [1] (grochu, fasoli, papryki) pod; **wyłuskiwać groch/fasolę ze ~ów** to pod peas/beans [2] zw. pl pot. (zaniedbane włosy) stringy hair *U*

strąkow|y *adi.* Bot. **rośliny ~** leguminous plants

stref|a *f* [1] (obszar wydzielony) zone, area; **~a okupacyjna/przygraniczna** the occupation/border zone; **~a przybrzeżna** the coastal zone; **~a wysokogórska** the high mountain zone; **~y głębokościowe** depth zones; **~a ograniczonego parkowania** the tow-away zone; **podział świata na ~y wpływów** the division of the world into areas of influence [2] Geol. (warstwa) zone **□ ~a abiotyczna** Biol. abiotic sphere; **~a aeracji** Geol. aeration zone; **~a batialna** Geog. bathyal zone; **~a bezatomowa** Polit. non-nuclear zone; **~a buforowa** buffer zone; **~a cementacyjna** Miner. cementation zone; **~a ciszy** silence zone; **~a fotyczna** Biol. photic zone; **~a gorąca** Geogr. tropical zone; **~a neutralna** Polit. neutral zone; **~a podbiegunowa** Geog. polar zone; **~a saturacji** Geol. saturation zone; **~a sejsmiczna** Geol. seismic zone; **~a wolnocłowa** Ekon. duty-free a. zone; **~a zdemilitaryzowana** Wojsk. demilitarized zone; **~y erogenne** Fizj. erogenous zones; **~y klimatyczne** Meteo. climatic zones **■ szara ~a** Ekon. grey area

strefowoś|ć *f sgt* division into climatic zones

strefow|y *adi.* [bilet] zonal; **opłaty za rozmowy ~e** Telekom. zonal telephone charges

strem|ować *pf* **II** *vt* to embarrass; **~owany kandydat** a self-conscious candidate ⇒ **tremować** **II stremować się** to become self-conscious; **~ować się pomyłką** to get self-conscious because of the mistake ⇒ **tremować się**

stres *m* (*G* ~**u**) Psych. stress; **żyć w ~ie** to live under stress

stres|ować *impf* **II** *vt* [sytuacja, osoba] to stress; **jego obecność/niepewność jutra ~owała wszystkich** his presence/uncertainty about the future stressed everyone **II stresować się** to become stressed

stresow|y *adi.* [czynnik, sytuacja, warunki] stressful

stresująco *adv.* [wpływać, działać] stressfully

stresując|y **II** *pa* → **stresować** **II** *adi.* [praca, warunki] stressful

streszczać¹ *impf* → **streścić**

streszcza|ć² *impf* **II** *vt* (zawierać) to epitomize; **~ł w sobie wady i zalety całej rodziny** he epitomized the vices and virtues of all the family members **II streszczać się** [1] (zawierać się) to be epitomized; **żądania ~ły się w kilku punktach** demands were epitomized in a few items [2] pot. to be brief; **mów, ale ~j się, bo nie mam czasu** go ahead, but be brief because I haven't got (much) time

streszcze|nie **II** *sv* → **streścić** **II** *n* summary, synopsis, résumé (czegoś of sth); **~nie przemówienia w języku angielskim/rosyjskim** a summary of the speech in English/Russian

stre|ścić *pf* — **stre|szczać¹** *impf vt* to summarize [film, powieść]; **~ścić coś w kilku zdaniach** to summarize sth in a few sentences

stretching /'stretʃiŋ/ *m sgt* (*G* ~**u**) Sport stretching

stręczyciel m (Gpl ~i) procurer

stręczyciel|ka f procuress

stręczyciels|ki adi. [zabiegi] pimping attr.

stręczycielstw|o n sgt pimping, procuration

stręcz|yć impf vt Prawo (nakłaniać do nierządu) to procure

stricte /'strikte/ adv. książk. (ściśle) strictly; **to utwór ~ jazzowy** this is a strictly jazz piece

strip-tease /'striptis/ → striptiz

striptiz m (G ~u) striptease, strip show, strip; **robić ~** to do a striptease a. strip

striptizer m, **~ka** f stripper, striptease artist

striptizowy adi. [występ, lokal, tancerka] striptease attr.

strof|a f [1] książk. (zwrotka) strophe, stanza [2] Literat. strophe

stroficzn|y adi. Literat. [utwór] strophic; **budowa ~a wiersza** the strophic structure of a poem

strof|ka f dem. (wiersza, piosenki) stanza

strof|ować impf vt (upominać) to chasten [dziecko, ucznia]

stroiciel m, **~ka** f (Gpl ~i, Gpl ~ek) tuner

stroiciels|ki adi. [usługi, praktyka] tuning attr.

str|oić[1] impf [] vt [1] (ubierać) to dress [sb] up; **~oić kogoś w futra i biżuterię** to dress sb up in furs and jewellery; **~oić pannę młodą do ślubu** to dress the bride up in her wedding dress ⇒ **wystroić** [2] (ozdabiać) [osoba] to decorate [choinkę, stół] [3] (zdobić) [koronka, biżuteria, kwiaty] to grace; **diadem ~oił jej głowę** a tiara graced her head [] **stroić się** to dress up; **~oić się na bal/wesele** to dress up for the ball/wedding reception ⇒ **wystroić się**

str|oić[2] impf vt [1] Muz. to tune [instrument] [2] Radio to tune [odbiornik radiowy]

stroik m (G ~u a. ~a) [1] dem. (dla lalki, dziewczynki) dress, attire [2] (na głowę) head-dress [3] (na stół) floral table decoration; (pośrodku stołu) centrepiece [4] Muz. reed

stroikow|y adi. Muz. [instrument] reed attr.

strojnie adv. grad. książk. [ubrać się, wyglądać] dressy adi.; **nosić się ~** to wear dressy clothes

strojni|sia f pot., żart., iron. dressy woman

strojni|ś m pot., żart., iron. dandy

strojn|y książk. [] adi. grad. [1] [osoba] dressy [2] [kapelusz, suknia, toaleta] ornamental [] adi. dressed; **dama ~a w piękną suknię** an ornately dressed lady; **choinka ~a w świecidełka** a Christmas tree ornately decorated with trinkets

stromi|zna f (dachu, drogi, zbocza) steepness; **taras zakończony niewielką ~zną** a terrace with a slightly sloping edge; **pokonać ~znę na rowerach** to negotiate the steep slope on bikes

stromo adv. [wznosić się, piąć się] steeply, sheerly; **wzgórze urywa się ~** the hillside ends in a precipitous drop

stromoś|ć f sgt (dachu, drogi, zbocza) steepness

strom|y adi. [droga, góra, podejście, urwisko, schody] steep, sheer

stron|a [] f [1] (w książce, zeszycie, gazecie) page; **~a tytułowa (książki)** the title page; **pierwsza ~a (gazety)** the front page;

czytać coś ~a po ~ie to read sth page by page; **powieść licząca kilkaset ~** a novel several hundred pages long; **otwórzcie książki na ~ie dwudziestej** open your a. the books on page twenty [2] (bok, ściana, brzeg, krawędź) side; **~a południowa/północna/wschodnia/zachodnia budynku** the south/north/east/west side of a building; **~a wierzchnia/spodnia materaca/kotary** the upper side/underside of a mattress/curtain; **~a odwrotna ulotki** the reverse side of a leaflet; **parzysta/nieparzysta ~a ulicy** the even/odd side of the street; **druga ~a ulicy/rzeki** the other side of the street/river; **przejść na drugą ~ę ulicy** to cross the street; **prawa/lewa ~a bluzki/sukienki** the outside/inside of a blouse/dress; **włożyć podkoszulek na lewą ~ę** to put on a T-shirt inside out; **oglądać coś ze wszystkich ~** to examine sth all over; **walczyć po tej samej/przeciwnej ~ie barykady** to fight in the same/the opposing camp; **usiedliśmy po obu ~ach długiego stołu** we sat on either side of the long table; **nie umiem przewrócić omletu na druga ~ę** I can't turn the omelette over [3] (cecha) side, point; **biologiczna ~a życia** the biological aspect of life; **dobre/ujemne ~y mieszkania na wsi** the good/negative side of living in the country; **ciemna ~a czyjegoś charakteru** the dark side of sb's character; **patrzeć na coś tylko z jednej ~y** to look at sth from one side only także przen.; **poznać kogoś z** a. **od dobrej ~y** to get to know sb's good side; **utwór ma mocne i słabe ~y** the piece has its strong and weak points [4] (kierunek) direction, way; **widok Warszawy od ~y Pragi** the panorama of Warsaw from Praga; **podróż w obie ~y** a journey there and back, a round trip; **bilet w jedną ~ę** a single ticket GB, a one-way ticket; **bilet w obie ~y** a return ticket GB, a round-trip ticket US; **kiwać się na wszystkie ~y** to rock in all directions; **pójść w tę/tamtą ~ę** to go this/that way; **pójść w przeciwną ~ę** to go in the opposite direction; **w którą ~ę oni poszli?** which way did they go?; **rozglądać się na obie ~y** to look left and right; **rozglądać się na wszystkie ~y** to look in all directions; **rozejść się każdy w swoją ~ę** to go each his/her way [5] (każdy z uczestników zatargu) side; **~a amerykańska/polska** the American/Polish side; **zwaśnione ~y** the conflicting sides; **brać czyjąś ~ę** to side with sb, to take sides with sb; **przejść na czyjąś ~ę** to go over to sb's side; **przeciągnąć kogoś na swoją ~ę** to win sb over to one's side [6] Jęz. (forma czasownika) voice; **~a bierna/czynna** the passive/active voice; **~a zwrotna** the reflexive voice [7] Komput. (witryna) website [8] Prawo (przeciwnik w sporze sądowym) party; **~a trzecia** a third party; **być ~ą w procesie** to be a party to the suit [] **strony** plt (kraj, okolica) parts; **czyjeś rodzinne ~y** sb's homeland; **po raz pierwszy jestem w tych ~ach** I'm a stranger to these parts; **w moich ~ach...** where I come from...; **pochodzimy z tych samych ~** we come from the same parts

[] **stronami** adv. (bokiem) around; **burza przeszła ~ami** the storm passed around us

[] **na stronę** adv. aside; **poprosić kogoś na ~ę** to ask to have a word with sb on the side; **pójść na ~ę** euf. to answer a call of nature

[] **na stronie** adv. (na uboczu) on the side; **powiedzieć coś na ~ie** to say sth on the side; **porozmawiać z kimś na ~ie** to talk to sb on the side; **dom stał na ~ie** the house stood apart form the others

❏ **~y świata** Geog. the directions of the world

■ **krewny ze ~y matki/ojca** a relation on my mother's/father's side; **to ładnie z twojej ~y, że przyszedłeś** it was nice of you to come; **jest opryskliwy, ale z drugiej ~y to dobry chłopak** he's snappish, but on the other hand he's a good boy; **z jednej ~y to piekielnie trudne, z drugiej (~y) bardzo ciekawe** on the one hand it's horribly difficult, on the other (hand) extremely interesting; **ja ze swej** a. **swojej ~y zrobię, co mogę** I for my part will do my best

stronic|a f książk. (w książce, gazecie) page; **wspaniałe ~e historii** przen. great pages in history

-stronicowy w wyrazach złożonych -page; **trzystronicowy list** a three-page letter; **wielostronicowy raport** a multipage report

stronicz|ka f dem. page; **napisał niecałą ~kę** he's written less than one page; **przeczytałam zaledwie kilka ~ek** I've read just a few pages

stro|nić impf vi książk. (unikać) to shun vt; **~nić od ludzi/polityki/ryzyka** to shun people/politics/risk; **nie ~nił od kieliszka** a. **alkoholu** he was quite a bibulous fellow

stronnictw|o n (ugrupowanie) party; (odłam) faction; **~o polityczne** a political party; **Polskie Stronnictwo Ludowe** the Polish Peasants' Party; **należeć do ~a** to belong to a party

stronniczo adv. [przedstawiać, oceniać] partially

stronniczoś|ć f sgt partiality, bias; **posądzić kogoś o ~ć** to suspect sb of partiality

stronnicz|y adi. [człowiek, opinia, postawa] partial, bias(s)ed

stronni|k m, **~czka** f suporter, backer; **~k obozu reform/idei zjednoczenia** a supporter of the reformist camp/the idea of unification; **mieć wielu ~ków** to have a lot of supporters a. backers

strop m (G ~u) [1] Budow., Archit. ceiling; **~ z płyt betonowych** a concrete slab floor; **~ sali pokryty stiukami** the stucco ceiling of the hall [2] Geol., Górn. roof

strop|ić pf [] vi książk. (zmieszać) to disconcert; **napastliwe zachowanie kolegi ~iło go** the aggressive behaviour of his colleague disconcerted him [] **stropić się** (zmieszać się) to become disconcerted; **~ił się na widok zwierzchnika** he became disconcerted at the sight of his boss

stropi|ony adi. książk. [osoba, mina] disconcerted; **odszedł ~ony** he left disconcerted

stropow|y adi. ① Archit., Budow. *[belka, płyta]* floor attr.; *[malowidła, stiuki]* ceiling attr. ② Geol., Górn. *[nawis]* roof attr.

stroskan|y adi. (zmartwiony) *[osoba, mina, wzrok]* worried

strosz|yć impf **Ⅰ** vt książk. (podnosić do góry) to ruffle *[pióra, włosy]* ⇒ **nastroszyć**

Ⅱ stroszyć się *[zwierzę, ptak]* to puff up; *[włosy]* to bristle ⇒ **nastroszyć się**

str|ój¹ m (G **~oju**) (ubiór) dress, attire; **~ój ludowy/historyczny** a national/historical costume a. dress; **~ój wieczorowy/uroczysty** an evening/a formal dress; **~ój sportowy/roboczy** sportswear/workwear a. working clothes; **~ój do konnej jazdy** (riding) habit; **(biały) ~ój do tenisa** tennis whites

❑ **~ój bobrowy** Zool. castor

str|ój² m (G **~oju**) Muz. ① (nastrojenie instrumentu muzycznego) tune ② (system dźwiękowy) key

stróż m ① (dozorca) caretaker; janitor US; **nocny ~** a night watchman; **~ porządku publicznego** a. **prawa** (policjant) the guardian of public order; **ten pies jest wspaniałym ~em** this is an excellent guard dog ② (Npl **~e** a. **~owie**) przen. (opiekun) guardian; **~ moralności** a custodian of morals

■ **wystroić się jak ~ w Boże Ciało** pot. to put on one's Sunday best

stróżows|ki adi. *[obowiązki, sprzęt]* caretaker's

stróżów|ka f caretaker's lodge

struchla|ły adi. książk. *[osoba, głos]* horror-stricken; **~łe serce** a heart filled with horror

struchl|eć pf (**~eję, ~ał, ~eli**) vi *[osoba, serce]* to quail; **~eć ze strachu** to quail with fear; **~eć na myśl o czymś** to quail at the thought of sth; **~eć na widok kogoś/czegoś** to quail at the sight of sb/sth ⇒ **truchleć**

strucl|a f (Gpl **~i**) Kulin. loaf; **~a z makiem** a poppyseed loaf; **~a z bakaliami** ≈ stollen bread

stru|ć pf **Ⅰ** vt ① (wywołać zatrucie) to give [sb] food poisoning *[osobę, zwierzę]*; **~li mnie nieświeżą rybą** I got food poisoning from some bad fish they gave me ② przen. (przygnębić) to upset; **wiadomość o nieszczęściu ~ła wszystkich** the news of the tragedy upset everyone

Ⅱ struć się ① (zatruć się) to upset one's stomach ② przen. (zmartwić się) to get upset; **~ł się złą wiadomością** he got upset because of the bad news

strud|el m (Gpl **~li** a. **~lów**) Kulin. strudel; **~el z jabłkami** apple strudel

strudz|ony adi. książk. weary; **~ony drogą wędrowiec** a weary wanderer; **~one stopy** weary feet

strug m Techn. plane; **wygładzać drewno ~iem** to smooth wood with a plane

stru|ga f ① (wody, krwi) stream; **~gi deszczu** streams of rain ② (strumień) stream; **górska ~ga** a mountain stream ③ (światła, dymu) stream

stru|gać impf (**~gam** a. **~żę**) vt ① (wygładzać) to whittle *[deski, paliki]* ② (wyrzynać) to carve *[figurki]* ③ pot. (udawać)

~gać wariata to play dumb; **~gać ważniaka** to look big

struktu|ra f ① (budowa) (mózgu, związku chemicznego, powieści) structure; **~ra społeczna** the social structure; **~ra państwa** the state structure; **~ra płac w przedsiębiorstwie** the company's salary structure ② (zespół) structure, organization; **~ry podziemne** underground organizations; **~ry wojskowe** military structures; **~ry związkowe** trade union structures; **~ry myślowe/wyrazowe** mental/word structures; **przystąpić do ~r europejskich** to join European structures

❑ **~ra kryształu** Fiz. crystal structure

strukturali|sta m, **~stka** f structuralist

strukturalistyczn|y adi. *[badania, metoda, krytyka]* structuralistic

strukturalizacj|a f sgt Nauk. (zdania, dzieła literackiego, faktów) structuralization

strukturalizm m sgt (G **~u**) Jęz., Literat., Szt. structuralism

strukturaliz|ować impf vt Nauk. to structuralize *[rzeczywistość]*

strukturalnie adv. *[rozpatrywać, analizować]* from the point of view of structure; *[prosty, skomplikowany]* structurally

strukturaln|y adi. *[przemiana, wada, powiązania]* structural

strukturyzacja → **strukturalizacja**

strumie|ń m ① (rzeczka) stream, brook, creek US ② (łez, światła, powietrza, samochodów) stream; **deszcz lał się ~niami** the rain came down in torrents

❑ **~ń świetlny** Fiz. luminous flux

strumy|k m (**~czek** dem.) ① (rzeczka) brooklet, creek ② (wody, krwi) trickle

stru|na f ① (fortepianu, skrzypiec, gitary, harfy) string, chord; **przebierać palcami po ~ach** to pluck a. strike strings ② Sport (tenisowa) string

❑ **~a grzbietowa** Zool. notochord; **~y głosowe** Anat. vocal cords

■ **przeciągnąć ~ę** to overstep the mark; **trafić** a. **uderzyć w czyjąś czułą ~ę** to touch a raw nerve with sb; **uderzyć we właściwą/w niewłaściwą ~ę** to strike a. touch the right/wrong chord; **wyprężyć** a. **wyprostować się jak ~a** to stand as stiff as a poker

strunow|y adi. **beton ~y** Budow. prestressed concrete; **instrumenty ~e** Muz. string(ed) instruments

strup m (**~ek** dem.) scab, crust; **~ na kolanie/łokciu** a scab on one's knee/elbow; **twarz pokryta ~ami** a scabby face

strupieszałoś|ć f sgt (obyczajów, poglądów) petrification

strupiesza|ły adi. ① (obumierający) *[las]* decaying ② *[towarzystwo, poglądy]* fossilized

strusi adi. *[jajo, gniazdo, pióro, ferma]* ostrich attr.

■ **mieć ~ żołądek** to have perfect digestion; **uprawiać ~ą politykę** pot. to adopt an ostrich-like policy

struś m Zool. ostrich

stru|ty adi. pot. *[osoba]* crestfallen; **chodzić/siedzieć jak ~ty** to walk about/sit about feeling downbeat

struż|ka¹ f (deszczu, krwi) trickle, dribble; **~ka dymu** a thin trickle of smoke

struż|ka² f ① sgt Techn. chips pl ② zw. pl (wiór) shaving zw. pl

strużyn|y plt (G **~**) shavings

strwo|nić pf vt to squander *[pieniądze, majątek, czas]* ⇒ **trwonić**

strwoż|ony **Ⅰ** pp → **strwożyć**

Ⅱ adi. książk. *[osoba, wzrok, głos]* scared, frightened; **~one błyskawicami dziecko** a child frightened by lightning

strw|ożyć pf **Ⅰ** vt *[błysk, wybuch]* to frighten, to scare *[osobę, zwierzę]*

Ⅱ strwożyć się *[osoba]* to get frightened, to be scared

strych m (G **~u**) attic, loft; **na ~u** in the attic a. loft; **właz/drabina na ~** a loft hatch/ladder; **adaptacja ~u** loft conversion; **zaadaptowany ~** a converted loft

strychnin|a f sgt strychnine

strychul|ec m ① (ochraniacz dla konia) fetlock boot ② przest. (deseczka) strickle

■ **podciągać wszystkich/wszystko pod jeden ~ec** to apply the same yardstick to everybody/everything, to treat everybody/everything alike

strycz|ek m halter przest.; (lina) rope; (pętla) noose; (kara) the noose; **założyć komuś ~ek** to put a noose round sb's neck; **pójść na ~ek** to be hanged; **czeka go ~ek** he's facing the hangman's noose; **ukręcić dla siebie ~ek** przen. to put a noose round one's neck

stryj m (Npl **~owie**) (paternal) uncle

stryj|aszek, ~cio m dem. pieszcz. (paternal) uncle

stryjeczn|y adi. **~y brat/~a siostra** a cousin (child of one's paternal uncle); **~e rodzeństwo** cousins (children of one's paternal uncle); **~a babka** a great-aunt (wife of one's father's or mother's paternal uncle); **~y dziadek** a great-uncle (one's father's or mother's paternal uncle)

stryj|ek m (Npl **~kowie**) (paternal) uncle

stryjen|ka f aunt (wife of one's paternal uncle)

stryjostw|o n sgt uncle and aunt (one's paternal uncle and his wife)

stryjows|ki adi. uncle's

strysz|ek m dem. sgt (small) attic, (small) loft

strywializ|ować pf **Ⅰ** vt książk. to trivialize *[problem, zagadnienie]* ⇒ **trywializować**

Ⅱ strywializować się *[problem, zagadnienie]* to be trivialized ⇒ **trywializować się**

strza|ł m (G **~łu**) ① (wystrzał) shot; **~ł z pistoletu/karabinu** a gunshot/rifle shot; **oddać ~ł do kogoś/czegoś** to fire a. take a shot at sb/sth; **złożyć się do ~łu** to take up a firing position; **zbliżyć się do kogoś/czegoś na ~ł** a. **odległość ~łu** to come within gunshot of sb/sth; **być poza zasięgiem ~łu** to be out of gunshot; **broń gotowa do ~łu** a gun ready to fire; **rozległ się ~ł** a shot rang out; **w mieście słychać było ~ły** gunfire was heard in the city; **bez jednego ~łu** without a single shot being fired ② Sport shot; **oddać ~ł** to have a. take a shot; **złożyć się do ~łu** to get ready to shoot; **~ł na bramkę** a shot at goal; **~ł z trzydziestu metrów** a shot from thirty metres *[próba]* **~ł w ciemno** a shot in the dark; **książka okazała się ~łem w dziesiątkę** the book turned out to be a great success [4] (przytyk) **~ł okazał się celny** the remark was right on target [5] Górn. shot

strza|ła f arrow; **zatruta ~ła** a poisoned arrow; **wypuścić ~łę z łuku** to fire a. shoot an arrow; **mknąć a. pędzić jak ~ła** to run like the wind

■ **~ła Amora** a. **Erosa** a. **Kupidyna** książk. Cupid's arrow książk.; **dosięgła go ~ła Amora** he was struck by Cupid's arrow

strzałecz|ka f dem. [1] (symbol) (small) arrow [2] (wskazówka) needle

strzał|ka [] f [1] (symbol) arrow; **iść zgodnie ze ~kami** to follow the arrows; **oznaczyć coś ~kami** to arrow sth; **zielona ~ka** (na skrzyżowaniu) ≈ a filter (light) [2] (element urządzenia) needle; **~ka manometru/barometru** a pressure gauge/barometer needle; **~ka szybkościomierza wskazywała 100 km/godz.** the speedometer read 100 km/h [3] (do rzucania) dart; **grać w ~ki** to play darts; **tarcza do gry w ~ki** a dartboard; **rzucać ~kami do celu** to throw darts at a board [4] (na czole konia) blaze [5] Anat. fibula

[] **strzałki** plt Zool. arrow worms

❑ **~ka wodna** Bot. arrowhead

■ **płynąć ~ką** to swim under water or float for a short time with hands extended and linked

strzałow|y [] adi. Górn. **otwór ~y** a shot hole

[] m Górn. shot-firer

strzaska|ć pf [] vt to shatter [kość, mebel, ścianę]

[] **strzaskać się** to be shattered

strząsać impf → **strząsnąć**

strzą|snąć pf — **strzą|sać** impf (**~snęła, ~snęli** — **~sam**) vt to shake [sth] off [brud, popiół]; **~snąć śnieg z płaszcza** to shake the snow off a. from one's coat; **~sać jabłka z drzew** to shake apples down (off a tree); **~snąć z siebie złe wspomnienia** przen. to shake off bad memories

strząść → **strząsnąć**

strze|c impf (**~gę, ~żesz, ~że, ~gł, ~gła, ~gli**) [] vt (troszczyć się) to watch over [poddanych, stada]; (pilnować, ochraniać) to guard [wejścia, zamku, prezydenta]; **~c kogoś/czegoś przed czymś** to guard sb/sth from a. against sth; **~c tajemnicy** to guard a. keep a secret; **najpilniej ~żone tajemnice** the best-kept a. -guarded secrets; **parking ~żony** a guarded car park; **granica jest silnie ~żona** the border is heavily guarded; **~ż nas Panie od grzechu** Relig. Lord, save us from our sins

[] **strzec się** (być ostrożnym) to beware (**kogoś/czegoś** of sb/sth); **~c się czegoś** (wystrzegać się) to guard against sth; **~gła się przed okazywaniem uczuć** she guarded against showing her feelings

■ **~żonego Pan Bóg ~że** przysł. better safe than sorry

strze|cha f [1] (dach) thatch; **pokryć coś ~chą** to thatch sth; **dom kryty ~chą** a thatched house [2] (czupryna) thatch

■ **trafić pod ~chy** [książka] to gather wide popular readership

strzelać[1] impf → **strzelić**

strzel|ać[2] impf [] vi (być wysokim) [wieża, drzewo] to soar; **palmy ~ające wysoko w niebo** palm trees soaring high into the sky

[] **strzelać się** [1] (usiłować popełnić samobójstwo) to try to shoot oneself [2] (pojedynkować

się) to fight a duel (**z kimś** with sth); **~ali się o kobietę** they fought a duel over a woman

strzelanin|a f sgt (odgłos wystrzałów) gunfire; (wymiana ognia) shooting; **odgłosy ~y** sounds of gunfire; **wywiązała się ~a** shots were fired

strzelb|a f shotgun

strzelczy|ni f Sport [1] (uprawiająca strzelanie) (woman) shooter, markswoman [2] (zdobywająca bramkę) scorer

Strzel|ec [] m pers. (Npl **~ce**) pot. Sagittarius, Sagittarian

[] m inanim. [1] sgt (znak zodiaku) Sagittarius, the Archer; **urodził się pod znakiem ~ca** he was born under (the sign of) Sagittarius [2] sgt (gwiazdozbiór) Sagittarius

strzel|ec [] m pers. [1] (strzelający) shooter, shot; **kiepski/znakomity ~** a poor/excellent shot [2] Wojsk. rifleman; **pułk ~ców** a rifle regiment [3] Sport (uprawiający strzelanie) shooter, marksman [4] Sport (zdobywający bramkę) scorer, shooter

[] m inanim. (A **~ca**) (w szachach) long-range piece

❑ **~ec pokładowy** Lotn. (air) gunner; **~ec wyborowy** (expert) marksman, sharpshooter

strzelec|ki adi. [1] [umiejętności, popisy, klub] shooting attr.; **sport ~ki** shooting [2] Wojsk. [oddział] rifle attr.; [mundur] rifleman's

strzelectw|o n sgt shooting; **uprawiać ~o** Sport to shoot for sport

strzel|ić pf — **strzel|ać**[1] impf [] vt [1] Sport to score [gola]; **~ić/nie ~ić karnego** to score/miss a penalty; **~ić samobója** pot. to score an own goal; **~ić bramkę Anglikom** to score against England; **bramka ~ona w ostatniej minucie** a last-minute goal [2] Myślis. (upolować) to shoot [kaczkę, zające]; **~ać króliki** to shoot rabbits [3] pot. (powiedzieć, zrobić) **~ić gafę** to put one's foot in it pot.; **~ić byka** to blunder; **ale numer ~ił!** he's pulled quite a stunt!; **~ił sobie kafelki w łazience** he got his bathroom tiled [4] pot. (uderzyć) to crack [osobę]; **~ić kogoś w pysk** to crack sb on the jaw; **jak cię ~lę, to się nie pozbierasz!** I'll knock you into the middle of next week! pot. [5] pot. (wypić) to down pot.; **~ić kielicha** to down one; **~ić sobie jednego dla kurażu** to take a drink to give oneself Dutch courage [6] pot. (sfotografować) **~ić komuś zdjęcie** to take a shot of sb

[] vi [1] (wystrzelić) to fire; (posługiwać się bronią) to shoot; **dobrze ~ać** to shoot well; **~ać z pistoletu/armaty** to fire a gun; **~ać z łuku** to shoot a bow; **~ić do kogoś z łuku** to shoot an arrow at sb; **~ić do kogoś/czegoś** to fire at sb/sth; **~ić komuś w nogę/brzuch** to shoot sb in the leg/stomach; **~ić sobie w łeb** pot. to put a bullet through one's head, to blow one's brains out; **nic tylko sobie w łeb ~ić!** pot. (sytuacja jest beznadziejna) there's no way out; **~ić w powietrze** to fire in the air; **~ać na wiwat** to fire guns in celebration [2] (trzasnąć) [piorun, patyk] to crack; **~ić drzwiami** to slam the door; **~ić palcami** to snap one's fingers; **~ać z bata** to crack a whip; **gałązki ~ały nam pod butami** twigs cracked under our boots; **~iły korki**

(od szampana) champagne corks popped; **~ały flesze** camera flashes were clicking; **coś ~iło w gaźniku** the engine backfired; **coś mi ~iło w krzyżu/kolanie** I felt a twinge in my back/knee; **~iła mi dętka** I got a flat tyre [3] (wznieść się, trysnąć) [płomienie, strumień] to shoot up; **iskry ~iły wysoko w niebo** sparks shot up high into the sky; **z rury ~iły fontanny wody** fountains of water shot up from the pipe [4] (urosnąć) **~ić w górę** [osoba, drzewo] to shoot up [5] Sport to shoot; **~ić na bramkę** to shoot at goal; **~ić z prawej/lewej nogi** to aim with one's right/left foot [6] pot. (rzucać) **~ać dowcipami** to crack jokes pot.; **~ać do kogoś oczami** a. **wzrokiem** to shoot glances at sb [7] pot. (zgadnąć) to take a blind guess; **~aj! guess!; będę ~ał** I'll take a blind guess [8] Górn. to shoot

■ **coś mu ~iło do głowy** a. **łba** pot. he got a crazy idea; **prosto jak (w mordę) ~ił** straight ahead

strzeli|sty adi. książk. [1] (wysoki) [topola, wieża, szczyt] soaring [2] [wyznanie, myśli, uczucia] lofty

strzeliście adv. **wieże wznoszące się ~ nad miastem** the towers soaring high over the town

strzelnic|a f [1] (do ćwiczeń) (shooting) range; **na ~y** on a shooting range [2] (otwór w murze) arrow slit; loophole przest.

strzelnicz|y adi. **proch ~y** gunpowder; **bawełna ~a** guncotton; **otwór ~y** an embrasure

strzemiącz|ko n Anat. stapes, stirrup (bone)

strzemienn|y m stirrup cup; **wypić ~ego** to have one for the road

strzemię n (G **~enia**) stirrup; **stanąć w ~onach** to stand up in the stirrups; **jechać z kimś ~ę w ~ę** to be riding side by side with sb

strzepać → **strzepnąć**

strzep|nąć pf — **strzep|ywać** impf (**~nęła, ~nęli — ~uję**) vt [1] (strząsnąć) to shake [sth] off [pył, okruchy]; (zmieść) to brush [sth] off [pył, okruchy]; **~nąć kurz z płaszcza** to shake the dust off one's coat; **~nąć popiół z papierosa/do popielniczki** to flick the ash from the end of one's cigarette/into an ashtray [2] (potrząsnąć) to shake [obrus, termometr]; **~nął koc i rozesłał go na ziemi** he shook out the blanket and spread it on the ground

strzepywać impf → **strzepnąć**

strzęp m (**~ek** dem.) (G **~u**) [1] (kawałek) shred; **~y gazet/materiału** shreds of newspapers/fabric; **~y chmur** wisps of clouds; **~ ludzki** a. **człowieka** przen. a wreck of a man; **podrzeć coś na ~y** to shred sth; **rozerwać kogoś/coś na ~y** [bomba, wybuch] to rip sb/sth to shreds; **jak się dowiedzą, rozerwą cię na ~y** they are going to rip you to shreds when they find out; **sukienka była w ~ach** the dress was all in shreds; **obrus poszedł w ~y** the tablecloth was torn to shreds [2] (urywek) snatch; **~y wspomnień/rozmów/melodii** snatches of memories/conversations/a melody

strzępia|sty adi. [mankiety, nogawki, liście] frayed; [obłoki, chmury] wispy; [szczyty gór] ragged

strzęp|ić impf **[]** vt to fray [tkaninę, linę, spodnie] ⇒ **postrzępić, wystrzępić**

[] **strzępić się** [brzeg, tkanina, lina] to fray ⇒ **postrzępić się, wystrzępić się**

■ **~ić sobie język** a. **jęzor** pot. to waste one's breath; **szkoda sobie język ~ić** there's no point in wasting your breath

strzy|c impf (~**gę**, ~**żesz**, ~**że**, ~**gł**, ~**gła**, ~**gli**) **[]** vt **1** to cut [sb's] hair [osobę]; ~**c kogoś krótko** to cut sb's hair short ⇒ **ostrzyc** **2** to shear [owcę, wełnę]; **nożyce do ~żenia owiec** sheep shears ⇒ **ostrzyc** **3** to mow [trawnik]; to cut [żywopłot] **4** (stawiać w sztorc) ~**c uszami** [koń, osoba] to prick up one's ears także przen. ⇒ **zastrzyc**

[] **strzyc się** **1** (samego siebie) to cut one's hair ⇒ **ostrzyc się** **2** (u fryzjera) to get one's hair cut; ~**c się krótko** to have a short haircut; ~**gę się u najlepszych fryzjerów** I get my hair cut by the best stylists

strzy|ga f an evil bloodsucking creature

strzykać impf → **strzyknąć**

strzykaw|ka f syringe; ~**ka jednorazowa** a disposable syringe

strzyk|nąć pf — **strzyk|ać** impf (~**nęła**, ~**nęli** — ~**am**) vi **1** [ciecz] to squirt; ~**ać jadem** to squirt venom; ~**ać śliną przez zęby** to spit through one's teeth; **mleko ~ało do wiadra** milk was squirting into the bucket **2** (boleć) **coś mu a. go ~nęło w kolanie** he felt a pain in his knee

strzykw|a f Zool. sea cucumber

strzyż|ony **[]** pp → **strzyc**

[] adi. **1** **krótko ~one włosy** cropped a. short-cut hair **2** [trawnik] mown, cropped; [żywopłot] cut

strzyżyk m Zool. wren

stu- w wyrazach złożonych hundred-; **stupiętrowy budynek** a hundred-storey building; **stulitrowa beczka** a hundred-litre barrel

stubarwn|y adi. książk. multicoloured GB, multicolored US

studencik m dem. żart., iron. student

studenc|ki adi. [legitymacja, życie, teatr] student attr.

studen|t m, ~**tka** f Uniw. student; ~**t/~tka biologii** a biology student; ~**t/~tka medycyny** a medical student; ~**ci pierwszego roku** first-year students; **wieczny ~t** an eternal student

studenteri|a f sgt (GD ~**i**) książk. studentry rzad.

studi|a plt (G ~**ów**) **1** Uniw. (nauka) studies; (uczelnia) college; ~**a medyczne** medical studies; ~**a magisterskie** graduate a. postgraduate studies; ~**a doktoranckie** doctoral studies; **być na pierwszym/ostatnim roku ~ów** to be in one's first/final year at college; **pójść na ~a** to go to college; **skończyć** a. **ukończyć ~a** to finish college; **dostać się na ~a** to get to college; **rzucić ~a** to drop out of college; **wrócić na ~a** to resume one's studies; **w czasie ~ów** when I/he/she was at university, in my/his/her college days; **osoba po ~ach** a person with higher education

2 (badania) study; **prowadzić ~a nad czymś** to carry out a study of sth

studialn|y adi. **prace ~e nad czymś** a study of sth

studi|o n, n inv. (Gpl ~**ów**) **1** Audio., Radio., TV studio; ~**o nagraniowe/filmowe** a recording/film studio; **publiczność w ~u** a. ~**o the studio audience; nagrywać w ~u** a. ~**o** to record in a studio **2** (pracownia artysty) studio

studi|ować impf vt **1** Uniw. (uczyć się) to study; ~**ować prawo/medycynę** to study law/medicine; ~**ować na uniwersytecie** to study at university; **młodzież ~ująca** students **2** (badać) to study [zagadnienie, problem] **3** (czytać, oglądać) to study [mapę, fotografię]

studi|um n (Gpl ~**ów**) **1** (szkoła pomaturalna) school **2** (rozprawa naukowa) study; **napisać ~um na temat czegoś** to write a study of sth **3** Szt. study **4** (obraz filmowy, literacki) study; **film jest ~um samotności/nienawiści** the film is a study of loneliness/hatred

studni|a f (Gpl ~) **1** (z wodą) well; **czerpać wodę ze ~** to draw water from a well; **wykopać ~ę** to sink a well; **przepaść jak w ~ę** to vanish into thin air **2** (podwórko) narrow courtyard **3** (prąd powietrza) downdraught GB, downdraft US

❑ ~**a artezyjska** tube well GB, artesian well US; ~**a chłonna** soakaway; ~**a abisyńska** driven well

studniów|ka f Szkol. a formal dance held a hundred days before the school-leaving exams

studniówkow|y adi. **zabawa ~a** a formal dance held a hundred days before the school-leaving exams

studyjn|y adi. **1** [nagranie] studio attr. **2** Kino, Teatr [teatr] studio attr.; **kino ~e** an art house

stu|dzić impf **[]** vt **1** (chłodzić) to chill, to cool [sth] (down) [zupę, napój] ⇒ **ostudzić** **2** przen. to cool [gniew, zapał, entuzjazm] ⇒ **ostudzić**

[] **studzić się** [zupa, napój] to chill, to cool (down)

studzien|ka f **1** dem. well **2** Techn. manhole; ~**ka kablowa** a cable manhole; ~**ka ściekowa** a drain; ~**ka rewizyjna** an inspection chamber

studzienn|y adi. [woda, pompa, żuraw] well attr.

stugłow|y adi. książk. [potwór, hydra] hundred-headed

stuk **[]** m (G ~**u**) (podków, młotów) clatter; (obcasów) clack; (kół) rattle; (stuknięcie) knock; (uderzenie) tap; ~ **zbliżających się kroków** (cichy) the patter of approaching footsteps; (głośny) the pounding of approaching footsteps; ~ **łyżek o dno misek** the clanking of spoons against the (bottom of the) bowls

[] inter. knock!; ~, ~ **młotkiem i po wszystkim** tap, tap with a hammer and it's done!

stukać¹ impf → **stuknąć¹**

stuk|ać² impf vt pot. (pisać na maszynie) ~**ać na maszynie** to bash a. bang away at one's typewriter; ~**ać list na maszynie** to type a letter

stuk|nąć¹ pf — **stuk|ać¹** impf (~**nęła**, ~**nęli** — ~**am**) **[]** vt (uderzyć) to knock, to rap [osobę]; (szturchnąć) to poke; ~**nąć kogoś w ramię** to rap sb on the shoulder; ~**nąć kogoś łokciem w bok** to poke a. dig sb in the ribs; **przestań mnie ~ać!** stop poking me!

[] vi (wydawać odgłos) [osoba] to tap; (do drzwi) to knock; [buty, kopyta] to clatter; [drzwi] to click; [koła] to rattle; [krople] to patter; pot. [serce] to beat; ~**nąć ołówkiem w stół** to tap a pencil on the table; ~**ać do drzwi** to knock at the door; **łyżki ~ały o dna misek** the spoons clanked on the bottoms of the bowls; ~**nęła furtka** the gate clicked; **drzwi zamknęły się z cichym ~nięciem** the door closed with a soft click; ~**anie deszczu o dach** the patter of rain on the roof; **dzięcioł ~ał w drzewo** a woodpecker was tapping on a tree

[] **stuknąć się** — **stukać się** **1** (uderzyć się) ~**nąć się głową o coś** to knock one's head against sth **2** (popukać się) ~**nąć się w głowę** a. **czoło** to tap one's forehead; ~**nij się (w głowę** a. **łeb)!** pot. are you out of your mind? pot.

stukn|ąć² pf (~**ęła**, ~**ęli**) **[]** vt pot. **1** (zastrzelić) to knock [sb] off pot. **2** (zderzyć się) [osoba, samochód] to hit [samochód]; ~**ęła mnie ciężarówka** my car was hit by a lorry

[] **stuknąć się** (zderzyć się) [samochody, kierowcy] to crash into each other; ~**ąć się głowami z kimś** to bump heads with sb

■ ~**ęła mu sześćdziesiątka/siedemdziesiątka** pot. he has already turned sixty/seventy

stuknię|ty **[]** pp → **stuknąć**

[] adi. pot. [osoba] batty pot.

stuko|t m (G ~**tu**) (podków, młotów) clatter; (obcasów) clack; (kół) rattle; ~**t kroków** the pounding of footsteps; ~**t maszyny do pisania** the clicking of a typewriter; ~**t dzięcioła** the tapping a. hammering of a woodpecker

stuko|tać impf (~**czę** a. ~**cę**) vi [buty, kopyta] to clatter; [koła] to rattle; [krople] to patter; **dzięcioł ~tał w drzewo** a woodpecker was tapping on a tree; **szła ~cząc obcasami** she walked, her shoes clicking on the floor

stuk-puk inter. (do drzwi) knock, knock!; (młotkiem, nogami) tap, tap!; ~, **słyszał odgłos jej obcasów** tap, tap, went her heels

stukrotnie adv. [wzrosnąć, zmniejszyć się] hundredfold, a hundred times

stukrotn|y adi. [wzrost, spadek] hundredfold

stulać impf → **stulić**

stulat|ek m, ~**ka** f (Npl ~**kowie** a. ~**ki**, ~**ki**) centenarian, hundred-year-old; **dąb ~ek** a hundred-year-old oak

stuleci|e n (Gpl ~) **1** (sto lat) century; **w poprzednim/naszym ~u** last/in our century; **po upływie ~a** a century later; **zima ~a** the hardest winter of the century **2** (setna rocznica) centenary (**czegoś** of sth); **w ~e jego urodzin** on the centenary of his birth

stul|ić pf — **stul|ać** impf vt [kwiat, ptak] to fold [płatki, skrzydła]; [pies] to tuck [ogon];

~one dłonie cupped hands; **pies ~ił uszy** the dog put its ears back ■ **~ pysk!** wulg. shut your trap! pot.

stu|ła f Relig. stole

stułbi|a f (Gpl ~) Zool. hydra

stumetrow|y adi. [odcinek] hundred-metre-long; [wieża] hundred-metre-high; [studnia] hundred-metre-deep

stuprocentowo adv. hundred per cent; **ta metoda jest ~ skuteczna** the method is hundred per cent effective; **ufać komuś ~** to fully trust sb

stuprocentow|y adi. [1] [spadek, wzrost, premia] hundred per cent; [wełna, alkohol] pure; **~a frekwencja** (na zebraniu, w szkole) a hundred per cent attendance; (w teatrze) the full house [2] przen. (pewny) [gwarancja] hundred per cent, ironclad; **mieć ~ą pewność** to be a hundred per cent sure; **~y faworyt** a hot favourite; **mieć do kogoś ~e zaufanie** to fully trust sb [3] przen. (typowy) **~y mężczyzna** a real man; iron. a macho

stutysięczn|y [1] num. ord. hundred thousandth

[1] adi. [1] (złożony ze stu tysięcy jednostek) [tłum] hundred-thousand-strong [2] [banknot, dług] (w złotych) hundred-thousand-zloty

[1] **stutysięczna** f (w ułamkach) **jedna ~a** one a. a hundred-thousandth

stuwatow|y adi. [żarówka] hundred-watt

stuzłotow|y adi. [banknot, dług] hundred-zloty

stuzłotów|ka f pot. hundred-zloty banknote; (moneta) hundred-zloty coin

stwardnia|ły adi. [1] [skóra] hardened; [stopy, ręce] calloused, callused [2] przen. [oczy, twarz, rysy, głos] hardened [3] Jęz. [spółgłoska] hardened

stwardni|eć pf (~eję, ~ał, ~eli) vi [1] [skóra, gleba, śnieg] to harden; **ręce mu ~ały od pracy** his hands got calloused a. callused from hard work ⇒ **twardnieć** [2] przen. [osoba, charakter, głos] to harden ⇒ **twardnieć** [3] Jęz. [spółgłoska] to harden ⇒ **twardnieć**

stwardnie|nie [1] sv → **stwardnieć**

[1] n (na skórze) callous, callus; Med. lump □ **~nie rozsiane** Med. multiple sclerosis, MS; **~nie tętnic** Med. arteriosclerosis

stwarzać impf → **stworzyć¹**

stwierdzać impf → **stwierdzić**

stwierdze|nie [1] sv → **stwierdzić**

[1] n (wypowiedź) statement; **~nia naukowe/ empiryczne** scientific/empirical statements

stwier|dzić pf — **stwier|dzać** impf vt [1] (skonstatować) to find; **~dził, że dom jest pusty** he found the house empty; **~dzić autentyczność podpisu** to certify that the signature is genuine; **lekarz ~dził zgon** the doctor pronounced him/her dead [2] (oświadczyć) to state; **~dzam, że głosowanie jest ważne** I pronounce the vote to be valid; **„polityka mnie nie interesuje", ~dził stanowczo** 'I'm not interested in politics,' he stated firmly

stwor|ek m dem. żart. strange creature

stworze|nie [1] sv → **stworzyć**

[1] n [1] (istota żywa) creature; **dziwne/miłe z niej ~nie** she's a strange/lovely creature [2] sgt książk. (wszystko co żyje) the Creation

■ **wyglądał jak nieboskie ~nie** pot. he looked horrible; **ubrudził się jak nieboskie ~nie** he got awfully filthy; **od ~nia świata** since the beginning of the world; **~nie boże** a. **boskie** one of God's creatures

stworzon|ko n dem. pieszcz. little creature

Stworzyciel m książk. (Bóg) the Creator

stw|orzyć¹ pf — **stw|arzać** impf vt [1] (powołać do życia) to create [instytucję, sieć sklepów]; **~orzyć przemysł elektroniczny od podstaw** to create the electronics industry from scratch; **~orzenie świata** the Creation [2] (spowodować) [osoba] to create [warunki, okoliczności, atmosferę]; to generate [napięcie, konflikt]; **chłopiec nie ~arza problemów wychowawczych** the pupil doesn't present any problems in class

■ **nie byłem ~orzony na kaznodzieję** I wasn't meant to be a preacher; **okolica jakby ~orzona do wypoczynku** an ideal recreation area; **ona jest ~orzona do roli matki** she's meant to be a mother; **oni są jakby ~orzeni dla siebie** they seem meant for each other

stw|orzyć² impf vt [1] (stać się autorem) to create [dzieło]; **aktor ~orzył wybitną kreację** the actor created a remarkable character ⇒ **tworzyć** [2] (zorganizować) to form [zespół] ⇒ **tworzyć** [3] (nadać cechy) to create [wizerunek] ⇒ **tworzyć**

stw|ór m (G ~oru a. ~ora, A ~ór a. ~ora) creature; **niesamowity ~ór** a monster

Stwórc|a m [1] Relig. the Creator, the Maker [2] książk. **stwórca** (artysta) creator

stwórcz|y adi. [moc, akt] of creation

stycz|eń m January; **w ~niu** in January

■ **~eń pogodny wróży rok płodny** przysł. if it's fine in January, there will be a good harvest

styczniow|y adi. [mróz, pensja, solenizant] January attr.

styczno|ść f sgt [1] (kontakt) contact; **pozostawać w ~ci z kimś** to maintain contact with sb, to be in touch with sb; **mieć ~ć z materiałami promieniotwórczymi** to have contact with radioactive materials [2] Mat. tangency; **~ć linii/krzywych** the tangency of lines/curves

styczn|y [1] adi. [1] Mat. [linia, płaszczyzna] tangent [2] książk. (zbieżny) [tematy, poglądy] related

[1] **styczna** f Mat. tangent

stygma|t m (G ~tu) [1] zw. pl Relig. stigma, **mieć ~ty** to have stigmata [2] sgt książk. (piętno) mark (czegoś of sth); **~t geniuszu** the mark of genius; **życie naznaczone ~tami samotności i choroby umysłowej** a life marked by loneliness and mental illness

stygmaty|k m, **~czka** f Relig. stigmatic, stigmatist

styg|nąć impf (~ł a. ~nął) vi [1] (tracić ciepło) [obiad, herbata] to be getting cold ⇒ **ostygnąć** [2] przen. [zapał, miłość] to cool off; **ich entuzjazm dla naszego projektu powoli ~ł** their enthusiasm for our project was cooling off ⇒ **ostygnąć**

styk [1] m (G ~u) [1] (zetknięcie) joint, junction; **~ ściany z sufitem/podłogą** the junction of the wall and ceiling/floor,

the ceiling-wall/floor-wall joint [2] sgt (pogranicze) meeting; **~ kultur/dyscyplin nauki** the meeting of cultures/academic disciplines [3] zw. pl Techn. contact

[1] **na styk** adv. [1] Techn. (krawędziami) **łączyć deski/płyty na ~** to butt planks/panels [2] przen. **mieć jedzenia/pieniędzy na ~** to have barely enough food/money; **zdążyłam do pracy na ~** I just managed to get to work on time

stykać impf → **zetknąć**

stykow|y adi. **odbitka ~a** Fot. contact print

styl¹ m (G ~u) [1] Archit., Muz., Szt. style; **~ architektoniczny/malarski** an architectural/a painting style; **~ renesansowy/barokowy** the Renaissance/Baroque style; **~ Chopina/Rembrandta** Chopin's/Rembrandt's style; **~e w architekturze/muzyce/malarstwie** styles of architecture/music/painting; **meble w ~u Ludwika XVI** Louis XVI style furniture; **ogród w ~u angielskim/francuskim** an English-style/a French-style garden [2] Jęz., Literat. style; **~ literacki/poetycki/książkowy** a literary/poetic/bookish style; **~ dziennikarski** journalistic style; **~ opisowy/obrazowy** descriptive/vivid style; **~ kwiecisty/lakoniczny/telegraficzny** flowery/laconic/telegraphic style; **~ Mickiewicza/Norwida** Mickiewicz's/Norwid's style; **komedia w ~u Fredry** a Fredro-style comedy; **wyrobić a. wypracować sobie ~** to work out one's own style (of writing) [3] (sposób zachowania się) style, way; **czyjś ~ bycia** sb's bearing; **czyjś ~ ubierania się** sb's style of dressing; **~ życia** lifestyle, a way of life; **taka uwaga nie jest/jest w jej ~u** such a remark is not/is like her; **trzeba przyznać, że ona ma a. trzyma ~** one must admit that she has class; **odszedł ze stanowiska, ale uczynił to w złym ~u** he resigned his position, but he did it in poor style; **wróciła na scenę w wielkim ~u** she made a comeback in grand style [4] Moda style, fashion; **~ militarny/safari** military/safari style; **~ sportowy** casual fashion [5] Sport style; **~ klasyczny** breaststroke; **~ motylkowy** butterfly stroke; **~ grzbietowy** backstroke; **~ przerzutowy** straddle high jump; **ocena za ~** style marks

□ **~ kolonialny** Archit. colonial style; **~ mauretański** Archit. Moorish style; **~ zakopiański** Archit. Zakopane style (characteristic for the Podhale region)

■ **powiedział „wypchaj się" czy coś w tym ~** he said 'get stuffed' or something like that

styl² m → **stylisko**

stylisk|o n (łopaty, siekiery) handle, helve

styli|sta m, **~stka** f [1] (pisarz) stylist; **Miłosz uchodzi za wielkiego ~stę** Miłosz is regarded as a great stylist [2] (wizażysta) stylist; **nad stworzeniem jej wizerunku pracował zespół ~stów** a team of stylists worked on creating her image [3] (projektant) designer

stylistycznie adv. Literat. stylistically

stylistyczn|y adi. Literat. [analiza, błąd, poprawka, środki] stylistic

stylisty|ka *f* [1] Nauk. stylistics [2] Literat., Muz., Archit. style

stylizacj|a *f* (*Gpl* ~i) [1] książk. (wypowiedzi) style [2] Literat., Szt. (języka, tańca, ornamentu) stylization

stylizacyjn|y *adi.* [maniera, eksperyment] stylization *attr.*

stylizato|r *m* master of stylization

stylizators|ki *adi.* **talent ~** the/a talent for stylization

stylizatorstw|o *n* książk., pejor. stylization

styliz|ować *impf* [1] *vt* [1] (opracowywać stylistycznie) to edit [tekst] [2] Literat. (nadawać cechy określonego stylu) to stylize; **~ować język powieści na staropolszczyznę** to write the novel in stylized Old Polish; **~owana gwara** stylized dialect ⇒ **wystylizować** [3] Szt. to stylize [formy, motywy dekoracyjne] ⇒ **wystylizować**

[11] **stylizować się** (pozować) to model oneself; **~ować się na artystę** to pose as an artist

stylon [1] *m* (*G* ~u) Włók. steelon

[11] **stylony** *plt* (pończochy) ≈ nylons

stylonow|y *adi.* Włók. [bielizna, bluzka, pończochy] ≈ nylon *attr.*

stylowo *adv.* [1] książk. (spełniając wymagania stylu) stylistically; **czysta/jednolita ~ kompozycja** a stylistically pure/uniform composition [2] książk. (elegancko) [ubierać się, cześać] stylishly; **~ urządzone mieszkanie** a stylishly decorated flat [3] Sport [skakać, jeździć konno, pływać] stylishly

stylowoś|ć *f sgt* [1] (wypowiedzi, kompozycji) style [2] (czystość stylu) conformity with a style, unity of style [3] Sport stylishness

stylow|y *adi.* [1] Literat. [forma, ozdoby] stylistic [2] Szt. [budynek, mebel, kostium] period [3] Sport [skok, odbicie, strzał] stylish

stymulacj|a *f* (*Gpl* ~i) (pobudzenie) stimulation; **elektryczna ~a serca** electric stimulation of the heart; **~a wzrostu gospodarczego** stimulation of economic growth

stymulacyjn|y *adi.* [czynnik, bodziec] stimulating

stymulato|r *m* [1] (bodziec) stimulus, stimulant [2] Med. stimulator; **~r serca** a pacemaker

stymul|ować *impf vt* to stimulate [rozwój, wzrost]

stymulująco *adv.* stimulatingly; **działać** a. **wpływać ~ na coś** to have a stimulating effect on sth

stymulując|y [1] *pa* → **stymulować**

[11] *adi.* (środek, wpływ) stimulating

styp|a *f* funeral reception, wake

stypendialn|y *adi.* [komisja, fundusz] grant *attr.*

stypendi|um *n* (*Gpl* ~ów) scholarship, grant

❏ **~um fundowane** endowed a. sponsored scholarship; **~um naukowe** scholarship; **~um socjalne** maintenance grant

stypendy|sta *m*, **~stka** *f* grant holder, scholarship holder

styropian *m* (*G* ~u) *sgt* Techn. polystyrene foam; Styrofoam®US

styropianow|y *adi.* [pianka] polystyrene *attr.*; [płyta, opakowanie] Styrofoam®

suahili *n inv.* Jęz. Swahili; **mówić w ~** to speak Swahili

suahilijs|ki *adi.* Swahili *attr.*

sub- *w wyrazach złożonych* sub-; **subantarktyczny** subantarctic; **subkontynent** subcontinent

subarktyczn|y *adi.* subarctic

subiek|t [1] *m pers.* [1] Filoz. (podmiot) subject [2] przest. (ekspedient) shop assistant

[11] *m inanim.* (*G* ~tu) Jęz. (podmiot) subject

subiektywizm *m* (*G* ~u) *sgt* [1] Filoz. subjectivism [2] (relacji, oceny) subjectivity

subiektywnie *adv.* [oceniać, patrzyć] subjectively

subiektywnoś|ć *f sgt* (sądów, opinii) subjectivity

subiektywn|y *adi.* [doznanie, odczucie, pojęcie] subjective

subkon|to *n* Fin. sub-account

subkultu|ra *f* Socjol. subculture

subkulturow|y *adi.* [język, moda] subculture *attr.*

sublimacj|a *f sgt* [1] książk. (uwznioślenie) sublimation [2] Psych. (pragnień, popędów) sublimation [3] Chem., Fiz. sublimation

sublimacyjn|y *adi.* sublimation *attr.*

sublim|ować *impf* [1] *vt* książk. to sublimate [uczucia]

[11] *vi* Chem., Fiz. [substancja] to sublimate

sublokato|r *m*, **~rka** *f* (*Npl* ~rowie a. ~rzy, ~ki) lodger, paying guest; roomer US

sublokators|ki *adi.* **pokój ~** a rented a. tenanted room

subordynacj|a *f sgt* książk. (karność) discipline

subordynowan|y *adi.* (karny) [uczeń, żołnierz, pracownik] well disciplined

subskryben|t *m*, **~tka** *f* subscriber; **~ci słownika/akcji** subscribers to the dictionary/shares

subskryb|ować *pf, impf vt* to subscribe to [słownik, encyklopedię, akcje]

subskrypcj|a *f* (*Gpl* ~i) subscription (**na coś** to sth) [słownik, encyklopedię, akcje]; **cena w ~i** subscription price

subskrypcyjn|y *adi.* [kwota, talony] subscription *attr.*

substancj|a *f* (*Gpl* ~i) [1] książk. substance; **~a stała/płynna/gazowa** a solid/liquid/gaseous substance; **~e białkowe/tłuszczowe** protein/fat substances; **~e promieniotwórcze/żrące** radioactive/caustic substances [2] Filoz. substance [3] Prawo substance ❏ **~a prosta** Chem. simple substance; **~a złożona** Chem. complex substance; **biała ~a** Anat. white matter; **szara ~a** Anat. grey matter

substancjalnoś|ć *f sgt* Filoz. substantialism

substancjaln|y *adi.* książk. substantialist

substra|t *m* (*G* ~tu) [1] książk. substratum [2] Chem. substrate

substytucj|a *f* (*Gpl* ~i) książk., substitution; **~a gazu węglem** the substitution of coal for gas

substytucyjn|y *adi.* książk. [artykuł] substitution *attr.*

substytu|t *m* (*G* ~tu) książk. (zamiennik) substitute, surrogate; **mleko z soi jest ~tem mleka krowiego** soya milk is a substitute for dairy milk

subsydi|ować *impf vt* to subsidize [badania, przedsięwzięcia]

subsydi|um *n* (*Gpl* ~ów) subsidy

subtelnie *adv. grad.* [1] (delikatnie) [wyglądać, pachnieć] subtle *adi.* [2] (taktownie) [postępować, zachowywać się] tactfully [3] (wnikliwie) [analizować] subtly

subtelnoś|ć [1] *f sgt* książk. (dźwięków, kolorów, rysów) subtlety; (zachowania, charakteru, uczuć) delicacy

[11] **subtelności** *plt* (języka, gramatyki) subtleties; **~ci psychologiczne** psychological subtleties

subtelny *adi. grad.* [1] (taktowny) [osoba, zachowanie] tactful, thoughtful [2] (delikatny) [kształt, rysunek, uroda, zapach, dźwięk] delicate [3] (nieznaczny) [różnica] subtle [4] (wnikliwy) [obserwator, analiza] subtle [5] (oględny) [aluzja, dowcip, ironia] subtle, understated

subtropikaln|y *adi.* [klimat, roslinność] subtropical

suburbi|um *n* (*Gpl* ~ów) *zw. pl* książk. the suburbs

subwencj|a *f* (*Gpl* ~i) subvention

subwencjon|ować *impf vt* to subsidize [przemysł, teatr, badania]

subwencyjn|y *adi.* [fundusz] subvention *attr.*

sucha|r [1] *m pers.* (*Npl* ~ry) pot. scrag; **ale z ciebie ~r!** you're a bag of bones!, aren't you a scrag!

[11] *m inanim.* (*A* ~r a. ~ra) hard tack daw.

suchar|ek [1] *m pers.* (*Npl* ~ki) żart. scrag, bag of bones; **powinieneś przytyć, mój ty ~ku** you should put on weight, my little scrag

[11] *m inanim. dem.* (*A* ~ek a. ~ka) rusk

su|cho [1] *adv. grad.* [1] (bez wilgoci) dry *adi.*; **wytrzeć się do sucha** to dry oneself off, to wipe oneself dry; **wytrzyj wszystkie szklanki do sucha** wipe all the glasses dry; **mam sucho w ustach** my mouth is dry; **po deszczu szybko zrobiło się sucho** it quickly got dry after the rain [2] (bez opadów) dry *adi.*; **tego lata było zbyt sucho** summer has been too dry this year [3] (ozięble) [oświadczyć, powiedzieć, pożegnać się] drily, dryly [4] (mało efektownie) **wykładał sucho, niecikawie** his lectures were dry and uninteresting; **przedstawił sucho same liczby** he just presented dry statistics [5] (o głosie, dźwięku) drily, dryly; **pod nogami sucho szeleściły liście** the leaves rustled drily underfoot; **sucho trzaskały łamane gałęzie** the branches broke drily [6] (mizernie) **popatrzył na jego sucho wyglądającą twarz** he looked at his scrawny face

[11] **na sucho** [1] (nie używając wody) **jeść na sucho** to eat without a drink; **prać/czyścić na sucho** to dry-clean [2] (na próbę) **ćwiczyć publiczne wystąpienie na sucho** to have a dry run in preparation for a public appearance

■ **ten wybryk/figiel uszedł mu na sucho** he got away with that prank/mischief; **nie ujdzie mu to na sucho** he will never get away with it!

suchoś|ć *f sgt* [1] (brak wilgoci) dryness; **czuł ~ć w gardle** his throat felt dry [2] (brak opadów) dryness; **tylko ~ć klimatu pozwalała mu przetrwać wysokie temperatury** but for the dry climate he would never have survived the high temperatures [3] (chłodne zachowanie) dryness; **~ć jego tonu**

his dry tone 4 (nieefektowne przekazywanie) dryness; **~ć wykładu zniechęcała wielu studentów** the dryness of the lecture put many students off 5 (chudy wygląd) scrawniness, scragginess; **krótkie spodenki podkreślały ~ć jego nóg** the shorts he wore revealed the scrawniness of his legs

suchotnicz|y adi. przest. [kaszel, wygląd, dziecko] consumptive przest.

suchotni|k m, **~ca** f przest. consumptive przest.; **założył sanatorium dla ~ów** he founded a sanatorium for consumptives

suchot|y plt (G ~) przest. consumption przest.; **zachorował na ~y** he went down with consumption

❑ **galopujące ~y** Med. galloping consumption

suchu|tki (**~teńki**, **~sieńki**) adi. dem. (perfectly) dry

suchu|tko (**~teńko**, **~sieńko**) adv. dem. dry adi.; **choć niedawno padał deszcz, na podwórku jest ~tko** although it was raining a moment ago, the courtyard is completely dry

su|chy adi. grad. 1 (niezawierający wilgoci) [mieszkanie, las, pranie, skóra, włosy] dry 2 (bezdeszczowy) [klimat, pora roku, miesiąc] dry 3 pot. (o człowieku) withered, wizened; **suchy jak szkielet** a. **szczapa** (as) thin as a rake 4 (bezwładny) [ręka, noga] withered 5 [trawa, roślina, badyle] dry; [kwiaty, bukiet] dry, dried; **przycinać suche gałęzie** to clip the dead branches 6 (wyrażający dystans) [ton, głos] dry, cold 7 [dźwięk] dull; **rozległ się suchy strzał** there was a hollow a. muffled crack of a gun 8 przen. (pozbawiony komentarza) [cyfry, fakty, raport] dry; [wykład, język, styl] dry, dull

II suche n sgt **starali się iść po suchym** they were trying to stay in the dry

■ **żyć o** a. **na suchym chlebie i wodzie** to live on bread and water; **o suchym pysku** a. **o suchej gębie** pot. without food or drink; **przejść coś suchą nogą** a. **stopą** to cross sth dry-shod

sucz|ka f dem. bitch

Suda|ńczyk m, **~nka** f Sudanese; **~ńczycy** the Sudanese

sudańs|ki adi. Sudanese

sudec|ki adi. [lasy, Niemcy] Sudeten attr.

sufiks m (G ~u) Jęz. suffix

sufiksaln|y adi. Jęz. suffixal

sufi|t m (G ~tu) ceiling

■ **wziąć coś z ~u** to dream something up, to produce sth out of thin air; **mieć nierówno pod ~tem** not to be right in the head; **przestań gapić się w ~t i weź się do roboty!** pot. stop staring at the ceiling and get down to work!

sufitow|y adi. [belki, ozdoby] ceiling attr.

sufle|r m prompter; **budka ~ra** a prompt box

sufler|ka f 1 (kobieta sufler) prompter 2 środ., Teatr (zawód) prompting; **od lat uprawia ~kę** he has been a prompter for years

suflers|ki adi. prompter's; prompt attr.; **egzemplarz ~ki tekstu** the prompt book; **budka ~ka** a prompt box

sufle|t m (G ~tu) soufflé

sufragan m suffragan (bishop), bishop suffragan

suger|ować impf **I** vt 1 (podsuwać myśl, pogląd) to suggest; **~ować komuś odpowiedź** to ask a leading question; **~owała mi, żebym odwiedził jego ojca** she suggested I should visit his father; **~owano, że...** there was some suggestion that... ⇒ **zasugerować** 2 (dawać do zrozumienia) to imply; **nie chciał niczego ~ować** he didn't mean to imply anything; **~ujesz, że...** you're implying that...; **~ujesz, że to ja zawiniłem?** do you mean to imply it is all my fault? ⇒ **zasugerować** 3 (nasuwać wnioski) to imply; **dane te ~ują, że...** these data imply that...; **nie jest to organizacja charytatywna, jak mogłaby ~ować nazwa** it's not a charity as the name might imply

II sugerować się to be influenced (czymś by sth); **~ować się czyjąś opinią** to be influenced by sb's view; **nie ~uj się tym, co mówi sekretarka** don't be influenced by what the secretary says ⇒ **zasugerować się**

sugesti|a f (GDGpl ~i) 1 (wywieranie wpływu) suggestion; **ulec ~om dotyczącym czegoś** to succumb to suggestions about sth 2 (namowa, propozycja) suggestion; **jakieś ~e?** any suggestions?; **zgodnie z czyjąś ~ą** at a. on sb's suggestion 3 Psych. **zbiorowa ~a** collective delusion; **nie było żadnego UFO – wszyscy ulegliśmy zbiorowej ~i** there was no UFO – we all succumbed to a collective delusion

sugestywnie adv. grad. [malować, opisywać, mówić] evocatively

sugestywnoś|ć f sgt evocative style; **~ć gry aktorów** the suggestiveness of the actors' performance

sugestywn|y adi. grad. [artykuł, obraz, hasło] evocative

sui|ta /'swita/ f Muz. suite

su|ka f 1 (samica psa, lisa, wilka) bitch 2 obraźl. (o kobiecie) bitch pot. 3 wulg. (kobieta rozwiązła) slut 4 (samochód) Black Maria GB przest.; paddy wagon US pot.

sukces m (G ~u) success; **pisarz/film, który odniósł ~** a successful writer/film; **odnieść ~** to be a success; **życząc ~ów** wishing you every success; **odniósł ~ jako polityk** he was a success as a politician; **napawać się ~em** to enjoy the sweet smell of success; **film nie odniósł takiego ~u** the film was not as successful as all that

■ **~ rodzi ~** nothing succeeds like success; **mieć ~ w kieszeni** to have got it made; **za nasz ~!** (toast) here's to our success!

sukcesj|a f (Gpl ~i) książk. succession przest. (przejęcie w spadku) inheritance, legacy; **objąć po kimś ~ę** to come into one's inheritance from sb

sukceso|r m książk. 1 (spadkobierca) heir; **~r fortuny dziadka** the heir to his grandfather's fortune; **pozostawić ~ra** to leave an heir; **bracia zostali ~rami po ojcu** the brothers were their father's heirs 2 (następca tronu) successor, heir; **~r korony** an heir a. a successor to the crown 3 (przejmujący stanowisko) successor; **został mianowany ~rem szefa** he was appointed his boss's successor

sukcesor|ka f książk. 1 (dziedziczka) heiress; **wieś przeszła na ~kę** the village passed to an heiress 2 (następczyni tronu) crown princess; **~ka tronu** the heiress to the throne

sukcesyjn|y adi. książk. [tron, tytuł, urząd] hereditary; **wojna ~a** war of succession; **bracia wiedli ze sobą ~e spory** the brothers quarrelled over their inheritance

sukcesywnie adv. książk. successively, in succession; **~ ukazywać się będą kolejne tomy encyklopedii** the next volumes of the encyclopedia will be published successively a. in succession

sukcesywn|y adi. książk. [uruchamianie, wzrost] gradual

sukienczyn|a f ragged dress, worn dress

sukienecz|ka f dem. dress

sukien|ka f dress; **jedwabna ~ka bez rękawów** a sleeveless silk dress; **~ka mini** a minidress

sukienkow|y adi. [tkanina, materiał, wełna, krój] dress attr.

sukienn|y adi. [pantofle, płaszcz] cloth attr.

sukinsyn m (V ~ie a. ~u, Npl ~ni a. ~y) wulg. bastard pot., son of a bitch pot.; **zabiję ~a!** I'll kill that bastard!

sukman|a f daw. russet coat

suk|nia f (Gpl ~ien a. ~ni) 1 (strój kobiecy) dress, gown; **~nia balowa** a ball gown; **~nia ślubna** a wedding dress, a bridal gown 2 Myślis. (u zwierzyny płowej) coat; (u ptaków) plumage

■ **nie ~nia zdobi człowieka, ale człowiek ~nię** ≈ you shouldn't judge by appearances

suk|no n 1 Włók. (tkanina) cloth; **stolik karciany obity zielonym ~nem** a card table covered with green baize 2 zw. pl (do podłogi) floorcloth; **wyfroterowała podłogę ~nami** she polished the floor with floorcloths

■ **trzymać coś pod ~nem** to keep sth under wraps

sukurs m (G ~u) daw. aid

■ **przyjść komuś w ~** to come to sb's aid

sulfamid → sulfonamid

sulfamidowy → sulfonamidowy

sulfonami|d m (G ~du) Chem., Farm. sulphonamide

sulfonamidow|y adi. [maść, zasypka] sulphonamide attr.

sułtan m Hist. sultan

sułtana|t m (G ~tu) Hist. sultanate

sułtan|ka f 1 zw. pl Kulin. sultana 2 Hist. (żona sułtana) sultana

sułtańs|ki adi. [harem, seraj] sultan's

sum m European catfish; **wąsy jak u ~a** whiskers like a walrus

sum|a **I** f 1 Mat. sum; **~a częściowa** a subtotal; **łączna ~a** sum total 2 (zbiór rzeczy, zjawisk) sum; **~a informacji** the sum of information 3 (kwota) sum; **znaczna/mizerna ~a** a considerable/paltry sum; **duża/niewielka ~a** a large/small sum of money; **przekazać dużą ~ę w gotówce** to transfer a large sum of money in cash; **szybko zarobić dużą ~ę** to make a. earn a quick penny 4 Relig. High Mass

II w sumie adv. 1 (w gruncie rzeczy, w istocie) essentially, in essence; **to w ~ie porządna dziewczyna** in essence, she's a good girl

2 (łącznie, razem) in total, altogether; **przyszło sporo gości, w ~ie trzydzieści osób** a fair number of guests came, thirty in total; **rachunek wyniósł w ~ie 200 funtów** the bill totted up GB a. came to 200 pounds; **w ~ie spędzili w Londynie pięć lat** they spent a total of five years in London

❑ **~a logiczna** Mat. logical sum

■ **bajońskie ~y** ashonomical sums; **na tych zabawkach zarobił bajońskie ~y** he made a colossal amount of money on those toys; **płacić bajońskie ~y za coś** to pay a fortune for sth

sumarycznie adv. książk. [ująć, przedstawić] generally

sumaryczn|y adi. książk. [opis, odpowiedź, sprawozdanie] summary, concise

sumia|sty adi. **~ste wąsy** handlebars

sumie|nie n conscience; **rachunek ~nia** an examination of conscience; **kwestia ~nia** a matter of conscience; **ze spokojnym ~niem** in all conscience; **mieć wyrzuty ~nia** to have a guilty a. bad conscience; **od czasu do czasu ogarniały ją wyrzuty ~nia** from time to time she suffered pangs of remorse; **nie czuł wyrzutów ~nia za popełnioną zbrodnię** he felt no remorse for his crime; **zrobić coś z czystym ~niem** to do sth with a clear conscience; **~nie nie pozwalało mi dłużej milczeć** my conscience wouldn't allow me to keep silent any longer; **stłumić głos ~nia** to appease one's conscience; **zgodny z ~niem** in conformity with the dictates of one's conscience; **zgodnie z (własnym) ~niem** according to the dictates of one's conscience

❑ **~nie skrupulatne** Relig. overdeveloped conscience

■ **~nie go ruszyło** he felt guilty; **być bez ~nia** a. **nie mieć ~nia** to have no scruples; **ciążyć** a. **leżeć komuś na ~niu** to weigh on sb's conscience; **ta sprawa obciąża jego/jej ~nie** this matter weighs on his/her conscience; **mieć coś na ~niu** to be guilty of sth; **mieć kogoś na ~niu** to have sb on one's conscience; **nie mieć ~nia czegoś zrobić** not to have the heart to do sth; **nie mam ~nia powiedzieć mu prawdy** I don't have the heart to tell him the truth; **mieć czyste** a. **spokojne/nieczyste ~nie** to have a clean/guilty conscience; **~nie ją/jego gryzie** a. **dręczy** a. **trapi** a. **męczy** he/she suffers pangs of conscience

sumiennie adv. grad. conscientiously, diligently

sumienność f sgt conscientiousness, diligence; **była wzorem ~ci i obowiązkowości** she was a paragon of conscientiousness and reliability

sumienn|y adi. grad. [nauczyciel, pracownik, uczeń] conscientious, diligent; **przyszedł czas ~ej, regularnej nauki** the time had come to get down to some serious work; **szef pochwalił go za ~ą pracę** his boss praised his conscientious work

sum|ka f dem. sum; **ładna ~ka** a pretty penny; **~ka na czarną godzinę** a nice little nest egg

summ|a f Liter. summa

sumo n inv. sgt Sport sumo (wrestling); **jest mistrzem świata w ~** he's the world sumo champion

sum|ować impf ❚ vt 1 (dodawać) to add up [dochody, wydatki]; to aggregate [wyniki, punkty]; to add up, to tot up GB [liczby, kolumny] ⇒ **zsumować** 2 (uogólniać) to sum up [doświadczenia, wrażenia] ⇒ **podsumować** 3 (kumulować) to sum up

❚❚ **sumować się** to sum up; **jej aktorskie doświadczenia ~ują się w tej roli** her acting experience is summed up in this role

sump|t m (G ~tu)

■ **własnym ~tem** at one's own expense

su|nąć impf (**sunęła, sunęli**) ❚ vt (przesuwać) to heave; **sunąć krzesło po podłodze** to heave a chair across the floor

❚❚ vi (iść, jechać posuwiście) to glide; **pary sunęły w tańcu** couples were gliding across the dance floor; **samochód sunął cicho** the car purred along; **obłoki suną po niebie** clouds are moving a. gliding across the sky

su|nia f dem. pieszcz. bitch

sup|eł m knot

supeł|ek m dem. (small) knot; **nie mogę rozplątać ~ka na sznurowadle** I can't undo the knot in the shoelace

supełkow|y adi. [splot, tkanina] knotty

super ❚ adi. pot. (wspaniały) super; **facet jest ~** that man is super; **film był ~!** the film was super!

❚❚ adv. pot. (świetnie) super, great; **przyjdź, będzie ~** drop by, it's going to be super; **stary, bawiłem się ~** man, I had a super a. great time

❚❚❚ **super-** w wyrazach złożonych **superbakteria** a superbug; **supercargo** a super-cargo

supera|ta f Ekon. surplus

superekspresowo adv. **w tej pralni piorą ~** this laundry offers a super-express service

superekspresow|y adi. [tempo, termin, pranie] super-express attr.

superfortec|a f Lotn. Hist. superfortress

superfosfa|t m (G ~tu) superphosphate

supergigan|t m 1 (olbrzymich rozmiarów) giant; **była to mleczarnia ~t** it was a giant dairy 2 Kino super-production 3 Sport super giant (slalom), Super-G

supergwi|azda f superstar, megastar

supergwiazdo|r m superstar, megastar

superkomfortowo adv. luxuriosby; **mieszkanie miał urządzone ~** he had a luxuriously appointed flat

superkomfortowoś|ć f sgt luxuriousness

superkomfortow|y adi. [hotel, samolot] luxury; [warunki] luxurious, de luxe

superlatyw m (G ~u) 1 Jęz. superlative 2 zw. pl (superlative) superlative; **recenzja składająca się z samych ~ów** a review full of superlatives; **mówi o tobie w (samych) ~ach** he speaks highly of you

superman /su'permen/ m superman

supermarke|t m (G ~tu) supermarket; **zakupy robię raz w tygodniu w ~cie** I do my shopping once a week in a supermarket

supermen → superman

supermocarstw|o n superpower

supermocarstwow|y adi. Polit. [dążenia, aspiracje] superpower attr.

supernowoczesność f sgt ultra-modernity; **~ć technologicznych rozwiązań** state-of-the-art technology

supernowocze|sny adi. [hotel, urządzenia, wyposażenie] ultra-modern

supernowocześnie adv. pot. **~ urządzone mieszkanie** a flat with ultramodern appointments

suplemen|t m (G ~tu) supplement; **~t do słownika** a supplement to the dictionary

suplementow|y adi. supplementary; **~y tom encyklopedii** a supplementary volume to the encyclopedia

supli|ka f przest. supplication (**o coś** for sth)

supła|ć impf vt 1 (robić supły, plątać) to make knots on; **~ł liny** he tied ropes in knots ⇒ **zasupłać** 2 przest. (powoli wyjmować) to take out; **~ać pieniądze z chusteczki** to take the money out of a handkerchief ⇒ **wysupłać**

supon|ować impf vt przest. to suppose pot.; **~ujesz, że kłamie?** do you suppose he's lying?

supozycj|a f (G ~i) 1 książk. supposition; **jego ~e okazały się trafne** his suppositions proved to be right 2 Jęz. supposition

supremacj|a f sgt książk. supremacy; **~a białych** white supremacy

surdu|t m (~**cik** dem.) frock coat

surfing /'serfiŋ/ m sgt (G ~u) Sport surfing

surfingow|y /ˌserfiŋ'govi/ adi. Sport surfing attr.

surm|a f Wojsk. Hist. trumpet; **zabrzmiały bojowe ~y** the battle trumpets a. horns of battle were blown

suroga|t m (G ~tu) substitute; **~ty kawy** coffee substitutes; **~t miodu** ersatz honey

surojad|ka f Biol. bare-toothed russule

surowcow|y adi. raw material attr.; **koszty/zasoby ~e** raw material costs/resources; **przemysł ~y** the primary sector

surowic|a f 1 (składnik krwi) (blood) serum 2 (preparat leczniczy) serum; **~a końska** equine serum; **~a przeciw jadowi żmii** snakebite serum; **wstrzyknięto mu ~ę przeciwtężcową** he was injected with antitetanus serum

❑ **~a antylimfocytarna** Med. antilymphocyte serum; **~a błonicza** Med. diphtheria serum

surowicz|y adi. 1 (odnoszący się do składnika krwi) serous; **płyn ~y** serous fluid; **~e zapalenie opon mózgowych** suppurative meningitis 2 (odnoszący się do leku) serum attr.; **podano mu preparat ~y** he was given a serum preparation

surow|iec m 1 (materiał naturalny) (raw) material; **~ce mineralne** natural resources 2 przen. material; **~cem dla tej powieści były jego przeżycia wojenne** his war experiences provided material for the novel 3 przest. (skóra surowa) rawhide

❑ **~ce energetyczne** fuels; **~ce wtórne** recyclable waste

surowi|zna f pot. raw vegetables/fruit; **~zny mu szkodzą** raw food is bad for him

surow|o ❚ adv. grad. 1 (bez pobłażania) [ukarać, potraktować, potępić] severely, harshly; [spojrzeć, powiedzieć] sternly, su-

chowywać] strictly; **wstęp ~o wzbroniony** admittance strictly prohibited; **został ~o skarcony** he was sharply rebuked a. reprimanded [2] *(bez ozdób) [umeblowany, ubrany]* austerely, severely; **weszli do ~o urządzonego wnętrza** they entered an austerely decorated room

[II] **na surowo** in the raw (state); **jeść owoce/jarzyny na ~o** to eat fruit/vegetables raw

surowoś|ć f [1] *(bezwzględność)* severity, harshness; **~ć kary/warunków/krytyki** the harshness of punishment/conditions/criticism; **~ć (naszego) ojca budziła lęk i szacunek** our father's severity a. strictness evoked awe [2] *(prostota)* austerity, severity; **~ć romańskich kościołów** the austerity of Romanesque churches; **~ć jego rysów** the ruggedness of his features; **~ć krajobrazu** the starkness of the landscape [3] *(ostrość)* asperity, hardness; **~ć klimatu/zimy** the harshness of the climate/winter

surow|y [I] *adi. grad.* [1] *(o produktach żywnościowych) [owoce, jarzyny, mięso, jajka]* raw; **~e mleko** unboiled milk; **~y boczek** green bacon, unsmoked bacon [2] *(wymagający) [nauczyciel, ojciec]* strict; **jesteś zbyt ~y dla niej** you're too hard on her [3] *(będący wyrazem dużych wymagań) [mina, wzrok, twarz]* stern; *[nagana, przepis, regulamin, wyrok]* severe, strict; *[krytyka]* heavy, tough; *[dyscyplina, reżim]* rigorous; **wprowadzono ~e restrykcje na...** tough restrictions have been imposed on... [4] *(pozbawiony ozdób) [budowla, wnętrze, strój]* austere, severe; **jego ~a męska uroda** his rugged good looks [5] *(o zjawiskach atmosferycznych) [zima, klimat]* severe, harsh [6] *(pozbawiony wygód) [życie, warunki]* austere, severe; **~y los** merciless fate

[II] *adi.* [1] *(o surowcach, półfabrykatach)* **~e bloki kamienne** undressed stone; **~y papier** untreated paper; **~e drewno** green timber, unseasoned timber [2] *pot. (niewdrożony do pracy)* raw, inexperienced; **jest jeszcze ~y w tym zawodzie** he's still a raw beginner in this job

❏ **~y len/~a bawełna** ubleached linen/cotton; **~y jedwab** raw silk; **~a wełna** natural wool

suró|wka f [1] *(potrawa)* salad; **~ka z białej kapusty** coleslaw; **~ka mieszana** a mixed salad; **zrobię ~kę z cykorii** I'll make a chicory salad [2] *Włók.* unbleached linen [3] *Budow.* green brick [4] *Techn.* pig iron

surówkow|y *adi. (warzywa, owoce)* salad *attr.*

surreali|sta m, **~stka** f Szt. surrealist

surrealistycznie *adv.* surrealistically

surrealistyczn|y *adi.* [1] Szt. *[malarz, powieść, obraz]* surrealist, surrealistic [2] *[świat, wrażenie, koncept]* surreal, surrealistic

surrealizm m sgt (G ~u) Szt. surrealism

sus m leap, bound; **pędził przez park długimi ~ami** he crossed the park in long bounds

■ **dać ~a** to take a leap; **dał ~a przez płot/w krzaki** he leapt over the fence/into the bushes; **jednym ~em/w paru ~ach** in one bound/in a couple of bounds;

---

znalazł się przy nim jednym ~em he caught up with him in one bound

sus|eł m Zool. gopher; **spać jak ~eł** to sleep like a log, to be dead to the world

suspens /'suspens/ m (G ~u) Literat., Film suspense; **powieść/film z ~em** a suspense thriller

susz m (G ~u) [1] *(owocowy)* dried fruit; *(warzywny)* dried vegetables; *(ziemniaczany)* dried potatoes [2] *(suche gałęzie)* dry wood, dry sticks; **zbierał ~ na rozpałkę** he was picking up dry wood for a fire

susz|a f drought; **w sierpniu nastała ~a** there was a drought in August

suszar|ka f [1] *(urządzenie elektryczne)* drier, dryer; **~ka do włosów** a hairdryer; **~ka bębnowa** a tumble dryer GB, a tumbler US [2] *(konstrukcja z prętów) (do naczyń)* drainer, drying rack, plate rack GB; *(do bielizny)* clothes airer, clothes dryer

suszarni|a f (Gpl ~) drying room; **~a chmielu** an oast house; **~a ryb** a shed for drying fish; **~a drewna** a timber drying kiln

susz|ka f [1] *(przycisk z bibułą)* blotter; **wysuszył podpis ~ką** he dried his signature with a blotter [2] *zw. pl (suche rośliny)* dried flower arrangement

susz|ony pp → **suszyć**

[II] *adi. [kiełbasa, śliwki, morele]* dried

susz|yć *impf* [I] *vt* [1] to dry *[zioła, owoce]* ⇒ **ususzyć** [2] to dry *[bieliznę, pranie]*; **~yć sobie/komuś włosy** to dry one's/sb's hair; **to dobry dzień na ~enie prania** it's a good drying day ⇒ **wysuszyć**

[II] *v imp. pot. (po wypiciu alkoholu)* **~y mnie po wczorajszym przyjęciu** I feel dehydrated after yesterday's party

[III] **suszyć się** [1] *(schnąć) [pranie, siano]* to dry ⇒ **wysuszyć się** [2] *(suszyć na sobie ubranie)* to dry; **~ył się przy piecu** he stood/sat by the fire drying ⇒ **wysuszyć się**

■ **~yć komuś głowę** to nag (at) sb, to get on sb's back; **~yć sobie głowę nad czymś** to rack a. wrack one's brain(s) over sth

sutann|a f cassock, soutane

■ **zdjąć** a. **zrzucić ~ę** to leave the priesthood

sut|ek m [1] Anat. teat [2] *(brodawka)* nipple; **sterczące ~ki** prominent nipples

sutene|r m pimp, procurer

suteners|ki *adi. [usługi]* pimping

sutenerstw|o n sgt pimping

suteren|a f basement; **mieszkanie w ~ie** a basement flat; **mieszkali w ~ie** they lived in the basement

suteryna → **suterena**

sutka f → **sutek**

sutkow|y *adi.* mammary; **gruczoł ~y** the mammary gland

suto *adv.* richly; **~ marszczona spódnica** a voluminous skirt; **~ złocone ramy** a richly gilded frame; **~ zastawione stoły** tables laden with food (and drink)

sutoś|ć f sgt abundance, lavishness

su|ty *adi.* [1] *(obfity) [napiwek, honorarium, porcja]* generous; *[przyjęcie, posiłek]* sumptuous, lavish [2] *(obszerny) [firanki, marszczenia, spódnica]* voluminous

suw m (G ~u) Techn. stroke; **~ w górę** upstroke; **~ ssania/sprężania/rozpręża-**

---

nia/wydechu induction/compression/expansion/exhaust a. scavenging stroke

suw|ać *impf* [I] *vt* to shuffle; **~ać krzesło po podłodze** to move the chair across the floor; **~ać nogami** to shuffle

[II] **suwać się** to slide; **szuflada z trudem się ~ała** the drawer was difficult to open and shut; **~ał się z krzesłem z kąta w kąt** he manoeuvred (himself in) his chair from corner to corner

suwak m [1] *(ruchoma część urządzenia)* slider [2] *(zapięcie)* zip (fastener) GB, zipper US [3] Muz. slide

❏ **~ logarytmiczny** Mat. slide rule

suwakow|y *adi. [zawór, puzon]* slide *attr.*

suwan|y *adi.* **~e drzwi** a sliding door

suweren [I] m pers. (Npl ~i a. ~owie) Hist. overlord, feudal lord; **siedziba ~a** the seat of the feudal lord

[II] m inanim. (A ~a) *(moneta)* sovereign

suwerennie *adv.* sovereignly; **to była moja, ~ podjęta decyzja** it was my own, freely made decision; **panował ~ kilka lat** he was sovereign ruler for several years

suwerennoś|ć f sgt sovereignty, independence

suwerenn|y *adi.* [1] Polit. *(niezależny od innych) [kraj, prawo, polityka]* sovereign, independent [2] *(panujący) [monarcha, władca]* sovereign [3] *(niezaruszony) [sąd, pogląd, decyzja]* independent

suwmiar|ka f caliper, calliper

swa|da f sgt [1] *(w mówieniu, pisaniu)* fluency, volubility; **mówił z oratorską ~dą** he spoke with an oratorical fluency [2] *(rozmach)* zest, gusto; **kłócił się ze mną z iście młodzieńczą ~dą** he argued with me with such a youthful zest a. gusto

swarliwie *adv. grad.* przest. shrewishly, quarrelsomely; **usłyszał ~ brzmiący głos** he heard a quarrelsome a. cantankerous voice

swarliwoś|ć f sgt przest. cantankerousness

swarliw|y *adi.* przest. *[głos, ton]* quarrelsome, cantankerous; **~a dyskusja** a quarrelsome discussion

swar|y plt (G ~ów) książk. strife U; **polityczne ~y** political strife; **nieustanne ~y dzieliły obie rodziny** a long-standing feud divided the two families

swasty|ka f swastika

swa|t m, **~tka** f (Npl ~towie a. ~ci a. ~ty, ~tki) matchmaker; **występować w roli ~ta** to act as a matchmaker

swata|ć *impf vt* **~ć kogoś z kimś** to try to arrange sb's marriage to sb ⇒ **wyswatać**

swatani|e n sgt matchmaking

swat|y plt (G ~ów) matchmaking; **słać ~y do kogoś** to send a matchmaker to ask for sb's hand

swawol|a f (Gpl ~i) przest. [1] *(robienie żartów)* frolic, prank [2] *(nieposłuszeństwo)* przest. insubordination, wilfulness GB, willfulness US; **ukrócić czyjąś ~ę** to curb sb's insubordination

swawol|ić *impf vi* książk. *(psocić)* to skylark, to frolic

swawolnie *adv. grad.* [1] *(beztrosko) [żartować, bawić się]* merrily [2] *(zbyt swobodnie) [poczynać sobie]* wilfully GB, willfully US; **zbyt ~ sobie poczynał** he overstepped the mark

swawoln|y *adi. grad.* [1] (figlarny) *[uśmiech, mina]* frolicsome, mischievous; *[piosenka, wierszyk, dziewczęta]* frivolous [2] (nadużywający swobody) playful, wanton; **~a szlachta** the dissolute gentry

sw|ąd *m sgt (G* **swędu** a. **swądu**) smell of burning, whiff GB; **poczuł swąd palącej się gumy** he got the whiff of burning rubber; **w powietrzu unosił się jakiś swąd** there was a smell of burning in the air; **wiatr przyniósł swąd palącego się ścierniska** the wind brought the smell of burning stubble; **swąd przypalonego mleka rozszedł się po całym domu** the whole house was pervaded with the smell of burnt milk

■ **psim swędem** by a (sheer) fluke; **psim swędem zdał ten egzamin** he passed the exam by a sheer fluke

swee|t /swit/ *(G* **~tu**) *m* Muz. sweet music

swet|er *m* (**~erek** *dem.*) sweater; **~er rozpinany** a cardigan; **~er z golfem** a polo neck sweater; **~er zrobiony na drutach** a (hand-)knitted jumper

swędząc|y [1] *pa* → **swędzieć**

[2] *adi. [skóra, ręce]* itching

swędzeni|e [1] *sv* → **swędzić**

[2] *n sgt* itching; **uczucie ~a** a prickly sensation; **poczuł zapach spalenizny i ~e dymu w nosie** he smelt something burning and felt a tickling in his nose

swę|dzić, swę|dzieć *impf vt* to itch; **~działo mnie całe ciało** I was itching all over, I felt itchy all over; **~dzą mnie plecy** my back is itching, I've got an itchy back; **~dzi mnie kark** I've got an itch on the back of my neck; **~dząca wysypka** an itchy rash ⇒ **zaswędzić**

■ **język go/ją ~dzi** he/she is itching to speak; **ręka ją/go ~dzi** his/her hand is itching; **ręka mnie ~dzi, żeby mu wygarbować skórę** my hand is itching to give him a good hiding

swing *m* /swiŋg/ Muz. [1] *sgt (G* **~u**) (styl) swing; **weterani ery ~u** swing era veterans [2] *(A* **~a**) (utwór, taniec) swing; **grać/tańczyć ~a** to play/dance swing

swingow|y /swiŋˈɡovɨ/ *adi. [utwór, muzyk]* swing *attr.*

swob|oda [1] *f sgt* (brak skrępowania) freedom; **~oda wyboru/działania** freedom of choice/action; **~oda twórcza** artistic licence; **~oda seksualna** (sexual) promiscuity; **pozostawić komuś ~odę w czymś** to allow sb latitude in sth; **rodzice dają mi dużą ~odę** my parents allow me a great deal of freedom; **mam dużą ~odę działania** I'm allowed a lot of leeway; **podczas wakacji korzystał z dużej ~ody** during his holidays he enjoyed much freedom; **~oda ruchów** freedom of movement; **obcisła spódniczka krępowała jej ~odę ruchów** her tight skirt limited freedom of movement; **dorowadzę firmę do porządku, jeśli będę miał pełną ~odę ruchów** I'll put the company in order if only I'm allowed (a) complete freedom of action; **w puszczy wilki żyją na ~odzie** wolves live in the wild in forests

[2] **swobody** *plt* liberties; **~ody obywatelskie** civil liberties

swobodnie [1] *adv. grad. [decydować, wybierać, poruszać się]* freely; *[czuć się]* at ease, comfortable *attr.*; **oddychać ~** to breathe easily

[2] *adv.* pot. (bez trudu) easily; **~ zdążę na czas** I'll make it easily

■ **po jego dymisji możemy wreszcie odetchnąć ~** after his resignation we can finally breathe freely a. more easily; **kiedy goście wyjadą odetchniemy ~** we'll breathe freely again when the guests leave

swobodn|y *adi.* (nieskrępowany) *[wybór]* free; **~y oddech** easy breath; **~y przekład** a loose translation; **~a atmosfera** casual atmosphere; **~y strój** a. **ubiór** casual clothes; **~e spadanie** free fall

❏ **akcent** a. **przycisk ~y** Jęz. free stress

■ **mieć ~ą głowę** to have an easy mind; **chciałaby pracować ze ~ą głową, a nie pod ciągłą kontrolą** she'd like to work with an easy mind, without pressure; **mieć w czymś ~ą rękę** to have a free hand in sth; **masz ~ą rękę w doborze pracowników** you have a free hand in choosing the employees

swoistość *f sgt* specific character

swoi|sty *adi. [cecha, styl, ujęcie sprawy]* peculiar, individual; **rozpoznał jej ~sty styl poetycki** he recognized her characteristic poetic style

swoiście *adv. [pojmować, rozumieć coś]* peculiarly, in a peculiar way

swoja|k *m (Npl* **~cy** a. **~ki**) pot. one of us, one of ours; **zostaw go, to ~k** leave him alone, he's one of us a. ours; **tutaj same ~ki** we're all fellow-countrymen here

swojs|ki *adi.* [1] (miejscowy, budzący zaufanie) *[kraj, obrzęd, widok]* native, home *attr.* [2] (zwykły) *[sprawy, zapach]* familiar [3] (domowego wyrobu) *[chleb, kiełbasa, wypieki]* homemade

■ **mój sąsiad to człowiek ~kiego chowu** my neighbour is a bit of a rustic

swojsko *adv. [brzmieć]* familiar *adi.*; *[czuć się]* at home

swojskość *f sgt* familiarity; **wzruszyła go ~ć krajobrazu** he was moved by the familiarity of the landscape

swołocz *f sgt* posp., obraźl. [1] (ludzie zachowujący się ordynarnie) scum pot. [2] (łobuz) scum *U* pot.; scoundrel

sworze|ń *m* bolt, pivot

sw|ój [1] *pron.* [1] (przed rzeczownikiem) one's (own); (mój) my; (twój) your; (jego) his; (jej) her; (o zwierzęciu, przedmiocie) its; (nasz) our; (wasz) your; (ich) their; **spakuj/spakujcie swoje rzeczy** pack your things; **lubię swoją pracę** I like my work; **przedstawił mnie swojemu ojcu** he introduced me to his father; **Afryka ze swoimi bogactwami mineralnymi** Africa and its mineral resources; **jak na swój wiek** for his/her age [2] (bez rzeczownika) one's own; (mój) mine; (twój) yours; (jego) his; (jej) hers; (nasz) ours; (wasz) yours; (ich) theirs; **ona nie potrzebuje twojego pióra, ma swoje** she doesn't need your pen, she's got her own; **nie podoba mi się ich mieszkanie, wolę swoje** I don't like their flat, I prefer mine [3] (nieobcy) **z niego jest swój chłop** a. **gość** he's one of us

[2] **swój, swoja, swoi** (krajan) fellow countryman; (przyjaciel) friend; (członek rodziny) family *U*; **swoi** (rodzina) family *U*; **„kto tam?" – „swój"** 'who is it?' – 'it's me'; **przyjdź jutro do nas, będą sami swoi** come round and see us tomorrow, it'll be the usual crowd pot.

[3] **swoje** (własność) one's own property; (interes) one's own business; **gospodarować na swoim** to own one's own farm; **pilnować swojego** to look after one's own affairs; **musimy walczyć o swoje** we must fight for what's ours

■ **mieć swoją wagę** (znaczenie) to carry a certain amount of a. a good deal of weight; **mieć swoje lata** to be no spring chicken pot.; **na swój sposób** (w pewnym sensie) in a way; (po swojemu) in one's own way; **dostać** a. **oberwać za swoje** pot. to get one's just deserts; **postawić na swoim** to get a. have one's own way; **pozostać przy swoim** to stick to one's guns pot.; **swój do swego ciągnie** birds of a feather flock together przysł.; **trafił swój na swego** he/she has met his/her match; **wyjść na swoje** to break even; **zrobić coś po swojemu** to do sth (in) one's own way; **żyć po swojemu** to live one's own life

sybaryc|ki *adi.* książk. sybaritic; **~ki tryb życia** a sybaritic way of life

sybary|ta *m* książk. sybarite, voluptuary

sybarytyzm *m sgt (G* **~u**) książk. sybaritism

syberyjs|ki *adi. [tajga, tygrys, klimat]* Siberian

Sybira|k *m*, **~czka** *f* [1] (mieszkaniec Syberii) Siberian [2] **sybirak** (więzień zesłany na Syberię) Siberian deportee; **Związek Sybiraków** the Association of Siberian Deportees

sycąc|y [1] *pa* → **sycić**

[2] *adi. [potrawa, jedzenie]* filling

sy|cić *impf* [1] *vt* książk. (zaspokajać apetyt) *[potrawa]* to fill [sb] up; **sycić głód czegoś** to sate one's appetite for sth także przen.; **sycić pragnienie** to quench one's thirst; **sycić wzrok czymś** to feast one's eyes on sth

[2] **sycić się** (delektować się) **sycić się czymś** to savour sth

Sycyli|a *f sgt (GD* **~i**) Sicily; **na ~i** in Sicily

Sycylij|czyk *m*, **~ka** *f* Sicilian

sycylijs|ki *adi.* Sicilian

syczeć *impf* → **syknąć**

syf *m* pot. [1] *sgt* (syfilis) syphilis; the pox przest.; **złapać ~a** to catch syphilis a. the pox przest.; **złapać jakiegoś ~a** to catch some kind of skin disease [2] (pryszcz) pimple, zit US; **jakiś ~ ci wyskoczył na brodzie** you've got a pimple on your chin [3] *sgt* (bałagan) mess; **ale tu ~!** this place is a pigsty! [4] (coś niedobrego) crap wulg.; **ale ~ na dworze!** the weather's crap!

syfia|sty *adi.* pot. [1] (pryszczaty) *[wyrostek, nastolatek, twarz]* spotty, pimply [2] (złej jakości) crap wulg.; **koncert był ~sty** the concert was crap posp.; the concert sucked pot.

syfilis *m sgt (G* **~u**) syphilis

syfilityczn|y *adi.* syphilitic

syfility|k *m* syphilitic

syfon *m (G* **~u**) [1] (butla) soda siphon [2] Geol. siphon [3] (zagięcie rury) S bend;

(zamknięcie wodne) trap [4] Techn. (lewar wodny) siphon [5] Zool. siphon, siphuncle

sygnalizacj|a *f sgt* [1] (wysyłanie sygnałów) signalling; **~a świetlna** light signals [2] (urządzenia) signalling system; **~a alar-mowa** the alarm system; **~a uliczna** traffic lights

sygnalizacyjn|y *adi.* [*światło, chorągiewka*] signal *attr.*; [*urządzenie, system*] signalling

sygnalizato|r *m* signalling device; **~r świetlny na skrzyżowaniu** traffic lights at a road junction; **~r odblaskowy** a reflector

sygnaliz|ować *impf vt* [1] (wskazywać) [*świateł-ko, urządzenie, objaw*] to indicate [*awarię, zużycie*]; **~ować coś komuś ruchami rąk** to signal sth to sb; **~ować niebezpie-czeństwo** to warn of a danger [2] *przen.* (informować) to signal; **~ować, że...** to signal that...; **~ować zamiar/gotowość zrobie-nia czegoś** to signal one's intention/ readiness to do sth

sygna|ł *m* (*G* **~łu**) [1] (znak) signal; **~ł świetlny/dźwiękowy** a light/sound signal; **~ł ostrzegawczy** a danger a. an alarm signal; **dać komuś ~ł, że.../żeby...** to give sb a signal, that.../to...; **dawać komuś ~ły latarką** to flash signals to sb; **zrobić coś na ~ł** to do sth at a signal; **być ~łem do czegoś** to be the signal for sth; **karetka/ radiowóz na ~le** an ambulance/a police car with the siren on; **rozległ się ~ł** the signal sounded; **wysyłać do kogoś sprzeczne ~ły** *przen.* to send conflicting signals to sb [2] (w telefonie) tone; **nie ma ~łu** the phone is dead [3] Radio, TV signal; **~ł radiowy/telewizyjny** a radio/television signal; **otrzymać ~ł radiowy** to receive a radio signal; **wychwycić ~ł radaru** to pick up a radar signal [4] (zapowiedź) signal; **być ~łem czegoś** to be a signal of sth; **to był ~ł, że...** it was a signal that...; **to był pierwszy ~ł, żeby mu nie ufać** it was the first signal that he couldn't be trusted; **~ły o czymś** reports of sth; **mnożą się ~ły o.../że...** there are numerous reports of.../ that...; **mieliśmy już wcześniej takie ~ły** we've had similar reports before

sygnałow|y *adi.* [*kod, dzwonek, lampa*] signal *attr.*

sygnałów|ka *f* (flaga) signal flag; (trąbka) bugle

sygnatariusz *m* (*Gpl* **~y**) książk. signatory; **~ porozumienia/konwencji** a signatory to an agreement/a convention; **państwa ~e** the signatory states

sygnatu|ra *f* [1] (w bibliotece) shelf mark, catalogue number [2] Druk. signature [3] książk. (podpis) signature

sygnatur|ka *f* Relig. little bell

sygne|t *m* (*G* **~tu**) (pierścień) signet ring; (z pieczęcią) signet, seal ring

sygn|ować *pf, impf vt* książk. to sign [*dokument, książkę*]

syjams|ki *adi.* [1] (pochodzący z Syjamu) Siamese [2] Med. **bliźnięta ~kie** Siamese a. conjoined twins; **~kie siostry/~cy bracia** Siamese sisters/brothers; **są jak bliźnięta ~kie** przen. they are inseparable

syjoni|sta *m*, **~stka** *f* Zionist

syjonistyczn|y *adi.* [*ruch, organizacja*] Zionist

syjonizm *m sgt* (*G* **~u**) Zionism

syk *m* (*G* **~u**) hiss; **~ bólu** a hiss of pain; **gaz ulatniał się z ~iem** the gas was escaping with a hiss

sy|knąć *pf* — **sy|czeć** *impf* (**syknęła, syknęli** — **syczę**) *vt* [1] (osoba, wąż, gęś, gaz) to hiss; **syknąć z bólu** to hiss with pain; **syczenie gotującej się wody** the hiss of boiling water [2] (powiedzieć ze złością) to hiss; **„nienawidzę cię" – syknęła** 'I hate you,' she hissed

sykomo|ra *f* Bot. sycamore fig

sylab|a *f* syllable; **~a otwarta/zamknięta** an open/a closed syllable; **akcent pada na przedostatnią ~ę** the stress falls on the penultimate syllable

sylabiczn|y *adi.* [*pismo*] syllabic; **wiersz ~y** syllabic verse

sylabiz|ować *impf vt* to read [sth] syllable by syllable ⇒ **przesylabizować**

sylabow|y *adi.* syllabic

sylwest|er *m* (dzień) New Year's Eve; (zabawa) New Year's Eve party; **w ~ra** on New Year's Eve; **iść na ~ra** to go to a New Year's Eve party

sylwestrow|y *adi.* [*zabawa, bal*] New Year's Eve *attr.*

sylwe|ta *f* (zarys) silhouette, outline; (postać) silhouette, figure; **ciemna ~ta budynku** a dark silhouette a. outline of a building

sylwet|ka *f* [1] (kształt) silhouette; **~ki samolotów na tle nieba** the silhouettes of planes against the sky; **widziałem tylko jego ~kę** I could only see him in silhou-ette; **ich ~ki odcinały się od białych ścian** their silhouettes were clearly visible against the white walls; **strzelanie do ~ki biegnącego dzika** Sport. running target shooting [2] (charakterystyka) profile; **przed-stawić czyjąś ~kę** (napisać artykuł) to write a profile of sb; **kreślić czyjąś ~kę** to sketch a portrait of sb przen. [3] (postawa) figure; **mieć zgrabną ~kę** to have a good figure; **zachować zgrabną ~kę** to keep one's figure; **mieć ~kę atlety** to have an athletic frame; **kobieta o dziewczęcej ~ce** a woman with a girlish figure; **dbać o ~kę** to watch one's figure [4] Szt. (wycięty kształt) cut-out

symbiotyczn|y *adi.* [*bakterie, rośliny*] sym-biotic

symbioz|a *f sgt* symbiosis także przen.; **~a czegoś z czymś** symbiosis between sth and sth; **żyć w ~ie z czymś** to live in symbiosis with sth

symbol *m* (*G* **~u**) [1] (znak umowny) symbol; **być ~em czegoś** to be a symbol of a. for sth; **czerń jest ~em śmierci** black is a symbol of a. symbolizes death; **była ~em seksu** she was a sex symbol; **posługiwał się w swoim malarstwie ~ami** he used symbols in his painting [2] (znak graficzny) symbol; **~ chemiczny/matematyczny** a chemical/mathematical symbol

symbolicznie *adi.* [*przedstawić, rozumieć*] symbolically

symboliczność|ć *f sgt* symbolic character (**czegoś** of sth)

symboliczn|y *adi.* [1] (umowny) [*postać, sens*] symbolic; **~y grób** a symbolic tomb; **to był czysto ~y gest** it was a purely symbolic gesture [2] (bez realnej wartości) [*cena, opłata*]

nominal, token; [*kara*] token; **za ~ą opłatą** for a nominal fee; **składki są ~e** there's only a token membership fee

symboli|ka *f sgt* symbolism; **~ka religij-na** religious symbolism; **~ka obrazu/ wiersza** the symbolism of a painting/poem; **odczytać ~kę czegoś** to read the symbol-ism of sth

symboli|sta *m* Literat. Symbolist

symbolistyczn|y *adi.* [*malarstwo, poezja*] Symbolist *attr.*

symbolizm *m sgt* (*G* **~u**) [1] Literat. Symbolism [2] (symbolika) symbolism

symboliz|ować *impf vt* to symbolize

symetraln|a *f* Mat. **~a odcinka** the perpendicular bisector of a line segment

symetri|a *f sgt* (*GD* **~i**) [1] Mat. symmetry; **oś/płaszczyzna ~i** an axis/a plane of symmetry [2] przen. (harmonia) symmetry ❑ **~a dwuboczna** Biol. bilateral symmetry

symetrycznie *adv.* [*rozmieścić, podzielić*] symmetrically

symetryczność|ć *f sgt* symmetricalness

symetryczn|y *adi.* [*budowa, kompozycja*] symmetric(al)

symfoni|a /sɪmˈfɔɲa/ *f* (*GDGpl* **~i**) Muz. symphony także przen.; **V ~a Beethovena** Beethoven's Fifth (Symphony); **~a barw/ dźwięków/zapachów** a symphony of colours/sounds/smells ❑ **~a koncertująca** Muz. sinfonia concer-tante

symfoniczn|y *adi.* Muz. [*koncert, orkiestra*] symphony *attr.*; [*muzyka*] symphonic; **po-emat ~y** a symphonic poem

symfoni|k *m* (kompozytor, wykonawca) sympho-nist

symfoni|ka *f sgt* symphonic music

sympati|a [I] *f* (*GD* **~i**) [1] *sgt* (przychylność) liking; **darzyć kogoś ~ą** to have a liking for a. to like sb; **wzbudzać ~ę** to be likeable; **od razu poczuł do niej ~ę** he took an instant liking to her; **odnosić się do kogoś z ~ą** to be friendly towards sb [2] (*Gpl* **~i**) (dziewczyna) girlfriend; (chłopak) boyfriend

[II] **sympatie** *plt* sympathies; **czyjeś ~e polityczne** sb's political sympathies; **mieć ~e lewicowe/prawicowe** to have left-/ right-wing sympathies

sympatyczn|y *adi.* [*osoba, film, książka, wspomnienia*] nice; [*twarz, uśmiech, wygląd*] amiable; [*atmosfera*] friendly

sympaty|k *m*, **~czka** *f* (doktryny, teorii) sympathizer; (drużyny, partii, polityka) supporter; (piosenkarza, zespołu) fan; **być ~kiem piłki nożnej** to like football; **zjednać sobie ~ków** to win support

sympatyz|ować *impf vi* [1] (popierać) **~ować z kimś/czymś** to sympathize with sb/sth; **~ować z konserwatystami** to be a Conservative sympathizer [2] książk. (darzyć uczuciem) **~ować z kimś** to be fond of sb

symplifikacj|a *f* (*Gpl* **~i**) książk. simplifi-cation

sympozj|um *n* (*Gpl* **~ów**) conference, symposium; **~um na temat czegoś** a conference a. symposium on sth

symptom *m* (*G* **~u**) Med. symptom także przen.; **pierwsze ~y choroby** the first symptoms of a disease

symptomatycznie *adv.* książk. symptomatically

symptomatyczn|y *adi.* książk. symptomatic; **być ~ym dla kogoś/czegoś** to be characteristic of sb/sth; **~e, że...** it's symptomatic, that...

symulacj|a *f* (*Gpl* ~i) [1] (udawanie) simulation [2] (modelowanie) simulation; **~a komputerowa czegoś** a computer simulation of sth; **przeprowadzić ~ę czegoś** to make a simulation of sth

symulacyjn|y *adi.* [*urządzenie*] simulation *attr.*

symulanctw|o *n sgt* pot. malingering

symulan|t *m,* **~tka** *f* malingerer

symulato|r *m* simulator; **~r lotu** a flight simulator; a trainer pot.

symul|ować *impf vt* [1] (udawać) to simulate, to feign [*chorobę*] [2] (modelować) to simulate [*proces, zjawisko, warunki*]; **~owany komputerowo** computer-simulated

symultan|a *f* simultaneous chess competition

symultanicznie *adv.* książk. simultaneously

symultaniczność|ć *f sgt* książk. simultaneity

symultaniczn|y *adi.* książk. (jednoczesny) simultaneous; **tłumaczenie ~e** simultaneous translation; **tłumacz ~y** an interpreter

symultan|ka *f* simultaneous chess competition

syn *m* (*Npl* ~owie) [1] (potomek) son; **jedyny ~** an only son; **jest dla mnie jak ~** he's like a son to me; **to nieodrodny ~ swojego ojca** he's his father's son [2] (forma zwracania się) son; **~u!** Relig. my son [3] książk. son książk.; **~owie tej ziemi** the sons of this land

❏ **~ chrzestny** godson; **~ marnotrawny** prodigal son; **~ pułku** war orphan looked after by soldiers in an army unit; **Syn Boży** Relig. Son of God; **Syn Człowieczy** Relig. Son of Man

synago|ga *f* synagogue

synagogaln|y *adi.* synagogal, synagogue *attr.*

synal|ek *m* (*Npl* ~kowie) iron. (syn) boy

synchronicznie *adv.* książk. simultaneously, synchronously; **odbywać się ~ z czymś** to be synchronized with sth

synchroniczność|ć *f sgt* książk. synchronicity

synchroniczn|y *adi.* książk. synchronous; **silnik ~y** Elektr. a synchronous motor; **pływanie ~e** Sport synchronized swimming

synchronizacj|a *f sgt* książk. synchronization; **~a obrazu i dźwięku** the synchronization of images and sound

synchroniz|ować *impf vt* książk. to synchronize [*plany, ruchy zegarki*] ⇒ **zsynchronizować**

syndrom *m* (*G* ~u) książk. Med. syndrome także przen.

syndy|k *m* (*Npl* ~cy a. ~kowie) [1] Prawo (zarządca majątku) **~k masy upadłościowej** the (official) receiver [2] Prawo (przedstawiciel) assignee

syn|ek, ~eczek *m dem.* pieszcz. son, boy

syneku|ra *f* książk. sinecure

synestezj|a *f* (*Gpl* ~i) książk. synaesthesia GB, synesthesia US

synestezyjn|y *adi.* książk. synaesthetic GB, synesthetic US

synkretyczn|y *adi.* książk. [1] [*religia, teoria*] syncretic; [*styl*] hybrid [2] Jęz. [*forma*] syncretic

synkretyzm *m sgt* (*G* ~u) Filoz., Relig., Jęz. syncretism

syno|d *m* (*G* ~du) Relig. synod; **~d biskupów** synod of bishops

synodaln|y *adi.* [*dokument*] synodical

synogarlic|a *f* Zool. ringed turtle dove

synonim *m* (*G* ~u) Jęz. synonym (**czegoś** of a. for sth) także przen.; **być ~em czegoś** to be a synonym of sth; **jego nazwisko stało się ~em sukcesu** his name became a synonym for success

synonimi|a *f sgt* (*GD* ~i) Jęz. synonymy

synonimicznie *adv.* synonymously

synonimiczność|ć *f sgt* Jęz. synonymy

synonimiczn|y *adi.* Jęz. [*słowa, wyrażenia*] synonymous

synoptyczn|y *adi.* [1] Meteo. [*meldunek, obserwacje*] synoptic, weather; **mapa ~a** a synoptic chart [2] książk. (poglądowy, zwięzły) synoptic

synopty|k *m* Meteo. weather forecaster, weather person; (mężczyzna) weatherman

synopty|ka *f sgt* Meteo. synoptic meteorology

synostw|o¹ *n sgt* sonship, filiation; **duchowe ~o** spiritual filiation a. sonship

synostw|o² *plt* (*GA* ~a, *L* ~u) książk. a son and his wife

synow|a *f* (*Gpl* ~ych) daughter-in-law

synows|ki *adi.* [*miłość, opieka, przywiązanie*] filial

syntaktyczn|y *adi.* Jęz. [*ćwiczenia, błędy, związki*] syntactic

syntetycznie *adv.* [1] (całościowo) [*opracować, ująć, przedstawić*] synthetically [2] Chem. [*otrzymywać, uzyskiwać*] synthetically

syntetyczn|y *adi.* [1] (uogólniający) [*opracowanie, ujęcie*] synthetic [2] książk. (tworzący jednolitą całość) **sztuka ~a** synthetic art [3] Chem. [*kamień, włókno, tworzywo*] synthetic

syntety|k¹ *m* (*G* ~u) [1] Chem. synthetic [2] pot. (syntetyczny materiał ubraniowy) synthetic

syntety|k² *m* książk. synthesist

syntetyzator → **syntezator**

syntetyz|ować *impf vt* [1] (łączyć w całość) to synthesize [*wyniki, wypowiedzi*]; **myślenie ~ujące** synthesizing thinking ⇒ **zsyntetyzować** [2] to synthesize [*białko, witaminy*]; **~owanie pierwiastków nie występujących w przyrodzie** synthesizing elements that do not exist in nature ⇒ **zsyntetyzować** [3] Techn. to synthesize [*sygnały elektryczne*]; **~owany głos ludzki** synthesized voice

syntez|a *f* [1] książk. (ujęcie całościowe) synthesis; **~a myślowa** mental synthesis; **dokonać ~y** to make a synthesis [2] Chem. synthesis; **~a związków organicznych** the synthesis of organic compounds [3] Filoz. synthesis

❏ **~a termojądrowa** Fiz. thermonuclear synthesis

syntezato|r *m* Techn., Muz. synthesizer; **~r mowy** a speech synthesizer; **muzyka wykonywana na ~rach** music performed on synthesizers

syntezatorow|y *adi.* Muz. [*muzyka, brzmienie*] synthesizer *attr.*

synu|ś *m* (*Npl* ~sie a. ~siowie) [1] pieszcz. little boy a. son [2] pot. sonny; **spadaj, ~ś** look, sonny, buzz off

sypać¹ *impf* → **sypnąć**

syp|ać² *impf* (~ię) *vt* to build [*kopiec, okopy, wały*]; **dzieci lubią ~ać kopczyki z piasku** children like to make sand moulds ⇒ **usypać**

sypia|ć *impf vi* [1] to sleep; **dobrze/źle ~ć** to sleep well/badly; **~ć długo** to sleep long; **~ć na łóżku/tapczanie** to sleep in a bed/on a divan; **~ć po obiedzie** to have a nap after dinner [2] euf. **~ć z kimś** to sleep with sb

sypial|nia *f* (*Gpl* ~ni a. ~ń) [1] (pokój) bedroom [2] (osiedle mieszkaniowe) dormitory town a. suburb, bedroom suburb US [3] (komplet mebli) bedroom suite; **~nia dębowa/mahoniowa** an oak/a mahogany bedroom suite

sypialnian|y *adi.* [*meble, wystrój*] bedroom *attr.*

sypialn|y [I] *adi.* **pokój ~y** a bedroom; **wagon ~y** a sleeper, a sleeping car [II] *m* pot. [1] (wagon, pociąg) sleeper, sleeping car; **bilet na ~y** a sleeper ticket [2] (pokój) bedroom; **urządzać ~y** to decorate the bedroom

syp|ki *adi.* [1] [*cukier, sól, śnieg, puder*] loose [2] [*włosy*] wispy

sypko *adv.* **ryż na ~** ≈ fluffy rice

sypkoś|ć *f sgt* (cukru, kaszy, śniegu) looseness; (włosów) wispiness

syp|nąć *pf* — **syp|ać¹** *impf* (~nę — ~ię) [I] *vt* [1] (spowodować opadnięcie) [*osoba*] to pour [*mąkę, ziarno*]; **wiatr ~ał piaskiem** the wind blew sand ⇒ **nasypać** [2] (zdradzić) to inform on, to grass on [*kolegów*] ⇒ **wsypać** [II] *vi* [1] (hojnie obdarzyć) to shower *vt*; **~nąć złotem/pieniędzmi** to shower gold/money [2] (zacząć padać) **nagle ~nęło śniegiem/gradem** suddenly it started snowing/hailing; **nad ranem przestało ~ać** at dawn it stopped snowing [III] **sypnąć się** — **sypać się** [1] (wypaść) [*cukier, mąka, piasek*] to spill; **ziemniaki ~ały się z przyczepy** potatoes fell from the trailer ⇒ **posypać się** [2] (odpaść) [*tynk*] to come off; **zboże się ~ie** the grain is ripe and falling out ⇒ **posypać się** [3] (rozpaść się) [*mur*] to crumble [4] (wystąpić w obfitości) [*dowcipy, pochwały, nagrody, zamówienia*] to rain down; **zewsząd ~ią się skargi** we've been inundated with complaints ⇒ **posypać się** [5] (wystrzelić) [*iskry*] to shoot ⇒ **posypać się** [6] pot. (wyjawić coś niekorzystnego dla siebie) to confess [7] pot. (pomylić się) [*aktor, spiker*] to fluff [IV] **sypać się** pot. [*osoba, maszyna, firma*] to be falling apart

■ **~nął mu się wąs** he started to sprout a moustache

syren|a *f* [1] (alarmowa, fabryczna) alarm, siren; (okrętowa) siren, horn; **~a mgłowa** foghorn [2] Mitol. siren, mermaid; **śpiew ~y** a mermaid's a. siren's singing [3] **Syrena** The Mermaid (*the emblem of the city of*

Warsaw) [4] książk. (kobieta zalotna) siren [5] zw. pl Zool. siren

syreni adi. Mitol. [skała] mermaid's, siren's ■ ~ **gród** książk. (Warszawa) Warsaw; ~ **głos** a. **śpiew** książk. a mermaid's a. siren's song

syren|ka f dem. little mermaid a. siren; **bajka o ~ce** a tale about a little mermaid a. siren; **warszawska ~ka** Warsaw's mermaid a. siren

syrop m (G ~u) [1] (owocowy, klonowy, ziemniaczany) syrup, sirup US; **owoce w ~ie** fruit in syrup [2] Farm. syrup, sirup US; ~ **na kaszel** a. **przeciw kaszlowi** a. **od kaszlu** cough syrup; **lek przeciwgorączkowy w ~ie** a febrifuge syrup

syrop|ek m (G ~ku) pieszcz., dziec. syrup, sirup US

Syryj|czyk m, **~ka** f Syrian

syryjs|ki adi. Syrian

system m (G ~u) [1] (uporządkowany układ) system; ~ **informacji miejskiej** a municipal information system; ~ **wartości** a system of values [2] (zasady organizacji) system; ~ **zarządzania przedsiębiorstwem** a company management system; ~ **dwuzmianowy/trójzmianowy** a two-shift/three-shift system (of work) [3] (zbiór twierdzeń) system; ~ **religijny/filozoficzny/etyczny** a religious/a philosophical/an ethical system [4] Polit., Prawo system; ~ **polityczny** the political system; ~ **feudalny/kapitalistyczny/komunistyczny/totalitarny** the feudal/capitalist/Communist/totalitarian system
❑ ~ **binarny** a. **dwójkowy** binary system; ~ **dziesiętny** Mat. decimal system; ~ **ekologiczny** Ekol. ecosystem; ~ **energetyczny** Techn. power system; ~ **gospodarczy** Ekon. economic system; ~ **nakładczy** Ekon. cottage industry; ~ **nerwowy** Anat. nervous system; ~ **operacyjny** Komput. operating system; ~ **parlamentarno-gabinetowy** Polit. parliamentary cabinet system; ~ **penitencjarny** Prawo penitentiary system; ~ **prezydencki** Polit. presidential system; ~ **przedstawicielski** Polit. representational system; ~ **satelitarny** Telekom. satellite system; ~ **tonalny** Muz. tonal system; ~ **wodny** Geog. water system; ~ **wokaliczny** Jęz. vowel system; ~ **wyborczy** Polit. electoral system; **proporcjonalny/większościowy ~ wyborczy** the proportional/majority electoral system; ~**y liczbowe** Mat. numeral systems
■ **wybudować magazyn/basen ~em gospodarczym** pot. to build a storehouse/swimming pool by oneself a. under one's own steam

systematycznie adv. [1] (w sposób regularny) [czytać, korespondować, pracować, uczyć się] systematically [2] (stale) [pogarszać się, rozprzestrzeniać się, wzrastać] consistently [3] Biol. systematically

systematyczność f sgt (w nauce, w pracy, w badaniach) regularity; **mieć zamiłowanie do ~ci** to be fond of orderliness

systematyczn|y adi. [1] [nauka, praca] systematic; ~**y tryb życia** a regular lifestyle [2] [uczeń, pracownik] methodical [3] [wzrost, spadek] consistent; **obserwujemy ~e pogarszanie się warunków życia na wsi** a consistent worsening of living

conditions in the countryside can be observed
[4] Biol. [układ, cecha, jednostka] systematic

systematy|ka f Nauk. systematics; ~**ka organizmów** Biol. the taxonomy of organisms

systematyzacj|a f sgt książk. (wniosków, informacji) systematization, systemization

systematyz|ować impf vt (porządkować) to systematize, to systemize [wnioski, informacje, wiedzę] ⇒ **usystematyzować**

systemowo adv. [1] (tworząc system) [rozwiązać, rozstrzygnąć] systemically [2] (konsekwentnie) (działać, niszczyć) consistently

systemow|y adi. [różnica, luka, ulga] system attr., systemic; **transformacje ~e** system transformations; ~**y sposób gry w lotto** a system for winning in lotto

syt adi. praed. → **syty**

sytoś|ć f sgt książk. repletion, satiation; **uczucie ~ci** a feeling of satiety

sytuacj|a f (Gpl ~i) [1] (ogół warunków) situation; **krytyczna/beznadziejna/poważna/delikatna ~a** a critical/hopeless/serious/delicate situation; ~**a bez wyjścia** a dead-end situation; ~**a atmosferyczna** the atmospheric situation; ~**a gospodarcza/międzynarodowa/polityczna** the economic/international/political situation; ~**a na froncie/rynku** the situation on the front/market; ~**a mieszkaniowa** the housing situation; **groza/powaga ~i** the horror/seriousness of the situation; **znaleźć się w trudnej/niezręcznej ~i** to find oneself in a difficult/an embarrassing a. awkward situation; **panować nad ~ą** to be in control of the situation; **zbadać ~ę** to see how the land lies przen.; **uratować ~ę** to save the situation; **co byś zrobiła w mojej ~i?** what would you do in my position? [2] Literat., Kino, Teatr situation; **zabawna/skomplikowana ~a** a funny/complicated situation
■ **znaleźć się w ~i podbramkowej** pot. to find oneself in a tight corner a. spot

sytuacyjn|y adi. [szkic, kontekst, humor] situational

sytu|ować impf [I] vt książk. [1] (lokalizować) to locate, to place [budynek, kuchnię, pralnię] ⇒ **usytuować** [2] [autor, reżyser] to set; **akcję powieści autor ~uje w średniowieczu** the author sets his novel in the Middle Ages ⇒ **usytuować** [3] (umieścić na okrślonej pozycji) to place; **sondaże ~ują prezydenta na czele listy osób darzonych największym zaufaniem** opinion polls place the president at the top of the credibility ranking list ⇒ **usytuować** [4] (określać w czasie lub miejscu) to determine; ~**ować powstanie pieśni na XI wiek** to date the song to the 11th century ⇒ **usytuować**
[II] **sytuować się** (umiejscawiać się) to place oneself; ~**ować się ponad prawem** to place oneself above the law ⇒ **usytuować się**

sytuowan|y [I] pp → **sytuować**
[II] adi. [osoba] **być dobrze/źle ~ym** to be well/badly off

sy|ty [I] adi. [1] [osoba] (najedzony) replete, satiated [2] [posiłek] filling, nourishing
[II] **syt** adi. praed przen. sated, satiated; **syty** a.

syt wrażeń/zaszczytów sated with adventures/honours
[III] m satiated person
[IV] **do syta** adv. **najeść się do syta** to eat one's fill; **napatrzyć się na coś do syta** to look one's fill at sth
■ **syty głodnego nie zrozumie** przysł. ≈ there can be no understanding between a man who has eaten his fill and he who is starving

syzyfow|y adi. ~**a praca** Sisyphean labour

sza! inter. hush!, shush!

szaba|s, ~t m (G ~su, ~tu) Relig. (the) Sabbath

szaba|sowy, ~towy adi. [wieczerza, pieśni, świece] Sabbath attr.; sabbatical daw.

szabat → **szabas**

szabatowy → **szabasowy**

szabel|ka f dem. small sabre
■ **pobrzękiwać** a. **potrząsać** a. **wymachiwać ~ką** to rattle one's sabre; **pobrzękiwanie** a. **potrząsanie** a. **wymachiwanie ~ką** sabre-rattling

szab|er m sgt (G ~ru) pot. [1] (plądrowanie) looting; **przedmioty pochodzące z ~ru** the looted items; **chodzić na ~er** to go looting; **żyć z ~ru** to make a living by looting [2] (łup) loot

szab|la f (Gpl ~el a. ~li) [1] Hist. (broń sieczna) sabre, saber US, sword; **pojedynek na ~le** a sabre duel [2] Sport sabre; **turniej w ~li** a sabre tournament; **mistrz w ~li** a sabre champion [3] środ., Myślis. wild boar's tusk

szabli|sta m Sport sabre fencer

szablon m (G ~u) [1] Techn. (forma) template; **pojemnik wykonany według ~u** a container made to a template; **spódnica skrojona według ~u** a skirt cut to a pattern [2] Techn. (wzornik) stencil; ~ **literniczy** a letter stencil; **szlaczek namalowany przy pomocy ~u** a stencilled border [3] książk. (wzorzec postępowania) convention, stereotype

szablonowo adv. książk. [postępować, myśleć] according to a stereotype; ~ **napisana recenzja** a review written in a conventional style; ~ **umeblowane biuro** a conventionally furnished office

szablonowoś|ć f sgt książk. (myślenia, postępowania) conventionality; (opinii, komentarza) triteness

szablonow|y adi. [1] Techn. [forma] template attr.; [wzór] stencilled GB, stenciled US [2] książk. [komplement, zwrot, opinia] trite, conventional

szablow|y adi. [pojedynek, turniej] sabre attr.

szabr|ować impf vt pot. to loot, to pillage [mieszkania, sklepy]

szabrownictw|o n sgt pot. looting

szabrownicz|y adi. pot. [plany, proceder] looting

szabrowni|k m, **~czka** f pot. looter

szach [I] m pers. (Npl ~owie) Hist. shah; ~ **Iranu** the Shah of Iran
[II] m inanim. sgt (G ~a a. ~u, A ~a) (w szachach) check; **szach-mat** checkmate; **dać ~a królowi** to check the king
■ **trzymać kogoś w ~u** to keep a. hold sb in check

S

szacher|ka f pot. swindle

szachinszach m (Npl ~owie) shah

szachi|sta m, ~stka f chess player

szach|ować impf **II** vt Gry to check także przen. [króla]; **próbowała ~ować męża groźbą rozwodu** she tried to hold her husband in check with a threat of a divorce ⇒ **zaszachować**

II szachować się [gracze] to check each other; przen. to hold each other in check ⇒ **zaszachować się**

szachownic|a f [1] Gry chessboard; **ustawić pionki na ~y** to set the pieces on the (chess)board [2] (wzór) chequer(board), chequered pattern; **zielono-brązowa ~a pól** the brown and green patchwork of fields [3] Bot. fritillary

szachow|y adi. [mistrz, kombinacja, zadanie] chess attr.

szachra|j m, ~jka f (Gpl ~jów a. ~i, ~jek) pot. cheat, swindler

szachrajs|ki adi. [wybiegi] flimflam attr.; ~kie towarzystwo a gang of cheats

szachrajstw|o n pot. swindle, flimflam

szachr|ować impf vt pot. to cheat, to flimflam; ~ować w grze w karty to cheat at cards

szach|y plt (G ~ów) Gry [1] (gra) chess; **grać w ~y** to play chess; **partia ~ów** a game of chess [2] (komplet figur) chess pieces, chessmen; (komplet figur razem z planszą) chess set

szac|ować impf vt to assess, to estimate [wielkość, ilość, wartość]; **straty ~ujemy na milion złotych** we assess the damages at one million zlotys ⇒ **oszacować**

szacown|y adi. grad. książk. [jubilat] honourable; [obywatel] respectable

szacun|ek m (G ~ku) [1] sgt (poważanie) respect; **budzić ~ek** to command respect; **cieszyć się powszechnym ~kiem** to be held in high esteem by everyone; **mieć ~ek dla kogoś** to have respect for sb; **stracić ~ek dla kogoś** to lose respect for sb; **zasługiwać na ~ek** to deserve respect; **z wyrazami ~ku** (w zakończeniu listu) with kind regards; **z całym ~kiem** with due respect [2] Ekon. (oszacowanie) estimate, estimation; **~ek wstępny** an initial estimate; **~ek przybliżony** an approximate estimate

szacunkowo adv. Ekon. (w przybliżeniu) [określać, wnioskować] approximately; **~ obliczony dochód** a roughly estimated income

szacunkow|y adi. [1] Ekon. **komisja ~a** an assessment committee [2] (przybliżony) [wartość, dane] approximate

sza|dź f sgt Meteo. hoar frost, rime frost

szaf|a f (na ubrania) wardrobe; (na akta, dokumenty) cabinet; (biblioteczna) bookcase; **~a dwudrzwiowa/trzydrzwiowa** a two/three-door wardrobe; **~a w ścianie** a. **wnękowa** a built-in wardrobe

❑ **~a chłodnicza** upright freezer, chill cabinet; **~a grająca** jukebox; **~a pancerna** safe

■ **~a gra** pot. (everything's) OK

szafar|ka f daw. [1] housekeeper [2] przen. dispenser; **~ka pieniędzy społecznych** a dispenser of public funds

szafarz m (Gpl ~y) [1] daw. steward [2] Hist. tax collector [3] książk. dispenser; **~ dobrych rad** a dispenser of good advice

szafi|r m [1] (G ~ra a. ~ru) Miner. sapphire; **broszka/pierścionek z ~rem** a sapphire brooch/ring [2] sgt (G ~ru) (kolor) sapphire blue

szafirowo adv. [kwitnąć] sapphire blue; **pomalować coś na ~** to paint sth sapphire blue

szafirow|y adi. [1] [kolia, spinka] sapphire attr. [2] [morze, niebo, oczy] sapphire blue

szaf|ka f sgt (kuchenna, łazienkowa) cupboard; (kuchenna do zabudowy) unit; (zamykana na klucz) locker; (kuchenna) **~ka stojąca** a basic unit; **~ka wisząca** a wall cupboard; **~ka narożna** a corner cupboard; **~ka zlewozmywakowa** a sink unit; **~ka na buty** a shoe cupboard; **~ka nocna** a bedside table

szafkow|y adi. (obudowany szafką) **zegar ~y** (duży) a grandfather clock; (mały) a grandmother clock; **umywalka ~a** a vanity unit

szaflik m wooden tub

szafo|t m (G ~tu) scaffold; **skazać kogoś na ~t** to send sb to the scaffold

szaf|ować impf vi [1] (trwonić) to squander vt [pieniędzmi, złotem, czasem, zdrowiem] [2] (hojnie rozdawać) to be lavish with [pochwałami, komplementami]

szafran m (G ~u) [1] Bot. saffron [2] sgt Kulin. saffron

szafranow|y adi. [1] (kolor) saffron [2] Kulin. [sos, wódka] saffron

szajb|a f [1] Techn. washer [2] pot. (mania) thing, fad (na punkcie czegoś for sth)

■ **~a mu odbiła** pot. he has a screw loose

szajbnię|ty adi. pot. [osoba] barmy, batty

szajbus m (Npl ~y) pot. nut pot., whacko US pot.

szaj|ka f pot. gang; **~ka złodziei** a. **złodziejska** a gang of thieves; **należeć do ~ki** to belong to a gang

szajs m sgt (G ~u) pot. (tandeta) crap, junk

szakal **II** m pers. (Gpl ~i) pot., pejor. vulture **III** m anim. Zool. jackal

szal m (Gpl ~i a. ~ów) shawl; (nieduży) scarf; **jedwabny/koronkowy ~** a silk/lace shawl; **ciepły ~** a muffler, a warm scarf; **narzucić ~ (na ramiona)** to throw a shawl over one's shoulders; **owinąć się ~em** a. **w ~** to wrap oneself in a shawl

❑ **~ kaszmirski** daw., Moda. Kashmir shawl

szal|a f (część wagi) scale pan; **położyła towar na jednej ~i a odważnik na drugiej** she put the goods on one scale pan and the weight on the other

■ **~a zwycięstwa przechyliła się na naszą stronę** the scales turned in our favour; **położyć wszystko na jednej ~i** to put all one's eggs in one basket; **prezydent położył na ~i cały swój autorytet** the president put his authority on the line; **rzuciła na ~ę swoja reputację** she put her reputation on the line

szalbierczo adv. książk. [argumentować] fraudulently; **był ~ przebiegły** he was deceitfully cunning

szalbiercz|y adi. książk. [interesy, umowa] fraudulent

szalbiers|ki adi. książk. [przewrotność, spółka] fraudulent

szalbierstw|o n Prawo, książk. fraud

szalbierz m (Gpl ~y a. ~ów) fraudster

szal|eć impf (~eję, ~ał, ~eli) vi [1] (wariować) to be mad, to be frantic; **~eć z bólu/**

gniewu to be frantic with pain/anger; **~eć z miłości/ze szczęścia** to be mad with love/happiness; **~eć z radości** to be transported with joy; **~ała po śmierci dziecka** she was frantic with grief after the death of her child ⇒ **oszaleć** [2] (hulać) to revel; **~eli całą noc** they revelled all night ⇒ **zaszaleć** [3] przen. [burza, pożar, choroba, terror] to rage; **~ejąca inflacja/recesja** the raging inflation/recession [4] pot. (uwielbiać) to be crazy; **~eć na punkcie dziewczyny/sportu** to be crazy about a girl/sport; **~eć za chłopakami/słodyczami/nartami** to be crazy about boys/sweets/skiing [5] pot. (robić coś z pasją) **~eć w pracy** to work like mad a. crazy; **~eć z zakupami/ze sprzątaniem** to shop/clean like crazy

■ **jak ~eć, to ~eć** we might as well go the whole hog

szale|j m (G ~ju, Gpl ~jów a. ~i) Bot. water hemlock

■ **najeść** a. **objeść się ~ju** to lose one's mind

szalenie adv. (ogromnie) extremely; **~ mili ludzie** extremely nice people; **~ trudno go przekonać** it's extremely difficult to convince him; **~ kogoś/coś lubić** to be extremely fond of sb/sth; **jestem ci ~ wdzięczna** I'm awfully grateful to you

szale|niec m (V ~ńcze a. ~ńcu) [1] (wariat) madman, lunatic; **zachowywać się jak ~niec** to behave like a madman [2] przen, (ryzykant) daredevil; (narwaniec) madcap

szaleńczo adv. [krzyczeć, śmiać się] insanely; [kochać, całować] madly

szaleńcz|y adi. książk. [1] (właściwy szaleńcowi) [śmiech, myśl, zamiary] insane, mad; **to był ~y pomysł** that was an insane idea; **wykazał się ~ą odwagą** he showed insane bravery [2] (intensywny) [taniec] crazy, frantic; **to była ~a jazda** it was a reckless drive [3] (niepohamowany) [radość, namiętność] frantic; **ogarnął go ~y gniew** he was overcome with mad rage

szaleństw|o n książk. [1] (szał) frenzy [2] sgt (obłęd) madness, lunacy; **doprowadzać kogoś do ~a** to drive sb mad; **być do ~a zakochanym** to be madly in love; **być do ~a zazdrosnym** to be mad with jealousy a. madly jealous [3] pot. (zabawa) high jinks; **~o przedświątecznych zakupów** Christmas shopping splurge

■ **białe ~o** winter sports

szale|t m (G ~tu) public toilet, public convenience

szalik m scarf; **ciepły ~** a muffler, a warm scarf

szalikowiec m środ., Sport football fan (wearing a scarf in the club colours)

szal|ka f dem. small scale pan

szalkow|y adi. Techn. **waga ~a** pan scales

szal|ony **I** adi. [1] książk. (narwany) [osoba] crazy [2] książk. (obłąkany) [osoba, zamiar, czyn] mad, insane [3] książk. (intensywny) [taniec, życie] frantic; [wakacje] crazy; [jazda] reckless [4] książk. (niepohamowany) [namiętność] mad; [gniew] wild; [radość] frantic [5] pot. (ogromny) [upał, apetyt, szczęście] tremendous; **miała ~e powodzenie** she was tremendously popular

II szal|ony m, ~ona f lunatic, mad person

szalot|ka f Bot., Kulin. shallot, scallion US

szal|ować impf vt Budow. (dla umocnienia) to shore up [ściany wykopu]; (dla dekoracji) to cover with clapboards [budynek] ⇒ **oszalować**

szalowa|nie [] sv → **szalować**
[] n Budow. [1] (wykopu) shoring; (budynku) boarding [2] (prowizoryczna forma) formwork, shuttering

szalow|y adi. **kołnierz ~y** a shawl collar

szalun|ek m (G ~ku) Budow. [1] (umocnienie) shoring; (dekoracja) boarding [2] (prowizoryczna forma) formwork, shuttering

szalunkow|y adi. Budow. **deska ~a** a clapboard

szalup|a f Żegl. launch, ship's boat; **~a ratunkowa** a lifeboat

szalup|ka f dem. small launch

szalupow|y adi. [alarm, pokład] launch attr.

sza|ł m sgt (G ~łu) [1] Med., Psych. frenzy; **dostać ataku** a. **napadu ~łu** to go into a frenzy [2] książk. (szaleństwo) rage; **~ł miłosny** love's ecstasy; **swoim zachowaniem doprowadza wszystkich do ~łu** he drives everyone mad with his behaviour [3] (porządków, zakupów) mania, madness

szałapu|t m, **~tka** f (Npl ~ty a. ~ci, ~tki) przest. (lekkoduch) giddy-head

szałas m (G ~u) [1] (tymczasowe schronienie) shelter [2] (prymitywny domek) shack; (myśliwski) cabin; (pasterski) chalet
❑ **Święto Szałasów** Relig. The Feast of Tabernacles

szaławi|ła m (Npl ~ły, Gpl ~ł a. ~łów) książk., żart. (lekkoduch) giddy-head

szałowo adv. pot. [wyglądać] smashing adi.; [tańczyć] great adi.

szałow|y adi. pot. [dziewczyna, ciuch] smashing

szałwi|a f (GDGpl ~i) Bot., Farm. (roślina ozdobna) salvia; **~a lekarska** sage; **napar z ~i** sage infusion

szam|ać impf (~ię) vt pot. (jeść łapczywie) to wolf down

szaman m shaman, medicine man, witch doctor

szamanistyczn|y adi. [taniec, seans] shamanistic

szamanizm m sgt (G ~u) Relig. shamanism

szaman|ka f shaman, medicine woman

szamańs|ki adi. [strój] shaman's

szambelan m (Npl ~owie a. ~i) Hist. chamberlain

szambelańs|ki adi. Hist. [tytuł, godność] of chamberlain

szamb|o n [1] (zbiornik na ścieki) septic tank [2] pot. (niemoralna sytuacja) cesspit, cesspool; **wpakować się w ~o** to fall into a cesspit

szamer|ować impf vt książk. to braid [naramienniki]; **mundur ~owany złotem** a gold-braided uniform

szamerowa|nie [] sv → **szamerować**
[] n książk. braiding

szamerowan|y [] pp → **szamerować**
[] adi. książk. [mundur] braided

szamerun|ek m (G ~ku) książk. braiding, braid

szamo|t, ~ta m, f sgt (G ~tu, ty) Budow. chamotte

szamo|tać impf (~czę a. ~cę a. ~tam)
[] vi (gwałtownie trząść) [wiatr] to tear vt [żaglami]; to sway vt [drzewami]
[] **szamotać się** (szarpać się) [osoba, zwierzę] to struggle, to tussle; **demonstranci ~tali się z policją** the demonstrators were tussling with police; **ryba ~cze się w sieci** a fish is struggling in the net

szamotanin|a f sgt książk. [1] (mocowanie się) tussle, scuffle; **po gwałtownej sprzeczce doszło do ~y** after a heated argument a scuffle broke out [2] przen. (rozterka) struggle; **~a wewnętrzna** inner struggle [3] przen. (zmaganie się z trudnościami) struggle; **codzienna ~a** everyday struggle to come through

szamotow|y adi. Budow. [cegła] chamotte attr.

szampan m [1] sgt (wino z Szampanii) champagne; **butelka/kieliszek ~a** a bottle/glass of champagne; **wznieść toast ~em** to toast with champagne; **strzelały korki od ~a** champagne popped [2] sgt. pot. (wino musujące) champagne-like wine; fizz pot. [3] pot. a glass of champagne; **postawił jej ~a, potem drugiego** he stood her a glass of champagne, then another one

szampan|ka f [1] (kieliszek) champagne glass [2] (biszkopcik) finger biscuit

szampańs|ki adi. [1] [wino] Champagne attr. [2] (świetny) [humor, nastrój, zabawa, dziewczyna, chłopak] swinging

szampańsko adv. **bawić się ~** to have a wonderful time

szampon m (G ~u) (kosmetyk) shampoo; **~ ziołowy/proteinowy** herbal/protein shampoo; **~ leczniczy/przeciwłupieżowy** medicated/anti-dandruff shampoo; **~ do włosów suchych/normalnych** dry/normal hair shampoo; **~ koloryzujący** tint/colour shampoo; **~ dla psów** dog shampoo; **~ samochodowy** car shampoo; **nałożyć** a. **nanieść ~ na włosy** to shampoo one's hair

sza|niec m Wojsk. earthwork; entrenchment także przen.

szan|ować impf [] vt [1] (otaczać szacunkiem) to respect; **~ować rodziców/nauczycieli/przełożonych** to respect one's parents/teachers/superiors; **~ować kogoś za odwagę/uczciwość** to respect sb for their bravery/honesty; **osoba powszechnie ~owana** a well-respected person [2] (poważać) to respect [prawo, wolę, prywatność, tradycje, zwyczaje]; **~ować czyjąś tajemnicę** to keep sb's secret; **~uj pracę innych** respect the work of others ⇒ **uszanować** [3] (chronić przed zniszczeniem) to take care of, to look after [ubranie, książki]; **~uj zieleń** (napis) Keep off the Grass
[] **szanować się** [1] (mieć poczucie własnej godności) to have self-respect; **~ująca się kobieta** a woman who has a sense of self-respect, a woman who respects herself [2] (dbać o swoje dobre imię) [dziennikarz, polityk, pismo, ugrupowanie] to know one's own worth; **każda ~ująca się gazeta zamieszcza program kin** every decent newspaper has a cinema listing [3] (poważać jeden drugiego) to respect one another [4] (oszczędzać się) to look after one's health

szanown|y adi. (gość, jubilat) honourable, distinguished; **Szanowny Panie!** (w liście)

Dear Sir,...; **Szanowna Pani!** (w liście) Dear Madam,...; **Witam Szanownych Państwa!** Welcome, Ladies and Gentlemen

szans|a f [1] (możliwość) chance; **jedyna/wielka ~a** a unique/big chance; **życiowa ~a** the chance of a lifetime; **~a przeżycia/ucieczki** a chance of survival/escape; **~a na sukces** a chance to succeed; **jego ~e na wyleczenie są duże** he has a good chance of recovery; **jej ~e na znalezienie pracy są niewielkie** she has little chance of finding a job; **dać komuś ~ę poprawy** to give sb a chance to improve; **przegapić ~ę na zdobycie stypendium** to miss a chance of securing a grant; **stracić/zaprzepaścić ~ę na pokojowe rozwiązanie konfliktu** to lose/waste a chance of finding a peaceful solution; **mieć ~e u dziewczyny/chłopaka** pot. to stand a chance with a girl/boy [2] (prawdopodobieństwo sukcesu) odds; **~e, że coś się wydarzy/nie wydarzy** the odds in favour of/against sth happening; **zmniejszać/zwiększać ~e na coś** to shorten/lengthen the odds on sth; **jego ~e na zdobycie złotego medalu są jak dziesięć do jednego** the odds on his winning the gold medal are ten to one

szansoni|sta m, **~stka** f przest. chansonnier

szan|ta f (sea) shanty, chanty

szantaż m (G ~u, Gpl ~y a. ~ów) blackmail U; **emocjonalny** emotional blackmail; **~ gospodarczy/polityczny** economic/political blackmail; **stosować ~ wobec kogoś** to use blackmail on sb, to blackmail sb; **zmusić kogoś ~em do (zrobienia) czegoś** to blackmail sb into (doing) sth

szantaż|ować impf vt to blackmail [osobę] ⇒ **zaszantażować**

szantażyk m dem. (G ~u) pot. blackmail U

szantaży|sta m, **~stka** f blackmailer

szantrap|a f pot., obraźl. tramp pot., obraźl.

szapoklak m [1] (składany cylinder) opera hat [2] Hist. (piróg) cocked hat

szaracz|ek m dem. [1] (zając) hare [2] pot. (osoba mało znacząca) nonentity [3] Hist. (ubogi szlachcic) poor nobleman

szaraczkow|y adi. szlachta ~a Hist. poor noblemen

szara|da f charade; **ułożyć/rozwiązać ~dę** to devise/solve a charade

szaradzi|sta m, **~stka** f charade enthusiast

szarak [] m pers. (Npl ~i) [1] pot. (osoba mało znacząca) nonentity [2] Hist. poor nobleman
[] m anim. Zool. hare

szarańcz|a f [1] (Gpl ~y) Zool. locust [2] sgt przen. swarm

szarańczyn m (G ~u) Bot. carob

szarawar|y plt (G ~ów) Hist., Moda harem pants

szarawo adv. dim; **w pokoju było ~ od dymu** the air in the room was grey with smoke; **na dworze robiło się ~** (o świcie) it was getting light outside; (o zmierzchu) it was turning dusk outside

szaraw|y adi. [1] [odcień, materiał, oczy] greyish [2] (mroczniawy) [dzień] dim, grey

szarf|a f [1] książk. (do sukni, munduru) sash; (do wieńca) ribbon [2] Sport ribbon; **ćwiczenia z ~ą** ribbon exercises

szarga|ć *impf* **[]** *vt* [1] książk. (bezcześcić) to blacken, to tarnish *[imię, nazwisko, opinię]*; ~ć świętości to desecrate what is held sacred ⇒ **zszargać, zaszargać** [2] przen. to shatter *[nerwy]* ⇒ **zszargać** [3] pot. (brudzić) to soil *[ubranie]* ⇒ **zszargać, zaszargać**

[]] szargać się pot. *[ubranie]* to get soiled; **jej długi płaszcz ~ł się po ziemi** her long coat was trailing on the ground ⇒ **zszargać się**

szarlatan *m* książk., pejor. (oszust) charlatan, mountebank; (podający się za lekarza) quack

szarlataneri|a *f sgt* (*GD* ~i) książk. charlatanism, charlatanry

szarlatańs|ki *adi.* *[metoda, praktyka]* charlatanish

szarlataństw|o *n sgt* charlatanism, charlatanry

szarlot|ka *f* Kulin. ≈ apple pie

szarmanc|ki *adi.* książk. *[młodzieniec, ukłon, zachowanie]* gallant

szarmancko *adv.* *[powitać, ukłonić się]* gallantly

szaro [] *adv.* [1] *[pomalowany, otynkowany]* grey *adi.*; **pomalować coś na ~ to paint sth grey; **ubrać się na ~** to be dressed in grey [2] (monotonnie) dully; **~ upływają dni** the days pass dully [3] (mrocznie) dim *attr.*, grey *attr.*

[]] szaro- *w wyrazach złożonych* [1] (z odcieniem szarym) grey-, greyish-; **szaroniebieski** grey-blue, greyish-blue; **szarozielony** greyish-green [2] (w połączeniu z szarym) **szaro-czarny** grey and black; **szaro-granatowy** grey and navy blue

■ zrobić kogoś na ~ pot. to leave sb in the lurch

szarobur|y *adi.* *[chmura]* grey-brown; *[kot]* grey and brown

szaroge|sić się *impf v refl.* pot. (rządzić się) to boss everybody about a. around

szaroo|ki *adi.* *[osoba]* grey-eyed

szaropiór|y *adi.* *[ptak]* grey-feathered

szaroś|ć *f* [1] (szary kolor) greyness; **w jego obrazach dominują ~ci** in his paintings the dominant shade is grey [2] *sgt* (dni, życia, otoczenia) dullness [3] *sgt* (dnia, poranka) dimness

szarot|ka *f* Bot. edelweiss

szarów|ka *f* twilight; (przedświt) dawn; (zmierzch) dusk; **wstawać o ~ce** to get up before dawn; **wracać do domu o ~ce** to return home at dusk

szarpać¹ *impf* → **szarpnąć**

szarp|ać² *impf* (~ię) *vt* [1] (rabować) to plunder *[ziemie, granice]* [2] (oczerniać) to beset *[osobę]*; **~ać czyjeś dobre imię/honor** to tarnish sb's name/honour

szarpanin|a *f sgt* [1] (szamotanina) scramble, scrimmage [2] przen. (rozterka) **~a wewnętrzna** inner struggle [3] przen. (zmaganie się z trudnościami) struggle; **codzienna ~a** everyday struggle to come through [4] (gwałtowne ciągnięcie) jerking, yanking

szarpan|y [] *pp* → **szarpać**

[]] *adi.* **instrumenty ~e** Muz. plucked instruments; **rana ~a** Med. a laceration, a lacerated wound

szarpidru|t *m* (*G* ~ty) pot., pejor. a guitarist

szarpi|e *plt* (*G* ~) lint *U*

szarp|nąć *pf* — **szarp|ać¹** *impf* **[]** *vt* [1] (gwałtownie pociągnąć) to jerk, to pull;

~nąć za sznur/klamkę to yank the rope/door handle; ~ać klamkę to rattle the door handle; ~ać kogoś za włosy/rękę to pull sb's hair/arm [2] (rozerwać) to tear; **płaczki ~ały na sobie ubranie** the mourners were tearing their clothes; **pies ~ał mięso zębami** the dog was worrying the meat ⇒ **poszarpać** [3] przen. (dokuczać) *[skurcz, ból]* to rack *[ciało]*; **zazdrość/rozpacz** a. **żal ~ią komuś serce** jealousy/grief racks sb's heart; **~iący ból** twinge

[]] *vi* *[samochód, tramwaj, pociąg]* to jerk

[]]] szarpnąć się — szarpać się [1] (usiłować się oswobodzić) *[osoba, zwierzę]* to strain, to struggle, to yank; **pies ~ie się na łańcuchu** the dog is yanking at its chain; **ryba ~ie się w sieci** the fish is struggling in the net [2] (tarmosić) **~ać się za brodę/wąsy** to pluck one's beard/moustache [3] (zachnąć się) to recoil, to flinch; **~nął się, słysząc te słowa** he flinched at these words

[]V szarpać się [1] przen. (zamartwiać się) *[osoba]* to fret [2] pot. (bić się) *[chłopcy, dzieciaki]* to fight [3] (czynić wysiłki) *[osoba]* to struggle

szarpn|ąć się *pf vt refl.* pot. to splash out; **~ąć się na nową sukienkę/szampana** to splash out on a new dress/on champagne

szaru|ga *f* książk. foul weather; **jesienna ~ga** foul autumn weather

sza|ry *adi.* [1] (o kolorze) *[oczy, niebo, kurtka]* grey [2] książk. (przeciętny) *[osoba]* ordinary; **~ry człowiek** a. **obywatel** man in the street; **~ry tłum** ordinary crowd [3] książk. (monotonny) *[życie, dni, lata]* dull, monotonous [4] książk. *[dni, świt, zmrok]* dim, grey, gloomy; **o ~rej godzinie** at dusk

szaryt|ka Relig. **[]** *f* (zakonnica) Sister of Charity

[]] szarytki *plt* (zakon) Sisters of Charity

szarz|eć *impf* (~ał) **[]** *vi* [1] (przybierać szarą barwę) *[ściana, obrus]* to become grey [2] (odróżniać się od tła) *[las, dom]* to loom [3] *[niebo]* (o świcie) to become light; (o zmierzchu) to become dusk

[]] *v imp.* (dnieje) it's getting light; (zmierzcha się) it's growing dusk

szarzy|zna *f sgt* [1] (domów, ulic) greyness [2] (popołudnia, poranka) greyness, dimness [3] przen. (monotonia) dullness

szarż|a *f* [1] (natarcie) charge; **~a kawalerii** a cavalry charge; **przypuścić ~ę na wroga** to charge at the enemy [2] Wojsk. rank; **wysoka/niska ~a** a high/low rank; **wysoki ~ą oficer** a high-ranking officer [3] Teatr. (przesada) overacting; **mieć skłonność do ~y** *[aktor]* to have a tendency to overact

szarż|ować *impf vi* [1] *[kawaleria]* to charge (**na kogoś/coś** at sb/sth) [2] Teatr *[aktor]* to overact [3] przen. (działać brawuro) to be reckless; **~ować w jeździe samochodem** to drive recklessly; **nie ~uj!** don't be reckless!

szast *inter.* swish!; **~, zasłona rozsunęła się na boki** the curtains swished apart; **~! ~! śmigali narciarze** the skiers whizzed by

szastać¹ *impf* → **szastnąć**

szasta|ć² *impf* **[]** *vi* pejor. (trwonić) to squander *vt*; **~ć pieniędzmi** a. **groszem** to squander money; **~ć zasobami/surowcami** to squander resources; **~ją pieniędzmi na**

prawo i lewo they fling money around (all over the place)

[]] szastać się pot. [1] (miotać się) *[osoba]* to fling oneself; **~ć się po pokoju** to fling oneself around a room; **aktor ~ł się po scenie** the actor was flinging himself around the stage [2] pejor. (włóczyć się) to hang around; **~ć się po knajpach** to hang around bars

szast|nąć *pf* — **szast|ać¹** *impf* (~nęła, ~nęli — ~am) *vi* (poruszyć) **~nąć nogą w ukłonie** to bow gallantly

szast-prast *inter.* pot. **~ i skończyliśmy** we finished in no time

szaszły|k *m* Kulin. (shish) kebab

sza|ta *f* [1] książk. (strój) robe; **długa biała ~ta** a long white robe; **królewskie ~ty** the king's robes; **~ty liturgiczne** (liturgical) vestments [2] przen. (wygląd zewnętrzny) robes; **góry w zimowej ~cie** mountains covered in snow [3] Wyd. **~ta graficzna książki** a book's (graphic) layout; **mieć bogatą ~tę graficzną** *[książka]* to have lavish artwork; **wydać coś w nowej ~cie graficznej** to republish sth in a new format ❑ **~ta godowa** Zool. breeding dress; (u ptaków) breeding plumage; **~ta roślinna** flora

■ rozdzierać ~ty nad czymś to lament sth

szatan [] *m pers.* (*Npl* ~y a. ~i) [1] (diabeł) Satan; **być opętanym przez ~a to be possessed by Satan [2] żart. (nieposłuszne dziecko) little fiend

[]] *m inanim.* [1] pot. (kawa) strong coffee; (herbata) strong tea [2] Bot. devil's bolete

■ to ~ nie człowiek! the man never gets tired!

szatańs|ki *adi.* [1] (typowy dla diabła) *[sztuczka, podstęp]* devilish [2] przen. *[plany, uśmiech]* devilish; **~ki pomiot** devil's spawn przest.; **co za ~ki pomysł!** what an absolutely insane idea!

szatańsko *adv.* *[uśmiechać się]* devilishly

szatk|a *f dem.* żart. **modne ~i** fashionable clothes

szatk|ować *impf vt* to shred *[kapustę]* ⇒ **poszatkować**

szatkownic|a *f* shredder; **~a do kapusty** a cabbage shredder

szatni|a *f* (*Gpl* ~) (w teatrze, instytucji) cloakroom, coatroom US; (przebieralnia) dressing room; (dla uczniów, sportowców) locker room; **zostawić płaszcz w ~** to put one's coat in the cloakroom; **„~a obowiązkowa"** 'please use the cloakroom'; **numerek do ~** a cloakroom ticket

szatnia|rz *m*, **~rka** *f* (*Gpl* ~rzy, ~rek) cloakroom attendant

szatyn *m* dark a. brown-haired man; **być ~em** to have dark hair

szatyn|ka *f* dark a. brown-haired woman; **być ~ką** to have dark hair

szcz|ać *impf* (~ę, ~ysz, ~ał, ~ała, ~ali) *vt* wulg. to piss posp.

szczap|a *f* [1] (polano) log; (do podpałki) spill; **porąbać drewno na ~y** to chop the wood; **chudy jak ~a** as thin as a rake [2] pot. (chudzielec) scrag; **ale z niej ~a!** she's (all) skin and bones!

szczap|ka *f dem.* spill

szczaw *m* (*G* ~iu) Bot., Kulin. sorrel

szczaw|a f highly carbonated natural mineral water

szczawik I m pers. żart. youngster **II** m inanim. [1] dem. sorrel [2] Bot. wood sorrel

szczawiow|y I adi. [1] Kulin. [zupa] sorrel attr. [2] Chem. [kwas] oxalic **II** szczawiowa f Kulin. sorrel soup

szczątek m zw. pl remains; **~ki domu** the ruins of a house; **~ki samochodu/samolotu** the wreckage of a car/plane; **~ki ludzkie/zwierzęce** human/animal remains; **jego ~ki spoczęły w...** he was buried in...

szczątkowo adv. [zachować się, utrzymać się] in vestigial form

szczątkow|y adi. [1] (zanikły) [narząd] vestigial; **w postaci ~ej** in vestigial form [2] (cząstkowy) [informacje, zapiski] fragmentary

szczeb|el m [1] (w drabinie) rung; **zejść w dół po metalowych ~lach** to go down a metal ladder [2] przen. (etap) stage; **kolejne ~le procesu** consecutive stages of a process; **osiągnąć wyższy ~el rozwoju** to reach a higher stage of development [3] przen. (ranga) rank; (poziom) level; (pozycja) rung; **urzędnik wysokiego ~la** a high-ranking official; **rozmowy/współpraca na ~lu rządowym** talks/cooperation at government level; **piąć się po ~lach kariery** to work one's way up the ladder; **przeskoczyć kilka ~li** to move up a few rungs

szczebio|t m (G ~tu) [1] (ptaków) twitter; **za oknami słychać było ~t jaskółek** you could hear swallows twittering outside [2] (dzieci, dziewcząt) twitter

szczebio|tać impf (~czę a. ~cę) vi [1] [ptak] to twitter [2] [dziecko, dziewczyna, kobieta] to twitter

szczebiotliwie adv. mówić ~ to twitter

szczebiotliw|y adi. [osoba, głos] twittery

szczecin|a f (~ka dem.) sgt [1] (włosy świni) bristles [2] żart. (zarost) stubble, bristles

szczecinia|sty adi. [broda, czupryna, włosy] bristly

szczecinowa|ty adi. [zarost, włosy] bristly

szczególnie I part. particularly, especially; **~ ważny** particularly a. especially important; **cała rodzina, ~ jego brat** the whole family, particularly his brother; **~ że** a. **iż...** książk. especially as...; **nie chciało mi się wychodzić z domu, ~ że padało** I didn't feel like going out, especially as it was raining **II** adv. (dziwnie) peculiarly, strangely

szczególniej → szczególnie

szczególnoś|ć f sgt **w ~ci** in particular, particularly; **każdy a w ~ci ty** everybody but particularly you a. you in particular

szczególn|y adi. [1] (wyjątkowy) [zdolności, sympatia] special; **w ~ych wypadkach** in special cases; **sprawa ~ej wagi** an issue of special importance; **mieć ~e znaczenie** to be of special importance; **zachować ~ą ostrożność** to be particularly careful; **zwracać na coś ~ą uwagę** to pay special attention to sth; **nic ~ego** nothing special [2] (konkretny) particular; **w tym ~ym przypadku** in this particular case; **nikt ~y** no-one in particular [3] (osobliwy) peculiar; **patrzył na mnie w dość ~y sposób** he looked at me in a rather peculiar way

szczegół m (G ~łu) detail; **opowiedzieć coś ze ~łami** to recount sth in detail; **ustalić coś co do najdrobniejszych ~łów** to specify every detail of sth; **zgadzać się w najmniejszym ~le** to be correct in every detail; **wdawać się w ~ły** to go into detail; **oszczędzę ci ~łów** I'll spare you the details; **dowiedzieć się ~łów** to find out the details; **to ~ł** it doesn't matter

szczegółow|o adv. grad. [opowiedzieć, opisać] in detail; **~iej** a. **bardziej ~o** in more a. greater detail

szczegółowoś|ć f sgt (opisu, sprawozdania) detail

szczegółow|y adi. [opis, wiadomości, informacje] detailed; **~e informacje znajdą państwo na naszej stronie internetowej** for further information see our website

szczek m sgt (G ~u) bark

szczekacz m (Gpl ~y) pot., pejor. (krzykacz) yapper pot., pejor.

szczekacz|ka f [1] (megafon) Hist. public address loudspeaker in Nazi-occupied Poland [2] pot., pejor. (krzykaczka) yapper pot., pejor.

szczekać¹ impf → szczeknąć

szczeka|ć² impf vi pot., pejor. (obgadywać) **~ć na kogoś** to have a go at sb pot., pejor.

szczekliwie adv. mówić ~ to bark

szczekliw|y adi. [głos, ton] barking

szczek|nąć impf — **szczek|ać¹** pf (~nęła, ~nęli — ~am) vi [1] [pies] to bark, to woof; **pies ~ał zajadle** the dog was barking angrily [2] przen. [karabin maszynowy] to rattle, to crackle [3] przen. (krzyknąć) [osoba] to bark; **„z drogi” – ~nął** 'get out of my way,' he barked

szczelin|a f (o równych brzegach) slit; (pęknięcie) crack; **~a skalna** a rock crevice; **~a lodowa** a crevasse; **przez ~ę w ścianie/drzwiach** through a crack in the wall/door; **trawa rosnąca w ~ach muru** grass growing in the cracks of the wall □ **~a dylatacyjna** Budow. expansion joint

szczelin|ka f dem. (small) crack

szczelinomierz m Techn. feeler gauge

szczelinow|y adi. Jęz. [spółgłoska] fricative; **spółgłoska ~a** a fricative

szczelnie adv. grad. [1] [zatkać] tightly; **zamknąć coś ~** (dokładnie) to close sth tightly; (hermetycznie) to seal sth [2] (ciasno) [wypełnić, zawinąć, otulić] tightly; **pokój ~ wypełniony ludźmi** a room jam-packed with people

szczelnoś|ć f sgt (nieprzepuszczalność powietrza) (air)tightness; (nieprzepuszczalność wody) watertightness

szczeln|y I adi. grad. [1] (ściśle przylegający) [zamknięcie, pojemnik, pokrywka] tight; (nieprzepuszczający powietrza) airtight; (nieprzepuszczający wody) watertight; **~e pudełko** a tightly closed box [2] (gęsty) [sieć, moskitiera] tight, impenetrable; **otoczyć coś ~ym kordonem** to throw a tight cordon around sth; **otoczyć kogoś/coś ~ym kręgiem** to make a tight circle around sb/sth [3] (skuteczny) [system, kontrola, granica] tight **II** -szczelny w wyrazach złożonych **wodoszczelny** watertight, waterproof; **dźwiękoszczelny** soundproof

szczeniac|ki adi. pot., pejor. [odzywki, dowcipy, zachowanie] juvenile pejor.

szczeniacko adv. [zachowywać się] pot., pejor. in a juvenile way

szczeniactw|o n sgt pot., pejor. [1] (zachowanie) juvenile behaviour pejor. [2] (dzieciarnia) youths

szczeniacz|ek m dem. pieszcz. puppy

szczeniak I m pers. (Npl ~i) pot., obrażl. (dzieciak) snot-nosed kid pot., obrażl.; (wyrostek) youth **II** m Zool. pup, puppy

szczeniakowa|ty adi. pot., pejor. [wygląd, zachowanie] juvenile pejor.

szczenia|ra f pot., obrażl. snot-nosed kid pot., obrażl.

szczeniąt|ko n dem. pieszcz. puppy

szcze|nić się impf v refl. [suka] to pup ⇒ **oszczenić się**

szczenię n (G ~ęcia) Zool. (psa) pup; (lisa, wilka) cub

szczenięc|y adi. pot. [zachowanie, dowcipy] childish; **czyjeś ~e lata** sb's salad days

szczenn|y adi. [suka] in pup

szczep m (G ~u) [1] Antrop. tribe [2] (w harcerstwie) group of several scout troops operating in one school [3] Biol. strain; **~ bakterii** a strain of bacteria [4] Ogr. graft

szczep|ić impf **I** vt [1] Med. to vaccinate, to inoculate (**na coś** a. **przeciwko czemuś** against sth); **~ić psa na wściekliznę** to vaccinate a dog against rabies ⇒ **zaszczepić** [2] Ogr. to graft (**coś na czymś** sth on to sth) ⇒ **zaszczepić** **II** szczepić się Med. to get oneself vaccinated (**na coś** a. **przeciwko czemuś** against sth) ⇒ **zaszczepić się**

szczepie|nie I sv → szczepić **II** n vaccination U; **obowiązkowe ~nia przeciwko żółtaczce** obligatory vaccination against hepatitis; **punkt ~ń** a vaccination centre

szczepion|ka f Med. vaccine (**na coś** a. **przeciwko czemuś** against sth); **~ka doustna** an oral vaccine

szczepi|ony I pp → szczepić **II** adi. [osoba, zwierzę] vaccinated

szczepowoś|ć f sgt tribalism

szczepow|y I adi. [odrębność, charakter] tribal **II** m leader of a group of several Scout troops operating in one school **III** szczepow|a f (female) leader of a group of several Guide troops operating in one school

szczerb|a f (w filiżance, talerzu) chip; (w murze) hole; **dwie ~y w uzębieniu** two teeth missing

szczerba|ty adi. [1] [osoba] gap-toothed [2] [filiżanka, dzbanek] chipped

szczerb|ić impf vt książk. to chip [ostrze, nóż] (**o coś** a. **na czymś** on sth) ⇒ **wyszczerbić**

szczerb|iec m sgt Hist. coronation sword of Polish kings

szczerbin|ka f (w celowniku) rear sight

szczeroś|ć f sgt (osoby, odpowiedzi, wyznania) frankness, honesty; **powiedzieć coś z rozbrajającą ~cią** to say sth with disarming frankness

szczerozło|ty adi. książk. [kielich, pierścionek] gold

szcze|ry *adi. grad.* [1] *[osoba]* (prawdomówny) sincere; (otwarty) frank; *[odpowiedź, wyznanie]* (zgodny z prawdą) truthful; (uczciwy) honest, frank; **być wobec kogoś ~rym** to be frank with sb; **będę wobec ciebie całkowicie ~ry** I'll be perfectly honest a. frank with you; **bądźmy ~rzy** let's be honest a. frank; **jeśli mam być ~ry...** to be honest..., frankly speaking...; **po prostu jestem ~ry** I'm just being frank; **być ~rym aż do bólu** to be painfully direct a. blunt [2] (autentyczny) *[podziękowanie, przekonanie]* sincere, heartfelt; *[radość, oddanie]* genuine, heartfelt; **wyrazić ~ry żal** to express one's heartfelt regret; **mieć ~ry zamiar coś zrobić** to have a good mind to do sth; **mimo najszczerszych chęci** despite my/his/their best efforts; **powiedzieć ~rą** a. **najszczerszą prawdę** to tell the truth; **~re złoto** pure gold; **w ~rym polu** in the middle of nowhere

szczerze *adv. grad.* [1] (zgodnie z prawdą) *[przyznać, powiedzieć]* frankly, honestly; **~ mówiąc** a. **powiedziawszy** to be honest, frankly speaking; **powiedz tak ~, o co chodzi?** tell me honestly, what's your problem? [2] (bez udawania) *[nienawidzić, pragnąć, wierzyć]* genuinely

szczerz|yć *impf* **I** *vt* to bare *[zęby, kły]*; **~yć zęby do kogoś** pot. (uśmiechać się) to grin at sb ⇒ **wyszczerzyć**

III szczerzyć się pot. to grin. to grin; **co się ~ysz?** what are you grinning at?

szczeżu|ja *f (Gpl* **~i** a. **~j)** Zool. freshwater mussel

szczę|dzić *impf vt* [1] (żałować) **nie ~dzić kosztów/wysiłku, żeby coś zrobić** to spare no expense/effort in doing sth a. to do sth; **nie ~dzić komuś pochwał** to be generous with praise and **nie ~dzić komuś słów krytyki** to criticize sb severely; **życie nie ~dziło mu nieszczęść** his life was full of unfortunate events [2] (oszczędzać) **nie ~dzić kogoś** (krytykować) to criticize sb severely

szczęk *m (G* **~u)** (broni, drzwi) clang; (łańcuchów, sztućców) rattle, clank; **brama zamknęła się ze ~iem** the gate clanged shut

szczę|ka *f* [1] Anat. jaw; **górna ~ka** the upper jaw; the manxilla spec.; **dolna ~ka** the lower jaw; the mandible spec.; **dostać w ~kę** pot. to be punched on the jaw; **mieć wysuniętą ~kę** to have a prominent jaw; **aż mu ~ka opadła, kiedy...** pot. his jaw dropped when... pot. [2] Techn. jaws; **~ki hamulcowe** brake shoes [3] pot. street stall *(in form of a collapsible booth)*

❏ **sztuczna ~ka** false teeth, dentures

szczękać *impf* → **szczęknąć**

szczęk|nąć *pf* — **szczęk|ać** *impf* (**~nęła**, **~nęli** — **~am**) *vi [broń, drzwi]* to clang; *[łańcuchy, sztućce]* to rattle, to clank; **klucz ~nął w zamku** the key grated in the lock; **~ał zębami (z zimna)** his teeth were chattering (from cold)

szczękow|y *adi.* [1] Anat. **kość ~a** a jawbone; **chirurgia ~a** oral surgery [2] Techn. **hamulec ~y** shoe brakes

szczęścia|ra *f* pot. lucky woman; **ale z niej ~ra!** she's lucky!

szczęściarz *m (Gpl* **~y)** pot. lucky devil pot.; **~ z ciebie!** lucky you!

szczęści|ć *impf* **I** *vt* przest. **los nam ~ł** fortune smiled on us ⇒ **poszczęścić**

II szczęścić się (powodzić się) **~ mu się w życiu** he is doing well ⇒ **poszczęścić się**

szczęści|e *n sgt* [1] (zadowolenie) happiness; **promienieć ~em** to beam with happiness; **płakać/skakać ze ~a** to cry/jump for joy; **nigdy nie zaznają ~a** they will never be happy; **nic jej do ~a nie brakuje** she has everything she could wish for; **jeszcze nam tylko tego do ~a brakowało!** iron. that's all we needed! iron.; **nie posiadać się ze ~a** to be beside oneself with joy; **dzieci były jej największym ~em** her children were the joy of her life [2] (zrządzenie losu) luck; (pomyślność) fortune; **mieć ~e** to be lucky; **mieć ~e w kartach** to be lucky at cards; **miałem ~e go spotkać** I had the good fortune to meet him; **mieć ~e do pogody/współpracowników** to be fortunate in the weather/one's colleagues; **mam ~e do złodziei/oszustów** iron. I seem to attract thieves/crooks; **masz ~e, że ich nie było/że był w dobrym humorze** you were lucky they were out/he was in a good mood; **ten to ma zawsze ~e!** he's a lucky bastard! pot.; **masz więcej ~a niż rozumu!** the devil looks after his own!; **szukać ~a** to seek one's fortune; **wyjechał szukać ~a za granicą** he went abroad to seek his fortune; **próbować ~a w czymś** to try one's luck at sth; **~e się do nas uśmiechnęło** fortune smiled on us; **~e nam sprzyjało** luck was on our side; **~e odważnym ~e sprzyja** fortune favours the brave; **dać coś komuś/nosić coś na ~e** to give sth to sb/to wear sth as a good luck charm; **przynieść komuś ~e** to bring sb good luck; **zdać się na los ~a** to take pot luck; **to kwestia ~a** it's the luck of the draw; **przy odrobinie ~a** with a bit of luck; **takie to już moje ~e!** iron. my luck!; **na ~e** luckily, fortunately; **na ~e miałem przy sobie jakieś pieniądze** luckily a. fortunately I had some money; **i całe ~e!** and just as well!; **(całe) ~e, że...** it was just as well that...; **całe ~e, że dom był ubezpieczony** it was just as well that a. fortunately the house was insured; **~em udało mu się uciec** książk. fortunately he managed to run away; **mieliśmy ~e w nieszczęściu** it was just as well; **~e w nieszczęściu** it was just as well that... ■ **kto ma ~e w kartach, ten nie ma ~a w miłości** lucky in cards, unlucky in love; **mieć garbate ~e** to have rotten luck

szczęśliwie *adi. grad.* [1] (pomyślnie) *[zakończyć się]* happily; **~ powrócić do domu** to return home safely; **być ~ zakochanym** to be happily in love; **żyli długo i ~** they lived happily ever after [2] (trafnie, korzystnie) *[usytuowany]* fortunately; **niezbyt ~ dobrany tytuł** not a very felicitous title

szczęśliw|iec *m* lucky one; **jestem tym ~cem, który...** I'm the lucky one who...

szczęśliwoś|ć *f sgt* książk. bliss; **wieczna ~ć** eternal bliss

szczęśliw|y *adi. grad.* [1] (pełen szczęścia) *[osoba, uśmiech, twarz]* happy; **być ~ym w** małżeństwie to be happily married; **być ~ym z kimś** to be happy with sb; **jestem ~y, że mogę panią poznać** I'm happy to meet you; **być ~ym posiadaczem czegoś** to be the proud owner of sth [2] (pomyślny) *[chwile, czasy]* happy; **wieść ~e życie** to live a happy life; **mieć ~e dzieciństwo** to have a happy childhood; **~y powrót do domu** a safe return home; **~e zakończenie filmu** a happy ending of a film; **~ym zbiegiem okoliczności** a. **trafem** by a happy coincidence; **~y przypadek sprawił, że...** it was by a happy coincidence that...; **są w tej ~ej sytuacji** a. **tym ~ym położeniu, że mają/znają...** they are in the happy position of having/knowing...; **mieć ~ą rękę do samochodów** to be lucky with cars; **mieć ~ą rękę do kwiatów** to have green fingers; **~ej drogi** a. **podróży!** have a good trip!; **Szczęśliwego Nowego Roku!** Happy New Year! [3] (przynoszący szczęście) *[kamień, numer, gwiazda]* lucky; **~y omen** a lucky sign; **to mój ~y dzień!** it's my lucky day! [4] (trafny, korzystny) *[pomysł, określenie, położenie]* fortunate, felicitous; **niezbyt ~y dobór słów** not a very fortunate choice of words

szczę|t *m inv.*

❏ **do ~tu, ze ~tem** completely; **dom spalił się do ~tu** the house was burnt to the ground; **zgłupiała ze ~tem** she's gone completely mad

szczoch|y *plt (G* **~ów)** wulg. piss wulg.

szczodrobliwie *adv.* książk. *[obdarować, zaopatrzyć]* generously, bountifully

szczodrobliwoś|ć *f sgt* książk. generosity, benevolence

szczodrobliw|y *adi. grad.* książk. *[osoba]* generous

szczodroś|ć *f sgt* książk. generosity, munificence

szczod|ry *adi. grad.* książk. *[osoba, datek]* generous; **mieć ~rą rękę** to be open-handed

szczodrze *adv. grad.* książk. *[obdarować, płacić]* generously, lavishly

szczo|ta *f augm.* pot. big brush; (do zamiatania) big broom

szczotecz|ka *f* [1] *dem.* small brush; **~ka do paznokci** a nail brush; **~ka do zębów** a toothbrush; **~ka do tuszu** a mascara brush [2] Zool. (u pszczół) pollen comb a. brush

szczot|ka *f* [1] brush; **~ka włosiana/druciana/nylonowa** a bristle/wire/nylon brush; **~ka do ubrania/butów/włosów** clothes brush/shoe brush/hairbrush; **~ka do mycia butelek** a bottle brush; **~ka do zamiatania** a broom; **włosy/wąsy jak ~ka** wiry hair/moustache [2] Elektr. brush [3] środ., Druk. first proof

szczotkars|ki *adi. [wyroby, przemysł]* brush attr.

szczotkarstw|o *n sgt* brush-making

szczotk|ować *impf vt* to brush *[włosy, tkaninę]*; **~ować konia/psa** to groom a horse/dog ⇒ **wyszczotkować**

szczu|ć *impf vt* [1] Myślis. to bait; **~ć zające** a. **na zające** to bait hares; **~ć złodzieja psami** to set dogs on a burglar ⇒ **poszczuć** [2] przen., pot. (judzić) to antagonize; **~ł sąsiadów przeciwko sobie** he antagonized his neighbours, he turned the neighbours against one another

szczud|ło n [1] Med. (kula) crutch [2] zw. pl stilts; **chodzić na ~łach** to walk on stilts

szczupacz|ek dem. **I** m pers. (Npl ~**ki**) pot. (chudzina) beanpole pot., string bean pot. **II** m anim. (ryba) small pike

szczupak I m pers. (Npl ~**i**) pot. (chudzielec) beanpole pot., string bean pot. **II** m anim. Zool. pike **III** m inanim. pot. (długi skok) **dać ~a** a. **skoczyć ~iem do wody** to dive headlong into the water

szczupl|eć impf (~**eję**, ~**ał**, ~**eli**) vi [1] (chudnąć) [osoba] to become thinner, to slenderize US ⇒ **zeszczupleć** [2] książk., przen. (maleć) [zapasy, zasoby] to dwindle; **~eje liczba wolontariuszy** the number of volunteers is dwindling ⇒ **zeszczupleć**

szczuplut|ki adi. [1] [osoba] very thin [2] książk., przen. [wybór, zbiory] tiny

szczupł|o adv. grad. [wyglądać] slim adi.

szczupłoś|ć f sgt [1] (figury, postaci, talii, nóg) slenderness, slimness [2] książk., przen. (miejsca, funduszów) tightness

szczupł|y adi. grad. [1] (smukły) [osoba, figura, twarz] slim, lean [2] książk., przen. (niewielki) [dochody, środki, zapasy] meagre; [przestrzeń] small; [grono ludzi, personel] sparse

szczu|r m Zool. rat
❑ **~r faraona** Zool. Egyptian mongoose; **~r piżmowy** Zool. muskrat; **~r workowaty** Zool. didelphid
■ **~r lądowy** pot., żart. landlubber pot.; **uciekać jak ~ry z tonącego okrętu** pot. to run away like rats deserting a sinking ship; **wyścig ~rów** pot. rat race

szczurek I m pers. (Npl ~**ki**) pot. (chudzielec) scrag **II** m anim. dem. (small) rat

szczurołap m (Npl ~**y**) rat-catcher

szczurz|y adi. [1] [ogon, zęby] rat's; [ślady] rat attr. [2] [twarz, oczka] rat-like

szczut|ek m przest. (prztyczek) flick; **dać komuś ~ka w nos/ucho** to flick somebody in the nose/ear

szczwan|y adi. pot. (przebiegły) [osoba, oczka] cunning; **z niego to ~y lis** he's a slyboots

szczy|cić się impf v refl. (chlubić się) to vaunt vt [odwagą, wiedzą, urodą, sukcesem]

szczygi|eł m (~**iełek** dem.) Zool. goldfinch
■ **wesoły jak ~ieł** a. **~iełek** pot. as happy as a lark

szczygl|i adi. [pióro, pisklę, śpiew] goldfinch's

szczyl m (Npl ~**e**, Gpl ~**i** a. ~**ów**) posp. (smarkacz) punk pot.

szczyn|y plt (G ~) wulg. (mocz) piss wulg.

szczypać¹ impf → **szczypnąć**

szczyp|ać² impf (~**ie**) vt [1] (podrażniać) to sting [oczy, skórę, język]; **dym ~ie mnie w oczy** smoke is making my eyes sting; **mróz ~ie mnie w policzki** frost is stinging my cheeks [2] (odczuwać ból) **oczy/uszy mnie ~ią** my eyes/ears are stinging

szczypan|ka f (drobna zakładka) pin tuck

szczypaw|ka (~**a** augm.) f pot. earwig, nipper

szczyp|ce plt (G ~**iec** a. ~**ców**) [1] (cęgi) pliers, tongs; **~ce do węgla** coal tongs; **~ce do cukru** sugar tongs [2] pot. (chrząszcza, kraba, raka) claws, pincers

szczypczyk|i plt dem. (G ~**ów**) [1] tweezers [2] (raka) small pincers

szczypio|r m sgt (G ~**ru**) chive

szczypior|ek m sgt (G ~**ku**) chives; **pęczek ~ku** a bunch of chives
■ **być wesołym jak ~ek na wiosnę** żart. to be full of the joys of spring

szczypiorkow|y adi. [sos, serek, masło] chive attr.

szczypiorniak m sgt środ., Sport (piłka ręczna) handball

szczypiorni|sta m, ~**stka** f środ., Sport handball player

szczyp|nąć pf — **szczyp|ać¹** impf (~**nęła**, ~**nęli** — ~**ie**) **I** vt [1] [osoba, zwierzę] to pinch; **~nąć kogoś w policzek/pośladek** to pinch sb's cheek/bottom a. sb on the cheek/bottom [zwierzę] to nibble [trawę, listki] **II** **szczypnąć się — szczypać się** [osoba] to pinch oneself **III** **szczypać się** [1] (nawzajem) to pinch one another [2] (krępować się) [osoba] to have qualms [3] pot. (skąpić) [osoba] to stint; **~ać się z pieniędzmi** to stint money

szczyp|ta f [1] (soli, pieprzu, cukru) pinch [2] przen. (rozumu, sprytu, szczęścia, wyobraźni) dash; (prawdy, humoru) grain

szczy|t m (G ~**tu**) [1] (góry) peak, summit; **wejść a. wspiąć się na ~t** to climb to the top a. summit; **zdobyć ~t (górski)** to conquer the summit a. mountain; **schronisko pod ~tem** a shelter below the summit [2] (drzewa, masztu, wieży, schodów) top [3] książk. (punkt kulminacyjny) peak, apex; **~t szczęścia** the peak of happiness; **~t czyichś możliwości** the height of sb's abilities; **~t elegancji/luksusu** the ultimate in elegance/luxury; **~t egoizmu/głupoty** the ultimate in egoism/stupidity; **to już jest ~t wszystkiego!** that's the limit!, that beats everything! [4] Archit. (zwieńczenie elewacji) gable; (węższa ściana domu) gable wall [5] (konferencja) summit; **~t NATO** the NATO summit; **rosyjsko-amerykańskie rozmowy na ~cie** Russian-American summit talks [6] (okres największego obciążenia) peak hours; **w ~cie pociągi metra kursują co 4 minuty** during peak hours the underground trains run every 4 minutes; **rozmowy poza ~tem są tańsze** during off-peak hours telephone calls are cheaper
■ **~t łóżka** the head of the bed; **~t stołu** the head of the table; **usiąść u ~tu stołu** to take a seat at the head of the table; **~ty płuc** Anat. the apexes of the lungs

szczytnie adv. grad. książk. [postąpić] nobly; **zapisał się ~ w historii naszego miasta** he made a distinguished contribution to the history of our town

szczytn|y adi. grad. książk. [1] (przynoszący zaszczyt) [akcja, działalność, zadanie] noble [2] (wzniosły) [cel, ideał, hasło] lofty

szczyt|ować impf vi Fizj. [osoba] to climax, to achieve (an) orgasm

szczytowa|nie n Fizj. climax

szczytow|y adi. [1] [partie gór] highest; **polana ~a** the summit clearing [2] [część, pęd] top attr.; **~e miejsce przy stole** a place at the top of the table [3] [moment, osiągnięcie] crowning; **~y punkt akcji** the

climax [4] Archit. [ściana] gable; **~e mieszkanie** a corner a. an end flat

szef m (Npl ~**owie**) [1] (kierownik) the head, the chief; the boss pot.; **~ firmy** the head of the company; **polecenie/decyzja ~a** the boss's order/decision; **~ kuchni** the head chef; **~ rządu** a. **gabinetu** the Prime Minister; **~ sztabu** Wojsk. the Chief of Staff [2] pot. (poufałe do mężczyzny) guv pot.; **dokąd jedziemy, ~ie?** where to, guv?

szefostw|o n sgt [1] (funkcja, stanowisko) being the boss; **objąć ~o** to become the boss; **sprawować ~o firmy** to be the boss of the company, to run the company [2] (zespół zarządzających) the board of directors; (zespół dowódców) the leadership

szefow|a f (Gpl ~**ych**) pot. [1] (kobieta szef) the boss [2] pot. (zleceniodawczyni) boss pot.; **dla mnie to co zwykle, ~o** (do kelnerki) for me the usual, boss; **gdzie postawić te półki, ~o?** where do these shelves go, boss?

szejk m (Npl ~**owie**) sheik(h)

szejkana|t m (G ~**tu**) sheik(h)dom

szeląg m (A ~ a. ~**a**) Hist. (w Europie) small silver coin; (w Polsce) small copper coin
■ **ktoś nie jest wart/coś nie jest warte złamanego ~a** pot. sb/sth is not worth a brass farthing; **znać kogoś jak zły ~** to know sb through and through

szelecz|ka f dem. shoulder strap

szele|st m (G ~**stu**) (liści, papieru, banknotów, jedwabiu) rustle; **poruszać się bez ~stu** to move noiselessly; **usłyszeć podejrzany ~st** to hear a suspicious noise

szele|ścić impf vi [osoba] to rustle vt [gazetą, banknotami]; **jedwab ~ści** silk rustles; **liście ~szczą** leaves rustle; **wiatr ~ści za oknami** the wind rustles outside

szelf m (G ~**u**) Geog. shelf

szelfow|y adi. Geog. [łowiska, wody, płyta] shelf attr.

szel|ka f zw. pl [1] (spodni) braces GB, suspenders US; (spódnicy, fartucha) shoulder strap; **para ~ek** a pair of braces a. suspenders; **spódnica na ~kach** a skirt with straps [2] zw. pl (do transportu) strap; **przenosić skrzynie na ~kach** to move chests using straps [3] zw. pl (dla psa, kota) harness; **~ki do wózka (dziecinnego)** a safety harness for a pram

szelm|a m, f (Npl m ~**y**, Gpl m ~**ów** a. ~; Npl f ~**y**, Gpl f ~) pot. rascal

szelmostw|o n pot. [1] żart. (nieuczciwy postępek) roguery [2] (zalotność) skittishness; (urwisowstwo) impishness

szelmows|ki adi. pot. [1] [spryt, wybryk] roguish [2] (kokieteryjny) skittish; (urwisowski) impish; **~ki uśmiech** a puckish smile; **~kie poczucie humoru** a puckish sense of humour

szelmowsko adv. pot. [1] [postąpić, zachować się] roguishly [2] [mrugnąć, uśmiechnąć się] mischievously

szem|rać impf (~**rzę** a. ~**ram**) **I** vt (mówić niewyraźnie) to mumble; **~rać coś pod nosem** to mumble sth under one's breath **II** vi [1] (szumieć) [strumień, deszcz, trzciny] to murmur, to rustle [2] przen. (sarkać) to murmur, to mutter; **~rać na brak porządku** to mutter about disorder; **~rać przeciwko szefowi** to mutter against the

boss; **wykonywać polecenia bez ~rania** to obey orders without a murmur
szemran|y [II] *pp* → **szemrać**
[II] *adi.* pot. (podejrzany) *[interes, towarzystwo]* dodgy, shady
szep|nąć *pf* — **szep|tać** *impf* (~nęła, ~nęli — ~czę a. ~cę) *vt* (mówić szeptem) to whisper; **~tać komuś do ucha** a. **na ucho** to whisper in sb's ear; **ciągle ze sobą ~czą** they are constantly whispering to each other; **~nąć komuś słówko za kimś/w jakiejś sprawie** to put in a good word to sb for sb/sth; **~tać po kątach o czymś** to whisper in dark corners about sth
szep|t *m* (*G* ~tu) [1] (bezdźwięczna mowa) whisper; **rozmawiać ~tem** to talk in a whisper; **zniżyć głos do ~tu** to lower one's voice to a whisper; **sceniczny** a. **teatralny ~t** stage a. theatrical whisper [2] *poet.* (strumyka, fal, wiatru) murmur
szeptać *impf* → **szepnąć**
szeptanin|a *n* pot. buzz; **skończcie z tą ciągłą ~ą** stop that buzz
szeptan|y [II] *pp* → **szeptać**
[II] *adi.* [informacje, kłamstwa] whispered; **~a propaganda** whispering campaign
szer. [1] (= szeregowy) Pvt [2] (= szerokość) w
szereg [II] *m* (*G* ~u) [1] (osób, rzeczy) row, line; **długi/równy/zwarty ~** a long/neat/dense row; **pojedynczy/podwójny ~** a single/double row; **stać ~iem** a. **w ~u** to stand in a line; **stanąć w ~u** to line up; **wystąpić z ~u** to step out of line, to put oneself forward; **stanąć** a. **znaleźć się z kimś w jednym ~u** (poprzeć kogoś) to back sb up; (dorównać komuś) to get next to sb [2] książk. (uporządkowany zbiór) sequence; **~ logiczny** a logical sequence [3] Mat. series, progression
[II] **szeregi** *plt* [1] Wojsk. ranks; **wstąpić w ~i armii** to join the ranks; **walczył w ~ach Armii Krajowej** he fought in the ranks of the Home Army [2] (zbiorowość) ranks; **~i partyjne/związkowe** party/trade union ranks; **~i robotnicze/chłopskie** workers'/peasants' ranks; **wykluczyć kogoś z ~ów (organizacji)** to expel sb from the ranks of an organization; **zwierać ~i** to close ranks
[III] *pron.* (wiele) a number of
❑ **~ dwumianowy** a. **dwumienny** Mat. binomial series; **~ geometryczny** Mat. geometrical series; **~ harmoniczny** Mat. harmonic progression; **~ homologiczny** Chem. homologous series
szereg|ować *impf* [II] *vt* (porządkować) to arrange, to classify *[dane, fakty, daty]* ⇒ **uszeregować**
[II] **szeregować się** (układać się w kolejności) to form a sequence
szeregow|iec [II] *m pers.* private; **starszy ~** lance corporal GB, private 1st class US
[II] *m inanim.* pot. (dom) terrace(d) house GB, row house US
szeregowo *adv.* [1] [łączyć, spiąć] in series; [ustawić, zbudować] in rows [2] Elektr. in series; **żarówki połączone ~** bulbs connected a. arranged in series
szeregow|y [II] *adi.* [1] (tworzący szereg) [układ, zabudowa] terrace GB, terraced GB, row US; **połączenie ~e** Elektr. a series connection [2] (zwykły, przeciętny) ordinary; **~i pracowni-**

cy rank-and-file a. ordinary workers
[III] *m* Wojsk. (wojsk lądowych) private; (wojsk lotniczych) aircraftman GB, airman basic US
szermiercz|y *adi.* Sport fencing *attr.*
szermier|ka *f* [1] *sgt* Sport (dyscyplina) fencing; **mistrz/trener ~ki** a fencing champion/instructor [2] *sgt* (walka) swordplay, fencing; (umiejętność) swordsmanship [3] Sport (kobieta uprawiająca szermierkę) (woman) fencer
■ **~ka słowna** a verbal duel
szermiers|ki *adi.* Sport [sprzęt] fencing *attr.*
szermierz *m* (*Gpl* ~y) [1] Sport fencer [2] (władający białą bronią) swordsman [3] przen. champion; **~ demokracji** a champion of democracy
szerm|ować *impf vi* książk. **~ować czymś** to bandy sth about a. around *[hasłami, argumentami, ogólnikami]*; **pochopnie ~ować słowami** to bandy words around without thinking
szer|oki *adi. grad.* [1] [rzeka, droga, ulica] broad, wide; **~oki szal** a wide shawl; **mężczyzna ~oki w barach** a broad-shouldered man; **kapelusz z ~okim rondem** a wide-brimmed hat; **jezdnia ~oka na 5 metrów** a five metre wide road; **pasek ~oki na dwa palce** a two fingers wide strap [2] (rozległy) [panorama] wide, vast; [widok] full; **~oki otwór** a wide opening [3] (luźny, obszerny) [ubranie] loose [4] przen. (wszechstronny) [zainteresowania] broad; [plany] extended; **osoba o ~okich horyzontach myślowych** a broad-minded person; **badania zakrojone na ~oką skalę** broadly conceived research; **książka dla ~okiego kręgu odbiorców** a book aimed at a wide range of readers; **dyskusja w ~okim gronie** a discussion among participants from a wide range of backgrounds; **mieć ~okie uprawnienia** to have wide privileges; **oferować ~oki zakres usług/asortyment towarów** to offer a wide range of services/goods; **otwierają się przed nim ~okie perspektywy** wide prospects are open for him; **pytanie jest bardzo ~okie** the question is very broad; **skandal odbił się na całym świecie ~okim echem** the scandal resounded worldwide
sze|roko [II] *adv. grad.* [1] (na określony wymiar wszerz) wide *adi.*; **tu jest zaledwie na pół metra ~roko** it's only 50 centimetres wide here; **rzeka rozlała się na kilometr ~roko** the river flooded its banks over a kilometre [2] (rozlegle wszerz) wide *adi.*; **rzeka w tym miejscu płynie ~roko** the river in that place is very wide; **pas łąk ciągnął się ~roko** the meadows stretched far and wide [3] (na całą szerokość) wide *adi.*; **~roko rozstawić nogi/rozłożyć ramiona** to spread one's legs/arms wide; **mieć oczy ~roko otwarte** to have one's eyes wide open; **uśmiechnąć się/ziewnąć ~roko** to smile/yawn widely; **~roko! (otwórz buzię)** open wide! [4] (na oścież) wide *adi.*; **~roko otworzyć drzwi/okno** to open the door/window wide [5] przen. (na dużą skalę) [znany, reklamowany] widely [6] przen. (rozwlekle) [opisywać, opowiadać, rozwodzić się] at length
[II] **szeroko-** *w wyrazach złożonych* wide-,

broad-; **szerokokątny** wide-angle; **szerokotorowy** broad-gauge
szerokoś|ć *f* (mostu, jezdni, rzeki, drogi, pokoju) breadth, width; **rów ~ci (jednego) metra** a. **metrowej ~ci** a ditch one metre wide; **otworzyć okno na całą ~ć** to open a window wide
❑ **~ć geograficzna** Geog. latitude; **Warszawa leży na 52 stopniu ~ci geograficznej północnej** Warsaw is at a latitude of 52 degrees north
■ **pod każdą ~cią geograficzną** [istnieć, być znanym] worldwide
szersze|ń *m* Zool. hornet
szeryf[1] *m* (*Npl* ~owie) sheriff
szeryf[2] *m zw. pl* (*G* ~u) Druk. serif; **litery z ~ami** serif(f)ed letters
szerzyciel *m*, **~ka** *f* (*Gpl* ~i, ~ek) (propagator) proponent; **żarliwy ~ idei demokratycznych** a zealous proponent a. advocate of democratic ideas
szerz|yć *impf* [II] *vt* [1] (osoba) to promote, to disseminate *[ideologię, zasady, hasła]* [2] (rozpowszechniać) *[osoba]* to spread *[strach, demoralizację, plotki]*; **za ~enie nieprawdziwych informacji grozi kara** spreading false information will be prosecuted
[II] **szerzyć się** [1] (rozpowszechniać się) *[idea, poglądy]* to spread [2] (nasilać się) *[panika, terror]* to spread; **pożar ~ył się gwałtownie** the fire was spreading rapidly
szesnast|ka *f* [1] (liczba) sixteen [2] pot. (oznaczenie) number sixteen; **jeżdżę do pracy ~ką** I take the number sixteen (bus/tram) to work; **mieszkam pod ~ką** I live at number sixteen [3] (część) sixteenth; **podzielił arkusz papieru na ~ki** he divided the sheet of paper into sixteenths [4] Druk. sextodecimo; **jego tomik wierszy został wydany w ~ce** a volume of his poetry was published in sextodecimo [5] Muz. semiquaver GB, sixteenth note US [6] pot. sixteen-year-old girl
szesnasto- *w wyrazach złożonych* sixteenth-; **szesnastowieczny zamek** a sixteenth-century castle
szesnastokrotnie *adv.* [powtarzać] sixteen times; [wzrosnąć, zmaleć] sixteenfold; [mniejszy, większy] sixteen times
szesnastokrotn|y *num.* [1] (powtórzony 16 razy) [laureat, medalista] sixteen times *attr.* [2] (16 razy większy) [zysk, wzrost] sixteenfold
szesnastolat|ek [II] *m pers.* (*Npl* ~kowie a. ~ki) sixteen-year-old; **grupa ~ków** a group of sixteen-year-olds
[II] *m anim.* (zwierzę) sixteen-year-old animal; (drzewo) sixteen-year-old tree
szesnastolat|ka *f* (dziewczyna) sixteen-year-old (girl)
szesna|sty [II] *num. ord.* sixteenth; **w ~stym roku życia** at the age of sixteen
[II] *m sgt* (data) the sixteenth; **~sty maja** the sixteenth of May, May the sixteenth
[III] **szesnasta** *f* [1] (godzina) four p.m.; sixteen hundred hours książk.; **jest już ~sta** it's four o'clock already [2] (w ułamkach) sixteenth; **jedna ~sta metra** a sixteenth of a metre
[IV] *adi. [część]* sixteenth
szesna|ście *num.* sixteen
szesnaścioro *num mult.* → **szesnaście**

S

sześcian *m* (*G* ~**u**) [1] Mat. (bryła) cube; **obliczyć objętość** ~**u** to calculate the volume of a cube; **budowla w kształcie** ~**u** a cube-shaped building [2] Mat. (trzecia potęga) cube; ~**em trójki jest dwadzieścia siedem** the cube of three is twenty-seven; **podnieś dwa do** ~**u, to otrzymasz osiem** cube two and you get eight; **pięć do** ~**u równa się sto dwadzieścia pięć** five cubed equals one hundred and twenty five

sześcianik *m dem.* cube

sześcienn|y *adi.* [1] (przypominający kształtem sześcian) cube-shaped, cuboid [2] Mat. *[metr, centymetr]* cubic

sześcio- *w wyrazach złożonych* six-; **sześciopiętrowy dom** a six-storeyed building GB, a six-storied building US; **sześciopokojowe mieszkanie** a six room flat GB, a six room apartment US

sześcioboczn|y *adi.* hexagonal

sześciobok *m* (*G* ~**u**) hexagon

sześciodniow|y *adi.* [1] (mający sześć dni) *[niemowlę, szczeniak]* six-day-old [2] (trwający sześć dni) *[wycieczka, termin]* six-day *attr.*

sześciokąt *m* hexagon

sześciokątn|y *adi.* hexagonal

sześciokonn|y *adi.* six-horse *attr.*, drawn by six horses; **zaprzęg** ~**y** six-in-hand; ~**a kareta** a coach drawn by six horses

sześciokrotnie *adv.* *[wzrosnąć, zmaleć]* sixfold; *[zwyciężyć]* six times; *[szybszy, większy]* six times; **mój nowy dom jest** ~ **większy od starego** my new house is six times the size of the old one a. six times larger than the old one

sześciokrotn|y *adi.* [1] (powtórzony sześć razy) *[medalista, zwycięzca]* six-times *attr.*; ~**y rekordzista świata** a six-time world record holder [2] (sześć razy większy) *[spadek, zysk]* sixfold; ~**y wzrost liczby mieszkańców osady** a sixfold increase in the population of the settlement

sześciolat|ek [I] *m pers.* (*Npl* ~**kowie** a. ~**ki**) six-year-old; **zabawy** ~**ków** games for six-year-olds

[II] *m anim.* six-year-old animal; **aukcja koni** ~**ków** an auction of six-year-old horses

sześciolat|ka *f* [1] (dziewczynka) six-year-old (girl); **zaczęła się uczyć tańca jako** ~**ka** she took up dancing as a six-year-old [2] (samica) **klacz** ~**ka** a six-year-old mare [3] Hist. pot. six-year plan

sześciomiesięczn|y *adi.* [1] (o wieku) six-month-old [2] (o okresie trwania) *[rejs, stypendium]* six-month *attr.*

sześcioraczk|i *plt* (*G* ~**ów**) sextuplets

sześcioro *num. mult.* → **sześć**

sześciostrzałow|y *adi. [karabinek, rewolwer]* six chamber, six-chambered; **załadować** ~**y rewolwer** to load one's six-shooter

sześciotysięczn|y *num. ord.* six thousandth

sześ|ć [I] *num.* six

[II] *n inv.* Szkol. (ocena) ≈ starred A

■ **pal** ~**ć!** to hell with it!, hang it!; **pal go** ~**ć!** hang him!, to hell with him!

sześćdziesiąt *num.* sixty

❏ ~**ąt sześć** Gry sixty six

sześćdziesiąt|ka *f* [1] (liczba) sixty [2] pot. (wiek) sixty; **dobiegał już** ~**ki** he was nearly sixty; he was sixtyish pot. [3] pot. (szybkość) sixty; **jechał** ~**ką** he was doing sixty (kilometres per hour)

sześćdziesiąt|y [I] *num. ord.* sixtieth

[II] **sześćdziesiąta** *f* (w ułamkach) sixtieth; **jedna** ~**a** one sixtieth

[III] *adi. [część]* sixtieth

sześćdziesięcio- *w wyrazach złożonych* sixty-; **sześćdziesięciokilometrowa odległość** a sixty-kilometre distance; **sześćdziesięciokilkuletnia kobieta** a woman of sixty-odd years

sześćdziesięciokrotnie *adv. [powtórzyć]* sixty times *[wzrosnąć, zmaleć]* sixtyfold; *[szybszy, większy]* sixty times

sześćdziesięciokrotn|y *adi.* [1] (powtórzony 60 razy) *[laureat, zwycięzca]* sixty-times [2] (60 razy większy) *[wzrost, spadek]* sixtyfold

sześćdziesięciolat|ek [I] *m pers.* (*Npl* ~**kowie** a. ~**ki**) sixty-year-old

[II] *m anim.* (zwierzę) sixty-year-old animal; (drzewo) sixty-year-old tree

sześćdziesięciolat|ka *f* [1] sixty-year-old (woman) [2] (samica) sixty-year-old (female) animal

sześćdziesięcioleci|e *n* [1] (rocznica) sixtieth anniversary [2] (okres) sixty years, sixty-year period

sześćdziesięcioletni *adi.* [1] (mający sześćdziesiąt lat) sixty-year-old [2] (trwający 60 lat) sixty-year *attr.*

sześćdziesięcioro *num. mult.* → **sześćdziesiąt**

sześćdziesięciotysięczn|y [I] *num. ord.* sixty thousandth

[II] *adi.* ~**e miasto** a town of sixty thousand inhabitants; ~**a armia** a 60,000-strong army

[III] **sześćdziesięciotysięczna** *f* (w ułamkach) one sixty-thousandth

sześ|ćset [I] *num.* six hundred

[II] **sześćset-** *w wyrazach złożonych* six hundred; **sześćsetstronicowa książka** a six-hundred page book

sześćsetleci|e *n* [1] (rocznica) six-hundredth anniversary [2] (okres) six hundred years

sześćsetn|y [I] *num. ord.* six hundredth

[II] **sześćsetna** *f* (w ułamkach) one six-hundredth

[III] *adi. [część]* six-hundredth

sześćsettysięczn|y [I] *num ord.* six hundred thousandth

[II] **sześćsettysięczna** *f* (w ułamkach) one six-hundred thousandth

[III] *adi.* ~**e miasto** a town with 600,000 inhabitants; ~**a armia** a 600,000-strong army

szetlan|d *m* [1] *sgt* (*G* ~**du**) (wełna) Shetland wool [2] (*G* ~**da** a. ~**du**) (wyrób) Shetland sweater

Szetland|y *plt* (*G* ~**ów**) the Shetland Islands

szetlandz|ki *adi. [wełna, owca, wyspy]* Shetland *attr.*

sz|ew *m* (*G* **szwu** a. **szwa**) [1] (miejsce zszycia) seam; **pończochy ze szwem** stockings with seams, seamed stockings; **spruj te szwy, bo są w złym miejscu** unpick these seams because they're in the wrong place [2] Med. stitch; **założyć komuś szew** to stitch up sb; **jutro będzie miała zdejmowane szwy** she's having her stitches taken out tomorrow [3] Anat. suture, raphe; **przedwczesne zarastanie szwów czaszki** premature fusion of the skull suture [4] Techn. joint; **szwy nitowe są nieszczelne** riveted joints aren't waterproof

❏ **szew sagitalny** Anat. sagittal stitch

■ **ubranie/spódnica pęka w szwach** sb's suit/skirt is too tight; **poczekalnia pękała w szwach** the waiting room was bursting at the seams; **ta walizka już trzeszczy w szwach, nic więcej się tu nie zmieści** the suitcase's already bursting at the seams so nothing else will fit into it

szew|c *m* (*V* ~**cu** a. ~**cze**) [1] (szyjący buty) shoemaker [2] (naprawiający buty) cobbler, shoe repairer; **zanieść do** ~**ca buty do naprawy** to take shoes to a repair shop

■ **kląć jak** ~**c** to swear like a bargee a. trooper; **pić jak** ~**c** to drink like a fish

szewczyk *m dem.* (*Npl* ~**i** a. ~**owie**) shoemaker

szewio|t [I] *m anim.* (rasa owiec) Cheviot; **hodował** ~**ty** he bred Cheviots

[II] *m inanim. sgt* (*G* ~**tu**) Włókn. (tkanina) cheviot; **miał garnitur z czarnego** ~**tu** he had a suit of black cheviot

szewro *n inv.* kid leather; **kupiła półbuty z** ~ she bought a pair of kid shoes

szews|ki *adi. [zakład, młotek]* shoemaker's

szewstw|o *n sgt* shoemaking

szezlong *m* (*G* ~**u** a. ~**a**) przest. chaise longue

szkal|ować *impf vt* to malign, to slander, to vilify; ~**ować kogoś przed kimś** to slander a. vilify sb before sb ⇒ **oszkalować**

szkap|a *f* hack; nag pot., pejor.; jade daw.

szkapin|a *f dem.* nag pot.

szkaplerz *m* (*Gpl* ~**y**) Relig. scapular

szkara|da *f* pot., pejor. monstrosity

szkaradnie *adv. grad.* [1] (bardzo brzydko) *[wyglądać]* monstrous *adi.*, hideous *adi.* [2] (bardzo źle) *[zachować się]* monstrously [3] (w sposób nieprzyjemny) *[padać, wykrzywiać się]* nastily

szkaradn|y *adi. grad.* [1] (bardzo brzydki) *[budowla, kolor, obraz]* hideous [2] (bardzo zły) *[postępek, kłamca]* monstrous, nasty [3] (dokuczliwy) *[pogoda, sytuacja, reumatyzm]* nasty

szkaradzieństw|o *n* pot. hideous thing, monstrosity

szkarlatyn|a *f sgt* Med. scarlet fever

szkarła|t *m* (*G* ~**tu**) *sgt* scarlet

■ **oblać się** ~**tem** to blush scarlet

szkarłatnic|a *f* Bot. laver

szkarłatnie *adv.* ~ **oświetlona ściana** a scarlet-illuminated wall

szkarłatn|y *adi. [rumieniec, szaty]* scarlet; **ubrany był w** ~**e szaty** he was dressed in scarlet

szkarłupień *m* Zool. echinoderm

szkatuł|a *f* [1] (do przechowywania kosztowności) jewellery a. jewel case [2] książk. (środki finansowe) **królewska** ~**ła** the privy purse; **państwowa** ~**ła** the state coffers

szkatuł|ka *f dem.* case, chest

szkic *m* (*G* ~**u**) [1] (rysunek) sketch, rough drawing; ~ **ołówkiem/węglem** a pencil/ charcoal sketch; ~ **w glinie** a clay sketch; ~ **aktu** a sketch of a nude; **zrobić kilka** ~**ów do portretu** to make a few sketches for the portrait [2] (zarys większej pracy) draft;

odręczny ~ a thumbnail sketch; **wstępny ~** a rough sketch [3] (esej) Literat. sketch; **~ wspomnieniowy** a commemorative sketch; **jej ~e z podróży po Polsce są fascynującą lekturą** her sketches from her trip around Poland make fascinating reading

szkic|ować impf vt [1] (rysować schematycznie) to sketch [kontury, pejzaże, plan budowli]; **~ować kredką/piórkiem/węglem** to sketch in crayon/pen/charcoal; **~ować z modelu/z natury/z pamięci** to make sketches of a live model/from nature/from memory ⇒ **naszkicować** [2] (przedstawiać pobieżnie) to chalk out [projekt, plan]; **~ować postacie dramatu** to outline the main characters of the drama ⇒ **naszkicować**

szkicownik m sketchbook, sketchpad

szkicowo adv. sketchily; **postaci dramatu są przedstawione ~** the characters in the drama are presented in a sketchy manner, the characters in the drama are only sketchily outlined

szkicowoś|ć f sgt sketchiness

szkicow|y adi. [1] (dotyczący rysunku) sketch attr.; **~e rysunki ołówkiem i węglem** pencil and charcoal sketches [2] (przedstawiony w zarysach) [wyliczenia, omówienie] sketchy

szkielecik dem. [] m pers. (Npl ~i) pot. **ale z niego ~cik!** isn't he a skeleton!

[] m inanim. (G ~u) skeleton; **archeolodzy znaleźli grób ze ~ami dzieci** archeologists dug up a grave with the skeletons of children

szkiele|t [] m pers. (G ~ty) **po operacji zrobił się z niego ~t** after his operation he's as thin as a rake

[] m inanim. (G ~tu) [1] (układ kostny) skeleton [2] Techn. carcass, frame; **~t łodzi zbudowany został z belek i desek** the carcass a. skeleton of the boat was made of bars and planks [3] (podstawa) outline; **~t powieści zawierał zarys akcji** the outline of the novel contained a draft of the plot [4] (pozostałość po zniszczeniu) skeleton, shell; **po pożarze został z ich domu tylko ~t** only a skeleton a. shell of their house was left after the fire

szkieletow|y adi. [tkanki, kości, mięśnie] skeletal

szkieł|ko n dem. glass; **~ko od zegarka** a watch glass, a crystal; **~ko lampy naftowej** a lamp chimney [1] dem. piece of (broken) glass [2] zw. pl glass imitation; **to tylko ~ka, każdy jubiler ci to powie!** this is just glass, as any jeweller will tell you ❑ **~ko mikroskopowe** microscopic slide; **~ko przedmiotowe** glass slide

szklanecz|ka f dem. glass

szklanic|a f augm. glass

szklan|ka f [1] (naczynie) glass; **nalać herbatę do ~ki** to pour tea into a glass [2] (zawartość) glass(ful); **wypić dwie ~ki wody** to drink two glasses of water [3] Bot. (drzewo) sour cherry (tree); (owoc) sour cherry [4] sgt pot. black ice, glaze US

szklan|y adi. [1] (zrobiony ze szkła) [dzbanek, tafla, paciorki] glass attr. [2] (przypominający szkło) [woda, połysk, dźwięk] glassy; **~y wzrok** glassy eyes

■ **~e domy** ≈ new Jerusalem

szklar|nia f (Gpl ~ni a. ~ń) greenhouse

szklarniow|y adi. [warzywa, owoce, kwiaty] greenhouse attr.

szklars|ki adi. [wyroby, surowce] glass attr.; **przemysł ~ki** glass(-making) industry

szklarz [] m pers. (Gpl ~y a. ~ów) [1] (rzemieślnik wstawiający szyby) glazier [2] (wytwórca przedmiotów ze szkła) glass-maker [3] (pracownik huty szkła) glass-worker, glass-maker

[] m anim. Zool. pot. dragonfly

szkl|ić [] vt [1] to glaze; **kościelna nawa będzie ~ona witrażami** the church aisle will be fitted with stained-glass windows ⇒ **oszklić** [2] Kulin. (lekko podsmażać) fry [sth] until transparent [cebulę, czosnek] ⇒ **zeszklić** [3] pot. (kłamać) to lie (through one's teeth); **przestać mi ~ić!** stop pulling my leg!; **~ił nam w żywe oczy o swoich sukcesach** he told us blatant lies about his successes

[] **szklić się** to shine, to gleam; **jej oczy ~iły się od łez** her eyes shone with tears; **rosa ~iła się w słońcu** the dew sparkled in the sun

szklistoś|ć f sgt glassiness, glaziness; **po ~ci oczu poznaję, że masz temperaturę** I can tell by the glassiness of your eyes that you've got temperature

szkli|sty adi. [powierzchnia, jezdnia, oczy] glazed

szkliście adv. [lśnić, połyskiwać] glassily

szkliw|o n [1] (polewa, glazura) glaze [2] (cienka warstwa lodu) skim of ice, glaze US; **jezdnie pokryte lodowym ~em** roads covered with an icy glaze, the roads covered with black ice GB [3] sgt Dent. enamel

szkl|ony sv → **szklić**

[] adi. [kredens] glassed; **w ~onych gablotach wystawiono biżuterię** jewellery was presented in display cabinets a. glass-fronted cabinets

szk|ło [] n (substancja) glass; **te przedmioty są ze ~ła** these objects are made of glass [1] sgt (szyba) glass; pane of glass; **w warsztacie szklarza stało pełno ~ła** the glazier's workshop was full of glass (panes); **kolekcjonuje obrazki na ~le** he collects pictures painted on glass; **wyhodowali tę sałatę pod ~łem** they grew this lettuce in a frame; **rodzice wychowywali ją pod ~łem** przen. her parents gave her a sheltered upbringing [2] sgt (szklanki, kieliszki, butelki) glassware; **~ło laboratoryjne** laboratory glassware; **miał kolekcję ~ła, ceramiki i porcelany** he had a collection of glassware, pottery, and china [3] (odłamek szklanego przedmiotu) piece of (broken) glass; **skaleczył się ~łem** he cut himself with a piece of glass [4] sgt (stłuczka szklana) glass; **pojemnik na ~ło** a bottle bank; **to ~ło można będzie wykorzystać ponownie** this glass can be recycled [5] zw. pl (soczewka) lens; **~ła kontaktowe** contact lenses; **~ło powiększające** a magnifying glass; **ta lornetka ma pęknięte ~ło** these binoculars have a broken lens; **mam w okularach plastikowe ~ła** I have plastic lenses in my glasses [6] sgt pot. booze pot.; **jest ~ło i dobra muzyka, czego nam więcej potrzeba?** there's booze and good music, what more do we need?

[] **szkła** plt pot. (okulary) glasses; **jakie**

nosisz ~ła? what strength glasses do you wear?

❑ **~ła dymne** smoked glasses; **~ło artystyczne** artistic glass; **~ło bezpieczne** safety glass, shatterproof glass; **~ło hartowane** Techn. toughened glass, tempered glass; **~ło jenajskie** Techn. Jena glass; **~ło katedralne** Budow. cathedral glass; **~ło kryształowe** crystal glass; **~ło kwarcowe** Techn. vitreous silica, quartz glass; **~ło mącone** a. **mleczne** milk glass; **~ło ołowiowe** Techn. lead glass, lead crystal; **~ło optyczne** Techn. optical glass; **~ło organiczne** Techn. organic glass; **~ło piankowe** foamed glass; **~ło warstwowe** Techn. laminated glass; **~ło wodne** Techn. water glass; **~ło zbrojone** Techn. wire glass, safety glass; **czeskie ~ło** Techn. crown glass, Bohemia glass; **druciane ~ło** Techn. reinforced glass

szkoc|ki [] adi. Scottish; Scotch przest.; **~ki akcent** a Scottish a. Scots accent; **~ka krata** a tartan a. plaid check; **spódnica w ~ką kratę** a tartan a. plaid skirt; **~ka whisky** Scotch whisky

[] **szkocka** f Scotch (whisky)

szk|oda [] f [1] (strata, uszczerbek) loss; **~ody materialne/moralne** material/moral losses; **~ody polityczne** political damage; **~ody w ludziach były ogromne** there was great loss of life; **doznać ~ód w sprzęcie** to suffer losses in equipment; **wyrządzić** a. **spowodować ~odę** to do a. cause damage; **wichura narobiła wiele ~ód** the windstorm caused substantial damage; **~ody spowodowane przez burzę/mróz** storm/frost damage; **mogła się opalać bez ~ody dla zdrowia cały dzień** she could sit in the sun all day without any harmful effects a. without detriment to her health; **najwyraźniej ~ody spowodowane były przez kozy** the damage was obviously the work of goats; **zarzucono ministrowi, że działał na ~odę państwa** the minister was accused of acting to the detriment of the state; **modernizacja naszej firmy przyniosła same ~ody** the modernization of our company only brought harm to it [2] (w polu) **schwytać kozę/konia w ~odzie** to catch a straying goat/horse; **wygnać krowę ze ~ody** to chase away a stray cow; **zająć komuś konia w ~odzie** to impound a (stray) horse; **nasza krowa znów poszła w ~odę** our cow's gone off and caused damage again

[] praed. **jaka ~oda!** what a pity!; **~oda zachodu** it's not worth the trouble; **~oda wysiłku** it's a waste of effort; **~oda mi jego matki** I feel sorry for his mother; **~oda marnować czas na wyjaśnianie** it's a waste of time trying to explain it; **~oda pieniędzy na...** it's no use wasting money on...; **~oda gadać!** what can I say!; **~oda łez** nothing doing!; **~oda słów** waste of breath a. words; **~oda, że nie możesz zostać do jutra** I wish you could stay till tomorrow; **~oda, że już się kończą wakacje** it's a pity a. it's a shame that the holidays are nearly over; **co za ~oda, że dziś pada deszcz** what a pity that it's raining today; **wielka ~oda, że się nie zobaczymy w święta** it's too bad that we won't see each other at Christmas; **chodźmy już, bo ~oda każdej chwili** let's go now, let's not waste a single moment

❏ **~oda górnicza** Górn. mining damage; **~oda łowiecka** Myślis. damage caused by hunting

szkodliwie adv. harmfully; **wilgoć wpływa ~ na zdrowie** humidity has a harmful impact on health

szkodliwoś|ć f sgt harmfulness; **lekarze ostrzegają o ~ci palenia tytoniu** doctors warn against the harmfulness of smoking

szkodliw|y adi. harmful

szkodni|k m pest także przen., vermin pl także przen.

szko|dzić impf vi to harm (**komuś** sb); **~dzić ludzkiemu zdrowiu** to be harmful to humans; **nie chcieć nikomu ~dzić** to mean no harm to anybody; **~dzić komuś w karierze** to be harmful for sb's career; **~dzić czyjejś reputacji** to damage sb's reputation; **~dzić na wątrobę/nerki** to be bad for your liver/kidneys; **cebula mu ~dzi** onion disagrees with him; **zbyt dużo słońca może ~dzić zdrowiu** too much sun can do harm; **spaliny ~dzą zdrowiu** exhaust fumes are harmful a. noxious; **ta szczepionka ~dzi zdrowiu dzieci** this vaccine does harm to children; „**palenie ~dzi zdrowiu**" 'smoking can seriously damage your health' ⇒ **zaszkodzić**

■ **(nic) nie ~dzi!** never mind!, not at all!; **co to ~dzi?** what's the harm in it?; **co to ~dzi, że...** what harm is there in...; **kto późno przychodzi, sam sobie ~dzi** przysł. first come, first served; **złość piękności ~dzi** ≈ bad temper spoils the complexion

szkolars|ki adi. książk., pejor. (schematyczny) [styl, wywód, opis] schoolish

szkolarsko adv. książk., pejor. (schematycznie) schoolishly

szkole|nie [I] sv → **szkolić**

[II] n (kurs) training (course); **~nie zawodowe/wojskowe** a vocational/military training course; **~nie pracowników** in-service training, staff training; **~nie kierowców** drivers' education; **zimowe ~nie dla ratowników górskich** winter training for mountain rescuers; **po południu mam ~nie, więc się nie spotkamy** I have my training course in the afternoon so we shan't see each other

szkoleniow|iec m (prowadzący szkolenie) instructor; (trener) coach

szkoleniowo adv. **te zawody/ten mecz traktujemy ~** we treat this contest/match as training only

szkoleniow|y adi. [lot, rejs, jazda, obóz, ośrodek] training attr.; **materiały ~e** course materials

szk|olić impf (**~ol** a. **~ól**) [I] vt (uczyć) to train [pracowników, sportowców, żołnierzy, psy]; **~olny głos** a trained voice; **pies ~olony na przewodnika** a trained guide dog ⇒ **wyszkolić**

[II] **szkolić się** [osoba] to train, to undergo training; **~olić się w udzielaniu pierwszej pomocy/skokach na spadochronie** to train in first aid/parachuting ⇒ **wyszkolić się**

szkolnictw|o n sgt [1] Admin. (system) education, educational system; **~o pod-**stawowe/średnie/wyższe primary/secondary/higher education; **~o specjalistyczne/zawodowe** specialist/vocational education; **pracować w ~ie** to work in education [2] (nauczanie) education; **reforma ~a** an education reform

szkoln|y adi. [1] [rok, świadectwo, budynek, boisko, podręcznik] school attr.; **legitymacja ~a** a student identity card; **kolega ~y** a schoolmate; **pomoce ~e** teaching aids; **statek ~y** a training ship [2] przen. (szablonowy) [myślenie, artykuł] schoolish

szk|oła f [1] (instytucja) school; **~oła ogólnokształcąca** ≈ a secondary modern (school) GB; **~oła zawodowa** a vocational school; **~oła męska/żeńska/koedukacyjna** a boys (only)/girls (only)/co-educational school; **~oła baletowa/muzyczna** a ballet/music school; **~oła państwowa/prywatna/społeczna** a state/private/community school; **~oła dla głuchoniemych/ociemniałych** a school for the aurally and orally impaired/visually impaired; **~oła integracyjna** an integration school; **Szkoła imienia Bolesława Prusa** the Bolesław Prus School; **chodzić/uczęszczać do ~oły** to go to/attend school; **zapisać się do ~oły** to enrol in a school; **relegować** a. **usunąć kogoś ze szkoły** to expel sb from school [2] (budynek szkolny) school building, school [3] (uczniowie i pracownicy) school; **iść ze ~ołą do teatru** to go to the theatre with the school, to take part in a school-organized theatre outing; **cała ~oła poszła na wystawę** the whole school went to see an exhibition [4] (kursy specjalistyczne) course, school; **~oła letnia języka polskiego** a Polish language summer course; **~oła językowa** a. **języków obcych** a language school; **~oła tańca** a dance school [5] sgt (wykształcenie) schooling, training; **specjalista ze świetną ~ołą** a specialist with excellent training [6] sgt przen. (czas spędzony w szkole) school; **przed ~ołą wyprowadzam psa** I walk my dog before school; **muszę dziś zostać po ~ole** I must stay behind after school today [7] książk. (metoda, grupa twórców) school; **~oła poetycka/architektoniczna** school of poetry/architecture; **polska ~oła matematyczna** the Polish school of mathematics; **związać się z jakąś ~ołą literacką/historyczną** to associate oneself with a certain school in literature/historical studies [8] przen. (doświadczenie) school; **~oła charakteru/cierpliwości** a school of character/patience; **praca w fabryce była dla niego ciężką ~ołą życia** working in the factory was for him a school of hard knocks [9] Muz. (podręcznik) handbook; **~oła na fortepian/skrzypce** the piano/violin handbook

❏ **~oła flamadzka** Szt. the Flemish school; **~oła katedralna** Szkol. choir a. Cathedral school; **~oła klasztorna** Szkol. convent school; **~oła podchorążych** Wojsk. cadet school; **~oła podstawowa** Szkol. primary school GB, elementary school US; **~oła pomaturalna** Szkol. college; **~oła ponadpodstawowa** Szkol. secondary school GB, high school US; **~oła przetrwania** Psych. survival school; **~oła rodzenia** Med. antenatal classes; **~oła specjalna** Szkol. spe-cial needs school; **~oła średnia** Szkol. secondary school GB, high school US; **~oła talmudyczna** Relig. yeshiva; **~oła wieczorowa** Szkol. night school; **~oła wyższa** Szkol. higher education institution; **zielona ~oła** Szkol. ≈ field school

■ **dać komuś ~ołę** pot. to put sb through the mill; **dostać ~ołę** pot. to go through the mill

szkop m (Npl **~y** a. **~i**) pot., obraźl. Kraut pot., obraźl.; Jerry GB pot., przest.

szkop|ka f pot., obraźl. Kraut pot., obraźl.

szkops|ki adi. pot., obraźl. [gęba, wygląd, szwargot] Kraut attr.; **~cy żołnierze** the Jerries GB pot., przest.

szkopu|ł m (G **~łu**) książk. (problem) hitch, snag; **cały ~ł w tym, że nie mamy pieniędzy** the rub is that we have no money; **drobny ~ł tkwi w tym, że nie znam angielskiego** there's this small snag – I don't know English

szkorbu|t m sgt (G **~tu**) Med. scurvy

Szko|t m Scotsman, Scot

Szkot|ka f Scotswoman, Scot

szkół|ka f [1] dem. school; **~ka parafialna** parish school [2] (kursy) school; **~ka narciarska/jazdy na łyżwach** a skiing/ice-skating school [3] Leśn. nursery

❏ **~ka niedzielna** Sunday school

szkrab m (Npl **~y**) żart., pieszcz. tiny tot, mite

szkune|r m Żegl. schooner

szkutnictw|o n sgt Żegl., Techn. boatbuilding

szkutnicz|y adi. [przemysł, sztuka, narzędzia] boatbuilding attr.; **warsztat ~y** boatyard

szkutni|k m boatbuilder

szkwa|ł m (G **~łu**) Meteo. squall

szkwałow|y adi. Meteo. [fala, chmury] squally

szlaban m (G **~u**) [1] (kolejowy, graniczny) gate, barrier; **otworzyć** a. **podnieść ~** to open the gate, to raise the barrier; **opuścić** a. **zamknąć ~** to close the gate, to lower the barrier [2] pot. (kara) **mieć ~ (na wychodzenie z domu)** to be grounded pot.

szlachcian|ka f Hist. ≈ gentlewoman

szlachcic m Hist. ≈ country gentleman, nobleman

❏ **~ zaściankowy** Hist. minor gentleman

■ **~ na zagrodzie równy wojewodzie** przysł. all people of noble birth have equal rights

szlachciu|ra m (Npl **~ry** a. **~rowie**) Hist., pejor. poor rough country gentleman

szlachec|ki adi. [herb, dwór] of a gentleman; [przywilej] of the gentry; **stan ~ki** the gentry; **pochodzenie ~kie** gentry background, noble birth

szlacheckoś|ć f sgt Hist. **~ć pochodzenia** noble descent

szlachectw|o n sgt [1] (przynależność do szlachty) nobility [2] (tytuł i prawa) nobility, knighthood; **nadać komuś ~o** to raise sb to the nobility, to knight sb

■ **~o zobowiązuje** książk. noblesse oblige

szlachetczy|zna f sgt książk. (ogół cech szlachty) customs and etiquette of the gentry

szlachet|ka m (Npl **~ki** a. **~kowie, Gpl ~ek** a. **~ków**) Hist., pejor. a petty country gentleman

S

szlachetnie [I] *adv. grad.* [1] (wspaniałomyślnie) *[postępować]* nobly; *[zachowywać się]* gentlemanly [2] (harmonijnie) *[wyglądać, brzmieć]* refined *adi.*
[II] *adv.* **~ urodzony** of noble birth
szlachetni|eć *impf* (**~eję, ~ał, ~eli**) *vi* [1] (stawać się prawym) *[osoba]* to become nobleminded, to acquire dignity [2] (pięknieć) *[osoba, twarz, tworzywo]* to acquire elegance [3] (nabierać lepszej jakości) *[trunek, materiał]* to acquire refinement
szlachetnoś|ć *f sgt* książk. [1] (charakteru, osoby) nobleness [2] (czynu, idei) loftiness [3] (harmonia) elegance, refinement [4] (trunku, rasy) nobility
szlachetn|y [I] *adi. grad.* [1] (prawy) *[osoba]* noble [2] (bezinteresowny, wspaniałomyślny) *[czyn, zamiar, idea]* noble [3] (harmonijny) *[prostota, elegancja, linia]* refined, elegant; **~e rysy twarzy** nobly chiseled features
[II] *adi.* (wysokogatunkowy) *[wino]* vintage; *[odmiana owoców, kwiatów]* noble
szlach|ta *f sgt* Hist. [1] (stan społeczny) (the) gentry, nobility [2] (grupa szlachciców) the gentry, gentlefolk; **w polowaniu uczestniczyła okoliczna ~ta** the local gentry took part in the hunt
szlacht|ować *impf vt* [1] pot. (zarzynać) (mordować) to slaughter *[osobę]* ⇒ **zaszlachtować** [2] przest. (dokonywać uboju) to slaughter, to butcher *[bydło]* ⇒ **zaszlachtować**
szlacz|ek *m sgt* (motyw dekoracyjny) band, border
szlafmyc|a *f* przest. nightcap
szlafrocz|ek *m dem.* dressing gown, wrapper US
szlafrok *m* dressing gown, wrapper US
szlafrokow|y *adi. [materiał]* dressing gown *attr.; [krój, fason]* dressing-gown-like
szlag *m*
■ **~ go trafił** pot. (wściekł się) it got his goat pot., he lost his cool pot.; (zmarł nagle) he died of apoplexy; **~ trafił suszarkę do włosów/hamulce** pot. the hairdryer/brakes packed up; **~ trafił naszą przyjaźń** pot. our friendship was over; **~ trafił moje zdjęcia/notatki** pot. my pictures/notes got lost; **~ by to trafił!** pot. bugger! pot.; **a niech to ~!** pot. goddammit! pot.
szlagie|r *m* (*G* **~ra** a. **~ru**) książk. [1] (przebój) hit; **~r sprzed lat** an old favourite [2] (nowość) hit; **~r wydawniczy** a bestseller; **tegorocznym ~rem sezonu są japonki** flip-flops are this year's hit of the season
szlagierow|y *adi. [piosenka, film, sztuka]* hit *attr.*
szlaja|ć się *impf v refl.* posp. [1] (włóczyć się) to knock about a. around; **~ć się po knajpach** to bar crawl [2] (niemoralnie się prowadzić) to sleep around
szlak *m* (*G* **~u**) [1] (droga naturalna) way, route; **~ morski/rzeczny/leśny/górski** a sea/river/forest/mountain route [2] (wytyczona trasa) trail, track, path; **~ turystyczny/górski/kajakowy** a tourist/mountain/canoe trail; **nie zbaczajcie ze ~u!** don't stray off the trail! [3] przen. (sposób życia, postępowania) course; **utarty ~ myślowy** a conventional train of thought [4] (motyw dekoracyjny) border, band; **serweta z haftowanym ~iem** a tablecloth with an em-

broidered border [5] Myślis. (trop) trail, scent [6] Zool. (trasa migracji) migratory pattern
□ **jedwabny ~** Hist. the Silk Route
■ **~ bojowy** książk. the combat trail; **podróżować ~iem pisarza/malarza** (śladami) to visit places connected with the life of a writer/painter
szlam *m* (*G* **~u**) [1] (muł) slime [2] (osad) sludge, slit
szlauch *m* (*G* **~u** a. **~a**) pot. hose, hosepipe
szlem *m* (*G* **~a** a. **~u**, *A* **~a**) Gry slam; **~ w piki/karo** a grand slam in spades/diamonds; **wielki/mały ~** the grand/little a. small slam; **licytować/wygrać ~a** to bid/win a grand slam
szlemik *m* (*A* **~a**) Gry little a. small slam; **~ w kiery/trefle** a little a. small slam in hearts/clubs; **zlicytować/zrobić ~a** to bid/win a little a. small slam
szlif *m* (*G* **~u**) [1] Techn. (drogich kamieni) cut; **~ wypukły/płaski** an en cabochon/a flat cut; **szmaragd/rubin o pięknym ~ie** a beautifully cut emerald/ruby; **nadać kamieniowi ~** to cut a stone [2] przen. (wykończenie dzieła) finishing touch [3] przen. (ogłada) polish; **~ towarzyski** urbanity; **nadać komuś ~** to polish sb up; **zdobywać ~** to acquire urbanity
□ **~ brylantowy** Techn. brilliant cut; **~ kaboszonowy** Techn. cabochon cut; **~ nożycowy** Techn. scissors cut; **~ schodkowy** Techn. step cut; **~ tablicowy** Techn. table cut
szlif|a *f zw. pl* Wojsk. epaulette; **zdobyć generalskie ~y** to be promoted to the rank of general
szlifibruk *m* (*Npl* **~i**) przest., pejor. (próżniak) loafer
szlifier|ka *f* (obrabiarka) grinder
□ **~ka stołowa** Techn. bench grinder
szlifier|nia *f* (*Gpl* **~ni** a. **~ń**) Techn. grinding workshop; **~nia drogich kamieni** a lapidary workshop
szlifiers|ki *adi.* Techn. *[materiały, narzędzia, zakład]* grinding; **kamień ~ki** a grindstone; **tarcza ~ka** a grinding wheel; **odpady ~kie** grinding waste
szlifierz *m* (*G* **~y** a. **~ów**) Techn. (metalu, szkła) grinder; (kamieni szlachetnych) lapidary; (noży, pilników) knife grinder; **~ diamentów** a diamond cutter
szlif|ować *impf vt* [1] Techn. to grind *[metal]*; to sand *[drewno]*; to cut *[kamienie szlachetne, szkło]* ⇒ **oszlifować** [2] książk., przen. (doskonalić) to polish *[formę, język obcy, dzieło]* ⇒ **oszlifować**
■ **~ować bruki** pot. to bum around pot.
szlifowan|y [I] *pp* → **szlifować**
[II] *adi. [drewno]* sanded; *[metal]* polished; *[diament]* cut
szloch *m* (*G* **~u**) [1] książk. (gwałtowny płacz) sobbing; blubber pot.; **czyjś rozpaczliwy/zdławiony ~** sb's desperate/choked sob; **powstrzymywać a. tłumić ~** to choke back one's sobs; **zanieść się a. wybuchnąć ~em** to collapse in sobs, to burst into sobs [2] przen. (zawodzenie) sobbing; **~ wiatru** the sobbing of the wind
szlocha|ć *impf vi* książk. to sob; **~ć rozdzierająco** to sob heart-rendingly; **~ć z rozpaczy/bólu** to sob with grief/with a. in pain

szluf|ka *f* (przy spodniach, płaszczu) belt loop; (przy pasku) loop
szlug *m* pot. fag pot.
szlus *inter.* pot. and that's it a. that; **to rozkaz szefa, i ~** this is the boss's order and that's that
szmaciak *m* pot. [1] (płócienny pantofel) canvas shoe [2] (chodnik) rag rug
szmacian|y *adi. [lalka, piłka]* rag *attr.; [but]* canvas *attr.*
szmaciarz *m* (*Gpl* **~y** a. **~ów**) pot. ragpicker, ragman
szmal *m sgt* (*G* **~u**) pot. dough pot., bread pot.; **to będzie kosztowało kupę ~u** it'll cost a bomb
szmarag|d *m* (*G* **~du**) [1] Miner. emerald; **pierścionek/broszka ze ~dem** an emerald ring/brooch; **naszyjnik ze ~dów** an emerald necklace [2] *sgt* przen. (kolor) emerald
szmaragdowo *adv.* emerald-like *adi.*
szmaragdow|y *adi.* [1] *[kolia, naszyjnik, kolczyki]* emerald [2] książk., przen. *[oczy, woda]* emerald
szma|t *m sgt* (*G* **~tu**) a fair amount (**czegoś** of sth); **~t drogi** a long way; **~t czasu** a long time; **~t ziemi** acres of land
szma|ta *f* [1] (gałgan) rag [2] *zw. pl* pot. (łachman) rags; schmatte US pot.; tattered clothes; **chodzić w ~tach** to wear rags [3] pot., pejor. (człowiek o słabym charakterze) scumbag pot., pejor., slag pot., pejor. [4] pot., pejor. (prostytutka) slut; slag pot., pejor. [5] pot., pejor. (brukowiec) rag pot., pejor
szmat|ka *f* [1] *dem.* (gałganek) (a piece of) cloth; **~ka do kurzu** a duster [2] *zw. pl* pot. (łaszek) frock
szmatław|iec *m* pot. (brukowiec) rag
szmatław|y *adi.* [1] pot. (zniszczony) *[ubranie, wygląd]* shabby, ragged [2] pot., pejor. (marny) *[interes, towarzystwo]* lousy
szmelc *m sgt* (*G* **~u**) pot. [1] (złom) scrap (metal) [2] (rupieć) junk
■ **ta pralka/to radio nadaje się tylko na ~** pot. this washing machine/radio is only fit for the scrap heap; **on nadaje się tylko na ~** pot., obraźl. he's completely useless
szme|r *m* (*G* **~ru**) [1] (szum) (liści) rustle, quiver; (deszczu) patter; (strumyka, rozmów) murmur; **~r podziwu/niezadowolenia/oburzenia** a murmur of admiration/dissatisfaction/indignation [2] Fiz. (w radioodbiorniku, telefonie) static [3] Med. (w płucach, w sercu) murmur
szmer|ek *m dem.* (*G* **~ku**) (cichy szelest) (liści, strumyka, fontanny) whisper; (rozmów, głosów) faint murmur
szmergiel *m* [1] (*G* **~la** a. **~lu**) Miner. emery [2] *sgt* (*G* **~la** a. **~lu**) przest. (papier ścierny) emery paper; (płótno ścierne) emery cloth [3] *sgt* pot. (bzik) **mieć/dostać ~la na punkcie czegoś** to be/go nuts over sth
szmin|ka *f* [1] Kosmet. lipstick; **~ka perłowa/transparentna** pearl/transparent lipstick [2] Teatr greasepaint
szmink|ować *impf* **[I]** *vt* **~ować usta** to put on lipstick ⇒ **uszminkować**
[II] szminkować się to apply a. put on lipstick ⇒ **uszminkować się**
szmi|ra *f* pot., pejor. (film, obraz) rubbish, muck; (powieść) pulp
szmirowato *adv.* (napisany, namalowany, przedstawiony) trashily

szmirowatoś|ć *f sgt* (obrazu, utworu) trashiness

szmirowa|ty *adi. [powieść, film, obraz]* trashy

szmizjer|ka *f* Moda shirtwaister

szmonces *m* (*G* ~**u**) Jewish joke; **opowiadać** ~**y** to tell Jewish jokes; **sypać** ~**ami** to reel off Jewish jokes

szmoncesow|y *adi. [dialog, piosenka]* in the style of Jewish jokes

szmug|iel *m sgt* (*G* ~**lu**) pot. ⊞ (przemyt) smuggling; **żyć ze** ~**lu** to live by smuggling ② (przemycony towar) smuggled goods

szmugle|r *m* pot. smuggler

szmuglers|ki *adi.* pot. *[szlak]* smugglers'; *[towar]* smuggled

szmugl|ować *impf vt* to smuggle *[alkohol, papierosy, dzieła sztuki]* ⇒ **przeszmuglować**

szmyrgać *impf* → **smyrgnąć**
szmyrgnąć *pf* → **smyrgnąć**

sznaps *m* (*A* ~**a**) pot. ⊞ (wódka) schnapps ② (porcja wódki) schnapps; **wypić dwa** ~**y** to drink two schnapps

sznauce|r *m* schnauzer; ~**r olbrzym** a giant schnauzer

sznu|r Ⅱ *m* ⊞ (powróz) string; (lina) rope; **rozplącz/rozsupłaj ten** ~**r!** untie this string!; ~**r do bielizny** a washing a. clothes line ② przen. (ludzie, przedmioty w szeregu) string, line; ~**r żurawi** a string of cranes; ~**r dzieci idących parami** children walking in a crocodile a. in crocodile fashion; **do granicy ciągnie się** ~**r samochodów** a string of cars stretches out to the border ③ (przewód do urządzeń elektrycznych) cord, flex GB; ~**r od żelazka** iron cord

Ⅲ **sznurem** *adv.* in a line, in single file; **obserwowali żurawie lecące** ~**em** they were watching the cranes flying in a line ❑ ~**r naramienny** epaulette; ~**r pereł** pearl necklace; ~**r pępkowy** Anat. umbilical cord

■ (jak) **pod** ~**r** in a straight line; **drzewa w tym ogrodzie rosną jak pod** ~**r** the trees in this garden grow in a straight line; **za mundurem panny** ~**rem** przysł. all the girls love a man in uniform, all the nice girls love a sailor

sznurecz|ek *m* ⊞ (cienki sznurek) (thin) string ② (ścieg hafciarski) stem stitch ③ przen. **poczuła na plecach** ~**ki potu** she felt rivulets of sweat going down her back; **otarł z jej twarzy** ~**ki łez** he wiped trickles of tears off her face

sznur|ek *m* string; ~**ek do snopowiązałki** the binder twine; **zawiązał** a. **okręcił paczkę** ~**kiem** he wrapped the parcel up with a piece of string

■ **pociągać za** ~**ki** to be the power behind the throne; **pociągnął za** ~**ki i dostała tę pracę** he pulled strings and she got the job

sznurkow|y *adi. [torba, dywanik, plecionka]* string *attr.*

sznur|ować *impf* Ⅱ *vt* (związywać) to lace up *[buty, gorset]*; ~**ować szynkę** to tie ham ⇒ **zasznurować**

Ⅱ *vi* Myślis. *[wilki, lisy]* to run, to string out

Ⅲ **sznurować się** przest. to lace one's stays; ~**owała się gorsetem przed lustrem** she laced her stays in front of the mirror

■ ~**ować usta** (zaciskać) to purse one's lips; (mówić mało) to be taciturn

sznurowad|ło *n* (shoe)lace, shoestring US; **zawiązać** ~**ła** to do up a. tie one's laces; **masz rozwiązane** ~**ła** your laces are undone

sznurowani|e Ⅱ *sv* → **sznurować**

Ⅲ *n* lacing; **miała na sobie suknię ze** ~**em z tyłu** she had a dress with lacing at the back, her dress laced up at the back; ~**e gorsetu ciśnie mnie w plecy** the corset lacing hurts my back

sznurowan|y Ⅱ *pp* → **sznurować**

Ⅲ *adi. [buty, kamizelka, gorset]* laced

sznurow|y *adi. [uchwyt, drabinka]* rope *attr.*

sznurów|ka *f* (shoe)lace, shoestring US

sznyc|el *m* (*A* ~**el** a. ~**la**, *Gpl* ~**li** a. ~**lów**) Kulin. schnitzel

❑ ~**el wiedeński** a. **po wiedeńsku** Wiener schnitzel

sznycel|ek *m dem.* (*A* ~**ek** a. ~**ka**) schnitzel

szny|t *m* (*G* ~**tu**) pot. ⊞ (sposób noszenia się) chic; **po matce ma urodę, a po ojcu** ~**t** she's got her mother's beauty and her father's flair; **zazdrościł mu tego wielkomiejskiego** ~**tu** he envied him his big city polish ② środ. (cięcia na skórze) scar; **więzień miał na rękach pełno** ~**tów i tatuaży** the prisoner had many scars and tattoos on his hands

Szoah → **Shoah**

szofe|r *m* chauffeur; **stać go na zatrudnienie prywatnego** ~**ra** he can afford to hire a chauffeur

szofer|ka *f* ⊞ (kabina samochodu ciężarowego) cab ② sgt pot. (zawód) (truck/van) driving ③ (kobieta szofer) driver; chauffeuse rzad.

szofers|ki *adi. [czapka, uniform]* chauffeur's, driver's

szok *m sgt* (*G* ~**u**) ⊞ (silna emocja) shock; **doznać** ~**u** to get a. have a. shock; **otrząsnąć się z** ~**u** to recover from a. to get over the shock; **jej śmierć była dla nas** ~**iem** her death came as a shock to us ② Med. shock; **chory znajdujący się w** ~**u** a patient suffering from shock; **być w (stanie)** ~**u** to be in a (state of) shock; **doznać** ~**u** to go into shock

szok|ować *impf vt* to shock, to stupefy *[widownię, publiczność]*; **lubił** ~**ować niezwykłymi pomysłami** he enjoyed shocking people with his unusual ideas ⇒ **zaszokować**

szokow|y *adi. [stan, reakcje]* shock *attr.*; **terapia** ~**a** a shock therapy

szokująco *adv. [zachowywać się, ubierać się]* shockingly; ~ **śmiała reklama** shockingly bold advertising

szokując|y Ⅱ *pa* → **szokować**

Ⅲ *adi. [widok, wiadomość, wydarzenie]* shocking; *[uwaga, propozycja, cena]* outrageous

szop *m* Zool. raccoon, coon US; **skórka** ~**a** a coonskin

❑ ~ **pracz** common raccoon

szop|a *f* ⊞ (niewielkie zabudowanie) shed; ~**a na narzędzia** a tool shed ② (czupryna) a shock of hair, a mop (of hair)

szopenian|a *plt* (*G* ~**ów**) Chopin's life and oeuvre; **w tym muzeum jest trochę** ~**ów** this museum has a small collection of Chopin memorabilia

szopeni|sta *m*, ~**stka** *f* ⊞ (pianista) Chopinist ② (znawca twórczości) Chopin scholar

szopenowsk|i *adi. [koncert, konkurs, nastrój]* Chopin *attr.*

szop|ka *f* ⊞ *dem.* (small) shed ② (model stajenki betlejemskiej) nativity scene, crib GB, crèche US ③ Relig., Teatr nativity play ④ Teatr (satyryczna) satirical puppet show *(presented on New Year's day)* ⑤ pot. (niepoważna sytuacja) farce; ~**ka wyborcza** the election farce; **ale** ~**ka!** what a carry-on!, what a lark!; **robić** ~**kę** to put on a show; **robić** ~**ki z poważnych rzeczy** to make fun of serious matters

szopkarz *m* (*Gpl* ~**y**) ⊞ (budujący modele szopek) (Christmas) crib maker ② (kolędnik chodzący z szopką) caroller with a crib

szor|ować *impf* Ⅱ *vt* (myć) to scrub *[garnki, podłogę]*; to scour *[zlew, kuchenkę]*; **szczotka do** ~**owania** a scrubbing brush; **proszek do** ~**owania** scouring powder ⇒ **wyszorować**

Ⅲ *vi* ⊞ (trzeć) to scrape; **łódź** ~**owała o dno rzeki** the boat was scraping against the bottom of the river ⇒ **wyszorować** ② pot. (biec) ~**uj stąd!** beat it!; **już późno,** ~**uj do szkoły!** it's late, off you go a. off with you to school

Ⅲ **szorować się** (myć się) to scrub oneself ⇒ **wyszorować się**

szorst|ki *adi.* ⊞ (o powierzchni) *[skóra, ręka, materiał, papier]* rough; *[faktura, wełna, płótno]* coarse ② (o charakterze, usposobieniu) gruff, brusque; **potrafiła być** ~**ka i niecierpliwa** she could be brusque and impatient ③ (świadczący o niedelikatności) *[odmowa, odpowiedź, słowo, głos]* gruff ④ (o dźwiękach, odgłosach) harsh

szorstko *adv.* ⊞ (chropawo) roughly, coarsely; ~ **wyprawiona skóra** rough (tanned) hide ② (niedelikatnie) *[odpowiadać, traktować]* brusquely, harshly ③ (przenikliwie) *[dźwięczeć, brzmieć]* harsh *attr.*

szorstkoś|ć *f sgt* ⊞ (chropawość) coarseness, roughness ② (opryskliwość) brusqueness, harshness, offhandedness ③ (w odniesieniu do dźwięków) harshness

szorstkowłos|y *adi. [jamnik, wyżeł, terier]* wire-haired

szort|y *plt* (*G* ~**ów**) shorts; **białe** ~**y** a pair of white shorts

szos|a *f* road, highway; ~**a do Katowic** the road to Katowice, the Katowice road; **pobocze** ~**y nie było utwardzone** the road verge was not surfaced; ~**a tranzytowa nie przebiega przez centrum miasta** the through road avoids the city centre

szosow|iec *m* Sport road cyclist, road racer

szosow|y *adi. [połączenie, kolarstwo]* road *attr.*

szowini|sta *m*, ~**stka** *f* chauvinist

■ **męski** ~**sta** male chauvinist

szowinistycznie *adv.* chauvinistically

szowinistyczn|y *adi. [nastroje, polityka]* chauvinist, chauvinistic; jingoist pejor.

szowinizm *m sgt* (*G* ~**u**) chauvinism; jingoism pejor.

szóst|ka *f* ⊞ (cyfra) six ② (grupa) ~**ka dzieci** six children; **sławna** ~**ka** the famous six; **iść ~kami** to walk in sixes; **poszliśmy tam w ~kę** six of us went there; **powozić ~ką koni** to ride a team of six horses ③ (przedmiot oznaczony cyfrą 6) six; **~ka pik/kier** a six of spades/hearts; **wsiąść w ~kę** (tramwaj, autobus) to take the number six (tram/bus); **mieszkam w ~ce** I live in room six; **mieszkam pod ~ką** I live at number six; **nosić ~kę** (buty, ubranie) to wear size six ④ (najwyższa ocena szkolna) ≈ starred A; **~ka z matematyki/polskiego** a starred A in maths/Polish; **postawić komuś/dostać ~kę** to give sb/to get a starred A; **zdać egzamin na ~kę** to get a starred A in the exam

szóstoklasi|sta *m*, **~stka** *f* sixth-grader

**szó|sty [] *num. ord.* sixth
   [] *m sgt* (data) the sixth; **~sty maja** May the sixth, the sixth of May
   [] **szósta** *f* ① (godzina) six o'clock; **o ~stej** at six (o'clock) ② (w ułamkach) **jedna ~sta** one sixth

szpachel|ka *f dem.* ① (do wygładzania) spatula ② (do uszczelniania) putty knife, palette knife

szpach|la *f* (*Gpl* **~li** a. **~el**) ① (do wygładzania) spatula ② (do uszczelniania) putty knife, filling knife

szpachl|ować *impf vt* ① (wyrównywać) to smooth down [*ścianę, płótno malarskie, powierzchnię*] ⇒ **zaszpachlować** ② (zalepiać) fill in [*dziury, szczeliny*]; **właśnie ~uje szczeliny przy drzwiach** he's busy filling in the cracks by the door ⇒ **zaszpachlować**

szpachlowan|y [] *pp* → **szpachlować
   [] *adi.* [*dziury, szczeliny*] filled in; [*ściany, powierzchnia*] smoothed down

szpachlow|y *adi.* **masa ~a** filler, putty

szpachlów|ka *f* (painter's) putty; **ubytki w tynku uzupełnij ~ką** fill in chips in the plaster with putty

szpacz|ek *m dem.* starling

szpacz|y *adi.* [*stado, pisklę, gniazdo*] starling *attr.*; **~e kląskanie** the chattering of a starling/of starlings

szpa|da *f* ① Hist. (broń biała) sword; **upadł pchnięty ~dą** pierced by the sword, he fell ② Sport (broń, konkurencja) épée
   ■ **skrzyżować z kimś ~dy** to cross swords with sb

szpad|el *m* ① (narzędzie) spade; **pociąć darń ostrym ~lem** to cut the turf with a sharp spade ② (zawartość) spadeful; **kilka ~li ziemi** a few spadefuls of earth

szpadel|ek *m dem.* trowel

szpadow|y *adi.* [*turniej, drużyna*] épée *attr.*

szpadzi|sta *m*, **~stka** *f* épéist, épée fencer

szpaga|t *m* (*G* **~tu**) ① (cienki, mocny sznurek) cord, string ② Sport splits (+ *v sg*) GB; **zrobić ~t** to do the splits

szpak *m* ① (ptak) starling ② Jeźdz. roan, grizzled horse; **dama na pięknym ~u** a lady on a fine roan

szpakowaci|eć *impf* (**~eję, ~ał, ~eli**) *vi* [*włosy*] to turn grey

szpakowa|ty *adi.* ① (o włosach) grizzled, grey ② (o siwiejącym mężczyźnie) grey-haired ③ (o maści konia) grey, roan

szpale|r (*G* **~ru**) lane; **~r dębów** an avenue of oak trees; **~r wojska** a double

file of soldiers; **proszę utworzyć** a. **uformować ~r** please form two rows

szpal|ta *f* ① Wyd. column ② *zw. pl* Dzien. column; **jego nazwisko często pojawia się na naszych ~tach** his name often appears in our columns ③ Druk. galley (proof)

szpaltow|y *adi. [wiersze, korekta]* galley *attr.*, column *attr.*

szpan *m sgt* (*G* **~u**) pot. swank pot., glitz pot.; **narkotyki przestały należeć do ~u** drugs are no longer in

szpane|r *m*, **~rka** *f* pot. swank pot., pseud pot.

szpaners|ki *adi.* pot. [*styl, popis, knajpa*] swanky; [*samochód, strój*] flashy

szpanerstw|o *n* pot. swankiness pot.; swagger

szpan|ować *impf vi* pot. to swank about pot.; **~ować przed kimś** to show off in front of sb ⇒ **zaszpanować**

szpa|ra *f* ① (szczelina) slit, gap; **mieć ~rę między zębami** to have a gap between one's teeth; **zostaw ~rę w drzwiach** leave the door open a crack; **zajrzał przez ~rę w firankach** he peeped through a slit in the curtains; **przecisnął się przez ~rę między deskami** he squeezed through a gap between the planks ② wulg. (pochwa) slit wulg.

szparag *m* Bot., Kulin. asparagus; **pęczek ~ów** a bundle of asparagus

szparagow|y *adi. [zupa, krem]* asparagus *attr.*

szparga|ł *m* (*G* **~łu**) ① (skrawek papieru) scrap of paper ② (rzecz niepotrzebna) junk *U*, rubbish *U*; **godzinami grzebał w ~łach** he spent hours rummaging through (his) old papers

szpar|ka *f dem.* slit; **oczy jak ~ki** slit eyes □ **~ka oddechowa** Bot. stoma

szpar|ki *adi.* książk. ① (szybki) swift, quick; **~ki rumak** a fleet steed; **ruszyli ~kim krokiem przez równinę** they set off swiftly across the plain ② przest. (ochoczy) quick, swift; **znalazł w nim ~kiego pomocnika** he found him to be a quick and ready assistant

szparko *adv.* książk. swiftly; **prace posuwały się ~** work went on swiftly; **czas minął ~** time passed swiftly

szpatuł|ka *f* Med. tongue depressor, flat spatula

szpe|cić *impf vt* to mar, to disfigure; **~cące znamię** a disfiguring birthmark; **~ciła go blizna na twarzy** he had an unsightly scar on his face, his face was disfigured with a scar; **~ciła ją brzydka cera** bad skin impaired a. marred her looks; **ten dom ~ci krajobraz** the house is a blot on the landscape; **~cić język wulgaryzmami** to disfigure the language with vulgarisms ⇒ **zeszpecić**

szperac|ki *adi.* browsing, rummaging; **żyłkę ~ką odziedziczyłem po ojcu** I inherited my father's talent for poking around for old curios

szperactw|o *n sgt* rummaging (about)

szperacz [] *m pers.* (*Gpl* **~y a. **~ów**) ① (lubiący wyszukiwać ciekawostki) browser; **cierpliwy ~ znajdzie tu niejedną ciekawostkę** the dedicated browser is sure to

find something of interest here ② Wojsk. scout
   [] *m anim.* Myślis. coursing dog
   [] *m inanim.* searchlight

szpera|ć *impf vi* to poke around, to browse (**w czymś/po czymś** through sth); to rummage (**w czymś/po czymś** in sth); **~ła w torbie w poszukiwaniu chusteczki** she ferreted for a handkerchief in her bag, she rummaged in her bag for a handkerchief; **lubił ~ć po słownikach** he liked to browse through dictionaries

szper|ka *f* przest. pork fat, crackling

szpetnie *adv. grad.* książk. uglily; **zaklął ~** he cursed foully; **postąpił z nią ~** he treated her shabbily; **wykrzywiła się ~** her face contorted into an ugly grimace

szpetn|y *adi. grad.* książk. [*twarz, budynek, mebel*] ugly; [*kawał, kłamstwo, postępek*] nasty; **był ~y jak nieszczęście** he looked like the back-end of a bus

szpeto|ta *f sgt* książk. ugliness; **uderzająca ~ta krajobrazu** the striking ugliness of the landscape; **czy nie dostrzegasz ~ty swojego postępku?** can't you see the nastiness of what you did?

szpic¹ *m* ① (ostre zakończenie) tip; **~ buta/noża** the tip of the shoe/knife; **dekolt w ~** a V-neck; **sweter wycięty w ~** a V-neck jersey ② (ozdoba choinkowa) Christmas tree spire

szpic² *m* spitz, Pomeranian

szpic|a *f* Wojsk. advance guard

szpic|el *m* pot., pejor. snooper pot., nark GB pot.

szpicl|ować *impf vt* pot., pejor. to snoop pot. (**kogoś** on sb)

szpicru|ta *f* riding crop, riding whip

szpiczasty → spiczasty

szpie|g *m* spy; **~g gospodarczy** an industrial spy; **być czyimś ~giem** to act as a spy for sb

szpiegostw|o *n sgt* espionage; **proces o ~o** a spy trial

szpieg|ować *impf vt* to spy (**kogoś/coś** on sb/sth) [*kolegów, sąsiadów*]; **~ować na rzecz kogoś** to spy for sb

szpiegows|ki *adi.* spy *attr.*; **siatka ~ka** a spy ring; **szef siatki ~kiej** a spymaster; **afera ~ka** a spy scandal; **satelita ~ki** a spy satellite, a spy-in-the-sky

szpik *m sgt* (*G* **~u**) **~ (kostny)** (bone) marrow; **przeszczep ~u kostnego** a bone marrow transplant
   ■ **do ~u kości** [*przemarznięty*] to the marrow; [*uczciwy, zły*] to the core

szpik|ować *impf* [] *vt* ① Kulin. to lard, to stud [*mięso, pieczeń*] (**czymś** with sth); **~ować coś słoniną** to lard sth; **~ować pieczeń goździkami** to lard a roast with cloves ⇒ **naszpikować** ② przen. to interlard, to lard [*tekst*] (**czymś** with sth); **~ować tekst trudnymi słowami** to interlard a piece of writing with difficult words ⇒ **naszpikować** ③ przen., pot. **~ować kogoś lekami** to stuff sb with pills; **~ować kogoś niepotrzebnymi informacjami** to feed sb with unnecessary information ⇒ **naszpikować**
   [] **szpikować się** pot. **~ować się lekarstwami** to stuff oneself with pills ⇒ **naszpikować się**

S

szpikul|ec m [1] (narzędzie) needle [2] (ostre zakończenie) spike; **parasol ze ~cem** a pointed umbrella

szpil|a f augm. pin; **~a do włosów** a large hairpin

■ **wbijać** a. **wsadzać** a. **wtykać komuś ~e** to needle sb

szpilecz|ka f dem. [1] (igiełka) pin [2] (obcas) spike heel, stiletto heel; **~ki** (buty) high heels; stilettos pot.

szpil|ka f [1] (ostry pręcik) pin; **spiąć coś ~kami** to pin sth (together); **przypiąć coś ~ką do czegoś** to pin sth to sth; **ścisk w pokoju był taki, że ~ki by nie wetknął** the room was jam-packed with people pot.; **długopis/książka nie ~ka, nie mogła tak po prostu zginąć** the pen/book can't have just disappeared [2] (ozdoba) pin; **~ka do włosów** a hairpin; **~ka do krawata** a stick pin [3] Bot. needle [4] (w namiocie) tent hook [5] zw. pl (obcas) spike heel, stiletto heel; **~ki** (buty) high heels; stilettos pot.; **nosić ~ki** to wear high heels

■ **siedzieć jak na ~kach** to be on tenterhooks; **wbijać** a. **wsadzać** a. **wtykać komuś ~ki** to needle sb

szpilkow|y adi. Bot. [drzewo, las] coniferous

szpinacz|ek m dem. sgt pieszcz. spinach

szpinak m sgt (G **~u**) Bot., Kulin. spinach

szpital m hospital; **~ dziecięcy** a children's hospital; **~ położniczy** a maternity hospital; **~ polowy** a field hospital; **~ więzienny** the prison infirmary; **być w ~u** to be in hospital; **pójść do ~a** to go to hospital; **zabrali go do ~a** he was taken to hospital; **wyjść ze ~a** to leave hospital; **przyjąć kogoś do ~a** to admit sb to hospital; **wypisać kogoś ze ~a** to discharge sb from hospital; **czeka mnie ~** I will have to go to hospital

szpitalik m sgt (small) hospital

szpitalnictw|o n sgt książk. hospital service

szpitalnie adv. **być leczonym ~** to be treated in hospital

szpitaln|y adi. [personel, łóżko, oddział] hospital attr.

szpon m (G **~a** a. **~u**) [1] (u ptaków drapieżnych) talon; **pochwycić ofiarę w ~y** to grab its prey in its talons; **dostać się a. wpaść w czyjeś ~y** przen. to fall into sb's clutches; **być w ~ach nałogu** przen. to be in the grip of addiction [2] pot. (paznokieć) nail

szpond|er m Kulin. (część przednia) flat rib; (część tylna) thin flank

szponiasto adv. **~ zakrzywione dłonie** claw-like hands

szponia|sty adi. [1] [palce, dłoń] claw-like [2] [noga, łapa] taloned

szprot m → szprotka

szprot|ka f Zool. sprat; **~ki w oleju** sprats in oil

szpryc|a f [1] (spryskiwacz) sprayer [2] pot. (strzykawka) syringe; (zastrzyk) shot

szpry|cha f [1] (w rowerze) spoke; **~cha rowerowa** a bicycle spoke [2] pot. **ale z niej ~cha!** (jest atrakcyjna) she's quite a dish! pot.; (jest szczupła) she's really slim!

szprychow|y adi. [koło] spoked

szpryc|ować impf vt. ▯ vt [1] (podawać leki) to stuff [osobę] pot.; **~ować kogoś lekami** to stuff sb with drugs [2] (spryskiwać) to spray [rośliny]

▯ **szprycować się** [1] (brać leki) to stuff oneself pot.; **~ować się lekami** to stuff oneself with pills [2] (brać narkotyki) to shoot up pot. (**czymś** with sth)

szpul|a ▯ f reel, spool; **~a drutu** a reel a. spool of wire; **dwie ~e taśmy** two reels of tape; **nawinąć coś na ~ę** to wind sth onto a reel a. spool

▯ inter. pot. **~a!** run for it!

szpul|ka f dem. reel, spool; **~ka nici** a reel of cotton

szpulow|y adi. [magnetofon] reel-to-reel

szpun|t m (G **~tu**) bung, peg

szpunt|ować impf vt to bung [beczkę] ⇒ **zaszpuntować**

szram|a f scar; **człowiek ze ~ą na policzku** a man with a scar on his cheek; **~a po ranie** a scar from a wound

szrank|i plt (G **~ów**) Hist. (arena) tilt yard, lists; (ogrodzenie) lists

■ **stanąć** a. **wstąpić w ~ki (z kimś)** książk. to enter the lists (with sb)

szrapnel m (pocisk) shrapnel shell; pot. (odłamek) piece of shrapnel

szrapnelow|y adi. [pocisk] shrapnel attr.

szre|ń f sgt książk. snow crust

szron m sgt (G **~u**) [1] (lodowy osad) (hoar) frost; **pokryć się ~em** to frost up; **trawa pokryta ~em** frosty grass [2] książk. (siwizna) hoariness; **włosy pokryte ~em** hoary hair

szt. (= sztuka) **1 szt. – 2 złote** 2 zlotys apiece

sztab m (G **~u**) [1] Wojsk. staff; **~ generalny** the general staff; **szef ~u** the Chief of Staff [2] (zespół) team; **~ doradców** a team of advisors; **~ antykryzysowy** a crisis centre; **~ wyborczy** a campaign team; **członek jego ~u wyborczego** a member of his campaign

sztab|a f (**~ka** dem.) [1] (do drzwi, bramy) bar; **zamknąć drzwi na ~ę** to bar a door [2] (złota, srebra) bar, ingot; **~a złota** a bar of gold; **złoto w ~ach** gold bullion

sztabow|iec m Wojsk. staff officer

sztabow|y adi. Wojsk. [oficer] staff attr.; **mapa ~a** a military map

sztabów|ka f Wojsk. military map

sztachać się impf → sztachnąć się

sztache|ta f (drewniana) board; (metalowa) rail; **obluzowana ~ta w płocie** a loose board in the fence; **za ~tami** behind the fence

sztachetow|y adi. **płot ~y** a wooden fence

sztach|nąć się pf — **sztach|ać się** impf (**~nęła się, ~nęli się — ~am się**) v refl. pot. to have a drag pot.; **~nąć się papierosem** to have a drag on a cigarette

sztafaż m (G **~u**) Szt. staffage

sztafe|ta f Sport [1] (wyścig) relay (race); **~ta cztery razy sto metrów** the 4 x 100 relay; **~ta stylem zmiennym** a medley relay; **zawodnik biegnący w ~cie** a relay runner [2] (drużyna) relay team

sztafetow|y adi. Sport. [bieg, wyścig] relay attr.

sztafir|ować się impf v refl. pot. pejor. [kobieta] to tart oneself up pot. ⇒ **wysztafirować się**

sztalu|ga f zw. pl easel; **artysta przy ~gach** the artist at the easel

sztalugow|y adi. [malarstwo, malarz] easel attr.

sztam|a f sgt pot. friendship; **trzymać z kimś ~ę** to be friends with sb

sztambuch m (G **~a** a. **~u**) przest. (pamiętnik) album

sztambuchow|y adi. [wiersz] occasional

sztamp|a f sgt pejor. cliché; **~a dziennikarska/poetycka** clichéd journalism/poetry; **wpaść w ~ę** to lapse into cliché; **robić wszystko według ~y** to be uncreative; [artysta] to be derivative

sztampowo adv. pejor. **malować/pisać ~** to be a derivative painter/writer pejor.; **grać zbyt ~** [drużyna, tenisista] to be too predictable

sztampowoś|ć f sgt pejor. lack of originality

sztampow|y adi. pejor. [utwór, film, język] clichéd pejor.

sztanc|a f [1] Techn. (do wybijania wzorów) die [2] przen., pejor. (schemat) cliché pejor.; **jak spod ~y** [ozdoby, stroje] identical; **według jednej ~y** identically

sztanda|r m (G **~ru**) (chorągiew) flag, banner; **walczyć pod francuskim/brytyjskim ~rem** a. **francuskimi/brytyjskimi ~rami** to fight in the French/British army; **pod ~rem równości rasowej/międzynarodowej solidarności** przen. under the banner of racial equality/international solidarity

sztandarow|y adi. [1] **poczet ~y** the colour party [2] (reprezentacyjny) [produkt] flagship pot.; [działacz, przedstawiciel, pisarz] most prominent

sztan|ga f [1] Sport barbell; **podnieść ~gę** to lift a weight [2] (sztaba) bar

sztangi|sta m, **~stka** f Sport weightlifter

szterling m (A **~a**) Fin. sterling; **funt ~** pound sterling

sztok m

■ **upić się** a. **urżnąć się w ~** pot. to get dead drunk; to get plastered pot.

sztokfisz m Kulin. stockfish

sztolni|a f (Gpl **~**) Górn. drift

szton m (G **~u**) token, counter

sztorc m (G **~u**) **~em** a. **na ~** upright; **ustawić/wbić coś na ~** to set/plant sth upright; **osadzić kosę na ~** to set a scythe blade upright

■ **stawać** a. **stawiać się ~em** [osoba] to kick over the traces; **stanąć ~em wobec kogoś** to set one's face against sb

sztorc|ować impf vt pot. to dress [sb] down pot. (**za coś** for sth) ⇒ **obsztorcować**

sztorm m (G **~u**) Meteo., Żegl. storm; **wiatr o sile ~u** a storm; **zerwał się ~** the storm broke; **szalał ~** a storm was raging; **statek miotany przez ~** a storm-tossed ship

sztormiak m oilskins; oilers US pot.

sztormow|y adi. [ostrzeżenie, sygnał, żagiel] storm attr.; [pogoda] stormy; **latarnia ~a** a storm lantern; **zapałki ~e** storm a. windproof matches

sztormów|ka f Żegl. [1] (kurtka) oilskins [2] (lampa) storm lantern

sztruks ▯ m sgt (G **~u**) corduroy, cord ▯▯ **sztruksy** plt corduroys, cords

sztruksow|y adi. [marynarka, spodnie] corduroy attr., cord attr.

sztubac|ki adi. pejor. [żarty, figle, żargon] schoolboy attr.; **po ~ku** like a schoolboy
sztubacko adv. pejor. [zachowywać się] like a schoolboy
sztuba|k m (Npl ~ki a. ~cy) przest., pot. schoolboy; **zaczerwienić się jak ~k** to blush like a schoolboy
sztuce|r m (hunting) rifle
sztu|ciec m zw. pl piece of cutlery; ~ćce cutlery, flatware US; ~ćce do sałatek salad servers
sztucz|ka f [1] (popis) trick; **karciana ~ka** a card trick; ~ki magiczne magic; robić/ pokazywać ~ki to do a. perform/show tricks [2] (podstęp) trick; dodge GB pot.; prawnicze ~ki legal tricks; uciekać się do różnych ~ek to use all sorts of tricks a. dodges; nie dam się złapać na jego ~ki I won't be fooled by his tricks; tylko nie próbuj żadnych ~ek don't try any tricks [3] dem. Teatr. playlet; lekka ~ka a light play [4] Muz. short piece
sztucznie [1] adv. grad. (nienaturalnie) [uśmiechać się] falsely; zachowywać się ~ to behave in an unnatural way; mówić ~ nonszalanckim tonem to speak with feigned indifference; jego akcent brzmi ~ his accent sounds fake
[3] adv. (przy udziale człowieka, celowo) artificially; ~ barwiony/aromatyzowany artificially coloured/flavoured; ~ karmić dzieci to bottle-feed children; ~ windować ceny to artificially inflate prices; ~ zwiększać popyt to artificially boost demand
sztuczność f sgt artificiality; jej gra razi ~cią her acting is so artificial
sztuczn|y [1] adi. grad. (nienaturalny) [osoba, zachowanie, atmosfera] artificial; [postać, bohater] artificial, cardboard attr.; [uśmiech, wesołość] false, fake
[3] adi. [1] (będący imitacją) [kwiat, śnieg, futro, złoto] artificial, fake, imitation; (wynikający z ludzkiej interwencji) [jezioro, nawadnianie, zapłodnienie, nawozy] artificial; [broda, wąsy, oko, ząb] false, fake; ~y satelita an artificial satellite; ~y horyzont Lotn. artificial horizon; ~e oddychanie artificial respiration; ~e oświetlenie artificial lighting; przy ~ym świetle in artificial light; ~a nerka a kidney machine; ~e serce an artificial heart; ~a szczęka false teeth; ~e lodowisko an artificial ice rink; ~y miód artificial honey; ~e ognie fireworks; włókna ~e synthetic fibres; ~a skóra imitation leather, leatherette; ~e bariery/podziały artificial barriers/divisions; w ~ych warunkach in artificial conditions [2] (celowo wywołany) ~e windowanie cen inflating prices artificially; robić ~y tłok wokół kogoś [złodzieje] to crowd around sb
sztuczyd|ło n pejor. poor-quality play
sztufa|da f Kulin. larded beef roast
sztu|ka f [1] (twórczość artystyczna) art, the arts; ~ka ludowa folk art; ~ki piękne the fine arts; Akademia Sztuk Pięknych the Academy of Fine Arts; wystawa ~ki współczesnej a modern art exhibition; galeria ~ki an art gallery; dzieło ~ki a piece of art; handlarz dziełami ~ki an art dealer; zbierać ~kę to collect art; tworzyć

~kę to create art; ~ka filmowa filmmaking; ~ka użytkowa applied art [2] (umiejętność) art; ~ka wytapiania metali the art of smelting metals; ~ki walki martial arts; ~ka wojenna the art of war; błąd w ~ce a malpractice; cała ~ka polega na tym, żeby... the trick is to... [3] (wyczyn) feat, stunt; to była nie lada ~ka it was no mean feat; dokonać jakiejś ~ki to accomplish a feat; nikt jeszcze nie dokonał tej ~ki no one has accomplished this yet; jemu ta ~ka się udała he has accomplished this feat; to nie a. żadna ~ka stać z boku i krytykować it's easy to stand by and criticize; wielka mi ~ka! iron. big deal! [4] Teatr. play; ~ka w pięciu aktach a play in five acts; wystawić ~kę to stage a play; zagrać w ~ce to appear in a play; pójść do teatru na dobrą ~kę to go the theatre to see a good play [5] (egzemplarz) piece, item; dwanaście ~k talerzy twelve plates; dziesięć ~k bydła ten head of cattle; sześć ~k bagażu/bielizny six pieces of luggage/underwear; sprzedawać coś na ~ki to sell sth per item; dwa złote za ~kę two zlotys apiece; kupić coś po trzy złote ~ka to buy sth at three zlotys apiece; piękna ~ka! (o zwierzęciu) it's a fine animal!; ~ka w ~kę every single one; wszystkie talerze, ~ka w ~kę były poobijane every single plate was chipped [6] pot. (osoba) guy, one; to twarda ~ka he/she is a tough one [7] (sztuczka) trick; karciane ~ki card tricks; ~ki magiczne magic tricks
❏ ~ka mięsa Kulin. piece of boiled beef; ~ki wyzwolone Hist. liberal arts
■ do trzech razy ~ka third time lucky
sztukamięs m pot. piece of boiled beef
sztukas m Hist. Stuka
sztukateri|a f (GDGpl ~i) Archit. moulding, molding US
sztukato|r m stuccoist, stuccoer
sztukators|ki adi. [dekoracja, element] stucco attr.; gips ~ki stucco plaster
sztukatorstw|o n sgt stuccoing
sztukmistrz m [1] (cyrkowiec) circus performer; (iluzjonista) magician, conjuror [2] przen. (mistrz, geniusz) magician
sztuk|ować impf vt to lengthen [rękawy, nogawki]
sztukowan|y [1] pp → sztukować
[3] adi. [spodnie, nogawki] lengthened
szturchać impf → szturchnąć
szturcha|niec m (uderzenie) thump; (pchnięcie) shove; (łokciem) jab, poke; dała mi ~ńca w bok she poked me in the side a. ribs
szturch|nąć pf — **szturch|ać** impf (~nęła, ~nęli — ~am) [1] vt to prod [osobę]; (dla zwrócenia uwagi) to nudge [osobę]; ~nąć kogoś łokciem to prod sb with one's elbow; ~nąć kogoś w bok to poke a. dig sb in the ribs
[3] szturchnąć się — szturchać się to prod each other
szturm m (G ~u) Wojsk. storm także przen.; ~ na pałac the storming of the palace; przypuścić ~ na pozycje nieprzyjaciela to storm the enemy defences; wziąć miasto ~em to take a town by storm; zdobyła publiczność ~em przen. she took

the audience by storm; wedrzeć się ~em dokąd to storm one's way into sth; ruszyli ~em do drzwi przen. they rushed towards the door
szturm|ować impf vt Wojsk. to storm [pozycje, twierdzę] także przen.; ~ować bramy stadionu to storm one's way into a stadium; ~ować do drzwi to rush at the door
szturmow|y adi. [oddział, grupa] storm attr., assault attr.
szturmów|ka f flag (carried by marchers)
sztych m (G ~u) [1] Szt. (rycina) etching, print [2] (ostrze broni białej) point [3] (pchnięcie przeciwnika) thrust; zaskoczył przeciwnika błyskawicznym ~em he surprised his adversary with a swift thrust [4] pot. (zagłębienie w ziemi łopaty) spade's depth; wykopali dół głęboki na dwa ~y they dug the ground two spades deep
■ wyjść komuś na ~ Myślis. to head straight a. for sb
sztyf|t m (G ~tu) [1] (cienki gwóźdź) sparable; (ćwiek drewniany) pin [2] (pióro gęsie lub kacze) (outer) wing feather [3] Med., Kosmet. stick; ~t do tamowania krwi a styptic pencil; klej w ~cie a glue stick
sztyga|r m Górn. foreman
sztygars|ki adi. Górn. [praktyka, egzamin] foreman attr.
sztylecik m dem. stiletto
sztyle|t m (G ~tu) [1] (broń biała) dagger, poniard [2] Druk. bodkin [3] Zool. wing feather
sztylet|ować impf vt to stab ⇒ zasztyletować
■ ~ować kogoś wzrokiem to look daggers at sb
sztywniactw|o n sgt pot. primness, standoffishness, stuffiness
sztywnia|k m (Npl ~cy a. ~ki) pot. stuffed shirt pot., stiff US pot.
sztywni|eć impf (~eję, ~ał, ~eli) vi [1] (stawać się sztywnym) [ręce, nogi] to become stiff ⇒ zesztywnieć [2] przen. (stawać się chłodnym, oschłym) to stiffen, to tense up ⇒ zesztywnieć
sztywnik m stiffener; ~ kołnierzyka a collar stiffener
sztywn|o adv. grad. [1] (twardo) stiffly; ~o wykrochmalona biała koszula a stiffly starched white shirt [2] (bezwładnie) [poruszać się, stąpać] stiffly [3] przen. (oschle) stiffly; uśmiechnął się do nich ~o he smiled at them stiffly
sztywnoś|ć f sgt [1] (brak elastyczności, sprężystości) stiffness; ~ć kołnierzyka/materiału the stiffness of the collar/fabric; ~ć stawów stiffness in the joints [2] przen. (niezmienność) rigidity; ~ć cen the rigidity of prices; ~ć godzin pracy fixed working hours; ~ć poglądów the rigidity of one's views; ~ć przepisów the rigidity of regulations [3] przen. (brak naturalności) stuffiness, offishness; ~ć w czyimś zachowaniu stiffness of manner in sb [4] Techn. stiffness, rigidity
sztywn|y [1] adi. grad. [1] (nieelastyczny) [kołnierzyk, kapelusz] stiff; ~a oprawa książki a stiff a. hard cover [2] (niedający się przelać) [majonez, galareta] stiff; białka należy ubić na ~ą pianę whip the egg whites until stiff [3] (bezwładny, drętwy) [stawy,

ręce, nogi] stiff 4 (o ruchach i postawie) stiff; **być ~ym z przerażenia** to be scared stiff 5 przen. (niezmienny) stiff; **~e ceny** fixed prices; **~e przepisy** stiff regulations; **~a formułka** a fixed a. standard formula; **coraz ~iejsze stanowisko Europy wobec...** Europe's increasingly stiff stance toward... 6 przen. (chłodny) stiff; starchy pot.; **był ~y w zachowaniu** he was stiff in his manner; **moi sąsiedzi są trochę ~i** my neighbours are a bit starchy; **na przyjęciu panował ~y nastrój** the party was stuffy a. stodgy

Ⅱ *adi.* pot. (zastygły po śmierci) stiff; **~e ciała zabitych** stiff corpses of those killed

Ⅲ *m* posp. (trup) stiff pot.

■ **aleja** a. **park ~ych** pot., żart. cemetery

szub|a *f* przest. (fur-lined) overcoat

szubienic|a *f* 1 (konstrukcja) gallows (+ *v sg*); gibbet daw.; **zawisnąć na ~y** to be hanged on the gallows 2 sgt (kara śmierci przez powieszenie) gallows (+ *v sg*); the gibbet daw.; **ujść ~y** to cheat the gallows; **został skazany na ~ę** he was sentenced to the gallows 3 Gry hangman *U* pot.

szubraw|iec *m* (*V* **~cze** a. **~cu**) przest., pejor. blackguard przest., miscreant przest.

szubrawstw|o *n* sgt przest. villainy, knavery

szufel|ka *f* 1 (do węgla) shovel 2 (do śmieci) dustpan 3 (do cukru, kasz) scoop 4 (zawartość) (węgla) shovelful; (cukru) scoopful

szuf|la **Ⅰ** *f* (*Gpl* **~li** a. **~el**) 1 (narzędzie) shovel; **zrzucać ~lą węgiel do piwnicy** to shovel coal into the cellar; **odgarniać ~lą śnieg** to shovel snow 2 (zawartość) shovelful; **dwie ~le węgla** two shovelfuls of coal 3 Druk. copyholder

Ⅱ *inter.* pot. shake (on it); **~la stary!** shake (on it), mate!

szufla|da *f* drawer; **~da biurka/na sztućce** a desk/cutlery drawer

■ **pisać do ~dy** (dla siebie) to write for one's own pleasure; (nie mogąc publikować) to write without hope of publication

szuflad|ka *f dem.* drawer; **~ka sekretarzyka** a drawer of an escritoire

szufladk|ować *impf vt* to tag, to pigeonhole; **~ować ludzi na dobrych i złych** to divide people into good and bad; **~ować dane/informacje** to pigeonhole data/information ⇒ **zaszufladkować**

szufladkow|y *adi.* **komódka ~a** a small chest of drawers; **pamięć ~a** mechanical memory

szufladow|y *adi.* **zamrażarka ~a** an upright freezer

szuj|a *m, f* (*Gpl m* **~j** a. **~jów**, *Gpl f* **~j**) pot., obelż. scumbag pot.; scoundrel

szujowa|ty *adi.* pot., obraźl. swinish, villainous

szuka|ć *impf* **Ⅰ** *vt* 1 (starać się znaleźć) to look (**kogoś/czegoś** for sb/sth); to search (around) (**kogoś/czegoś** for a. after sb/sth); **~ć w kieszeniach** a. **po kieszeniach** to search (one's) pockets; **~ć czegoś po omacku** to grope for sth, to feel around for sth; **~ć czegoś w słowniku/encyklopedii** to look sth up a. to look up sth in the dictionary/encyclopaedia; **~ł miejsca w pociągu** he was trying to find a seat on the train; **wszędzie cię ~m** I've been looking

for you everywhere 2 (chcieć usilnie) to seek [*sławy, poparcia, pomocy*]; **~ć schronienia za granicą** to seek refuge abroad; **~ć schronienia przed kimś/czymś** to run for shelter from sb/sth; **~ć szczęścia w mieście** to seek one's fortune in the city; **~ć w czymś pocieszenia** to seek solace in sth; **~ć zapomnienia w alkoholu** to seek oblivion in alcohol

Ⅱ szukać się to look for each other

■ **~ć słów/odpowiedzi** to grope for words/an answer; **~ć, czego się nie zgubiło** a. **wczorajszego dnia** to go round in circles; **takiego drugiego ze świecą ~ć** such people are few and far between

szule|r *m* cheat; sharper pot.

szuler|ka *f* sgt card-sharping

szuler|nia *f* (*Gpl* **~ni** a. **~ń**) gambling den pot., gambling joint pot.

szulers|ki *adi.* [*spryt, sztuczki*] sharper's

szum *m* (*G* **~u**) 1 (przytłumiony odgłos) sough, swoosh; **~ morskich fal** the swoosh of surf; **~ traw/wiatru** the swoosh of the grass/wind; **~ deszczu** the beating down of rain; **~ taśmy** the hiss of the tape; **~ kamer/projektora** the whirr of cameras/a projector; **~ głosów** the murmur of voices; **~ rozmów** the hum a. buzz of conversation; **~ samochodów** the drone of traffic; **~ silnika** the drone of the car engine; **dokuczliwy ~ w skroniach** an annoying buzzing noise in one's head sgt (rozgłos) fuss; hoopla US pot.; **narobić ~u** to make a fuss; **po co tyle ~u?** what's all the fuss a. noise about? 3 Techn. interference; **~ w słuchawce** interference within the receiver 4 zw. pl przest. scum *U*, foam *U*; **zbierać ~y** to skim the scum off, to skim off foam

■ **~ informacyjny** Dzien. information noise

szum|ek *m dem.* (*G* **~ku**) stir, fuss; **powstał ~ek wokół werdyktu jury** the jury's verdict caused quite a stir

szum|ieć *impf* (**~isz**, **~iał**, **~ieli**) *vi* 1 (powodować szum) [*czajnik, odkurzacz, wentylator*] to hum, to whir; **sala/ulica/miasto ~i gwarem** the room/street/city is buzzing; **~iało mu w głowie/w uszach** there was a buzzing noise in his head/ears; **w klasie ~iało jak w ulu** the class was buzzing with activity 2 (o winie, piwie) to bubble, to sparkle 3 pot. (ekscytować się) to buzz; **całe miasto/biuro o tym ~iało** the whole town/office buzzed with rumours; **~iało o tej sprawie jeszcze długo potem** the rumours continued for a long time 4 pot. (wprowadzać zamieszanie) to riot; **wzmożono represje, aby odechciało się im ~ieć** repressive measures were taken to discourage the protesters 5 pot. (szaleć) to live it up; **zachciało mu się ~ieć na starość** in his old age he decided to live it up and have a good time

■ **alkohol/wino/piwo ~i mu w głowie** alcohol/wine/beer goes to his head

szumnie *adv. grad.* 1 (pompatycznie) [*brzmieć*] high-flown *adi.* 2 (wystawnie) [*obchodzić, świetować*] sumptuously

szumn|y **Ⅰ** *adi. grad.* 1 (pompatyczny) [*frazesy, deklaracje, obietnice*] high-flown; [*tytuły, nazwy*] high-sounding 2 (bogaty, okazały) [*przyjęcie, wesele*] sumptuous, grand

Ⅱ *adi.* książk. (powodujący szum) [*potok, wodospad*] murmuring

szumowin|a *f zw. pl* 1 Kulin. (piana) scum *U*; **zbierz ~y z rosołu** skim off scummy foam from the broth, skim off any scum from the broth 2 pot., obraźl. (margines społeczny) scum *U* pot.; **dzielnicę tę zamieszkiwały najgorsze męty i ~y** the district was inhabited by the dregs a. by the scum of the earth

szurać[1] *impf* → **szurnąć[1]**

szura|ć[2] *impf vi* pot. to be spoiling for a fight, to kick up a row; **nie ~j, bo oberwiesz** don't be cheeky or you'll catch it

szurgać *impf* → **szurgnąć**

szurg|nąć *pf* — **szurg|ać** *impf* (**~nęła**, **~nęli** — **~am**) *vi* przest. to shuffle

szurgo|t *m* (*G* **~tu**) pot. shuffle; **~t przesuwanych mebli** the muffled thumping of furniture being moved; **usłyszał ~t wielu par butów** he heard the shuffle of many feet

szur|nąć[1] *pf* — **szur|ać[1]** *impf* (**~nęła**, **~nęli** — **~am**) *vi* 1 (przesunąć) to shuffle; **~nąć nogami w ukłonie** to make an elaborate bow; **~ać butami po wycieraczce** to shuffle one's feet on the doormat 2 (ocierając się powodować szelest) to scrape; **coś ~ało za drzwiami** something was making a scraping sound behind the door; **~ały odsuwane krzesła** the chairs scraped across the floor; **opony ~ały po żwirze** tires scraped over gravel 3 pot. (posuwać się szybko) **~aj do przodu!** off you go!; **~aj stąd!** get out of here!; **~nąć na rowerze do miasta** to dash off to the town on one's bicycle

szurn|ąć[2] *pf* (**~ęła**, **~ęli**) *vt* pot. 1 (rzucić szybkim ruchem) to fling, to hurl; to chuck pot.; **~ąć krzesło w kąt** to fling a. hurl a chair into the corner 2 (usunąć) to chuck out pot., to kick out pot. (**z czegoś** out of sth); **~ęli mnie ze szkoły/z pracy** they chucked me out of school/work 3 (uderzyć) to whack pot.; to bash pot.; **~ąć kogoś w głowę** to whack a. bash sb on the head

szurnię|ty *pp* → **szurnąć**

Ⅱ *adi.* pot. touched pot.; batty pot.; **jest trochę ~ty, ale można go polubić** he's slightly bonkers but quite likeable; **w tej rodzinie wszyscy są ~ci** everybody in this family is nuts a. bonkers

szus *m* (*G* **~u** a. **~a**) 1 przest. (wybryk, wyskok) mischief; lark pot.; **zawsze należy się po nim spodziewać jakiegoś ~u** he's always ready for a lark 2 Sport schuss; **przejechał ~em całą trasę** he schussed the whole ski run

szus|ować *impf vi* Sport to schuss; **~ował po łagodnych stokach** he schussed the gentle slopes

szut|er *m sgt* (*G* **~ru**) (stone) chippings *pl*; **alejki parkowe były schludnie wysypane ~rem** the park alleys were neatly sprinkled with stone chippings

szutrow|y *adi.* [*droga, nawierzchnia*] metalled

szuwaks *m sgt* (*G* **~u**) przest. (do butów) blacking

szuwa|r *m* (*G* **~ru**) zw. pl rush; **skryć się w gęstych ~rach** to hide in the thick rushes

Szwab m [1] (Npl ~y) pot., pejor. (Niemiec) Kraut pot., pejor.; Boche pot. przest., Jerry GB pot., przest. [2] (Npl ~i a. ~owie) (mieszkaniec Szwabii) Swabian

Szwab|ka f [1] (Niemka) pot., pejor. Kraut pot., pejor. [2] (mieszkanka Szwabii) Swabian

szwabs|ki adi. [1] (niemiecki) pot., pejor. [czołg, broń] Kraut attr. pot., pejor.; Jerry attr. GB pot., przest.; ~ka **mowa** German jabber; **szwargotać po ~ku** to jabber away in German [2] (dotyczący Szwabii) [miasto, krajobraz, ziemie] Swabian

szwacz|ka f Przem. seamstress, needle-woman

szwadron m (G ~u) Wojsk cavalry troop
❑ ~y **śmierci** Dzien. death squadrons

szwadronow|y adi. [dowódca, sztab] cavalry troop attr.; **kolumna** ~a a cavalry troop column

szwag|ier m (Npl ~rowie) brother-in-law

szwagier|ek m (Npl ~kowie) pieszcz. brother-in-law

szwagier|ka f sister-in-law

szwagrostw|o plt (GA ~a, L ~u) brother-in-law with his wife/sister-in-law with her husband; **oboje** ~o **radzili mi, żebym...** both my brother-in-law and his wife advised me to...

szwagrows|ki adi. [życzliwość, pomoc] brother-in-law's

Szwajca|r m, ~rka f (mieszkaniec Szwajcarii) Swiss; ~**rzy** the Swiss; **jest** ~**rką** she's Swiss; **wyszła za** ~**ra** she married a Swiss

szwajca|r m (Npl ~rowie a. ~rzy) przest. doorkeeper, doorman

szwajcars|ki adi. [zegarek, czekolada, ambasada] Swiss; **scyzoryk** ~**ki** a Swiss army knife, a Swiss army penknife

szwalni|a f (Gpl ~) sewing room

szwalnicz|y adi. [maszyna, technika, umiejętności] sewing

szwank m (G ~u) książk. harm; **doznać** ~u to sustain damage; **wystawić kogoś/coś na** ~ to put sb/sth in jeopardy; **wyjść z wypadku bez** ~u to come out of the accident unscathed a. unharmed a. unhurt; **swoimi posunięciami naraża całą firmę na** ~ he's jeopardizing the whole company with his actions

szwank|ować impf vi to be failing, to be defective; **coś tu** ~**uje** something's amiss here; **dyscyplina w zespole** ~**uje** the discipline in the team leaves much to be desired
■ ~**ować na umyśle** to be off the wall pot.; ~**ować na zdrowiu** przest. to be unwell

szwargo|t m (G ~tu) jabber; **z baru dochodził niemiecki** ~**t** German jabber could be heard from the bar

szwargo|tać impf (~czę a. ~cę) vt to jabber ⇒ **zaszwargotać**

Szwe|d m, ~**dka** f Swede; **być** ~**dem/** ~**dką** to be Swedish

szwedka pot. crutch

szwedz|ki [I] adi. [sztuka, literatura] Swedish; ~**ki stół** smorgasbord; **gimnastyka** ~**ka** Swedish gymnastics
[II] m sgt (język) Swedish; **mówić po** ~**ku** to speak Swedish

szwenda|ć się impf v refl. pot. to loiter, to hang around; ~**ć się po mieście** to loiter in a. around the town

szwindel m (G ~lu, Gpl ~li a. ~lów) pot. swindle; **ta transakcja pachnie** ~**lem** that transaction smacks of a swindle; **siedział pół roku za jakieś** ~**le** he served half a year for some swindle or other

szwindel|ek m dem. pot. swindle

szwoleże|r m (Npl ~rowie a. ~rzy) Wojsk. light cavalryman

szwoleżers|ki adi. [oddział] light cavalry attr.; [mundur] cavalryman's

szwung m sgt (G ~u) pot. zip pot., zing pot.; **ma szalony** ~ he/she's full of vim and zip; **pisze ostro, ze** ~**iem** he writes with a real zing

szyb m (G ~u) Górn. mineshaft, coal pit
❑ ~ **dźwigowy** Budow., Techn. lift shaft GB, elevator shaft US; ~ **kablowy** Budow., Techn. conduit; ~ **naftowy** Górn. oil well; ~ **solny** salt well; ~ **wdechowy** Górn. ventilation shaft; ~ **wentylacyjny** air shaft, ventilation shaft

szyb|a f pane, windowpane; **przednia** ~**a samochodu** the windscreen GB, the windshield US; **tylna** ~**a samochodu** the rear window; ~**a pancerna** armoured a. bulletproof glass; **ktoś stłukł** ~**ę w oknie** someone has smashed the windowpane; **oglądał poustawiane za** ~**ą eksponaty** he examined the exhibits behind the glass

szybciut|ki adi. dem. pieszcz. [samochód, winda] fast; [krok, bieg, chód] brisk, smart; [odpowiedź, reakcja, decyzja] swift, speedy

szybciutko adv. dem. pieszcz. [uwinąć się, iść, spakować się] quickly, swiftly; ~ **odpisał** he wrote back swiftly

szyb|er m damper

szyberdach m (G ~u) sunroof

szyb|ka f dem. pane, windowpane; ~**ki oprawione w ołów** leaded lights

szyb|ki adi. grad. [1] (prędki) [samochód, pociąg, winda] fast; [posiłek, obiad] hurried; [drukarka, faks] high-speed; [puls, ruch, oddech, wzrost] rapid, fast; ~**kie czytanie** speed-reading; ~**ki rozwój** a mushroom growth; **łyżwiarstwo** ~**kie** speed skating; **jest** ~**ki w ruchach** he's quick-moving; **ten koń jest** ~**ki jak piorun** that horse is as quick as lightning; **ruszyła** ~**szym krokiem w stronę domu** she set off home at a faster pace; **tempo robi się coraz** ~**sze** the pace is getting hotter [2] (mający nastąpić niedługo) [odpowiedź, reakcja, koniec] quick; ~**ki rozwód** a quick divorce; **życzyć komuś** ~**kiego powrotu do zdrowia** to wish sb a speedy recovery; **podjąć** ~**ką decyzję** to make a snap decision, to make up one's mind quickly; **mieć** ~**ki refleks** to have quick reflexes; **będę wdzięczny za** ~**ką odpowiedź** I look forward to hearing from you soon; **miał** ~**ką, ale spokojną śmierć** he had a quick but peaceful death
■ ~**ki Bill** fast worker; **ale z ciebie** ~**ki Bill, ja jestem dopiero w połowie** you're a fast worker, I'm only halfway through; **wolnego, nie bądź taki** ~**ki Bill** slow down, don't go so fast

szyb|ko [I] adv. grad. [1] (prędko) [mówić, pisać, biec] fast; ~**ko się uczy** he's a quick learner; **widzę, że czytasz** ~**ciej ode mnie** I can see that you're reading faster than me; ~**ko wypił kawę i wybiegł z biura** he gulped down his coffee and dashed out of the office; **jechał zbyt** ~**ko** he was driving too fast; **zjeść coś na** ~**ko** (w lokalu) to go for a quick bite to eat; (w domu) to catch a. to grab a quick bite to eat [2] (zaraz) [odpisać, odpowiedzieć, zdecydować się] quickly, right away; ~**ko jej przebaczył** he readily forgave her; **sprawa zostanie** ~**ko załatwiona** the matter will be dealt with promptly; **postaraj się odpisać jak najszybciej** please reply as quickly as possible; ~**ko zorientował się w sytuacji** he swiftly got a grasp of the situation [3] (z małymi przerwami) [oddychać] rapidly
[II] **szybko-** w wyrazach złożonych **szybko-nogi** swift-footed

szybkobieżn|y adi. [1] (posuwający się z dużą szybkością) [autobus, kolej, winda] fast [2] (mający dużą prędkość obrotów) [silnik, wentylator, turbina] high-speed

szybkoobrotow|y adi. [silnik, wiertarka, wirówka] high-speed

szybkostrzeln|y adi. [pistolet, karabin, działo] quick-firing

szybkościomierz m (Gpl ~y a. ~ów) speedometer

szybkościowo adv. [zbudować, załadować, wykonać] in record time

szybkościow|y adi. [1] (odznaczający się dużą szybkością) [winda] high-speed; [metoda] speedy [2] (dotyczący szybkości poruszania się) **rekord** ~**y** a speed record; **sprawdzian** ~**y** Sport a time trial

szybkoś|ć f [1] (prędkość) speed; velocity książk.; ~**ć wiatru** the wind speed; **z** ~**cią 100 km na godzinę** at a rate of a 100 km an hour; **jechał z zawrotną** ~**cią** he was driving at an incredible speed [2] (natychmiastowość) speed; ~**ć decyzji jest tu konieczna** a speedy decision is vital in this case; ~**ć zmian zachodzących w...** the speed of the changes taking place in...
❑ **stała** ~**ć** Fiz. constant velocity
■ **rozwijać** ~**ć do 100 km/godz** to reach a speed of 100 kph; **motocyklista rozwinął nadmierną** ~**ć** the motorcyclist was driving at excessive speed; **wytracać** ~**ć** to slow down

szybkowa|r m (G ~ru a. ~ra) pressure cooker; **gotować w** ~**rze** to pressure-cook

szyb|ować impf vi [1] (o szybowcu, samolotach, ptakach) to glide, to soar; **ptak** ~**ował nad zatoką** a bird winged its way over the bay [2] książk. (przemieszczać się w powietrzu) to glide; **obłoki** ~**ują po niebie** clouds are floating across the sky [3] przen. (marzyć) ~**ować myślami w przestworzach** (bez przerwy) to have one's head in the clouds; (w danej chwili) to be miles away

szybowcow|y adi. [pilot, hangar, model] glider attr.; [kurs, zawody] gliding

szybow|iec m Lotn. glider; ~**iec wyczynowy** a high-performance glider, a sailplane

S

szybownictw|o *n sgt* [1] Sport gliding [2] Techn. (konstruowanie szybowców) glider construction

szybownicz|y *adi.* Sport [zawody] gliding; **sport ~y** gliding

szybowni|k *m* glider pilot

szybow|y[1] [J] *adi.* [robotnik, górnik, wykop] shaft *attr.*

[III] *m* (górnik) shaftsman

szybow|y[2] *adi.* szkło **~e** plate a. sheet glass

szy|cha *f* pot. bigwig pot., big cheese pot.

szyci|e [J] *sv* → szyć

[III] *n sgt* sewing; **maszyna do ~a** a sewing machine; **czeka na mnie cała sterta ~a** I've got a pile of sewing to do

szy|ć *impf* (**~ję**) *vt* [1] (łączyć nićmi) to sew; **nie lubię ~ć** I don't like sewing; **sama sobie wszystko ~je** she sews a. makes all her own clothes; **~ć na miarę garnitur/żakiet** to tailor a suit/jacket; **ma garnitur ~ty na miarę** his suit is tailor-made ⇒ **uszyć** [2] pot. (zlecić uszycie) to have [sth] made; **~ć sobie sukienkę u krawcowej** to have a dress made ⇒ **uszyć** [3] Med. to sew, to stitch [ranę, przetokę] ⇒ **zszyć**

■ **~ć komuś buty** to put a spoke in sb's wheel GB, to plot against sb

szydeł|ko *n* a crochet hook; **robić ~kiem szalik/czapkę** to crochet a scarf/cap

szydełk|ować *impf vt* to crochet [szal, sweter]

szydełkow|y *adi.* [robota, robótka, ścieg] crochet *attr.*; [serwetka, chusta, koronka] crocheted

szyderc|a *m* scoffer, jeerer

szydercz|o *adv.* [patrzeć, uśmiechać się] sneeringly, scornfully

szydercz|y *adi.* [spojrzenie, ton, uśmiech] derisive, scornful

szyderstw|o *n* sneer, derision, scorn; **stać się obiektem czyjegoś ~a** to become the object of scorn; **jego zimne ~a doprowadzały ją do rozpaczy** his cold a. withering scorn drove her to despair

szyd|ło *n* awl, bodkin; **~ło płaskie** a bradawl

■ **wyszło ~ło z worka** the cat's out of the bag

szy|dzić *impf vi* to sneer (**z kogoś/czegoś** at sb/sth); to deride (**z kogoś/czegoś** sb/sth); to jeer (**z kogoś/czegoś** at sb/sth); **~dzić z kogoś w żywe oczy** to deride sb openly

szyfon *m* (*G* **~u**) chiffon; **suknia z ~u** a chiffon dress

szyfonow|y *adi.* [suknia, bluzka] chiffon *attr.*

szyf|r *m* (*G* **~ru**) code, cipher; **złamać ~r** to break a. crack a code; **podali tę wiadomość ~rem** they sent this message in code a. cipher

szyfran|t *m*, **~tka** *f* cryptographer, cipher clerk

szyfrogram *m* (*G* **~u**) cryptogram, code

szyfr|ować *impf vt* to encode, to put [sth] into code [wiadomość, informację]; **~owanie danych** data encryption ⇒ **zaszyfrować**

szyfrowan|y [J] *pp* → szyfrować

[III] *adi.* [tekst, depesza, wiadomość] coded, encoded, ciphered

szyfrow|y *adi.* [depesza, korespondencja, wiadomość] coded, encoded, ciphered; **zamek ~y** a combination lock

szyic|ki *adi.* [duchowni, mniejszość] Shiite *attr.*, Shia *attr.*

szyi|ta *m*, **~tka** *f* Shiite

szyi|tyzm, ~zm *m sgt* (*G* **~tyzmu, ~zmu**) Relig., Polit. Shia, Shiitism

szyizm → szyityzm

szy|ja *f* [1] (część ciała) neck; **zapięty pod ~ję** buttoned up to the neck; **sweter zapięty pod ~ję** a sweater buttoned up high under the neck; **nosić coś na ~i** to wear sth round one's neck; **rzucić się komuś na ~ję** to fling a. throw one's arms around sb's neck; **wyciągać ~ję** to crane one's neck; **woda sięgała (mu) po ~ję** the water was neck-deep, the water was up to his neck [2] (zwężona część naczynia) neck; **z koszy wystawały szklane ~je gąsiorów** the glass necks of the demijohns stuck out of wicker baskets

■ **dawać sobie w ~ję** pot. to have a drop of the hard stuff; **mieć kamień młyński u ~i** to have a millstone round one's neck; **mieć nogi (aż) po samą ~ję** to be all legs

szyj|ka *f* [1] *dem.* neck [2] (zwężona część naczynia) neck; **wysmukła ~ka karafki** a slender carafe neck; **wystająca z kieszeni ~ka butelki** the neck of a bottle sticking out of a pocket [3] Anat. **~ka macicy** cervix, the neck of the womb; **rak ~ki macicy** cervical cancer [4] Anat., Stomat. the neck of a tooth [5] Muz. neck; **palce skrzypka szybko biegały po ~ce instrumentu** the fingers of the violinist ran quickly over the neck of the instrument

❑ **~ki rakowe** Kulin. dish prepared from crayfish

szyjn|y *adi.* [kręgi, węzły chłonne] cervical; **tętnica ~a** a carotid

szyk[1] *m* (*G* **~u**) (elegancja) chic; **mieć ~** to have chic; **ubierała się z ~iem** she dressed with chic a. in style

■ **zadać ~u** to cut a fine figure; **lubię czasem zadać ~u** I like to dress up a bit from time to time, I like to look stylish from time to time

szyk[2] [J] *m* (*G* **~u**) [1] *sgt* Wojsk. (sposób ustawienia, określony porządek) formation, array; **~ bojowy** battle order, battle array; **stać w zwartym ~u** to stand in close a. compact formation; **żołnierze ustawili się na placu w ~u defiladowym** the soldiers stood in parade formation on the square [2] Jęz. word order; **~ przestawny** inversion

[III] **szyki** *plt* Wojsk. rank; **lustrować ~i** to inspect the ranks; **rozbić a. złamać ~i nieprzyjaciela** to break the enemy's ranks; **dał rozkaz formowania ~ów** he ordered the ranks to fall in

■ **pokrzyżować** a. **pomieszać** a. **poplątać komuś ~i** to throw a spanner in the works of sb, to put a spoke in sb's wheel

szykan|a *f zw. pl* insult, harassment; **robić komuś ~y** to pick on sb; **w tym środowisku narażał się na nieustanne ~y** he was subject to constant insults in that circle

[III] **szykany** *plt* pot. style *U*; **wesele odbyło**

się **z wszystkimi ~ami** the wedding was celebrated in a. with great style

szykan|ować *impf* [J] *vt* to persecute, to pick on

[III] **szykanować się** to pick on each other

szyk|ować *impf* [J] *vt* pot. [1] (planować) to plan [skok na bank, niespodziankę] [2] (robić) to knock up pot. [śniadanie, obiad, kolację] [3] (przygotowywać) to groom; **~ować pannę młodą do ślubu** to dress the bride for the wedding; **~ować kota do wystawy** to groom a cat for a show; **~ować kogoś do egzaminu** to groom a. coach sb for an exam; **~owano go do kariery dyplomatycznej** he was being groomed a. trained for a diplomatic career; **~ują ją do olimpiady** they've been training her for the Olympic Games

[III] **szykować się** [1] (przygotowywać się) to gear up (**do czegoś** for sth); **~ować się do zrobienia czegoś** to gear oneself up to do sth; **~ować się do wyjścia** to groom oneself carefully; **~ować się na wyprawę** to be getting ready for an expedition; **~uje się obława na kieszonkowców** they're planning a raid on the pickpockets; **~ować się na prawnika** to train for the law; **~ować się na księdza** to train for the priesthood a. for the Church [2] (zapowiadać się) to be in prospect; **nie ~ują się żadne zmiany** there're no changes in the pipeline [3] (mieć złe zamiary) **już się na ciebie ~ują, podpadłeś im** your name's in the mud, they're going a. they're out to get you

■ **~uje mu/jej się dobra posada** he's/she's about to get a good job; **~ował mi się wyjazd do Afryki** I was getting ready for a trip to Africa

szykownie *adv. grad.* [ubierać się] stylishly, chicly; snappily pot.; [wyglądać, prezentować się] stylish *adi.*, chic *adi.*; **ubierał się zawsze bardzo ~** he was a snappy dresser

szykown|y *adi. grad.* [kobieta, pan, kostium] chic, stylish; [koszula, samochód] nifty pot.; **ale ~a kreacja!** what a chic a. dashing outfit!

szyl|d *m* (*G* **~du**) [1] (wywieszka z napisem) sign, signboard; **~d sklepu błyszczał dumnie nad wejściem** the shop-sign glittered proudly over the entrance [2] przen. aegis *sg*; **pod ~dem** under the aegis; **udawał, że działa pod ~dem Instytutu** he pretended to be acting under the aegis of the Institute

szyldzik *m dem.* (*G* **~u** a. **~a**) sign, signboard

szyling *m* (*A* **~a**) Fin. [1] (w Austrii) schilling [2] (w Wielkiej Brytanii) shilling; bob GB pot. [3] (w Kenii, Tanzanii, Ugandzie) shilling

szylkre|t *m* (*G* **~tu**) tortoiseshell

szylkretow|y *adi.* [guzik, grzebień] tortoiseshell *attr.*; **kot ~y** a tortoiseshell (cat)

szympans *m* Zool. chimpanzee; chimp pot.

szympansic|a *f* Zool. female chimpanzee; female chimp pot.

szyn|a *f* [1] (część toru) track, rail; **tramwaj wyskoczył z ~** a tram went off the rails, the tram left the tracks [2] (do firanek) rail, runner [3] Med. splint; **złamaną nogę miał unieruchomioną w ~ie** he had his broken leg immobilized in splints ④ Stom. braces *pl*

szynecz|ka *f* pieszcz. ham

szynel *m* (*G* **~a** a. **~u**) greatcoat

szynk *m* (*G* **~u**) przest. dive pot.; drinking den

szyn|ka *f* Kulin. ham; **~ka gotowana** cooked ham; **~ka wędzona** smoked ham, gammon; **~ka konserwowa** tinned ham; **bułka z ~ką** a ham roll

szynkar|ka *f* (**~eczka** *dem.*) ① (żona szynkarza) landlady GB ② (kobieta obsługująca gości) barmaid

szynkarz *m* (*Gpl* **~y** a. **~ów**) publican GB, landlord GB

szynkow|y Ⅰ *adi.* ① przest. **w izbie ~ej pełno było ludzi** the bar was full of people ② Kulin. **smakowite, ~e zapachy** the delicious smell of ham

Ⅱ **szynkowa** *f* Kulin. ham sausage

szynkwas *m* (*G* **~u**) przest. bar

szynow|y *adi.* *[pojazd, komunikacja]* track *attr.*

szynszyl|a Ⅰ *f* (*Gpl* **~i**) Zool. chinchilla

Ⅱ **szynszyle** *plt* (futro) chinchilla *U*; **futro z ~i** a chinchilla (coat)

szyp|er *m* (*Npl* **~rowie**) Żegl. skipper

szypuł|ka *f* Bot. stem, stalk

szyszak Ⅰ *m anim.* Zool. touraco, turaco

Ⅱ *m inanim.* (*G* **~a** a. **~u**) Hist., Wojsk. basinet

szyszecz|ka *f dem.* cone

szysz|ka *f* ① Bot. cone; **~ka sosnowa/ jodłowa** a pine/fir cone ② pot. bigwig pot., big cheese pot.

❑ **~ka chmielowa** hop; **szyszka kąpielowa** Kosmet. bath salt cone

szyszkow|y *adi.* *[lasy, drzewa]* pine *attr.*

szyszyn|ka *f* Anat. pineal gland

S

Ś

ścian|a *f* [1] Budow. (element budynku) wall; **~a działowa** a partition wall; **~a nośna** a load-bearing wall; **~a szczytowa** a gable end; **ślepa ~a** a blank wall [2] (bok) (skrzyni, akwarium) side, wall [3] Biol. wall; **~a komórkowa** cell wall; **~a żołądka** stomach wall [4] przen. (ognia, deszczu, milczenia, obojętności) wall; (lasu) edge [5] (część skały) face; **północna ~a Giewontu** the northern face of Giewont [6] Górn. face [7] Mat. (płaszczyzna ograniczająca wielością) side
❏ **Ściana Płaczu** Relig. Wailing Wall
■ **w czterech ~ach** within four walls; **być** a. **mieszkać z kimś przez ~ę** pot. to live next door to sb; **mówić do ciebie to mówić jak do ~y** pot. talking to you it's like talking to a brick wall; **podpierać ~ę** a. **~y** pot. to be a wallflower; **postawić kogoś pod ~ą** (skazać na rozstrzelanie) to place sb before the firing squad; (nie dać wyboru) not to give sb a choice; **pójść pod ~ę** pot. to face the firing squad; **zblednąć jak ~a** pot. to become a. go as white as a sheet; **choć bij** a. **tłucz łbem o ~ę** a. **w ~ę** pot. you can knock your head against the wall, it won't work; **(choć wbij zęby w ~ę)** pot. grin and bear it; **~y mają uszy** przysł. walls have ears przysł.

ścian|ka *f* [1] (przepierzenie) partition wall; **~ka przesuwana harmonijkowa** an accordion wall [2] *dem.* (bok) wall, side; **~ka naczynia krwionośnego** the blood vessel wall [3] *dem.* (zbocze górskie) face [4] Sport (konstrukcja do wspinania się) climbing wall

ściąć *pf* — **ścinać** *impf* (**zetnę, ścięła, ścięli** — **ścinam**) **[]** *vt* [1] (oddzielić od całości lub od podłoża) to cut *[kwiaty, włosy]*; to cut down *[drzewo]*; to mow *[trawę]*; pot. to knock down pot. *[znak drogowy, słup]* (**czymś** with sth); **ściąć drogę** pot. to take a short cut; **ściąć zakręt drogi** to cut the corner; **ściąć zakręt** Auto to straighten the bend [2] (spowodować przejście w stan stały) to coagulate *[krew, sos]*; to clot *[krew]*; to curdle *[mleko, jajko]*; *[mróz]* to freeze over *[rzekę]* [3] (zabić) to behead, to decapitate [4] środ., Szkol. (dać ocenę negatywną) to fail a. flunk US (**kogoś** sb) [5] Sport (uderzyć piłkę) (w piłce siatkowej) to spike; (w tenisie) to smash
[] **ściąć się** — **ścinać się** [1] książk. (przejść ze stanu ciekłego w stan stały) *[krew]* to clot; *[galaretka, beton]* to set; *[krew, sos]* to coagulate; *[mleko, jajko]* to curdle; *[rzeka]* to freeze over [2] pot. (pokłócić się) to have a tiff pot.; **ściąć się z kimś** to have a tiff with sb; **ściąć się o coś** to have a tiff over sth [3] środ., Szkol. (nie zdać) to flunk US pot.; **ściąłem się na ustnym** I flunked my oral exam

■ **ściąć twarz** a. **krew w żyłach** to make sb's blood run cold, to make sb's blood curdle

ścią|ga *f augm.* pot. (ściągawka) crib; **korzystać ze ~gi** to use a crib, to cheat

ściągacz *m* [1] Włók. ribbing [2] Moda cuff; **rękaw ze ~em** a cuff knitted in rib

ściągaczow|y *adi.* Moda *[sweter, dres, rękawy, ścieg]* ribbing

ściągać *impf* → **ściągnąć**

ściągaw|ka *f* pot. (zestaw gotowych odpowiedzi) crib

ściąg|nąć *pf* — **ściąg|ać** *impf* (**~nęła, ~nęli** — **~am**) **[]** *vt* [1] (zabrać) to whip away *[obrus]*; to pull down, to lower *[flagę]*; to take down *[książkę, walizkę]* [2] (zdjąć) to pull off *[spodnie, buty, rękawiczki]*; **~nąć skórę z zająca** to skin a rabbit [3] (ścisnąć) to tighten (**czymś** with sth); **~ać konia** a. **~ać cugle** a. **lejce** a. **wodze** to rein in a. back a horse [4] (na pasie, rzemieniu) to tighten [5] (zejść się) to gather, to flock [6] (dotrzeć) to make it; **~nął do domu nad ranem** he made it home late at night [7] (zgromadzić) to collect; **~ać z kogoś podatki/opłaty** to exact tax/payment from sb [8] pot. (sprowadzić) to draft in *[policję, ekspertów]*; to call *[lekarzy]*; **~nąć pomoc** to fetch help [9] (przyciągnąć) to attract (**kogoś** sb); **wystawa ~nęła tłumy** the exhibition drew crowds [10] (odciągnąć) to siphon off *[wino, benzynę]*; (z rany) to drain *[ropę]*; to rack *[wino]* [11] (powodować zmniejszenie się) to contract; **~nąć brwi** to knit one's brow; **twarz ~nięta z zimna/z bólu** a face tightened in the frost/ from pain; **środek ~ający** Med., Kosmet. a styptic, an astringent [12] pot. (ukraść) to snitch (**coś komuś** sth from sb) [13] środ., Szkol. (odpisać) to crib (**od kogoś** from sb) [14] pot. (o pojeździe) to skew; **samochód ~a na lewo** the car is skewing to the left
[] **ściągać się** — **ściągnąć się** [1] (ścisnąć się) to tighten (**czymś** with sth) [2] (ulec skurczeniu) to contract; **jej twarz ~nęła się od mrozu** her face tightened in the frost [3] Jęz. (ulec kontrakcji) to contract
■ **~ać czyjeś spojrzenia** a. **oczy** a. **wzrok/uwagę** to attract a. draw sb's eyes a. gaze/attention; **~ać czyjś gniew na siebie** to incur sb's anger; **~ać na siebie kłopoty** to get into trouble; **~ć na kogoś hańbę** to bring disgrace upon sb; **~nąć kogoś z łóżka** pot. to pull sb out of bed; **~nął mi teściową na kark** a. **na głowę** pot. I got landed with my mother-in-law

ścibol|ić *impf vt* pot. [1] (szyć) to sew with difficulty; (na drutach) to knit with difficulty [2] (wykonywać ręcznie pracę wymagającą dokładności)

to do intricate work [3] (oszczędzać) to scrimp and save

ścichać *impf* → **ścichnąć**

ścichapęk [] ** *m* (*Npl* **~i) żart. *a seemingly quiet person capable of sudden, unexpected behaviour*
[] *adi. inv.* książk., żart. *[dowcip, komizm]* sudden
[] *adv.* książk., iron. *[odezwać się]* out of the blue

ścich|nąć *pf* — **ścich|ać** *impf* (**~nął** a. **~ł, ~nęli** a. **~li** — **~a**) *vi* to get quieter, to quiet down

ścieg *m* (*G* **~u**) [1] (wykonywany igłą, szydełkiem, na drutach) stitch; **~ prawy/lewy** right/left stitch; **~ dziergany** whip stitch; **~ gałązkowy** feather stitch; **~ krzyżykowy** cross stitch; **~ łańcuszkowy** chain stitch; **~ pończochowy** a. **pończoszniczy** stocking stitch; **~ ryżowy** stitch seed; **~ za igłą** backstitch

ściek [] ** *m* (*G* **~u) zw. pl (rów, kanał) sewer, sewerage
[] **ścieki** *plt* (ciecz) sewage *U*, waste *U*
❏ **~ uliczny** street gutter

ściekać *impf* → **ścieknąć**

ście|knąć *pf* — **ście|kać** *impf* (**~knie** a. **~cze, ~kł** a. **~knął** — **~ka**) *vi [woda, krew]* to dribble (**na coś** on a. onto sth)

ściekow|y *adi.* [1] *[wody, osady, substancje]* sewage [2] *[studzienka, kratka, filtr, kanał]* sewer, sewage

ścielić *impf* → **słać²**

ściemniać¹ *impf* → **ściemnić**

ściemnia|ć² *impf vi* pot. (zmyślać, kręcić) to mislead *vt*

ściemnia|ły *adi.* [1] *[niebo]* darkened [2] *[włosy, obraz, ściany, tapety, sztućce]* darker [3] *[oczy]* dark

ściemni|ć *pf* — **ściemnia|ć¹** *impf* **[]** *vt* to dim *[światło]*
[] **ściemnić się** — **ściemniać się** *[niebo, pokój]* to darken; **~a się** it's getting dark

ściemni|eć *pf* (**~ał**) *vi* [1] (stać się mrocznym) to darken, to blacken; **niebo ~ało** the sky darkened; **~ało** it got dark ⇒ **ciemnieć** [2] (nabrać ciemniejszego koloru) to darken, to blacken ⇒ **ciemnieć**

ścienn|y *adi.* [1] *[zegar, kalendarz, szafka, wnęka]* wall *attr.*; *[malowidło, dekoracja]* mural; **regał ~y** a bookcase [2] Budow. *[materiały, płytki]* wall

ście|ra *f augm.* pot., pejor. rag

ścierać *impf* → **zetrzeć**

ścieralnoś|ć *f sgt* Techn. abrasion

ścieraln|y *adi.* Techn. *[farba]* removable

ścierecz|ka *f dem.* [1] (do naczyń) cloth, tea towel [2] (szmatka) dishrag; (do kurzu) duster

ścier|ka f [1] (do naczyń) cloth, tea towel [2] (szmata do podłogi) floor cloth; (do kurzu) duster [3] pot., obraźl. (kobieta) slut

ściernisk|o n Roln. [1] (pole) stubble field [2] (części roślin po zżęciu) stubble

ściern|y adi. Techn. *[papier, płótno, kamień, materiał]* abrasive

ścierp|ieć pf (~isz, ~iał, ~ieli) vt to bear *[osobę, zachowanie, postawę]*; **nie mogę tego ~ieć** I can't stand a. bear it

ścierp|nąć pf (~nę, ~nie, ~nął a. ~ł) vi [1] (zdrętwieć) *[osoba]* to become a. go numb; *[ręka, noga]* to go a. become numb; to go to sleep pot. ⇒ **cierpnąć** [2] (przestraszyć się) to numb with fear; **~nąć na myśl o czymś** to go numb at the thought of sth ⇒ **cierpnąć**

ścierpnię|ty adi. *[ręka, noga]* numbed

ścierw|o n [1] (padlina) carrion, carcass [2] pot., pejor. (mięso) carcass [3] wulg., obraźl. (wyzwisko) scum

ścieśniać impf → ścieśnić

ścieśni|ć pf — **ścieśni|ać** impf [] vt (ścisnąć) to close up *[szeregi]*

[]**ścieśnić się** — **ścieśniać się** [1] (stłoczyć się) to squash up pot.; to squeeze up [2] (stać się ciasnym) *[korytarz, przejście]* to narrow [3] Jęz. (o samogłoskach) to close

ścieśni|ony adi. [1] *[osoby]* squashed [2] *[wąwóz, jezioro, droga]* narrow [3] Jęz. *[samogłoska]* narrow, constricted

ścież|ka f [1] (dróżka) footpath; (leśna) track; (ogrodowa) path; (parkowa) alley; **~ką po ~ce** along a path [2] książk. (sposób postępowania) path [3] Elektron. (pasmo nośnika dźwięku) track [4] Komput. path; **~ka dostępu** (access) path

❏ **~ka rowerowa** bicycle lane; **~ka zdrowia** Sport fitness trail; **~ka legislacyjna** Prawo legislative procedure

■ **być z kimś na wojennej ~ce** to be at loggerheads with sb; **wejść a. wkroczyć na ~kę wojenną** to go on the warpath; **chodzić a. kroczyć utartymi a. przetartymi ~kami** to follow the beaten track a. path; **chadzać własnymi ~kami** to be a lone wolf, to go one's own way

ścieżyn|a f (~ka dem.) książk. path

ścięg|no n Anat. sinew; tendon spec.

❏ **~no Achillesa** a. **piętowe** Anat. Achilles tendon

ścię|ty [] pp → ściąć

[]] adi. [1] *[czubek, róg, szczyt]* truncated [2] *[dach, góra]* steep

ścigacz m Wojsk., Żegl. motor torpedo boat, MTB

ściga|ć impf [] vt [1] (gonić) to chase [2] Prawo to prosecute *[przestępstwo]*; **~ć kogoś listami gończymi** to have a warrant out for sb

[]] **ścigać się** [1] (gonić się) to race (**z kimś** sb) [2] pot. (współzawodniczyć) to compete (**z kimś o coś** against sb for sth) [3] środ., Sport (uczestniczyć w wyścigach sportowych) to race, to take part in a race

■ **~ć kogoś docinkami** a. **śmiechem** to jibe at sb; **~ć kogoś** a. **coś oczami** a. **spojrzeniem** a. **wzrokiem** to follow sb with one's eyes; **zły los mnie ~** bad luck follows me

ścinać impf → ściąć

ścin|ek m zw. pl (materiału) snip; (papieru) trimming

ścin|ka f Leśn. (wyrąb drzew) cuttings

ściół|ka f [1] Biol. (w lesie) litter [2] Roln. (podściółka) litter, bedding

ścisk m sgt (G ~u) pot. (tłok) press; **w sali ~ panuje** there's a crush in the hall; **~, że ani szpilki wetknąć** we're packed like sardines

ściskać¹ impf → ścisnąć¹

ściska|ć² impf [] vt to hug, to embrace; **~m, skarbie, zadzwonię jutro** kiss, kiss, kiss, I'll call tomorrow ⇒ **uściskać**

[]] **ściskać się** to hug each other ⇒ **uściskać się**

■ **~ć czyjąś rękę** a. **dłoń** to clasp sb's hand

ścisłoś|ć f sgt [1] (zwartość) compactness [2] (rzetelność) exactitude [3] (precyzja) accuracy; **jeśli chodzi o ~ć** to be precise [4] (skrupulatność) strictness [5] (bliskość) **zważywszy ~ć waszych kontaktów...** considering your close relationship...

ści|sły [] adi. grad. [1] (gęsty) *[ziemia]* compact; *[materiał]* close-knit; *[tkanina, druk, drewno]* dense [2] przen. (bliski) *[stosunki, współpraca, kontakty, pokrewieństwo]* close; *[związek, zależność]* direct [3] (dokładny) *[informacje, diagnoza, sprawozdanie, dane]* accurate [4] (wąski) *[skład, czołówka, elita]* narrow; **~śle grono** a. **kółko** a select group

[]] adi. [1] (precyzyjny) *[myślenie, rozumowanie]* scientific; **~sły umysł** scientific mind; **nauki ~słe** science; **przedmioty ~słe** science [2] (rygorystyczny) *[dyscyplina, tajemnica, etykieta, przestrzeganie prawa]* rigorous; *[dieta]* abstemious; **~sły rezerwat** nature reserve; **być pod ~słym nadzorem** to be under close watch; **~sły areszt** close arrest

ści|snąć¹ pf — **ści|skać¹** impf (~snęła, ~śnie, ~snęła, ~snęli — ~skam) [] vt [1] (zgnieść) to press (**czymś** with sth); **~skać pięści/szczęki/zęby** to clench one's fists/teeth/jaws [2] (opasać) to bind [3] (uchwycić) to grip

[]] **ścisnąć się — ściskać się** [1] (ulec ściśnięciu) to clench [2] (opasać siebie) to tighten (**czymś** with sth) [3] (stłoczyć się) to squeeze up

■ **~snąć zęby** ≈ to grin and bear it; **~ska mnie za gardło** a. **w gardle** I have a lump in my throat; **głód ~ska mi wnętrzności** a. **kiszki** a. **żołądek** I feel twinges of hunger; **~ska ją/jego w żołądku** a. **w dołku** a. **w środku** she/he has a twinge of anxiety/fear; **mróz ~ska** it's freezing; **serce mi się ~ska** my heart bleeds; **smutek** a. **żal** a. **przeczucie ~ska serce** my heart bleeds

ści|snąć² pf (~snęła, ~snęli) vt to squeeze; **~snąć książki na półce** to squeeze books on a shelf

ściszać impf → ściszyć

ścisz|yć pf — **ścisz|ać** impf [] vt to turn [sth] down, to turn down *[radio]*; to lower *[głos]*; to muffle *[śmiech]*; **~one barwy** przen. soft colours

[]] **ściszyć się — ściszać się** to get quieter; *[wiatr, sztorm]* to abate książk.; *[śmiech, aplauz]* to subside

ściśle [] adv. grad. [1] (blisko) *[przylegać, być zapełnionym, pisać]* closely [2] przen. *[wiązać się, współpracować]* closely [3] (dokładnie, precyzyjnie) exactly, precisely; **~ mówiąc** a. **biorąc** a. **powiedziawszy** strictly speaking

[]] adi. [1] (precyzyjnie) *[myśleć, rozumować, wyrażać się]* logically, precisely [2] (rygorystycznie) *[przestrzegać, wypełniać]* strictly; **~ tajne** strictly confidential

śla|d m (G ~du) [1] (odcisk) track; **~d czegoś** a track of sth; **~d w** a. **na czymś** a track on sth; **zobaczyć** a. **dojrzeć** a. **odkryć** a. **odnaleźć ~d** to find tracks; **natknąć się na ~d** to spot tracks; **rozpoznać ~d** to recognize tracks; **zatrzeć** a. **zmylić ~d** to cover up one's tracks; **~dy wiodą** a. **biegną** a. **prowadzą do/z...** the tracks lead to/from...; **pozostawiać ~d** to leave one's tracks [2] (pozostałość) mark; (uczty, wojny, budowli, osiedli ludzkich) remains, vestige; **~d po trądziku/ospie** a pockmark; **~d po ugryzieniu** a bite mark; **~d po oparzeniu** a burn mark; **~d po przypaleniu** a scorch mark; **~d po uderzeniu** a weal [3] (odrobina) trace (**czegoś** of sth) *[farby, trucizny]*

❏ **~d torowy** Żegl. wake

■ **fałszywy ~d** false information; **ani ~du, ani popiołu (nie ma** a. **nie zostało)** not a trace left; **ani ~du kogoś/czegoś** not a sign of sb/sth; **iść** a. **podążać w ~d za kimś/za czymś** to follow sb's tracks/sth; **iść ~dem** a. **w ~dy kogoś** a. **wstępować w czyjeś ~dy** (naśladować) to follow in sb's footsteps; **naprowadzić kogoś na ~d** to give sb a clue; **przepaść** a. **zaginąć** a. **zniknąć bez ~du** to vanish into the blue; **~d po nim/nich zaginął** he/they vanished into the blue; **zacierać ~dy** (swoje) to cover up one's tracks; (cudze) to cover sb's tracks; **zostawić po sobie jakiś ~d** (dorobek) to leave sth behind

śladow|y adi. *[ilość]* trace; **pierwiastki ~e** trace elements

ślamaza|ra m, f (Npl m ~ry, Gpl m ~r a. ~rów; Npl f ~ry Gpl f ~r) pot., pejor. slowcoach GB pot.

ślamazarnie adv. grad. pot., pejor. [1] (niezdarnie) sluggishly [2] (powoli) at a snail's pace

ślamazarnoś|ć f sgt pejor. [1] (niezdarność) sluggishness [2] (opieszałość) sluggish pace

ślamazarn|y adi. pejor. [1] (niezdarny) sluggish [2] (powolny) slow

ślaz m (G ~u) Bot. mallow

ślazow|y adi. *[cukierki, napar]* marshmallow attr.

śląs|ki adi. *[obyczaje, dialekt]* Silesian; **kluski ~kie** Kulin. ≈ potato dumplings

Śląza|k m, **~czka** f Silesian

śledcz|y [] adi. Prawo [1] *[oficer]* investigator [2] *[areszt, postępowanie]* investigative

[]] **śledcz|y** m, **~a** f examining magistrate

śle|dzić impf vt [1] (tropić) *[przestępca]* to stalk *[ofiarę]*; to track *[osobę, zwierzę]*; *[wywiadowca]* to follow; to tail pot. ⇒ **wyśledzić** [2] (obserwować) to track *[tor samolotu, komety]*; to watch *[ptaki]*; to follow through *[teorię, argumenty]*; to check on *[postępy]*; to keep up with *[modę, nowinki]*; to keep trace of *[rozmowę, wydarzenie]*

Ś

śledzik pot. **I** *m anim. dem.* little herring **II** *m inanim. dem.* (*A* ~**a**) Shrove Tuesday party

śledzion|a *f* Anat. spleen

śledziow|y *adi.* [*filet, sałatka, łowiska*] herring *attr.*

śledztw|o *n zw. sg* Prawo [1] (*dochodzenie*) investigation; (*zbieranie dowodów*) inquiry; **prowadzić ~o** to inquiry, to investigate; **~o w toku** an investigation in progress; **~o przeciwko komuś/czemuś** an inquiry against sb/sth; **wdrożyć** a. **wszcząć ~o** to open an inquiry; **umorzyć ~o** to close an inquiry, to drop a case; **wznowić ~o** to reopen an inquiry [2] pot. (*przesłuchiwanie*) interrogation

❑ **~o w sprawie** Prawo inquiry

śle|dź I *m anim.* Zool. herring; **~dź w oleju** herring(s) in oil **II** *m inanim.* (*A* ~**dzia**) pot. [1] (*przyjęcie*) Shrove Tuesday party [2] (*przy namiocie*) tent peg

■ **gnieść się** a. **tłoczyć się** a. **być stłoczonym jak ~dzie w beczce** pot. to be packed a. crammed in like sardines in a can a. tin; **jechać** a. **zjechać** a. **zjeżdżać na ~dzia** pot. to sledge belly down; **wyglądać jak ~dź** to look wan a. haggard (and drawn)

ślepaw|y *adi.* pot. slighty hort-sighted

ślep|ić *impf vt* pot. to squint (**w coś** at sth)

ślepi|e *n zw. pl* (*Gpl* ~**ów** a. ~) [1] (*oko zwierzęcia*) eye [2] pot. (*oko ludzkie*) eye; **wybałuszać** a. **wytrzeszczać ~a na kogoś/na coś** to gape at sb/sth; **wywalać** a. **wywalić ~a** to goggle (**na kogoś/coś** at sb/sth); **błysnąć** a. **łypnąć ~ami** to leer (**na kogoś/coś** at sb/sth)

■ **nie leź mu w ~a** pot. stay out of his way a. sight pot.; **przewracać do kogoś ~ami** pot. to make eyes at sb; **przewracać ~a** a. **~ami** pot. to turn up the whites of one's eyes

ślep|iec I *m pers.* (*V* ~**cze** a. ~**cu**) [1] książk. (*niewidomy*) blind man [2] przen. (*człowiek, który nie zauważa ważnych rzeczy*) blind **II** *m anim.* Zool. great mole rat

ślep|ki *plt dem.* (*G* ~**ków** a. ~**ek**) pieszcz. eyes

ślep|nąć *impf* (~**nę**, ~**nie**, ~**ł** a. ~**nął**, ~**li**) *vi* [1] (*stawać się ślepym*) to go blind ⇒ **oślepnąć** [2] (*przestawać widzieć*) to be blinded (**od czegoś** by sth) ⇒ **oślepnąć**

ślepo I *adv.* [1] przen. [*wierzyć, być posłusznym, być przywiązanym*] blindly [2] [*być zakończonym*] blindly **II na ślepo** pot. [1] (*po omacku*) **iść na ~** to grope one's way [2] [*szukać, działać, wybrać*] blindly

ślepo|ta *f* [1] *sgt* Med. (*niemożność widzenia*) blindness także przen. [2] pot., pejor. (*człowiek nieuważny*) **jak chodzisz ~to!** are you blind?

❑ **~ta barwna** Med. colour blindness; **kurza ~ta** pot. night blindness; **~ta zmierzchowa** a. **nocna** Med. night blindness

ślepowron *m* Zool. night heron

ślep|y I *adi.* [1] (*niewidzący*) blind także przen.; **~y na jedno oko** blind in one eye; **~e kocięta/szczenięta** blind kittens/puppies; **być ~ym na coś** przen. to be blind to sth; **jest ~ym naśladowcą starszego**

brata he blindly imitates his older brother [2] przen. (*bezkrytyczny*) [*miłość, posłuszeństwo, naśladownictwo, nienawiść*] blind [3] przen. (*nieprzewidziany*) [*przypadek, przeznaczenie, traf, los*] pure [4] (*bez patrzenia*) [*cios*] blind; **~y pilotaż** blind flying [5] (*bez wyjścia*) [*ulica, szyb*] blind; **~y zaułek** a blind alley, a cul-de-sac; **~y tor** a sidetrack; **~a kiszka** a. **~e jelito** Med. an appendix [6] (*bez okna*) [*ściana, mur*] blank; **~a kuchnia** a window-less kitchen [7] Geog. [*mapa*] blank **II** *m* pot. blind person; **~y by zobaczył** it's as big as a barn door **III ślepa** *f* blind woman

■ **~y nabój** a blank; **~a babka** Gry blindman's buff; **brnąć w ~ą uliczkę** a. **~y zaułek** [*osoba*] to be going up a. down a blind alley; **zabrnąć** a. **zajść w zaułek** a. **~ą uliczkę** [*osoba*] to paint oneself into a corner; **znaleźć się w ~ym zaułku** a. **w ~ej uliczce** [*sprawy*] to reach a deadlock a. an impasse a. dead end

ślęcz|eć *impf* (~**ysz**, ~**ał**, ~**eli**) *vi* pot. to pore (**nad czymś** over sth); to slog away (**nad czymś** at sth)

ślicznie *adv. grad.* [1] [*wyglądać, pachnieć*] beautifully [2] [*wyrosnąć, wzejść*] splendidly [3] pot., iron. **~ mnie załatwiłeś** a. **urządziłeś** you've really messed up things for me; **no to ~** that's really great pot., iron.

■ **~ dziękuję** thank you very much

śliczność|ć *f* książk. [1] *sgt* (*piękno*) beauty; **~ci kobieta/dziewczyna** przest. a marvellous woman/girl [2] *zw. pl* (*śliczne przedmioty*) **~ci** lovely things

■ **moje ~ci** my darling

ślicznot|ka *f* pot., pieszcz. beauty; pretty thing pot.

ślinicz|y *adv. grad.* [1] [*dziewczyna, dziecko, oczy, kwiaty, muzyka, okolica, widok*] lovely; **być ~ym jak malowanie/jak laleczka** to look a picture [2] [*pszenica, zbiory*] splendid [3] iron. [*przykład*] excellent iron.

■ **~y dzień** a. **~a pogoda** lovely day

ślimacz|ek *m* [1] *dem.* little snail [2] (*ornament*) volute

ślimaczo *adv.* [1] [*być zwiniętym*] spirally [2] przen. [*ciągnąć się, jechać, iść*] at a snail's pace

ślimacz|y *adi.* [*skorupa*] snail *attr.*

■ **~e tempo** a. **ruchy** a. **~y chód** snail's pace; **jechać w ~ym tempie** to go at a snail's pace

ślimacz|yć się *impf v refl.* pot. [1] (*o ranach*) to discharge [2] (*popłakiwać, mazać się*) to blubber [3] (*wlec się*) to move at a snail's pace

ślimak *m* [1] Zool. snail [2] (*przedmiot, motyw dekoracyjny*) volute [3] Transp. spiral ramp [4] Anat. (*część ucha*) cochlea [5] Muz. (*część instrumentu*) head [6] Techn. (*element mechanizmu*) worm

■ **poruszać się** a. **ruszać się** a. **posuwać się** a. **wlec się jak ~** to move like a snail; **zamknąć się** a. **chować się** a. **schować się jak ~ w skorupie** to go into one's shell

ślimakowato *adv.* [*być skręconym, wić się*] spirally; **~ skręcone schody** spiral stairs

ślimakowatoś|ć *f sgt* książk., pejor. sluggishness

ślimakowa|ty *adi.* [*schody, ornament, kształt*] voluted, spiral

ślimakow|y *adi.* [1] [*ornament, kształt*] voluted [2] Transp. [*wjazd*] spiral [3] Anat. [*implant*] colchea *attr.* [4] Techn. worm *attr.*; **przekładnia ~a** worm gear

ślin|a *f sgt* Fizj. saliva; **przełknąć ~ę** to swallow hard; **splunąć ~ą** to spit; **z kącika ust spływała mu ~a** he was dribbling

ślinia|k *m* (~**czek** *dem.*) bib

ślinian|ka *f zw. pl* Anat. salivary gland

❑ **~ka podjęzykowa** sublingual gland; **~ka przyuszna** parotid gland

śli|nić *impf* **I** *vt* to lick, to moisten [sth] with saliva; **~nił palec przy odwracaniu kartek** he licked his finger while turning the pages **II ślinić się** [1] (*wydzielać ślinę*) [*niemowlę*] to slobber; [*zwierzę*] to salivate; [*chory*] to dribble saliva, to slobber [2] pot., pejor. to slaver; **aż ~ni się z zachwytu, jak to mu dobrze idzie** he's practically slavering over his success

ślin|ka *f dem. sgt* saliva

■ **łykaliśmy ~kę na myśl o...** the thought of... made our mouths water; **~ka mi cieknie na myśl o tych pysznościach** thinking about these delicacies makes my mouth water

ślinotok *m* (*G* ~**u**) Med. ptyalism, (excessive) salivation

ślinow|y *adi.* Fizj. [*gruczoł*] salivary

ślipie → **ślepie**

ślipki → **ślepki**

śliski *adv.* [1] [*posadzka, schody, droga, buty*] slippery; [*tkanina, skóra*] smooth [2] pot., przen. (*podejrzany*) [*sprawa, interes*] fishy; [*osoba*] slippery [3] pot., przen. (*dwuznaczny*) [*żarty, dowcipy, komplementy*] slimy [4] pot., przen. (*trudny*) tricky; **~ki temat** a tricky a. an awkward subject

ślisko *adv.* [1] (*niebezpiecznie*) slippery; **idź ostrożnie, na korytarzu jest ~** walk carefully, the floor's slippery [2] pot., przen. (*podejrzanie*) fishily; (*trudno*) trickily; **szczerze mówiąc, cała ta sprawa wygląda ~** to be frank, that business looks fishy

śliw|a *f augm.* (*owoc*) plum; **wielkie dorodne ~y** big ripe plums [2] Bot. (*drzewo*) plum tree [3] *augm.* pot. (*siniak*) bruise, bump

śliwecz|ka *f dem.* (little) plum

śliw|ka *f* [1] (*owoc śliwy*) plum; **suszone ~ki** prunes [2] Bot. (*drzewo*) plum tree [3] pot. (*siniak*) bruise, bump

■ **wpaść jak ~ka w kompot** pot. to get into hot water; **no, bracie, wpadłeś jak ~ka w kompot** you're in hot water now, mate

śliwkow|y *adi.* [1] Kulin. plum *attr.*; **dżem ~y** plum jam [2] Bot. plum tree *attr.*; **sad ~y** a plum orchard [3] (*kolor*) plum-coloured

śliwowic|a *f* plum vodka

śliz *m* Zool. loach

ślizg *m* (*G* ~**u**) [1] (*manewr pilotażowy*) (slide) slip [2] (*zjazd na sankach lub bobslejem*) run [3] *zw. pl* (*spód narty lub snowboardu*) runner, running surface [4] Techn. (*zsuwnia*) slide; (*łódź motorowa*) ice yacht [5] Żegl. planing

❑ **~ lodowy** Sport ice boat

ślizgacz *m* Żegl. speedboat

ślizga|ć się *impf v refl.* [1] (*obsuwać się*) [*osoba*] to slide; [*pojazd, koła*] to skid ⇒ **poślizgnąć się** [2] przen. (*przesuwać się*) to glide; **jej palce ~ły się po klawiszach** her fingers glided over the keys; **światło księżyca ~ło się po stawie** the moonlight skimmed the pond ⇒ **prześlizgnąć się** ③ (posuwać się po lodzie) [osoba] to skate; [łódź] to plane ④ Techn. to slide ■ **~ć się po powierzchni problemu** książk. to skim the surface of a problem

ślizgawic|a f sgt pot. glaze ice, glazed frost; **~a była przyczyną wielu groźnych wypadków** glazed frost caused a lot of dangerous accidents

ślizgaw|ka f ① (lodowisko) skating rink, ice rink ② pot. (śliska powierzchnia) slide, slippery surface; **nad ranem chwycił mróz i jezdnia zamieniła się w ~kę** the morning was frosty and the road had turned into an ice rink

ślizgow|y adi. Techn. sliding, gliding

ślub [] m (G ~u) ① (zawarcie związku małżeńskiego) marriage a. wedding (ceremony); **w niedzielę jest ~ naszego syna** our son is getting married on Sunday; **wziąć ~** to get married (**z kimś** to sb); to marry (**z kimś** sb); ~ **kościelny/w bieli** a church/white wedding; ~ **cywilny** Prawo a civil marriage; ~ **konkordatowy** Prawo concordat marriage; **dać** a. **udzielić komuś ~u** to marry sb; **ksiądz udzielił młodym ~u** the priest married the young couple ② książk. (przyrzeczenie) vow; **dotrzymać ~u** to keep one's vow; **spełnić/złamać ~** to fulfil/break a vow; **złożyć ~y** to make a. take vows [] **śluby** plt vows; ~**y czystości/ubóstwa/ posłuszeństwa** the vows of chastity/poverty/obedience; ~**y zakonne** Relig. monastic vows ■ ~**u z tobą/z nim nie brałem** pot. there is nothing to bind us

ślubn|y [] adi. ① [suknia, welon, garnitur, obrączki, wianek, bukiet, wiązanka] wedding attr. ② [dziecko, córka, syn] legitimate [] **ślubn|y** m, ~**a** f pot., żart. (współmałżonek) better half pot., helpmate

ślub|ować pf, impf vt to vow, to give a. make a pledge; ~**ował pomścić śmierć swojej rodziny** he vowed to avenge the death of his family; ~**ował, że nie będzie pił alkoholu** he made a pledge never to drink alcohol

ślubowa|nie [] sv → **ślubować** [] n oath, pledge; **składać ~nie** to take a. swear an oath

ślusars|ki adi. Techn. locksmith's, locksmithing; **usługi ~kie** locksmithing services; **pomocnik ~ki** a locksmith's apprentice; **warsztat ~ki** a locksmith's shop; **narzędzia ~kie** a locksmith's tools; **naprawy ~kie** metalwork repairs

ślusarstw|o n sgt Techn. locksmithing, metalwork

ślusarz m (Gpl ~**y**) Techn. locksmith; ~ **narzędziowy** toolmaker

śluz m (G ~u) ① sgt Biol. (u człowieka) mucus; (u zwierząt) (wewnątrz ciała) mucus; (na powierzchni ciała) slime ② zw. pl Bot. mucilage; (na powierzchni grzybów) slime

śluz|a f ① Żegl. (przy różnicy poziomów wody) lock, sluice ② Techn. (przy różnicy ciśnień) man lock ❏ ~**a powietrzna** Techn. airlock

śluzow|y¹ adi. [zawiesina, wydzielina] mucous

śluzow|y² adi. [komora, system] lock attr., sluice attr.

śluzów|ka f Anat. mucous membrane

śmi|ać się impf **~eję się, ~ali się** a. **~eli się,** v refl. ① (okazywać wesołość) to laugh; ~**ać się z dowcipu** to laugh at a joke ② (wyśmiewać się) to mock vt; ~**ać się z czyichś dziwactw** to mock sb's eccentricities ③ (lekceważyć) to laugh (**z czegoś** at sth); to pooh-pooh vt pot.; ~**ać się z czyichś gróźb** to laugh at sb's threats; **znajomi ~ali się z moich obaw** my friends pooh-poohed my fears ■ **dobrze** a. **łatwo ci się ~ać** it's all very well for you to laugh; ~**ać się komuś w nos** a. **w (żywe) oczy** to laugh in sb's face; ~**ać się przez łzy** to laugh through tears; ~**ejące się oczy/~ejąca się twarz** laughing eyes/face; **ten się ~eje, kto się śmieje ostatni** przysł. he who laughs last laughs longest

śmiał|ek [] m pers. (Npl ~**kowie** a. ~**ki**) książk. daredevil, adventurer; **niejeden ~ek tu zginął** more than one brave soul has perished here; **był z niego ~ek nie lada** he was a true adventurer [] m inanim. Bot. hair grass

śmia|ło [] adv. grad. ① (pewnie) [wypowiadać się, zachowywać się] confidently, boldly ② (nowatorsko) daringly; ~**ło zrealizowana adaptacja klasycznej powieści** a daring adaptation of a classic novel ③ (swobodnie) boldly; ~**ło opisana przygoda miłosna** a boldly described love affair [] adv. (bez trudu) (very) well, easily; **moim zdaniem ~ało możesz zrezygnować z tego spotkania** I think you can easily pass up that meeting; **w tym pokoju ~ało zmieści się piętnaście osób** this room can easily accommodate fifteen people [] inter. **proszę wejść, ~ało!** go ahead, come in!; „**chcę ci coś powiedzieć**" – „**wal, ~ało!**" pot. 'I want to tell you something' – 'fire away. a. shoot!' pot.

śmiało|ść f sgt książk. ① (odwaga) courage, audacity; **zawsze miał ~ć mówić to, co myśli** he always had the courage to say what he thought; **masz ~ć pokazywać się w tym domu, po wczorajszym skandalu?!** you have the audacity to show your face in this house, after the scandal you caused yesterday?!; **nigdy nie miał ~ci do kobiet** he's never been confident around women ② (zdecydowanie) confidence, resoluteness; **nie miał ~ci poprosić jej do tańca** he didn't dare ask her to dance; **proszę mi wybaczyć ~ć, ale musiałem się z panią zobaczyć** please excuse my presumptuousness but I had to see you ③ (poglądów, koncepcji, hipotez) daring, boldness ④ (bezpruderyjność) boldness; **jej zdjęcia ukazały się w znanym ze ~ci magazynie „Playboy"** her photos were published in 'Playboy', a magazine known for its audacity

śmi|ały książk. [] adi. grad. ① (odważny) [mężczyzna, wojownik, rycerz] bold, brave ② (pewny siebie) [wystąpienie, wypowiedź, spojrzenie, zachowanie] confident ③ (nowatorski) [pomysł, projekt, książka, film, idea] daring, bold; ~**ały plan/~ałe przedsięwzięcie** an enterprising plan/venture

④ (prowokujący) [dekolt, zdjęcie, scena, aluzja] bold, provocative ⑤ (zamaszysty) [ruch, pociągnięcie pędzla] bold [] m ■ ~**ałym szczęście sprzyja** fortune favours the brave

śmich m (G ~u) pot. laughter

śmiech m (G ~u) ① (wyrażanie radości) laugh, laughter; **pusty ~** inane laughter; **zaraźliwy ~** infectious laughter; **gorzki ~** książk. a bitter laugh; ~ **przez łzy** laughing through one's tears; **diabelski** a. **szatański ~** a. ~ **szatana** książk. a diabolic laugh; **srebrzysty** a. **perlisty ~** książk. rippling laughter; **wybuch** a. **salwa ~u** a burst a. peal of laughter; **dusić się ze ~u** a. **od ~u** to choke with laughter; **pękać ze ~u** to laugh till one's sides ache; **umierać** a. **konać ze ~u** to die laughing a. of laughter; **wybuchnąć ~em** to burst out laughing; **ryczeć ze ~u** to roar with laughter; **zwijać** a. **skręcać się ze ~u** to be in convulsions; **tubalny ~** a hearty laugh; **wzbudzić** a. **wywołać ~** to get a. raise a laugh; **zrobić coś dla ~u** to do sth for a laugh; ~ **radości** a laugh of joy; **jego wypowiedź przywitano ~em** his speech was greeted with laughter; **sala trzęsła się od głośnego ~u** the hall shook with loud laughter; **cokolwiek powiedział, to zaraz wszyscy w ~** everybody burst out laughing at every word he said; **moje uwagi zbyła ~em** she laughed off my remarks; **tak tylko powiedziałem, do ~u** I just said that for a laugh; **nie będzie mu do ~u, gdy się dowie** he'll be laughing on the other side of his face when he finds out; **nie mogłem się powstrzymać od ~u** I couldn't keep a straight face; **trząsł się od z trudem powstrzymywanego ~u** he was shaking with suppressed laughter ② (drwina) mockery, ridicule; **narazić się na czyjś ~** to be held up to ridicule ③ przen. (głos zwierząt) laugh ■ ~**u warte** [cena, ilość] derisory; **te wybory były ~u warte** the election was a sham; **wzdycha na jej widok, przewraca oczami, a to wszystko ~u warte** he sighs when he sees her, rolls his eyes, and it's all so pathetic; **on kandyduje na prezydenta? ~u warte!** he's running for the presidency a. for president? that's ridiculous!; ~**u warta ta cała jego robota** all his work is rubbish

śmiecia|ra¹ f augm. pot. (samochód) dustcart GB, garbage truck US

śmiecia|ra² f pot. ① pejor. (kobieta grzebiąca w śmietnikach) scavenger ② obraźl. (bałaganiara) slattern, sloven

śmieciar|ka f pot. (samochód) dustcart GB, garbage truck US

śmieciarz m (Gpl ~**y**) pot. ① (pracownik) dustman, refuse collector GB, garbage man US ② pejor. (człowiek grzebiący w śmietnikach) scavenger ③ obraźl. (bałaganiarz) slob

śmie|cić impf vi to make a mess; **nie ~cić na podłogę!** don't litter the floor! ⇒ **naśmiecić**

śmieci|e n sgt przest. ① (odpadki) rubbish GB, garbage US; **na podłodze walało się pełno ~a** there was a lot of rubbish on the floor ② (rzeczy bez wartości) junk

Ś

śmieciusz|ka *f* Zool. crested lark

śmie|ć¹ **Ⅰ** *m pers.* (*Npl* ~**cie**, *Gpl* ~**ci**) pot., obraźl. scum pot., obraźl.

Ⅱ *m inanim.* (*Npl* ~**ci** a. ~**cie**) [1] zw. *pl* (odpadek) (a piece of) rubbish; **wyrzucić** ~**ci** to take the rubbish out; **wyrzucił swoje stare papiery do ~ci** he threw out his old papers with the rubbish [2] pot., pejor. (rzecz bez wartości) (a piece of) rubbish; **to są ~ci a nie esej, musisz to poprawić!** this is a piece of rubbish, not an essay! you have to work on it!; **przeczytałem tę książkę, ale według mnie to ~ć** I've read this book but I think it's rubbish

■ **być** a. **znaleźć się na swoich ~ciach** pot. to be at home a. under one's own roof; **wrócić na stare ~ci** pot. to return to one's humble abode a. old stamping ground

śmie|ć² *impf* (~**em**, ~**ał**, ~**eli**) *vi* książk. to dare; ~**ć coś zrobić** to dare (to) do sth; **jak ~esz!** how dare you!; **jak ~esz tak mówić do ojca!** how dare you speak to your father like that!

śmiercionośn|y *adi.* książk. *[broń, trucizna, środek, lek]* lethal, deadly

śmier|ć *f* zw. *sg* [1] (zgon) death; ~**ć z głodu/pragnienia/wyczerpania/wycieńczenia** death from starvation/thirst/exhaustion/emaciation; **zamarznąć na ~ć** to freeze to death; **jeśli nie uwolnimy zakładników, czeka ich ~ć z ręki terrorystów** if we don't free the hostages they will die at the hands of the terrorists; **zginąć ~cią bohatera/męczeńską** to die a hero's/martyr's death; **zapić się/zaharować się na ~ć** to drink/work oneself to death; **pobić kogoś na ~ć** to beat sb to death; **przyjaźń na ~ć i życie** przen. a lifelong friendship; **aż do ~ci** for the rest of one's life; **na ~ć zapomniałam!** pot. I clean forgot!; **blady jak ~ć** as white as a sheet; **za zabójstwo policjanta grozi ~ć** death is the penalty for killing a police officer; ~**ć przez rozstrzelanie/powieszenie/na krześle elektrycznym** death by firing squad/hanging/electrocution; **kara ~ci** Prawo the death penalty, capital punishment; **skazywać** a. **skazać kogoś na ~ć** Prawo to sentence sb to death [2] przen. (koniec) death; **wynalezienie płyty kompaktowej spowodowało ~ć gramofonu** the CD led to the extinction of the record player; ~**ć zdrajcom!** death to traitors! [3] Szt. (postać ludzkiego szkieletu z kosą) death, the Grim Reaper

❏ **czarna ~ć** przest. the Black Death; **nienaturalna ~ć** unnatural death; ~**ć cywilna** przest. civil death; ~**ć kliniczna** Med. clinical death; ~**ć naturalna** Med. natural death, death from natural causes; ~**ć polityczna** książk. the end of one's political career; ~**ć tragiczna** książk. tragic death

■ **iść** a. **pójść na ~ć** to go to one's (almost certain) death; **ponieść ~ć** książk. to perish; **wielu młodych ludzi poniosło ~ć na wojnie** many young people perished in the war; ~**ć zabrała kogoś** książk., euf. death has taken sb from us; **nie wiadomo, kogo z nas pierwszego ~ć zabierze** who knows which of us will be the first to go; **walczyć ze ~cią** to fight for one's life;

zadać komuś ~ć książk. to kill sb; **znaleźć ~ć** książk. to find death

śmierd|nąć *impf* (~**nął** a. ~**ł**) *vi* pot. to go smelly, to begin to stink ⇒ **zaśmierdnąć**

śmierdząc|y **Ⅰ** *pa* → **śmierdzieć**

Ⅱ *adi.* pot., pejor. ~**y leń** a lazy bum pot.; ~**y tchórz** a stinking coward

śmier|dzieć *impf* (~**dzisz**, ~**dział**, ~**dzieli**) *vi* pot., pejor. [1] (cuchnąć) to stink, to reek (**czymś** of sth); ~**dzieć tytoniem/piwem** to stink of tobacco/beer; **w tym pokoju ~dzi** this room stinks [2] posp. (wyglądać podejrzanie) to smell, to stink; **ta umowa ~dzi** the contract smells a. stinks

■ **nie ~dzieć groszem** a. **pieniędzmi** a. **forsą** posp. to be poorly a. badly off; ~**dzieć czymś** posp., pejor. to smell of, to border on; **to ~dzi korupcją** that smells of corruption; **to, co mówisz, ~dzi parafiańszczyzną** what you say borders on parochialism

śmierdziel **Ⅰ** *m pers.* (*Npl* ~**e**, *Gpl* ~**i**) pot., obraźl. [1] (brudas) stinker pot. [2] (budzący odrazę) bastard pot., stinker pot.; **wykiwali nas, ~e** they've conned us, the dirty rats; (o dziecku lub nastolatku) brat pot., pejor., punk pot.

Ⅱ *m anim.* Zool. skunk

śmiertelnicz|ka *f* książk. [1] (istota śmiertelna) a mortal (woman) [2] (osoba zwykła, przeciętna) everywoman

śmiertelnie *adv.* [1] (powodując śmierć) fatally, terminally; **była już wtedy ~ chora** she was already terminally ill then; **został ~ ugodzony nożem** he was fatally stabbed; ~ **ranny** mortally a. fatally wounded [2] pot. (ogromnie) ~ **przerażony/poważny** dead scared/serious; ~ **kogoś przestraszyć/znudzić** to frighten/bore sb to death; **on mnie ~ nudzi** he bores me stiff a. rigid; **on jest w niej ~ zakochany** he's madly in love with her; ~ **blady** deathly a. ghastly pale [3] (zawzięcie) mortally; ~ **się na mnie obraził** he was mortally offended with me

śmiertelni|k *m* książk. [1] (istota śmiertelna) mortal [2] (osoba zwykła, przeciętna) everyman, man in the street

śmiertelnoś|ć *f sgt* [1] (bycie śmiertelnym) mortality [2] (liczba zgonów) mortality (rate), death rate; **notujemy niską ~ć wśród niemowląt** we are noting a low infant mortality

śmierteln|y **Ⅰ** *adi.* [1] (powodujący śmierć) *[choroba, wypadek, trucizna, rana, cios, ukąszenie]* fatal, lethal [2] (zapowiadający śmierć) *[pot, skurcz, drgawki, bladość]* mortal [3] *[osoba]* mortal [4] (ogromny) *[zmęczenie, cisza, nuda, powaga]* deadly, mortal; **ogarnął ją ~y strach** she was seized with a mortal fear; ~**a bladość wystąpiła jej na twarz** her face became deathly pale, a deathly pallor covered her face [5] (groźny) *[niebezpieczeństwo]* mortal [6] przen. *[wróg, uraza, zemsta]* mortal, deadly

Ⅱ *m* a mortal

śmiesz|ek **Ⅰ** *m pers.* (*Npl* ~**ki**) [1] daw. (błazen) jester [2] pot. (żartowniś) joker

Ⅱ *m inanim.* (*G* ~**ku**) [1] dem. (śmiech) laugh, giggle [2] (drwina) scoff, taunting

śmiesz|ka *f* pot. joker

❏ **mewa ~ka** Zool. black-headed gull

śmiesznie *adv. grad.* [1] (zabawnie) *[wyglądać]* funny *adi.*, comical *adi.*; (zachowywać się) amusingly, comically [2] pejor. (niepoważnie) *[zachowywać się, ubierać się]* ridiculously; **nie rób scen!** zachowujesz się ~! stop making scenes! you're being ridiculous!; **w różowym płaszczyku wyglądała pretensjonalnie i ~** she looked pretentious and ridiculous in the pink coat [3] pot. (absurdalnie) ludicrously, ridiculously; ~ **niska cena** a ludicrously low price; ~ **łatwe zadanie** a ridiculously easy task a. problem

■ **pracował w tej firmie przez pół roku za ~ małe pieniądze** he worked for the company for half a year for a pittance a. pennies; **żeby było ~j** pot. to make it even funnier; **zaspałam, i żeby było ~j, nie mogłam znaleźć kluczy** I overslept and, as if that was not enough, I couldn't find the keys

śmiesznost|ka *f* zw. *pl* książk. [1] (cecha charakteru) amusing peculiarity [2] (rzecz lub fakt) a bit of amusing trivia

śmiesznoś|ć *f* książk. [1] (zabawność) ridiculous a. absurd nature [2] (absurdalność) ridiculousness; **nie bawi cię ~ć tej sytuacji?** doesn't this strike you as ridiculous? [3] zw. *pl* (śmiesznostka) quirk; **ma różne ~ci, ale w gruncie rzeczy to dobry człowiek** he's got different quirks but all in all, he's a good man [4] (żart) funny story; **opowiadał nam różne ~ci** he told us a lot of funny stories

śmieszn|y *adi. grad.* [1] *[dowcip, zdarzenie, mina, piosenka, opowieść, film]* funny [2] *[wygląd, strój, zachowanie]* silly; **nie bądź ~y** don't be ridiculous [3] pot. *[przedmiot, pomysł]* funny, silly [4] pot. *[żądanie, pieniądze, suma]* laughable

śmiesz|yć *impf vi* to amuse *vt*; **to mnie nie ~y** this does not amuse me a. I'm not amused; **te dowcipy rysunkowe zawsze mnie ~ą** these cartoons always make me laugh

śmietan|a *f* Kulin. [1] *sgt* cream; **śledzie w ~ie** herring in cream; **truskawki ze ~ą i cukrem** strawberries with cream and sugar [2] pot. (porcja) **kup dwie ~y** buy two bottles a. cartons of cream

❏ **bita ~a** whipped cream

śmietan|ka *f* [1] *sgt* Kulin. (słodka śmietana) cream; **kawa ze ~ką** coffee with cream [2] pot. (porcja) **poproszę dodatkową ~kę do kawy** can I have extra cream in my coffee? [3] (substytut śmietany) non-dairy cream; **wsypać ~kę do kawy** to add creamer to the coffee [4] Kosmet. facial lotion [5] przen. (elita) cream, crème de la crème; ~**ka towarzyska** the cream of society; **w tej kawiarni zbiera się cała ~ka towarzyska Wiednia** this cafe is frequented by the crème de la crème of Vienna

❏ ~**ka kremowa** Kulin. double cream

■ **spijać ~kę** to take the credit; **ty pracujesz a ona spija ~kę** you do the work and she takes the credit

śmietankow|y *adi.* Kulin. *[smak, masło]* creamy

śmietanow|y *adi.* [1] Kulin. *[sos, tort]* creamy [2] *[miąższ]* creamy, cream-like

śmietnicz|ka *f* [1] (szufelka) dustpan [2] (mały pojemnik na śmieci) waste basket

śmietnik m [1] (pojemnik na śmieci) dustbin GB, garbage can US; (miejsce) a rubbish tip [2] pot., przen. (bałagan) mess
■ znaleźć się na ~u to end up on the waste heap; wyrzucić coś na ~ to get rid of sth

śmietnisk|o n [1] (wysypisko śmieci) refuse a. garbage dump [2] (sterta śmieci) rubbish heap a. pile

śmigać impf → śmignąć

śmigle adv. grad. książk. [poruszać się, skakać, biegać] swiftly

śmig|ło n [1] Lotn. airscrew, propeller [2] Techn. (napędzające silnik lub poruszające urządzenia do mielenia) propeller [3] pot. (mieszadło) mixer

śmigłow|iec m helicopter

śmig|ły adi. grad. książk. [1] (smukły) [osoba, drzewo, budowla] slender [2] (zwinny) [wiewiórka, koń, żaglówka] swift

śmig|nąć pf — **śmig|ać** impf (~nęła, ~nęli — ~am) vi [1] pot. (machnąć) to swish; ~ać konia batem to swish a horse with a whip [2] (przemieścić się) [wiewiórka, zając, ptak] to flit; dziewczynka ~nęła przez ulicę the little girl dashed across the road [3] pot. (urosnąć) to shoot up; ostatnio ~nął w górę, teraz jest najwyższy w klasie he's shot up recently and now he's the tallest in his class [4] pot. (rzucić) to fling; ~nął w niego pustą butelką po piwie he flung an empty beer bottle at him

śmigus-dyngus m (G śmigusa-dyngusa a. śmigusu-dyngusu) [1] (zwyczaj) Easter Monday custom of dousing young women with water [2] (lany poniedziałek) Easter Monday

śmo pron. pot. that; to, ~ a. to i ~ this and that

śniada|nie n [1] (posiłek) breakfast; pierwsze ~nie breakfast; drugie ~nie elevenses; na drugie ~nie zjadł kanapki z szynką he had ham sandwiches for elevenses; nie zapomnij drugiego ~nia do szkoły don't forget to take your lunch to school; ~nie kontynentalne a continental breakfast [2] (spotkanie) breakfast meeting a. meeting over breakfast

śniadaniow|y adi. [pora, przerwa, papier, zastawa] breakfast attr.

śniadan|ko n dem. pot. brekkie a. brekky pot.

śniadoś|ć f sgt książk. (twarzy, cery) duskiness

śnia|dy adi. [1] [osoba] swarthy, olive-skinned [2] [twarz, cera, skóra] swarthy, dark

śni|ć impf [] vt to dream; ~ła dziwny, tajemniczy sen she had an odd, mysterious dream
[] vi [1] (mieć sen) to have a dream, to dream about; ~ł, że leci samolotem he was dreaming about flying in a plane [2] (marzyć) to dream (o czymś of a. about sth); ~ć o sławie/o szczęściu to dream of fame/happiness
[] śnić się [1] (ukazywać się we śnie) wczoraj w nocy ~ł jej się ojciec she dreamed about her father last night ⇒ przyśnić się [2] (marzyć się) ~ą mi się dalekie podróże I dream about travelling to distant countries
■ ani mi się ~ (coś zrobić) pot. I haven't the slightest intention of doing it!; nawet mi się nie ~ło, że... I never dreamed (that)...; ~ć na jawie to daydream

śnie|dzieć impf (~dzieje, ~dział) vi Chem. to tarnish ⇒ pośniedzieć, zaśniedzieć

śnie|dź f sgt patina

śnieg m (G ~u) [1] snow; ~ padał całą noc it snowed all night; pola pokryły się ~iem the fields were covered with snow; biały jak ~ snow-white; suchy ~ dry snow; wieczny ~ permanent snow [2] pot. (kokaina) snow
■ tyle mnie to obchodzi, co zeszłoroczny ~ pot. I don't care a jot a. damn about it

śniegow|iec m zw. pl [1] (ocieplany kalosz) galosh [2] przest. (gumowy but nakładany na inny but) overshoe

śniegow|y adi. [1] (dotyczący śniegu) snow attr.; burza ~a a snowstorm; opady ~e snowfall [2] (zrobiony ze śniegu) snow-; bałwan/płatek ~y a snowman/snowflake; kula ~a a snowball

śnież|ek m dem. sgt (G ~ku) pieszcz. (light) snow

śnież|ka f zw. pl snowball

śnieżnobia|ły adi. [obłok, obrus, koszula, suknia] snow-white

śnieżn|y adi. [1] [dzień, zima] snowy; zaspa/burza ~a a snowdrift/snowstorm [2] przen. [kołnierzyk, mankiety, bluzka, koszula] snow-white

śnieżyc|a f [1] (zamieć) blizzard [2] Bot. snowflake

śnieżycz|ka f Bot. snowdrop

śnieżyn|ka f snowflake

śnieży|sty adi. książk. [1] (obfitujący w śnieg) [góra, szczyt, zbocze] snow-covered; [dzień, pora] snowy [2] (w kolorze śniegu) [kwiat, koszula] snow-white

śnieżyście adv. książk. [1] (obfitując w śnieg) w górach jest ~ i można będzie jeździć na nartach the mountains are covered with snow and we'll be able to ski; było ~ i bardzo zimno the day was snowy and very cold [2] przen. okna były ~ białe the windows were snow-white

śnię|ty adi. [1] (o rybach) dead [2] pot. (o osobie) drowsy

śp. (= świętej pamięci) (używane przed imieniem i nazwiskiem osoby zmarłej) the late; (napis umieszczany na nagrobku) RIP

śpiąc|y [] pa → spać
[] adi. (senny) [osoba, zwierzę] sleepy, drowsy

śpiącz|ka f sgt [1] Med. (utrata przytomności) coma; zapaść w ~kę to fall a. go into a coma [2] pot. (senność) sleepiness, drowsiness; ogarnęła mnie straszna ~ka I felt so sleepy all of a sudden [3] przen., pejor. (apatia) lethargy
❑ ~ka afrykańska Med. sleeping sickness; African trypanosomiasis spec.; ~ka cukrzycowa Med. diabetic coma; ~ka wątrobowa Med. hepatic coma

śpiączkow|y adi. Med. comatose

śpiesznie adv. grad. książk. hurriedly, hastily; wsiadł ~ do samochodu he got quickly into the car

śpieszn|o adv. grad. książk. in a hurry; ~o mu było do domu he was in a hurry to get home; nie ~o jej do małżeństwa she's not in a a. any hurry to get married

śpieszn|y adi. grad. książk. [kroki, ruchy] rapid, quick; [przygotowania] hasty

śpiesz|yć impf [] vi książk. [1] (szybko zdążać) to hurry; ~yć do domu/pracy to hurry home/to work [2] (działać szybko, ochoczo) ~yć komuś z pomocą to hurry a. rush to sb's aid; ~yć na ratunek uwięzionym/tonącym to go a. rush to the rescue of those trapped/drowning; ~ę wyjaśnić, że... I hasten to explain that..., I'd like to explain straight away that...
[] śpieszyć się [1] (chcieć zdążyć) to be in a hurry a. rush; ~yć się do pracy to be in a hurry a. rush to get to work; ~yć się na pociąg/zebranie to be in a hurry to catch a train/to get to a meeting; ~yli się z budową domu they were in a hurry to get the house built a. finished; ~yło mi się na dworzec I was in a hurry to get to the station; dokąd się tak ~ysz? where are you dashing off a. hurrying off to?; nie ~y mu się do powrotu he's not in a hurry to come back; nie zostanę na kolacji, bardzo się ~ę I won't stay for supper, I'm in (tremendous) hurry a. a bit of a rush [2] (o zegarze) to be fast; zegar ~y się pół a. o pół godziny the clock's half an hour fast

śpiew [] m (G ~u) [1] (wokalistyka) singing [2] sgt pot. (przedmiot w szkole) music, singing [3] (ptaków) song, trill(ing)
[] śpiewy plt songs

śpiewacz|ka f singer

śpiewacz|y adi. singing attr.

śpiew|ać impf [] vt [1] (wykonywać utwór muzyczny) to sing [piosenkę, arię]; ~ać czysto/fałszywie to sing in tune/out of tune; ~ał przy akompaniamencie gitary he sang to the accompaniment of a guitar ⇒ zaśpiewać [2] pot. (dobrze odpowiadać) to give a fluent answer in class or in an exam [3] (wychwalać) książk. to sing, to praise ⇒ wyśpiewać
[] vi [1] (o ptakach) to sing ⇒ zaśpiewać [2] pot. (zdradzać tajemnice) to sing pot. ⇒ wyśpiewać
■ cieniej a. inaczej ~ać pot. (spokornieć) to sing a different tune a. song; cienko ~ać pot. (być w biedzie) to have a hard a. thin time of it pot.

śpiewająco adv. pot. with flying colours; zdać egzamin ~ to pass an exam with flying colours

śpiewa|k [] m pers. singer
[] m anim. przest. songbird

śpiew|ka f pot. (piosenka ludowa) folk song
■ stara a. zwykła a. ta sama ~ka pot. the same old story pot.

śpiewnie adv. grad. melodiously

śpiewnik m songbook

śpiewnoś|ć f sgt książk. melodiousness

śpiewn|y adi. grad. [1] (melodyjny) melodious [2] (muzykalny) musical

śpiewog|ra f Teatr vaudeville

śpik m (G ~u) pot., żart. (sen) doze; czasami ogarnia mnie ~ I sometimes feel like a doze

śpio|ch m (~szek dem.) (Npl ~chy, ~szki) sleepyhead pot.

śpio|chy plt (~szki dem.) (Gpl ~chów, ~szków) (ubiór dla niemowląt) rompers, romper suit sg

śpiw|ór m (~orek dem.) sleeping bag

śr. (= środa) Wed.

średni **I** adi. 1 (środkowy) [wzrost] average, medium; [syn, córka] middle; [porcja, rozmiar] medium; **~ej wielkości** of average a. medium size; **~ej wielkości miasto/przedsiębiorstwo** an average-sized town/company; **jabłko/pomidor ~ej wielkości** a medium-sized apple/tomato; **w ~m wieku** middle-aged 2 (niewybijający się) [inteligencja, student] average 3 (przeciętny) [głębokość, wysokość, długość] average, mean; **~a pensja** average earnings, the average wage; **~a emerytura** the average pension 4 pot. (nieszczególny) run-of-the-mill, unremarkable 5 Szkol. (ponadpodstawowy) [szkoła] secondary GB, high US; **~e wykształcenie** secondary education

II **średnia** f sgt (przeciętna) average, mean; Mat. mean spec.; **~a zarobków/temperatury** average earnings/the average a. mean temperature; **obliczyć ~ą ocen w klasie** to calculate the average mark a. grade in a class

❏ **klasa** a. **warstwa ~a** Socjol. middle class; **~a arytmetyczna** Mat. arithmetic mean; **~a geometryczna** Mat. geometric mean; **~a harmoniczna** Mat. harmonic mean

średnia|k **I** m pers. (Npl **~ki** a. **~cy**) pot. 1 (przeciętniak) average person 2 (przedszkolak) five-year-old (in Polish nursery school)

II m anim. (zwierzę średniej wielkości) animal of average size

średnic|a f 1 Mat. diameter 2 Techn. (przekrój) diameter; [otworu] inside diameter, bore 3 sgt środ., Handl. middlings pl

średnik m Jęz. semicolon

średnio **I** adv. 1 (szacunkowo) on average; **~ na osobę wypada po 100 zł** it works out at a. comes to 100 zlotys per person 2 (przeciętnie) **uczył się ~** he was an average pupil/student 3 pot. (nieszczególnie) **ta propozycja ~ mi się podoba** iron. I can't say I'm too keen on the idea iron.

II **średnio-** w wyrazach złożonych average-, medium-; **film średniometrażowy** an average-length film

średniodystansow|iec m Sport middle-distance runner

średniodystansow|y adi. [bieg, zawodnik] middle-distance attr.

średniowiecz|e n sgt 1 Hist., Literat., Szt. the Middle Ages 2 przen., pejor. the Middle Ages przen.

średniowieczn|y adi. 1 Hist., Literat., Szt. medieval 2 przen., pejor. (niewspółczesny) medieval pot., pejor.

średniozamożn|y adi. moderately rich, quite well-off

śr|oda f Wednesday; **w środę** on Wednesday; **w zeszłą środę** last Wednesday; **przygotuj to na środę** do it a. get it ready for Wednesday; **do środy muszę się zdecydować** I have to decide by Wednesday

❏ **Środa Popielcowa** Relig. Ash Wednesday; **Wielka Środa** Relig. Holy Wednesday

środ|ek **I** m 1 (miejsce) centre GB, center US, middle; **sam ~ek** the very centre, midpoint; **w sam ~ek** right in the middle a. centre; **trafił dokładnie w sam ~ek tarczy** he hit the bullseye; **postawić stół na ~ku pokoju** to put a table in the middle a. centre of the room 2 (punkt w

przestrzeni lub czasie) middle; **w ~ku nocy** in the middle of the night; **w ~ku tygodnia/miesiąca** in the middle of the week/month 3 (wnętrze) inside; **proszę wejść do ~ka** please come in; **otworzył drzwi i wpuścił gości do ~ka** he opened the door and let the guests in 4 książk. (ułatwienie) means (+ v sg/pl); **~ki komunikacji/transportu** means of communication/transport; **weksle służą jako ~ek płatniczy** bills of exchange serve as a means a. form of payment 5 zw. pl książk. (sposób, metoda) measure, means (+ v sg/pl); **~ki audiowizualne** audiovisual aids; **~ki przymusu** means of force; **~ki wychowawcze** educative measures; **chwytać się różnych ~ków** to resort to various measures a. means 6 (lekarstwo) remedy; (preparat chemiczny) agent; **~ki antykoncepcyjne** contraceptives; **~ek na sen** a. **nasenny** a sleeping pill/draught GB; a soporific (drug) spec.; **zażywać ~ki przeciwbólowe** to take painkilling tablets a. painkillers; **~ki bakteriobójcze** antibacterial agents a. substances; **~ki chwastobójcze** weedkillers; herbicides spec.; **~ki owadobójcze** insecticides

II **środki** plt (zasoby materialne, dochody) means, resources; **został bez ~ków (do życia)** he was left with nothing to live on

III **środkiem** adv. in the middle

❏ **~ek adsorpcyjny** Farm. adsorbent; **~ek ataku** Sport centre forward; **~ek ciężkości** Fiz. centre of gravity; przen. main focus, central point; **~ek dowodowy** Prawo proof; **~ek hipoglikemiczny** Farm. hypoglycaemic agent; **~ek koła** Mat. centre of a circle; **~ek neuroleptyczny** Farm. neuroleptic (drug); **~ek obrony** Sport centre back, stopper; **~ek obrotowy** Ekon. current a. floating asset; **~ek odwoławczy** Prawo appeal; **~ek pobudzający** Farm. stimulant; **~ek prawny** Prawo appeal; **~ek promieniotwórczy** Fiz., Wojsk. radioactive substance; **~ek psychotropowy** Farm. psychotropic (drug); **~ek trwały** Ekon. fixed a. capital asset; **~ek zabezpieczający** Prawo protective measure; **~ki kontrastowe** Med., Chem. X-ray contrast media; **~ki korygujące** Farm. enhancers; **~ki odstraszające** Chem. deterrents; **~ki odurzające** Med. intoxicants; **~ki płatnicze** Ekon. means of payment; **~ki produkcji** Ekon. means of production; **~ki wyrazu** Literat. means of expression; **~ki zapobiegawcze** Prawo preventive measures; **bojowe ~ki trujące** Chem., Wojsk. chemical weapons

■ **martwić** a. **gryźć się w ~ku** pot. to fret; **nie przebierać w ~kach** książk. to stop at nothing, to go to any lengths

środkowoeuropejs|ki adi. [państwo, czas] Central-European

środkow|y **I** adi. 1 (centralny) [pas jezdni] middle, centre attr.; [drzwi] middle, central; [przycisk] middle 2 Sport [obrońca, napastnik] centre attr.

II **środkowa (trójkąta)** f median

środowisk|o n 1 (grono) environment, circle; milieu książk. 2 Biol. environment 3 Chem., Fiz. medium, environment

❏ **~o geograficzne** geographic(al) envir-

onment; **~o naturalne** Biol. natural environment

środowiskow|y adi. [wpływy, warunki] environmental

środow|y adi. [koncert, przedstawienie] Wednesday's

śród książk. **I** praep. → **wśród**

II **śród-** w wyrazach złożonych intra-, endo-; **śródskórny** intracutaneous; **śródbłonek** Fizj. endothelium

śródlądow|y adi. inland

śródmiejs|ki adi. city/town centre attr., downtown US

śródmieś|cie n city/town centre, downtown US

śródziemnomors|ki /ˌɕrudzemnɔˈmɔrski/ adi. Mediterranean

śrub|a f 1 (do łączenia elementów) screw 2 pot. (wkręt) bolt; **odkręcić ~ę** to unscrew a bolt 3 Techn. (w maszynach, urządzeniach) screw 4 Techn. (urządzenie napędowe statków) screw (propeller); **~a napędowa** a power screw 5 Sport (skok z obrotem) twist 6 Sport (w piłce ręcznej) banana shot

❏ **~a lewo/prawoskrętna** Techn. left-handed/right-handed screw; **~a mikrometryczna** Techn. micrometer screw

■ **dokręcić** a. **przykręcić (komuś) ~ę** pot. to tighten the screw, to put the screws on sb

śrub|ka f dem. pot. screw

śrubokrę|t m (G **~tu**) screwdriver

śrub|ować impf vt 1 pot. (zawyżać) to bump a. jack up, to bump a. jack [sth] up [ceny, podatki, normy] ⇒ **wyśrubować** 2 przest. (przykręcać) to screw, to bolt

śrubow|y adi. Techn. screw attr.

śru|t m sgt (G **~tu**) shot, pellets pl

śrutow|y adi. shot attr.; **broń ~a** a shotgun

św. (= święty, święta) St

świadcze|nie **I** sv → **świadczyć**

II n zw. pl (zobowiązanie) service, benefit; **~nia socjalne** Admin. welfare a. social security benefits

świadcz|yć impf **I** vt (wykonywać) to render, to provide; **~yć komuś przysługę/grzeczność** to do sb a favour/kindness

II vi 1 (dowodzić, być objawem) to show, to prove; to signify książk.; to bear testimony książk.; **dobrze/źle o kimś ~yć** to reflect well/badly on sb; to do sb credit/to be a discredit to sb; **takie zachowanie dobrze o tobie ~y** acting like that reflects well on you a. puts you in a good light; **~yć za kimś** a. **przeciwko komuś** to speak in sb's favour/against sb; **dokumenty ~yły na jej korzyść/przeciwko niej** the documents presented a. placed her in a favourable/an unfavourable light 2 (być świadkiem w sprawie) to testify; **~yć za kimś/przeciw komuś** to testify for/against sb 3 książk. (opłacać) to subsidize vt; to provide funding (**na rzecz czegoś** for sth)

III **świadczyć się** przest. **~yć się kimś** (powoływać się) to give sb as a reference

świadectw|o n 1 (dokument) certificate; (szkolne) (school) report; **~o chrztu** a certificate of baptism; **~o maturalne** a. **dojrzałości** Polish school-leaving examination certificate; **~o ślubu** a marriage certificate; **~o zgonu** a death certificate; **~o zdrowia** a health certificate 2 książk. (dowód) evidence; **dawać ~o prawdzie** to bear witness a. testimony to the truth książk.; **kartki z pamiętnika były ~em jej samotności** the pages of her diary testified to her loneliness

świad|ek *m* (*Npl* **~kowie**) [1] (obserwator obecny w miejscu zdarzenia) witness; **naoczny ~ek** an eyewitness; **~ek wypadku** a witness to an accident; **nie wyprze się, powiedział to przy ~kach** he can't take it back – he said it in front of witnesses; **porozmawiajmy bez ~ków** let's talk in private [2] Prawo witness; **~ek oskarżenia** a prosecution witness, a witness for the prosecution; **~ek obrony** a defence witness, a witness for the defence; **zeznania ~ków** the witnesses' testimony; **powoływać kogoś na ~ka** to call sb as a witness; **być ~kiem na czyimś ślubie** to be a witness at sb's wedding

❑ **fałszywy ~ek** Prawo false witness; **niemy** a. **milczący ~ek** silent witness; **Świadkowie Jehowy** Relig. Jehovah's Witnesses

świadom *adi. praed.* → **świadomy**

świadomie *adv. grad.* consciously, intentionally; **~ wprowadził nas w błąd** he deliberately misled us

świadomoś|ć *f sgt* [1] Psych. awareness, consciousness; **z całą** a. **pełną ~cią** in full consciousness; **mieć ~ć** to be aware a. conscious (**czegoś** of sth); **miałem ~ć, że kłamią** I was aware a. conscious of the fact that they were lying [2] książk. (przytomność) consciousness; **utrata ~ci** loss of consciousness; **stracić ~ć** to lose consciousness; **odzyskać ~ć** to regain consciousness, to come round a. to [3] Socjol. consciousness; **~ć klasowa** class consciousness; **~ć społeczna** social consciousness

■ **docierać** a. **dotrzeć do ~ci** Psych. to register in sb's consciousness

świadom|y [] *adi.* [1] książk. (zdający sobie z czegoś sprawę) conscious, aware (**czegoś** of sth) [2] (przemyślany) conscious, intentional; **~y wybór** a conscious a. deliberate choice; **~e macierzyństwo** planned motherhood, conscious conception

[] **świadom** *adi. praed.* książk. aware; **była ~a niebezpieczeństwa** she was conscious a. aware of the danger

świa|t *m* [1] *sgt* (kula ziemska) the world, the globe; **podróż dookoła ~ata** a journey round a. around the world; **najwyższy/największy na ~ecie** the highest/largest in the world; **stary jak ~at** as old as the hills [2] *sgt* (najbliższa okolica) the (outside) world; **jest taka mgła, że ~ata nie widać** it's so foggy a. misty (that) you can't see anything [3] *sgt* (rzeczywistość) the world; **odsunąć się od ~ata** to withdraw a. retire from the world; **chcieć zmienić ~at** to want to change the world [4] (dalekie strony) the world; **szeroki ~at** the world at large; **iść w ~at** to go out into the world; **wiadomości ze ~ata** world news [5] (region) world; **podwodny ~at** the submarine world [6] *sgt* (ludzkość) the world; **cały ~at ją podziwiał** the entire world admired her [7] (środowisko) world; **~at artystyczny/naukowy** the word of art/science; **~at**

przestępczy the criminal world [8] (przyroda) world; **~at organiczny/nieorganiczny** the organic/inorganic world; **~at zwierząt** the animal world; **~at z betonu i szkła** a world of concrete and glass [9] (dziedzina) world; **~at dźwięków/cyfr** the world of sound(s)/numbers; **~at marzeń** the world of dreams [10] książk. (kosmos) the universe [11] (ośrodek życia w kosmosie) world; **wojna ~atów** war of the worlds [12] *sgt* (byt) world; **~at realny** the real world; **~at duchowy** the spiritual world

❑ **Nowy Świat** książk. the New World; **Stary Świat** książk. the Old World; **Trzeci Świat** Polit. the Third World

■ **elegancki ~at** żart. high society; **wielki** a. **szeroki ~at** the rich and (the) famous; **ten ~at** this world; **nie z tego ~ata** not of this world; **zejść z tego ~ata** książk. to depart this life euf.; **przenieść** a. **wyprawić się na tamten ~at** to go to meet one's Maker żart.; to go the way of all flesh; **wyprawić** a. **wysłać kogoś na tamten ~at** to dispatch sb (into the next world) żart., to send sb to meet their Maker żart.; **tamten ~at** the next world, the afterworld; **dwa ~aty** (odrębne środowiska) two different worlds; (o osobach) completely different characters; **jak ~at ~em** (zawsze) since time immemorial; (nigdy) never; **za nic w ~ecie** not for all the world; **błagać** a. **prosić na wszystko w ~ecie** to beg for all one is worth; **na oczach ~ata** in public, in full view (of the public); **bywać w ~ecie** a. **chodzić po ~ecie** to walk the earth; **podbić ~at** to conquer the world; **~ata nie widzieć poza kimś/czymś** to think all the world of sb; **przyjść na ~at** książk. to be born; **puścić w ~at** to spread [wiadomość, plotkę]; **wejść w ~at** to enter society; **wyrzec się ~ata** książk. to renounce the world książk.; **zapomnieć o całym** a. **bożym ~ecie** to be oblivious to the whole a. entire world; **żegnać się ze ~atem** książk. to take one's leave of the world; **~at idzie naprzód** a. **do przodu** the world is advancing (all the time); **~at stoi przed kimś otworem** the world is sb's oyster; **~at się do góry nogami przewraca** pot. the whole world's gone crazy pot.; **~at i ludzie!** pot. that's more than enough

świat|ek *m sgt* pot., pejor. community; **~ek przestępczy** the criminal world

świateł|ko *n dem.* [1] (świecący punkt) light, glow [2] (lampka) light

świa|tło *n* [1] (jasność) light; **~tło księżyca** moonlight; **~tło słoneczne** sunlight; **~tło dzienne** daylight; **promień ~tła** a ray a. beam of light; **snop ~tła** a shaft of light [2] (oświetlenie) lighting; **górne ~tło** overhead a. direct lighting; **boczne ~tło** side lighting; **zapalić ~tło** to put a. switch the light on; **zgasić ~tło** to turn the light(s) out, to switch the light off [3] *sgt* pot. (elektryczność) electricity; **awaria ~tła** an electricity a. a power cut a. failure; **rachunek za ~tło** an electricity bill [4] *zw. pl* Techn. (pojazdu) light *zw. pl*; **~tła mijania** a. **krótkie ~tła** dipped headlights a. low beams US; **~tła drogowe** a. **długie ~tła** main beam headlights GB, high beams US; **~tła odblaskowe** re-

flectors; **~tła postojowe** parking lights; **~tła pozycyjne** running lights; **tylne ~tła** rear lights GB, tail lights US [5] (regulujące ruch) traffic light(s); **zatrzymać się na ~tłach** to stop at the lights; **przejechał skrzyżowania na czerwonym ~etle** he went through a red light at the junction a. crossroads [6] (blask) flash, sparkle; **~tła na wodzie** sparkles on the water [7] Fiz. light; **strumień/wiązka ~tła** a stream/beam of light [8] Techn. (średnica) inside diameter, bore; **~tło lufy** the bore of a barrel; **~tło rury** the inside diameter of a pipe [9] Fot., Szt. light [10] Druk. blank space [11] książk., przen. light

❑ **~tła nawigacyjne** Mors. navigation lights; **~tło błyskowe** Fot. flash; **~tło kotwiczne** Mors. anchor light; **sztuczne ~tło** artificial light; **~tło wiekuiste** Relig. perpetual light, light eternal

■ **w pełnym ~etle** in full daylight, by the light of day; **zielone ~atło** książk. green light; **dać komuś zielone ~atło** to give sb the green light a. the go-ahead; **pod ~atło** against the light; **sprawdziła pod ~atło, czy kieliszek jest czysty** she checked the glass against the light to see if it was clean; **w pełnym ~etle** książk. in full light, in the clear light of day; **przedstawiać kogoś/ coś w złym ~etle** książk. to present sb/sth in a bad light; **przedstawiać kogoś/coś w dobrym ~etle** to present a. show sth/sb in a favourable light; **przedstawić coś w innym ~etle** to show sth in a different light; **rzucić na coś ~atło** to cast a. shed a. throw light on sth; **ujrzeć ~atło dzienne** książk. (urodzić się) to see the light of day; (ukazać się drukiem) to come out; (zostać ujawnionym) to come a. be brought to light; **wydobywać** a. **wyciągać** a. **wywlekać coś na ~atło dzienne** to bring sth to light; **wyjść** a. **wychodzić na ~atło dzienne** to come to light, to surface

światłocie|ń *m* Szt. chiaroscuro *U*

światłoczułoś|ć *f sgt* photosensitivity

światłoczu|ły *adi.* [papier, materiał, substancja] photosensitive

światłomierz *m* Fot. light meter

światłoś|ć *f sgt* [1] książk. (jasność) light [2] Fiz. luminosity

❑ **~ć wiekuista** Relig. perpetual light, light eternal

światłowodow|y *adi.* Techn. [kabel] fibreoptic; **włókna ~e** optical fibres

światłow|ód *m* (*G* **~odu**) Fiz., Techn. fibreoptic cable

światłowstrę|t *m sgt* (*G* **~tu**) Med. photophobia

świat|ły *adi. grad.* książk. enlightened, openminded

światopoglą|d *m sgt* (*G* **~du**) outlook on life a. the world, world view

światopoglądowo *adv.* in terms of outlook; **zgadzamy się ze sobą ~** we have a similar outlook on life a. the world

światopoglądow|y *adi.* of outlook

światow|iec *m* (*V* **~cze** a. **~cu**) książk. a man of the world

światowo *adv.* [zachowywać się] in a refined manner

światow|y *adi.* [1] (obejmujący świat) [rynek, kryzys] world *attr.*, global; **handel ~y** world

Ś

trade; **wojna ~a** a world war; **~ej sławy aktorka/pisarz** a world-famous actress/writer; **~ej klasy** world-class; **na skalę ~ą** on a world a. global scale; **w skali ~ej** in the world [2] (obyty w świecie) worldly-wise; **człowiek ~y** a man of experience [3] [maniery, wygląd] refined

świą|d m sgt (G **~du**) Med. pruritus spec.; severe itching

świątecznie adv. **ubrać się** a. **wystroić się ~** to wear one's Sunday best

świąteczn|y adi. [1] (nastrój) festive; **nieczynne w dni ~** closed on Sundays and holidays [2] (bożonarodzeniowy) Christmas attr.; (wielkanocny) Easter attr. [3] (uroczysty) solemn

świąt|ek m religious figure or painting made by a folk artist
❏ **Zielone Świątki** Relig. Whit Sunday, Pentecost
■ **~ek czy piątek** a. **~ek i piątek** pot. day in, day out

świątobliwoś|ć f piety
❏ **Jego Świątobliwość** (tytuł nadawany papieżowi) His Holiness

świątobliw|y adi. saintly, pious

świąty|nia f (Gpl **~ni** a. **~ń**) [1] Relig. (kościół) church [2] Archit., Hist. (budowla) temple [3] książk., przen. shrine, sanctuary; **teatr – ~nia sztuki** theatre is the sanctuary of art

świątynn|y adi. temple attr.; (w chrześcijaństwie) church attr.

świd|er m [1] (narzędzie do wiercenia) bit; (ręczny) gimlet [2] Górn. (maszyna do wiercenia skał) drill

świder|ek [] m dem. gimlet
[] **świderki** plt (makaron) fusilli

świdr|ować impf [] vt (wiercić) to drill
[] vi (przenikać) to pierce, to penetrate; **~ujący ból** a piercing pain
■ **~ować (kogoś) oczami** a. **spojrzeniem** a. **wzrokiem** pot. to look piercingly at sb, to give sb a piercing look

świec|a [] f [1] (źródło światła) candle; **~a łojowa** a tallow candle; **kolacja przy ~ach** a candlelit dinner; **~a mruga/płonie** a candle flickers/burns; **zdmuchnąć ~ę** to blow a candle out; **prosty jak ~a** straight as a rod [2] Aut., Techn. spark plug [3] Sport (ćwiczenie gimnastyczne) shoulder stand [4] Sport (lot piłki) skyer [5] Techn., Wojsk. flare [6] Lotn. vertical climb a. zoom [7] Fiz. candela; **wydajność światła wynosi 10 ~** a luminous intensity of 10 candelas
[] **świece** plt Myślis. animal's eyes
❏ **~a dymna** Techn., Wojsk. (do tworzenia zasłon dymnych) smoke, smoke bomb; (do odstraszania szkodników lub insektów) smoke
■ **przyjść na gaszenie ~** a. **~e gasić** pot. to miss the boat pot.; **tak uzdolnionej dziewczyny ze ~ą (trzeba) szukać** such talented girls are hard to find a. few and far between

świe|cić impf [] vi [1] (być źródłem światła) to shine, to glow; **słońce ~ci** the sun is shining; **latarnie ~cą** the (street) lamps are glowing [2] (oświetlać) to light vt, to illuminate vt; **~cić latarką** to shine one's torch; **~cić komuś w ciemnościach** to light sb's way in the dark; **~cili sobie zapałkami** they lit their way with matches ⇒ **poświecić, zaświecić** [3] (lśnić) to shine; **księżyc ~ci** the moon is shining;

farba ~cąca fluorescent paint [4] (jaśnieć) to glow; **w półmroku ~cą białe ściany domu** the white walls of the house glow in the twilight
[] **świecić się** [1] (być źródłem światła) [lampa, latarnia, światło] to shine, to glow; **w jego oknie ~ciło się słabe światło** a dim light glowed in his window [2] (lśnić) to glow, to shine; **czoło ~ciło mu się od potu** his forehead was shining with sweat; **wyfrotowana podłoga ~ciła się jak lustro** the polished floor shone like a mirror [3] (jaśnieć) to glow
[] v imp. **w jego domu ~ciło się do późna** the lights stayed on late in his house
■ **~cić cerami** a. **łatami** a. **dziurami** pot. to be shabbily dressed; **~cić obecnością** to be conspicuously present; **~cić przykładem** to be a provide an example; **~cić oczami za kogoś** to be ashamed on sb's account

świecideł|ko n zw. pl bauble; **~ka na choinkę** Christmas baubles a. tree decorations; **ich kobiety są obwieszone od stóp do głów ~kami** their women are covered in trinkets from head to toe

świec|ki [] adi. [1] [wychowanie, szkoła, organizacja, sztuka, literatura, muzyka] secular; **koncert muzyki ~kiej i kościelnej** a concert of secular and sacred music [2] [osoba] lay; **~cy katecheci** lay teachers of religion; **stan ~ki i stan duchowny** laity and clergy
[] m layperson, laic
❏ **~ki duchowny** a. **ksiądz** Relig. lay clergyman

świeckoś|ć f sgt [1] (laicyzm) secularism; **~ć państwa** the secularism of the state [2] (bycie osobą świecką) laicity

świecow|y adi. [latarnia] candle attr.; [kredka] wax attr.

świecz|ka f dem. candle; (bardzo cienka) taper; **~ki na choinkę** a. **choinkowe** Christmas tree candles; **~ki na torcie urodzinowym** candles on a birthday cake; **zapalić/zgasić ~kę** to light/blow out a candle
■ **~ki stanęły komuś w oczach** sb saw stars; **Panu Bogu ~kę i diabłu ogarek** przysł. to run with the hare and hunt with the hounds; **gra warta/niewarta ~ki** the game is worth/not worth the candle

świecznik m candlestick; (na małe, płaskie świeczki) tealight holder; **~ z mosiądzu** a brass candlestick; **~ trzy/czteroramienny** a candlestick with three/four branches
■ **stać** a. **być na ~u** to hold a prominent position, to be in the spotlight

świegot m przest. → **świergot**
świercz|ek m dem. young spruce
świerczyn|a f [1] sgt (gałęzie) spruce (branches) [2] sgt (drewno) spruce (timber) [3] (las) spruce forest
świergolić impf → **świergotać**
świergo|t m (G **~tu**) [1] (głosy ptaków) chirp(ing); **~t wróbli** the chirping of sparrows; **~t jaskółki** the chirp(ing) of a swallow [2] przen. (głosy ludzi) chirp przen., chatter [3] przen. (wibrujący dźwięk) **budzik poderwał go na nogi swoim denerwującym ~tem** the alarm clock forced him out of bed with its annoying ring(ing);

wydobywał z fletu jakieś nieudolne trele i ~ty he blew some unsuccessful trills and warbles on the flute

świergo|tać impf (**~czę** a. **~cę**) vi [1] [ptak] to chirp, to twitter; **wróble ~tały na drzewach** the sparrows were chirping in the trees ⇒ **zaświergotać** [2] przen. [dzieci, dziewczęta] to chirp przen.; to chatter; **dzieci ~tały bez przerwy** the children were chirping non-stop; **nie ~cz mi nad uchem** stop chirping in my ear ⇒ **zaświergotać**

świerk m (G **~u** a. **~a**) [1] Bot. spruce [2] (drewno) spruce (timber)
❏ **~ srebrzysty** silver spruce

świerkow|y adi. [1] [las, bór, gałęzie, szyszki] spruce attr. [2] [deski, podłoga] spruce attr.

świerszcz m (Gpl **~y** a. **~ów**) Zool. cricket; **głośne ćwierkanie ~y** the loud chirping of crickets; **~e grały głośno całą noc** the crickets made a loud noise all night

świerszczyk [] m anim. dem. cricket
[] m inanim. pot., żart. porn magazine pot., porno mag pot.

świerzb m (G **~u**) sgt Med., Wet. scabies
świerzbiącz|ka f sgt Med. prurigo
świerzb|ić, świerzb|ieć impf (**~ił, ~iał**) vi to itch; **~iące bąble** itchy blisters; **plecy go ~iły** his back was itchy ⇒ **zaświerzbić**
■ **ręka kogoś ~i** sb is itching to do sth

świerzbow|y adi. Med. [wysypka, swędzenie] scabies attr.; **~e swędzenie rąk** itching of palms caused by scabies

świetlan|y adi. książk. [1] glowing, luminous; **~a postać** a luminous figure; **~a wizja przyszłości** a glowing vision of the future; **~y przykład** a shining example; **te wspomnienia poświęcone są ~ej pamięci mojej żony** these memoirs are dedicated to the blessed memory of my wife [2] [smuga, tęcza] bright, luminous

świetlic|a f [1] (w domu wczasowym, szpitalu, więzieniu) day a. television room [2] (w szkole) after-school club, day-care room [3] (klub) youth club

świetliczan|ka f pot. day-care room supervisor

świetlik [] m anim. zw. pl Zool. glow-worm
[] m. inanim. [1] Bot., Med. eyebright U, euphrasia U; **napar ze ~a** an eyebright infusion [2] Archit., Budow. skylight [3] Żegl. (iluminator) porthole; (otwierane ku górze okno na statku) hatch

świetlistoś|ć f sgt książk. luminosity, brightness; **~ć barw na obrazie** the luminosity of the painting's colours; **~ć tarczy księżyca** the brightness of the face of the moon

świetli|sty adi. książk. [punkt, krąg, aureola, oczy] bright, luminous

świetliście adv. książk. [rozbłysnąć] brightly, luminously; **jest tak ~, jak w środku lata** it's as bright as in the middle of summer

świetln|y adi. [zjawisko, efekt, wrażenie] light; [napis, sygnał] luminous; **reklama ~a** a neon sign; **promienie ~e przecinały czarne niebo** rays of light cut across the black sky; **oko reaguje na bodźce ~e** the eye reacts to light stimuli; **sygnalizacja ~a działała bez zarzutu** the traffic lights were working properly

świetlów|ka f Elektr., Techn. fluorescent lamp

świetnie [] adv. [czuć się, trzymać się] great pot.; ~ **jeździsz na nartach** you're an excellent skier; ~ **wyglądała w nowej sukience** she looked great in the new dress; **jemu się ~ powodzi** he is doing great; ~**, że jesteś** it's great that you're here

[] inter. excellent!, great!; ~**, brawo, doskonała odpowiedź!** great, bravo an excellent answer!

świetnoś|ć f sgt magnificence, splendour, greatness; ~**ć dawnej architektury** the magnificence of old architecture; **gmach opery jest świadectwem minionej ~ci miasta** the opera house tells of the past glory of the town

świetn|y adi. grad. [1] [pomysł, interes, zabawa] splendid, excellent; **obiad był ~y** the dinner was splendid; ~**y lekarz/ chirurg** an excellent physician/surgeon; **czeka cię ~a przyszłość** you have a great future ahead of you [2] przest. ~**y ród** a celebrated family

świeżo adv. [1] [pachnieć, czuć się] fresh adi.; **wyglądać** ~ to look young a. healthy [2] przen. [brzmieć] original adi. [3] pot. newly; **drzwi** ~ **malowane** a freshly-painted door; „ ~ **malowane**" 'wet paint'; ~ **otwarty sklep** a newly-opened shop; ~ **przybyli goście** newly-arrived guests; **być ~ po wypłacie** to have just received one's wages; ~ **upieczony inżynier** a newly-graduated engineer

■ **mieć coś ~ w pamięci** to have sth fresh in one's mind; **opisać** a. **zanotować coś na ~** pot. to describe a. jot down sth when it's fresh in one's mind

świeżoś|ć f sgt [1] (cecha produktów) freshness; **owoce długo utrzymywały ~ć** the fruit stayed fresh for a long time; **wątpliwej/nie pierwszej ~ci** not fresh; **widać, że to mięso jest wątpliwej ~ci** you can see that this meat is past its best a. not fresh [2] przen. (dobre samopoczucie lub wygląd) freshness, sprightliness [3] (właściwość powietrza) freshness, briskness [4] przen. (nowatorstwo) freshness, newness; ~**ć pomysłu/tematu** the novelty of an idea/a subject

świeżu|tki (~**teńki**, ~**sieńki**) adi. dem. [1] [masło, pieczywo, owoce] fresh [2] [osoba] refreshed [3] [śnieg, pąki] new; **drogi pokrywał ~tki śnieg** the roads were covered with newly-fallen snow; ~**tka gazeta** the latest newspaper [4] [ręcznik, pościel, ubranie] clean, fresh

śwież|y [] adi. grad. [1] (niezepsuty) [pieczywo, masło, warzywa, owoce] fresh; ~**a ryba** fresh fish [2] (rześki) [poranek, powietrze] cool, fresh; **odetchnąć ~ym powietrzem** to get some fresh air; **na ~ym powietrzu** outdoors [3] przen. (orzeźwiający) [zapach, smak] fresh, refreshing [4] przen. (jasny i intensywny) [kolor, barwa] bright [5] przen. [osoba] refreshed, rested [6] przen. (świadczący o zdrowiu) [cera, umysł, wygląd] healthy looking, fresh; **blondynka o ~ym wyglądzie** a healthy-looking blonde; **zachować ~y umysł** to maintain a keen mind [7] przen. (oryginalny) [pomysł, spojrzenie] original, fresh [8] pot. (nowy) [ręcznik, pościel, ubranie] fresh, new;

założyć ~ą baterię to put in a new battery; **założyć ~y opatrunek** to put on a new a. fresh dressing [9] pot. (z ostatniej chwili) [wiadomość, moda, wydarzenie] recent; **najświeższe wydarzenia/wypadki** the (most) recent news/events [10] (obecny w pamięci) [wspomnienie, pamięć, krzywda, tradycja, zjawisko] recent, fresh; ~**a żałoba** new grief

[] adi. [1] (nieprzetworzony) [owoce, warzywa, ryby] fresh [2] [pąki, liście, ślady] new; ~**y grób** a new grave [3] pot. [pracownik] new; **jestem ~ym posiadaczem telewizji kablowej** I've just had cable TV installed

święce|nie [] sv → **święcić**

[] **święcenia** plt Relig. [1] (obrzęd) holy orders [2] (uprawnienia) holy orders; **otrzymać ~nia (kapłańskie)** to be ordained, to take holy orders

❑ **mniejsze ~nia** Relig. lesser vows, simple vows

święc|ić impf [] vt [1] Relig. (nadawać charakter sakralny) to bless [2] książk. (świętować) to celebrate; **dzień święty ~cić** to observe the Sabbath

[] **święcić się** [1] (dziać się) to be in the wind pot.; **co tu się ~ci?** what's cooking? pot.; **czuła, że ~ci się coś złego** she felt there was something bad afoot [2] (obchodzić) to be celebrated

■ ~**cić triumfy** a. **sukcesy** to enjoy great success; **widzieć, że coś się ~ci** to know that something is on the cards pot.; **widzieć, co się ~ci** to see which way the wind is blowing pot.; „**Święć się Imię Twoje**" 'Hallowed be Thy name'

święcie adv. [1] entirely; **byliśmy ~ przekonani, że...** we could swear that...; **jest ~ oburzony na cały ten świat** he is full of righteous indignation at this world; ~ **wierzyła w jego opowieści** she firmly believed in his stories [2] przest. [przyrzekać, wypełniać] solemnly; **uważają, że im się to ~ należy** they think it's their God-given right

święcon|e n sgt [1] (święconka) food blessed at Easter [2] (spotkanie) the sharing of blessed food at Easter

święcon|ka f zw. sg blessed food eaten for Easter Sunday breakfast

święc|ony [] pp → **święcić**

[] adi. [jajko, palma wielkanocna] blessed; **woda ~ona** Relig. holy water

świę|to [] n [1] (uroczysty dzień) holiday; **doroczne rybackie/górnicze ~ęto** an annual fishermen's/miners' holiday [2] przen. (nadzwyczajne wydarzenie) holiday przen.

[] **święta** plt pot. (Boże Narodzenie) Christmas; (Wielkanoc) Easter; **Wesołych Świąt!** Merry Christmas!/Happy Easter!; **obchodzić ~ęta** to celebrate a holiday

❑ ~**ęto kościelne** Relig. church holiday, feast; ~**ęto Matki Boskiej Zielnej** Relig. (the Feast of) the Assumption; ~**ęto narodowe** national holiday; ~**ęto państwowe** public holiday; ~**ęto ruchome** Relig. movable feast; ~**ęto Trzech Króli** Relig. Epiphany a. the Feast of the Three Wise Men; **drugi dzień ~ąt** (Bożego Narodzenia) Boxing Day; (Wielkanocy) Easter Monday; **Święto Namiotów** Relig. the Feast of Booths a. Tabernacles; **Święto Poświęcenia Świątyni** Relig. Feast of Dedication,

Hanukkah; **Święto Pracy** Labour Day; **Święto Przaśników** Relig. the Feast of Unleavened Bread; **Święto Tygodni** Relig. the Feast of Weeks; **Święto Wszystkich Świętych** Relig. All Saints' Day; **Święto Zmarłych** Relig. All Souls' Day

■ **od (wielkiego) ~ęta** once in a blue moon

świętojańs|ki adi. [wianki, zabawy] Midsummer Eve attr.; **chleb ~ki** St John's bread, carob

świętokradc|a m [1] Relig. perpetrator of a sacrilege [2] książk., pejor. (obrazoburca) iconoclast

świętokradczo adv. [1] Relig. sacrilegiously [2] książk., pejor. [odnieść się] without respect

świętokradcz|y adi. [1] Relig. [czyn] sacrilegious [2] książk., pejor. [słowa, wypowiedź] sacrilegious, lacking respect

świętokradztw|o n [1] Relig. sacrilege [2] książk., pejor. sacrilege

świętokrzys|ki adi. [1] [klasztor] of the Holy Cross [2] Geog. [region, krajobraz] Świętokrzyski; **Świętokrzyski Park Narodowy** Świętokrzyski National Park

świętosz|ek m (Npl ~**ki** a. ~**kowie**) pejor. goody-goody pot., bluenose US pot., Holy Joe pot.

świętosz|ka f pejor. goody-goody pot., bluenose US pot.; prude; **nie musisz przede mną zgrywać ~ki** you don't have to play the goody-goody for my sake

świętoszkowato adv. książk., pejor. [zachowywać się] sanctimoniously

świętoszkowatość f sgt książk., pejor. sanctimoniousness, piousness

świętoszkowa|ty adi. książk., pejor. [1] [osoba] sanctimonious, prudish; **nie bądź taka ~ta** don't be so prudish [2] [mina, wygląd, uśmieszek] sanctimonious

świętoś|ć f [1] sgt Relig. holiness; **uszanuj ~ć tego miejsca** (please) respect the sanctity of this place [2] (wartość) sanctity; **największa ~ć** holy of holies; **ziemia w ich rodzinie od pokoleń stanowiła ~ć** the land has been sacred to their family for generations; **nie uszanować żadnej ~ci** to hold nothing sacred

■ **przysięgać na wszystkie ~ci** pot. to swear by all that one holds sacred

święt|ować impf vt to celebrate; ~**ować jubileusz** to observe a. celebrate an anniversary

świę|ty [] adi. grad. [1] Relig. saint; **zostać ~tym** to become a saint; **Święty Mikołaj** St Nicolas; Santa Claus pot.; ~**ci młodziankowie** Holy Innocents; **Najświętsza (Maria) Panna** Blessed Virgin Mary; **plac ~tego Marka w Wenecji** St Mark's Place in Venice [2] Relig. [msza, komunia, spowiedź] holy; [miejsce, źródło, rzeka, ogień, gaj] holy, sacred [3] pot. [obrazek, medalik, pieśni] religious [4] książk. [osoba] holy, saintly [5] książk. [sprawa] sacred

[] **świę|ty** m, ~**ta** f Relig. saint; **żywoty ~tych** the lives of saints; **Litania do wszystkich ~tych** the Litany of the Saints; **Wszystkich Świętych** All Saints' Day

■ ~**ci pańscy!** pot. Saints alive! pot.; ~**ta cierpliwość** pot. the patience of a saint; **do**

Ś

tego dziecka trzeba mieć ~tą cierpliwość you have to have the patience of a saint with that child; ~ta naiwności! a. o ~ta naiwności! iron. Lord save us!; ~ta racja a. prawda a. ~te słowa how very true; masz ~tą rację you're absolutely right; ~ty gniew a. ~te oburzenie righteous indignation; płonąć ~tym oburzeniem to be filled with righteous indignation; ~ty obowiązek bounden duty; ~ty spokój peace and quiet; zrobić coś dla ~tego spokoju to do sth for one's peace of mind; co ona powie, to (jest) ~te whatever she says is (holy) gospel; każdy ~ty ma swoje wykręty przysł. ≈ stop making excuses; nie ~ci garnki lepią przysł. ≈ you can learn anything with a bit of practice

świ|nia [] *f* [1] Roln., Zool. (zwierzę domowe) pig; (samica) sow; (wieprz) hog; (knur) boar; ~nia mięsna a pork pig, a porker; ~nia mięsno-tłuszczowa a baconer; ~nia domowa a domesticated swine; dzika ~nia a wild pig; hodować ~nie to breed pigs; chować ~nie to rear pigs; ~nia się oprosiła the sow has farrowed; tuczarnia ~ń a piggery; schlać się a. urżnąć się jak ~nia posp., obraźl. to get (absolutely) pissed (out of one's mind a. head) posp.; nażreć się a. obeżreć się jak ~nia posp., obraźl. to stuff oneself a. one's face like a pig; jeść jak ~nia pejor. to eat like a pig, to make a pig of oneself [2] pot., obraźl. (wyzwisko) swine pot., obraźl.; pig pot., hog pot.; ty ~nio! you swine!; z niego jest kawał ~ni he's a right swine, that one; ta ~nia znowu mnie obraziła that swine insulted me again

II świnie *plt* Zool. swine, pig

■ podłożyć komuś ~nię pot. to stab sb in the back; to do the dirty on sb pot., to play a filthy trick on sb pot.; leźć a. pchać się jak ~nia do koryta pot. to be pushy; ~ń z tobą nie pasłem pot. don't come the oldchum bit with me pot.; człowiek nie ~nia, wszystko zje pot. one can't (afford to) a. mustn't be choosy a. fussy

świniak *m* pot. piglet

świniar|ka *f* [1] przest., pot. (pasterka) swineherd; (hodowczyni) pig breeder [2] Roln., Zool. (owca) *small sheep reared in the North-East of Poland*

świniarz *m* (Gpl ~y) przest., pot. (pasterz) swineherd; (hodowca) pig breeder

świ|nić *impf* pot., pejor. [] *vt* [1] (brudzić) to mess up [kuchnię, podłogę] ⇒ uświnić, zaświnić [2] (robić lub mówić świństwa) to play dirty tricks (komuś on sb)

II świnić się [1] (brudzić się) to mess oneself up ⇒ uświnić się, zaświnić się [2] (robić lub mówić świństwa) to play dirty tricks (komuś on sb)

świnin|a *f sgt* pot. pork

świniobi|cie *n* pot. pig-sticking; urządzić ~cie to slaughter a pig

świniopas *m* (Npl ~y) pot., obraźl. swineherd

świniowato *adv.* pot., pejor. [zachować się, postąpić] like a swine; postąpiła ~, obmawiając koleżankę she behaved like a swine talking about her friend behind her back

świniowa|ty *adi.* pot., pejor. [osoba] [zachowanie, propozycja, postępek] indecent

świn|ka *f* [1] *dem.* pieszcz. (świnia) piggy, little pig [2] pieszcz. (o dziecku) little piggy [3] Gry (gra w karty) *a simple card game consisting in matching the suit of the card lying face up* [4] pot., Hist. (moneta pięciorublowa) *five-rouble gold coin in tsarist Russia* [5] *sgt* Med. mumps [6] Zool. cyprinid [7] pot. (skarbonka) piggy bank
❏ ~ka morska Zool. guinea pig

świntuch *m* (Npl ~y) pot., pejor. [1] (rozpustnik) lecher; swine pot.; stary ~ a dirty old man [2] (niechluj) dirty pig pot.

świntusz|yć *impf vi* pot. [1] (robić rzeczy nieprzyzwoite) to be obscene; (w mowie) to talk dirty pot. [2] (brudzić, śmiecić) to make a mess ⇒ naświntuszyć

świńs|ki [] *adi.* [1] (u świni) pig('s), of a pig, hog('s), of a hog; (jak u świni) hoglike, porcine; ~ki ryj/ogon a pig's snout/tail [2] [mięso, skóra, nawóz] pig(-), hog(-); teczka ze ~kiej skóry a pigskin briefcase [3] pot. (zły) swinish, snide, hoggish; ~kie zachowanie snide behaviour [4] pot. [film, dowcip, uwaga] dirty; blue pot.

II po świńsku *adv.* pot. [zachować się, postąpić] like a swine, meanly; [wyrażać się] dirty, filthy, in a dirty way

■ ~ki blondyn pot., obraźl. pig-eyed blondheaded guy pot.; ~kie oczka pot., iron. pig('s) eyes; ~ki ryj a. ~ka morda posp., obraźl. runt-face, pig-face; ty ~ki ryju! you runt-face!

świństew|ko *n dem.* pejor. [1] (podły postępek) mean a. dirty trick [2] (dwuznaczność) filth

świństw|o *n* pot. [1] (czyn nieetyczny) vileness; zrobić komuś straszne ~o to do the dirty on sb pot. [2] (tandetna rzecz) rubbish GB, tat GB pot. [3] (niesmaczna potrawa) muck [4] (wstrętna rzecz) filth; przez kilka dni szorowała podłogę i nie mogła tego ~a usunąć she spent a few days scrubbing the floor and couldn't remove that filth a. muck [5] *zw. pl* (nieprzyzwoite słowa) filthy joke

świ|r¹ [] *m pers.* (Npl ~ry) pot., obraźl. [1] (chory psychicznie) nutter GB pot., nutcase pot. [2] (narwaniec) jerk pot.

II *m inanim.* pot., pejor. daftness; mieć/dostać ~ra to be/go nuts pot.

świ|r² *m* (G ~u) *sgt* książk. chirp, chirping

świr|ować *impf vi* posp. [1] (popadać w obłęd) to go nuts pot. ⇒ ześwirować [2] (wygłupiać się) monkey about a. around; nie ~uj, mów serio don't be a jerk, be serious

świ|snąć¹ *pf* — **świ|stać** *impf* (~snęła, ~snęli — ~szczę a. ~stam) *vi* [1] (wydać świst) to whistle; ~szczący oddech a wheezing a. hissing breath; kula ~snęła mu koło ucha the bullet whistled past his ear [2] (o zwierzętach) to whistle [3] (machnąć powodując świst) to swish *vt*

■ niech cię dunder ~śnie damn you!; jak rak ~śnie, a ryba piśnie pot. when hell freezes over

świ|snąć² *pf* (~snęła, ~snęli) *vt* [1] pot. (ukraść) to swipe pot.; kto mi ~snął ołówek? who has swiped my pencil? [2] pot. (uderzyć) to whack pot.; ~snąć kogoś rózgą/batem to whip sb

świ|st *m* (G ~stu) [1] (wydawany przez człowieka, zwierzę i wiatr) whistle [2] (w oddechu chorego) wheezing, wheeze; szmery i ~sty w piersiach murmurs and wheezes in the chest [3] (wydawany przez sprężony gaz) whistle, hiss; powietrze uchodziło ze ~stem the air came out with a hiss [4] (powstający przy ruchu przedmiotu w powietrzu) whistle, swish

świstać *impf* → świsnąć¹

świstak *m* Zool. marmot; nory ~ów marmot burrows

świst|ek *m* pot. [1] (kawałek papieru) scrap of paper [2] pejor. (dokument) piece of paper przen.

świszcz|eć *impf* (~ysz, ~ał, ~eli) *vi* to whistle; pędzić aż w uszach ~y to whizz along

świszczypa|ła *m, f* (Npl *m* ~ły, Gpl *m* ~łów a. ~ł; Npl *f* ~ły, Gpl *f* ~ł) pot., żart. scatterbrain, harum-scarum

świ|t *m* (G ~tu) [1] (pora) dawn, daybreak, the break of day; zerwali się o ~cie they sprang up at dawn; wyruszyli w drogę skoro ~t they got on their way as soon as dawn broke; od ~tu do nocy from sunup to sundown [2] poet. (brzask) daylight [3] książk. (początek) dawn

■ bladym ~tem a. o bladym ~cie pot. in the pale dawn

świ|ta *f* retinue, entourage, suite; królewska ~ta the royal retinue

świt|ać *impf vi* [1] [dzień, poranek] to dawn ⇒ zaświtać [2] przen. [nadzieja] to dawn ⇒ zaświtać

■ świta mi (w głowie), że... I'm beginning to understand that..., it dawns on me that...

świta|nie [] *sv* → świtać

II *n* książk. dawn, daybreak; o ~niu zbudził ją przeraźliwy ziąb at dawn a. daybreak she was woken by the terrible cold; od ~nia aż po zmierzch from dawn till dusk

T

T, t *n inv.* T, t

t (= tona) t

t. (= tom) vol.

ta → ten

tab. (= tabela) table

tabaczkow|y *adi.* książk. *[materiał, surdut]* snuff-coloured; snuffy przest.; **~y kolor** tobacco (brown)

taba|ka *f* 1 snuff *U*; **szczypta ~ki** a pinch of snuff; **zażyć ~ki** to take snuff 2 przest., pot. (tytoń) tobacco *U* ■ **ciemny** a. **głupi jak ~ka (w rogu)** pot. (as) thick as two (short) planks a. as a plank GB pot.

tabakie|ra *f* 1 (na tabakę) snuffbox 2 Myślis. *snout of a wild boar*

tabakier|ka *f* snuffbox

tabel|a *f* 1 (rubryki, zbiór danych) table, chart; **~a cen/opłat** a table of prices/charges; **~e statystyczne** statistical charts; **przedstawić wyniki/dane w formie ~i** to present results/data in tabular form, to tabulate results/data; **utworzyć ~ę** Komput. to create a table 2 Dzien., Sport (league) table; **~a wyników** a scoresheet a. scorecard; **spaść na ostatnie miejsce w ~i** to drop to the bottom of a (league) table

tabelaryczn|y *adi. [zestawienie]* tabular

tabel|ka *f dem.* table; **narysować/wypełnić ~kę** to draw/fill in a table

tabernakul|um *n (Gpl ~ów)* Relig. tabernacle

tabl. (= tablica) pl.

tableau /ta'blo/ *n inv.* 1 (pamiątkowe zdjęcie) ≈ group photograph *(composed of individual photographs)* 2 (zdarzenie) tableau

tablet|ka *f* pill, tablet; **~ki od bólu** a. **na ból głowy** a. **przeciw bólowi głowy** headache pills; **~ka aspiryny** an aspirin; **~ki na sen** sleeping pills a. tablets; **magnez/witaminy w ~kach** magnesium/vitamins in tablet form; **połknąć** a. **zażyć ~kę** to swallow/take a pill a. tablet ❑ **~ka emska** zw. pl Farm. Emser Pastille® *(Emser salt in tablet form)*

tabletkow|y *adi. [masa]* of a tablet

tablic|a *f* 1 (płyta z napisem) tablet; (pamiątkowa) plaque; (informacyjna) board; **~a z ogłoszeniami** a. **ogłoszeniowa** a noticeboard GB, a bulletin board US; **wmurować/odsłonić ~ę pamiątkową** to affix/unveil a commemorative plaque 2 (w szkole) board; (do pisania kredą) blackboard, chalkboard US; (do pisania mazakami) whiteboard; **wytrzeć ~ę** to clean the blackboard/whiteboard 3 (strona w książce) plate; **~e barwne na końcu książki** colour plates at the back of a book 4 (plansza)

wallchart; **na ścianie wisiała ~a z czasownikami nieregularnymi** there was a wallchart with irregular verbs hanging (up) on the wall 5 (zestawienie liczb) table; **~e matematyczne** mathematical tables 6 Sport (w koszykówce) backboard ❑ **~a chronologiczna** Szkol. chronology, chronological table; **~a genealogiczna** genealogical table; **~e logarytmiczne** Mat. tables of logarithms, log tables; **~a Mendelejewa** Chem. the periodic table (of the elements); **~a rejestracyjna** Aut. registration a. number plate GB, license plate US; **~a rozdzielcza** Techn. control panel, fascia; Elektr. distribution board; Aut. dashboard; **~a sygnalizacyjna** Techn. (w samolocie, samochodzie) instrument board a. panel

tablicow|y *adi. [drogowskaz]* on a board; **malarstwo ~e** Szt. panel painting

tablicz|ka *f* 1 (płyta z napisem) plate; **~ka na drzwiach** a door plate 2 (służąca do pisania) tablet; (kamienna) slate; **gliniana/woskowa ~ka** a clay/wax tablet ❑ **~ka czekolady** bar of chocolate; **~ka mnożenia** Mat. multiplication table(s); (times) table(s) pot.

tabo|r *m (G ~ru)* 1 książk. (środki transportu) transportation, means of transport(ing) *(+ v sg)*; (kolejowy) rolling stock; (sanitarny, lotniczy, samochodowy) fleet *(operating under the same ownership)*; (pływający) shipping *U (operated by one country)*; **miejscowy/miejski ~r autobusowy** local/city buses; **~r linii lotniczych/firmy wymaga uzupełnienia** the airline's/company's fleet ought to be replenished 2 Wojsk. convoy of military vehicles *(supplying food, ammunition, or weaponry)* 3 (wędrowny obóz) train of caravans a. wagons, wagon train US; **~r cygański** a. **Cyganów** a train of Gypsy wagons a. caravans; **~ry uciekinierów** refugees convoys; **stanąć ~rem** a. **rozłożyć ~r** to make camp (on a wagon journey) 4 Hist., Wojsk. (warowny obóz) laager daw.

tabor|ek *m* pot. stool

tabore|t *m (~cik dem.) (G ~tu, ~ciku)* stool; (niski) tabouret, taboret US; **usiąść na ~cie** to sit on a stool

tabu II *n inv.* Relig., Socjol. taboo, tabu; **~ kazirodztwa/zdrady małżeńskiej** the taboo against incest/adultery; **przełamać** a. **przekroczyć** a. **złamać ~** to break a taboo; **naruszyć religijne ~** to violate a religious taboo; **słowa/postępowanie uznawane za ~** words/behaviour regarded as taboo, tabooed a. tabued words/behaviour

III *adi. inv.* taboo, tabu; **śmierć to temat ~** death is a taboo subject

tabuistyczn|y *adi.* książk. 1 (stanowiący tabu) *[temat, miejsce]* taboo, tabu 2 (uświęcony) *[tradycja, praktyka, potrawa]* sanctified

tabula rasa /ta,bula'raza/ *f inv.* Filoz. tabula rasa

tabulato|r *m* 1 Komput. (klawisz) tabulator key, tab key 2 Techn. (do pisania w kolumnach, do odczytu kart perforowanych) tabulator

tabun[1] *m (G ~u)* 1 (stado zwierząt) herd; **~ dzikich koni/bawołów** a herd of wild horses/buffaloes 2 Myślis. (stado ptaków) flock 3 pot. (tłum) pack pot., passel US pot.; **~y dzieci/chmur/ptactwa** passels of kids/clouds/birds

tabun[2] *m sgt (G ~u)* Chem., Wojsk. (gaz bojowy) tabun

tac|a *f* 1 (do podawania, przenoszenia naczyń) (serving) tray; (srebrna, platerowana) salver; **~a ze szklankami/brudnymi naczyniami** a tray of glasses/dirty dishes; **przynieść/podać ~ę ze śniadaniem** to bring/serve a breakfast tray 2 (zbiórka podczas mszy) offertory; (zebrane pieniądze) the collection; **niedzielna ~a na bezdomnych/seminarium** a Sunday collection a. plate for the homeless/seminary; **dać (hojny/skromny datek) na ~ę** to contribute (a humble/generous offering) to a collection; **zbierać na ~ę** a. **chodzić z ~ą** to have a collection

tachać → taszczyć

tac|ka *f dem.* (serving) tray; (srebrna, platerowana) salver

tacza|ć *impf* pot. II *vt* 1 (turlać) to roll; **~ć beczki** to roll barrels 2 (obtaczać) to coat, to roll; **~my kotlety w jajku/tartej bułce** we coat a. roll the cutlets in egg/breadcrumbs

III **taczać się** 1 (turlać się) to roll 2 (iść chwiejnie) to stagger

tacz|ka *f* wheelbarrow; **wozić piasek ~ką** a. **na ~ce** to cart sand in a wheelbarrow; **pchał (przed sobą) ~kę pełną nawozu** he pushed a. rolled a wheelbarrow full of manure ■ **wywieźć kogoś na ~kach** *[podwładni, pracownicy, strajkujący]* to force sb to resign

tadżyc|ki *adi.* Tajik, Tadjik, Tadzhik

Tadży|k *m*, **~jka** *f* Tajik, Tadjik, Tadzhik

taf|la *f (Gpl ~li* a. **~el)** 1 (płyta) (kamienna, granitowa) slab; (szklana, metalowa) sheet; (przycięta forma) (szklana) pane; (ceramiczna) tile; **~le marmuru na nagrobki** marble slabs for tombstones 2 (powierzchnia) (lodu, wody) sheet; (jeziora, stołu) surface; **gładka ~la jeziora** the glassy surface of a lake; **góry odbija-**

jące się w ~li wody mountains reflected in the (surface of the) water

taf|ta f Włók. taffeta U

taftow|y adi. Włók. taffeta attr.

ta|ić impf książk. **I** vt [1] (skrywać) [osoba] to hide [uczucia, myśli, zamiary]; conceal [odczucia, fakty, prawdę]; **taisz coś przede mną** you are concealing something from me; **nigdy nie taił swych opinii** he never made a secret of his views; **nie tają swojej niechęci do nas** they don't hide their dislike of us; **nie taił, że ma zamiar się żenić** he made no secret of a. about his wish to marry ⇒ **zataić** [2] (kryć w sobie) [głębiny, skarbiec] to contain [tajemnice, bogactwa, informacje]

III taić się książk. (kryć się) [niepewność, niebezpieczeństwo] to lurk

Taj m, **~ka** f (Npl **~owie, ~ki**) Thai

taj|ać impf (**~ę**) vi [1] (roztapiać się) [lód, rzeka] to thaw ⇒ **stajać** [2] (rozmarzać) [gleba] to thaw; [palce, stopy] to thaw out ⇒ **stajać** [3] książk., przen. (łagodnieć) [osoba, upór, gniew] to melt; **~ał pod wpływem jej czułych słów** her tender words melted his heart ⇒ **stajać**

tajemnic|a f [1] (sekret) secret; **wojskowa/rodzinna ~a** a military/family secret; **pilnie strzeżona/dobrze skrywana ~a** a closely guarded/well-kept secret; **powiedzieć coś komuś w ~y** to tell sb sth in confidence; **odkryć czyjąś ~ę** to guess sb's secret; **powierzyć a. wyznać komuś ~ę** to let sb in on a secret; **spotkać się/naradzać się w ~y** to meet/confer in secret; **utrzymywać coś w ~y** to keep sth (a) secret; **zdradzić ~ę** to betray a. reveal a. divulge a secret; **dzieci nie potrafią dotrzymać ~y** children can't keep secrets; **nie zdradzę a. ujawnię twojej ~y** your secret is safe with me; **historia/jej przeszłość skrywa wiele ~** history/her past is riddled with many (deep dark) secrets; **nasza ~a się wydała** our secret was uncovered; **nie mamy przed sobą ~** we have no secrets from each other [2] (tajność) confidentiality U, secrecy U; **~a dziennikarska** confidentiality of journalistic sources, journalistic confidentiality; **~a korespondencji** the secrecy a. confidentiality of correspondence; **otoczyć coś ~ą** to throw a veil of secrecy over sth; **działania/pertraktacje otoczone ~ą** actions/dealings shrouded a. cloaked in secrecy; **jestem przysięgą zobowiązany do zachowania ~y** I'm sworn to secrecy [3] (zagadka) mystery; **~e natury** the mysteries of nature; **naukowcy chcą zgłębić a. rozwikłać ~e kosmosu** scientists want to unravel a. solve the mysteries of the universe; **sposób, w jaki uciekł, pozostaje dla policji ~ą** how he escaped remains a mystery to the police [4] (najlepszy sposób na osiągnięcie czegoś) secret; **~a powodzenia/udanego małżeństwa** the secret of success/a happy marriage

❑ **~a lekarska** Med. doctor-patient privilege; **~a państwowa** a. **stanu** Polit. state secret; **~a służbowa** ≈ confidential information; **~a spowiedzi** Relig. seal of confession; **~a wiary** Relig. holy mystery; **~a zawodowa** Prawo (obowiązująca lekarzy) doctor-

patient privilege; (obowiązująca prawników) solicitor-client privilege GB, attorney-client privilege US; (obowiązująca księgowych) accountant-client privilege

■ **to moja słodka ~a** żart. that's my little secret; **~a poliszynela** a. **publiczna ~a** książk. open secret; **jest publiczną ~ą, że on bierze łapówki** it is an open secret that he accepts bribes

tajemniczo adv. mysteriously, enigmatically; **uśmiechała się ~** she wore a mysterious a. an enigmatic smile; **sprawa wygląda ~** the whole thing seems mysterious

tajemniczoś|ć f sgt (nastrój) mystery; (cecha) mysteriousness; **atmosfera ~ci** an atmosphere of mystery

tajemnicz|y adi. [1] (otoczony tajemnicą) secret; (zagadkowy) mysterious, enigmatic; **~y wielbiciel/schowek** a secret admirer/hiding place; **~e znaki/okoliczności** mysterious signs/circumstances [2] (skryty) [osoba] secretive, close; **jest ~y, jeśli idzie o jego przeszłość** he's secretive a. close about his past; **~y świat handlarzy bronią** the secretive world of arms traders [3] (tajemny) [siły, zaklęcia] mysterious

tajemnie adv. książk. [działać, spotykać się] in secret, secretly

tajemn|y adi. książk. [1] (tajny) [przejście, zebranie] secret; **odbywali ~e narady** they held secret a. clandestine councils; **poznać jego/jej ~e myśli** to know his/her innermost thoughts [2] (magiczny) [siły, nauki] mysterious

tajfun m (G **~u**) Meteo. typhoon

tajfunow|y adi. Meteo. thyphonic

taj|ga f Geog. taiga

Tajland|czyk m, **~ka** f Thai

tajlandz|ki adi. Thai

tajnia|k m pot. (policjant) plain-clothes police officer; (pracownik wywiadu) undercover agent; (detektyw) sleuth pot., jack pot.

tajnie adv. grad. [wybierać] by (means of a) secret ballot; [głosować] secretly; [spotykać się, współpracować] undercover

tajnik|i plt (G **~ów**) [1] (sekrety) secrets; (zakamarki) recesses przen.; **najskrytsze a. najgłębsze ~i jego duszy** the innermost recesses of his soul a. mind [2] (tajemnice) arcana (+ v sg/pl); **~i sztuki snycerskiej/leczenia ziołami** the arcana of woodcarving/herbal healing

tajnoś|ć f sgt (niejawność) secrecy; (poufność) confidentiality; **dokument opatrzony/nie opatrzony klauzulą ~ci** a classified/nonclassified document; **strzec ~ci danych** to guard the confidentiality of data

tajn|y adi. grad. [1] (niejawny) [narada, pakt] secret; [dokument, informacja] classified; **te dane/umowy są ściśle ~e** the data/contracts are top secret; **udał się ze ściśle ~ą misją do Pekinu** he went on a top secret mission to Beijing; **ujawniono nasze najtajniejsze plany** our most secret plans have been disclosed [2] (nielegalny) [firma, interesy] clandestine; (konspiracyjny) [drukarnia, organizacja] underground [3] (wywiadowczy) [służby, funkcjonariusz] secret; **~y agent** a secret agent, an operative; **~a policja** the secret police [4] (utajony) [przejście] secret; [uczucia, myśli] innermost; **~e wejście do ogrodu** a secret entrance to the

garden; **najtajniejsze zakamarki jej serca** the innermost recesses of her heart

Tajwa|ńczyk m, **~nka** f Taiwanese

tajwańs|ki adi. Taiwanese

tak¹ inter. [1] (potwierdzenie) yes; **~ czy nie?** yes or no?; „**Anna?**" – „**~?**'" 'Anna?' – 'yes?'; „**byłeś u dentysty?**" – „**~**" 'did you go to the dentist?' – 'yes (I did)'; **widziałeś się z nią wczoraj, (czy) ~?** you saw her yesterday, right a. didn't you?; **nie lubię kotów, ale psy ~** I don't like cats, but I (do) like dogs; **~ jest!** that's right!; Wojsk. yes, sir!; (w marynarce) aye, aye, sir!; **~ i nie** a. **i ~, i nie** yes and no; „**czy nie mają racji?**" – „**i ~, i nie**" 'aren't they right?' – 'yes and no' [2] pot. (około) **to kosztowało ~ ze 100 złotych** it cost something a. somewhere around like 100 zlotys pot.

tak² **I** pron. [1] (intensywność) (przed przymiotnikiem, przysłówkiem) so; (przed czasownikiem) so much; **~ dobry/energiczny** so good/energetic; **~ blisko/często/późno** so close/often/late; **~ bardzo** so much; **~ mały, że prawie niewidoczny** so small that it is/it was almost invisible; **bądź ~ dobry i otwórz okno** książk. would you mind opening a. be kind enough to open the window?; **~ się za tobą stęskniłem** I missed you so (much); **zmienił się ~, że z trudem go rozpoznałem** he's/he'd changed so much that I hardly recognized him; **~ bym chciała gdzieś wyjechać** how I wish I could (just) go away somewhere; **nie mieli ~ dużego rozmiaru** they didn't have such a large size [2] (w ten sposób) **to było ~** it was like this; **zróbmy ~: ja pójdę pierwszy, a ty dołączysz za chwilę** let's do it this way: I'll go first and you'll join me a bit later; **włóż to do pudełka, o ~** put it into the box, like this; **~ wyglądał twój dziadek, kiedy był młody** this is what your grandad looked like when he was young; **zrobił ~, jak mu kazano/radzono** he did as he was told/advised; **zachowywał się ~, jakby nikogo innego tam nie było** he behaved as if nobody else was there; **mało zarabiał, ~ jak wszyscy nauczyciele** like all teachers, he didn't earn much; **nic już nie będzie ~ jak dawniej** nothing's (ever) going to be like it used to be; **zrób to ~, żeby cię nie zauważył** do it so that a. in such a way that he doesn't notice you; **nigdy nie jest ~, żeby nie mogło być gorzej** things are never so bad that they couldn't get worse [3] (emfatyczne) **chcesz mu to dać ~ za darmo?** you want to just give it to him free?; **nie da się ~ po prostu zapomnieć** you can't just (go and) forget; **nie obrażaj się ~ zaraz** there's no need to take offence like that

II tak..., jak i... coni. (zarówno) both... and...; **~ Adam, jak i Robert** both Adam and Robert; Adam, as well as Robert; **jego dzieła, ~ dramaty, jak też powieści...** his works – both the dramas and the novels a. the dramas as well as the novels...

III tak że coni. so; **wszystko załatwiłem, ~ że się nie martw** I've arranged everything, so don't worry; **szpara była duża, ~ że mogłem wszystko zobaczyć** the crack was large, so I could see everything

■ **~ czy inaczej** anyway, one way or another; **~ czy owak** a. siak in any case; **~ sobie** pot. (nie najlepiej) so-so; (bez specjalnego powodu) for no particular reason; **„jak się czujesz?" – „~ sobie"** 'how are you?' – 'so-so'; **„dlaczego pytasz?" – „~ sobie"** 'why are you asking?' – 'no (particular) reason'; **nic się nie dzieje ~ sobie** there's a reason for everything; **i ~ dalej** and so on a. forth; **i ~ dalej, i ~ dalej** and so on and so forth; **ot ~** (bez powodu) for no particular reason

taka → **taki**

takaż → **takiż**

ta|ki (**taka, takie, tacy**) pron. ① (z rzeczownikiem lub zamiast rzeczownika) such; **taki samochód/takie zwierzę** such a car/an animal; **taka pogoda** such weather; **tacy osobnicy** such individuals; **nigdy o czymś takim nie słyszałem** I've never heard of such a thing; **dziewczyna taka, jak ty** a girl like you; **takie wartości jak prawda i miłość** such values as truth and love; **on nie jest taki, jak myślisz** he's not the kind of person you take him for a. you think he is; **z ciebie taki sam znawca jak ze mnie** iron. you're no more of an expert than I am; **naucz się akceptować świat takim, jaki on jest** you must learn to accept the world as it is; **sytuacja jest taka, że nikt nie może być pewnym jutra** the situation is such that no one can be certain of tomorrow; **jest taki mróz, że nie chce się wychodzić z domu** it's so cold that one doesn't even want to go out; **taki jak** such as; **duże miasta, takie jak (na przykład) Kraków i Wrocław** large cities, such as Cracow and Wrocław; **tacy to zawsze mają szczęście** people like that are always lucky; **w taki sposób** this way; **w taki sposób, że...** in such a way a. manner that...; **w taki czy inny sposób** somehow or other, one way or another; **coś takiego** something like that; **coś takiego niebieskiego** something blue; **coś takiego!** (zdziwienie, oburzenie) well, well!; well, I never! przest.; **jeden taki** a. **taki jeden** pot. some guy pot.; **kręciła się tu jedna taka** some woman was hanging around here; **jeden taki próbował, ale mu się nie udało** some a. one guy did try, but he wasn't successful ② (przed przymiotnikiem) so; **taki miły/piękny** so nice/beautiful; **taki wspaniały widok** such a magnificent view; **on jest taki gruby/wysoki** (z towarzyszącym gestem) he's this fat/tall; **dom jest duży, a takiego właśnie potrzebujemy** the house is large, which is just what we need; **jest taka ładna, jak dawniej** she's as pretty as ever; **taki sam** the same; **dwie kobiety w takich samych sukienkach** two women wearing the same dress; **taki sam samochód jak mój** the same car as mine ③ (niedookreślony) **to był taki żart** it was just a joke; **zwyczajna torba, taka papierowa** an ordinary bag, a paper one; **jakiś taki** a. **taki jakiś** (nieswój) pot. out of sorts GB; **była jakaś taka zakłopotana** she was kind of embarrassed ④ pot. (emfatyczne) **a takiemu Adamowi niczego nie brak do szczęścia** and someone like Adam doesn't need anything a. has everything he needs

■ **jako taki** (sam w sobie) as such; **jest małoletni i jako taki nie może dziedziczyć domu** he is a minor and as such he cannot inherit the house; **taki a taki** such and such; (osoba) so-and-so; **pani taka a taka** Ms so-and-so; **takiego a takiego dnia, o takiej a takiej godzinie** on such and such a day at such and such an hour; **taki czy inny** a. **owaki** a. **siaki** (obojętnie jaki) whatever kind; **takie czy inne książki** (różne) books of one sort or another; **taki gips** a. **takie buty** pot. so that's how it is! a. the way it is! a. the way things are! pot.; **taki owaki** euf. so-and-so euf.; **ty taki owaki/taka owaka!** you so-and-so!; **taki sobie** pot. so-so, fair-to-middling; **takiego!** wulg. (z towarzyszącym gestem) (odmowa) up yours! wulg., get stuffed! GB wulg.

takielun|ek m (G **~ku**) sgt Żegl. rigging

ta|kiż pron. przest. **srebrny dzban i takiż kielich** a silver pitcher and a cup of the same kind; **brązowe palto i takiegoż koloru kapelusz** a brown coat and a hat of the same colour

tako → **jako**

takow|y pron. przest. such; **dokumenty, jeśli ~e istnieją** documents, if such exist

takoż pron. przest. likewise książk.; also; **politycy są zdezorientowani, opinia publiczna ~** the politicians are confused, (and) public opinion likewise

taks|a f (stała opłata) flat charge a. fee, fixed rate; (notarialna) fee; (ubezpieczeniowa) premium ❑ **~a klimatyczna** Admin. visitors' tax (at a spa or health resort)

taksiarz m (Gpl **~y** a. **~ów**) pot. cabby a. cabbie pot.

taksomet|r m (G **~ru**) taximeter; clock pot.

taksonomi|a f sgt (GD **~i**) Biol. taxonomy, systematics (+ v sg)

taksonomicznie adv. Biol. taxonomically

taksonomiczn|y adi. Biol. taxonomic(al)

taks|ować impf vt ① (szacować) to assess [straty]; to appraise [dzieło sztuki] ⇒ **otaksować** ② książk. (oceniać) to inspect [osobę, wygląd]; **~ować kogoś wzrokiem** a. **oczami** to look at sb appraisingly, to eye sb appraisingly

taksów|ka f taxi, taxicab; **wolna/zajęta ~ka** a taxi for hire/hired taxi; **zatrzymać ~kę** to hail a. flag down a taxi; **pojechaliśmy na lotnisko ~ką** we took a taxi to the airport, we went to the airport by taxi ❑ **~ka bagażowa** utility vehicle a. truck (for hire)

taksówkarz m (Gpl **~y** a. **~ów**) taxi driver

tak|t¹ m sgt (G **~tu**) (w zachowaniu) tact; **osoba pełna ~tu** a tactful person; **jemu/jej brak ~tu** he/she has no tact, he's/she's tactless; **postępować z ~tem** to show a. exercise tact

tak|t² m (G **~tu**) Muz. ① (jednostka metryczna) bar, measure US; **kilka ~tów walca Straussa** a few bars of a Strauss waltz ② (rytm) time, measure US; **utwór w ~cie trzy czwarte** a piece in triple time; **wybijać ~t** to beat time; **klaskać do ~tu** to clap in time to the beat ❑ **~t trójdzielny** Muz. triple time

taktomierz m (Gpl **~y** a. **~ów**) Muz. metronome

taktownie adi. grad. [zachować się, postąpić] tactfully

taktown|y adi. grad. [osoba, postępowanie, uwaga] tactful

taktow|y adi. Muz. **kreska ~a** a bar line

taktycznie adv. Wojsk. tactically także przen.; **postępować ~** to act in a tactical manner; **zagłosował ~ na kontrkandydata** he tactically voted for the opponent; **plan bitwy był bez zarzutu** tactically the plan for the battle was flawless; **rezygnacja w obecnej chwili byłaby ~ uzasadniona** it would be politic to resign now

taktyczn|y adi. Wojsk. tactical także przen.; **popełniono błędy ~e** tactical mistakes a. errors were made

takty|k m Wojsk. tactician także przen.

takty|ka f ① sgt Wojsk. tactics (+ v sg/pl); **~ka nękania** hit and run tactics; **opracować ~kę** to devise tactics ② (strategia) tactic; tactics (+ v pl); **~ka zaskoczenia** surprise tactics; **zastosować wypróbowaną ~kę militarną/parlamentarną** to use well-tried military/parliamentary tactics; **musimy zmienić ~kę gry/ataku** we have to change our playing/attacking tactics

także part. as well, also; **on ~ lubi szachy** he likes chess as well; **to dotyczy wszystkich, ~ ciebie** that applies to everybody, you included a. as well; **(ona) zna francuski, ~ niemiecki** she knows French, and German too a. as well; **znam ją, i ty ~** I know her, and so do you; **nie pójdę tam, i ona ~** I won't be going there, and neither will she a. and she won't be going either; **a ~...** and also..., as well as...; **nie tylko..., ale** a. **lecz ~...** not only..., but also...; **był nie tylko przystojny, ale ~ utalentowany** he was not only good-looking, but talented as well

tala|r m Fin., Hist. thaler (silver coin)

talar|ek m pot. Kulin. slice

talen|t¹ ⫶ m pers. (Npl **~ty**) talent C/U; **ona jest wschodzącym ~tem** she is an up-and-coming talent; **odkrywać ~ty sportowe wśród nastolatków** to discover sporting talent among teenagers; **konkurs młodych ~tów** young talent show a. contest a. competition; **wylęgarnia młodych ~tów** a nursery of young talent ⫶ m inanim. (G **~tu**) (uzdolnienie) talent C/U (do czegoś for sth); **~ty towarzyskie** social skills; **wrodzony/przeciętny/wybitny ~t** (a) natural a. (an) inborn/(a) mediocre/(an) outstanding talent; **mieć ~t do języków** to have a talent for languages; **partner z ~tem do interesów** a partner with business talent; **on zdradza** a. **objawia ~t malarski** a. **do malowania** he demonstrates a. shows a. displays a painterly talent a. a talent for painting; **zmarnowałeś/rozwinąłeś swój ~t aktora dramatycznego** you've squandered/developed your talent(s) as a theatrical actor

talen|t² m (G **~tu**) Fin., Hist. talent

talerz m ① (do potraw) plate; **porcelanowy/papierowy ~** a china/paper plate; **głęboki ~** a soup plate; **płytki** a. **płaski ~** a dinner palte; **~ owoców/kanapek** a. **z owocami/**

kanapkami a plate of fruit/sandwiches; **nakładać jedzenie na ~e** to put food on(to) plates [2] (porcja) plateful; **zjeść ~ spaghetti** to eat a plate a. plateful of spaghetti [3] (płaski przedmiot) **~ anteny satelitarnej** a satellite dish; **~ gramofonowy** a turntable [4] zw. pl Muz. hi-hat, high-hat ■ **podać** a. **podsunąć komuś coś na ~u** to spoon-feed sb with sth; **podsuwano mu na ~u rozwiązanie każdego problemu** he was spoon-fed a solution to any problem

talerzow|y adi. Roln. **brona ~a** a disc harrow; **pług ~y** a rotary plough

talerzyk m [1] dem. (do potraw) (small) plate; **~ na pieczywo** a side plate [2] Sport (na kijku narciarskim) basket

tali|a[1] f (GDGpl ~i) [1] (pas) waist; **jest szczupła w ~i** she's got a slim waist; **kobieta wąska w ~i** a narrow- a. slender-waisted woman; **mieć ~ę osy** to be wasp-waisted; **objął ją w ~i** he put his arm around her waist [2] (część ubrania) waist-(line); **sukienka z podwyższoną ~ą** a high-waisted dress; **te spodnie są dla mnie za wąskie/za szerokie w ~i** these trousers are too tight/too large around the waist

tali|a[2] f (GDGpl ~i) (kart) pack GB, deck US

tali|a[3] f (GDGpl ~i) Mors., Techn. tackle

talizman m (G ~u) talisman, charm; **~ przeciw czarom** a charm to ward off spells; **moc ~u** a power of a talisman; **~ chroniący od ciosów/trucizny** a charm against wounds/poison

talk m sgt (G ~u) [1] Kosmet. talcum powder; talc pot. [2] Techn. talc [3] Miner. talc

talk show /'tokʃou/ n inv. Radio, TV chat show GB, talk show US; **prowadzić ~** to be a chat-show host; **wystąpić w ~** to appear on a chat show

Talmu|d m sgt (G ~du) Relig. [1] (zbiór praw) the Talmud; **przepisy ~du** rules a. precepts of the Talmud [2] (książka) Talmud

talmudyczn|y adi. Relig. [prawo, literatura] Talmudic(al); **szkoła ~a** ≈ a yeshiva; **mieć ~y umysł** to have a Talmudic mind

talmudy|sta m Relig. Talmudist

talon m (G ~u) [1] (kupon) coupon, voucher; **~ na benzynę** a petrol coupon; **~ na posiłek** a luncheon voucher; **~ do domu towarowego** a discount voucher for a department store; **zrealizować ~** to redeem a voucher [2] środ., Gry talon

talonow|y adi. [sprzedaż] coupon attr.

tała|jstwo, **~łajstwo** n sgt pot., pejor. [1] (motłoch) rabble, riff-raff [2] (rzeczy bezwartościowe) junk pot.

tam[1] pron. there; (z towarzyszącym gestem) over there; **zatrzymaj się ~** stop (over) there; **połóż/włóż to ~** put it there/put it in there; **kto ~?** who is it?, who's there?; **~ w górze/dole** up/down there; **urodził się w Szwecji i ~ też spędził dzieciństwo** he was born in Sweden, where he also spent his childhood; **gdzie poszedł, ~ spotykał znajomych** wherever he went, he met a. saw someone he knew; **~, gdzie...** where...; **~, gdzie kończy się miasto** where the town comes to an end; **odłóż to ~, skąd wziąłeś** put it back where you found it; **~, gdzie będzie to uzasadnione** where (it's) warranted książk.

tam[2] part. **co ~ u was słychać?** how are things?; **jak ~ twoi rodzice?** how are your parents?; **co mi ~!** pot. who cares? pot.; **co ~ deszcz, mamy przecież parasole** who cares about the rain? – we've got umbrellas; **gdzieś ~** somewhere (or other); **kiedyś ~** some day (or other); **gdzież mu ~ do ciebie** he's no match for you; **hej ~!** hey, you! pot.
■ **~ i z powrotem** there and back; **chodzić ~ i z powrotem** to pace back and forth a. to and fro; **bilet ~ i z powrotem** a return GB a. round-trip US ticket; **a ~ a. e ~!** pot. (niedowierzanie) you're kidding! pot.

tam|a f [1] (zapora) dam; **zbudować ~ę na rzece** to build a dam across a river; **~a na Nilu** a dam on the river Nile; **powódź zerwała a. przerwała ~ę** the flood burst the dam [2] przen. (przeszkoda) barrier, obstacle; **położyć a. postawić ~ę czemuś** przen. to put a stop to sth [3] Górn. ≈ brattice; **~a klocowa** a frame dam
□ **~a bobrowa** Leśn., Zool. (beaver's) dam

tamarysz|ek m (G ~ka a. ~ku) Bot. tamarisk

tambor|ek m tambour, embroidery hoop; **haftować na ~ku** to embroider on a tambour

tamburmajo|r m Muz., Wojsk. drum major

tamburyn m (G ~u) Muz. tambourine; **grać na ~ie** to play the tambourine

tamci → **tamten**

tam|ować impf vt [1] (blokować) to block [drogę, przejście]; **karambol ~ował ruch na autostradzie** the pile-up blocked the motorway ⇒ **zatamować** [2] (powstrzymywać) to stem, to staunch GB, to stanch US [krew, krwotok]; **nagły ból ~uje oddech** sudden pain makes it difficult to breathe; **~ować w sobie gniew/wzruszenie** przen. to hold back a. restrain one's anger/emotions ⇒ **zatamować**

tampon m (G ~u) [1] (do tamowania krwi) compress; (do oczyszczania ran) wipe, swab; **jałowy ~** a sterile compress a. tampon [2] (używany podczas menstruacji) tampon [3] Techn. (do rozprowadzania substancji) swab

tamponik m dem. (G ~u a. ~a) (do tamowania krwi) (small) compress; (do oczyszczania ran) wipe, swab

tamta → **tamten**

tam-tam m (G tam-tamu) Muz. [1] (afrykański) tom-tom [2] (azjatycki) tam-tam

tamtej|szy adi. [ludność, uniwersytet, obyczaje] local; **w ~szym klimacie prawie nic nie rośnie** almost nothing grows in that climate; **wolę ~sze jedzenie od tutejszego** I prefer the food there to the food here

tam|ten (~ta, ~to, ~ci) pron. (z rzeczownikiem) that; (zamiast rzeczownika) that one; (z towarzyszącym gestem) the one over there; **~ci** those; **~tego roku/lata** that year/summer; **w ~tych czasach** in those times a. days; **podaj mi książkę, nie tę, ~tą** pass me that book, not that one, the other one; **spójrz na ~ten obraz** look at that picture over there; **~to nie było z mojej winy** that wasn't my fault; **pogadaliśmy o tym i ~tym** we chatted about this and that

tamtędy pron. that way; **nie tędy, ~ proszę** not this way, that way please

tamto → **tamten**

tamże pron. książk. [1] there, in the same place; **urodził się w Paryżu i ~ zmarł** he was born in Paris, and that's where he died [2] (w tekście) ibid.

tan m zw. pl (G ~u) przest. dancing; **ruszyć a. skoczyć a. puścić się w ~ a. ~y** to go a. start dancing

tancbu|da f pot., pejor. honky-tonk pot.

tance|rz m, **~rka** f (Gpl ~rzy, ~rek) dancer; (partner) (dancing) partner; **~rz zespołu baletowego** a ballet dancer; **~rka rewiowa** a showgirl; **~rz ludowy** a country dancer; **jest dobrą ~rką** she's a good dancer
□ **pierwszy ~rz** Teatr principal dancer; **~rz charakterystyczny** Teatr character dancer

tancmistrz m przest. [1] (baletmistrz) ballet master [2] (nauczyciel tańca) dancing teacher

tandeciarz m (Gpl ~y) [1] pot., pejor. (producent bubli) producer of shoddy goods [2] przest. (handlarz starzyzną) cheapjack pot.; rag-and-bone man GB, junkman US

tandem m (G ~u) [1] (rower) tandem (bicycle); **jechać ~em** a. **na ~ie** to ride a tandem [2] (zespół) team; **pracować w ~ie** to work a. operate in tandem; **tworzyć dobrany ~** to work well together a. as a team [3] Techn. tandem

tandemow|y adi. [1] [wyścig] tandem attr. [2] Techn. [układ] tandem attr.

tande|ta f sgt [1] pot., pejor. (o towarach) junk; **sklep z ~tą** a junk shop [2] pot., pejor. (o książkach, filmach) rubbish pot., trash pot.; **ten film to ~ta** this film is rubbish a. trash [3] przest. (bazar) flea market; **buty kupione na ~cie** shoes bought at a flea market

tandetnie adv. grad. pot., pejor. [1] (byle jak) shoddily; **~ wykonane meble** shoddily made furniture; **~ zbudowany dom** a jerry-built house [2] (kiczowato) **~ napisana książka** a trashy a. rubbishy book; **~ nakręcony film** a trashy film

tandetnoś|ć f sgt pot., pejor. [1] (ubioru, wnętrza, produktu) shoddiness, tackiness [2] (książki, filmu, programu) tackiness

tandetn|y adi. pot., pejor. [1] [materiał, ubranie] shoddy; tacky pot.; **~a robota** shoddy workmanship; **~y sklep** a junk shop [2] [książka, rozrywka, program] trashy, rubbishy

tanecznic|a f przest. dancer
■ **złej ~y zawadza rąbek przy** a. **u spódnicy** przysł. a bad workman (always) blames his tools przysł.

taneczn|y adi. [muzyka, sala] dance attr.; **zabawa ~a** a dance; **talent ~y** a talent for dancing; **zespół ~y** a dancing group; **weszła do pokoju ~ym krokiem** she danced into the room

tang|o n Muz., Taniec tango; **tańczyć ~o** to dance the tango, to tango; **~o milonga** the milonga; **poprosił ją do ~a** he invited her to tango
■ **pójść** a. **ruszyć w ~o** pot. (pić) to go off a drinking spree; (lajdaczyć się) to sleep around

ta|ni[1] adi. grad. [książka, samochód, sklep, restauracja] cheap; **tania siła robocza** cheap labour; **tani kredyt** cheap a. low-interest credit

II *adi.* przen., pejor. (w złym guście) *[dowcip, komplement]* cheap; **tani chwyt** a cheap trick a. gimmick
■ **robić coś tanim kosztem** pot. to do sth on the cheap; **kupić coś za tanie pieniądze** pot. to buy sth cheap

ta|niec II *m* [1] (ruchy ciała) dance; **taniec ludowy** folk dance; **taniec towarzyski** ballroom dance; **taniec brzucha** belly dance; **taniec rytualny** a ritual dance; **poprosić kogoś do tańca** to ask sb to dance; **puścić się w taniec** to start dancing; **chodzić na lekcje tańca** to attend a dance class [2] Muz. dance; **orkiestra grała różne tańce** the orchestra played different dances **III tańce** *plt* pot. (zabawa) dance; **iść na tańce** to go dancing; **zaprosić kogoś na tańce** to invite sb to a dance
❏ **taniec charakterystyczny** Taniec character dance; **taniec połamaniec** pot., żart. break-dance; **taniec wojenny** war dance; **taniec św. Wita** przest., Med. (pląsawica) St Vitus's dance, Sydenharris chorea; **tańce figurowe** Sport ice dancing; **tańce dyskotekowe** disco dances
■ **do tańca i do różańca** pot. *[osoba]* game for anything; **taniec na linie** skating a. walking on thin ice

tani|eć *impf* (~ał) *vi [towary, produkty]* to get cheaper ⇒ **potanieć, stanieć**

tanio *adv.* grad. cheap; **kupić ~, sprzedać drogo** to buy cheap and sell at a higher price
■ **nie oddać** a. **nie sprzedać ~ swojej skóry** pot. to not give up without a fight; **nie sprzedał ~ swego życia** he fought bravely to the bitter end

tanio|cha *f sgt* pot., pejor. cheapie; **kupował ~chę na bazarach** he bought cheapies at the flea markets

tanioś|ć *f sgt* książk. (towarów, materiału) cheapness

taniut|ki *adi.* dem. [1] *[pierścionek]* cheap [2] przen., pejor. *[dowcip, komplement]* cheap

tank|ować *impf* **II** *vt* to fuel (up), to refuel *[samochód, samolot]*; **~ować benzynę/paliwo** to fill up with petrol/to refuel ⇒ **zatankować** **II** *vi* pot. (pić alkohol) to booze pot.

tankow|iec *m* Żegl. (oil) tanker, oiler

tantiem|a *f zw. pl* (G ~) [1] (twórcy, wykonawcy) royalty *zw. pl*; **otrzymywać ~y z filmu/płyty** to receive royalties from a film/a record; **mieć ~y za książkę/za udział w filmie** to receive royalties from a book/a film; **żyć z ~** to live off royalties [2] Ekon. dividend; **pobierać ~y** *[członek zarządu]* to receive dividends

tantiemow|y *adi. [dopłata]* royalty attr.

Tanza|ńczyk *m*, **~nka** *f* Tanzanian
tanzańs|ki *adi.* Tanzanian

tańc|ować *impf vt* przest., żart. to dance
■ **myszy ~ują, gdy kota nie czują** przysł. when the cat's away the mice will play przysł.

tańcz|yć *impf* **II** *vt* to dance (**z kimś** with sb); **~yć walca/tango** to dance the waltz/tango ⇒ **zatańczyć**
III *vi* [1] *[osoba]* to dance; **ona dobrze ~y** she's a good dancer; **~yć w balecie** to be a ballet dancer [2] (kręcić się) to dance; **łódka ~yła na falach** the boat danced on the

waves; **litery ~yły mu przed oczami** the words danced before his eyes; **samochód zaczął ~yć na oblodzonej szosie** the car started to skid on the icy road
■ **~yć, jak ktoś zagra** pot. to dance to sb's tune; **~yć koło kogoś** pot. to dance attendance on sb

tao *n inv.* Filoz., Relig. Tao
taoi|sta *f* Filoz., Relig. Taoist
taoistyczn|y *adi.* Filoz., Relig. Taoist
taoizm *m sgt* (G ~u) Filoz., Relig. Taoism
tapczan *m* (G ~u a. ~a) divan (bed)
❏ **~ tapicerski** upholstered divan
tapczanik *m dem.* (small) divan (bed)
tape|t *m* przest. conference table
■ **być na ~cie** pot. to be on the carpet pot.
tape|ta *f* [1] (ścienna) (wall)paper; **wykleić kuchnię/pokój ~tą** to hang a. put up wallpaper in the kitchen/room; **położyć nowe ~ty w sypialni** to repaper the bedroom [2] pot., pejor. (makijaż) paint *U*
■ **wziąć coś na ~tę** pot. to get down to sth
tapet|ować *impf* **II** *vt* to (wall)paper, to decorate *[ściany, pokój]* ⇒ **wytapetować**
II tapetować się pot., pejor. *[kobieta]* to paint one's face (thickly); **za mocno się ~ujesz** you put on too much make-up ⇒ **wytapetować się**
tapice|r *m* upholsterer
tapicer|ka *f* [1] *sgt* (obicie) upholstery, padding; **~ka samochodowa** car upholstery [2] *sgt* pot. (tapicerstwo) upholstery
tapicers|ki *adi. [zakład, pracownia, usługi]* upholsterer's; **fotel ~ki** an upholstered armchair; **meble ~kie** upholstered furniture; **gwoździe ~kie** tacks; **sprężyna ~ka** a box spring
tapicerstw|o *n sgt* upholstery
tapio|ka *f sgt* Bot., Kulin. tapioca
tapi|r¹ *m* Zool. tapir
tapi|r² *f* pot. (fryzura) bouffant (hairdo)
tapir|ować *impf* **II** *vt* to backcomb GB, to tease US *[włosy]* ⇒ **utapirować**
II tapirować się to backcomb one's hair GB, to tease one's hair US ⇒ **wytapirować się**
tapirowan|y **II** *pp* → **tapirować**
II *adi. [włosy, grzywka]* bouffant; **~a głowa** bouffant hairdo
tapl|ać się *impf v refl.* pot. to slosh a. splash around pot.; **kaczki ~ały się w kałuży** the ducks splashed around in a puddle
ta|ra¹ *f* daw. (do prania) washboard; **prać na tarze** to wash on a washboard
ta|ra² *f* Handl. tare
taraba|nić *impf* **II** *vt* (taszczyć) to lug pot.; **~nili wielką szafę na piętro** they were lugging a heavy wardrobe upstairs ⇒ **wtarabanić**
II *vi* (uderzać) to bang (**w coś** (on) sth); to pound (**w coś** at a. on sth); **~nić do drzwi** a. **w drzwi pięściami** to bang on the door with one's fists
III tarabanić się to clamber; **dzieciaki ~niły się na górę** the kids were clambering up; **grubas ~nił się do samochodu** a fat man was clambering into the car ⇒ **wtarabanić się**
taran *m* [1] Hist., Wojsk. (battering) ram; **pędzić jak ~** to push and shove; **uderzać w coś jak ~** a. **jak ~em** to ram into sth [2] Hist., Żegl. ram, beak [3] przen. (rozpędzony

przedmiot) **~ czołgów wjechał w tłum demonstrantów** tanks rammed into the crowd of protesters
taran|ować *impf vt* [1] (niszczyć) to ram (**coś** into sth); **uciekający bandyci ~owali przeszkody** the fleeing bandits rammed into the obstacles ⇒ **staranować** [2] Hist., Wojsk. (uderzać taranem) to break down, to batter down *[bramę, mury]* ⇒ **staranować** [3] Hist., Żegl. (uderzać w burtę) to run down *[okręt]* ⇒ **staranować**
tarantel|a *f (Gpl ~i)* Muz., Taniec tarantella
tarantul|a *f* Zool. tarantula
tarapat|y *plt* (G ~ów) pot. trouble *C/U*, scrape; **~y rodzinne** family trouble; **~y finansowe** financial difficulties a. straits; **znaleźć się w ~ach** to be in trouble; **popaść** a. **wpaść w ~y** to get a. run into trouble; **wybrnąć z ~ów** to get out of trouble; **wydobyć kogoś z ~ów** to get sb out of trouble
taras *m* (G ~u) [1] (część budynku) terrace, patio; **~ widokowy** an observation deck; **~ na dachu** a roof terrace [2] (wzniesienie terenu) terrace; **~ ryżowy** a rice terrace
tarasik *m dem.* (G ~u) (część budynku) (small) terrace
taras|ować *impf vt* to block *[ulicę, drzwi, wejście]*; **szafa ~uje przejście** the wardrobe is blocking the way ⇒ **zatarasować**
tarasowato *adv.* **~ opadający teren** terraced land
tarasowa|ty *adi.* **~ty teren** terraced land
tarasowo *adv.* in terraces; **pola położone ~** fields arranged in terraces
tarasow|y *adi.* [1] *[fotel, drzwi]* terrace attr. [2] *[pole, uprawa, ogród]* terrace attr.
tarcic|a *f* [1] *sgt* (drewno) timber GB, lumber US [2] (belka) timber; (deska) plank
tarcicow|y *adi.* **deski ~e** wooden planks
tar|cie II *sv* → **trzeć**
II *n* [1] Fiz. friction; **siła ~cia** the force of friction; **~cie między oponami kół a jezdnią** the friction between the tyres and the road; **~cie statyczne** static friction; **~cie wewnętrzne** internal friction [2] *zw. pl* przen. (konflikt) friction *C/U*; **doszło między nimi do ~cia** a. **~ć** there was friction between them; **współpracowali zgodnie i bez ~ć** they worked in harmony without any friction a. discord
tarcz|a *f* [1] (rycerska) shield; **osłaniać się ~ą przed ciosami przeciwnika** to protect oneself from the enemy's blows with a shield [2] (policyjna) (riot) shield [3] (z cyframi, liczbami) dial; **~a zegarka** (na rękę) the dial of a. on the watch; (stojącego) the face of the clock; **~a kompasu** the compass dial; **~a telefoniczna** a. **telefonu** a telephone dial [4] Techn. (w maszynie) disc GB, disk US; **~a tnąca** a cutting disc; **~a szlifierska** a grinding wheel; **~e hamulcowe** brake discs [5] (cel) target; **strzelać do ~y** to aim at the target; **trafić w ~ę** to hit the target; **trafić w środek ~y** to hit the bullseye; **~a strzelnicza** a shooting target [6] (szkolna) school badge [7] (herbowa) shield, escutcheon [8] (ciał niebieskich) disc GB, disk US; **~a słoneczna** the sun's disc; **~a Księżyca** the face of the moon
■ **być czyjąś** a. **dla kogoś ~ą** książk. to shield sb; **wrócić na ~y** książk. to return

defeated; **wrócić z ~ą** książk. to return victorious; **wrócę z ~ą lub na ~y** I will return victorious or die honourably

tarczow|y [] *adi.* **piła ~a** circular saw; **hamulce ~e** disc brakes

[] *m* środ., Sport *person who checks the scores in target shooting*

tarczyc|a *f* Anat. thyroid (gland); **nadczyn-ność/niedoczynność ~y** an overactive/ underactive thyroid

tarczycow|y *adi.* Anat. thyroid *attr.*; **gru-czoł ~y** the thyroid (gland)

targ [] *m* (*G* ~**u**) [1] (rynek) market; **~ koński/zbożowy** a horse/grain market; **kupiła kury na ~u** she bought hens at the market; **~ staroci** an antiques market; **pchli ~** a flea market; **w piątki jest ~ w miasteczku** Friday is market day in the town [2] pot. (o cenę) haggling, bargaining; **zapłaciła za ziemniaki bez ~u** she didn't haggle over the price of potatoes; **dobić ~u** to strike a bargain a. deal [3] *zw. pl* pot. (spory) bargaining *U*; **~i o podwyżkę** wage bargaining; **po długich ~ach ustąpili** they gave up after a lot of haggling

[] **targi** *plt* (wystawa) fair; **~i książki** a book fair; **~i branżowe** a trade fair; **~i motoryzacyjne** a car show; **wystawiać swoje towary na ~ach** to display one's goods at a fair; **zwiedzać ~i** to visit an exhibition a. an exposition a. a fair

■ **~ w ~** pot. after much hard bargaining

targać¹ *impf* → **targnąć**

targa|ć² *impf vt* [1] (wichrzyć) *[wiatr]* to tousle *[włosy]* ⇒ **potargać** [2] przest. (rozrywać) to tear; **~ł na drobne kawałki stare listy** he was tearing the old letters into small pieces ⇒ **potargać**

targ|nąć *pf* — **targ|ać¹** *impf* (~**nęła**, ~**nęli** — ~**am**) [] *vt* [1] (ciągnąć) to pull; **~ać kogoś za uszy/włosy** to pull sb's ear/hair; **~nął za lejce i koń ruszył** he jerked the reins and the horse moved [2] (wprawić w gwałtowny ruch) to toss; **wysoka fala ~ała okrętem** the ship tossed on the huge waves [3] (dręczyć) *[lęk, niepokój]* to torment; **sie-dział ~any rozpaczą** he was tormented by despair; **ból ~nął całym jego ciałem** he felt a twinge of pain; **~ać sobie nerwy** to shatter one's nerves [4] pot. (taszczyć) to lug pot.; **~ać ciężkie walizy** to lug heavy luggage

[] **targnąć się** — **targać się** [1] (poruszać się gwałtownie) to thrash about a. around; **w sieci ~ała się złowiona ryba** a fish was thrashing about in the net; **płomień ~ał się, szarpany wiatrem** the flame was flickering in the wind [2] (szarpać) to pull; **chłopcy ~ali się za włosy** the boys were pulling each other's hair

■ **~nąć się na coś** książk. to attempt to seize sth; **~nąć się na kogoś** książk. to assault sb; **~nąć się na czyjeś życie** książk. to make an attempt on sb's life; **~nąć się na swoje życie** książk. to take one's (own) life

targ|ować się *impf v refl.* [1] pot. (przy kupnie) to bargain, to haggle; **~ować się o cenę** to bargain over the price; **~owali się o każdą złotówkę** they haggled over every last zloty [2] przen. (wykłócać się) to argue; **~owała się z rodzicami o godzinę powrotu do domu** she argued with her parents about the time she had to get home; **nie ~uj się ze mną, powiedziałem nie i koniec!** stop arguing with me, I said no and that's final!

targowisk|o *n* market(place), market-square

■ **~o próżności** vanity fair

targowiskow|y *adi.* *[ceny, opłaty]* market *attr.*

targow|y *adi.* [1] *[dzień, plac, ceny, stragany]* market *attr.*; **hala ~a** a covered market [2] *[eksponaty, kompleks]* fair *attr.*

tar|ka¹ *f* [1] (przybór kuchenny) grater; **~ka do sera** a cheese grater [2] Zool. (płytka na języku) radula

tar|ka² *f* pot. (krzew tarniny) blackthorn a. sloe (bush); (owoc tarniny) blackthorn a. sloe (fruit)

tar|ło *n sgt* Zool. (składanie ikry) spawning; (okres godowy) spawning season a. time; **~ło łososi** salmon spawning; **odbywać ~ło** to spawn

tarmo|sić *impf* [] *vt* pot. (szarpać, targać) to pull, to tug, to yank; **~sić kogoś za rękaw** to tug at sb's sleeve; **~sić kogoś za uszy** to pull sb's ears; **~siła go za włosy** she yanked at his hair; **pies ~sił go za no-gawkę** the dog pulled him by his turn-up ⇒ **wytarmosić**

[] **tarmosić się** pot. [1] (siebie samego) to tug, to pull; **~sić się za czuprynę/wąsy/bro-dę** to pull at one's hair/moustache/beard ⇒ **wytarmosić się** [2] (wzajemnie) *[ludzie]* to pull/tug/yank at each other; *[zwierzęta]* to spar; **chłopcy ~sili się i popychali** the boys tugged and pushed at each other; **~sili się nawzajem za ubranie** they tugged at each other's clothes; **szczeniaki ~siły się dla zabawy** the puppies sparred playfully ⇒ **wytarmosić się**

tarnin|a *f* Bot. (krzew) blackthorn a. sloe (bush); (owoce) blackthorn a. sloe (fruit)

tarninow|y *adi.* *[gałązki, kępy, zarośla]* blackthorn *attr.*, sloe *attr.*; *[dżin, wino]* sloe *attr.*

tarok *m* → **tarot**

taro|t *m zw. sg* [1] książk. (wróżenie z kart) the Tarot; **rozłożyć ~ta** to lay out the Tarot (cards); **postawić komuś ~ta** to give a Tarot reading to sb [2] (talia) tarot (deck) [3] Hist. (gra karciana) taroc, tarok, tarot; **karty do ~ta** taroc cards

tarpan *m anim.* Zool. tarpan

tartaczn|y *adi.* lumber mill *attr.*, sawmill *attr.*; **hala ~a** a sawmill shed; **plac ~y** a sawmill yard; **odpady ~e** sawmill by-products; **pracownicy ~i** sawmill workers

tartak *m* (*G* ~**u**) Techn. lumber mill, sawmill; **~ elektryczny/parowy/wodny** an electric/a steam/a water(-powered) saw-mill

tartan¹ *m* (*G* ~**u**) [1] *sgt* Techn. (tworzywo) Tartan®; **boisko wyłożone ~em** a playing field with a Tartan surface [2] pot. (bieżnia) tartan (track) **na ~ie biega się łatwiej** it is easier to run on Tartan/a Tartan track

tartan² *m* (*G* ~**u**) [1] *sgt* Włók. (tkanina) plaid, tartan; **spódnica z ~u** a plaid skirt [2] (odzież) the tartan; **nosić ~** a. ~**y** to wear the tartan [3] (wzór w kratę) plaid, tartan; **materiał w czerwono-zielony ~** red-green tartan fabric

tartanow|y¹ *adi.* Techn. (z tworzywa sztucznego) *[bieżnia, nawierzchnia, skocznia]* tartan *attr.*

tartanow|y² *adi.* Włók. (z tkaniny) *[koc, szal, wzór]* plaid *attr.*, tartan; **nosiła ~ą spód-niczkę** she wore a tartan skirt

tartin|ka *f* Kulin. (niewielka kanapka) canapé; **~ka z kawiorem/łososiem** a caviar/sal-mon canapé

taryf|a *f* [1] Admin. rate; **~a kolejowa** a table of fares; **~a bagażowa/pocztowa** bag-gage/postal charges; **~a celna na zboże** the tariff on grain [2] pot., środ. (taksówka) taxi; **hack** US pot.; **jeździć na ~ie** to be a taxi-driver; **wziąć/zamówić ~ę** to take/order a taxi

■ **~a ulgowa** pot. lenience; **stosować ~ę ulgową wobec kogoś** to go easy on a. with sb pot., to make allowance(s) for sb

taryfiarz *m* (*Gpl* ~**y**) pot. cabbie a. cabby pot.

taryfikacj|a *f zw. pl* (*Gpl* ~**i**) książk. (klasyfikacja według taryfy) rating, scaling; **~a rozmów telefonicznych** call rating

taryfikato|r *m* [1] (zbiór norm) scale, sched-ule; **~r kwalifikacyjny** qualifications scale [2] (tabela stawek) scale of charges, schedule; **~r opłat za elektryczność** a schedule of electricity charges; **~r płac** a remuneration scale

taryfow|y *adi.* rate *attr.*

tarza|ć *impf* [] *vt* pot. to roll *[przedmioty]*; **dopadł wyrostka i zaczął go ~ć po ziemi** he caught the youngster and began to rough him around on the ground pot. ⇒ **wytarzać**

[] **tarzać się** pot. roll about GB a. around; *[kociak, szczeniak]* to squirm; **pies ~ł się po trawie** the dog rolled around on the grass; **świnia ~ła się w błocie** the pig rolled around in the mud ⇒ **wytarzać się**

■ **~ć się w rozpuście/występku** książk., pejor. to wallow in debauchery/sin; **~ć się z a. w bólu** książk. (cierpieć) to be (w)racked with pain; **~ć się z rozpaczy** książk. (dawać wyraz emocjom) to give way to despair; **~ć się ze śmiechu** książk. (być bardzo rozbawionym) to split one's sides (laughing); **słuchając ich przekomarzań widownia ~ła się ze śmiechu** their banter had the audience rolling in the aisles

tasak *m* [1] (narzędzie kuchenne) chopper, (meat) cleaver; **siekać mięso ~iem** to chop meat with a cleaver [2] Hist. (broń sieczna) falchion; (z hakiem) billhook

tasiemcowato *adv.* pot., iron. *[trwać, wlec się]* interminably; **~ długa powieść** an extremely long novel

tasiemcowa|ty *adi.* pot., iron. *[powieść, serial, kolejka]* lengthy; *[artykuł]* long-winded; *[proces sądowy]* drawn-out; *[dyskusja, monolog]* interminable; **napisał ~ty list** he wrote an interminable letter

tasiemcow|y *adi.* przen., pejor. *[powieść, kolejka, list]* lengthy; *[artykuł]* long-winded; *[proces sądowy]* drawn-out; *[dyskusja, mono-log]* interminable; **~y serial telewizyjny** a lengthy television serial

tasiem|iec *m* [1] Zool. tapeworm; **~iec nieuzbrojony** unarmed tapeworm, beef tapeworm; **~iec uzbrojony** armed tape-worm, pork tapeworm; **zakażenie ~cem** tapeworm infection [2] pot., iron. **ten serial to straszny ~iec** the series drags on

T

interminably [3] Komput. (źle napisany program) spaghetti code

tasiem|ka f (pasek tkaniny) (narrow) tape; (do ściągania) drawstring; (wstążeczka) ribbon; **rondo kapelusza obszyte niebieską ~ką** a hat brim bordered with narrow blue tape

taskać → taszczyć

tas|ować impf [] vt [1] (mieszać karty) to mix, to shuffle; **~ować talię kart** to shuffle a pack a. deck of cards ⇒ **potasować** [2] przen. (zmieniać) to shuffle; **~ować ministrów w rządzie** to shuffle ministers in the government

[] **tasować się** przen. [1] (zmieniać pozycje) to change places; **na czele stawki bez przerwy ~owali się zawodnicy** in the lead pack the riders continuously changed places [2] (mieszać się) to get shuffled (about); **obrazy ~ują się i znikają jak w wideoklipie** the images get shuffled and disappear as if in a video clip

ta|szczyć, ta|skać impf [] vt pot. to lug; to tote US pot.; **taszczyć bagaże po schodach/ze schodów** to lug baggage up/ down the stairs; **po co taszczysz ze sobą tę paczkę?** why do you keep lugging that package along?; **taszczyła zakupy do domu** she heaved her shopping home

[] **taszczyć się** pot. (gramolić się) to clamber; **taszczył się ciężko po schodach** he clambered heavily up the stairs ⇒ **wtaszczyć się**

taś inter. pot. *an expression used to call domestic ducks for feeding*

taśm|a f [1] (wstęga) tape; **rolka ~y** a roll of tape; **~a klejąca/samoprzylepna** adhesive a. sticky tape; **~a perforowana** punched tape; **~a tapicerska** webbing; **~a uszczelniająca** (do okien, drzwi) draught excluder GB, weatherstrip US; **~a do dalekopisu** ticker tape; **~a do maszyny (do pisania)** ribbon; **okleić a. zakleić pudełko ~ą** to tape up a box; **przykleić ~ą kartkę do tablicy** to tape a sheet of paper to a board; **spódnica obszyta ~ą** a skirt hemmed with tape [2] Sport (meta) tape; **przerwać ~ę** to break the tape [3] Techn. (część przenośnika) belt; **~a montażowa** a. **produkcyjna** assembly a. production line; **pracować przy ~ie** to work at an assembly line [4] Wojsk. (pas z nabojami) ammunition belt

❏ **~a filmowa** film; **~a magnetofonowa** audio tape; **~a magnetowidowa** videotape; **~a miernicza** tape measure, steel tape

taśmociąg m (G ~u) Techn. conveyor (belt); **~ bagażowy** a carousel

taśmote|ka f (zbiór) tape collection; (biblioteka) library; **nasza ~ka zawiera około stu książek mówionych** we have about a 100 audio books in our tape library

taśmowo adv. [1] Techn. (na taśmie produkcyjnej) [montować, wytwarzać] on an assembly a. a production line; (na taśmociągu) [transportować] on a conveyor belt [2] książk., przen. (automatycznie) like clockwork; on automatic pot. żart.; (masowo) in masses; **pisze książki ~, jedną co pół roku** s/he churns out books like clockwork, one every six months; **szmirowate filmy produkowane ~ w**

Hollywood trashy movies mass-produced in Hollywood

taśmow|y adi. [1] Techn. [przenośnik, transporter] band attr., belt attr.; **produkcja ~a** assembly line production; **system ~y** an assembly line system [2] książk., przen. (automatyczny, schematyczny) clockwork attr.; (masowy) mass attr.; **ślub szedł za ślubem metodą ~ą** the couples were married one after the other as if on a conveyor belt; **większość scenariuszy to bezwartościowa produkcja ~a** most of the screenplays are mass-produced trash

ta|ta m zw. sg (Npl **tatowie**) [1] pot., pieszcz. (ojciec) Dad pot., dad pot., papa pot., pop US pot.; **mój tata jest lekarzem** my dad is a doctor [2] pot. (teść) Dad pot., dad pot.

Tata|r m Ta(r)tar

tata|r m Kulin. (befsztyk tatarski) steak tartare U

tatarak m (G ~u) Bot. calamus, sweet flag

tatarakow|y adi. Bot. [nalewka, liście, olejek] sweet flag attr., calamus attr.

tatars|ki adi. Ta(r)tar attr.

taternicki → taterniczy

taternictw|o n sgt Sport mountaineering (in the Tatras)

taternicz|y adi. Sport [odzież, sprzęt, szkolenie] mountaineering attr. (in the Tatras); **zorganizować wyprawę ~ą** to organize an expedition to the Tatras

taterni|k m, **~czka** f Sport mountaineer (in the Tatras)

tat|ko, ~ka m (Npl ~kowie) pot., pieszcz. Dad pot., dad pot., pops US pot.

tato → tata

tatrzańs|ki adi. [jaskinie, jeziora, szczyty] Tatra attr.; **panorama ~ka** a panorama of the Tatras; **narciarstwo ~kie** skiing in the Tatra; **Tatrzański Park Narodowy** the Tatra National Park

tatuaż m (G ~u) tattoo; **~ artystyczny** artistic tattoo; **~ więzienny** prison tattoo; **blizny po ~u** scars left by a tattoo; **ręce miał pokryte ~em** his arms were covered in tattoos; **zrobić sobie ~** to get a tattoo

tatuni|o m (Npl ~owie) pot., pieszcz. Daddy pot., daddy pot.

tatu|ować impf [] vt to tattoo; **~ować sobie/komuś ręce/nogi** to tattoo one's/ sb's arms/legs ⇒ **wytatuować**

[] **tatuować się** (samodzielnie) to tattoo oneself; (poddawać się tatuażowi) to get tattooed ⇒ **wytatuować się**

tatuowan|y [] pp → tatuować

[] adi. (pokryty tatuażem) [część ciała] tattooed; (wytatuowany) [ornament] tattoo attr., tattooed

tatusin przest. → tatusiny

tatusin|y adi. pot., pieszcz. (dotyczący tatusia) [biurko, marzenia, pokój] daddy's pot., Daddy's pot.; **zawsze była ~ą córeczką** she was always Daddy's little girl

tatusiow|y adi. (dotyczący tatusia) [gabinet, teczka] daddy's pot., Daddy's pot.

tatu|ś m (Npl ~siowie) pot., pieszcz. (ojciec lub teść) daddy pot., Daddy pot.

tautologi|a f (GDGpl ~i) [1] Jęz. (wypowiedź) tautology [2] Log. (schemat zdania) identical proposition, tautology

tautologiczność|ć f sgt książk. tautological character a. nature

tautologiczn|y adi. Jęz. [definicja, konstrukcja, stwierdzenie] tautological; **jego wypo-**

wiedź była pełna ~ych zwrotów his statement was full of tautologies

tawern|a f tavern; **pić wino w ~ie** to drink wine at a. in a tavern

taxi /'taksi/ n inv. pot. taxi, cab

tąpać impf → tąpnąć

tąp|nąć pf — **tąp|ać** impf (~nęła, ~nęli — ~a) vi Geol., Górn. to collapse a. break (in a rockburst); **~nęła ściana tunelu** the tunnel wall collapsed in a rockburst; **w kopalni ~nęło** there was a rockburst in the mine

tąpnię|cie [] sv → tąpnąć

[] n rockburst

tchawic|a f Anat. trachea, windpipe; **zapalenie ~y** inflammation of the trachea

tchn|ąć impf (~ęła, ~ęli) [] vt książk., przen. (zmienić na lepsze) to breathe, to infuse; **~ąć w coś nowego ducha** to breathe new life into sth, to infuse sth with new life; **~ąć w coś entuzjazm/optymizm** to infuse sth with enthusiasm/optimism; **słowa te ~ęły w jej serce nadzieję** the words filled her heart with hope

[] vi książk. [1] (wydzielać) to emanate (czymś sth); to be redolent (czymś of a. with sth); **~ący wonią cynamonu** redolent of cinnamon; **mieszkanie ~eło przenikliwym chłodem** the flat was freezing cold [2] przen. (cechować się) to emanate (czymś sth), to exude (czymś sth); to be redolent (czymś of a. with sth); **kościół ~ący atmosferą wczesnego średniowiecza** a church redolent of the Dark Ages

■ **~ąć w kogoś nowe życie** to give sb a new lease of life; **aktorowi udało się ~ąć życie w stereotypowego bohatera** the actor managed to breathe life into his stereotyped character

tchnie|nie [] sv → tchnąć

[] n książk. (podmuch, powiew) breath, puff; **w powietrzu czuć już ~nie wiosny** you can already feel a breath of spring in the air

■ **wydać ostatnie ~nie** książk. to breathe one's last

tchórz [] m pers. (Gpl ~y a. ~ów) obraźl. coward pejor.; **okazał się zwykłym ~em** he turned out to be a common coward

[] m anim. Zool. polecat

■ **podszyty ~em** lily-livered; **~ cię obleciał?** are you chicken? pot.; **w ostatniej chwili ~ go obleciał** he got cold feet at the last moment

tchórzliwie adv. grad. książk., pejor. [postąpić, zachować się] in cowardly fashion pejor.; like a coward

tchórzliwoś|ć f sgt książk., pejor. cowardice; **szukał usprawiedliwienia dla własnej ~ci** he tried to find some justification for his cowardice

tchórzliw|y adi. grad. książk., obraźl. [1] [osoba] cowardly pejor.; spineless obraźl. [2] [milczenie, zachowanie] cowardly pejor.; [postępek] craven książk., pejor.

tchórzofret|ka f [1] Zool. polecat-ferret [2] zw. pl (futro) polecat-ferret fur coat pejor.

tchórzostw|o n sgt książk., pejor. [1] (tchórzliwość) cowardice [2] (postępek) cowardly act a. behaviour; **ta wypowiedź była ~em z twojej strony** that was a cowardly thing to say

tchórzows|ki *adi.* książk., pejor. *[postawa, postępek, wypowiedź]* cowardly pejor.; **zachować się po ~ku** to behave like a coward
tchórzowsko *adv.* książk., pejor. *[postąpić, zachować się]* like a coward pejor.

tchórz|yć *impf vi* książk., pejor. (unikać ze strachu) to chicken out pot.; **zawsze ~y przed wizytą u dentysty** he is always afraid of going to the dentist's ⇒ **stchórzyć**

tchu → dech
te[1] *pron.* → ten
te[2] *inter.* pot. hey, you! pot.

team /tim/ *m* (*G* **~u**) [1] książk., przen. (zgrana grupa) team; **pracowali w jednym ~ie** they were working as a team [2] Sport (drużyna) team

teat|r *m* (*G* **~ru**) [1] (dziedzina sztuki) the stage, theatre GB, theater US; **~r dramatyczny/muzyczny** a dramatic/musical theatre; **~r absurdu/okrucieństwa** the theatre of the absurd/cruelty; **pisać dla ~u** to write for the stage [2] (twórczość sceniczna) the stage, theatre GB, theater US; **~r francuski/polski** the French/Polish theatre; **~r elżbietański** the Elizabethan theatre; **~r Moliera/Szekspira** the theatre of Molière/Shakespeare [3] (instytucja) theatre GB, theater US; **dyrektor ~ru** a theatre manager [4] (budynek) playhouse, theatre GB, theater US; **bilet/wyjście do ~ru** a theatre ticket/trip; **miejsce/wizyta w ~rze** theatre seat/visit; **co grają w ~rze?** what's on at the theatre?; **pójść do ~ru** to go to the theatre [5] pot. (widownia) house, theatre GB, theater US [6] *sgt* pot. (przedstawienie) performance, play; **po ~rze poszli na spacer** after the play they went for a walk [7] *sgt* książk., przen. (miejsce wydarzeń) theatre GB przen., theater US przen.; **~r działań wojskowych** the theatre of military operations [8] (udawanie) dramatics, histrionics, theatricals; **nie odgrywaj ~ru, tylko powiedz prawdę** cut out the dramatics, and tell the truth
❑ **~r bulwarowy** popular theatre; (paryski) boulevard theatre; **~r cieni** shadow theatre; **~r jednego aktora** one-man (theatre) show; **~r kukiełkowy** puppet theatre; **~r lalek** puppet theatre; **~r objazdowy** touring a. travelling theatre; **~r ogródkowy** open-air theatre; **~r radiowy/telewizyjny** radio/TV theatre; **~r wędrowny** wandering troupe of actors
■ **~r wojny** książk. theatre of war

teatrali|a *plt* (*G* **~ów**) Teatr (pamiątki teatralne) theatre memorabilia, theatricals

teatralizacj|a *f sgt* książk. [1] (adaptacja sceniczna) dramatization, theatricalization; **~a ballady/powieści** the dramatization of a ballad/novel [2] przen. (uczynienie sztucznym) dramatization, theatricalization; **~a życia publicznego** the dramatization of public life

teatralnie *adv.* książk. [1] (dramatycznie, scenicznie) dramatically, theatrically; **sztuka efektowna ~** a theatrically effective play [2] przen. (przesadnie, nienaturalnie) *[gestykulować, łkać, śmiać się]* histrionically, theatrically; **~ zawiesić głos** to pause dramatically; **zachowywać się ~** to behave too melodramatically

teatralnoś|ć *f* książk. [1] (utworu, postaci) theatricality [2] przen. (nienaturalność, sztuczność) (gestu, miny) staginess, theatricality

teatraln|y *adi.* [1] (związany z teatrem) *[krytyk, szkoła]* drama attr.; *[maszyneria, oświetlenie, występ]* stage attr.; *[produkcja, program, warsztaty, widownia]* theatre attr.; *[kostiumy, realizacja, rekwizyty]* theatrical; **zespół ~y** a theatre group; **student szkoły ~ej** a drama student; **afisz ~y** a playbill; **lornetka ~a** opera glasses; **loża ~a** a box [2] książk. (nadający się do wystawienia w teatrze) *[utwór]* suitable for dramatization; **dramat romantyczny mógł się wydać zbyt mało ~y** the Romantic drama could appear unsuitable for dramatization [3] przen. (sztuczny, przesadny) *[gest]* stagy, theatrical; *[westchnienie, zachowanie]* histrionic; *[ton]* operatic; **zdjął kapelusz ~ym ruchem** he took off his hat with a flourish; **~ym gestem kazała mu wyjść** she gestured dramatically for him to leave

teatrolo|g *m* (*Npl* **~gowie** a. **~dzy**) Teatr (znawca teatru) an expert in the field of theatre

teatrologi|a *f sgt* (*GD* **~i**) [1] Teatr (nauka o teatrze) the study of theatre [2] (kierunek studiów) Theatre Arts a. Studies; **studiować na ~i** to study Theatre Arts

teatrologiczn|y *adi.* [1] Teatr (teatroznawczy) *[badania]* theatre research; **Polski Instytut Teatrologiczny** Polish Theatre Institute; **całe swoje życie poświęcił studiom ~ym** he devoted his entire life to the study of theatre [2] pot. (dotyczący kierunku studiów) Theatre Arts a. Studies attr.; **kształcenie ~e** Theatre Arts education; **ukończyć studia ~e** to graduate in Theatre Studies

teatroman *m*, **~ka** *f* theatregoer GB, theatergoer US

teatrzyk *m dem.* (*G* **~u**) pot. (little) theatre GB, (little) theater US; **przedstawienie ~u kukiełkowego** a puppet theatre performance

technicystyczn|y *adi.* [1] książk. *[charakter, model, nastawienie]* technicalist; **nowoczesna cywilizacja jest scjentystyczna i ~a** modern civilisation is scientistic and technicalist [2] Literat., Szt. (formalistyczny) technicist; **~a koncepcja poezji** a technicist conception of poetry

technicyzacj|a *f sgt* książk. technologizing; **mechanizacja i ~a produkcji** the mechanization and technologizing of production

technicyzm *m sgt* (*G* **~u**) [1] książk. (wyolbrzymianie roli techniki) technicalism; **konflikt ~u i kultury humanistycznej** the conflict between technicalism and humanist culture [2] Literat., Szt. (formalizm) technicism

technicznie *adv.* [1] (technologicznie) *[sprawny, zaawansowany]* technically, technologically; **laboratorium dobrze wyposażone ~** a well-equipped laboratory [2] (pod względem umiejętności) *[dobry, zły]* technically; **wirtuoz doskonały ~** a technically perfect virtuoso; **drużyna gospodarzy była lepsza ~** the home team had a better technique

techniczn|y *adi.* [1] (mechaniczny, technologiczny) *[problemy, umiejętności]* mechanical; *[litera-* ratura, terminologia, usterka] technical; *[rewolucja]* technological; **dokumentacja ~a** a specification sheet; **doradca ~y** a consulting engineer; **personel ~y** the maintenance crew a. technical staff; **uczelnia ~a** a technical college [2] (kreślarski) *[kalka, ołówek, tusz]* technical; *[rysunek]* mechanical US, technical [3] pot. (dotyczący sposobu wykonania) *[przyczyny, trudności]* technical; **seans odwołano z przyczyn ~ych** the show was called off due to technical difficulties [4] (dotyczący umiejętności) *[braki, biegłość]* technical; **nokaut ~y** technical knock-out

techni|k *m* [1] (ze średnim wykształceniem technicznym) engineer, technician; **~k dentystyczny** Stomat. dental technician [2] (specjalista) technician; **pianista był dobrym ~kiem** the pianist had a good technique

techni|ka *f* [1] (metoda) technique; **~ka skoków narciarskich** ski jumping technique; **~ki marketingowe/druku** marketing/printing technique [2] (wyćwiczone umiejętności) technique; **ten narciarz powinien podszlifować ~kę** this skier should brush up on his technique [3] *sgt* (wiedza i technologia) engineering, technology; **nauka i ~ka** science and technology; **cud ~ki** a feat of engineering [4] *sgt* (przedmiot szkolny) design technology
❑ **~ka analogowa** Elektron. analog technique; **~ka cyfrowa** Elektron. digital electronics; **~ka enkaustyczna** Hist., Szt. encaustic (painting); **~ka impulsowa** Elektr. impulse technique; **~ka olejna** Szt. oil technique

technik|um *n* (*Gpl* **~ów**) Szkol. technical college; **chodzić do ~um** to go to technical college

techno I *n inv. sgt* [1] Muz. techno (music) [2] (styl) techno (style)
II *adi. inv.* *[muzyka, koncert, styl]* techno attr.; **impreza ~** a techno music party
III **techno-** w wyrazach złożonych [1] (dotyczący techniki) techno-; **technosfera** technosphere [2] (dotyczący muzyki techno) techno (music); **technoparty** techno music party; **technoklub** techno club

technokracj|a *f* (*Gpl* **~i**) Polit. [1] (system, państwo) technocracy [2] *sgt* (rządzący) technocracy

technokra|ta *m*, **~tka** *f* Polit. technocrat
technokratyczn|y *adi.* *[poglądy, tendencje]* technocratic
technokratyzm *m sgt* (*G* **~u**) Polit. technocracy

technolo|g *m* (*Npl* **~dzy** a. **~gowie**) technologist; **~g drewna/żywienia** a wood/food technologist

technologi|a *f sgt* (*GD* **~i**) technology; **wdrażanie nowych ~i** the development of new technologies; **~a żywności/drewna** wood/food technology

technologicznie *adv.* technologically; **kraje zaawansowane ~** technologically advanced countries

technologiczn|y *adi.* *[proces, linie, badania, próby]* technological

tecz|ka *f* [1] (torba) (z rączką) briefcase; (aktówka) portfolio; **~ka szkolna** a schoolbag; **~ka dyplomatka** an attaché case [2] (okładka) (na dokumenty) file, folder [3] (zbiór dokumentów) dossier
■ **z ~ki** a. **przywieziony w ~ce** pot.

[dyrektor, kandydat] imposed by a governing body; **mieć na kogoś ~kę** pot. to have a file on sb

tedy *coni.* przest. so; wherefore przest.

teflon *m sgt (G ~u)* Techn. Teflon®

teflonow|y *adi. [powłoka, patelnia]* Teflon® *attr.*

tegoroczn|y *adi. [zbiory, laureat]* this year's *attr.*

tein|a *f sgt* theine

tei|sta *m* Filoz., Relig. theist

teistyczn|y *adi.* Filoz., Relig. *[pogląd, teoria, filozof]* theistic

teizm *m sgt (G ~u)* Filoz., Relig. theism

te|ka *f* [1] augm. (duża teczka) case [2] (zbiór prac) portfolio; **teka rysunków/szkiców** a portfolio of drawings/sketches; **teka autora** writer's portfolio [3] (zbiór dokumentów) file; **teka redakcyjna** an editorial file [4] Polit. (stanowisko ministra) portfolio, ministry; **teka ministerialna** a ministerial portfolio; **minister bez teki** minister without portfolio

teksas [1] *m sgt (G ~u)* Włók. ≈ jeans, denim; **kurtka/spódnica z ~u** ≈ jeans a. denim jacket/skirt

[2] **teksasy** *plt* (spodnie) ≈ jeans, denims

teksasow|y *adi. [bluza, kurtka]* ≈ denim *attr.*

tek|st *m (G ~stu)* [1] (ciąg zdań) text; **~st depeszy/przemówienia** the text of a telegram/speech; **~st sztuki** the text of a play [2] zw. pl (wybrane dzieło) text; **~sty literackie/filozoficzne** literary/philosophical texts; **~st źródłowy** source material zw. pl ■ **podawać ~st** Teatr to say one's lines

tekstow|y *adi. [wiadomość]* text *attr.*; **czcionka ~a** a lower case standard font

tekstyli|a *plt (G ~ów)* textiles; **sklep z ~ami** a textile shop

tekstyln|y *adi. [sklep, wyroby]* textile *attr.*; **przemysł ~y** the textile industry

tekściarz *m (Gpl ~y)* pot. songwriter, lyricist

tekścik *m dem. (G ~u)* (short) text

tektonicznie *adv.* Geol. tectonically; **strefy ~ czynne** tectonically active areas

tektoniczn|y *adi.* Geol. *[ruchy, wstrząsy]* tectonic

tektu|ra *f (~rka dem.)* cardboard; **pudełko z ~ry** a cardboard box

tekturow|y *adi. [pudełko, okładka, teczka]* cardboard *attr.*

tel. (= telefon) tel.

tele- *w wyrazach złożonych* [1] (działający na odległość) tele-; **teleportacja** teleportation [2] (dotyczący telewizji) tele-; **teletekst** teletext

telebim *m (G ~u)* TV large outdoor screen; **oglądać mecz/koncert na ~ie** to watch a match/concert on a large outdoor screen

teledysk *m (G ~u)* music video, video clip; **nakręcić ~** to record a music video

telefaks *m (G ~u)* fax, facsimile; **wysłać dokumenty ~em** to send documents by fax, to fax documents

telefaksow|y *adi. [przekaz, papier, abonencj]* fax *attr.*

telefon *m (G ~u)* [1] (aparat) phone, telephone; **~ klawiszowy** a push-button phone; **~ komórkowy** a mobile phone; **~ bezprzewodowy** a cordless phone; **rozmawiać z kimś przez ~** to talk to sb on the phone; **rozmawialiśmy o tym przez**

~ we discussed it on the a. by phone; **szef w tej chwili rozmawia przez ~** the boss is on the telephone at the moment; **możesz zarezerwować hotel przez ~** you can make a hotel reservation over the a. by phone; **„Kowalski przy ~ie"** 'Kowalski speaking'; **numer ~u** a telephone number; **~ jest zajęty** the line is engaged [2] (rozmowa) (phone) call; **czy były do mnie jakieś ~y?** were there any calls for me?; **odebrać ~** to answer the phone; **~ do ciebie** there's a phone call for you, you're wanted (on the phone); **musiała załatwić kilka ~ów** pot. she had to make several calls [3] (numer) phone number, telephone number; **~ domowy** a home number ❑ **~ bezpośredni** direct line; **~ towarzyski** party line; **~ wewnętrzny** extension; **~ zaufania** helpline ■ **być pod ~em** to be available on the phone; **jutro będę pod ~em** you can reach me by phone tomorrow; **to rozmowa nie na ~** it's not to be discussed on a. over the phone; **głuche ~y** pot. dead calls; **~ jest głuchy** the line's (gone) dead; **grać a. bawić się w głuchy ~** to play Chinese whispers; **~ grzecznościowy** contact number; **~y się urywają** pot. the telephone won't stop ringing; **wisieć na ~ie** pot. to be a. talk on the phone for hours

telefoni|a /tele'fɔɲja/ *f sgt (GD ~i)* Telekom. telephony U, telecommunications (+ v sg); **~a międzymiastowa** long-distance telephony; **~a komórkowa** mobile communications

telefonicznie *adv. [kontaktować się, rozmawiać, rezerwować]* on the phone, by phone

telefoniczn|y *adi. [rozmowa, budka, linia]* telephone *attr.*; **aparat ~y** a telephone set; **centrala ~a** a switchboard; **słuchawka ~a** a receiver; **książka ~a** a telephone directory; **informacja ~a** directory enquiries

telefoni|sta *m*, **~stka** *f* telephonist GB, (telephone) operator US

telefon|ować *impf vi* to (tele)phone *vt*, to call *vt* (**do kogoś** sb); **~ować po karetkę/policję** to call an ambulance/the police; **~ował, że nie przyjdzie** he phoned to say that he wasn't coming; **proszę powiedzieć żonie, że ~owałem** please tell your wife that I called ⇒ **zatelefonować**

telegaze|ta *f* TV teletext; **wyniki są w ~cie** the results are on teletext

telegraf *m (G ~u)* Telekom. telegraph; **nadać tekst przez ~** to send a message by telegraph ❑ **~ maszynowy** Żegl. engine room telegraph

telegraficznie *adv. [uprzedzić, zawiadomić, przekazać]* by telegraph

telegraficzn|y *adi.* [1] *[słup, linia, połączenie]* telegraphic; *[aparat, kod]* telegraph *attr.* [2] przen. (zwięzły) *[styl, mowa]* telegraphic; **opowiedzieć coś w ~ym skrócie** to tell about sth briefly

telegrafi|sta *m*, **~stka** *f* telegrapher, telegraphist

telegraf|ować *impf vi* to telegraph, to cable; **agencje ~owały o zamieszkach**

the press agencies telegraphed the news of the riots ⇒ **zatelegrafować**

telegram *m (G ~u)* telegram GB, wire US; **wysłać komuś ~** to send a telegram to sb; **~ ozdobny** (z okazji ślubu) a wedding telegram; (z okazji urodzin) a birthday telegram

telegramow|y *adi. [blankiet, życzenia]* telegram *attr.* GB, wire *attr.* US

telekomunikacj|a *f sgt* [1] Techn. telecommunications (+ v sg) [2] (instytucja) telecommunications company

telekomunikacyjn|y *adi.* Techn. *[system, satelita, sieć]* telecommunications *attr.*

teleks *m (G ~u)* [1] (system, urządzenie) telex; **wysłać wiadomość ~em** to send a message by telex [2] (tekst) telex; **odebrać/ wysłać ~** to receive/send a telex

teleksow|y *adi. [sieć, połączenie]* telex *attr.*

telenowel|a *f* TV soap opera

teleobiektyw *m (G ~u)* Fot. telephoto (lens)

telep|ać *impf* pot. [1] *vi* (trząść) to jolt; **pociąg straszne nami ~ał** we were jolting up and down on the train

[2] *v imp.* (mieć dreszcze) **~ie nim/nią** he/she trembles a. shakes; **~ało nim z zimna** he was trembling with cold; **~ie mnie na samo wspomnienie tej rozmowy** the mere thought of the conversation makes me tremble

[3] **telepać się** pot. [1] (trząść się) to tremble, to shake; **ręce jej się ~ały ze strachu** her hands were trembling with fear; **tyle pomysłów ~ie się mu po głowie** przen. he has so many ideas on his mind [2] (wlec się) *[samochód, pociąg]* to crawl along; *[osoba]* to drag along, to toil; **tramwaj ~ał się przez miasto** the tram crawled through the city

telepati|a *f sgt (GD ~i)* telepathy U, thought transference U; **~a między siostrami bliźniaczkami** telepathy between the twin sisters

telepatycznie *adv. [przekazywać, komunikować się]* telepathically, by telepathy

telepatyczn|y *adi. [kontakt, zdolności, zjawisko]* telepathic

teleskop [1] *m anim. zw. pl* Zool. telescope fish

[2] *m inanim. (G ~u)* Techn. [1] (do obserwacji gwiazd) telescope; **obserwować gwiazdy przez ~** to look at the stars through a telescope [2] (amortyzator) telescopic shock absorber

teleskopowo *adv.* **antena wysuwana ~** a telescopic aerial

teleskopow|y *adi.* [1] *[obserwacja, luneta, soczewka]* telescopic [2] *[wysięgnik, amortyzator]* telescopic

teleturniej *m (G ~u)* (television) quiz show

telewidz *m (Npl ~owie)* viewer

telewizj|a *f* [1] sgt (system) television U, TV; **~a kablowa** cable television; **~a satelitarna** satellite television [2] (Gpl ~i) (instytucja) television U; **~a publiczna/komercyjna** public/commercial television; **pracować w ~i** to work in television; **w sobotę ~a emituje horrory** there are horror films on television on Saturdays [3] (Gpl ~i) pot. (pracownicy) television crew; **udzielić wywiadu ~i** to give a TV inter-

T

view; **wczoraj przyjechała do nas ~a** yesterday a television crew arrived [4] sgt pot. (program) television U, TV; **oglądać ~ę** to watch TV; **co dziś jest w ~i?** what's on TV today?; **sąsiadka przyszła do nas na ~ę** our neighbour came over to watch TV [5] (Gpl **~i**) pot. (odbiornik) television, TV set; **włączyć/wyłączyć ~ę** to switch the television on/off

❏ **~a cyfrowa** digital television; **~a przemysłowa** closed-circuit television

telewizo|r m [1] (odbiornik) television, TV set; **~r kolorowy/czarno-biały** a colour/ black-and-white television; **włączyć/wyłączyć ~r** to turn the television on/off; **całymi wieczorami siedział przed ~rem** he watched TV every evening [2] sgt pot. (telewizja) television, TV; **w ~rze pokazali wczoraj ciekawy reportaż** there was an interesting report on TV yesterday

telewizor|ek m dem. (small) TV set

telewizyjn|y adi. [ekran, prezenter, program, film, stacja] television attr.; **odbiornik ~y** a TV set; **sztuka ~a** a TV drama; **kamera ~a** a (television) camera

telex /'teleks/ → **teleks**

tema|t m (G **~tu**) [1] (treść) subject, topic; **~t lekcji/konferencji** the subject of a lesson/conference; **~t rozmowy** the subject a. topic of a conversation; **w rozmowie przeskakiwaliśmy z ~tu na ~t** we kept jumping about from one topic to another; **mówić/pisać (nie) na ~t** to speak/write (not) to the point; **zmienić ~t** to change a. drop the subject; **zbaczać z ~tu** to be getting off the subject; **na egzaminie mieliśmy trzy ~ty do wyboru** we were supposed to choose from three topics during the exam; **pejzaże to główny ~t jego malarstwa** he painted mainly landscapes; **artykuł na ~t wojny** an article on (the subject of) war; **policja nie wypowiada się na ~t mafii** the police say nothing on the subject of the mafia [2] Jęz. (w odmianie) stem; theme spec.; (część wypowiedzi) theme spec., topic spec.; **~t słowotwórczy** root [3] Muz. theme (music), subject [4] (w szachach) theme [5] kryt. (kwestia) subject; **w tym ~cie nie mam nic do powiedzenia** I have nothing to say on that subject; **trzeba omówić z nimi ~t podwyżek** we have to discuss the issue of a pay rise with them

❏ **~t wolny** Szkol. free topic; **~t zastępczy** Dzien. counterirritant

■ **~t rzeka** pot. a very broad subject

tematow|y adi. [1] [podobieństwo, różnice] thematic [2] Jęz. [spółgłoska, zmiany, oboczności] thematic [3] Gry [gra, wstęp] thematic

tematycznie adv. thematically; **informacje podzielone ~** thematically organized data

tematyczn|y adi. thematic; **park ~y** a theme park

tematy|ka f zw. sg subject matter, subject; **książki o ~ce historycznej** books on the subject of history

temblak m (G **~u** a. **~a**) [1] Med. sling; **mieć** a. **nosić rękę na ~u** to have one's arm in a sling [2] Hist., Wojsk. sword knot

temb|r m (G **~ru**) timbre

tempe|ra f [1] (farba) tempera U, distemper U; **pomalować coś ~rą** to paint sth with tempera [2] sgt Szt. (technika) tempera, distemper [3] Szt. (obraz) tempera painting, distemper painting

temperamen|t m (G **~tu**) [1] (usposobienie) temperament; **ma wybuchowy ~t** he's short-tempered [2] (pobudliwość) temperament; **dziewczyna pełna/pozbawiona ~tu** a girl with temperament/lacking character; **była osobą z nadmiernym ~tem** she was an extremely temperamental person [3] sgt przen. (uzdolnienie) disposition; **(jego) ~t badawczy/pisarski/polemiczny** (his) disposition for research/writing/ polemics

❏ **~t choleryczny** Psych. choleric temperament; **~t flegmatyczny** Psych. phlegmatic temperament; **~t melancholiczny** Psych. melancholic temperament; **~t sangwiniczny** Psych. sanguine temperament

temperamentnie adv. pot. vehemently; **~ trzasnął drzwiami** he slammed the door vehemently

temperamentn|y adi. pot. [osoba, natura] temperamental, hot-tempered; [przemówienie] vehement

temperatu|ra f [1] (ciepło) temperature; **~ry ujemne** low temperatures; **woda wrze w ~rze 100 stopni** water boils at a temperature of 100 degrees Celsius; **~ra powietrza** air temperature; **sprawdź ~rę wody** test the heat of the water; **~ra pokojowa** room temperature; **spadek ~ry** a fall in temperature [2] (ciała) temperature, body heat; **mieć wysoką ~rę** to have a high temperature a. fever; **zmierzyć komuś ~rę** to take sb's temperature; **dostać ~ry** to run a. have a temperature [3] przen. (emocje) excitement; **debata podniosła ~rę na sali** the debate became heated; **~ra na widowni opadła** the audience's excitement simmered down; **~ra konkursu rośnie** the contest is becoming more and more exciting

❏ **średnia ~ra roczna** Meteo. average annual temperature; **średnia ~ra rzeczywista** Meteo. average daytime temperature; **~ra absolutna** a. **bezwzględna** Fiz. absolute a. thermodynamic temperature; **~ra krytyczna** Fiz. critical temperature; **~ra topnienia** Fiz. melting point; **~ra wrzenia** boiling point Fiz.

temper|ować[1] impf vt (ostrzyć) to sharpen [ołówek] ⇒ **zatemperować**

temper|ować[2] impf vt (przywołać do porządku) to tame [osobę] ⇒ **utemperować**

temperow|y adi. Szt. **technika ~a** tempera, distemper

temperów|ka f (pencil) sharpener

templariusz Hist., Relig. [1] m (Gpl **~y**) (Knight) Templar

[2] **templariusze** plt (zakon) Knights of the Temple of Solomon, Poor Knights of Christ

templo [1] n [1] sgt (szybkość) pace, speed; **~o pracy** the pace of work; **~o marszu** marching pace; **nadawać ~o** to set the pace; **pracować własnym ~em** to work at one's own pace; **pracować w zawrotnym ~ie** to work at full speed; **sportowcy przyśpieszyli ~o** the athletes quickened their pace; **dyktować ~o gry** to dictate the

tempo of the game; **zwolnić ~o** to slow down; **za dużo pracujesz, powinieneś nieco zwolnić ~o** przen. you work too much– you should slow down a little; **wypadki potoczyły się w zawrotnym ~ie** the speed of (the) events was breathtaking; **jej powieści mają znakomite ~o** her novels are very pacy; **ten film ma zbyt wolne ~o** the film lacks pace [2] Muz. tempo; **wolne/szybkie ~o utworu** the slow/fast tempo of a piece; **tę część należy wykonać w ~ie allegro/moderato** this part should be played allegro/moderato

[2] inter. move (it)!; **„~o! ~o!" – krzyczał sierżant** 'come on, move!', the sergeant shouted

■ **dotrzymywać komuś ~a** to keep pace with sb; **robić coś na ~o** to do sth in haste

temu[1] pron. [1] → **ten** [2] → **to**

temu[2] praep. ago; **godzinę/dwa dni/rok ~** an hour/two days/a year ago; **dawno ~** a long time ago, long ago; **jak dawno ~ to było?** how long ago was this/that?

ten (**ta, to, ci, te**) pron. [1] (z rzeczownikiem) this; (wcześniej wspomniany, odleglejszy) that; **ci/ te** these; (wcześniej wspomniani, odlegli) those; **ten mężczyzna/ta kobieta/to dziecko** this man/woman/child; **ci ludzie/te dzieci** these people/children; **w tym tygodniu/ miesiącu/roku** this week/month/year; **w tę środę/niedzielę** this Wednesday/Sunday; **w tej chwili** (obecnie) at the moment, at present; **tego dnia** that day; **ten sam/ta sama/to samo** the same; **to ta sama kobieta** it's the same woman; **to już nie ten sam człowiek** he's no longer the same man; **wolę ten kolor od tego** I prefer this colour to that one; **ten wasz syn/samochód** pot. that son/car of yours; **ci z was/ nich, którzy...** those of you/them who... [2] (zamiast rzeczownika) this/that one; **„którą chcesz książkę?" – „tę"** 'which book do you want?' – 'this/that one'; **ten niebieski** the a. this/that blue one; **te czerwone** the a. these/those red ones; **a ten to kto?** and who's this/that (man)?; **opowiedziałam o tym Robertowi, a ten Annie** I told Robert about it and Robert a. he told Anna; **ten albo tamten** one or the other; **w tę i ową stronę** this way and that way; **dnia tego a tego** on such-and-such a day [3] (w zdaniach złożonych) **ten, który...** the one who/ which...; **ci, którzy...** those who...; **ten, który zwycięży** the one who wins; **jeden z tych filmów, które często pokazują w telewizji** one of those films which are often shown on television; **ta książka, którą wybrałem** the book (that) I chose; **te, które widzieliśmy** those (that) we saw; **ten, kto...** he who...; **kto szuka, ten znajdzie** he who seeks shall find; **tą odrobiną chleba, jaka została, nakarmili dzieci** what little bread was left they gave to the children; **nie ten, co trzeba** the wrong one

■ **te rzeczy** euf. ≈ the birds and the bees pot., euf.; **ten tego** pot. you know pot., like pot.; **być nie tego** (nie w porządku) pot. [osoba] to be not all a. quite there pot.

tendencj|a f (Gpl **~i**) [1] (kierunek) tendency, trend; **ceny mieszkań wykazują ~ę zniżkową** there's a downward trend in

the housing market; **~e wzrostu gospo-darczego** a tendency for economic growth; **odśrodkowe ~e w ruchu ludowym** a decentralizing tendency in the peasant party; **ubierała się zgodnie z najnow-szymi ~ami** she dressed in accordance with the latest fashion trends [2] (skłonność) tendency; **mieć ~ę do tycia** to have a tendency to put on weight [3] Literat. tendency
❑ **~a barometryczna** Meteo. pressure gradient

tendencyjnie adv. grad. pejor. [przed-stawić, wyrażać, wypowiadać się] tendentiously; **~ napisana powieść** a tendentious novel

tendencyjnoś|ć f sgt pejor. (sądów, opinii, wypowiedzi) tendentiousness, bias

tendencyjn|y adi. grad. pejor. [dziennikarz, sędziowanie] biased, partial; [pogląd, powieść, literatura] tendentious

tenis m sgt [1] (A **~a**) Sport tennis; **piłka/rakieta do ~a** a tennis ball/racket; **grać w ~a** to play tennis; **~ stołowy** table tennis [2] (G **~u**) Włók. pinstripe; **spodnie/kostium z ~u** pinstripe trousers/suit

tenisi|sta m, **~stka** f tennis player

tenisow|y adi. [rakieta, mecz, kort, piłka] tennis attr.

tenisów|ka f zw. pl plimsoll GB, gym shoe US, sneaker US

teno|r¹ Muz. **[]** m pers. Muz. tenor; **występ znanego ~ra** a performance by a well-known tenor
[] m inanim. (G **~ru**) [1] (głos) tenor; **śpiewać ~rem** to have a tenor voice; **~r bohaterski/dramatyczny/liryczny** a heroic/dramatic/lyric tenor [2] środ. (instrument) tenor

teno|r² m sgt (G **~ru**) książk. (wydźwięk) tenor; **~r pisma/dokumentu** the tenor of a letter/document

tenorow|y adi. [aria, głos, saksofon] tenor attr.

te|nże pron. książk. the same; **powieść tegoż autora** a novel by the same author; **tegoż roku** that same year; **tejże nocy** that same night

teocentrycznie adv. Filoz., Relig. [postrze-gać, rozważać] in accordance with theocentrism

teocentryczn|y adi. Filoz., Relig. [światopo-gląd, wizja] theocentric

teocentryzm m sgt (G **~u**) Filoz., Relig. theocentr(ic)ism

teodoli|t m (G **~tu**) Techn. theodolite GB, transit US

teokracj|a f Polit. [1] sgt (system) theocracy [2] (Gpl **~i**) (państwo) theocracy

teokratyczn|y adi. Polit. [ustrój, rządy, władcy, państwo] theocratic

teolo|g m (Npl **~dzy** a. **~gowie**) Filoz., Relig. theologian; **~g świecki** lay theologian

teologi|a f sgt (GD **~i**) Filoz., Relig. theology U, divinity U; **~a biblijna** biblical theology; **~a wyzwolenia** liberation theology

teologicznie adv. Filoz., Relig. [interpreto-wać, wyjaśniać] theologically

teologiczn|y adi. Filoz., Relig. [pojęcie, dys-puta, koncepcja] theological; **skończył studia ~e** he graduated in theology

teoretycznie adv. [1] książk. [uzasadnić, udowodnić] theoretically; **rozważać coś ~** to speculate on a. about sth [2] pot. (w zasadzie) theoretically, in theory; **~ masz rację** theoretically you're right; **~ każdy towar powinien mieć informację w języku polskim** theoretically speaking a. in theory, every product should be labelled in Polish

teoretyczn|y adi. [1] (oparty na teorii) [roz-ważania, wnioski, założenia] theoretical, academic; **fizyka ~a** theoretical physics [2] (mało prawdopodobny) [możliwość, szanse] theoretical

teorety|k m [1] (naukowiec) theoretician, theorist; **~k sztuki/literatury** art/litera-ture theoretician; **fizyk ~k** theoretical physicist [2] (myśliciel) philosopher

teoretyz|ować impf vi pejor. to theorize (o czymś on a. about sth); **~ować na tematy polityczne** to theorize on a. about politics

teori|a f (GDGpl **~i**) [1] (koncepcja) the-ory; **~a naukowa** a scientific theory; **~a Kopernika/Newtona** Copernicus'/New-ton's theorem [2] (metodologia) theory; **~a literatury/muzyki** literary/music theory [3] przen. (opinia) theory; **stworzył sobie ~ę, że...** he has a theory a. his theory is that...; **snuć ~e** to theorize; **mam na ten temat swoją ~ę** I have my own theory about that [4] (teza) theory, hypothesis [5] (przeciwieństwo praktyki) theory; **~a często mija się z praktyką** there's often a gap between theory and practice
❑ **chromosomowa ~a dziedziczności** Biol. chromosomal theory of inheritance; **dynamiczna ~a ciepła** Fiz. dynamic the-ory of heat; **~a celularna** Biol. cell theory; **~a emancji** Filoz. emanation theory; **~a ewolucji** Biol. theory of evolution; **~a geocentryczna** Astron. geocentric theory; **~a gier** Mat. games theory; **~a koherencji** Filoz. coherence theory; **~a kwantów** Fiz. quantum theory; **~a mnogości** Mat. multi-plicity theory; **~a państwa i prawa** Prawo state and law theory; **~a poznania** Filoz. theory of knowledge, epistemology; **~a względności** Fiz. theory of relativity
■ **spiskowa ~a dziejów** Polit. the con-spiracy theory of (world) history

teoriopoznawcz|y adi. Filoz. [idealizm, empiryzm] epistemological

teoryj|ka f dem. pejor. (small) theory

teozof m, **~ka** f (Npl **~owie**, **~ki**) Filoz., Relig. theosopher, theosophist

teozofi|a f sgt (GD **~i**) Filoz., Relig. theoso-phy

teozoficzn|y adi. Filoz., Relig. [pogląd, teoria] theosophic(al)

terako|ta f sgt [1] (materiał) terracotta; **rzeźba z ~ty** terracotta sculpture; **posadz-ka z ~ty** terracotta floor [2] (płytki) terra-cotta tiles; **łazienkę wyłożyli ~tą** they covered the bathroom floor with terracotta tiles [3] (kolor) terracotta

terakotow|y adi. [posadzka, płytki, rzeźby] terracotta attr.

terapeu|ta /ˌteraˈpewta/ m, **~tka** /ˌteraˈpewtka/ f Med., Psych. (psycho)therap-ist

terapeutycznie /ˌterapewˈtɪtʃne/ adv. [wpływać, oddziaływać] therapeutically; **mu-zyka działa ~** music is therapeutic

terapeutyczn|y /ˌterapewˈtɪtʃnɪ/ adi. [1] Med., Psych. [zajęcia, zabiegi, seanse] ther-apy attr.; [efekty] therapeutic [2] książk., przen. (działający jak lekarstwo) [przeżycie, funkcja] therapeutic; **~a rola muzyki/sztuki** the therapeutic properties of music/art; **zmia-na pracy miała znaczenie ~e** the change of job was therapeutic

terapi|a **[]** f (GDGpl **~i**) [1] (psychoterapia) therapy U; **~a grupowa** group therapy; **~a pracą** occupational therapy; **zostać poddanym ~i** to have a. undergo therapy [2] (leczenie) therapy, treatment; **~a anty-nowotworowa** cancer therapy a. treatment; **~a bodźcowa** stimulation therapy; **~a elektrowstrząsowa** electric shock therapy
[] -terapia w wyrazach złożonych (-)therapy; **chemioterapia** chemotherapy; **muzykoterapia** music therapy; **bioener-goterapia** bioenergetic therapy
❑ **intensywna ~a** Med. intensive care; **~a ultrakrótkofalowa** Med. ultrasonic therapy; **~a wstrząsowa** a. **szokowa** shock therapy a. treatment

teraz **[]** adv. [1] (w tej chwili) at present; **rano padało, ale ~ już się rozpogodziło** it was raining in the morning but now it's sunny; **siedział ~ na krzesełku i machał nogami** he was sitting on the chair just now, swinging his legs; **dopiero ~ zrozu-miał, że postępował źle** he has only just understood that he did wrong; **gdyby przeżyli, mieli by ~ po sześćdziesiąt lat** if they had survived, they would be sixty now; **(jak) na ~** pot. for now; **to tyle jak na ~** that's all for now [2] (natychmiast) now; **musisz ~ wyjechać** you must leave now; **~ musisz wziąć się do nauki** now you've got to get down to work; **~ albo nigdy** (it's) now or never; **~ zaraz** just now
[] n inv. sgt (teraźniejszość) now; **zostały po nim książki, do ~ czytane** he wrote books which have been popular up until now; **można wierzyć tylko w ~** one can only believe in the present
[] part. pot. now; **miał trudne dzieciń-stwo... ~, na ile się do tego przyczynił ojciec?** he had an unhappy childhood..., now, the question is to what extent was it his father's fault?; **i ~ pytanie jest takie...** and now, the question is...
[] inter. (i) **co ~?** now what?; **„i co ~?" zapytała przerażona** 'now what?' she asked terrified

teraźniejszoś|ć f sgt książk. the present (time), (the) here and now; **pora zapo-mnieć o przeszłości i żyć ~cią** it's time to forget the past and start living in the present

teraźniej|szy adi. [1] (obecny) [sytuacja, moda, zdarzenia] present [2] Jęz. [czas] pre-sent

terce|t m (G **~tu**) [1] Muz. (grupa, utwór) trio; **~t śpiewaków** trio of singers; **ćwiczył ~t z opery** he practised a trio from the opera [2] (trójka osób) trio; **niezwykły ~t przeżywa zwariowane przygody** the outstanding trio have many exciting adventures

tercj|a f [1] (Gpl **~i**) Sport (w hokeju) period; (w szermierce) tierce [2] (Gpl **~i**) Muz. third [3] sgt Druk. Columbian, two-line Brevier

tercja|ra f augm. pejor. zealot, bigot

tercjar|ka *f* [1] Relig. tertiary [2] (dewotka) zealot, bigot

tercjars|ki *adi.* Relig. *[działalność, stowarzyszenie]* tertiary; *[habit]* tertiary's

tercjarstw|o *n sgt* Relig. Third Order

tercjarz *m* (*Gpl* ~y) Relig. tertiary

tercjow|y *adi.* [1] Muz. *[budowa, struktura]* of the third [2] Druk. **czcionka ~a** Columbian, two-line Brevier

tercyn|a *f* Literat. tercet

tere-fere, **tere fere** *n inv.* pot. **tere-fere (kuku)** tell me another!, tell it to the marines!

teren *m* (*G* ~**u**) [1] (obszar ziemi) land, terrain; **~ górzysty/pustynny** mountainous/desert terrain; **~y roponośne** oilfields; **~y wulkaniczne** volcanic land [2] (wydzielony celowo) land, grounds; **~ rolniczy/przemysłowy** agricultural/industrial land; **~y uprawne** arable lands; **~y łowieckie** hunting grounds; **~ leśny** woodland, tract of forest; **~ budowy** building a. construction site; **~y sportowe** sports grounds; **wyznaczono już ~ pod budowę placu zabaw** a site has already been chosen for a new playground; **~y pod zabudowę** building land; **~ szkoły/szpitala** school/hospital grounds; **~ fabryczny** a. **fabryki** the factory premises; **policja otoczyła ~ dworca** the police cordoned off the railway station [3] (miejsce) area, place; **głównym ~em przemian gospodarczych są miasta** cities are the major areas of economic development [4] (dziedzina) area; **~ badań** the scope of research; **historia od wieków była dla pisarzy ~em penetracji** history has always been an area a. a field of interest for writers [5] pot. (lokalna władza) local authorities; **został wybrany głosami ~u** he was voted in by the locals ❑ **~ odkryty** a. **otwarty** Geog. the open, open area; **~ zakryty** Geog. built-up area; **~y zielone** the green belt ■ **przygotować ~ do czegoś** to prepare the ground for sth; **wyjechać w ~** pot. (do ośrodków prowincjonalnych) to go on one's rounds; **być w ~ie** pot. to be in the field

terenow|y *adi.* [1] *[badania, obserwacje, pomiary]* field *attr.*; **gry ~e** field games; **studenci wyjechali na praktyki ~e** the students went on a field trip [2] (lokalny) *[władza, oddział]* local; **~y zespół opieki zdrowotnej** local medical service [3] (dotyczący ukształtowania terenu) *[warunki]* terrain *attr.*; **przeszkody ~e** natural obstacles; **bieg ~y** cross-country; **droga ~a** a rough road; **samochód ~y** an off-road vehicle

terenoznawstw|o *n sgt* topography

tergal *m sgt* (*G* ~**u**) Włók. Dacron®; **koszula/bluzka z ~u** a Dacron blouse/shirt

tergalow|y *adi.* *[koszula, spodnie]* Dacron® *attr.*

terie|r *m* terrier; **~r gładkowłosy/szorstkowłosy** a smooth-haired/wire-haired terrier

terko|t *m sgt* pot. (*G* ~**tu**) (kół, silnika) clatter, rattle; (dzwonka, budzika) jangle, clang; **~t karabinu maszynowego** the rattle of machine-gun fire; **traktor przejechał z ~tem** a tractor rattled by

terko|tać *impf* (~**czę** a. ~**cę**) *vi* pot. [1] *[maszyna, motor]* to clatter, to rattle; *[dzwonek, budzik]* to jangle, to clang ⇒ **zaterkotać** [2] (paplać) to rattle (on) pot., to prattle (on) pot.

terkotliwie *adv.* pot. **telefon zadzwonił ~** the telephone jangled; **motor zawarczał ~** the engine rattled

terkotliw|y *adi.* pot. *[silnik, dźwięk]* rattling; *[dzwonek]* jangling; *[osoba]* gabby pot.

term|a [I] *f* [1] Techn. (elektryczna) water heater; (gazowa) gas heater [2] *zw. pl* Geol. (źródło) thermal spring; **~y siarczane** sulfur spring; **kąpać się w ~ie** to take the waters [II] **termy** *plt* Antycz. thermae

termicznie *adv.* Techn. *[obrabiać, izolować]* thermally

termiczn|y *adi.* Techn. *[rozszerzalność, izolacja]* thermal; **obróbka ~a** heat treatment

termin *m* (*G* ~**u**) [1] (odcinek czasu) time, time limit; **~ gwarancyjny** a guarantee period; **~ kończy się** a. **upływa** a. **wygasa jutro** the deadline expires tomorrow; **dano mi ~ półroczny** I was given a half-year time limit; **gwarantujemy szybkie ~y dostaw** we guarantee prompt delivery; **skończyć coś w ~ie** a. **przed ~em** to finish sth on time; **remont zakończył się w ~ie** the redecoration was completed on time; **wykonujemy projekty w ~ie pięciu dni** we execute designs within 5 days; **wyznaczyć ~ wykonania czegoś** to set a time limit a. deadline for doing sth; **napięty ~** a tight deadline [2] (konkretna data) date; **~ egzaminu/wyjazdu** the date of an exam/departure; **~ ważności** a sell-by date; **wyznaczyć ~ wizyty u lekarza** to set a. fix a date for an appointment at the doctor [3] (wyraz) term; **~ naukowy/literacki** a scientific/literary term; **ukuć ~** to coin a term [4] daw. (nauka rzemiosła) apprenticeship; **pójść do ~u** to be apprenticed; **był w ~ie u szewca/krawca** he was apprenticed to a cobbler/tailor ■ **~ mnie/go goni** pot. I'm/he's working against the clock

terminal *m* (*G* ~**u** a. ~**a**) [1] Transp. terminal; **~ lotniczy** an air terminal; **~ kontenerowy/węglowy** a container/coal terminal [2] Komput. terminal

terminaln|y *adi.* Med. **chory w stanie ~ym** a terminally ill patient

terminarz *m* [1] (rozkład) timetable, schedule; **~ dostaw** a delivery schedule; **~ rozgrywek** a match timetable; **~ wyborczy** election schedule; **mieć napięty ~** to have a tight schedule [2] (kalendarz) diary; **prowadzić ~** to keep a diary

terminato|r [I] *m pers.* daw. apprentice [II] *m inanim.* Astron. terminator

terminators|ki *adi.* daw. *[praca, wyrób]* apprentice's; *[okres]* apprenticeship *attr.*

terminologi|a *f* [1] (*GDGpl* ~**i**) (nazewnictwo) terminology; **~a fachowa** specialist terminology [2] *sgt* (*GD* ~**i**) Nauk. terminology

terminologicznie *adv.* **pojęcie to kojarzy się ~ z biologią** the term is associated with biological terminology

terminologiczn|y *adi.* książk. *[spory, słownik, konferencja]* terminological

termin|ować *impf vi* [1] przen. (zdobywać doświadczenie) to train; **~ować w reporterskim fachu** to be training to be a journalist; **~ować u adwokata** to be articled to a lawyer [2] daw. (u majstra) to be apprenticed (**u kogoś** to sb); **~ować w zakładzie cukierniczym** to be apprenticed to a confectioner

terminowo *adv.* *[wykonać, załatwić]* on time; **rachunki płacę ~** I pay my bills promptly

terminowoś|ć *f sgt* (spłat) promptness; **~ć robót** the prompt completion of work; **przestrzegać ~ci wykonania/realizacji** to meet a deadline

terminow|y *adi.* [1] (w zaplanowanym czasie) *[wpłata, dostawa]* prompt; **lokata ~a** a time a. fixed-term deposit [2] pot. (szybki) *[praca, robota]* urgent

termi|t¹ *m zw. pl* Zool. termite, white ant

termi|t² *m sgt* (*G* ~**tu**) Techn. Thermit(e)®

termo- *w wyrazach złożonych* thermo-; **termodynamika** thermodynamics

termofo|r *m* (*G* ~**ru**) bedwarmer, hot-water bottle

termojądrow|y *adi.* Fiz. *[reakcje, broń, reaktor]* thermonuclear

termomet|r *m* (*G* ~**ru**) thermometer; **~r lekarski** a clinical thermometer; **~r pokojowy/okienny** an indoor/outdoor thermometer; **strząsnąć ~r** to shake down a thermometer ❑ **~r maksymalny** Techn. maximum thermometer; **~r minimalny** Techn. minimum thermometer; **~r rtęciowy** mercury a. mercurial thermometer

termos *m* (*G* ~**u**) [1] (naczynie) Thermos® flask GB, Thermos® bottle US, vacuum flask GB, vacuum bottle US [2] (zawartość) flask; **wypić ~ kawy** to drink a flask of coffee

termosik *m dem.* (*G* ~**a** a. ~**u**) (small) Thermos® flask GB, (small) Thermos® bottle US, (small) vacuum flask GB, (small) vacuum bottle US

termosta|t *m* (*G* ~**tu**) Techn. thermostat

terpentyn|a *f* Chem. turpentine *U*; **natrzeć komuś plecy ~ą** to rub white liniment on sb's back

terpentynow|y *adi.* *[pasta, rozcieńczalnik, zapach]* turpentine *attr.*

terrari|um *n* (*Gpl* ~**ów**) terrarium

terro|r *m sgt* (*G* ~**ru**) [1] (przemoc) terror; (przeciwko władzy) terrorism; **~r policyjny/wojskowy** police/military terror; **akt ~ru** an act of terror/terrorism; **ofiara ~ru** a victim of terror/terrorism; **wprowadzić krwawy ~r w państwie** to embark on a. to launch a reign of terror in a country [2] (nacisk) pressure; **~r domowy** domestic violence; **~r okoliczności** the pressure of events; **~r psychiczny** mental pressure; **stosować ~r** to employ terror

terrory|sta *m*, **~stka** *f* terrorist

terrorystyczn|y *adi.* *[akcja, zamach, organizacja]* terrorist *attr.*; **~e rządy** a reign of terror

terroryzm *m sgt* (*G* ~**u**) terrorism; **międzynarodowy ~** international terrorism; **walka z ~em** the fight against terrorism

terroryz|ować *impf vt* to terrorize; **~ować kogoś nożem** to terrorize sb with a knife; **w domu ~ował całą rodzinę** he bullied his family at home ⇒ **sterroryzować**

terytorialnie adv. territorially

terytorialn|y adi. [roszczenia, ekspansja, zdobycze, spory] territorial; **wody ~e** territorial waters; **samorząd ~y** local authority a. government

terytori|um n (Gpl ~ów) [1] (wyodrębniony obszar) territory C/U; **~um państwa** a. **państwowe** state territory; **~um etnograficzne/językowe** ethnographic/linguistic territory; **na ~um nieprzyjaciela** in enemy territory; **serbska enklawa na ~um Chorwacji** a Serbian enclave in Croatia; **~a okupowane** the occupied territories [2] (zwierzęcia) territory ❑ **~a powiernicze** Polit. trust territory, trusteeship

te|st m (G testu) [1] (zestaw pytań) test; **test z historii/chemii** a history/chemistry test; **test na inteligencję** an intelligence test; **rozwiązywać test** to take a. do a test; **test wyboru** a multiple-choice test [2] (próba) test; **testy wytrzymałościowe silnika** engine endurance tests; **test samochodu w warunkach drogowych** a road test; **test sprawnościowy** a fitness test [3] (badanie) test; **test ciążowy** a pregnancy test; **test na obecność wirusa HIV** a test for HIV, an HIV test; **test na zawartość alkoholu** a breath-test [4] (sprawdzian) test; **wakacje są testem wierności małżeńskiej** holidays can be a test of marital fidelity

testamen|t m (G ~tu) [1] Prawo will, testament; **~t ustny** a nuncupative will; **odczytać ~t** to read a will; **spisać/sporządzić ~t** to make a will, to draw up a will; **zapisać coś komuś w ~cie** to will sth to sb [2] przen. (przesłanie) testament; **~t dla potomnych** a testament to posterity; **słowa poety przetrwały lata, jak wieczysty ~t** the poet's words survived throughout the years as his eternal testament ❑ **Nowy Testament** Relig. New Testament; **Stary Testament** Relig. Old Testament

testamentow|y adi. [zapis, świadek] testamentary; **akt ~y** a testament

teste|r [I] m pers. Med. (drug) tester

[II] m inanim. [1] Techn. testing machine, test apparatus [2] Kosmet. tester

test|ować¹ impf vt [1] (sprawdzać funkcjonowanie) to test [samochody, produkty]; **preparaty ~owane dermatologicznie** dermatologically tested products [2] (badać) to test, to trial; **~ować skuteczność preparatu na chorych** to test a. try out a new drug on patients ⇒ **przetestować** [3] (sprawdzić wiedzę) to test [kandydata, ucznia] ⇒ **przetestować** [4] Budow. to point

test|ować² impf vt Prawo to will, to bequeath; **~ować coś na rzecz kogoś** to bequeath sth to sb

testow|y adi. [badania] test attr.; **egzamin/ sprawdzian ~y** test; **badania ~e nowego modelu auta** a car test

teściow|a f (Gpl ~ych) mother-in-law

teś|ć [I] m (Npl ~ciowie) father-in-law

[II] **teściowie** plt in-laws

tête-à-tête /ˌteta'tet/ książk. [I] adv. [siedzieć, umówić się] tête-à-tête

[II] n inv. (spotkanie) tête-à-tête; **słodkie ~** a little tête-à-tête

tet|ra f sgt Włók. diaper

tetrow|y adi [pieluszki] cloth attr. GB, diaper attr. US

tetrycz|eć impf (~eję, ~ał, ~eli) vi książk., pejor. to grow grumpy ⇒ **stetryczeć**

tetrycz|ka f książk., pejor. grumpy old woman, kvetch US

tetry|k m książk., pejor. grumpy old man, crumb US

tez|a f [1] książk. (twierdzenie) thesis, proposition; (wystąpienia, referatu) point, argument; **główna/naczelna/podstawowa ~a** the key/major/basic point; **sformułować ~ę** to propose a thesis, to advance a thesis; **udowadniać ~ę** to prove a thesis; **podważać ~ę** to challenge a thesis; **obalić ~ę** to refute an argument a. thesis, to disprove a thesis [2] Filoz. thesis [3] Literat. (przesłanie, idea) thesis; **głosić ~ę, że...** to advance the thesis that... [4] Log. proposition, thesis [5] Mat. proposition

tezaurus /te'zawrus/ m książk. thesaurus

też¹ part. [1] (również) too, also; **ona ~ ma taką torbę** she's got a bag like that, too; **ja ~ cię kocham** I love you too; **„baw się dobrze" – „ty ~"** 'have a good time' – 'you too'; **Adam urodził się w Krakowie, i Anna ~** Adam was born in Cracow, and so was Anna; **„widziałem ją wczoraj" – 'i ja ~'** 'I saw her yesterday' – 'and so did I'; **nie jem mięsa, i mój brat ~** I don't eat meat and my brother doesn't either; **„nie mogę spać" – „ja ~"** 'I can't sleep' – 'me neither'; **chciał, żebyśmy wyszli, co ~ uczyniliśmy** he wanted us to leave, and that's what we did; **albo a. bądź ~** or (else); **w Paryżu, w Londynie lub ~ w Rzymie** in Paris, London, or (else) Rome; **ani ~** nor (even); **nie był socjalistą, ani maoistą, ani ~ trockistą** he was neither a socialist, nor a Maoist, nor a Trotskyist; **nie wiem, czy dobrze zrozumiałem, czy ~ nie** I don't know if I understood it properly or not; **jak ~** as well as; **we wtorki, jak ~ w piątki** on Tuesdays as well as on Fridays; **dlatego ~** that's why [2] (lekceważąco) some pot.; **~ (mi) samochód!** some car that is! pot., iron.; **~ profesor (z ciebie/z niego)!** some professor (you are/he is)! pot., iron.; **~ coś!** fiddlesticks! przest., pot. [3] (z oburzeniem, zdziwieniem) **co ~ pan mówi?** what are you saying?; **że ~ musiałeś to zgubić!** and you just had to go and lose it!; **że ~ właśnie dzisiaj przyszedłeś, kiedy o tobie myślałam!** I was thinking about you just today, too!; **żeby ~ nie zaprosić dziadków na wesele!** imagine not inviting their grandparents to the wedding!

też² pron. → **tenże**

tęch|nąć impf (~ł) vi [1] (pleśnieć) to grow mouldy ⇒ **stęchnąć** [2] (o ubraniu) to grow musty ⇒ **stęchnąć** [3] Med. [opuchlizna] to subside; **moja kostka już zaczęła trochę ~nąć** the swelling on my knuckle has already gone down a bit ⇒ **stęchnąć**

tęcz|a f [1] (na niebie) rainbow; **wszystkie kolory ~y** all the colours of the rainbow [2] (wielobarwny odblask) spectrum także przen. rainbow [3] Archit. rood screen

■ **patrzeć** a. **wpatrywać się w kogoś jak w ~ę** pot. to look up to sb

tęczowo adv. [1] (różnokolorowo) [połyskiwać, mienić się] in all the colours of the rainbow [2] książk. przen. (optymistycznie) bright adi.; **jej przyszłość zapowiadała się ~** his future looked bright

tęczow|y adi. [1] [łuk] rainbow attr. [2] (wielobarwny) [barwy, blaski, światła] iridescent, rainbow-coloured [3] książk., przen. (pozytywny) [przyszłość, kariera] bright

■ **świat widziała w ~ych barwach** she always looked on the bright side of things

tęczów|ka f Anat. iris

tędy pron. this way; **chodźmy ~** let's go this way; **~ kiedyś płynęła rzeka** a river flowed by here at one time; **idź ~, gdzie nie ma kamieni** go where there are no stones; **~ i owędy** here and there; **wędrował ~ i owędy** he wandered here and there

tęgawo adv. (dość grubo) [wyglądać] stout adi., tubby adi.

tęgaw|y adi. (gruby) stout, tubby

tę|gi adi. grad. [1] (gruby) stout, tubby [2] (mocny) large, huge; **oberwać tęgie lanie** to get a good hiding a. a sound trashing [3] (zdolny) good, excellent; **w matematyce jest tęgi** he's good at maths [4] (silnie odczuwany, duży) [mróz, zima] bitter, harsh, cruel; [apetyt] huge [5] przest. (duży, spory) [kawał, łyk] huge

■ **(on) to tęga głowa** he's a good head on his shoulders

tę|go adv. grad. [1] (dużo) [pić] heavily; **lubił sobie tęgo popić** he liked to booze [2] (mocno) [zbić] severely, mightily

tęgoskó|r m Bot. earth-ball

tęgoś|ć f sgt książk. (otyłość) stoutness

tępak m (Npl ~i) pot., obraźl. blockhead pot., dimwit pot.

tępawo adv. [patrzeć] blankly

tępaw|y adi. [1] (nieostry) [nóż, ołówek] slightly blunt; [dźwięk] slightly dull [2] pot., obraźl. (mało bystry) [osoba] dull, obtuse; [mina, wzrok] blank, vacant; **mieć ~ą minę** to have a blank expression on one's face; **patrzeć ~ym wzrokiem** to have a blank look in one's eyes

tępiciel m, **~ka** f (Gpl ~i, ~ek) książk. destroyer, exterminator

tęp|ić impf [I] vt [1] (niszczyć) to destroy [chwasty, szkodniki]; **~iła wszystkie muchy** she exterminated all the flies ⇒ **wytępić** [2] (prześladować) to fight [przeciwników] ⇒ **wytępić** [3] (czynić nieostrym) to blunt [nóż, nożyczki] ⇒ **stępić** [4] (osłabić) to dull [wzrok]; **głośna muzyka ~iła jej słuch** her hearing was dulled by loud music ⇒ **stępić** [5] pot. (szkodzić) to persecute [indywidualności]

[II] **tępić się** [1] (zwalczać się) [osoby] to fight [2] (stawać się nieostrym) [nóż, kosa] to blunt ⇒ **stępić się**

tępi|eć impf (~eję, ~ał, ~eli) vi [1] (stawać się nieostrym) [nóż] to blunt ⇒ **stępieć** [2] [osoba] (głupieć) to go dull; (obojętnieć) to go numb ⇒ **stępieć** [3] (słabnąć) to dull; **wzrok mi ~eje na starość** my eyesight is dulled by age ⇒ **stępieć**

tępo adv. [1] (nieostro) [zakończony] bluntly [2] (bezmyślnie) [patrzeć] blankly, vacantly;

zapatrzył się ~ gdzieś w przestrzeń he stared into space with a vacuous expression on his face ③ pot. (głucho) *[dudnić]* dully

tępo|ta *f* książk., pejor. ① *sgt* (umysłu) dullness, obtuseness ② *zw. sg* (otępienie, bierność) numbness ③ *sgt* pot., obraźl. (o osobie) blockhead pot., dimwit pot.

tęp|y *adi.* ① (nieostry) *[nóż, nożyczki, ołówek]* blunt; *[cios, uderzenie]* dull ② (spłaszczony, ścięty) blunt ③ pejor., obraźl. (ograniczony umysłowo) *[osoba]* dull, obtuse; *[twarz, wzrok]* blank, vacuous ④ (apatyczny) *[spojrzenie, zamyślenie]* blank, vacant; *[osoba]* numb; **spojrzał na mnie ~ym wzrokiem** he looked at me with a blank expression on his face ⑤ (przytłumiony) *[ból, odgłos]* dull ⑥ (słaby) *[słuch, wzrok]* dull

■ **~a głowa** pot. (nieinteligentny człowiek) blockhead, hammerhead; **~a piła** pot. (natrętny, nudny człowiek) a drag GB, nudnik US

tęskni|ć *impf* Ⅱ *vi* ① (odczuwać smutek) to miss *vt*; **~ć za domem** to be homesick; **~ł za żoną** he missed his wife ⇒ **zatęsknić** ② (pragnąć) to long, to yearn (**za czymś** for sth) ⇒ **zatęsknić**

Ⅲ **tęsknić się** *imp.* **~ mi się za domem** I wish I was a. were back home

tęsknie *adv. grad.* książk. *[śpiewać, wzdychać]* longingly

tęskn|o *adv. grad.* książk. *[nucić, wzdychać]* longingly, wistfully; **~o mi do ukochanego** I miss my beloved

tęskno|ta *f* książk. ① *sgt* longing; **umierać z ~ty** to pine away; **ogarnęła go ~ta za domem/młodością** he longed to return home/for his youth ② (pragnienie) yearning

tęskn|y *adi.* książk. *[melodia, głos, spojrzenie]* longing, wistful

tęten|t *m sgt* (*G* **~tu**) (koni, kopyt) hoofbeat, tramping of hooves a. hoofs

tętniak *m* (*A* ~ a. **~a**) Med. aneurysm, aneurism

tętnic|a *f* Med. artery

❏ **~a główna** aorta; **~a wieńcowa** coronary artery

tętnicz|y *adi. [naczynia, ciśnienie, zwężenie]* arterial

tętni|ć *impf vi* książk. ① (dudnić) to thump, to pound ② (pulsować) to pulsate; **miasto/ulica/szkoła ~ąca życiem** przen. a town/street/school vibrant with life

tętn|o *n* ① Med. (puls) pulse; **zmierzyć komuś ~o** to take a. feel sb's pulse ② książk., przen. (rytm) rhythm; **~o wielkiego miasta** the clatter of the city

tężcow|y *adi.* Med. *[laseczki, toksyny]* tetanus *attr.*; *[drgawki]* tetanic;

tęż|ec *m sgt* (*A* **~ec** a. **~ca**) Med. tetanus; **zastrzyk przeciwko ~cowi** an anti-tetanus anatoxin spec.; an anti-tetanus jab pot.

tęż|eć *impf* (**~eję, ~ał, ~eli**) *vi* książk. ① (zastygać, ścinać się) to set, to congeal; **galaretka ~eje w lodówce** the jelly sets in the fridge ⇒ **stężeć** ② (drętwieć, nieruchomieć) to stiffen; **w złości ~ały jej rysy** her face froze with anger ⇒ **stężeć** ③ (wzmagać się) to increase, to grow stronger; **mróz ~ał z godziny na godzinę** the frost hardened by the hour ⇒ **stężeć**

tężni|a *f* (*Gpl* **~**) Med., Techn. graduation tower

tęży|zna *f sgt* książk. fitness

tfu *inter.* (odgłos spluwania) hoick! GB pot.; (obrzydzenie) ugh! pot.; yuck! pot.; (oznaczające pomyłkę) what am I saying?

thesaurus /teˈzawrus/ → **tezaurus**

thrille|r /ˈtriler/ *m* thriller

tia|ra *f* ① Relig. (nakrycie głowy papieża) tiara ② *sgt* książk., przen. (urząd papieża) tiara ③ Hist. tiara

tie-break /ˈtajbrek/ *m* (*G* **~u** a. **~a**) Sport tiebreak

tik *m* (*G* **~u**) Med. twitch, tic; **~ nerwowy** a nervous twitch

tik-tak *inter.* pot. tick-tock

timbre /tembr/ → **tembr**

tips *m zw. pl* (sztuczny paznokieć) artificial nail

tip-top Ⅰ *adv. inv.* pot. tip-top, in tip-top condition

Ⅱ *adv.* pot. tip-top

ti|r *m* (*A* **tira**) TIR lorry

tiul Ⅰ *m* (*G* **~u**) Włók. (tkanina) tulle

Ⅱ **tiule** *plt* książk. tulle outfits

tiulow|y *adi.* Włók. *[firanki, suknia]* tulle *attr.*

tiurniu|ra *f* Moda bustle

tj. (= to jest) i.e.

tkac|ki *adi. [warsztat, pracownia, czółna, krosna]* weaving

tkactw|o *n sgt* Przem., Włók. weaving

tkacz Ⅰ *m pers.* (*Gpl* **~y** a. **~ów**) ① Przem. weaver ② (w warunkach domowych) hand weaver

Ⅱ *m anim.* Zool. ① (ptak) weaver bird ② (mrówka) weaver ant

tkacz|ka *f* ① Przem. weaver ② (w warunkach domowych) hand weaver

tk|ać *impf vt* ① (sporządzać tkaninę) to weave; **materiał ręcznie tkany** hand-woven cloth ② pot., posp. (wkładać siłą) to stuff, to stick; **tkać komuś pieniądze w rękę** a. **do ręki** to stuff money into sb's hand

tkalni|a *f* (*Gpl* **~**) Włók. weaving mill, weaving plant

tkanin|a *f* Włók. fabric, cloth; **~a bawełniana/lniana/wełniana** cotton/linen/woollen GB a. woolen US fabric

❏ **~a asfaltowana** Techn. asphalt fabric; **~a druciana** Techn. wire cloth; **~a kordowa** a. **oponowa** Techn. cord fabric

tkan|ka *f* Biol. tissue

❏ **~ka chrzęstna** Anat. cartilaginous tissue; **~ka kostna** Anat. bone tissue; **~ka kostnawa** Med. decalcified bone tissue; **~ka łączna** Anat. connective tissue; **~ka miękiszowa** Bot. parenchyma; **~ka mięśniowa** Anat. muscular tissue; **~ka nabłonkowa** Anat. epithelial tissue; **~ka nerwowa** Anat. nervous tissue; **~ka podskórna** Anat. subcutaneous layer; **~ka przewodząca** Bot. capillary tissue; **~ka tłuszczowa** Anat. fatty tissue; **~ki pierwotne** Bot. primary tissue; **~ki sitowe** Bot. phloem sieve fibre

tkankow|y *adi.* Biol. *[oddychanie, przeszczep]* tissue *attr.*

tkan|y Ⅱ *pp* → **tkać**

Ⅱ *adi. [dywan, sukno, materiał]* woven; **~y brzeg materiału** selvedge, selvage US; **ręcznie ~y** hand-woven

tkliwie *adv. grad.* (czule) *[kochać, pocałować]* tenderly, affectionately

tkliwoś|ć *f sgt* książk. ① (serdeczność) tenderness, affection ② Med. (wrażliwość na dotyk) tenderness

tkliw|y *adi. grad.* książk. ① (czuły) *[matka, mąż]* tender, affectionate ② *[serce, uśmiech,*

spojrzenie, opieka] tender, loving ③ Med. (wrażliwy) *[serce, pierś, wątroba]* tender

t|knąć¹ *pf* — **t|ykać¹** *impf* (**tknęła, tknęli** — **tykam**) Ⅰ *vi* ① (poruszyć, dotknąć) to touch; **nie wolno tu niczego tknąć!** don't touch anything here! ② (uderzyć) to touch; **ani się waż mnie tknąć!** don't you dare to touch me!

Ⅱ **tknąć się** — **tykać się** pot. ① (dotykać) to touch ② (zjeść, wypić) to touch; **nie tknąć się jedzenia** a. **ani tknąć się jedzenia** książk. to not touch food; **obiadu nawet się nie tknęła** she didn't even touch the dinner

■ **nie wolno ci tknąć tych pieniędzy** don't you dare to touch this money; **nie tknąć roboty** pot. to not do a stroke of work; **lekcji nawet nie tknął** he didn't even look at his homework

t|knąć² *pf* (**tknęła, tknęli**) *vt* książk. *[myśl, przeczucie]* to touch, to strike; **tknęło mnie złe przeczucie** I had an odd a. strange feeling about it; **tknięty trwogą** horror-struck, terror-stricken

■ **coś mnie/ją tknęło** pot. I/she had a premonition; **coś mnie/ją tknęło, żeby...** something prompted a. induced me/her to...

tkwi|ć *impf vi* ① (być głęboko osadzonym) to stick; **złamany klucz ~ł w zamku** a broken key got stuck in the lock ② książk., przen. (stanowić przyczynę) **przyczyny jego agresji ~ą w trudnym dzieciństwie** a difficult childhood is the underlying cause of his aggressive behaviour; **przyczyna konfliktu ~ w nietolerancji** a lack of tolerance underlies the conflict ③ pot. (trwać nieruchomo) to be stuck, to stay; **godzinami ~ła nad książką** she was engrossed in the book for hours ④ (uwikłać się) to be deep (**w czymś** in sth)

■ **~ć po uszy w długach/w pracy** pot. to be up to one's ears in debt/in work

tlen *m sgt* (*G* **~u**) Chem. oxygen

■ **być pod ~em** Med. to wear an oxygen mask

tlen|ek *m* (*G* **~ku**) Chem. oxide; **~ek żelazowy** iron oxide; **~ek węgla** carbon monoxide

tle|nić *impf* Ⅰ *vt* pot. to bleach *[włosy]*; **~nić włosy u fryzjera** to have one's hair bleached

Ⅱ **tlenić się** pot. (rozjaśniać włosy) to bleach one's hair

tleni|ony Ⅰ *pp* → **tlenić**

Ⅱ *adi. [włosy]* bleached; **~ona blondynka** a peroxide blonde

tlenow|y *adi.* Chem. *[związki, zasoby]* oxygen *attr.*

tl|ić się *impf v refl.* książk. ① (żarzyć się) *[ognisko, ruiny, szmaty]* to smoulder ② przen. (istnieć) *[uczucia]* to flicker; **w jej sercu tliła się jeszcze iskierka nadziei** hope still flickered in her heart

tłam|sić *impf* (**~si**) Ⅰ *vt* ① pot. (gnieść, miętosić) to crumple, to squash ⇒ **stłamsić** ② przen. (tłumić, ukrywać) to smother; **~siła w sobie uczucie** she suppressed her feelings ③ przen. (ograniczać swobodę) to oppress, to stifle ⇒ **stłamsić**

Ⅱ **tłamsić się** pot. (gnieść się) to get crumpled; **w walizce wszystko mi się ~si** clothes get crumpled in the suitcase

tło *n* [1] (dalszy plan w przestrzeni) background; **na tle czegoś** against a background of sth [2] (jednolita barwa) background [3] (podłoże) background; **choroba na tle nerwowym** a psychosomatic disorder [4] Muz. background, incidental

■ **być** a. **pozostawać w tle** to be overshadowed, to take a back seat; **na tle kogoś/czegoś** compared to sb/sth, in comparison with sb/sth

tłoczn|o *adv. grad.* **w autobusie było ~o** the bus was (very) packed a. crushed

tłoczn|y [I] *adi. grad.* (zatłoczony) *[sklep, pociąg]* crowded, packed; *[ulica]* crowded

[II] *adi.* Techn. **pompa ~a** a pressure pump

tłocz|ony [I] *pp* → tłoczyć

[II] *adi.* [1] Techn. *[szyby]* press-formed [2] Techn. (ozdobiony wytłoczonym motywem, napisem) embossed [3] *[olej, sok]* pressed

tłocz|yć *impf* [I] *vt* [1] (wyciskać) to press *[olej, sok]* [2] (napełniać) to pump *[paliwo]* [3] Techn. to press *[płyty]* [4] (ozdabiać wytłoczonym motywem) to emboss

[II] **tłoczyć się** pot. (cisnąć się, pchać) to crowd, to crush

tłok *m sgt* (*G* ~**u**) [1] (ścisk) crowd [2] Techn. piston

■ **ujść w ~u** pot. to be passable

tłokow|y *adi.* Techn. *[pompa, sprężarka]* piston

tłu|c *impf* (~**kę**, ~**czesz**, ~**cze**, ~**kł**, ~**kła**, ~**kli**) [I] *vt* [1] (rozbijać) to break, to smash *[naczynia]* ⇒ **stłuc** [2] (miażdżyć) to crush *[przedmiot]*; to grind *[pieprz, cynamon]*; to mash *[kartofle]*; to crack *[orzechy]* ⇒ **utłuc** [3] pot. (bić) to beat; **~kł dziecko za złe stopnie** he beat the child for getting bad marks ⇒ **stłuc** [4] pot. (intensywnie strzelać) to pound; **artyleria ~kła do nich jak do kaczek** the artillery pounded away at them [5] pot. (wytwarzać seryjnie) to knock off [6] pot., (ciągle powtarzać) to hammer (**coś komuś** sth into sb) [7] pot. (uczyć się na pamięć) to cram; **całą noc ~kł wzory na klasówkę z fizyki** he spent the whole night cramming formulae for a physics test [8] pot. (dużo zarabiać) to make; **on ~cze grubą forsę na tym interesie** he makes a bundle on that business

[II] *vi* (łomotać) to bang, to hammer, to batter; **fale ~kły o skały** the waves battered against the rocks; **~kł pięściami w drzwi** he banged the door with his fists; **w złości ~kła głową o ścianę** she beat her head against the wall in anger

[III] **tłuc się** [1] (rozbijać się) to break, to be shattered [2] (uderzać) to bang, to batter [3] pot. (bić się) to fight [4] pot. (poruszać się głośno) to bang, to knock; **ktoś się tam ~cze na górze** somebody is banging around upstairs [5] pot. (jechać długo i niewygodnie) to travel uncomfortably; **~kli się pociągiem osobowym cały dzień** they travelled by a slow train the whole day [6] pot. (włóczyć się) to knock about, to roam about [7] przen. (o myślach) to spin; **niespokojne myśli ~ką mu się po głowie** his head is spinning with disconcerting thoughts

■ **~c głową o mur** (bezskutecznie zabiegać) to bang one's head against a brick wall; **serce się mu/jej ~cze** his/her heart is pounding; **~c się jak Marek po piekle** przysł. (nie móc

sobie znaleźć miejsca) to be running around like a headless chicken

tłucz|ek *m* (do mięsa) mallet; (do kartofli) potato masher; (w moździerzu) pestle

tłucz|eń *m sgt* Budow. breakstone

tłucz|ony [I] *pp* → tłuc

[II] *adi.* *[pieprz]* ground; *[kamienie]* crushed; *[szkło]* broken, shattered

tłuk [I] *m pers.* (*Npl* ~**i**) posp., obraźl. dimwit pot.

[II] *m inanim.* Hist. hammerstone

tłum *m* (*G* ~**u**) crowd także przen.; **wielotysięczny ~** a crowd of several thousand people; **~y ludzi** crowds of people

tłumacz *m*, ~**ka** *f* (*Gpl* ~**y**, ~**ek**) (pisma) translator; (mowy) interpreter

❏ **~ kabinowy** simultaneous interpreter; **~ przysięgły** Prawo sworn translator

tłumacze|nie [I] *sv* → tłumaczyć

[II] *n* [1] (komentarz) explanation [2] zw. pl (uzasadnienia, wyjaśnienia) excuse, justification; **miała dość jego ciągłych ~ń** she was fed up with his excuses [3] (przekład) translation ❏ **~nie maszynowe** Komput. computer-generated translation; **wolne ~nie** Literat. free translation

tłumaczeniow|y *adi.* *[dorobek, doświadczenie, umiejętności]* (tłumacza pisemnego) translation *attr.*; (tłumacza ustnego) interpreting *attr.*

tłumacz|ony [I] *pp* → tłumaczyć

[II] *adi.* *[książka, wiersz, tekst]* translated

tłumacz|yć *impf* [I] *vt* [1] (objaśniać, komentować) to explain; **nasz fizyk wszystko jasno ~y** our physics teacher explains everything clearly ⇒ **wytłumaczyć** [2] (uzasadniać) to justify, to substantiate; **rzecznik ~ył ostatnią decyzję rządu** the spokesman justified the latest government decision; **jak ~yć jej zachowanie?** how would you account for her behaviour? ⇒ **wytłumaczyć** [3] (przekładać) to translate *[tekst]*; to interpret *[wypowiedź]* ⇒ **przetłumaczyć**

[II] **tłumaczyć się** [1] (usprawiedliwiać się) to excuse oneself ⇒ **wytłumaczyć się** [2] (znajdować uzasadnienie) to account for, to explain; **to się ~y samo przez się** this is self-explanatory ⇒ **wytłumaczyć się**

■ **~yć coś słowo w słowo** to translate sth word for word; **gęsto się ~yć** pot. to make profuse apologies

tłum|ek *m dem.* (*G* ~**ku**) crowd

tłum|ić *impf vt* [1] (gasić) to put out, to stamp out *[ogień]* ⇒ **stłumić** [2] (głuszyć, wyciszać) to muffle; **kotary ~iły hałas uliczny** the noise of the traffic was muffled by the curtains ⇒ **stłumić** [3] (amortyzować) to dampen; **~ić drgania** to deaden vibrations ⇒ **stłumić** [4] (opanować) to contain, to suppress *[bunt, powstanie]* ⇒ **stłumić** [5] przen. (dławić, dusić) to suppress; **z trudem ~iła w sobie gniew/łzy** she could barely contain her anger/tears ⇒ **stłumić**

tłumik *m* [1] Techn. (w samochodzie) silencer; (w broni palnej) gun silencer [2] Muz. mute, damper

tłumnie *adv. grad.* *[przybyć, zebrać]* in crowds; **czekała na niego ~ zebrana publiczność** he was welcomed by a huge audience

tłumn|y *adi. grad.* *[ulice]* crowded; *[manifestacja]* mass

tłumocz|ek *m dem.* bundle

tłumok [I] *m pers.* (*Npl* ~**i**) pot., obraźl. blockhead pot., dimwit pot.

[II] *m inanim.* bundle

tłustaw|y *adi.* [1] (zawierający tłuszcz) *[kiełbasa, mleko]* rather fatty; **jedzenie było dobre, ale ~e** the food was good but rather fatty [2] (natłuszczony) *[włosy, cera]* rather greasy; **mam ~e włosy** my hair is rather greasy [3] pot. (pulchny) *[osoba, nogi]* chubby; *[mężczyzna]* portly; **~y aniołek/bobas** a chubby cherub/baby

tłu|sto *adv. grad.* [1] (z tłuszczem) *[gotować, doprawiać, smarować]* with a lot of grease a. fat; *[wyglądać]* fatty *adi.*, greasy *adi.*; **kluski ~ściej omaszczone niż zwykle** noodles with more fat than usual; **~sto jeść** to eat greasy a. fatty food; **mięso/zupa wygląda ~sto** the meat/soup seems a. looks fatty [2] (jak tłuszcz) *[lśnić]* unctuously

tłustoś|ć *f sgt* [1] (kremu, jedzenia, włosów, smaru) greasiness; (potrawy, mięsa) fattiness; (gleby) richness [2] (otyłość) fatness; (pulchność) plumpness, chubbiness; **~ć policzków dodaje dziecku uroku** chubby cheeks add to the child's prettiness

tłu|sty [I] *adi. grad.* [1] (zawierający tłuszcz) *[dieta, ser, mięso]* fatty; *[jedzenie, potrawa]* fatty, greasy; **~ste mleko** unskimmed a. full-cream GB milk [2] (pokryty tłuszczem) *[plama, naczynia, palce]* greasy; *[skóra, włosy, cera]* oily, greasy [3] *[osoba, część ciała]* (otyły) fat; (okrągły) chubby, plump; **dzieci są coraz ~ściejsze** a. **~stsze** kids are plumper and plumper [4] (urodzajny) *[gleba, ziemia]* rich [5] Druk. (pogrubiony) *[czcionka, pismo, druk]* bold [6] pot. (nieprzyzwoity) *[dowcip, żart]* smutty, dirty

[II] *m* (osoba) fatty pot., fatso pot.

■ **~sty kąsek** (do jedzenia) (choice) titbit, (choice) tidbit US; (niespodziewana korzyść) manna (from heaven), pennies from heaven; **w spadku trafił mu/jej się ~sty kąsek** what he/she received in the will was pennies from heaven; **~sty rok** year of (great) plenty; **nadejdą jeszcze ~ste lata** the years of plenty are still to come; **zanim ~sty schudnie, chudego diabli wezmą** przysł. ≈ it is safer to be too fat than too thin

tłuszcz *m* (*G* ~**u**) [1] Kulin. (do smażenia, pieczenia) fat *C/U*; (pochodzenia zwierzęcego) grease *U*; **~e roślinne/zwierzęce** vegetable/animal fats; **~ wieprzowy/wołowy** pork/beef fat; **smażyć rybę/mięso na ~u** to fry fish/meat in fat; **łosoś smażony bez ~u** dry-fried salmon; **fartuch/ręka poplamione ~em** a grease-stained apron/hand; **wysmaruj ~em formę do pieczenia** grease a baking tray [2] *sgt* (składnik) fat; (w nabiale) butterfat; **zawartość ~u w śmietanie/serze** the fat content in cream/cheese [3] *sgt* (tkanka) fat; **miał fałdy ~u na brzuchu/karku** he had rolls of fat round his waist/on his neck [4] *zw. pl* Chem. (związek organiczny) fat

tłuszcz|a *f sgt* przest., pejor. (tłum) the canaille pejor., the hoi polloi pejor., the riff-raff

tłuszczow|y *adi.* [1] Kulin., Przem. with a high fat content, fatty; **przemysł ~y** the manufacture of edible fats and oils [2] Biol., Med. *[tkanka, złogi]* fatty; adipose spec.;

T

komórka ~a a fat cell; **zwyrodnienie ~e wątroby** the fatty degeneration of the liver ③ Chem. *[kwasy, związki]* fatty

tłuszczyk *m dem.* (*G* **~u**) pot. ① (do smażenia, pieczenia, polewania) fat *C/U* ② *sgt* (pod skórą) fat; flab pot., pudge US pot.; **na brzuchu/udach odkłada jej się ~** the flab builds up round her stomach/on her thighs

■ **porosnąć ~iem** iron. to grow fat

tłu|ścić *impf* (**~ści**) Ⅱ *vt* ① (brudzić tłuszczem) to smear, to stain *[ręce, stół]*; **~ścisz sobie rękaw smarem** you're smearing your sleeve with grease ⇒ **zatłuścić** ② Techn. (nasączać tłuszczem) to dub, to liquor *[skóry]* ⇒ **natłuścić**

Ⅱ **tłuścić się** ① *[włosy, cera]* to become greasy a. oily ② (brudzić się) *[ręce, ścierka, fartuch]* to become grease-stained ⇒ **za-tłuścić się**

tłuści|eć *impf* (**~ał, ~eli**) *vi* pot. *[niemowlę, biodra]* to grow fat(ter); *[gęś, świnia]* to fatten

tłuścioch *m* (*Npl* **~y**) pot., pejor. fatso pot., pejor., porker pot.

tłuściosz|ek *m*, **~ka** *f dem.* (*Npl* **~ki**) pot., pieszcz., żart. dumpling żart.; **z twego taty to niezły ~ek** your dad is really well upholstered żart.

tłuściut|ki, ~eńki *adi. dem.* pot., pieszcz. ① *[niemowlę, nóżki]* chubby, plump ② *[serek, kurczak, boczek]* fatty; **~kie mleko** unskimmed a. full-cream GB milk

to Ⅱ *pron.* ① (zamiast podmiotu, dopełnienia) it; (nie tamto) this; „**co to jest?**" – „**to jest książka**" 'what's this/that?' – 'it's a book'; **kto to?** who's this/that?; **i co ty na to?** (and) what do you say to that?; **to mi się nie podoba** I don't like it; **daj mi to** give that/it to me; **to ma być małżeństwo?** you call this a marriage?; **co to ma znaczyć?** what's that supposed to mean?; **to są poważne sprawy** these are serious issues; **było to w piątek** it was on a Friday; **to, co się później działo, trudno wyjaśnić** what happened next is hard to explain; **nie znalazła tego, czego szukała** she didn't find what she was looking for; **to, z kim i dokąd chodzę, jest moją sprawą** where I go and who (I go) with is my affair; **nie troszczę się o to, czy będzie miał za co utrzymać rodzinę** he doesn't care about whether he'll be able to provide for his family; **boleli nad tym, że nie mogli nam pomóc** they were sorry they couldn't help us; **zawsze marzyłam o tym, żeby być chłopcem** I always dreamed of being a boy ② (zamiast czasownika) **Ziemia to planeta** the Earth is a planet; **czas to pieniądz** time is money; **lwy to drapieżniki** lions are predators; **oglądanie telewizji to strata czasu** watching television is a waste of time; **żyć to pracować** to live is a. means to work; **sześć i osiem to czternaście** six and eight is fourteen; **chłopcy to chłopcy** boys will be boys; **wojna to wojna** war is war; **to miło z pana strony** that's (very) nice of you; **to fajnie, że przyszedłeś** pot. it's great to see you a. that you made it ③ euf. (seks) it euf., pot.; (narządy płciowe) sex euf., pot.

Ⅲ *part.* (ekspresywne) **a to (dopiero) pech!** what bad a. rotten luck!; **a to z jakiej racji?**

and why is that exactly?; why is that, pray? iron.; **a czemu to taka smutna?** why are you so sad?; **kogo to ja widzę?** well, well, what a surprise!; **a bo to ja wiem?** how should a. would I know?; **no to co z tego?** well, what of it?; **a to się wszyscy zdziwią!** that'll surprise them!; **podobno to Stefan dostał nagrodę, nie Maria** apparently it was Stefan who got the prize, not Maria

Ⅲ *coni.* ① (w konstrukcjach współrzędnych) **(on) ma pieniądze, to je wydaje** he's got money, so he spends it; **poszukaj, to znajdziesz** look for it and you'll find it; **to jest** a. **znaczy** that is; **byłem w tym roku na południu Europy, to jest w Grecji i we Włoszech** I was in southern Europe this year, that's to say Greece and Italy; **przeprosiłem ją, to znaczy niezupełnie przeprosiłem, próbowałem tylko** I apologized to her, that is not exactly apologized, but I tried to ② (w zdaniach warunkowych) **kiedy ma czas, to się z nią spotyka** when s/he has time s/he sees her; **gdybyś czegoś potrzebował, to napisz** write if you need anything; **skoro tak mówię, to wiem** I (should) know what I'm saying; **nie chcesz, to nie, sam to zjem** if you don't want it, too bad – I'll have it; **przyjdzie to przyjdzie, a jak nie przyjdzie – też dobrze** if he comes, he comes, if he doesn't, he doesn't; **to bladł, to czerwieniał** he went white and red by turns

■ **ni to, ni sio** a. **ni to, ni owo** neither one thing nor the other; **ni z tego, ni z owego** all of a sudden; **to i owo** this and that; **gawędzili o tym i owym** they talked about this and that; **skarżą się, że tego, tamtego im brak** they complain about not having this or that; **to jest to!** that's it! a. what we're looking for!

toale|ta *f* ① (ubikacja) toilet, lavatory; convenience GB książk., restroom US; **publiczna ~ta** public convenience a. toilet; **~ta damska/męska** the Ladies/Gents GB, ladies'/men's room US; **czy mogę skorzystać z ~ty?** could I use the toilet? ② *sgt* (zabiegi higieniczne) toilet przest.; **ma niewiele czasu na zrobienie ~ty** a. **na ~tę** she hasn't got much time to get ready ③ Moda gown

toalet|ka *f* dressing table, vanity table, dresser US; **malować się przed ~ką** to make (oneself) up (sitting) at a dressing table

toaletow|y *adi. [przybory, papier, mydło, woda]* toilet *attr.*

toa|st *m* (*G* **~stu**) toast; **wznieść ~st za szczęście młodej pary/zdrowie gości** to raise one's glass in a toast to the happiness of the bride and groom/health of the guests, to toast the happiness of the bride and groom/health of the guests; **wypić ~st za...** to drink a toast to...

tobogan *m* (*G* **~u**) ① (w ratownictwie górskim) (rescue) toboggan ② (w psim zaprzęgu) dog sled

toboł|ek *m* ① *dem.* (pakunek) bundle; **~ek ubrań** a. **z ubraniem** a bundle of clothing ② Bot. **~ek polny** (field) pennycress, fanweed US

tob|ół *m* (*G* **~ołu**) ① (tłumok) bundle; **~oły pościeli** a. **z pościelą** bundles of bedlinen ② (bagaż) load; **wnieść ~oły na górę/do mieszkania** to carry loads upstairs/into a flat

tocca|ta /tɔkˈkata/ *f* Muz. toccata

tocz|ek¹ *m* Moda pillbox

tocz|ek² *m* (*G* **~ku**) Bot. volvox

toczn|y *adi.* Techn. *[tarcza, części]* rolling *attr.*

tocz|ony Ⅱ *pp* → **toczyć**

Ⅱ *adi. [kształty, ramiona, biodra]* full

tocz|yć *impf* Ⅱ *vt* ① (turlać) to roll *[beczkę, koło, kamień]*; **rzeka ~y wody do morza** książk. a river rolls its waters to the sea ⇒ **potoczyć** ② (prowadzić) to conduct, to carry on *[rokowania, kampanię, debatę]*; **~yć walkę/wojnę z sąsiadem** to fight a battle/war ⇒ **stoczyć** ③ (lać) to draw *[piwo, wino]*; **~yć piwo (z beczki) prosto do kufli** to draw beer (from a barrel) directly into beer mugs ⇒ **utoczyć** ④ (niszczyć) *[korniki, robaki]* to eat *[drewno, padlinę]* ⑤ książk. (wyniszczać) *[choroba, rak]* to eat [sb] away; **~y go/ją gruźlica/rak** TB/cancer is eating him/her away ⇒ **stoczyć** ⑥ książk. (nękać) *[smutek, tęsknota]* to eat away at; **~yła ją zgryzota** grief was eating away at her ⑦ Techn. (na tokarce) to lathe, to turn; **przedmioty ~one z bursztynu** objects turned from amber ⇒ **wytoczyć** ⑧ Techn. (na kole garncarskim) to throw; **~yć miski z gliny** *[garncarz]* to throw a. fashion clay pots ⇒ **wytoczyć**

Ⅱ **toczyć się** ① (przesuwać się) *[kamienie, piłka, pojazd]* to roll ⇒ **potoczyć się** ② pot., żart. (iść, jechać powoli) to trundle; **~ył się ścieżką** he was trundling along a path ⇒ **potoczyć się** ③ (płynąć) *[łzy, deszcz, woda]* to stream, to course; **potok ~ył się po kamieniach** the stream flowed over stones ④ (przebiegać) *[działania, śledztwo, narada]* to be under way, to be in progress; *[wydarzenia, bitwa]* to take place; *[działania, prace]* to proceed; **~ące się rokowania/dyskusje** ongoing negotiations/discussions; **rozmowy pokojowe ~ą się sprawnie** peace talks are progressing smoothly; **życie ~y się dalej** life goes on; **wojna ~yła się sześć lat** the war lasted six years ⇒ **potoczyć się**

■ **prelegent/nauczyciel ~ył wzrokiem po sali** the lecturer's/teacher's eyes roved around the room

toffi *n inv.* Kulin. toffee

t|oga *f* ① (strój sędziego, adwokata, duchownego) gown; **pochód profesorów w czarnych togach** a procession of professors in black gowns ② Hist. (w starożytnym Rzymie) toga

toja|d *m* (*G* **~du**) Bot. aconite, monkshood

tok¹ *m* (*G* **~u**) ① *sgt* (przebieg) course, train; **w ~u dziejów** in the course of history; **indywidualny ~ studiów** a. **nauczania** accelerated learning; **być w ~u** to be under way; **w ~u śledztwa/negocjacji ustalono, że...** during the investigation/negotiations it has been established that....; **prace konserwatorskie są w ~u** conservation works are in progress; **w ~u są już przygotowania do konferencji** the arrangements for the conference are already underway ② *sgt* (kierunek) (o rozumowaniu, wyjaśnieniach) line; **chaotyczny ~ myśli** a chaotic line of thought a. thinking ③ Literat.

(verse) metre, (verse) meter US [4] Myślis. display call (*in the breeding season*)

tok² *m* (*G* ~**u**) Moda przest. toque

tokaj *m* (*G* ~**u**) Wina Tokay *U*; **szeroki wybór ~ów** a good selection of Tokay wines

tokar|ka *f* Techn. lathe; **toczyć** a. **obrabiać coś na ~ce** to lathe sth
❑ **~ka karuzelowa** turning and boring lathe, boring mill; **~ka rewolwerowa** turret lathe

tokars|ki *adi.* Techn. *[wiedza, umiejętności]* turner's, of turning; **mistrz/praktykant ~ki** a master/apprentice turner; **wyroby ~kie** turnery

tokarstw|o *n sgt* Techn. turnery, turning

tokarz *m* (*Gpl* ~**y**) turner

tok|ować *impf vi* [1] Myślis. to make a display call (*in the breeding season*); **~ujące głuszce** capercaillies calling during a display [2] pot., pejor. (mówić z pychą) to talk big pot., to gas pot.; **~ował bez żenady o swoich sukcesach** he gassed (on) shamelessly about his successes

toksycznie *adv.* toxically; **działać ~** to have a toxic a. toxicological spec. effect

toksyczność *f sgt* toxicity

toksyczn|y *adi.* *[substancja, działanie, biegunka]* toxic; **~e uszkodzenie wątroby** toxic liver injury a. damage

toksykolo|g *m* (*Npl* ~**dzy** a. ~**gowie**) Biol., Med. toxicologist

toksykologi|a *f sgt* (*GD* ~**i**) Biol., Med. toxicology

toksykologiczn|y *adi.* Biol., Med. *[badania, profilaktyka, laboratorium]* toxicological spec.

toksyn|a *f* Biol., Med. toxin

tolerancj|a *f* [1] *sgt* (poszanowanie) tolerance, toleration (**dla** a. **wobec kogoś/czegoś** for a. towards sb/sth); **~a światopoglądowa** tolerance of a. towards other ways of thinking; **~a religijna** religious tolerance a. toleration; **okazywać ~ę** to show a. display tolerance a. toleration; **brak ~i** intolerance [2] *sgt* (pobłażanie) tolerance (**dla** a. **wobec kogoś/czegoś** for a. of sb/sth); **zero ~i dla obiboków i łapówkarstwa** zero tolerance for layabouts and bribery [3] *sgt* Biol., Med. (wytrzymałość) tolerance (**na coś** for a. to sth); **~a na ból** tolerance to pain, pain tolerance [4] Techn. (dopuszczalne odchylenie) tolerance; **z ~ą do...** to tolerance of...

tolerancyjnie *adv.* *[zachowywać się]* tolerantly; *[słuchać]* indulgently; **odnosić się ~ do kogoś/czegoś** to be tolerant towards sb/sth

tolerancyjność *f sgt* książk. tolerance, toleration (**dla** a. **wobec kogoś/czegoś** for a. towards sb/sth)

tolerancyjn|y *adi.* [1] (wyrozumiały) *[osoba, postawa]* tolerant (**dla** a. **wobec kogoś/czegoś** of sb/sth) [2] (pobłażliwy) *[rodzice, środowisko, stosunek]* tolerant (**dla** a. **wobec kogoś/czegoś** towards sb/sth); *[prawo, wyrok]* lenient (**dla** a. **wobec kogoś/czegoś** with sb/towards sth)

toler|ować *impf vt* [1] (znosić) to tolerate, to put up with; **ledwie ~owano jej obecność** she/her presence was tolerated, but only just; **z trudem ~uję takie osoby** I can barely put up with such people; **zupełnie nie ~ował krytyki** he (just)

couldn't take a. accept criticism [2] (pobłażać) to tolerate; **nie będę ~owała takiego zachowania** I won't tolerate such behaviour [3] Biol. to tolerate *[leki, kofeinę, mleko];* **organizm nie ~ujący nikotyny** a system intolerant of nicotine

tołpy|ga *f* Zool. silver carp

tom [I] *m* (*G* ~**u**) volume; **trzy opasłe ~y jego dzieł zebranych** three thick volumes of his collected works; **encyklopedia w dwunastu ~ach** a twelve-volume encyclopaedia
[II] **tomy** przen. (mnóstwo) a volume, volumes; **napisać/zebrać ~y o czymś** to write/collect a volume a. volumes of sth; **podczas podróży nagromadził ~y notatek i zdjęć** during the journey he amassed volumes of notes and photographs

tomahawk *m* tomahawk

tombak *m sgt* (*G* ~**u**) tombac, tambac, pinchbeck

tombakow|y *adi.* *[ozdoba, obrączka]* pinchbeck *attr.*

tomik *m dem.* (*G* ~**u**) (slim a. slender) volume; **debiutancki ~ jego poezji** his first volume of verse

tomisk|o *n augm.* (large) volume; tome żart.; **pierwsze ~o jego autobiografii** the first tome of his autobiography

tomograf *m* (*G* ~**u**) Med., Techn. CAT scanner; **~ komputerowy** a CAT scanner

tomografi|a *f sgt* (*GD* ~**i**) Med., Techn. (technologia) tomography; (badanie) scan; **~a komputerowa** computed a. computerized (axial) tomography; **~a mózgu/płuc** a brain/lung scan

tomograficzn|y *adi.* Med., Techn. *[badanie, obraz]* tomographic

-tomow|y *w wyrazach złożonych* -volume; **dwutomowy słownik** a two-volume dictionary; **wielotomowa edycja** a multivolume(d) edition

ton [I] *m* (*G* ~**u**) [1] (dźwięk) Fiz. tone; Muz. (musical) tone, (musical) note; **czyste/wysokie/niskie ~y** clear/high/low tones [2] Muz. (miara) (whole) tone, (whole) step US; **dźwięki odległe o cały ~/pół ~u** sounds separated by a whole tone/a semitone a. half-tone US; **śpiewać/grać o pół ~u wyżej/niżej** to go up/down a half tone [3] Muz. (tonacja) (concert) pitch [4] (sposób brzmienia) tone; **głęboki ~ altówki** the mellow tone of a viola; **miała głos o ciepłym/lirycznym ~ie** her voice had a warm/lyrical tone [5] (zabarwienie stylistyczne, emocjonalne) tone, tenor; **napastliwy/mentorski ~ artykułu** the aggressive/opinionated tone a. tenor of an article; **uwagi w obraźliwym/pojednawczym ~ie** remarks abusive/conciliatory in tone; **uderzyć w** a. **przybrać płaczliwy ~** to adopt a. assume a whining tone; **uderzyć w inny ~** a. **zaśpiewać z innego ~** to change tone; **odpowiedział stanowczym ~em** he replied in a firm tone of voice; **nie mów do mnie takim ~em** don't speak to me in that tone of voice [6] (odcień) tone; **różne ~y zieleni** various tones a. shades of green; **o ~ jaśniejszy/ciemniejszy** a slightly brighter/darker tone a. shade [7] Jęz. (intonacja) tone; **rosnący/opadający ~** a rising/falling tone

[III] **tony** *plt* książk. (melodia) tunes; (odgłos dzwonu, zegara) chimes; (odgłos muzyki, instrumentu) strains
❑ **czysty ~ serca** Med. clear heart sound; **~ harmoniczny** a. **górny** Muz. harmonic tone; **~ zasadniczy** a. **podstawowy** Muz. fundamental (tone)
■ **mówić o pół ~u niżej** to lower one's voice; **nadawać ~** (określać charakter) to give a tone; (wywierać wpływ) *[osoba]* to set the tone; *[przedmiot, zdarzenie]* to be the keynote; **apodyktyczny ojciec nadawał ~ rozmowie/życiu rodzinnemu** the authoritarian father set the tone of the conversation/family life; **podnieść głos o jeden ~** to raise one's voice; **spuścić z ~u** pot. to come down a peg (or two); **w dobrym ~ie** the done thing; **być/nie być w dobrym ~ie** to be/to not be the done thing; **w dobrym ~ie jest** a. **do dobrego ~u należy...** it's the done thing to...; **palenie (nie) należało wtedy do dobrego ~u** smoking was (not) the done thing then pot.

ton|a [I] *f* Miary (metric) ton a. tonne
[II] **tony** pot. (wielkie ilości) a ton a pot., tons pot.; **pochłaniał ~y żarcia** he devoured tons of food
❑ **~a rejestrowa** Mors. register ton

tonacj|a *f* (*Gpl* ~**i**) [1] (kolorystyka) (ubioru, wnętrza, dekoracji) colour a. color US scheme; (obrazu, fotografii) tonality; **wystrój domu był utrzymany w pastelowej ~i** the interior of the house was decorated in pastel shades [2] (charakter) (utworu, filmu, wypowiedzi) key przen.; **tenor** [3] Muz. key; **~a molowa/durowa** a minor/major key; **~a a-moll** the key of A minor; **koncert w ~i e-moll/G-dur** a concerto in E minor/G major [4] (wysokość głosu) pitch; **głos o niskiej/wysokiej ~i** a high-/low-pitched voice; **mówił, nie zmieniając ~i** he talked, keeping his voice at the same pitch

tonaż *m sgt* (*G* ~**u**) Mors. tonnage; (pojemność) burden

to|nąć *impf* (**tonęła, tonęli**) *vi* [1] (pogrążać się w wodzie) *[osoba, łódka, gałąź]* to go under, to sink; (topić się) *[osoba, zwierzę]* to drown; **nie umiał pływać i zaczął tonąć** he couldn't swim and started drowning; **delfin uratował tonącego** a dolphin saved a drowning person; **przeładowana tratwa szybko tonęła** an overloaded raft was sinking a. going under rapidly; **ratunku, tonę!** help! I'm drowning! ⇒ **utonąć** [2] (iść na dno) *[okręt]* to founder ⇒ **zatonąć** [3] (zagłębiać się) *[osoba, stopy]* to sink; **nogi toną w błocie** feet sink into mud [4] przen. (mieć w nadmiarze) to drown przen. (**w czymś** in sth); to be inundated przen. (**w czymś** with sth); (być zagłuszanym) to be drowned (out) (**w czymś** by sth); **toniemy (po uszy) w pracy/papierach** we're drowning in work/papers, we're inundated with work/papers; **jego słowa/głosy ptaków tonęły w huku fal** his words/the birds' cries were drowned by the roaring waves ⇒ **utonąć** [5] (być otoczonym) to be (completely) covered (**w czymś** in a. with sth); **tonące w śniegu alpejskie wioski** snowbound Alpine villages; **szczyty tonące w chmurach** summits enveloped in clouds; **dom tonął w zieleni** the house was

covered in greenery; **miasto tonęło w ciemnościach** the town was in total darkness; **sala tonęła w powodzi świateł** the hall was flooded with light
■ **tonąć (po uszy) w długach** to be drowning in debt, to be up to one's ears in debt; **tonąć we łzach** to dissolve into floods of tears; **tonąć w mrokach dziejów** książk. to be lost in the mists of time; **tonąć w niepamięci** książk. to sink a. fade into oblivion

tone|r m sgt Techn. toner

tonik m (G ~u) [1] (napój) tonic water U, tonic; **gin z ~iem** gin and tonic; **kupił dwa ~i** he bought two bottles of tonic water a. two tonics [2] Kosmet. skin tonic

ton|ować impf vt [1] książk. (łagodzić) to tone down, to moderate [dyskusję, język, wymowę] ⇒ **stonować** [2] Szt. to tone down [kolor, jaskrawość, kontrast] ⇒ **stonować** [3] Fot. to tone [fotografię] ⇒ **stonować**

tonow|y [1] adi. [ładunek, ciężar] of one (metric) ton a. tonne
[2] **-tonowy** w wyrazach złożonych -tonne; **dwutonowy ładunek** a two-tonne load; **25-tonowa ciężarówka** a 25-tonne lorry

tonsu|ra f Relig. tonsure; **zakonnik z ~rą** a tonsured monk

to|ń f książk. [1] (głębina) the depths (+ v pl); **w bezdennej toni oceanu** in the bottomless depths of an ocean

top[1] m sgt (G ~u) Techn. (topienie) smelting; **~ mosiądzu/cyny** brass/tin smelting

top[2] [1] m (G ~u) [1] sgt pot. (szczyt sławy) top; **on/ona jest na ~ie** he/she is at the top; **jego piosenka jest na ~ie** his song is a. has reached the top of the pops pot. [2] pot. (elita) top dogs (+ v pl) pot.; **należeć do ~u** to be among the top dogs [3] Moda top [4] Żegl. top; **~ masztu** top of mast, masthead
[1] adi. pot. [hit, modelka] top attr.; super pot.

topaz m (G ~u) Miner. topaz

topazow|y adi. [1] [broszka] topaz attr. [2] książk. (żółtawy) [oczy, połysk] topaz attr.

top|ić impf [1] vt [1] (pozbawiać życia) to drown [osobę, zwierzę] ⇒ **utopić** [2] (niszczyć) to sink [statek, łódź]; to throw into the water [przedmioty] [3] (roztapiać) to melt [masło, wosk, śnieg] ⇒ **roztopić** [4] przen. (zagłębiać) to sink; **~ić zęby w czymś** to sink one's teeth into sth [5] pot. (tracić) to sink; to pump pot. [pieniądze, oszczędności, fortunę] (**w czymś** in a. into sth) ⇒ **utopić**
[1] **topić się** [1] (tonąć) [osoba, zwierzę] to drown; (samobójczo) to drown oneself a. utopić się [2] (zanurzać się) to sink (**w czymś** into sth); **kalosze ~ią mu się w błocie** his wellingtons are sinking into the mud [3] (rozpuszczać się) [śnieg, masło, cyna] to melt ⇒ **roztopić się**
■ **~ić smutek w alkoholu** to drown one's sorrows (in drink)

topiel f książk. [1] (głębina) deep water [2] (wodny wir) whirlpool, vortex [3] (grzęzawisko) bog

topiel|ec m, **~ica** f (Npl **~ce** a. **~cy**, **~ice**) (zwłoki) drowned body; (odratowany) drowning person

topi|ony [1] pp → **topić**
[1] adi. [metal, szkło] molten; [śnieg, masło] melted

---

toples, topless [1] m, m inv. (G ~u) pot. topless bathing suit; **dziewczyna w ~** a. **~ie** a girl wearing a. in a topless bathing suit
[1] adi. inv. [kostium, strój] topless; **kelnerki w strojach ~** topless waitresses
[1] adv. topless; **opalać się/tańczyć ~** to sunbathe/dance topless

topliwoś|ć f sgt fusibility

topliw|y adi. [metal, stop] fusible

topni|eć impf (~eję, ~ał, ~eli) vi [1] (tajać) [śnieg, lody, masło] to melt; **asfalt ~ał od upału** the asphalt melted in the heat ⇒ **stopnieć** [2] książk., przen. (łagodnieć) [osoba, serce] to melt; [gniew, opór, niepokój] to melt away; **serce mu ~eje na widok jej uśmiechu** his heart melts at the sight of her smile, her smile melts his heart [3] (zmniejszać się) [wątpliwości] to diminish; [zapał, poparcie] to ebb (away); [zapasy, oszczędności, szanse, zespół] to dwindle (away); **czuł, jak jego siły ~eją** he felt his strength ebb (away) ⇒ **stopnieć**

topografi|a f sgt (GD ~i) [1] (dział geodezji) (geodetic) land surveying, topographical survey [2] (rzeźba terenu) topography; **~a wyspy/najbliższej okolicy** the topography of an island/the vicinity

topograficznie adv. [skomplikowany, sporządzony] topographically; **mapa ~ przedstawiała lokalne drogi** the map showed the topographical layout of the local road network

topograficzn|y adi. topographical

top|ola f (Gpl ~oli a. ~ól) Bot. poplar
❏ **~ola włoska** Bot. Lombardy poplar

topolow|y adi. [aleja, liście] poplar attr.

topor|ek m dem. hatchet

topornie adv. grad. pot. [1] (brzydko) [wyrażony, napisany, naprawiony] clumsily; [urządzony, ozdobiony, ubrany] gracelessly; **drewniana ława wyglądała ~** the wooden bench looked inelegant [2] (prymitywnie) [zbudowany, zrobiony] roughly; [wyrażać się, śmiać się] coarsely

toporność f sgt pot. [1] (domu, postaci, ruchów) gracelessness; (twarzy, obrazu) coarseness; (stylu, pisarstwa, utworu) clumsiness [2] (wysławiania się, zachowania, dowcipu) coarseness

toporn|y adi. grad. pot. [1] (masywny) [postać, most, dom] graceless; [twarz, rysy] coarse [2] (niezgrabny) [styl, wykonanie, ruch] clumsy [3] (prostacki) [język, śmiech, zachowanie] coarse

topos m (G ~u) [1] Literat., Szt. (motyw) topos [2] książk. (zasada) topos

top|ór m [1] (jako broń) battleaxe, poleaxe US; (mniejszych rozmiarów) hatchet [2] (strażacki, do rąbania drewna) axe, ax US, chopper GB; **~ór rzeźnicki** a cleaver, a meat chopper
■ **położyć** a. **dać głowę pod ~ór** to put one's head on the block; **pójść pod ~ór** (o zwierzętach) to be slaughtered; (o lesie, drzewie) to be felled; **wyglądać jak spod ~ora** pot. to be coarsely done; **wykopać ~ór wojenny** to take up the hatchet; **zakopać ~ór wojenny** to bury the hatchet

to|r[1] m (G ~oru) [1] (trajektoria) path; **tor pocisku** trajectory; **tor planetoidy** asteroid a. planetoid circuit [2] Kolej., Transp. track, railway; **tor kolejowy/tramwajowy** railway track/tram line; **pociąg wjedzie na**

---

tor drugi przy peronie czwartym the train comes in on track number two, on platform four; **ślepy tor** lay-by; przen. (sytuacja bez wyjścia) dead end, deadlock; **utknąć na ślepym torze** to come to a dead end [3] Sport (kajakowy, slalomowy) course; (bobslejowy, saneczkowy,) run; (kręglarski) alley, rink; (kolarski, motocyklowy) (race)track; (łyżwiarski) rink; **sprinter biegł po zewnętrznym torze** the sprinter ran in the outside track [4] przen. **trudno śledzić tor jego myśli** it's difficult to follow his train of thought; **przestawić się na inny tor myślenia** to switch to another line of thought
❏ **tor bezstykowy** Kolej. continuous welded rail; **tor elektroakustyczny** Fiz. electroacoustic channel; **tor przeszkód** Sport obstacle course; **tor wodny** Żegl. fairway; **tor wyścigowy** Sport racecourse GB, racetrack US; (samochodowy) racetrack GB, raceway US; (motocyklowy) speedway (track); **tor żużlowy** Sport cinder track
■ **toczyć się swoim** a. **utartym torem** książk. to take a. run its (normal) course; **zostać odsuniętym na boczny tor** to be left out; **odstawić kogoś na boczny tor** to leave sb out; **przestawić** a. **naprowadzić coś na inne tory** książk. to approach sth in a different way; **wkraczać na śliskie tory** książk. to bring up a. touch upon a sensitive subject

to|r[2] m sgt (G **toru**) Chem. thorium

to|r[3] m sgt (G **toru**) Fiz., Miary (jednostka ciśnienia) torr

To|ra f Relig. Torah

tor|ba f [1] (opakowanie) bag; **włożyć coś do ~by** to put sth in a bag; **wyjąć coś z ~by** to take sth out of a bag [2] (miara objętości) bag, bagful; **~ba ryżu** a bag of rice [3] (do noszenia różnych rzeczy) bag; (na zakupy) carrier bag, shopping bag; **damska ~ba** a handbag; **~ba podręczna** a holdall; **~ba podróżna** a travel bag; **~ba na ramię** a shoulder bag [4] zw. pl (opuchlizna) pouch, bag; **mieć ~by pod oczami** to have bags under one's eyes [5] Zool. pouch
❏ **~by policzkowe** Zool. cheek pouches
■ **pójść z ~bami** to be reduced to beggary; **puścić kogoś z ~bami** to reduce sb to beggary

torbacz m Zool. marsupial

torbiel f Med. cyst; **~ nerki/jajnika** renal/ovarian cyst

torcik m dem. Kulin. (layer) cake

toreado|r m toreador

torebecz|ka f dem. small bag

toreb|ka f [1] (opakowanie) (small) bag [2] (miara objętości) (small) bag/packet; **~ka słodyczy/orzeszków/cukru** a packet a. bag of sweets/nuts/sugar [3] (damska) bag, handbag; **~ka ze skóry/plastiku** a leather/plastic bag [4] Bot. boll, seed vessel
❏ **~ka stawowa** Anat. articular a. joint capsule

torf m (G ~u) Geol. peat; **złoża ~u** peat deposits; **kopać ~** to dig up a. cut peat; **podsypywać ~ roślinom** to mulch plants with peat; **palić ~em** to burn peat as fuel

torfia|sty adi. Geol. [gleba, łąka] peaty, peat attr.

torfow|iec m Bot. peat moss, bog moss

torfowisk|o n peat bog
❑ **~o niskie** a. **łąkowe** Geol. lowland bog; **~o wysokie** Geol. high peat bog
torfowiskow|y adi. [rośliny] peat-bog attr.
torfow|y adi. [1] [roślina] peat attr., bog attr.; **mech ~y** peat moss [2] [gleba, złoża] peat attr. [3] [nawóz, brykiety, cegiełki] peaty, peat attr.; **kąpiele ~e** peat baths
torna|do n, n inv. Meteo. tornado; twister US pot.
tornist|er m school bag
tor|ować impf vt **~ować drogę** to clear the way (**komuś/czemuś** for sb/sth); **~ować sobie przejście** to clear a path for oneself; **~ować sobie drogę łokciami przez tłum** to elbow one's way through the crowd ⇒ **utorować**
■ **~ować sobie/komuś drogę do sławy/ kariery** to pave one's/sb's way to fame/ career; **to dzieło ~uje drogę awangardzie** this work paves the way forward for the avant-garde
torow|iec m [1] (robotnik) platelayer GB, tracklayer US [2] Sport (sportowiec) racer
torowisk|o n (kolejowe) track; (tramwajowe) line; (metra) track
torow|y[1] adi. [1] [prace, roboty, remonty] rail(way) attr. [2] Sport [kolarstwo, jazda] track attr.
torow|y[2] adi. Chem. [reaktor] thoric
torpe|da f Wojsk. torpedo; **wyrzutnia ~d** torpedo launcher; **wystrzelić ~dę** to fire a torpedo
❑ **żywa ~da** human torpedo
torpe|do n Techn. hub break
torped|ować impf vt [1] Wojsk. to torpedo ⇒ **storpedować** [2] przen. (utrudniać) to torpedo [starania, plany, próby]; **wszystkie moje pomysły są ~owane przez mojego szefa** all my ideas are torpedoed by my boss ⇒ **storpedować**
torpedow|iec m Wojsk. motor torpedo boat, MTB
torpedow|y adi. [wyrzutnia, okręt, samolot, atak] torpedo attr.
torreador → **toreador**
tors m (G **~u**) [1] Anat. torso; **szeroki, muskularny ~** a broad, muscular torso; **wypiąć ~** to throw out one's chest [2] Szt. torso; **~ Juliusza Cezara** the torso of Julius Casar
torsj|e plt (G **~i**) książk. vomiting; **mieć ~e** to vomit; to throw up pot.; **dostać ~i** to get an attack of vomiting
tor|t m (G **~tu**) Kulin. (layer) cake; **~t z przybraniem** a cake with decorations; **~t czekoladowy/makowy** a chocolate/ poppy-seed cake; **~t urodzinowy/weselny** a birthday/wedding cake; **przełożyć ~t masą orzechową** to layer a cake with nut cream; **upiec ~t** to bake a cake
tortownic|a f Kulin. cake tin, springform pan
tortow|y adi. Kulin. [ciasto, mąka, masa] cake attr.; **krążki ~e z ciasta biszkoptowego** round sponge-cake bases
tortu|ra f [1] zw. pl (cierpienia fizyczne) torture; **narzędzie ~r** an instrument of torture; **poddać kogoś ~rom** to subject sb to torture; **zadawać komuś ~ry** to inflict torture on sb [2] (udręka) torture; **leżenie bez**

ruchu było ~rą having to lie still was (absolute) torture
tortur|ować impf vt [1] (katować) to torture; **więźniowie byli ~owani** the prisoners were tortured [2] pot. (nękać) to torment
to|st m (G **tostu**) Kulin. piece a. slice of toast
toste|r m Kulin., Techn. toaster
tostow|y adi. Kulin. [chleb] toast attr.; **pieczywo ~e** toast bread
tościk m dem. (G **~a**) (small) piece of toast
totalitarn|y adi. Polit. [władza, ustrój, reżim, dyktatura] totalitarian; **rządy ~e** totalitarian rule; **system ~y** totalitarian system; **państwo ~e** a totalitarian state
totalitaryzm m sgt (G **~u**) Polit. totalitarianism; **~ komunistyczny/faszystowski** communist/fascist totalitarianism
totalizato|r m (A **~r** a. **~ra**) Gry [1] (gra hazardowa) totalizator; tote pot.; **~r piłkarski** the pools; **grać w ~ra piłkarskiego** to do the pools [2] pot. (kolektura) lottery office
totalizm m (G **~u**) → **totalitaryzm**
totalnie adv. [krytykować] thoroughly; [szczęśliwy, zmęczony] totally; **potępiać coś ~** to thoroughly condemn sth; **~ mnie rozczarował** I'm greatly a. terribly disappointed in him; **jestem ~ wykończony** I'm absolutely exhausted
totaln|y adi. [1] (całkowity) total; **ponieśli ~ą klęskę** they suffered a total defeat; **wojna ~a** a total war [2] Polit. totalitarian; **państwo ~e** a totalitarian state
tot|ek m sgt (A **~ek** a. **~ka**) pot., Gry (national) lottery; **wygrał milion w ~ka** he won a million in the lottery; **grać w ~ka** to do the lottery
totem m (G **~u**) [1] Relig. (świętość) totem, totem pole [2] (znak rozpoznawczy) totem
totemiczn|y adi. Relig. [figury, rysunki] [zwierzę] totemic
totemizm m sgt (G **~u**) Relig. totemism
toteż coni. książk. hence książk.; that is why
toto pron. pot. (o osobie) creature; (o rzeczy) thing; **głupie ~, ale zna się na samochodach** a bit of a twerp, but s/he knows about cars pot.; **znalazłem ~ w łazience** I found this thing in the bathroom
totolot|ek, toto-lot|ek m sgt (A **~ek** a. **~ka**) [1] Gry (loteria) (national) lottery; **grać w ~ka** to do the lottery [2] pot. (sytuacja) lottery; **dostać dzisiaj dobrą pracę to istny ~ek** getting a job nowadays is a lottery
totolotkow|y adi. Gry [kupon, losowanie, gracz] lottery attr.
totumfac|ki m (Gpl **~kich**) przest. factotum
tournée /turˈne/ n inv. tour; **dwumiesięczne ~** a two-month tour; **odbyć ~** to go on a tour, to tour; **~ światowej sławy skrzypka po Polsce** a tour of Poland by a world-famous violinist
tow. [1] (= towarzysz) [2] (= towarzystwo)
towa|r m (G **~ru**) [1] (rzecz na sprzedaż) good, commodity; (rolniczy) produce; (tekstylny) textiles; (w handlu) merchandise; **~r rzeźny** meats; **~r luksusowy** luxury goods; **kupiła wybrakowany ~r** she bought defective goods; **zaopatrywać sklepy w ~r** to supply goods to the shops; **„przyjęcie ~ru"** 'closed for deliveries'; **dostawa ~ru** delivery of goods; **rozłożyć się z ~rem** to lay out one's wares [2] wulg. dish obraźl.

towarow|y adi. [1] [wymiana, giełda] goods attr., of goods, commodity attr.; **dom ~y** a department store; **znak ~y (zastrzeżony)** a (registered) trademark; **bon ~y** a voucher [2] Transp. [winda] service attr., freight attr.; **pociąg ~y** a goods a. freight train; **statek ~y** a cargo ship [3] Handl. [produkcja, gospodarstwo] commercial
towarzych|o n pot. crowd pot., bunch (of people) pot.
towarzys|ki adi. [1] [osoba, natura] sociable, gregarious [2] [obycie, formy, talenty, skandal] social; [pogawędka, zebranie] informal; **jako żona dyplomaty prowadziła ożywione życie ~kie** as a diplomat's wife, she led a busy social life [3] [elita, śmietanka] social; **kronika ~ka** the gossip column
❑ **gra** a. **zabawa ~ka** Gry parlour game, party game; **mecz** a. **spotkanie ~kie** Sport friendly match, friendly
towarzysko adv. [1] [usposobiony, nastawiony] sociably [2] [wyrobiony] socially [3] [różnić się, udzielać się] socially
towarzyskoś|ć f sgt sociability; **jej ~ć sprawiała, że była lubiana** she was liked for her sociability
towarzystw|o n [1] sgt (czyjaś obecność) company; **lubiłem przebywać w jego ~ie** I liked being in his company; **unikać czyjegoś ~a** to avoid sb's company; **dotrzymać komuś ~a** to keep sb company; **dama do ~a** a (lady's) companion [2] sgt (grupa) company; **~o od brydża** bridge crowd; **~o od kieliszka** drinking crowd; **dostać się w złe ~o** to fall into bad company; **po kilku toastach ~o się ożywiło** after a few toasts the party livened up [3] (elita) (high) society [4] (organizacja) society; **~o naukowe** a learned society
■ **~o wzajemnej adoracji** pejor. mutual admiration a. appreciation society; **dla ~a** for the company
towarzysz m (Gpl **~y** a. **~ów**) [1] (kompan) companion, comrade; **~ niedoli** a companion in misery; **~ podróży** a travelling companion; **~ szkolny/zabaw dziecięcych** a schoolmate/playmate [2] książk., przen. companion przen. [3] Polit. (tytuł) comrade
❑ **~ broni** zw. pl Wojsk. comrade a. brother in arms
■ **~ życia** life companion
towarzysząc|y[I] pa → **towarzyszyć**
[II] adi. osoba **~a** partner; cecha **~a** concomitant
towarzysze|nie[I] sv → **towarzyszyć**
[II] n Muz. (fortepianu, orkiestry) accompaniment
towarzysz|ka f [1] (osoba towarzysząca) companion; **~ka niedoli** a companion in misery; **~ka podróży** a travel companion; **~ka dziecięcych zabaw** a childhood playmate [2] Polit. (tytuł) comrade; **~ka Nowakowska** comrade Nowakowska
■ **~ka życia** life companion
towarzysz|yć impf vi [1] (asystować) to accompany vt (**komuś** sb); to keep [sb] company vt; **osoby ~ące prezydentowi** the president's entourage; **czy mogę ci ~yć?** can I accompany you?; **~yć komuś w podróży** to accompany sb on a journey [2] (współwystępować) to accompany vt; **gorączce ~ył ból** the fever was accompanied by pain

toż *part. książk.* but, why; ~ **to Robert!** why, if it isn't Robert!; ~ **to majątek!** but that's a fortune!

tożsamoś|ć *f sgt książk.* (osoby) identity; **sprawdzić czyjąś ~ć** to check sb's identity; **dowód ~ci** an ID, identity card ❏ **~ć dwóch wyrażeń** Mat. identity

tożsam|y *adi. książk. [dzieje, opinie]* identical

trach *inter.* snap!, crack!; ~! **oderwał się guzik** snap! the button came off; ~! **pękła deska w płocie** crack! a plank in the fence broke

tracheotomi|a *f sgt (GD ~i)* Med. tracheotomy

tra|cić *impf vt* ① (przestawać mieć) to lose *także przen.*; ~**cić majątek** to lose a fortune; ~**cić łączność** to lose contact; ~**cić głos** to lose one's voice; ~**cić władzę w nodze/ręce** to lose the use of one's leg/arm; ~**cić przytomność** to lose consciousness; ~**cić oddech** to get out of breath; ~**cić wzrok/słuch** to lose one's sight/hearing; ~**cić pamięć** to lose one's memory; ~**cić odwagę** to lose courage; ~**cić nadzieję** to lose a. abandon hope ⇒ **stracić** ② (marnować) to waste; ~**cić czas/okazję** to waste time/an opportunity; ~**cić ciężko zarobione pieniądze** to fritter away hard-earned money; ~**cić pieniądze na jakiejś transakcji** to lose money in a transaction ⇒ **stracić** ③ (zabijać) to execute; **skazańców ~cono przez powieszenie** the condemned were executed by hanging ⇒ **stracić** ④ (zrzucać) ~**cić liście** to shed leaves; **rośliny ~cące liście na zimę** deciduous plants
■ ~**cić głowę** to lose one's head; ~**cić oczy** to lose one's sight; ~**cić wątek** to lose the thread; ~**cić panowanie** to snap, to lose one's temper; ~**cić grunt pod nogami** to lose one's footing, to get out of one's depth; ~**cić miarę** to know no measure (**w czymś** in sth); ~**cić ducha** to lose one's spirit; ~**cić na wartości** to depreciate, to lose value; ~**cić kogoś/coś z oczu** to lose sight of sb/sth; ~**cić głowę dla kogoś** to fall head over heels in love with sb

tradycj|a *f (Gpl ~i)* ① (zasady postępowania) tradition; **zgodnie z ~ą** in keeping with tradition; **pielęgnować ~e** to safeguard tradition; **wyrastać z ~i** to come a. originate from (a) tradition; **zerwać z ~ą** to break with tradition; **rodzina/firma/szkoła z ~ami** a family/company/school with tradition ② Relig. tradition

tradycjonali|sta *m*, ~**stka** *f* traditionalist

tradycjonalistyczn|y *adi. [zasady, poglądy]* traditionalist, traditionalistic

tradycjonalizm *m sgt (G ~u)* traditionalism

tradycyjnie *adv.* ① (zgodnie z tradycją) *[świętować, obchodzić]* traditionally ② (jak zwykle) as usual; **w piątek ~ kancelaria jest nieczynna** the office is closed as usual on Friday ③ (według przyjętych wzorów) *[myśleć, zachowywać się]* traditionally; *[wyreżyserować, ubierać się]* conservatively

tradycyjnoś|ć *f sgt* traditionalism

tradycyjn|y *adi.* ① (dotyczący tradycji) *[wartości, potrawy]* traditional ② (niewnoszący nic

nowego) *[styl, sposób, metoda, forma, ubiór]* traditional, conservative

traf *m sgt (G ~u)* stroke of luck; **szczęśliwy** ~ a fluke; **szczęśliwym ~em** as luck would have it; **dziwnym ~em** by a strange twist of fate, oddly enough
■ **trzeba ~u** *pot.* as luck would have it

trafiać *impf* → **trafić**

traf|ić *pf* — **traf|iać** *impf* ① *vi* ① (nie chybić) to hit *vt*; ~**ić do celu** to hit the target; **pocisk** ~**ił w dom** the shell hit the house; ~**ić w dziesiątkę** to hit the bull's eye; ~**iłeś w dziesiątkę!** you were absolutely spot on! *pot.* ② (znaleźć drogę) to find one's way; **nie** ~**ić do domu** to not find one's way home ⇒ (dostać się) to land; ~**ić do szpitala/do więzienia/do domu poprawczego** to land in hospital/prison/a juvenile detention centre; ~**ić za kratki** to end up in jail; **nie mogę** ~**ić w rękawy** I can't get my arms into the sleeves ④ (zastać coś) to happen, to chance (**na coś** upon sth); ~**ił na awanturę** he walked in on an argument *pot.*; ~**ił akurat na obiad** he came just in time for dinner ⑤ (natknąć się) to encounter *vt*, to come across; ~**ić na niespodziewany opór** to encounter unexpected resistance; ~**ić na znajomego** to come across a friend ② **trafić się** — **trafiać się** ① (zdarzyć się) to come up; ~**ia się dobry kupiec** a good buyer has come up ② (wystąpić) to occur, to be seen occasionally; **w tych lasach** ~**iają się dziki** you can come across wild boar in these forests; ~**ia się okazja!** opportunity knocks; **tacy ludzie/takie okazje** ~**iają się bardzo rzadko** such people/opportunities are few and far between
■ ~**ić dobrze** a. **szczęśliwie** (przybyć do właściwego miejsca) to find the right place; (spotkać właściwą osobę) to go to the right person; (ożenić się/wyjść za mąż dobrze) to make a good match; **dobrze pan** ~**ił, tylko ja umiem pomóc w tej sprawie** you've got the right person, only I can help in this matter; ~**ić w czuły punkt** to touch a raw nerve; ~**iać komuś do gustu** to appeal to sb's taste; ~**iać komuś do przekonania** to convince sb; **to mi nie** ~**ia do przekonania** that doesn't cut any ice with me; ~**iła kosa na kamień** *przysł.* ≈ to have met one's match

trafie|nie ② *sv* → **trafić**
② *n* ① (celny strzał) (direct) hit; (w boksie) blow, punch ② (w grze liczbowej) lucky number, correct number; **miał sześć** ~**ń** he had six successful hits

trafi|ony ② *pp* → **trafić**
② *adi. pot. [pomysł, zakup]* excellent, spot-on

trafnie *adv. grad.* ① *[ocenić, scharakteryzować]* accurately; *[ująć]* aptly; *[określić]* precisely ② *przest. [rzucić, strzelić]* accurately

trafnoś|ć *f sgt* ① (dosięgnięcie celu) accuracy ② (słuszność) accuracy, pertinence

trafn|y *adi. grad.* ① (celny) *[strzał, uderzenie, rzut]* accurate, well-aimed; ~**ym ciosem powalił przeciwnika** the well-aimed blow felled his opponent ② (właściwy) *[diagnoza, prognoza]* accurate; *[nazwa, wybór]* appropriate; *[słowo, wybór]* right, correct; *[uwaga]* pertinent, apt

tragarz *(Gpl ~y)* ① (robotnik) carrier ② (bagażowy) porter

tragedi|a *f (GDGpl ~i)* ① Literat., Teatr (utwór dramatyczny) tragedy ② (nieszczęście) tragedy, disaster, catastrophe; **to prawdziwa ~a, że...** it's a tragedy that...
■ **robić ~ę (z czegoś)** to make a drama out of sth, to make a big thing (out) of sth

tragicz|ka *f* Teatr tragic actress, tragedienne

tragicznie *adv. grad.* ① (w sposób tragiczny) *[umrzeć, skończyć się]* tragically, in tragedy; **ich miłość zakończyła się** ~ their love ended tragically; **sytuacja rozwijała się** ~ **dla nas wszystkich** the situation has taken a tragic turn for all of us; **zginęła** ~ **w wypadku samochodowym** she died tragically in a car accident ② *pot., pejor.* (źle) *[wyglądać, ubierać się, czesać się]* terribly

tragicznoś|ć *f sgt książk.* ~**ć sytuacji w Kosowie** the drama of the situation in Kosovo

tragiczn|y ① *adi. grad.* ① *[zdarzenie, wiadomość, wypadek]* tragic; **miała** ~**e życie** she had a wretched life ② *pot., pejor.* *[warunki, wygląd, fryzura, strój]* terrible, awful, pathetic; **przedstawienie było na** ~**ym poziomie** the show was abysmal *pot.* ② *adi.* Teatr *[bohater, rola, aktor]* tragic, tragical

tragifars|a *f* ① Literat., Teatr (utwór dramatyczny) tragi-farce, tragicomedy ② (sytuacja) tragifarce a. tragicomedy, black comedy

tragifarsow|y *adi.* ① Teatr *[rola, wątek, treść]* tragico-farcical, tragicomic ② *[wydarzenie, sytuacja, zachowanie]* tragico-farcical, tragicomic

tragi|k *m* ① Literat., Teatr (tragediopisarz) tragedian, tragic dramatist ② Teatr (aktor) tragic actor, tragedian

tragikomedi|a *f (GDGpl ~i)* ① Kino, Teatr (utwór) tragicomedy, black comedy ② (sytuacja) tragicomedy

tragikomiczn|y *adi.* ① Teatr *[rola, wątek]* tragicomic, tragicomical ② *[wydarzenie, sytuacja, przygoda]* tragicomic, tragicomical

tragizm *m sgt (G ~u)* ① Literat. tragedy, tragic nature ② *książk.* tragedy; ~ **sytuacji polega na tym, że...** the tragic thing is...

tragiz|ować *impf vi* **jeżeli przegram, nie będę ~ował** if I lose, I won't make a big thing out of it

trajektori|a *f (GDGpl ~i)* Fiz. (pocisku, satelity) trajectory, path; ~**a lotu** the line of flight; **cząstka porusza się po ~i eliptycznej** the particle moves along a. follows an elliptical path a. trajectory

trajko|t *m (G ~tu)* ① *pot.* (paplanina) chatter, jabber ② (terkot) *[karabinu, silnika]* rattle

trajko|tać *impf (~czę* a. *~cę* a. *~tam, ~czesz* a. *~cesz* a. *~tasz) vi* ① *pot.* (paplać) to chatter (away), to jabber; ~**tać bez końca o czymś** to chatter endlessly about sth, to twitter on a. about sth; ~**tała jak najęta** she chattered (away) a mile a minute a. like a magpie; ~**tały ze sobą przez całą drogę** they chattered to each other the whole way ② (terkotać) *[karabin, maszyna]* to rattle

trajl|ować *impf vi pot.* ① (paplać) to yatter *pot.*, to natter GB *pot.*; ~**ować przez telefon** to babble a. jabber over the phone ② (zmyślać) to make things up, to tell tall stories; **nie wiem, czy mówił prawdę,**

czy tylko ~ował... I don't know if he was telling the truth or just making it up...

trakcj|a *f (Gpl ~i)* [1] Techn. (napęd) traction; **~a elektryczna/parowa** electric/steam traction [2] Kolej. (trasa) route; **~a kolejowa/tramwajowa** a railway/tramway GB a. streetcar US system [3] Kolej., Techn. (urządzenia) traction equipment [4] *sgt* Techn., Kolej. (dział kolejnictwa i techniki) traction technology

trakcyjn|y *adi.* Techn. *[linie, słupy, silnik]* traction *attr.*

trak|t *m (G ~tu)* [1] książk. (szlak komunikacyjny) route; (droga) road; **~t bity** a hard a. metalled road; **~t główny** a high road; **~t handlowy** a trade route; **~t pieszy** a pedestrian walkway a. route a. path; **~t wodny** a waterway; **Trakt Królewski w Warszawie** the Royal Route in Warsaw [2] Budow. (część budynku) section [3] przest. (tok) course

■ **w ~cie czegoś** in the course of sth, during sth; **dom jest w ~cie budowy** the house is under construction a. in the process of being built; **jestem w ~cie przeprowadzki** I'm in the process a. in the middle of moving (house); **w ~cie rozmowy powiedział, że...** in the course of the conversation a. as the conversation went on, he said that...

traktacik *m dem. (G ~u)* (short) treatise

trakta|t *m (G ~tu)* [1] Polit., Prawo (umowa) treaty; **~t między Polską a Niemcami** a treaty between Poland and Germany; **~t handlowy/pokojowy** a commercial/peace treaty; **~t międzynarodowy** an international treaty; **~t o przyjaźni** a treaty of friendship, a friendship treaty; **odnowić/podpisać ~t** to renew/sign a treaty; **zawrzeć ~t (z kimś)** to conclude a. make a. enter into a treaty (with sb); **zerwać ~t** to break a treaty; **na mocy ~tu z Maastricht** under (the terms of) the Maastricht Treaty [2] Nauk. (dzieło naukowe, rozprawa) treatise; **~t filozoficzny/historyczny/teologiczny** a philosophical/historical/theological treatise; **~t poetycki** a poetic treatise, a treatise on poetry; **napisać ~t o malarstwie** to write a treatise on painting

❏ **~t wersalski** Hist. the Treaty of Versailles

traktatowo *adv.* Polit. **~ zobowiązany do czegoś** bound by treaty to do sth; **uregulować coś ~** to regulate a. settle sth by treaty

traktatow|y *adi.* Polit. *[warunki, postanowienia]* treaty *attr.*; **rozmowy ~e** treaty negotiations

trakto|r *m* [1] (pojazd) tractor [2] pot. (but) bovver boot GB pot., beetle-crusher GB pot., stogie US pot.; (podeszwa) *thick grooved sole* [3] Komput., Techn. (podajnik papieru) paper tractor

traktor|ek *m dem.* [1] Transp. (pojazd) (small) tractor [2] (zabawka) toy tractor

traktorow|y *adi. [przyczepa, siewnik]* tractor *attr.*

traktorzy|sta *m*, **~stka** *f* tractor driver

trakt|ować *impf* [I] *vt* [1] (odnosić się) to treat; **~ować kogoś dobrze/źle** to treat sb well/badly; **~ować wszystkich równo** to treat everyone equally a. the same a. on an equal footing; **on niczego nie ~uje**

poważnie he doesn't take anything seriously, he treats everything as a joke; **~ować kogoś jak idiotę/wariata** to treat sb like an idiot/a madman; **~ują mnie jak członka rodziny** they treat me as if I were one of the family; **nie ~uj mnie jak dziecko/służącą** don't treat me like a child/skivvy GB pot.; **nie pozwolę się tak ~ować** I'm not going a. I refuse to be treated like that; **tak się nie ~uje klienta!** that's no way to treat a customer!; **~uję to jako komplement** I consider it a compliment; **złe/nierówne ~owanie więźniów** ill-treatment/unequal a. differential treatment of prisoners; **niczym nie zasłużył sobie na takie ~owanie** he had done nothing to deserve such treatment ⇒ **potraktować** [2] (działać) to treat; **~ować roztwór kwasem** to treat a solution with acid; **lekarze ~ują go antybiotykami** doctors are treating him with a. giving him antibiotics; **rośliny ~owane pestycydami** plants treated with pesticides [3] przest. (częstować) to treat; **~ować kogoś kolacją** to treat sb to dinner ⇒ **potraktować**

[II] *vi* książk. (omawiać) to discuss; **książki ~ujące o filozofii/astrologii** books treating of a. dealing with philosophy/astrology; **o czym ~uje ten artykuł?** what is this article about?

[III] **traktować się** [1] (wzajemnie) to treat each other; **~owali się życzliwie/przyjaźnie** they treated each other kindly/in a friendly way [2] przest. to treat each other (czymś to sth) *[obiadem, kawą]*

■ **~ować kogoś/coś po macoszemu** to treat sb/sth like a poor cousin, to pay little attention to sb/sth; **kultura jest ~owana trochę po macoszemu** culture is somewhat neglected; **~ować temat po macoszemu** to treat a subject sketchily, to skim over a subject; **~ować kogoś jak powietrze** to ignore sb, to cut sb dead; **~ować kogoś z góry** to look down on sb; **~ować życie lekko** to make light of things

tra|ł *m (G ~łu)* [1] Ryboł. trawl (net) [2] Wojsk. (czołgowy) mine plough; (okrętowy) sweep, minesweeping gear

trałow|iec *m* Wojsk., Żegl. minesweeper, minehunter GB

tramp [I] *m (Npl ~owie)* przest. wanderer, globetrotter

[II] *m* Transp., Żegl. tramp (steamer)

tramping *m (G ~u)* [1] Transp., Żegl. (żegluga nieregularna) tramp shipping; **~ oceaniczny** ocean tramping [2] (wędrówka turystyczna) tramping; **~ rowerowy** a cycling and camping tour

trampingow|y *adi. [wyjazd, przewodnik]* tramping

tramp|ek *m zw. pl (G ~ek a. ~ków)* gym shoe a. plimsoll, sneaker US

trampolin|a *f* [1] Sport (deska, z której skacze się do wody) springboard, diving board; **skoki z ~y** (konkurencja) springboard diving a. event; **skoczyć z ~y** (do wody) to jump off the springboard; (zanurkować) to dive off the springboard [2] Sport (odskocznia) springboard; **odbić się z ~y** to launch oneself off the springboard [3] Sport (batut) trampoline; **skoki na ~ie** trampolining, rebound

tumbling; **skakać na ~ie** to bounce (up and down) on the trampoline [4] Lotn. (wieża spadochronowa) parachute tower

trampow|y *adi.* Żegl. **flota/żegluga ~a** tramp fleet/shipping

tramwaj *m (G ~u)* Transp. tram(car) GB, streetcar US, trolley (car) US; **którym ~em tam dojadę?** which tram do I take to get there?; **~ numer „8"** the number 8 tram; **jechać ~em numer „8"** to ride the number 8 tram

❏ **~ wodny** river bus; **~ wodny** river passenger boat, canal boat

tramwajars|ki *adi. [umundurowanie, czapka, fach]* tram driver's

tramwajarz *m (Gpl ~y)* (motorniczy) tram driver GB, streetcar driver US, motorman US; (pracownik firmy) tramway GB a. streetcar US company employee

tramwajow|y *adi. [przystanek, pętla, zajezdnia, komunikacja]* tram *attr.*, streetcar *attr.* US; **linia ~a** a tramline GB, a streetcar a. trolley line US; **komunikacja ~a** a tram service

tran *m sgt (G ~u)* (wielorybi) train oil, whale oil; (rybi) fish oil; (z foki) seal oil; **~ leczniczy** cod liver oil; **~ w tabletkach** cod-liver oil capsules

trans [I] *m (G ~u)* Psych. [1] (letarg) trance; **~ hipnotyczny/narkotyczny** a hypnotic/narcotic trance; **być w ~ie** to be in a trance; **wpaść w ~** to go a. fall into a trance; **mówił jak w ~ie** he spoke as if a. like a man in a trance; **żyłem jak w ~ie** I lived as if in a trance, I lived in a trance-like state [2] (stan uniesienia) (ecstatic) trance, exaltation; **poetycki ~** a poetic trance; **czułem się jak w ~ie** I felt exalted; **muzyka wprowadziła ich w ~** the music put a. sent them into a trance; **nic go nie wyrwie z ~u** nothing will shake him out of his trance

[II] **trans-** *w wyrazach złożonych* trans-; **transalpejski** transalpine; **transsyberyjski** trans-Siberian

transakcj|a *f (Gpl ~i)* [1] Handl., Prawo (umowa handlowa) transaction, (business) deal; **duża/podejrzana ~a** a major/shady deal; **~a bankowa/finansowa/handlowa** a banking/financial/business a. commercial transaction; **~a gotówkowa/bezgotówkowa/kartą kredytową** a cash/cashless/credit card transaction; **~a pieniężna/walutowa** a monetary/foreign currency transaction; **~a kupna-sprzedaży** a purchase and sale transaction; **zawrzeć ~ę z kimś** to do a deal a. carry out a transaction with sb; **~a wiązana** Handl. a tie-in deal także przen.; **proponuję ~ę wiązaną: moje znaczki za twój rower** I'll make a deal with you a. let's make a trade: my stamps for your bike [2] Prawo (zawarcie umowy) transaction, deal; **dokonać ~i** to make a transaction; **sfinalizować ~ę** to close a. complete a deal; **~a nie doszła do skutku** the deal fell through [3] Handl. (handel) trade; **~e dewizowe** foreign exchange transactions; **~e terminowe** futures a. forward contracts; **przeprowadzać ~e giełdowe** to trade on the stock exchange

transatlantyc|ki *adi.* [1] *[handel, więzi, stosunki]* transatlantic; **rośliny ~kie** plants

T

that are found on both sides of the Atlantic [2] *[lot, rejs, kabel]* transatlantic

transatlantyk *m* (*G* ~**u**) Żegl. transatlantic liner

transfe|r *m* (*G* ~**ru**) [1] Ekon. *[kapitału, technologii, wiedzy]* transfer; **dokonać ~ru pieniędzy z konta na konto** to transfer money from one account to another [2] Prawo *[praw, własności]* transfer, conveyance [3] Psych. transfer [4] Sport transfer; **~r do innego klubu** a transfer to another club [5] Komput. (przesyłanie danych, plików) transfer

transferow|y *adi.* [1] Ekon. *[kwota, rubel]* transfer *attr.* [2] Sport *[przepisy, sezon]* transfer *attr.*; **umieścić kogoś/znaleźć się na liście ~ej** to put sb/to be placed on the transfer list

transformacj|a *f* (*Gpl* ~**i**) [1] książk. (przeobrażenie) transformation; **~a gospodarcza/systemowa** an economic/a systemic transformation; **dokonać/ulec ~i** to carry out/to undergo a transformation; **przechodzić ~ę** to undergo a transformation [2] Mat. (odwzorowanie) transformation; **~a liniowa** linear transformation a. mapping [3] Elektr. (zmiana napięcia prądu) transformation [4] Jęz. transformation

transformacyjn|y *adi.* [1] *[procesy]* transformation *attr.*, transformational [2] Mat. *[macierz, wzory]* transformation *attr.* [3] Jęz. *[mechanizmy]* transformation *attr.*, transformational; **gramatyka ~a** transformational grammar

transformato|r *m* transformer; **~r mocy/sieciowy/wysokiego napięcia** a power/mains/high-voltage transformer; **~r podwyższający/obniżający napięcie** a step-up/step-down transformer

transformator|ek *m dem.* transformer

transformatorow|y *adi. [blacha, olej, spawarka]* transformer *attr.*

transform|ować *impf vt* książk. to transform, to change *[kraj, rzeczywistość]*; **gospodarka wciąż jest ~owana** the economy is constantly changing

transfuzj|a *f* (*Gpl* ~**i**) Med. transfusion; **zrobić komuś ~ę** to give sb a transfusion; **zaraził się wirusem HIV podczas ~i krwi** he became infected with HIV through a blood transfusion

transkryb|ować *impf vt* to transcribe *[tekst, utwór muzyczny]*

transkrypcj|a *f* (*Gpl* ~**i**) [1] Jęz. (system pisowni) transcription; **~a fonetyczna** a phonetic transcription; **nazwiska obce są zapisane w ~i fonetycznej** foreign names are written phonetically; **zasady ~i** the rules of transcription [2] Muz. transcription; **~a orkiestrowa/na fortepian** an orchestral transcription/transcription a. arrangement for piano; **dokonać organowej ~i marszu weselnego** to transcribe a wedding march for organ [3] przest. transcript, copy

translato|r [I] *m pers.* (*Npl* ~**rzy**) książk. translator

[II] *m inanim.* Komput. translator

translators|ki *adi. [ćwiczenia, usługi, konkurs]* translation *attr.*; **błędy ~kie** translation errors, mistranslations; **nad książką trwają obecnie prace ~kie** the book is in the process of being translated

transmisj|a *f* (*Gpl* ~**i**) [1] (nadawanie) transmission *U*, broadcasting *U*; (program) broadcast, transmission; **oglądać ~ę meczu na żywo** to watch live coverage a. a live broadcast of a match; **przeprowadzić bezpośrednią ~ę z koncertu** to broadcast a concert live; **przerywamy ~ę, by nadać ważny komunikat** we interrupt our broadcast to bring you an important announcement [2] (przesyłanie sygnałów) transmission; **~a danych** data transmission [3] Techn. (przesyłanie energii) transmission; (urządzenie) line shafting

❑ **~a radiowa** radio broadcast; **~a telewizyjna** television broadcast, telecast

transmisyjn|y *adi.* [1] *[linia, urządzenie]* transmission *attr.*, transmitting *attr.*; **wóz ~y** mobile unit a. outside broadcast van [2] Komput. transmission *attr.* [3] Techn. **łańcuch ~y** a transmission chain

transmit|ować *impf vt* to broadcast, to transmit *[mecz, koncert]*; to broadcast, to screen *[program telewizyjny]*; to transmit, to beam *[sygnał]*; **~ować coś przez radio/satelitę** to broadcast sth on the radio/by a. via satellite; **~ować coś przez telewizję** to transmit sth by a. broadcast sth on television; **jego przemówienie będzie ~owane w całości/na cały świat** his address will be broadcast in its entirety/broadcast a. beamed all over the world

transparen|t *m* (*G* ~**tu**) [1] (na manifestacji) banner, placard; **~t z hasłem/napisem „Precz z reżimem"** a banner a. placard bearing the slogan/reading: 'Down with the regime'; **protestujący nieśli ~ty przeciwko wojnie** the protesters carried banners against a. placards protesting (against) the war; **rozwinąć/zwinąć/wywiesić ~t** to unfurl/to furl a. fold up/to hang out a banner [2] (reklama) (advertising) banner; **świetlne ~ty reklamowe** light a. backlit banners

transparentow|y *adi.* [1] *[drążek, kijek, hasła]* banner *attr.* [2] *[materiał, papier]* transparency *attr.*; **reklama ~a** an advertising banner

transplantacj|a *f* (*Gpl* ~**i**) [1] Med. (narządu) transplant, transplantation; (tkanki) transplant, graft; **~a skóry/szpiku kostnego** a skin graft/a bone marrow transplant; **dokonać ~i serca** to perform a heart transplant; **pobierać organy do ~i** to harvest organs for transplant(ation) [2] Ogr. grafting

transplantacyjn|y *adi.* Med. *[chirurgia, operacja, ośrodek]* transplant *attr.*; **zabieg ~y** a transplant a. transplantation procedure

transplant|ować *impf vt* [1] Med. (przeszczepiać) to transplant *[organ, zarodek]*; to graft *[tkankę]*; **~owano mu nerkę** he had a. underwent a kidney transplant [2] Ogr. (szczepić) to graft; **~ować nowe odmiany na starych jabłoniach** to graft new varieties onto old apple trees

transpon|ować *impf vt* [1] książk. (przenosić z jednej dziedziny do innej) to transpose; **~ować książkę na film** to adapt a book for the screen [2] Muz. (przenosić z jednej tonacji do innej) to transpose; **~ować na inną tonację/o**

oktawę w dół to transpose to another key/down an octave a. an octave lower

transpor|t *m* (*G* ~**tu**) [1] Transp. (przewóz) transport GB, transportation US; carriage książk.; **~t drogowy** road transport; **~t kolejowy/samochodowy** rail/motor transport; **~t lądowy/lotniczy/morski/rzeczny/wodny** land/air/sea/river/water transport; **~t pasażerski/towarowy** passenger/goods transport; **~t publiczny/zbiorowy** public/mass transport; **~t sanitarny** patient transport (service); **środki ~tu** means of transport; **jego jedynym środkiem ~tu jest rower** his only (means of) transport is a bike; **koszty ~tu** (lądowego) transport costs a. charges, carriage; (wodnego) freight (costs); **podczas ~tu** during carriage, in transit [2] Transp. (środki lokomocji) transport; **~t kontenerowy** container transport; **baza ~tu samochodowego** a motor transport depot; **towar dostarczamy własnym ~tem** we deliver goods using our own transport [3] Admin. (dział gospodarki) transport; **Minister Transportu** Transport Minister a. Secretary; **Ministerstwo Transportu** Ministry a. Department of Transport GB, Department of Transportation US [4] Transp. (przewożony towar) consignment, shipment; (przewożone wojsko) transport, load; (przewożeni więźniowie) transport; **~ty do pracy przymusowej w Niemczech** Hist. forced labour transports to Germany; **~ty z pomocą humanitarną** humanitarian aid transports; **policja przechwyciła duży ~t narkotyków** the police intercepted a large consignment a. shipment of drugs; **zorganizować ~t węgla** to arrange (for) the transport of coal [5] Fiz. (jonów, energii) transport [6] Geol. transportation; **~t eoliczny** wind a. aeolian transport

❑ **~t pneumatyczny** Mech. pneumatic conveying a. transport; **~t wewnętrzny** Transp. works transport

transporte|r *m* [1] Techn. (przenośnik) conveyor; **~r kubełkowy/do węgla** a bucket/coal conveyor; **~r taśmowy** a conveyor belt, a belt conveyor [2] Techn., Wojsk. (wóz bojowy) personnel carrier; **~r opancerzony** armoured personnel carrier; **~r gąsienicowy/kołowy/pływający** a tracked/a wheeled/an amphibious armoured personnel carrier

transport|ować *impf vt* [1] (dostarczać) to transport *[towar, osoby]*; to move *[chorych]*; **~ować węgiel koleją** to transport a. to carry coal by rail; **rurociąg ~ujący ropę do rafinerii** a pipeline transporting a. carrying oil to the refinery [2] (konwojować) to transport *[więźniów]*

transportow|iec [I] *m pers.* Transp. transport worker; **Związek Zawodowy Transportowców** The Professional Carriers Union

[II] *m inanim.* [1] (statek) cargo ship; Wojsk. transport ship, troop ship [2] (samolot) cargo a. freight plane, air freighter; Wojsk. transport plane

transportow|y *adi.* transport *attr.*; **baza ~a** a transport base; **firma ~a** a shipping company; **przedsiębiorstwo ~e** a forwarding company; **statek ~y** (towarowy) a cargo ship; (wojskowy) a transport ship;

pracować w branży ~ej to work in transport

transpozycj|a f (*Gpl* ~**i**) [1] książk. (przeróbka) transposition, adaptation; **~a opowiadania na sztukę** adaptation of a short story for the stage [2] Muz. transposition; **~a do tonacji A-dur** transposition to A major [3] Jęz. ≈ conversion

transpozycyjn|y *adi.* [1] Muz. *[znaki]* transpositive; **znaki ~e** transposition signs [2] Jęz. **derywat ~y** ≈ a converse; **derywacja ~a** ≈ conversion

transseksuali|sta m, **~stka** f transsexual

transseksualizm m sgt (G ~**u**) transsexualism

transseksualn|y *adi. [cechy, zachowania]* transsexual

transwesty|ta m, **~tka** f transvestite

transwestytyzm m sgt (G ~**u**) Med., Psych. transvestism, transvestitism

transze|ja f (*Gpl* ~**i**) Wojsk. trench

tranzysto|r m [1] Elektr. (przyrząd półprzewodnikowy) transistor [2] przest., pot., Radio (radio) transistor (radio); **słuchać muzyki z ~ra** to listen to music on a transistor radio

tranzystor|ek m dem. transistor radio

tranzystorow|y *adi.* [1] Elektr. *[wzmacniacz, technika]* transistor attr. [2] Radio *[radio]* transistor attr., transistorized

tranzy|t m sgt (G ~**tu**) Polit., Prawo, Transp. transit; **~t lądowy/morski** land/sea transit; **~t broni** arms transit; **podróżować ~tem do Rosji** to travel through Russia; **przewozić ~tem** to convey goods; **jechać ~tem z Polski do Włoch** to be in transit from Poland to Italy; **przejeżdżać ~tem przez Warszawę** to go via a. transit Warsaw

tranzytow|y *adi.* Polit., Prawo, Transp. *[handel, port, trasa]* transit attr.; *[pasażer]* transfer attr.; **cło ~e** duty on goods in transit; **hala ~a** a transit a. transfer lounge; **wiza ~a** a transit visa

trap m (G ~**u**) [1] Żegl. (schodki z łodzi lub nabrzeża) gangway, accommodation ladder; **spuścić/podnieść ~** to put down a. lower/ to raise the gangway; **wejść po ~ie na pokład** to walk along the gangway a. gangplank to the deck [2] Żegl. (schodki z pokładu na pokład) companionway, companion ladder [3] Sport trap shooting [4] Teatr (zapadnia) trapdoor, trap

trape|r m (fur) trapper (*in North America*)

trapers|ki *adi. [chata, szlak, życie]* trapper's

trapez m (G ~**u**) [1] Mat. (czworokąt) trapezium GB, trapezoid US; **~ równoramienny** an isosceles trapezium [2] Moda (krój) flare; **sukienka/spódnica o linii ~u** an A-line dress/skirt [3] Sport (drążek na linach) trapeze; **występować na ~ie** to perform on the trapeze

❑ **~ prostokątny** Mat. right-angled trapezium

trap|ić impf [II] vt książk. to trouble, to bother; **co cię ~i?** what's bothering a. eating pot. you?; **~iły go wyrzuty sumienia/wątpliwości** he was plagued by a guilty conscience/beset with doubts; **przez całe życie ~iły go choroby** he's been plagued by illness his whole life; **kraj ~iły wojny** the country was beset by war;

zagadka ~iąca naukowców od wielu lat a puzzle that has been plaguing scientists for years

[III] **trapić się** to worry (oneself) (**czymś** a. **o coś** about sth); **~iła się chorobą dziecka** she worried about a. over her child's illness; **nie ~ się tym tak bardzo!** don't fret about it so much!

trapi|sta m Relig. Trappist (monk)

trapist|ka f Relig. Trappist (nun)

tras|a f [1] Transp. (szlak komunikacyjny) route; **~a dojazdowa** an access a. approach route; **~a lotnicza** an air route, an airway; **~a autobusu/tramwaju** a bus/tram route; **~a szybkiego ruchu** ≈ an A road; **autobus zepsuł się w ~ie** the bus broke down en route; **mieszkam przy ~ie autobusu linii pięć** I live near a. on the number five bus route; **na ~ie Warszawa-Kraków** a. **z Warszawy do Krakowa** on the way from Warsaw to Cracow; **na ~ie kursuje autobus** a bus operates (on) the route [2] (droga do przebycia) route; (marszruta) itinerary; **malownicza ~a** a scenic route; **ruchliwa/bardzo uczęszczana/ mniej uczęszczana ~a** a busy/well-travelled/less frequented route; **~a koncertowa** a (concert) tour; **wyruszyć w ~ę koncertową po Europie** to go on a concert tour of Europe; **~a pielgrzymki/ podróży** a pilgrimage/travel route; **~a spacerowa** a walk; **~a turystyczna** a tourist route; **pojechać inną ~ą** to take another route, to go by a different route; **pojechać najkrótszą ~ą** to take the shortest route; **pojechać okrężną ~ą** to take a roundabout a. an indirect route; **tłumy ustawiły się wzdłuż ~y** crowds lined the route a. track; **ustalić ~ę** to plan a. map out a route [3] Sport (wyścigu kolarskiego) route; (slalomu) course; **~a narciarska** a ski run; **biegacze ruszyli na ~ę** the runners set off; **~a maratonu biegnie przez miasto/naokoło jeziora/od A do B** the marathon route passes through the city/ goes around the lake/goes from A to B; **narciarze mogą poruszać się tylko po wyznaczonych ~ach** skiers are restricted to designated routes [4] (linia w terenie lub na mapie) route; **~a rurociągu** a pipeline route; **wytyczyć ~ę** to mark out a route

trasz|ka f Zool. newt

❑ **~ka górska** triton

trat|ować impf [II] vt to trample *[trawnik, uprawy]*; **konie ~owały wszystko na swojej drodze** the horses were trampling everything in their path ⇒ **stratować**

[III] **tratować się** to trample on a. over each other; **ludzie ~owali się (nawzajem) w panice/przy wychodzeniu** people crushed each other in the panic/on their way out

trat|wa f (*Gpl* ~**w** a. ~**ew**) [1] Żegl. (platforma do poruszania się po wodzie) raft; **spływ ~wami w dół rzeki** rafting down the river a. downstream; **zbudować ~wę z beczek** to make a. build a raft out of barrels [2] (powiązane kłody drzew do spławu) (log a. timber) raft; **spławiać ~wami drewno w dół rzeki** to raft wood a. to float rafts of logs down the river

❑ **~wa ratunkowa** Żegl. (z korka, drewna lub

metalowych pływaków) life raft; (pneumatyczna) inflatable life raft

traw|a f [1] (gąszcz długich listków) grass U; **gęsta/bujna/soczysta ~a** thick/lush/succulent grass; **skoszona ~a** cut grass, grass cuttings; **świeżo skoszona ~a** freshly cut a. new-mown grass; **garść ~y** a handful of grass; **źdźbło ~y** a blade of grass; **kosić ~ę** to cut a. mow the grass; **obsiać ogród ~ą** to grass a garden (over); **obsiać pole ~ą** to plant a. sow a field with grass; **leżeć/ położyć się/wyciągnąć się na ~ie** to lie/ to lie down/to stretch (oneself) out on the grass; **strzyc ~ę** to mow the grass; **tarzać się w ~ie** to roll around in the grass; **jedzenie smakowało jak ~a** the food had no taste at all [2] Bot. grass; **~y niskie/wysokie/kępkowe** short/tall/tussock grasses; **~y jednoroczne/wieloletnie** annual/ perennial grasses; **~y łąkowe/pastewne/ pastwiskowe** meadow/forage a. fodder/ pasture grasses [3] sgt pot. (marihuana) grass pot., weed pot.

❑ **~a kwaśna** zw. pl Bot. acidic grass; **~a morska** Bot. eelgrass, seagrass; **~a słodka** zw. pl Bot. sweetgrass

■ **mowa-trawa** pot. claptrap pot.; **wiedzieć, co w ~ie piszczy** pot. to be (always) in the know, to know what's what; **zobaczyć/ dowiedzieć się, co w ~ie piszczy** to see how the land lies

trawers m (G ~**u**) [1] Techn. (urządzenie w postaci grobli) weir [2] Techn. (człon łączący) connecting link [3] Budow. (poprzeczna belka) crossbar, cross-beam [4] Lotn. (typ lotu) yaw [5] spec., Żegl. beam (*sideways direction from a ship*); **na ~ie** abeam [6] Sport (szlak wysokogórski) traverse; (czynność) traverse, traversing; **pokonywać stok ~em** to traverse a slope

trawers|ować impf vi [1] Lotn., Żegl. to traverse [2] Sport to traverse *[zbocze, grań]*

trawestacj|a f (*Gpl* ~**i**) [1] Literat. (przeróbka utworu literackiego) travesty [2] książk. (dostosowanie wypowiedzi do sytuacji) paraphrase, adaptation; **~a znanego przysłowia** a paraphrase of the well-known proverb

trawest|ować impf vt [1] książk. (przerabiać wypowiedź) to misquote, to twist *[wypowiedź, zdanie]* ⇒ **strawestować** [2] Literat. (przerabiać utwór literacki) to travesty *[utwór, wiersz]* ⇒ **strawestować**

trawia|sty *adi.* [1] *[stok, pastwisko]* grassy, grass; *[równina]* grassy, grass-covered; **kort ~sty** a grass court [2] *[kolor, sukienka]* grass green, grassy green [3] Bot. *[rośliny]* graminaceous, gramineous

traw|ić impf vt [1] (wchłaniać) to digest *[pokarm]*; **~ić dobrze/źle** to have good/ poor digestion; **mleko kozie jest lepiej ~ione niż krowie** goat's milk is more easily a. readily digested than cow's milk; **czerwone wino dobrze wpływa a. robi na ~ienie** red wine is good for the digestion; **miał kłopoty a. problemy z ~ieniem mleka** he had difficulty a. trouble digesting milk; **większość przypraw ułatwia a. wspomaga/poprawia ~ienie** most spices aid/improve digestion; **zimne napoje mogą zakłócać/osłabiać ~ienie** cold drinks may interfere with/ impair digestion; **zioła regulujące ~ienie**

digestive herbs [2] Biol., Chem. (rozkładać) *[soki, enzymy]* to digest *[białko, skrobię]*; **enzymy ~iące tłuszcze** fat-digesting enzymes [3] (niszczyć) *[płomienie]* to consume *[budynek, las]* [4] przen. (o uczuciu, zjawisku) *[choroba]* to consume *[osobę]*; **~iła ją ciekawość/zazdrość** she was burning with curiosity/ consumed by jealousy; **dziecko ~iła gorączka** the child was burning up with fever; **~iony ambicją/niepokojem/wątpliwościami** consumed by ambition/anxiety/doubts; **kraj ~iony korupcją** a country undermined by corruption [5] (zużywać) to spend, to waste pejor. *[czas]*; **~ić długie godziny na nauce** to spend a. put in long hours studying; **~iły czas na plotkach** they wasted (their) time gossiping a. on gossip [6] Chem., Techn. (wytrawiać) to pickle, to etch *[metal]*; to etch *[kliszę drukarską, płytkę drukowaną, szkło]*; **~ienie kwasem** acid etching, etching with acid; **rdza ~i żelazo** rust eats away at a. corrodes iron

■ **nie ~ić czegoś** to have no liking for sth; **nie ~ię nowoczesnej muzyki** I can't stand contemporary music

trawienn|y *adi. [procesy, narządy, soki]* digestive; *[wrzód]* peptic; **dolegliwości/ zaburzenia ~e** digestive ailments a. complaints/disorders

traw|ka *f* [1] *dem. zw. sg* (skupisko roślin) grass *U* [2] *dem.* (pojedyncza roślina) blade of grass; **ostra ~ka skaleczyła go w palec** he cut his finger on a sharp blade of grass [3] *sgt* pot., posp. (marihuana) grass pot., weed pot.; **palić ~kę** to smoke pot a. grass

❏ **psia ~ka** Bot. mat grass

■ **iść a. pójść na zieloną ~kę** pot. to be made redundant; **posłać kogoś na zieloną ~kę** pot. to put sb out to pasture pot. a. grass pot., przen.; **wyjechać na zieloną ~kę** pot. to get out of town

trawle|r /ˈtrawler/ *m* Ryboł., Żegl. trawler

❏ **~r przetwórnia** Ryboł., Żegl. factory trawler; **~r zamrażalnia** Ryboł., Żegl. freezer trawler

trawnicz|ek *m dem.* (small) lawn

trawnik *m* lawn; **zadbany/wypielęgnowany ~** a neat a. well-kept/well-manicured lawn; **zaniedbany ~** an unkempt lawn; **założyć ~** to lay a lawn; **kosić ~ przed domem** to mow a. cut one's front lawn; **trzeba przystrzyc ~** the lawn needs a trim; „**nie deptać ~ów**" 'keep off the grass'

trąb|a *f* [1] Muz. (instrument muzyczny) trumpet; **grać na ~ie** to play the trumpet; **zadąć w ~ę** to blow the trumpet [2] Biol. (część ciała zwierzęcia) trunk, proboscis; **słoń z podniesioną ~ą** an elephant with its trunk raised [3] pot., obraźl. (fajtłapa) bungler; (głupiec) ass, fool; **ale z ciebie ~a jerychońska!** you clod a. dumbo! pot. [4] Meteo. (wir powietrza) (atmospheric) vortex, whirlwind; **~a wodna** a waterspout; **~a pyłowa** a dust devil; **~a powietrzna** a whirlwind; **przez wieś przeszła ~a powietrzna** a whirlwind swept through the village

❏ **~y jerychońskie** Bibl., Relig. trumpets a. horns of Jericho

■ **pijany** a. **zalany w ~ę** pot., posp. rolling drunk; (absolutely) blind drunk; **zrobić kogoś w ~ę** to make a fool of sb

trąb|ić *impf* **I** *vt* [1] (grać na instrumencie) to play the trumpet; **~ić na alarm** to sound the alarm; **~ić pobudkę** to sound the reveille; **~iono na zakończenie polowania** a horn (was) sounded to herald the end of the hunt ⇒ **zatrąbić** [2] pot. (pić) to guzzle, to booze pot. *[piwo, wódkę]*; **~ili przez cały dzień** they were guzzling a. boozing a. tanking up all day; **~ić piwo jak smok** to down one's beer pint by pint

II *vi* [1] (o zwierzęciu) to trumpet ⇒ **zatrąbić** [2] (dawać sygnał dźwiękowy) to sound the horn, to hoot GB (the horn); **kierowca ~ił na rowerzystę** the driver beeped a. honked at the cyclist; „**zakaz ~ienia**" 'no honking' [3] pot. (rozgłaszać coś) to trumpet (**o czymś** sth) *[sprawie, wizycie]*; **wszystkie gazety ~iły o jej romansie** her affair was blazoned all over the papers; **w całym mieście już o tym ~ią** the news is all over the town, the whole town is ringing with the news; **~ić o czymś na cały świat** to shout sth from the rooftops, to tell sth to the whole world [4] pot. (głośno mówić) to chatter; to yawp US pot.; **~ić komuś do ucha** to shout in sb's ear; **~ić komuś nad uchem** to talk sb's ear off, to be bending sb's ear [5] pot. (głośno wydmuchiwać nos) to blow one's nose (loudly)

trąb|ka *f* [1] Muz. (instrument muzyczny) trumpet; **~ka wentylowa/z muszli/z tłumikiem** valve/conch/muted trumpet; **~ka C** trumpet in C; **grać/zagrać na ~ce** to play/to sound the trumpet; **zadąć w ~kę** to blow the trumpet, to blow a blast on the trumpet; **utwór na ~kę** a piece for the trumpet; **koncert na ~kę** a trumpet concerto [2] (przyrząd sygnalizacyjny) horn; **~ka myśliwska** a (hunting) horn; **~ka pocztowa** a. **pocztylliona** przest. a post horn; **~ka rowerowa** a bicycle a. bike horn; **~ka sygnałowa** Wojsk. bugle [3] przen. (rurka) tube; **zwinąć** a. **złożyć coś w ~kę** to roll sth into a tube; **liście zwinęły się w ~kę** the leaves curled up a. rolled up; **kwiaty w kształcie ~ki** trumpet-shaped flowers; **dłoń zwinięta w ~kę** a cupped hand; **przyłożyć do ucha dłoń zwiniętą w ~kę** to cup one's hand to one's ear [4] przest. (przyrząd do wzmacniania dźwięków) **~ka akustyczna** an ear trumpet [5] Biol. (ssawka) proboscis

❏ **~ka Eustachiusza** Eustachian tube

trącać *impf* → **trącić**[1]

trą|cić[1] *pf* — **trą|cać** *impf* **I** *vt* (lekko uderzyć) to knock, to jostle; (łokciem) to nudge; **~cił piłkę czubkiem buta** he nudged the ball with the tip of his shoe; **żona ~ciła go znacząco** his wife nudged him meaningfully; **~cić strunę** to strike a string

II trącić się — trącać się [1] (wzajemnie) to nudge one another [2] (wznosząc toast) **~cać się kieliszkami** to clink glasses

trą|cić[2] *impf vi* książk. [1] (pachnieć nieprzyjemnie) to smell (**czymś** of sth); **wino ~ciło pleśnią** the wine smelt of mould [2] przen. (mieć negatywne cechy) **~cić czymś** to smack of sth; **ta prawda ~ci banałem** this truth smacks of banality

trą|d *m sgt* (*G* **~du**) Med. leprosy, Hansen's disease

trądow|y *adi. [zniekształcenia, zmiany]* leprous

trądzik *m sgt* (*G* **~u**) Med. acne; **mieć ~** to have acne; **~ młodzieńczy** common acne; **~ różowaty** (acne) rosacea

trądzikow|y *adi. [skóra, cera, zmiany]* acne *attr.*

trefl **I** *m* (*A* **~a**) Gry [1] (kolor) clubs; **zagrać ~e** to play clubs [2] (karta) club

II *adi. inv. [as, dama, trójka]* of clubs

treflow|y *adi. [as, dama, trójka, lewa]* of clubs

trefni|ś *m* książk. jester, fool

trefn|y *adi.* [1] pot. (nielegalny) *[towar, ładunek, samochód, alkohol]* hot pot. [2] pot. (podejrzany) fishy pot., shady pot.; **dziennikarze mogliby zwęszyć coś ~ego** journalists might find something fishy [3] Relig. *[mięso, napój, potrawa, jedzenie]* trefa a. trifa, trayf US [4] przest. (zabawny) *[historyjka, żart]* humorous, comic

trel *m* [1] *zw. pl* (ptasi) trill, warble; **słowik rozpoczął ~e** the nightingale started trilling [2] żart. (śpiew, gra) warble; **z salonu dochodziły czyjeś ~e** someone's warbling voice could be heard from the sitting room

trele-morele, trele morele *plt inv.* pot. tittle-tattle *U* pot.; **opowiadać ~** to tittle-tattle; **~! nie wierzę ani jednemu twemu słowu** tell me another! I don't believe a word of it

trem|a *f* nerves, stage fright; **~a przed egzaminem** exam nerves; **mieć ~ę przed występem** to suffer from stage fright

trem|ować *impf* **I** *vt* książk. to make [sb] nervous; **spotkania z czytelnikami nieco mnie ~ują** encounters with my readers make me nervous ⇒ **stremować**

II tremować się to suffer from stage fright; **bardzo się ~ował przed występem** he suffered terribly from stage fright ⇒ **stremować się**

tren[1] *m* (*G* **~u**) Literat. threnody

❏ **Treny Jeremiasza** Bibl. Lamentations; **Treny Kochanowskiego** Literat. Kochanowski's Laments

tren[2] *m* (*G* **~u**) (część stroju) train; **suknia z ~em** a dress with a train

trencz *m* trench coat

tren|d *m* (*G* **~du**) [1] książk. trend, tendency; **nowe ~dy w sztuce** new trends in the arts a. art; **~dy w modzie** fashion trends [2] Stat. trend

trene|r **I** *m pers.* Sport coach, trainer; **~r piłkarski/siatkówki** a volleyball/football coach

II *m inanim.* Techn. trainer, simulator; **~r do nauki pilotażu** a flight simulator

trener|ka *f* [1] Sport coach, trainer [2] pot. (zawód) coaching, training

treners|ki *adi.* [1] Sport *[doświadczenie, obowiązki]* coaching *attr.*, training *attr.*; **praca ~ka** coaching [2] Techn. *[ćwiczenia]* training *attr.*; **urządzenie ~kie** a trainer, a simulator

trenerstw|o *n sgt* Sport coaching

trening *m* (*G* **~u**) [1] Sport training, practice; **~ kondycyjny** fitness training; **~ bokserski** boxing training; **robić ~ przed meczem** to train before a match [2] (ćwiczenie umiejętności) practice, exercises; **~ relaksacyjny** relaxation exercises; **~**

podejmowania decyzji training in decision-making; **gadał godzinami po rosyjsku, wyłącznie dla ~u** he spoke Russian
for hours just for the practice
treningowo adv. [traktować] as training;
mecz rozegrany został ~ the match was
just a training exercise; **zawodnik dobrze
przygotowany ~** a well-trained sportsman
treningow|y adi. [mecz, obóz, ubranie]
training attr.; **worek ~y** a punchbag
tren|ować impf [] vt Sport to train, to coach
[piłkarzy, pływaków, bokserów]; **~ować konie** to train horses ⇒ **wytrenować** (ćwiczyć) to practise GB, to practice US; **~ować
gwizdanie na palcach** to practise whistling through one's fingers ⇒ **wytrenować**
[] vi Sport to train; **~ować do olimpiady**
to train for the Olympics; **piłkarze ~owali
na własnym boisku** the football players
were training on their home ground;
~ować boks/lekkoatletykę to be a boxer/
an athlete
trep [] m pers. (Npl ~y) pot. [1] (żołnierz) ≈
pongo pot. [2] obraźl. (gbur) oaf, clodhopper
[] m inanim. [1] zw. pl (drewniak) clog [2] zw. pl
pot. (but) shoe, boot
trepanacj|a f (Gpl ~i) Med. trepanation,
trephination; **~a czaszki** (skull) trepana-
tion
trepan|ować impf vt Med. to trepan, to
trephine [czaszkę]
trep|ek m dem. zw. pl clog
trese|r m, **~rka** f trainer; **~r psów/koni** a
dog/horse trainer
tresers|ki adi. [umiejętności, bat] trainer's
tres|ka f hairpiece
tres|ować impf vt [1] (uczyć) to train, to
break [sth] in, to break in [zwierzęta] ⇒
wytresować [2] pejor., przen. (wymagać posłuszeństwa) to drill; **ona nie uczy swych
dzieci, one je ~uje** she doesn't teach her
children, she just drills them ⇒ **wytresować**
tresowan|y [] pp → **tresować**
[] adi. [pies, koń] trained; [słoń, foka] performing
tresu|ra f [1] (zwierząt) training, taming; **~ra
lwów** lion taming; **~ra psów** dog training;
dziś w programie ~ra słoni today we'll
see performing elephants [2] pejor. (ludzi)
drill; **wojskowa ~ra** military drill
treściowo adv. in terms of content, content-wise; **książka uboga ~** a book lacking
in content; **malowidła bogate ~** paintings
with a rich content
treściow|y adi. [elementy, niekonsekwencje]
of content, material
treściwie adv. grad. [1] (zwięźle) [mówić,
pisać, wykładać] concisely, succinctly
[2] (pożywnie) [jeść, odżywiać się] nutritiously
treściw|y adi. grad. [1] (zwięzły) [artykuł,
wypowiedź, wykład] concise, succinct
[2] (pożywny) [obiad, posiłek] substantial
treś|ć f [1] (wypowiedzi, artykułu, rozmowy) content
U; **w jego przemówieniu było bardzo
mało ~ci** his speech lacked content;
powiastki o ~ci filozoficznej short stories with a philosophical content [2] (książki,
filmu) plot; **opowiedział mi ~ć sztuk
teatralnych, które widział w ciągu
ostatnich dni** he told me about the plots

of the plays he'd seen recently; **~cią tego
filmu jest rywalizacja dwóch chłopaków o dziewczynę** the film is about two
boys fighting over a girl [3] (sens) meaning;
praca była ~cią jego życia his work gave
meaning to his life; **gdy go poznała, życie
nabrało dla niej nowych ~ci** meeting
him gave (a) new meaning to her life [4] sgt
Biol., Med. chyme; **~ć żołądka** stomach
contents; **~ć pokarmowa** chyme
❏ **~ć znaczeniowa wyrazu** Jęz. semantic
content
trębacz m (Gpl ~y a. ~ów) trumpeter,
trumpet player
trędowa|ty [] adi. Med. [osoba] leprous
[] trędowa|ty m, ~ta f Med. leper także przen.;
szpital dla ~tych a leprosarium
tria|da f [1] książk. (trzy elementy) triad [2] Relig.
triad, trinity [3] Filoz. Hegelian dialectic of
thesis, antithesis, synthesis [4] Chem. triad
[5] Muz. triad
triathlon /'trjatlon/ m sgt (G ~u) Sport
triathlon
triathloni|sta /ˌtrjatlo'ɲista/ m Sport
triathlete
triathlonow|y /ˌtrjatlo'novɨ/ adi. Sport
[zawody, mistrzostwa, konkurencje] triathlon
attr.
triatlon → **triathlon**
triatlonista → **triathlonista**
triatlonowy → **triathlonowy**
trick /trik/ → **trik**
triennale n inv. triennial
tri|k m (G ~u) [1] (sztuczka) trick; **~ki
filmowe** film tricks; **~k reklamowy** an
advertising trick [2] (podstęp) trick, dodge; **to
tylko ~k!** it's all a trick!
trikow|y adi. Szt. [zdjęcie, technika] trick
attr.
tri|o /'trijo/ n [1] (zespół muzyczny) trio; **~o
gitarowe** a guitar trio [2] książk. (troje ludzi)
threesome; **~o złodziejskie** a trio of burglars [3] Muz. trio
triumf m (G ~u) [1] (zwycięstwo) triumph;
odnieść ~ nad kimś/czymś to triumph
over sb/sth [2] (sukces) triumph; **jego
najnowszy film święci ~y** his latest film
has been a great success [3] (radość) triumph;
mieć wyraz ~u na twarzy to have a look
of triumph on one's face; **„mam go!" ~
zawołał z ~em** 'I've got him' he shouted
triumphantly [4] (przewaga) triumph; **~
dobra nad złem** the triumph of good over
evil [5] Antycz. triumph; **odprawić ~** to
celebrate a triumph
triumfalistyczn|y adi. [wypowiedź, ok-
rzyk] triumphant
triumfalizm m (G ~u) sgt triumphalism
triumfalnie adv. [1] (zwycięsko) in triumph;
bój zakończył się ~ the battle ended in
triumph [2] [uśmiechać się, patrzeć, ogłaszać]
triumphantly, exultantly
triumfaln|y adi. [1] [przemarsz, powrót,
tournee] triumphal [2] [okrzyk, uśmiech, gest]
triumphant, exultant
triumfato|r m, **~rka** f triumpher
triumf|ować impf vi [1] (odnosić zwycięstwo,
sukces) to triumph (**nad kimś** over sb);
**australijscy pływacy ~owali we wszyst-
kich finałach** the Australian swimmers
triumphed in all the finals ⇒ **zatriumfować** [2] (cieszyć się) to exult, to crow; **lubił

~ować nad pokonanymi he exulted in
his victories ⇒ **zatriumfować** [3] (zyskiwać
uznanie) to prevail; **dobro ~owało nad
złem** good prevailed over evil ⇒ **zatriumfować**
triumfująco adv. [spojrzeć, uśmiechać się,
śmiać się] triumphantly, exultantly
triumfując|y [] pa → **triumfować**
[] adi. [okrzyk, gest, spojrzenie, mina] triumphant, exultant
triumwira|t m (G ~tu) [1] Antycz. (porozu-
mienie, osoby) triumvirate [2] książk., żart. (trio)
triumvirate, trio
tro|chę [] adv. [1] (nieco) a bit, somewhat;
~chę zmęczony a bit a. somewhat tired;
~chę później/szybciej a bit a. somewhat
later/faster; **wyglądało to ~chę inaczej** it
wasn't quite like that; **ani ~chę** not a bit;
„chyba żartujesz!" – „ani ~chę" 'you
must be joking!' – 'not a bit' [2] (przez
jakiś czas) (for) a bit; **musisz ~chę poczekać** you'll have to wait a bit; **wyjechać
na ~chę** to go away for a bit; **poczekaj
jeszcze ~chę** wait a while longer
[] pron. (niewiele) (z niepoliczalnymi) a bit, a
little (**czegoś** of sth); (z policzalnymi) a few;
~chę pieprzu do smaku a little pepper to
taste; **przyszło ~chę ludzi** (niewiele) only a
handful of a. a few people came; (sporo)
quite a few people came
[] part. a bit of; **był ~chę poetą** he was a
bit of a poet
■ **do diabła** a. **licha i ~chę** a heck a. hell
of a lot pot.; **po ~chu** (stopniowo) bit by bit,
little by little; **chcę wszystkiego po ~chu**
I want a bit of everything; **rozmawiali o
wszystkim po ~chu** they talked a bit
about everything; **trzeba być po ~chu
artystą i rzemieślnikiem** one needs to be
a bit of an artist and a bit of a craftsman;
po ~sze książk. a bit; **każdy po ~sze jest
dzieckiem** everyone has a bit of the child
in them; **miał po ~sze rację** he was right
up to a point; **wszystkiego po ~sze** a bit
of everything
trocin|y plt (G ~) [1] (wióry) sawdust U
[2] pot. (rupiecie) rubbish U, junk U; **te
informacje to kupa ~** this information is
a load of rubbish
■ **wypchaj się ~ami** pot., obraźl. get stuffed
pot., get lost pot.
tro|ć f Zool. sea trout
trofe|um n (Gpl ~ów) [1] (zdobycz) trophy;
~a łowieckie hunting trophies [2] książk.
(nagroda) trophy; **~um olimpijskie** an
Olympic trophy; **~a z mistrzostw świata**
world championship trophies
troglody|ta m [1] książk. (jaskiniowiec) trog-
lodyte, cave-dweller [2] pejor. (brutal) trog-
lodyte pot., thickhead pot.
troić się → **dwoić**
trojaczk|i plt (G ~ów) [1] (dzieci) triplets
[2] dem. (naczynie) triple pot
trojaki[1] adi. [przyczyna, zastosowanie, sposób]
triple
trojak|i[2] plt (G ~ów) daw. (naczynie) triple
pot
trojako adv. [rozwiązać coś, rozumieć, inter-
pretować] in three (different) ways
trojańs|ki adi. Hist. [władca, wojna, mit]
Trojan

■ **koń ~ki** the Trojan Horse a. Wooden Horse

troje num. mult. → **trzy**

tro|k m (~**czek** dem.) zw. pl (G ~**ka** a. ~**ku**) strap; **fartuch zawiązywany na ~ki** an apron with straps

trolejbus m (G ~**u**) Transp. trolleybus

trolejbusow|y adi. Transp. [przystanek, linia] trolleybus attr.

■ **wiek ~y** pot., żart. middle age

troll m Mitol. troll

tromtadracj|a f sgt książk., pejor. heroics pejor.

tromtadrac|ki adi. książk., pejor. [deklaracja, styl] heroic pejor.

tron m (G ~**u**) [1] (fotel) throne; **siedzieć na ~ie** to sit on a throne [2] przen. (władza królewska) the throne; **mieć dziedziczne prawo do ~u** to be heir to the throne; **zrzec się ~u** to abdicate the throne; **gdy umarł Aleksander, ~ po nim objął Mikołaj** when Alexander died, Nicholas succeeded to the throne; **był wierny ~owi** he remained loyal to the throne; **wstąpić na ~** a. **zasiąść na ~ie** to ascend to the throne; **wynieść** a. **powołać kogoś na ~** a. **osadzić kogoś na ~ie** to place sb on the throne; **zrzucić** a. **strącić kogoś z ~u** to dethrone a. depose sb [3] pot., żart. (sedes) throne

tronow|y adi. [sala] throne attr.; **mowa ~a** a royal address a. speech

trop[1] m (G ~**u**) [1] (zwierzęcia) track zw. pl, trail; **~y jelenia na śniegu** deer's tracks in the snow; **pies zwęszył ~ dzika** the dog picked up the scent of a boar [2] przen. (wskazówka) trail, track; **agenci wpadli na ~ zbiega** the agents picked up the fugitive's trail; **napisana przez nią kartka może naprowadzić na jej ~** the note she wrote may help find her whereabouts; **być na ~ie kogoś** to be on the track of sb; **iść** a. **podążać czyimś ~em** a. **w ~ za kimś** to follow sb; **iść jakimś ~em** a. **~ami** to follow sth; **podobnymi ~ami podążają młodzi pisarze** young writers think in a similar vein

❏ **ciepły ~** Myślis. warm trail; **~ gonny** Myślis. trail

■ **iść za kimś ~ w ~** książk. to follow sb closely; **być na fałszywym/dobrym ~ie** to be on the wrong/right track

trop[2] m (G ~**u**) Literat., Muz. trope

tropiciel [I] m pers. (Gpl ~**i**) [1] (zwierząt, śladów) tracker, hunter; **~ jeleni** a deerstalker a. (przestępców) tracker, hunter; **~ kłusowników** a poacher hunter [3] (poszukiwacz) seeker, hunter; **~ pamiątek** a souvenir hunter

[II] m anim. tracker dog

tropiciels|ki adi. [instynkt, ćwiczenia] tracking attr., trailing attr.

trop|ić impf vt [1] Myślis. to track, to trail [zwierzę, ślady] ⇒ **wytropić** [2] (śledzić) to track down, to trail [przestępców, złodziei] ⇒ **wytropić** [3] przen. (szukać) to track down; **~ić błędy językowe** to identify linguistic errors ⇒ **wytropić**

tropik m (G ~**u**) [1] sgt Geog. the tropics; **wyjechać do ~u** to go to the tropics [2] sgt (klimat) tropical weather [3] zw. pl (tereny) the tropics; **dziewicze lasy ~ów** the tropical

rainforests; **żyć w ~ach** to live in the tropics [4] (nakrycie namiotu) flysheet [5] Włók. tropical fabric; **kostium z ~u** a tropical suit

tropikaln|y adi. [klimat, las, roślinność] tropical

❏ **hełm** a. **kask ~y** pith helmet, safari hat

tropikow|y adi. Włók. [garnitur, kostium, tkanina] tropical

tros|ka f [1] sgt (niepokój) worry, care; „**coś nie tak?**" – **spytał z ~ką w głosie** 'anything wrong?' he asked concerned; **w jej oczach pojawiła się ~ka** a worried look appeared on her face [2] (zmartwienie) worry, care; **~ki życia codziennego** the cares of the day; **dotychczas nigdy nie zaznał ~ki** he has never had a care in the world; **napawać kogoś ~ką** to worry sb [3] (dbałość) concern, care; **~ka o pacjenta** a concern for the patient; **otoczyć kogoś ~ką** to take very good care of sb; **w ~ce o coś** out of concern for sth

troska|ć się impf v refl. przest. to worry (oneself) (**czymś** a. **o coś** about a. over sth) ⇒ **zatroskać się**

troskliwie adv. [opiekować się, pielęgnować, dbać] with care; **~ odrestaurowany ratusz** a lovingly restored town hall

troskliwoś|ć f sgt attentiveness, care; **macierzyńska ~ć** motherly care; **odnosił się do niej ze szczególną ~cią** he treated her with exceptional care a. consideration; **okazywać komuś ~ć** to be attentive to sb

troskliw|y adi. [matka, syn, ręce] caring; [opieka] loving; [wzrok, spojrzenie] thoughtful

troszcz|yć się impf v refl. [1] (dbać) to care (**o kogoś/coś** about a. for sb/sth); **~ył się, aby dziadek miał wszystko, co zaleci doktor** he saw to it that his grandfather had everything the doctor recommended; **nikt się nie ~ył, czy mam co jeść i gdzie mieszkać** nobody cared whether I had anything to eat or a place to live ⇒ **zatroszczyć się** [2] (martwić się) to worry (**o kogoś/coś** about sb/sth); **nie ~ się o mnie** don't worry about me; **~ą się, co teraz z nim będzie** they are worried what will happen to him ⇒ **zatroszczyć się**

trosz|kę, ~eczkę, ~eńkę [I] adv. [1] (nieco) a bit, a little; **~kę za krótki/długi** a bit too short/long [2] (przez jakiś czas) (for) a bit; **zaczekaj ~kę** wait a minute a. second; **prześpij się ~kę** have a little nap

[II] pron. (niewiele) (z niepoliczalnymi) a bit, a little (**czegoś** of sth); (z policzalnymi) a few (**kogoś/czegoś** of sb/sth); **dodaj ~eńkę soli** add a tiny bit a. pinch of salt

[III] part. a bit of; **to ~kę uwodziciel** he's a bit of a ladykiller pot.

■ **po ~ku** a. **~eczku** a. **~eńku** (stopniowo) bit by bit, little by little; **poproszę wszystkiego po ~ku** a bit of everything (for me), please; **po ~eńku dla wszystkich** a bit for everybody

trotua|r m (G ~**ru**) książk. pavement GB, sidewalk US

trotyl m sgt (G ~**u**) Chem. trinitrotoluene, TNT

trój- w wyrazach złożonych tri-; **trójmian** trinomial; **trójnawowy** three-aisled; **trójpokładowy** triple-decker

trójbarwn|y adi. [wstążka, flaga] tricolour(ed) GB, tricolor(ed) US

trójboi|sta m, **~stka** f Sport triathlete

trójb|ój m (G ~**oju**) Sport (the) triathlon

trój|ca f książk. threesome, trio; **stanowili nierozłączną ~cę** they became an inseparable threesome a. trio

❏ **Trójca Święta** Relig. the Holy Trinity, the (Blessed) Trinity

trójczyn|a f środ., Szkol. low C grade, C minus

trójdzielnoś|ć f sgt (utworu, kompozycji) three-part structure

trójdzieln|y adi. [strofa, utwór] three-part attr.; [okno] Venetian; [rytm] triple

trójdźwięk m (G ~**u**) Muz. triad

trójgłow|y adi. [stwór, smok] three-headed; **mięsień ~y** triceps

trój|ka f [1] (cyfra) three [2] (ocena) C; **~ka z matematyki/biologii** a C in a. for maths/biology; **dostać ~kę** to get a C; **nauczyciel postawił mi ~kę z dyktanda** I've got a C for a spelling test [3] pot. (oznaczenie) number three; **mieszkam pod ~ką** I live at number three; **do pracy jeżdżę ~ką** I take the number three (tram/bus) to get to work; **zanieś obiad do ~ki** take dinner to room number three; **~ka pik/kier** the three of spades/hearts [4] (grupa) threesome, trio; **mieszkali w ~kę w jednym pokoju** the three of them shared a room; **~ka rodzeństwa** three siblings; **przez rynek przeszliśmy ~kami** we walked across the market square in threes [5] pot. (bieg w samochodzie) third gear; **wrzuć ~kę** put the car into third (gear)

trójkącik m dem. triangle

trójką|t m [1] Mat. triangle; **~t ostrokątny** an acute triangle; **~t pitagorejski** a Pythagorean triangle; **~t prostokątny** a right-angled triangle; **~t rozwartokątny** an obtuse triangle; **~t równoboczny** an equilateral triangle; **~t równoramienny** an isosceles triangle; **~t sferyczny** a spherical triangle [2] (kształt) triangle; **kartka złożona w ~t** a piece of paper folded into a triangle; **~t ulic** a triangle of streets [3] Muz. triangle

❏ **Trójkąt Bermudzki** Geog. Bermuda Triangle także przen.; **~t kreślarski** a. **rysunkowy** set square GB, triangle US; **~t nawigacyjny** Żegl. navigational triangle; **~t ostrzegawczy** a. **odblaskowy** warning triangle

■ **~t (małżeński)** love triangle

trójkątn|y adi. [chusta, plac, twarz] triangular; **ostrosłup/graniastosłup o podstawie ~ej** Mat. a triangular pyramid/prism

trójkolorow|y adi. [flaga, sztandar, kokarda] tricolour(ed) GB, tricolor(ed) US

trójkołow|y adi. [rower, pojazd, wózek] three-wheeled

trójkowicz m środ., Szkol. C student

trójkow|y adi. [1] [zespół, szyk] ternary, three-man attr. [2] Szkol., Uniw. [uczeń, student] C attr.

trójmasztow|iec m Żegl. three-masted ship, three-master

trójmasztow|y adi. Żegl. [statek] three-masted

trójmecz m (G ~**u**) Sport three-cornered match

trójnasób → **w trójnasób**

trójniak m (A ~ a. ~**a**) (miód pitny) mead mixed with water or fruit juice

trójno|gi, ~żny adi. [stołek, wieszak, stół] three-legged

trójn|óg m (G ~**ogu** a. ~**oga**) tripod; (do gotowania nad ogniskiem) trivet

trójpalcza|sty adi. Zool. [struś] three-toed

trójpasmow|y adi. [jezdnia, autostrada] three-lane attr.

trójskocz|ek m (Npl ~**kowie**) Sport triple jumper

trójskok m (G ~**u**) Sport triple jump; hop, step, and jump

trójstronn|y adi. ① [komitet, obrady, negocjacje] trilateral, tripartite ② [skrzynia, pudło] three-sided

trójwymiarowo adv. three-dimensionally

trójwymiarowoś|ć f sgt (obiektu, obrazu) three-dimensionality

trójwymiarow|y adi. [obraz, obiekt] three-dimensional; ~**a pocztówka** a 3-D postcard

trójz|ąb m (G ~**ębu**) Antycz., Mitol. trident

trójzmianowo adv. [pracować] in three shifts

trójzmianowoś|ć f sgt ~**ć produkcji** three-shift production

trójzmianow|y adi. [praca, produkcja, system] three-shift attr.

trubadu|r m Hist., Literat. troubadour

truchl|eć impf (~**eję, ~ał, ~eli**) vi książk. to quail; ~**ała na myśl o operacji** she quailed at the thought of having an operation; ~**eć ze strachu** to quake with fear; ~**eli, że nie zdążą** they were horrified at the thought of being late ⇒ **struchleć**

truch|t m (~**cik** dem.) (G ~**tu** a. ~**ta, ~ciku** a. ~**cika**) sgt (konia) jogtrot; (człowieka) jog, trot; **konie ruszyły ~tem** the horses set off at a jogtrot

truchta|ć impf vi [dziecko, biegacz] to trot, to jog

truciciel Ⅱ m pers. (Gpl ~**i**) poisoner
Ⅲ m inanim. (fabryka) polluter

truciciel|ka f poisoner

trucieils|ki adi. [zamysły, zamiary, proceder] of poisoning

trucicielstw|o n sgt poisoning

truci|zna f poison także przen.; ~**zna na szczury** rat poison; **śmiertelna ~zna** a deadly poison

tru|ć impf Ⅱ vt ① (zabijać) to poison; ~**ć myszy strychniną** to poison mice with strychnine ⇒ **otruć** ② (szkodzić) to poison; ~**jesz swoje nienarodzone dziecko** you're poisoning your unborn child
Ⅱ vi pot., pejor. (mówić nieciekawie, długo) to babble, to prattle (on); (mówić nieprawdę) to bullshit wulg.; **ojciec ciągle mi ~je, żebym się uczył** father keeps nagging at me to study; **co ty ~jesz! wracają dopiero za miesiąc!** what are you wittering on about? they're only coming back in a month! GB pot.
Ⅲ **truć się** ① (zabijać samego siebie) to poison oneself; ~**ł się arszenikiem** to poison oneself with arsenic; ~**ł się gazem, ale go odratowali** he tried to gas himself

but he was rescued ⇒ **otruć się** ② (szkodzić samemu sobie) to poison oneself; **nie mogła spać i ~ła się bez przerwy środkami nasennymi** she couldn't sleep and kept poisoning herself with sleeping pills ③ pot. (marwić się) to worry oneself sick; ~**ła się chorobą syna** she worried herself sick over her son's illness

tru|d m (G ~**du**) ① (wysiłek) effort, hardship; **wiele ~du kosztowało ją poranne wstawanie** getting up early was quite an effort for her; **zadać sobie ~d** to take (great) pains, to go to great pains; **zadałem sobie ~d poszperania w archiwach** I've taken pains to go through the archives; **nie zadać sobie ~du (zrobienia czegoś)** iron. to not (even) bother (to do sth); **nie szczędzić ~du, żeby coś zrobić** to go to great lengths to do sth ② zw. pl (ciężkie warunki) hardship; ~**dy podróży** the hardships of a journey; **sama ponosiła ~dy wychowania dzieci** she had to bear the burden of bringing up children on her own
■ **bez ~du** easily, effortlessly; **z ~dem** with (an) effort, with difficulty; **z ~dem zdążył na pociąg** he only just caught the train

trudni|ć się impf vi książk. to be in(to); ~**ł się przemytem** he was into smuggling; ~**ł się handlem** he was in trade; ~**ł się rybołówstwem/ślusarstwem** he earned his living as a fisherman/locksmith

trudno Ⅱ adv. grad. (niełatwo) hard, with difficulty; ~ **powiedzieć** it's difficult a. hard to tell; **upał taki, że ~ oddychać** it's so hot that it's difficult to breathe; **nauka szła mu ~** he was a slow learner; ~ **mi ocenić jego zachowanie** it's difficult for me to judge his behaviour; ~ **mi to zrozumieć** I can hardly understand it; ~ **dostępne miejsca** places that are hard to reach; **metale ~ topliwe** infusible metals; ~ **dziś o dobrą gosposię** it's difficult to find a good housekeeper these days
Ⅱ adv. (nie można) hard; **była prawdziwą pięknością, ~ się dziwić, że została modelką** she was a real beauty, it's no wonder (that) she became a model
Ⅲ inter. tough luck!
■ **mówi się ~ (i kocha się dalej)** pot. it can't a. couldn't be helped; ~ **i darmo** pot. there's nothing to be done

trudnoś|ć f (Gpl ~**ci**) ① zw. pl (przeszkoda) problem, difficulty; ~**ci finansowe** financial difficulties; **nie mamy ~ci ze zbytem naszych towarów** we have no problems selling our products; **chory ma ~ci z oddychaniem** the patient has difficulty breathing; **matematyka nie sprawia mu żadnych ~ci** he has no problems with maths; **z ~cią** with difficulty; **pisanie listów zawsze przychodziło mi z ~cią** I've always found writing letters difficult ② sgt (cecha tego, co trudne) difficulty; **pytania o różnym stopniu ~ci** questions of varying difficulty
■ **robić** a. **czynić komuś ~ci** to cause difficulties for sb

trudn|y adi. grad. ① [problem, pytanie, zadanie] difficult, hard; ~**y do zrozumienia** difficult to understand; ~**e dzieciń-**

stwo tough childhood; **to był dla nas ~y rok** it's been a hard year for us; **postawić kogoś w ~ej sytuacji** to leave sb in a difficult position ② [osoba, dziecko] difficult; **jest ~y w pożyciu** he's difficult to deal with; **mieć ~y charakter** to be difficult
■ **dla chcącego nie ma nic ~ego** przysł. where there's a will there's a way przysł.

tru|dzić impf Ⅱ vt ① (fatygować) to trouble; **no i po co pan ją ~dził, przecież to stara kobieta** you shouldn't have bothered her, she's an old woman; **niepotrzebnie ~dzono go tą sprawą** it was not necessary to trouble him with this problem ② książk. (męczyć) to tire, to weary; **nie masz pojęcia, jak ta podróż mnie ~dzi** you've got no idea how much this journey tires me; ~**dzić oczy** to strain one's eyes
Ⅱ **trudzić się** to toil, to labour GB, to labor US; **dziecko ~dziło się z rozwiązywaniem butów** the child struggled to untie his/her shoelaces; ~**dził się nad rozwiązaniem zadania** he toiled away at solving the problem; **niepotrzebnie się pan ~dził** you needn't have bothered

trufl|a f (Gpl ~**i**) Bot. truffle

truflow|y adi. [zapach, smak, pasztet] truffle attr.

truizm m (G ~**u**) pejor. truism, cliché; **mówić** a. **wygłaszać ~y** to use clichés; **jest ~em, że... ** it's a cliché to say that...

trująco adv. **działać ~** to have a poisonous effect (**na kogoś/coś** on sb/sth)

trując|y Ⅱ pa → **truć**
Ⅱ adi. [grzyb, gaz] poisonous

trumien|ka f dem. coffin GB, casket US

trumienn|y adi. [wieko, deska] coffin attr. GB, casket attr. US; **ubiór ~y** death clothes; **portret ~y** Hist. a coffin portrait

trum|na f coffin GB, casket US
■ **wygląda jakby wstał z ~ny** a. **jakby go/ją miano kłaść do ~ny** pot. s/he looks like death warmed up pot.; **ten samolot to latająca ~na** pot. this plane looks like a total wreck

trumnia|k m (~**czek** dem.) zw. pl pot. pump zw. pl

trun|ek m (G ~**ku**) książk. alcoholic beverage
■ **na frasunek dobry ~ek** przysł. ≈ have another drink and drown your sorrows

trunkow|y Ⅱ adi. ① [zapach, odór] alcoholic ② pot. [kierowca] drinking attr.; **człowiek mocno ~y** a heavy drinker
Ⅱ m pot. boozer pot.

trup m (A ~**a**) ① (zwłoki) (człowieka) corpse; (zwierzęcia) carcass; ~**y pomordowanych** the bodies of victims; **blady jak ~** (as) white as a sheet ② pot. (rupieć) piece of junk; (samochód) jalopy pot., old banger pot.
■ **jestem/jest ~ nieboszczyk** pot. I'm/he's half dead, a dead duck pot., a nonstarter pot.; **żywy ~** living corpse; zombie pot.; **dążyć do czegoś po ~ach** to aim for sth at any cost; **iść po ~ach** pot. to walk over everybody; pot.; **kłaść** a. **położyć kogoś ~em** to mow sb down; **paść ~em** to drop dead; **omal ~em nie padłem, kiedy usłyszałem tę wiadomość** I almost fainted when I heard the news; **niech ~em padnę** cross my heart (and hope to die); **po moim ~ie** pot. over my dead body pot.;

schlać się a. **być pijanym w ~a** pot., pejor. to be blind drunk pot., to be (as) high as a kite pot.

trup|a f troupe; **~a aktorów** a troupe of actors; **~a cyrkowa** a circus troupe

trupi adi. [1] corpse-like, carcass attr.; **~a czaszka** (symbol) a skull and crossbones [2] przen. [cera, skóra] deathly pale, pallid; [bladość] deathly, cadaverous [3] [blask, kolor, światło] pallid

trupiarni|a f (Gpl ~) pot. (kostnica) morgue GB, mortuary US

trupio adv. **~ blada twarz** a deathly pale face; **po chorobie był ~ wychudzony** his illness reduced him to a skeleton; **~ zielone ściany** pallid green walls

trupoja|d pot. [I] m pers. (Npl ~dy) żart. (człowiek jedzący mięso) meat eater [II] m anim. (padlinożerca) scavenger

truposz m (Gpl ~ów a. ~y) pot., żart. stiff pot.

tru|sia f (Gpl ~ś a. ~si) [1] pot. (człowiek bojaźliwy) mouse; **zachowywać się jak ~sia** to be quiet as a mouse [2] pieszcz. (królik) bunny

truskaw|ka f (~eczka dem.) Bot. strawberry; **dżem z ~ek** strawberry jam

truskawkow|y adi. [lody, dżem, pole, zapach] strawberry attr.

tru|st m (G ~stu) Ekon. [1] (monopol) trust [2] (przedsiębiorstwo) trust (company), trust (corporation); **~st bankowy** a bank trust

trut|eń [I] m pers. (Gpl ~ni a. ~niów) pot., pejor. drone, parasite [II] m anim. Zool. drone

trut|ka f poison; **~ka na myszy/szczury** mouse/rat poison

truwe|r m Hist. trouvère

trwa|ć impf vi [1] (istnieć przez dłuższy czas) to last; **seans ~ł około godziny** the film lasted (for) about an hour; **nic nie ~ wiecznie** nothing lasts forever; **~ją już prace przy rozkuwaniu betonowych płyt** work on the removal of the concrete plates is now in progress; **kanonada ~ła przez całą noc** the cannonade lasted all night long [2] (pozostawać) to remain, to stay; **długo ~ł w jednej pozycji** he remained motionless for a long time; **~ć w milczeniu** to remain silent ⇒ **przetrwać** [3] (nie opuszczać) to stand by (**przy kimś** sb); **~ przy mężu, chociaż kocha innego** she has stayed with her husband although she loves another man ⇒ **wytrwać** [4] (obstawać) to stick (**przy czymś** to sth); **~ć przy swoim zdaniu** to stick to one's opinion; **~ć przy swoim** to stick to one's guns ⇒ **wytrwać**

trwale adv. permanently; **~ uszkodzony** permanently damaged; **szampon ~ koloryzujący** a permanently colouring shampoo

trwałoś|ć f sgt (małżeństwa, związku) permanence, stability

trwa|ły [I] adi. grad. [związek, wartość, uczucie] (long-)lasting; [produkt, materiał, buty] durable; **~łe kalectwo** permanent disability; **~ła szminka** a long-lasting lipstick; **na ~łe** permanently; **zapisać się na ~łe w historii** to earn one's place in the history books [II] **trwała** f (fryzura) perm; **mieć ~łą** to

have a perm; **zrobić sobie ~łą (u fryzjera)** to have one's hair permed; **zrobić sobie ~łą (samodzielnie)** to perm one's (own) hair

trw|oga f książk. terror, trepidation; **~oga o kogoś/coś** fear for sb/sth; **z ~ogą wyglądał przez okno** he looked through the window in terror a. with trepidation; **na myśl, że statek może zatonąć, ogarnęła go ~oga** he was seized by fear at the thought of the ship sinking

■ **bić** a. **uderzać na ~ogę** (na alarm) to sound the alarm; (ostrzegać) to raise the alarm

trwo|nić impf vt książk., pejor. [1] (marnować) to waste, to misspend [pieniądze, oszczędności] [2] (nie wykorzystywać właściwie) to waste, to throw away [zdolności, okazje]; **~nić zdrowie** to ruin one's health; **~nić siły** to waste energy; **~nić czas** to waste time ⇒ **roztrwonić**

trwożliwie adv. grad. książk. [rozglądać się, szeptać, uciec] tremulously, apprehensively

trwożliw|y adi. grad. książk. [osoba, spojrzenie] tremulous

trwożnie adv. grad. książk. [patrzeć, rozglądać się, szeptać] tremulously, apprehensively

trwożn|y adi. grad. książk. [osoba, spojrzenie] tremulous

trwo|żyć książk. impf [I] vt to frighten; **śmierć go już nie ~oży** death doesn't frighten him any more ⇒ **zatrwożyć** [II] **trwożyć się** [1] (bać się) to be frightened; **~ożył się tym milczeniem** the silence frightened him; **~ożył się, że jutro będzie za późno** he was afraid that tomorrow might be too late ⇒ **zatrwożyć się** [2] (martwić się) to worry oneself, to be frightened (**o kogoś/coś** about sb/sth)

tryb [I] m (G ~u) [1] (metoda) mode, method; **~ wprowadzania reform** a procedure for introducing reforms; **~ postępowania** a course of action; **toczyć się swoim/dawnym ~em** to run a. take its former course; **~ życia** lifestyle; **zwolnić kogoś w ~ie natychmiastowym** książk. to dismiss sb with immediate effect; **w ~ie pilnym** książk. as a matter of urgency [2] zw. pl Techn. gear(wheel) [3] Jęz. mood; **~ orzekający** a. **oznajmujący** the indicative (mood); **~ rozkazujący** the imperative (mood); **~ przypuszczający** a. **warunkowy** the conditional [4] Muz. mode [II] **tryby** plt przen. (mechanizm) machine; **sprawa dostała się w ~y biurokracji** the case got lost into the bureaucratic machine

trybik m (G ~u) [1] zw. pl Techn. cog; **~i w zegarku** cogs in a watch [2] przen. (w organizacji) cog; **jest tylko aninimowym ~kiem w maszynie** a. **machinie** he's only a (very small) cog in the machine a. wheel

trybun m (Npl ~i a. ~owie) [1] książk. (obrońca) champion, tribune; **~ ludowy** tribune of the people [2] Antycz. tribune

trybun|a f [1] (dla mówcy) podium, rostrum; **przemawiać z ~y** to speak from the podium [2] (dla władz) parade stand; **~a honorowa** box [3] zw. pl (dla widzów) stand; **widzowie zajęli miejsca na ~ach** the spectators took their seats in the stand;

puste/pełne **~y** an empty/packed stand; **kryta ~a** a grandstand; **odkryta ~a** bleachers US; **wiwatujące ~y** przen. cheering spectators [4] przen. (miejsce wyrażenia opinii) platform; **gazeta ta stała się ~ą młodego pokolenia** this paper became a platform for the younger generation

trybuna|ł m (G ~łu) [1] Prawo tribunal; **~ł rewolucyjny** a revolutionary tribunal; **Trybunał Stanu** State Tribunal; **Trybunał Konstytucyjny** Constitutional Tribunal [2] Hist. Court of Appeal [3] książk., przen. (osąd) judgement; **nasi przywódcy odpowiedzą przed ~łem historii** our leaders will be judged in the annals of history

trybu|t m zw. sg (G ~tu) [1] daw. (danina) tribute [2] książk., przen. tribute; **jego obrazy to ~t na rzecz symbolizmu** his paintings are a tribute to symbolism

trybutow|y adi. [płatnik] tribute attr.; **danina ~a** a tribute

trygonometri|a f sgt (GD ~i) Mat. trigonometry; **~a płaska** plane trigonometry

trygonometryczn|y adi. [funkcja] trigonometrical

tryk m Zool. ram

trykać impf → **tryknąć**

tryk|nąć pf — **tryk|ać** impf (~nęła, ~nęli — ~am) vt to butt; **kozioł ~ał łbem w drzewo** the billy goat was butting the tree

trykocik m dem. (G ~u) dem. (gimnastyczny) leotard; (bielizna) body stocking

tryko|t m (G ~tu) [1] sgt Włók. tricot; **bluzka z ~tu** a tricot blouse [2] (kostium gimnastyczny) leotard; (bielizna) body stocking

trykotow|y [koszulka, bielizna] tricot attr.

tryl m (G ~u) Muz. trill

trylion num. [1] Mat. trillion [2] zw. pl przen. (mnóstwo) trillion zw. pl; **~y gwiazd** trillions of stars

trylogi|a f (GDGpl ~i) trilogy

trymest|r m (G ~ru) [1] Szkol. term GB, trimester US [2] Med. trimester

trymiga w trymiga

tryper m clap pot.

tryptyk m (G ~u) triptych

tryptykow|y adi. [rzeźba, malarstwo, kompozycja] triptych attr.; **ołtarz ~y** a triptych (altar)

tryskać impf → **trysnąć**

trys|nąć pf — **trys|kać** impf (~nęła, ~nęli — ~kam) vi [1] [woda, krew] to gush (out), to spurt; **krew ~nęła z rany/z żyły** blood gushed out of the wound/vein; **płomienie ~kały z koron drzew** flames burst from the treetops; **fontanna ~ka strumieniami wody** the fountain spurts a. shoots streams of water [2] przen. (okazywać) **~kać czymś** to be bursting with sth; **~kać energią/dowcipem** to be bursting a. brimming with energy/to be sparkling with wit; **~kać zdrowiem** to be bouncing a. radiant with health; **policzki ~kające rumieńcem** glowing cheeks

Tryton m Mitol. Triton

tryton[1] [I] m anim. Zool. newt [II] m inanim. Szt. representation of Triton

tryton[2] m (G ~u) Muz. tritone

tryton[3] m (G ~u) Chem. triton

tryumf → **triumf**

tryumfalizm → **triumfalizm**

tryumfalny → triumfalny
tryumfator → triumfator
tryumfatorka → triumfatorka
tryumfować → triumfować
tryumfujący → triumfujący
trywializacj|a f sgt książk., pejor. (języka, uczuć, kultury) trivialization; **problem/temat uległ ~i** the problem/subject was trivialized

trywializ|ować impf **[]** vt książk., pejor. to trivialize [język, sztukę, zagadnienie] ⇒ **strywializować**

[] **trywializować się** [język, zagadnienie, sztuka] to be trivialized ⇒ **strywializować się**

trywialnie adv. grad. [1] pejor. (prostacko) [wyrażać się, zachowywać się] coarsely, crudely [2] (banalnie) trivially

trywialnoś|ć f sgt [1] pejor. (wypowiedzi, języka, zachowania) coarseness, crudeness [2] (tezy, zadania) triviality

trywialn|y adi. [1] (prostacki) [wyrażenie, gust, język] coarse, crude [2] (łatwy) [teza, problem] trivial

trza pot. → trzeba

trzask [] m (G **~u**) (gałęzi, lodu) crack; **~ bata** the crack of a whip; **~ palącego się drewna** the crackle of burning logs; **~ pioruna** a thunderclap, a clap of thunder; **w słuchawce słychać było tylko ~i** nothing but crackles could be heard on the line; **zamknął pudełko z ~iem** he slammed the box shut; **zamknąć drzwi z ~iem** to bang a. slam the door

[] inter. wham!; **~! i wszystko wysypało się na ziemię** and – snap! – everything spilt a. spilled out on the floor; **on go – w łeb** pot. he upped and smacked him on the head; **nagle sznurek – i wszystko wysypało się na podłogę** suddenly the string popped and everything spilt a. spilled out on the floor

■ z ~iem pot. with a bang; **~ prask** pot. suddenly, unexpectedly

trzaskać impf → trzasnąć

trza|snąć pf — **trza|skać** impf (**~snęła** a. **~sła, ~snęli — ~skam) [] vt** [1] (uderzyć) to bang, to crack; **~snął pięścią w stół** he banged his fist on the table; **~snąć kogoś w plecy/w twarz** to hit sb in the back/face; **~snąć konia batem po grzbiecie** to lash a horse with a whip; **~snąć słuchawką** to hang up a. to slam down the receiver; **~skać drzwiami** to bang a. slam the door; **~skać garnkami w kuchni** to bang pots around in the kitchen; **wiatr ~ska oknem** the window is banging in the wind; **~skać butami/obcasami/ostrogami** to click one's heels [2] pot. (robić szybko) to knock off pot., to knock out pot. [felietony]; **~śnij mi zdjęcie** take a quick photo of me

[] vi [gałąź, lód] to crack; **ogień ~skał w kominku** a log fire crackled in the hearth; **w korytarzu ~snęły drzwi** the hall door slammed; **lało i ~skały pioruny** it was raining and thunder roared in the sky; **piorun ~snął w stodołę** a thunderbolt struck a. hit a/the barn; **na dworze ~ska mróz** it's freezing outside; **~skający mróz** a sharp a. severe frost

[] **trzasnąć się — trzaskać się** pot. (uderzać się) to bang, to crack; **~snęła się głową o kant stołu** she cracked her head

on a. against the edge of the table; **~snął się dłonią w czoło** he banged his forehead with his fist

■ ~snąć jednego a. **po jednym** pot. to have a quick one pot.; **~snąć sobie w łeb** pot. to shoot one's head off; **choćby** a. **żeby piorny ~skały, to...** I'm damned if... pot.

trząchać impf → trząchnąć

trząch|nąć pf — **trząch|ać** impf (**~nęła, ~nęli — ~am**) vt pot. to shake; **złapał go za ubranie i ~nął nim** he grabbed him by the lapels and shook him; **~ać włosami** to shake one's hair

trz|ąść impf (**~ęsę, ~ęsiesz, ~ąsł, ~ęsła, ~ęśli) [] vt** [1] (gwałtownie poruszać) to shake; **~ąść kogoś za ramiona** to shake sb by the shoulders; **~ąść jabłka/gruszki** to shake the apples/pears off the tree; **gorączka/zimno go ~ nim ~ęsie** he's shaking a. trembling with fever/cold; **~ąść głową** to shake one's head; **wichura ~ęsła drzewami** the trees shook in the wind [2] (huśtać) [samochód, wóz, bryczka] to jolt; **wozy ~ęsły na wyboistej drodze** the cars jolted along the bumpy road [3] pot. (rządzić) to boss around pot., to boss about pot.; **~ąść całym biurem** to boss the whole office around

[] **trząść się** [1] (dygotać) to shake, to tremble; **~ąść się ze zimna** to shake a. tremble with cold; **~ąść się ze strachu/śmiechu** to shake with fear/laughter; **~ąść się ze złości** to quiver with anger; **ziemia ~ęsła się od wybuchów** the ground shook a. shuddered from the explosions; **sala ~ęsła się od oklasków** the audience broke out in a round of applause; **otworzył list ~ęsącymi się rękami** he opened the letter with trembling hands; **wciąż się jeszcze ~ęsie po tym spotkaniu** s/he's still shaking after the meeting; **cały się ~ąsł (na myśl o czymś)** he was all of a tremble (at the prospect of sth); **~ęsący się głos** a trembling a. shaking voice; **~ąść się na wozie** to jolt up and down on a cart [2] pot. (pragnąć) **~ąść się do czegoś** to be eager for sth a. to do sth; **aż się ~ęsie do zabawy** s/he's eager for fun

■ ~ąść głową nad czymś to shake one's head in disbelief; **~ąść się nad kimś/czymś** a. **o kogoś/coś** to dote (up)on sb; **~ąść się od plotek/pogłosek** to buzz with gossip; **miasto aż ~ęsło się od plotek** the whole town buzzed with gossip

trzcin|a f [1] Bot. reed; **~a cukrowa** sugar cane [2] sgt (zarośla) reeds; **mokradła zarośnięte ~ą** swamps overgrown with reeds [3] sgt (do wyplatania) cane; **fotel wyplatany ~ą** a cane armchair; **dach z ~y** a thatched roof

trzcin|ka f dem. [1] (roślina) reed [2] Muz. reed

trzcinow|y adi. [1] [łodygi, bukiet] reed attr. [2] [pole, gąszcz] reedy, of reeds [3] [koszyk, meble, mata] cane attr.

trzeba praed. [1] (należy) **~ coś zrobić** it's necessary to do sth; **~ pracować** it's necessary to work; **~ mu o tym powiedzieć** he should a. ought to be told about it; **~ mu było powiedzieć** he should have been told; **czy warto to czytać? nie tylko warto, ale nawet ~** is it worth reading? it's not only worth it, it's essential a. a must;

~ mieć dużo zdrowia, żeby wytrzymać taką podróż you have to be very fit to survive such a journey; **~ być głupim, żeby tak się zachować** only a fool would behave like that; **~, żebyś znał prawdę** you should know the truth; **sprawdź, czy wszystko jest jak ~** go and check everything is all right; **kiedy ~, odważnie wypowiada swoje zdanie** when necessary, s/he's quite outspoken; **pójdę tam, jeśli ~** I'll go there, if necessary; **po co tam włazisz gdzie nie ~?** why do you keep going where you're not welcome?; **zachowuj się jak ~** behave as one should; **zgłosił się o ósmej rano, jak ~** he came at eight in the morning, as expected; **~ przyznać, że...** admittedly,...; **~ dodać, że...** additionally,... [2] (potrzeba) **jemu/jej czegoś ~** he/she needs sth; **będzie miała wszystko, czego jej ~** she'll have everything she needs; **czy ~ ci pieniędzy?** do you need any money?; **do tego ~ dużo cierpliwości** this requires a lot of patience; **„pomóc ci?" – „nie ~"** 'do you need help?' – 'no, thanks'; **~ czasu, aby to zrozumieć** it takes time to understand it

■ ~ ci wiedzieć, że... książk. you should be aware (that)...; **~ szczęścia/nieszczęścia/ trafu, żeby...** as luck would have it...

trzeb|ić impf vt [1] (niszczyć) to cut down [lasy]; to exterminate, to destroy [zwierzynę]; **osadnicy ~ieni chorobami** settlers decimated by disease; **~ić zło/nienawiść** przen. to eradicate evil/hatred ⇒ **wytrzebić** [2] (kastrować) to geld [byka, wieprza] ⇒ **wytrzebić**

trzebież f sgt [1] (lasu) forest thinning [2] (zwierząt) extermination

trzechsetleci|e n (Gpl ~) [1] (rocznica) tercentenary, tricentennial; **~e urodzin/ śmierci sławnego pisarza** the tercentenary of the birth/death of a famous writer [2] (trzysta lat) three hundred years

trzechsetletni adi. [zabytek] three-hundred-year-old attr.; **~a rocznica** the tercentenary

trzechsetn|y [] num. ord. [widz, dzień] three hundredth; **~a rocznica** the tercentenary

[] adi. [część] three hundredth

[] **trzechsetna** f (w ułamkach) three hundredth; **siedem ~ych** seven three hundredths

trzechtysięczn|y [] num. ord. [klient, mieszkaniec] three thousandth

[] adi. [1] [część] three thousandth [2] [armia, miejscowość] three-thousand-strong attr.

trzeci [] num. ord. [dzień, rok, klasa, rocznica] third; **trafił do tarczy za ~m razem** he hit the target at the third attempt; **rozdział ~** chapter three; **to ~e wydanie tej książki** this is the third edition of this book; **~a osoba** Jęz. third person; **~ migdał** Anat. adenoid, pharyngeal tonsil

[] adi. [część] third

[] m sgt (data) the third; **~ego wyjeżdżam na wczasy** I'm going on holiday on the third; **~ maja** the third of May

[] **trzecia** f sgt (godzina) three o'clock; **zegar wybił ~ą** the clock has just struck three; **spotkajmy się o ~ej** let's meet at three o'clock; **jest dziesięć po ~ej** it's ten past three

V *f* (w ułamkach) third; **jedna ~a tortu** a third a. one third of the cake; **dwie ~e** two thirds

■ **dowiedzieć się o czymś** a. **usłyszeć coś z ~ch ust** to hear about sth third-hand; **osoby ~e** a. **ktoś ~** third party; **po ~e** third(ly); **~ wiek** the third age

trzecio- *w wyrazach złożonych* [1] (zajmujący trzecie miejsce) third-; **trzecioklasistka** a third-former; **święto trzeciomajowe** the third of May [2] (podrzędny) third-; **trzeciorzędny** third-rate; **rola trzecioplanowa** a minor role

trzecioklasi|sta *m*, **~stka** *f* Szkol. third-former GB, third-grader US

trzecioligow|y *adi.* Sport [mecz, zawodnik, drużyna] third-division *attr.*

trzeciorzę|d *m* (G ~du) Geol. the Tertiary

trzeciorzędnoś|ć *f sgt* (towaru, gatunku) mediocrity, inferiority

trzeciorzędn|y *adi.* [sprawa, hotel, artysta] third-rate; **grywał tylko ~e role** he only played third-rate roles

trzeciorzędow|y *adi.* Geol. Tertiary

t|rzeć *impf* (**trze, tarty**) **U** *vt* [1] (pocierać) to rub; **trzeć ręką czoło** to rub one's forehead; **trzeć ciało ręcznikiem** to rub one's body dry with a towel; **trzeć oczy** to rub one's eyes [2] (na tarce) to grate [ser, chrzan, ziemniaki] ⇒ **zetrzeć** [3] (rozgniatać) to grind [mak]; **trzeć żółtka z cukrem** to mix the yolks with sugar ⇒ **utrzeć**

II *vi* to rub (**o coś** against a. on sth); **błotniki tarły o koła** the mudguards rubbed against the wheels

III trzeć się [1] (ocierać się) to rub (oneself); **koń tarł się bokiem o drzewo** the horse rubbed its side against a tree [2] Zool. [ryby] to spawn

trzepacz|ka *f* [1] (do dywanów) carpet beater [2] (do ubijania piany) egg beater a. whisk

trzepać¹ *impf* → **trzepnąć¹**

trzep|ać² *impf* (~ię) **U** *vt* [1] (z kurzu) **~ać dywan/narzutę** to beat dust out of a carpet/bedspread ⇒ **wytrzepać** [2] pot., pejor. (mówić szybko) to rattle off [pacierz, wiersz]; **~ać językiem** to prattle on a. away [3] pot., żart. (sprawdzać bagaże) **na granicy nadal ~ią** customs still go through baggage with a fine-tooth comb ⇒ **przetrzepać**

II trzepać się (miotać się) [ptak] to flutter; [ryba] to flap (about)

trzepak *m* hanging frame

trzep|nąć¹ *pf* — **trzep|ać¹** *impf* (~nęła, ~nęli — ~ię) **U** *vt* pot. (uderzyć) to bop pot.; to cuff; **~nąć kogoś w głowę** a. **po głowie** to bop a. hit sb on the head; **ojciec ~ał go rzemieniem za każde kłamstwo** his father hit him every time he told a lie

II *vi* (potrząsnąć) to flick; **~ała gałązką w szybę, żeby mnie zawołać** she flicked a twig at the window to attract my attention; **gęsi ~ią skrzydłami** the geese are flapping their wings; **ryba ~ie ogonem** the fish is flapping its tail

III trzepnąć się — **trzepać się** (uderzyć siebie samego) to slap oneself; **~nął się dłonią w kolano** he slapped his knee with his hand; **~nął się głową o kant stołu** he

banged his head on a. against the edge of the table

trzepn|ąć² *pf* (~ęła, ~ęli) *vt* pot. (rzucić) to fling; **~ąć szklanką o podłogę** to fling a glass to the ground

trzepnię|ty U *pa* → **trzepnąć¹,²**

II *adi.* pot., pejor. [osoba] cracked pot.

trzepo|t *m sgt* (G ~tu) (flagi, żagli, skrzydeł) flap; (rzęs) flutter; **ptaki zerwały się z ~tem** the birds flew off, wings flapping

trzepo|tać *impf* (~czę a. ~cę) **U** *vi* [1] (poruszać) to flap, to flutter [skrzydłami]; to flutter [rzęsami, powiekami]; **wiatr ~tał sukienką** the dress flapped in the wind ⇒ **zatrzepotać** [2] (poruszać się) [flaga, sztandar, skrzydła] to flap; [serce] to flutter ⇒ **zatrzepotać**

II trzepotać się [1] (miotać się) [ptak, motyl] to flutter; [ryba] to flap (about) [2] (na wietrze) [flagi, chorągwie] to flap, to flutter

trzeszcz|eć *impf* (~ysz, ~ał, ~eli) *vi* [1] (skrzypieć) [deski, schody, gałęzie] to creak; **~ące łóżko** a creaking bed; **wyginał palce, aż w kostkach ~ało** he was cracking his knuckles; **potłuczone szkło ~ało pod nogami** the broken glass cracked underfoot; **radio zaczęło ~eć** the radio started to crackle ⇒ **zatrzeszczeć** [2] pot. (mówić) to rattle on pot.

■ **krzyczeć, aż w uszach** a. **w głowie ~y** to scream one's head off

trzewi|a *plt* (G ~) entrails, viscera

trzewi|k *m*, **~czek** *dem.* bootee

trzewn|y, ~iowy *adi.* [okolice, narządy] visceral

trzeźw|ić *impf* **U** *vt* [1] (cucić) to bring [sb] round, to bring round GB, to bring [sb] around, to bring around US; **~ić zemdlonego** to bring an unconscious person round; **sole ~iące** smelling salts ⇒ **otrzeźwić** [2] przen. (przywracać zdolność myślenia) to sober up ⇒ **otrzeźwić**

II trzeźwić się to sober oneself up; **~ił się zimną wodą z kranu** he tried to sober himself up with running water

trzeźwi|eć *impf* (~eję, ~ał, ~eli) *vi* [1] [pijany] to sober up ⇒ **wytrzeźwieć** [2] (odzyskiwać przytomność) to come round GB, to come around US; **~eć po ataku histerii** to recover from a bout of hysteria

trzeźwo U *adv.* [oceniać, roać] soberly, level-headedly; **myśleć ~** to be clear-headed

II na trzeźwo *adv.* [1] pot. (nie będąc pijanym) when sober; **nie śpiewam na ~** I don't sing when sober [2] (bez emocji) [rozważyć, przemyśleć] soberly, sensibly

trzeźwoś|ć *f sgt* [1] (kierowcy, pracownika) sobriety [2] (sądów, myślenia) sobriety; **~ć umysłu** clear-headedness

trzeźw|y U *adi. grad.* [1] (niebędący pijanym) sober; **po ~emu** when sober [2] (rozsądny) [osoba] sober, clear-headed; [decyzja, ocena] sober, sane; **mieć o kimś/czymś ~y sąd** to view sb/sth in realistic terms

II *m* sober person

trzęsawisk|o *n* swamp, bog

trzęsie|nie U *sv* → **trząść**

II *n* Geol. earthquake; **~nie ziemi** earthquake

■ **~nie ziemi** revolution; **~nie ziemi w modzie** a revolution in fashion

trzmiel *m* Zool. bumblebee, humble-bee

trzmiel|i *adi.* [żądło, rój, lot] bumblebee *attr.*, humble-bee *attr.*; **natknął się na ~e gniazdo** he came across a nest of bumblebees

trznad|el *m* Zool. yellowhammer

❏ **~el cierlik** Zool. cirl bunting

trz|oda *f* flock; **~oda owiec/kóz** a flock of goats/sheep; **~oda chlewna** pigs; **hodowla ~ody chlewnej** pig farming

trzon *m* (G ~u) [1] (grupy, organizacji) hard core; **~ budowli** the skeleton of a building [2] (grzyba) stem

❏ **~ kolumny** Archit. shaft; **~ macicy** Anat. body of the uterus

trzon|ek *m* [1] (uchwyt) handle; **~ek noża/łyżeczki/łopaty** a knife/spoon/spade handle [2] Bot. conidiophore

trzonow|y *adi.* [część] central, main; **ząb ~y** Anat. molar, grinder

trzos *m* (~ik *dem.*) (G ~u a. ~a, ~iku a. ~ika) daw. pouch, purse

■ **mieć pełny ~** to have a full purse

trzód|ka *f* [1] *dem.* (stado) flock; **~ka owieczek/kóz** a flock of sheep/goats [2] żart. (ludzi, pieszcz) brood, flock; **~ka synów i córek** a brood of sons and daughters; **ksiądz ze swoją ~ką** a priest with his flock

trzpie|ń *m* Techn. [1] (do mocowania) tang [2] (rdzeń) shank; **~ń śruby** the bolt shank [3] (część zamka) ward

trzpio|t *m*, **~tka** *f* (Npl ~ty, ~tki) żart. airhead, scatterbrain

trzpiotowato *adv.* żart. [zachowywać się] coltishly, skittishly

trzpiotowatoś|ć *f sgt* żart. coltishness, skittishness

trzpiotowa|ty *adi.* żart. [dziecko] coltish, skittish

trzust|ka *f* Anat. pancreas; **rak ~ki** pancreatic cancer

trzustkow|y *adi.* Anat. [przewody, sok] pancreatic

t|rzy U *num.* three

II *n sgt* Szkol. C; **zdał egzamin na trzy** he got (a) C for the exam

III trzy- *w wyrazach złożonych* three-; **trzyczęściowy** [garnitur] three-piece

■ **pracować za trzech** to work like nobody's business pot.; **jeść za trzech** to eat like a horse; **do trzech razy sztuka** przysł. third time lucky; **gadać** a. **klepać** a. **mówić** a. **pleść trzy po trzy** pot. to talk nineteen to the dozen; **mieć trzy ćwierci do śmierci** przysł. to be at death's door, to look like death warmed up pot.; **nie umiał powiedzieć** a. **sklecić trzech słów** (był małomówny) he was very uncommunicative; (nie umiał się wypowiedzieć) he couldn't string three words together; **nie umieć zliczyć do trzech** to be a dunce

trzyaktow|y *adi.* Literat., Teatr [dramat, sztuka, komedia, spektakl] three-act *attr.*

trzydniow|y *adi.* [1] (mający 3 dni) [niemowlę, pisklę, szczeniak] three-day-old *attr.* [2] (trwający 3 dni) [wycieczka, kurs, termin] three-day *attr.*

trzydniów|ka *f* [1] pot. (alkoholowa) three-day drinking spree; (w pogodzie) three days of bad weather [2] Med. three-day fever; roseola infantum spec.

trzydrzwiow|y *adi.* *[szafa, wejście]* three-door *attr.*; **~y model** (samochodu) a two-door hatchback

trzydziest|ka *f* ① (liczba) number 30; **na kartce namalowana była ~ka** number 30 was painted on a sheet of paper ② pot. (oznaczenie) number 30; **mieszkam pod ~ką** I live at number 30; **dojedziesz do mnie ~ką** you'll get to my place on the number 30 bus/tram ③ (grupa) **w tej sali nie zmieści się ~ka uczniów** this room won't accommodate thirty students ④ pot. (wiek) thirty; **była to wysoka, szczupła kobieta pod ~kę** she was a tall, slim woman in her late twenties; **ona jest po ~ce** she's thirty-something; **on jest dobrze po ~ce** he's in his late thirties ⑤ pot. (szybkość) **na moście można jechać najwyżej ~ką** on a bridge you can go at 30 kph at the most ⑥ posp. (kobieta) a thirty-year-old woman; **atrakcyjne ~ki** attractive thirty-year-olds

trzydziesto- *w wyrazach złożonych* **obchodzili trzydziestolecie pożycia małżeńskiego** they celebrated their thirtieth wedding anniversary; **trzydziestoosobowa klasa** a class of thirty pupils

trzydziestokrotnie *adv.* ① *[powtórzyć]* thirty times; **książkę wznowiono ~** the book was reprinted a. reissued thirty times ② *[wzrosnąć, zmaleć, zmniejszyć]* thirty times; **powiększył swój kapitał ~** he increased his capital thirtyfold

trzydziestokrotn|y *adi.* ① *[powtórzenie]* thirty-time; **~y rekordzista skoku wzwyż** a thirty-time high jump record-holder ② *[spadek, wzrost]* thirtyfold *attr.*; **~y spadek cen akcji** a thirtyfold fall in share prices

trzydziestolat|ek Ⅰ *m pers.* (Npl **~kowie**) pot. thirty-year-old; **oferujemy ciekawą pracę dla ~ków** we have an interesting job for thirty-year-olds
Ⅱ *m anim.* pot. (zwierzę) thirty-year-old animal

trzydziestolat|ka *f* pot. ① (kobieta) thirty-year-old (woman) ② (zwierzę) thirty-year-old female ③ (roślina lub rzecz) **sosna ~ka** a thirty-year-old pine tree

trzydziestoleci|e *n* (Gpl **~**) ① (okres) thirty years; **w tym roku pisarz obchodzić będzie ~e twórczości** this year the writer will celebrate thirty years of his work; **to jedna z najlepszych powieści ostatniego ~a** it's one of the best novels of the past three decades ② (rocznica) thirtieth anniversary; **~e ślubu** the thirtieth wedding anniversary

trzydziestotysięczn|y Ⅰ *num. ord.* *[mieszkaniec, klient, petent]* the thirty-thousandth
Ⅱ *adi.* **~y tłum** a crowd of thirty thousand people
Ⅲ **trzydziestotysięczna** *f* (w ułamkach) thirty-thousandth

trzydzie|sty Ⅰ *num. ord.* thirtieth; **dziś jest ~sty maja** it's the thirtieth of May today; **pierwsze dziecko urodziła w ~stym roku życia** she had her first child when she was thirty; **to się wydarzyło w roku tysiąc dziewięćset ~stym** that happened in nineteen thirty
Ⅱ *adi.* *[część]* thirtieth

Ⅲ *m sgt* (dzień miesiąca) the thirtieth; **~stego dostaję wypłatę** I get paid on the thirtieth
Ⅳ **trzydziesta** *f* (ułamek) one-thirtieth

trzydzie|ści *num.* (I **~stoma** a. **~stu**) thirty
■ **~ści srebrników** thirty pieces of silver

trzydzieścioro *num. mult.* → **trzydzieści**

trzykołow|y *adi.* three-wheeled; **pchał swój ~y wózek** he was pushing his three-wheeled cart; **~y rower** a tricycle

trzykroć Ⅰ *adv.* przest. three times, thrice; **~ raniony, zginął od kul** he was shot three times and died from his wounds
Ⅱ **po trzykroć** (wzmocnienie) three times, thrice; **przeżegnał się po ~** he crossed himself three times; **biada mu! biada! po ~ biada!** woe betide him! woe, and thrice woe

trzykrot|ka *f* Bot. tradescantia, spiderwort

trzykrotnie *adv.* ① *[powtarzać, mówić]* three times; **film został ~ nagrodzony** the film received three awards ② *[wzrosnąć, zmaleć, powiększyć, pomniejszyć]* three times, threefold; **miasto ~ się powiększyło** the town trebled a. tripled in size; **liczba ludności wzrosła ~ od 1959** the population has tripled since 1959

trzykrotn|y *adi.* ① **echo było ~e** the echo rebounded three times; **w zeszłym roku podjął ~ą próbę zdania egzaminu na prawo jazdy** last year he made three attempts at getting a driving licence ② *[zwycięzca]* triple; **był ~ym medalistą w skoku wzwyż** he was a triple high-jump champion ③ *[wzrost, spadek]* threefold; **w ostatnim roku zanotowano ~y wzrost przestępczości wśród nieletnich** last year there was a threefold increase in juvenile delinquency

trzylat|ek Ⅰ *m pers.* (Npl **~ki** a. **~kowie**) pot. three-year-old (child); **to zabawka dla ~ków** it's a toy for three-year-olds
Ⅱ *m anim.* pot. three-year-old animal; **organizowano gonitwy dwulatków i ~ków czystej krwi** they staged races for two- and three-year-old thoroughbreds
Ⅲ *m inanim.* pot. **mój komputer to ~ek** my computer is three years old
Ⅳ **trzylatki** *plt* (grupa przedszkolna) three-year-olds; **w zeszłym roku chodził do ~ków** last year he was in with the three-year-olds

trzylat|ka *f* pot. ① (dziewczynka) three-year-old girl ② (zwierzę) three-year-old female; **klacz ~ka** a three-year-old mare ③ (roślina lub rzecz) **ta lipa przed domem to ~ka** the lime (tree) in front of the house is three years old ④ (okres) three year period; **planować budżet na nadchodzącą ~kę** to plan the budget for the next three years

trzyletni *adi.* ① (mający 3 lata) *[dziecko, zwierzę, samochód]* three-year-old ② (trwający 3 lata) *[pobyt, okres]* three-year *attr.*; **mamy spłacić ten kredyt w terminie ~m** we have to repay the loan in three years' time; **~ plan przewiduje wzrost produkcji** the three-year plan provides for increased production

trzyma|ć *impf* Ⅰ *vt* ① (przytrzymać) to hold; **~ć dziecko na rękach** to hold a baby in one's arms; **~ła szklankę w ręku** she was

holding a glass in her hand; **chłopak ~ł dziewczynę za rękę** the boy was holding the girl by the hand ② (więzić) to keep, to hold; **~ć kogoś w areszcie** to keep sb in custody; Wojsk. to keep sb in detention; **~li go w niewoli przez dwa tygodnie** they held him prisoner for two weeks; **~ć psa na smyczy** to lead a dog on a leash; **choroba ~ła ją w łóżku** przen. her illness kept her in bed ③ (pozostawiać) to keep, to hold; **~ł ręce do góry** he held his hands up; **~ł ręce w kieszeni** he had his hands in his pockets; **~j głowę prosto!** hold your head up!; **~ć książki na półkach** to keep books on the shelves ④ (przechowywać) to keep, to store; **ryby i mięsa nie można długo ~ć w lodówce** fish and meat can't be kept long in the fridge; **~ć pieniądze w kasie** to keep money in the till ⑤ (utrzymywać) to keep; **~ć kogoś na diecie** to keep sb on a diet ⑥ (pilnować) **~ć wartę** to be on sentry duty; **~ć straż** to stand on a. to mount guard; **~ć pieczę** to have charge a. custody (**nad czymś** of sth) ⑦ pot. (hodować) to keep *[krowy, kury, gołębie]* ⑧ przest. (zarządzać) **~ć bank** Gry to be bank ⑨ przest. (zatrudniać) to keep *[ogrodnika, szofera]*; **~ć lokatorów/uczniów** to take (in) lodgers/students
Ⅱ *vi* ① (stanowić zamocowanie) *[klej, szew, kotwica]* to hold (fast) ② (nie słabnąć) *[mróz, śnieg]* to hold
Ⅲ **trzymać się** ① (chwytać się) to hold on (**czegoś** to sth) *[poręczy, liny, gałęzi]* ② (przytrzymywać się wzajemnie) **~li się za ręce** they were holding each other by the hand ③ (pozostawać) **~ć się razem** to keep a. stick together; **~ć się z daleka** to keep away (**od kogoś** from sb); **~ć się prawej strony** to keep to the right ④ (zachowywać kondycję) **~ć się prosto** to hold oneself straight; **mimo siedemdziesiątki dobrze się ~ł** although he was 70, he was in good shape; **on się wciąż dobrze ~** he's still going strong; **~j się (ciepło)!** take care! ⑤ (panować nad sobą) to bear up, to not give up; **mimo zmartwień ~ł się dzielnie** despite all his troubles he managed to bear up; **nie rozpaczaj, ~j się!** don't give up! ⑥ (nie poddawać się) to hold out; **załoga twierdzy ~ła się dzielnie przez dwa tygodnie** the men in the stronghold held out bravely for two weeks ⑦ (nie rozpadać się) to hold together, to not fall apart; **stary zamek ~ się mocno** the old lock is still in one piece ⑧ (o zwierzętach i roślinach) **kaczeńce ~ją się podmokłych łąk** kingcups usually grow on marshes; **kozice ~ją się skalistych zboczy** the chamois' favourite haunts are rocky slopes ⑨ (przestrzegać zasad) to follow, to obey; **~ć się litery prawa** to adhere to the letter of the law; **~ć się przepisów** to follow the rules ⑩ pot. (trwać) to remain, to keep up; **ceny towarów ~ją się bez zmian** the prices of the goods have remained the same; **w ubiegłym roku zima ~ła się długo** last year winter lasted a long time, last year it was a long winter
■ **~ć ciepło/wilgoć** *[materiał, substancja]* to retain warmth/moisture; **~ć gębę** a. **dziób** a. **pysk na kłódkę** pot. to keep one's mouth shut; **~ć język za zębami** to hold

one's tongue; **~ć kciuki za kogoś** to keep one's fingers crossed for sb; **~ć nerwy na wodzy** to hold one's anger in check; **~ć się przy życiu** to stay alive; **myśl o dziecku ~ła ją przy życiu** the thought of her child kept her going; **~ć kogoś krótko** to keep a tight reign on sb; **~ć coś pod kluczem** to keep sth under lock and key; **~ć kogoś pod pantoflem** to henpeck sb; **~ć się matczynej spódnicy** to be tied to one's mother's apron strings; **~ć się z dala** a. **z daleka od kogoś** to keep away from sb; **~ć kogoś na dystans** to keep sb at arm's length; **~ć kogoś za słowo** to hold sb to his/her word; **~ć się na słowo honoru** to hold together, but only just; **pieniądze się go/jej nie ~ją** he/she never seems to have enough money; he's/she's always in the red pot.; **żarty się ciebie ~ją** you must be joking; **~ć z kimś** a. **trzymać czyjąś stronę** to side with sb; **~ć dwie sroki a. kilka srok za ogon** przysł. to have many a. other irons in the fire

trzymadeł|ko n dem. pot. holder

trzymad|ło n [1] pot. (uchwyt) holder [2] przest., Techn. (imadło) holdfast, clamp

trzymanka → **bez trzymanki**

trzymasztowiec → **trójmasztowiec**

trzymasztowy → **trójmasztowy**

trzymiesięczn|y adi. [1] (mający 3 miesiące) [dziecko, szczenię] three-month-old attr. [2] (trwający 3 miesiące) [pobyt] three-month attr.

trzyminutow|y adi. three-minute attr.; **to ~a piosenka** it's a three-minute song; **zróbmy ~ą przerwę** let's have a break of three minutes

trzynast|ka f [1] (liczba) thirteen; **~ka kojarzy się z pechem** number thirteen is associated with bad luck [2] (grupa) thirteen; **~ka kolegów wybrała się na żagle** thirteen friends went sailing [3] pot. (oznaczenie) (number) thirteen; **mieszka pod ~ką** he lives at number 13; **~ką dojedziesz do domu** you'll get home on the number 13 bus/tram; **zanieś obiad do ~ki** take dinner to room number thirteen [4] pot. (pensja) annual bonus

trzynasto- w wyrazach złożonych thirteen-; **trzynastogodzinne czuwanie** a thirteen-hour vigil; **poemat napisany był trzynastozgłoskowcem** the poem was written in thirteen-syllable verse

trzynastokrotnie adv. [1] [powtórzyć, zwyciężać, przegrać] thirteen times; **~ zmieniał pracę** he changed jobs thirteen times [2] [wzrosnąć, zmaleć, powiększyć, pomniejszyć] thirteen times, thirteenfold; **ta posiadłość jest teraz warta ~ więcej** the value of the property has increased thirteenfold

trzynastokrotn|y adi. [1] [zwycięzca] thirteen-time; **~y mistrz olimpijski** a thirteen-time Olympic champion [2] [wzrost, spadek] thirteenfold

trzynastolat|ek [1] m pers. (Npl ~ki a. ~kowie) pot. thirteen-year-old; **jest to odpowiedni sport dla ~ków** it's a suitable sport for thirteen-year-olds
[1] m anim. pot. thirteen-year-old animal
[1] m inanim. pot. **ten dąb to zaledwie ~ek** that oak is just thirteen years old

trzynastolat|ka f pot. [1] (dziewczynka) thirteen-year-old (girl); **będąc ~ką, zajmowała się młodszymi dziećmi** as a thirteen-year-old she looked after the younger children [2] (zwierzę) thirteen year old female [3] (roślina lub rzecz) **ta brzoza to ~ka** that birch tree is thirteen years old

trzynastowieczn|y adi. thirteenth-century attr.; **ślub wzięli w starym, ~ym kościele** they were married in an old, thirteenth-century church

trzynastozgłoskow|y adi. Literat. thirteen-syllable

trzyna|sty [1] num. ord. thirteenth; **był ~sty na liście** he was thirteenth on the list; **według niektórych piątek ~stego to pechowy dzień** according to some people Friday the thirteenth is an unlucky day
[1] m (dzień) the thirteenth; **~stego mam egzamin z filozofii** I have my philosophy exam on the thirteenth
[1] **trzynasta** f [1] (godzina) one p.m., thirteen hundred hours; **pociąg odjechał o ~stej** the train left at thirteen hundred hours; **kończę pracę o ~stej** I finish work at one p.m. [2] (w ułamkach) thirteenth; **jedna trzynasta** one-thirteenth

trzyna|ście num. (I ~stoma a. ~stu) thirteen

trzynaścioro num. mult. → **trzynaście**

trzyosobow|y adi. [1] (mieszczący trzy osoby) **~y pokój** a room with three beds; **~y stolik** a table for three; **~y przedział** a three-person compartment [2] (złożony z trzech osób) **~a grupa ludzi** a group of three people; **~a grupa ekspertów** a group of three experts; **~a komisja** a three-person committee

trzypokojow|y adi. [dom, mieszkanie, apartament] three-roomed

trz|ysta num. (G ~ystu a. ~echset) three hundred

trzystu- w wyrazach złożonych **trzystuwatowa żarówka** a 300 Watt bulb

trzystutysięczn|y [1] num. ord. [mieszkaniec, klient, petent] three hundred thousandth
[1] adi. (liczący 300 000) **demonstracja zgromadziła ~y tłum** the demonstration attracted a 300,000-strong crowd

trzytomow|y adi. [encyklopedia, słownik, powieść] three-volume

trzytygodniow|y adi. [1] (mający trzy tygodnie) three-week-old; **~y szczeniak** a three-week-old puppy [2] (trwający 3 tygodnie) three-week; **~y kurs** a three-week-long course

trzytysięczny → **trzechtysięczny**

trzyzmianowo → **trójzmianowo**

trzyzmianowość → **trójzmianowość**

trzyzmianowy → **trójzmianowy**

T-shir|t /'tiszert/ m (G T-shirtu) T-shirt

tu [1] pron. [1] (wskazujące na miejsce) here; (wewnątrz) in here; **jej tu nie ma** she's not here; **co się tu dzieje?** what's going on here?; **połóż to tu** put it in here; **czy jest tu ktoś?** is anybody there?; **tu spoczywa...** (na nagrobku) here lies...; **tu jest napisane, że...** it says here that...; **tu gdzieś** somewhere here a. around; **tu mieszka moja siostra** this is where my sister lives; **tu, gdzie stoi mój dom, był kiedyś las**

(here) where my house stands there was a forest once; **tu i ówdzie** a. **tam** here and there; **tu i teraz** here and now [2] (wskazujące na sytuację) here, there; **tu się mylisz** that's where you're wrong; **nie będę tu wchodził w szczegóły** I won't go into detail (at this point); **żal nic tu nie pomoże** it's no use grieving; **tu właśnie jest problem** that's exactly where the problem lies; **tu cię mam!** I've got you there! pot.
[1] part. [1] (przedstawienie się) **tu Jan, czy mogę mówić z Adamem?** this is Jan, can I. may I speak to Adam?; **tu numer 567832** this is 567832; **tu Polskie Radio, Program I** Polish Radio, Programme 1 [2] (ekspresywne) **i co tu teraz robić!** and what am I/are we (going) to do now?; **jak tu malować dom, kiedy pada?** how can you paint the house when it's raining?; **wierz tu teraz komuś!** you (just) can't trust anyone!

tub|a f [1] (rura) speaking tube; **kapitan ogłosił przez ~ę, że zbliżamy się do portu** the captain announced through a speaking tube (that) we were approaching the harbour [2] przen., pejor. (głosiciel) mouthpiece; **dziennikarze stali się ~ą nowej władzy** the journalists became a mouthpiece for the new authorities [3] (rzecz w kształcie rury) tube; **sukienka/top w kształcie ~y** a tube dress/top; **malarz niósł zrolowane rysunki w ~ie** the artist was carrying rolled-up drawings in a tube [4] (opakowanie) tube; **w ~ie zostało jeszcze trochę kleju** there was some glue left in the tube [5] (zawartość opakowania) tube; **szybko zużył całą ~ę i wziął następną** he quickly used up the whole tube and took another one [6] Muz. (instrument muzyczny) tuba; **grać na ~ie** to play the tuba

tubalnie adv. **zaśmiać się ~** to give a booming laugh; **ten pies szczeka ~** this dog has a booming bark

tubaln|y adi. [głos, śmiech] booming; [głos] stentorian

tuberkulinow|y adi. Med. [alergia, próba] tuberculin attr.

tub|ka f dem. [1] (opakowanie) tube; **kup ~kę pasty do zębów** buy a tube of toothpaste [2] (zawartość opakowania) tube; **zużyła już całą ~kę kremu do rąk** she's already used up the whole tube of hand cream

tubylcz|y adi. Antrop. [plemię, szczep] native, indigenous [2] książk., przen. local

tubyl|ec m (V ~cu a. ~cze) [1] Antrop. native; **z buszu wyłonili się dwaj ~cy** two natives emerged from the bush [2] żart. native, local person; **zapytaj ~ców, w którą stronę teraz jechać** ask the locals which way to go now

tucz f sgt (G ~u) Roln. fattening; **~ gęsi** the fattening of geese

tuczarni|a f (Gpl ~) Roln. **~a świń/bydła/drobiu** a pig/cattle/poultry farm

tucząc|y [1] pa → **tuczyć**
[1] adi. Kulin. [słodycze, mięso, węglowodany] fattening; **ta potrawa jest bardzo ~a** this dish is very calorific a. fattening

tucznik m anim. Roln. porker

tucz|yć impf [1] vt [1] Roln. (karmić obficie) to fatten; **~yć świnie ziemniakami** to fatten pigs with potatoes ⇒ **utuczyć** [2] pot., żart. to feed up; **gospodyni ~yła nas różnymi**

T

przysmakami** the hostess stuffed us with various delicacies ⇒ **utuczyć**

II vi (powodować tycie) to make fat; **cukier ~y** sugar makes you fat

III **tuczyć się** [1] (jeść zbyt obficie) to grow fat; **~ył się na jej obiadach** he grew fat on her dinners [2] przen. (bogacić się) to get rich pot. (**czymś** a. **na czymś** on sth); **od paru lat ~ą się kosztem rodziny w Ameryce** for a few years they have been battening on their family in America [3] Roln. (o zwierzętach hodowlanych) to fatten; **drób ~y się szybko** poultry fattens quickly

■ **kradzione nie ~y** przysł. ill-gotten gains seldom prosper

tudzież coni. książk. as well (as), also

tu|ja f (Gpl ~i a. ~j) Bot. thuja, thuya

tukan m Zool. toucan

tule|ja f (Gpl ~i) [1] (tutka) cornet [2] Techn. (element konstrukcyjny) case, bush

tulej|ka f dem. [1] (mała tutka) (small) cornet; **przyniósł mi trochę cukierków w papierowej ~ce** he brought me some sweets in a paper cone [2] Techn. (element konstrukcyjny) (small) case, bush

tul|ić impf **II** vt [1] (obejmować) to hug, to cuddle; **~ić kogoś w ramionach** to clasp sb in one's arms; **matka ~iła dziecko do piersi** the mother hugged her child (tightly) [2] (dotykać) to nestle; **~ił głowę do kolan matki** he nestled his head against his mothers knees [3] (chować) **psy ~iły ogony pod siebie** the dogs put their tails between their legs; **ptak ~ił łepek pod skrzydło** the bird nestled its head under its wing [4] (o roślinach) **kwiat ~ił płatki o zmroku** the flower folded its petals at twilight

II **tulić się** to cuddle (up), to nestle; **~ić się do ciepłego pieca** to nestle up against a warm stove; **dzieci ~iły się do matki** the children were cuddling up to their mother; **szczenięta ~iły się do siebie** the animals nestled up against each other

tulipan m Bot. tulip

tulipanow|y adi. Bot. [cebulka, zapach] tulip attr.

tułacz m (Gpl ~y a. ~ów) [1] książk. wanderer, vagabond [2] przest., książk. (emigrant) emigrant, exile

❏ **Żyd Wieczny Tułacz** Literat. the Wandering Jew

tułacz|ka f [1] (kobieta) wanderer, vagabond [2] sgt (poniewierka) wandering (life); **po trzydziestoletniej ~ce wrócił do rodzinnej wsi** he returned to his home village after thirty years of wandering

tułacz|y adi. książk. [los, dola] wanderer's; **skazani na ~e życie** condemned to a life of wandering

tuła|ć się impf v refl. [1] (wędrować) to wander; **~ć się po świecie** to wander the earth [2] (wałęsać się) to roam, to rove; **~ć się po lasach** to roam through the woods

tułów m Anat. [1] (człowieka) torso, trunk [2] Zool. trunk

tuman II m pers. (Npl ~y) pot., obraźl. thickhead pot., obraźl., moron pot., obraźl.; **co robisz, ty ~ie!** what are you doing, you thickhead!

II m inanim. (G ~u) [1] (kłąb) cloud, flurry;

~ kurzu a cloud of dust; **~ liści/śniegu** a flurry of leaves/snow [2] książk. (mgła) mist; **lekki ~ wznosił się nad jeziorem** there was a light mist over the lake

tuma|nić impf vt pot. to fool, to bamboozle; **~nił ją różnymi obietnicami** he bamboozled her with promises ⇒ **otumanić**

tumanowato adv. pot., obraźl. like a thickhead a. moron

tumanowa|ty adi. pot., obraźl. [osoba] thickwitted; brain-dead pot.; [spojrzenie, odzywka] moronic pot., imbecile pot.; **co za ~te dziecko!** what a thick child!

tumiwisizm m (G ~u) sgt pot. don't-care attitude

tumul|t m (G ~tu) [1] (hałas) tumult; uliczny **~t** hubbub of the street; **oszołomił ją ~t wielkiego miasta** she was overwhelmed by the tumult of the big city [2] (zamieszki) unrest U

tund|ra f [1] Geog. (obszar) tundra; **bezkresna ~ra** the vast tundra [2] Biol. (roślinność) tundra vegetation

tundrow|y adi. Geog. [zwierzęta, krajobraz, obszar] tundra attr.

tunel m (G ~u, Gpl ~i a. ~ów) [1] Transp. (odcinek drogi) tunnel; **~ drogowy/kolejowy** a road/railway tunnel; **jechaliśmy kilkukilometrowym ~em** we drove along a several-kilometre-long tunnel [2] (pomieszczenie) passage, passageway; **lew wybiegł z ~u na arenę** the lion ran out of the passage into the arena [3] Górn. tunnel

❏ **~ aerodynamiczny** Fiz., Techn. wind tunnel; **~ foliowy** a. **ogrodniczy** Ogr. plastic tunnel; **~ hydrotechniczny** hydrotechnical tunnel; **~ powietrzny** Przem. air passage

■ **światło** a. **światełko w ~u** the light at the end of the tunnel

tunelik m dem. tunnel

tunelow|y adi. [1] Transp. [połączenie, roboty] tunnel attr. [2] (dotyczący pomieszczenia) passage attr.; **suszarnia ~a** Przem. a tunnel drier [3] Górn. [sklepienie] tunnel attr.

tune|r m /'tjuner/ Radio, Techn. [1] (w radioodbiorniku lub telewizorze) tuner [2] (odbiornik) tuner amplifier

tunicz|ka f dem. rzad., Moda tunic

tuni|ka f [1] Moda tunic [2] zw. sg Zool. (wydzielina nabłonka) tunic

tuńczyk m Zool. tuna (fish); **kawałki ~a w oleju/w sosie własnym** tuna chunks in oil/in brine

tupać impf → **tupnąć**

tupecia|ra f pot., pejor. impudent person; **z tej dziewczyny jest niezła ~ra** that girl's got a (bit of a) cheek

tupeciarz m (Gpl ~y) pot., pejor. impudent person; **ale z ciebie ~!** you've got a cheek!

tupe|t m (~cik dem.) (G ~tu, ~ciku) [1] sgt (śmiałość) impudence, cheek; **mieć duży ~t** to have a lot of cheek; **ale ~t!** what a cheek a. nerve! [2] Moda (peruka) toupee, hairpiece

tup|nąć pf — **tup|ać** impf (~nę — ~ię) vi to thump, to stamp (one's feet); **~nąć nogą ze złości** to stamp one's foot in anger; **~ać, idąc na górę/korytarzem** to thump upstairs/along the corridor

tupo|t m (G ~tu) sgt stamp, patter; **~t racic** the patter of hooves; **chłopak biegł**

z głośnym ~tem the boy ran along noisily; **w hallu rozbrzmiewał tak głośny ~t nóg, że nie można było porozmawiać** the stamping of feet in the hall was so loud that one couldn't talk

tupo|tać impf (~czę a. ~cę, ~czesz a. ~cesz) vi [1] (o człowieku lub zwierzęciu) to patter ⇒ **zatupotać** [2] (o stopach, butach, kopytach, racicach) to patter; **trzy pary dziecinnych stóp ~czą przez przedpokój** three pairs of children's feet are running pit-a-pat through the hall ⇒ **zatupotać**

tupta|ć impf vi pot. to toddle, to totter; **dzieci ~ły po podwórku** the children were toddling around in the yard

tu|r m Zool. aurochs; **dwa tury** two aurochs a. aurochsen; **silny jak tur** pot. as strong as an ox

tu|ra f [1] (etap, runda) round [2] (grupa) group, party

turban m (G ~u) turban

turbin|a f (~ka dem.) turbine

turbinow|y adi. Techn. turbine attr.; **pociąg ~y** a turbotrain; **silnik ~y** a turbine engine

turbośmigłow|iec m Lotn. turboprop

turbośmigłow|y adi. Lotn. turboprop attr.; **silnik ~y** a propjet

turec|ki II adi. [dywan, tytoń, armia] Turkish; **kawa po ~ku** Turkish coffee; pot. (parzona w szklance) ground coffee brewed in the cup; **„~ki" wzór** paisley U; **siedzieć po ~ku** to sit cross-legged

II **turecki** m (język) Turkish, the Turkish language

■ **siedzieć jak na ~kim kazaniu** to not make head or tail of things

Tur|ek m, **~czynka** f Turk; **moja żona jest ~czynką** my wife is Turkish

turkawecz|ka f dem. [1] pieszcz. (ptak) little turtle dove [2] przest., pieszcz. (szczebiotka) little chatterbox

turkaw|ka f [1] Zool. turtle dove [2] przest., przen. chatterbox

Turkmen m, **~ka** f Turkmen, Turkoman; **dwóch ~ów** two Turkmen a. Turkomans

turkmeńs|ki adi. Turkmen attr., Turkoman attr.

turko|t m (G ~tu) rattle; **~t młyna/kół pociągu** the rattle of a mill/of train wheels

turko|tać impf (~cze a. ~ce) vi to rattle; **wozy ~tały po wybojach** the carts rattled a. were rattling over potholes

turku|ć m Zool. **~ć podjadek** mole cricket

turkus m [1] (G ~a a. ~u) Miner. turquoise; **broszka z ~em** a turquoise brooch [2] (G ~u) książk. (kolor) turquoise

turkusik m dem. turquoise

turkusowo adv. like turquoise

turkusow|y adi. [1] [broszka, kolia] turquoise attr. [2] książk. [niebo, woda, oczy, bluzka] turquoise attr.

turl|ać impf **II** vt pot. to roll; **~ać piłkę po trawie** to roll a ball on the grass ⇒ **poturlać**

II **turlać się** pot. [1] (toczyć się) to roll about; **kulki ~ały się w pudełku** the balls were rolling about a. around in the box ⇒ **poturlać się** [2] (tarzać się) to roll about a. around; **dzieci ~ały się w śniegu** the kids were rolling around a. about in the snow ⇒ **poturlać się** [3] żart. (iść z wysiłkiem) to waddle; **jest tak gruby, że ledwo się ~a** he's so fat he can hardly move ⇒ **poturlać się**

turni|a f (Gpl **~**) książk. crag, peak; **~e tatrzańskie** the peaks of the Tatra mountains

turniej m (G **~u**) [1] Sport championship(s), tournament; **~ krajowy/międzynarodowy** a national/international championship; **~ szachowy/tenisowy/golfowy** a chess/ tennis/golf championship a. tournament [2] Hist. (zawody rycerskie) tournament, tourney

turniejow|y adi. [1] Sport championship attr., tournament attr. [2] Hist. tournament attr., tourney attr.

turniura → **tiurniura**

turnus m (G **~u**) [1] (okres pobytu) **przez cały nasz ~ padał deszcz** it rained all through our holiday [2] pot. (grupa) batch, lot; **poprzedni ~ miał piękną pogodę** the previous group of tourists had wonderful weather

turo|ń m (Gpl **~ni** a. **~niów**) Christmas mummer disguised as a barnyard animal

tury|sta m, **~stka** f [1] (urlopowicz) tourist, holidaymaker; **zapalony ~sta** a keen tourist; **~sta zmotoryzowany/pieszy** a motoring tourist/a hiker [2] (wędrowiec) hiker, rambler

turystycznie adv. **trasa ~ ciekawa** an interesing route for tourists a. from a tourist's point of view

turystyczn|y adi. tourist; **sezon ~y** a tourist season; **biuro informacji ~ej** a tourist (information) office; **atrakcja ~a** a showplace, a tourist attraction; **szlak ~y** a tourist route, a hiking trail; **sprzęt ~y** camping equipment; **buty ~e** walking a. hiking boots; **rower ~y** a tourer; **przyczepa ~a** a caravan; **klasa ~a** tourist a. economy class; **organizator imprez ~ych** a tour operator

turysty|ka f sgt tourism; **~ka krajowa/ zagraniczna** domestic/foreign tourism; **~ka indywidualna/zorganizowana/masowa** individual/package/mass tourism; **~ka piesza/żeglarska** hiking/sailing; **~ka aborcyjna** abortion tourism

turzyc|a f [1] Zool. female aurochs; **dwie ~e** two (female) aurochs a. aurochsen [2] Bot. sedge [3] sgt środ., Myślis. hare/rabbit fur

tusz[1] m (G **~u**) [1] (farba) ink; **~ kreślarski** drawing ink [2] Kosmet. (do rzęs) mascara U; (do kresek) eyeliner U [3] Szt. (malowidło, rysunek) ink drawing

tusz[2] m zw. sg (G **~u**) przest. douche, shower

tusz[3] m zw. sg (G **~u**) Muz. flourish, fanfare

tusz[4] m zw. sg (G **~u**) Sport touché

tusz|a f [1] sgt corpulence, fatness; **kobieta obfitej ~y** a. **o obfitej ~y** an obese woman; **nabrać/pozbyć się ~y** to put on weight/to lose weight [2] zw. pl (ubite zwierzę) carcass; **~e drobiowe** chicken carcasses

tuszon|ka f pot. (konserwa mięsna) spam U

tusz|ować impf vt [1] (ukrywać) to cover up [błąd, przestępstwo, prawdę, fakty, straty, skandal] ⇒ **zatuszować** [2] (maskować) to mask [mankamenty urody, figury] [3] Kosmet. **~ować rzęsy** to apply mascara to one's eyelashes; **~ować powieki** to apply eyeshadow to one's eyelids ⇒ **wytuszować** [4] (kreślić) to go over [sth] in ink [rysunek]

tutaj → **tu**

tutej|szy [I] adi. [mieszkańcy, klimat, szkoła, warunki, zwyczaje] local

[II] **tutej|szy** m, **~sza** f pot. local (inhabitant); **zapytaj o drogę ~szych** ask the locals how to get there; **nie wiem, nie jestem ~sza** I don't know, I'm a stranger here a. I'm just a visitor

tut|ka f [1] (stożek z papieru) cornet [2] przest. (gilza) cigarette tube

tutti frutti /ˌtutti'frutti/ n inv. [1] Kulin. (konfitura) mixed fruit preserve; (deser z surowych owoców) fruit salad; (lody owocowe) tutti-frutti ice cream [2] książk., przen. (różne rzeczy) miscellanea

tuz [I] m pers. książk. (osobistość, znakomitość) ace, bigwig; **jeden z ~ów polskiego tenisa** one of the Polish tennis aces; **~y świata polityki** political bigwigs, political VIPs; **~y naszych scen i ekranu** our stars of stage and screen

[II] m inanim. przest. (as) ace; **~ kierowy/ pikowy** an ace of hearts/spades; **~ atutowy** an ace of trumps

tuziem|iec m zw. pl książk. local inhabitant; autochthon spec.; native przest.

tuzin [I] m pot. dozen; **dwa ~y/pół ~a jaj** two dozen/half a dozen eggs

[II] **tuziny** plt pot. dozens; **odbierać ~y telefonów** to answer dozens of phone calls

tuzinkow|y adi. książk., pejor. [aktor, pisarz] mediocre, second-rate; [film, sztuka, fabuła, dialogi] banal

tuż part. [1] (w przestrzeni) **~ przed kimś/ czymś** right in front of sb/sth; **~ za kimś/ czymś** right behind sb/sth; **~ pod/nad oknem** just under/above the window; **~ obok kogoś/czegoś** right next to sb/sth; **piłka wylądowała ~ przed linią** the ball landed just inside the line; **~ pod jego nosem** right under his nose [2] (w czasie) **po/przed czymś** just after/before sth; **nastąpić ~ po czymś** to come a. follow hard on the heels of sth; **zachorowała ~ przed emeryturą** she fell ill just before retiring; **~ potem** shortly after(wards); **Boże Narodzenie ~, ~** Christmas is just around the corner; **zwycięstwo było ~, ~** victory was practically in our/their grasp

tużur|ek m Hist., Moda frock coat

TV /te'faw, ti'vi/ (= telewizja, telewizyjny) TV; **program TV** a. **tv** TV programme

twa → **twój**

twardaw|y adi. pot. [1] (sztywny) a bit (too) hard, toughish; **spał na ~ym łóżku** he slept on a not-too-soft bed [2] (niedogotowany) [pieczeń, ziemniaki] undercooked, underdone; [makaron] al dente

twardni|eć impf (**~ał, ~eli**) vi [1] (sztywnieć) to harden [cement, zaprawa, klej] ⇒ **stwardnieć** [2] przen. (stawać się nieczułym) to harden (one's heart); **~eli w walce o przetrwanie** the struggle for survival made them hard; **w takim fachu ludzie zwykle ~eją** this kind of job usually hardens people's hearts ⇒ **stwardnieć** [3] książk. (stawać się surowym) [głos, spojrzenie, rysy] to harden ⇒ **stwardnieć** [4] Jęz. (tracić miękkość) to harden, to depalatalize

twar|do adv. grad. [1] (sztywno) hard; **było mi ~do spać na tym łóżku** the bed was very hard to sleep in; **ziemia była ~do**

ubita the earth was beaten down hard [2] przen. (surowo) [wychowywać, postępować] strictly; [powiedzieć] firmly [3] książk., przen. (bezkompromisowo) [upierać się, upominać się, żądać] firmly, resolutely [4] Jęz. [wymawiać] hard

■ **jajko na ~do** a hard-boiled egg; **spać ~do** pot. to be sound a. fast asleep

twardogłow|y adi. pot., obraźl. hard-liner, diehard

twardoś|ć f sgt [1] (nieelastyczność) hardness [2] przen. (surowość) strictness, firmness; **~ć w egzekwowaniu przepisów** firmness in enforcing the rules; **znany był z ~ci zasad moralnych** he was well known for the strictness of his morals

❏ **~ć metali** Techn. hardness of (precious) metals

twar|dy [I] adi. grad. [1] (sztywny) [nawierzchnia, materac, drzewo, ziemia] hard; **~de krzesła** hard chairs [2] przen. (nieustępliwy) [charakter, osobowość] hard, tough; [biznesmen, zawodnik] tough [3] przen. (surowy) [konkurencja, warunki, prawo, dyscyplina] tough; [gra, sport] rough [4] przen. (nieprzyjemny) [spojrzenie, głos, słowa] harsh [5] [mięso] tough, undercooked

[II] m pot. dollar

■ **~dy człowiek** hard man; **~dy sen** sound sleep; **~de serce** hard heart

twardziel [I] m pers. (Gpl **~i** a. **~ów**) pot. (twardy człowiek) tough guy a. customer; **reżyserzy od lat obsadzają go w rolach ~i** directors have been casting him as a tough guy for years; **to ~, nie będzie łatwo go zastraszyć** he is a tough customer and it won't be easy to intimidate him

[II] m inanim. środ., Komput. (dysk twardy) hard disk a. drive

[III] f [1] Bot. (w drewnie) hardwood [2] sgt Med. (respiratory) scleroma

twarogow|y adi Kulin. [pasta, masa] curd attr.; **ser ~y** curd a. cottage cheese

twar|óg m (**~ożek** dem.) (G **~ogu, ~ożku**) curd a. cottage cheese; **~óg ze śmietaną i szczypiorkiem** cottage cheese with cream and chives

twarz f [1] (oblicze) face; **całować kogoś po ~y** to cover sb's face with kisses; **roześmiać się komuś w ~** to laugh in sb's face; **skądś znam tę ~** I know that face; **uderzył mnie pięścią w ~** he punched me in the face; **miała zakłopotany wyraz ~y** she had a troubled look on her face; **napluć** a. **plunąć komuś w ~** pot., pejor. to spit in sb's face [2] przest. (osoba) face; **na zebraniu było kilka nowych ~y** there were a few new faces at the meeting [3] książk., przen. (aspekt, odmiana) face, aspect; **marzenia senne to inna ~ naszej psychiki** dreams constitute another facet of our psyche [4] pot. (usta) face; **zamknij ~!** shut your face!

■ **blada ~** książk. paleface; **z kamienną ~ą** książk. stony-faced; **wszyscy milczeli, mieli kamienne ~e** everyone stood/sat there stony-faced; **pokerowa ~** książk. poker face; **z pokerową ~ą odpowiadał na wszystkie pytania** he answered all the questions poker-faced; **dać komuś w ~** pot. to slap sb across the face; **dostać w ~** a. **po ~y** pot. to be slapped across the face; **do ~y jej w tym** it suits a. becomes her; **w ciemnych kolorach nie jest mi do ~y** dark colours don't suit me; **czy byłoby mi do ~y w różu?** would I look good in pink?; **powiedzieć komuś (prosto) w ~** pot. to tell sb to their face, to tell sb outright; **powiedziałem mu prosto w ~, że jest leniem** I told him to his face that he was lazy; **kurza ~!** pot. damn it!; **leżeć/ siedzieć/stać ~ą do czegoś/do kogoś** to face sth/sb, to lie/sit/stand face to face with sth/sb; **leżał ~ą do ściany** he lay facing the wall; **malować się na (czyjejś) ~y** książk. to be written all over sb's face; **masz to wypisane na ~y** it's written all over your face; **mienił się na ~y** his face changed colour; **na ~** posp. per head, a head; **na imprezie było po butelce wina na ~** at the party there was a bottle of wine per head; **padać na ~** pot. (być bardzo zmęczonym) to be dead tired; **padać przed kimś na ~** (bić pokłony) to fall prostrate a. to prostrate oneself before sb; pot., pejor. (płaszczyć się) to grovel to a. before sb; **spotkać się** a. **stanąć ~ą w ~ z kimś** to come a. stand face to face with sb; **stanąć ~ą w ~ z czymś** to face a. to come face to face with sth; **stracić/zachować ~** to lose/to save face; **~ się mu/jej wyciąga** a. **wydłuża** przen. his/her face drops a. falls; **kiedy usłyszał, że nie dostanie premii, ~ mu się wydłużyła** when he heard he wouldn't get a bonus his face fell; **wyjść z czegoś z ~ą** pot. to get out of sth without losing face; **wyraz ~y** (facial) expression; **wziąć** a. **trzymać kogoś za ~** posp. to keep sb on a tight rein a. leash; **całą firmę trzymał ostro za ~** he kept a tight a. firm grip on the whole company; **zrobić sobie/ komuś ~** pot. to make up a. do (up) one's/ sb's face

twarzowo adv. [ubierać się] becomingly
twarzow|y adi. [1] (dotyczący twarzy) [nerw, mimika] facial [2] (zdobiący) becoming, flattering; **kolor czarny jest ~y dla blondynek** black suits blondes, blondes look good in black; **masz bardzo ~e uczesanie** your hair looks good a. nice
twarzycz|ka f dem. pieszcz. face
twe → twój
twee|d /twid/ m (G ~du) [1] Włók. (tkanina) **płaszcz z ~du** a tweed coat [2] zw. pl pot. (ubranie) tweeds; **chodzić w ~dach** to wear tweeds
tweedow|y /twiˈdovɪ/ adi. [kostium, płaszcz, marynarka] tweed attr.
twierdz|a f [1] Hist., Wojsk. (fort, bastion) stronghold, fortress [2] Hist. (więzienie) stronghold [3] książk., przen. (warownia) fortress, stronghold; **bank jest ~ą najeżoną urządzeniami alarmowymi** the bank is a fortress bristling with alarm devices [4] przen. (opoka, ostoja) bastion przen.
twierdząco adv. affirmatively
twierdząc|y [I] pa → twierdzić
[II] adi. [1] książk. (akceptujący) affirmative; [odpowiedź] positive [2] Jęz. (niezaprzeczony) affirmative
❏ **sąd ~y** a. **zdanie ~e** Log. affirmative (proposition)

twierdze|nie [I] sv → twierdzić
[II] n [1] (wyrażenie opinii) statement, claim [2] Log., Mat. theorem, proposition; **~nie Pitagorasa** Pythagoras' theorem
twier|dzić impf vi [1] (wyrażać opinię) to claim; **~dził, że jest wyleczony** he claimed he'd been cured ⇒ **stwierdzić** [2] (zapewniać) to say; **ci, którzy go znali, ~dzili, że nie był tchórzem** those who knew him said he was not a coward ⇒ **stwierdzić** [3] (utrzymywać) to maintain; **rząd ~dzi, że cięcia w budżecie są konieczne** the government maintains budget cuts are essential ⇒ **stwierdzić**
twi|st /twist/ m [1] (taniec) the twist; **tańczyć ~sta** to do the twist [2] (słoik z nakrętką) a jar with a twist top
twistow|y /twiˈstovɪ/ adi. [1] [zespół, muzyka] twist attr. [2] [zakrętka, zamknięcie] twist-top
twoja → twój
twoje → twój
tw|orzyć impf [I] vt książk. [1] (powodować, sprawiać) to build, to form; **tworzyć nowe osiedla** to build new housing estates; **tworzyć armię/nowy rząd** to form an army/a new government; **tworzyć wyrazy pochodne** to form derivatives ⇒ **utworzyć** [2] książk. (nadawać formę) to create, to produce; **siadał do fortepianu i tworzył nowe kompozycje** he would sit at the piano and compose new works; **artysta tworzył w granicie** the artist's material a. medium was granite [3] (stanowić) to form, to make up; **drzewa tworzyły szpaler** the trees formed a line; **tworzyli zgraną parę** they were a well-matched couple ⇒ **utworzyć**
[II] **tworzyć się** [1] (formować się) to be formed, to be made up; **oddziały partyzanckie tworzyły się z ochotników** the guerrilla squads were made up of volunteers ⇒ **utworzyć się** [2] (powstawać) to form; **na gotowanym mleku tworzy się kożuch** skin forms on boiled milk ⇒ **utworzyć się**
tworzyw|o n książk. [1] (materiał) material; **ulubionym ~em artysty jest marmur** the artist's favourite material a. medium is marble [2] (surowiec) material [3] przen. (kanwa, podstawa) raw material; **przeżycia wojenne były ~em dla scenarzysty** the scriptwriter's war experiences were a. formed his raw material
❏ **~o sztuczne** Chem. plastic
tw|ój (twoja, twa książk., twoje, twe książk.) [I] pron. (przed rzeczownikiem) your; (bez rzeczownika) yours; **twój długopis/twoje mieszkanie** your pen/flat; **pieniądze nie były twoje** the money wasn't yours; **czy to twoja książka?** is this book yours?; **to twój kolega?** is that one of your friends? [II] **twój** m, **twoja** f pot. your other half pot. [III] **twoi** (rodzina) your family; **co tam słychać u twoich?** how's the a. your family? [IV] **twoje** (własność) your property [V] **po twojemu** (według ciebie) according to you; **niech już będzie po twojemu** okay, have it your own way
tw|ór m (G tworu) [1] (stworzenie) creature; **gąbki to twory morskie** sponges are marine creatures [2] (wytwór) creation; **jego**

„Pasja" to kunsztowny twór artystyczny his 'Passion' is an elaborate artistic creation [3] Biol. growth; **na skórze pojawił mi się jakiś twór** some growth appeared on my skin [4] Geol. formation
twór|ca m, **~czyni** f [1] (autor) author, creator; **gościmy w studio ~ców tego filmu** the creators of the film are with us in the studio [2] (artysta) artist; **wystawa prezentuje prace ~ców ludowych** the exhibition has a. contains works by folk artists
twórczo adv. [rozwijać się, pracować, myśleć] creatively
twórczoś|ć f sgt [1] (tworzenie) (artistic) work; **reżyser uroczyście świętował dwudziestolecie swej ~ci filmowej** the director celebrated twenty years in the cinema; **książka opisuje dzieje życia i ~ci van Gogha** the book describes the life and works of Van Gogh; **poeci często korzystali z poetyckiej ~ci ludowej** poets often made use of folk poetry [2] (dorobek) production, output; **festiwal jest okazją do przyjrzenia się rodzimej ~ci filmowej** the festival is an opportunity to take a look at domestic film production; **dziś w programie przyglądamy się jego ~ci literackiej** on today's programme we are looking at his literary output
■ **radosna ~ć** pot., iron. messing around
twórcz|y adi. [1] (odkrywczy) [działalność, praca, inicjatywa, umysł, koncepcja] creative; [dyskusja, krytyka] constructive [2] (dotyczący twórców) [środowisko, związki] artistic
ty (ciebie, cię, tobie, ciebie, cię, tobą) [I] pron. you; **ty to zrób** you do it; **czy to ty?** is this/that you?; **„kto wyjdzie z psem?" – „ty"** 'who's going to take the dog out?' – 'you are'; **ty sam to napisałeś?** did you write it yourself?; **kupić ci lody?** would you like an ice cream?; **ciebie to nie dotyczy** it doesn't concern you; **dla ciebie** for you; **o tobie** about you; **z tobą/bez ciebie** with/without you; **tyś chyba zwariował!** you must be mad!; **ty idioto!** you fool!; **być na ty (z kimś)** to be on first-name terms (with sb); **przejść z kimś na ty** to get onto first-name terms with sb
[II] inter. pot. you; **hej ty! gdzie leziesz?** hey you! where do you think you're going! pot.
[III] ci part. **to ci zabawa!** what a scream a. laugh pot.; **to ci pech!** bad a. terrible luck!; **nagle jak ci nie huknie!** suddenly there was this incredible bang pot.
Tybeta|ńczyk m, **~nka** f Tibetan
tybetańs|ki adi. Tibetan
tyci adi. pot., pieszcz. tiny (little); teeny-weeny pot., weeny pot.; **znał ją, kiedy była ~a** he knew her when she was a tiny tot a. when she was knee-high to a grasshopper
tycz|ka f [1] (patyk) pole; **wysoki/szczupły/ prosty jak ~ka** as tall/thin/straight as a beanpole [2] Sport (w lekkiej atletyce) pole; **skok o ~ce** pole vault a. jump
❏ **~ka geodezyjna** a. **miernicza** ranging pole a. rod
tyczkarz m (Gpl ~y) Sport pole-vaulter
tyczkow|y adi. pole attr.
tycz|yć impf [I] vt [1] (wyznaczać) to mark out [droga, trasę] ⇒ **wytyczyć** [2] (podpierać tyczkami) to pole, to stake [chmiel, groch]

III **tyczyć się** przest. (odnosić się) to concern; **uwagi ~ą się jego ostatniej książki** the comments relate to his latest book; **wyjaśnił szczegóły ~ące się jego pracy** he explained the details of his work

■ **co się ~y** as for, as to; **co się ~y tortu, był bardzo smaczny** as for the cake, it was delicious; **on wie wszystko, co się ~y samochodów** he knows everything about motor cars

ty|ć impf (**tyję**) vi to put on weight, to grow fat; **tyć od słodyczy** to grow fat from eating sweets; **zamiast chudnąć, wciąż tyję!** instead of getting slimmer, I'm putting on weight! ⇒ **utyć**

ty|dzień m week; **w tym/przyszłym/ ubiegłym tygodniu** this/next/last week; **posiedzenia odbywały się dwa razy w tygodniu** the meetings were held twice a week; **co dwa tygodnie** every two weeks; **co trzeci tydzień** every third week; **pada od tygodnia** it's been raining for a week; **co tydzień chodzimy do kina** every week we go to the cinema; **za tydzień wyjeżdżamy** we're leaving in a week; **w tygodniu jemy na mieście** during the week we eat out

❏ **Wielki Tydzień** Holy Week

tyfus m sgt (G **~u**) Med. typhus, spotted fever; (brzuszny) typhoid; **epidemia ~u** a typhoid/typhus epidemic; **zaszczepić się na ~** a. **przeciwko ~owi** to get vaccinated against typhoid/typhus

❏ **~ plamisty** typhus fever; **~ powrotny** relapsing fever; **~ rzekomy** paratyphoid fever

tyfusow|y adi. Med. (związany z durem brzusznym) typhoidal attr.; (związany z durem plamistym) typhous

tyg|iel m **1** Techn. (naczynie) melting pot, crucible **2** zw. sg książk., przen. melting pot; **Ameryka to ~iel, w którym mieszają się różne kultury** America is a melting pot where different cultures intermix

tygiel|ek m dem. melting pot

tyglow|y adi. Techn. [piec, stal] crucible attr.

tygodnik m weekly; **„Newsweek" to ~ międzynarodowy** 'Newsweek' is an international weekly magazine

tygodniowo adv. **1** (co tydzień) every week, weekly; **umówili się, że będzie płacił ~, nie miesięcznie** they agreed he would pay weekly, not monthly **2** (w ciągu tygodnia) a week, per week; **powinienem zrobić siedem takich wzorów ~** I should do seven such designs a week

tygodniow|y adi. **1** (trwający tydzień) week's, week-long; **wyjechała na ~y urlop** she left for a week's holiday; **mamy ~e opóźnienie** we're a week late; **~y cykl wykładów** a week-long series of lectures **2** (powtarzający się co tydzień) week's; **czynsz ~y** a week's rent; **~e zarobki** a week's wages

tygodniów|ka f **1** pot. (zapłata za pracę) weekly rate, week's wages **2** (kieszonkowe) (weekly) pocket money

tygrys m **1** Zool. tiger; **walczyć jak ~** to fight tooth and nail **2** Hist., Wojsk. (czołg) Panzer (German tank used in World War II)

❏ **~ szablasty** Zool. sabretooth, sabre-

toothed cat a. tiger; **~ syberyjski** Zool. Siberian tiger

■ **azjatycki ~** Ekon. tiger (economy) (of the Far East); **papierowy ~** paper tiger

tygrys|ek m dem. **1** Zool. tiger cub **2** (zabawka) toy tiger

tygrysi adi. [zwinność, siła] tigerish, tiger-like; **~e oko** tiger's eye

tygrysiątk|o n dem. pieszcz. tiger cub

tygrysic|a f Zool. tigress, female tiger

tygrysi|ę n dem. (G **~ęcia**) tiger cub

ty|ka f **1** (palik) pole; **tyka do fasoli** a beanpole, a bean pole US **2** pot. (wysoki chudzielec) beanpole pot., bean pole US pot.; **jest chudy/wysoki jak tyka** he is (as) thin/tall as a beanpole pot. **3** Myślis. (w porożu) beam **4** Żegl. (znak nawigacyjny) marker; **tyka lewostronna/prawostronna** a starboard/port marker

❏ **tyka geodezyjna** a. **miernicza** staff

tykać[1] impf → **tknąć**[1]

tykać[2] impf → **tyknąć**

tyka|ć[3] impf vt pot. **~ć kogoś** to be on first-name terms with sb

tyk|nąć pf — **tyk|ać**[2] impf (**~nęła, ~nęli — ~am**) vi [zegar, budzik] to tick, to tick-tock

tyko|t m sgt (G **~tu**) tick-tock

tykowato adv. **wyglądać ~** to look like a beanpole GB a. bean pole US pot.

tykowa|ty adi. [osoba] lanky, spindly; [nogi, kończyny] spindly

tykw|a f **1** Bot. (roślina) bottle gourd, calabash; (owoc) gourd, calabash **2** (naczynie) gourd

tyl|e pron. **1** (taka wielkość) (z policzalnymi) this a. that many; (z niepoliczalnymi) this a. that much; (aż tak wiele) (z policzalnymi) so many; (z niepoliczalnymi) so much; (w zdaniach porównawczych) (z policzalnymi) as many; (z niepoliczalnymi) as much; **~e (ryżu) powinno wystarczyć** that much (rice) should be enough; **„daj mi dziesięć kopert" – „u nie mam"** 'give me ten envelopes' – 'I don't have that many'; **(ona) mieszka w Krakowie, ~e wiem** she lives in Cracow, that's all a. that much I know; **wiem tylko ~e, że...** I only know that...; **zgłosiło się ~u ochotników, że...** so many volunteers applied that...; **~e razy go prosiłam** I've asked him so many times; **~e gadała, że ochrypła** she talked so much she went hoarse; **jest jeszcze ~e do zrobienia** there's so much (still) to do; **nie miała ~ siły, żeby podnieść walizkę** she didn't have enough strength a. the strength to lift the case; **przynieś ~e krzeseł, żeby wszyscy mogli usiąść** bring enough chairs for everybody to be able to sit down; **~e lat się nie widzieliśmy** we haven't seen each other for so many years; **~e wysiłku na próżno** all that effort for nothing; **~e na dziś** that's all for today; **~e o autorze, a teraz... so** much for the author, and now...; **~e na razie ze studia** that's all for now from the studio; **zaproś ~u kolegów, ilu chcesz** invite as many friends as you wish; **dałem jej ~e pieniędzy, ile miałem** I gave her what money I had; **dwa/pięć razy ~e** (z policzalnymi) twice/five times as many; (z niepoliczalnymi) twice/five times as much; **mam dwa razy ~e lat, co on** I'm twice

as old as he is; **~ samo** (z policzalnymi) as many; (z niepoliczalnymi) as much; **zatrudniamy ~e samo robotników, co rok temu** we employ the same number of workers as a year ago; **mają ~e samo lat** they are the same age; **~e a ~e** (z policzalnymi) (so and) so many; (z niepoliczalnymi) (so and) so much; **na ~e ważny/dokładny** important/precise enough; **był na ~e sprytny, że nikomu o tym nie powiedział** he was clever enough not to tell anyone about it; **jest na ~e skrupulatny, że nikt nie musi po nim sprawdzać wyników** he's so accurate that no one has to check the results after him; **potrzebna nam sala na ~e duża, żeby pomieścić 100 osób** we need a room big enough to hold a hundred people; **na ~e, na ile jest to możliwe** in so far as (it is) possible; **na ~e, na ile potrafię** as much a. far as I can; **o ~e in** so far as, inasmuch as; **był o ~e odpowiedzialny, że nie powstrzymał ich** he was responsible to the extent that a. inasmuch as he didn't stop them **2** (stosunkowo mało) **~e zrozumiał z tej rozmowy, że kogoś szukają** the only thing a. all he understood from the conversation was that they were looking for someone **3** (użycie spójnikowe) **w potocznym rozumieniu to słowo znaczy ~e, co „oportunista"** in colloquial terms the word means the same as 'opportunist'; **nie ~e..., ile** a. **co** not so much... as...; **tu chodzi nie ~e o ilość, ile o jakość** it's not so much a matter of quantity as of quality; **był nie ~e śpiący, co znudzony** he wasn't so much sleepy as bored; **~e że** a. **tylko, że...** only, except that; **to dobry film, ~e że bardzo długi** it's a good film, except that it's very long; **wyglądają identycznie, ~e tylko że jeden ma szramę na policzku** they look exactly the same, except that one has a scar on his cheek

■ **~e co nic** next to nothing; **zarobił ~e co nic** he earned next to nothing; **~e mojego, co wyskoczę czasem do kina** the only fun I have is going to the cinema now and then; **i ~e** and that's that; **musisz to zrobić i ~e** you have to do it and that's that; **i ~e ich widziano** and they were gone; **o ~e o ile** so-so; **„znasz ją dobrze?" – „o ~e o ile"** 'do you know her well?' – 'not really'

tyl|ec m (tylna część) back; **~ec noża** the back of a knife

tylekroć pron. książk. (wiele razy) so many times; **~ młodsza/szczuplejsza** so much younger/slimmer; **trzykroć zagwizdał i ~ odpowiedziała mu sójka** he whistled three times and the jay answered each time; **ilekroć..., tylekroć...** whenever..., each a. every time...

tyl|eż coni. książk. **1** (aż tyle) (z policzalnymi) so many; (z niepoliczalnymi) so much; **~eż się mówi o przyszłości kraju** there's so much talk about the country's future; **~eż dostaje listów, że nie ma czasu na nie odpisywać** he gets so many letters that he doesn't have (the) time to answer them **2** (tyle samo) (z policzalnymi) as many; (z niepoliczalnymi) as much; **pięciu żołnierzy i ~uż cywili** five soldiers and the same number of a. and as many civilians; **~eż niedoli, ile** a. **co pociechy** as much misery as consolation; **wysiłek ~eż ogromny, co daremny** an effort as arduous as it was fruitless

tylko [] part. [1] (wyłącznie) only; **~ siostra mnie odwiedza** only my sister comes to see me; **nie robił nic całymi dniami, ~ spał** he did nothing but sleep all day; **on ~ by jadł** he could eat all day long; **zgodziłem się ~ dlatego, żeby zrobić jej przyjemność** I only agreed so as to please her; „**~ dla mężczyzn**" 'men only'; „**~ do użytku zewnętrznego**" 'for external use only' [2] (zaledwie) only, just; **mieszkam tu ~ dwa lata** I've only been living here a. lived here for two years; **było nas ~ pięcioro** there were only a. just five of us; **uśmiechał się ~ i nic nie mówił** he merely a. just smiled and said nothing; **to ~ dziecko** she's/he's merely a. only a child; **~ spójrz na nią** just look at her; **odprowadź nas ~ do przystanku** just take us as far as the bus stop [3] (prośba, groźba) just, only; **~ uważaj, przechodząc przez jezdnię!** just be careful crossing the street!; **~ pomyśl/wyobraź sobie!** just think!/imagine!; **~ spróbuj!** just try, that's all!; **niech no on ~ piśnie!** just let him open his mouth!

[] coni. (ale) only, but; **możesz tu zostać, ~ nie hałasuj** you can stay (here), only a. but don't make any noise!; **każdy, ~ nie on!** anybody but him!; **wszystko, ~ nie to!** anything but that!; **wszędzie można go spotkać, ~ nie w szkole** the only place you won't see him is at school; **on nie jest głupi, ~ leniwy** he's not stupid, just lazy; **nie zadzwonił, ~ napisał** he didn't phone, he wrote a letter; **~ że** only; **rada cenna, ~ że spóźniona** valuable advice, only it comes rather late książk.; **kupiłbym to mieszkanie, ~ że nie mam pieniędzy** I'd buy the flat, only I don't have the money; **nie ~... lecz również** a. **także** a. **ale i...** not only... but also...; **nie ~ Polacy, ale i** a. **lecz również Litwini** not only (the) Poles, but also (the) Lithuanians; **nie ~ ograbili sklep, ale i powybijali wszystkie szyby** they not only robbed the shop, they also broke all the windows

[] adv. only; **zupa błyskawiczna – ~ zalać wrzątkiem i gotowe** instant soup – just add boiling water and it's ready; **nasza prośba ~ go rozwścieczyła** our request merely a. simply infuriated him; **co ~ zechcesz** whatever you want; **kiedy ~ nadarzy się sposobność** as soon as an opportunity presents itself; **jak ~ wrócę do domu** as soon as I get back home; **odkąd ~ pamiętam** as far back as I can remember; **bierz, ile ~ udźwigniesz** take as much as you can carry; **byle ~** as long as

■ **~ czekać** a. **patrzeć, jak tu będą** they'll be here any moment now; **jej ~ w głowie stroje** a. **ona ma ~ stroje w głowie** the only thing she thinks about is clothes; **~ co** (przed chwilą) only just; **brat ~ co wyszedł** my brother's only just left

tyln|y adi. [1] [drzwi, siedzenie, schody] back attr.; [zderzak, koło, szyba] rear attr.; [łapa, skrzydło, część] hind attr., hinder attr.; [część organu, ciała] posterior spec.; **~a kieszeń** a back a. hip pocket; **~a płetwa** Zool. a caudal a. tail fin; **~e światła** Aut. rear lamps a. lights GB, tail lamps a. lights [2] Jęz. [głoska] back attr.

tylokrotnie adv. [upominać, obiecywać, powtarzać] so many times

tylokrotn|y adi. [próby, ataki, obecność] repeated; **był ~ym zwycięzcą/kandydatem, aż trudno mi zliczyć** he's been a winner/candidate so many times (that) I've lost count

tyl|uletni, ~oletni adi. [przyjaźń, działalność, wysiłek] of many years; **po ~uletnim pobycie za granicą** after so many years abroad

tył [] m (G **tyłu**) [1] (tylna część) (domu, samochodu, pochodu, mebla) the rear; (ciała, ubioru, przedmiotu) the back; **suknia z tyłu zapinana na zamek/wiązana** a dress with a zip fastener/tied at the back; **włożyć sweter/koszulkę tył** a. **tyłem na przód** to put on a jumper/T-shirt back to front GB a. backwards US; **siedzieć/stać tyłem do okna** to sit/stand with one's back to a window; **posuwać się/iść tyłem** to walk backward(s); **wjechał tyłem do garażu** he backed a. reversed a car into a garage; **czytać/pisać wyrazy od tyłu** to read/write words backwards [2] sgt (przestrzeń) back, rear; **ogród z tyłu domu** a garden at the back a. rear of a house; **spojrzeć do tyłu** to glance backward(s), to look back; **odrzucić do tyłu głowę/włosy** to toss one's head/hair; **szedł w tyle za innymi** he walked behind the others; **kiwać się w przód i w tył** to rock to and fro a. backwards and forwards; **zbliżyć się/zaatakować od tyłu** to approach/attack from behind; **zrobił krok w tył** he took a step backwards, he stepped backwards; **w tył zwrot!** about turn! GB, about face! US; **żołnierze wykonali w tył zwrot** soldiers did an about-turn GB a. about-face US

[] tyły plt [1] (zaplecze) the rear (+ v sg); **na tyłach fabryki/sklepu** at the rear of a factory/store [2] Wojsk. (teren, armia za frontem) the rear (+ v sg) [3] pot. (zaległości) **zaczynam mieć** a. **robią mi się tyły w pracy** I'm getting behind with my work; **zawsze mamy tyły w płaceniu rachunków** we're always behind with (paying) the bills

■ **być do tyłu** pot. (mieć zaległości) to be a. get behind (**z czymś** with sth); **on jest stale do tyłu z robotą/płaceniem czynszu** he's always behind with his work/the rent; **być w tyle** (być gorszym) to fall behind, to lag behind; **w porównaniu do innych jesteśmy bardzo w tyle** compared with the others, we have fallen way behind; **mieć tyły u kogoś** pot. to be in sb's bad books pot., to be in the doghouse with sb pot.; **podać tył** książk. (uciec) to be in flight

tyłecz|ek m dem. pieszcz. sit-upon pot. żart., bum GB pot.

tył|ek m pot. [1] (pośladki) rear (end) pot., backside pot., behind pot.; **dostał w ~ek** he got a kick up the backside pot. [2] środ. (część buta) heel [3] (część ubrania) seat; **rozedrzeć spodnie na ~ku** to tear the seat of one's trousers

■ **dać komuś w ~ek** pot. (zbić, pokonać) to give sb a drubbing pot.; (zmusić do wysiłku) to sweat sb, to drive sb hard; (upokorzyć) to give sb a rough time pot.; **dostać w ~ek** pot. (zostać zbitym, pokonanym) to get a drubbing pot.; (być zmuszonym do wysiłku) to sweat, to be driven hard; **wypiąć na kogoś ~ek** pot. to moon at sb GB pot.; **wziąć kogoś za ~ek** pot. to take sb firmly in hand

tym[1] pron. → **ten** → **to**

tym[2] adv. all the; **~ trudniejszy/skuteczniejszy** all the more difficult/effective; **~ lepiej!** all the better!; **~ gorzej dla niej!** all the worse for her!; **~ wyżej należy oceniać osiągnięcia szkoły** all the more highly should one value the school's achievements; **przyszło jej to ~ łatwiej, że go nie kochała** she found it all the easier as a. because she didn't love him

tymczasem [] adv. [1] (natomiast) meanwhile; **czekałam na nich na przystanku autobusowym, a ~ gdy podjechali pod dom taksówką** I was waiting for them at the bus stop, and meanwhile they drove up to the house in a taxi; **ja lubię komedie, moja żona ~ woli melodramaty** I like comedies, whereas my wife prefers melodramas [2] (w tym czasie) in the meantime, meanwhile; **rozgość się, a ja – się ubiorę** make yourself at home and in the meantime I'll get dressed [3] (na razie) in the meantime, meanwhile; meantime pot.; **wyniki zostaną ogłoszone we wtorek, a ~ musimy uzbroić się w cierpliwość** the results will be announced on Tuesday, in the meantime a. meanwhile we'll just have to be patient

[] inter. see you!, so long!

■ **na ~** pot. for the time being

tymczasowo adv. [1] (chwilowo) [zawiesić, odłączyć, używać] temporarily, for the time being; pro tem książk.; [aresztować] temporarily, for the time being [2] (zastępczo) [zarządzać, zajmować] provisionally

tymczasowoś|ć f sgt temporariness

tymczasow|y adi. [1] (chwilowy) [areszt, pobyt, praca] temporary; [dyrektor, zastępca] acting attr., pro tem(pore); **nasz ~y konsul w Albanii** our pro tempore consul a. our pro tem consul in Albania [2] (prowizoryczny) [zarząd, granica, ustalenia] provisional, pro tem; [środki, sposób] stopgap attr.; **powołano rząd ~y** a provisional government was set up

tymian|ek m (G **~ku**) Bot. thyme U

tymiankow|y adi. [olejek, napar] thyme attr.

tymot|ka f Bot. timothy (grass) U

tympanon m (G **~u**) Archit. tympanum, tympan

tynf m (A **~a**) Hist. small Polish coin, of silver and copper, used in the 17th and 18th cent.

■ **dobry żart (jest) ~a wart** ≈ it's good for a laugh

tynk m (G **~u**) Budow. plaster U; **położyć ~ na ściany/sufit** to apply plaster to walls/a ceiling, to plaster walls/a ceiling; **w sieni odpada ~** the plaster in the hall is coming off a. falling off (the walls)

❏ ~ **szlachetny** Budow., Szt. stucco; **suchy** ~ Budow. plasterboard, drywall US

tynk|ować impf vt Budow. to plaster [ścianę, filar, budynek] ⇒ **otynkować**

tynkowan|y [] pp → tynkować
[] adi. Budow. [ściana, dom] plastered

typ [] m pers. (Npl ~y) pot., pejor. guy pot.; **przesiadują tu jakieś podejrzane/pod-pite ~y** some shady-looking/well-oiled guys a. characters sit around here pot.
[] m inanim. (G ~u) [] (rodzaj) type, kind; **broń/samochód dawnego** a. **starego ~u** a gun/car of the old type [] (charakter osoby) sort; (stereotypowy) type pot.; **jakim on jest ~em człowieka?** what sort of person is he?; **jest ~em naukowca/sportowca/domatora** he is a scientist/sporty/stay-at-home type pot. [] Antrop., Psych. type [] Literat. type; **szekspirowski ~ bohatera** a Shakespearean hero [] Biol., Zool. phylum
[] **typy** plt pot. (w hazardzie, wyścigach) tips
❏ ~ **asteniczny** Antrop., Psych. asthenic type; ~ **atletyczny** Antrop., Psych. athletic type; ~ **ekstrawersyjny** Psych. extrovert a. extravert type; ~ **konstytucjonalny** Psych. somatotype; ~ **morfologiczny** Jęz. morphological type; ~ **nordycki** Antrop. Nordic type; ~ **schizoidalny** Psych. schizoid type; ~ **śródziemnomorski** Antrop. Mediterranean type
■ ~ **spod ciemnej gwiazdy** książk., pejor. a suspicious a. shady-looking individual; **być w czymś ~ie** a. **być czymś ~em** pot. to be sb's type pot.

typ|ek m (Npl ~ki) pot., pejor. guy pot.

typizacj|a f książk. [] (podział na typy) classification (according to types) [] Techn. (ujednolicanie) standardization

typiz|ować impf vt książk. [] (grupować) to classify [] Techn. (ujednolicać) to standardize [wyroby, procesy]

typografi|a f sgt (GD ~i) Druk. typography

typograficzn|y adi. Druk. [układ, błąd, forma] typographic(al); **sztuka ~a** the typographic art

typologi|a f sgt (GD ~i) typology

typologiczn|y adi. typological

typ|ować impf vt [] (wybierać) to select [kandydata, reprezentanta]; to single out [jednostkę, egzemplarz] ⇒ **wytypować** [] (wyznaczać) to put forward, to nominate; ~**ować kogoś na przewodniczącego/sekretarza generalnego** to nominate sb as chair/general secretary ⇒ **wytypować** [] (przewidywać) to predict [wynik, kolejność, numery]; (w wyścigach) to pick, to nap GB [konia, charta]; ~**ować zwycięzcę/medalistów w skokach narciarskich** to predict who will win/receive medals in ski jumping ⇒ **wytypować**

typowo adv. typically; ~ **polska/wiejska potrawa** a typically Polish/peasant dish; ~ **dziewczęce/szkolne problemy** problems characteristic a. typical of a girl/of school life

typowoś|ć f sgt typical character, typicality

typow|y adi. [] (charakterystyczny) [przykład, cecha, błąd] typical; **z ~ą dla siebie skromnością** with his/her typical modesty; **objawy ~e dla grypy** symptoms typical of flu; **zachował się w ~y dla siebie sposób** his behaviour was typical [] (o

osobie) typical; ~**y turysta** a typical tourist [] (standardowy) [wzór, projekt, wyposażenie] standard; ~**y samochód** an ordinary car

tyra|ć impf vi pot. to slave (away); to sweat pot., to work one's guts out pot., to slog (away) pot.; ~**ć jak wół** a. **koń** a. **dziki osioł** to work like a Trojan a. horse

tyra|da f [] książk. (perora) (krytyczna) tirade, rant; **jego ~dy przeciw nadużyciom władzy** his tirades against the abuse of power; **wygłosił ~dę w obronie dyskryminowanych** he launched into a tirade in defence of the victims of discrimination [] Literat. monologue

tyralie|ra f Wojsk. (szyk) line formation; **oddziały rozciągnęły się ~rą** a. **w ~rę** troops fanned out

tyran m [] Hist., Polit. tyrant; ~ **Teb** a tyrant of Thebes [] przen. tyrant, despot; **w domu ojciec był ~em** father was a tyrant a. despot at home

tyrani|a f (GDGpl ~i) [] Hist., Polit. (dyktatura) tyranny C/U; **ofiary stalinowskiej ~i** victims of Stalinist tyranny [] sgt (despotyzm) tyranny; **zbuntował się przeciw ~i ojca** he rebelled against father's tyranny [] sgt książk. (ogromny wpływ) tyranny; ~**a czasu** the tyranny of time

tyraniz|ować impf vt to tyrannize (over) [rodzinę, otoczenie]

tyrańs|ki adi. [] Hist., Polit. [rządy, władca, reżim] tyrannical [] (despotyczny) [rodzice, zwierzchnik, traktowanie] tyrannical; [żądania, metody, przymus] tyrannous

tys. (= tysiąc)

tysiąc [] num. thousand; **trzy ~ące lat/studentów** three thousand years/students; **około ~ąca** about a thousand; **jeden na ~ąc** one in a thousand
[] pron. zw. pl **thousands/tens of ~ące/dziesiątki ~ęcy** thousands/tens of thousands gathered at a rally; **żołnierze padali/poddawali się ~ącami** soldiers fell/surrendered in their thousands a. by the thousand(s); **naprawa kosztowała ~ące** the repair cost thousands
[] m [] pot. (duża liczba) thousand pot.; **mam dziś ~ąc spraw na głowie** I have a thousand and one things a. thousands of things to do today pot.; **już ~ąc razy ci to mówiłam** I've told you this a thousand times a. thousands of times pot.; ~**ące podobnych kotów włóczy się w okolicy** thousands of cats like this roam the neighbourhood pot. [] sgt (A ~a) pot. an Eastern European card game
[] **tysiąc-** w wyrazach złożonych thousand-; **tysiącdolarowa kara** a thousand-dollar fine

tysiąckroć adv. książk. (wielokroć) a thousand times; oft książk., oft-times książk.; ~ a. **po to powtarzałem** oft-times have I repeated this książk.; I've repeated this thousands of times pot.

tysiąckrotnie adv. [] (tysiąc razy) [zwiększyć, pomniejszyć] a a. one thousandfold; [powtórzyć, wykonać] a a. one thousand times [] (wiele razy) [ważniejszy, droższy] a thousand times pot., thousands of times pot.; ~ **powielony wzór** a pattern duplicated thousands of times

tysiąckrotn|y adi. [] (tysięczny) [powtórzenie, wzrost, odbicie, wielkość] (a a. one) thousandfold [] (wielokrotny) [powtórki, próby] (a) thousandfold; ~**e dzięki!** thanks a million! pot.

tysiąclat|ka f pot. school built in the 1960s to commemorate the millennium of the Polish state

tysiącleci|e n [] (okres) millennium, millenary; **kilka ~ w dziejach Ziemi** a few thousand years a. millennia in the history of the Earth; **świat u schyłku drugiego ~a** the world at the end of the second millennium [] (rocznica) millennium, millenary

tysiącletni adi. [dąb, zabytek, tradycja] thousand-year-old attr.; [okres, historia, rozwój] millenary; [królestwo, rządy] thousand-year attr.

tysiączłotow|y /ˌtɪɔndzzwoˈtovɪ/ adi. [banknot, zysk, wartość] thousand-zloty attr.; ~**e oszczędności** savings of a a. one thousand zloty(s)

tysiączłotów|ka /ˌtɪɔndzzwoˈtufka/ f pot. (banknot) thousand-zloty note GB, thousand-zloty bill US

tysiączn|y adi. książk. (bardzo liczny) [rzesze, przeszkody, flagi] innumerable

tysięczn|y [] num. ord. [klient, strona, rocznica] thousandth
[] adi. [] (równy jednej tysięcznej) [jednostka, część] thousandth; [ułamek] millesimal [] (zawierający tysiąc) [zbiór, grupa] millenary [] (równy kilku tysiącom) [tłum, armia] several-thousand-strong; ~**e długi** debts amounting to thousands of zlotys/pounds
[] **tysięczna** f thousandth, millesimal; **dwie ~e ampera** two thousandths of an ampere

Tytan m Mitol. Titan; ~**i byli synami Gai** the Titans were Gaia's sons

tytan[1] m książk. (niepospolity człowiek) titan, giant
■ ~ **pracy** książk. beaver przen., wheel horse US przen.

tytan[2] m sgt (G ~u) Chem. titanium

tytanicznie adv. [silny, wytrwały] titanically; [pracować] like a titan

tytaniczn|y adi. [wysiłek, dzieło, wyczyn] titanic

tytanizm m sgt (G ~u) titanism

tytanow|y adi. [] Chem. (odnoszący się do tytanu czterowartościowego) titanic; (odnoszący się do tytanu o niższej walencji) titanous; [tlenek, sole, ruda] titanium attr. [] (zawierający stop tytanu) [pancerz, oprawa] titanium attr.

tytła|ć impf [] vt pot. to mess; **dzieci lubią ~ć ręce w błocie** kids love to mess their hands up in mud ⇒ **utytłać**
[] **tytłać się** pot. [dziecko, pies] to wallow (**w czymś** in sth); [rękaw, buty] to get soiled ⇒ **utytłać się**

tytoniow|y adi. [liście, plantacja, dym, wyroby] tobacco attr.; **przemysł ~y** the tobacco industry; **zakaz reklamowania wyrobów ~ych** a ban on tobacco advertising

tyto|ń m (G ~niu) [] Bot. tobacco (plant); **plantacje ~niu** tobacco plantations [] (produkt) tobacco U; **zakaz palenia ~niu** a ban on smoking

tytularnie *adv.* titularly; **pełnił funkcję prezesa ~** he was president in name only a. titularly

tytularn|y *adi. [funkcja, zwierzchnictwo, książę, opat]* titular

tytulatu|ra *f* książk. ① (dane książki) imprint ② (tytuły) titles *pl*; **~ra sułtana** all the titles of a sultan

tytulik *m dem.* (*G* **~u**) ① (nagłówek) title ② pot., pejor. title; **wydawał tanią sensację i inne podobne ~i** he published sensational fiction and other cheap publications

tytu|ł Ⅱ *m* (*G* **~łu**) ① (nazwa) title; **film/książka/wiersz pod ~łem...** a film/book/poem entitled a. with the title... ② Wyd. title; **jego księgozbiór liczy kilkaset ~łów** his book collection contains several hundred titles; **wydajemy sześć ~łów rocznie** we publish six titles a year ③ (godność) title;

nadano jej ~ł profesora she was awarded a professorship; **odziedziczyła ~ł księżnej** she inherited the title of Duchess; **nadano mu ~ł lorda** the title of Lord was conferred on him; **~ł mistrzowski** (w sporcie) (championship) title; **zdobył ~ł mistrza świata** he won the world (championship) title ④ książk. (powód) **~ł do sławy** a. **chwały** a claim to fame; **odszkodowanie z ~łu szkód** compensation for a. on account of damages; **z ~łu starszeństwa** by virtue of seniority; **mamy ~ł do dumy** we have a right to be proud

Ⅲ **tytułem** *adv.* by way of; **~łem wyjaśnienia/wprowadzenia** by way of explanation/introduction

❏ **~ł egzekucyjny** Prawo executory title; **~ł honorowy** honorary title; **~ł własności** Prawo title deed; **~ły chrystologicz-**

ne Christological titles; **~ły grzecznościowe** forms of address

tytułomani|a /ˌtɪtuwoˈmaɲja/ *f sgt* (*GD* **~i**) książk., pejor. *excessive use of academic or other official titles*

tytuł|ować *impf* Ⅱ *vt* ① (nadawać tytuł) to title, to entitle *[książkę, obraz]* ⇒ **zatytuło-wać** ② (zwracać się) to address; **~ować kogoś ekscelencją/jaśnie panią** to address sb as Your Excellency/Your Grace

Ⅲ **tytułować się** ① (siebie wzajemnie) to address each other by their full titles ② (siebie samego) to use the titles; **~ował się hrabią/doktorem** he used the title of count/doctor

tytułow|y *adi. [strona, bohater, rola]* title *attr.*

tzn. (= to znaczy) i.e.

tzw. (= tak zwany) so-called

T

U

U, u *n inv.* U, u; **u otwarte** *a.* **zwykłe** the normal u (*as opposed to the o with diacritic also used in Polish*)

u¹ *praep.* ① (część całości) of; **mankiet u jego koszuli** the cuff of his shirt; **struna u altówki** the string of a viola; **palce u rąk/ nóg** fingers/toes; **zęby jak u królika** teeth like a rabbit's ② (koło) at; **u drzwi/wejścia** at the door/entrance; **u stóp góry** at the foot of a mountain; **siedział u jej stóp** he was sitting at her feet; **u źródeł rzeki** at the source of a river; **u zbiegu dwóch ulic** at the intersection of two streets; **u dołu/u góry strony** at the bottom a. foot/top of the page; **być u mety** to be at the finishing line; **być u władzy** to be in power ③ (dotyczące osoby, miejsca) at; **audiencja u papieża** an audience with the Pope; **wizyta u dentysty** a visit to the dentist's; **spotkali się u Anny** they met at Anna's (place); **będę u ciebie jutro wieczorem** I'll come round a. over to your place tomorrow night; **być u siebie** (w domu) to be at home; (w pokoju) to be in one's room; **czy szef jest u siebie?** is the boss in? pot.; **czuć się jak u siebie w domu** to feel at home; **zostawię klucze u portiera** I'll leave the keys with the doorman; **byłam u fryzjera** I was at the hairdresser's; **leczyła się u specjalisty** she was receiving treatment from a specialist; **mam u nich konto od lat** I've had an account with them for years; **miał duże powodzenie u kobiet** he was very popular with women ④ (dotyczące cechy) in; **widać to u dzieci** you see it in children; **nowotwory u szczurów** cancers in rats; **wykryto u niej cukrzycę** she was found to be diabetic; **u denata widoczne są ślady duszenia** traces of strangulation are visible on the deceased's neck; **skąd u ciebie taka nagła zmiana poglądów?** why the sudden change of heart?

u² *inter.* ooh!; **uuu! to boli** ooh! that hurts!

uaktualniać *impf* → uaktualnić

uaktualni|ć *pf* — **uaktualni|ać** *impf* **Ⅰ** *vt* to update, to bring [sth] up to date [*podręcznik, plan, model, informacje*]; **~ona wersja** an updated version

Ⅱ uaktualnić się — **uaktualniać się** [*tematyka, pomysł*] to become topical a. timely, to become relevant

uaktywniać *impf* → uaktywnić

uaktywni|ć *pf* — **uaktywni|ać** *impf* **Ⅰ** *vt* ① (pobudzić do działania) to activate [*proces, enzym, receptor*]; to bring [sth] into play, to mobilize [*organizację, instytucję, środki*] ② (zachęcić) to spur a. urge (on), to make [sb/sth] (more) active [*załogę, uczestników*]; **~ać uczniów do samodzielnego myślenia** to encourage a. urge pupils to think for themselves

Ⅱ uaktywnić się — **uaktywniać się** ① (stać się aktywnym) [*wulkan*] to become active; [*alarm, proces*] to activate ② (zacząć działać) [*instytucja, czynnik*] to come into play ③ (wzmóc aktywność) [*uczeń, zespół, organizacja*] to become (more) active

uatrakcyjniać *impf* → uatrakcyjnić

uatrakcyjni|ć *pf* — **uatrakcyjni|ać** *impf vt* to enhance, to make [sth] (more) attractive [*wygląd, strój, pobyt*]; to make [sth] (more) appealing [*utwór, zabawę*]

UB *m inv., n inv.* (= Urząd Bezpieczeństwa) Hist. *Polish secret police under Communism*

ub. (= ubiegły) last

ubab|rać *pf* (**~rzę** a. **~ram**) **Ⅰ** *vt* pot. to get [sth] (all) mucked up GB pot., to get [sth] (all) grunged up US pot.; **~rać (sobie) ręce farbą/gliną** a. **w farbie/glinie** to get one's hands all mucked up with paint/ clay; **~rali (sobie) buty błotem** they've muddied their shoes

Ⅱ ubabrać się pot. to get (all) mucked up GB pot., to get (all) grunged up US pot.; **dzieci ~rały się błotem/atramentem** kids got all mucked up with mud/ink

ubarwiać *impf* → ubarwić

ubarw|ić *pf* — **ubarw|iać** *impf* **Ⅰ** *vt* ① książk. (nadać kolor) to dye [*tkaninę*]; to colour GB, to color US [*rysunek, przedmiot, policzki*]; **~ić wielkanocne jajka na zielono** to dye Easter eggs green ② (ożywić) to add colour GB a. color US także przen. (**coś** to sth); **~ił wykłady przezroczami/ anegdotami** he used slides/anecdotes to add colour to his lectures; **~iała mieszkanie kwiatami** she brightened up the flat with flowers ③ (fałszywie upiększyć) to embellish; to embroider przen. [*opowieść, wspomnienia, fakty*]; **zarzucono jej ~ianie prawdy** she was accused of embellishing the truth

Ⅱ ubarwić się — **ubarwiać się** [*łąka, niebo*] to take on colour GB, to take on color US; **substancja ~iła się na czerwono** the substance turned red a. took on a red colour

ubarwie|nie **Ⅰ** *sv* → ubarwić

Ⅱ *n sgt* colo(u)ration *C/U*, colouring *C/U* GB, coloring *C/U* US; **ochronne/ostrzegawcze ~nie** protective/warning colo(u)ration; **charakterystyczne ~nie samca** the male's distinctive colo(u)ration a. colouring

ubarwi|ony **Ⅰ** *pp* → ubarwić

Ⅲ *adi.* [*samiec, ptak, motyl*] coloured GB, colored US; **jaskrawo/szaro ~one ptaki** brightly coloured/grey birds

ubaw *m* (*G* **~u**) pot. ① (impreza) bash pot., do GB pot.; **urządzić ~** to throw a bash pot. ② *sgt* (zabawa) (great) fun; **ale miałem/ mieliśmy ~** I/we had a ball pot.; **był z tym świetny ~** it was great fun; it was a gas pot.; **miał ~ z podglądania sąsiadów** spying on the neighbours was his idea of a good time

■ ~ po (same) pachy pot. a laugh a minute pot., a (real) hoot a. riot pot.; **był ~ po pachy, kiedy...** it was a real hoot when...

ubaw|ić *pf* **Ⅰ** *vt* to amuse, to entertain; **~ił nas opowieścią o swoich przygodach** he amused a. entertained us with an account of his adventures; **~iły nas jej opowieści** her stories amused a. entertained us

Ⅱ ubawić się to be amused (**czymś** by sth); to have fun (**czymś** with sth); **~ić się setnie** to have wonderful fun, to have a great time

ubecj|a *f sgt* pot., pejor. (Polish) secret police (*under Communism*)

ubec|ki *adi.* pot., pejor. connected with the UB (*Urząd Bezpieczeństwa*) secret police

ube|k *m* pot., pejor. (Polish) secret police agent (*in Poland under Communism*)

ubezpieczać *impf* → ubezpieczyć

ubezpieczal|nia *f* (*Gpl* **~ni** a. **~ń**) pot. (przychodnia lekarska) *a medical clinic for patients covered by the national health insurance system* ❑ **~nia społeczna** Hist. ≈ national insurance system (*for the employed and their families*)

ubezpiecze|nie **Ⅰ** *sv* → ubezpieczyć

Ⅱ *n* ① Ubezp. (umowa) insurance *U*, (insurance) coverage *U*, cover *U* GB; **~nie od ognia/włamania** fire/burglary insurance, cover(age) against fire/burglary; **~nie od (następstw) nieszczęśliwych wypadków** accident insurance; **~nie od odpowiedzialności cywilnej** liability insurance; (dla posiadaczy pojazdów) third-party insurance; **~nie samochodu** car a. auto(mobile) insurance; **wykupić ~nie** to take out insurance, to take out an insurance policy; **~nie chorobowe** sickness benefit(s); **korzystać z ~nia chorobowego** to receive sickness benefit(s); **~nie na życie** (warunkowe) life insurance; (bezwarunkowe) life assurance GB, term life insurance; **~nie społeczne** ≈ national (health/retirement) insurance; **Zakład Ubezpieczeń Społecznych** ≈ the national insurance system [2] Ubezp. (odszkodowanie) compensation payment; **firma zwleka z wypłatą ~nia** the company is delaying the compensation payment [3] (koszt ubezpieczenia) insurance premium; **wzrosły ~nia** the insurance premiums have gone up [4] (zabezpieczenie) protection *U*; **metalowa siatka jako ~nie wzdłuż trasy narciarskiej** a wire mesh safety barrier along a piste [5] Sport (asekuracja) (system) belay system; (urządzenie) belay device; (lina) belay line a. rope, safety line a. rope; **wspinaczka/wyciąg bez ~nia** an unprotected climb/pitch [6] Wojsk. (osłona) screen, guard; (straż) guard (+ *v sg/pl*); **~nie przeciw niespodziewanej napaści wroga** a guard against a surprise attack; **wystawić ~nie wokół obozu** to post a guard around the camp

ubezpieczeniow|y *adi.* Ubezp. *[agent, firma, polisa, składka]* insurance *attr.*

ubezpiecz|yć *pf* — **ubezpiecz|ać** *impf* **I** *vt* [1] Ubezp. to insure *[samochód, mieszkanie, uprawy, pracownika]*; **~yć dom od zalania/pożaru** to insure a house against flooding/fire; **obraz ~ony na milion dolarów** a painting insured for a million dollars [2] (chronić) to protect, to safeguard *[osobę, grupę, przejście, trasę]*; (osłaniać przed atakiem) to cover *[zwiadowcę, oddział, tyły]*; **~aj mnie** cover me; **~yć odwrót piechoty** to cover the retreating infantry [3] Sport (asekurować) to safeguard *[wyciąg, drogę]*; to cover for, to belay *[prowadzącego, wspinacza]* **II ubezpieczyć się** — **ubezpieczać się** [1] Ubezp. (siebie samego) to take out insurance a. an insurance policy, to insure oneself; **~yć się na życie** to take out life insurance; **~ył się na wypadek utraty pracy** he took out unemployment insurance [2] (ochraniać jeden drugiego) *[wspinacze, alpiniści]* to cover for a. belay each other; *[żołnierze, partyzanci]* to cover each other

ubezwłasnowolniać *impf* → **ubezwłasnowolnić**

ubezwłasnowolni|ć *pf* — **ubezwłasnowolni|ać** *impf vt* Prawo to declare [sb] legally incapacitated

ubi|ć *pf* — **ubi|jać** *impf* (**~ję** — **~jam**) **I** *vt* [1] (ugnieść) to compact, to compress *[glebę, śmieci, słomę, wióry, pył węglowy]*; to compress, to tamp down *[tytoń, glebę]*; **~ty wiatrem śnieg** wind pack, windpacked snow; **~ć butami śnieg/ziemię** to tamp down the snow/soil with one's feet; **krowy ~ły ziemię pod drzewem** the ground under the tree had been packed down hard by the cows; **alejkę wysypano żwirem i ~to** the path was gravelled and tramped down [2] Kulin. to whip, to beat *[śmietanę, żółtka, jajka, składniki, masło]*; (trzepaczką) to whisk *[śmietanę, żółtka, jajka]*; **~ć pianę z białek** to beat egg whites; **~ta na sztywno piana z białek** stiffly beaten egg whites; **~ć mleko na pianę** to froth up the milk; **~jaj śmietanę aż zgęstnieje** whip the cream until thick [3] pot. (uszkodzić) to break off *[ucho kubka, dziobek dzbanka]*; **chuligan ~ł nos popiersia** a hooligan broke the nose off a bust [4] przest. (zabić) to kill; **~ć kogoś jak psa** to kill sb like a dog **II ubić się** — **ubijać się** Kulin. (zmieszać się) *[jajka, białka]* to be whipped a. beaten;

(trzepaczką) to be whisked; **śmietana nie chce się ~ć** the cream won't whip ■ **~ć/~jać interes** to make a deal

ubie|c¹, ubie|gnąć¹ *pf* (**~gnę, ~gł**) *vi* (przebyć) to run; **~gł kawałek i znów się przewrócił** he ran a short way and fell again

ubie|c², ubie|gnąć² *pf* — **ubie|gać** *impf* (**~gnę, ~gł — ~gam**) *vt* [1] (być szybszym) to beat *[osobę]*; to anticipate *[życzenie, prośbę, zachcianki]*; **~gł mnie w staraniach o stypendium** I'd applied for a scholarship but he beat me to it; **chciała odebrać telefon, ale ją ~głem** she was going to answer the phone but I beat her to it; **mieliśmy nadzieję, że pierwsi opublikujemy tę wiadomość, ale zostaliśmy ~gnięci** we'd hoped to be the first to publish the news but somebody beat us to it [2] (przeminąć) to pass, to go by; **czas ~gł im szybko** the time passed a. went by quickly; **dziesięć lat życia ~gło mi za granicą** I spent ten years of my life abroad

ubiegać *impf* → **ubiec²**

ubiega|ć się *impf* **I** *v refl.* książk. [1] (formalnie domagać się) to apply (**o coś** for sth) *[pracę, członkostwo, zasiłek]*; (stawać do konkursu, współzawodnictwa) to compete (**o coś** for sth); to vie książk. (**o coś** for sth); (usilnie się starać) to pursue (**o coś** sth); **kandydaci ~ający się o posadę w banku** candidates applying for a job at a bank, applicants for a job at a bank; **większość ~ających się o indeksy uniwersyteckie** most university applicants; **dwukrotnie ~ał się o fotel prezydenta** he ran for the presidency twice; **najlepsi sportowcy ~ają się o miejsce w drużynie narodowej** the best athletes are vying for a place in the national team [2] przest. (zalecać się) *[mężczyzna]* to pay court (**o kogoś** to sb); **~ał się o naszą córkę** a. **o rękę naszej córki** he was courting our daughter przest. **II ubiegający się** *m* przest. suitor przest.

ubiegłoroczn|y *adi.* *[zbiory, zwycięzca, festiwal]* last year's

ubieg|ły *adi.* [1] (poprzedni) *[tydzień, rok, stulecie]* last, past; **wydarzenia ~łych kilku godzin/dni** the events of the last few hours/days; **w ~łym miesiącu/kwartale firma miała straty** the company had losses last month/quarter; **spotkali się ~łej jesieni/w ~ły wtorek** they met last autumn/Tuesday [2] (miniony) *[dzieje, wydarzenia]* past; **wielcy poeci ~łych wieków** great poets of past epochs a. of the past

ubiegnąć¹ → **ubiec¹**
ubiegnąć² → **ubiec²**

ubielać *impf* → **ubielić**

ubiel|ić *pf* — **ubiel|ać** *impf* **I** *vt* [1] (pobielić) *[śnieg, przymrozek, szron]* to whiten *[szczyty, trawę, ziemię]*; *[osoba]* (wapnem) to whitewash *[ściany, chatę, płot]*; (farbą, makijażem) to paint [sth] white *[twarz, ściany]*; **starość ~iła mu włosy** his hair whitened with age [2] (ubrudzić) **spódnica/podłoga ~ona farbą** a skirt/floor spattered with white paint **II ubielić się** — **ubielać się** (ubrudzić siebie samego) **~iła się kredą/mąką** she was covered with chalk/flour

ubierać *impf* → **ubrać**

ubijać *impf* → **ubić**

ubikacj|a *f* (*Gpl* **~i**) (w domu, mieszkaniu) toilet, lavatory; loo GB pot., bathroom US pot.; (w budynku publicznym) (public) convenience GB, restroom US; **~a damska** the Ladies' GB, the ladies' room US; **~a męska** the Gents' GB, the men's room US

ubi|ór *m* (*G* **~oru**) clothing *U*, clothes *pl*; attire *U* książk.; **~ór uczniowski** a. **szkolny** school clothes; **dział z ~orami damskimi/męskimi** a women's/men's clothing department, a womenswear/menswear department; **~ór stosowny do pogody/okazji** clothing a. clothes suitable for weather/occasion; **te buty nie pasują do reszty ~oru** those shoes don't go with my/our/his/her outfit; **tancerze w tradycyjnych ~orach** dancers in traditional costumes

ubliżać *impf* → **ubliżyć**

ubliż|yć *pf* — **ubliż|ać** *impf vi* [1] (obrazić słowem, czynem) to insult *vt*, to offend *vt*; **jej słowa ~yły wszystkim cudzoziemcom na sali** her words offended all the foreigners in the room; **jego obecność na przyjęciu ~ała pani domu** his presence at the party was an affront to the hostess [2] (uchybić) to be an offence a. affront to, to offend against; **to ~ża ludzkiej godności** it is an affront to human dignity; **czyny ~ające poczuciu przyzwoitości** acts that offend a. violate any sense of decency; **ta praca ~a mi** a. **jest dla mnie ~ająca** the work is beneath my dignity; **nie ~ając** pot. no offence (meant) pot.

ubłag|ać *pf vt* [1] (przekonać błaganiem) **~ała ojca, żeby się zgodził na jej małżeństwo** she pleaded with her father until he agreed to let her marry; **~ał rodziców o pożyczkę** he pleaded with his parents until they agreed to give him a loan; **ni groźbą ni prośbą nie dał się ~ać** he wouldn't give in to either threats or entreaties ⇒ **błagać** [2] książk. (ułagodzić) to placate; **tak był rozzłoszczony, że nijak nie dało się go ~ać** he was so furious there was no way to placate him

ubło|cić *pf* **I** *vt* to muddy *[buty, podłogę]*; **opłukać ~cone ręce/stopy** to rinse one's muddied hands/feet ⇒ **błocić** **II ubłocić się** *[dziecko, dywan, nogi]* to get muddy; **gdzieś się tak ~cił?** where did you get so muddy? pot. ⇒ **błocić się**

uboczl|e *n* (*Gpl* **~y**) [1] (odległa okolica) out-of-the-way place; **tereny/miejscowości na ~u** out-of-the-way regions/towns; **wieś jest położona/dom stoi na ~u** the village lies/the house stands in an out-of-the-way place; **mieszkamy na ~u i wszędzie mamy daleko** we live a long way from anywhere a. everywhere [2] przen. **być** a. **trzymać się na ~u** to stay on the sidelines; **wziąć/brać kogoś na ~e** to take a. draw sb aside; **rozmawiali przez chwilę na ~u** they had a word in private

uboczn|y *adi.* [1] (dodatkowy) *[straty, wydatki]* incidental; *[źródło przychodu, wątek]* secondary, subsidiary; **jego praca zawodowa i zajęcia ~e** his professional work and sidelines [2] (marginesowy) *[znaczenie, rezultat, objaw]* secondary; **rola ~a** a side role ❏ **efekt ~y** Med. side effect także przen.;

produkt ~**y** (w produkcji) by-product także przen.; (w badaniach, przedsięwzięciach naukowych) spin-off; ~**e produkty badań kosmicznych** spin-offs from a. of space research

ubo|gi *adi. grad.* [1] (biedny) *[krewny, rolnik, emigrant, rodzina, miasto]* poor, impoverished; *[wyposażenie, mieszkanie, pokój]* poor, meagre GB, meager US; *[okres, rok, czasy]* lean, meagre GB, meager US; **najuboższe kraje świata** the poorest countries in the world [2] (zniszczony, zaniedbany) *[strój, ubranie]* shabby, threadbare; *[sprzęty, pokój, hotel, budynek]* shabby, run-down; ~**ga mieścina** a shabby little town [3] (nieobfity, niedostateczny) *[roślinność]* sparse; *[gleba, dieta]* poor; *[słownictwo, oferta, program, treść]* limited, skimpy; **kraj/region** ~**gi w surowce mineralne** a country/region poor in mineral resources; ~**ga mieszanka** Aut. a lean mixture; ~**gi w składniki odżywcze** poor in nutrients

II **ubo|gi** *m*, ~**ga** *f* poor a. needy person, pauper; ~**dzy potrzebują naszej pomocy** the poor need our help

■ ~**gi duchem** small-minded, mean-spirited; **błogosławieni** ~**dzy duchem** Bibl. blessed are the poor in spirit

ubo|go *adv. grad.* [1] (biednie) *[żyć, mieszkać]* in poverty; *[wyglądać]* poor *adi.*, impoverished *adi.*; ~**go ubrane dzieci** poorly a. shabbily dressed children [2] (nieefektownie) *[ilustrowany, przedstawiony]* poorly

ubolewa|ć *impf vi* książk. (żałować) to regret, to lament; to bemoan książk. (**nad czymś** sth); (potępiać) to deplore (**nad czymś** sth); ~**ł nad swoim/naszym losem** he lamented his/our fate; **nad poziomem jego pisarstwa można tylko** ~**ć** the quality of his writing is lamentable; ~**my, że doznał pan rozczarowania** we regret that you are disappointed; ~**m, że nie mogę was odwiedzić** I regret that I won't be able to visit you; „**uczniowie wiedzą więcej o Unii niż nauczyciele,**" ~**ł** 'the pupils know more about the EU than the teachers do', he lamented a. he said ruefully

ubolewa|nie *sv* → **ubolewać**

II *n* książk. (współczucie) sympathy *U*; (kondolencje) sympathy *U*, sympathies *pl*; (żal) regret *U*; **zdarzenie godne** ~**nia** a lamentable a. regrettable incident; **zachowanie godne** ~**nia** regrettable behaviour; **przysłuchiwał się/kiwał głową z** ~**niem** he listened/nodded sympathetically; **chcielibyśmy** a. **pragniemy wyrazić** ~**nie z powodu tego niefortunnego zbiegu okoliczności** we would like to express our regret over this unfortunate turn of events; **proszę przyjąć nasze wyrazy głębokiego** ~**nia w związku ze śmiercią pana żony** (please accept) our deepest sympathy a. sympathies over the loss of your wife

ubo|żeć *impf* (~**eję**, ~**ał**, ~**eli**) *vi* [1] (biednieć) *[osoba, kraj, instytucja]* to grow a. get poor(er); ~**ał z każdym dniem** he was growing a. getting poorer every day; **społeczeństwo ciągle** ~**eje** our society is growing poorer ⇒ **zubożeć** [2] (tracić różnorodność) *[język, kultura]* to become impoverished ⇒ **zubożeć** [3] (tracić obfitość) *[zbiory, zasoby]* to be depleted, to diminish ⇒ **zubożeć**

ubożuchno *adv.* książk. *[ubrany, urządzony]* poorly; **żył** ~ **i umarł w biedzie** he lived and died in poverty

ubożuchn|y *adi.* książk. [1] (biedny) *[staruszek, rodzina]* penurious książk.; destitute, poverty-stricken; *[rok, czasy]* meagre GB, meager US; ~**e mieszkanko** a wretched little flat [2] (nieobfity) *[język, słownictwo]* impoverished

ubo|żyć *impf* *vt* książk. [1] (czynić ubogim) to reduce [sb] to penury a. destitution książk.; to impoverish *[kraj, społeczeństwo, rodzinę]* ⇒ **zubożyć** [2] (czynić mniej różnorodnym) to impoverish *[język, życie kulturalne]*; **nadmierne oglądanie telewizji** ~**y dziecięcą wyobraźnię** a child's imagination is impoverished by excessive TV viewing ⇒ **zubożyć** [3] (zmniejszać) to deplete, to diminish *[zasoby, zapasy, lasy]* ⇒ **zubożyć**

II **ubożyć się** książk. *[gleba]* to become impoverished ⇒ **zubożyć się**

ub|ój *m* (G **uboju**) slaughter *U*; **bydło przeznaczone na ubój** the cattle earmarked for slaughter

ubóstwiać[1] *impf* → **ubóstwić**

ubóstwia|ć[2] *impf* **I** *vt* (uwielbiać) to idolize *[aktora, nauczyciela]*; to worship, to adore *[aktora, matkę, nauczyciela, wnuka]*; to adore *[lody]*; to worship *[naturę]*

II **ubóstwiać się** to adore a. worship each other

ubóstwi|ć *pf* — **ubóstwia|ć**[1] *impf vt* (uznać za bóstwo) to deify, to divinize *[władcę, siły przyrody]*; **obraz przedstawia** ~**onego cesarza** the painting depicts the deified emperor

ubóstw|o *n sgt* poverty; **żyć w** ~**ie** to live in poverty; ~**o wyobraźni/myśli/słownictwa** (a) poverty of imagination/ideas/vocabulary

ub|ość *pf* (**ubodę, ubodzie, ubódł, ubodła, ubodli**) *vt* [1] *[baran, byk]* (uderzyć rogami) to butt; (zranić rogami) to gore ⇒ **bóść** [2] (ukłuć) to prick; **ubóść konia ostrogą** to spur a horse ⇒ **bóść** [3] (urazić) to hurt; **jego nieufność bardzo nas ubodła** we were deeply hurt by his mistrust

ub|rać *pf* — **ub|ierać** *impf* (**ubiorę** — **ubieram**) **I** *vt* [1] (odziać) to dress *[dziecko, lalkę]*; **ubrała dzieci (w swetry) i zabrała na spacer** she dressed the kids (in jumpers) and took them for a walk; **ubierać kogoś skromnie/ciepło** to dress sb in simple/warm clothes; **ona jest zawsze elegancko/stosownie ubrana** she's always elegantly/appropriately dressed; **ubrany na czarno mężczyzna** a man (dressed) in black, a man wearing black (clothes) [2] książk. (przedstawić) to express; **spróbuj ubrać swoje myśli/uczucia w słowa** try to express your ideas/feelings in words; **wnioski ubrał w formę listu** he presented his conclusions in the form of a letter [3] (dostarczać garderobę) *[matka, rodzice, opiekun]* to clothe; *[projektant mody]* to dress *[aktorkę, członków rodziny królewskiej]*; **ubierać sławy to marzenie każdego krawca** every tailor dreams of dressing celebrities [4] (ozdobić) to decorate *[choinkę, tort, okno, drzwi]*; **balkony ubrane jedliną** balconies decorated with fir branches [5] pot., iron. (postawić w trudnej sytuacji) to get [sb] in a

jam pot.; **ale go ubrali — musiał zapłacić za nich rachunek** they sure got him in a jam – he had to pay their bill

II **ubrać się** — **ubierać się** [1] (włożyć na siebie ubranie) to get dressed, to dress; (założyć na siebie) to put on (**w coś** sth); **ubrał się w pośpiechu** he got dressed in a hurry; **ubrała się starannie** she dressed carefully; **po kąpieli ubrała się w szlafrok** after her bath she put on her dressing gown; **ubrali się do teatru/do szkoły/na wycieczkę** they dressed for the theatre/for school/for an outing; **zaczekaj, właśnie się ubieram** wait, I'm just getting dressed [2] (kupować odzież) **butiki, w których ubierają się nastolatki/starsze panie** boutiques where teenagers/older women buy their clothes; **ona ubiera się u najlepszych krawców** her clothes are made by the best tailors; **ubierał się w garnitury od krawca** he wore tailor-made a. custom-made suits, he wore bespoke suits GB; **u kogo ubierała się Margaret Thatcher?** who was Margaret Thatcher's tailor?

ubra|nie *sv* → **ubrać**

II *n* [1] (strój) clothes *pl*, clothing *U*; (sztuka odzieży) item a. article of clothing, garment; **gustowne/fantazyjne** ~**nia** tasteful/imaginative clothes; ~**nia, z których nasze dzieci wyrosły** clothes our children have grown out of; **nosi** ~**nia szyte na miarę** he wears tailor-made a. custom-made clothes; **dzieci bez** ~**nia biegały po plaży** kids with no clothes on ran about a. around on the beach; **siedział w** ~**niu na leżaku** he sat in a deckchair fully dressed; **spakowała niewiele** ~**ń** she packed very few clothes; **wszystkie jej** ~**nia i buty pochodzą z Włoch** all (of) her clothes and shoes are from Italy [2] (garnitur) suit; ~**nie dwurzędowe/tweedowe/z kamizelką** a double-breasted/tweed/three-piece suit; **miał na sobie wytarte/eleganckie** ~**nie** he was wearing a threadbare/an elegant suit

❏ ~**nie gotowe** ready-made a. ready-to-wear clothes, off-the-peg clothes GB, off-the-rack clothes US; ~**nie ochronne** protective clothing; ~**nie sztormowe** storm(-)proof clothing

ubraniow|y *adi. [materiał, tkaniny, dodatki]* clothing *attr.*

ubran|ko *n dem.* (strój) clothes *pl*, clothing *U*; **chłopczyk w marynarskim** ~**ku** a little boy in a sailor suit; ~**ka dla niemowląt** a. **niemowlęce** baby clothes

ubrda|ć *pf* **I** *vt* pot., pejor. ~**łeś sobie to wszystko** you hallucinated the whole thing pot.; ~**ł sobie spisek przeciw niemu** he somehow got the crazy idea that there was a plot against him pot.; ~**ła sobie, że się z nią ożeni** she somehow got the crazy idea that he'd marry her pot.; ~**ł sobie, że jest pisarzem** he fancied himself a writer GB pot.

II **ubrdać się** pot., pejor. **co ci/mu się** ~**ło?** what's got into you/him? pot.; ~**ła mu się podróż do Chin** he came up with the crazy idea of going to China pot.; ~**ło mu się, że ma talent** he somehow imagines that he's got talent

ubru|dzić *pf* ▯ *vt* to get [sth] dirty, to soil *[ubranie, dywan, ręce]*; **kolana/spodnie ~dzone ziemią** dirt-stained knees/trousers; **pomięty i ~dzony papier** crumpled and dirty paper; **nie ~dź sukienki** don't get your dress dirty ⇒ **brudzić**

▮ **ubrudzić się** [1] (siebie samego) to get dirty; **~dziła się kredą/farbą** she got chalk/paint on herself ⇒ **brudzić się** [2] (ulec zabrudzeniu) *[ubranie, materiał, dywan]* to get dirty ⇒ **brudzić się**

ub|yć *pf* — **ub|ywać** *impf* ▯ *vi* szpitalowi **ubyły cztery pielęgniarki** four nurses left the hospital; **fabryce ubywają pracownicy** the factory's workforce is dwindling; **z firmy ubywa teraz wielu grafików** many graphic designers are leaving the company; **z naszego grona ubył serdeczny przyjaciel** we've lost a dear friend; **czy coś nam ubyło z zapasów?** are any of our supplies running low?; **coraz to ubywał ktoś z nas** every now and again one of us left; **na rzece ubyły dwa centymetry wody** the water level of the river dropped by two centimetres; **miastu ubyły dwa kina** two of the town's cinemas have closed

▮ *v imp.* [1] (zmniejszyć się) **ubyło mu pieniędzy/roboty/kłopotów** he has less money/work/trouble; **ubywało im sił/optymizmu** their strength/optimism was waning a. dwindling; **widzów zaczęło ubywać** the audience began to dwindle; **w studni/jeziorze ubywa wody** the water level in the well/lake is dropping; **od końca czerwca ubywa dnia** at the end of June days start getting shorter [2] (o chudnięciu) **siostrze ubyło dwa kilo** my sister has lost two kilos [3] (o wieku) **ubyło mu lat** (wygląda młodziej) he looks younger; (czuje się młodziej) he feels younger

■ **niczego nam nie ubędzie, jeśli to zrobimy** pot. it won't hurt us to do it pot.; it won't cost us anything to do it pot., przen.

ubyt|ek *m* (*G* **~ku**) [1] Stomat. (uszkodzenie zęba) cavity; Med. (uszkodzenie skóry, tkanki) loss *C/U*, wastage *U*; **wypełnić ~ek** to fill a cavity; **znaczny ~ek kości/mięśni** substantial bone/muscle loss a. wastage [2] (utrata) loss; (zmniejszenie się) decline; (zanikanie) depletion *U*; **~ek ozonu w atmosferze** ozone depletion; **~ek wagi** masy ciała weight loss; **~ek ludności na skutek walk/głodu** a population drop due to war/famine; **zapobiegać ~kom ciepła/mocy** to prevent heat/power losses; **w wyniku migracji nastąpił pewnien ~ek ludności** emigration caused a decline in the population; **upały spowodowały znaczny ~ek zapasów wody** the heatwave caused a considerable depletion of the water supply; **ranny ma poważny ~ek krwi** the victim has lost a lot of blood

❏ **~ek naturalny** Handl. (utrata jakości, wagi, ilości) loss; **~ki kadrowe** (z przyczyn naturalnych) natural wastage, attrition US; (wskutek chorób, wypadków) loss of manpower

ubywać *impf* → **ubyć**

ubzdryngol|ić się *pf v refl.* pot., żart. to get sloshed a. wrecked pot.; to get tired and emotional GB żart.; **~ił się tanim winem** he got smashed on cheap wine pot.

ubzdryngol|ony *adi.* pot., żart. sloshed pot., smashed pot.; tired and emotional GB żart.

ubzdurać → **ubrdać**

ucał|ować *pf* ▯ *vt* (pocałować) to kiss *[dziecko, rękę, pierścień]*; (pozdrowić) to give one's love (**kogoś** to sb); **~ował ją w czoło/oba policzki** he kissed her on the forehead/on both cheeks; **~ować kogoś na pożegnanie** to kiss sb goodbye; **chodź, ~uj mamusię** come and give your mum a kiss; **~uj ode mnie ciotkę Zosię** give my love to Aunt Sophie

▮ **ucałować się** to kiss each other; **~owali się na pożegnanie** they kissed each other goodbye

ucałowa|nie ▯ *sv* → **ucałować**

▮ *n* książk. kiss

▮ **ucałowania** *plt* (pozdrowienia) love *sg*, love and kisses; **gorące ~nia od dziadka** lots of love (and kisses) from Grandpa; **babcia przesyła ~nia** Grandma sends her love (and kisses); **„przesyłam najserdeczniejsze ~nia, Piotr"** 'all my love and kisses, Peter'; **przekaż ~nia od nas dzieciom** give our love to your kids; **widokówka z ~niami od koleżanki** a postcard with fond regards from a friend

■ **~nia rączek** przest. (w listach) (very) kind regards

ucapi|ć *pf vt* pot. [1] (chwycić ręką) to grab; (złapać) to catch; **~ł mnie za rękę** he grabbed my hand; **~ł psa i założył mu smycz** he caught the dog and leashed it [2] (ująć) *[policja, strażnik]* to nab pot.

ucharakteryz|ować *pf* ▯ *vt* to make up *[twarz, aktora]* ⇒ **charakteryzować**

▮ **ucharakteryzować się** to make (oneself) up; **~owany na starca/Chaplina** made up as an old man/as Chaplin ⇒ **charakteryzować się**

uchat|ka *f* Zool. sea lion, eared seal

ucha|ty *adi.* [1] *[dzbanek, koszyk]* with a handle; *[czapka]* with ear flaps [2] *[sowa]* eared; *[zając, pies]* long-eared

uchl|ać się *pf* (**~eję się** a. **~am się**) *v refl.* pot., pejor. to get sloshed pot., to get plastered a. sozzled pot.

uchlan|y *adi.* pot., pejor. sloshed pot., plastered pot.

u|cho *n* [1] (*Npl* **uszy**, *Gpl* **uszu** a. **uszów**) Anat. (narząd słuchu) ear; **odstające/spiczaste uszy** protruding/pointed ears; **pies ze zwisającymi uszami** a dog with floppy ears; **głuchy na jedno/lewe ucho** deaf in one ear/in the left ear; **prawym uchem** a. **na prawe ucho słabiej słyszę** (the hearing in) my right ear is not so good; **dać komuś w ucho** pot. to give sb a clip on the ear pot.; **wytargać kogoś za uszy** to box sb's ears; **szeptać** a. **mówić komuś coś do ucha** to whisper sth into sb's ear; **boli go/ją ucho** he/she has an earache; **odmroziłem sobie uszy** my ears are frostbitten; **przyłożył ucho do dziurki od klucza** he put his ear to the keyhole; **naciągnął** a. **nałożył czapkę głęboko/lekko na uszy** he pulled his cap down over/just over his ears; **zarumieniła się po uszy** a. **po czubki uszu** her whole face turned red; **zatykał uszy, by nie słyszeć ich wrzasków** he plugged his ears so as not to hear their screaming [2] *sgt* (słuch)

ear; **czujne/wprawne/wyczulone ucho** a keen/trained/sensitive ear; **dźwięki miłe dla ucha** sounds that are easy on the ear; **mieć muzykalne ucho** to have an ear for music; **on ma ucho do języków** he has an ear for languages; **złowił** a. **schwytał uchem lekki szmer** his ear caught a faint rustle; **masz dobre ucho, jeśli to usłyszałeś** you must have good ears if you heard that [3] *zw. pl* (*Npl* **ucha** a. **uszy**, *Gpl* **uszu** a. **uszów**) (przy czapce) ear flap *zw. pl* [4] (*Npl* **ucha** a. **uszy**, *Gpl* **uch** a. **uszu** a. **uszów**) (przy koszu, kubku, dzbanie) handle; (z tkaniny, sznura) loop; **chwycił plecak za ucho** he grabbed the rucksack by the loop [5] (*Npl* **ucha**, *Gpl* **uch**) (w igle) eye

❏ **ucho holownicze** Aut. (z przodu pojazdu) towing eye, lunette (ring); (z tyłu pojazdu) tow bar; **ucho liny** Żegl. eye; **ucho środkowe** Anat. middle ear; **ucho wewnętrzne** Anat. inner ear; **ucho zewnętrzne** Anat. outer ear

■ **spółdzielnia ucho** pot., żart. squealers pot., pejor., finks US pot., pejor.; **być czyimś uchem i okiem** książk. to be sb's eyes and ears; **brzęczeć komuś nad uszami** to drone (on and on) at sb; **ciągnąć** a. **wyciągać kogoś za uszy** pot. to drag sb along like a dead weight pot., przen.; **ciepło** a. **spokojnie jak w uchu** nice and cosy GB, nice and cozy US; **dać ucha czemuś** to listen to sth; **dostać** a. **zobaczyć ucho od śledzia** pot. to get damn all GB pot., to not get diddly-squat a. doodly-squat US; **doszło** a. **dobiegło** a. **doleciało do moich uszu, że...** I've heard that...; **dotrzeć** a. **dojść do niepowołanych uszu** to be heard by the wrong people; **drażnić uszy** to grate on one's/sb's ears; **dzwoni mu/jej w uszach** his/her ears a. eardrums are ringing; **cisza aż w uszach dzwoni** the silence is deafening; **dźwięczeć komuś w uszach** to ring in sb's ears; **głaskać** a. **pieścić (czyjeś) ucho** a. **uszy** to tickle one's/sb's ears; **grać** a. **rżnąć** a. **wygrywać od ucha do ucha** pot. to play (music) with pep pot.; **kłaść coś komuś do uszu** a. **w uszy** to drum a. hammer sth into sb; **kłaść** a. **tulić uszy po sobie** to put a. have one's tail between one's legs; **mieć długie uszy** (być ciekawskim) to be nos(e)y pot.; (podsłuchiwać) to earwig GB pot.; **mieć gębę** a. **pysk od ucha do ucha** pot., pejor. to be a big mouth pot.; **mieć oczy i uszy otwarte** to keep a. have one's wits about one; **mieć swoje za uszami** to have a thing or two on one's conscience; **mieć usta od ucha do ucha** to have a wide mouth; **mam uszy pełne hałasu** my ears ache from all the noise; **miała uszy pełne muzyki** the music played in her head; **mówić coś komuś na ucho** (w sekrecie) to tell sb sth in secret; **na(d)stawiać ucha** a. **uszu** (wytężać słuch) to listen closely, to prick up a. cock one's ears; **natrzeć komuś uszu** to give sb an earful (**o coś** about sth) pot.; **nie wierzę** a. **nie chcę wierzyć własnym uszom** I can't believe my ears; **obić się komuś o uszy** to ring a bell with sb pot.; **po uszy zakochany** head over heels in love; **po uszy w długach/w pracy** up to one's ears a. neck in debt/in work pot.; **przejść** a. **przecisnąć się przez ucho igielne** to

U

pass through the eye of a needle; **jego głos świdrował w uszach** he had a piercing voice; **rozdzierające uszy odgłosy wybuchów** ear-splitting detonations; **puszczać coś mimo uszu** to turn a deaf ear to sth; **słuchać czegoś** a. **chłonąć coś chciwym uchem** to listen avidly to sth; **słuchać jednym uchem (a drugim wypuszczać)** to listen with only half an ear; **słyszeć coś na własne uszy** to hear sth with one's own ears; **spać na oba uszy** przest. to sleep like a log a. top; **stawać na uszach** pot. to do one's damnedest pot., to bend over backwards pot.; **choćbyś stawał na uszach, i tak jej nie przekonasz** you'll never manage to convince her; **strzyc uszami** a. **uchem** to prick up a. cock one's ears; **nie mówmy o tym teraz, bo sąsiadka strzyże/inni strzygą uszami** a. **uchem** we'd better not talk about it now as the neighbour's/the others' ears are flapping pot.; **uśmiechać się od ucha do ucha** to smile a. grin from ear to ear; **wpadać a. uchem** [melodia, piosenka] to be catchy; **wpadające w ucho melodie/powiedzonka** catchy tunes/sayings; **zamykać** a. **zatykać uszy na coś** to close a. shut one's ears to sth; **zobaczę/zobaczy prędzej** a. **raczej swoje ucho, aniżeli...** there's more chance of finding Elvis on the moon than there is of... pot.; **uczciwszy uszy** przest. (if you'll) pardon a. excuse the expression; **klął, aż wszystkim uszy więdły** his swearing made everyone's ears burn; **jadł** a. **wcinał, aż mu się uszy trzęsły** pot. he ate ravenously; **zajadali obiad/kanapki, aż im się uszy trzęsły** they scoffed their dinner/sandwiches GB pot., they scarfed down their dinner/sandwiches US pot.; **wlatywać** a. **wchodzić jednym uchem, a drugim wylatywać** a. **wychodzić** to go in (at) one ear and out (at) the other; **uszy bolą słuchać** it assaults the ears, it's painful to listen to; **uszy bolą** a. **pękają** a. **puchną od tego** it assaults the ear, it's painful to listen to; **uszy do góry** pot. (keep your) chin up! pot.; **wylewa mi się** a. **wychodzi mi to uszami** pot. I'm sick and tired of it pot.; **ściany mają uszy** przysł. walls have ears przysł.

uchodzić¹ impf → **ujść**²

ucho|dzić² impf vi [1] (być uważanym) to be regarded (**za kogoś/coś** as sb/sth); **wakacje za granicą ~dziły za coś lepszego** holidays abroad were considered classier [2] książk. (wypadać coś robić) to be appropriate, to be fitting; **czy dorosłym ~dzi tak się zachowywać?** is that appropriate behaviour for adults?; **nie ~dzi rozmawiać przez komórkę w kościele** it's inappropriate to use a mobile phone in church [3] Geog. [rzeka, strumień] to flow, to feed (**do czegoś** into sth)

ucho|dzić³ pf ▯ vt pot. **~dzić nogi (do kolan)** to walk one's legs off pot.
▯ **uchodzić się** to walk one's legs off pot.

uchodź|ca m, **~czyni** f refugee; (wysiedlony, deportowany) displaced person; (wygnany przez władze państwowe) exile; **~ca polityczny** a political refugee; **komisarz ONZ do**

spraw **~ców** a UN commissioner for refugees

uchodźcz|y adi. [obóz, kwestia] refugee attr.; **fala ~a** a wave of refugees

uchodźstw|o n sgt książk. [1] (sytuacja) sojourn as a refugee, refugee status; (wygnanie przez władze państwowe) exile; **osoby, które żyją na ~ie** refugees/exiles; **wrócić z ~a** to return from one's sojourn as a refugee/from exile; **wielu Polaków znalazło się na ~ie** many Poles were forced into exile [2] (uchodźcy) refugees pl; (wygnańcy) exiles pl; **dzieje armeńskiego ~a** a history of the Armenian diaspora książk.; **skupiska marokańskiego ~a we Francji** Moroccan refugee communities in France

uchowa|ć pf ▯ vt [1] książk. (ustrzec) to deliver książk. (**przed czymś** a. **od czegoś** from sth); to save (**przed czymś** a. **od czegoś** from sth); **~ć firmę przed bankructwem** to save a company from bankruptcy; **~j nas, Panie, od ognia i gradobicia** deliver us, O Lord, from fire and hail [2] dial. (wyhodować) to rear [byczka, cielaka, kocięta] ⇒ **chować** [3] (ukryć) to hide (away), to stash away [słodycze, skarby, listy]; **nie mogę kawałka czekolady przed dziećmi ~ć** I can't keep even a single piece of chocolate hidden from the kids
▯ **uchować się** [1] książk. (przetrwać) [obyczaj, pamiątka] to survive; [pomnik, skarb, dzieło sztuki] to survive, to escape destruction; **~ło się wiele zwyczajów wielkanocnych** many Easter customs have survived; **od pożaru cudem ~ło się kilka obrazów** several pictures miraculously survived the fire; **z flotylli tylko jeden okręt ~ł się podczas sztormu** only one ship of the fleet survived the storm [2] książk. [osoba] (przeżyć) to survive; (pozostać) to remain; **z całego oddziału ~ło się dwóch partyzantów** only two guerrillas from the unit have survived; **nie ~sz się na tym stanowisku** you won't keep that job for long [3] (pozostać ukrytym) [sekret, przysmaki, zapasy, listy] to go a. remain undetected (**przed kimś** by sb); **nic/żadna tajemnica się przed naszymi dziećmi nie ~** nothing/no secret goes a. remains undetected by our children
▪ **gdzieś ty się ~ł, że nigdy nie słyszałeś o...** żart. what planet are you from, that you've never heard of... pot., żart.

uchro|nić pf ▯ vt [1] (uratować) to save, to rescue (**przed czymś** from sth); **~nić kogoś od śmierci** to save sb's life; **~nić coś od zapomnienia** to rescue a. save sth from oblivion; **~niono rzeźby przed zniszczeniem** the sculptures were saved from destruction [2] (osłonić) to protect (**przed czymś** from a. against sth); **~nić dzieci przed nędzą/wyzyskiem** to protect children from poverty/exploitation; **chcę was ~nić przed złymi wpływami** I want to protect you from bad influences; **nie ~niono ludności przed epidemią** the population was not safeguarded against an epidemic ⇒ **chronić**
▯ **uchronić się** (zabezpieczyć siebie samego) to protect oneself (**przed czymś** from a. against sth); **jak się ~nić przed zachorowaniem na grypę?** how can you protect yourself against a. from the flu?; **musisz**

~ić się przed wychłodzeniem (organizmu) you must protect yourself against hypothermia ⇒ **chronić się**

uchwalać impf → **uchwalić**

uchwal|ić pf — **uchwal|ać** impf vt (postanowić) to pass [budżet, rezolucję]; (uczynić prawem) to enact [prawo, rozporządzenie]; **~ić ustawę** to pass a bill; **~ić coś jednomyślnie/większością głosów** to pass sth unanimously/by a majority vote

uchwa|ła f Admin., Polit. resolution; **podjąć ~łę** to pass a resolution; **ministrowie głosowali za ~łą** the ministers voted to adopt the resolution; **powzięto ~łę o zmianie prezesa** a resolution to replace the chair(man) was passed

uchwy|cić pf ▯ vt [1] (złapać) to grab a. seize (hold of), to take hold of; **~cić kogoś za rękę/kołnierz** to seize sb by the hand/collar; **~cił pośpiesznie nóż** he hurriedly grabbed a. seized the knife [2] (zawładnąć) to seize [władzę, rządy, kontrolę] [3] (wykorzystać) to seize [sposobność]; **~cić okazję, by zaprosić ją do kina** he seized the opportunity to invite her to the cinema; **musimy ~cić każdą okazję** we have to seize every opportunity [4] (postrzec) to notice [zapach, dźwięki]; (pojąć) to grasp [sens, dowcip, zamysł]; **~cić czyjeś spojrzenie** to catch sb's eye; **nie umiał ~cić rytmu** he couldn't feel a. sense the rhythm; **trafnie ~ciłeś moją myśl** you've grasped my idea exactly [5] (przedstawić) to capture [podobieństwo, szczegóły, prawdę]; **film ~cił** a. **w filmie została ~cona atmosfera stypy** the film captured the atmosphere of a wake
▯ **uchwycić się** [1] (złapać się) to grab a. seize hold of (**czegoś** sth); **w ostatniej chwili ~cił się liny** he grabbed the rope in the nick of time [2] (przywiązać się) to cling (**kogoś/czegoś** to sb/sth) [nadziei, myśli, pomysłu]; **~ciła się jego obietnicy jako ostatniej szansy ratunku** she clung to his promise as her only hope

uchwy|t m (G ~**tu**) [1] (na walizce, kubku, koszyku, urządzeniu) handle; (na szpadzie, sztylecie) hilt; (na maszynie, sprzęcie sportowym) handgrip; **~t skrzyni biegów** a gear(box) lever GB, a gear shift US; **mocować ~ty** to attach handles [2] Żegl. (szotring) claw ring [3] sgt (złapanie ręką) grip; **mocny ~t** a firm grasp; **rozluźnić ~t** to relax a. loosen a. ease one's grip [4] Sport hold; **założyć przeciwnikowi ~t** to put a hold on one's opponent

uchwytnie adv. [wyczuwalny, dostrzegalny] perceptibly

uchwytn|y adi. [1] (wyczuwalny) [różnica, zjawisko] perceptible, noticeable; **miał ledwie ~y puls** his pulse was barely perceptible [2] (zrozumiały) [aluzja, pojęcie] **trudno/łatwo ~e podteksty** implied meanings that are difficult/easy to grasp [3] pot. **szef nie jest w tej chwili ~y** the boss isn't available at the moment; **on jest ~y tylko przez telefon** he's only reachable by telephone

uchybiać impf → **uchybić**

uchyb|ić pf — **uchyb|iać** impf vi książk. [1] (naruszać) to transgress vt (**czemuś** sth) [normom, przepisom, zasadom, tradycji]; to breach vt (**czemuś** sth) [etykiecie, protokołowi]; **czyny ~iające prawom człowieka**

acts that infringe (on) human rights; **~ić/iać dobremu wychowaniu** to transgress the bounds of polite behaviour; **ta decyzja ~ia zdrowemu rozsądkowi** the decision flies in the face of common sense [2] (obrazić) to offend *vt*, to insult *vt* (**komuś** sb) [3] (być niestosownym) to be an insult (**czemuś** to sth); to offend (**czemuś** against sth); **pańska propozycja ~ia mojemu wiekowi/stanowisku** your offer is an insult a. is insulting to my age/position; **to ~ia mojej godności** it is below a. beneath my dignity

uchybie|nie [] *sv* → **uchybić**

[] *n* książk. [1] (zaniedbanie) negligence *U*; (błąd) inadvertence książk.; oversight; **naprawiać ~nia** to correct the oversights; **rażące ~nia w wykonawstwie** gross negligence in workmanship; **w jej sprawozdaniu/pracy doszukano się kilku ~ń** a few inadvertences were detected in her report/work; **zarzucono mu poważne ~nie w sztuce lekarskiej** he was charged with serious medical negligence (obraza) offence GB, offense US; **popełnić ~nie wobec kogoś** to give offence to sb książk.; to offend sb; **nie dopuściłby się żadnych ~ń wobec starszych** he would never offend his elders [3] książk. (naruszenie normy, obyczaju) infringement, breach (**czemuś** of sth); **karygodne ~nie klubowym przepisom** a gross infringement of the club's regulations; **~nie obowiązkom/dobremu wychowaniu** a breach of duty/good manners

uchylać *impf* → **uchylić**

uchyl|ić *pf* — **uchyl|ać** *impf* [] *vt* [1] (odemknąć) to open [sth] slightly *[okno, powieki, szufladę]*; **drzwi były ~one** the door was ajar [2] (odsunąć) to draw [sth] slightly aside *[firankę, zasłonę, kotarę]* [3] Prawo (znieść) to rescind *[nakaz, zalecenie]*; to overrule *[decyzję, sprzeciw, wniosek]*; to revoke *[zezwolenie, postanowienie, wyrok]*; **~ić przepis** to repeal a regulation; **~ić pytanie** to overrule a question [4] (unieważnić) to dispel *[wątpliwości, zarzuty, podejrzenia]*

[] **uchylić się** — **uchylać się** [1] *[drzwi, okno]* to open slightly [2] (odchylić się) to duck *vt/vi*, to dodge (**przed czymś** sth); **~ił się przed ciosem** he ducked the punch, he ducked to avoid the punch; **~ili się przed (nadlatującymi) pociskami/kulami śniegu** they dodged the bullets/snowballs; **~ił się, żeby kogoś nie potrącić** he swerved to avoid hitting anyone [3] (wymówić się) to shirk (**od czegoś** sth) *[pracy, obowiązków, odpowiedzialności]*; to evade (**od czegoś** sth) *[podatków, obowiązku]*; **~ać się od służby wojskowej** to dodge military service

■ **~ić kapelusza** to tip one's hat

uchyln|y *adi.* *[siedzenie, fotel]* reclining; *[klapa, lustro]* adjustable, pivoting; *[okno]* pivot(ing)

u|ciąć *pf* — **u|cinać** *impf* (**utnę, ucięła, ucięli** — **ucinam**) *vt* [1] (obciąć) to cut (off) *[kawałek, rękę, rurę, warkocz]*; to lop off, to sever *[gałąź, głowę]*; to dock *[psi ogon]* [2] (wstrzymać, zawiesić) to cut off *[fundusze, premię]* [3] (przerwać) to break off *[rozmowę]*; to cut off a. short *[dyskusję]*; **uciąć w pół słowa** to break off in mid-sentence; **„nie**

pana sprawa" – ucięła krótko 'it's none of your business' – she cut him off [4] pot. (zrobić) to have *[partyjkę, pogawędkę, romans]*; **uciąć sobie drzemkę** to grab forty winks [5] pot. (ugryźć) *[owad, pies, wąż]* to bite; (ukłuć, użądlić) *[osa, pszczoła, skorpion]* to sting

■ **jak (nożem) uciął** (raptownie, szybko) all of a sudden; (dokładnie) to a hair

uciąg *m* (*G* **~u**) Techn. towing power; **ciężarówka miała ~ 20 ton** the truck had 20 tons of towing power

uciągn|ąć *pf* (**~ęła, ~ęli**) *vt* pot. *[pojazd, zwierzę]* to pull, to haul

uciążliwie *adv. grad.* [1] (dokuczliwie, nieprzyjemnie) *[upalny]* oppressively; *[wysoki]* uncomfortably; *[gadatliwy]* wearisomely [2] (mozolnie, z trudem) *[wspinać się]* arduously, onerously

uciążliwoś|ć *f* książk. [1] *sgt* (trudność) arduousness, onerousness; (dokuczliwość) tiresomeness, troublesomeness [2] (dokuczliwa sytuacja) nuisance

uciążliw|y *adi. grad.* [1] (męczący, trudny) *[podróż]* arduous; *[obowiązki, praca, zadanie]* onerous; **~y w obsłudze** uncomfortable to operate [2] (dokuczliwy, nieprzyjemny) *[milczenie, pogoda, upał]* oppressive; *[warunki]* uncomfortable; *[podatki]* burdensome; *[ból, hałas]* bothersome [3] (irytujący) *[charakter]* bothersome, troublesome; *[osoba]* tedious; *[nawyki]* tiresome, undesirable; *[narzekania, żądania]* wearisome

ucichać *impf* → **ucichnąć**

ucich|nąć *pf* — **ucich|ać** *impf* (**~nął** a. **~ł, ~nęła** a. **~ła, ~nęli** a. **~li — ~am**) *vi* [1] (przestać być słyszanym) *[hałas, kroki, oklaski, śmiech]* to die away a. down; (stopniowo) to fade away, to tail a. trail off; *[miasto, muzyka]* to become a. grow a. fall silent; **w pokoju nagle ~ło** the room suddenly fell silent; **przy ognisku ~ło** silence fell around the campfire [2] (zamilknąć) *[osoba]* to hush, to become a. fall silent; **~nij wreszcie!** will you keep quiet? [3] (zaniknąć) *[wiatr]* to die down, to subside; *[sztorm]* to go down, to subside; *[kłótnia]* to simmer down; *[ból, gniew]* to abate [4] przen. (stracić na znaczeniu) *[spór, dyskusja]* to subside

ucie|c *pf* — **ucie|kać** *impf* (**~knę, ~kniesz, ~kł, ~kli — ~kam**) [] *vi* [1] (szybko oddalić się) to escape, to flee, to run (away); **~c przed pogonią/policją** to escape from pursuit/the police; **~kać przed nieprzyjacielem/prześladowaniami** to flee the enemy/from persecution; **~kać w popłochu** to run for one's life; **~kł, kiedy tylko mnie zobaczył** he ran away as soon as he saw me; **~c przed deszczem/burzą** (schronić się) to take shelter from the rain/storm [2] pot. (opuścić, wydostać się) to escape, to get out; *[więzień]* to break free a. out; (z kraju) to defect, to flee; (od rodziny) to run away; **~c z armii/klatki/więzienia** to escape from the army/a cage/prison; **~c na Zachód** to defect to the West; **chłopiec ~kł oknem** the boy got out a. escaped through the window; **~c z lekcji** to skip class a. classes pot. [3] (wyjechać) to elope, to run off (**z kimś** with sb); to run away (**z czymś** with sth) [4] przen. to escape; to get away (**od czegoś** from sth) *[faktów, prawdy]*; to run away (**od czegoś** from sth)

[obowiązków, sytuacji]; **~kać przed kimś** (unikać) to avoid a. shun sb [5] przen. (mijać, upływać) *[czas]* to fly; *[chwile, dni]* to slip by [6] pot. (uleciać) *[gaz, powietrze]* to escape, to leak; (wypłynąć) *[benzyna, woda]* to escape, to leak, to run off; **krew ~kła mu z twarzy** blood a. colour drained from his face [7] przen. (gasnąć, niknąć) *[życie]* to drain (**z kogoś** out of sb) [8] (stać się niewidocznym) to flash by; **drzewa ~kają za oknami pociągu** the trees flash by train windows; **~kać z czyjegoś pola widzenia** disappear from sb's field of vision [9] (odwrócić wzrok) *[oczy]* to skitter away; **nie ~kaj oczami!** don't look away! [10] (wypaść, wyślizgnąć się) *[piłka, ziemniak]* to slip (**z czegoś** from sth) [11] pot. (zostać zapomnianym) to escape, to slip; **numer jej telefonu ~kł mi z pamięci** her telephone number slipped my mind a. escaped my memory; **zamilkł na chwilę, bo ~kł mu wątek** he fell silent for a moment, because he had lost his train of thought; **uciec uwadze** to escape attention; **to zupełnie ~kło mojej uwadze** it completely escaped my attention [12] pot. (ominąć) **przez niego ~kł mi awans** I lost the promotion because of him; **~kła mi taka okazja!** what a bargain I missed!; **gazetę przeczytam jutro – przecież mi nie ~knie** I will read the newspaper tomorrow – it will keep [13] pot. (odjechać) **~kł nam autobus/pociąg** we missed the bus/train [14] pot. (odejść) to run (along a. away); **~kaj, teraz jestem zajęty** run along a. away, I'm busy at the moment

[] **uciec się** — **uciekać się** [1] (posłużyć się) to fall back (**do czegoś** on sth); to have recourse a. resort (**do czegoś** to sth); to resort to (**do czegoś** to sth); **bez ~kania się do czegoś** without recourse a. resort to sth; **osiągnąć zwycięstwo ~kając się do przemocy** to achieve victory by resort to violence [2] książk. (zwrócić się o pomoc) to fall back (**do kogoś** on sb) *[rodziców]*; to have recourse a. resort (**do kogoś** to sb) *[sądu]*

■ **~c, gdzie pieprz rośnie** pot. to run a mile; **dusza ~kła komuś w pięty** pot. sb's heart was in their boots/mouth

ucie|cha *f* [1] pot. (zadowolenie) delight; (zabawa) fun; (rozbawienie) amusement; **zapiszczeć z ~chy** to squeal with delight; **ku czyjejś ~sze** (o radości) to sb's delight; (o rozbawieniu) to sb's amusement; **sprawić komuś ~chę** to please sb [2] *zw. pl* książk. (przyjemności) pleasures *pl*; **wiódł życie pełne ~ch** he lived a life of indulgence

uciecz|ka *f* [1] (uciekanie) escape, flight; (ze szkoły) absconding; (z więzienia) breakout, jailbreak; (z miejsca zbrodni) getaway; (z armii, kraju) defection; (z ukochanym) elopement; **próba ~ki samochodem** an attempted escape by car; **~ka z obozu pracy/do Grecji/na zachód** an escape from a labour camp/to Greece/to the west; **~ka przed nieprzyjacielem/wojną** flight from an enemy/war; **salwować się ~ką** przest., żart. to take flight; **zmusić kogoś do ~ki** to put sb to flight; **rzucić się do ~ki** to bolt [2] przen. (unikanie) escape; **~ka od rzeczywistości** a. **przed rzeczywistością** an escape from reality; **uzależnienie oznacza**

~kę przed samym sobą addiction is about running away from oneself; **hałas jest wszędzie i nie ma od niego ~ki** noise is everywhere; there's no escaping (from) it [3] książk. (azyl) escape, refuge; **szukać ~ki w narkotykach** to seek refuge in drugs; **~ka w pracę ci nie pomoże** trying to lose yourself in your work won't help [4] (ciepła, gazu, płynu) escape, leak; (promieniowania) leak, leakage [5] Astron., Astronaut. (oddalanie się) escape; **~ka neutronów** neutron escape; **prędkość ~ki** escape velocity; **~ka galaktyk** recession of the galaxies [6] Ekon. (kapitału) flight [7] Sport (w kolarstwie) breakaway

❑ **~ka do Egiptu** Bibl. Flight to Egypt
uciekać impf → uciec
uciekinie|r m, **~rka** f (z getta, obozu, więzienia) escapee, fugitive; (ze szkoły) absconder, truant; (z kraju) defector; (z domu) runaway; (polityczny) refugee
ucieleśniać impf → ucieleśnić
ucieleśni|ć pf — **ucieleśni|ać** impf książk.
[I] vt [1] (uosabiać) to embody, to personify [ideał] [2] (urzeczywistnić) to fulfil GB a. fulfill US [marzenia]; to realize [wizję]
[II] ucieleśnić się — ucieleśniać się (urzeczywistnić się) [marzenia, projekt] to materialize; **w jej osobie ~ła się jego wizja miłości idealnej** she embodied his vision of ideal love, his vision of ideal love was embodied in her
ucieleśnie|nie [I] sv → ucieleśnić
[II] n książk. (uosobienie) embodiment, incarnation (czegoś of sth); **byli ~niem cnoty** they were virtue incarnate
uciemiężać impf → uciemiężyć
uciemięż|yć pf — **uciemięż|ać** impf vt książk. to oppress [poddanych]; to enslave [naród]
ucierać impf → utrzeć
ucierpi|eć pf (~ał, ~eli) vi książk. [1] (zostać uszkodzonym) to suffer damage; **~eć od powodzi** to suffer flood damage; **pojazd najwyraźniej nie ~ał podczas kolizji** the vehicle appears none the worse for the collision [2] (na ciele, zdrowiu) [osoba] to suffer harm, to be harmed [3] (doznać uszczerbku) to suffer; **~na tym jego zdrowie/praca/dobre imię** his health/work/good name will suffer
ucieszn|ie adv. grad. książk. [opisany, podrygiwać, skakać] amusingly, funnily; [wyglądać] amusing adi., funny adi.
ucieszn|y adi. grad. książk. [anegdota, mina, osoba] amusing, funny; diverting przest.
uciesz|ony [I] pp → ucieszyć
[II] adi. glad, happy; **był ~ony takim obrotem sprawy** he was glad things turned out that way; **dzieci ~one z prezentów** children happy with their presents; **mówił ~onym głosem o swoim awansie** he spoke about his promotion in a pleased voice
uciesz|yć pf **[I]** vi to gladden [oczy, serce]; [reakcja, wiadomość] to gratify [osobę]; [prezent] to please [osobę]
[II] ucieszyć się to be glad a. happy; **~yła się, że wrócili** she was glad a. happy (that) they were back; **naprawdę ~yłem się z jego sukcesu** I was really happy for him; **~yłem się na wieść o waszych zarę-**

czynach I was pleased to hear of your engagement; **pies ~ył się na widok swojego pana** the dog was happy to see its master
ucinać impf → uciąć
ucisk m (G ~u) [1] (gniecenie) pressure; (w gardle) choking, tightness; (w piersiach) constriction, tightness; (w żołądku) knot; **~ jego palców** the pressure of his fingers [2] książk. (gnębienie) oppression; **~ ekonomiczny/feudalny/klasowy** economic/feudal/class oppression
uciskać[1] impf → ucisnąć
uci|skać[2] impf vi [1] (gnębić) to grind down, to oppress; **~skać ludność podatkami** to grind down the population with taxes; **klasa robotnicza ~skana przez burżuazję** the working class oppressed by the bourgeoisie [2] (cisnąć, uwierać) [bandaż, pasek] to constrict, to chafe [brzuch, szyję, żebra]; [okulary, stanik] to pinch; **nowe buty mnie ~skają** the new shoes pinch my feet [3] (naciskać) [guz, tętniak] to press (against) [kręgi, nerw] [4] przen. (o uczuciach) [smutek, żal] to grip [serce]; **wzruszenie ~skało jej gardło** her throat was tight with emotion
uciskow|y adi. [badanie, bolesność, opaska, opatrunek] pressure attr.; [neuropatia, sklero-terapia] compressive; **punkt ~y** pressure point
uci|snąć pf — **uci|skać**[1] impf (~snęła, ~snęli — ~skam) vt książk. (nacisnąć, ugniatać) to press (down) (coś on sth); **~śnij nogami ziemię dookoła sadzonki** press down the soil around the seedling with your feet
uciszać impf → uciszyć
ucisz|yć pf — **ucisz|ać** impf **[I]** vt [1] (uspokoić) to hush (up); to shush pot. [dziecko]; to silence [hałas, krzyki, tłum] [2] książk., przen. (opanować, zagłuszyć) to silence [sumienie]; to still [głos rozsądku]; to soothe [ból, rozpacz]; to choke off [protest]; **~yć plotki** to lay rumours to rest [3] pot. (zastraszyć) to silence [opozycję]; to still [krytyka]; to gag [dziennikarza, prasę]
[II] uciszyć się — uciszać się [1] (zamilknąć) [osoba, ptaki] to become a. grow a. fall silent; [dzieci] to quiet (down); to pipe down pot.; (ustać) [hałas, wrzawa] to die down [2] przen. (uspokoić się) [sztorm, wiatr] to moderate, to die down; [morze] to calm down, to grow calm
uciśni|ony [I] adi. książk. [ludzie, naród] oppressed
[II] uciśni|ony m, **~ona** f an oppressed person; **~eni** the oppressed
uciuła|ć pf vt pot. scrape together a. up; **~ć pieniądze na nowy samochód** to scrape up some money for a new car
ucywiliz|ować pf **[I]** vt książk. [1] (upowszechnić cywilizację) to civilize [barbarzyńców, naród, plemię] [2] **~ cywilizować** [2] pot., żart. (wychować) to civilize [chama, dzieci]
[II] ucywilizować się książk. [narody, plemiona] to become civilized → cywilizować się
ucz|cić pf vt [1] (oddać hołd) to honour GB, to honor US [gościa]; to pay homage (**kogoś** to sb) [mistrza]; **~cić pamięć zmarłego minutą ciszy** to commemorate the deceased with a minute's silence [2] (oddać cześć boską) to venerate [bóstwo] [3] (świętować)

to celebrate [jubileusz, sukces, święto, zwycięstwo]
uczciwie adv. grad. [1] (bez oszustwa, rzetelnie) [pracować, zarobić, żyć] honestly; [grać] fair; [uzyskać] fairly [2] (prawdziwie) [opisać, powiedzieć, wierzyć, zapytać] honestly; **trzeba ~ przyznać, że próbował zapłacić** to be fair, he did try to pay [3] pot. (należycie, znacznie) [wyczyszczony] decently; [podjeść sobie] well; [zloić skórę] soundly; **wyspał się ~** he had a decent night's sleep
uczciwoś|ć f sgt [1] (cecha ludzka) honesty; **nieposzlakowana ~ć** probity; **~ć popłaca** honesty pays [2] (rzetelność, zgodność z prawem) fairness, honesty; **~ć rywalizacji** the fairness of the competition; **~ć jego zamiarów** the honesty of his intentions [3] (szczerość) honesty
uczciw|y adi. grad. [1] (godny zaufania, prawy) [osoba, znalazca] honest; **być kryształowo ~ym człowiekiem** to be (as) straight as a die; **możesz mu zaufać, jest ~y** you can trust him, he's on the level a. square pot. [2] (rzetelny, zgodny z prawem) [oferta, układ, wymiana, rywalizacja] fair; [cena, zamiary] honest; **~a konkurencja** fair trade; **zabrać się za ~ą robotę** to make a. turn an honest penny; **nie zhańbił się jeszcze ~ą pracą** he's never done an honest day's work [3] (pełen uczciwości) [serce, spojrzenie, twarz] honest [4] (szczery) [opowieść, relacja] honest; **~a prawda** honest truth; **nie był na tyle ~y, aby się do tego przyznać** he did not have the honesty to admit it pot. [5] pot. (solidny) [obiad, posag] decent; [kawał drogi] good; [lanie] sound
uczelni|a f (Gpl ~) [1] (szkoła wyższa) college, school; **~a medyczna** medical school; **~a techniczna** technical college; **~e warszawskie** Warsaw's universities; **wyższa ~a** a university, a college US; **wydalić kogoś z ~** to expel sb, to send sb down GB; **wydalić studenta z ~ za ściąganie** to send a student down for cheating [2] przest. (szkoła ponadpodstawowa) college, school; **~e pijarskie** Piarist schools
uczelnian|y adi. [biblioteka, budynki, personel, stołówka] college attr., university attr.; [życie] collegial, collegiate; [zawody] intramural
uczenie adv. grad. (mądrze, naukowo) [argumentować, mówić, objaśniać] eruditely, learnedly
uczennic|a f [1] (w szkole) pupil, schoolgirl, student US; (szkoły podstawowej) junior GB; (u prywatnego nauczyciela) tutee [2] (praktykantka u mistrza) apprentice [3] (kontynuatorka) disciple, follower
ucz|eń m (Npl ~niowie) [1] (w szkole) pupil, schoolboy, student US; (szkoły podstawowej) junior GB; (u prywatnego nauczyciela) tutee [2] (praktykant u mistrza) apprentice; **został ~niem u majstra szewskiego** he became a master shoemaker's apprentice [3] (kontynuator) disciple, follower; **znakomity ~eń Hegla** a brilliant follower of Hegel; **~niowie Chrystusa** Relig. Christ's disciples; **~eń Rembranta** a pupil of Rembrandt; **~eń Eskulapa** (lekarz) Aesculapius
uczepiać impf → uczepić
uczep|ić pf — **uczep|iać** impf **[I]** vt pot. (przyczepić) to hitch, to hook; **~iła swój**

kajak do mojego she hitched a. hooked her canoe to mine; **~ić żyrandol na haku** to hang a chandelier on a hook

II uczepić się — uczepiać się [1] pot. (złapać się) to clutch *vt*, to latch on (**czegoś** to sth); **przerażone dziecko kurczowo ~iło się ręki matki** the terrified child clutched his mother's hand; **pies ~ił się kija** the dog latched on to the stick [2] przen. (narzucać się) to latch on (**kogoś** to sb) [kobiety, protektora, znajomych] [3] (przyczepić się) to pick on [prelegenta, sąsiada]; to seize on [błędu] [4] przen. (skoncentrować się) to hang on (**czegoś** to sth) [myśli, nadziei]; to latch on [idei, pomysłu]; to seize on [propozycji]

uczepi|ony [] *pp* → **uczepić**

II adi. (zaczepiony) hooked; (ściskający) clutching; (trzymający) latched on; **alpinista ~ony liny** a mountaineer hooked to a rope; **miś koala ~ony gałęzi** a koala clutching a branch; **pies ~ony jego nogawki** a dog latched on to his trouser leg

uczer|nić *pf* [] *vt* [1] (pobrudzić) to black (up), to blacken; **~nił sobie ręce sadzą** he got his hands all black with soot [2] (ufarbować na czarno) **aktor ~nił sobie twarz, aby zagrać Otella** the actor blacked his face to play Othello

II uczernić się (zabrudzić się) [ręce, twarz] to become a. get black a. blackened; [osoba] to blacken oneself

ucze|sać *pf* (**~szę**) [] *vt* (szczotką) to brush; (grzebieniem) to comb; [fryzjer] to do, to style; **matka ~sała dziecko** the mother combed her child's hair; **~sać kogoś do tyłu/na bok** to brush sb's hair back/to one side; **jak panią ~sać?** how would you like your hair done?

II uczesać się [1] (samodzielnie) to brush/ comb one's hair [2] (zostać uczesanym) to have one's hair done a. styled; **~sać się na punka** to have one's hair done in the punk style

uczesa|nie [] *sv* → **uczesać**

II *n* hairstyle; hairdo pot.; **miała dziwaczne ~nie** she had a weird hairstyle

uczestnictw|o *n sgt* (udział w konferencji, misji, zawodach) participation (**w czymś** in sth); (w działalności, kampanii, spisku, zadaniu) involvement (**w czymś** in sth); **został zaproszony do ~a w wyprawie w Himalaje** he was invited to participate in an expedition to the Himalayas

uczestnicz|yć *impf vi* [1] (brać udział) to participate (**w czymś** in sth) [dyskusji, eksperymencie, programie, rokowaniach]; to attend *vt* (**w czymś** sth) [ceremonii, konferencji, spotkaniu]; **~yć we mszy** Relig. to attend Mass [2] (korzystać) to share (**w czymś** in sth) [zyskach]; to take part (**w czymś** in sth) [inwestycjach]; to be involved (**w czymś** in sth) [spółce]

uczestni|k *m*, **~czka** *f* participant; (zawodów) competitor, entrant; (nabożeństwa) celebrant; **był najaktywniejszym ~kiem konferencji** he was the most active participant in the conference

uczęszcza|ć *impf vi* [1] (uczyć się) to attend *vt*; **~ć do szkoły średniej/na uczelnię** to attend secondary school/university; **~ć na lekcje rysunku/kursy angielskiego/ warsztaty teatralne** to attend drawing

classes/English courses/drama workshops [2] książk. (bywać, uczestniczyć) to attend *vt* (**na coś** sth) [imprezy, koncerty, premiery, spotkania]; to frequent *vt*, to patronize *vt* (**do czegoś** sth) [do barów, klubów, restauracji]; **~ać do kościoła/na msze** to attend church/Mass

uczęszczan|y [] *pp* → **uczęszczać**

II adi. (często odwiedzany, popularny) [ulica, port lotniczy, trasa] busy; [obiekt, rejon, teren] (much) frequented; [wieczorki literackie] popular; **modny bar kawowy, ~y głównie przez artystów** a fashionable coffee shop, frequented largely by artists; **mało ~e szlaki turystyczne** unfrequented tourist routes

uczłowieczać *impf* → **uczłowieczyć**
uczłowiecz|yć *pf* — **uczłowieczać** *impf vt* [1] (nadawać cechy ludzkie) to humanize [przedmiot, zwierzę] [2] (uszlachetnić) to humanize [osobę]

ucznia|k *m* (*Npl* **~cy** a. **~ki**) pot. schoolboy; schoolkid pot.; **jak ~k** [postępować, zachowywać się] like a schoolboy

uczniows|ki adi. pot. pupil's, student attr. US; (o chłopcach) schoolboy attr.; **~kie opinie na temat nauczycieli** the pupils' opinions about their teachers; **obyczaj/ żargon ~ki** student custom/jargon; **mundurek ~ki** school uniform; **cała społeczność ~ka** the whole student community; **po ~ku** [postąpić, zachować się] like a schoolboy

ucz|ony [] *pp* → **uczyć**

II adi. [1] (mądry) [osoba] learned [2] (naukowy) [artykuł, książka] learned, scholarly; [przemówienie, dyskusja] erudite

III uczon|y *m*, **~a** *f* (humanista) scholar; (w naukach ścisłych) scientist

❏ **~ony w piśmie** książk., żart. ≈ no mean scholar

ucz|ta *f* książk. [1] (biesiada) feast, spread; (średniowieczna) banquet; **wyprawić ~tę** to give a. hold a feast; **zasiadać do ~ty** to sit down to a feast; **przygotowali wspaniałą ~tę** they laid on a magnificent spread [2] (smaczny posiłek) feast; **istna ~ta** a real feast [3] przen. (wielka przyjemność) feast; **~ta dla duszy/oczu/uszu** a feast for a. to the soul/eyes/ears; **~ta literacka** literary feast; **~ta duchowa** a feast for the spirit

uczt|ować *impf vi* [goście] to banquet, to feast

uczu|cie [] *sv* → **uczuć**

II *n sgt* [1] (stan psychiczny) emotion, feeling; **nie chce mówić o swoich ~ciach** he won't talk about his emotions a. feelings; **skrywać/okazywać swoje ~cia** to hide/ show one's feelings; **ubrać swoje ~cia w słowa** to put one's feelings into words; **zranić czyjeś ~cia** to hurt sb's feelings; **~cie osaczenia** a feeling of being trapped; **~cie żalu** a feeling of regret; **przemawiać do ~ć** to appeal to sentiment; **to człowiek zimny, wyprany z (wszelkich) ~ć** he's a cold, unfeeling man; **apelować do czyichś ~ć** to appeal to sb's good nature; **brakuje mu ludzkich ~ć** he lacks humanity; **obrazić czyjeś ~cia religijne** to offend sb's religious sensibilities [2] (miłość, przywiązanie, sympatia) affection; **darzyła go głębokim ~ciem** she had a

deep affection for him; **ochłódł w ~ciach** his affections cooled; **pozbawione ~cia małżeństwo** a loveless marriage; **pozbawiona ~cia erotyka** loveless eroticism [3] pot. (przejęcie, zapał) feeling; **z ~ciem** [deklamować, grać, mówić] with feeling a. passion, emotionally [4] *sgt* (doznanie fizyczne) feeling, sensation; **~cie swędzenia** an itchy/a prickly feeling; **~cie bólu/głodu/ mdłości** a feeling of pain/hunger/nausea; **~cie pieczenia w gardle** a burning sensation in one's throat [5] *sgt* (poczucie, wrażenie) feeling; **miałam nieprzyjemne ~cie, że za chwilę wydarzy się coś złego** I had an unpleasant feeling that something bad was going to happen any minute; **~cie, że ktoś (kogoś) obserwuje** a feeling of being watched

❏ **~cia elementarne** Psych. elementary emotions; **~cie steniczne** Psych. sthenic emotion

■ **targają nim/nią sprzeczne ~cia** książk. he's/she's torn by conflicting emotions; **mieć mieszane ~cia (w stosunku do czegoś)** to have mixed feelings (about sth), to be ambivalent (about sth)

uczuciowo adv. [1] (emocjonalnie) [chłodny, dojrzały, przynależeć, rozwijać się] emotionally [2] (w związku z miłością, przyjaźnią) [bliski, zależny, związać się] emotionally; **niezaangażowany ~** uncommitted [3] (z uczuciem) [przeżywać, reagować, zachowywać się] emotionally; [mówić, opisywać] feelingly

uczuciowoś|ć *f sgt* emotionality, emotionalism

uczuciow|y adi. [1] (emocjonalny) [chłód, dojrzałość, reakcja, rozwój, wzburzenie] emotional [2] (związany z miłością, przyjaźnią) [stosunek, więź, związek] emotional; **przeżyć zawód ~y** to be disappointed in love [3] (sentymentalny) [kobieta, młodzieniec] emotional, feeling attr.; [reakcja, ton] emotional

uczu|ć *pf* — **uczu|wać** *impf vi* przest. książk. [1] (doznać wrażenia zmysłowego) to feel, to experience; **~ć mdłości/zimno/zmęczenie** to feel sick/cold/tired; **~ła nagły ból** she experienced a sudden pain [2] (doznać emocji) to feel [lęk, radość, zakłopotanie]; **~ł, że ogarnia go gniew** he felt himself growing angry

uczulać *impf* → **uczulić**
uczule|nie [] *sv* → **uczulić**

II *n* Med. allergy; **~nie pokarmowe** food allergy; **mieć ~nie na coś** to have an allergy to sth

uczuleniow|iec *m* pot. allergic person; **jestem ~cem** I'm allergic

uczuleniow|y adi. [katar, reakcja, wysypka] allergic; [objaw, próba, test] allergy attr.

uczul|ić *pf* — **uczul|ać** *impf* [] *vt* [1] (wywołać alergię) [antybiotyki, pokarm] to cause an allergy in, to sensitize [osobę] [2] książk., przen. (uwrażliwić) to sensitize (**na coś** to sth); to make [sb] sensitive (**na coś** to sth)

II uczulić się — uczulać się [1] (stać się alergikiem) to become allergic a. sensitized (**na coś** to sth); to develop an allergy a. a sensitization (**na coś** to sth) [2] książk. (stać się wrażliwym) to become sensitive a. sensitized (**na coś** to sth); to develop sensitivity (**na coś** to sth)

U

uczul|ony ◂ *pp* → uczulić

⮑ *adi.* ⟦1⟧ Med. *[osoba]* allergic (**na coś** to sth) ⟦2⟧ przen. (wrażliwy, wyczulony) *[osoba]* sensitive (**na coś** to sth); sensitized (**na coś** to sth)

uczuwać *impf* → uczuć

ucz|yć *impf* ◂ *vt* ⟦1⟧ (przekazywać wiedzę) to teach; **~yć dorosłych niemieckiego** to teach adults German; **moja mama ~y w szkole podstawowej** my mum teaches in a primary school ⇒ **nauczyć** ⟦2⟧ (przyuczać) to teach; **~ył ich odbijać piłkę z bekhendu** he taught them how to play the backhand; **~yć psa posłuszeństwa** to teach a dog obedience; **tata ~ył mnie prowadzić samochód** dad taught me (how) to drive ⇒ **nauczyć** ⟦3⟧ *[doświadczenie, zabawa]* to teach ⇒ **nauczyć**

⮑ **uczyć się** ⟦1⟧ (zdobywać wiedzę) to learn; (odrabiać lekcje) to study; **~yć się angielskiego/gry na gitarze** to learn English/the guitar; **~yć się do egzaminu** to study for an exam; **~yć się u mistrza** to train under a master; **~yć się dobrze/źle** to be a good/ poor student; **~yć się na piątki** to be an A student; **~yć się (czegoś) na pamięć** to memorize (sth) a. to learn (sth) by heart ⟦2⟧ pot. (zdobywać zawód) to learn, to study (**na kogoś** to be sb); **będzie się ~ył na stolarza** he will learn to be a carpenter ⇒ **nauczyć się** ⟦3⟧ (wyciągać wnioski z doświadczeń) to learn; **~ył się ukrywać swoje uczucia** he learned to hide his feelings; **~yć się tolerancji/cierpliwości** to learn tolerance/patience; **~yć się na cudzych błędach** to learn from the mistakes of others; **~yć się na własnych błędach** to learn by a. from one's (own) mistakes ⇒ **nauczyć się**

■ **~yć kogoś rozumu** pot. (napominać, pouczać) to teach sb sense, to put some sense into sb; **~yć się rozumu** pot. (nabierać rozsądku) to learn (some) sense; **~ył Marcin Marcina (a sam głupi jak świnia)** przysł. it's a case of the blind leading the blind

uczyn|ek *m* (*G* **~ku**) act, deed; **zły ~ek** a misdeed; **dobry ~ek** an act of kindness; **spełnić dobry ~ek** to do a good deed; **grzeszyć myślą i ~kiem** to sin in thought and deed; **sądzić ludzi po ~kach** a. **według ~ków** to judge people by their actions

■ **schwytać** a. **złapać** a. **przyłapać kogoś na gorącym ~ku** pot. to catch sb with the goods a. in the act a. red-handed

uczy|nić *pf* książk. ◂ *vt* ⟦1⟧ (zrobić) to do *[krzywdę, szkody]*; to make *[ruch, znak krzyża]*; to perform *[cud]* ⟦2⟧ (postąpić) to do; **słusznie ~niłeś** you did the right thing ⟦3⟧ (wywołać) to make; **~nił na nas wrażenie kochającego ojca** he gave us the impression of being a loving father; **wystawa ~niła duże wrażenie** the exhibition made quite an impression ⟦4⟧ (nadać cechę) to make; **~nił mnie swoim asystentem** he made me his assistant; **życie ~niło go ostrożnym** life made him careful; **~nić kogoś nieśmiertelnym** to immortalize sb ⟦5⟧ (powiedzieć) to make *[propozycję, spostrzeżenie, uwagę, wyznanie]*

⮑ uczynić się ⟦1⟧ (zrobić samego siebie) to make oneself; **~nił się ich królem** he made himself their king ⟦2⟧ (stać się) *[hałas, krzyk]* to arise; *[milczenie, noc]* to fall; **~niło się ciemno/zimno** it grew dark/ cold; **w kościele ~niło się cicho i strasznie** a horrible silence fell in the church; **nagle ~niło mu się gorąco** suddenly he felt hot

uczynnoś|ć *f sgt* helpfulness, obligingness

uczynn|y *adi. grad. [kolega, przechodzień, sąsiad]* accommodating, helpful, obliging

ud|ać *pf* — **ud|awać¹** *impf* ◂ *vt* ⟦1⟧ (stwarzać pozory) to dissemble *[uczucia]*; to fake *[chorobę, podziw]*; to feign *[entuzjazm, zmęczenie]*; to pretend *[zaskoczenie, zdumienie]*; to simulate *[gniew, zainteresowanie]*; **udawała chorobę** she faked a. feigned illness; **udawał, że nas nie widzi** he pretended (that) he didn't see us; **oni tylko udają, że pracują** they're only pretending to work; **udawała, że się gniewa** she put on a show of anger; **uczciwy człowiek nie musi niczego udawać** an honest person has no need to dissemble a. dissimulate; **udawać głupka** a. **durnia** to act a. play the fool ⟦2⟧ (naśladować) to act *[damę]*; to imitate *[nauczyciela]*; **przestępca udający policjanta** a thief pretending to be a policeman

⮑ udać się — **udawać się** ⟦1⟧ (skończyć się sukcesem) *[eksperyment, sztuczka, żart]* to come off; *[potrawa, rysunek, zdjęcie]* to turn out well; *[plan, projekt]* to be successful, to succeed; **przyjęcie się udało** the party was a success; **spotkanie się udało** the meeting went well; **udało mi się znaleźć pracę** I managed to find a job; **udało mu się wszystkich przekonać** he was successful in a. at convincing everybody; **próbowała, ale jej się nie udało** she tried, but she did not succeed a. but she failed ⟦2⟧ książk. (pójść) to go; **udać się w podróż** to go on a journey; **udać się z wizytą do kogoś** to pay sb a visit ⟦3⟧ (dobrze rosnąć) to thrive; (obrodzić) to yield a good crop; **jabłka udały się w tym roku** the apple crop is good this year

⮑⮑ udać się *[dzieci, syn]* to turn out well

udanie *adv.* książk. (z powodzeniem) *[promować, współpracować, zakończyć]* successfully; (dobrze, właściwie) *[sportretować, typować, zaprezentować się]* well; **nasz zespół zadebiutował bardzo ~** our team made a very successful debut

udan|y ◂ *pp* → udać

⮑ *adi.* ⟦1⟧ (dobry) *[dzień, pomysł, portret, przyjęcie]* good; *[połączenie]* happy; *[wakacje]* fine; *[małżeństwo]* fulfilling, successful; *[wycieczka]* jolly przest. ⟦2⟧ (zakończony sukcesem) *[kampania, leczenie, operacja, próba, spotkanie]* successful; (dobrze zrobiony) *[produkt, projekt]* well done; **przyjęcie było ~e** the party went well; **wieczór był bardzo ~y** the evening was a big success; **mają ~e dzieci** their children turned out well; **~ych łowów!** happy hunting!

uda|r *m* (*G* **~ru**) ⟦1⟧ Med. stroke; **~r cieplny** heat stroke; **~r słoneczny** sunstroke; **~r mózgu** (cerebral) stroke ⟦2⟧ Techn. (uderzenie mechaniczne) impact ⟦3⟧ Elektr. (wzrost napięcia) surge; **~r napięciowy/piorunowy/prądowy** voltage/lightning/current surge

udaremniać *impf* → udaremnić

udaremni|ć *pf* — **udaremni|ać** *impf vt* to frustrate *[starania, wysiłki, zamiary, zamysły]*; to prevent *[aresztowanie, walkę, zamach]*; to thwart *[atak, misję, projekt]*; **podejmowane przez niego próby ucieczki zostały ~one** his attempts to escape were prevented; **zrobi wszystko, aby ~ć jej zwycięstwo** he will do anything to prevent her from winning

udarow|y *adi.* ⟦1⟧ Med. stroke *attr.* ⟦2⟧ Techn. *[moździerz, świder, wiercenie, zgrzewanie]* percussion *attr.*; *[hałas, klucz, kruszarka, młyn, próba]* impact *attr.*; **wiertarka ~a** a hammer a. percussion drill ⟦3⟧ Elektr. *[generator, napięcie, prąd]* surge *attr.*; *[fala, próba, wytrzymałość]* impulse *attr.*

udatnie *adv.* książk. *[naśladować]* skilfully GB a. skillfully US; *[nakreślić]* successfully, well

udatnoś|ć *f sgt* książk. (wiersza) excellence; (argumentacji) soundness; (kompozycji, prezentacji) skilfulness GB, skillfulness US; (sloganu, zwrotu) neatness

udatn|y *adi.* książk. *[widowisko, wierszyk]* good; *[połączenie]* happy; *[interpretacja]* successful; *[projekt]* well done

udawacz *m* pot. dissembler, shammer

udawać¹ *impf* → udać

ud|awać² *vt* (przypominać) to resemble; **sufit wykonany z gipsu udającego kamień** ceiling executed in plaster made to resemble stone

udekor|ować *pf vt* ⟦1⟧ (przystroić) to garnish *[ciasto, lody]* (**czymś** with sth); to deck (out) *[budynek, drzewo, pokój, stół]* (**czymś** with sth); to decorate *[koktajl, pomieszczenie, stół, ulicę]* (**czymś** with sth); **posąg ~owano girlandami kwiatów** the statue was garlanded with flowers ⇒ **dekorować** ⟦2⟧ (odznaczyć) to confer (**czymś kogoś** sth on a. upon sb); to decorate (**kogoś czymś** sb with sth) ⇒ **dekorować**

udep|tać *pf* — **udep|tywać** *impf* (**~czę** a. **~cę** — **~tuję**) *vt* to tread (down) *[grunt, śnieg]*; **~tać ziemię wokół rośliny/sadzonki** to tread in a plant/seedling

udeptywać *impf* → udeptać

uderzać *impf* → uderzyć

uderzająco *adv.* książk. *[piękny, podobny, trafny]* strikingly; *[wyglądać]* striking *adi.*

uderzając|y ◂ *pa* → uderzyć

⮑ *adi.* książk. (niezwykły, zadziwiający) *[piękno]* arresting; *[podobieństwo]* striking; *[kontrast]* violent

uderze|nie ◂ *sv* → uderzyć

⮑ *n* ⟦1⟧ (cios) blow, strike; **~nie w plecy/ twarz** a blow in the back/face; **miała sińce od ~ń** she had bruises from being hit ⟦2⟧ (gwałtowne zetknięcie) impact, blow; (odgłos) crash; **~nie pioruna** a stroke of lightning; **~nia zegara/dzwonu** the striking of a clock/bell; **ziemia drżała od ~ń bomb** the ground shook from the impact of the bombs ⟦3⟧ przen. (nasilenie się) attack; **~nie mrozu** an attack of frost ⟦4⟧ Sport (trafienie przeciwnika) (w boksie) blow, punch; (w szermierce) hit; (odbicie) (w tenisie) stroke; (w bilardzie) shot; (w piłce) kick, shot ⟦5⟧ Med. shock dose ⟦6⟧ Fizj. pulse, beat; **~nia pulsu** a. **tętna** pulse beats; **~nia serca** heartbeats; **~nie krwi do głowy/mózgu** a rush of blood to the head/brain [7] Muz. stroke; **mocne ~nie** rock (music), beat (music) [8] Wojsk. strike, attack; **~nie na pozycje nieprzyjaciela** a strike a. an attack on the enemy's position [9] przen. (ostra krytyka) attack (**na kogoś/coś** on sb/sth)

uderzeniowo adv. instantly; **działać ~** to act instantly, to take instant effect

uderzeniow|y adi. [1] Techn. shock attr.; **siła ~a** the force of impact; **fala ~a** Fiz. a shock wave [2] Wojsk. strike attr., attack attr.; **grupa ~a** a strike force; **siła ~a armii** the army's main attack force [3] Med. shock attr. także przen.; **~a dawka leku** a shock dose; **kuracja ~a** shock therapy a. treatment

uderz|yć pf — **uderz|ać** impf **I** vt [1] (zadać cios) to hit, to strike (out); (głową) to butt; (pięścią) to punch; (prostym) to jab; **dlaczego ~yłeś swojego przyjaciela?** why did you hit your friend?; **~yć kogoś w głowę/brzuch** to strike sb on the head/ in the stomach; **~ył mnie głową w brodę** he butted me on the chin; **~yć kogoś pięścią w twarz/szczękę** to punch sb in the face/on the chin; **~yć kogoś w twarz** a. **po twarzy** to slap sb in the face [2] (stuknąć) [osoba] to hit, to strike; to cue [kulę bilardową]; **~ać pięścią w drzwi** to beat one's fist against a. on a door; **~yć kolanem o stół** to hit a. strike one's knee on a table; **~ył pięścią w stół** he struck the table with his fist [3] (zadziwić) to strike; **~yła go jej uroda** he was struck by her beauty; **~yła go nagła myśl** a sudden thought struck him [4] przen. (o zmysłach) to strike [oczy]; to reach [nozdrza, uszy] **II** vi [1] przen. (dokuczyć, zaszkodzić) to hit vt, to strike (**w kogoś/coś** at sb/sth); **podwyżka ~y jeszcze mocniej w robotników niewykwalifikowanych** unskilled workers will be hit even harder by the price rise; **to ~a w podstawy systemu demokratycznego** this strikes at the heart of the democratic system [2] (zderzyć się) [bomba, meteoryt] to hit vt; [piorun, wiatr] to strike vt; [fale] to beat vt, to pound vt; **samochód ~ył w drzewo/pieszego/ścianę** the car hit a. struck the tree/pedestrian/wall [3] (zaatakować) to assault vt US (**na coś** sth) [twierdzę]; to attack vt US (**na coś** sth) [wroga]; to strike vt US (**na coś** sth) [fabrykę amunicji] [4] przen. (skrytykować) to attack vt US (**w coś** sth) [wady] [5] (zabrzmieć, zagrać) to sound vt US (**w coś** sth) [gong, trąby]; to ring vt US (**w coś** sth) [dzwony]; to bang, to beat vt US (**w coś** sth) [bębny, kotły]; to pluck vt US (**w coś** sth) [struny]; to hit, to strike vt US (**w coś** sth) [talerze]; to clash vt US (**w coś** sth) [czynele]; **trąby ~yły** the trumpets sounded; **dzwony ~yły** the bells rang; **działa ~yły** the cannons boomed [6] książk. (wybić) [zegar] to strike; **właśnie ~yła dwunasta** it had just struck twelve [7] (o sercu) to beat [8] (napłynąć) [krew] to rush (**do czegoś** to sth); **nagle ~yły na niego poty** suddenly he broke out into a sweat [9] (odezwać się) **~yć w patetyczny ton** to launch into a pompous speech; **~yć w krzyk** to burst out shouting; **~yć w płacz** to burst out crying [10] pot. (zwrócić się) to turn (**do kogoś** to sb); to hit (up) vt US pot. (**do kogoś o coś** sb for sth)

III uderzyć się — **uderzać się** [1] (potrącić coś) to hit, to strike; **~ył się kolanem o kamień** he hit his knee on a stone; **~łem się głową o belkę** my head struck the beam [2] (zadać sobie cios) to hit a. strike (oneself); (w twarz) to slap (oneself); **~yć się w czoło** to slap oneself on the forehead; **~ył się dłonią po udzie** he struck his thigh with his hand [3] (wzajemnie) to hit a. strike each other (**czymś** with sth) ■ **~ać się w piersi** pot. (kajać się) to beat one's breast; **~yć na alarm** a. **na trwogę** przest. to sound the alarm; **~ać w konkury do kogoś** przest. to pay court to sb przest., to court sb przest.; **uderz w stół, (a) nożyce się odezwą** ≈ if the cap fits (wear it)

ud|ko n [1] dem. tigh [2] Kulin. **żabie udka** frogs' legs; **kurze udko** a chicken's thigh

udław|ić się pf v refl. to choke; **~ić się herbatą/ością** to choke on one's tea/on a fishbone ⇒ **dławić się** ■ **~ się!** go to hell! pot.; I hope you choke pot.; **niech się ~i** a. **bodajby się ~ił** I hope he chokes pot.; **a ~ się tymi pieniędzmi!** I hope you choke on the money! pot.

u|do n thigh; **ćwiczyć mięśnie ud** to exercise the thigh muscles

udobrucha|ć pf **I** vt to mollify, to placate; **~ć kogoś obietnicami** to mollify a. placate sb with promises; **~ć rozgniewanego kolegę** to mollify a. to placate an angry friend **II udobruchać się** to be mollified a. placated, to calm down; **~ł się pod wpływem przeprosin** he was mollified by the apologies

udogadniać impf → udogodnić

udog|odnić pf — **udog|adniać** impf vt to facilitate, to make [sth] easier [współpracę, dojazd]; **~odnić sobie życie** to make one's life easier; **~odnić komuś warunki pracy** to improve sb's work conditions; **~odniono uczniom dojazd do szkoły** school transport arrangements have been improved

udogodnie|nie **I** sv → udogodnić **II** n convenience, improvement; **mieszkanie z wszelkimi ~niami** a flat with all conveniences; **~nia kredytowe** credit facilities; **~nia dla niepełnosprawnych** facilities for the handicapped; **korzystać z ~ń życia w mieście** to enjoy the conveniences of city life; **wprowadzić kilka ~ń** to introduce a few improvements

ud|oić pf vt **świeżo udojone mleko** milk straight from the cow; **udoić mleka** to draw some milk from a cow/goat

udokument|ować pf vt książk. to substantiate, to prove; **~ować niewinność oskarżonego** to present documents testifying to the innocence of the accused; **~ować swoją rację/tezę przykładami** to substantiate one's point/thesis with examples; **~ować swoje prawa do spadku** to substantiate one's claim to an inheritance; **bogato ~owana biografia** a richly documented biography ⇒ **dokumentować**

udomawiać impf → udomowić
udomowiać impf → udomowić

udom|owić pf — **udom|awiać, udom|owiać** impf vt to domesticate; **~owić bociana/szpaka** to domesticate a stork/ starling; **~owione zwierzę** a domesticated animal

udoskonalać impf → udoskonalić

udoskonale|nie **I** sv → udoskonalić **II** n improvement, refinement; **~nia organizacyjne/techniczne** organizational/technical improvements; **wprowadzić kilka ~ń** to introduce a few improvements

udoskonal|ić pf — **udoskonal|ać** impf **I** vt to improve, to refine; **~ić maszynę** to improve a machine; **~ić metody działania** to improve a. refine one's methods; **~ona wersja czegoś** an improved version of sth **II udoskonalić się** — **udoskonalać się** [1] (poprawić się) to improve, to develop; **~iły się jego zdolności obserwacyjne** his powers of observation improved [2] [osoba] to improve oneself; **~ił się w swoim rzemiośle** he perfected his craft

udostępniać impf → udostępnić

udostępni|ć pf — **udostępni|ać** pf vt to make [sth] available (**komuś** to sb); **~ać kino/galerię publiczności** to open the cinema/gallery to the public; **~ć uczniom wiadomości/wiedzę o czymś** to make information/knowledge about sth available to the students; **~ać złoże** Górn. to develop a deposit

udowadniać impf → udowodnić

udow|odnić pf — **udow|adniać** impf vt to prove; **~adniać swoje racje** to prove one's point; **~odnić komuś winę** to prove sb's guilt, to prove sb guilty; **~odnić twierdzenie/tezę** to prove a theorem/a thesis; **~odnić nieprawdziwość teorii** to disprove a theory; **dający się ~odnić** demonstrable

udow|y adi. Anat. thigh attr.; **kość ~a** a thighbone, a femur; **tętnica ~a** the femoral artery

ud|ój m (G udoju) Roln. [1] (dojenie) milking U; **pora rannego udoju** morning milking time [2] (ilość mleka) milk yield, yield of milk; **udój wynosił blisko dwa litry** the milk yield was close to two litres

udramatyz|ować pf vt [1] Literat., Teatr (ująć w formę dramatu) to dramatize; **~ować powieść/opowiadanie** to dramatize a novel/short story; **~owana baśń** a dramatized fairy tale ⇒ **dramatyzować** [2] książk., przen. (przedstawić zbyt poważnie) to dramatize, to overdramatize; **~ować swoje przeżycia** to (over)dramatize one's experiences ⇒ **dramatyzować**

udrap|ować pf **I** vt to drape; **~ować na kimś płaszcz/suknię** to drape a coat/dress around sb; **zasłony zostały elegancko ~owane** the curtains were elegantly draped ⇒ **drapować** **II udrapować się** książk. [1] (ubrać się w strój z fałdami) to drape oneself; **~owała się w błyszczącą tkaninę/szatę** she draped herself in a glittering cloth/a robe ⇒ **drapować się** [2] (ułożyć się w fałdy) to drape; **szal ~ował się pięknie na jej ciele** the shawl fell in beautiful folds around her ⇒ **drapować się** [3] przen. (udać) **~ować się w powagę/na nieszczęśliwego** to assume

U

an air of gravity/misery, to put on an air of gravity/misery ④ (usiąść w jakiejś pozie) to drape oneself; **~owała się na sofie w uwodzicielskiej pozie** she draped herself on the sofa in a seductive pose ⇒ **drapować się**

udręczać *impf* → **udręczyć**

udręcze|nie Ⅱ *sv* → **udręczyć**

Ⅲ *n* ① (to, co dręczy) torment, torture *U*; **ciągłe podejrzenia były dla niej prawdziwym ~niem** the constant suspicions were a real torment to her; **praca przestała być dla niego ~niem** his work is no longer such an ordeal for him ② (czyjś stan) torment *U*, anguish *U*; **ciągłe/niewymowne/wielkie ~nie** constant/unspeakable/great torment a. anguish; **~nie duchowe/fizyczne** a spiritual/physical torment a. anguish; **żyć w okropnym ~niu** to live in terrible tribulation

udręcz|yć *pf* — **udręcz|ać** *impf vt* to torment; **~yć kogoś narzekaniem/skargami** to torment sb with complaints/grievances; **człowiek ~ony życiem/chorobą** a man tormented by life/disease

udrę|ka *f* ① (to, co dręczy) torment; **ta praca była dla niej wieczną ~ką** the work was a constant ordeal for her; **twoja miłość jest dla mnie ~ką** your love is a torment to me ② (czyjś stan) torment *U*, anguish *U*; **duchowa/fizyczna/moralna ~ka** spiritual/physical/moral torment a. anguish; **~ka miłosna** the torment a. anguish of love; **~ka samotności/zazdrości/codziennej egzystencji** the torment a. anguish of solitude/jealousy/everyday life; **znosić ~kę** to endure torment a. anguish; **żyć w ciągłej ~ce** to live in constant torment a. anguish

■ **być a. stać jak posąg ~ki** ≈ to be the incarnation of suffering *iron.*

udrożniać *impf* → **udrożnić**

udrożni|ć *pf* — **udrożni|ać** *impf vt* ① (przetkać) to clear; **~ć kanał/rurę** to clear a canal/pipe ② Med. to restore patency of spec.; **środek ~ający nos** a decongestant

udry → **na udry**

u|drzeć *pf* — **u|dzierać** *impf* (**udrze** — **udzieram**) *vt* to tear off; **udrzeć strzęp gazety/materiału** to tear off a scrap of newspaper/cloth; **udarty kawałek papieru** a scrap of paper

uduchawiać *impf* → **uduchowić**

uduch|owić *pf* — **uduch|awiać** *impf* Ⅰ *vt* to infuse [sb/sth] with spirituality

Ⅲ **uduchowić się** — **uduchawiać się** to become (more) spiritual; **~owił się dzięki pobytowi w Azji** he's become a more spiritual person thanks to his sojourn in Asia

uduchowie|nie Ⅱ *sv* → **uduchowić**

Ⅲ *n sgt* spirituality; **na jej twarzy malowało się ~nie** her face was infused with spirituality; **z całej jego postaci biło ~nie** spirituality emanated from him

uduchowi|ony Ⅱ *pp* → **uduchowić**

Ⅲ *adi.* spiritual, sublime; **~ona muzyka/gra pianisty** sublime music/the pianist's exalted playing; **~ona twarz** a spiritual face; **~ony człowiek/poeta** a spiritual person/poet

udupiać *impf* → **udupić**

udup|ić *pf* — **udup|iać** *impf vt* wulg. **jesteśmy ~ieni** we're screwed posp.; we're fucked wulg.; **nie dał się ~ić swojemu szefowi** he didn't let his boss screw him (over) posp.; he didn't let his boss fuck him over wulg.; **profesor ~ił studentów na egzaminie** the professor kicked the students' arses at the exam GB wulg.

udu|sić *pf* Ⅰ *vt* ① (za szyję) to strangle; (zatkać usta i nos) to smother; **~sić kogoś rękami/przewodem telefonicznym** to strangle sb with one's bare hands/with a telephone cord; **śmierć przez ~szenie** (za szyję) death by strangulation; (zatkanie ust i nosa) death by (wilful) suffocation ⇒ **dusić** ② Kulin. (ugotować) to stew; **~sić mięso/jarzyny** to stew meat/vegetables ⇒ **dusić**

Ⅲ **udusić się** ① (umrzeć) to be suffocated, to be asphyxiated; **~sić się czadem** to be asphyxiated by carbon monoxide; **otwórz okno, bo się ~simy** przen. open the window, otherwise we'll suffocate in here ⇒ **dusić się** ② (ugotować się) to stew; **mięso już się ~siło** the meat has already stewed ⇒ **dusić się**

■ **~siłby kogoś gołymi rękami** he could a. would cheerfully strangle sb (with his bare hands); **za to, co zrobił, ~siłabym go gołymi rękami** I could cheerfully strangle him for what he did

udzia|ł *m* (*G* **~łu**) ① *sgt* participation, part *C*, share *C*; (w zbrodni) complicity; **aktywny/chętny/masowy ~ł** active/eager/mass participation; **~ł w konkursie/rządzie** participation in the contest/in the government; **~ł w zyskach** a share in the profits; **lud nie miał ~łu w sprawach publicznych** people had no say in public affairs; **~ł zbóż w imporcie wyniósł 10%** grain constituted 10% of the the country's imports; **mam swój ~ł w wydaniu tej książki** I played a part in the publication of this book; **wziąć a. brać w czymś (czynny) ~ł** to take (an active) part in sth, to participate (actively) in sth; **z ~łem/bez ~łu kogoś** with/without sb's participation ② Ekon., Fin. (wkład wspólnika) share; **~ł spółdzielczy/członkowski** a cooperative/member's share; **~ł uprawniający do głosowania** a voting share; **mam niewielki procent ~łów w firmie** I have a. hold a few shares of the company stock; **sprzedam swoje ~ły** I'll sell my shares; **założył przedsiębiorstwo z ~łem kapitału zagranicznego** he set up his business with the help of foreign capital

■ **być czymś ~łem** książk. to affect sb; **zmartwienia matki stały się też naszym ~łem** our mother's worries affected us as well; **przypadło jej w ~le pół kamienicy po dziadku** książk. she inherited half of her grandfather's town house; **przypada mi w ~le przyjemność powitania państwa** it is my pleasure to welcome you, I have the pleasure of welcoming you

udziałow|iec *m* (*V* **~cu** a. **~cze**) shareholder; **zebranie ~ców** a shareholders' meeting; **być ~cem dużej spółki** to be a shareholder in a large company

udziałow|y *adi.* Ekon., Fin. shareholder *attr.*, shareholding; **kapitał ~y** shareholder ca-

pital; **świadectwo ~e** a share(holder) certificate

u|dziec *m* leg; (sarni) haunch; (wieprzowy) leg; **pieczony udziec barani/jagnięcy** a roast(ed) leg of mutton/lamb; **wędzony udziec z dzika** smoked wild boar leg

udzielać *impf* → **udzielić**

udziel|ić *pf* — **udziel|ać** *impf* Ⅰ *vt* to give, to provide; **~ić komuś informacji/wskazówek** to give sb information/some hints, to provide sb with information/some hints; **~ać (komuś) wyjaśnień/odpowiedzi** to provide (sb with) explanations/answers; **~ić komuś nagany** to reprimand sb; **~ić komuś rady/złej rady** to give sb advice/bad advice, to advise/misadvise sb; **~ić komuś napomnienia** a. **pouczenia** to caution sb; **~ić komuś głosu** to give sb the floor; **~ić komuś wywiadu** to give a. grant sb an interview; **~ać komuś lekcji** to give sb (private) lessons; **~ać komuś swojego poparcia** to endorse sb, to give sb one's support; **~ić komuś pełnomocnictwa** to authorize sb; **~ić komuś urlopu** to give a. grant sb leave; **~ić komuś gościny** to offer sb one's hospitality; **~ić komuś schronienia** to give sb shelter, to provide sb with shelter; **~ić komuś pierwszej pomocy** to give sb first aid; **~ić komuś pomocy medycznej** to treat sb; **~ać komuś absolucji** a. **rozgrzeszenia** to absolve sb; **~ić komuś sakramentu** to administer a sacrament to sb; **~ić komuś ślubu** to marry sb, to preside over sb's wedding

Ⅱ **udzielić się** — **udzielać się** (przejść na kogoś) to infect *vt* przen.; **jej nastrój/smutek/entuzjazm ~ił się mężowi** her mood/sadness/enthusiasm infected her husband

Ⅲ **udzielać się** to be active; **~ać się społecznie** a. **publicznie** to be active in community life; **~ać się towarzysko** to have an active social life

udzieln|y *adi.* przest., Hist. sovereign *attr.*

■ **~a księżniczka** a. **księżna** iron., żart. prima donna iron., żart.; **~y książę** iron., żart. lord of the manor iron., żart.

udzierać *impf* → **udrzeć**

udzi|obać *pf* (**~obię**) *vt* ① (oddziobać) **wróbel ~obał kawałek chleba** a sparrow pecked off a crumb of the bread ② (dziobnąć) to peck; **kogut ~obał ją w rękę** a cock pecked her in the hand

udziwniać *impf* → **udziwnić**

udziwni|ć *pf* — **udziwni|ać** *impf vt* to make [sth] bizarre; **jego ~ony wygląd** his bizarre a. outlandish appearance

udziwnie|nie Ⅱ *sv* → **udziwnić**

Ⅲ *n* defamiliarization *C/U*; Literat., Szt. bizarre effect; **dramat pełen ~ń** a drama full of bizarre a. surreal effects

udźwig *m* (*G* **~u**) *sgt* Techn. ① (maksymalny ładunek dźwigu) hoist(ing) a. lift(ing) capacity; **~ żurawia portowego wynosi 70 ton** the hoist(ing) a. lift(ing) capacity of the dock crane is 70 tons ② (nośność) load capacity; **~ ciężarówki/samolotu/statku** the load capacity of a truck/plane/ship ❏ **~ wagi** load capacity (of the scales)

udźwign|ąć *pf* (**~ęła**, **~ęli**) *vt* ① (unieść w górę) to carry, to lift; **ledwie**

~ął walizkę he could barely lift the suitcase; **wziął tyle jabłek, ile mógł ~ąć** he took as many apples as he could carry [2] (unieść na sobie) to bear, to carry; **cała konstrukcja zdolna jest ~ąć dwie tony** the whole structure can bear up to two tons [3] przen. (poradzić sobie) to cope (**coś** with sth); **aktor nie ~ął roli** the role was beyond the actor's capabilities; **nie był w stanie ~ąć wszystkich obowiązków** he couldn't cope with all his duties; **trudno jest ~ąć samotność** loneliness is hard to bear; **~ąć ciężar reformy/panowania** to bear the burden of the reform/of leadership

UE (= Unia Europejska) the EU, the European Union

uelastyczniać impf → **uelastycznić**

uelastyczni|ć pf — **uelastyczni|ać** impf vt [1] (uczynić giętkim) to make [sth] (more) flexible; **~ać mięśnie** to tone the muscles; **masaż ~ający skórę** a skin-toning massage [2] przen. (zmodyfikować) to liberalize, to moderate; **~ć politykę** to liberalize one's policy; **~ł swoje stanowisko** he moderated his viewpoint

ufa|ć impf vi [1] (polegać na kimś) to trust vt; **~ć komuś bezgranicznie/ślepo** to have absolute/blind trust in sb; **~ć przyjacielowi** to trust a friend; **nie ~m mu** I don't trust him ⇒ **zaufać** [2] (wierzyć komuś lub czemuś) to believe vt, to trust vt; **~ć czyimś słowom/obietnicom** to believe sb's words/promises; **nie ~ć gazetom/reklamom** to not believe the newspapers/commercials ⇒ **zaufać** [3] (wierzyć w kogoś lub w coś) to believe vt; **~ć w czyjąś mądrość** to believe in sb's wisdom; **~ć w swoją szczęśliwą gwiazdę** to trust one's lucky star; **~ć we własne siły** to be self-confident [4] (mieć nadzieję) to believe vt, to trust vt; **~li, że sprawiedliwość zwyciężą** they believed that justice would prevail; **~m, że się jeszcze kiedyś spotkamy** I trust that we'll meet again

ufarb|ować pf [] vt to dye; **~ować sobie włosy na rudo** to dye one's hair red; **sukienka została ~owana na zielono** the dress was dyed green ⇒ **farbować**

[] **ufarbować się** [1] (zostać ufarbowanym) to dye; **materiał ładnie się ~ował** the fabric dyed well ⇒ **farbować się** [2] (ufarbować sobie włosy) (samemu) to dye one's hair; (u fryzjera) to have one's hair dyed; **~ować się na rudo** to dye one's hair/to have one's hair dyed red ⇒ **farbować się**

ufarbowan|y [] pp → **ufarbować**

[] adi. with dyed hair; **podstarzała, ~a na rudo piękność** an elderly beauty with her hair dyed red

uf(f) inter. phew! pot.; whew!; **~, co za ulga!** phew! what a relief; **~, jak gorąco!** whew! it's so hot

ufnie adv. grad. [1] (z zaufaniem) trustfully, trustingly; **dziewczynka ~ podeszła do nieznajomego** the girl approached the man trustfully a. trustingly; **pies był ~ usposobiony do ludzi** the dog was trustful a. trusting of people [2] (z pewnością siebie) confidently, with confidence; **~ patrzeć w przyszłość** to look confidently to the future

---

ufnoś|ć f sgt confidence, trust; **~ć do ludzi** trust a. confidence in people; **~ć bez granic** boundless confidence; **jego słowa napełniają mnie ~cią** his words fill me with confidence; **patrzeć na kogoś z ~cią** to look trustingly at sb; **z ~cią zwracamy się do Boga** we turn to God in trust; **pokładać w kimś ~ć** to put one's trust in sb; **żywić ~ć do kogoś** to have confidence in sb; **~ć we własne siły** confidence a. trust in oneself; **z ~cią patrzeć w przyszłość** to look confidently to the future

ufn|y adi. grad. [1] (pełen zaufania) trustful, trusting; **~e spojrzenie** a trustful a. trusting look; **~y człowiek** a trustful a. trusting man [2] (przeświadczony) confident; **~y we własne siły** confident of his ability to cope

UFO n inv. UFO

ufolo|g m (Npl ~dzy a. ~gowie) ufologist

ufologi|a f sgt (GD ~i) ufology

ufologiczn|y adi. UFO attr., ufological

ufolud|ek m (Gpl ~ki a. ~kowie) pot., żart. alien; **spotkanie z ~kami** an encounter with little green men pot., żart.

uform|ować pf [] vt [1] (wymodelować) to form, to make; **kopuła ~owana z miedzi** a dome fashioned from copper; **naczynia ~owane z gliny** dishes made of a. from clay; **~ować z ciasta okrągły placek** to form the pastry into a flat circle ⇒ **formować** [2] (ukształtować) to shape, to mould GB, to mold US; **~ować czyjś character** to mould a. shape sb's character; **~ować czyjeś poglądy** to shape sb's views; **~ować młodych ludzi na świadomych obywateli** to shape young people into responsible citizens; **ludzie ~owani przez przedwojenne szkolnictwo** people moulded a. shaped by the pre-war education system ⇒ **formować** [3] (ustawić coś lub ustawić się) to form; **tańczący ~owali koło** the dancers formed a circle; **żołnierze ~owali dwuszereg** soldiers formed two ranks ⇒ **formować**

[] **uformować się** [1] (ukształtować się) to form, to be formed; **~owały się wrzody** ulcers formed on the patient's body; **od razu ~owała się czołówka biegaczy** a group of front runners formed straight away ⇒ **formować się** [2] (ustawić się) to line up; **~ować się w szeregi** to form rows, to line up in rows; **żurawie ~owały się w klucz** the cranes gathered in a formation; **wojsko ~owało się w szyk bojowy** the army drew up in battle formation ⇒ **formować się**

ufortyfik|ować pf [] vt Wojsk. to fortify; **obóz wojskowy ~owany wałami** an army camp fortified with earthworks; **~ować stanowisko bojowe/wzgórze** to fortify a battle position/a hill ⇒ **fortyfikować**

[] **ufortyfikować się** Wojsk. [1] (zostać ufortyfikowanym) [miasto] to be fortified; **~ować się szańcami/barykadami** to be fortified with earthworks/barricades [2] (obwarować się) [oddział, obrońcy] to dig in; **~ować się na wzgórzu** to dig in on a hill ⇒ **fortyfikować się**

---

ufryz|ować pf [] vt książk., żart. [1] (uczesać) to style; to coif książk.; **starannie ~owane włosy** carefully styled hair; **pies został elegancko ~owany na wystawę** the dog was elegantly coiffed for the exhibition żart. ⇒ **fryzować** [2] książk., pejor. (upiększyć) to prettify; **spektakl wygładzono i ~ano** the show was polished and prettified ⇒ **fryzować**

[] **ufryzować się** żart. **aleś się ~ował!** what a coiffure (you've got)! ⇒ **fryzować się**

ufund|ować pf vt [1] (sfinansować) to fund; **~ować nagrodę/stypendium** to endow a. fund a prize/scholarship; **~ować pomnik/tablicę pamiątkową** to fund a monument/plaque ⇒ **fundować** [2] książk. (oprzeć) to found; **epoka ~owana na porządku moralnym i duchowym** an epoch founded on certain moral and spiritual principles książk. ⇒ **fundować**

ugad|ać pf — **ugad|ywać** impf [] vt pot. [1] (skłonić, zjednać) **jakoś go ~am** I'll talk him into it somehow; **szef już jest ~any** the boss has been talked round GB [2] (ustalić) to settle; **~ałem z nimi sprzedaż samochodu** we settled the matter of selling the car

[] **ugadać się** — **ugadywać się** pot. [1] (uzgodnić) to settle (on), to agree on; **~ałem się z nim co do ceny** we agreed on a price [2] (nagadać się) to natter (on) GB pot., to run on pot.; **alem się ~ał!** my, have I nattered on!

ugadywać impf → **ugadać**

Ugandyj|czyk m, **~ka** f Ugandan

ugandyjs|ki adi. Ugandan

ugania|ć się impf v refl. [1] (biegać) to chase about GB a. around, to race about a. around; **dzieci ~ły się po podwórku** children chased about a. around the yard; **~ł się konno po polach** he galloped around the fields [2] (ścigać) to chase vt, to run after; **psy ~ły się za zającem** the dogs were running after the hare [3] pot., pejor. (starać się osiągnąć) to run after; **~ć się za sławą/zarobkiem/groszem** to run after fame/money [4] pot., żart. (starać się) to chase vt; **~ć się za kobietami/mężczyznami** to to chase women/men; **~ć się za spódniczkami** to chase skirts pot.

uga|sić pf (~si) vt [1] (zgasić) to extinguish, to put out; **~sić ogień/ognisko/pożar** to put out a. to extinguish a fire [2] przen. (stłumić) to quell; **~sić bunt/powstanie** to quell a rebellian/an uprising

■ **~sić pragnienie** to quench one's thirst

ugaszczać impf → **ugościć**

ugi|ąć pf — **ugi|nać** impf (ugnę, ugięła, ugięli — uginam) [] vt [1] (zgiąć) to bend; **nogi ugięte w kolanach** legs bent at the knees; **wiatr uginał wierzchołki drzew** the wind was bending the tree tops [2] przen. (załamać) **nieszczęścia go nie ugięły** he didn't break down in the face of misfortune; **to człowiek z zasadami, nic go nie ugnie** he has his principles, nothing will sway a. budge him

[] **ugiąć się — uginać się** [1] (zostać ugiętym) to bend, to sag; **drzewa uginały się pod ciężarem śniegu** trees were bending under the load of snow; **koń ugiął**

się pod jeźdźcem the horse's back sagged under the rider's weight; **ziemia uginała się (im/nam) pod stopami** the ground was giving way under their/our feet; **uginająca się kładka/podłoga** a sagging footbridge/floor; **stoły uginały się od półmisków** przen. the tables were groaning with dishes a. under the weight of the dishes ② (poddać się) to break down; to buckle przen.; **ugiął się pod brzemieniem trosk** he broke down under the strain of all his problems ③ Fiz. to diffract ■ **ugiąć przed kimś/czymś kolana** książk. to go down on one knee before sb/sth; to genuflect to sb książk., także przen.; **ugiąć się przed kimś/czymś** to yield to sb/sth; **nogi a. kolana uginają się pod nim** he's going weak at the knees; (ze strachu) his knees are knocking

ugier m (G **ugru**) ochre U

uginać impf → **ugiąć**

ugła|skać pf — **ugła|skiwać** impf (~szczę a. ~skam — ~skuję) vt (uspokoić) to mollify, to placate [osobę]; to soothe, to calm [osobę, gniew]; **spróbuję go ~skać** I'll try to mollify a. to placate him; **~skać czyjąś złość/wzburzenie** to soothe sb's anger/to calm sb's agitation; **~skać złego psa** to soothe an angry dog

ugłaskiwać impf → **ugłaskać**

ugniatać impf → **ugnieść**

ugni|eść pf — **ugni|atać** impf (~otę, ~eciesz, ~ecie, ~ótł, ~otła, ~etli — ~atam) vt ① (spłaszczyć) to flatten, to press down; **~atać komuś klatkę piersiową** to press down on sb's chest; **~eść kapustę w beczce** to pack the cabbage (down) tightly in a barrel; **~eść tytoń w fajce** to tamp down the tobacco in a pipe ② (wyrobić) to knead; **~atać glinę/plastelinę/ciasto** to knead clay/plasticine/dough ③ (uwierać) to dig into, to pinch; **karabin ~ata mi ramię** a. **mnie w ramię** the gun is digging into my shoulder; **but ~atał mu nogę** his shoe was pinching him

ugo|da f agreement, settlement; **doszło do ~dy** an agreement a. a settlement was reached; **zawrzeć ~dę** to reach an agreement a. a settlement was reached; **iść na ~dę** to agree to a settlement

ugodow|iec m (V ~cu a. ~cze) advocate of compromise; **pokolenie ~ców** the pro-compromise generation

ugodowo adv. in a conciliatory manner; **stara się załatwić sprawę ~** he is trying to settle the matter in a conciliatory manner; **był ~ usposobiony wobec sąsiadów** his attitude towards his neighbours was conciliatory

ugodowoś|ć f sgt conciliatory manner C, tendency to compromise C; **~ć rozjemcy** the conciliatory manner of an arbiter; **~ć w pertraktacjach** a tendency to compromise in negotiations

ugodow|y adi. conciliatory; **~a polityka/ postawa** a conciliatory policy/attitude; **dążyć do ~ego rozstrzygania sporów** to aim at settling disputes in a conciliatory manner; **ma ~y charakter** he has a conciliatory nature

ug|odzić pf ① vt ① książk. (trafić) to hit, to strike; **ugodzić kogoś nożem** to stab sb with a knife; **został ugodzony kulą w serce** the bullet hit him in the heart ② przen. (dotknąć) **przemiany na rynku ugodziły w małe firmy** changes in the market hit small companies hard; **ugodzić w czyjeś serce** to rend sb's heart książk.; **ugodzić w czyjś honor** to be a blow to sb's honour; **ugodzić kogoś złym słowem/spojrzeniem** to wound sb with angry words/with an angry look; **wiadomość o chorobie syna boleśnie ją ugodziła** the news of her son's illness was a terrible blow ③ przest. (nająć) to hire; **ugodzić robotników do kopania kartofli** to hire workers to dig potatoes

② **ugodzić się** ① (zranić się) to hurt oneself; **ugodził się nożem w rękę** he hurt his hand with a knife ② (dojść do porozumienia) to agree; **ugodzili się bez sądu** they settled out of court; **ugodzić się o cenę czegoś** to agree on the price of sth

ug|ościć pf — **ug|aszczać** impf (ugości — ugaszczam) vt **ugościć przyjaciół kolacją** to host a dinner for one's friends, to invite one's friends to dinner

ugot|ować pf ① vt ① (podgrzać) to boil; **~ować jajko na miękko/na twardo** to soft-/hard-boil an egg; **~ować mięso/ warzywa** to boil meat/vegetables; **~ować wodę na herbatę** to boil water for tea ⇒ **gotować** ② (przygotować) to cook, to make; **~ować obiad/kolację** to make lunch/dinner; **~ować zupę/kompot/gulasz** to cook a. to make soup/ compote/goulash ⇒ **gotować**

② **ugotować się** ① (zostać ugotowanym) to boil, to cook; **kartofle już się ~owały** the potatoes are done; **woda się ~owała** the water's come to a boil ⇒ **gotować się** ② pot. to get boiling hot pot.; **~ujesz się w tym swetrze** you'll roast a. boil in that pullover pot. ⇒ **gotować się**

■ **można się (tutaj) ~ować** ≈ it's boiling (hot) here pot.

ugotowan|y ① pp → **ugotować**

② adi. pot. ① (pijany) stewed pot., smashed pot. ② (pogrążony, przegrany) up the creek (without a paddle) pot.; **podżyrowałem draniowi pożyczkę i teraz jestem ~y** I guaranteed the louse's loan and now I'm up the creek

ug|ór m (G **ugoru**) fallow (field/land); **zielony ugór** green fallow; **leżeć a. stać ugorem** to lie fallow

ugrofińs|ki adi. Finno-Ugric, Finno-Ugrian; **grupa języków ~ich** the Finno-Ugric languages

ugrow|y adi. ochre attr.

ugrunt|ować pf — **ugrunt|owywać** impf ① vt książk. to consolidate, to reinforce; **~owywać czyjeś wpływy** to strengthen sb's influence; **~ować wiedzę** to reinforce one's knowledge; **~ować władzą państwową swoją pozycję** to consolidate the government's power/one's position

② **ugruntować się** — **ugruntowywać się** to consolidate, to be reinforced; **jego władza ~owała się** his power consolidated; **~owałem się w przekonaniu, że**

wygramy I was firmly convinced that we would win

ugruntowan|y ① pp → **ugruntować**

③ adi. książk. consolidated, established; **~owana pozycja** an established position; **~owane zasady moralne** a strict moral code

ugruntowywać impf → **ugruntować**

ugrupowa|nie n ① Polit. (organizacja) grouping, group; (partia) party; **~nie lewicowe/liberalne/prawicowe** a left-wing/ liberal/right-wing party; **~nia pozaparlamentarne** extra-parliamentary groupings; **~nia terrorystyczne** terrorist groups ② Wojsk. (ustawienie wojska) formation, line; **~nie bojowe/marszowe** a battle formation/a march line

ugry|źć pf (~zę, ~ziesz, ~zł, ~zła, ~źli) ① vt ① (ująć) to bite, to take a bite of; **~źć jabłko/bułkę** to bite into an apple/a roll, to take a bite of an apple/a roll; **~źć kawałek chleba/mięsa** to take a bite of bread/ meat ⇒ **gryźć** ② (skaleczyć) to bite; **komar ~zł ją w twarz** a mosquito bit her (on the) cheek; **pies ~zł mnie w łydkę** the dog bit my calf; **myślałem, że go ~zę** przen. I almost let him have it pot., I wanted to strangle him pot.; **nie bój się, szef nie ~zie** przen. don't be afraid of the boss: he won't bite you pot. ⇒ **gryźć** ③ pot., przen. (poradzić sobie) **nie móc czegoś ~źć** to not be able to make head nor tail of sth pot.; **nie mogę ~źć tego zadania** I can't work this problem out; **bez artylerii takich murów nie ~ziemy** we won't get through those walls without artillery

② **ugryźć się** to bite; **~źć się w wargę** to bite one's lip; **~źć się w język** to bite one's tongue; przen. to hold one's tongue ⇒ **gryźć się**

■ **~ź się w dupę** wulg. a. **w nos!** posp. bugger off GB wulg. a.; scram pot.; **coś go ~zło** a. **giez go ~zł** a. **mucha go ~zła** something's bugging a. eating him

ugrząźć → **ugrzęznąć**

ugrzecznieni|e n sgt obsequiousness; **kłaniał się z ~em** he bowed obsequiously

ugrzeczni|ony adi. ① (przesadnie grzeczny) [kelner, sąsiad, zachowanie] obsequious; [uśmiech, słowa, list] excessively polite; **wobec zwierzchnika byli niezwykle ~eni** they were exceptionally polite to their superiors ② (zbyt poprawny) [muzyka, dziennikarstwo, artykuł] bland; [forma, styl] antiseptic przen.; (wyczyszczony) [wersja, język] sanitized pejor.

ugrz|ęznąć, ugrz|ąźć pf (~ęznę, ~ązł, ~ęzła, ~ęźli) vi ① (w piasku, błocie, śniegu) to become bogged down; to get stuck pot.; (w błocie) to become mired down; (na mieliźnie, kamieniach, tłumie) to be stuck; **samochody ~ęzły w błocie** the cars became bogged a. mired down; **~ązłem/taksówka ~ęzła w ulicznym korku** I/the taxi was stuck in a traffic jam ⇒ **grzęznąć** ② przen. (w problemach, miejscu pracy, na wsi) to be stuck; (w szczegółach, robocie) to get bogged down przen.; **negocjacje ~ęzły w martwym punkcie** the negotiations have reached a dead end; **~ęźliśmy/sprawa ~ęzła w papierach** a. **papierkowej robocie** we were/the matter became bogged down in paperwork;

śledztwo może ~ąźć z braku dowodów the investigation may get bogged down for lack of evidence ⇒ **grzęznąć**

uhierarchiz|ować *pf vt* książk. to hierarchize ⇒ **hierarchizować**

uhm *inter.* uh-huh; „widziałeś go?" – „~" 'did you see him?' – 'uh-huh'

uhonor|ować *pf vt* [1] (uczcić) to honour GB, to honor US; **~ować kogoś nagrodą/ medalem** to honour sb with a prize/ medal; **~ować kogoś wojskowym odznaczeniem** to award sb a military decoration [2] (uwzględnić) to honour GB, to honor US *[umowę, warunki, zobowiązania]*; to meet *[żądania, oczekiwania]* ⇒ **honorować**

uiszczać *impf* → **uiścić**

ui|ścić *pf* — **ui|szczać** *impf* (uiści — uiszczam) **II** *vt* książk. to pay *[rachunek, czynsz, opłatę]*; **nie uiścić płatności/długu** to default on a payment/debt

III uiścić się — **uiszczać się** książk. to pay *vt* (**z czegoś** sth); to not be in default (**z czegoś** on sth)

ujada|ć *impf vi* [1] (szczekać) *[duży pies]* to bay; *[piesek]* to yap [2] pot. (wymyślać) to mouth off pot. (**na kogoś/coś** at sb/sth) [3] pejor. (krytykować) to revile *vt* (**na kogoś** sb); to bash *vt* przen. (**na kogoś/coś** sb/sth)

uja|ić *pf vt* posp. to put [sb] in a tight corner a. spot

ujarzmiać *impf* → **ujarzmić**

ujarzmi|ć *pf* — **ujarzmi|ać** *impf vt* [1] (podbić) to subjugate *[naród, kraj]*; to enslave *[wojownika, szczep]*; to tame *[demonstrantów, tłum]* [2] (opanować) to master *[żądze, namiętność, pragnienia]*; to tame *[inflację, siły przyrody, temperament]* [3] (poskromić) to tame *[zwierzę, ptaka]*; to break in *[konia, mustanga]*

ujawniać *impf* → **ujawnić**

ujawni|ć *pf* — **ujawni|ać** *impf* **II** *vt* [1] (podać do wiadomości) to disclose, to reveal *[tajemnicę, nazwisko, informację, szczegóły]*; (wyjawić) to divulge *[prywatne szczegóły, sekrety, dane]*; (ogłosić po raz pierwszy) to open up, to unveil *[plany, strategię]*; to unfold *[myśli, swoje sekrety, przeżycia]*; to reveal *[zamiary, opinię]*; **~ć tajne dokumenty** to reveal secret documents to the public [2] (odkryć) to reveal *[stan, znaczenie, charakter]*; **sondaże ~ają rosnące niezadowolenie społeczeństwa** surveys reveal growing public dissatisfaction [3] (przejawić) to show, to reveal *[talent, umiejętność]*; (w demonstracyjny sposób) to display *[uczucie, umiejętność, cechę]*; **w roli Papkina ~ł swój talent komediowy** the role of Papkin brought out his talent as comedy actor

III ujawnić się — **ujawniać się** [1] (wyjść na jaw) *[cechy, wartość]* to become apparent; *[uczucia, problemy, zjawiska]* to surface, to emerge; *[choroba]* to manifest; **nowe szczegóły ~iły się w toku przesłuchania** new details emerged during interrogation [2] (odkryć się) to disclose one's identity, to discover onself; *[homoseksualista]* to come out of the closet; to come out pot. [3] (okazać się) to emerge (**jako ktoś/coś** as sb/sth); **~ł się jako zwolennik reform/utalentowany negocjator** he emerged as a reformist/ an adept negotiator; **~ły się w niej**

tłumione latami instynkty her long-repressed instincts surfaced

uj|ąć *pf* — **uj|mować** *impf* (ujmę, ujęła, ujęli — ujmuję) **II** *vt* [1] (uchwycić) to take hold (**kogoś/coś** of sb/sth); **ująć coś ręką/ rękami/w obie ręce** to take hold of sth in one's hand/in one's hands/in both hands; **ujęła psa za obrożę** she took hold of a dog by its collar; **ujął żonę pod rękę** a. **ramię** he linked arms with his wife [2] (przedstawić) to present *[temat, treść]*; to express *[myśl, sens]*; (dokładnie) to capture *[myśl, nastrój, scenę]*; (skrótowo) to encapsulate *[treść, ideologię]*; **ująć coś w słowa** to express sth in words; **zwięźle ujęte zagadnienie** an issue presented a. expressed in a concise way; **regulamin ujęty w punktach** regulations presented as a list of points [3] (zjednać) *[osoba]* to endear oneself (**kogoś** to sb); **potrafił ujmować (sobie) ludzi** he knew how to endear himself to everyone; **ujął mnie swoją uprzejmością** a. **jego uprzejmość ujęła mnie** his politeness endeared him to me; **ujął nas za serce (tym podarkiem)** he won our hearts (with the gift) [4] (odjąć) **sprzedawca ujął z wagi parę jabłek** a salesman took a couple of apples from the scales; **czy możesz mi ująć trochę bagażu?** could you take some of my luggage?, could you relieve me of some luggage?; **opowiedział wszystko, niczego nie ujmując** a. **nie ujmując ani szczegółu** he told the whole story, leaving nothing a. no detail untold [5] (umniejszyć) to take (away), to detract (**czegoś** sth); **ta fryzura/sukienka ujmuje ci lat** the hairstyle/dress takes years off you; **ona ujmuje sobie lat** she is older than she says; **niczego nie ujmując jego osiągnięciom jako naukowca...** taking nothing away a. detracting nothing from his achievements as a scientist...; **niczego nie ujmując profesjonalizmowi innych dziennikarzy/dzienników** in no way diminishing the professionalism of other journalists/ daily newspapers [6] (otoczyć) to enclose *[przestrzeń, teren, zatokę]*; **równina/pustynia ujęta w dwa łańcuchy wzgórz** a plain/desert enclosed by two chains of hills; **ujmować słowo/zdania w nawias** to enclose a word/clauses in brackets, to bracket a word/clauses [7] (schwytać) to capture; (zatrzymać) to apprehend *[przestępcę]*; **kłusownika ujęto na gorącym uczynku** the poacher was caught red-handed [8] (objąć) to encompass; (wymienić) to mention *[dane, zagadnienia]*; **podręcznik nie ujmuje okresu powojennego** the textbook doesn't encompass the post-war period; **sumy ujęte w projekcie budżetu** sums mentioned in a budget plan

III ująć się — **ujmować się** [1] (siebie samego) **ujął się za krwawiące kolano** he clutched (at) his bleeding knee; **ująć się pod boki** to stand (with) arms akimbo [2] (jeden drugiego) **ująć się pod ręce** a. **rękę** a. **ramię** to link arms; **ujęli się za ręce** they took each other by the hand [3] (stanąć w obronie) to stand up (**za kimś** for sb); **nikt się za mną nie ujął** nobody stood up for me

■ **nic dodać, nic ująć** ≈ what has been

said exhausts the subject; **ująć kogoś w garść** a. **karby** to take sb in hand; **ująć rządy/władzę w swoje ręce** to seize the reins of government/power

uj|echać *pf* (ujadę, ujedzie) *vi* ujechać kawał drogi/dwa kilometry to travel a long way/to cover two kilometres; **nie ujechałem daleko, gdy ...** I didn't go far yet when ...

ujednolicać *impf* → **ujednolicić**

ujednoli|cić *pf* — **ujednoli|cać** *impf* **II** *vt* to standardize *[pisownię, miary, metody]*; to unify *[prawa, system podatkowy]*; to make [sth] uniform *[przepisy, wyposażenie, poziom, stawki]*

III ujednolicić się — **ujednolicać się** *[struktury administracji, zasady funkcjonowania]* to become uniform

ujemnie *adv.* [1] *[oddziaływać, wpływać]* (szkodliwie) harmfully; (niekorzystnie) negatively, adversely; **nikotyna ~ wpływa na organizm** nicotine has a harmful effect on the system, nicotine harmfully affects the system; **skandal zaważył ~ na jej karierze** the scandal negatively affected her career, the scandal had a negative effect on her career [2] *[oceniać]* negatively; **jesteśmy raczej ~ nastawieni do takich akcji** we are rather negative about a. have a rather negative attitude to such actions [3] Elektr. *[naładowany]* negatively; **elektryzować się ~** to receive a charge of negative electricity; **liczba oznaczona ~** Mat. a negative number

ujemn|y *adi.* [1] *[wpływ, oddziaływanie, skutki]* (szkodliwy) harmful; (niekorzystny) negative, adverse; (niezadowalający) *[cecha, zjawisko, strona]* negative; **przedstawiać kogoś/coś w ~ym świetle** to present sb/sth in a bad light [2] (nieakceptujący) *[opinia, ocena]* negative, unfavourable [3] Elektr., Mat. *[wartość, liczba, ładunek, jon]* negative; *[temperatura]* minus, sub-zero [4] (niepotwierdzający) *[wynik]* negative; **~e wyniki badań** negative test results

uje|ździć *pf* — **uje|żdżać** *impf vt* [1] Jeźdz. to break in *[mustanga, konia]* [2] (ubić nawierzchnię) to compact *[drogę, stok narciarski]*; **ledwo ~żdżona droga** a road with a scarcely compacted (metalled) surface [3] pot. (podporządkować sobie) to settle [sb's] hash pot.; **~ździł swego szefa w kilka miesięcy** in a few months he managed to settle his boss's hash

ujeżdżać *impf* → **ujeździć**

ujeżdżalni|a *f* (*Gpl* ~) Jeźdz. manège, riding arena

uję|cie II *sv* → **ująć**

II *n* [1] Kino (sekwencja) take; (jedną kamerą) shot; **pierwsze ~cie filmu** the opening shot of a film; **zrobić/powtórzyć ~cie** to do/repeat a take [2] Fot., Szt. (widok) view; **~cie z góry/z boku** a bird's-eye/side view; **~cie twarzy z profilu** a view of a face in profile; **~cie twarzy z półprofilu/en face** a three-quarter/full-face view of a face; **~cie postaci na tle piramid** a view of a person against a background of pyramids a. with pyramids in the background [3] (przedstawienie tematu) presentation; (punkt widzenia) perspective, point of view; **bezrobocie w ~ciu historycznym/psychologicznym**

U

unemployment from a historical/psychological perspective; **literackie ~cie dziejów miasta** a literary history of a town ④ (pobieranie wody) *[powierzchniowe, oligoceńskie]* (water) intake; **woda z własnego ~cia** water from our own intake

ujędrniać *impf* → **ujędrnić**

ujędrni|ć *pf* — **ujędrni|ać** *impf* Ⅰ *vt* to improve texture of *[skórę]*; to tone (up) *[mięśnie, ciało]*; **ćwiczenia na ~enie mięśni brzucha** abdominal muscle toning exercises; **krem/masaż ~ający skórę** a cream/massage to improve skin texture Ⅱ **ujędrnić się** — **ujędrniać się** *[ciało, mięśnie]* to tone up; **dzięki masażom skóra ~ła się** the texture of the skin has improved thanks to massage

ujm|a *f* książk. (uchybienie) discredit *U*; **przynieść komuś ~ę** to bring discredit (up) on sb; **postąpił bez ~y na honorze** a. **dla honoru** he behaved honourably a. in an honourable fashion

ujmować *impf* → **ująć**

ujmująco *adv. [uśmiechać się, zachowywać się]* winningly, endearingly

ujmując|y Ⅰ *pa* → **ująć**
Ⅱ *adi. [uśmiech, osobowość, zachowanie]* (budzący sympatię) endearing, winning; (pociągający) engaging; **miał ~y sposób bycia** he had a winning way of behaving, he had an engaging manner; **jest ~ą osobą** s/he has an endearing a. a winning personality

ujrz|eć *pf* (**~ysz**, **~ał**, **~eli**) Ⅰ *vt* książk. to behold książk., przest.; to see; **~eć postać w oddali** to see a figure in the distance; **nie uwierzył, dopóki nie ~ał** he didn't believe it until he saw it; **~eć coś na własne oczy** a. **własnymi oczami** to see sth before a. in front of a. under one's (very) eyes
Ⅱ **ujrzeć się** książk. ① (zobaczyć siebie samego) to see oneself, to see one's reflection; **po operacji bała się ~eć w lustrze** she was afraid to look at herself in the mirror after the operation ② (wyobrazić sobie siebie samego) to see oneself, to picture oneself; **~ał się w roli ojca rodziny** he pictured himself as the head of family ③ (zobaczyć siebie wzajemnie) to see each other; (spotkać się) to meet; **po raz pierwszy ~eli się na balu** they first met at a ball
■ **~eć światło dzienne** to see the light of day

ujś|cie Ⅰ *sv* → **ujść²**
Ⅱ *n* ① (gazu, powietrza, cieczy) outlet, vent; (lawy, gazów wulkanicznych) vent; (końcowa część rury, przewodu, tunelu) outlet; **gazy znajdujące ~cie przez szczeliny w skale** gases finding a vent a. vents through fissures in the rock ② Geog. (rzeki, potoku) mouth, outlet; **przy ~ciu rzeki** at the mouth of a river ③ *sgt* (upust) outlet *C* przen. vent przen.; **dać ~cie swojej ambicji/swoim uczuciom** to give vent to a. to vent one's ambition/emotions; **jej rozpacz/twórcza energia znalazła ~cie w poezji** her despair/creative energy found an outlet in writing poetry; **zawiedzeni klienci szukają ~cia dla swojego oburzenia** disappointed customers try to find an outlet for their indignation

u|jść¹ *pf* (**ujdę, ujdziesz, ujdzie, uszedł, uszła, uszli**) *vt* (przejść) to walk *[kawałek, kilometr, parę kroków]*

u|jść² *pf* — **u|chodzić¹** *impf* (**ujdę, ujdziesz, ujdzie, uszedł, uszła, uszli — uchodzę**) *vi* ① (wydobyć się) *[gaz, ciepło, dym, ciecz]* to leak (out), to escape; **powietrze uszło z dętki** a tube deflated a. ran flat ② (nie wywołać konsekwencji) *[wykroczenie, błąd, złe zachowanie]* to go unpunished; **postępki/niedbalstwa uchodzą mu bezkarnie** his misdeeds/acts of negligence go unpunished; **wiele mu uchodziło, bo był lubiany** he could get away with a lot because they liked him; **nie ujdzie ci/mu to płazem** a. **na sucho** you/he will not get away with it; **brał i dawał łapówki, ale uszło mu to płazem** he bribed and was bribed but got away with it ③ książk. (uniknąć) *[osoba]* to escape *vt* (**czemuś** sth); **cudem ujść śmierci** to miraculously escape death; **śmierci nikt nie ujdzie** none will escape the tomb książk.; **uszedł/uszła karze** he/she went unpunished ④ książk. (uciec) to flee (**komuś/czemuś** from) sb/sth); to escape *vt* (**komuś/czemuś** sb/sth); **uszedł policji/prześladowaniom** he fled (from) the police/persecution; **ledwie uszli z życiem** a. **cało** they narrowly escaped with their lives; **w rozsypce uszli z placu boju** put to rout, they fled the battlefield; **pomogli mu ujść pogoni** they helped him evade pursuit ⑤ (umknąć) *[słowa, widok, fakty]* to escape; **ujść czyjejś uwadze** a. **uwagi** to escape sb's attention a. notice; **ujść czyimuś wzrokowi** a. **czyimś oczom** to escape unseen a. unnoticed by sb; **jego nazwisko uszło mi w tej chwili z pamięci** his name escapes me just now
■ **ujdzie (w tłoku)** pot. it is passable, it will do

ukamien|ować *pf vt* to stone *[sb]* to death ⇒ **kamienować**

uka|rać *pf* (**~rzę**) Ⅰ *vt* (wymierzyć karę) to punish *[przestępcę, winnego, wykroczenie, zbrodnię]*; to penalize *[gracza, drużynę, organizację]*; **~rać kogoś grzywną/mandatem** to fine sb; **ukarano ją mandatem w wysokości 50 euro za nadmierną szybkość** she was fined 50 euros for speeding ⇒ **karać**
Ⅱ **ukarać się** to punish oneself ⇒ **karać się**

ukart|ować *pf* — **ukart|owywać** *impf vt* pejor. to devise, to hatch (up) *[spisek, plan]*; to concoct, to cook up *[plan, intrygę]*; to engineer *[spotkanie, wypadek]*; **cała rzecz była (z góry) ~owana** it was all a put-up job a. a set-up

ukartowywać *impf* → **ukartować**

ukatrupiać *impf* → **ukatrupić**

ukatrup|ić *pf* — **ukatrup|iać** *impf vt* pot. ① (zabić) to knock off pot., to do in pot.; **zejdź mi z oczu, bo cię ~ię!** get out of my sight or I'll kill you! ② (zniszczyć) to ruin; to dish pot. *[pomysł, interes, szanse]*

ukaz *m* (*G* **~u**) ① Hist. (dekret carski) ukase ② pot., żart. (polecenie) ukase, order

uka|zać *pf* — **uka|zywać** *impf* (**~żę — ~zuję**) Ⅰ *vt* ① (przedstawić) *[autor, książka, obraz, film]* to portray, to depict ② (uczynić widocznym) to show, to reveal; **~zał zęby w**

uśmiechu he flashed his teeth in a smile
Ⅱ **ukazać się** — **ukazywać się** ① (pokazać się) *[goście, duchy, chmury]* to appear; *[słońce, księżyc]* to come out; **jakaś postać ~zała się przy końcu ścieżki** a figure appeared at the end of the path; **naszym oczom ~zał się rozległy/zdumiewający widok** a broad vista/an amazing sight met our eyes ② (zostać opublikowanym) *[dzieło, czasopismo]* to come out, to appear; **~zać się w kieszonkowym wydaniu/wielkim nakładzie** to be published in paperback/at a huge print run; **książka ~że się wkrótce na półkach księgarskich** the book will soon find its way into the stoves a. will come onto the market

ukazywać *impf* → **ukazać**

uką|sić *pf vt [komar, żmija, pies, osoba]* to bite; *[osa, giez, pszczoła, szerszeń, skorpion]* to sting; **komar ~sił ją w ramię** a mosquito has bitten her on the arm; **odgoniła osę, nie dała się ~sić** she waved the wasps and avoided being stung

uką|sze|nie Ⅰ *sv* → **ukąsić**
Ⅱ *n* (zębami) bite; (żądłem) sting; **~nia komara** mosquito bites; **~nie psa może być groźne** a dog bite can be dangerous

UKF *m, m inv. sgt* (*G* **~u** a. **~**) Fiz., Radio FM; **poszukać stacji na ~ie** to search for an FM (radio) station

ukierunk|ować *pf* — **ukierunk|owywać** *impf* Ⅰ *vt* to direct, to channel *[zainteresowania, zapał]*; to orient *[osobę, działalność, badania]*; **czasopisma ~owane politycznie/na młodzież** politically oriented/youth-oriented magazines; **zadaniem szkoły jest ~owować ucznia** it is a task of school to orient pupils
Ⅱ **ukierunkować się** — **ukierunkowywać się** to orient oneself; **Włochy ~owały się na turystykę** Italy has oriented itself to tourism

ukierunkowa|nie Ⅰ *sv* → **ukierunkować**
Ⅱ *n* książk. (tendencja) orientation, inclination; **rynkowe ~nie produkcji** a marketing orientation of production

ukierunkowywać *impf* → **ukierunkować**

uki|sić *pf* (**~si**) Ⅰ *vt* Kulin. to pickle *[kapustę, grzyby, ogórki]* ⇒ **kisić**
Ⅱ **ukisić się** Kulin. **buraczki się ~siły** the pickled beetroots are ready

ukleja *f* (*Gpl* **~i** a. **~j**) Zool. bleak

uklep|ać *pf* — **uklep|ywać** *impf* (**~ię**) *vt* to pat (down) *[ziemię, piasek, posłanie]*; to plump (up) *[poduszkę]*

uklepywać *impf* → **uklepać**

ukl|ęknąć *pf* (**~ąkł** a. **~ęknął**) *vi* to kneel (down)

ukła|d Ⅰ *m* (*G* **~du**) ① (uporządkowanie) order; (rozmieszczenie) arrangement; (plan) layout; **w ~dzie chronologicznym/alfabetycznym** in chronological/alphabetical order; **przypadkowy ~d przedmiotów/barw** a random arrangement of objects/colours; **~d ulic w centrum miasta** the layout of streets in a town centre; **~d sił w parlamencie** the line-up a. lineup US of parties in the parliament ② (gwiezdny, atmosferyczny, matematyczny) system; **~d jednostek miar** a system of units of measurement; **~d niżowy/wyżowy** a. **niskiego/ wysokiego ciśnienia** Meteo. a low-/high-pressure system; **dane w ~dzie binarnym** data in a binary system ③ Anat. (zespół narządów) system ④ Techn. (zespół urządzeń) system; **~d hamulcowy** a brake a. braking system; **~d kierowniczy** a steering system ⑤ (umowa) arrangement; Polit., Prawo agreement; (po ratyfikacji) treaty, concord; **~d między biurem podróży a siecią hoteli** an arrangement between a travel agency and a hotel chain; **zawarto ~d pokojowy/ rozejmowy** a peace treaty/an armistice has been concluded ⑥ zw. pl (stosunki) relation; **dobre/skomplikowane ~dy towarzyskie/służbowe/rodzinne** good/complex social/professional/family relations ⑦ (położenie) position; **w obecnym** a. **tym ~dzie** as things are a. stand now; **w (każdym) innym ~dzie** in (any) other circumstances; **mam w pracy dobre/niedobre ~dy** a. **dobry/niedobry ~d** my position in the workplace is comfortable/awkward; **u nas w rodzinie ~d jest taki** a. **~dy są takie, że nie mam nic do powiedzenia** my position in the family is such that I have nothing to say

Ⅲ **układy** plt ① (pertraktacje) negotiations; **prowadzić/zerwać ~dy** to conduct/break off negotiations; **wejść w ~dy** a. **przystąpić do ~dów z wrogiem/rządem** to start negotiating a. negotiations with the enemy/government ② pot. (koneksje) links; (znajomości) connections; **on ma znakomite ~dy z zarządem/prasą** he has a lot of pull with the board/press pot.; **ona jest poza ~dami** she keeps herself to herself; **na ~dy nie ma rady** you can't beat the system

❏ **okresowy ~d pierwiastków (chemicznych)** Chem. periodic table (of the elements); **~d chłonny** a. **limfatyczny** Anat. lymphatic system; **~d dokrewny** a. **wewnątrzwydzielniczy** Anat. endocrine system; **~d dziesiątkowy** Mat. decimal system; **~d graficzny** Druk. layout; **~ graficzny strony** a page layout; **~d krwionośny** Anat. blood circulation system; **~d nerwowy** Anat. nervous system; **autonomiczny** a. **wegetatywny ~d nerwowy** autonomic nervous system; **centralny** a. **ośrodkowy ~d nerwowy** central nervous system; **obwodowy ~d nerwowy** peripheral nervous system; **parasympatyczny** a. **przywspółczulny ~d nerwowy** parasympathetic nervous system; **współczulny** a. **sympatyczny ~d nerwowy** sympathetic nervous system; **~d oddechowy** Anat. respiratory system; **~d równań** Mat. set of equations; **~d scalony** Elektron. integrated circuit; **Układ Słoneczny** Astron. solar system; **~d trawienny** a. **pokarmowy** Anat. digestive system; **~d współrzędnych** Mat. system of coordinates; **kartezjański** a. **prostokątny ~d współrzędnych** Cartesian axes; **~d zbiorowy** Admin. collective agreement (*as a result of collective bargaining*)

układacz m (w magazynie, transporcie) stacker; (kładący parkiet, glazurę) layer; **~ krzyżówek** an author of crossword puzzles

układać impf → **ułożyć**

układan|ka f Gry (zabawka) jigsaw (puzzle); **element ~ki** a jigsaw puzzle piece; **składać** a. **układać ~kę** to piece together a jigsaw puzzle; **to pasuje do ~ki** this fits into the puzzle

układnie adv. [zachowywać się] (w ugrzeczniony sposób) suavely, with suavity; (w grzeczny sposób) politely

układnoś|ć f sgt (ugrzecznienie) suavity; (nienaganne maniery) politeness; **wzburzenie maskowane ~cią** agitation masked by a suave manner; **zawodowa ~ć zachowania** a. **w zachowaniu obsługi hotelu** the suavely professional conduct of the hotel staff

układn|y adi. ① [młodzieniec, kelner, biznesmen] suave; [dzieci, uczeń, młodzież] polite; [obsługa, sprzedawca] smooth ② [zachowanie, słówka, powitanie] suave; [list, odpowiedź, rozmowa] smooth

układow|y adi. ① Anat. [choroba, infekcja, arterie, reakcja] systemic ② (systemowy) [jednostka, nazwa] systematic ③ (zmierzający do porozumienia) **rozmowy ~e** negotiations; **drogą postępowania ~ego** through bargaining

ukłon Ⅱ m (G ~u) ① (pochylenie głowy, tułowia) bow; (kiwnięcie głową) nod; **głęboki/uprzejmy ~** a low/polite bow; **złożył nam głęboki/ lekki ~** he bowed low/slightly to us; **wykonał niezgrabny/dworny ~** he made a clumsy/courtly bow; **nie odpowiedział na mój ~** he didn't bowed back to me; **panowie wymienili uprzejme ~y** gentlemen bowed politely to each other; **nie znamy się z sąsiadami, wymieniamy jedynie ~y** we don't really know our neighbours, we just nod our greetings ② (okazanie sympatii, szacunku) compliment (**w stronę** a. **pod adresem kogoś** to sb); tribute (**w stronę czegoś** to sth); **w tym utworze kompozytor uczynił** a. **złożył ~ w stronę tradycji** in this work the composer paid a tribute to tradition

Ⅲ **ukłony** plt (pozdrowienia) regards; (oficjalne) compliments (**dla kogoś** to sb); **przekaż od nas serdeczne ~y swojemu ojcu** give our best regards to your father; **proszę przekazać ~y rodzinie** please give my compliments to your family

■ **rozdawać ~y** książk. to give bows

ukło|nić się pf vi to bow, to give a bow; **~nił się uprzejmie/nisko sąsiadce** he bowed politely/low to a neighbour

■ **~nić się komuś od kogoś** to give sb's regards to sb; **~ń się ode mnie ojcu** give my regards to your father

ukłu|cie Ⅱ sv → **ukłuć**

Ⅱ n ① (ból) twinge, stab of pain; (zadany ostrym przedmiotem) prick ② (ślad) prick; (po ukąszeniu komara) bite; (po ukąszeniu osy, pszczoły) sting; **skóra czerwona od ~ć komarów** skin reddened with mosquito bites ③ przen. (nagłe uczucie) stab, twinge; (nieprzyjemne doznanie) prick; **lekkie ~cie niepokoju/żalu** a slight prick of anxiety/resentment; **poczuł ~cie zazdrości/zawiści** he felt a stab a. twinge of jealousy/envy

ukłu|ć pf vt ① (zranić) [osoba, szpilka, kolce] to prick; (ukąsić) [komar] to bite; [osa, giez, pszczoła] to sting; **cierń boleśnie ~ł ją w łokieć** a thorn painfully pricked her

elbow ⇒ **kłuć** ② (urazić) [słowa, ironia, kpiny] to sting przen.; [zazdrość, sumienie] to prick ③ (porazić) [światło] to make [sb] smart; **słońce boleśnie ~ło oczy** the sun made the eyes smart ⇒ **kłuć**

Ⅲ **ukłuć się** to prick oneself; **~ła się igłą w palec** she pricked her finger with a needle ⇒ **kłuć się**

uknu|ć pf vt to hatch (up) [plan, spisek, intrygę]; to concoct [plan]; **pracownicy ~li intrygę przeciw szefowi** the employees hatched a plan against their boss; **~ła chytry plan, żeby** a. **jak go uwieść** she hatched a cunning plan to seduce him ⇒ **knuć**

ukocha|ć pf vt ① książk. (umiłować) to come to love [osobę, kraj, wolność, muzykę] ② pot. (okazać czułość) to give [sb] a hug; **chodź, ~j ciocię** come and give your auntie a hug

ukochan|y Ⅱ pp → **ukochać**

Ⅲ adi. [syn, żona, kraj] beloved; [pisarz, potrawa] favourite, favorite US

Ⅲ **ukochan|y** m, **~a** f beloved, sweetheart

uk|oić pf (ukoi) vt książk. to assuage, to soothe [smutek, strach, poczucie winy]; to soothe [osobę, ból, nerwy]; to allay [obawy, niepokój] ⇒ **koić**

ukojeni|e Ⅱ sv → **ukoić**

Ⅲ n sgt książk. (ulga) relief; (pociecha) comfort; solace książk.; **szukał ~a w lekturze/ rozrywkach/używkach** he sought refuge in literature/amusements/drugs and alcohol; **znalazła ~e w jego ramionach** she found solace in his arms

ukoły|sać pf (~szę) vt to lull; **~sała niemowlę do snu** she lulled the baby to sleep; **~sany ciszą zasnął** lulled by silence, he fell asleep ⇒ **kołysać**

ukonkretniać impf → **ukonkretnić**

ukonkretni|ć pf — **ukonkretni|ać** impf Ⅱ vt (skonkretyzować) to (make) concrete, to specify [propozycję, stwierdzenie, wartość]; to make [sth] concrete a. definite [plan, projekt, marzenia]; **protestujący ~li swoje żądania płacowe** the protesters specified their wage demands

Ⅲ **ukonkretnić się — ukonkretniać się** [plany, marzenia, stwierdzenia] to become concrete; **podczas dyskusji ~ają się stanowiska (adwersarzy)** during a discussion the positions of the adversaries become better defined

ukonstytu|ować pf Ⅱ vt Polit. to constitute [rząd, władze, zarząd] ⇒ **konstytuować**

Ⅲ **ukonstytuować się** to be constituted; **po rozpadzie koalicji ~ował się rząd mniejszościowy** after the coalition broke up a minority government was constituted ⇒ **konstytuować się**

ukontent|ować pf przest., książk. Ⅱ vt to (make) content, to satisfy; **można go ~ować jednym komplementem** he can be satisfied with one compliment

Ⅲ **ukontentować się** (zadowolić się) to content oneself (**czymś** with sth); **~ował się stanowiskiem wiceprezesa** he was content with the position of vice president ⇒ **kontentować się**

ukontentowani|e Ⅱ sv → **ukontentować**

U

III _n sgt_ przest., książk. (przyjemność) content-ment; (satysfakcja) content; **mruczał z ~em** he purred with contentment; **ku naszemu ~u wygrał nasz koń** to our content our horse had won

ukończeni|e _sv_ → **ukończyć**

■ **na ~u** _[przedsięwzięcie]_ nearing comple-tion; _[dom, praca]_ nearly finished; **budowa domu jest na ~u** the construction of a house is nearing completion; **żniwa są na ~u** the harvest is nearly finished

ukończ|yć _pf vt_ książk. [1] (doprowadzić do końca) to finish _[remont, pracę]_; to complete _[dzieło, dom, podróż, wyścig]_ ⇒ **kończyć** [2] Szkol., Uniw. to graduate from _[uniwersytet, kolegium, fakultet]_; to finish, to graduate from US _[szkołę średnią, zawodówkę]_; to leave _[szkołę]_; to complete _[kurs, studia]_; to graduate in _[prawo, medycynę]_; **~ył Yale z wyróżnieniem** he graduated summa cum laude from Yale; **~ł germa-nistykę** he graduated in German studies; **zaczęła pracować jeszcze przed ~eniem szkoły** she began to work even before leaving school; **~ył uniwersytet** he graduated from collage/university; **ma ~ony uniwersytet** s/he is a university graduate ⇒ **kończyć** [3] (osiągnąć) **~yła czterdzieści lat** she is forty years of age ⇒ **kończyć**

ukop|ać _pf_ (**~ię**) _vt_ to dig up (**czegoś** sth) _[ziemniaków, gliny]_

ukoron|ować _pf_ **II** _vt_ [1] (przekazać władzę) to crown; **~owano ją (na królową) w 1953 roku** she was crowned (queen) in 1953 ⇒ **koronować** [2] książk. (uwieńczyć) to crown _[działalność, pracę, wysiłki]_; **nagroda za całokształt ~owała jego twórczość** a lifetime achievement award crowned his career ⇒ **koronować**

II ukoronować się (zostać ukoronowanym) to be crowned ⇒ **koronować się**

ukoronowani|e **II** _sv_ → **ukoronować**

II _n sgt_ (zwieńczenie) crowning achievement; coping stone przen.; **dzieło będące ~em jego pracy akademickiej** a work that is the coping stone of his academic career

ukorzeniać się _impf_ → **ukorzenić się**

ukorze|nić się _pf_ — **ukorze|niać się** _impf v refl._ Bot. to take root, to root

ukorzenion|y _adi._ Bot. _[roślina, sadzonka]_ rooted; **~e warzywa** the vegetables that have already taken root

ukorz|yć _pf_ **II** _vt_ książk. to humble

II ukorzyć się książk. to humble oneself (**przed kimś** before sb)

ukos **II** _m_ (_G_ **~u**) [1] (nachylenie) slant; (pochyłość drogi, ścieżki) incline; (skośna krawędź kamienia, drewna) bevel [2] Moda (ukośnie ucięta tkanina) bias; **spódnica z ~u** a bias-cut skirt; **ciąć tkaninę na ~** to cut fabric on the bias

II na ukos a. **ukosem** _[iść, stać, ułożyć]_ (po przekątnej) diagonally, on the diagonal; (skoś-nie) obliquely; (pod kątem, krzywo) aslant, on the slant; **szedł ~em przez plac** he walked diagonally across the medycare; **budy-nek stoi ~em do jezdni** the building stands at an oblique angle a. obliquely to the street

III z ukosa a. **ukosem** _[padać, rzucać, świecić]_ obliquely; _[patrzeć, obserwować]_ side-

long, sideways; **deszcz zacinał ~em** a. **z ~a** slanting rain was lashing down

■ **patrzeć** a. **zerkać ~em** a. **z ~a** (ukradkiem) to look furtively (**na kogoś/coś at sb/sth**); (z niechęcią, podejrzliwie) to look askance (**na kogoś/coś** at sb/sth)

ukośnie _adv._ obliquely, diagonally

ukośnik _m_ (znak pisma) slash

ukośn|y _adi._ [1] (pochyły) _[linia, paski, po-wierzchnia]_ oblique, diagonal; _[promienie, belka, dach]_ slanting; **takie symbole jak kropki i ~e kreski** such symbols as dots and oblique strokes; **~e kieszenie** slant pockets [2] _[spojrzenie]_ (z boku) sidelong, sideways; (ukradkowe) furtive; **rzuciła na jego ubłocone buty ~e spojrzenie** (nie-chętne) she looked askance at his muddy shoes

ukracać _impf_ → **ukrócić**

ukradkiem _adv._ (niepostrzeżenie) _[spoglądać, obserwować, przemykać się]_ furtively; (w tajemnicy) _[spotykać się, podglądać, wejść]_ surreptitiously; **~ spojrzał na zegarek** surreptitiously a. furtively he looked at his watch

ukradkow|y _adi._ (niezauważony) _[spojrzenie, ruch, ziewnięcie]_ furtive; (potajemny) _[spotka-nie, romans, rozmowy]_ surreptitious

Ukrai|niec _m_, **~nka** _f_ Ukrainian

ukraińs|ki **II** _adi._ _[język, step, haft]_ Ukrain-ian

II _m sgt_ (język) Ukrainian; **mówić/rozu-mieć po ~ku** to speak/understand Ukrain-ian

ukrajać → **ukroić**

ukra|ść _pf_ (**~dnę, ~dniesz, ~dnie, ~dł, ~dła, ~dli**) _vt_ to steal; **~ść komuś książkę/samochód** to steal a book/car from sb, to steal sb's book/car; **~dziono mi rower** my bike has been stolen; **~dła mi pomysł na powieść/film** she stole my novel/film idea

ukrawać _impf_ → **ukroić**

ukręcać _impf_ → **ukręcić**[1]

ukrę|cić[1] _pf_ — **ukrę|cać** _impf_ **II** _vt_ (oderwać) to twist off _[guzik, nać, gałkę]_; **~cić łeb kurze/kotu** to wring a hen's/a cat's neck

II ukręcić się _[guzik]_ to come loose; _[kurek, rączka]_ to come off

■ **~cić czemuś głowę** a. **łeb** pot. to put a stop to sth pot. _[plotkom, dochodzeniu, spekulacjom]_; to kill sth; to knock sth on the head GB pot. _[planom, zamiarom, projek-towi]_; **całej sprawie ~cono łeb** the whole matter was hushed up; **jak nie zwrócisz mi książki, ~cę ci łeb** I'll wring your neck if you don't return my book

ukrę|cić[2] _pf_ **II** _vt_ [1] Kulin. (utrzeć) to mix (_to a smooth consistency_) _[żółtka, składniki]_; to cream _[masło]_; to make _[majonez, kogel-mogel]_; **~ciła sos z oliwy, octu i przy-praw** she made a dressing, stirring oil, vinegar, and spices into a smooth sauce ⇒ **kręcić** [2] (zrobić) to twist _[linę]_

II ukręcić się _[majonez, sos, krem]_ to become smooth

■ **~cić na siebie bicz** a. **bat** to make a rod for one's own back

ukr|oić, ukr|ajać _pf_ — **ukr|awać** _impf_ _vt_ to slice off _[kawałek]_; to cut _[kromkę]_;

~oił wszystkim (po kawałku) ciasta he cut a piece of cake for everyone

ukrop _m sgt_ (_G_ **~u**) boiling water; **smoczek sparzony ~em** a. **wyparzony w ~ie** a dummy sterilized in boiling water

■ **zwijać się** a. **uwijać się jak (mucha) w ~ie** to be rushed off one's feet pot.

ukrócać _impf_ → **ukrócić**

ukr|ócić _pf_ — **ukr|acać, ukr|ócać** _impf_ _vt_ [1] (ograniczyć) to curb _[inflację, przekupstwo, władzę]_; (przerwać) to put an end to, to suppress _[działalność, protesty, pogłoski]_ [2] (podporządkować sobie) to subdue _[rebelian-tów, krnąbrne dziecko]_

ukrusz|yć _pf_ **II** _vt_ (uszkodzić) to chip _[ząb, filiżankę]_; (odłupać) to break off _[kawałek, dziobek]_

II ukruszyć się (uszkodzić się) _[talerz, ząb]_ to chip; (odpaść) _[uszko, fragment]_ to break off; **~ył się szpic ołówka** the pencil point broke (off)

ukrwieni|e _n sgt_ Med. blood supply _C_ (**czegoś** to sth); **niedostateczne ~e serca/mózgu** an inadequate blood supply to the heart/brain

ukrwi|ony _adi._ Med. _[organ, tkanki]_ sup-plied with blood; **palce są słabo/dobrze ~one** the (blood) circulation in the fingers is poor/good

ukry|cie **II** _sv_ → **ukryć**

II _n_ (przed niebezpieczeństwem) cover _U_; (przed znalezieniem, odkryciem) concealment _U_, hiding place; (przed obcymi ludźmi) hideaway; **wypło-szyć zająca/bażanta z ~cia** to raise a hare/pheasant; **wydobyć biżuterię/listy z ~cia** to take the jewellery/letters out of the hiding place; **obserwować/strzelać z ~cia** to watch/shoot from concealment

■ **w ~ciu** (w tajemnicy) in secret; (będąc nieuchwytnym) in hiding; **często płakał/palił papierosy w ~ciu** he often cried/smoked cigarettes in secret; **spędził wiele lat w ~ciu** he spent many years in hiding; **z ~cia** (nieoficjalnie) secretly; (pozostając nie-uchwytnym) from one's hideaway; **kierował organizacją z ~cia** he secretly ran the organization; **po obaleniu tyrana opozy-cjoniści wyszli z ~cia** after the tyrant was overthrown, the dissidents came out of hiding

ukr|yć _pf_ — **ukr|ywać**[1] _impf_ (**~yję** — **~ywam**) **II** _vt_ [1] (schować) to hide (away) _[skarb, list, łupy]_; to hide, to harbour GB, to harbor US _[zbiega, przestępcę]_; (uczynić niewi-docznym) to conceal _[broń, przejście, łysinę, ciążę]_; **~ywała pamiętnik przed matką** she used to hide her diary from her mother; **fortuny ~yte na szwajcarskich kontach** fortunes tucked away in Swiss bank ac-counts; **~ył twarz w dłoniach i rozpłakał się** he hid his face in his hands and started to cry; **za ~ywanie złodzieja grozi kara więzienia** harbouring a thief is punishable by imprisonment [2] (zataić) to conceal, to hide _[informacje, prawdę, uczucia, zamiary]_; **rozglądać się/wypytywać z nieukrywa-ną ciekawością** to look around/ask ques-tions with unconcealed curiosity; **nie po-trafił ~yć swojego szczęścia/rozczaro-wania** he couldn't conceal a. hide his happiness/disappointment; **odchrząknął, by ~yć wzruszenie** he cleared his throat to conceal his emotion; **nie ~ywał, że go to interesuje** he made no effort to conceal his interest; **nie ~ywał, kim jest** he didn't conceal his identity ③ (zasłaniać) *[mgła, dym]* to hide; **księżyc ~yty za chmurami** the moon hidden behind the clouds

Ⅲ ukryć się — ukrywać się ① (schować się) *[dziecko, napastnik]* to hide (oneself); *[zbieg, poszukiwany]* to hide out; *[samotnik, zakochani]* to hide away; **~ywać się przed policją/wierzycielami** to hide out from the police/creditors; **~ywać się pod fałszywym/przybranym nazwiskiem** to live under a false/an assumed name; **przez całą wojnę ~ywała się** she spent the whole war in hiding; **popadł w kolizję z prawem i musiał się ~ywać** he ran afoul of the law and had to go into hiding ② (stać się niewidocznym) *[słońce, pejzaż, góry]* to be hidden a. concealed; **panorama miasta ~yła się we mgle** the town's skyline was hidden by a. in the fog

■ **nic się przed nim nie ~yje** there's no hiding anything from him; **nic się nie ~yje przed ludźmi** (the) truth will out przysł.; **nie da się ~yć, że...** there's no denying that...

ukry|ty Ⅱ *pp →* ukryć

Ⅲ *adi. [wada, skarb, uczucie, znaczenie]* hidden; *[przejście, przycisk, zamiar]* concealed; *[motyw, cel, przyczyna]* ulterior; *[talent, umiejętności, choroba]* latent; *[znaczenie, krytyka, groźba]* implicit, implied; **~ty dla oka** a. **wzroku** hidden from sight a. view; **~ta reklama** indirect advertising

ukrywać¹ *impf →* ukryć

ukr|ywać² *impf* Ⅱ *vt* (przysłaniać) *[mur, krzaki, wzgórza]* to conceal *[widok, ogród]*; (zawierać) *[ziemia, dom, ściany]* to hide *[tajemnice, skarby]*

Ⅲ ukrywać się (nie zdradzać się) **~ywał się ze swoimi myślami/uczuciami** he concealed his thoughts/feelings

■ **nie ma czego ~ywać** a. **co ~ywać** to be perfectly frank, if truth be told; **co tu ~ywać, chodziło tylko o pieniądze** truth to tell, it was all about money

ukrzyż|ować *pf vt* Hist. to crucify ⇒ krzyżować

ukształt|ować *pf* Ⅱ *vt* ① (uformować) to form, to shape *[przedmiot, rzeźbę terenu, materiał]*; (z plastycznej substancji) to mould GB, to mold US *[obiekt, materiał]*; **~ować roztopione szkło w kulę** to form a. mould molten glass into a ball, to form a. mould a ball from molten glass; **formy wapienne ~owane przez wodę** limestone forms shaped by water ⇒ kształtować ② (wywrzeć wpływ) to form, to shape *[osobowość, politykę, dzieciństwo, przyszłość]*; **okoliczności, które ~owały jego życie** circumstances that shaped his life ⇒ kształtować

Ⅲ ukształtować się ① (uformować się) *[materiał]* to form; *[przedmiot]* to be formed, to form; *[rzeźba terenu]* to be formed; **roztopiony wosk ~ował się w serce** the melted wax formed a heart (shape); **dolina ~owała się w okresie lodowcowym** the valley was formed during the Ice Age ⇒ kształtować się ② (nabrać cech) *[osobowość, poglądy, postawa]* to be formed

a. shaped a. moulded; **charakter chłopca ~ował się w domu dziadków** the boy's character was moulded at his grandparents' home ⇒ **kształtować się** ③ (osiągnąć poziom) *[wielkość, saldo]* to amount (**na poziomie czegoś** to sth); **frekwencja wyborcza ~owała się na poziomie 60 procent** the voter turnout amounted to 60 per cent ⇒ **kształtować się**

ukształtowa|nie *sv →* ukształtować

❑ **~nie terenu** Geog., Geol. landform features, the lie of the land GB, the lay of the land US

ukucn|ąć *pf* (**~ęła, ~ęli**) *vi* to squat (down)

uku|ć¹ *pf* — **uku|wać** *impf vt* (utworzyć) to coin *[termin, słowo, zwrot]*; to come up with *[żart, aforyzm, historyjkę, przezwisko, tytuł]*; **~ła dowcipne powiedzonko** she came up with a witty saying

uku|ć² *pf vt* przest. (wykuć z metalu) to work *[żelazo, stal]*; to forge *[kosę, zbroję, metal]*; **brama ~ta z żelaza** a wrought-iron gate ⇒ **kuć**

ukuwać *impf →* ukuć¹

ukwa|sić *pf* — **ukwa|szać** *impf* Ⅱ *vt* Kulin. to pickle *[ogórki, kapustę]*

Ⅲ ukwasić się — **ukwaszać się** Kulin. **grzyby/ogórki ~siły się** the pickled mushrooms/cucumbers are ready

ukwaszać *impf →* ukwasić

ukwia|ł *m* (*G* **~ła** a. **~łu**) Zool. sea anemone

ukwiecać *impf →* ukwiecić

ukwie|cić *pf* — **ukwie|cać** *impf vt* to decorate *[sth]* with flowers *[balkon, nagrobek]*

ukwiec|ony Ⅱ *pp →* ukwiecić

Ⅲ *adi. [trawnik, łąka, dolina]* dotted a. sprinkled with flowers; **polana ~ona koniczyną** a glade dotted a. sprinkled with clover

ul *m* ① (dla pszczół) beehive, hive ② pot. (więzienie) the slammer pot., the nick GB pot., the cooler US pot.

❑ **ul figuralny** *beehive in the form of a decorative wooden figure*

■ **tu huczy** a. **roi się jak w ulu** (panuje zgiełk) the place is a hive a. beehive of activity, the place is buzzing with activity; **w głowie szumiało jej jak w ulu** her head a. mind was buzzing with ideas; **na wieść o tym w pokoju zawrzało jak w ulu** when the news came, the room was abuzz

ul. (= ulica) Rd, St.

ul|ać *pf* — **ul|ewać** *impf* (**uleję** — **ulewam**) Ⅱ *vt* ① (odlać) to cast *[dzwon, figurkę]*; **posąg ulany ze spiżu** a statue cast in bronze ② pot. (zlać cieczy) to pour (off); **ulać trochę/nadmiar mleka z kubka** to pour a little/the excess of milk from the mug

Ⅲ ulać się — **ulewać się** ① (wylać się) *[woda, płyn]* to spill; **ulało się trochę herbaty z filiżanki** some tea spilled from the cup ② (zwrócić) **niemowlęciu się ulało** a baby burped pot.

■ **jak ulał** *[nadawać się, odpowiadać]* exactly, perfectly; to a T pot.; **garnitur leży** a. **pasuje jak ulał** the suit fits perfectly; the suit fits like a glove pot.

ulatniać się *impf →* ulotnić się

ulatywać *impf →* ulecieć

uląc się¹ → ulęgnąć się

uląc się² → ulęknąć się

ule|c, ule|gnąć *pf* — **ule|gać** *impf* (**~gnę, ~gniesz, ~gła, ~gł, ~gli — ~gam**) *vi* ① (poddać się) to surrender, to give in (**komuś** to sb); (w sporcie) to be defeated (**komuś** by sb); **~gli bez oporu** they surrendered without resistance; **nasza drużyna ~gła zespołowi Czech 0:2** our team lost to the Chech players 0-2; **nasz zespół ~gł zespołowi gospodarzy** our team was defeated by the home team a. lost to the home team ② (podporządkować się) to yield, to give in (**komuś/czemuś** to sb/sth); **~c czyjejś woli** to yield to sb's will; **rząd musi ~c naciskom ze strony rolników** the government has to give in to the pressure from the farmers ③ (poddać się działaniu) to surrender (**czemuś** to sth) *[uczuciom]*; to succumb (**czemuś** to sth) *[urokom, perswazji]*; to be overcome (**czemuś** by sth) *[silnym emocjom]*; **~c pokusie** to yield a. give in to temptation; **~gać wpływom kogoś/czegoś** to be influenced by sb/sth; **~gła złemu wpływowi nowych znajomych** her new friends were a bad influence (on her); **łatwo ~gam wzruszeniu** I'm easily moved; **łatwo ~ga nastrojom** he's/she's quite moody ④ (poddać się przemianie, procesowi) to undergo *vt*; **~c zagładzie** to be destroyed a. annihilated, to come to grief; **~c wypadkowi** to have a. meet with an accident; **~gać halucynacjom** a. **przywidzeniom** to have hallucinations, to hallucinate; **~gam wrażeniu, że...** I'm under the impression that...; **nasze uczucia nie ~gły zmianie** our feelings haven't changed; **ceny/taryfy mogą ulec zmianie** prices/rates are a. may be subject to change; **jej nastroje ~gają gwałtownym zwrotom** she has a. undergoes extreme mood swings; **on ~ga czasem napadom złości/stanom przygnębienia** he sometimes has bouts of anger/depression, he is sometimes subject to bouts of anger/depression ⑤ (oddać się) *[kobieta]* to go to bed (**komuś** with sb)

■ **nie ~ga wątpliwości** a. **kwestii, że...** there is no doubt that..., it is beyond a. without question that...

ul|ecieć *pf* — **ul|atywać, ul|atać** *impf* (**ulecisz, uleciał, ulecieli — ulatuję**) *vi* ① (odlecieć) *[owad, ptak]* to fly away; to take wing książk.; *[dym]* to rise, to drift up; *[mgła]* to lift; **baloniki uleciały w niebo** balloons drifted up into the sky ② (ulotnić się) *[zapach, woń]* to waft; **z filiżanek/baru ulatywała woń kawy** the smell of coffee wafted from the cups/the bar; **z balona uleciało powietrze** air escaped from the balloon, the balloon deflated ③ (zaniknąć) *[zmęczenie, uczucie, nastrój, troski]* to fade (away), to evaporate; **ulecieć komuś z pamięci** *[wspomnienia, wydarzenia]* to fade from sb's memory; *[nazwisko, termin, spotkanie]* to slip sb's mind; **cały ich zapał do pracy uleciał** all their enthusiasm for the work evaporated

uleczać *impf →* uleczyć

uleczalnoś|ć *f sgt* cure rate *C*, curability; **zwiększyła się ~ć gruźlicy** the cure rate for tuberculosis has improved a. increased

U

uleczaln|y adi. [choroba, nowotwór] curable, treatable

uleczy|ć pf — **ulecza|ć** impf **[]** vt 1 (przywrócić zdrowie) to cure [osobę, chorobę]; to heal [ranę]; ~**ono go z gruźlicy** he was cured of TB 2 (przywrócić do normalnego stanu) to clear up [problemy]; to heal, to repair [stosunki, relacje]; to relieve [udrękę, rozpacz] 3 (pomóc pozbyć się) to cure przen.; ~**yć kogoś z zarozumiałości** to cure sb of their self-importance

[] **uleczyć się** — **uleczać się** (pozbyć się) to cure oneself przen. (**z czegoś** of sth); ~**ył się z zazdrości** he cured himself of jealousy

ulegać impf → **ulec**

ulegle adv. grad. (bez protestu) [przyjmować, postępować, służyć] submissively, obediently; [przytakiwać] compliantly, acquiescently; ~ **wykonał polecenie** he obediently carried out the task

uległoś|ć f sgt (podporządkowanie się) submissiveness (**wobec kogoś** to(ward) sb); acquiescence (**czemuś** to sth); (brak stanowczości) subservience (**wobec kogoś/czegoś** to(ward) sb); docility (**wobec kogoś/czegoś** to(ward) sb/sth); **odznaczał się ~cią wobec przełożonych** he was very submissive toward his superiors; **z bezwolną ~cią znosiła przytyki męża** she docilely endured her husband's cutting remarks; **karami i krzykiem zmusił ją do ~ci** he bullied her into submissiveness

uległ|y adi. grad. 1 (posłuszny) submissive, obedient; (potulny) docile; (dający sobą powodować) tractable; **był ~ły wobec rodziców** he was submissive to his parents; **on potrzebuje łagodnej i ~łej żony** he needs a meek and submissive wife 2 (wyrażający posłuszeństwo) [spojrzenie, zachowanie] submissive

ulegnąć → **ulec**

ulen|a f Bot. (drzewo) Oullins (golden) gage plum tree, Reine Claude d'Oullins plum tree; (owoc) Oullins (golden) gage plum

ulep|ek m (G ~**ku**) pot. (napój) sickly sweet a. syrupy drink; (herbata) sickly sweet a. oversweet tea

ulep|ić pf vt to form, to model; ~**ić coś z gliny/ze śniegu** to make sth from clay/snow; **figurki ~ione z plasteliny** figures modelled in plasticine, plasticine figures; ~**my bałwana** let's make a snowman ⇒ **lepić**

ulepszać impf → **ulepszyć**

ulepsze|nie [] sv → **ulepszyć**

[] n (poprawka) improvement; (zmiana) modification; ~**nia w komunikacji miejskiej** improvements in city transport; **robot kuchenny z ~niami** an improved food processor; **wprowadziliśmy** a. **przeprowadziliśmy ~nia w funkcjonowaniu biura** we introduced some improvements to the functioning of the office

ulepsz|yć pf — **ulepsz|ać** impf vt (poprawić) to improve [system, konstrukcję, metodę, wydajność]; to amend [glebę]; (unowocześnić) to upgrade, to uprate [urządzenie, sprzęt]; (zmienić) to modify [wersję, model, strategię]; **zespół ~ył projekt** the team improved/modified the design

ulew|a f 1 (deszcz) downpour (of rain); **zaskoczyła nas gwałtowna ~a** we were caught in a sudden downpour 2 książk. (duża ilość) flood; ~**a słonecznego blasku** a flood of sunlight

ulewać impf → **ulać**

ulewn|y adi. [deszcz] torrential, pouring, heavy

uleż|eć pf (~**ysz**, ~**ał**, ~**eli**) **[]** vi (dłużej leżeć) **przejęty wyjazdem, nie mógł spokojnie ~eć** he was too excited by the trip to stay in bed

[] **uleżeć się** 1 (zbić się w masę) [ziemia, słoma, pierze] to settle 2 (dojrzeć) [owoce] to ripen 3 (ułożyć się) [sytuacja, kłopoty] to settle down; **sprawy szybko się ~ą** the dust will settle quickly przen.

uleżał|ka f Bot. (owoc) snow pear

■ **przebierać w kimś/w czymś jak w ~kach** to take one's sweet time (about) deciding on sth a. choosing sth/sb

ul|ęgnąć się, ul|ąc się[1] pf — **ul|ęgać się** impf (**ulągł się** a. **ulęgnął się, ulęgła się** — **ulęga się**) v refl. 1 (wykluć się) [ptak, pisklę] to hatch; [owad] to emerge 2 pejor. (powstać) [plan, zamiar] **same głupie pomysły ulęgają mu się w głowie** every idea he comes up with is stupid 3 (stać się przejrzałym) [owoc] to become overripe

ul|ęknąć się, ul|ąc się[2] pf impf (**uląkł się**) v refl. książk. (nagle się przestraszyć) to take fright książk. (**czegoś** at sth); (doznać obawy) to be daunted książk. (**czegoś** by sth); **nie ulękł się przeciwnika** he showed no fear of his opponent

ul|ga f 1 sgt (odprężenie) relief; **poczuć ulgę** to feel relief, to be a. feel relieved; **lekarstwo przyniosło ulgę** the medicine brought relief; **odetchnęła z ulgą** she breathed a sigh of relief; **nie doznawał ulgi w cierpieniu** nothing could relieve his suffering; **co za ulga widzieć cię zdrowym** what a relief to see you healthy 2 Ekon. (niższa cena) (price) concession, reduction US; (niższa stawka) concession; **ulgi dla kombatantów/studentów** concessions for war veterans/students 3 Podat. (odliczenie) tax relief, tax deduction US; (kwota wolna od podatku) tax allowance; (niższa stawka) concession

■ **potraktować kogoś ~** pot. (pobłażliwie) to be a. go easy on sb pot.

ulgow|y adi. 1 [stawka, opłata, cena] concessionary, concessional GB, reduced; ~**e bilety kolejowe dla studentów/kombatantów** concessionary rail fares for students/veterans 2 (specjalny) [traktowanie, warunki] preferential 3 (niewyczerpujący) [czas, sezon, sposób] easy; [gra, wysiłek] half-hearted

■ **taryfa ~a** preferential treatment; **zastosowano wobec niego taryfę ~ą** he was given preferential treatment

ulic|a f 1 (droga) street, road; **główna ~a miasta** the town's high street GB, the town's main street a. road; **na rogu ~y** on the corner (of a street); **wylot ~y** the end a. beginning of a street; **restauracja po drugiej** a. **przeciwnej stronie ~y** a restaurant across the street; **pokoje/okna od ~y** rooms/windows overlooking the street; **przechodzić przez ~ę** to cross a street a. road; **mieszkać na** a. **przy cichej/bocznej ~y** to live in a. on a quiet/side street; **jechaliśmy/szliśmy zatłoczoną ~ą** we drove/walked along a crowded street a. road 2 (mieszkańcy, przechodnie) the (whole) street, everybody on the street; (społeczność) the people pl; **cała ~a wiedziała o ich romansie** the whole street knew about their love affair; ~**a wymierzyła mu karę** the people meted out his punishment

■ **człowiek (prosto) z ~y** total a. complete stranger; **dziecko ~y** (bezdomne) street kid; guttersnipe pejor.; **leżeć na ~y** [władza, praca] to be there for the asking a. taking; [bogactwa, pomysły] to grow on trees pot.; **myśleli, że pieniądze leżą tam na ~y** they thought the streets there were paved with gold; **pieniądze nie leżą na ~y** money doesn't grow on trees; ~**a go/mnie wychowała** he/I grew up a. was raised on the street(s); **wyjść na ~ę** [demonstranci, strajkujący] to take to the streets; **wypchnąć** a. **wygnać kogoś na ~ę** (zmusić do prostytucji) to force sb to walk the streets; **nędza wygnała ją na ~ę** poverty forced her to walk the streets; **wyrzucić kogoś na ~ę** (pozbawić mieszkania, utrzymania) to turn sb out (of the house a. on the street), to throw sb out; (pozbawić pracy) to sack sb GB pot., to fire sb pot.

uliczk|a f dem. (small) street; **kręta ~ka** a winding street; **zaparkować w bocznej ~ce** to park in a small side street

■ **nie móc wyjść ze ślepej ~ki** to be in a dead-end situation; **zapędzić kogoś w ślepą ~kę** to back sb into a corner

ulicznic|a f 1 przest., obraźl. (prostytutka) streetwalker 2 przest., obraźl. (rozpustnica) tart pot., pejor.; slut obraźl.

uliczni|k m (Npl ~**cy** a. ~**ki**) przest. gamin przest.; street urchin

uliczn|y adi. 1 [latarnia, teatr, bójka, sprzedawca] street attr.; ~**y artysta** a street entertainer, a busker; **korek ~y** a traffic jam; **ruch ~y** traffic; **handel ~y** street commerce 2 (pospolity) [język, wyrażenie, słownictwo] vulgar, crude

ulistni|ony adi. Bot. [pęd, roślina] leaved; **skąpo ~one drzewa** sparsely leaved trees

ulit|ować się pf v refl. to take pity (**nad kimś** on sb); **tak go błagała, że w końcu się nad nią ~ował** she pleaded with him so hard that he finally took pity on her ⇒ **litować się**

uli|zać pf (~**żę**) **[]** vt 1 (przygładzić) to slick down; to smarm down GB pot. [włosy, kosmyki] 2 (zlizać) to lick; ~**zać trochę kremu** to lick some cream ⇒ **lizać**

[] **ulizać się** to slick down; to smarm down one's hair GB pot.

ulizan|y [] pp → **ulizać**

[] adi. [włosy, grzywka, fryzura] slicked-down attr.; **ten ~y blondyn** the fair boy with slicked-down hair

ulok|ować *pf* **U** *vt* książk. [1] (na nocleg) to put [sb] up; (znaleźć mieszkanie) to find lodgings a. accommodation for; **~ować kogoś w hotelu/pokoju gościnnym** to put sb up at a hotel/in the guest room; **powodzian ~owano u krewnych** flood victims were taken in by their relatives ⇒ **lokować** [2] (położyć) to put, to place *[krzesło, walizkę, roślinę]*; (usytuować) to locate, to situate *[bibliotekę, biuro, bar]*; **hotel ~owany w centrum mista** a centrally located hotel; **restaurację ~owano a. restauracja jest ~owana na parterze** the restaurant is located a. situated on the ground floor ⇒ **lokować** [3] Ekon., Fin. (zdeponować) to deposit; (wyłożyć) to invest *[pieniądze, kwotę, zyski]*; **~ować oszczędności w banku/na koncie** to deposit one's savings in a bank/in an account; **~ować pieniądze w złocie/akcjach** to invest (one's money) in gold/shares ⇒ **lokować** [4] (pokładać) **~ować w kimś swoje nadzieje** to place a. put one's hope(s) in sb; **~owała w synu wielkie ambicje** she had great ambitions for her son; **nie ~owała w nim żadnych głębszych uczuć** she developed no deeper feelings for him ⇒ **lokować**
III ulokować się książk. [1] (zamieszkać) to stay, to put up; (zająć miejsce) to position oneself; **~owaliśmy się w Hotelu Grand** we put up at the Grand Hotel; **~owała się wygodnie na fotelu** she settled herself comfortably in an armchair ⇒ **lokować się** [2] (umiejscowić się) *[instytucja, obiekt]* to be situated, to be located; **w odnowionym dworku ~ował się hotel** a hotel is situated in a renovated manor house

ulot|ka *f* (informacyjna, reklamowa) leaflet; (promująca produkt, imprezę) flyer, flier; (wręczana) handbill; **~ki wzywające do strajku/na temat szkodliwości palenia tytoniu** leaflets calling for a strike/on the dangers of smoking; **rozprowadzać a. kolportować ~ki informacyjne/reklamowe** to distribute information(al)/promotional leaflets; **z samolotu zrzucono ~ki propagandowe** propaganda leaflets were airdropped

ulotkow|y *adi.* **akcja ~a** leafleting; **prowadzić akcję ~ą wśród emerytów/na uniwersytetach** to distribute leaflets to old-age pensioners/on university campuses

ul|otnić się *pf* — **ul|atniać się** *impf v refl.* [1] (wydobyć się) *[gaz, ciepło]* to leak, to escape; *[zapach, woń]* to waft; **z palnika ulatniał się gaz** gas was leaking from a burner [2] (zniknąć) *[perfumy, spirytus, zapach]* to evaporate; *[zapach, smród]* to vanish, to disappear [3] pot. (oddalić się) *[osoba, pojazd]* to take off pot.; (zapodziać się) *[przedmiot]* to vanish, to go missing; **złodziej ulotnił się z moją torebką** a thief made off with my handbag pot.; **ulotnił się jak kamfora** he vanished into thin air; **z kasy ulotniła się cała gotówka** all the cash has vanished from the cash register [4] pot. (ulecieć) *[nastrój, humor, uczucie]* to evaporate

ulotnie *adv.* (nietrwale) *[piękny, zauroczony]* fleetingly; (słabo) *[cierpki, mglisty]* faintly

ulotnoś|ć *f sgt* (krótkotrwałość) transience, fleeting a. transitory nature; **~ć uczuć** the transitory nature of emotions; **~ć chwili** the transience of the moment

ulotn|y *adi.* [1] (w powietrzu) *[woń, mgła]* light [2] (ukazujący się nieregularnie) *[publikacja, druki, wiersze]* occasional [3] (przemijający) *[chwila, widok, młodość]* fleeting; *[związek, uczucie]* transitory; ephemeral książk.; *[myśl, sen, wspomnienie]* fleeting, elusive; **~a pamięć** Komput. temporary memory; **taniec to ~a sztuka** dancing is an ephemeral art

ultimatum *n inv.* [1] Polit. ultimatum; **postawić ~** a. issue a. deliver an ultimatum; **przyjąć/odrzucić ~** to accept/reject an ultimatum [2] pot., żart. ultimatum; **postawiła mu ~** she gave him an ultimatum

ultra- *w wyrazach złożonych* ultra-; **ultramikroskop** an ultramicroscope

ultraczu|ły *adi.* *[urządzenie, film]* ultrasensitive

ultradźwięk *m* (*G* **~u**) Fiz. ultrasound *U*

ultradźwiękow|y *adi.* Fiz. *[fala, częstotliwość]* ultrasonic; *[fale, sonda, badanie]* ultrasound *attr.*

ultrafiole|t *m sgt* (*G* **~tu**) Fiz. ultraviolet

ultrafioletow|y *adi.* Fiz. *[promieniowanie]* ultraviolet

ultrakrót|ki *adi.* Fiz. *[fale]* ultrashort

ultramaryn|a *f sgt* (farba, kolor) ultramarine

ultramarynow|y *adi.* *[kolor, niebo, barwnik]* ultramarine *attr.*

ultranowoczesnoś|ć *f sgt* ultra-modern character

ultranowoczesn|y *adi.* *[wyposażenie, architektura, metody]* ultra-modern

ultranowocześnie *adv.* *[projektować, tworzyć, budować]* in an ultra-modern way; **~ wyposażony gabinet** a surgery fitted with ultra-modern equipment

ultrasonograf *m* (*G* **~u**) Med., Techn. ultrasound scanner

ultrasonografi|a *f* (*GD* **~i**) Med. [1] *sgt* (metoda diagnostyki) ultrasonography [2] (badanie) ultrasound (scan); (wynik) sonogram

ultrasonograficzn|y *adi.* Med. *[badanie, aparatura]* ultrasound *attr.*

ultymatywnie *adv.* książk. *[przedstawić]* as an ultimatum, in the form of an ultimatum

ultymatywn|y *adi.* książk. in the form of an ultimatum

ulubie|niec *m*, **~nica** *f* (osoba) favourite GB, favorite US, darling; (zwierzę) pet; **~ńcy czytelników** the readers' favourites

ulubi|ony *adi. grad.* *[artysta, utwór, kolor]* favourite GB, favorite US; *[temat, pomysł]* pet *attr.*; **to mój najulubieńszy zespół** it's my favourite band

ulula|ć *pf* **U** *vt* [1] pot. (uśpić) to lull [sb] to sleep [2] pot., żart. (upić) to get [sb] plastered pot.
III ululać się pot., żart. to get plastered pot.; **~ł się do nieprzytomności** he drank himself senseless

ulż|yć *pf vi* [1] (zmniejszyć ciężar) **~yć komuś** to lighten sb's load; **chcąc ~yć koniom, zszedł z wozu** he got out of the wagon to lighten the horses' load; **~ył jej, odbierając od niej część bagażu** he relieved her of some of the luggage she was carrying [2] (złagodzić ból, niepokój) to relieve *vt*, to alleviate *vt*; **to z pewnością ~y twoim cierpieniom** this will surely alleviate your suffering; **chciał ~yć sierotom** a. **doli**

sierot he wanted to alleviate the plight of orphans; **zwymiotowałem i trochę mi ~yło** I felt a bit better after I threw up; **~y mi w pracy, jeżeli...** it'll make my work easier if... [3] (poprawić samopoczucie) to be a relief; **~yło mi, kiedy wyznałem prawdę** I felt better once I'd confessed; **to ~yło jego sumieniu** it eased his conscience
■ **~yć sobie** euf. (załatwić się) to relieve oneself euf.; (wyrazić żale) to let off a. blow off steam pot.; **~ył sobie pod adresem szefa** he let the boss have a piece of his mind; **~yło mi/nam (na sercu)** pot. I was/we were a. I/we felt relieved

ułacać *impf* → **uładzić**

uła|dzić *pf* — **uła|dzać** *impf* **U** *vt* książk. (przygładzić) to smooth *[włosy, obrus]*; (uporządkować) to spruce up *[wygląd, powierzchność]*; to put [sth] in order, to put a. set [sth] to rights *[życie, świat]*; **dziewczynki o starannie/idealnie ~dzonym wyglądzie** well/perfectly groomed girls; **musisz ~dzić swoje sprawy** you have to put your affairs in order
III uładzić się — **uładzać się** książk. [1] (pogodzić się) to come to a. reach an agreement; **szybko się ze sobą ~dzili** they quickly reached an agreement [2] (uporać się) to manage to finish (**z czymś** sth)

ułagadzać *impf* → **ułagodzić**

ułag|odzić *pf* — **ułag|adzać** *impf* **U** *vt* książk. [1] (złagodzić) to appease *[gniew, zdenerwowanie]*; to alleviate *[ból, cierpienie, niepokój]* [2] (udobruchać) to placate, to mollify; (spełniając żądania) to appease; **~odziła córkę obietnicami** she placated her daughter with promises
III ułagodzić się — **ułagadzać się** książk. [1] (uspokoić się) *[morze, nastrój, osoba]* to grow calm [2] (udobruchać się) to be placated a. mollified

ułam|ać *pf* — **ułam|ywać** *impf* (**~ię** — **~uje**) **U** *vt* to break off *[gałązkę, kawałek]*; **~ał trochę chleba** he broke off a bit of bread
III ułamać się — **ułamywać się** *[gałąź, rączka]* to break (off); **~ał mi się ząb** one of my teeth broke

ułam|ek *m* [1] Mat. fraction [2] (odrobina, część) fraction, fragment; **~ki rozmowy/informacji** fragments of the conversation/of information; **przez ~ek sekundy** for a fraction of a second, for a split second; **kupić coś za ~ek ceny (czegoś)** to buy sth for a fraction of the cost (of sth) [3] (odłamana część) piece, fragment; **~ki szkła/opłatka** pieces a. fragments of glass/of a wafer
❏ **~ek algebraiczny** Mat. algebraic fraction; **~ek dziesiętny** Mat. decimal (fraction); **~ek niewłaściwy** Mat. improper fraction; **~ek okresowy** Mat. circulating decimal, recurring a. repeating decimal; **~ek piętrowy** Mat. complex fraction; **~ek właściwy** Mat. proper fraction; **~ek zwykły** Mat. common a. simple fraction, vulgar fraction

ułamkowo *adv.* książk. *[znać, przedstawiony]* incompletely

ułamkowoś|ć *f sgt* książk. fragmentary nature a. character

U

ułamkow|y _adi_ [1] Mat. fractional [2] książk. (niekompletny) [informacja, opis, wiedza] fragmentary

ułamywać _impf_ → ułamać

ułan _m_ Hist., Wojsk. uhlan, lancer

ułańs|ki _adi._ of uhlans, of lancers; [kurtka, czako] uhlan's, lancer's

■ ~ka fantazja bravado

ułaskawiać _impf_ → ułaskawić

ułaskaw|ić _pf_ — **ułaskaw|iać** _impf vt_ Prawo to pardon; ~ić skazańca to pardon a convict; został ~iony w ostatniej chwili he was pardoned at the last minute, he received a last-minute pardon

ułaskawie|nie Ⅱ _sv_ → ułaskawić

Ⅲ _n_ Prawo (free) pardon, reprieve; wystąpić o ~nie to ask for pardon; otrzymać ~nie to be granted a pardon; prezydent podpisał ~nie the president signed the reprieve

ułatwiać _impf_ → ułatwić

ułatw|ić _pf_ — **ułatw|iać** _impf vt_ to facilitate, to ease [rozwój, przejście, komunikację, zmiany]; to expedite, to facilitate [naukę, zadanie]; nieśmiałość nie ~iała mu życia his shyness did not make life easier for him; komputery ~iają pracę computers make one's work easier; picie zielonej herbaty ~ia odchudzanie drinking green tea is helpful in losing weight; dobre wykształcenie ~ia start życiowy a good education helps getting a good start in life

ułatwie|nie Ⅱ _sv_ → ułatwić

Ⅲ _n_ facilitation _U_; komputer to duże ~nie w pracy a computer facilitates work a lot; dla ~nia transportu wyjęto płótna z ram to facilitate their transport, the paintings were taken out of their frames; wprowadzić kilka ~ń w pracy to introduce a few changes to make work easier

ułom|ek _m_ [1] (odłamek) bit, piece; ~ek chleba a bit of bread; ~ek kamienia a shard of rock [2] przen. (fragment) fragment

■ nie ~ek z niego he's no weakling

ułomnoś|ć _f_ książk. [1] _sgt_ (kalectwo) disability; cierpieć na ~ć słuchu to be hearing-impaired [2] _sgt_ (niedoskonałość) deficiency, imperfection; ~ć natury ludzkiej the flaws of human nature [3] _zw. pl_ (wada) weakness, fault; liczne ~ci jego wcześniejszych utworów the manifold weaknesses of his earlier work; pobłażał ~ciom ludzkim he was indulgent towards human faults

ułomn|y Ⅱ _adi. grad._ [1] (kaleki) disabled [2] (niedoskonały) imperfect; jestem tylko ~ym człowiekiem I'm only an imperfect human being

Ⅲ **ułomn|y** _m_, ~a _f_ disabled person; ułatwienia dla ~ych facilities for the disabled

ułoż|ony Ⅱ _pp_ → ułożyć

Ⅲ _adi._ pot. [1] (dobrze wychowany) well-behaved, well-mannered [2] (leżący) byłem już wygodnie ~ony w łóżku, gdy ktoś zadzwonił do drzwi I was lying comfortably in my bed when the doorbell rang

u|łożyć _pf_ — **u|kładać** _impf_ Ⅱ _vt_ [1] (uporządkować) to arrange; układać rzeczy w walizce to arrange things in a suitcase; układać coś rzędami to arrange sth in

rows; układać jedno na drugim to stack up, to pile up; ułożyć alfabetycznie to alphabetize [2] (utworzyć całość) to complete; ułożyć układankę to complete a. finish a puzzle; układać bukiet w wazonie to arrange flowers in a vase; ułożyć stos z cegieł to make a pile a. stack of bricks; ułożyć siano w kopy to stack hay; układać podłogę z desek to lay the floor with boards; w nowym domu ułożą im glazurę w każdej łazience they are having tiles put down in every bathroom in their new house [3] przen. (uformować) to arrange; ułożyć firankę/tkaninę w fałdy to arrange a curtain/cloth in folds; układać sobie włosy to do one's hair [4] (położyć) to lay, to put; rannych ułożyli na noszach the injured were laid on stretchers; ułożyła dzieci w łóżkach a. spać a. do snu she put the children to bed a. to sleep [5] (stworzyć) to make up, to write; ułożyć wierszyk/mowę to make up a rhyme/a speech; układać scenariusze do filmów to write film scripts; ułożyć melodię do słów poety to compose a melody to a poem; w grze w scrabble'a należy z liter ułożyć wyrazy in Scrabble you form words from letters [6] (uzgodnić) układać plany na przyszłość to make plans for the future; cała rzecz była z góry ułożona it was all prearranged; ułożyli między sobą sposób postępowania they agreed the procedure among themselves; rząd układa budżet, a potem go realizuje the government draws up a budget and then implements it; układać jadłospis na przyjęcie to plan a menu for the party [7] (przyuczyć) to break in, to school [konia]; to train [psa]; (do gry na instrumencie) to accustom [ręce, palce]

Ⅲ **ułożyć się** — **układać się** [1] (kłaść się) to lie down; układać się do snu to lie down to sleep; ułożyć się wygodnie na leżaku to make oneself comfortable in a deckchair [2] (kształtować się) suknia układa się w miękkie fałdy the dress falls into soft folds; włosy układają mu się w loki his hair curls; ten płaszcz doskonale się na tobie układa this coat fits you perfectly [3] (przebiegać) nasze stosunki z sąsiadami układały się dobrze we got on well with the neighbours; sprawy nie ułożyły się pomyślnie things did not turn out well; od tamtej pory moje życie zaczęło układać się inaczej since then my life has taken a different course [4] (ustalać) to negotiate; układać się z nieprzyjacielem w sprawie zawarcia rozejmu to negotiate an armistice with the enemy; układać się z kontrahentem o cenę to negotiate a price with a contractor

■ pozwól, że sama ułożę sobie życie let me live my own life; no, młody człowieku, już czas ułożyć sobie życie well, young man, it's high time to settle down

ułu|da _f_ książk. delusion, illusion; on żyje ~dą, że ona kiedyś za niego wyjdzie he labours under the delusion that one day she will marry him; miłość i przyjaźń okazały się ~dą love and friendship have turned out to be but an illusion

umacniać _impf_ → umocnić

uma|ić _pf_ — **uma|jać** _impf_ Ⅱ _vt_ książk. (ozdobić) to adorn [sth] with verdure a. flowers; przygotowania do święta zaczęliśmy od ~jenia ulic we began the preparations for the holiday by decorating the streets with verdure; łąki ~jone kwiatami przen. meadows covered with flowers

Ⅲ **umaić się** — **umajać się** książk. to be carpeted a. covered (czymś with sth); grządki w ogródku ~iły się kwiatami przen. the garden beds were carpeted with flowers

umajać _impf_ → umaiać

umal|ować _pf_ Ⅱ _vt_ to make up; już wszystkie aktorki zostały ~owane przez charakteryzatora all of the actresses have been done up by the make-up artist; już idę, tylko sobie ~uję usta I'm coming, I'll just put some lipstick on; ~owała oczy niebieskim cieniem she made up her eyes with blue eyeshadow ⇒ malować

Ⅲ **umalować się** to make oneself up; ~owałaś się chyba zbyt wyzywająco don't you think you've made yourself up a little too provocatively ⇒ malować się

umarlak _m_ (_Npl_ ~i) pot., żart. stiff pot.

umar|ły Ⅱ _adi._ dead; mam cię przywieźć żywego lub ~łego I've got to bring you in dead or alive; uznali cię za ~łego they gave you up for dead; miasto wygląda jak ~łe, cisza i pustka this city looks dead – just silence and emptiness

Ⅲ **umar|ły** _m_, ~ła _f_ a dead person, the deceased; ~li the dead; modlitwa za ~łych a prayer for the dead; ostatnie słowa ~ego ciągle dźwięczały mu w uszach the last words of the deceased kept ringing in his ears

■ tak głośno, że ~łego by obudził a. na nogi postawił loud enough to wake (up) the dead

umartwiać _impf_ → umartwić

umartw|ić _pf_ — **umartw|iać** _impf_ Ⅱ _vt_ to mortify; ~ić ciało biczowaniem to mortify one's body through flagellation

Ⅲ **umartwić się** — **umartwiać się** to mortify oneself; ludzie ~iają się postem przed Świętami Wielkanocnymi before Easter people mortify themselves by fasting

umarzać _impf_ → umorzyć

umasawiać _impf_ → umasowić

umas|owić _pf_ — **umas|awiać** _impf_ Ⅱ _vt_ to spread [sth] among the masses, to popularize; ~owić czytelnictwo to make reading popular among the masses; ~awiać korzystanie z Internetu to make the Internet widely available

Ⅲ **umasowić się** — **umasawiać się** [sztuka, inicjatywa, ruch, trend] to become universally known a. popular

umaszczeni|e _n sgt_ colour GB, color US, colouring GB, coloring US; króliki o białym ~u white rabbits

umaszcz|ony _adi._ Zool. jechał na biało ~onym koniu he was riding a white-coloured GB a. white-colored US horse; czarno ~ony pies a black dog

umawiać _impf_ → umówić

uma|zać _pf_ (~żę) Ⅱ _vt_ to smear, to soil; ~zał sobie ręce atramentem he stained his hands with ink; **czyszcząc komin, ~zał sobie twarz sadzą** he soiled his face with soot while cleaning the chimney ⇒ **mazać**

II umazać się to get soiled; **cały ~zał się smarem** he got all smeared with grease; **~zał się błotem od stóp do głów** he muddied himself from head to toe; **podczas malowania obrazka ~zał się farbą** he got paint all over himself while painting a picture ⇒ **mazać się**

umebl|ować pf **II** vt to furnish [dom, mieszkanie, pokój, kuchnię]; **~ował gabinet antykami** he furnished his study with antiques ⇒ **meblować**

II umeblować się to furnish one's house/flat; **po roku ~owali się do końca** they finished furnishing their home after a year ⇒ **meblować się**

■ **mieć głowę dobrze ~owaną** pot. to be level-headed

umeblowani|e II sv → **umeblować**

II n sgt furniture, furnishings; **całe ~e pokoju stanowił stół i dwa krzesła** a table and two chairs made up the room's entire furnishings; **wynajął sobie mieszkanie w centrum miasta, z pełnym ~em** he has rented a fully furnished flat in the town centre

umeblowan|y II pp → **umeblować**

II adi. furnished; **mieszkanie było już kompletnie ~e** the flat was fully furnished; **skromnie ~y pokój** a modestly furnished room; **tyle czasu minęło od przeprowadzki, a oni ciągle nie są ~owani** so much time has passed since they moved and they still haven't furnished it

umęcz|ony II pp → **umęczyć**

II adi. książk. exhausted, tired out; **wracał z pracy strasznie ~ony i zasypiał kamiennym snem** he came back from work exhausted and fell fast asleep; **~one nerwy** strained nerves; **~ona twarz** a tired face

umęcz|yć pf **II** vt książk. **1** (doprowadzić do śmierci) to martyr, to torture [sb] to death; **Jezus Chrystus został ~ony przez ludzi i umarł na krzyżu** Jesus Christ was martyred by people and died on the cross; **zginął ~ony w hitlerowskim więzieniu** he was tortured to death in a Nazi prison ⇒ **męczyć** **2** (wyczerpać) to exhaust, to tire out; **strasznie mnie ~ył tym swoim gadaniem** he exhausted me with that constant chattering of his; **jest ~ona ciągłym pielęgnowaniem ojca** she's tired out (with) having to take constant care of her father; **była ~ona ciągłym stresem** she was exhausted by continued stress ⇒ **męczyć**

II umęczyć się książk. to be exhausted a. tired out; **~yłam się sprzątaniem całego domu** I've cleaned the whole house and now I'm exhausted; **strasznie się ~yłam podczas tego wyjazdu** that trip has completely worn me out ⇒ **męczyć się**

umia|r m sgt (G ~ru) książk. moderation, temperance; **z ~rem** in moderation; **pij z ~rem, żebyś się znowu nie upił** drink in moderation so you don't get drunk again; **to ugrupowanie opowiada się za ~rem w każdej dziedzinie życia** that group ad-

vocates temperance in all spheres of life; **zupełnie stracił ~r w wydawaniu pieniędzy** he's been spending money without restraint; **nigdy nie miał a. nie zachowywał ~ru w jedzeniu** he never knew when to stop eating

umiarkowani|e II n sgt książk. moderation; **~e w jedzeniu i piciu** moderation in eating and drinking

II adv. **1** książk. (w miarę) [pić, palić, opalać się] in moderation **2** (trochę) moderately; **klimat był ~e ciepły** the climate was moderately warm; **gleba jest ~e wilgotna** the soil is moderately damp; **„podoba ci się ta dziewczyna?" – „~e"** 'do you fancy that girl?' – 'so-so'

umiarkowan|y adi. książk. **1** (powściągliwy) [osoba, styl, ton wypowiedzi] restrained; **wypowiedział się w sposób ~y** his comments were very restrained **2** (średni) [cena, poglądy, warunki pogodowe] moderate; **klimat ~y** a moderate climate **3** (o poglądach) moderate; **partie ~e i radykalne** moderate and radical parties; **partia ~ej prawicy** a moderate right-wing party; **przejawiał ~y optymizm** he showed moderate optimism

umi|eć impf (**~em, ~ał, ~eli**) vi **1** (nauczyć się) to know; **~ał wiersz na pamięć** he knew the poem by heart; **nic nie ~em z matematyki** I don't know anything in math **2** (być w stanie) **nie ~em zasnąć bez środków nasennych** I can't fall asleep without sleeping pills **3** (potrafić) **~ał mówić po francusku** he knew how to speak French; **~esz naprawić suszarkę do włosów?** do you know how to repair a hairdryer?; **nie ~em tańczyć/pływać** I can't dance/swim; **nie ~esz kłamać** you don't know how to tell a lie; **~ał być stanowczy** he could be firm; **nigdy nie ~ała odmawiać pomocy** she's never been able to refuse help

■ **~eć się ubrać** pot. to be a stylish dresser, to have a good taste in clothes; **pokazać, co się ~e** pot. to show what one's worth; **~eć coś jak pacierz** pot. to know sth like one's ABC; **~eć po francusku/niemiecku** pot. to speak French/German

umiejętnie adv. grad. competently, skilfully; **zrobiła ~ opatrunek na ramieniu rannego** she skilfully dressed the injured man's shoulder; **~ prowadził samochód** he was a good a. competent driver; **chory był ~ pielęgnowany** the patient was professionally nursed

umiejętnoś|ć f książk. skill, ability; **popisywał się ~ciami tanecznymi** he showed off his dancing skills; **ten teleturniej wymaga od zawodników ~ci koncentracji** the quiz show requires from the contestants the ability to concentrate; **nie ma ~ci nawiązywania kontaktów z ludźmi** he lacks interpersonal skills; **~ć wysławiania się/słuchania** the ability to express oneself (in words)/to listen; **~ć czytania i pisania** literacy; **~ć obsługi komputera** computer literacy

umiejętn|y adi. competent, professional; **~a opieka nad niepełnosprawnymi** skilled care of the disabled; **~e pielęgnowanie kwiatów** skilled cultivation of

flowers; **ona ma ~e podejście do dzieci** she has a good approach to children

umiejscawiać impf → **umiejscowić**

umiejsc|owić pf — **umiejsc|awiać** impf **II** vt **1** (umieścić) to situate, to locate; **w centrum osiedla ~owiono przychodnię** the clinic has been situated in the centre of the housing estate; **akcję powieści ~owiono w Paryżu** the novel is set in Paris; **nie mogę ~owić tego zdarzenia w czasie** I can't pinpoint that event in time **2** (ograniczyć) to localize [zarazę, pożar]

II umiejscowić się — umiejscawiać się książk. to situate (oneself); **rak ~owił się w krtani** the cancer was situated in the larynx

umiejscowi|ony II pp → **umiejscowić**

II adi. książk. located; **ból ~ony w plecach** a pain located in the back

umierać impf → **umrzeć**

umieraj|ący II pa → **umrzeć**

II umieraj|ący m, **~a** f dying person; **w opuszczonym szpitalu słychać było jęki ~ych** the groans of the dying could be heard in the deserted hospital; **spowiedź przyniosła ~emu ulgę** confession brought the dying man relief

umieralnoś|ć f sgt mortality, death rate; **spadła ~ć niemowląt** infant mortality has fallen

umieszczać impf → **umieścić**

umie|ścić pf — **umie|szczać** impf **II** vt **1** (ulokować) to put, to place; **matka ostrożnie ~ściła niemowlę w wózeczku** the mother carefully placed the baby in the pram; **swoje rzeczy ~ściłem na górnej półce w szafie** I put my clothes on the top shelf in the wardrobe; **~ścić piłkę w siatce** a. **w bramce** to net the ball **2** (opublikować) to place, to put; **~ścił swoje ogłoszenie w Internecie** he placed a. put his ad on the Internet; **~ścić w gazecie artykuł** to print a. run an article in the paper; **tę informację ~ścił w swojej nowej książce** he included this information in his new book **3** (skierować) to place, to put; **~szczenie babci w domu starców było trudną decyzją** placing granny in the old people's home was a difficult decision; **udało im się ~ścić syna w tej szkole dzięki znajomościom** they were able to put their son in that school thanks to their connections; **gdy ich dom się zawalił, ~szczono ich w starej szkole** when their house collapsed they were lodged in an old school

II umieścić się — umieszczać się **1** (ulokować się) to settle; **~ścił się wygodnie na kanapie** he settled comfortably on the sofa **2** (znaleźć sobie miejsce pobytu) to put up; **do czasu wynajęcia mieszkania ~ściłem się u znajomych** before I rented a flat I had put up at my friends'

umiędzynaradawiać impf → **umiędzynarodowić**

umiędzynar|odowić pf — **umiędzynar|adawiać** impf vt książk. to internationalize [konflikt zbrojny, problem, zjawisko, osiągnięcie]

umięśnieni|e n sgt Anat. musculature

umięśni|ony adi. [osoba, tors, łydki, pośladki] muscular; **był słabo ~ony** he had poorly developed muscle; **miał mocno ~one nogi** he had very muscular legs

umilać *impf* → **umilić**

umil|ić *pf* — **umil|ać** *impf vt* **~ał sobie czas w pociągu rozmową z innymi pasażerami** he whiled away the time on the train chatting away with his fellow passengers; **występy artystów ~ały czas wczasowiczom** the holidaymakers had a good time thanks to the artists' performances; **~ała sobie czas w poczekalni przeglądaniem prasy brukowej** in the waiting room she kept herself amused by reading tabloids; **drobiazgi ~ające mieszkanie** ornaments brightening up the apartment

umilk|ły *adi.* [1] (milczący) silent, speechless; **~ły i zdenerwowany chodził z kąta w kąt** silent and upset he walked about aimlessly; **ludzie ~li z przerażenia patrzyli na katastrofę samolotu** the people, speechless with terror, watched the plane crash; **~ły w nocy ptaki zaczęły ćwierkać o świcie** the birds, quiet at night, started chirping at dawn [2] (ucichły) silent; **~ły silnik zepsutego samochodu** the silent engine of a broken car

umilk|nąć *pf* (**~ł** a. **~nął**, **~li** a. **~nęli**) *vi* książk. [1] (przestać mówić) to become quiet, to stop talking; **kiedy on wreszcie ~nie, gada od dwóch godzin** when will he be quiet – he's been talking for two hours; **uczniowie ~li, widząc groźny wzrok nauczyciela** the students stopped talking when they saw the teacher's stern look [2] (ustać) **wycie wiatru ~ło dopiero po kilku godzinach** the wind's howling abated only after a few hours; **brawa dla młodego artysty nie chciały ~nąć** the applause for the young artist wouldn't subside; **gdy wszedł wykładowca, rozmowy na sali ~ły** when the lecturer came into the room, all conversations broke off; **śpiew ptaków ~ł** the birds' singing was heard no more [3] przen. (uspokoić się) to subside, to abate; **nie wiem, kiedy ~ną spory wokół reformy podatkowej** I don't know when the disputes about the tax reform will subside

umił|ować *pf vt* książk. to cherish, to love; **miał swoje ~owane zajęcia** he had some pastimes that he cherished above all ⇒ **miłować**

umiłowa|nie [] *sv* → **umiłować**

[] *n* książk. **sztuka była jego największym ~niem** art was his greatest love; **jej ~nie tego poety graniczyło z obsesją** her affection for the poet bordered on obsession

umizgać się *impf* → **umizgnąć się**

umizg|i *plt* (*G* **~ów**) książk. [1] (zaloty) courtship, wooing; **denerwowały ją ~i dyrektora** the director's advances angered her; **~i do asystentki** making eyes at an assistant [2] przen. courtship; **~i Europy wobec Rosji odbywały się kosztem Polski** Europe's courtship of Russia was at the expense of Poland

umizgiwać się *impf* → **umizgnąć się**

umizg|nąć się *pf* — **umizg|ać się**, **umizg|iwać się** *impf* (**~nę się**, **~nęła się**, **~nęli się** — **~uję się** a. **~am się**) *v refl.* książk. to court przest. (**do kogoś** sb); **~iwał się do niej przez rok, a potem**

---

ożenił się z inną he wooed her for a year and then married someone else przest.; **~iwał się o deser** he played up to me/her to get dessert

um|knąć *pf* — **um|ykać** *impf* (**umknęła**, **umknęli** — **umykam**) *vi* [1] (uciec) to make off, to flee; **umknąć przed napastnikami** to flee the attackers; **złodziej umknął ze swoim łupem** the thief made off with his loot [2] (nie zostać zauważonym) to escape; **nie wiem, jak ten błąd mi umknął** I have no idea how I could have let that mistake slip by; **umknąć czyjejś uwadze** to escape sb's notice a. attention

■ **umknąć spojrzeniem** a. **wzrokiem** to look away; **spojrzała na niego, ale po chwili umknęła wzrokiem, jakby się wstydziła** she looked at him but then she looked away, as if suddenly ashamed

umniejszać *impf* → **umniejszyć**

umniejsz|yć *pf* — **umniejsz|ać** *impf vt* to belittle, to downgrade [zasługi, osiągnięcia, wartość]; **długa rozłąka nie ~yła jego uczucia dla niej** long separation did not lessen his affection for her; **próbował ~yć swoją winę** he tried to play down his responsibility

um|ocnić *pf* — **um|acniać** *impf* [] *vt* [1] (wzmocnić) to strengthen [konstrukcję, wał, zabezpieczenie]; **umocnić gospodarkę/walutę** to strengthen the economy/a currency [2] przen. (ugruntować) to reinforce [władzę, przyjaźń, opinię]; **chwilowe rozstanie tylko umocniło jego miłość** their short separation only reinforced his love; **trzeba umacniać więzi rodzinne** family ties must be strengthened [3] Wojsk. (ufortyfikować) to fortify [obiekty, teren, pozycje]

[] **umocnić się — umacniać się** [1] (wzmocnić się) [autorytet, władza, związek, waluta] to consolidate, to strengthen; **po reformach wyraźnie umocniła się gospodarka** after the reforms the economy clearly strengthened [2] Wojsk. to dig in pot.; to secure one's position; **miasto umocniło się przed atakiem wroga** they increased the town's fortifications [3] przen. **umocnić się w zamiarze/przekonaniu, że...** to be confirmed in one's intention/belief that...; **umocnił ją w przekonaniu, że...** he reinforced a. confirmed her belief that...; **rodzice umocnili mnie w decyzji pójścia na studia** my parents reinforced my decision to go to university

umocnie|nie [] *sv* → **umocnić**

[] *n* [1] (nasyp) embankment, earthwork; **~nie brzegów** bank reinforcement [2] zw. pl Wojsk. defences, (defensive) fortifications; **oddziały wroga przerwały nasze ~nia** the enemy units broke through our fortifications

umoc|ować *pf* — **umoc|owywać** *impf vt* [1] (przytwierdzić) to fasten, to secure; **~ować coś na ścianie za pomocą śrub** to secure a. fix sth to the wall with screws; **~ował wizytówkę na drzwiach** he fastened his nameplate to the door; **~ować antenę na dachu domu** to erect an aerial on the roof of the house; **~ować półkę na ścianie** to put up a. hang up a shelf; **ten guzik wymaga ~owania, lada chwila odpadnie** this button needs fastening, it's

---

going to come off any moment [2] (utwierdzać) to authorise, to establish; **ta instytucja jest ~owana w prawie cywilnym** this institution is established according to the civil code; **ta koncepcja nie jest dobrze ~owana w faktach** this notion is not firmly based on facts

umocowa|nie [] *sv* → **umocować**

[] *n* **~nie wałów ochronnych zapobiegło powodzi** reinforcing a. strengthening the embankments prevented a flood

umocowywać *impf* → **umocować**

umocz|yć *pf* [] *vt* (zwilżyć) to dip; **~ył sucharek w herbacie** he dipped the crispbread in his tea; **~yć usta** to wet one's lips; **nie nalewaj mi dużo, tylko żeby ~yć usta** don't pour out much for me, just enough to wet my lips

[] *vi* pot., posp. to mess up posp., to screw up posp.; **tym razem naprawdę ~yli** pot. they've really messed up this time; **jesteś ~ony!** your goose is cooked

umoralniać *impf* → **umoralnić**

umoralniająco *adv.* edifyingly, in an edifying way; **sztuka wpływa ~ na duszę człowieka** art has an edifying influence on man's soul

umoralniając|y [] *pa* → **umoralnić**

[] *adi.* moralizing, preachy; **wygłaszał ~e mowy o dobrym zachowaniu** he used to make moralizing speeches about good behaviour

umoralni|ć *pf* — **umoralni|ać** *pf vt* to edify; **nowy ksiądz starał się ~ać miejscową młodzież swoimi kazaniami** the new priest tried to edify the local youth with his sermons

umord|ować *pf* [] *vt* pot. to tire [sb] out, to do [sb] in; **podróż go ~owała** the journey tired him out; **jestem ~owana!** I'm done in!; **ten upał zupełnie mnie ~ował** the heat is killing me

[] **umordować się** to be tired out a. done in; **~ować się ciężką pracą** to be tired out by hard work

umorus|ać *pf* [] *vt* pot. to smudge, to soil; **górnicy ~ali sobie twarze węglem** the miners' faces were soiled with coal; **dzieci ~ały sobie buzie podczas zabawy** the children smudged their faces at play

[] **umorusać się** to get smudged a. dirty (**czymś** with sth); **dzieci ~ały się ziemią** the children were all smeared with dirt

umorusan|y [] *pp* → **umorusać**

[] *adi.* pot. grimy, dirty; **po czyszczeniu kominka miał twarz ~ą sadzą** after cleaning the fireplace his face was grimy with soot; **dziecko przyszło z podwórka strasznie ~e błotem** the child came back from the yard all muddy; **ręce miał ~e atramentem** his hands were stained with ink

um|orzyć *pf* — **um|arzać** *impf vt* [1] to remit [dług, podatek, należność, odsetki] [2] Ekon. (zmniejszyć wartość) to amortize [3] Prawo to dismiss, to discontinue; **sprawa została umorzona** case was dismissed

umo|ścić *pf* [] *vt* to line, to pad; **przyniósł koce i poduszki i ~ścił sobie prowizoryczne posłanie** he brought along some blankets and pillows and made a makeshift bed for himself ⇒ **mościć**

III umościć się to make oneself comfortable, to nestle (down); **przyjaciółki ~ściły się na kanapie i zaczęły plotkować** the friends made themselves comfortable on the sofa and started gossiping; **pies ~ścił się wygodnie w koszyku i zasnął** the dog nestled down comfortably in his basket and fell asleep ⇒ **mościć się**

umotyw|ować *pf vt* to justify, to warrant; **jak ~ować podanie o zamianę mieszkania na większe?** how should I justify the request for a bigger flat?; **odmowę przyznania kredytu bank ~ował brakiem zabezpieczenia jego spłaty** the bank's rejection of the loan application was on the grounds that there was no guarantee of repayment ⇒ **motywować**

um|owa *f* agreement, contract; **umowa ustna/pisemna** oral a. verbal/written contract; **postanowienia/warunki/punkty umowy** clauses/conditions/items of a contract; **zawrzeć z kimś umowę** to enter into a. conclude a contract with sb; **sporządzić/rozwiązać/unieważnić umowę** to draw up/to dissolve/to cancel a contract; **umowa wygasła** the contract expired; **być zwolnionym z warunków umowy** to be out of contract; **być związanym z kimś umową** to be under contract with sb; **być zatrudnionym na podstawie umowy o pracę** to have an employment contract; **mieć z kimś umowę** to have a contract to sb; **związany umową** bound by contract; **zgodnie z umową** under the (terms of the) agreement a. contract; **niezgodny z umową** contrary to the contract; **określony w umowie** stipulated by contract; **umowa o wynajem lokalu** a lease for premises; **złożyć podpis na umowie** to sign a contract a. an agreement

❏ **umowa dwustronna** bilateral agreement; **umowa multilateralna** Polit. multilateral agreement; **umowa o dzieło** a contract for a specific task; **umowa o pracę** employment contract a. contract of employment; **umowa unilateralna** unilateral contract; **umowa wydawnicza** Wyd. publishing a. publisher's contract; **umowa zbiorowa** collective agreement, group contract; **umowa-zlecenie** fee-for-task agreement

umownie *adv.* [1] Prawo contractually, by contract; **warunki ustalane są ~** the conditions are determined contractually [2] (symbolicznie) symbolically; **artysta dość ~ potraktował wątek miłosny** the artist treated the love theme rather symbolically

umowność *f sgt* [1] (konwencja) conventionality [kodu, oznaczeń] [2] (nierealność) symbolism, symbolic nature

umown|y *adi.* [1] Prawo (wynikający z umowy) contractual, stipulated in the contract; **prawa/przywileje ~e** contractual rights/privileges; **kary ~e** contractual fines [2] (wynikający z konwencji) conventional, traditional; (ustalony) pre-arranged [3] (fikcyjny) symbolic; **zaletą spektaklu była ascetyczna, ~a dekoracja** the positive thing about the performance was the ascetic, symbolic decoration

umożliwiać *impf* → **umożliwić**

umożliw|ić *pf* — **umożliw|iać** *impf vt* to enable, to allow; **~ić przestępcom ucieczkę** to enable the criminals to escape; **stypendium ~iło mu kontynuowanie nauki** the stipend enabled him to finish school

umór → **na umór**

um|ówić *pf* — **um|awiać** *impf* **I** *vt* [1] (ustalić) to agree; **umówione hasło** the agreed password; **autor nie złożył książki w wydawnictwie w umówionym terminie** the author failed to submit the book to the publishing house on time [2] (ustalić spotkanie) to make an appointment for; **umówione spotkanie** an appointment; **umówiła go ze swoją przyjaciółką** she arranged a date with her friend for him; **umówić wizytę u lekarza** to make an appointment with the doctor; **czy pan był umówiony z dyrektorem?** do you have an appointment with the director?; **czy mogę prosić o umówienie mnie z prezesem?** may I ask you to make an appointment for me with the chairman?

II umówić się [1] (postanowić coś wspólnie) to agree, to arrange; **musimy umówić się co do ceny** we'll have to agree on a price; **umówiłem się z żoną, że to ja odprowadzę dziś Jasia do szkoły** I've arranged with my wife that I'll take John to school today [2] (ustalić spotkanie) to arrange to meet; **umówiłem się z Jankiem na piątą przed dworcem kolejowym** I've arranged to meet John at 5 o'clock at the railway station; **nie będzie mnie dziś wieczorem w domu, umówiłem się z dziewczyną** I won't be at home tonight, I have a date with my girlfriend

■ **umówmy się** pot. let's face it

umówi|ony **I** *pp* → **umówić**

II *adi.* **jesteśmy ~eni do kina** we've arranged to go to the cinema GB a. movies US; **„to jesteśmy ~eni"** 'so that's fixed a. settled then'

um|rzeć *pf* — **um|ierać** *impf* (umarł — umieram) *vi* [1] (skonać) to die; **umrzeć młodo/w kwiecie wieku** to die young/in one's prime; **umrzeć nagle/we śnie** to die a sudden death/in one's sleep; **umrzeć jak bohater/na polu walki** to die heroically/in battle; **umrzeć bezpotomnie** to die childless; **umrzeć jako nędzarz/męczennik** to die a pauper/a martyr; **umrzeć na raka/na gruźlicę** to die of a. from cancer/tuberculosis; **umrzeć z głodu/śmiercią naturalną/z ran** to die of starvation/of natural causes/from wounds [2] książk., przen. (wygasnąć) to die; **umarło nasze uczucie** our love has died; **moje wspomnienia o nim dawno umarły** my memories of him are long dead now

■ **od tego się nie umiera** a. **od tego jeszcze nikt nie umarł** pot. nobody ever died of that, it won't kill you; **umarł w butach** pot. all is lost; **jeśli nie zdam tego egzaminu, to umarł w butach, wyrzucą mnie ze studiów** if I don't pass this exam then all is lost, they'll throw me out; **umierać z ciekawości/z nudów** pot. to be dying of curiosity/of boredom; **jak ich zobaczyłam, myślałam, że umrę ze wstydu** when I saw them I thought I'd

die of embarrassment; **umierał z ciekawości, ile zarabia jego kolega** he was dying to know how much his friend earned; **umrzeć dla świata** pot. to be dead to the world; **żyć, nie umierać** pot. it's heaven on earth

umrzyk *m* (*Npl* ~i) posp. corpse; stiff pot.

umundur|ować *pf vt* [1] (ubrać w mundur) to provide [sb] with uniforms; **~owany policjant** a uniformed police officer [2] przen. (ubrać jednakowo) to dress [sb] identically; **młodzież chodzi ~owana: wytarte dżinsy i skórzane kurtki** the young dress identically: shabby jeans and leather jackets

umundurowani|e I *sv* → **umundurować**

II *n sgt* uniform; **wprowadzono jednolite ~e dla całej jednostki** they introduced an identical uniform for the whole unit

umuzykalniać *impf* → **umuzykalnić**

umuzykalni|ć *pf* — **umuzykalni|ać** *impf vt* książk. to teach [sb] music, to develop the love of music in

umy|ć *pf* **I** *vt* to wash [dziecko, twarz, ręce, włosy]; to clean, to wash [wannę, podłogę, samochód]; to clean, to brush [zęby]; to wash up [naczynia]; **~ć ręce ze smaru** to wash the grease off one's hands; **~ć twarz w miednicy** to wash one's face in a washbasin ⇒ **myć**

II umyć się to wash (oneself); **nie było ciepłej wody, więc ~ła się w zimnej** she washed in cold water because hot water had run out; **~ć się gąbką** to wash oneself with a sponge ⇒ **myć się**

■ **~ć ręce** pot. to wash one's hands; **~wam ręce od tej całej sprawy** I wash my hands of the whole affair

umykać *impf* → **umknąć**

umy|sł *m* (*G* ~słu) [1] (rozum, intelekt) mind; **~sł ścisły** scientific mind; **nie powinien studiować nauk humanistycznych, to ścisły ~sł** he shouldn't go into humanities, he's got a scientific mind; **jasny/bystry/twórczy/chłonny/płytki ~sł** a clear/sharp/creative/receptive/shallow mind; **mieć logiczny/analityczny ~sł** to have a logical/an analytical mind; **tego się nie da ogarnąć ~słem** that is incomprehensible [2] przen. (świadomość) mind; **mieć ~sł zaprzątnięty różnymi sprawami** pot. to have different things on one's mind; **nie rozumiem, jak ona może zaprzątać sobie ~sł takimi głupstwami** I don't understand how she can fill her mind with such rubbish; **ten profesor to najwybitniejszy ~sł, jaki miałem okazję spotkać** this professor is the greatest mind a. brain I've ever come across

■ **być zdrowym na ~śle** to be in one's right mind a. in one's senses, to be of sound mind; **słaby na ~śle** euf. mentally challenged, feeble-minded; **~sł mu się pomieszał** przest. he's gone out of his mind, his mind is going

umysłowo *adv.* mentally; **był ograniczony ~** he was mentally retarded; **dziecko nad wiek rozwinięte ~** a precocious child; **pracować ~** to be a white-collar worker

U

umysłowoś|ć *f sgt* książk. mind; **jest człowiekiem inteligentnym, o żywej ~ci** he's an intelligent man with a lively mind

umysłow|y *adi.* [1] *[rozwój, wysiłek, władze]* intellectual; **szachy to rozrywka ~a** chess is an intellectual game; **był na wysokim poziomie ~ym** he was very advanced intellectually [2] *[choroba, upośledzenie]* mental; **był w pełni władz ~ych** he was of sound mind

umyśl|ić *pf vt* pot. to decide, to plan; **~ił sobie, że zrobi to inaczej** he decided to do it his own way; **~iła urządzić przyjęcie w ogrodzie** she planned to have a garden party

umyślnie *adv.* deliberately, on purpose; **powiedziała tak ~, chciała go obrazić** she said that deliberately: she wanted to offend him; **nie zrobiłem tego ~** I didn't do it on purpose

umyślnoś|ć *f sgt* intentionality; **~ć działania/postępowania** intentionality of action/conduct

umyśln|y [] *adi.* [1] *(zamierzony)* intentional, purposeful; **było to ~e działanie na szkodę klienta** this was an intentional act to harm the client's interests; **oskarżył ją o ~e podważanie jego autorytetu** he accused her of purposely undermining his authority [2] przest. *(specjalny)* *[poselstwo, komisja]* special

[] *m* przest. *(posłaniec)* envoy, messenger; **wysłano wiadomości przez ~ego** news was sent through an envoy

umywa|ć się *impf v refl.* **film nie ~ się do książki** pot. the film is nowhere near as good as the book pot.; **kuchnia amerykańska nie ~ się do kuchni francuskiej** American cuisine can't hold a candle to French food pot.

umywal|ka *f* washbasin, sink

umywalkow|y *adi.* washbasin *attr.*; **bateria ~a** the washbasin tap

umywalni|a *f (Gpl ~)* [1] *(pomieszczenie)* shower room [2] *(umywalka)* washbasin

unaoczniać *impf* → unaocznić

unaoczni|ć *pf* — **unaoczni|ać** *impf vt* książk. to make [sth] evident; to reveal (**komuś** to sb); **prezentacja ~ła słabe strony projektu** the presentation revealed the weak points of the design; **~ć grozę obecnej sytuacji** to testify to a. to illustrate the peril of the current situation

uncj|a *f (Gpl ~i)* ounce

unerwieni|e *n sgt* Anat. innervation; **~e skóry/kończyn** the innervation of the skin/extremities

❏ **~e liścia** Bot. venation

unerwi|ony *adi. [tkanka, narząd]* innervated; **okolice nose są silnie ~one** the area around the nose is highly innervated

uni|a /'uɲja/ *f (GDGpl ~i)* [1] Polit., Prawo union; **~a Polski z Litwą** the union between Poland and Lithuania; **zawrzeć ~ę** to form a union; **znieść ~ę** to dissolve a union; **przystąpić do Unii Europejskiej** to join the European Union [2] *sgt* Hist. the Union

❏ **~a celna** Handl. customs union; **~a monetarna** a. **walutowa** Ekon. monetary

union; **~a personalna** Hist. personal union *(between two nations)*

unicestwiać *impf* → unicestwić

unicestwi|ć *pf* — **unicestwi|ać** *impf vt* [1] książk. *(niszczyć całkowicie)* to annihilate, to destroy; **fizyczne ~enie narodu** the physical annihilation of the nation [2] książk. *(udaremniać)* *[zamiary, plany]* to foil książk., to thwart książk.

[] **unicestwić się** — **unicestwiać się** książk. to take one's own life

unic|ki *adi.* Hist., Relig. *[duchowieństwo]* Uniat(e); **kościół/obrządek ~ki** the Uniat(e) Church/rite

uniemożliwiać *impf* → uniemożliwić

uniemożliw|ić *pf* — **uniemożliw|iać** *impf vt* książk. **~ić coś komuś** to keep a. prevent sb from doing sth; **hałas ~iał zaśnięcie** the noise kept a. prevented us from sleeping; **choroba ojca ~iła jej wyjazd za granicę** her father's illness made it impossible for her to go abroad; **bieda ~iła mu zdobycie wykształcenia** poverty prevented him from getting an education; **zaspy śniegu ~iały przejazd** snowdrifts made the road(s) impassable

unieruchamiać *impf* → unieruchomić

unieruchom|ić *pf* — **unierucham|iać** *impf vt* [1] *(uczynić nieruchomym)* to immobilize; **choroba ~iła go w łóżku** he was bedridden because of his illness; **~ić złamaną nogę** to immobilize sb's broken leg [2] to freeze *[kapitał, rezerwy finansowe]* [3] *(wstrzymać)* to stop; **~ić maszynę** to stop the machine

uniesie|nie [] *sv* → unieść

[] *n* książk. *(euforia)* rapture *U*, elation *U*; **w miłosnym ~niu** in the throes of love a. passion książk.; **przepraszam za chwilowe ~nie** I apologize for my outburst; **ochłonąć z ~nia** to regain one's composure

unieszczęśliwiać *impf* → unieszczęśliwić

unieszczęśliw|ić *pf* — **unieszczęśliw|iać** *impf* [] *vt* książk. to make [sb] unhappy a. miserable; **małżeństwo ją ~iło** marriage made her miserable

[] **unieszczęśliwić się** — **unieszczęśliwiać się** książk. to make oneself unhappy a. miserable

unieszkodliwiać *impf* → unieszkodliwić

unieszkodliw|ić *pf* — **unieszkodliw|iać** *impf vt* książk. to render [sb] harmless książk.; *[przeciwnika]*; to neutralize *[odpady radioaktywne]*; **~ił napastnika jednym uderzeniem** he overpowered the assailant with one punch; **~ić bombę** to defuse a bomb

un|ieść *pf* — **un|osić** *impf* (**uniosę, uniesiesz, uniósł, uniosła, unieśli — unoszę**) [] *vt* [1] *(podnieść, wznieść)* to raise; **uniósł rękę na pożegnanie** he raised a hand in farewell; **uniosła głowę znad książki** she looked up from her book [2] *(dźwignąć)* to lift; **nie mógł unieść walizki** he couldn't lift the suitcase [3] książk. *(przemieścić)* **woda uniosła za sobą most** the water swept the bridge away; **wiatr unosi tumany kurzu** the wind is raising clouds of dust [4] przest. *(zagarnąć)* to carry (away); **unieśli rannych z pola**

bitwy they carried the wounded from the battlefield

[] **unieść się** — **unosić się** [1] *(podeprzeć się)* to rise; **unieść się z krzesła** to rise from a chair [2] *(podnieść się, zostać uniesionym)* to be raised, to go up; **kurtyna uniosła się w górę** the curtain went up [3] *(wzbić się)* to soar, to sail (up); **balon uniósł się wysoko** the balloon sailed high in the air [4] książk. *(stracić panowanie nad sobą)* to get carried away; *(zirytować się)* to lose one's temper; **uniósł się ambicją/honorem** his ambition/sense of honour got the better of him; **łatwo się unosi** s/he's easily excitable [5] przen. *(wisieć)* *(w powietrzu)* to hover, to hang; *(na wodzie)* to float; **nad łąkami unoszą się mgły** fog hangs over the fields [6] przen. *(o zapachu)* ≈ to waft; to linger; **w powietrzu unosił się smród pleśni** there was a mouldy smell in the air

unieśmiertelniać *impf* → unieśmiertelnić

unieśmiertelni|ć *pf* — **unieśmiertelni|ać** *impf* [] *vt* książk. to immortalize; **Petrarka ~ł Laurę w swej poezji** Petrarch immortalized Laura in his poetry; **ta powieść ~ła jego imię** that novel immortalized him a. his name

[] **unieśmiertelnić się** — **unieśmiertelniać się** to be immortalized

unieważniać *impf* → unieważnić

unieważni|ć *pf* — **unieważni|ać** *impf* [] *vt* to annul *[decyzję, ustawę, małżeństwo]*; to revoke, to invalidate *[umowę, dokument, ustawę]*; **~ć wybory** to declare an election null and void, to invalidate an election; **testament został ~ony** the will was declared invalid, the will was invalidated

[] **unieważnić się** — **unieważniać się** książk. to become invalid, to expire

uniewinniać *impf* → uniewinnić

uniewinniając|y [] *pa* → uniewinnić

[] *adi.* Prawo **wyrok ~y** an acquittal

uniewinni|ć *pf* — **uniewinni|ać** *impf vt* Prawo *[sąd]* to acquit; *[policja, prokuratura]* to drop the charges against; **została ~ona z zarzutu kradzieży** she was acquitted of theft; **został ~ony ze wszystkich zarzutów** he was acquitted on all counts a. charges; **~ć kogoś z braku dowodów** to drop the charges (against sb) due to a lack of evidence

uniezależniać *impf* → uniezależnić

uniezależni|ć *pf* — **uniezależni|ać** *impf* [] *vt* to make [sb/sth] independent; to free (**od czegoś** from sth); **~ć kościół od państwa** to separate church and state

[] **uniezależnić się** — **uniezależniać się** książk. to become independent; **~ła się finansowo od rodziców** she became financially independent of a. from her parents; **~ł się od wpływu ojca** he broke away from his father's influence

unifikacj|a *f sgt* książk. [1] *(ujednolicenie, standaryzacja)* standardization; **~a systemu miar** the standardization of weights and measures [2] *(scalenie, połączenie)* unification; **~a narodu** the unification of the country

❏ **~a prawa** Prawo legal integration

unifikacyjn|y *adi.* książk. [1] *(związany z ujednoliceniem)* standardization *attr.* [2] *(związa-*

ny ze zjednoczeniem) unification *attr.*, integration *attr.*

unifik|ować *impf vt* książk. [1] (ujednolicać) to standardize *[prawo, przepisy, format]* ⇒ **zunifikować** [2] (jednoczyć) to unify *[naród, państwo]* ⇒ **zunifikować**

uniform *m* (*G* ~**u**) książk. uniform; ~ **policjanta** policeman's uniform

uniformizacj|a *f sgt* książk. standardization; ~**a pisowni** the standardization of spelling

uniformizm *m sgt* (*G* ~**u**) książk. conformism książk.; conformity, uniformity; ~ **w modzie męskiej** conformism in men's fashions

uniformiz|ować *impf vt* książk. to standardize

unijn|y *adi.* [1] Prawo., Polit. *[urzędnicy, państwa]* union *attr.*; **państwa** ~**e** (Unii Europejskiej) the EU member states [2] Relig. Uniat(e)

unik *m* (*G* ~**u**) [1] (manewr) duck, dodge; **wykonać** ~ **przed ciosem** to dodge a blow [2] Sport (uchylenie się) duck, dodge; **bokser zrobił gwałtowny** ~ **w bok** the boxer suddenly dodged a. ducked to the side [3] przen. (wybieg) **w dyskusji robi ciągle** ~**i** s/he's always dodging a. sidestepping the issues

unikać *impf* → **uniknąć**

unikalnoś|ć *f sgt* kryt. uniqueness

unikaln|y *adi.* kryt. *[egzemplarz, zjawisko, technologia]* unique

unika|t *m* (*G* ~**tu**) książk. **ten rękopis to** ~**t** this manuscript is unique a. one of a kind

unikatowoś|ć *f sgt* książk. uniqueness

unikatow|y *adi.* unique, one of a kind; ~**y egzemplarz** a unique specimen; ~**e zbiory** a unique collection

unik|nąć *pf* — **unik|ać** *impf* (~**nęła**, ~**nęli** — ~**am**) *vi* [1] (ustrzec się) to escape, to avoid *[śmierci, błędu, komplikacji, kary]*; **cudem** ~**nęłam śmierci** I barely escaped death; **udało mu się** ~**nąć kary** he managed to avoid punishment [2] (stronić) to avoid, to steer clear of *[ludzi, towarzystwa, alkoholu]*; to avoid, to evade *[pytania, tematu]*; **udało jej się** ~**nąć niepotrzebnej dyskusji** she managed to avoid unnecessary discussion

■ ~**ać czyjegoś wzroku** a. **czyichś oczu** książk. to avoid looking sb in the eye

unioni|sta /ˌunjoˈɲista/ *m* Polit. unionist

unison|o [] *n, n inv. sgt* Muz. unison

[] *adv.* książk. (zgodnie) in unison; **chór śpiewał** ~**o** the choir sang in unison

uni|ta *m* Relig. Uniat(e)

uniwer|ek *m* (*G* ~**ku**) pot. university

uniwersali|a *plt* (*G* ~**ów**) [1] Filoz. universals *pl* [2] książk. (cechy wspólne) universals *pl*

uniwersalistycznie *adv.* książk. globally; **myśleć** ~ to think globally

uniwersalistyczn|y *adi.* [1] Filoz. *[doktryna, koncepcja]* universalist [2] książk. *[myślenie, podejście, działanie]* global

uniwersalizm *m sgt* (*G* ~**u**) [1] Filoz. universalism [2] książk. (powszechność) universality

uniwersalnie *adv.* universally; ~ **wykształcony** comprehensively educated; ~

skuteczny **środek czyszczący** an all-purpose cleanser

uniwersalnoś|ć *f sgt* książk. (w zastosowaniu) versatility; (powszechność) universality

uniwersaln|y *adi.* książk. [1] (całościowy) universal, general [2] (nadający się do wszystkiego) all-purpose; **klucz** ~**y** a skeleton key [3] (wszechstronny) *[artysta]* versatile

uniwersja|da *f* Sport international student's olympics

uniwersum *n inv. sgt* [1] książk. (wszechświat) universe [2] przen. (całokształt) world; ~ **kultury** the world of culture

uniwersytec|ki *adi.* university *attr.*; **biblioteka** ~**ka** the university library; **wykształcenie** ~**kie** a university education; **profesor/wykładowca** ~**ki** university professor/instructor; **miasto** ~**kie** a university town

uniwersyte|t *m* (*G* ~**tu**) [1] (uczelnia) university; **studiować na** ~**cie** to study at (a) university; **ukończyć** ~**t** to graduate from (a) university; **zdać na** ~**t** to be accepted by a university; **wstąpić na** ~**t** to enter university; **wykładać na** ~**cie** to teach at a university [2] (kształcenie) (higher) education

❏ **Katolicki Uniwersytet Lubelski** Catholic University of Lublin; **Uniwersytet Latający** Hist. the Flying University; ~**t podziemny** a. **tajny** ~**t** Hist. underground university; ~**t trzeciego wieku** University of the Third Age

uniżenie *adv.* książk. *[witać się, zwracać się]* humbly; **przepraszam pana** ~ I humbly beg your pardon książk.

uniżonoś|ć *f sgt* książk. humility; **zwracać się do zwierzchników z** ~**cią** to address one's superiors with humility

uniż|ony *adi. grad.* książk. [1] (przesadnie uprzejmy, służalczy) *[osoba, zachowanie, postawa]* obsequious książk.; **zawsze był** ~**ony w stosunku do przełożonych** he was always obsequious to his superiors; **sługa** ~**ony jaśnie pana!** your humble servant [2] (uległy) humble, subservient

unorm|ować *pf* [] *vt* książk. to normalize; **prowadzić** ~**owany tryb życia** to have a regular lifestyle; ~**owane godziny pracy** regular working hours; ~**ować ceny** to bring prices back to normal, to normalize prices ⇒ **normować**

[] **unormować się** to normalize; **sytuacja już się** ~**owała** the situation returned to normal ⇒ **normować się**

unosić *impf* → **unieść**

unowocześniać *impf* → **unowocześnić**

unowocześni|ć *pf* — **unowocześni|ać** *impf* książk. [] *vt* to update *[metody produkcji, technologię]*; to modernize *[sprzęt, wystrój wnętrza]*; ~**ł swoją kuchnię** modernized his kitchen

[] **unowocześnić się** — **unowocześniać się** to modernize

unurza|ć *pf* [] *vt* książk. (ubrudzić) to dirty, to soil; ~**ł nogawki spodni w kałuży** he got his trousers soaked in a puddle; **ręce** ~**ne we krwi** hands drenched in blood ⇒ **nurzać**

[] **unurzać się** książk. to wallow; ~**ć się w błocie** to wallow in the mud; ~**ć się po uszy w czymś** przen. to bury a. immerse

oneself in sth; to be up to one's ears a. neck in sth pot., przen. ⇒ **nurzać się**

uobecniać *impf* → **uobecnić**

uobecni|ć *pf* — **uobecni|ać** *impf* książk. [] *vt* to make [sth] manifest książk.

[] **uobecnić się** — **uobecniać się** to manifest oneself, to be made manifest

uodparniać *impf* → **uodpornić**

uodparniać *impf* → **uodpornić**

uodp|ornić *pf* — **uodp|orniać, uodp|arniać** *impf* [] *vt* [1] Med. to immunize; **szczepionka** ~**arniająca przeciwko grypie** a flu vaccine [2] książk., przen. (uczynić odpornym) to toughen, to make [sb] resistant; **medytacja** ~**arnia nas na stres** meditation increases our resistance to stress

[] **uodpornić się** — **uodparniać się** [1] Med. to become immune (**na coś** to sth) [2] książk., przen. (stać się niewrażliwym) to become immune a. resistant, to become impervious (**na coś** to sth); **bakterie** ~**orniły się na antybiotyki** the bacteria have become resistant to antibiotics; **jest** ~**orniony na zimno** he's immune to (the) cold

uogólniać *impf* → **uogólnić**

uogólni|ć *pf* — **uogólni|ać** *impf vt* książk. to generalize; ~**ać wnioski/zasadę** to generalize the conclusions/principle

uogólnie|nie [] *sv* → **uogólnić**

[] *n* książk. generalization; **unikać** ~**ń** to avoid generalizations

uosabiać *impf* → **uosobić**

uos|obić *pf* — **uos|abiać** *impf vt* książk. [1] (personifikować) to personify; **śmierć** ~**abiano jako szkielet z kosą** death was personified as a skeleton with a scythe [2] (reprezentować) to personify, to embody; ~**abia typ starego kawalera** he is the archetypal old bachelor; **bogini** ~**abia miłość matczyną** the goddess personifies motherly love

uosobie|nie [] *sv* → **uosobić**

[] *n* książk. personification, embodiment; **ta dziewczyna to** ~**nie piękna i wdzięku** the girl is the epitome of beauty and charm

upaćka|ć *pf* [] *vt* pot. to smear; to get [sth] mucked up GB pot.; ~**łam spódnicę kremem** I got cream on my skirt/all over my skirt ⇒ **paćkać**

[] **upaćkać się** pot. to smear oneself; to get mucked up GB pot.; **cały** ~**ł się farbami** he got paint all over himself ⇒ **paćkać się**

upadać *impf* → **upaść**

upad|ek *m* (*G* ~**ku**) [1] (przewrócenie się) fall; **niebezpieczny** ~**ek z konia** a bad fall from a horse [2] książk. (podupadnięcie) collapse; (częściowy) decline; **chylić się ku** ~**kowi** to be headed for collapse; ~**ek handlu/małych firm** a decline in trade/the collapse of small businesses; ~**ek imperium** the collapse a. fall of the empire [3] książk. (klęska) (down)fall, collapse; (częściowy) decline; **wzloty i** ~**ki** ups and downs pot.; ~**ek ducha** downheartedness, discouragement [4] (nieetyczne życie) ~**ek moralny** a decline in morality; **podźwignąć się z** ~**ku** to pull oneself out of the gutter przen.; **przywieść kogoś do** ~**ku** to drag sb down into the gutter przen.

upadlać *impf* → **upodlić**

upadłościow|y *adi.* Ekon., Prawo bankruptcy *attr.*; **postępowanie** ~**e** a bankruptcy suit

upadłoś|ć *f sgt* Prawo bankruptcy; **ogłosić ~ć** to declare bankruptcy; **wystąpić z wnioskiem o ~ć** to file for bankruptcy

upadł|y *adi.* książk. *[osoba, anioł]* fallen; *[przedsiębiorstwo, firma]* bankrupt

upajać *impf* → **upoić**

upajająco *adv.* książk. *[pachnieć]* heady *adi.*; **działać ~** to have an intoxicating effect

upajając|y **I** *pa* → **upajać**
II *adi.* książk. *[muzyka, zapach]* intoxicating, heady

upalnie *adv. grad.* **na dworze było ~** it was hot a. scorching outside

upaln|y *adi. [lato, dzień, popołudnie]* hot, scorching

upa|ł *m* (*G* **~łu**) heat *U*, heat wave; **~ły dają się we znaki** the heat(wave) is taking its toll; **w Europie panują ~ły** Europe is having a heatwave

upamiętniać *impf* → **upamiętniać**

upamiętni|ć *pf* — **upamiętni|ać** *impf* książk. **I** *vt* to commemorate; **ta tablica ~a założyciela miasta** the plaque commemorates the founder of the city
II upamiętniać się — **upamiętnić się** to be commemorated

upaństwawiać *impf* → **upaństwowić**

upaństw|owić *pf* — **upaństw|awiać** *impf vt* Polit., Prawo to nationalize; **~owić fabrykę/zakład** to nationalize a factory/plant

upap|rać *pf* (**~rzę**) **I** *vt* pot. to smear; to muck [sth] up GB pot. *[koszulę, obrus]*; **~rać palce atramentem** to smear one's fingers with ink ⇒ **paprać**
II upaprać się pot. to get (oneself) mucked up a. mucky GB pot.; **~rać się w błocie** to smear oneself with mud, to get oneself all muddy ⇒ **paprać się**

uparcie *adv. grad. [zaprzeczać]* stubbornly, obstinately; **~ milczeć** to remain stubbornly a. obstinately silent; **~ twierdzić, że...** to insist that...; **~ odmawiał współpracy** he stubbornly refused to cooperate; **~ obstawał przy swoich przekonaniach** he stubbornly a. doggedly clung to his convictions

uparciuch *m* (*Npl* **~y**) pot. stubborn a. pig-headed person; **straszny z niego ~** he's awfully stubborn

uparciusz|ek *m dem.* (*Npl* **~ki**) pot., pieszcz. stubborn creature; stubborn so-and-so pot.

upar|ty *adi.* [1] (nieustępliwy) *[dziecko, osoba]* stubborn, obstinate [2] (uporczywy) *[milczenie]* stubborn, obstinate; *[walka]* relentless; **na ~tego** at a pinch GB, in a pinch US; at a push GB pot.; **na ~tego możemy wcisnąć jeszcze dwie osoby** we can squeeze in two more at a pinch
■ **~ty jak kozioł** a. **osioł** pot. (as) stubborn as a mule

upa|ść¹ *pf* — **upa|dać** *impf* (**~dnę, ~dniesz, ~dł, ~dła, ~adli — ~dam**) *vi* [1] (przewrócić się) to fall (down); **potknął się i ~dł** he tripped and fell (over); **~dł ciężko na ziemię** he fell heavily to the ground; **~ść głową do przodu** to fall headlong a. head first; **~dł jak długi** he fell flat a. full length, he went sprawling; **~ść na kolana** to fall a. drop to one's knees, to fall (down) on one's knees; **~ść na plecy/twarz** to fall a. land on one's back/to fall on

one's face; **~dł tak nieszczęśliwie, że złamał rękę** he landed so awkwardly that he broke his arm; **~dła z hukiem/zemdlona na podłogę** she fell to the floor with a thud/in a faint; **~ść ze schodów** to fall down the stairs [2] (skończyć się niepowodzeniem) *[imperium, cywilizacja, komunizm]* to collapse; *[rząd]* to collapse, to topple; *[powstanie]* to fail, to collapse; *[pomysł]* to come to nothing; *[inicjatywa]* to founder; **sztuka ~da** art is in a decline [3] (zbankrutować) *[firma]* to collapse [4] książk. (stoczyć się) to decline morally; **~dać coraz niżej** to be reaching new (moral) lows; **tak nisko jeszcze nie ~dłem** I would never stoop a. sink so low
■ **~dać na siłach/na zdrowiu** przest. to lose (one's) strength/to lose one's health; **~dać pod ciężarem** a. **pod brzemieniem zmartwień** to be overwhelmed by one's worries; **~dać ze zmęczenia** a. **wyczerpania** pot. to be ready to drop pot.; **~ść komuś do nóg** to fall a. throw oneself at sb's feet; **~ść na duchu** to lose heart a. hope; **~ść na fotel/na krzesło** to collapse a. drop into an armchair/onto a chair; **~ść na łóżko** to collapse onto a bed; **~ść na głowę** pot. to lose one's marbles pot.; **chyba ~dłeś na głowę!** you must be out of your mind!; have you lost your marbles?; **musiałbym ~ść na głowę, żeby tam iść** I'd have to be mad a. out of my mind to go there; **wniosek ~dł** the motion was defeated a. rejected; **projekt ustawy podatkowej ~dł** the tax bill was defeated a. voted down

upa|ść² *pf* (**~sę, ~siesz, ~sł, ~sła, ~śli**) **I** *vt* to fatten (up) *[osobę, zwierzę]*; to make [sb] fat *[osobę]*
II upaść się pot. *[zwierzę]* to fatten up; *[osoba, zwierzę]* to get a. grow fat

upatrywać¹ *impf* → **upatrzyć**

upatr|ywać² *impf vt* (dopatrzyć się) **~ywać przyczyn czegoś w czymś** to seek the causes of sth in sth; **~ywać w czymś swoje szanse** to see one's chance of success in sth; **w chronicznym zmęczeniu ~ywała symptomów poważnej choroby** she viewed a. saw her chronic fatigue as the symptom of a serious disease

upat|rzyć *pf* — **upat|rywać¹** *impf vt* (wyszukać) to search out; (wybrać) to choose; **~rzyła sobie modny kapelusz** she decided on a fashionable hat; **~rzył sobie ładną dziewczynę** he had his eye on a pretty girl; **~rzył ją sobie na żonę** he chose her to be his wife; **~rywać stosownej okazji, żeby...** to keep an eye out for an opportunity to...; **dążyć do ~rzonego celu** to work towards a set goal; **kupiła sobie ~rzoną bluzkę** she bought herself the blouse she had spotted a. she had had her eye on; **ruszył w ślad za ~rzoną ofiarą** he set out after his intended victim; **wojska wycofały się na z góry ~rzone pozycje** the troops retreated to their designated positions

upchać *impf* → **upchnąć**

up|chnąć, up|chać *pf* — **up|ychać** *impf* (**upchnęła, upchnęli — upycham**) pot. [1] (upakować) to stuff, to cram; **upchnąć coś do torby** to stuff a. cram sth into a bag;

spróbuj upchnąć te rzeczy w szafie see if you can stuff a. cram these things into the wardrobe; **w tej walizce jeszcze coś się zmieści – trzeba tylko dobrze upchnąć** there's still room in the suitcase if we pack it really tight(ly); **upchnął sześć osób do samochodu** he crammed a. squeezed six people into the car [2] (wypełnić wtłaczając) to cram (full), to pack tight(ly) *[walizkę]* [3] (sprzedać) to get rid of, to get [sth] off one's hands *[towar]*; **upchnąć komuś stare meble** to unload one's old furniture on sb pot.

upełnomocniać *impf* → **upełnomocnić**

upełnomocni|ć *pf* — **upełnomocni|ać** *impf vt* Prawo to empower, to authorize; **~ć kogoś do podjęcia pieniędzy** to authorize sb to withdraw money; **~łem go do dysponowania moim kontem** I granted him power of attorney over my account

uperfum|ować *pf* **I** *vt* to put perfume on, to put scent on GB *[szyję, nadgarstki]*; to perfume *[rękawiczki, list]*; **~owane damy** perfumed ladies; **~owana chusteczka** a perfumed a. scented handkerchief
II uperfumować się to put on (some) perfume, to put on (some) scent GB, to spray a. dab oneself with perfume; **za mocno się ~owałaś** you've put too much scent a. perfume on, you're wearing too much perfume

upewniać *impf* → **upewnić**

upewni|ć *pf* — **upewni|ać** *impf* **I** *vt* książk. to assure (**kogoś o czymś** a. **co do czegoś** sb of sth); **lekarz ~ł ją, że wyzdrowieje** the doctor assured her that she would recover; **~ć kogoś w przekonaniu, że...** to confirm sb in the conviction that...; **~ł ją o swojej miłości** he assured her that he loved her, he assured her of his love
II upewnić się — **upewniać się** książk. to make sure a. certain (**o czymś** of sth); **~ł się co do godziny odejścia pociągu** he double-checked the time of his train; **~ł się, że nikt go nie śledzi** he made sure (that) nobody was following him; **~j się, czy wszystkie drzwi są zamknięte na klucz** make sure (that) all the doors are locked

upewni|ony **I** *pp* → **upewnić**
II *adi.* assured; **~ony, że hamulce są sprawne, ruszył w drogę** having assured himself that the brakes were working, he started on his way

upi|ąć *pf* — **up|inać** *impf* (**upnę, upięła, upięli — upinam**) *vt* to pin (up) *[włosy]*; to drape, to swag *[materiał]*; to swag *[zasłony]*; **upiąć włosy w kok** to gather one's hair a. do one's hair up in a bun

upich|cić *pf vt* pot. to whip up *[obiad]*; **~cić coś do jedzenia** to whip up something to eat

upi|ć *pf* — **upi|jać** *impf* (**~ję — ~jam**) **I** *vt* [1] (nadpić) to drink; **~ła łyk wina z kieliszka** she took a sip of wine from the glass [2] (spoić) to get [sb] drunk (**czymś** on sth) *[winem, wódką]*
II upić się — **upijać się** [1] to get drunk (**czymś** on sth) *[piwem, winem]*; **~ć się do nieprzytomności** to drink oneself into a

stupor; **~ć się jak bela** to drink oneself blind pot. [2] książk., przen. **~ć się radością/ szczęściem** to be deliriously happy; **~ć się sukcesem** to get drunk with success przen.; to be intoxicated by success książk., przen.

upie|c pf (**~kę, ~czesz, ~kł, ~kła, ~kli**) [I] vt to bake [chleb, ciasto, jabłka]; to bake, to roast [kartofle]; to roast [mięso]; **~c mięso/rybę na grillu** to grill some meat/fish; **~c kurczaka na rożnie** to roast a chicken on a rotisserie a. a spit [II] **upiec się** [1] pot. [osoba] to roast pot., to boil pot.; **~czesz się w tym płaszczu** you'll roast a. boil in that coat [2] [chleb, ciasto, jabłka] to bake; [mięso] to roast ∎ **~c dwie pieczenie przy jednym ogniu** przysł. to kill two birds with one stone; **~kło mu/jej się** pot. he/she got away with it a. with murder pot.; **tym razem ci się ~kło** you got away with it a. got off scot-free this time

upierać się impf → **uprzeć się**

upierdliwie adv. wulg. [domagać się] persistently, stubbornly; **wypytywać kogoś ~** to bombard sb with questions; **telefon dzwonił ~** the phone wouldn't stop ringing

upierdliw|y adi. wulg. [klient] stroppy GB pot., bloody-minded GB pot.; [pytania, mucha] pesky pot.; infernal; **być ~ym** [osoba] to be a pain in the arse GB posp., to be a pain in the ass US posp.; **potrafi być strasznie ~y** he can be such a pain in the arse posp.; he can be a real pest pot.; **nie chcę być ~y, ale...** I don't want to be a pain in the arse, but...

upierzeni|e n sgt plumage, feathers pl, coat of feathers C; **jaskrawe ~e** brightly coloured feathers a. plumage; **~e godowe** breeding a. nuptial plumage; **zrzucać ~e** to moult GB, to molt US

upierz|ony adi. [ptak] feathered; **jaskrawo ~ona papuga** a brightly plumaged a. feathered parrot

upiększać impf → **upiększyć**

upiększe|nie [I] sv → **upiększyć**
[II] n [1] (ozdoba) embellishment, adornment [2] (zmyślony szczegół) embellishment; **opisać/ przedstawić coś bez (zbędnych) ~ń** to describe/present sth without (unnecessary) embellishment(s)

upiększ|yć pf — **upiększ|ać** impf [I] vt [1] (czynić piękniejszym) to beautify, to make [sb/sth] more attractive [mieszkanie, ogród]; to smarten up, to improve the appearance of [miasto]; **~yć pokój kwiatami** to beautify a room with flowers; **makijaż ~ył ją** make-up made her look more beautiful a. improved her looks [2] (idealizować) to embellish, to embroider [prawdę, fakty]; **~ać rzeczywistość/historię** to embellish the facts/historical facts [II] **upiększać się** to beautify oneself, to make oneself beautiful; **~ać się przed lustrem** to primp in front of the mirror

upijać impf → **upić**

upiln|ować pf [I] vt pot. to keep an eye on [dziecko]; **nie ~ował więźnia** he allowed the prisoner to escape; **~ować dom przed złodziejami** to keep one's house safe a. to protect one's house from thieves

[II] **upilnować się** pot. to protect oneself (**przed czymś** from a. against sth)

upi|łować pf — **upi|łowywać** impf vt to saw off [deskę]; to file down [paznokcie]

upiłowywać impf → **upiłować**

upinać impf → **upiąć**

upiornie adv. grad. książk. [1] (przerażająco) **wyglądać ~ (blado)** to look ghastly (pale); **było ~ cicho** it was eerily silent, there was eerie a. uncanny silence [2] (strasznie, okropnie) [nudny, drogi] terribly, dreadfully; **było ~ gorąco/zimno/duszno** it was awfully hot/cold/stuffy

upiorno|ść f sgt książk. (sytuacji) ghastliness; (wojny) ghastliness, horror

upiorn|y adi. [1] (związany z upiorem) [widmo] ghostly; [zamek, cmentarzysko] haunted; **~y statek** a ghost a. phantom ship [2] (budzący przerażenie) [postać, twarz, światło] ghostly, ghastly; [widok] ghastly, eerie; [śmiech, uśmiech] ghoulish; [krzyk, cisza] eerie; **to brzmi jak ~y sen** that sounds like the worst nightmare [3] (straszny, okropny) [żart, makijaż, zima] ghastly, horrible; [osoba] ghastly, dreadful; [upał] awful, dreadful

upi|ór m książk. [1] (zjawa) ghost, phantom; **filmy o ~orach** ghost films; **na zamku straszy ~ór** the castle is haunted (by a ghost); **wyglądać jak ~ór** to look like a ghost; **blady jak ~ór** (as) white a. pale as a ghost [2] przen. ghost; **uwolnić się od ~orów przeszłości** to lay (the ghosts of) the past to rest; **~ory nietolerancji/ wojny** the shades of intolerance/the war; **budzić a. wywoływać ~ory komunizmu** to raise the spectre of Communism ∎ **wyglądasz, jakbyś zobaczył ~ora** you look as if you've (just) seen a ghost

upitra|sić pf vt pot. żart. to whip up [posiłek]; **zaraz coś ~szę** I'll just whip something up

uplas|ować pf [I] vt książk. [1] (umieścić) to place; **~ować gości przy stole** to seat guests at the table [2] Sport to slot GB pot.; to put; **~ował piłkę w lewy górny róg bramki** he slotted a. put the ball into the top left corner of the net ⇒ **plasować** [II] **uplasować się** [1] żart. (ulokować się) to park oneself żart.; to position oneself, to place oneself; **~ował się blisko okna** he parked himself near the window ⇒ **plasować się** [2] środ., Sport **~ować się na czwartym miejscu** to take fourth place, to come in fourth ⇒ **plasować się**

uplasowan|y [I] pp → **uplasować** [II] adi. książk. **zawodnik ~y na drugm miejscu** the second-place contestant, the contestant in second place

uplatać impf → **upleść**

upl|eść pf — **upl|atać** impf (**~otę, ~eciesz, ~ótł, ~otła, ~etli — ~atam**) vt to weave [wieniec, wianek, koszyk]; to plait GB, to braid US [linę]; **~eść sobie warkocz** to plait one's hair GB, to braid one's hair US

upław|y plt (G **~ów**) Med. vaginal discharge C/U; leucorrhoea U GB spec., leukorrhea U US spec.

upły|nąć pf — **upły|wać** impf (**~nęła, ~nęli — ~wam**) vi [czas, godziny, lata] to pass, to go by; to elapse książk.; [kadencja] to expire; **od ich ostatniego spotkania**

~nęły dwa miesiące two months had passed since their last meeting; **dzień ~nął bardzo szybko** the day passed very quickly; **wieczór ~nął spokojnie** the evening passed peacefully a. quietly; **podróż ~nęła mi na czytaniu** I spent the journey reading; **sobota ~nęła pod znakiem deszczu** Saturday was marked by rain; **termin ~wa w piątek/4 marca** the deadline is Friday/March 4th ∎ **dużo wody ~nęło od naszego ostatniego spotkania** a lot of water has gone a. flowed a. passed under the bridge since we last met; **wiele wody ~nie (w Wiśle) nim** a. **zanim...** a lot of water has to go a. flow a. pass under the bridge before...

upłynniać impf → **upłynnić**

upłynni|ć impf — **upłynni|ać** impf vt [1] (rozpuścić) to melt [smołę, tłuszcz]; to liquefy [węgiel] [2] pot., środ. (wyprzedawać) to sell off [towar]; to fence [kradziony towar]; **~ć nadwyżki towarów** to sell off one's surplus goods [3] Fin. to liquidate [aktywa]; **~ć kurs złotego** to float the zloty [4] Transp. **~ć ruch (pojazdów)** to allow traffic to flow (more) freely a. smoothly

upływ m sgt (G **~u**) [1] książk. (przemijanie) passage; **~ czasu** the passage a. flow of time; **niepowstrzymany ~ czasu** the relentless passage of time; **po ~ie kilku lat** after several years (have/had passed); **przed ~em miesiąca** (w przyszłości) before the month is out, by the end of the month; **w miarę ~u czasu** as time goes by a. on; **z ~em czasu** with a. in time; **z ~em lat** over the years; **zatrzymać ~ czasu** to make time stand still przen. [2] (koniec) expiry GB, expiration US; **po ~ie terminu** after the deadline (has/had passed); „**nie stosować po ~ie terminu ważności**" 'do not use past a. after a. beyond the expiry date'; **zrezygnował przed ~em kadencji** he resigned before his term of office expired a. was over; **nie przyjadę przed ~em roku** I won't come before the end of the year [3] przest. **~ krwi** blood loss, loss of blood; **~ krwi z rany/nosa** the flow of blood from the wound/nose; **umrzeć z ~u krwi** to die from loss of blood; **~ prądu** a power leak a. leakage

upływać impf → **upłynąć**

upodabniać impf → **upodobnić**

upodleni|e [I] sv → **upodlić** [II] n sgt degradation; **żyć w skrajnym ~u** to live in utter degradation

up|odlić pf — **up|adlać** impf vt książk. to degrade, to debase; **żyć w upadlających warunkach** to live in degrading conditions; **nędza upadla człowieka** poverty is degrading [II] **upodlić się** — **upadlać się** książk. (poniżyć się) to debase oneself; (stać się podłym) to become a. turn mean; **upodlił się kłamstwem** he debased himself by telling lies

upodoba|ć pf vi książk. **~ć sobie coś** to take a liking to sth, to develop a taste a. liking for sth; **szczególnie ~ć sobie kogoś** to take a special liking to sb

upodoba|nie [I] sv → **upodobać** [II] n liking (**do czegoś** for sth); predilection książk. (**do czegoś** for sth); **~nia artystyczne/kulinarne** artistic/culinary tastes; **ludzie o podobnych ~niach** people with a. of similar tastes; **wedle** a. **według** a. **w zależności od ~nia** according to taste a. preference; **mieć ~nie do czytania** to like a. enjoy reading; **mieć dziwaczne ~nia** to have bizarre tastes; **zawsze miał dziwne ~nia** he's always had strange tastes; **mieć szczególne ~nie do czegoś** to have a penchant a. a special liking for sth; **odpowiadać czyimś ~niom** to be to sb's liking a. taste; **to bardziej odpowiada moim ~niom** that's more to my liking; that's more up my street GB pot., that's more up my alley US pot.; **kierować się własnymi ~niami** to follow one's own inclinations; **nabrać ~nia do czegoś** to develop a taste a. liking for sth; **wyjść naprzeciw ~niom klientów** to meet the tastes of the customers; **zmienić swoje muzyczne ~nia** to change one's musical tastes; **znajdować w czymś ~nie** to enjoy sth, to get a. derive pleasure from sth; **każdy ma swoje (własne) ~nia** to each his own, everyone to his (own) taste; **ludzie mają różne ~nia** there's no accounting for tastes

■ **mieć w kimś ~nie** Relig. to be well pleased in sb Bibl.; **z ~niem** with great pleasure; **robić coś z ~niem** to get a lot of pleasure out of doing sth; **z ~niem czytam wiersze** I get a lot of pleasure out of reading poems, I enjoy reading poems (very much)

upodobni|ć pf — **upodabni|ać** impf [] vt [1] książk. (przystosować) to make [sb/sth] resemble (**do kogoś/czegoś** sb/sth); to make [sb/sth] similar (**do kogoś/czegoś** to sb/sth); **chusta zawiązana na głowie ~ała go do pirata** the bandanna tied on his head made him look like a. resemble a pirate; **wspólne życie ~ło ich do siebie** their life together made them resemble each other [2] Fonet. to assimilate (**do czegoś** to sth)

[] **upodobnić się** — **upodabniać się** [1] książk. (stać się podobnym) to become like (**do kogoś/czegoś** sb/sth); to become similar (**do kogoś/czegoś** to sb/sth); **~ć się do siebie** to become similar a. alike; **~ć się ubarwieniem/wyglądem do innego gatunku** Zool. to mimic the colour/appearance of another species; **z wiekiem ~ła się do swojej matki** as she grew older she came to resemble her mother [2] Fonet. to assimilate (**do czegoś** to sth); **spółgłoski ~ają się pod względem dźwięczności** vowels assimilate with regard to voice

upodobnie|nie [] sv → **upodobnić**
[] n Jęz. assimilation

up|oić pf — **up|ajać** impf [] vt [1] pot. (spić alkoholem) to get [sb] drunk; to inebriate książk.; **upoić kogoś winem** to get sb drunk on wine [2] przen. to exhilarate, to intoxicate; **upoiła go muzyka** the music exhilarated him; **upajający zapach** an intoxicating scent

[] **upoić się** — **upajać się** [1] pot. (spić się) to get drunk (**czymś** on sth) [2] przen. (zachwycić się) to be exhilarated a. intoxicated

(**czymś** by sth); **upoić się wiosną** to become intoxicated by spring; **upoić się sukcesem** to get drunk with success

upoje|nie [] sv → **upoić**
[] n [1] (alkoholem) (alcoholic) intoxication [2] przen. (zachwyt) ecstasy, elation; **w miłosnym ~niu** in the ecstasy of love; **doznać ~nia** to experience a. feel elation; **wprawić kogoś w ~nie** to fill sb with elation; **powtarzać coś do ~nia** to repeat sth ad nauseam a. over and over again

upojnie adv. przen. **jaśmin pachnie ~** jasmine has an intoxicating scent przen.; **weekend zapowiada się ~** the weekend promises to be absolutely blissful

upojn|y adi. przen. [zapach] intoxicating przen.; heady; [noc, pocałunek] intoxicating przen.; thrilling; [chwile, taniec] ecstatic [lato, weekend] blissful

upokarzać impf → **upokorzyć**

upokarzająco adv. [traktować] in a humiliating a. degrading manner; **~ niskie płace** humiliatingly low wages; **pytanie zabrzmiało ~** the question sounded humiliating

upokarzając|y [] pa → **upokorzyć**
[] adi. [traktowanie, sytuacja, doświadczenie] humiliating, degrading; ignominious książk.; **ponieść ~ą porażkę** to suffer a. humiliating defeat; **jego słowa były dla mnie ~e** I felt a. was humiliated by what he said

upokorze|nie [] sv → **upokorzyć**
[] n książk. humiliation C/U; **godzić się na ~nia** to submit to humiliation; **przeżyć pasmo ~ń** to suffer humiliation after humiliation, to suffer a string of humiliations; **zapomnieć o doznanych ~niach** to forget one's past humiliations; **doznać w życiu wielu ~ń** to go through a. endure a lot of humiliation; **znosić ~nia od kogoś** to suffer humiliation at sb's hands; **życie jest pełne ~ń** life is full of humbling experiences; **co za ~nie!** how humiliating!

upok|orzyć pf — **upok|arzać** impf [] vt książk. to humiliate; **~orzyć kogoś przed całą klasą** a. **wobec całej klasy** to humiliate sb in front of the entire class; **nigdy nie byłem a. nie czułem się tak ~orzony** I've never been a. felt so humiliated

[] **upokorzyć się** — **upokarzać się** książk. (okazać pokorę) to humble oneself (**przed kimś** a. **wobec kogoś** before a. in front of sb); **~orzyć się przed Bogiem** to humble oneself before God

upolityczniać impf → **upolitycznić**

upolityczni|ć pf — **upolityczni|ać** impf [] vt to politicize [gospodarkę, dyskusję]; to make [sb] politically aware [młodzież]; **~ć sprawę** to bring politics into a matter; **wysoce/mocno ~ony** highly/heavily politicized; **~enie administracji państwowej** the politicization of the civil service

[] **upolitycznić się** — **upolityczniać się** książk. [1] (zaangażować się politycznie) to become politically involved, to get involved in politics [2] (nabrać politycznego charakteru) [osoba, dyskusja, instytucja] to become politicized

upol|ować pf vt [1] (zabić) to shoot, to bag [zająca, sarnę] [2] przen. (zdobyć) to hunt down, to track down [książkę]; **trudno jest**

~ować go w biurze it's hard to track him down in the office; **~ować męża** to land oneself a husband pot.

upominać impf → **upomnieć**

upomin|ek m (G **~ku**) gift, present; **drobny/skromny ~ek** a small/modest gift; **~ek reklamowy** a free a. promotional gift; **sklep z ~kami** a gift shop; **dać coś komuś w ~ku** to give sb sth as a gift, to give sth to sb as gift; **dzieci obdarowano słodkimi ~kami** children were given sweets as a gifts; **przyjmij to w ~ku ode mnie** please accept this as a gift; „**do każdego zakupu dołączamy ~ek**" 'a free gift with every purchase'

upominkow|y adi. [zestaw, kosz, książka] gift attr.; **papier ~y** gift wrap, wrapping paper

upom|nieć pf — **upom|inać** impf (**~nisz, ~niał, ~nieli** — **~inam**) [] vt książk. to admonish, to reprimand (**kogoś za coś** sb for sth); [policja, sędzia] to caution, to reprimand; **~nieć kogoś surowo/łagodnie** to admonish a. reprimand sb severely/gently; **~inać kogoś przy każdej okazji** to reprove sb at every opportunity; **został ~niany za szybką jazdę** he was cautioned for speeding; **~niała swoje dziecko za złe zachowanie** she reprimanded her child for behaving badly

[] **upomnieć się** — **upominać się** książk. [1] (dopominać się) to demand (**o coś** sth); **~nieć się o zapłatę** to demand payment; **~inać się o swoje prawa** to assert one's rights; **~nieć się u kogoś o dług** to remind sb of a debt [2] pot. (brać w obronę) to stand up; to speak up (**o kogoś** for sb); **nikt nie chciał się za nim ~nieć** nobody stood up for him [3] przen. **natura ~ni się o swoje prawa** nature will out; **mój żołądek ~inał się o jedzenie** my stomach was demanding food a. calling for food

■ **~nieć się o czyjąś/swoją krzywdę** przen. to seek redress for the wrong done to sb/one

upomnie|nie [] sv → **upomnieć**
[] n [1] (napomnienie) admonition, reprimand; (oficjalne) caution, reprimand; **łagodne/ostre ~nie** a gentle/stern admonition; **udzielić komuś ~nia** to reprimand sb; **udzieliła mu ~nia wobec całej klasy** she reprimanded him in front of the entire class [2] (monit) (letter of) reminder; **~nie w sprawie zaległości w ratach** a reminder requesting payment of outstanding instalments; **otrzymał ~nie w sprawie zwrotu książek** he was sent a reminder to return the books

upora|ć się pf v refl. książk. **~ć się z czymś** to deal with sth; **~ł się z problemem** he dealt with the problem; **~ć się z pracą** to get one's work done; **~ć się z korespondencją** to take care of one's correspondence; **~ć się z trudnościami** to deal a. cope with the difficulties; **~ć się z zadaniem** to do the assignment; **~ć się z przeciwnikiem** to get the better of one's opponent; **~ć się z jedzeniem/butelką wina** to work one's way through the food/a bottle of wine; **~ć się ze sprzątaniem** to get the cleaning done; **~ć się z przeszłością** to get over the past, to put the past behind one; **gładko ~ł się z egzaminami** he waltzed through the exams; **łatwo ~ł się z zamkiem** he made short work of the lock; **szybko ~ł się z naprawą** he handled the repair quickly; **nie mogą ~ć się z bezrobociem** they can't get to grips with unemployment

uporczywie adv. grad. [twierdzić, zaprzeczać] stubbornly, persistently; [dzwonić] insistently; [wpatrywać się] unwaveringly; **~ dążył do celu** he doggedly pursued his goal; **~ łamać prawo** to persist in breaking the law; **~ milczeć** to remain stubbornly a. obstinately silent; **~ nie płacił podatków** he stubbornly refused to pay his taxes

uporczywoś|ć f sgt (kaszlu, bólu) persistence; **~ć w niepłaceniu alimentów** persistent non-payment of maintenance

uporczyw|y adi. [kaszel, ból głowy, hałas, myśl] persistent; [cisza, milczenie] stubborn, obstinate; [plama, chwast] stubborn; [dłużnik] persistent, recalcitrant; [obrona] dogged, sustained; [walka] relentless; **~y dzwonek telefonu** the insistent ringing of the telephone

uporządk|ować pf — **uporządk|owywać** impf vt [1] to straighten up, to tidy up [pokój, ogród]; to arrange, to organize [książki]; **~ować swoje papiery** to put one's papers in order, to tidy one's paperwork; **~ował zdjęcia według daty** he arranged a. organized the pictures by date; **~ować coś alfabetycznie** to put a. arrange sth in alphabetical order; **~ować grę** Sport to put one's game together; **~ować równanie** Mat. to rearrange an equation [2] książk., przen. (opanować) to organize, to sort out [myśli]; **~owane życie** a well-ordered life; **~ować swoje sprawy** to put one's affairs in order; **~ować swoje życie** to get one's life in order

uporządkowywać impf → uporządkować

uposażać impf → uposażyć

uposaże|nie [] sv → uposażyć
[] n książk. remuneration C/U książk.; salary, pay; **miesięczne ~nie** monthly pay a. salary; **podwyżka ~ń** an increase in salary a. pay, a pay rise GB, a raise (in pay) US; **pobierać ~nie** to draw remuneration książk.; to be on the payroll; **otrzymywać skromne/wysokie ~nie** to receive a modest/high salary

uposażeniow|y adi. **stawka ~a** the rate of pay

uposaż|ony [] pp → uposażyć
[] adi. książk. [pracownik] wage-earning, salaried; **wysoko/nisko ~ony dyrektor** a well-paid/low-paid manager; **jest lepiej ~ony ode mnie** he's better paid than me, he earns more than me; **wyznaczyć osobę ~oną** Ubezp. to designate a beneficiary

uposaż|yć pf — **uposaż|ać** impf vt książk. to endow; **hojnie ~ony klasztor** a lavishly endowed monastery

upośledze|nie n [1] książk. (zacofanie) backwardness U [2] Med. (ograniczenie) impairment C/U; **~nie lekkie/ciężkie/trwałe** (a) mild/severe/permanent impairment; **~nie czynności** a. **funkcji nerek** renal impair-

ment a. dysfunction; **~nie fizyczne** a physical handicap a. disability; **~nie mowy** a speech impediment; **~nie ruchowe** a. **sprawności ruchowej** a motor disability; **~nie słuchu** hearing a. auditory impairment; **~nie wzroku** a. **widzenia** visual impairment, impairment of vision; **~nie umysłowe** Med. mental handicap a. disability

upośledz|ony adi. [1] Med. [osoba, dziecko] handicapped, disabled; [krążenie, wchłanianie, czynność wątroby] impaired; **~ony emocjonalnie** emotionally handicapped; **~ony fizycznie** physically handicapped a. disabled; **~ony na ciele i umyśle** physically and mentally handicapped; **osoba ~ona ruchowo** a person with impaired mobility a. a motor disability; **osoba ~ona umysłowo** a mentally handicapped person; **osoby z ~onym słuchem/wzrokiem** the hearing/visually impaired; **uczniowie ~eni** handicapped pupils; **dzieci ~one w stopniu lekkim/głębokim** children with mild/severe handicaps a. disabilities; **zakład dla ~onych** a home for the handicapped; **opiekować się/pracować z ludźmi ~onymi** to care for/to work with the handicapped [2] przen. (zacofany) [klasa, obszary] underprivileged; **grupy społeczne ~one** the socially underprivileged; **warstwy społeczne ~one ekonomicznie** economically disadvantaged a. deprived sectors of society

upoważniać impf → upoważnić

upoważni|ć pf — **upoważni|ać** impf vt to authorize, to entitle; **~ć kogoś do podjęcia pieniędzy** to authorize sb to withdraw money; **karta ~a do 10% zniżki** the card entitles the bearer to a 10% discount; **co ~a cię do takiego stwierdzenia?** what qualifies a. entitles you to make such a statement?

upoważnie|nie [] sv → upoważnić
[] n authorization C/U; (dokument) letter of authorization; **bez wyraźnego ~nia** without express a. explicit authorization; **udzielić komuś ~nia do zrobienia czegoś** to authorize sb to do sth, to give a. grant sb the authorization to do sth; **dała mężowi ~nie do dysponowania jej rachunkiem w banku** she authorized her husband to use her bank account; **cofnąć ~nie** to revoke authorization; **działać z czyjegoś ~nia** to act with sb's authorization

upowszechniać impf → upowszechnić

upowszechni|ć pf — **upowszechni|ać** impf [] vt książk. to disseminate [informacje, wiedzę, wyniki badań] książk.; to propagate, to promulgate [ideę, teorię] książk.; **~ać czytelnictwo wśród młodzieży** to promote reading among young people
[] **upowszechnić się** — **upowszechniać się** książk. [praktyka, zwyczaj, przekonanie, komputery] to become widespread a. popular; **~enie się Internetu** the popularization of the Internet

upozor|ować pf — **upozor|owywać** impf vt książk. to fake, to feign [atak serca]; to stage [wypadek]; **~ować gniew** to fake a. feign anger, to pretend to be angry; **~ować włamanie** to fake a burglary, to stage a fake burglary; **~ować zabójstwo** to stage

a. simulate a murder; **~ować własną śmierć** to fake one's own death; **~ować czyjąś śmierć na nieszczęśliwy wypadek** to make sb's death appear accidental

upozorowywać impf → upozorować

upoz|ować pf — **upoz|owywać** impf []
vt książk. to pose [modelkę]
[] **upozować się** — **upozowywać się** [1] (ustawić się) to pose; **~ować się do zdjęcia** to pose for a photograph [2] przen. **komik ~ował się na Chaplina** the comedian modelled himself after Chaplin; **chciał się ~ować na bohatera** he wanted to pass himself off as a hero

upozowan|y [] pp → upozować
[] adi. [1] (ustawiony do zdjęcia) [modelka] posed; **starannie ~e zdjęcie** a carefully posed photograph; **nieupozowane zdjęcie** an unposed a. a candid photograph [2] przen. **był konserwatystą ~ym na liberała** he was a conservative posing as a liberal

upozowywać impf → upozować

up|ór m sgt (G uporu) obstinacy, stubbornness; **ślepy upór** blind obstinacy; **zacięty upór** dogged persistence; **ośli upór** mulish a. bullheaded stubbornness; **z uporem** obstinately, stubbornly; **z uporem maniaka** with obsessive persistence; **trwać w (swoim) uporze** to remain obstinate a. unyielding; **zaciąć się w uporze** to dig one's heels in; **złamać czyjś upór** to overcome sb's obstinacy; **dążyła z uporem do celu** she doggedly pursued her goal

■ **na upór nie ma lekarstwa** przysł. pot. (there are) none so deaf as those who will not hear przysł.

up|rać pf (upiorę) vt to wash [bieliznę, spodnie]; **uprać i uprasować zasłony** to wash and iron the curtains; **uprać coś ręcznie/w pralce** to wash sth by hand/in the (washing) machine

upragni|ony adi. [dziecko, wakacje, dzień] longed-for; [wiadomość, gość] welcome; [praca] desirable; **nadszedł ~ony moment** the long-awaited moment has come

upras|ować pf vt to iron, to press [koszulę, obrus]

upraszać impf → uprosić

upraszczać impf → uprościć

upraw|a f sgt [1] Roln. (przygotowanie ziemi pod zasiew) cultivation, farming; **~a bezglebowa** soilless culture a. cultivation; **~a doniczkowa** indoor cultivation; **~a hydroponiczna** hydroponic cultivation; **~a mechaniczna** mechanical a. mechanized cultivation; **~a polowa** arable farming; **~a przemysłowa** commercial farming; **~a roli** agriculture, farming; **~a sadownicza** orchard cultivation; **~a szklarniowa** greenhouse cultivation; **~a wstęgowa** strip cropping; **brać ziemię pod ~ę** a. **w ~ę** to bring land under cultivation [2] Roln. (zabiegi wokół roślin) cultivation, growing; **~a pszenicy/warzyw** wheat/vegetable growing; **~a winorośli** wine growing, viticulture [3] Roln., Leśn. (uprawiane rośliny) crop; (szkółka) nursery; **~a pochodna/rynkowa/ na własne potrzeby** a companion/cash/ subsistence crop; **~y polowe** field a. arable crops; **~y zbożowe** cereal crops

uprawdopodabniać impf → uprawdopodobnić

uprawdopodobniać *impf* → **uprawdo-podobnić**

uprawdopodobni|ć *pf* — **uprawdo-podabni|ać, uprawdopodobni|ać** *impf vt* książk. to lend credence to książk.; **liczne szczegóły ~ały jego wersję wydarzeń** the many details lent credence to his version of the events

uprawiać[1] *impf* → **uprawić**

uprawia|ć[2] *impf* (zajmować się czymś) to go in for; **~ć sport/biegi** to go in for sports/running; **~ć fotografię/malarstwo** to go in for photography/painting; **~ć hazard/szpiegostwo** to be a gambler/spy

upraw|ić *pf* — **upraw|iać**[1] *impf vt* Roln. (siać, sadzić) to plant [*warzywa, zboże, kartofle*]; to cultivate, to farm [*ziemię, działkę*]; to cultivate, to work [*pole*]; **~iać ogród** to garden, to do the gardening; **~ić grządkę pod ogórki** to prepare a vegetable patch for cucumbers

uprawniać *impf* → **uprawnić**

uprawni|ć *pf* — **uprawni|ać** *impf vt* Prawo to authorize, to entitle; **~ć kogoś do (zrobienia) czegoś** to authorize a. entitle sb to (do) sth; **wyniki ~ają do stwierdzenia, że...** the results justify the conclusion that...; **~ć do wstępu** [*bilet, karta*] to entitle sb to admission

uprawnie|nie [] *sv* → **uprawnić**

[] *n* entitlement, right; **~nie do urlopu** leave entitlement, entitlement to leave

[] **uprawnienia** *plt* [1] (przywileje) rights *pl*, entitlements *pl*; **~nia emerytalne/kombatanckie** retirement/veteran's rights; **skorzystać z ~ń do wcześniejszej emerytury** to exercise the right to early retirement; **nabyć** a. **uzyskać ~nia do zasiłku** to become entitled to a benefit [2] (kompetencje) qualifications *pl*; **~nia do kierowania pojazdami** driving rights; **~nia budowlane/górnicze** building/mining qualifications; **posiadać ~nia przewodnika turystycznego** to be qualified as a tourist guide; **przekroczyć (swoje) ~nia** to exceed one's authority [3] (władza) powers *pl*; **~nia rządu** the powers of the government; **korzystać z szerokich ~ń** to exercise wide powers; **mieć specjalne ~nia** to be vested with special powers

uprawni|ony *adi.* [1] (upoważniony) entitled; [*użytkownik*] authorized; **osoby ~one do głosowania** eligible voters, people eligible to vote; **w wyborach wzięło udział 45% ~ionych** 45% of (all) eligible voters took part in the elections; **być ~onym do emerytury/świadczenia** to be entitled to a. eligible for a retirement pension/a benefit; **być ~onym do prowadzenia pojazdu samochodowego** to be licensed a. authorized to drive a motor vehicle [2] (zasadny) [*działania*] justified; **porównanie to jest o tyle ~one, że...** this comparison is justified in so far as...; **nie wszystkie poglądy są jednakowo ~one** not all opinions are equally valid

uprawn|y *adi.* [1] (uprawiany) [*pole, obszar*] cultivated, arable; **ziemia ~a** cultivated a. arable land, land under cultivation; **powierzchnia ~a** the cultivated area a. acreage [2] [*pole, ziemia, gleby*] arable,

cultivable [3] [*pszenica, gatunki, odmiany*] cultivated; **rośliny ~e** cultivated plants

uprawomocniać *impf* → **uprawomocnić**

uprawomocni|ć *pf* — **uprawomocni|ać** *impf* [] *vt* Prawo [1] (nadać moc) **~ć wyrok** to render a verdict final and binding [2] (upoważnić) to authorize; **został ~ony do dysponowania majątkiem rodziców** he was granted power of attorney over his parents' assets

[] **uprawomocnić się — uprawomocniać się** Prawo [*decyzja, przepis*] to come into force; **wyrok sądu musi się jeszcze ~ć** the verdict is not yet binding

upraż|yć *pf* [] *vt* to (dry-)roast; **~one orzechy/ziarnka sezamu** dry-roasted nuts/toasted sesame seeds

[] **uprażyć się** to be (dry-)roasted, to (dry-)roast

upr|osić *pf* — **upr|aszać** *impf* [] *vt* pot. (uzyskać prośbą) to get [sb] to do sth (*by begging*); to beg [sb] into sth a. doing sth pot.; **dać się komuś ~osić** to give in to sb a. to sb's entreaties/requests; **daj się ~osić – zagraj nam coś na pianinie** oh come on a. oh pretty please – play something on the piano for us pot.; **~osił ją, by została jeszcze godzinę** he begged her into staying for one more hour

[] **uprosić się — upraszać się** to request; **~asza się o niepalenie** thank you for not smoking; **~asza się o niezaśmiecanie trawników** please don't litter the lawns

uproszcze|nie [] *sv* → **uprościć**

[] *n* simplification; **w ~niu** to put it simply

❏ **~nie grupy spółgłoskowej** Jęz. reduction of consonants

upr|ościć *pf* — **upr|aszczać** *impf vt* [1] (ułatwić) to simplify; **~aszczać przepisy** to simplify the regulations; **~ościć sobie pracę** to simplify one's work; **~ościć ułamek** Mat. to reduce a fraction [2] (ująć powierzchownie) to oversimplify; **~aszczasz problem** you're oversimplifying the problem

uprowadzać *impf* → **uprowadzić**

uprowa|dzić *pf* — **uprowa|dzać** *impf vt* książk. to kidnap [*osobę*]; to hijack [*samolot, autobus*]; **~dzić dziecko dla okupu** to kidnap a child for ransom

uprz|ąść *pf* (**~ędę, ~ędziesz, ~ądł, ~ędła, ~ędli**) *vt* to spin [*nić, wełnę*]; **pająk ~ądł pajęczynę** the spider made a web

uprzątać *impf* → **uprzątnąć**

uprząt|nąć *pf* — **uprząt|ać** *impf* (**~nęła, ~nęli — ~am**) *vt* to tidy (up) [*mieszkanie, salę*]; **~nąć śnieg z chodników** to remove a. clear the snow from pavements; **kelnerka ~nęła talerze ze stolików** the waitress cleared the plates from a. off the tables

uprz|ąż *f* harness; **założył koniowi ~ąż** he put the harness on the horse; **~ąż spadochronu** a. **spadochronowa** Lotn. (parachute) harness

up|rzeć się *pf* — **up|ierać się** *impf* (**uparł się, uparli — upieram się**) *v refl.* to insist (**przy czymś** on sth); to dig one's heels in; **nic nie poradzisz, uparł**

się there's nothing you can do, he's dug his heels in; **uparł się, że zrobi to sam** he insists on doing it himself; **nie upieram się, wiem, że masz rację** I won't insist, I know you're right

uprzedmiotowiać *impf* → **uprzedmiotowić**

uprzedmiot|owić *pf* — **uprzedmiot|owiać** *impf vt* książk. [1] (obiektywizować) to objectify [2] (sprowadzać do roli przedmiotu) to treat [sb] as a. like an object; **czuł się ~owiony przez własną żonę** he felt that his wife treated him like an object

uprzedni *adi.* książk. previous, earlier; **uchylił drzwi bez ~ego stukania** he pushed the door ajar without knocking first; **~a podróż była mniej męcząca** the previous journey had been less tiring; **imiesłów ~** Jęz. perfect participle

uprzednio *adv.* książk. previously, earlier; Prawo theretofore; **jak ~ wspomniałem...** as I mentioned earlier...

uprzedzać *impf* → **uprzedzić**

uprzedzająco *adv.* książk. **~ grzeczny** exceedingly polite a. courteous książk.; **był ~ uprzejmy względem a. wobec swojej nowej sąsiadki** he was exceedingly polite towards his new neighbour

uprzedzając|y *pa* → **uprzedzić**

[] *adi.* [*grzeczność, uprzejmość, gościnność*] exceptional

uprzedze|nie [] *sv* → **uprzedzić**

[] *n zw. pl* prejudice *U* (**do kogoś/czegoś** against a. towards sb/sth); bias (**do kogoś/czegoś** against sb/sth); **~nia klasowe/rasowe/etniczne** class/racial/ethnic prejudice

■ **bez ~ń** [*osoba*] unbias(s)ed; **przedstawiać/rozpatrywać coś bez ~ń** to present/examine sth without prejudice

uprze|dzić *pf* — **uprze|dzać** *impf* [] *vt* [1] (ubiec, wyprzedzić) to forestall [*działanie, atak, krytykę*]; **~dzić cios przeciwnika** to block one's opponent's blow; **~dzać czyjeś prośby/zamiary/kaprysy** to anticipate sb's requests/intentions/whims; **~dzać fakty** to get ahead of one's a. of oneself story a. of oneself [2] (zapowiadać z góry) to (fore)warn; **radio ~dziło słuchaczy o zbliżaniu się huraganu** there were warnings on the radio about the approaching hurricane; **jak będziesz wyjeżdżał, to mnie ~dź** let me know before you go away [3] (zniechęcić) to prejudice (**do kogoś/czegoś** against sth); **to mnie do niego ~dziło** this put me off him

[] **uprzedzić się — uprzedzać się** książk. to become prejudiced (**do kogoś/czegoś** against sb/sth)

uprzedz|ony [] *pp* → **uprzedzić**

[] *adi.* [*osoba*] prejudiced, bias(s)ed (**do kogoś/czegoś** against sth); **nie ma sensu, żebym z nim rozmawiała, bo jest do mnie z góry ~ony** there's no point in my talking with him – he's got something against me

uprzejmie *adv. grad.* politely, courteously; **odnosił się do wszystkich bardzo ~** he was very polite a. courteous to everyone; **dziękuję ~** thank you very much; **proszę ~ (na podziękowanie)** you're (very) welcome;

(na propozycję) yes, that would be (very) nice; (na wyrażenie zgody) certainly

uprzejmoś|ć *f sgt* [1] (grzeczność) politeness, courtesy; civility książk.; (życzliwość) kindness, **wyświadczyć komuś ~ć** to do sb a favour GB, to do sb a favor US; **z ostentacyjną ~cią ukłonił się sąsiadowi** he bowed to his neighbour with exaggerated courtesy; **to była niebywała ~ć z jej strony** that was remarkably kind of her [2] *zw. pl* courtesies *pl*, pleasantries *pl*; **sąsiedzi wymienili między sobą ~ci** the neighbours exchanged pleasantries

uprzejm|y *adi. grad.* [1] (grzeczny) courteous, polite; (usłużny) kind; **był ~y i sympatyczny dla wszystkich** he was courteous and pleasant to everyone [2] *[gest, ukłon, słowa]* courteous; **spotkaliśmy się z ~ym przyjęciem** we were courteously received

uprzemysławiać *impf* → **uprzemysłowić**

uprzemysł|owić *pf* — **uprzemysł|awiać** *impf* [1] *vt* to industrialize; **~awiać zacofane regiony** to industrialize underdeveloped regions; **kraj wysoko ~owiony** a highly industrialized country

[II] **uprzemysłowić się** — **uprzemysławiać się** to become industrialized

uprzemysłowieni|e [1] *sv* → **uprzemysłowić**

[II] *n sgt* industrialization; **niski stopień ~a** a low level of industrialization

uprzyjemniać *impf* → **uprzyjemnić**

uprzyjemni|ć *pf* — **uprzyjemni|ać** *impf vt* to brighten up, to make [sth] (more) pleasant *[życie, dzień, czas]*; **wycieczki ~ły nam pobyt na wczasach** the outings made our holidays more fun

uprzykrzać *impf* → **uprzykrzyć**

uprzykrz|ony [1] *pp* → **uprzykrzyć**

[II] *adi. [komary, dzieci, chwasty]* tiresome, dratted; **~one muchy nie pozwalały zasnąć** those dratted flies kept us/me awake; **~one towarzystwo** tiresome company

uprzykrz|yć *pf* — **uprzykrz|ać** *impf* [1] *vt* (sprawiać uciążliwym) to make [sth] unpleasant (**komuś** for sb); **~ać komuś pobyt/życie** to spoil sb's stay/to make sb's life difficult; **liczne odsyłacze ~ają lekturę książki** the numerous references make the book hard to follow

[II] **uprzykrzyć się** — **uprzykrzać się** to get a. become tiresome; **~yła mi się monotonna praca** I'm tired of this monotonous work; **~ył mi się pobyt na wsi** my stay in the country had become tiresome; **~yło mi się siedzieć w domu** I'm tired of sitting at home

uprzystępniać *impf* → **uprzystępnić**

uprzystępni|ć *pf* — **uprzystępni|ać** *impf vt* to make [sth] more accessible; **~ć treść dzieła naukowego** to make a scholarly work more accessible a. easier to understand

uprzytamniać *impf* → **uprzytomnić**

uprzytomni|ć *pf* — **uprzytamni|ać** *impf vt* książk. **~ć komuś coś** to make sb realize sth, to make sb aware of sth; **~ć komuś konsekwencje jego postępowania** to make sb aware of the consequences of their behaviour; **~ć sobie przemijanie**

czasu to become aware of the passage of time

uprzywilejowan|y [1] *adi. [warstwa, osoba]* privileged; **miał ~e stanowisko** he had a privileged position; **pojazd ~y** a priority vehicle

[II] *m* privileged person; **talony na samochody rozdawano tylko ~ym** vouchers for cars were given only to the privileged few

upstrz|yć *pf vt* pot. [1] (pokryć nierównomiernie) to speck, to fleck; **ściana ~ona graffiti** a wall splattered with graffiti; **tekst ~ony błędami** the text littered with mistakes przen. [2] (pobrudzić) to spatter, to speck; to splotch pot.; **ściana/szyba ~ona przez muchy** a flyspecked wall/window

upudr|ować *pf* [1] *vt* to powder; **~ować twarz/nos/policzki** to powder one's face/nose/cheeks

[II] **upudrować się** to powder one's face

upupiać *impf* → **upupić**

upupi|ć *pf* — **upupi|ać** *impf vt* pot. (ośmieszyć) to make an ass pot. (**kogoś** out) of sb); (potraktować niepoważnie) to talk down to, to patronize; (popsuć) to stymie pot. *[zamiary, plany]*

upu|st *m* (*G* ~**stu**) [1] (wydostanie się nadmiaru) release; (opróżnienie z nadmiaru) bleeding; **ciśnienie w kotle wzrasta, konieczny jest ~st pary** the pressure in the boiler is mounting – it needs bleeding [2] Techn. (urządzenie) sluice [3] Handl. (obniżenie ceny) discount; **sprzedać coś z ~stem** to sell sth at a discount

❏ **~st krwi** przest. blood-letting

■ **dać ~st swoim uczuciom/swojej złości** pot. to get one's feelings/anger off one's chest pot.

upuszczać *impf* → **upuścić**

upu|ścić *pf* — **upu|szczać** *impf vt* [1] (wypuścić z rąk) to drop; **~ściła szklankę** she dropped the glass [2] przest. (utoczyć) to release; **~szczać wodę ze stawu** to release some water from a pond; **~ścić komuś krwi** to bleed sb, to let sb's blood; przen. to draw blood

upychać *impf* → **upchać**

urabiać *impf* → **urobić**

uracz|yć *pf* [1] *vt* książk. to regale książk. (**czymś** with sth); **~yli mnie wyborną kolacją i rozmową** I was regaled with an excellent dinner and conversation

[II] **uraczyć się** książk. to feast (**czymś** on sth); **~yłam się plackami** I feasted on pancakes

urad|ować *pf* [1] *vt* książk. to delight, to thrill (**kogoś czymś** sb with sth); **dzieci były ~owane zabawkami** the children were thrilled with the toys ⇒ **radować**

[II] **uradować się** książk. to rejoice (**czymś** at a. over sth) ⇒ **radować się**

uradowan|y [1] *pp* → **uradować**

[II] *adi. [osoba]* delighted, overjoyed (**czymś** at a. about sth); *[mina, uśmiech]* delighted, joyful; **z ~ym uśmiechem powitała gości** she greeeted the guests with a joyful smile

uradzać *impf* → **uradzić**

ura|dzić *pf* — **ura|dzać** *impf vt* [1] książk. (ustalić) to decide (on); **powiedz, coście ~dzili w sprawie wyjazdu** what have you

decided (on) regarding the trip? [2] pot. (udźwignąć) (to manage) to lift; **ja tego ciężaru nie ~dzę** I can't lift this

Uran *m* Astron. Uranus

uran *m sgt* (*G* ~**u**) Chem. [1] uranium; **ruda ~u** uranium ore; **złoża ~u** a uranium deposit [2] (paliwo jądrowe) uranium (235) fuel

uranow|y *adi. [ruda, paliwo]* uranium *attr.*

urastać *impf* → **urosnąć**

urat|ować *pf* [1] *vt* to rescue, to save; **~ować komuś życie** to save sb's life także przen.; **~ować swój dobytek z pożaru** to rescue one's belongings from a fire ⇒ **ratować**

[II] **uratować się** to save oneself; **~ować się od śmierci** to save one's own life; **~ować się ucieczką** to escape ⇒ **ratować się**

■ **~ować sytuację** pot. to save the day a. situation

urawniłow|ka *f sgt* pot. ≈ artificial egalitarianism

uraz *m* (*G* ~**u**) [1] Med. (uszkodzenie ciała) injury; (poważny) trauma; **doznać ~u** to sustain an injury; **~ głowy** a head injury [2] Psych. (psychiczny) trauma; (zastarzały, głęboki) scar; **~ na punkcie czegoś** a complex about sth; **~ do czegoś** an aversion to sth

uraz|a *f* książk. grudge, resentment *U*; **pełen ~y** resentful; **mieć do kogoś ~ę** to have a grudge against sb; **nosić w sobie** a. **żywić ~ę** to harbour a. nurse a grudge; **zapomnieć ~ę** to forget a grudge; **puścić w niepamięć ~y** to let bygones be bygones; **bez ~y** pot. no offence (intended) pot.

ura|zić *pf* — **ura|żać** *impf* [1] *vt* książk. [1] (zranić) to hurt; **~zić nogę o kamień** to hurt one's foot on a rock; **~zić kogoś w skaleczoną rękę** to aggravate sb's hand injury; **~zić skaleczoną rękę** to aggravate a hand injury [2] (obrazić, sprawić przykrość) to hurt, to pique; **~zić czyjąś dumę** a. **ambicję** to hurt sb's pride; **był ~żony złośliwą uwagą** he was piqued by the malicious remark

[II] **urazić się** — **urażać się** książk. [1] (zranić się) to hurt; **~zić się w chorą rękę** to aggravate one's sore hand [2] (obrazić się) to take offence GB, to take offense US, to be piqued a. offended; **~ża się o byle drobnostkę** she takes offence at the drop of a hat

urazow|y *adi.* Med. *[amnezja, przepuklina]* traumatic; **oddział ~y** trauma ward; **chirurgia ~a** traumatology

urażać *impf* → **urazić**

uraż|ony *adi. [osoba]* piqued, hurt; *[mina, duma, spojrzenie, głos, ton]* hurt, wounded

urąb|ać *pf* (~**ię**) *vt* [1] (narąbać) to chop; **~ać drwa na ognisko** to chop wood for the fire [2] (odrąbać) to chop off; **~ać grubą gałąź** to chop off a thick branch

urąg|ać *impf vi* książk. [1] (łajać, złorzeczyć) to revile *vt* (**komuś** sb) książk.; to shower abuse (**komuś** on sb) [2] (przynosić ujmę) to be an affront to; **to ~a wszelkiej przyzwoitości** it's an affront to common decency; **~ć zdrowemu rozsądkowi** książk. to be an insult to common sense, to go against all common sense

U

urągliwie adv. grad. książk. [śmiać się, zachowywać się] sneeringly, derisively

urągliw|y adi. książk. [okrzyk, śmiech, wyzwiska] sneering, derisive

urągowisk|o n sgt książk. mockery; **zrobić z czegoś ~o** to hold sth up to mockery książk.; **jak na ~o** as if in mockery

urbani|sta m urban planner, urbanist

urbanistycznie adv. in terms of urban planning a. development

urbanistyczn|y adi. [plan, projekt, zespół] urban planning attr., urban development attr.

urbanisty|ka f sgt urban planning a. development; (nauka) urban studies (+ v sg)

urbanizacj|a f sgt (kraju, regionu) urbanization

urbanizacyjn|y adi. [program, procesy, przemiany] urbanization attr.

urbaniz|ować impf [] vt to urbanize [kraj] ⇒ **zurbanizować**

[] **urbanizować się** to become urbanized ⇒ **zurbanizować się**

urealniać impf → **urealnić**

urealni|ć pf — **urealnia|ć** impf [] vt książk. [1] (zrealizować) to realize [plany, projekty, zamierzenia] [2] (uczynić prawdopodobnym) to make [sth] more realistic

[] **urealnić się — urealniać się** książk. to materialize

uregul|ować pf vt [1] Admin., Prawo (ująć w przepisy) to regulate ⇒ **regulować** [2] (uporządkować, załatwić) to take care of [sprawy]; to settle [rachunek, dług] ⇒ **regulować** [3] Techn. (skorygować) to adjust [zegar, mikrofon, gaźnik, zapłon] ⇒ **regulować**

uregulowa|nie [] sv → **uregulować**

[] n Prawo regulation U

uremi|a f sgt (GD ~i) Med. uraemia GB, uremia US

urlop m (G ~u) leave U, holiday C/U GB, vacation U US; **miesięczny ~** a month's leave a. holiday; **zaległy ~** outstanding leave; **dostać/mieć ~** to be given/have some leave a. holiday; **wziąć ~ bezpłatny** to take (some) unpaid leave; **~ zaplanowali na lipiec** they planned to take their holiday(s) a. some leave in July; **cały ~ spędził w górach/nad morzem** he spent all his time off in the mountains/at the seaside; **jest na ~ie** s/he's (away) on holiday a. leave

❏ **~ dziekański** Uniw. a year off (university/college); **~ macierzyński** maternity leave; **~ okolicznościowy** (z powodu śmierci lub choroby w rodzinie) compassionate leave; (z innych powodów) special leave; leave of absence książk.; **~ wychowawczy** unpaid extended post-maternity leave; **~ wypoczynkowy** annual leave GB, vacation US; **~ zdrowotny** (extended) sick leave, convalescent leave GB

urlop|ować pf, impf [] vt to give [sb] a holiday [załogę, personel]

[] vi (przebywać na urlopie) to be on holiday

urlopowicz m, **~ka** f holiday maker GB, vacationer US

urlopow|y adi. [sezon, plany, przerwa] holiday attr. GB, vacation attr. US

urn|a f [1] (na prochy zmarłego) urn [2] (wyborcza) ballot box, voting urn [3] Hist., Miary an old Polish measure of honey equalling about 43 litres

■ **stawać do ~y wyborczej** przest. to go to the polls

urob|ek m (G ~ku) Górn. [1] (wydobywanie kopaliny) mining U; **mechanizacja ~ku w górnictwie węglowym** the mechanization of coal mining [2] (kopalina) (mine) output, winning; **~ek dzienny/nocny** daily/nightly output; **~ek surowy** the run of a mine

ur|obić pf — **ur|abiać** impf [] vt [1] książk. (uksztaltować) **urobić masę betonową** to mix concrete; **urabiać glinę** to work clay [2] pot. (wpłynąć, zmienić) to mould GB, to mold US; (pozyskać, przekonać) to win [sb] over; **urabiać czyjś charakter** to mould sb's character; **urobić kogoś na swoją modłę** to mould sb in one's own image; **urabiać kogoś dla jakiejś sprawy** to win sb over to a cause; **urabiać opinię społeczną** to mould/win over public opinion [3] Górn. (oddzielić, oderwać) to hew

[] **urobić się — urabiać się** [1] książk. (być kształtowanym) to form, to be moulded GB, to be molded US; **charakter syna urobił się pod wpływem dziadka** the son's character was formed under his grandfather's influence [2] pot. (zmęczyć się) to knock oneself out pot., to wear oneself to a frazzle pot.

■ **urobić sobie ręce (po łokcie)** pot. to work one's fingers to the bone

urocza adv. książk. charmingly, enchantingly; [wyglądać] charming adi., enchanting adi.

urocz|y adi. książk. charming, enchanting; **~y młody człowiek** an engaging a. a charming young man

uroczysk|o n [1] książk. (odludzie, pustkowie) wilderness; **zabłądzić na ~u** to lose one's way in the wilderness [2] Leśn. nature reserve [3] Hist. (miejsce kultu) sacred site

uroczystoś|ć f [1] (ceremonia) celebration(s), ceremony; **~ci rodzinne/weselne** a family/wedding celebration; **~ci żałobne** a funeral ceremony; **~ci państwowe/kościelne** state/church celebrations; **obchodzić ~ć czegoś/ku czyjejś czci** to celebrate sth/to hold a celebration in sb's honour; **obchodzić ~ć czyichś urodzin** to celebrate sb's birthday [2] sgt książk. (podniosłość) solemnity; **~ć chwili** the solemnity of the moment; **~ć uświetniono występami artystów** performances by a series of soloists added splendour to the ceremony

uroczy|sty adi. grad. [1] (wystawny) [strój, obiad] ceremonial [2] (podniosły) [nastrój, mina, głos] solemn; [chwila] festive

uroczyście adv. grad. [1] (odświętnie) ceremonially, ceremoniously [2] (podniośle) solemnly; **przyrzekam ~** I solemnly pledge

uro|da f sgt [1] (rysy twarzy) looks pl, appearance; **mieć typowo polską ~dę** to have typically Polish looks; **ma ~dę po tacie** he/she takes after his/her dad [2] (piękny wygląd) beauty, good looks pl; **dbać o ~dę** to look after oneself; **słynąć z ~dy** to be famous for one's beauty; **wielkiej ~dy** beautiful; **wszystkie koleżanki zazdrościły jej ~dy** all of her friends were jealous of her good looks; **dodawać komuś/czemuś ~dy** to add to sb's/sth's good looks; **pastelowe kolory podnoszą**

~dę wnętrza pastel colours bring out the charm of the interior [3] przen. (miejsca, terenu) beauty; **~da piaszczystej plaży** the beauty of the sandy beach [4] przen. (cecha) nature; **na tym polega ~da życia** that's the nature of life, that's the way life is; **taka już jej/jego ~da** that's just the way she/he is

■ **nie grzeszyć ~dą** pot., żart. to not be too impressive in the looks department pot., iron.

urodza|j m (G ~ju, Gpl ~jów a. ~i) [1] (żniwo) harvest; **w tym roku ~j nie dopisał** this year the harvest wasn't very good [2] pot., żart. abundance; **widzę, że w tej klasie jest ~j na leniów, połowa nie odrobiła pracy domowej** I see we have an abundance of idlers in the class, half of you haven't done the homework

urodzajnie adv. grad. **bieżący rok zapowiada się ~** this year's crop promises to be good

urodzajnoś|ć f sgt fertility; **~ć gleby** the fertility of the soil; **~ć tych ziem** the fertility of these lands

urodzajn|y adi. [1] (żyzny) [gleba, ziemia, tereny] fertile [2] [dolina, kraj] fertile; **piękny i ~y kraj** a beautiful and fertile land

urodze|nie [] sv → **urodzić**

[] n (narodziny) birth; **wskaźnik ~ń** the birth rate; **być kimś z ~nia** to be sb by birth; **z ~nia jest Polakiem** he's a Pole by birth; **arystokrata/szlachcic z ~nia** an aristocrat/nobleman by birth; **od ~nia** from birth; **jest niewidomy od ~nia** he's been blind from birth; **od ~nia ma zdolności muzyczne** he's been musical from birth; **od ~nia do śmierci** all one's life; **pysznić się swym ~niem** to pride oneself on one's breeding

ur|odzić pf [] vt (wydać na świat potomstwo) to give birth to; **urodzić córkę/syna** to have a daughter/son, to give birth to a daughter/son; **suka urodziła czworo szczeniąt** the bitch gave birth to a litter of four puppies ⇒ **rodzić**

[] **urodzić się** [1] (narodzić się) to be born; **dziecko urodziło się zdrowe** the child was born healthy; **urodziły się im trojaczki** they had triplets ⇒ **rodzić się** [2] przen. (powstać) to come to mind; **znów urodził mu się pomysł/plan/projekt w głowie** another idea/plan/project came to his mind ⇒ **zrodzić się**

■ **jakby się na nowo urodził/urodziła** like a new man/woman; **jeszcze się taki nie urodził, co by wszystkim a. każdemu dogodził** przysł. you can't please everyone

urodzinow|y adi. [prezent, przyjęcie, życzenia] birthday attr.

urodzin|y plt (G ~) [1] (rocznica) birthday; **dziś są moje ~y** today is my birthday; **ja nie obchodzę ~n** I don't celebrate my birthday [2] (przyjęcie) birthday party; **wpadnij do mnie na ~y!** come round for my birthday (party)! [3] (narodziny dziecka) birth; **wzrasta liczba ~** the number of births is rising

urodziwie adv. grad. książk. [wyglądać] comely adi. książk., well-favoured adi. GB książk., well-favored US książk.

urodziw|y _adi. grad._ książk. _[panna, chłopak]_ comely książk., well-favoured GB książk., well-favored US książk.

urodz|ony _[_ _pp_ → **urodzić**
[** _adi._ [1] (zawołany) _[mówca, nauczyciel, polityk]_ natural(-born) _attr._, born _attr._ [2] (rodowity) by birth; **był ~onym londyńczykiem** he was a Londoner by birth; **ubiera się jak ~ona paryżanka** she dresses like a born Parisian [3] (ze szlacheckiego rodu) **dobrze ~ony** well-born; **szlachetnie ~ony** of noble birth; **wysoko/nisko ~ony** high-born/low-born

ur|oić _pf_ _[_ _vi_ (wymyślić sobie) **uroić sobie, że...** to get it into one's head that...; **dziecko uroiło sobie, że jest niekochane** the child got it into his head that nobody loved him; **uroił sobie chorobę** he got it into his head that he was ill
[** **uroić się** (przyjść do głowy) **uroiło mu się, że...** he got it into his head that...

uroje|nie _[_ _sv_ → **uroić**
[** _n zw. pl_ [1] (wymysł) delusion, hallucination; **to są tylko twoje ~nia** it's only your imagination; **żyła jakimiś ~niami** she lived in a world of delusion [2] Psych. delusion; **mieć ~nia** to suffer from delusions; **cierpi na chorobliwe ~nia** he suffers from paranoid delusions
■ **chory z ~nia** iron. hypochondriac

urojeniow|y _adi._ Psych. _[zespół, omamy]_ paranoid

uroj|ony _adi._ _[historia, problem, krzywda]_ imaginary; _[choroba]_ phantom _attr._

urok _m_ (G **~u**) [1] (powab) charm, appeal _U_; **uległ ~owi młodej dziewczyny** he succumbed to the young girl's charms; **~i życia w wielkim mieście** the allure of the big city; **spotkania te straciły dla mnie wszelki ~** the meetings have no appeal at all for me any more; **być pod czyimś ~iem** to be under sb's spell; **zawsze byłem pod ~iem tego miejsca** I've always found this place charming [2] (czary) spell, charm; **rzucić na kogoś ~** to cast a. put a spell on sb; **odczyniać ~i** to lift a spell
■ **jak nie ~, to przemarsz wojsk** pot. a. **to sraczka** wulg. it never rains but it pours przysł.

urokliwie _adv. grad._ książk. _[uśmiechać się]_ charmingly, enchantingly; _[wyglądać]_ charming _adi._, enchanting _adi._

urokliwoś|ć _f sgt_ książk. (krajobrazu, osoby) charm

urokliw|y _adi. grad._ książk. _[dziewczyna, krajobraz, głos]_ charming, enchanting

urolo|g _m_ (Npl **~dzy** a. **~gowie**) Med. urologist

urologi|a _f_ (GD **~i**) _sgt_ [1] Med. urology [2] pot. (oddział) urological unit a. ward _C_

urologiczn|y _adi._ _[badania, oddział]_ urological

uro|nić _pf vt_ książk. [1] (pominąć) to miss; **nie ~nił ani słowa z przemówienia** he took in every word of the speech [2] (utracić) to drop; **nie ~nił ani kropli płynu ze szklanki** he didn't spill a drop from the glass

ur|osnąć¹ _pf_ (**urósł**) _vi_ [1] (powiększyć się) to grow; **drzewo na podwórku znacznie urosło od zeszłej zimy** the tree in the

yard has grown considerably since last winter; **dziecko bardzo urosło w ciągu ostatniego roku** the kid has grown a lot since last year; **zobacz, jak bardzo urosły jej włosy** see how long her hair has grown ⇒ **rosnąć** [2] (dojrzewać) to grow up; **jak urośniesz, to się z tobą ożenię** we'll get married when you grow up ⇒ **rosnąć**

ur|osnąć² _pf_ — **ur|astać** _impf_ (**urósł — urastam**) _vi_ [1] (powiększyć się) to grow; _[ciasto]_ to rise; **jego autorytet urósł po tym zdarzeniu** his prestige grew after that event; **długi urosły w sporą sumę** the debts mounted up [2] (powstać) **na podwórzu urosła sterta śmieci** a pile of rubbish accumulated in the yard
■ **urastać do rozmiarów** a. **rangi czegoś** to assume the proportions of sth; **urosnąć w czyichś oczach** a. **w czyjejś opinii** to rise in sb's esteem; **urosnąć we własnych oczach** to grow in self-confidence; **urosnąć w sławę/potęgę** to grow in fame/power

urozmaicać _impf_ → **urozmaicić**

urozmaice|nie _[_ _sv_ → **urozmaicić**
[** _n_ variety _U_; **szukał ~nia w pracy** he looked for variety in his work; **ich wizyty były jedynym ~niem w jego monotonnym życiu** their visits were the only thing that added any variety to his monotonous life

urozmai|cić _pf_ — **urozmai|cać** _impf_ _[_ _vt_ to add variety to; **~cać jedzenie/posiłki** to add variety to one's/sb's food/meals; **~cali sobie czas grą w karty** they whiled away the time playing cards; **pobyt w koloniach był ~cony wycieczkami w góry** trips to the mountains added variety to their stay at the holiday camp; **dla ~cenia** for a change
[** **urozmaicić się** — **urozmaicać się** _[program, dieta]_ to vary, to be varied

urozmaic|ony _pp_ → **urozmaicić**
[** _adi._ _[pokarm, oferta, życie]_ varied

urszulan|ka Relig. _[_ _f_ (zakonnica) Ursuline nun
[** **urszulanki** _plt_ (zakon) the Ursuline Order; **~ki szare** the Grey Ursuline nuns a. sisters

uruchamiać _impf_ → **uruchomić**

uruch|omić _pf_ — **uruch|amiać**, **uruch|omiać** _impf vt_ [1] (wprawić w ruch) to start _[silnik, samochód, maszynę]_ [2] (otworzyć) to start (up), to open _[fabrykę, warsztat]_ [3] (rozpocząć) to start, to initiate; **~omić produkcję** to start production; **~omić nowy system finansowania budownictwa** to initiate a new system of financing the construction industry [4] (zacząć wykorzystywać) to use; **~omić rezerwy finansowe** to use one's reserve funds; **~omić wypłaty** to start payments

uruchomiać _impf_ → **uruchomić**

Urugwaj|czyk _m_, **~ka** _f_ Uruguayan

urugwajs|ki _adi._ Uruguayan

ur|wać _pf_ — **ur|ywać** _impf_ (**urwę, urwie — urywam**) _[_ _vt_ [1] (oderwać) to tear off; **urwał guzik od koszuli** he tore a button off his shirt; **urwać jabłko z drzewa** to pick an apple from the tree [2] (przerwać) to stop, to break off; **urwać rozmowę** to cut a conversation short, to break off a conversa-

tion; **urwać w pół zdania** to stop (in) mid-sentence, to break off in the middle of a sentence; **„zresztą..."** – **urwała i popatrzyła na niego uważnie** 'after all...' she broke off and looked at him closely; **grała wspaniale, aż w pewnym momencie urwała** she was playing splendidly, but suddenly she broke off; **ostatni wiersz jest urwany** the last line is unfinished [3] pot. (zmniejszyć) to cut; **urwali mu sto złotych z zarobków** he was short-changed by a hundred zlotys on his salary
[** **urwać się** — **urywać się** [1] _[guzik, rynna, karnisz]_ to come off; _[sznur, lina]_ to break; **pies urwał się z łańcucha** the dog broke lose from its chain [2] (skończyć się) to stop, to end; **rozmowa się urwała** the conversation broke off; **nasza korespondencja dawno się urwała** we stopped corresponding a long time ago; **przez chwilę nie rozmawiali, bo urwał im się wątek** they were silent for a while because they'd lost the thread of their conversation; **na tym urywa się ostatni zapis** the diary breaks off at this point [3] (kończyć się) _[droga, las, ślady]_ to end; **ślady urywały się na rzece** the trail ended at the river [4] pot. (wymknąć się) to bunk off GB pot., to skive (off) GB pot., to ditch US pot.; **urwać się ze szkoły/z pracy** to bunk off school/work
■ **urwać coś dla siebie** pot. to take advantage (**z czegoś** of sth); **urwać się z choinki** pot., pejor. to be from another planet pot., to live in cloud cuckoo land GB pot.; **skąd tyś/on się urwał?** what planet are you/is he from?

urwan|y _[_ _pp_ → **urwać**
[** _adi._ _[zdania]_ broken off, unfinished; _[wątek]_ unfinished

urwipoł|eć _m_ (Npl **~cie**, Gpl **~ci** a. **~ciów**) pot., żart. imp; tyke pot.

urwis _m_ (Npl **~y**) rascal, scamp

urwisk|o _n_ precipice, cliff

urwi|sty _adi._ _[brzeg, stok, zbocze, wąwóz]_ steep, sheer; precipitous książk.

uryn|a _f sgt_ Fizj. urine

urywać _impf_ → **urwać**

urywanie _adv._ _[dźwięczeć, dzwonić]_ intermittently; **śmiać się ~** to laugh fitfully

urywan|y _[_ _pp_ → **urwać**
[** _adi._ _[dźwięk, tony, szczekanie]_ intermittent; **krótkie, ~e zdania** short broken sentences; **~y oddech** pant(ing); **~y szloch** choking sobs

uryw|ek _m_ (G **~ka** a. **~ku**) [1] (utworu) excerpt, fragment; **~ek „Iliady"** an excerpt from the Iliad [2] (rozmowy) snatch, fragment; **dochodziły do niego ~ki rozmowy** he caught only snatches of the conversation

urywkow|y _adi._ _[wiadomości, zdania, notatki]_ fragmentary

urz|ąd _m_ (G **~ędu**) [1] Admin. (instytucja) office, bureau; **~ąd skarbowy** the tax office; **~ąd pocztowy** the post office; **Urząd Miasta i Gminy** the Municipal Council; **~ąd celny** the Customs Bureau; **~ąd probierczy** an assay office; **~ąd stanu cywilnego** a registry a. register office GB; **~ąd kościelny** an ecclesiastical office; **~ędy państwowe** government offices; **Urząd Emigracyjny** immigration authorities ⟨2⟩ (stanowisko) office; **objął ~ąd ministra** he took office as minister; **pełnił** a. **piastował ~ąd prokuratora** he served as prosecutor; **~ąd premiera** the prime ministership; **~ąd burmistrza** the office of mayor, the mayoralty

urządzać¹ *impf* → urządzić

urzą|dzać² *impf vi* pot. to suit (**kogoś** sb); „**jutro o 12?**" – „**to mnie ~dza**" 'tomorrow at twelve?' – 'that suits me fine' pot.; **parę dni urlopu by mnie ~dzało** a few days off would do me good; **tysiąc mnie nie ~dza, potrzeba mi więcej** a thousand doesn't do it, I need more pot.

urządze|nie ⟨𝗜⟩ *sv* → urządzić
⟨𝗜𝗜⟩ *n* ⟨1⟩ Techn. device; **~nie pomiarowe/ zabezpieczające/ radarowe** a measuring/ safety/radar device; **~nie klimatyzacyjne** an air-conditioning unit, an air conditioner; **~nie grzejne** a heating unit; **~nia przeciwpożarowe** fire-fighting appliances a. equipment; **~nia sanitarne** sanitary a. toilet facilities; (w domu) sanitary a. bathroom fittings ⟨2⟩ przest. (umeblowanie, wyposażenie) furnishings *pl*, (furniture and) fittings *pl*

urzą|dzić *pf* — **urzą|dzać¹** *impf* ⟨𝗜⟩ *vt* ⟨1⟩ (zorganizować) to organize [wycieczkę, zabawę, przyjęcie, wystawę] ⟨2⟩ (zrobić) to make [scenę, burdę]; **~dzić komuś awanturę** to (start a) quarrel with sb; to (start a) row with sb GB pot.; **~dzać sobie kpiny z czegoś** to make a mockery of sth ⟨3⟩ (założyć) to establish, to set up; **w budynku dawnych koszar ~dzono szkołę** a school was established in the old army barracks; **na strychu ~dził gołębnik** he turned the attic into a pigeon cote; **w tylnym pokoiku ~dził sobie pracownię** he turned the rear room into a studio; **~dzić ogródek skalny** to build a rock garden ⟨4⟩ (wyposażyć) to furnish [mieszkanie, sklep, pracownię]; **salon ~dzony z przepychem** a luxurious a. sumptuous living room ⟨5⟩ iron. **ładnieś mnie ~dziła, jak się teraz ludziom pokażę?** look what you've done to me, I can't go out like this; **tak cię ~dzę, że popamiętasz!** I'll fix you, you'll see! ⟨6⟩ pot. (ustawić) to set [sb] up; **rodzice ~dzili syna w mieście** the parents set their son up in the city ⟨7⟩ pot. (zniszczyć) to mess up; **ale sobie sukienkę ~dziłam tym siedzeniem na trawie!** I've messed up my dress sitting on the ground

⟨𝗜𝗜𝗜⟩ **urządzić się** — **urządzać się** ⟨1⟩ (zamieszkać) to settle; **~dzić się w nowym domu** to settle in(to) a new house ⟨2⟩ (narobić sobie kłopotu) to get into a mess pot., to be in a jam a. a pickle pot.; **ładnie się ~dziłeś, będziesz teraz płacił** you've got into a fine mess, now you'll have to pay; **gdzieś się tak ~dził, cały jesteś posiniaczony** you're covered in bruises all over, what happened? ⟨3⟩ pot. (ustawić się) **są tacy ludzie, którzy zawsze umieją się jakoś ~dzić** there are people who always land on their feet pot.

urze|c *pf* — **urze|kać** *impf* (**~knę, ~kniesz, ~knie, ~kł, ~kła, ~kli ~kam**) *vt* ⟨1⟩ (zachwycić) to bewitch, to enchant; to beguile książk.; **był ~czony jej urodą** he was bewitched by her beauty;

~kła ich sztuka hiszpańska they were enchanted by Spanish art; **~kające ruiny zamku** the bewitching ruins of a castle ⟨2⟩ (zaczarować) **~c kogoś** to put a. cast a spell on sb, to bewitch sb; **czy ktoś cię ~kł? stoisz jak kamień** are you under a spell? you seem petrified; **patrzeć na kogoś jak ~czony** to stare open-mouthed at sb

urzeczywistniać *impf* → urzeczywistnić

urzeczywistni|ć *pf* — **urzeczywistni|ać** *impf* ⟨𝗜⟩ *vt* książk. to fulfil GB, to fulfill US [marzenia]; to carry out [plany]; to realize książk. [marzenia, plany]
⟨𝗜𝗜⟩ **urzeczywistnić się** — **urzeczywistniać się** [marzenia] to come true; [plany] to be carried out

urzekać *impf* → urzec

urzekająco *adv.* książk. [śmiać się] enchantingly, charmingly; [wyglądać] enchanting *adi.*, charming *adi.*; **~ piękny widok** a view of enchanting beauty

urzekając|y ⟨𝗜⟩ *pa* → urzekać
⟨𝗜𝗜⟩ *adi.* [osoba, widok, uroda] enchanting, charming

urzędas *m* (*Npl* **~y**) pot., pejor. bureaucrat; pen-pusher pot.

urzędnicz|y *adi.* [pensja, stanowisko] clerical

urzędniczyn|a *m* (*Npl* **~y**, *Gpl* **~**) pejor. pen-pusher pot.

urzędni|k *m*, **~czka** *f* (w biurze) office worker, clerk; (w organizacji, instytucji) official; **wysoki rangą ~k** a high-ranking official; **~k bankowy** a bank clerk; **~k pocztowy** a post office clerk; **~k stanu cywilnego** a registrar

urzęd|ować *impf vi* ⟨1⟩ (pracować) to work; **~ować w biurze** to work in an office; **w zamku ~ują władze miejskie** the castle is the seat of the city council; **w sobotę nie ~ujemy** we're closed on Saturdays; **banki ~ują przez pięć dni w tygodniu** the banks are open five days a week; **godziny ~owania** office hours ⟨2⟩ pot., żart. to hang out pot.; **bohema zazwyczaj ~owała w kawiarniach** the bohemians usually hung out in coffee bars; **służąca zachorowała i teraz sam ~ował w kuchni** the servant was ill and he had to handle the cooking on his own

urzędowo *adv.* ⟨1⟩ (na mocy prawa) officially, formally; **~ obowiązująca pisownia** standard spelling; **~ ustalone ceny** official prices ⟨2⟩ (oficjalnie) [traktować, mówić] formally

urzędow|y *adi.* ⟨1⟩ [pismo, pieczęć, druk] official ⟨2⟩ (oficjalny) [język, ceny, kurs] official; **sprawie nadano bieg ~y** the matter went through official channels ⟨3⟩ (wyznaczony) [tłumacz, lekarz] official; **osoba ~a** an official ⟨4⟩ (oschły) [ton, mina, styl] formal

urzędując|y ⟨𝗜⟩ *pa* → urzędować
⟨𝗜𝗜⟩ *adi.* [prezydent, premier, minister] incumbent

urzynać *impf* → urżnąć

u|rżnąć *pf* — **u|rzynać** *impf* (**urżnęła, urżnęli — urzynam**) ⟨𝗜⟩ *vt* to cut off; **urżnąć kawał kiełbasy/słoniny** to cut off a chunk of sausage/pork fat; **urżnąć sieczki** to cut up straw

⟨𝗜𝗜⟩ **urżnąć się** — **urzynać się** pot. ⟨1⟩ (skaleczyć się) to cut oneself; **urżnął się nożem w palec** he cut his finger with a knife ⟨2⟩ (upić się) to get tanked up pot.; **urżnąć się piwem/wódką** to get tanked up on beer/ vodka

urżnię|ty ⟨𝗜⟩ *pp* → urżnąć
⟨𝗜𝗜⟩ *adi.* pot. tanked up pot.; **był ~ty w sztok** he was tanked up to the gills pot.

USA (= United States of America) USA, US

usadawiać *impf* → usadowić

usad|owić *pf* — **usad|awiać** *impf* ⟨𝗜⟩ *vt* ⟨1⟩ (posadzić) to settle, to seat; **~owić kogoś na kanapie** to settle sb on the couch; **~owiono gości według godności i starszeństwa** the guests were seated according to their rank ⟨2⟩ (umiejscowić) to locate, to set up; **biuro swojej firmy ~owili na peryferiach miasta** the company located its a. their office on the outskirts of town; **~owić kogoś na intratnej posadzie** przen. to set sb up in a lucrative position

⟨𝗜𝗜⟩ **usadowić się** — **usadawiać się** ⟨1⟩ (rozsiąść się) to settle (back), to settle oneself; **~owiła się wygodniej w fotelu** she settled herself comfortably in an armchair ⟨2⟩ (zająć) to settle (down); **na skraju lasu ~owili się nowi osadnicy** new colonists settled on the edge of the forest; **~owić się na kierowniczym stanowisku** przen. to hold a senior position

usadzać *impf* → usadzić

usa|dzić *pf* — **usa|dzać** *impf* ⟨𝗜⟩ *vt* ⟨1⟩ (posadzić) to seat; **~dzić gości wokół stołu** to seat guests at the table ⟨2⟩ pot. (poskromić) **~dzić kogoś** to bring a. take sb down a peg (or two) pot.

⟨𝗜𝗜⟩ **usadzić się** — **usadzać się** to settle (back), to settle oneself; **~dzić się na ławie/na leżaku** to settle back on a bench/in a deckchair

usamodzielniać *impf* → usamodzielnić

usamodzielni|ć *pf* — **usamodzielni|ać** *impf* ⟨𝗜⟩ *vt* **postanowił ~ć syna** he decided it was time his son learned to stand on his own two feet

⟨𝗜𝗜⟩ **usamodzielnić się** — **usamodzielniać się** ⟨1⟩ [dzieci, młodzież] become independent, to (learn to) stand on one's own two feet ⟨2⟩ [sztuka, literatura] to become independent

usankcjon|ować *pf vt* książk. to sanction, to legitimize [zwyczaj, kult] ⇒ **sankcjonować**

usatysfakcjon|ować *pf vt* książk. to satisfy; **klientki nie ~owało, że sprzedawczyni udzielono upomnienia** it wasn't enough for the customer that the shop assistant was reprimanded ⇒ **satysfakcjonować**

usatysfakcjonowan|y ⟨𝗜⟩ *pp* → usatysfakcjonować
⟨𝗜𝗜⟩ *adi.* książk. [osoba] satisfied; **nie była ~a odpowiedzią** she wasn't satisfied with the answer

usch|ły, ~nięty *adi.* [kwiaty, drzewa] withered

us|chnąć *pf* — **us|ychać** *impf* (**uschnę, uschnie, uschnął** a. **usechł**) *vi* [kwiaty, drzewa, liście] to wither
■ **usychać z nudów** to be bored to death a.

out of one's mind pot.; **usychać z miłości** to be lovesick; **usychać z tęsknoty** to be pining away

USD (= United States dollar) USD

USG (= ultrasonografia) Med. [1] (badanie) ultrasound (scan); **mieć ~** to have an ultrasound; **badanie ~** an ultrasound (scan); **~ trzustki** an ultrasound of the pancreas [2] (aparat) ultrasound scanner

usian|y adi. [łąka, niebo, podłoga] strewn (**czymś** with sth); **twarz ~a zmarszczka-mi/piegami** a face covered in wrinkles/freckles

usi|ąść pf (~**ądę**, ~**ądziesz**, ~**ądzie**, ~**adł**, ~**adła**, ~**edli**) vi [1] (siąść) to sit (down); **~ąść na krześle/łóżku** to sit down on the chair/bed; **~ąść wygodnie** to sit down comfortably; **wszedł do pokoju i ~adł obok matki** he went in and sat (down) beside his mother; **czy mogę tutaj ~ąść?** may I sit here?; **proszę ~ąść, zaraz zaczynamy** please sit down, we'll be starting soon; **~ąść przy stole** to sit (down) at the table; **musimy ~ąść i porozmawiać** we have to sit down and talk; **~ąść okrakiem na krześle** to sit astride a chair [2] (zabrać się do) **~ąść do czegoś** to sit down to do sth; **rano ~iadł do pisania** he sat down to write in the morning; **~ąść za kierownicą** to sit behind the wheel [3] pot. [samolot] to land ■ **mieć na czym ~ąść** pot., żart. to be broad in the beam pot., żart.

usidlać impf → usidlić

usidl|ić pf → **usidl|ać** impf vt książk. to ensnare książk.; **~ić kogoś wdziękami/urodą** to ensnare sb with one's charms/beauty; **czuł się ~ony przez otoczenie** he felt cornered by those around him

usie|dzieć pf (~**dzisz**, ~**dział**, ~**dzieli**) vi [1] (wysiedzieć) to sit still; **nie mogę ~dzieć** I can't sit still; **ból dokuczał mu tak bardzo, że nie mógł ~dzieć** he was in such pain that he couldn't stay still [2] (pozostać w jakimś miejscu) to stay (in one place), to settle down; **nie mógł ~dzieć w jednym mieście** he could never stay put for long pot.

usilnie adv. grad. [domagać się, prosić] insistently; [starać się] gamely

usiln|y adi. grad. [staranie, zabiegi, praca] strenuous; **~a prośba** an entreaty

usił|ować impf vi to try, to attempt; **schwytano go, gdy ~ował uciec do Grecji** he was caught when attempting to escape v. an escape to Greece; **daremnie ~owała zasnąć** she tried to get some sleep, but in vain

usiłowa|nie [] sv → usiłować
[] n attempt, effort; **moje ~nia, by te sprawy uregulować, spełzły na niczym** my attempts to regulate the matters were unsuccessful; **oskarżono go o ~nie za-bójstwa/gwałtu** he was charged with attempted murder/rape

uskakiwać impf → uskoczyć

uskarż|ać się impf v refl. to complain; **mieszkańcy ~ają się na brud na klatkach schodowych** the tenants are complaining about the dirty staircases; **~ał się na bóle stawów** he complained of joint pains; **~ał się, że nie ma**

przyjaciół he complained that he had no friends

uskłada|ć pf vt to save (up); **~ła już sporo grosza** she's saved (up) quite a large sum so far; **~ne pieniądze** savings

usk|oczyć pf — **usk|akiwać** impf vi [1] (odskoczyć) to dodge; **~oczyć przed nadjeżdżającym samochodem** to dodge to avoid the oncoming car; **bokser ~oczył przed ciosem** the boxer dodged the blow [2] (o warstwach skalnych) to rift

uskok m (G ~**u**) [1] (skok) dodge; **od ponownego ciosu uchronił go zręczny ~ do tyłu** he avoided the next blow by dodging nimbly backwards [2] Archit. (w murze, ścianie) offset [3] (urwisko) face [4] Geol. fault

uskrzydlać impf → uskrzydlić

uskrzydl|ić pf — **uskrzydl|ać** impf vt książk. [1] (dodać lekkości) **leciał jak ~ony** he ran like the wind; **iść ~onym krokiem** to be walking on air przen. [2] (zainspirować) to inspire, to uplift; **muzyka ją ~a** music inspires her; **zwycięstwo ~iło go** the victory boosted his confidence

uskrzydl|ony [] pp → uskrzydlić
[] adi. książk. [amorek, owad] winged

uskub|nąć, uskub|ać pf (~**nę** a. ~**ię**, ~**nęła** a. ~**ała**, ~**nęli** a. ~**ali**) vt to nibble; **~nąć chleba/ciasta** to nibble at some bread/cake; **owca ~ała trawy** the sheep nibbled some grass; **~ać pierza** to pluck feathers ■ **~nąć komuś czegoś** pot. to pinch sth from sb pot.

u|słać, u|ścielić pf — **u|ścielać** impf (**uścielę — uścielam**) vt książk. [1] (wymościć) to make [łóżko]; **usłać dzieciom łóżko** to make the bed for the children; **usłała mu spanie na podłodze** she made a bed for him on the floor; **legowisko usłane z gałęzi** a makeshift bed made of branches [2] (pokryć) to strew; **ulica usłana liśćmi** a street strewn with leaves; **niebo usłane gwiazdami** a sky strewn with stars

usłucha|ć pf vi przest. to listen (**kogoś/czegoś** to sb/sth); to obey; **~ć ojca/matki** to obey one's father/mother; **~ć czyichś rad** to take sb's advice; **~ć głosu rozsądku** to listen to reason

usłu|ga [] f [1] (przysługa) favour GB, favor US; **wyświadczyć komuś ~gę** to do sb a favour; **jako konsul oddał ogromne ~gi polskiemu i francuskiemu ruchowi oporu** as consul, he aided the Polish and French resistance enormously [2] (odpłatna) service; **policzyć (komuś) ileś za ~gę** to charge (sb) sth for a service
[] **usługi** plt [1] (działalność) service C/U; **~gi telekomunikacyjne** telephone service; **~gi pogrzebowe** mortuary services; **~gi fryzjerskie** hairdressing [2] (dział gospodarki) the service industry C, the service sector C ■ **być na czyichś ~gach** to be at sb's service; **do ~g** przest. at your service; **mieć kogoś na swoje ~gi** to have sb at one's beck and call

usługiwać impf vi [służący] to serve vt; [kelner] to wait on; **~iwać do stołu** to wait on the guests/customers

usługobiorc|a m Ekon. client, consumer

usługodawc|a m Ekon. contractor

usługow|y adi. [1] [firma] service attr.; **punkt** a. **zakład ~y** a shop, a service centre; **prowadzić działalność ~ą** to be in the service sector [2] [rola] subordinate

usłużnie adv. grad. [zachowywać się] accomodatingly; [skłonić się] obsequiously

usłużnoś|ć f sgt attentiveness; **irytowała mnie jego pokorna ~ć** pejor. I was irritated by his obsequiousness pejor.

usłużn|y adi. grad. [kelner, gospodarz] accommodating, attentive; [ukłon, uśmiech] obsequious

usłysz|eć pf (~**ysz**, ~**ał**, ~**eli**) [] vt [1] (uchwycić uchem) to hear; **~eć kroki/wołanie o pomoc** to hear footsteps/cries for help; **nie krzycz tak, bo sąsiedzi ~ą** stop yelling or the neighbours will hear you; **~ał za sobą sapanie** he heard panting behind him; **pewnie już ~ała, że wracamy** she must have heard us coming back; **~ał ironię w jej głosie** he could hear the irony in her voice; **„nikogo nie będę przepraszał" – ~ał w odpowiedzi** 'I'm not apologizing to anybody,' he heard in reply ⇒ **słyszeć** [2] (wysłuchać) to listen (**czegoś** to sth); to hear [koncert, audycję, przemówienie]; **~eli państwo „Marsz turecki" Mozarta** you've just heard Mozart's Turkish March ⇒ **słyszeć** [3] (dowiedzieć się) to hear (**o czymś** about sth); **~eć nowinę** to hear the news; **~ał o niej wiele plotek** he heard a lot of gossip about her; **~ałem tę wiadomość w BBC** I heard the news on the BBC; **w kuluarach można ~eć, że...** rumour has it that... ⇒ **słyszeć**
[] **usłyszeć się** to hear each other; **był tam taki hałas, że ciężko nam było się ~eć** it was so noisy there that we could hardly hear each other; **żegnam państwa, ~ymy się ponownie we wtorek o 19** that's all for today, we'll be back on Thusday at seven p.m. ⇒ **słyszeć się**

usłysze|nie [] sv → usłyszeć
[] n do ~nia goodbye

usmar|kać pf (~**kam** a. ~**czę**, ~**kasz** a. ~**czesz**, ~**ka** a. ~**cze**) [] vt pot. to cover [sth] in a. with snot pot.; **~kana chustka** a handkerchief covered in a. with snot; **~kany chłopiec** a snot-nose(d) kid pot.
[] **usmarkać się** to be covered in a. with snot pot.

usmar|ować pf [] vt pot. to smear; **~owała sobie palce atramentem** she smeared her fingers with ink; **~owany fartuch** a smeared apron
[] **usmarować się** pot. to smear oneself; **dziecko ~owało się farbami od stóp do głów** the kid smeared himself with paint from top to toe

usmaż|yć pf [] vt Kulin. to fry [mięso, rybę, naleśniki]; **~yć omlet** to make an omelette; **~yć jajecznicę** to make scrambled eggs ⇒ **smażyć**
[] **usmażyć się** [jajka, placki, kotlety] to be done ⇒ **smażyć się**

usm|olić pf [] vt to black; **~olił sobie ręce sadzą** his hands were black(ened) with soot; **~ony kominiarz** a grimy chimney sweep
[] **usmolić się** to get dirty, to get grimy

U

u|snąć *pf* — **u|sypiać**[1] *impf* (usnęła, usnęli — usypiam) *vi* to fall asleep, to go to sleep; **długo wczoraj nie mogłem usnąć** I couldn't get to sleep last night; **usnął twardym snem** he fell sound asleep; **usnęła niespokojnym snem** she had a restless sleep; **cały dom już usnął** the whole house was asleep; **usypiała na stojąco** she was (falling) asleep on her feet ■ **usnąć snem sprawiedliwego** to sleep the sleep of the just; **usnąć w Bogu** a. **na wieki** a. **snem wiecznym** euf., książk. (to go) to meet one's maker euf.

uspokajać *impf* → uspokoić

uspokajająco *adv. [nucić, mówić]* soothingly, reassuringly; **działać na kogoś ~** to have a calming effect on sb

uspokajając|y [] *pa* → uspokajać
[] *adi. [działanie, głos, słowa]* soothing, reassuring; **~a muzyka** relaxing music

uspok|oić *pf* — **uspok|ajać** *impf* [] *vt* [1] (przywrócić spokój) to calm, to reassure; **~oić roztrzęsione nerwy** to calm a. steady one's tense nerves; „**to tylko wiatr**" – **~ajał** 'it's only the wind,' he said reassuringly; **~oić sumienie** to salve one's conscience; **może dać mu coś na ~ojenie?** maybe I should give him a sedative; **~oić kołatanie serca** to calm one's heart(beat) [2] (uciszyć) to quieten (down) GB, to quiet (down) US *[dzieci, klasę, kibiców]*; **przewodniczący próbował ~oić zebranych** the chair tried to quieten the assembly
[] **uspokoić się** — **uspokajać się** [1] (odzyskać spokój) to calm (oneself) down, to cool down; **proszę cię, ~ókój się i przestań się dąsać** please calm down and stop sulking; **~oiła się pod wpływem leków** the medication calmed her down [2] (uciszyć się) *[dzieci, klasa]* to quieten (down) GB, to quiet (down) US; **wiatr się powoli ~ajał** the wind was gradually dropping; **krzyki ~oiły się nad ranem** the screams quietened down in the morning; **w mieście trochę się ~oiło** things had calmed down a little in the city; **chyba się już ~aja na dworze** the weather seems to be clearing up

uspołeczniać *impf* → uspołecznić

uspołeczni|ć *pf* — **uspołeczni|ać** *impf* [] *vt* [1] (upaństwowić) to nationalize *[fabrykę, transport, bank, handel]* [2] (nakłonić do aktywności) to socialize *[dzieci, młodzież]*
[] **uspołecznić się** — **uspołeczniać się** [1] *[bank, fabryka, handel]* to be nationalized [2] *[młodzież, dzieci]* to be socialized

usposabiać *impf* → usposobić

uspos|obić *pf* — **uspos|abiać** *impf vt* książk. [1] (nastawić) to dispose książk. (**do kogoś/czegoś** towards sth); **tym posunięciem negatywnie ~obił do siebie opinię publiczną** his action turned the public opinion against him; **ludzie krytycznie ~obieni wobec rządu** people critically disposed towards the government; **przychylnie/przyjaźnie ~obiony** favourably/amicably disposed [2] (nakłonić) to predispose książk. (**do czegoś** to sth); **jej dobry nastrój ~abiał ją do śmiechu** her good mood predisposed her to laugh-

ter; **nie był ~obiony do zwierzeń** he was in no mood for confessions

usposobieni|e [] *sv* → usposobić
[] *n sgt* [1] (charakter) temperament, disposition; **miał żywe ~e** he had a fiery disposition; **był cholerykiem z ~a** he was hot-tempered by nature; **człowiek o ponurym ~u** a man with a gloomy temperament [2] (nastrój) mood; **nie jestem w ~u do zabawy** I'm in no mood for games; **był wtedy w wyjątkowo ponurym ~u** he was in an exceptionally dismal mood then

usprawiedliwiać *impf* → usprawiedliwić

usprawiedliw|ić *pf* — **usprawiedliw|iać** *impf* [] *vt* [1] (wybronić) to defend; **próbował ~iać swoją nielojalność** he tried to defend his disloyalty; **nieznajomość przepisów nie ~ia go** ignorance of the law is no excuse [2] (uzasadnić) to justify; **~ione żądania/zarzuty** justified demands/accusations
[] **usprawiedliwić się** — **usprawiedliwiać się** to excuse oneself, to justify oneself; **chciał się ~ić przed nauczycielem z nieobecności na lekcji** he wanted to explain his absence to the teacher; **~iał się, gdyż czuł się winny** he made excuses because he felt guilty

usprawiedliwie|nie [] *sv* → usprawiedliwić
[] *n* [1] (wyjaśnienie) (pisemne) excuse note; (ustne) excuse; **~nie od rodziców** an excuse note from the parents; **uśmiechnęła się i dodała coś tonem ~nia** she smiled and added something as an excuse [2] (uzasadnienie) justification; **co masz na swoje ~nie?** what can you say to justify your behaviour?; **nie widzę żadnego ~nia dla takich decyzji** I can see no possible justification for such decisions; **nie ma ~nia dla zbrodni** there's no justification for crime

usprawniać *impf* → usprawnić

usprawni|ć *pf* — **usprawni|ać** *impf* [] *vt* to streamline, to facilitate *[pracę, produkcję]*; **komputery ~ają obsługę klientów** computers streamline customer service
[] **usprawnić się** — **usprawniać się** *[produkcja, praca]* to be(come) streamlined, to be facilitated; *[ruch drogowy]* to improve

usprawnie|nie [] *sv* → usprawniać
[] *n* streamlining *U*, improvement *C/U*; **~nie produkcji** the streamlining of production; **wprowadzić parę ~ń technicznych** to introduce a few technological improvements

ust. (= ustęp) Prawo sec.

ust|a *plt* (*G* **~**) [1] (jama ustna) mouth *sg*; **proszę otworzyć ~a** open your mouth, please; **dzieci, nie mówcie z pełnymi ~ami** kids, don't talk with your mouths full; **oddychać ~ami** to breathe through one's mouth [2] (wargi) lips *pl*; **pocałować kogo w ~a** to kiss sb on the lips; **oblizać ~a** to lick one's lips; **zagryzać ~a** to bite one's lip(s); **kąciki ~** the corners of one's/sb's mouth
■ **być** a. **znaleźć się na ~ach wszystkich** książk. to be on everyone's lips; **pytania**

cisną się mu na ~a he's bursting with questions; **metoda ~a-~a** mouth-to-mouth (resuscitation), kiss of life; **nabrać wody w ~a** to keep one's mouth shut; **nie brać czegoś do ~** to never touch sth; **mój ojciec alkoholu do ~ nie bierze** my father never touches alcohol; **nie ma do kogo ~ otworzyć** there's nobody to talk to; **nie mieć co do ~ włożyć** to be starving; **nigdy nie miał w ~ach kawioru/porto** he never tasted caviar/port; **odejmować sobie od ~** to deprive oneself; **otworzyć ~a** to open one's mouth; **przekazywać coś z ~ do ~** to spread sth by word of mouth; **rosnąć w ~ach** to be tasteless a. unpalatable; **~a się mu/jej nie zamykają** he/she never stops talking; he/she could talk the hind legs off a donkey pot.; **wkładać komuś w ~a jakieś słowa** to put words in(to) sb's mouth; **wyjąć coś komuś z ~** to take the words (right) out of sb's mouth; **wymknąć** a. **wyrwać się z ~** to slip out; **zamknąć komuś ~a** to silence sb; to shut sb up pot.; **rozpływać się w ~ach** to melt in one's mouth

ustabiliz|ować *pf* [] *vt* to stabilize *[ceny, walutę]*; **~owany tryb życia** a stable life ⇒ stabilizować
[] **ustabilizować się** [1] *[ceny, waluta]* to stabilize ⇒ stabilizować się [2] (ustatkować się) *[osoba]* to settle down; **na starość ~ował się** he settled down late(r) in life

ust|ać[1] *pf* (**~oję, ~oisz, ~oi**) *vi* (wytrwać w jednym miejscu) to stand still; (utrzymać się na nogach) to remain standing; **nie potrafił ani ~ać, ani usiedzieć i chodził od okna do drzwi** he could neither stand nor sit still and kept prowling between the door and the window; **nie mogę ~ać na nogach ze zmęczenia** I'm so tired I can't even stand any more
[] **ustać się** *[wino, sok, zawiesina]* to settle

usta|ć[2] *pf* — **usta|wać**[1] *impf* (**~nę, ~nie — ~ję**) *vi* [1] (zakończyć się) to stop, to cease; **krwawienie ~ło** the bleeding has stopped; **kiedyś te konflity ~ną** the conflicts will cease one day; **deszcz ~ł** it's stopped raining; **kontakty pomiędzy kuzynkami nie ~ły** the cousins kept in touch [2] przest. (z wyczerpania) to pause; **~ła na moment z bólu** she was in such pain that she had to pause for a moment

ustalać *impf* → ustalić

ustale|nie [] *sv* → ustalić
[] *n zw. pl* [1] (decyzja) decision, arrangement; **~nia, które zapadły podczas spotkania** decisions made during the meeting; **trzymać się wcześniejszych ~ń** to stick to one's original plan(s); **umowa zawiera kilka szczegółowych ~ń** the contract includes a few stipulations [2] (badanie) finding *zw. pl*; **ze wstępnych ~ń policji wynika, że...** the preliminary police findings suggest that...

ustal|ić *pf* — **ustal|ać** *impf* [] *vt* [1] (wyznaczyć) to establish *[warunki, reguły, normy]*; to set, to fix *[termin, datę]*; **poszedłem pod ~ony adres** I went to the designated address; **~ono, że następne spotkanie odbędzie się za tydzień** it was settled that the next meeting would take place the following week; **trzeba ~ić, czy idziemy**

U

do kina, czy nie we should decide whether to go to the cinema or not [2] (wykazać) to establish, to determine; **~ić prawdę** to determine the truth; **~ić fakty** to establish the facts; **nie ~ono jego tożsamości** his identity has not been established; **policja ~iła, że uciekł za granicę** the police established that he fled abroad; **~ić przyczyny choroby** to determine the causes of the disease; **wspiął się na górę, żeby ~ić, gdzie jest** he climbed to the top to establish where he was [3] (ustabilizować) to establish; **~ić porządek publiczny** to establish law and order [4] (unieruchomić) to set; **~ić ster** to set the rudder **III ustalić się — ustalać się** (ustabilizować się) to settle; **pogoda się ~iła** the weather settled

ustal|ony II *pp* → **ustalić**
III *adi. [zwyczaje, znaczenie]* established
ustanawiać *impf* → **ustanowić**
ustanek → **bez ustanku**
ustan|owić *pf* — **ustan|awiać** *impf vt* [1] (uchwalić) *[rząd, parlament]* to legislate *[podatki, opłaty, przywileje]*; **~owić prawa** to enact laws; **~owienie republiki w Chinach** the establishment of a republic in China; **~owić święto** to establish a holiday [2] (mianować) to appoint; **bank ~owił zarządcę hotelu** the bank appointed the hotel management [3] (pobić) *[sportowiec]* to set *[rekord]*
ustatk|ować się *pf v refl. [osoba]* to settle down; *[życie]* to become settled; **na starość się ~owała** she settled down late(r) in life
ustatkowan|y *adi. [osoba, życie]* sedate, staid
ustaw|a *f* law, act; **Sejm uchwalił nową ~ę** Parliament passed a. enacted a new law; **projekt nowej ~y** a bill; **~a wejdzie w życie na początku nowego roku** the law shall take effect from the beginning of the new year; **~a sejmowa** an act of Parliament; **~a paszportowa** the passport law; **~a o zatrudnieniu/rachunkowości** Employment/Accountancy Act; **Sejm ~ą z 25 stycznia uchwalił budżet** Parliament passed the budget on January 25th; **na mocy ~y** *[działać]* in accordance with the act; *[dziedziczyć]* by law; **zgodnie z ~ą** in accordance with the act
❑ **~a moratoryjna** Prawo moratorium act; **~a skarbowa** Prawo finance act; **~a zasadnicza** Prawo constitution, fundamental statute
ustawać[1] *impf* → **ustać[2]**
usta|wać[2] *impf* (~ję) *vi* **nie ~wać w czymś** to persist in doing sth; **nie ~wał w wysiłkach, żeby rozkręcić interes** he persisted in his efforts to start up a business
ustawiać *impf* → **ustawić**
ustawicznie *adv. książk. [narzekać, niepokoić się]* constantly, continually; **ona jest ~ niezadowolona z życia** she's perpetually discontented (with life)
ustawiczn|y *adi. książk. [kłopoty, walka]* constant, continual; **~e troski** constant worries; **~y malkontent** a chronic grumbler
ustaw|ić *pf* — **ustaw|iać** *impf* **II** *vt* [1] (umieścić) to place, to put; **~ić stół na środku pokoju** to put a table in the middle

of the room; **~ić figury na szachownicy** to set up the pieces on the chessboard; **~ić meble w pokoju** to arrange the furniture in a room; **~ili go pod ścianą i zrobili zdjęcie** they got him to stand by the wall and took a photo; **goście ~ieni parami** guests standing in pairs [2] (zmontować) to set up, to put up *[barykadę, namiot, rusztowanie]* [3] (wyregulować) to adjust; **~ić lusterka w samochodzie** to adjust the car mirrors; **~ić głośność/ostrość obrazu** to adjust the volume/sharpness; **~ić żagle do wiatru** to trim the sails [4] pot. (urządzić) to set up; **dyrektor dobrze ~ił w życiu swoje dzieci** the manager set his children up well [5] środ., Teatr *[aktor, reżyser]* to interpret *[rolę]*
II ustawić się — ustawiać się [1] (stanąć) to stand; **uczniowie ~ili się przed szkołą** the students stood outside the school building; **~ić się przodem do kogoś** to stand facing sb; **~ić się tyłem do kogoś** to stand with one's back to sb; **~ił się w kolejce do kasy** he joined the queue for the ticket office; **~ić się w szeregu** to line up; **~ić się w pary** to pair up; **zawodnicy ~ili się na linii startu** the runners took their places on the starting line [2] (nastawić się) *[głośność, parametry]* to be adjusted [3] pot. (urządzić się) **on to zawsze potrafi się dobrze ~ić** he always lands on his feet pot.
ustawn|y *adi. [pokój]* well laid out
ustawodawc|a *m* Prawo legislator
ustawodawcz|y *adi. [działalność, ciało, organ]* legislative
ustawodawstw|o *n sgt* Prawo [1] (zbiór ustaw) legislation [2] (wydawanie ustaw) legislation; **~o socjalne** social legislation; **parlament zajmuje się przede wszystkim ~em** legislation is the main task of the Parliament
ustawowo *adv. [gwarantować, obowiązywać]* by law, statutorily; **dzień ~ wolny od pracy** a public holiday
ustawow|y *adi. [odsetki, urlop, prawa]* statutory
ust|ąpić *pf* — **ust|ępować[1]** *impf vi* [1] (ulec) to give in, to yield; **we wszystkim ~ępował żonie** he always gave in to his wife; **po długich perswazjach ~ąpiła** she acquiesced after considerable persuasion; **rząd nie zamierza ~ąpić terrorystom** the government isn't going to yield to terrorism; **~ąpiłem mu, chociaż bez większego przekonania** I gave in to him, although I had my doubts [2] (wycofać się) to retreat, to withdraw; **tłum nie ~ąpił z placu** the crowd didn't leave the square; **wojska nieprzyjaciela ~ępowały z pola walki** the enemy forces retreated from the battlefield; **chmury ~ąpiły z północy** the sky cleared in the north [3] (zrezygnować) to resign *vt*; **~ąpić ze stanowiska** to resign (from) one's position; **zdecydował się ~ąpić ze stanowiska prezesa** he decided to resign his directorship; **żadają ~ąpienia premiera** they're calling for the Prime Minister's resignation; **~ępujący rząd/prezydent** the outgoing government/president [4] (minąć) *[gorączka, ból]* to subside; **atak astmy ~ąpił** the asthma attack abated książk.; **mgła ~ąpiła** the fog has lifted [5] (zrzec się na korzyść) to give up, to

relinquish a. cede; **można przypuszczać, że ~ąpi tronu synowi** he'll most likely cede the throne to his son; **wszyscy mu ~ępują pierwszeństwa w kolejce** everyone always lets him jump queues [6] (poddać się naciskowi) *[zamek, drzwi]* to yield; **policjanci nie ~ąpili pod naporem tłumu** the policemen didn't yield to the pressure of the crowd
■ **~ąpić czemuś miejsca** to be replaced by sth, to give way to sth; **~ąpić komuś (miejsca)** to give up one's seat to sb; **~ępować komuś z drogi** (pozwolić przejść) to make way for sb; przen. (unikać konfliktów) to stay out of sb's way; **~ępować na drugi** a. **daleki plan** *[sprawa]* to be put on the back burner pot.
ustecz|ka *plt dem.* (G **~ek**) pieszcz. lips
uster|ka *f* defect, fault; **usunąć ~kę** to repair a fault; **~ki językowe** language errors; **„przepraszamy za ~ki"** 'normal service will be resumed as soon as possible'; **~ka systemu** a bug (in the system)
ustęp *m* (G **~u**) [1] (w tekście) section, paragraph; **końcowy ~ powieści** the last passage of the novel; **część 2 kodeksu karnego, ~ 5, paragraf 2** the penal code, part II, section 5, paragraph 2 [2] euf. (ubikacja) the WC
ustępliwoś|ć *f sgt* pliancy książk.; submissiveness
ustępliw|y *adi. [osoba, charakter]* pliant, submissive; **jest bardzo ~y wobec swojej żony** he always gives in to his wife
ustępować[1] *impf* → **ustąpić**
ustęp|ować[2] *impf vi* **~ować komuś/czemuś** to be no match for sb/sth; **~ował mu w zręczności** she was no match for him as far as dexterity goes; **pod względem popularności ~uje jedynie Pavarottiemu** in terms of popularity, he's second only to Pavarotti; **nie ~ować komuś/czemuś** to be the equal of sb/sth; **polskie nawozy jakością nie ~ują importowanym** Polish fertilizers equal to the imports in quality
■ **nie ~ować komuś kroku** a. **ani na krok w czymś** to be sb's equal in sth
ustępstw|o *n zw. pl* concession; **robić ~a wobec** a. **na rzecz kogoś** to make concessions to sb; **zgodzić się na ~o** to agree to compromise; **wymusić ~a na kimś** to win concessions from sb; **pracodawcy szli na ~a wobec związków zawodowych** the employers made some concessions to the unions
ustnik *m* [1] (papierosa) filter (tip) [2] (fajki, aparatu tlenowego) mouthpiece [3] (instrumentu) mouthpiece; embouchure spec. [4] Techn. mouthpiece
ustn|y *adi.* [1] *[otwór, jama]* oral [2] *[tradycja, egzamin, meldunek]* oral; **umowa ~a** an oral agreement [3] Fonet., Jęz. *[głoska]* oral; **samogłoska ~a** an oral vowel
ustosunk|ować się *pf* — **ustosunk|owywać się** *impf v refl.* to take a stance, to take a position (**do czegoś** on sth); **~ował się krytycznie wobec wypowiedzi ministra** he took a critical stance on the minister's statements; **~ować się negatywnie do projektu** to take a negative stance on the project

ustosunkowan|y *adi.* [1] (nastawiony) disposed; **do wszystkich była ~a przyjaźnie** she was amicably disposed towards everybody; **być negatywnie ~ym do czegoś** to be ill-disposed towards sth [2] (wpływowy) well connected

ustosunkowywać się *impf* → **ustosunkować się**

ustrajać *impf* → **ustroić**

ustr|oić *pf* — **ustr|ajać** *impf* **[]** *vt* książk. [1] (wystroić) to dress [sb] up; **~oiła córkę na bal** she dressed her daughter up for a ball [2] (udekorować) to decorate, to adorn; **~oić stół kwiatami** to decorate the table with flowers

[] **ustroić się** — **ustrajać się** to dress (oneself) up; **~oiła się w najpiękniejszą suknię** she put on the most beautiful dress she had

ustrojow|y *adi.* [1] [przemiany, transformacje] political [2] Biol., Med. [zaburzenia, niewydolności] body *attr.*, bodily; **płyny ~e** body a. bodily fluids

ustrojstw|o *n* pot., żart. contraption żart; gizmo pot., żart.

ustroni|e *n* (Gpl ~) retreat; **wiejskie/górskie ~** a country/mountain retreat; **trzymać się ~u** to live in seclusion

ustronnie *adv.* **dom stał ~ z dala od gwarnego osiedla** the house was in a secluded place, far from the noisy housing estate

ustronn|y *adi.* [miejsce, uliczka, zakątek] secluded

■ ~e miejsce żart., euf. cloakroom GB euf.

ustr|ój *m* (G ~oju) [1] (system polityczny) system; **~ój totalitarny/feudalny** a totalitarian/feudal system; **~ój demokratyczny/komunistyczny** democracy/communism [2] (sposób organizacji) system; **~ój rolny** the agrarian system [3] Biol., Med. system, body; **metabolizm ~oju** the body's metabolism

ustrze|c *pf* (~gę, ~żesz, ~że, ~gł, ~gła, ~gli) **[]** *vt* **~c kogoś przed czymś** a. **od czegoś** to keep a. prevent sb from sth; **~c kogoś od nałogu** to keep sb from becoming addicted; **kierowcy udało się ~c maszynę przed przewróceniem** the driver managed to keep the machine from overturning ⇒ **strzec**

[] **ustrzec się** to avoid, to ward off; **~c się błędu** to avoid making a mistake; **~c się od choroby** a. **przed chorobą** to ward off an illness; **~c się przed niebezpieczeństwem** to ward off danger ⇒ **strzec się**

ustrzel|ić *pf vt* to shoot [lisa, dzika]

usu|nąć *pf* — **usu|wać** *impf* (~nęła, ~nęli — ~wam) **[]** *vt* [1] (zabrać) to remove; **~nąć śnieg z ulic** to clear the streets of snow; **~nąć gruzy** to remove the rubble; **~nąć meble z pokoju** to take the furniture out of the room; **~nąć plamy z ubrania** to remove stains from the clothes; **~nąć ludzi z miasta** to evacuate people from the city [2] (wydalić) to dismiss, to expel; **~nąć ucznia ze szkoły** to expel a student from school; **~nięto go dyscyplinarnie z policji** he was dismissed from the police for disciplinary reasons; **po drugim faulu został ~nięty z boiska** after his second

offence he was sent off [3] (wyciąć) [lekarz, chirurg] to remove [guz, płuco]; [dentysta] to pull, to extract [ząb]; **~nęła ciążę, gdy miała osiemnaście lat** she had an abortion when she was eighteen [4] przen. (zlikwidować) to remove [przeszkody, błędy, trudności]; **~nąć awarię** to repair a breakdown

[] **usunąć się** — **usuwać się** [1] (zrobić miejsce) to move aside, to step aside; **~nął mu się z przejścia** he stepped aside to let him pass; **~nął się trochę, czyniąc mi miejsce na ławce** he moved a little to make room for me on the bench [2] (wycofać się) to step down, to withdraw; **~nąć się z komitetu** to step down from the committee; **~nąć się z życia publicznego** to withdraw from public life

■ ~wać się w cień to keep a low profile; **~nąć kogoś/coś w cień** a. **na drugi plan** to overshadow sb/sth; **grunt** a. **ziemia ~wa się mu/jej spod nóg** he's/she's (skating) on thin ice

ususz|yć *pf vt* to dry [grzyby, zioła, bukiet] ⇒ **suszyć**

usuwać *impf* → **usunąć**

usychać *impf* → **uschnąć**

usynawiać *impf* → **usynowić**

usynowiać *impf* → **usynowić**

usyn|owić *pf* — **usyn|awiać, usyn|owiać** *impf vt* książk. to adopt [chłopca]

usyp|ać *pf* — **usyp|ywać** *impf* (~ię — ~uję) *vt* [1] (utworzyć wzniesienie) to build [wał, kopiec] [2] (odsypać) to pour, to shake out; **~ać cukierków z torebki** to shake out some sweets from a bag; **~ać mąki z worka** to pour some flour from a bag

usypiać¹ *impf* → **usnąć**

usypiać² *impf* → **uśpić**

usypiająco *adv.* **działać na kogoś ~** to make sb drowsy

usypiając|y **[]** *pa* → **uśpić**

[] *adi.* [głos, huśtanie, muzyka] soothing, drowsy(-making)

usypisk|o *n* [1] mound; **~o kamieni** a mound of stones; **~o z cegieł** a mound of bricks [2] Geol. scree U

usypywać *impf* → **usypać**

usystematyz|ować *pf vt* to systematize [przepisy, wyniki, wiedzę] ⇒ **systematyzować**

usytu|ować *pf vt* książk. [1] (ulokować) to situate, to locate; **~ować dom w dobrym punkcie** to choose a good location for the house; **hotel ~owany na brzegu morza** a hotel situated on the seashore; **znakomicie ~owany tor saneczkowy** a well-located toboggan run; **byli zbyt nisko ~owani w hierarchii, by zrobić karierę** przen. they were too low in the hierarchy to make a career [2] (umiejscowić) **~ować pisarza na tle epoki** to consider the writer in the context of his era; **opowieść ~owana w średniowieczu** a story set in the Middle Ages; **powieści, których akcja ~owana jest w egzotycznej scenerii** novels set in exotic places ⇒ **sytuować**

usytuowani|e **[]** *sv* → **usytuować**

[] *n sgt* (miasta, budynku) location, site

uszan|ka *f* ≈ a deerstalker (hat)

uszan|ować *pf vt* [1] (okazać szacunek) to respect; **~ować czyjąś decyzję/życzenie** to respect sb's decision/wishes; **~ować**

drugiego a. **innego człowieka** to show respect a. consideration for people [2] (nie naruszyć) to respect [traktat, prawo]; **~ować czyjąś prywatność** to respect sb's privacy; **najeźdźcy nie ~owali osoby papieża** the invaders showed no respect for the pope ⇒ **szanować**

uszanowani|e **[]** *sv* → **uszanować**

[] *n sgt* respect; **z ~em odprowadził go do drzwi** he showed him respectfully to the door; **zdjął czapkę z głowy na znak ~a** he took off his cap as a sign of respect

■ (moje) ~e! good day!

uszarga|ć *pf* **[]** *vt* przest. to get [sth] dirty; **~ć sobie spodnie** to get one's trousers dirty; **~na odzież** dirty clothes ⇒ **szargać**

[] **uszargać się** to get dirty ⇒ **szargać się**

uszarp|ać się *pf* (~ię się) *v refl.* pot. to wear oneself to a frazzle pot.; **~ać się z dziećmi** to wear oneself to a frazzle looking after the kids

uszat|ek **[]** *m pers.* (Npl ~ki) pot., żart. jug ears pot., żart.

[] *m inanim.* żart. (A ~ka) (zabawka) (miś) teddy bear; (zając) bunny (rabbit); **zając ~ek** a long-eared bunny

uszatka → **uszanka**

usza|ty *adi.* [zając, pies] long-eared; **~ta czapka** a cap with earf laps

uszczegóławiać *impf* → **uszczegółowić**

uszczegół|owić *pf* — **uszczegół|awiać** *impf vt* to elaborate [ustawę, projekt]; to expand [pojęcie, temat]

uszczel|ka *f* gasket; **~ka do kranu** a tap gasket; **wymienić/założyć ~kę** to change/fit a gasket

uszczelniać *impf* → **uszczelnić**

uszczelni|ć *pf* — **uszczelni|ać** *impf vt* [1] (wypełnić otwory) to seal [dziurę]; to insulate, to weatherstrip [okna, drzwi]; **szpary na dnie łodzi ~li własnymi ubraniami** they stoped up the holes in the bottom of the boat with their own clothes [2] przen. (zaostrzyć) to tighten up [przepisy, prawo, system podatkowy]; **~ć granice** to seal the borders

uszczelnie|nie **[]** *sv* → **uszczelnić**

[] *n* (szczelin, otworów) sealing; (okien, drzwi) insulating U, weatherstripping U

uszczerb|ek *m zw. sg* (G ~ku) książk. damage U, loss; **głęboki/poważny ~ek** severe/serious damage; **~ek na zdrowiu** damage to one's/sb's health, an injury; **z ~kiem/bez ~ku dla czegoś** with/without damage to sth; **jego prestiż narażono na ~ek** his prestige was threatened; **doznać ~ku** to sustain a loss; (na zdrowiu) to sustain an injury; **ponieść ~ek** to incur a. suffer a loss

uszczęśliwiać *impf* → **uszczęśliwić**

uszczęśliwi|ć *pf* — **uszczęśliwi|ać** *impf vt* to make [sb] happy; **jestem ~ony** I'm happy; **myślał, że ją tym ~** he thought it would make her happy; **~ć kogoś prezentem** to please sb with a gift; **~ła go promocja na oficera** he was happy about being promoted to officer; **~ać kogoś na siłę** pot. to make sb happy whether they like it or not

uszczęśliwi|ony **[]** *pp* → **uszczęśliwić**

[] *adi.* happy, glad; **~one oczy** happy a. glad eyes; **~ony głos** a happy a. glad voice; **był ~ony spotkaniem z dziewczyną/że**

zdał **na studia** meeting his girlfriend/ passing the entrance exams made him happy; **nie byłem ~ony takim obrotem sprawy** I wasn't (too) pleased by the turn of events

uszczkn|ąć pf (**~ęła, ~ęli**) vt książk. [1] (uskubnąć) to pluck, to pick; (zjeść małą część) to nibble; **koza ~ęła nieco trawy** the goat nibbled some grass; **nie miał apetytu, więc ledwie ~ął obiadu** he had no appetite and barely touched his dinner; **z grzeczności dla gospodarzy ~ęła trochę sałatki** to be polite, she nibbled a little salad; **~ąć kwiatek/listek** to pluck a flower/leaf [2] (zabrać niewielką część) **postanowił ~ąć co nieco z majątku rodziców** he decided to siphon off a bit of his parents' fortune

uszczuplać impf → uszczuplić

uszczupl|ić pf — **uszczupl|ać** impf vt książk. to reduce, to deplete; **~ać (swoje/ czyjeś) fundusze/zapasy** to deplete one's/ sb's funds/reserves; **znacznie ~ił rodzinny majątek** he considerably diminished his family's fortune

uszczypać → uszczypnąć

uszczypliwie adv. grad. bitingly, cuttingly; **mówić o kimś ~** to speak cuttingly of sb; **odpowiedział mu ~** he answered him bitingly a. cuttingly

uszczypliwoś|ć f książk. [1] sgt ascerbity książk.; **~ć (czyichś) słów/uwag/wypowiedzi** the ascerbity of sb's words/remarks/comments; **denerwować kogoś swoją ~cią** to annoy sb with one's ascerbity [2] zw. pl biting a. cutting remark; **pismo pełne ~ci** a letter full of biting a. cutting remarks; **puścić czyjeś ~ci mimo uszu** to turn a deaf ear to sb's biting a. cutting remarks

uszczypliw|y adi. grad. biting, cutting; **~a uwaga** a biting a. cutting remark; **był przedmiotem ~ych docinków** he was the target of taunts

uszczyp|nąć, uszczyp|ać pf (**~nęła, ~ała, ~nęli** a. **~ali**) [] vt [1] (ścisnąć) to pinch [2] (uskubać) to nibble; **krowa ~ała trawę** a cow nibbled (at) the grass; **żyrafa ~nęła liści z drzewa** a giraffe nibbled (at) some leaves

[] **uszczypnąć się, uszczypać się** to pinch oneself; **~nęła się, aby się przekonać, czy nie śni** she pinched herself to make sure she wasn't dreaming

uszereg|ować pf vt [1] (uporządkować) to put [sth] in order; **~ować zadania według ważności** to prioritize one's tasks; **książki ~owane chronologicznie** books arranged in chronological order [2] (ustawić ludzi) to line [sb] up; **~ować chłopców w czwórki** a. **czwórkami** to line the boys up in fours

uszkadzać impf → uszkodzić

usz|ko n [1] dem. pieszcz. (małe ucho) ear; **piesek z małymi ~kami** a puppy with little ears; **szepnąć coś komuś na ~ko** to whisper sth in sb's ear; **umyć dziecku ~ki** to wash the child's ears [2] dem. (uchwyt) handle; **~ko dzbanka/filiżanki** a jug/cup handle [3] zw. pl Kulin. ≈ ravioli pl; **barszcz z ~kami** beetroot soup with ravioli [4] dem. (otwór w igle) eye; **przeciągnąć nitkę przez ~ko** to thread a needle

uszkodze|nie [] sv → uszkodzić

[] n [1] (defekt) damage U; **~nie linii telefonicznej** damage to the telephone line; **pracuje przy naprawie ~nia** he's repairing the damage [2] Med. damage U, injury C/U; **nieodwracalne ~nie kręgosłupa/ mózgu/wątroby** irreversible spine/brain/ liver damage; **~nia ciała** body injuries, injuries to the body

uszk|odzić pf — **uszk|adzać** impf [] vt [1] (popsuć) to damage; **koparka ~odziła przewód gazowy** an excavator has damaged a gas pipe; **podwozie samolotu zostało ~odzone** the landing gear has been damaged; **uważał, aby nie ~odzić znaczka** he was careful to not damage the stamp; **wichura ~odziła linię wysokiego napięcia** the gale has damaged the power line [2] Med. (zranić) to injure, to damage; **kość ręki została ~odzona** a bone in his/ her hand was damaged

[] **uszkodzić się — uszkadzać się** [1] (ulec uszkodzeniu) to be damaged; **meble ~odziły się w czasie transportu** the furniture was damaged in transit [2] pot., żart. to get hurt; **~odził się podczas bójki w barze** he got hurt during the bar brawl

uszlachetniać impf → uszlachetnić

uszlachetni|ć pf — **uszlachetni|ać** impf [] vt książk. [1] (udoskonalić) to ennoble książk.; to improve; **dobra lektura ~a** a good book ennobles us; **~ła go miłość** love ennobled him [2] Ogr. to improve; **~ać drzewa przez szczepienie** to improve trees by grafting; **~one odmiany grusz/ jabłoni** improved varieties of pear/apple trees [3] Techn. (ulepszać) to refine; **~ć metal/ papier** to refine metal/paper; **~ć tkaninę** to mercerize fabric; **~ać surowce wtórne** to process recycled materials [4] (doskonalić rasę zwierząt) to improve; **~ona rasa świń** an improved breed of pigs

[] **uszlachetnić się — uszlachetniać się** książk. to ennoble oneself książk., to improve oneself; **~ał się przez pracę** he improved himself through work

uszmink|ować pf [] vt książk. (pomalować szminką) **~ować usta** to put on a. apply lipstick

[] **uszminkować się** to put on a. apply lipstick

uszn|y adi. ear attr., aural; **choroby ~e** diseases of the ear, aural diseases; **krwotok ~y** an ear haemorrhage; **małżowina ~a** the auricle spec.; **otwór ~y** the earhole

usztywniacz m stiffener; **~ z metalu/ tworzywa sztucznego** a metal/plastic stiffener; **~ do kołnierzyków** a collar stay

usztywniać impf → usztywnić

usztywni|ć impf — **usztywni|ać** impf [] vt [1] (utwardzać) to stiffen; **pianka ~ająca włosy** styling mousse; **~ony kołnierzyk** a stiffened collar; **~one mankiety** a stiffened cuffs [2] Med. (unieruchomić) to immobilize; **~ć komuś nogę/rękę/kolano** to immobilize sb's leg/arm/knee; **narciarz leżał z ~oną kostką** the skier was lying in bed with his ankle immobilized [3] książk., przen. to toughen; **prezydent ~ł swoje stanowisko** the president toughened his position; **~ć postawę** to toughen one's stance [4] Techn. (umocnić) to strengthen, to

reinforce; **strop ~ony metalową siatką** a mesh-reinforced ceiling; **~ć konstrukcję mostu** to strengthen the bridge structure

[] **usztywnić się — usztywniać się** [1] (stracić wiotkość) to harden, to stiffen; **kręgosłup ~ł się** sb's spine stiffened (up); **zamiast się odprężyć, ~ła się bardziej** instead of relaxing she stiffened up more; **pościel ~ła się od krochmalu** the linen was starched stiff [2] przen. to stiffen; **obrona niemiecka ~ła się** the German defence stiffened; **relacja euro do dolara ~ła się** the euro-dollar rates have stabilized

usztywnie|nie [] sv → usztywnić

[] n [1] (to, co usztywnia) stiffening; **~nie do kołnierzyka** a collar stay [2] sgt (stanie się sztywnym) stiffening, hardening; **~nie mięśni brzucha** the tightening of the stomach muscles

uszy|ć pf (**~ję**) vt to make, to sew; **palto ~te z wełny** an overcoat made of wool, a wool overcoat; **futro ~te ze skórek karakułowych** a Persian lamb coat; **~ć bluzkę/garnitur/spódnicę** to make a. to sew a blouse/suit/skirt

■ **~ć komuś buty** pot. to hatch a plot against sb

uścielić → usłać

uścisk m (G **~u**) (w ramionach) hug, embrace; (w ręce) grip; **miłosny/mocny/przyjacielski/serdeczny ~** a loving/tight/ friendly/heartfelt embrace; **powitalny/pożegnalny ~** a welcoming/farewell embrace, a hug of welcome/ferewell; **~ dłoni** a handshake; **trzymać kogoś w ~u** to hold a. lock sb in an embrace; **odwzajemnić czyjś ~** to hug sb back; **rozluźnić ~** to loosen sb's grip; **spleść się w ~u** to be entwined in an embrace

■ **łączę a. przesyłam ~i** hugs (and kisses)

uściskać → uścisnąć

uści|snąć, uści|skać pf (**~snęła** a. **~skała, ~snęli** a. **~skali**) [] vt to hug, to embrace; **przytuliła córkę i ~snęła mocno** she hugged her daughter tightly; **~snąć czyjąś dłoń** a. **prawicę** a. **rękę** to shake sb's hand; **~snąć sobie ręce na zgodę** to shake hands and make up; **~snąć kogoś przyjaźnie/serdecznie** to give sb a friendly/heartfelt hug; **~skaj ode mnie żonę i dzieciaki** give my love to your wife and kids

[] **uścisnąć się — uściskać się** to hug a. to embrace each other; **na pożegnanie ~snęli się mocno** they hugged each other tightly in farewell

uściślać pf → uściślić

uściśl|ić pf — **uściśl|ać** impf vt to specify, to make [sth] (more) specific [kryteria, reguły]; to qualify [wypowiedź]; **~ić czyjeś obowiązki** to specify sb's duties; **~ć godzinę przyjazdu** to set a. specify one's/ sb's arrival time

uśmi|ać się pf (**~eję się**) v refl. to have a good laugh

■ **koń by się ~ał** pot. it's enough to make a cat laugh pot.

uśmiech m (G **~u**) smile; **czarujący/ miły/promienny/radosny/uprzejmy/ szelmowski ~** a charming/sweet/radiant/ joyful/polite/roguish smile; **drwiący** a. **szyderczy ~** a sneer; **fałszywy/ironiczny/**

lekceważący/sztuczny/wymuszony/złośliwy ~ a deceitful/an ironic/a deprecating/a feigned/a forced/a malicious smile; **głupawy ~** a smirk; **~ szczęścia/zadowolenia/zakłopotania** a happy/satisfied/embarrassed smile, a smile of happiness/satisfaction/embarrassment; **~ od ucha do ucha** a grin a. smile from ear to ear; **obdarzyć kogoś ~em** to give sb a smile; **rozdawać ~y** to dispense smiles; **rzucić komuś ~** to throw sb a smile; **silić się na ~** to try to smile; **rozpływać się w ~u** to be all smiles; **szczerzyć zęby w ~u** to grin; **wywoływać ~** to make sb smile, to evoke a smile; **jej twarz rozjaśniła się ~em** her face broke into a smile; **mieć ~ na twarzy/ustach** to have a smile on one's face/lips; **na twarz wystąpił mu ~** a smile appeareded on his face; **rozchyliła usta w ~u** her lips parted in a smile; **~ rozpromieniał jego twarz** a smile lit up his face

■ **~ losu** a stroke of luck; **z ~em** (chętnie) willingly, gladly; (pomimo przeciwności losu) cheerfully, with a smile (on one's face)

uśmiechać się *impf* → **uśmiechnąć się**
uśmiech|nąć się *pf* — **uśmiech|ać się** *impf v refl.* to smile; **~ać się ironicznie/kpiąco/lekceważąco/sceptycznie** to smile ironically/sneeringly/deprecatingly/sceptically; **~ać się promiennie** to smile radiantly, to beam; **~nąć się czule/wesoło** to smile affectionately/cheerfully; **~nąć się przyjaźnie** to smile in a friendly way; **~nąć się serdecznie** to give a heartfelt smile; **~ać się z satysfakcją** to smile with satisfaction; **~ać się z przymusem** to force oneself to smile; **~ać się przez łzy** to smile through one's tears; **~ał się na myśl o ukochanej** the thought of his beloved brought a smile to his face; **~ał się do wszystkich lekceważąco** he smiled at everyone with contempt; **~nął się zalotnie do dziewczyny** he smiled flirtatiously at the girl

■ **~ać się blado** to smile faintly; **~ać się pod nosem** a. **wąsem** *pot.* ≈ to laugh up one's sleeve; **to mi się nie ~a** *pot.* I'm exactly thrilled a. overjoyed about it *pot.*; **fortuna** a. **los** a. **szczęście ~a się do kogoś** *pot.* Fortune smiles (up)on sb

uśmiechnię|ty *adi* smiling; **~ta mina** a smiling face; **~te oczy** smiling eyes; **ten chłopak jest zawsze ~ty** the boy is always smiling

uśmiercać *impf* → **uśmiercić**
uśmier|cić *pf* — **uśmier|cać** *impf vt* książk. [1] (zabić) to kill; to slay książk.; **w ataku szaleństwa ~cił całą rodzinę** in a fit of madness he killed his whole family; **w obozach zagłady ~cono miliony osób** millions of people were killed in the death camps [2] przen. (zniszczyć) to destroy, to kill; **~cić gospodarkę** to destroy the economy; **zanieczyszczenia przemysłowe ~cają środowisko naturalne** industrial pollution is destroing a. killing (off) the environment

uśmierzać *impf* → **uśmierzyć**
uśmierzająco *adv.* książk. **lekarstwo działało ~** the medicine brought relief

uśmierzając|y 🆄 *pa* → **uśmierzyć**
🆄 *adi.* soothing; **leki ~e** palliative drugs, palliatives

uśmierz|yć *pf* — **uśmierz|ać** *impf* 🆄 *vt* książk. [1] (koić, łagodzić) to relieve, to soothe; **środki ~ające ból** painkillers, pain relievers [2] (stłumić) to quell; **~ać awantury/zamieszki** to quell rows/disturbances; **~yć bunt** to quell a. to put down a rebellion

🆄 **uśmierzyć się** — **uśmierzać się** książk. to be relieved; **jego ból się ~ył po zażyciu leku** after taking the medicine his pain let up

uśmiesz|ek *m* (*G* ~ku) (pogardliwy) sneer; (głupkowaty) smirk; **drwiący/złośliwy ~ek** a sneer/a malicious smile

u|śpić[1] *pf* — **u|sypiać**[2] *impf* 🆄 [1] (ukołysać) to put a. lull [sb] to sleep; **kołysaniem uśpiła dziecko** she rocked the child to sleep; **uśpił ich monotonny głos wykładowcy** the lecturer's monotonous voice put them to sleep [2] (stłumić) **uśpić czyjąś czujność** to dull sb's vigilance; **uśpić czyjeś podejrzenia** to allay sb's suspicions [3] Med. (poddać narkozie) to anaesthetize, to anesthetize US; **lekarz uśpił pacjenta przed operacją** the doctor anaesthetized the patient before the surgery [4] Wet. (uśmiercić) to put down; to put to sleep euf.; **uśpić chorego psa** to put down the sick dog, to put the sick dog to sleep

🆄 **uśpić się** książk. to fall asleep

uśpi|ony 🆄 *pp* → **uśpić**
🆄 *adi.* [1] książk., przen. sleeping; **~one ulice** the sleeping streets; **~ony dom** a sleeping house [2] przen. dormant; **~ony wulkan** a dormant volcano; **obudzić** a. **rozbudzić ~one namiętności/uczucia** to awaken dormant passions/feelings; **~ony szpieg** a sleeper (agent)

uświadamiać *impf* → **uświadomić**
uświadcz|yć *pf vt pot.* to find; **tej książki nie ~ysz w żadnej księgarni** you won't find this book in any library; **na całym parkingu nie można ~yć wolnego miejsca** there's not even one free space in this whole car park

uświad|omić *pf* — **uświad|amiać** *impf vt* książk. [1] (zaznajomić) **~omić komuś coś** to bring sth to sb's attention; **~omić komuś niebezpieczeństwo** to make sb aware of a danger; **~omić masy/robotników politycznie** to raise the masses'/workers' political awareness; **zostali ~omieni co do swoich praw** they were informed a. made aware of their rights [2] (seksualnie) to explain the facts of life to euf. [3] przen. **~omić sobie** to realize, to become aware a. conscious of; **~omił sobie, że zostawił portfel w domu** he realized he'd left his wallet at home; **~omić sobie swoją trudną sytuację** to realize how difficult one's situation is; **~omienie sobie swoich wad i zalet** becoming aware a. conscious of one's strengths and weakness

uświerk|nąć *pf* (**~ła** a. **~nął**) *vi* [1] pot., żart. (zamarznąć) to die pot.; **myślałam, że ~nę, czekając na autobus** I thought I was going to die before a bus came along [2] dial. to die

uświetniać *impf* → **uświetnić**

uświetni|ć *pf* — **uświetni|ać** *impf vt* książk. to grace, to honour; **~ć coś swoją obecnością** to grace a. to honour sth with one's presence; **~ć czyjąś rocznicę ślubu wierszem okolicznościowym** to read/recite a poem in honour of sb's (wedding) anniversary

uświęcać *pf* → **uświęcić**
uświę|cić *pf* — **uświę|cać** *impf vt* książk. [1] (uwznioślić) to hallow, to sanctify; **miejsce ~cone krwią Polaków** a place hallowed a. sanctified by the blood of Poles; **zawód/zwyczaj ~cony tradycją** a time-honoured profession/custom [2] Relig. (uczynić świętym) to sanctify

❏ **łaska ~cająca** Relig. sanctifying grace
■ **cel ~ca środki** książk. the end justifies the means

uświ|nić *pf* 🆄 *vt pot.* to get [sth] dirty; to get [sth] mucky GB pot., to grunge [sth] up US pot.; **jeździsz takim ~nionym autem** your car is filthy; **~nić podłogę błotem** to muddy up the floor; **wrócił cały ~niony** he came back all mucky

🆄 **uświnić się** pot. to get dirty; to get mucky GB pot., to get grungy US pot.; **gdzieś się tak ~nił?** where did you get so mucky?; **~nić się błotem/farbą/czekoladą** to smear mud/paint/chocolate all over oneself

utai|ć *pf* — **uta|jać** *impf vt* książk. to conceal, to hide; **~ić prawdę** to conceal a. to hide the truth; **~ił swe przeżycia przed kolegami** he kept his experiences secret from his friends

utajać *impf* → **utaić**
utajniać *impf* → **utajnić**
utajni|ć *pf* — **utajni|ać** *impf vt* książk. to treat [sth] as classified (information); **~ć fakty historyczne** to treat historical facts as classified (information); **~ć raport/wyniki sondaży/obrady komisji/śledztwo** to keep the report/poll results/committee proceedings/investigation secret; **~one dokumenty** classified documents

utaj|ony 🆄 *pp* → **utaić**
🆄 *adi.* latent; **radio ma ~one wady** the radio has latent defects; **~ony obraz fotograficzny** Fot. a latent image; **~ony okres (choroby)** Med. a latent phase (of a disease)

utalentowan|y *adi.* talented, gifted; **ktoś wszechstronnie ~y** a person of many talents; **~i pisarze** talented a. gifted writers; **~y artysta/muzyk** a talented a. gifted artist/musician

utapirować *pf vt* to backcomb GB, to tease US *[włosy]* ⇒ **tapirować**

utapla|ć *pf* 🆄 *vt pot.* to get [sth] dirty; to get [sth] mucky GB pot., to grunge [sth] up US pot.; **~ć nogi w błocie** to muddy up one's feet; **ubranie ~ne farbą** clothes all mucky with paint

🆄 **utaplać się** pot. to get dirty; to get mucky GB pot., to get grungy US pot.; **już zdążyłeś się ~ć!** you've already managed to get filthy!

utarcz|ka *f* [1] (sprzeczka) squabble, skirmish; **~ki między rządem a opozycją/między rodzeństwem** squabbles a. skirmishes between the government and the opposition/between siblings; **~ki słowne**

squabbles [2] książk. (potyczka) skirmish; **krwawa/ostra ~ka** a bloody/violent skirmish; **doszło do ~ek demonstrantów z policją** a skirmish broke out between the demonstrators and the police; **uczestniczyć w ~ce z nieprzyjacielem** to engage in a skirmish with the enemy

utarg m (G ~u) takings pl; **procent od ~u** a percentage of the takings; **miała dziś dobry/zły ~** business was brisk/slow today; **przeliczył ~** he counted the takings

utarg|ować pf vt [1] (zarobić) to earn, to make; **dzisiaj ~ował sporą sumę** he made quite a lot from sales today [2] (kupić po niższej cenie) to talk the price down by; **~ował sto złotych** he talked the price down by a hundred zlotys

utar|ty [] pp → **utrzeć**
[]] adi. common; **~ta opinia o korupcji wśród polityków** a widely-held a. common opinion about corruption in politics; **~te pojęcia/wyobrażenia** widely-held a. common notions/ideas; **używał ~tych zwrotów** he was using set phrases; **zejść z ~tego szlaku** to go off a. leave the beaten track także przen.

utemper|ować pf [] vt to subdue [osobę]; **~ować swój wybuchowy charakter** to keep one's temper in check; **~ować rozhukany tłum** to calm (down) the boisterous crowd; **~ować swoje poglądy** to temper a. moderate one's views; **czas nie ~ował jej ambicji** time didn't quell a. diminish her ambition ⇒ **temperować**
[]] **utemperować się** to settle down; **z czasem się ~uje** she'll/he'll settle down with time; **~ował się pod jej wpływem** she had a steadying effect on him

utensyli|a plt (G ~ów) książk. paraphernalia pl, utensils pl; **nowe ~a do gotowania** new cooking utensils; **~a fotograficzne/malarskie** photographic/painting paraphernalia

utęsknieni|e n sgt książk. longing, yearning; **przedmiot ~a** the object of one's/sb's longing; **czekać na coś/kogoś z ~em** to long a. yearn for sth/sb

utka|ć¹ pf vt [1] (zrobić tkając) to weave; **materiał na zasłony ~ła własnoręcznie** she wove the curtain fabric herself; **~ć dywan/kilim** to weave a carpet/rug ⇒ **tkać** [2] książk. to interweave; **czarny materiał ~ny srebrną nicią** black fabric interwoven with silver thread [3] książk., przen. **program ~ny ze sloganów** a manifesto laced with slogans

ut|kać² pf — **ut|ykać¹** impf vt [1] (uszczelnić) to stuff; **utkać kocem szparę pod drzwiami** to stuff a blanket in the crack under the door [2] pot. (upchać) to cram; **utykać rzeczy do walizki** to cram one's things into a suitcase; **wszystkie sprzęty utkał w jednym pokoju** he crammed all the furniture into one room

ut|knąć¹ pf — **ut|ykać²** impf (utknęła, utknęli — utykam) vt książk. [1] (ugrzęznąć) to get bogged down, to get stuck; **samochód utknął w błocie/zaspach** the car got bogged down a. got stuck in the mud/snowdrifts; **statek utknął na mieliźnie** the ship ran aground [2] przen. (zatrzymać się) to get stuck; **utknęliśmy w korku** we got

stuck in a traffic jam; **utknąć na wsi/w małym miasteczku** to get stuck in the country/in a small town; **utknęła w biurze po godzinach pracy** she was stuck in the office after working hours [3] przen. (urwać się) to stall; **robota utknęła w miejscu** work came to a halt; **rozmowa/dyskusja utknęła** the conversation/discussion stalled
■ **utknąć w martwym punkcie** pot. to come to a standstill

utkwi|ć pf książk. [] vt [1] (zatrzymać) **~ć w coś/kogoś oczy** a. **spojrzenie** a. **wzrok** to fix one's eyes on sth/sb, to stare at sth/sb [2] przen. **spojrzenie ~one w dal** a gaze fixed on the distance; **leżał w łóżku ze wzrokiem ~onym w sufit** he was lying in his bed, staring at the ceiling
[]] vi [1] (uwięznąć) to lodge, to be lodged; **kula ~ła w ścianie** the bullet was lodged in the wall; **nóż ~ł mu w plecach** the knife lodged in his back; **mój obcas ~ł w szparze podłogi** my heel got stuck in a crack in the floor [2] przen. (zatrzymać się) to get stuck; **~ć na wsi** to get stuck in the country; **~ła w biurze po godzinach** she was stuck in the office after working hours
■ **~ić komuś w głowie** a. **pamięci** to be lodged a. engraved in sb's memory

utleniacz m [1] Chem. oxidant, oxidizer [2] (do włosów) bleach U, peroxide U

utleniać impf → **utlenić**

utle|nić pf — **utle|niać** impf [] vt [1] Chem. to oxidize; **enzymy ~niające** oxidases, oxidizing enzymes; **reakcja ~niania** oxidation [2] pot. to bleach a. to peroxide [włosy]
[]] **utlenić się** — **utleniać się** Chem. to oxidize

utleni|ony [] pp → **utlenić**
[]] adi. bleached, peroxided; **~ona blondynka** a bleached a. peroxide blonde; **miała długie ~one włosy** she had long bleached hair; **woda ~ona** (hydrogen) peroxide

utłu|c¹ pf — **utłu|kiwać** impf (~kę, ~czesz, ~kł, ~kła, ~kli — ~kuję) vt (rozkruszyć) to grind; (na papkę) to mash; **~c w moździerzu pieprz** to grind pepper in a mortar

utłu|c² pf (~kę, ~czesz, ~kł, ~kła, ~kli) vt [1] (obtłuc) to break off; **~c ucho dzbanka/filiżanki** to break off a jug/cup handle; **~c talerz** to chip a plate [2] pot. (zabić) to do [sb] in pot.; **bandyci ~kli go kijami** the bandits beat him to death with sticks; **~kę łobuza za to, co zrobił** I am going to kill that bastard for what he did

utłukiwać impf → **utłuc¹**

utocz|yć pf vt [1] (ulać) to draw (off), to tap; **~yć wina/piwa z beczki** to draw wine from a cask a. barrel/beer from a keg [2] (nadać okrągły kształt) **~yć kulę ze śniegu** to make a snowball [3] Techn. to turn (on a lathe); **~yć nogi do krzesła/walec** to turn chair legs/a cylinder (on a lathe)
■ **~yłbym własnej krwi dla ciebie** I'd die for you

uto|nąć pf (~nęła, ~nęli) vi [1] (pójść na dno) [osoba] to drown; [statek] to sink; **chłopiec ~nął w rzece** a boy drowned in the river; **kamień ~nął w wodzie** the stone sank in the water ⇒ **tonąć** [2] (zagłębić się) to sink; **~nąć w dużym fotelu** to sink

into a big armchair ⇒ **tonąć** [3] (zagubić się) to get lost; **jego głos ~nął w ogólnym zgiełku** his voice was lost in the noise; **~nąć w wielkim mieście/wysokiej trawie** to get lost in the big city/high grass ⇒ **tonąć** [4] (być pochłoniętym) to immerse oneself; **~nąć w książkach/lekturze** to immerse oneself in one's books/reading
■ **~nąć w niepamięci** książk. to fade a. sink into oblivion; **co ma wisieć, nie ~nie** pot. if you're born to hang, you'll never drown (so let the big cat jump) przysł.

utonię|cie [] sv → **utonąć**
[]] n drowning; **poniósł śmierć przez ~cie** he died by drowning; **w lecie wzrasta liczba ~ć** the number of drownings rises in the summer

utopi|a f (GDGpl ~i) [1] książk. (mrzonka) pipe dream, Utopian a. utopian idea; **nie widzisz, że to ~a?** can't you see that's just a pipe dream?; **poruszać się w kręgu ~i** to live in dream world [2] Filoz. Utopia a. utopia; **wykład o ~ach osiemnastowiecznych myślicieli** a lecture about the 18th-century philosophers' Utopias a. utopias [3] Literat. Utopian a. utopian novel

utopi|ć pf [] vt [1] (pozbawić życia) to drown; **~ić mysz** to drown a mouse ⇒ **topić** [2] (zanurzyć w wodzie) to sink; **~ić ładunek na dnie morza** to sink the (ship's) cargo ⇒ **topić** [3] (zagłębić) to bury; **~ić twarz w poduszce** to bury one's face in a pillow ⇒ **topić** [4] książk. (wbić ostrze) to plunge; **~ić nóż/sztylet w czyjejś piersi** to plunge a knife/dagger in(to) sb's breast ⇒ **topić**
[]] **utopić się** to drown; **~ić się w bagnach/morzu** to drown in the swamp/sea ⇒ **topić się**
■ **~ić pieniądze/fortunę w czymś** to sink money/a fortune in(to) sth; **~ić kłopoty/smutki/troski (w winie/wódce)** to drown one's problems/sorrows/worries (in wine/liquor); **~ić w czymś/kimś oczy** a. **spojrzenie** a. **wzrok** to fix one's eyes on sth/sb, to stare at sth/sb; **~iłby ją** a. **rad by ją ~ić w łyżce wody** ≈ he wouldn't spit on her if she were on fire

utopijnie adv. książk. **~ brzmiące hasła** Utopian a. utopian-sounding slogans

utopijnoś|ć f sgt książk. Utopian a. utopian character; **~ć czyichś pomysłów** the Utopian a. utopian character of sb's ideas

utopijn|y adi. Filoz., Polit., książk. Utopian a. utopian; **społeczeństwo ~e** Utopian a. utopian society; **~a wiara, że...** Utopian a. utopian belief that...; **~e idee** Utopian a. utopian ideas

utopi|ony [] pp → **utopić**
[]] adi. drowned; **z rzeki wyłowiono ~onego człowieka** the body of a drowned man pulled out of the river

utopistyczn|y adi. książk. Utopian a. utopian; **~a postawa życiowa/wizja przyszłości** a Utopian a. utopian attitude to life/vision of the future; **wiara w mądrość i inteligencję społeczeństwa jest ~a** a belief in the intelligence and wisdom of society is Utopian a. utopian

utopizm m sgt (G ~u) książk. Utopianism a. utopianism; **młodzieńczy ~** youthful Utopianism a. utopianism

U

utor|ować *pf vt* 1 pot. (przejść) ~**ować drogę przez zarośla** to to clear a path through the thicket; ~**ować sobie drogę wśród tłumu** to make one's way through the crowd; ~**ować przejazd samochodowi** to clear the way for a car 2 przen. ~**ować drogę kulturze/postępowi** to open the door to a. to pave the way for culture/progress; **znane nazwisko ojca** ~**owało jej drogę do kariery** her father's famous name opened many doors when she was starting her career

utożsamiać *impf* → utożsamić

utożsam|ić *pf* — **utożsam|iać** *impf* 🎔 *vt* książk. to equate; **te pojęcia są błędnie** ~**iane** these notions are wrongly considered equivalent; ~**ić materię z energią** to equate matter with energy; ~**iać powagę z nudą** to equate seriousness with boredom

🎔 **utożsamić się** — **utożsamiać się** książk. 1 (identyfikować się) to identify; ~**iać się z grupą ludzi/z kimś** to identify with a group of people/with sb 2 (być utożsamianym) **te dwa pojęcia** ~**iają się** people regard the two notions as being identical

utra|cić *pf vt* książk. to lose; ~**cić fortunę/majątek/szczęście** to lose one's fortune/posessions/luck; ~**cić krewnego/przyjaciela** to lose a relative/friend; ~**cić siły** to lose strength; ~**cić pamięć/wzrok/zdrowie** to lose one's memory/eyesight/health; ~**cić wartość/znaczenie** to lose value/meaning; ~**cić władzę w nodze/w ręce** to lose the use of one's leg/arm; **bezpowrotnie** ~**cony** irretrievably lost, irrecoverable

utracjusz *m*, ~**ka** *f* (*Gpl* ~**y** a. ~**ów**, ~**ek**) książk. prodigal książk., wastrel książk.

utracjuszostw|o *n sgt* książk. prodigality książk., profligacy książk.

utracjuszows|ki *adi.* książk. prodigal książk., profligate książk.; ~**ki styl życia** a prodigal a. profligate life(style)

utrafiać *impf* → utrafić¹

utrafi|ć¹ *pf* — **utrafi|ać** *impf vt* książk. to hit; ~**ić do tarczy** to hit the target

utrafi|ć² *pf vi* książk. 1 (przybyć na czas) **nigdy nie mogłam** ~**ić na samo otwarcie sklepu** I've never managed to be at the shop just when it opened; ~**ić w samą porę** to get somewhere just in time a. in the nick of time 2 (zaspokoić czyjeś upodobania) to satisfy; ~**ić w czyjąś myśl** to read sb's mind przen.; ~**ić w czyjś gust** a. **smak, styl** [*prezent, przedstawienie*] to be to sb's liking a. taste

utrafi|ony *adi.* suitable; **produkt** ~**ony w potrzeby klientów** a product that satisfies a. meets customers' needs; **to niezłe** ~**ony portret** pot. the portrait is a good likeness

utrapie|nie *n* książk. worry, trouble; **być** ~**niem** to be a (source of) worry; **zimowym** ~**niem kierowców są śliskie drogi** slippery roads cause drivers a lot of trouble in the winter; **ku swojemu** ~**niu ciągle spóźniała się do pracy** to her vexation, she was always late for work; **miała wieczne** ~**nie z dziećmi** her children were a constant worry to her; **z nim jest zawsze** ~**nie** he's always causing problems

utrapie|niec *m* (*V* ~**ńcze** a. ~**ńcu**) pot. nuisance; pest pot.; **co za los z tym** ~**ńcem** what a pest he is

utrapi|ony *adi.* książk. tiresome, exasperating; ~**eni nudziarze** tiresome bores; **co za** ~**ony malec!** what an exasperating child!; **kiedy skończy się ta** ~**ona podróż?** when does this tiresome journey end?

utra|ta *f sgt* loss *C/U*; ~**ta najbliższych/zdrowia/majątku** the loss of one's loved ones/health/property; ~**ta wiary w ludzi** a loss of faith in people; ~**ta pamięci/słuchu/ciepła** memory/hearing/heat loss; **upił się do** ~**ty przytomności** he drank himself unconscious

❑ ~**ta praw** Prawo loss of civil rights

■ **do** ~**ty tchu** pot. until one's ready to drop pot.

utrącać *impf* → utrącić

utrą|cić *pf* — **utrą|cać** *impf vt* 1 (odtłuc) to break off, to chip; ~**cić ucho dzbanka** to break the handle off a jug; **figurka z** ~**conym nosem** a figurine with a chipped nose 2 pot. (usunąć ze stanowiska) to boot out pot.; to oust; **słyszałeś, że** ~**cili prezesa?** have you heard that they've booted out the director? 3 przen. (odrzucić) to kill, to squash [*projekt, ustawę*]; to torpedo przen. [*plan, inicjatywę*]; **kandydował na przewodniczącego, ale go** ~**cili** he ran for the chairmanship but they knocked him out of the running

utrudniać *impf* → utrudnić

utrudni|ć *pf* — **utrudni|ać** *impf vt* to make [sth] hard a. difficult, to hinder; **mgła** ~**ała widoczność** the fog made it hard to see; **krzaki** ~**ały przejście** the bushes made it difficult to pass; ~**ać postęp/realizację reform** to hinder progress/reforms; **nie pozwolę, żeby cokolwiek** ~**ło mi realizację planów** I won't let anything get in the way of my plans

utrudnie|nie *sv* → utrudnić

🎔 *n* handicap, impediment; **nieznajomość tego języka jest** ~**niem** not knowing the language is a handicap; **stwarzać** ~**nia w realizacji planu** to impede (the implementation of) a plan; **usuwać** ~**nia** to remove impediments (**w czymś** to sth); **mimo** ~**ń projekt został zrealizowany** the project has been carried out in spite of all the difficulties

utrudzać *impf* → utrudzić

utru|dzić *pf* — **utru|dzać** *impf* książk. 🎔 *vt* to fatigue książk.; to exhaust; ~**dziła ich długa podróż pociągiem** they were exhausted by the long train journey

🎔 **utrudzić się** — **utrudzać się** to be exhausted a. tired out; ~**dził się noszeniem worków** he was exhausted from carrying the sacks

utrudz|ony 🎔 *pp* → utrudzić

🎔 *adi.* książk. fatigued książk.; weary; ~**eni wędrówką, odpoczywali w cieniu drzewa** fatigued by the long walk, they rested in the shade of a tree; **miał szarą,** ~**oną twarz** he had a grey, weary face

utrupiać *impf* → utrupić

utrup|ić *pf* — **utrup|iać** *impf vt* pot. 1 (zabić) to do [sb] in pot.; **jak go złapią, to go** ~**ią** when they catch him, they'll do

him in 2 przen. (zniszczyć) to torpedo przen. [*sprawę, przedsięwzięcie, projekt*]

utrwalacz *m* 1 Chem. fixative; ~**e malarskie** paint fixatives; ~ **zapachu** a fragrance fixative 2 Fot. fixer, fixing solution 3 Kosmet. ~ **do trwałej** fixing solution for a perm 4 pot., żart. (alkohol) chaser pot.

■ ~ **władzy ludowej** Hist., pejor. champion of Communism (*in early post-war Poland*)

utrwalać *impf* → utrwalić

utrwal|ić *pf* — **utrwal|ać** *impf* 🎔 *vt* 1 (umocnić) to strengthen, to consolidate [*więź, pozycję, stosunki*] 2 (upamiętnić) to commemorate [*osobę, wydarzenie*] 3 (zarejestrować) to record; ~**ać na taśmie głosy ptaków** to tape bird calls; ~**ać w pamiętniku swoje przeżycia** to record one's experiences in a diary 4 (zachować) to retain [*fakt*]; to consolidate [*wiadomości, wiedzę, materiał*] 5 Chem., Fot. (nadać trwałość) to fix 6 (zakonserwować) to preserve [*żywność*]

🎔 **utrwalić się** — **utrwalać się** to become established; **w naszej rodzinie** ~**ił się zwyczaj codziennego czytania prasy** the custom of reading newspapers every day is well established in our family; **wyż** ~**ił się nad Polską** a high pressure area has set in over Poland

■ ~**iło mi się to w pamięci** it stayed in my memory

utrząsać *impf* → utrząść¹

utrząsnąć → utrząść¹

utrz|ąść¹, utrz|ąsnąć *pf* — **utrz|ąsać** *impf* (~**ęsę, ~ęsiesz, ~ęsie, ~ąsł, ~ęsła, ~ęśli — ~ąsam**) pot. 🎔 *vt* 1 (trzęsąc ułożyć) to shake down; ~**ąść gruszki w koszyku** to shake down pears in a basket 2 (strącić) to shake; ~**ąść trochę jabłek z drzewa** to shake apples from a tree

🎔 **utrząść się** — **utrząsnąć się** 1 (ubić się) **winogrona** ~**ęsły się w koszu** the grapes got crushed in the basket 2 przen. (unormować się) to settle down, to be sorted out; **czekaliśmy z decyzją, aż wszystko się** ~**ęsie** we delayed the decision until the dust had settled przen.

utrz|ąść² *pf* (~**ęsie, ~ąsł, ~ęsła**) pot. 🎔 *vt* (o koniu, wozie) to jolt; **strasznie nas** ~**ęsła jazda wozem na nierównej drodze** the ride in the cart on that bumpy road jolted us terribly

🎔 **utrząść się** (zmęczyć się jazdą) ~**ąść się w autobusie/na wozie** to be a. get jolted on a bus/cart

u|trzeć *pf* — **u|cierać** *impf* (**utrze – ucieram**) 🎔 *vt* 1 Kulin. to grate [*marchew, chrzan*]; to blend, to cream [*składniki ciasta*]; to grind [*przyprawy, ziarna*] 2 przest. to wipe; **utarł ręką nos/pot z czoła** he wiped his nose/the sweat off his forehead 3 przest. (wygładzić) to level [*drogę, powierzchnię*]

🎔 **utrzeć się** — **ucierać się** 1 (upowszechnić się) to become common a. widespread; **utarł się zwyczaj kupowania prezentów na walentynki** the custom of buying Valentine's Day presents has become quite common 2 (zostać utartym) [*warzywo, ser*] to be grated; [*składniki ciasta*] to be blended a. creamed; [*przyprawy, ziarna*] to be ground

■ **utrzeć komuś nosa** pot. to take a. bring sb down a peg (or two) pot., to cut sb down to size pot.

utrzym|ać *pf* — **utrzym|ywać**[1] *impf* **U** *vt* [1] (nie wypuścić) to hold; **był tak słaby, że nie mógł ~ać łyżki w dłoni** he was so weak that he couldn't even hold a spoon [2] (wytrzymać ciężar) to bear, to support; **most nie ~ał ciężaru samochodów i zawalił się** the bridge collapsed under the weight of the cars [3] (powstrzymać) to hold (back); **~ać w rękach wyrywającego się psa** to hold back the struggling dog; **pilot z trudem mógł ~ać ster** the pilot could barely hold on to the controls [4] (zatrzymać) to keep, to hold on to; **mimo skandalu ~ał ministerialne stanowisko** despite the scandal he kept his ministerial position; **kobiety robią wiele, aby zdobyć mężczyznę i ~ać go przy sobie** women will do a lot to get a man and keep him [5] (opłacić) to support, to maintain [*rodzinę*]; to keep up [*dom, obiekt, budynek*]; **~ywać kochankę** to keep a mistress [6] (nie stracić) to keep, to hold on to; **do końca wyścigu ~ał przewagę** he held on to his lead until the end of the race; **mimo rozwodu z następcą tronu, księżna ~ała swój tytuł** despite divorcing the crown prince, the princess retained her title [7] (zachować) to keep up, to maintain; **dzięki regularnej grze w tenisa ~ał sprawność fizyczną do końca życia** playing tennis regularly kept him in good shape all his life; **starał się jak najdłużej ~ać z nią kontakt wzrokowy** he tried to maintain eye contact with her for as long as possible; **~ać konia w dobrej formie** to keep a horse in good condition [8] (kontynuować) to keep up, to maintain [*przyjaźń, korespondencję*]

Ⅲ utrzymać się — utrzymywać się [1] (pozostać w miejscu) to stay, to remain; **~ać się na powierzchni wody** to stay a. to remain afloat; **owoce na drzewie ~ały się długo** there was fruit on the tree for a long time [2] (pozostać) to stay, to remain; **~ać się na stanowisku** to remain in a position; **zrobi wszystko, byle tylko ~ać się przy władzy** he'll do anything just to stay in power [3] (nie zmienić się) to last; **zwyczaj niedzielnych spacerów ~ał się do dziś** the custom of taking Sunday walks is still popular today; **jest coraz cieplej, śnieg się nie ~a** it's getting warmer and warmer, the snow won't last; **jeśli pogoda się ~a przez kilka dni, wkrótce zaczną kwitnąć drzewa** if the weather holds for a few days the trees will start blossoming [4] (zaspokoić potrzeby finansowe) to earn one's living, to support oneself; **~uje się z pracy jako sprzątaczka** she earns her living as a cleaning lady; **z takiej marnej pensji się nie ~am** I can't support myself on such a low salary; **~ywać się z pracy/pensji/posady/emerytury** to live off one's work/salary/job/pension [5] Wojsk. to maintain a. hold one's position, to hold out

■ **dobrze/źle ~any** in good/bad condition; **udało się ~ać go przy życiu** they managed to keep him alive; **wiersz jest ~any w formie sonetu** the poem follows the form of a sonnet; **ten utwór muzyczny jest ~any w radosnym nastroju** this piece of music is joyful in tone; **jego list**

był ~any w bardzo chłodnym tonie his letter was very cold in tone

utrzyman|ek *m* (*Npl* **~kowie**) kept man; **był ~kiem bogatej wdowy** he was kept by a rich widow

utrzymani|e U *sv* → **utrzymać**

Ⅲ *n sgt* **~e domu/obiektu** the upkeep a. maintenance of a house/building; **przez całe życie ciężko pracował na ~e swoje i rodziny** he worked hard all his life to support himself and his family; **zapewnić komuś całodzienne ~e** to provide sb with full board; **mieć kogoś na ~u** to support sb; **koszt ~a** the cost of living; **mieszkanie z ~em** bed and board

utrzyman|ka *f* kept woman, mistress

utrzymywać[1] *impf* → **utrzymać**

utrzym|ywać[2] *impf* (twierdzić) to maintain, to claim

utucz|yć *pf* **U** *vt* [1] to fatten up [*zwierzę hodowlane*] ⇒ **tuczyć** [2] pot., żart. to fatten up żart. [*osobę*]; **nie dawaj mi już więcej ciasta, chcesz mnie ~yć?** don't give me any more cake, are you trying to make me fat? ⇒ **tuczyć**

Ⅲ utuczyć się [1] (o zwierzęciu hodowlanym) to fatten up; **prosiak dobrze się ~ył** the pig has fattened up nicely ⇒ **tuczyć się** [2] pot., żart. (o osobie) to get fat ⇒ **tuczyć się**

utulać *impf* → **utulić**

utul|ić *pf* — **utul|ać** *impf* **U** *vt* pot. to console, to comfort; **staraliśmy się ~ić ją w żalu po stracie męża** we tried to console her after she lost her husband

Ⅲ utulić się — utulać się to find a. take consolation

■ **~ić żal/ból** to ease the grief/pain

utwardzać *impf* → **utwardzić**

utwierdzać *impf* → **utwierdzić**

utwar|dzić *pf* — **utwar|dzać** *impf* **U** *vt* [1] (zwiększyć twardość) to harden; **~dzić drogę** to pave a road [2] Chem. to harden [*klej, wosk, farbę*] [3] Techn. to case-harden [*stal, żelazo*]

Ⅲ utwardzić się — utwardzać się to harden; **ten klej ~dza się dość wolno** this glue hardens rather slowly

utwier|dzić *pf* — **utwier|dzać** *impf* **U** *vt* książk. [1] (umocnić) to confirm; **~dzić kogoś w postanowieniu/przeświadczeniu** to confirm sb in their decision/belief [2] (zamocować) to fix; **~dzić haki w murze/skale** to fix hooks in a wall/rock [3] (ugruntować) to consolidate [*władzę, panowanie*]

Ⅲ utwierdzić się — utwierdzać się książk. [1] (upewnić się) to be confirmed; **~dzić się w swoich podejrzeniach** to be confirmed in one's suspicions [2] (ugruntować się) to be strengthened a. consolidated; **~dził się na stanowisku prezesa** his position as a president has been consolidated; **przekonanie o jego szaleństwie ~dzało się coraz bardziej** the belief that he was mad was becoming stronger

utw|orzyć *pf* **U** *vt* książk. [1] (powołać do życia) to set up, to form; **~orzyć nowy zarząd** to set up a new board; **komitet ~orzony z przedstawicieli wszystkich działów** a committee made up of representatives of all departments; **~orzyć nowy oddział szpitala** to open a new hospital ward ⇒ **tworzyć** [2] (spowodować powstanie) to

create [*miejsca pracy*]; to form [*kałuże, wydmy, sople*] ⇒ **tworzyć** [3] (uformować) to form, to make; **gałęzie ~orzyły sklepienie nad drogą** the branches formed a sort of vault over the road ⇒ **tworzyć**

Ⅲ utworzyć się książk. [1] (powstać) to form, to be formed; **na jej czole ~orzyły się zmarszczki** wrinkles appeared on her forehead; **na rzece ~orzył się zator z kry** an ice jam has formed on the river ⇒ **tworzyć się** [2] (zostać powołanym do życia) to be formed a. established; **~orzyła się nowa organizacja** a new organization has been set up ⇒ **tworzyć się**

utw|ór *m* (*G* **~oru**) [1] (literacki) work; (muzyczny) work, piece; **~ory zebrane** collected work; **~ór znakomitego autora** the work of an outstanding author; **~ór liryczny/instrumentalny** a lyrical/instrumental piece; **~ory na fortepian** a. **fortepianowe** piano works a. pieces a. compositions; **na tej płycie jest jedenaście ~orów** there are eleven tracks on this record [2] Biol., Med. growth [3] *zw. pl* Geol. deposit

uty|ć *pf* (**~ję**) *vi* to put on weight, to grow fat; **bardzo ~ła w czasie wakacji** she put on a lot of weight during the holiday ⇒ **tyć**

utykać[1] *impf* → **utkać**[2]

utykać[2] *impf* → **utknąć**

ut|ykać[3] *impf vi* (kuleć) to limp; **chodził, lekko utykając** he walked with a slight limp; **utykać na prawą nogę** to have a limp in the a. one's right leg

utylitarnoś|ć *f sgt* książk. utilitarianism

utylitarn|y *adi.* książk. utilitarian; **~a rola sztuki** the utilitarian role of art

utylitarystycznie *adv.* [1] książk. in a utilitarian way; **był ~ nastawiony do życia** his attitude towards life was utilitarian [2] Filoz. **~ pojęte dobro człowieka** man's well-being from the utilitarian point of view

utylitarystyczn|y *adi.* [1] książk. (praktyczny) [*cele, polityka*] utilitarian [2] Filoz. [*pogląd, etyka, filozofia*] utilitarian

utylitaryzm *m sgt* (*G* **~u**) [1] książk. utilitarianism [2] Filoz. utilitarianism

utylizacj|a *f sgt* Techn. recycling, utilization; **~a odpadów przemysłowych** industrial waste management

utylizacyjn|y *adi.* Techn. recycling *attr.*; **urządzenia ~e** recycling equipment; **zakład ~y** a recycling plant

utyliz|ować *impf vt* Techn. to recycle, to utilize; **~ować makulaturę/złom** to recycle waste paper/scrap metal; **~ować śmieci/ścieki kanalizacyjne** to utilize garbage/sewage

utysk|iwać *impf* książk. to grumble, to complain (**na coś** about sth); **ciągle ~uje na niskie zarobki** he's forever grumbling about how little he earns

utyskiwa|nie U *sv* → **utyskiwać**

Ⅲ *n zw. pl* książk. grumbling *U*, complaining *U*; **dość mam twoich ciągłych ~ń!** I'm fed up with your constant grumbling!; **zaczęli dzień od ~ń na pogodę** they started the day with complaints about the weather

utytł|ać *impf* **U** *vt* pot. to get [sth] mucky GB pot.; to smear; **~ać sobie ręce/fartuch** to get one's hands/apron all dirty; **~ać błotem podłogę** to muddy up the floor ⇒ **tytłać**

III utytłać się pot. to get mucky GB pot.; to smear oneself (**czymś** with sth) ⇒ **tytłać się**

utytułowan|y adi. książk. [1] (posiadający tytuły) [znajomi, ród, osoby] titled [2] (wyróżniony) award-winning, prize-winning

uty|ty adi. kryt. fat

uwa|ga f [1] sgt (koncentracja) attention; **napięta/skupiona ~ga** close/focused attention; **skierować czyjąś ~gę na coś** to direct a. draw sb's attention to sth; **zajmować (czyjąś) ~gę** to occupy a. absorb sb's attention; **odwracać (czyjąś) ~gę** to distract a. divert sb's attention; **przyciągać ~gę** to attract a. draw attention; **skupiać ~gę** to focus one's attention; **w centrum ~gi** in the centre of attention; **wysłuchał moich słów z ~gą** he listened closely a. attentively to what I said; **słuchać z napiętą/największą ~gą** to listen with close/with the utmost attention; **obchodzić się z czymś z ~gą** to handle sth with care; **wart/niewart ~gi** worthy of/not worthy of attention; **godny ~gi** noteworthy, notable [2] (komentarz) remark, comment; **trafna/dowcipna/banalna/luźna/niestosowna ~ga** an apt/a witty/a banal/a casual/an inappropriate remark a. comment; **musimy uwzględnić ~gi krytyczne ekspertów** we have to take the experts' critical comments into consideration; **wymieniliśmy ~gi na temat obejrzanego filmu** we exchanged comments on the film we'd just seen [3] zw. pl (pouczenie) comment, remark; **nie szczędzić komuś ~g** not to spare sb one's comments [4] Szkol. (nagana) **nauczycielka wpisała mu ~gę do dzienniczka** ≈ the teacher wrote a note to his parents about his behaviour

II inter. attention!, look a. watch out!; **~ga, samochód!** look out, there's a car coming!; **proszę o ~gę!** attention please!; „**~ga, zły pies**" 'beware of the dog'

■ **brać pod ~gę** to take into consideration a. account; **przy przygotowywaniu kolacji nie bierzcie mnie pod ~gę** count me out for supper; **czy może pan zwrócić ~gę na moją torbę/walizkę?** pot. would you keep an eye on my bag/suitcase (for a moment)?; **mieć kogoś/coś na ~dze** to have sb/sth in mind; **nie uszło mojej ~gi, że...** it didn't escape my notice a. attention that...; **nie podobało mi się to, jak postąpił, ale nie będę mu robił ~g** pot. I didn't like the way he behaved, but I'm not going to say anything; **ujść czyjejś ~gi** a. **~dze** to escape sb's notice a. attention; **zasługiwać na ~gę** to be worthy noticing, to be worthy of note; **zwracać/zwrócić komuś ~gę** to reprimand sb; **zwracać ~gę** (uważać) to pay attention; (być interesującym) to attract attention; **ubiera się w jaskrawe kolory po to, żeby zwrócić na siebie ~gę** she dresses in bright colours to attract attention; **jeżdżąc samochodem często nie zwracał ~gi na znaki drogowe** when driving he frequently disregarded the road signs; **zawsze zwracałem ~gę na ubiór** I've

always been careful about the way I dress; **pamiętam, że był to samochód czerwony, ale nie zwróciłem ~gi na rejestrację** I remember that it was a red car, but I didn't notice the registration; **zwróć ~gę, żeby nie wyszedł do szkoły bez czapki** make sure that he doesn't go to school without his hat; **zwracam ~gę, że...** I'd like to point out that..., please note that...

uwal|ać pf **II** vt to get [sth] dirty, to smear; **~ać palto błotem** to muddy one's coat

III uwalać się to get dirty; to be smeared (**czymś** with sth)

uwal|ić się pf — **uwal|ać się** impf v refl. pot. [1] (położyć się) to flop pot.; **~ił się na tapczan po powrocie z pracy** when he came back from work he flopped (down) on the couch [2] (uderzyć się) to bang (**w coś** sth) [3] posp. (upić się) to get plastered a. sloshed pot.

uwalniać impf → **uwolnić**

uwal|ony adi. pot. plastered pot., sloshed pot.; **był tak ~ony, że ledwo trzymał się na nogach** he was so sloshed he could hardly walk

uwarunk|ować pf — **uwarunk|owywać** impf vt książk. to condition książk.; **postępowanie ~owane okolicznościami** (an) action conditioned by the circumstances; **choroba ~owana genetycznie** a genetically determined illness

uwarunkowa|nie II sv → **uwarunkować**

III n [1] Psych. conditioning U [2] książk. determinant; **charakter człowieka zależy od ~ń genetycznych** a person's character is influenced by genetic factors; **~nia społeczne** social factors a. determinants

uwarunkowywać impf → **uwarunkować**

uważa|ć impf **II** vi [1] (koncentrować) to pay attention, to be attentive; **powinieneś bardziej ~ć na lekcjach** you should pay more attention during classes; **gdybyś ~ł, to nie doszłoby do tej stłuczki** if you'd been paying attention, the accident wouldn't have happened [2] (obserwować) **~j na ten samochód/to dziecko!** watch out for that car/that child!; **~j na głowę/co mówisz!** mind your head/your tongue!; **~j, jak idziesz** watch your step; **~j!** watch it! [3] (strzec) **~ć na kogoś/coś** to look after sb/sth, to take care of sb/sth; **~j na siebie** take care (of yourself); **przed wyjazdem poprosili sąsiadkę, aby ~ła na ich mieszkanie** before they left they asked their neighbour to look after their flat [4] (traktować) to regard, to consider; **~ć kogoś za sprzymierzeńca/intruza/awanturnika** to regard sb as an ally/intruder/troublemaker; **~ć czyjeś słowa za obelgę** to take sb's words as an insult; **~m za swój obowiązek poinformować pana, że...** I consider it my duty to inform you that... [5] (sądzić) to think; **~m, że będzie padał deszcz** I think it's going to rain; **~m, że nie masz racji** I think you're wrong; **kiedyś ~łem inaczej, teraz zmieniłem zdanie** I used to think differently but I've changed my mind

II uważać się to consider oneself; **on się ~a za geniusza** he considers himself a

genius; **~ją się za sprytnych** they consider themselves clever

■ **jak ~sz** pot. as you wish a. like; **niech pan robi tak, jak pan ~** do (just) as you wish, sir; **chyba już pójdziemy, jak ~cie?** shall we go now?

uważani|e II sv → **uważać**

III n sgt pot., przest. esteem, regard; **darzyć kogoś wielkim ~em** to hold sb in high esteem; **on ma ~e u szefa** his boss thinks highly of him

■ **po ~u** a. **według swego ~a** pot. at one's/sb's discretion; **premie przyznawał po ~u** he paid out bonuses at his discretion

uważnie adv. grad. carefully, attentively; **~ stąpać po stromej ścieżce** to walk carefully along the steep path; **~ słuchać wykładu** to listen attentively to the lecture

uważn|y adi. grad. [1] (skoncentrowany) [czytelnik, korektor, słuchacz] attentive [2] (baczny) [spojrzenie] sharp, close; **~e odczytanie tekstu** a close reading of a text

uwertu|ra f [1] (wstęp) overture; **~ra opery** a. **do opery** an overture to an opera [2] książk., przen. prelude; **to była tylko ~ra** it was just the beginning

uwę|dzić pf **II** vt [1] Kulin. to smoke [mięso, wędliny, ryby, ser] ⇒ **wędzić** pot., żart. ≈ to breathe smoke all over pot., żart. [osobę] ⇒ **wędzić**

II uwędzić się [1] Kulin. to be smoked; **szynka jeszcze się nie ~dziła** the ham isn't fully smoked yet ⇒ **wędzić się** [2] pot., żart. **można się tu ~dzić** ≈ I feel like a smoked ham a. fish in here (from cigarette smoke) pot., żart. ⇒ **wędzić się**

uwiarygodniać impf → **uwiarygodnić**

uwiaryg|odnić pf — **uwiaryg|odniać, uwiaryg|adniać** impf vt to authenticate [pismo, podpis, zeznanie]; **liczne szczegóły, które podał, ~odniły jego wersję wydarzeń** the many details he gave lent credence to his version of the events; **aktorowi udało się ~odnić graną przez siebie postać** the actor succeeded in making his character credible

uwią|d m sgt (G ~du) [1] Med. cachexia spec. [2] książk. (powolny zanik) atrophy; **działalność organizacji jest w stanie totalnego ~du** the organization is in a state of complete atrophy

❑ **~d starczy** Med. senile dementia spec.

uwią|zać pf — **uwią|zywać** impf (**~żę** — **~zuję**) **II** vt pot. [1] (przywiązać) to tie (up), to tether; **~zać psa przy budzie** to tie the dog to the kennel ⇒ **wiązać** [2] (zawiesić, przywiązać) to hang; **koszyk ~zany na sznurku** a basket hanging on a string ⇒ **wiązać** [3] pot. (narzucić obowiązki) to be stuck pot.; **była ~zana w domu przy dzieciach** she was stuck at home with the kids ⇒ **wiązać**

II uwiązać się — **uwiązywać się** (przywiązać się) to tie a. tether oneself; **~zał się pasem do drzewa** he tethered himself to the tree with his belt

uwiązywać impf → **uwiązać**

uwi|ć pf (**~ję**) vt książk. [1] (upleść) to weave; **~ć wianek** to make a wreath [2] [ptak] to build, to make [gniazdo]

■ **~ć sobie gniazdko** pot.. to make a. build

a nest przen.; **w tym niewielkim miesz-kaniu ~li sobie przytulne gniazdko** they've made a nice nest for themselves in that small flat

uwidaczniać *impf* → **uwidocznić**

uwidoczniać *impf* → **uwidocznić**

uwid|ocznić *pf* — **uwid|aczniać, uwid|oczniać** *impf* **I** *vt* [1] (przedstawić) to show; **na mapie były ~ocznione główne miasta** the map showed the major cities [2] (wykazać) to reveal, to expose; **~ocznić czyjeś wady/niedociągnięcia** to reveal sb's faults/shortcomings; **~ocznić straty firmy** to reveal the company's losses

II uwidocznić się — uwidaczniać się, uwidoczniać się książk. to be seen a. visible; **w jasnym świetle ~oczniały się szcze-góły obrazu** in the bright light the details of the painting were clearly visible; **już w pierwszych rolach ~ocznił się jej talent aktorski** her acting talent was apparent even in her first roles

uwieczniać *impf* → **uwiecznić**

uwieczni|ć *pf* — **uwieczni|ać** *impf* **I** *vt* [1] (utrwalić) to immortalize; **ta barwna postać została przez niego ~ona na kartach książki pod tytułem...** he immortalized that colourful character in the book called... [2] żart. to immortalize żart.; to photograph *[rodzinę, ślub, chrzciny]*

II uwiecznić się — uwieczniać się [1] książk. to be immortalized [2] żart. to be immortalized żart.; to be photographed

uwielbiać¹ *impf* → **uwielbić**

uwielbia|ć² *impf vt* książk. [1] (wielbić) to adore; **był świetnym nauczycielem, uczniowie go ~li** he was a wonderful teacher, the pupils adored him [2] (bardzo lubić) to love; **~m psy, szczególnie jamniki** I love dogs, especially dachshunds

uwielbi|ć *pf* — **uwielbi|ać¹** *impf vt* (głosić chwałę) to worship; **~ajmy teraz Boga słowami pieśni** let us sing a hymn of worship to the Lord

uwielbieni|e **I** *sv* → **uwielbić**

II *n sgt* [1] Relig. worship [2] (podziw) ador-ation; **patrzeć na kogoś z ~em** to gaze at sb adoringly a. in adoration; **jest otoczony powszechnym ~em** he's widely revered

uwieńcz|yć *pf vt* książk. [1] przen. (ukoronować) to crown, to reward; **jej starania zostały ~one sukcesem** her efforts were crowned by a. rewarded with success; **został ~ony laurami przez szwedzką akademię** he was crowned with the laurels of the Swedish Academy ⇒ **wieńczyć** [2] (ozdobić) to fes-toon, to decorate *[okno, bramę, posąg, stół]* ⇒ **wieńczyć**

uwier|ać *impf* **I** *vt* [1] (obcierać) to chafe; **kołnierzyk ~a mnie w szyję** the collar is chafing my neck; **te buty ~ają mnie w pięty** these shoes are chafing my heels [2] przen. (martwić) **~ała ją myśl, że będzie musiała tam wrócić** the thought she'd have to go back there made her uneasy a. uncomfortable

II *vi* to pinch; **te buty ~ają, potrzebny mi większy rozmiar** these shoes are too tight, I need a bigger size

uwierzeni|e *sv* → **uwierzyć**

■ **to nie do ~a** that's incredible a.

---

unbelievable!; **jest nie do ~a przebiegły** he's incredibly a. unbelievably cunning

uwierz|yć *pf vi* [1] (przyjąć za prawdę) to believe; **nigdy w to nie ~ę** I'll never believe that; **~ mi, wyzdrowiejesz** believe me, you will recover; **~yć w plotki/pogłoski** to believe the gossip/rumours ⇒ **wierzyć** [2] Relig. to believe; **błogosła-wieni, którzy nie widzieli, a ~yli** Bibl. blessed are those who have not seen and yet have believed [3] (zaufać komuś) to believe, to trust; **~yłem, że ona to zrobi** I trusted her to do it; **~yli mu na słowo** they took his word for it; **dużo czasu minęło, zanim rodzice wreszcie we mnie ~yli** it took a long time for my parents to start believing in me ⇒ **wierzyć**

uwierzytelniać *impf* → **uwierzytelnić**

uwierzytelni|ć *pf* — **uwierzytelni|ać** *impf* **I** *vt* [1] książk. (uwiarygodnić) to give a. lend versimiltude to książk. *[opisane wydarzenia]* [2] Prawo (stwierdzać autentyczność) to authenti-cate *[dokument, kopię, pismo]* [3] Polit. to accredit *[posła, ambasadora]*

II uwierzytelnić się — uwierzytelniać się książk. *[fakty]* to be confirmed

uwie|sić *pf* — **uwie|szać** *impf* **I** *vt* pot. to hang; **~sić szablę u pasa/lampę u sufitu** to hang a sword on one's belt/a lamp from the ceiling

II uwiesić się — uwieszać się pot. **~siła się na gałęzi, ale zaraz spadła na ziemię** she hung from the branch but soon dropped to the ground; **~siła się (u) jego ramienia** pot. she hung on his arm

uwieszać *impf* → **uwiesić**

uwiesz|ony **I** *pp* → **uwiesić**

II *adi.* (uczepiony) **dzieci bujały się ~one na gałęzi** the kids were swinging from a branch; **dziewczyna szła z chłopakiem ~ona (u) jego ramienia** the girl was walking along, hanging on her boyfriend's arm; **dzieci ~one na szyi ojca radośnie się z nim witały** the children hung on their father's neck and greeted him with joy

uw|ieść *pf* — **uw|odzić** *impf* (**uwiodę, uwiedziesz, uwiódł, uwiodła, uwiedli — uwodzę**) *vt* książk. [1] (kokietować) to flirt with; **uwodziła go przez całe przyjęcie** she was flirting with him throughout the party [2] (skłonić do współżycia) to seduce [3] (oczaro-wać) to delude, to fool; **pozory go uwiodły** he was taken in by appearances

uw|ieźć *pf* — **uw|ozić** *impf* (**uwiozę, uwieziesz, uwiezie, uwiózł, uwiozła, uwieźli — uwożę**) książk. *vt* [1] (uprowadzić) to abduct, to kidnap *[osobę]*; **uwieźć łupy** to make off a. away with the loot [2] (przewieźć) to take; **pociąg uwoził jeńców w nie-znane** the train was taking the prisoners to parts unknown

uwiędł|y *adi.* książk. [1] *[rośliny]* wilted; **grabił w ogródku ~e liście** he was raking up dry leaves in the garden [2] przen. *[twarz, policzki, skóra]* withered

uwi|ędnąć *pf* (**~ądł** a. **~ędnął**) książk. [1] (stracić świeżość) to wilt, to fade; **kwiaty ~ędły w wazonie** the flowers wilted in the vase [2] przen. (stracić siły) to waste away; **~ędnął w domu starców** he wasted away in an old people's home [3] przen. (stracić na

---

sile) *[projekt, zamierzenie]* to lose momentum; to run out of a. to lose steam pot.

uwię|zić *pf vt* książk. [1] (pozbawić wolności) to imprison [2] (unieruchomić) to trap; **lody ~ziły statek na rzece** the ship was trapped in the ice on the river

uwięzie|nie **I** *sv* → **uwięzić**

II *n* (pozbawienie wolności) imprisonment *U*; (odosobnienie) confinement *U*

uwię|zły *adi.* stuck; **koła samochodu ~złe w śniegu** car wheels stuck in the snow; **buty ~złe w błocie** shoes stuck in the mud

uwi|ęznąć *pf* (**~ązł**) [1] (utknąć) to get stuck a. jammed; **koła ~ęzły w błocie** the wheels got stuck in the mud; **kopiarka przestała pracować, bo kartka papieru ~ęzła w środku** the copier stopped work-ing because a sheet of paper got jammed inside [2] (utkwić) to lodge, to get stuck; **kula ~ęzła w pniu drzewa** the bullet lodged in a tree trunk; **ość ~ęzła jej w gardle** a fishbone got stuck in her throat

uwię|ź *f* tether; **balon zerwał się z ~zi** the balloon broke free (of its tether); **na łące pasła się krowa na ~zi** a cow was tethered in the meadow; **pies zerwał się z ~zi** the dog broke free from its leash

uwijać się¹ *impf* → **uwinąć się**

uwija|ć się² *impf v refl. [owady]* to buzz; **pszczoły ~ły się wśród kwiatów** the bees were working busily among the flowers

uwikła|ć *pf* **I** *vt* to entangle; **~ć kogoś w coś** to drag sb into sth; **kraj ~ny w wojnę** a country embroiled in war książk.

II uwikłać się — uwikłać się (zamotać się) to get entangled a. tangled up; **mucha ~ła się w sieć pajęczą** the fly got tangled up in a spiderweb [2] (wplątać się) to get entangled a. mixed up; **~ł się w romans z mężatką** he got entangled a. involved in a love affair with a married woman

uwikłan|y **I** *pp* → **uwikłać**

II *adi.* *[owad]* trapped, tangled (up); przen. *[osoba]* entangled, involved; embroiled książk.

uwi|nąć się *pf* — **uwij|ać się¹** *impf* (**~nęła się, ~nęli się — ~jam się**) *v refl.* pot. to make short work of sth; **~nęli się z remontem mieszkania** they made short work of renovating the flat; **~nąłem się z tym listem rano** I tossed off the letter in the morning; **~nęli się z załatwianiem formalności ślubnych** they managed to complete the wedding formalities very quickly

uwłacza|ć *impf vi* książk. to affront *vt* książk., to be an affront to książk.; **~ć czyjejś godności** to be an affront to sb's dignity; **~ł jej swymi podejrzeniami** she was affronted by his suspicions; **twoja nieuf-ność mi ~** I take your mistrust as an affront, I am affronted by your mistrust

uwłaszczać *impf* → **uwłaszczyć**

uwłaszczeniow|y *adi.* *[ustawa, reforma, postępowanie]* property right *attr.*

uwłaszcz|yć *pf* — **uwłaszcz|ać** *impf vt* [1] Prawo (nadać prawo własności) to grant property rights to; **referendum w sprawie ~ania obywateli** a referendum on the issue of granting property rights to citizens [2] Hist. to grant freehold to *[chłopów, włościan]*

U

uwłosieni|e n sgt hair

uwodziciel m (Gpl ~i) heartbreaker, ladykiller

uwodziciels|ki adi. [uśmiech, spojrzenie] seductive, smouldering; [osoba] seductive, alluring

uwodzicielsko adv. [spoglądać, uśmiechać się] seductively; [wyglądać] seductive adi.

uwodzić impf → uwieść

uw|olnić pf — **uw|alniać** impf [] vt
[1] (wyzwolić) to (set) free, to liberate; **uwalniać kogoś z kajdan/więzów** to unchain/untie sb; **uwolnić kraj spod jarzma kolonizatorów** to liberate the country from the yoke of colonialism; **uwolnić zwierzęta z niewoli** to set the animals free; **uwolnić kogoś od swojego towarzystwa** to relieve sb of one's company [2] (wypuścić z więzienia) to release, to let out; **uwolnić zakładników/więźniów politycznych** to release the hostages/to free the political prisoners [3] (zwolnić z obowiązku) to exempt

[] **uwolnić się — uwalniać się**
[1] (wyzwolić się) to free oneself, to break free [2] (odzyskać swobodę) to free oneself, to break free [3] (pozbyć się) to free oneself (**od czegoś** of sth)

uwozić impf → uwieźć

uwrażliwiać impf → uwrażliwić

uwrażliw|ić pf — **uwrażliw|iać** impf
[] vt książk. (uczulać) to sensitize, to make [sb] sensitive; **~ić kogoś na potrzeby innych** to sensitize sb to the needs of others

[] **uwrażliwić się — uwrażliwiać się** książk. (uczulić się) to be(come) sensitized a. sensitive (**na coś** to sth)

uwspółcześniać impf → uwspółcześnić

uwspółcześni|ć pf — **uwspółcześni|ać** impf [] vt książk. (aktualizować) to modernize, to update; **inscenizator ~ł dramat** the producer modernized the play [] **uwspółcześnić się — uwspółcześniać się** książk. to be modernized, to be updated

uwydatniać impf → uwydatnić

uwydatni|ć pf — **uwydatni|ać** impf [] vt książk. (podkreślać, akcentować) to highlight, to emphasize [wady, zalety, zasługi]; to highlight, to show off a. set off [figurę, urodę]; **obcisła sukienka ~a jej kobiece kształty** the tight dress makes the most of her feminine curves

[] **uwydatnić się — uwydatniać się** to be highlighted, to be emphasized

uwypuklać impf → uwypuklić

uwypukle|nie [] sv → uwypuklić

[] n Med. protrusion

uwypukl|ić pf — **uwypukl|ać** impf [] vt książk. [1] (zmienić kształt) to make [sth] bulge, to make [sth] convex [2] przen. (uwydatnić) to highlight, to emphasize

[] **uwypuklić się — uwypuklać się** książk. to bulge, to protrude

uwypukl|ony [] pp → uwypuklić

[] adi. convex, protruding

uwzględniać impf → uwzględnić

uwzględni|ć pf — **uwzględni|ać** impf vt książk. [1] (wziąć pod uwagę) to take into consideration a. account, to consider; **należy ~ć to, że ktoś może mieć inne**

zdanie we have to bear in mind that someone else might have a different viewpoint [2] (przewidzieć) to fit a. work [sth] in; **musisz ~ć jeszcze jeden egzamin w swoim planie zajęć** you have to work one more exam into your schedule [3] (rozpatrywać) to consider, to grant [wniosek, prośbę]

uw|ziąć się pf (uwezmę się, uwzięła się, uwzięli się) v refl. pot. (uprzeć się) to be hell-bent pot. (**na coś** on sth, on doing sth); **uwziąć się na kogoś** pot. to have it in for sb pot.; **chyba się na nią uwziął, bo nie daje jej spokoju** he seems to have it in for her, he's getting on her case all the time

uwznioślać impf → uwznioślić

uwzniośl|ić pf — **uwzniośl|ać** impf vt książk. to uplift, to elevate

uzależniać impf → uzależnić

uzależni|ć pf — **uzależni|ać** impf [] vt (warunkować) to make [sth] conditional (**od czegoś** on sth); **~ł swoją zgodę od spełnienia kilku warunków** he agreed, subject to a few stipulations

[] **uzależnić się — uzależniać się** [1] (stać się zależnym) to be(come) dependent on sb (**od kogoś** on sb); **rezygnując z pracy, ~ła się materialnie od męża** after she gave up her job she was dependent on her husband for support [2] (wpaść w nałóg) to get addicted (**od czegoś** to sth); **~ć się od alkoholu** to get addicted to alcohol, to become an alcoholic

uzależnie|nie [] sv → uzależnić

[] n [1] (silne przyzwyczajenie) addiction, dependency a. dependence U; **~nie od narkotyków** drug addiction [2] (stan zależności) dependence U

uzależni|ony [] pp → uzależnić

[] adi. (osoba, która popadła w nałóg) addicted

[] **uzależni|ony** m, **~ona** f addict

uzasadniać impf → uzasadnić

uzasadni|ć pf — **uzasadni|ać** impf vt to justify, to substantiate; **~ć tezę/wniosek** to substantiate a thesis/to justify a motion

uzasadnie|nie [] sv → uzasadnić

[] n książk. grounds, justification; **nie znalazł ~nia dla jej postępku** he found no grounds for what she had done

❏ **~nie wyroku** Prawo justification of the sentence

uzasadni|ony [] pp → uzasadnić

[] adi. justified, well-founded a. well-grounded; **miała do niego ~one pretensje** she had good reason to be angry with him

uzbec|ki adi. Uzbek

Uzbe|k m, **~czka** f Uzbek

uzbie|rać pf [] vt [1] (przedmioty) to collect, to accumulate; (pieniądze) to save (up), to collect; (owoce, warzywa, grzyby) to gather; **~raliśmy wystarczająco dużo pieniędzy, żeby wyjechać na Hawaje** we saved up enough (money) for a trip to Hawaii [2] (ludzi) to gather, to round up; **partia z trudem ~rała kilkudziesięciu członków** the party hardly managed to round up a few dozen members

[] **uzbierać się** (zebrać się) to accumulate, to pile up; **na koncie ~rała się już duża**

suma pieniędzy a large sum of money has accumulated the account

uzbrajać impf → uzbroić

uzbr|oić pf — **uzbr|ajać** impf [] vt
[1] (wyposażyć w broń) to arm, to supply [sb] with weapons; **~ojony konwój** an armed convoy [2] (uczynić gotowym do działania) to arm [bombę, torpedę, pocisk] [3] Techn. (założyć instalacje) to fit (out); **~oić dom** to fit (out) a house

[] **uzbroić się — uzbrajać się** [1] to arm onself [2] (zaopatrzyć się w narzędzia) to equip oneself, to arm oneself

■ **~oić się w cierpliwość** to have patience

uzbrojeni|e [] sv → uzbroić

[] n sgt [1] (sprzęt bojowy) weaponry, arms pl; **przestarzałe/nowoczesne ~e** obsolete/modern weaponry [2] Techn. (osprzęt) fittings pl [3] Techn. (wyposażenie w instalacje) laying of pipes/sewers/power lines

❏ **~e statku żaglowego** Żegl. rigging

u|zda f bridle; **chwycić konia za uzdę** to take the horse by the bridle

uzdatniać impf → uzdatnić

uzdatni|ć pf — **uzdatni|ać** impf vt Techn. to treat; **~ać wodę** to treat water

uzdolnie|nie n talent, gift; **przejawiać ~nia muzyczne** to have musical talent, to show a talent for music

uzdolni|ony adi. talented, gifted (**do czegoś** at sth)

uzdrawiacz m (Gpl ~y) książk. healer

uzdrawiać impf → uzdrowić

uzdrawiająco adv. książk. **wpływać** a. **działać ~** to have a healing effect

uzdrawiający|y [] pa → uzdrowić

[] adi. healing, curative

uzdrowiciel m, **~ka** f (Gpl ~i, ~ek) healer

uzdrowiciels|ki adi. healing, curative

uzdr|owić pf — **uzdr|awiać** impf vt (wyleczyć) to heal także przen.

uzdrowisk|o n spa, health-resort

uzdrowiskow|y adi. [leczenie, miejscowość] spa attr.

uzewnętrzniać impf → uzewnętrznić

uzewnętrzni|ć pf — **uzewnętrzni|ać** impf książk. [] vt to express [myśli, uczucia]

[] **uzewnętrznić się — uzewnętrzniać się** (przejawiać się w czymś) to be manifested, to manifest itself

uzębieni|e n sgt [1] Anat., Stomat. teeth pl; dentition spec.; **braki w ~u** missing teeth [2] Techn. teeth pl, serration

uzębi|ony adi. Anat. toothed

uzgadniać impf → uzgodnić

uzg|odnić pf — **uzg|adniać** impf vt (obopólnie wyrażać zgodę) to agree on; (ustalać) to set, to arrange; **~odnić terminy egzaminów** to set the exam dates

uziemiać impf → uziemić

uziem|ić pf — **uziem|iać** impf vt [1] Elektr., Techn. to earth, to ground US [2] pot. (usadzić) **~ił mnie w domu, bo nie wrócił na czas** I was stuck at home because he was late [3] posp. (zabić) to blow [sb] away pot., to off pot.

uziemie|nie [] sv → uziemić

[] n Elektr., Techn. earthing U, grounding U US

uzmysławiać impf → uzmysłowić

uzmysł|owić *pf* — **uzmysł|awiać** *impf*
vt książk. **~owić coś komuś** to make sb
aware of sth; **~owić coś sobie** to be
cognizant of sth książk.

uzna|ć *pf* — **uzna|wać** *impf vt* (orzec
słuszność, prawidłowość) to recognize, to acknowledge; **~ć czyjeś argumenty** to
accept sb's reasoning; **~ć kogoś za
niewinnego** to find sb innocent; **~ć swój
błąd** to admit one's mistake; **nie ~wać
konwenansów** to disregard convention;
~ła, że musi się z nim rozstać she
recognized that she had to leave him; **~ć,
że wszystko jest w porządku** to take sb to
be sth; **~ła go za nauczyciela** she
(mis)took him for a teacher
❏ **~ć dziecko za swoje** a. **własne** Prawo to
acknowledge a child (as one's own), to
admit paternity

uznani|e [] *sv* → **uznać**
[] *n sgt* książk. [1] (akceptacja) recognition; **~e
czyjegoś prawa** recognition of sb's right
[2] (opinia) **według własnego ~a** at one's
own discretion; **robić coś według własnego ~a** to act at one's own discretion
[3] (poważanie) recognition, acknowledgement;
ogólne/powszechne ~e wide/universal
recognition; **~e dla czyichś zasług** recognition of one's accomplishments; **zyskać
sobie ~e** to win a. gain recognition

uznaniow|y *adi.* [premia, nagroda] discre-
tionary

uznan|y [] *pp* → **uznać**
[] *adi.* recognized, acknowledged; **twórca
~y w kraju i za granicą** an artist of
international renown

uznawać *impf* → **uznać**

uzupełniać *impf* → **uzupełnić**

uzupełni|ć *pf* — **uzupełni|ać** *impf* [] *vt*
[1] (dopełnić) to supplement, to round out
[wiadomości, wykształcenie, dietę]; to replen-
ish, to top up [zapasy]; to make up, to fill in
[ubytek, brak] [2] (stać się dopełnieniem czegoś) to
supplement, to complement; **szkolna lektura ~ająca** supplementary reading; **wybory ~ające** a by-election; **ćwiczenia
~ające** supplementary exercises
[] **uzupełnić się** — **uzupełniać się**
complement each other; **idealnie ~ają
się charakterem** their personalities complement each other beautifully

uzupełnie|nie [] *sv* → **uzupełnić**
[] *n* supplement, complement

uzurpacj|a *f* (Gpl **~i**) książk. usurpation
książk.

uzurpato|r *m*, **~rka** *f* książk. usurper

uzurpators|ki *adi.* usurper *attr.*

uzurp|ować *pf, impf vt* książk. to usurp;
**~ować sobie prawo do decydowania o
wszystkim w domu** to usurp the right to
make all the decisions around the house

uzysk *m* (G **~u**) output, yield (**z czegoś**
from sth)

uzysk|ać *pf* — **uzysk|iwać** *impf vt* to get,
to obtain; **~ać aprobatę** to gain approval;
~ać pożyczkę to receive a loan; **~ać
pracę** to get a job; **~ać dyplom** to receive
a diploma; **~ać stopień naukowy** to get a
degree; **~ać dobre wyniki** to achieve good
results; **~iwać przewagę** to gain an
advantage; **~ać dostęp do czegoś** to gain
access to sth

uzyskiwać *impf* → **uzyskać**

użalać się *impf* → **użalić się**

użal|ić się *pf* — **użal|ać się** *impf v refl.*
[1] (ponarzekać) to complain [2] (litować się nad
kimś) to feel sorry (**nad kimś** for sb); to pity
(**nad kimś** sb); **~ać się nad sobą** to feel
sorry for onself

użądl|ić *pf vt* to sting; **osa ~iła mnie w
rękę** a wasp stung my hand

uży|cie [] *sv* → **użyć**
[] *n* [1] (stosowanie) use U; **wstrząsnąć
przed ~ciem** shake well before using;
przed ~ciem przeczytaj ulotkę read the
enclosed leaflet before using; **do jednora-
zowego ~cia** disposable; **wychodzić z
~cia** to be falling into disuse; **łatwy w
~ciu** easy to use; **nieprawidłowe ~cie**
misuse [2] *sgt* (przyjemność) pleasure; **chęć
~cia** the craving for sensual pleasure a.
gratificantion

użyczać *impf* → **użyczyć**

użycz|yć *pf* — **użycz|ać** *impf vt*
[1] (wypożyczyć) to lend, to loan; **~yć komuś
samochodu** to lent a. loan sb one's car
[2] (obdarzyć) to give, to grant

uży|ć *pf* — **uży|wać** *impf* (**~ję**
~wam) *vt* [1] (zużytkować) to use
[2] (wykorzystać) to use, to make use of
[zdolności, doświadczenia, wpływów] [3] (posłużyć się) to use [4] (zastosować) to apply
[kosmetyku, maści]; to take [lekarstwa]; to use
[przyprawy] [5] (zabawić się) to enjoy; **~wać
swobody** enjoy one's freedom; **nie ~ł
wiele w życiu** he didn't have much of a
life
■ **~ć świata** a. **życia** (korzystać z życia, bawić
się) pot. to live it up; **~wać sobie** pot. to live
it up pot.; **~waj świata, póki służą lata**
przysł. gather ye rosebuds while ye may
przysł.; **~łem jak pies w studni** pot. it was
about as much fun as a trip to the dentist
pot.

użyteczność|ć *f sgt* usefulness, utility;
gmachy ~ci publicznej public buildings

użyteczn|y *adi.* useful, handy

użyt|ek *m* (G **~ku**) use U; **zrobić z
czegoś ~ek** to make use of sth, to put sth
to use; **zrobić z czegoś dobry ~ek** to
make good use of sth; **wydrukować coś na
własny ~ek** a. **do własnego ~ku** to print
sth (out) for one's own (personal) use

użytk|i *plt* (G **~ów**) Roln. arable land *sg*,
farmlands; **~i zielone** grassland(s); **~i
leśne** woodland(s)

użytk|ować *impf vt* [1] książk. (wykorzystywać)
to use, to make use of [2] Prawo (użytkować cudze
mienie) to have right of usage

użytkownicz|ka *f* user

użytkowni|k *m* user
❏ **~k języka** książk. language user

użytkow|y *adi.* functional, practical; **po-
wierzchnia ~a** usable floor space a. area;
sztuka ~a functional art

używać *impf* → **użyć**

używalnoś|ć *f sgt* książk. functionality,
usability; **doprowadzić dom do stanu
~ci** to restore a house to a functional
condition

używa|nie [] *sv* → **używać**
[] *n* use
■ **mieć ~nie** pot. (mieć uciechę, przyjemność) to
have a ball pot.

używan|y [] *pp* → **używać**
[] *adi.* [meble, samochód, odzież] used,
second-hand

używ|ka *f zw. pl* substance

użyźniać *impf* → **użyźnić**

użyźni|ć *pf* — **użyźni|ać** *impf vt* Roln. to
fertilize

U

V, v *f inv.* V, v

V [1] (cyfra rzymska) V; **V wiek p. n. e.** the fifth century BC [2] (= wolt) V

va banque /va'baŋk/ Gry for the highest stake(s) także przen., va banque także przen.; **grać ~** to play for the highest stake(s)

vademecum /ˌvade'mekum/ *n inv.* książk. handbook, vade mecum; **~ dobrego kierowcy** a driver's handbook

vari|a /'varja/ *plt* (*G* **~ów**) książk. ≈ miscellany *sg*

variétés /ˌvarje'te/ *n inv.* Teatr [1] (widowisko rozrywkowe) variety show; **pójść na ~** to go to see a variety show [2] (miejsce) variety theatre; **artystki z ~** actresses from a variety show a. theatre

varsavian|a /ˌvarsa'vjana/ *plt* (*G* **~ów**) książk. *documents and manuscripts concerning Warsaw*

VA|T /vat/ *m sgt* (*G* **VAT-u**) Podat. VAT; **nowe stawki VAT** new VAT rates; **ceny na książki są zwolnione od podatku VAT** books prices are not subject to VAT

VAT-ows|ki /va'tofski/ *adi.* VAT *attr.*; **faktura VAT-owska** a VAT invoice

vel *coni.* książk. alias, aka; **Pola Negri ~ Apolonia Chałupiec** Pola Negri, alias a. aka Apolonia Chałupiec

vendetta /ven'detta/ → **wendeta**

versus *coni.* [1] książk. versus; **determinizm ~ indeterminizm** determinism versus indeterminism [2] Prawo versus, against; **Bugaj ~ Malicki** Bugaj versus a. against Malicki

verte *inter.* PTO

vertical|e /ˌverti'kale/ *plt* (*G* **~i**) vertical blinds

veto /'veto/ → **weto**

VHS /ˌfawxa'es/ *m inv. sgt* Video VHS; **filmy na kasetach ~** films on VHS a. videotapes

via *praep.* via; **lecieć do Dublina ~ Bruksela** to fly to Dublin via Brussels

vide *inter.* książk. vide, see

video /vi'deo/ → **wideo**

VIP /vip/ *m* (*Npl* **VIP-y**) pot. VIP; **na przyjęciu pełno było VIP-ów** there were lots of VIPs at the party

vis /vis/ → **wis**

vis-à-vis [I] *praep.* książk. opposite; **siedzieć ~ kogoś** to sit opposite sb; **mieszkają ~**

mnie (po drugiej stronie ulicy) they live across the street (from me); (po drugiej stronie klatki) they live across the landing (from me)

[II] *n inv.* pot., żart. **moje/jego ~** the person opposite me/him; **była moim ~ przy stole** she was sitting opposite me a. across from me at the table

vivace /vi'vatʃe/ *adv.* Muz. vivace; **utwór został zagrany ~** the piece was played vivace

voilà *inter.* książk. (wręczając, pokazując) voilà!, here you are!; (otóż to) voilà!, there you are!

volksdeutsch /'folksdojtʃ/ → **folksdojcz**

vol|ta /'volta/ *f* Muz. volta

voto /'voto/ książk. (przed nazwiskiem kobiety) **primo/secundo/tertio ~** first/second/third married name

votum separatum /'votum sepa'ratum/ *n inv.* książk. dissenting vote, vote of dissent

vouche|r /'vawtʃer/ *m* voucher; **tygodniowy ~r** a weekly voucher; **płacić ~rem** to pay with a voucher

vs., vs (= versus) v, vs

W

W, w *n inv.* W, w

w, we *praep.* [1] (wskazując na miejsce) in (**czymś** sth); (o instytucji) at (**czymś** sth); **w kuchni/łazience** in the kitchen/bathroom; **w domu/szkole/pracy** at home/school/work; **w Warszawie/we Wrocławiu** in Warsaw/Wrocław; **w Polsce/we Włoszech** in Poland/Italy; **w górach/lesie** in the mountains/forest; **w powietrzu/wodzie** in the air/water; **w szklance/pudełku** in a glass/box; **w prasie** in the press; **w telewizji/radiu** on television/on the radio; **w wyobraźni** in one's imagination; **otwór w desce** a hole in a board; **trzymała coś w dłoni** she was holding something in her hand; **siedział w fotelu** he was sitting in an armchair; **trzymał ręce w kieszeniach** he had his hands in his pockets; **byłem wczoraj w kinie/teatrze** I went to the cinema/theatre yesterday; **uczyła się w szkole muzycznej** she was studying at a music school; **nagle stanął w drzwiach** suddenly he appeared in the doorway; **służyć w armii** to be in the army; **grać w orkiestrze** to play with a. in an orchestra; **działać w związkach zawodowych** to be a trade union activist; **to najcenniejszy obraz w całej kolekcji** this is the most valuable picture in the entire collection; **śledzie w oleju/sosie pomidorowym** herring in oil/tomato sauce; **zakręciło jej się w głowie** she felt dizzy [2] (kierunek) (in)to (**coś** sth); **w stronę czegoś** in the direction of sth, towards sth; **nie wchodź w kałuże** don't walk in the puddles; **samochód wjechał w tłum** the car ploughed into the crowd; **pies chwycił kość w zęby** the dog took the bone in its teeth; **wziął ją w ramiona** he took her in his arms; **wpięła kokardę we włosy** she pinned a ribbon in her hair; **pojechali w góry** they've gone to the mountains; **spojrzeć w lewo/prawo** to look (to one's) left/right; **spojrzeć w górę/dół** to look up(wards)/down(wards); **wypłynąć w morze** to set sail [3] (wskazując na kontakt) on; **uderzenie w nos/szczękę** a blow on the nose/jaw; **pocałować kogoś w usta/policzek** to kiss sb on the lips/cheek; **uderzyć się w głowę/kolano (o coś)** to hit one's head/knee (on sth); **walić w drzwi** to bang on the door; **oparzyć się w rękę** to burn one's hand; **ugryźć się w język** to bite one's tongue także przen.; **pies ugryzł go w nogę** a dog bit his leg a. bit him in the leg; **podrap mnie w plecy** scratch my back; **piorun uderzył w drzewo** the lightning struck a tree

[4] (wskazując na rodzaj ubrania, opakowania) in; **w spódnicy/sandałach/okularach** in a skirt/in sandals/in glasses; **mężczyzna w czarnym kapeluszu** a man in a. wearing a black hat; **(on) zawsze chodzi w dżinsach** he always wears jeans; **ubrał się w ciemny garnitur** he put on a dark suit; **kobieta w bieli** a woman (dressed) in white; **bukiet róż w celofanie** a bunch of roses wrapped in cellophane; **proszę mi to zapakować w papier/w pudełko** please wrap it up in paper/pack it in a box (for me) [5] (wskazując na dziedzinę) in; **nowe kierunki w sztuce** new directions in art; **symbole stosowane w matematyce** symbols used in mathematics; **co nowego w polityce?** what's new in politics? [6] (wskazując na stan) in; **żyć w skrajnej nędzy** to live in extreme poverty; **być w wyśmienitym nastroju** to be in the best of moods; **być w opłakanym stanie** to be in a lamentable state; **wpakować kogoś w kłopoty** to get sb into trouble; **wprawić kogoś w zdumienie/zakłopotanie** to astonish/embarrass sb; **wpaść w furię** to fly into a passion [7] (wskazując na okoliczności) in; **w milczeniu** in silence; **w samotności** in solitude; **w całym zamieszaniu** in all the confusion; **w wielkim skupieniu** with great concentration; **w tych warunkach** in these conditions; **w trzydziestostopniowym upale** in the 30-degree heatwave; **nie wychodzę z domu w taki mróz/upał** I don't go out when it's that cold/hot [8] (w określeniach czasu) in; **w XX wieku/w 1873 roku** in the 20th century/in 1873; **w latach dwudziestych XIX wieku** in the eighteen twenties; **w zimie/lecie** in (the) winter/summer; **w maju/we wrześniu** in May/September; **w poniedziałek/we wtorek** on Monday/Tuesday; **w ubiegły/przyszły czwartek** last/next Thursday; **w ubiegłym/przyszłym roku** last/next year; **w następnym roku** in the following year; **we dnie i w nocy** day and night; **w ten dzień** a. **w tym dniu** (on) that day; **w dniu 11 listopada** on the 11th of November; **w starożytności/średniowieczu** in ancient times a. antiquity/the Middle Ages; **w dawnych czasach** in the old days; **w przeszłości/przyszłości** in the past/the future; **w młodości** in sb's youth; **w rok/miesiąc/tydzień później** a year/month/week later; **w dwie godziny/w trzy miesiące/w rok** in two hours/three months/a year [9] (podczas) in, during; **zginął w powstaniu** he was killed during/in the uprising; **w rozmowie ze mną wspom-**

niał, że... in conversation with me he mentioned that...; **w podróży (on) najczęściej śpi** he usually sleeps when travelling [10] (wskazując na formę) in; **komedia w trzech aktach** a comedy in three acts; **mapa w skali 1:100000** a map to a scale of 1:100,000; **stoły ustawione w podkowę** tables arranged in a horseshoe; **otrzymać honorarium w gotówce** to be paid in cash; **mówili w jakimś obcym języku** they were speaking in a foreign language; **cukier w kostkach** cube sugar, sugar cubes; **herbata w granulkach** granulated tea; **mleko w proszku** powdered milk; **mydło w płynie** liquid soap; **spodnie w jasnym kolorze** light-coloured trousers; **sukienki w kilku kolorach** dresses in several colours; **rzeźba w marmurze** a sculpture in marble; **10 tysięcy złotych w banknotach dwudziestozłotowych** ten thousand zlotys in twenty-zloty notes [11] (wzór) **sukienka w grochy** a polka-dot dress; **spódnica w kwiaty** a flower-patterned skirt; **zasłony w paski** striped curtains; **papier w kratkę** squared paper; **rękawy haftowane w srebrne gwiazdy** sleeves embroidered with silver stars [12] (wskazując na przemianę) into; **pokroić coś w kostkę/plastry** to cut sth into cubes/slices, to cube/slice sth; **czarownica przemieniła królewicza w żabę** the witch turned the prince into a frog; **mżawka przeszła w ulewę** the drizzle turned into a downpour [13] (wskazując na ilość) in; **podanie w dwóch/trzech egzemplarzach** an application in duplicate/triplicate; **spali we trójkę w jednym łóżku** the three of them slept in one bed; **poszliśmy w piątkę do kina** the five of us went to the cinema; **romantyczna podróż we dwoje** a romantic journey for two [14] (jeśli chodzi o) **cierpki w smaku** bitter in taste; **szorstki w dotyku** rough to the touch; **on jest miły/niemiły w obejściu** he's pleasant/unpleasant in manner; **za ciasny/luźny w pasie** too tight/loose round the waist; **ciasny w ramionach** tight across the shoulders; **szeroki w ramionach/biodrach** broad-shouldered/broad-hipped; **urządzenie proste w obsłudze** an easy-to-use appliance; **był zawsze rozsądny w planowaniu wydatków** he was always prudent in planning his expenditure [15] (wskazując na powód) in; **w uznaniu jego zasług** in recognition of his services; **w obawie o jej/własne bezpieczeństwo** in fear of a. fearing for her/one's own safety; **w poszukiwaniu lepszego**

życia in one's search for a better life; **w nadziei, że...** in the hope that... 16 (wskazując na cel) **pójść w odwiedziny do kogoś** to go to visit a. see sb; **ruszyć w pogoń za kimś** to set off in pursuit of sb; **puścić się w tany** to start dancing 17 (wskazując na cechę) in; **wahanie w jego/jej głosie** hesitation in his/her voice; **było coś dostojnego w jej zachowaniu** there was something dignified in her manner

w. 1 (= wiek) c., cent. 2 (= wewnętrzny) ext.

wab m sgt (A ~ia a. ~) sgt Myślis. (przyzywanie zwierzyny) decoy także przen.; **polować na ~ia** to hunt with a decoy; **wysłali ją na ~ia, żeby go wyciągnąć z ukrycia** they sent her as a decoy to lure him out of hiding

wab|ić impf ▯ vt 1 (przynęcać) (wołaniem, głosem) to attract, to call; (przynętą, karmą) to lure [kota, kury, wiewiórkę]; Myślis. (naśladującym głosem, fałszywym zwierzęciem) to decoy; **pies przybiegł, ~iony gwizdem swojego pana/widokiem pełnej miski** the dog came running, attracted by its master's whistle/the sight of a full bowl; **plastikowa kaczka miała ~ić dzikie ptaki** a decoy plastic duck should attract wild fowl 2 Zool. (przywoływać) [samiec, samica] to attract; **ptak ~iący samiczkę tokowaniem** a bird attracting a female with a courtship display 3 (przyciągać) (podstępem, fałszywą obietnicą) to lure; (urodą, atrakcyjnością) to attract; (mamić) to beckon; **~ić wroga/przeciwnika w pułapkę** to lure an enemy/opponent into a trap; **zapach róż ~i motyle** the smell of roses attracts butterflies; **bazary ~ią klientów niskimi cenami** markets attract customers with low prices; **wielu ~i otwarte morze/blichtr wielkiego miasta** the open sea/glamour of a big city beckons to many

▯ **wabić się** 1 (przywoływać się wzajemnie) [cietrzewie, kameleony] to display 2 pot. (nazywać się) [zwierzę] to be called; **jak się ~i wasz kot?** what's your cat called?

wabik m 1 Myślis. (naśladujący głos ptaka) bird call; **~ na kaczki** a duck call 2 pot. (przynęta, atrakcja) lure; (podstęp) bait C/U; **dodawać komuś/czemuś ~a** to make sb/sth more alluring; **to nazwisko/ten tytuł będzie ~iem dla publiczności** the name/title will be a lure for the audience; **przecena to tylko ~, by przyciągnąć klientów** a sale is but a bait to lure customers; **na ~a obniżono ceny/dano ogłoszenie** a discount was given/an advertisement was used as bait

wachlarz m 1 (poruszający powietrze) fan; **rozwinąć/złożyć ~** to spread out/fold a fan 2 (w kształcie półkola) fan; **~ kart/kredek** a fan of playing cards/crayons; **~e palm/paproci** (liście) fans of palms/ferns; **rozłożył karty w ~** he fanned out his cards; **dzieci rozsypały się ~em po ogrodzie** children fanned out over the garden 3 książk. (gama) range, panoply; **szeroki/bogaty ~ propozycji/towarów** a wide range/vast array of offers/merchandise

wachlarzowato adv. [ułożony, rozstawiony] in a fan-like form, like a fan; **suknia**

rozkładała się **~ u dołu** the dress fanned out at the bottom

wachlarzowa|ty adi. [forma, kształt] fan-like; [dach, liść, ogon, układ, ułożenie] fan-shaped

wachl|ować impf ▯ vt 1 (ochładzać) to fan; **~owała spoconą twarz słomkowym kapeluszem** she fanned her sweaty face with a straw hat 2 (poruszać) to sway (czymś sth); **wiatr ~ował firanką/gałęziami** the wind swayed the curtain/branches

▯ **wachlować się** to fan oneself; **słoń ~ował się uszami** an elephant fanned itself with its ears

wachmistrz m (Npl ~e a. ~owie) Hist., Wojsk. sergeant in the Polish cavalry

wach|ta f Żegl. (służba, załoga) watch; **pełnić ~tę** to keep watch, to stand watch; **zejść z ~ty** to come off watch; **objął ~tę przed świtem** he took the (last) watch before dawn

■ **psia ~ta** Żegl. dogwatch

wachtow|y Żegl. ▯ adi. [służba, marynarz] of a watch; **oficer ~y** the officer of the watch; **dzwon ~y** a watch bell

▯ m watchkeeper

waciak m pot. quilted jacket, especially worn as part of work clothes

wacik m (płaski) swab of cotton wool; (kulisty) wad of cotton wool; (gazik chirurgiczny) swab, pledget

wa|da f 1 (słabość) fault, flaw; (ujemna cecha) vice; **on ma wiele wad, a najgorszą jest niecierpliwość** he has many faults and the worst of them is impatience; **nie dostrzegał wad swojego jedynego syna** he was blind to a. overlooked the faults of his only son 2 (w przedmiotach, urządzeniach, produkcji) (negatywna cecha) flaw; (usterka) fault; (niekorzystna cecha) drawback; **samochód z wadami konstrukcyjnymi** a car with faults in the design a. with design faults; **podstawowe wady systemu podatkowego** crucial flaws in the tax system; **wady produkcyjne** manufacturing flaws; **towar z wadami** sprzedawany jest po obniżonej cenie imperfect merchandise is sold at a discount 3 Med. (nieprawidłowość) defect; **wada dziedziczna/wrodzona** an inherited/inborn defect; **wady słuchu/wzroku** hearing/sight defects

❑ **wada mitralna** Med. mitral insufficiency, mitral incompetence; **wada postawy** Med. (abnormal) spinal curvature, abnormal curvature of the spine; **wada rozwojowa** Med. birth defect; **wada serca** Med. heart defect; **wrodzona wada serca** congenital heart defect; **wada wymowy** Med. speech defect, (speech) impediment

wademekum n → **vademecum**

wadi|um n (Gpl ~ów) Prawo bid bond

wadliwie adv. grad. (niewłaściwie) [zmontowany] defectively; (z brakami, usterkami) [wyprodukowany] imperfectly; **~ działające urządzenie** a defective a. faulty device; **silnik/hamulec działa ~** the engine/brake is faulty a. has a fault

wadliwoś|ć f sgt defectiveness, imperfection

wadliw|y adi. (wybrakowany) [towar] imperfect, defective; (niedziałający) [urządzenie]

faulty; (zawierający błędy) [teoria, utwór] flawed; (nieprawidłowy) [postawa, zgryz] incorrect

wa|dzić impf książk. ▯ vt (poróżnić) to cause discord; **wadziła sąsiadów** she stirred up troubles among/between her neighbours

▯ vi (przeszkadzać) to incommode vt książk.; to be an inconvenience, to cause inconvenience; **wadzić komuś swoją obecnością** to incommode sb with one's presence książk.; **pies nie wadził nikomu w mieszkaniu** the dog was not an inconvenience to anyone in the flat; **nie wadzi/nie wadziłoby z nim porozmawiać** it may/might be worthwhile a. worth while talking a. to talk to him

▯ **wadzić się** przest. (kłócić się) to quarrel; **wadzić się z kimś o coś** to quarrel with sb about a. over sth

waf|el m (~elek dem.) (A ~el a. ~la, ~elek a. ~elka) Kulin. 1 (płat ciasta) wafer; **lody w dużych/małych ~lach** ice cream in big/small cones 2 (andrut) ≈ wafer biscuit (with a flavoured filling); **~le waniliowe w polewie czekoladowej** chocolate-coated wafers with a vanilla filling

waflow|y adi. Kulin. [wyroby] wafer attr.

Wa|ga ▯ f pers. Astrol. Libra; **małżeństwo Wagi z Bykiem** a marriage betweem a Libra and a Taurus

▯ m inanim. 1 (znak zodiaku) Libra 2 Astron. Libra, the Scales a. Balance

wa|ga f 1 (przyrząd) (prosta) balance, pair of scales; (elektroniczna, przemysłowa, pocztowa) scale, scales (+ v pl); **ważyć coś na wadze** to weigh sth on a scale 2 (ciężar) weight; **ładunek o wadze 20 ton** a load of 20 tons in weight; **kupować/sprzedawać coś na wagę** to buy/sell sth by (the) weight; **oszukiwać na wadze** to give short weight 3 sgt przen. (znaczenie) weight, significance; **wydarzenie ogromnej/doniosłej wagi** an event of immense/far-reaching significance; **akt wagi państwowej** an act of national importance; **przywiązywać wagę do czegoś** to attach weight a. significance to sth; **przykładał wielką wagę do opinii swoich dzieci** he attached a lot of weight to his children's opinion; **wstał, aby nadać wagi swoim słowom** he stood up to give more weight to his words 4 Sport (kategoria zawodników) weight range, weight

❑ **waga analityczna** analytical balance, chemical balance; **waga aptekarska** apothecary balance; **waga brutto** Handl. gross weight; **waga ciężka** Sport heavyweight; **waga dziesiętna** decimal balance; **waga kogucia** Sport bantamweight; **waga lekka** Sport lightweight; **waga lekkośrednia** Sport light middleweight; **waga musza** Sport flyweight; **waga netto** Handl. net weight, nett weight GB; **waga papierowa** Sport light flyweight; **waga piórkowa** Sport featherweight; **waga pomostowa** platform scale, platform balance; **waga półśrednia** Sport welterweight; **waga rzymska** Hist. steelyard, Roman balance; **waga szalkowa** beam scale; **żywa waga** (o zwierzętach rzeźnych) live weight

■ **być języczkiem u wagi** to tip a. turn the scales a. balance; **być na wagę złota** to be worth one's weight in gold; **przybierać na**

wadze to put on weight, to gain weight; **tracić na wadze** to lose weight; **zrzucić** a. **zbić wagę** pot. to lose weight

wagabun|da *m* (*Npl* **~dy**) książk. vagabond, vagrant

wagan|t *m* Hist. goliard

wagar|ować *impf vi* Szkol. to truant, to play truant; **~ować z lekcji** to play truant from school, to bunk off school GB pot., to play hook(e)y US pot.

wagarowicz *m*, **~ka** *f* Szkol. truant, truant pupil

wagar|y *plt* (*G* **~ów**) Szkol. truancy *U*; **chodzić na ~y** to play truant, to truant; **nigdy nie byłem na ~ach** I never played truant

wagon *m* (*G* **~u**) Transp. car, carriage; **~ dla palących** a smoker, a smoking car a. carriage; **~ pierwszej/drugiej klasy** a first/second-class car a. carriage; **wsiąść do/wysiąść z ~u** to get into/out of a coach a. carriage; **~y tramwajowe pokryte reklamami** tram cars covered with advertisements
❑ **~ bagażowy** luggage van GB, baggage car US; **~ bydlęcy** cattle van GB, stock car US; **~ cysterna** tank car; **~ doczepny** car; **~ kolejowy** rail a. railroad car US; (osobowy) railway carriage GB; (towarowy) railway wag(g)on GB; **~ osobowy** passenger car, (passenger) coach GB, (railway) carriage GB; **~ pocztowy** mail car, mail coach GB; (transportowy) postal storage car; (z sortownią poczty) railway mail car; **~ pulmanowski** Pullman (car); **~ restauracyjny** dining car a. diner, restaurant car GB; **~ silnikowy** railcar GB, power car US; **~ sypialny** sleeping car a. sleeper, sleeping carriage GB; **~ towarowy** freight car, (goods) wag(g)on GB; (zamknięty) van GB; (otwarty) truck GB

wagonik *m* Transp. (w fabryce, kopalni) wagon; (kolejki linowej, górskiej) car

wagonow|y *adi.* Transp. *[osie, bufory]* of a wagon, of a car

wagowo *adv.* *[różnić się, porównywać]* in terms of weight

wagow|y **I** *adi.* [1] (będący częścią wagi) *[belka, skala]* of a scale, of a balance; **szalki ~e** scales a. scale pans of a balance [2] (dotyczący wagi, ważenia) *[system, klasy, skala]* of weights; **opłata ~a** weighing charge; **limit ~y bagażu** luggage allowance [3] Sport **kategorie ~e** weight categories; **zawodnik najcięższej kategorii ~ej** a heavyweight
II *m* weigher
III **wagowe** *n sgt* weighing charge

waha|ć się *impf v refl.* [1] *[osoba]* (być niepewnym) to hesitate, to be hesitant; (nie móc się zdecydować) to dither, to waver; (nie móc wybrać) to vacillate; **długo się ~ł, zanim odpowiedział** he hesitated a long time before answering; **~ł się, czy przyjąć propozycję** he couldn't make up his mind whether to accept the offer; **nie ~m się nazwać go geniuszem/stanąć w jego obronie** I have no hesitation in calling him a genius/standing up for him ⇒ **zawahać się** [2] (zmieniać się) *[cena, poziom, temperatura]* to fluctuate; *[nastrój, postawa]* to vacillate; **prędkość ~ się w okolicach zera/pomiędzy dopuszczalnymi wartościami** the velocity fluctuates around zero/between acceptable values [3] (kołysać się) *[wskazówka, wskaźnik]* to hunt; *[wisiorek, gałęzie, płomień]* to sway; (rytmicznie) to oscillate

wahadeł|ko *n* [1] *dem.* Techn. (small) pendulum [2] (w różdżkarstwie) (dowsing) pendulum

wahad|ło *n* pendulum; **miarowy ruch** a. **chód ~ła** the constant swing of a pendulum; **zmierzyć wychylenie ~ła** to measure a pendulum's swing
❑ **~ło cykloidalne** Mat. cycloidal pendulum; **~ło fizyczne** Fiz. physical pendulum; **~ło matematyczne** Mat. simple pendulum

wahadłow|iec *m* [1] (pojazd) shuttle [2] (prom kosmiczny) space shuttle; **rejs ~ca** a space shuttle voyage; **opóźniono start/lądowanie ~ca** the launch/landing of the space shuttle was delayed

wahadłowo *adv.* [1] *[poruszać się, kołysać się]* like a pendulum, in pendular swings [2] Transp. *[jeździć, kursować]* back and forth, to and fro; **gości przewozi między lotniskiem a hotelem ~ kursujący mikrobus** a minivan shuttles guests between the airport and the hotel

wahadłow|y *adi.* [1] Techn. *[ruch, kołysanie]* pendular, pendulum *attr.*; **zegar ~y** a pendulum clock [2] Transp. *[autobus, transport, rejs]* shuttle *attr.*

waha|nie **I** *sv* → **wahać się**
II *n* [1] (niepewność) hesitation *C/U*; wavering *U* pot.; (niezdecydowanie) vacillation *U*; **chwila ~nia** a moment of hesitation; **odpowiedzieć/zgodzić się z ~niem** to reply/agree hesitantly; **podpisać się/zgłosić się na ochotnika bez ~nia** to sign/volunteer without hesitation a. demur; **odmówiła z ~niem w głosie** she refused in a hesitant voice; **po okresie ~ń rozpoczęto budowę zapory** after a period of dither the construction of the dam got off the ground pot. [2] (zmienność) (parametrów, wskaźników) fluctuation; (wokół stałej wartości) oscillation; (nastroju, opinii) vacillation; **nagłe ~nia temperatury/cen** sudden temperature/price fluctuations; **~nia nastroju** Psych. mood changes [3] (miarowy ruch) sway

wahnię|cie *n* [1] (ruch) sway [2] (zmiana) (w cenie, temperaturze) fluctuation; (wokół stałej wartości) oscillation; **nieprzewidywalne ~cie klimatu** an unpredictable climatic fluctuation

waj|cha *f* pot. [1] (dźwignia) lever [2] (zwrotnica) (set of) points GB, turnout US, switch US; **przekładać** a. **przerzucać** a. **przestawiać ~chę** to pull points [3] (łom) crowbar; (krótszy) jemmy, jimmy US

wakacj|e *plt* (*G* **~i**) holidays GB, vacation (+ *v sg*) US; **letnie/wielkanocne/szkolne ~e** summer/Easter/school holidays; **jechać na ~e** to go on holiday a. vacation; **wracać z ~i** to come back from holidays a. one's vacation; **spędzimy ~e nad morzem** we'll spend our holidays a. vacation at the seaside; **gdzie byłeś na ~ach?** where did you go on holiday a. vacation?; **byli na ~ach w Grecji** they were on holiday a. vacation in Greece, they were holidaying a. vacationing in Greece; **podczas bożonarodzeniowych ~i odwiedzamy rodzinę** during the Christmas holidays a. vacation we visit our family; **sąsiedzi są na ~ach** a. **wyjechali na ~e** neighbours are (off) on holiday a. vacation
❑ **~e podatkowe** Podat. tax holiday(s)

wakacyjnie *adv.* **czuć się ~** to be in a holiday mood

wakacyjn|y *adi.* *[okres, obóz, atmosfera, lektura]* holiday *attr.*; **~a miłość** a holiday romance

waka|t *m* (*G* **~tu**) [1] (wolna posada) (job) vacancy, vacant post; **~t na stanowisku księgowego/korektora** a vacancy for an accountant/a proof-reader [2] Druk. (niezadrukowana strona) blank page

wak|ować *impf vi* książk. *[stanowisko, pozycja]* to be vacant a. unfilled; to be void książk.; **objąć ~ujący etat w dziale reklamy** to fill a vacancy a. vacant post in the advertising department; **~uje etat listonosza/stanowisko kierownika handlowego** a vacancy for a postman/sales executive has arisen a. come up a. occurred

wal *m* (*Gpl* **~i** a. **~ów**) Zool. whale

wala|ć *impf* pot. **I** *vt* przest. (brudzić) to soil, to smirch; **~ć sobie palce atramentem** to stain one's fingers with ink ⇒ **uwalać**
II **walać się** *[osoba, buty]* to become dirty; **~sz się farbą** you're smearing paint all over yourself; **długi płaszcz ~ł mu się w błocie** his long coat was (becoming) bespattered with mud ⇒ **uwalać się**

wala|ć się *impf v refl.* pot. (poniewierać się) *[resztki, śmieci, niedopałki]* to lie (a)round a. about; *[ubrania, zabawki]* to scatter around a. about

walc *m* (*A* **~a**) [1] Muz., Taniec waltz; **płyta kompaktowa z ~ami Straussa** a compact disc with Strauss waltzes; **tańczyć ~a** to dance a waltz, to waltz; **poprosił ją do ~a** he asked her to waltz with him [2] Muz. (kompozycja koncertowa) (concert) waltz; (w tytule) valse
❑ **~ angielski** slow waltz; **~ wiedeński** Viennese waltz

walc|ować¹ *impf vt* (ugniatać walcem) to roll *[metal, drewno, blachę]*; **~ować drogę** to roll a roadway; **~ować na zimno/gorąco** to cold/hot-roll

walc|ować² *impf vi* przest., Taniec to waltz

walcowan|y **I** *pp* → **walcować¹**
II *adi.* Przem. *[szkło, stal, pręt]* rolled; **blachy ~e na zimno/gorąco** cold/hot-rolled metal sheets

walcowa|ty *adi.* *[kształt, pojemnik, naczynie]* cylindrical

walcowni|a *f* (*Gpl* **~**) Przem. rolling mill; **~a blach/taśm** a sheet/strip mill

walcząc|y **I** *pa* → **walczyć**
II *adi.* (zaangażowany ideologicznie) *[ekolog, chrześcijanin, działacz]* militant; *[poezja]* engagé
III *m zw. pl* (w konflikcie zbrojnym) combatant; (w bójce, starciu) opponent

walcz|yć *impf vi* [1] (w konflikcie zbrojnym, bezpośrednim starciu) *[osoba, armia, państwo]* to fight; **~yć na pięści** to fight with one's a. the fists; **~yć na miecze/noże** to fight with swords/knives; **~yć mieczem/szablą** to fight with a sword/sabre; **~yć przeciw(ko) komuś/czemuś** to fight against

W

sb/sth; **~yć z kimś o coś** to fight with sb over sth; **~yć za ojczyznę** a. **w obronie ojczyzny** to fight for one's country; **~yć do końca** a. **do upadłego** to fight to the bitter end; **~yli o odzyskanie niepodległości** they fought for independence; **~ące strony podpisały rozejm** the belligerents a. belligerent states signed a truce; **mój ojciec ~ył w partyzantce** my father was a guer(r)illa (fighter); **~yła ze złodziejem** she struggled with a thief; **bracia ~yli o piłkę** the brothers fought over a ball; **~ył, żeby się uwolnić** he struggled to free himself ② (przeciwstawiać się) to oppose vt (**z kimś/czymś** sb/sth); (rywalizować) to compete, to contend (**o coś** for sth); **robotnicy ~ący z systemem/kierownictwem fabryki** workers opposing the regime/the management of a factory; **~yli (między sobą) o władzę/o klientów** they competed (with each other) for power/to win customers; **~ące strony/partie nie przebierały w środkach** the contending a. competing sides/parties were unscrupulous ③ Sport (brać udział w zawodach) to compete (**z kimś o coś** with sb for sth); **~yć na boisku/w finale/w wyścigach** to compete on a pitch/in the final/in a race; **~yć na ringu** to fight in the ring; **~yć o pierwsze miejsce/tytuł mistrza/złoty medal** to compete for the first place/a championship/a gold medal; **dwie drużyny ~ące ze sobą w turnieju** two teams competing against each other in a tournament ④ (zmagać się) to struggle; to wrestle przen. (**z czymś** with sth); to battle (**z czymś** against sth); **~yć z trudnościami/problemami/przeciwnościami** to struggle a. grapple with difficulties/problems/against adversities; **~yć z chorobą** to battle against an illness; **~yć ze snem** a. **z sennością** to struggle to remain awake; **~yć ze śmiercią** to be near to death, to be on the verge of death; **przez lata ~yła z depresją** she wrestled with depression for years ⑤ (zabiegać) to stand up (**o coś** for sth); to struggle (**o kogoś/coś** for sb/sth); **~yć o swoje prawa/prawa człowieka** to stand up for one's rights/human rights; **narody ~ące o pokój/demokrację** nations struggling for peace/democracy; **supermarkety muszą ~yć o klientów** supermarkets have to compete for customers ⑥ (mocować się) to wrestle, to struggle (**z czymś** with sth); **~yć z zamkiem błyskawicznym** to wrestle with a zip; **~yć z nieporęcznym kufrem** to struggle with an unwieldy trunk

■ **ciekawość ~y w nim (o lepsze) z obawą** curiosity and fear are competing to get the better of him; **~yć z wiatrakami** to tilt at windmills

walczyk m (A **~a**) dem. Muz., Taniec waltz

wal|ec m ① (bryła geometryczna) cylinder; **~ec kołowy/paraboliczny** a circular/parabolic cylinder ② (kształt, przedmiot) cylinder ③ Techn. (kruszący, prasujący, gładzący) roller; (w prasie drukarskiej) cylinder

❏ **~ec drogowy** Tech. roadroller, steamroller; **~ec fonograficzny** Muz. wax cylinder; **~ec osiowy** Bot. vascular cylinder, stele

■ **~ec historii** książk. ≈ steamroller of history; **wiele razy przetaczał się przez Polskę ~ec historii** the steamroller of history has passed over Poland many a time

walecznie adv. grad. [bronić, zmagać się] valiantly, gallantly

waleczność f sgt valour, valor US, gallantry; **medal za ~ć** a medal for bravery

waleczn|y ᚐ adi. grad. [osoba] brave, gallant [osoba, czyn, trud] valiant ᚑ m brave; **~i** the brave

■ **zginąć** a. **paść śmiercią ~ych** książk. to fall in action

wale|ń m Zool. whale

❏ **~ń uzębiony** toothed whale

walerian|a f ① Bot. valerian ② sgt (lekarstwo) valerian

walerianow|y adi. [krople, olejek] valerian attr.

wale|t m (A **~ta**) Gry jack, knave; **~t karowy/treflowy** a jack of diamonds/clubs

■ **na ~ta** pot. (nago) [chodzić, opalać się] in the altogether pot., in the buff pot.; środ., Uniw. (bez zameldowania) [mieszkać, nocować] as an unregistered tenant; (naprzemianlegle) [spać, leżeć] head to tail a. foot; **mieszkam w akademiku na ~ta** I live in hall unregistered; **dziewczynki będą spały na ~ta** the girls will double up in one bed (lying head to tail)

walić¹ impf → **walnąć¹**

wal|ić² impf ᚐ vt ① (przewracać) [wichura, podmuch] to blow down a. over ⇒ **powalić** ② (burzyć) [robotnicy, spychacz] to pull down [dom, mur] ⇒ **zwalić**

ᚑ vi pot. ① (obficie, intensywnie) [śnieg, deszcz, grad] to pelt down; [deszcz, słońce] to beat down; [światło, blask] to glare; (gwałtownie, głośno) [deszcz, ulewa] to belt down; **reflektor ~ił po oczach** the spotlight glared straight into the eyes; **żar ~ił z nieba/od pieca** the heat from the sky/oven was intense ② (wydobywać się) [woda, krew] to gush (out); [ciecz, dym] to pour out; [dym, para] to billow; [zapach, smród] to come; **doliną ~ą spienione potoki** foamy streams are rushing down the valley ③ (przemieszczać się) [ludzie, tłum] to flock; (w panice) to stampede; **tłumy ~ą tysiącami, aby obejrzeć film** people are flocking in their thousands to see the film; **przerażeni widzowie ~ili do wyjścia** horrified spectators stampeded for the exit; **~ teraz prosto do domu** now make straight for home ④ (mocno bić) [serce, puls, tętno] to race, to thump; **~iło mu w skroniach** he felt a drumming in his temples ⑤ wulg. to bang wulg. [dziewczynę]

ᚒ **walić się** ① (rozpadać się) [dom, mur, kolumna] to crumble; [budowla, szopa, płot] to fall apart; [budynek, most, ściana] to fall down ⇒ **zawalić się** ② przen. [system, układ, związek, organizacja] to fall apart, to crumble; [plan, projekt, kariera] to fail; [rząd, władza, gospodarka] to collapse, to fall down; **po śmierci żony czuł, że cały świat/wszystko się ~i** on his wife's death he felt his world/everything was falling apart ⇒ **zawalić się** ③ pot. (spadać) [sufit, dach] to collapse; [dachówki, kamienie, stos przedmiotów] to fall down; [osoba] to tumble; **samolot/gałąź ~i się na ziemię** an aeroplane/a branch is falling (down) to the

ground ⇒ **zwalić się** ④ pot., przen. (przytłaczać) [obowiązki, odpowiedzialność] to fall (**na kogoś** on a. to sb); [nieszczęścia, kłopoty] to beset vt; **na nas/firmę ~ą się same trudności** we are/the company is beset with difficulties ⇒ **zwalić się** ⑤ wulg. (odbywać stosunek seksualny) to tumble vt pot. (**z kimś** sb); [para] to screw wulg.

■ **choćby się ~iło, paliło** a. **choćby się góry i mury ~iły** a. **choćby świat się walił** come hell or high water, come what may; **~ić kogoś z nóg** (szokować) [wiadomość, słowa, wydarzenie] to devastate sb, to be a devastating blow to sb; (osłabiać) [choroba, zmęczenie, upał] to exhaust sb; **głód ~ił uchodźców z nóg** refugees were collapsing from hunger

waligó|ra m (Npl **~ry** a. **~rowie**) giant of Slavic folklore who could topple mountains

Walij|czyk m Welshman

Walij|ka f Welshwoman

walijs|ki adi. [przemysł, język, krajobraz] Welsh; [lud, język, kultura] Cymric

waliz|a f augm. (big) suitcase

walizecz|ka f dem. (podróżna) (small) suitcase, valise; (z narzędziami) toolbox

❏ **~ka lekarska** medical bag

waliz|ka f suitcase, case GB

■ **siedzieć na ~kach** to have everything ready for a journey; **żyć na ~kach** to be living out of a suitcase

walizkow|y adi. ① [maszyna do pisania, maszyna do szycia] portable ② [obudowa] in the shape of a suitcase ③ pot. **handel ~y** offering goods carried around in a bag or suitcase, usually in a marketplace

wal|ka f ① (starcie) fight; **~ka na pięści** a fist fight; **~ka na noże/szpady** a fight with knives/swords; **stoczyli ~kę o przywództwo w grupie** they had a fight over the leadership of the group; **między chłopcami wywiązała się ~ka o piłkę** the boys got into a fight about a. over a ball ② Wojsk. (między armiami) battle C/U; (między żołnierzami, oddziałami) combat C/U; (potyczka) fight; **~ka partyzancka** a. **~ki partyzanckie w terenie** guerilla war; **~ka powietrzna** a dogfight; **~ki powietrzne** aerial combat; **~ka pozycyjna** a pitched battle; **~ka wręcz** hand-to-hand combat; **~ki uliczne** street fighting; **~ka zaczepna** a running battle; **~ka o niepodległość** a struggle for independence; **toczyć ~kę przeciwko najeźdźcy/z oddziałem partyzanckim** to do battle against occupying forces/with a guerilla group; **polec** a. **zginąć w ~ce** to die in battle a. combat; **wojska toczyły zażartą ~kę/~kę na śmierć i życie** the troops were engaged in fierce/mortal a. deadly combat; **generał wycofał oddziały z ~ki** the general disengaged the troops; **partyzanci zaprzestali ~k** the guerillas stopped fighting a. broke off combat ③ Sport (bokserska, zapaśnicza) bout; (bokserska) fight; (współzawodnictwo) contest; **wygrać/przegrać ~kę o medal/wejście do finału** to win/lose a contest for a medal/to enter the final ④ (zabieganie) fight, struggle; (długa, trudna) battle; (współzawodnictwo) contest, combat; **~ka o pokój/sprawiedliwość społeczną** a fight a. struggle for peace/social justice;

~ka o fotel prezydencki a presidential contest; **prowadzimy ~kę o lepsze jutro** we are waging a struggle for a better future [5] (przeciwdziałanie) battle, fight (**z czymś** against sth); war *C/U*; **~ka z terroryzmem** a war on terrorism, a fight against terrorism; **~ka z narkomanią/przestępczością** the battle a. fight against drug addiction/crime; **odwieczna ~ka dobra ze złem** the eternal battle between good and evil; **jego rozpaczliwa ~ka z rakiem/ nałogiem alkoholowym** his desperate battle a. fight against cancer/alcoholism □ **~ka byków** bullfight; **~ka francuska** Sport ≈ Greco-Roman wrestling; **~ka klasowa** a. **klas** Polit. the class struggle ■ **~ka o byt** the struggle a. fight for survival

walkie-talkie /ˌwokiˈtoki/ *n inv.* pot. walkie-talkie

walkman /ˈwokmen/ *m* (*A* **~a**) personal stereo, Walkman®

walkowe|r *m sgt* (*G* **~ru** a. **~ra**, *A* **~r** a. **~ra**) (niestawienie się) default *U*; (zwycięstwo bez walki) walkover; **wygrać/przegrać ~rem** to win/lose by default

wal|nąć¹ *pf* — **wal|ić¹** *impf* (**~nę**, **~nie**, **~nęła**, **~nęli**) **▯** *vt* [1] pot. (uderzyć) (mocno) to bash pot., to lam pot.; (silnie, głośno) to bang; (bardzo mocno) to wallop; (wymierzyć cios) to whack pot.; (ręką, przedmiotem) to clout pot.; **~nąć kogoś po głowie książką** to bash sb over a. clout sb round the head with a book; **~nąć pięścią w stół** to bang the table with one's fist; **~ić kogoś pasem** to belt sb; **~ić osła/konia batem** to whip a donkey/horse; **ktoś ~i w drzwi** someone is banging on the door; **~nę cię w zęby** a. **pysk** I'll lam you in pot., I'll swipe you across the mouth pot. [2] pot. (rzucić) to dump; **~nął ubranie/plecak na podłogę** he dumped his clothes/rucksack on the floor [3] pot. (powiedzieć otwarcie) to say [sth] straight out pot., to say [sth] straight from the shoulder pot.; **~, co o tym myślisz** say straight out what you think about it; **~ił każdemu prawdę prosto w oczy** a. **prosto z mostu** he told everyone the truth straight from the shoulder [4] posp. (zrobić) **~ić błędy ortograficzne** to make spelling mistakes; **~nęli mi podwyżkę czynszu/mandat** I got walloped with a rent increase/fine pot.; **ale ~nąłeś gafę** now you've dropped a brick GB pot. **▯** *vi* [1] pot. (trzasnąć) [drzwi, okiennica] to bang; (uderzyć) to bash; **samochód ~nął w drzewo** a car bashed into a tree; **~ić w bęben** to bash on a drum pot.; **~ić w fortepian** to hammer on the piano pot. [2] pot. (strzelić) [osoba] to squeeze off *vt* pot.; (wybuchnąć) [armata, karabin, granat] to go bang; **~nął serią z karabinu** he squeezed a burst from a gun [3] pot. (spaść) [wiatr, huragan] to blast; [piorun, grzmot] (uderzyć) to strike *vt*; (zagrzmieć) to boom, to roll; **piorun ~nął w chałupę** (a bolt of) lightning struck a shed, a shed was struck by lightning **▯** **walnąć się** — **walić się** pot. [1] (uderzyć samego siebie) to bash pot.; **~nął się o futrynę** he bashed himself on the door frame; **~nęła się w głowę/kolano** she bashed her head/knee [2] (uderzyć się nawza-

jem) to clout each other pot.; **chłopcy zaczęli ~ić się po głowach kijami** the boys started clouting one another round the head with sticks [3] (paść bezwładnie) to collapse pot.; **~i się na łóżko i od razu zasypia** he collapses on his bed and falls asleep immediately

waln|ąć² *pf* (**~nę**, **~nie**, **~nęła**, **~nęli**) **▯** *vi* posp. (zepsuć się) to pack up pot. **▯** **walnąć sobie** pot. (wypić) to slug; to neck pot. [piwo, dużą wódkę]; **~nął sobie kielicha dla rozgrzewki** he took a. had a quick slug to warm up pot.

walnie *adv.* (decydująco) conclusively; (ogromnie) immensely; **przyczynił się ~ do naszego sukcesu** (decydująco) he made a key contribution to our success; (ogromnie) he made a remarkable contribution to our success

walnię|ty ▯ *pp* → **walnąć¹** **▯** *adi.* [1] pot., pejor. (nienormalny) nuts pot. [2] pot. (zepsuty) [urządzenie] on the blink pot.; [żarówka, bezpiecznik] burnt-out, burned-out

waln|y *adi.* [1] (istotny) [pomoc, udział] remarkable [2] (rozstrzygający) [zwycięstwo, triumf] signal przen.; conclusive; [bitwa, starcie] decisive [3] (ogólny) [zebranie, zgromadzenie] general

walon|ka *f* heavy winter boot made of felt and leather

walo|r ▯ *m* (*G* **~ru**) [1] książk. (zaleta) advantage, virtue; (cecha) value *U*, quality; **~r nowości** novelty value; **zioła podnoszą ~ry smakowe ryb** herbs enhance the taste of fish; **podkreślać ~ry swojego wyglądu** to emphasize the positive aspects of one's appearance [2] Szt. (natężenie tonu) value [3] (w filatelistyce) postage stamp **▯** **walory** *plt* [1] (papiery wartościowe) securities [2] pot. (pieniądze) money *U*

waloryzacj|a *f sgt* książk. valorization, indexation

waloryzacyjn|y *adi.* książk. [zasady, ustawa] of valorization, of indexation

waloryz|ować *impf vt* książk. to valorize, to index ⇒ **zwaloryzować**

waltorni|a *f* (*Gpl* **~**) Muz. French horn

waltorni|sta *m*, **~stka** *f* Muz. French horn player

waluciars|ki *adi.* pot. [cena] trafficker's; **~ki proceder** trafficking in foreign currencies; **~ka mafia** a mafia of traffickers in foreign currencies

waluciarz *m* (*Gpl* **~y**) pot., pejor. trafficker in black market currencies; (illegal) money changer przest.

walu|ta *f* Fin. [1] (jednostka pieniężna) currency *C/U*; **~ta obca/krajowa** foreign/domestic currency [2] Fin. (rodzaj pieniądza) money *U*; **~ta papierowa/srebrna** paper/silver money [3] (zagraniczna) foreign exchange a. currency *U*, valuta *U*; **kantor wymiany ~t** a bureau de change [4] *sgt* pot. (gotówka) cash ■ **twarda ~ta** pot. hard currency, convertible currency

walutow|y *adi.* Fin. [1] [system, unia, polityka, fundusz, jednostka] monetary; [kryzys, reforma, rynek, rezerwy, dług] financial [2] [handlarz] in foreign currency; [kasa, transakcja] foreign exchange *attr.*

wa|ł ▯ *m pers.* (*Npl* **wały**) wulg., obraźl. pillock GB pot.
▯ *m inanim.* (*G* **~łu**) [1] (nasyp) embankment; **wał przeciwpowodziowy** floodbank [2] Techn. (część maszyny) shaft; (walec) roller; **wał transmisyjny** transmission shaft; **do wyrównania powierzchni stadionu użyto maszyny z ciężkim wałem** a heavy roller was used to flatten the pitch [3] (*A* **wała**) wulg. (członek męski) cock □ **wał paznokciowy** Anat. nail fold; **wał górski** Geog. ridge; **wał korbowy** Techn. crankshaft; **wał nadoczodołowy** Anat. supraorbital ridge; **wał napędowy** Aut., Techn. drive shaft, propeller shaft; **wał rozrządu** a. **wał rozrządczy** Techn. camshaft; **wał wysokiego ciśnienia** Meteo. ridge of high pressure ■ **po kiego wała?** wulg. why the fuck? wulg.; **po kiego wała tu przychodzisz?** what the fuck do you want here? wulg.; **robić z kogoś wała** wulg. to take the piss out of sb wulg.; **takiego wała!** up yours! wulg.

wałach *m* Zool. gelding

wałecz|ek *m dem.* [1] (do nawijania lub rozpłaszczania) roller [2] Techn. (element urządzenia) roller [3] (kształt) **~ki skóry/tłuszczu** folds of skin/rolls of fat □ **~ek łożyska** Techn. bearing roller

wał|ek *m* [1] (do nawijania lub rozpłaszczania) **~ek do ciasta** a rolling pin; **~ek do nawijania włosów** a roller, a curler [2] Techn. roller; (przenoszący siłę) shaft; **~ek maszyny do pisania** a platen; **~ek do malowania ścian** a (paint) roller [3] (kształt) roll; **zwinąć koc w ~ek** to roll up a blanket; **zagnieść ciasto, następnie uformować ~ek** knead the dough, then form a roll □ **~ek rozrządu** Aut. camshaft; **~ek tapczanu** a. **kanapy** bolster

wałęsa|ć się *impf v refl.* pot. to wander around, to roam around; **grupy podpitych wyrostków ~ją się nocami po ulicach** groups of drunk youngsters roam about in the streets at night; **~jące się bezpańskie psy/koty** stray dogs/cats

wałko|nić się *impf v refl.* pot., pejor. to bum around a. about pot., to loaf about a. around pot.

wałko|ń *m* (*Gpl* **~ni** a. **~niów**) pot., pejor. idler, loafer

wałk|ować *impf* **▯** *vt* [1] (rozpłaszczać) to roll [sth] out, to roll out [ciasto] ⇒ **rozwałkować** [2] (zwijać) to roll [sth] out, to roll (up) [plastelinę] [3] pot. (roztrząsać) to harp on about [problem, sprawę]; (pytaniami) to ask over and over again **▯** **wałkować się** [1] (zwijać się) to roll up [2] pot. (być roztrząsanym) **sprawa ~uje się już drugi rok** the matter is being debated for the second year now

wałów|ka *f* pot. packed lunch

wamp *m* (*Npl* **~y**) vamp

wampi|r ▯ *m pers.* (*Npl* **~ry**) [1] (zmarły wysysający krew) vampire [2] pot. (seryjny morderca) serial killer [3] przen. (osoba wykorzystująca innych) vampire **▯** *m anim.* Zool. vampire bat

wampiryczn|y *adi.* książk. [1] (dotyczący wampira) vampiric, ghoulish [2] przen. (budzący grozę) nightmarish

wampirzyc|a f [1] (zmarła wysysająca krew) female vampire [2] książk. (wamp) vamp [3] książk., przen. (kobieta wykorzystująca innych) vampire

wampowa|ty adi. [aktorka, gwiazda filmowa, poza] vampish

Wandal m zw. pl Hist. Vandal

wandal m (Gpl ~i a. ~ów) pejor. vandal

wandalizm m (G ~u) sgt pejor. vandalism

wandals|ki adi. [czyn, sposób] vandalistic, vandal attr.

wanien|ka f [1] dem. (umywalnia) small bath, baby bath [2] (zbiornik) tub; **~ka do wywoływania zdjęć** a developing dish

wanili|a f (Gpl ~i) zw. sg [1] Kulin. (przyprawa) vanilla; **laska ~i** a vanilla bean a. pod [2] Bot. (roślina) vanilla [3] (owoc) vanilla a. pod [4] pot. (cukier waniliowy) vanilla sugar ❑ **~a płaskolistna** Bot. vanilla planifolia

waniliow|y adi. [1] Kulin. [lody, budyń, krem, serek, olejek, aromat] vanilla attr. [2] (dotyczący rośliny) vanilla attr.; **plantacje ~e** vanilla plantations

wan|na f [1] (w łazience) bath(tub) [2] środ., Przem. (piec hutniczy) furnace; **~na szklarska** a tank furnace [3] środ., Przem., Techn. (zbiornik) tank, vat ❑ **~na elektrolityczna** Chem., Techn. electrolytic tank; **~na farbiarska** Włók. dyeing vat; **~na galwanizerska** a. **galwaniczna** Techn. galvanizing pot a. kettle

wannow|y adi. [1] [bateria, kąpiel] bath(tub) attr. [2] środ., Przem. bath attr.; **piec ~y** a bath furnace [3] środ., Przem. tank attr.

wapienn|y adi. [skała, blok, skorupka, szkielet, zaprawa] calcareous

wapie|ń m Geol. limestone ❑ **~ń hipurytowy** hippurite limestone; **~ń muszlowy** shell limestone; **~ń numulitowy** nummulitic limestone

wapnia|k [I] m pers. (Npl ~ki a. ~cy) posp., pejor. [1] (o człowieku dorosłym lub starszym) fossil pejor., żart. [2] zw. pl (matka lub ojciec) old fogey [II] m inanim. [1] (A ~ka) przest. (jajko wapnowane) lime-preserved egg [2] środ., Roln. (nawóz wapienny) (soil) lime

wapni|eć impf (~eje, ~ał) vi Biol., Med. [naczynia krwionośne, tkanki, kości] to calcify ⇒ **zwapnieć**

wapniow|y adi. Chem. [nawóz, jony, sole] calcium attr.

wapn|o n [1] sgt (proszek uzyskiwany z wapienia) lime; **izba była bielona ~em** the room was whitewashed with lime [2] pot., Med. (lekarstwo) calcium; **lekarz przepisał ~o i witaminę C** the doctor prescribed calcium and vitamin C ❑ **~o chlorowane** a. **bielące** Chem. chlorinated lime; **~o gaszone** Chem. slaked lime; **~o nawozowe** Roln. agricultural limestone, soil lime; **niegaszone ~o** Chem. quicklime a. unslaked lime; **~o palone** Budow., Przem. burnt lime, quicklime

wap|ń m sgt Chem. calcium; **związki ~nia** calcium compounds; **gleba zasobna w ~ń** soil rich in calcium; **niedobór ~nia** calcium deficiency

wa|r m sgt (G ~aru) [1] Techn. (ilość produktu) strike [2] przest. (wrzątek) boiling water [3] przest. (żar) heat; **war bitwy** przen. the heat of the battle ❑ **wary (klimakteryczne)** Med. hot flushes

---

■ **chłopców oblał war** przest. the boys flushed (red)

wara inter. pot. ~ **od mego dziecka!** hands off my child!; ~ **ci do mnie!** keep away from me!; ~ **wam zbliżać się tutaj!** don't you dare come near here!

waran m zw. pl Zool. monitor (lizard)

warcabow|y adi. Gry [turniej, rozgrywki] draughts attr. GB, checkers attr. US

warcab|y plt (G ~ów) Gry [1] (gra) draughts GB, checkers US [2] (przybory do gry) draughtsmen GB, checkers US

warchla|k m (~czek dem.) [1] (prosię) piglet [2] Zool. (młody dzik) young wild boar; **locha z ~kami** a wild sow with her young

warchol|ić impf vi przest. to brawl, to rampage

warchols|ki adi. książk. [natura, czyn, postępek, naród] factious, quarrelsome

warcholstw|o n przest., książk. brawling U, factiousness U

warcho|ł m (Npl ~ły) przest., książk. brawler, troublemaker

warczeć¹ impf → **warknąć**

warcz|eć² impf (~ał) vi [silnik, maszyna] to whirr ⇒ **zawarczeć**

war|ga f [1] Anat. (część ust) lip; **dolna/górna ~ga** lower/upper lip [2] Bot. (część kwiatu) labium [3] Zool. (u owadów) labium ❑ **~gi sromowe** Anat. labia; **zajęcza ~ga** Med. harelip ■ **sznurować ~gi** to purse one's lips

wargow|y [I] adi. Anat., Bot. labial [II] **wargowe** plt Bot. labiate

wariacj|a f (Gpl ~i) [1] pot., żart. madness; (dziwne zachowanie) crazy antics; **kompletna ~a** complete a. utter madness; **nie dawaj kotu waleriany, żeby nie dostał ~i** don't give valerian to the cat or it'll go crazy [2] daw. (choroba psychiczna) madness; **utrata majątku przywiodła go do ~i** losing his fortune drove him mad [3] książk. (odmiana) variation, variant; **to tylko ~a artystyczna na jej temat** it's only an artistic variation on the theme [4] zw. pl Muz. (zmiana elementu muzycznego) variation; (utwór muzyczny) variation; **zagrał 32 ~e c-moll Beethovena** he played Beethoven's 32 variations in C Minor; **ten utwór to ~e na temat starej pieśni ludowej** this piece of music is a variation on an old folk song; **~e na temat** variations on a theme; **~e na temat Fausta** variations of themes from Faust [5] środ., Astron. (zmienność ruchu ciała niebieskiego) variation ■ **~kie tempo** pot. breakneck pace

wariacko adv. pot. [jeździć, wydawać pieniądze, zachowywać się] like a madman/madwoman

wariactw|o n [1] pot. folly; **twoje postępowanie to czyste ~o** your conduct is sheer folly [2] sgt przest. (choroba umysłowa) madness U, lunacy U

wariacyjn|y adi. Muz. [odmiana, technika, powtórzenie] variational

warian|t m (G ~tu) variant

---

wariantow|y adi. [rozwiązanie] variant attr.

waria|t m pot. [1] (umysłowo chory) madman [2] przen. (postępujący nieobliczalnie) loony pot., nutter pot. ■ **skończony ~t** an utter fool; **przyszedłem na ~ta** pot. I came on the off chance; **robić z kogoś ~ta** a. **robić z tata ~ta** pot. to make a fool of sb; **śmiać się jak ~t** to laugh oneself sick a. silly; **udawać a. robić z siebie ~ta** a. **strugać ~ta** pot. to play the fool

wariat|ka f pot. [1] (umysłowo chora) madwoman [2] (postępująca nieobliczalnie) loony pot., nutter pot.

wariatkow|o n sgt pot., żart. loony bin pot., nuthouse pot.; **ten dom to istne ~o** this house is a real loony bin

wariograf m (G ~u) polygraph, lie detector

wari|ować impf vi pot. [1] (ulegać chorobie umysłowej) to go mad ⇒ **zwariować** [2] przen. to go mad przen.; **~ować na punkcie/na widok kogoś/czegoś** to be crazy about/go mad at the sight of sb/sth; **nie ~uj, jedź powoli** be careful, drive slowly; **pada, więc dzieciaki ~ują po domu** it's raining so the kids are creating hell pot. ■ **~ować za kimś** a. **dla kogoś** to be mad about sb, to go crazy about sb

war|knąć pf — **war|czeć¹** impf (~nęła, ~nęli — ~czysz, ~czał, ~czeli) vi [1] (o zwierzęciu) to growl, to snarl (**na kogoś** at sb) [2] pot., przen. (o osobie) to snap (**na kogoś** at sb)

warkocz m [1] (splot włosów) plait GB, braid; **miała długie włosy, które często zaplatała w ~e** she had long hair and she often wore it in plaits [2] (trzy pasma splecione za sobą) plait GB; **ciasto na chałkę należy zapleść w ~** the dough for this sweet roll should be plaited [3] przen. (pasmo) **po ziemi słały się ~e dymu** wafts of smoke floated over the ground; **pociąg zostawił za sobą ~ białawego dymu** the train left behind it a column of whitish smoke ❑ **~ komety** Astron. tail of a comet

warkoczyk m dem. plait GB, braid; **nosiła cienki ~ i okulary** she wore a thin pigtail and glasses

warko|t m (G ~tu) zw. sg (silnika, pojazdu, maszyny) whirr

warko|tać impf (~cze a. ~ce) vi to whirr

Warmia|k m an inhabitant of the Warmia region in north-eastern Poland

warmińs|ki adi. [jeziora, biskupstwo, zamki] Warmian

war|ować impf vi [1] (o psie) to lie down (on guard) [2] pot. (o osobie) to stay put, to keep guard; **~uje od rana przed kasą teatru** he's been hanging around in front of the theatre box office since early morning; **~owała przy łóżku chorego** she kept vigil by his sickbed

warowni|a f (Gpl ~) Hist. stronghold

warown|y adi. Hist. [twierdza, zamek, baszta] fortified

warstew|ka f dem. thin layer, film; **lód był pokryty ~ką śniegu** the ice was covered with a thin layer of snow; **~ka kurzu na książkach** a film of dust on the books

warstw|a *f* [1] (płaszczyzna) layer; **wszystko pokrywała gruba ~a błota** a thick layer of mud covered everything; **~a farby** a coat of paint [2] Socjol. (grupa społeczna) class; **wywodził się z ~y ziemiańskiej/burżuazyjnej** he came from the gentry/bourgeoisie [3] Geol. (skała osadowa) bed, stratum; **bogate ~y roponośne** rich oil-bearing strata [4] przen. aspect, quality; **~a symboliczna/metaforyczna w filmie** the symbolic/metaphoric aspect of the film ❏ **~a izometryczna** Meteo. isometric layer; **~a kulturowa** Archeol. cultural bed; **~a ozonowa** the ozone layer; **~a wodonośna** Geol. water-bearing stratum

warstwowo *adv. [być ułożonym]* in layers

warstwow|y *adi. [skały, płyty, ściany]* layered; **układ ~y** layered structure

warszaw|ka *f sgt* iron., pejor. ≈ the Warsaw glitterati pot., pejor.

warsztacik *m dem. (G ~u)* [1] (miejsce na narzędzia i urządzenia) (little) workshop [2] (komplet narzędzi lub urządzeń) (small) kit, set of tools; **przenośny ~ zegarmistrza** a mobile watch repairer's kit [3] (zakład rzemieślniczy) workshop, shop

warszta|t [I] *m (G ~tu)* [1] (miejsce na narzędzia i urządzenia) workshop [2] (zakład rzemieślniczy) workshop, shop; **~t stolarski/kamieniarski** a carpenter's/stonemason's workshop; **~t samochodowy** a garage; **~t blacharski** a body shop; **~t remontowy** a repair shop [3] (metoda wykonywanej pracy) method, technique; **imponował ~tem muzycznym** his (musical) technique was very impressive; **(czyjś) ~t reżyserski** sb's directing skills; **~t aktorski** acting skills a. technique

[II] **warsztaty** *plt* [1] Szkol. (dział szkoły zawodowej) workshops; (zajęcia praktyczne) workshop [2] (część zaplecza technicznego) workshop; **~ty montażowe** assembly workshops; **~ty ślusarskie** locksmithing workshops [3] (kurs) workshops; **~ty teatralne** theatre workshops; **~ty dla początkujących nauczycieli** workshops for trainee teachers

■ **~t pracy** workspace, workroom; **brać** a. **wziąć coś na ~t** a. **mieć coś na ~cie** to work on sth; **słynny reżyser wziął na ~t kolejny scenariusz** a famous film director has been working on a new screenplay

warsztatowo *adv. [lepszy, słaby, interesujący]* technically; **powieść sprawna ~** a well-crafted novel

warsztatow|y *adi.* [1] *[urządzenia, hala, stół]* workshop attr. [2] przen. technical; **doskonałość ~a** technical brilliance [3] (dotyczący pogłębiania umiejętności) *[zajęcia]* technical [4] *[ćwiczenia]* workshop attr.

war|t *adi. praed.* [1] (mający cenę) worth; **samochód był ~t dziesięć tysięcy złotych** the car was worth ten thousand zloty [2] (godny, zasługujący) worth (**kogoś/czegoś** sb/sth); worthy (**kogoś/czegoś** of sb/sth); **jego słowo nie było wiele ~te** his word wasn't worth a lot a. much; **nie był ~t takiej żony** he wasn't worthy of such a wife

■ **to jest diabła ~te** a. **to nie jest ~te złamanego grosza** a. **funta kłaków** pot. it's not worth a damn a. a button pot.; **cała ta robota nie jest ~ta funta kłaków** the

whole of this work isn't worth a damn; **to jest ~te zachodu** it's worth the trouble a. bother; **jeden (jest) ~t drugiego** a. **obaj siebie ~ci** one is as bad as another; **~t Pac pałaca, a pałac Paca** przysł. they're tarred with the same brush

war|ta *f* [1] (człowiek lub grupa ludzi) guard; **zmiana ~ty** the changing of the guard także przen. [2] (pilnowanie) sentry a. guard duty; **stać na ~cie** to be on guard a. sentry duty ❏ **~ta honorowa** guard of honour GB, honor guard US

wart|ki *adi.* [1] *[strumień, nurt rzeki, potok, prąd]* rapid (flowing), fast (flowing) [2] przen. *[akcja powieści, narracja]* lively; *[rozmowa]* animated

wartko *adv.* [1] *[płynąć]* fast, rapidly [2] przen. *[toczyć się]* swiftly

wartkoś|ć *f sgt* [1] (szybkość) speed, rapidity [2] (potoczystość) liveliness

warto *praed.* worth; **nie ~ o tym mówić** it's not worth talking about; **to ~ zobaczyć** it's worth seeing; **czy to ~?** is it worth it?; **~ tam być wcześniej** it's worthwhile getting there early

wartości|ować *impf vt* to judge (**kogoś** sb), to pass judgement (**kogoś** on sb)

wartościow|y *adi. grad.* [1] (kosztowny) *[zegarek, willa, obraz, przedmiot]* valuable, expensive [2] (mający wiele zalet) *[pracownik]* reputable; *[pokarm, posiłek]* nutritious; *[sztuka, film, książka]* quality attr.; **~y chłopak** a fine lad pot.

wartościująco *adv.* **jego sądy brzmiały ~** he sounded rather judgemental

wartościując|y [I] *pa →* **wartościować**
[II] *adi. [wypowiedź, sąd, postawa, opinia, epitet]* evaluative; **ocena ~a** a value judgement

wartoś|ć *f* [1] *sgt* (cena) worth, price; **sprzęt (o) ~ci tysiąca funtów** a thousand pounds' worth of equipment; **ten naszyjnik ma niewielką ~ć** this necklace is of little worth; **to jest już bez ~ci** this is now worthless [2] (zaleta) value *U*; **fasola dorównuje ~cią odżywczą mięsu** the nutritional value of beans is equal to that of meat; **lecznicza ~ć ziół** the healing value of herbs; **jego dzieło nie ma ~ci artystycznej** this work has no artistic value zw. pl [3] zw. pl książk., Filoz. value zw. pl; **spór o ~ci** a dispute over values [4] Mat., Fiz. value ❏ **~ć antykwaryczna** antiquarian value; **~ć bezwzględna** a. **absolutna** Mat. modulus, absolute value; **~ć dodana** Ekon. value added; **~ć dodatkowa** Ekon. surplus value; **~ć estetyczna** aesthetic value; **~ć liczbowa** Mat. numerical value; **~ć nominalna** Ekon. face value; **~ć opałowa** Fiz. calorific value; **~ć realna** Ekon. actual value; **~ć użytkowa** utility

wartowni|a *f (Gpl ~)* guardroom

wartownicz|ka *f* (security) guard

wartownicz|y *adi. [służba, budka, kompania, wieża]* guard attr., sentry attr.

wartowni|k *m* (security) guard

warun|ek [I] *m (G ~ku)* [1] (okoliczność) condition; **postawić ~ek** to make a condition; **wytrwałość jest ~kiem sukcesu** persistence is the precondition for success; **pod żadnym ~kiem** pot. on no condition; **pod żadnym ~kiem nie zgo-**

dzę się na twój wyjazd ze znajomymi pod namiot on no condition will I agree to you going camping with your friends; **pod ~kiem, że...** on condition that..., provided that...; **ojciec powiedział, że pożyczy mi samochód pod ~kiem, że go umyję** father said he'd lend me his car provided that I washed it; **~kiem przyjęcia na kurs dla zaawansowanych jest zaliczenie tego testu** passing this test is a sine qua non for taking an advanced course [2] zw. pl (wymaganie lub zastrzeżenie) condition, provision; **po zakończeniu wojny podpisano ~ki kapitulacji** after the war the conditions for capitulation were signed; **umowę zawarto pod pewnymi ~kami** the agreement was concluded with certain provisions

[II] **warunki** *plt* [1] (sytuacja) conditions; **na pewnych ~kach** on certain conditions; **wynajął mieszkanie na szczególnych ~kach** he rented the flat on specific terms; **skarżył się na ciężkie ~ki życia na wsi** he complained about the difficult living conditions in the countryside; **w telewizji podano komunikat o ~kach pogodowych** on television there was an announcement about the weather conditions [2] (możliwości) aptness; **~ki zewnętrzne** appearance, looks; **~ki zewnętrzne predestynowały go do ról amantów** his looks destined him to play romantic lovers ❏ **~ek dostateczny** Log. sufficient condition; **~ek konieczny** a. **~ek sine qua non** Log. prerequisite, sine qua non

warunk|ować *impf vt* [1] książk. (być warunkiem) to condition; **czynniki ~ujące właściwy rozwój organizmu** factors conditioning the proper functioning of the system ⇒ **uwarunkować** [2] książk. (stawiać warunek) to make sth conditional (up)on sth; **przyjazd ~ował swoim stanem zdrowia** he made his arrival conditional on his health ⇒ **uwarunkować** [3] Biol. (zmieniać zachowanie) to condition; **przeżycia ~ujące psychikę człowieka** experiences which condition the human psyche ⇒ **uwarunkować**

warunkowo *adv.* conditionally; **zwolnić kogoś ~ z więzienia** to release sb from prison conditionally

warunkow|y *adi.* [1] *[umowa, zwolnienie, zawieszenie wykonania kary]* conditional [2] Jęz. (tryb) conditional; **zdanie ~e** (złożone) a conditional sentence; (podrzędne) a conditional clause

warząch|ew *f* (large) wooden spoon

warz|yć *impf* [I] *vt* [1] przest., książk. to boil, to cook *[jedzenie]*; **~yć piwo** to brew beer; **~yć sól** to make salt (by evaporating or boiling brine) [2] przen. *[mróz]* to nip *[rośliny, kwiaty]*; *[upał]* to wither *[rośliny, liście]* ⇒ **zwarzyć**
[II] **warzyć się** [1] (gotować się) *[jedzenie, strawa]* to boil, to cook; *[piwo]* to brew [2] (o mleku) to curdle (when heated) ⇒ **zwarzyć się**

warzywniak *m* [1] (ogród) vegetable a. kitchen garden; (część ogrodu) vegetable patch [2] pot. (sklep) greengrocer's (shop); (stragan) vegetable a. greengrocer's stall; **ku-**

pić jabłka w ~u to buy apples at the greengrocer's
warzywnictw|o *n sgt* Ogr. vegetable gardening a. growing; (na sprzedaż) market gardening GB, truck farming US
warzywnicz|y [II] *adi. [gospodarstwo, uprawy, produkcja]* vegetable *attr.*, market gardening *attr.* GB; **stragan ~y** a vegetable stall a. stand
[III] *m* pot. greengrocer's (shop)
warzywni|k [II] *m pers.* vegetable grower, market gardener GB, truck farmer US
[III] *m inanim.* (ogród) vegetable a. kitchen garden; (część ogrodu) vegetable patch
warzywn|y *adi. [rośliny, uprawy, targ, sałatka, sok]* vegetable *attr.*; **bulion** a. **wywar ~y** vegetable broth a. stock; **kostka ~a** a vegetable stock cube; **susz ~y** dried vegetables
warzyw|o *n* [1] Bot., Kulin. vegetable; **~a kapustne/korzeniowe** cruciferous/root vegetables; **~a liściowe** a. **liściaste** leaf a. leafy vegetables; **~a zielone** green vegetables, greens; **~a gruntowe/szklarniowe** outdoor a. field/greenhouse vegetables; **~a letnie/sezonowe/wczesne** summer/seasonal/early vegetables [2] pot., obraźl. (osoba z uszkodzeniem mózgu) cabbage pot., obraźl.
wasal *m* (*Gpl* ~i a. ~ów) [1] Hist. vassal, liege(man) [2] książk. vassal; **sprowadzić kraj do roli ~a** to reduce a country to vassalage
wasaln|y *adi.* Hist., Polit. vassal *attr.*
wa|sz [II] *pron.* [1] (w liczbie mnogiej) (przed rzeczownikiem) your; (bez rzeczownika) yours; **wasz samochód/wasze książki** your car/books; **ten pokój jest wasz** this room is yours; **czy on jest waszym kuzynem?** is he a cousin of yours?; **Całuję, Wasz Adam** (w liście) Love, Adam [2] (w liczbie pojedynczej) your; **to wasze zadanie, kolego** it's your task, comrade [3] (forma zwracania się) your; **Wasza Świątobliwość/Wysokość** Your Holiness/Highness
[II] **wasi** pot. (rodzina) your family; (przyjaciele) your friends
[III] **wasze** pot. what's yours; **waszego nam nie trzeba** we don't need anything of yours; **czy wasze zawsze musi być na wierzchu?** does it always have to be the way you want it?
[IV] **po waszemu** (swoim językiem) in your language; (swoim zwyczajem) your (own) way; (według was) according to you, in your opinion; **nie mówię po waszemu** pot. I don't speak your language
waśni|ć *impf* [II] *vt* książk. to generate a. foment discord; **~ć kolegów/małżeństwo** to stir up discord among friends/to set a couple at loggerheads ⇒ **poróżnić**
[II] **waśnić się** książk. to fight, to feud (z kimś o coś with sb over sth); **bracia ~li się między sobą o spadek** the brothers were quarrelling over the inheritance ⇒ **poróżnić się**
waś|ń *f zw. pl* książk. feud(ing), quarrel; **~nie etniczne/plemienne/polityczne** ethnic/tribal/political feuds a. feuding; **~nie rodzinne** family feuds a. strife; **wewnętrzne ~nie** internal a. internecine feuds; **wywoływać ~nie na tle religij-**

nym to foment religious discord; **zakończyć dawne ~nie** to settle old feuds
wa|t *m* Fiz. watt; **żarówka o mocy 100 watów** a 100-watt bulb; **wzmacniacz dostarcza 200 watów mocy** the amplifier delivers a. provides 200 watts of power
wa|ta *f* [1] (materiał opatrunkowy) cotton wool *U* GB, (absorbent) cotton *U* US; **wata opatrunkowa** surgical cotton wool; **kłębek waty** a cotton wool ball a. pad, a wad of cotton wool; **tampon z waty** a cotton wool swab a. plug; **zatkać sobie uszy watą** to plug one's ears with cotton wool; **kupiła dwie waty** she bought two packs a. packets of cotton wool [2] (do celów technicznych) wadding; **wata celulozowa** cellulose wadding; **wata tapicerska** (upholstery) batting [3] przen., pejor. (pustosłowie) waffle GB, padding; **wata słowna** (irrelevant) verbiage; **jego artykuł to wata i nic poza tym** his article is nothing but waffle [4] Kulin. candyfloss GB, cotton candy US; **wata na patyku** candyfloss on a stick
❏ **wata higroskopijna** purified a. absorbent US cotton; **wata szklana** Techn. glass wool

■ **miałem nogi** a. **kolana jak z waty** pot. (ze zmęczenia) I was a. felt weak at the knees (with tiredness); (ze strachu) my knees were a. felt like jelly a. cotton wool, my knees a. legs turned to jelly; **po chorobie mam nogi jak z waty** I'm unsteady a. wobbly on my pins after the illness pot.
wata|ha *f* [1] książk., pejor. (banda, zgraja) band, gang; **~hy pijanych kibiców** hordes of drunken fans; **do miasta ściągnęły całe ~hy turystów** tourists flocked a. came to the town in their hordes [2] (stado wilków) pack, herd; **~ha wygłodniałych wilków/dzików** a pack of starving wolves/boars
wataż|ka *m* (*Npl* ~kowie a. ~ki) [1] Hist. Cossack headman [2] (przywódca) gang leader a. chief; **krwawy ~ka** a bloodthirsty gang leader; **miejscowy ~ka** a local warlord
waterpolo /ˌwoterˈpolo/ *n inv.* Sport water polo
wat|ka *f dem.* (tuft of) cotton wool
watolin|a *f* wadding; **kurtka na ~ie** a wadded a. padded jacket
wat|ować *impf vt* [1] (wypychać watą) to wad [czapkę, kurtkę] ⇒ **wywatować** [2] pot., przen. to pad (out), to fill with a lot of padding; **~ował przemówienie anegdotami** he padded out his speech with anecdotes
watowan|y [II] *pp* → **watować**
[III] *adi. [kurtka, płaszcz, kołdra]* wadded; *[ramiona]* padded
-watow|y w wyrazach złożonych **stuwatowa żarówka** a 100-watt bulb
watykańs|ki *adi.* Vatican *attr.*
wawrzyn *m* (*G* ~u) [1] Bot. (bay) laurel, bay (tree); (liść) laurel leaf; (gałązka) laurel branch [2] (symbol zwycięstwa) laurel; **wieniec z ~u** a laurel wreath [3] książk. laurel(s); **literacki ~** literary honours; **obdarzyć kogoś ~em** to award sb laurels, to crown sb with laurels
wawrzyn|ek *m sgt* Bot. daphne, spurge laurel; **~ek wilcze łyko** mezereon
wawrzynow|y *adi. [liście, gałązki]* laurel *attr.*; **wieniec ~y** a laurel a. bay wreath

waz|a *f* [1] (naczynie) (soup) tureen; **~a z gorącą zupą** a tureen of hot soup; **~a do ponczu** a punch bowl [2] (zawartość naczynia) tureenful [3] (ozdobne naczynie) vase; **~a grecka/z alabastru** a Greek/an alabaster vase
wazelin|a *f sgt* [1] (substancja) vaseline, petroleum jelly [2] pot., obraźl. (pochlebianie) toadying; soft soap pot.; **~a wobec szefa** toadying a. creeping to the boss; **uprawiać ~ę** to be smarmy [3] pot., obraźl. (pochlebca) toady; crawler GB pot.
wazeliniars|ki *adi.* pot., pejor. *[kompmplementy]* smarmy; *[uśmiech]* ingratiating; *[ton]* oily; *[recenzja]* sycophantic; ass-kissing US posp.
wazeliniarstw|o *n sgt* pot., pejor. toadying; bootlicking pot.
wazeliniarz *m* (*Gpl* ~y a. ~ów) pot. pejor. toady; crawler GB pot.
waz|ka *f dem.* [1] (małe naczynie do zupy) (small) tureen [2] (zawartość naczynia) pot. tureenful [3] (miseczka, salaterka) (small) bowl
wazon *m* (*G* ~u) [1] (na cięte kwiaty) vase; **szklany/kryształowy/porcelanowy ~** a glass/crystal/porcelain a. china vase; **~ z bukietem kwiatów** a vase of flowers; **wstawić tulipany do ~u** to put (some) tulips in a vase; **w ~ie stały piękne róże** there were beautiful roses in the vase [2] dial. (doniczka) (plant) pot
wazow|y *adi.* **łyżka ~a** a ladle
waż|ka¹ *f* Zool. dragonfly
waż|ka² *f dem.* small scales; **~ka apteczna/laboratoryjna** small precision/laboratory scales
waż|ki *adi.* książk. *[problem]* weighty, important; *[argument]* weighty, telling; *[temat, słowa]* significant, important; *[decyzja]* significant; consequential książk.; **~ki głos w dyskusji** an important point in a discussion
ważkoś|ć *f sgt* [1] książk. (znaczenie) weightiness, significance [2] Fiz. weight
ważniactw|o *n sgt* pot., pejor. big-headedness
ważniacz|ka *f* pot., pejor. big-head
ważnia|k *m* (*Npl* ~cy a. ~ki) pot., pejor. [1] (zarozumialec) big-head; **odstawiać** a. **strugać** a. **zgrywać ~ka** to act important a. the big shot pot.; **nie rób z siebie takiego ~ka** stop being such a big-head, don't get all big-headed [2] (osoba na wysokim stanowisku) big shot pot., big noise pot.; **partyjny ~k** a party honcho pot.
ważnie *adv. grad.* [1] (z wyższością) **zachowywać się ~** to act important [2] (prawomocnie) *[podjąć uchwałę, zawrzeć małżeństwo]* validly; **~ oddane głosy** validly cast votes, valid votes
ważnoś|ć *f sgt* [1] (istotność) importance, significance; **jego argumenty nic nie straciły na ~ci** his arguments are still relevant, his arguments still stand [2] (wpływowość) importance, influence; **dać odczuć swoją ~ć** to make one's importance felt [3] (prawomocność, aktualność) (biletu, dokumentu, małżeństwa, wyborów) validity; **termin** a. **data ~ci** (dokumentu) expiry GB a. expiration US date; (produktu spożywczego) best-before a. use-by a. expiration US date; (leku) expiration US a. sell-by date; **nadać ~ć dokumentowi** to validate a document; **przedłużyć ~ć**

paszportu to renew a passport; **tracić ~ć** *[paszport, wiza]* to run out, to expire; *[przepisy]* to cease to be valid a. in force; **polisa/zezwolenie traci ~ć w marcu** the policy/permit comes up for renewal in March; **jogurt stracił ~ć** this yog(h)urt is past a. has passed its sell-by date; **banknot stracił ~ć** this banknote is no longer legal tender; **bilet zachowuje ~ć przez siedem dni** the ticket is valid a. good for seven days

ważn|y *adi. grad.* [1] (istotny) *[informacja, powód]* important; *[wydarzenie, szczegół, aspekt]* important, significant; *[czynnik]* important, major; *[decyzja]* important; consequential książk.; *[rynek]* important, crucial; *[stanowisko]* important, high(-ranking); *[świadek]* material; **mało ~y** unimportant, of little importance a. significance; **nic ~ego** nothing important, nothing of (any) importance; **to dla mnie bardzo ~e** it's very important to me, it matters a lot to me; **odgrywać ~ą rolę w czymś** play an important role a. a significant part in sth; **mam ci coś ~ego do powiedzenia** I have something important to tell you; **mam ~ą sprawę** a. **coś ~ego do załatwienia** I have (some) important business to attend to [2] (mający wpływy) *[figura, postać]* important, senior; **~a osoba** an important person, a person of importance; **~a osobistość** a man of consequence; **nikt ~y** nobody of any importance; **moi pracownicy czują się ~i i doceniani** my employees feel important and appreciated [3] (prawomocny, aktualny) *[wiza, kontrakt, głos]* valid; **~e zaświadczenie lekarskie** a valid a. current medical certificate; **jechać bez ~ego biletu** to travel without a valid ticket; **bilet wstępu jest ~y dla dwóch osób** the ticket admits two (people); **mam paszport ~y do lipca/na 10 lat** my passport is valid a. good until July/for 10 years; **ten lek jest ~y do 2007 roku** this drug expires in a. is good until 2007; **„wstęp wolny za okazaniem ważnej legitymacji studenckiej"** 'free admission on production a. upon presentation of a valid student ID' [4] pot. (zarozumiały) *[osoba, mina]* self-important; **zrobił się strasznie ~y** he became full of himself; **nie bądź taki ~y** don't put on such airs, don't be so conceited

■ **co ważniejsze/najważniejsze** more/most importantly, what is more/most important; **szybki, i co najważniejsze, tani dostęp do Internetu** fast and, most importantly, cheap Internet access; **co najważniejsze, był przez wszystkich lubiany** most important of all, he was liked by everyone

waż|yć *impf* **[]** *vt* [1] (odważać) to weigh; **~yć ziemniaki na wadze** to weigh potatoes on the scales ⇒ **zważyć** [2] (oceniać przybliżony ciężar) to weigh; **~ył monetę w dłoni** he weighed a. hefted the coin in his hand, he felt the weight of the coin ⇒ **zważyć** [3] (rozważać) to weigh (up), to consider *[decyzję]*; **~yć racje dwóch stron** to weigh a. consider the arguments of both sides; **~yć słowa** to weigh one's words, to choose one's words carefully; **~ył każde słowo** he was weighing each word (carefully) [4] daw. to value

[] *vi* [1] (mieć określony ciężar) to weigh; **torba ~ąca 8 kilo** a bag weighing 8 kilos, a bag 8 kilos in weight; **bagaż ~ył 15 kilo** the luggage weighed 15 kilos, the luggage was 15 kilos (in weight); **~yć dobre/z 10 kilo** pot. to weigh a good/about 10 kilos; **ile ~ysz?** how much a. what do you weigh?; **niemowlę ~yło trzy kilogramy** the baby weighed a. scaled three kilos; **~yć mało/dużo** to weigh little/a lot; **ten sweter nic nie ~y** this sweater doesn't weigh a thing [2] książk., przen. (mieć znaczenie) to carry weight, to have significance; **dyplom uczelni wiele ~y w dzisiejszych czasach** a university degree means a lot a. makes a difference today; **grzechy młodości mogą ~yć na całym życiu** youthful indiscretions can affect one's whole life

[] **ważyć się** [1] (sprawdzać swoją wagę) to weigh oneself; **~yć się na wadze** to weigh oneself on the scale(s) ⇒ **zważyć się** [2] (decydować się) *[wynik głosowania, losy]* to hang in the balance; **decyzja jeszcze się ~y** the decision still hangs in the balance, the decision is still pending a. in the works; **losy meczu ~yły się do ostatniej minuty** the game hung in the balance a. wasn't decided until the last minute; **nikt nie ~ył się mu sprzeciwić** nobody dared (to) oppose him; **~yć się na ryzykowny krok** to venture to take a risky step

■ **ani (mi) się ~/~cie tam iść** książk. don't you dare go there; **ani (mi) się ~!** pot. don't you dare!; **żebyś nie ~ył się więcej tego robić** don't you dare do that again; **lekce sobie ~yć** książk. to disregard, to ignore *[polecenia]*; to disregard, to make light of *[niebezpieczeństwo]*

wącha|ć *impf* **[]** *vt* [1] (czuć zapach) to smell, to sniff *[kwiaty, perfumy, jedzenie]*; **pies ~ł moje buty** the dog was sniffing (at) my shoes ⇒ **powąchać** [2] pot., przen. (węszyć) to sniff around, to nose about a. around; **~ł, gdzie by co ukraść** he was looking (around) for an opportunity to steal something [3] środ. (narkotyzować się) to sniff *[rozpuszczalniki]*; **~ć klej** to sniff glue

[] **wąchać się** [1] (samego siebie) to smell oneself [2] (jeden drugiego) to smell each other; **psy ~ły się ostrożnie** the dogs sniffed (at) each other warily ⇒ **powąchać się** [3] pot., przen. (zmawiać się) to conspire, to collude (**z kimś** with sb) *[wrogiem]* ⇒ **zwąchać się**

■ **od dawna nie ~ł pieniędzy** he's been penniless for a while

wądoł|ek *m dem.* small gorge a. ravine
wądó|ł *m* (*G* **~ołu**) [1] (jar, wąwóz) gorge, ravine [2] *zw. pl* (dół) pothole, pit
wągier *m* [1] Zool. cysticercus, bladder worm [2] (zaskórnik) blackhead; comedo spec.
wąglik *m sgt* Wet. anthrax
wągrowa|ty *adi.* [1] (pokryty zaskórnikami) **~ta skóra** skin spotted with blackheads; **mieć ~tą twarz** to have blackheads on one's face [2] Wet. *[mięso]* measly; *[zwierzę]* cysticercus-infected
wąs *m* [1] *zw. pl* (zarost) **wąsy** moustache GB, mustache US; **bujne/kręcone/obwisłe/sumiaste ~y** a bushy/twirly/drooping a. droopy/walrus moustache; **krótko/sta-**

rannie przycięte a. przystrzyżone **~y** a short/neatly trimmed a. clipped moustache; **dobrze wyglądasz z ~ami** a. **w ~ach** you look good with a. in a moustache; **przykleić sobie sztuczne ~y** to glue (on) a. put on a false moustache; **kręcić** a. **podkręcać ~a** to twirl one's moustache; **nosić/zapuścić ~y** to have/to grow a moustache; **zgolić ~y** to shave (off) one's moustache; **młodzieniec pod ~em** a young man with a moustache; **uśmiechać się pod ~em** to smile faintly to oneself; **uśmiechnął się pod ~em** he gave the ghost of a smile, a faint smile touched his lips [2] *zw. pl* Zool. (u kota) whisker; (u suma) barbel, whisker [3] Bot. (grochu, powoju, dzikiego wina) tendril

■ **mówić** a. **mruczeć** a. **mamrotać coś pod ~em** to say a. mutter sth under one's breath; **~ mu się sypie** a. **~y mu się sypią** he is sprouting a moustache, he has the beginnings of a moustache

wąsacz → **wąsal**
wąsal *m* (*Gpl* **~i** a. **~ów**) pot. a man with a (big) moustache, a (heavily) moustached man
wąsa|ty *adi.* [1] *[mężczyzna, twarz]* moustachioed, moustached; *[kot]* whiskered [2] Bot. *[jęczmień]* awned
wąsik *m dem.* [1] (small a. thin) moustache, pencil moustache; **muskać/skubać ~** to tug a. pull at/to stroke one's moustache [2] (u kobiety) (a bit of (a)) moustache
wąsisk|o *n augm.* [1] (u mężczyzny) moustachio, moustaches *pl* [2] Zool. whiskers *pl*
wą|ski *adi. grad.* [1] *[drzwi, schody, ulica, przejście, oczy, klatka piersiowa]* narrow; *[nos]* narrow, thin; *[wargi, usta]* thin; *[buty, sukienka]* tight; **miała wąskie biodra** she had narrow hips a. was narrow-hipped; **miała wąskie ramiona** she was narrow in a. across the shoulders, her shoulders were narrow; **te spodnie są dla mnie za wąskie** these trousers feel too tight on me; **kurtka była za wąska w ramionach** the jacket was too tight in a. across the shoulders [2] (ograniczony) *[definicja, specjalizacja]* narrow; **człowiek o wąskich horyzontach** a narrow-minded man; **mieć bardzo wąskie horyzonty** to have a very narrow mind a. outlook on life; **wąska gama barw** a limited range of colours; **wąskie grono przyjaciół** a narrow a. small circle of friends; **w wąskim sensie tego słowa** in the narrow sense of the word; **książka skierowana do wąskiego kręgu odbiorców** a book intended for a small a. limited audience; **metodę tę stosuje się w wąskim zakresie** this method is used to a limited extent

■ **wąskie gardło** bottleneck; **wąskie gardła produkcyjne/transportowe** production/transport bottlenecks, bottlenecks in the production process/transport system
wą|sko *adv. grad.* [1] (nieszeroko) narrowly; **wąsko pocięte paski papieru** narrowly cut strips of paper; **było wąsko i stromo** it was narrow and steep [2] przen. *[wyspecjalizowany]* narrowly; *[rozumieć, intepretować]* narrowly, in a narrow sense; **wąsko pojęte interesy grupowe** narrow group interests

W

wąskotorow|y adi. *[kolej, kolejka, linia]* narrow-gauge *attr.*

wąskotorów|ka f pot. narrow-gauge railway; **jechać ~ką** to ride on a narrow-gauge railway

wąt|ek m (G ~ku) [1] Włók. (układ nici) weft, woof, filling US; (przędza) wefts *pl*, weft threads *pl* [2] przen., książk. (temat) (dyskusji, rozmowy) thread; (myśli) train, strand; **główny ~ek konferencji** the keynote a. main topic of the conference; **nie będę rozwijać tego ~ku** I won't continue with this train of thought; **podjąć ~ek czegoś** to pick up the thread of sth *[rozmowy, wykładu]*; **wrócił do przerwanego ~ku** he picked up the thread where he left off; **~ek przewijający się przez/łączący wszystkie przemówienia** a common thread running through a. a recurring theme of all the speeches; **w śledztwie pojawiły się nowe ~ki** there are new leads in the investigation [3] (motyw) (powieści, filmu) motive, theme; **~ki ludowe/mitologiczne/ zdobnicze** folk/mythological/ornamental motifs; **~ki fabuły** threads a. strands of the plot; **~ek główny** the main a. central theme; **~ek poboczny** a subplot, an underplot; **~ek miłosny** a love interest; **film oparty** a. osnuty **na ~kach biblijnych** a film based on biblical themes; **w jego powieściach przewijają się cztery zasadnicze ~ki** there are four main themes to his novels

wątkow|y adi. przędza **~a** weft yarn

wątle → **wątło**

wątl|eć impf (~ał, ~eli) vi książk. (słabnąć) *[siły]* to wane, to ebb (away); *[zapał]* to wane, to flag; **chory ~ał z dnia na dzień** the patient was growing weaker by the day

wąt|ło adv. grad. [1] (mizernie) **dziecko wyglądało ~ło i chorowicie** the child looked puny a. frail and sickly [2] przen. **~ło świecące słońce** the feebly a. faintly shining sun; **śpiew brzmiał ~ło** the singing sounded puny

wątłoś|ć f sgt [1] (budowy ciała) delicacy [2] przen. (rąk, zdrowia) frailty, fragility; (argumentacji, fabuły) tenuousness; (uczuć) weakness

wąt|ły adi. grad. [1] książk. (mizerny, słabowity) *[dziecko]* puny, frail; *[ręce]* frail, fragile; *[barki]* delicate, slim; **być ~łej budowy** to be slightly built; **była ~łego zdrowia** she was in fragile a. frail health; **mieć ~ły organizm** to have a frail a. weak constitution; **ta praca przekracza jej ~łe siły** this job is too much for her frail a. weak strength [2] (łatwo ulegający zniszczeniu) *[konstrukcja]* fragile; *[kładka]* slim, insecure; *[roślinka]* weak, puny; *[gałązka]* delicate [3] (niewielki) *[głosik]* frail, feeble; *[płomyk]* small, sickly; *[światło]* faint, feeble; *[ślad]* faint [4] (słaby) *[intryga, fabuła]* tenuous, flimsy; **~ła nić nadziei** a fragile a. tenuous thread of hope

wątpiąco adv. książk. *[powiedzieć, spytać]* doubtfully; **~ pokręcić głową** to shake one's head in disbelief

wątpiąc|y [] pa → **wątpić**
[] adi. *[uśmiech, spojrzenie]* doubting

wątp|ić impf vi to doubt; **~ię** I doubt it; **~ię, czy się zgodzi** I doubt (if a. whether) he'll agree; **~ię, żeby ci się udało** I doubt

(that) you'll succeed; **nie ~ię o twoich zdolnościach** I don't doubt your ability; **nie ~ię, że masz rację** I don't doubt a. I'm in no doubt (that) you're right; **nigdy nie ~iliśmy w pańską uczciwość** we were never in doubt that you were honest

wątpie|nie n → **wątpić**
■ **bez ~nia** książk. without (a) doubt, undoubtedly; **to było bez ~nia celowe** this was doubtless deliberate; **bez ~nia najlepszy film** easily the best film

wątpliwie adv. sprawa wyglądała **~** the matter looked doubtful a. uncertain

wątpliwoś|ć f [1] (brak pewności) doubt; **dręcząca ~ć** a nagging a. gnawing doubt; **bez cienia ~ci** without a. beyond a shadow of a doubt; **w razie ~ci** if a. when in doubt, in case of doubt; **budzić ~ci** to raise doubts, to be open to doubt; **mam ~ci co do jego uczciwości** I have (my) doubts about his honesty; **mam ~ci, czy coś z tego wyjdzie** I'm doubtful if a. whether anything will come of it; **mieć ~ci co do kogoś** to have doubts a. misgivings about sb; **mieć poważne ~ci co do czegoś** to have grave a. serious doubts about sth; **nie ma co do tego żadnych ~ci** there are no doubt a. question about it, there are no two ways about it; **podawać coś w ~ć** to cast a. throw doubt on sth *[skuteczność, wiarygodność]*; to (call into) question, to challenge *[decyzję, autorytet]*; to (call into) question, to query *[zdolności]*; **podawać w ~ć istnienie duszy** to question a. doubt the existence of the soul; **rozwiać** a. **rozproszyć czyjeś ~ci** to dispel a. clear up a. remove sb's doubts; **wszystkie moje ~ci rozwiały się** all my doubts were dispelled; **nie ulega ~ci, że jest winny** there is no doubt that he is guilty, there is no doubt about his guilt; **jego zachowanie zrodziło w niej ~ci** his behaviour sowed the seeds of doubt a. planted doubt in her mind; **zaczęły go dręczyć ~ci** doubts began to plague him; **zaczęły pojawiać się ~ci** doubts began to surface a. emerge; **~ci nurtują/opadają kogoś** sb is nagged/overcome by doubt [2] sgt (niejednoznaczność) questionable a. dubious nature
■ **ponad wszelką ~ć** *[udowodnić, wykazać, ustalić]* beyond (all) doubt, conclusively; **stwierdzono ponad wszelką ~ć, że...** it has been established beyond doubt a. conclusively established that...; **winny ponad wszelką ~ć** guilty beyond (all) reasonable doubt; **był uczciwy ponad wszelką ~ć** he was absolutely honest

wątpliw|y adi. *[komplement]* dubious, doubtful; *[dowód, autentyczność, pochodzenie]* doubtful, questionable; *[rzut karny, poczucie humoru]* dubious, questionable; **~y prawnie** of dubious a. doubtful legality; **dzieła ~ego autorstwa** works of doubtful authorship a. attribution; **kobieta ~ej urody/o ~ej reputacji** a woman of questionable beauty/dubious a. doubtful reputation; **produkt ~ej jakości** a product of dubious quality; **~e (jest), by wygrał/czy wygra** it is doubtful that/whether he'll win; **jego udział w meczu jest ~y** he is doubtful for the match
■ **~y zaszczyt/~a przyjemność/~a**

korzyść iron. dubious honour/pleasure/benefit

wątr|oba f [1] Anat. liver; **powiększona/ uszkodzona ~oba** an enlarged/a damaged liver; **zapalenie ~oby** hepatitis; **chorować na ~obę** to have a liver condition a. complaint; **mieć problemy** a. **coś** pot. z **~obą** to have liver trouble a. a bad liver; **umrzeć na ~obę** to die of a. from liver failure; **alkohol szkodzi ~obie/uszkadza ~obę** alcohol is bad for/damages the liver [2] Kulin. liver; **~oba cielęca** calf's liver
■ **na ~obie leży mi niespłacony dług** pot. the unpaid debt weighs heavily on my mind; **to mi od dawna leży na ~obie** pot. this has been nagging (at) me a. preying on my mind for a long time; **wyrzuciłem wszystko, co mi leżało na ~obie** pot. (smutek) I poured out all my worries a. problems; (żal) I poured out all my grievances; **powiedz, co masz na ~obie** pot. tell me what's bothering you; just say what's bugging you US pot.

wątrobian|ka f pot. liver sausage GB, liverwurst US

wątrobian|y adi. [1] *[bóle, ataki]* liver attr.; **plamy ~e** liver spots [2] Kulin. *[kiszka, kiełbasa]* liver attr.

wątrobiarz m (Npl ~y a. ~ów) pot. person with a liver complaint a. condition

wątrobow|y adi. *[tętnica, żyła]* hepatic spec.; *[dolegliwości, wyciąg, testy]* liver attr.; *[enzymy, komórki, tkanki]* liver attr.; hepatic spec.

wątrób|ka f [1] (u małego zwierzęcia) liver; **kurze ~ki** chicken livers; **pasztet z gęsich ~ek** goose liver pâté, (pâté de) foie gras [2] Kulin. liver; **smażona ~ka z cebulką** fried liver with onions

wąwozik m dem. (G ~u) small ravine a. gorge

wąw|óz m (G ~ozu) [1] (dolina) ravine, gorge; **stromy ~óz** a steep(-sided) ravine a. gorge; **zejść krętym ~ozem w dół** to walk down a twisting gorge [2] (wąskie przejście) narrow passage(way), alley

wąziu|tki (~teńki, ~sieńki) adi. dem. *[uliczka, ścieżka, pasek]* very a. extremely narrow; **~tki sierp księżyca** a razor-thin crescent moon

wąziutko adv. dem. (very) narrowly

w|ąż m (Gpl węży a. wężów) [1] Zool. snake; serpent książk.; **jadowity/niejadowity wąż** a poisonous a. venomous/nonpoisonous a. nonvenomous snake; **wić się jak wąż** *[osoba]* to wriggle like an eel a. worm; *[droga, rzeka]* to wind a. twist like a snake, to wind in a serpentine course; *[kolejka]* to wind its way [2] przen. (długi szereg) snaking queue a. line; **wąż samochodów** a snaking line of cars; **długi wąż ludzi stojących w kolejce do kasy** a long, snaking line of people queuing for the checkout [3] książk. (kształt węża) snake, zigzag; **węże błyskawic** zigzags a. snakes of lightning [4] (rura) hose, hosepipe GB; **gumowy/elastyczny wąż** a rubber/flexible hose; **wąż ogrodowy/ strażacki** a garden/fire hose; **strażacy rozwinęli/zwinęli wąż** the firemen reeled out a. unreeled/coiled (up) the hose
❏ **wąż morski** Zool. sea snake; **wąż wodny** Zool. water snake
■ **robić węża** to move a. dance in a

snaking line; **wąż Eskulapa** (symbol sztuki medycznej) staff of Aesculapius; Zool. Aesculapian snake

wbi|ć *pf* — **wbi|jać** *impf* **Ⅰ** *vt* **1** (zagłębić) to stick in *[igłę]*; to sink, to ram *[słup]*; to dig in *[paznokcie]*; **~łem sobie drzazgę w palec** I got a splinter in my finger; **~ć gwóźdź młotkiem** to hammer a. drive in a nail; **~ć łopatę w ziemię** to dig a spade into the ground; **~ć komuś nóż w plecy** to stick a. plunge a knife into sb's back, to stab sb in the back przen.; **~ć pieczątkę/wizę do paszportu** pot. to stamp a passport/to stamp a visa in a passport a. a passport with a visa; **scena pościgu (aż) ~ła mnie w fotel** pot. the chase scene had me on the edge of my seat **2** Sport to score *[gola, bramkę]*; **~ć kosza** to score a. make a basket; **~ć piłkę do bramki** a. **siatki** to stick the ball into the net; to put it away pot. **3** (nałożyć) to stick; **~ć mięso na ruszt** to skewer the meat; **~łem buty** I stepped a. got into my shoes; **~ć czapkę głęboko na uszy** to pull a cap right down over one's ears; **~jać obręcz na beczkę** to put a hoop on a barrel **4** pot. (zjeść łapczywie) to wolf (down), to gobble (up) *[potrawę, obiad]*; **~ł cały talerz makaronu** he wolfed down a. scarfed down US pot. a plateful of pasta **Ⅱ** **wbić się** — **wbijać się 1** *[gwóźdź, nóż]* to stick (in); **gwóźdź ~ł mi się w stopę** the nail stuck in my foot; **cierń ~ł mi się w skórę** a thorn dug a. bit into my skin; **drzazga ~ła mi się w palec** I got a. I have a splinter in my finger; **strzała ~ła się w sam środek tarczy** the arrow sank into the centre of the target; **dziób statku ~ł się w lód** the ship's bow (got) stuck in the ice **2** pot. **~ć się w coś** to squeeze a. climb into sth *[ubranie]*; **z trudem ~ła się w sukienkę** she (only) just squeezed a. got into her dress

■ **~ć jajko do miseczki** to crack a. break an egg into a bowl; **~ć kogoś w dumę/pychę** to make sb feel very proud/conceited, to make sb swell with pride/conceit; **~ć oczy** a. **wzrok** a. **spojrzenie w kogoś/coś** to stare at sb/sth; **~ć sobie coś do głowy** a. **w głowę** pot. (uznać coś za pewne) to get sth into one's head; (z trudem się czegoś nauczyć) to get a. beat sth into one's head *[wiadomości, daty, wzory]*; **~ł sobie do głowy, że jego żona ma romans** he got a. took it into his head that his wife was having an affair; **~j to sobie do głowy** a. **łba** pot. raz na zawsze get that into your head a. thick skull pot. once and for all; **jak sobie ~je coś do głowy, to nikogo nie słucha** once he gets an idea a. a notion into his head, he refuses to listen to anyone; **~jać coś komuś do głowy** a. **w głowę** pot. to keep hammering sth into sb's head; **nauczyciel ~jał im do głowy bezużyteczne informacje** the teacher drummed a. pumped useless information into their heads; **~ć się w pamięć** to engrave a. imprint itself in one's memory, to stick in one's memory a. mind; **jej twarz ~ła mi się w pamięć** her face was engraved on a. etched in my memory

wbie|c, wbie|gnąć *pf* — **wbie|gać** *impf* (**~gnę, ~gł, ~gła, ~gli — ~gam**) *vi*

1 (wpaść) to run (into); **~gł do pokoju/na jezdnię** he ran a. raced into the room/street **2** (na wyżej położone miejsce) to run up; **~c na wzniesienie** to run up a hill; **~c na piętro** to run a. rush upstairs; **~c po schodach (na piąte piętro)** to run up the stairs a. steps (to the fifth floor)

wbiegać *impf* → **wbiec**

wbiegnąć *pf* → **wbiec**

wbijać *impf* → **wbić**

wbrew *praep.* against, contrary to (**czemuś** sth); in defiance of (**komuś** sb); **~ mojej/jego woli** against my/his will; **~ wszelkiej logice** against all logic; **~ rozsądkowi** against one's better judgment; **~ obietnicom/zasadom/powszechnemu przekonaniu** contrary to one's promises/to one's principles/to popular belief; **~ ojcu** a. **zakazowi ojca** in defiance of his/her father; **~ samemu sobie** against one's own interests; **to jest ~ naturze** it's against nature

■ **robić ~** pot. to create obstacles; **robić komuś ~** to spite sb

wbud|ować *pf* — **wbud|owywać** *impf* *vt* to build [sth] in, to build in *[półkę]*; **~ować szafę w ścianę** to build a. recess a wardrobe into a wall; **~owany mikrofon/~owana lampa błyskowa** a built-in microphone/flash; **~ować czcionki do dokumentu** Komput. to embed fonts in(to) a document

wbudowywać *impf* → **wbudować**

WC /vu'tse/ *n inv. sgt* (ubikacja) toilet, lavatory; (napis w miejscu publicznym) toilets GB, WC GB, restroom US; **żel do WC** toilet gel; **muszę iść do WC** I need to go to the toilet GB, I have to go to the bathroom US

wcale **Ⅰ** *part.* (bynajmniej) **~ nie** by no means, not at all; **to ~ nie jest takie oczywiste** it's by no means obvious; **~ nie twierdzę, że...** I don't claim that...; **zakochał się ~ nie dlatego, że...** his falling in love had nothing at all to do with the fact that...; „**co za nudny film**" – „**~ nie, mnie się podobał**" 'what a boring film' – 'not at all, I liked it' **Ⅱ** *adv.* **1** (zupełnie) (not) at all; **nie uczyła się ~** she didn't study at all; **~ się nie gniewam** I'm not cross at all; **~ a ~** not a bit, not in the least; **~ a ~ się nie bał** he wasn't a bit afraid **2** pot. (całkiem) quite; **~ często** quite often; **~ niemało** quite a lot; **~ niezłe to wino** this wine isn't bad at all; **nie była ładna, ale nogi miała ~, ~** she wasn't pretty, but she had really good legs; **(ona) ma 50 lat, ale wygląda jeszcze ~, ~** she's 50, but looks not bad at all

wcel|ować *pf* — **wcel|owywać** *impf vt* **1** (trafić w cel) to hit the target; **~ować w sam środek tarczy** to hit the target (in the) dead centre; **nie mogłem ~ować kluczem w zamek** I couldn't get the key into the lock; **ujrzał ~owany w siebie rewolwer** he saw a gun aimed at him **2** pot., przen. **~ował na ostatni autobus** he got there a. made it just in time for the last bus; **ale ~owałeś z tym prezentem!** you hit the mark with this gift!

wcelowywać *impf* → **wcelować**

wchłaniać *impf* → **wchłonąć**

wchł|onąć *pf* — **wchł|aniać** *impf* (**~onęła, ~onęli — ~aniam**) **Ⅰ** *vt* **1** (wciągnąć) to absorb *[płyn, wilgoć]*; *[grunt, ziemia]* to drink *[deszcz]*; *[gąbka, materiał, papier]* to take up *[wodę]*; **ten materiał nie ~ania wody** this fabric repels water **2** Fizj. (przyswoić) to absorb *[lek]*; to take in *[substancje pokarmowe]*; **alkohol został ~onięty do krwi** alcohol was absorbed into the blood **3** przen. (dołączyć, ogarnąć) to absorb, to gobble up *[małe firmy]*; to swallow up *[organizację, wioski]*; to co-opt *[frakcję, ruch]*; **wielkie miasta ~aniają okoliczne tereny** the countryside is being absorbed by a. into large cities **Ⅱ** **wchłonąć się** — **wchłaniać się** *[krem]* to absorb; *[alkohol, lek, pokarm]* to be absorbed

wchodzić¹ *impf* → **wejść**

wchodz|ić² *pf* (wcinać się) *[cypel, półwysep]* to jut (**w coś** onto sth); *[zatoka]* to cut (**w coś** into sth)

w|ciąć *pf* — **w|cinać** *impf* (**wetnę, wcięła, wcięli — wcinam**) **Ⅰ** *vt* **1** Druk. to indent *[akapit, linijkę, tekst, wiersz]* **2** pot. (zjeść) to polish off pot., to scoff GB pot.; **zacząć wcinać (posiłek)** to tuck into a meal; **wcinajcie!** dig in, everybody!; **wcinali obiad, aż im się uszy trzęsły** they ate their dinner voraciously **Ⅱ** *v imp.* pot. (zagubić się) to be lost; **wcięło mi podręcznik** my book has done a disappearing act **Ⅲ** **wciąć się** — **wcinać się 1** (zagłębić się) *[kosa, miecz, nóż, piła]* to cut into, to rip into; *[koła]* to dig into; **koła wozu wcięły się w piasek** the wheels dug into the sand/the earth **2** przen. (dotrzeć, sięgnąć) *[kanion, rzeka]* to cut into; *[półwysep, przylądek]* to jut (**w coś** into sth); *[miasto]* to extend (**w coś** into sth); **zabudowania wcinają się w pustynię** the buildings extend into the desert **3** pot. (wtrącić się) to cut in; **przestań się wcinać ze swoimi pytaniami** stop cutting in with your questions

wciągać *impf* → **wciągnąć**

wciąg|nąć *pf* — **wciąg|ać** *impf* (**~nęła, ~nęli — ~am**) **Ⅰ** *vt* **1** (do środka) to drag (in) (**kogoś do czegoś** sb into sth); to draw (in) *[pazury, sieci]*; to pull in *[czułki, ładunek]*; to retract *[podwozie]*; to ship *[wiosła]*; *[magnetofon]* to chew up *[taśmę]*; to draw a. pull in *[brzuch]*; **~nął ją do środka** he hauled her inside **2** (do góry) to draw up *[kubeł]*; to haul up, to pull up *[osobę]*; to hoist *[żagiel]*; to put up, to run up *[flagę]*; **~nąć kogoś na skałę** to pull sb up a cliff **3** przen. (nakłonić, wmieszać) to bring (**do czegoś** into sth); to drag (**w coś** into sth); to draw (**w coś** into sth); to involve (**do czegoś** in sth) **nie dałem się w to ~nąć** I managed to avoid getting drawn in; **~nął go do swojej spółki** he engaged him into his company; **~nąć kogoś w kłótnię** to draw sb into an argument; **~nąć kogoś do spisku** to implicate sb in a conspiracy **4** (zaprowadzić podstępem) to draw (in) (**w coś** a. **na coś** into sth); to lure (**w coś** a. **na coś** into sth); **~nęli wroga w zasadzkę** they drew a. lured the enemy into a trap **5** przen. (zaabsorbować) *[praca]* to absorb; *[film, powieść, sztuka]* to involve *[czytelnika, widownię]*; *[gra,*

W

zabawa] to engross; **dyskusja tak ich ~nęła, że zapomnieli o kolacji** they were so engrossed in (the) discussion that they forgot about supper 6 (zapisać) to enter (**do czegoś** in sth); to put (**do czegoś** on sth); **~nąć kogoś na listę** to enter sb's name on a list; **~nięto nowe książki do rejestru** the new books were entered in the register; **~nąć coś do protokołu** to put sth on record 7 (o oddychaniu) to draw in *[powietrze]*; to breathe in *[dym, gaz]*; to inhale, to breathe in *[aromat]* 8 (wessać) *[wir]* to suck [sb/sth] in, to suck in; *[bagno]* to swallow [sb/sth] up, to swallow up; **prąd ~nął go pod wodę** the current pulled him under 9 pot. (naciągnąć) to pull [sth] on, to pull on *[buty, rękawiczki, spodnie]*; to roll [sth] on, to roll on *[pończochy]*; **~nąć sweter przez głowę** to pull a sweater over one's head

III **wciągnąć się — wciągać się** 1 (wejść wyżej) to pull oneself up (**po czymś** on sth); **~nął się z trudem po linie** he pulled himself up a rope with difficulty 2 pot. (przywyknąć, wprawić się) to get into the swing (**w coś** a. **do czegoś** of sth); **na początku był niechętny, ale wkrótce się ~nął** at first he was reluctant, but soon he got into the swing of things; **~nął się w nowe obowiązki** he got used to his new duties

wciąż *adv.* 1 (nadal) still; **~ się uczysz?** you're still studying?; **moja siostra ~ mieszka z rodzicami** my sister still lives with our parents; **~ leje** it's still pouring 2 (w kółko) continuously; **sypiemy mąkę do jajek, ~ mieszając** add the flour to the eggs, stirring continuously; **on ~ do mnie dzwoni** he keeps calling me

wcie|c, wcie|knąć *pf* — **wcie|kać** *impf* (**~kł** a. **~knął** — **~ka**) *[płyn]* to leak (in); **woda ~kła do piwnic** water leaked into the basement

wciekać *impf* → **wciec**

wcielać *impf* → **wcielić**

wciele|nie **II** *sv* → **wcielić**

II *n* 1 (przybrana postać) incarnation, personification; **najnowsze ~nie filozofii** the latest incarnation of philosophy; **jego nowe, poważne ~nie** his new, serious persona 2 (uosobienie) embodiment (**czegoś** of sth); personification (**czegoś** of sth); paragon; **~nie cnót** a paragon of virtue; **ona jest ~niem dobroci** she's kindness personified 3 (w metafizyce) incarnation (**kogoś** of sb); **monarcha uważany za ~nie bóstwa** a monarch regarded as a god incarnate; **może w następnym ~niu!** żart. maybe in my next life!

wciel|ić *pf* — **wciel|ać** *impf* **II** *vt* 1 (przyłączyć, włączyć) to include (**coś do czegoś** sth in sth); Polit. to incorporate (**coś do czegoś** sth into sth); to integrate (**coś do czegoś** sth into sth) *[firmę]*; **~ić utwór do repertuaru** to include a work in the repertoire; **~ić nowe terytoria do państwa** to incorporate new territories into a state 2 (powołać do wojska) to conscript (**do czegoś** into sth); to induct (**do czegoś** into sth) 3 (urzeczywistnić) to realize *[doświadczenia, hasła, program, reformę]*; **~ać w życie ustawę** to enact a bill; **~ić słowa w czyn** to put a. turn one's words into action

4 książk. **autor ~ił w bohaterkę wszelkie cnoty** the author imbued his heroine with all possible virtues

III **wcielić się — wcielać się** 1 (utożsamiać się) *[dziecko, przestępca]* to impersonate; *[gracz]* to play; *[aktor]* to personate książk.; to portray 2 książk. (urzeczywistniać się) *[marzenia]* to materialize 3 (przyjąć ciało) *[bóstwo, dusza]* to be incarnated (**w coś** in a. as sth)

wciel|ony *adi.* książk. 1 (będący uosobieniem) *[diabeł]* incarnate; *[dobroć, energia]* personified; **~ony geniusz** a genius incarnate 2 (o duchu, bóstwie) incarnated; **demoniczna moc ~ona w kobietę** demoniac power incarnated in a woman 3 (w filmie, teatrze) personifying, portraying; **aktor ~ony w rolę gangstera** an actor personifying a. portraying a gangster

wcierać *impf* → **wetrzeć**

wcię|cie **II** *sv* → **wciąć**

II *n* 1 (zagłębienie) incision, notch; **~cie w futrynie drzwi** a notch in the door frame 2 Druk. (odstęp) indent, indentation; **nowy akapit powinien mieć ~cie** a new paragraph should be indented 3 (zwężenie) szerokie paski podkreślające **~cie w talii** wide belts that emphasize the waistline; **suknia z ~ciem w talii** a narrow-waisted dress

wcię|ty **II** *pp* → **wciąć**

II *adi.* 1 (dopasowany w talii) *[ubranie]* waisted; **suknia ~ta w talii** a waisted dress 2 (szczupły w pasie) *[kobieta]* narrow-(a. slender- a. slim-)waisted; *[talia]* narrow, slender, slim; **dziewczyna ~ta w talii jak osa** a wasp-waisted girl

wcinać *impf* → **wciąć**

wcir|y *plt* (G **~ów** a. **~**) pot. trouncing pot.; trashing; **dostać ~y** to get trounced; **za to spóźnienie dostaniesz od ojca ~y** you will get trounced by your father for being late

wcisk *m sgt* (G **~u**) (wciskanie) **mocowany na ~** *[gniazdo, pokrywa, wtyk]* snap-on a. push-on; **połącz rury na ~** push the pipes together

wciskać *impf* → **wcisnąć**

wci|snąć *pf* — **wci|skać** *impf* (**~snęła, ~snęli — ~skam**) **II** *vt* 1 (wepchnąć) to press, to push (**coś w coś** sth into sth); **~snęła twarz w poduszkę** she pressed her face into the pillow; **~snął ręce do kieszeni** he pushed his hands into his pockets; **~snął jej pieniądze do ręki** he pressed a. pushed the money into her hand; **~snęła jeszcze parę książek do walizki** she managed to put a. stuff some more books into her suitcase 2 pot. (załatwić miejsce) to get (**kogoś do czegoś** sb into sth); **~snęła go do biura** she got him a job in the office 3 pot. (znaleźć czas lub miejsce) to get in, to squeeze in, to get a. squeeze [sb] in (**do czegoś** into sth); **jej wykład został ~śnięty między dwa spotkania** her lecture was sandwiched (in) between two meetings; **nie ~śniesz trzech spotkań w jedno przedpołudnie** you can't cram three meetings into one morning; **z trudem ~snęli wszystkich studentów do sali** they could hardly squeeze all the students into the room 4 pot. (nakłonić do wzięcia) to foist, to thrust (**komuś** on sb); **~snąć**

towar na rynek to unload goods on the market 5 (nałożyć) to pull (down) (**coś na coś** sth over sth) *[czapkę]*; to push (**coś na coś** sth on a. onto sth) *[obrączkę]*; **~snął kapelusz na głowę** he jammed his hat on 6 (nacisnąć) to press, to push (in) *[klawisz, przycisk]*; **~snąć gaz do dechy** pot. to step on the accelerator pot. 7 (wkroplić) to squeeze (in) (**coś do czegoś** sth into sth); **~snął cytrynę do herbaty** he squeezed lemon into tea 8 pot. (wmawiać) to sell (**coś komuś** sb sth a. sth to sb) *[bajeczkę, głupoty]*; **~skać komuś kit** to bullshit sb posp.; **nie ~skaj mi kitu!** don't give me that!

III **wcisnąć się — wciskać się** 1 (wepchnąć się) to push (in), to squeeze (in) (**do czegoś** into sth); *[kurz, mróz, wiatr]* to come (in) (**do czegoś** into sth); *[wiatr, ziąb]* to penetrate (**pod coś** under sth); **pasażerowie z trudem ~sneli się do zatłoczonego autobusu** the passengers barely crammed into the bus; **mróz ~skał się pod ubranie** the frost penetrated one's clothes 2 przen. (wkręcić się) to insinuate oneself (**do czegoś** into sth); to worm one's way (**do czegoś** into sth); **~snął się do wyższych sfer** he wormed his way into higher circles 3 przen. (dać się odczuć) *[muzyka, propaganda]* to force [its] way (**w coś** into sth); *[strach, tęsknota, żal]* to creep (**do czegoś** into sth) 4 pot. (zmieścić się) to get into, to squeeze (in) (**w coś** into sth); **~snęła się w nowe dżinsy** she squeezed into new jeans

wciśnię|ty **II** *pp* → **wcisnąć**

II *adi.* *[stopy]* pushed, squeezed (**w coś** into sth); *[czapka]* pulled (down) (**na coś** over sth); **kapelusz ~ty na czoło** a hat pulled down over one's (fore)head

wczasowicz *m*, **~ka** *f* holiday-maker GB, vacationer US

wczasowisk|o *n* pot. holiday centre GB, tourist center US, resort; **~o górskie/nadmorskie** a mountain/seaside resort

wczasow|y *adi.* *[turnus, dom, ośrodek]* holiday *attr.* GB, vacation *attr.* US

wczas|y *plt* (G **~ów**) (wypoczynkowe) holiday GB, vacation US; (lecznicze) rest-cure; **~y krajowe** a holiday in one's country; **~y zagraniczne** a holiday abroad; **~y pracownicze** a company holiday; **jechać na ~y** to go on holiday a.vacation

❏ **~y pod gruszą** a privately arranged holiday in the country; **~y w siodle** a riding holiday GB, (a) pony-trekking (holiday) GB, horseback riding US

wczepiać *impf* → **wczepić**

wczep|ić *pf* — **wczep|iać** *impf* **II** *vt* (przyczepić) to attach *[znaczek]*; (wbić) to dig (**coś w coś** sth into sth); **kot ~ił pazury w obicie fotela** the cat dug its claws into the upholstery; **~ił palce we włosy** he ran his fingers through his hair

II **wczepić się — wczepiać się** (przyczepić się) *[kot]* to dig (**czymś w coś** sth into sth); *[pies]* to latch on (**w coś** to sth); *[kolce, rzepy]* to cling (**w coś** to sth); **kolczaste gałęzie ~iały mu się w sweter** the prickly branches clung to his sweater

wczesno- *w wyrazach złożonych* early; **styl wczesnobarokowy** early baroque style

wcze|sny [] *adi. grad.* [1] (początkowy) *[lato, okres, ranek, średniowiecze]* early; **wstała ~snym świtem** she got up at the crack of dawn; **było ~sne popołudnie** it was early afternoon [2] (przedwczesny) *[poród, rozpoznanie, śmierć, zmrok]* early; **~śniejsza emerytura** early retirement; **zjedli ~sny obiad** they ate an early dinner [3] (o roślinach) *[owoce, ziemniaki]* early, forward; **~sne odmiany pszenicy** early (cropping a. maturing) varieties of wheat [4] (dotyczący młodości) *[lata, utwory]* early [5] (poranny) *[autobus, godzina, pora]* early; **nie znoszę ~snego wstawania** I hate getting up early [] **wcześniejszy** *adi. comp.* (poprzedzający) *[doświadczenie, okazja]* previous; *[powiadomienie]* prior; *[rozdział, stacja]* last; *[próba, sposobność]* past; **po ~śniejszym ustaleniu terminu** by previous appointment

wcześniactw|o *n sgt* [1] (przedwczesne urodzenie) premature birth [2] (bycie wcześniakiem) prematurity

wcześniak *m* (*Npl* ~i) premature baby; preemie US *pot.*; **jej pierwsze dziecko było ~iem** her first baby was premature

wcześnie [] *adv. grad.* [1] (w początkowym okresie) *[przyjść, wstać, wykryć chorobę]* early; **przyszedłem ~j, aby wszystko przygotować** I came beforehand to get everything ready [2] (przedwcześnie) *[dojrzeć, wyjść za mąż]* early [] **wcześniej** *adv. comp.* (poprzednio, zawczasu) before, beforehand, previously; **czemu mi ~j nie powiedziałeś?** why didn't you tell me before?; **poznaliśmy się ~j** we've met previously; **przyjechała trzy dni ~j** she arrived three days in advance; **powiadomić ~j** to give prior notice; **nie był ~j karany** he has no previous convictions [] **najwcześniej** *adv. superl.* at the earliest; **mogę przyjść najwcześniej w poniedziałek** the earliest I can come is Monday

wczołg|ać się *pf* — **wczołg|iwać się** *impf v refl.* to crawl (in); **~ał się do namiotu/pod łóżko** he crawled into the tent/under the bed

wczołgiwać się *impf* → **wczołgać się**

wczoraj [] *adv.* [1] (poprzedniego dnia) yesterday; **~ rano/wieczorem/po południu** yesterday morning/evening/afternoon; **widzieliśmy się ~** we saw each other yesterday [2] *przen.* (niedawno) yesterday; **jeszcze ~ była małą dziewczynką** yesterday a. only yesterday she was still a little girl [] *n inv.* [1] (dzień wczorajszy) yesterday; **~ był poniedziałek** yesterday was Monday [2] *przen.* (przeszłość) yesterday ■ „na kiedy mam to zrobić?" – „na ~!" 'when do you want it done?' – 'yesterday!'

wczoraj|szy *adi.* [1] *[dzień, wieczór]* yesterday *attr.*; *[chleb, spotkanie]* yesterday's; **przez cały ~szy dzień** all day yesterday [2] *przen.* (nieaktualny) yesterday's; **~si bohaterowie** yesterday's heroes ■ **szukać ~szego dnia** *pot.* to not know whether one is coming or going

wczu|ć się *pf* — **wczu|wać się** *impf* (~ję się, ~jesz się, ~ł się, ~ła się, ~li się — ~wam się) *v refl.* (przeżyć, zrozumieć) to empathize (**w coś** with sth); to enter (**w**

coś into sth); **potrafiła się ~ć w problemy innych ludzi** she was able to understand other people's problems; **aktorka ~ła się w rolę** the actress really had a feel for the role

wczuwać się *impf* → **wczuć się**

wczyt|ać *pf* — **wczyt|ywać** *impf* [] *vt* Komput. *[komputer]* to read in *[dane, sterowniki]* (**do czegoś** into sth); to load *[obrazek, program]* (**do czegoś** into sth) [] **~ać się** — **wczytywać się** [1] Komput. *[dane, sterowniki]* to be read (in); *[obrazek, program]* to be loaded [2] (wniknąć w treść) to read carefully a. closely, to pore over; **~ał się w skomplikowaną instrukcję obsługi** he studied the complicated instructions

wczytywać *impf* → **wczytać**

wda|ć *pf* — **wda|wać** *impf* [] *vt* Moda to ease [] **wdać się** — **wdawać się** [1] (wplątać się) (w konflikt, spór) to enter (**w coś** into sth); (w interesy, układy) to get involved (**w coś** in sth); (w bójkę) to get (**w coś** into sth); (w wojnę) to embark (**w coś** in sth); (we flirt, w intrygi) to engage (**w coś** in sth); **znów się ~ł w jakąś awanturę** he got himself into yet another row [2] (zaangażować się) (w dyskusję) to embark (**w coś** on sth); (w dialog, polemikę) to engage (**w coś** in sth); (w szczegóły) to enter (**w coś** into sth); (w wyjaśnienia) to go (**w coś** into sth); (w opisy) to launch (**w coś** into sth); **~ła się w romans z żonatym mężczyzną** she got involved (in an affair) with a married man [3] (związać się) to get in (**w coś** with sth); **~ć się w złe towarzystwo** to get into bad company [4] (wrodzić się) to take (**w kogoś** after sb); **~ła się w matkę** she takes after her mother [5] (zaistnieć) *[bieda, gangrena, zapalenie płuc]* to set in; **w domu ~ły się mole** the house became infested with (clothes) moths

wdawać się *impf* → **wdać się**

wdech *m* (*G* ~u) inhalation, inspiration; **zrobić ~** to breathe in, to inhale

wdechowo *adv. pot.* (świetnie) *[śpiewać]* sensationally *pot.*; *[wyglądać]* grand *adi. pot.*, sensational *adi. pot.*; **bawiliśmy się ~** we had a grand a. marvellous time

wdechow|y[1] *adi.* (dotyczący wdechu) *[ćwiczenia]* inhalation *attr.*; *[ciśnienie, przepływ]* inspiratory

wdechow|y[2] *adi. pot.* (świetny) *[kumpel]* grand *pot.*; *[zabawa]* sensational *pot.*

wdep|nąć *pf* (~nęła, ~nęli) *vi* [1] (wkroczyć) to step (**w coś** into sth); **~nął w kałużę** he stepped in a puddle [2] *przen.*, *pot.* (zaangażować się) (w złe towarzystwo) to get in (**w coś** with sth); (w nieprzyjemną sytuację) to walk (**w coś** into sth); (w aferę, sprawę) to get mixed up (**w coś** in sth) [3] *pot.* (wstąpić) to drop by a. in *pot.*; **~nąć do piekarni/do kolegi** to drop in at the baker's/on a friend

wdep|tać *pf* — **wdep|tywać** *impf* (~czę a. ~cę — ~tuję) *vt* to tread (in); **~tać błoto w dywan** to tread mud into the carpet; **~tał niedopałek w ziemię** he trampled a cigarette end into the ground

wdeptywać *impf* → **wdeptać**

wdmuchać → **wdmuchnąć**

wdmuchiwać *impf* → **wdmuchnąć**

wdmuch|nąć, **wdmuch|ać** *pf* — **wdmuch|iwać** *impf* (~nęła, ~nęli — ~uję) *vt* to blow, to insufflate (**do czegoś** into sth)

wd|owa *f* widow; **wdowa po panu Jonesie** Mr Jones' widow; **wkrótce została wdową** she was soon widowed; **księżna wdowa** dowager duchess ■ **u wdowy chleb gotowy** *pot.* widows make good wives

wdowi *adi.* *[zasiłek]* widow *attr.*; *[renta, strój]* widow's; **stan ~** widowhood; **~ grosz** widow's mite

wdow|iec *m* widower; **został ~cem w młodym wieku** he was widowed at an early age

wdowieństw|o *n* widowhood

wdów|ka *f dem.* (little/young) widow ■ **ciepła ~ka** *pot.*, *żart.* well-off widow

wdrap|ać się *pf* — **wdrap|ywać się** *impf* (~ię się — ~uję się) *v refl.* to clamber (**na coś** up sth); to climb *vt*; **~ał się po drabinie na dach** he climbed the ladder to the roof; **~ał się na czubek drzewa** he climbed to the very top of the tree; **~ała się na piąte piętro** she clambered up to the fifth floor

wdrapywać się *impf* → **wdrapać się**

wdrażać *impf* → **wdrożyć**

wdr|ożyć *pf* — **wdr|ażać** *impf* [] *vt* [1] (przyuczyć, przyzwyczaić) to accustom (**do (robienia) czegoś** to (doing) sth); **~ożyła dzieci do porządku** she got the children into the habit of being tidy; **~ożył uczniów do systematycznej nauki** he trained the students to study systematically [2] (uczyć, wpajać) to drill, to drum (**komuś** into sb); **~ożył dzieciom zasady ortografii** to drum the principles of spelling into the children [3] (rozpoczynać) to institute *[postępowanie sądowe, śledztwo]* [4] (wprowadzić) to implement *[metodę, projekt]*; to introduce *[system, technologię]*; to enforce *[normy, standardy]* [] **wdrożyć się** — **wdrażać się** *książk.* (przywyknąć) to get used (**do czegoś** to sth); **powoli ~ożył się do nowych obowiązków** slowly he got used to his new duties

wdroże|nie [] *sv* → **wdrożyć** [] *n* (zrealizowany projekt) implementation

wdrożeniow|y *adi.* (przygotowawczy, wstępny) *[okres]* development *attr.*, implementation *attr.*, introduction *attr.*; **próby ~e** implementation trials

wdycha|ć *impf vt* to breathe [sth] (in), to breathe (in), to inhale *[dym, gaz, kurz, zapach]*; **~ła czyste, świeże powietrze** she breathed in clean, fresh air

wdzi|ać *pf* — **wdzi|ewać** *impf* (~eję — ~ewam) *vt książk.* (ubrać się) to put [sth] on, to put on *[futro, garnitur]*; **co ~eje panna młoda?** what will the bride be wearing?

wdzian|ko *n pot.* (marynarka, żakiet) (loose) coat, (loose) jacket

wdzierać się *impf* → **wedrzeć się**

wdziewać *impf* → **wdziać**

wdzięcznie *adv. grad. książk.* [1] (z wdziękiem) *[uśmiechać się]* gracefully, charmingly; *[kłaniać się, tańczyć]* daintily; *[wyglądać]* graceful *adi.* [2] (z wdzięcznością) *[patrzeć, przyjąć, wspominać]* gratefully; *[uśmiechać się]* thankfully

W

wdzięcznoś|ć f sgt [1] (zobowiązanie) appreciation (**za coś** for sth); gratitude (**dla kogoś** a. **wobec kogoś za coś** to a. towards sb for sth); thankfulness; **w dowód ~ci (za coś)** in appreciation (of sth); **wyrazić (swoją) ~ć** to show one's appreciation a. gratitude; **uśmiechnął się z ~cią** he smiled thankfully; **mam wobec ciebie dług ~ci** I'm indebted to you; **na dowód ~ci** as a token of gratitude [2] książk. (powab, wdzięk) grace, gracefulness

wdzięczn|y [I] adi. grad. [1] książk. (uroczy) [głos, śmiech] charming; [postać] graceful [2] (korzystny) [obowiązek, zadanie, zawód] rewarding; [temat] satisfying; **być ~ym uczniem** to respond to one's teacher [3] (życzliwy) [słuchacze, widzowie] appreciative [II] adi. (zobowiązany) grateful (**komuś za coś** to sb for sth); thankful (**komuś za coś** to sb for sth); **jestem ci bardzo ~y za pomoc** I really appreciate your help; **będę ci ~a do grobowej deski/do końca życia** I'm forever indebted to you; **jestem ci niezmiernie/nieskończenie ~y** I'm extremely grateful to you

wdzięcz|yć się impf v refl. [1] (kokietować) to make eyes (**do kogoś** at sb); to turn on the charm (**do czegoś/kogoś** for sth/sb); **~yła się do wszystkich mężczyzn** she flirted with all the men [2] przen. (zdobywać przychylność) [książę, polityk] to court vt, to woo vt

wdzięk [I] m sgt (G ~u) (czar, urok) charm; (gracja) grace, gracefulness; **poruszać się z ~iem** to move gracefully; **pozbawiony ~u** graceless [II] **wdzięki** plt (kobiece) charms; **nie był obojętny na kobiece ~i** he was not indifferent to female charm

we praep. → **w**

wedle praep. przest. [1] (według) according to; **~ rangi/urzędu** according to rank/office; **~ dawnego obyczaju** in accordance with an old custom [2] przest. (koło) by, near

według praep. [1] (zgodnie z) according to; **~ warunków umowy** according to a. under (the terms of) the agreement; **podział ~ gatunków/rodzajów/wartości** division according to species/types/value; **film ~ powieści pod tym samym tytułem** a film based on a novel bearing the same title; **postępować ~ przepisów/instrukcji** to follow a. proceed in accordance with the rules a. regulations/instructions; **wszystko odbyło się ~ planu** everything went according to plan; **pociąg przyjechał ~ rozkładu** the train arrived according to schedule [2] (w opinii) according to; **~ mnie** in my opinion; **~ niego** according to him

w|edrzeć się pf — **w|dzierać się** impf (**wdarł się** — **wdzieram się**) v refl. książk. [1] (wtargnąć) (do mieszkania) to force one's way (**do czegoś** into sth); (do pokoju, budynku) to burst (**do czegoś** into sth); (na scenę, trybunę) to rush (**do czegoś** into sth); **wedrzeć się na zebranie** to burst in on a meeting [2] (wspiąć się) (na szczyt) to climb vt/vi; (na mury) to scale vt/vi [3] (o wojsku) to invade; **nieprzyjaciel wdarł się do miasta** the enemy invaded the town [4] (zagłębić się) [pług] to cut into [5] (dostać się) [deszcz, dym, wiatr] to come in; [woda] to flood in, to gush

in; [ogień] to spread (**na coś** to sth) [6] (dotrzeć) [hałas, smród] to penetrate (**do czegoś** into sth); [blask] to flood in; **w ciszę wdarł się krzyk** a cry shattered the silence; **wszędzie wdziera się tandeta** shoddy goods force their way everywhere

weeken|d /'wikend/ m (G ~du) [1] (okres) weekend; **~d spędziliśmy na działce** we spent the weekend at our allotment [2] (wypoczynek) weekend (away a. off); **~d w górach** a weekend in the mountains; **wrócił z ~du opalony i wypoczęty** he came back tanned and fresh from his weekend away

weekendow|y /wiken'dovɨ/ adi. [strój, wyjazd, wycieczka] weekend attr.

wegan|in m, **~ka** f vegan

weganizm m sgt (G ~u) veganism

wegańs|ki adi. [dieta, odżywianie] vegan

wegetacj|a f sgt [1] (rozwój roślin) growth; **okres ~i** growing season [2] książk. (ograniczona egzystencja) vegetation

wegetacyjn|y adi. [1] (beznadziejny, ponury) [bytowanie, tryb życia] vegetative [2] Bot. [okres, procesy] vegetation attr., vegetative

wegetarian|in m, **~ka** f vegetarian; veggie pot.

wegetarianizm m sgt (G ~u) vegetarianism

wegetariańs|ki adi. [dieta, jedzenie, kuchnia] vegetarian

weget|ować impf vi [1] książk. (nędznie egzystować) [osoba, miasto, uczelnia] to vegetate [2] Bot. [rośliny] to grow

wehiku|ł m (G ~łu) książk., żart. (pojazd) vehicle; **~ł czasu** a time machine

w|ejrzeć pf — **w|glądać** impf (**wejrzysz, wejrzał, wejrzeli — wglądam**) vi książk. (wniknąć, zbadać) to look (**w coś** into sth); (w tajemnicę) to probe; to scrutinize (**w coś** sth) [akta, księgi]; **próbowała wejrzeć w przyszłość** she tried to see into the future

wejrze|nie [I] sv → **wejrzeć** [II] n książk. (spojrzenie) gaze ■ **od pierwszego ~nia** at first sight; **miłość od pierwszego ~nia** love at first sight, coup de foudre; **zakochać się od pierwszego ~nia** to fall in love at first sight

wejś|cie [I] sv → **wejść** [II] n [1] (miejsce do wchodzenia) access, entrance (**do czegoś** to sth); **~cie dla pieszych** pedestrian access; „**~cie do biblioteki od ulicy**" 'access to the library is from the street'; **płacić przy ~ciu** to pay at the door; **~cie główne** the main entrance; **~cie boczne** a side entrance [2] pot. zw. pl (znajomości) connections pl; **mieć ~cia w przemyśle rozrywkowym** to know the right people in the entertainment industry [3] Komput. (danych) input; **~cie głosowe** sound input; **układ ~cia-wyjścia** input-output circuit [4] Muz. (rozpoczęcie gry) entrance [5] Radio, TV (pojawienie się) a reporter's appearance on the air [6] Teatr (pojawienie się artysty) entrance [7] Techn. (gniazdo, kontakt) socket; (urządzenie) input device [8] Gry (w pokerze) ante [9] Sport. (w hokeju, piłce nożnej) tackle ❑ **~cie maszyny cyfrowej** Komput. computer input device

wejściow|y adi. [1] (do wchodzenia) [drzwi, otwór, portal] entrance attr. [2] Komput. [dane, plik, urządzenia] input attr.; [punkt, sekcja] entry attr.; [połączenie] inbound [3] Techn. [gniazdo, napięcie, sygnał, wał] input attr.

wejściów|ka f pot. standing ticket

we|jść pf — **w|chodzić** impf (**wejdę, wejdziesz, wszedł, weszła, weszli — wchodzę**) vi [1] (znaleźć się) to enter, to come/go in; **wejść do domu tylnymi drzwiami** to enter a house by the back door; **proszę wejść** (please) come in!; **no wchodź!** come on in!; **piłka weszła do bramki** the ball went into the goal; **rakieta weszła na orbitę** the rocket went into orbit; **gwóźdź łatwo wszedł w deskę** the nail went smoothly into the plank; **klucz z trudem wchodził do zamka** the key didn't want to go in the lock; **otwórz okno, żeby weszło trochę świeżego powietrza** open the window to let a bit of fresh air in; **wejść pod kołdrę/łóżko** to get under the bedclothes/bed; **wejść na pokład statku** to board a ship; **wejść do łóżka/samochodu** to get into bed/into a car; **wejść w kałużę** to walk into a puddle [2] (do góry) to go up; (wspiąć się) to climb; **wejść na piętro/strych** to go upstairs/up to the attic; **wejść na drzewo/mur** to climb a tree/wall; **wejść na drabinę** a. **po drabinie** to climb (up) a ladder; **wejść na szczyt** to reach the summit; **jak tam wszedłeś?** how did you get up there? [3] przen. (znaleźć się w jakiejś sytuacji) to enter; **wejść na rynek** [firma] to enter the market; **wejść z kimś w spółkę** to go into partnership a. enter a partnership with sb; **wejść z kimś w sojusz** to enter an alliance with sb; **wejść z kimś w konflikt** to come into conflict with sb; **wejść w związek małżeński** książk. to enter marriage książk.; **wejść w interes** pot. to go into a. enter business; **chcesz w to wejść?** are you interested?; **wejść do firmy** to join a. enter a firm; **wejść do zarządu towarzystwa** to get onto the board of a society; **wejść do parlamentu** [poseł] to enter parliament; **wejść w rolę** to enter a role także przen.; **szybko weszła w rolę gospodyni domowej/kobiety interesu** she quickly got used to the role of housewife/a woman of business; **wejść w stan nieważkości** to enter a state of zero gravity; **wejść do finału/półfinału** Sport [zawodnik, drużyna] to get through to a. reach the final/semifinal; **wejść w kłus/galop** [koń] to break into a trot/gallop; **wejść w posiadanie czegoś** książk. to come into possession of sth; **wejść w reakcję/w związek** Chem. to react/combine; **wchodzimy w nową erę** we're entering a new era [4] (zmieścić się) to fit a. go into; **moja stopa nie wejdzie w ten but** my foot's too big for this shoe; **do tego pudełka wchodzi 30 piłek** this box holds 30 balls [5] (być częścią) **w skład zestawu wchodzą trzy krzesła i stół** the set consists of three chairs and a table [6] przen. (zacząć badać) to enter, to go into; **wchodzić w szczegóły** to go a. enter into details; **nie będę już wchodzić w to, dlaczego to zrobiłem** I won't go into why I did it [7] Komput. (skorzystać) (z bazy danych) to access; (z menu, katalogu) to open; **wszedł do Internetu/na stronę WWW** he went on(to) the Internet/entered a web page [8] (przy stosunku) *[mężczyzna]* to enter *vt*, to penetrate *vt*

■ **wejść komuś w nałóg** a. **nawyk** a. **zwyczaj** pot. to become a habit with sb; **niech ci to nie wejdzie w nałóg!** don't make a habit of it!; **wejść na ekrany/ scenę** pot. (zacząć być granym) to come out, to open; **wejść do historii** książk. to go down in history; **wejdzie do historii jako wielki mąż stanu** he will go down in history as a great statesman; **wejść do literatury** książk. to enter the (literary) canon; **wejść w życie** pot. (o młodych) to start one's adult life; książk. *[ustawa]* to come into effect a. force; **wyrzucą go drzwiami, a on wchodzi oknem** ≈ shut the door on him and he comes in through the window pot.

wek *m* (*G* ~**a** a. ~**u**) [1] (słoik do przetworów) jar, pot [2] (zawartość) jar(ful), pot(ful)
wek|ować *impf vt* to pickle *[warzywa, grzyby]*; to bottle, to preserve *[owoce]* ⇒ **za- wekować**
weks|el *m* (*Gpl* ~**li** a. ~**lów**) bill of exchange, bill, draft; ~**el in blanco** a blank bill of exchange; **wystawić** ~**el** to issue a bill of exchange
wekslow|y *adi. [dług, suma, zobowiązanie]* bill of exchange *attr.*; **blankiet** ~**y** a bill of exchange form; **operacje** ~**e** bill of exchange transactions
wekto|r *m* Biol., Fiz., Mat. vector
wektorow|y *adi.* Fiz., Mat. *[odcinek, równania]* vector *attr.*, vectorial
welocype|d *m* (*G* ~**du**) przest. velocipede
welon [1] *m* anim. Zool. fringetail (goldfish)
[2] *m inanim.* (*G* ~**u**) [1] (przezroczysta tkanina) veil [2] (element stroju zakonnic) veil [3] książk., przen. *[mgły, dymu]* veil, shroud
welonik *m dem.* (*G* ~**u**) (small) veil także przen.
welu|r *m* (*G* ~**ru**) [1] Włók. velour [2] (miękka skóra) velour, chamois leather
welurow|y *adi.* velour *attr.*
welwe|t *m* (*G* ~**tu**) velveteen
welwetow|y *adi.* Włók. velveteen *attr.*
wełen|ka *f dem.* Włók. (cienka tkanina wełniana) wool fabric
wełna *f* [1] (sierść zwierząt) fleece [2] Włók. wool ❑ ~**na zgrzebna** Włók. carding wool; **żywa** ~**na** live wool; Włók. sheer wool
wełniak *m* Włók. (gruba tkanina) homespun *U*
wełnian|y *adi.* [1] (zrobiony z wełny) *[przędza, płaszcz, skarpety]* wool *attr.*, woollen GB, woolen US [2] (dotyczący produkcji wyrobów z wełny) *[przemysł]* wool *attr.*
wełni|sty *adi.* [1] (porosły wełną) *[koza, owca, królik]* woolly [2] (kędzierzawy) *[sierść, włosy]* woolly [3] przen. (skłębiony) *[chmury, fale, dym, mgła]* woolly, fleecy
wen|a *f sgt* książk. [1] (natchnienie) mood, inspiration; **twórcza** ~**a** creative inspira- tion [2] (szczęście w grze) luck, good fortune
wende|ta *f* vendetta
wenerolo|g *m* (*Npl* ~**dzy** a. ~**gowie**) venereologist
wenerologi|a *f sgt* (*GD* ~**i**) venereology
wenerologiczn|y *adi.* venereological
wenerycznie *adv.* venereally

weneryczn|y *adi.* venereal; **choroba** ~**a** venereal disease
Wenezuel|czyk *m*, ~**ka** *f* Venezuelan
wenezuels|ki *adi.* Venezuelan
wentyl *m* (*G* ~**a** a. ~**u**) [1] (w dętce) valve [2] Techn. (zawór) valve [3] Muz. valve
■ ~ **bezpieczeństwa** pot. safety valve
wentylacj|a *f sgt* Techn. [1] (wietrzenie) ventilation; ~**a pomieszczeń** airing of rooms [2] (system wentylatorów) air conditioning
wentylacyjn|y *adi.* Techn. *[otwór, urządze- nie]* ventilation *attr.*
wentylato|r *m* (~**rek** *dem.*) Techn. fan
wentyl|ować *impf vt* Techn. (wietrzyć) to ventilate, to air
Wenus *f* Astron., Mitol. Venus
wenusjańs|ki *adi.* Astron. Venusian
weń =**w niego**
wepchać *pf* → **wepchnąć**
w|epchnąć *pf* — **w|pychać** *impf* (wep- chnęła, wepchnęli — wpycham) [I] *vt* [1] (włoczyć, upchnąć) to stuff, to cram; (popchnąć) to push; **wepchnęła wszystko do szafy** she crammed everything into the cupboard [2] pot. (wcisnąć) to stuff, to stick; **wepchnął mu do ręki pieniądze** he stuffed the money into his hand [3] pot. (ulokować kogoś gdzieś) to push; **wepchnął go po znajomości do ministerstwa** he managed to get him a job in the ministry through the old-boy network
[II] **wepchnąć się** — **wpychać się** [1] (wejść) to muscle in, to elbow one's way, to squeeze; **z trudem wepchnął się do autobusu w godzinach szczytu** he barely squeezed onto the bus during the rush hour [2] (przeniknąć) *[dym, kurz]* to push, to force [3] pot. to crash; **wepchnąć się na imprezę bez zaproszenia** to crash a party
w|eprzeć *pf* — **w|pierać**[1] *impf* (weprę, weprze, wparła, wparli — wpieram) [I] *vt* książk. to push; **wpierać/weprzeć ostrogi w boki konia** to spur one's horse; **wpierać nogi mocno w ziemię** to stand like a statue; **wpierać stopy w zagłębienia skalne** to try to gain footholds in the cracks of the rock face
[II] **weprzeć się** — **wpierać się** to push; **tandeta wpiera się wszędzie** shoddy goods force their way everywhere
weran|da *f* (~**dka** *dem.*) veranda(h), porch
werbalistyczn|y *adi.* książk. verbalistic książk.
werbalizm *m sgt* (*G* ~**u**) książk. verbalism książk.
werbaliz|ować *impf vt* książk. to verbalize książk.; ~**ować problem** to put a problem into words ⇒ **zwerbalizować**
werbalnie *adv.* książk. (słownie) verbally
werbaln|y *adi.* [1] książk. (słowny) verbal; **udzielić komuś** ~**ego poparcia** to give sb verbal support [2] Jęz. (czasownikowy) verbal
werb|el *m* (*Gpl* ~**li** a. ~**lów**) (bęben) kettledrum, drum; **zagrały** ~**le** the drums rolled
werbi|sta Relig. [I] *m* member of Societas Verbi Divini a. Society of the Divine Word
[II] **werbiści** Societas Verbi Divini, So- ciety of the Divine Word
werb|ować *impf vt* [1] (namawiać do przystą- pienia) to recruit; **firma** ~**ująca pracowni-**

ków a staff recruitment company [2] daw. (zaciągać do wojska) to conscript GB, to draft US ⇒ **zwerbować** [3] (kaptować) to recruit; ~**ować do wywiadu** a. **na szpiega** to enlist people in the secret service a. intelligence ⇒ **zwerbować**
werbun|ek *m* (*G* ~**ku**) [1] (rekrutacja) recruitment [2] daw. (zaciąg do wojska) con- scription GB, draft US
werbunkow|y *adi. [biuro]* recruitment, recruiting
werdyk|t *m* (*G* ~**tu**) verdict; **ogłosić** ~**t** Prawo to return a verdict; ~**t jury** the jury's decision a. verdict
wermu|t *m* (*G* ~**tu**) *sgt* Wina vermouth
werniks *m* (*G* ~**u**) varnish
werniks|ować *impf vt* to varnish
wernisaż *m* (*G* ~**u**) vernissage, preview
wers *m* (*G* ~**u**) książk. line, verse
wersalik *m zw. pl* Druk. (wielka litera) capital letter; ~**i** upper case *U*; **pisać** ~**ami** (ręcznie) to write in block capitals
wersal|ka *f* sofa bed
wersals|ki *adi.* [1] *[galeria, pałac, traktat]* Versailles *attr.* [2] iron., żart. *[maniery, grzecz- ność, uprzejmość]* courtly
■ ~**ka grzeczność** courtliness
werse|t *m* (*G* ~**tu**) verse
wersj|a *f* (*Gpl* ~**i**) [1] (przeróbka) version, retelling [2] (relacja) version; **podawać różne** ~**e wydarzeń** to give different versions of the events [3] (wariant) version
wersyfikacj|a *f sgt* Literat. versification
wersyfikacyjn|y *adi.* metrical
wertep|y *plt* (*G* ~**ów**) książk. (wyboje) bumpy terrain; (bezdroże) the middle of nowhere, wilderness
wertikale → **verticale**
wert|ować *impf vt* książk. to leaf through, to flick through ⇒ **przewertować**
wertykalnie *adv.* książk. vertically
wertykaln|y *adi.* książk. vertical, upright
werw|a *f sgt* książk. verve, vigour; **z** ~**ą** with verve
weryfikacj|a *f* (*Gpl* ~**i**) książk. [1] (potwier- dzenie prawdziwości) verification [2] (ocena kwali- fikacji) vetting
weryfikacyjn|y *adi.* książk. [1] (potwierdzający) verification *attr.* [2] (oceniający) vetting *attr.*
weryfik|ować *impf vt* książk. [1] (potwierdzać autentyczność) to verify *[dokumenty, kwalifika- cje]* [2] (powtórnie przemyśleć) to review *[opinię, poglądy, teorię]* [3] (oceniać) to review; **w stanie wojennym** ~**owano dziennika- rzy** under martial law journalists were formally reviewed ⇒ **zweryfikować**
w|erżnąć się *pf* — **w|rzynać się** *impf* (werżnęła się, werżnęli się — wrzyna się) *v refl.* to bite in, to cut in
wesel|e *n* [1] (przyjęcie) wedding [2] książk. (radość) joy, merriment
❑ **srebrne** ~**e** książk. a silver wedding anniversary
■ **do** ~**a się zagoi** pot. everything will be all right
wesel|ić *impf* [I] *vt* książk. (wywoływać radość) to make [sb] glad, to make [sb] happy
[II] **weselić się** książk. (cieszyć się) to rejoice, to be merry
weselni|k *m* książk. (uczestnik wesela) wedding guest

weseln|y adi. [orszak, goście, przyjęcie, muzyka] wedding attr.; **tort** ~**y** a wedding cake
wesolut|ki adi. dem. cheerful, jolly
wesoł|ek m (Npl ~**kowie** a. ~**ki**)
[1] (dowcipniś) joker [2] (błazen) jester
wes|oło adv. grad. [1] (radośnie) cheerfully, joyfully [2] (wyrażając zadowolenie) [śmiać się, bawić się] merrily [3] (przyjemnie) gaily, merrily [4] (w przyjemnym nastroju) [spędzać czas, zapowiadać się] pleasantly, joyfully
■ traktować coś na ~**oło** to treat sth light-heartedly; **upijać się na** ~**oło** pot. to get high; to get happy pot.
wesołoś|ć f sgt książk. joy, cheerfulness, merriment
wes|oły adi. grad. [1] (radosny) [osoba] cheerful, merry, jolly [2] (wyrażający radość) [śmiech, oczy, mina] happy, merry, cheerful; [nastrój] playful [3] (przyjemny) [dom, pokój, nastrój] cheerful [4] (pełen przyjemności) [wczasy, sylwester] pleasant; ~**ołe życie** a merry life
❑ ~**ołej zabawy!** have a good time!, enjoy yourself!; **Wesołych Świąt!** (Bożego Narodzenia) Merry Christmas!; (Wielkanocnych) Happy Easter!
wesół adi. praed. → **wesoły**
wespół adv. książk. (razem) together with
w|esprzeć pf — **w|spierać** impf (**wesprze** — **wspieram**) **I** vt [1] (podtrzymywać) [kolumny] to support, to hold up; **dach wsparty na słupach** a roof supported by posts [2] (oprzeć) [osoba] to lean, to prop (up) (**coś o coś** a. **na czymś** sth on a. against sth); **wesprzeć głowę na rękach** to rest one's head on one's hands; **siedział, wsparty o poduszki** he sat propped up against pillows [3] (pomóc) (materialnie, psychicznie) to support, to back (up); (materialnie) to assist; (duchowo) to sustain, to bolster (up); (wzmocnić) to back (up), to reinforce [oddziały, piechotę]; **wesprzeć ubogich** to support the poor; **wesprzeć kogoś/coś finansowo** to support sb/sth financially, to give financial assistance to sb/sth; **wesprzeć sojusznika zbrojnie** to provide a. bring military support to an ally; **mogę cię wesprzeć jedynie dobrą radą** I can help you only by offering good advice; **wsparł mnie pożyczką** he lent me some money to tide me over [4] (popierać) to support, to back (up) [kandydata, projekt]; (uzasadniać) to bolster (up) [teorię, wyniki]; **twierdzenie wsparte przykładami/dowodami** a statement backed up with examples/evidence
III **wesprzeć się** — **wspierać się** [1] (spoczywać) to rest, to be supported; **molo wspiera się na drewnianych słupach** the pier rests on a. is supported by wooden posts [2] (oprzeć się) to lean (**o coś** against sth a. **na czymś** on sth); **wesprzyj się na moim ramieniu** a. **o moje ramię** lean on my arm; **szedł, wspierając się na lasce** he walked leaning heavily on his cane [3] (pomóc samemu sobie) to find support (**czymś** in sth); **wesprzeć się czymś autorytetem/swoją erudycją** to find support in sb's authority/one's erudition; **usiłował wesprzeć się wynikami badań innych biologów** he sought support in the (research) findings of other biologists [4] (podtrzymywać się) to support each other;

(opierać się o siebie) to lean against each other; **wspierali się o siebie plecami** they leaned a. leant GB their backs against each other [5] (udzielić sobie nawzajem pomocy) to support each other, to back (up) each other; **wspierali się wzajemnie w trudnych sytuacjach** in difficult situations they gave each other mutual support [6] przen. (być uzasadnionym) [oskarżenie, podejrzenia, badania, wnioski] to be supported (**na czymś** by sth)
w|essać pf — **w|sysać** impf (**wessę, wessie** — **wsysa**) **I** vt to suck in [powietrze, ciecz]; to suck up [jedzenie, przedmiot]; (odkurzaczem) to hoover up [kurz, przedmiot]; **moczary/ruchome piaski wessą nieostrożnego wędrowca** swamplands/quicksands will suck in the unwary walker
II **wessać się** — **wsysać się** [1] (zostać wessanym) [powietrze, ciecz] to be sucked in; [kurz, benzyna] to be sucked up [2] (zostać wchłoniętym) [obrzęk, krwiak] to be absorbed [3] (ssąc przywrzeć) [pijawka] to bite
w|estchnąć pf — **w|zdychać**[1] impf (**westchnę, westchnęła, westchnęli** — **wzdycham**) vi [1] (odetchnąć) to sigh, to heave a sigh; **westchnąć z ulgą** to sigh with relief, to heave a sigh of relief; **westchnąć głęboko** to sigh deeply, to give a. heave a deep sigh; **westchnęła ciężko/zadowolona** she sighed heavily/contentedly [2] (powiedzieć z westchnieniem) to sigh; **„co za pech"– westchnął** 'bad luck,' he sighed
westchnie|nie n [1] (głęboki oddech) sigh; ~**nie ulgi/zachwytu/żalu** a sigh of relief/admiration/regret; **odparł/powiedział z** ~**niem** he replied/said with a sigh [2] książk. (przejaw uczuć) sigh; **rozstali się wśród** ~**ń i łez** they parted amidst many sighs and tears
■ **być przedmiotem** a. **obiektem czyichś** ~**ń** książk. to be coveted by sb; **taka dziewczyna jest dla wielu jedynie przedmiotem** ~**ń** many can only sigh a. yearn for such a girl; **mężczyzna, który jest obiektem wielu** ~**ń** a man who is a heart-throb pot.
western /ˈwestern/ m (G ~**u**) Kino western (film)
❑ **spaghetti** ~ Kino spaghetti western pot.
westernowo /ˌwesterˈnovo/ adv. Kino [potraktować] like (in) a western film
westernow|y /ˌwesterˈnovɨ/ adi. Kino [temat, bohater] of a western film; [muzyka, sceneria] from a western film; ~**i aktorzy** actors cast in westerns
westybul m (G ~**u**) Archit. vestibule
w|esz f Zool. louse
❑ **wesz głowowa** head louse; **wesz łonowa** crab (louse); **wesz odzieżowa** body louse
we|t **II** m (G **wetu**) sgt przest. **wet za wet** tit for tat
III **wety** plt przest. Kulin. dessert
weteran m [1] (doświadczony żołnierz) veteran; (były żołnierz) ex-serviceman GB, veteran US; ~ **wojen napoleońskich** a Napoleonic veteran; ~**i drugiej wojny światowej** veterans of World War II [2] przen. (doświadczona osoba) old hand, veteran; old-timer pot.; ~ **poszukiwań ropy** an old hand at

prospecting for oil; ~**i ruchu robotniczego** veterans of the labour movement
■ ~ **szos** Aut. (stary model) vintage car; (sprzed 1916 roku) veteran car GB; pot., żart. (gruchot) jalopy pot.
weteran|ka f [1] (doświadczona żołnierka) veteran; (była żołnierka) ex-servicewoman [2] przen. (doświadczona osoba) old hand, veteran; old-timer pot.
weterynari|a f sgt (GD ~**i**) veterinary science, veterinary medicine; **lekarz** ~**i** a veterinary surgeon GB, a veterinarian US; **skończyć** ~**ę** to graduate in veterinary medicine
weterynaryjn|y adi. veterinary
weterynarz m (Gpl ~**y**) Wet. veterinary surgeon GB, veterinarian US; vet GB pot.
w|etknąć pf — **w|tykać** impf (**wetknę, wetknie, wetknęła, wetknęli** — **wtykam**) vt pot. [1] (włożyć) (siłą) to jam; (szybko, niedbale) to shove; to stuff pot.; (do otworu) to plug; **wetknąć ręce do kieszeni** a. **w kieszenie** to stuff one's hands into one's pockets; **wtykać rzeczy do szuflad/pod łóżko** to shove things into drawers/under a bed; **wetknął gruby plik banknotów do portfela** he stuffed a thick wad of banknotes into a wallet; **wetknął gdzieś bilet i nie może go znaleźć** he put his ticket somewhere and can't find it now [2] (dać) (siłą, szybko) to shove, to thrust; (dyskretnie) to slip; **wtykać przechodniom ulotki** to shove leaflets into pedestrians' hands; **wetknęła mi do ręki monetę** she slipped a coin into my hand
we|to n [1] Polit., Prawo veto (**czegoś** over a. of sth); **prawo weta** the power of veto; **postawić** a. **założyć weto** to interpose a. exercise a veto; **odrzucić weto** to override a veto; **złożono** a. **zgłoszono weto (do) projektu ustawy** the bill has been vetoed [2] (protest) veto (**wobec czegoś** on sth); **prawo do weta** a right of veto/the right to veto
w|etrzeć pf — **w|cierać** impf (**wetrze** — **wcieram**) **I** vt to rub [olejek, maść] (**w coś** in(to) sth)
III **wetrzeć się** — **wcierać się** [olejek, maść] to be absorbed
wew. (= wewnętrzny) ext.
wewnątrz **I** adv. [1] [znajdować się, przebywać, dziać się] (we wnętrzu) inside; (w budynku) indoors; **orzech był** ~ **pusty** the nut was empty inside; **pada, lepiej poczekaj** ~ it's raining, you'd better wait inside a. indoors; **do** ~ (ku środkowi) inwards; (do środka) inside; **stopy/kolana skierowane do** ~ feet/knees turned inwards; **drzwi otwierają się do** ~ the door opens inwards; **wejść/wbiec do** ~ to walk/run inside; **woda/tłum wdziera się do** ~ water/a crowd is forcing its way inside; **drzwi/pomieszczenie jest zamknięte od** ~ a door/room is locked from the inside [2] Psych. inwardly; **poczuła** ~ **smutek** she felt inwardly sad, she felt grief inside (herself)
III praep. (w domu, pokoju, książki) inside; (w obrębie budynku, granic, grupy, organizacji) within, inside of US; ~ **murów miejskich** within the city walls; ~ **okręgu narysuj trójkąt** draw a triangle inside a circle; ~ **kraju/partii podnosiły się protesty** protests

were voiced inside a country/inside a. within a party

III **wewnątrz-** *w wyrazach złożonych* intra-; **wewnątrzkomórkowy** intracellular; **wewnątrzmaciczny** intrauterine; **wewnątrzwydzielniczy** endocrine; **wewnątrzpartyjne/wewnątrzzwiązkowe intrygi** intrigues within a party/trade union; **problemy wewnątrzszkolne/ wewnątrzgrupowe** problems inside a school/group

wewnętrznie *adv.* [1] (w środku organizmu, narządu) internally; **lek stosowany ~** a medication taken internally, an internal medication [2] (w obrębie organizacji, grupy, środowiska) internally; **zespół skłócony/ zgrany ~** an internally split/harmonious team [3] Psych. *[śmiać się, łkać, zastanawiać się]* inwardly, inside; *[zadowolony, wściekły]* inwardly; **uspokoił się ~** he calmed down inwardly a. inside (himself); **przeobrazić się ~** to undergo a personal transformation [4] (w obrębie systemu, struktury, układu) internally; **~ spójne opinie** coherent opinions

wewnętrzn|y [l] *adi.* [1] (umieszczony w środku) *[organy, obrażenia, krwotok]* internal; *[kartka, kieszeń, pomieszczenie, tor]* inside *attr.*; *[część, drzwi, dziedziniec]* inner; **~e ściany budowli** inside a. internal a. inner walls of a structure; **lek przeznaczony do użytku ~ego** an internal medication, a medication for internal application; **~a część dłoni** the palm (of a hand) [2] (dotyczący instytucji, organizacji, kraju) *[sprawy, granice, podziały]* internal; *[polityka, rynek, produkcja, połączenie]* domestic, inland GB; *[szkolenie, kontrola, audyt]* in-house, internal; **~e bezpieczeństwo kraju** internal a. domestic security (of a country); **telefon ~y** a house a. an internal telephone; **numer ~y** (telefonu) an extension [3] Psych. *[napięcie, siła wrażenie, zaufanie, życie]* inner *attr.* [4] (wewnątrz struktury, układu) *[spójność, zróżnicowanie]* internal [5] Med. internal; **medycyna ~a** internal medicine; **choroby ~e** internal diseases; **oddział ~y** (internistyczny) a department of internal diseases

[ll] *m* pot. [1] (oddział chorób wewnętrznych) internal diseases ward [2] (telefon) house a. internal telephone, extension [3] (numer) extension; **proszę mnie połączyć z ~ym 24** can you give me extension 24, please? ❑ **język** a. **kod ~y** Komput. machine language a. code

wewte → wte

w|ezbrać *pf* — **w|zbierać** *impf* (**wzbiorę, wzbierze — wzbiera**) *vi* [1] (przybrać) *[rzeka, potok, jezioro]* to swell, to engorge; *[fala, woda]* to surge, to rise; **potok wezbrał po całonocnym deszczu** a stream swelled after it had rained all night [2] książk. (wzmóc się) *[gniew, radość, uczucie]* to rise (up), to well up; (gwałtownie) to surge up; **wzbierała w nim nienawiść** hatred was welling up in(side) a. rising up within him; **wezbrała w nim gwałtowna złość** indignation surged up within him; **moje serce wezbrało wdzięcznością/dumą** my heart a. breast swelled with gratitude/pride; **wzbiera w niej płacz** tears are welling in her eyes [3] książk. (nasilić się)

[protesty, śmiech] to rise; *[niezadowolenie, zjawisko]* to increase; **w tłumie wzbierały pomruki niezadowolenia** murmurs of discontent were rising from the crowd [4] (napłynąć) *[łzy]* to well up; *[limfa, ropa]* to collect; *[wrzód, czyrak]* to maturate; **na widok jedzenia ślina wezbrała mu w ustach** his mouth watered at the sight of food

wezbran|y *adi.* [1] (powodziowy) *[rzeka, potok]* swollen; **~a woda** a. **~e wody** flood waters [2] (wypełniony) (o wrzodzie, opuchliźnie) filled; **piersi ~e pokarmem** breasts swollen with milk [3] książk. (o uczuciach) welled up; **~a w jej sercu** a. **piersi radość** happiness (that) welled up in(side) her; **serce ~e dumą** a heart swollen with pride; **krzyk ~y trwogą** a cry laden with terror

wezgłowi|e *n* (*Gpl* **~**) [1] (ściana łóżka) headboard, bedhead GB [2] (podgłówek) (łóżka, trumny) head; (fotela, kanapy) headrest

w|ezwać *pf* — **w|zywać** *impf* (**wezwę, wezwie — wzywam**) *vt* [1] (spowodować przybycie) to call; (nakazać) to summon; **wezwać policję/lekarza/straż pożarną** to call the police/a doctor/a fire brigade; **wezwać kogoś do sądu** to summon a. summons sb to appear in court; **wezwać pomocy** a. **ratunku** to call for help; **wezwano go przez radio/telegraficznie** he was summoned by radio/wire; **wezwano ją, aby złożyła zeznanie/była świadkiem** she was called on to testify/to witness [2] (zaapelować) to call on, to appeal to; **wezwać do czynu** to call for action; **wzywać mieszkańców do oszczędzania wody** to appeal to a. call on a community to save water; **wezwano ich do poddania się** they were called on to surrender [3] (przyzywać) *[gong, trąbka, orkiestra]* to summon, to call; **dzwon/muezin wzywa wiernych do modlitwy** a bell/muezzin summons a. calls the faithful to prayer

■ **wezwać pod broń** a. **do broni** to recruit, to call to arms

wezwa|nie [l] *sv* → **wezwać**

[ll] *n* [1] (nakaz sądowy, urzędowy) summons; (przywołanie) call; **~nie do sądu** a summons to appear in court; **~nie do chorego** a sick call; **~nie na policję/z urzędu podatkowego** a summons from a police station/revenue office; **otrzymać ~nie do stawienia się w gabinecie dyrektora** to receive a summons to appear in the manager's office; **dostać ~nie do wymarszu** to receive one's marching orders [2] (apel) appeal, call; **~nie do czynu** a call for action; **zwrócił się do nas z ~niem o pomoc dla sierot/abyśmy pomogli sierotom** he appealed to us for aid for orphans/to help orphans

■ **pod ~niem** dedicated (**czyimś** to sb); **jest wiele kościołów pod ~niem Najświętszej Marii Panny** there are many churches dedicated to the Blessed Virgin Mary; **oto kościół/szpital/szkoła pod ~niem św. Jana** this is St John's church/hospital/school

wezy|r *m* (*Npl* **~rowie**) vizier, wazir ❑ **wielki ~r** Hist. the Grand Vizier

w|eżreć się — **w|żerać się** *impf v refl.* [1] (wnikać) *[rdza, kwas]* to eat (**w coś** into

sth); *[chemikalia]* to bite (**w coś** into sth); *[dym, pył]* to penetrate (**w coś** (into) sth) [2] (wbić zęby) *[pies, lew, aligator]* to sink one's teeth (**w coś** into sth) [3] (uwierać) *[szew, kołnierzyk, sprzączka]* to bite (**w coś** into sth)

■ **weżreć się komuś w pamięć** a. **mózg** to stick in sb's mind a. head, to become engraved in sb's memory

węch *m* (*G* **~u**) *sgt* [1] (zmysł powonienia) smell; **pies o wyczulonym ~u** a dog with a keen nose; **stracić ~** to lose one's sense of smell; **wyczuć coś ~em** to detect sth by smell [2] pot., przen. (wyczucie) nose przen.; **mieć (psi) ~ do czegoś** to have a (good) nose for sth

węchowo *adv.* *[poczuć, znaleźć]* by smell; *[przyjemny, obrzydliwy]* on the nose

węchow|y *adi.* *[nerw, narząd, receptory]* olfactory; *[wrażenia, wspomnienia]* of smell

węd|ka *f* fishing rod, fishing pole US; **łowić ryby na ~kę** to fish with a fishing rod a. with a rod and line, to angle; **zarzucić ~kę** to cast a line

wędkars|ki *adi.* *[sprzęt, żyłka]* fishing; *[klub, zawody]* angling; **sport ~ki** angling

wędkarstw|o *n sgt* angling; **~o morskie** offshore angling; **amatorzy ~a** angling enthusiasts; **uprawiać ~o** to be an angler

wędkarz *m* (*Gpl* **~y** a. **~ów**) angler

węd|kować *impf vi* to angle, to fish (with a fishing rod a. with a rod and line)

wędlin|a *f* Kulin. cold (cooked) a. cured meat; **półmisek z ~ami** a platter of cold cuts and sausages, a platter of charcuterie; **sklep/stoisko z ~ami** a shop/stand with cold cooked a. cured meats, charcuterie

wędr|ować *impf vi* [1] (dla przyjemności) to wander, to roam; (jako turysta) to hike; (w odległym, trudnym terenie) to trek; **~ować z plecakiem** to backpack; **~ować autostopem** to hitch-hike; **~ować po kraju** to hike across a. through a country; **~ować pieszo przez świat** a. **po świecie** to travel the world on foot, to wander around the world; **w młodości dużo ~owała samotnie po górach** when she was young, she often hiked alone in the mountains; **kilka tygodni ~owali przez pustynię/puszczę** for several weeks they trekked across the desert/through a jungle ⇒ **powędrować** [2] (przemieszczać się) *[koczownicy, Cyganie]* to travel, to journey; (bez celu) to rove; *[zwierzęta, ptaki, ryby]* to migrate [3] przen. (przesuwać się) *[niż, obłoki, ból]* to move [4] pot. (chodzić) to wander *vt/vi*; (bez celu) to roam *vt*; (spokojnie, leniwie) to toddle pot., to ankle US pot.; (w poszukiwaniu przygód, przyjemności) to gallivant pot.; **~ować alejkami parku** to roam a. wander park paths [5] (być przekazywanym) *[listy, towary]* to be transported ⇒ **powędrować** [6] pot. (zostać umieszczonym) to be sent; **~ować do więzienia/szpitala** to be sent to prison/hospital; **nie każdy przestępca ~uje za kratki** not every criminal goes down GB pot.; **zawodnik ~uje na ławkę kar** a player is sent to the penalty box ⇒ **powędrować**

■ **jego/jej oczy** a. **spojrzenie ~uje** his/her eyes wander; **jej spojrzenie ~owało** a. **~owała oczami** a. **spojrzeniem ciągle za okno** her eyes kept wandering to the window; **jej/jego myśli ~ują do kogoś/czegoś** she/he is thinking about sb/sth; **~ować z rąk do rąk** (przekazywać) to pass from hand to hand; (zmienić właściciela) to change hands

wędrow|iec m (V ~cze a. ~cu) książk. (piechur) wayfarer książk.; (podróżnik) wanderer; vagrant przest.

wędrownicz|ek m (Npl ~ki) dem. little walker, little wanderer
■ **Jaś Wędrowniczek** żart. (whisky) Johnny Walker

wędrownicz|y adi. przest., książk. [kij, sakwa] wanderer's; [szlaki, trasy] wandering attr.; **żyłka ~a** wanderlust

wędrowni|k m, ~**czka** f przest., książk. (piechur) wayfarer książk.; (podróżnik) wanderer; vagrant przest.

wędrown|y adi. [1] (objazdowy) [cyrk, teatr, artysta] touring, travelling, traveling US; [aktor, muzyk, handlarz, kaznodzieja] itinerant; **~a trupa teatralna** strolling players daw. [2] (turystyczny) [wczasy, trasa] walking, touring; **obóz ~y** a camping trip a. tour

wędrów|ka f [1] (rekreacyjna) walk; (turystyczna) hike, walking tour; (w odległym, trudnym terenie) trek; ~**ka z plecakiem** backpacking, a backpacking tour; ~**ka samochodem/rowerem po Francji** a motoring/cycling tour of France; **pójść** a. **wybrać się na ~kę w góry** to go walking a. hiking in the mountains [2] (przemieszczanie się) (ludzi, zwierząt) migration; (ryb) run; (Księżyca, Słońca) movement [3] pot. wander, wandering U; **nasza bezowocna ~ka od urzędu do urzędu** our futile wander from one office to another; **nerwowa ~ka po pokoju/targu** hectic wandering around a room/market
❏ ~**ka ludów** Hist. migration of people; pot., żart. mass migration; ~**ka dusz** Relig. metempsychosis, transmigration of souls
■ **ziemska** a. **doczesna ~ka** the way of all flesh; **zakończyć swoją ziemską ~kę** to go the way of all flesh

wędzarni|a f (Gpl ~) [1] (przemysłowa, domowa) smoking chamber, smokehouse US; (w piecu) smokebox [2] pot., żart. smoky room; **ale tu ~a!** it's smoky in here!

wę|dzić impf [1] vt [1] (konserwować w dymie) to smoke, to smoke-dry, to cure [ryby, mięso] ⇒ **uwędzić** [2] pejor. (palić papierosy) to expose [sb] to passive smoking; **nie palimy, bo nie chcemy wędzić niepalących gości** we don't smoke because we don't want to expose our guests to passive smoking ⇒ **uwędzić**
[2] **wędzić się** [1] (o żywności) to be smoked, to be dry-smoked a. cured ⇒ **uwędzić się** [2] pejor. (o ludziach) to breathe in cigarette smoke ⇒ **uwędzić się**

wędzid|ło n Jeźdz. bit

wędzisk|o n (część wędki) rod

wędzon|ka f Kulin. smoked bacon U

wędz|ony [1] pp → wędzić
[2] adi. Kulin. [boczek, ryba, ser] smoked

węg|iel m [1] sgt Geol., Górn. coal; ~**iel opałowy** a. **na opał** stove coal; **zasoby ~la** coal reserves; **pokład/złoże ~la** a coal seam/deposit; **kopalnia ~la** a coal mine, a (coal) pit; **wydobywać** a. **urabiać ~iel** to extract a. mine coal; **kubeł na ~iel** a coal scuttle; **komórka na ~iel** a coalhouse, a

coal house US; **palić w piecu ~lem** to burn coal in a stove; **czarny jak ~iel** as black as coal a. soot, coal-black [2] sgt Chem. carbon; **dwutlenek ~la** carbon dioxide; **tlenek ~la** carbon monoxide [3] zw. pl (bryła opału) piece of coal, coal GB; (bryła żaru) coal; (wypalona) cinder; (żarząca się) ember; **żarzące się ~le** live coals a. embers; **przygasające ~le** dying embers; **dorzucić kilka ~li do pieca** to put some more coals on the fire GB [4] sgt Szt. (do rysowania) (artist's) charcoal; **rysować/szkicować ~lem** to make charcoal drawings/sketches [5] Szt. (rysunek) charcoal (drawing)
❏ **biały ~iel** Techn. water power, white coal US; ~**iel brunatny** Geol., Górn. lignite a. brown coal; ~**iel drzewny** charcoal; ~**iel kamienny** Geol., Górn. hard bituminous coal US; ~**iel koksujący** a. **koksowy** Przem. coking coal; ~**iel kopalny** Geol., Górn. mineral coal; ~**iel lekarski** a. **leczniczy** Farm. ≈ carbo medicinalis (form of activated charcoal, used medically); ~**iel promieniotwórczy** Chem., Fiz. radiocarbon; ~**iel retortowy** Techn. retort carbon
■ **siedzieć jak na rozżarzonych ~lach** to be like a cat on a hot tin roof, like a cat on hot bricks GB; **spalić coś na ~iel** to char sth completely

węgiell|ek m dem. ember; **żarzący się a. tlący się ~ek** a living a. live ember

węgielny → **kamień**

węg|ieł m Budow. quoin, corner; **wyjść zza ~ła/zniknąć za ~łem** to turn/disappear round a corner

Węgier m, ~**ierka** f Hungarian

węgierka f [1] Bot. (drzewo) purple plum (tree) [2] Kulin. (owoc) purple plum

węgiers|ki [1] adi. [kultura, taniec, wino] Hungarian; [lud, język] Magyar
[2] m sgt (język) Hungarian, Magyar; **mówić/rozumieć po ~ku** to speak/understand Hungarian

węglarz m (Gpl ~y) [1] (sprzedawca węgla) coalman [2] (wypalający węgiel drzewny) charcoal burner [3] Hist., Polit. (karbonariusz) Carbonaro; **włoscy ~e** Carbonari

węglowodan m zw. pl (G ~u) Chem. carbohydrate

węglow|y adi. [1] Geol., Górn. [przemysł, górnictwo, złoże, pył] coal attr. [2] Przem. [piec, smoła, gaz] coal attr.; **kuchnia ~a** a coal-fired (kitchen) range; **stal ~a** carbon steel [3] Chem. [filtr, włókno] carbon attr.; ~**e związki chemiczne** carbon compounds; **kwas ~y** carbonic acid

węgorz m (Gpl ~y) Kulin., Zool. eel

węgorzyk m dem. Zool. elver

węgrzyn m (A ~a) przest., Wina Hungarian wine

węsz|yć impf [1] vt [1] (obwąchiwać) [pies] to scent [trop] ⇒ **zwęszyć** [2] przen. (podejrzewać) to smell (out) [podstęp, kłopoty, złodzieja]; to sense [ironię, kpinę]; ~**yć skandal** to have an inkling of a scandal ⇒ **zwęszyć**
[2] vi [1] (wąchać) [zwierzę] to sniff, to snuffle; **jakiś kundel ~y wokół śmietnika** a stray dog's sniffing at a. snuffling around a dustbin [2] (szukać) smell out vt (za czymś sth); to sniff out vt pot. (za czymś sth); **psy ~ące za materiałami wybuchowymi/narkotykami** dogs sniffing out explosi-

ves/drugs; **wszędzie ~yć komunistyczny spisek** to see reds under the bed ⇒ **wywęszyć** [3] pejor. (wywiadywać się) to sniff (a)round pot., to nose (a)round a. about pot. (za kimś/czymś for sb/sth); to snoop about pot.

węze|ł m [1] (na linie, krawacie, nitce) knot; (wokół słupa, haka) hitch, bend; **zawiązać węzeł na linie/wstążce** to tie a knot in a rope/ribbon; **zaciągnąć węzeł** to pull a knot tight; **rozwiązać/poluźnić węzeł** to undo a. untie/loosen a knot [2] Moda (kok) bun; **zwinąć** a. **upiąć włosy w węzeł** to twist a. pull back one's hair into a bun [3] Transp. (lotniczy) hub; (kolejowy) junction (point); (drogowy) interchange; (telekomunikacyjny) node; **węzeł komunikacyjny** (łączący autostrady) an interchange; (łączący sieci kolejowe i drogowe) a road and rail hub [4] (więź uczuciowa) bond, tie; **węzeł małżeński** a. **węzły małżeńskie** the bond of marriage; **połączyć się węzłem małżeńskim** to tie the knot; **węzeł wzajemnej sympatii** a bond of mutual affection; **węzły przyjaźni** ties of friendship; **węzły rodzinne** family ties; **węzły krwi** ties of kindred, blood ties [5] (problem) kink przen.; nodus rzad.; (zawikłana sytuacja) tangle; **splątany węzeł historycznych uwarunkowań** a tangled web of historical circumstances [6] Literat. (zawiązanie akcji) pivotal point, node [7] Żegl. (jednostka prędkości) knot; **płynąć z prędkością 30 węzłów** to do 30 knots, to travel at a speed of 30 knots [8] Techn. (ogół urządzeń) ≈ central unit; **węzeł centralnego ogrzewania** a distribution centre of a central a. district heating system; **węzeł sanitarny** plumbing, a plumbing system [9] Chem., Fiz. (w sieci krystalicznej) lattice point [10] Astron., Mat., Fiz., Bot. node
❏ **węzeł babski** pejor. granny knot; **węzeł chłonny** a. **limfatyczny** Anat. lymph node, lymph gland; **węzeł grecki** a. **klasyczny** Moda (uczesanie) Psyche knot; **węzeł knagowy** Żegl. cleat hitch; **węzeł marynarski** Żegl. Mariner knot; **węzeł płaski** a. **prosty** reef knot, square knot; **węzeł ratowniczy** a. **skrajny tatrzański** Sport bowline; **węzeł zwykły** overhand knot
■ **węzeł gordyjski** Gordian knot; **przeciąć** a. **rozciąć węzeł gordyjski** to cut the Gordian knot

węzeł|ek m [1] dem. (zaciągnięta pętla) (small) knot [2] (zawiniątko) bundle
■ **(po)ciągnąć ~ki** przest. to draw straws

węzełkow|y adi. [dywan, kilim] knotted, knotwork attr.; **ręcznie wiązany chodnik ~y** a hand-knotted rug; **haft ~y** French knot

węzłowato adv. knottily; ~ **nabrzmiałe żyły** gnarled varicose veins
■ **krótko i ~** [opisać, przedstawić] in a nutshell, briefly and to the point

węzłowa|ty adi. [lina, sznur] knotted; [dłonie, ręce] gnarly, gnarled
■ **krótki i ~ty** [styl, język] terse; [wypowiedź, opis] brief and to the point

węzłow|y adi. [1] Kolej. [miejscowość] at a. in a junction (point); Transp. [punkt] interchange attr.; ~**a stacja kolejowa** an interchange; **punkt ~y trasy** a. **drogi** an interchange point; **komputer ~y** a node computer [2] (zasadniczy) *[zagadnienie, punkt, moment]* crucial

węzowato *adv. [wijący się, wygięty]* tortuously, sinuously; **rzeka płynie ~** a river follows a tortuous a. serpentine course

węzowa|ty [I] *adi. [ruch, zwoje]* snake-like; *[dróżka, potok, pochód]* serpentine, tortuous [II] węzowate *plt* Zool. colubrids; Colubridae spec.

węzowisk|o *n* [1] (z jadowitymi wężami) snakepit; (kłąb) tangle a. nest of snakes [2] przen. (kłębowisko) tangle

węzow|y *adi.* [1] *[torebka, buty, wzór]* snake-skin *attr.* [2] *[sploty, ruchy, linie]* snake-like, serpentine [3] książk., przen. serpentine

wężyk [I] *m anim. dem.* Zool. little snake [II] *m inanim.* [1] *[gumowy, plastikowy]* (na wodę) hose; (osłonka) tube [2] (falista linia) wavy line; **droga wije się ~iem** a road follows a tortuous a. serpentine course

❏ **~ generalski** Wojsk. (galon) *galloon of silver braid on a general's cap*; (stopień) *rank of general*; **~ spustowy** Fot. cable release

wężykowato *adv. [zwinięty, pokrętny]* sinuously, tortuously; **potok płynie a. wije się ~** a stream follows a tortuous a. serpentine course

wężykowa|ty *adi. [ruch, skręty, ciało]* snake-like, serpentine; *[kreska, linia, wzorek]* wavy

wężykowy → węzykowaty

wf, WF *m, m inv.* (G ~-u) (= wychowanie fizyczne) PE GB

wg (= według) (zgodnie z) according to; (na podstawie) based on

w|giąć *pf* — **w|ginać** *impf* (wegnę, wgięła, wgięli — wginam) [I] *vt* to dent *[błotnik, denko, puszkę]*
[II] **wgiąć się** — **wginać się** to become dented, to dent; **pokrywka się wgięła** there is a dent in a lid

wgię|cie [I] *sv* → wgiąć
[II] *n* (uszkodzenie) dent

wginać *impf* → wgiąć

wglą|d *m* (G ~du) *sgt* [1] (dostęp) access (**do czegoś** to sth); (kontrola) inspection; **przedłożyć** a. **przedstawić coś do ~du** to submit sth for inspection; **dokumenty/plany do ~du** documents/designs available for inspection; **chciałbym mieć ~d w twoją pracę/działalność** I'd like to inspect your work/activities [2] Psych. (rozumienie) insight (**w coś** into sth)

wglądać *impf* → wejrzeć

wglądn|ąć *pf* (~ęła, ~ęli) *vi* dial. → wejrzeć

wgłębiać się *impf* → wgłębić się

wgł|ębić się *pf* — **wgł|ębiać się** *impf* (~ębi się a. ~ąb się — ~ębiam się) *v refl.*
[1] (wejść) *[nóż, łopata, zęby]* to sink (**w coś** in(to) sth); (wcisnąć się) *[osoba]* to sink, to subside (**w coś** into sth); **~ębił się w fotel i zasnął** he sank a. subsided into an armchair and fell asleep [2] przen. (wniknąć) to go (**w coś** into sth); to investigate *vt* (**w coś** sth); **~ębić się w szczegóły/zagadnienie** to go into details/a matter; **spróbujmy dalej ~ębić się w tę teorię** let's go more deeply into the theory, let's investigate the theory in more detail

wgłębie|nie *n* (naturalne) hollow, depression; (w policzku, brodzie) dimple; (uszkodzenie)

dent; **~nia w skale wymyte przez wodę** water-worn depressions in the rock; **~nie fotela** the hollow of an armchair

wgniatać *impf* → wgnieść

wgniece|nie [I] *sv* → wgnieść
[II] *n* (uszkodzenie) dent; (zagłębienie) depression

wgni|eść *pf* — **wgni|atać** *impf* (~otę, ~eciesz, ~ótł, ~otła, ~etli — ~atam) [I] *vt* [1] (uszkodzić) to dent *[błotnik, blachę]* [2] (wcisnąć) to press down (**coś do czegoś** a. **w coś** sth into sth); **~ótł niedopałek obcasem w ziemię** he trod a cigarette butt into the ground
[II] **wgnieść się** — **wgniatać się** [1] (zostać wgniecionym) *[blacha]* to dent; *[kanapa, łóżko]* to sag [2] (zostać wciśniętym) to be pressed down (**w coś** into sth)

wgramol|ić się *pf v refl.* pot. to clamber, to scramble; **~ić się do łóżka/samochodu** to clamber into a bed/car; **~ić się na skałę** to clamber a. scramble up onto a rock ⇒ gramolić się

wgryzać się *impf* → wgryźć się

wgryzi|ony *pp* → wgryźć się
[II] *adi.* [1] (wczepiony) biting; **kleszcz ~ony w skórę** a tick attached to sb's skin; **psy szamotały się ~one w swoje gardła** the dogs struggled, biting at each other's throats [2] przen. (wbity) biting, digging; **koparka ~ona w ziemię** an excavator digging away the earth [3] przen. (wżarty) engrained; **kurz ~ony w dywan** dust ingrained into the carpet

wgry|źć się *pf* — **wzgry|zać się** *impf* (~zę się, ~ziesz się, ~zł się, ~zła się, ~źli się — ~zam się) *vi* [1] (przegryzać) to bite into, to sink one's teeth into; **gąsienica ~zła się w liść** a caterpillar bit into a leaf; **pasożyty ~zają się w ciało nosiciela** the parasites eat their way into the host's body; **~zł się w jabłko** he bit into an apple, he sank his teeth in an apple [2] (zagłębiać się) to dig into; **wiertło z hałasem ~za się w ścianę** the drill is boring noisily into the wall [3] (wżerać się) to eat into, to get into; **brud/kurz ~za się w tynk** dirt/dust is getting into the plaster; **rdza ~za się w karoserię samochodu** rust is eating into the car's bodywork [4] (analizować) to get to grips (**w coś** with sth); to tackle *vt*; **~zać się w problem/skomplikowany tekst** to get to grips with a. to tackle a problem/a difficult text

whisky /'wiski/ *f inv.* whisky; **szklanecz-ka ~** a glass of whisky; **szkocka ~** Scotch whisky

wi|ać *impf* (wieję) [I] *vi* [1] (o wietrze) to blow; **wiatr wieje od** a. **z północy/znad morza** a wind is blowing from the north/from over the sea [2] (wionąć) to smell, to waft; **wieje chłód/zimno** a. **chłodem/zimnem** it's cold; **z piwnicy wieje stęchlizną** there's a musty smell wafting up from the cellar [3] przen. to breathe the air (**czymś** of sth); **krajobraz wieje pustką** the landscape breathes an air of emptiness; **od zgliszcz wiało grozą** the smouldering ruins breathed an air of peril; **z ekranu wieje nudą** boredom is drifting from the screen; **była piękna, ale wiało od niej chłodem** she was beautiful but cold [4] Roln. (oddzielać ziarno od plew) to winnow; **wiać pszenicę/**

żyto to winnow wheat/rye [5] pot. (uciekać) to bolt, to run away; **wiać na strych/przez okno** to bolt up to the attic/out of the window, to run away to the attic/through the window; **wiać za granicę** to flee the country; **wiać ze strachu/z przerażenia** to run away out of fear/terror; **wiejemy, strażnik idzie** let's beat it, the guard's coming ⇒ zwiać
[II] *v imp.* **wieje** it's windy; **na dworze wieje** it's windy outside; **wiało na mnie od okna** I could feel a draught (coming) from the window; **zamknij drzwi, strasznie wieje** close the door, it's really draughty

■ **wiać aż się kurzy** pot. to run away like a bat out of hell; **wiać, gdzie pieprz rośnie** pot. to run for dear a. one's life; **orientować się/wiedzieć/wyczuwać skąd wiatr wieje** to see/to know what's in the wind

wiader|ko *n dem.* (small) bucket; **blaszane/plastikowe ~ko** a tin/plastic bucket; **~ko do lodu/na wodę** an ice/a water bucket; **~ko na śmieci** a litter bin GB, a trash can US; **~ko piasku/węgla** a bucket of sand/coal; **wlać coś do ~ka** to pour sth into a bucket

wiadomo *praed.* [1] (jest znane) everybody knows, it's a well-known fact; **nic mi nie ~ o tej sprawie** I know nothing about it; **nie ~ było, co za chwilę nastąpi** there was no telling what would happen next; **nie ~, kto to zrobił/kiedy przyjechali** nobody knows who did it/when they arrived; **~ było, że wojna jest nieunikniona** everybody knew that war was inevitable; **~ było, że wyprawa nie dojdzie do skutku** it was obvious the journey would come to nothing; **jak ~** as everybody knows; **nie ~ jak** nobody knows how; **nie ~ skąd** out of nowhere a. the blue a. thin air; **nigdy nie ~** you never know; **o ile (mi) ~** as far as I know [2] (jasne, zrozumiałe) of course; **za wszystko, ~, trzeba płacić** you have to pay for everything, of course

wiadomoś|ć [I] *f* (informacja) message, (piece of) news *U*; **aktualna/ważna/dobra/zła/niepokojąca ~ć** up-to-date/important/good/bad/worrying news; **najświeższe** a. **ostatnie ~ci** the latest news; **smutna/tragiczna ~ć** sad/tragic news; **pomyślna/radosna/sensacyjna/rewelacyjna ~ć** fortunate/happy/sensational/amazing news; **~ć prasowa/radiowa/telewizyjna** press/radio/TV news; **prawdziwa/fałszywa ~ć** true/false information; **~ć telefoniczna** a telephone message; **~ć od specjalnego wysłannika** news from a special correspondent; **~ć z pewnego źródła** news a. a message from a reliable source; **~ci z pierwszych stron gazet** front-page news; **dawno nie miał ~ci od rodziny** he hasn't heard from his family for a long time; **docierają do nas niepokojące ~ci z frontu** we're receiving disturbing news from the front; **dostać/odebrać ~ć** to get/to receive a message; **na ~ć o jego sukcesie bardzo się ucieszyła** she was very happy at the news of his success; **przekazała mi poufną ~ć** she passed on a confidential message; **rozgłaszać ~ci** to spread news; **to niepewna ~ć** this news is unconfirmed;

W

zostaw dla mnie ~ć, gdzie mamy się spotkać leave me a message about where we're meeting

Ⅲ wiadomości plt [1] (zasób wiedzy) knowledge sg; **elementarne/podstawowe/praktyczne ~ci** elementary/rudimentary/practical knowledge; **gruntowne/skąpe ~ci** profound/poor knowledge; **historyczne/językowe** historical/linguistic knowledge; **źródło ~ci na jakiś temat** a source of knowledge on sth [2] (serwis informacyjny) news U; **~ci polityczne/ekonomiczne/sportowe/kulturalne** political/financial/sports/cultural news; **~ci z kraju/ze świata** home a. domestic/international a. foreign news; **nadać/emitować ~ci** to broadcast/to air the news; **wysłuchać wieczornych ~ci** to listen to the evening news

■ **podawać coś do publicznej ~ci** to make sth public, to make sth generally known; **przyjmować coś do ~ci** to take note of sth; **nie przyjmuję tego do ~ci** I don't accept that

wiadom|y adi. [1] (znany) known; **sprawa jest wszystkim ogólnie ~a** the matter is known to everybody, this is common knowledge; **z ~ych powodów** for obvious reasons; **~a rzecz** a. **sprawa** it's obvious; **nie jest ~e, dlaczego wybrał właśnie ją** nobody knows why it was her that he chose; **wędrował sobie tylko ~ymi szlakami** he was taking routes known only to himself [2] (wspomniany) **spotkamy się o drugiej w ~ym miejscu** we're meeting at two at the usual place; **~a osoba odbierze przesyłkę** you know who will pick up the parcel; **zadzwonię do ciebie w ~ej sprawie** I'll call you to talk about you know what

wiad|ro n (pojemnik) bucket; **~ro na mleko/węgiel** a milk bucket/coal scuttle; **~ro na śmieci** a litter bin GB, trash can US; **~ro z wapnem/z węglem/z wodą** a bucket of lime/coal/water; **wylać ~ro wody** to pour a bucket of water; **zużyć dwa ~ra węgla** to use up two bucketfuls of coal

■ **~ro zimnej wody** przen. a cold shower; **wylać na kogoś ~ro pomyj** pot. to drag sb through the mud

wiaduk|t m (G ~tu) flyover; (dłuższy) viaduct; **~t górski nad głęboką przepaścią** a viaduct over a deep precipice; **~t nad ruchliwą ulicą** a flyover over a busy road

wian|ek Ⅱ m [1] (z kwiatów) garland; **dziewczynka w ~ku na głowie** a girl with a garland on her head; **~ek ze stokrotek/z polnych kwiatów** a garland of daisies/wild flowers; **splatać** a. **wić ~ek** to plait a garland; **założyć ~ek na głowę** to put on a garland [2] pot. (z przedmiotów) string; **~ek grzybów/czosnku/obwarzanków** a string of mushrooms/garlic/pretzels [3] przen. circle; **dom otoczony ~kiem kwiatów** a house surrounded by a circle of flowers; **łysina z ~kiem siwych włosów** a bald head with a circle of white hair [4] przest. (dziewictwo) maidenhood, virginity; **panieński ~ek** maidenhood; **stracić/zachować ~ek** to lose/to guard one's virginity

Ⅲ wianki plt the custom of throwing garlands

of flowers into the water on Midsummer Night's Eve

wian|o n przest. dowry
❏ **~o klasztorne** przest. (monastic) dowry przest.

wianusz|ek m dem. [1] (z kwiatów) (small) garland; **dziewczynki w ~kach z polnych kwiatków** girls with garlands of wild flowers on their heads; **~ek z rumianków** garland of c(h)amomile [2] (z przedmiotów) **~ek kiełbasy** a ring of sausage(s) [3] pot. (krąg) circle; **~ek wielbicieli** a circle of admirers; **stała otoczona ~kiem dzieciaków** she stood there, surrounded by children

wi|ara f [1] (religia, wyznanie) faith; **akt/dogmaty wiary** an act/dogmas of faith; **głęboka/niezachwiana/słaba wiara** a deep/an unshakable/a weak faith; **wiara chrześcijańska/katolicka/mahometańska/protestancka/żydowska** the Christian/Catholic/Muslim/Protestant/Jewish faith; **wiara w Boga** belief in God; **wyznawcy wiary** believers; **nawrócić się na/przyjąć jakąś wiarę** to convert to/to adopt a faith; **oddać życie za wiarę** to give a. lay down one's life for one's faith; **odstąpić od wiary** to abjure a. to renounce one's faith; **stracić** a. **utracić wiarę** to lose one's faith; **trwać/utwierdzać się w wierze** to adhere to/to reaffirm one's faith; **wyznawać jakąś wiarę** to practice a faith [2] sgt (przeświadczenie, ufność) belief, faith; **głęboka/niezachwiana/ślepa wiara w coś** a deep/an unshakable a. unwavering/a blind belief a. faith in sth; **podważyć czyjąś wiarę** to challenge sb's belief a. faith; **wiara w człowieka** belief a. faith in humanity; **wiara w siebie** self-confidence [3] sgt (pewność) belief; **wiara w tajemną moc ziół** a belief in the secret power of herbs [4] książk. (zaufanie) faith; **dozgonna/wzajemna wiara** an undying/a mutual faith; **nie był godzien takiej wiary, jaką go obdarzyła** he was not worthy of the faith she bestowed upon him [5] pot. (paczka) comrades pl, lads pl; **stara, żołnierska wiara** old comrades; **zeszła się cała wiara** all the lads got together

■ **łotr bez czci i wiary** a consummate villain; **wyznanie wiary** the Creed; **dać** a. **dawać wiarę czemuś/komuś** książk. to give a. to lend credence to sth/sb, to have a. to put faith in sth/sb; **dotrzymać** a. **dochować komuś wiary** to remain faithful to sb, to keep faith with sb; **nie do wiary** pot. incredible, unbelievable; **pokładać wiarę w czymś/kimś** książk. to place a. to put one's faith in sth/sb; **działać w dobrej** a. **najlepszej/złej** a. **najgorszej wierze** to act in good/bad faith; **wiara czyni cuda** faith can work miracles; **wiara góry przenosi** książk. faith can move mountains; **żyć z kimś na wiarę** pot. to shack up with sb

wiarołomn|y adi. książk. faithless; **~y kochanek/mąż/przyjaciel/sojusznik** a faithless lover/husband/friend/ally

wiarołomstw|o n sgt książk. perfidiousness; (zdrada) faithlessness; **~o współmałżonka** the faithlessness of the spouse

wiarus m (Npl ~y) pot. old comrade, old campaigner

wiarygodnie adv. grad. książk. credibly; **jego relacja brzmi ~** his story sounds credible

wiarygodnoś|ć f sgt książk. the credibility, the reliability; **~ć spółki/firmy** credibility a. reliability of a company; **~ć źródła historycznego/zeznania** the credibility a. reliability of a historical source/sb's testimony; **kwestionować ~ć informacji** to question the credibility a. reliability of the information; **sprawdzać czyjąś ~ć** to check sb's credibility; **zyskać/stracić na ~ci** to gain/to lose credibility a. reliability

wiarygodn|y adi. książk. credible, reliable; **~e badania statystyczne/źródła historyczne** reliable statistical research/historical sources; **~y partner w interesach/świadek** a reliable business partner/witness; **miał ~e alibi** he had a credible a. reliable alibi

wia|ta f shed; **~ta autobusowa/tramwajowa** a bus/tram shelter; **~ta nad parkingiem** a carport; **schronić się pod ~tą przed deszczem** to protect oneself from rain under a shelter

wiater|ek m dem. (G ~ku) breeze; **chłodnawy/lekki/orzeźwiający ~ek** a cool/light/refreshing breeze; **wiosenny/letni ~ek** a spring/summer breeze; **przyjemny ~ek wiał od morza** a pleasant breeze was blowing from the sea

wia|tr Ⅱ m (G wiatru) [1] (strumień powietrza) wind; **huraganowy/ostry/porywisty/silny/słaby wiatr** a hurricane/sharp/gusty/strong/light wind; **lodowaty/suchy wiatr** an icy/a dry wind; **podmuch/poryw wiatru** a blast/gust of wind; **siła wiatru** wind power; **pomiar prędkości wiatru** wind speed measurement; **południowy/północny/wschodni/zachodni wiatr** a southerly/northerly/easterly/westerly wind; **szum wiatru w konarach drzew** wind rustling in the trees; **wiatr od lądu/morza** an offshore/onshore wind; **wiatr zmienny** a. **o kierunkach zmiennych** a variable wind; **boczny/pełny/przeciwny wiatr** Żegl. a crosswind/tailwind/headwind; **pomyślne** a. **szczęśliwe/niepomyślne wiatry** fair/adverse winds; **wiatr odczuwalny/pozorny/rzeczywisty** a noticeable/an apparent/a real wind; **wiatr halny/monsunowy/pasatowy** a foehn (wind)/a monsoon/a trade wind; **drzewa uginają się na wietrze** the trees are bending in the wind; **flaga/bandera łopocze na wietrze** a flag/banner flutters in the wind; **parawan osłaniał ich od wiatru** a screen shielded them from the wind; **wiatr dmie/zrywa się/wzmaga się/ustaje/jęczy** the wind blows/rises/picks up/subsides/howls; **jak wiatr** like the wind; **pod wiatr** against the wind a. upwind; **z wiatrem** with the wind a. downwind [2] książk. (tendencje) tide, wind(s); **wiatr historii** the tide of history; **powiało wiatrem odnowy** the wind of reform was in the air [3] Myślis. scent; **ogary pognały za wiatrem lisa** the hounds chased off on the fox's scent; **psy z najlepszym wiatrem** the most keen-scented dogs

Ⅲ wiatry plt pot. wind U; **mieć** a. **puszczać wiatry** to break wind

■ **wiatrem podszyty** pot. *[płaszcz, kurtka]* flimsy; **wystawić kogoś (rufą** a. **tyłem) do wiatru** pot. to lead sb up the garden path; **biednemu zawsze wiatr w oczy (wieje)** przysł. the poor must pay for all; **chwycić** a. **złapać wiatr w żagle** przen. to catch the ball on the fly; **czuć** a. **wiedzieć, skąd wiatr wieje** pot. to know which way the wind blows; **inny wiatr wieje/powiał** przen. a new wind is blowing/blew; **iść** a. **pędzić** a. **stawać z wiatrem w zawody** przen. to go/run like the wind; **rzucać słowa na wiatr** pot. to make wild promises, to waste words; **szukaj wiatru w polu** pot. well, I/you/he won't see that again pot.; **kto sieje wiatr, burzę zbiera** przysł. sow the wind and reap the whirlwind

wiatracz|ek *m dem.* [1] (zabawka) windmill; [2] (wentylatorek) (small) fan; **włączyć ~ek** to switch on a fan

wiatrak *m* [1] (młyn) windmill; **drewniany ~** a wooden windmill; **skrzydła ~a** the sails of a windmill; [2] (wentylator) fan; **pod sufitem obracał się ~** a fan rotated on the ceiling

■ **walczyć z ~ami** to tilt at windmills; **walka z ~ami** a losing battle

wiatrołom *m* (*G* **~u**) Leśn. [1] (drzewo) blowdown [2] (teren) blowdown (area)

wiatrowskaz *m* (*G* **~u**) [1] (kurek) weathercock [2] (rękaw) windsock

wiatrow|y *adi.* wind *attr.*; **elektrownia** a. **siłownia ~a** a wind power station; **młyn ~y** a windmill; **przyrządy o napędzie ~ym** wind-driven instruments

wiatrów|ka *f* pot. [1] (kurtka) anorak; **~ka z drelichu/ortalionu z kapturem** a denim/ nylon anorak with a hood; **ubrać się w/ nosić ~kę** to put on/to wear an anorak [2] (broń palna) air gun, air rifle; **ładować ~kę** to load an air gun a. rifle; **strzelać z ~ki** to shoot with an air gun a. rifle

wiatrówkow|y *adi.* pot. [1] Moda, Włók. windproof; **materiał ~y** windproof material [2] Sport air gun *attr.*, air rifle *attr.*; **~e mistrzostwa Polski** the Polish air gun a. rifle championships

wią|cha *f* pot. [1] *augm.* bundle; **~cha badyli/słomy/zwiędłych kwiatów** a bundle of stalks/straw/withered flowers [2] posp. (przekleństwa) a torrent of abuse; **posłać** a. **puścić komuś ~chę** to give sb a mouthful, to let out a stream of abuse at sb

wiąz *m* (*G* **~u**) [1] Bot. elm (tree); **~ szypułkowy/górski** a European white/a wych elm [2] (drewno) elm wood

wią|zać *impf* (**~żę**) **⏽** *vt* [1] (tworzyć węzeł) to tie; **~zać chustkę na głowie/szyi** to tie a scarf on one's head/around one's neck; **~zać kokardę/krawat/sznurowadła/zerwaną nić** to tie a bow/one's (neck)tie/one's shoelaces/a broken thread; **~zać linę na supeł** a. **węzeł** to tie a rope into a knot ⇒ **zawiązać** [2] (splatać) to bind, to tie; **~zać matę/tratwę** to bind a mat/raft; **~zać sieć** to tie a net [3] (pakować) to tie; **~zać książki w paczki** to tie books up into parcels; **~zać rzodkiewki w pęczki** to tie radishes into bunches; **~zać snopek** to tie a sheaf; **~zać rzeczy w tobołek** a. **węzełek** to pack one's things into a

bundle ⇒ **zawiązać, związać** [4] (krępować) to tie up; **~zać jeńców** to tie up a. bind captives; **~zać komuś nogi/ręce** to tie (up) a. bind sb's feet/hands; **~zać konia u żłobu** to tether a horse to a manger ⇒ **związać** [5] przen. (łączyć) to bind; **~że ich miłość/przyjaźń** love/friendship binds them; **przeżycia ~żą ludzi ze sobą** experiences bring people together; **~żą ich więzy rodzinne** they're bound by family ties ⇒ **związać** [6] przen. (łączyć) to combine; **~zać pracę zawodową z działalnością społeczną** to combine one's professional work and a. with social work; **~zać wiedzę z praktyką** to combine knowledge and a. with experience [7] przen. (kojarzyć) to associate; **~zać artystę z jakimś kierunkiem/epoką** to associate an artist with a trend/epoch; **~zać ocieplenie klimatu ze wzrostem uprzemysłowienia** to associate global warming with increasing industrialization ⇒ **powiązać** [8] (łączyć komunikacyjnie) to connect, to link; **linia kolejowa ~że port ze stolicą** a railway connects a. links the harbour with the capital city [9] Wojsk. **~zać siły wroga** to tie the enemy's forces down [10] przen. (zobowiązać) to bind; **~zać kogoś przysięgą/przepisami** to bind sb by an oath/ regulations; **decyzja/umowa ~żąca** a binding decision/agreement [11] Budow. (zespalać) to bond, to join; **belka ~żąca szczyt dachu** a ridge purlin; **kit ~że szybę z ramą** putty bonds the glass to the frame; **wapno/zaprawa ~że cegły** lime/mortar bonds bricks ⇒ **związać** [12] (tężeć) to set; **cement szybko ~że** cement sets quickly ⇒ **związać** [13] Bot. to form; **drzewa/ rośliny ~żą pączki** trees/plants form buds; **kapusta/sałata ~że główki** cabbage/lettuce forms heads ⇒ **zawiązać** [14] Chem., Fiz. to fix, to bind; **bakterie ~żące azot z powietrza** bacteria binding a. fixing nitrogen from the air; **hemoglobina ~że tlen** haemoglobin binds oxygen; **substancja ~żąca dwutlenek węgla** a substance binding carbon dioxide ⇒ **związać**

⏽⏽ **wiązać się** [1] (przymocowywać się) to tie oneself; **przed wspinaczką ~zali się liną** before climbing they tied themselves to a rope ⇒ **zawiązać się** [2] (przyłączać się) to be bound; **~zać się z jakąś organizacją/ partią** to join an organization/a party; **~zać się z kimś uczuciowo** to became involved emotionally with sb; **~zać się na stałe z jakimś miejscem pracy** to be permanently bound to the same workplace ⇒ **związać się** [3] (łączyć się) to form, to make up; **~zać się w harmonijną całość** to make up a. form a harmonious whole; **wyrazy ~żą się w zdanie** words combine into a. make up a sentence ⇒ **związać się** [4] (pociągać za sobą) to involve; (zależeć) to depend; **ta wyprawa ~że się z ryzykiem** this expedition involves risk; **z budową domu ~żą się wydatki** building a house involves expenses; **poranne nudności ~żą się z ciążą** morning sickness is caused by pregnancy ⇒ **związać się** [5] (zobowiązywać się) to bind oneself; **~zać się przymierzem/traktatem/umową** to

bind oneself by alliance/a treaty/an agreement ⇒ **związać się** [6] (łączyć się w grupy) to form; **~zać się w organizację społeczną/ w partię polityczną** to form an organization/a political party [7] Bot. to form; **kapusta/sałata ~że się w główki** cabbage/lettuce forms heads; **na jabłoniach ~żą się owoce** apple trees form fruits ⇒ **zawiązać się** [8] Chem., Fiz. to bind; **atomy węgla ~żą się z tlenem** carbon atoms bind to a. with oxygen ⇒ **związać się**

■ **wiązać komuś/sobie ręce** to tie sb's/ one's hands; **wiązać z czymś/kimś nadzieje** pot. to pin a. to put one's hope on sth/ sb, to place one's hope in sth/sb; **(ledwo** a. **z trudem) ~zać koniec z końcem** pot. (to find it hard) to make (both) ends meet

wiązadeł|ko *n dem.* [1] Anat. ligament; **zerwane ~ka w kolanie** a torn knee ligaments [2] (mocowanie) cord; **sandałki miały skórzane ~ka** the sandals had leather cords

wiązadł|o *n* [1] Anat. (struny głosowe) cord; **~ła głosowe** vocal cords [2] Anat. (pasmo tkanki łącznej) ligament; **~ła w kolanie/ kostce** knee/ankle ligaments; **zerwanie ~ła** ligament rupture [3] przest. cord; **suknia z ~łem pod szyją** a dress tied below the neck; **~ło do snopków** a cord for binding sheaves

wiąza|nie ⏽ *sv* → **wiązać**

⏽⏽ *n* [1] Budow. (element łączący) truss; **~nie dachu/mostu/statku** a roof/bridge/ship truss; **betonowe ~nia mostu zaczęły pękać** the concrete trusses of the bridge started to break [2] Budow. (układ cegieł lub belek) bond; **~nie główkowe/krzyżykowe** a header/cross bond [3] Chem. bond; **~nie koordynacyjne/międzycząsteczkowe/walencyjne/wodorowe** a dipolar/ an intermolecular/a valence/a hydrogen bond [4] (u nart) (ski) binding; **~nie bezpiecznikowe** a safety binding

wiązan|ka *f* [1] (bukiet) bouquet; **~ka ślubna/nagrobna** a wedding/mourning bouquet; **~ka z białych róż/polnych kwiatów** a bouquet of white roses/wild flowers; **wręczyć komuś/zamówić ~kę** to give sb/to order a bouquet [2] przen. (zbiór) pot-pourri; **~ka dawnych przebojów** a pot-pourri of old hits; **wykonać ~kę muzyczno-literacką** to perform a musical-literary medley [3] pot. (wyzwiska) torrent of abuse; **posłać komuś soczystą ~kę** to give sb a mouthful; **rzucić ~ką wyzwisk** to let out a stream of abuse

wiązan|y ⏽ *pp* → **wiązać**

⏽⏽ *adi.* [1] (zawiązywany) tied; **nosił ~e buty** he was wearing lace-up shoes a. lace-ups; **sukienka była ~a na plecach** the dress was tied at the back [2] Handl. **sprzedaż** a. **transakcja ~a** a package deal

wiąz|ka *f* [1] (porcja) bundle; **~ka chrustu** a bundle of brushwood, a faggot; **~ka słomy/wikliny** a bundle of straw/wicker [2] Techn. group; **~ka kabli/przewodów** a group of cables/wires [3] posp. torrent of abuse; **posłał mu ~kę** he gave him a mouthful, he hurled abuse at him

❑ **~ka elektronowa** Fiz. electron beam; **~ki przewodzące** Bot. vascular bundles a.

W

strands; **~ki sitowe** Bot. steles, vascular cylinders; **~ka światła** Fiz. light beam

wiązow|y adi. elm attr.; **łódź z ~ego drewna** a boat made from elm a. elmwood; **las ~y** elm forest

wiążąco adv. książk. **traktować ~ czyjeś obietnice** to treat sb's promises as binding; **wypowiadać się ~** to express binding opinions

wiążąc|y Ⅱ pa → **wiązać**
Ⅲ adi. binding; **~a decyzja/opinia/umowa** a binding decision/opinion/agreement

wibracj|a f (Gpl **~i**) 1 (drgania) vibration; **pomiar ~i** vibration measurement; **~a mechaniczna/akustyczna** a mechanical/acoustic vibration; **wpadać w ~e** to start vibrating; **wprawić coś w ~e** to put a. to set sth in vibration 2 Muz. vibrato; **grać/śpiewać z ~ą** to play/to sing vibrato 3 zw. pl (nastrój) vibration zw. pl pot., vibe zw. pl pot.

wibracyjn|y adi. vibratory; **ruch ~y sprężyny/wahadła** the vibratory movement of a spring/pendulum; **efekty ~e instrumentu** the vibratory effects of an instrument

wibrafon m (G **~u**) Muz. vibraphone

wibram m (G **~u**) 1 sgt (tworzywo) Vibram® **chodzić w butach na ~ie** to wear boots on a. with Vibram® high traction soles 2 pot. (but) hiking boot

wibramow|y adi. Vibram® attr.; **buty na ~ej podeszwie** boots on a. with Vibram® high traction soles

wibrato|r m Med., Muz., Techn. vibrator; **skóry cielęce jako ~r w bębnach** calf hides as vibrators in drums

wibr|ować impf vi książk. (drżeć) [dźwięk, głos] to vibrate; **powietrze ~uje od żaru/huku/strzałów** the air vibrates with heat/noise/gunfire; **~ujący ruch sprężyny** the vibrating movement of a spring; **~ujący dźwięk/głos/pogłos** a vibrating sound/voice/echo

wic m (G **~u**) pot. **(cały) ~ w tym a. polega na...** the trick is...

wice- w wyrazach złożonych vice-

wiceadmira|ł m (Npl **~łowie**) vice-admiral

wicedyrekto|r m, **~rka** f deputy director; (w szkole) deputy a. assistant head

wicehrabi|a m (Npl **~owie**) viscount

wiceminist|er m (Npl **~rowie**) deputy minister

wicemistrz m, **~yni** f (Npl **~owie**, **~ynie**) Sport vice-champion; **~ Europy/świata** the European/world vice-champion

wicemistrzostw|o n Sport vice-championship; **~o Polski** the vice-championship of Poland; **~o w skoku w dal** the vice-championship in the long jump

wicepremie|r m deputy prime minister

wiceprezes m (Npl **~i** a. **~owie**) deputy- a. vice-chairman; **został wybrany na ~a** he was elected (a) deputy- a. vice-chairman

wiceprezyden|t m 1 (państwa) vice-president; **~t USA** the Vice-President of the USA 2 (miasta) deputy mayor; **~t Warszawy** the deputy major of Warsaw 3 (zastępca prezesa) vice-president; **~t FIFA** Fifa vice-president

wich|er m (G **~ru**) 1 (wichura) gale; **jesienny ~er** an autumn gale; **poryw ~ru** a sudden gale; **~er zerwał dach z domu** the gale blew the roof off the house; **jak ~er** like a hurricane 2 przen. whirlwind(s); **~er historii/namiętności** a whirlwind of history/passion; **~er rewolucji przeleciał nad Francją** a whirlwind of revolution swept over France

wicher|ek m (G **~ku** a. **~ka**) 1 dem. (wietrzyk) breeze; **powiewy ciepłego ~ku** breaths of warm air 2 żart. (kosmyk) tuft; **niesforny ~ek sterczał mu na głowie** an unruly tuft of hair stuck out on the top of his head

wichr|ować się impf v refl. pot. to warp; **deski gięły się i ~owały** the planks bent and warped; **okno ~uje się od wilgoci** the damp warps the window ⇒ **zwichrować się**

wichrowa|ty adi. pot. warped; **~te płyty paździerzowe** warped fibreboards; **~ty blat stołu** a warped table top

wichrzyciel m (Gpl **~i**) książk., pejor. troublemaker pejor., rabble-rouser pejor.

wichrzyciels|ki adi. incendiary, riotous; **~kie poczynania** incendiary a. riotous actions

wichrzycielstw|o n sgt książk., pejor. incendiarism; **oskarżyć kogoś o ~o** to accuse sb of incendiarism; **potępiać/ukrócić czyjeś ~o** to condemn/to curb sb's incendiarism

wichrz|yć impf Ⅱ vt książk. 1 (mierzwić) to ruffle; **wiatr ~y włosy/korony drzew** the wind ruffles sb's hair/the trees; **~yć sobie czuprynę** to ruffle one's hair ⇒ **zwichrzyć** 2 (podburzać) to incite, to stir up; **~yć wśród załogi** to incite the crew to mutiny Ⅲ **wichrzyć się** książk. 1 (zmierzwić się) to get ruffled a. tousled ⇒ **zwichrzyć się** 2 [fale, chmury] to swirl

wichrzysk|o n augm. gale, strong wind

wichu|ra f (strong) gale; **szkody wyrządzone przez ~rę** damages caused by a gale; **zmagał się z ~rą** he struggled against the gale

wiciow|y adi. Biol. flagellar, flagellate; **komórka ~a** a flagellate cell

wi|ć¹ Ⅱ f 1 (witka) twig; (wierzbowa) osier; **zrobił bacik z brzozowej wici** he made a whip out of a birch twig 2 Biol. flagellum; **ruchliwa wić** an active flagellum 3 zw. pl Bot. runner
Ⅲ **wici** plt Hist. call to arms; **król rozesłał wici** the king sent out a call to arms
■ **rozesłać wici** to send out word

wi|ć² impf (**wiję**) Ⅱ vt to weave; **ptaki wiją gniazda** birds are building nests; **wić wieniec z kłosów** to weave a garland from ears of corn
Ⅲ **wić się** 1 (poruszać się) [osoba] to writhe; [dżdżownica, żmija] to slither; **wić się w boleściach** to writhe in pain 2 (tworzyć spiralę) to meander; **droga wiła się pod górę** the road meandered up the hill; **rzeka wije się doliną** a river meanders in the valley; **z komina wije się dym** the smoke spirals up from the chimney; **wijący się korowód taneczny** a winding pageant 3 (piąć się) to twist; **bluszcz wije się po pniu** the ivy winds around the tree; **fasola**

wije się na palikach the bean plant twists around stakes; **wijące się pędy roślin** twisting shoots 4 (kręcić się) to curl; **wijące się włosy** curly hair; **długa wijąca się broda** a long, curly beard
■ **wić się jak piskorz** pot. to wriggle like an eel

wi|d m (G **widu**)
■ **ani widu, ani słychu** pot. there's no trace (of sb/sth) a. neither hide nor hair (of sb/sth); **w pijanym widzie** pot. under the influence

widać Ⅱ praed. **z okna ~ góry** you can see the mountains from the window; **na tle śniegu ~ było wyraźnie jej czerwony sweter** her red jumper could be seen plainly against the snow; **nic nie ~** you a. one can't see anything; **ledwo coś ~ w tej mgle** you can hardly see anything in this mist; **nie było cię ~** I/we couldn't see you; **nie było go nigdzie ~** he was nowhere to be seen; **„zajęło mi to tylko godzinę" – „to ~"** 'it only took me an hour' – 'I can see that'; **czekamy godzinę, a autobusu ciągle nie ~** we've been waiting for an hour, and there's still no sign of the bus; **~ ci halkę** your slip is showing; **sprawa się ciągnie i końca nie ~** the case drags on and there's still no end in sight; **stąd ~ zamek jak na dłoni** you can see the castle as plain as anything from here; **~ było, jak wymachuje parasolem** you could see him/her waving his/her umbrella; **~ było, że...** you could tell that...; **od razu ~, że to dobry samochód** you can tell immediately that it's a good car; **~ było po jego minie, że coś zbroił** you a. one could tell from his expression that he'd been up to a. he'd done something pot.; **~ było po nich determinację** you could tell they were determined; **~, że znają się dobrze** you can see (that) they know each other well; **z tego, co mówił, ~ było, że nie ma o sprawie pojęcia** from what he said it was obvious that he knew nothing about it
Ⅲ part. apparently; **~ wypił za dużo, bo był czerwony jak burak** he must have had too much to drink, because he was as red as a beetroot
Ⅲ **jak widać** as you can see, as can be seen

widelczyk m dem. (small) fork; **~i do ciasta** dessert forks

widel|ec m 1 (część nakrycia) fork; **~ec półmiskowy** a serving fork; **~ce do ryb** fish forks; **jeść nożem i ~cem** to eat (sth) with a knife and fork; **nadział kawałek mięsa na ~ec** he put a piece of meat on the fork 2 pot. fork(s)
■ **być (jak) na ~cu** pot. ≈ to be an easy target; **mieć kogoś na ~cu** pot. ≈ to have got sb with their back against the wall

wideł|ki plt (G **~ek**) 1 (telefonu) cradle; **położyć a. odłożyć słuchawkę na ~ki** to hang up 2 (rozwidlony przyrząd) fork(s); **~ki procy** the fork of a catapult; **~ki roweru** a bike fork(s) 3 (skala, zakres) scale; **ustawowe ~ki płacowe** statutory wage differentials; **~ki stawek uposażenia** the salary scales; **~ki o dużej/małej rozpiętości** a big/narrow spread 4 dem. (małe widły) fork

❏ **~ki stroikowe** a. **strojowe** Muz. tuning fork

widełkow|y adi. pot. spread attr.

wideo Ⅰ n inv. ⓵ (technika rejestrowania) video; **~ wyparło inne techniki** the video has superseded other technologies ⓶ pot. (odtwarzacz) video player; (urządzenie do rejestrowania) video recorder; **nagrać coś na ~** to record something on video ⓷ pot. (kaseta) video cassette a. videotape; **film na ~** a video film

Ⅱ adi. inv. video attr.; **oglądać kasetę ~** to watch a video cassette a. videotape

Ⅲ **wideo-** w wyrazach złożonych video attr.; **wideokamera** a video camera; **walka z wideopiractwem** the fight against video piracy

wideokase|ta f video cassette, videotape

wideoklip m (G **~u**) video clip; **oglądać ~y w telewizji** to watch video clips on TV

wideote|ka f video library

widla|sty adi. forked; **~ste rogi zwierzęcia** the forked horns of an animal; **~sty język żmii** the forked tongue of a viper; **~sty ogon ptaka** the forked tail of a bird

widlisz|ek m Zool. anopheles (mosquito)

widłak m Bot. clubmoss, lycopod

wid|ły plt (G **~eł**) ⓵ Roln. (narzędzie rolnicze) fork; **~ły dwuzębne/trójzębne** a pitchfork/a three-pronged fork; **~ły do** a. **od gnoju** a manure fork; **podnosić siano ~łami** to lift hay with a pitchfork; **roztrząsać nawóz ~łami** to spread manure with a fork ⓶ przen. (rozgałęzienie) fork; **~ły Wisły i Dunajca** the bifurcation of the Vistula and Dunajec Rivers; **gniazdo w ~łach konarów** a nest in a fork of the boughs; **miasto leży w ~łach rzeki** the town lies where the river forks

widm|o n ⓵ książk. (duch) apparition; **przed oczami przesuwały mu się jakieś straszne ~a** terrifying apparitions floated before his eyes ⓶ przen. (wizja) spectre; **~o głodu/przeszłości/śmierci/wojny** the spectre of famine/the past/death/war ⓷ przen. (pojazd) ghost; **pociąg/statek ~o** a ghost train/ship ⓸ Fiz. spectrum; **obraz ~a światła** a picture of the light spectrum; **~o elektronów** electron spectrum; **~o fal elektromagnetycznych** the electromagnetic spectrum; **zakres ~a** a spectrum range

❏ **~o absorpcyjne** Fiz. absorption spectrum; **~o ciągłe** Fiz. continuous spectrum; **~o emisyjne** Fiz. emission spectrum; **~o optyczne** Fiz. visible spectrum; **~o Słońca** Astron. solar spectrum

widmowo adv. książk. ghostly; **twarz ~ blada** a ghostly-pale face

widmow|y adi. ⓵ książk. ghostly, spectral; **blade postaci o ~ym wyglądzie** pale, ghostly figures; **~a bladość twarzy** the ghostly a. spectral whiteness of sb's face ⓶ Fiz. spectral; **barwa ~a** a chromatic a. spectral colour; **prążki ~e** spectral stripes; **rozkład ~y** the splitting of the spectrum

widni|eć impf (**~eje, ~ał**) vi książk. ⓵ (być widocznym) to be seen; **na pomniku ~eje napis** there is an inscription on the monument; **pod dokumentem ~ał podpis** there was a signature under the text of the document; **w dali ~ały zarysy gór** the

outline of mountains could be seen in the distance ⓶ (świtać) to dawn; **na dworze już ~eje** it's dawning a. getting light outside; **~ało, kiedy zasnęła** it was dawning a. getting light when she fell asleep

widn|o adv. grad. książk. light; **w pokoju było dosyć ~o** it was quite light in the room; **~o jak w dzień** as bright as day

widnokr|ąg m (G **~ęgu**) ⓵ książk. (horyzont) horizon; **daleko, na ~ęgu, majaczyły góry** silhouettes of the mountains appeared on the far horizon; **las ciągnął się aż po ~ąg** the forest stretched as far as the horizon ⓶ Astron. true horizon ⓷ zw. pl przen. horizon(s)

widn|y adi. książk. bright, light; **~y pokój** a bright a. light room; **~y, sosnowy las** a pine forest full of light; **była ~a, księżycowa noc** it was a bright moonlit night; **duża, ~a sala** an airy hall

widocz|ek m dem. (G **~ku**) żart., iron. ⓵ (fragment przestrzeni) view; **sielski ~ek** an idyllic view; **z okna rozciąga się śliczny ~ek na las** a beautiful view of the forest can be seen from the window ⓶ (fragment krajobrazu) landscape; **kartka pocztowa z ~kami** a landscape postcard; **malować pastelowe ~ki** to paint landscapes in pastels

widocznie Ⅰ adv. grad. książk. (zauważalnie) noticeably, visibly; **pociąg zaczął zwalniać coraz ~j** the train was noticeably slowing down; **zmienił się ~** he has changed noticeably a. visibly

Ⅱ part. (prawdopodobnie) apparently, clearly; **~ nie było innego wyjścia** apparently a. clearly there was no other solution; **~ nie mogła przyjechać** evidently she couldn't come

widocznoś|ć f sgt visibility; **dobra/zła ~ć** good/bad visibility

widoczn|y adi. ⓵ (widzialny) noticeable, visible; **książki zostawiłam w ~ym miejscu** I left the books where they are visible; **pęknięcie ~e było gołym okiem** the crack was visible with a naked eye; **szyld był z daleka ~y** the sign was visible from a distance; **w stanie chorego nastąpiła ~a poprawa** there was a noticeable improvement in the patient's health ⓶ (niewątpliwy) evident, obvious; **słowa mówcy zyskały ~ą aprobatę** the speaker's words met with evident a. obvious approval; **słuchała go z ~ym zainteresowaniem** she listened to him with evident a. obvious interest

widok Ⅰ m (G **~u**) ⓵ (krajobraz) view; **urozmaicony/malowniczy/bajeczny ~** a varied/picturesque/fabulous view; **pokój z ~iem na morze** a room with a view of a. over the sea; **z tarasu roztacza się wspaniały ~** there's a superb view from the terrace ⓶ (obraz) sight; **~ z boku/przodu/tyłu** a side/front/rear view; **~ z lotu ptaka** a bird's eye view; **przedstawiać sobą żałosny ~** to be a pathetic sight; **nie znosiła ~u krwi** she hated the sight of blood; **peszyła się na sam jego ~** seeing him was enough for her to lose countenance; **tęsknić za ~iem rodzinnego domu** to long for the sight of home; **na ~ czegoś/kogoś** at the sight of sth/sb;

przerażenie na ~ wypadku terror at the sight of an accident; **ucieszył się na ~ przyjaciela** he was glad to see his friend

Ⅱ **widoki** plt książk. (perspektywy) outlook, prospect(s); **~i na awans** promotion prospects; **~i na mieszkanie są niewielkie** the chances of getting a flat are small; **~i na przyszłość** prospects for the future; **otwierają się przed nim ~i dalszej nauki** prospects of further learning are opening up for him

■ **po** a. **za ~u** pot. till it's light; **być na ~u** pot. to be in view; **mieć coś na ~u** pot. (upatrzyć) to have one's eye on sth; (mieć na celu) to have sth (with)in one's sights, to set one's sights on sth; **mieć kogoś na ~u** pot. to keep one's eyes on sb; **napawać** a. **paść oczy ~iem czegoś** to feast one's eyes on sth; **wystawić coś na ~ publiczny** to bring sth into the limelight

widokowo adv. scenically; **okolica urozmaicona ~** a region of varied landscapes

widokow|y adi. with a view, scenic; **miejsca ~e** sights; **taras ~y na lotnisku** an airport observation deck a. viewing area; **punkt ~y** a beauty spot

widokówka f postcard; **przysłać komuś ~kę** to send sb a postcard

widomie adv. książk. evidently

widom|y adi. książk. evident, visible; **~e ślady dawnej urody** visible traces of former beauty; **~y dowód niewinności** evident proof of sb's innocence; **~y sygnał przełomu** an evident a. a visible sign of a breakthrough

widowisk|o n ⓵ (wydarzenie) event, show ⓶ (występ artystów) show, performance; **~o teatralne** a stage performance; **~o muzyczne** musical entertainment

■ **robić/zrobić (z siebie) ~o** pot., pejor. (ośmieszyć się) to make a fool of oneself; (wygłupiać się) to play the fool

widowiskowo adv. spectacularly

widowiskow|y adi. (efektowny, ciekawy) spectacular; **~a uroczystość** a spectacular ceremony

widowni|a f (Gpl **~**) ⓵ (sala dla widzów) auditorium; **~a zapchana po brzegi** full house ⓶ zw. sg (publiczność) audience; **~a zaczęła klaskać** the house began to applaud ⓷ przen. (miejsce ważnych wydarzeń) scene przen.; **nowa postać pojawiła się na ~ politycznej** a new figure appeared on the political scene

wid|ywać impf Ⅰ vt to see, to meet; **rzadko go ~uję** I don't see him very often

Ⅱ **widywać się** to meet; **już się z nim nie ~uję** we don't see each other any more

widz m (Npl **~owie**) spectator; (oglądający telewizję) viewer; przen. (obserwator) looker-on, onlooker; **na stadionie siedziało kilka tysięcy ~ów** there were several thousand spectators in the stadium

widze|nie Ⅰ sv → widzieć

Ⅱ n ⓵ książk. (wizja) vision; **miał ~nie końca świata** he had an apocalyptic vision ⓶ (odwiedzanie więźnia) visit

Ⅲ **do ~nia** goodbye; **powiedzieć coś na do ~nia** to say sth on parting

■ **punkt ~nia** point of view a. viewpoint, standpoint; **znać (kogoś) z ~nia** to know

W

sb by sight, to have a nodding acquaintance with sb

widziad|ło *n* apparition

widzialnoś|ć *f sgt* (widoczność) visibility; **dobra/zła ~ć** good/poor visibility

widzialn|y *adi.* visible; **planeta ~a gołym okiem** a planet visible to the naked eye

wi|dzieć *impf* (widzisz, widział, widzieli) **[]** *vt* [1] (zauważać) to see; **widzieć wyraźnie/słabo** to see clearly/to have poor eyesight [2] (oglądać) to see; **widziałeś ten nowy film?** have you seen the new film? [3] (spotkać się) to see, to meet; **miło mi ciebie/was widzieć** nice to see you; **nie widziałam go już od miesiąca** I haven't seen him for a month [4] (wyobrażać sobie) to see; **widzieć coś oczami duszy** to see sth in one's mind's eye [5] (oceniać) to see; **widzę to zupełnie inaczej** I see it all rather differently [6] (uważać za kogoś) to see; **widziała we mnie wroga** she looked on me as an enemy [7] (stwierdzać, zauważać) to see; **widziała, że ją oszukuje** she knew that she was being cheated

[] **widzieć się** [1] (swoje odbicie) to see oneself [2] (jeden drugiego) to see each other [3] (spotkać się) to see; **chciał widzieć się z dyrektorem** he wanted to see the manager; **widzi mi się, że nic z tego nie będzie** I have a feeling that nothing will come of this [4] *pot.* (podobać się) **jak ci się widzi moja koszula?** how do you like my shirt?

■ **być dobrze/mile/źle widzianym** to be welcome/unwelcome; **co widzę!** well, well!; **jakiego świat nie widział** *pot.* unparalleled, matchless; **jak cię widzą, tak cię piszą** *przysł.* fine feathers make fine birds; **jak widzę/widzisz** as I/you see; **świata (po)za kimś nie widzieć** to only have eyes for sb; **widzieć coś jak na dłoni** (widzieć wyraźnie) to see sth clearly; *przen.* (być pewnym czegoś) to know sth for sure; **widzieć tylko swój nos** a. **nie widzieć dalej niż czubek własnego nosa** *pot.* to not see beyond the end of one's nose; **(a) widzisz** *pot.* you see!

widzimisię *n inv. pot.* whim, will; **wszystko robi według swojego ~** s/he does everything his/her own fussy way

wiec *m* (*G* **~u**) [1] (manifestacja) rally; **~ protestacyjny** a protest rally; **~ wyborczy** an election rally [2] *Hist.* assembly

wie|cha *f* [1] *pot.* (wiecheć) bunch [2] *Budow. a decoration of branches and grass or flowers placed on the pinnacle of the roof to denote the end of building works* [3] *Bot.* (kwiatostan) panicle

wiech|eć *m* (siana, słomy) bunch; (kwiatów) bunch of flowers

wiecow|y *adi.* [1] (manifestacyjny) *[mówca, przemówienie]* rally *attr.* [2] *Hist. [sądy]* assembly *attr.*

wieczerz|a *f* (*Gpl* **~y**) *książk.* supper ❑ **~a wigilijna** *książk.* Christmas Eve supper; **Ostatnia Wieczerza** *Relig.* the Last Supper

wiecz|ko *n dem.* lid, top

wiecznie *adv.* [1] (zawsze) *[trwać, żyć]* eternally, forever [2] *pot.* (stale) *[przesiadywać, narzekać]* always, constantly; **ona jest ~ niezadowolona** she's always dissatisfied

wiecznoś|ć *f sgt książk.* (wieczne trwanie) eternity; **czas dłużył się jak ~ć** (the)

time dragged on endlessly

■ **przenieść się** a. **odejść do ~ci** *książk.* to pass away

wieczn|y *adi.* [1] (nieskończony) eternal, everlasting; **nikt nie jest ~y** no one is immortal [2] (nieustanny) *[kłopoty, zmartwienia, problem]* permanent, perennial; **żył w ~ym strachu** he lived in permanent fear

■ **Wieczne Miasto** *książk.* (Rzym) the Eternal City

wieczor|ek *m* [1] *dem.* (pora dnia) evening; **wybrać się na spacer ~kiem** to go for a walk in the evening [2] (zabawa towarzyska) evening party, soirée

wieczorn|y *adi. [pociąg, godzina, rozmowa]* evening *attr.*

wieczorow|y *adi.* [1] *[suknia, strój, toaleta]* evening *attr.* [2] *[szkoła, kursy, zajęcia]* evening *attr.*

wieczorów|ka *f pot.* evening classes, evening school

wiecz|ór *m* (*G* **~oru** a. **~ora**) [1] (część doby) evening, night; **~ór wigilijny/sylwestrowy** Christmas Eve/New Year's Eve; **zapada ~ór** evening falls; **od rana do ~ora** from morning till night; **co ~ór chodzi do kina** he goes to the cinema every evening; **pod ~ór** towards (the) evening; **wrócić o ósmej ~ór** a. **~orem** he came back at 8 o'clock in the evening; **lubi spacerować ~orami** he likes walking in the evening; **dobry ~ór** good evening [2] (impreza) *[literacki, muzyczny]* soirée; **~ór autorski** a soirée; **~ór kawalerski** a stag GB a. buck's night

wieczy|sty *adi. książk.* perpetual, timeless; **użytkowanie ~ste** *Prawo* perpetual usufruct

wiedz|a *f sgt* [1] (zasób informacji) knowledge; **pogłębiać (swoją) ~ę** to broaden one's knowledge; **rozległa/gruntowna ~a** an extensive/a sound knowledge [2] (mądrość) wisdom [3] (zasób wiadomości z jakiejś dziedziny) competence, expertise

❑ **~a hermetyczna** *Hist.* hermetic knowledge; *przen.* (tylko dla wybranych) hermetic knowledge, recondite knowledge

■ **bez czyjejś ~y** behind sb's back; **za czyjąś** a. **z czyjejś ~y** with sb's knowledge

wie|dzieć *impf* (**~m, ~dział, ~dzieli**) *vi* to know; **~dział o mnie wszystko** he knew all about me; **nic o nim nie ~działa** she knew nothing about him; **niewiele ~m na ten temat** I don't know much about this subject; **dokładnie ~m, o co ci chodzi** I know exactly what you mean; **~m o tym z własnego doświadczenia** I know that from my own experience; **~działa, że to już koniec** she knew it was the end; **~dzieć z góry** *pot.* to know in advance; **~m, ~m** I know; **~sz (co)** *pot.* you know?, know what?; **choćby nie ~m jak/co/kto** *pot.* no matter how/what/who; **czy ja wiem** a. **bo ja wiem** *pot.* well, I don't know; **nie ~dzieć czemu** a. **dlaczego** *książk.* God only knows why; **o ile ~m** *pot.* as far as I know

■ **~dzieć, co w trawie piszczy** *pot.* to know what's what; **jak nie wiem co** *pot.* like hell

wiedźm|a *f* [1] (czarownica) witch [2] *pot., obraźl.* hag

wiejs|ki *adi.* [1] *[droga, powietrze, szkoła]* country *attr.*; *[ludność]* rural [2] *[chleb]* farmhouse *attr.*; *[ubranie]* farmer's; *[obyczaje]* folk

wiejskoś|ć *f sgt* rusticity

wiek [] *m* (*G* **~u**) [1] *sgt* (liczba lat przeżytych) age; **z ~iem** with age; **być w kwiecie ~u** to be in one's prime; **na swój ~** for one's age; **nie wyglądać na swój ~** to not look one's age; **dożyć sędziwego ~u** to live to a great age; **nad ~ rozwinięty** precocious; **jesteśmy w tym samym ~u** we're the same age; **w jakim są ~u?** how old are they? [2] (epoka) age; **~ atomu** the nuclear age; **~ wielkich odkryć** the Age of Discovery; **~ pary** the steam age [3] (stulecie) century; **na przełomie XIX i XX ~u** at the turn of the 20th century; **pod koniec ~u** towards the end of the century; **w ubiegłym ~u** during the last century; **początek/schyłek ~u** the beginning/close of a century; **przed ~ami** ages ago

[] **wieki** *plt* (długi czas) ages; **nie widzieć kogoś ~i** to not see sb for ages, to not see sb for donkey's years; **od ~ów** from a. since time immemorial

❑ **~ dojrzały** adulthood, age of maturity; **~ emerytalny** retirement age; **~ poborowy** conscription age; **~ produkcyjny** working age; **~ przedszkolny** nursery school age; **~ szkolny** school age; **~i średnie** *Hist.* the Middle Ages; **złoty ~** golden age

■ **na ~i ~ów** *Relig.* forever and ever

wiek|o *n* lid; **zatrzasnąć ~o skrzyni** to slam down the lid of a chest

wiekopomn|y *adi. książk. [dzieło, wynalazek, zasługi]* memorable

wiekowo *adv.* in terms of age; **grupa zróżnicowana ~** a mixed-age group

wiekow|y *adi.* [1] (stary) *[kultura, tradycja, dom]* ancient, age-old [2] *pot.* (leciwy) ancient [3] (dotyczący wieku) *[kategoria, grupa]* age *attr.*; **limit ~y** an age limit; **przedział ~y** an age bracket

wiekuistoś|ć *f sgt książk.* (wieczność) eternity

wiekui|sty *adi. książk.* [1] (wieczny) *[szczęście, chwała]* eternal, everlasting; **światłość ~sta** eternal light [2] (odwieczny) perennial

wielbiciel *m*, **~ka** *f* (*Gpl* **~i, ~ek**) [1] (miłośnik) admirer, lover [2] (wielbiciel) devotee, admirer [3] (adorator) adorer

wielb|ić *impf vt książk.* [1] (uwielbiać) to adore, to admire [2] (czcić) to worship [3] (wychwalać) to worship

wielbłą|d *m Zool.* camel

❑ **~d dwugarbny** *Zool.* two-humped camel, Bactrian camel; **~d jednogarbny** *Zool.* one-humped camel, dromedary

wielbłądzi *adi. [koc, płaszcz, wełna]* camel's, camel *attr.*

wielce *adv. książk.* (bardzo) highly, greatly; **~ przejęty** highly a. greatly excited; **Wielce Szanowny Panie!...** (w liście) Honoured Sir,...

wiel|e [] *pron.* (dużo) a lot; (z policzalnymi) many; (z niepoliczalnymi) much; **~e domów/ samochodów** a lot of a. many houses/cars; **~e czasu/miejsca** a lot of time/room; **nie mamy ~e czasu/miejsca** we don't have much a. a lot of time/room; **pod ~oma względami** in many respects; **przed ~u** a. **~oma laty** many years ago; **~e hałasu o**

nic much ado about nothing; **coraz więcej ludzi/pieniędzy** more and more people/money; **za** a. **zbyt ~e wysiłku** too much effort; **mają ze sobą ~e wspólnego** they've got a lot a. they have much in common; **~u oskarżało go o zdradę** many accused him of treason; **uczeń jak ~u innych** a pupil like many others; **film jakich ~e** a film like many others

II adv. grad. (skala intensywności) a lot, much; **zrobił ~e, żeby nam pomóc** he did a lot a. a great deal to help us; **to ~e o niej mówi** that says a lot about her; **zarabiasz ~e więcej niż ja** you earn considerably a. a good deal more than I do; **o ~e młodszy/dłuższy** much younger/longer; **przyszliśmy o ~e za wcześnie** we came much too early; **o ~e za drogi/trudny** much a. far too expensive/difficult; **jesz o ~e za dużo** you eat far too much; **tego już za ~e!** this is too much! pot.; this has gone far enough! pot.

wielebnoś|ć f Relig. **Wasza Wielebność** Your Excellency; **Jego Wielebność** His Excellency

wielebn|y adi. Reverend; **Wielebna Matka Przełożona** Reverend Mother

wielekroć pron. książk. many times; **(po) ~ powtarzał to samo** he kept repeating the same thing over and over (again)

wiel|eset pron. książk. (many) hundreds

wielgachn|y adi. pot., żart. huge, whopping

Wielka|noc f Relig. Easter; **na ~noc** at Easter

wielkanocn|y adi. Relig. [śniadanie, ciasta, pisanki] Easter

wiel|ki II adi. [1] (ogromny) [budynek, miasto, majątek, osoba] huge, large; **poniósł ~kie straty** he suffered huge losses [2] (niespotykany) [mróz, wicher, strach, talent] great; **to ~ki sekret** it's a big secret [3] książk. (doniosły) great, momentous; **to ~ka chwila** it's a great moment; **dokonał ~kiego odkrycia** he made a great discovery [4] (wybitny) great; **to ~ki człowiek** he's a great man [5] Hist. (przydomek wybitnych władców) the Great; (w tytułach) Great; **~ki hetman/kanclerz/marszałek** Hist. Great Hetman/Chancellor/Marshal

II m zw. pl **~cy (tego świata)** ≈ the great ■ **~ki Boże** a. **~kie nieba** Good God!; **~ka pani** a. **dama** iron. grand lady; **~kie imię/nazwisko** a great name, a big name

wielkodusznie adv. grad. książk. generously; **wybaczył jej ~** he forgave her magnanimously

wielkodusznoś|ć f sgt książk. generosity, magnanimity; **zdobyć się na ~ć** to show one's magnanimity

wielkoduszn|y adi. grad. książk. generous, magnanimous; **był ~y wobec wrogów** he was magnanimous towards his enemies

wielkolu|d II m pers. (Npl ~dy) (bardzo wysoka osoba) żart. giant

II m inanim. (olbrzym) giant

wielkomiejs|ki adi. [ruch, tłum, życie] city attr., big-city attr.

wielkopańs|ki adi. książk. [maniery, wygląd, posiadłość] lordly, grand

Wielkopolan|in m, **~ka** f inhabitant of Great Poland (in west central Poland)

wielkopolsk|i adi. Great Poland attr.

wielkopostn|y adi. Relig. Lent, Lenten

wielkoś|ć f sgt [1] (rozmiar) size; **portret naturalnej ~ci** a life-size portrait; **grad ~ci gołębich jaj** hail stones the size of pigeon's eggs [2] przen. (ogrom) magnitude, enormity; **~ć jej poświęcenia** the enormity of her sacrifice [3] (doniosłość) greatness; **uznać czyjąś ~ć** to acknowledge sb's greatness [4] książk. (znakomitość) grandeur ❏ **~ć skalarna** Fiz. scalar quantity; **~ć wektorowa** Fiz. vector quantity

wielkoświatow|y adi. książk. (elitarny) distinguished, refined

wielmoż|a m (Npl **~e** a. **~owie**) Hist. magnate, nobleman

wielmożnoś|ć f przest. **Jego Wielmożność** His Lordship; **Wasza Wielmożność** Your Lordship/Ladyship

wielmożn|y adi. przest. The Honourable; **Jaśnie Wielmożny** The Most Honourable

wielo- w wyrazach złożonych multi-, many-; **wielofazowy** multi-phase; **wielokierunkowy** multi-directional

wieloaspektow|y adi. książk. multifaceted, many-sided

wielobarwnie adv. (kolorowo) colourfully, colorfully US; **~ ilustrowana książka** a colourfully illustrated book

wielobarwnoś|ć f sgt [1] having many colours [2] Fiz., Miner. pleochroism

wielobarwn|y adi. książk. colourful, colorful US, multicoloured, multicolored US; **~y obrazek** a colourful picture; **~e mozaiki** (multi)coloured mosaics

wieloboczn|y adi. polygonal, many-sided

wieloboi|sta m Sport (dziesięcioboista) decathlete; (pięcioboista) pentathlete

wieloboist|ka f Sport (siedmioboistka) heptathlete; (pięcioboistka) pentathlete

wielobok m (G **~u**) Mat. (wielokąt) polygon

wielob|ój m (G **~oju**) Sport (pięciobój) pentathlon; (siedmiobój) heptathlon; (dziesięciobój) decathlon

wielobóstw|o n sgt Relig. polytheism

wieloczęściow|y adi. multipartite

wieloczynnościow|y adi. universal, multifunctional

wielodzietn|y adi. [rodzina] large, numerous

wielofunkcyjnoś|ć f sgt multifunctionality

wielofunkcyjn|y adi. multifunctional, multipurpose

wielogłosow|y adi. Muz. polyphonic

wielojęzycznoś|ć f sgt multilingualism

wielojęzyczn|y adi. multilingual

wielokąt m Mat. polygon; **~t foremny** a regular polygon; **~t wpisany** an inscribed polygon; **~t wpisany w koło** a. **okrąg** a cyclic polygon; **~t wypukły** a convex polygon; **~t opisany (na krzywej)** a circumscribed polygon

wielokątn|y adi. [figura, filar, podstawa] polygonal

wielokierunkowo adv. [rozchodzić się] in different directions; **ruch odbywa się ~** the traffic goes in different directions; **działamy ~, by zlikwidować bezrobocie** we're exploring every avenue to eliminate unemployment; **śledztwo w tej sprawie przebiegało ~** there were several lines of investigation into the case

wielokierunkowoś|ć f sgt [1] (ruchu) multidirectional character [2] (prac, zainteresowań) many-sidedness

wielokierunkow|y adi. [1] [ruch] multidirectional [2] [działalność, zainteresowania] many-sided, multifaceted; [uczelnia] diversified, multidisciplinary

wielokilometrow|y adi. [trasa, droga, marsz] many kilometres long GB, many kilometers long US; **~y las** a forest stretching for many kilometres

wielokolorow|y adi. [wzór, haft, ilustracja] multicoloured GB, multicolored US

wielokomórkow|y adi. Bot. [roślina] multicellular; Zool. [organizm] metazoan

wielokroć → wielekroć

wielokrop|ek m Jęz. ellipsis, suspension points

wielokrotnie adv. [próbować, prosić, upominać się] repeatedly; **ceny wzrosły ~** the prices increased several times

wielokrotnoś|ć f [1] (liczba) multiple; **najmniejsza wspólna ~ć** the lowest common multiple [2] (powtarzalność) repeatability, iteration

wielokrotn|y adi. [1] [postanowienie, obietnice, próba] repeated [2] [mistrz, laureat] many times attr. GB, many time attr. US; [morderca] multiple [3] [wzrost] multiple

wieloletni adi. [1] [pracownik, budynek] of many years' standing; [dąb, samochód] old; [doświadczenie, przyjaźń] long-standing attr.; **~ przyjaciel** a friend of long standing [2] Bot. perennial

wielometrow|y adi. [wstęga, welon] many metres long GB, many meters long US

wielomiesięczn|y adi. [pobyt, rejs] many-months attr.; **~e zapasy** a supply for many months

wielomilionow|y adi. multimillion attr.

wielonarodow|y, **~ościowy** adi. [kraj, państwo, społeczność] multiethnic

wieloosobow|y adi. [przedział, pokój, sala] shared; [personel, rodzina] numerous; [wycieczka] group attr.

wielopartyjn|y adi. [system, demokracja, rząd] multiparty

wielopiętrow|y adi. [blok, biurowiec] multi-storey attr.

wieloplanowo adv. [myśleć, działać] on various levels, multifariously

wieloplanowoś|ć f sgt [1] (obrazu, dekoracji) perspective [2] (poezji, przedstawienia) multifaceted character a. nature, multidimensional character a. nature

wieloplanow|y adi. [1] [rysunek, obraz] perspective [2] przen. [powieść, sztuka] multifaceted, multidimensional

wielopłaszczyznowo adv. [ułożyć, usytuować] at various levels; **rozpatrywać zagadnienie ~** przen. to consider all aspects of a matter

wielopłaszczyznowoś|ć f sgt [1] (terenu, obszaru) multilevel nature; (rzeźby) multidimensional structure [2] przen. (twórczości, problematyki) multifaceted character, multidimensional character

wielopłaszczyznow|y adi. [1] [osiedle, teren] multilevel; [rzeźba] multidimensional [2] przen. [działanie, badanie, analiza] multifaceted, multidimensional

W

wielopokoleniow|y *adi. [rodzina]* multigenerational; **~a tradycja** the tradition of many generations

wielopostaciowoś|ć *f sgt* [1] (zjawisk) multiformity; (bóstwa) polymorphic nature [2] Biol., Miner. polymorphism

wielopostaciow|y *adi. [bóstwo]* polymorphic, polymorphous

wielopoziomowoś|ć *f sgt* przen. (tematu, zagadnienia, języka, powieści) multidimensional character

wielopoziomow|y *adi.* [1] *[garaż]* multilevel; *[budynek, kompleks]* multi-storey [2] przen. *[zagadnienie, kultura]* multidimensional, multifaceted

wielora|ki *adi. [kształty, funkcje, rola]* multiple, manifold

wielorako *adv. [rozumieć, tłumaczyć]* in various ways, variously

wielorakoś|ć *f sgt* (rozwiązań, pomysłów) diversity, variety

wieloramienn|y *adi.* many-branched; **świecznik ~y** a branched candleholder

wielorodzinn|y *adi. [budynek, dom]* multi-occupied, multi-family

wieloród|ka *f* Med., Zool. multigravida, multipara

wieloryb *m* (**~ek** *dem.*) Zool. whale; **~ gładkoskóry** a right whale, a bowhead whale

wielorybi *adi. [tłuszcz, mięso, tran]* whale *attr.*

wielorybnictw|o *n sgt* whaling

wielorybnicz|y *adi. [przemysł, harpun]* whaling; **statek ~y** a whaler

wielorybni|k [1] *m pers.* whaler GB, whaleman US

[2] *m inanim.* pot. (statek) whaler

wieloskładnikow|y *adi. [nawozy, substancje]* compound

wielosłowi|e *n sgt* pejor. circumlocution, verbiage; **popadać w ~e** to be verbose

wielostopniow|y *adi. [turbina, program, kurs]* multistage

wielostronnie *adv. [analizować, rozważać]* extensively; **był człowiekiem ~ wykształconym** he was an extensively educated man

wielostronnoś|ć *f sgt* (zainteresowań, uzdolnień) many-sidedness

wielostronn|y *adi.* [1] (wszechstronny) *[rozwój, zainteresowania]* many-sided; *[analiza]* multifaceted, multilevel [2] (multilateralny) *[stosunki, rozmowy, umowy]* multilateral

wielostrzałow|y *adi.* **karabin/pistolet ~y** a repeater

wielościan *m* (*G* **~u**) Mat. polyhedron; **~ foremny** a regular polyhedron; **~ wypukły** a convex polyhedron

wielościenn|y *adi. [kąt]* polyhedral; *[minerał]* multifaceted

wieloś|ć *f sgt* (słów, tematów, wzorów) multitude, multiplicity

wielotomow|y *adi. [encyklopedia, słownik]* multi-volume

wielotonow|y *adi. [ładunki, tir, płyta]* multi-tonne *attr.*

wielotorowoś|ć *f sgt* (badań, nauczania) multifaceted character

wielotorow|y *adi.* [1] *[bieżnia]* multi-lane *attr.*; *[przejazd kolejowy]* multi-track *attr.*

[2] przen. *[działalność, badania, praca, nauczanie]* multifaceted, diversified

wielotygodniow|y *adi. [wyjazd, urlop]* lasting many weeks

wielotysięczn|y *adi.* of many thousands; **~y tłum** a crowd of many thousands; **~y stadion** a stadium holding thousands of people

wielowarstwowo *adv. [ułożyć, zlepić]* in layers; **ubierać się ~** to dress oneself in (several) layers of clothes; **buduje swoje filmy ~** przen. his films have many layers of meaning

wielowarstwowoś|ć *f sgt* [1] (malowideł, płyt, tortu) multilayered structure [2] przen. (filmu, powieści) multifaceted character, multidimensional character

wielowarstwow|y *adi.* [1] *[płyty, nabłonek]* multilayered [2] przen. *[film, powieść]* multifaceted, multidimensional

wielowątkowo *adv.* on many a. various levels

wielowątkowoś|ć *f sgt* (powieści, filmu) complexity, multi-layered structure

wielowątkow|y *adi. [utwór, powieść, film]* multi-layered; **dyskusja była ~a** the discussion covered a number of topics

wielowiekow|y *adi. [konflikt, ród, kultura, tradycja]* centuries-old

wielowymiarow|y *adi. [przestrzeń, rzeczywistość]* multidimensional

wielozmianowoś|ć *f sgt* (produkcji, pracy) multi-shift system

wielozmianow|y *adi.* multi-shift; **praca ~a** shift work

wieloznacznie *adv.* ambiguously; **~ sformułowana odpowiedź** an ambiguously worded answer; **uśmiechał się ~** he gave an ambiguous smile

wieloznacznoś|ć *f sgt* (wyrazów, utworu, uśmiechu) ambiguity

wieloznaczn|y *adi. [wyraz, odpowiedź, powieść, postać]* ambiguous

wielożeństw|o *n sgt* polygamy

wie|niec *m* [1] (wiązanka) wreath; **złożyć ~niec pod pomnikiem** to lay a wreath at the memorial; **~niec z czerwonych róż** a wreath of red roses [2] przen. (przedmioty nanizane na sznurek) string; **~niec czosnku/grzybów** a string of garlic/dried mushrooms [3] przen. (krąg) circle, ring; **~niec drzew** a circle of trees; **otoczona była ~ńcem koleżanek** she was surrounded by a circle of friends [4] Myślis. attire [5] Techn. rim

wieńcow|y *adi.* Med. coronary; **naczynia ~e** coronary arteries; **choroba ~a** coronary (thrombosis)

wieńców|ka *f sgt* pot. coronary

wieńcz|yć *impf vt* książk. [1] (zdobić) to crown; **budowlę ~yła wspaniała attyka** the building was crowned with a splendid parapet ⇒ **zwieńczyć** [2] (kończyć) to crown; **jego starania nie zawsze były ~one sukcesem** his efforts were not always crowned with success ⇒ **uwieńczyć** [3] (nakładać) to garland; **~yła kwiatami skronie zwycięzców** she garlanded the winners with flowers ⇒ **uwieńczyć** [4] przen. to adorn; **gałązka oliwna ~y jego głowę** an olive twig adorns his head

■ **koniec ~y dzieło** przysł. the end crowns the work przysł.

wieprz [1] *m pers.* (*Gpl* **~y** a. **~ów**) pot., pejor. (grubas) porker pot., obraźl.; (gbur) swine pot.; **utyć jak ~** to be (as) fat as a pig; **najeść się jak ~** to make a pig of oneself pot.

[2] *m anim.* pig; (wykastrowany) hog

wieprzak → **wieprzek**

wieprz|ek *m* pot. porker

wieprzowin|a *f* (**~ka** *dem.*) *sgt* pork; **kotlety z ~y** pork chops

wieprzow|y [1] *adi. [kiełbasa]* pork *attr.*; **mięso ~e** pork; **pieczeń ~a** roast(ed) pork; **żywiec ~y** porkers

[2] **wieprzowe** *n sgt* (mięso) pork

wierce|nie [1] *sv* → **wiercić**

[2] *n zw. pl* drilling; **próbne ~nia** test drilling; **prowadzić ~nia w poszukiwaniu ropy** to drill for oil

❏ **~nie udarowe** Górn. percussion drilling, hammer drilling

wierch *m* (*G* **~u**) dial. peak, summit; **tatrzańskie ~y** the peaks of the Tatras

wier|cić *impf* [1] *vt* (świdrować) to drill *[otwór, studnię]* ⇒ **wywiercić**

[2] *vi* przen. **gryzący dym ~cił mu w nosie** przen. the acrid smoke made his nose tingle

[3] **wiercić się** to fidget, to wriggle about; **nie ~cić się!** stop fidgeting!; **~cić się na krześle** to fidget in one's seat

■ **~cić komuś dziurę w brzuchu** pot. to badger a. pester sb

wiercipię|ta *m* (*Npl* **~ty**) pot., żart. fidget

wiernie *adv. grad.* [1] *[służyć, kochać]* faithfully [2] *[powtórzyć, przetłumaczyć]* faithfully, accurately

wiernopoddańczo *adv.* książk. *[kłaniać się, zachowywać]* subserviently, servilely

wiernopoddańczoś|ć *f sgt* książk. subservience, servility

wiernopoddańcz|y *adi.* książk. *[lud, gazeta, polityka]* subservient, servile

wiernoś|ć *f sgt* [1] (oddanie) faithfulness, fidelity; **~ć małżeńska** marital fidelity; **dochować komuś ~ci** to remain faithful to sb; **~ć dla** a. **wobec króla** allegiance to the king; **rycerze składali przysięgę ~ci** a. **na ~ć królowi** the knights pledged a. swore an oath of allegiance to the king; **~ć ideałom młodości** faithfulness to the ideals of youth [2] (przekładu, rysunku, relacji) faithfulness, fidelity; **opisać coś z ~cią** to give a faithful account of sth

❏ **~ć odtwarzania (dźwięków)** Techn. fidelity

wiern|y [1] *adi. grad.* [1] *[przyjaciel, mąż, sługa]* faithful; **rycerze ~i królowi** the knights loyal to the king; **~y jak pies** (as) faithful as a dog; **pozostał ~y młodzieńczym ideałom** he remained faithful to the ideals of youth [2] *[tłumaczenie, relacja, kopia]* faithful, accurate; **~y naśladowca mistrza** a faithful imitator of the master

[2] **wierni** *plt* (wyznawcy) the faithful; (zgromadzeni) the congregation

wiersz *m* (utwór) poem; **pisać ~e** to write a. compose poems; **~e miłosne** love poems; **tomik ~y** a volume of poetry; **~e dla dzieci** children's poems [2] (linijka wiersza) line; **przeczytać kilka ~y poematu** to read a few lines of a poem [3] (linijka tekstu) line; **zacznij czytać od nowego ~a** start reading from the next line; **zacznij pisać od nowego ~a** start a new line

❏ **~ adonijski** a. **adoniczny** Literat. Adonic; **~ akatalektyczny** Literat. acatalectic; **~ akefaliczny** Literat. acephalous verse; **~ aleksandryjski** Literat. alexandrine; **~ biały** Literat. blank verse; **~ bohaterski** Literat. heroic verse; **~ jedenastozgłoskowy** Literat. hendecasyllable; **~ joniczny** Literat. ionic verse; **~ katalektyczny** Literat. catalectic; **~ leoniński** Literat. Leonine verse; **~ meliczny** Literat. melic poem; **~ nieregularny** Literat. free verse; **~ stroficzny** Literat. strophic verse; **~ sylabiczny** Literat. syllabic verse; **~ toniczny** Literat. accentual verse
■ **czytać między ~ami** to read between the lines; **mówić ~em** to rhyme

wierszokle|ta m (Npl **~ci** a. **~ty**) pejor. rhymester pejor., poetaster pejor.

wierszopis m (Npl **~owie** a. **~y**) pejor. poetaster pejor.

wiersz|ować impf vt przest. to rhyme; **utwór ~owany** a rhyming piece

wierszow|y adi. **miara ~a** a metre; **zwrotka ~a** a stanza of a poem; **drukarka ~a** a line (at-a-time) printer

wierszów|ka f pot. [1] (honorarium) linage [2] środ. (tekst) article

wierszyk m dem. rhyme

wiertar|ka f Techn. drill, drilling machine
❏ **~ka dentystyczna** Stomat. dentist's drill; **~ka elektryczna** electric drill; **~ka ręczna** hand drill; **~ka stołowa** bench drill; **~ka udarowa** hammer drill, jackhammer US

wiert|ło n drill bit; (dentystyczne) dental bur(r); **~ło do drewna/metalu** a wood/metal drill bit

wiertnicz|y adi. [szyb, narzędzia, prace] drill attr., drilling; **platforma ~a** a drilling platform; **otwór ~y** a bore

wierutnie adv. flatly, outright; **kłamać ~** to lie flatly a. outright

wierutn|y adi. grad. [kłamca] downright, blatant; [kłamstwo] outright, downright; **~e bzdury** utter nonsense

wierząc|y [] pa → wierzyć
[] adi. [1] (przyjmujący coś za prawdę) believing [2] (wyznający jakąś religię) **być ~ym** to believe in God
[] **wierząc|y** m, **~a** f (wyznawca jakiejś religii) książk. believer

wierzb|a f willow; (mająca bazie) pussy willow, sallow
❏ **~a koszykarska** osier; **~a płacząca** weeping willow

wierzbin|a f [1] (drewno wierzby) willow wood [2] (gałązki wierzby) osiers, wicker

wierzbow|y adi. [1] (odnoszący się do wierzby) [gałęzie, pędy, kora] willow attr. [2] (wykonany z drewna wierzbowego) [stół, krzesło] willow attr., willow wood attr. [3] (wykonany z gałęzi wierzby) [koszyk, krzesło] wicker attr.

wierzch m (G **~u**) [1] (górna część) top; **z ~u** a. **na ~u** a. **na ~u** some newspapers were lying on top; **z ~u** a. **na ~u zielony** green on (the) top; **zdjąć coś z ~u** to take sth off the top; **posyp cukrem po ~u** sprinkle with sugar on top; **~ tkaniny** the face side of a fabric; **na ~ walizki** włożyła ręcznik she put a towel on top when packing [2] (zewnętrzna strona) outside; **~ dłoni** the back of the hand; **walizka jest porysowana na ~u** the case is scratched

on the outside a. on the lid; **włożyć coś na ~** to put sth on top [sweter, marynarkę]; **bluzka wyrzucona na ~ (spodni)** a blouse worn outside one's trousers
■ **zostawić coś na ~u** to not put sth away; **oczy wyłażą mu na ~** pot. his eyes nearly pop out of his head; **moje/jego na ~u** I'm/he's right again; **twoje na ~u** OK, you win; **koń pod ~** a saddle horse, a hack; **jechać ~em** to ride on horseback

wierzchni adi. outer, top, outside; **~e okrycie** outerwear, outdoor clothing

wierzchoł|ek m [1] (drzewa, masztu) top; (góry) peak, summit [2] Mat. vertex; **~ek kąta** Mat. vertex of an angle

wierzchołkow|y adi. [1] (górny, szczytowy) top attr. [2] Mat. vertical

wierzchow|iec m riding a. saddle horse, hack

wierzchow|y adi. [koń] riding attr.

wierze|je plt (G **~i**) przest. gate

wierze|nie [] sv → wierzyć
[] **wierzenia** plt beliefs pl

wierzgać¹ impf → wierzgnąć

wierzga|ć² impf vi przen. (buntować się) to be rebellious a. defiant

wierzg|nąć pf — **wierzg|ać**¹ impf (**~nęła, ~nęli — ~am**) vi [1] (kopnąć) to kick [2] pot., żart. (machać nogami) to waggle

wierzyciel m (Gpl **~i**) creditor; **~ solidarny** Prawo joint and several creditor

wierzyciels|ki adi. creditor attr.

wierz|yć impf vi to believe; **~yć w Boga/reinkarnację** to believe in God/reincarnation; **~yć w duchy** to believe in ghosts; **~yć komuś** (ufać) to trust sb; (w czyjeś słowa) to believe sb; **~ę ci na słowo** I'll take your word for that; **~yć w czyjąś niewinność** to believe in sb's innocence; **~yć w kogoś** to believe in sb, to have faith in sb; **~yć, że...** to believe that...

wierzytelność f Prawo liability, debt

wiesioł|ek m Bot. evening primrose

wiesiołkow|y adi. Bot., Kosmet. [krem, olejek] evening primrose attr.

wiesza|ć impf [] vt [1] (umieszczać) to put up [firany, obrazy]; (na wieszakach, w szafie) to hang up [ubrania] [2] (zabijać) to hang
[] **wieszać się** [1] (hang down; **~ć się czyjegoś ramienia** to hang on sb's shoulder także przen. [2] [samobójca] to hang oneself
■ **psy na kimś ~ć** pot. to knock sb pot., to bad-mouth sb pot.

wiesza|k m (**~czek** dem.) [1] (stojący) stand; (łazienkowy) (towel) rail; (kołek) peg; (haczyk) hook [2] (ramiączko) (clothes) hanger [3] (pętelka) hanger loop, tab; **nie można powiesić twego płaszcza, ma zerwany ~k** I can't hang up your coat – the (hanger) loop's a. the tab's gone

wieszcz m (Npl **~owie** a. **~e**) książk. [1] (poeta) bard, poet [2] (wróżbita) seer, soothsayer

wieszcz|ka f książk. prophetess, oracle

wieszcz|y adi. książk. [1] (odnoszący się do poety) [dzieło, poezja, słowa] prophetic [2] (profetyczny) prophetic; **~e słowa** prophetic words; **~y sen** a prophetic dream

w|ieś f [1] (miejscowość) village [2] (mieszkańcy wsi) the villagers [3] (tereny leżące poza miastem) the country, countryside; **wyprowadzić się na wieś** to go and a. to live in the country;

mieszkać na wsi to live in the country(side)

wie|ścić impf vt książk. to announce

wieś|ć¹ f [1] książk. (wiadomość) news; **otrzymać złe ~ci** to get a. receive bad news; **od dawna nie miała od niego żadnych ~ci** she's had no news of him for ages a. a long time; **przepaść** a. **zginąć** a. **zniknąć bez ~ci** [osoba] to vanish a. disappear without trace [2] (pogłoska) rumour, hearsay; **jak ~ć gminna głosi...** pot. rumour has it (that)...

wi|eść² impf (**wiodę, wiedziesz, wiódł, wiodła, wiedli**) książk. [] vt [1] (prowadzić) to lead [2] (przewodzić) to lead; **wieść oddział do ataku** to lead the detachment in(to) the attack [3] (stanowić dojście) [ścieżka, ulica] to lead; **ta droga wiedzie do miasta** the road leads into town [4] (przeciągać) to slide, to move; **wiódł smyczkiem po strunach** he slid the bow over the strings [5] (powodować) to drive, to guide; **wiedziony ciekawością zajrzał przez okienko** driven by curiosity he looked through the window [6] (prowadzić) to lead; **wiódł z nią długie rozmowy** he had long talks with her
[] **wieść się** v imp. **wiedzie mu się całkiem nieźle** he's quite well off; **jak ci się wiedzie?** how are you doing?; **nie wiodło jej się w miłości** she was unlucky in love

wieśniacz|y adi. przest. peasant attr.

wieśnia|k m, **~czka** f [1] przest. (chłop, rolnik) peasant [2] obraźl. bumpkin obraźl., hick US obraźl.

Wietnam|czyk m, **~ka** f Vietnamese

wietnams|ki [] adi. Vietnamese; **wojna ~ka** the Vietnam War; **język ~ki** Vietnamese
[] m (język) Vietnamese

wietrz|eć impf vi [1] [wino] to go flat, to go off; [perfumy] to lose its fragrance [2] przen. [daty, wspomnienia] to fade away [3] Geol. [skała] to erode, to weather, to crumble

wietrznie adv. grad. windy adi.

wietrzno → wietrznie

wietrzn|y adi. [1] [pogoda, klimat, dzień] windy [2] [erozja, silnik] wind attr.

wietrz|yć impf [] vt [1] (odświeżać) to air, to ventilate [mieszkanie]; to air [ubranie, pościel] ⇒ **wywietrzyć** [2] (wyczuwać węchem) [zwierzę] to nose, to scent [3] przen. **~yć podstęp** to smell a rat przen.; **~yć sensację** [dziennikarz] to sniff out a scandal; **~yć zdradę** to smell treason ⇒ **zwietrzyć**
[] **wietrzyć się** to be airing ⇒ **wywietrzyć się**

wietrzyk m dem. (G **~a** a. **~u**) breeze, zephyr

wietrzysk|o m augm. nasty a. strong wind

wiew m sgt (G **~u**) [1] książk. (wiatru, chłodu) gust; (zapachu) whiff [2] przen. breath, taste; **~ śmierci** taste of death

wiewiórcz|y adi. [1] [dziupla, ogon] squirrel attr., squirrel's [2] [futro, skórki] squirrel attr.

wiewiór|ka f Zool. squirrel

wi|eźć impf (**wiozę, wieziesz, wiózł, wiozła, wieźli**) vt to carry; **wieźć turystów autobusem** to take the tourists by coach; **wieźć węgiel na wozie** to transport coal on a cart a. wagon

W

wież|a f [1] Budow. tower; **~a strażnicza** a watchtower [2] Gry (w szachach) rook; castle przest. [3] Muz. (zestaw urządzeń do odtwarzania muzyki) stacking hi-fi [4] Komput. (obudowa komputera) tower case [5] Wojsk. (artyleryjska) (gun) turret [6] Sport (do skoków do wody) diving platform

❏ **~a Babel** Bibl. the Tower of Babel; przen. the tower of Babel; **~a ciśnień** Techn. water tower; **~a kontrolna** Lotn. control tower; **~a wiertnicza** drilling rig

wieżow|iec m Budow. (tower) block, skyscraper

wieżycz|ka f [1] dem. Archit. turret, pinnacle [2] Wojsk. turret

więc [] coni. [1] (a zatem) so; **zmęczył się, (a) ~ usiadł na ławce** he got tired, so he sat down on a bench; **zaczęło padać, wróciliśmy ~ do hotelu** it started to rain a. raining, so we returned to the hotel [2] (czyli) that is (to say), namely; **za trzy dni, a ~ w poniedziałek** in three days, that is a. that's to say on Monday; **kraje Europy Wschodniej, a ~ Ukraina, Białoruś...** the countries of Eastern Europe, which is to say Ukraine, Belarus...

[] part. [1] (nawiązanie) so; **a ~ co mam teraz zrobić?** so what am I to do now?; **~ to jest ta słynna rzeźba!** so this is the a. that famous sculpture!; **~ jednak ona zna angielski!** so she does know English after all! [2] (wprowadzenie) well then; **a ~, jak już mówiłem...** well then, as I've already said...

więcej → **dużo, wiele**

wi|ędnąć impf (**wiądł** a. **więdnął**) vi [1] (tracić świeżość) [kwiaty w wazonie] to droop, to wilt; [rośliny] to wither, to shrivel ⇒ **zwiędnąć** [2] przen. [osoba] to shrivel, to wither ⇒ **zwiędnąć** [3] przen. [uroda] to wither

większościow|y adi. [rząd, pakiet akcji] majority attr.

większoś|ć f majority; **~ć banków zamykają o szóstej** most banks close a. shut at 6 p.m.; **w ~ci wypadków miał rację** in the majority of cases he was right; **przeciw głosowała ~ć zebranych** the majority of those present voted against

❏ **~ć bezwzględna** a. **absolutna** Prawo absolute majority; **~ć kwalifikowana** Prawo qualified majority; **~ć zwykła** Prawo ordinary majority, simple majority

większy adi. comp. → **duży**

wię|zić impf vt [1] (trzymać w niewoli) to hold a. keep [sb] prisoner ⇒ **uwięzić** [2] przen. to hold [sb] captive; **rodzice ~zili ją w domu** her parents confined her to the house ⇒ **uwięzić**

więzie|nie n [1] (budynek) prison, jail; **dwa lata siedział w ~niu za kradzież** he served two years (in prison) for robbery [2] (wyrok, kara) prison sentence, imprisonment; **dożywotnie ~nie** life sentence; **dostał rok ~nia w zawieszeniu** he got a suspended one-year prison sentence; **odsiaduje ~nie za kradzież** pot. he's doing time for robbery pot.

■ **gnić w ~niu** pot. to rot in prison a. jail

więziennictw|o n sgt the prison system

więzienn|y adi. prison attr.; **dozorca ~y** a warder

---

wię|zień m (Npl **~źniowie**) prisoner, inmate; **~zień polityczny** a political prisoner; **~zień sumienia** a prisoner of conscience; **~zień wojenny** a prisoner of war, a POW; **~źniowie obozów koncentracyjnych** inmates of concentration camps

wię|znąć impf (**~zł, ~zła, ~źli**) vi to stick, to get stuck; **~znąć komuś w gardle** [głos, słowa] to stick in sb's throat

więz|y plt (G **~ów**) książk. [1] (sznury, rzemienie) bonds, fetters; **oswobodzić kogoś z ~ów** to untie sb, to unfetter sb [2] przen. fetters, shackles, chains; **wyzwolić się z ~ów** to shake off one's shackles [3] (to co wiążę, łączy) ties; **~y małżeńskie/rodzinne** marriage bonds/family ties

wię|ź f bond; **zacieśnić ~zi z rodziną** to tighten contacts with the family; **~zi przyjaźni** ties of friendship

więźniar|ka f [1] (osoba) prisoner [2] pot. (samochód) prison van

wigili|a f (GDGpl **~i**) [1] (przed Bożym Narodzeniem) Christmas Eve [2] (kolacja wigilijna) Christmas Eve supper [3] książk. (przeddzień) eve; **w ~ę ślubu** on the eve of the wedding

wigilijn|y adi. Christmas Eve attr.; **kolacja ~a** Christmas Eve supper

wigo|r m sgt (G **~ru**) vigour GB, vigor US, verve; **pełen ~ru** vigorous, spirited; **nabrać ~ru** to regain one's vigour; **stracić ~r** to lose one's vigour

wigwam m (G **~u**) Antrop. wigwam, tepee

wihajst|er m pot. żart. whatsit pot., thingamabob pot.

wikariusz m (Gpl **~y**) Relig. [1] (w kościele katolickim) (assistant) curate [2] (w kościele anglikańskim) vicar

wika|ry m (Npl **~rzy** a. **~rowie**, Gpl **~rych**) pot. (assistant) curate

wiking m (Npl **~owie**) Hist. Viking

wiklin|a f [1] (gatunek wierzby) osier, wicker [2] sgt wicker; **kosz z ~y** a wicker basket

wikliniars|ki adi. wicker attr.; **przemysł ~ki** wicker industry; **wyroby ~kie** wickerwork

wikliniarstw|o n sgt [1] (uprawa wikliny) wicker cultivation, osier growing [2] (przemysł) the wicker industry

wikliniarz m (Gpl **~y**) wicker weaver

wiklinow|y adi. wicker attr.; **meble ~e** wicker furniture

wikła|ć impf [] vt [1] (plątać) to tangle [plany, sprawę]; **to bardzo mi ~ moje plany** this has really complicated my plans ⇒ **powikłać** [2] (wciągać) to embroil, to entangle (**w coś** in sth) ⇒ **uwikłać**

[] **wikłać się** [1] przen. (komplikować się) to become tangled, to tangle; **śledztwo coraz bardziej się ~** the investigation becomes more and more complicated a. involved ⇒ **powikłać się** [2] (wplątać się) to become embroiled, to become involved (**w coś** in sth) ⇒ **uwikłać się** [3] (przeczyć sobie) **~ć się w odpowiedziach/zeznaniach** to be inconsistent in one's answers/testimony

wik|t m (G **~tu**) (całodzienne wyżywienie) board; **całodzienny ~t** full board; **być u kogoś na ~cie** to board with sb; **zapewnić komuś ~t i opierunek** to give sb their board and keep; **być na własnym ~cie** to earn one's keep

---

wiktori|a f (GDGpl **~i**) daw. (zwycięstwo) victory

wiktoriańs|ki adi. Victorian

wiktuał|y plt (G **~ów**) książk., przest. victuals przest.

wilcz|ek m dem. [1] (młody wilk) wolf cub [2] (młody owczarek alzacki) Alsatian cub

wilcz|ę n (G **~ęcia**) wolf cub

wilczu|r m (**~rek** dem.) (owczarek alzacki) German shepherd, Alsatian GB

wilcz|y adi. wolfish, lupine; **~a jagoda** belladonna, deadly nightshade

■ **mieć ~y apetyt** pot. to eat like a horse

wilczyc|a f [1] (samica wilka) she-wolf [2] (suka z rasy owczarków alzackich) German shepherd bitch, Alsatian bitch GB

wil|ga f Zool. oriole

wilgo|ć f sgt damp, dampness, humidity

wilgotni|eć impf (**~eje, ~ał**) vi to get wet; **oczy ~ały jej od łez** her eyes grew moist with tears; **zboże ~eje w stodole** the grain in the barn is getting damp ⇒ **zwilgotnieć**

wilgotn|o adv. grad. wet adi., damp adi.

wilgotnoś|ć f sgt humidity, moistness

wilgotn|y adi. grad. [powietrze, klimat] humid, wet; [ubranie, ziemia, ściany, pokój] damp, wet; [twarz, oczy] wet

wilia → **wigilia**

wilk [] m anim. [1] (zwierzę drapieżne) wolf; **stado ~ów** a pack of wolves [2] pot. (owczarek alzacki) German shepherd, Alsatian GB

[] m inanim. (A **~a**) [1] pot. (wyprawiona wilcza skóra) wolfskin [2] Bot., Ogr. (dziczka) straggler, sucker [3] sgt Med. (toczeń) lupus

❏ **~ morski** Żegl. sea dog

■ **bajka o żelaznym ~u** a cock and bull story pot.; **słuchać czegoś jak bajki o żelaznym ~u** to listen to sth in utter disbelief; **~ w owczej** a. **jagnięcej skórze** a wolf in sheep's clothing; **być głodnym jak ~** to be (as) hungry as a bear, to be ravenously hungry; **jestem głodny jak ~** I'm ravenous, (I'm so hungry) I could eat a horse; **nie wywołuj ~a z lasu** let sleeping dogs lie przysł., don't trouble trouble until trouble troubles you przysł.; **~iem mu patrzyło z oczu** he looked evil; **patrzeć** a. **spoglądać ~iem na kogoś** to glower a. scowl at sb; **złapać ~a** to get a cold (from sitting on a cold surface); **ciągnie ~a do lasu** a leopard cannot change its spots przysł.; **i ~ syty, i owca cała** that makes everyone happy; **o ~u mowa (a ~ tu)** speak a. talk of the devil (and he's sure to appear)

wilkołak m werewolf, lycanthrope; **zamienić** a. **przemienić się w ~a** to turn a. be transformed into a werewolf

will|a f (Gpl **~i** a. **~**) Archit. (w mieście) villa, (detached) house; (na wsi) (country) villa, house in the country; **mieszkał w ekskluzywnej/luksusowej/okazałej ~i nad morzem** he lived in an exclusive/luxury/sumptuous villa by the sea

willow|y adi. Archit. **dzielnica ~a** an exclusive residential district a. area; **osiedle ~e** an exclusive residential development a. estate

win|a f [1] (przewinienie) guilt, fault; **dowieść czyjejś ~y** to prove a. establish sb's guilt; **przyznać się do ~y** to admit a. confess

one's guilt; (w sądzie) to plead guilty, to make a. enter a plea of guilty; **nie przyznać się do ~y** to refuse to admit one's guilt, to deny one's guilt; (w sądzie) to plead not guilty, to make a. enter a plea of not guilty; **odkupić/zmazać ~ę** to expiate/atone for one's guilt; **próbował pomniejszać swoją ~ę** he tried to lessen his guilt [2] (odpowiedzialność za zły czyn) guilt, blame; **nie poczuwam się do ~y** I don't feel guilty, I feel no sense of guilt; **obarczyć kogoś ~ą** to lay a. put a. place the blame on sb; **zrzucić** a. **zwalić ~ę na kogoś** to shift the blame on sb, to pin the blame on sb; **wziąć na siebie ~ę za coś** to take a. shoulder the blame for sth; **wziąć całą ~ę na siebie** to take all the blame upon oneself; **ponosić ~ę za coś** to bear the blame for sth; **poczucie ~y** sense of guilt; **pozbyć** a. **wyzbyć się poczucia ~y** to divest oneself of guilt; **wywoływać** a. **wzbudzać w kimś poczucie ~y** to make sb feel guilty; **dręczyło ją poczucie ~y** she was haunted by (feelings of) a. racked with guilt; **ogarnęło ją poczucie ~y** (a feeling of) guilt washed a. swept over her [3] sgt (przyczyna złego) fault; **czyja to ~a?** whose fault is it?, who is to blame?; **to twoja ~a** it's your (own) fault; **to nie moja ~a, że nie zdał** it's not my fault (that) he failed; **to wszystko moja ~a** my fault entirely, it's all my fault; **nie z mojej ~y** through no fault of mine; **z twojej ~y spóźniliśmy się na pociąg** because of you we missed the train; **nie jesteś całkiem bez ~y** you're not entirely blameless
❏ **~a nieumyślna** Prawo unintentional guilt; **~a umyślna** Prawo deliberate a. intentional guilt

win|da f Techn. lift GB, elevator US; **drzwi/ kabina ~dy** the lift door(s)/car; **~da osobowa/do transportu dań** a passenger lift/a dumb waiter; **szybkobieżna/prze- szklona ~da** an express/a glass-walled a. glass-sided lift; **budynek bez ~dy** a building with no lift, a walk-up (building) US; **przywołać** a. **wezwać ~dę** to summon a. call the lift; **ściągnąć ~dę na parter** to bring the lift (down) to the ground floor; **utknąć w ~dzie (między piętrami)** to get stuck a. caught in the lift (between floors); **zatrzymać ~dę mię- dzy piętrami** to stop a. jam the lift between floors; **wjechać ~dą na górę/ na piąte piętro** to go up in the lift, to ride the elevator up US/to take the lift (up) to the fifth floor; **zjechać ~dą (na dół)/ na parter** to go down in the lift, to ride the elevator down US/to take the lift (down) to the ground floor
❏ **~da kotwiczna** Techn., Żegl. (o osi piono- wej) capstan; (o osi poziomej) windlass; **~da towarowa** Techn. service a. goods lift GB, service a. freight elevator US

wind|ować impf pot. **[]** vt [1] (wnosić na górę) to hoist, to heave up; **~ować ciężkie skrzynie na wóz** to hoist heavy boxes onto a cart ⇒ **wwindować, wywindo- wać** [2] (zwiększać) to push up, to force up, to jack up [ceny]; to push up, to force up [koszty]; **sztuczne ~owanie cen** forcing up prices ⇒ **wywindować** [3] przen. (zwięk-

szać znaczenie) to promote; **~ować kogoś na wyższe stanowisko** to move sb up, to elevate sb to a higher position; **~ować kogoś na czołówki gazet/szczyty list przebojów** to push sb onto the front pages/to catapult sb to the top of the charts ⇒ **wywindować**

[] windować się [1] (wchodzić na górę) to clamber (up); **~ować się po schodach** to struggle a. haul oneself up the stairs ⇒ **wwindować się, wywindować się** [2] przen. (osiągać lepszą pozycję) to upgrade oneself; **~ować się na piedestał** to elevate oneself onto a pedestal ⇒ **wywin- dować się**

window|y adi. Techn. **szyb ~y** a lift shaft GB, an elevator shaft US

windsurfing /wint'serfiŋg/ m sgt (G **~u**) [1] (rekreacja) windsurfing, sailboarding; **de- ska do ~u** a windsurfer, a sailboard; **uprawiać ~** to windsurf [2] Sport (dyscyplina sportu) windsurfing; **mistrzostwa świata w ~u** world windsurfing championship

windsurfingow|y /ˌwintserfiŋˈgovɨ/ adi. Sport [sprzęt, klub, szkółka, zawody] wind- surfing attr.; **deska ~a** a windsurfing board, a sailboard; **pływać na desce ~ej** to windsurf

windzia|rz m, **~rka** f (Gpl **~rzy, ~rek**) lift attendant GB, elevator operator US

winegre|t /ˌvine'gret/ m, m inv. sgt (G **~tu**) Kulin. [1] (sos) vinaigrette, French dressing GB; **zielona sałata z sosem ~t** lettuce with vinaigrette (dressing) [2] (sałatka) vinaigrette salad

winiak m (G **~u**) [1] (wódka) (grape) brandy U; **kieliszek ~u** a glass of (grape) brandy [2] (porcja) (grape) brandy; **poproszę dwa ~i** two brandies, please

winiar|nia f (Gpl **~ni** a. **~ń**) Wina [1] (lokal) wine bar a. tavern [2] (wytwórnia wina) winery, wine factory

winiars|ki adi. Wina [przemysł, sklep, akceso- ria, drożdże] wine attr.; [region] wine-produc- ing attr.; [tradycje] winemaking attr.; **branża ~ka** the wine trade, the winemaking business

winiarstw|o n sgt Wina winemaking

wi|nić impf **[]** vt to blame (**za coś** a. **o coś** for sth); **za wszystko winił lekarzy** he blamed the doctors for everything, he blamed it all on the doctors; **winić posłańca za to, że przynosi złe wieści** to blame the messenger (for bringing bad news); **możesz winić tylko siebie** you only have yourself to blame, you can't blame anyone but yourself

[] winić się [1] (samego siebie) to blame oneself (**za coś** for sth); **nie wiń się o to** don't blame a. you shouldn't blame yourself (for that) [2] (jeden drugiego) to blame each other a. one another; **winili się wzajemnie za opóźnienie** they blamed each other for the delay

winidu|r m sgt (G **~ru**) Chem., Techn. Vinidur®, rigid PVC

win|ien [] adi. praed. → **winny²**
[] impf (**~ieneś, ~ien, ~no**) vi książk. [1] (mieć obowiązek) should, ought to; **~ien jej okazać więcej szacunku** he should show her more respect [2] (musieć spełnić warunki)

should; **formularze ~ny być wypełnione czytelnie** forms should be filled in legibly

winie|ta f [1] Druk. (w książce) vignette; (na początku rozdziału) headpiece; (na końcu rozdziału lub książki) tailpiece [2] Druk. (na tytułowej stronie gazety) masthead, flag; **wprowadzić nową/ zmienioną ~tę** to introduce a new/ revamped masthead [3] Aut. toll sticker

winiet|ka f dem. (small) vignette

wink|iel m (Gpl **~li** a. **~lów**) [1] pot. (narożnik) corner; **stać a ~lu** to stand on a. at the corner; **czaić się/zniknąć za ~lem** to hide/to disappear a. vanish round the corner; **wychylić się/wyskoczyć/pod- glądać zza ~la** to poke one's head (out)/to jump out a. pop out GB/to peek (out) from behind the corner [2] Techn. (kątownik) square

win|ko n dem. pot. [1] (napój) wine; **napić się ~ka** to have a drop of wine [2] (porcja) (butelka) bottle of wine; (kieliszek) glass of wine

winnic|a f Ogr. vineyard; **wina z najlep- szych ~ Burgundii** wines from the best a. from select vineyards in Burgundy; **zało- żyć/zasadzić ~ę** to establish/to plant a vineyard

winnicz|ek m Zool. edible a. Roman snail

winn|y¹ adi. [1] Bot., Ogr. **krzew ~y** vine; **~e grona** grapes [2] Wina [piwnica, handel, sos] wine attr.; **kamień ~y** tartar; **kupiec ~y** a wine merchant, a vintner [3] [smak, zapach] winey, vinous; [owoce] wine-flavoured [4] pot. (pikowy) **as ~y** the ace of spades

winn|y² [] adi. [1] (ponoszący winę) guilty (**czegoś** of sth); **on jest wszystkiemu ~ny** it's all his fault, he's entirely to blame; **wszyscy jesteśmy ~ni (temu bałagano- wi)** we are all to blame a. at fault (for this mess); **czuć się ~nym** to feel guilty, to have a guilty feeling; **czuł się ~ny wypadku** he felt guilty about the accident; **czuł się wobec niej ~ny** he felt guilty about a. towards her; **czuję się trochę ~ny** I feel some guilt a. a certain amount of guilt; **uznać kogoś ~nym** to find a. declare a. pronounce sb guilty; **sąd uznał go ~nym morderstwa** the court found a. adjudged książk. him (to be) guilty of murder [2] (o dłużniku) owing; **jestem mu ~na pieniądze** I owe him money; **jestem wam ~ny wyjaśnienie** przen. I owe you an explanation

[] winien adi. praed. [1] (ponoszący winę) guilty; **uznano, że oskarżony był ~ien zbrodni** the accused was found guilty of the crime; **sam sobie jestem ~ien** I only have myself to blame, it's my own fault; **nikt nie jest ~ien** no one's to blame, it's nobody's fault [2] (o dłużniku) owing; **ile jestem ~ien za książki?** how much a. what do I owe for the books?; **~nam ci przeprosiny/wyjaśnienie** I owe you an apology/explanation; **słowa wdzięczności jestem ~ien organizatorom** I owe (my) gratitude to the organizers [3] Fin., Księg. debit; **strona ~ien** the debit side; **zapisać** a. **zaksięgować coś po stronie ~ien** to enter a. record sth on the debit side

[] win|ny m, **~na** f person to blame, culprit; **~nych kradzieży surowo ukara- no** those guilty of stealing were severely punished; **nie był jedynym ~nym** he wasn't the only one to blame

win|o *n* [1] Wina (napój alkoholowy) wine; **młode ~o** young wine; **~o różowe** rosé (wine); **~o wytrawne/półwytrawne/słodkie/półsłodkie** dry/medium-dry/sweet/medium-sweet wine; **~o musujące** sparkling wine; **~o owocowe/grzane/z korzeniami** fruit/mulled/spiced wine; **~o lekkie/mocne** light/strong wine; **~o domowej roboty** home-made wine; **~o z dobrego rocznika** vintage wine; **butelka/lampka ~a** a bottle/glass of wine; **pić** a. **sączyć ~o** to drink/to sip wine; **~o poszło** a. **uderzyło mu do głowy** the wine went (straight) to his head [2] pot., Wina (porcja) (butelka) bottle of wine; (kieliszek) glass of wine; **zamówili/wypili po ~ie** they each ordered/had a glass of wine [3] pot., Ogr. (winorośl) grapevine, vine; **altana obrośnięta ~em** an arbour covered a. overgrown with vines [4] pot. (pik) spades *pl*; **wyjść** a. **zagrać w ~o** to play spades ❏ **~o deserowe** dessert wine; **~o likierowe** fortified a. liqueur wine; **~o mszalne** altar a. Communion a. sacramental wine; **~o muszkatołowe** muscatel (wine); **~o pepsynowe** Farm. pepsin elixir; **~o reńskie** Rhine wine, hock; **~o stołowe** table wine; **białe ~o** white wine; **czerwone ~o** red wine; **dzikie ~o** Bot., Ogr. Virginia creeper, woodbine US ■ **~o patykiem pisane** pot., pejor. cheap (fruit) wine; plonk GB pot.; **na przyjęciu ~o lało się strumieniami** the wine flowed like water at the party

winobra|nie *n* Ogr. [1] (zbiór winogron) grape harvest, vintage; **pojechaliśmy do Francji na ~nie** we went grape picking in France, we went to pick grapes in France [2] (okres zbioru winogron) grape harvest a. grape-picking season; **w czasie ~nia** during the grape harvest (season)

winogron|o *n* [1] zw. *pl* Bot. (owoc) grape; **kiść ~** a bunch a. cluster of grapes; **sok z ~** grape juice; **olej z pestek ~** grapeseed oil [2] pot. (winorośl) grapevine, vine; **usiąść w cieniu ~** to sit in the shade of the vine ■ **kwaśne ~a** sour grapes

winogronow|y *adi* [1] Kulin. *[sok]* grape *attr.*; **pestki ~e** grape pips GB a. seeds US [2] pot. *[liście, pędy]* vine *attr.*

winorośl *f* (Gpl ~i) Bot., Ogr. grapevine, vine; **uprawa ~i** wine growing, viticulture

winowajc|a *m* culprit, wrongdoer; **prawdziwym ~ą był Kowalski** Kowalski was the real culprit a. really the one to blame; **wskazać ~ę** to point out the culprit a. the guilty party; **spojrzał na mnie z miną ~y** he looked at me guiltily a. with a hangdog expression; **jako i my odpuszczamy naszym ~om** Relig. as we forgive those who trespass against us

winowajczy|ni *f* culprit, wrongdoer

winsz|ować *impf* **[!]** *vi* [1] (składać życzenia) to wish (**komuś czegoś** sb sth); **~ować komuś z okazji urodzin** to wish sb (a) happy birthday; **~ować młodej parze** to extend one's wishes to the young couple ⇒ **powinszować** [2] (gratulować) to congratulate (**komuś czegoś** sb on sth); **~ować komuś awansu/sukcesu** to con-gratulate sb on their promotion/success; **~ować nowożeńcom** to congratulate the newly-weds ⇒ **powinszować** **[!!]** **winszować sobie** to congratulate oneself (**czegoś** on sth); **~ował sobie pomysłu** he congratulated himself on the idea ⇒ **powinszować się**

win|t *m* (A ~ta) sgt przest., Gry auction bridge

wio *inter.* gee up!, giddy-up!, giddap! US

wio|cha *f augm.* pejor. dump of a village pot., (little) hick town US pot.; **zapadła ~cha** a godforsaken hole a. dump; **to straszna ~cha** this place is a real hole a. dump; **przyjechał z jakiejś nędznej ~chy** he came from some wretched little village

wiodąc|y **[!]** *pa* → **wieść¹** **[!!]** *adi.* kryt. *[firma, marka, rola]* leading, prominent; *[produkt]* leading

wiol|a *f* (Gpl ~ a. ~i) Muz. [1] zw. *pl* Hist. viol, viola [2] (altówka) viola

wiolini|sta *m*, **~stka** *f* Muz. violinist, violin player

wiolinistyczn|y *adi.* Muz. *[konkurs, technika]* violin *attr.*

wiolinisty|ka *f sgt* Muz. (art of) violin playing

wiolonczel|a *f* (Gpl ~ a. ~i) Muz. cello; violoncello książk.; **grać na ~i** to play the cello

wiolonczeli|sta *m*, **~stka** *f* Muz. cellist, cello player

wiolonczelow|y *adi.* Muz. *[koncert, partia]* cello *attr.*

wio|nąć *pf, impf* (**~nę, ~nęła, ~nęli**) *vi* książk. [1] (powiać) *[wiatr]* to blow, to waft; **~nie ożywczy wietrzyk** there's an invigorating breeze blowing [2] (być przywianym) to be wafted a. drifted; **z łąk ~nęło zapachem siana** the scent of hay wafted a. drifted from the meadows; **chłód ~nął z otwartych drzwi** a chill drifted through the open door; **~nęło od niego alkoholem** he reeked of alcohol [3] przen. (dać się odczuć) to be felt; **ze sceny/z boiska ~nęło nudą** the show/the game was a drag a. yawner pot.; **z jej oczu ~nie strach** there is fear in her eyes

wior|sta *f* przest., Miary verst

wiosen|ka *f dem.* [1] (pora roku) spring [2] przest. (rok życia) summer książk.; **ma już kilka ładnych ~ek na karku** she has seen quite a few summers

wiosennie *adv.* vernally; **kwiaty pachną ~** flowers smell like spring; **robi się ~** it's getting springlike; **była ~ rozmarzona** she was as dreamy as in springtime; **pozdrawiam wszystkich ~** springtime greetings to all

wiosenn|y *adi. [kwiaty, słońce, roztopy, siew, semestr, kolekcja]* spring *attr.*; *[pogoda, dzień]* spring *attr.*, springlike; **~e zrównanie dnia z nocą** the vernal a. spring equinox; **robić ~e porządki** to do the spring-cleaning, to spring-clean; **ubrać się po ~emu** to dress in spring clothes

wios|ka *f* [1] (wieś) (small) village, hamlet; **cicha/uboga ~ka** a quiet/poor village; **~ka górska/rybacka** a mountain/fishing village; **okoliczne ~ki** the surrounding villages, the villages round about; **pobliskie/sąsiednie ~ki** nearby/neighbouring villages [2] (mieszkańcy wsi) the village, the villagers; **na ślub przyszła cała ~ka** the whole (of the) village came to the wedding ❏ **~ka olimpijska** Sport the Olympic village; **globalna ~ka** the global village

wioskow|y *adi. [chłopak, zielarka, społeczność, festyn]* village *attr.*; **starszyzna ~a** the village elders; **~y głupek** the village idiot

wio|sło *n* [1] (osadzane w dulce) oar; (trzymane w ręku) paddle, scull; **~sło sterowe** a steering oar; **pióro ~sła** the blade a. flat of an oar; **okręt napędzany ~słami/z dwoma rzędami ~seł** a ship propelled by oars a. an oar-powered ship/a ship with two banks of oars; **każde pchnięcie/pociągnięcie ~seł przybliżało nas do brzegu** each thrust/pull a. stroke of the oars drew us nearer the shore; **pracować ~słami** to pull a. ply the oars; **wciągnąć/zanurzyć ~sła** to ship a. boat the oars/to dip a. lower the oars into the water; **symulator ~seł** (na siłowni) a rowing machine [2] pot., żart. (łyżka) spoon ❏ **~sło dwupióre** Żegl. double-bladed paddle

wiosł|ować *impf vi* [1] (poruszać wiosłami) (osadzonymi) to row, to oar US; (trzymanymi w ręku) to paddle; **~ować łodzią** to row a boat; **~ować do brzegu/w górę rzeki** to row/paddle to the shore/up the river a. upstream; **~ować miarowo** to row steadily; **~ować mocno** to row hard, to pull hard on the oars; **~ować wstecz** a. **do tyłu** to back oars a. water; **zaczął ~ować z całych sił** he began pulling a. to pull at the oars with all his might [2] Zool. (o zwierzętach) to row, to swim [3] pot., żart. (jeść zupę łyżką) to spoon (one's) soup

wiosłow|y *adi.* **łódź ~a** a rowing boat GB, a rowboat US; **statek ~y** a rowing vessel, a vessel under oars

wio|sna *f* [1] (pora roku) spring; **pierwsze oznaki/pierwszy powiew ~sny** the first signs a. stirrings/breath a. touch of spring; **~sną/na ~snę** in (the) spring, in (the) springtime; **z ~sną** when spring comes, with the arrival a. coming of spring; **~sna się zbliża/przyszła** a. **zawitała** spring is coming a. on the way/has come a. sprung; **ma się (już) ku ~śnie** spring will soon be here; **jest ~sna** it's spring a. springtime, spring is here; **czuć ~snę w powietrzu** spring is in the air, it feels like spring [2] przest. (rok życia) summer książk.; **(ona) liczy sobie dwadzieścia ~sen** she is a girl of twenty summers, she has seen twenty summers ❏ **~sna kalendarzowa** spring (*reckoned from 21 March to 21 June*); **Wiosna Ludów** Hist. Springtime of Nations, the Revolutions of 1848 ■ **~sna życia** książk. the springtime of life; **jesteś w ~śnie życia** you're in the springtime of your life; **byle** a. **aby do ~sny** pot. we will live to fight another day, after a storm comes a calm

wioszczyn|a *f* pejor. poor little village; **licha/maleńka/zaniedbana ~a** a poxy/tiny/scruffy little village

wioślar|ka [!] *f* [1] Sport rower; (członek załogi) oarswoman [2] (osoba, która wiosłuje) rower

Ⅲ wioślarki _plt_ Zool. cladocerans, daphnia, water flea

wioślars|ki _adi._ Sport _[klub, wyścig, zawody, trener]_ rowing _attr._; **osada/załoga/ósemka** **~ka** a rowing crew/team/eight

wioślarstw|o _n sgt_ Sport rowing; **trenować/uprawiać ~o** to row

wioślarz _m (Gpl ~y)_ ① Sport rower; (członek załogi) oarsman, oar; **być dobrym ~em** to be a good oarsman a. oar, to pull a good oar ② (osoba, która wiosłuje) rower

wiośnian|y _adi._ ① książk. _[uroda, uśmiech]_ vernal książk. ② przest. **rześki ~y poranek** a fresh a. brisk spring morning

wiotcz|eć _impf (~eję, ~ał, ~eli) vi_ _[mięśnie]_ to get flabby, to go limp; _[skóra]_ to go slack; _[ciało, kwiaty]_ to go limp ⇒ **zwiotczeć**

wiot|ki _adi._ ① (giętki, słaby) _[gałązka]_ pliable, pliant; _[łodyga]_ flexible; _[konstrukcja]_ fragile ② (zwiotczały) _[skóra]_ limp, slack; _[mięśnie, piersi]_ flabby, flaccid; **~kie ciało** a limp body, flabby flesh ③ (miękki, delikatny) _[materiał, tkanina]_ fine, soft ④ (szczupły, smukły) _[kibić, postać]_ slender, slim; **~ki jak trzcina** as slender as a reed

wiotko _adv._ ① (miękko, delikatnie) _[piąć się, wić się]_ softly; _[opaść]_ limply ② (szczupło, gibko) _[zbudowany]_ slenderly; **wyglądać ~** to look supple a. willowy

wiotkoś|ć _f sgt_ ① (gałązki) pliability, pliancy ② (skóry) limpness, slackness; (mięśni) flabbiness, flaccidity ③ (postaci) slenderness, slimness

wiór _m_ ① (drewniany) shaving, chip; (metalowy, kamienny) chip; **~ry z tokarki/wiertarki** turnings/borings ② _zw. pl_ (do produkcji płyt, opakowań) wood shavings _pl_, woodchips _pl_; (do wyrobu plecionek) chip _U_ GB; **płyta z ~rów** chipboard, particle board; **szkło opakowane było w ~ry** the glass was packed in wood shavings a. in excelsior US

■ **chudy jak ~r** pot. (as) thin as a rake; **suchy jak ~r** _[mięso, skóra]_ (as) dry as a bone, bone dry; **wyschnąć na ~r** a. **jak ~r** (wychudnąć) to become as thin as a rake, to get terribly thin; (wyschnąć) _[mięso]_ to become bone dry; _[gardło]_ to become parched; **język wyschł mi na ~r** my mouth was bone dry a. felt (as) dry as a bone; **walczyli/wzięli się do pracy, aż ~ry leciały** they fought/began to work furiously; **gdzie drwa rąbią, tam ~ry lecą** przysł. you can't make an omelette without breaking eggs

wiór|ek _m zw. pl_ ① (metalowy) swarf _U_, (fine) chip; (drewniany) (fine) shaving a. chip; **~ki pozostałe po piłowaniu** filings ② (płatek) chip; **~ki czekoladowe** chocolate shavings a. flakes, grated chocolate; **~ki masła/mydła** slivers of butter/soap; **marchew starta na drobne/grube ~ki** finely/coarsely grated a. shredded carrot ❏ **~ki kokosowe** Kulin. desiccated a. dried coconut

wiórk|ować _impf vt_ ① (czyścić drewnianą podłogę) to rub a. buff [sth] with steel wool _[podłogę, posadzkę]_ ② Techn. to shave

wiórkowan|y _adi._ **~a podłoga** a floor rubbed a. buffed with steel wool

wiórow|y _adi._ ① Techn. **odpady ~e** waste shavings, shaving waste ② **płyta ~a** chipboard, particle board

wi|r _m (G wiru)_ ① (wodny) whirlpool; (mniejszy) eddy; (powietrzny) eddy; **gwałtowne/potężne/zdradliwe wiry** violent/powerful/treacherous whirlpools; **porwał go wir (wody)** he was caught in an eddy (of water); **wir wciągnął go pod wodę** a whirlpool sucked him underwater a. down, he was sucked (down) into a whirlpool; **gwałtowny wir powietrza** a whirling a. swirling a. spinning vortex of air; **wir wody znikający w odpływie wanny** a swirl of water disappearing down the bath drain ② (obracanie się w koło) whirl, whirling (motion); **wir karuzeli** the whirl of a merry-go-round; **porwać kogoś w wir tańca** to sweep sb into a whirl of dancing ③ (natłok, kołowrót) whirl; **wir spotkań/życia** a whirl of meetings/the whirl a. merry-go-round of life; **wir życia towarzyskiego** the social whirl; **wir wojny** the maelstrom a. welter of war; **szalony wir zdarzeń** the mad whirl a. rush of events; **w wirze walki** in the thick of the fighting a. the fray; **rzucić się w wir polityki/pracy/walki** to throw oneself into the hurly-burly of politics/into work/into the fray; **odpocząć od wiru codziennego życia** to relax from the hustle and bustle of everyday life

wira|ż _m (G ~u, Gpl ~y_ a. **~ów)** ① (zakręt drogi) bend, curve; **łagodny ~** a gentle bend; **ostry ~** a sharp a. tight bend, a dogleg; **przyśpieszyć na ~u** to accelerate on a bend; **minąć** a. **pokonać ~** to make the corner; **firma znalazła się na ~u** przen. the company is at a crossroads ② (skręt) turn; **samolot wykonał ~ w lewo** the plane made a left turn a. turned left; **auto weszło w ~/wyszło z ~u** the car went into a. took the turn/came around a. off the turn; **wziąć ~** pot. to take a. round a bend, to go around a bend; **samochód wziął ostry ~** the car took a sharp turn a. corner

wirnik _m_ Techn. rotor; (w pralce) agitator; **łopatka ~a** a rotor blade

wirnikow|y _adi._ Techn. **brona ~a** a rotor harrow; **pralka ~a** an agitator a. impeller washing machine

❏ **pług ~y** a. **odśnieżarka ~a** snowblower, snow thrower

wir|ować _impf vi_ ① (kręcić się) _[tancerz]_ to whirl, to spin (round); _[śmigło, płatki śniegu]_ to whirl; _[liście]_ to whirl, to eddy; _[woda]_ to swirl; **Ziemia ~uje dokoła** a. **wokół własnej osi** the Earth spins a. rotates a. turns on its axis; **dziewczyny ~owały w rytm muzyki** the girls moved a. danced in time to the music; **~ująca karuzela** a spinning a. whirling merry-go-round; **drobinki kurzu ~ujące w promieniach słońca** specks of dust whirling a. dancing in the rays of the sun ⇒ **zawirować** ② Techn. (nadawać ruch wirowy) to spin; **ta pralka ~uje z prędkością 500 obrotów na minutę** this washing machine spins at 500 revolutions per minute ③ Techn. (przepuszczać przez wirówkę) **~ować mleko** to centrifuge milk; **~ować pranie** to spin a. spin-dry GB the laundry ⇒ **odwirować**

■ **świat/wszystko ~uje komuś przed oczami** the world/everything swims before sb's eyes a. sb; **pokój zaczął ~ować mi przed oczami** the room began to swim a. spin before my eyes a. around me; **~uje mi w głowie** my head is spinning a. swimming; **po drugim kieliszku zaczęło jej ~ować w głowie** after the second glass, her head began to spin a. swim; **tysiące myśli ~owało mi w głowie** a thousand thoughts were whirling around in my head a. dancing about in my head; **aż w głowie ~uje od gwiazdorskich nazwisk** the mind boggles at the stellar names US

wirowo _adv._ **obracać się ~** to spin (round)

wirow|y _adi._ _[ruch]_ rotary, rotational; **masaż ~y** whirlpool massage; **prąd ~y** Elektr. rotary current; **taniec ~y** a round dance

wirów|ka _f_ ① Techn. (laboratoryjna) centrifuge; (przemysłowa) centrifuge, centrifugal separator; (do mleka) cream separator, centrifuge; (do bielizny) spin dryer; (do sałaty) salad spinner ② Lotn., Techn. (do wytwarzania przyśpieszeń) (human) centrifuge

wirtualnie _adv._ ① Komput. (pozornie) _[być kreowanym]_ virtually; **~ tworzone światy** virtually created worlds ② (potencjalnie) _[istnieć]_ virtually, potentially

wirtualn|y _adi._ ① Komput. (pozorny) _[pamięć, świat, scenografia, studio]_ virtual ② (potencjalny) _[czytelnik]_ virtual, potential; **cząstki ~e** Fiz. virtual particles

wirtuoz _m_, **~ka** _f_ ① (muzyk) virtuoso (performer); **~ skrzypiec** a violin virtuoso, a virtuoso violinist; **prawdziwy ~ fortepianu** a true piano virtuoso, a true virtuoso on the piano ② (mistrz) master; **~ pióra** a master a. virtuoso writer

wirtuozeri|a _f sgt (GD ~i)_ ① (w muzyce) virtuosity, bravura; **wykonała koncert z wielką ~ą** she gave a virtuoso a. bravura performance of the concerto ② (w innych dziedzinach) virtuosity; **jego poetycka ~a** his poetic virtuosity, his virtuosity as a poet

wirtuozers|ki _adi._ ① _[wykonanie, technika]_ virtuoso _attr._, bravura _attr._; _[kadencja, umiejętności]_ virtuoso _attr._, virtuosic _[reżyseria]_ virtuoso _attr._; **~ki popis oratorski** a virtuoso display of oratory

wirtuozostw|o _n sgt_ ① (w muzyce) virtuosity, bravura ② (w innych dziedzinach) virtuosity

wirtuozows|ki _adi._ ① (w muzyce) _[wykonanie]_ virtuoso _attr._, bravura _attr._ ② (w innych dziedzinach) _[występ, popis]_ virtuoso _attr._

wirus _m (A ~ a. ~a)_ ① Biol. (zarazek) virus; bug pot.; **śmiertelny/zabójczy/tajemniczy ~** a deadly/killer/mystery virus; **~ grypy** a flu a. an influenza virus; a flu bug pot.; **złapać ~a** to catch a virus; to pick up a bug pot.; **być nosicielem ~a HIV** to carry HIV a. the HIV virus, to be an HIV carrier ② Komput. (program komputerowy) virus; **~y komputerowe/pocztowe** computer/e-mail viruses; **oprogramowanie wykrywające ~y** a virus checker, virus-detecting software; **w jego komputerze był ~** he had a virus on his computer

wirusolo|g _m (Npl ~dzy_ a. **~gowie)** Biol., Med. virologist

wirusologi|a _f (GD ~i) sgt_ Biol., Med. virology

W

wirusologiczn|y *adi.* Biol., Med. virological; **badania ~e** virological tests

wirusow|y *adi. [choroba, infekcja, szczepionka]* viral, virus *attr.*; **~e zapalenie wątroby typu B** viral hepatitis B

wirydarz *m* (~**yk** *dem.*) (*Gpl* ~**y** a. ~**ów**) Archit., Relig. (cloister) garth

wis, ViS, vis *m* (*A* ~**a**) Vis pistol (*Polish automatic pistol used in the 1930s and during World War II*)

wishful thinking /ˈwɪʃful ˈfɪŋkɪŋ/ *n inv. sgt* książk. wishful thinking

wi|sieć *impf* (**wiszę, wisiał, wisieli**) *vi* [1] (być zawieszonym) to hang; **pranie wisi na sznurze** the washing is hanging on the line; **klucz wisiał na gwoździu/haczyku** the key hung from a nail/hook; **zegar/obraz wisi na ścianie** the clock/picture is hanging on the wall; **obraz wisi krzywo** the painting hangs at a. on a slant; **na drzwiach wisi tabliczka** there's a plaque on the door; **wisząca półka/szafeczka** a hanging shelf/cupboard; **lampa wisząca u sufitu** a lamp hanging from the ceiling [2] (zwisać) to hang (down); **wiszące sople lodu** hanging icicles; **wiszący podbródek** a sagging a. drooping chin [3] *[ubranie]* to hang loosely (**na kimś** on sb); to flap (**na kimś** round sb); **płaszcz wisi na nim jak na wieszaku** a. **kołku** his overcoat is all big and baggy; **suknia wisi na niej jak worek** her dress is all baggy [4] (unosić się) to hang; **mgła wisi nad doliną** fog hangs over the valley; **dym z papierosów wisiał w pokoju** cigarette smoke hung a. floated in the room; **orzeł wisiał w powietrzu** the eagle hovered in mid-air [5] *[osoba]* to hang; **wisieć na szubienicy** to hang on the gallows [6] przen. (dać się odczuć) to be felt; **w powietrzu wisiała nuda** boredom hung a. could be felt in the air [7] przen. (zagrażać) *[niebezpieczeństwo, groźba]* to hang, to hover; **ciągle wisiało nad nami widmo aresztowania** the spectre of arrest still hung over us; **wisi nad nimi zagłada** (the threat of) annihilation hangs over them a. hovers over their heads [8] pot. (być winnym pieniądze) to owe; **wisisz mi stówkę** you owe me a hundred, that's a hundred you owe me

■ **wisieć na stopniach tramwaju** to travel a. be perched on the footboard of a tram; **wisieć oczami** a. **wzrokiem** a. **spojrzeniem na kimś/na czymś** to stare a. gaze at sb/sth searchingly; **wisieć przy kimś** to be dependent on sb, to live off sb; **wisieć przy czyjejś spódnicy** to be tied to sb's apron strings; **wisieć na telefonie** pot. to be hogging the phone; **godzinami/bez przerwy wisi na** a. **przy telefonie** he spends hours on the phone, he never gets off the phone; **wszystko mu wisi** posp. he doesn't care about anything; **to mi wisi** posp. I couldn't care less, I'm past caring, I don't give a damn (about that); **wisi mi nad głową jeszcze jeden egzamin** I have another exam hanging over my head a. over me; **jego kariera/życie wisi na włosku** his career/life is hanging by a thread a. is on the line; **przez kilka dni jego życie wisiało na włosku** for several days he hovered on the brink of death a. it was touch and go for him; **nasze małżeństwo wisi na włosku** our marriage is on the skids a. in danger of breaking up; **wojna wisi na włosku** war is looming a. imminent; **groźba bankructwa wisi nad nami jak miecz Damoklesa** a. **Damoklesowy** the threat of bankruptcy hangs over us like the sword of Damocles; **wisieć w próżni** *[działanie, plan]* to be divorced a. remote from reality; **jak wisieć, to za obie nogi** przysł. I might as well be hanged for a sheep as (for) a lamb przysł., you can only die once przysł.

wisielcz|y *adi.* [1] pejor. (ponury) *[poczucie humoru]* grim; **być w ~ym nastroju** to be in a grim a. gloomy mood [2] **~y sznur** a hangman's rope a. noose; a halter przest.
■ **~y humor** gallows humour GB a. humor US

wisiel|ec *m* (*V* ~**cze** a. ~**cu**) hanged man

wisien|ka *f dem.* Bot. [1] (owoc) morello (cherry), sour cherry [2] (drzewo) sour cherry tree
❏ **~ka koktajlowa** Kulin. maraschino cherry

wisio|r *m* (*G* ~**ra** a. ~**ru**) [1] (sztuka biżuterii) pendant; **srebrny ~r z bursztynem** a silver pendant with amber [2] (przy żyrandolu, świeczniku) pendant; (ze szkła, kryształu) lustre GB, luster US

wisior|ek *m* [1] (na łańcuchu) pendant; (na delikatnym łańcuszku) lavalier(e); (przy naszyjniku, bransoletce) charm; **~ek ze złota/z brylantem** a gold/diamond pendant; **nosić ~ek na łańcuszku** to wear a chain and pendant [2] *dem.* (przy żyrandolu, świeczniku) pendant; (szklany, kryształowy) lustre GB, luster US

wiskoz|a *f sgt* [1] Chem. (surowiec) viscose [2] Włók. (włókno) rayon, viscose; **sweter z ~y** a jumper made of rayon a. viscose, a rayon a. viscose jumper

wiskozow|y *adi.* [1] Chem. *[włókno, materiał]* viscose *attr.* [2] Włók. *[bluzka, mieszanka]* rayon *attr.*, viscose *attr.*

wi|st *m* Gry [1] (*A* ~**sta**) *sgt* (gra) whist; **grać w wista** to play whist [2] (*G* ~**stu**) (pierwsze wyjście) lead

wist|ować *impf vi* Gry to lead *vt* (**w coś** sth); **~ować w kiery** to lead hearts ⇒ **zawistować**

wisus *m* (*Npl* ~**y**) przest., książk. imp; scapegrace przest.

wiślan|y *adi. [żegluga, mosty]* on the Vistula; *[skarpa, brzeg, woda]* the Vistula's

wi|śnia *f* (*Gpl* **wiśni** a. **wisien**) Bot. [1] (owoc) morello (cherry), sour cherry [2] (drzewo) sour cherry tree
❏ **wiśnia karłowata** Bot. European dwarf cherry, Mongolian cherry
■ **kraj** a. **kraina kwitnącej wiśni** książk. (Japonia) the land of the rising sun; the land of (the) cherry blossom rzad.

wiśniak *m* (*G* ~**u**) cherry brandy

wiśniowo *adv.* **pomalowany/zafarbowany na ~** painted/dyed cherry red; **~ czerwony kolor** a cherry-red colour

wiśniow|y *adi.* [1] Kulin. *[dżem, galaretka]* morello (cherry) *attr.* [2] *[sad, drewno, blat]* cherry *attr.* [3] *[kolor, usta]* cherry *attr.*

wiśniów|ka *f* cherry liqueur

Wi|t *m sgt* **święty Wit** St Vitus
❏ **choroba** a. **taniec św. Wita** przest. St Vitus's dance przest.; Sydenham's chorea

wita|ć *impf* [I] *vt* [1] (pozdrawiać) to greet, to salute; (przywitać) to meet; (w serdeczny sposób) to welcome; **~ć kogoś uśmiechem/radośnie** to greet a. salute sb with a smile/cheerfully; **~ć kogoś na dworcu/w progu** to meet sb at the station/door; **~li ją serdecznie/kwiatami** they welcomed her warmly/with flowers; **był ~ny jak bohater** he received a hero's welcome; **~my!** (oficjalnie) welcome!; **~jcie w domu** welcome home a. back ⇒ **przywitać** [2] (reagować) to greet; (pozytywnie) to welcome; **jego dymisję ~no z ulgą/żalem** his resignation was greeted with relief/regret; **powszechnie ~no reformy z zadowoleniem** the reforms were widely welcomed ⇒ **przywitać** [3] przen. *[miejsce, widok, zapach, reakcja]* to greet; **~ły ją owacje/gwizdy** she was greeted with ovations/boos and catcalls; **~ł nas aromat kawy** we were greeted by the aroma of coffee ⇒ **przywitać**

[II] **witać się** [1] (pozdrawiać) to greet; **~ł się z każdym wylewnie/podaniem ręki** he greeted everyone effusively/with a handshake ⇒ **przywitać się** [2] (jeden drugiego) to greet each other ⇒ **przywitać się**

witalistyczn|y *adi.* [1] Filoz. vitalistic [2] książk. *[optymizm, postać]* vital

witalizm *m* (*G* ~**u**) *sgt* [1] Filoz. vitalism [2] książk. (witalność) vitality

witalnie *adv.* książk. vigorously; **wyglądał zdrowo i ~** he looked healthy and vigorous

witalnoś|ć *f sgt* książk. (pełnia sił) vitality, vigour GB, vigor US; (cecha) vigorousness; **człowiek o ogromnej ~ci** a person of enormous vitality a. vigour; **~ć przyrody** the vitality of nature; **niespożyta ~ć zreformowanej gospodarki** the inexhaustible vitality of a reformed economy

witaln|y *adi.* książk. *[osoba, grupa]* vital, vigorous; *[energia]* vital; *[roślina]* vigorous; **siła ~a** a vital force, élan, élan

witamin|a *f* [1] Biol., Chem., Farm. (związek organiczny) vitamin; **niedobór/brak ~y D** a deficiency/lack of vitamin D; **niedobór ~ w organizmie** vitamin deficiency; **dieta uboga/bogata w ~y** a diet poor/rich in vitamins; **~y w pigułkach/kroplach** vitamin tablets/drops; **~y rozpuszczalne w tłuszczu/wodzie** fat-/water-soluble vitamins; **10 kropli ~y D dziennie** ten vitamin D drops daily [2] pot. (tabletka) vitamin tablet
❏ **~a A** Biol., Chem. vitamin A, retinol; **~y B** Biol., Chem. vitamin B; **~a C** Biol., Chem. vitamin C, ascorbic acid; **~a D** Biol., Chem. vitamin D; **~a E** Biol., Chem. vitamin E, tocopherol; **~a H** Biol., Chem. biotin, vitamin H US; **~a K** Biol., Chem. vitamin K; **~a PP** Biol., Chem. niacin, nicotinic acid
■ **~a M** pot., żart. love

witaminiz|ować *impf vt* to vitaminize

witaminizowan|y [I] *pp* → **witaminizować**
[II] *adi.* Chem., Przem. *[odżywka, krem, napój]* vitaminized

witaminow|y _adi._ _[preparat, tabletka, kuracja]_ vitamin _attr._; **odżywki ~e** vitamin supplements

wit|ka _f_ [1] (gałązka) twig; (wierzbowa) osier; (do wyplatania) withe, withy [2] Biol. (wyrostek komórki) flagellum

witraż _m_ (_G_ **~a** _a._ **~u**) Szt. (technika, kompozycja) stained glass _U_; (okno) stained-glass window

witrażow|y _adi._ Szt. _[okno, lampa]_ stained-glass _attr._

witryn|a _f_ [1] (wystawa sklepowa) shop window; **~a księgarni** the window of a bookshop; **książki/manekiny w ~ie domu towarowego** books/mannequins in the window of a department store [2] (mebel) cabinet; (w muzeum, sklepie) display cabinet a. case; **~a chłodnicza** a refrigerated display case [3] Komput. website, www site; **znaleźć ~ę** to find a (web)site; **wejść na ~ę** to enter a (web)site

wiwa|t [I] _m_ (_G_ **~tu**) zw. pl (wyrażający radość, uznanie) cheer; (wyrażający poparcie, gratulacje) viva(t); **wznosić ~ty na czyjąś cześć** to cheer sb; **~ty dla młodej pary** cheers for the newly-weds; **strzelić** a. **wypalić na ~t** to fire a salute; **zewsząd słychać było ~ty i śpiew** there was cheering and singing from all sides
[II] **wiwat!** _inter._ (niech żyje) viva(t)!, long live!
■ **dać komuś do ~tu** pot. to give sb a hard time pot.

wiwat|ować _impf vi_ to cheer; **~ujące tłumy** cheering crowds; **~ować na cześć kogoś** to cheer sb; **~owano z okazji zwycięstwa** there were exultant cheers a. there was exultant cheering on account of the victory

wiwisekcj|a _f_ (_Gpl_ **~i**) książk. [1] Biol., Med. (operacja) vivisection; **dokonać ~i** a. **przeprowadzić ~ę zwierzęcia** to vivisect an animal [2] (wnikliwa analiza) dissection; (krytyczna analiza) vivisection

wiz|a _f_ visa; **otrzymać** a. **uzyskać ~ę** to be granted a visa; **pańska ~a wygasła** your visa has expired a. run out; **nie dostał ~y amerykańskiej** he was refused a US visa ❏ **~a pobytowa** (krótkoterminowa) visa; (długoterminowa) residence permit; **~a tranzytowa** transit visa

wizaży|sta _m_, **~stka** _f_ make-up artist, visagiste

wizerun|ek _m_ (_G_ **~ku**) [1] (podobizna) likeness, image; (wyrzeźbiony, na monecie) effigy; **ściany obwieszone olejnymi/fotograficznymi ~kami przodków** walls hung with oil/photographic pictures of ancestors; **ten szkic to jedyny ~ek naszej prababki** the sketch is the only likeness of our great-grandmother; **~ek konia odlany z brązu/wosku** a bronze/wax effigy of a horse [2] przen. (wyobrażenie) image; (marketingowe przedstawienie) packaging _U_; **~ek Kalifornii stworzony** a. **wykreowany przez turystyczne broszury/mass media** an image of California created by holiday brochures/the mass media; **towary/usługi o zachęcającym ~ku** products/services in attractive/novel packaging

wizj|a _f_ (_Gpl_ **~i**) [1] (przywidzenie) vision, hallucination; (senna, religijna) vision; **nawiedzały go koszmarne ~e na jawie** he suffered from horrific hallucinations [2] (projekt) vision, concept; (wytwór wyobraźni) conception; (artystyczne odtworzenie) evocation; **apokaliptyczna ~a końca świata** an apocalyptic vision of the end of the world; **pesymistyczne/nierealne ~e przyszłości** dark/unrealistic visions of the future; **poetycka/baśniowa ~a dziejów miasta** a poetic/fabulous conception of the town's past; **rząd nie ma żadnej ~i polityki wschodniej** the government has no vision a. concept of its Eastern policy [3] Prawo (oględziny) **~a lokalna** a visit to the scene of crime; **dokonać ~i na miejscu przestępstwa** to visit a. inspect the scene of the crime; **przeprowadzić ~ę w terenie** to go on an on-site visit [4] _sgt_ Techn., TV (obraz na ekranie) vision, picture _C_; (ogół sygnałów wizyjnych) video signals _pl_; **telewizor się zepsuł i nie ma ani ~i, ani fonii** the TV set has broken down and there's no picture or sound
■ **być/nie być na ~i** środ., TV to be on/off camera

wizje|r _m_ (_G_ **~ra** a. **~ru**) [1] (w drzwiach wejściowych) peephole, judas (hole), spyhole GB; **patrzeć przez ~r** to look through a peephole [2] (w przyrządzie optycznym, broni) sight zw. pl; (w aparacie fotograficznym) viewfinder, finder [3] Hist. (zasłona w hełmie) visor

wizjone|r _m_ [1] (mający widzenia) visionary [2] książk. (twórca, projektant) visionary; (teoretyk, propagator) prophet; **architekt/poeta ~r** a visionary architect/poet; **~r komunizmu** a prophet of communism

wizjoners|ki _adi._ [1] (dotyczący wizji) _[interpretacja, obraz]_ visional; (przewidujący przyszłość) _[umiejętności]_ clairvoyant; _[osoba]_ clairvoyant, fey; **mieć ~kie zdolności** to have clairvoyant powers [2] przen. _[poezja, idee, architektura]_ visionary

wizjonerstw|o _n sgt_ [1] (przepowiadanie przyszłości) clairvoyance, second sight; (miewanie widzeń) visioning [2] (cecha dzieła) visionariness; (cecha twórcy, twórczości) visionary imagination

wiz|ować _pf, impf vt_ _[urzędnik, ambasada]_ to stamp a visa (**coś** in sth); **przed wyjazdem musisz ~ować swój paszport** before you leave, you have to have your passports stamped with a visa

wizualnie _adv._ książk. _[ciekawy, sprawdzać]_ visually

wizualn|y _adi._ książk. _[sztuka, efekty, słownik]_ visual

wizyjnoś|ć _f sgt_ książk. visionariness

wizyjn|y _adi._ [1] książk. (wyimaginowany) visional, imaginary; (profetyczny) visionary [2] Techn., TV _[sygnał, transmisja, kamera]_ video _attr._; **taśma ~a** a videotape

wizy|ta _f_ [1] (oficjalna, prywatna) visit; (krótka, na wezwanie) call; **towarzyska/niezapowiedziana/nieplanowana ~ta** a social/an unannounced/an unscheduled visit; **~ta kondolencyjna/pożegnalna** a visit to offer one's condolences/to say goodbye; **~ta duszpasterska** a visitation; **składać komuś ~tę** to pay sb a visit, to call on sb; **premier złożył oficjalną ~tę państwową/roboczą ~tę w Belgii** the Prime Minister paid an official state visit/a working visit to Belgium; **teściowie złożyli nam wczoraj ~tę** my in-laws paid us a visit yesterday; **w drodze nad morze wpadł do nas z ~tą** he stopped off a. over to visit us on his way to the seaside; **w najbliższych dniach wpadnę do ciebie z ~tą** I'll call on you one of these days; **w sobotę wybieramy się z ~tą do krewnych** we are planning to visit a. are visiting our family; **królowa bawiła z dwudniową ~tą w Szwecji** the Queen paid a two-day visit to Sweden; **~ta przeciągnęła się** the visit lasted longer than expected [2] (lekarska) **~ta domowa** a home visit, a house call; **zamówić ~tę u lekarza** to make an appointment at the doctor's; **mieć ~tę u lekarza/dentysty** to have a medical/dental appointment

wizytacj|a _f_ (_Gpl_ **~i**) [1] (kontrola) (visit of) inspection; **przeprowadzić ~ę** a. **dokonać ~i w szkołach/szpitalach** to make a. carry out an inspection of schools/hospitals; **inspektorzy odbyli ~ę nowego hotelu** inspectors made an inspection of a. visited a new hotel [2] (komisja) inspectors _pl_; **~a przybyła z opóźnieniem** the inspectors arrived behind time

wizytacyjn|y _adi._ _[delegacja, sprawozdanie]_ inspection _attr._; **akta ~e** documents of an inspection, inspection documents

wizytato|r _m_, **~rka** _f_ inspector; **~r szkolny** a school(s) inspector, an inspector of schools

wizyt|ka Relig. [I] _f_ (zakonnica) Nun of the Visitation
[II] **wizytki** _plt_ (zakon) the Order of the Nuns of the Visitation

wizyt|ować _impf vt_ [1] (kontrolować) to visit _[szkołę, zakład przemysłowy, szpital]_ [2] książk. (odwiedzać) to visit; **kraje ~owane przez papieża** countries visited by the Pope

wizytowo _adv._ formally; **musisz być ubrany ~** you have to wear formal dress, you have to be dressed formally

wizytow|y _adi._ _[strój, ubranie, suknia]_ formal
❏ **bilet ~y** visiting card GB, calling card US

wizytów|ka _f_ [1] (bilet wizytowy) (prywatny) (visiting) card GB, calling card US; (służbowy) (business) card, calling card US; **dać komuś swoją ~kę** to give sb one's (business) card [2] (tabliczka na drzwiach) (door) plate; **na mosiężnej ~ce widniało tylko nazwisko Marson** only the name Marson appeared on the brass plate [3] przen. (typowa cecha) mark; (przedmiot dumy) showpiece; flagship przen.; **zaśmiecone ulice nie są dobrą ~ką stolicy** litter-strewn streets are no good mark of a capital city; **~ką naszego miasta jest nowoczesne lotnisko** the modern airport is the pride of our city

wj|azd _m_ (_G_ **wjazdu**) [1] (czynność) entry _C/U_; **triumfalny wjazd króla do miasta** the king's triumphal entry into the city; **znak „zakaz wjazdu"** a 'No Entry' sign; **nie zezwolono nam na wjazd do Pakistanu** we were refused entry into Pakistan; **podczas wjazdu do garażu, otarł błotnik** he scraped a mudguard while driving into the garage; **ciężarówki oczekujące na granicy na wjazd do Polski** lorries waiting at a border crossing to enter Poland; **czekaliśmy ponad godzinę na**

W

wjazd na prom we waited over an hour to drive on to the ferry; **wjazd na szczyt wzniesienia zabrał rowerzyście/kierowcy kwadrans** the cyclist/car driver took a quarter of an hour to reach the brow of the hill ☐2 (brama) entrance; (na autostradę) slip road GB, ramp US; (dostęp) access; **wjazd dla wózków inwalidzkich** wheelchair access; **zablokowany wjazd do tunelu/na most** a blocked entrance to a tunnel/onto a bridge; **strzec wjazdu na budowę/do posiadłości** to guard the entrance to a building site/an estate

wjazdow|y adi. [wiza, punkt, kontrola, formalności] entry attr.; [tunel, brama] entrance attr.; **opłata ~a** an entrance a. entry fee; **aleja ~a** a drive(way)

wj|echać pf — **wj|eżdżać** impf (**wjadę — wjeżdżam**) vi ☐1 (do środka) [kierowca, pojazd] to come, to drive; [kierowca, pojazd, pociąg] to pull; (konno, na rowerze, na snowboardzie) to ride; **wjeżdżać na parking/bocznicę** to pull into a parking lot/a siding; **wjechać samochodem w granice miasta/przez bramę na podwórko** to drive into a town/through a gate into a yard; **wjechać rowerem/samochodem na polną drogę** to ride/drive onto a field road; **pociąg wjechał na stację** the train pulled a. came into the station, the train drew in at the station; **pociąg ekspresowy do Warszawy wjeżdża na peron** the Warsaw express train is pulling in; **trasą narciarską wjechaliśmy do samej wioski** we skied right into the village ☐2 (wyżej) [kolejka, wyciąg] to ascend; [kierowca, pojazd] to drive; (zbliżając się) to come; (oddalając się) to go; **wjeżdżać rowerem/samochodem na wzgórze** to ride/drive uphill; **wjechać na szczyt kolejką linową** to ascend a summit in a cable car; **wjechaliśmy windą na piąte piętro** we took the lift to the fifth floor; **samochód wjechał przednimi kołami na krawężnik** the front wheels of the car climbed onto the kerb GB a. curb US ☐3 (najechać) [kierowca, samochód] to run (**w** a. **na coś** into sth); **ciężarówka wjechała na drzewo/w tył samochodu przed nią** a lorry ran into a tree/the back of the car in front of it; **rowerzysta wjechał w głęboką kałużę** the cyclist rode into a deep puddle ☐4 pot. (zwymyślać) to jump pot. (**na kogoś** on sb); (obraźliwie skrytykować) to slag off GB pot., to dump on US pot. (**na kogoś** sb)

■ **wjechać na stół** pot., żart. [potrawa, danie] to be served

wjeżdżać impf → **wjechać**

wkalkul|ować pf — **wkalkul|owywać** impf vt ☐1 Handl. (wliczyć) to include [usługę, koszty]; **przewóz jest/nie jest ~owany w cenę** transport is/isn't included in the price, the price is/isn't inclusive of transport; **śniadanie jest ~owane w cenę** breakfast is included in the price ☐2 (uwzględnić) to take account of, to take [sth] into account; **ryzyko jest ~owane w nasz zawód** an element of risk is built a. goes into the job; **w górską akcję ratowniczą musimy ~ować pogodę** during a mountain rescue operation we have to take the weather conditions into

account a. to take account of the weather conditions

wkalkulowywać impf → **wkalkulować**

wkle|ić pf — **wkle|jać** impf vt to glue (in), to paste (in); **~jać fotografie do albumu** to glue a. paste photos into an album

wklejać impf → **wkleić**

wklej|ka f Druk. (strona) plate; (złożona kartka) inset, insert; (pusta) interleaf

wklep|ać pf — **wklep|ywać** impf (**~ię, ~uję**) vt ☐1 (wmasować) to pat (in) [krem, maść]; **lekko ~ujemy olejek w skórę** we pat the oil lightly into the skin ☐2 pot. (wpisać) to key in, to keyboard [dane, tekst, komendę]; **~ałam cały artykuł do komputera** I've already keyed in the whole article

wklepywać impf → **wklepać**

wklęsłoś|ć f ☐1 sgt (cecha) concavity ☐2 (wgłębienie) concavity, depression; (zagłębienie terenu) hollow; **~ci jezdni wypełnione deszczem** rain-filled depressions in the road surface

wklę|sły adi. [brzuch, dno, naczynie, soczewka] concave; [policzki] hollow; (nienaturalnie) sunken

wkl|ęsnąć pf (**~ęsnął** a. **~ąsł** a. **~ęsł**) vi [policzki] to become hollow; [dach, łóżko] to sag; [dom, fundament, mur] to subside, to sink lower (into the ground)

wklęśnię|cie ☐ sv → **wklęsnąć**

☐ n (na metalowej, plastikowej powierzchni) dent; (na powierzchni ziemi, piasku, wosku) imprint; (naturalne zagłębienie) hollow

wkła|d m (G **~du**) ☐1 (udział finansowy, materialny) contribution; (materiałowy, informacyjny) input; **wnieść spory/minimalny ~d w gotówce/naturze** to make a considerable/minimal contribution in cash/kind ☐2 sgt (współudział) contribution, input; **twój/jego ~d pracy** your/his contribution a. input of work; **mieć** a. **wnieść (swój) ~d w rozwój nauki/w utrzymanie pokoju na świecie** to make one's contribution to the development of science/to world peace; **niewielki ~d uczniów w przygotowanie zawodów sportowych** small contribution on the part of pupils to the organization of a sports event ☐3 Fin. (w banku) deposit; **~d terminowy/na żądanie** a time/sight a. demand deposit; **wycofać ~d** to withdraw one's deposit ☐4 (do ołówka) (pencil) lead; (do długopisu) refill; (do wiecznego pióra) (ink) cartridge

☐ **~d bankowy** Fin. bank deposit

wkładać impf → **włożyć**

wkład|ka f ☐1 (do butów) insole, footbed GB; (do biustonosza) pad; (w ramionach płaszcza, marynarki) shoulder pad; **buty z ~kami ortopedycznymi** shoes with moulded insoles ☐2 (do gazety, czasopisma) (luźna) insert, inset; (do wyrwania) pull-out; (pusta, ochronna) interleaf ☐3 Techn. (wypełnienie) filler; **~ki uszczelniające** packing elements ☐4 Kulin. **zupa z ~ką mięsną** soup with pieces of meat

☐ **~ka higieniczna** panty liner; **~ka domaciczna** intrauterine (contraceptive) device, IUD

wkłu|ć pf — **wkłu|wać** impf (**~ję — ~wam**) ☐ vt (wbić) to insert; (głęboko) to sink [igłę, szpilkę]; **~ć igłę w ciało/do żyły** to insert a needle in(to) the skin/vein; **~ła mi**

igłę w ramię she sank a needle in(to) my arm

☐ **wkłuć się — wkłuwać się** Med. to slip the needle; **~ć się do żyły/rdzenia kręgowego** to insert a needle in a vein/the spinal column

wkłuwać impf → **wkłuć**

wkoło → **wokół**

wkompon|ować pf — **wkomponowywać** impf vt (dodać) to integrate; (połączyć) to merge, to incorporate; **~ować litery w ornament** to incorporate letters into an ornament; **~ować grafikę w tekst** to merge the graphics with the text; **architektura ~owana w krajobraz** architecture integrated into the landscape

wkomponowywać impf → **wkomponować**

wkop|ać pf — **wkop|ywać** impf (**~ię, ~uję**) ☐ vt ☐1 (zagłębić) to sink (into the ground) [słup, paliki]; to plant [roślinę, donicę]; **krzyż ~any głęboko w mogiłę/ziemię** a cross sunk deeply into a grave/in the ground; **nieprawidłowo ~ane drzewka uschły** the badly planted saplings withered ☐2 (umieścić kopnięciem) to kick; **~ać piłkę do bramki/pod łóżko/za drzwi** to kick a ball into a goal/under a bed/behind a door ☐3 pot. (wydać) **~ać kogoś** to split on GB pot., to rat on US pot. ☐4 pot. (postawić w trudnej sytuacji) to sell [sb] down the river pot.; **~ać kogoś w aferę** to get sb into a hole pot.; **ciągle ~ujesz mnie w kłopoty** you're always getting me into trouble pot.

☐ **wkopać się — wkopywać się** ☐1 (zagłębić siebie samego) to dig oneself; **zwierzątko ~ało się w piasek/śnieg** the animal dug itself into the sand/snow ☐2 (kopać głębiej) to dig (**w coś** into a. through sth); **ratownicy ~ują się w gruzy** rescue workers are digging into rubble ☐3 pot. (zdradzić się) to give oneself away ☐4 pot. (uwikłać się w przykrą sprawę) to dig a hole for oneself, to dig oneself into a hole; **zawsze ~uje się w jakąś aferę** she's always getting herself into a hole

wkopywać impf → **wkopać**

wkraczać impf → **wkroczyć**

wkradać się impf → **wkraść się**

wkrajać → **wkroić**

wkrapiać impf → **wkropić**[1]

wkraplać impf → **wkroplić**

wkra|ść się pf — **wkra|dać się** impf (**~dnę się, ~dniesz się, ~dł się, ~dła się, ~dli się — ~dam się**) v refl. ☐1 (wejść niepostrzeżenie) [osoba, zwierzę] to sneak (**do czegoś** into sth); to steal (**do czegoś** into sth); **~ść się do spiżarni/gabinetu** to sneak a. steal into a pantry/study; **złodziej ~dł się do domu przez drzwi do kuchni/przez balkon** a thief stole into the house through the kitchen door/the balcony ☐2 przen. (przedostać się) [niepokój, wątpliwości, błąd, nieścisłości] to creep in; to creep (**do czegoś** into sth); **~da się niepewność/poczucie zagrożenia** uncertainty/insecurity is creeping in; **do jej serca/w jej życie ~dło się zwątpienie** doubt crept into her heart/life; **zbyt wiele błędów/literówek ~da się w pańskie teksty** too many errors/spelling mistakes creep into your texts

wkrawać *impf* → **wkroić**

wkręcać *impf* → **wkręcić**

wkrę|cić *pf* — **wkrę|cać** *impf* **I** *vt*
[1] (kręcąc umocować) to drive *[śrubę, haczyk]*;
to screw in *[żarówkę]* [2] (między obracające się
elementy) to feed *[papier, blachę]*; **~cić czystą
kartkę do maszyny** to feed a blank sheet
into a typewriter [3] pot. (nakłonić do kupna) to
palm off; **~cić coś komuś** to palm sth off
on sb; **~ciła mu podróbkę** she palmed off
a fake product on him [4] pot. (ulokować) **~cić
kogoś na dobrą posadę** to wangle a good
position for sb pot.; **~ciła syna do urzędu
miasta** she wangled a job for her son in
the municipal office pot.

II wkręcić się — **wkręcać się** [1] (zostać
umocowanym) *[śruba, żarówka]* to go in
[2] (wplątać się) *[włosy, materiał, przedmiot]* to
become entangled; **nogawka ~ciła mu się
w szprychy roweru** his trouser leg became
entangled in the spokes [3] pot. (dostać się)
(sprytem, znajomościami) to worm one's way;
(pochlebstwami, lizusostwem) to smarm one's way
GB pot. (**do czegoś** into sth); (wejść bez
zaproszenia, biletu) to gatecrash *vt*; to crash *vt*
pot.; **~cił się do bankowości** he wormed
his way into banking; **~cił się na
imprezę/wystawę** he gatecrashed a par-
ty/an exhibition

wkrę|t *m* (*G* **~ta** a. **~tu**) Techn. screw;
wkręcić ~t to drive in a screw; **deski
połączone ~tami** planks screwed together

wkrętak *m* Techn. screwdriver

wkr|oczyć *pf* — **wkr|aczać** *impf vi*
[1] (wejść) to enter *vt*; (uroczyście, dostojnie,
efektownie) to make an a. one's entrance;
~oczyć do pokoju/na dziedziniec to
enter a room/courtyard; **~oczyć głównym
wejściem** to enter by a. through the main
door; **~oczyć na teren prywatny/fabryki**
(bezprawnie) to trespass on private property/
on the factory premises [2] *[armia, żołnierze,
najeźdźca]* (wedrzeć się) to encroach (**do
czegoś** (up)on sth); (wejść w granice, do środka)
to enter *vt*; (zająć siłą) to invade *vt*; **wróg
~oczył w granice naszego kraju** the
enemy has entered our country a. has
crossed our borders; **wojownicze szczepy
~aczały regularnie na tereny sąsiednich ludów** belligerent tribes regularly
encroached on the territories of the neighbouring peoples [3] przen. (pojawić się) *[zjawi-
ska, prądy umysłowe, moda]* to appear;
[pustynia, morze, roślinność] to encroach (**do
czegoś** (up)on sth); **lato/styl rustykalny
~acza na wystawy sklepowe** summer
fashion/a rustic style is appearing in the
shop windows; **chwasty ~aczały coraz
bardziej do zaniedbanego ogrodu/na
żwirowe ścieżki** weeds encroached increasingly on the neglected garden/gravel foot-
paths [4] (interweniować) to step in; (wmieszać
się) to encroach, to move in (**do czegoś** on
sth); (zacząć uczestniczyć) to become involved
(**w coś** in sth); **~oczyć do akcji** to take
action; **~oczyliśmy, kiedy sprawy przybrały zły obrót** we stepped in when things
took a turn for the worse; **nie pozwól, by
praca ~aczała w twoje życie osobiste**
never let your work interfere with your
personal life [5] przen. (wejść) to enter *vt*;
~oczył do polityki a. **w świat polityki**

jako **trzydziestolatek** he entered (the
world of) politics in his thirties; **rozmowy
~oczyły w krytyczną fazę** the talks
entered a critical phase; **~oczyliśmy w
trzecie tysiąclecie/okres reform** we
entered the third millennium/a period of
reforms [6] przen. (podjąć) to touch (**w coś**
(up)on sth); **~oczyć w temat/krąg za-
gadnień** to touch on a subject/range of
issues

■ **~aczać w czyjeś kompetencje** to
encroach on sb's territory; **~oczyć na
drogę występku** to be on the slippery
slope towards a life of crime

wkr|oić, wkr|ajać *pf* — **wkr|awać**
impf vt to cut and add; **~oiła do zupy
dwa ziemniaki** she cut two potatoes and
added them to the soup; **~oiła sobie cytrynę** a. **plasterek cytryny do herbaty** she
cut a slice of lemon and put it into her tea

wkr|opić¹ *pf* — **wkr|apiać** *impf vt*
[1] (dodać) to add; **~opić parę kropli/
odrobinę koniaku do sosu** to add a few
drops of/a little brandy to a sauce; **~opić
pięć kropli syropu/lekarstwa** to measure
out five drops of a syrup/medicine [2] pot.
(wypić) to neck GB pot., to snarf up US pot.
[dwa piwa, kieliszek wódki, jedną whisky]

wkrop|ić² *pf vi* pot. (zbić) to rough up pot.;
~ić komuś to rough sb up; **~ił synowi**
he roughed his son up

wkropl|ić *pf* — **wkrapl|ać** *impf vt* to
instil(l) *[krople, lekarstwo]*; **~ił sobie antybiotyk do oka** he instilled an antibiotic
into his eye

wkrótce *adv.* soon, shortly; **~ dowiesz
się wszystkiego** you'll soon learn everything, you'll learn everything presently; **~
po powrocie/wakacjach zachorował**
soon a. shortly after coming back/his holidays he fell ill; **~ potem zmarł** he died
soon after

wku|ć *pf* — **wku|wać** *impf* (**~ję, ~jesz,
~ł, ~ła, ~li — ~wam**) **I** *vt* [1] (wbić) to
hammer *[hak, dłuto]*; **~ł w mur stalowy
pręt** he hammered a steel rod into a wall
[2] pot. (nauczyć się) to bone up on pot., to swot
up on GB pot. *[fizykę, historię]*; **~wać do
egzaminu** to swot for an examination pot.

II wkuć się — **wkuwać się** [1] (wyrąbać
otwór) to chip away (**w coś** at sth); **więzień
od miesięcy ~wał się w ścianę pod
pryczą** the prisoner chipped away at the
wall under his berth for months [2] pot.
(nauczyć się) to bone up on pot., to swot GB pot.

wkup|ić się *pf* — **wkup|ywać się** *impf
v refl.* to buy one's way; **~ił się w kręgi** a.
**towarzystwo aktorów/polityków, wyda-
jąc huczne przyjęcia** he bought his way
into the company of actors/politicians by
throwing lavish parties; **~ił się do paczki
butelką wódki** he bought his way into the
gang with a bottle of vodka

■ **~ić się w czyjeś łaski** to gain favour
with sb; **pochlebstwami/urodą ~iła się
w łaski dyrektora** she used flattery/her
good looks to gain favour with the director

wkupywać się *impf* → **wkupić się**

wkurwiać *impf* → **wkurwić**

wkurw|ić *pf* — **wkurw|iać** *impf* **I** *vt*
wulg. (zdenerwować) to piss off wulg.; **ona ~ia
mnie swoją naiwnością** her naivety

pisses me off; **polityka totalnie mnie
~ia** politics really pisses me off; **ale
byłem ~iony!** I was really pissed off, I
was really pissed US

III wkurwić się — **wkurwiać się** wulg. to
get pissed off wulg., to get pissed US wulg.

wkurzać *impf* → **wkurzyć**

wkurz|ony **I** *pp* → **wkurzyć**

III *adi.* pot., euf. eggy GB pot.; pissed off GB
wulg., pissed US wulg.

wkurz|yć *pf* — **wkurz|ać** *impf* pot., euf.
I *vt* to hack off pot., to get [sb's] goat pot.;
~a mnie ten facet/jego zachowanie
that guy/his behaviour gets my goat

III wkurzyć się — **wkurzać się** to be
narked GB pot., to be teed off US pot. (**na
kogoś/coś** at sb/sth)

wkuwać *impf* → **wkuć**

wl|ać¹ *pf* — **wl|ewać** *impf* (**wleję —
wlewam**) **I** *vt* [1] (napełnić) to pour; **wlała
mleko do kubka** she poured milk in(to) a
mug [2] przen. (natchnąć) to infuse, to instil(l);
**próbował wlać trochę otuchy w moje
serce** he tried to infuse me with some hope

III wlać się — **wlewać się** [1] (dostać się do
wnętrza) **woda wlała się mi do butów** the
water got into my shoes; **fale wlewały się
na pokład** waves were washing over the
deck [2] posp. (upić się) to get pissed GB posp.;
to get juiced US pot.

■ **wlać coś w siebie** pot. to down sth pot.,
to knock sth back pot.; **wlali w niego pół
litra wódki** they poured half a litre of
vodka down his throat

wl|ać² *pf vi* pot. to wallop *vt* pot.; to spank *vt*;
wlała dziecku za zabawę w błocie she
spanked her child for playing in mud

wlatywać *impf* → **wlecieć**

wl|ec *impf* (**wlokę** a. **wlekę, wleczesz,
wlókł** a. **wlekł, wlokła** a. **wlekła, wlekli**)
I *vt* [1] (przemieścić) to drag; **dwaj żołnierze
wlekli rannego** two soldiers were dragging
a wounded comrade; **wlekli ciężką komo-
dę po podłodze** they dragged the heavy
chest of drawers across the floor [2] (zmuszać
do pójścia) to drag; **wlokła za sobą opiera-
jącego się psa** she dragged the reluctant
dog behind her [3] pot. (brać coś niepotrzebnego)
to cart pot.; to drag; **wszędzie wlokła ze
sobą dzieci** she would cart her children
around with her everywhere

III wlec się [1] (ciągnąć się) to trail, to drag;
tren sukni wlókł się po ziemi the train of
the dress trailed along the ground
[2] (posuwać się opieszale) to trudge, to crawl;
**z trudem wlókł się po piaszczystej
drodze** he trudged along the sandy path;
pociąg wlókł się pod górę the train
crawled uphill [3] (dłużyć się) to drag on;
dzień wlókł się bez końca the day
dragged on endlessly [4] (rozpościerać się) to
drift, to float; **dymy wloką się nad
miastem** smoke is drifting over the city;
po niebie wlokły się czarne chmury
black clouds floated in the sky

■ **(ledwie) wlec nogi za sobą** to drag
oneself (along); **wlec się noga za nogą** a.
jak za pogrzebem to plod (along); **wlec
się w ogonie** pot. to lag behind

wl|ecieć *pf* — **wl|atywać** *impf* (**wlecisz,
wleciał, wlecieli — wlatuję**) *vi* [1] (dostać
się do wnętrza) to fly; **wróbel wleciał do**

pokoju a sparrow flew into the room 2 (wpaść) to fall; **piłka wleciała do wody** the ball fell into the water; **wleciał do rowu** he fell into a ditch 3 pot. (szybko wbiec) to rush, to burst; **wleciał pędem do pokoju** he burst into the room ■ **pieczone gołąbki nie wlecą same do gąbki** przysł. he that would eat the fruit must climb the tree przysł.

wlepiać impf → wlepić

wlep|ić pf — **wlep|iać** impf vt 1 (wkleić) to glue [sth] in(to), to paste [sth] in(to); ~**ić fotografie do albumu** to paste photos in(to) an album 2 pot. (wcisnąć) to unload pot. (**komuś** on sb); to palm [sth] off (**komuś** on sb); **sprzedawca** ~**ił mu zgniłe jabłka** the greengrocer palmed rotten apples off on him 3 pot. (ukarać) to slap pot. (**komuś coś** sb with sth); ~**ili mi mandat za niewłaściwe parkowanie** they slapped a parking ticket on me; **policjant** ~**ił mu grzywnę** the policeman slapped a fine on him; ~**ili mu za kradzież dwa lata** he was given two years for theft; **nauczyciel** ~**ił jej dwóję** the teacher flunked her pot. ■ ~**ić oczy** a. **wzrok** a. **spojrzenie w kogoś/coś** to fix one's gaze on sb/sth

wlew m (G ~**u**) 1 (otwór) intake, inlet; ~ **chłodnicy** the radiator intake 2 Med. infusion 3 Techn. sprue

wlewać impf → wlać[1]

w|leźć pf — **w|łazić** impf (wlezę, wleziesz, wlazł, wlazła, wleźli — włażę) vi pot. 1 (wejść) to get; **wleźć do wanny** to get in the bathtub; **wleźć pod prysznic** to hop in the shower pot.; **wleźć pod koc/ pod kołdrę** to get under a blanket/a duvet; **wleźć oknem do pokoju** to come in through the window; **wleźć do ogrodu przez dziurę w płocie** to get into the garden through a hole in the fence 2 (wspiąć się) to climb; **wleźć na drzewo** to climb a tree; **wleźć na strych po drabinie** to climb the ladder to the attic 3 (znaleźć się w trudnej sytuacji) **zawsze włazi w jakieś kłopoty** he's always getting into trouble; **wleźć w długi** to run up debts 4 (wejść niepotrzebnie) **wleźć w błoto/w kałużę** to step in the mud/in a puddle; **krowy wlazły w zboże sąsiada** the cows got in the neighbour's cornfield; **nieproszony wlazł do pokoju** he barged into the room uninvited 5 (natknąć się) **wlazł na niego na ulicy** he bumped into him in the street; **wlazł w lesie na żmiję** he ran into an adder in the woods pot. 6 (utkwić) **drzazga wlazła mi w palec** I've got a splinter in my finger; **źdźbła słomy wlazły mu we włosy** he got some straw in his hair 7 (zmieścić się) **noga z trudem włazi mi do buta** I can barely get my foot in the shoe; **do słoja wlazło kilo ogórków** I/he/she got a kilo of cucumbers into the jar; **przytyła i nie włazi w spodnie** she's gained weight and her trousers don't fit ■ **włazić komuś w oczy** to be turning up constantly; **włazić komuś na głowę** a. **łeb** a. **kark** to bug sb pot., to give sb a hard time pot.; **dzieciaki włazíły nauczycielce na głowę** the kids were giving the teacher a hard time; **ile wlezie/wlazło** as much as

one can/could; **jadł łapczywie, ile wlazło** he ate as if there was no tomorrow; **uczył się przed egzaminem, ile wlazło** before the exam he studied as hard as he could; **jakiś ból/skurcz wlazł mi w nogę** pot. I've got a pain/cramp in my leg; **matematyka nie włazi mi do głowy** pot. I don't have a (good) head for maths; **włazić komuś z kaloszami** a. **buciorami do duszy** to wade into sb's private affairs; **włazić komuś w drogę** a. **w paradę** to get in sb's way; **wleźć w paszczę lwa** to put one's head into the lion's mouth; **włazić drzwiami i oknami** to crowd a. pour in

wliczać impf → wliczyć

wlicz|yć pf — **wlicz|ać** impf 1 vt to count [sth] in, to include; ~**yć czynsz za mieszkanie w koszty utrzymania** to count the rent in one's/sb's living expenses; **śniadanie jest** ~**one do ceny pokoju** breakfast is included in the price of the room

1 **wliczyć się — wliczać się** to be included; **podatek** ~**a się w cenę biletu** the tax is included in the price of the ticket

wlo|t m (G ~**tu**) 1 (rury) inlet, intake; (ulicy) entrance, opening; (połączenie bocznej ulicy z główną) junction 2 (przedostawanie się) intake; ~**t powietrza/paliwa** the air/fuel intake 3 (miejsce przebicia) point of entry

wlotow|y adi. intake attr., inlet attr.; **kanał** ~**y** an intake canal; **rana** ~**a** an entry wound

włada|ć impf vi książk. 1 (panować) to rule; ~**ć państwem/światem** to rule (over) a country/the world 2 (móc poruszać) to be able to move a. use; **nie** ~**ł palcami** he'd lost the use of his fingers 3 (posługiwać się) to wield vt [bronią, mieczem, orężem, toporem] ■ ~**ć jakimś językiem** to have a good command of a language; ~**ć pędzlem/ piórem** to paint/write, to wield a paintbrush/pen; ~**ło nim pragnienie zemsty** książk. he was seized with a. by a desire to avenge himself; ~**ł nim strach** he was seized with fear

władani|e 1 sv → władać

1 n sgt książk. dominion U książk.; rule U; **ziemia była we** ~**u nieprzyjaciół** the land was under the dominion of the enemy ■ **mieć coś pod (swoim)** ~**em** książk. to have a. hold dominion over sth książk.; **objąć** a. **zabrać coś we** ~**e** to enter into/to take possession of sth

władc|a m książk. 1 (panujący) sovereign, ruler; ~**a absolutny** an absolute ruler 2 przen. king, master; ~**a dzielnicy/ulicy/ podwórka** the king of the neighbourhood/street/playground; **być czyimś panem i** ~**ą** to be sb's lord and master

władczo adv. [zachowywać się, patrzeć] imperiously

władczoś|ć f sgt książk. imperiousness

władcz|y adi. [głos, ton, gest, spojrzenie] lordly, imperious

władczy|ni f 1 (panująca) queen, ruler 2 przen. queen; **być** ~**nią czyjegoś serca** to be the queen of sb's heart

władn|y adi. książk. **być** ~**ym** to be empowered, to have the power; **nie jestem** ~**y państwu pomóc** (I'm afraid) there is

nothing I can do to help you; **sejm jest** ~**y odroczyć wybory** parliament is empowered to postpone elections

wład|ować pf — **wład|owywać** impf 1 vt to load, to put; ~**ować więźniów do furgonetki** to load prisoners into a van; ~**ować bagaże do przedziału** to put the luggage in the compartment; ~**ować walizki do samochodu** to put the suitcases in the car; ~**ować komuś kulę w nogę** to put a bullet in sb's leg; ~**owała mu kulę w łeb** she put a bullet in his head 1 **władować się — władowywać się** pot. to pile pot.; **wszyscy** ~**owali się na ciężarówkę** everyone piled onto the lorry

władz|a f 1 sgt (rządzenie, panowanie) power; **król miał nieograniczoną** ~**ę** the king had unlimited power; **król zrzekł się** ~**y na korzyść swego syna** the king abdicated his throne in favour of his son; **ojciec sprawuje** ~**ę nad synem** a father has authority over his son; **przechwycić** a. **przejąć** ~**ę** to seize power; **być u** ~**y** to be in power; **dojść do** ~**y** to come to power; **zostać odsuniętym od** ~**y** to be ousted (from power) 2 zw. pl (instytucje) authority zw. pl; **występować przeciwko jakiejkolwiek** ~**y** to rebel against all forms of authority; **oddał się w ręce** ~ he gave himself up to the authorities; ~**e lokalne/miejskie** local/municipal authorities; ~**a ustawodawcza/wykonawcza/sądownicza** the legislative/executive/judiciary (branch) 3 (zdolność poruszania) use, power; **po wypadku stracił** ~**ę w nogach** after the accident he lost the use of his legs; **odzyskała** ~**ę w rękach** she regained the use of her hands; **mieć/stracić/odzyskać** ~**ę nad sobą** to have/lose/regain control of oneself 4 sgt (wpływ) hold, control; **ona ma nad nim tajemną** ~**ę** she has some mysterious hold over him; **ten człowiek ma** ~**ę nad jej sercem i myślami** the man has control of her heart and mind; **mieć** ~**ę nad czyimiś myślami** to control sb's thoughts

❑ ~**a dyskrecjonalna** discretionary powers; ~**a rodzicielska** Prawo custody; ~**a państwowa** the authority of the state; ~**e państwowe** the state (authorities) ■ **czwarta** ~**a** pot. (media) the fourth estate; **pan** ~**a** (policjant) pot., żart. officer; **przepraszam, panie** ~**o, nie zauważyłem znaku** sorry, officer, I didn't notice the sign; ~**e umysłowe** mental powers, (mental) faculties; **być/nie być w pełni** ~ **umysłowych** to be/to not be in full possession of one's (mental) faculties; **wyciągnąć ręce po** ~**ę** to make a bid for power

władowywać impf → władować

władztw|o n sgt książk. (władanie) control, power; **mieć** ~**o nad terytorium** to have control over a territory; ~**o kolonialne** colonial power

włam|ać pf — **włam|ywać** impf (~**ię** — ~**uję**) 1 vt Druk. to set 1 **włamać się — włamywać się** 1 (wedrzeć się) to break in(to); ~**ać się do samochodu/mieszkania** to break into a car/flat 2 Komput. to hack (into); ~**ać się do bazy danych** to hack into a database

włama|nie [] *sv* → **włamać**

[] *n* [1] (napad) burglary, breaking and entering *U*; **dostał pięć lat za kradzież z ~niem** he got five years for burglary; **dokonać ~nia do sejfu** to break into a safe [2] Komput. hacking *U*

włamywacz *m*, **~ka** *f* burglar, housebreaker

włamywać *impf* → **włamać**

własnoręcznie *adv.* **napisać do kogoś ~** to write sb a handwritten letter; **meble zrobił ~** he made the furniture himself; **~ wyhaftowana makatka** a handmade tapestry

własnoręczność *f sgt* **stwierdzić ~ć podpisu** to confirm the authenticity of sb's signature

własnoręczn|y *adi.* **~y podpis** one's/sb's personal signature; **to jej ~e pismo** it's her own handwriting

własnościow|y *adi.* privately owned; **mieszkanie ~e** a privately-owned flat; **przekształcenia ~e** privatization

własnoś|ć *f sgt* [1] (majątek) property; **~ć osobista/prywatna/publiczna** personal/private/public property; **wspólna ~ć** joint property; **~ć ruchoma/nieruchoma** movables/immovables, movable/immovable property GB, personal property/real estate US [2] Prawo (prawo do rozporządzania) ownership; **~ć ziemska** land ownership; **dowodzić swej ~ci** to provide proof of ownership; **dochodzić ~ci** to claim ownership; **mieć a. posiadać coś na ~ć** to own sth; **mieszkanie przeszło na jego ~ć po śmierci babki** he came into ownership of the flat when his grandmother died

wła|sny *adi.* [1] (swój) own; **słyszał bicie ~snego serca** he could hear the beating of his own heart; **nie miała ~snego mieszkania** she didn't have a flat of her own; **na ~sne żądanie** at one's own request; iron. through one's own fault; **być na ~snym utrzymaniu** to be self-supporting; **pracować na ~sny rachunek** to be self-employed; **przesyłka doręczona do rąk ~snych adresata** mail delivered personally to the addressee [2] (samodzielny) **ciasto ~snego wypieku** a home-made cake; **to urządzenie mojego ~snego pomysłu** it's a device I designed myself [3] (o pokrewieństwie) own; **~sny ojciec wypędził ją z domu** her own father drove her from the house [4] (odrębny, niezależny) *[styl]* own, personal

■ **bać się ~snego cienia** to be afraid of one's own shadow; **chodzić ~snymi drogami** to have a mind a. will of one's own, to do things one's own way; **dbać o ~sną kieszeń** to look after one's own interests; **dbać a. drżeć a. troszczyć się o ~sną skórę** to look out for oneself; **pójść za ~sną potrzebą** pot. to answer the call of nature euf.; **kisić się we ~snym sosie** to stew in one's own juice pot.; **mieć ~sne zdanie o czymś** to have one's own opinion about sth; **mierzyć kogoś/coś ~sną miarą** to judge sb/sth by one's own lights; **mówić/pisać ~snymi słowami** to say/write sth in one's own words; **odczuć coś na ~snej skórze** to experience sth first-hand, to experience sth (for)

oneself; **o ~snych siłach** on one's own, unaided; **postępować według ~snego uznania a. widzimisię** to do as one chooses a. pleases; **słyszeć coś na ~sne uszy** to hear sth with one's own ears; **widzieć a. oglądać coś na ~sne oczy** to see sth for oneself; **nie wierzyć ~snym oczom/uszom** to not believe one's eyes/ears; **stanąć na ~snych nogach** to stand on one's own two feet; **we ~snej osobie** in person; **we ~snych oczach** in one's own eyes, in one's own estimation; **urosnąć/zmaleć we ~snych oczach** to gain/lose self-esteem; **we ~snym imieniu** in one's own name, for oneself; **wiara we ~sne siły** self-confidence; **widzieć tylko koniec ~snego nosa** to not see further than the end of one's nose, to not see beyond the end of one's nose; **~sne podwórko** a. **śmieci** one's/sb's own home turf pot.; **~sny kąt** a place of one's own; **~snymi rękami** on one's own, unaided; **~snym przemysłem** on one's own; **zdać się na ~sne siły** to rely on oneself; **znać coś jak ~sną kieszeń** a. **jak ~sne pięć palców** to know sth like the back of one's hand, to know every inch of sth; **zostawili go ~snemu losowi** they left him to his own fate; **zrobić coś na ~sną rękę** to do sth on one's own; **z ~snej kieszeni** out of one's own pocket; **z ~snej woli** of one's own free will

właściciel *m* (*Gpl* ~**i**) (psa, samochodu) owner; (firmy, hotelu) owner, proprietor; **prawowity ~** the rightful owner

właściciel|ka *f* (psa, samochodu) owner; (firmy, hotelu) owner, proprietress

właściciels|ki *adi.* *[nadzór, uprawnienia]* owner's, proprietary

właściwie [] *adv. grad.* (należycie) correctly, appropriately; **~ oceniła jego charakter** she correctly judged his nature

[] *part.* actually, in fact, as a matter of fact; **~ to on był autorem pomysłu** actually, it was his idea; **~ to nie podobał mi się ten film** as a matter of fact, I didn't like that film; **był zmęczony, a ~ nic nie robił** he was tired, although he didn't really do anything; **podszedł, a ~ podbiegł do niej** he came up, or rather ran up to her; **która jest ~ godzina?** what time is it, actually?; **co tu się ~ dzieje?** what's all this, then? pot.; **co cię to ~ obchodzi?** what's it to you? pot.

właściwoś|ć *f* [1] *zw. pl* (prawidłowość) property, characteristic; **~ci chemiczne/fizyczne** chemical/physical properties [2] *sgt* (stosowność) appropriateness, suitability; **~ć czyjegoś zachowania** the appropriateness of sb's behaviour [3] *sgt* Prawo (sądu) competence, jurisdiction

właściw|y *adi. grad.* [] [1] (odpowiedni) right, appropriate; **być na ~ym tropie** to be on the right track; **uznałem za ~e zapytać go o pozwolenie** I thought it appropriate to ask his permission; **to nie jest ~y moment** it's not the right moment; **być we ~ym miejscu o ~ym czasie** to be in the right place at the right time; **~y człowiek na ~ym miejscu** the right person for the job

[] *adi.* [1] (typowy) typical, characteristic

(komuś/czemuś a. **dla kogoś/czegoś** of sb/sth); **zapach ~y lasom sosnowym** the characteristic smell of pine forests; **z ~ą sobie energią przystąpił do dzieła** he set to work with his characteristic vigour [2] (prawdziwy, rzeczywisty) real; **czy to ~e nazwisko tego pisarza?** is that the writer's real name?; **jego ~ym zawodem było krawiectwo** his real profession was tailoring [3] Prawo (kompetentny) *[władze, sąd]* competent; **należy zawiadomić ~e władze** the proper authorities should be notified

właśnie [] *part.* (dokładnie) exactly, precisely; **to ~ mam zamiar zrobić** that's exactly a. precisely what I intend to do; **ta ~ kobieta** this (some/very) woman; **~ tego mi potrzeba** (that's) the very thing a. just what I need; **~ w tej chwili** just a. precisely at that moment, at that very moment; **ten ~ list najbardziej ją zaniepokoił** (in fact) it was this letter that perturbed her most; **dlaczego ~ dziś wróciła?** why did she have to come back today (of all days)?

[] *adv.* (akurat) just; **~ wróciłem** I've just got a. come back; **~ przyjechała** she has just arrived; **~ wychodzi/wychodził do pracy** he's just/he was just leaving for work; **~ miałem do ciebie dzwonić** I was just about to a. just going to call you; **~ widzę/słyszę!** so I see/hear!; **~ widzę, że jesteś zajęta** I can see you're busy; **~ wtedy** just then; **~ wtedy ktoś zapukał do drzwi** just then there was a knock on the door

[] *inter.* exactly!, precisely!; **no ~!** just so!; **„on nic o tym nie wiedział" – „~, że wiedział"** 'he knew nothing about it' – 'but he did'; **„beznadziejna sztuka" – „~, że nie"** 'a lousy play' – 'no, it's not'; **„chyba się nigdzie nie wybierasz?" – „~, że tak"** 'you're not going anywhere, are you?' – 'I am actually'

właz *m* (*G* ~**u**) [1] (kanału) manhole; (statku, samolotu, czołgu) hatch [2] Techn. hatch

włazić *impf* → **wleźć**

włączać *impf* → **włączyć**

włącznie *adv.* inclusive; **od 1 do 30 września ~** from September 1 to 30 inclusive

włącz|yć *pf* — **włącz|ać** *impf* [] *vt* [1] (przyłączyć) to include; **poeta ~ył ostatnie swoje utwory do zbioru wierszy** the poet included his latest works in the collection [2] (dołączyć) to involve; **~yli go w przygotowywanie jubileuszu** they got him involved in the preparations for the anniversary celebration [3] (uruchomić) to turn a. switch [sth] on, to turn a. switch on *[telewizor, radio, światło]*; **~yć wsteczny bieg** to shift into reverse

[] **włączyć się** — **włączać się** [1] (zacząć działać) *[światło]* to go a. come a. turn on; **~ył się alarm w samochodzie** the car alarm went off [2] (przyłączyć się) to join (in); **~yć się do dyskusji** to join (in) the discussion

Wło|ch *m* Italian; **jest ~chem** he's Italian a. an Italian

włocha|ty *adi. pot. [niedźwiedź]* shaggy; *[pierś]* hairy; *[łodyżka, ręcznik]* fuzzy

włodarz *m* (*Gpl* ~**y**) [1] książk. (zwierzchnik) overlord, master [2] Hist. (starosta) steward

W

włos m [1] zw. pl hair C/U; **miała długie, kręcone ~y** she had long curly hair; **w mojej zupie jest ~!** there's a hair in my soup!; **czesać ~y szczotką** to brush one's hair; **upiąć ~y w kok** to put one's hair up in a bun; **rozpuścić ~y** to let down one's hair [2] zw. pl (owłosienie) hair U; **depilować ~y pod pachami** to remove the hair from one's armpits [3] zw. pl (sierść zwierząt) fur U, hair U; **cała kanapa oblazła psimi ~ami** the whole sofa was covered in dog hair; **pies z długim błyszczącym ~em** a dog with a long shiny coat [4] zw. sg (w szczotce) bristle; (w kożuchu) fleece U; **kożuch ~em do góry** a sheepskin coat with the fleece on the outside; **pędzel z wytartym ~em** a brush with worn bristles; **dywan z długim puszystym ~em** a shag carpet [5] Techn. (w zegarku) hairspring
❑ **~y anielskie** tinsel
■ **wziąć kogoś pod ~** pot. to sweet-talk sb pot.; **dzielić** a. **rozdzielać ~ na czworo** pot. to split hairs; **o mały ~ spóźniłbym się na samolot** pot. I just barely made it onto the plane; **uniknęłam tego wypadku o mały ~** I avoided the accident by a hair's breadth a. by the skin of my teeth

włos|ek m dem. zw. pl [1] pieszcz. hair U; **chłopczyk miał ciemne oczy i mocno kręcone ~ki** the boy had dark eyes and very curly hair; **delikatne ~ki na jej karku** the fine hair on the nape of her neck [2] Bot. hair; **liście pokryte drobnymi ~kami** leaves covered in delicate hairs [3] Zool. whisker zw. pl [4] (na szczotce) bristle zw. pl
■ **moje małżeństwo wisi** a. **zawisło na ~ku** my marriage is hanging by a thread; **w tej chwili jego życie wisi na ~ku** it's touch and go now whether he'll live

włosian|y adi. [materac, szczotka] hair attr.
włosi|e n sgt horsehair
włosiennic|a f Hist., Relig. hair shirt
włos|ień m Zool. trichina
włos|ki [I] adi. [wino, kuchnia] Italian
[II] m (język włoski) Italian; **uczyć się ~kiego** to learn Italian
włoskowa|ty adi. hairlike; **naczynia ~te** capillaries, capillary veins
włosowa|ty adi. [pędy, korzenie] hairlike; **naczynia ~te** capillaries, capillary veins
włosow|y adi. [cebulka] hair attr.
włoszczy|zna f sgt [1] (warzywa) soup vegetables pl [2] (język, kultura) **moja ~zna nie jest najlepsza** my Italian isn't especially good; **XVI-wieczna moda na ~znę** the 16th-century fashion for all things Italian
Włosz|ka f Italian; **jest ~ką** she's Italian a. an Italian
włościan|in m, **~ka** f (Gpl ~, ~ek) przest. peasant
włościań|ski adi. przest. peasant attr.
włościaństw|o n sgt przest. countryfolk pl, the peasantry
włoś|ć f zw. pl przest. estate, manor
włośnic|a f [1] Bot. foxtail grass U [2] Med. trichinosis U
w|łożyć pf — **w|kładać** impf vt [1] (wetknąć) to put; **włożyć list do koperty** to put the letter in an envelope; **włożyć ręce do kieszeni** to put one's hands in one's pockets; **włożyć mięso do garnka** to put

the meat in the pot; **włożyć klucz do dziurki** to put the key in the (key)hole [2] (wdziać, nałożyć) to put [sth] on; **włóż płaszcz, jest zimno** put a coat on, it's cold outside; **włożyć czapkę na głowę/pierścionek na palec** to put a hat on one's head/a ring on one's finger [3] (wpłacić) to invest; **włożył w tę inwestycję wszystkie pieniądze** he invested a. put all his money in that business [4] przen. **włożyła w to wiele pracy** she put a lot of work into it; **włożył duszę i serce w tę sprawę** he put his heart and soul into that business
■ **nie mieć co do garnka** a. **do ust** a. **do gęby włożyć** pot. to have nothing to eat; **wkładać coś komuś (łopatą) do głowy** a. **łba** pot. to spoon-feed sth to sb pot., przen.; **włożyć komuś broń do ręki przeciw komuś/przeciw sobie** to give sb ammunition against sb/against oneself; **włożyć komuś słowa w usta** to put words into sb's mouth; **włożyć coś między bajki** to not give credence to sth, to not believe sth

włóczę|ga [I] m (Npl ~gi a. ~dzy) (bezdomny) tramp, vagrant
[II] f [1] pot. (wędrówka) roaming U, roving U; **myśleli, że ich beztroska ~ga nigdy się nie skończy** they thought their carefree roaming would never end [2] (piesza wycieczka) hike; **wybrali się na ~gę po Bieszczadach** they went on a hike in the Bieszczady mountains
włóczęgostw|o n sgt [1] pejor. (włóczenie się) vagrancy [2] żart. (wędrówka) hiking, trekking
włóczęgows|ki adi. [1] (wędrowniczy) [żyłka] roaming, roving [2] (dotyczący trampa) tramp's, vagrant's; **prowadził ~ki tryb życia** he lived like a tramp
włócz|ka f wool U GB, yarn U
włóczkow|y adi. [sweter, szalik, chustka] knitted
włóczni|a f (Gpl ~) Hist. spear
włócz|yć impf [I] vt [1] (ciągnąć) to drag, to trail; **koń ~ył uprząż po ziemi** the horse's harness trailed along the ground; **~ył ciężki worek z węglem** he was dragging a heavy sack of coal [2] pot. (wodzić) to drag; **~yła dzieci ze sobą po sklepach** she dragged the kids along with her to the shops
[II] **włóczyć się** [1] (łazić) to wander, to roam; **~yć się po ulicach/po polach** to wander around the streets/fields [2] [opary, dym] to drift, to float; **nad bagnami ~yły się mgły** mist drifted over the swamp [3] (chodzić bez potrzeby) to drift; **~yli się z knajpy do knajpy** they drifted from one bar to another [4] książk. (ciągnąć się) to trail; **suknia ~yła się za nią po ziemi** the dress trailed along behind her on the ground
■ **~yć kogoś po sądach** pot. to haul sb to court pot.; **~yć się za kimś** to hang around sb pot.; **jestem taki zmęczony, że ledwie ~ę nogami** I'm so tired I can hardly put one foot in front of the other
włóczykij m (Npl ~e) pot. rolling stone, drifter
włókien|ko n dem. [1] Anat. fibril, filament [2] Bot. filament [3] (surowiec) fibre GB, fiber US

włókiennictw|o n sgt [1] (przemysł) textile industry, textiles pl [2] (nauka) textile studies pl
włókiennicz|y adi. Przem. [1] [przemysł, wyroby, warsztaty] textile [2] [kurs, instruktor, umiejętności] textile
włókniar|ka f [1] (pracownica) textile worker [2] pot. (maszyna) spinning machine
włókniarz m (Gpl ~y) textile worker
włókni|sty adi. [1] [warzywa, mięso] stringy [2] Biol. [tkanka] fibrous [3] [rośliny, drzewa] fibrous [4] Geol. [minerał] fibrous
włók|no n [1] zw. pl Anat. fibre GB, fiber US [2] zw. pl Bot. fibre GB, fiber US [3] (surowiec) fibre GB, fiber US [4] zw. pl Techn. fibre; **~no stali** steel fibre GB, steel fiber US
❑ **~no elastyczne** Biol. elastic fibre GB, elastic fiber US; **~no naturalne** natural fibre GB, natural fiber US; **~no osiowe** Anat. axon; **~no szklane** Techn. glass fibre GB, glass fiber US

wm. (= w miejscu) ≈ internal
wmanewr|ować pf — **wmanewr|owywać** impf [I] vt [1] książk. (wprowadzić) to manoeuvre GB, to maneuver US; **~ować samochód do garażu** to manoeuvre the car into the garage [2] pot. to set [sb] up pot.; to frame; **w tę sprawę zostaliśmy ~owani, jesteśmy niewinni** we've been set up, we're innocent
[II] **wmanewrować się** — **wmanewrowywać się** pot. to land oneself pot. (**w coś** in sth); **znowu ~owałeś się w kłopoty!** you've landed yourself in trouble again!
wmanewrowywać impf → **wmanewrować**
wmawiać impf → **wmówić**
wmeld|ować pf — **wmeld|owywać** impf [I] vt to register (as an additional tenant); **~ować kogoś do mieszkania** to register sb as an additional tenant in one's flat
[II] **wmeldować się** — **wmeldowywać się** pot. to barge in
wmeldowywać impf → **wmeldować**
wmiatać impf → **wmieść**
wmiesza|ć pf [I] vt [1] (dodać, mieszając) to stir [sth] in(to); **~ć jajka do masła** to stir the eggs into the butter [2] przen. (wplątać) to entangle, to involve; **koledzy ~li mnie w tę nieprzyjemną sprawę** my colleagues got me entangled in this ugly affair
[II] **wmieszać się** [1] książk. (włączyć się) to mix, to mingle; **wyszli na parkiet i ~li się w grono tańczących** they went on to the dance floor and mingled with the dancers [2] (wtrącić się) to meddle, to butt in; **nie wiem, dlaczego ~łeś się w nasze sprawy** I don't know why you've meddled in our affairs; **~ł się w nasz prywatny spór** he butted into our quarrel; **niepotrzebnie ~łeś się w tę awanturę** you shouldn't have got mixed up in that row ⇒ **mieszać się** [3] pot. to be a. get involved (**w coś** in sth); **pracując w firmie komputerowej, ~ł się w jakieś ciemne interesy** he got involved in some suspicious dealings while working in a computer business
wmie|ść pf — **wmi|atać** impf (~otę, ~eciesz, ~ótł, ~otła, ~etli — ~atam) vt to sweep; **~eść śmieci do kąta/pod**

szafę to sweep rubbish into the corner/ under the cupboard

wmont|ować *pf* — **wmont|owywać** *impf vt* to fit, to build in; **~ować szafę we wnękę** to fit a wardrobe in the alcove; **radio z ~owanym budzikiem** a radio with a built-in alarm

wmontowywać *impf* → **wmontować**

wm|ówić *pf* — **wm|awiać** *impf vt* [1] (skłonić do uwierzenia) to persuade, to convince; **wmawiać komuś winę** to make sb believe they're guilty; **wmówić w kogoś, że powinien zmienić mieszkanie** to talk sb into moving to a new flat; **wmówić w kogoś chorobę** to lead sb to believe they're sick; **wmawiać coś sobie** to get sth into one's head *pot.* [2] *pot.* to press; **wmówił w nią kieliszek wódki** he pressed a glass of vodka on her

wmur|ować *pf* — **wmur|owywać** *impf vt* to set a. fix [sth] in; **~ować tablicę pamiątkową w ścianę budynku** to set a memorial plaque in the wall of the building

wmurowywać *impf* → **wmurować**

wmuszać *impf* → **wmusić**

wmu|sić *pf* — **wmu|szać** *impf vt pot.* **musieli w nią ~szać jedzenie** they had to force her to eat

wmyślać się *impf* → **wmyślić się**

wmyśl|ić się *pf* — **wmyśl|ać się** *impf v refl. książk.* to go deeply (**w coś** into sth) [*pytanie, sprawę*]

wnerwiać *impf* → **wnerwić**

wnerwi|ć *pf* — **wnerwi|ać** *impf* [1] *vt pot.* to bug *pot.*, to get on [sb's] nerves *pot.*; **nie ~aj mnie, tylko weź się do roboty** don't bug me, just get down to work [2] **wnerwić się** — **wnerwiać się** *pot.* to get peeved *pot.*; **szef ~ł się na pracowników** the boss was peeved with the workers

wnet *adv. książk.* soon, shortly; **~ skończy się lato** summer will end soon a. before long; **~ nadejdzie odpowiedź** a reply will arrive shortly

wnę|ka *f* [1] Archit., Budow. alcove; **kuchnia z ~ką jadalną** a kitchen with a dining alcove [2] Geol., Górn. recess; **~ka w ścianie skalnej** a recess in the rock face ❑ **~ka kuchenna** kitchenette

wnętrzars|ki *adi. [wydział]* interior design *attr.*

wnętrzarstw|o *n sgt* interior design

wnętrz|e *n* [1] (wewnętrzna strona) inside, interior; **ukryć się we ~u domu** to hide inside the house; **zajrzała do ~a groty** she looked inside the cave [2] *książk.* (życie duchowe) inner life, soul; **w jej ~u zaszły gwałtowne przemiany** violent changes took place within her soul [3] (pomieszczenie) interior; **jasne/ciemne ~e** a light/dark interior; **stylowe wyposażenie ~** period furnishings

wnętrzności *plt* (*G* **~**) intestines *pl*, entrails *pl*; **wyjąć ~ z kury/zająca** to remove the chicken's/hare's entrails; **we ~ach denata znaleziono truciznę** an examination of the deceased's intestines revealed the presence of poison

■ **ból targał jego ~ami** he was writhing in pain; **rozpacz szarpała jej ~** she was in the throes of despair; **~ mi się przewra-**

caj**ą, jak na to patrzę** *pot.* the sight of it makes me sick

wniebogłosy *adv. [krzyczeć, lamentować]* at the top of one's voice

wniebowstąpieni|e *n sgt* Relig. Ascension; **święto Wniebowstąpienia Pańskiego** the Ascension (Day)

wniebowzięci|e *n* Relig. Assumption; **święto Wniebowzięcia Najświętszej Maryi Panny** the Assumption (Day)

wniebowzię|ty *adi.* [1] *książk.* (zachwycony) *[osoba]* ecstatic, on cloud nine; *[twarz, wzrok]* ecstatic, enraptured [2] Relig. **Maryja Wniebowzięta** Mary assumed into heaven

wn|ieść *pf* — **wn|osić¹** *impf* (**wniosę, wniesiesz, wniesie, wniósł, wniosła, wnieśli** — **wnoszę**) *vt* [1] (umieścić we wnętrzu) to carry, to bring; **wnosić meble do mieszkania** to carry furniture into a flat; **wniesiono drugie danie** the second course was brought in [2] (umieścić wyżej) to carry, to take; **wniósł walizkę na piętro** he carried the suitcase upstairs [3] *książk.* (uzupełnić) to contribute; **świadek nie wniósł do sprawy nic nowego** the witness did not contribute to the case [4] *przen.* (wywołać) to bring (in); **gdziekolwiek się pojawiła, wnosiła radość i życie** she would bring joy and vivacity wherever she appeared [5] (przedstawić do rozpatrzenia) to submit *[petycję, podanie]*; **wnieść oskarżenie** to file a charge; **wnieść pozew o rozwód** to file for divorce [6] (wnioskować) to put forward a motion (**o coś** to do sth); to petition (**o coś** for sth) [7] Fin. **wnieść opłatę/składkę** to pay a fee/one's contribution; **wnieść kapitał** to invest one's capital

wnikać *impf* → **wniknąć**

wnikliwie *adv. grad. [patrzeć, zbadać]* thoroughly, penetratingly

wnikliwoś|ć *f sgt* thoroughness, insight; **sprawę zbadano z dużą ~cią** the case was thoroughly investigated

wnikliw|y *adi. grad.* [1] (dogłębny) *[obserwator]* astute, sharp; *[pytania]* thorough, penetrating; *[analiza, badanie]* thorough, insightful; *[spojrzenie, wzrok]* piercing, penetrating [2] (przenikliwy) *[szept, dźwięk]* sharp, piercing; *[zapach]* sharp, penetrating

wnik|nąć *pf* — **wnik|ać** *impf* (**~nęła, ~nęli** — **~am**) *vi* [1] (przeniknąć) *[światło, promienie]* to penetrate; *[zapach]* to permeate; *[woda]* to get in [2] (zbadać) to probe (**w coś** into sth); **podjął decyzję, nie ~ając w szczegóły** he made a decision without going into details [3] *przen.* (dostać się) to infiltrate *vt*; **przeciwnik podjął próbę ~nięcia w nasze szeregi** the enemy tried to infiltrate our ranks

wnios|ek *m* (*G* **~ku**) [1] (propozycja) motion, proposal; **przyjąć/odrzucić ~ek** to accept/ reject a motion; **wystąpić z ~kiem do komisji** to put forward a proposal to the committee; **przedstawiam ~ek, aby spisywano protokoły z naszych posiedzeń** I move that minutes should be taken at our meetings; **wpłynęły dwa ~ki – kto jest za pierwszym?** two motions have been submitted – who is in favour of the first one? [2] (wynik rozumowania) conclusion, deduction; **dojść do ~ku, że...** to reach a. come

to a conclusion that...; **wyciągnąć ~ek** to draw a conclusion; **nie wyciągajmy pochopnych ~ków** let's not jump to conclusions [3] (podanie) application; **wystąpić z ~kiem o awans dla kogoś** to put sb's name forward for promotion

wnioskodaw|ca *m*, **~czyni** *f* [1] (petent) petitioner, applicant [2] (pomysłodawca) author, initiator

wniosk|ować *impf* [1] *vt kryt.* (występować z wnioskiem) to put forward a motion (**o coś** to do sth); to petition (**o coś** for sth); **~owano o zmianę godzin pracy** a motion was put forward to change the working hours [2] *vi* (sądzić) to conclude; **z jego miny ~owała, że mu się nie powiodło** from his expression she concluded a. gathered he'd failed ⇒ **wywnioskować**

wniwecz *przest., książk.* **obrócić coś ~** to reduce sth to ashes, to obliterate sth *[miejscowość]*; to shatter sth, to annihilate sth *[plany, dorobek]*

wnosić¹ *impf* → **wnieść**

wno|sić² *impf vi książk.* to conclude, to assume; **z jego wyrazu twarzy ~siła, że wszystko dobrze poszło** looking at his expression she concluded all had gone well; **jest, jak ~szę z jego wypowiedzi, przeciwnikiem tej koncepcji** he is, as I assume from his statement, against this concept

wnucz|ę *n zw. pl* (*G* **~ęcia**) grandchild

wnucz|ka *f* granddaughter

wnu|k *m* (**~czek** *dem.*) (*Npl* **~kowie** a. **~ki, ~czki**) grandson; **~ki** grandchildren

wnu|sia *f* (*Gpl* **~ś**) pieszcz. (little) granddaughter

wnu|sio, ~ś *m* (*Npl* **~siowie** a. **~sie**) pieszcz. (little) grandson

wnyk *m zw. pl* Myślis. snare; **łania dostała się we ~i** the hind got caught in a snare

woal *m* (*G* **~u,** *Gpl* **~i** a. **~ów**) [1] (szal) veil [2] (tkanina) voile [3] *przen.* (mgły, oparów, dymu) veil, shroud

woal|ka *f* veil

wobec [1] *praep.* [1] (w stosunku do) to, towards (**kogoś/czegoś** sb/sth); **uprzejmy/arogancki ~ kogoś** kind/arrogant to a. towards sb; **polityka rządu ~ mniejszości narodowych** the government's policy with regard to a. vis-à-vis national minorities; **obowiązki ~ dzieci** responsibilities towards (one's) children; **wymagania ~ uczniów** demands on pupils; **być krytycznym ~ czegoś** to be critical of sth [2] (z powodu) in view of, on account of (**czegoś** sth); **~ braku czasu/pieniędzy** due to lack of time/money; **~ groźby aresztowania wyjechał z kraju** in view of the possibility of arrest, he left the country; **~ tego...** in that case...; **~ tego, że nie ma kworum...** in view of the absence of a quorum... [3] (w porównaniu z) compared with, beside; **moje problemy są niczym ~ twoich** my problems are nothing compared with yours; **upał w pokoju jest niczym ~ spiekoty na zewnątrz** the heat indoors is nothing compared with the swelter outside [4] (w obecności) in front of, before, in the presence of (**kogoś** sb); **~ świadków** in front of a. in the presence of a. before

W

witnesses; **wygłosił mowę ~ tłumu** he made a speech before a. to the crowd 5 (w obliczu) in the face of (**czegoś** sth); **~ niebezpieczeństwa** in the face of danger; **stanąć** a. **znaleźć się ~ konieczności podjęcia decyzji** to face a. to be confronted with the necessity of taking a decision; **stoimy ~ groźby zagłady** we are facing the threat of annihilation

II ~ tego a. **powyższego** (na początku zdania) in that case; (jako łącznik) for that reason, on account of that; „**nie zrobię tego**" – „**~ tego może pan zacząć szukać nowej pracy**" 'I won't do it' – 'in that case you'd better start looking for a new job'; **nie mieliśmy pieniędzy, ~ tego musieliśmy zrezygnować z projektu** we didn't have the money, and on account of that we had to give up the project

w|oda II f 1 sgt (bezbarwna ciecz) water; **woda bieżąca** running a. tap water; **woda pitna** a. **do picia** drinking a. potable water; **woda gazowana** sparkling a. fizzy (mineral) water; **woda niegazowana** still water; **warzywa/ryba z wody** Kulin. boiled vegetables/fish; **wstawić wodę na herbatę** to put the kettle on 2 (w terenie) (the) water; **poziom wody w rzece stale się podnosi** the water level in the river is steadily rising; **usiedliśmy w cieniu nad wodą** we sat in the shade by the water 3 sgt przen., pejor. (pustosłowie) padding; **lać wodę** pot. to waffle (on) 4 Med. (płyn wysiękowy) water, serous liquid; **miał wodę w kolanie** he had water on the knee

II wody plt przest. the waters; **pojechać do wód** to go somewhere for the waters; **leczyć się u wód** to take the waters

❏ **ciężka woda** Chem. heavy water; **martwa woda** Żegl. dead water; **miękka woda** Chem. soft water; **twarda woda** Chem. hard water; **woda adhezyjna** Geol. film water, pellicular water; **woda brzozowa/pokrzywowa** Kosmet. birch/nettle water; **woda chlorowa** Chem. chlorine water; **woda kolońska** Kosmet. (eau de) cologne; **woda krystalizacyjna** water of crystallization; **woda kwiatowa** Kosmet. floral a. flower-scented water; **woda letejska** Mitol. Lethean water; **woda oligoceńska** Oligocene water; **woda podskórna** subsoil a. subsurface water; **woda podziemna** underground a. subterranean water; **woda powierzchniowa** surface (fresh)water; **woda sodowa** soda water; **woda święcona** Relig. holy water; **woda utleniona** Farm. hydrogen peroxide (solution); **woda zaskórna** subsoil a. subsurface water; **wody eksterytorialne** Geogr. extraterritorial a. international waters; **wody kapilarne** Geol. capillary water; **wody mineralne** mineral waters; **wody otwarte** open waters; **wody płodowe** Biol. the waters; **wody siarczane** sulphurous springs; **wody słodkie** Geogr. fresh waters; **wody stojące** stagnant a. standing water; **wody terytorialne** territorial waters

■ **cicha woda** the silent type; **cicha woda brzegi rwie** still waters run deep; **dużo wody upłynie/upłynęło zanim...** it'll be/ it was a long time (yet) before...; **iść jak woda** to sell like hot cakes; **po niej**

wszystko spływa jak woda po gęsi a. **kaczce** everything's like water off a duck's back to her; **robić komuś wodę z mózgu** to brainwash sb; **wyprowadzić sprawy na czyste wody** to clear the matters up; **puścić kogoś na szerokie wody** to give sb free hand, to give sb a hard task; **puścić się** a. **wypłynąć na szerokie wody** to take the plunge, to go (at) it alone

w oddali in the distance; **zniknął ~** he disappeared in the distance

wodewil m (G ~u) Teatr vaudeville

wodewilow|y adi. Teatr [przedstawienie, piosenki, aktorka] vaudeville attr.

wodnictw|o n sgt Sport water sports

wodnia|k m Sport water sports enthusiast a. lover

Wodnik II m pers. (Npl ~i) Aquarian; **oboje są ~ami** they're both Aquarians **II** m inanim. sgt 1 (znak zodiaku) Aquarius, Water Bearer 2 Astron. Aquarius

wodnik II m pers. (Npl ~i) (postać z baśni) water sprite, nix **II** m anim. Zool. 1 (ptak) water rail 2 (pająk) water spider

wodnistoś|ć f sgt wateriness

wodni|sty adi. [zupa] thin; [owoce] watery

wodn|y adi. 1 (związany z cieczą) aqueous water attr.; **roztwór ~y** aqueous solution spec.; water solution 2 (związany ze zbiornikiem wodnym) [droga, transport, sport] water attr.; [fauna, flora] aquatic, water attr. 3 (o urządzeniach) water-powered attr., hydro-; **elektrownia ~a** a hydroelectric (power) plant ❏ **kurka** a. **kokoszka ~a** Zool. water hen, moorhen

wodociąg II m (G ~u) (zespół urządzeń) waterworks; **do wsi doprowadzono ~** the village has got its own water supply system **II wodociągi** plt pot. (przedsiębiorstwo) the water board a. authority

wodociągow|y adi. [pompa, rury] waterworks attr.; **sieć ~a** water supply system

wodogłowi|e n sgt Med. hydrocephalus spec.; water on the brain

wodolecznictw|o n sgt hydrotherapy, hydrotherapeutics

wodolecznicz|y adi. [urządzenie, zakład] hydrotherapeutic, hydrotherapic

wodolejstw|o n sgt pot., pejor. (wielosłowie) padding, waffle

wodolo|t m (G ~tu) hydrofoil

wodołaz m Zool. Newfoundland

wodomierz m water meter; **sprawdzać stan ~a** to read a water meter

wodoodpornie adv. tkaniny są impregnowane ~ the fabric is impregnated to become waterproof

wodoodporność f sgt water resistance, waterproof quality

wodoodporn|y adi. [klej, substancja] waterproof; [zegarek] water-resistant

wodop|ój m (G ~oju) water a. watering hole, watering place

wodoro|st m seaweed, water plant

wodorow|y adi. Chem. [cząsteczka, jon] hydrogen attr.

wodospa|d m (~dzik dem.) (G ~du, ~dziku) waterfall

wodoszczelność f sgt water resistance, waterproof quality

wodoszczeln|y adi. [pojemnik, pomieszczenie] watertight; **warstwa ~a** (izolująca) a waterproof layer

wodotrysk m (G ~u) (water) fountain, fountain jet

wod|ować impf **I** vt Żegl. to launch [statek] ⇒ **zwodować** **II** vi Lotn. [samolot, balon, statek kosmiczny] to splash down

wod|ór m sgt (G ~oru) Chem. hydrogen ❏ **ciężki ~ór** Chem. deuterium

wodz|a f (Gpl ~y) zw. pl rein zw. pl także przen.

■ **pod czyjąś ~ą** książk. under sb's command; **puścić ~e fantazji** a. **wyobraźni** to let one's imagination run free a. wild, to give (free) rein to one's imagination; **trzymać nerwy na ~y** to keep calm a. cool; **trzymać się na ~y** to control oneself, to keep oneself in check

wodzian|ka f pot. slops

w|odzić impf **I** vt 1 (prowadzić) to lead, to take; **wodziła nas od sklepu do sklepu** she led us from shop to shop; **wszędzie wodziła ze sobą dziecko** she would take her child along everywhere she went 2 Zool. to look after, to tend [pisklęta] **II** vi (przesuwać po powierzchni) to move, to run; **czytał, wodząc palcem po wyrazach** he read, moving his finger over the words; **wodziła piórem po papierze** she ran her pen across the paper; **wodzić oczami** a. **wzrokiem za kimś/czymś** to follow sb/sth with one's eyes **III wodzić się** pot., żart. to walk, to stroll; **wodzili się z sobą całymi wieczorami** they would take long walks in the evenings ■ **wodzić kogoś za nos** pot. to lead sb by the nose

wodzirej m 1 (na balu) master of ceremonies 2 przen. (przywódca) (ring)leader; **był klasowym ~em** he was the class leader

wodzostw|o n sgt chief command

wodzows|ki adi. [funkcja, obowiązki] commander's, commanding attr.

woj m (Npl ~e a. ~owie) Hist. knight, warrior

wojacz|ka f pot., żart. (służba żołnierska) soldiering, army life

woja|k m (Npl ~cy a. ~ki) pot., żart. soldier

wojaż m (G ~u, Gpl ~y a. ~ów) przest. journey, voyage

wojaż|ować impf vi przest., żart. to travel

wojen|ka f dem. książk. war

wojenn|y adi. [zbrodnia, gra, bohater, korespondent] war attr.; [przeżycia, wspomnienia] wartime attr.

■ **weszli na ~ą ścieżkę** they are on the warpath

wojewo|da m (Npl ~dowie) 1 Admin. provincial governor (in Poland) 2 Hist. voivode

■ **co wolno ~dzie, to nie tobie, smrodzie** ≈ do as I say, not as I do

wojewódz|ki adi. [szpital, sąd, urząd, władze] regional, provincial

wojewódz|two n 1 Admin. ≈ province (in Poland); voivodeship spec. 2 (mieszkańcy) province; **nasze ~o ma swojego przedstawiciela w senacie** our province has its own senator 3 pot. (urzędy) provincial (council) offices

wojłok *m* (*G* **~u**) felt
wojłokow|y *adi.* *[kapcie, bambosze, derka]* felt *attr.*
woj|na *f* [1] (walka zbrojna) war; **wypowiedzieć komuś/czemuś ~nę** to declare war on sb/sth; **te dwa państwa są w stanie ~ny** those two countries are at war [2] (konflikt) conflict, fight; **między dziećmi ciągle wybuchały ~ny o zabawki** there was constant fighting for toys among the kids [3] *sgt* Gry *a simple card game for two people*
□ **święta ~na** Relig. holy war także przen.; **zimna ~na** Polit. cold war; **~na bakteriologiczna** germ warfare, biological warfare; **~na błyskawiczna** Wojsk. blitzkrieg; **~na domowa** civil war; **~na narodowowyzwoleńcza** war for national liberation; **~na nuklearna** nuclear war; **~na partyzancka** guerilla warfare; **~na pozycyjna** Wojsk. position warfare; **~na prewencyjna** Polit. preventive war; **~na psychologiczna** psychological warfare; **~na secesyjna** Hist. the American Civil War; **~na totalna** total war; **~na trojańska** Mitol. the Trojan war
woj|o *n sgt* pot. the army; **na wiosnę idę do ~a** I'm off to the army in the spring
woj|ować *impf vi* [1] pot. (zwalczać) to fight; **nauczyciele usiłują ~ować ze ściąganiem** teachers try to fight cheating; **dyrektor ~uje z paleniem papierosów w szkole** the director's launched a campaign against smoking at school [2] przest. (brać udział w wojnie) to fight (**z kimś** a. **przeciw komuś** with a. against sb); to wage war (**z kimś** a. **przeciw komuś** with a. against sb)
wojownicz|ka *f* woman-warrior, amazon
wojowniczo *adv.* aggressively, pugnaciously
wojowniczoś|ć *f sgt* [1] (narodu, plemienia) aggressiveness, warlike spirit [2] (cecha usposobienia) aggressiveness, pugnacity
wojownicz|y *adi.* [1] *[naród, lud, plemię, ród]* warlike, aggressive [2] (czupurny) *[osoba, usposobienie]* aggressive, belligerent [3] (zaczepny) *[postawa, ton, gest]* belligerent, aggressive
wojowni|k *m* warrior
wojsk|o *n* [1] (siły zbrojne) army, the armed forces; (oddziały armii) forces, (military) units; **regularne ~o** regular army; **pójść do ~a** to go into the army; **sprawować polityczną kontrolę nad ~iem** to exercise political control over the military; **rozmieścić ~o na danym terenie** to position troops within a given area [2] *sgt* pot. (grupa żołnierzy) soldiers; **~o wracało z ćwiczeń** the soldiers were returning from military exercises [3] *sgt* pot. (obowiązkowa służba wojskowa) national service
□ **~a lądowe** the army; **~a lotnicze** the air force; **~a pancerne** armoured troops
wojskowo *adv.* militarily, martially; **przeszkolić ~ rekrutów** to give recruits military training
wojskowoś|ć *f sgt* military science
wojskow|y [1] *adj* [1] (związany z wojskiem) *[wywiad, cmentarz, służba, ćwiczenia, reżim]* military, martial [2] iron. (zdyscyplinowany) Draconian, Spartan; **zaprowadził w firmie ~e porządki** he introduced some

Draconian changes in the company; **prowadził ~y tryb życia** he led a Spartan (way of) life; **u nich w domu panuje ~a dyscyplina** their home is run with almost military discipline
[II] *m* serviceman, military man
wojując|y [1] *pa* → **wojować**
[II] *adi.* *[feministka, liberał, antykomunizm]* militant
wokabularz *m* daw. dictionary
wokali|sta *m*, **~stka** *f* [1] (śpiewak) vocalist, singer [2] (nauczyciel śpiewu) singing teacher [3] (kompozytor utworów wokalnych) song composer, vocal composer
wokalistyczn|y *adi.* Muz. *[konkurs, walory, ćwiczenia]* vocalistic, vocal
wokalisty|ka *f sgt* Muz. [1] (sztuka śpiewu) vocalism [2] (dział muzyki) vocalism
wokalnie *adv.* vocally
wokaln|y *adi.* Muz. *[utwór, kompozycja, zespół]* vocal; *[ćwiczenia, technika, kunszt, możliwości]* vocal, singing *attr.*
wokan|da *f* Prawo daily case a. cause list; **wejść** a. **trafić na ~dę** to come (up) before the court; przen. to come up; **zejść z ~dy** przen. ≈ to be settled
wokoło → **wokół**
wokół [1] *praep.* around, round GB; **~ miasta/stołu** around a. round a city/table; **Ziemia obraca się ~ Słońca** the Earth revolves around the Sun; **miała szalik owinięty ~ szyi** she had a scarf around her neck; **tyle jest okrucieństwa ~ nas** there is so much cruelty around us; **ich życie koncentrowało się ~ dzieci** their life revolved around their children; **dyskusja ~ problemu bezrobocia** a discussion concerning the problem of unemployment; **jego myśli krążyły ~ jednej tylko osoby** his thoughts revolved around one person only; **potrafiła się kręcić ~ własnych interesów** she knew how to look after her own interests
[II] *adv.* around, round about GB; **wszędzie ~** all around; **rozglądać się ~** to look around; **~ szalała burza** a storm raged all around; **obeszli dom ~** they walked around the house; **wszyscy ~ o tym wiedzą** everyone around knows about it; **mówi się ~, że...** people all around say that...
wol|a [1] *f sgt* [1] Psych. will(power); **silna ~a** (strong) willpower, strong will; **brak mi silnej ~i, żeby rzucić palenie** I don't have enough willpower to quit smoking; **słaba ~a** lack of willpower, weak will; **robić coś z własnej (i nieprzymuszonej) ~i** to do sth of one's own free will; **opanowywał się całym wysiłkiem ~i** he controlled himself by will(power) [2] (postanowienie) wish, will; **narzucić komuś swoją ~ę** to impose a. force one's will on(to) sb; **taka była ~a twojego ojca, uszanuj ją** that was your father's wish, so try to respect it
[II] **do woli** *adv.* książk. (do syta) *[jeść, pić]* one's fill
[III] **mimo woli** *adv.* książk. (bezwiednie) involuntarily; **uświadomiła sobie, że mimo ~i pisze jego imię w zeszycie** she realized she was involuntarily writing his name down in her copybook

□ **~a Boża** the will of God, God's will
■ **dobra ~a** goodwill; **ostatnia ~a** książk. (życzenie) last wish; (testament) (last) will (and testament); **wolna ~a** free will; **możesz z nami jechać lub nie – wolna ~a** you can go with us or stay – it's up to you; **zła ~a** ill will; (niech się dzieje) **~a nieba!** it's the will of God, so be it!; **czuć ~ę bożą** żart. to get the urge, to get the itch; **~a boska (i skrzypce)!** pot., żart. so be it!, there's nothing we can do about it; **chce za niego iść, to niech idzie, ~a boska i skrzypce!** if she wants to marry him, let her marry him, there's nothing we can do about it
wol|e *n* [1] Biol. crop [2] Med. goitre
w|oleć *impf* (**wolisz, wolał, woleli**) *vt* to prefer; **wolę herbatę niż kawę** I prefer tea to coffee; **wolę jazdę na rowerze niż bieganie** I prefer cycling to jogging; **„podwieźć cię?" – „wolę iść na piechotę"** 'do you want a lift?' – 'I'd rather walk'; **wolę, żebyś tego nie robił** I'd rather you didn't do it
wolej *m* Sport. volley; **odbił piłkę z ~a** he hit the ball on the volley
wolfram *m* (*G* **~u**) *sgt* Chem. tungsten, wolfram
wolframow|y *adi.* Chem. *[kwas]* tungstic; *[stal, drucik]* tungsten *attr.*
wol|i *adi.* ox *attr.*; **~a skóra** oxhide
wolniu|tki (**~sieńki, ~teńki**) *adi. dem.* *[krok, tempo, muzyka]* (very) slow
wolniutko *adv.* *[poruszać się, iść, płynąć]* (very) slowly
woln|o[1] *adv.* grad. (powoli) *[poruszać się]* slowly, slow; **czas płynie ~o** time passes slowly; **życie toczy się tutaj ~o** the pace of life is slow here; **szli coraz ~iej** they walked slower and slower; **jedź/idź ~iej** slow down
wolno[2] *adv.* [1] (luźno) loose, loosely; **miała włosy ~ rozpuszczone** she wore her hair loose; **puścił cugle ~** he loosened a. slackened the reins [2] (swobodnie) free, freely; **wanna/kuchenka ~ stojąca** a free-standing bath/cooker; **dom ~ stojący** a detached house; **puścić kogoś ~** to set sb free a. loose; **w lesie puścił psa ~** he let the dog go in the woods
wolno[3] *praed.* [1] (przyzwolenie) **~ nam było przebywać poza domem do ósmej wieczorem** we were allowed to stay out till eight p.m.; **mnie wszystko ~** I'm free a. allowed to do whatever I please a. like; **nie ~ mi pić** I'm not allowed to drink; **są sprawy, o których nie ~ nam nigdy zapomnieć** there are things that we should never allow ourselves to forget; **sam powinieneś wiedzieć, co ~, a czego nie ~** you should know better what's allowed and what isn't; **tu nie ~ palić** smoking is forbidden a. is not allowed here; **„psów wprowadzać nie ~"** 'no dogs allowed'; **nie ~ ci o tym nikomu mówić** you mustn't mention this to anyone; **tak nie ~!** you can't do (a thing like) that! [2] (w zwrotach grzecznościowych) **czy ~?** may I?; **czy ~ o coś zapytać?** can a. may I ask something?; **jeśli ~** if I may książk.; **jeśli mi wolno tak powiedzieć** if I may a. might say so książk.; **niech mi ~ będzie**

przedstawić naszego gościa... allow me to introduce our guest... ■ **~ć Tomku w swoim domku** przysł. ≈ a man's house is his castle

wolnoamerykan|ka f sgt Sport freestyle wrestling, all-in wrestling GB

wolnocłow|y adi. Ekon. [towar, sprzedaż, sklep] duty-free; **port ~y** a free port

wolnoć = wolno ci

wolnomulars|ki adi. [poglądy, loża] Masonic

wolnomularstw|o n sgt freemasonry, Masonry

wolnomularz m (Gpl ~y) Freemason, Mason

wolnomyśliciel m, **~ka** f (Gpl ~i, ~ek) książk. freethinker

wolnomyśl|icielski adi. książk. [poglądy, przekonania, postawa] freethinking

wolnomyślnoś|ć f sgt książk. freethinking

wolnomyśln|y adi. książk. [przekonania, poglądy, postawa] freethinking; **człowiek ~y** a freethinker

wolnorynkow|y adi. Ekon. [gospodarka, ceny] free market attr.

wolnościow|y adi. [ruch, hasła, idee] liberation attr.

wolnoś|ć [] f sgt [1] (swoboda) freedom; (niezależność) independence; **masz zupełną ~ć w wyborze zawodu** you have complete freedom to choose your profession; **cieszyć się ~ą** to enjoy freedom; **kraj ten odzyskał ~ć w XIX w.** the country gained independence in the 19th century; **bojownik o ~ć** a freedom fighter [2] (przebywanie poza więzieniem) freedom, liberty; **pozbawić kogoś ~ci** to imprison sb; **kara pozbawienia ~ci** loss of liberty, prison sentence; **wyjść na** a. **odzyskać ~ć** to be released a. freed (from prison); **przepiłowali kraty i wydostali się na ~ć** they sawed through the bars and escaped; **wypuścić kogoś na ~ć** to free sb; **darować komuś ~ć** let sb go (free); **przestępca nadal jest** a. **znajduje się** a. **pozostaje na ~ci** the criminal is still at liberty a. at large [3] (przebywanie poza zamknięciem) **zwierzęta żyjące na ~ci** animals living in the wild; **wypuścić ptaka na ~ć** to set a bird free

[] **wolności** plt (prawa obywateli) rights, liberties; **~ci obywatelskie** civil liberties ❏ **~ć mórz** Prawo freedom of the seas; **~ć osobista** Prawo personal liberty; **~ć słowa** Prawo freedom of speech; **~ć sumienia** Prawo freedom of conscience; **~ć wyznania** Prawo freedom of religion a. worship; **~ć zgromadzeń** Prawo freedom of assembly; **złota ~ć (szlachecka)** Hist. the privileges of the Polish nobility

woln|y[1] [] adi. [1] (niezależny) free; **~y chłop** a free peasant; **jestem ~ym człowiekiem i sama będę decydowała o swoim losie** I'm a free person and I'll decide for myself what I'm going to do with my life; **~y jak ptak** (as) free as a bird [2] (na swobodzie) [osoba, zwierzę] free [3] (niepodległy) [kraj, naród] free, independent; **e miasto** Admin., Polit. a free city [4] (nieograniczony) [rynek, prasa, wybory] free; **wypracowanie na temat ~y** a free composition; **~e wnioski** any other business, AOB GB [5] (niezajęty) [miejsce, stolik]

free; **niestety, nie mamy ~ych pokoi** sorry, we have no vacancies; **nie mieć ~ej ręki** to not have a hand free; **jest ~y etat w dziale finansowym** there's a vacancy in the accounts department; **mam teraz dużo ~ego czasu** I've got a lot of free a. spare time now; **czy jesteś ~a dziś wieczorem?** are you free tonight?; **to wszystko na dzisiaj, jesteście ~i** that's all for today, you're free to go; **czy pan dyrektor jest ~y?** is the manager free a. available now?; **nie znalazłem ~ej taksówki** all the taxis were taken; **czas ~y od pracy** free a. leisure time; **3 maja jest dniem ~ym od pracy** the 3rd of May is a public holiday [6] (nieżonaty, niezamężna) single, unmarried; **stanu ~ego** single, unmarried [7] (pozbawiony czegoś) **~y od czegoś** free from a. of sth; **powietrze ~e od spalin** clean air; **inwestycja ~a od ryzyka** a risk-free ivestment; **niebo ~e od chmur** a cloudless sky; **dochód ~y od podatku** a tax-free income; **towary ~e od cła** duty-free goods [8] pot. [stolec] loose [9] Chem. [pierwiastek, atom] free [10] Sport **rzut ~y** a free kick [] m pers. free man

[] m inanim. środ., Sport free kick

[] **wolne** n sgt pot. day off, time off; **wziąć ~e** to take (some) time off; **zrobić sobie kilka dni ~ego** to take a few days off; **dziś mam ~e** today is my day off; **żona dała mi dziś ~e** żart. my wife gave me time off today żart.

❏ **~y przekład** a. **~e tłumaczenie** free translation ■ **dać** a. **zostawić** a. **pozostawić komuś ~ą rękę** to give sb (a) free rein a. free hand; **mieć ~ą rękę** to have (a) free rein a. free hand; **odpowiadać z ~ej stopy** Prawo to be released pending trial

woln|y[2] adi. grad. [krok, ruch, jazda, muzyka] slow; **był ~iejszy w pracy od brata** he worked more slowly than his brother; **z ~a** slowly; **z ~a odwróciła głowę** she slowly turned her head ■ **~ego!** pot. not so fast!

wolontariusz m, **~ka** f (Gpl ~y, ~ek) volunteer

wol|t m Elektr., Fiz. volt

wol|ta f [1] (zmiana) about-turn GB, volte-face GB, about-face US; **nagle wykonał ~tę i wycofał się z transakcji** he did an about-turn and withdrew from the deal; **komedia pełna niezwykłych ~t** a comedy full of extraordinary about-turns [2] (obrót ciała) dodge; **wykonać ~tę** to dodge [3] Jeźdz. volte

woltomierz m Elektr., Fiz. voltmeter

-woltow|y w wyrazach złożonych -volt; **półtorawoltowa bateryjka** a 1.5-volt battery

woltyż m (G ~u) stunt riding, circus riding

woltyże|r m (Npl ~rowie a. ~rzy) stunt rider, circus rider

woltyżer|ka f [1] sgt (w cyrku) stunt riding, circus riding [2] (kobieta) stunt rider, circus rider

wolumen m (G ~u) [1] Ekon., Handl. volume; **~ sprzedaży** the sales volume; **~ eksportu** the export volume; **~ towarów** the volume of goods [2] Muz. volume

wolumin m (G ~u) książk. tome książk.; volume

woluntarystycznie adv. [1] książk. autocratically; **rządzić ~** to be an autocratic ruler [2] Filoz., Psych. [interpretować] according to voluntarist principles

woluntarystyczn|y adi. [1] książk. [decyzje, rządy] autocratic [2] Filoz., Psych. [teoria, interpretacja] voluntarist

woluntaryzm m (G ~u) sgt [1] książk. (rządów, władz) authoritarianism [2] Filoz., Psych. voluntarism

wołacz m Jęz. the vocative (case); **rzeczownik w ~u** a noun in the vocative (case)

wołaczow|y adi. Jęz. [zdanie] vocative

woła|ć impf [] vt to call; **~ć dzieci na obiad** to call the children in for lunch; **trzeba ~ć księdza/lekarza** we need to call a priest/doctor; **~ć pogotowie** to call an ambulance; **wołać kogoś do telefonu** to tell sb they're wanted on the phone; **~ć psa** to call the dog ⇒ **zawołać**

[] vi [1] (krzyczeć) to shout, to call; **coś do nas ~ł, ale nic nie słyszeliśmy** he was shouting something to us but we didn't hear a word; **~ć na kogoś z daleka** to shout at sb from a distance; **~ła, żeby się odsunął** she shouted for him to get out of the way; **„szukam cię wszędzie"** 'I've been looking all over for you,' she shouted [2] (domagać się) **~ć o coś** to call for sth; **~ć o sprawiedliwość** to call for justice [3] (nazywać) to call; **~li na niego Jaś** they called him Johnny ■ **moje buty ~ją jeść** a. **pić** żart. my shoes are beginning to develop holes

woła|nie [] sv → **wołać**

[] n call, cry; **~nie o pomoc** a cry for help

woł|ek m [1] dem. (wół) (small) ox [2] Zool. weevil; **~ek zbożowy** a grain a. granary weevil

wołowin|a f (~ka dem.) sgt beef; **dusić/piec ~ę** to stew/roast beef; **~a na rosół** beef for stock; **~a na pieczeń** roasting beef

wołow|y [] adi. [1] [rogi] cow attr., cow's; **żywiec ~y** beef cattle [2] [rosół] beef attr.; **mięso ~e** beef; **pieczeń ~a** roast beef

[] **wołowe** n pot. beef ■ **tego i na ~ej skórze by nie spisał** it would take forever to write it all down

won inter. pot. scram! pot., shove off! pot.; **~ stąd!** sod off (out of it)! pot., get out of here a. it! pot.

woni|eć impf (~eję, ~niał, ~nieli) vi książk. to smell; **~ał wodą kolońską** he smelt of cologne; **chusteczki ~ejące perfumami** handkerchiefs fragrant with perfume; **~niało tam zawsze pastą od podłogi** the place always smelt of floor polish

wonnie adv. grad. książk. fragrantly, aromatically; [pachnieć] fragrant adi.

wonnoś|ć [] f sgt książk. (kwiatów, łąk) fragrance C, aroma C

[] **wonności** plt aromatic a. fragrant oils pl; **nacierać ciało ~ciami** to rub fragrant oils into one's body

wonn|y adi. grad. książk. [powietrze, kwiaty, olejki] fragrant, aromatic

wo|ń f książk. fragrance, aroma; **słodka woń kwiatów** the sweet fragrance of flowers

wopi|sta *m* Wojsk. ≈ border guard

wo|rać *pf* (**worzę**) **□** *vt* to plough [sth] in(to), to plow [sth] in(to) US; **worać nawóz głębiej** to plough the fertilizer deeper into the ground; **rolnik worał pług w ziemię** the farmer thrust the plough into the ground

□ worać się to sink in(to) także przen.; **pług worał się w ziemię** the plough sank into the soil; **rolnik worał się w grunt sąsiada** the farmer's ploughing encroached on his neighbour's field; **kły wilka worały się w jego ciało** the wolf's fangs sank into his body; **pocisk worał się w ziemię** the bullet buried itself in the ground

worecz|ek *m dem.* [1] (worek) bag, pouch; **~ek z lodem** an ice pack [2] (zawartość) bag, bagful; **zużyła cały ~ek mąki** she used up the whole bag of flour

□ **~ek żółciowy** Anat. gall bladder

wor|ek *m* [1] (torba) sack, bag; **~ek z mąką** a bag of flour; **~ek na ziemniaki** a potato sack; **~ek na śmieci** a bin liner GB, a garbage a. rubbish bag [2] (zawartość) sack(ful), bag(ful); **~ek ziemniaków wystarczy** a sackful of potatoes will be enough [3] (luźna sukienka) sack (dress); **sukienka typu ~ek** a sack dress; **miała na sobie ~ek z bawełny** she was dressed in a cotton sack dress [4] Bot. ascus spec.

□ **~ek mosznowy** Anat. scrotum; **~ek osierdziowy** Anat. pericardium; **~ek treningowy** Sport punchbag GB, punching bag US; **~ek trzewiowy** Zool. mantle, pallium; **~ki powietrzne** Zool. air sacs

■ **kupować kota w ~ku** to buy a pig in a poke; **wkładać** a. **wrzucać coś do jednego ~ka** pejor. to lump sth together; **~ek bez dna** a. **dziurawy ~ek** bottomless pit; **~ki pod oczami** bags under sb's eyes

workowato *adv.* [zwisać] loosely; **~ rozciągnięta bluzka** a baggy blouse

workowa|ty *adi.* [1] [wole, obrzmienia] saclike [2] pejor. [sweter, spódnica] baggy

workow|y *adi.* **tkanina ~a** sackcloth, sacking; **płótno ~e** burlap

wosk *m* (*G* **~u**) wax; **świeca z ~u** a wax candle; **~ pszczeli** beeswax; **lać ~** to drop hot wax in water (to tell fortunes)

□ **~ montanowy** Techn. montan wax; **~ ziemny** Chem. mineral a. earth wax

■ **być jak ~ w czyichś rękach** to be (like) putty in sb's hands; **dać się lepić jak ~** to be (like) putty in sb's hands; **mięknąć** a. **topnieć jak ~** [osoba, serce] to melt

wosk|ować *impf vt* to wax [podłogę, samochód]; **papier ~owany** wax paper ⇒ **nawoskować**

woskowin|a *f sgt* Fizj. (ear)wax; cerumen spec.

woskow|y *adi.* [1] (z wosku) [świece, pasta] wax *attr.*; **figura ~a** a waxwork [2] (żółtawy) [twarz, skóra] sallow, waxen

wot|um *n* Relig. votive offering, ex-voto; **złożyć ~um Matce Boskiej** to make a votive offering to the Virgin Mary

□ **~um nieufności** Polit., Prawo vote of no confidence, vote of censure; **~um zaufania** Polit., Prawo vote of confidence

wotywn|y *adi.* [ofiara, lampka, figura] votive

w|ozić *impf* (**wozi, woź** a. **wóź**) *vt* [1] (transportować) to carry; **wozić piasek taczkami** to carry sand in a wheelbarrow; **ciężarówki woziły ścięte drzewa do tartaku** the truck were carrying trees to the sawmill [2] (obwozić) to drive; **wozić gości samochodem po mieście** to drive the guests (a)round the city; **woziła dziecko do różnych lekarzy** she took her child to several different doctors

wozowni|a *f* (*Gpl* **~**) coach house

woźn|a *f* (*Gpl* **~ych**) caretaker, janitor US

woźnic|a *m* coachman

woźn|y *m* [1] (w szkole) caretaker, janitor US [2] Hist., Prawo ≈ usher, ≈ process server

wó|da *f augm.* pejor. vodka *U*; **chlać wódę** to guzzle vodka

wódecz|ka *f dem.* pieszcz. vodka *U*

wód|ka *f* [1] (gatunek alkoholu) vodka *U*; (mocny alkohol) (hard) liquor *U*, alcohol *U*; **pić ~kę** to drink vodka; **rozgadał się przy ~ce** he ranted on and on over his drink [2] (porcja) vodka; **wypić dwie ~ki** to have two vodkas; **postawić komuś ~kę** to buy sb a vodka; **pójść z kimś na ~kę** to go out with sb for drink; **być po ~ce** to be under the influence pot.

□ **gdańska ~ka** goldwasser; **~ka czysta** (pure) vodka; **~ka gatunkowa** a. **kolorowa** flavoured vodka GB, flavored vodka US; **~ka żołądkowa** bitters *pl*

■ **wypić morze ~ki** to drink gallons of vodka/alcohol; **od ~ki rozum krótki** przysł. ≈ drink is the great provoker przysł.

w|ódz *m* (*Npl* **wodzowie**) [1] (wojska, narodu) leader; **wódz powstańców** the leader of the insurrection units; **duchowy wódz narodu** the spiritual leader of the nation [2] (plemienia, szczepu) chief, chieftain; **wódz Apaczów** the Apache chief

□ **wódz naczelny** Wojsk. commander in chief

wódzi|a *f* (*Gpl* **~**) pieszcz., żart. vodka *U*

wój|t *m* (*Npl* **~towie**) [1] Admin. ≈ borough leader [2] Hist. alderman

■ **do ~ta (z tym) nie pójdziemy** we won't go to court over it żart.; we'll work something out

wójtostw|o *n* [1] (urząd) *the office of borough leader* [2] Hist. aldermanship

wójtows|ki *adi.* [1] Admin. [urząd, pieczęć] ≈ borough leader's [2] Hist. [sąd] alderman's

wół *m* (*G* **wołu**) ox

□ **wół piżmowy** Zool. musk ox

■ **być napisanym** a. **stać jak wół** pot. to be written a. stated (as) plain as day pot.; **pasować jak wół do karety** pot., iron. to stick out like a sore thumb pot.; **napisane wołami** pot. written in a large scrawl; **pracować** a. **harować** a. **tyrać** a. **orać jak wół** to work like a horse a. Trojan; **ryczeć jak wół** to sob one's heart out; **wołami trzeba ich ciągnąć do czegoś** pot. they are dragging their feet a. heels on sth; **wół roboczy** pot. workhorse, drudge

w|ór *m* [1] *augm.* (duży worek) sack; **wór z mąką** a sack of flour [2] (zawartość) sack, sackful

wówczas *pron.* książk. [1] then, at the a. that time; **niezbyt znana ~ powieść** a novel which was not very well known at the a.

that time; **zarabiam tyle samo co ~, kiedy byłem kawalerem** I earn as much as I did before I was married [2] (po spełnieniu warunku) then; **jeśli zrobimy to teraz, ~ zaoszczędzimy sporo pieniędzy** if we do it now, (then) we'll save quite a lot of money

w|óz *m* (*G* **wozu**) [1] (furmanka) cart, wagon, waggon GB; **wóz z sianem** a cart full of hay; **zaprząc konia do wozu** to harness a horse to a cart; **wóz drabiniasty** a rack wagon [2] (zawartość) cartful, cartload, wagonload; **dwa wozy węgla** two cartfuls of coal [3] (do podróżowania) wagon, caravan; **kryty wóz** a covered wagon [4] pot. (samochód) car; **prowadzić wóz** to drive a car; **nie wolno mu pić, jest wozem** he can't drink, he's driving [5] pot. (tramwajowy) tramcar

□ **Mały Wóz** Astron. the Little Bear, the Little Dipper; **Wielki Wóz** Astron. the Great Bear, the Plough GB, the Big Dipper US; **wóz bojowy** Wojsk. armoured fighting vehicle, AFV; **wóz meblowy** moving van, furniture van; **wóz ogumiony** rubber-tyred vehcile; **wóz pogrzebowy** hearse; **wóz policyjny** patrol car, police car; **wóz strażacki** fire engine; **wóz transmisyjny** Radio, TV mobile studio; **wóz triumfalny** Antycz. victory chariot

■ **raz na wozie, raz pod wozem** some you win, some you lose; **wóz albo przewóz!** get off the fence! pot.

wózecz|ek *m dem.* (small) pushcart, handcart; **~ek dla lalek** a toy pram GB, a toy baby carriage US; **~ek dziecięcy** a pram GB, a baby carriage US

wóz|ek *m* [1] (ciągnięty przez konia) cart; (ciągnięty przez człowieka) (hand)-cart, pushcart; **pchał ~ek ze złomem** he was pushing a handcart full of scrap metal; **~ek golfowy** a golf cart; **~ek akumulatorowy** an electric pallet truck; **~ek widłowy** a forklift (truck) [2] (w supermarkecie, na lotnisku) trolley; **~ek na zakupy** a shopping trolley [3] (dziecięcy) pram GB, baby carriage US; **~ek spacerowy** a (baby) buggy, a pushchair [4] (inwalidzki) wheelchair; **poruszać się na ~ku** to live in a wheelchair; **być przykutym do ~ka** to be confined to wheelchair [5] Techn. bogie

□ **~ek działowy** przest., Wojsk. gun carriage; **~ek szpitalny** trolley

■ **jechać z kimś na jednym** a. **tym samym ~ku** to be in the same boat as sb

wózkar|nia *f* (*Gpl* **~ni** a. **~ń**) *a room for storing prams*

wózkow|y □ *adi.* podnośnik **~y** a pallet truck; **stragan ~y** a barrow GB, a (vendor's) pushcart US

□ *m* driver, haulier GB

WP [1] (= wielmożny pan) Mr [2] (= wielmożna pani) Ms, Mrs [3] (= wielmożni państwo) Mr and Mrs [4] (= Wojsko Polskie)

wpadać[1] *impf* → **wpaść**[1]

wpada|ć[2] *impf vi* [1] (uchodzić) [rzeka, strumień] to flow (**do czegoś** into sth); **Wisła ~ do Morza Bałtyckiego** the Vistula River flows into the Baltic Sea [2] (mieć cechy) to verge, to border (**w coś** on sth); **kolor jej oczu ~ł w turkus** the colour of her eyes verged on turquoise; **głos**

W

~**jący w falset** a voice bordering on falsetto

wpad|ka f 1 pot. (dekonspiracja) unmasking U, exposure U; ~**ka agenta** the exposure of a secret agent; **w każdej chwili groziła im ~ka** they could be unmasked any minute now 2 pot. (pomyłka) slip-up pot.; ~**ka w programie na żywo** a slip-up during a live show 3 pot. (ciąża) **gdyby nie ta ~ka, mogłaby spokojnie skończyć studia** if she hadn't got up the duff she could've graduated GB pot. 4 Gry going down

wpajać impf → **wpoić**

wpak|ować pf ▯ vt 1 (zapakować) to pack; ~**ować buty do walizki** to pack shoes into a suitcase ⇒ **pakować** 2 pot. (umieścić) to stuff; ~**ował do ust garść czereśni** he stuffed a handful of cherries in(to) his mouth; ~**ować ręce do kieszeni** to stick one's hands in(to) one's pockets; ~**owała w niego cały obiad z deserem** she made him eat the whole dinner and a dessert; ~**ować kogoś w tarapaty** to get sb into trouble; ~**ować kogoś do więzienia** to put sb away pot., to put sb in stir pot.; ~**ować w coś pieniądze** to sink one's money in sth; ~**ować komuś kulę w plecy/serce** to put a bullet in sb's back/heart; ~**ował mu w brzuch siedem kul** he pumped seven bullets into his belly ⇒ **pakować**

▮▮ **wpakować się — wpakowywać się** pot. 1 (wepchnąć się z trudem) to cram (oneself) in; (bezceremonialnie) to barge in; **wszyscy ~owali się do jednego przedziału** they all crammed into one compartment; **bezceremonialnie ~ował się do naszego pokoju** he barged into our room ⇒ **pakować się** 2 (wpaść) to get into, to run into; ~**ował się w błoto** he got into some mud; **motocyklista ~ował się na drzewo** the motocyclist ran into a tree; ~**ować się w kłopoty** to get into trouble ⇒ **pakować się** 3 (spotkać) to bump into pot.; **wczoraj w autobusie ~owałam się na moją dawną nauczycielkę** yesterday I bumped into my old teacher on the bus ⇒ **pakować się**

WPan → **WP**

WPani → **WP**

wpar|ować pf vi pot. to come sailing in pot., to roll in pot.; ~**ował do środka spóźniony 20 minut** he rolled in 20 minutes late

wpas|ować pf — **wpas|owywać** impf ▯ vt 1 to fit [sth] in(to); ~**ować obraz w ramę** to fit a picture in(to) a frame

▮▮ **wpasować się — wpasowywać się** 1 (zmieścić się) to fit (**w coś** in(to) sth); **szafa idealnie ~owała się we wnękę** the wardrobe fitted perfectly into the alcove 2 przen. (dostosować się) to adapt, to adjust (**w coś** to sth); ~**ował się w nowe warunki życia** he adjusted to his new life

wpasowywać impf → **wpasować**

wpa|ść¹ pf — **wpa|dać¹** impf (~**dnę**, ~**dniesz**, ~**dł**, ~**dła**, ~**dli** — ~**dam**) vi 1 (dostać się do wnętrza) to fall, to get; ~**ść do wody/rzeki** to fall in(to) the water/river; ~**ść do dziury** to fall down a hole; ~**ść pod stół** to fall under the table; ~**ść w zaspę** to fall in a snowdrift; **piłka ~dła do bramki** the ball went into the goal; ~**dło mi coś do oka** something's got in(to) my eye; ~**dł do domu zdyszany** he rushed into the house breathless; **ptak ~dł do pokoju** a bird flew into the room; ~**ść w pułapkę** a. **zasadzkę** to fall into a trap; ~**ść w czyjeś objęcia** a. **ramiona** to throw oneself into sb's arms 2 (przedostawać się) **przez otwarte okno ~dało świeże powietrze** fresh air came in through the open window; **do pokoju ~dł promyk słońca** a ray of sunlight burst into the room 3 (zderzyć się) to hit, to run into; **samochód ~dł na drzewo** the car ran into a tree; ~**ść pod samochód/pociąg** to be a. get run over by a car/train 4 (znaleźć się w jakiejś sytuacji) to get into; **samochód ~dł w poślizg** the car went into a skid; ~**ść w tarapaty** to get into trouble; ~**ść w nałóg** to get addicted; ~**dać w długi** to run into debt; ~**ść w wir pracy** a. **zajęć** to be caught up in a whirl of work 5 (ulec emocji) to fall (**w coś** into sth) ~**ść w gniew** to fall into a rage; ~**ść w rozpacz** to fall into despair; ~**ść w zachwyt** to go into raptures; ~**dać w panikę** to panic, to fall into a panic; ~**ść w przesadę** to exaggerate 6 pot. (odwiedzić) to drop by, to drop in; ~**ść na dyskotekę/do pubu** to stop by a disco/pub; ~**dnij do nas dziś wieczorem** why don't you drop in tonight?; **muszę jutro ~ść na chwilę do pracy** I need to stop by the office for a while tomorrow; **może ~dnę do rodziców w sobotę** maybe I'll drop in on my parents on Saturday 7 pot. (zostać przyłapanym) to be caught; ~**dł na podawaniu ściągawki koledze** he was caught passing a crib to a classmate; ~**dł na gorącym uczynku** he was caught red-handed 8 pot. (zajść w ciążę) to get up the duff GB pot. 9 pot. (pojawić się niespodziewanie) to turn up; **może ~dnie nam jeszcze jakiś projekt** maybe some more work will turn up; **w tym miesiącu ~dnie mi trochę grosza** I have some extra money coming in this month

■ **co w ręce ~dnie** whatever one could lay one's hands on; ~**ść na pomysł** to hit on an idea, to come up with an idea; ~**ść w chorobę** to fall ill; ~**ść z jednej ostateczności w drugą** to go from one extreme to the other a. to another

wpa|ść² pf (~**dnę**, ~**dniesz**, ~**dł**, ~**dła**, ~**dli**) vi 1 (zapaść się) [oczy, policzki] to sink, to grow hollow 2 przen. ~**ść po uszy** to fall head over heels in love; **poznał dziewczynę i ~dł po uszy** he met a girl and fell head over heels in love

wpatrywać się impf → **wpatrzyć się**

wpatrz|ony adi. 1 (zapatrzony) **być ~onym w kogoś/coś** to have a. keep one's eyes fixed on sb/sth, to be gazing steadily at sb/sth; **słuchacze byli ~eni w rozmówcę** the listeners kept their eyes fixed on the speaker; **oczy wszystkich ~one były w tancerkę** all eyes were fixed on the dancer 2 (pełen podziwu) **być ~onym w kogoś** to look up to sb; **córka ~ona w ojca** a girl who looks up to her father; **być ~onym w kogoś jak w obraz** a. **tęczę** to think the world of sb

wpat|rzyć się pf — **wpat|rywać się** impf vi to fix one's eyes (**w kogoś/coś** on sb/sth); to gaze, to stare (**w kogoś/coś** at sb/sth); ~**rzył się bezmyślnie w okno** he was staring blankly out the window; ~**rywać się w kogoś z zachwytem/z miłością** to gaze rapturously/lovingly at sb

wpełzać impf → **wpełznąć**

wpeł|znąć pf — **wpeł|zać** impf (~**znął** a. ~**zł** — ~**zam**) vi 1 [osoba, zwierzę] to crawl, to creep (**do czegoś** into sth); [wąż] to slither (**do czegoś** into sth); ~**zła do śpiwora** she crawled into her sleeping bag 2 przen. [światło, mgła, chłód] to creep in(to), to penetrate; **dym ~zał we wszystkie zakamarki** smoke crept into every cranny

wpędzać impf → **wpędzić**

wpę|dzić pf — **wpę|dzać** impf ▯ vt 1 (zmusić do wejścia) to drive (**do czegoś** into sth); ~**dzić bydło do obory** to drive cattle into a shed 2 przen. (doprowadzić) ~**dzić kogoś w kłopoty** to get sb into trouble; **przestań jej mówić, że jest gruba, ~dzisz ją w kompleksy** stop telling her she's fat, you'll give her a complex; **jego uwagi i złośliwości w końcu ~dzą mnie w chorobę nerwową** his nasty remarks are driving me insane

▮▮ **wpędzić się — wpędzać się** pot. ~**dził się w tarapaty** he landed himself in trouble pot.; **ciągłym stosowaniem diet ~dziła się w chorobę** she made herself ill with her constant dieting

■ ~**dzić kogoś do grobu** to drive sb to an early grave; ~**dzić się w koszta** a. **koszty** to run up a. incur expenses

w|piąć pf — **w|pinać** impf (**wepnę, wpięła, wpięli — wpinam**) vt **wpiąć kwiat we włosy** to stick a flower in one's hair; **wpiąć spinkę w krawat** to put on a tiepin; **wepnij te pisma do segregatora** stick these documents in the file

wpi|ć pf — **wpi|jać** impf (~**ję** — ~**jam**) ▯ vt [paznokcie] to dig (**w coś** in(to) sth); [zęby] to sink (**w coś** in(to) sth)

▮▮ **wpić się — wpijać się** 1 (zagłębić) to bite, to dig (**w coś** into sth); ~**ł się zębami w jabłko** he bit into his apple; ~**ła się paznokciami w poręcz krzesła** she dug her nails into the armrests 2 (ucisnąć) to dig (**w coś** into sth); **pasek ~ł mu się w brzuch** the belt dug into his stomach

■ ~**ć w kogoś/coś oczy** a. **wzrok** to stare (hard) at sb/sth, to look fixedly at sb/sth

wpieniać impf → **wpienić**

wpie|nić pf — **wpie|niać** impf ▯ vt pot. to aggravate pot., to hack [sb] off GB pot., to tick [sb] off US pot.; **strasznie mnie ~nił swoim postępowaniem** what he did really got my goat pot.; **nie ~niaj mnie** stop hacking me off; **ona mnie nieustannie ~nia** she's always aggravating me

▮▮ **wpienić się — wpieniać się** to get mad a. aggravated pot., to get hacked off GB pot., to get ticked off US pot.; ~**niam się, gdy słyszę te jałowe dyskusje w telewizji** these stupid debates on TV hack me off

wpieprzać impf → **wpieprzyć**

wpieprz|yć pf — **wpieprz|ać** impf posp. ▯ vt 1 (zjeść) to scoff (down) GB pot., to scarf (down) US pot.; ~**yć całe lody** to scoff (down) all the ice cream [2] (umieścić przedmiot) to bung pot.; to stick; **musiałam tu gdzieś to ~yć** I must have stuck it somewhere around here [3] (zmusić do przyjęcia) to unload pot. (**komuś** on sb); to palm off, to foist (**komuś** on sb); **~yli mu jakieś zepsute mięso** they unloaded some spoiled meat on him; **~yli mnie w ten układ, bo wiedzieli, że nie będę mógł odmówić** they saddled me with that deal because they knew I couldn't say no [4] (rozzłościć) to piss [sb] off posp.; **~a mnie ich obojętność** their indifference pisses me off [5] (umieścić wbrew woli) to bung pot.; to put; **~yli go do więzienia** they've bunged him in jail

II vi (pobić) **~yć komuś** to beat up; **~yli mu tak, że wylądował w szpitalu** they beat him up so badly that he wound up in hospital

III **wpieprzyć się — wpieprzać się** [1] (mieszać się) to butt in; to horn in pot.; **przestań się ~ać w moje prywatne życie** stop butting into my private life [2] (przerwać wypowiedź) to butt in; **co się ~asz, przecież nie do ciebie mówię!** stop butting in, I'm not talking to you! [3] (wpaść) **~ył się na drzewo** he smashed into a tree; **~yli się rowerami w błoto** their bikes ploughed into the mud [4] (przyjść) to barge in, to gatecrash; **znów się ~ył na moje przyjęcie** he crashed my party again pot. [5] (znaleźć się w trudnej sytuacji) to louse oneself up pot., to screw oneself up pot.; **~yła się fatalnie w ten interes** she's really loused herself up with that business of hers; **~yć się w fatalny układ** to get tangled up in a lousy relationship pot.

wpierać[1] impf → **weprzeć**

wpiera|ć[2] impf vt pejor. **~ć w kogoś, że...** to try to convince sb that...; **szef ~ł we mnie, że to należy do moich obowiązków** the boss insisted that it was my responsibility

wpierdalać impf → **wpierdolić**

wpierdol m inv. sgt wulg. **dać** a. **spuścić komuś ~** to beat the shit out of sb wulg.

wpierd|olić pf — **wpierd|alać** impf wulg. **II** vt (zjeść) to scoff (down) GB pot., to scarf (down) US pot.

II vi (pobić) **~olić komuś** to beat the shit out of sb wulg., także przen.

III **wpierdolić się — wpierdalać się** [1] (wtrącić się) to butt in; to horn in pot. [2] (wpaść) **~olić się na drzewo** to smash into a tree; **~olić się w błoto** to plough into the mud [3] (przyjść) to barge in, to gatecrash

wpierw adv. przest., książk. first (of all), in the first place

wpijać impf → **wpić**

wpinać impf → **wpiąć**

wpis m (G **~u**) [1] (do pamiętnika, księgi pamiątkowej) entry; **~ do księgi gości** an entry in the visitors' book [2] (opłata) registration fee; **uiścić ~** to pay the registration fee [3] (w dokumentach) entry

wpi|sać pf — **wpi|sywać** impf (**~szę — ~suję**) **II** vt [1] (umieścić tekst) to write (down), to put down; **~sać czyjś adres do notesu** to put sb's address in one's

notebook [2] (do rejestru, do wykazu, na listę) to enter [3] Mat. to inscribe; **~sać okrąg w wielokąt** to inscribe a circle within a polygon [4] książk. (umieścić) to place, to set; **reżyser ~suje dramat osobisty bohatera w kontekst społeczno-polityczny** the director depicts his hero's personal drama in a sociopolitical context [5] Komput. (wprowadzić do pamięci komputera) to enter [hasło, dane]

II **wpisać się — wpisywać się** [1] (umieścić tekst) **~sał się koleżance do pamiętnika** he wrote something in his friend's album; **kolejno ~sali się do księgi pamiątkowej** one by one, they put their names down in the guest book [2] (do rejestru, do wykazu, na listę) to sign up, to put one's name down; **~sał się na listę uczestników wycieczki** he signed up for the trip [3] książk. (stać się elementem) to become part of; **zwalista bryła budynku ~sała się już na trwałe w pejzaż miasta** the ungainly building has become an inherent part of the cityscape

wpisow|y **II** adi. [1] [opłaty] registration attr. [2] [numer] registry attr., registration attr. [3] **księga ~a** a visitors' book

II **wpisowe** n registration fee, entrance fee

wpisywać impf → **wpisać**

wplatać impf → **wpleść**

wplą|tać pf — **wplą|tywać** impf (**~czę — ~tuję**) **II** vt [1] (zaplątać) to (en)twine; **~tał palce w jej włosy** he (en)twined his fingers in her hair [2] przen. (wmieszać w sprawę) to entangle, to embroil; **był ~tany w spisek** he was entangled in a conspiracy; **~tano mnie w tę aferę** I was embroiled in the scandal

II **wplątać się — wplątywać się** [1] (zostać wplątanym) to get tangled (up), to get caught; **igliwie ~tało się jej we włosy** some pine needles got tangled in her hair; **gałąź ~tała mi się między szprychy** a branch got caught in the spokes of my bike [2] przen. (wmieszać się w sprawę) to be entangled a. embroiled, to be caught (**w coś** in sth); **sam niepotrzebnie ~tałem się w głupią sytuację** I got myself entangled in a stupid situation

wplątywać impf → **wplątać**

wpl|eść pf — **wpl|atać** impf (**~otę, ~eciesz, ~ótł, ~otła, ~etli — ~atam**) **II** vt [1] (połączyć) to weave [sth] in, to (en)twine [sth] in; **~atać w warkocze wstążki** to plait one's hair with ribbons GB, to braid one's hair with ribbons US; **~ótł palce we włosy dziewczyny** he (en)twined his fingers in the girl's hair [2] przen. (dodać) to weave [sth] in; **~atać do rozmowy obce wyrazy** to intersperse a conversation with foreign words

II **wpleść się — wplatać się** [1] (zostać wplecionym) to get tangled (up), to get caught; **lina ~otła się w gałęzie** the rope got tangled in the branches [2] przen. (zostać dodanym) to be woven (**w coś** in sth); to be interwoven przen. (**w coś** with sth); **muzyka ~ata się w dialog** the music is interwoven with the dialogue

wpłacać impf → **wpłacić**

wpła|cić pf — **wpła|cać** impf vt to pay (in), to deposit [pieniądze, sumę]

wpła|ta f [1] (czynność) payment; **kwit jest dowodem ~ty** the receipt serves as proof

of payment [2] (kwota) payment; **jaka jest wysokość ~ty za egzamin?** what's a. how much is the exam fee?

wpław adv. (płynąc) **przeprawić się przez rzekę ~** to swim across the river

wpły|nąć pf — **wpły|wać**[1] impf (**~nęła, ~nęli — ~wam**) vi [1] (dostać się) [statek] to sail (**do czegoś** (in)to sth); [delfin] to swim (**do czegoś** (in)to sth); **okręt ~nął do portu** the ship's arrived in port [2] (korespondencja, dokumenty, pieniądze) to be received, to come in; **zapłata jeszcze nie ~nęła na nasze konto** we still haven't received payment [3] (oddziałać) to influence, to affect; **to nie ~nęło na moją decyzję** that didn't influence my decision; **~ń na niego, żeby zmienił decyzję** persuade him to change his mind [4] (przyczynić się) **to może źle ~nąć na twoje zdrowie** it might be bad for your health; **szybkie tempo ~nęło ujemnie na jakość pracy** the fast pace had a negative effect on the quality of the work; **wyjazd na urlop dobrze na niego ~nął** his holiday trip did him good [5] przen. [zapach, podmuch] to get in, to come in; **przez otwarte okno ~wało świeże powietrze** the open window let some fresh air in

wpływ **II** m (G **~u**) [1] (oddziaływanie) influence, impact; **nie wierzył we ~ gwiazd na los ludzki** he didn't believe in the influence of the stars on human destiny; **kierowca był pod ~em alkoholu** the driver was under the influence of alcohol; **zbawienny ~ lasów na stan czystości powietrza** the beneficial impact of forests on air quality; **wzajemny ~ różnych rodzajów sztuki** the mutual influence of different art forms [2] sgt (wpływanie pieniędzy) income, revenue C/U; **zmniejszył się ~ podatków do budżetu państwa** tax revenues have declined

II **wpływy** plt [1] przen. (władza) influence U, pull U; **przewodniczący rady miejskiej ma duże ~y w mieście** the chairman of the town council enjoys considerable influence in the town; **załatwił pracę dzięki swoim ~om** he got the job thanks to his connections [2] (wpłata) receipts pl, takings pl; **zadowalające ~y z imprez dobroczynnych** quite decent proceeds from charity events

■ zrobić coś pod ~em chwili to do sth on the spur of the moment

wpływać[1] impf → **wpłynąć**

wpływa|ć[2] impf vi [rzeka] to flow into; **Wisła ~ do Morza Bałtyckiego** the Vistula flows into the Baltic Sea

wpływow|y adi. [1] (mający wpływ) [postać, polityk, osobistość, rodzina] influential; **~e dzienniki** influential newspapers [2] pot., kryt. (ulegający wpływom) [osoba] easily influenced

wp|oić pf — **wp|ajać** impf vt to instil; **wpoili w swoje dzieci poczucie obowiązku** they instilled a sense of duty in their children

wpomp|ować pf — **wpomp|owywać** impf vt [1] (wtłoczyć) to pump (**do czegoś** in(to) sth); **~ować wodę do basenu** to pump water into the swimming pool [2] pot., przen. (zainwestować) to pump (**w coś** in(to)

W

sth); **~owali dużo pieniędzy w nowy interes** they've pumped a lot of money into the new business

wpompowywać *impf* → **wpompować**

w poprzek across, crosswise; **~ czegoś** across sth; **~ drogi/ulicy** across the road/street; **przejść przez plac ~** to walk across a square; **stanąć ~ czemuś** *przen.* to oppose sth

wpośród *praep.* → **wśród**

wpół [U] *adv.* [1] (na środku) *[rozedrzeć, złamać]* in half; **kartka złożona ~** a piece of paper folded in half a. in two; **zgiąć się ~** to bend double; **w pozycji ~ zgiętej szukał czegoś w dolnej szufladzie** bent over double, he was looking for something in the bottom drawer; **trzymał ją ~** he held her round her waist; **objęła go ~** she put her arms round his waist [2] (częściowo) half; **~ uwierzyć w coś** to half believe sth; **na ~ przytomny** half conscious, semi-conscious; **na ~ upieczony** half-baked; **na ~ żywy** half-dead; **na ~ żywy z głodu** half-starved; **na ~ poważna propozycja** a half-serious suggestion; **na ~ przezroczysty** semi-transparent, translucent; **uśmiechnął się na ~ drwiąco** he smiled half mockingly [II] *praep.* half; **o ~ do czwartej** at half past three; **„która godzina?" – „~ do dziewiątej"** 'what's the time?' – 'half past eight' [III] **wpół-** *w złożeniach* half-, semi-

wpółotwarty → **półotwarty**

wpółprzymknięty → **półprzymknięty**

wpółprzytomny → **półprzytomny**

wpółżywy → **półżywy**

wpraszać się *impf* → **wprosić się**

wpraw|a *f sgt* [1] (biegłość) skill, proficiency; **z wielką ~ą posługiwał się narzędziami** he handled the tools with great skill; **nabrać** a. **dojść do ~y w czymś** to become skilled a. proficient at sth; **chłopiec wykazuje dużą ~ę w rozwiązywaniu tego typu zadań** the boy shows great proficiency in solving problems of this kind [2] (wprawianie się) practice; **rozmawiał po angielsku dla ~y** he spoke English to keep in practice; **wyjść z ~y** to be out of practice, to lose one's touch

wprawdzie *part.* admittedly, indeed; **~ zmarzł, ale się nie rozchorował** it's true that he froze, but he didn't fall ill; **~ jest trochę blady, ale zupełnie zdrów** indeed, he's a bit pale, but he's completely healthy; **~ nie znam się na wielu rzeczach, ale nie jestem głupi** I may not know much, but I'm not stupid

wprawiać *impf* → **wprawić**

wpraw|ić *pf* — **wpraw|iać** *impf* [I] *vt* [1] (umocować) to set, to fix; **~ić oczko w pierścionek** to set a stone in a ring; **~iać wybite szyby** to replace the broken window panes [2] (spowodować) **wiadomość ~iła mnie w dobry nastrój** the news cheered me up; **taka pogoda ~ia go w stany depresyjne** this kind of weather depresses him; **~ić coś w ruch** to set sth in motion [3] (wdrożyć) to train, to teach; **starali się ~iać dzieci do porządku** they tried to train a. teach the children to be orderly [II] **wprawić się** — **wprawiać się** [1] (wdro-

żyć się) **~iać się w czymś** to improve one's skills in sth; **~ić się w czymś** to become skilled in sth; **~iać się w głośnym/szybkim czytaniu** to practice reading aloud/speed-reading [2] (doprowadzić się) **~ić się w dobry nastrój** to cheer oneself up

wprawi|ony *adi.* experienced (**w czymś** at a. in sth); well-practised, well-trained (**w czymś** in sth); **trzeba zatrudnić osoby ~one w organizowaniu przyjęć** we need to hire someone who's experienced at organizing receptions

wpraw|ka *f zw. pl* exercise; **grać ~ki na fortepianie/na gitarze** to do piano/guitar exercises

wprawnie *adv.* skilfully GB, skillfully, deftly; **na pianinie grał całkiem ~** he played the piano quite well

wprawn|y *adi.* [1] (mający wprawę) *[jeździec, rzemieślnik, lekarz]* skilled, expert; *[oko, ucho]* trained, expert [2] (świadczący o wprawie) *[pismo]* practised; *[ruchy]* skilful GB, skillful, expert; **zadziwił wszystkich ~ym wiosłowaniem** his skilfull rowing impressed everybody

wprędce *adv. przest.* soon

wpr|osić się *pf* — **wpr|aszać się** *impf vi* to invite oneself; **szef sam ~osił się na przyjęcie** the boss invited himself to the party

wprost [I] *part.* [1] (bezpośrednio) directly, straight; **przywieziono ich do hotelu ~ z lotniska** they were taken to the hotel directly a. staight from the airport; **jadła zupę ~ z garnka** she was eating soup straight from the pot; **jabłka kupujemy ~ od producenta** we buy apples straight from the producer; **dowód nie ~** Mat. indirect proof; **~ proporcjonalny do czegoś** directly proportional to sth [2] (w linii prostej) straight; **iść/patrzeć ~ przed siebie** to walk/look straight ahead; **kiedy wejdziesz na drugie piętro, zapukaj do drzwi na ~** when you get to the second floor, knock on the door straight in front of you; **samochód jechał ~ na nas** the car was coming straight at us a. heading straight towards us; **na ~ kogoś/czegoś** directly opposite sb/sth; **łazienka jest na ~ drzwi wejściowych** the bathroom is directly opposite the main door; **siedziała na ~ mnie** she was sitting directly opposite me [3] (wręcz) simply; (pejoratywne) downright; **~ szalała z radości** she was simply beside herself with joy; **nie wierzę ~ własnym oczom** I just can't believe my eyes; **takie postępowanie było ~ głupotą** such conduct was downright stupidity; **~ przeciwnie** just the opposite, on the contrary; **jestem ~ przeciwnego zdania** my opinion is quite the opposite [II] *adv.* (otwarcie) straight, frankly; **powiedziałem mu ~, co o nim sądzę** I told him straight (out) a. point-blank what I thought of him pot.; **na żadne pytanie nie odpowiedziała ~** she didn't give a straight(forward) a. direct answer to any of the questions pot.; **nikt nie zaprzeczył temu ~** no one made an outright denial

wprowadzać *impf* → **wprowadzić**

wprowadze|nie *sv* → **wprowadzić**
[II] *n* [1] (wstęp) introduction [2] (podstawowe

informacje) introduction, basics *pl*; **~nie do językoznawstwa** an introduction to linguistics

wprowa|dzić *pf* — **wprowa|dzać** *impf* [I] *vt* [1] (wejść z kimś) to lead a. bring [sb] in, to lead a. bring in; **~dziła gości do jadalni** she led the guests into the dining room; **~dzić aresztowanego!** bring in the accused! [2] (umieścić) to put [sth] in, to insert; **~dzić rurkę do przełyku** to insert a tube in the oesophagus [3] (zapoczątkować) to introduce; **~dzać nowe zasady/rygor** to introduce new rules/discipline; **~dzać nowinki techniczne** to introduce technological innovations; **~dzić nowy towar na rynek** to market a. launch a new product; **~dzić do obiegu nowe znaczki/pieniądze** to put new stamps/money into circulation; **~dzać dramaty dawnych pisarzy na scenę** to revive old plays [4] (zaznajomić) to familiarize, to acquaint; **~dził mnie we wszystkie swoje sprawy** he familiarized me with all of his affairs; **~dzić nowego pracownika w arkana zawodu** to acquaint a new worker with the tricks of the trade [5] (spowodować) **~dzić kogoś w dobry nastrój** to put sb in a good mood; **sytuacja ~dziła go w zakłopotanie** the situation embarrassed him [6] (nanieść) **~dzić poprawki/zmiany w tekście** to make corrections to/changes in the text [7] Komput. (wpisać) to enter; **~dzać dane osobowe/hasło** to enter one's personal details/password [II] **wprowadzić się** — **wprowadzać się** [1] (zamieszkać) to move in; **~dzić się do nowego domu** to move into a new house [2] (doprowadzić się) **~dzić się w beztroski nastrój** to put oneself in a carefree mood ■ **~dzić coś w czyn** a. **w życie** to put sth into practice, to carry sth out; **~dzić kogoś do czyjegoś domu** to introduce sb to sb; **~dzić kogoś do klubu/organizacji** to sponsor sb as a new club/organization member; **~dzić kogoś w środowisko artystów** to introduce sb to artistic circles; **~dzić kogoś na tron** przest. to enthrone sb; **~dzić kogoś w błąd** to misinform sb, to mislead sb; **~dzić zamęt** a. **zamieszanie w czymś** to introduce chaos into sth

wprzą̨c, wprzę|gnąć *pf* — **wprzę|gać** *impf* (~ęgę, ~ęgnę, ~ężesz, ~ęgniesz, ~ęże, ~ęgnie, ~ągł, ~ęgła, ~ęgli — ~ęgam) [I] *vt* [1] przest. to harness *[konia]* [2] przen. (zmusić) to make [sb] work; **matka ~ęgła go do roboty w kuchni** his mother put him to work in the kitchen [3] przen. (wykorzystać) to harness przen.; **swoją sztukę ~ągł w służbę partii** he put his art to work for the party [II] **wprzą̨c się, wprzęgnąć się** — **wprzęgać się** [1] przest. (do wozu, do pługa) to harness oneself [2] przen. (do pracy, do obowiązków) to knuckle down, to buckle down (**do czegoś** to sth)

wprzęgać *impf* → **wprzą̨c**

wprzęgnąć → **wprzą̨c**

wprzód *adv. przest., książk.* first; **~ zjadł śniadanie, potem zapalił papierosa** first he ate his breakfast and then he smoked a cigarette

wpu|st *m* (*G* **~stu**) [1] (otwór) inlet, opening; **przepychać ~st kanalizacyjny** to unclog the plumbing inlet [2] Techn. (zagłębienie) groove, notch [3] Anat. (otwór początkowy żołądka) cardia spec.

wpustow|y *adi.* [1] [*otwór, szczelina*] inlet *attr.* [2] Techn. [*połączenie*] groove *attr.*, notch *attr.* [3] Anat. [*mięsień*] cardia *attr.*

wpuszczać *impf* → **wpuścić**

wpu|ścić *pf* — **wpu|szczać** *impf vt* [1] (pozwolić wejść) to let (**do czegoś** into sth); **~ść psa do domu** let the dog in; **~ścić świeże powietrze do pokoju** to let some fresh air in(to) the room; **straże nie ~szczały nikogo** the guards kept everyone out [2] (umieścić) **~ścić krople do oczu** to put in eyedrops; **~ścić ryby do stawu** to release fish into the pond; **bluzka ~szczona do spodni** a blouse tucked into one's trousers [3] pot. (zaszkodzić) (przez oszustwo) to con pot., to sucker US pot. (**w coś** into sth); (niechcący) to land pot. (**w coś** in sth); **~ścił ją w niekorzystny interes** he got her tangled up in a lousy deal pot.
■ **~ścić kogoś w maliny** a. **w kanał** to take sb for a ride pot., to lead a. take sb up a. down the garden path pot.

wpychać *impf* → **wepchnąć**

wrabiać *impf* → **wrobić**

wracać *impf* → **wrócić**

wradzać się *impf* → **wrodzić się**

wrak *m* (*G* **~a** a. **~u**) [1] Żegl. (statek) (ship)wreck, sunken ship; **nurkowie penetrowali ~** the divers explored the wreck [2] (pojazd lub maszyna) wreck, write-off [3] przen. (osoba) wreck; **~ człowieka** a wreck of a man

wraz *adv.* książk. together; **wszyscy ~** all together; **~ z kimś/czymś** together a. along with sb/sth; **włożył portfel ~ z paszportem do kieszeni** he put his wallet in his pocket, together with his passport; **~ z nadejściem wiosny** with the coming of spring

wraże|nie [] *sv* → **wrazić**
[] *n* [1] Fizj. (doznanie) sensation; **nie docierają do niego żadne ~nia słuchowe** he has no sense of hearing [2] (impresja) impression; **wrócili z wycieczki pełni nowych ~ń** they returned from the trip full of new impressions; **pierwsze ~nie z miasta było ponure i przygnębiające** my/our first impression of the city was gloomy and depressing; **być pod ~niem** to be impressed; **odnosić** a. **mieć ~nie, że...** to have a feeling that..., to have the impression that...; **ulegać ~niu, że...** to have a feeling that..., to have the impression that...; **robi ~nie wojskowego, chociaż nie jest w mundurze** he has a soldierly demeanour even though he's not in uniform; **sprawiała ~nie spokojnej i opanowanej** she appeared to be calm and in control; **wywrzeć** a. **zrobić na kimś ~nie** to make an impression on sb
■ **głód** a. **żądza ~ń** thrill seeking, adventurousness; **mocne ~nia** thrills; **szukać (mocnych) wrażeń** pot. to be looking for trouble pot.; **z ~nia nie wzięłam z domu biletów na pociąg** I was so overhelmed I forgot the train tickets

wrażliwoś|ć *f sgt* [1] (bycie wrażliwym) sensitivity (**na coś** to sth) [2] (podatność) susceptibility; **~ć na antybiotyki** sensitivity to antibiotics; **~ć włókna na wilgoć** the sensitivity of the fibre to humidity; **~ć na przeziębienia** susceptibility to (getting) colds [3] Fizj. (zdolność do reagowania na bodźce) sensitivity; **~ć na ból/zimno/zapach/hałas** sensitivity to pain/cold/smell/noise

wrażliw|y *adi. grad.* [1] (czuły) sensitive; **był człowiekiem bardzo ~ym na krzywdę ludzką** he was very sensitive to other people's pain; **była ~a na punkcie swojej urody** she was sensitive about her looks [2] (nieodporny) sensitive; **skóra ludzi o jasnej karnacji jest ~a na działanie promieni słonecznych** fair skin is sensitive to sunlight; **był ~y na zmiany pogody** he was sensitive to changes in the weather

wraż|y *adi.* książk. (wrogi, nieprzyjacielski) enemy *attr.*; **padł od ~ej kuli** he was killed by an enemy bullet

wr|ąb *m* (*G* **wrębu**) [1] (wgłębienie) groove; **belka z głębokimi wrębami** a beam with deep grooves [2] przest. (brzeg) rim; **po wrąb** a. **po wręby** to the brim [3] Górn. (szczelina w skale) shot hole

wrąb|ać¹ *pf* — **wrąb|ywać** *impf* (**~ię** — **~uję**) [] *vt* posp. to scoff (down) GB pot., to scarf (down) US pot.; **~ał cały talerz zupy** he scoffed (down) a whole plateful of soup
[] **wrąbać się** — **wrąbywać się** [1] (dostać się w głąb) to dig (down) (**w coś** into sth); (toporem) to hack a. chop one's way (**w coś** into sth); **górnicy ~ują się w pokład węgla** the miners are drilling into a bed of coal [2] pot. (uderzyć) to crash; **~ał się w coś** into sth); **~ali się samochodem w drzewo/słup** they a. their car crashed into a tree/post [3] pot., przen. (znaleźć się) to wind a. land up pot., to land oneself pot. (**w coś** into sth); **rano zwykle ~ywała się w korek** most mornings she wound up in a traffic jam; **~ałeś się w niezły pasztet** you've got yourself into a fine kettle of fish pot.

wrąb|ać² *pf* (**~ię**) *vi* pot. to whack *vt* pot., to wallop *vt* pot.; (dać klapsa) to spank *vt*; **ja też ci mogę ~ać** I can trash you too! pot.

wrąb|ek *m dem.* przest. rim; **nalać zupy do ~ka** a. **po ~ek** to fill the bowl/plate to the brim with soup

wrąbywać *impf* → **wrąbać¹**

wrednie *adv. grad.* pot., pejor. [1] [*postąpić, skłamać*] horridly, nastily [2] [*czuć się*] lousy *adi.* pot.

wrednoś|ć *f sgt* pot., pejor. beastliness GB pot., nastiness

wredn|y *adi. grad.* pot., pejor. [1] [*osoba, kolega, typ*] beastly GB pot.; nasty; **to jest strasznie ~y typ** he's a beastly character [2] [*uśmiech*] beastly GB pot.; nasty [3] [*pogoda, nastrój*] beastly GB pot., lousy pot.

wreszcie [] *adv.* [1] (po oczekiwaniu) finally, at last; **~ dotarli na miejsce** they finally reached their destination; **~ przyszedłeś** you're here at last [2] pot. (w końcu) **co ty sobie ~ myślisz?** what in the world are you thinking?; **kiedy ty się ~ ustatkujesz?** when (in the world) are you finally going to settle down?; **no, ~ jesteście** you're here at last; **no, ruszże się ~** get a move on! pot.

[] *part.* in the end, finally; **ogarnęło go zdziwienie, potem niezadowolenie, ~ złość** he was surprised at first, then he became resentful, and in the end he was furious

wręcz [] *part.* (wprost) simply; **to zadanie ~ nie do rozwiązania** it's a problem that just a. simply can't be solved; **pracował powoli, ~ ślamazarnie** he worked slowly, sluggishly even; **~ przeciwnie** just the opposite, on the contrary; **nic nie zarobił, ~ przeciwnie – stracił** he didn't earn anything, just the opposite a. on the contrary – he was out of pocket
[] *adv.* [1] (otwarcie) straight out, point-blank; **powiedział mi ~, że...** he told me straight out a. point-blank that... [2] (bezpośrednio) **walczyć ~** to fight hand-to-hand; **walka ~** hand-to-hand a. close combat

wręczać *impf* → **wręczyć**

wręcz|yć *pf* — **wręcz|ać** *impf vt* to give, to award [*nagrodę, dyplom, odznaczenie*]; to give [*podarek, bukiet*]; to hand in, to turn in [*wymówienie, rezygnację*]

wr|obić *pf* — **wr|abiać** *impf* [] *vt* [1] Włók. (wpleść) to knit (**w coś** into sth); to weave (**w coś** into sth) [2] pot. **wrobić kogoś w kradzież/morderstwo** to frame sb for theft/murder pot.; **ale go wrobili!** they really did a number on him pot.
[] **wrobić się** — **wrabiać się** pot. **wrobić się w kłopot** to land oneself in trouble pot.; **wrobić się w opiekę nad psem sąsiada** to be saddled with the neighbour's dog pot.

wr|odzić się *pf* — **wr|adzać się** *impf vi* to take (**w kogoś** after sb); **wrodziła się w matkę** she takes after her mother

wrodz|ony *adi.* [*skłonności, zdolności, talenty*] inborn, innate; [*wada*] congenital; **~one poczucie sprawiedliwości** an innate sense of justice; **dziecko miało ~oną wadę serca** the child had a congenital heart defect

wro|gi *adi.* [1] (nieprzyjazny) [*ideologia, państwo, plemię*] hostile [2] (należący do wroga) [*armia, artyleria*] enemy *attr.* [3] (nieżyczliwy) [*zamiary, spojrzenie, milczenie, tłum*] hostile

wrogo *adv.* [*odnosić się, patrzeć, być usposobionym*] with hostility, in a hostile manner; **odnosi się do mnie wręcz ~** he treats me with outright hostility

wrogoś|ć *f sgt* hostility; **nigdy nie ukrywał wobec mnie ~ci** he never hid his hostility towards me; **okazywała mu jawną ~ć** she treated him with open hostility

wron|a *f* [1] Zool. (ptak) crow [2] Hist. (godło hitlerowskich Niemiec) the Nazi eagle
■ **kiedy wejdziesz między ~y, musisz krakać jak i one** przysł. ≈ when in Rome, do as the Romans do przysł.

wroni *adi.* Zool. [*gniazdo, pisklęta*] crow's

wr|osnąć *pf* — **wr|astać** *impf* (**wrósł — wrastam**) *vi* [1] (zagłębić się) to take root (**w coś** in sth); **drzewa głęboko wrosły w grunt** the trees were deeply rooted [2] przen. (zespolić się) to settle in(to); **szybko wrósł w nową rodzinę** he quickly settled into his new family; **nowe dzielnice wrosły już w miasto** the new districts have already become integral to the city
■ **wrosnąć w czyjąś pamięć** a. **w czyjeś serce** to be etched on sb's mind a. memory;

W

stał, jakby mu nogi wrosły w ziemię he was rooted to the spot pot.; **nogi mi wrastają w ziemię** my feet are killing me pot.

wrośnię|ty adi. [1] [drzewo, roślina] (deeply) rooted; **~ty paznokieć** an ingrown toenail [2] przen. **dom był ~ty w krajobraz** the house blended in with the surroundings; **był z pochodzenia Litwinem, ale głęboko ~tym w kulturę polską** he was Lithuanian by origin, but deeply immersed in the culture of Poland

wr|ota plt [1] przest., książk. (dwuskrzydłowe drzwi) double door sg, double doors [2] książk. (otwór wejściowy) door(way); (wjazdowy) gate(way); **wóz z turkotem wtoczył się przez wrota na dziedziniec** the cart rumbled through the gateway and into the courtyard [3] przen. (początek, możliwość) gateway, threshold; **czuł, że stoi u wrót kariery** he felt he was on the threshold of his career

❑ **carskie wrota** Relig. holy gate(s)

■ **patrzeć** a. **gapić się jak cielę** a. **wół na malowane wrota** pot., pejor. to stare like a halfwit pot., pejor.

wrot|ka f zw. pl Sport roller skate; **jeździć na ~kach** to roller skate

wrób|el m Zool. (house) sparrow

■ **stary ~el** an old hand; **strach na ~le** a scarecrow; **już ~le na dachu o tym ćwierkają** a. **świergocą** it's an open secret; **(takiego) starego ~la jak on nie złapiesz** a. **nie weźmiesz na plewy** przysł. ≈ he wasn't born yesterday (and isn't going to fall for that); **lepszy wróbel w garści** a. **w ręku niż gołąb na dachu, lepszy wróbel w ręku niż cietrzew** a. **dzięcioł na sęku** przysł. a bird in the hand is worth two in the bush przysł.

wróbel|ek m dem. pieszcz. (little) sparrow; **szary ~ek** a little grey sparrow

wróbl|i adi. [świergot, ćwierkanie, skrzydła] sparrow's

wróblic|a f female sparrow

wr|ócić pf — **wr|acać** impf [] vt przest. to restore; **wrócić komuś siły/zdrowie** to restore sb's strength/health

[II] vi [1] (przybyć z powrotem) to return, to come a. get back; **wracał zawsze z przyjemnością do domu po urlopie** he was always glad to get back home after his holidays; **właśnie wróciliśmy ze spaceru** we've just come back from a walk [2] (zawrócić) to go back; **wróciła z drogi, bo zaczął padać deszcz** she went back home because it started raining [3] (być oddanym) to be returned; **oddane książki ~acają w bibliotece na swoje miejsca** books returned to the library are put back in their places; **ziemie piastowskie wróciły po wojnie do Polski** after the war the old lands of the Piast dynasty reverted to Poland; **skradzione rzeczy wróciły do właściciela** the stolen articles were returned to the owner [4] (zacząć ponownie) to return, to go back; **po obiedzie wrócił znów do książki** he returned to his book after dinner; **wrócili do przerwanej rozmowy** they resumed their conversation; **wróćmy do pierwszego pytania** let's go back to the first question [5] (odzyskać poprzedni stan) **wrócił do zdrowia po dłu-**

giej chorobie he recovered after a long illness; **wracać do równowagi** to regain balance; **życie wraca do normy** life's getting back to normal [6] (pojawić się ponownie) to return, to come back; **wrócił mu dobry humor** he's back in high spirits; **wróciła mu pamięć o doznanych krzywdach** his memories of the pain he'd experienced returned; **do ich małżeństwa wróciła namiętność** they rediscovered the passion in their marriage; **wróciła jej mowa** she regained her powers of speech

[III] **wrócić się — wracać się** pot. [1] (zawrócić) to go a. turn back; **wrócił się po płaszcz** he went back to get his coat [2] (powtórzyć się) **nie wrócą się dawne chwile** there's no returning a. going back to the past; **nie wróci się to, co było** you can't turn back the clock [3] (odzyskać pieniądze) **jego zeszłoroczne inwestycje już mu się wróciły** he's made back the money he invested last year

■ **wracać do łask** to return to favour GB, to return to favor US; **wracać do rzeczy** to get back to the point; **wracać do siebie** (odzyskać zdrowie) to recover; (odzyskać przytomność) to come to (oneself), to regain consciousness; **wrócić do kogoś** (po rozstaniu) to go back to sb, to get back together with sb; **wrócić do świata** a. **do ludzi** to resume one's social life; **wrócić z kwitkiem** a. **z niczym** pot. to return empty-handed; **wracajmy** a. **wróćmy do rzeczywistości** let's get back to reality; **słówko wyleci wróblem, a wraca wołem** przysł. ≈ you say one thing and it comes back completely different

wr|óg m (Npl **wrogowie**) [1] (państwo lub armia) enemy [2] (nieprzyjazny człowiek) enemy; **jesteśmy śmiertelnymi wrogami** we're deadly enemies [3] (przeciwnik) opponent; **nowy premier to zapalony ekolog i wróg motoryzacji** the new prime minister is a fervent ecologist and an opponent of the motor industry [4] (zjawisko lub rzecz) enemy; **papierosy to mój wróg numer jeden** cigarettes are my number one enemy

❑ **wróg klasowy** Polit. class enemy; **wróg ludu** Polit. enemy of the people

■ **lepsze jest wrogiem dobrego** przysł. leave well alone przysł.

wróż m (Gpl **~y** a. **~ów**) fortune-teller, psychic

wróżb|a f [1] (przepowiednia) prediction, prophecy; **tak bardzo pragnęła, aby ta zła ~a się nie spełniła** she very much hoped the dire prediction wouldn't come true [2] (wróżenie) fortune-telling U; augury U książk. [3] (zapowiedź) omen, sign; **idąc do pracy, zobaczył czarnego kota i wziął to za złą ~ę** on his way to work he saw a black cat and took it to be a bad omen

■ **rozpocząć coś pod dobrą** a. **złą ~ą** to get sth off to a good/bad start

wróżbiars|ki adi. [praktyki, rekwizyt] fortune-telling

wróżbiarstw|o n sgt fortune-telling

wróżbia|rz m, **~rka** f (Gpl **~rzy**, **~rek**) fortune-teller

wróżbi|ta m, **~tka** f soothsayer, diviner

wróżebnie adv. [zabrzmieć, pohukiwać] portentuously

wróżebn|y adi. książk. [1] [sen] prophetic; [dzień, znak] portentous [2] [przedmiot, wianek] divinatory, divining, magic

wróż|ka f [1] (wróżbiarka) fortune-teller, psychic [2] (postać baśniowa) (dobra) good witch, fairy godmother; (zła) (wicked) witch; **jesteś dla mnie** a. **moją dobrą wróżką, zginęłabym bez ciebie** you're my guardian angel, I'd be lost without you przen.

wróż|yć impf [] vt to predict; **~ono im szybki rozwód** no one expected their marriage to last ⇒ **wywróżyć**

[II] vi [1] (przepowiadać przyszłość) to tell fortunes; **~yć z gwiazd** to do astrology a. astrological readings, to read the stars; **~yć z kart/ręki** to do cards/palm readings ⇒ **powróżyć** [2] (zapowiadać) to foretell; **to nie ~y dobrze naszemu przedsięwzięciu** this does not bode well for our undertaking

■ **to źle** a. **jak najgorzej ~y** it bodes ill, it's a bad sign; **na dwoje babka ~yła** a. **~y** pot. time will tell; **~enie z fusów** pure guesswork

wry|ć pf (**~ję**) [] vt to dig (**w coś** in(to) sth) [II] **wryć się** to sink, to plough, to plow US (**w coś** in(to) sth); **wóz ~ł się w piasek** the cart ploughed into the sand

■ **stanął** a. **zatrzymał się jak ~ty** pot. he stopped short a. dead; **~ło mi się to głęboko w serce** it moved me deeply; **~ło mi się to w pamięć** it's etched on my memory; **~ć sobie coś w pamięć** to engrave a. imprint sth on one's memory

wry|ty [] pp → **wryć**
[II] adi. **samochód był ~ty w błoto** the car had sunk deep in the mud; **cypel był ~ty głęboko w morze** the headland cut deeply into the sea

wrzask m (G **~u**) [1] (krzyk ludzi) scream, screaming U; **~ przerażenia/bólu** a scream of horror/pain; **na powitanie zespołu podniósł się nieopisany ~ fanów** the band was greeted by the fans' incredible screaming [2] (głos zwierząt) cry, scream; **~ papug/mew/małp** the screaming of parrots/gulls/monkeys [3] pot., przen. (gwałtowna reakcja) uproar; **~ z powodu tej historii trwał chyba z pół roku** the uproar caused by this story lasted a good six months

wrzaskliwie adv. grad. [bawić się, rozmawiać, nawoływać się] noisily

wrzaskliw|y adi. grad. [1] [osoba, zwierzę] noisy [2] [głos, muzyka, okrzyki] ear-splitting, piercing [3] [klasa, ulica, lokal] noisy

wrza|snąć pf — **wrz|eszczeć** impf (**~snęła**, **~snęli** — **~eszczę**) vi [1] (wydać dźwięk) to scream, to yell; **~snąć z bólu/ze strachu** to scream with pain/terror; **kiedy odwołano klasówkę, ~snęliśmy z radości** when the test was called off, we screamed for a. with joy [2] (zawołać) to cry, to shout; **„uważaj!" — ~snął głośno** 'watch out!,' he cried out; **~snął na syna, żeby do nas przyszedł** he shouted for his son to join us

wrzaw|a f sgt [1] (głosy ludzi) din, racket; **~a na boisku** the din in the playground; **podnieść ~ę** to make a racket; **uciszyć ~ę** to quiet(en) the din [2] (głosy zwierząt) din, racket; **swojska podwórkowa ~a** the familiar farmyard din [3] (publiczna reakcja) uproar; **ostatnia decyzja ministra wywołała wielką ~ę** the minister's latest decision caused (a) great uproar

wrząt|ek m (G ~**ku**) boiling water U; **sparzyć coś ~kiem** to scald sth; **sparzyć się ~kiem** to scald oneself with boiling water; **zalać coś ~kiem** to pour boiling water on a. over sth

wrzecion|o n [1] przest. (przyrząd do przędzenia) spindle [2] Włók., Techn. (element maszyny) spindle [3] Techn. spindle [4] (zgrubienie wiosła) handgrip

❏ **~o kariokinetyczne** a. **podziałowe** Biol. spindle

wrzecionowato adv. (przypominając wrzeciono) [wyglądać] spindle-like adi., spindle-shaped adi.; fusiform adi. spec.

wrzecionowa|ty adi. [ciało] spindle-like, spindle-shaped; fusiform spec.; [kształt] spindle-like; fusiform spec.

w|rzeć impf (**wrze** a. **wre**) vi [1] (przemieniać się w parę) to boil; **woda wrze w temperaturze 100°C** water boils at 100°C [2] książk., przen. (burzyć się) [rzeka] to seethe; to roil książk. [3] (tętnić gwarem) to buzz, to hum; **ulica wrzała gwarem** the street was buzzing with noise; **w klasie wrzało jak w ulu** the class was all abuzz [4] (dziać się intensywnie) **w tym mieście życie wre** this city is bubbling with life; **praca wre** the work is in full swing; **dyskusja wre** the discussion has heated up [5] książk. (kipieć z emocji) [osoba] to seethe; **wrzeć z gniewu/złości** to be seething (with anger)

■ **wojna/bitwa wrze** the war/battle is raging; **wszystko w nim/niej wre** pot. anger is boiling up inside him/her

wrze|nie [I] sv → **wrzeć**

[II] n książk. (wzburzenie) [polityczne, społeczne, ekonomiczne] upheaval U, turmoil U; **wśród tłumu zapanowało ~nie** the crowd was in (an) uproar

wrze|sień m September; **we ~śniu** in September; **czwartego ~śnia** on the fourth of September, on September (the) fourth

wrzeszczeć impf → **wrzasnąć**

wrześniow|y adi. [dzień, poranek] September attr.; **~ego poranka** one September morning

wrzodow|y adi. Med. [blizny] ulcer attr.; [zmiany] ulcerous; **choroba ~a** (gastrointenstinal) ulcers

wrzodzian|ka f pot. (wrzód, czyrak) sore, blister

wrzos m (G ~**u**) Bot. heather U

wrzosowisk|o n moor, heath

wrzosow|y adi. [1] Bot. [gałązki, kwiaty, miód] heather attr. [2] (kolor) heather, lilac

wrz|ód m (G ~**odu**) [1] Med. (ropień) sore, ulcer [2] (żołądka, dwunastnicy) ulcer [3] przen. cancer przen.

❏ **~ód dwunastnicy** zw. pl Med. duodenal ulcer; **~ód pierwotny** Med. (pierwszy objaw kiły) chancre [1] **~ód twardy** Med. (objaw kiły) chancre (sore); **~ód weneryczny** Med. chancroid, soft sore; **~ód wschodni** Med. leishmaniasis; **~ód żołądka** zw. pl Med. gastric ulcer

■ **~ód na dupie** wulg. a pain in the arse GB posp., a pain in the ass US posp.

wrzucać impf → **wrzucić**

wrzu|cić pf — **wrzu|cać** impf vt (rzucić do środka) to throw, to toss; **~cić list do skrzynki** to post a. mail a letter; **~cić dokumenty do szuflady** to toss the documents in a drawer

■ **~cać coś do jednego worka** pot. to lump sth together; **~cić coś na ruszt** pot. to grab something to eat pot.; **~cić coś na siebie** pot. to throw a. fling sth on

wrzynać się impf → **werżnąć się**

wsa|d m (G ~**du**) [1] (porcja) batch [2] Techn. (rudy, złomu) charge [3] Ekon. venture capital [4] Sport (w koszykówce) slam dunk

wsadzać impf → **wsadzić**

wsa|dzić pf — **wsa|dzać** impf vt pot. [1] (wcisnąć) to put, to stick; **~dzić kapelusz na głowę** to put one's hat on; **~dzić ręce do kieszeni** to put a. stick one's hands in one's pockets; **~dził okulary na nos** he put his glasses on [2] (pomóc wsiąść) to put; **~dzić kogoś do autobusu/pociągu/samolotu** to put sb on a bus/train/plane [3] pot. (uwięzić) to put [sb] away pot.; **~dzili go na pięć lat za napad** they put him away for five years for assault

■ **nie ~dzaj nosa do cudzego prosa** a. **trzosa** pot. keep your nose out of it pot.; **rad** a. **wesół** a. **kontent, jakby go kto na sto koni ~dził** (as) happy as a sandboy GB, (as) happy as a clam; **wsadzać nos do czegoś** a. **w coś** to poke a. stick one's nose in(to) sth pot.; **wsadzić kij w mrowisko** to put the cat among the pigeons; **wsadzić nos w książkę** pot. to have one's nose in a book

wsch. (= wschodni, wschód) E

wschodni adi. [1] [półkula] eastern; [ściana, strona] eastern, east; **pociąg w kierunku ~m** an eastbound train; **wiatr ~** an easterly wind, the east wind [2] (dotyczący krajów Wschodu) [kultura, obyczaje, towary] Eastern

wschodnio- w wyrazach złożonych East(ern); **wschodniosłowiański** East Slavonic

wschodnioeuropejs|ki adi. [kraje, polityka, przemiany] East(ern) European

wschodzić impf → **wzejść**

wsch|ód [I] m (G ~**odu**) [1] (słońca) sunrise, sunup; **wstać o ~odzie słońca** to get up at sunrise; **po ~odzie słońca** when the sun's come up [2] sgt (strona świata) East; **skierować się na ~ód** to turn (to the) east; **na ~ód od Warszawy** east of Warsaw; **wieje od ~odu** the wind's from the east [3] sgt (kraje wschodnie) **Wschód** the East; **mieszkańcy Wschodu** Easterners

[II] **wschody** plt Roln. germination

❏ **~ód heliakalny** Astron. heliacal rising; **Bliski Wschód** the Middle East; **Daleki Wschód** the Far East; **południowy ~ód** Geog. the south-east; **północny ~ód** Geog. the north-east

wsiadać impf → **wsiąść**

wsiąkać impf → **wsiąknąć**

wsiąkliw|y adi. absorbent; **~a bibuła** blotting paper

wsiąk|nąć pf — **wsiąk|ać** impf (~**nę**, ~**ła** a. **nęła**, ~**kli** a. ~**nęli** — ~ **am**) vt [1] (wsączyć się) to soak in, to be soaked up; **woda ~ała w ziemię** the soil soaked up the water [2] przen. (zniknąć) to vanish, to disappear; **postacie ~nęły w mrok** the figures

vanished in the darkness; **pieniądze ~ły bez śladu** the money vanished without (a) trace; **przestępca ~kł bez wieści** the criminal vanished without (a) trace

wsi|ąść pf — **wsi|adać** impf (~**ądę**, ~**ądziesz**, ~**adł**, ~**edli** — ~**adam**) vi [1] (do autobusu) to get on, to board; (do samochodu) to get in; (na statek) to board; (na konia) to get on, to mount [2] pot. (krytykować) to tick [sb] off GB pot., to chew [sb] out US pot.; **znów na niego ~adła za bałagan** she ticked him off again for making a mess

wsioch m (Npl ~**y**) pot., obraźl. [1] (ze wsi) country bumpkin obraźl. [2] (nieokrzesany) oaf obraźl.

wsiow|y [I] adi. pot. [chłopak, moda, zwyczaje] village attr.

[II] m pot. (człowiek ze wsi) villager

wskakiwać impf → **wskoczyć**

wska|zać pf — **wska|zywać** impf (~**żę** — ~**zuję**) vt [1] (pokazać) to point out, to show; (palcem) to point at; **~zała nam drogę** she showed us the way; **profesor ~zał na mnie** the professor called on me [2] (informować) to show, to indicate; **wyniki handlowe przedsiębiorstwa ~zują na pogarszanie się sytuacji** the company's earnings show that the situation is worsening [3] (podać zmierzoną wartość) [przyrząd pomiarowy] to show, to indicate; **zegar ~zywał północ** is was midnight by the clock, the clock said midnight [4] (wytypować) to appoint, to designate; **~zał go jako swego następcę** he named him as his successor

■ **nic nie ~zuje na coś** there's no sign of sth; **nic nie ~zuje na niebezpieczeństwo** there's no sign of danger; **nic nie wskazuje na to, że odbyła się tu jakaś walka** there's no sign that a fight took place here

wskaza|nie [I] sv → **wskazać**

[II] n zw. pl [1] (zalecenie, pouczenie) recommendation; **~nia lekarza** the doctor's orders [2] (przyrządu) reading; **~nia kompasu były niedokładne** the compass readings were inaccurate

wskazan|y adi. (polecany) recommended, advisable

wskazów|ka f [1] (zegara) hand; (wagi, szybkościomierza) pointer, indicator; (kompasu) needle; **~ka minutowa/sekundowa** the minute/second hand [2] (pouczenie, rada) hint, tip; **stosować się do czyichś ~ek** to follow sb's instructions [3] (oznaka) sign; **apetyt jest ~ką, że choroba pani córki minęła** your daughter's appetite is a sign that she's recovering

wskazując|y [I] pa → **wskazywać**

[II] adi. **zaimek ~y** a demonstrative (pronoun); **palec ~y** the index finger

wskazywać impf → **wskazać**

wskaźnik m [1] (oznaka) sign, indication; **ostatnie wydarzenia są ~iem niepokoju społecznego** recent events are a sign of social unrest [2] (dla wykładowcy) pointer [3] Techn. (przyrząd pomiarowy) gauge; (wskazówka, światełko kontrolne) indicator [4] Ekon. (procentowe określenie wielkości) index, rate [5] Chem. indicator; **~i izotopowe** isotope tracers; **metoda ~ów izotopowych** isotope tracer method [6] Stat. index

W

❏ ~ **umieralności** mortality rate; ~ **urodzeń** birth rate

wskaźnikow|y adi. [1] [planowanie] quota attr. [2] Techn. [urządzenia] gauge attr., gauging [3] Chem. **odczynniki** ~**e** indicators

wsk|oczyć pf — **wsk|akiwać** impf vi [1] (dostać się) to jump; ~**oczyć do wody** to jump into the water; ~**oczyć na rower** to jump onto a bicycle; ~**oczyć do tramwaju/do autobusu** to hop on a tram/a bus [2] pot. (wpaść z wizytą) to drop in, to stop by; ~**oczyła do rodziców po parę rzeczy** she stopped by her parents' place to pick up a few things

■ ~**oczyć w coś** pot. (ubrać się szybko) to throw; ~. fling sth on; (znaleźć się nagle w jakiejś sytuacji) to land in sth pot.

wskóra|ć pf vi (uzyskać coś) **płaczem nic nie** ~**sz** crying won't help; **niewiele mógł** ~**ć w tej sprawie** he didn't get very far in that matter

wskroś książk. [I] praep. (poprzez) (right) through; ~ **obłoków/krzewów** through the clouds/bushes

[II] **na wskroś** adv. [1] (całkowicie) through and through, thoroughly; **na** ~ **samolubny** selfish through and through; **kobieta na** ~ **nowoczesna** a thoroughly modern woman; **przejrzeć kogoś na** ~ to see right through sb; **przeszywać kogoś wzrokiem na** ~ to give sb a piercing look; **znać coś na** ~ to know sth like the back of one's hand; **przemarznąć/przemoknąć na** ~ to get frozen/soaked to the marrow a. bone [2] (na wylot) (straight) through; **strzała przebiła mu serce na** ~ the arrow went straight through his heart; **chmury prześwietlone na** ~ **promieniami słońca** clouds pierced through with sunlight

wskrze|sić pf — **wskrze|szać** impf książk. [1] (ożywić) to resurrect [2] przen. (wywołać z zapomnienia) to revive; ~**sić dawne obyczaje** to revive old customs

wskrzeszać impf → wskrzesić

wskutek praep. as a result; **śmierć nastąpiła** ~ **krwotoku wewnętrznego** death occurred as a result of internal bleeding; **zmarł** ~ **przedawkowania** he died (as a result) of an overdose; ~ **tego** as a result, consequently; **pokłócił się z przełożonym,** ~ **czego stracił pracę** he quarrelled with his superior, as a result a. in consequence of which he lost his job; **zaspał i** ~ **tego spóźnił się na pociąg** he overslept, and as a result he missed his train

wsławiać impf → wsławić

wsław|ić pf — **wsław|iać** impf [I] vt książk. (uczynić sławnym) to make [sb/sth] famous; to bring renown to książk.; **w całym świecie** ~**iła imię swojego kraju** she brought worldwide renown to her country

[II] **wsławić się** — **wsławiać się** książk. to become famous; to gain renown książk.; ~**ił się jako wybitny malarz** he was a renowned painter

wsłuch|ać się pf — **wsłuch|iwać się** impf v refl. książk. to listen raptly a. intently (**w coś** to sth)

wsłuchan|y adi. książk. [1] (zasłuchany) [uczniowie] rapt, attentive [2] przen. ~**y w**

siebie self-absorbed; ~**y we własne sumienie** conscientious; ~**y w głos narodu** responsive to public opinion

wsłuchiwać się impf → wsłuchać się

wspak adv. [1] (od tyłu) backwards GB, backward US; **przeczytaj to słowo (na)** ~ read this word backwards [2] (na opak) upside down; topsy-turvy pot.; **świat na** ~ **odwrócony** a topsy-turvy world; **wszystko idzie** ~ everything's going wrong

wspaniale adv. grad. książk. [1] [grać, śpiewać, przemawiać, prezentować się] wonderfully, beautifully; ~ **ci poszło na egzaminie** you did splendidly in the exam [2] (okazale) sumptuously, splendidly; ~ **urządzony dom** a luxuriously appointed house

wspaniałomyślnie adv. książk. generously, magnanimously; ~ **umorzyła dług** she magnanimously wrote off the debt

wspaniałomyślnoś|ć f sgt książk. generosity; magnanimity książk.; **okazać komuś** ~**ć** to be magnanimous towards sb

wspaniałomyśln|y adi. [zwycięzca, gest, postępek] generous, magnanimous

wspaniałoś|ć f książk. [1] sgt (duszy, charakteru, umysłu) nobility, magnificence [2] sgt (stroju, przyjęcia) magnificence, splendour GB, splendor US [3] pot. **pokazano im wszystkie** ~**ci miasta** they were taken to see all the best (that) the city had to offer; **kucharz przyrządził same** ~**ci** the chef prepared an array of delicacies

wspania|ły adi. grad. książk. [1] (efektowny) [osoba, głos, umysł, pomysł] wonderful, splendid; [sukces] enormous, tremendous; [perspektywy] excellent, splendid [2] (wystawny) [bal, uroczystość] magnificent, splendid

wspar|cie [I] sv → wesprzeć

[II] n sgt [1] (pomoc) support; **udzielić komuś** ~**cia** to support sb [2] Wojsk. back-up, reinforcements pl

wspar|ty adi. leaning; **stał** ~**ty o mur** he stood leaning against the wall; **głowę miała** ~**tą na rękach** she propped her chin on her hands

w|spiąć się pf — **w|spinać się** impf (**wespnę**, **wspięła się**, **wspięli się** — **wspinam się**) v refl. [1] (do góry) to climb, to mount; **wspiąć się na szczyt góry** to climb to the top of a mountain; **wspina się od lat** s/he's been climbing for years (now); **wspiąć się na palce** to stand on one's toes [2] (o roślinach) to climb [3] przen. (awansować) to work one's way up; **wspinać się coraz wyżej po szczeblach kariery** to keep moving up the career ladder [4] przen. [uliczka, droga] to lead

wspierać impf → wesprzeć

wspinacz m (Gpl ~**y**) mountain climber, mountaineer

wspinacz|ka f Sport (skalna, górska) climbing; ~**ka wysokogórska** mountaineering; **uprawiać** ~**kę** to go in for climbing

wspinaczkow|y adi. [sprzęt, buty] climbing attr., mountaineering attr.

wspinać się impf → wspiąć się

wspomagać impf → wspomóc

wspominać impf → wspomnieć

wspomin|ki plt (G ~**ek** a. ~**ków**) książk. reminiscences; **lubiła słuchać** ~**ków**

babci she enjoyed listening to her grandmother's reminiscences

wspominkow|y adi. [felieton, artykuł, wieczór] memorial attr.

wspom|nieć pf — **wspom|inać** impf (~**nę**, ~**niał**, ~**nieli** — ~**inam**) vt [1] książk. (przypomnieć) to remember, to recall, to recollect; ~**nieć szkolne lata** to recollect one's school years; **bardzo dobrze** ~**inam ten wyjazd** I've (very) fond memories of that trip; **miło** ~**inać kogoś** to remember sb fondly a. with affection [2] (napomknąć) to mention; **jak** ~**niałem** as I mentioned; **zdarzały się też przypadki rażących błędów, że** ~**nę...** there were also some glaring mistakes, such as...; **że nie** ~**nę** a. **nie** ~**inając** not to mention

■ **nawet nie** ~**niał o udziale anglojęzycznych redaktorów** he didn't even mention the anglophone editors' contributions; ~**nisz moje słowa** mark my words

wspomnie|nie [I] sv → wspomnieć

[II] n [1] (napomknięcie) mention (**o czymś** of sth); **na (samo)** ~**nie czegoś** at the (very) mention of sth; **obruszył się na samo** ~**nie o zwrocie pożyczki** he bridled at the very mention of repaying the loan [2] (pośmiertne) posthumous tribute [3] (z jakiegoś okresu) memory, recollection, reminiscense zw. pl; **wywoływać** ~**nia** to bring back memories; **wracać** ~**niem** to recollect, to reminisce; **pogrążyć się we** ~**niach** to lose onself in (one's) reminiscences; **pozostawić po sobie** ~**nie** [wydarzenie] to leave its mark; [osoba] to leave memories; **snuć** ~**nia** to reminisce; **żyć** ~**niami** to live in the past; **budzić** ~**nia** to bring back memories [4] (pamiątka) keepsake, memento; (z wakacji) souvenir

[III] **wspomnienia** plt Literat. memoirs pl

■ **po czymś pozostaje tylko** ~**nie** sth's a thing of the past/sth's just a memory now; **po majątku pozostało tylko** ~**nie** their fortune was long gone; **po lodach pozostało tylko** ~**nie** the ice cream was gone but not forgotten żart.

wspom|óc pf — **wspom|agać** impf (~**ogę**, ~**ożesz**, ~**ogła**, ~**ogli** — ~**agam**) [I] vt książk. [1] (wspierać) to aid, to support; **rodzice** ~**agają mnie materialnie** my parents contribute to my support [2] (wzmóc działanie czegoś) to support; **terapia** ~**agająca** supportive therapy

[II] **wspomóc się** — **wspomagać się** książk. to support each other

wspornik m [1] Archit. truss; corbel spec. [2] Techn. truss, bracket

wspólnictw|o n sgt przest. (współudział) complicity; (partnerstwo w interesach) partnership

wspólnie adv. [pracować, działać, prowadzić] together, jointly

wspólni|k m, ~**czka** f [1] (w przestępstwie) accomplice [2] (w interesach) partner

wspólnoś|ć f sgt książk. commonality książk.

wspólno|ta f [1] (łączność) bond, community U; **poczucie** ~**ty** a sense of togetherness a. community; ~**ta interesów** a community of interests, common goals [2] (więź) union, ties pl [3] (społeczność) community; ~**ta plemienna** a tribal community

4 (związek państw lub narodów) union, common-wealth; **Brytyjska Wspólnota Narodów** the British Commonwealth of Nations ❏ **~ta majątkowa** Prawo joint property; **~ta mieszkaniowa** ≈ housing cooperative; **~ta pierwotna** Antrop. primaeval a. primeval community

wspólnotow|y adi. [cel] common, joint

wspóln|y adi. [zabawa, radości, kłopoty] shared; [praca] joint; [własność] common, joint; **ma coś ~ego z mafią** he has some connection with the Mafia; **ma coś ~ego z nielegalnym handlem bronią** he's somehow involved in (illegal) arms dealing; **nie miałem z tym nic ~ego** I didn't have anything to do with it; **nie chcę mieć z nim nic ~ego** I don't want to have anything to do with him; **~y pogląd** a shared viewpoint; **~y wróg** a common a. mutual enemy

■ **zrobić coś ~ymi siłami** a. **~ym wysiłkiem** to join forces to do sth

współ- w wyrazach złożonych co-; **współbiesiadnik** a fellow feaster

współauto|r m, **~rka** f (scenariusza, książki) co-author; (planu, projektu) co-designer; **~rzy powieści** the co-authors of the novel

współautorstw|o n sgt książk. co-authorship, joint authorship

współbrzmi|eć impf (**~ał**) vi **1** Muz. (brzmieć harmonijnie) [dźwięk, głos, śpiew] to harmonize **2** książk., przen. (harmonizować) to harmonize, to match

współbrzmie|nie **II** sv → **współbrzmieć**

III n **1** Muz. consonance **2** Literat., Jęz. (w wierszu) assonance **3** książk., przen. (zgodność) consonance książk.

współczesnoś|ć f sgt **1** (teraźniejszość) the present (time a. day) **2** (jednoczesność) concurrence, simultaneity

współcze|sny **II** adi. **1** (występujący w tym samym czasie) contemporary **2** (obecny, nowoczesny) [muzyka, literatura, sztuka] contemporary, modern

III m zw. pl **~śni (mu)** his contemporaries

współcześnie adv. [istnieć, żyć, występować] in our times a. age

współczuci|e **II** sv → **współczuć**

III n sgt sympathy, compassion; **być godnym ~a** to be deserving of compassion; **proszę przyjąć wyrazy ~a** please accept my condolences; **okazać komuś ~e** to be compassionate towards sb; **budzić ~e** to arouse sympathy a. compassion

współczu|ć impf (**~ję, ~jesz, ~ł, ~ła, ~li**) vi to sympathize (**komuś** with sb)

współczująco adv. [patrzeć, kiwać głową] sympathetically, in sympathy

współczując|y **II** pa → **współczuć**

III adi. [spojrzenie, głos, uśmiech] sympathetic, compassionate

współczynnik m **1** książk. factor **2** Fiz. coefficient **3** Mat. (mnożnik) coefficient **4** Stat. (wielkość liczbowa) rate; **~ inflacji** the rate of inflation ❏ **~ bezpieczeństwa** Techn. safety factor; **~ rozszerzalności cieplnej** Fiz. coefficient of thermal expansion; **~ rozszerzalności objętościowej/liniowej** Fiz. coefficient of cubical/linear expansion

współdziała|ć impf vi książk. **1** (pracować z kimś) to cooperate **2** (działać jednocześnie) [leki] to have a combined effect **3** (o mechanizmach) to work a. operate together

współgra|ć impf vi książk. to harmonize

współistni|eć impf (**~eję, ~ał, ~eli**) vi książk. to coexist

współlokato|r m, **~rka** f (w jednym pokoju) room-mate; (w jednym mieszkaniu) flatmate GB, room-mate

współmałżon|ek m (Npl **~kowie**) książk. spouse książk.

współmiern|y adi. [kara, zarobki] commensurate książk. (**do czegoś** with sth); **zasoby ~e do potrzeb** resources commensurate with one's/sb's needs

współodpowiedzialnoś|ć f sgt książk. joint responsibility, co-responsibility

współodpowiedzialn|y adi. jointly responsible

współprac|a f sgt **1** (współdziałanie) cooperation; (artystów, pisarzy) collaboration **2** (funkcjonowanie) interaction **3** (szpiegostwo, kolaboracja) collaboration

współprac|ować impf vi **1** (współdziałać) to cooperate; [pisarze, muzycy, filmowcy] to collaborate; **mój kolega ~ował z nami przy zbiórce darów dla biednych** my friend helped us to collect donations for the poor **2** (funkcjonować) to work a. operate in tandem; **sprężarka ~uje z turbiną** the compressor works (in tandem) with the turbine **3** (szpiegować) to collaborate

współpracowni|k m, **~czka** f **1** (partner) partner, associate; (pisarz, reżyser, muzyk) collaborator **2** (agent, szpieg) collaborator

współrzędnie adv. Jęz. **zdanie złożone ~** a compound sentence

współrzędnoś|ć f sgt książk. (równorzędność) parity książk.

współrzędn|y **II** adi. **1** książk. [rezultaty, kategoria] coordinate **2** Jęz. [spójnik, człon] coordinate; **zdanie ~e** (składowe) a coordinate clause; (złożone) a compound sentence

III współrzędna f Mat. coordinate ❏ **~e eklipyczne** Astron. ecliptic coordinates; **~e galaktyczne** Astron. galactic coordinates; **~e geograficzne** Geog. geographic coordinates; **~e horyzontalne** Astron. horizontal coordinates

współtw|orzyć pf vt książk. **1** (współdziałać) to contribute (**coś** to sth); to collaborate (**coś** on sth); **~orzyć stronę internetową** to contribute to a website **2** przen. (konstytuować) to create

współtwór|ca m, **~czyni** f co-originator

współuczestnictw|o n sgt książk. (w zbrodni) complicity książk.; (w konkursie, imprezie, dyskusji) participation

współudzia|ł m sgt (G **~łu**) książk. (w zbrodni) complicity książk.; (w konkursie, imprezie, dyskusji) participation

współwinn|y adi. **został uznany ~ym zabójstwa** he was found guilty of being an accomplice to manslaughter

III m książk. (współwinowajca) accomplice, accessory; **~y przestępstwa** an accomplice, sb's partner in crime; **~y morderstwa** an accomplice

współwłaściciel m, **~ka** f (Gpl **~i, ~ek**) Prawo co-owner

współzawodnictw|o n sgt książk. (rywalizacja) rivalry, competition

współzawodnicz|yć impf vi książk. to compete (**o coś** for sth)

współży|ć impf vi **1** książk. (obcować) to co-exist **2** książk. (mieć stosunki seksualne) to have (sexual) intercourse książk.; to have sex; **rozpoczynanie ~cia** sexual initiation; **rozpocząć ~cie** to become sexually active książk.

wsta|ć pf — **wsta|wać** impf (**~nę, ~je**) vi **1** (przyjąć pozycję stojącą) to stand up **2** (podnieść się, powstać) to get up, to rise; **~ć z łóżka** to get up, to get out of bed; **~ć z krzesła/z klęczek** to rise from a chair/from one's knees; **~ć od stołu/biurka** to rise from the table/from one's desk **3** (obudzić się) to get up; **~ć o świcie** to get up at dawn **4** pot. (wyzdrowieć) to be back on one's feet **5** przen. [słońce] to rise **6** przen. (rozpocząć się) [poranek] to start (off); **dzień ~ł pochmurny** the day started off cloudy

■ **~ć razem z kurami** pot. to be a. get up with the chickens, to be up with the lark GB; **~ć razem ze słońcem** pot. to be up at the crack of dawn

wstawać impf → **wstać**

wstawiać impf → **wstawić**

wstaw|ić pf — **wstaw|iać** impf **II** vt **1** (umieścić, włożyć) to put, to place; **~iać kwiaty do wazonu** to put flowers in a vase; **~ić meble do pokoju** to put the furniture in a room; **~ić naczynia do zmywarki** to put the dishes in the dishwasher **2** (osadzić, wprawić) to put in; **~ić nową szybę** to put in a new windowpane **3** (wpisać) to put in, to insert; **~ić datę/przecinek** to put in the date/a comma **4** pot. (nastawić) to put [sth] on to boil [ziemniaki, potrawę]; **~ić wodę na herbatę** to put some water on for tea

II wstawić się — wstawiać się 1 (ująć się) **~ić się za kimś** to stand up for sb; to intercede for sb książk.; **~ił się za przyjacielem u szefa** he interceded for his friend with the boss **2** pot. (upić się) to get sloshed pot., to get tight pot.

wstawiennictw|o n sgt książk. intercession

wstawi|ony **II** pp → **wstawić**

III adi. pot. (pijany) sloshed pot., tight pot.

wstaw|ka f pot. **1** (dodatek) (w ubraniach) gusset, insertion; (w drewnie) panel **2** zw. pl (przerywnik) interlude **3** (dygresja) digression

wst|ąpić pf — **wst|ępować** impf vi **1** (wpaść) to stop by, to drop in; **~ąpić na kawę** to stop by for coffee; **~ąpiła do pracy po ważne dokumenty** she stopped off at the office for some important documents; **~ąpić do znajomych** to drop in on friends **2** (przystąpić) to join vt, to enter vt; **~ąpić do klasztoru/do zakonu** to enter a monastery/convent; **~ąpić do wojska** to join the army **3** (wejść) **mówca ~ąpił na podium** the speaker took the podium **4** książk., przen. to fill; **~ąpiła w niego radość** he was filled with joy; **nadzieja ~ąpiła w nasze serca** hope filled our hearts

■ **~ąpić w związek małżeński** książk. to enter into matrimony książk.; **diabeł** a. **szatan w niego ~ąpił** pot. something got into him pot.; **~ąpić na złą drogę** to take a wrong turn (in life); **~ąpić na tron** to take a. assume the throne; **~ąpił do piekieł, po drodze mu było** przysł. ≈ I/you/he/she/we/they went by the most roundabout route

wstążecz|ka *f dem.* ribbon; **~ki orderów** order ribbons

wstąż|ka **Ⅱ** *f* (do włosów, kwiatów, prezentów) ribbon; (szarfa) sash **Ⅲ wstążki** *plt* Kulin. ≈ tagliatelle

wstecz *adv.* backward(s), back; **cała ~** full speed astern!; **krok ~** a step back(wards)

wstecznictw|o *n sgt* książk., pejor. (zacofanie, obskurantyzm) reactionary attitudes *pl* pejor.

wstecznie *adv.* backward(s)

wsteczni|k *m* książk., pejor. reactionary pejor.

wsteczn|y **Ⅱ** *adi.* [1] książk., pejor. (zacofany, reakcyjny) [pogląd, ideologia] reactionary pejor. [2] (kierujący w tył) [ruch] backward, reverse; **bieg ~y** reverse (gear) **Ⅲ** *m* Auto reverse (gear)

wstę|ga *f* [1] (szarfa) sash [2] *augm.* ribbon także przen. [3] przen. **~ga drogi** a ribbon of a road
■ **przeciąć ~gę** to cut the ribbon

wstęp *m* (*G* **~u**) [1] (wejście, dostęp) admission, admittance, entrance; **zakaz ~u, ~ wzbroniony** no admittance a. entry; **osobom postronnym ~ wzbroniony** authorized personnel only; **~ wolny** admission free [2] przen. (początek) **bez ~ów** without any preliminaries; **na ~ie** to begin a. start with; **na ~ie kilka słów o naszym gościu** to begin with, a few words concerning our guest; **na ~ie zebrania wybrano przewodniczącego** at the beginning of the meeting the chairman was chosen [3] (część dzieła) introduction [4] (podstawy) introduction (**do czegoś** to sth); **~ do literatury/językoznawstwa** an introduction to literature/linguistics
❏ **bilet** a. **karta ~u** entrance ticket, ticket of admission

wstępnie *adv.* [1] (prowizorycznie) tentatively, provisionally [2] (początkowo) initially

wstępn|y *adi.* [1] (początkowy, przygotowawczy) [badania, wyniki, rozmowy] preliminary, initial [2] (prowizoryczny) tentative, provisional [3] (wprowadzający) introductory

wstępować *impf* → **wstąpić**

wstręt *m sgt* (*G* **~tu**) disgust, revulsion; **czuła do niego ~t** he disgusted a. revolted her; **nabrał ~tu do cebuli** he developed an aversion to onion
■ **robić** a. **czynić komuś ~ty** książk. to place obstacles in sb's way

wstrętnie *adv. grad.* [1] (ohydnie) [zachować się, postąpić] abominably [2] (odrażająco) [pachnieć] disgusting *adi.*, foul *adi.*; **to wygląda ~** that looks disgusting a. awful

wstrętn|y *adi. grad.* [1] (nieetyczny) [osoba, postępowanie] revolting, despicable [2] (wzbudzający wstręt) [wygląd, zapach] disgusting, repulsive; [pogoda] foul, awful; [jedzenie] disgusting, awful; **to ~e kłamstwo** that's a dirty lie; **rozpuszczać o kimś ~e plotki** to spread vicious rumours about sb [3] (szczególnie brzydki) hideous

wstrząs *m* (*G* **~u**) [1] (wstrząśnienie) shock [2] książk. (emocje) shock; **przeżyła ogromny ~** she was completely stunned a. badly shaken [3] przen. (gwałtowna zmiana) shake-up

[4] Med. (szok) shock
❏ **~ anafilaktyczny** Med. anaphylactic shock; **~ mózgu** pot. concussion

wstrząsać *impf* → **wstrząsnąć**

wstrząsająco *adv.* książk. shockingly

wstrząsając|y **Ⅱ** *pa* → **wstrząsnąć** **Ⅲ** *adi.* książk. shocking; **~y film o bezdomnych** a shocking film about the homeless

wstrząs|nąć *pf* — **wstrząs|ać** *impf* (**~nęła, ~nęli — ~am**) **Ⅱ** *vt* [1] (potrząsnąć) to shake; **przed użyciem ~nąć** shake well before use [2] przen. (silnie wzruszyć) to stun, to shock; **~nęła nim ta wiadomość** the news shocked him [3] (zatrząść) to shake (up) także przen., to rock także przen.; **~ały nią dreszcze** she was trembling a. shaking **Ⅲ wstrząsnąć się — wstrząsać się** książk. to shiver, to shake; **~ała się od zimna** she was shivering with cold

wstrząsow|y *adi.* [terapia] shock *attr.*; [zaburzenia, reakcje] post-traumatic

wstrzemięźliwie *adv. grad.* książk. [żyć, zachowywać się, wypowiadać się] moderately; abstemiously książk.

wstrzemięźliwoś|ć *f sgt* książk. restraint, moderation; **~ć seksualna** sexual abstinence; **zachował ~ć w jedzeniu** he was an abstemious eater książk.

wstrzemięźliw|y *adi.* książk. [1] (powściągliwy) restrained; abstemious książk.; **~y w pochwałach** sparing with praise [2] (świadczący o umiarze) temperate; abstemious książk.

wstrzykiwać *impf* → **wstrzyknąć**

wstrzyk|nąć *pf* — **wstrzyk|iwać** *impf* (**~nęła, ~nęli — ~uję**) *vt* [1] Med. to inject; **~ąć pacjentowi insulinę** to give the patient an insulin injection [2] Techn. to inject

wstrzym|ać *pf* — **wstrzym|ywać** *impf* **Ⅱ** *vt* [1] (zahamować) to stop; **~ywać atak nieprzyjaciela** to fend off an enemy attack [2] (odwlec, zawiesić) to withhold [wypłatę]; to suspend [prace, dostawy, produkcję]; to hold [oddech] [3] (zablokować) to stop; **~ać ruch na ulicy** to close off a road **Ⅲ wstrzymać się — wstrzymywać się** książk. [1] (powstrzymać się) to refrain, to abstain; **~ać się od głosu** to abstain from voting [2] (poczekać) to postpone (**z czymś** sth); **~ać się z opinią** to withhold judgement

wstrzymywać *impf* → **wstrzymać**

wsty|d *m sgt* (*G* **~du**) shame; (uczucie skrępowania) embarrassment; (hańba) disgrace; **przynosić komuś ~d** to disgrace sb; **oszczędzić komuś ~du** to spare sb embarrassment; **~d!** shame on you!
■ **jaki ~d** a. **co za ~d!** what a disgrace!; **najeść się ~du** pot. to die of shame pot.; **nie ~d wam?** pot. aren't you ashamed (of yourselves)?; **nie mieć ~du** to have no shame; **okryć kogoś/coś ~dem** książk. to bring disgrace on a. to sb/sth; **spalić się ze ~du** pot. to die of shame pot.; **to ~d** it's a disgrace

wstydliwie *adv.* [1] (ze skrępowaniem) [uśmiechnąć się, zarumienić się] bashfully, with embarrassment [2] (nieśmiało) shyly, bashfully

wstydliwoś|ć *f sgt* książk. [1] (nieśmiałość) shyness, bashfulness [2] (skromność) modesty

wstydliw|y *adi.* [1] (nieśmiały) [osoba] shy, bashful [2] (zawstydzony) [uśmiech, spojrzenie, zachowanie] embarrassed [3] (krępujący) [sprawa, temat, milczenie] embarrassing, awkward [4] (haniebny) [zachowanie, czyn] shameful, disgraceful

wsty|dzić *impf* **Ⅱ** *vt* (zawstydzać) to embarrass **Ⅲ wstydzić się** [1] (odczuwać wstyd) to be ashamed; **~dziła się za zachowanie swojej córki** she was ashamed of the way her daughter had acted; **~dził się powiedzieć to rodzicom** he was ashamed to tell his parents [2] (krępować się, być nieśmiałym) to be shy

wsu|nąć *pf* — **wsu|wać** *impf* (**~nęła, ~nęli — ~wam**) **Ⅱ** *vt* [1] (włożyć) to put; **~nął ręce do kieszeni** he put his hands in his pockets; **~nęła pierścionek na palec** she put the ring on (her finger) [2] (wetknąć) to tuck, to slip; **~nęła mu do kieszeni pieniądze** she tucked a. slipped the money into his pocket [3] pot. (zjeść) to scoff książk. pot. GB pot., to scarf (down) US pot. **Ⅲ wsunąć się — wsuwać się** [1] (wejść cicho i ostrożnie) to slip in [2] (wślizgnąć się) to slide, to slip; **~nąć się pod kołdrę** to slip under the duvet [3] (zostać wsuniętym, włożonym) to slip, to slide

wsuwać *impf* → **wsunąć**

wsyp|a *f* [1] (poszewka) (pillow/quilt) ticking *U* [2] pot. (dekonspiracja) ≈ leak pot., ≈ bust pot.

wsyp|ać *pf* — **wsyp|ywać** *impf* (**~ię — ~uję**) **Ⅱ** *vt* [1] (nasypać) to put, to pour (**coś do czegoś** sth into sth) [2] pot. (donieść na kogoś, zdekonspirować) to grass GB pot., to rat pot. (**kogoś** on sb) **Ⅲ wsypać się — wsypywać się** [1] (dostać się do wnętrza) to get (**do czegoś** into sth); **piasek ~ał mi się do butów** sand's got into my shoes [2] pot. (ujawnić się) to give oneself away [3] pot. (zdradzić się wzajemnie) to grass on one another GB pot., to rat on one another pot.

wsypywać *impf* → **wsypać**

wsysać *impf* → **wessać**

wsz|a *f* (*Npl* **~y**) przen., posp., obraźl. louse przen., pot., pejor.

wszak *coni.* (uzasadniające) after all, indeed; (wyrażające zdziwienie) but

wszakże *coni.* książk. [1] (przecież) (uzasadniające) after all; (wyrażające zdziwienie) but; **musiał się zgodzić, mieli ~ rację** he had to agree, after all they were right; **to mój obowiązek** but it's my duty [2] (jednak) however, nevertheless; **nie będę wchodzić teraz w szczegóły, podam ~ jeden przykład** I won't go into detail at the moment, however I shall give one example

wszarz *m* posp., obraźl. (brudas) slob pot., pejor.; (menel) scumbag posp., obraźl.; piece of shit posp., obraźl.

wszawic|a *f sgt* Med. lice *pl*; pediculosis spec.

wszaw|y *adi.* pot., obraźl. (odrażający) [osoba, twarz, miejsce] revolting obraźl.; disgusting obraźl.

wszcz|ąć *pf* — **wszcz|ynać** *impf* (**~ęła ~ęli — ~ynam**) **Ⅱ** *vi* książk. to start, to launch; **~ąć postępowanie** to initiate a.

institute proceedings książk.; **~ać śledztwo** a. **dochodzenie** to launch an inquiry; **~ąć bunt** to instigate a rebellion; **~ąć kłótnię** to start a fight

III wszcząć się — wszczynać się książk. to start; **~ęła się ciekawa dyskusja** an interesting discussion got under way

wszczepiać impf → **wszczepić**

wszczep|ić pf — **wszczep|iać** impf vt [1] książk. (wpoić coś w kogoś) to instil, to instill US; to inculcate książk.; **~ić komuś wiarę we własne siły** to instil sb with self-confidence [2] Med. (zarazić) to infect (**komuś coś** sb with sth) [3] Med. (przeszczepić) to implant [4] Ogr. (zaszczepić) to graft

wszczynać impf → **wszcząć**

wsze adi. **po ~ czasy** książk. for ever

wszech [I] adi. książk. **ze ~ miar** by all means, by all accounts; **książka ze ~ miar godna polecenia** a book worth recommending by any standards; **~ czasów** of all time; **jedno z największych arcydzieł ~ czasów** one of the greatest masterpieces of all time; **bramkarz ~ czasów** the greatest goalkeeper of all time

[II] **wszech-** w złożeniach (moc) omni-; (zasięg) all-, pan-; **wszechpotężny** omnipotent; **wszechpolski** all-Polish

wszechmoc f sgt książk. omnipotence książk.

wszechmocnie adv. książk. omnipotently książk.

wszechmocn|y adi. książk. [Bóg, król] almighty; omnipotent książk.

wszechmogąc|y adi. książk. [Bóg] almighty

[II] m Relig. **Wszechmogący** the Almighty

wszechnic|a f książk. (uczelnia) university

wszechobecnoś|ć f sgt książk. omnipresence książk., ubiquity książk.

wszechobecn|y adi. książk. omnipresent książk., ubiquitous książk.

wszechogarniając|y adi. książk. overwhelming, overpowering; **~e uczucie** an overwhelming a. overpowering feeling

wszechpotężn|y adi. książk. almighty, all-powerful

wszechstronnie adv. grad. książk. [poznać, zbadać] thoroughly; **~ wykształcony** comprehensively educated; **osoba ~ uzdolniona** a person of many talents

wszechstronnoś|ć f sgt książk. [1] (uniwersalność) versatility [2] (skrupulatność) thoroughness

wszechstronn|y adi. grad. książk. [1] (uniwersalny) [osoba] versatile; [wykształcenie] broad, comprehensive [2] (skrupulatny) [rozpatrzenie, analiza, studia] in-depth, thorough

wszechświa|t m sgt książk. universe

wszechwiedząc|y adi. książk. omniscient, all-knowing

wszechwładn|y adi. książk. omnipotent, all-powerful

wszela|ki pron. książk. all (kinds of), every; **lekarstwo na ~kie troski** a cure for every kind of worry; **~kimi sposobami** by every possible means

wszelako [I] part. książk. nevertheless, nonetheless

[II] coni. however

wszel|ki pron. książk. [1] (każdy) all, every; **rozważyć ~kie możliwości** to consider

all possibilities a. every possibility; **~kie uwagi prosimy kierować do...** all remarks should be addressed to...; **dołożyć ~kich starań** to make every effort; **muzyka/samochody ~kiego rodzaju** music/cars of all kinds, all kinds of music/cars; **~kimi sposobami** by all possible means, by every possible means; **~kie prawa zastrzeżone** all rights reserved [2] (jakikolwiek) any; **dom pozbawiony ~kich wygód** a house without any modern conveniences; **na ~ki wypadek** just in case; **na ~ki wypadek zaryglowała drzwi** she bolted the door just in case; **za ~ką cenę** at all costs, whatever the cost

■ **~ki duch Pana Boga chwali!** (God) bless my soul!

wszem pron. **~ wobec** książk. to all and sundry

wszerz [I] praep. across (**czegoś** sth); **barykada ~ drogi** a barricade across a road; **wzdłuż i ~ Afryki** all over Africa

[II] adv. in width, across; **pokój ma trzy metry ~** the room is three metres in width a. across; **przepłynął basen ~** he swam a width in the swimming pool; **przemierzyć kraj wzdłuż i ~** to travel the length and breadth of the country

wszetecznie adv. przest. [mówić, spoglądać, postępować, zachowywać się] lewdly, lecherously; [żyć] licentiously, dissolutely

wszeteczn|y adi. przest. [czyny, słowa, osoba, spojrzenie] lewd, lecherous

wszędobyls|ki [I] adi. [1] książk., żart. (natrętny) [reporter] intrusive; [turysta] ubiquitous książk., żart. [2] przen. (wszechobecny) [biurokracja, dym] all-pervasive

[II] **wszędobyls|ki** m, **~ka** f książk. (natrętna osoba) busybody pejor.

wszędobylstw|o n sgt [1] (natrętność) intrusiveness, invasiveness [2] przen. (wszechobecność) ubiquity książk.

wszędzie pron. everywhere; **~ szukałem i nie znalazłem ich** I looked everywhere and couldn't find them; **nie ~ ceny są takie same** prices are not the same everywhere; **nie ~ dzieci są mile widziane** it's not everywhere that children are welcome; **~ na świecie ludzie mają te same problemy** people have the same problems all over the world; **jak ~, i tu też był tłok** there were crowds here, too, just like everywhere else; **~ go pełno** he's here, there, and everywhere; **~, gdzie się pojawi** wherever s/he appears; **~ dokoła** all around

wszy|ć pf — **wszy|wać** impf (**~ję ~ wam**) vt [1] (wstawić) to set [sth] in, to set in [rękaw]; to sew a. stitch [sth] in, to sew a. stitch in [klin, suwak] [2] (wprowadzić do organizmu) to implant [esperal, rozrusznik serca]; **~ć komuś mikrouklad pod skórę** to implant a microchip under sb's skin

wszyscy → **wszystek**

wszys|tek [I] pron. all; (z policzalnymi) every; **~tkie plany/drużyny** all plans/teams; **ze ~tkich stron** from/on all sides; **~cy ludzie rodzą się równi** all men are born equal; **czy ~cy z państwa otrzymali kwestionariusze?** have all of you got questionnaires?; **na ~tkie sposoby** in

every possible way a. manner; **po ~tkie czasy** forever; **za ~tkie czasy** as never before; **ze ~tkich sił** with all one's might

[II] **wszyscy** everybody, all; **~tkich nie zadowolisz** you can't please every one a. everybody; **jesteśmy ~cy zawiedzeni** we are all disappointed

■ **jeden za ~tkich, ~cy za jednego** all for one, and one for all; **nie ~tek umrę** I shall not altogether die

wszystk|o pron. everything, all; **~o gotowe** everything's ready; **była dla niego ~im** she was everything to him; **pieniądze to nie ~o** money is not everything; **czy ~ w porządku?** is everything all right?; **on ~iemu zaprzecza** he denies everything; **jeszcze nie ~o stracone** all is not (yet) lost; **robimy ~o, co w naszej mocy** we're doing everything a. all we can; **~o albo nic** all or nothing; **to ~o** that's all; **to jeszcze nie ~o** and that's not all; **to na dzisiaj/na razie ~o** that's all for today/for now; **to by było ~o, jeśli chodzi o tę kwestię** that's all as far as that topic goes; **po tym ~im, co przeszła** after all she's been through; **~o może się zdarzyć** anything can happen; **~o, co tylko zechcesz** anything you want; **to ~o, co mogę zrobić** that's all I can do; **~o, co mogę zrobić, to do niego napisać** all I can do is to write to him; **jest już po ~im** it's all over; **kiedy będzie po ~im, pojedziemy nad morze** when it's all over, we'll go to the seaside; **(po)mimo ~o** despite everything; in spite of all książk.; **przede ~im** a. **nade ~o** książk. (w pierwszej kolejności) above all, first of all; **przede ~im musisz mu o tym powiedzieć** first of all you need to tell him about it; **lubił powieści, przede ~im historyczne** he liked novels, especially historical ones; **nade ~o** książk. (bardziej niż) more than anything else; **kochał Tatry nade ~o** he loved the Tatras more than anything else; **~iego dobrego** a. **najlepszego!** all the best!; **~o jedno kto/kiedy/gdzie** it doesn't matter who/when/where; **~o jedno, czy dostanę tę pracę** it doesn't make any difference whether I get the job or not; **~o na nic** (daremne) all for nothing; **robił, co mógł, ale ~o na nic** he did everything he could, but it was all for nothing; **zrobiłbym/dałbym ~o, żeby dostać tę pracę** I'd do/give anything to get that job; **nie ze ~im zrozumiałem, o co mu chodzi** I didn't quite get what he wanted; **mam ~iego 20 złotych przy sobie** I've only got 20 zlotys on me; **miała ~iego siedem lat** she was no more than seven (years old)

■ **~o można, byle z wolna i ostrożna** przysł. softly, softly, catchee monkey przest., żart.; **człowiek do ~iego** man/girl Friday; Mr Fixit US pot.

wszyściut|ko, ~eńko pron. absolutely everything

wszywać impf → **wszyć**

wścibiać impf → **wścibić**

wścib|ić pf — **wścib|iać** impf vt pot. (wcisnąć, wetknąć) to squeeze, to stick; **~ić palec w szparę** to stick one's finger in a hole; **nie ~isz już do sali ani jednego stołu** you can't squeeze even one more table into the room; **~iać nos w coś** przen. to stick one's nose into sth pot., przen.; **nie ~iaj nosa w nieswoje sprawy** stop poking your nose into other people's affairs pot.

wścibs|ki **Ⅰ** adi. pot. (ciekawski) [reporter, sąsiadka, pytanie, usposobienie] nos(e)y pot.; prying; [prasa, spojrzenie] inquisitive **Ⅱ** **wścibs|ki** m, **~ka** f pot. (ciekawska osoba) busybody pejor.; nosy parker GB pot., buttinsky US pot.

wścibstw|o n sgt (cecha ludzka) inquisitiveness; nosiness pot.; **niepohamowane ~o** unbridled inquisitiveness

wście|c pf — **wście|kać** impf (~knę, ~kniesz, ~kł, ~kli — ~kam) **Ⅰ** vi pot. (rozgniewać) to make [sb] mad pot.; to madden; **~ka mnie twoja opieszałość** your laziness makes me mad **Ⅱ** **wściec się** — **wściekać się** 1 (dostać wścieklizny) [zwierzę] to get rabies 2 pot. (rozzłościć się) to get mad pot. (**na kogoś o coś** at sb for sth); **~kam się, kiedy czytam coś takiego** it maddens me when I read things like that; **kiedy mu o tym powiedziała, po prostu się ~kł** when she told him about it, he just went mad a. ballistic pot. 3 pot. (zwariować) to go crazy a. nuts pot.

wściekać impf → **wściec**

wściekle adv. grad. książk. 1 (gniewnie) [kląć, krzyczeć, odgrażać się] furiously 2 (zaciekle, zajadle) [atakować, walczyć] fiercely, savagely; [ujadać] ferociously 3 pot., przen. (intensywnie) [boleć, wiać, kolorowy] intensely; [gorący] fiercely; [zazdrosny] insanely; [zimno] bitterly; [głodny] voraciously; **~ różowy** shocking pink; **nudzić się ~** to be going crazy with boredom pot.

wściekli|zna f sgt 1 Med. rabies pl; **szczepionka przeciw ~źnie** a rabies vaccine; **mieć ~znę** to have rabies 2 pot., przen. (złość) **dostać ~zny na widok czegoś** to go ballistic at the sight of sth pot.

wściekłoś|ć f sgt 1 (gniew) fury, rage; **trzęsący się z ~ci** trembling with rage; **doprowadzić kogoś do ~ci** to enrage a. infuriate sb; **gotować się z ~ci** to be seething (with rage); **wpaść we ~ć** to be furious 2 (zaciekłość, zajadłość) ferocity, fierceness; **~ć ich ataków** the ferocity of their attacks 3 (sztormu, wichru) ferocity, fury; (upału) fierceness

wściek|ły adi. 1 (chory na wściekliznę) [lis, pies] rabid 2 książk. (gniewny, zły) [osoba, list, tłum] furious; [głos, spojrzenie] furious, enraged; **jest ~ły z tego powodu** he's furious about it; **była na niego ~ła za ten dowcip** she was furious at him over that joke; **była ~ła, że ją oszukano** she was furious that she'd been cheated 3 przen. (zaciekły) [atak] ferocious, vicious; [zawziętość, zazdrość, nienawiść] fierce, violent; [awantura, ujadanie] furious, fierce; **jak ~ły** like mad pot.; **komary cięły jak ~łe** the gnats were biting like mad 4 pot. (bardzo intensywny) [sztorm, wicher] furious, fierce; [szybkość, tempo] furious; [ból, głód, pragnienie] intense; [mróz] bitter

wściubiać impf → **wścibić**
wściubić → **wścibić**
wślizgiwać się impf → **wśliznąć się**

wśli|znąć się, wśli|zgnąć się pf — **wśli|zgiwać się** impf (~znę się a. ~zgnę się, ~znęła się a. ~zgnęła się, ~znęli się, ~zgnęli się — ~zguję się) v refl. 1 (wpełznąć) [wąż] to slither (**do czegoś** into sth) 2 (wkraść się, wsunąć się) to slip, slide (**do czegoś/pod coś** into/under sth); **~znąć się na swoje miejsce** to slip into one's seat

wśród praep. 1 (pomiędzy) among(st), amid(st); **~ drzew/ruin** among the trees/ruins; **bezrobocie ~ absolwentów wyższych uczelni** unemployment among university graduates; **była ~ tych, którzy ocaleli** she was among those who survived; **dostrzegł ją ~ tłumu** he spotted her among the crowd; **~ nas/nich** among us/them; in our/their midst książk.; **nas nie ma zdrajców** there are no traitors among us a. in our midst 2 (podczas) in the middle of; **~ śnieżycy** in the middle of a blizzard; **~ śmiechu publiczności** amid laughter from the audience; **~ nocnej ciszy** in the stillness of the night

wt. (= wtorek) Tue(s).
wtaczać impf → **wtoczyć**
wtajemniczać impf → **wtajemniczyć**
wtajemnicze|nie **Ⅰ** sv → **wtajemniczyć** **Ⅱ** n książk. (w tajnych organizacjach) initiation; (zawodowe) expertise; **dostąpić ~nia** to be initiated

wtajemnicz|ony **Ⅰ** sv → **wtajemniczyć** **Ⅱ** m książk. (w kultach) initiate; (posiadający poufne informacje) insider; **~eni** the initiated; **krąg ~ych** the inner circle przen., the magic circle przen.

wtajemnicz|yć impf — **wtajemnicz|ać** impf **Ⅰ** vt książk. 1 (poinformować) to acquaint (**kogoś w coś** sb with sth) [sprawy, szczegóły]; to let [sb] in (**w coś** on sth) [interes, plan, żart]; **~yć kogoś w swoje problemy** to share one's problems with sb 2 (nauczyć, wprowadzić) to initiate (**kogoś w coś** sb into sth) [arkana, tajniki] **Ⅱ** **wtajemniczyć się** — **wtajemniczać się** książk. (zaznajomić się) to get a. become acquainted (**w coś** with sth) [problemy]

wtapiać impf → **wtopić**
wtarabaniać impf → **wtarabanić**
wtaraba|nić pf — **wtaraba|niać** impf **Ⅰ** vt pot. (wsadzić na górę) to hoist, to haul (up) (**do czegoś/na coś** into/onto sth); **~nić bagaże na wózek** to hoist the baggage onto the trolley **Ⅱ** **wtarabanić się** — **wtarabaniać się** pot. 1 (wgramolić się) to clamber (up), to haul a. drag oneself up (**na coś** to/onto sth); **~nić się na czwarte piętro** to haul a. drag oneself up to the fourth floor; **~nić się na wóz** to clamber onto the cart 2 (wepchnąć się) to barge in(to); to bulldoze one's way in(to) pot., przen.; **~nić się na scenę** to barge onto the stage

wtarg|nąć pf (~nęła, ~nęli) vi książk. 1 (wedrzeć się) **~nąć do pokoju/na zebranie** to barge into a room/in on a meeting; **~nąć do mieszkania** to force one's way into a flat; **~nąć do miasta** to invade a city; **obce wojska ~nęły w granice Polski** foreign troops invaded Poland 2 przen. (dostać się) [woda, wiatr] to rush;

rzeka **~nęła na ulice miasta** the river overflowed into the streets of the city

wtaska|ć pf vt pot. (wnieść) to lug; **~ć bagaże na piąte piętro** to lug the baggage up to the fifth floor

wtaszczać impf → **wtaszczyć**
wtaszcz|yć pf — **wtaszcz|ać** impf **Ⅰ** vt pot. (wnieść) to lug; to tote pot.; **~yć bagaże na górę** to lug the baggage upstairs **Ⅱ** **wtaszczyć się** — **wtaszczać się** pot. (wejść) to drag oneself; **~ył się na piąte piętro** he dragged himself up to the fifth floor

wte adv. **droga ~ i wewte** the journey there and back; **próbowałem ~ i wewte, ale nie udało mi się przesunąć dźwigni** I tried this way and that, but the lever wouldn't budge

wtedy pron. 1 (w określonym czasie) then, at that time; **miała ~ dziesięć lat** she was then ten, she was ten at the time; **podpiszemy umowę dopiero ~, kiedy wszystkie nasze warunki zostaną spełnione** we'll sign the agreement only when all our conditions are met 2 (po spełnieniu warunku) then; **jeśli wrócisz wcześniej, ~ porozmawiamy** if you get back early, then we can talk; **a jeśli się nie zgodzi? co ~?** and if he doesn't agree? what then?; **~ i tylko ~, gdy...** only if a. when...

wtem adv. suddenly

wtenczas pron. then, at that time; **~ nie mogłem nic zrobić** at that time I wasn't able a. in a position to do anything

wtłaczać impf → **wtłoczyć**
wtłocz|yć pf — **wtłacz|ać** impf **Ⅰ** vt 1 (wepchnąć) to cram; to crowd, to pack [gości, pasażerów, zwierzęta] 2 przen. (podporządkować) to squeeze, to force; **~yć epopeję w ramy noweli** to squeeze an epic into the format of a short story 3 przen. (nauczyć) **~yć komuś wiedzę do głowy** to cram sb's head with information 4 Techn. (wtrysnąć) to pump; **~yć wodę do zbiornika** to pump water into a tank 5 Techn. (wprowadzić) to force [gaz, powietrze] (**do czegoś** in(to) sth) **Ⅱ** **wtłoczyć się** — **wtłaczać się** (wejść z trudem) to cram, to crowd; **~yliśmy się do autobusu** we crammed a. crowded onto the bus

wt|oczyć pf — **wt|aczać** impf **Ⅰ** vt to roll [beczkę, działo]; **~oczyć wózek inwalidzki do pokoju** to wheel a wheelchair into the room **Ⅱ** **wtoczyć się** — **wtaczać się** 1 (wjechać) [ciężarówka, pociąg] to roll (**do czegoś** in(to) sth) 2 (wturlać się) [osoba, piłka] to roll (**do czegoś** in(to) sth) 3 pot. (wejść) to lumber; **wtoczyć się po schodach** to lumber up the stairs

wt|opić pf — **wt|apiać** impf **Ⅰ** vt 1 Techn. (osadzić) to set, to embed; **wtopić płytki w zaprawę** to set the tiles in the mortar 2 książk., przen. (wkomponować) to blend, to weave; **wtapiać cytaty w tekst** to interlace a passage with quotes **Ⅱ** **wtopić się** — **wtapiać się** 1 Techn. (połączyć się) [plastikowe elementy] to fuse (together) 2 książk., przen. (zespoić się, zlać się) to blend (in); **po chwili wtopił się w tłum** a moment later he had melted into the crowd; **wtapiać się w tło** to blend in with the background

wtopi|ony ▯ *pp* → **wtopić**
▯ *adi.* ▯ (osadzony) *[płytki]* set (**w coś** in sth); *[kamienie]* embedded (**w coś** in sth) ▯ książk., przen. blended, merged; **budynek ~ony w otoczenie** a building that blends in with its surroundings

wtor|ek *m* (*G* **~ku**) Tuesday; **we ~ek** on Tuesday

wtorkow|y *adi. [ranek, wieczór]* Tuesday *attr.; [przegląd, wykłady]* Tuesday's

wtó|r *m sgt* (*G* **~ru**) przest. (akompaniament) accompaniment; **do ~ru fortepianu** with piano accompaniment; **przy ~rze głośnych okrzyków** to the accompaniment of loud cheers

wtórnie *adv.* ▯ (pochodnie) *[powstać, prowadzić, występować]* secondarily książk. ▯ (powtórnie) **rośliny ~ przystosowane do klimatu** plants that have re-adapted to the climate ▯ (ubocznie) *[otrzymywany, uzyskiwać]* incidentally; (drugorzędnie) secondarily; **przede wszystkim dotyczy to wspólnoty, a dopiero ~ jednostki** it concerns the community first, and the individual only secondarily ▯ (nieoryginalnie) *[pisać, potraktować temat]* unoriginally

wtórnik *m* (kopia dokumentu) duplicate

wtórnoś|ć *f sgt* ▯ (pochodność, wynikowość) secondary character a. nature ▯ (brak oryginalności) derivative a. imitative nature

wtórn|y *adi.* książk. ▯ (pochodny, wynikowy) *[pasożyt, zmiany chorobowe, znaczenie wyrazu]* secondary ▯ (ponowny) *[choroba]* recurring; **~y analfabetyzm** loss of literacy ▯ (drugorzędny, uboczny) *[cechy płciowe, korzyści, nurt literacki]* secondary; *[technologia]* spin-off *attr.;* **produkty ~e** by-products ▯ (naśladujący) *[utwór, styl]* imitative, derivative ▯ *[metal, wełna]* recycled, reclaimed; **surowce ~e** recyclable materials

wtór|ować *impf vi* ▯ (akompaniować) to accompany (**komuś na czymś** sb on sth); to play along (**komuś na czymś** with sb on sth) *[fortepianie]; (śpiewać do wtóru)* to sing along (**komuś** with sb) ⇒ **zawtórować** ▯ (reagować) to greet ▯ książk., przen. (towarzyszyć) to accompany; **dowcipom ~owały wybuchy śmiechu** the jokes were accompanied by bursts of laughter ⇒ **zawtórować** ▯ (powtarzać) to echo (**komuś** sb); (przytakiwać) to nod in agreement (**komuś** with sb)

wtór|y *adi.* przest. (drugi) second; **po ~e** secondly; **po raz ~y** książk. for the second time

wtrajać *impf* → **wtroić**

wtranżalać *impf* → **wtranżolić**

wtranż|olić *pf* — **wtranż|alać** *impf* ▯ *vt* pot. (łapczywie zjeść) to gobble up a. down; to put away pot.; **~olić dwie porcje mięsa** to put away two helpings of meat
▯ **wtranżolić się — wtranżalać się** pot. (wepchnąć się) to barge in; to bulldoze one's way in pot., przen.; **~olić się do gabinetu/ na zebranie** to barge into the office/in on a meeting; **~olił się na moje przyjęcie** he crashed my party pot.

wtrącać *impf* → **wtrącić**

wtrące|nie ▯ *sv* → **wtrącić**
▯ *n* ▯ (uwaga wtrącona) interjection, aside; **to nieważne – to takie nawiasowe ~nie** it was merely a parenthetic remark ▯ Geol. (obcy twór w minerale) inclusion

wtrą|cić *pf* — **wtrą|cać** *impf* ▯ *vt* książk.
▯ (wygłosić) to interject *[uwagę, spostrzeżenie, sugestię];* to work in *[anegdotę];* to throw in *[cudzoziemskie zwroty];* **jeśli mogę coś ~cić...** if I could just put in a word here...; **„zgadzam się" – ~cił Adam** 'I agree,' Adam chimed in ▯ przen. (spowodować) to plunge; **~cić kraj w otchłań wojny domowej** to plunge the country into civil war; **utrata pracy ~ciła go w depresję** when he lost his job it plunged him into depression
▯ **wtrącić się — wtrącać się** ▯ (narzucać się) to butt in pot.; to meddle; **nie ~caj się do nas, to nie twój interes** don't butt in, it's none of your business ▯ (dołączyć) to butt in pot., to cut in; **przepraszam, że się ~cam, ale...** sorry to butt in, but...; **~cić się do rozmowy/dyskusji** to cut in on a conversation/discussion
■ **~cić kogoś do lochu/więzienia** książk. to throw sb in(to) a dungeon/into prison

wtrę|t *m* (*G* **~tu**) książk. (wstawiony element) interjection; interpolation książk.; **~ty muzyczne w przedstawieniu** musical interludes in a play; **jego niezwykły język, pełen obcych ~tów** his unusual language, interspersed with foreign terms; **okraszać poważną dyskusję zabawnymi ~tami** to sprinkle a serious discussion with humorous asides

wtro|ić *pf* — **wtra|jać** *impf vt* (zjeść) to polish off pot. *[posiłek, zupę];* **~ił dwa talerze zupy** he polished off two plates of soup

w trymiga, w try miga pot. in no time at all, in a trice

wtryniać *impf* → **wtrynić**

wtry|nić *pf* — **wtry|niać** *impf* ▯ *vt* pot.
▯ (zapodziać) to mislay; **~nił gdzieś notes** he mislaid his notebook ▯ (wetknąć) to unload pot. *[buble, nieświeży towar, zepsuty rower]* (**komuś** on sb); **dorabiał, ~niając przechodniom ulotki** he earned extra money handing out flyers on the street
▯ **wtrynić się — wtryniać się** pot. (wepchnąć się) to barge in pot.; to bulldoze one's way in pot., przen.; **~nić się do mieszkania** to barge into sb's flat

wtrysk *m sgt* (*G* **~u**) Techn. (włoczenie) injection; (technika obróbki) injection moulding GB a. molding US; **~ chłodziwa/ paliwa** coolant/fuel injection

wtryskar|ka Techn. (maszyna) injection moulding machine

wtryskiwać *impf* → **wtrysnąć**

wtry|snąć *pf* — **wtry|skiwać** *impf* (**~śnie, ~snęła, ~snęli— ~skuję**) Techn. to inject *[paliwo]*

wtulać *pf* → **wtulić**

wtul|ić *pf* — **wtul|ać** *impf* ▯ *vt* (wcisnąć) to nestle, to snuggle; **spali ~eni w siebie** they slept nestled (up) a. snuggled (up) against each other; **~iła głowę w poduszkę** she nestled her head (down) into the pillow; **~ił głowę w ramiona** he lowered his head and hunched his shoulders

▯ **wtulić się — wtulać się** (wcisnąć się) to nestle, to snuggle (**w coś** in(to) sth); **~ić się w fotel** to nestle (down) into an armchair

wtycz|ka *f* ▯ (do przyłączania) plug; **wyciągnąć ~kę** to pull out a plug; **~ka redukcyjna** a plug adapter ▯ pot. (informator) plant pot., stool pigeon pot.; **koledzy uważają, że jest ~ką szefa** his colleagues think he rats to the boss pot.

wtykać *impf* → **wetknąć**

wuce|t *m* (*G* **~tu**) pot. (ubikacja) wc

wuef /vu'ef/ *m* (*G* **~u**) pot. PE pot.

wuj *m* (*Npl* **~owie**) (krewny) uncle
■ **Wuj Sam** Uncle Sam

wujasz|ek *m* (*Npl* **~kowie**) pieszcz. uncle
❑ **dobry** a. **poczciwy wujaszek** pot. (poczciwina) (old) softy pot.; (pomocny) good scout a. egg pot.

wujci|o *m* (*Npl* **~owie**) pieszcz. uncle

wuj|ek *m* (*Npl* **~kowie**) uncle
■ **dobry ~ek** iron. (dobroczyńca) do-gooder pot., pejor.

wujen|ka *f* (żona wujka) aunt (*an uncle's wife*)

wujkow|y *adi. [fajka, praca]* uncle's

wujostw|o *plt* (*GA* **~a**, *L* **~u**) aunt and uncle; **pomyśl o biednych ~u** think about your poor aunt and uncle

wujow|y *adi.* uncle's

wulgarnie *adv.* grad. ▯ (nieprzyzwoicie, ordynarnie) *[zachowywać się, wyrażać]* vulgarly, crudely ▯ (pospolicie, prostacko) *[wyglądać]* vulgar *adi.*, common *adi.* ▯ (płytko) *[interpretować]* shallowly

wulgarnoś|ć *f sgt* ▯ (grubiaństwo, ordynarność) vulgarity, crudeness ▯ (pospolitość, prostactwo) vulgarity, commonness ▯ (spłycenie, uproszczenie) shallowness; **~ć jego interpretacji** the shallowness of his interpretation

wulgarn|y *adi.* grad. książk. ▯ (ordynarny) *[osoba, piosenka, słownictwo]* vulgar, crude ▯ (pospolity, prostacki) vulgar, common; **~e rysy** coarse features ▯ (spłycony) *[interpretacja, teoria]* shallow

wulgaryzacj|a *f sgt* książk. ▯ (uczynienie wulgarnym) vulgarization; **~a języka literackiego** the vulgarization of literary language ▯ (spłycenie teorii) vulgarization; **~a marksizmu** the vulgarization of Marxism

wulgaryzm *m* (*G* **~u**) książk. (wyrażenie, zwrot) vulgarism, obscenity; **posługiwać się ~ami** to use vulgar language

wulgaryz|ować *impf* ▯ *vt* książk. ▯ (czynić wulgarnym) to vulgarize *[język]* ⇒ **zwulgaryzować** ▯ (upraszczać) to vulgarize *[pomysł, problem, teorię]* ⇒ **zwulgaryzować**
▯ **wulgaryzować się** książk. ▯ (stać się ordynarnym, prostackim) *[język, obyczaje]* to become vulgarized ⇒ **zwulgaryzować się** ▯ (być spłycanym) *[sztuka, teorie]* to become vulgarized ⇒ **zwulgaryzować się**

Wulkan *m* Mitol. (rzymski bóg ognia) Vulcan

wulkan *m* (*G* **~u**) ▯ (góra) volcano; **wybuch ~u** a volcanic eruption ▯ przen. (osoba energiczna) powerhouse; **~ uczuć** a powerhouse of emotion; **ten człowiek to ~ pracowitości** this man is a real powerhouse ▯ przen. (osoba gwałtowna) hothead, fireball ▯ przen. (intensywne uczucie) volcano przen.
❑ **~ czynny** active volcano; **~ monogeniczny** Geol. monogenetic volcano; **~ tufowy** Geol. scoria cone, cinder cone

wulkaniczn|y *adi.* *[krajobraz, wybuchy, skały]* volcanic

wulkanizacj|a *f sgt* [1] (naprawa wyrobów gumowych) vulcanization; **~a dętek/opon** the vulcanization of inner tubes/tyres [2] Techn. (działanie siarką na kauczuk) vulcanization

wulkanizacyjn|y *adi.* *[proces, techniki, usługi]* vulcanization *attr.*; *[klej, sprzęt]* vulcanizing

wulkaniz|ować *impf vt* [1] (naprawiać) to vulcanize *[gumę, dętki, opony]* [2] Techn. (działać siarką) to vulcanize *[kauczuk]*

wuzet|ka *f* Kulin. a chocolate cake layered with cream

ww. (= wyżej wymieniony)

W-w|a (= Warszawa) Warsaw

ww|ieźć *pf* — **ww|ozić** *impf* (wwiozę, wwieziesz, wwiózł, wwiozła, wwieźli — wwożę) *vt* [1] (do środka) to drive; to bring; **wwozić ludzi do miasta** to drive people (in)to town [2] (na górę) *[kolejka, winda]* to carry, to take [3] (przywieźć do kraju) to bring in *[towary, walutę]*; **co pan/pani wwozi?** what are you bringing into the country?

wwind|ować *pf* **II** *vt* pot. (wciągnąć do góry) to lift, to hoist (**do czegoś/na coś** into/onto sth) ⇒ **windować**

II wwindować się pot. (wgramolić się) to clamber (up), to haul a. drag oneself up; **~ować się po schodach** to haul oneself up the stairs ⇒ **windować się**

wwozić *impf* → **wwieźć**

wy *pron.* [1] (w liczbie mnogiej) you; **dla was** for you; **z wami** with you; **czemu was tam wczoraj nie było?** why weren't you there yesterday?; **chcę wam pomóc** I want to help you; **czy wy się znacie?** do you know each other?; **to wyście zawinili** it's your fault [2] (w liczbie pojedynczej) you; **jak wam się powodzi, matko?** how are you, mother?; **szeregowiec Kowalski, wzywa was komendant** Private Kowalski, the CO wants a word with you

wyabstrah|ować *pf vt* książk. (wyodrębnić) to abstract ⇒ **abstrahować**

wyalien|ować *pf* **II** *vt* książk. (wyobcować) to alienate; **mała grupa ~owana ze środowiska** a small group alienated from their surroundings ⇒ **alienować**

II wyalienować się książk. to become alienated (**z czegoś** from sth) ⇒ **alienować się**

wyalienowa|nie **II** *sv* → **wyalienować**

II *n* książk. (wyobcowanie) alienation (**od czegoś** from sth)

wyartykuł|ować *pf vt* [1] książk. (wyrazić w słowach) to articulate książk.; to express *[oczekiwania, przekonania, uczucia, myśli]*; **~ować swój sprzeciw** to voice (one's) dissent ⇒ **artykułować** [2] Fonet., Jęz. (wypowiedzieć) to articulate, to pronounce *[słowa, głoski]* ⇒ **artykułować**

wyasfalt|ować *pf vt* (wylać asfaltem) to lay asphalt on, to asphalt *[jezdnię, plac]* ⇒ **asfaltować**

wyasygn|ować *pf vt* [1] książk. (przeznaczyć fundusze) to allocate, to allot ⇒ **asygnować** [2] (zlecić wypłatę) to write, to make out *[czek]* ⇒ **asygnować**

wybaczać *impf* → **wybaczyć**

wybacze|nie **II** *sv* → **wybaczyć**

II *n* forgiveness

■ **nie do ~nia** *[postępek, błąd]* inexcusable, indefensible

wybacz|yć *pf* — **wybacz|ać** *impf vi* to forgive; **błagać o ~nie** to beg for forgiveness; **proszę (mi) ~yć** a. **pan/pani ~y** (w zwrotach grzecznościowych) pardon me, I beg your pardon

wybad|ać *pf* — **wybad|ywać** *impf vt* to sound a. feel out; **gdy go spotkasz, ~aj go delikatnie w tej sprawie** when you see him, sound a. feel him out discreetly on the matter

wybadywać *impf* → **wybadać**

wybałuszać *impf* → **wybałuszyć**

wybałusz|yć *pf* — **wybałusz|ać** *impf vt* pot. to goggle; **~yć oczy na kogoś/na coś** pot. to look goggle-eyed at sb/sth

wybatoż|yć *pf vt* przest. to lash

wybawc|a *m*, **~czyni** *f* książk. saviour GB, savior US

wybawiać *impf* → **wybawić**

wybawiciel *m*, **~ka** *f* → **wybawca**

wybaw|ić *pf* — **wybaw|iać** *impf vt* książk. to rescue, to save; **~ić kogoś z kłopotu** to get sb out of trouble

wybawienie **II** *sv* → **wybawić**

II *n sgt* książk. salvation, rescue; **ktoś/coś jest dla kogoś ~em** sb/sth is sb's salvation

wybąk|ać, wybąk|nąć *pf* — **wybąk|iwać** *impf vt* pot. to mumble; **~ał cicho przeprosiny** he mumbled his apologies quietly

wybąkiwać *impf* → **wybąkać**

wybąknąć → **wybąkać**

wybebeszać *impf* → **wybebeszyć**

wybebesz|yć *pf* — **wybebesz|ać** *impf vt* pot. [1] (usunąć wnętrzności) to gut *[zwierzę]* [2] (opróżnić) to empty out *[szafę, szufladę]*; **celnik ~ył mi torbę** the customs officer emptied out my bag

wybełko|tać *pf* (**~czę** a. **~cę**) *vt* pot. to gibber, to mumble ⇒ **bełkotać**

wybeton|ować *pf vt* to concrete *[plac, podwórko]* ⇒ **betonować**

wybi|ć *pf* — **wybi|jać** *impf* (**~ję** — **~jam**) **II** *vt* [1] (spowodować wypadnięcie) to smash, to break *[okno, szybę]*; to dislocate *[palec, ramię]*; to knock out *[ząb]*; to poke out *[oko]*; to knock out *[korek z butelki]* [2] Sport to knock away, to kick (out) *[piłkę]* [3] przen. (zakłócić) to disturb; **~ć kogoś ze snu** to disturb sb's sleep, to bring sb out of their slumber; **~ć kogoś z rytmu** to put sb off (their stride) [4] (przebić) to make, to knock out; **~ć dziurę w ścianie/murze** to knock out a hole in the wall [5] pot. (wyryć) to inscribe, to imprint [6] (obić) to line *[ściany]* (**czymś** with sth); to cover *[krzesło, kanapę]* (**czymś** with sth); **pas ~jany ćwiekami** a studded belt [7] Muz. to beat, to beat out *[rytm, takt]* [8] (wskazać) *[zegar]* to strike *[godzinę]*; *[licznik, taksometr]* to ring *[cenę, sumę]*; **zegar ~ł ósmą** the clock struck eight ⇒ **bić** [9] (wycisnąć w metalu) to mint, to strike *[medal, monety]* ⇒ **bić** [10] (zabić) to wipe out, to kill off *[oddział, bydło, muchy]* [11] (zniszczyć gwałtownie) to destroy; **grad ~ł zboże na polu** the hail destroyed the grain in the field [12] pot. (przepalić) *[urządzenie elektryczne]* to blow *[korki, bezpieczniki]*; **pralka ~ła bezpieczniki** the washing machine blew the fuses

II *vi* (wydobyć się gwałtownie) *[źródełko, woda]* to gush out; *[studzienka ściekowa]* to overflow

III wybić się — **wybijać się** [1] (osiągnąć sukcesy) to make a mark, to make a name for oneself [2] (wydobyć się) *[rośliny, woda]* to push through, to come out [3] Sport (odbić się) to take off

■ **~ć komuś/sobie coś z głowy** pot. to get an idea out of sb's/one's head, to knock sth out of sb's/one's head; **~ć się ze snu** to become wide awake; **~ła godzina czegoś** książk. the time has come for sth; **twoja/moja/jego (ostatnia) godzina wybiła** your/my/his time is up

wybie|c, wybie|gnąć *pf* — **wybie|gać**[1] *impf* (**~gnę, ~gniesz, ~gł, ~gła, ~gli — ~gam**) *vi* to run out; **wszyscy ~gli gościom na spotkanie** everyone ran out to meet the guests; **dziecko nagle ~gło na ulicę** the child suddenly darted a. dashed out into the street

wybieg *m* (*G* **~u**) [1] (dla koni) paddock; (dla koni, bydła) corral; (dla drobiu, owiec) run, pen; (w zoo) pen [2] *zw. pl* (fortel) trick, ruse [3] Lotn. (na końcu pasa startowego) overrun [4] Sport (start) start [5] Sport (przy skoczni narciarskiej) landing slope [6] środ., Moda catwalk

wybiegać[1] *impf* → **wybiec**

wybieg|ać[2] *impf vi* przen. (wchodzić poza granice) to go beyond, to exceed; **to ~ga poza zakres moich możliwości** that goes beyond the scope of my responsibilities

wybieg|ać się *impf* pot. *[dziecko, pies]* to run oneself ragged

wybiegnąć → **wybiec**

wybielacz *m* Chem. bleach

wybielać *impf* → **wybielić**

wybiel|ić[1] *pf* — **wybiel|ać** *impf* **II** *vt* [1] (uczynić białym) to bleach *[ubrania, tkaniny, papier]*; to whiten *[zęby, cerę]* [2] przen. (usprawiedliwić) to justify; **~ić kogoś** to whitewash sb; **obrona starała się ~ić przeszłość oskarżonego** the defence attempted to whitewash the defendant's past [3] (powlec cyną przedmiot metalowy) to tinplate [4] książk. (rozjaśnić) to whiten, to lighten; **księżyc wybielił rysy jej twarzy** the moon lightened her face

II wybielić się — **wybielać się** [1] (stać się bielszym) to whiten, to become bleached a. white [2] przen. (usprawiedliwić się) to put on a good front

wybiel|ić[2] *pf* (pomalować na biało) to whitewash *[ściany, pomieszczenie]*

wybierać *impf* → **wybrać**

wybieraln|y *adi.* Polit., Prawo *[król, parlament]* elective

wybijać *impf* → **wybić**

wybiórczo *adv.* *[działać, traktować]* selectively

wybiórczoś|ć *f sgt* selectivity, selectiveness

wybiórcz|y *adi.* *[analiza, kontrola, pamięć]* selective

wybitnie *adv. grad.* [1] (nieprzeciętnie) outstandingly, highly; **~ zdolny uczeń** a highly gifted student [2] (wyraźnie) remarkably; **sytuacja ~ nie sprzyja tego rodzaju przedsięwzięciom** the situation is remarkably unfavourable for these kinds of enterprises

wybitnoś|ć *f sgt* excellence

wybitn|y *adi.* [1] (nieprzeciętny) *[uczony, artysta, postać]* outstanding, eminent; *[talent, zdolności]* outstanding [2] (znaczny) *[poprawa, różnica]* remarkable, tremendous

wybladnąć → **wyblednąć**

wyblak|ły *adi.* [1] (wypłowiały) *[rysunek, materiał, kolory]* faded [2] (niewyraźny) *[wspomnienia]* dim, fading

wyblak|nąć *pf* (**~nęła** a. **~ła, ~nęli** a. **~li**) *vi* [1] (wypłowieć) *[kolory przedmioty kolorowe]* to fade [2] (stracić wyrazistość) *[wspomnienia]* to fade away

wybl|ednąć *pf* (**~adł** a. **~ednął**) *vi* [1] (stać się bladym) to go pale, to blanch [2] (stracić intensywność barwy) to fade, to become dull

wybłag|ać *pf* — **wybłag|iwać** *impf vt* to beg; **~ał u ojca darowanie kary** he managed to beg his father not to punish him

wybłagiwać *impf* → **wybłagać**

wyboi|sty *adi. [droga, ulica]* bumpy

wyborc|a *m* elector, voter

wyborcz|y *adi.* election *attr.*, polling *attr.*; **lokal ~y** a polling station; **urna ~a** a ballot box; **kampania ~a** an election campaign

wybornie *adv. grad. [smakować, pachnieć]* delicious *adi.*, splendid *adi.*; *[wyglądać]* gorgeous *adi.*, splendid *adi.*; *[znać coś, orientować się]* perfectly

wyborn|y *adi. grad. [potrawa, zapach]* delicious, splendid; *[trunek]* exquisite, excellent; *[żart, humor, okazja]* perfect, splendid

wyborow|y *adi. [towarzystwo, gatunek]* select *attr.*, choice *attr.*

wyb|ój *m zw. pl* (*G* **~oju**) pothole, bump; **droga pełna ~ojów** a road full of potholes, a bumpy road

wyb|ór [I] *m* (*G* **~oru**) [1] (wybranie) choice *C/U*, selection *U*; **~r zawodu/kierunku studiów** the choice of an occupation/one's major; **dobry ~ór** a good choice; **świadomy ~ór** a deliberate a. conscious choice; **czytał bez ~oru, wszystko co mu wpadło w ręce** he read indiscriminately, everything he got his hands on; **do ~oru** to choose from; **nauczyciele mieli do ~oru kilka podręczników** the teachers had several textbooks to choose from; **być samotnikiem z ~oru** to be a loner by choice; **nie miał ~oru** he had no choice [2] (zespół, zestaw) choice, selection; **duży ~ór mebli kuchennych/tapet** a large selection of kitchen furniture/wallpaper; **przekład ~oru wierszy** the translation of a selection of poems [3] (wybór na stanowisko) appointment, election

[II] **wybory** *plt* Polit. election(s); **~ory do sejmu** a parliamentary election; **przeprowadzić ~ory** to hold an election; **zwołać wybory** to call an election

■ **mieć coś do ~oru, do koloru** pot. to have a wide range a. selection of sth

wyb|rać *pf* — **wyb|ierać** *impf* (**~iorę — ~ieram**) [I] *vt* [1] (wyselekcjonować) to choose, to select [2] (usunąć) to take out, to remove *[ziemię, piasek, węgiel]* [3] (wyczerpać, zużyć) to use up; **~rać wodę ze studni** to take water

from a well [4] (wypłacić pieniądze) to withdraw *[pieniądze]* [5] (wyłonić podczas głosowania) to elect *[posła, prezesa, przewodniczącego]* [6] (wyciągnąć na pokład) to haul in *[sieci]*; to weigh *[kotwicę]*

[II] **wybrać się** — **wybierać się** (pojechać) to go; **~rać się w podróż** to set out on a journey; **~rała się do Warszawy na wycieczkę** she went on a trip to Warsaw; **~rali się w rejs dookoła świata** they set off on a round-the-world cruise

■ **~ierać numer** to dial a number; **~ierać się na tamten świat** (być bliskim śmierci) to be at death's door, to have one foot in the grave

wybrakowan|y [I] *pp* → **wybrakować**

[II] *adi.* pot. *[towar]* faulty, damaged

wybraniać *impf* → **wybronić**

wybra|niec *m* (*V* **~ńcu** a. **~cze**) przest. chosen one

■ **~niec losu** książk. fortune's darling

wybran|ka *f* książk. chosen one

wybran|y [I] *pp* → **wybrać**

[II] **wybran|y** *m*, **~a** *f* (ukochany) beloved, sweetheart

wybredn|y *adi. grad.* pot. (kapryśny) *[osoba]* fussy, picky; *[gust]* discriminating

wybrn|ąć *pf* (**~ęła, ~ęli**) *vi* [1] (wyjść z trudem) to struggle (**z czegoś** out of sth) [2] przen. (poradzić sobie) to get oneself out, to get out; **~nąć z długów** to get out of debt

wybroczyn|a *f zw. pl* Med. effusion

wybr|onić *pf* — **wybr|aniać** *impf vt* to get [sb] out of trouble, to defend

wybru|dzić *pf* [I] *vt* to soil, to dirty *[ręce, ubranie]*

[II] **wybrudzić się** to get dirty

wybruk|ować *pf vt* to pave, to cobble *[podwórze, drogę, ulicę]* → **brukować**

wybryk *m* (*G* **~u**) prank, frolic

■ **~ natury** freak of nature

wybrzeż|e *n* [1] (brzeg) coast [2] (miejscowości nadmorskie) seaside; **mieszkać na ~u** to live on the coast

wybrzuszać *impf* → **wybrzuszyć**

wybrzusze|nie [I] *sv* → **wybrzuszyć**

[II] *n* bump, bulge

wybrzusz|yć *pf* — **wybrzusz|ać** *impf* [I] *vt* pot. to bulge, to balloon; **~ona podłoga** a bulge in the floor

[II] **wybrzuszyć się** — **wybrzuszać się** pot. to balloon; **żagiel ~ył się od podmuchu wiatru** the sail ballooned from the gust of wind

wybrzydza|ć *impf vi* pot. to make a fuss (**na coś** about sth); to complain (**na coś** about sth); **ciągle ~ł na pogodę** he was always complaining about the weather

wybuch *m* (*G* **~u**) [1] (eksplozja) explosion, burst; **~ bomby/granatu** a bomb/grenade explosion; **~ gazu** a gas explosion [2] przen. (gwałtowny początek) outbreak; **~ wojny/rewolucji** an outbreak of war/revolution; **~ pożaru/epidemii** the outbreak of a fire/an epidemic [3] książk. (przejaw uczuć) burst, outburst; **~ radości/płaczu** a burst of joy/tears; **niepohamowane ~y złości** uncontrolled outbursts of anger [4] Jęz. plosion

❏ **~ wulkanu** volcanic eruption; **~ jądrowy** a. **atomowy** nuclear explosion

wybuchać *impf* → **wybuchnąć**

wybuch|nąć *pf* — **wybuch|ać** *impf* (**~ nął** a. **~ł, ~nęli**, a. **~li — ~am**) *vi* [1] (eksplodować) *[bomba, mina]* to explode, to go off; **~ła butla z gazem** a bottle of gas exploded; **~ła panika** panic broke out; **kiedy sprawa wyszła na jaw, ~ł skandal** when the matter got out, a scandal erupted [2] przen. (rozwinąć się nagle) *[wojna, rewolucja, epidemia, pożar]* to break out [3] książk. (objawiać gwałtowne uczucia) to burst, to burst out; **~nęła gwałtownym płaczem** she burst into tears; **~nął gniewem** he flared up in anger; **~nął śmiechem** he burst out laughing [4] Geol. *[wulkan]* to erupt

wybuchowo *adv.* [1] (powodując wybuch) explosively [2] (gwałtownie) *[reagować]* explosively

wybuchow|y *adi.* [1] (łatwo wybuchający) *[substancja, mieszanka, ładunek]* explosive [2] przen. (porywczy) *[osoba, charakter]* short-tempered, quick-tempered

wybud|ować *pf vt* (zbudować) to build *[dom, szkołę, osiedle]*

wybujałoś|ć *f sgt* [1] (trawy, roślinności) luxuriance, exuberance [2] przen. (temperamentu, uczuć) exuberance

wybujał|y *adi.* [1] (bujny) *[roślinność, drzewo]* luxuriant, exuberant [2] (nadmierny) *[ambicja]* overweening; *[wyobraźnia]* unbridled, boundless; *[temperament]* unbridled

wybul|ić *pf vt* pot. to fork out pot., to shell out pot.; **~ł wszystkie pieniądze na nowy komputer** he blew all his money on a new computer pot.

wyburzać *impf* → **wyburzyć**

wyburz|yć *pf* — **wyburz|ać** *impf vt* to knock a. tear down *[stare domy, rudery]*

wyb|yć *pf* — **wyb|ywać** *impf* (**~ędziesz — ~ywam**) *vi* pot. to go off; **~yć gdzieś na pół dnia** to go off somewhere for half a day

wybywać *impf* → **wybyć**

wycał|ować *pf* — **wycał|owywać** *impf* [I] *vt* pot. to kiss; **~owywać kogoś po rękach** to repeatedly kiss sb's hands

[II] **wycałować się** — **wycałowywać się** (z kimś) to kiss each other many times

wycałowywać *impf* → **wycałować**

wyce|dzić *pf vt* pot. to mutter out; **~dził przez zęby pytanie/przekleństwo** he muttered a question/curse through his teeth

wycel|ować *pf vt* [1] (wymierzyć) to aim, to point *[broń]* (**w kogoś** at sb) ⇒ **celować** [2] przen. (skierować) to point *[lornetkę, aparat fotograficzny]* (**w coś** at sth) ⇒ **celować** [3] przen. (starać się osiągnąć określony rezultat) to target; **widać, że od razu ~ował w stanowisko kierownicze** it's clear he's after a managerial position ⇒ **celować**

wycen|a *f* Ekon., Handl. valuation, evaluation

wyceniać *impf* → **wycenić**

wyce|nić *pf* — **wyce|niać** *impf vt* Ekon., Handl. to price *[ziemię, majątek, posiadłość, dom]*

wycharcz|eć *pf* (**~ał, ~eli**) *vt* pot. to wheeze out; **z trudem ~ał kilka słów** he barely wheezed out a few words

wychl|ać *pf vt* posp. to booze (up), to guzzle

wychlap|ać[1] *pf* — **wychlap|ywać** *impf* (**~ię — ~uję**) [I] *vt* [1] (rozlać płyn) to splash out, to spill [2] pot. (wygadać) to blurt out

Ⅲ wychlapać się — wychlapywać się to splash, to be spilled

wychlap|ać² pf (**~ię**) vt pot. to use up; **~ał dużo farby na malowanie kuchni** he used up a lot of paint while painting the kitchen

wychlapywać impf → **wychlapać**

wychlu|snąć, wychlu|stać pf — **wychlu|stywać** impf (**~snę, ~snęła, ~snęli — ~stuję**) vt to splash; **~snąć wodę z miednicy** to splash water out of the basin

wychlustać → **wychlusnąć**

wychlustywać impf → **wychlustać**

wychłep|tać pf — **wychłep|tywać** impf (**~czę** a. **~cę — ~tuję**) vt pot. [zwierzę] to lap up [mleko, wodę]; **kot ~tał mleko** the cat lapped up the milk

wychłeptywać impf → **wychłeptać**

wychło|stać pf vt ⊞ książk. (zbić) to flog, to lash [osobę, zwierzę] (**za coś** for sth); **za karę grozi im ~stanie** they are going to be flogged as a punishment ⇒ **chłostać** ⊟ [wiatr] to whip; [deszcz] to lash ⇒ **chłostać**

wychod|ek m pot. privy

wychodn|e ⊟ n inv. sgt ⊞ pot. (dla służby) time off; **mieć ~e** to have time off ⊟ żart. (czas wolny) time off; **kucharka ma ~e dwa razy w tygodniu** the cook gets time off twice a week; **dziś ty gotujesz i zmywasz, ja mam ~e** today you're doing the cooking and washing, it's my day off

Ⅲ na wychodnym adv. pot. (wychodząc) on leaving

wychodzić¹ impf → **wyjść**

wychodźc|a m książk. (emigrant) emigrant

wychow|ać pf — **wychow|ywać** impf ⊟ vt ⊞ (opiekować się, uczyć) to bring up, to rear, to raise US; **rodzice ~ali go na porządnego człowieka** his parents brought him up to be a good person; **dobrze ~any** well-brought up, well-mannered; **źle ~any** ill-mannered, bad-mannered ⊟ (wykształcić) to train, to educate; **nasz uniwersytet ~ał wielu specjalistów z różnych dziedzin nauki** our university has trained many specialists in different scientific fields

Ⅲ wychować się — wychowywać się to be brought up, to be reared, to be raised US; **~ywał się na wsi/u dziadków** he was brought up in the country/by his grandparents

wychowan|ek m (Npl **~kowie**) ⊞ (podopieczny) foster child; **~ek domu dziecka** a child brought up in a children's home ⊟ (absolwent) alumnus

wychowani|e ⊟ sv → **wychować**

Ⅲ n sgt ⊞ książk. (opieka nad dzieckiem) upbringing, child-rearing ⊟ (edukacja) education ⊟ (ogłada) manners, upbringing; **odebrał staranne ~e** he had been very well brought up, he had beautiful manners ❑ **~e fizyczne** physical education; **~e przedszkolne** pre-school a. nursery education, kindergarten education; (dziedziną) pre-school a. nursery education

wychowan|ka f ⊞ (podopieczna) foster child; **jest ~ką domu dziecka** she was brought up in a children's home ⊟ (absolwentka) alumna

wychowawc|a m, **~czyni** f ⊞ (opiekun klasy) class tutor, form teacher; **~a naszej klasy/czwartej klasy** our class tutor/the tutor of the fourth class ⊟ (na obozie, w domu dziecka) carer, tutor

wychowawcz|y adi. [system, metody] education attr., educational; **zakład ~y** a childcare centre; **lekcja ~a** a form period GB

wychowawstw|o n Szk. class tutor's duties attr.; **przydzielono mu ~o jednej z pierwszych klas** he was appointed tutor in one of the first forms

wychowywać impf → **wychować**

wych|ów m sgt (G **~owu**) (zwierząt) breeding, raising (of livestock) ❑ **zimny ~ów** raising livestock in semi-open conditions to improve the animals' resistance; przen. toughening a child up (by not coddling him/her)

wychrza|nić pf — **wychrza|niać** impf ⊟ vt posp. (wyrzucić) to kick a. boot [sb] out pot. [osobę]; to dump sort, to bung [sth] out a. away pot.; **~nić kogoś z pracy** to sack sb GB pot., to give sb the axe a. the boot pot.

Ⅲ wyrzchanić się — wychrzaniać się (wywrócić się) to come a cropper pot.

wychuchan|y adi. [dziecko] pampered; [mieszkanie] spotless, impeccable

wychudł|y adi. [osoba, ręce, ciało] emaciated, gaunt; [twarz] haggard

wychud|nąć pf (**~ł**) vi to become emaciated a. gaunt

wychudz|ony adi. emaciated, gaunt

wychwala|ć impf vt to praise, to extol; **~ć czyjeś zalety** to extol sb's virtues, to sing sb's praises; **~ć kogoś pod niebiosa** to praise sb to the skies

wychwy|cić, wychwy|tać pf — **wychwy|tywać** impf vt ⊞ (wykryć) to pick up, to detect [błędy, wady]; **badanie pozwoliło ~cić chorobę w bardzo wczesnym stadium** the tests enabled the disease to be detected in its early stages ⊟ (wyodrębnić) to discern, to identify; **trafnie ~ciła sens powieści** she correctly discerned the meaning of the novel ⊟ (zauważyć) to spot [różnicę, błąd]; **wprawnym okiem ~tywała literówki** her experienced editorial eye spotted a. caught the typos

wychwytać → **wychwycić**

wychwytywać impf → **wychwycić**

wychylać impf → **wychylić**

wychyle|nie ⊟ sv → **wychylić**

Ⅲ n tilt; inclination książk.; (statku) list; **~nie ściany od pionu** the inclination of the wall (from the vertical); **kąt ~nia** the angle of inclination

wychyl|ić pf — **wychyl|ać** impf ⊟ vt ⊞ (zmienić pozycję) to lean; **~ił głowę przez otwarte okno** he leaned his head out (of) the window; **narciarz ~ił ręce do przodu** the skier stretched his arms out in front of him ⊟ (wypić alkohol) to drink, to have [kieliszek, kufel]; **~ił parę głębszych** he knocked back a few (drinks) pot.

Ⅲ wychylić się — wychylać się ⊞ (zmienić pozycję) to lean out; „**nie ~ać się**" 'do not lean out of the window' ⊟ (przechylić się w jedną stronę) to lean (over); **~ił się zbyt mocno i stracił równowagę**

he leaned over too far and lost his balance ⊟ przen. (postąpić odważnie) to stick one's neck out pot. ⊠ (stać się widocznym) to appear, to emerge; **słońce wreszcie ~iło się za chmur** the sun finally emerged from behind the clouds ❑ **nie ~ić nosa skądś** pot. to not even put one's nose out (of) the door pot.

wychyl|ony ⊟ pp → **wychylić**

Ⅲ adi. [osoba, drzewo] leaning; [wskazówka, strzałka] tilting

wy|ciąć pf — **wy|cinać** impf (**wytnę, wycięła, wycięli — wycinam**) vt ⊞ (odciąć) to cut out ⊟ (ściąć) to cut down [drzewa] ⊟ pot. (usunąć narząd) to take out, to remove ⊠ (wykroić) to cut out [kształt]; to carve [napis]; **nożyczkami wyciął z grubej tektury koło** he cut a circle out of thick cardboard; **wycięła dziurę w materiale** she cut a hole in the fabric; **wyciął scyzorykiem jej imię na ławce** he carved her name on a bench with a pocketknife ⊡ pot. (usunąć fragment tekstu) to cut, to edit out ⊢ (wymordować) to slaughter, to massacre

■ **wyciąć komuś numer** pot. to pull a fast one on sb pot.

wyciąg m (G **~u**) ⊞ (urywek, fragment) excerpt; (dokument) abstract; **~ z księgi hipotecznej** an excerpt from the mortgage register; **~ z konta bankowego** a bank statement ⊟ (ekstrakt) extract; **~ z dziurawca** extract of St John's wort ⊟ (narciarski) ski lift ⊠ Med. (w ortopedii) traction U; **na ~u** in traction; **leżeć na ~u** to be in traction ⊡ Techn. (urządzenie wentylacyjne) extraction fan; (okap) ventilating hood ❑ **~ fortepianowy** Muz. piano transcription; **~ gondolowy** cable car; **~ krzesełkowy** chairlift; **~ orczykowy** T-bar (lift); **~ szybowy** Górn., Techn. lift

wyciągać impf → **wyciągnąć**

wyciąg|nąć pf — **wyciąg|ać** impf (**~nęła, ~nęli — ~am**) ⊟ vt ⊞ (wydobyć) to take, pull out ⊟ (wysunąć) to stretch out [nogi]; **~ła rękę po notes** she held out her hand to take the notebook; **~ał szyję, żeby zobaczyć, co się dzieje** he craned his neck to see what was going on ⊟ (rozciągnąć) to stretch (out of shape) [sweter, rękaw] ⊠ pot. (namówić do wyjścia) to drag [sb] out pot., to drag out pot.; **~nęła rodzinę na spacer** she dragged the family out for a walk ⊡ pot. (wydobyć z opresji) to get [sb] out; **znowu ~nął ją z kłopotów/długów** he got her out of trouble/debt once again ⊢ pot. (osiągnąć) (o zarobkach) to make, to knock down; (o samochodzie) to do; **~ał miesięcznie kilka tysięcy** he was making a couple of thousand a month; **samochód ~ał setkę** the car did a hundred ⊣ pot. (zaśpiewać) to draw out [nutę, ton] (while singing)

Ⅲ wyciągnąć się — wyciągać się ⊞ (położyć się wygodnie) to stretch out ⊟ (wysunąć się do przodu) [ręce, ramiona] to be outstretched ⊟ (ulec rozciągnięciu) to stretch, to get stretched; **w praniu sweter się ~nął** the sweater got stretched (out of shape) in the wash ⊠ przen. (wydłużyć się) [cień] to stretch; (urosnąć) [dziecko, nastolatek] to shoot up

■ **~ać nogi** (iść dużymi krokami) to stride; **~nąć coś na światło dzienne** a. **na jaw** to bring sth to light; **~nąć kogoś z biedy**

a. **nędzy** to rescue sb from poverty; **~nąć kogoś z tarapatów** to get sb out of trouble; **~nąć kogoś z łóżka** to get a. drag sb out of bed; **~nąć nogi** a. **kopyta** pot. (umrzeć) to kick the bucket pot., żart.; **~ać od kogoś pieniądze** to sponge off sb; **~nąć rękę do zgody** to hold out one's hand (to sb); **~nąć pomocną dłoń do kogoś** to extend a helping hand to sb; **~nąć się jak długi** (przewrócić się) to fall flat on one's face; **~nąć wnioski** a. **naukę z czegoś** to learn a lesson from sth; **~nąć z kogoś** a. **od kogoś wiadomości/prawdę** to get information/the truth out of sb

wyciągnię|ty ▯ *pa* → **wyciągnąć**
▯ *adi.* ① (leżący wygodnie) stretched, sprawled ② (stojący prosto) upright

wyciągow|y *adi.* ① Sport *[maszyny, liny]* hoisting ② Techn. *[rura, komin]* ventilation *attr.*, ventilating

wy|cie ▯ *sv* → **wyć**
▯ *n* ① (zwierząt) howling *U*, howl, yowl ② (człowieka) wailing *U*, wail, moan ③ (wiatru, urządzeń) wail, howl

wycie|c, wycie|knąć *pf* — **wycie|kać** *impf* (**~cze** a. **~knie, ~kł, ~kła, ~kli ~ka**) *vi* ① (wypłynąć) *[ciecz]* to leak (out) ② przen. (ubyć) *[pieniądze, towary]* to vanish, to disappear

wyciecz|ka *f* ① (wyprawa turystyczna) trip, excursion; (piesza) hike; (krajoznawcza) sight-seeing tour; (morska) cruise; (autokarowa) coach trip GB, bus trip US ② (grupa) tour, excursion ③ książk. (przytyk) critical remark; **robić ~ki pod czyimś adresem** to make critical remarks about sb

wycieczkowicz *m* pot. tripper GB pot.; sightseer

wycieczkow|y *adi.* *[sezon]* holiday *attr.*; *[autokar, trasa]* sightseeing *attr.*

wyciek *m* (*G* **~u**) ① (wypływ) leak; **zaobserwowano olbrzymi ~ ropy w pobliżu wybrzeża** a massive oil spill was spotted near the coast ② Med. (z nosa, z uszu) discharge; **~ ropny** pus

wyciekać *impf* → **wyciec**
wycieknąć → **wyciec**

wycieni|ować *pf* — **wycieni|owywać** *impf* *vt* ① Szt. (uwydatnić szczegóły) to highlight, to accent(uate); **~owane litery** shaded letters ② książk., przen. (zróżnicować) to modulate, to nuance ③ pot. (ściąć włosy) to layer; **~owane fryzury** layered hairstyles

wycieniowywać *impf* → **wycieniować**
wycieńczać *impf* → **wycieńczyć**
wycieńczeni|e ▯ *sv* → **wycieńczyć**
▯ *n sgt* (wychudzenie) emaciation; (wyczerpanie) exhaustion; **fizyczne/psychiczne ~e** physical/emotional exhaustion

wycieńcz|yć *pf* — **wycieńcz|ać** *impf*
▯ *vt* to exhaust, to wear [sb] out
▯ **wycieńczyć się** — **wycieńczać się** to be(come) exhausted, to wear oneself out

wycieracz|ka *f* ① (do wycierania butów) doormat ② (w samochodzie) windscreen wiper GB, windshield wiper US

wycierać *impf* → **wytrzeć**
wycierpi|eć *pf* (**~ał, ~eli**) *vi* to suffer
wycieruch ▯ *m* (*Npl* **~y**) pot., pejor. ① (brudas) slob pot., pejor. ② (włóczęga) dosser GB pot., pejor., bum US pot., pejor. ③ (prostytutka) whore obraźl.

▯ **wycieruchy** *plt* pot. (dżinsy) stone-wash(ed) jeans *pl*

wycię|cie ▯ *sv* → **wyciąć**
▯ *n* ① (wgłębienie) notch, cut-out ② (dekolt) neckline; **głębokie ~cie** a plunging neck-line

wycię|ty ▯ *pa* → **wyciąć**
▯ *adi.* (mający duży dekolt) *[suknia, bluzka]* low-cut

wycinać *impf* → **wyciąć**
wycinan|ka *f* ① (praca plastyczna) cut-out ② (ludowa ozdoba) (folk art) paper cut(ting)

wycin|ek *m* ① (trasy, mapy, terenu) segment, section; **roboty na dwukilometrowym ~ku drogi** work on a two-kilometre stretch of road ② *zw. pl* (z gazety) cutting, clipping US ③ Med. (tkanki) (tissue) sample; **pobrać ~ek do badania** to get a (tissue) sample ④ przen. (część) fragment, bit
❑ **~ek koła** a. **kołowy** Mat. sector

wycinkowo *adv.* *[przedstawić, opracować]* fragmentarily

wycinkowoś|ć *f sgt* fragmentary nature
wycinkow|y *adi.* *[relacja, sprawozdanie, wiadomości]* fragmentary, partial

wycio|r *m* (*G* **~ra** a. **~ru**) ① (do czyszczenia lufy) ramrod ② (do czyszczenia fajki) pipe cleaner

wyci|osać *pf* — **wyci|osywać** *impf* (**~sam** a. **~oszę — ~osuję**) *vt* to carve; **~sał figurkę świętego Piotra z pnia drzewa** he carved a figure of St Peter out of a tree trunk

wyciosywać *impf* → **wyciosać**
wyciruch → **wycieruch**

wycisk *m* (*G* **~u**) ① (odcisk, forma) impression; **~ w mokrej glinie** an impression in wet clay; **~ dentystyczny** a dental impression; **zrobić ~** to take an impression ② *sgt* pot. (pobicie) hiding pot., thrashing pot.; **dawać komuś ~** (bić) to give sb a hiding a. thrashing, to bang sb; (znęcać się) to give sb hell; to give sb a hard time pot.

wyciskacz *m* squeezer; **~ soku** a. **do soku** a juicer; **~ łez** pot., przen. a tear jerker pot.

wyciskać *impf* → **wycisnąć**
wycis|nąć *pf* — **wycis|kać** *impf* (**~nęła, ~nęli — ~kam**) *vt* ① (oddzielić) to squeeze; **~nąć sok z owoców** to squeeze a. juice the fruit; **~nąć cytrynę** to squeeze a lemon ② (pozbyć się) to squeeze *[pryszcze]* ③ (odcisnąć ślad) **~nąć pieczęć na czymś** to emboss sth *[papier firmowy, akta]*; **~nąć na piasku ślady stóp** to leave footprints in the sand ④ pot. (wyeksploatować) to milk przen. *[pomysł]*; **scenarzysta ~nął z powieści wszystko** the screenwriter milked the novel for all it was worth ⑤ (wymusić) to wring (**od kogoś** from a. out of sb) przen.; **~nąć z kogoś prawdę** to wring the truth out of sb
■ **~kać łzy z oczu** *[film]* to be a tear-jerker pot.; *[wspomnienia]* to bring tears to one's/sb's eyes; **~nąć kogoś jak cytrynę** pot. to squeeze sb dry pot.; **~nąć z czegoś pieniądze** a. **zyski** a. **dochody** to cash in on sth pot.; **~nąć z kogoś ostatnie poty** a. **soki** to bleed sb dry a. white

wyciszać *impf* → **wyciszyć**
wycisze|nie ▯ *sv* → **wyciszyć**
▯ *n* calm

wycisz|ony ▯ *pp* → **wyciszyć**
▯ *adi.* calm

wycisz|yć *pf* — **wycisz|ać** *impf* ▯ *vt* ① (wygłuszyć) to soundproof *[budynek, pokój]*; to muffle *[silnik]* ② przen. (ukoić) to quiet(en), to soothe ③ przen. (wytłumić) to quiet(en), to calm *[emocje, namiętności]* ④ przen. (zatuszować) to hush [sth] up
▯ **wyciszyć się** — **wyciszać się** książk. to calm (oneself) down

wycof|ać *pf* — **wycof|ywać** *impf* ▯ *vt* ① (cofnąć) to withdraw *[rękę]*, to reverse *[samochód]* ② (wykluczyć) to remove, to withdraw; **trener ~ał zawodnika z gry** the coach pulled the player out of the game; **wadliwe towary trzeba ~ać ze sprzedaży** the defective items must be taken off the shelves; **po reformie pieniądza stare banknoty ~ano z obiegu** after the monetary reform the old banknotes were withdrawn from circulation ③ (odwołać) to withdraw, to pull out; **na znak protestu Polska ~ała swojego ambasadora** as a sign of protest Poland withdrew its ambassador; **dowódca rozkazał ~ać wojska z linii frontu** the commander ordered the withdrawal of the front-line troops ④ (unieważnić) to cancel *[zaproszenie, zamówienie]*; to drop *[oskarżenia]*; to withdraw, to retract *[obietnicę]*; **~ać podanie z urzędu** to withdraw an application; **sprawa została ~ana z sądu** the case was withdrawn from court
▯ **wycofać się** — **wycofywać się** ① (ustąpić z urzędu) to stand down, to retire ② (opuścić jakiś teren) *[wojska]* to retreat, to withdraw ③ (zmienić zdanie) to back out ④ (cofnąć się) *[samochód, kierowca]* to back out, to reverse

wycofywać *impf* → **wycofać**
wycwa|nić się *pf v refl.* pot. (stać się przebiegłym) to wise up pot., to get smart a. savvy pot.

wycwani|ony *adi.* pot. sharp pot., savvy pot.

wycyganiać *impf* → **wycyganić**
wycyga|nić *pf* — **wycyga|niać** *impf vt* pot. (wyłudzić) to con pot., to weasel US pot. (**od kogoś** out of sb)

wycyklin|ować *pf vt* to sand; **~ować parkiet** to sand the parquet floor ⇒ **cyklinować**

wycyrkl|ować *pf vt* pot. (wykalkulować) to work [sth] out; **~owanie, kiedy sprzedać akcje, nie jest łatwe** working out when to sell shares isn't easy

wycyzel|ować *pf vt* ① (wygładzić) to file, to chisel ⇒ **cyzelować** ② książk., przen. (precyzyjnie wykończyć) to polish; **~ować list/zdanie/wiersz** to polish a letter/sentence/poem ⇒ **cyzelować**

wyczar|ować *pf* — **wyczar|owywać** *impf vt* ① (w bajkach) to conjure up ② przen. (przywołać) to conjure up, to evoke

wyczarowywać *impf* → **wyczarować**
wyczarter|ować *pf vt* to charter; **przelot ~owany** a chartered flight

wyczek|ać *pf* — **wyczek|iwać** *impf vt* ① (odczekać) to wait (**kogoś/czegoś** for sb/sth); **~ać stosownej chwili** to wait for the right moment; **~ać, aż dziecko zaśnie** to wait for the baby to fall asleep ② (oczekiwać) to look forward (**czegoś** to sth), to await; **co roku ~iwał przylotu bocianów** every year he eagerly awaited the storks' return

wyczekiwać *impf* → **wyczekać**

wyczekująco *adv.* hesitantly

wyczekując|y [] *pa* → **wyczekiwać**

[] *adi.* *[spojrzenie]* hesitant; **postawa ~a** a wait-and-see attitude

wyczerp|ać *pf* — **wyczerp|ywać** *impf* (**~ię** — **~uję**) **[]** *vt książk.* **[1]** (wydobyć do końca) **~ać wodę ze studni** to empty a well; **~ać wodę z łodzi** to bail water out of a boat **[2]** (wyeksploatować) to deplete *[złoża, zasoby]*; to use up *[zapasy]* **[3]** (wycieńczyć) to exhaust, to wear [sb] out; **był ~any nerwowo** he was a nervous wreck

[] **wyczerpać się** — **wyczerpywać się** **[1]** (zużyć się) *[zapasy]* to run out; *[towar]* to be sold out, to be out of stock; *[nakład]* to be out of print; **~ały się nam oszczędności** we've run out of money; **~ują się zapasy papieru** we're running out of a. short of paper; **baterie się ~ały** the batteries are dead; **~uje się moja cierpliwość** my patience is wearing thin **[2]** (zmęczyć się) to be exhausted, to be worn out

■ **~ać temat/rozmowę** to exhaust a topic a. subject/conversation

wyczerpani|e [] *sv* → **wyczerpać**

[] [] *n* **[1]** (zużycie) exhaustion, depletion **[2]** (utrata sił) exhaustion

wyczerpan|y [] *pp* → **wyczerpać**

[] *adi.* **[1]** (wyeksploatowany) *[zasoby, złoże]* exhausted, depleted; *[temat]* exhausted; *[nakład, wydanie]* out of print **[2]** (osłabiony) *[osoba]* exhausted, worn out

wyczerpująco *adv.* *[przedstawić, opowiedzieć]* exhaustively, at length; **~ nakreślił plan działania** he detailed the plan at length

wyczerpując|y [] *pa* → **wyczerpać**

[] *adi.* **[1]** (dokładny) *[odpowiedź, dane, referat]* exhaustive, in-depth; **~a charakterystyka sytuacji** an in-depth description of the situation **[2]** (męczący) *[zajęcie, praca, ćwiczenia]* exhausting; **~y marsz** a gruelling march

wyczerpywać *impf* → **wyczerpać**

wycze|sać *pf* — **wycze|sywać** *impf* (**~szę** — **~suję**) *vt* **[1]** (wygładzić) to comb *[włosy]*; to brush *[sierść]*; to curry *[konia]* **[2]** (usunąć zanieczyszczenia) to comb [sth] out; **~sał siano z czupryny** he combed the hay out of his hair **[3]** pot. (wyłapać) to round up; **wojsko ~sywało teren z partyzantów** the troops rounded up all the guerrillas in the area

wyczesywać *impf* → **wyczesać**

wyczołg|ać się *pf* — **wyczołg|iwać się** *impf v refl.* to crawl out

wyczołgiwać się *impf* → **wyczołgać się**

wyczuci|e [] *sv* → **wyczuć**

[] [] *n* **[1]** (takt) tact **[2]** (odczucie) sense; **zjawiłeś się w samą porę, to się nazywa ~e sytuacji!** what good timing you have!; **nigdy nie miał ~a rytmu** he's never had a sense of rhythm

■ **na ~e** pot. by intuition

wyczu|ć *pf* — **wyczu|wać** *impf* (**~ję** — **~wam**) *vt* **[1]** (dotykiem) to feel; (węchem) to smell **[2]** (uświadomić sobie) to sense *[podstęp, niebezpieczeństwo, fałsz]*

wyczulać *pf* → **wyczulić**

wyczuleni|e [] *sv* → **wyczulić**

[] [] *n* sensitivity (**na coś** to sth)

wyczul|ić *pf* — **wyczul|ać** *impf* **[]** *vt* książk. to sensitize

[] **wyczulić się** — **wyczulać się** książk. **[1]** (uwrażliwiać się) to become sensitive (**na coś** to sth) **[2]** (wyostrzyć się) *[zmysły]* to sharpen

wyczuwać *impf* → **wyczuć**

wyczuwalnie perceptibly, palpably

wyczuwaln|y *adi.* książk. perceptible, palpable; **ledwie ~y puls** a barely perceptible pulse

wyczyn *m* (*G* **~u**) **[1]** (wybitne osiągnięcie) feat, exploit; **dokonać ~u** to perform a feat **[2]** (wybryk, ekses) stunt, high jinks *pl*

wyczynia|ć *impf vt* pot. **~ć cuda** (popisywać się) to show off; (starać się) to bend over backwards; **~ć głupie miny** to pull faces GB, to make faces; **co za hałasy ~cie!** what a racket you're making!

wyczynow|iec *m* (sportowiec) competitive sportsman/sportswoman

wyczynowo *adv.* **uprawiać sport ~** to take part in competitive sport(s)

wyczynow|y *adi.* competitive

wyczyszczać *impf* → **wyczyścić**

wyczy|ścić *pf* — **wyczy|szczać** *impf* **[]** *vt* **[1]** (usunąć brud) to clean **[2]** (wypolerować) to polish **[3]** przen. (uporządkować) to tidy [sth] up; **~ścić tekst z błędów** to correct a text **[4]** pot. (okraść) to clean [sb] out; **złodzieje ~ścili mieszkanie z obrazów** the burglars cleared the flat of all the paintings pot.

[] **wyczyścić się** — **wyczyszczać się [1]** (stać się czystym) to be cleaned **[2]** pot. (wydać pieniądze) to blow one's wad pot.

wyczyt|ać *pf* — **wyczyt|ywać** *impf vt* **[1]** (uzyskać informację) to read **[2]** przen. to read, to see; **z jego oczu ~ałem, że się boi** I could see the fear in his eyes **[3]** (odczytać) to read (out) *[osobę, nazwisko]* **[4]** pot. (przeczytać do końca) to read (through)

wyczytywać *impf* → **wyczytać**

wy|ć *impf* (**wyję**) *vi* **[1]** (zawodzić) *[zwierzęta]* to howl, to yowl; *[ludzie]* to wail, to howl **[2]** pot. (wrzeszczeć) to yell **[3]** (płakać) to weep, to wail **[4]** pot. (śpiewać fałszująco) to sing off-key; (śpiewać głośno) to blare, to bellow **[5]** przen. *[syrena, wiatr]* to wail

wyćwicz|yć *pf vt* to practise, to drill

wyd. (= wydanie) ed.

wyda|ć *pf* — **wyda|wać** *impf* **[]** *vt* (**~dzą** — **~ają**) **[1]** (zapłacić) to spend; **nie mam ~ć** I don't have any change; **~ć resztę** to give the change; **~ć 100 zł/całą pensję** to spend 100 zlotys/all one's earnings **[2]** (wydzielić) to give out; **stołówka ~je obiady od 13.00** the cafeteria starts serving dinner at 1:00 **[3]** (wystawić) to issue *[zaświadczenie, upoważnienie]* **[4]** (ujawnić) to tell, to reveal *[sekret]*; to turn in *[przestępcę, zbiega]* **[5]** (obwieścić) to issue; **~ć oświadczenie** to make a statement; **~ć o kimś opinię** to give one's opinion about sb; **~ć orzeczenie w sprawie** to issue a ruling in a case; **~ć wojnę** to declare war; **~ć wyrok** to pronounce a sentence **[6]** (opublikować) to publish

[] **wydać się** — **wydawać się [1]** (wyglądać) to seem, to appear; **~wał się zmęczony** he

seemed tired; **miasto ~wało się wymarłe** the town seemed deserted **[2]** (wyjść na jaw) to be revealed **[3]** (ujawnić się) to give oneself away **[]** pot. (wyjść za mąż) to marry (**za kogoś** sb); **~ła się za starszego od siebie** she married an older man

[] **wydawać się** *v impf.* to seem; **~je się, że jestem chory** I think I'm ill, it seems (that) I'm ill

■ **~ć bankiet/kolację/przyjęcie** książk. to hold a banquet/supper party/reception; **~ć córkę za mąż** to marry one's daughter off; **~ć dźwięk** to make a. emit a sound; **~ć kogoś na pastwę losu** to leave sb in the lurch, to leave sb flat; **~wać woń** a. **zapach** a. **odór** to give off a smell; **~ć owoce** to bear fruit

wydajnie *adv.* grad. *[pracować]* productively, efficiently

wydajnoś|ć *f sgt* productivity, efficiency

❏ **~ć pracy** work output

wydajn|y *adi.* grad. *[gleba]* fertile; *[metody]* high-yield; *[urządzenie]* cost-efficient; *[pracownik]* efficient

wydalać *pf* → **wydalić**

wydal|ić *pf* — **wydal|ać** *impf vt* **[1]** (z pracy) to dismiss; (ze szkoły) to expel; (z kraju) to expel, to deport **[2]** Fizj. (wydzielić z organizmu) to expel *[powietrze, dwutlenek węgla]*; to excrete *[produkty przemiany materii]*

wydalin|a *f* Biol. excretion

wydalnicz|y *adi.* Fizj., Biol. *[narządy, układ]* excretory

wyda|nie [] *sv* → **wydać**

[] [] *n* (książki) edition; (gazety, czasopisma) issue, edition; **~nie poranne/wieczorne** the morning/evening edition

❏ **~nie kieszonkowe** pocket edition; **~nie krytyczne** Wyd. critical edition; **~nie nadzwyczajne** Dzien. special edition

wydarzać się *impf* → **wydarzyć się**

wydarze|nie [] *sv* → **wydarzyć**

[] [] *n* **[1]** (zdarzenie) event; **~nia ostatnich dni** recent events; **premiera była ~niem teatralnym** the premiere was a major theatrical event **[2]** książk. (rewelacja) event; **~nie roku** the event of the day

wydarz|ony *adi.* pot. **zawsze był z niego niezbyt ~ony dzieciak** he never had (too) much going for him pot., he never had (too) much on the ball US pot.; **nie powiem, żeby ten sernik był ~ony** the cheesecake wasn't too hot pot.

wydarz|yć się *pf* — **wydarz|ać się** *impf v refl.* książk. to happen, to take place; **powiedz nam, co się ~yło** tell us what happened

wydat|ek *m* (*G* **~ku**) zw. pl **[1]** (kwota) expense, outlay; **~ki na dom/utrzymanie/ edukację** household/living/education expenses; **kupno komputera to ~ek rzędu kilku tysięcy** a computer will cost you several thousand zlotys **[2]** (zakup) expense; **sami muszą pokrywać wszystkie ~ki** they have to cover their own expenses; **bieżące ~ki** day-to-day expenses; **drobne ~ki** petty expenses; **pieniądze na drobne ~ki** (prywatne) pocket money; (w firmie) petty cash

❏ **~ki publiczne** Prawo public expenditure(s)

wydatk|ować *pf, impf vt* książk. [1] (wydać) to expend, to spend *[pieniądze]*; **~ować duże sumy na zakup nowych komputerów** to expend large sums on new computers [2] (zużyć) to expend; **całą swoją energię ~ował na pracę zawodową** he expended all his energy on his work

wydatnie *adv. grad.* [1] (wyraźnie) **~ zarysowany brzuch** a protruding belly; **~ zarysowane szczęki** a prominent jaw [2] książk. (znacznie) *[zmniejszyć, podnieść, pomagać]* significantly, considerably

wydatn|y *adi.* [1] *[nos, usta, wargi]* prominent, protruding; **~y brzuch** a protruding belly [2] książk. *[wzrost, obniżka, pomoc]* considerable, significant

wydawać *impf* → **wydać**

wydawc|a *m* [1] Wyd. publisher; **~a gazety/pisma** a newspaper/magazine publisher; **~a książek** a publisher [2] środ., TV editor

wydawnictw|o *n* [1] (instytucja) publishing house a. company, publisher; **~o płytowe** a record company [2] (publikacja) publication; **~a specjalistyczne** specialist publications ❏ **~o ciągłe** periodical; **~o niesamoistne** supplement; **~o samoistne** freestanding publication; **~o zbiorowe** part-work (publication) GB

wydawnicz|y *adi. [dom, firma, cykl, plany]* publishing *attr.*; **oficyna ~a** a publishing house, a publisher; **książka odniosła sukces ~y** the book was a commercial success; **rynek ~y** the publishing market

wyd|ąć *pf* — **wyd|ymać¹** *impf* (**~mę, ~ęła, ~ęli — ~ymam**) [I] *vt [podmuch]* to fill; **wiatr ~ął żagiel** the wind filled the sail; **~ąć policzki** to puff out one's cheeks; **~ąć usta** to pout (one's lips)

[II] **wydąć się — wydymać się** to billow, to swell (out); **firanki ~ymały się na wietrze** the curtains billowed in the breeze

wydech *m* (*G* **~u**) [1] (z płuc) exhalation; **zrobić ~** to exhale; **ćwiczymy: wdech, ~** and now inhale and exhale [2] Techn. exhaust

wydechow|y *adi.* Techn. exhaust *attr.*; **rura ~a** an exhaust (pipe)

wydeduk|ować *pf vt* książk. to deduce, to infer; **słusznie ~ował, że musiała nastąpić jakaś awaria** he correctly deduced that something must have gone wrong ⇒ **dedukować**

wydeklam|ować *pf vt* [1] (wygłosić) (artystycznie) to declaim, to recite *[wiersz, fragment]* ⇒ **deklamować** [2] pejor. (powiedzieć) (nieszczerze) to mouth; **~ował kilka banalnych zdań o dobrosąsiedzkiej współpracy** he mouthed a few slogans about neighbourliness ⇒ **deklamować**

wydekolt|ować *pf* [I] *vt [kobieta]* to bare *[szyję, ramiona, plecy]*

[II] **wydekoltować się** *[kobieta]* to wear a low-cut dress; **~ować się na bal/na przyjęcie** to wear a low-cut dress to the ball/party

wydekoltowan|y [I] *pp* → **wydekoltować**

[II] *adi. [suknia, bluzka]* low-cut *attr.*, décolleté; **~a dziewczyna** a girl in a low-cut dress

wydeleg|ować *pf vt* **~ować kogoś na zebranie/kongres** to send sb to a meeting/

conference; **~ować kogoś za granicę** to send sb abroad (on business); **szef ~ował go do Krakowa** the manager sent him on a business trip to Cracow ⇒ **delegować**

wydelikac|ony *adi. [osoba]* overdelicate, oversensitive *[skóra, ręce]* delicate

wydelikatni|eć *pf* (**~eję, ~ał, ~eli**) *vi* [1] *[skóra, twarz]* to become delicate [2] (o psychice) to become overdelicate a. oversensitive

wydepil|ować *pf* [I] *vt* Kosmet. to depilate *[nogi, brwi, pachy]*; **~ować zbędne owłosienie** to remove unwanted hair ⇒ **depilować**

[II] **wydepilować się** *[kobieta]* to depilate one's legs/underarms, to use a depilator/depilatory (cream) ⇒ **depilować się**

wydep|tać *pf* — **wydep|tywać** *impf* (**~czę** a. **~cę, ~czesz** a. **~cesz, ~cze** a. **~ce — ~tuję**) *vt* [1] (zniszczyć) to trample down *[trawę, trawnik]*; **~tane buty** worn-out shoes; **~tane schody** well-worn stairs [2] (utorować) **~tana ścieżka** a well-trodden path [3] pot. (załatwić) to wangle pot.; **~tał wreszcie zezwolenie na budowę domu** he finally wangled himself a construction permit

wydeptywać *impf* → **wydeptać**

wydezynfek|ować *pf vt* Med., Techn. to disinfect *[ranę, pokój]*

wydębiać *impf* → **wydębić**

wydęb|ić *pf* — **wydęb|iać** *impf vt* pot. **~ić coś od kogoś** a. **na kimś** to wangle sth from a. out of sb pot.; **~iła od niego zwrot długu** she pressured him into paying her back

wydę|ty [I] *pp* → **wydąć**

[II] *adi. [brzuch, policzki]* bulging; *[usta, wargi]* pouting

wydłub|ać *pf* — **wydłub|ywać** *impf* (**~ię — ~uję**) *vt* [1] (wydobyć) to pick [sth] out; **~ać rodzynki z ciasta** to pick raisins out of a cake [2] (zrobić) to dig, to gouge out *[dziurę, otwór]*; **~ać dołek w ziemi** to dig a hole in the ground [3] (wyrzeźbić) to carve; **~ać z drewna figurkę** to carve a wooden figure

wydłubywać *impf* → **wydłubać**

wydłużać *impf* → **wydłużyć**

wydłuż|ony [I] *pp* → **wydłużyć**

[II] *adi. [kształt]* elongated

wydłuż|yć *pf* — **wydłuż|ać** *impf* [I] *vt* [1] (o rozmiarze) to lengthen *[odległość]*; to extend *[drogę]*; **wieczór ~żył cienie drzew** the shadows of the trees lengthened in the evening; **~yć piłkę** Sport to lengthen one's shots/returns [2] (o czasie) to extend, to prolong *[gwarancję, sezon, podróż]*; **dyrekcja ~yła okres przyjmowania podań** the management extended the application deadline [3] *[sukienka, płaszcz, garnitur]* to make [sb] look taller; **korytarz ~ono, ustawiając na nim lustra** the mirrors made the corridor look a. seem longer

[II] **wydłużyć się — wydłużać się** [1] (o rozmiarze) to grow a. get longer, to lengthen; **wieczorem cienie ~ają się** the shadows grow longer in the evening [2] (o czasie) [*spotkanie, zebranie, lekcja*] to grow a. get longer, to lengthen; **~ające się milczenie** a prolonged silence; **wiosną dni się ~ają** the days get longer in the spring

■ **mina** a. **twarz mu/jej się ~yła** his/her face dropped, he/she pulled a long face; **~yć krok** to lengthen one's stride

wydm|a *f* Geog. (sand) dune ❏ **ruchome ~y** Geog. shifting sand dunes

wydmow|y *adi.* Geog. *[trawy, roślinność]* dune *attr.*

wydmuch *m* (*G* **~u**) (spalin, pary, gazów) discharge *U*, exhaust *U*

wydmuch|ać, wydmuch|nąć *pf* — **wydmuch|iwać** *impf vt* [1] (usunąć) to blow; **~ał nosem dym z papierosa** he blew a stream of cigarette smoke from a. through his nose; **~ać nos** to blow one's nose [2] (formować) to blow; **~iwać bańki mydlane** to blow bubbles; **~ać ozdoby choinkowe ze szkła** to blow glass Christmas tree ornaments [3] wulg. (odbyć stosunek) to bang posp., to screw posp.

wydmuchiwać *impf* → **wydmuchać**

wydmuchnąć → **wydmuchać**

wydmuch|ów *m sgt* pot., żart. [1] (miejsce niezabudowane) blustery place [2] (odludzie) the middle of nowhere pot.; the back of beyond; **mieszkać na ~owie** to live in some godforsaken place pot.

wydmusz|ka *f* blown egg

wydobrz|eć *pf* (**~eję, ~ał, ~eli**) *vi* to recover, to get better; **pacjent już ~ał** the patient has already recovered; **życzyć komuś szybkiego ~enia** to wish sb a quick recovery

wydobyci|e [I] *sv* → **wydobyć**

[II] *n sgt* (węgla, ropy) output

wydob|yć *pf* — **wydob|ywać** *impf* (**~ędziesz, ~ędzie, ~yty — ~ywam**) [I] *vt* [1] (wydostać) to bring [sth] out, to take [sth] out; **~yć z kieszeni portfel** to take one's wallet out of one's pocket; **ciało ~yto spod gruzów** a body was dug out from under the rubble [2] (uwolnić) to get [sb] out; **~yć kogoś z więzienia** to get sb out of prison; **~yć kogoś z kłopotów** a. **tarapatów** to get sb out of trouble [3] (wykopać) to extract *[węgiel, ropę]*; to mine *[węgiel, złoto, diamenty]* [4] (wydać) to make, to utter *[dźwięk]*; **nie mogła ~yć z siebie głosu** she was speechless [5] (uzyskać) to get out (**od kogoś** out of a. from sb); **zdołałem ~yć od niego sporo szczegółów** I managed to get a lot of details from him; **~yć z kogoś prawdę** to get the truth out of sb; **~yć od kogoś tajemnicę** to worm a secret out of sb; **~yć od kogoś obietnicę** to exact a promise from sb [6] przen. to emphasize, to highlight; **reflektory ~yły posąg z mroku** the spotlights illuminated the statue

[II] **wydobyć się — wydobywać się** [1] (wydostać się) to get out; **~yć się spod gruzów** to get out from under the rubble; **nigdy nie ~ędę się z tej jamy** I'll never get out of this hole [2] (uwolnić się) to get out; **~yć się z kłopotów/długów** to get out of trouble/debt [3] (ulatywać) *[dym, gaz]* to escape; **zapachy ~ywające się z garnka** the smells wafting up from the pot [4] (pochodzić) *[dźwięk, głos]* **z ust rannego ~ył się jęk** the injured man let out a moan

■ **~yć coś na jaw** a. **na światło dzienne** to bring sth to light; **~yć coś z pamięci** to recall a. recollect sth; **~yć kogoś/coś spod ziemi** to find sb/sth no matter what

W

wydobywać *impf* → **wydobyć**

wydobywcz|y *adi.* Górn. *[maszyna, sprzęt]* mining; *[szyb, wieża, platforma]* mine *attr.*; **przemysł ~y** the mining industry

wydo|ić *pf* (**~oi**) *vt* [1] to milk *[krowę, kozę, owcę]* ⇒ **doić** [2] pot. (wypić) to guzzle (down) *[wodę, piwo]* ⇒ **doić** [3] pot., pejor. (wyłudzić) to milk przen., pejor., to bilk przen., pejor.; **~oić kogoś z pieniędzy** a. **pieniądze z kogoś** to milk sb of their money, to bilk sb (out) of their money; **~oił z biedaka, ile chciał** he milked the poor man dry ⇒ **doić**

wydolić → **wydołać**

wydolnościow|y *adi.* Med. **badania/próby ~e** function tests

wydolnoś|ć *f sgt* [1] Med. (organizmu, narządu) function; **~ć nerek/wątroby** liver/kidney function [2] (instytucji, organizacji) efficiency

wydoln|y *adi.* [1] Med. *[serce, mięśnie, organizm]* sound, healthy [2] *[system, instytucja]* efficient; **mało ~a prokuratura** inefficient public prosecutors

wydoła|ć *pf vi* pot. to manage, to cope; **nie mógł ~ć wszystkim obowiązkom** he was unable to cope with all his duties; **nie ~łamy finansowo** we can't afford it

wydorośl|eć *pf* (**~eję, ~ał, ~eli**) *vi* to grow up; **bardzo ~ał przez ostatnie lata** he's really grown up over the last few years ⇒ **dorośleć**

wydoskonalać *impf* → **wydoskonalić**

wydoskonal|ić *pf* — **wydoskonal|ać** *impf* **I** *vt* to improve, to enhance *[styl, metody]*

II **wydoskonalić się** — **wydoskonalać się** *[technika, metody]* to be improved, to be enhanced; **~ić się w czymś** to perfect sth; **~ić się w śpiewie** to perfect one's singing

wydosta|ć *pf* — **wydosta|wać** *impf* (**~nę — ~ję**) **I** *vt* [1] (wyjąć) to get a. take [sth] out; **~ć pudło spod łóżka** to get the box out from under the bed [2] (uzyskać) to get; **~ć od kogoś obietnicę** to exact a promise from sb; **~ć pieniądze od dłużnika** to get one's money back from one's debtor [3] (pomóc) to get [sb] out; **~ć kogoś z więzienia/długów** to get sb out of prison/debt

II **wydostać się** — **wydostawać się** [1] (opuścić) to get out; **~ć się z miasta** to get out of town; **~ć się na zewnątrz** to get out a. outside; **~ć się z aresztu** to get out of jail; **~ć się na wolność** to escape; **~ć się z nałogu** to free oneself from (an) addiction; to kick a habit pot. [2] (wydobywać się) *[dym, gaz]* to escape

wydostawać *impf* → **wydostać**

wyd|ra *f* (*Gpl* **~er** a. **~r**) [1] Zool. otter; **~ra morska** a sea otter [2] pot., obraźl. (kobieta) (kłótliwa) vixen pot., pejor.; (wyzywająca) tart pot., pejor.

wydrap|ać *pf* — **wydrap|ywać** *impf* (**~ię — ~uję**) *vt* [1] (zdrapać) to scrape, to scratch; **~ała łyżeczką resztki fusów z dna szklanki** she scraped the dregs from the bottom of the glass with a spoon; **~ać w czymś dziurę** to scratch a hole in sth [2] (wyryć) to carve; **~ać swoje imię/ inicjały na drzewie** to carve one's name/ initials on a tree; **wulgarny napis ~any na ścianie** vulgar words carved on the wall

■ **~ać komuś oczy** to scratch sb's eyes out

wydrapywać *impf* → **wydrapać**

wydrąż|yć *pf vt* [1] (zrobić otwór) to bore, to cut *[otwór, tunel]*; **górnicy ~yli szyb** the miners sank a shaft; **woda ~yła skałę** water wore a channel in the rock ⇒ **drążyć** [2] (usunąć środek) to hollow (out) *[pień, paprykę]*; **~yć śliwki/wiśnie** to stone a. pit plums/cherries ⇒ **drążyć**

wydrep|tać *pf* — **wydrep|tywać** *impf* (**~czę** a. **~cę, ~czesz** a. **~cesz, ~cze** a. **~ce — ~tuję**) *vt* [1] (utorować) to beat *[ścieżkę, przejście]* [2] pot. (załatwić) to wangle pot.; **~ł sobie ciepłą posadkę** he wangled himself a cosy job

wydreptywać *impf* → **wydreptać**

wydrowato *adv.* pot., pejor. *[wyglądać]* like a tart pot., pejor.; like a hussy pejor.

wydrowa|ty *adi.* pot., pejor. *[wygląd, makijaż]* tarty pot., pejor.; **~ta blondynka** a blonde hussy pejor.

wydruk *m* (*G* **~u**) [1] (tekst) printout, hard copy; **~ z komputera** a computer printout; **~ listy płac** a payroll printout [2] *sgt* (drukowanie) printing; **rozpocząć ~ dokumentu** to start printing out the document; **polecenie ~u biletów** an order to print the tickets [3] Włók. print, pattern

wydruk|ować *pf vt* [1] (powielić) to print *[książkę, czasopismo, ulotkę]*; *[komputer, drukarka]* to print (out) *[tekst, rysunek]*; **nazwisko ~owane na wizytówce** a name printed on a business card; **~uj dla mnie dwie kopie tego dokumentu** print (out) two copies of the document for me ⇒ **drukować** [2] (opublikować) *[gazeta, czasopismo]* to print, to publish *[tekst, artykuł, wiersz]* ⇒ **drukować** [3] środ., Sport *[sędzia]* to fix pot. *[mecz, wynik]* ⇒ **drukować**

II **wydrukować się** *[tekst, strona, rysunek]* to be printed (out) ⇒ **drukować się**

wydrwi|ć *pf* — **wydrwi|wać** *impf* (**~ę — ~wam**) *vt* to scoff at, to mock; **~ć czyjeś wady** to make fun of sb's faults

wydrwigrosz *m* (*Gpl* **~y** a. **~ów**) książk., pejor. mountebank książk., pejor.; charlatan książk., pejor.

wydrwiwać *impf* → **wydrwić**

wy|drzeć *pf* — **wy|dzierać** *impf* **I** *vt* [1] (odedrzeć) to tear out; (zerwać) to pull out; **wydrzeć kartkę z zeszytu** to tear a page from a notebook; **wydrzeć garść trawy** to pull out a handful of grass [2] (zabrać) to snatch, to grab; **wydarł jej torebkę z rąk i uciekł** he snatched her bag and ran away; **wydzierali sobie kartkę z rąk** they kept snatching the page from each other's hands [3] (zniszczyć) to wear [sth] out; **wydrzeć marynarkę na łokciach** to wear holes in the elbows of one's jacket [4] książk. (odzyskać) **wydrzeć miasto z rąk nieprzyjaciela** to recapture a town; **wydrzeć zakładników z rąk porywaczy** to rescue the hostages from the kidnappers; **wydrzeć teren morzu** to reclaim land from the sea; **wydrzeć komuś** a. **od kogoś tajemnicę/obietnicę** to wrest a secret/promise from sb książk.

II **wydrzeć się** — **wydzierać się** [1] (wydostać się) to wrench oneself free, to break free; **wydarł się z objęć wuja** he freed himself from his uncle's embrace [2] (znisz

czyć się) *[ubranie, tapicerka]* to wear out [3] książk. (wyrwać się) *[krzyk, jęk, ryk]* to escape książk. [4] pot., pejor. (krzyknąć) to yell; **„wynocha stąd!” – wydarł się na nas** 'get lost!' he yelled at us; **wydzierał się na nią, że tak późno wróciła** he was yelling at her for being late

■ **wydrzeć kogoś śmierci** książk. to snatch sb from the jaws of death poet.

wyduka|ć *pf vt* to stammer (out); (czytając na głos) to stumble over *[tekst, wiersz, przemówienie]*; **„ja nie kłamię,” ~ała płaczliwie** 'I'm telling the truth,' she stammered tearfully ⇒ **dukać**

wyduma|ć *pf vt* pot. to think up, to come up with *[rozwiązanie, wymówka]*; **~ł sobie, że nikt go nie lubi** he got it into his head that nobody liked him; **~ne problemy** made-up problems; **~ne teorie** fancy theories

wydurni|ać się *impf vi* pot., pejor. to fool about a. around pot., to horse a. monkey around pot.; **~ać się na lekcji** to horse around in class

wydu|sić *pf* — **wydu|szać** *impf* (**~sisz — ~szam**) **I** *vt* [1] (zabić) to strangle, to throttle; **mordercy ~sili całą rodzinę** the murderers strangled the whole family [2] (wycisnąć) **~sić coś z czegoś** to squeeze sth from a. out of sth; **~sić pastę z tuby** to squeeze toothpaste out of the tube [3] pot. (wyciągnąć) **~sić coś z kogoś** to wring sth from a. out of sb, to get sth from a. out of sb; **~sić z kogoś prawdę** to wring the truth out of sb; **nic z niego nie ~sili** they didn't get a word out of him; **już my z niego ~simy, gdzie schował broń** we'll find out from him where he hid the weapon, don't worry! pot.; **~sić z kogoś pieniądze** to extort money from sb

II *vi* to stammer out; **stał czerwony i nie mógł ~sić ani słowa** he stood there blushing and couldn't get a word out; **no ~ś coś wreszcie!** come on, spit it out! pot.

wyduszać *impf* → **wydusić**

wydycha|ć *impf vt* to breathe out, to exhale *[powietrze, dym]*

wydymać[1] *impf* → **wydąć**

wydyma|ć[2] *pf vt* wulg. to bang posp., to screw posp. ⇒ **dymać**

wydzia|ł *m* (*G* **~łu**) [1] (urzędu, biura) department; **~ł finansowy** the accounts department; **~ł oświaty** the education department, the department of education; **~ł policji** the police department [2] Uniw. department, faculty; **~ł geografii** the geography department; **~ł prawa** the faculty of law; **studiować na ~le architektury** to study architecture

wydziałow|y *adi.* [1] *[wydatki, zebrania, budżet]* departmental [2] Uniw. *[biblioteka]* faculty *attr.*, department *attr.*

wydziedziczać *impf* → **wydziedziczyć**

wydziedzicz|yć *pf* — **wydziedzicz|ać** *impf vt* Prawo to disinherit *[syna, córkę]*

wydzielać *impf* → **wydzielić**

wydziel|ić *pf* — **wydziel|ać** *impf* **I** *vt* [1] (wytwarzać) to secrete *[sok, śluz, hormony]*; to give off *[zapach, ciepło, światło]*; **~ać energię** to generate energy [2] (oddzielić) to section a. mark off, to allocate; **~ić część ulicy na parking** to section off a part of the street for parking; **w budżecie ~ono na ten cel skromne środki** very little money was budgeted for this project; **~ić teren pod budowę hotelu** to mark off a site for the construction of a hotel ③ (przyznać) **~ili każdemu po kromce chleba** each person was allotted a slice of bread; **żywność ~ano skąpo** the rations were scanty; **~ić pacjentowi dawkę leku** to administer a dose of medicine to a patient Ⅲ **wydzielić się ~ wydzielać się** ① (wytworzyć się) *[śluz, sok, ślina]* to be secreted; *[zapach]* to exude ② Chem. *[substancja, gaz]* to be liberated

wydzielin|a *f* ① Fizj. secretion ② Fizj., Med. discharge *C/U*; **~a z nosa** a nasal discharge; **~a z oka** discharge from the eye; **~a ropna** pus ③ Bot. sap

wydzielnicz|y *adi.* Biol. *[czynności, narządy]* secretory

wydzierać *impf* → **wydrzeć**

wydzieran|ka *f* torn paper collage

wydzierga|ć *pf vt* pot. ① (wyhaftować) to embroider *[wzór]* ⇒ **dziergać** ② (na drutach) to knit; (na szydełku) to crochet *[sweter, szalik]* ⇒ **dziergać**

wydzierżawiać *impf* → **wydzierżawić**

wydzierżaw|ić *pf* — **wydzierżaw|iać** *impf vt* to lease, to rent *[ziemię, gospodarstwo, sklep]* (**komuś** (to) sb); **~ił od miasta budynek** he leased a building from the municipality

wydzi|obać, wydzi|óbać *pf* — **wydzi|obywać, wydzi|óbywać** *impf* (**~obię** a. **~óbię** — **~obuję** a. **~óbuję**) ① (wyjeść) *[ptak]* to peck [sth] up a. out, to peck up a. out; **wróble ~obały ziarno z parapetu** the sparrows pecked up all the grain from the window sill ② pot. (wydłubać) to pick [sth] out, to pick out; **~obała wszystkie rodzynki z ciasta** she picked out all the raisins out of her cake

wydziobywać *impf* → **wydziobać**

wydzióbać *pf* → **wydziobać**

wydzióbywać *impf* → **wydziobać**

wydziwia|ć *impf vi* pot., pejor. (grymasić) to fuss, to be fussy; **przestań ~ć, kup zwykły chleb** stop being fussy, just buy some ordinary bread; **~ć na pogodę** to grouse a. gripe about the weather pot.; **~ł na nią, że ciągle się spóźnia** he made a fuss about her being late all the time

wydzwaniać[1] *impf* → **wydzwonić**

wydzwania|ć[2] *impf vi* pot. **~ć do kogoś** to keep ringing sb up GB, to pester sb with phone calls; **przez pół dnia ~ła do różnych znajomych** she spent half of the day ringing up her friends; **ludzie ~ją i pytają o pieniądze** people keep calling and asking for money

wydzw|onić *pf* — **wydzw|aniać**[1] *impf vt* ① *[zegar]* to strike; **zegar ~onił jedenastą** the clock has just struck eleven ② (odtwarzać) to play, to chime *[melodię]*

wydźwięk *m* (*G* **~u**) *sgt* overtone *zw. pl*; **wystawa ma ~ polityczny** the exhibition has political overtones; **sztuka/film z ~iem** a. **o ~u antywojennym** a play/film with anti-war overtones

wydźwign|ąć *pf* (**~ę, ~ie, ~ęła, ~ęli**) Ⅰ *vt* ① (pomóc) to get [sb/sth] out; **~ąć kogoś z nędzy** to rescue sb from poverty;

~ąć gospodarkę z upadku to pull the economy out of a crisis ② (ulepszyć) to raise, to elevate; **~ąć polski przemysł elektroniczny na poziom światowy** to bring the Polish electronics industry up to world standards ③ (unieść) to hoist, to lift; **z trudem ~ęła pełne wiadro ze studni** she could hardly hoist the heavy bucket from the well Ⅱ **wydźwignąć się** ① (poprawić się) to get oneself out (**z czegoś** of sth); to extricate oneself (**z czegoś** from sth); **~ąć się z kłopotów** to get oneself out of trouble; **~ąć się z biedy** to raise oneself from poverty; **dzięki wytężonej pracy ~ął się na szczyty światowego pisarstwa** owing to his hard work he rose to become a world-famous novelist ② (wydostać się) to hoist oneself; **~ął się na sam czubek drzewa** he hoisted himself to the very top of the tree

wyeduk|ować *pf* Ⅰ *vt* książk. to educate; **~ował dzieci na prawników** he sent his children to law school; **wszechstronnie ~owany mężczyzna** a man with a broad education ⇒ **edukować** Ⅱ **wyedukować się** książk. to be educated ⇒ **edukować się**

wyegzekw|ować *pf vt* książk. to enforce; **~ować swoje prawa** to exercise one's rights; **~ować czynsz od lokatorów** to collect the rent from the tenants ⇒ **egzekwować**

wyekscerp|ować *pf vt* książk. to excerpt książk.; **~ować cytaty z prasy codziennej** to excerpt quotes from the daily press

wyeksmit|ować *pf vt* Prawo to evict; **~ować lokatorów z budynku** to evict tenants from a building ⇒ **eksmitować**

wyekspedi|ować *pf vt* książk. to dispatch; **~ować dzieci na obóz** to send the children to a camp; **~ować towary za granicę** to dispatch goods abroad; **~ować rodziców do kina** żart. to pack off one's parents to the cinema pot., żart. ⇒ **ekspediować**

wyeksploat|ować *pf* Ⅰ *vt* ① (wyczerpać) to exhaust, to deplete *[kopalnię, złoże, teren]* ⇒ **eksploatować** ② (zużyć) to wear out *[urządzenie, maszynę]*; **~ować robotników/pracowników** to exploit one's workers/employees ⇒ **eksploatować** ③ (nadużyć) to overuse *[wzory, konwencje, pomysły]* ⇒ **eksploatować** Ⅱ **wyeksploatować się** *[maszyna, urządzenie]* to wear out ⇒ **eksploatować się**

wyekspon|ować *pf vt* książk. ① (podkreślić) to emphasize, to underscore; **w swojej przemowie ~ował jej zasługi** his speech emphasized her merits; **~owane budynki** the highlighted buildings ⇒ **eksponować** ② (na wystawie) to exhibit, to display *[obraz, rzeźbę]* ⇒ **eksponować**

wyeksport|ować *pf vt* Ekon. to export *[towar]* ⇒ **eksportować**

wyekwip|ować *pf vt* to equip; **~ować kogoś w coś** to equip sb with sth; **źle ~owana armia** a poorly equipped army ⇒ **ekwipować**

wyelegant|ować *pf* Ⅰ *vt* pot. to dress a. doll [sb] up pot. Ⅱ **wyelegantować się** pot., żart. to get (all) dressed up pot., to dress oneself up pot.;

~ować się na bal to dress oneself up for a ball; **coś się tak ~ował?** what's he all dressed up for?

wyelimin|ować *pf vt* ① (usunąć) to eliminate, to remove; **~ować kawę z jadłospisu** to eliminate coffee from one's diet ⇒ **eliminować** ② (wykluczyć) to disqualify; **zostać ~owanym z rajdu** to be disqualified from a rally ⇒ **eliminować** ③ Sport to eliminate; **drużyna została ~owana w półfinale** the team was eliminated in the semi-finals; **~ować drużynę z mistrzostw świata** to eliminate a team from the world championship ⇒ **eliminować**

wyemancyp|ować się *pf v refl.* książk. (uniezależnić się) to be emancipated (**spod czegoś** from sth); to become independent (**spod czegoś** of sth); **~ować się spod czyichś wpływów** to break away from a. break free from sb's influence ⇒ **emancypować się**

wyemigr|ować *pf vi* to emigrate; **~ować z Polski do Niemiec** to emigrate from Poland to Germany ⇒ **emigrować**

wyemit|ować *pf vt* ① Ekon. (wprowadzić do obiegu) to issue *[pieniądze, obligacje, znaczki]* ⇒ **emitować** ② Radio, TV (nadać) to broadcast *[program, film]* ⇒ **emitować** ③ Techn. to emit *[dym, pył, gazy]* ⇒ **emitować** ④ Fiz. to emit *[energię]* ⇒ **emitować**

wyfas|ować *pf vt* środ., Wojsk. (wydać) to issue, to give [sth] out, to give out *[broń, mundury]*; (pobrać) to draw *[żywność, broń]* ⇒ **fasować**

wyfiok|ować się *pf v refl.* pot. ① (wystroić się) to get all dolled up a. tarted up GB pot.; **~owała się jak na wesele** she put on her best bib and tucker ② (uczesać się) to do up one's hair elaborately, to get an elaborate hairdo

wyfiokowan|y *adi.* pot. ① (wystrojony) *[kobieta]* overdressed; tarted up GB pot., dolled up US pot. ② (pretensjonalnie uczesany) *[kobieta]* coiffured

wyfracz|ony *adi.* pot. *[kelner, lokaj]* dressed up in tails

wyfroter|ować *pf vt* **~ować podłogę** to polish the floor, to give the floor a polish ⇒ **froterować**

wy|ga *m, f* (*Npl m* **wygi**, *Gpl m* **wyg** a. **wygów**; *Npl f* **wygi** *Gpl f* **wyg**) pot. old stager a. trouper, old hand; **dziennikarski/morski wyga** a seasoned journalist/a sea dog; **stary wyga** smart guy, nobody's fool; **stary wyga z niego** (there are) no flies on him

wygada|ć *pf* Ⅰ *vt* ① pot., pejor. (zdradzić) to let out, to blurt out *[sekret, prawdę]*; **wszystko ~ła** she blurted out everything ② pot. (zwierzyć się) to tell; **~ła mi wszystko, co ją dręczyło** she told me everything that was bothering her Ⅲ **wygadać się** pot. ① (zdradzić tajemnicę) to give the game away; **~ć się przed kimś** to let on to sb; **~ć się z czymś** to let on about sth; to let the cat out of the bag about sth pot.; **nie ~j się, że ją znasz** don't let on a. let (it) slip that you know her ② (wypowiedzieć się) to talk oneself out; **~ć się do woli** a. **za wszystkie czasy** to talk to one's heart's content; **nie mogła się ~ć** she

couldn't talk enough ③ (zwierzyć się) to confide (**przed kimś** in sb); **nie mam się komu ~ć** I have no one to confide in
wygadan|y Ⅱ *pp* → **wygadać**
Ⅲ *adi.* pot. (wymowny) eloquent, voluble; [*sprzedawca*] glib pejor., smooth-tongued pejor.; **być ~ym** to have the gift of the gab pot.; **nigdy nie byłem ~y** I've never been much of a talker a. one to talk much; **ten to jest ~y!** he's a talker!, this guy's some talker!

wygad|ywać *impf* pot., pejor. Ⅰ *vt* (mówić bez sensu) **~ywać brednie** a. **bzdury** a. **głupoty** to talk drivel a. rubbish a. twaddle; **~ywać niestworzone rzeczy** to tell tall a. incredible stories; **nie przejmuj się, ludzie ~ują różne rzeczy** never mind, people talk all kinds of nonsense; **co ty ~ujesz?!** what on earth are you talking about?, what are you on about?
Ⅱ *vi* (mówić źle) to say bad things (**na kogoś/coś** about sb/sth); to bad-mouth *vt* pot. (**na kogoś/coś** sb/sth); **~ywać na męża** to speak ill of a. run down one's husband

wygajać *impf* → **wygoić**
wyganiać *impf* → **wygolić**[1]
wyganiać *impf* → **wygnać**
wygarb|ować *pf vt* to tan [*skórę zwierzęcą*] ⇒ **garbować**
■ **~ować komuś skórę** pot. to tan sb's hide

wygarn|ąć *pf* — **wygarn|iać** *impf* (**~ęła, ~ęli** — **~iam**) Ⅰ *vt* ① (wydobyć) to get out; **~ął popiół z paleniska** he raked out the ashes from the hearth; **~ął śmieci spod łóżka** he got a. pulled the rubbish out from under the bed ② pot. (wyprowadzić) to lead a. pull out; (pod przymusem) to force out; **policja ~ęła ich z pociągu** the police pulled a. forced them out of the train ③ pot. (powiedzieć) **~ąć komuś** to give sb a tongue-lashing, to bawl sb out; **~ąć komuś całą prawdę** a. **wszystko** to give sb a piece of one's mind pot., to tear sb off a strip GB pot.; **~ełam jej prosto z mostu** I gave it to her straight from the shoulder GB pot.; **już ja mu ~ę!** I'll have something to say to him!, I'll tell him what I think about it!
Ⅲ *vi* pot. (wystrzelić) to fire, to shoot (**z czegoś** sth); **~ąć do kogoś z karabinu** to fire a shot at sb, to shoot at sb; **~ął do dzika cały magazynek** he fired a. shot (out) all his cartridges at the boar

wygarniać *impf* → **wygarnąć**
wygasać *impf* → **wygasnąć**
wyga|sić *pf* — **wyga|szać** *impf vt* ① (zgasić) to put [sth] out, to put out [*ogień, ognisko*]; to turn [sth] off, to turn off [*piec*]; to put [sth] out, to put out, to turn [sth] off, to turn off [*światła*] ② Techn. (wyłączyć) to turn a. shut [sth] off, to turn a. shut off [*silnik*]; to turn a. switch [sth] off, to turn a. to switch off [*telewizor*]; to shut [sth] down, to shut down [*reaktor*]; **~sić ekran** Komput. to blank the screen ③ (wstrzymać) to halt, to stop [*produkcję*] ④ przen. (osłabić) to stifle, to suppress [*emocje*]; to contain [*konflikt*]

wyga|sły *adi.* ① [*ognisko, świeca, palenisko*] dead; **~sły wulkan** Geol. an extinct volcano

② książk., przen. [*uczucia, emocje, namiętności*] spent; [*spory, konflikty*] terminated ③ [*ród, dynastia*] extinct

wyga|snąć *pf* — **wyga|sać** *impf vi* ① (zgasnąć) [*ogień*] to die (down), to go out; [*płomień*] to die, to go a. peter out; [*światło*] to go out ② przen. (skończyć się) [*epidemia*] to die out a. down; [*strajki*] to end, come to an end; [*spory*] to end; [*entuzjazm, namiętność*] to die down; [*miłość*] to die ③ Prawo (stracić ważność) [*kontrakt*] to expire, to lapse; [*umowa, członkostwo*] to expire, to terminate, to run out; [*gwarancja, mandat, prawa autorskie*] to expire, to run out; **oferta ~sa 31 grudnia** the offer expires on 31 December ④ przen. (wymrzeć) [*dynastia*] to die out, to come to an end; **męska linia rodu ~sła na ich synu** the male line of the family became extinct when their son died ⑤ Geol. [*wulkan*] to become extinct

wygaszać *impf* → **wygasić**
wygawo|r *m* (G **~ru**) sgt pot. reprimand, rebuke; **dać** a. **robić komuś ~r** to tell sb off pot., to give sb a talking-to pot.; **dostać od kogoś ~r** to get told off by sb pot., to get a talking-to from sb pot.

wygener|ować *pf vt* ① książk. (wytworzyć) to generate, to make [*dochód, zysk, stratę, dźwięk*]; **grafiki/hasła ~owane przez komputer** computer-generated graphics/passwords ⇒ **generować** ② Fiz. to generate, to produce [*energię, impulsy elektryczne*] ⇒ **generować**

wyg|iąć *pf* — **wyg|inać** *impf* (**~nę, ~ięła, ~ięli** — **~inam**) Ⅰ *vt* ① (pochylić) to bend [*część ciała*]; **~iąć tułów do przodu** to bend a. lean one's body forward; **kot ~iął grzbiet (w pałąk)** the cat arched its back ② (nadać kształt) to bend [*pręt, blachę*]; **~iąć drut w kształt litery S** to bend a wire into an S shape
Ⅱ **wygiąć się** — **wyginać się** ① (pochylić się) to bend over a. down; **~iąć się do przodu/tyłu** to bend forward(s)/backward(s); **~iąć się w łuk** to arch ② (odkształcić się) [*drut*] to bend, to get bent; [*deska, gałąź*] to bend, to bow; **aluminium łatwo się ~ina** aluminium bends easily

wygibas *m* (G **~u** a. **~a**) zw. pl pot. ① (ruch ciała) **~y** contortions, twists and turns ② (zakrętas) flourish, swirl ③ przen., pejor. **~y słowne/intelektualne** verbal/intellectual acrobatics; **musiałem robić różne ~y, żeby zdobyć pozwolenie** I had to go through all sort of hoops to get permission pot.

wygię|cie Ⅱ *sv* → **wygiąć**
Ⅲ *n* curve, bend; **przednie ~cie kręgosłupa** Med. a forward curve of the spine
wygimnastykowan|y *adi.* [*osoba*] supple, acrobatic; [*ciało*] well-exercised, fit; [*palce*] skilled; [*umysł*] agile, nimble
wyginać *impf* → **wygiąć**
wygin|ąć *pf* (**~ęła, ~ęli**) *vi* [*zwierzęta, rośliny, gatunek*] to become extinct, to die out; [*osoby*] to die out; **gatunki zagrożone ~ięciem** species threatened with a. in danger of a. facing extinction
wyglan|sować, wyglan|cować *pf vt* to polish, to shine [*buty, podłogę, srebra*] ⇒ **glansować**

wygląd *m* (G **~du**) sgt ① (człowieka) appearance, look; **czyjś młodzieńczy ~d** sb's youthful looks a. appearance; **~d zewnętrzny** external a. outward appearance; **człowiek o ~dzie biznesmena/hippisa** a man looking like a businessman/hippy a. hippie; **miała sympatyczny/schludny/niechlujny ~d** she had a pleasant/a neat/an untidy look (about her); **dbać/zadbać o swój ~d** to care about/to take care of one's appearance; **przywiązywać dużą wagę do swojego ~du** to be particular about one's appearance; **sądząc z ~du, musiał mieć koło trzydziestki** by the look(s) of him a. judging by his appearance he must have been about thirty; **z ~du przypominał swojego ojca** he looked like a. resembled his father; **swoim ~dem wzbudzał zainteresowanie/zaufanie** his appearance aroused interest/inspired trust; **nie podoba mi się jego ~d** I don't like the look of him; **oceniać ludzi po ~dzie** to judge people by their appearance; **~d to nie wszystko** (physical) appearance isn't everything ② (rzeczy, miejsca) appearance, look; (zwierzęcia) appearance; **poprawić ~d miasta** to improve the appearance of a city, to smarten up a city; **różnić się ~dem (od czegoś)** to differ a. be different (from sth)

wyglądać[1] *impf* → **wyjrzeć**
wygląda|ć[2] *impf vi* ① (prezentować się) [*osoba*] to look; **~ć elegancko/interesująco/ładnie** to look smart/interesting/pretty; **~ć podejrzanie** to look suspicious; **~ć źle/dobrze/świetnie** to look bad/good/great; **~ć jak ktoś/coś** (przypominać) to look like sb/sth, to resemble sb/sth; **wreszcie ~sz jak człowiek!** now you look like a (normal) human being!; **~ł jak jakiś menel** a. **trochę jak menel** pot. he looked like some sort of bum a. like a bit of a bum pot.; **pokój ~ł jak po bombardowaniu** the room looked as if a bomb had hit it; **~ć jak śmierć** to look like death (warmed up); **~ć jak z żurnala** [*osoba*] to be a real a. fashion plate przen.; **to nie jego wina, że ~ jak ~** it's not his fault he looks the way he looks; **~, jakby był zakochany** he looks as if a. as though he were in love; **~ na to, że będzie padać (deszcz)** it looks like (it's going to) rain, it looks as if a. as though it will rain; **~ na to, że będzie pracowity dzień** it looks like being a busy day; **to mi ~ na podróbkę** pot. it looks like a fake to me; **mówią, że zima będzie łagodna i wszystko na to ~** they say this winter is going to be mild and it certainly looks it; **„czy mam rację?" – „na to ~"** 'am I right?' – 'so it seems a. apparently so'; **~ć na swój wiek** a. **na swoje lata** to look one's age; **on nie ~ na swój wiek** he doesn't look his age; **~ł młodo jak na swój wiek** he looked young for his age; **~ła na młodszą niż jest** she looked younger than she was; **~ na jakieś 40 lat** s/he looks about 40; **ma 35 lat, ale nie ~ na tyle** s/he's 35, but s/he doesn't look it; **jak ~m?** how do I look?; **jak on ~?** what does he look like?; **~sz na zmęczonego** you look tired; **ładnie ~sz w tej sukience**

you look nice in that dress, that dress looks nice on you; **młodo/dziwnie ~jący człowiek** young-/odd-looking man [2] (być postrzeganym w jakiś sposób) to look; **sprawy ~ją dobrze/źle** things are looking good/bad; **przyszłość ~ obiecująco/nie ~ zbyt różowo** the future looks promising/doesn't look very bright [3] (wyczekiwać) **~ć czegoś/ (na) kogoś** to long for sth/to eagerly await sb; **~ć słońca** to long for sunshine; **~ła listu od narzeczonego** she was anxiously awaiting a letter from her fiancé

■ **jak to ~!** I ask you!, the very idea!; **jak to ~da, żeby uczniowie klęli przy nauczycielach!** pupils swearing in front of teachers? whoever heard of such a thing! a. did you ever hear of such a thing!; **ładnie bym/byś ~** I/you would be in a real a. fine mess

wyglądn|ąć pf (~ęła, ~ęli) vi dial. → **wyjrzeć**

wygładzać impf → **wygładzić**

wygła|dzić pf — **wygła|dzać** impf Ⅰ vt [1] (uczynić gładkim, równym) to smooth [sth] away a. out, to smooth away a. out [zmarszczki]; to smooth a. even [sth] out, to smooth a. even out [skórę]; to smooth (down) [tkaninę]; to round [sth] off, to round off [krawędzie, brzegi]; to rub [sth] down, to rub down [drewno, gips]; **~dzić pognieciony papier** to smooth (out) the crumpled paper; **~dzić deskę heblem** to plane a board smooth; **~dzić powierzchnię papierem ściernym** to sand down a surface with sandpaper; **~dzić ściany gipsem** to even out a. smooth the walls with plaster; **~dziła zagniecenia na sukience** she smoothed a. removed the creases from her dress; **ptak ~dził piórka** the bird plumed its feathers; **~dzone przez wodę kamienie** water-smoothed stones [2] przen. (uczynić poprawnym) to polish [sth] up, to polish up [styl, tekst]; to polish [sth] up, to polish up, to refine [język]; **~dzony stylistycznie** stylistically polished

Ⅱ **wygładzić się** — **wygładzać się** [1] (stać się gładkim) [powierzchnia, morze] to become smooth, to smooth (out); [zmarszczki] to smooth away a. out; [cera] to even out [2] przen. (zostać udoskonalonym) [styl] to become polished

wygłaszać impf → **wygłosić**

wygłodnia|ły adi. [1] [osoba, zwierzę] ravenous [2] przen. (odczuwający brak) [osoba] starving; (seksualnie) sex-starved; **być ~łym seksualnie/uczuciowo** [3] przen. (pożądliwy) [oczy, spojrzenie] hungry; **spojrzał na nią ~łym wzrokiem** he looked at her hungrily [4] przen. (odczuwający brak towarów) [rynek] hungry

wygłodni|eć pf (~eję, ~ał, ~eli) vi to get very hungry, to be starving; **~ał po długim spacerze** the long walk made him very hungry

wygł|odzić pf (~odzę a. ~ódź) Ⅰ vt to starve [osobę, naród]

Ⅱ **wygłodzić się** to go hungry; to starve oneself przen.

wygłodz|ony Ⅱ pp → **wygłodzić**

Ⅱ adi. [1] [osoba, zwierzę] ravenous [2] przen. (odczuwający brak) [rynek, gospodarka] hungry;

---

być ~onym seksualnie to be starving for sex [3] przen. [spojrzenie] hungry; [twarz] hungry, starved

wygł|osić pf — **wygł|aszać** impf vt to give, to deliver [wykład, prelekcję]; to give, to present [referat]; to give, to preach [kazanie]; to recite [wiersz]; **~osić monolog** to deliver a monologue; **~osić mowę powitalną/pożegnalną** to give a welcoming a. welcome/farewell speech; **~osić orędzie do narodu** to address the nation; **~osić przemówienie** to give a. make a speech; to deliver an address książk.; **~aszać banały** to spout a. mouth platitudes; **~aszać niepopularne opinie** to voice a. express unpopular opinions

wygłup m (G ~u) zw. pl pot. antics pl; tomfoolery pot.; **szczeniackie ~y** schoolboy antics; **śmiać się z czyichś ~ów** to laugh at sb's antics; **dosyć tych ~ów!** (that's) enough tomfoolery!; stop fooling around, will you?; **tylko bez ~ów!** no messing around!, don't get up to any nonsense!

wygłupia|ć się impf v refl. pot. to mess around pot., to fool (about a. around) pot.; **dzieci ~ły się na lekcji** the children were fooling a. messing around in class; **~ć się przed kamerą** to goof a. play around in front of the camera; **przestań się ~ć i weź się do roboty!** stop messing around a. quit screwing around US pot. and get to work!; **nie ~j się, przecież wiesz, że to ja** don't be silly a. stop that nonsense, you know it's me

wygłupi|ć się pf v refl. pot. to make a fool of oneself, to make oneself look foolish a. ridiculous (**przed kimś** in front of sb)

wygłuszać impf → **wygłuszyć**

wygłusz|yć pf — **wygłusz|ać** impf vt [1] Techn. to soundproof, to (sound-)insulate [pomieszczenie, ściany]; to muffle, to deaden [dźwięk]; to deaden, to reduce [hałas]; **materiał ~ający** soundproofing material; **auto jest dobrze ~one** the car is well soundproofed a. well insulated against noise [2] książk., przen. (osłabić) to stifle, to suppress [krytykę]; **~yć swój gniew** to appease one's anger

wyg|nać, wyg|onić pf — **wyg|aniać** impf vt [1] (zmusić do opuszczenia miejsca) to drive out, to expel; **~nać kogoś z kraju** to drive a. hound sb out of the country; **gdy zaszła w ciążę, rodzice ~nali dziewczynę z domu** her parents threw a. kicked the girl out of their home when she became pregnant; **~aniać demony** to drive out demons; **pogoda taka, że psa by nie ~onił a. nie ~nał** I wouldn't turn a. send a dog out in this weather [2] (zmusić do zmiany miejsca) to chase [sb/sth] away a. off, to chase away a. off [osy]; **~onić kogoś z kuchni/ łazienki** to chase sb out of the kitchen/ bathroom; **~oń muchy z pokoju** chase the flies out of the room; **~nać bydło na pastwisko** to turn a. drive cattle out to pasture; **bieda ~nała ich na ulice** poverty drove them onto the streets

■ **~nać coś z pamięci** to banish sth from one's memory a. mind; **~nać kogoś a. pamięć o kimś z serca** a. **z duszy** to rid

---

a. free one's heart of sb, to banish all thoughts of sb from one's mind a. memory

wygnani|e Ⅱ sv → **wygnać**

Ⅱ n sgt [1] Hist. (banicja) exile, banishment; **skazać kogoś na ~e** to exile a. banish sb; **odwołać kogoś z ~a** to recall sb from exile; **~e z raju** Bibl. the banishment from Eden [2] książk. (przebywanie z dala od miejsca zamieszkania) exile; **dobrowolne/przymusowe ~e** self-imposed a. voluntary/enforced exile; **przebywać/żyć/umrzeć na ~u** to be/to live/to die in exile; **wrócić z ~a** to return from exile

wygna|niec m (V ~ńcze a. ~ńcu) exile, outcast

wygnańcz|y adi. **~y los/~a tułaczka** an exile's fate/wanderings

wygniatać impf → **wygnieść**

wygniatan|y Ⅱ pp → **wygnieść**

Ⅱ adi. [tapicerka, skóra] embossed

wygni|ć pf (~je) vi [1] (zgnić w dużej ilości) [zboże, ziemniaki] to rot away [2] (zgnić w środku) [pień, drzwi] to rot through

wygni|eść pf — **wygni|atać** impf (~otę, ~eciesz, ~ecie, ~ótł, ~otła, ~etli ~atam) Ⅱ vt [1] (wycisnąć) to press a. squeeze [sth] out, to press a. squeeze out [sok]; to squeeze [pryszcz]; **~atać winogrona na sok** to press grapes for juice [2] (wyrobić) to knead [ciasto, glinę] [3] (zmiąć) to crease, to crumple [spodnie, suknię] [4] (zostawić wzór) to imprint, to impress; **~eść ślady na piasku** to make footprints on the sand; **~atać wzory na skórze** to emboss patterns on leather [5] (zniszczyć) to wear out [kanapę]; to wear out the seat of [fotel]

Ⅱ **wygnieść się** — **wygniatać się** [1] (zostać wygniecionym) [ubranie] to crease, to get creased a. crumpled [2] (pognieść na sobie ubranie) to get one's clothes all creased a. crumpled

wygni|ły adi. rotten; **~ły pień** a trunk that is rotten inside

wyg|oda f [1] sgt (komfort) comfort; **dla ~ody** for (the sake of) convenience; **z myślą o ~odzie** a. **w trosce o ~odę klientów zainstalowano bankomaty** ATMs have been installed for a. to ensure the customers' convenience; **zrobić coś dla własnej ~ody** to do sth for one's own convenience; **bliskość poczty to wielka ~oda** it's extremely convenient to have a post office nearby [2] zw. pl (rzeczy, urządzenia) (w mieszkaniu) amenity zw. pl; **podstawowe ~ody** basic amenities a. comforts; **mieszkali w starym domu bez ~ód** they lived in an old house with no modern conveniences a. amenities

wygodnic|ki Ⅱ adi. pot., pejor. [osoba] comfort-seeking, comfort-loving; **prowadzić ~kie życie** to lead an easy life

Ⅱ **wygodnic|ki** m, **~ka** f pot., pejor. (dbający o wygody) creature of comfort; (unikający wysiłku) slacker pot., shirker pot.

wygodnictw|o n sgt pejor. [1] (upodobanie do wygód) comfort-loving nature; **ganił nas za ~o** he rebuked us for our love of comfort [2] (postępowanie) ≈ looking after number one pot.

wygodnie adv. grad. [1] (w sposób zapewniający wygodę) [podróżować] comfortably; **siedzieć/ (u)siąść ~ w fotelu** to sit comfortably/to sit back a. make oneself comfortable in an armchair; **~ się tu siedzi** it's comfortable sitting here; **pokój jest ~ urządzony** the room is comfortably appointed; **w tych butach bardzo ~ się chodzi** these shoes are very comfortable to wear; **~ ci?** are you comfortable?; **żyć ~** to lead a comfortable life; **do jeziora można ~ dojechać samochodem** the lake is convenient to reach by car ② (w sposób odpowiadający komuś) **zmienił pracę, bo tak mu było ~** he changed his job because it was convenient a. expedient for him to do so; **każdy przychodzi na posiłki, kiedy mu ~** everyone comes and eats whenever it suits them

wygodn|y adi. grad. ① (zapewniający wygodę) [fotel, łóżko, buty, ubranie, dom] comfortable; comfy pot.; **urządzenie jest ~e w użyciu** the machine is user-friendly; **przyjąć a. przybrać ~ą pozycję siedzącą** to assume a comfortable sitting position ② (dogodny) [dostęp, wymówka, termin] convenient; [życie, posada] comfortable ③ (dogadzający sobie) [osoba] comfort-loving; **był zbyt ~y, żeby nam pomóc** he was too lazy to help us

wyg|oić pf — **wyg|ajać** impf (~oi — ~aja) **Ⅰ** vt to heal (up) [ranę]; **źle ~ojona noga** a badly healed leg

Ⅲ wygoić się — **wygajać się** [rana, skaleczenie] to heal (up a. over)

wyg|olić¹ pf — **wyg|alać** impf **Ⅰ** vt to shave [policzki]; **~olić włosy pod pachami** to shave (off) one's underarm hair; **świeżo/starannie/gładko ~olona twarz** a freshly/close-/clean-shaven face; **mieć ~oloną głowę** to have a shaven head

Ⅲ wygolić się — **wygalać się** ① (ogolić samego siebie) to shave ② (zostać ogolonym) to be given a. to have a shave

wyg|olić² pf vt posp. to swill a. guzzle [sth] down pot., to swill a. guzzle down pot. [butelkę koniaku, pół litra]

wygon m (G ~u) środ., Roln. ① (pastwisko) common a. communal pasture ② (droga) cattle track

wygonić → **wygnać**

wygospodar|ować pf — **wygospodar|owywać** impf vt to find [fundusze]; **~ować miejsce na szafę** to make room for a wardrobe; **muszę ~ować trochę czasu na czytanie/wizytę u kosmetyczki** I need to find some time for reading/to visit a beautician

wygospodarowywać impf → **wygospodarować**

wygot|ować pf — **wygot|owywać** impf **Ⅰ** vt ① (wyjałowić) to boil, to sterilize [narzędzia chirurgiczne]; to boil [słoiki, bieliznę] ② (pozbawić smaku lub wartości odżywczych) to boil (down) [mięso]; to overcook [jarzyny]

Ⅲ wygotować się — **wygotowywać się** ① (odkazić) [strzykawka] to be boiled a. sterilized ② (wyparować) [zupa, mleko] to boil away a. off; **woda w czajniku całkiem się ~owała** the kettle has boiled dry

wygotowan|y Ⅰ pp → **wygotować**

Ⅲ adi. [woda] boiled off; **zupa była prawie ~a** the soup has almost boiled away a. dry

wygotowywać impf → **wygotować**

---

wygód|ka f pot. privy, outside toilet; **skorzystać z ~ki** to use the privy a. outhouse US

wygórowan|y adi. [ambicje, kwota] excessive, inordinate; [wymagania] excessive, unreasonable; [żądania] excessive, exorbitant; [oczekiwania] unreasonable; [opinia] inflated; [rachunki] exorbitant; steep pot.; **mieć ~e mniemanie o sobie** to think a lot of oneself; to be too big for one's boots pot.; **on ma ~e mniemanie o sobie** he thinks he's something special; **ceny są tutaj ~e** they charge steep a. exorbitant prices here; **cena była trochę ~a jak na moją kieszeń/jak dla mnie** the price was a bit steep for my wallet/a bit on the expensive side for me; **ceny nie są zbyt ~e** the prices are not too steep a. high a. bad

wygrabiać impf → **wygrabić**

wygrab|ić pf — **wygrab|iać** impf vt to rake (away a. up) [liście]; to rake (out a. up) [podwórko]

wygr|ać pf — **wygr|ywać** impf (~am — ~ywam) **Ⅰ** vt ① (zwyciężyć) to win [mecz, zawody, wyścig, konkurs, turniej]; **~ać z kimś** to win against sb; **~ać z przeciwnikiem** to beat an opponent; **~ać z kimś w szachy/tenisa** to beat sb at chess/tennis; **~ać trzema bramkami** a. **różnicą trzech bramek** to win by three goals; **~ać o dwie długości** to win by two lengths; **Polska ~ała z Anglią 3:1** Poland beat England 3-1, Poland won by three goals to one against England; **~ać na punkty/przez nokaut** [bokser] to win on points/by a knockout; **~ać łatwo/gładko/zdecydowanie/bezwarunkowo** to win easily/comfortably/convincingly a. handsomely/outright ② (zdobyć wygraną) to win [samochód, wycieczkę]; **~ać pierwszą nagrodę** to win (the) first prize; **~ać na wyścigach (konnych)** to win at the races, to (have a) win on the horses; **~ać 1000 złotych w karty** to win 1000 zlotys at cards ③ (osiągnąć sukces) to win [proces, sprawę, przetarg, zakład, wojnę, casting]; to win, to carry [bitwę]; **~ać konkurs na dyrektora** to be selected for the post of director; **z łatwością ~ać wybory** to walk away with the election, to sail through the election; **~ać ze stresem/ze swoimi słabościami** to beat stress/one's weaknesses; **z fiskusem nie ~asz** you can't win with a. beat the taxman ④ (zagrać) [osoba, radio, zegar] to play [melodię]; **~ywać polki na akordeonie** to play polkas on the accordion ⑤ środ., Kino, Teatr **~ać wszystkie niuanse sztuki** to bring out all the nuances of a play ⑥ (wykorzystywać) to exploit; **~ywać sytuację dla własnych celów** to cash in on a situation pot.; **~ywać dzieci przeciwko rodzicom** to play children off against parents

Ⅲ vi ① Gry [los, bilet loteryjny] to win; **każdy/co trzeci los ~ywa** every ticket a winner/every third ticket wins ② przen. (zostać uznanym za lepsze) to win out; **nasze produkty często ~ywają z zagranicznymi** our products often win out over the foreign ones; **tym razem doświadczenie ~ało z młodością** this time experience won out a. triumphed over youth ③ (skorzystać) **~ać na**

---

czymś to benefit from sth, to do well out of sth; **na tej aferze ~ała przede wszystkim opozycja** the scandal was primarily to the benefit of the opposition; **wszyscy na tym ~ają** everyone will benefit a. profit from it

■ ~ać w cuglach to win hands down, to romp home; **~ać z kimś w cuglach** to beat sb hands down; **nie ~ałam nóg na loterii** pot. ≈ I've had enough traipsing around pot.

wygramol|ić się pf v refl. pot. to clamber out, to scramble out; **~ić się z samochodu/spod stołu** to clamber a. scramble out of the car/to clamber out from under the table ⇒ **gramolić się**

wygran|a f (Gpl ~ych) ① (zwycięstwo) win, victory; **nieznaczna/znaczna/pewna/zdecydowana ~a** a narrow/a comfortable/a convincing/an emphatic a. outright win; **~a w wyborach** a victory in the election, an election victory; **~a Włoch z Niemcami 2:1** Italy's 2-1 win a. victory over Germany; **mecz zakończył się łatwą ~ą gości** the game was an easy win a. a walkover for the visiting team; **to nasza siódma ~a w tym sezonie/z rzędu** this is our seventh win this season a. of the season/win in a row a. consecutive win ② Gry (nagroda) (rzecz) prize; (pieniądze) winnings pl; **~a na loterii** a win on the lottery, lottery win a. winnings; **~a pieniężna** cash prize, prize money; **główna** a. **najwyższa ~a** first a. top prize, jackpot; **zdobyć** a. **trafić główną ~ą** to win first prize, to hit the jackpot; **główną ~ą w konkursie jest weekend w Londynie** the first a. top prize in the competition is a weekend in London

■ dać a. **dawać za ~ą** to give up, to back down; **próbowałem naprawić zamek, ale w końcu dałem za ~ą** I tried to repair the lock, but finally gave up; **odmówiła, ale on nie dawał za ~ą** she said no, but he wouldn't give up

wygrawer|ować pf vt to engrave, to inscribe [napis, dedykację, datę] (**na czymś** on sth); **~ował swoje inicjały na zegarku** he had his initials on the watch engraved a. inscribed, he had the watch engraved a. inscribed with his initials; **pióro z pięknie ~owaną stalówką** a pen with a finely engraved a. chased nib ⇒ **grawerować**

wygraża|ć impf vi to threaten (**komuś** sb); **zaczął ~ć, że go zabije** he began to threaten to kill him; **~ć komuś pięścią** to shake one's fist at sb

wygrywać impf → **wygrać**

wygryzać impf → **wygryźć**

wygry|źć pf — **wygry|zać** impf (~zę, ~ziesz, ~zł, ~zła, ~źli — ~zam) **Ⅰ** vt ① (robić otwór) to gnaw (out) [dziurę] (**w czymś** in sth) ② (zjeść) to gnaw [sth] down, to gnaw down, to eat [sth] away, to eat away [trawę] ③ pot., pejor. (pozbawić stanowiska) to oust; **~źć kogoś ze stanowiska** to oust a. remove sb from their post; **~źć kogoś z posady** to oust sb from their job; **~źć kogoś z interesu** to drive a. edge sb out of business

Ⅲ wygryźć się — **wygryzać się** pot. to oust each other

wygrz|ać *pf* — **wygrz|ewać** *impf* (~**eję** — ~**ewam**) ▯ *vt* to warm (up); ~**ać łóżko** to warm up the bed; ~**ać sobie stopy** to warm (up) one's feet; ~**ane słońcem plaże** sun-warmed beaches ▯▯ **wygrzać się** — **wygrzewać się** to warm oneself (up), to warm up; ~**ewać się przy kominku** to warm up a. warm oneself by the fire; ~**ewać się na słońcu** to bask in the sun; **idź do łóżka i się ~ej** go to bed and get a. keep warm

wygrzeb|ać *pf* — **wygrzeb|ywać** *impf* (~**ię** — ~**uję**) ▯ *vt* 1 (wyjąć) to dig [sth] out a. up, to dig out a. up; ~**ać coś ze śniegu/z piasku** to dig sth out of the snow/ sand; ~**ał klucz z kieszeni** he dug a. fished a key out of his pocket 2 pot. (odszukać) to dig [sth] out, to dig out, to unearth [*stare zdjęcia*]; to dig [sth] out, to dig out, to turn [sth] up, to turn up [*informację*]; to bring [sth] up, to bring up [*stare historie*] 3 (zrobić zagłębienie) to dig [sth] (out), to dig (out) [*dół, norę*]; ~**ać dziurę w ziemi** to dig a hole in the ground ▯▯ **wygrzebać się** — **wygrzebywać się** pot. 1 (wyjść) to dig oneself out; ~**ać się z łóżka** to drag oneself out of bed; ~**ać się spod śniegu/gruzów** to dig oneself out of the snow/out from the rubble 2 (przezwyciężyć) to get oneself out; ~**ać się z kłopotów** to get oneself out of trouble; ~**ać się z długów** to get a. clear oneself of debt; ~**ać się z choroby** to shake off an illness; **miał cztery operacje i ciągle nie wiadomo, czy się ~ie** he's had four operations and it is still not clear if he'll pull through a. if he'll make it 3 (być gotowym) to get (oneself) ready; **nie ~ię się z tą robotą do jutra** I won't get this job done by tomorrow; **nigdy nie mogła ~ać się na czas** she could never make it in time; **kiedy wreszcie się ~iesz?** when will you be ready?

wygrzebywać *impf* → **wygrzebać**

wygrzewać *impf* → **wygrzać**

wygrzmo|cić *pf* ▯ *vt* 1 (zbić) to bash [sb] about a. around; ~**cić kogoś kijem/ pasem** to whack sb with a stick/to thrash sb with a belt; ~**cić kogoś pięściami** to beat sb up with one's fists ⇒ **grzmocić** 2 wulg. (odbyć stosunek płciowy) to bang wulg. ⇒ **grzmocić** ▯▯ **wygrzmocić się** pot. 1 (zbić wzajemnie jeden drugiego) to thrash each other ⇒ **grzmocić się** 2 (przewrócić się) to fall (down), to take a tumble

wygub|ić *pf vt* książk. to exterminate, to wipe out [*ludzkość, insekty domowe*]; **epidemie ~iły całe miasta** the epidemics wiped out a. destroyed entire cities

wygwi|zdać *pf* — **wygwi|zdywać¹** *impf* (~**żdżę** — ~**zduję**) *vt* 1 (wykonać gwiżdżąc) to whistle [*melodię, piosenkę*] 2 (wyrazić dezaprobatę) to boo, to hiss [*aktora, mówcę, sztukę*]; **zostać ~zdanym** to get booed; **to get the bird** GB pot.

wygwizd|ów *m sgt* pot., żart. 1 (miejsce wystawione na działanie wiatru) windy a. wind-swept place; **tutaj jest straszny ~ów** it's awfully windy out here 2 (peryferie) outskirts *pl*, outlying districts *pl*; **mieszkali na (jakimś) ~owie** they lived in the middle of nowhere

wygwizdywać¹ *impf* → **wygwizdać**

wygwizd|ywać² *impf vi* [*ptak*] to whistle

wyhaft|ować *pf vt* 1 (wyszyć) to embroider; **ręcznie ~owane serwetki** hand-embroidered napkins; ~**owany złotem/ złotą nicią** embroidered a. worked in gold/ gold thread ⇒ **haftować** 2 pot. (zwymiotować) to throw up pot., to puke pot. ⇒ **haftować**

wyham|ować *pf* — **wyham|owywać** *impf* ▯ *vt* 1 (zmniejszyć prędkość) to slow [sth] down, to slow down [*pociąg, pojazd*]; (zatrzymać) to stop, to bring [sth] to a halt [*pociąg, pojazd*]; ~**owywać prędkość lotu** to reduce the flight speed 2 przen. (osłabić) to curb [*inflację*]; to curb, to check [*bezrobocie, import, wzrost*] 3 przen. (powściągnąć) to stifle, to suppress [*emocje*] ▯▯ *vi* (zmniejszyć prędkość) [*pociąg, pojazd*] to slow down, to decelerate; (zatrzymać się) [*pociąg, pojazd*] to brake to a stop, to come to a halt; **ciężarówka ~owała do 30 km/godz.** the truck slowed down to 30 km/h; **kierowca nie zdążył ~ować i uderzył w jadący przed nim samochód** the driver didn't have time to brake and hit the car in front of him

wyhamowywać *impf* → **wyhamować**

wyhasa|ć się *pf v refl.* 1 (wybiegać się) to have a good romp; **daj dzieciom/psom się ~ć** let the kids/dogs romp around 2 (wytańczyć się) to dance to one's heart's content

wyhod|ować *pf vt* 1 (otrzymać hodując) to breed, to raise [*zwierzę*]; to grow [*roślinę*]; to cultivate, to grow [*bakterie, komórki*]; to cultivate [*tkankę*]; to incubate [*wirusa, komórki*]; ~**ować drzewo z nasienia** to grow a tree from a seed ⇒ **hodować** 2 (poprzez selekcję) to breed [*rasę*]; ~**ować nową odmianę pszenicy** to develop a new variety of wheat ⇒ **hodować** 3 żart. (uzyskać w wyniku starań) to grow [*bródkę, zarost*] ⇒ **hodować**

■ ~**ować żmiję na własnym łonie** to nurse a. nurture a viper in one's bosom

wyidealiz|ować *pf vt* to idealize, to romanticize; ~**owany obraz dzieciństwa** an idealized picture of one's childhood ⇒ **idealizować**

wyimagin|ować sobie *pf v refl.* przest., książk. ~**ować sobie coś** to imagine sth [*sytuację, przygody*]; ~**ował sobie, że jest detektywem** he imagined that he was a detective, he imagined himself as a detective ⇒ **imaginować sobie**

wyimaginowan|y *adi.* książk. [*wróg, stwór, sytuacja, problem*] imaginary, imagined; **rozmyślał o swoich prawdziwych czy też ~ych dolegliwościach** he pondered over his ailments, real or imaginary; **żyła w (swoim) ~ym świecie** she lived in a world of make-believe

wyim|ek *m* książk. (z listu, książki, przemówienia) excerpt, extract; ~**ki z prasy** a. **prasowe** excerpts from the press, press excerpts

wyizol|ować *pf* — **wyizol|owywać** *impf* ▯ *vt* 1 (oddzielić od całości) to isolate [*pomieszczenie*]; **problem ~owany z kontekstu** a problem isolated from its context 2 (spowodować odosobnienie) to isolate; **choroba ~owała go z życia towarzyskiego** his

illness excluded him from social life 3 Nauk. (wyodrębnić składnik) to isolate [*wirusa, gen, substancje*] ▯▯ **wyizolować się** — **wyizolowywać się** 1 (odseparować się od ludzi) to isolate oneself, to cut oneself off (**z czegoś** from sth); ~**ować się ze społeczeństwa** to seclude oneself from society 2 (odseparować się od wpływów) to isolate oneself; ~**ować się ze świata zewnętrznego** to cut a. shut oneself off from the outside world; **posiadał umiejętność ~owywania się** he had the ability to shut himself off

wyizolowan|y ▯ *pp* → **wyizolować** ▯▯ *adi.* [*osoba*] isolated; **był tak ~y, że nie słyszał hałasu** he was so preoccupied that he didn't hear the noise

wyjadacz *m* (*Gpl* ~**y** a. ~**ów**) pot. **stary ~** an old trouper a. stager

wyjadać *impf* → **wyjeść**

wyjaławiać *impf* → **wyjałowić**

wyjałowia|ły *adi.* 1 Roln. [*ziemia, gleba*] barren, unproductive 2 książk., przen. [*życie*] hollow

wyjał|owić *pf* — **wyjał|awiać** *impf* ▯ *vt* 1 Roln. (uczynić nieurodzajnym) to make [sth] barren [*glebę*]; to impoverish [*ziemię*]; ~**owić glebę ze składników pokarmowych** to deplete a. drain the soil of its nutrients; ~**owiona gleba** barren a. impoverished soil 2 przen. (pozbawić treści, wartości) to drain; ~**owiony umysł** a barren mind; **czuła się ~owiona duchowo** she felt spiritually deprived a. drained 3 (wysterylizować) to sterilize, to render [sth] sterile [*narzędzia chirurgiczne, naczynie*]; ~**owiona gaza/~owiony opatrunek** sterile a. sterilized gauze/sterile a. aseptic dressing ▯▯ **wyjałowić się** — **wyjaławiać się** przen. ~**owić się z pomysłów twórczych** to lose one's creative spark

wyjałowi|eć *pf* (~**eję, ~ał**) *vi* 1 Roln. (stać się nieurodzajnym) [*ziemia, gleba*] to become barren a. unproductive ⇒ **jałowieć** 2 książk., przen. (stać się pozbawionym treści, wartości, sensu) [*życie*] to become meaningless ⇒ **jałowieć**

wyjaskrawiać *impf* → **wyjaskrawić**

wyjaskraw|ić *pf* — **wyjaskraw|iać** *impf vt* książk. to exaggerate, to overstate [*rolę, znaczenie, fakty*]

wyjaśniać *impf* → **wyjaśnić**

wyjaśni|ć *pf* — **wyjaśni|ać** *impf* ▯ *vt* 1 (objaśnić) to explain, to account for [*fakt, zjawisko*]; to explain [*zagadkę*]; to clarify [*okoliczności*]; to clear [sth] up, to clear up, to clarify [*nieporozumienie, problem, sprawę*]; ~**ć coś komuś** to explain sth to sb, to clarify sth for sb; **nie umieć ~ć czegoś** to be unable a. at a loss to explain sth; ~**j mi, o co tutaj chodzi** explain to me what it's all about; **choroba ~ała jej nieobecność** her illness accounted for her absence; **to wszystko ~a!** that explains everything!, that explains it!; **tajemnica jego śmierci nigdy nie została ~ona** the mystery of his death has never been clarified; **to należy ~ć** this needs to be clarified a. explained; ~**jmy to na przykładzie** let's explain it with a. using an example; **za długo byłoby ~ać** it would take too long to explain 2 (uzasadnić) to explain [*motywy*];

W

to clear [sth] up, to clear up, to clarify *[wątpliwości]*; **chciałbym ~ć jedną rzecz** I'd like to clarify one thing a. make one thing clear; **~jmy sobie jedno** let's get one thing straight; **jak to ~sz?** how are you going to a. how can you explain that? **III wyjaśnić się — wyjaśniać się** [1] (stać się zrozumiałym) *[sytuacja]* to become clear, to clarify itself; *[punkt sporny]* to be clarified a. cleared up; **tajemnica się ~ła** the mystery resolved itself; **wszystko się wreszcie ~ło** everything has become clear at last [2] (rozjaśnić się) *[niebo]* to clear (up), to brighten up; **~a się** it's brightening up, the weather is clearing up

wyjaśnie|nie [II *sv* → **wyjaśnić II** *n* [1] (objaśnienie) explanation, clarification (**czegoś** of sth) *[faktu, zjawiska]*; explanation, elucidation (**czegoś** of sth) *[tajemnicy, zagadki]*; **podać naukowe ~nie jakiegoś zjawiska** to provide a. offer a scientific explanation for a phenomenon; **musi być jakieś ~nie** there must be some explanation; **to zdjęcie chyba nie wymaga ~ń** I think this photo is self-explanatory; **tytułem ~nia** by way of explanation; **gwoli ~nia – nie jestem wegetarianinem** just to clarify matters – I'm not a vegetarian; **należy się kilka słów ~nia/małe ~nie** a few words of explanation are in order/a little clarification is in order; **udzielić komuś ~ń** to give sb an explanation [2] (usprawiedliwienie) explanation (**czegoś** for sth); **zażądać od kogoś ~ń (co do czegoś)** to call sb to account (for sth); **żądać ~nia czegoś** to demand an explanation of sth, to demand clarification on sth; **domagać się od kogoś ~ń** to ask sb for an explanation; **żądam ~ń** I demand an explanation; **zatrzymany odmówił składania ~ń** the detainee refused to give an explanation

wyjawiać *impf* → **wyjawić**
wyjawi|ć *pf* — **wyjawi|ać** *impf vt* książk. to reveal, to disclose; **~ć tajemnicę** to reveal a secret

wyj|azd *m* (*G* **~azdu**) *zw. sg* [1] (odjazd) departure; **na ~eździe** away from home; **nasi piłkarze znakomicie zagrali na ~eździe** our soccer team played excellently away from home [2] (podróż) trip, journey; **~azd służbowy/turystyczny/prywatny** a business/tourist/private trip; **~azd za granicę** a trip abroad [3] (miejsce) exit

wyjazdow|y *adi.* [1] (dotyczący wyjazdu) departure *attr.*; *[droga]* exit *attr.*; **ruch wjazdowy i ~y** inbound and outbound traffic; **wiza ~a** an exit visa [2] *[mecz]* away-from-home *attr.*

wyj|ąć *pf* — **wyj|mować** *impf* (**~mę, ~ęła, ~ęli — ~muję**) *vt* [1] (wydobyć) to take [sth] out, to take out, to remove; **~mować ciasto z pieca** to take the cake out of the oven; **~ąć kulę z rany** to remove a bullet from a wound; **~ąć książkę z półki** to take a book off a shelf [2] książk. (wyodrębnić) to take [sth] out, to take out, to extract *[fragment tekstu]*; **zdanie ~ęte z kontekstu** a sentence taken out of context [3] książk. (wykluczyć) to exempt (**spod czegoś** from sth); **~awszy kogoś/coś** with the exception of a. except for sb/sth

■ **~ęty spod prawa** outlaw; **~mować kasztany z ognia (cudzymi rękami)** to pull chestnuts out of the fire (with a cat's paw); **nie ~mować z ust** pot. to chain-smoke; **z ust mi to ~ąłeś** pot. you took the words out of my mouth

wyjąka|ć *pf vt* to stammer out *[odpowiedź, słowo]*; **nie mógł nic ~ć** he couldn't utter a word

wyjąt|ek *m* (*G* **~ku**) [1] (osoba, zdarzenie) exception; **chlubny ~ek** a notable exception [2] (odstępstwo) exception; **~ek od zasady/od reguły** an exception to the rule/principle; **bez ~ku** without exception; **w drodze ~ku** as an exception; **z drobnymi** a. **małymi** a. **z niewieloma ~kami** with a few exceptions; **z ~kiem kogoś/czegoś** except for sb/sth; **z ~kiem ciebie** except for you; **zrobić dla kogoś ~ek** to make an exception for sb [3] (fragment) excerpt [4] Jęz. exception

■ **~ek potwierdza regułę** przysł. the exception proves the rule; **nie ma reguły bez ~ku** przysł. there are no rules without exceptions

wyjątkowo *adv.* [1] (szczególnie) exceptionally, extraordinarily; **~ piękny dzień** an exceptionally beautiful day; **~ grzeczne dziecko** an extraordinarily good child [2] (nadzwyczaj) unusually

wyjątkowoś|ć *f sgt* książk. (dzieła, sytuacji) uniqueness

wyjątkow|y *adi.* [1] (rzadki) exceptional, unique; **~y talent** an exceptional a. a unique talent; **mieć ~e szczęście** to be extremely lucky, to have tremendous luck; **był artystą pod każdym względem ~ym** as an artist he was unique in every way a. respect; **film cieszył się ~ym powodzeniem** the film was extremely successful [2] (szczególny) exceptional, rare; **~a okazja** (sposobność) a rare a. an exceptional opportunity; (towar, usługa) real bargain; **w ~ych wypadkach** in exceptional circumstances

wyjeb|ać *pf [I vt* wulg. [1] (o stosunku seksualnym) to fuck wulg. ⇒ **jebać** [2] (wyrzucić) to chuck pot. *[rzecz]*; to give [sb] the boot pot. *[osobę]*

III wyjebać się wulg. to go arse up wulg.; **~ała się na schodach** she went arse up on the steps

wyj|echać *pf* — **wyj|eżdżać** *impf* (**~adę — ~eżdżam**) *vi* [1] (opuścić miejsce) **~echać z garażu** to drive out of a garage; **~echać na szosę** *[kierowca, pojazd]* to drive into a main road; **z lasu ~echała ciężarówka** a lorry drove out of the forest [2] (w podróż) to leave; **~echać z miasta/kraju** to leave town/the country [3] pot. (odezwać się) to come out (**z czymś** with sth); **~echać z wymówkami** to come out with some scathing remarks

■ **~echać z pyskiem** a. **z gębą** a. **z buzią** posp. to bawl out; **~echać na czymś/na kimś** pot. to use sth/sb to one's advantage

wyjedn|ać *pf* — **wyjedn|ywać** *impf vt* książk. to get a. obtain a. elicit [sth] by begging; **~ać sobie pozwolenie na coś** to get permission to do sth; **~ać sobie przywileje/względy** to procure privileges/favours for oneself

wyjednywać *impf* → **wyjednać**

wyj|eść *pf* — **wyj|adać** *impf* (**~em, ~esz, ~adł, ~adła, ~edli — ~adam**) *vt* [1] (zjeść wybierając) to eat; **~adła rodzynki z ciasta** she ate up all the raisins from the cake [2] (zjeść wszystko) to eat up; **przez zimę ~adł wszystkie zapasy** he ate up all his food reserves during the winter

wyj|ezdne *n* **na ~ezdnym** (just) before one's departure; **jestem na ~ezdnym** I'm about to leave

wyje|ździć *pf [I vt* [1] (zryć drogę kołami) to make ruts in *[drogę]*; **~żdżona droga** a rutted road [2] (osłabić jeżdżeniem) to run [sth] into the ground *[samochód, wóz]*

III wyjeździć się to do a lot of travelling; **~ździła się po świecie** she's travelled the world

wyjeżdżać *impf* → **wyjechać**

wyje|czeć *pf* — **wyję|kiwać** *impf* (**~czysz, ~czał, ~czeli — ~ kuję**) *vt* [1] (powiedzieć) to groan out; **~czał swoją ostatnią prośbę** he groaned out his final request; **„jak mnie boli głowa!", ~czała** 'I've got such a headache,' she groaned [2] pot. (wyprosić) to obtain a. elicit [sth] by begging

wyjękiwać *impf* → **wyjęczeć**
wyjmować *impf* → **wyjąć**
wyj|rzeć, wyj|ądnąć *pf* — **wyj|glądać¹** *impf* (**wyjrzysz, wyjrzał, wyjrzeli — wyglądam**) *vi* [1] (wyzierać) to look out, to peep out; **pies wyjrzał z budy** the dog looked out of his kennel; **wyglądała przez okno** she peeped through the window [2] pot. (ukazać się) to come out; **spódnica wyglądała jej spod płaszcza** her skirt showed beneath her coat; **słońce wyjrzało zza chmur** the sun came out from behind the clouds

wyjś|cie [II *sv* → **wyjść II** *n* [1] (czynność wychodzenia) departure, exit; **po jej ~ciu** after she had left [2] (otwór) exit, way out; egress książk.; **pilnować ~cia** to guard the exit; **tylne/boczne ~cie** a rear/side exit; **~cie zapasowe** an emergency exit [3] (rozwiązanie) way out; **szukać ~cia z trudnej sytuacji** to look for a way out of a difficult situation; **chyba jest jakieś ~cie** there may be a way out; **nie ma ~cia, musimy się zgodzić** we have no choice but to agree; **położenie bez ~cia** a dead end [4] pot. (spotkanie) outing [5] Techn. output; **~cie wzmacniacza** the amplifier output [6] Komput. output [7] Gry playing; **~cie w piki/kiery** playing a spade/a heart

wyjściowo *adv.* pot. smartly; **ubrana ~ poszła na przyjęcie** she went to the party smartly dressed

wyjściow|y *adi.* [1] (początkowy) *[baza, pozycja]* starting; *[stan, sytuacja]* initial; *[dane]* initial; Komput. output *attr.*; **cena ~a** an initial a. a starting price; **punkt ~y** a point of departure (**do** a. **dla czegoś** for sth) [2] (stanowiący wyjście) *[brama, drzwi, schody]* exit *attr.* [3] (świąteczny) *[ubranie, sukienka]* Sunday *attr.*; **mundur ~y** Wojsk. mess dress [4] Elektr., Komput. *[gniazdo, przewód, urządzenie]* output *attr.*

wyj|ść *pf* — **wy|chodzić** *impf* (**wyjdę, wyjdziesz, wyszedł, wyszła, wyszli — wychodzę**) *vi* [1] (opuścić miejsce) to leave, to go out; **wyjść z domu** to go out; **wyjść na spacer** to go for a walk; **wyjść do miasta** to go to town; **rano wyszła po zakupy** in the morning she went shopping; **strajkujący wyszli na ulicę** the strikers took to the streets; **wyjść/wychodzić z portu** to set sail; **z tej szkoły wyszło wielu mądrych ludzi** many clever people have come out of this school 2 przen. (stać się widocznym) to come out; **żyły wyszły mu na czoło** his veins showed on his forehead; **oczy wyszły mu na wierzch** his eyes bulged; **słońce wyszło zza chmur** the sun came out from behind the clouds 3 (zakończyć pobyt) to leave; **wyjść z wojska** to leave the army; **wyjść ze szpitala/z więzienia** to be released from hospital/prison; **wyjść na wolność** to be set free, to be released 4 (wydostać się) to free oneself (**z czegoś** from sth); **wyjść z tarapatów** to get oneself out of trouble; **wyjść cało z katastrofy/niebezpieczeństwa** to come out of a catastrophe/dangerous situation unscathed a. unharmed; **wyjść z długów** to get out of debt 5 (wziąć początek) to originate, to come from; **ta plotka wyszła od niego** it was him that started this rumour; **inicjatywa wyszła od pracowników** the initiative came from the workers 6 (być skierowanym) to face vt; **okna wychodzą na południe/na ogród** the windows face south/overlook the garden 7 (ukazać się w druku) to come out, to be published; **pismo wychodzi co kwartał** the magazine is published quarterly 8 (zostać zrobionym) to come out; **to dzieło wyszło spod ręki Matejki** this masterpiece is by Matejko; **z materiału wyszły dwie zasłony** there was enough fabric for two curtains 9 (udać się) to come out; **nic mu w życiu nie wychodziło** nothing worked out for him; **robota dobrze wyszła** the job came out well; **dobrze/źle wychodzić na zdjęciu a. fotografii** to photograph well/badly, to take a good/bad photograph 10 pot. (wyczerpać się) **papierosy mi wyszły** I have run out of cigarettes 11 pot. (wyniknąć) to result (**z czegoś** from sth); **co z tego wyjdzie?** what will come of this?; **na jedno wychodzi** it's all the same; **to ci wyjdzie na zdrowie** it'll do you good, you'll be all the better for it; **wychodzi na to, że...** it looks that...; **nic nie wyszło z naszych starań/wysiłków** all our efforts came to nothing 12 pot. (wypaść) to come out, to fall out; **wszystkie włosy wyszły mu w czasie choroby** he lost all of his hair during the illness 13 (wystąpić) to come out 14 (zacząć grę w karty) to play; **wyjść w piki** to play a spade 15 Sport **wyjść na pierwsze miejsce** a. **na prowadzenie** to go into the lead; **wyjść na ostatnią prostą** to come into the home a. final stretch ∎ **wyjść na prostą** ≈ to be home and dry; **bokiem mi/nam to wychodzi** pot. I am/we are fed up with it; **nie móc wyjść z podziwu/z osłupienia/ze zdumienia** to be astounded a. flabbergasted; **nie wychodzić od kogoś** a. **z czyjegoś domu** to virtually live in sb's home; **nie wychodzić z czegoś** pot. (o ubraniu) to be forever a. always wearing sth; **wychodzić poza coś**

a. **ramy czegoś** to extend a. reach beyond sth; **wychodzić z roli** środ. to go out of character; **wyjść na błazna** a. **głupca** to make a fool of oneself; **wyjść z formy** to be a little rusty; **wyjść z obiegu/z mody/z użycia** to go out of circulation/fashion/use; **wyjść z siebie** to lose one's temper; **wyjść z wprawy** to be out of practice; **wyjść z założenia** to make an assumption; **wyjść za mąż** a. **za kogoś** to marry sb; **wyszło szydło z worka** the truth has come out

wy|ka f Bot. vetch
wykaligraf|ować pf vt to calligraph; **starannie ~owała swoje imię i nazwisko** she meticulously calligraphed her name and surname ⇒ **kaligrafować**
wykalkul|ować pf — **wykalkul|owywać** impf vt 1 pot. (zaplanować) to work [sth] out, to work out, to calculate; **dobrze to ~owałeś** you've worked it out well 2 przest. (obliczyć) to calculate
wykalkulowywać impf → **wykalkulować**
wykałacz|ka f 1 (do przekąsek) skewer 2 (do zębów) toothpick; **dłubać ~ką w zębach** to pick one's teeth, to clean one's teeth with a toothpick
wykańczać impf → **wykończyć**
wykapan|y adi. pot. to **~y ojciec** (łudząco podobny) he's the spitting image of his daddy; (o podobnym usposobieniu) (he's) a chip of the old block
wykarask|ać się pf v refl. pot 1 pot. (wygramolić się) to scramble out, to get out (**z czegoś** of sth) 2 pot. (wybrnąć) to get out (**z czegoś** of sth); **~ać się z tarapatów** to get oneself out of trouble; **ciężko harowaliśmy, żeby się ~ać z długów** we worked hard to get out of debt
wykarcz|ować pf vt to clear [las]; to dig up [pnie] ⇒ **karczować**
wykarmiać impf → **wykarmić**
wykarm|ić pf — **wykarm|iać** impf vt 1 (karmić własnym mlekiem) [kobieta] to breastfeed, to nurse; [samica] to suckle 2 (wyżywić) to feed, to rear; **pracował, aby ~ić liczną rodzinę** he worked to feed a. rear his large family
wykasłać → **wykaszleć**
wykasływać impf → **wykaszleć**
wykas|ować pf vt to erease, to delete [dane, plik]
wykastr|ować pf vt 1 Med., Wet. (wytrzebić) to castrate [osobę, zwierzę]; to geld [zwierzę] 2 Bot. to remove anthers from blossoms before flower buds open 3 przen. (o tekście) to purge, to bowdlerize
wykaszać impf → **wykosić**[1]
wykaszlać → **wykaszleć**
wykaszl|eć, wykasz|lać pf — **wykaszl|iwać** impf (~ał, ~eli — ~uję) vt to cough [sth] up, to cough up [flegmę]
II **wykaszlać się, wykaszleć się** to stop coughing
wykaz m (G ~u) list, register; **~ alfabetyczny** an alphabetical list; **prowadzić ~** to keep a register; **~ nazwisk/adresów** a list of names/addresses
wyka|zać pf — **wyka|zywać** impf (~żę — ~zuję) vt książk. 1 (unaocznić) to demonstrate, to point [sth] out, point out [nieścisłości, pomyłki] 2 (uzewnętrznić) to de-

monstrate, to display [energię, inicjatywę]; **~zać dużo dobrej woli** to demonstrate a lot of good will 3 (ujawnić) to show, to reveal; **~zywać podobieństwa/różnice do czegoś** to be similar to sth/different from sth; **śledztwo ~zało, że było to samobójstwo** the investigation has established that it was suicide
II **wykazać się** — **wykazywać się** 1 (pokazywać) to demonstrate vt, to display vt (**czymś** sth) [wiedzą, odpowiedzialnością]; **~zać się dyplomem** to produce a. show one's diploma 2 pot. to distinguish oneself
wykazywać impf → **wykazać**
wykąp|ać pf II vt 1 (zanurzyć w wodzie) to give a bath to, to bath, to wash [dziecko, psa] 2 Chem. to bathe
II **wykąpać się** to bathe, to have a bath; **~ała się w gorącej wodzie** she had a hot bath
wykidaj|ło m (Npl ~ły) pot. bouncer; chucker-out pot.
wykiełk|ować pf vi 1 (wypuścić kiełki) to sprout, to shoot ⇒ **kiełkować** 2 przen. (powstać) [myśl] to germinate; **w głowie ~ował mu ciekawy pomysł** an interesting idea germinated in his mind ⇒ **kiełkować**
wykiełkowan|y adi. sprouted; **~e nasiona pszenicy** wheat sprouts
wykier|ować pf — **wykier|owywać** impf II vt 1 (skierować) to direct, to point; **kamery ~owane na osobę prezydenta** cameras pointed at the president 2 pot. (pokierować) to direct; **~ował sprawę na właściwe tory** he managed to get things on the right track
II **wykierować się** — **wykierowywać się** pot. to end up; (źle) to get oneself in a difficult position
∎ **dobrze** a. **ładnie** a. **pięknie kogoś ~ować** pot., iron. to get sb into trouble; **~ować kogoś na dobrego człowieka/lekarza** pot. to bring someone up to be a fine man/doctor; **~ował się na dobrego fachowca** he became a good tradesman; **~ować się na ludzi** a. **na człowieka** pot. to become a fine man/woman
wykierowywać impf → **wykierować**
wykipi|eć pf (~ał) vi to boil over; **zupa ~ała** the soup boiled over ⇒ **kipieć**
wykit|ować pf vi posp. to pop off pot., to croak pot.; **~ować na serce** to die from a heart condition
wykiwa|ć pf vt pot. 1 (oszukać) to trick, to dupe; **łatwo go było ~ć** he was easy to trick 2 Sport, środ. (prowadzić piłkę) to feint; **~ć obrońców przeciwnej drużyny** to feint past the opponent's defenders
wyklar|ować pf II vt 1 (uczynić przejrzystym) to clarify; **~ować rosół/wino** to clarify the broth/wine 2 pot. (wytłumaczyć) to clarify, to make clear
II **wyklarować się** 1 (stać się przezroczystym) to clarify 2 pot. (wyjaśnić się) to become clear, to be clarified; **sprawa się ~owała** the matter became clear
wyklarowan|y II pp → **wyklarować**
II adi. (czysty) clarified; **~e wino** clarified wine
wykla|skać pf — **wykla|skiwać** impf vt 1 (wybić dłońmi) to clap; **~skać rytm** to

clap the rhythm [2] pot. (wywołać na scenę) to call [sb] for an encore *[artystę, piosenkarza]*; **publiczność ~skała go na scenę** the audience called him for an encore [3] pot. (zmusić do opuszczenia sceny) ≈ to boo; **widzowie ~skali go ze sceny** the audience booed him off the stage

wyklaskiwać *impf* → **wyklaskać**

wykl|ąć *pf* — **wykl|inać** *impf* (**~nę, ~ęła, ~ęli** — **~inam**) *vt* [1] (potępić) to curse; **~ął własną córkę** he cursed his own daughter [2] Relig. (rzucić klątwę) to anathematize, to excommunicate

wykle|ić *pf* — **wykle|jać** *impf vt* [1] (wylepić) to line; **~iła cały pokój plakatami piosenkarzy** she lined the whole room with posters of singers [2] (zrobić obrazek) to paste together *[obrazek]*

wyklejać *impf* → **wykleić**

wyklejan|ka *f* collage

wyklej|ka *f* Druk. endpaper

wyklep|ać *pf* — **wyklep|ywać** *impf vt* [1] (uderzać) to thump [2] (wyrównać) to hammer out *[blachę, karoserię]* [3] pot. (wygadać) to blabber out; **wszystko ~ał sąsiadom** he blabbered everything out to the neighbours [4] pot. (odklepać) to rattle off *[pacierz, wiersz]*

wyklepywać *impf* → **wyklepać**

wyklinać *impf* → **wykląć**

wykluczać *impf* → **wykluczyć**

wyklucz|yć *pf* — **wyklucz|ać** *impf* [I] *vt* [1] (usunąć z grupy) to expel, to exclude [2] (wyłączyć) *[osoba]* to rule out; *[fakty]* to make [sth] impossible; **nie ~am, że...** it's possible that...; **nie ~amy możliwości przystąpienia do strajku** we are not ruling out a strike [3] (spowodować wykluczenie) to eliminate; **wykrycie środków dopingujących ~a zawodnika z rozgrywek** the detection of performance-enhancing drugs excludes competitors from the contest

[II] **wykluczyć się** — **wykluczać się** to exclude each other; **te dwa pojęcia wzajemnie się ~ają** these two concepts are mutually exclusive

[III] **wykluczone** *adi. praed.* out of the question; **to ~one, żeby on był w to zamieszany** it's not possible that he was involved

wyklu|ć się *pf* — **wyklu|wać się** *impf* (**~ł się, ~li się** — **~wał się**) *v refl.* [1] *[pisklę]* to hatch; **~ć się z jajka** to hatch out [2] przen. (uformować się) *[myśl]* to hatch, to form; **w mojej głowie ~ł się nowy pomysł** a new idea formed in my head

wyklu|ty *adi. [pisklę]* hatched

wykluwać się *impf* → **wykluć się**

wykła|d *m* (*G* **~du**) lecture; **~dy z chemii/literatury** lectures in chemistry/literature; **wygłosić ~d** to give a lecture; **mieć ~dy z biologii** to have lecture a. give lectures in biology; **miał ~d na temat teorii względności** he gave a lecture on the theory of relativity; **nie musisz mi robić ~du** pot., przen., iron. I understand all that

wykładać¹ *impf* → **wyłożyć**

wykład|ać² *impf vt* to lecture on *[przedmiot]*; **~ać literaturę/historię** to lecture

on literature/history; **~ać na wyższej uczelni** to be an academic teacher

wykładni|a *f* (*Gpl* **~**) książk. interpretation; **~a prawa** Prawo interpretation of the law

wykładowc|a *m* [1] (na uczelni) (academic) teacher; (na kursie) instructor [2] (stanowisko dydaktyczne) lecturer; **starszy ~a** a senior lecturer

wykładow|y *adi.* lecture *attr.*

wykładzin|a *f* (ścienna) panelling; (podłogowa) (sheet) flooring; (dywanowa) (fitted) carpet; **~a dźwiękochłonna** soundproof padding

wykłócać się *impf* → **wykłócić się**

wykłó|cić się *pf* — **wykłó|cać się** *impf v refl.* to argue (**z kimś** with sb); **~cić się o pieniądze** to argue about money

wyk|łuć *pf* — **wyk|łuwać** *impf* (**~łuję** a. **~olę, ~łujesz** a. **~olesz, ~łuł, ~łuła, ~łuli** — **~łuwam**) *vt* [1] (wyłupić) to put a. poke a. gouge [sth] out, to put a. poke a. gouge out; **nie ~łuj sobie oka tym długopisem** don't poke your eye out with that pen [2] (nakłuć) to tattoo

■ **ciemno choć** a. **że oko ~ol** (it's) pitch black a. dark; **kruk krukowi oka nie ~ole** przysł. dog does not eat dog przysł.

wykłuwać *impf* → **wykłuć**

wykole|jować *pf vt* pot. to short-change (**z czegoś** on sth); **~owali go ze stanowiska** they ousted him from the position

wykole|ić *pf* — **wykole|jać** *impf* [I] *vt* [1] Transp. to derail *[pociąg, tramwaj]* [2] książk., przen. to demoralize

[II] **wykoleić się** — **wykolejać się** [1] (wyskoczyć z szyn) to derail; **pociąg się ~ił** the train was derailed [2] przen. (wejść na złą drogę) to become demoralized; **zupełnie się ~ił w złym towarzystwie** he became totally demoralized by keeping bad company

wykolejać *impf* → **wykoleić**

wykolejeni|e [I] *sv* → **wykoleić**

[II] *n sgt* [1] (pociągu) derailment [2] książk. **~e społeczne** social aberration

wykoleje|niec *m* pot., pejor. derelict

wykolej|ony [I] *pp* → **wykoleić**

[II] *adi.* [1] *[pociąg, tramwaj]* derailed [2] (upadły moralnie) *[osoba, młodzież]* demoralized

wykoł|ować *pf* — **wykoł|owywać** *impf vt* [1] pot. (oszukać) to take [sb] for a ride pot.; **bandyta ~ował wspólników przy podziale łupów** the bandit ripped off his accomplices when dividing the spoils [2] Lotn. to taxi; **samolot ~ował na pas startowy** the plane taxied onto the runway

wykołowywać *impf* → **wykołować**

wykombin|ować *pf vt* pot. [1] (wywnioskować) to work [sth] out, to work out; **~ować odpowiedź** to come up with an answer [2] (skombinować) to manage to get

wykon|ać *pf* — **wykon|ywać¹** *impf vt* książk. [1] (zrobić) to carry [sth] out, to carry out; **~ać rozkaz** to carry out an order; **~ać doświadczenie na myszach** to perform an experiment on mice; **zespół w terminie ~ał plan** the team executed the plan on time [2] (wytworzyć) to make; **artysta ~ał rzeźbę w glinie** the artist made a sculpture out of clay [3] (odtworzyć) to perform; **orkiestra ~ała dwie symfonie Mozarta**

the orchestra performed two symphonies by Mozart

wykonalnoś|ć *f sgt* książk. feasibility, viability

wykonaln|y *adi.* [1] książk. feasible, viable; **czy ten plan jest ~y?** is this plan feasible [2] Prawo enforceable; **natychmiast ~e postanowienie sądu** an immediately enforceable court order

wykona|nie [I] *sv* → **wykonać**

[II] *n* [1] *sgt* (robocizna) workmanship; **dobre/fatalne ~nie** good/shoddy workmanship [2] (publiczna prezentacja) performance, execution; (interpretacja) interpretation, rendition; **pierwsze ~nie nowej symfonii** the first performance of a new symphony; **artysta zachwycił publiczność oryginalnością ~nia** the artist delighted the audience with the originality of his interpretation; **słyszałem wiele ~ń tej sonaty** I've heard many interpretations a. renditions of this sonata; **koncert w ~niu kogoś** a concerto performed by sb; **w jego ~niu dowcipy są zwykle mało śmieszne** the way he tells a joke, it doesn't usually come out very funny

wykonawc|a *m* [1] (realizator) (planu, testamentu) executor [2] (artysta) performer [3] (wytwórca) contractor; **generalny ~a prac remontowych** the general contractor for renovation works; **krajowi ~y** national contractors

wykonawczo *adv.* książk. performance-wise

wykonawcz|y *adi.* [1] książk. *[styl, maniera]* performing; *[precyzja]* performance *attr.* [2] Prawo *[organ, komitet, klauzula, rozporządzenie]* executive; **przepisy ~e** executory provisions; **postępowanie ~e** executory proceedings

wykonawczy|ni *f* książk. [1] (realizatorka) executrix [2] (artystka) performer

wykonawstw|o *n sgt* książk. [1] (odtworzenie) performance [2] (realizacja) execution; **solidne ~o** reliable workmanship

wykoncyp|ować *pf vt* przest., żart. to work [sth] out, to work out; **nie mógł nic mądrego ~ować** he was unable to come up with anything worthwhile

wykonywać¹ *impf* → **wykonać**

wykon|ywać² *impf vt* (pracować) to do; **~uję zawód stolarza** I work as a carpenter

wykończać *impf* → **wykończyć**

wykończe|nie [I] *sv* → **wykończyć**

[II] *n* (ozdobny brzeg ubrania) trimming

wykończeniow|y *adi. [prace, roboty, materiały]* finishing

wyk|ończyć *pf* — **wyk|ańczać, wyk|ończać** *impf* [I] *vt* [1] (doprowadzić do końca) to finish, to complete; **~ończyć mieszkanie** to put the finishing touches to a flat; **~ończyć pracę w terminie** to complete work on time; **być na ~ończeniu** *[praca]* to be close to completion [2] (zużyć) to use up; **~ończył całe zapasy cukru** he used up all the sugar supplies [3] pot. (zabić) to finish off; **mafia ~ończyła paru swoich przeciwników** the mafia did in several of its adversaries pot. [4] pot. (zniszczyć) to finish; **choroba zupełnie ją ~ończyła** the illness turned her into a wreck; **ta praca mnie ~ańcza** this work is exhausting me; **być**

na ~ończeniu *[osoba]* to be close to death **II wykończyć się — wykańczać się, wykończać się** [1] pot. (doprowadzić się do upadku) to run oneself into the ground [2] (wyczerpać się) to run out; **wszelkie zapasy już im się ~ończyły** all their supplies have run out [3] (niszczyć) to destroy a. exhaust each other; **~ańczać się kłótniami/złośliwościami** to exhaust each other with arguments/maliciousness

wykop *m* (*G* ~**u**) [1] (podkop) excavation, pit [2] *zw. pl* (roboty ziemne) earthwork [3] Sport (kopnięcie) kick; **bramkarz silnym ~em posłał piłkę na środek boiska** the goalkeeper sent the ball to the midfield with a strong kick

wykop|ać *pf* — **wykop|ywać** *impf* **II** *vt* [1] (tworzyć rowy) to dig; **~ać rów/studnię** to dig a ditch/to sink a well [2] (odkopać) to dig [sth] up, to dig up, to unearth; **~ać stare monety z ziemi** to dig up old coins from the ground [3] posp. (wyrzucić kopniakiem) to boot [sb] out; **~ać kogoś za drzwi** to boot sb outside [4] przen., pot. (zwolnić) to kick [sb] out; **~ał go z posady** he kicked him out of the position

II wykopać się — wykopywać się pot. to dig oneself out; **~ać się spod gruzów** to dig oneself out from under the rubble

wykopalisk|o II *n* Archeol. [1] (znalezisko) excavation, find [2] (teren) excavation, dig **III wykopaliska** *plt* Archeol. excavations

wykopaliskow|y *adi.* *[badania, prace, tereny, odkrycia]* excavation *attr.*

wykop|cić *pf vt* pot. to smoke; **~cił całą paczkę papierosów** he smoked a whole packet of cigarettes

wykopk|i *plt* (*G* ~**ów**) [1] Roln. (wykopywanie ziemniaków) potato-lifting [2] Roln. (okres wykopków) harvesting of root crops [3] pot. (rozkopywanie) digging [4] pot. (wykopane doły) holes in the ground

wykopyrtn|ąć się *pf* (~ęła się, ~ęli się) *v refl.* pot. to fall over

wykopywać *impf* → **wykopać**

wykork|ować *pf vi* pot. to peg out pot., to kick the bucket pot.; **~ował na serce** his heart conked out

wykorzeniać *impf* → **wykorzenić**

wykorze|nić *pf* — **wykorze|niać** *impf* **II** *vt* [1] (wykopać rośliny z korzeniami) to eradicate [2] przen. (wyplenić) to extirpate, to eradicate; **~nić coś ze świadomości narodu** to eradicate sth from the nation's consciousness

II wykorzenić się — wykorzeniać się książk. *[osoba]* to lose one's national identity, to forget one's roots

wykorzyst|ać *pf* — **wykorzyst|ywać** *impf vt* [1] (spożytkować) to use, to utilize; **dobrze ~ać swoje możliwości/pieniądze** to make good use of one's abilities/money; **umieć ~ywać każdą okazję** to know how to make the most of every opportunity; **~ać coś ponownie** to reuse sth [2] (wyzyskać) to exploit; **~ywać kogoś seksualnie** to abuse sb sexually [3] (uwieść) to take advantage of, to seduce *[kobietę]*; **~ał ją i porzucił** he took advantage of her and then chucked her

wykorzystywać *impf* → **wykorzystać**

wyk|osić¹ *pf* — **wyk|aszać** *impf vt* to mow *[łąkę, pole]*

wyko|sić² *pf vt* [1] książk., przen. (uśmiercić) to kill; to mow down przen. [2] pot. (wyeliminować) to eliminate; **~sić konkurencję** to eliminate the competition [3] pot. (oblać) to fail *[studentów]*

wykoszt|ować się *pf* — **wykoszt|owywać się** *impf v refl.* to spend a lot; **bardzo się ~owali na tę wycieczkę** they spent a lot on that trip

wykosztowywać się *impf* → **wykosztować się**

wykoślawiać *impf* → **wykoślawić**

wykoślaw|ić *pf* — **wykoślaw|iać** *impf* pot. **II** *vt* [1] (wykrzywić) to twist *[buty, obcasy]* [2] przen. (zniekształcić) to distort *[wizerunek, obraz, wizję]*; to warp *[charakter, osobowość]*

II wykoślawić się — wykoślawiać się [1] (wykrzywić się) *[buty, obcasy]* to get twisted [2] przen. (zdeformować się) *[charakter]* to warp

wykpi|ć *pf* — **wykpi|wać** *impf* **II** *vt* to ridicule *[osobę, wady, słabostki]*

II wykpić się — wykpiwać się to weasel (**od czegoś** out of sth); **~ć się od kary/obowiązków** to weasel a. get out of punishment/responsibilities; **~ł się anegdotą zamiast dać konkretną odpowiedź** he got out of giving a specific answer with an anecdote

wykpiwać *impf* → **wykpić**

wykraczać *impf* → **wykroczyć**

wykradać *impf* → **wykraść**

wykrajać → **wykroić**

wykra|kać *pf* (~**czę**) *vt* pot., pejor. to prophesy ⇒ **krakać**

wykra|ść *pf* — **wykra|dać** *impf* (~**dnę, ~dniesz, ~dł, ~dła, ~dli — ~dam**) **II** *vt* [1] (przywłaszczyć sobie) to steal (away) *[dokumenty, dzieła sztuki, plany]* [2] (uprowadzić) to kidnap, to abduct *[dziecko]*

II wykraść się — wykradać się (wyjść niespostrzeżenie) to sneak a. steal out

wykrawać *impf* → **wykroić**

wykre|ować *pf* **II** *vt* [1] (stworzyć) to create; **~ować swój styl/image** to create one's own style/image ⇒ **kreować** [2] (wypromować) to package, to promote *[aktora, zespół, film, produkt]* ⇒ **kreować**

II wykreować się to create one's image (**na kogoś** as sb); to make oneself (**na kogoś** into sb); **prędko ~ował się na gorliwego demokratę** he swiftly transformed himself into an ardent democrat ⇒ **kreować się**

wykres *m* (*G* ~**u**) graph, chart; **~ temperatury/opadów** a temperature/rainfall chart; **~ kolumnowy** a bar graph, histogram; **~ kołowy** a pie chart; **przedstawić dane na ~ie** a. **w postaci ~u** to present data in the form of a graph a. chart □ **~ funkcji** Mat. graph of a mathematical function

wykreślać *impf* → **wykreślić**

wykreśl|ić *pf* — **wykreśl|ać** *impf* **II** *vt* [1] (skreślić) to cross off, to delete; **~ili jej nazwisko z listy uczestników wycieczki** they crossed her name off the list of trip participants [2] (narysować) to draw (up), to plot; **~ić projekt budynku/stadionu** to draw up a design of a building/stadium; **~ić krzywą wzrostu/spadku czegoś** to plot the progress/decline of sth [3] Mat. to draw

II wykreślić się — wykreślać się to delete one's name, to get one's name off a list

wykręcać *impf* → **wykręcić**

wykrę|cić *pf* — **wykrę|cać** *impf* **II** *vt* [1] (wyjąć) to unscrew *[śrubę, żarówkę]* [2] (przekrzywić) to twist; **~cić głowę do tyłu** to twist one's head back; **~cić komuś rękę** to twist sb's arm [3] (nadwerężyć staw) to twist; **~cić sobie nogę w kostce** to twist one's ankle [4] (wykonać ewolucję) to turn *[piruety]* [5] (wycisnąć wodę) to wring *[bieliznę, pranie]* **II** *vi [kierowca, pojazd]* to turn round

III wykręcić się — wykręcać się [1] (odwrócić się) to turn; **~cił się na pięcie i wyszedł** he turned on his heel and left [2] pot. (wymigać się) to get a. weasel out; **~cił się od odpowiedzialności** he weaselled out of the responsibility; **~cił się od kary** he got away with it

wykrę|t *m* (*G* ~**tu**) excuse; **mów prawdę bez ~tów** tell me the truth without excuses

wykrętnie *adv. grad. [tłumaczyć się, odpowiadać]* evasively

wykrętn|y *adi. grad. [tłumaczenie, odpowiedź, słowa]* evasive

wykrochmal|ić *pf* **II** *vt* to starch *[obrus, pościel, koszulę]* ⇒ **krochmalić**

II wykrochmalić się [1] (zostać wykrochmalonym) *[obrus, prześcieradło, kołnierzyk]* to be starched [2] pot. (przewrócić się) to fall over

wykrocze|nie II *sv* → **wykroczyć**

II *n* [1] (działanie sprzeczne z normą) violation, transgression; **~nie przeciwko normom współżycia społecznego** a transgression against the norms of social coexistence; **~nie przeciwko przyjętym konwenansom** the violation of accepted social conventions [2] Prawo offence, misdemeanour; **popełnić ~nie** to commit an offence

wykr|oczyć *pf* — **wykr|aczać** *impf vi* [1] (przekroczyć) to go beyond; **to zadanie ~acza poza jego służbowe obowiązki** his task goes beyond his official duties [2] (dopuścić się przewinienia) to violate, to transgress (**przeciwko czemuś** against sth); **~oczyć przeciwko prawu** to violate the law; **~aczać przeciwko ustalonemu regulaminowi** to transgress against the established regulations

wykr|oić, wykr|ajać *pf* — **wykr|awać** *impf vt* [1] (tnąc nadać kształt) to cut [sth] out, to cut out *[kołnierz, kieszenie, rękawy]*; **~awać ciastka foremkami** to cut out biscuits with cookie cutters [2] (tnąc usunąć) **~oić zgniłe części jabłka** to cut out a. remove the rotten parts of an apple [3] przen. (wydzielić z całości) to separate; **~oili kilka hektarów z powierzchni rezerwatu** they separated several hectares from the area of the reservation; **z całej historii da się ~oić cykl artykułów** one could make a series of articles out of that story [4] pot. (wygospodarować) to set [sth] aside, to set aside; **~oił trochę pieniędzy na wyjazd** he set aside some money for the trip

wykroj|ony II *pp* → **wykroić**

II *adi.* **ładnie/brzydko ~one usta** a. nicely/badly shaped mouth

W

wykrok *m* (*G* ~**u**) step forward, lunge; **stanąć w** ~**u** to take a step forward

wykropk|ować *pf* — **wykropk|owy-wać** *impf vt* pot. (zastąpić kropkami) to dot *[wulgaryzm, przekleństwo, rozwiązanie]*; ~**owane wyrazy w tekście** words dotted out in the text

wykropkowywać *impf* → **wykropko-wać**

wykro|t *m* (*G* ~**tu**) [1] (wiatrował) fallen tree [2] (wyrwa) hollow, pit

wykr|ój *m* (*G* ~**oju**) [1] (kształt oczu, ust) shape [2] (wycięcie) (drzwi, okna) frame, opening; **w ciemnym** ~**oju drzwi stała wysoka postać** a tall figure stood in the dark doorway [3] Moda pattern; ~**ój spódnicy/bluzki** a pattern for a skirt/blouse; **żurnal z** ~**ojami** a magazine with patterns

wykruszać *impf* → **wykruszyć**

wykrusz|yć *pf* — **wykrusz|ać** *impf* [] *vt* [1] (wydobyć) to shell; ~**yć ziarno z kłosa** to remove the kernels from an ear of corn [2] (zniszczyć) to crumble *[skałę, glebę]*

[] **wykruszyć się** — **wykruszać się** [1] *[ziarno]* to shell [2] (odpaść od całości) to crumble, to fall apart [3] pot., przen. to drop out; **kursu nie ukończono, bo uczestnicy się stopniowo** ~**yli** the course was not completed as the participants dropped out one by one

wykrwawiać się *impf* → **wykrwawić się**[1]

wykrwaw|ić się[1] *pf* — **wykrwaw|iać się** *impf v refl.* [1] (stracić dużo krwi) to lose a lot of blood [2] przen. *[pułk, oddział]* to lose a lot of men

wykrwaw|ić się[2] *pf v refl.* (umrzeć z upływu krwi) to bleed to death

wykrwawi|ony *adi.* (osłabiony w wyniku upływu krwi) bloodless

wykry|ć *pf* — **wykry|wać** *impf* [] *vt* [1] (ujawnić) to uncover *[prawdę, spisek, zmowę]* [2] Nauk. to detect *[substancję, pierwiastek, wirusa]*

[] **wykryć się** — **wykrywać się** (zostać ujawnionym) *[sekret, tajemnica]* to come out

wykrystaliz|ować *pf* — **wykrystaliz|owywać** *impf* [] *vt* [1] Chem. to crystallize [2] książk., przen. (skonkretyzować) to crystallize

[] **wykrystalizować się** — **wykrystalizowywać się** [1] Chem. to crystallize [2] książk., przen. to crystallize; **poczekajmy aż sytuacja się** ~**uje** let's wait until the situation crystallizes

wykrystalizowan|y [] *pp* → **wykrystalizować**

[] *adi.* *[plany, poglądy]* crystallized

wykrystalizowywać *impf* → **wykrystalizować**

wykrywacz *m* Techn. detector; ~ **min** a mine detector

❏ ~ **kłamstw** lie detector, polygraph

wykrywać *impf* → **wykryć**

wykrywalnoś|ć *f sgt* detectability; **wysoka/niska** ~**ć przestępstw** high/low detectability of crime

wykrywaln|y *adi.* *[zbrodnia, zmiany chorobowe]* detectable

wykrze|sać *pf* — **wykrze|sywać** *impf* (~**szę**) *vt* [1] (zapalić) to strike *[ogień, iskrę]* [2] przen. (wywołać uczucie) to muster, to summon up *[entuzjazm, odwagę]*

wkrzesywać *impf* → **wkrzesać**

wykrztu|sić *pf* — **wykrztu|szać** *impf vt* [1] (odpluć) to expectorate, to cough [sth] up, to cough up *[flegmę, ślinę]* [2] pot. (wypowiedzieć z trudem) to utter; **z wielką trudnością** ~**sił przeprosiny** he barely managed to squeeze out an apology; **nie mógł** ~**sić słowa** he couldn't utter a word

wykrztuszać *impf* → **wykrztusić**

wykrztuśnie *adv.* Med. *[działać]* as an expectorant

wykrztuśn|y *adi.* Med. *[leki, środki]* expectorant

wykrzycz|eć *pf* (~**ał**, ~**eli**) [] *vt* to shout out, to yell (out); ~**eć obelgi** to yell out abuse

[] **wykrzyczeć się** to shout it out; **pozwolić komuś się** ~**eć** to let sb shout to their heart's content

wykrzykiwać[1] *impf* → **wykrzyknąć**

wykrzy|kiwać[2] *impf vt* (krzyczeć) to yell, to holler *[obelgi, przekleństwa]*; ~**iwał coś pod moim adresem** he was yelling something about me

wykrzyk|nąć *pf* — **wykrzyk|iwać**[1] *impf* (~**nęła**, ~**nęli** — ~**uję**) *vt* (wydać okrzyk) to shout (out)

wykrzyknie|nie *n* [1] (okrzyk) shout, cry [2] Jęz. exclamation

wykrzyknik *m* Jęz. [1] (znak interpunkcyjny) exclamation mark a. point [2] (część mowy) interjection

wykrzyknikowo *adv.* Jęz. *[użyć]* as an interjection

wykrzyknikow|y *adi.* Jęz. *[wyrażenie, zdanie]* exclamatory

wykrzywiać *impf* → **wykrzywić**

wykrzyw|ić *pf* — **wykrzyw|iać** *impf* [] *vt* [1] (skrzywić) to twist *[obcasy, gwóźdź]*; ~**ił usta w nieszczerym uśmiechu** he twisted his lips into an insincere smile; **gniew/ból** ~**ił mu twarz** anger/pain twisted his face [2] książk., przen. (zniekształcić) to distort *[sens, obraz]*

[] **wykrzywić się** — **wykrzywiać się** [1] (wygiąć się) *[słup]* to bend; *[dłonie, palce]* to gnarl; *[drewniana półka]* to warp; *[obcasy]* to be twisted [2] (zrobić grymas) *[twarz]* to be twisted a. contorted

wykształcać *impf* → **wykształcić**[1]

wykształceni|e [] *n sv* → **wykształcić**

[] *n sgt* education; ~**e podstawowe** primary education GB, elementary education US; ~**e średnie** secondary education; ~**e wyższe** university a. higher education; ~**e (zasadnicze) zawodowe** vocational secondary education; **dać** ~**e** to provide a. give education; **zdobyć** ~**e** to get an education; **być nauczycielem/ekonomistą z** ~**a** to be a teacher/economist by education

wykształc|ić[1] *pf* — **wykształc|ać** *impf* [] *vt* [1] (rozwinąć) to develop *[talent, zdolności, refleks]*; ~**cić w kimś dobry gust** to develop good taste in sb [2] (ukształtować) to form, to shape; **te ćwiczenia pomogą ci** ~**cić mięśnie nóg** these exercises will help you to shape a. tone your leg muscles

[] **wykształcić się** — **wykształcać się** [1] (rozwinąć się) to develop [2] (ukształtować się) to form, to develop; **kwiaty jeszcze nie** ~**ciły się na gałązkach** flowers have not

formed yet on the branches; **polski język literacki** ~**cił się w XV–XVI w.** the Polish literary language developed between the 15th and 16th centuries

wykształc|cić[2] *pf* [] *vt* (dać wykształcenie) to educate, to give education to *[dzieci, młodzież]*; ~**cić kogoś na lekarza/prawnika** to educate sb to be a doctor/lawyer ⇒ **kształcić**

[] **wykształcić się** (zdobyć wykształcenie) to get an education, to be educated

wykształc|ony [] *pp* → **wykształcić**

[] *adi.* *[osoba]* educated

wyku|ć *pf* — **wyku|wać** *impf* [] *vt* [1] (uformować przez kucie) (w metalu) to forge; (w kamieniu) to sculpt, to carve [2] (wydrążyć) to cut, to hew *[otwór]* [3] książk., przen. to create; ~**wać lepszą przyszłość/nowe życie** to create a better future/a new life [4] pot. (nauczyć się na pamięć) to learn [sth] by heart a. rote *[tabliczkę mnożenia]*; ~**ć materiał do egzaminu** to cram for an exam

[] **wykuć się** — **wykuwać się** [1] (zostać uformowanym) to be forged a. sculpted [2] pot. (nauczyć się) to learn [sth] by heart a. rote; ~**ć się czegoś na blachę** to learn sth word-perfect

wykuk|ać *pf* — **wykuk|iwać** *impf vt* to cuckoo; **zegar (z kukułką)** ~**ał północ** the clock cuckooed midnight; **kukułka** ~**ała mu długie życie** the cuckoo cuckooed him a long life

wykukiwać *impf* → **wykukać**

wykup *m* (*G* ~**u**) (utraconego majątku) repurchase, buy-back; (akcji, obligacji) buyout

wykup|ić *pf* — **wykup|ywać** *impf* [] *vt* [1] (kupić wszystko) to buy out; ~**iono cały nakład** the whole print run has been sold out [2] (odkupić) to buy back, to repurchase; ~**ić prawa autorskie** Wyd. to purchase the copyright [3] (z lombardu) to pawn back *[biżuterię, meble]* [4] (zapłacić za prawo do korzystania) to take out; ~**ić abonament do opery** to have a subscription for the opera; ~**ić akcje/obligacje** to buy shares/bonds; ~**ić polisę na życie** to take out a life insurance policy; ~**ić miejsce w wagonie pierwszej klasy** to buy a ticket in first class [5] (z niewoli) to ransom *[jeńców, więźniów]*

[] **wykupić się** — **wykupywać się** [1] (wyswobodzić się, płacąc okup) to buy oneself out [2] pot. (wybrnąć) to get out of sth; ~**ić się żartem z niezręcznej sytuacji** to get out of an awkward situation with a joke [3] (odebrać fant) to pay a forfeit; ~**iła się, śpiewając piosenkę** she had to sing a song as a forfeit

wykupywać *impf* → **wykupić**

wykur|ować *pf* [] *vt* pot. to cure *[osobę]* (**z czegoś** of sth)

[] **wykurować się** to be cured, to recover

wykurzać *impf* → **wykurzyć**

wykurz|yć *pf* — **wykurz|ać** *impf vt* pot. [1] (wypłoszyć dymem) to smoke [sth] out, to smoke out *[insekty, szkodniki]* [2] przen. to drive [sb] out, to drive out; ~**yć nieprzyjaciół z miasta** to drive the enemy out of town

wykusz *m* (*G* ~**a** a. ~**u**, *Gpl* ~**y** a. ~**ów**) Archit. bay window

wykuwać *impf* → **wykuć**

wykwalifikowan|y [] *pp* → **wykwalifi-kować**

[] *adi.* [*fachowiec, robotnik, personel*] qualified, skilled

wykwater|ować *pf* — **wykwater|o-wywać** *impf* [] *vt* to relocate [*mieszkańców, lokatorów*]

[] **wykwaterować się** — **wykwaterowywać się** to move out

wykwaterowywać *pf* → **wykwatero-wać**

wykwin|t *m sgt* (*G* ~**tu**) książk. refinement, elegance

wykwintnie *adv. grad.* książk. exquisitely, elegantly

wykwintnoś|ć *f sgt* książk. refinement, elegance

wykwintn|y *adi. grad.* książk. [*styl, sposób bycia, język, danie*] refined, exquisite

wykwi|t [] *m* (*G* ~**tu**) [1] książk. (osiągnięcie) quintessence [2] Bot. slime mold, myxomycete [3] Med. exanthema spec.; eruption

[] **wykwity** *plt* Miner. efflorescence *U*

wyl|ać *pf* — **wyl|ewać** *impf* (~**eję**) [] *vt* [1] (rozlać) to pour out, to pour [sth] out, to spill; ~**ać brudną wodę z wiadra** to pour dirty water out of the bucket; ~**ać sok na obrus** to spill juice on(to) the tablecloth [2] przen. (uzewnętrznić) to vent, to release [*emocje, uczucia, ból, żal*] [3] Techn. to cover; ~**ać drogę asfaltem** to cover a road with asphalt [4] pot. (wyrzucić) to sack, to fire; ~**ali go z pracy** he was sacked a. fired from his job

[] *vi* (wystąpić z brzegów) to flood, to overflow

[] **wylać się** — **wylewać się** [1] (zostać wylanym) to spill; **zupa ~ała się na stół** the soup spilled on(to) the table [2] przen. (wydostać się) to overflow; **tłum ~ewał się z pociągu na peron** the crowd overflowed from the train onto the platform

■ ~**ać wiele łez** to shed a lot of tears

wylans|ować *pf* [] *vt* to package, to promote [*osobę, ideę, postawę, piosenkę*] ⇒ **lansować**

[] **wylansować się** to present oneself ⇒ **lansować się**

wylat|ać *pf* [] *vt* [1] Lotn. to log; ~**ać wiele godzin w miesiącu** to log a lot of hours in a month [2] pot. (zdobyć zabiegając) to finally get [*awans, posadę*]

[] **wylatać się** pot. (nabiegać się) to run around a lot

wylatywać *impf* → **wylecieć**

wyląc się → **wylęgnąć się**

wyląd|ować *pf vi* [1] (zakończyć lot) to touch down, to land [2] pot. (trafić) to end up, to land; **na koniec ~ował w więzieniu** finally he ended up in prison

wyląg → **wylęg**

wyle|c, wyle|gnąć *pf* — **wyle|gać** *impf* (~**gnie** — ~**gniesz**, ~**gł**, ~**gła**, ~**gli** — ~**gam**) *vi* [1] (wyjść tłumnie) to pour out; **tłum ~gł na ulicę** the crowd poured out onto the street [2] Roln. (położyć się) to be lodged; **zboże ~gło po burzy** the crops were lodged after the storm

wyl|ecieć *pf* — **wyl|atywać** *impf* (~**eciał**, ~**ecieli** — ~**atuję**) *vi* [1] (wyfrunąć) [*ptak, owad*] to fly out a. off; **kanarek ~eciał z klatki** the canary flew out of its cage; **bocian ~eciał z gniazda w po-**

szukiwaniu pożywienia the stork flew off its nest to look for food [2] (wystartować) [*samolot*] to take off [3] (wzbić się) [*substancja lotna*] to come out, to be discharged a. emitted; **dym ~atywał z komina** smoke was coming out of the chimney; **korek z hukiem ~eciał z butelki** the cork came out of the bottle with a loud pop; ~**atywać w powietrze** to blow up, to explode [4] pot. (wyskoczyć) to rush out; ~**pędem ~eciał z domu** he rushed out of the house; **samochód ~eciał zza zakrętu** the car suddenly came from around the bend [5] pot. to fall out; **dziecko ~eciało z kołyski** the baby fell out of its cradle [6] pot. (zostać wyrzuconym) to be sacked, to be given the boot; ~**ecieć z pracy** to be sacked a. fired (from a job)

wylecz|yć *pf* [] *vt* [1] (uzdrowić) to heal, to cure; ~**yć kogoś z grypy** to cure sb of the flu; ~**yć kogoś z ran** to heal sb's wounds ⇒ **leczyć** [2] przen. (pozbawić) to cure; **rzeczywistość ~yła go z marzeń** reality cured him of his dreams

[] **wyleczyć się** [1] (samego siebie) to cure oneself, to recover ⇒ **leczyć się** [2] (zostać wyleczonym) to be cured ⇒ **leczyć się** [3] przen. to rid oneself (**z czegoś** of sth)

wylegać *impf* → **wylec**

wylegitym|ować *pf* [] *vt* to check [sb's] ID

[] **wylegitymować się** to show one's ID, to prove one's identity

wylegiwać *impf* → **wyleżeć**[1]

wylęgnąć → **wylec**

wylepiać *impf* → **wylepić**

wylep|ić *pf* — **wylep|iać** *impf vt* to paste; ~**ić ściany tapetą** to paste the walls with wallpaper

wyletniać się *impf* → **wyletnić się**

wyletni|ć się *pf* — **wyletni|ać się** *impf v refl.* pot. to dress too lightly

wyletni|ony *adi.* pot. [*osoba*] dressed too lightly

wylew *m* (*G* ~**u**) [1] (cieczy) overflow; (rzeki) flood; (lawy) outpouring [2] książk., przen. (uzewnętrznienie uczuć) outpouring; **nie spodziewaliśmy się po nim takiego ~u uczuć rodzinnych** we didn't expect of him such an outpouring of family sentiment [3] Med. (krwotok wewnętrzny) h(a)emorrhage; (krwiak) haematoma; (udar mózgu) stroke, apoplexy; ~ **krwi do mózgu** cerebral haemorrhage; **dziadek jest po ~ie** grandfather had a stroke

wylewać *impf* → **wylać**

wylewnie *adv. grad.* [*przywitać, dziękować*] effusively

wylewnoś|ć *f sgt* effusiveness

wylewn|y *adi. grad.* [*osoba, nastrój, powitanie*] effusive, expansive

wy|leźć *pf* — **wy|łazić** *impf* (wylezę, wyleziesz, wylazł, wylazła, wyleźli — wyłażę) *vi* pot. [1] (wygramolić się) to clamber out (**z czegoś/przez coś** of/through sth); to scramble out (**z czegoś/przez coś** of/through sth); **wyleźć z dołu/z łóżka** to scramble out of a hole/of bed; **wyleźć przez okno/przez dziurę** to clamber through a window/a hole (**wspiąć się**) to clamber up (**na coś** onto/to sth); to scramble up (**na coś** onto/to sth); **wylazł na dach** he scrambled up onto the roof

[3] (wystawać) [*koszula*] to come out (**z czegoś** from sth); [*chusteczka, pistolet*] to peep out (**z czegoś** from sth); [*słoma, sprężyna*] to poke out (**z czegoś** through sth); **halka wyłaziła jej spod sukienki** her petticoat was peeping out from under her dress; **palce wyłaziły mu z dziur w skarpetkach** his toes were poking out through the holes in his socks [4] (wyjść, wypaść) [*sierść, włosy*] to come out [5] przen. (ujawnić się) [*cecha charakteru*] to come out; **wylazł z niego cham** the boor in him came out; **wylazło z niej całe zmęczenie** her tiredness began to show; **wylazły (na jaw) wszystkie ukryte wady projektu** all the hidden design flaws began to show a. came out [6] przen. (uwolnić się) to get out (**z czegoś** of sth); **udało mu się wyleźć z długów/z kłopotów** he managed to get out of debt/trouble

wyle|żeć[1] *pf* — **wyle|giwać** *impf* (~**żysz**, ~**żał**, ~**żeli** — ~**guję**) [] *vt* (wygnieść) **dół, który ~żeli w słomie** the hollow that their bodies left in the straw

[] **wylegiwać się** (odpoczywać) to lie, to loll about (in bed); **kot ~giwał się na parapecie** the cat was lying on the window sill; ~**giwał się całymi dniami** he would loll about in bed all day

[] **wyleżeć się** to stay in bed; **musisz się ~żeć i wypocząć** you must stay in bed and get some rest

wyleż|eć[2] *pf* (~**ysz**, ~**ał**, ~**eli**) *vi* (wytrzymać w łóżku) to stay in bed; **nie mógł dłużej ~eć w łóżku** he couldn't stay in bed any longer

wylęg *m* (*G* ~**u**) Zool. [1] (wyleganie się) hatch, hatching; ~ **piskląt trwa zwykle 2-3 dni** it usually takes 2-3 days for the chicks to hatch [2] (wyklute potomstwo) brood, clutch

wylęgać się *impf* → **wylęgnąć się**

wylęga|nie [] *sv* → **wylęgnąć się**

[] *n* Med. incubation; **okres ~nia** incubation period

wylęgar|nia *f* (*Gpl* ~**ni** a. ~**ń**) [1] Zool. (hodowla) hatchery; ~**nia narybku** a hatchery for fish [2] przen., pejor. (robactwa, szczurów) breeding ground (**czegoś** for sth); **rury kanalizacyjne to ~nia zarazków** sewers are a breeding ground for germs [3] przen. (środowisko) hotbed, nursery (**czegoś** of sth); seedbed (**czegoś** of sth); **miasto stało się ~nią buntów i spisków** the town became a hotbed of rebellion and conspiracy

wyl|ęgnąć się, wyl|ąc się *pf* — **wyl|ęgać się** *impf* (~**ęgł się** — ~**ęgał się**) *vi* [1] Zool. (wykluć się) [*pisklęta*] to hatch [2] przen. (powstać) [*plan, pomysł*] to hatch up; [*myśl, plan, pomysł, zamiar*] to come (**w czymś** into sth); ~**ęgnąć** a. ~**lęc się w czyjejś głowie** to come into sb's head

wylęgnię|ty *adi.* Zool. (wykluty) [*pisklę, żółw*] hatched

wylęgow|y *adi.* [*jaja, urządzenia, zakład*] hatching *attr.*; **stacja ~a** a hatchery

wylękły, ~niony *adi.* (wystraszony) [*osoba, spojrzenie, twarz*] fearful, frightened

wyliczać *impf* → **wyliczyć**

wyliczan|ka *f* [1] (wierszyk) (counting-out) rhyme [2] (czegoś) recital (**czegoś** of sth)

wylicze|nie [] *sv* → **wyliczyć**

[] *n* [1] (obliczenie) calculation, computation; **według moich ~ń** by my calculation

2 (zestaw liczb) calculation 3 Jęz., Literat. enumeration

wylicz|yć *pf* — **wylicz|ać** *impf* **I** *vt* 1 (wymienić) to enumerate książk. *[wady, zalety, zasługi]*; to list *[choroby, dopływy, zabytki]*; **proszę ~yć ważniejsze utwory Szekspira** please list Shakespeare's most important works 2 (obliczyć) to calculate *[dystans, koszt, prędkość]*; to work out *[sumę, średnią]*; **~yliśmy, ile będziemy potrzebować** we worked out how much we would need; **~ył dokładną odległość do końca trasy** he worked out exactly how far it was to the end of the trail; **mieć dokładnie ~ony czas** to have a tight schedule (to meet) 3 (dać) to count out *[pieniądze]*; **kasjerka ~yła zaliczkę** the cashier counted out the advance payment; **~ać komuś pieniądze** (dawać mało) to keep sb on a shoestring 4 Sport (w boksie) to count [sb] out

II wyliczyć się — wyliczać się (zdać rachunek) to account (**z czegoś komuś** for sth to sb); **~yła się ze wszystkich wydatków** she accounted for all her expenses

wyl|iniały, ~eniały *adi.* pot. 1 (wyłysiały) *[kot, pies]* bald, hairless; *[ptak]* bald, featherless 3 żart. *[mężczyzna]* (łysy) bald; (łysiejący) balding 4 (wytarty) *[dywan, futro, kołnierz]* threadbare, worn-out

wyl|inieć, wyl|enieć *pf* (**~inieję, ~iniał, ~inieli**) *vi* 1 *[pies, ptak]* to moult ⇒ **linieć** 2 pot. (wytrzeć się) *[futro, kołnierz, obicie, tkanina]* to wear out 3 pot. (stracić pióra, sierść) to become bald, to lose feathers/hair 4 żart. (wyłysieć) *[mężczyzna]* to go bald

wyli|zać *pf* — **wyli|zywać** *impf* (**~żę — ~zuję**) *vt* 1 (wyjeść) to lick [sth] clean, to lick (clean); **pies ~zał miskę** the dog licked the bowl clean; **kot ~zał sos z talerza** the cat licked the sauce off the plate; **~zał talerz do czysta** he scraped the plate clean 2 (wyczyścić) to lick; **kot ~zywał sobie łapę** the cat was licking its paw

II wylizać się — wylizywać się 1 (wyczyścić się) *[kot, pies]* to lick itself (clean) 2 pot., przen. (wyzdrowieć) to pull through, to recover (**z czegoś** from sth); **po długiej chorobie w końcu się ~zał** after a long illness he finally pulled through

wylizywać *impf* → **wylizać**

wylos|ować *pf vt* to draw (**kogoś/coś** (for) sb/sth) *[nazwisko, nagrodę, numer, zwycięzcę]*; **Włochy ~owały Hiszpanię jako przeciwnika** Italy has been drawn against Spain a. to play Spain ⇒ **losować**

wylo|t *m* (*G* **~tu**) 1 (alei, ulicy) exit; (węża) nozzle, spout; (pompy, rury) outlet; (lufy) muzzle; (dyszy, tunelu, wąwozu) mouth 2 (balonu, samolotu) take-off 3 Hist. *the slit sleeve of a historical Polish robe*

■ **być na ~cie** (zbierać się do wyjazdu) to be about a. ready to leave; **na ~t** (na wskroś) through; **przeszył go włócznią na ~t** he pierced him through with a spear; **przejrzeć kogoś na ~t** (poznać prawdę o nim) to see through sb; **przeszyć kogoś wzrokiem na ~t** (spojrzeć przenikliwie) to give sb a piercing glance; **znać kogoś/coś na ~t** to know sb/

sth inside out; **znać sprawę na ~t** to know the ins and outs of an affair

wylotow|y *adi.* *[rana]* exit *attr.*; *[kąt, przekrój, rura, zawór]* outlet *attr.*; **prędkość ~a pocisku** missile velocity; **strumień ~y (silnika)** the exhaust jet

wyludniać *impf* → **wyludnić**

wyludni|ć *pf* — **wyludni|ać** *impf* **I** *vt* (spustoszyć) *[epidemia, wojna]* to depopulate *[kraj]*; **dżuma ~ła połowę Europy** the bubonic plague depopulated half of Europe

II wyludnić się — wyludniać się (opustoszeć) *[miasto, ulice]* to become empty a. deserted; (utracić mieszkańców) *[kraj, wieś]* to become depopulated; **w lecie Warszawa się ~a** Warsaw becomes empty in the summer

wyludnieni|e **I** *sv* → **wyludnić**

II *n sgt* depopulation

wyludni|ony **I** *pp* → **wyludnić**

II *adi.* empty, deserted

wyładni|eć *pf* (**~eję, ~ał, ~eli**) *vt* *[dziewczyna]* to become prettier; **bardzo ~ała po urodzeniu dziecka** she looks really well after the birth of the baby

wyład|ować[1] *pf* — **wyład|owywać** *impf* **I** *vt* 1 (opróżnić) to unload *[materiały, towar, statek]*; **~owali węgiel z wagonu** they unloaded coal from the cart 2 przen. (dać ujście) to vent *[frustrację, złość]* (**na kimś** on sb); to work [sth] off, to work off *[nadmiar energii]* (**na kimś** on sb); **całą wściekłość ~owała na mężu** she vented all her anger on her husband; **~ował stres w ostrej grze w tenisa** he released his stress in an energetic game of tennis

II wyładować się — wyładowywać się 1 pot. (wyjść) *[podróżni]* to disembark (**z czegoś** from sth); **turyści z trudem ~owali się z autokaru** the tourists got off the bus with difficulty 2 (znaleźć ujście) *[energia, temperament]* to find release; *[osoba]* to let off steam; **~owywać się na kimś** to take it out on sb 3 Aut., Techn. (rozładować się) *[akumulator, bateria]* to run down; **telefon mi się ~ował** the battery in my (mobile) phone has run down 4 Fiz. (stracić ładunek elektryczny) *[elektroskop, kondensator]* to discharge

wyład|ować[2] *pf vt* (napchać, wypełnić) to cram, to load (**czymś** with sth); to stuff; **~ować walizkę książkami** to cram a. stuff books into a suitcase; **~owany portfel** a loaded wallet

wyładowa|nie **I** *sv* → **wyładować**

II *n* discharge

❑ **~nie atmosferyczne** zw. pl Meteo. lightning discharge; **~nie elektryczne** Fiz. electrical discharge; **~nie łukowe** Fiz. arc discharge

wyładowczy → **wyładunkowy**

wyładowywać *impf* → **wyładować**[1]

wyładun|ek *m* (*G* **~ku**) (ze statku) discharge; (z kontenera, samochodu, wagonu) unloading; **rozpoczęli ~ek amunicji** they began unloading the ammunition

wyładunkow|y *adi.* *[hala, rampa, urządzenia]* unloading *attr.*; *[pomost]* landing *attr.*

wyłaj|ać *pf* (**~ę**) *vt* książk. (skrzyczeć, zganić) to give [sb] a tongue-lashing

wyłam|ać *pf* — **wyłam|ywać** *impf* (**~ię — ~uję**) **I** *vt* (odłamać, złamać) to break (off) *[drzewa]*; to break *[ząb]*; to break away *[deskę, pokrywę]*; to push in, to break down *[drzwi]*

II wyłamać się — wyłamywać się 1 (wypaść) *[szczebel]* to break; *[deska, ząb]* to break off; *[krata, zamek, zawias]* to give way 2 przen. (zachować się inaczej) *[członek partii, związku]* to break rank(s) 3 przen. (uwolnić się) to break free (**spod czegoś** from sth); to break out (**z czegoś** of sth); **~ać się z konwencji** to break with convention ■ **~ywać palce (ze stawów)** to crack one's knuckles

wyłamywać *impf* → **wyłamać**

wyłaniać *impf* → **wyłonić**

wyłap|ać *pf* — **wyłap|ywać** *impf* (**~ię — ~uję**) *vt* 1 (wychwytać) to catch (all of); **policjanci ~ywali włóczęgów** the policemen would catch all the vagabonds; **z tej rzeki ~ano już wszystkie ryby** the river is fished out 2 Sport (w grach sportowych) *[bramkarz]* to catch *[piłki]* 3 pot. (zauważyć) to spot *[błędy, usterki, aluzje]*; **~ała go bystrym wzrokiem w tłumie** her keen eyes spotted him in the crowd

wyłapywać *impf* → **wyłapać**

wyłata|ć *pf vt* to patch [sth] up, to patch (up) *[dach, sukienkę]*

wyławiać *impf* → **wyłowić**

wyłazić *impf* → **wyleźć**

wyłączać *impf* → **wyłączyć**

wyłącze|nie **I** *sv* → **wyłączyć**

II *n* (przerwa w dostawie) shutdown, shut-off; **~nie prądu** power blackout a. cut

III z ~niem książk. excepting, excluding (**czegoś** sb/sth); **personel szkoły, z ~niem dyrektora** the school staff, excepting a. excluding the headmaster

wyłącznie *part.* exclusively, solely; **~ dla naszych stałych klientów** for our regular customers only; **mówię to ~ dla twego dobra** I'm telling you this solely for your own good; **wstęp ~ za okazaniem biletu** admission by ticket only; **powiedział to ~ przez uprzejmość** he just said it to be polite; **to była ~ moja wina** it was entirely my fault

wyłącznik *m* Techn. (off) switch; **~ światła** a light switch; **~ automatyczny** a circuit breaker

wyłącznoś|ć *f sgt* exclusiveness a. exclusivity, exclusive right(s); **wywiad publikowany na prawach ~ci** an exclusive interview; **~ć praw autorskich** exclusive copyright; **mieć ~ć na coś** to have exclusive rights to sth

wyłączn|y *adi.* (jedyny) *[dystrybutor, importer, spadkobierca]* sole; (należący do jednej osoby) *[prawo, przywilej, własność]* exclusive; **do czyjegoś ~ego użytku** for the exclusive use of sb

wyłącz|yć *pf* — **wyłącz|ać** *impf* **I** *vt* 1 (unieruchomić, wstrzymać) to cut [sth] off, to cut off *[gaz, prąd]*; to disconnect *[telefon]*; to shut [sth] off, to shut off *[grzejnik, motor, wodę]*; to turn [sth] off, to turn off *[komputer, radio]*; to switch [sth] off, to switch off *[światło, maszynę]*; **~ telewizor!** turn off the television! 2 (z sieci) to unplug *[kuchenkę, żelazko]* 3 (wyeliminować, wydzielić) to exclude (**spod czegoś** from sth); to leave [sb] out (**z czegoś** of sth); **~yć kogoś ze śledztwa** to preclude sb from an investigation; **czuł się ~ony z rozmowy** he felt he was left out of the conversation; **zostać ~onym z udziału w konkursie** to be excluded from taking part in the competition; **nasi pracownicy, ~ając tu obecnych...** our employees, present company excepted... [4] (wykluczyć) to exclude [*możliwość*]; **okoliczności ~ały samobójstwo** the circumstances precluded murder [5] pot. (przerwać odbiór) to turn [sth] off, to turn off [*film, muzykę, stację radiową*] [6] pot. (przestać gotować) to turn [sth] off, to turn off [*ziemniaki, zupę*]; **muszę ~yć makaron** I have to turn off the pasta

Ⅲ wyłączyć się — **wyłączać się** [1] (wykluczyć się nawzajem) [*założenia, zdania*] to be (mutually) exclusive [2] (przestać brać udział) to withdraw (**z czegoś** from sth); **~yła się z rozmowy** she withdrew from the conversation; **~yć się z działalności** to withdraw from one's activities [3] pot. (przerwać połączenie telefoniczne) to hang up; **proszę się nie ~ać!** hold on, please don't hang up [4] (przerwać działanie) [*ogrzewanie*] to go off; [*światło, urządzenie*] to switch off; [*motor, wentylator*] to turn off [5] pot. (przestać reagować) [*człowiek*] to tune out US pot. [6] pot. (przestać mówić) to shut up

wyłgać się pf — **wyłgiwać się** impf (~żę się — ~guję się) v refl. pejor. to lie one's way out of; **udało mu się ~gać od kary** he managed to lie his way out of getting a fine; **~gała się od zmywania naczyń** she got out of doing the washing up

wyłgiwać się impf → wyłgać się

wyłom m (G ~u) [1] (otwór, wyrwa) breach, hole; **zrobić ~ w murze** to breach a wall [2] Geol. (odcinek doliny) gorge [3] książk. (odstępstwo, zerwanie) break, departure (**w czymś** from sth); **~ w tradycji** a break with tradition; **dokonać ~u w przyjętych wzorcach postępowania** to depart from accepted patterns of behaviour [4] Wojsk. (w linii obrony nieprzyjaciela) breach

wyłomo|tać pf (~czę a. ~cę, ~czesz a. ~cesz, ~cze a. ~ce) vt pot. to thrash (**czymś** with sth); **~tał go grubym kijem** he clobbered him with a thick stick

wyłon|ić pf — **wyłan|iać** impf Ⅱ vt książk. [1] (utworzyć) to appoint [*delegację, komisję, zarząd*]; **na zebraniu ~oniono członków komisji** the committee members were appointed at the meeting [2] (wybrać najlepszego) to select [*dyrektora, wykonawcę*]; [*dogrywka*] to determine [*zwycięzcę*]; **po serii rozmów kwalifikacyjnych ~oniono najlepszego kandydata** after a series of interviews the best candidate was selected

Ⅲ wyłonić się — **wyłaniać się** [1] (ukazać się) [*pociąg*] to emerge (**z czegoś** from sth); [*dom, kształt, sylwetka*] to loom (into view) (**z czegoś** out of sth); **księżyc ~onił się zza chmur** the moon emerged from behind the clouds; **samochód ~onił się z tunelu** the car emerged from the tunnel [2] przen. (powstać) [*trudności*] to arise; [*kwestia, sprawa*] to come up; [*pomysł, problem*] to emerge; **stopniowo zaczyna się ~aniać obraz**

sytuacji gradually a picture of the situation is beginning to emerge

wyłoni|ony Ⅱ pp → wyłonić

Ⅲ adi. **trzeba szybko rozwiązać wszystkie ~one problemy** we must quickly solve all the problems that have arisen

wyłł|owić pf — **wyłł|awiać** impf vt [1] (wydobyć z wody) to catch [*rybę*]; to fish out [*ciało, oponę*] (**z czegoś** of sth); **z rzeki ~owiono już wszystkie ryby** the river is fished out; **z Wisły policjanci ~owili topielca** the police recovered a drowned body from the Vistula [2] przen. (odnaleźć, wykryć) to identify [*geny, tezy, zarzuty*]; to pick out [*dźwięki, słowa, sens*]; to spot [*różnice*]; **~owić kogoś z tłumu** to pick sb out from a. of the crowd; **korektor ~owił wszystkie błędy w tekście** the proof-reader picked out all the mistakes in the text [3] (schwytać osobę) to catch [*przestępców*]

wyłł|ożyć pf — **wy|kładać** impf Ⅱ vt [1] (umieścić) to lay out [*artykuły spożywcze, karty, towar*] (**na coś** onto sth); to put down [*trutkę*]; to put out [*ręczniki*]; to lay down [*asa*]; **wyłożyła na półki rzeczy z walizki** she laid out the contents of the suitcase on the shelves; **wykładany kołnierzyk** a turndown collar [2] (pokryć) to cover (**czymś** with sth); to inlay (**czymś** with sth); to line (**czymś** with sth); **wyłożyć łazienkę kafelkami** to tile the bathroom; **wyłożyć ściany boazerią/tapetą** to wainscot/wallpaper the walls; **szkatułka wykładana masą perłową** a coffer inlaid with mother-of-pearl [3] (zapłacić) to put in a. up [*pieniądze, sumę*] (**na coś** for sth); **wyłożyć kilka tysięcy dolarów na cele charytatywne** to give a few thousand dollars to charity [4] (przedstawić) to expound [*poglądy, rzecz, teorie*]; to lay out [*argumenty, idee, propozycje, przyczyny*]; to state [*cel, powód*] [5] przest. (wyprząc) to unharness, to unhitch [*konie*]

Ⅲ wyłożyć się — **wykładać się** [1] Roln. (ulec pochyleniu) [*zboże*] to be laid flat [2] pot. (przewrócić się) [*osoba*] to take a tumble [3] pot. (nie zdać) [*uczeń, student*] to fail; **wyłożył się na części pisemnej** he failed the written exam [4] Gry to show the dummy

wyłóg m (G ~ogu) zw. pl (ozdobna klapa ubrania) facing, revers; **smoking z atłasowymi ~ogami** a dinner jacket with satin revers; **~ogi marynarki** the facings of a jacket

wyłudzać impf → wyłudzić

wyłudze|nie Ⅱ sv → wyłudzić

Ⅲ n Prawo (uzyskanie pieniędzy podstępem) obtaining money under false pretences

wyłu|dzić pf — **wyłu|dzać** impf vt [1] pejor. (uzyskać podstępem) to swindle (**coś od kogoś** sb out of sth); to wangle (**coś od kogoś** sth out of sb) [*pieniądze*]; (wyprosić) to wheedle (**coś od kogoś** sth out of sb) [*obietnicę*]; **~dzić od kogoś przywilej** to inveigle sb into granting a privilege; **~dzić darowiznę** to obtain donations under false pretences [2] Prawo to obtain [sth] under false pretences [*odszkodowanie, pieniądze, pożyczkę*]

wyłup|ać pf — **wyłup|ywać** impf (~ię — ~uję) Ⅱ vt [1] (wyłamać, wyrwać) to break off, to chip off [*kawałek tynku*]; to chip out

[*kamień, skamielinę*] [2] (wyciosać) to hew [sth] out, to hew out [*blok kamienny*]

Ⅲ wyłupać się — **wyłupywać się** (odłupać się) [*kawał tynku*] to break off, to chip off

wyłupiać impf → wyłupić

wyłupia|sty adi. pot., pejor. [*oczy, ślepia*] prominent, protruding

wyłup|ić pf — **wyłup|iać** impf vt (wydrzeć, wyłupać) to chip off [*kawałek tynku*]; to chip out [*kamień*]; to gouge out, to pluck out [*oczy*]

wyłupywać impf → wyłupać

wyłusk|ać pf — **wyłusk|iwać** impf vt [1] (obrać z łuski) to husk [*nasiona*]; to pod [*groch, fasolę*]; to shell [*fistaszki*] [2] przen. (wydobyć) to fish [sth] out, to fish out (**z czegoś** of sth); to pull [sth] out, to pull out (**z czegoś** from sth); **~ała trochę drobnych z portmonetki** she fished some small change out of her purse; **lekarz ~ał kulę z rany** the doctor extracted a bullet from the wound [3] przen. (wyszukać) to pick [sth] out, to pick out (**z czegoś** from sth); **~ała znajomego z tłumu** she picked a friend out from the crowd [4] przen. (wyodrębnić) to extract (**z czegoś** from sth) [*prawdę, przesłanie, sens*]; **z jego bezładnego opowiadania policja ~ała parę faktów** the police extracted a few facts from his chaotic account

wyłuskiwać impf → wyłuskać

wyłuszczać impf → wyłuszczyć

wyłuszcz|yć pf — **wyłuszcz|ać** impf vt [1] (obrać z łuski) to husk [*nasiona*]; to pod [*groch, fasolę*]; to shell [*orzechy*] [2] książk. (przedstawić, wyłożyć) to expound [*poglądy, teorie*]; to lay out [*propozycje*]; to state [*cel, powód*]; **~yła przyczyny przyjazdu** she elucidated her reasons for coming a. her arrival

wyłysia|ły adi. [1] (bez włosów) [*osoba, głowa*] bald [2] (bez sierści) [*grzbiet, zwierzę*] bald, hairless [3] pot., przen. (bez włosia) [*pędzel, szczotka*] hairless; **~ła miotła** a broom lacking bristles [4] pot., przen. (bez liści) [*drzewo, krzak, las*] bald, leafless; (bez roślinności) [*pagórek, polana*] bald, bare

wyłysi|eć pf (~eję, ~ał, ~eli) vi [1] (stracić włosy) [*osoba*] to go bald; **przedwcześnie ~ał** he went bald prematurely ⇒ **łysieć** [2] (stracić sierść) [*zwierzę*] to become bald, to lose hair ⇒ **łysieć** [3] pot., przen. (stracić włosie) [*miotła, pędzel, szczotka*] to lose bristles ⇒ **łysieć** [4] pot., przen. [*las, drzewo, teren*] to become bald/bare, to loose leaves/vegetation ⇒ **łysieć**

wymac|ać pf — **wymac|ywać** impf vt [1] (wyczuć dotykiem) to feel, to grope; **próbował ~ać portfel w kieszeni** he felt in his pocket for his wallet; **~ał kontakt i zapalił światło** he groped for the switch and turned on the light [2] pot., przen. (znaleźć) [*reflektor, radar*] to locate [*stanowiska wroga*]; to pick out [*sylwetki osób*] [3] pot., przen. (wybadać) to feel out, to sound out; **~ać czyjeś zamiary/plany** to feel a. sound sb out about their intentions/plans

wymach m (G ~u) Sport (ruch kończyny) swing; **~ nogi/ramienia** a leg/arm swing

wymach|iwać impf vi (machać) (skrzydłami) to flap; (biletem, dokumentem) to flourish; (batem) to swing; (kapeluszem, rękami) to wave

W

(about); **~iwał groźnie pięścią/pistoletem** he waved his fist/he brandished the pistol threateningly
■ **~iwać szabelką** przest. to brandish a. flourish a sword
wymacywać *impf* → **wymacać**
wymaga|ć *impf vt* [1] (żądać) to demand (**czegoś od kogoś** sth of sb); **nowy szef ~ punktualności od pracowników** the new boss demands that the workers be punctual [2] (potrzebować) *[praca, sytuacja]* to demand; *[chory, niemowlę, maszyna]* to require; **pacjent ~ł natychmiastowej operacji** the patient required an immediate operation; **samochód ~ przeglądu** the car needs a service; **zawód pielęgniarki ~ cierpliwości** being a nurse requires patience; **ten projekt ~ czasu** this project takes time [3] (wymuszać) *[obyczaj, sprawiedliwość, sytuacja, zasada]* to require; **być prawnie ~nym** to be required by law; **ten przykład ~ wyjaśnienia** this example requires an explanation
wymagając|y [I] *pa* → **wymagać**
[II] *adi.* *[nauczyciel, ojciec]* demanding, exacting
wymaga|nie [I] *sv* → **wymagać**
[II] *n zw. pl* (norma, warunek) condition, requirement; (postulat, żądanie) demand; **~nia sanitarne** health requirements; **~nia mody** the dictates of fashion; **odpowiadać ~niom kogoś** to meet sb's requirements; **spełniać ~nia** to fulfil a. meet a. satisfy the requirements; **ten kandydat nie spełnia naszych ~ń** this candidate doesn't meet our requirements; **on nie jest w stanie sprostać naszym ~niom** he's not up to our standard; **stawiać sobie wysokie ~nia** to demand a lot from a. of oneself; **mieć (duże) ~nia** to be (very) demanding; **stosować się do ~ń BHP** to meet the health and safety requirements; **mieć małe ~nia** to be undemanding
wymagl|ować *pf vt* [1] (wyprasować w maglu) to mangle *[bieliznę, obrusy]* ⇒ **maglować** [2] pot., przen. (zmęczyć wypytywaniem) *[nauczyciel, ojciec, policjant]* to grill pot. ⇒ **maglować** [3] pot., przen. (wygnieść w tłoku) to squash *[osobę]*
wymal|ować¹ *pf* — **wymal|owywać** *impf vt* [1] (namalować) to paint *[linię, obrazek, plakat]* [2] (zużyć) to use up (all of sth) *[farbę]*
■ **wypisz, ~uj** pot. a dead ringer a. spitting image; **wypisz, ~uj - tata** he's the spitting image of his father
wymal|ować² *pf* [I] *vt* [1] (odnowić) to paint *[krzesła, mieszkanie, podłogę]* [2] Kosmet. (zrobić makijaż) to make [sb] up *[kobietę]*; to paint *[twarz, usta]* [3] przen. (stworzyć obrazy) *[mróz, płomienie]* to paint
[II] **wymalować się** pot., pejor. to put on garish makeup; to tart oneself up GB pot.
wymalowywać *impf* → **wymalować¹**
wymam|ić *pf vt* to wheedle (**coś od kogoś** sth out of sb); **~ił parę groszy od matki** he wheedled a few zlotys out of his mother
wymamro|tać *pf* (**~czę** a. **~cę**, **~czesz** a. **~cesz**, **~cze** a. **~ce**) *vt* to mumble, to mutter; **~tać coś pod nosem** to mumble a. mutter sth under one's breath

wymanewr|ować *pf* — **wymanewr|owywać** *impf* [I] *vt* [1] (wyprowadzić) to manouevre GB, to maneuver US (**coś z czegoś** sth out of sth); **~ował wóz z parkingu** he manoeuvred the car out of the parking lot [2] pot. (oszukać) to outmanoeuvre GB, to outmaneuver US *[przeciwnika]*; **aleś nas ~ował!** you really tricked us! [3] środ., Sport (wyminąć innego zawodnika) to outmanoeuvre GB, to outmaneuver US
[II] *vi* przen. (wyjść) to find one's way (**z czegoś** out of sth); **~ował z kłopotów/ trudności** he got himself out of trouble/ difficulty
wymanewrowywać *impf* → **wymanewrować**
wymar|ły *adi.* [1] *[gatunek, naród, rasa]* extinct; **szkielety dawno ~łych zwierząt** the skeletons of long extinct animals [2] przen. (opustoszały) *[okolica, ulice]* deserted; *[dom]* empty; *[miasto]* dead
wymarsz *n* (G **~u**) marching out, moving out; **dać (wojsku) sygnał ~u** to give the signal (for the troops) to march out; **rozkaz ~u** marching orders
wymarzać *impf* → **wymarznąć¹**
wymarz|ły /vɪˈmarzwɪ/ *adi.* destroyed by frost
wymarz|nąć /vɪˈmarznɔ̃ntɕ/ *pf* — **wymarz|ać** /vɪˈmarzatɕ/ *impf* (**~ł** a. **~nął** — **~a**) *vi* *[rośliny]* to be destroyed by frost
wymarz|nąć (się) /vɪˈmarznɔ̃ntɕ/ *pf* (**~nę**, **~ł** a. **~nął**) *vi* *[osoba]* to get very cold; **~łem się czekając na pociąg** I got very cold waiting for the train
wymarz|ony [I] *pp* → **wymarzyć**
[II] *adi.* *[dom, kandydat, samochód, praca, wycieczka]* dream *attr.*; *[pogoda]* perfect (**na coś** for sth); **ta okolica jest ~ona na wakacje** this is the perfect place for a holiday
wymarz|yć *pf vt* to dream, to hope; **nie był takim mężem, jakiego sobie ~yła** he wasn't the husband she had been dreaming about; **~ył sobie wspaniałą przyszłość** he envisaged a splendid future for himself; **pogodę mamy tak piękną, jak tylko można sobie ~yć** you couldn't hope for better weather
wymas|ować *pf vt* to knead *[mięśnie, plecy]*; to massage *[część ciała, osobę]*
[II] **wymasować się** to massage oneself
wymaszer|ować *pf vi* *[wojsko, harcerze]* to march off, to move off (**do czegoś/na coś** to/on sth); **~ować z koszar** to march out of barracks; **~ować do lasu** to march off to the woods
wymawiać *impf* → **wymówić**
wymaz *m* (G **~u**) Med. smear (test), swab; **~ z pochwy/szyjki macicy** a Pap/cervical smear; **~ z gardła** a throat swab
wyma|zać *pf* — **wymazywać** *impf* (**~żę** — **~zuję**) [I] *vt* [1] (pobrudzić) to smear (**coś czymś** sth with sth a. sth on sth); **~zał sobie ręce smarem** his hands got all smeared with grease [2] (zetrzeć) to rub [sth] out, to rub out *[literę, rysunek, słowo]* (**czymś** with sth); **~zał gumką błędną odpowiedź** he rubbed out the wrong answer [3] (zużyć) to use [sth] up, to use up *[farbki, szminkę]*; **~zała całą kredę** she used up all the chalk [4] (posmarować) to paint

(**coś czymś** sth with sth) [5] przen. (usunąć) to blot [sb/sth] out, to blot out, to expunge (**coś z czegoś** sth from sth); to wipe [sb/ sth] out, to wipe out (**z czegoś** of sth); **chciałabym go ~zać z pamięci** I wish I could blot him out of my memory; **~zać niewygodne fakty z życiorysu** to expunge awkward facts from one's CV; **~zano ten kraj z mapy Europy** this country has been wiped off the map of Europe [6] Komput. (wykasować) to clear *[dane]*; to delete *[plik, znak]*
[II] **wymazać się** — **wymazywać się** [1] (pobrudzić się) to smear oneself (**czymś** with sth); **cały ~zał się sadzą/błotem** he got totally covered in soot/mud [2] (zostać zużytym) *[farba, szminka, gumka]* to be/get used up
wymazywać *impf* → **wymazać**
wymądrzać się *impf* → **wymądrzyć się**
wymądrz|yć się *pf* — **wymądrz|ać się** *impf* (**~yj się** a. **~ się** — **~am się**) *v refl.* pot., iron. to be a know-all GB a. know-it-all US pot., to play the smart a. wise guy pot.; **~ał się na każdy temat** he had something to say on every possible subject; **przestań się ~ać i bierz się do roboty** stop playing the wise guy and get to work
wymeld|ować *pf* — **wymeld|owywać** *impf* [I] *vt* [1] (zgłosić w urzędzie) *notify the authorities about a tenant's departure* [2] (odnotować) *to register officially sb's change of address*
[II] **wymeldować się** — **wymeldowywać się** [1] (opuścić hotel) to check out (**z czegoś** of sth); to sign out (**z czegoś** of sth) [2] (zgłosić w urzędzie) *to notify the authorities about a change of address*
wymeldowywać *impf* → **wymeldować**
wymęcz|yć *pf* [I] *vt* [1] (zmęczyć) to exhaust, to tire [sb] out; **~ony podróżą** exhausted by the journey; **trener strasznie nas ~ył** the trainer wore us out [2] pot., pejor. (osiągnąć z trudem) to labour GB, to labor US, to toil; **drużyna ~yła zwycięstwo** the team had laboured a. toiled to achieve the victory; **z trudem ~ył parę słów do rodziców** he wrote a few words to his parents with great difficulty
[II] **wymęczyć się** to exhaust oneself, to tire oneself out; **~yłam się w tej podróży** I've exhausted myself on this journey
wymian|a *f* [1] (zamiana) exchange (**czegoś na coś** of sth for sth); interchange, sharing; **~a jeńców** an exchange of hostages; **~a towarów/usług** an interchange of goods/ services; **~a doświadczeń** skill-sharing; **zrobić ~ę** to make an exchange [2] (zmiana) change, replacement; **~a oleju/opony/ wody** oil/tyre/water change [3] (wzajemne przekazanie sobie) exchange; **~a pozdrowień/ukłonów/uprzejmości** an exchange of greetings/bows/pleasantries [4] (ognia) exchange; **~a strzałów** a shooting incident [5] (wizyta) exchange (visit); **uczestniczyć w ~ie** to be a. go on an exchange [6] Fin. (waluty) exchange; **kantor ~y** an exchange bureau, a bureau de change; **kurs ~y** the exchange rate [7] Jęz. (alternacja) alternation [8] Sport (w grach sportowych) substitution
■ **~a zdań** exchange, interchange; **burzli-**

wa/ostra **~a zdań** a heated/an angry exchange

wymia|r m (G **~ru**) [1] zw. pl (rozmiar) measurement, size; **podać ~ry (czegoś)** to give the measurements (of sth); **przyciąć coś do odpowiednich ~rów** to cut sth to size [2] (znaczenie) dimension; **nadać dyskusji/problemowi nowy ~r** to add a. bring a new dimension to the discussion/problem; **nabrać całkiem nowego ~ru** to take on a whole new dimension [3] Mat. (przestrzeni) dimension; **w innym ~rze** in another dimension [4] Admin. (wielkość) **zmniejszenie ~ru emerytury** the reduction of the pension; **praca w niepełnym/pełnym ~rze godzin** part/full-time work; **~r sprawiedliwości** Prawo the judiciary; **najwyższy ~r kary** Prawo the maximum sentence

❏ **czwarty ~r** Fiz fourth dimension; **~ry liniowe** Techn. linear dimensions

wymiarow|y [I] adi. [1] (mający odpowiedni wymiar) of the proper a. right dimensions [2] (dotyczący mierzenia) [liczba, linia] dimension attr.; [kontrola, norma, stabilność, tolerancja] dimensional

[II] **-wymiarowy** w wyrazach złożonych -dimensional; **dwuwymiarowy/trójwymiarowy** two/three-dimensional

wymiatać impf → **wymieść**

wym|iąć pf (**~nę, ~ięła, ~ięli**) [I] vt (pognieść) to crease [papier]; to crumple, to rumple [garnitur, sukienkę]; to wrinkle [materiał]

[II] **wymiąć się** (pognieść się) [materiał, sukienka] to become a. get creased a. crumpled a. wrinkled; **żakiet ~iął ci się z tyłu** the back of your coat has got all creased up

wymieniać impf → **wymienić**

wymienialnoś|ć f sgt [1] (części, elementów) exchangeability [2] Fin. (obligacji, waluty) convertibility

wymienialn|y adi. [1] (nadający się do wymiany) [części, elementy] exchangeable, replaceable [2] Fin. [obligacje, waluta] convertible; [bony] redeemable

wymie|nić pf — **wymie|niać** impf [I] vt [1] (zrobić zamianę) to exchange (**coś na coś** sth for sth); to trade (**coś na coś** sth for sth); **~niła płytę na znaczki** she exchanged the record for stamps; **narzeczeni ~nili pierścionki** the betrothed exchanged rings; **oba kraje ~niły zakładników** the two countries traded hostages [2] (przekazać sobie nawzajem) to exchange [myśli, podarunki, pozdrowienia, uwagi]; to trade [ciosy]; **~nili spojrzenia** they exchanged looks [3] (zastąpić) to change [towar, wodę, żarówkę]; to replace (**coś na coś** sth with sth) [rury, uszczelki]; **czy mogę to ~nić na rozmiar 12?** can I change it for a size 12?; **~niła rury żeliwne na aluminiowe** she replaced the cast-iron pipes with aluminium ones [4] (przytoczyć) to list [części mowy, tytuły]; to mention [nazwiska]; to name [kraje, planety, rośliny]; **~nić kogoś po nazwisku** a. **z nazwiska** to mention sb by name; **~ń trzy stany Ameryki Północnej** name three American states [5] Fin. (walutę) to change (**coś na coś** sth into a. for sth); to exchange (**coś na coś** sth for

sth); **~niła dolary na funty** she exchanged the dollars for pounds

[II] **wymienić się** — **wymieniać się** [1] (zmienić się) [strażnicy] to change [2] (dokonać wymiany) to change (**czymś z kimś** sth with sb); to exchange (**czymś z kimś** sth with sb); **~niła się kurtkami z kolegą** she exchanged coats with her friend; **~nili się adresami** they exchanged addresses [3] Jęz. (występować obocznie) [głoski] to alternate

wymiennie adv. [stosować, używać, zastąpić] interchangeably

wymiennoś|ć f sgt [1] (możliwość zastąpienia) exchangeability [2] Fin. (waluty) convertibility [3] Jęz. (alternacja, oboczność) alternation

wymienn|y adi. [1] (polegający na wymianie) [giełda, transakcja, wartość] exchange attr.; **handel ~y** barter [2] (wymienialny) [część, element, filtr, wkład] exchangeable, replaceable

wymierać impf → **wymrzeć**

wymiernoś|ć f sgt measurability; **~ć zysków** the measurability of profits

wymiern|y adi. [1] (znaczący) notable; **~e efekty/korzyści** notable effects/benefits [2] (obliczalny) measurable; **~e kryteria** clear-cut criteria [3] Mat. [liczba] rational

wymierzać impf → **wymierzyć**

wymierz|yć pf — **wymierz|ać** impf vt [1] (zmierzyć) to measure (up); **przed zakupem dywanu ~ył pokój** he measured up the room a. the room up before buying a carpet [2] (wycelować) to aim (**w kogoś** a. **do kogoś** at sb); **nieoczekiwanie wyjął rewolwer i ~ył we mnie** all of a sudden, he took out his gun and aimed it at me [3] (skierować przeciwko) to direct (**w kogoś** at a. against sb); **satyra ~ona przeciwko rządowi** a satire directed at the government [4] (uderzyć) **~yć komuś cios** to deliver sb a blow; **~yć komuś klapsa** to give sb a slap; **~yć komuś policzek** to slap sb in the face a. sb's face [5] (określić wymiar czegoś) to mete out; **~yć komuś karę** to inflict punishment on sb; **~yć podatek** to impose a tax

■ **~yć (komuś) sprawiedliwość** Prawo to mete out a. administer justice to sb

wymie|sić pf (**~si**) vt przest. to knead [ciasto] ⇒ **miesić**

wymiesza|ć pf [I] vt [1] (połączyć składniki) to mix, to blend (**z czymś** with sth); **~ć wapno z piaskiem** to mix lime with sand; **~ć cukier z mąką** to mix sugar and flour together [2] (rozmieszać) to stir [zupę, sos] [3] (połączyć, przepleść) to mix, to mingle

[II] **wymieszać się** [1] (zmieszać się) to mix (up), to intermingle (**z czymś** with sth); **dym papierosowy ~ł się z zapachem alkoholu** the cigarette smoke mingled with the smell of alcohol [2] (wystąpić jednocześnie) to intermingle; **zwyczaje/języki ~ły się** the customs/languages intermingled

wymi|eść pf — **wymi|atać** impf (**~otę, ~eciesz, ~ótł, ~otła, ~etli — ~atam**) vt [1] (uprzątnąć) to sweep out; **~otłam kurz zza pianina/spod szafy** I swept the dust from behind the piano/from under the wardrobe [2] przen. (spowodować nieobecność) to sweep away; **wojna ~otła ich z wioski** the war swept them away from their village; **wiatr ~ótł liście z alejki** the wind swept

the leaves away from the alley

■ **pusto jak** a. **jakby ~ótł** (it's) empty and lifeless

wymi|ę n (G **~enia**) Anat. udder; **~ę krowy** a cow's udder

wymiędl|ić pf (**~ ** a. **~ij**) vt [1] pot. (pognieść) to crumple; **~ona, brudna chusteczka** a dirty, crumpled (up) handkerchief [2] (rozgnieść w ustach) to chew up; **~ił w ustach kawałek chleba** he chewed up a piece of bread [3] Roln. to break, to scutch [len, konopie]; **~enie lnu** flax-breaking a. scutching [4] (w garbarstwie) (nadać miękkość) to stake [skórę]

wymięto|sić pf (**~si**) vt pot. to crumple; **~szone ubranie** crumpled clothes

[II] **wymiętosić się** to get crumpled; **ubrania ~siły się w plecaku** the clothes got all crumpled in the rucksack

wymię|ty [I] pp → **wymiąć**

[II] adi. [1] pot. (zmęczony) haggard; **wrócił do domu trochę ~ty** he came back home looking rather worn out; **miał starą, ~tą twarz** he had an old and haggard face [2] (pognieciony) crumpled; **miał ~te ubranie** his clothes looked crumpled

wymig|ać się pf — **wymig|iwać się** impf v refl. pot. to shirk (**od czegoś** sth); to wriggle out (**od czegoś** of sth); **~ać się od odpowiedzialności** to shirk responsibility; **~ał się od odpowiedzi na moje pytanie** he dodged my question; **zawsze ~uje się od pracy** he's always ducking out of work; **udało mu się ~ać od kary** he managed to wriggle out of the fine

wymigiwać się impf → **wymigać się**

wymijać impf → **wyminąć**

wymijająco adv. evasively; **odpowiadać ~** to reply a. answer evasively, to give an evasive reply a. answer; **odpowiedzieć ~ na pytanie** to hedge a question

wymijając|y [I] pa → **wyminąć**

[II] adi. evasive, non-committal; **~a odpowiedź** a non-committal reply

wymi|nąć pf — **wymi|jać** impf (**~nęła, ~nęli — ~jam**) [I] vt [1] (przejść, przejechać obok) to pass, to go past [2] Aut. pot. (wyprzedzić) to overtake; **udało się jej ~nąć ciężarówkę** she managed to overtake the lorry [3] (ominąć) to steer clear (**coś** of sth); **żaglówka zręcznie ~nęła rafy** the sailing boat managed to steer clear of the reef

[II] **wyminąć się** — **wymijać się** to pass each other; **~nąć się z kimś** to pass sb

wymiocin|y plt (G **~**) vomit; vomitus spec.; **krwawe ~y** blood in the vomit

wymiotnie adv. emetically; **działać ~** to have an emetic effect; **lek działający ~** an emetic

wymiotn|y adi. emetic, vomitive; **odruch ~y** the vomiting reflex; **widok surowego mięsa powoduje u niego odruch ~y** the sight of raw meat makes him retch; **środek ~y** an emetic

wymiot|ować impf vi to vomit; to throw up pot. ⇒ **zwymiotować**

wymiot|y plt (G **~ów**) Fizj. [1] (torsje) vomiting; **zbierało mi się na ~y** I was nauseated, I felt like vomiting; **lek wywołał ~y** the medicine was nauseating [2] (wymiociny) vomit; vomitus spec.

W

❏ **~y acetonemiczne** Med. acetonemic vomiting

wymizerowan|y *adi.* drawn; **był ~y po chorobie** he looked drawn a. haggard after his illness

wym|knąć się *pf* — **wym|ykać się** *impf* (**~knęła się, ~knęli się** — **~ykam się**) *v refl.* [1] (wysunąć się) [pieniądze, żetony] to slip; **włosy ~ykały jej się spod czapki** her hair escaped from under her hat [2] (wydostać się) to slip; **~knąć się przez drzwi** to slip through the door; **~knąć się z pokoju/z domu** to slip out of the room/house; **~knęli się niepostrzeżenie** they slipped out a. away unnoticed; **~knąć się komuś** to give sb the slip; **udało się jej ~knąć policji** she managed to give the police the slip [3] (nie podlegać) to fall outside; **~ykać się wszelkim definicjom** to fall outside any definition [4] przen. (uniknąć) to escape; **~knął się śmierci** he escaped death

■ **~knęło jej się, że jutro wyjeżdżają** pot. she let (it) slip that they were leaving the next day; **~knął nam się z rąk** he's given us the slip, he's slipped through our fingers; **ta sprawa/ten problem ~yka się nam z rąk** a. **spod kontroli** this matter/problem is getting out of hand a. control

wymłacać *impf* → **wymłócić**

wymł|ócić *pf* — **wymł|acać** *impf vt* [1] (omłócić) to thresh; **~cić ziarno cepami** to thresh the grain with flails, to flail the grain; **żyto zostało ~cone** the rye has been threshed [2] pot., przen. (zbić) to clobber, to batter [osobę]; **~cić komuś grzbiet** pot. to give sb a drubbing a. thrashing

wymocz|ek [I] *m pers.* (Npl **~ki**) pot., pejor. (pale) weakling

[II] *m anim.* Zool. ciliate

wymocz|yć *pf* [I] *vt* to soak; **przed praniem można ~yć bieliznę w wodzie z mydłem** you can soak the linen in soapy water before washing; **~yła fasolę/śledzie** she soaked the beans/herring; **~ył sobie nogi w gorącej wodzie** he soaked his feet in hot water

[II] **wymoczyć się** [1] (zostać wymoczonym) to be soaked; **śledzie już się ~yły** the herring has been soaked [2] pot. (wykąpać się) to soak; **lubił czasem ~yć się w wannie** he liked to soak a. a soak in the bath sometimes

wymodel|ować *pf vt* [1] (nadać formę) to model [glinę]; to style [włosy]; to shape [sylwetkę, uda]; **~ować posąg w glinie** to model a statue from clay; **pięknie ~owany wazon** a beautifully shaped vase ⇒ **modelować** [2] (ukształtować) to shape; **~ować czyjś sposób widzenia świata** to shape sb's world view ⇒ **modelować** [3] Nauk., Szt. to model; **~ować proces/układ** to model a process/system ⇒ **modelować**

wym|odlić *pf vt* to attain [sth] through prayer; **po miesiącu suszy rolnicy ~odlili u Boga deszcz** after a month of drought the farmers' prayers for rain were answered; **urodziło im się wreszcie ~odlone dziecko** their prayers were finally answered with the birth of a long-awaited child

wymont|ować *pf* — **wymont|owywać** *impf vt* Techn. to take out, to remove;

~ować zepsutą część z radia to remove a broken part from a radio

wymontowywać *impf* → **wymontowywać**

wymord|ować *pf* [I] *vt* to butcher, to slaughter; **hitlerowcy ~owali całą wieś** the Nazis butchered the whole village; **~owanie całej rodziny** the slaughter of the whole family

[II] **wymordować się** to kill each other/one another

wymoś|cić *pf* (**~ci**) *vt* to line (**coś czymś** sth with sth); **ptak ~cił sobie gniazdo gałązkami** the bird lined its nest with twigs ⇒ **mościć**

wymota|ć *pf* [I] *vt* to extricate; **~ł spod kocy parę ciepłych skarpetek** he extricated a pair of warm socks from under the blankets

[II] **wymotać się** [1] (spod okrycia, z więzów) to disentangle oneself (**z czegoś** from sth), to free oneself (**z czegoś** from sth); **~ła się spod kołdry** she got out from under the duvet [2] pot., przen. (z sytuacji) to extricate oneself

wymow|a *f sgt* [1] Jęz. pronunciation; **~a brytyjska/amerykańska** British/American pronunciation; **wada ~y** a speech impediment; **jak na cudzoziemkę, miała dobrą ~ę** she had good pronunciation for a foreigner [2] (znaczenie) meaning, significance; **jego spojrzenia miały więcej ~y niż słowa** his looks said more than any words [3] przest., książk. (krasomówstwo) elocution; **potok ~y** a flow of words; **kwiecista ~a** flowery language

❏ **~a sceniczna** Teatr stage pronunciation

wymownie *adv. grad.* meaningfully, knowingly; **spojrzeć na kogoś ~** to give sb a meaningful a. knowing look, to look at sb meaningfully a. knowingly

wymowno|ść *f sgt* [1] (znaczenie) meaningfulness; **~ść spojrzenia/gestu** the significance of a look/gesture [2] (elokwencja) eloquence; **~ść prelegenta** the eloquence of the speaker

wymown|y *adi. grad.* [1] (wyrazisty) [gest, spojrzenie] telling, meaningful; **~e milczenie** a pregnant silence [2] (elokwentny) [kaznodzieja, poseł, adwokat] eloquent, articulate

wym|óc (**~ogę, ~ożesz, ~ógł, ~ogła, ~ogli**) *vi* **~óc coś na kimś** to make sb do sth; **~ógł na rodzicach zgodę na małżeństwo** he made his parents agree to his marriage; **policjant ~ógł na podejrzanym przyznanie się do winy** the policeman forced the suspect into admitting his guilt

wym|óg *m* (G **~ogu**) zw. pl książk. requirement; **restauracja spełniała ~ogi sanitarne** the restaurant met the hygiene standards; **ubierała się zgodnie z ~ogami mody** she dressed according to the latest fashion; **to mieszkanie nie odpowiada moim ~ogom** this flat doesn't meet my requirements

wym|ówić *pf* — **wym|awiać** *impf* [I] *vt* [1] (wyartykułować) to pronounce; **trudno ~ówić to słowo** this word is difficult to pronounce; **źle ~ówić słowo** to mispronounce a word; **prawidłowe ~ówienie nazwiska** the correct pronunciation of a

name; **dziecko ~awiało l zamiast r** the child pronouneed 'r' or as 'l' [2] (powiedzieć) to utter, to say; **ze strachu nie mógł ~ówić ani słowa** he was so afraid (that) he couldn't utter a word [3] (zerwać umowę) **~ówić komuś (pracę)** to dismiss sb, to give sb notice; **właściciel budynku ~ówił mi mieszkanie** the owner of the building has given me notice (to vacate) [4] (wypomnieć) **~awiać coś komuś** to reproach sb for sth; **~awiał żonie jej lenistwo** he reproached his wife for her laziness

[II] **wymówić się** — **wymawiać się** to excuse oneself (**od czegoś** from sth); to get out pot. (**od czegoś** of doing sth); **~ówił się od wizyty u ciotki koniecznością odrabiania lekcji** he got out of visiting his aunt by saying that he had to do his homework

■ **~ówić coś w dobrą/złą godzinę** to say sth at the most opportune/inopportune moment

wymówie|nie [I] *sv* → **wymówić**

[II] *n* [1] (zwolnienie) notice; **wręczyć komuś ~nie** to give sb notice; **dostać ~nie** to be given notice; **złożyć ~nie** to hand a. give in one's notice [2] (okres) notice period, period of notice; **miesięczne ~nie** a month's notice; **w okresie ~nia** during the period of notice a. notice period

wymów|ka *f* [1] (wykręt) excuse; **znaleźć sobie dobrą ~kę** to find a good excuse; **choroba ciotki była dobrą ~ką od pracy** his/her aunt's illness was a good excuse not to work [2] zw. pl (pretensja) reproach C/U; **delikatne/gorzkie ~ki** slight/bitter reproach; **czynić komuś ~ki** to reproach sb (**za coś** for sth)

■ **paluszek i główka to szkolna ~ka** ≈ children will invent any excuse to avoid doing their schoolwork

wymrażać *impf* → **wymrozić**

wymr|ozić *pf* — **wymr|ażać** *impf* [I] *vt* Bot., Med. to freeze; **zima ~oziła drzewa owocowe** the fruit trees froze in winter; **~ażanie nadżerek** cervical cryotherapy; **~ozili nas w nieopalanym mieszkaniu** pot., przen. they made us freeze in their unheated flat pot., przen.

[II] **wymrozić się** pot. [osoba] to freeze, to be frozen (numb)

wymrucz|eć *pf* (**~ysz, ~ał, ~eli**) *vt* to murmur; **~eć coś pod nosem** to murmur sth under one's breath

wym|rzeć *pf* — **wym|ierać** *impf* (**~arł, ~arli** — **~iera**) *vi* [1] (umrzeć masowo) to die out a. off; [gatunek] to become extinct; **dinozaury ~arły przed tysiącami lat** dinosaurs died out thousands of years ago; **wielki ród ostatecznie ~arł** the great dynasty finally died out [2] (opustoszeć) [miejsce] to empty, to become deserted; **w skwarne dni ulice ~ierają** the streets become deserted when it's scorching hot [3] (zaniknąć) to die out; **~ierający zawód** a dying craft

wymur|ować *pf vt* [1] (wyłożyć) to line [sth] with bricks [2] (wybudować) to build

wymu|sić *pf* — **wymu|szać** *impf vt* to extort [pieniądze, informacje]; **~sić coś od kogoś** to extort sth from sb; **~sić na kimś zrobienie czegoś** to force sb to do sth;

~szono na nim przyznanie się do winy he was coerced into admitting his guilt; **~sił na znajomym pożyczkę** he forrced his colleague into lending him some money
wymuska|ć *pf vt* to smooth
wymuskan|y **Ⅱ** *pp* → **wymuskać**
Ⅲ *adi.* (wypielęgnowany) *[dziewczyna, dłonie, samochód]* spruce, smart; (pretensjonalny, nienaturalny) cutesy *pot.*, pretty-pretty *pot.*
wymuszać *impf* → **wymusić**
wymusze|nie **Ⅱ** *sv* → **wymusić**
Ⅱ *n* Prawo coercion, extortion
❑ **~nie pierwszeństwa przejazdu** Aut., Prawo failing to yield (the) right of way
Ⅲ *adv.* (nienaturalnie, sztucznie) *[śmiać się, uśmiechać się, ukłonić się]* affectedly
wymuszonoś|ć *f sgt* constraint, affectation
wymusz|ony **Ⅱ** *pp* → **wymusić**
Ⅲ *adi. [uśmiech]* forced, affected; *[zachowanie]* constrained książk.
wymy|ć¹ *pf* — **wymy|wać** *impf* (~ję — ~wam) *vt* ① (wydrążyć) to scour; **wąwóz ~ty przez rzekę** a gorge scoured by a river ② (wydobyć) to wash; **~ć złoto z piasku** to wash gold out of sand
wymy|ć² *pf* (~ję) **Ⅱ** *vt* (umyć starannie) to wash *[ręce, ciało]*; to clean *[zęby]*; **~ła starannie podłogę** she washed the floor thoroughly
Ⅱ **wymyć się** (umyć się starannie) to wash, to clean oneself up
wymydl|ić *pf* **Ⅱ** *vt* to use up *[mydło]*
Ⅱ **wymydlić się** *[mydło]* to be used up
wymykać się *impf* → **wymknąć się**
wymy|sł **Ⅱ** *m* (G ~słu) pejor. ① (kaprys) whim, caprice; **nie stać nas na takie drogie ~sły** we can't afford such expensive whims ② (zmyślenie) fabrication, invention; **ta jej choroba to czysty ~sł** her illness is pure fiction
Ⅱ **wymysły** *plt* abuse U; invective U książk.; **obsypać kogoś gradem ~słów** to hurl abuse/insults at sb
wymyślać¹ *impf* → **wymyślić**
wymyśla|ć² *impf vi* ① (ubliżać) to hurl insults a. abuse (**komuś** at sb) ⇒ **nawymyślać** ② (krytykować coś) **~ć na kogoś** to go a. rant on about sb pot.
wymyśl|ić *pf* — **wymyślać¹** *impf vt* ① (wynaleźć) to invent *[styl, teorię, maszynę]*; to devise *[metodę]*; to concoct *[potrawę, napój]* ② (stworzyć w fantazji) to originate *[plotkę]*; to cook a. think up *[historyjkę, wymówkę]*
■ on prochu nie ~i he'll never set the Thames on fire
wymyślnie *adv. grad. [ubrać się, uczesać się]* fancily, fussily
wymyślnoś|ć *f sgt* fanciness
wymyśln|y *adi. grad.* (wyszukany, wyrafinowany) *[kapelusz, fryzura, strój]* sophisticated; (zbyt skomplikowany, dziwaczny) *[metoda, projekt]* fancy; *[maszyna]* elaborate
wymywać *impf* → **wymyć¹**
wynagradzać *impf* → **wynagrodzić**
wynagrodze|nie **Ⅱ** *sv* → **wynagrodzić**
Ⅱ *n* (zapłata) remuneration; (za pracę biurową) salary; (za pracę fizyczną) wage(s); **praca za ~niem/bez ~nia** work with/without pay, paid/unpaid work; **podatek od ~nia** income tax

❑ **~nie ryczałtowe** Ekon. lump sum remuneration
wynagrodzeniow|y *adi. [system]* pay *attr.*, remuneration *attr.*
wynagr|odzić *pf* — **wynagr|adzać** *impf vt* ① (zapłacić) to remunerate książk.; **~odzono go sowicie za jego ciężką pracę** he was paid handsomely for his hard work ② (odwdzięczyć się) to reward ③ (zrekompensować) to compensate, to make good; Prawo to indemnify; **chciałbym jakoś ~odzić tę stratę** I would like somehow to make up for the loss
wynaj|ąć *pf* — **wynaj|mować** *impf* (~mę, ~ęła, ~ęli — ~muję) **Ⅱ** *vt* ① (wziąć w najem) to rent; to hire; **~ąć mieszkanie/biuro/pokój** to rent a flat/an office/a room; **~ąć samochód** to rent a. hire a car; **~ąć łódź/samolot** to charter a boat/plane; **~muję mieszkanie od ciotki** I rent a flat from my aunt ② (oddać w najem) to rent out, to let; **kawalerkę ~ęła cudzoziemcom** she let the studio (flat) to foreigners ③ (przyjąć do pracy) to hire; **~ąć opiekunkę do dziecka** to hire a baby-sitter
Ⅱ **wynająć się** — **wynajmować się** to hire oneself out; **~ął się jako ogrodnik** he hired himself out as a gardener; **~mowała się do sprzątania** she used to work as a cleaner
wynajdywać *impf* → **wynaleźć**
wynaj|em *m* (G ~mu) *sgt* ① (odstąpienie) the renting a. hiring out; **~em pokoi/mieszkań** renting of rooms/apartments; **na ~em** for rent ② (wzięcie) rent, hire
wynajmować *impf* → **wynająć**
wynalaz|ca *m,* **~czyni** *f* inventor; **~a telefonu** the inventor of the telephone
wynalazczoś|ć *f sgt* (dokonywanie wynalazków) invention; (kreatywność) inventiveness
wynalazcz|y *adi.* ① **zespół ~y** a team of inventors; **prawo ~e** the law on inventions ② *[umysł, osoba]* inventive
wynalaz|ek *m* (G ~ku) invention; **~ek telefonu/druku/papieru** the invention of the telephone/printing/paper
■ potrzeba jest matką ~ku przysł. necessity is the mother of invention przysł.
wyna|leźć *pf* — **wyna|jdywać, wynajdować** *impf* (~jdę, ~jdziesz, ~lazł, ~lazła, ~leźli — ~jduję) *vt* ① (wyszukać) to find; **~lazł stare obrazy na strychu** he discovered some old pictures in the attic; **~leźć sobie odpowiednie zajęcie** to find something suitable to do; **~jdował różne przeszkody, aby się nie ruszyć z domu** he found various excuses not to go out ② (odkryć) to invent; **Edison ~lazł żarówkę** Edison invented the carbon filament lamp
wynaradawiać *impf* → **wynarodowić**
wynar|odowić *pf* — **wynar|adawiać** *impf* **Ⅱ** *vt* to deprive [sb] of [their] national identity
Ⅱ **wynarodowić się** — **wynaradawiać się** to lose one's sense of national identity
wynaturzać *impf* → **wynaturzyć**
wynaturze|nie **Ⅱ** *sv* → **wynaturzyć**
Ⅱ *n* (fizyczne, psychiczne, umysłowe) degeneration

wynaturz|yć *pf* — **wynaturz|ać** *impf* **Ⅱ** *vt* to pervert
Ⅱ **wynaturzyć się** — **wynaturzać się** to degenerate
wynegocj|ować *pf vt* to negotiate *[kontrakt]*; to bring about, to mediate *[pokój, rozejm]* ⇒ **negocjować**
wynędznia|ły *adi. [osoba]* haggard, drawn; *[twarz]* gaunt; cadaverous książk.
wynędzni|eć *pf* (~eję, ~ał, ~eli) *vi* to become haggard ⇒ **nędznieć**
wyn|ieść *pf* — **wyn|osić¹** *impf* (~iosę, ~iesiesz, ~iósł, ~iosła, ~ieśli — ~oszę) **Ⅱ** *vt* ① (usunąć) to take [sth] out, to take out; **~ieś śmieci!** take the rubbish out!; **~iósł bagaż na peron** he carried the baggage onto the platform; **~iósł z domu telewizor/biżuterię matki** he walked off with the TV set/his mother's jewellery ② przen. (zyskać) to gain *[wrażenie, wiedzę]* ③ (podnieść) to raise, to lift; **latawiec ~iosło wysoko w górę** the kite was carried high up into the sky ④ przen. (awansować) to elevate
Ⅱ *vi* (dawać wynik, kosztować) to amount(to), to come (to); **koszty inwestycji ~oszą trzy miliony złotych** the cost of the investment amounts to three million zlotys; **remont ~iósł ją bardzo drogo** the refurbishment cost her a lot (of money)
Ⅲ **wynieść się** — **wynosić się** ① (wznieść się) to rise; **wieże kościoła ~osiły się nad drzewa** the church towers rose above the trees ② pot. (opuścić miejsce) **~oś się!** get out of here!
■ ~ieść kogoś/coś na piedestał to put a. place sb/sth on a pedestal; **~ieść kogoś na tron** to put sb on the throne; **~ieść całą skórę** a. **zdrowie** a. **życie** pot. to escape with one's life; **~osić wiadomości** a. **plotki** to pass on a. spread news a. gossip
wynik **Ⅱ** *m* (G ~u) ① (rezultat) result; Sport score; (końcowy) result; (testu) score, result; (działań) upshot, outcome; (badań) findings *pl*; **uzyskać bardzo słaby ~ na egzaminie** to achieve very poor results in an exam; **w ~u śledztwa aresztowano dwoje podejrzanych** two suspects were arrested as a result of the investigation; **miała bardzo dobre ~i analizy krwi** the results of her blood test were very good ② Mat. (po wykonaniu działań matematycznych) result; **~ dodawania/odejmowania** the result of the addition/subtraction ③ Log. (wniosek w logice) conclusion
Ⅱ **wyniki** *plt* ① (dobre rezultaty, osiągnięcia) results; **stara się i ma ~i** s/he works hard and gets good results ② Sport results ③ Med. test results
wynikać *impf* → **wyniknąć**
wynik|ły *adi. [problem, sprawa, spór]* ensuing; resultant książk.
wynik|nąć *pf* — **wynik|ać** *impf* (~nie, ~ł a. ~nął — ~ną) *vi* ① (powstać) to result, to arise; **z braku informacji ~ło wiele nieporozumień** many misunderstandings arose due to a/the lack of information ② (okazać się) to appear; **z tego, co mówi, ~a, że wiele przeszedł** from what he says, it appears that he's been through a lot
wynikow|y *adi.* ① (końcowy) ultimate; end *attr.* ② Jęz. resultative

wyniosłoś|ć _f_ [1] (teren) highland [2] _sgt_ (duma) haughtiness, superiority

❑ **~ć krtaniowa** Anat. Adam's apple

wynio|sły _adi._ [1] książk. _[wieża, góry, budowla, drzewa]_ lofty, soaring [2] _[osoba, ton, spojrzenie, zachowanie]_ haughty, supercilious

wyniośle _adv._ _[zachowywać się, traktować, patrzeć]_ haughtily, superciliously

wyniszczać _impf_ → **wyniszczyć**

wyniszcz|yć _pf_ — **wyniszcz|ać** _impf_ [I] _vt_ [1] (unicestwić) to destroy; (pożar) to consume; to impoverish _[kraj]_; **ulewne deszcze ~yły uprawy** torrential rains destroyed the crops; **~yć szkodniki** to exterminate pests [2] (osłabić) to weaken; **kraj ~ony przez wojnę** a country enfeebled by war [3] (spowodować utratę zdrowia) to ruin; **twarz ~ona alkoholizmem** a face ravaged by alcoholism

[II] **wyniszczyć się — wyniszczać się** [1] (samego siebie) to ruin one's health [2] (siebie nawzajem) to destroy each other

wyniucha|ć _pf vt_ pot. [1] (wyczuć węchem) to sniff a. scent out [2] (odkryć) to nose [sth] out, to nose out

wynocha _inter._ pot. get out!; **~ z mojego domu!** get out of my house!

wynos → **na wynos**

wynosić¹ _impf_ → **wynieść**

wyno|sić² _impf_ [I] _vt_ książk. (chwalić kogoś) to exalt książk.; **~sić kogoś pod niebo** a. **pod niebiosa** to praise sb to the skies

[II] **wynosić się** to be conceited; **~sić się nad kogoś** to treat sb condescendingly, to patronize sb

wynot|ować _pf_ — **wynot|owywać** _impf vt_ to write a. jot [sth] down, to write a. jot down

wynotowywać _impf_ → **wynotować**

wynudzać _impf_ → **wynudzić**

wynu|dzić _pf_ — **wynu|dzać** _impf_ [I] _vt_ to bore [sb] to death pot.; **~dził słuchaczy swoim długim wykładem** he bored the audience to death with his long lecture

[II] **wynudzić się** to get bored

wynudz|ony _adi._ _[widz, słuchacz]_ bored

wynurzać¹ _impf_ → **wynurzyć**

wynurza|ć² _pf_ przest. (wytaczać) to roll [sb] about in sth

wynurze|nie [I] _sv_ → **wynurzyć**

[II] _n_ zw. _pl_ (zwierzenie) confession zw. _pl_, (personal) reflection zw. _pl_

wynurz|ony (na powierzchni) above the surface

wynurz|yć _pf_ — **wynurz|ać¹** _impf_ [I] _vt_ **ostrożnie ~ył głowę z wody** he raised his head carefully out of the water

[II] **wynurzyć się — wynurzać się** [1] (wypłynąć na powierzchnię) to surface, to bob up [2] przen. (ukazać się) to emerge; **słońce ~yło się zza chmur** the sun emerged from behind the clouds

wyobc|ować _pf_ — **wyobc|owywać** _impf_ [I] _vt_ to alienate; **czuł się ~owany ze swego otoczenia** he felt alienated from his surroundings

[II] **wyobcować się — wyobcowywać się** to become alienated

wyobcowani|e [I] _sv_ → **wyobcować**

[II] _n_ sgt alienation; **poczucie ~a** a feeling of alienation

wyobcowywać _impf_ → **wyobcować**

wyobra|zić — wyobra|żać¹ _impf_ [I] _vt_ książk. (przedstawić) _[artysta, twórca]_ to depict, to represent; **postać ~żona w marmurze/drewnie** a figure depicted in marble/wood; **~zić coś realistycznie/metaforycznie** to present a. represent sth in a realist/metaphorical manner; **~ził władcę pod postacią** a. **jako uskrzydlonego lwa** he portrayed a. depicted the monarch as a winged lion

[II] **wyobrazić sobie —wyobrażać sobie** [1] (widzieć w myślach, wyobraźni) to imagine _vt_, to visualize _vt_; (mieć wyraźny obraz przed oczami) to picture _vt_; (widzieć w przyszłości) to visualize _vt_, to envision _vt_; (stworzyć wyobrażenie nieistniejącej rzeczy) to envisage _vt_; **~ź sobie, że jesteś w lesie** imagine (that) you're in a forest, picture yourself in a forest; **jak sobie ~żasz swoje dalsze życie/swoją przyszłość?** how do you see a. envision your future life/your future?; **~żasz sobie mnie w garniturze i w krawacie?!** can you imagine me in a suit and tie?!; **~żasz sobie jego/siebie jako staruszka?** can you imagine him/yourself as an old man?; **~żam sobie, ile to kosztowało/jak ci ciężko** I can imagine how much it cost you/how hard it is for you; **nie ~żasz sobie, co z niego za głupek** pot. you can't imagine how dumb he is pot. [2] (uważać za możliwe) to imagine _vt_; **on nie ~ża sobie innego życia jak na wsi** he can't imagine living anywhere but in the country; **przez lata nie ~żałem sobie życia bez samochodu** for years I couldn't imagine living without a car [3] (dla zwrócenia uwagi) to imagine, to fancy; **~ź(cie) sobie, ona urodziła sześcioro dzieci** just fancy, she's given birth to six children; **~ź sobie** a. **możesz sobie ~zić, jak nam było wstyd** imagine our embarrassment a. how embarrassed we were; **~ź sobie, że on kupuje mi kwiaty** just imagine, he even buys me flowers!

[III] **wyobrażać sobie** (mylnie oczekiwać) to expect; (mylnie sądzić) to imagine, to think; **~żał sobie, że jest chory/może zwyciężyć** he imagined he was ill/thought he could win; **~żał sobie, że jest wielkim malarzem** he fancied himself as a great painter; **tylko sobie nie ~żaj, że ci na to pozwolę** but don't imagine I'll let you do it; **chyba sobie nie ~żasz, że powiem mu prawdę?!** you don't expect me to tell him the truth, do you?

■ **co pan sobie ~ża?!** (wyrażając zdziwienie, oburzenie) how dare you!; **co ty sobie ~żasz? mówisz do mnie jak do dziecka** how dare you talk to me as if I were a child?; **co on sobie ~ża, wszyscy muszą na niego czekać** what does he think he's doing? – he's keeping everyone waiting

wyobraźni|a _f_ sgt [1] (zdolność tworzenia wyobrażeń) imagination _C/U_; **bogata/twórcza ~a** a fertile/creative imagination; **potęga/świat ~** the power/world of (the) imagination; **wytwór mojej ~** a figment of my imagination; **dziecko o bujnej ~** an imaginative child; **oddziaływać na czyjąś ~ę** to excite sb's imagination; **pobudzać czyjąś ~ę** to stimulate sb's imagination; **ona/jej twórczość jest pozbawiona ~**

she/her work lacks imagination [2] (widzenie przyszłości) vision; **burmistrz/architekt musi być osobą z ~ą** a mayor/an architect must be a person of vision; **nie grzeszył ~ą** iron. he wasn't noted for his breadth of vision iron.

■ **puszczać wodze** a. **cugle ~** to give free rein to one's imagination; **widzieć kogoś/coś oczyma ~** książk. to see sb/sth in one's mind's eye

wyobrażać¹ _impf_ → **wyobrazić**

wyobra|żać² _impf vt_ książk. (przedstawiać) _[rzeźba, obraz]_ to depict, to represent; **akwarele ~żające orchidee** watercolours depicting orchids; **bogini zwycięstwa ~żana ze skrzydłami** the goddess of victory depicted with wings

wyobrażaln|y _adi._ _[projekt, model, pojęcie]_ conceivable, imaginable; **~y termin ukończenia prac** a realistic deadline to complete the work

wyobraże|nie [I] _sv_ → **wyobrazić**

[II] _n_ [1] (pojęcie, wiedza) idea, notion (**o czymś** of sth); (mniemanie, pogląd) idea, notion (**o czymś** about sth); (koncepcja, domniemanie) conception (**czegoś** of sth); **ustalone/fałszywe ~nia na temat roli rodziców** fixed/misconceived notions about the role of parents; **nasze ~nie o nas samych** our conception of ourselves, our self-image; **mam jedynie mgliste ~nie o tym, jak przycinać róże** I only have a hazy idea of how to prune roses; **on nie ma najmniejszego ~nia o piłce nożnej/o tym, czego ty pragniesz** he hasn't the faintest idea about football/(of) what you want; **zdjęcie/opis daje nam pewne ~nie o tym, jak miasto wygląda** the photograph/description gives us some idea of what the city looks like [2] (obraz w wyobraźni, pamięci) image; (obraz w literaturze, sztuce) representation, depiction; **swobodne/dobitne ~nie zamachu w Dallas** a loose/graphic representation of the assassination in Dallas [3] przest. (wizerunek) image, likeness; **herb z ~niem orła** a coat of arms emblazoned with a. depicting an eagle

■ **być nie do ~nia** to be inconceivable; **przechodzić wszelkie** a. **ludzkie ~nie** pot. to be beyond belief; **oni tak biorą łapówki, że to przechodzi ludzkie ~nie** it's beyond belief how open they are to bribes

wyobrażeniow|y _adi._ notional

wyodrębniać _impf_ → **wyodrębnić**

wyodrębni|ć _pf_ — **wyodrębni|ać** _impf_ [I] _vt_ [1] (wskazać jako odrębne) to distinguish, to isolate _[element, składnik]_; **~ć najważniejsze/decydujące czynniki** to isolate the most important/decisive factors; **w dziejach miasta można ~ć dwa okresy** there are two distinct periods in the town's history; **nasz profesor/socjologia ~a kilka typów rodziny** our professor/sociology distinguishes several family types [2] (wyróżnić) _[osoba]_ to single [sb/sth] out, to single out; _[cecha, właściwość, wygląd]_ to mark [sb/sth] out, to mark out; (odróżnić) to distinguish; **~ć pewne grupy społeczne/zjawiska jako typowe** to single out certain social groups/phenomena as being typical; **~ć graficznie fragment tekstu/**

niektóre wyrazy to highlight a passage in a text/some words; **zwroty obcojęzyczne ~ono kursywą** foreign phrases have been italicized ③ (wyizolować) to isolate [substancję, pierwiastek, składnik]

Ⅲ wyodrębnić się — wyodrębniać się ① (powstać) to come into one's own, to emerge; **~ła się nowa warstwa społeczna** a new social stratum has emerged ② (być odmiennym) to stand out; (być widocznym) to be prominent; **nie ~ał się niczym wśród kolegów** there was nothing to distinguish him from his friends

wyolbrzymiać impf → wyolbrzymić

wyolbrzymi|ć pf — **wyolbrzymi|ać** impf vt to exaggerate, to play up [sytuację, zjawisko, cechę]; to magnify [szczegóły, wady]; to overrate [zalety, korzyści, zasługi]; **podkreślał swoją odwagę, ~ając niebezpieczeństwo** he underlined his courage by exaggerating the danger

wyo|rać pf — **wyo|rywać** impf vt ① (wydobyć na powierzchnię) to plough [sth] up GB, to plough up GB, to plow [sth] up US, to plow up US [kamienie, buraki, minę] ② (uformować) to plough (up) GB, to plow (up) US [pole, skiby, bruzdy]; **~rane pola** ploughed-up fields ③ przen. (wyżłobić) to plough [rynnę, tor, koleiny]; **zmartwienia ~rały zmarszczki na jej twarzy** worry had furrowed her brow

wyorywać impf → wyorać

wyostrzać impf → wyostrzyć¹

wyostrz|yć¹ pf — **wyostrz|ać** impf Ⅰ vt ① (naostrzyć) to sharpen, to whet; (na osełce) to hone [nóż, bagnet, kosę] ② (uwrażliwić) to train [spostrzegawczość]; to sharpen [zmysły, percepcję]; to heighten [świadomość, wrażliwość, czujność]; **~ony wzrok/słuch** keen a. acute eyesight/hearing, sharp a. trained eyes/ears ③ TV (uczynić ostrzejszym) to sharpen [obraz]; to deblur spec. ④ (uczynić wyrazistym) to make [sth] more prominent [rysy, profil]

Ⅲ wyostrzyć się — wyostrzać się ① (stać się wrażliwszym) [zmysły, postrzeganie, czujność] to sharpen; [świadomość, wrażliwość] to reach new heights przen. ② TV (stać się wyraźnym) [obraz] to sharpen ③ (stać się bardziej wyrazistym) [rysy, profil, nos] to become more prominent

■ **dowcip mu się ~ył** he's obviously been honing his wit żart.

wyostrz|yć² pf vi Żegl. to luff ⇒ ostrzyć

wypacać impf → wypocić

wypacyk|ować pf Ⅰ vt pot., pejor. ① (niedbale pomalować) to daub [pokój, podłogę, ścianę] ② (zrobić makijaż) to make [sth] up badly [twarz, usta] ⇒ pacykować

Ⅲ wypacykować się pot., pejor. (zrobić sobie brzydki makijaż) to slap on make-up; **~owała się ordynarnie** she slapped on some vulgar make-up; **aleś się ~owała!** talk about slapping on the make-up! pot. ⇒ pacykować się

wypaczać impf → wypaczyć

wypacze|nie Ⅱ sv → wypaczyć

Ⅲ n ① (nieprawidłowa interpretacja, złe wykorzystanie) perversion C/U; (skrzywienie charakteru) perversion C/U; warp przen.; **rażące ~nia w funkcjonowaniu wymiaru sprawiedliwości** gross perversions of justice; **~nie**

filozofii marksistowskiej a perversion of Marxist philosophy ② (fałszywy obraz) distortion, misrepresentation; **~nie prawdy** a distortion of the truth

wypacz|yć pf — **wypacz|ać** impf Ⅱ vt ① (odkształcić) to distort, to warp [drewno, plastik]; to buckle [metal]; **wilgoć/wysoka temperatura ~yła drzwi** dampness/the high temperature warped the door ② (zafałszować) to distort [myśl, wyniki, rzeczywistość]; to twist [słowa, sens, wypowiedź]; to misrepresent [poglądy, prawdę, znaczenie]; (tendencyjnie zmienić) to skew [rezultat, obliczenia, statystykę]; to pervert [ideologię, doktrynę, patriotyzm]; to warp [sąd, ocenę]; **sens jego wypowiedzi został ~ony przez media** the sense of his statement was distorted a. twisted by the media; **czynniki mogące ~yć ocenę sytuacji** factors capable of distorting one's assessment of a situation; **obraz wydarzeń został ~ony** the overall picture of the events has been distorted ③ (zdemoralizować) to pervert, to warp [umysł]; (zmienić w niepożądanym kierunku) to warp, to distort [charakter, system wartości]; **~one poczucie humoru** a warped sense of humour

Ⅲ wypaczyć się — wypaczać się ① (zmienić kształt) [drewno] to warp ② (zmienić się niekorzystnie) [charakter, talent] to become warped

wypa|d m (G **~du**) ① (wycieczka) outing, trip; (samochodem) run; **~d do kina/na dyskotekę** an outing to the cinema/a discotheque; **trzydniowy ~d w góry/do Francji** a three-day jaunt a. trip to the mountains/France; **zrobiliśmy sobie rodzinny ~d za miasto** we went out of town on a family outing ② Wojsk. (z oblężenia, pozycji obronnych) sally, sortie; (uderzenie na wrogi teren) foray, raid; **dokonać ~du przeciwko oblegającym** to make a sally a. sortie against the siege troops; **dokonać ~du na teren nieprzyjaciela** to make a foray into enemy territory ③ Sport (w grach zespołowych) attack; (w szermierce) lunge

wypad|ać¹ impf v imp. ① (być nakazanym grzecznością) to be fitting; **~a a. ~ałoby podziękować** it is a. would be polite to say thank you; **nie ~ało odmówić** it would have been impolite to refuse ② (być nakazanym przyzwoitością, obyczajem) to be seeming a. becoming książk.; **nie ~a tak się przyglądać** it isn't seemly to stare like that; **dziewczynkom nie ~ało nosić spodni** it was unseemly a. unbecoming for girls to wear trousers ③ (być stosownym do okoliczności, godności) to be appropriate a. right; **(nie) ~a, aby nasza partia głosowała przeciwko ustawie** it wouldn't be appropriate a. right for our party to vote against the bill; **czy ~a w tej sytuacji wyrazić zgodę?** would it be right a. appropriate to agree in the circumstances?; **dygnęła, jak ~a służącej** she bobbed a curtsy, as befitted a maid ④ (być słusznym, wskazanym) **~a mieć nadzieję/cieszyć się, że...** one should hope/be glad that...; **piekarnia jest nierentowna i ~ałoby ją zamknąć** the bakery is not profitable and ought to be closed down; **~ało tutaj wspomnieć także o innych źródłach energii** it would

have been good to mention other energy sources here, too

wypadać² impf → wypaść¹

wypad|ek Ⅱ m (G **~ku**) ① (nieszczęśliwe wydarzenie) mishap, misadventure; (poważny) accident; **~ek w miejscu pracy** an industrial accident; **~ek samochodowy/drogowy** a. **na drodze** a car/road (traffic) accident; **~ek lotniczy** a. **samolotowy** a flying accident; **śmiertelny ~ek** a fatal accident; **ofiara ~ku** an accident victim, a casualty; (śmiertelna) a fatality; **sprawca ~ku** the person responsible for the accident; **przyczyna ~ku** the cause of the accident; **ulec ~kowi** a. **mieć ~ek** to meet with a. have an accident; **w ~ku zginęły dwie osoby** two people were killed in the accident; **nagły ~ek** an emergency (case); **w nagłych ~kach** in case of emergency; **nieszczęśliwy ~ek** (o tragicznych skutkach) an accident; Ubezp. a casualty; **w kopalni miał miejsce** a. **wydarzył się nieszczęśliwy ~ek** an accident took place a. occurred in the mine; **ubezpieczenie od następstw nieszczęśliwych ~ków** casualty insurance ② (przypadek, sytuacja) case, occurrence; (zdarzenie) event; (czyn) act; **historyczne/doniosłe ~ki** historical/important events; **odosobniony/typowy ~ek** a unique/typical occurrence a. case; **~ki podpaleń** cases of arson with intent, arson attacks; **~ki użycia siły/sabotażu** acts of violence/sabotage; **w ~ku przerwy w dostawie prądu/wybuchu pożaru** in case of a. the event of a power cut/fire; **w ~ku, gdybym nie zadzwonił** in case I don't phone; **w ~ku splątania się lin** in the event of the ropes getting tangled; **w wielu/kilku ~kach miała rację** in many/some cases she was right

Ⅲ wypadki plt events, developments; **przebieg** a. **tok ~ków** a course of events; **nieprzewidziany/niekorzystny rozwój ~ków** unexpected/unfavourable developments; **musimy oczekiwać dalszego rozwoju ~ków** we must await further developments; **film oparty na ~kach autentycznych** a film based on real events

□ **~ek losowy** act of God, force majeure

■ **na wszelki ~ek** just in case; **nie było ~ku** on no occasion; **nie było ~ku, żebyśmy byli zadowoleni/niezadowoleni** not once have we been satisfied/dissatisfied; **od ~ku do ~ku** from time to time, on occasion; **w najlepszym/najgorszym ~ku** at best/worst; **w przeciwnym ~ku** otherwise, or else; **w żadnym ~ku** in no case, under no circumstances; **~ek przy pracy** pot., żart. (błąd) a bad move; (niezamierzony skutek) accident; **moja trzecia ciąża to był ~ek przy pracy** my third pregnancy was an accident; **~ki chodzą po ludziach** przysł. accidents will happen (in the best regulated families) przysł.

wypadkow|y Ⅱ adi. ① (dotyczący nieszczęśliwego wypadku) **zasiłek ~y** (industrial) injury a. incapacity benefit; **statystyka ~a** casualty figures a. statistics ② Fiz. [prędkość, siła] resultant attr.

Ⅲ wypadkowa f ① Fiz., Mat. resultant ② (rezultat) outcome, product; **mój wybór/stan gospodarki jest ~ą kilku czynni-**

W

ków my choice is the outcome/the state of the economy is the product of several factors

wypadow|y *adi.* [1] (wycieczkowy) **baza ~a dla narciarzy/dla pragnących poznać ten region** a base for skiers/from which to explore the region [2] Wojsk. *[oddział, grupa]* sortie *attr.*

wypak|ować *pf* — **wypak|owywać** *impf* [I] *vt* [1] (opróżnić) to unpack *[walizkę, plecak, torbę]*; to unload *[samochód, bagażnik]* [2] (wyciągnąć) to take [sth] out, to take out *[zawartość, zakupy, drobiazgi]*; **~ować rzeczy z torby/kufra** to take things out of a bag/trunk [3] (naładować) to cram; **~ować coś czymś** to cram sth full of sth; **kieszenie ~owane kasztanami** pockets cram-full of a. crammed with chestnuts; **autobusy ~owane turystami** buses crammed with tourists, busloads of tourists [III] **wypakować się** — **wypakowywać się** [1] (rozpakować bagaż) to unpack [2] pot. (wysiąść) (z samochodu, pociągu) to get out; (z autobusu, pociągu) to get off

wypakowywać *impf* → **wypakować**

wypalać *impf* → **wypalić**

wypal|any [I] *pp* → **wypalić**

[III] *adi. [naczynia, glina, cegła]* fired

wypal|ić *pf* — **wypal|ać** *impf* [I] *vt* [1] (zniszczyć) *[żar, ogień]* to burn down; *[słońce, upał]* to parch, to scorch *[roślinność]*; to bake *[ziemię]*; (zniszczyć w środku) *[ogień, pożar]* to gut *[budynek, samochód]*; **łąki ~one przez słońce** meadows scorched a. parched by the sun [2] (zużyć paląc) to burn *[kubeł węgla]*; to smoke *[papierosa, cygaro, fajkę]*; **~ony do połowy papieros** a half-smoked cigarette; **~ać światło** to keep the light burning (unnecessarily) [3] (nadać trwałość) to fire, to bake *[glinę, cegłę, naczynia]*; **~iła w piecu figurki z gliny** she fired clay figurines in the kiln [4] (zrobić znak) to burn *[znak, piętno, dziurę]*; **deseń ~ony na drewnie** a pattern burnt into wood [5] (otrzymywać przez prażenie) to burn *[wapno]*; to roast, to torrefy *[rudę]*; **~ać węgiel drzewny** to make charcoal [6] pot. (powiedzieć nagle) to pipe up, to shoot *[zdanie, parę słów]*; (bez namysłu) to blurt (out); **~iła mu prawdę prosto w oczy** she blurted out the truth to his face; **"a ty jesteś idiota" — ~iła w odpowiedzi** 'and you're an idiot,' she shot back [7] książk. (wyczerpać emocjonalnie) to destroy *[uczucia, wyobraźnię, nastrój]*; **bieda/nuda ~iła w nich miłość** poverty/boredom has destroyed their love; **jest człowiekiem ~onym wewnętrznie** he's burnt out

[II] *vi* [1] (wystrzelić) *[pistolet, armata, działo]* to go off, to fire; **~ić z pistoletu** to fire a gun; **rewolwer nie ~ił** the revolver misfired [2] pot. (udać się) *[pomysł, projekt, sprawa]* to be a success; **jego plan nie ~ił** his plan misfired

[III] **wypalić się** — **wypalać się** [1] (zużyć się) *[świeca, zapałka, ogień]* to burn (itself) out; *[papieros]* to burn away [2] książk. (wyczerpać się) *[uczucie, żądza]* to die away; *[wyobraźnia, zapał]* to come to an end [3] książk. *[osoba]* (fizycznie, emocjonalnie) to burn oneself out; (zawodowo, twórczo) to get a. go stale

wypall|ony [I] *pp* → **wypalić**

[II] *adi. [dom, samochód]* burnt-out, burned-out, gutted; *[świeca, znicz]* burnt-out, burned-out; **~ony/na wpół ~ony papieros** a smoked/half-smoked cigarette

wypapl|ać *pf* [I] *vt* pot., pejor. to blab [sth] (out) pot., to blab (out) pot.; **~ała wszystko rodzicom** she blabbed everything to her parents ⇒ **paplać**

[II] **wypaplać się** pot. to spill the beans pot., to let the cat out of the bag pot.

wypap|rać *pf* (~rzę) [I] *vt* pot. [1] (pobrudzić) to mess [sth] up, to mess up, to dirty *[ręcznik, łazienkę, dywan]*; **~rać palce tuszem/farbą/krwią** to stain one's fingers with ink/paint/blood; **~rana koszula/serwetka** a stained shirt/table napkin [2] (zużyć) to use [sth] up, to use up *[farbę, klej, tusz]*

[III] **wypaprać się** pot. (pobrudzić się) to get dirty (**czymś** with sth); **~rałeś się cały mąką** you've got flour all over you

wypar|ować *pf* — **wypar|owywać** *impf* [I] *vt* (wydzielać wilgoć) *[roślina, las]* to evaporate; to volatilize spec.; **~ować nadmiar wilgoci** to dry off excess moisture

[II] *vi* [1] Fiz. (zmieniać się w parę) *[ciecz, woda, alkohol]* to evaporate [2] pot., żart. (zniknąć) *[osoba, przedmiot]* to vanish into thin air; **~owała mi gdzieś twoja książka** I can't find your book for the life of me

wyparowywać *impf* → **wyparować**

wyparzać *impf* → **wyparzyć**

wyparz|yć *pf* — **wyparz|ać** *impf* [I] *vt* (zdezynfekować wrzątkiem) to scald *[igłę, smoczek, naczynie]*

[II] **wyparzyć się** — **wyparzać się** [1] (zostać zdezynfekowanym) *[strzykawka, naczynie]* to be scalded [2] pot. *[osoba]* (w kąpieli, saunie) to have a hot bath

wypas *m* (*G* ~u) Roln. pasturage *U*; **zwierzęta wyszły na ~** the livestock have been put out to pasture a. grass

wypasa|ć *impf* [I] *vt* to graze, to pasture *[bydło, owce]*

[II] **wypasać się** *[bydło, owce]* to graze, to pasture

wypasi|ony [I] *pp* → **wypaść²**

[II] *adi.* [1] *[zwierzę, zad]* plump, fat [2] żart. *[osoba]* well rounded; well upholstered żart.

wypast|ować *pf vt* (natrzeć pastą) to wax *[podłogę]*; to apply shoe polish to *[buty]*; (wyczyścić i wyglansować) to polish, to shine *[buty, skórę]*; to polish *[podłogę, posadzkę]*

wypaś|ć¹ *pf* — **wypa|dać²** *impf* (~dnę, ~dniesz, ~dł, ~dła, ~dli — ~dam) *vi* [1] (wylecieć) *[włosy, zęby]* to fall out; **~ść komuś z rąk** *[koperta, szklanka]* to slip out of sb's grasp; **~ść za burtę** to fall overboard; **~ść przez okno** to fall out of the window [2] (ukazać się nagle) *[osoba, zwierzę]* to run out, to dash out; *[pojazd]* to come out (at full speed) (**z czegoś** of sth); **pociąg ~ł z tunelu** a train came out of a tunnel at full speed [3] (wydarzyć się) *[rocznica, święto, wydarzenie]* (podając dzień, datę) to fall; **w tym roku moje urodziny ~dają we wtorek** this year my birthday falls on a Tuesday; **Wielkanoc nie zawsze ~da w marcu** Easter is not necessarily in March; **najtrudniejszy odcinek biegu ~dnie w lesie** the most difficult part of the race will

be the forest [4] (przytrafić się) **nie przyszedł, bo ~dł mu dyżur** he didn't come because he was on duty; **~dło mu ważne spotkanie** he had to go to an important meeting; **coś im ~dło i...** something came up and...; **tak wypadło, że...** it fell out that; **kiedy ~da na mnie siedzenie przy dzieciach?** when is it my turn to do the babysitting?; **przyjdę, jeżeli (mi) nic nie ~dnie** I'll come, if nothing prevents it a. me; **ciągnęliśmy losy i ~dło na mnie** we drew lots and it fell to me [5] (okazać się) to come out, to work out; **dziennikarz/wywiad ~dł dobrze/słabo** the journalist/interview came out well/poorly; **wszystko ~dło dobrze** everything came a. turned out well; **kanclerz dobrze ~da jako mówca/w telewizji** the Chancellor comes out well as a speaker/on television; **nie ~dło to tak, jak planowano/obiecano** it didn't work out as planned/promised [6] (wynikać z rachunku) *[rezultat, cyfra]* to come out, to work out (at); **ile na mnie ~da?** what is my share?; **na każdego członka ~da składka w wysokości 40 złotych** each member's contribution works out at 40 zlotys; **na jeden namiot ~dały dwie osoby** there were two poeple to one a. every tent

■ **~ść z kursu** Transp. *[autobus, tramwaj, pociąg]* to be cancelled; **jeden autobus ~dnie (z kursu) i już nie zdążysz do szkoły** one bus is cancelled and you'll be late for school; **~ść (komuś) z pamięci** a. **głowy** a. **myśli** to slip sb's mind; **~ść z planu** *[projekt, inwestycja, budowa]* (zostać przesuniętym) to be rescheduled, to be put back; (zostać skreślonym) to be scrapped; **~ść z trasy** (podczas wyścigów, zawodów) *[koń, samochód]* to go off course; **~ść z czyichś łask** przest. to fall from grace with sb; **~ść z roli** to step out of line

wypa|ść² *pf* (~sę, ~siesz, ~sł, ~sła, ~śli) [I] *vt* [1] (utuczyć) to fatten (up) *[zwierzę]*; **~ść krowy lucerną** a. **na lucernie** to fatten up cows with lucerne [2] (zużyć na paszę) to graze *[łąkę, koniczynę]*

[II] **wypaść się** pot. (utuczyć się) *[osoba, zwierzę]* to fatten

wypatroszać *impf* → **wypatroszyć**

wypatrosz|yć *pf* — **wypatrosz|ać** *impf* *vt* to gut *[rybę, kurczaka]*; to disembowel, to paunch *[zająca]*; to eviscerate książk.

wypat|rywać¹ *impf vt* to expect (**kogoś/czegoś** sb/sth); **~rywała gości** she was expecting guests; **~rywał listu/wiadomości** he was looking forward to getting a letter/some news; **będę ~rywać sposobności, by się zemścić** I'll be waiting for a chance to take revenge

wypat|rywać² *impf* → **wypatrzeć**

wypat|rzeć, wypat|rzyć *pf* — **wypat|rywać²** *impf* (~rzysz, ~rzał, ~rzeli — ~ruję) [I] *vt* **~rywać kogoś/czegoś** to look out for sb/sth; **~rzeć** a. **~rzyć kogoś/coś** (odnaleźć wzrokiem) to spy, to make out; (dostrzec) to spot; **~ruje wciąż czegoś w oddali** he's been watching out for something in the distance; **nadaremnie ~rywała od niego jakiegoś znaku** she watched in vain for some sign from him; **~rzyła jego sylwetkę w tłumie/daleko przed sobą** she spied his figure among the

crowd/in the distance; **~ruj pilnie, czy nie zauważysz (gdzieś) policjanta** keep your eyes open a. peeled for a policeman; **~rzył, że pieniądze chowała w bieliźniarce** he noticed that she hid the money in the chest of drawers; **ty to zawsze ~rzysz coś ciekawego** you always spot something interesting; **żeby nas tylko nikt nie ~rzył** I hope nobody spots us; **~rzyć okazję/sposobną chwilę do wyjścia** to find an opportunity/the right moment to leave; **~rzył wreszcie właściwy moment, żeby zaatakować** at last he found the right moment to attack
Ⅱ wypatrzyć się — wypatrywać się to spy a. spot each other
■ ~rywała sobie oczy to strain one's eyes; **~rywała oczy za tobą** she couldn't wait to see you
wypatrzyć → wypatrzeć
wyp|chać pf — **wyp|ychać**[1] impf **Ⅰ** vt [1] (wypełnić) to stuff [poduszkę, materac, ptaka]; **~chała siennik świeżym sianem** she stuffed the paillasse with fresh straw; **miś ~chany trocinami** a teddy bear stuffed with sawdust [2] (wyładować) to stuff, to cram [bagażnik, plecak, szafę]; to pack [autobus, pokój]; **sala wykładowa ~chana po brzegi studentami** a lecture hall packed a. filled to capacity with students [3] (naciągnąć) **broń/pomarańcza ~ychała mu kieszeń** a gun/an orange made his pocket bulge; **spodnie ~chane na kolanach** trouser legs bagging at the knee
Ⅱ wypchać się — wypychać się [1] (wysunąć się) to shove, to push; **~chnął się przed brata** he pushed past his brother [2] (naciągnąć się) [nogawki, sweter] to bag
■ ~chać sobie kabzę a. **kieszeń** a. **kieszenie** pot., pejor. to line one's pocket; **~chaj się** a. **możesz się ~chać (trocinami)** pot. get stuffed pot.
wypl|chnąć pf — **wypl|ychać**[2] impf vt [1] (przesunąć) to push; **~chnąć samochód z garażu/na drogę** to push a car out of a garage/onto a road; **~chnięto go za drzwi** a. **z pokoju** he was thrown out (of the room) [2] (pozbyć się) to dispose vi (**coś** of sth); to palm off [towar, produkcję]; to bundle off [osobę]
wypełniać impf → wypełnić
wypeł|nić pf — **wypeł|niać** impf **Ⅰ** vt [1] (napełnić) to fill (up) [pojemnik, otwór, pomieszczenie, przestrzeń]; to fill in [szczelinę, dziurę, szpary]; **~niać fugi zaprawą murarską** to fill in a. to seal joints with a binder; **maszyny/obrazy ~niały całą piwnicę** machines/paintings filled (up) the whole basement; **widzowie ~nili szczelnie stadion** spectators filled (up) the stadium to capacity; **spichlerze ñione zbożem** granaries filled (up) with grain; **kwiaty ~niały zapachem powietrze** flowers filling a. permeating the air with their fragrance [2] (wywiązać się) to fulfil, to fulfill US [obowiązek, żądanie]; to carry out [życzenia, rozkaz, polecenia]; to redeem [obietnicę, przyrzeczenie]; to perform [rolę, funkcję, zadanie]; **~niać swoje zawodowe/domowe obowiązki** to fulfil a. carry out one's professional/domestic duties [3] (wpisywać dane) to fill up a. in a. out

[blankiet, formularz]; **proszę ~nić ankietę** please fill in the questionnaire [4] książk. (ogarnąć) [uczucie] to fill; **~niała ją** a. **jej serce radość** joy filled her heart
Ⅱ wypełnić się — wypełniać się [1] (zapełniać się) [pojemnik, pomieszczenie, przestrzeń] to fill up; **jaskinie/szpary ~niają się mułem** caverns/fissures fill up with silt; **pola kempingowe/hotele ~niły się turystami** campsites/hotels filled up with tourists; **spichlerze ~niają się zbożem** granaries are filling up with grain; **oczy ~niły jej się łzami** her eyes filled up [2] książk. (spełnić się) [przepowiednia, zapowiedź] to come true
wypełzać impf → wypełznąć
wypełz|ły adi. pot. [zasłony, kolory] faded; [bluzka, ścierka] washed-out attr.
wypeł|znąć pf — **wypeł|zać** impf (~znął a. ~zł, ~zli a. ~źli — ~zam) vi [1] (wysunąć się) [osoba, zwierzę] to creep out, to crawl out; [owad, gąsienica, robak] to crawl out; (wyczołgać się) [osoba, zwierzę] to crawl out (**z czegoś** of sth); **chłopiec ~znął z kryjówki** a boy crept out of his hide; **spod liści ~zały ślimaki** snails kept crawling out from under the leaves [2] (pojawić się) [uśmieszek, grymas] to appear (**na coś** on sth); **na twarz ~zł mu rumieniec** colour appeared on his face [3] (wydobywać się) [mgła, opary] to creep up; [dym, płomyki] to (slowly) pour out; **zza wzgórz ~zają ciężkie chmury** heavy clouds are banking up over the hills; **zewsząd ~zał smutek** przen. there was an all-pervading sadness [4] (wypłowieć) [kolor, materiał] to fade
wyperfum|ować pf **Ⅰ** vt to perfume [skórę, chusteczkę]
Ⅱ wyperfumować się to perfume oneself; (obficie) to spray oneself with perfume
wyperswad|ować pf vt książk. **~ować komuś coś** to talk sb out of; **~ował nam kupno domu** he talked us out of buying a house
wypędzać impf → wypędzić
wypę|dzić pf — **wypę|dzać** impf vt (wygnać) (z kraju, miejsca zamieszkania) to expel (**z czegoś** from sth); (z domu, lokalu) to chase out, to turn out (**z czegoś** of sth); (odpędzić) to drive [sth] away, to drive away [muchy, osę]; to drive [sb/sth] out a. away, to drive out a. away [intruza, konkurenta, zwierzę]; to drive out, to drive [sb] out; to cast out książk. [złe duchy]; **~dzić kogoś z pokoju/budynku** to chase a. throw sb out of a room/building; **~dzić psa/kota na dwór** to chase the dog/cat out; **zła pogoda ~dziła nas z gór/tarasu** the bad weather drove us out of the mountains/from the terrace; **~dzić bydło/owce na pastwisko** to put cattle/sheep out to grass a. pasture
wypl|iąć pf — **wypl|inać** impf (~nę, ~ięła, ~ięli — ~inam) **Ⅰ** vt [1] (wyjąć) to take [sth] out, to take out [spinki, kartki]; to unfasten [broszkę, kolczyki] [2] (wysunąć do przodu) to stick out [brzuch]; **~iąć pierś** (wyprostować się) to straighten up; (naprężyć się) to throw out one's chest; **~iął z dumy** a. **dumnie pierś** he threw out his chest with pride; **~iąć tyłek** posp. (pochylić się) to stick one's bottom in the air pot.; (okazać lekceważenie) to thumb one's nose pot. (**na kogoś/coś**

at sb/sth); to cock a snook GB pot. (**na kogoś/coś** at sb/sth); to piss wulg. (**na kogoś/coś** on a. over sb/sth)
Ⅱ wypiąć się — wypinać się [1] (poluzować się) [broszka, kolczyk] to unfasten [2] (naprężyć się) to straighten up, to stick out one's chest [3] posp. (okazać lekceważenie) to thumb one's nose pot. (**na kogoś/coś** at sb/sth); to cock a snook GB pot. (**na kogoś/coś** at sb/sth); to piss wulg. (**na kogoś/coś** on a. over sb/sth)
wypich|cić pf vt pot., żart. [1] (ugotować) to concoct [obiad, danie] [2] (napisać) to produce [referat, podanie] ⇒ pichcić
wypi|ć pf — **wypi|jać** impf (~ję, — ~jam) vt to drink [mleko, sok, lekarstwo]; **~j do końca kakao i idź spać** drink up your cocoa and go to bed
■ lubić (sobie) ~ić pot. to like the bottle pot.; **~ć z kimś bruderszaft** to have a drink with sb in order to be on first-name terms with them; **~ć piwo (którego się nawarzyło)** to face the music
wypie|c pf — **wypie|kać**[1] impf (~kę, ~czesz, ~kł, ~kła, ~kli — ~kam) **Ⅰ** vt [1] (dobrze upiec) to cook [sth] until well done [mięso]; to bake [sth] until crusty a. crunchy [chleb, ciasto]; **dobrze/zanadto ~czony kurczak** a well-done/an overdone chicken; **dobrze ~czone bułki** crusty bread rolls [2] pot. (zużyć na pieczenie) **~c dwa kilo mąki** to use for baking two kilos of flour, to use two kilos of flour for baking
Ⅱ wypiec się — wypiekać się [ciasto, chleb] to bake until crusty a. crunchy
wypiek Ⅰ m (G ~u) [1] sgt (pieczenie) baking; **przedświąteczny ~ pierników** the baking of gingerbread before Christmas; **ciasto/chleb własnego ~u** a home-baked a. home-made cake/bread [2] (wyrób) baking U; **wielkanocne/polskie ~i** Easter/Polish baking; **domowe ~i** home-baked a. home-made cakes and pastries; **słodkie ~i** patisserie
Ⅱ wypieki plt (rumieńce) flush; **czytać/słuchać z ~ami na twarzy** to read/listen with a flush on one's cheeks a. with flushed cheeks; **z przejęcia dostała mocnych ~ów** her face (was) flushed crimson with emotion
wypiekać[1] impf → wypiec
wypie|kać[2] impf vt (często piec) to bake [ciastka, bułki]; **co sobota ~kała jakieś** she baked a cake every Saturday
wypielęgn|ować pf vt to groom [wygląd, osobę, zwierzę]; to tend, to keep [sth] in (a) perfect condition [ogród, grządki, rośliny]; **~owane paznokcie** manicured nails ⇒ pielęgnować
wypieprza|ć[1] impf vi posp. (wynosić się) to scat pot.; to fuck off wulg.; **~j, zanim cię rąbnę** scat, before I hit you; **~j stąd!** get out of here! pot.
wypieprzać[2] impf → wypieprzyć
wypieprz|yć pf — **wypieprz|ać**[2] impf **Ⅰ** vt posp. [1] (wyrzucić) to chuck [sth] away a. out pot., to chuck away a. out pot. [graty, stare ubrania]; to chuck out pot. [pracownika, lokatora]; **~yli go z roboty/mieszkania** they've chucked him out (of his job/flat) [2] (odbyć stosunek) to screw wulg.

W

Ⅲ **wypieprzyć się — wypieprzać się** posp. (wywrócić się) to fall down

wypierać¹ _impf_ → **wyprzeć¹**

wypierać² _impf_ → **wyprać**

wypierdala|ć¹ _impf vi_ wulg. (wynosić się) to fuck off wulg., to piss off wulg.; **~j!** fuck off!

wypierdalać² _impf_ → **wypierdolić**

wypierd|ek _m_ (_Npl_ **~ki**) posp., obraźl. jerk pot., obraźl.; turd wulg.

wypierd|olić _pf_ — **wypierd|alać²** _impf_ **Ⅱ** _vt_ wulg. ① (odbyć stosunek) to fuck wulg. ② (wyrzucić) to chuck [sth] away a. out pot., to chuck away a. out pot. _[przedmiot]_; to sack pot. _[pracownika]_; to kick [sb] out, to kick out _[lokatora]_; **~olili go z roboty** he got the boot pot., they gave him the boot pot. **Ⅲ** **wypierdolić się — wypierdalać się** wulg. (przewrócić się) to fall down

wypie|ścić _pf_ **Ⅱ** _vt_ ① ② (rozpieścić) to pamper, to cosset _[dziecko]_ ③ (zadbać) to manicure _[trawnik, ogród]_; to bring [sth] to perfection _[ręce, urządzenie]_ **Ⅲ** **wypieścić się** to have a fondle (**z kimś** with sb)

wypięknia|ły _adi._ _[kobieta, ogród, widok]_ blooming

wypiękni|eć _pf_ (**~eję**, **~ał**, **~eli**) _vi_ to become more beautiful, to be transfigured ⇒ **pięknieć**

wypijać _impf_ → **wypić**

wypił|ować _pf_ — **wypił|owywać** _impf_ _vt_ to file [sth] away a. off, to file away a. off _[kratę, pręt]_

wypiłowywać _impf_ → **wypiłować**

wypinać _impf_ → **wypiąć**

wypindrz|ony _adi._ pot., pejor. _[osoba]_ dolled-up pot.

wypindrz|yć się _pf v refl._ pot. pejor. to get (all) dolled up pot.

wypis **Ⅱ** _m_ (_G_ **~u**) ① (z urzędowego dokumentu) extract, excerpt (**z czegoś** of a. from sth) ② (fragmenty tekstu) extract, excerpt (**z czegoś** from sth) **Ⅲ** **wypisy** _plt_ (podręcznik) reader; **~y z literatury francuskiej** a French literature reader; **~y z włoskiego dla średniozaawansowanych** an intermediate Italian reader

wypi|sać _pf_ — **wypi|sywać** _impf_ (**~szę** — **~suję**) **Ⅱ** _vt_ ① (sporządzić) to write out, to write up US _[receptę, przepustkę, czek]_; (wypełnić) to fill [sth] up a. in a. out, to fill up a. in a. out _[blankiet, formularz]_ ② (przepisać) to copy, to write out _[nazwiska, tytuły, cytat]_; **~sz ich adresy z książki telefonicznej** copy a. write out their addresses from the telephone directory ③ (spisać) to write out a. make a list of sth; **~sał sprawy do załatwienia** he wrote out a list of things to do; **uczestnicy, których nazwiska ~sano na kartce papieru** the participants whose names were written out on a piece of paper ④ (wykreślić z listy) to remove _[ucznia, uczestnika, członka]_; **kiedy ~szą go ze szpitala?** when will he be discharged from hospital? ⑤ (zużyć) to use up _[atrament, ołówek]_ **Ⅲ** **wypisać się — wypisywać się** ① (zrezygnować) to withdraw (**z czegoś** from sth); **~sać się ze szpitala** to discharge oneself from hospital ② (zużyć się) _[atrament, wkład]_ to run out; **~sał mi się flamaster**

my marker has run out ③ (sformułować na piśmie) to express oneself (in writing) ④ pot. (wyczerpać się twórczo) _[pisarz, satyryk]_ to run out of ideas

■ **mieć coś ~sane na czole** a. **twarzy** to have sth written all over one's face pot.; **on ma strach ~sany na czole** he has fear written all over him

wypis|ek _m_ (_G_ **~ku**) excerpt, extract

wypisywać _impf_ → **wypisać**

wypit|ka _f_ przest. drinking bout

wyplam|ić _pf_ **Ⅱ** _vt_ to stain (all over) _[koszulę, ręce]_ **Ⅲ** **wyplamić się** ① (siebie samego) to become stained ⇒ **plamić się** ② (zostać poplamionym) _[dywan, fartuch]_ to stain a. be stained all over

wyplatać¹ _impf_ → **wypleść**

wyplata|ć² _impf vt_ pejor. (wygadywać) **~ć głupstwa** to talk nonsense

wyplatan|y **Ⅱ** _pp_ → **wypleść** **Ⅲ** _adi._ (wiklinowy) _[fotel, meble]_ wicker attr.; (pleciony) _[mata, koszyk]_ woven

wyplą|tać _pf_ — **wyplą|tywać** _impf_ (**~czę** — **~tuję**) **Ⅱ** _vt_ to disentangle, to free; **~tał rybę z sieci** he disentangled a fish from a net **Ⅲ** **wyplątać się — wyplątywać się** ① (uwolnić siebie samego) to disentangle oneself, to free oneself (**z czegoś** from sth); **mucha ~tała się z pajęczyny** a fly managed to extricate itself from the cobweb ② (wycofać się) to disentangle oneself, to extricate oneself (**z czegoś** from sth); **~tać się z romansu/kłopotów** to extricate a. disentangle oneself from a love affair/trouble; **nie mógł ~tać się z tej kłopotliwej sytuacji** he couldn't extricate himself from the difficult situation

wyplątywać _pf_ → **wyplątać**

wypl|eć, **wypl|ielić** pot. _pf_ — **wypl|ielać** _impf_ (**~ełł**, **~ełła**, **~elli** — **~ielam**) _vt_ ① (wyrwać z korzeniami) to weed _[ogródek, grządkę]_; to remove _[chwasty]_; **starannie ~elła róże** she thoroughly weeded a rose bed

wyplenić _impf_ → **wyplenić**

wyple|nić _pf_ — **wyple|niać** _impf vt_ ① (wyrwać z korzeniami) to root up _[perz, chwasty]_; (wyniszczyć) to eradicate _[zarazki, choroby]_ ② (wytępić) to root out _[korupcję, przestępczość]_; to eradicate _[złe wpływy, problem]_; to extirpate _[terroryzm, fanatyzm]_

wypl|eść _pf_ — **wypl|atać¹** _impf_ (**~otę**, **~eciesz**, **~ótł**, **~otła**, **~etli** — **~atam**) _vt_ ① (zrobić) to weave _[krzesła, koszyki]_; **~atać meble z wikliny/trzciny** to weave furniture from wicker/cane; **~atać maty ze słomy** to weave straw mats ② (wyjawić) to babble (out) _[tajemnicę, prawdę]_

wyplewiać _impf_ → **wyplewić**

wyplewić _pf_ → **wypleć**

wyplu|ć, **wyplu|nąć** _pf_ — **wyplu|wać** _impf vt_ ① (wyrzucić z ust) to spit [sth] out, to spit out _[pestkę, gumę do życia]_ ② przen. (wyrzucić z siebie) _[automat]_ to spew (out) _[bilet, monety]_

■ **~j to słowo** touch wood, knock on wood

wyplu|ty **Ⅱ** _pp_ → **wypluć** **Ⅲ** _adi._ pot. (zmęczony) bushed pot., done in pot.

wypluwać _impf_ → **wypluć**

wypłacać _impf_ → **wypłacić**

wypłacalnoś|ć _f sgt_ książk. solvency; **być na granicy ~ci** to be on the edge of solvency; **zbadał ~ć firmy** he assessed the firm's solvency

wypłacaln|y _adi._ _[firma, kupiec]_ solvent

wypła|cić _pf_ — **wypła|cać** _impf_ **Ⅱ** _vt_ ① to pay _[kwotę, pensję]_; **~cić 100 euro tytułem zaliczki** a. **jako zaliczkę** to advance 100 euros ② przen. (odwdzięczyć się) to repay **Ⅲ** **wypłacić się — wypłacać się** ① (zwrócić należność) to pay up; **~cić się z długu** to pay off a. repay a debt; **jak myślisz się ~cić?** how do you intend to pay up? ② książk. (odwdzięczyć się) to repay _vt_ (**za coś** sth); **jak ja ci się ~cę?** how can I repay you?

wypła|kać _pf_ — **wypła|kiwać** _impf_ **Ⅱ** _vt_ ① (wylewać łzy) to shed tears, to weep; **~kiwać oczy** to cry one's eyes a. heart out; **~kała przyjaciółce wszystkie swoje problemy** she poured out her problems to her friend ② (wykrztusić przez łzy) to sob out _[troski, wyznanie]_ ③ (uzyskać błaganiem) to plead _vi_ (**coś** for sth); **~kał u szefa podwyżkę** he pleaded with the boss for a rise and got it **Ⅲ** **wypłakać się — wypłakiwać się** ① (wyżalić się) to pour out one's sorrows; **~kać się przed kimś** a. **na czyimś ramieniu** to cry on sb's shoulder ② (napłakać się) to have a good weep

wypłakiwać _impf_ → **wypłakać**

wypłaszać _impf_ → **wypłoszyć**

wypła|ta _f_ ① (wypłacanie należności) payment; **należność do ~ty** the amount due, the amount to be paid; **dokonywać ~ty** to make a payment; **zwłoka w ~cie poborów** a delay in salary payment; **~ta z rachunku** a withdrawal; **zrobiła zakupy po ~cie** she did her shopping after pay day ② (pieniądze) payment; (pensja) salary; **dostawać ~tę co miesiąc** to receive a monthly salary

wypław|ić _pf_ **Ⅱ** _vt_ książk. **~ić kogoś/coś** to drive [sb/sth] into the water; **~ić bydło/konie w rzece** to drive the cattle/horses into the river **Ⅲ** **wypławić się** _[koń, krowa]_ to get in the water

wypłosz _m_ (_Gpl_ **~y** a. **~ów**) pot. ≈ freak pot.

wypł|oszyć _pf_ — **wypł|aszać** _impf_ **Ⅱ** _vt_ to flush out, to chase out; **~oszyć kota z kuchni** to chase the cat out of the kitchen; **~oszyć kogoś z ukrycia** to flush sb out of a. from their hiding place **Ⅲ** **wypłoszyć się — wypłaszać się** _[zając]_ to break (one's) cover; _[koń]_ to shy away

wypłowia|ły _adi._ _[płaszcz, sukienka, tapicerka, zasłony]_ faded

wypłowi|eć _pf_ (**~ał**) _vi_ ① (ze starości) to fade; **zasłonka ~ała na słońcu** the curtain has faded in the sun ⇒ **płowieć** ② (zółknąć) _[rośliny]_ to (turn) yellow; _[włosy]_ to get bleached ⇒ **płowieć**

wypłu|kać _pf_ — **wypłu|kiwać** _impf_ (**~czę** — **~kuję**) _vt_ ① (obmyć) to rinse (out) _[pranie, naczynia]_; **~kać usta** to rinse (out) one's mouth; **~kać gardło** to gargle ② (usunąć wodą) **~kać piasek z liści sałaty** to rinse sand off the lettuce; **kawa ~kuje**

z organizmu cenne minerały coffee leaches valuable minerals out of the body; **potok ~kał w skałach głęboki jar** the stream hollowed out a deep ravine in the rocks ③ (wydobyć płucząc) **~kiwać złoto** to pan for gold

wypłukiwać impf → **wypłukać**

wypły|nąć pf — **wypły|wać¹** impf (**~nęła, ~nęli** — **~wam**) vi ① (odpłynąć) to sail out; **chłopiec ~nął na środek jeziora** the boy swam out to the middle of the lake; **~wać w morze** to go (out) to sea; **codziennie ~wa stąd prom do Kopenhagi** the ferry sails from here to Copenhagen every day; **statek ~nął z portu** the ship left the harbour ② (wynurzyć się) [nurek, pływak, wieloryb] to surface ③ (wyciec) to flow, to run; **łzy ~nęły jej spod powiek** tears were flowing from her eyes; **z rany ~wała krew** blood was running from the wound; **pieniądze, które ~nęły z kasy państwowej w różnych aferach** przen. money drained from the public coffers as a result of the numerous scandals ④ (wynikać) to spring (**z czegoś** from sth); to arise (**z czegoś** from a. out of sth); **jego błędy ~wały z niewiedzy** his mistakes sprang from ignorance ⑤ pot. (osiągnąć sukces) to make it pot., to hit it big a. hit the big time pot.; **po ostatnich wyborach ~nął jako polityk** he made a name for himself as a politician after the last elections ⑥ pot. (powstać) [komplikacje, trudności] to come up, to arise; [prawda] to come out, to come to light

■ **prawda jak oliwa na wierzch ~wa** przysł. the truth will out

wypływ m (G **~u**) ① (wyciek) leakage, outflow U; **zatrzymać ~ ropy z uszkodzonego tankowca** to stop the oil leakage from the damaged tanker; **~ gazu z odwiertu** the gas leakage from the bore ② (ubywanie) outflow; **~ kapitału/gotówki** the capital/cash outflow ③ (wydzielina) discharge C/U, secretion; **ropny ~ z rany** pus from a wound

wypływa|ć¹ impf → **wypłynąć**

wypływa|ć² impf vi (mieć źródło) **Wisła ~ z Beskidów** the Vistula (River) has its source in the Beskidy Mountains

wyp|ocić pf — **wyp|acać** impf **Ⅰ** vt ① (wydalić z potem) to sweat [sth] out [toksyny] ② pot. (stworzyć z trudem) to sweat blood over [list, wypracowanie]

Ⅱ **wypocić się** — **wypacać się** to sweat a lot, to sweat heavily; **pacjent ~ocił się** the patient sweated a. sweat US it out

wypocin|y plt (G **~**) pejor. rubbish U pot., rubbishy writing U pot.

wypocz|ąć pf — **wypocz|ywać** impf (**~nę, ~ęła, ~ęli** — **~ywam**) vi to rest (up), to get some rest; **weź urlop, musisz ~ąć** take some time off, you need a rest; **latem zawsze ~ywają nad morzem** they always spend their summer holidays at the seaside

wypoczę|ty adi. [osoba, umysł] (well) rested

wypoczyn|ek m sgt (G **~ku**) rest C/U; **aktywny ~ek** active leisure (pursuits); **choremu należy się ~ek** the patient needs his rest; **wyjechać na ~ek** to go on holiday

wypoczynkow|y adi. [ośrodek, miejscowość] holiday attr.; **dwutygodniowy urlop ~y** a two-week holiday; **zestaw a. komplet mebli ~ych** a lounge suite

wypoczywać impf → **wypocząć**

wypogadzać impf → **wypogodzić**

wypog|odzić pf — **wypog|adzać** impf **Ⅰ** vt to brighten [twarz]

Ⅱ **wypogodzić się** — **wypogadzać się** ① (rozpogodzić się) to clear up; **niebo się ~odziło** the sky cleared up; **~odziło się na zachodzie** it's cleared up in the west ② przen. [twarz, oblicze] to brighten (up)

wypoler|ować pf vt to polish [srebra, lustro] ⇒ **polerować**

wypominać impf → **wypomnieć**

wypom|nieć pf — **wypom|inać** impf (**~nę, ~niała, ~nieli** — **~inam**) vt **~nieć komuś coś** to reproach sb for a. with sth; **~inała mu niezaradność** she kept reminding him how useless he was; **~inał jej ciągłe spóźnienia** he reproached her for always being late; **potem będzie ~inać, że się dla mnie poświęciła** then she'll never let me forget how much she did for me

wypomp|ować pf — **wypomp|owywać** impf **Ⅰ** vt to pump [sth] out, to pump out [wodę, gaz] (**z czegoś** of sth)

Ⅱ **wypompować się** — **wypompowywać się** pot. (zmęczyć się) to be knackered GB pot., to be worn to a frazzle pot.

wypompowywać impf → **wypompować**

wyporność f sgt Żegl. displacement; **~ć statku** the displacement of the ship; **statek o ~ci siedmiu tysięcy ton** a ship with a displacement of 7,000 tons

wyposażać impf → **wyposażyć**

wyposaże|nie **Ⅱ** sv → **wyposażyć**

Ⅲ n (kuchni, łazienki) fittings pl; (warsztatu, gabinetu) equipment; **~nie sklepu** shop fittings; **~nie mieszkania** furnishings

wyposaż|yć pf — **wyposaż|ać** impf vt ① (zaopatrzyć) to equip, to fit (out) (**w coś** with sth); **~yć łódź w motor** to fit the boat with a motor; **dobrze ~ona armia** a well-equipped army ② przest. (dać posag) to dower przest. [córkę]

wyposzcz|ony adi. ① (wygłodniały) starved, starving ② pot. (seksualnie) sex-starved ③ przen. [rynek] impoverished przen.

wypo|ścić się pf v refl. to fast

wypośrodk|ować pf — **wypośrodk|owywać** impf vt to find a middle ground; **musiała ~ować między racjami swoimi a męża** she had to find a middle ground between her own views and her husband's; **z ich wypowiedzi próbował ~ować, kto mówi prawdę** by comparing their stories he tried to work out which of them was telling the truth

wypośrodkowywać impf → **wypośrodkować**

wypowiadać impf → **wypowiedzieć**

wypowiedze|nie **Ⅱ** sv → **wypowiedzieć**

Ⅲ n ① Prawo notice U; **umowa może być rozwiązana z trzymiesięcznym ~niem** the contract can be terminated with three months' notice; **wszystkim pracownikom dano ~nia** all the employees were given notice; **bez ~nia** without notice; **zaniosła**

szefowi swoje **~nie** she's handed in her resignation to the boss ② Jęz. utterance

wypowi|edzieć pf — **wypowi|adać** impf (**~em, ~edział, ~edzieli** — **~adam**) **Ⅰ** vt ① (oznajmić) to say, to utter; **ze zdenerwowania nie ~edział ani słowa** he was too nervous to speak; **~edziała szeptem błogosławieństwo** she said the blessing in a whisper; **~edzieć zaklęcie** to utter (the words of) a spell; **~edzieć życzenie** to make a wish ② (wyrazić) to express, to voice; **~edzieć swoją opinię** to voice one's opinion; **smutek, którego nie da się ~edzieć** inexpressible sorrow ③ (wymówić) to give notice; **~edzieć komuś pracę** to dismiss sb, to give sb notice; **~edzieć komuś mieszkanie** to give sb notice to quit GB ④ (ogłosić) to declare [wojnę] (**komuś/czemuś** on sb/sth); **wrogie wojska zaatakowały kraj bez ~edzenia wojny** the enemy troops attacked the country without declaring war

Ⅱ **wypowiedzieć się** — **wypowiadać się** ① (zabrać głos) to give a. express one's opinion (**o czymś** about sth); to comment (**o czymś** on sth); **~adać się o czymś z uznaniem** to speak favourably of sth; **w tej sprawie powinni ~edzieć się w referendum** they should be given a chance to declare themselves for or against this matter in a referendum; **~edzieć się za kompromisowym rozwiązaniem** to declare oneself in favour of a compromise; **~edzieć się przeciwko czemuś** to speak out against sth; **egzaminatorzy nawet nie pozwolili ~edzieć się kandydatce** the examiners didn't even let the candidate say her piece ② przen. (tworzyć) to express oneself; **najpełniej ~adał się w rzeźbie** he expressed himself best in his sculptures

wypowie|dź f ① (zabranie głosu) statement; **powoływał się na ~dź ministra** he referred to the minister's statement; **udzielić ~dzi na temat czegoś** to make a statement about sth; **proszę o krótką ~dź do mikrofonu** please say a few words to our listeners ② przen. expression; **sposób ~dzi artystycznej** a mode of artistic expression

wypoziom|ować pf vt ① (ustawić poziomo) to level [półki, belki] ② (wyrównać) to level [teren]

wypożyczać impf → **wypożyczyć**

wypożyczalni|a f (Gpl **~**) (książek) (lending) library; (sprzętu, samochodów) rental a. leasing company; **~a kaset wideo** a video shop

wypożycz|yć pf — **wypożycz|ać** impf vt **~yć coś komuś** to lend sb sth a. sth to sb; **~yć coś od kogoś** to borrow sth from sb; **~yć książki z biblioteki** to borrow books from a library; **~yć żaglówkę na całe wakacje** to hire a boat for the whole holiday; **podróżować ~onym samochodem** to travel in a hired car a. rental car

wyprac|ować pf — **wyprac|owywać** impf vt ① (osiągnąć) to acquire, to gain; **~ować zysk** to make a profit; **~ować sobie dobrą opinię** to gain a. earn a good reputation ② (stworzyć) to develop, to work a. hammer [sth] out, to work a. hammer out;

~ować własną metodę badawczą to work out one's own method of research; **stronom udało się ~ować porozumienie** the parties managed to hammer out an agreement

wypracowa|nie [] *sv* → **wypracować** [] *n* Szkol. essay, composition; **napisać ~nie o wiośnie** to write an essay about spring

wyp|rać *pf* — **wyp|ierać²** *impf* (**~iorę — ~ieram**) [] *vt* [1] (oczyścić) to wash *[obrus, ubranie]* [2] przen., książk. (pozbawić) **człowiek ~rany z honoru/dumy** a man bereft a. devoid of honour/pride książk.

[] **wyprać się — wypierać się** to be washed; **plamy z atramentu trudno się ~ierają** ink stains are hard to wash out

wypraktyk|ować *pf* — **wypraktyk|owywać** *impf vt* to test *[sposób, metodę]*; **~ował na sobie, że lepiej uczy mu się w nocy** he knew from experience that it was better for him to study at night

wypraktykowywać *impf* → **wypraktykować**

wypras|ować *pf vt* to iron *[ubranie, obrus]*; **spodnie ~owane w kant** trousers with sharp creases ⇒ **prasować**

wypraszać¹ *impf* → **wyprosić**

wyprasza|ć² *impf vi* **~m sobie grymasy przy stole** I won't put up with finicky eaters; **~m sobie, żeby kręcił się po moim domu** I won't have him hanging around my house; **~m sobie, za dużo sobie pozwalasz** I beg your pardon! you've gone too far

wypraw|a *f* [1] (podróż) expedition; **~a naukowa/wysokogórska** a scientific/ climbing expedition; **wyruszyć na ~ę** to go on an expedition; **zbrojne ~y** military expeditions [2] (grupa osób) expedition, party [3] Techn. tanning [4] przest. (posag) trousseau ❏ **~y krzyżowe** Hist. the Crusades

wyprawiać¹ *impf* → **wyprawić**

wyprawia|ć² *impf* [] *vi* pejor. **~ć burdy** to brawl; **~ć awantury** to pick fights pot.; **co ty ~sz? złaź stamtąd natychmiast** what do you think you're doing? get down from there; **co pan ~ z tym psem!** what on earth are you doing to that dog?!

[] **wyprawiać się** to be going on, to be happening; **wiem, co tu się ~** I know what's going on here; **co to się na tym świecie ~!** I don't know what the world's coming to!

wypraw|ić *pf* — **wypraw|iać¹** *impf* [] *vt* [1] (wysłać) to send; **~ić dziecko do drugiego pokoju** to send a child to another room; **latem zawsze ~iali dzieci do dziadków** in summer they always sent their children to stay with their grandparents; **książę ~ił posłańca z listem do klasztoru** the prince dispatched a messenger with a letter to the monastery [2] (urządzić) to give, to hold *[przyjęcie, ucztę, bal]* [3] Techn. to tan *[skórę]*

[] **wyprawić się — wyprawiać się** to set off, to set out; **~ić się w góry** to set off for the mountains; **~ić się na wycieczkę** to set out on an excursion; **może tak ~ilibyśmy się kiedyś na dziki?** what about going boar-hunting one day?

wypraw|ka *f* (dla niemowlęcia) layette; (dla ucznia) a set of textbooks and workbooks

wyprepar|ować *pf* — **wypreparr|owywać** *impf* [] *vt* [1] Biol. to prepare *[kość, szkielet]* [2] książk., przen. (wyodrębnić) to focus on; (pozbawić) to free (**z czegoś** of sth); **~ował ze swojego życia wyłącznie pozytywne zdarzenia** he focussed exclusively on the happy events of his life; **być ~owanym z czegoś** to be devoid a. bereft of sth książk.; **powieść ~owana z jakichkolwiek realiów** a novel completely devoid of realism

[] **wypreparować się — wypreparowywać się** Geol. *[masyw, góry]* to be formed

wypreparowywać *impf* → **wypreparować**

wyprężać *impf* → **wyprężyć**

wypręż|yć *pf* — **wypręż|ać** *impf* [] *vt* to throw [sth] out, to throw out *[pierś]*; to throw [sth] back, to throw back *[ramiona]*; **kot ~ył grzbiet** the cat arched its back

[] **wyprężyć się — wyprężać się** [1] (napiąć mięśnie) to tense up, to tense oneself; **~ył się jak struna** he stood (as) straight as a ramrod [2] (stać się napiętym) *[lina, sznur]* to tighten, to tauten; *[nogi, ramiona]* to tense up, to tauten

wyproduk|ować *pf vt* [1] (wytworzyć) *[osoba, fabryka, kraj]* to produce, to manufacture; **~ować film** to produce a film; **towary ~owane za granicą** goods manufactured abroad; **film ~owano w kooperacji polsko-francuskiej** the film is a Polish-French co-production ⇒ **produkować** [2] (wydzielić) *[organ, narząd]* to produce, to secrete; **trzustka ~owała zbyt mało insuliny** the pancreas produced too little insulin; **kwas ~owany przez żołądek** stomach acid ⇒ **produkować** [3] iron., pejor. (stworzyć) crank [sth] out pot., pejor. *[artykuły, teksty]* ⇒ **produkować**

wyprofil|ować *pf* — **wyprofil|owywać** *impf vt* to shape *[blachę, deski]*; **~owany zakręt/tor** a banked turn/track

wyprofilowywać *impf* → **wyprofilować**

wyprom|ować *pf vt* [1] (reklamować) to promote; **~ować nowy model samochodu** to promote a new model of car; **~ować film** to promote a film ⇒ **promować** [2] (spopularyzować) to promote *[sport, kulturę]* ⇒ **promować** [3] (awansować) to promote *[naukowca, wojskowego]*; **~ować kadetów na oficerów** to promote the cadets to officer rank ⇒ **promować**

wyprorok|ować *pf vt* to prophesy, to foretell *[nieszczęście, wojnę]*

wypr|osić *pf* — **wypr|aszać¹** *impf vt* [1] (wybłagać) to wheedle, to plead; **~osić zezwolenie na wyjazd** to plead to be allowed to go; **~osić u matki pieniądze** to wheedle money out of one's mother; **~osił od rodziców słodycze** he wheedled his parents into giving him some sweets [2] (kazać wyjść) to turn [sb] out, to turn out; **pijanego gościa ~oszono z restauracji** the drunk was turned out of the restaurant; **~osić kogoś za drzwi** to show sb the door

wyprost|ować *pf* — **wyprost|owywać** *impf* [] *vt* [1] (rozprostować) to straighten *[ramiona, plecy, drut, gwóźdź]* [2] (wyrównać)

to smooth (out) *[papier, fałdy, serwetkę]* [3] (umieścić prosto) to straighten *[obraz, czapkę]* [4] pot. (wyjaśnić) to straighten [sth] out, to straighten out, to sort [sth] out, to sort out *[sprawę]*; to put [sth] right *[sytuację, błędy]*

[] **wyprostować się — wyprostowywać się** [1] (wygładzić się) *[papier, fałdy]* to smooth out, to be smoothed out [2] (wyprężyć się) *[osoba]* to straighten up

wyprostowan|y [] *pp* → **wyprostować** [] *adi.* **stał ~y** he was standing up straight; **siedziała na krześle z ~ymi plecami** she was sitting up straight

wyprostowywać *impf* → **wyprostować**

wyprowadzać *impf* → **wyprowadzić**

wyprowa|dzić *pf* — **wyprowa|dzać** *impf* [] *vt* [1] (pomóc wyjść) to lead [sb/sth] out; **~dzić dziecko z pokoju** to lead the child out of the room; **~dzić konia ze stajni** to lead a horse out of the stable; **~dzić psa na spacer** to walk the dog; **~dzić samochód z garażu** to take the car out of the garage; **~dził nas z lasu na szosę** he led us out of the wood and down to a road; **~ić zwłoki** to escort the coffin [2] (skierować) to lead; **ścieżka ~dziła nas na łąki** the path led us to a meadow [3] (pomóc wybrnąć) **~dzić kogoś/coś z czegoś** to get sb/sth out of sth; **~dził mnie z bardzo kłopotliwej sytuacji** he got a. helped me out of a very embarrassing situation; **~dzić kraj z kryzysu** to pull the country out of recession [4] (wywnioskować) to deduce, to infer *[wniosek, twierdzenie]*; **~dzić wzór matematyczny** to derive a formula [5] (wywieść) to derive; **filozofia ta ~dza całą wiedzę ludzką z doświadczenia** according to this philosophy all human knowledge is derived from experience [6] (wznieść) to build up (to); **~dzić mur do pewnej wysokości** to build a wall up to a certain height

[] **wyprowadzić się — wyprowadzać się** to move (out); **~dzić się z domu/mieszkania** to move out of the house/flat; **~dzić się ze wsi do miasta** to move from the countryside to the city

wyprowadz|ka *f* move; **~ka do nowego mieszkania** the move to a new flat

wyprób|ować *pf* — **wyprób|owywać** *impf vt* [1] (sprawdzić) to try [sth] out, to try out, to test; **~ować samochód** to test-drive a car; **~ować na kimś działanie szczepionki** to test a new vaccine on sb [2] (doświadczyć) to put [sb/sth] to the test *[osobę, uczciwość, cierpliwość]*

wypróbowan|y [] *pp* → **wypróbować** [] *adi.* *[metoda, przepis]* tried-and-tested, tried-and-true; *[przyjaciel, pracownik, wspólnik]* reliable, trustworthy

wypróbowywać *impf* → **wypróbować**

wypróżniać *impf* → **wypróżnić**

wypróżni|ć *pf* — **wypróżni|ać** *impf* [] *vt* to empty *[kieszenie, szuflady]*; **~ć cały magazynek** to empty the magazine; **~ć kieliszek/butelkę** to empty a. drain a glass/bottle

[] **wypróżnić się — wypróżniać się** [1] Fizj. to have a bowel movement, to defecate [2] (opróżnić się) *[butelka, beczka]* to empty

wypróżnie|nie [] *sv* → **wypróżnić** [] *n* Fizj. bowel movement, defecation *U*

wypru|ć pf — **wypru|wać** impf **I** vt [1] (spruć) to unpick, to undo; **~ła podszewkę z sukienki** she took the lining out of the dress; **~ć fastrygę** to undo a. unpick the basting [2] (wydobyć) to pull [sth] out, to pull out; **~ć pierze z poduszki** to pull the feathers out of the pillow [3] pot. (wystrzelić) to fire a. loose off *[serię]*; **~ć cały magazynek** to empty the whole magazine

II **wypruć się** — **wypruwać się** [1] (rozejść się na szwach) *[rękaw, podszewka, kieszeń]* to come undone a. unstitched [2] pot. (zmęczyć się) to be run ragged pot.

■ **~wać z kogoś żyły** a. **bebechy** a. **flaki** pot. to run sb ragged pot.; **~wać z siebie żyły** a. **bebechy** a. **flaki** pot. to slog one's guts out pot., to break one's back pot.

wypruwać impf → **wypruć**

wyprysk m (G **~u**) [1] (pryszcz) pimple [2] sgt (egzema) eczema

wypryskać¹ impf → **wyprysnąć**

wyprysk|ać² impf vt to use up *[dezodorant]*

wypryskiwać impf → **wyprysnąć**

wypry|snąć, **wypry|skać¹** — **wypry|skiwać** impf (**~snął** a. **~sł**, **~sneli** — **~skuję**) vi [1] (wytrysnąć) *[woda, krew, iskry]* to spurt (out); **spod kół samochodów ~skiwało błoto** the passing cars were splashing mud [2] pot. (wydostać się) to scuttle off, to scuttle away; **~snąć z ukrycia** to scuttle out of one's hiding place

wyprzą|c, **wyprzę|gnąć** pf — **wyprzę|gać** impf (**~ęgę**, **~ężesz**, **~ągł**, **~ęgła**, **~ęgli** — **~ęgam**) vt to unhitch; **~ęgać konia z wozu** to unharness a horse; **~ąc wóz** to unhitch a cart

wyprzątać impf → **wyprzątnąć**

wyprząt|nąć pf — **wyprząt|ać** impf (**~nęła**, **~nęli** — **~am**) vt to clean (up) *[pokój, mieszkanie]*; **~ać alejkę ze śniegu** to clear the path of snow

wyp|rzeć pf — **wyp|ierać¹** impf (**~arła**, **~arli** — **~ieram**) **I** vt [1] (wypchnąć) to drive; **~rzeć nieprzyjaciela z twierdzy** to drive the enemy from the fortress; **plemiona indiańskie ~ierane były na zachód** the Indian tribes were driven further west; **~ierać kogoś z rynku** przen. to drive sb out of business [2] przen. (zastąpić) to supplant, to displace; **pergamin został ~arty przez papier** parchment was supplanted by paper [3] (nie dopuszczać) to drive [sth] out a. away, to drive out a. away; **~rzeć myśl o zemście** to fend off the thought of revenge

II **wyprzeć się** — **wypierać się** [1] (zaprzeczyć) to deny vt; **~arł się, że zdradził tajemnicę** he denied that he had revealed the secret; **na początku wszystkiego się ~ierała, w końcu przyznała się** at first she denied everything but she finally confessed; **~arł się, jakoby w ogóle go widział** he denied ever having seen him; **~rzeć się danego słowa** to go back on one's word [2] (wyrzec się) to disown *[krewnego]*; **~rzeć się wiary** to renounce one's faith; **~rzeć się własnych korzeni** to renounce one's roots; **~rzeć się samego siebie** to act against one's convictions

wyprzeda|ć pf — **wyprzeda|wać** impf (**~m** — **~ję**) **I** vt (pozbyć się) to sell off; (wyczerpać zapasy) to sell out of

II **wyprzedać się** — **wyprzedawać się** to

---

sell (off); **podczas wojny ~li się z biżuterii** they had to sell off all their jewellery during the war

wyprzedawać impf → **wyprzedać**

wy|przedaż, **wy|sprzedaż** f sale; **letnia wyprzedaż** the summer sales; **kupić coś na wyprzedaży** to buy sth at the sales GB, to buy sth on sale US

wyprzedzać impf → **wyprzedzić**

wyprzedze|nie **I** sv → **wyprzedzić**

II n **robić coś z ~niem** to do sth in advance; **bilety należy rezerwować z dużym ~niem** the tickets should be reserved well in advance; **z dwutygodniowym ~niem** two weeks ahead of time a. in advance

wyprze|dzić pf — **wyprze|dzać** impf vt [1] (prześcignąć) to overtake, to pass *[samochód, pieszego]*; to outdistance, to outstrip *[rywala]*; **puchar zdobyli Walijczycy, ~dzając Anglików** the cup was won by the Welsh who outdistanced the English team; **~dzić konkurencję** to outstrip the competition [2] przen. **czasem fantazja pisarzy ~dza naukę** sometimes writers' imaginations anticipate science; **~dzać swoją epokę** to be ahead of one's time

wyprzęgać impf → **wyprząc**

wyprzęgnąć impf → **wyprząc**

wyprzód|ki plt (G **~ek**) pot. **robić coś na ~ki** to vie (with each other) to do sth

wyprztyk|ać się pf — **wyprztyk|iwać się** impf v refl. pot. [1] (zużyć) **~ać się z czegoś** to run out of sth; **~ał się pomysłów** he's run out of ideas; **~ać się z forsy** to blow all one's money pot. [2] (wyczerpać energię) to have shot one's bolt pot.

wyprztykiwać się impf → **wyprztykać się**

wyprzystojni|eć pf (**~eję**, **~ał**, **~eli**) vi *[chłopak, mężczyzna]* to become a. grow handsome ⇒ **przystojnieć**

wypsn|ąć się pf (**~ęła się**, **~ęli się**) v refl. pot., żart. to slip out; **przepraszam, niechcący mi się ~ęło** I'm sorry, just slipped out

wypstryka|ć pf vt pot. to shoot; **~ć cały film** to shoot the whole film; **na wczasach ~ł trzy rolki filmu** he shot three rolls of film during his holiday

wypuc|ować pf pot. **I** vt to polish (up) *[szyby, buty, naczynia]*; to shine *[buty]* ⇒ **pucować**

II **wypucować się** to clean (oneself) up pot. ⇒ **pucować się**

wypuczać impf → **wypuczyć**

wypucz|yć pf — **wypucz|ać** impf vt pot. **I** vt to stick [sth] out, to stick out *[brzuch]*; to puff [sth] up a. out, to puff up a. out *[policzki]*

II **wypuczyć się** — **wypuczać się** to bulge

wypukłoś|ć f [1] sgt (piersi, czoła) swell, roundness [2] (miejsce) bulge, protuberance

wypuk|ły adi. *[tarcza, kształt]* convex; *[oczy, czoło, brzuch]* bulging, protruding

wypunkt|ować pf — **wypunkt|owywać** impf vt [1] (przedstawić w punktach) to enumerate *[zadania, wnioski]* [2] pot., przen. (zaakcentować) to underscore, to stress [3] Sport to outscore, to outpoint *[przeciwnika]*

---

wypunktowywać impf → **wypunktować**

wypust|ka f [1] (w ubraniu) inset [2] (wystająca część) projection; **~ki na ciele pełzaka** the projections on an amoeba's body

wypuszczać impf → **wypuścić**

wypu|ścić pf — **wypu|szczać** impf **I** vt [1] (upuścić) to let go (**coś** of sth); **~ścić z rąk książkę/talerz** to drop a book/plate [2] (uwolnić) to release, to let [sb/sth] out; **~ścić kogoś z więzienia** to release sb from prison; **~ścić konie na łąkę** to let the horses out into the meadow; **terroryści ~ścili kobiety i dzieci** the terrorists let the women and children go; **~ścić ptaka na wolność** to release a bird back into the wild [3] (puścić w ruch) to let [sth] out; **~ścić powietrze z balonika** to let the air out of the balloon; **~ścić wodę z wanny** to let the water out of the bathtub; **~ścić strzałę z łuku** to shoot an arrow; **zapalił i ~ścił kłąb dymu** he lit a cigarette and let out a puff of smoke; **nosił koszulę ~szczoną na spodnie** he wore his shirt outside his trousers; **maliny ~ściły sok** the raspberries have released their juice [4] (wprowadzić do obiegu) to issue *[znaczki, banknoty]*; **~ścić na rynek nowy model samochodu** to put a new model of car on the market [5] (wydać) *[roślina]* to put out *[korzenie, liście]*; **~ścić pąki/pędy** to bud/to sprout

II **wypuścić się** — **wypuszczać się** pot. to set out, to venture; **~ścić się łodzią na morze** to set out to sea in a boat; **~ścić się w podróż** to set out on a journey; **w pogoni za nieprzyjacielem ~ścili się aż za rzekę** they ventured beyond the river in pursuit of the enemy

■ **~ścić coś w dzierżawę** to lease sth out

wypychać impf → **wypchnąć**

wypyt|ać pf — **wypyt|ywać** impf **I** vt to question (**o kogoś/coś** about sb/sth)

II **wypytać się** — **wypytywać się** to ask (a lot of) questions (**o kogoś/coś** about sb/sth)

wypytywać impf → **wypytać**

wyrabiać¹ impf → **wyrobić**

wyrabia|ć² impf **I** vt [1] (produkować) to manufacture, to produce, to make [2] pot. (dokazywać) **zobacz, co twój syn** — look what your son is up to pot.; **~ć błazeństwa** to horse a. monkey around pot.; **co ty ~sz, zwariowałaś?** what do you think you're doing, are you out of your mind?

II **wyrabiać się** to be going on, to happen; **nasłuchiwał, co się ~za drzwiami** he tried to overhear what was going on behind the door; **coś się ze mną ~ dziwnego** I feel really strange

wyrachowani|e n sgt pejor. calculation; **robić coś z (zimnym) ~em** to do sth in a (coldly) calculated manner

wyrachowan|y adi. pejor. *[osoba]* calculating, mercenary; *[postępowanie]* calculated

wyradzać się impf → **wyrodzić się**

wyrafinowani|e **I** n refinement U, sophistication U

II adv. **ona jest ~ wytworna** she has a refined sophistication

wyrafinowan|y adi. *[osoba, gust, upodobania]* refined, sophisticated

wyrajać się impf → **wyroić się**

wyrastać *impf* → **wyrosnąć**[1]

wyrat|ować *pf* **I** *vt* to rescue, to save; ~ować kogoś z opresji to get sb out of trouble ⇒ **ratować**

II **wyratować się** to save oneself; **ledwie ~ował się od śmierci** he barely escaped death ⇒ **ratować się**

wyraz **I** *m* (*G* ~u) [1] Jęz. word; **brzydki** a. **nieprzyzwoity** ~ euf. a dirty word; **pisać coś jako jeden ~/dwa ~y** to write sth as one word/two words; **dzielenie ~ów** word division; **~y szacunku dla małżonki** książk. please give my regards to your wife; **~y najwyższego uznania należą się...** I/we owe a deep debt of gratitude to... książk. [2] książk. (przejaw) expression; (objaw) expression; ~ **twarzy** a facial expression; **w jej oczach pojawił się ~ lęku** an expression of fear appeared in her eyes; **środki ~u** Literat. means of expression; ~ **wdzięczności** a token of gratitude [3] Mat. expression, term

II nad wyraz *adv.* książk. exceptionally, greatly

❏ ~ **bezakcentowy** Jęz. unstressed word; ~ **bliskoznaczny** Jęz. synonym; ~ **niesamodzielny** Jęz. linking word; ~ **obcy** Jęz. foreign word, loanword; ~ **pochodny** Jęz. derivative word; ~ **podstawowy** Jęz. base word; ~ **rdzenny** root; ~ **samodzielny** Jęz. word; ~ **wolny** Mat. absolute term; ~**y złożone** Jęz. compounds

■ **być bez ~u** a. **pozbawionym ~u** (nie wyrażać żadnych uczuć) to lack expression; (być pozbawionym wyrazistych cech) to be bland; **dać ~ czemuś** książk. to express sth, to give voice to sth [uczuciu, przekonaniu]

wyraziciel *m* (*Gpl* ~i) książk. exponent, representative; ~ **ogólnej opinii** an exponent of the general opinion

wyra|zić *pf* — **wyra|żać** *impf* **I** *vt* [1] (wypowiedzieć) to express, to voice [opinię, życzenie, zgodę, sprzeciw]; **nie miał czasu, by ~zić swój sprzeciw** he had no time to voice his objections [2] (uzewnętrznić) to express, to articulate [zachwyt, uczucia] [3] (reprezentować) to express, to represent; ~**żał opinię ogółu studentów** he represented the opinion of all the students [4] (oznaczyć) to express, to represent; **napięcie prądu ~żamy w woltach** voltage is expressed in volts

II **wyrazić się** — **wyrażać się** [1] (mówić) to speak; **że się tak ~żę** so to speak; **czy jasno się ~żam?** do I make myself clear?; ~**żał się o niej w samych superlatywach** he spoke highly of her [2] (wypowiedzieć się) to voice an opinion [3] (objawić się) to manifest itself, to be expressed [4] pot. (przeklinać) to use foul language; **brzydko się ~żać** euf. to use foul language

wyrazisto|ść *f sgt* [1] (sugestywność) clarity; ~**ć gestu/aluzji** the obvious a. clear nature of a gesture a. an allusion [2] (odznaczanie się wyraźnymi cechami) distinctiveness; ~**ć kompozycji architektonicznej** the distinctiveness of an architectural composition

wyrazi|sty *adi. grad.* [1] (sugestywny) [twarz, oczy, spojrzenie] expressive [2] (wyraźny) [makijaż] distinctive

wyraziście *adv. grad.* [1] (sugestywnie) [opisać, wysłowić się] pointedly, clearly [2] (wyraźnie) distinctively

wyrazow|y *adi.* [połączenia, struktury] verbal, word *attr.*

wyraźnie **I** *adv. grad.* clearly, distinctly; **mówić ~** to speak distinctly, to pronounce clearly; **pisać ~** to write in a clear hand, to write legibly; **było ~ słychać** one could hear it clearly; ~ **się ucieszył/zasmucił** he was clearly overjoyed/saddened; **coraz ~j opuszczał się w nauce** his school work was clearly deteriorating

II *adv.* clearly, evidently; **była ~ zmęczona** she was visibly a. clearly tired; **było ~ powiedziane, że nie wolno ci wychodzić z domu** you were distinctly told not to go out

III najwyraźniej *adv. superl.* obviously, clearly; **najwyraźniej nie miał szczęścia** he was clearly a. obviously out of luck; **najwyraźniej jest chory** he's obviously ill

wyraźn|y *adi. grad.* [smak, zapach] distinct; (oczywisty) [aluzja, groźba, rozkaz, zakaz] distinct, clear

wyrażać *impf* → **wyrazić**

wyraże|nie **I** *sv* → **wyrazić**

II *n* [1] Jęz. phrase, expression [2] Mat. expression

❏ ~**nie algebraiczne** Mat. algebraic expression; ~**nie nominalne** Jęz. nominal phrase, noun phrase; ~**nie piętrowe** Mat. complex expression; ~**nie przysłówkowe** Jęz. adverbial phrase; ~**nie ułamkowe** Mat. fractional formula, fractional expression

wyrażon|ko *n dem.* pejor. expression; **używała wielu pospolitych ~ek** she used many slang expressions

wyr|ąb *m* (*G* ~**ębu**) [1] (wycięcie drzew) felling, clearing; **pracował przy ~ębie lasu** he worked at clearing the forest [2] (obszar leśny) clearing

wyrąb|ać *pf* — **wyrąb|ywać** *impf vt* [1] (wybić) to hew, to hack [dziurę, otwór] [2] (wyciąć) to hack, to cut [sth] down, to cut down [drzewa, las] [3] pot. (powiedzieć otwarcie) to blurt [sth] out, to blurt out; ~**ał prosto z mostu** he didn't mince his words

wyrąbywać *impf* → **wyrąbać**

wyrecyt|ować *pf vt* [1] (zadeklamować) to recite [wiersz, prozę] ⇒ **recytować** [2] (wyliczyć) to recite [lekcję, daty, przykazania] ⇒ **recytować**

wyregul|ować *pf* — **wyregul|owywać** *impf vt* [1] (ustawić) to set [temperaturę] [2] (nastawić) to adjust [zegarek, wagę] [3] Fizj., Med. to control [ciśnienie] [4] Kosmet. ~**ować brwi** to pluck one's eyebrows

wyrejestr|ować *pf* — **wyrejestr|owywać** *impf vt* to sign off [firmę, samochód]

wyrejestrowywać *impf* → **wyrejestrować**

wyreklam|ować *pf vt* pot. ~**ować kogoś z wojska** to wangle sb out of joining the army pot.

wyremont|ować *pf vt* to refurbish [dom, mieszkanie]; to repair [dach, maszynę, samochód] ⇒ **remontować**

wyreper|ować *pf vt* pot. to repair, to fix [obuwie, ubranie]

wyretusz|ować *pf vt* [1] Fot. to retouch [zdjęcie, negatyw] ⇒ **retuszować** [2] Druk. to retouch [3] (upiększyć) to polish [fakty, rzeczywistość] ⇒ **retuszować**

wyreżyser|ować *pf vt* [1] Film, Radio, TV to direct [film, sztukę, słuchowisko] ⇒ **reżyserować** [2] przen. to stage; ~**owana rozmowa** a staged conversation

wyręczać *impf* → **wyręczyć**

wyręcz|yć *pf* — **wyręcz|ać** *impf* **I** *vt* to help; **nie musisz go we wszystkim ~ać** you don't have to do everything for him

II **wyręczyć się** — **wyręczać się**: ~**ała się synem w robieniu zakupów** she made her son do all the shopping for her

wyrę|ka *f* przest. [1] *sgt* (wyręczenie) help; **prosiła ją o ~kę przy dzieciach** she asked her for help with the children [2] (osoba do pomocy) substitute, stand-in; **wnuczka to cała jej ~ka** her granddaughter does everything for her

wyr|ko *n* pot., pejor. sack pot., rack US pot.

wy|ro *n augm.* sack pot.

wyr|obić *pf* — **wyr|abiać**[1] *impf* **I** *vt* [1] pot. (udoskonalić) to enhance, to develop; **dobra literatura ~abia styl** reading good literature helps you to develop a good writing style; ~**obić sobie oko/ucho** to train one's eye/ear; ~**obiła sobie smak** a. **podniebienie** she developed her taste buds; ~**obić sobie mięśnie** to build a. tone one's muscles [2] pot. (uzyskać) to get; ~**obić komuś posadę** to get someone a job a. position [3] Kulin. to knead [ciasto]

II **wyrobić się** — **wyrabiać się** [1] (ukształtować się) [cecha, nawyk] to form [2] pot. (zniszczyć się) [łożysko, śruba] to wear out [3] pot. (nabrać ogłady) to become sophisticated a. refined; **styl jej się ~abia** her writing style is improving; **smak/gust jej się ~obił** her taste has improved [4] pot. (nadążyć) to make it; **nie mogę się ~obić z tłumaczeniem** I'm way behind with my translation; ~**obisz się z tym do wtorku?** will you be ready by Tuesday?; ~**obisz się tam i z powrotem w dwa dni?** will you make it there and back in two days? [5] pot. (zdarzać się) to happen, to go on; **co się z wami dziś ~abia?** what's going on with you today?

wyrobieni|e **I** *sv* → **wyrobić**

II *n* pot. (obycie) sophistication, refinement

wyrobi|ony **I** *pp* → **wyrobić**

II *adi.* [1] (obyty) [osoba] sophisticated, cultured; **był ~onym towarzysko młodym człowiekiem** he was a cultured young man [2] (dobrze rozwinięty) [mięśnie] toned [3] (stały) [podpis] customary [4] (wykształcony) [styl, język] sophisticated, educated; [smak, gust] refined, educated; [oko, ucho] practised; [pozycja] established

wyrobisk|o *n* Górn. excavation

wyrobnictw|o *n sgt* pot., pejor. hackwork, hacking

wyrobni|k *m* pot., pejor. workhorse; ~**k pióra** a hack (writer)

wyroczni|a *f* (*Gpl* ~) [1] *sgt* (autorytet) authority; **uważano ją za ~ę w sprawach mody** she was considered an authority on fashion [2] Hist. (przepowiednia) oracle; ~**a delficka** the Delphic Oracle

wyrod|ek *m* (*Npl* **~ki**) pot., pejor. black sheep pot., bad a. rotten apple pot.

wyrodni|eć *impf* (**~ał, ~eli**) *vi* [1] Biol. to degenerate ⇒ **zwyrodnieć** [2] przen. to degenerate, to deteriorate ⇒ **zwyrodnieć**

wyrodn|y *adi.* [*syn, córka, ojciec, matka*] uncaring, heartless

wyr|odzić się *pf* — **wyr|adzać się** *impf* *v refl.* [1] pejor. to be a disgrace (to one's family); to be a black sheep pot. [2] Bot. (skarłowacieć) to degenerate

wyrok *m* (*G* **~u**) [1] (kara) sentence; **łagodny/surowy/sprawiedliwy ~** a mild/ harsh/just a. fair sentence; **wydać ~** to pass a sentence, to pronounce a sentence; **uchylić ~** to set aside a sentence [2] (orzeczenie sądu) verdict, judgement; **~ skazujący/ uniewinniający** a guilty/innocent verdict [3] przen. (ostateczna decyzja) verdict [4] zw. pl książk. decree; **~i losu** decree of fate, divine decree

❏ **~ prawomocny** Prawo judgement in force, effective judgement; **~ zaoczny** Prawo judgement in default

■ **odsiedzieć ~** pot. to do time pot., to serve time pot.; **wykonać ~** Prawo to execute a sentence, to carry out a sentence

wyrok|ować *impf* *vi* [1] Prawo (orzekać) to adjudicate ⇒ **zawyrokować** [2] książk., przen. (rozstrzygać) to decide (**o czymś** on sth) ⇒ **zawyrokować**

wyrol|ować *pf* *vt* pot. (oszukać) to con pot., to fleece pot.; **próbowali go ~ować z interesu** they tried to con him out of the business

wyro|sły *adi.* [1] (wzniesiony) erected [2] (wywodzący się) derived, originated; **zwyczaje ~słe z kultury wiejskiej** customs derived a. originating from rural culture [3] (wysoki) (over)grown

wyr|osnąć[1] *pf* — **wyr|astać** *impf* (**~ósł — ~astam**) *vi* [1] (rozwinąć się) to grow [2] (stracić zainteresowanie) to grow out (**z czegoś** of sth); to outgrow (**z czegoś** sth); **~osła z zabawy lalkami** she's grown out of dolls [3] (stać się kimś) to grow up (**na kogoś** to be sb); to grow (**na kogoś** into sb); **jego dzieci ~osły na porządnych ludzi** his children grew up to be good people; **~osła z ciebie śliczna dziewczyna** you've blossomed into a beautiful girl [4] (być wychowywanym) to be raised, to be brought up; **~osłem w rodzinie katolickiej** I was brought up in a (Roman) Catholic family [5] (podnieść się) [*ciasto*] to rise [6] przen. (pojawić się) to materialize; to show up pot.; **na miejscu wypadku ~ósł policjant** a policeman suddenly materialized at the scene of the accident [7] przen. [*budynek*] to go up pot.; to spring up [8] przen. (przewyższyć) to rise; **urodą i wiedzą ~osła ponad otoczenie** in beauty and knowledge she rose above a. eclipsed those around her [9] przen. (wywodzić się) to originate, to derive; **partia ~osła z tradycji narodowych** the party has it's root in national traditions

■ **~osnąć z ubrania/z butów** to grow out of one's clothes/shoes, to outgrow one's clothes/shoes; **~osnąć jak spod ziemi** pot. to come out of nowhere

wyr|osnąć[2] *pf* (**~ósł**) *vi* (stać się wyższym) [*dziecko, drzewo*] to grow (up)

wyro|st *m* (*G* **~stu**) growth

■ **ubranie kupione/uszyte na ~st** clothes bought/made allowing for growth

wyrost|ek [1] *m pers.* (*Npl* **~ki**) pot. adolescent, youngster [II] *m inanim.* Anat. process; **~ek robaczkowy** Anat. appendix; **ostre zapalenie ~ka robaczkowego** acute appendicitis

wyrośnię|ty *adi.* [1] (uformowany) formed [2] (wybujały) [*osoba, roślina*] overgrown [3] Kulin. [*ciasto*] (well) risen [4] Roln. [*zboże, ziemniaki*] ripe

wyrozumiale *adv. grad.* książk. understandingly, with understanding; **uśmiechnąć się ~ do dziecka** to smile at a child understandingly

wyrozumiałoś|ć *f sgt* understanding; **odnosił się do syna z ~cią** he treated his son with understanding

wyrozumia|ły *adi.* [*osoba, nastawienie, spojrzenie, uśmiech*] understanding

wyr|ób *m* (*G* **~obu**) [1] zw. pl (produkt) product, ware(s); **~oby cukiernicze/dziewiarskie/stolarskie** confectionery/knitting/woodwork; **~oby przemysłowe** industrial goods; **~oby ze skóry/drewna** leather/wooden ware [2] sgt (produkcja) production, manufacture; **dżem domowego ~obu** home-made jam

❏ **~oby gotowe** finished articles, ready-made goods

wyr|ój *m* (*G* **~oju**) swarm

wyrówn|ać *pf* — **wyrówn|ywać** *impf* [I] *vt* [1] (wygładzić) to smoothe [2] (ustawić w linii) to align; **~ać szyk** to straighten the line [3] (ujednolicić) to level, to even out; **~ać z kimś krok** to keep pace with sb; **~ywać szanse** to give equal opportunity [4] (zrekompensować) to compensate; **~ać dług** to settle a debt [5] Sport (zremisować) to even the score, to equalize

[II] **wyrównać się** — **wyrównywać się** to become even a. steady; **pacjentowi ~ał się puls/ciśnienie** the patient's pulse became steady/the patient's blood pressure became even

■ **~ać rachunki** to get even, to settle the score

wyrówna|nie [I] *sv* → **wyrównać**

[II] *n* [1] (rekompensata) compensation [2] (ustawienie równo w linii) alignment, adjustment [3] Lotn. levelling out [4] Sport (sztuczne zrównanie szans) handicap [5] Sport (remis) equalizer

wyrównan|y [I] *pp* → **wyrównać**

[II] *adi.* [*poziom, zespół*] balanced

wyrównawcz|y *adi.* [*zajęcia*] compensatory; [*podatek*] compensation *attr.*

wyrównywać *impf* → **wyrównać**

wyróżniać *impf* → **wyróżnić**

wyróżniając|y [I] *pa* → **wyróżniać**

[II] *m* (stopień) good

wyróżni|ć *pf* — **wyróżni|ać** *impf* [I] *vt* [1] (faworyzować) to favour GB, to favor US [2] (odróżnić) to single [sb/sth] out, to single out, to set [sb] apart, to set apart; **cechy ~ające** distinctive features [3] (nagrodzić) to reward, to award

[II] **wyróżnić się** — **wyróżniać się** to stand out (**spośród kogoś/czegoś** from a. against sb/sth); **~ający się uczeń** an above-average pupil

wyróżnie|nie [I] *sv* → **wyróżnić**

[II] *n* [1] (nagroda) distinction, award; **otrzymał dyplom i ~nie pieniężne za efektywną pracę** he was given a diploma and a monetary reward for his efficient work [2] (odznaczenie) honourable GB a. honorable US mention, commendation; **jury przyznało pięć ~ń** the jury awarded five honourable mentions [3] Druk. special typeface; **stosować ~nia w tekście** to set parts of the text in special typeface

wyróżnik *m* [1] książk. (właściwość) characteristic [2] Mat. discriminant

wyrucha|ć *pf* *vt* wulg. [1] (odbyć stosunek płciowy) to shaft wulg., to bang wulg. [2] (oszukać) to screw [sb] over posp.; to con pot.

wyrug|ować *pf* *vt* [1] (wysiedlać) to oust, to expel [2] książk., przen. (zlikwidować) to eliminate; **~ować coś z pamięci** to purge sth from one's memory

wyruszać *impf* → **wyruszyć**

wyrusz|yć *pf* — **wyrusz|ać** *impf* *vi* to set off; **~yć na wycieczkę/w góry** to set off a. out on a trip/for the mountains; **statek ~ył w rejs** the boat set sail

wyrw|a *f* [1] (dziura) rift; (w murze) breach; **~a po pocisku** a shell hole [2] przen. (luka) blank, gap; **miał ~ę w pamięci** he had a gap in his memory

wyrw|ać *pf* — **wyr|ywać** *impf* [I] *vt* [1] (wyszarpnąć) to tear [sth] out, to tear out; **~wać kartkę z zeszytu** to tear a page out of a notebook; **~wać chwasty** to weed, to root the weeds out; **~wać komuś torebkę** [*złodziej*] to snatch sb's bag; **~wać (komuś) ząb** pot. to pull sb's tooth out; **wiatr ~wał drzewa z korzeniami/drzwi z zawiasów** the wind uprooted the trees/ripped out a. tore out the door from its frame [2] przen. (obudzić) to shake [sb] out (**z czegoś** of sth) [*snu, marzeń, rozmyślań*] [3] przen. (uwolnić) to free (**z czegoś** from sth); **~wać kogoś z więzienia/rąk oprawców** to free a. snatch sb from prison/the hands of their tormentors [4] Sport (w podnoszeniu ciężarów) to lift in the snatch [*70 kg*]

[II] *vi* pot. to run; **~ywać do przodu** to press a. push on (leaving others behind)

[III] **wyrwać się** — **wyrywać się** [1] (wydostać się) to break free, to break out; **~wać się z czyichś rąk** przen. to break free; **~wać się z czyichś uścisków** to break out of sb's embrace; **okrzyk ~wał mu się z gardła** a scream escaped his lips [2] pot. (wybrać się) to get away; **~wał się na parę dni nad morze/z miasta** he managed to get away to the seaside/out of town for a couple of days [3] pot. (powiedzieć) to come out (**z czymś** with sth); **niepotrzebnie się z tym ~wałeś** you shouldn't have blurted it out, you shouldn't have said it

■ **~wać kogoś do odpowiedzi** Szkol. to call sb up to the board; **~ywać się do czegoś** pot. to be jumping out of one's skin to do sth; **~wać dziewczynę/faceta** posp. to pick up a girl/guy pot.; **~ywać sobie włosy (z głowy)** to tear one's hair out

wyrwidą|b *m* (*Npl* **~ęby**) [1] (postać z bajki) giant [2] (siłacz) giant

wyry|czeć *pf* — **wyry|kiwać** *impf* (~czę, ~czał, ~czeli — ~kuję) **I** *vt* pot. to bellow [sth] out, to bellow out *[piosenkę]*; to cry [sth] out, to cry out *[żale]* **II wyryczeć się** — **wyrykiwać się** 1 (naryczeć się) *[bydło]* to bellow 2 (wypłakać się) to cry one's heart out, to weep

wyr|yć *pf* **I** *vt* 1 (wyżłobić) to dig *[rów, tunel, wykop]*; ~**yte w skale koryto rzeki** a river cutting its course through rock 2 (wyrzeźbić) to carve, to engrave; **napis ~yty w kamieniu** an inscription etched a. carved into stone 3 książk., przen. to burn przen.; **jej słowa były ~yte w jego pamięci** her words burned deeply into his memory; **ciężkie przeżycia ~yły bruzdy na jej twarzy** painful experiences lined her face **II wyryć się** książk. (pozostawić ślad) ~**yć się w czyjejś pamięci** to be engraved on a. in sb's memory

wyrykiwać *impf* → wyryczeć

wyrywać *impf* → wyrwać

wyryw|ki *plt* (*G* ~ek) extracts, excerpts; **zachowały się ~ki dokumentu/tekstu** excerpts from the document/text have survived; **na ~ki** (losowo) at random; (dokładnie) thoroughly

wyrywkowo *adv.* (losowo) at random, randomly; (fragmentarycznie) in fragments, in patches; **znać coś ~** to have a fragmentary knowledge of sth

wyrywkow|y *adi.* (częściowy) fragmentary; (losowy) random; ~**e badania/obserwacje** sample studies/observations

wyrządzać *impf* → wyrządzić

wyrzą|dzić *pf* — **wyrzą|dzać** *impf vt* to cause *[przykrość, zło]*; ~**dzić szkodę** to do damage; ~**dzić komuś krzywdę** to harm sb

wyrze|c *pf* — **wyrze|kać** *impf* (~knę, ~kniesz, ~kł, ~kli — ~kam) **I** *vt* książk. to say, to utter; **nie mógł ~c słowa** he couldn't say a. utter a word **II wyrzec się** — **wyrzekać się** 1 (wyprzeć się) to disavow *vt [wiary, ideałów]*; to disown *vt [syna, córki]* 2 (zrezygnować) to renounce *vt*, to relinquish *vt*; ~**c się przyjemności/rozrywek/wygód** to renounce the pleasures/fun/comforts

wyrzecze|nie **I** *sv* → wyrzec **II** *n* książk. sacrifice

wyrzeka|ć *impf vi* książk. (narzekać) to complain; ~**ć na dzieci/na zły los** to complain about the kids/bad luck a. fortune

wyrzeka|nie **I** *sv* → wyrzekać **II** *n* zw. *pl* książk. (narzekanie) complaints; **głośne/płaczliwe ~nia** loud/sobbing a. weeping complaints

wyrzeźb|ić *pf vt* (wymodelować) to carve; ~**ić coś w drewnie/marmurze** to carve sth in wood/marble; ~**ić posąg z drewna/marmuru** to carve a wooden statue/to sculpt a marble statue

wyrzuca|ć¹ *impf vi* książk. (robić wyrzuty) to reproach (**coś komuś** sb (for) sth); ~**cać sobie nieostrożność/nadmierny optymizm** to reproach oneself for being careless/over-optimistic

wyrzucać² *impf* → wyrzucić

wyrzu|cić *pf* — **wyrzu|cać²** *impf vt* 1 (pozbyć się) to throw [sth] away a. out, to throw away a. out; ~**cać śmieci** to take out

the rubbish GB a. garbage US, to take the rubbish GB a. garbage US out; ~**cać śmieci do kosza** to throw litter into a bin GB; ~**cić stare ubrania/meble** to get rid of some old clothes/furniture 2 pot. (wysadzić) to drop [sb] off, to drop off *[pasażera]* 3 przen. to throw [sb] away, to throw away, to expel; ~**cić kogoś z pracy/ze szkoły** to fire sb (from work)/to expel sb (from school); ~**cić kogoś z domu** to throw [sb] out *[członka rodziny, gościa]* ■ ~**cać pieniądze** pot. to pour money down the drain; ~**ić kogoś na (zbity) łeb** a. **(zbity) pysk** posp. to kick sb out pot.

wyrzu|t **I** *m* (*G* ~tu) 1 (gwałtowny ruch) thrust, toss 2 (wytryśnięcie) eruption 3 (rzucenie) throw, toss 4 zw. *pl* (wymówki) reproach; **patrzeć/mówić z ~tem** to look/speak reproachfully **II wyrzuty** *plt* (zmiany skórne) rash *U*, pimples *pl* ■ ~**ty sumienia** pricks of conscience

wyrzut|ek *m* (*Npl* ~ki) pot., pejor. outcast ■ ~**ki społeczeństwa** the dregs of society, society outcasts

wyrzutni|a *f* (*Gpl* ~) 1 Wojsk., Techn. launcher; ~**a rakietowa/artyleryjska/bombowa** a rocket/artillery/bomb launcher 2 Jęz. elision 3 Literat. ellipsis

wyrzyga|ć *pf* **I** *vt* posp. to throw [sth] up, to throw up **II wyrzygać się** posp. to puke pot., to barf US pot.

wyrzynać *impf* → wyrżnąć¹

wy|rżnąć¹ *pf* — **wy|rzynać** *impf* (wyrżnęła, wyrżnęli — wyrzynam) **I** *vt* 1 (wykroić) to carve, to cut [sth] out, to cut out 2 pot. (zabić) to wipe [sb] out pot., to wipe out pot.; **wyrżnąć mieszkańców wioski (w pień** a. **do nogi)** to wipe out an entire village **II wyrżnąć się** — **wyrzynać się** 1 (rosnąć) **dzieciom wyrzynają się pierwsze ząbki** the baby is cutting his/her first teeth 2 (zabijać się) to slaughter each other ■ **wyrżnąć komuś prawdę w oczy** pot. to give it to sb straight from the shoulder

wy|rżnąć² *pf* **I** *vi* 1 pot. (uderzyć) to hit, to slam; **samochód wyrżnął w drzewo** the car slammed into a. hit the tree 2 pot. (upaść) to tumble, to fall over **II wyrżnąć się** 1 pot. (uderzyć się) to bump, to bang 2 pot. (przewrócić się) to tumble, to fall over; **wyrżnąć się na schodach** to fall down on the stairs

wys. 1 (wysokość) (odległość) alt.; (wymiar) ht

wysadzać *impf* → wysadzić

wysa|dzić *pf* — **wysa|dzać** *impf* **I** *vt* 1 (dowieźć) to drop [sb] off, to drop off, to put [sb] down, to put down *[pasażera]*; ~**dzić kogoś na brzeg/na ląd** to put sb down on the shore 2 (wystawić) to put [sth] out, to put out *[głowę, rękę]* 3 (wyłamać) to force; ~**dzić bramę/drzwi z zawiasów** to force a. take the gate/door off the hinges 4 (zburzyć) to blow [sth] up, to blow up; ~**dzać coś w powietrze** to blow sth up 5 (obsadzić) to plant *[sadzonki]* 6 książk. (ozdobić) to set; **broszka ~dzana drogimi kamieniami** a brooch set with precious stones **II wysadzić się** — **wysadzać się** 1 (zabić

się) to blow oneself up; **terrorysta ~dził się w powietrze** the terrorist blew himself up 2 pot. (wykosztować się) to splash out pot.; ~**dzić się na wesele córki** to spend a fortune on one's daughter's wedding

wysap|ać *pf vt* pot. to gasp (out); ~**ał tylko „dziękuję"** he just managed to gasp (out) 'thank you'

wysączać *impf* → wysączyć

wysącz|yć *pf* — **wysącz|ać** *impf* **I** *vt* to drain; ~**ył zawartość kieliszka** he drained his glass **II wysączyć się** — **wysączać się** to drip

wysch|ły, ~**nięty** *adi.* 1 (wysuszony) dry; ~**nięty ser** stale cheese; ~**łe drewno** dry wood 2 (uschnięty) withered 3 (pusty) dry, dried-up; ~**ła studnia** a dried-up well; **koryto ~niętej rzeki** a dry river bed 4 pot. (chudy) shrivelled

wys|chnąć *pf* — **wys|ychać** *impf* (~chnął a. ~echł, ~chła, ~chli — ~ycham) *vi* 1 (stać się suchym) *[ciasto, pieczywo, makaron]* to dry, to go dry 2 (wyparować) *[woda, pot]* to dry; *[farba, lakier]* to set 3 przen. (wyczerpać się) to run dry; ~**chło źródło informacji/dochodów** the source of income/information has run dry 4 pot. (wychudnąć) to shrivel; **w czasie choroby bardzo ~chła** she shrivelled during the illness ■ ~**chło mu/jej w gardle** a. **w ustach** pot. he's/she's parched

wyselekcjon|ować *pf vt* książk. to select

wysep|ka *f dem.* 1 (część lądu) (small) island, islet 2 przen. (miejsce odróżniające się) pocket, patch; **łany zbóż przerywane ~kami drzew** fields of corn strewn with clusters of trees 3 przen. (miejsce wyizolowane) island przen., oasis przen.; **ich dom był dla emigrantów ~ką polskości** for the emigrés their home was an oasis of Polish culture ❏ ~**ka tramwajowa/autobusowa** Transp. traffic island, safety island

wysfor|ować się *pf* — **wysfor|owywać się** *impf v refl.* to pull ahead, to take the lead; ~**ować się naprzód** a. **do przodu** to pull out into the lead; ~**ować się na czoło pochodu** to move to the head of the procession

wysforowywać się *impf* → wysforowywać się

wysi|ać *pf* — **wysi|ewać** *impf* **I** *vt* 1 (zasiać) to plant, to sow *[nasiona, pszenicę, fasolę]*; ~**ewać nawozy** to spread fertilizer 2 Biol. to culture *[bakterie]* **II wysiać się** — **wysiewać się** 1 *[warzywo, chwast]* to grow, to spread 2 Biol. *[bakterie]* to incubate

wysiadać *impf* → wysiąść

wysiad|ka pot. **I** *f* 1 (z pojazdu) **na pierwszym przystanku ~ka** get off at the first stop 2 przen. **nie zdam tego egzaminu i ~ka ze studiów** if I flunk this exam it'll be the end of the line for me (in terms of my studies) pot., przen. **II** *inter.* everybody out!

wysiad|ywać¹ *impf vi* to sit (about); **staw, nad którym często ~ywał** the pond he often sat by; **za długo ~ujesz przy komputerze** you spend too much time sitting in front of your computer; **całymi**

dniami ~uje w swoim pokoju he just sits in his room all day long

wysiadywać[2] *impf* → **wysiedzieć**

wysiąk|ać *pf* **I** *vt* **~ać nos** to blow one's nose

II *vi [woda, gaz]* to leak (out)

wysiąść *pf* — **wysi|adać** *impf* (**~adę, ~adziesz, ~adł, ~edli** — **~adam**) *vi* [1] (z pojazdu) to get off, to get out (of); **~ąść z autobusu/samochodu** to get off the bus/ out of the car; **~ąść na następnym przystanku** to get off at the next stop [2] *pot.* (przestać działać) *[samochód, silnik, urządzenie]* to conk out *pot.*; **~adła mu wątroba/serce** his liver/heart conked out [3] *pot.* (zmęczyć się) to be knackered GB *pot.*, to be bushed *pot.*

■ **~adać przy kimś/czymś** *pot.* to be no match for sb/sth

wysiedlać *impf* → **wysiedlić**

wysiedle|niec *m* displaced person, refugee

wysiedl|ić *pf* — **wysiedl|ać** *impf vt* to displace *[ludność]*; to relocate *[lokatora]*

wysi|edzieć *pf* — **wysi|adywać**[2] *impf* (**~edział, ~edzieli** — **~aduję**) **I** *vi* [1] (usiedzieć) **nie móc ~dzieć** to be too restless to sit still; **nie mógł ~edzieć w swoim pokoju** he was too restless to sit in his room [2] (przebywać) to sit out, to sit through; **nikt nie ~edzi na tym filmie do końca** no one will sit through this film; **na sesji ~edział trzy godziny** he sat through three hours of the session [3] *[ptak]* to hatch, to brood *[jajka]*

II **wysiedzieć się** *pot.* to sit about a. around; **~edzieć się w poczekalni** to sit about in the waiting room

■ **niczego nie ~edzieć** *pot.* to wait in vain

wysiew *m* (*G* **~u**) (nasion) planting *U*, sowing *U*

wysiewać *impf* → **wysiać**

wysięgnik *m* Techn. arm; (dźwigu) jib; (mikrofonu) boom

wysięgnikow|y *adi.* **żuraw ~y** a cherry picker

wysięk *m* (*G* **~u**) [1] Med. effusion [2] Geol. seep

wysiękow|y *adi.* [1] Med. secretory; **płyn ~y** (effusion) fluid; **~e zapalenie ucha** glue ear; secretory otitis media spec. [2] Geol. *[źródła]* seeping

wysika|ć *pf* **I** *vt pot.* **~ć piasek nerkowy** to pass kidney a. bladder gravel

II **wysikać się** *pot.* to pee *pot.*, to have a. take a. leak *pot.*; **muszę się ~ć** I need to pee; **pójść się ~ć** to go have a. take a leak

wysilać *impf* → **wysilić**

wysil|ić *pf* — **wysil|ać** *impf* **I** *vt* to strain; **~ić słuch/wzrok** to strain one's ears/eyes; **~ić wyobraźnię** to strain one's imagination; **~ić umysł/pamięć** to (w)rack one's brain(s)

II **wysilić się** — **wysilać się** [1] (starać się) to strain, to force oneself; **~ił się, żeby wstać** he forced himself to stand [2] (zdobyć się) **~ić się na coś** to make an effort to do sth; **~ać się na dowcip/grzeczność** to make an effort to be funny/polite

■ **nie ~aj się!** *pot.* don't bother!

wysił|ek *m sgt* (*G* **~ku**) effort *C/U*; **~ek fizyczny/umysłowy** physical/mental effort; **włożyć w coś wiele ~ku** to put a lot of effort into sth a. doing sth; **fundacja czyni ~ki, aby przyciągnąć sponsorów** the fund is making every effort to attract sponsors; **z ~kiem** with effort; **robić coś bez ~ku** to do sth without effort; **nie szczędził ~ku, żeby córka skończyła studia** he spared no effort to enable his daughter to graduate

wysiłkow|y *adi.* **próba ~a** a stress test; **zdolność ~a** functional capacity

wysiuda|ć *pf vt pot.* to turf *[sb]* out a. turf out GB *pot.*, to kick *[sb]* out a. kick out *pot.*; **~ć kogoś z klubu** to turf sb out of the club

wysiusia|ć się *v refl. pot.* to pee *pot.*, to have a. take a. leak *pot.*; **muszę się ~ć** I need to pee; **pójść się ~ć** to go have a pee

wyskakiwać *impf* → **wyskoczyć**

wyskal|ować *pf vt* to calibrate *[miernik, termometr]*

wyskam|lać, wyskam|łać *pf vt pot.* to scrounge *pot.*; **~lać u innych pomoc** to scrounge help from other people

wyskand|ować *pf vt książk.* to chant *[powitanie, wiersz]*; **tłum ~ował: „zdrajcy!"** 'trai-tors! trai-tors!' the crowd chanted

wysklepiać *impf* → **wysklepić**

wysklep|ić *pf* — **wysklep|iać** *impf* **I** *vt* Archit. to top *[sth]* with a vaulted roof *[kaplicę, pałac]*

II **wysklepić się** — **wysklepiać się** *książk.* *[czaszka]* to become domed

wysk|oczyć *pf* — **wysk|akiwać** *impf vi* [1] (wydostać się) to jump out, to spring out; **~oczyć przez okno** to jump out (of) the window; **~oczyć przez balkon** to jump from the balcony; **pilot ~oczył z samolotu na spadochronie** the pilot parachuted from the plane; **~oczyć z łóżka** to spring out of bed [2] (wypaść) to leap, to spring; **korek ~oczył z butelki** the cork leapt from the bottle; **pociąg ~oczył z szyn** the train jumped the track [3] *pot.* (pojawić się) **zza zakrętu ~oczył samochód** a car suddenly emerged from around the bend; **pod wieczór ~oczyła mu gorączka** he came down with a fever in the evening; **~oczyła mu wysypka** he came out a. broke out in a rash [4] *pot.* (przydarzyć się) to come up; **jeśli coś nie ~oczy, będę o ósmej** I'll be there at eight unless something urgent comes up [5] *pot.* (pojechać) to pop out *pot.*; **~oczę po gazetę** I'm popping out to get a paper; **na niedziele ~akiwali do Kazimierza** they popped off to Kazimierz on Sundays [6] *pot.* (zdjąć) **~oczyć z płaszcza/spodni** to take off one's coat/trousers; **~oczyć z butów** to kick off one's shoes *pot.* [7] *pot.* (wyrwać się) **~oczyć z czymś** (powiedzieć) to blurt sth (out); **~oczyć z głupim pomysłem** to come up with some stupid idea

wyskok *m* (*G* **~u**) [1] Sport jump, leap [2] *pot.* (wybryk) excess; **mieć ~i** to flip out *pot.* [3] *pot.* (wypad) jaunt; **~ w góry/nad morze** a jaunt to the mountains/seaside

wyskokow|y *adi.* alcoholic; **napoje ~e** alcoholic beverages; **~a impreza** *pot.* a piss-up *pot.*

wyskrob|ać *pf* — **wyskrob|ywać** *impf* **I** *vt* [1] (oczyścić) to scrape *[sth]* out, to scrape out; **~ać kartofle z garnka** to scrape the rest of the potatoes out of the pot; **~ał talerz co do ździebełka** he scraped his plate clean [2] (wyryć) to carve *[napis, wzór]*; **~ać swoje inicjały na ławce** to carve one's initials on the bench [3] (usunąć) to scrape *[sth]* off, to scrape off *[błoto, brud]* [4] *pot.* (napisać) to grind *[sth]* out a. grind out *pot.*; **siedział całą godzinę i ledwo ~ał parę zdań** he spend over an hour grinding out a few sentences [5] *przen.* (wygrzebać) to scrape *[sth]* together a. up, to scrape together a. up; **nie ~ę teraz tysiąca złotych** I can't scrape up a thousand zlotys right now

II **wyskrobać się** — **wyskrobywać się** *pot.* (usunąć ciążę) to have a scrape *pot.*

wyskrob|ek *m* (*Npl* **~ki**) *pot., pejor.* runt *pejor.*

wyskrobywać *impf* → **wyskrobać**

wyskub|ać, wyskub|nąć *pf* — **wyskub|ywać** *impf vt* to pluck; **~ywać sobie brwi** to pluck one's eyebrows; **~ywać rodzynki z ciasta** to pick the raisins out of a cake

wyskubnąć → **wyskubać**

wyskubywać *impf* → **wyskubać**

wys|łać[1] *pf* — **wys|yłać** *impf vt* [1] (przekazać) to send *[list, paczkę, pieniądze, faks]*; **~łać głodującym pomoc żywnościową** to send food supplies to the starving people; **~łać wiadomość przez posłańca** to send a note by messenger [2] (wyprawić) to send, to dispatch; **~łać wojska** to dispatch troops; **~łała go na zakupy** she sent him to do some shopping; **~łać dzieci do szkoły/łóżka** to send the children to school/bed [3] (emitować) to give off *[światło, ciepło]*; **~yłać energię** to radiate energy; **~yłać sygnały** to emit signals

wy|słać[2], **wy|ścielić** *pf* — **wy|ściełać, wy|ścielać** *impf vt* to line, to pad; **ptaki często wyściełają gniazda mchem** birds often line their nests with moss; **obuwie wyścielane futerkiem** fur-lined boots; **wyściełane meble** upholstered furniture

wysłanni|k *m*, **~czka** *f* (rządu, organizacji) envoy, emissary; (gazety) correspondent

wysławia|ć[1] *impf vt książk.* to extol GB książk., to extoll US książk., to acclaim książk.; **epitafium ~jące jego męczeńską śmierć** an epitaph extolling his martyrdom; **~ć czyjąś urodę/gościnność** to extol sb's beauty/hospitality

wysławiać[2] *impf* → **wysłowić**

wysł|owić *pf* — **wysł|awiać**[2] *impf* **I** *vt* to articulate, to express *[uczucia, myśli]*

II **wysłowić się** — **wysławiać się** to express oneself; **z trudem ~awiał się po polsku** he could hardly express himself in Polish; **pięknie się ~awiała** she was wonderfully articulate; **łatwiej mu było ~owić się po angielsku** it was easier for him to express himself in English

wysłuch|ać *pf* — **wysłuch|iwać** *impf vt* [1] (do końca) to hear *[sb/sth]* out, to hear out, to listen to; **proszę mnie ~ać** please hear me out; **może należało ~ać, co miał do powiedzenia** maybe we should have heard him out; **~ać audycji/koncertu** to listen to a programme/concert [2] (przy osłuchiwaniu) **to było zapalenie płuc, a**

lekarz nic nie ~ał it turned out to be pneumonia, but the doctor didn't pick it up 3 (spełnić) to answer [prośby, apelu]; **Pan mnie ~ał** my prayers have been answered 4 (usłyszeć) to hear; **w telewizji ~ała informację o nowej metodzie leczenia** she heard about a new method of treatment on TV

wysłuchiwać impf → **wysłuchać**

wysłu|ga f ~ga lat seniority; **dodatek za ~gę lat** a seniority bonus

wysługiwać impf → **wysłużyć**

wysług|iwać się impf v refl. pot., pejor. 1 (służyć) **~iwać się komuś** to be sb's flunk(e)y a. lackey pejor.; **~iwać się reżimowi** to be a flunk(e)y of the regime 2 (wyręczać się) **~iwać się kimś** to use sb; **we wszystkim ~iwał się praktykantami** he had the apprentices do all the work

wysłuż|ony II pp → **wysłużyć**

III adi. [obuwie, ubranie] worn-out; [samochód, meble] run-down

wysłu|żyć[1] pf — **wysłu|giwać** impf vt **~żyć sobie odznaczenie** to be decorated for one's distinguished service; **~żyć sobie stopień oficera** to be promoted to officer; **~żyć sobie emeryturę** to (work long enough to) qualify for one's pension

wysłuż|yć[2] pf II vt to serve; **miał zamiar ~yć w wojsku jeszcze kilka lat** he wanted to serve a few years more in the army; **musi ~yć lata do emerytury** he has to work long enough to qualify for his pension

III **wysłużyć się** [meble, ubranie] to wear out

wysmaga|ć pf II vt 1 książk. (zbić) to whip, to lash; **~ć konia batem** to whip a horse 2 [wiatr, deszcz, śnieg] to lash; **deszcz porządnie ich ~ł** the rain lashed them; **twarz ~na wiatrem** a weather-beaten face III **wysmagać się** to whip oneself, to lash oneself

wysmakowan|y adi. [kompozycja, wystrój] tasteful, sophisticated; [gust] refined, sophisticated

wysmark|ać pf — **wysmark|iwać** impf pot. II vt **~ać nos** to blow one's nose III **wysmarkać się** — **wysmarkiwać się** to blow one's nose

wysmarkiwać impf → **wysmarkać**

wysmar|ować[1] pf — **wysmar|owywać** impf II vt 1 (natrzeć) to smear; **~ować (sobie/komuś) plecy maścią** to rub a. smear ointment on one's/sb's back; **~ować blachę tłuszczem** to grease a baking tin 2 (ubrudzić) to smear; **twarze ~owane sadzą** faces smeared with soot 3 (nabazgrać) to scribble III **wysmarować się** — **wysmarowywać się** 1 (nasmarować się) to smear oneself; **~ować się ochronnym kremem przeciwsłonecznym** to put on a sunblock 2 (wybrudzić się) to get smeared

wysmar|ować[2] pf vt pot. (zużyć) to use up; **~ować całe pudełko kremu** to use up the whole jar of cream

wysmarowywać impf → **wysmarować**

wysmażać impf → **wysmażyć**

wysmaż|yć pf — **wysmaż|ać** impf II vt 1 Kulin. **~yć tłuszcz z boczku** to fry fat bacon; **dobrze ~one mięso** well-done meat 2 pot., przen. (napisać) to grind [sth]

out pot., to grid out pot. [list, wypracowanie, artykuł]

III **wysmażyć się** — **wysmażać się** [mięso] to be well done; **tłuszcz ~ył się ze słoniny** the lard was rendered

wysmol|ić pf II vt pot. to blacken [ubranie, ręce]; **ręce ~one sadzą/węglem** hands blackened with soot/coal III **wysmolić się** to be black(ened) (**czymś** with sth)

wysmuklać impf → **wysmuklić**

wysmukl|ić pf — **wysmukl|ać** impf vt to make [sb] look slender; **ciemne kolory ~ają sylwetkę** dark colours have a slimming effect

wysmukł|o adv. grad. [wyglądać] slender adi., slim adi.

wysmukłoś|ć f sgt (dziewczyny, sylwetki, szyi) slenderness; (drzew, wieży) loftiness

wysmukł|y adi. grad. [dziewczyna, sylwetka, szyja] slender, slim; [wieża, drzewo] lofty

wysnu|ć pf — **wysnu|wać** impf vt 1 to pull [sth] out, to pull out [nić]; **~ć nitki z materiału** to pull threads from the fabric 2 przen. (wywieść) **~ć wniosek** to draw a conclusion; **~ć przypuszczenie, że...** to conjecture that...; **powieść ~ta z autentycznego zdarzenia** a novel based on a true story 3 Zool. [pająk] to spin [nić]

wysnuwać impf → **wysnuć**

wysoce adv. książk. highly; eminently książk.; **on jest ~ utalentowany** he is highly talented

wy|soki II adi. 1 (duży) [osoba, drzewo, budynek] tall; [wieża, budynek] high; **buty na wysokich obcasach** high-heeled shoes; **tunel na dwa metry wysoki** a two-metre-high tunnel; **trawa wysoka do kolan** knee-high grass 2 (położony w górze) [pułap, lot, półka] high; **wyższe piętra budynku** the upper storeys of a building 3 (znaczny) [ceny, stawki, temperatura] high; **wysokie zwycięstwo** an overwhelming victory; **wysoki wyrok** a harsh sentence; **silnik pracował na wysokich obrotach** the engine was racing; **w najwyższym stopniu** in the highest degree; **mieć o kimś/o sobie wysokie mniemanie** to have a high opinion of sb/oneself 4 (w hierarchii, na skali) [jakość, ocena, poziom] high; **rozmowy na wysokim szczeblu** high-level talks; **wysoki urzędnik administracji** a high-ranking civil servant; **sąd wyższej instancji** a higher court; **pochodziła z wysokiego rodu** she was of noble birth; **wysokiej klasy specjalista** a top-ranking specialist; **wyższe sfery** high society; **lokal najwyższej kategorii** a high-class restaurant; **studia wyższe** higher education; **wyższa uczelnia** a university; **szkoła wyższa** a college; **wyższa matematyka** higher mathematics; **ssaki wyższe** higher mammals 5 Muz. [ton, dźwięk, głos] high, high-pitched 6 (wzniosły) [ideały] lofty, high; **uważał, że jest stworzony do wyższych celów** he believed he was made for better things; **robić coś w imię wyższych racji** to do sth for higher reasons; **kultura/sztuka/literatura wysoka** highbrow culture/art/literature 7 Admin., Prawo **Rada Najwyższa** the Supreme Council; **Sąd Najwyższy** the Supreme Court;

wysoki sądzie! your honour!; **wysoka izbo!** honourable ladies and gentlemen! 8 Jęz. **stopień wyższy** the comparative; **stopień najwyższy** the superlative

II **z wysoka** adv. [patrzeć, zejść, spadać] from a height; **traktować kogoś z wysoka** przen. to look down on sb

III **Najwyższy** m (Bóg) God Most High

■ **być wyższym ponad coś** iron. to be above sth; **wyższa szkoła jazdy** a. **wyższa matematyka** pot. no child's play

wy|soko II adv. grad. 1 (w górze) [skoczyć, rzucić, latać] high; **mieszkam piętro wyżej** I live on the next floor; **woda sięgała mu wyżej kolan** the water reached above his knees 2 (dużo) highly; **wysoko oprocentowany kredyt** high-interest credit; **wysoko płatna praca** a highly paid a. high-paying job; **wysoko wydajny materiał** a high-yield material; **mecz wygrali wysoko** they won the match by a mile; **cenić kogoś/coś wysoko** to think highly of sb/sth; **(co) najwyżej** only, at (the) most; **zajmie mi to najwyżej kilka minut** it'll take me a few minutes at most 3 (w hierarchii) **wysoko urodzona osoba** a high-born person; **wysoko postawione osoby** people in high places; **awansować bardzo wysoko** to rise to the top 4 [śpiewać] high; **krzyczeć przeraźliwie wysoko** to scream piercingly

II **wyżej** adv. comp. książk. (w tekście) above; **~ wspomniany** a. **wymieniony przykład** the example (given a. mentioned) above; the aforementioned example książk.; **~ wyliczono słabości tej metody** the disadvantages of the method are given above

■ **wysoko mierzyć** to aim high

III w wyrazach złożonych **las wysokopienny** a high forest; **wysokooktanowe paliwo** high-octane fuel

wysokogatunkow|y adi. [stal, wełna, wina] high-quality attr., quality attr.

wysokogórs|ki adi. [klimat, roślinność] mountain attr., alpine; **wspinaczka** a. **turystyka ~a** mountain climbing; **wyprawa ~a** a climbing expedition

wysokokaloryczn|y adi. [produkty, pokarmy, posiłki] high-calorie

wysokonakładow|y adi. Wyd. [broszura, gazeta, książka] high-circulation

wysokoprężn|y adi. Techn. **silnik ~y** a diesel (engine)

wysokoprocentow|y adi. 1 [ruda] high-grade; **alkohol ~y** high-proof alcohol 2 [pożyczka, kredyt] high-interest

wysokościomierz m Lotn., Techn. altimeter

wysokościow|iec m high-rise, skyscraper

wysokościow|y adi. [lot] high-altitude; [pomiary] altitude attr.; **prace ~e** work at heights; **choroba ~a** Med. altitude sickness

wysokoś|ć II f 1 (osoby, budynku, drzewa) height; **dom ma dziesięć metrów ~ci** the house is 10 metres high; **mur ~ci trzech metrów** a 3-metre-high wall 2 (odległość od ziemi) height, altitude; **samolot leci na ~ci ponad 5000 m** the plane is flying at a height of 5000 metres; **na ~ci 5000 m n.p.m.** at 5000 m above sea level; **pola leżą na różnych**

~ciach the fields are situated at different heights; **skoczyła na ~ć dwóch metrów** she jumped 2 metres; **samolot nabierał ~ci** the plane was gaining altitude; **prace na ~ci** work at heights; **na ~ci czwartego piętra** at fourth floor level [3] (temperatury, ciśnienia) level; (zarobków, mandatu) amount; (odsetek, bezrobocia) rate; **odprawa w ~ci trzech miesięcznych pensji** severance pay equivalent to a. amounting to three months' pay; **grzywna w ~ci 300 zł** a fine of 300 złotys; **jaka jest ~ć opłaty?** what's the fee? [4] Muz. pitch [5] Mat. height

II na wysokości praep. pot. **na ~ci przystanku skręć w lewo** when you get to the bus stop turn left

❑ **~ć względna** Geog. relative height

■ **Wasza/Jego/Jej Wysokość** Your/His/Her Majesty

wysond|ować pf vt [1] (wybadać) to sound [sb] out, to sound out; **próbował ~ować, co o niej myślą** he tried to sound them out about their opinion of her [2] Med., Techn. to probe

wysp|a f [1] (na morzu, jeziorze) island; **bezludna ~a** a desert island; **mieszkać na ~ie** to live on an island [2] książk., przen. (skupisko) pocket, patch; **łany zboża przerywane ~ami drzew** fields of corn strewn with clusters of trees

❑ **~a koralowa** Geog. coral island

wys|pać się pf — **wys|ypiać się** impf v refl. to get enough sleep, to sleep well; **czy jesteś ~any?** did you sleep well?; **~ypiać się do południa** to sleep until noon; **był wypoczęty i ~pany** he was well rested after a good night's sleep

■ **~pać się na wszystkie boki** pot. to have a good night's sleep, to sleep late

wyspecjaliz|ować się pf v refl. [1] to specialize (w czymś in sth); **~ować się w pediatrii** to specialize in paediatrics [2] Biol. [komórki] to specialize

wyspecjalizowan|y adi. [jednostka] special; [punkt obsługi, sprzęt] specialized

wyspekul|ować pf v refl. książk., pejor. to concoct pejor. [teorię, program]

wyspiars|ki adi. [ludy, plemiona] island attr.; **~ka mentalność** przen. an insular attitude

wyspia|rz m, **~rka** f (Gpl ~y, ~ek) islander

wysportowan|y adi. [osoba, sylwetka] athletic, fit

wyspowiada|ć pf **II** vt [1] Relig. [ksiądz, duchowny] to hear [sb's] confession, to confess; **kapłan ~ł umierającego** the priest heard the dying man's confession ⇒ **spowiadać** [2] przen. (wypytać) to interrogate; **zaraz po powrocie został ~ny przez żonę** his wife gave him the third degree as soon as he got back pot., żart.

II wyspowiadać się [1] (wyznać grzechy) to make one's confession, to go to confession; **~ć się ze wszystkich grzechów** to confess all one's sins; **chłopiec ~ł się z kłamstwa** the boy confessed that he had lied ⇒ **spowiadać się** [2] pot., przen. (zwierzyć się) to confide (komuś in sb); **czuła ~ć musi ~ć się komuś ze swoich zmartwień** she felt she had to talk to somebody about her worries [3] pot. (wytłumaczyć się) to

come clean pot.; to confess; **będzie musiała ~ć się matce ze swego spóźnienia** she'll have to explain to her mother exactly why she was late

wyspow|y adi. [krajobraz, klimat] island attr., insular

wysprząta|ć pf vt to clean [sth] out, to clean out [pokój, mieszkanie, szafę]

wysprzeda|ć pf → **wyprzedać**

wysprzedawać impf → **wyprzedać**

wysprzedaż → **wyprzedaż**

wysra|ć się pf v refl. wulg. to take a. have a crap posp.

wys|sać pf — **wys|ysać** impf vt to suck [sth] out, to suck (out); **~sać sok z pomarańczy** to suck the juice from an orange; **wentylatory ~ysały gorące powietrze z pomieszczeń** the fans were sucking hot air out of the rooms

■ **~sać coś z mlekiem matki** to take sth in with one's mother's milk; **~sać coś z palca** to make sth up, to fabricate sth

wyst|ać pf **II** vt pot. (stać w kolejce) **~ał bilety na film** he managed to buy the tickets after queueing for a long time

II (wytrwać) **ledwie ~ał do końca uroczystości** he barely managed to stay on his feet through the entire ceremony; **nie mogła ~ać na mrozie** it was so cold that she couldn't stay out any longer

III wystać się (wytrzymać) **~ał się na mrozie** he had to stay out in the cold for a long time; **~ać się w kolejce** to queue (up) for a long time

wystara|ć się pf v refl. pot. to arrange vt, to fix [sth] up vt, to fix up vt; **~ć się komuś o bilet** to fix sb up with a ticket

wystarczać impf → **wystarczyć**

wystarczająco adv. enough, sufficiently; **zarabiać ~** to earn enough; **~ słodka herbata** sweet enough tea; **pomysł ~ dobry na początek** a good enough idea to start off with

wystarczając|y **II** pa → **wystarczyć**

III adi. [ilość, liczba] sufficient, adequate

wystarcz|yć pf — **wystarcz|ać** impf vi [1] (starczyć) to be enough, to do; **nie ~yło mi pieniędzy na zakupy** I didn't have enough money to do the shopping; **godzina ~y na przygotowania** an hour will be enough for a. will do for the preparations; **ile ci potrzeba – czy to ~y?** how much do you need? – will that be enough?; **zapasy ~ą na rok** the supplies will last for a year [2] (zastąpić) **rodzice ~ają małym dzieciom za całe towarzystwo** parents are the whole world to small children; **jego nazwisko ~y za reklamę** his name is publicity enough a. is sufficient publicity [3] (stać się powodem) to be enough, to be sufficient; **~yło jedno spojrzenie, żeby zrozumiał wszystko** one look was enough for him to understand everything; **do zgody ~y tylko jeden przyjazny gest** one friendly gesture would be enough to set things right

wystart|ować pf vi [1] [samolot, rakieta] to take off; [biegacz, kolarz] to start [2] (wziąć udział) to take part; **~ować w konkursie szachowym** to take part in a chess tournament [3] pot. (rozpocząć działalność) to start; **młode pokolenie ~owało pomyśl-**

nie the younger generation was given a good start in life

wystaw|a f [1] (sztuki) exhibition, exhibit US; (psów, kotów) show; **~a obrazów/rzeźby** a painting/sculpture exhibition; **~a obrazów Picassa** a Picasso exhibition; **~a kwiatów** a flower show [2] (w sklepie) (shop) display, (shop) window; **~a sklepowa** a shop window; **podobała jej się suknia na ~ie** she liked the dress in the window

wysta|wać impf vi [1] (być widocznym) to stick out; **spódnica ~wała jej spod płaszcza** her skirt was showing from under her coat; **skały ~wały z wody** a. **nad wodę** rocks jutted out of the water; **~jące kości policzkowe** high a. prominent cheekbones [2] (stać długo) to stand for hours; **~wać godzinami w kolejkach** to spend hours in queues; **~wał pod domem dziewczyny** he stood around outside his girlfriend's house; **godzinami ~je przed lustrem** she spends hours in front of the mirror

wystawc|a m [1] (na wystawie) exhibitor [2] (czeku, rachunku) writer, issuer

wystawczy|ni f (czeku, rachunku) writer, issuer

wystawiać impf → **wystawić**

wystaw|ić pf — **wystaw|iać** impf **II** vt [1] (wynieść na zewnątrz) to take [sth] out, to take out; **~ić naczynia ze zmywarki** to take the dishes out of the dishwasher; **~ić meble na korytarz** to put the furniture out in the hall; **~ić straż/wartę** to post a guard [2] (wysunąć) to stick [sth] out, to stick out; **~ić głowę z okna** to stick one's head out (of) the window [3] [teatr, reżyser] to stage, to put [sth] on, to put on [sztukę, komedię, rewię] [4] (na widocznym miejscu) to exhibit, to display; **~ić obrazy w galerii** to exhibit paintings in a gallery; **~ić towary na półkach** to display goods on the shelves; **diament będzie ~iony na aukcję** the diamond will be put up for auction; **~ić dom na sprzedaż** to put one's house up for sale; **trumnę z ciałem zmarłego ~iono na widok publiczny** he lay in state [5] (poddać działaniu) to expose; **~ić twarz na słońce** to get some sun on one's face; **brzeg ~iony na niszczące działanie morza** a coastline exposed to the erosive action of the sea; **~ić kogoś na niebezpieczeństwo** to expose sb to danger; **~ić komuś piłkę** (w siatkówce) to set sb for a spike; **~ić kogoś na próbę** to put sb to the test; **~ić czyjąś cierpliwość na próbę** to try sb's patience; **~ić kogoś na pośmiewisko** a. **śmiech** a. **drwiny** to make a mockery of sb [6] (zgłosić) to enter; **~ić konia w wyścigach** to enter a horse in a race; **~ić drużynę do rozgrywek** to enter a team in a competition [7] (wybudować) to build, to erect [szpital, pomnik, willę] [8] (sporządzić) to make [sth] out, to make out [czek, rachunek]; **na kogo mam ~ić czek?** who shall I make the cheque out to?; **paszport jest ~iony na jej panieńskie nazwisko** the passport was issued in her maiden name [9] (o ocenach) **polonistka ~iła mu ocenę bardzo dobrą** the Polish teacher gave him an A; **~ić komuś świadectwo** to give sb their end-of-year report; **kierownik ~ił**

mu opinię the manager gave him a reference [10] Myślis. *[pies]* to point *[zwierzynę]* **III wystawić się — wystawiać się** to expose oneself; **~ić się na strzały** to expose oneself to gunfire; **~ić się na pośmiewisko** to make a fool of oneself ❏ **~ienie Najświętszego Sakramentu** Relig. exposition of the Blessed Sacrament ■ **~iać komuś dobre/złe świadectwo** *[zachowanie, fakty]* to speak well/ill of sb; **~ić kogoś (rufą** a. **tyłem) do wiatru** pot. to take sb for a ride pot., to do the dirty on sb pot.

wystawiennictw|o *n sgt* the art of exhibition

wystawiennicz|y *adi. [działalność, centrum]* exhibition *attr.*

wystawnie *adi. grad.* lavishly, sumptuously; **żyć ~** to live a lavish lifestyle; **~ przyjmować gości** to wine and dine one's guests lavishly

wystawnoś|ć *f sgt (przyjęcia, dekoracji)* lavishness, sumptuousness; *(życia)* lavishness

wystawn|y *adi. grad. [obiad, przyjęcie, wnętrze]* lavish, sumptuous; *[życie]* lavish

wystawow|y *adi.* [1] *[pawilony]* exhibition *attr.*; **sala ~a** a showroom; **tereny ~e** exhibition grounds [2] *[okno]* display *attr.*, shop *attr.*

wyst|ąpić *pf* — **wyst|ępować[1]** *impf vi* [1] *(wyjść)* to step out; **~ąpić z szeregu/z tłumu** to step out of a row/crowd; **uczeń ~ąpił na środek klasy** the pupil stepped out into the middle of the classroom; **rzeka ~ąpiła z brzegów** a river flooded a. overflowed (its banks); **~ąp!** *(komenda)* step out! [2] *(zacząć działać)* to act; **~ąpić zbrojnie przeciwko dyktatorowi** to take up arms against the dictator; **~ąpić o podwyżkę/o przydział mieszkania** to appeal a. ask for a rise/to be allotted a flat; **~ępować przeciwko nadużyciom** to act against abuses; **~ąpić w charakterze gospodyni** to act as a hostess; **~ępować w czyimś imieniu** to act on behalf of sb; **~ąpić w czyjejś obronie** to act in sb's defence [3] *(zabrać głos)* **~ąpić na wiecu/w sądzie** to speak a. take the floor at a rally/in court; **~ąpić z referatem na zebraniu** to hold a lecture at a meeting; **~ąpić z pomysłem/z wnioskiem** to put forward a. present an idea/a motion [4] *(zagrać)* to act, to play; **~ąpić z koncertem/programem rozrywkowym/recitalem** to perform a concert/show/recital; **~ąpił w roli Hamleta** he played Hamlet; **~ępować w teatrze amatorskim/w cyrku** to perform in an amateur theatre/in a circus; **~ępował na scenach różnych krajów/w wielu filmach** he acted on stages in various countries/in many films [5] *(pokazać się)* to appear; **~ąpić na przyjęciu w nowej sukni** to appear at a party wearing a new dress [6] *(przestać być członkiem)* to step out, to withdraw; **~ąpić ze spółki/z organizacji** to step out of a. withdraw from a company/an organization [7] *(pojawić się)* to appear, to develop; **objawy choroby ~ąpiły nagle** symptoms of the disease appeared a. developed suddenly; **pot ~ąpił mu na czoło** beads of sweat broke out on his forehead

wystąpie|nie [I] *sv* → **wystąpić** [II] *n* [1] *(przemowa)* address, speech; **~nie ministra** the minister's address a. speech; **~nie obrony** Prawo pleading(s) [2] *zw. pl* *(manifestacja, rozruchy)* riot, disturbance *zw. pl*; **~nia robotników** workers' riots; **zbrojne ~nia** armed riots

wysteryliz|ować *pf vt* [1] *(wyjałowić)* to sterilize *[narzędzia chirurgiczne, gazę, strzykawkę]* ⇒ **sterylizować** [2] *(pozbawić zdolności rozrodczych)* to sterilize, to neuter; to castrate *[samca]*; to spay *[samicę]*; **~ować bezdomne psy i koty** to neuter a. sterilize homeless dogs and cats ⇒ **sterylizować**

występ *m* (*G* **~u**) [1] *(popis)* appearance, performance; **~ artystów ludowych/kwartetu smyczkowego** a performance by folk artists/a string quartet; **~ solowy** a solo performance; **~ kabaretowy/taneczny** a cabaret/dance performance; **~ publiczny/telewizyjny** a public/television appearance; **gościnne ~y** guest a. touring performances; **dać ~/dawać ~y** to give a performance/performances Sport performance; **udany ~ polskich siatkarek** a successful performance of the Polish women's volleyball team [3] *(wystająca część)* projection, protrusion; **~ muru** a projection a. protrusion of the wall; **~ skalny** a rock projection a. protrusion; *(półka)* a ledge

występ|ek *m* (*G* **~ku**) misdeed, offence; **dopuścić się ~ku** to commit a. perpetrate a misdeed a. an offence

występn|y *adi. książk.* immoral

występować[1] *impf* → **wystąpić**

występ|ować[2] *impf vi* to be found, to occur; **w polskich górach ~uje szarotka alpejska** edelweiss can be found a. occurs in the Polish mountains; **witamina A ~uje w wielu pokarmach** vitamin A can be found a. occurs in many types of food

wystos|ować *pf* — **wystos|owywać** *impf vt książk.* to submit *[podanie, prośbę, notę]* **(do kogoś** to sb)

wystosowywać *impf* → **wystosować**

wystrasz|ony [I] *pp* → **wystraszyć** [II] *adi. [dziecko, zwierzę, wzrok]* scared

wystrasz|yć *pf vt* [1] *(przestraszyć)* to scare; **nagły strzał ~ył wszystkich** a sudden shot scared everybody [2] *(przepłoszyć)* to scare *[sb]* away, to scare away; **pies ~ył złodzieja** the dog scared the thief away [II] **wystraszyć się** to get scared **(kogoś/czegoś** of sb/sth); **~yć się grzmotu/huku eksplozji** to get scared by a thunder/an explosion; **~ył się, że zabłądził** he was scared (that) he got lost

wystr|oić *pf* [I] *vt* pot. to dress *[sb]* up, to dress up; **~oić dzieci na zabawę** to dress children up for a party; **był ~ojony w ciemny garnitur** he was dressed up in a dark suit; **~ojony jak na bal** dressed up a. rigged out like a. as if for a ball ⇒ **stroić** [II] **wystroić się** to dress up; **~oić się elegancko** to dress up elegantly; **~oić się na przyjęcie** to dress up for a party; **~oić się w nową suknię** to put on a. wear a new dress ⇒ **stroić się**

wystr|ój *m* (*G* **~oju**) Archit. *(interior)* decor, design; **nowoczesny ~ój mieszkania** the modern decor a. design of a flat

wystrug|ać *pf* — **wystrug|iwać** *impf vt* to whittle, to carve; **~ać figurkę z drewna/łódeczkę z kory** to whittle a. carve a wooden figure/a toy boat from bark ⇒ **strugać**

wystrugiwać *impf* → **wystrugać**

wystrza|ł *m* (*G* **~łu**) [1] *(strzał)* shot; **huk ~łów artyleryjskich** the rumble of artillery (fire); **~ł z armaty** a. **armatni** a cannon shot, a shot from a cannon; **ciszę nocną przerwał ~ł z pistoletu** the quiet night was broken by a pistol shot; **bez (jednego) ~łu** książk. without a (single) shot being fired [2] *(huk)* bang, pop; **~ły korków od szampana** pops of champagne corks [3] *przen. (sensacja)* hit; knockout pot.; **ten artykuł to prawdziwy ~ł** this article is a real hit a. knockout

wystrzałowo *adv.* pot. sensationally pot., snazzily pot.; **ubrany ~** dressed to kill; **w tej sukience wyglądasz ~** you look sensational a. snazzy in that dress

wystrzałow|y *adi.* pot. *[dziewczyna, sukienka, samochód]* knockout *attr.* pot., sensational pot.

wystrzega|ć się *impf vi* *(unikać)* to avoid *vt*; *(pilnować się)* to beware, to be wary **(czegoś** of sth); **~ć się kogoś/czegoś** to avoid sb/sth; **~ć się zaziębienia** to protect oneself from a cold; **~ć się złego towarzystwa/złodziei** to beware a. be wary of bad company/thieves; **~ł się, żeby nie powiedzieć za dużo** he was careful not to say too much

wystrzel|ać[1] *pf* — **wystrzel|iwać[1]** *impf* [I] *vt* [1] *(zabić)* to shoot *(dead)*; **grozili, że ~ają wszystkich zakładników** they threatened to shoot all the hostages; **~ać wszystkie kaczki** to shoot all the ducks [2] *(zużyć amunicję)* to use up; **~ać wszystkie naboje** to use up all the ammunition a. bullets [II] **wystrzelać się — wystrzeliwać się** to shoot one another

wystrzelać[2] *impf* → **wystrzelić[2]**

wystrzela|ć[3] *pf vt* Sport to shoot off; **~ł 233 punkty/tytuł mistrza Europy** he shot off 233 points/for the European Championship title

wystrzel|ić[1] *pf* — **wystrzel|iwać[2]** *impf* [I] *vt* [1] *(z broni)* to fire, to shoot; **~ić do kogoś** to fire a. shoot at sb; **~ić na wiwat** to fire a salute; **~ić z pistoletu/z karabinu maszynowego** to fire a. shoot a gun a. pistol/machine gun; **~ić z łuku/z procy** to shoot a bow/sling (shot) [2] *(wysłać w kosmos)* to launch; **~ić rakietę/satelitę** to launch a rocket/satellite [II] *vi* *(o broni palnej)* to fire; *(o pocisku)* to shoot out; **pistolet ~ił** the gun a. pistol fired; **pocisk ~ił z wyrzutni** the missile shot out of the launcher

wystrzel|ić[2] *pf* — **wystrzel|ać[2]** *impf vi* książk. [1] *(wylecieć w górę)* to shoot up; **rakieta ~iła w niebo** a rocket shot up into the sky [2] *przen.* **smukłe topole/wieże kościołów ~ają ponad szare budynki** slender poplars/church towers shoot up above grey buildings

wystrzel|ić[3] *pf vi* pot. *(powiedzieć bez zastanowienia)* to blurt out; *(wymyślić)* to come up **(z czymś** with sth); **nigdy nie wiadomo, z**

czym mój brat ~i you never know what my brother will come up with all of a sudden; ~iłem z pytaniem I blurted out a question

wystrzeliwać[1] *impf* → **wystrzelać**[1]
wystrzeliwać[2] *impf* → **wystrzelić**[1]
wystrzęp\|ić *pf* **II** *vt* to fray *[tkaninę, nogawki spodni]* ⇒ **strzępić**

II wystrzępić się *[brzeg, tkanina]* to fray ⇒ **strzępić się**

wystrzy\|c *pf* — **wystrzy\|gać** *impf* (~gę, ~żesz, ~że, ~gł, ~gła, ~gli — ~gam) **II** *vt* [1] (ściąć tuż przy ziemi) to shear [sth] off, to shear off *[trawnik]* [2] (ostrzyc krótko) to cut off, to shear off; ~c grzywkę to cut off sb's fringe a. bangs; ~c komuś włosy to shear off sb's hair [3] (nadać kształt) to cut; ~gać ząbki w firankach to cut notches on curtains

II wystrzyc się *pot.* to cut one's hair
wystrzygać *impf* → **wystrzyc**
wystudi\|ować *pf vt* [1] (wypracować) to practise; ~owany gest a studied gesture; ozdobny, starannie ~owany podpis a decorative, studied signature [2] (zapoznać się) to study; ~ował pisma Platona he studied Plato's works ⇒ **studiować**

wystudzać *impf* → **wystudzić**
wystu\|dzić *pf* — **wystu\|dzać** *impf* **II** *vt* [1] (schłodzić) to cool (down); ~dzić herbatę/mleko to cool the tea/milk (down a. off) [2] *przen.* to cool down a. off *[emocje]*

II wystudzić się — **wystudzać się** *[herbata, zupa, piec]* to cool (down a. off)
wystuk\|ać *pf* — **wystuk\|iwać** *impf vt* [1] (odtworzyć) to tap [sth] out, to tap out; ~ać sygnał alfabetem Morse'a to tap out a message in Morse code; ~iwać rytm obcasami to beat a. tap out the rhythm with one's heels [2] *pot.* (napisać) to type [sth] out, to type out; ~ała na maszynie dwie strony tekstu she typed out two pages of text on the typewriter

wystukiwać *impf* → **wystukać**
wystygł\|y *adi.* [1] (zimny) *[grzejnik, piec, zupa]* cold, cool [2] *przen. [miłość, namiętność]* cold

wystyg\|nąć *pf* (~ł a. ~nął) *vi* [1] (stracić ciepło) to cool off; **zupa zupełnie** ~ła the soup's gone cold; **poczekaj, aż mleko** ~nie wait till the milk cools (off) [2] *przen.* (osłabnąć) *[namiętność]* to cool off; *[miłość]* to wane

wystyliz\|ować *pf vt* [1] (napisać starannie) to stylize; ~owany napis a stylized inscription [2] (zredagować) to draw up *[tekst]* ⇒ **stylizować** [3] *Literat., Szt.* to stylize; ~ować dom na secesyjny pałacyk to stylize a house as an art nouveau palace ⇒ **stylizować**

wysublim\|ować *pf vt książk.* to sublimate *[uczucia]* ⇒ **sublimować**
wysublimowani\|e *n sgt książk.* sublimation; ~e uczuć the sublimation of feelings
wysublimowan\|y **II** *pp* → **wysublimować**

II *adi.* refined; sublime *książk.*; ~e opinie elevated a. refined opinions; ~e uczucia elevated a. sublime feelings; ~y dowcip/ język a refined joke/refined language; ~y smak sublime a. refined taste
wysubtelniać *impf* → **wysubtelnić**

wysubtelni\|ć *pf* — **wysubtelni\|ać** *impf vt* to refine; **choroba** ~ła rysy dziewczyny (the) disease gave the girl's features a certain delicacy

wysu\|nąć *pf* — **wysu\|wać** *impf* (~nęła, ~nęli — ~wam) **II** *vt* [1] (przestawić) to move; ~nąć skrzynkę za drzwi to move the chest outside the door; ~nąć stół na środek pokoju to move a table to the centre a. middle of the room [2] (wyciągnąć) to pull out; ~nąć szufladę to pull out a drawer; ~nąć nogę spod kołdry to stick a leg out from under the quilt; **kot** ~wa **pazury** the cat stretches out its claws [3] (przedstawić) to put forward; ~nąć postulat/propozycję/wniosek/zarzut to put forward a postulate/a proposal/a motion/an accusation; ~nąć czyjąś kandydaturę to put forward sb's candidature

II wysunąć się — **wysuwać się** [1] (przemieścić się) to come out; **łysy kolarz** ~nął się na prowadzenie the bald cyclist took the lead; **mysz** ~nęła się z norki a mouse came out of the hole; **słońce** ~nęło się zza chmur the sun appeared from behind the clouds; ~nąć się na czoło a. pierwsze miejsce a. pierwszy plan to come to the fore a. front [2] (wypaść) to slip out; **książka** ~nęła mu się z ręki the book slipped out of his hand; **włosy** ~nęły się jej spod czapki her hair slipped out from under her cap [3] (wymknąć się) to slip away a. out; ~nął się cichaczem z pokoju he quietly slipped out of a. from the room; **bezszelestnie** ~nął się z łóżka he quietly slipped out of (the) bed

wysunię\|ty **II** *pp* → **wysunąć**

II *adi.* *[cypel, skała]* protruding; **najdalej na północ** ~ty skrawek kontynentu the most northward point of the continent; ~ta część muru the protruding part of the wall; ~y o pół kroku half a step in front

wysupł\|ać *pf* — **wysupł\|iwać** *impf vt* [1] (wyjąć) to dig out; ~ać coś z kieszeni to dig sth out of one's pocket; ~ać pieniądze z chusteczki to dig money out of the handkerchief [2] *przen.* (znaleźć pieniądze) to shell out; ~ał ostatni grosz na lekarstwo he shelled out his last penny (to pay) for the medicine

wysupływać *impf* → **wysupłać**
wysuszać *impf* → **wysuszyć**
wysusz\|ony **II** *pp* → **wysuszyć**

II *adi.* dry; ~ona na słońcu bielizna the wash a. laundry dried in the sun; ~ona gleba arid soil; **czekaliśmy przy gasnącym ogniu, już** ~eni already dry, we waited by the dying fire

wysusz\|yć *pf* — **wysusz\|ać** *impf* **II** *vt* [1] (uczynić suchym) to dry off; ~yć sobie/ komuś włosy suszarką to dry one's/sb's hair with a hairdryer; ~yć drewno na opał to dry off the firewood; ~yć upraną bieliznę to dry off the wash a. laundry; **wiatr** ~ył błoto wind has dried the mud [2] (osuszyć nadmiernie) to desiccate, to dry up; **dobra szminka nie** ~a ust a good lipstick doesn't dry your lips; **słońce** ~yło glebę the sun has dried up the soil; ~ona glina desiccated clay [3] *pot.* (wypić alkohol) to drain; ~yć butelkę/kieliszek to drain a bottle/glass

II wysuszyć się — **wysuszać się**

[1] (wyschnąć) *[pranie, siano]* to dry (off) [2] (osuszyć sobie ubranie) to dry oneself (off); ~ się, bo się przeziębisz dry yourself (off) or you'll get a cold [3] (wyschnąć nadmiernie) to dry up; **skóra w miarę starzenia** ~a się the skin dries up as it gets older

wysuwać *impf* → **wysunąć**
wyswata\|ć *pf vt* to act as matchmaker; ~ł kolegę ze swoją siostrą he acted as matchmaker between his sister and his friend; ~ł mu bogatą pannę he found him a rich wife ⇒ **swatać**

wyswobadzać *impf* → **wyswobodzić**
wyswob\|odzić *pf* — **wyswob\|adzać** *impf* (~ódź a. ~odź — ~adzaj) *książk.* **II** *vt* [1] (uwolnić) to free, to release; ~odzić jeńca z więzów to release a prisoner from (his) bonds [2] (wyzwolić) to free, to liberate *[naród, lud]*; ~odzić kraj od najeźdźców to free a. to liberate a country from invaders

II wyswobodzić się — **wyswobadzać się** [1] (uwolnić się) to free oneself; ~odzić się z więzów to free oneself from (one's) bonds; ~odzić się spod czyjegoś wpływu *przen.* to free oneself from a. of sb's influence, to liberate oneself from sb's influence [2] (wyzwolić się) to free oneself, to liberate oneself; **kraj wyswobodził się spod obcej przemocy** the country freed a. liberated itself from foreign oppression

wysychać *impf* → **wyschnąć**
wysyłać *impf* → **wysłać**
wysył\|ka *f* shipment, consignment; **paczki przygotowane były do** ~ki the packages a. parcels were ready for shipment a. to be shipped

wysyłkow\|y *adi.* mail-order *attr.*; **księgarnia/sprzedaż** ~a a mail-order bookshop/sale

wysyp *m* (*G* ~u) *środ., Ogr.* crop *także przen.*; ~ czereśni/ogórków/truskawek a (heavy) crop of cherries/cucumbers/strawberries; ~ talentów literackich *przen.* a crop of literary talents

wysyp\|ać[1] *pf* — **wysyp\|ywać** *impf* (~ię — ~uję) **II** *vt* [1] (sypiąc usunąć z wnętrza) to empty out, to pour (out); ~ać cukierki na stół to empty out a. to spill candy onto a table; ~ać mąkę na stolnicę to pour flour out onto a pastry board; ~ać piasek z butów to pour a. to shake sand out of one's shoes; ~ała zawartość torebki she emptied out the contents of her handbag [2] (posypać) to sprinkle; ~ać blachę mąką to dust a. to sprinkle a baking tin with flour, to dust a. to sprinkle flour onto a baking tin; ~ać podjazd żwirem to gravel a drive(way)

II wysypać się — **wysypywać się** [1] (wypaść) to spill (out); **cukier** ~ywał się z uszkodzonej torebki sugar was pouring out of the damaged bag; **ciasteczka** ~ały się z pudełka na stół biscuits fell a. spilled out of the box onto the table [2] (wyjść tłumnie) to pile off a. out; **ludzie** ~ali się z pociągu/kościoła people piled off a. out of the train/church [3] *pot.* (pojawić się w dużej ilości) to mushroom; **jaskry** ~ały się na łąkach w ciągu jednej nocy overnight the meadows were covered with butter-cups

■ **~ało go/ją na plecach/twarzy** pot. a rash broke out on his/her back/face; **zboże ~ało** Roln. the corn yielded a good crop

wysyp|ać² pf (**~ię**) vt pot. to give [sb] away; **~ał brata przed ojcem** he gave away his brother to his father

wysypiać się impf → wyspać się

wysypisk|o n dump; **~o gruzu** a rubble dump; **wyrzucać coś na ~o śmieci** to take sth to the rubbish GB a. garbage dump

wysyp|ka f Med. rash; **drobna/swędząca ~ka** a fine/an itchy rash; **miał ~kę na całej twarzy** he had a rash all over his face; **dostać ~ki (po zjedzeniu czegoś)** to break up in a rash (after eating sth)

■ **dostawać ~ki** pot. to get sick (of sth) pot.

wysypywać impf → wysypać

wysysać impf → wyssać

wyszabr|ować pf vt pot. to loot, to pillage; **~ować meble z mieszkania** to loot a. to pillage furniture from a flat; **dzieła sztuki ~owane z muzeum** works of art looted a. pillaged from a museum ⇒ **szabrować**

wyszal|eć się pf (**~eję się**, **~ał się**, **~eli się**) v refl. pot. to blow off (same) steam, to have a blast; **pozwól się dzieciom ~eć** let the kids blow off some steam, let the kids have their fun

wyszarp|ać¹, **wyszarp|nąć** pf — **wyszarp|ywać** impf (**~ię — ~uję**) ▯ vt ① (wyrwać, wydobyć) to jerk [sth] out a. jerk out; to yank [sth] out a. yank out pot.; **~ać kawałek materiału** to rip a. tear off a piece of fabric; **~nąć z kieszeni rewolwer** to yank a revolver out of one's pocket; **~nął jej torebkę z ręki** he jerked a. wrenched the handbag out of her hand ② pot. (zdobyć z trudem) to scrape together; **może uda (mi) się skądś ~nąć trochę grosza** maybe I'll manage to scrape some cash together from somewhere

▯▯ **wyszarpać się**, **wyszarpnąć się — wyszarpywać się** (wyrwać się) to break free; **ptak usiłował ~ać się z sideł** a bird tried to break free from a. of the snare; **~nęła się z jego uścisku** she wrenched herself free of his grip

▯▯▯ **wyszarpać się** (zostać wyszarpanym) to be torn; **~ała mi się dziura na łokciu** my sleeve is torn at the elbow

wyszarp|ać² pf (**~ię**) vt to give [sb] a shaking; **~ać kogoś za uszy** to pull sb's ears

wyszarpnąć → wyszarpać¹

wyszarpywać impf → wyszarpać¹

wyszarza|ły adi. (wypłowiały) [materiał, fotografia, kolor] faded

wyszarz|eć pf (**~eje**, **~ał**) vi (wypłowieć) [ubranie, zasłony] to fade; **kanapa ~ała** the couch has faded

wyszcz|ać się pf (**~ę się**, **~ysz się**) v refl. wulg. to piss

wyszczególniać impf → wyszczególnić

wyszczególni|ć pf — **wyszczególni|ać** impf ▯ vt to detail; **~ł przedmioty znajdujące się w paczce** he detailed the contents of the parcel a. package

▯▯ **wyszczególnić się — wyszczególniać się** pot. to express one's opinion

wyszczególnie|nie ▯ sv → wyszczególnić

▯▯ n detailed list, inventory; **~nie zawar-**

tości przesyłki a detailed list a. an inventory of the contents of the parcel a. package

wyszczekan|y adi. pot. (wygadany) mouthy pot.; (pyskaty) lippy pot.

wyszczerbiać impf → wyszczerbić

wyszczerb|ić pf — **wyszczerb|iać** impf ▯ vt to chip [ostrze, nóż, talerz]; **~ić sobie ząb** to chip one's tooth

▯▯ **wyszczerbić się — wyszczerbiać się** to get chipped; **stary nóż się ~ił** the old knife got chipped

wyszczerzać impf → wyszczerzyć

wyszczerz|yć pf — **wyszczerz|ać** impf ▯ vt to bare [zęby, kły]; **~yć zęby w uśmiechu** to grin

▯▯ **wyszczerzyć się — wyszczerzać się** pot. to grin

wyszczotk|ować pf vt to brush [włosy, zęby]; **~ować psu sierść** a. **~ować psa** to groom a dog ⇒ **szczotkować**

wyszczuplać impf → wyszczuplić

wyszczupl|eć pf (**~eję**, **~ał**, **~eli**) vi to grow slimmer a. thinner, to slim down; **po chorobie znacznie ~ała** she grew thin after her illness; **~ała na twarzy** her face became thinner ⇒ **szczupleć**

wyszczupl|ić pf — **wyszczupl|ać** impf vi to make [sb/sth] look slimmer; **ten kostium ją ~a** that costume makes her look slimmer; **gimnastyka ~ająca** slimming exercises

wyszep|tać pf — **wyszep|tywać** impf (**~czę** a. **~cę — ~tuję**) vt to whisper; **„pić” – ~tał chory** 'drink', the sick man whispered

wyszeptywać impf → wyszeptać

wyszkoleni|e ▯ sv → wyszkolić

▯▯ n sgt education, training; **~e muzyczne/zawodowe** musical/professional education a. training

wyszk|olić pf (**~ol** a. **~ól**) ▯ vt to train (up) [pracowników, sportowców, żołnierzy, psy]; **pies ~olony w tropieniu/na przewodnika** a dog trained for tracking/as a guide ⇒ **szkolić**

▯▯ **wyszkolić się** [osoba] to take training; **~olić się w programowaniu** to train oneself in programming; **~olić się w pilotażu** to take a pilot training course ⇒ **szkolić się**

wyszlachetni|eć pf (**~eję**, **~ał**, **~eli**) vi ① (stać się szlachetnym) to grow noble; **~ała pod wpływem cierpień** her suffering ennobled her książk. ⇒ **szlachetnieć** ② (zacząć wyglądać szlachetnie) to acquire a patrician a. distinguished a. dignified appearance; **postarzał się, ale ~ał** he had got on in years and acquired a distinguished appearance ⇒ **szlachetnieć**

wyszlif|ować pf vt ① Techn. (nadać kształt) to cut, to grind [kryształ]; (wypolerować) to polish [kamień szlachetny, warstwy lakieru]; **kamień ~owany przez wodę** a stone polished by water ② przen. (udoskonalić) to polish (up); **~ować styl** to polish (up) one's writing style ⇒ **szlifować**

wyszloch|ać pf vt to sob out; **„zostaw mnie w spokoju” – ~ała** 'leave me alone', she sobbed ⇒ **szlochać**

wyszmelc|ować pf vt pot. to grease, to soil; **~ować kurtkę/spodnie** to grease a. to soil one's jacket/trousers

wyszor|ować pf ▯ vt to scrub (out) [podłogę, garnek]; to scrub [zlew, kuchenkę] ⇒ **szorować**

▯▯ **wyszorować się** to scrub oneself; **~owała się dokładnie** she scrubbed herself thoroughly ⇒ **szorować się**

wyszpera|ć pf vt to dig out, to ferret out, to dig a. ferret [sth] out; **~ć potrzebne papiery w archiwum** to dig a. ferret out necessary documents from the archive; **~ć parę groszy w kieszeni** to dig out some money from one's pocket ⇒ **szperać**

wyszpieg|ować pf vt to find out; **~ował, gdzie się spotykają** he found out where they were meeting ⇒ **szpiegować**

wysztafir|ować się pf v refl. pot., pejor. to get all dressed up pot. ⇒ **sztafirować się**

wysztafirowan|y adi. pot., pejor. decked out; **odświętnie ~y** in his Sunday best; **~a, wyfiokowana panna** a spruced up chick

wyszuk|ać pf — **wyszuk|iwać** impf ▯ vt to seek [sth] out a. seek out, to search; **~ać odpowiedniego pracownika/kandydata** to seek out a suitable worker/candidate; **kury ~iwały w trawie ziarnka pszenicy** hens were searching for grains of wheat in the grass

▯▯ **wyszukać się — wyszukiwać się** to seek out a. look for each other/one another; **~ać się w tłumie** to seek out each other/one another in the crowd

wyszukani|e ▯ sv → wyszukać

▯▯ n sgt refinement

▯▯▯ adv. [mówić, ubierać się] exquisitely; **był dla niej ~e uprzejmy** he was exquisitely courteous toward her

wyszukan|y ▯ pp → wyszukać

▯▯ adi. [potrawa, strój] elaborate; [słownictwo] sophisticated, refined; **wyrażać się w sposób ~y** to use refined speech

wyszukiwać impf → wyszukać

wyszukiwar|ka f Komput. search engine

wyszum|ieć się pf (**~isz się**, **~iał się**, **~ieli się**) v refl. pot. to let off steam; **młodzież musi się ~ieć** young people have to let off steam some time now and again

wyszy|ć pf — **wyszy|wać** impf (**~ję — ~wam**) vt ① (wyhaftować) to embroider; **~ć makatkę jedwabiem** to embroider a kilim with silk; **bluzka ~ta cekinami/koralikami** a blouse embroidered with sequins/beads ② (zużyć szyjąc) to use up; **~ć cały motek jedwabiu** to use up the whole skein of silk

wyszydzać impf → wyszydzić

wyszy|dzić pf — **wyszy|dzać** impf vt to deride, to jeer; **~dzić czyjeś błędy/czyjąś nieśmiałość** to jeer (at) a. to deride sb's mistakes/sb's shyness; **~dzić kogoś publicznie** to jeer (at) a. to deride sb publicly

wyszyk|ować pf pot. ▯ vt ① (przygotować) to prepare; **~owała dzieci do szkoły** she got the children ready for school; **~ować pokój na przyjęcie gości** to prepare a room for guests ⇒ **szykować** ② (wystroić) to dress [sb] up, to dress up; **~owała córkę na bal** she dressed up her daughter for a ball; **był ~owany jak na przyjęcie**

he was dressed up as if for a party pot. ⇒ **szykować** [3] (zaszkodzić) to get [sb] into a pretty mess pot.; **ładnieś nas ~ował!** you've got us into a pretty mess! [II] **wyszykować się** [1] (przygotować się) to prepare (oneself); **~ować się do podróży** to prepare (oneself) for a journey a. trip ⇒ **szykować się** [2] (wystroić się) to dress up; **~ować się na tańce** to dress oneself up for dancing; **~ował się na przyjęcie** he dressed himself up for a party ⇒ **szykować się** [3] (zaszkodzić samemu sobie) to get oneself into a pretty mess pot.; **ładnie się ~owałeś!** you've got yourself into a pretty mess!

wyszynk m (G ~u) sgt alcohol licence; **restauracja z ~iem** a licenced restaurant

wyszywać impf → wyszyć

wyszywan|ka f embroidery

wyszywan|y [II] pp → wyszyć [II] adi. (ozdobiony haftem) [obrus, poduszka, sukienka] embroidered

wyścibić → wyściubić

wyścielić pf dial. → wysłać²

wyścielać impf → wysłać²

wyście|łany [II] pp → wysłać² [II] adi. [siedzenie, krzesła] padded, upholstered

wyścig [II] m (G ~u) Sport race także przen.; **~ samochodowy/motocyklowy** a motor GB a. an automobile US/a motorbike race; **~i konne** the races a. a horse race; **~ z czasem** przen. a race against time a. the clock; **~ zbrojeń** Polit. the arms race; **~ szczurów** przen. the rat race pot.; **na ~i** racing one another [II] **wyścigi** plt (teren wyścigów konnych) race course

❏ **~ na dochodzenie** Sport catch-up race

wyścigow|y adi. [rower, samochód, tor] racing; **koń ~y** a racehorse

wyścigów|ka f pot., Sport [1] (samochód) racing car; (rower) racing bike [2] zw. pl (łyżwa) speed skate

wyściół|ka f [1] (warstwa wyściełająca) lining, padding [2] Anat. (błona) membrane

wyściska|ć pf [II] vt to give [sb] a hug, to hug [II] **wyściskać się** to hug each other/one another

wyściubiać impf → wyściubić

wyści|ubić, wyści|bić pf — **wyści|ubiać** impf vt pot. (wystawić, wytknąć) to poke a. stick (out), to poke a. stick [sth] out [głowę, nos]

wyśle|dzić pf vt to track [sb] down, to track (down) [osobę, zwierzę]; to detect [błędy] ⇒ **śledzić**

wyślizg|ać pf — **wyślizg|iwać** impf [II] vt [1] (wygładzić) to smooth; **~ane schody/buty** stairs/shoes worn smooth [2] pot., pejor. (pozbawić) **~ać kogoś z posady** to diddle sb out of a job pot. [II] **wyślizgać się — wyślizgiwać się** (stać się śliskim) to become slippery

wyślizgiwać impf → wyślizgać

wyślizgiwać się impf → wyślizgnąć się

wyśliz|gnąć się, wyśliz|nąć się pf — **wyśliz|giwać się** impf (~gnęła się, ~nęła się, ~gnęli się, ~nęli się — ~guję się) v refl. [1] (wypaść) to slip; **szklanka ~gnęła się jej z ręki** the glass

---

slipped out of her hand [2] pot. (wymknąć się) to slip out, to slip away; **niepostrzeżenie ~gnął się z pokoju** he slipped out of the room unnoticed

wyśmi|ać pf — **wyśmi|ewać** impf (~eję, ~ali a. ~eli — ~ewam) [II] vt (wyszydzać) to laugh (**coś** at sth) [pomysł, propozycję]; to ridicule, to rib, to make fun of [kolegów] [II] **wyśmiać się** pot. **~ać się do woli** to laugh oneself sick

wyśmienicie adv. [smakować, pachnieć] delicious adi.; [czuć się, bawić się] great pot.

wyśmieni|ty adi. grad. [jedzenie, potrawa, obiad, kolacja] delicious, exquisite; [humor, zabawa, film, aktor, pogoda] excellent, splendid

wyśmiewać impf → wyśmiać

wyśmiewać się impf v refl. to laugh (**z czegoś** at sth); to ridicule vt, to rib vt, make fun of

wyśni|ć pf [II] vt książk. (wymarzyć) to imagine, to dream; **~ony mężczyzna** the man of your dreams [II] **wyśnić się** [1] (ukazać się we śnie) [wypadek, krajobraz] to appear in one's dream [2] (ziścić się) [ślub, pogrzeb] to come true

wyśpiew|ać¹ pf — **wyśpiew|ywać¹** impf vt [1] (odśpiewać) to sing [2] książk. (wyrazić) to sing; **~ywać hymny pochwalne (na czyjąś cześć)** to sing the praises of sb; **~ał sobie nagrodę na festiwalu** he sang his way to an award at the festival [3] pot. (wygłosić płynnie) to sing, to rattle [sth] off (without a hitch)

wyśpiewa|ć² pf vt pot. (zdradzić tajemnicę) to sing vi pot.; **~ć wszystko** to give the whole gaff pot.

wyśpiewywać¹ impf → wyśpiewać¹

wyśpiewywać² impf vt [1] (o ludziach) to belt out, to sing up a storm [2] (o ptakach) to sing

wyśrub|ować pf — **wyśrub|owywać** impf vt pot. to increase [sth] to the limit; **~owywać cenę czegoś** to charge an exhorbitant price for sth

wyśrubowywać impf → wyśrubować

wyświadczać impf → wyświadczyć

wyświadcz|yć pf — **wyświadcz|ać** impf vt to do, to render; **~yć komuś przysługę** to do sb a favour

wyświecać impf → wyświecić

wyświechta|ć pf pot. [II] vt (wybrudzić, zużyć) to wear out [spodnie, garnitur] [II] **wyświechtać się** [1] [spodnie, garnitur] to wear out, to become worn [2] pot., przen. (stracić znaczenie) [słowa, idee] to wear out, to become trite

wyświechtan|y [II] pp → wyświechtać [II] adi. pot., pejor. [1] (zużyty) [ubranie, marynarka, spodnie] worn out, threadbare [2] [słowa, zwroty, frazesy] hackneyed, trite; [dowcip] stale, tired

wyświe|cić pf — **wyświe|cać** impf [II] vt [1] (zniszczyć przez częste noszenie) to wear [sth] out, to wear out [ubranie] [2] (wypolerować) to polish [posadzkę, buty] [3] pot. (zużyć) to use [sth] up, to use up [prąd] [4] Hist. (wypędzić) to banish [II] **wyświecić się — wyświecać się** (o ubraniu) to become worn out

---

wyświec|ony [II] pp → wyświecić [II] adi. [ubranie, marynarka, spodnie] worn out

wyświetlacz m Techn. display

wyświetlać impf → wyświetlić

wyświetl|ić pf — **wyświetl|ać** impf [II] vt [1] (pokazać) to project [slajdy, przezrocza]; to show, to screen [filmy] [2] (wyjaśnić) to unravel; **~ić okoliczności** to clarify the circumstances [3] Fot. to print [II] **wyświetlić się — wyświetlać się** [1] (zostać pokazanym) to be shown, to be displayed [2] (wyjaśnić się) to become unravelled

wyświęcać impf → wyświęcić

wyświę|cić pf — **wyświę|cać** impf vt Relig. [1] (udzielić święceń) to ordain; **został ~cony na księdza trzy lata temu** he was ordained a priest three years ago [2] (poświęcić) [kościół, katedrę] to consecrate

wyświ|nić pf [II] vt pot., pejor. (wybrudzić) to soil [ubranie, podłogę] [II] **wyświnić się** pot., pejor. (wybrudzić się) to get dirty, to get soiled

wytaczać impf → wytoczyć

wytańcz|yć się pf v refl. to have one's fill of dancing GB, to dance up a storm US

wytapet|ować pf [II] vt [1] (pokryć tapetą) to wallpaper [ściany, podłogi] ⇒ **tapetować** [2] pot., żart. (zrobić makijaż) to do sb's make-up [II] **wytapetować się** pot., żart. to plaster one's face with make-up, to put on one's make-up ⇒ **tapetować się**

■ **móc ~ować sobie ściany pieniędzmi** pot., żart. to have money to burn, to be rolling in money; **możesz sobie tym ściany ~ować** iron. it's not worth the paper it was written on

wytapetowan|y [II] pp → wytapetować [II] adi. pot., pejor. (o kobiecie, dziewczynie) done up to kill pot., all tarted up pot.

wytapiacz m (Gpl ~y a. ~ów) Przem. smelter

wytapiać impf → wytopić

wytarga|ć pf vt [1] (wytarmosić) to pull; **~ć kogoś za uszy** to pull sb's ears [2] (wynieść z trudem) to lug; **~ć bagaż z przedziału** to lug the baggage out of the compartment [3] przest. (wyciągnąć z trudem) to pull (out)

wytarg|ować pf [II] vt [1] Handl. to bargain, to haggle; **~ować niższą cenę** to beat down a price by bargaining [2] przen. (zyskać) to bargain; **~owała pewne ustępstwa** she managed to gain certain concessions [II] **wytargować się** (przy kupnie) to beat [sb] down ⇒ **targować się**

wytarmo|sić pf (~si) pot. [II] vt to pull; **~sić kogoś za uszy** to pull sb's ears; **~siła go za włosy** she pulled him by the hair; (jako pieszczota) she ruffled his hair ⇒ **tarmosić** [II] **wytarmosić się** [1] (siebie samego) to pull (**za coś** at sth) [brodę, wąsy] ⇒ **tarmosić się** [2] (wzajemnie) to rough each other up ⇒ **tarmosić się**

wytar|ty [II] pp → wytrzeć [II] adi. [1] (zniszczony) [ubranie, koc, kanapa] threadbare, worn out [2] przen. [banał, zwrot, słowa, hasła, slogany] hackneyed, trite

wytarza|ć pf [II] vt to roll → tarzać [II] **wytarzać się** to roll; **~ć się w trawie** to roll about on the grass ⇒ **tarzać się**

W

wytaskać → **wytaszczyć**

wytaskiwać *impf* → **wytaszczyć**

wyta|szczyć, wyta|skać *pf* — **wyta|skiwać** *impf vt* pot. [1] (wynieść z wysiłkiem) to lug; **~szczył walizę z pociągu** he lugged the suitcase off the train [2] (wynieść na górę) to lug (up)

wytatu|ować *pf* [] *vt* to tattoo ⇒ **tatuować**
[] **wytatuować się** (poddać się zabiegowi) to have oneself tattooed; (zrobić własnoręcznie) to tattoo oneself ⇒ **tatuować się**

wytchn|ąć *pf* (~ę, ~ie, ~ęła, ~ęli) *vi* (odpocząć) to have a rest; to take a breather pot.; **pracować bez ~ienia** to keep one's nose to the grindstone; **nie dawać komuś chwili ~ienia** to keep sb on the go pot.

wytęp|ić *pf* [] *vt* [1] (pozabijać) to wipe [sb] out, to wipe out, to exterminate [ludność]; to kill off [zwierzynę, ptactwo, muchy] ⇒ **tępić** [2] (zlikwidować) [zło, przesądy] to eradicate, to destroy ⇒ **tępić**
[] **wytępić się** (wyniszczyć się wzajemnie) to destroy one another ⇒ **tępić się**

wytęskni|ony *adi.* książk. [chwila, wolność, spotkanie] longed-for

wytężać *impf* → **wytężyć**

wytęż|ony [] *pp* → **wytężyć**
[] *adi.* [praca, nauka] hard, intensive; [wysiłek] strenuous, massive

wytęż|yć *pf* — **wytęż|ać** *impf* [] *vt* **~yć wzrok** to look hard; **~yć słuch** to prick up one's ears; **~yć wszystkie siły** to summon up one's strength; **~yć umysł** to rack one's brain
[] **wytężyć się** — **wytężać się** (wysilać się) to exert oneself

wyt|knąć *pf* — **wyt|ykać** *impf* (~knę, ~knie, ~knęła, ~knęli — ~ykam) *vt* [1] (wysunąć) to poke [sth] out, to poke out, to stick [sth] out, to stick out [głowę, ogon]; **przez cały dzień nie ~knąłem nosa z domu** I haven't poked my nose all day [2] (zwrócić uwagę) to finger, to point out; **~knąć komuś błędy/braki** to point out mistakes/omissions to sb [3] przen. (wyznaczyć) **~knąć sobie cel** to choose one's goal

wytłaczać *impf* → **wytłoczyć**

wytłaczan|y [] *pp* → **wytłoczyć**
[] *adi.* [tekst, wzór, napis] embossed

wytł|oczyć *pf* — **wytł|aczać** *impf vt* [1] (wycisnąć) to press [sok, olej] [2] (odcisnąć wzór) to emboss [wzór, litery] [3] Techn. to press-form [płyty kompaktowe] [4] (wypchnąć) to force a. pump out, to force a. pump [sth] out; **~oczyć powietrze z komory** to pump air out of the chamber

wytłu|c *pf* — **wytłu|kiwać** *impf* (~kę, ~czesz, ~cze, ~kł, ~kła, ~kli — ~kuję) [] *vt* [1] (wybić) to smash, to break [szybę, lustro] [2] (potłuc) to smash [naczynia] [3] (połamać) to crush; **grad ~kł zboże** hailstones crushed the crops [4] pot. (zbić) to give [sb] a thrashing [5] pot. (zabić wielu) to kill off
[] **wytłuc się** [1] (zabić jeden drugiego) to wipe one another out [2] (zostać rozbitym) to get broken [3] (pobić się z wieloma) to beat [sb] up

wytłumacze|nie *sv* → **wytłumaczyć**
[] *n* explanation; (usprawiedliwienie) excuse

wytłumacz|yć *pf* [] *vt* [1] (wyjaśnić) to explain ⇒ **tłumaczyć** [2] (usprawiedliwić) to

excuse, to justify; **~yła go przed szefem** she made excuses for him to the boss; **nic nie może ~yć korupcji i łapownictwa w rządzie** nothing can justify corruption and bribery in the government ⇒ **tłumaczyć** [3] (przekonać) to talk; **~ć komuś, żeby coś zrobił/czegoś nie robił** to talk sb into/out of doing sth; **~ jej, żeby przestała tam chodzić** tell her to stop going there ⇒ **tłumaczyć**
[] **wytłumaczyć się** to excuse oneself, to make one's excuses; **~yć się ze swojego spóźnienia** to make excuses for being late ⇒ **tłumaczyć się**

wytłumiać *impf* → **wytłumić**

wytłum|ić *pf* — **wytłum|iać** *impf vt* [1] (wygłuszyć) to soundproof [pomieszczenie] [2] (wyciszyć) to mute [maszynę, silnik] [3] przen. (osłabić) to silence [krytykę]; to quieten [uczucia, popędy]

wytłuszczać *impf* → **wytłuścić**

wytłu|ścić *pf* — **wytłu|szczać** *impf* (~ści — ~szcza) [] *vt* [1] (wybrudzić tłuszczem) to grease [marynarkę, książkę] [2] (wydrukować grubą czcionką) to print using boldface; **~szczone tytuły artykułów** bold-faced headings of articles
[] **wytłuścić się** — **wytłuszczać się** to soil oneself with grease

wyt|oczyć *pf* — **wyt|aczać** *impf* [] *vt* [1] (wydostać) to roll [beczkę] [2] (przedstawić) to put [sth] forward, to put forward [argumenty, żale, racje] [3] (wylać) to pour; **~oczyć wino z beczki** to pour wine from a cask [4] Techn. (na tokarce) to turn; (na kole garncarskim) to throw
[] **wytoczyć się** — **wytaczać się** [1] (wysunąć się) to roll; **samochód ~oczył się na drogę** the car rolled onto the road [2] pot., przen. (wyjść) to roll out pot., to waddle out pot.

wytop *m* (*G* ~u) Przem. [1] *sgt* (wytapianie) smelting; **~ stali/żelaza** melting of steel/smelting of iron [2] (produkt) heat, melt

wyt|opić *pf* — **wyt|apiać** *impf* [] *vt* to smelt [żelazo, miedź]; to melt [tłuszcz]
[] **wytopić się** — **wytapiać się** to melt

wytracać *impf* → **wytracić**

wytra|cić *pf* — **wytra|cać** *impf* [] *vt* [1] książk. (pozabijać) to kill off [osoby, zwierzęta] [2] (zmniejszyć) to lose; **~cić prędkość** to lose speed, to slow down; **~cić impet** [sprawy] to lose momentum; [osoba] to lose one's drive
[] **wytracić się** — **wytracać się** to lose oneself

wytrawiać *impf* → **wytrawić**

wytraw|ić *pf* — **wytraw|iać** *impf vt* Chem., Techn. [1] (usunąć) to pickle, to etch; **~ić blachę** to pickle metal [2] (wykonać wgłębienia) to etch

wytrawn|y *adi. grad.* [1] [obserwator, gracz, znawca, podróżnik] expert, sophisticated [2] Kulin. [wino, wódka] dry

wytrąb|ić *pf vt* pot. (wypić dużo i łapczywie) to swill [sth] down a. swill down pot.; to down; **~ił dwa kufle piwa** he downed two mugs of beer ⇒ **trąbić**

wytrącać *impf* → **wytrącić**

wytrą|cić *pf* — **wytrą|cać** *impf* [] *vt* [1] (spowodować wypadnięcie) to knock out [2] (wyrwać) to throw [sb] off (**z czegoś** sth)

[snu]; **~cić kogoś z równowagi** to rattle sb's cage przen., pot. [3] Chem. (wyodrębnić składniki) to precipitate
[] **wytrącić się** — **wytrącać się** Chem. to precipitate
■ **~cić komuś argumenty** a. **broń z ręki** to take the wind out of sb's sails

wytren|ować *pf* [] *vt* to train ⇒ **trenować**
[] **wytrenować się** to train ⇒ **trenować się**

wytres|ować *pf vt* [1] (nauczyć zwierzę) to train [psa, tygrysa] ⇒ **tresować** [2] iron., pejor. to drill [męża]; **~ować kogoś w czymś** to drill sb in sth ⇒ **tresować**

wytrop|ić *pf vt* [1] Myślis. to track [zwierzynę] ⇒ **tropić** [2] przen. to track down [osobę] ⇒ **tropić** [3] książk. (odszukać) to nail a. pin down, to nail a. pin [sth] down [błąd, przyczynę, prawdę]

wytru|ć *pf* — **wytru|wać** *impf* (~ję, ~jesz, ~ł, ~ła, ~li — ~wam) [] *vt* to poison [ludzi, zwierzęta]; to spray [sth] with an insecticide [owady]
[] **wytruć się** — **wytruwać się** to poison each other/one another

wytruwać *impf* → **wytruć**

wytrwa|ć *pf vi* to persevere, to hang on; **~ć w postanowieniu** to stick to one's guns ⇒ **trwać**

wytrwale *adv.* [pracować] strenuously; [uczyć się] diligently, assiduously; [dążyć do celu] doggedly, persistently

wytrwałoś|ć *f sgt* perseverance, tenacity; **~ć w pracy** sb's perseverance in one's work; **~ć w dążeniu do celu** sb's perseverance in pursuing a goal

wytrwał|y *adi.* [1] [osoba] persistent, tenacious [2] [poszukiwania, starania] persistent, relentless

wytrych *m* (*G* ~a a. ~u) [1] (narzędzie) skeleton key, picklock [2] przen. (pojęcie) buzzword pot.

wytrysk *m* (*G* ~u) [1] (wytryśnięcie) spurt [2] Fizjol. ejaculation; **mieć ~ (nasienia)** to ejaculate

wytryskać *impf* → **wytrysnąć**

wytryskiwać *impf* → **wytrysnąć**

wytry|snąć *pf* — **wytry|skać, wytry|skiwać** *impf* (~śnie, ~snął a. ~sł, ~snęła a. ~sła — ~ska, ~skuje) *vi* [1] (wylecieć) to gush, to spurt [2] (wyrzucić) to spurt, to spew; **wulkan ~snął lawą** the volcano spewed lava

wytrza|snąć *pf* (~snę, ~śnie, ~snęła, ~snęli) *vt* pot. to come by, to dig [sth] out, to dig out; **nie wiadomo, skąd to ~snęła** nobody knows how she came by that thing

wytrząsać[1] *impf* → **wytrząsnąć**

wytrząsa|ć[2] *impf* [] *vi* to toss, to shake
[] **wytrząsać się** przen. **~ć się nad kimś** to take sb to task

wytrząsnąć, wytrz|ąść *pf* — **wytrz|ąsać** *impf* (~ąsnę, ~ąśnie, ~ąsnęła, ~ąsnęli — ~ąsam) [] *vt* (wysypać) to shake [sth] out, to shake out; **~ąsnąć parę tabletek z fiolki** to shake some tablets out of a bottle
[] **wytrząść się** to shake, to jostle; **wytrząść się w pociągu/w autobusie** to be jolted in a train/on a bus

■ **~ąsać coś (jak) z rękawa** pot. to make sth appear out of the blue

wytrząść pf → **wytrząsnąć**

wytrzeb|ić pf vt [1] (wykarczować) to fell [drzewa] ⇒ **trzebić** [2] (pozabijać) to kill off ⇒ **trzebić** [3] przen. (usunąć) to destroy, to uproot; **~ić zło** to eradicate evil ⇒ **trzebić** [4] Wet. (wykastrować) to geld ⇒ **trzebić**

wy|trzeć pf — **wy|cierać** impf (wytrze, wytarł, wytarty — wycieram) [I] vt [1] (otrzeć) to wipe [2] (zetrzeć) wipe [sth] off, to wipe off, to dust; **wytrzeć kurz z mebli** to dust the furniture; **wytrzeć gumką rysunek** to rub out a drawing [3] (zniszczyć) to wear [sth] thin, to wear [sth] out, to wear out; **wycierać fotel/krzesło/ławkę** to wear out an armchair/a chair/a bench [II] **wytrzeć się** — **wycierać się** [1] (osuszyć samego siebie) to dry oneself [2] (zniszczyć się) to wear out

wytrzep|ać pf — **wytrzep|ywać** impf (~ię — ~uję) vt (oczyścić) to shake [sth] out, to shake out; (trzepaczką) to beat [dywan, kanapę]

wytrzepywać impf → **wytrzepać**

wytrzeszcz [I] m sgt (G ~u) Med. exophthalmos [II] **wytrzeszcze** plt środ., Myślis. eyes of a rabbit or hare

wytrzeszczać impf → **wytrzeszczyć**

wytrzeszcz|yć pf — **wytrzeszcz|ać** impf vt pot. **~yć oczy** a. **gały** a. **ślepia** to goggle, to stare goggle-eyed (**na kogoś/coś** at sb/sth); **patrzył ~onymi oczami** his eyes were popping out of his head pot.; **~ył na mnie gały, jakby mnie nigdy w życiu nie widział** he looked at me goggle-eyed, as if he'd never seen me before

wytrzeźwia|ły adi. (po alkoholu) sober

wytrzeźwi|eć pf (~eję, ~ał, ~eli) vi to sober up ⇒ **trzeźwieć**

wytrzym|ać pf — **wytrzym|ywać** impf vt [1] (nie ulec) to withstand [obciążenie, napięcie, uderzenie]; (przetrwać czas) to last out; (nie poddać się) to hold out; (przetrzymać psychicznie) to hold on; **~ać napór wroga** to withstand an enemy attack; **~ać głód** to bear one's hunger; **~ać czyjeś spojrzenie** to steadily return sb's gaze; **~ać tempo marszu/biegu** to stand the pace of a march/run; **nie mógł ~ać w domu** he couldn't bear it at home; **musisz (to) ~ać** you must hold on; **już dłużej nie ~am** I can't stand it any more; **jak ty możesz z nim ~ać?** how do you put up with him?; **jest tak gorąco, że nie można ~ać** it's so hot it's unbearable; **nie mogę ~ać, żeby ci tego nie powiedzieć** I just can't keep from telling you; **czy ~ają do nadejścia pomocy?** can they last out till help arrives?; **nie ~ał nerwowo i wyszedł** he couldn't bear the tension and went out [2] (nakazać czekanie) to keep [sb] waiting, to make [sb] wait; **~ał go za drzwiami/do końca zebrania** he kept him waiting outside the door/until the end of the meeting; **~ła nas całą godzinę** she made us wait (for) a whole hour

■ **~ać nutę** a. **ton** Muz. [śpiewak] to hold a. sustain a note; **nie ~ywać porównania z kimś/czymś** książk. to bear no comparison with sb/sth; **nie ~ywać krytyki** [teoria, twierdzenie, argumenty] to not hold up to criticism; **~ać próbę czasu** to stand the test of time

wytrzymałościow|y adi. [1] (odpornościowy) [trening, sprawdzian, bieg] endurance attr.; **testy ~e dla sportowców** endurance tests for athletes [2] Techn. [norma, parametry] strength attr.; **próba ~a dla różnych metali** a strength test for various metals

wytrzymałoś|ć f sgt [1] (kondycja fizyczna) stamina, endurance; staying power pot.; (odporność fizyczna) resistance (**na coś** to sth); (odporność psychiczna) resilience (**na coś** to sth); **~ć na zimno/głód** resistance to cold/hunger; **~ć na ból/trudy** resilience to pain/hardship; **jestem u kresu ~ci (nerwowej)** I'm at the end of my tether a. rope US; I've just had enough pot.; **skwar jest ponad a. przechodzi ludzką ~ć** the heat is unbearable a. insufferable [2] Techn. (odporność) (na temperaturę, obciążenia, przyłożoną siłę) strength; (na zniszczenie, zużycie) durability, endurance; **~ć metali na zginatanie/ rozciąganie/skręcanie** the crushing/tensile/torsional strength of metals; **obliczać ~ć muru oporowego/grobli** to calculate the strength of a retaining wall/dyke

wytrzyma|ły adi. grad. [1] (wytrwały) [biegacz, zwierzę] tough, resilient; **być ~łym na zimno/głód** to be able to resist a. withstand cold/hunger [2] (odporny) [materiał, substancja, tworzywo] resistant (**na coś** to sth); (mocny) [materiał, powłoka, przedmiot] tough; [tkanina, tapeta, urządzenie] heavy-duty, durable; **~e buty/plecaki** tough a. heavy-duty boots/rucksacks; **meble ogrodowe z ~łych materiałów** garden furniture made from durable materials; **drewno może być ~lsze od plastiku** wood can be more durable than plastic

wytrzymani|e sv → **wytrzymać**

■ **nie do ~a** [ból, sytuacja zimno] unbearable, intolerable; [osoba, cecha] insufferable; **to było dla mnie nie do ~a** it was (just) too much for me

wytrzymywać impf → **wytrzymać**

wytup|ać pf — **wytup|ywać** impf (~ię — ~uję) vt [1] (wystukać) to stamp [sth] out, to stamp out [takt, rytm] [2] (wypędzić) to stamp one's feet in disapproval of a speaker or performer

wytupywać impf → **wytupać**

wytwarzać impf → **wytworzyć**

wytwornie adv. grad. [ubrany, urządzony] elegantly; [zachowywać się, wysławiać się] in a refined manner; **wyglądała bardzo ~** she looked very elegant

wytworność f sgt (w stroju, wyglądzie) elegance; (w zachowaniu, stylu) refinement

wytworn|y adi. grad. [strój, wystrój, wnętrze, przyjęcie] elegant; [styl, smak, maniery] refined; **człowiek ~y** a man of refinement; **prowadzić ~e życie dżentelmena** to lead the life of a gentleman; **to nie wypada w ~ym towarzystwie** that's not done in polite society

wytw|orzyć pf — **wytw|arzać** impf [I] vt książk. [1] (produkować z materiałów) [osoba, fabryka, kraj] to manufacture, to produce [samochody, żywność, kosmetyki]; to generate [prąd, energię] [2] (stwarzać w sobie) [organizm, gruczoł, komórka] to produce [hormon, białko, enzym, krwinki]; [roślina, owad] to produce [miód, pyłek, nektar]; (wywoływać) to induce [pole magnetyczne, prąd elektryczny] [3] (ukształtować) to create [atmosferę, więzi, normy, system]

[II] **wytworzyć się** — **wytwarzać się** (powstać) [więź, nastrój] to be created, to arise

wytw|ór m (G ~oru) [1] (efekt pracy, produkcji, działania) product; (przedmiot) object, article; **~ory z drewna** objects a. articles made of wood [2] (produkt wyobraźni, fantazji) product przen.; figment; **~ory twojej chorej imaginacji** figments of your overheated imagination; **~ory kultury afrykańskiej** artefacts from an African culture

wytwórc|a m producer, manufacturer; **~a mebli** a furniture producer a. manufacturer; **prywatny ~a** a private producer a. manufacturer; **drobni ~y** small-scale producers

wytwórczoś|ć f sgt [1] (produkowanie) production, manufacture; **~ć na skalę przemysłową** production on an industrial scale [2] pot. (ogół wytwórców) craftspeople pl; **związki branżowe ~ci** craft unions ❏ **drobna ~ć** Ekon. (rzemiosło) craftwork; (niewielka produkcja) small-scale production

wytwórcz|y adi. [proces, urządzenia, działalność, strategia] manufacturing attr.; **zakład ~y** a manufacturing plant; **sektor/ przemysł ~y** the manufacturing sector/ industry

wytwórni|a f (Gpl ~) manufacturing company; **~a mebli** a furniture manufacturer a. producer; **~a filmowa** a film studio; **~a płytowa** Muz. a record label a. company

wytyczać impf → **wytyczyć**

wytyczn|a f książk. (założenie) guideline (**dotycząca czegoś** on sth); (wskazanie) directive (**odnośnie czegoś** on sth); **~e działania dla członków partii** policy guidelines for party members; **otrzymać nowe wytyczne ~e do pracy nad projektem** to receive new guidelines for a project

wytycz|yć pf — **wytycz|ać** impf vt [1] (wyznaczyć w terenie) to mark [sth] out, to mark out [ścieżkę, szlak turystyczny, grządki]; to delineate, to demarcate [granice, przebieg granic]; to delimit [dopuszczalny obszar, granice] [2] (określić teoretycznie) to chart [przyszłość, kierunki działania]; to delineate [formę stosunków, przedmiot dociekań]; to delimit [zasięg badań, obszar współpracy] [3] (zaplanować) to plan out [trasę marszu, plan podróży]; to chart [trasę lotu, kurs statku]

■ **~yli szlak dla następnych badaczy** they have blazed a trail for other researchers to follow

wytykać impf → **wytknąć**

wytyp|ować pf vt [1] (wybrać) to single [sb/ sth] out, to single out [delegata, zagadnienie]; to mark [sb] out, to mark out (**do czegoś** for sth); **~owano go do specjalnego szkolenia** he has been marked out for special training; **została ~owana do komisji** she's been shortlisted for the commission ⇒ **typować** [2] (przewidzieć) to name [zwycięzcę]; to nap GB [zwycięskiego *konia, charta]*; to guess *[wynik, kolejność]* ⇒ **typować**

wyuczać *impf* → **wyuczyć**

wyucz|yć *pf* — **wyucz|ać** *impf* **[]** *vt* [1] (nauczyć) to teach (**kogoś czegoś** sb sth) *[wiersza, tabliczki mnożenia]*; **~yła służącą dygać** she taught her maid (how) to curtsy [2] (wykształcić) to train; **~yć chłopca na szewca/krawca** to train a boy as a shoemaker/tailor; **chcę go ~yć ogrodnictwa** I want to train him in gardening; **cukiernik to mój zawód ~ony** I'm a pastry cook by training; **jaki jest pański zawód ~ony?** what is your profession? **[]** **wyuczyć się** — **wyuczać się** [1] (nauczyć się) to learn (**czegoś** sth); **~yć się wiersza na pamięć** to learn a poem by heart [2] (zdobyć zawód) to train; **nasz syn ~ył się na ogrodnika** our son trained as a gardener; **chciał się ~yć stolarstwa** he wanted to train in carpentry

wyuzdani|e [] *n sgt* pejor. (zachowanie) lasciviousness książk., pejor.; debauchery **[]** *adv.* *[zachowywać się, prowadzić się]* lasciviously książk., pejor.

wyuzdan|y *adi.* *[osoba, zachowanie]* lascivious książk., pejor.; *[seks]* unbridled książk.

wywabiacz *m* stain remover

wywabiać *impf* → **wywabić**

wywab|ić *pf* — **wywab|iać** *impf* [1] (skłonić do wyjścia) to lure [sb] out; **~ić ptaka z klatki** to lure a bird out of its cage; **najpierw trzeba go ~ić z domu** first we need to lure him out of the house [2] (usunąć) to remove; **trudne do ~ienia plamy** stubborn stains

wywalać *impf* → **wywalić**

wywalczać *impf* → **wywalczyć**

wywalcz|yć *pf* — **wywalcz|ać** *impf vt* to gain; to secure książk.; **~yć zwycięstwo/medal/uznanie** to gain a. secure a victory/a medal/recognition; **z trudem ~ona pozycja w grupie** a hard-won position in a group

wywal|ić *pf* — **wywal|ać** *impf* pot. **[]** *vt* [1] (wyrzucić) to chuck out a. away pot. *[śmieci, papiery, stare buty]*; to chuck [sb] out a. chuck out pot. *[pijanego klienta]* [2] (zwolnić) to sack pot. *[pracownika]*; (zmusić do odejścia) to chuck [sb] out a. chuck out pot. *[studenta, zawodnika, członka]*; **~ili go z roboty** they gave him a. he got the push a. shove GB pot. [3] (wybulić) to fork out pot., to blow pot. *[pieniądze]*; **~iliśmy osiem tysięcy na tego grata** we forked out a. parted with eight thousand for this heap [4] (strzelić) to let a. squeeze off pot. *[serię, strzały]* [5] (wyważyć) to break a. batter down *[drzwi]*; to break in *[okno]* **[]** **wywalić się** — **wywalać się** [1] (przewrócić się) to fall over a. down; **~iła się jak długa na chodniku** she fell flat a. headlong on the pavement [2] (wybiec gromadą) to spill out; **ze szkoły ~ili się uczniowie** the children spilled out of school [3] (wypaść) *[zawartość]* to spill out ■ **~ić gały** a. **ślepia** to gawk pot., to gawp GB pot.; **~ić język** to poke one's tongue out; **~ić kogoś na pysk** a. **na zbity łeb** to throw sb out on their ear pot.

wywa|r *m* (*G* **~ru**) [1] Kulin. stock *U*, broth *U*; **~r z kury/baraniny** chicken/mutton

stock; **~r wołowy** a. **z wołowiny** (składnik zupy) beef stock; (bulion do picia) beef tea; **~r z włoszczyzny** vegetable stock [2] (esencja) extract *U*; **~r z ziół** a herbal extract; **~r z korzeni arcydzięgla** angelica extract [3] (w produkcji alkoholu) ≈ fermented residue

wywat|ować *pf* — **wywat|owywać** *impf vt* to pad (*with wadding, batting*) *[kołdrę, ramiona]*; to line [sth] with wadding *[kurtkę, spodnie]*

wywatowywać *impf* → **wywatować**

wyważać *impf* → **wyważyć**

wyważ|yć *pf* — **wyważ|ać** *impf vt* [1] (wyłamać) to break a. batter down *[drzwi, bramę]*; **~yć drzwi łomem** to prise a. force the door open with a crowbar [2] (dokładnie odważyć) to weigh out *[towar, mąkę]* [3] (przemyśleć) to measure, to weigh *[słowa]*; **~one sądy/poglądy** measured a. balanced judgments/opinions; **starannie ~one argumenty** carefully weighed a. balanced arguments [4] Techn. to balance *[konstrukcję, elementy, koła]* ■ **~ać otwarte drzwi** to preach to the converted

wywąch|ać *pf* — **wywąch|iwać** *impf vt* [1] (wywęszyć) *[zwierzę]* to smell [sth] out, to smell out *[pokarm, zająca, lisa]*; *[pies]* to smell [sth] out, to smell out, to sniff out *[narkotyki, materiały wybuchowe]* [2] pot. (odkryć) *[osoba]* to sniff out pot. *[ciekawostkę, sensację, okazję, interes]*; to smell (out) *[niebezpieczeństwo, kłopoty]*; **~ał, że coś się święci** he smelt a rat pot.

wywąchiwać *impf* → **wywąchać**

wywczas|y *plt* (*G* **~ów**) przest., żart. hols GB przest., pot., żart.; vacation US

wywdzięczać się *impf* → **wywdzięczyć się**

wywdzięcz|yć się *pf* — **wywdzięcz|ać się** *impf v refl.* książk. to reward *vt*; to requite *vt* książk.; **~yć się komuś za coś** to reward sb for sth; **~yli się za okazaną im przysługę** they returned the favour they had received

wywędr|ować *pf* — **wywędr|owywać** *impf vi* [1] (wyruszyć) *[piechur, pielgrzym, turysta]* to set out a. off, to start; **musimy ~ować o świcie** we need a. have to start off at dawn [2] książk. (wyemigrować) *[osoba]* to emigrate; (przenieść się) *[zwierzę, ryby]* to migrate; **~ował za ocean** he emigrated to America [3] (zostać wywiezionym) *[dzieło sztuki, eksponat, księgozbiór]* to be taken away; **obrazy ~owały za granicę** the paintings found their way abroad

wywęsz|yć *pf vt* [1] (wytropić) *[pies]* to smell [sth] out, to smell out *[zająca, zbiega]* ⇒ **węszyć** [2] pejor. (odkryć, wyśledzić) to nose (out) *[prawdę, szczegóły, informacje]*; to get wind pot. (**coś** of sth) *[podstęp, spisek, zdradę]*

wywi|ać *pf* — **wywi|ewać** *impf* (**~eję** — **~ewam**) **[]** *vt* (przenieść) *[powiew, przeciąg]* to blow [sth] off a. away, to blow (off a. away); **podmuch wiatru ~ał papiery przez okno** a gust of wind blew the papers out of the window; **~ało ich na cały weekend** przen. they took off somewhere for the entire weekend pot. **[]** *vi* pot. (wynieść się) *[osoba]* to take off pot.; **~ał z pokoju, jakby go gonili** he took

off a. scooted out pot. of the room as if someone were after him

wywia|d *m* (*G* **~du**) [1] Dzien., TV (rozmowa, tekst) interview; **udzielić ~du dziennikarzowi/czasopismu** to give a. grant an interview to a journalist/magazine; **przeprowadzić z kimś ~d** to interview sb; **czytałeś ten ~d z nią?** have you read that interview with her? [2] Polit., Wojsk. (instytucja) intelligence service(s), secret (intelligence) service; (zbieranie informacji) intelligence *U*; (pracownicy) intelligence *U*; **~d wojskowy/przemysłowy** military/industrial intelligence; **agent chińskiego/obcego ~du** a Chinese/foreign intelligence agent [3] Med. (informacje) medical history; **zebrać ~d** to take the patient's medical history [4] Socjol. (ankieta) survey (interview); **przeprowadzić ~d z mieszkańcami** to conduct a survey among local citizens

wywiadowc|a *m* Polit., Wojsk. (agent wywiadu) intelligence agent; (detektyw) detective

wywiadowcz|y *adi.* (szpiegowski) *[służba, siatka, informacje]* intelligence *attr.*

wywiadów|ka *f* Szkol. parents' evening

wywiadywać się *impf* → **wywiedzieć się**

wywią|zać się *pf* — **wywią|zywać się** *impf* (**~żę się** — **~zuję się**) *v refl.* [1] książk. (wyniknąć, powstać) *[dyskusja, sprzeczka, kłótnia, walka]* to ensue, to develop; *[gangrena]* to set in; *[komplikacje, trudności]* to arise; **z przeziębienia ~zało się zapalenie płuc** the cold developed into pneumonia [2] (wypełnić zadanie, rolę, zobowiązania) to fulfil *vt*, to fulfill *vt* US (**z czegoś** sth); **nie ~zał się ze swoich obowiązków** he failed to carry out his responsibilities; **nie ~zał się z obietnicy** he failed to keep his promise; **firma nie ~zała się z płatności/(warunków) umowy** the company defaulted on its payment/the (conditions of the) contract; **znakomicie ~zała się ze swojego zadania** she carried out her task to perfection [3] Chem., Fiz. (wydzielić się) *[gaz, ciało lotne]* to be released

wywiązywać się *impf* → **wywiązać się**

wywichn|ąć *pf* (**~ęła, ~eli**) *vt* (wykręcić) to twist *[palec, rękę]*; **~ął (sobie) nogę w kostce** he twisted a. turned his ankle

wywi|edzieć się *pf* — **wywi|adywać się** *impf* (**~em się, ~edział się, ~edzieli się** — **~aduję się**) *v refl.* (dowiedzieć się) to find [sth] out, to find out *vt*; (zapytać) to ask around (**o kogoś/coś** for sb/sth); to enquire a. inquire (**o kogoś/coś** about sb/sth); **~edz się dyskretnie, jak on się nazywa** find out discreetly what his name is; **~edziała się wszystkiego o nowym pracowniku** she found out everything she could about the new employee

wywierać *impf* → **wywrzeć**

wywiercać *impf* → **wywiercić**

wywier|cić *pf* — **wywier|cać** *impf vt* to drill, to bore *[dziurę]*; **~cił w ścianie kilka otworów** he drilled a few holes in the wall

wywie|sić *pf* — **wywie|szać**[1] *impf vt* (powiesić) to display, to fly *[flagę, sztandar]*; to put [sth] up, to put up *[ogłoszenie, plakat]*; to hang [sth] out, to hang out *[pranie]*; **~sili przed domem tablicę „na sprzedaż"**

they put up a 'For Sale' sign outside their house

■ **~sić język** *[pies]* to hang out its tongue; **z ~szonym językiem** pot. in a tearing hurry pot.; **pognała z ~szonym językiem do biura** she dashed off to her office

wywieszać¹ *impf* → **wywiesić**

wywie|szać² *pf vi* przest. to hang *[złoczyńców, buntowników]*

wywiesz|ka *f* (ze znakiem) sign; (z tekstem) notice; **w witrynie sklepu widniała ~ka, że poszukują pracownika** there was a notice in the shop window about a job offer

wyw|ieść *pf* — **wyw|odzić¹** *impf* (~iodę, ~iedziesz, ~iódł, ~iodła, ~iedli — ~odzę) *vt* 1 książk. (prowadzić) to lead *[sb/sth]* out, to lead out; **~ieść krowę z obory** to lead a cow out of the cowshed; **droga ~iodła ich poza zabudowania** the road led them outside the settlement 2 (wyrozumować) to deduce, to infer *[przyczyny, rozwiązanie, regułę]*; (wskazać źródło) to derive *[myśl]*; to trace *[pochodzenie, początek, genealogię]*; **~ieść wniosek z przesłanek** to infer a conclusion from the/one's premises; **~odził swą filozofię z greckiego antyku/od Demokryta** he derived his philosophy from Grecian antiquity/Democritus 3 (wyjaśniać) to argue; **filozof/socjolog ~odzi, że...** the philosopher/sociologist argues that...; **~odził długo swoje racje** he took a long time arguing his case

■ **~ieść kogoś w pole** to lead sb up a. down US the garden path pot.; **on nie da się ~ieść w pole** you can't pull the wool over his eyes

wywietrz|eć *pf* (~eje, ~ał) *vi* 1 (ulotnić się) *[zapach, dym]* to disappear, to lift; *[perfumy, naftalina]* to lose its scent 2 (zniknąć) *[myśli, uczucia]* to evaporate; **całkowicie mi to ~ało z głowy** it went completely out of my head

■ **wódka/whisky ~ała mu z głowy** his head cleared from the effects of the vodka/whisky

wywietrznik *m* 1 (wentylator) ventilator 2 (lufcik) window vent

wywietrz|yć *pf* **Ⅰ** *vt* to air, to ventilate *[pomieszczenie]*; to air *[pościel, ubranie]*; **przed pójściem spać ~yła porządnie sypialnię** she gave the bedroom a good airing before going to bed

Ⅱ **wywietrzyć się** *[kuchnia, pokój]* to be aired a. ventilated; *[pościel, ubrania]* to be aired

wywiewać *impf* → **wywiać**

wyw|ieźć *pf* — **wyw|ozić** *impf* (~iozę, ~ieziesz, ~iózł, ~iozła, ~ieźli — ~ożę) *vt* 1 (zabrać) *[pojazd]* to carry *[sb/sth]* off a. away, to carry (off a. away) *[pasażerów, ładunek]*; *[osoba]* to take *[sb]* away, to take away; **towary ~ożone z kraju bez cła** goods taken out of the country untaxed; **~iozłem żonę na wieś** I took my wife (away) to the country; **~ieziono go w głąb Rosji** he was deported to Russia; **dzieł sztuki nie wolno ~ozić za granicę bez pozwolenia** works of art cannot be taken out of the country without special permission 2 (przywieźć) **z podróży ~iózł miłe wspomnienia** he

brought home fond memories of his journey 3 pot. (wyeksportować) to export

wywijać¹ *impf* → **wywinąć**

wywi|jać² *impf* (~jam) **Ⅰ** *vt* pot. (zatańczyć z werwą) to dance *[sth]* in lively fashion *[oberka, polkę]*

Ⅱ *vi* 1 (wymachiwać) to wave *[sth]* around, to wave around *vt*; (w walce, obronie) to brandish *vt [mieczem]*; (dla zwrócenia uwagi) to flourish *vt [butelką]*; **~jał nogami w powietrzu** he waved his legs around in the air; **~jał nożem/kijem** he was waving a knife/stick around 2 pot. (energicznie pracować) to work away pot. (**czymś** with sth); **~jała igłą cały tydzień, aż skończyła suknię** she was plying her needle all week long until the dress was finished 3 pot. (tańczyć) to dance away pot.

wywijan|y **Ⅰ** *pa* → **wywinąć**

Ⅲ *adi.* (o mankietach, brzegach) folded upwards, turned-up; *[kołnierz]* turned-down, turn-down

wywijas *m* pot. 1 (zygzak) flourish; (ozdobny) curlicue; **podpisał się nieczytelnym ~em** he signed his name with an illegible flourish 2 *zw. pl* (ruch) flourish

wywikła|ć *pf* **Ⅰ** *vt* to extricate; **~ł ją z niebezpiecznej sytuacji/finansowych kłopotów** he extricated her from a dangerous situation/financial straits

Ⅱ **wywikłać się** to extricate oneself (**z czegoś** from sth); **nie wiem, jak ~m się z tej sprawy** I don't know how I'm going to get out of this pot.

wywi|nąć *pf* — **wywi|jać¹** *impf* (~nęła, ~nęli — ~jam) **Ⅰ** *vt* 1 (odwinąć) to turn up *[mankiet, rękaw]*; to turn down *[kołnierz, skarpetki]* 2 (wykonać obrót) to turn *[salto, kozła]*

Ⅱ **wywinąć się** — **wywijać się** 1 (odwinąć się) *[brzeg, mankiet]* to turn up 2 (nie dać się dotknąć) to duck; **~nąć się z czyichś objęć** to break loose from a. slip sb's embrace; **chciał ją uderzyć, ale się ~nęła** he tried to hit her but she ducked 3 pot. (uciec) to fly the coop pot.; to escape the net przen.; **~nąć się policji** to give the police the slip pot.; **~nąć się śmierci** to escape the jaws of death 4 pot. (wymigać się) to duck pot. (**od czegoś** sth); **~nąć się od odpowiedzialności/obowiązku** to shirk one's responsibility/duty; **udało mi się ~nąć** I managed to wriggle out (of it) a. to get out of it pot.

wywind|ować *pf* **Ⅰ** *vt* pot. 1 (wyciągnąć) to haul *[sb/sth]* up, to haul up *[osobę, ciężar, pakunek]* 2 (podwyższyć) to jack up pot. *[ceny, opłaty]*; to inflate *[koszty]* 3 (podnieść znaczenie) to elevate; to make a big thing of a. about pot.; **~ować kogoś na wysokie stanowisko** to elevate sb to a high position

Ⅱ **wywindować się** 1 pot. (znaleźć się wyżej) to get up pot.; **~ować się na szczyt** to get to the top; **~ować się na górę** a. **szczyt góry** to get to the top of a mountain 2 (w rankingu, lidze, na liście) *[drużyna, piosenka]* to climb

wywl|ec *pf* — **wywl|ekać** *impf* (~okę — ~ekę, ~eczesz, ~ókł — ~ekł, ~okła a. ~ekła, ~ekli — ~ekam) **Ⅰ** *vt* 1 (wyciągnąć) to drag a. haul *[sth]* out, to drag a.

haul out *[sieci, paczkę, materac]* 2 (wyprowadzić) to drag; **porywacze ~ekli ich z samochodu** the hijackers dragged them out of their car; **~ókł ją siłą na korytarz** he dragged her out into the corridor by force 3 pot. (przypominać) to bring up; to drag up pot. *[niemiłe przeżycia, stare dzieje]*; (ujawnić) to spill pot. *[prawdę, fakty]*; **~ekać brudy** to dig the dirt a. up dirt; **~okła na jaw/na światło dzienne wszystkie jego grzeszki** she brought all his misdemeanours to light

Ⅲ **wywlec się** — **wywlekać się** pot. (wyjść) to drag oneself out pot.; **pies ~ókł się z budy/auta** the dog lumbered out of his kennel/the car

wywlekać *impf* → **wywlec**

wywłaszczać *impf* → **wywłaszczyć**

wywłaszcz|yć *pf* — **wywłaszcz|ać** *impf vt* Prawo to expropriate *[właścicieli ziemskich, majątek, tereny]*; to dispossess *[osobę]*; **~ono ich z posiadłości ziemskiej** they were dispossessed of their landed estate

wywło|ka *f* pot., obraźl. slapper GB pot., obraźl.

wywnętrzać się *impf* → **wywnętrzyć się**

wywnętrz|yć się *pf* — **wywnętrz|ać się** *impf v refl.* to pour out one's feelings (**przed kimś** to sb); to unbosom oneself przest.

wywniosk|ować *pf vt* to conclude, to deduce; **~ował, że...** he came to the conclusion a. concluded that...; **z jego zachowania ~owała, że coś przed nią ukrywa** she concluded from his behaviour that he was hiding something from her ⇒ **wnioskować**

wyw|odzić się *impf v refl.* 1 (mieć początek) *[osoba, ród, rodzina]* to come (**z czegoś** from sth); **~odzić się z bogatej rodziny/teatralnego środowiska** to come from a well-off family/theatrical background 2 (pochodzić) *[słowo, pojęcie]* to come, to derive a. be derived (**z czegoś** from sth); *[zjawisko, tradycja, styl]* to derive a. come (**z czegoś** from sth)

wywodzić¹ *impf* → **wywieść**

wyw|odzić² *impf vt* książk. *[ptaki]* to sing *[melodie, trele, śpiew]*

wywoła|ć *pf* — **wywoł|ywać** *impf vt* 1 (wezwać) to call; **~ać dzieci z pokoju** to call the children in from their room; **~ać ucznia do odpowiedzi** to call a pupil up to a. out to the blackboard; **publiczność dwukrotnie ~ała aktorów na scenę** the audience called the actors back twice 2 (przypomnieć) to bring back *[wspomnienia]*; **~ać z pamięci czyjeś imiona/twarze** to recall sb's names/faces 3 (spowodować) to trigger [sth] off, to trigger (off) *[reakcję, alergię, recesję, wybuch wojny, demonstrację]*; to provoke *[podniecenie, protesty, awanturę, wściekłość, komentarze, dyskusję]*; to evoke *[uczucie, wspomnienia]*; to prompt *[starcie, krytykę]*; to create *[skandal, niepokój, niepewność]*; **nowy projekt ustawy ~ał wielką polemikę w prasie** the revised bill gave rise to a great deal of discussion in the press 4 Fot. to develop *[film]*

■ **~ywać duchy** to communicate with spirits, to raise ghosts a. spirits

wywoławcz|y *adi.* [1] (inicjujący) call *attr.*; **cena ~a** the starting price (*at the auction*) [2] Radio **sygnał** a. **znak ~y** call sign, call letters US

wywoływacz *m* Fot. developer *U*

wywoływać *impf* → **wywołać**

wywosk|ować *pf vt* to wax [*posadzkę, karoserię*]

wywozić *impf* → **wywieźć**

wywozow|y *adi.* [1] Górn. **droga ~a** a haulage road; **szyb ~y** a winding shaft [2] Ekon. (eksportowy) [*cło, towar*] export *attr.*; **ograniczenia ~e** export restrictions

wyw|ód *m* (*G* **~odu**) książk. [1] (wypowiedź) disquisition (**o czymś** on sth); (argumentacja) argument; **uczony ~ód o początkach wszechświata** a scholarly disquisition on the origin of the universe; **oparł swoje ~ody na doświadczeniu/błędnych przesłankach** his argument was based on personal experience/false premises; **słuchali uważnie ~odów przewodniczącego** they listened attentively to the chairman's line of argument a. reasoning [2] (wykrywanie początku) deduction, lineage *C/U*; (rozprawa) study; **~ód genealogiczny** genealogical lineage

wyw|óz *m sgt* (*G* **~ozu**) [1] (wywiezienie) transport, transportation; (usuwanie odpadów) disposal *C/U*; **~óz gruzu z rekultywowanego terenu** the transport of debris from the rehabilitated terrain; **~óz śmieci** waste disposal; **pozwolenie na ~óz antyków za granicę** a permission to take antiques out of the country [2] (eksport) export, exportation; **~óz węgla/miedzi/rudy żelaza** the export a. exportation of coal/cooper/iron (ore)

wywóz|ka *f pot.* [1] (usuwanie) disposal *U*; (wywożenie) transport(ing) *U*, carrying *U*; **~ka drzewa z lasu** the transporting of timber from a forest [2] Hist. (zsyłka) transportation; **~ka do obozu** transportation to a camp

wywracać *impf* → **wywrócić**

wywrot|ka *f* [1] (ciężarówka) dumper (truck) GB, dump truck US; (z przechylającą się platformą) tipper truck, tipper lorry GB; (wagon) dumper [2] (wywrócenie się) (o łodzi, jachcie) capsizing, capsize; (o pojeździe) overturning; rollover pot.; (o narciarzu, biegaczu) fall; (na desce surfingowej) wipe-out pot.; **motocykl miał niebezpieczną ~kę** a motorcycle had a bad rollover

wywrotnoś|ć *f sgt* inclination to overturn

wywrotn|y *adi.* (o łodzi) unstable, prone to capsize

wywrotow|iec *m* pejor. subversive

wywrotow|y *adi.* pejor. [*ruch, plany, działalność*] subversive; seditious książk.

wywr|ócić *pf* — **wywr|acać** *impf* **Ⅰ** *vt* [1] (spowodować upadek) to topple [sb/sth] over, to topple (over) [*osobę, drzewo*]; to overturn [*samochód, łódź*]; to knock a. tip [sth] over, to knock a. tip over [*osobę, zwierzę, krzesło*]; (rozsypując, rozlewając zawartość) to upset [*skrzynkę jabłek, wazę z zupą*]; **~ócić szklankę** to overturn a. upset a glass; **wysoka fala ~óciła kajak** the kayak was overturned by a large wave [2] (na lewą stronę, na wierzch) to turn [sth] inside out [*płaszcz, rękawy*]; (do góry dnem) to turn [sth] upside down, to

invert [*naczynie, ciasto*]; **~óciła jego kieszenie, ale nic nie znalazła** she turned out his pockets, but didn't find anything [3] (rozrzucić) to scatter [*drobiazgi, ubrania*] [4] przen. (zmienić) to overturn [*wartości, podejście*]; to upset [*porządek, równowagę*]

Ⅱ wywrócić się — **wywracać się** [*osoba, drzewo*] to topple over; [*łódź, pojazd*] to capsize, to overturn; [*statek*] to keel over; [*butelka, krzesło*] to tip over; **~óciła się na schodach/na śliskim** she fell over on the stairs/she lost her footing on a slippery patch

wywróż|yć *pf vt* [1] (przepowiedzieć) to divine, to foretell [*przyszłość*] [2] (przewidzieć) to predict [*wyniki, rozwój wydarzeń, pogodę*]

wywrzaskiwać *impf* → **wywrzeszczeć**

wywrzasnąć → **wywrzeszczeć**

wyw|rzeć *pf* — **wyw|ierać** *impf vt* książk. [1] (stosować) to exert; **~rzeć na kogoś nacisk** to put pressure a. lean on sb; **organizacje pozarządowe mogą ~ierać ogromny wpływ** non-governmental organizations can wield enormous influence; **~ierał na nią ogromną presję** he put a. exerted tremendous pressure on her [2] (działać siłą) to apply; **sprężony gaz ~iera nacisk na ścianki butli** the compressed gas exerts pressure on the sides of the cylinder [3] (wywołać) **~arła na komisji dobre/złe/niezatarte wrażenie** she made a good/bad/indelible impression on the committee [4] (przynosić) to produce [*efekt, rezultat*]; **nagana ~arła pożądany skutek** the reprimand produced the desired effect

■ **~rzeć zemstę** przest., książk. to exact revenge

wywrz|eszczeć, wywrz|asnąć *pf* — **wywrz|askiwać** *impf* (**~eszczysz, ~eszczał, ~eszczeli** — **~askuję**) **Ⅰ** *vi* to bawl [sth] out, to bawl (out) [*komendę, przekleństwo*]

Ⅱ wywrzeszczeć się pot. ≈ to shout oneself hoarse; **daj mu się ~eszczeć** let him shout as much as he likes pot.

wywyższać *impf* → **wywyższyć**

wywyższ|yć *pf* — **wywyższ|ać** *impf* **Ⅰ** *vt* książk. to elevate; to exalt książk.; **~ać czyjeś zasługi** to extol sb's virtues

Ⅱ wywyższyć się — **wywyższać się** to give oneself a. put on airs pejor.; **~ał się nad innych z racji swego stanowiska/pochodzenia/wykształcenia** he was patronizing a. condescending towards others on account of his position/background/education pejor.

wyzbiera|ć *pf vt* to pick [sth] up, to pick up, to gather; **~ć wszystkie śmieci** to pick up all the litter; **~ć wszystkie maliny** to gather a. pick all the raspberries

wyzb|yć się *pf* — **wyzb|ywać się** *impf* (**~ędziesz się** — **~ywam się**) *v refl.* [1] (oddać) to get rid of, to dispose (**czegoś** of sth); **~yć się niepotrzebnych mebli** to dispose of unnecessary furniture [2] przen. (przestać odczuwać) to get rid of; **~yć się skrupułów/wątpliwości** to get rid of qualms/doubts

wyzby|ty *adi.* książk. devoid; **~ty lęku/złudzeń** devoid of fear/illusions

wyzbywać się *impf* → **wyzbyć się**

wyzdrowi|eć *pf* (**~eję, ~ał, ~eli**) *vi* to get well, to recover ⇒ **zdrowieć**

wyzdychać *pf vi* [1] (o zwierzętach) to die (out) [2] pejor. (o ludziach) to die (out)

wyziera|ć *impf vi* przest., książk. [1] (wyglądać) to peek (out), to peep (out); **~ć ukradkiem zza firanek** to peek out from behind the curtains [2] (stawać się widocznym) to emerge; **niepokój ~ł jej z oczu** anxiety was visible in her eyes; **z każdego kąta ~ła bieda** poverty was in every corner

wyziew *m zw. pl* (*G* **~u**) [1] (gaz) fume; **~y przemysłowe** industrial fumes; **~y wulkanu** volcanic fumes [2] (woń) reek, smell; **kuchenne ~y** smells from the kitchen

wyziewać *impf* → **wyzionąć**

wyziębiać *impf* → **wyziębić**

wyzięb|ić *pf* — **wyzięb|iać** *impf* **Ⅰ** *vt* to cool, to chill [*pomieszczenie, mieszkanie*]

Ⅱ wyziębić się — **wyziębiać się** to become cold, to chill

wyzięb|ły, ~nięty *adi.* [*pomieszczenie*] chilly

wyzi|ębnąć *pf* (**~ąbł** a. **~ębnął**) *vi* [*zupa, herbata, pokój*] to get cold

wyzi|onąć *pf* — **wyzi|ewać** *impf* książk. ■ **~onąć ducha** (umrzeć) to give up the ghost

wyzłacać *impf* → **wyzłocić**

wyzłacan|y **Ⅰ** *pp* → **wyzłocić** **Ⅱ** *adi.* książk. (pokryty złotem) [*ramy, guziki, zbroja*] gold-plated, gilded

wyzł|ocić *pf* — **wyzł|acać** *impf vt* [1] Techn. (pokryć złotem) to gold-plate, to gild [2] przen., poet. (nadać blask) **słońce ~acało polanę** sunlight caressed a. was caressing the glade książk.

wyzłośliw|ić się *pf* — **wyzłośliw|iać się** *impf v refl.* to scoff

wyznaczać *impf* → **wyznaczyć**

wyznacznik *m* [1] książk. (oznaka) indicator, index [2] Mat. determinant

wyznacz|yć *pf* — **wyznacz|ać** *impf vt* [1] (wytyczyć) to outline, to map [sth] out a. map out [*trasę, miejsce, teren*] [2] (ustalić) to set, to determine [*cenę, nagrodę*]; to appoint [*spotkanie, termin*] [3] (wybrać) to appoint, to designate; **~yć kogoś na stanowisko dyrektora/na swojego następcę** to appoint sb director/one's successor; **zawsze ~a mnie do najcięższych prac** he always gives me the hardest job [4] (określić za pomocą obliczeń) to define, to determine

wyzna|ć *pf* — **wyzna|wać¹** *impf* (**~m** — **~ję**) **Ⅰ** *vt* [1] (przyznać się do czegoś) to admit, to confess [2] (wyjawić) to reveal, to disclose

Ⅱ wyznać się — **wyznawać się** pot. **~wać się na czymś** to be clued up on sth pot.; **nie ~ję się na polityce** I'm not into politics pot.

wyzna|nie **Ⅱ** *sv* → **wyznać** **Ⅱ** *n* [1] Relig. faith *U*, denomination; **zmienić ~nie** to convert; **wolność ~nia** freedom of religion [2] (zwierzenie) confession ❑ **Wyznanie Wiary** (modlitwa) the Apostles' Creed; (credo) the Credo; **~nie mojżeszowe** Relig. Jewish faith

■ **~nie wiary** książk. profession of faith

wyznaniowo *adv.* Relig. religiously; **kraj niejednolity ~** a country of mixed religions, a religiously diverse country

wyznaniow|y *adi.* Relig. *[różnice, konflikty]* religious

wyznawać[1] *impf* → wyznać

wyzna|wać[2] *impf* (~**ję**) *vt* (wierzyć w coś) to profess książk.; to believe in *[religię]*; to subscribe to, to believe in *[filozofię, teorię]*

wyznaw|ca *m*, ~**czyni** *f* [1] Relig. follower (**czegoś** of sth); believer [2] (poglądów, idei, teorii) follower, believer

wyzu|ć *pf* — **wyzu|wać** *impf* książk. **I** *vt* (pozbawić) to deprive *[osobę]* (**z czegoś** of sth); ~**ć kogoś z majątku/dziedzictwa** to deprive sb of their estate/inheritance **II wyzuć się — wyzuwać się** (pozbywać się) to lose *vt*; ~**ć się z ambicji** to abandon all ambition

wyzu|ty *pp* → wyzuć
II *adi.* książk. *[osoba]* devoid (**z czegoś** of sth); ~**ta z poczucia humoru** devoid of a sense of humour; ~**ty z ludzkich uczuć** devoid of finer feelings; ~**ty z czci i wiary** przest. devoid of honour and dignity

wyzuwać *impf* → wyzuć

wyz|wać *pf* — **wyz|ywać** *impf* (~**wę** — ~**ywam**) **I** *vt* [1] (do walki) to challenge *[osobę]* (**do czegoś** to sth) *[pojedynku]*; (do bójki) to take [sb] on [2] pot. (zwymyślać) to call [sb] names, to abuse; ~**ywać kogoś od najgorszych** to call sb the worst names **II wyzwać się — wyzywać się** [1] (do walki) to challenge one another [2] (zwymyślać wzajemnie) to insult each other **■** ~**ywać los** to tempt fate

wyzwalacz *m* [1] Fot. shutter release button [2] Techn. (do samoczynnego wyłączania instalacji) release [3] Lotn. (parachute) release

wyzwalać *impf* → wyzwolić

wyzwa|nie II *sv* → wyzwać
II *n* challenge; **rzucić komuś** ~**nie** to put out a. issue a challenge to sb, to mount a challenge to sb; **podjąć** ~**nie** to take up a challenge, to meet a challenge; **sprostać** ~**niu** to be up to the challenge, to rise to a. to meet the challenge; **ten spektakl jest artystycznym i obyczajowym** ~**niem** this spectacle breakes all artistic and moral taboos

wyzwisk|o *n zw. pl* insult, invective; **obrzucić kogoś** ~**ami** to abuse sb, to hurl insults at sb

wyzwoleńcz|y *adi. [dążenia]* liberation *attr.*, emancipation *attr.; [wojska]* liberation *attr.*; **wojna** ~**a** a war of liberation; **walka** ~**a** the struggle for liberation

wyzwoliciel *m*, ~**ka** *f* (*Gpl* ~**i**, ~**ek**) książk. liberator

wyzwoliciels|ki *adi. [działalność, armia]* liberation *attr.*

wyzw|olić *pf* — **wyzw|alać** *impf* **I** *vt* [1] (przywrócić wolność) to free, to liberate *[więźniów, niewolników]*; to liberate *[terytorium, kraj, obóz, miasto]* [2] książk. (przywrócić swobodę ruchów) to free; ~**olić rękę z uścisku** to free one's hand from a grip; ~**olić nogi z pęt** to free one's legs from tethers [3] (spowodować wystąpienie) to release, to trigger; ~**olić w kimś gniew/zazdrość** to trigger a. cause anger/jealousy in sb [4] Chem. to liberate; Fiz. to release **II wyzwolić się — wyzwalać się** [1] (odzyskać wolność) to free oneself, to break free [2] (odzyskać swobodę ruchu) to free oneself;

~**olić się z więzów** to break free of one's shackles; ~**olić się z czyichś objęć** to free oneself from sb's embrace [3] przen. (pozbyć się) to free oneself (**z czegoś** of sth); ~**oliła się od kompleksów** she freed herself from her complexes a. inhibitions [4] (gwałtownie wystąpić) to emerge; ~**alał się w nim gniew** he was bushing a. seething with anger [5] Chem. to liberate; Fiz. to be released

wyzwol|ony II *pp* → wyzwolić
II *adi.* książk. (nieuznający konwenansów) *[osoba]* emancipated
❏ sztuki a. **nauki** ~**one** liberal arts

wyzysk *m* (*G* ~**u**) *sgt* exploitation także przen.

wyzysk|ać *pf* — **wyzysk|iwać** *impf vt* [1] (zużytkować) to make use of, to take advantage of; ~**ać każdą okazję/wszystkie możliwości** to take advantage of every opportunity/possibility [2] pejor. (wykorzystać) to exploit *[robotników, służbę]*

wyzyskiwacz *m* (*Gpl* ~**y** a. ~**ów**) pejor. exploiter

wyzyskiwać *impf* → wyzyskać

wyzywać *impf* → wyzwać

wyzywająco *adv. [zachowywać się, patrzeć, śmiać się]* defiantly; *[ubierać się, malować się, wyglądać]* provocatively

wyzywając|y II *pa* → wyzywać
II *adi.* [1] (arogancki) *[zachowanie, sposób bycia]* arrogant; *[spojrzenie, wzrok, śmiech]* defiant [2] (prowokujący) *[dziewczyna, wygląd, makijaż, strój]* provocative

wyż *m* (*G* ~**u**) [1] Meteo. high [2] (najwyższy stan) peak
❏ ~ **demograficzny** (okres) baby boom; (dzieci) baby boomers

wyżalać się *impf* → wyżalić się

wyżal|ić się *pf* — **wyżal|ać się** *impf v refl.* to pour out one's troubles; ~**ić się komuś** to cry on sb's shoulder; ~**ić się na coś** to get sth off one's chest

wyż|ąć[1] *pf* — **wyż|ymać** *impf* (~**mę**, ~**mie**, ~**ęła**, ~**ęli** — ~**ymam**) *vt* to wring *[bieliznę, gąbkę]*

wyż|ąć[2] *pf* — **wyż|ynać** *impf* (~**nę**, ~**nie**, ~**ęła**, ~**ęli** — ~**ynam**) *vt* (wykosić) to scythe (all of) *[trawę]*; to reap (all of) *[zboże]*

wyżeb|rać *pf* (~**rzę**) *vt* [1] (uzyskać żebrząc) to bum; to mooch US pot. ⇒ **żebrać** [2] przen. (wyprosić) to bum; to scrounge pot.; ~**rać coś od kogoś** to scrounge sth from a. off sb ⇒ **żebrać**

wyż|eł *m* (~**ełek** *dem.*) pointer

wyżerać *impf* → wyżreć

wyżer|ka *f* pot. grub *U* pot.

wyżlic|a *f* Zool. pointer bitch

wyżłabiać *impf* → wyżłobić

wyżł|obić *pf* — **wyżł|abiać** *impf* **I** *vt* to carve, to dig; ~**obić dłutem rowki/nacięcia** to carve grooves/notches with a chisel; **woda** ~**obiła wgłębienia w skale** water dug depressions into the rock **II wyżłobić się — wyżłabiać się** (powstawać) **na drodze** ~**obiły się koleiny** the road was rutted

wyżłobie|nie II *sv* → wyżłobić
II *n* groove

wyżłop|ać *pf* (~**ię**) *vt* pot. to swig [sth] down pot., to swig down pot.; to guzzle (up)

[piwo]; **nie** ~ **wszystkiego!** don't swig it all ⇒ **żłopać**

wyżow|y *adi.* Meteo. *[klin, cyrkulacja, front, pogoda]* high-pressure, high

wyż|reć *pf* — **wyż|erać** *impf vt* pot. [1] (zjeść) (o zwierzęciu) to devour [2] pot., pejor. (o ludziach) to scoff (down) pot., pejor. [3] (zniszczyć) to eat away; **kwas** ~**arł mu dziury w ubraniu** the acid burnt holes in his clothes; **gruźlica** ~**arła mu płuca** consumption had eaten into his lungs [4] przen. (powodować pieczenie) to irritate, to burn; **dym** ~**erał im oczy** the smoke irritated a. burned their eyes

wyższoś|ć *f sgt* [1] (bycie lepszym) superiority; **uznać czyjąś** ~**ć** to acknowledge sb's superiority [2] (przewaga) dominance (**nad czymś** over sth)

wyży|ć *pf* (~**ję**) *vi* [1] pot. (nie umrzeć) to survive [2] (utrzymać się) to make ends meet przen.; **trudno mi** ~**ć z pensji** I can barely live off my wages

wyży|ć się *pf* — **wyży|wać się** *impf* (~**ję się** — ~**wam się**) *v refl.* [1] (realizować się) to fullfil oneself GB, to fullfill oneself US (**w czymś** in sth); ~**wać się w sporcie/pracy** to find fullfilment GB a. fullfillment US in sport/at work [2] (wyszumieć się) to blow off steam [3] (źle potraktować) to take one's anger out (**na kimś** on sb)

wyżył|ować *pf* — **wyżył|owywać** *impf* **I** *vt* [1] Kulin. to remove fibres from a. to trim *[mięso]* [2] pot., pejor. to exploit *[pracowników]*
II wyżyłować się — wyżyłowywać się pot. [1] (wydać pieniądze) to fork a. shell out pot.; ~**owal się do ostatniego grosza na kupno samochodu** he spent his last penny on the car [2] (zmęczyć się) to strain oneself

wyżyłowywać *impf* → wyżyłować

wyżymacz|ka *f* Techn. wringer
■ wyglądać jak przepuszczony przez ~**kę** pot. to look as if one has been put through the wringer

wyżymać *impf* → wyżąć[1]

wyżyn|a II *f* Geog. upland; ~**y** the uplands **II wyżyny** *plt* książk. (najwyższy stopień, poziom) height *U*, peak *U*; **jej gra to prawdziwe** ~**y sztuki aktorskiej** her performance is the height of acting

wyżynać *impf* → wyżąć[2]

wyżynn|y *adi. [obszar, roślinność]* upland *attr.*; **tereny** ~**e** areas of upland

wyżywać się *impf* → wyżyć się

wyżyw|ić *pf* **I** *vt* to maintain, to feed *[osobę, zwierzę]*
II wyżywić się to feed oneself

wyżywie|nie II *sv* → wyżywić
II *n sgt* food; **całodzienne** ~**e** full board; **cena z** ~**em/bez** ~**a** price inclusive/exclusive of meals

wzajem *adv.* przest., książk. *[pomagać sobie]* one another, each other

wzajemnie I *adv.* one another, each other, mutually; **nie lubili siebie** ~ they didn't like each other
II *inter.* (w życzeniach) the same to you; **„Wesołych Świąt!" – „dziękuję,** ~**!"** 'Happy Christmas!' – 'thank you, the same to you'

W

wzajemnoś|ć *f sgt* [1] (w miłości) reciprocity; **zakochał się bez ~ci** his love was unrequited [2] (bycie wzajemnym) mutuality; **~ć ustępstw** mutual concessions

wzajemn|y *adi.* [miłość, niechęć, pomoc, wrogość, urazy, stosunki] mutual

w zamian in exchange, in return (**za coś** for sth); **obiecał mi swój komputer ~ za moją kolekcję znaczków** he promised to give me his computer in exchange for my stamp collection; **co chcesz ~?** what do you want in return?; **nie jest to najlepsze rozwiązanie, ale ~ proponują jeszcze gorsze** it's not the best solution, but what they propose instead is even worse

wzbi|ć *pf* — **wzbi|jać** *impf* (**~ję — ~jam**) [U] *vt* to raise; **przebiegające konie ~ły kopytami tumany kurzu** galloping horses kicked up a cloud of dust with their hooves

[III] **wzbić się — wzbijać się** [1] (zacząć lecieć) [samolot, ptak] to rise, to soar [2] (unieść się) [mgła, opary, płomienie] to rise

wzbierać *impf* *impf* → **wezbrać**

wzbijać *impf* → **wzbić**

wzbogacać *impf* → **wzbogacić**

wzboga|cić *pf* — **wzboga|cać** *impf* [U] *vt* [1] (uczynić bogatym) to make [sb] rich, to enrich [2] (powiększyć) to expand, to enrich, to increase; **~cać (swoje) słownictwo** to expand one's vocabulary; **~cać swoją wiedzę** to increase one's knowledge [3] Chem., Techn. to enrich, to treat; **~cić mieszankę** Aut. to enrich the fuel mixture [4] Geol., Górn. to concentrate [węgiel, rudę]

[II] **wzbogacić się — wzbogacać się** [1] (o osobie) to become rich [2] (o zbiorze) to be expanded, to be enriched

wzbogac|ony [U] *pp* → **wzbogacić**

[III] *adi.* [osoba, rodzina, sok, olej, produkt spożywczy] enriched

wzbraniać *impf* → **wzbronić**

wzbr|onić *pf* — **wzbr|aniać** *impf* [U] *vt* książk. to forbid, to deny; **palenie ~onione** smoking forbidden; **wstęp ~ony** access denied

[II] **wzbraniać się** to refrain, to shy away (**przed czymś** from sth)

wzbudzać *impf* → **wzbudzić**

wzbu|dzić *pf* — **wzbu|dzać** *impf* *vt* [1] (wywołać) to arouse, to cause [strach]; to inspire [miłość]; to arouse, to excite [ciekawość]; to arouse, to stir up [gniew]; to arouse [podejrzenia] [2] Elektr. to induce

wzburzać *impf* → **wzburzyć**

wzburzeni|e [U] *sv* → **wzburzyć**

[II] *n sgt* agitation; **nie móc opanować ~a** to be unable to control one's anger

wzburz|ony [U] *pp* → **wzburzyć**

[III] *adi.* [1] [osoba, głos, myśli] outraged; **być ~onym** to be in a state of agitation [2] [włosy, fryzura] tousled; (ręką) ruffled; (mocno) dishevelled

wzburz|yć *pf* — **wzburz|ać** *impf* [U] *vt* [1] (zmącić) to churn up [jezioro, fale] [2] (rozzłościć) to infuriate, to unnerve

[II] **wzburzyć się — wzburzać się** [1] (zostać wzburzonym) [fale morskie] to churn up [2] (zdenerwować się) to become agitated; (oburzyć się) to become appalled

w|zdąć *pf* — **w|zdymać** *impf* (**wezdmę, wezdmie, wzdęła, wzdęli — wzdymam**)

[II] *vt* [1] (wydąć) [wiatr, podmuch] to swell [żagiel, firankę, sukienkę] [2] Fizjol. **zawsze go wzdyma po grochówce** he always feels bloated after eating pea soup; **wzdęty brzuch** bloated a. distended belly a. stomach

[III] **wzdąć się — wzdymać się** to bloat

wzdę|cie [U] *sv* → **wzdąć**

[II] *n* Med. flatulence, bloat

wzdłuż [I] *praep.* along; **~ torów/brzegu** along the railway track/the shore; **~ całej trasy stały tłumy ludzi** there were crowds of people lining the entire route

[II] *adv.* in length; **pokój ma pięć metrów ~ i trzy metry wszerz** the room is five metres long and three metres wide; **zmierzyć dywan ~ i wszerz** to measure the length and width of a carpet; **przemierzyć kraj ~ i wszerz** to travel the length and breadth of the country

wzdraga|ć się *impf* *v refl.* to hesitate; to shy away (**przed czymś** from sth)

wzdrę|ga *f* Zool. rudd

wzdrygać się *impf* → **wzdrygnąć się**

wzdryg|nąć się *pf* — **wzdryg|ać się** *impf* (**~nę się, ~nie się, ~nęła się, ~nęli się — ~am się**) *v refl.* to flinch, to cringe, to shudder

wzdychać *impf* → **westchnąć**

wzdymać *impf* → **wzdąć**

w|zejść *pf* — **w|schodzić** *impf* (**wzejdzie, wzeszedł, wzeszła, wzeszli — wschodzi**) *vi* [1] (o ciałach niebieskich) to rise, to come up [2] przen. [świt] to dawn [3] (o roślinach) to sprout

■ **wschodząca gwiazda** rising star

wzesz|ły *adi.* [roślina, zboże, trawa] sprouting *attr.*

wzgar|da *f sgt* książk. (pogarda) contempt, disdain (**dla kogoś** for sb); scorn (**dla kogoś/czegoś** for sb/sth); **czuć do kogoś ~dę** to feel contempt for sb; **spojrzenie pełne ~dy** a look of disdain

wzgardliwie *adv.* książk. [odnosić się, spojrzeć, uśmiechnąć się] contemptuously, disdainfully

wzgardliw|y *adi.* książk. [milczenie, spojrzenie, uśmiech] contemptuous, disdainful

wzgar|dzić *pf vt* książk. to scorn [propozycją pomocy, radą]; to snub [ofertą]; to spurn [podarunkiem, zaproszeniem]

wzgl|ąd [U] *m* (*G* **~ędu**) [1] (branie pod uwagę) account; (poszanowanie) consideration, regard; **mieć ~ąd na coś** a. **mieć coś na ~ędzie** to take sth into account; **ze ~ędu na coś** on account of sth; **bez ~ędu na coś** irrespective a. regardless of sth; **z tego ~ędu** on that a. this account; **nie zmieniaj terminu przez ~ąd na mnie** don't change the date on my account; **przez ~ąd na jego uczucia** out of consideration a. regard for his feelings [2] zw. pl książk. (powód) consideration, reason; **~ędy finansowe/humanitarne** financial/humanitarian considerations; **ze ~ędów bezpieczeństwa** for security reasons; **ze ~ędów praktycznych** as a matter of expediency, for practical reasons; **z zasadniczych ~ędów** as a matter of principle; **ze ~ędu na ograniczoną poczytalność** on the grounds of diminished responsibility GB a. capacity US; **z tego ~ędu, że...** for the

reason that...; **powinieneś to zrobić z dwóch ~ędów...** you should do it for two reasons... [3] (aspekt, właściwość) regard, respect; **nasze systemy różnią się w tym ~ędzie** our systems differ in this regard; **pod tym/żadnym ~ędem** in this/no respect; **pod pewnymi/wieloma ~ędami** in some/many respects; **pod każdym ~ędem** in every respect a. way; **w pewnym ~ędzie miała rację** in a way she was right; **są równi pod ~ędem wieku i doświadczenia** they are equals in terms of age and experience; **pod ~ędem czasu/pracy** timewise/workwise

[II] **względy** *plt* [1] (życzliwość) favour *U*; (szacunek) consideration *U*; **nie mieć (żadnych) ~ędów dla kogoś** to show no consideration for sb; **zabiegać o czyjeś ~ędy** to try to win sb's favour; **cieszyć się czyimiś ~ędami** to be in sb's good graces; **pozyskać czyjeś ~ędy** to get on the right side of sb [2] przest., książk. (uczucie) affection; **zaskarbić sobie ~ędy damy** to win a lady's affection

[III] **względem** *praep.* [1] książk. (wobec) regarding, towards; (w stosunku do) relative to; **mam pewne plany ~ędem ciebie** I've got some plans regarding you; **jego postawa ~ędem innych ludzi** his attitude towards other people; **domy ustawiono ukośnie ~ędem ulicy** the houses were positioned obliquely relative to the street [2] pot. (jeśli chodzi o) with regard to; **a ~ędem tego pisma, to co robimy?** what are we going to do with regard to that letter?

względnie [U] *adv.* [1] (dość) [cichy, dobry, spokojny, zamożny] comparatively, relatively [2] (niezłe) [czuć się, udać się, zachowywać się] fairly a. reasonably well; **na wycieczce było ~** the trip went reasonably well; **uczyć się ~** to be a fairly good pupil

[II] *coni.* książk. or (alternatively)

względnoś|ć *f sgt* (relatywność) relativity (**czegoś** of sth); **teoria ~ci** Fiz. the theory of relativity

względn|y *adi.* [1] (relatywny) [ocena, pojęcia, wartość] relative [2] (umiarkowany) [spokój, wygoda] comparative; [sukces] qualified; [ciemność, cisza, dobrobyt, swoboda] relative; **cieszył się ~ym zdrowiem** he enjoyed relatively good health [3] Nauk., Techn. (określany w stosunku do innych) [częstotliwość, gęstość, prędkość, ruch, wilgotność] relative

wzgór|ek *m* [1] (pagórek) hillock, hummock, knoll [2] (stosik) (small) heap, (small) pile [3] (w chiromancji) mount; **~ek Wenus** the Mount of Venus [4] Anat. (wypukłość) eminence, prominence; (kości krzyżowej) promontorium, promontory; (jajonośny) cumulus; **~ek łonowy** mons pubis; (u kobiet) mons veneris

wzgórz|e *n* (*Gpl* **~y**) [1] (wzniesienie) hill [2] Anat., Med. (część mózgu) thalamus

wziąć *pf* — **brać** *impf* [U] *vt* [1] (chwycić) to hold, to take; **wziąć kogoś w ramiona** to hold/take sb in one's arms; **wziąć kogoś za rękę** to take sb by the hand a. sb's hand; **wziąć kogoś pod ramię** to take sb by the arm; **wziąć coś w zęby** to take sth in one's teeth; **wziął dziecko na ręce** he picked up the child; **wzięła dziecko na kolana** she put the child on her lap [2] (zabrać ze sobą) to take (out); **wziąć kogoś na narty/ryby/ tańce** to take sb fishing/skiing/dancing; **wziąć kogoś na kolację/spacer** to take sb out to dinner/for a walk; **weź mnie ze sobą!** take me with you! [3] (otrzymać) to get *[pensję, napiwek, zapłatę]*; **ile wziąłeś za samochód?** how much did you get for your car? [4] (na własność, w użytkowanie, pod opiekę) to take; **wziąć coś w dzierżawę** to take out a lease on sth; **wziąć coś na kredyt/na raty** to take sth on credit/in installments; **wziąć psa ze schroniska** to take a dog from the shelter [5] (skorzystać) to take [sth] out, to take (out) *[pożyczkę, urlop, zwolnienie]* [6] (powierzyć funkcję) to employ *[korepetytora, nianię]* [7] (do niewoli) to take *[jeńców, zakładników]*; **wziąć coś żywcem** to take sb alive [8] (zaczerpnąć) to get *[informacje, pomysł]*; to take (**z czegoś** from sth) *[cytaty, przykłady]* [9] przen. książk. (odziedziczyć) to get (**coś po kimś** sth from sb); **urodę wzięła po matce** she got her good looks from her mother; **imię wziął po dziadku** he is named after his grandfather [10] pot. (włożyć) to put [sth] on, to put (on); **weź coś na głowę, bo jest zimno!** put something on your head, it's cold! [11] pot. (pokonać) *[koń]* to clear, to take *[przeszkodę]*; *[samochód]* to take *[zakręt]* [12] pot. (wyprzedzić) *[biegacz, kolarz]* to overtake *[współzawodnika]* [13] (zastosować) to take *[lekarstwo, pigułkę]*; to have *[masaże, zastrzyki]* [14] (przyjąć) to take *[pracę, stanowisko, zajęcie]* [15] (użyć) to take *[drzewo, mąkę]* [16] (potraktować, zrozumieć) to take; **wziąć coś do siebie** to take sth personally; **wzięła jego słowa poważnie/ dosłownie/za żart** she took his words seriously/literally/as a joke; **przepraszam, wzięłam pana za kogoś innego** I'm sorry, I mistook you for someone else [17] (zdobyć w walce) to take *[miasto, twierdzę]*; **wziąć fortecę szturmem** to storm a fortress [18] (przywłaszczyć sobie) to take; **kto mi wziął pióro?** who's taken my pen? [19] (dokonać czynności) to take *[kąpiel, lekcje, miarę, oddech, prysznic]*; **wziąć ślub** to get married [20] pot. (usunąć) to take; **weź nogi z kanapy!** take a. get your legs off the sofa!; **bierz** a. **weź to stąd zaraz!** take it away right now a. this minute! [21] pot. (wywrzeć wpływ) to sway; **wzięła go na litość** ≈ she appealed to his better self; **dał się wziąć na jej kłamstwa** he was taken in by her lies [22] (zobowiązać się) **wziąć na siebie dodatkowe obowiązki** to take on extra responsibilities; **wziąć na siebie zrobienie czegoś** to take it upon oneself to do sth; **wziąć na siebie winę** to shoulder a. take the blame [23] (zacząć się przejawiać) to be felt; **wzięła ją ciekawość/złość/zazdrość** she was overcome with curiosity/anger/ jealousy; **wzięła go grypa** he came down with the flu [24] (porwać, wciągnąć) to captivate; **tak go wzięły te komputery, że o niczym innym nie mówi** he got so hooked on computers that he couldn't talk about anything else [25] (rozważyć) to take; **weźmy (na przykład) sytuację we Francji...** let's take the situation in France (for example)...; **weźmy inny przykład...** let's take another example...; **razem wzięte**

taken together; **jest mądrzejszy niż wy wszyscy razem wzięci** he's smarter than all of you put together pot. [26] (dostać, oberwać) to get *[baty, lanie]* [27] pot. (uprawiać seks) to take *[kobietę]*

II wziąć się [1] (chwycić się) to hold; **wziąć się za głowę/pod boki** to hold one's head/ sides [2] (chwycić się nawzajem) **wziąć się w objęcia** to hold each other; **dzieci wzięły się za ręce** the children took each other's hands [3] (zająć się) to get down (**do czegoś** to sth); to take [sth] up, to take up; **wziąć się do pracy/nauki** to get down to work/ some studying; **wziąć się do pióra/łopaty** to take up writing/a spade; **po pomalowaniu kuchni wziął się za salon** having painted the kitchen he set to work on the living room [4] (zwiększyć kontrolę) to crack down (**za kogoś** on sb); to do something (**za kogoś/coś** about sb/sth); **weź się wreszcie za syna!** do something about your son at last! [5] (pojawić się) to come; **skąd się tu wziął ten talerzyk?** where did that plate come from? [6] (mieć źródło) *[nieufność, niezadowolenie, problem]* to stem (**z czegoś** from sth)

■ **wziął (i) wyszedł** pot. he (just) went and left pot.; **weź się odczep** pot. get away from me a. get lost, will you? pot.

wziernik *m* [1] Med. (przyrząd lekarski) endoscope, speculum; **~ krtaniowy** laryngoscope; **~ pęcherzowy** cytoscope [2] Techn. (otwór) inspection opening, sight glass; **~ drzwiowy** a door viewer

wzięci|e II *sv* → **wziąć**

II *n sgt* pot. (popularność) popularity; **mieć ~e u klientów/pracodawców** to be in demand with a. among the customers/ employers; **ten produkt cieszy się dużym ~em** this product enjoys considerable popularity; **ma duże ~e u kobiet** he is very popular with the ladies

■ **kawaler/panna do ~a** przest. an eligible young man/woman

wzięty II *pp* → **wziąć**

II *adi.* (popularny) *[specjalista]* sought-after; **~ty pisarz/aktor** a popular writer/actor

wzlatywać *impf* → **wzlecieć**

wzl|ecieć *pf* — **wzl|atywać** *impf* (**~ecisz, ~eciał, ~ecieli** — **~atuję**) *vi* [1] (polecieć do góry) *[owad, ptak]* to fly (up); *[balon, samolot]* to ascend [2] (wzbić się) *[piłka, kurz, śnieg]* to fly (up); *[dym]* to rise up [3] przen. *[myśli]* to rise, to soar; to take wing książk.

wzlo|t *m* (*G* **~tu**) [1] (wzniesienie się) ascent, (upward) flight; (rakiety, samolotu) lift-off [2] *zw. pl* przen. (przypływ, uniesienie) (ducha, myśli, wyobraźni) flight; (entuzjazmu, uczuć) rush, surge; (artystyczny, poetycki) outpouring; **~ty i upadki** the ups and downs

wzmacniacz *m* Techn. amplifier, booster

wzmacniać *impf* → **wzmocnić**

wzmacniająco *adv.* strengtheningly; **ćwiczenia działają na mięśnie ~** exercise strengthens the muscles

wzmacniając|y II *pa* → **wzmocnić**

II *adi. [pokarmy, witaminy]* energizing; *[szampon]* restorative; *[ćwiczenia]* strengthening

wzmagać *impf* → **wzmóc**

wzmian|ka *f* (napomknięcie) mention (**o kimś/czymś** of sb/sth); (bibliograficzna) note; (dziennikarska) paragraph

wzmiank|ować *pf, impf vt* (napomknąć) to mention; **~ować, że...** to mention that...

wzm|ocnić *pf* — **wzm|acniać** *impf* II *vt* [1] (uczynić mocniejszym) to build [sth] up, to build up *[siły]*; to energize *[osobę]*; to improve *[pamięć, zdrowie]*; to strengthen *[ciało, mięśnie, nogi, włosy]*; **brać witaminy na ~ocnienie** to take vitamins to build up one's strength [2] (uczynić trwalszym) to reinforce *[konstrukcję]*; to strengthen *[budynek, maszynę, mebel, most]*; to toughen *[ścianę, tworzywo]* [3] (powiększyć grupę) to reinforce *[oddział, straż, załogę]*; to strengthen *[drużynę, personel]* [4] przen. (uczynić stabilniejszym) to enhance *[pozycję]*; to prop [sth] up, to prop up *[walutę]*; to strengthen *[gospodarkę, przemysł, rząd, władzę prezydenta]* [5] (wzmóc) to enhance *[działanie leku]*; to heighten *[doznania]*; to increase *[czujność, nadzór, ochronę, skuteczność]*; to intensify *[emocje, kolor]*; to strengthen *[wiarę, więź]* [6] (dodać alkoholu) to fortify *[wino]*; to needle US pot. *[drinka]* [7] Audio, Elektr., Radio to amplify *[dźwięk, głos, sygnał]*

II wzmocnić się — **wzmacniać się** [1] (nabrać sił) *[ciało, osoba, mięsień, serce]* to become/grow stronger [2] (powiększyć się liczebnie) *[armia, załoga]* to be/become reinforced [3] (stać się silniejszym) *[gospodarka, przemysł, rząd, władza, władca]* to strengthen [4] (stać się intensywniejszym) *[doznania]* to heighten; *[czujność, opór, skuteczność, hałas, wiatr]* to increase; *[emocje, kolory]* to intensify; *[wiara, więź]* to strengthen

wzmocnie|nie II *sv* → **wzmocnić**

II *n* (element konstrukcyjny) reinforcement

wzm|óc *pf* — **wzm|agać** *impf* (**~ogę, ~ożesz, ~oże, ~ógł, ~ogła, ~ogli — ~agam**) II *vt* to deepen *[oburzenie, troskę, zainteresowanie]*; to heighten *[ciekawość, napięcie, zaniepokojenie]*; to increase *[czujność, odporność, pragnienie, represje, wysiłki]*; **~ożony ruch (na drogach)** increased traffic

II wzmóc się — **wzmagać się** *[podziw, miłość, zainteresowanie]* to deepen; *[bezład, gniew]* to grow; *[strach, napięcie]* to heighten; *[ból, wiatr, hałas, ruch uliczny]* to increase

wznak → **na wznak**

wznawiać *impf* → **wznowić**

wzniecać *impf* → **wzniecić**

wznie|cić *pf* — **wznie|cać** *impf* II *vt* [1] (zapalić) to kindle *[ogień]*; to start *[pożar]* [2] przen. (wywołać) to arouse *[miłość, niepokój, pragnienie, zapał]*; to instigate *[zamieszki]*; to incite *[bunt, rozruchy, wojnę]*; to stir up *[kłótnie, nienawiść]* [3] (wzbić w powietrze) to stir up *[kurz, pył, śnieg]*

II wzniecić się — **wzniecać się** (zapalić się) *[ogień, pożar]* to start

wzniesie|nie II *sv* → **wznieść**

II *n* [1] (pagórek, wyżyna) hill, rise [2] (podium, podwyższenie) platform

❏ **~nie (terenu** a. **lądu) nad poziom morza** Geog. elevation

wzn|ieść *pf* — **wzn|osić** *impf* (**~iosę, ~iesiesz, ~iesie, ~iósł, ~iosła, ~ieśli — ~oszę**) II *vt* [1] (unieść) to lift a. raise [sth] up, to lift (up), to raise (up) *[batutę,* *głowę, rękę, szablę]*; **~ieść oczy** a. **wzrok do nieba** książk. to look to the sky a. toward heaven [2] (postawić) to erect *[barykadę, budynek]*; to build *[pomnik, posąg]* [3] (wzniecić) to raise, to stir *[sth]* up, to stir up *[dym, kurz, pył]* [4] (wydać) to raise *[okrzyk]* **III wznieść się — wznosić się** [1] (unieść się) *[mgła]* to lift; *[pierś, ramię, poziom wody, słońce]* to rise (up) [2] (wzlecieć) *[balon, ptak, samolot]* to ascend; *[dym, para]* to rise (up) (**w coś** into sth) [3] (rozlec się) *[jęk, krzyk]* to arise, to go up [4] przen. to rise; **~ieść się ponad przeciętność** to rise above mediocrity; **politycy, którzy ~ieśli się ponad partyjne podziały** politicians who have managed to rise above party differences **III wznosić się** [1] (piąć się w górę) *[droga]* to climb; *[grunt, wybrzeże]* to rise; *[ścieżka]* to slope up [2] (wystawać) *[szczyt]* to jut; *[budynek, łańcuch górski]* to rise (up); *[maszt]* to stick up; **wzgórze ~oszące się nad miastem** a hill overlooking the town

■ **wznieść toast** a. **kielich** to propose a toast; **~osić modły** książk. to offer up one's prayers

wzniosłoś|ć *f sgt* [1] (szlachetność) (charakteru, umysłu) nobility; (ideałów, uczuć, zasad) loftiness; (przyjaźni, sztuki) sublimity [2] (górnolotność, podniosłość) solemnity; (stylu) grandeur

wznio|sły *adi. grad.* [1] (szlachetny) *[charakter, umysł]* noble; *[ideały, uczucia, zasady]* lofty; [2] (górnolotny, uroczysty) *[myśl, styl, ton]* elevated; *[nastrój, słowa]* solemn

wzniośle *adv. grad. [mówić, przemawiać]* solemnly; *[brzmieć] adi.*, solemn *adi.*

wznosić *impf* → **wznieść**

wzn|owić *pf* — **wzn|awiać** *impf* **II** *vt* [1] (podjąć na nowo) to resume *[działalność, produkcję, rozmowy, stosunki dyplomatyczne]*; to renew *[negocjacje, prenumeratę, wysiłki]*; to reopen *[dochodzenie, dyskusję, rozprawę sądową]*; to restart *[grę, usługę]* [2] Wyd. to reissue *[publikację]*

II wznowić się — wznawiać się (rozpocząć się ponownie) *[walka, działania, wojna]* to resume; *[rozprawa sądowa]* to reopen; *[bóle, rozgrywki, sprzeczka]* to start again

wznowie|nie II *sv* → **wznowić**

II *n* (książki) reissue; (sztuki) new production

wzorcowo *adv.* [1] (typowo) **~ wypełniony druk** a form completed as a model; **jego wiersz jest wręcz ~ postmodernistyczny** his poem is the epitome of postmodernism [2] (doskonale) *[prowadzony, wykonany, zarządzany]* in (a) textbook a. model fashion; **uczył się ~** he was a model student

wzorcow|y *adi.* [1] (modelowy) *[bohater, dom, gospodarstwo]* model *attr.*; *[plik, regulamin, statut]* sample *attr.*; *[kopia, strona]* specimen *attr.*; *[próbka, praca, przykład]* standard [2] Nauk., Techn. *[atmosfera, elektroda, substancja, zegar]* standard [3] (bardzo dobry) *[odpowiedź, rozwiązanie]* textbook *attr.*; *[lądowanie, szpital, więzienie]* model *attr.*

❑ **sklep ~y/~y punkt usługowy** Handl. showroom

wzor|ek *m dem.* (*G* **~ku**) (drobny wzór) (fine) design, (fine) pattern

wzornictw|o *n sgt* design; **~o przemysłowe** industrial design; **proste i funkcjonalne ~o** simple and functional design

wzornik *m* [1] (wzór) pattern; (katalog wzorów) pattern book [2] Techn. (w obróbce skrawaniem) master; (do kształtowania blach) former; (kontrolny, traserski) template

wzor|ować *impf* **II** *vt* (tworzyć według wzoru) to model (**coś na czymś** sth on a. after sth); to pattern (**coś na czymś** sth on a. after sth); **system prawny ~owany na modelu brytyjskim** a legal system based on the British model; **portret damy ~owany na dziełach Rembrandta** a portrait of a lady modelled after Rembrandt's work

II wzorować się (naśladować) to follow the example (**na kimś** of sb); to pattern oneself (**na kimś** after sb); **~ował się na poezji klasycznej** he followed the model of classical poetry

wzorowo *adv. [zachowywać się]* impeccably; *[pracować, wykonywać zadania, wypełniać funkcję]* exemplarily, in an exemplary manner; **uczy się ~** he is a model pupil

wzorow|y II *adi.* [1] (doskonały) *[ojciec, zachowanie]* exemplary; *[maniery, wykonanie]* impeccable; *[mąż, pracownik]* model *attr.* [2] Szkol. *[uczeń]* model *attr.*; *[ocena]* very good; **~e sprawowanie** a. **zachowanie** very good conduct

II *m* Szkol. (ocena ze sprawowania) very good conduct grade

wzo|rzec *m* [1] (model) model, pattern; **~rzec deklinacyjny/koniugacyjny/mowy** declension/conjugation/speech pattern; **~rce literackie** literary models; **~rce kulturowe** cultural patterns [2] Techn. (jednostka porównawcza) standard; **~rzec bieli/częstotliwości** white reference/frequency standard; **~rzec masy** standard of mass [3] (zespół cech ludzkich) standard; **~rzec postępowania** a standard of behaviour; **~rzec osobowy** role model

wzorzy|sty *adi. [podłoga, tkanina]* patterned

wzorzyście *adv.* in various patterns; **~ tkany** woven in a pattern

wz|ór *m* (*G* **wzoru**) [1] (deseń) design, pattern; **kwiecisty/pasiasty wzór** a floral/striped design a. pattern; **dywan w jaskrawe wzory** a brightly patterned carpet [2] książk. (w masowej produkcji) line; **jeden z naszych najpopularniejszych wzorów** one of our most popular lines [3] (do kopiowania, porównywania) model; (dokumentu, formularza, banknotu) specimen; **wzór podpisu** a specimen signature; **być wzorem** a. **służyć za wzór dla czegoś** to be a. serve as a model for sth [4] (przykład, wzorzec) example, pattern; **wzory zachowań** patterns of behaviour; **brać wzór z kogoś** to follow sb's example; **na wzór** a. **wzorem kogoś** following the example of sb; **na wzór czegoś** on the pattern of sth, in imitation of sth [5] (zasada postępowania) model, pattern [6] (ideał) (shining) example, (role) model; **wzór taktu/prawości** a model of tact/fairness; **stawiać kogoś za wzór (komuś)** to hold sb up as a model (for sb); **jest wzorem ojca** he is a model father [7] Chem., Fiz., Mat. (ciąg symboli) formula

❑ **wzór cebulowy** Szt. onion pattern; **wzór kulturowy** Socjol. cultural pattern; **wzór norweski** Włók. Norwegian pattern; **wzór redukcyjny** Mat. reduction formula; **wzór**

rekurencyjny Mat. recurrence formula; **wzór strukturalny** Chem. structural formula; **wzór sumaryczny** Chem. molecular formula

wzrastać *impf* → **wzrosnąć**

wzrok *m* (*G* **~u**) *sgt* [1] (zmysł) (eye)sight, vision; **krótki ~** short sight; **mieć krótki ~** to be short-sighted; **mieć dobry/słaby ~** to have good/poor eyesight a. vision; **linia ~u** sb's line of vision; **w zasięgu ~u** in view; **na wysokości ~u** at eye level; **psuje mi się ~** my eyesight is failing [2] (spojrzenie) eye(s), gaze; **podnieść/spuścić ~** to raise/lower one's eyes; **przyciągać ~** to attract sb's eyes; **nasycić ~ (czymś)** to feast one's eyes (on sth); **utkwić ~ w kimś/czymś** to fix one's eyes a. gaze on sb/sth; **wodzić ~iem za czymś/kimś** to follow sb/sth with one's eyes; **spiorunować kogoś ~iem** to glare at sb; **unikać czyjegoś ~u** to avoid sb's eyes; **rozbierać kogoś ~iem** to undress sb with one's eyes; **nie mogła oderwać od niego ~u** she couldn't take her eyes off him

■ **mieć sokoli** a. **orli** a. **jastrzębi ~** pot. to be eagle-eyed

wzrokow|iec *m* Psych. visualizer

wzrokowo *adv. [oceniać, określać, poznawać]* visually

wzrokow|y *adi.* [1] (dotyczący narządu wzroku) *[nerw]* optic; *[układ, zaburzenia]* optical; *[pigment, receptor]* visual [2] (wizualny) *[badanie, halucynacje, pamięć, wrażenia]* visual; **kontakt ~y** eye contact

wzr|osnąć *pf* — **wzr|astać** *impf* (**~osnę, ~ośnie — ~astam**) *vi* [1] (powiększyć się) *[deficyt, popyt, wydatki]* to grow; *[dochody, inflacja, populacja, szybkość]* to increase; *[bezrobocie, ceny, liczba, temperatura, tempo]* to rise; **produkcja ~osła o 20%** production increased by 20%; **cena nieruchomości ~osła** the price of real estate went up; **~osnąć dwukrotnie/trzykrotnie/czterokrotnie** to double/triple/quadruple; **w październiku inflacja powoli ~astała** inflation edged up in October [2] (nasilić się) *[napięcie, podniecenie]* to build up; *[gniew, poparcie, zainteresowanie]* to grow; *[apetyt, hałas]* to increase; **jego popularność gwałtownie ~osła** his popularity soared [3] (wychować się) *[osoba]* to grow up [4] (urosnąć) *[rośliny]* to grow

wzro|st *m* (*G* **~stu**) *sgt* [1] (wysokość) height; **kobieta średniego ~stu** a woman of average a. medium height; **ile masz ~stu?** what is your height?; **miał prawie dwa metry ~stu** he was almost two metres tall [2] Biol. (żywego organizmu) growth; **okres ~stu** the growing season, the period of growth [3] (stawanie się większym) growth, increase; **~st populacji/przestępczości** a growth a. an increase in population/crime; **~st wydatków/zarobków** an increase in expenditure/earnings; **~st bezrobocia/poparcia** a rise in unemployment/support; **~st cen/inflacji** a rise in prices/inflation; **~st ciśnienia/temperatury** a rise in pressure/temperature; **pięcioprocentowy ~st** an increase of 5%, a 5% increase; **dwukrotny ~st cen** a 100 per cent rise in prices; **gwałtowny ~st zapotrzebowania na coś** a surge in demand for sth;

szybki **~st liczby czegoś** a proliferation of sth

❑ **~st gospodarczy** Ekon. growth in a. of the economy

wzrostow|y *adi.* [1] Biol. *[hormon, witaminy, zaburzenia]* growth *attr.*; *[bóle]* growing *attr.* [2] *[czynnik, tendencja]* growth *attr.*

wzruszać *impf* → wzruszyć

wzruszająco *adv.* *[opowiadać, śpiewać]* movingly, touchingly, in a moving a. touching way; *[brzmieć, wyglądać]* moving *adi.*, touching *adi.*

wzruszając|y **[]** *pa* → wzruszać

[] *adi.* *[apel, przemówienie]* emotional; *[historia, scena, skarga, słowa]* moving *attr.*, touching *attr.*

wzrusze|nie **[]** *sv* → wzruszyć

[] *n* [1] (stan psychiczny) emotion; **ogarnęło go ~nie** he was overcome by emotion; **~nie ściska go/ją za gardło** his/her throat is tight with emotion [2] *zw. pl* (przyjemne doznanie) thrill; **muzyczne ~nia** musical thrills

wzrusz|ony **[]** *pp* → wzruszyć

[] *adi.* *[osoba]* moved, touched; **~ony głos/ ~one spojrzenie/~ona twarz** a voice/a look/a face filled with emotion

wzrusz|yć *pf* — **wzrusz|ać** *impf* **[]** *vt* [1] (spulchnić) to churn [sth] up, to churn up, to loosen *[ziemię]* (**czymś** with sth); to plump up *[pierze]* [2] (rozczulić, rozrzewnić) to move, to touch; **~yć kogoś głęboko** to move sb deeply a. profoundly [3] (wzbudzić troskę) to cause concern; **nie ~a ich los bezdomnych psów** they don't care about the fate of homeless dogs; **a mnie to nie ~a** I couldn't care less

[] **wzruszyć się** — **wzruszać się** to be moved a. touched (**czymś** by sth); to be/get emotional (**czymś** about sth); **~yć się do łez** to be moved to tears

■ **~yć ramionami** to shrug one's shoulders; **~yłby/to ~yłoby kamień** a. **skałę** he/it would move a heart of stone

wzu|ć *pf* — **wzu|wać** *impf vt* przest. to put [sth] on, to put on *[buty, pantofle]*

wzuwać *impf* → wzuć

wzw|ód *m* (*G* **~odu**) Anat. (erekcja) erection

wzwyż **[]** *adv.* up, upwards; **skok ~** the high jump; **skoczek ~** a high jumper

[] *part.* up, upwards; **od pasa ~** from the waist up; **od 30 lat ~** from 30 up; **wszyscy oficerowie, począwszy od kapitana ~** all officers of the rank of captain and above

wzywać *impf* → wezwać

wże|nić się *pf v refl.* pot. **~nić się w majątek/rodzinę** to marry into wealth/a family

wże|r *m* (*G* **~ru**) Techn. (corrosion) pit

wżerać się *impf* → weżreć się

wży|ć się *pf* — **wży|wać się** *impf* (**~ję się** — **~wam się**) *v refl.* (wcielić się) to become integrated (**w coś** in(to) sth); (wczuć się) to empathize, to identify (**w coś** with sth); **~ć się w czyjeś cierpienia/odczucia** to empathize a. identify with sb's suffering/sentiments; **z trudem ~ła się w nowe otoczenie** it was with effort that she integrated herself into her new surroundings

wżywać się *impf* → wżyć się

X, x *n inv.* ☐1 (litera) X, x ☐2 → **Iks, iks**
X (= cyfra rzymska) X, x

Y, y *n inv.* ☐1 (litera) Y, y ☐2 → **Igrek, igrek**
yacht-club /'jaxtklub/ → **jachtklub**
yachting /'jaxtiŋg/ → **jachting**
yale /'jale jejl/ *m inv.* Yale® (lock)

yard /'jard/ → **jard**
yeti /'jeti/ *n inv.* yeti
yorkshire terrie|r /'jorkʃir 'terjer
'jorkʃajr 'terjer / *m* Zool. Yorkshire terrier

yuppie /'japi/ *m inv.* yuppie; **miejscowi ~**
ᵃ· **~s** the local yuppies

Z

Z, z *n inv.* Z, z

z, ze ◊ *praep.* [1] (przed określeniami miejsca) from (**czegoś** sth); (o pomieszczeniu, pojemniku) from, out of (**czegoś** sth); (o powierzchni) off (**czegoś** sth); **z Polski/ze Szkocji** from Poland/Scotland; **pamiątka z Japonii** a souvenir from Japan; **św. Franciszek z Asyżu** St Francis of Assisi; **jechać z Berlina do Warszawy** to go from Berlin to Warsaw; **wyszedł z domu o trzeciej** he left home at three; **wyjął pieniądze z portfela** he took some money out of his wallet; **zjechał na sankach z górki** he went down the hill on a sledge; **gwóźdź wystający z deski** a nail sticking out of a plank; **zdjął obraz ze ściany** he took the picture off the wall; **sprzątnęła brudne naczynia ze stołu** she cleared the dirty dishes off the table; **podniósł coś z podłogi** he picked something up off the floor; **zsiadł z konia** he got off the horse [2] (określający kierunek, stronę) from (**czegoś** sth); **hałasy dochodzące z góry** noises coming from upstairs; **widok z wieży kościoła** the view from the church tower; **z każdej strony** a. **ze wszystkich stron** from all sides, from every side; **z lewej/prawej strony** (znajdować się) on a. to the left/right; (zbliżać się) from the left/right; **z mojej lewej/prawej strony** (tuż obok) by my left/right side; (nieco dalej) to my left/right; **z tamtej strony brzeg jest bagnisty** on the other side the shore is marshy; **z przodu/tyłu** at the front/back [3] (określający źródło, pochodzenie) from (**czegoś** sth); **informacje pochodzące z dziennika telewizyjnego** information from the TV News; **dane z rocznika statystycznego** data from a statistical yearbook; **wiadomość z pewnej gazety** information from a certain newspaper; **znał jej adres z książki telefonicznej** he knew her address from the telephone directory; **wiem o tym z doświadczenia** I know it from experience; **z badań rynkowych wynika, że...** from market research it emerges that...; **dyrektor z wyboru/nominacji** an elected/a nominated director; **towary z importu** imported goods; **odrzuty z eksportu** export rejects; **znalazł sobie pracę z ogłoszenia** he found a job through an ad [4] (z określeniami czasu) from, of (**czegoś** sth); **zamek z XV wieku** a castle (dating) from the 15th century; **fotografie z lat szkolnych** photographs from one's school days; **jego list z 12 maja** his letter of 12 May; **to jest rachunek za telefon z ubiegłego miesiąca** this is the phone bill for a. from last

month; **z rana** in the morning; **z samego rana** first thing in the morning [5] (wskazuje na podstawę, wzór) from (**czegoś** sth); **rysunek z natury** a drawing from nature; **odpis z oryginału** a duplicate of the original; **wyrecytować coś z pamięci** to recite sth from memory; **przepisał dane z tablicy** he copied down the data from the board [6] (wskazuje na surowiec) of, from (**czegoś** sth); **z drzewa/ze stali** of a. from wood/steel; **zasmażka z mąki i wywaru** a roux of a. from flour and stock; **z czego to jest zrobione?** what is it made of a. from?; **wiązanka z czerwonych róż** a bunch of red roses; **sok z wiśni/malin** cherry/raspberry juice; **sałatka z pomidorów/selera** a tomato/celery salad; **dom wybudowany z cegieł** a brick-built house [7] (wskazuje na zbiór) of (**kogoś/czegoś** sb/sth); **któryś z nich/nas** one of them/us; **jeden z uczniów** one of the pupils; **żaden z nauczycieli** none of the teachers; **najstarszy/najmłodszy z nich** the oldest/youngest of them; **czy któryś z was go zna?** do any of you know him?; **czy coś z tego rozumiesz?** do you understand any of that? [8] (wskazuje na przyczynę stanu) out of, from (**czegoś** sth); **z radości/ze strachu** out of joy/fear; **z konieczności** (out) of necessity; **zemdleć z wyczerpania** to faint from exhaustion; **umrzeć z głodu** die of starvation; **wyszła za mąż z miłości** she married for love a. out of love; **udusił się z braku powietrza** he suffocated through lack of air [9] (wskazuje na stan początkowy) from (**kogoś/czegoś** sb/sth); **z nasion/pąków** from seeds/buds; **wyrosła z niej śliczna dziewczyna** she grew into a very pretty girl; **z majora awansował na pułkownika** he was promoted from major to colonel; **inflacja spadła z 10 do 8 procent** inflation went down from 10 to 8 per cent; **z niewinnej sprzeczki zrobiła się wielka awantura** an innocent tiff turned into a big row pot. [10] (wskazuje na cechę) **znany/słynny z czegoś** well-known/famous for sth; **miasto słynie z zabytkowych budowli** the town is famous for its historic buildings; **z oczu jest podobna do matki** her eyes are like her mother's; **ze sposobu bycia przypominał ojca** he resembled his father in manner [11] (wskazuje na natężenie) **z całego serca** with all one's heart; **ze wszystkich sił** with all one's might; **z całą dokładnością** with the utmost accuracy; **podkreślić z całą mocą** to emphasize most strongly; **z grubsza** roughly; **z lekka** lightly; **z rzadka** rarely, seldom; **z uwagą**

attentively; **z wysiłkiem** with (an) effort [12] (wskazuje na element całości) with (**kimś/czymś** sb/sth); **kawa z mlekiem** coffee with milk; **dom z ogrodem** a house with a garden; **dziewczyna z niebieskimi oczami** a girl with blue eyes; **matka z dzieckiem na ręku** a mother carrying a. with a baby in her arms; **samolot ze stu osobami na pokładzie** a plane with a hundred people on board; **chleb z masłem** bread and butter; **mieszkanie z umeblowaniem** a furnished flat; **sklep z używaną odzieżą** a second-hand clothes shop; **deszcz ze śniegiem** sleet; **podróżowała z mężem i dwojgiem dzieci** she travelled with her husband and two children; **dyskutował z synem** he was arguing with his son; **rozstał się ze swą przyjaciółką** he parted with his girlfriend; **zaprzyjaźniła się z nim dwa lata temu** she became friendly with him two years ago; **pójdziesz z nami do kina?** are you going to the cinema with us?; **wyszedł na spacer z psem** he took the dog for a walk; **porozmawiam z nim o tym jutro** I'll talk to him about it tomorrow [13] (wskazuje na sposób) with (**czymś** sth); **z niedowierzaniem/ze zdumieniem** in a. with disbelief/astonishment; **okno zamknęło się z trzaskiem** the window closed with a bang; **obudził się z bólem głowy** he woke up with a headache; **leżał na trawie z rękami pod głową** he was lying on the grass with his hands behind his head; **płynąć z wiatrem/prądem** to sail with the wind/current [14] (wskazuje na cel) **pójść do kogoś z prośbą o radę** to go to sb to request advice; **pośpieszyć komuś z pomocą** to go to sb's aid; **pojechał do Niemiec z wykładami** he went to Germany on a lecture tour [15] (wskazuje na współzależność) with (**czymś** sth); **z wiekiem** with age; **wraz ze wzrostem ciśnienia** with the growth of a. in pressure; **z czasem** with a. in time; **z upływem czasu** with the passing of time; **z każdym dniem/rokiem** with each passing day/year [16] (z określeniami pory) with (**czymś** sth); **z końcem/początkiem sierpnia** at the end/beginning of August; **z nadejściem lata** with the approach of summer [17] (eliptyczne) about (**kimś/czymś** sb/sth); **co z artykułem?** what about the article?; **co się z tobą działo?** what have you been doing with yourself?; **co zrobić z tymi szmatami?** what shall I do with these rags?; **z babcią jest źle, znowu miała atak** Granny's not well, she's had another seizure [18] (w przysłówkach) **literatura zwana z angielska science fiction** literature known by the English name of science fiction; **ubrany z niemiecka** dressed in German style; **mówił trochę z cudzoziemska** he spoke with a slight foreign accent

III *part.* around, about; **zajęło mi to z godzinę** it took me around an hour; **miał ze czterdzieści lat** he was around forty

za¹ **I** *praep.* [1] (dalej, z tyłu) behind (**kimś/czymś** sb/sth); **przekroczył linię mety dwie sekundy za zwycięzcą** he crossed the line two seconds behind the winner; **zajęli drugie miejsce za drużyną z Krakowa** they came in second place behind the Cracow team; **stała za młodym mężczyzną** she was standing behind a young man; **autobus jechał za ciężarówką** the bus was travelling behind a lorry; **pies biegł za tramwajem** a dog was running behind the tram; **jeden za drugim** one after the other a. another; **zamknij drzwi za sobą** close the door after you; **brama powoli zamknęła się za nimi** the gate slowly closed behind them; **oglądać się za kimś** to look back at sb; **mieć coś za sobą** (w przeszłości) to have sth behind one; **mieć kogoś za sobą** (mieć poparcie) to have sb behind one; **najgorsze jest już za nami** the worst is behind us a. is over; **ma za sobą trzyletnie doświadczenie** he has three years' experience behind him; **rząd ma za sobą policję i wojsko** the government have the police and the military behind them; **za czyimiś plecami** behind sb's back także przen. [2] (poza) **za murami miasta** beyond city walls; **mieszkają za miastem** they live outside town a. the city; **wyjechać za miasto** to go out of town [3] (po przeciwnej stronie) [znajdować się] behind, beyond (**kimś/czymś** sb/sth); **za biurkiem/ladą** behind the desk/counter; **za oceanem** beyond the ocean [4] (na przeciwną stronę) [udać się] behind, beyond (**coś** sth); **słońce schowało się za chmury** the sun hid behind some clouds; **włożyła banknoty za stanik** she hid the banknotes in her bra; **pojechać za granicę** to go abroad; **wyrzucić kogoś za drzwi** to throw sb out; **patrzeć za siebie** to look back [5] (wskazuje na sposób) by (**coś** sth); **wziąć kogoś za rękę** to take sb by the hand; **trzymała torbę za pasek** she held her bag by the strap [6] (z określeniem kwoty) for (**coś** sth); **10 jajek za dwa złote** 10 eggs for two zlotys; **kupić/sprzedać coś za 100 złotych** to buy/sell sth for 100 zlotys; **za nic bym tego nie zrobił** I wouldn't do that a. it for anything; **za darmo** for free; **za wszelką cenę** przen. at any price; **za żadną cenę** not at any price [7] (wskazuje na przedmiot transakcji) for (**coś** sth); **ile płacisz za telefon?** how much do you pay for your telephone?; **cennik opłat za świadczone przez nas usługi** a list of fees for services we provide [8] (wskazuje na powód kary, nagrody) for (**coś** sth); **kara/nagroda za coś** a penalty/reward for sth; **ukarać/nagrodzić kogoś za coś** to punish/reward sb for sth; **skazać kogoś za kradzież** to sentence sb for theft; **pogniewała się na niego za spóźnienie** she was cross with him for being late; **dostał medal**

za uratowanie tonącego he got a medal for saving a drowning man [9] (wskazuje na cel) for (**coś** sth); **naprawdę chcesz umrzeć za ojczyznę?** do you really want to die for your country?; **modlić się za kogoś/za czyjąś duszę** to pray for sb/for sb's soul; **(wypijmy) za zdrowie młodej pary!** (let's drink) to the bride and groom! [10] (wskazuje na warunek, okoliczności) on, at (**czymś** sth/doing sth); **wejście tylko za przepustką** a. **okazaniem przepustki** entry on presentation of a valid pass; **za czyjąś zgodą** with sb's permission a. consent; **wyszedł za kaucją** he was released on bail; **oddaj mu to za pokwitowaniem** give it to him and ask for a receipt; **za czyjąś radą** on sb's advice; **za czyjąś namową** at sb's instigation [11] (wskazuje na powtarzające się okoliczności) at (**czymś** sth); **za pierwszym/drugim razem** (the) first/second time round; **za każdym razem** each a. every time; **trafił do tarczy dopiero za trzecim razem** he only managed to hit the target on the third go; **zdał egzamin za trzecim podejściem** he passed the exam at the third attempt [12] (w zastępstwie) for, instead of (**kogoś** sb); **napisał za nią wypracowanie** he wrote her essay for her; **wzięła dyżur za chorą koleżankę** she covered her sick friend's shift; **pracować za dwóch** to do enough work for two; **pił za trzech** he drank enough for three (people); **gadać za dziesięciu** to talk nineteen to the dozen GB pot., to run off at the mouth US pot. [13] (wskazujące na upływ czasu) in; **za godzinę** in an hour a. an hour's time; **za trzy lata** in three years a. three year's time; **za chwilę wybije północ** it'll be midnight in a minute [14] (w określeniach czasu) **za pięć szósta** (at) five to six; „**która godzina?**" – „**za dziesięć pierwsza**" 'what's the time?' – 'ten to one'; **pociąg odchodzi za dwadzieścia trzecia** the train leaves at twenty to three [15] (wskazuje na okres) during, in; **za jej życia** during a. in her lifetime; **za króla Kazimierza Wielkiego** during a. in the reign of Casimir the Great; **za komuny** pot. during a. in communist times; **za kadencji poprzedniego prezydenta** during the term of office of the previous president; **za czasów Księstwa Warszawskiego** during the period of the Duchy of Warsaw; **za młodu sporo podróżował** in his youth he did quite a bit a. a fair bit of travelling; **dzień za dniem/rok za rokiem** one day/year after another; **wynagrodzenie za trzy miesiące** three months' wages; **zapłacić czynsz za styczeń** to pay the rent for January [16] (wskazuje na właściwość) as; **uważano go za ekscentryka** he was regarded as an eccentric; **przebrała się za Kopciuszka** she dressed up as Cinderella; **klucz posłużył mu za narzędzie do otwarcia butelki** he used the key as a bottle opener; **z krótkimi włosami można ją wziąć za chłopca** with her short hair she could be taken for a boy [17] (wskazuje na upodobania) **przepadać za czymś** to go in for a. be fond of sth; **tęsknić za kimś** to miss sb; to yearn for sb książk.; **szaleć za kimś** to be mad about sb; **uganiać się** a. **latać za babami**

pot. to chase (after) women [18] pot. **biegać** a. **chodzić za czymś** (umieć załatwiać) to run around after sth pot.; **jeździł po Polsce za towarem** he travelled around Poland looking for goods

II *adi.* **argumenty za i przeciw** pros and cons; **wyważyć wszystkie za i przeciw** to weigh up (all) the pros and cons; **20 głosów za i 5 przeciw** 20 votes for and 5 against; **jestem za** I'm in favour

III za to but, yet; **tani, za to pożywny** cheap but a. yet nourishing

za² *adv.* (zbyt) too; **za długi/krótki** too long/short; **za późno/wcześnie** too late/early; **jest za zimno, żeby się kąpać** it's too cold to go swimming; **jesteś za młody, żeby chodzić do kasyna** you're too young to go gambling; **tego już za wiele!** enough is enough!; **za mądry to on nie jest** iron. he's not exactly bright iron.

zaabon|ować *pf vt* to subscribe (**coś** to sth); **~ować gazetę/czasopismo** to subscribe to a newspaper/magazine ⇒ **abonować**

zaabsorb|ować *impf* **I** *vt* [1] książk. (zająć) [praca, książka, film] to absorb [uwagę, osobę]; to engross [osobę]; [rodzina, prowadzenie domu, zadania] to occupy [osobę, czas]; **być ~owanym czymś** to be engrossed in sth ⇒ **absorbować** [2] Chem., Fiz. (wchłonąć) to absorb [wilgoć, zanieczyszczenia, promieniowanie] ⇒ **absorbować**

II zaabsorbować się [osoba] to become engrossed (**czymś** in sth)

zaadapt|ować *pf* **I** *vt* to adapt [utwór]; to convert [budynek] (**na coś** into sth); **~ować powieść do wystawienia na scenie** to adapt a novel for stage production a. for the stage ⇒ **adaptować**

II zaadaptować się to adapt (oneself), to adjust (**do czegoś** to sth); **~ować się w nowej szkole** to adjust to a new school ⇒ **adaptować się**

zaadopt|ować *pf vt* to adopt [dziecko] ⇒ **adoptować**

zaadres|ować *pf vt* [1] to address [list, paczkę] (**do kogoś** to sb); **być źle ~owanym** to be wrongly addressed; **list był ~owany do mnie** the letter was addressed to me; **~owana koperta zwrotna** a self-addressed envelope ⇒ **adresować** [2] książk. (kierować) to address, to direct [uwagę, pytanie]; **program ~owany do masowej widowni** a programme aimed at a. addressed to a mass audience ⇒ **adresować**

zaaferowani|e *n sgt* preoccupation

zaaferowan|y *adi.* [osoba, mina] preoccupied; **być czymś ~ym** to be preoccupied with a. engrossed in sth

zaagit|ować *pf vt* to canvass [wyborców]; **~ować kogoś do zrobienia czegoś** to make sb do sth ⇒ **agitować**

zaakcent|ować *pf vt* [1] Jęz. to stress, to accent [wyraz, sylabę] ⇒ **akcentować** [2] książk. (podkreślić) to stress, to emphasize [potrzebę, znaczenie]; to highlight, to accentuate [problemy]; **w ten sposób chciał ~ować swoją niezależność** in this way he wanted to demonstrate his independence ⇒ **akcentować** [3] (uwidocznić) [sukienka, ubiór] to accentuate [talię, *ramiona]*; to emphasize, to highlight *[kształ-ty, figurę]* ⇒ **akcentować** 4 Muz. to accent, to stress *[dźwięk, początek taktu]* ⇒ **akcentować**

zaakcept|ować *pf vt* książk. 1 (zatwierdzić) to accept, to approve *[dokument, działanie]*; (zgodzić się) to accept *[sytuację, decyzję]*; **~ować czyjąś kandydaturę** to accept sb as a candidate; **zachowanie/argument nie do ~owania** unacceptable behaviour/ an unacceptable argument ⇒ **akceptować** 2 (okazać przychylność) to accept *[osobę]*; **~ować samego siebie** to accept oneself; **dziecko musi czuć się ~owane** a child needs to feel accepted ⇒ **akceptować** 3 Handl. to accept; **~ować weksel** to accept a bill (of exchange) a. draft ⇒ **akceptować**

zaaklimatyz|ować *pf* II *vt* Biol. to acclimatize *[zwierzęta]* (**do czegoś** to sth); to harden off *[rośliny]*; **udało się ~ować tę roślinę w naszych parkach** the plant has been successfully naturalized in our parks ⇒ **aklimatyzować**

II **zaaklimatyzować się** 1 Biol. to acclimatize (**do czegoś** to sth) ⇒ **aklimatyzować się** 2 przen. to acclimatize (oneself), to acclimate (oneself) US, to adjust; **~ować się w nowej szkole** to settle in at a new school ⇒ **aklimatyzować się**

zaaklimatyzowan|y II *pp* → zaaklimatyzować

II *adi.* **po tygodniu był już ~y w nowym miejscu** after a week he felt at home in the new place

zaakompani|ować *pf* Muz. **~ować komuś/sobie** to accompany sb/oneself (**na czymś** on sth) ⇒ **akompaniować**

zaalarm|ować *pf vt* książk. 1 (zawiadomić) to alert *[policję, straż pożarną]*; (wezwać) to call *[policję, straż pożarną]*; **~ować kogoś o wystąpieniu nowych wirusów** to alert sb about new viruses; **~ować kogoś, że...** to alert sb that... ⇒ **alarmować** 2 (zaniepokoić) to alarm; **~ować opinię publiczną** to alarm public opinion ⇒ **alarmować**

zaanekt|ować *pf vt* 1 Polit. to annex *[terytorium, obszary]* ⇒ **anektować** 2 książk. (zabrać) to appropriate książk.; to take over *[teren, budynki]* ⇒ **anektować**

zaangaż|ować *pf* II *vt* 1 (do pracy) to employ; to engage książk.; (do konkretnego zadania) to hire; **~ować detektywa** to hire a private investigator ⇒ **angażować** 2 (wciągnąć) to involve *[osobę, instytucję]* (**w coś** in sth); **~ować kogoś w swoje własne sprawy** to involve sb in one's own affairs ⇒ **angażować** 3 przen. to invest *[kapitał, pieniądze, czas]* (**w coś** in sth); to devote *[zdolności]* (**w coś** to sth) ⇒ **angażować**

II **zaangażować się** 1 (przyjąć pracę) to take up employment, to take up work; **~ować się do firmy** to take up employment in a company; **~ować się jako kelner/dozorca** to get a job as a waiter/caretaker ⇒ **angażować się** 2 (włączyć się) to become involved (**w coś** in sth); to commit oneself (**w coś** to sth); **~ować się po czyjejś stronie** to actively support sb; **~ować się uczuciowo** to become a. get emotionally involved ⇒ **angażować się**

zaangażowani|e II *sv* → zaangażować

II *n sgt* 1 (udział) involvement; **~e kraju w konflikt** a country's involvement in a conflict 2 (oddanie) commitment; **pracować z pełnym ~em** to be totally committed to one's work

zaangażowan|y II *pp* → zaangażować

II *adi.* 1 (biorący udział) involved; **być ~ym w coś** to be involved in sth; **być ~ym emocjonalnie** to be emotionally involved a. committed; **być ~ym politycznie** to be politically committed; **państwa ~e w konflikt** the countries involved in the conflict 2 (oddany) *[osoba]* committed; **być bardzo ~ym w swoją pracę** to be very committed to one's work 3 *[literatura, sztuka, twórca]* engagé

zaanons|ować *pf* II *vt* książk. (zapowiedzieć) to announce *[gości, interesantów, wydarzenie]* ⇒ **anonsować**

II **zaanonsować się** książk. to announce one's arrival ⇒ **anonsować się**

zaapel|ować *pf vi* 1 (wezwać) to appeal (**do kogoś/czegoś** to sb/sth); to call (**o coś** for sth); **~ować o spokój/wyrozumiałość/rozwagę** to call for calm/understanding/caution ⇒ **apelować** 2 (odwołać się) to appeal (**do czegoś** to sth); **~ować do czyjegoś sumienia/rozsądku** to appeal to sb's conscience/common sense ⇒ **apelować** 3 Prawo to appeal; **~ować od wyroku** to appeal against a sentence GB, to appeal a sentence US ⇒ **apelować**

zaaplik|ować *pf vt* książk. (zastosować) *[lekarz]* to administer książk. *[kurację, lekarstwo]* (**komuś** to sb); (zalecić) to recommend *[kąpiele morskie]* (**komuś** to sb); **~owano nam kolejną reformę** przen., żart. we were treated to another reform ⇒ **aplikować**

zaaport|ować *pf vt* *[pies]* to retrieve *[zwierzynę]*; to fetch *[patyk, piłeczkę]* ⇒ **aportować**

zaaprob|ować *pf vt* książk. to approve *[projekt, wydatki]*; to agree to, to accept *[zmiany w tekście]*; **projekt został ~owany przez rząd** the project was approved by the government; **przedłożyć coś do ~owania** to submit sth for approval ⇒ **aprobować**

zaaranż|ować *impf vt* 1 książk. (zorganizować) to arrange *[spotkanie]* ⇒ **aranżować** 2 (potajemnie) to contrive *[spotkanie, wypadek]*; (nielegalnie) to fix pot. *[walkę, mecz]*; (zainscenizować) to pre-arrange *[walkę, spotkanie]* ⇒ **aranżować** 3 (urządzić) to design *[wnętrze, mieszkanie]*; to arrange *[wystawę sklepową, kwiaty]* ⇒ **aranżować** 4 Muz. to arrange *[utwór, piosenkę]*; **~ować utwór na orkiestrę** to orchestrate a piece ⇒ **aranżować**

zaareszt|ować *pf vt* 1 (policja) to arrest *[podejrzanego]* (**za coś** for sth) ⇒ **aresztować** 2 Prawo to distrain *[majątek, towary, fundusze]*; to arrest *[statek]* ⇒ **aresztować**

zaatak|ować *pf vt* 1 (napaść) to attack *[osobę]*; **~ować kogoś nożem** to attack sb with a knife ⇒ **atakować** 2 (o wojsku) *[żołnierze, oddziały, pluton, eskadry, czołgi]* to attack *[nieprzyjaciela, twierdzę, bunkier]* ⇒ **atakować** 3 (krytykować) *[dziennikarze, prasa]* to attack *[osobę, poglądy]*; to criticize *[postępowanie, działania]*; **~ować kogoś za jego poglądy** to attack a. criticize sb for their

views ⇒ **atakować** 4 *[choroby, erozja, rdza]* to attack *[osobę, organ, przedmiot]*; *[owady]* to infest; **zima ponownie ~owała** winter struck again; **drzewo ~owane przez szkodniki** a tree infested with pests ⇒ **atakować** 5 Sport to attack *[przeciwnika, bramkę]*; to attempt *[rekord, szczyt]* ⇒ **atakować**

zaawansowan|y *adi.* *[technologia, poziom, faza, uczeń]* advanced; **poziom średnio ~y** an intermediate level; **kraje ~e gospodarczo** economically advanced countries; **być bardziej ~ym w rozwoju** to be more developed; **rozmowy/przygotowania są bardzo ~e** the talks/preparations are well under way; **mieć ~y nowotwór** to suffer from advanced cancer; **być w ~ej ciąży** to be heavily pregnant a. in an advanced stage of pregnancy; **być ~ym wiekiem** a. **w ~ym wieku** to be advanced in years

II *m* (uczeń) advanced; **podręcznik dla ~ych** a coursebook for advanced learners; **kurs dla średnio ~ych** an intermediate course

zaawiz|ować *pf vt* Poczta **~ować przesyłkę** to notify sb of a delivery ⇒ **awizować**

zabab|rać *pf* (**~rzę** a. **~ram**) pot. II *vt* 1 (zabrudzić) to get *[sth]* messy, to mess *[sth]* up; **~rać sobie ręce/ubranie** to get one's hands/clothes messy; **~rać coś błotem** to get sth muddy; **obrus cały ~rany czekoladą** a tablecloth smeared all over with chocolate ⇒ **babrać** 2 przen. **~rać komuś opinię** to blacken sb's reputation; **facet z ~ranym życiorysem** a man with a shady past

II **zababrać się** *[osoba]* to get oneself messy pot. ⇒ **babrać się**

zabagni|ony *adi.* 1 pot. pejor. **sytuacja jest ~ona** the situation is a mess; **mieć ~oną przeszłość** to have a shady past 2 (bagnisty) *[teren, łąka]* boggy

zabajer|ować *pf vi* pot. to give *[sb]* some bullshit posp.; **~owała szefa i ten się zgodził** she gave her boss some bullshit and he said yes; **~ował coś o chorej matce** he came up with some bullshit about his mother being sick ⇒ **bajerować**

zabal|ować *pf vi* pot. to go out on the tiles pot. ⇒ **balować**

zabalsam|ować *pf vt* to embalm *[zwłoki]* ⇒ **balsamować**

zabandaż|ować *pf vt* to bandage *[ranę, nogę]*; **~owana głowa** a bandaged head ⇒ **bandażować**

zabarwiać *impf* → zabarwić

zabarw|ić *pf* — **zabarw|iać** *impf* II *vt* książk. 1 to colour GB, to color US *[szkło, ubranie]*; to dye *[tkaninę]*; **~ić coś na zielono** to dye sth green; **rumieniec ~ił jej policzki** a blush coloured her cheeks 2 przen. to tinge *[pytanie, uwagę]*; **~iony ironią/humorem/sarkazmem** tinged with irony/humour/sarcasm

II **zabarwić się** książk. to take on a colour GB a. color US; **~ić się na czerwono/zielono** to turn red/green ⇒ **zabarwić**

zabarwieni|e II *sv* → zabarwić

II *n sgt* 1 (kolor) colouring GB, coloring US; **nabrać żółtego/szarego/czerwonego ~a** to turn yellow/grey/red 2 przen. (głosu) tone; (wypowiedzi) tinge; **o ~u emocjonalnym/nacjonalistycznym** with an emotional/a nationalist tinge

zabarykad|ować *pf* **I** *vt* [1] to barricade *[drzwi]* (**czymś** with sth); **~ować okna workami z piaskiem** to barricade windows with sandbags ⇒ **barykadować** [2] (zatarasować) *[osoba, kamień, samochód]* to block *[przejście, przejazd]* ⇒ **barykadować** **II zabarykadować się** to barricade oneself (**w czymś** in a. into sth); **~ował się w środku** he barricaded himself in ⇒ **barykadować się**

zabaw|a *f* [1] (bawienie się) play; (przyjemność) fun; (gra) game; **~a w ciuciubabkę/chowanego** the game of blind man's buff/hide and seek; **~a lalkami/klockami** playing with dolls/building blocks; **~y na świeżym powietrzu** outdoor games; **pokój ~** a playroom; **plac ~** a playground; **towarzysz ~** a playmate; **spędzać czas na ~ie z (innymi) dziećmi/z kolegami** to spend time playing with other children/with one's friends; **zepsuć komuś ~ę** to spoil sb's fun; **dać coś komuś do ~y** to give sb sth to play with; **to nie jest do ~y** it's not a toy; **mieliśmy niezłą ~ę** we had a lot of fun; **zrobić coś dla ~y** to do sth for fun; **miłej** a. **dobrej ~y!** have fun a. a good time!; **to nie ~a** it's not a game; **~a w miłość/politykę** *przen.* playing at love/politics; **spokojnie, to tylko ~a** take it easy, it's only a game; **dla nich to tylko ~a** they treat it like a game; **dość już tej ~y!** enough is enough! [2] (tańce) party; **~a taneczna** a dance; **~a karnawałowa** a carnival party; **pójść na ~ę** to go for a dance

■ **...i po ~ie** (i gotowe) ...and that's it; (i wszystko stracone) ...and it's over; **cała ~a na nic** all the effort's been wasted

zabawecz|ka *f dem.* pieszcz. toy

zabawiać *impf* → **zabawić**[1]

zabaw|ić[1] *pf* — **zabaw|iać** *impf* **I** *vt* to entertain; **~iać gości** to keep the guests entertained; **~iać kogoś rozmową/anegdotami** to entertain sb a. keep sb entertained with conversation/anecdotes **II zabawić się** — **zabawiać się** [1] (przyjemnie spędzić czas) to have fun; **~iać się czymś** to amuse oneself with sth; **~iać się grą w karty** to amuse oneself playing cards; **~iać się czyimś kosztem** to have a laugh at sb's expense; **chodźmy się ~ić** let's go and have some fun [2] iron. (zajmować się czymś) **~iałem się wtedy pisaniem scenariuszy/hodowaniem pieczarek** at that time I used to write screenplays/grow mushrooms [3] (naśladować) **~ić się w kogoś** to play sb; **postanowiłem ~ić się w Sherlocka Holmesa** I decided to play Sherlock Holmes [4] pot. (flirtować) to play around (**z kimś** with sb)

zabawi|ć[2] *pf vt* książk. to stay; **~ć gdzieś tydzień** to stay somewhere for a week; **jak długo pan u nas ~?** how long are you going to stay?

zabaw|ka *f* [1] (dla dzieci) toy; **telefon/samolot/zegarek ~ka** a toy telephone/plane/watch; **sklep z ~kami** a toyshop; **kupił sobie nową ~kę: kamerę wideo** he got himself a new toy – a video camera

traktować kogoś jak ~kę to treat sb like a plaything; **być ~ką w czyichś rękach** *przen.* to be sb's plaything [2] (ozdoba) decoration; **~ki choinkowe** Christmas tree decorations

■ **to dla mnie ~ka!** it's a piece of cake!

zabawkars|ki *adi.* *[przemysł]* toy attr.; *[sztuka, pracownia]* toy making

zabawkarstw|o *n sgt* toy making

zabawnie *adv. grad.* *[poruszać się, mówić]* funnily; **wyglądać ~** to look funny; **było ~** it was fun

zabawn|y *adi. grad.* *[osoba, film, zdarzenie]* funny, amusing; **~e, że...** it's funny that...; **~e, jak ludzie się zmieniają** it's funny how people change; **najzabawniejsze jest to, że...** the funniest thing of all is that...

zabawowo *adv.* **traktować coś ~** to treat sth like a game

zabawow|y *adi.* **być w ~ym nastroju** to be in party mood; **ćwiczenie w formie ~ej** an exercise in the form of a game

zabazg|rać *pf* — **zabazg|rywać** *impf* (**~rzę** — **~ruję**) *vt* pot. to fill [sth] with scribbles *[kartkę, zeszyt]*

zabazgrywać *impf* → **zabazgrać**

zabecz|eć *pf* (**~ysz**, **~ał**, **~eli**) *vi* [1] *[owca, koza]* to bleat [2] pot. *[dudy, kobza]* to drone [3] pot. (zapłakać) to start bawling pot.

zabejc|ować *pf vt* [1] Techn. (pomalować) to stain *[drewno, deski, drzwiczki]* ⇒ **bejcować** [2] Techn. (oczyścić) to pickle *[skórę]* ⇒ **bejcować** [3] Roln. to disinfect *[nasiona]* ⇒ **bejcować**

zabełko|tać *pf* (**~czę** a. **~cę**) *vi* (powiedzieć niewyraźnie) to mumble; **~tał coś przez sen** he mumbled something in his sleep ⇒ **bełkotać**

zabeton|ować *pf vt* to concrete *[powierzchnię, strop]*; **~ować słupek** to concrete a post into the ground ⇒ **betonować**

zabezpieczać *impf* → **zabezpieczyć**

zabezpieczając|y **I** *pa* → **zabezpieczyć** **II** *adi.* *[barierka, taśma, siatka, lina]* safety attr.; *[strój, kask]* protective

zabezpiecze|nie **I** *sv* → **zabezpieczyć** **II** *n* [1] (ochrona) protection; (barierki) safety barrier, safety fence; (siatka) safety net; (na banknotach, dokumentach) security feature; (przed atakiem, włamaniem) security device; **system ~ń** a security system; **~nie antykorozyjne** rustproofing; **~nie na starość** provision for one's old age; **~nia socjalne dla osób zwalnianych z pracy** a support package for those made redundant [2] Prawo security, guarantee; **pożyczać pod ~nie** to borrow on security; **wziąć/dać coś jako ~nie** to take/leave sth as security [3] Wojsk. security

zabezpiecz|yć *pf* — **zabezpiecz|ać** *impf* **I** *vt* [1] (ochronić) *[osoba, urządzenie]* to protect *[ranę, dom, osobę]* (**przed czymś** a. **od czegoś** against a. from sth); *[przepis, prawo]* to safeguard *[osobę, społeczeństwo, obywateli]* (**przed czymś** a. **od czegoś** against a. from sth); (przed otwarciem, włamaniem) to secure *[drzwi, pojemnik]*; **~yć coś przed wilgocią** to protect sth against damp; **~yć coś przed rdzą** to rustproof sth; **~yć coś przed kradzieżą** to protect a. secure sth against theft; **zamek ~ający przed włamaniem** a lock to protect

against burglars; **~yć rower łańcuchem** to lock up one's bike; **~yć kwiaty przed zmarznięciem** to protect flowers from frost; **~yć pracowników przed wyzyskiem** to safeguard the employees from exploitation; **wały ~ające miasto przed powodzią** embankments protecting the town from flooding; **~yć tyły** Wojsk. to secure the rear; **~yć sobie tyły** a. **odwrót** *przen.* to have a backup plan [2] (uczynić bezpiecznym) to secure; **~yć teren barierkami** to secure the area with safety barriers; **~yć broń** to put the safety catch on a gun [3] (wzmocnić) to strengthen *[wał, konstrukcję]*; (podeprzeć) to support *[wykop]* [4] (zapewnić środki) to provide for; **być ~onym materialnie** a. **finansowo** to be well provided for; **mieć ~ony byt** to be provided for [5] Prawo (dać gwarancję) to secure *[kredyt]* (**na czymś** on sth); **~yć pożyczkę na nieruchomości** to secure a property loan [6] Prawo (zająć) *[policja]* to seize *[dowody, broń, towary]* [7] kryt. (zdobyć) to obtain *[bilet, wejściówkę]*; **~yć komuś schronienie/opiekę** to provide sb with shelter/care **II zabezpieczyć się** — **zabezpieczać się** [1] (ochronić się) to protect oneself; **~yć się przed kradzieżą/pożarem/grypą** to protect oneself against theft/fire/flu; **~yć się od zimna** to protect oneself from cold [2] (zapewnić sobie środki do życia) **~yć się na starość** to provide for one's old age [3] (zastosować antykoncepcję) to protect oneself

zabębni|ć *pf vi* (uderzyć) to drum; (ciszej) to patter; **~ć palcami po stole** to drum one's fingers on the table; **~ć pięściami w drzwi** to pound (on) the door with one's fists; **deszcz ~ł o szyby** the rain pattered against the windowpanes ⇒ **bębnić**

zabi|ć[1] *pf* — **zabi|jać** *impf* (**~ję** — **~jam**) **I** *vt* [1] (uśmiercić) *[osoba, choroba, lawina, samotność]* to kill *[osobę, zwierzę]*; **~ć kogoś nożem/strzałem z pistoletu** to kill sb with a knife/gun; **~ć kogoś na miejscu** to kill sb outright; **dałby się ~ć za nią** *przen.* he would die for her; **muchy by nie ~ł** *przen.* he wouldn't hurt a fly; **ja go ~ję!** *przen.* I could've killed him!; **~j mnie, ale** a. **żebyś mnie ~ł, nie pamiętam** I'm damned a. buggered if I remember! posp.; **~li go i uciekł** żart. (rodzaj filmu) a shoot-'em-up [2] (zlikwidować) *[środek, gorąco]* to kill *[zapach, smak]*; **gotowanie ~ja zarazki** boiling kills off germs; **~ć głód czymś** to appease one's hunger with sth [3] (zniszczyć) **~ć czyjąś wiarę w siebie** to shatter sb's confidence; **~ć w kimś spontaniczność** to stifle sb's spontaneity [4] (zamknąć) to nail [sth] up; **~ć okno/drzwi deskami** to board up the window/door; **dziura ~ta deskami** a. **dechami** pot. a godforsaken hole pot. [5] Gry (pobić) to take; **~ć króla asem** to take the king with the ace **II zabić się** — **zabijać się** [1] (popełnić samobójstwo) to kill oneself; **~ć się, skacząc z okna** to kill oneself jumping out of the window [2] (zginąć) to be killed, to die; **~ć się w wypadku/katastrofie lotniczej** to be killed a. to die in a car accident/an air crash; **tylko się nie ~j!** don't get yourself killed! **III zabijać się** [1] (nawzajem) to be killing each other [2] pot. (wyniszczać się) to be killing oneself; **~jać się ciężką pracą/alkoholem** to be working/drinking oneself to death [3] pot. (starać się osiągnąć) to fall over oneself; **~jać się o coś** to fall over oneself to get sth; **ludzie ~jali się, żeby...** people were falling over themselves to...

■ **~ć komuś ćwieka** a. **klina** pot. to set sb thinking; **~jać czas robieniem czegoś** to kill time by doing sth; **robić coś dla ~cia czasu** to do sth to kill time

zabi|ć² pf (**~je**) vi [dzwon] to ring; [zegar] to strike; [serce] to start beating; **serce ~ło mi mocniej** my heart started beating faster

zabie|c, zabie|gnąć pf — **zabie|gać¹** impf **I** vt (zablokować) [osoba] **~c komuś drogę** to bar sb's way

II vi (dobiec) [osoba, koń] to run; **~gł aż na koniec miasta** he ran as far as the end of the town; **~gł na metę pierwszy** he finished first

zabiedz|ony adi. [osoba, zwierzę] gaunt

zabieg I m (G **~u**) [1] Kosmet., Med. treatment; (chirurgiczny) operation, surgery U; **~ kosmetyczny** a beauty treatment; **drobny ~ chirurgiczny** minor surgery; **poddać się ~owi** to undergo surgery; **chodzić na ~i** to receive treatment; **wymagać ~ów konserwatorskich** [budynek, rzeźba] to need renovation [2] euf. (przerwanie ciąży) abortion; **zdecydowała się na ~** she decided to have an abortion

II zabiegi plt książk. (starania) **podjąć ~i o coś** to set out to do sth; **to wymagało żmudnych ~ów** it required a long and arduous effort; **mimo usilnych ~ów** despite my/his/her efforts; **parę lat trwały ~i o odzyskanie majątku** the efforts to get the estate back took several years

zabiegać¹ impf → **zabiec**

zabiega|ć² impf vi książk. **~ć o sławę/ uznanie** to seek fame/recognition; **~ć o głosy/czyjeś poparcie** to solicit for votes/ sb's support; **~ć o posadę** to try to get a job; **~ć o czyjeś względy** (przełożonego, władcy) to seek sb's favours; przest. (zalecać się) to court sb przest.; **~ć o kogoś** [pracodawca, reżyser, wydawca] to seek sb's services

zabiegan|y adi. pot. [osoba] hard-pressed

zabiegnąć → **zabiec**

zabiegow|y adi. [gabinet, pokój] treatment attr.; [oddział] surgical

zabiegów|ka f pot. (gabinet) treatment room; (sala operacyjna) operating theatre GB, operating room US

zabielać impf → **zabielić**

zabielan|y I pp → **zabielić**

II adi. **barszcz ~y** beetroot soup with cream

zabiel|ić pf — **zabiel|ać** impf **I** vt [1] (pobielić) to whiten [2] Kulin. to add cream to [sos]

II zabielić się to whiten

zabierać impf → **zabrać**

zabijać impf → **zabić¹**

zabija|ka m (Npl **~ki**) pot. brawler

zabi|ty I pp

II adi. [1] [osoba, zwierzę] killed, dead [2] przest. (zagorzały) [wróg, nieprzyjaciel] sworn

III m **było pięciu ~tych** five people were

killed; **byli ~ci i ranni** there were casualties; **spać jak ~ty** to sleep like a log

zabliźniać impf → **zabliźnić się**

zabliźni|ć się pf — **zabliźni|ać się** impf v refl. książk. [rana] to heal, to scar

zabliźni|ony adi. [rana] healed

zablok|ować pf **I** vt [1] (utrudniać przejście) to block [drogę, przejście, wejście] ⇒ **blokować** [2] Sport to block [podanie, strzał, cios] ⇒ **blokować** [3] (utrudnić, uniemożliwić) to block [reformę, plan, postęp] ⇒ **blokować** [4] (zepsuć) to jam [mechanizm, drzwi]; to block [linię telefoniczną] ⇒ **blokować** [5] (uniemożliwić korzystanie) **~ował komputer na cały dzień** he hogged the computer all day long; **wszystkie etaty są już ~owane** all the jobs are already taken ⇒ **blokować** [6] (uniemożliwić kontakty) to blockade [państwo, terytorium]; to cut off [łączność] ⇒ **blokować** [7] Fin., Księg. to block, to freeze [konto] ⇒ **blokować**

II zablokować się [drzwi, okno] to jam; **~owały mu się hamulce w samochodzie** the brakes in his car jammed on; **klucz ~ował się w zamku** the key got stuck in the lock ⇒ **blokować się**

zabłą|dzić pf vt [1] (zgubić się) to get lost; **~dzić w lesie** to get lost in the forest [2] (trafić przypadkiem) to stray; **~dził do jakiejś knajpy** he strayed into a bar

zabłąka|ć się pf [1] (zabłądzić) to get lost [2] (zawędrować) [osoba, zwierzę] to stray; (przybłąkać się) [pies] to wander up; **wieloryb ~ł się do zatoki** the whale strayed into the bay [3] przen. (znaleźć się przypadkowo) to find its way; **między książki ~ły się stare zdjęcia** some old photos had found their way between the books

zabłąkan|y adi. [osoba, pies, kula] stray

zabło|cić pf **I** vt to muddy [podłogę]; **~cić sobie ubranie/ręce** to get one's clothes/ hands muddy; **~cone ręce** muddy hands

II zabłocić się [osoba] to get oneself muddy; [ubranie, ręce] to get muddy

zabły|snąć pf (**~sł, ~sła** a. **~snęła, ~snęli**) vi [1] (zamigotać) [światło, gwiazdy] to shine; (zamigotać) (błysnąć) [błyskawica, latarka] to flash; (rozpalić się) [oczy] to light up; **słońce ~sło zza chmur** the sun shone through the clouds; **łzy ~sły jej w oczach** tears sparkled in her eyes; **jej oczy ~sły radością** her eyes lit up with joy; **jego oczy ~sły nienawiścią** his eyes gleamed with hate; **w ich oczach ~sł podziw** their eyes lit up with admiration; **w oddali ~sła tafla jeziora** a lake glimmered in the distance [2] (zapalić się) [lampy] to go on; **~sły światła** the lights went on [3] (pojawić się) **~sła iskierka nadziei** a glimmer of hope flickered; **~sła mu zbawcza myśl** a brilliant idea struck him [4] (wyróżnić się) [osoba] **~snąć przed kimś** to dazzle sb; **~snąć inteligencją/dowcipem** to show one's intelligence/wit; **~snąć jako śpiewak/trener** to make one's mark as a singer/coach; **~snąć na egzaminie** to do outstandingly well a. to shine in an exam; **dostać szansę, żeby ~snąć** to get a chance to shine

zabłyszcz|eć pf (**~ysz, ~ał**) vi (zalśnić) [krople, rosa, brylant] to shine; [śnieg] to

sparkle; **jego oczy ~ały złowrogo** his eyes gleamed angrily

zabobon m (G **~u**) pejor. superstition; **wierzyć w ~y** to believe in superstitions

zabobonnie adv. pejor. [bać się] super-stitiously

zabobonnoś|ć f sgt pejor. superstitiousness

zabobonn|y adi. pejor. [osoba, lęk, cześć] superstitious

zabol|eć pf (**~isz, ~ał**) vi [1] [ręka, ząb] to hurt; **to mnie ~ało** it hurt [2] (urazić) [uwaga, słowa] to hurt; **~ało mnie, że... I** was hurt that...

zaborc|a m Hist. invader, partitioner; **opór wobec ~ów** a. **~y** the resistance against the invaders

zaborczo adv. possessively

zaborczoś|ć f sgt possessiveness

zaborcz|y adi. [1] [osoba, miłość] possessive [2] Polit. [kraj, polityka, dążenia] imperialist [3] Hist. **państwa ~e** the partitioners

zabój → **na zabój**

zabójc|a m (morderca) murderer, killer; (zamachowiec) assassin; **wielokrotny ~a** a multiple killer

zabójczo adv. [1] (śmiercionośnie) [działać] fatally, lethally; **~ wysoka dawka promieniowania/narkotyku** a lethal amount a. dose of radiation/a drug [2] (szkodliwie) killingly; **~ ciężka praca/szybki marsz** killingly hard work/a killingly fast march [3] żart. (uwodzicielsko) [spojrzeć, uśmiechnąć się] seductively; [wyglądać] smashing adi.; **był ~ przystojny** he was killingly handsome [4] przen. (wyjątkowo) [nudny, trudny] killingly

zabójcz|y adi. [1] (śmiercionośny) [środek, cios, strzał] fatal, lethal [2] (szkodliwy) [klimat] murderous; [praca, tempo] killing; [tryb życia] destructive [3] żart. [spojrzenie, uśmiech] seductive; [wygląd] smashing [4] przen. (nie do zniesienia) [nuda, monotonia] killing

zabójczy|ni f (morderczyni) murderess, killer; (kobieta zamachowiec) assassin

zabójstw|o n (nieumyślne) manslaughter; (umyślne pozbawienie życia) murder, homicide; (zamach) assassination; **~o z premedytacją** a premeditated murder; **~o w afekcie** a crime of passion; **sprawca ~a** a murder culprit; **usiłowanie ~a** an attempted murder; **dokonać ~a** a. **popełnić ~o** to commit murder; **~o na tle rabunkowym** a robbery killing, an aggravated robbery US

zab|ór m (G **~oru**) [1] Prawo seizure [2] Polit. (aneksja) annexation; **~ór przygranicznych ziem** the annexation of borderlands [3] Polit. (zagarnięte terytorium) annexed territory; **życie kulturalne w ~orze rosyjskim** a. **pod ~orem rosyjskim** Hist. cultural life under Russian rule; **okres** a. **lata** a. **epoka ~orów** Hist. the period of the Partitions of Poland

zab|rać pf — **zab|ierać** impf (**~iorę — ~ieram**) **I** vt [1] (odebrać) to take (away); **~rała koleżance lalkę/książkę** she took her friend's doll/book away; **powódź ~rała cały nasz dobytek** the flood has washed away all our possessions [2] (wypełnić) **przepraszam, że ~rałam ci tyle czasu** sorry for taking up so much of your time; **przeczytanie tej notatki/sprawdzenie tego w Internecie nie ~ierze ci dużo czasu** reading this note/looking up the information on the Internet won't take up much of your time; **przygotowanie obiadu/zrobienie zakupów zazwyczaj ~iera mi około godziny** preparing dinner/doing the shopping usually takes me about an hour; **ta kanapa/to biurko ~iera zbyt dużo miejsca** this sofa/desk takes up too much space [3] (wziąć ze sobą) to take; **~rać dzieci do parku/na spacer** to take the children to the park/for a walk; **nie zapomnij ~rać ze sobą aparatu fotograficznego** don't forget to take the camera with you; **prom ~rał wszystkich pasażerów** the ferry took all the passengers; **psiakość, zapomniałam ~rać parasolki** pot. gosh, I've forgotten to bring an umbrella pot. [4] (usunąć) to take away, to remove; (przenieść) to take, to move; **~ierz stąd swoje rzeczy** take your things away; **~rała kwiaty z balkonu do pokoju** she moved the plants from the balcony into the room; **pogotowie ~rało chorego do szpitala** the ambulance took the sick person to hospital; **wojna ~rała mu rodziców** his parents died in the war; **Bóg ~rał go do siebie** książk. God has taken him away [5] (pozbawić wolności) to take (away); **~rać kogoś do niewoli/więzienia** to take sb into captivity/to prison

III zabrać się — zabierać się [1] (zacząć coś robić) **~rać się do czegoś/robienia czegoś** to get down to sth/doing sth; **lepiej ~ierzmy się do sprzątania/odpisywania na listy** we'd better get down to doing the cleaning/answering letters; **~ierajmy się do wyjścia** let's start getting ready to leave [2] pot. (energicznie zająć się) **~rać się za kogoś** to take sb in hand; **muszę się za siebie ~rać** I must do something about myself [3] pot. (pójść, pojechać razem) to come along; **idziecie do kina? mogę się ~rać z wami?** are you going to the cinema? may I come along?; **~rał się jakimś samochodem do najbliższego miasta** he got a lift to the nearest town [4] pot. (wsiąść) to get on; **nie ~rał się do tramwaju, taki był tłok** he didn't get on the tram because it was so crowded [5] pot. (odejść) to clear off; **~ieraj się stąd, ale już!** clear off, and now!; **~rać się z tego świata** euf. to depart from this world

zabrak|nąć pf (~ło) v imp. [1] (wyczerpać się) **~ło mi cierpliwości/czasu/pieniędzy** I've run short of patience/time/money; **~ło mi masła/cukru** I've run out of butter/sugar; **~ło mu kilku sekund do pobicia rekordu** he was a few seconds short of breaking a record; **tchu mi ~ło** I've run out of breath; **słów mi ~ło** words failed me [2] (nie pojawić się) **~ło kilku osób** several people failed to show up; **nikogo nie powinno ~nąć na zebraniu** everyone should be present at the meeting [3] euf. (umrzeć) **jak sobie dasz radę, gdy mnie ~nie?** how will you manage when I'm no longer here?

zabraniać impf → zabronić
zabrn|ąć pf (~ęła, ~ęli) vi [1] (w wodę, bagno) to wade (**w coś** into sth); (w las, miasto) to wander (**w coś** into sth); **~ęliśmy na środek bagna** we waded into the middle of

a bog; **~ął w sam koniec parku** he came to the very end of the park [2] przen. (uwikłać się) to get deep (**w coś** into sth); **~ąć w kłopoty/długi** to get (deep) into trouble/debts

zabr|onić pf — **zabr|aniać** impf vt (zakazać) to forbid; (oficjalnie) to prohibit; **lekarz ~onił mi palenia papierosów/picia kawy** the doctor forbade me to smoke cigarettes/drink coffee; **nauczyciel ~onił uczniom używać słowników podczas egzaminu** the teacher forbade the students to use dictionaries during the exam; **~ania się wstępu osobom nieupoważnionym** entry is forbidden to unauthorized persons; (tablica informacyjna) authorized entry only; **pilnie potrzebne są ustawy ~aniające nieuczciwej konkurencji** laws prohibiting unfair competition are urgently needed

zabron|ować pf vt to harrow [pole, ziemię, owies, żyto] ⇒ bronować
zabrudze|nie [] sv → zabrudzić
[] n (ślad brudu) smudge of dirt; **trudne do usunięcia ~nia** stubborn dirt
zabru|dzić pf [] vt (uczynić brudnym) to dirty, to make [sth] dirty, to soil [ubranie, ręce, podłogę]; **~dziłam sobie płaszcz smarem/błotem** I've soiled my coat with grease/mud

[] **zabrudzić się** [osoba, ubranie] to get dirty; **podłoga szybko się ~dziła** the floor got dirty very quickly

zabryzg|ać pf — **zabryzg|iwać** impf [] vt (ochlapać) to spatter; **nic nie było widać przez ~ane szyby** nothing could be seen through the mud-spattered windows

[] **zabryzgać się — zabryzgiwać się** (ochlapać się) [osoba] to spatter oneself; [rzecz] to get spattered

zabryzgiwać impf → zabryzgać
zabrząka|ć pf vi [1] (wywołać brzęk) [osoba] to jangle; **~ć kluczami/pieniędzmi** to jangle keys/coins [2] (wydać brzęk) [klucze, monety, szklanki] to jangle, to clank ⇒ brząkać [3] pot. (zagrać niedbale) to tinkle; **~ł na gitarze** he twanged his guitar; **~j nam coś na pianinie** pot., żart. tinkle the ivories for us żart. ⇒ brząkać

zabrzdąka|ć pf vi pot. (zagrać niedbale) to tinkle; **~ć na gitarze** to twange a guitar; **~ć na fortepianie** to tinkle the ivories pot. ⇒ brzdąkać

zabrzęcz|eć pf (~ysz, ~ał, ~eli) vi [1] (wydać brzęczący dźwięk) [telefon, domofon] to buzz; [szklanki] to clink; [sztućce] to clang; [struna] to twang [2] (wywołać brzęk) [osoba] to jangle vt [kluczami] [3] (zabzykać) [owad] to buzz

zabrzękać → zabrząkać
zabrzmi|eć pf (~ał) vi [1] (rozlec się) [głos, śpiew, muzyka, wystrzał] to resound [2] (wydać dźwięk) [instrument] to sound [3] przen. (uzewnętrznić się) [gniew, rozpacz] to sound; **niepokój ~ał w jej głosie** her voice sounded anxious [4] (zostać odebranym) [słowa, wypowiedź] to sound; **odpowiedź ~ała szorstko** the answer sounded curt [5] (wypełnić się) [sala, szkoła, dolina] to resound; **stadion ~ał oklaskami** the stadium resounded with applause

zabucz|eć pf (~ysz, ~ał, ~eli) vi [1] [syrena alarmowa] to hoot; [chrząszcz, trzmiel] to drone ⇒ **buczeć** [2] pot. (zapłakać) to blubber pot. ⇒ **buczeć** [3] pot. (odezwać się niskim głosem) [osoba] to boom; „spokój!", **~ał ojciec** 'quiet!,' boomed father ⇒ **buczeć**

zabudow|a f sgt [1] (zabudowywanie) building development; **plac pod ~ę** a plot for development; „**~a wnęk**" (w ogłoszeniu) 'built-in cupboards' [2] (ogół zabudowań) buildings; **~a drewniana/kamienna** wooden/stone buildings; **zwarta/rozproszona ~a** high-/low-density housing; **wysoka ~a** tower-block housing; **~a wzdłuż drogi** ribbon development

zabud|ować pf — **zabud|owywać** impf vt [1] (wznosić budowle) to develop [teren, działkę]; **ulica ~owana nowymi blokami** a street of new apartment houses; **ograniczenie szybkości na terenach ~owywanych** speed limit in built-up areas [2] (obudować) to wall [sth] off, to wall off [balkon]; to furnish [pokój, kuchnię]; **~ować wnękę** to build cupboards into an alcove

zabudowa|nie [] sv → zabudować
[] **zabudowania** plt buildings pl; **wysypiska śmieci nie można umieścić w obrębie ~ń miasta** a rubbish dump cannot be built within the confines of the city

zabudowywać impf → zabudować
zabuja|ć się pf v refl. [1] (zachwiać się) [stół, kajak] to rock; **~łem się na krześle** I rocked in my chair ⇒ **bujać się** [2] pot. (zakochać się) to fall in love; **~ć się w kimś** to fall for sb pot. ⇒ **bujać się**

zabujan|y adi. pot. (zakochany) in love; **on jest w niej strasznie ~y** he's head over heels in love with her

zabuk|ować pf vt pot. (zarezerwować) to book [bilet, pokój hotelowy]; **wszystkie terminy są już ~owane** all the slots have been booked ⇒ **bukować**

zabuks|ować pf vi [koła pojazdu] to spin; **auto ~owało po wilgotnym śniegu** the car wheels span in the wet snow ⇒ **buksować**

zabulgo|tać pf (~cze a. ~ce, ~tał) vi [1] (zacząć bulgotać) [woda, mleko, zupa] to bubble, to gurgle ⇒ **bulgotać** [2] (wydać niski gardłowy dźwięk) [indyk] to gobble ⇒ **bulgotać** [3] pot., przen. (powiedzieć niezrozumiale) [osoba] to gobble; **mężczyzna coś ~tał do siebie ze złością** the man mumbled a. grumbled something angrily to himself

zabul|ić pf vi pot. (drogo zapłacić) to pay through the nose pot.; **słono ~ił za te dżinsy, ale jest bardzo z nich zadowolony** he paid through the nose for those jeans, but he's very happy with them ⇒ **bulić**

zaburcz|eć pf (~ysz, ~ał, ~eli) [] vt pot. (burknąć) to growl ⇒ **burczeć** [] vi [1] (z głodu) **~ało mu/jej w żołądku** his/her stomach rumbled [2] (zaterkotać) [silnik] to rumble; **coś ~ało w rurach** the pipes rumbled ⇒ **burczeć**

zaburzać impf → zaburzyć
zaburze|nie [] sv → zaburzyć
[] n zw. pl [1] Med. (zakłócenie funkcjonowania) disorder; (psychiczne) disturbance; **~nia**

pracy serca/snu a cardiovascular/sleeping a. sleep disorder ② Techn., Ekon. (nieprawidłowości) disturbance; **~nia w gospodarce** economic disturbances; **~nia w pracy silnika** disfunction of the engine **III zaburzenia** plt (zamieszki) disturbances; **w tej dzielnicy często dochodzi do ~ń na tle rasowym** racial disturbances often break out in this district

zaburz|yć pf — **zaburz|ać** impf vt to upset [równowagę]; to disturb [spokój]; **dziecko ~one emocjonalnie** an emotionally disturbed child

zabyt|ek m (G ~ku) ① (architektoniczny) monument; (językowy, muzyczny) relic; **~ki piśmiennictwa** Literat. the oldest written texts; **konserwator ~ków** a conservation officer; **ochrona ~ków** conservation; **rejestr ~ków** a list of vintage buildings; **zwiedzać ~ki** to see the monuments ② pot., żart. (przedmiot przestarzały) museum piece; **mój odkurzacz to ~ek** my vacuum cleaner is a museum piece
❑ **~ek przyrody** natural monument
■ **~ek klasy zerowej** zero-category national monument

zabytkow|y adi. [pomnik, kościół] historic; [mebel, przedmiot] antique, period; [samochód, aparat fotograficzny] vintage; **~e kamieniczki przy rynku** period houses in the market square; **mieć wartość ~ą** [przedmiot, mebel] to be an antique; [budynek, dzielnica] to be of historical value

zabzy|czeć, zabzy|kać pf (~czał, ~kał) vi ① [owad] to buzz ② [kula, pocisk] to whizz

zabzykać → zabzyczeć

zacement|ować pf vt Budow. to cement [otwór, pęknięcie, palik] ⇒ **cementować**

zacentr|ować pf vi Sport (dośrodkować) to centre ⇒ **centrować**

zacer|ować pf vt to darn [dziurę, skarpetkę] ⇒ **cerować**

zach. ① (= zachodni) W ② (= zachód) W

zachachmę|cić pf II vt pot. ① (zapodziać) to lose, to mislay [klucze, okulary, dokumenty] ② (ukraść) to lift [drobne pieniądze, batonik, jabłko] ③ (zagmatwać) to muddle up [sprawę, zeznanie] ⇒ **chachmęcić**
II **zachachmęcić się** (zgubić się) [przedmiot] to get lost

zacharcz|eć pf (~ysz, ~ał, ~eli) vi ① (wydać chrapliwy dźwięk) [zwierzę, osoba] to wheeze ⇒ **charczeć** ② (powiedzieć charczącym głosem) [osoba] to rasp ⇒ **charczeć** ③ (zachrypieć) [urządzenie, silnik] to splutter ⇒ **charczeć**

zachcian|ka f pot. whim, fancy; **dogadzać czyimś ~kom** a. **spełniać czyjeś ~ki** to pander to sb's whims

zachc|ieć się pf — **zachc|iewać się** impf v imp. pot. ① (nabrać ochoty) **jeść/pić/ spać mi się ~iało** I felt a bit hungry/ thirsty/drowsy; **~iało im się spaceru/ kąpieli** they felt like going for a walk/ swim ② iron. **~iewa mu się nie wiadomo czego** he'll be wanting the moon next iron.

zachciewać się impf → zachcieć się

zachcieć impf → zachęcić

zachęcająco adv. [uśmiechać się, działać] encouragingly; **ten projekt wygląda ~** this project looks encouraging

zachęcając|y II pa → zachęcać
II adi. [gest, uśmiech] encouraging; [spojrzenie] inviting; **perspektywy nie są ~e** the prospects are unappealing

zachę|cić pf — **zachę|cać** impf II vt (wzbudzać chęć) to encourage; **~cić kogoś do nauki/wytrwałości** to encourage sb to study/to persevere
II **zachęcić się** — **zachęcać się** ① (wzajemnie) to encourage one another ② (nabierać ochoty) **~cić się do wyjazdu** to become keen on leaving a. to leave

zachę|ta f (bodziec) incentive, encouragement; **~ta do pracy/nauki** an incentive to work/study; **słowa ~ty** words of encouragement; **dojrzał w jej oczach ~tę** he saw an invitation in her eyes

zachicho|tać pf (~czę — ~cę) vi to giggle, to snigger GB, to snicker US; **~tać w duchu** to chuckle to oneself ⇒ **chichotać**

zachl|ać pf — **zachl|ewać** impf (~am a. ~eję — ~ewam) II vi posp. (wypić za dużo) to get sloshed pot.; **do roboty nie poszedł, bo znów ~ał** he didn't go to work because he got sloshed again ⇒ **chlać**
II **zachlać się** — **zachlewać się** (upić się) to get sloshed pot.; **jak się jeszcze raz ~asz, to...** you get sloshed again, and...

zachlan|y adi. posp. [osoba] (pijany) sloshed pot., stoned pot.

zachlap|ać pf — **zachlap|ywać** impf (~ię — ~uję) II vt (spryskać) to splash, to spatter; **~ałam sobie płaszcz wodą/farbą** I've spattered my coat with water/paint; **~ana błotem przednia szyba samochodu** a mud-spattered windscreen
II **zachlapać się** — **zachlapywać się** ① (samego siebie) to spatter oneself; **cały ~ał się farbą** he got totally covered in paint ② (zostać zachlapanym) to get spattered

zachlapywać impf → zachlapać

zachlać impf → zachlać

zachlupo|tać pf (~cze a. ~ce) vi pot. [ciecz] to squelch pot. ⇒ **chlupotać**

zachłannie adi. grad. [jeść, czytać] voraciously; **~ zgarniał pieniądze** he avariciously raked in the money; **wpatrywał się w nią** ~ he looked at her hungrily

zachłanność f sgt greed, cupidity; **~ć na pieniądze** avariciousness

zachłann|y adi. grad. ① [osoba] greedy; **~y na sukcesy/pochwały** greedy for success/ praise; **~y na pieniądze** money-grubbing ② [miłość] possessive; [ciekawość] insatiable

zachły|snąć się pf — **zachły|stywać się** impf v refl. ① (zakrztusić się) to choke; **~snął się herbatą** he choked on a mouthful of tea ② (odczuć ucisk w gardle) to choke; **~snąć się płaczem/ze śmiechu** to choke with tears/laughter ③ przen. (przeżywać silne emocje) to relish; **~snął się swobodą/ szczęściem** to relish one's freedom/happiness; **~stywał się z zachwytu** he was speechless with admiration

zachłystywać się impf → zachłysnąć się

zachłyśnię|ty adi. [osoba] (swobodą, szczęściem, sukcesem) intoxicated; (urodą kobiety, krajobrazu) entranced

zachmurzać się pf → zachmurzyć się

zachmurze|nie II sv → zachmurzyć się
II n Meteo. clouds, cloudiness; **~nie duże** heavy clouds; **~nie umiarkowane** partly cloudy; **~nie całkowite** overcast

zachmurz|ony adi. ① Meteo. (pokryty chmurami) [niebo] clouded, overcast ② przen. (zasępiony) [osoba, twarz] frowning

zachmurz|yć się pf — **zachmurz|ać się** impf v refl. ① (pokryć się chmurami) [niebo] to cloud over, to become overcast ② (sposępnieć) [twarz] to cloud over; [osoba] to become gloomy

zachodni adi. ① Geog. [brzeg] west; [rejon] western; **wiatr ~** a west a. westerly wind; **będziemy płynąć w kierunku ~m** we'll be sailing westwards ② Polit., Socjol. Western; **~ styl życia** the way of life in the West; **~e wzorce** Western models

zachodnio- w wyrazach złożonych West-; **zachodniosłowiański** West Slavonic; **zachodniosyberyjski** West-Siberian

zachodnioeuropejs|ki /zaˌxodɲoewrɔˈpejski/ adi. [kultura, cywilizacja] West-European

zachodzić¹ impf → zajść

zacho|dzić² impf vi **~dzić na siebie** [listwy, dachówki] to overlap; **cholewki ~dziły na kostkę** the tops covered the ankles

zachomik|ować pf vt pot., żart. (zgromadzić zapas) to stash [sth] away, to stash away [smakołyki, butelkę wina] ⇒ **chomikować**

zachor|ować pf vi ① (zacząć chorować) to fall a. be taken ill; **~ować na grypę/ malarię** to go down with flu/malaria; **~ować z przepracowania/przejedzenia** to become ill from overwork/overeating ⇒ **chorować** ② pot. (koniecznie chcieć) **~ować na deskorolkę/psa** to go mad about buying a skateboard/dog ⇒ **chorować**

zachorowalnoś|ć f sgt Med. incidence spec.; **wysoka/niska ~ć na gruźlicę** a high/low TB incidence rate

zachow|ać pf — **zachow|ywać** impf II vt ① (przetrzymać) to keep, to retain [list, kwit, akcje, zdjęcie]; **proszę ~ać bilet do kontroli** please retain tickets for inspection ② (utrzymać) to keep, to retain [młodość, pamięć, urodę]; **~ać niezależność** to remain independent; **~ać przytomność umysłu** to keep a level head; **właściwie przechowywane warzywa długo ~ują świeżość** vegetables stored in the right conditions retain their freshness for a long time; **cytuję list z ~aniem oryginalnej pisowni** I quote, retaining the original spelling ③ (przechować) to preserve [zwyczaj, tradycję, wiarę]; **~ać wspomnienie kogoś/ czegoś** to retain a memory of sb/sth ④ (przyjąć określoną postawę) **~ać ostrożność** to exercise caution; **~ać powagę** to keep one's countenance; **~ować umiar w jedzeniu/piciu/zabawie** to eat/drink/play in moderation; **darczyńca pragnie ~ać anonimowość** the donor wants to remain anonymous; **proszę o ~anie ciszy** please remain quiet ⑤ (nie wyjawić) to keep [tajemnicę]; **~ać dyskrecję** to maintain secrecy; **~ać milczenie w jakiejś sprawie** to remain silent about sth; **tę wiadomość lepiej ~aj dla siebie** you'd

Z

better keep this piece of information to yourself [6] (podporządkować się) to observe [post, dietę]; **~ać dyscyplinę** to maintain a. keep discipline [7] Komput. (zapamiętać) to save [dane, dokument]

II zachować się — zachowywać się [1] (przetrwać w niezmienionej postaci) [dzieło, pamiątka] to be preserved, to survive; **niewiele historycznych budynków ~ało się w naszym mieście** not many historical buildings have survived in our town [2] (przetrwać w pamięci) [legenda, obyczaj] to survive [3] (postąpić) to behave; **~ywać się spokojnie/swobodnie/skandalicznie** to behave calmly/without restraint/scandalously; **~ywać się jak dziecko/idiota/cham** to behave a. act like a child/an idiot/a boor; **~ywać się po dziecinnemu/chamsku** to behave a. act childishly/boorishly; **~ywać się z godnością** to behave with dignity; **~ać się bez zarzutu** to behave irreproachably; **~ać się jak przystało na bohatera/mężczyznę** to behave as befits a hero/man; **~ać się jak trzeba** to rise to the occasion; **on nie umie ~ać się w towarzystwie** he doesn't know how to behave in company

zachowa|nie II sv → **zachować**
III n [1] (postępowanie) behaviour GB, behavior US; **~nie wobec nauczycieli/starszych** behaviour towards teachers/elderly people; **przepraszam za moje niewłaściwe ~nie** please excuse my inappropriate behaviour [2] (sposób bycia) bearing, comportment [3] zw. pl (postawa) behaviour GB, behavior US; **~nia dewiacyjne/przestępcze** deviant/criminal behaviour; **wzorce ~ń społecznych** social behaviour patterns [4] Szkol. conduct

zachowawczo adv. [1] (konserwatywnie) [myślący, nastawiony] conservatively [2] Med. [leczyć] non-invasively

zachowawczoś|ć f sgt (poglądów, ideologii) conservatism

zachowawcz|y adi. [1] (zachowujący) conservative; **układ ~y** Fiz. conservative system [2] (konserwatywny) [osoba, poglądy, ideologie, obóz] conservative [3] Med. [leczenie] non-invasive

zachowywać impf → **zachować**

zach|ód m (G ~odu) [1] Astron. (słońca, księżyca) setting; **~ód słońca** sunset [2] (pora dnia) sunset; **dzień chyli się ku ~odowi** książk. it's nearing sunset [3] (strona świata) west; **południowy ~ód** South-West; **północny ~ód** North-West; **Katowice leżą na ~ód od Krakowa** Katowice is west of Cracow; **potem droga skręca na ~ód** then the road turns west; **wiatr z ~odu** a west a. westerly wind [4] sgt Polit., Socjol. **Zachód** the West [5] książk. (trud) trouble; **być wartym ~odu** to be worth the trouble; **być niewartym ~odu** to not be worth the trouble; **to sprawa niewarta ~odu** it's not worth the trouble, it's more trouble than it's worth; **wymagać** a. **kosztować wiele ~odu** to involve a lot of trouble
❏ **Dziki Zachód** The Wild West

zachrap|ać pf (~ię) vi [1] [osoba] to give a snore ⇒ **chrapać** [2] [koń] to give a snort ⇒ **chrapać** [3] pot. (zasnąć) [osoba] to drop off pot. ⇒ **chrapać**

zachrobo|tać pf (~czę a. ~cę) vi (wydać chrobot) [mysz] to scratch; [klucz] to grate ⇒ **chrobotać**

zachryp|ieć pf (~isz, ~iał, ~ieli) vi [1] (odezwać się ochrypłym głosem) [osoba] to croak ⇒ **chrypieć** [2] (zacząć charczeć) [radio, głośnik] to splutter ⇒ **chrypieć**

zachrypły → **zachrypnięty**

zachryp|nąć pf (~nął a. ~ł) vi [1] (ochrypnąć) [osoba] to become hoarse; **~nąć od krzyku** to shout oneself hoarse [2] (stać się chrapliwym) [głos] to hoarsen; **głos mu ~ł od ciągłego nawoływania** he made himself hoarse from constant calling

zachrypnię|ty adi. [osoba, głos] hoarse

zachrzania|ć pf vi posp. [1] (ciężko pracować) [osoba] to sweat blood pot. [2] (pędzić) [osoba] to go like the clappers pot.

zachrzęś|cić pf vi (wydać chrzęst) [piasek] to grit; [żwir] to crunch; [łańcuch, metalowe części] to rattle ⇒ **chrzęścić**

zachwal|ać pf **II** vt (wychwalać) to recommend [lekarza, rzemieślnika]; to tout [towar] **II zachwalać się** [osoba] to blow one's own trumpet przen.

zachwaszczać impf → **zachwaścić**
zachwa|ścić pf — **zachwa|szczać** impf vt [1] Roln. (pozwolić rozplenić się chwastom) to let weeds grow on [teren]; **~szczona grządka/pole** a bed/field choked with weeds, a weedy bed/field [2] Roln. [chwasty] to grow over [grządkę, pole, ścieżkę] [3] przen. (zaśmiecić) to clutter [język]; **język ~szczony obcymi wyrazami** a language cluttered with foreign words

zachwi|ać pf (~eję) **II** vt [1] (zachybotać) to shake [budynkiem, rusztowaniem, masztem, krzesłem]; **wiatr ~ał gałęziami drzew** the wind shook the branches of the trees ⇒ **chwiać** [2] przen. (naruszyć) to upset [równowagę]; (osłabić) to shake [wiarę, przekonania]; **~ać rynkiem** to upset a. unsettle the market; **to zdarzenie ~ało autorytet prezesa** the incident undermined the chairman's authority; **nic nie ~ało go w przekonaniu o słuszności podjętej decyzji** nothing would shake his belief in the justness of his decision **II zachwiać się** [1] (stracić na moment równowagę) [osoba] to stagger ⇒ **chwiać się** [2] (przechylić się) [drabina, krzesło] to wobble ⇒ **chwiać się** [3] przen. (ulec osłabieniu) [pozycja, potęga] to be weakened ⇒ **chwiać się** [4] (zacząć mieć wątpliwości) [osoba] to waver; **~ać się w decyzji/przekonaniu** to waver in one's decision/conviction ⇒ **chwiać się**

zachwycać impf → **zachwycić**

zachwycająco adv. [wyglądać] delightful adi.; **~ piękny obraz** a delightfully beautiful picture

zachwycając|y II pa → **zachwycać**
II adi. (urzekający) [widok, śpiew] delightful; [osoba] enchanting

zachwy|cić pf — **zachwy|cać** impf **II** vt (olśnić) [osoba, miasto, widok] to enrapture, to delight; **~cić kogoś grą/śpiewem** to delight sb with one's acting/singing; **~cić kogoś urodą** to enrapture sb with one's beauty
II zachwycić się — zachwycać się [1] (zostać urzeczonym) [osoba] to admire vt [urodą, grą, osobowością]; **~caliśmy się**

krajobrazem **Mazur** we admired the Mazurian landscape [2] (wyrazić zachwyt) [osoba] to enthuse; **recenzent ~ał się scenografią/partiami chóru** the reviewer enthused about the sets/choral singing; **„cudowny pomysł!", ~ciła się** 'a wonderful idea!,' she enthused

zachwyc|ony adi. (oczarowany) [osoba] delighted; **był ~ony filmem** he was delighted with the film; **patrzył na nią ~onymi oczyma** he looked at her with delighted eyes

zachwy|t m (G ~tu) (podziw) admiration, rapture; **oszaleć z ~tu** to go mad with delight; **wpaść w ~t** to go into raptures; **oniemieć z ~tu** to be speechless with delight; **ten pomysł nie budzi mojego ~tu** I'm not delighted with the idea; **mówić o kimś/czymś z ~tem** to speak about sb/sth with admiration

zachybo|tać pf (~czę) **II** vt to shake [drzewem, samolotem]; to rock [łodzią] ⇒ **chybotać**
II vi [żyrandol] to swing; [kładka] to sway; [konstrukcja, drzewo] to shake, to sway; [łódź] to rock; [płomień] to flicker, to waver; **statek nagle ~tał** the ship suddenly rocked ⇒ **chybotać**
III zachybotać się [żyrandol] to swing; [kładka] to sway; [konstrukcja, drzewo] to shake; [łódź] to rock; [płomień] to flicker, to waver; **płomyk ~tał się i zgasł** the flame flickered and died out ⇒ **chybotać się**

zachył|ek m Med. recess

za|ciąć pf — **za|cinać[1]** impf (**zatnę, zacięła, zacięli — zacinam**) **II** vt [1] (skaleczyć) [fryzjer] to cut; **zaciąć kogoś przy goleniu** to cut sb shaving [2] (uderzyć) to lash; **zaciąć konia (batem)** to lash a horse [3] (poderwać) to jerk [wędkę]; **zaciąć rybę** to strike [4] (zacisnąć) to purse [usta, wargi]; **zaciąć wargi w gniewie** to purse one's lips angrily; **zaciąć usta z bólu** to bite one's lips in pain; **trzeba zacisnąć zęby i próbować dalej** przen. you have to grit your teeth and go on
II zaciąć się — zacinać się [1] (skaleczyć się) [osoba] to cut oneself; **zaciąć się przy goleniu** to cut oneself shaving; **zaciąć się w policzek** to cut oneself on the cheek [2] (zablokować się) [drzwi, mechanizm, zamek] to jam; **zaciął mu się karabin** his rifle jammed [3] (zacisnąć się) **jej usta zacięły się w uporze** she pursed her lips stubbornly [4] (uprzeć się) [osoba] **zaciąć się (w sobie)** to dig in one's heels; **zaciąć się w uporze przeciw czemuś** to stubbornly resist sth [5] (zająknąć się) [osoba] to stumble; **zaciąć się na trudnym słowie** to stumble over a difficult word
III zacinać się [osoba] to falter; **mówić zacinając się** to speak falteringly

zaciąg m (G ~u) [1] (nabór) recruitment, enlistment; Hist. levy; (nowi pracownicy) intake; **nowy ~ studentów** the new intake of students [2] Ryboł. draught GB, draft US

zaciąga|ć[1] impf → **zaciągnąć**

zaciąga|ć[2] impf vi to draw out one's vowels, to drawl; **~ć z rosyjska** to speak with a Russian drawl

zaciąg|nąć pf — **zaciąg|ać[1]** impf (**~nęła, ~nęli — ~am**) **II** vt [1] (zataszczyć) to drag *[worek, osobę]*; **~nąć łódkę w krzaki** to drag a boat into the bushes; **~nąć kogoś do kina** pot. to drag sb to the cinema; **~nąć kogoś siłą do dentysty** pot. to drag sb kicking and screaming to the dentist [2] Fin. to take out *[pożyczkę]*; **kredyt ~nięty w banku** a bank loan; **~nąć wobec kogoś dług wdzięczności** przen. to become indebted to sb [3] *(wystawić)* to mount *[wartę]*; **przed bramą ~nięto straże** a guard was mounted at the gate [4] *(zasunąć)* to draw *[zasłony, kotarę]*; **firanki były nięte** the curtains were drawn; **przez na wpół ~nięte zasłony** through half-drawn curtains; **okno było ~nięte grubą zasłoną** the window was covered with a thick curtain [5] *(zamknąć, zacisnąć)* to tighten *[krawat]*; to draw *[sznurek, sznurowadło, pętlę]*; **~nąć suwak w namiocie** to zip up a tent; **~nąć pasek na ostatnią dziurkę** to buckle one's belt on the last hole; **~nąć hamulec ręczny** to pull up the handbrake [6] *(powlec)* to cover; **~nąć coś farbą/lakierem** to paint/varnish sth; **niebo ~nięte chmurami** an overcast sky [7] Kulin. to thicken *[zupę, sos]*; **~nąć coś mąką/śmietaną/żółtkiem** to thicken sth with flour/cream/egg yolks

II *vi (powiać)* **zimny wiatr ~ał z północy** a cold wind blew in from the north; **od rzeki ~nęło chłodem** a cold draught came in from the river; **od ogrodu ~ał zapach kwiatów** a scent of flowers drifted in from the garden

III zaciągnąć się — zaciągać się [1] *(wstąpić)* to enlist; **~nąć się do wojska** to enlist in the army; **~nąć się na statek** to sign on a ship [2] *(wciągnąć dym)* to inhale; **~nąć się dymem** a. **papierosem** to drag on a cigarette [3] *(pokryć się)* **niebo ~nęło się chmurami** the sky became overcast; **~nęło się** it became overcast

zaciąż|yć *pf vi* [1] *(wydać się ciężkim) [plecak, wór]* to weigh [sb] down; **~yły mi powieki** my eyelids felt heavy [2] książk. *(zacząć doskwierać) [samotność, odpowiedzialność]* to start to weigh on *[osobie]*; **tajemnica ~yła mu nieznośnie** the secret became an unbearable burden to him [3] książk. *(wywrzeć wpływ)* **~yć na czymś** to affect sth; **~yć na wizerunku czegoś** to affect the image of sth; **to ~yło na całym jego życiu** it affected his whole life

zacie|c, zacie|knąć *pf* — **zacie|kać** *impf* (**~kniesz, ~kł, ~kła, ~kli** — **~kam**) *vi* [1] *[dach, sufit, łódź]* to leak [2] *[woda]* to leak; **deszcz ~kał na parapet** the rain was leaking onto the window sill

zaciek *m (G ~u)* damp patch; **~i na ścianach** damp patches on the walls; **na suficie porobiły się ~i** damp patches appeared on the ceiling

zaciekać *impf* → **zaciec**

zaciekawiać *impf* → **zaciekawić**

zaciekaw|ić *pf* — **zaciekaw|iać** *impf* **I** *vt* to interest *[słuchaczy, klasę]*; **to mnie ~iło** I found it interesting; **mam nadzieję, że to cię ~i** I hope you'll find it interesting; **coś mnie w niej ~iło** something intrigued me about her; **~iło mnie, jak/gdzie/kiedy...** I began to wonder how/where/when...

III zaciekawić się — zaciekawiać się *(zainteresować się)* **~ić się czymś** to find sth interesting; **„gdzie byłeś?", ~iła się** 'where have you been?,' she asked curiously

zaciekawieni|e II *sv* → **zaciekawić**

III *n sgt* interest, curiosity; **wzbudzać czyjeś ~e** to arouse sb's curiosity; **słuchać/przyglądać się z najwyższym ~em** to listen/watch with utmost interest

zaciekawi|ony II *pp* → **zaciekawić**

III *adi. [słuchacz, twarz, spojrzenie]* interested; **być ~onym czymś** to find sth interesting

zaciekle *adv. grad. [walczyć, bronić się, kłócić się]* fiercely; *[ujadać, szczekać]* fiercely, ferociously; *[dyskutować]* heatedly

zaciekłoś|ć *f sgt (upór)* doggedness; *(walki, kłótni)* fierceness; **atakować kogoś z ~cią** to attack sb fiercely

zaciek|ły *adi. grad.* [1] *(zawzięty) [osoba]* dogged; *[wróg, przeciwnik, nienawiść, pogarda]* fierce; *[ateista, antysemita]* rabid [2] przen. *(zażarty) [bój, opór, wojna, spór]* fierce; *[dyskusja, polemika]* heated

zacieknąć → **zaciec**

zaciemniać *impf* → **zaciemnić**

zaciemni|ć *pf* — **zaciemni|ać** *impf vt* [1] *(uczynić ciemnym)* to darken *[pokój, okno]*; *(w czasie wojny)* to black out *[dom, okna]* [2] przen. *(uczynić niezrozumiałym)* to obscure *[problem, sytuację, sprawę]*; **~ać obraz** to muddy the waters przen. [3] przen. *[emocje, alkohol]* to dull *[umysł]*

zaciemnie|nie II *sv* → **zaciemnić**

III *n* [1] *(w czasie wojny)* blackout [2] *(na kliszy)* shadow

zacieniać *impf* → **zacienić**

zacie|nić *pf* — **zacie|niać** *impf vt [drzewo, budynek]* to (over)shadow *[plac, ulicę]*; **~nione miejsce** a shaded spot

zacieni|ować *pf* — **zacieni|owywać** *impf vt* Szt. to shade (in) *[obrazek, tło]*

zacieniowywać *impf* → **zacieniować**

zacie|r *m (G ~ru)* *(do fermentacji)* mash

zacierać *impf* → **zatrzeć**

zacier|ka *f zw. pl* Kulin. small dumplings eaten with milk or in soup

zacierkow|y II *adi.* Kulin. **zupa ~a** broth with small dumplings

III zacierkowa *f pot., Kulin.* broth with small dumplings

zacieśniać *impf* → **zacieśnić**

zacieśni|ć *pf* — **zacieśni|ać** *impf* **I** *vt* [1] *(zacisnąć)* to tighten *[pętlę, obrożę, uścisk]* [2] *(zagęścić)* **~ć zabudowę** to increase the density of housing [3] *(umocnić)* to strengthen *[przyjaźń, więzi, stosunki]*; **~ć współpracę z kimś** to co-operate more closely with sb [4] *(zawęzić)* to narrow *[zakres]*; **~ć krąg badań** to narrow the scope of research

III zacieśnić się — zacieśniać się [1] *(zacisnąć się) [pętla]* to tighten; *[krąg, oblężenie]* to close; **obława ~ała się wokół nich** the police were closing in on them [2] *(umocnić się) [przyjaźń, więź]* to become strengthened; *[współpraca, kontakty]* to be intensified [3] *(zawęzić się) [zakres, problematyka]* to narrow

zacietrzewiać się *impf* → **zacietrzewić się**

zacietrzew|ić się *pf* — **zacietrze-w|iać się** *impf v refl. [osoba]* to grow a. get heated (**z powodu czegoś** over sth);

~ili się w dyskusji the discussion grew heated

zacietrzewieni|e *n sgt* **dyskutować z ~em/bez ~a** to discuss heatedly/without getting heated

zacietrzewi|ony *adi. [osoba]* enraged

zacię|cie II *sv* → **zaciąć**

II *n* [1] *(nacięcie)* notch; *(rysa)* scratch [2] *sgt (skłonność)* flair (**do czegoś** for sth); **~cie gawędziarskie/pisarskie** a flair for story-telling/writing; **aktor z ~ciem komediowym** an actor with a flair for comedy; **mieć ~cie do fotografowania/majsterkowania** to have a flair for photography/do-it-yourself [3] *sgt (zapał)* **pracować z ~ciem** to work fervently; **robić coś bez ~cia** to do sth without conviction; **artykuł napisany z ~ciem** an article written with passion [4] *(zająknięcie)* stumble; **mówić bez ~ć** to speak without faltering

III *adv.* with determination; **walczyli tak ~cie, że...** they fought with such determination, that...

zaciętoś|ć *f sgt* dogged determination

zacię|ty II *pp* → **zaciąć**

III *adi. grad.* [1] *(uparty) [osoba]* tenacious; *[twarz, spojrzenie]* determined; **zła, ~ta twarz** a hard evil face [2] *(zaciekły) [wróg]* fierce; *[komunista]* ardent; **najzaciętszy przeciwnik czegoś** the fiercest opponent of sth [3] *(zażarty) [bój, konkurencja]* fierce; **~ty mecz** a closely fought game

III *adi. (zepsuty) [mechanizm, drzwi]* jammed; **powtarzać coś jak ~ta płyta** to keep repeating sth like a broken record

zacięźn|y *adi.* Hist. *[żołnierz, oddziały, armia]* regular

zacinać[1] *impf* → **zaciąć**

zacina|ć[2] *impf vi [deszcz, śnieg]* to slant down; **~jący deszcz** slanting rain; **wiatr ~ł im deszczem w twarz** the rain was driving in their faces

zacisk *m (G ~u)* [1] Techn. clamp; *(mały, ze sprężyną)* clip; **~ sprężynowy** a spring clamp; **~ chirurgiczny** a surgical clamp; **zwolnić ~** to release a clamp [2] Elektr. terminal [3] *(zawór)* valve [4] *(uścisk)* grip; **~ dłoni** the grip of one's hand

zaciskać *impf* → **zacisnąć**

zaciskow|y *adi.* Techn. **uchwyt ~y** a clamp; **złączce ~e** a clip

zaci|snąć *pf* — **zaci|skać** *impf* (**~snęła, ~snęli** — **~skam**) **I** *vt* [1] *(ścisnąć)* to clamp *[przewód]*; to close *[szczęki imadła]*; to tighten up *[śrubę]*; to clench *[szczęki, pięści, zęby]*; **~snąć rurkę palcami** to clamp a tube with one's fingers; **~snąć palce na czymś** to clench one's fingers around sth; **~snąć zęby z bólu** to grit one's teeth in pain; **~snęła zęby ze złości** her teeth clenched in anger; **~snął zęby, żeby nie jęknąć** he clenched his teeth to suppress a moan; **trzeba ~snąć zęby i próbować dalej** przen. you have to grit your teeth and go on; **musiał znosić to z ~śniętymi zębami** przen. he had to grin and bear it; **~snąć pięści z gniewu** to clench one's fists in anger; **spod ~śniętych powiek** from under one's tightly closed lids; **trzymać coś w ~śniętej (kurczowo) dłoni** to hold sth in a (tightly) clenched hand [2] *(zaciągnąć)* to tighten *[pasek, sznurek]*

Z

(**wokół czegoś** round sth); **~snąć pętlę na czyjejś szyi** to tighten the noose round sb's neck także przen.

III zacisnąć się — zaciskać się [1] (zewrzeć się) [klamra, imadło] to close; [szczęki, dłonie] to clench; **jej palce ~snęły się na poręczy** her fingers clenched around the armrest; **krtań ~snęła mu się z przerażenia** his throat clenched in terror [2] [sznur, pasek] to tighten (**wokół czegoś** around sth)

zacisz|e n (Gpl ~y) [1] (miejsce osłonięte od wiatru) sheltered place [2] (ustronne miejsce) retreat; **wiejskie ~e** a country retreat; **w ~u domowym** in the privacy of one's home

zacisznie adv. grad. **w pokoju było ~** the room was snug

zaciszn|y adi. grad. [1] (osłonięty od wiatru) [dolina, zatoka, polana, miejsce] sheltered [2] (przytulny) [pokój, mieszkanko] snug

zacnie adv. grad. książk. **~ postąpić** to do a good thing; **to ~ z twojej strony, że...** it's nice of you to...

zacnoś|ć f sgt książk. goodness; **~ci człowiek** a good man

zacn|y adi. grad. książk. [osoba, rodzina, serce, uczynek] good; **najzacniejsi ludzie pod słońcem** the nicest people under the sun

zacofani|e n sgt [1] (opóźnienie w rozwoju) backwardness; **~e gospodarcze** the economic backwardness [2] (ciemnota) benightedness

zacofa|niec m pot. stick-in-the-mud pot.

zacofan|y adi. [1] (opóźniony) [obszar, region] backward; **kraje gospodarczo ~e** the economically backward countries; **~y pod względem technologicznym** technologically backward [2] (ciemny) [osoba, lud, kraj] benighted; [poglądy] stick-in-the-mud pot.

zacuka|ć się pf v refl. pot. to get a. find oneself tongue-tied

zacukan|y adi. pot. [osoba] tongue-tied

zacum|ować pf **II** vt to moor [łódź, balon] (**do czegoś** to sth); to berth, to moor [statek]; **~ować jacht do mola** to moor a yacht to a pier; **barka ~owana przy nabrzeżu** a barge moored at the quay ⇒ **cumować**

II vi [łódź, żeglarz] to moor; [statek] to berth, to moor; **~ować w porcie** to moor at a port ⇒ **cumować**

zacyt|ować pf vt to quote [osobę, fragment]; **błędnie coś ~ować** to misquote sth ⇒ **cytować**

zaczadzia|ły adi. [osoba] asphyxiated (by carbon monoxide); **czuł się jak ~ły** he felt dizzy

zacza|dzić się pf — **zacza|dzać się** impf v refl. to be asphyxiated with carbon monoxide

zaczadzi|eć pf (~eję, ~ał, ~eli) vi to be asphyxiated with carbon monoxide

zaczadz|ony adi. [1] (osoba) asphyxiated (by carbon monoxide) [2] przen. [osoba, społeczeństwo] brainwashed

zaczai|ć się pf v refl. [napastnik, zwierzę] to lie in wait (**na kogoś/coś** for sb/sth); **~ć się za drzwiami** to hide behind the door

zaczajać się impf → **zaczaić się**

zaczaj|ony adi. [tygrys, lew] crouching; [napastnik, morderca] hidden

zaczar|ować pf vt [1] to enchant, to put [sb/sth] under a spell; **~ować kogoś w coś** to turn a. transform sb into sth [2] przen. (oczarować) to enchant [osobę]

zaczarowan|y II pp → **zaczarować**

II adi. [zamek, ogród, świat] enchanted

zacz|ąć pf — **zacz|ynać** impf (~nę, ~ęła, ~ęli — ~ynam) **II** vt [1] (rozpocząć) to start, to begin [grę, czynność, posiłek] (**od czegoś** with sth); **~ąć nową pracę/nowe życie** to start a new job/life; **~ynać dzień od kawy** to start a. begin one's day with a cup of coffee; **~ęty projekt/remont** an ongoing project/renovation [2] (napocząć) to start, to begin [bochenek, paczkę]; **~ta butelka** an opened bottle

II vi [1] (rozpocząć działanie) to start, to begin; **~ąć coś robić** to start doing sth a. to do sth; **~ąć chodzić/mówić** [dziecko] to start walking/talking; **~ąć łysieć/tyć** to begin a. start to go bald/put on weight; **~ąć pisać na nowej stronie** to start a new page; **~ąć od zrobienia czegoś** to start a. begin by doing sth; **ustawa ~yna obowiązywać w maju** the act comes into force in May; **~yna padać** it's beginning to rain; **to mi się ~yna podobać** I'm beginning to like it; **~ęły napływać złe wiadomości** the bad news started to flood in; **~ąć od początku** to start again a. afresh; **~nijmy jeszcze raz** let's start from the beginning; **o której ~ynamy?** when do we start?; **no to ~ynamy** let's get started; **sprzątanie ~ął od salonu** he started cleaning with the living room [2] (rozpocząć mówienie, pisanie, wymienianie) [osoba] to begin; **~ąć od czegoś** to begin with sth; **nie wiem, od czego ~ąć** I don't know where to begin; **~nijmy od tego, że wcale o to nie prosiłem** to begin with, I didn't ask for that; **wszyscy, ~ynając od dzieci, a na staruszkach kończąc** everybody, starting with children and ending with the elderly; **znów ~ynasz?** don't start that again!; **„szanowni państwo", ~ął** 'ladies and gentlemen,' he began; **~ąć z innej beczki** pot. to change the subject [3] (rozpocząć karierę) [osoba] to begin; **~ynać od zera** to start from scratch; **~ynał jako kelner** he began as a waiter [4] pot. (być prowodyrem) to start; **to on ~ął!** he started it! [5] pot. (zadzierać) **~ynać z kimś** to mess with sb; **lepiej z nim nie ~ynaj** you'd better not mess with him

III zacząć się — zaczynać się (rozpocząć się) [lekcja, film, wojna, droga] to start, to begin; **~ąć się dobrze/źle** to start well/badly; **~ęła się wiosna** spring has come; **wszystko ~ęło się od.../kiedy...** it all started a. began with.../when...; **film ~yna się sceną polowania** the film starts a. begins with a hunting scene; **wyrazy ~ynające się na „a"** the words starting a. beginning with 'a'

zacząt|ek m (G ~ku) książk. beginning; **~ki polskiej literatury** the beginnings of Polish literature; **stanowić ~ek czegoś** to mark the beginnings of sth

zaczątkowo adv. **pojawiać się ~** [motywy, elementy, oznaki] to start to appear

zaczątkow|y adi. [formy, postacie] early

zaczeka|ć pf vi [1] [osoba] to wait (**na kogoś/coś** for sb/sth); **~j tu na mnie** wait for me here; **~jmy do jutra** let's wait till tomorrow; **~jmy jeszcze tydzień** let's wait another week; **postanowili ~ć ze ślubem** they decided to put their wedding on hold; **~ł, aż sobie pójdą** he waited till they left; **~j, nie rób tego!** wait a minute, don't do it!; **~j, kto tak powiedział?** hold on, who said so?; **~jcie, nie wszyscy naraz!** hold on, one at a time!; **~jcie, niech pomyślę** wait a minute. a. hold on, let me think [2] [praca, zadanie] to wait; **pranie może ~ć** the washing can wait; **raport niech sobie ~!** the report can wait!

zaczep m (G ~u) fastening; (haczyk) hook

zaczepiać impf → **zaczepić**

zaczep|ić pf — **zaczep|iać** impf **II** vt [1] (umocować) to fasten; (hakiem) to hook; (przypiąć) to clip; **~ić sznurek o gwóźdź** to hook a string over a nail; **~ić linę na gałęzi** to pass a rope over a tree branch [2] (zagadnąć) to accost [osobę]; **~ić kogoś na ulicy** to accost sb in the street; **~ił mnie jakiś nieznajomy** I was accosted by a stranger; **przez nikogo nie ~iani dotarliśmy na miejsce** we arrived without being stopped by anybody [3] (prowokować) to provoke; **lepiej go nie ~iaj** you'd better not provoke him

II vi [1] (zawadzić) to catch; **~ić nogą o coś** to catch one's foot on sth; **~ić rękawem o gwóźdź** to catch one's sleeve on a nail; **samolot ~ił skrzydłem o komin** the plane hit a chimney with its wing [2] (wstąpić) to stop over; **~ić o Warszawę** to stop over in Warsaw; **po drodze ~iliśmy o bar** on our way we dropped in at a bar

III zaczepić się — zaczepiać się [1] (złapać się) to catch hold (**o coś** of sth); **~ić się rękami o gałąź** to catch hold of a branch [2] (zahaczyć się) [szalik, latawiec, klamra] to get caught (**o coś** on sth) [3] pot. (zamieszkać) to stay; **~ić się u przyjaciół** to stay at one's friends' house; **~ić się w jakiejś firmie** to get a job in some company; **~ić się na rynku** to gain a foothold in the market

zaczepieni|e n sgt → **zaczepić**

II n **potrzebujemy jakiegoś punktu ~a** we need somewhere to start

zaczep|ka f taunt; **nie reagować na czyjeś ~ki** to ignore sb's taunts; **szukać ~ki z kimś** to be looking for a fight with sb

zaczepnie adv. [zachowywać się, odzywać się] aggressively

zaczepnoś|ć f sgt aggressiveness

zaczepn|y adi. [1] (napastliwy) [osoba] truculent; [zachowanie, uwagi, ton] aggressive; **być ~ym** [osoba] to be looking for a fight [2] Wojsk. [działania] aggressive; **operacje ~e** offensive military operations

zaczepow|y adi. Techn. **wyciąg ~y** a ski tow

zaczerniać impf → **zaczernić**

zaczer|nić pf — **zaczer|niać** impf **II** vt to blacken; **~nić rysunek węglem** to shade a drawing with charcoal; **chmury ~niły niebo** the clouds blackened the sky

II zaczernić się — zaczerniać się [niebo] to blacken

zaczerp|nąć *pf* — **zaczerp|ywać** *impf* (**~nęła, ~nęli** — **~uję**) *vt* [1] (nabrać) to scoop up *[wodę, mąkę]*; **~nąć wody ze studni** to draw some water out of the well; **~nąć dłońmi wodę** to take some water in one's cupped hands; **~nąć powietrza** (zrobić wdech) to breathe in a gulp of air; (przewietrzyć się) to get some air; **wynurzyć się dla ~nięcia powietrza** to come up for air; **~nąć sił** to get one's strength back [2] (zapożyczyć) to take *[motyw, tytuł]*; **~nąć informacji o czymś** to find out about sth; **pomysł ~nięty z...** an idea taken from...; **skąd ~nąłeś ten cytat?** where did you get this quotation from?

zaczerpywać *impf* → zaczerpnąć

zaczerwieni|ć *pf* [I] *vt* (nadać czerwony kolor) to turn [sth] red, to redden; **mróz ~ł nam nosy** the frost turned our noses red ⇒ **czerwienić**

[II] **zaczerwienić się** [1] (ze wstydu) to turn a. go red, to redden; (ze złości) to flush; (z wysiłku) to go red; **~ć się z zażenowania** to go red with embarrassment ⇒ **czerwienić się** [2] (stawać się czerwonym) *[jabłka, pomidory, bandaż]* to turn red ⇒ **czerwienić się**

zaczerwienie|nie [I] *sv* → zaczerwienić

[II] *n* reddening

zaczerwieni|ony [I] *pp* → zaczerwienić

[II] *adi.* [1] *[skóra, oczy]* reddened [2] (ze wstydu, złości) *[osoba, twarz]* flushed

zacze|sać *pf* — **zacze|sywać** *impf* (**~szę** — **~suję**) [I] *vt* to brush back *[włosy]*; **~sać włosy gładko do tyłu** to slick back one's hair; **włosy ~sane do tyłu** the swept-back hair; **włosy ~sane do góry** the upswept hair

[II] **zaczesać się** — **zaczesywać się** *[osoba]* to brush back one's hair

zaczesywać *impf* → zaczesać

zaczołga|ć się *pf v refl. [osoba]* to crawl

zaczopow|ać *pf* — **zaczopow|ywać** *impf* [I] *vt* to bung (up) *[beczkę, kadź]*

[II] **zaczopować się** — **zaczopowywać się** *[rura, pory, żyła]* to clog up

zaczopowywać *impf* → zaczopować

zaczyn *m* (*G* **~u**) [1] Kulin. leaven, sourdough; **dodać do czegoś ~u** to leaven sth [2] książk. **być ~em czegoś** to initiate sth [3] Budow. cement slurry

zaczynać *impf* → zacząć

zaczynać *impf* → zaczynić

zaczy|nić *pf* — **zaczy|niać** *impf vt* to leaven *[chleb, ciasto]*

zaczyt|ać *pf* — **zaczyt|ywać** *impf* [I] *vt* to wear [sth] out *[książkę]*; **mój egzemplarz był doszczętnie ~any** my copy was completely worn out

[II] **zaczytać się** to become engrossed in reading

[III] **zaczytywać się** (chętnie czytać) **~ywać się czymś** a. **w czymś** to read a lot of sth

zaczytywać *impf* → zaczytać

zaćm|a *f sgt* Med. cataract

zaćmi|ć *pf* — **zaćmi|ewać** *impf* [I] *vt* [1] to dim *[światło]*; **chmury ~ły słońce** clouds dimmed the sun; **smutek ~ł jej oczy** sadness clouded her eyes [2] przen. (wydać się atrakcyjniejszym) to outshine *[osobę]*; (wydać się ważniejszym) to eclipse; **~ła wszystkich urodą** her beauty outshone everybody; **~ł inteligencją swoich kolegów** he surpas-

sed his friends in intelligence [3] przen. (zmącić) to dim *[pamięć]*; to cloud *[umysł]*; **~ć czyjś zdrowy rozsądek** to cloud sb's judgement; **~ło mnie** pot. (straciłem przytomność) I was out for the count; (nie wiedziałem, co powiedzieć) I was dumbstruck [4] (zaboleć) **~ł mnie ząb** I got a mild toothache [5] przest. (zapalić) to light *[fajkę, papierosa]*

[II] **zaćmić się** — **zaćmiewać się** [1] *[lampa, słońce]* to dim; **jej oczy ~ły się łzami** her eyes were blurred with tears [2] (zakręcić się) **~ło mi się w oczach** a. **głowie** I felt dizzy

zaćmie|nie [I] *sv* → zaćmić

[II] *n* [1] Astron. eclipse; **~nie słońca/księżyca** a solar/lunar eclipse; **częściowe/całkowite ~nie** a partial/total eclipse [2] pot. (zamroczenie) mental block; **mam dzisiaj ~nie** I'm having a mental block today

zaćmiewać *impf* → zaćmić

za|d *m* (*G* **zadu**) [1] Zool. rump; (u konia) croup [2] pejor. (u człowieka) (large) rump pot.

zada|ć *pf* — **zada|wać** *impf* (**~m** — **~ję**) [I] *vt* [1] (wyznaczyć) to ask *[pytanie, zagadkę]*; to set *[pracę domową]*; to give *[pokutę]*; **~ć komuś lekcje do odrobienia** to give sb homework; **~ć komuś wypracowanie na temat czegoś** to set sb an essay on sth; **pisać na ~ny temat** to write on a set topic; **co masz na jutro ~ne?** what's your homework for tomorrow?; **było coś ~ne z matematyki?** was there any maths homework?; **~wać sobie pytanie** to ask oneself; **wciąż ~ję sobie pytanie, dlaczego/kiedy/jak...** I keep asking myself why/when/how...; **~ć sobie wiele trudu** to go to a lot of trouble; **~ć sobie trud, żeby coś zrobić** a. **zrobienia czegoś** to take the trouble to do sth, to go to the trouble a. bother of doing sth; **nawet nie ~ł sobie trudu, żeby...** he didn't even bother to... [2] książk. (spowodować) to inflict *[ból, cierpienie, klęskę, ranę]* (**komuś** on sb); to deal *[cios]* (**komuś** to sb); **~ć przeciwnikowi poważne straty** to inflict serious losses on the enemy; **~ć komuś/czemuś ostateczny cios** przen. to deal a final blow to sb; **rana ~na nożem** a knife wound; **~ć komuś śmierć** to kill sb; **~ć gwałt naturze** to violate nature; **~ć kłam czemuś** to belie sth [3] (dać) to give *[paszę]*; **~ć koniom obrok** a. **obroku** to feed the horses

[II] **zadać się** — **zadawać się** (mieć do czynienia) **~wać się z kimś** to associate a. hang about with sb; **lepiej się z nimi nie ~waj** you'd better stay away from them

zada|nie [I] *sv* → zadać

[II] *n* [1] (czynność do wykonania) task; (wyznaczone przez zwierzchnika) assignment; (cel) objective; **wyznaczyć komuś ~nie** to give sb an assignment; **wywiązać się z ~nia** to carry out a task; **otrzymać ~nie, żeby...** to be given the task to...; **pojechać gdzieś z ~niem zrobienia czegoś** to go somewhere on assignment to do sth; **mieć za ~nie zrobić coś** to have the task of doing sth; **twoim ~niem będzie...** your task will be to...; **postawić sobie ambitne ~nie** to set oneself an ambitious task; **najważniejszym ~niem rządu będzie...** the main objective of this government will be...;

ułatwić komuś ~nie to make sb's task easier; **to jest ~nie ponad moje siły** this task is beyond me; **stanąć na wysokości ~nia** to make the grade [2] Szkol. (polecenie) assignment; (do rozwiązania) problem; **~ty nos** a snub nose; **~nie z matematyki/fizyki** a maths/physics problem; **~nie domowe** homework; **zbiór ~ń** a problem book; **rozwiązać ~nie** to solve a problem

zadar|ty [I] *pp* → zadrzeć

[II] *adi. [broda]* turned-up; **była blondynką o ~tym nosie** she was a snub-nosed blonde; **pantofle z ~tymi czubkami** shoes with turned-up toes

zadasze|nie [I] *sv* → zadaszyć

[II] *n* roof, canopy; **nie mamy garażu, jedynie ~nie, pod którym stawiamy samochód** we don't have a garage, only a carport

zadasz|yć *pf vt* to roof (over) *[budynek, pasaż]*

zadat|ek [I] *m* (*G* **~ku**) deposit; **dać ~ek na coś** to put down a deposit on sth

[II] **zadatki** *plt* (ukryte zdolności) makings; **mieć (wszelkie) ~ki na kogoś** to have all the makings of sb; **ma ~ki na wielkiego skrzypka** he has the makings of a great violinist

zadatk|ować *pf vt* to put down a deposit on *[mieszkanie, samochód]*

zadawać *impf* → zadać

zadawni|ony *adi.* [1] (istniejący od dawna) *[uprzedzenia, nienawiść]* inveterate [2] (nawracający) *[przeziębienie, dolegliwość]* chronic

zad|ąć *pf* (**~mę, ~ęła, ~ęli**) *vi* [1] (o wietrze) to blow; **wichura ~ęła w żagle** the gale filled the sails; **~ęło śniegiem** it blew with snow ⇒ **dąć** [2] (zagrać na instrumencie dętym) to blast (**w coś** sth); to blow (**w coś** sth); to sound (**w coś** sth) *[trąbkę, róg, puzon]* ⇒ **dąć** [3] książk. (zasypać) to cover; **śnieg ~ął drogi** the snow covered the roads; **piasek ~ął ślady stóp** the sand covered the footprints

zadba|ć *pf vi* to take care (**o kogoś/coś** of sb/sth); to look after (**o kogoś/coś** sb/sth); to see to (**o coś** sth); **przestała pracować, żeby ~ć o wychowanie dzieci** she stopped working to take care of her children's upbringing; **po śmierci żony nie ma kto ~ć o dom** since my wife died there's no one to look after the house; **producent filmu ~ł o kampanię reklamową przed premierą** the film producer saw to the advertising campaign before the premiere; **~ć, żeby...** to see to it that...; **o jedzenie i picie ~ła firma** food and drink was laid on by the company ⇒ **dbać**

zadban|y *adi. [osoba, zwierzę, wygląd]* well-groomed; *[włosy, dłonie, paznokcie]* neat, tidy; *[ogród, dom]* spruce, trim; *[trawnik]* manicured; **być schludnym i ~ym** to be neat and trim; **miał zawsze ~e paznokcie** he always had well-manicured nails

zadebiut|ować *pf vi* to make one's debut; **~ować na ekranie** to make one's screen debut; **~ować jako aktor/polityk** to make a debut as an actor/a politician; **~ował tomikiem wierszy** he made his debut with a volume of poetry ⇒ **debiutować**

Z

zadecyd|ować *pf* Ⅰ *vi* ⒈ (dokonać wyboru) to determine (**o czymś** sth); **~ować, że...** to decide that...; **~owali o sposobie wychowania dzieci** they determined the way in which their children were brought up; **~ował, że firma wypuści nowe akcje** he decided that the company should issue some more shares; **o wysokości podatków ~uje parlament** parliament will determine the level of taxation ⇒ **decydować** ⒉ (wpłynąć) to decide (**o czymś** sth); **o naszej znajomości ~ował przypadek** our acquaintance was decided by chance; **ta rozmowa ~owała o jego losie** that conversation sealed his fate ⇒ **decydować** Ⅱ **zadecydować się** (zostać rozstrzygniętym) to be determined, to be decided; **jego przyszłość ~uje się na sali sądowej** his future will be decided in the courtroom ⇒ **decydować się**

zadecydowan|y *adi.* [sprawa, przedsięwzięcie] decided, settled

zadedyk|ować *pf vt* to dedicate [książkę, wiersz]; **koncert został ~owany zmarłej żonie kompozytora** the concert was dedicated to the composer's late wife ⇒ **dedykować**

zad|ek *m* (G **~ka** a. **~ku**) posp. backside pot.; rump żart.; tail end pot.; **miała cały ~ek pokłuty zastrzykami** her rump was all pierced with shots

zadeklam|ować *pf vt* **~ować wiersz** to declaim a poem ⇒ **deklamować**

zadeklar|ować *pf* Ⅰ *vt* to pledge; **rząd ~ował pomoc ofiarom powodzi** the goverment pledged itself to help the victims of the flood ⇒ **deklarować** Ⅱ **zadeklarować się** ⒈ (wyrazić gotowość działania) to pledge oneself; **~ował się, że nam pomoże** he declared that he would help us ⇒ **deklarować się** ⒉ (zająć stanowisko) **~ował się po stronie socjalistów** he declared himself for the socialists ⇒ **deklarować się** ⒊ (ujawnić poglądy) to declare oneself; **~ował się jako zwolennik faszyzmu** he declared himself to be a follower of fascism ⇒ **deklarować się**

zadeklarowan|y *adi.* [ateista, konserwatysta, socjalista] adamant, confirmed

zadek|ować *pf* Ⅰ *vt* ⒈ (ukryć) to harbour GB, to harbor US [osobę] ⇒ **dekować** ⒉ przen. to hide, to shelter [broń, biżuterię, obrazy] ⇒ **dekować** Ⅱ **zadekować się** pot. to hide away; to scrimshank GB pot. ⇒ **dekować się**

zademonstr|ować *pf vt* ⒈ (pokazać) to display, to demonstrate [ubiory, urządzenia, produkty]; **~ować, jak coś robić** to demonstrate how to do sth; **~ć działanie czegoś** to demonstrate how sth works ⇒ **demonstrować** ⒉ (wyrazić uczucia) to demonstrate [niechęć, solidarność]; **~ować poparcie dla kogoś/czegoś** to demonstrate one's support for sb/sth ⇒ **demonstrować** ⒊ (ujawnić cechę, właściwość) to demonstrate; **~ować własne umiejętności** to show one's paces ⇒ **demonstrować**

zadenuncj|ować *pf vt* to denounce, to inform on

zadepesz|ować *pf vi* to telegraph *vt*; to wire *vt* US pot.; **~ować do kogoś o poradę** to wire sb for advice; **~ować o chorobie dziecka** to send a wire about the child's illness ⇒ **depeszować**

zadep|tać *pf* — **zadep|tywać** *impf* (**~czę** a. **~cę** — **~tuję**) *vt* ⒈ (deptać zatrzeć) to tread out [ognisko, niedopałek] ⒉ (stratować) to trample; **tłum w panice ~tał kilka osób** a number of people were trampled in the panic ⒊ (pobrudzić) to muddy, to dirty [podłogę, dywan]

zadeptywać *impf* → **zadeptać**

zadęci|e Ⅰ *sv* → **zadąć** Ⅱ *n sgt* ⒈ (dźwięk wydobyty z instrumentu dętego) blast; **~e trąbki** a blast on the trumpet, a blast of the trumpet ⒉ pot. (pretensjonalność) pomp; swank pot.; **mieć ~e na artystę** to have pretensions to being an artist; **impreza została zorganizowana z wielkim ~em** the event was organized with great pomp ⒊ pot. (zacięcie) bent; **od dziecka miał ~e do malarstwa** he's had a bent for painting since childhood

zadław|ić *pf* Ⅰ *vt* książk. (udusić) to strangle Ⅱ **zadławić się** to choke (**czymś** on sth); **~ił się ością przy jedzeniu** he choked on a fishbone

zadłużać *impf* → **zadłużyć**

zadłuże|nie Ⅰ *sv* → **zadłużyć** Ⅱ *n* debt; **~nie Trzeciego Świata** Third World debt; **poziom/współczynnik ~nia** debt level/ratio; **spłatę ~nia rozłożono na raty** the debt was to be paid in instalments

zadłuż|yć *pf* — **zadłuż|ać** *impf* Ⅰ *vt* **~yć majątek** to mortgage one's assets; **poważnie ~one przedsiębiorstwo/państwo** a debt-laden a. heavily indebted company/country; **jest ~ony (w banku) na sumę 5000 dolarów** he's in debt (to the bank) to the tune of $5,000 pot. Ⅱ **zadłużyć się** — **zadłużać się** to run up a debt

zadomawiać się *impf* → **zadomowić się**

zadom|owić się *pf* — **zadom|awiać się** *impf v refl.* to settle in; **~owić się w nowym mieszkaniu** to feel settled in the new flat; **~owić się w pracy** to settle into the new job; **niepokój ~owił się w jej sercu** przen. unease remained forever present in her heart; **na stawach ~owiło się ptactwo** birds had made the ponds their home

zadomowi|ony *adi.* ⒈ (przyzwyczajony do nowego miejsca) **czuję się tu ~ony** I feel settled here, I feel at home here ⒉ (o zwierzęciu) domesticated

zadość *adv.* ■ **czynić czemuś ~** to satisfy sth; **sprawiedliwości stało się ~** justice has been done

zadośćuczy|nić *pf vi* książk. to fulfil GB, to fulfill US (**czemuś** sth); **~nić czyimś prośbom/życzeniom/żądaniom** to fulfil sb's requirements/wishes/demands

zadośćuczynieni|e Ⅰ *sv* → **zadośćuczynić** Ⅱ *n sgt* (wynagrodzenie za krzywdy) compensation; **domagał się ~a w wysokości 10 000 dolarów** he demanded $10,000 in damages

zadowalać *impf* → **zadowolić**

zadowalająco *adv.* [objaśnić, działać] satisfactorily; **egzamin wypadł ~** the exam was satisfactory

zadowalając|y Ⅰ *pa* → **zadowalać** Ⅱ *adi.* [ocena, wyniki, stan] satisfactory; [sprzedaż, postęp, rozwiązanie] satisfying; [dochód, środki] comfortable; [praca, występ] competent

zadowoleni|e Ⅰ *sv* → **zadowolić** Ⅱ *n sgt* satisfaction, pleasure; **~e z czegoś/robienia czegoś** pleasure of sth/of doing sth; **~e z pracy** job satisfaction; **wyrazić ~e z czegoś** to express satisfaction with sth; **czerpać ~e z czegoś** to get a. derive satisfaction from sth; **robić coś z ~em** to take a. find pleasure in doing sth; **uśmiechnąć się z ~em** to smile with contentment; **miał wyraz ~a na twarzy** there was a look of contentment on his face; **przyjęli zmianę z ~em** they welcomed the change

zadow|olić *pf* — **zadow|alać** *impf* Ⅰ *vi* to satisfy [gościa, klienta, potrzeby] Ⅱ **zadowolić się** — **zadowalać się** to settle for; **~alał się tym, co miał** he settled for what he had

zadowol|ony *adi.* content, satisfied; **~ony z siebie** self-satisfied, smug; **on jest zawsze ~ony** he's always content; **wyglądać na bardzo ~onego z siebie** to look like the cat that's got the cream; **jestem z ciebie ~ony, dobrze się spisałeś** I'm pleased with you, you did a good job

zad|ra *f* splinter, snag ■ **mieć** a. **nosić ~rę w sercu** to bear a. have a. nurse a grudge

zadrap|ać *pf* (**~ię**) Ⅰ *vt* to scratch, to graze; **~ać sobie rękę/nogę cierniem** to scratch one's hand/leg on a thorn; **ktoś mi ~ał lakier na drzwiach samochodu** someone has scratched the paint on the door of my car; **upadła i ~ała sobie kolano** she fell and grazed her knee Ⅱ **zadrapać się** to scratch oneself, to cut oneself; **~ać się przy goleniu** to cut oneself while shaving

zadrapa|nie Ⅰ *sv* → **zadrapać** Ⅱ *n* ⒈ (uszkodzenie powierzchni) scratch, scrape; **ten delikatny środek do czyszczenia nie powoduje ~ń na emalii** this delicate cleaning agent doesn't scratch the enamel ⒉ (powierzchowne skaleczenie) scratch, graze; **nic mi nie będzie, to tylko ~nie** I'll be all right, it's just a scratch

zadra|snąć *pf* (**~snęła, ~snęli**) Ⅰ *vt* ⒈ (uszkodzić, skaleczyć) to scratch; **gałąź ~snęła go w policzek** a branch scratched his cheek ⒉ przen. (naruszyć) to wound; **~snąć czyjąś ambicję** przen. to wound sb's ambition; **~snąć czyjąś miłość własną** to damage sb's self-esteem Ⅱ **zadrasnąć się** to scratch oneself, to nick oneself; **~snął się przy zamykaniu bramy** he scratched himself while shutting the gate ⇒ **drasnąć**

zadraśnię|cie Ⅰ *sv* → **zadrasnąć** Ⅱ *n* scratch, graze

zadrażniać *impf* → **zadrażnić**

zadrażni|ć *pf* — **zadrażni|ać** *impf vt* ⒈ (pobudzić do gniewu) to irritate, to annoy; **rozmawiaj z nim ostrożnie, żeby go nie ~ć** when you talk to him, be careful not to irritate a. annoy him [2] (uczynić mniej przyjaznym) to strain, to aggravate; **~ć sytuację** to make the situation worse, to aggravate the situation; **ten incydent na granicy ~ stosunki między obu państwami** that incident on the border will put a strain on a. will strain relations between both countries

zadrażnie|nie [] *sv* → **zadrażnić**

[] *n zw. pl* friction *U*; **drobne ~nia** petty squabble a. quarrel; **w każdej rodzinie występują pewne ~nia** there is a certain amount of friction in any family; **między kierownictwem a załogą doszło do ~ń** there's been some friction between the management and workforce

zadręczać *impf* → **zadręczyć**

zadręcz|yć *pf* — **zadręcz|ać** *impf* [] *vt* [] (doprowadzić do zmęczenia) to torment, to pester; **przestań mnie ~ać!** stop pestering a. tormenting me!; **~ać kogoś swoimi pytaniami/podejrzeniami** to torment a. plague sb with one's questions/suspicions; **dzieci ~ały mnie, żeby im kupić lody** the kids pestered me to buy them ice cream; **~yć kogoś na śmierć** przen. to pester the life out of sb pot. [2] (doprowadzić do śmierci) to torment to death

[] **zadręczyć się — zadręczać się** to agonize (**czymś** over a. about sth)

zadrga|ć *pf vi* [] (drgnąć kilka razy) *[nozdrza, wargi]* to twitch; *[powietrze]* to vibrate [2] *[dźwięk]* to waver; **głos mu ~ł ze wzruszenia** his voice wavered a. broke with emotion

zadruk|ować *pf* — **zadruk|owywać** *impf vt* [] (pokryć drukiem) to print; **~ować gazety sprawozdaniami z...** to fill the newspapers with reports on...; **kartka jest ~owana po jednej stronie** the card is printed on one side [2] Włók. (pokryć wzorem) to print; **bawełna ~owana w czerwone kwiatki** cotton printed with red flowers

zadrukowywać *impf* → **zadrukować**

zadrwi|ć *pf vi* to sneer (**z kogoś/czegoś** at sb/sth); **~ł sobie ze starego człowieka** he made a fool of the old man; **„jaki mądry!", ~ła** 'how clever of him,' she jibed a. sneered ⇒ **drwić**

za|drzeć *pf* — **za|dzierać** *impf* [] *vt* [] (oderwać brzeg) to chip; **zadrzeć sobie paznokieć** to chip one's nail; **zadrzeć kartkę w książce** to dog-ear a page in a book [2] (unieść) to lift *[głowę, ogon, spódnicę]*; **zadarł głowę, żeby policzyć, ile pięter ma wieżowiec** he craned his neck to count how many stories the skyscraper had; **dawniej zadzierała nosa** she used to put on airs, she used to queen it over everybody [] *vi* pot. (narazić się) to cross (**z kimś** sb); **zadrzeć z prawem** to fall foul of the law; **zadarł z gangsterami** he fell foul of gangsters; **lepiej z nim nie zadzierać** better not to cross him, better not to fall foul of him

[] **zadrzeć się — zadzierać się** [] (zostać oberwanym z brzegu) to chip; **zadarł mi się paznokieć** I chipped a nail [2] (zadrzeć się ku górze) **zadarły się rogi kartek w książce** the corners of the pages in the book are dog-eared; **zadarły się noski w pantoflach** the toes of my shoes have curled

zadrzewiać *impf* → **zadrzewić**

zadrzew|ić *pf* — **zadrzew|iać** *impf vt* to afforest *[wydmę, zbocze górskie]*; **~ione tereny** tree-covered areas

zadrż|eć *pf* (**~ysz, ~ał, ~eli**) *vi* [] (zatrząść się) *[osoba]* to tremble, to shiver; *[dom, ziemia]* to shake, to tremble; *[samolot]* to shudder; **~eć z zimna/ze strachu** to tremble a. shiver a. quiver with cold/fear; **~eć z gniewu** to shake with anger; **cały dom ~ał od wybuchu** the whole house shook from the explosion; **powieka mu ~ała** his eyelid twitched; **~ał z przerażenia** he quaked with fear; **~ał na myśl o tym, co by się stało, gdyby...** he trembled at the thought of what would happen if... ⇒ **drżeć** [2] (zamigotać) *[płomień, światło, blask]* to flicker ⇒ **drżeć** [3] (o głosie, dźwięku) to tremble, to waver ⇒ **drżeć**

zaduch *m sgt* (*G* **~u**) stuffiness, closeness; fug GB pot.; **w sali panował ~** it was stuffy in the room

zadudni|ć *pf vi* [] *[pociąg, koła, grzmot]* to rumble; **nagle deszcz ~ł po dachu** suddenly the rain drummed on the roof; **ziemia ~ła od huku strzelających armat** the earth rumbled with the sound of cannons being fired ⇒ **dudnić** [2] (zabrzmieć głośno, głucho) to rumble, to thump; **~ć na fortepianie** to thump the keys of the piano; **muzyka ~ła z głośników** music thumped from the speakers ⇒ **dudnić**

zadufani|e *n sgt* książk. self-righteousness; **drażniąca jest to jego ~e w sobie** his self-righteousness is annoying

zadufan|y *adi.* self-righteous, opinionated; vainglorious książk.; **zawsze był ~y we własny rozum** he's always been overconfident of his own intellect; **nie wiedziałem, że jest tak ~a w sobie** I didn't know she was so stuck up a. so cocksure of herself

zaduf|ek *m* (*Npl* **~ki**) książk., pejor. self-righteous prig

zadum|a *f sgt* książk. reverie, pensiveness; **pogrążyć się w ~ie** a. **popaść w ~ę** to slip into reverie, to fall into a reverie; **zostać wyrwanym z ~y** to be startled out of one's reverie

zaduma|ć się *pf v refl.* książk. to fall into a reverie; **~ć się nad przemijaniem młodości** to ponder upon the passing of one's youth

zaduman|y *adi.* [] (zamyślony) pensive, lost in thought [2] (wyrażający zadumę) *[spojrzenie, uśmiech]* pensive, thoughtful

zadupi|e *n* (*Gpl* **~**) wulg. hole pot., Podunk US pot., jerkwater town US pot.

zadurzeni|e [] *sv* → **zadurzyć się**

[] *n sgt* przest. książk. infatuation (**w kimś** with sb); crush (**w kimś** on sb) pot.; **chwilowe ~e** a passing infatuation

zadurz|ony *adi.* książk. infatuated; **jest tak ~ony, że świata poza nią nie widzi** he's completely infatuated with her

zadurz|yć się *pf v refl.* przest. to become enamoured (**w kimś** of a. with a. by sb); to be infatuated (**w kimś** with sb); to have a crush pot. (**w kimś** on sb) ⇒ **durzyć się**

zadu|sić *pf* [] *vt* to throttle, to strangle; **lis ~sił dwie kury** the fox throttled two hens ⇒ **dusić**

[] **zadusić się** to suffocate; **otwórz okno, bo się ~simy** open the window otherwise we'll suffocate ⇒ **dusić się**

Zadusz|ki *plt* (*G* **~ek**) Relig. All Souls' Day

zaduszkow|y *adi. [nabożeństwo, modlitwa]* All Souls' Day *attr.*

zaduszn|y *adi. [nabożeństwo, modlitwa]* All Souls' Day *attr.*; **Dzień Zaduszny** All Souls' Day

zadygo|tać *pf* (**~czę** a. **~cę**) *vi* to shiver, to tremble; **~tał z zimna** he shivered from cold; **płomień świecy ~tał na wietrze** the candle flickered in the wind

zadym|a *f* pot. [] *augm.* (śnieg i wiatr) blizzard, snowstorm [2] (zamieszki uliczne) pot. trouble; bovver GB pot.; **nie bierz udziału w żadnych ~ach** don't get involved in any fights

zadymiać *impf* → **zadymić**

zadymiarz *m* (*Gpl* **~y**) pot. troublemaker; **to nie są żadni demonstranci, to jacyś ~e i chuligani** they aren't a. they're no demonstrators, they're troublemakers and hooligans

zadym|ić *pf* — **zadym|iać** *impf* [] *vt* (napełnić dymem) to smoke out, to smoke [sth] out; **paląc papierosy, ~ili pokój** they filled the room with cigarette smoke; **kominy elektrowni ~iły miasto** the chimneys of the power plant filled the town with smoke.

[] *vi* (zacząć dymić) *[kominy, ogniska]* to start smoking; **kocioł ~ił parą** the pot started to steam

[] **zadymić się — zadymiać się** to fill with smoke; **mieszkanie się ~iło, trzeba przewietrzyć** the flat has filled with smoke and should be aired

[] **zadymić się** *v imp.* to smoke; **~iło się z pieca/z komina** the stove/chimney smoked

zadym|ka *f* blizzard, snowstorm

zadynda|ć *pf vi* pot. [] (zakołysać) to dangle *vt*; **~ć nogami w powietrzu** to dangle a. to swing one's legs in the air ⇒ **dyndać** [2] (zakołysać się) to dangle; **kolczyki jej ~ły, gdy podskoczyła** her earrings dangled when she jumped ⇒ **dyndać** [3] pot. (zostać powieszonym) to be hanged; **na pewno ~** he's sure to be hanged

zadyspon|ować *pf vi* książk. [] (podjąć decyzję dotyczącą majątku) to make arrangements (**czymś** for sth); **~ować majątkiem na wypadek śmierci** to make arrangements for one's property in case of one's death; **w testamencie ~ował swoim majątkiem** he made arrangements for his property in his will ⇒ **dysponować** [2] (zamówić) to order *[obiad, szampana]*; **~ować pokój w hotelu** to book a room in a hotel

zadyszan|y *adi.* breathless, out of breath; **~ym głosem zdał relację z demonstracji** he reported breathlessly on the demonstration, he panted out his report on the demonstration

zadysz|eć *pf* (**~ysz, ~ał, ~eli**) [] *vi* to pant

[] **zadyszeć się** to be out of breath

zadysz|ka *f* breathlessness, panting; **muszę chwilę odpocząć, mam ~kę** I've got to rest a while, I'm short of breath

Z

zadziała|ć *pf vi* [1] (wywołać oczekiwane reakcje) *[lekarstwo, uwaga]* to work ⇒ **działać** [2] (zacząć funkcjonować) *[silnik, mechanizm]* to start working; **po minucie alarm ~ł** a minute later the alarm went off ⇒ **działać** [3] *pot.* (załatwić sprawę) to act; **szybko ~ł i znalazł jej pracę** he acted swiftly and found her a job ⇒ **działać**

zadzierać *impf* → **zadrzeć**

zadzierzgać *impf* → **zadzierzgnąć**

zadzierzg|nąć *pf* — **zadzierzg|ać** *impf* (**~nęła, ~nęli — ~am**) [1] *vt przest.* to tie up *[węzeł, pętlę]*

[2] **zadzierzgnąć się** — **zadzierzgać się** *przest.* to be tied up

■ **~nąć węzły przyjaźni** to strike up a friendship

zadzierzystoś|ć *f sgt* truculence

zadzierzy|sty *adi.* truculent, pugnacious

zadzierzyście *adv. książk.* truculently, pugnaciously

zadzi|obać *pf* — **zadzi|obywać** *impf vt* [1] (zabić kłując dziobem) to peck *[sb/sth]* to death [2] *pot.* (pokonać atakując zbiorowo) to hound out; **minister został ~obany przez prasę** the minister was hounded out (of political life) by the press

zadziobywać *impf* → **zadziobać**

zadzio|r *m* (*G* **~ru** a. **~ra**) *pot.* splinter; **wlazł mi pod paznokieć jakiś ~r** a splinter got under my nail

zadzio|ra *m, f* (*Npl m* **~ry**, *Gpl m* **~rów** a. **~r**; *Npl f* **~ry**, *Gpl f* **~r**) *pot.* [1] (drzazga) splinter [2] (awanturnik) brawler, blusterer; **niezła z niej ~ra** she's some brawler

zadziornie *adv. grad. książk.* *[odpowiadać, pytać]* pugnaciously, cheekily

zadziornoś|ć *f sgt książk.* pertness, cheek

zadziorn|y *adi. grad. książk.* *[chłopak, mina, spojrzenie]* obstreperous

zadziwiać *impf* → **zadziwić**

zadziwiająco *adv. [odważny, udany]* astonishingly, remarkably; **zachowywał się ~ grzecznie** he behaved remarkably well

zadziwiając|y [1] *pa* → **zadziwiać**

[2] *adi. [zdolności, inteligencja, odwagą]* astounding, astonishing; *[podobieństwo, kontrast, osiągnięcie]* startling; **co za ~y zbieg okoliczności** what a remarkable coincidence!

zadziw|ić *pf* — **zadziw|iać** *impf* [1] *vt* to astonish, to bewilder; **~ił świat swoim pięknym głosem** he set the world on fire with his beautiful voice

[2] **zadziwić się** — **zadziwiać się** to marvel (**czymś** at sth)

zadzwo|nić *pf vi* [1] *[osoba]* to ring (a bell); **~nić do drzwi** to ring the (door)bell, to ring at the door; **~niono na obiad** the dinner bell announced dinner, dinner was announced by a bell; **~nić na kogoś** to ring for sb [2] *[dzwon, dzwonek, telefon]* to ring; **~nił dzwonek u drzwi** the doorbell rang; **budzik ~nił o piątej rano** the alarm clock went off at 5 a.m. ⇒ **dzwonić** [3] (wydać metaliczny odgłos) *[osoba, przedmiot]* to jingle; **~nić kluczami** to jingle the keys [4] (zatelefonować) **~nić do kogoś** to ring sb up

zadźga|ć *pf vt pot.* to stick *[świnię]*; **~ć kogoś** to stab sb to death; **~ć kogoś**

nożem/widłami to stab sb to death with a knife/pitch fork

zadźwięcz|eć *pf* (**~ał**) *vi* [1] *[alarm, sygnał]* to sound, to go off; *[dzwon, dzwonek do drzwi]* to ring; *[dzwoneczki, klucze, monety]* to jingle; **w pokoju ~ał kobiecy śmiech** a woman's laughter rang out in the room [2] *przen.* **w jego słowach ~ał jakiś fałsz** his words sounded false

zadźumi|ony *adi. [osoba, miasto]* plague-stricken; **unikają go, jakby był ~ony** they avoid him like the plague

zafajda|ć *pf posp.* [1] *vt [zwierzę]* to foul *[podłogę, dywan]*; *[osoba]* to soil *[spodnie, ubranie]*; **~na pielucha** a soiled diaper [2] **zafajdać się** *[osoba]* to foul oneself; to shit oneself *posp.*

zafajdan|y [1] *pp* → **zafajdać**

[2] *adi. posp., obraźl.* crappy *posp.*; **nie twój ~y interes!** none of your fucking business! *wulg.*; **~y gnojek** a stupid arsehole *posp.*

zafal|ować *impf vi* (zacząć falować) *[zboże, gałęzie, flagą]* to wave; *[drzewa, tłum]* to sway; *[pierś]* to heave; **woda ~owała** waves formed on the water ⇒ **falować**

zafałsz|ować *pf* — **zafałsz|owywać** *impf vt* to distort *[prawdę, fakty, historię]*

zafałszowywać *impf* → **zafałszować**

zafarb|ować *pf* [1] *vt* **zielona bluzka ~owała resztę prania** the green blouse has bled over the rest of the wash

[2] *vi [ubranie]* to run; **~ować w praniu** to run in the wash

zafascyn|ować *pf* [1] *vt* to fascinate *[osobę]*; **to go ~owało** he was fascinated by it; **był ~owany** he was fascinated ⇒ **fascynować**

[2] **zafascynować się** to become fascinated (**czymś** by sth) ⇒ **fascynować się**

zafastryg|ować *impf vt* (zszyć) to tack, to baste; **~ować szew/nogawkę/rękaw** to tack a. baste a seam/leg/sleeve ⇒ **fastrygować**

zaflegmi|ony *adi. [gardło, drogi oddechowe]* phlegmy

zafoli|ować *pf vt* (pokryć) to laminate *[dokument, papier, tkaninę]*; to shrink-wrap *[książkę, płytę]*; **~owana książka** a shrink-wrapped book ⇒ **foliować**

zafrap|ować *pf vt książk.* to fascinate, to intrigue *[osobę]*; **być czymś ~owanym** to be fascinated a. intrigued by sth; **~owało go to zagadnienie** he was fascinated a. intrigued by this question ⇒ **frapować**

zafras|ować *pf przest.* [1] *vt* to sadden *[osobę]* ⇒ **frasować**

[2] **zafrasować się** to be saddened; **~ował się, kiedy usłyszał, że...** it saddened him to hear that... ⇒ **frasować się**

zafrasowani|e [1] *sv* → **zafrasować**

[2] *n sgt przest.* sadness; **powiedzieć coś z ~em** to say sth sadly

zafrasowan|y [1] *pp* → **zafrasować**

[2] *adi. [osoba, wyraz twarzy]* worried

zafund|ować *pf vt* [1] *pot.* (zapłacić rachunek) **~ować coś komuś** to treat sb to sth; to stand sb sth *pot.*; **~ować komuś piwo** to stand sb a beer; **~ować komuś wycieczkę** to pay for sb's trip; **~ować sobie coś** to treat oneself to sth ⇒ **fundować** [2] *pot.*

(dostarczyć) **~ować coś komuś** to treat sb to sth; **~owali nam niezwykłe widowisko** they treated us to an unusual spectacle ⇒ **fundować**

zagab|nąć *pf* — **zagab|ywać** *impf* (**~nęła, ~nęli — ~uję**) *vt książk.* (zaczepić) to approach *[osobę]*; (zapytać) to ask; **~nąć o coś** to ask about sth; **~nąć kogoś na ulicy** to approach sb in the street; **~nął ją jakiś nieznajomy** she was approached by a stranger

zagabywać *impf* → **zagabnąć**

zagad|ać *pf* — **zagad|ywać**[1] *impf pot.* [1] *vt* [1] (odwrócić uwagę) to distract *[strażnika]*; **próbowali ~ać nauczyciela** they tried to engage their teacher in chit chat [2] (przegadać) to out-talk *[rozmówcę]* [3] (nie dać dojść do słowa) **zupełnie go ~ała** she didn't let him say much; **ona potrafi człowieka ~ać na śmierć** she could talk the hind legs off a donkey [4] (zmniejszyć znaczenie) to talk *[sth]* away *[problem]*

[2] *vi pot.* **~ać do kogoś** to start talking to sb; **do dziewczyny trzeba umieć ~ać** you have to know how to talk to a girl; **nie mam do kogo ~ać** there's nobody I can talk to

[3] **zagadać się** — **zagadywać się** *[osoba]* to get carried away in conversation

zagadan|y [1] *pp* → **zagadać**

[2] *adi. [osoba]* lost in conversation

zagad|ka *f* [1] (pytanie) riddle; **zadać komuś ~kę** to ask a. tell sb a riddle; **rozwiązać ~kę** to solve a riddle; **mówić samymi ~kami** to speak in riddles [2] (tajemnica) riddle; **~ka życia i śmierci** the riddle of life and death; **~ka nieśmiertelności** the secret of immortality; **~ki natury** the secrets of nature; **to wciąż pozostaje ~ką** it still remains a riddle; **była dla mnie wielką ~ką** she was a riddle to me; **kluczem do rozwiązania zagadki jest...** the key to the riddle is...

zagadkowo *adv. [uśmiechać się, zachowywać się]* mysteriously

zagadkowoś|ć *f sgt* mystery

zagadkow|y *adi. [osoba, uśmiech, sprawa]* mysterious

zagad|nąć *pf* — **zagad|ywać**[2] *impf* (**~nęła, ~nęli — ~uję**) *vt* (zaczepić) to approach *[osobę]*; (zapytać) to ask; **~nąć o coś** to ask about sth; **~nięty o to, odpowiedział, że...** when asked about it he said that...

zagadnie|nie *n* problem, issue; **omawiać ~nia związane z czymś** to discuss issues concerning sth

zagadywać[1] *impf* → **zagadać**

zagadywać[2] *impf* → **zagadnąć**

zaga|ić *pf* — **zaga|jać** *impf vt* to open *[dyskusję]*; **~ić rozmowę** (odezwać się do kogoś) to start a conversation; (nadać bieg) to get a conversation going; **„cieszę się, że jesteście", ~ił** 'I'm glad you've come,' he started

zagajać *impf* → **zagaić**

zagaje|nie [1] *sv* → **zagaić**

[2] *n* opening speech; **wygłosić ~nie** to give the opening speech; **w ~niu premier powiedział, że...** opening the discussion the prime minister said that...

zagajni|k m (~czek dem.) grove; ~k brzozowy/sosnowy a birch/pine grove

zagalop|ować się pf — **zagalopow|y-wać się** impf v refl. pot. to go too far przen.; ~ował się, mówiąc to he overstepped the mark when he said it; zorientował się, że się ~ował he realized he'd gone too far

zagalopowywać się impf → zagalopo-wać się

zaganiać impf → zagnać

zaganian|y [] pp → zaganiać

[] adi. pot. [osoba] busy; być ciągle ~ym to be always on the go

zagap|ić się pf vt [1] pot. (zapatrzyć się) to stare (na kogoś/coś at sb/sth); tak się na nią ~ił, że nie zauważył... he was so busy staring at her that he didn't notice... [2] (mieć chwilę nieuwagi) ~iłem się I wasn't paying attention; (idąc, jadąc) I wasn't looking; ~iłem się i wpadłem na drzewo I wasn't looking and I drove into a tree

zagapi|ony adi. staring; stał tam ~ony he stood there staring; był tak ~ony, że... he was so busy staring that...

zagarn|ąć pf — **zagarn|iać** impf (~ęła, ~ęli — ~iam) vt [1] (przysunąć do siebie) to scoop up [przedmioty, ciecz]; ~ąć zupę z dna garnka to scoop up a ladle of soup from the bottom of a pot; ~iać wiosłem wodę to dig into the water with one's paddle; ~ąć ręką pieniądze leżące na stole to sweep up the money on the table; spychacz ~iał śnieg the bulldozer was scooping up snow [2] (przywłaszczyć) to grab [majątek, władzę]; zwrot ~iętego mienia the return of seized property; ~ąć wszyst-kie medale/nagrody to sweep up all the medals/prizes

zagarniać impf → zagarnąć

zagaz|ować pf vt (zabić) to gas [osobę] ⇒ gazować

zagda|kać pf (~cze a. ~ka) vi [1] [kura] to cluck ⇒ gdakać [2] przen. [karabin maszyno-wy, silnik] to sputter

zagęga|ć pf vi [gęś] to gaggle ⇒ gęgać

zagęszczać impf → zagęścić

zagęszczeni|e [] sv → zagęścić

[] n sgt (nagromadzenie) ~e ludności the population density; mieszkać w dużym ~u to live in very crowded conditions

zagę|ścić pf — **zagę|szczać** impf [] vt [1] to thicken [zupę, mieszaninę]; ~ścić sos mąką to thicken sauce with flour; ~szczo-ny syrop concentrated syrup [2] ~ścić sale w szpitalu to increase the number of patients per ward a. room; ~ścić środek boiska Sport. to compact the midfield; nadmiernie ~szczone mieszkania overcrowded flats

[] **zagęścić się** — **zagęszczać się** [1] [zupa, sos] to thicken; atmosfera ~szcza przen. the atmosphere is growing tense [2] [ruch, tłum] to thicken; plaże ~ściły się od wczasowiczów the beaches were packed with thousands of holiday-makers

zag|iąć pf — **zag|inać** impf (~nę, ~ięła, ~ięli — ~inam) [] vt [1] (zgiąć) to bend [drut, pręt]; to bend [sth] down, to fold [sth] down [kartkę, róg]; ~iąć brzegi pod spód/na wierzch to fold the edges under/over;

---

parasol z ~**iętą rączką** an umbrella with a curved handle [2] pot. [osoba] to stump [nauczyciela, eksperta]

[] **zagiąć się** — **zaginać się** [drut, pręt] to bend; ~iął mi się kołnierzyk my collar curled over at the corner

zagię|cie [] sv → zagiąć

[] n (zagniecenie) crease; (fałda) fold; (na kartce) fold mark

zaginać impf → zagiąć

zagi|nąć pf (~nęła, ~nęli) vi [osoba, przedmiot] to go missing; zgłosić czyjeś ~nięcie to report sb missing; ~nąć bez śladu to go missing without trace; słuch po nim ~nął no more was heard of him

zagini|ony [] adi. [osoba] missing; [ląd, przedmiot] lost

[] **zagini|ony** m, ~**ona** f missing person; Wojsk. person missing in action, MIA; uznano go za ~onego he was reported missing

zagips|ować pf vt [1] (zalepić) to plaster over [dziurę, szparę] [2] (unieruchomić) to put [sth] in plaster [rękę, nogę]

zaglądać impf → zajrzeć

zaglądnąć → zajrzeć

zagła|da f sgt extermination; Biol. extinc-tion; ~da Żydów the mass murder of Jews; obóz ~dy an extermination camp; broń masowej ~dy weapons of mass destruc-tion; gatunek, któremu grozi ~da a species facing extinction

zagładzać impf → zagłodzić

zagła|skać pf — **zagła|skiwać** impf (~szczę a. ~skam — ~skuję) vt przen. ~skać kogoś na śmierć (zanadto chwalić) to spoil sb with compliments; (zanadto dogadzać) to kill sb with kindness

zagłaskiwać impf → zagłaskać

zagłębiać impf → zagłębić

zagłęb|ić pf — **zagłęb|iać** impf [] vt to plunge [dłoń]; to sink [zęby]; ~ić rękę w wodzie/kieszeni to plunge one's hands into the water/a pocket; ~ić w czymś zęby to sink one's teeth into sth; ~ić wiosło w wodzie to dig one's oar into the water

[] **zagłębić się** — **zagłębiać się** [1] (zanurzyć się) ~ić się w coś a. w czymś [ostrze, wiertło] to sink into sth; ~ić się w fotelu to sink into an armchair; ~ił się w zimnej wodzie he went into the cold water [2] (zająć się) [osoba] to bury oneself; ~ić się w pracy to bury oneself in one's work; ~iać się w szczegóły to go into detail; bez ~iania się w szczegóły without going into detail [3] (wejść) ~ić się w las/pustynię to go deep into the forest/desert

zagłębi|e n (Gpl ~) Górn. ~e węglowe a coal basin; ~e miedziowe a copper mining region; ~e truskawkowe przen. a strawberry-growing region

zagłębi|enie [] sv → zagłębić

[] n (na materiale, ubraniu) crease; mieć ~nia [materiał, koszula] to be creased

zagnieci|ony [] pp → zagnieść

[] adi. [spodnie, koszula] creased, crumpled

zagni|eść pf — **zagni|atać** impf (~otę, ~eciesz, ~ótł, ~otła, ~etli — ~atam) [] vt [1] (ugnieść) to knead [ciasto, glinę] [2] (pognieść) to crease, to crumple [materiał, ubranie]; ~eść sobie sukienkę to crease one's dress [3] (stratować) to crush [osobę, zwierzę]

[] **zagnieść się** — **zagniatać się** [ubranie] to crumple, to crease; ~otła mi się koszula I creased my shirt

zagniewan|y adi. [osoba, twarz] cross (na kogoś with sb); powiedzieć coś ~ym głosem to say sth in a cross voice

zagnie|ździć się pf — **zagnie|żdżać się** impf v refl. [1] (założyć gniazdo) [ptak] to make a. build a nest [2] (zalęgnąć się) [myszy, robaki] to infest vt; w mojej szafie ~ździły się mole (clothes) moths have infested my wardrobe [3] przen. (pojawić się) w domu ~ździła się bieda poverty crept into the house; w jej sercu ~ździł się smutek a feeling of sadness settled over her heart;

[] **zagłodzić się** — **zagładzać się** to starve oneself

zagłos|ować pf vi (brać udział w głosowaniu) to vote; ~ować za czymś to vote for a. in favour of sth; ~ować przeciwko czemuś to vote against sth; ~ować na kogoś to vote for sb; ~ować w wyborach to vote in the elections ⇒ głosować

zagłów|ek m [1] (część fotela) headrest [2] (poduszka) bolster (pillow)

zagłuszać impf → zagłuszyć

zagłusz|yć pf — **zagłusz|ać** impf [] vt [1] (stłumić) [osoba, dźwięk] to deafen [hałas]; to drown [sth] out [rozmowę, muzykę, osobę]; to jam [audycję, częstotliwość]; orkiestra zupełnie ją ~yła she was completely drowned out by the band [2] (być intensywniej-szym) to obscure [zapach] [3] (zdławić) ~yć w sobie wyrzuty sumienia to appease one's conscience; robić coś, żeby ~yć lęk to do sth to keep one's mind off one's fear [4] Ogr. [chwasty] to choke [sth] up [roślinę]

[] **zagłuszyć się** — **zagłuszać się** [osoby] to drown each other out

zagmatwa|ć pf [] vt to complicate [sprawy, wywód]; to tylko jeszcze bardziej wszyst-ko ~a it will only complicate things further ⇒ gmatwać

[] **zagmatwać się** [1] (stawać się zagmatwanym) [sprawy] to get complicated; wszystko się ~ło things got complicated ⇒ gmatwać się [2] (pogubić się) to get bogged down; ~ć się w szczegółach to get bogged down in detail; ~ć się w zeznaniach to trip oneself up while testifying ⇒ gmatwać się

zagmatwan|y [] pp → zagmatwać

[] adi. [historia, losy, sprawa] tangled

zagnać, zagonić pf — **zaganiać** impf vt [1] to drive [bydło, świnie]; ~nać krowy na pastwisko to drive the cattle to pasture [2] (zmusić) ~onić kogoś do roboty to put sb to work; ~onić kogoś do książek to make sb study; ~onić kogoś do spania to send sb to bed

zagniatać impf → zagnieść

zagnieceni|e [] sv → zagnieść

[] n (na materiale, ubraniu) crease; mieć ~nia [materiał, koszula] to be creased wszędzie **~ździła się korupcja** corruption has taken root everywhere

zagnieżdżać się impf → **zagnieździć się**

zagnieżdż|ony adi. przen. **stereotypy ~one w ludzkiej świadomości** stereotypes rooted in people's minds

zag|oić pf **I** vt [maść, okład] to heal [ranę] ⇒ **goić**
II zagoić się [rana, kolano] to heal (up); **rana nie chce się ~oić** the wound won't heal ⇒ **goić się**

zagoj|ony II pp → **zagoić**
II adi. [rana] healed

zagon m (G ~u) **1** (pole) patch; **~ kapusty** a cabbage patch **2** (przest.) troop; **~y nieprzyjacielskie** książk. the enemy troops **3** przest. (wypad wojsk) raid

zagon|ek m dem. (small) patch; **~ek warzywny** a vegetable patch

zagonić → **zagnać**

zagoni|ony II pp → **zagonić**
II adi. pot. [osoba] busy; **być ciągle ~onym** to be always on the go

zagorzale adv. grad. [dyskutować] heatedly; [bronić] vehemently

zagorza|ły adi. grad. [zwolennik] keen, staunch; [wielbiciel, fan] fervent; [wyznawca] staunch, fervent; [dyskusja] heated; **być ~łym przeciwnikiem czegoś** to be vehemently a. adamantly opposed to sth

zagospodar|ować pf — **zagospodar|owywać** impf **I** vt (uzdatnić do uprawy) to reclaim [pustynię, bagna]; (zabudować) to develop [teren, obszar]; **~ować odpadki** to recycle waste; **~ować rzekę** to develop a river; **~ować coś na swoje potrzeby** to adapt a. take over sth for one's own purposes; **plan przestrzennego ~owania terenu** a land development plan
II zagospodarować się — **zagospodarowywać się** to settle in; **dodatek na ~owanie się** a relocation allowance

zagospodarowywać impf → **zagospodarować**

zago|ścić pf vi książk. **1** (pojawić się) to appear; **spokój ~ścił w moim sercu** a sense of peace filled my soul książk.; **uśmiech ani razu nie ~ścił na jego twarzy** he didn't smile even once; **wystawa ~ści także w Warszawie** the exhibition will also be shown in Warsaw **2** (być gościem) to stay (**u kogoś** with sb)

zagot|ować pf — **zagot|owywać** impf **I** vt to boil [sth] up, to boil (up) [wodę]; **~ować wodę w czajniku** to boil the kettle; **podgrzewać coś aż do ~owania** to heat sth until it boils
II zagotować się — **zagotowywać się 1** (zacząć wrzeć) [ciecz] to boil; **woda się ~owała!** the kettle's boiling!; **krew się we mnie ~owała** przen. it made my blood boil **2** przen. **aż się w mnie ~owało ze złości** I was boiling with rage; **szef aż się ~ował** the boss flipped his lid; **w tłumie się ~owało** the crowd was furious

zagotowywać impf → **zagotować**

zagrabiać impf → **zagrabić**

zagrab|ić pf — **zagrab|iać** impf vt **1** (zgarnąć) to rake (up) [liście, siano] ⇒ **grabić 2** (wyrównać) to rake [ścieżki, grządki] ⇒ **grabić 3** książk. (ukraść) to plunder [mienie, przedmioty]; to seize [ziemię];

~ione dzieła sztuki the plundered works of art; **ziemie ~ione przez najeźdźców** territory seized by the invaders ⇒ **grabić**

zagracać impf → **zagracić**

zagra|cić pf — **zagra|cać** impf vt pot. to clutter (up) [dom, pokój] (**czymś** with sth); **pokój był duży, ale ~cony** the room was large but cluttered

zagra|ć pf **I** vt **1** (rozegrać) to play [partię, spotkanie]; **~liśmy dzisiaj świetny mecz** we played a great game; **~my partyjkę?** would you like to play a game? ⇒ **grać 2** Sport. (podać) to play [piłkę]; **~ć do kogoś** to pass to sb ⇒ **grać 3** pot., Gry (położyć) to play; **~ć asa** to play the ace; **~ć w piki** to play a spade ⇒ **grać 4** Kino, Teatr [aktor] to play [rolę]; **~ć w czyimś filmie** to appear in sb's film; **~ł Hamleta** he played Hamlet; **świetnie ~na sztuka** a very well-acted play ⇒ **grać 5** (udać) to feign [ból, smutek] ⇒ **grać 6** Kino, Teatr (wystawić, wyświetlić) to play; **~liśmy tę sztukę sto razy** we have performed this play a hundred times ⇒ **grać 7** Muz. to play [utwór, takt, Mozarta]; **~j nam coś** play us a tune ⇒ **grać**
II vi **1** (brać udział w grze) to play vt; **~ć w piłkę nożną/karty/szachy** to play football/cards/chess; **~ć z kimś w tenisa** to play a game of tennis with sb; **chcesz z nami ~ć?** a. **~sz z nami?** would you like to play with us?; **~ć o mistrzostwo/w półfinałach** to play for the title/in the semis; **~ł w reprezentacji ponad pięćdziesiąt razy** he's won over fifty caps for his country; **w inauguracyjnym meczu ~ją Niemcy z Hiszpanią** in the opening game Germany takes on a. plays Spain ⇒ **grać 2** Muz. to play vt; **~ć na skrzypcach/gitarze/fortepianie** to play the violin/guitar/piano ⇒ **grać 3** (zabrzmieć) [muzyka, instrument, radio] to play; **~ły fanfary** a fanfare played ⇒ **grać 4** Fin., Ekon. to play vt; **~ć na giełdzie** to play the stock market ⇒ **grać 5** przen. (postąpić) to play; **~ć uczciwie** to play fair; **~ć va banque** to go for broke ⇒ **grać 6** (wykorzystać coś) to play; **~ć na czyichś uczuciach** to play on sb's feelings; **~ć na czyjejś ambicji** to appeal to sb's ambition ⇒ **grać 7** książk. (pojawić się) **w jego głosie ~ła nuta ironii** there was a note of irony in his voice; **jej twarz ~ła tysiącem uczuć** all sorts of emotions flickered across her face ⇒ **grać 8** Myśliw. [pies myśliwski] to bay; **psy ~ły w oddali** the hounds bayed in the distance ⇒ **grać 9** pot. (udać się) **wszystko ~ło** everything went well

zagradzać impf → **zagrodzić**

zagranic|a f sgt foreign countries; **turyści z ~y** foreign tourists; **przyjechać z ~y** to come from abroad

zagraniczni|ak, ~k m pot. foreigner

zagraniczn|y adi. [towary, turyści] foreign; [kontakty] international; **podróże/wyjazdy ~e** travels/trips abroad; **sprawy ~e** foreign affairs; **minister spraw ~ych** a foreign minister

zagra|nie II sv → **zagrać**
II n **1** Sport play; (podanie) pass; **~nie ręką** a handball; **dobre ~nie** a skilful piece of play; **niedozwolone ~nie** a foul tackle

2 pot. (posunięcie) move; **to było dobre ~nie** it was a good move; **ona ma swoje ~nia** she can be mean at times

zagrażać impf → **zagrozić¹**

zagr|oda f **1** (gospodarstwo) homestead **2** (ogrodzony teren) enclosure; (dla zwierząt) pen; (dla bydła, koni) corral US

zagrodow|y adi. szlachta ~a Hist. minor gentry

zagr|odzić pf — **zagr|adzać** impf vt **1** (przegrodzić) [osoba, przedmiot] to block, to bar [przejście przejazd]; to obstruct [dojście, dojazd]; **~odzić komuś drogę** to bar sb's way; **łóżko ~adza dostęp do okna** the bed obstructs access to the window **2** (ogrodzić) to fence off [plac, teren]

zagr|ozić¹ pf — **zagr|ażać** impf vi to threaten vt; **~aża nam niebezpieczeństwo** we are in danger; **to ~aża jego zdrowiu** it threatens his life; **miastu ~aża głód/powódź** the town is threatened with famine/flooding; **nic ci tu nie ~aża** you are perfectly safe here

zagro|zić² pf vi to threaten vt; **~zili jej śmiercią** they threatened to kill her; **~zili, że podpalą jej dom** they threatened to set her house on fire

zagroże|nie II sv → **zagrozić**
II n (niebezpieczeństwo) risk, threat; **~nie pożarowe** a fire hazard a. risk; **istnieje poważnie ~nie, że...** there is a considerable risk that...; **nie ma żadnego ~nia dla konsumentów** there is no risk to consumers; **stanowić ~nie dla kogoś/czegoś** to pose a threat to sb/sth; **żyć w ciągłym poczuciu ~nia** to live under constant threat

zagroż|ony adi. endangered; **~one gatunki** endangered species; **jego życie jest ~one** his life is in danger; **osoby ~one chorobą** people at risk from disease; **rejon ~ony powodzią** an area threatened with flooding; **drużyna ~ona spadkiem** a team facing relegation; **być ~onym** Szkol. to be at risk of having to repeat the year; **wykroczenie ~one grzywną** an offence subject to a. punishable by a fine; **przestępstwo ~one karą śmierci** a capital crime

zagrucha|ć pf vi [gołąb] to coo ⇒ **gruchać**

zagrunt|ować pf **I** vt Budow., Szt. to ground, to prime [metal, płótno, deskę] ⇒ **gruntować**
II vi pot. (sięgnąć dna) to touch the bottom ⇒ **gruntować**

zagruz|ować pf vt (zasypać gruzem) to cover [sth] with rubble [teren]; to fill [sth] with rubble [piwnicę]

zagry|cha f posp. (przekąska po wódce) snacks; munchies pot.

zagrypi|ony adi. pot. suffering from (the) flu

zagrywać¹ impf → **zagrać**

zagrywa|ć² impf vt Sport (w tenisie, siatkówce) to serve

zagryw|ka f **1** Sport (w siatkówce) serve, service **2** Sport (zagranie) move **3** pot. (posunięcie) trick, gambit; **~ka taktyczna** a tactical gambit

zagryzać impf → **zagryźć¹**

zagry|źć¹ pf — **zagry|zać** impf (**~zę, ~ziesz, ~zł, ~zła, ~źli — ~zam**) **I** vt

[1] (zakąszać) **~zał wódkę kiełbasą** he ate a bit of sausage after downing his vodka; **jadł śledzia, ~zając razowym chlebem** he ate brown bread with his herring [2] (spowodować śmierć) *[zwierzę]* to bite [sb] to death; **wilki ~zły owcę** the wolves killed a sheep [3] (gryźć) **~źć wargi** a. **usta** to bite one's lip(s); **~zła wargi do krwi** she bit her lips till they bled

II zagryźć się — zagryzać się [1] (rozszarpać zębami) *[zwierzęta]* to bite each other to death [2] przen. *[osoby]* to torment each other [3] przen. (zamartwić się) *[osoba]* to worry oneself sick; **~zała się chorobą matki/brakiem pieniędzy** she worried herself sick about her mother's illness/the shortage of money

zagry|źć² *pf* (**~zę, ~ziesz, ~zł, ~zła, ~źli**) *vt* przen. (zadręczyć) to torment; **sąsiedzi go ~źli** his neighbours made him wish he were dead

zagrz|ać *pf* — **zagrz|ewać** *impf* (**~eję — ~ewam**) **I** *vt* [1] (podgrzać) to heat a. warm [sth] up, to heat a. warm up *[jedzenie]*; **~ać coś na kuchni/gazie** to heat sth up on the stove/gas cooker; **~ać coś w piecyku/mikrofalówce** to heat sth in the oven/a microwave (oven); **~ać wino/piwo z korzeniami** to mull wine/beer [2] książk. (pobudzić do działania) to cheer on *[graczy, zawodników]*; **~ewać kogoś do działania** to spur sb to action

II zagrzać się — zagrzewać się [1] (stać się ciepłym) *[jedzenie]* to heat up, to warm up [2] (rozgrzać się) *[osoba]* to warm (oneself) up **III zagrzać się** (zbyt silnie się rozgrzać) *[silnik, maszyna]* to overheat

■ **nigdzie miejsca nie ~ał** he was always on the move

zagrzeb|ać *pf* — **zagrzeb|ywać** *impf* (**~ię — ~uję**) **I** *vt* (zakryć) to bury; **pies ~ał kość** the dog buried a bone; **strażacy ratowali ludzi ~anych po gruzami domu** firefighters rescued the people buried under the rubble

II zagrzebać się — zagrzebywać się (schować się) *[osoba, zwierzę]* to bury oneself, to burrow; **jaszczurka ~ała się w piasku** the lizard burrowed into the sand; **~ał się w słomie i zasnął** he burrowed into the hay and fell asleep

III zagrzebać się [1] (zamieszkać w miejscu odludnym) *[osoba]* to hide oneself away; **~ał się gdzieś na prowincji** he hid himself away somewhere in the country [2] (poświęcić się pracy) *[osoba]* to bury oneself; **~ał się w papierach** he immersed himself in paperwork

zagrzeban|y **I** *pp* → **zagrzebać**

II *adi.* przen. *[osoba]* buried

zagrzebywać *impf* → **zagrzebać**

zagrzecho|tać *pf* (**~czę** a. **~cę**) *vi [osoba, przedmiot]* to rattle; **coś ~tało w pudełku** something rattled in the box; **dziewczynka ~tała makówką** the little girl rattled the poppy head; **~tały karabiny maszynowe** the machine-guns rattled ⇒ **grzechotać**

zagrzewać *impf* → **zagrzać**

zagrzmi|eć *pf* (**~ał**) **I** *vi* [1] (donośnie rozbrzmieć) *[działo]* to thunder, to boom; *[organy]* to blast out; **~ały oklaski** there

was a thunderous applause ⇒ **grzmieć** [2] (powiedzieć bardzo głośno) to thunder, to bellow; **„cisza!", ~ał** 'silence!,' he bellowed ⇒ **grzmieć**

II *v imp.* to thunder; **~ało i lunęło** it thundered and started to pour ⇒ **grzmieć**

zagrzybiać *impf* → **zagrzybić**

zagrzyb|ić *pf* — **zagrzyb|iać** *impf* **I** *vt* (zarazić grzybem) to let [sth] become mouldy *[piwnicę, magazyn]*

II zagrzybić się — zagrzybiać się *[ściana, piwnica, magazyn]* to become infested with dry/wet rot

zagub|ić *pf* **I** *vt* książk. [1] (zapodziać) to lose *[książkę, list]*; **~ione dokumenty/zdjęcia** lost documents/pictures [2] przen. (stracić) to lose *[wrażliwość, tożsamość]*

II zagubić się [1] (zginąć) *[zdjęcie, list, dokument]* to get lost [2] (stracić orientację) *[osoba]* to get lost; **~ić się w lesie/tłumie** to get lost in the forest/in a crowd [3] przen. (zostać utraconym) *[idea, istota]* to become lost [4] przen. (stracić przytomność umysłu) *[osoba]* to get confused; **pytana o tyle rzeczy naraz, kompletnie się ~iła** she was asked so many questions all at once, she got completely confused

zagubieni|e **I** *sv* → **zagubić**

II *n sgt* książk. **poczucie ~a** a feeling of being lost

zagubi|ony **I** *pp* → **zagubić**

II *adi.* [1] (niepewny) adrift; **czuł się ~ony w dużym mieście** he felt adrift in the big city; **robiła wrażenie ~onej** she seemed lost and confused [2] (odległy) *[wyspa, wioska]* remote

zagulgo|tać *pf* (**~cze** a. **~ce**) *vi* [1] *[indyk]* to gobble ⇒ **gulgotać** [2] *[woda]* to bubble ⇒ **gulgotać** [3] (powiedzieć ze złością) to gobble ⇒ **gulgotać**

zagust|ować *pf vi* książk. (polubić) to develop a taste (**w kimś/czymś** for sb/sth); **~owała w muzyce Wschodu/we francuskich serach/w sensacyjnych powieściach** she developed a taste for Eastern music/French cheeses/thrillers ⇒ **gustować**

zagwarant|ować *pf vt* (książk.) to guarantee *[bezpieczeństwo, spokój, stanowisko]*; **kto mi ~uje, że nie stracę na tej transakcji?** who will guarantee that I won't lose out on this deal? ⇒ **gwarantować**

zagważdżać *impf* → **zagwoździć**

zagwi|zdać *pf* (**~żdżę**) **I** *vt* (gwiżdżąc wykonać melodię) to whistle *[piosenkę]* ⇒ **gwizdać**

II *vi* [1] (wydać wysoki dźwięk) *[lokomotywa, czajnik, ptak]* to whistle ⇒ **gwizdać** [2] (przywołać gwizdem) to whistle; **~zdać na psa** to whistle the dog over ⇒ **gwizdać**

zagwozd|ka *f* pot. (problem) toughie pot.; **no to mamy ~kę do rozwiązania** so we're faced with a toughie

zagwoźd|zić *pf* — **zagw|ażdżać** *impf* (**~ożdżę — ~ażdżam**) **I** *vt* (zaklinować) to jam *[drzwi, zamek]*; **coś ~oździło drzwi** something's got jammed in the door

II zagwoździć się — zagważdżać się *[drzwi, zamek]* to jam

zahaczać *impf* → **zahaczyć**

zahacz|yć *pf* — **zahacz|ać** *impf* **I** *vt* [1] (zawiesić) to hook; **~yć drabinę o dach** to hook a ladder on the roof [2] pot. (zapytać)

to accost; **~ył jakiegoś przechodnia i zapytał o drogę** he accosted a passer-by and asked the way; **ktoś ~ył go o termin** somebody asked him about the deadline

II *vi* [1] (zawadzić) to catch; **~ył rękawem o gwóźdź** he caught his sleeve on a nail; **kotwica ~yła o dno** the anchor was hooked to the bottom [2] pot. (wstąpić) to stop off; **w drodze powrotnej ~yli o Warszawę/znajomych** on the way back they stopped off at Warsaw/some friends

III zahaczyć się — zahaczać się [1] (zaczepić się) to catch; **latawiec ~ył się o gałęzie** the kite got caught in some branches [2] pot. **~ył się w firmie wujka** he found a job in his uncle's company; **~ył się na pewien czas w Warszawie** he found temporary accommodation in Warsaw

zaham|ować *pf* **I** *vt* [1] (hamując, zatrzymać) *[osoba]* to brake *[samochód, pociąg]* ⇒ **hamować** [2] książk. przen. (wstrzymać) *[osoba, lek, decyzja]* to stop *[proces]* ⇒ **hamować**

II *vi [pociąg, tramwaj]* to brake; **~ować ostro** to brake hard ⇒ **hamować**

zahamowa|nie **I** *sv* → **zahamować**

II *n zw. pl* Psych. inhibition, block; **~nia emocjonalne/psychiczne** emotional/psychological blocks; **mieć ~nia seksualne** to be sexually inhibited; **ludzie bez ~ń** people with no inhibitions

zahart|ować *pf* **I** *vt* [1] Techn. (nadać twardość) to harden, to temper *[stal, żelazo, szkło]* ⇒ **hartować** [2] książk. przen. (uodpornić fizycznie) to harden off *[roślinę]*; to inure *[osoobę]* ⇒ **hartować** [3] książk. (uodpornić psychicznie) to harden, to toughen up *[osobę]*; **~owany w bojach** battle-hardened ⇒ **hartować**

II zahartować się książk. (uodpornić się) *[osoba]* (fizycznie) to harden; (psychicznie) to toughen up ⇒ **hartować się**

zahipnotyz|ować *pf vt* [1] Psych. (wprowadzić w stan hipnozy) to hypnotize; **chodził jak ~owany** he walked as if hypnotized ⇒ **hipnotyzować** [2] przen. (zafascynować) to mesmerize; **~owała go swym urokiem** he was mesmerized by her charm ⇒ **hipnotyzować**

zahol|ować *pf vt* [1] Techn. (dociągnąć) to tow *[samochód, barkę]* ⇒ **holować** [2] pot., przen. to haul; **koledzy ~owali go do domu** his (drinking) mates hauled him home ⇒ **holować**

zahucz|eć *pf* (**~ysz, ~ał, ~eli**) *vi* [1] (wydać huczący dźwięk) *[działo, grzmot]* to boom ⇒ **huczeć** [2] pot. (odezwać się) *[osoba]* to roar; **~ał groźnie na dzieci** he roared fiercely at the children; **sala ~ała od oklasków** the hall broke out with thunderous applause; **w mieście aż ~ało od plotek** the whole town was abuzz with rumours ⇒ **huczeć**

zahukan|y *adi.* pot. *[osoba]* cowed

zaim|ek *m* Jęz. pronoun; (określający rzeczownik) determiner spec.; **~ek osobowy/zwrotny** a personal/reflexive pronoun; **~ek wskazujący** a demonstrative; **~ek dzierżawczy** a possessive

zaimkow|y *adi.* Jęz. pronominal

zaimpon|ować *pf vi* książk. (wzbudzić podziw) to impress *vt*; **~ować komuś wiedzą/**

Z

odwagą to impress sb with one's knowledge/courage ⇒ **imponować**

zaimport|ować *pf vt* Ekon. (sprowadzić) to import [*towar, surowiec*] ⇒ **importować**

zaimpregn|ować *pf vt* Chem., Techn. to impregnate, to proof [*płótno, drewno, skórę*] ⇒ **impregnować**

zaimprowiz|ować *pf vt* [1] (zorganizować na poczekaniu) to improvize; **~ować spotkanie/konferencję prasową** to call an impromptu meeting/press conference ⇒ **improwizować** [2] (skomponować bez przygotowania) to improvise, to extemporize [*utwór muzyczny, wiersz, przemówienie*] ⇒ **improwizować** [3] przen. (zrobić naprędce) to improvise, to knock together [*stół, palenisko*]; to knock up pot. [*obiad*]; **~owany szpital** the improvized hospital

zainaugur|ować *pf vt* książk. (dokonać inauguracji) to inaugurate [*sezon, działalność, rok szkolny*] ⇒ **inaugurować**

zainfek|ować *pf vt* Med., Biol. (zakazić) to infect [*ranę, wodę, rośliny*] ⇒ **infekować**

zainicj|ować *pf vt* książk. (zapoczątkować) to initiate [*rozmowy*]; to spearhead [*reformy*] ⇒ **inicjować**

zainkas|ować *pf vt* [1] (pobrać jakąś kwotę pieniędzy) to receive [*należność, honorarium, zaliczkę*] ⇒ **inkasować** [2] pot. (w boksie) **~ować cios** to take a blow ⇒ **inkasować**

zainsceniz|ować *pf vt* [1] Teatr (wystawić) to stage [*dramat, utwór literacki*] ⇒ **inscenizować** [2] książk., przen. (zaaranżować) to arrange [*spotkanie, powitanie*] ⇒ **inscenizować**

zainspir|ować *pf vt* książk. (natchnąć) to inspire; **podróż do Włoch ~owała ją do napisania cyklu opowiadań** a journey to Italy inspired her to write a series of short stories ⇒ **inspirować**

zainstal|ować *pf* **[]** *vt* [1] Techn. (zamontować) to instal(l), to put [sth] in [*telefon, kamerę, podsłuch*]; to put [sth] in, to put in [*kuchenkę, wannę*] ⇒ **instalować** [2] Komput. to instal(l), to put [sth] in [*program*] ⇒ **instalować** [3] pot. (ulokować) to instal(l), to put; **uchodźców ~owano tymczasowo w szkole** the refugees were temporarily housed in the school building ⇒ **instalować**

[] **zainstalować się** (ulokować się) to instal(l) oneself; **~owałam się na strychu** I've installed myself in the attic ⇒ **instalować się**

zainteres|ować *pf* **[]** *vt* [1] (zaciekawić) to arouse [sb's] interest; **~ował go film/wykład** the film/lecture aroused his interest; **ojciec ~ował go sportem** his father got him interested in sport ⇒ **interesować** [2] (oferować) to interest; **~ować kogoś kupnem akcji** to make sb interested in purchasing shares ⇒ **interesować** [3] (spodobać się) to arouse [sb's] interest; **~ował ją tamten wysoki blondyn** she fancied that tall blond man ⇒ **interesować**

[] **zainteresować się** [1] (okazać zainteresowanie) to become interested (**czymś** in sth); **~ować się muzyką/sportem** to become interested in music/sport; **nikt nie ~ował się ich losem** nobody was interested in what happened to them ⇒ **interesować się** [2] (zająć się) to take an interest (**czymś** in sth); **sprawą ~owała się policja** the

police started to investigate the matter ⇒ **interesować się**

zainteresowa|nie **[]** *sv* → **zainteresować**

[] *n* [1] (ciekawość) interest; **~nie kimś/czymś** an interest in sb/sth; **~nie opinii publicznej** public interest; **z ~niem** [*czytać*] avidly; [*słuchać*] intently; **wzbudzić czyjeś ~nie** to arouse sb's interest; **okazać/stracić ~nie czymś** to show/lose interest in sth; **zasługiwać na ~nie** to be worthy of interest [2] *sgt* (sympatia) interest; **wzbudzić w kimś ~nie** to arouse sb's interest; **cieszyć się ~niem kobiet/mężczyzn** to be popular with women/men

[] **zainteresowania** *plt* (upodobania) interests; **~nia naukowe/artystyczne** scientific/artistic interests; **mieć szerokie/różnorakie ~nia** to have wide/varied interests; **rozwijać swoje ~nia** to cultivate one's interests; **koło** a. **kółko ~ń** Szkol. a special interests group

zainteresowan|y **[]** *pp* → **zainteresować**

[] *adi.* interested; **jesteś ~y tym, co mam do powiedzenia?** are you interested in what I've got to say?; **czy banki są ~e udzielaniem kredytów studentom?** are banks interested in granting credit lines to students?; **jestem tym żywotnie ~a** this is of utmost importance to me; **jest żywotnie ~owany w tym, żeby do porozumienia nie doszło** he has a vested interest in the agreement not being signed; **osoby ~e naszą ofertą prosimy o kontakt telefoniczny** anyone interested in our offer is requested to contact us by phone; **wszystkie ~e strony** all interested parties

[] **zainteresowan|y** *m*, **~a** *f* the interested party

zainton|ować *pf vt* (rozpocząć śpiew) to intone [*hymn, pieśń, modlitwę*] ⇒ **intonować**

zaintryg|ować *pf vt* (pobudzić ciekawość) to puzzle, to intrigue; **~owało ją dziwne zachowanie psa** she was puzzled a. intrigued by the dog's strange behaviour ⇒ **intrygować**

zainwest|ować *pf vt* Ekon. (dokonać inwestycji) to invest; **~ować pieniądze w przedsięwzięcie** to invest money in a project ⇒ **inwestować**

Zair|czyk *m*, **~ka** *f* Zairean

zairs|ki *adi.* Zairean

zaiskrz|yć *pf* **[]** *vi* [1] książk. (zaświecić) to sparkle; **woda ~yła w słońcu** the water sparkled in the sun [2] Elektr. (sypnąć iskrami) [*styki*] to spark; **~yło w silniku** something sparked in the engine ⇒ **iskrzyć**

[] **zaiskrzyć się** (zabłyszczeć) [*gwiazda, oczy*] to sparkle ⇒ **iskrzyć się**

■ **~yło między nimi** (doszło do scysji) they clashed with each other; pot. (poczuli sympatię) there was a real chemistry between them

zaiste *part.* przest., książk. indeed

zaistnia|ły *adi.* [*sytuacja, skutek, stan*] ensuing; **w ~łej sytuacji...** in the ensuing situation...

zaistni|eć *pf* (**~eję, ~ał, ~eli**) *vi* [1] (powstać) [*życie*] to come into being; [*trudności, niebezpieczeństwo*] to arise [2] przen. (stać się znanym) [*osoba*] to become known;

chciał ~eć jako polityk/pisarz he wanted to become known as a politician/writer

zaiwania|ć *impf vi* posp. (iść raźno) to go hell for leather pot.; (pracować z zapałem) to work like the clappers pot.

zaja|d *m* (*G* **~du**) zw. *pl* Med. cheilosis, perlèche

zajada|ć *impf* **[]** *vt* (jeść z apetytem) to eat [sth] heartily

[] **zajadać się** (jeść w dużych ilościach) to gorge, to tuck in; **~ć się truskawkami/lodami** to gorge on strawberries/ice cream

zajadle *adv. grad.* (zaciekle) [*targować się, kłócić się*] heatedly; **pies szczekał ~** the dog barked fiercely

zajadłoś|ć *f sgt* książk. (dyskusji, sporu) acrimony; (ataku, obrony) virulence

zajad|ły *adi. grad.* (zaciekły) [*polemista, wróg*] virulent; [*bój*] fierce; [*spór*] heated

zajara|ć *pf vi* pot. (zapalić papierosa) to light a fag pot.; **daj ~ć** give me a fag

zajarz|yć się *pf v refl.* książk. (zabłysnąć) [*latarnia, żarówka*] to light up

zajaśni|eć *pf* (**~eje, ~ał**) *vi* książk. [1] (zaświecić mocno) [*słońce*] to come out; [*reflektor*] to flash; [*latarnia*] to light up [2] (zostać oświetlonym) to glow; **na horyzoncie ~ały góry** suddenly the mountains glowed on the horizon; **rozsunęła zasłony i pokój ~ał ostrym porannym światłem** she drew the curtains aside and the room was flooded with bright morning sun [3] przen. (rozpromienić się) [*oczy, twarz*] to brighten up; **jego twarz ~ała radością** his face brightened (up) with joy

zaj|azd *m* (*G* **~azdu**) [1] (hotel) inn, roadhouse [2] Hist. (najazd) foray

zajazgo|tać *pf* (**~oczę** a. **~ocę**) pot. *vi* [*pies*] to yap; [*dzwonek*] to blare; **przekupka ~tała** the pedlar started yelling ⇒ **jazgotać**

zaj|ąc *m* Zool. hare; **młody ~ąc** a leveret; **pogoń za ~ącem** hare coursing

❑ **~ąc morski** Zool. lumpfish; **~ąc polarny** Zool. arctic hare

■ **spać jak ~ąc po miedzą** to sleep with one eye open; **złapać ~ąca** pot. (przewrócić się) to take a nosedive; **robota nie ~ąc, nie ucieknie** pot. don't rush, you can do it tomorrow

zającz|ek **[]** *m anim. dem.* (little) hare; (jednoroczny) leveret

[] *m inanim.* (*A* **~ka**) pot. (ruchoma plamka świetlna) glint; **puszczać ~ki** to play at catching sunbeams in a mirror

zaj|ąć *pf* — **zaj|mować** *impf* (**~mę, ~ęła, ~ęli** — **~muję**) **[]** *vt* [1] (wypełnić przestrzeń) to take up, to occupy, to fill; **stół ~mował środek pokoju** a large table occupied the middle of the room; **tłum ~ął cały plac** the crowd filled the whole square; **tabelki ~mują zbyt dużo miejsca** the tables take up too much space; **wojsko ~ęło nowe pozycje** the army took up new positions [2] (siąść) to take [*miejsce*]; **~jąć stolik** to take a table; **~mij mi miejsce, dobrze?** keep a seat for me, please; **„przepraszam, czy to miejsce jest wolne?" – „nie, ~ęte"** 'excuse me, is this seat vacant?' – 'no, it's taken' [3] (w klasyfikacji, hierarchii) **~ąć pierwsze/ostatnie miejsce na liście** to be first/last on the list; **~mować ważne/odpowiedzialne/ dobrze płatne stanowisko w firmie** to have an important/a responsible/a well-paid position in the company; **~ować wysokie stanowisko** to be highly placed 4 (wziąć w użytkowanie) to take, to occupy; **firma ~ęła całe piętro** the company occupies the whole floor; **~ęła najlepszy apartament w hotelu** she took the best suite in the hotel; **długo będziesz ~mować kuchnię/łazienkę?** are you going to occupy the kitchen/bathroom a. be in the kitchen/bathroom for long? 5 (zawładnąć) to occupy [miasto, terytorium] 6 (wypełnić czas) to take; **robienie zakupów ~mowało dużo czasu** the shopping took (up) a lot of time; **dotarcie na miejsce ~mie nam pół godziny** it will take us half an hour to get there; **mogę ci ~ąć chwilkę?** could you spare a minute? 7 (zaciekawić) to absorb; **książka/audycja bardzo nas ~ęła** the book/broadcast absorbed us; **spróbuj ~ąć ich jakimś opowiadaniem** try to entertain them with some anecdote; **~mij czymś dzieci, bo zaczną psocić** occupy the children with something or they'll be up to mischief 8 (zarekwirować) to distrain; **komornik ~ął im meble** the bailiff distrained their furniture 9 (rozprzestrzenić się) [choroba] to affect; [ogień] to take hold; **gruźlica ~ęła oba płuca** both lungs have been affected by TB; **płomienie ~ęły większą część dachu** the flames took hold of most of the roof 10 Polit., Wojsk. to occupy [miasto, teren]

III zając się — zajmować się 1 (zacząć coś robić) to take up; **na emeryturze ~ął się ogródkiem** when he retired he took up gardening; **czym ~muje się jego firma?** what does his company do?; **zrezygnowała z pracy i ~ęła się domem** she gave up her job and became a housewife 2 (zaopiekować się) to take care (**kimś/czymś** of sb/sth); **~mować się dziećmi** to take care of children; **~mować się gośćmi** to entertain guests 3 (zapalić się) to catch fire; **od płonącej stodoły ~ęły się dalsze zabudowania** other buildings caught fire from the burning barn

■ **~ąć stanowisko** to take a. adopt a stance

zająkn|ąć się pf (**~ęła się, ~eli się**) v refl. (zaciąć się w mówieniu) to stammer, to stutter; **kłamał, ani się nie ~ął** he lied through his teeth pot.

■ **o aferze/prezesie ani się nie ~ął** he never mentioned the affair/chairman

zająkni|enie, ~ęcie n stammer U; **czytać/recytować bez ~ęcia** to read/recite without faltering

zajebi|sty adi. posp. shit-hot posp.

zaj|echać¹ pf — **zaj|eżdżać¹** impf (**~adę — ~eżdżam**) **I** vi 1 (przyjechać) to arrive; to reach vt; **~echał do domu w nocy** he arrived a. reached home at night; **~echała taksówką na dworzec** she arrived at the station in a taxi 2 (podjechać) to pull up; **samochód ~echał przed dom/hotel** the car pulled up in front of the house/hotel 3 (wstąpić) to stop off; **~echać do kuzynów** to stop off at one's cousins'; **na**

noc ~echali do hotelu they stopped at a hotel for the night 4 (zablokować) **~echać komuś drogę** to cut in on sb

II v imp. pot. (cuchnąć) to stink, to reek; **~echało od niego wódą** he reeked of vodka; **od obory ~echało gnojówką** there was a stench of manure coming from the barn

■ **kłamstwem i oszustwem daleko w życiu nie ~edziesz** pot. lies and fraud won't take you far

zaj|echać² pf (**~adę**) vt pot. (uderzyć) to hit; **~echać kogoś w pysk** to give sb a knuckle sandwich pot.

zajezdni|a f (Gpl **~**) (autobusowa, tramwajowa) depot; **zjazd do ~i** (tablica informacyjna) drive to the depot

zaje|ździć pf — **zaje|żdżać²** impf vt 1 (zmęczyć) to exhaust [konia] 2 pot. (zniszczyć) to overdrive [motocykl, samochód, silnik] 3 pot., przen. (zamęczyć) to overdrive; **dała się rodzinie ~ździć** she let her family overdrive her

zajeżdżać¹ impf → **zajechać¹**
zajeżdżać² impf → **zajeździć**

zaję|cie II sv → **zająć**

II n 1 (źródło utrzymania) job, occupation; **stałe/intratne ~cie** a permanent/well-paid job; **dodatkowe ~cie** an extra job; **imać się różnych ~ć** to do odd jobs; **dostać ~cie w biurze** to get a clerical job; **szukać jakiegoś ~cia** to look for a job; **być bez ~cia** to be jobless 2 (czynność) (wykonywana z przyjemnością) occupation; (obowiązek) job; **praca w ogródku/obserwowanie ptaków jest frapującym ~ciem** gardening/bird-watching is a fascinating occupation; **oddawać się swojemu ulubionemu ~ciu** to pursue one's favourite occupation; **jeśli się nudzisz, znajdź sobie jakieś ~cie** if you're bored, find yourself something to do; **w chwilach wolnych od ~ć domowych czytam albo słucham muzyki** when I'm free from my household chores I read or listen to music; **udać się do swoich ~ć** to go about one's business 3 sgt książk. (zainteresowanie) interest; **wszyscy słuchali jego wykładu z ~ciem** everyone listened to his lecture with interest 4 sgt Prawo distraint; **dokonać ~cia nieruchomości** to seize immovables

III zajęcia plt Szkol., Uniw. (kurs) classes; (lekcja) class; **~cia obowiązkowe** obligatory classes; **~cia fakultatywne** optional classes, options; **plan a. rozkład ~ć** timetable; **dzień wolny od ~ć** a day off; **prowadzić ~cia** to give classes; **uczestniczyć w ~ciach** (stale) to take classes; (raz) to attend a class

zajęciow|y adi. [terapia] occupational

zajęcz|eć pf (**~ysz, ~ał, ~eli**) **I** vt (powiedzieć żałośnie) to whine, to whimper; **„pomóż mi", ~ała** 'help me,' she whined a. whimpered ⇒ **jęczeć**

II vi 1 (wydać jęk) to give a groan a. whimper ⇒ **jęczeć** 2 przen. (zabrzmieć żałośnie) [wiatr, syrena] to give a moan ⇒ **jęczeć**

zajęcz|y adi. [uszy, ogon] leporine

zajęczyc|a f Zool. doe (hare)

zaję|ty II pp → **zająć**

II adi. 1 [osoba] busy; [miejsce] taken; [taksówka] hired; [łazienka] occupied; **dy-**

rektor jest ~ty the manager is busy; **ona jest teraz ~ta przy dziecku** she's busy with her child at the moment; **wszyscy jesteśmy ~ci przygotowaniami do ślubu** we're all busy with the preparations for the wedding; **jak długo jeszcze będziesz ~ta pisaniem tego raportu?** how much longer will it take you to write the report?; **sobotni wieczór mam ~ty** I'm not free on Saturday evening 2 Telekom. [numer] engaged; **~te** pot. the line is busy; **ponowne wybieranie ~tego numeru** redial when engaged

zajmować impf → **zająć**

zajmująco adv. [pisać] engagingly; [opowiadać] entertainingly

zajmując|y II pa → **zajmować**

II adi. [osoba] interesting; [książka, audycja] engrossing, absorbing; **niezwykle ~y** fascinating

zajob II m pers. (Npl **~y**) posp. (świr) freak pot.

II m inanim. (A **~a**) posp. (dziwactwo) obsession; **mieć ~a na punkcie czegoś** posp. to be mad about sth

za|jrzeć, za|glądnąć dial. pf — **za|glądać** impf (**zajrzysz, zajrzał, zajrzeli — zaglądam**) vi 1 (popatrzeć w głąb) to look, to peep; **zajrzeć do szafy/garnka** to look into the wardrobe/pot; **zajrzeć pod ławkę/łóżko/dywan** to look under the bench/bed/carpet; **zajrzeć za kotarę/róg** to look behind the curtain/corner; **zaglądnąć przez dziurkę od klucza** to peep through the keyhole; **zaglądnąć przez szparę w drzwiach do środka** to peep into the room through a crack in the door; **zajrzeć do książki/gazety** to look through a book/paper; **zajrzyj lepiej do słownika** you'd better look it up in a dictionary; **zaglądać w cudze garnki** przen. to poke one's nose into other people's affairs; **zajrzeć komuś (głęboko) w oczy** to look (deep) into sb's eyes; **zajrzeć komuś w twarz** to look sb in the face 2 pot. (odwiedzić) to drop in a. by, to call; **zajrzyj do nas, jak będziesz w pobliżu** drop by when you're in the neighbourhood; **często zaglądasz do rodziców?** do you often drop in at your parents?; **poczekaj, zajrzę jeszcze do tego sklepu** wait, I'll just pop into that shop 3 książk., przen. (oświetlać) [światło] to come in; **księżyc/słońce zagląda przez okno** the room is lit by the moon/sun 4 książk., przen. (być widocznym na zewnątrz) to be seen; **kwiaty i drzewa zaglądają do pokoju** flowers and trees can be seen outside the window

■ **bieda/głód zagląda komuś w oczy** książk. poverty/hunger is staring sb in the face; **śmierć zagląda komuś w oczy** książk. death is staring sb in the face; **zaglądać do kieliszka** a. **butelki** pot. to like to booze

zajś|cie II n → **zajść**

II n (zdarzenie) incident; **w kilku miejscach doszło do ~ć ulicznych** there were occasional street riots

za|jść pf — **za|chodzić¹** impf **II** vt (podejść ukradkiem) to steal; **zajść kogoś nieoczekiwanie od tyłu** to steal up on sb from behind; **zajść kogoś z prawej/lewej strony** to steal up on sb from the right/left **III** _vi_ [1] (przybyć) to arrive; to reach _vt_; **zaszli aż do lasu** they got to the forest [2] _[słońce, księżyc]_ (schować się za horyzontem) to set; (schować się za chmurami) to hide [3] (wstąpić) to call, to drop by a. in; **zajdź, jak będziesz miał czas** drop by when you have time [4] (zaistnieć) to happen; **powiedz, co zaszło** tell me what happened; **zaszła pomyłka** there was a mistake; **zaszło nieporozumienie** there was a misunderstanding; **bada reakcje, jakie zachodzą podczas obróbki termicznej** he studies reactions that occur during heat treatment [5] (zasnuć się) to be covered; **oczy zaszły mu łzami** his eyes misted over (with tears); **ściany piwnicy zachodzą pleśnią** the walls in the cellar are going mouldy

■ **zajść daleko/wysoko** (zrobić karierę) to go far/high; **zajść komuś za skórę** to be a nuisance to sb

zajzaje|r _m_ (_G_ ~**ru**) pot. [1] (kwas solny) hydrochloric acid [2] (niesmaczny napój) rotgut pot.

zakabl|ować _pf vi_ pot., pejor. to split GB pot. (**na kogoś** on sb); to squeal pot. (**na kogoś** on sb); ~**ował na mnie do szefa** he blew the whistle on me to the boss ⇒ **kablować**

zakalcowa|ty _adi._ _[chleb, ciasto]_ gummy

zakal|ec _m_ (_A_ ~**ec** a. ~**ca**) Kulin. sad layer; **chleb z** ~**cem** sad bread

zaka|ła _m, f_ (_Npl m_ ~**ły**, _Gpl m_ ~**ł** a. ~**łów**; _Npl f_ ~**ły**, _Gpl f_ ~**ł**) bad apple pot.; disgrace; **był** ~**łą rodziny** he was a disgrace to the family

zakałapućka|ć _pf_ **I** _vt_ pot. to muddle; to mess up pot.; ~**ne życie** one's messed up life

II zakałapućkać się to become confused; ~**ła się na egzaminie** she was lost for words during the oral exam

zakamar|ek _m_ [1] (trudno dostępne miejsce) corner; **przeszukał wszystkie** ~**ki** he searched every nook and cranny; **pies schował się w jakimś** ~**ku** the dog has hidden in some nook a. corner [2] przen. recess; **ciemne** ~**ki duszy** the dark recesses of one's soul; **najgłębsze** ~**ki jej umysłu** the deepest recesses of her mind

zakamufl|ować _pf_ **I** _vt_ [1] (zamaskować, nadać pozory) to camouflage, to disguise; **ta powieść to** ~**owana biografia** the novel is a biography in disguise [2] (ukryć) to conceal; **w dobrze** ~**owanym sejfie odkryto kilkanaście cennych obrazów** several valuable paintings have been found in a well-concealed safe ⇒ **kamuflować**

III zakamuflować się pot. (ukryć się) to hide; **trzeba będzie** ~**ować się w kuchni** one would have to hide in the kitchen ⇒ **kamuflować się**

zakańczać _impf_ → **zakończyć**

zakapio|r _m_ (_Npl_ ~**ry**) pot. hooligan, hoodlum; **jakiś** ~**r zaczepił go i żądał pieniędzy** some hooligan accosted him and demanded money

zakap|ować _pf vt_ pot. [1] (zadenuncjować) to snitch on pot., to grass on pot.; **to ona go** ~**owała** it was she who put the finger on him [2] (zrozumieć) to dig pot., przest.; to get the

---

picture; ~**ować dowcip** to get the joke; **nie** ~**ował, o co chodzi** he didn't get the message ⇒ **kapować**

zakapsl|ować _pf vt_ to crown-cap; **butelka była źle** ~**owana** the bottle was badly capped ⇒ **kapslować**

zaka|sać _pf_ — **zaka|sywać** _impf_ (~**szę** — ~**suję**) _vt_ to roll [sth] up, to roll up _[rękawy, nogawki]_; to hitch [sth] up, to hitch up, to tuck [sth] up, to tuck up _[spódnicę]_

■ ~**sać rękawy** to pitch up; **muszę** ~**sać rękawy i skończyć robotę do jutra** I must pitch up and finish the job by tomorrow

zakasłać _pf_ → **zakaszleć**

zakas|ować _pf vt_ pot. to exceed, to surpass; **urodą** ~**owała wszystkie koleżanki** she surpassed all her friends with her looks

zakasywać _impf_ → **zakasać**

zakaszlać → **zakaszleć**

zakaszl|eć, zakaszl|ać _pf_ (~**ał**, ~**eli**) **I** _vi_ _[osoba]_ to start to cough; **stary gazik** ~**ał** the old jeep coughed up

II zakaszleć się, zakaszlać się to have a fit of coughing

zakatarz|ony _adi._ [1] (mający katar) suffering from cold; **być** ~**onym** to have a cold; **w poczekalni siedzieli** ~**eni pacjenci** patients with colds sat in the waiting room; **od miesiąca chodzi** ~**ony** he's had a cold for a month [2] _[głos]_ catarrhal

zakat|ować _pf vt_ to torture [sb] to death ⇒ **katować**

zakatrup|ić _pf vt_ posp. to bump off pot., to polish off pot.

zakaukas|ki _adi._ Transcaucasian

zakaz _m_ (_G_ ~**u**) ban, prohibition; ~ **prób jądrowych** a test ban, a ban on nuclear testing; ~ **palenia** a smoking ban; „~ **palenia"** (napis) 'no smoking'; ~ **podlewania trawników/ogródków** a sprinkler/ hosepipe ban; **całkowity** ~ **importu samochodów** a total ban on car imports; **wprowadzić** ~ **czegoś** to introduce a ban on sth, to place a prohibition on sth; **uchylić** a. **znieść** ~ **czegoś** to lift the ban on sth; **wydać** ~ **czegoś** to ban sth; **stosować/nie stosować się do** ~**u** to observe/ignore a ban

zakazan|y **I** _pp_ → **zakazać**

II _adi._ (niebudzący zaufania) _[twarz, gęba, morda]_ ugly; _[knajpa, spelunka, ulica]_ seedy; ~**a dzielnica** a no-go area; **kręci się tu jakiś** ~**y typ** some dodgy a. shady character has been hanging around

zaka|zić _pf_ — **zaka|żać** _impf_ **I** _vt_ to infect _[ranę, osobę]_; to poison, to contaminate _[wodę, powietrze, teren]_; ~**zić kogoś ospą** to infect sb with smallpox; **żywność** ~**żona salmonellą** food contaminated with salmonella; **krew** ~**żona wirusem HIV** blood contaminated with HIV, HIV-infected a. HIV-contaminated blood

---

II zakazić się — **zakażać się** to become infected (**czymś** with sth); to catch (**czymś** sth); ~**zić się grzybicą stóp** to catch athlete's foot

zakazywać _impf_ → **zakazać**

zakaźnie _adv._ **chory** ~ contagiously ill; **być chorym** ~ to suffer from a contagious disease

zakaźn|y _adi._ Med. [1] _[choroba, czynnik]_ contagious; infectious spec.; **różyczka jest** ~**a** German measles is contagious [2] _[szpital, oddział]_ isolation _attr._

zakażać _impf_ → **zakazić**

zakaże|nie **I** _sv_ → **zakazić**

II _n_ infection _U_ (**czymś** with sth); **ryzyko** ~**nia** the risk of infection; ~**nie pierwotne/wtórne** a primary/secondary infection; ~**nie ogniskowe** a focal infection ❏ ~**nie kropelkowe** droplet infection; ~**nie krwi** blood poisoning

zaką|sić _pf_ — **zaką|szać** _impf vt_ pot. to snack pot. (**czymś** on sth); to have a. eat a snack; **wypił kieliszek i** ~**sił kiełbasą** he had a glass of vodka and a snack of sausage, he had a glass of vodka and nibbled some sausage

zakąs|ka _f_ (przed głównym daniem) starter, appetizer, hors d'oeuvre; (do alkoholu) snack, appetizer; **na** ~**kę był śledzik** there was herring as an appetizer

zakąszać _impf_ → **zakąsić**

zakąt|ek _m_ nook; **malowniczy** ~**ek** a beauty spot; **rajski** ~**ek** a Shangri-la; **cichy** ~**ek w Bieszczadach** a quiet corner in the Bieszczady mountains

zakichan|y _adi._ pot. _[życie, los, pogoda]_ damned pot.

zakip|ieć _pf_ (~**isz**, ~**iał**, ~**ieli**) _vi_ [1] _[ciecz]_ to boil, to seethe [2] przen. (zirytować się) to seethe; **na tę wiadomość aż w niej** ~**iało ze złości** she seethed with fury at the news

zaki|sły _adi._ [1] (o potrawie) _[zupa, wino]_ sour [2] (o zapachu) sour; ~**sły oddech** sour breath

zaki|snąć _pf_ (~**snął** a. ~**sł**) _vi_ [1] (ulec fermentacji, ukisić się) _[kapusta, ogórki]_ to turn sour [2] (skwaśnieć i zepsuć się) to go bad

zakit|ować _pf vt_ to putty _[otwory, szczeliny, szpary]_; to cement _[okno, szybę]_ ⇒ **kitować**

zaklajstr|ować _pf vt_ pot. [1] (zakleić) to paste up, to stick _[dziury, otwory, szpary]_ ⇒ **klajstrować** [2] przen. (zatuszować) to patch up, to hush up _[sprawę, fakt, problem]_ ⇒ **klajstrować**

zakla|skać _pf_ (~**szczę** a. ~**skam**) (zacząć klaskać) to begin to clap (one's hands); (klasnąć kilkakrotnie) to clap one's hands; **cała sala spontanicznie** ~**skała** the whole audience spontaneously started to clap a. applaud

zaklasyfik|ować _pf vt_ to categorize, to classify; ~**ować gatunki zwierząt/roślin** to classify animal/plant species ⇒ **klasyfikować**

zakl|ąć¹ _pf_ — **zakl|inać** _impf_ (~**nę**, ~**ęła**, ~**ęli** — ~**inam**) **I** _vt_ [1] (prosić, błagać) to exhort, to implore; ~**inała go, żeby został** she exhorted a. implored him to stay [2] (w baśniach) to spell, to charm; **królewna** ~**ęta w złotą kaczkę** the princess turned into a golden duck; ~**ąć króle-**

wicza w żabę to turn a prince into a frog
II zakląć się — zaklinać się to swear, to avow; ~inać się, że... to swear blind that ...; ~inał się na wszystkie świętości, że nie miał z tym nic wspólnego he swore by all he held dear that he had nothing to do with it; ~inał się, że jest niewinny he swore his innocence

zakl|ąć² pf (~nę, ~ęła, ~ęli) vi to swear; ~ąć brzydko a. szpetnie a. ordynarnie to turn the air blue; ~ąć pod nosem to swear under one's breath ⇒ **kląć**

zakle|ić pf — **zakle|jać** impf **II** vt (klejem) to seal, to gum [kopertę]; (taśmą) to tape (up), to Sellotape [kopertę, paczkę, pudełko]; ~ić dziurę w dętce to seal a puncture
II zakleić się — zaklejać się to be sealed; koperta się ~iła the envelope was sealed
zaklejać impf → **zakleić**

zaklep|ać pf — **zaklep|ywać** impf (~ię — ~uję) **II** vt **1** (rozpłaszczyć) to beat, to flatten; ~ać nity to flatten the rivets (tight) **2** pot. (załatwić) to nab pot.; to secure [miejsce, bilet]; ~ać sprawę to seal a deal, to wheel and deal; ~ać wycieczkę do Grecji to book an excursion to Greece **3** pot. (w grze w chowanego) to tig, to tag
II zaklepać się — zaklepywać się (w grze w chowanego) ≈ to touch home
zaklepywać impf → **zaklepać**

zaklę|cie n **1** (w baśniach, dawnych obrzędach) spell; (formułka) magic charm, incantation; mruczał jakieś dziwne ~cia he muttered some weird incantations **2** zw. pl (zapewnienie, obietnica) pledge, vow; wymieniali najczulsze ~cia miłości they exchanged the tenderest vows of love **3** zw. pl (prośba, błaganie) plea, entreaty; był głuchy na ~cia córki he was deaf to his daughter's pleas a. entreaties
zaklęsać impf → **zaklęsnąć**
zaklę|sły, ~śnięty adi. [podłoga, mogiła] sinking
zaklę|snąć (się) pf — **zaklę|sać (się)** impf (~snął a. ~sł — sam) vi to sink; ciasto ~sło w foremce the cake sank a. went sad in the baking tin
zaklęśnię|cie **II** sv → **zaklęsnąć**
II n depression, cavity; w ~ciu terenu powstało jezioro a lake formed in a depression in the land
zaklę|ty **I** pp → **zakląć**
II adi. [rycerz, królewna, zamek] enchanted
zaklinacz m (Gpl ~y a. ~ów) charmer; ~ deszczu a rainmaker; ~ węży a snake charmer
zaklinać impf → **zakląć¹**
zaklin|ować pf **II** vt **1** (wbić klin) to wedge ⇒ **klinować** **2** (unieruchomić) to chock [mechanizm, koło, pojazd] **3** (zatarasować) to jam [przejście, otwór]; wszystkie boczne uliczki są ~owane samochodami all side streets have been jammed with cars
II zaklinować się [papier, zamek] to jam, to stick; drzwi znowu się ~owały the door has jammed again
zaklinowan|y **I** pp → **zaklinować**
II adi. [papier, drzwi, zamek] jammed, stuck
zakła|d m (G ~du) **1** (przedsiębiorstwo) factory, plant; ~dy wełniarskie/bawełniane a woollen/cotton mill; ~d przemysłowy an industrial plant; towar z reno-

mowanego ~du produkcyjnego goods from a renowned production plant; pracował w pobliskim ~dzie he worked in the nearby factory **2** (przedsiębiorstwo usługowe) work(shop), works; ~d użyteczności publicznej a utility company; ~d kuśnierski the furrier's; ~d fryzjerski the hairdresser's; ~d pogrzebowy an undertaker, a funeral parlour; ~d szewski a shoe repair shop; ~d energetyczny the electricity board; ~d użyteczności publicznej a public utility company; ~d ubezpieczeń an insurance company **3** (instytucja ograniczająca wolność) ~d poprawczy a correction centre, a young offenders' institution; ~d penitencjarny a penitentiary; umieścili ją w ~dzie she was institutionalized **4** (w wyższych uczelniach) unit; ~d badawczy a research unit; ~d doświadczalny an experimental unit **5** (umowa o ustaloną nagrodę) bet; wager książk.; ~d o tysiąc złotych a one thousand zloty bet; pójść o ~d, że... to make a. lay a bet that...; przyjmować ~dy to take bets; trzymam ~d, że nie przyjdą I bet a. my bet is they don't come; idę o ~d, że stchórzysz! I bet you'll turn chicken!; punkt przyjmowania ~dów a betting shop; ~dy piłkarskie football pools; pospiesznie wysłał ~dy he quickly sent off the lottery/pools coupons **6** (podwinięty brzeg, obręb) hem **7** (teren polowania) Myślis. shoot GB
❑ ~d karny prison; ~d Pascala Pascal's Wager; ~d pracy work place; ~d pracy chronionej sheltered workshop; ~d w ciemno ante-post bet; ~d zbiorowego żywienia catering establishment
■ przeciąć ~d to seal a bet
zakładać impf → **założyć**
zakład|ka f **1** (założona część materiału) tuck, fold **2** (podwinięty dolny brzeg) hem, turn in, turn up **3** (do książki) (book)mark
■ nitowanie/spawanie na ~kę lap riveting/welding
zakładni|k m, ~czka f hostage; wziąć/trzymać kogoś jako ~ka to take/hold sb hostage
zakładow|y adi. **1** (należący do przedsiębiorstwa) [teren, hala, budynek] factory attr.; [fundusz, przychodnia, lekarz] company attr.; rada ~a the works committee **2** (odbywający się w przedsiębiorstwie) company attr.; poszli na bal ~y they went to the company/factory ball
zakładzik m dem. (G ~u) **1** pieszcz. (mały zakład produkcyjny, usługowy) workshop **2** (umowa o nagrodę) bet; wager książk.; ciekawe, kto wygra nasz mały ~ I wonder who'll win our little wager
zakłam|ać pf — **zakłam|ywać** impf (~ię — ~uję) **II** vt to distort, to falsify [fakty, twierdzenia, idee]; ~ać historię to adulterate a. distort history
II zakłamać się — zakłamywać się to be entangled in one's own lies
zakłamani|e **II** sv → **zakłamać**
II n sgt hypocrisy; żyć w ~u to live a lie
zakłaman|y **I** pp → **zakłamać**
II adi. [osoba, świat, krąg] hypocritical; [historyk, umysł] mendacious
zakłamywać impf → **zakłamać**

zakłopo|tać pf (~czę a. ~cę) **II** vt książk. to confuse, to embarrass; ~tało go jej milczenie her silence disconcerted him; stanął ~tany he stopped in confusion
II zakłopotać się to become disconcerted
zakłopotani|e n sgt embarrassment, perplexity, confusion; wprawić kogoś w ~e to embarrass sb; odczuwać wobec kogoś ~e to feel akward in sb's presence; popaść w ~nie to become embarrassed a. perplexed; uśmiechnął się z ~em he smiled an embarrassed smile, he smiled sheepishly
zakłopotan|y adi. [mina, twarz] embarrassed; wyglądać na ~ego to look sheepish; był tą całą sytuacją mocno ~y he was very embarrassed by a. about the whole situation; stała ~a, nie wiedząc, co powiedzieć she stood there sheepishly not sure a. knowing what to say
zakłócać impf → **zakłócić**
zakłóce|nie **II** sv → **zakłócić**
II n **1** (dezorganizacja) disruption; ~nie porządku publicznego a public order offence, a breach of the peace; strajk nie spowodował ~ń w dostawach towarów the strike didn't cause disruption in a. to the delivery of goods **2** Radio (niepożądany sygnał) interference
zakłó|cić pf — **zakłó|cać** impf vt to disrupt [komunikację, proces, lekcję]; to shatter [szczęście, spokój]; to disturb [sen, spokój, pracę]; to impede [rozwój]
zakłuwać impf → **zakłuć¹**
zakłu|ć¹ pf — **zakłu|wać** impf (~ję — ~wam) **II** vt (zabić ostrym narzędziem) to stab [sb] to death; ~ć kogoś bagnetem to stab sb to death with a bayonet, to run a bayonet through sb
II zakłuć się to cut oneself, to prick oneself; ~ć się szpilką to prick oneself with a pin
zakłu|ć² pf vt przen. (zaboleć) ~ła go zazdrość he felt a pang a. the pangs of jealousy; serce ~ło ją z żalu she felt a pang of regret in her heart; ~ło go w piersiach he felt a stabbing pain in the chest
zaknebl|ować pf vt to gag; ~ować komuś usta to put a gag over sb's mouth; ~owali jej usta szmatą they gagged her with a rag ⇒ **kneblować**
zakoch|ać się pf — **zakoch|iwać się** impf v refl. **1** (zapałać miłością) to fall in love (w kimś with sb); ~ać się w kimś po uszy to fall head over heels in love with sb; ~ać się od pierwszego wejrzenia to fall in love at first sight; ~ał się z wzajemnością he fell in love and his love was reciprocated; ~ał się w niej bez wzajemności he fell in love with her, but it was unrequited **2** (bardzo polubić) to fall in love (w czymś in sth); ~ać się w muzyce/w Londynie to fall in love with music/London
zakochani|e **II** sv → **zakochać się**
II n sgt love, infatuation; ~e od pierwszego wejrzenia love at first sight
zakochan|y **II** adi. **1** (darzący miłością) enamoured, in love; być ~ym w kimś to be in love with sb, to be enamoured of sb; ~a dziewczyna zrobiłaby dla niego wszystko a girl in love would do anything for him; jest ~a w swoim szefie she's in

Z

love with her boss [2] (zachwycony) enamoured (**czymś** of sth); in love (**czymś** with sth); **jest po prostu ~a w Nowym Jorku** she's simply in love with a. enamoured of New York

III **zakochan|y** m ~**a** f lover; **na ławce siedziała para ~ych** a couple of lovers were sitting on a bench

zakochiwać się impf → **zakochać się**

zakod|ować pf vt [1] (zapisać przy pomocy kodu) to encrypt, to (en)code [wiadomości, dane] ⇒ **kodować** [2] przen. (zapamiętać) ~**ować coś w powszechnej świadomości** to implant sth in the public a. collective consciousness; **ożyły ~owane w pamięci wspomnienia** memories ingrained a. stored in his brain stirred within him

zakol|e n (Gpl ~**i**) (zakręt koryta rzecznego) bend, curve; (zakręt drogi) curve; **kajakarze zatrzymali się w ~u rzeki** the canoeists stopped at a river bend; **rzeka płynie ~ami przez łąki** the river zigzags a. meanders through meadows

zakoła|tać pf (~**czę** a. ~**cę**) vi [1] (zastukać) to knock; ~**tać do drzwi** to bang a. knock on the door; **wiatr ~tał okiennicą** the wind rattled the shutter ⇒ **kołatać** [2] przen. (o myślach, uczuciach) **nadzieja ~tała jej w sercu** her heart thumped with hope; **pewna myśl ~tała mi w głowie** a thought occurred to me; **serce jej ~tało na myśl o...** her heart pounded at the thought of.... [3] przen. (poprosić) to appeal, to turn (**do kogoś** to sb); to request (**o coś** sth); ~**tał do matki o pomoc** he appealed to his mother for help

zakoły|sać pf (~**szę**) **I** vt to rock; **nagle wiatr ~sał drzewami** suddenly the wind swayed the trees; **i wtedy łodzią gwałtownie ~sało** and then the boat gave a violent lurch ⇒ **kołysać**

II **zakołysać się** to rock, to sway; ~**sał się w fotelu na biegunach** he rocked in his rocking chair; **kajak ~sał się na falach** the canoe swayed on the waves

zakompleksi|ony adi. pot. with hang-ups, full of complexes; ~**one nastolatki** teenagers with hang-ups

zakomunik|ować pf vt książk. to announce (**o czymś** sth); to inform (**komuś o czymś** sb about sth); ~**ować o zamiarze zrobienia czegoś** to announce one's intention of doing sth; ~**owano jej o zmianie planów** she was informed about the change of plans ⇒ **komunikować**

zakon m (G ~**u**) Relig. order; **wstąpić/ należeć do ~u** to join/belong to an order; ~ **sióstr wizytek** the order of the Sisters of the Visitation; ~ **jezuicki** the Society of Jesus; ~ **krzyżacki** the (Order of) Teutonic Knights

❏ ~ **kontemplacyjny** contemplative order; ~ **rycerski** knightly order; ~**y mnisze** monastic orders; ~**y żebrzące** mendicant orders; **trzeci** ~ third a. tertiary order; **Zakon maltański** the Order of the Knights of St John (of Malta)

zakonnic|a f nun, religious

zakonni|k m monk, religious

zakonn|y adi. [śluby, zgromadzenie, życie] monastic; **brat ~y** a monk, a friar; **siostra**

~**a** a nun; **cela** ~**a** a monastic cell; **złożyć śluby** ~**e** to take (one's) vows

zakonot|ować pf vt przest. to note; **dobrze to sobie** ~**uj, młodzieńcze** remember it well, young man; ~**ował ich nazwiska w notesie** he wrote down their names in his notebook

zakonserw|ować pf **I** vt [1] (uchronić przed zepsuciem, przetworzyć) to preserve [mięso, ogórki]; to conserve [maliny, truskawki] ⇒ **konserwować** [2] (utrzymać w dobrym stanie, zabezpieczyć) to preserve [stare mury, mumie]; **jest dobrze ~owaną osiemdziesięciolatką** she's a well-preserved eighty-year old, she's a well-preserved octogenarian

II **zakonserwować się** [ogórki, owoce] to be preserved ⇒ **konserwować się**

zakonspir|ować pf **I** vt to keep [sth] secret (**przed kimś/czymś** from sb/sth); to hide (**przed kimś/czymś** from sb/sth); ~**owany lokal** a safe house ⇒ **konspirować**

II **zakonspirować się** to hide (out) ⇒ **konspirować się**

zakontrakt|ować pf vt to contract [zboże, ziemniaki, owoce]; ~**ować zawodnika** to sign on a. up a player ⇒ **kontraktować**

zakończe|nie **II** sv → **zakończyć**

II n ending, conclusion; ~**nie dyskusji/ rozdziału/wizyty** the conclusion of the argument/chapter/visit; **niespodziewane** ~**nie** a twist in the tail; ~**nie programu** a close-down GB; **nie pamiętam ~nia tego filmu** I don't remember the ending of the film; **szczęśliwe ~nie tej powieści jest nieco sztuczne** the happy ending of this novel is a little artificial; **na ~nie możemy powiedzieć, że...** in conclusion we could say that...

❏ ~**nie nerwowe** Anat. nerve ending

zak|ończyć pf — **zak|ańczać** impf **I** vt [1] (doprowadzić do końca) to finish [pracę, lekcję, dyskusję] [2] (położyć kres) to end [spory, strajki] [3] (nadać kształt) **ostro ~ończony pręt** a pointed rod; ~**ończyć rękawy mankietem** to gather sleeves into cuffs

II **zakończyć się** — **zakańczać się** to end (up); **wyprawa ~ończyła się tragicznie** the expedition ended (up) tragically [3] (stać się ostatnią częścią) to close; **koncert ~ończył się dwoma bisami** the concert closed with two encores

■ ~**ończyć życie** to pass away, to depart this life

zakop|ać pf — **zakop|ywać** impf (~**ię** — ~**uję**) **I** vt [1] (przykryć ziemią) to bury [skarb, broń] [2] (pogrzebać w ziemi) to bury [zmarłego, poległych]; ~**ać kogoś we wspólnej mogile** to bury sb in a mass grave

II **zakopać się** — **zakopywać się** to dig oneself; ~**ać się w sianie** to bury oneself in a haystack; ~**ać się po uszy w pracy** przen. to be up to one's ears in work; ~**ać się na głuchej wsi** przen. to bury oneself in the country przen.

zakop|cić pf **I** vt [1] pot. (zadymić) to smoke; ~**cili papierosami całe mieszkanie** the whole flat was filled with the smell of their cigarettes [2] pot. (zapalić papierosa) to have a fag pot.

II **zakopcić się** to get sooted; **sufit/**

ściany się ~**ciły** the ceiling/walls got blackened a. sooted

zakopywać impf → **zakopać**

zakork|ować pf **I** vt [1] (zamknąć) to cork [butelkę] ⇒ **korkować** [2] pot. (zatarasować) to block [drogę, ruch] ⇒ **korkować**

II **zakorkować się** [ulica, miasto] to become jammed (with traffic) ⇒ **korkować się**

zakorzeniać się impf → **zakorzenić się**

zakorze|nić się pf — **zakorze|niać się** impf v refl. [1] (utrwalić się) [zwyczaj, przyzwyczajenie] to take hold; ~**nić się w kimś** [nawyk] to grow on sb [2] (związać się) [osoba] to put down roots [3] Bot. [roślina] to take root

zakorzeni|ony adi. [1] (utrwalony) [zwyczaj, tradycja] deep-rooted; **głęboko a. silnie** ~**one przesądy** deep-rooted superstitions; **być głęboko ~onym w kimś/czymś** [nienawiść, zwyczaj] to be deeply ingrained a. rooted in sb/sth; ~**one w społeczeństwie stereotypy** the stereotypes ingrained in our society; **Biblia jest głęboko ~ona w naszej świadomości** the Bible is deeply ingrained in our minds; **być ~onym w tradycji** [zwyczaj, motyw] to be rooted in tradition [2] Bot. [roślina] rooted

zakos m (G ~**u**) (rzeki, drogi) twist; **droga wiła się ~ami** the road twisted and turned; **ścieżka schodziła ~ami do jeziora** the trail zigzagged down to the lake; **iść ~ami pod górę** to climb up the hill in zigzags

zako|sić pf vt pot. [1] (dostać) to scoop pot. [nagrodę, medal]; ~**sić za coś dziesięć tysięcy** to scoop ten thousand for sth [2] (ukraść) to snitch pot.; ~**sić komuś portfel** to snitch sb's wallet

zakoszt|ować pf vt książk. to experience [biedy, szczęścia]; ~**ować wolności** to get a taste of freedom

zakotł|ować się pf v refl. [woda] to seethe; **w tłumie się ~owało** there was a sudden surge in the crowd

zakotwiczać impf → **zakotwiczyć**

zakotwicz|ony II pp → **zakotwiczyć**

II adi. **być ~onym w tradycji/historii** [zwyczaj, motyw] to be rooted in tradition/ history

zakotwicz|yć pf — **zakotwicz|ać** impf **I** vt Żegl. to anchor [statek]

II vi Żegl. [statek, osoba] to anchor

III **zakotwiczyć się** — **zakotwiczać się** [1] Żegl. [statek, osoba] to anchor [2] przen. ~**yć się gdzieś** [osoba] to stay somewhere for good

zakpi|ć pf vi [1] (zadrwić) to jibe (**z kogoś/ czegoś** at sb/sth); „**nie chcesz spróbować?**" ~**ł** 'don't you want to try?' he jibed [2] (wywieść w pole) ~**ć sobie z kogoś** to play a trick on sb; **los okrutnie z niej ~ł** fate played a cruel trick on her

zakradać się impf → **zakraść się**

zakra|kać pf (~**czę**) **I** vt pot. (zakrzyczeć) to shout [sb] down

II vi [kruk, wrona] to caw ⇒ **krakać**

zakrapiać impf → **zakropić**

zakraplacz m dropper; ~ **do oczu** an eye dropper

zakraplać impf → **zakroplić**

zakra|ść się *pf* — **zakra|dać się** *impf* (~dnę się, ~dniesz się, ~dł się, ~dła się, ~dli się — ~dam się) *v refl.* [1] *[osoba, zwierzę]* to steal up, to sneak up; **~ść się do kuchni/ogrodu** to steal a. sneak up to the kitchen/garden; **~ść się do kogoś z tyłu** to sneak up behind sb [2] *przen. [błąd]* to creep in; **do (mojego) serca ~dł się niepokój** anxiety crept into my thoughts; **do tekstu ~dły się pewne nieścisłości** a few inaccuracies crept into the text

zakrat|ować *pf vt* to bar *[okno, drzwi]*; **~owane okno/pomieszczenie** a barred window/room

zakrawa|ć *impf vi* **~ć na coś** to sound like sth; **to ~ na kiepski żart** it sounds like a bad joke; **to ~ na rzecz nieprawdopodobną** it sounds impossible; **to już ~ na bezczelność!** what a cheek!

zakres *m* (*G* ~**u**) [1] scope, range; **~ badań** the scope of research; **szeroki ~ usług** a wide range of services; **~ działalności firmy** a company's scope of operation; **poszerzyć ~ (swojej) wiedzy** to broaden the scope a. range of one's knowledge; **wykłady z ~u filozofii** lectures in philosophy; **mieć wąski/szeroki ~** to be narrow/broad in scope; **wchodzić w ~/wykraczać poza ~ czegoś** to be a. fall within/outside the scope of sth; **to wykracza poza ~ moich badań** it's beyond my range of study; **to nie wchodzi w ~ moich obowiązków** it's not my responsibility; **robić coś we własnym ~ie** to do sth on one's own; **przygotowywać posiłki we własnym ~ie** to cater for oneself [2] *Fiz.* range; **~ częstotliwości** a range of wavelengths, a waveband [3] *Log.* denotation

zakreślać *impf* → **zakreślić**

zakreśl|ić *pf* — **zakreśl|ać** *impf vt* [1] (zaznaczyć) to circle *[błąd, odpowiedź]*; (markerem) to highlight *[fragment]* [2] (zatoczyć) **~ić łuk** *[piłka, pocisk]* to arc; **~ić koło nad czymś** *[samolot, ptak]* to circle above a. over sth [3] (wyznaczyć) to mark *[granice]*

zakręcać *impf* → **zakręcić**

zakrę|cić *pf* — **zakrę|cać** *impf* **I** *vt* [1] (zamknąć dopływ) to turn *[sth]* off *[kran, gaz, wodę]*; **śruba była mocno ~cona** the screw was firmly tightened [2] (założyć nakrętkę) to screw *[sth]* on *[zakrętkę]*; **~cić słoik** to screw the lid on a jar; **słoik był mocno ~cony** the lid was firmly on [3] *Kosmet.* to curl *[włosy]*; **~cić włosy na wałkach** to put one's hair in curlers [4] (zawinąć) to wrap *[linę]*; **~cić sznurek wokół czegoś** to wrap a rope around sth **II** *vi* [1] (obrócić) **~cić korbą** to wind a crank; **~cić gałką** to twist a knob; **~cić partnerką w tańcu** to spin one's partner around ⇒ **kręcić** [2] (zmienić kierunek) *[osoba, pojazd, droga]* to turn; **~cić w prawo/lewo** to turn right/left; **~cić w boczną drogę** to turn into a side road; **samochód ~cił gwałtownie** the car swerved abruptly; **rzeka ~ca na północ/południe** the river turns north/south; **droga ~ca cała łagodnym łukiem w prawo** the road curved gently to the right [3] *pot.* (zatelefonować) **~cić do kogoś** to call sb up ⇒ **kręcić** **III zakręcić się** [1] (obrócić się) *[tancerz]* to

spin; **~cił się na pięcie i wyszedł** he turned on his heel and left; **łzy ~ciły jej się w oczach** tears came to her eyes; **~ciło mu się w głowie** he felt dizzy ⇒ **kręcić się** [2] *pot.* (zakrzątnąć się) **~cić się wokół czegoś** to see to sth; **~cił się koło jakiejś młodej wdówki** he found himself a young widow

zakręc|ony **I** *pp* → **zakręcić** **II** *adi.* [1] *[ogon]* curly; *[rogi]* (skręcony) twisted; (wygięty) curved; *[schody]* curved [2] *pot.* (szalony) *[muzyka, film]* zappy *pot.*

zakrę|t *m* [1] (zakrzywienie) bend; **~t drogi/schodów** a bend of the road/stairs; **ostry ~t** a sharp bend; **tuż za ~tem** just round the corner; **ściąć ~t** *Aut.* to straighten a bend; **hamować na ~cie** to brake on the bend; **wyjechać zza ~tu** to come around the bend; **zniknąć za ~tem** to disappear around the bend; **pokonać ~t** to negotiate a. take a bend; **znajdować się na ~cie** *przen.* to be at the crossroads *przen.* [2] (skręt) turn; **wykonać ~t w prawo/lewo** to make a right/left turn

zakręta|s *m pot.* swirl; (w piśmie) flourish; **podpisać się z ~em** to sign sth with a flourish

zakręt|ka *f* (screw) cap, (screw) top; **zakręcić/odkręcić ~kę** to screw on/unscrew a cap a. top

zakroj|ony *adi.* **~ony na dużą a. szeroką skalę** *[program, przedsięwzięcie, operacja]* large-scale; **szeroko ~one poszukiwania** an extensive search operation

zakr|opić *pf* — **zakr|apiać** *impf pot.* **I** *vt* **~opił sobie** he's had too much to drink; **~apiana kolacja** a boozy dinner **II zakropić się** — **zakrapiać się** to get tight *pot.*

zakr|oplić *pf* — **zakr|aplać** *impf vt* **~oplić coś do oka** a. **czymś oko** to apply sth to the eye *[płyn, kropelki]*

zakr|ój *m sgt* (*G* ~**oju**) *książk.* (zakres) scope; **~ój czasowy powieści** the time span of a novel

zakrwawiać *impf* → **zakrwawić**

zakrwaw|ić *pf* — **zakrwaw|iać** *impf* **I** *vt* to get blood on *[koszulę, prześcieradło]*; **~ione bandaże** blood-stained bandages; **~iony nos** a bleeding nose **II zakrwawić się** — **zakrwawiać się** *[bandaż]* to get stained with blood; **cały się ~iłem** I got blood all over myself

zakry|ć *pf* — **zakry|wać** *impf* (~ję — ~wam) **I** *vt* (przykryć) to cover; (ukryć) to hide; (osłonić) to shelter; **~ć usta dłonią** to cover one's mouth with one's hand; **~ć twarz rękami** to hide one's face in one's hands; **~ć sobie twarz welonem** to veil one's face; **~ć rękami uszy** to cover one's ears; **spódnica ~wająca kolana** a skirt which covers the knees; **~ć garnek pokrywką** to put a lid on a pan; **~ć otwór głazem** to cover the entrance with a stone; **~wać widok** to obscure the view; **~ć plamę na ścianie obrazem** cover a stain on the wall with a picture; **chmury ~ły słońce** clouds covered (up) a. hid the sun; **dom był ~ty od wiatru** the house was well sheltered from the wind **II zakryć się** — **zakrywać się** *[osoba]* to cover oneself; **~ć się kocem** to cover

oneself with a blanket [2] *[niebo]* to be covered

zakrysti|a *f* (*GDGpl* ~**i**) sacristy, vestry

zakrystian *m* sacristan

zakrywać *impf* → **zakryć**

zakrzątn|ąć się *pf* (~**ęła się**, ~**ęli się**) *v refl.* **~ąć się koło kolacji** to set about preparing dinner; **~ąć się wokół jakieś sprawy** to see to a problem; **~ąć się koło kogoś** to start to make advances to sb

zakrzep *m* (*G* ~**u**) *Med.* (blood) clot; **~y w naczyniach** (blood) clots within blood vessels; **miał ~ w mózgu/płucach** he had a blood clot on the brain/lungs

zakrzep|ły, **~nięty** *adi. [krew]* clotted; *[błoto]* caked; *[galareta]* set; *[tłuszcz, wosk]* hardened

zakrzep|nąć *pf* (~**ł**) *vi [krew]* to clot; *[galareta]* to set; *[tłuszcz]* to solidify; *[wosk]* to harden ⇒ **krzepnąć**

zakrzepow|y *adi.* **choroba ~a** thrombosis

zakrztu|sić się *pf v refl. [osoba, silnik]* to choke (**czymś** on sth); **~sić się herbatą/dymem** to choke on one's tea/some smoke; **~sić się ze śmiechu** to choke with laughter ⇒ **krztusić się**

zakrzy|czeć[1] *pf* — **zakrzy|kiwać** *impf* (~**czysz**, ~**czał**, ~**czeli** — ~**kuję**) *vt* to shout *[sb]* down; **~czano go** he was shouted down

zakrzy|czeć[2], **zakrzy|knąć** *pf* (~**czysz**, ~**czał**, ~**czeli**) *vi* (zawołać) to cry, to shout; (wrzasnąć) to scream; **„brawo!" – ~knął** 'well done!' he cried a. shouted; **~czeć z przerażenia** to scream in terror

zakrzykiwać *impf* → **zakrzyczeć**[1]

zakrzyknąć → **zakrzyczeć**[2]

zakrzywiać *impf* → **zakrzywić**

zakrzyw|ić *pf* — **zakrzyw|iać** *impf* **I** *vt* to bend *[gwóźdź, drut]*; **~iony nos** a crooked nose; **~ione szpony** hooked claws; **~iony dziób** a curved beak; **~iona szabla** a curved sword **II zakrzywić się** — **zakrzywiać się** *[gwóźdź]* to bend

zaksięg|ować *pf vt Księg.* to enter, to post *[wydatki, wpływy]* ⇒ **księgować**

zaktualiz|ować *pf* **I** *vt książk.* to bring *[sth]* up to date, to update *[dokumenty]*; to revise, to bring *[sth]* up to date *[przepisy, podręczniki]*; to update *[kurs walut]* ⇒ **aktualizować** **II zaktualizować się** *książk.* [1] *[projekt, plan]* to be updated, to be revised; *[zagadnienie, problem]* to become topical ⇒ **aktualizować się** [2] *Filoz.* to actualize ⇒ **aktualizować się**

zaktywiz|ować *pf* **I** *vt książk.* (ożywić) to stimulate *[osobę]* ⇒ **aktywizować** **II zaktywizować się** *[osoba, środowisko]* to become active ⇒ **aktywizować się**

zaku|ć *pf* — **zaku|wać**[1] *impf vt* to beat *[sth]* out *[nit]*; **~ć kogoś w kajdanki** to handcuff sb; **~ć kogoś w łańcuchy** to put sb in chains, to chain sb up; **~ć kogoś w dyby** to put sb in the pillory, to pillory sb; **rycerz ~ty w zbroję** a knight in armour

zakuka|ć *pf vi [kukułka]* to call ⇒ **kukać**

zakulisowo *adv. [działać, rozmawiać]* behind the scenes

Z

zakulisow|y *adi.* [1] Teatr. *[pomieszczenie, maszyneria]* backstage [2] (tajny) *[machinacje, negocjacje, intrygi]* behind-the-scenes

zakumka|ć *pf vi [żaba]* to croak ⇒ **kumkać**

zakumul|ować *pf* książk. [I] *vt* to accumulate *[kapitał]*; to accumulate, to store (up) *[energię]* ⇒ **akumulować**

[II] **zakumulować się** *[substancja, energia]* to accumulate, to be stored (up)

zakup [I] *m* (*G* ~**u**) książk. (zakupienie) purchase; **pieniądze na ~ czegoś** money for the purchase of sth; **dokonać ~u czegoś** to make a purchase of sth; **nosić się z zamiarem ~u czegoś** to intend to purchase sth; **udany/nieudany ~** a good/bad buy; **jej najnowszy ~** her latest buy

[II] **zakupy** *plt* shopping; **torba na ~y a** shopping bag; **koszyk pełen ~ów** a basket full of shopping; **pójść na ~y** to go shopping; **robić ~y** to do the shopping

zakup|ić *pf* — **zakup|ywać** *impf vt* książk. to purchase *[sprzęt, prawo, towar]*

zakupywać *impf* → **zakupić**

zakurz|ony [I] *pp* → **zakurzyć**

[II] *adi.* [1] *[meble, książki]* dusty [2] *[dzieło, piosenka]* old-time

zakurz|yć *pf* [I] *vt* pot. to smoke *[fajkę, papierosa]*

[II] **zakurzyć się** *[książki, meble]* to get covered in dust; **aż się ~yło** the dust rose in clouds

zakus|y *plt* (*G* ~**ów**) pejor. designs *pl*; **mieć ~y na coś** to have designs on sth; **udaremnić czyjeś ~y** to thwart sb's designs

zakuta|ć *pf* pot. [I] *vt* to wrap [sb/sth] up (**w coś** in sth); **dzieci ~ne w grube koce** children wrapped in thick blankets

[II] **zakutać się** *[osoba]* to wrap oneself up (**w coś** in sth)

zaku|ty [I] *pp* → **zakuć**

[II] *adi.* pot. *[fanatyk]* dim-witted pot.; **~ta pała** a bonehead pot.

zakuwać¹ *impf* → **zakuć**

zakuwa|ć² *impf vi* pot. to swot pot.

zakwa|kać *pf* (~**cze**) *vi [kaczka]* to quack ⇒ **kwakać**

zakwalifik|ować *pf* [I] *vt* ~**ować coś jako coś** to categorize sth as sth; ~**ować kogoś do grupy dla zaawansowanych** (przyjąć) to admit sb to an advanced group; (skierować) to direct sb to an advanced group; ~**ować chorego do operacji** Med. to qualify a patient for surgery ⇒ **kwalifikować**

[II] **zakwalifikować się** Sport to qualify (**do czegoś** for sth); ~**ować się do finałów/półfinałów** to qualify for the finals/semis ⇒ **kwalifikować się**

zakwas [I] *m* (*G* ~**u**) Kulin. leavening

[II] **zakwasy** *plt* muscle sores *pl*

zakwa|sić *pf* — **zakwa|szać** *impf* [I] *vt* [1] (nadać kwaśny smak) to sour; ~**sić coś sokiem z cytryny** to sour sth with lemon juice [2] (ukisić) to pickle *[kapustę, ogórki]* ⇒ **kwasić** [3] (nasycić kwaśnymi związkami) to acidify *[glebę, wodę]*

[II] **zakwasić się** — **zakwaszać się** [1] *[kapusta]* to sour ⇒ **kwasić się** [2] *[gleba, woda]* to acidify

zakwaszać *impf* → **zakwasić**

zakwaszeni|e [I] *sv* → **zakwasić**

[II] *n sgt* acidity; **duże ~e gleby** high acidity of the soil

zakwater|ować *pf* — **zakwater|owywać** *impf* [I] *vt* to lodge *[osobę]*; to accommodate *[uchodźców, turystów]*; to quarter, to billet *[żołnierzy]*; ~**owano nas w starej szkole** we were lodged in an old school

[II] **zakwaterować się** — **zakwaterowywać się** *[sztab, wojsko]* to be quartered; ~**ować się u kogoś** to take lodgings with sb; ~**ować się w hotelu** (zamieszkać) to stay in a hotel; (zameldować się) to check in at a hotel

zakwaterowani|e [I] *sv* → **zakwaterować**

[II] *n sgt* książk. accommodation; **biuro ~a** an accommodation bureau; **~e z pełnym wyżywieniem** full board; **~e ze śniadaniem** bed and breakfast

zakwaterowywać *impf* → **zakwaterować**

zakwefi|ony *adi. [kobieta]* yashmaked

zakwestion|ować *pf vt* książk. [1] (podać w wątpliwość) to question, to dispute *[metodę, zeznania]*; ~**ować decyzję sędziego** to dispute the referee's decision; ~**ować czyjeś prawo do czegoś** to question sb's right to sth; ~**ować autentyczność czegoś** to question the authenticity of sth ⇒ **kwestionować** [2] (zatrzymać) *[policja]* to seize *[towary]*

zakwicz|eć *pf* (~**ysz**, ~**ał**, ~**eli**) *vi [świnia, osoba]* to squeal; ~**eć z bólu/z przerażenia** to squeal in pain/terror; ~**eć z uciechy** żart. to squeal with delight a. joy

zakwit|ły *adi.* [1] *[kwiat, drzewa]* blossoming [2] *[woda, jezioro, staw]* green with algae

zakwit|nąć *pf* — **zakwit|ać** *impf* (~**ł** a. ~**nął** — ~**a**) *vi* [1] *[kwiat]* to bloom; *[drzewo]* to blossom, to come into flower ⇒ **kwitnąć** [2] *[woda, jezioro, staw]* to turn green with algae ⇒ **kwitnąć** [3] (rozwinąć się) *[handel]* to blossom [4] (pojawić się) *[rumieniec]* to blossom; **na jej twarzy ~ł uśmiech** a smile blossomed on her face

zal|ać *pf* — **zal|ewać** *impf* (~**eję** — ~**ewam**) [I] *vt* [1] (oblać) *[osoba]* ~**ać coś czymś** to pour sth over sth; ~**ać owoce syropem/ogórki słoną wodą** to pour syrup over the fruit/brine over the cucumbers; ~**ać ranę jodyną** to pour iodine over a wound; ~**ać ogień** to pour water over the flames [2] (zatopić) *[woda, rzeka]* to flood *[miasto, podłogę]*; ~**ać łazienkę** *[osoba]* to flood the bathroom; ~**ało nam piwnicę** our basement flooded; **powódź ~ała całe miasto** the entire city was flooded; **miastu grozi ~anie** the town is threatened by flooding; ~**ane tereny** the flooded areas; **fale ~ewały pokład** waves were sweeping over the deck; **pot ~ewał mu oczy** sweat was pouring into his eyes; **jej ~ane łzami oczy** her tear-filled eyes [3] (zamoczyć) ~**ać coś czymś** to spill sth over a. on sth; ~**ać sobie spodnie czerwonym winem** to spill red wine over one's trousers [4] przen. (wystąpić na dużą skalę) *[osoba, problemy]* to flood; ~**ewać kogoś potokiem informacji** to flood sb with information; **miasto ~ewa fala przestępczości** a crime wave sweeps through the city; **tanie towary**

~**ewają rynek** cheap goods are flooding the market; **tłumy ~ały plac** the crowd spilled onto the square [5] przen. (opanować) *[uczucie]* to flood; ~**ała ją fala wspomnień** memories flooded her mind; **żal ~ał mu serce** a feeling of sadness flooded (through) him [6] przen. (oświetlić, zabarwić) to flood; **słoneczny blask ~ał pokój** sunshine flooded (into) the room; **ogród ~any światłem księżyca** a moonlit garden; **rumieniec ~ał mu twarz** a blush flooded over his face [7] Techn. (wypełnić) to fill *[otwór, dziurę]* (**czymś** with sth); ~**ać otwory betonem** to fill the holes with concrete [8] Aut. to flood *[silnik, gaźnik]* [9] Techn. to prime *[pompę]*

[II] **zalać się** — **zalewać się** [1] (oblać się) ~**ać się herbatą/kawą** to spill tea/coffee over a. on oneself [2] pot. (upić się) to get sloshed pot.; ~**ać się w pestkę** a. **w sztok** a. **w trupa** to get completely sloshed [3] (zacząć płakać, krwawić) ~**ać się łzami** to break down in tears; ~**ał się krwią** he had blood all over him

■ ~**ać pałę** a. **pałkę** posp. to get pissed (up) GB posp.

zalak|ować *pf vt* to seal (*with sealing wax*) *[kopertę, list, butelkę]* ⇒ **lakować**

zalan|y [I] *pp* → **zalać**

[II] *adi.* pot. (pijany) sloshed pot.; pissed (up) GB posp.

zalatan|y *adi.* pot. *[osoba]* busy; **być wiecznie ~ym** to be always on the go

zalatywać *impf* → **zalecieć**

zaląc się → **zalęgnąć się**

zaląż|ek *m* [1] Bot. ovule [2] przen. germ; ~**ki miast** the early towns; ~**ek pomysłu** the germ of an idea; **dostrzec w kimś ~ki geniuszu** to notice the germs of genius in sb; **to stanowiło ~ek niepodległego państwa** these were the beginnings of an independent country

zalążkow|y *adi.* [1] Bot. *[woreczek]* ovular [2] przen. **w formie ~ej** in embryonic form

zaląźni|a *f* (*Gpl* ~) Bot. ovary

zale|c *pf* — **zale|gać¹** *impf* (~**gnę**, ~**gniesz**, ~**gł**, ~**gła**, ~**gli** — ~**gam**) *vi* [1] (pozostać) to lie; ~**gać półki sklepowe** *[towary]* to fill the shelves; **długo ~gać w żołądku** *[jedzenie]* to lie heavy on the stomach; **czarne chmury ~gły niebo** dark clouds covered the sky; **ciężkie chmury ~gały nad oceanem** clouds lay heavy over the ocean; **nisko ~gająca mgła** low-lying fog; **tłumy ~gły plac** the crowds filled the square; **gruby kurz ~gał meble** thick dust lay on the furniture; **na polach wciąż ~ga śnieg** snow is still lying on the fields; **gruzy ~gające ulice** debris lying in the streets; **nad Polską ~ga zimny wyż** a cold ridge of high pressure is lying over Poland; **rudy żelaza ~gają na dużych głębokościach** iron ores occur at great depths [2] (zapaść) *[cisza, mrok]* to fall; ~**gło milczenie** silence fell; **w domu ~gły ciemności** the house fell into darkness

zalecać *impf* → **zalecić**

zaleca|ć się *impf v refl* ~**ć się do kogoś** to make advances to sb; to court sb przest.

zalece|nie [I] *sv* [1] → **zalecić** [2] → **zalecieć**

II *n* (rada) recommendation; (rozkaz) order; **~nia, jak dbać o zęby** recommendations on how to look after one's teeth; **ściśle stosować się do ~ń lekarza** to closely follow the doctor's orders a. instructions; **wydać ~nie, że...** to issue an order that...

zale|cić *pf* — **zale|cać** *impf vt* [1] (poradzić, wyznaczyć) to recommend; (przepisać) to prescribe [dietę, kurację]; **lekarz ~cił choremu leżenie w łóżku** the doctor recommended that the patient should stay in bed; **~cił mi, żebym nie wchodził do wody** he recommended that I (should) stay out of the water; **~ca się, aby wszystkie pojazdy były wyposażone w...** it is recommended that all vehicles are equipped with...; **przy tego rodzaju schorzeniach ~ca się kąpiele cieplne** thermal baths are recommended for such conditions; **podręczniki ~cane w szkole podstawowej** course books recommended for primary schools; **lista ~canych lektur** the recommended reading; **~cana dawka dzienna** the recommended daily amount [2] (nakazać) to order; **prezydent ~cił swoim urzędnikom, aby...** the president ordered his officials to...

zal|ecieć *pf* — **zal|atywać** *impf* (**~ecisz, ~eciał, ~ecieli — ~atuję**) *vi* [1] (dotrzeć) [ptak, samolot, osoba] to reach *vt*; **mogą ~ecieć aż do Afryki** they can fly as far as Africa [2] [dźwięk, zapach] to drift; **z dworu ~eciał jakiś dziwny dźwięk/zapach** a strange noise/smell drifted in from outside [3] pot. (zapachnieć) to smell; **~atuje od niego wódką** he smells of vodka; **ale od niego ~atuje!** he smells!; **w pokoju ~atywało stęchlizną** the room smelt musty; **z kuchni ~eciało kapustą** a smell of cabbage drifted out of the kitchen; **to ~atuje skandalem** it smacks of scandal [4] pot. (dobiec) **~ciał do domu w pięć minut** within five minutes he was at home [5] pot. (odwiedzić) **~cieć do kogoś** to drop in on sb pot.

zalecz|yć *pf vt* to partially cure [osobę, chorobę]; to partially heal [ranę]

zaledwie **II** *part.* only, just; **~ dwa lata temu** only two years ago; **miał wtedy ~ siedemnaście lat** he was only seventeen at the time; **deszcz ~ pokropił** it just drizzled for a bit; **~ rozróżniał ich głosy** he could scarcely distinguish their voices **III** *coni.* as soon as; **~ skończyła szkołę, zaczęła pracować** as soon as she finished school, she started working; **~ otworzył drzwi, a już zadzwonił telefon** as soon as he opened the door, the telephone rang

zalegać¹ *impf* → **zalec**

zalega|ć² *impf vi* [osoba] to be behind; **~ć z czynszem/opłatami** to be behind with rent/payments; **robota ~ już drugi miesiąc** we/they are two months behind with work

zalegaliz|ować *pf vt* [1] (stwierdzić zgodność z normą) to (officially) approve, to authorize [urządzenie] ⇒ **legalizować** [2] (znosić sankcję karną) [ustawa] to legalize, to decriminalize [eutanazję, narkotyk] ⇒ **legalizować**

zaległoś|ć *f* (finansowe) arrears *pl*; **~ci podatkowe** tax arrears; **~ci w czynszu** rent arrears; **mieć ~ci w pracy** to be

behind in one's work; **narobić sobie ~ci w szkole** to fall behind in school; **nadrobić ~ci** to catch up

zaległ|y *adi.* [rata, opłata] unpaid; [zamówienie, praca, korespondencja] outstanding; **~łe komorne** back rent; **~ły podatek** back tax

zalepiać *impf* → **zalepić**

zalep|ić *pf* — **zalep|iać** *impf vt* [1] (zakryć) to cover [ścianę, powierzchnię]; **~ić miasto plakatami** to cover a town with posters; **~ić ranę plastrem** to put a plaster on a cut [2] (spoić) to seal [kopertę]; **~ić paczkę taśmą klejącą** to sellotape® a package [3] (wypełnić) to fill [dziurę]; **~ić pęknięcia gipsem** to plaster the cracks

zalesiać *impf* → **zalesić**

zale|sić *pf* — **zale|siać** *impf vt* to convert [sth] into forest, to afforest [teren, zbocze]

zalesieni|e **II** *sv* → **zalesić**

II *n sgt* afforestation rate

zalesi|ony **II** *pp* → **zalesić**

II *adi.* [wzgórze, teren] forested

zale|ta *f* (cecha pozytywna) (osoby) virtue; (rzeczy) merit, good point; **cenna/rzadko spotykana ~ta** a valuable/rare virtue; **cenić/odkryć czyjeś ~ty** to appreciate/recognize sb's good points; **małe mieszkanie ma też swoje ~ty** a small flat has its merits, too

zalew *m* (*G* **~u**) [1] Geog. (obszar zalany przez wodę) lake, reservoir; **sztuczny ~** an artificial lake [2] Geog. (zatoka) bay, lagoon; **Zalew Wiślany** The Vistula Lagoon [3] (zalanie) flooding, inundation; **wały chroniły pola przed ~em** the dykes protected the fields from flooding [4] przen. (niekontrolowany napływ) deluge, inundation; **~ skarg/podań/informacji** a deluge of complaints/application/information [5] Roln. (nawadnianie) (controlled) flooding

zalew|a *f* Kulin. (solna) brine; (octowa) marinade; **ogórki/śliwki w ~ie** pickled cucumbers/plums; **śledzie w ~ie** marinated herrings

zalewać *impf* → **zalać**

zalewaj|ka *f* Kulin. potato soup with rye flour, cream and garlic

zalewow|y *adi.* [1] (często zalewany) **tereny ~e** floodland [2] Roln. nawadnianie **~e** flood irrigation [ryby, żegluga] lagoon attr.

za|leźć *pf* — **za|łazić** *impf vi* pot. (zawlec się) to drag oneself; **był tak zmęczony, że ledwie zalazł do domu** he was so tired that he just about dragged himself home

zależ|eć *impf* (**~ysz, ~ał, ~eli**) **II** *vi* [1] (być uzależnionym) to depend; **~eć od kogoś/czegoś** to depend on sb/sth; **„lubisz chodzić do szkoły?" – ,,to ~y"** 'do you like going to school?' – 'it depends'; **to ~y od ciebie, czy jedziemy tam, czy nie** it's up to you, whether we go there or not [2] (być niesamodzielnym) to depend; **~eć od kogoś** to depend on sb **II** *v imp.* **~y mi na tobie/nich** I care about you/them; **nie upieraj się, co ci ~y!** pot. don't insist, what do you care?; **~y mi na czasie** I'm pressed for time; **przestało mu ~eć na opinii** he doesn't care about his reputation any more; **nie ~y mu na pieniądzach** he's not bothered about money

zależnie *adv.* (w zależności) depending; **~ od potrzeb** in accordance with the needs; **~ od naszych możliwości finansowych** within our financial means; **ustalono ceny towarów ~ od ich gatunku** the prices of the goods were fixed depending on their quality

zależnoś|ć *f* [1] (zjawisk) relation, relationship; **~ć bezpośrednia/pośrednia** a direct/an indirect relation(ship); **wzajemna ~ć** an interrelationship; **~ć między paleniem a nowotworami płuc** the relationship a. connection between smoking and lung cancer; **w ~ci od pogody/wyników testu** depending on the weather/results of the test [2] (niesamodzielność) dependence (od kogoś on sb); **~ć osobista/polityczna** personal/political dependence; **~ć służbowa** subordination; **~ć przedsiębiorstw od banków** the dependence of companies on banks; **pozostawać w ~ci od kogoś** to remain dependent on sb; **wyzwolić się spod ~ci** to become independent

zależn|y *adi.* [1] (uwarunkowany) dependent; **znaczenie wyrazu jest ~e od kontekstu** the meaning of the word is dependent on its context a. context dependent; **powodzenie naszej wyprawy jest ~e od wielu okoliczności** the success of our expedition is dependent on many different factors [2] (niesamodzielny) dependent; **był ~y finansowo od rodziny** he was financially dependent on his family

zalęgać się *impf* → **zalęgnąć się¹**

zal|ęgnąć się¹ *pf* — **zal|ęgać się** *impf* (**~ągł się — ~ęga się**) *v refl.* [insekty, szkodniki] (rozmnożyć się) to breed; (zagnieździć się) to infest; **mole ~ęgły się w szafie** the wardrobe became infested with moths

zal|ęgnąć się² *pf* (**~ągł się**) *v refl.* książk., przen. (pojawić się) to enter, to creep; **szalona myśl ~ęgła się w jego umyśle** a crazy thought entered his mind ⇒ **lęgnąć się**

zalękni|ony *adi.* [osoba, spojrzenie] anxious, apprehensive

zalicyt|ować *pf vt* Gry to declare [kolor]; to bid; **~ować szlemika w piki** to bid a small slam in spades ⇒ **licytować**

zaliczać *impf* → **zaliczyć**

zalicze|nie **II** *sv* → **zaliczyć**

II *n* środ., Uniw. credit

■ wysłać książkę/płytę za ~niem pocztowym to send a book/CD cash on delivery a. COD

zaliczeniow|y *adi.* środ., Uniw. [praca, test] final attr.

zalicz|ka *f* (część należności) advance payment, down payment; **~ka na kupno materiałów budowlanych** an advance payment for the purchase of building materials; **wpłacić/otrzymać/zwrócić ~kę** to make/receive/reimburse a down payment

zaliczkowo *adv.* (w formie zaliczki) in advance; **otrzymać/wpłacić ~ 15% sumy** to receive/pay 15% in advance

zaliczkow|y *adi.* (stanowiący zaliczkę) [wpłata, wypłata, kwota] advance attr.

zalicz|yć *pf* — **zalicz|ać** *impf* **II** *vt* [1] (zaklasyfikować) to rate, to count; **~am go do bliskich przyjaciół** I count him among my close friends; **~am tę powieść do**

arcydzieł I rate this novel among masterpieces [2] (uznać) to recognize; **~yć kwotę na poczet spłaty długu** to recognize a sum against the repayment of a debt [3] pot. (odbyć) to do; **~yliśmy Giewont/tę wystawę** we did Giewont/the exhibition [4] pot. (odbyć stosunek seksualny) to score with pot. *[dziewczynę]* [5] środ., Uniw. (zdać) to pass *[test, egzamin]*; **~yć zajęcia/semestr z logiki** to receive a credit for a class/course in logic; **~yć pierwszy rok studiów** to get credits for the first year of one's studies [6] środ., Sport (wykonać poprawnie ćwiczenie) **~ył tę wysokość w pierwszej próbie** he cleared the height with his first attempt; **nie ~yła żadnej próby** she failed with all her attempts

[II] zaliczać się (należeć) to rank, to be numbered; **ten samochód ~a się do najlepszych modeli** this car ranks among the best models; **mogę się ~yć do grona jego przyjaciół** I can be numbered among his friends

zalog|ować się *v refl.* Komput. to log on a. in; **~ować się na serwerze** a. **do serwera/do systemu** to log onto a. into the server/system ⇒ **logować się**

zalotnic|a *f* przest. a coquette

zalotnie *adv. grad.* (kokieteryjnie) *[spoglądać, uśmiechać się]* coquettishly

zalotni|k *m* przest. suitor

zalotnoś|ć *f sgt* (kokieteria) coquetry, flirtatiousness

zalotn|y *adi. grad. [dziewczyna]* coquettish, flirtatious; *[spojrzenie, uśmiech]* kittenish, flirtatious

zalot|y *plt* (*G* **~ów**) przest. courtship; **przyjmować/odrzucić czyjeś ~y** to accept/reject sb's advances

zalśni|ć *pf vi* (zabłysnąć) *[gwiazda, księżyc]* to shine; *[oczy]* to glisten; **ostrze noża ~ło w słońcu** the blade of the knife glistened in the sun; **między drzewami ~ło jezioro** a lake sparkled among the trees

zaludniać *impf* → zaludnić

zaludni|ć *pf* — **zaludni|ać** *impf* **[I]** *vt* (zasiedlić) to people, to populate; **kolonie ~ano skazańcami** colonies were peopled by convicts; **osadnicy ~ali coraz dalsze tereny na zachód** pioneers populated more and more distant areas in the west; **gęsto/słabo ~ona okolica** a densely populated/an underpopulated area

[II] zaludnić się — **zaludniać się** [1] (stać się zamieszkanym przez ludzi) *[teren, kraj]* to become populated [2] (wypełnić się ludźmi) *[ulice, plaża]* to come alive with people

zaludnieni|e **[I]** *sv* → zaludnić

[II] *n sgt* (populacja) population; **gęstość ~a** population density

zalut|ować *pf vt* (lutując uszczelnić) to solder *[rynnę, wiadro]*

załad|ować *pf* — **załad|owywać** *impf* **[I]** *vt* [1] (umieścić ładunek) to load; **~ować towary na ciężarówki/statki** to load goods onto trucks/ships ⇒ **ładować** [2] Wojsk. (nabić broń palną) to load, to charge *[karabin, pistolet, działo]*; **powtórnie ~ować** to reload ⇒ **ładować**

[II] załadować się — **załadowywać się** pot. (wsiąść) to embark; **~owaliśmy się na pociąg/samolot** we entrained/emplaned

załad|owczy, ~unkowy *adi. [prace, urządzenia, rampa]* loading

załadowywać *impf* → załadować

załadun|ek *m* (*G* **~ku**) [1] (ładowanie) loading [2] (załadowany towar) load

załadunkowy → załadowczy

załagadzać *impf* → załagodzić

załag|odzić *pf* — **załag|adzać** *impf* **[I]** *vt* [1] (zażegnać) to appease *[spór, konflikt]*; **~odzić sytuację** to ease a situation ⇒ **łagodzić** [2] (tłumić) to relieve, to soothe *[ból, cierpienie]*; to appease *[gniew, złość]* ⇒ **łagodzić**

[II] załagodzić się (zostać załagodzonym) *[konflikt, spór]* to be appeased

załam|ać *pf* — **załam|ywać** *impf* (**~ię** — **~uję**) **[I]** *vt* [1] (zagiąć) to bend *[karton, okładkę]* [2] (wgnieść) to cause [sth] to collapse *[most]*; to cause [sth] to cave in *[dach]* [3] (doprowadzić do rozpaczy) to depress; **śmierć żony ~ała go całkowicie** the death of his wife totally depressed him; **nie ~uj mnie!** pot. give me a break, will you?! pot. [4] (doprowadzić do upadku) to end; **zwycięstwo pod Grunwaldem ~ało potęgę krzyżacką** the victory at Grunwald broke the Teutonic Knights' power [5] Fiz. (wywołać refrakcję) to refract *[światło, falę elektromagnetyczną]*

[II] załamać się — **załamywać się** [1] (zgiąć się) *[karton, materiał]* to bend [2] (zawalić się) *[dach, sklepienie]* to cave in; *[most]* to collapse; *[lód]* to break [3] (stracić odporność psychiczną) *[osoba]* to break down [4] (zmienić nagle ton) *[głos]* to crack; **głos mu się ~ał ze wzruszenia** his voice cracked with emotion [5] (ulec pogorszeniu) *[ofensywa, rynek]* to collapse [6] Fiz. (ulec refrakcji) *[światło, fala elektromagnetyczna]* to refract

załama|nie **[I]** *sv* → załamać

[II] *n* [1] zw. pl (zagięcie) (kartki) bend; (tkaniny) fold; (skały) recess; (linii brzegowej) twist [2] (stan przygnębienia) (nervous) breakdown [3] (w gospodarce) slump

❏ **~nie fali** Fiz. refraction; **~nie pogody** Meteo. break in the weather; **~nie światła** Fiz. refraction of light

załam|ek *m* (*G* **~ka** a. **~ku**) książk. (miejsce zagięcia) fold; **~ek na tkaninie/sukni** a fold in the fabric/dress

załamywać *impf* → załamać

załap|ać *pf* — **załap|ywać** *impf* (**~ię** — **~uję**) **[I]** *vt* pot. [1] (chwycić) to catch; **udało mi się ~ać bosakiem zatopione wiadro** I managed to catch the sunken bucket with a grapnel [2] (uzyskać) to land pot. *[robotę, nagrodę]* [3] (zrozumieć) to latch on pot.; **~ać aluzję** to latch onto the innuendo

[II] załapać się — **załapywać się** (dostać się) (na autobus, wycieczkę) to luck into a. upon; (do pracy, na studia) to land oneself; **~ała się na rejs po Morzu Śródziemnym/świetną pogodę** she lucked upon a. into a Mediterranean cruise/fabulous weather; **~ał się na świetną posadę** he landed himself a very good job

załapywać *impf* → załapać

załata|ć *pf vt* (wstawić łatę) to patch [sth] up, to patch up *[dętkę, spodnie, buty]*; **~ć budżet** pot. to patch the budget pot. ⇒ **łatać**

załatwiać *impf* → załatwić

załatw|ić *pf* — **załatw|iać** *impf* **[I]** *vt* [1] (doprowadzić do skutku) to take care of, to fix *[formalności, sprawy]*; **~ić zakupy** to do the shopping; **~ić komuś pracę** to fix sb up with a job; **~ić komuś wizytę u specjalisty** to arrange an appointment with a specialist for sb; **~ię z koleżanką, że mnie zastąpi** I'll arrange for a colleague to stand in for me; **~ić coś od ręki** to make short work of sth; **~ić coś na lewo** to arrange sth on the side a. under the counter; **pozwól, że ja to ~ię** let me handle it [2] (obsłużyć) to serve *[klientów, pacjentów]* [3] pot. (rozprawić się) to fix pot.; **trzeba tego drania ~ić** we must fix this scoundrel [4] posp. (zabić) to do away with; **~ili go jednym strzałem** they did away with him with a single shot

[II] załatwić się — **załatwiać się** [1] (ukończyć) to finish; **wreszcie ~iłam się ze sprzątaniem/z korespondencją** I've finished with the cleaning/correspondence at last [2] pot. (wypróżnić się) to relieve oneself

[III] załatwić się pot. (rozprawić się) **~ić się z kimś** to cook sb's goose, to settle sb's hash

załazić *impf* → zaleźć

załączać *impf* → załączyć

załącznik *m* [1] (do listu) enclosure; (do umowy) annex(e); **~ do raportu/ustawy** an annex to a report/an act [2] Komput. (do poczty elektronicznej) attachment [3] pot., euf. (łapówka) ≈ sweetener pot.

załącz|yć *pf* — **załącz|ać** *impf vt* (dodać) to enclose *[zaświadczenie, opinię, dowód wpłaty, zdjęcie]*; **w ~eniu przesyłam opinię rzeczoznawcy** enclosed is the surveyor's report; **~am wyrazy szacunku** (w liście) with kind regards

załg|ać *pf* — **załg|iwać** *impf* (**~żę** — **~guję**) **[I]** *vt* (przeinaczyć) to falsify *[fakty, historię]*

[II] załgać się — **załgiwać się** pot. (uwikłać się w kłamstwa) to be caught in the tangled web of one's own lies

załgan|y **[I]** *pp* → załgać

[II] *adi.* (zakłamany) *[osoba, moralność, propaganda]* hypocritical, mendacious

załgiwać *impf* → załgać

załka|ć *pf vi* [1] (wybuchnąć łkaniem) to sob ⇒ **łkać** [2] przen. *[skrzypce]* to whine ⇒ **łkać**

zał|oga *f* [1] (pociągu, samolotu, statku) crew; **członek ~ogi** a crew member [2] (fabryki, kopalni) staff; **zebranie ~ogi** a staff meeting [3] Wojsk. (twierdzy); (okrętu) crew

załogan|t *m* (jachtu, statku, samolotu) crew member

załogow|y *adi. [pomieszczenia, kabiny]* crew attr.; **lot ~y** a manned flight

załom, ~ek *m* (*G* **~u, ~ka** a. **~ku**) (muru) niche, recess; (ulicy, ścieżki) bend; (schodów) turn; (skalny) recess

załomo|tać *pf* (**~czę** a. **~cę**) *vi* (mocno zastukać) to thud; **~tali buciorami po bruku** their heavy boots thudded against the paving stones; **~tała w a. do drzwi** she banged on the door; **wiatr ~tał okiennicami** the wind made the shutters rattle; **serce mu ~tało** his heart thudded ⇒ **łomotać**

załopo|tać *pf* (~cze a. ~ce a. ~ce) *vi* [1] (wydać odgłos) *[chorągiew, żagiel]* to flutter, to flap; **ptak ~tał skrzydłami** the bird flapped its wings ⇒ **łopotać** [2] (poruszyć się gwałtownie) to flutter; **ryba ~tała w sieci** the fish fluttered in the net; **serce jej ~tało** her heart fluttered

założe|nie [] *sv* → **założyć**

[] *n* [1] (teza) assumption, premise; **błędne/podstawowe/teoretyczne ~nie** a false/the fundamental/a theoretical assumption; **przyjmować ~nie, że...** to assume that...; **opierać się na ~niu, że...** to work on the assumption that...; **wychodzić z ~nia, że...** to assume that...; **w ~niu miał to być interes rodzinny** originally this was supposed to be a family company [2] Archit. (zagospodarowanie przestrzeni) (parkowe, ogrodowe) landscaping; (urbanistyczne) layout [3] pot. (zakład) (spódnicy, płaszcza) hem

[] **założenia** *plt* (wytyczne) principles, guidelines; **~nia reformy/polityki zagranicznej/rozwoju gospodarczego** the principles of reform/foreign policy/economic development

założyciel *m*, **~ka** *f* (*Gpl* ~i, ~ek) (firmy, szkoły) founder; (organizacji, fundacji) founder member; **~ nowej dynastii** the founder of a new dynasty

założyciels|ki *adi.* *[zebranie, komitet]* founding; **organ ~ki** the founding body; **kapitał ~ki** the founding capital

za|łożyć *pf* — **za|kładać** *impf* [] *vt* [1] (dać początek) to establish *[stowarzyszenie, fundację, firmę]*; to found *[miasto, klasztor, firmę]*; **założyć gniazdo** to build a. make a nest; **założyć rodzinę** to start a family [2] (nałożyć) to put on *[okulary, ubranie, buty]*; **założyć komuś cewnik** to catheterize sb; **założyć komuś kaftan bezpieczeństwa** to straitjacket sb; **założyć komuś kajdanki** to handcuff sb, to put handcuffs on sb; **założyć psu kaganiec** to muzzle a dog; **założyć koniowi uprząż** to harness a horse; **założyć komuś blokadę na koło** to clamp sb's car; **założyć nogę na nogę** to cross one's legs; **siedzieć z założonymi rękami** to sit idle [3] (zainstalować) to install *[gaz, elektryczność, telefon]*; **założyć podsłuch w pokoju/telefonie** to bug a room/phone [4] (podwinąć) to turn up *[brzeg sukienki, rękaw]*; **założyć stronę książki** to mark a page in a book [5] (zapełnić) to cover; **całe biurko założył papierami** he covered the whole desk with papers [6] (wpłacić za kogoś) to pay; **załóż za mnie składkę, zwrócę ci jutro** pay the contribution for me, I'll give it back tomorow [7] (przypuścić) to assume, to suppose; **załóżmy, że...** let's assume that... [8] (zaplanować) to intend; **założyła sobie, że doprowadzi sprawę do końca** she was determined to complete the case [9] Prawo (wnieść) to lodge *[apelację, rewizję]*

[] **założyć się** — **zakładać się** [1] (zrobić zakład) to bet; **założył się z kolegą, że wygra wyścig** he bet his friend that he'd win the race [2] (nakładać się) to overlap; **poły płaszcza zakładają się na siebie** the coat flaps overlap

załzawi|ony *adi.* (zapłakany) *[oczy]* watery; *[osoba, twarz]* tearful

---

zamach *m* (*G* ~u) [1] (szeroki energiczny ruch ręką) backswing; **wziąć ~** to take a swing [2] (próba odebrania życia) attempt; **~ na prezydenta/przywódcę opozycji** an attempt on the life of the president/opposition leader; **niedoszły ~** a failed assassination attempt; **~ bombowy** a bomb attack; **~ na autonomię uczelni** przen. an attempt to limit the autonomy of the university [3] Polit. (próba przejęcia władzy) coup; **~ stanu** a coup d'état

■ **za jednym ~em** pot. at a. in one go

zamacha|ć *pf vi* (ręką, chusteczką) to wave; **na mój widok pies ~ł ogonem** the dog wagged its tail when it saw me

zamachn|ąć się *pf* (~ęła się, ~ęli się) *v refl.* (wziąć rozmach) to take a swing; **~ął się i uderzył napastnika** he swung his arm and hit the attacker

zamachow|iec *m* assassin; **~iec samobójca** a suicide bomber

zamachow|y *adi.* [1] Sport *[cios, chwyt, rzut]* swing *attr.* [2] Polit. *[akcja]* assassination *attr.*

zamaczać *impf* → **zamoczyć**

zamajacz|yć *pf* [] *vt* (powiedzieć majacząc) to rave; **chory ~ył coś przez sen** the sick man raved something in his sleep ⇒ **majaczyć**

[] *vi* (ukazać się) to loom; **w gęstej mgle ~yły niewyraźnie sylwetki ludzi** some figures loomed out of the thick fog ⇒ **majaczyć**

zamakać *impf* → **zamoknąć**

zamal|ować *pf* — **zamal|owywać** *impf vt* [1] (pokryć farbą) to paint [sth] over a. out, to paint over a. out *[napis, rysunek]*; **~owywać słowo/błąd korektorem** to Tip-Ex a word/mistake over a. out [2] (pokryć malowidłami) to cover [sth] with paintings *[ścianę, kartkę]* [3] pot. (mocno uderzyć) to hit [sb] hard; **~owywać kogoś w gębę** to smack sb in the face

zamalowywać *impf* → **zamalować**

zamamro|tać *pf* (~czę a. ~cę) *vt* (powiedzieć niezrozumiale) to mutter, to mumble; **~tać coś przez sen** to mumble something in one's sleep; **~tać coś pod nosem** to mumble under one's breath ⇒ **mamrotać**

zamanifest|ować *pf vt* książk. (zademonstrować) *[osoba]* to manifest *[uczucia, przekonania, poglądy]* ⇒ **manifestować**

zamark|ować *pf vt* książk. [1] (upozorować) *[osoba]* to feign; **~ować robotę** to feign work ⇒ **markować** [2] Sport to feint; **bokser ~ował cios** the boxer feinted a blow ⇒ **markować**

zamar|ły *adi.* [1] (zastygły) *[osoba, zwierzę]* frozen; **~ły ze strachu** petrified by fear [2] (niezmienny) *[mit]* petrified [3] (opustoszały) *[ulice, miasto, port, kurort]* lifeless [4] (urwany) *[krzyk]* silenced

zamartwiać się *impf* → **zamartwić się**

zamartw|ić się *pf* — **zamartw|iać się** *impf v refl.* (zadręczyć się) to worry (oneself); **~iać się chorobą dziecka/utratą pracy** to worry oneself sick over the child's illness/loss of the job; **~iać się z byle powodu** to worry about anything and everything; **~iać się na śmierć** to worry oneself sick

---

zamaryn|ować *pf vt* to marinate, to marinade *[mięso, grzyby, ogórki]* ⇒ **marynować**

zamarzać /za'marzatɕ/ *impf* → **zamarznąć**

zamarzły /za'marzwɨ/ → **zamarznięty**

zamar|znąć /za'marznɔntɕ/ *pf* — **zamar|zać** /za'marzatɕ/ *impf* (~zł a. ~znął — ~zam) *vi* [1] (ściąć się) *[kałuża, jezioro, woda w studni]* to freeze over, to ice over; *[rury]* to freeze; **ziemia ~zła** the ground is frozen hard [2] (umrzeć wskutek działania mrozu) *[osoba]* to freeze to death

zamarz|nięty /ˌzamar'znɛntɨ/, **~ły** *adi.* [1] (pokryty lodem) *[rzeka, kałuża]* frozen, iced over; **~nięta szyba** (w samochodzie) an icy windscreen [2] (zmarły wskutek mrozu) *[osoba, zwierzę]* frozen to death

zamarz|yć *pf* [] *vi* (uczynić przedmiotem marzeń) to dream; **~yć o sławie/szczęściu/podróżach** to dream of fame/happiness/travel

[] **zamarzyć się** (uroić się) to enter one's head, to become one's dream; **~ył mu się wyjazd do Afryki/domek na wsi** it became his dream to go to Africa/have a small house in the country

zamask|ować *pf* — **zamask|owywać** *impf* [] *vt* [1] (zasłonić) (okopy, wejście, drzwi) to camouflage ⇒ **maskować** [2] (ukryć) *[osoba]* to mask, to conceal *[uczucie]*; **usiłował uśmiechem ~ować smutek** he was trying to conceal his sadness with a smile ⇒ **maskować**

[] **zamaskować się** — **zamaskowywać się** [1] (zasłonić się) *[wojsko, partyzanci]* to camouflage ⇒ **maskować się** [2] (ukryć zamiary) *[osoba]* to disguise one's intentions ⇒ **maskować się**

zamaskowan|y [] *pp* → **zamaskować**

[] *adi.* *[osoba]* masked; *[kryjówka]* camouflaged

zamaskowywać *impf* → **zamaskować**

zamaszystoś|ć *f sgt* (gestu, kroku) vigour, briskness

zamaszy|sty *adi.* [1] (dziarski) *[krok, gest]* brisk; *[ruch]* sweeping; *[pismo]* sprawling [2] (energiczny) *[osoba]* vigorous [3] (obszerny) *[płaszcz]* loose

zamaszyście *adv. grad.* (chodzić, poruszać się) vigorously, briskly; *[podpisać się]* in a bold hand

zamat|ować *pf vt* Gry to checkmate *[przeciwnika]* ⇒ **matować**

zamawiać *impf* → **zamówić**

zama|zać *pf* — **zama|zywać** *impf* (~żę — ~zuję) [] *vt* [1] (zakryć) to daub *[ściany, szyby]*; to cover [sth] over *[napis]*; **~zać szpary gipsem** to daub the cracks with plaster [2] (pokryć napisami) **~zać mur rysunkami** to scribble graffiti all over a wall, to graffiti a wall [3] (uczynić niewyraźnym) to blur także przen.; **mgła ~zywała kształty drzew** the fog blurred the outlines of the trees; **różnice między poszczególnymi ugrupowaniami są często ~zane** the distinctions between various groups are often blurred

[] **zamazać się** — **zamazywać się** [1] *[napis, obraz]* to become blurred [2] (zabrudzić się) to become smeared; **podłoga ~zała się błotem** the floor has become dirtied with mud [3] przen. (stać się niewyraźnym)

Z

[obraz, dźwięk, kontur, różnice, wspomnienia] to become blurred, to become obliterated

zamazan|y ▯ *pp* → **zamazać**

▯▯ *adi.* ▯ (nieostry) *[zdjęcie, obraz, tekst]* blurred, muzzy ▯ pot. *[twarz, oczy, dzieciak]* tearful

zamazywać *impf* → **zamazać**

zamącać *impf* → **zamącić**

zamą|cić *pf* — **zamą|cać** *impf* ▯ *vt* ▯ (wzburzyć) to stir; **~cić herbatę** to give the tea a stir; **~cić wodę w jeziorze** to stir the mud in the lake ▯ (zakłócić) to disturb *[spokój, uroczystość, ciszę]*; **~cić czyjeś szczęście** to mar sb's happiness, to spoil sb's happiness; **niezle ~cił w firmie** he made a mess of things in the company; **tylko po to przyszedł na zebranie, żeby ~cić** he only came to the meeting to cause trouble

▯▯ zamącić się — **zamącać się** ▯ *[ciecz]* to get muddy ▯ przen. (zostać zakłóconym) *[spokój, cisza]* to get disturbed

■ **~cić komuś w głowie** to befuddle sb; **~ciło mu/jej się w głowie** his/her mind became befuddled

zamążpójści|e *n sgt* marriage; **co myślisz o jej ~u** what do you think of her marriage?; **zdecydowała się na powtórne ~e** she decided to get married for the second time

Zambij|czyk *m*, **~ka** *f* Zambian; **jest ~ką** she's Zambian; **poślubić ~czyka** to marry a Zambian

zambijs|ki *adi.* Zambian

zamczysk|o *n augm.* castle; **ogromne, ponure ~o** a huge, gloomy castle

zamecz|ek *m dem.* ▯ (do zamykania) lock; **zepsuł mi się ~ek w naszyjniku** the clasp on my necklace has broken ▯ (budowla) (small) castle; **~ek myśliwski** a hunting lodge

zam|ek *m* ▯ (do zamykania) lock; **~ek szyfrowy** a combination lock; **~ek cyfrowy** a digital lock; **~ek z zapadką sprężynową** a spring lock; **centralny ~ek** central locking ▯ (w broni palnej) lock; **~ek karabinu** the lock of a rifle; **~ek skałkowy** a flintlock ▯ (*G* ~ku) (budowla) castle; **~ek warowny** a fortified castle

❑ **~ek błyskawiczny** zip (fastener) GB, zipper US

■ **stawiać** a. **budować ~ki na lodzie** to build castles in the air

zameld|ować *pf* ▯ *vt* ▯ (zawiadomić) to report; **~ować o katastrofie samolotu** to report the plane crash; **zwiadowcy ~owali o ruchach wojsk nieprzyjaciela** the scouts reported on enemy movements ⇒ **meldować** ▯ (potwierdzić fakt zamieszkania) to register; **~ować nowego lokatora** to register a new tenant ⇒ **meldować** ▯ (oznajmić przybycie) to announce; **czy może mnie pani ~ować szefowi?** could you announce me to your boss? ⇒ **meldować** ▯ Gry to show one has a king and a queen in one suit ⇒ **meldować**

▯▯ zameldować się ▯ (zostać wpisanym do księgi danych osobowych) to register; **~ować się na pobyt stały/czasowy** to register for permanent/temporary residency; **~owali się w hotelu o piątej** they booked a. checked into the hotel at 5 o'clock

⇒ **meldować się** ▯ (stawić się) to report; **rano ~ował się u dyrektora** he reported to the director in the morning ⇒ **meldować się**

zamerda|ć *pf vi* *[pies]* to wag (czymś sth); **pies z radości ~ł ogonem** the dog happily wagged its tail ⇒ **merdać**

zamerykaniz|ować *pf* ▯ *vt* to Americanize *[przemysł filmowy, handel]* ⇒ **amerykanizować**

▯▯ zamerykanizować się to become Americanized ⇒ **amerykanizować się**

zamęczać *impf* → **zamęczyć¹**

zamęcz|yć¹ *pf* — **zamęczać** *impf* ▯ *vt* (doprowadzić do wyczerpania) to torment, to exhaust; **~a mnie, żebym poszedł do fryzjera** s/he's always on at me to get my hair cut

▯▯ zamęczyć się — **zamęczać się** to exhaust oneself, to overstrain, to tire oneself out; **~ał się pracą przez całe życie** he slaved away all his life; **nie pracuj tyle, bo się ~ysz!** don't work so much, you will tire yourself out; **~ał się zbyt ciężką pracą** he exhausted himself with too much work

zamęcz|yć² *pf vt* to torture [sb] to death, to torment [sb] to death

zamę|t *m* (*G* ~tu) confusion, muddle; **mieć (jeden wielki) ~t w głowie** to be muddle-headed

■ **siać ~t** przest. to wreak havoc

zamężn|y ▯ *adi.* *[kobieta]* married

▯▯ zamężna *f* married woman; **~e pracują u nas tylko na pierwszej zmianie** married women work here only morning shifts

zamgle|nie *n* mist *U*; **lokalne ~nia** fog patches; **poranne ~nia powoli zaczęły ustępować** morning mist gradually dissipated a. lifted

zamgli|ć się *pf v refl.* ▯ (stać się mglistym) to haze over, to mist; **niebo się ~ło** the sky hazed over; **jej oczy ~ły się łzami** her eyes misted przen.; **obraz na ekranie ~ł się i zniknął** przen. the image on the screen blurred and disappeared ▯ (pokryć się parą wodną) *[lustro, okulary]* to fog up, to mist up; **szyba w samochodzie natychmiast się ~ła** the windscreen immediately fogged up

zamgl|ony *adi.* ▯ (niewyraźny) *[fotografia, obraz]* blurred, muzzy; **~one wspomnienie** przen. a vague memory ▯ (nieostry, stonowany) *[dźwięk, głos, odgłos]* muffled, veiled ▯ *[wzrok, spojrzenie, oczy]* misty, filmy

zamian|a *f* (wymiana) exchange, swap; **~a za dopłatą** a part exchange; **~a ról** role reversal; **zrobić ~ę** to do a swap; **tracić/zyskać na ~ie** to lose/gain on the exchange; **adwokat starał się o ~ę kary aresztu na grzywnę** the lawyer tried to have the sentence of imprisonment commuted to a fine

zamia|r *m* (*G* ~ru) intention; **z ~rem popełnienia przestępstwa** with criminal intent; **nie mając najmniejszego ~ru** without the least a. slightest intention; **mieć ~r coś zrobić** to intend to do sth, to be going to do sth; **odstąpić od ~ru zrobienia czegoś** to change one's mind about doing sth; **mieć złe ~ry wobec kogoś** to have (evil) designs against a. on

sb; **mam względem ciebie życzliwe ~ry, chcę dla ciebie jak najlepiej** I mean well, I just want the best for you; **mamy ~r zbudować przedszkole** it's our intention to build a kindergarten, our intention is to build a kindergarten; **przyjechał tu z ~rem odwiedzenia rodziny** he came here with the purpose of visiting his family; **właśnie miał ~r zadzwonić do niej** he was about to give her a ring; **przepraszam, nie miałem ~ru pana obrazić** I'm sorry, I didn't intend a. mean to offend you

■ **nie leżało w moim/jej ~rze nikogo obrażać** I/she had no intention of offending anyone; **mieć poważne ~ry** przest. to have serious intentions; **mierzyć siły na ~ry** ≈ to bite off more than one can chew; **nosić się z ~rem zrobienia czegoś** to intend to do sth

zamiast ▯ *praep.* instead of; **~ kawy zamów herbatę** instead of coffee take some tea; **pięć ~ dziesięciu wydziałów** five departments instead of ten; **pójdziesz na zebranie ~ mnie?** will you go to the meeting in my place?

▯▯ *coni.* instead of, rather than; **~ pociągiem pojechał samochodem** instead of going by train he went by car; **zagrajmy w karty ~ oglądać telewizję** let's play cards instead of watching television; **powinieneś mi podziękować ~ się wściekać** you should be thanking me instead of ranting and raving

zamiatacz *m*, **~ka** *f* (*Gpl* ~y a. ~ów, ~ek) street cleaner

zamiatać *impf* → **zamieść**

zamiatar|ka *f* (maszyna) street sweeper, road sweeper; **ulicami przejechała ~ka, wzniecając tumany kurzu** a road sweeper drove along the streets raising clouds of dust

zamiaucz|eć /za'mjawtʃetɕ/ *pf* (~ysz, ~ał, ~eli) *vi* ▯ *[kot]* to miaow, to mew ⇒ **miauczeć** ▯ przen. *[osoba]* to mew; **dziecko ~ało w wózeczku** a baby mewed a. mewled in the pram ⇒ **miauczeć**

zamie|ć *f* snowstorm, blizzard

zamiejscow|y ▯ *adi.* ▯ (przybyły z innej miejscowości) *[student, uczeń]* non-resident; *[pracownik, robotnik]* commuting ▯ (o rozmowie telefonicznej) long-distance *attr.*

▯▯ *m* out-of-towner

▯▯▯ *f* **zamiejscowa** ▯ (mieszkanka innej miejscowości) out-of-towner ▯ (rozmowa telefoniczna) pot. long-distance call; trunk call GB przest.; **zamówił na poczcie ~ą** he placed a trunk call at the post office

zamieniać *impf* → **zamienić**

zamie|nić *pf* — **zamie|niać** *impf* ▯ *vt* ▯ (zrobić wymianę) to exchange (na coś for sth); **~nić samochód na łódź** to exchange a car for a boat; **~nić karę śmierci na dożywotnie więzienie** to commute the death sentence to life imprisonment ▯ (przeobrazić) to turn; **~nić wodę w parę** to turn water into steam; **nalot ~nił miasto w kupę gruzów** the air raid turned the town into a heap of rubble

▯▯ zamienić się — **zamieniać się** ▯ (dokonać między sobą wymiany) to exchange; **~nić się z kimś miejscami** a. **na miejsca** to exchange seats with sb; **~nić**

się z kimś na znaczki/książki to exchange stamps/books with sb; **~niłbym się z tobą w każdej chwili** I'd swap places with you any day; **~niłbyś się ze mną?** would you like to swap with me? [2] (przeobrazić się) to turn; **znajomość ~niła się w przyjaźń** (mere) acquaintance(ship) turned a. evolved into friendship

■ **~nić z kimś kilka a. parę słów** to have a brief word a. quick chat with sb
zamiennie adv. [używać, stosować] interchangeably
zamiennik m substitute
zamienność f sgt convertibility; **~ć kary grzywny na karę więzienia** the convertibility of pecuniary penalties into prison sentences
zamienny adi. [część, element, zespół] spare, replacement attr.; **lokal ~y** temporary accommodation; **handel ~y** barter trade
zamierać impf → zamrzeć
zamierzać impf → zamierzyć
zamierzać się impf → zamierzyć się
zamierzchły adi. książk. [przeszłość] distant, remote; [czasy] ancient
zamierze|nie [II] sv → zamierzyć
[II] n aim, plan; **w ~niu reżysera miała to być komedia** the director meant it as a comedy
zamierz|ony [II] pp → zamierzyć
[II] adi. [działanie, zachowanie] deliberate; [efekt, cel] intended; [ironia, afront] conscious; **to był ~ony czyn, a nie przypadek** it was a deliberate act, not an accident
zamierz|yć pf — **zamierz|ać** impf vt to plan; **~ać coś zrobić** to be going to do sth; **~ał kupić nowy dom** he intended to buy a new house, he was going to buy a new house; **co teraz ~asz?** what are your plans now?; **nie ~am iść na emeryturę** I have no plans to retire
zamierz|yć się pf — **zamierz|ać się** impf v refl. to aim a blow (**na kogoś** at sb); **~yć się kijem na psa** to raise a stick to hit a dog
zamiesza|ć pf [II] vt [1] (poruszyć substancję płynną) to stir [zupę, herbatę]; **~ł sos** he gave the sauce a stir ⇒ **mieszać** [2] (wciągnąć do współdziałania) to involve, to mix [sb] up, to entangle; **został w to ~ny wbrew swej woli** he found himself involved a. entangled in it against his will ⇒ **mieszać** [3] pot. (zburzyć ustalony porządek) to stir, to cause a stir; **~ć komuś w głowie** to befuddle sb; **swoim artykułem nieźle ~ł w świecie polityki** he has caused quite a stir in politics with that article of his ⇒ **mieszać**
[II] **zamieszać się** (dać się wciągnąć) to become involved, to become entangled (**w coś** in sth); **~ł się w konflikt między prezesem a dyrektorem** he's got entangled in a conflict between the chairman and the manager ⇒ **mieszać się**
zamieszani|e [II] sv → zamieszać
[II] n sgt confusion, commotion; **narobić ~a** to cause a. create commotion; **nastąpiło ogólne/chwilowe ~e** there followed general/a momentary confusion; **na giełdzie panuje ~e spowodowane spadkiem cen akcji** the Stock Exchange is in a turmoil following a drop in prices

zamieszczać impf → zamieścić
zamieszk|iwać¹ impf vi [1] (zająć lokal) to settle; **~ać w mieście/na wsi** to settle in a city/in the country, to take up one's residence in a city/in the country; **~ał czasowo u ciotki** he stayed temporarily at his aunt's; **na dwa dni ~ała w hotelu** she put up in a hotel for two days [2] przen. (pojawić się) **szczęście ~ało w ich domu** happiness prevailed in a. descended upon their home; **w jej sercu na stałe ~ał niepokój** unease remained forever present in her heart
zamieszkały adi. [1] (mieszkający) resident; **obywatel polski, stale ~ły za granicą** a citizen of Poland, resident a. permanently domiciled abroad [2] (zamieszkany) inhabited; **dom nie wyglądał na ~ły** the house didn't look lived-in; **rejony ~łe przez rolników** regions populated by farmers
zamieszkan|y adi. [teren, dom] occupied, inhabited
zamiesz|ki plt (G **~ek**) disturbance, riot; **~ki na tle rasowym** race riots, racial disturbances; **stłumić ~ki** to put down a. suppress riots; **~ki uliczne wybuchły we wtorek** street riots a. disturbances a. unrest broke out on Tuesday
zamieszkiwać¹ impf → zamieszkać
zamieszk|iwać² impf vt to inhabit; to dwell in książk. [teren, terytorium]; **obszary te ~ują plemiona indiańskie** Indian tribes inhabit those lands; **nietoperze ~ują wnęki skał** bats dwell in rock crevices
zamie|ścić pf — **zamie|szczać** impf vt (opublikować) to print, to run; **~ścić artykuł w tygodniku** to place a. print a. run an article in a weekly; **~ścić sprostowanie** to run a correction; **~ścić ofertę pracy dla kucharza/kelnerki** to advertise for a cook/waitress; **o tych wydarzeniach w prasie ~szczono tylko krótką wzmiankę** the events got just a short mention in the press; **jego esej został ~szczony w poprzednim numerze** his essay featured in the previous issue
zami|eść pf — **zami|atać** impf (**~otę**, **~eciesz**, **~ótł**, **~otła**, **~etli** — **~atam**) vt to sweep up a. out [pokój, podłogę, ulicę]; **idąc, ~atała długą spódnicą chodnik** przen. her long skirt swept the ground
zamigo|tać pf (**~cze** a. **~ce**) vi [1] [światło] to glitter, to twinkle; **płomień ~tał i zgasł** the flame glimmered and went out; **niebawem ~cą gwiazdy na niebie** the stars will soon be out [2] (stać się na krótko widocznym) to appear briefly, to flash; **jej postać ~tała mu przez chwilę w korytarzu i zniknęła** he caught a glimpse of her in the corridor but she disappeared; **oczy ~tały jej radością** her eyes sparkled with joy; **w jego oczach ~tał gniew** anger flickered in his eyes
zamilczać impf → zamilczeć
zamilcz|eć pf — **zamilcz|ać** (**~ysz**, **~ał**, **~eli** — **~am**) impf [II] vt książk. (nie powiedzieć, zataić) to keep [sth] secret; **~ać prawdę** to hold back from telling the truth; **~eć o czymś podczas przesłuchania** to keep sth secret during interrogation

[II] vi (przestać mówić) to hold one's tongue; **~ wreszcie!** be quiet at last!
zamilk|ły adi. nagle **~ły tłum zamarł w oczekiwaniu** a sudden hush fell over the crowd which froze with anticipation
zamilk|nąć pf (**~ł** a. **~nął**) vi [1] (przestać mówić) to break off, to go quiet; **~ł na chwilę, aby nabrać oddechu** he broke off for a moment to draw breath; **czy mogę prosić o ~nięcie na chwilę?** can I ask you to be quiet for a moment? [2] przen. (przestać tworzyć) [poeta, twórca] to be heard of no more; **ten utalentowany pisarz ~ł niespodziewanie** this talented writer suddenly disappeared from the scene [3] [radio] to stop broadcasting, to break off
zamiłowani|e n sgt avocation, love (**do czegoś** for sth); **rozbudzić w kimś ~e do czegoś** to imbue in sb a passion for sth; **z ~a** by avocation; **z zawodu jest nauczycielem, z ~a ornitologiem** he's a teacher by profession, but an ornithologist by avocation; **słynął z ~a do filozofii Platona** he was famous for his penchant for Plato's philosophy
zamiłowan|y adi. [kolekcjoner, ogrodnik, wędkarz] keen
zamin|ować pf vt Wojsk. to mine [most, port] ⇒ **minować**
zam|knąć pf — **zam|ykać** impf [II] vt [1] (zakryć wejście) to close, to shut [drzwi, pojemnik, książkę, usta, oczy]; (na klucz) to lock [drzwi, bramę, kredens]; **~knąć bramę na kłódkę** to padlock the gate; **~knąć furtkę na zasuwę** to bolt the gate [2] (przerwać działalność) to close; **~knąć sklep na noc** to close up the shop for the night; **~knął sklep, bo zbankrutował** he closed down his shop because he went bankrupt; **z powodu sztormu ~knięto żeglugę w zatoce** sailing has been suspended in the bay because of the storm; **nasza restauracja została ~knięta na czas remontu** our restaurant was closed for redecoration [3] (umieścić w pomieszczeniu) to shut [dziecko, psa]; **ptak ~knięty w klatce** a caged bird [4] pot. (skazać na karę więzienia) to lock [sb] up, to lock up [5] (zablokować) to close [granicę, port, lotnisko] [6] (wyłączyć) to turn off, to switch off [radio, telewizor] [7] (przerwać dopływ) to cut off, to shut off [gaz, wodę, prąd] [8] (zakończyć) to close, to conclude [obrady, dyskusję, rozdział]
[II] **zamknąć się** — **zamykać się** [1] (zostać zamkniętym) [drzwi, okna] to close, to shut; **~knąć się z trzaskiem** to bang shut [2] (ukryć się) to shut oneself (away) [3] (wyrazić się) to be encapsulated; **w tych słowach ~knęła się jej miłość do matki** her love for her mother was summed up in those words [4] (złożyć się, zwinąć się) [parasol, scyzoryk] to close, to fold up [5] (przerwać działalność) [sklep, instytucja] (na noc, na tydzień) to close; (na dobre) to close down [6] (dojść do końca) to end, to come to an end; **okres panowania dynastii Jagiellonów ~knął się śmiercią Zygmunta Augusta** the Jagiellon dynasty came to an end a. to a close with the death of Sigismund Augustus; **bilans roczny ~knął się stratą** the annual balance has ended with a loss [7] (nie chcieć słuchać) to close (**na coś** to sth)

[krytykę, racje]; **~knąć się na wszelkie argumenty** to refuse to accept any arguments

III zamknąć się pot. to shut up
■ **~knąć obwód elektryczny** Fiz. to make a. close a circuit; **~knąć rachunek** Ekon. to close an account; **~knąć rok** Ekon. to end the year; **~knąć się przed ludźmi** a. **przed światem** to shut oneself away; **~knąć się w czterech ścianach** to coop oneself up, to shut oneself away; **~knąć się w sobie** to become withdrawn; **~knij mordę** a. **gębę** a. **pysk** posp. shut up pot., shut your mouth a. face a. gob pot.; **usta się mu/jej nie ~ykają** he/she is a chatterbox

zamknię|cie ▯ *sv* → **zamknąć**
▯ *n* ① (do zamykania) lock, hasp ② (pomieszczenie zamknięte) confinement; **nie możesz psa trzymać cały dzień w ~ciu** you can't keep the dog locked up all day

zamknię|ty ▯ *pp* → **zamknąć**
▯ *adi.* ① (osłonięty ze wszystkich stron) *[dziedziniec, plac, teren]* (murem) walled-in; *[płotem]* fenced-in ② (niedostępny bez zaproszeń) *[impreza, konkurs]* closed ③ (nieufny, skryty) self-contained, introverted; **mój brat jest człowiekiem ~tym w sobie** my brother is self-contained a. an introvert

zamkow|y *adi.* ① *[dziedziniec, brama, mury, komnaty]* castle *attr.* ② Wojsk. breech *attr.* **komora ~a** breech casing, breech recess

zamla|skać *pf* (**~skam** a. **~szczę**) *vi* ① (podczas jedzenia) to smack one's lips; **~skać językiem** to click one's tongue ⇒ **mlaskać** ② *[woda, błoto]* to squelch; **błoto ~skało pod ich ciężarem** the mud squelched under their weight ⇒ **mlaskać**

zamoc|ować *pf* — **zamoc|owywać** *impf vt* to fasten, to secure *[hak, kołek]*; **~ować silnik** to mount an engine

zamocowywać *impf* → **zamocować**

zamocz|yć *pf* ▯ *vt* ① (niechcący) to wet, to get [sth] wet; **~yć sobie ubranie** to get one's clothes wet ② (celowo) to soak *[pranie, bieliznę]*
▯ **zamoczyć się** to get wet; **~yć się do kostek/do kolan/do pasa** to get wet up to one's ankles/knees/waist

zamok|ły, ~nięty *adi. [ubranie, buty]* soaked; *[droga, ścieżka, ziemia]* rain-soaked; *[silnik, bateria]* damp

zam|oknąć *pf* — **zam|akać** *impf* (**~oknął** a. **~ókł** — **~akam**) *vi* to become soaked; **siano ~okło na polu** the hay in the field got soaked

zamont|ować *pf* — **zamont|owywać** *impf vt* to mount *[silnik, gaźnik]*; **~ować spłuczkę** to install a toilet cistern

zamontowywać *impf* → **zamontować**

zamord|ować *pf* ▯ *vt* ① (zabić) to murder; **~ować kogoś z zimną krwią** to murder sb in cold blood; **za ~owanie pięciu osób otrzymał wyrok dożywotniego więzienia** he was given a life sentence for the murder of five people ⇒ **mordować** ② przen. (zepsuć) to murder pot.; **~ować silnik** to murder the engine ⇒ **mordować**
▯ **zamordować się** to wear oneself out; **odpocznij trochę! ~ujesz się, jeśli będziesz tak dużo pracował** take a

break ! you'll kill yourself if you work so hard

zamordowan|y ▯ *pp* → **zamordować**
▯ *m* murder victim, the murdered man/ boy; **rodzina ~ego czekała w kostnicy** the family of the murdered man was waiting in the mortuary; **ciała ~ych znaleziono w piwnicy** the bodies of the murdered people a. murder victims were found in the cellar
▯ **zamordowana** *f* murdered woman/girl, murder victim; **~a była znaną aktorką** the murder victim a. murdered woman was a well-known actress

zamordy|sta *m* pot. despot, martinet

zamordyzm *m sgt* (*G* **~u**) pot. despotism

zamors|ki *adi.* książk. *[kraj, podróż, kolonie]* overseas, oversea GB

zamortyz|ować *pf* ▯ *vt* ① Ekon. **nowe wyposażenie jeszcze długo nie będzie ~owane** it will be a long time before the new equipment pays for itself; **~owanie tej inwestycji potrwa kilka lat** the cost of this development will be refunded in a few years ⇒ **amortyzować** ② (osłabić) to absorb *[wstrząsy, uderzenie]* ⇒ **amortyzować**
▯ **zamortyzować się** Ekon. to pay for itself; **komputer ~ował mi się w ciągu roku** my computer paid for itself within one year ⇒ **amortyzować się**

zamorz|yć *pf* ▯ *vt* książk. **~yć kogoś głodem** to starve sb to death ⇒ **morzyć**
▯ **zamorzyć się** (zagłodzić) **~yć się głodem** to starve oneself to death ⇒ **morzyć się**

zamota|ć *pf* ▯ *vt* ① (owinąć) to wrap; **~ć szyję szalem** a. **w szal** to wrap a shawl a. scarf (a)round one's neck; **~ł dziecko w koc, aby nie zmarzło** he's wrapped the baby in a blanket so that it didn't get cold; **ktoś ~ł sznurek na klamce** someone's wound the string around the doorknob ⇒ **motać** ② (poplątać) to tangle; **wiatr ~ł jej długie włosy** the wind tangled her long hair ③ (utrudnić zrozumienie) to complicate; **sprawa jest tak ~na, że już nikt chyba nie wie, o co chodzi** the matter has become so complicated that no one probably knows now what it is all about
▯ **zamotać się** ① (zostać unieruchomionym) to become entangled, to get tangled up; **koń ~ł się w uprzęży** the horse got tangled up in the harness; **wieloryb ~ł się w sieciach rybackich** the whale became entangled in the fishing net ② (zaplątać się) to tangle up; **sznurek tak ~ł, że nie da się go rozplątać** the string has got tangled up so that it can't be disentangled ③ (zaangażować się) przen. to get mixed up (**w coś** in sth) ⇒ **motać się** ④ (mówić nieskładnie) to get confused, to get in a muddle; **na egzaminie tak się ~ł, że w pewnym momencie nie wiedział, co ma powiedzieć** he got into such a muddle in the oral exam that at one point he didn't know what to say

zamotan|y ▯ *pp* → **zamotać**
▯ *adi.* entangled; **mucha ~a w pajęczynę** a fly entangled in a web; **kot ~y we włóczkę** a cat entangled in the yarn

zamożnie *adv. grad. [wyglądać]* rich *adi.*, wealthy *adi.*; *[żyć]* affluently; *[ubierać się]*

expensively; **żyli coraz ~j** their standard of living was constantly improving

zamożnoś|ć *f sgt* wealth, affluence

zamożn|y ▯ *adi. grad. [rodzina, wuj]* wealthy; *[społeczeństwo]* affluent; *[kupiec, lekarz, rodzina]* well-off, well-to-do, prosperous; **jest najzamożniejsza z nas wszystkich** she's the best off of all of us; **jest dość ~y** he's comfortably well-off; **moi sąsiedzi są ~iejsi od większości osób** my neighbours are better off than most people
▯ **zamożni** *plt* **tylko ~ych stać na ten samochód** only the rich can afford that car

zam|ówić *pf* — **zam|awiać** *impf* ▯ *vt* ① (zlecić wykonanie, dostarczenie) to order; **~ówić meble u stolarza** to order furniture from a carpenter ② (zarezerwować) to book, to reserve; **~ówić rozmowę telefoniczną** to place a phone call; **~ówić wizytę u lekarza/fryzjera** to make an appointment with the doctor/hairdresser; **~ówić książkę w czytelni** to order a book in the reading room ③ (w restauracji, kawiarni) to order *[butelkę wina, przystawki]* ④ (umówić się) to hire *[fotografa, stolarza, hydraulika]* ⑤ przest. (wykonać magiczne praktyki) **~ówić chorobę** to cast a spell to cure an illness
▯ **zamówić się — zamawiać się** pot. (zawiadomić o przyjściu) **~ówił się do przyjaciół na obiad** he told his friends that he would come to dinner; **~ówiła się na wizytę u dentysty o trzeciej** she made an appointment with the dentist at 3 p.m.

zamówie|nie ▯ *sv* → **zamówić**
▯ *n* ① (polecenie dostarczenia) order; **pilne ~nie** a rush order; **~nie pocztowe** a mail order; **gitara wykonana na ~nie** a custom-built guitar; **garnitur szyty na ~nie** a tailor-made suit; **złożyć ~nie na coś** to place an order for sth; **zrobić** a. **wykonać coś na ~nie** to make sth to order; **szafki kuchenne miała robione na ~nie** she had the kitchen cupboards made to order; **Mozart napisał requiem na ~nie** Mozart was commissioned to write the requiem; **malarz otrzymał ~nie na portret** the painter received a commission to paint a portrait; **przyjął ~nie na projekt domu dla nich** he accepted the commission of designing a house for them ② (blankiet, formularz) order form ③ (w restauracji, kawiarni) order; **kelnerka roznosi ~nia** the waitress carries the orders ④ Dzien. expectations; **zgodnie z ~niami społecznymi** corresponding to the current expectations of society
❏ **~nia publiczne** ≈ competitive tendering; **ogłosić ~nie publiczne na coś** to put sth out to tender; **~nia rządowe** government orders
■ **pogoda/słońce jest jak na ~nie** the weather/sunshine is just perfect, the weather/sunshine is just what the doctor ordered; **te meble są jak na ~nie** this furniture is just what I/we need

zamraczać *impf* → **zamroczyć**

zamrażać *impf* → **zamrozić**

zamrażalnik *m* freezer compartment

zamrażar|ka *f* freezer, deep-freeze

zamrocze|nie ▯ *sv* → **zamroczyć**
▯ *n* (po nadużyciu alkoholu, narkotyków) insensi-

bility *U*, intoxication; **mężczyzna w stanie ciężkiego ~nia alkoholem trafił do izby wytrzeźwień** a man, heavily intoxicated with alcohol was brought to the detoxification centre; **musiałem się tego wieczora znajdować w ciężkim ~niu, bo nic nie pamiętam** I must have been completely dazed that evening because I can't remember anything; **był jak w ~niu, nie wiedział, co się wokół dzieje** it was as if he was in a daze because he didn't know what was going on around him

zamr|oczyć *pf* — **zamr|aczać** *impf* Ⅰ *vt* 1 (spowodować częściową utratę przytomności) **uderzenie w głowę ~oczyło go** the blow on his head knocked him out 2 (wprowadzić w stan oszołomienia) to (be)fuddle; to intoxicate (**czymś** with sth) *[alhoholem, narkotykami]*; **zażywa leki uspokajające i dlatego chodzi ~oczony** he takes tranquillizers, that's why he is so woozy pot.

Ⅱ **zamroczyć się** — **zamraczać się** to become intoxicated

zamr|ozić *pf* — **zamr|ażać** *impf* Ⅰ *vt* 1 (ochłodzić) to freeze *[mięso, owoce, ryby]* 2 Ekon. to freeze, to block *[rezerwy, kapitał, fundusze]*

Ⅱ **zamrozić się** — **zamrażać się** to freeze; **szampan już się ~oził** champagne has already been chilled; **mięso ~oziło się na kość** meat froze to the bone

zamrucz|eć *pf* (**~ysz**, **~ał**, **~eli**) *vi* 1 *[zwierzę]* to purr ⇒ **mruczeć** 2 (powiedzieć niewyraźnie) to mutter; **~eć coś pod nosem** to mutter sth under one's breath ⇒ **mruczeć** 3 (zanucić) to hum; **~eć cicho piosenkę** to hum a tune quietly ⇒ **mruczeć**

zamruga|ć *pf vi* 1 (kilkakrotnie zamknąć i otworzyć powieki) to blink; **~ła powiekami** her eyelids fluttered; **~ł by powstrzymać łzy** he blinked away the tears; **~ł pod wpływem silnego światła** he blinked at the strong light ⇒ **mrugać** 2 (zaświecić przerywanym światłem) **na niebie ~ły gwiazdy** stars shimmered in the sky ⇒ **mrugać** 3 (kilkakrotnie zapalić i zgasić światło) to flash (**czymś** sth) *[latarką, reflektorami]*; **jadący z przeciwka samochód ~ł światłami** the car driving ahead flashed its headlights ⇒ **mrugać**

zam|rzeć *pf* — **zam|ierać** *impf* (**~arł**, **~arli** — **~ieram**) *vi* 1 *[organizm, tkanka]* to die out; **kwiaty/rośliny ~ierają** flowers/plants die out 2 przen. (nieruchomieć) *[osoba, twarz]* to freeze **~ierać z przerażenia** to freeze with horror; **ruch uliczny stopniowo ~ierał** traffic was gradually decreasing; **na widok włamywacza ~arła w bezruchu** the sight of the robber froze her to the spot

■ **dech** a. **oddech ~iera (w piersi)** sb's breathing's getting weaker; **dźwięk/głos/śmiech ~iera** the sound/voice/laughter is tailing off a. dying out; **głos ~arł mu/jej w gardle** words stuck in his/her throat; **serce w nim/niej ~arło** his/her heart sank; **słowa ~arły jej/mu na ustach** the words died on his/her lips

zamsz *m* (*G* **~u**) suede
zamszak *m* pot. suede shoe

zamszow|y *adi. [buty, kurtka, pasek]* suede *attr.*

zamtuz *m* (*G* **~a** a. **~u**) przest. bawdy house daw.

zamulać *impf* → **zamulić**
zamul|ić *pf* — **zamul|ać** *impf* Ⅰ *vt* to silt, to fill [sth] with slime *[staw, kanał]*

Ⅱ **zamulić się** — **zamulać się** to silt; *[ulica, droga]* to become muddy; **ujście rzeki ~iło się** the river mouth has silted up

zamur|ować *pf* — **zamur|owywać** *impf vt* to brick in a. up *[wnękę, otwór]*; to wall in *[grobowiec, drzwi]*

■ **~owało go/ją** he/she was momentarily speechless a. dumbfounded; **~owało mu/jej gębę** posp. he/she was gobsmacked GB pot.

zamurowywać *impf* → **zamurować**
zamydlać *impf* → **zamydlić**
zamydl|ić *pf* — **zamydl|ać** *impf vt* to soap *[koszule, chusteczki]*

■ **dla ~enia jej oczu obiecali, że zapłacą na raty** to pull the wool over her eyes they promised to pay in instalments

zamykać *impf* → **zamknąć**
zamy|sł *m* (*G* **~słu**) książk. idea, conception; **w ~śle miała to być komedia** it was conceived as a comedy

zamyślać *impf* → **zamyślić**
zamyśleni|e Ⅰ *sv* → **zamyślić**

Ⅱ *n sgt* reflection, pensive mood; **trwać w ~u** to be lost in thought a. reflection; **popaść w ~e** to slip into a pensive a. reflective mood; **otrząsnąć się z ~a** to be startled out of one's reverie

zamyśl|ić *pf* — **zamyśl|ać** *impf* Ⅰ *vt* książk. to plan; **~ać osiąść na wsi** to toy with the idea of settling in the country

Ⅱ **zamyślić się** — **zamyślać się** to fall into a pensive mood, to ponder (**nad czymś** on a. over sth); **~ił się głęboko nad przyszłością** he pondered on a. over the future

zamyśl|ony *adi.* 1 (pogrążony w myślach) lost in thought; **był tak ~ony, że nie słyszał pukania** he was so lost in thought that he didn't hear the knocking on the door; **rycina przedstawia ~onego poetę** the print depicts a poet lost in thought 2 (wyrażający zadumę) *[oczy, spojrzenie, mina]* thoughtful, pensive; **~ym wzrokiem spoglądał gdzieś w dal** he looked pensively into the distance

zanadrz|e *n* (*Gpl* **~y**) przest.

■ **mieć** a. **chować** a. **kryć coś w ~u** to keep a. have sth up one's sleeve; **miał w ~u parę pomysłów** he had a few tricks up his sleeve

zanadto *adv.* (przed czasownikiem) too much; (przed przymiotnikiem, przysłówkiem) too; **~ się tym przejmujesz** you worry about it too much; **lubił tylko matematykę, a i to nie ~** maths was the only thing he liked, but he wasn't too crazy even about that pot.; **nie powiem, żebym ~ się najadł** iron. I wouldn't exactly say I'd overeaten iron.; **nie był ~ mądry** he wasn't too bright a. over-bright

zanaliz|ować *pf vt* to analyse GB, to analyze US *[sytuację, problem]*; to study, to analyse *[wiersz, sonet]* ⇒ **analizować**

zanarchiz|ować *pf vt* to destabilize *[gospodarkę, ustrój, kraj]* ⇒ **anarchizować**

zaneg|ować *pf vt* książk. to negate, to dispute *[zasadę, fakt, koncept]*; **~ować wyniki badań** to discredit the research results ⇒ **negować**

zanęcać *impf* → **zanęcić**
zanę|cić *pf* — **zanę|cać** *impf vt* Myślis. to bait, to entice *[ryby, zwierzęta]*; **~cić widzów sensacyjnym tematem filmu** to entice the filmgoers with a sensational subject (matter)

zaniecha|ć *pf vi* to abandon *vt*; **~ć dalszych badań/prób** to abandon further tests/attempts; **~ć budowy czegoś** to abandon one's plans to build sth; **~ć dalszych wizyt** to stop coming

zaniecha|nie Ⅰ *sv* → **zaniechać**
Ⅱ *n* Prawo nonfeasance

zanieczyszczać *impf* → **zanieczyścić**
zanieczyszcze|nie Ⅰ *sv* → **zanieczyścić**
Ⅱ *n* 1 (substancja) pollutant; **fabryki są ogromnym źródłem ~ń** factories are serious polluters 2 *sgt* (stan) pollution; **~nie środowiska** the environmental pollution; **~nie wody/powietrza** the water/air pollution

zanieczy|ścić *pf* — **zanieczy|szczać** *impf vt* 1 (zatruć) to pollute *[wodę, powietrze]*; **~szczone rzeki** polluted rivers 2 (stanowić domieszkę) to contaminate; **~szczone złoto** contaminated gold; **produkt ~szczony piaskiem** a product contaminated with sand 3 (zabrudzić) to soil; (odchodami) *[osoba]* to soil; *[zwierzę]* to foul; **chodnik ~szczony przez psy** a pavement fouled by dogs

zaniedb|ać *pf* — **zaniedb|ywać** *impf* Ⅰ *vt* to neglect *[osobę, rodzinę, ogród, obowiązki]*; **~ywać starych przyjaciół** to neglect one's old friends; **żona ~ywana przez męża** a wife neglected by her husband; **reforma została ~ana** the reform was abandoned

Ⅱ **zaniedbać się** — **zaniedbywać się** 1 (opuścić się) **~ać się w obowiązkach** to start to neglect one's duties; **~ać się w pracy** to slack on the job; **~ać się w nauce** to fall behind in school 2 (przestać o siebie dbać) to stop looking after oneself; (zacząć wyglądać niedbale) to start to look scruffy

zaniedba|nie Ⅰ *sv* → **zaniedbać**
Ⅱ *n* 1 (brak troski) neglect *U*; Prawo negligence *U*; **długoletnie ~nia** years of neglect; **~nie obowiązków** neglecting one's duty; **rażące ~nie** gross negligence; **żyć w ~niu** to live in neglect; **z powodu ~ń wychowawczych** through lack of parental care; **dopuścić się ~ń** to be guilty of neglect; **nadrobić ~nia** to make up for the neglect 2 *sgt* (wygląd) seediness

zaniedban|y Ⅰ *pp* → **zaniedbać**
Ⅱ *adi.* *[osoba]* scruffy; *[budynek, okolica]* squalid; *[ogród]* untended

zaniedbywać *impf* → **zaniedbać**
zaniem|óc *pf* (**~ogę**, **~ożesz**, **~ógł**, **~ogła**, **~ogli**) *vi* książk. *[osoba]* to fall ill; **poważnie ~óc** to fall seriously ill

zaniemówi|ć *pf vt* to be struck dumb, to be dumbstruck; **~ć ze zdumienia/z przerażenia** to be struck dumb with astonishment/horror

Z

zaniepok|oić pf [] vt (wywołać niepokój) to alarm [osobę]; **~oił mnie jej wygląd** I was alarmed by her appearance; **~oiło mnie, że...** I was alarmed that...; **~oiło mnie, dlaczego go jeszcze nie ma** I was alarmed by the fact that he hadn't come yet [] **zaniepokoić się** to become worried; **~oić się o kogoś** to become worried about sb; **~oić się czymś** to be alarmed by sth; **~oić się, że...** to become worried that...; „naprawdę?" – **~oiła się** 'really?' she asked worriedly

zaniepokojeni|e [] sv → zaniepokoić [] n sgt (obawa) concern; (świadomość niebezpieczeństwa) alarm; **powiedzieć coś z ~em** to say sth with alarm; **wzbudzić czyjeś ~e** to alarm sb; **nie ma powodów do ~a** there's no cause for alarm; **wyraził ~e polityką nowych władz** he expressed concern at the policy of the new government; **rośnie ~e, że...** there is a growing concern that...

zaniepokoj|ony [] pp → zaniepokoić [] adi. [osoba, głos, mina] worried; **wyglądał na ~onego** he looked worried

zan|ieść pf — **zan|osić** impf (~iosę, ~iesiesz, ~iósł, ~iosła, ~ieśli — ~oszę) [] vt [1] (dostarczyć) to take; (trzymając na rękach) to carry; **~ieść coś do pralni/na pocztę** to take sth to the laundry/post office; **~ieść kogoś do sypialni** to carry sb to the bedroom; **~ieść komuś obiad** to take sb lunch; **~ieść komuś wiadomość** to take the news to sb; **~ieść modły do Boga** książk. to pray to God; **los ~iósł go do Ameryki** his fate took him to America; **gdzie go znowu ~iosło?** pot. where on earth has he gone? [2] (pokryć) to cover; **chałupę ~iosło śniegiem** the cottage was covered with snow

[] v imp. (zabrzmieć, zapachnieć) **z kuchni ~iosło zapachem kapusty** a smell of cabbage drifted from the kitchen

[] **zanieść się — zanosić się** [1] (nie móc opanować) **~osić się płaczem** to sob uncontrollably; **~ieść się płaczem** to start to sob uncontrollably; **~osić się od śmiechu** to be whooping with laughter; **~osić się kaszlem** to cough violently [2] (zasnuć się) [niebo] to become overcast; **niebo ~iosło się ciemnymi chmurami** dark clouds crept across the sky; **znowu się ~iosło** it's becoming overcast again

zaniewidz|ieć pf (~isz, ~iał, ~ieli) vi książk. [osoba] to go blind; **~ieć na jedno oko** to go blind in one eye

zanik m (G ~u) disappearance; (uczuć) degeneration; (gatunków) extinction; (organów) atrophy; **~ więzi rodzinnych** the degeneration of family bonds; **~i pamięci** memory lapses; **~ mięśni** muscle atrophy

zanikać impf → zaniknąć

zanik|ły adi. [gatunek] extinct; [organ] atrophied; [jezioro] dried-up; [zwyczaj, tradycja] forgotten

zanik|nąć pf — **zanik|ać** impf (~ł a. ~nął, ~ła a. ~nęła, ~li a. ~nęli — ~am) vi [1] (zniknąć) [dźwięk] to fade out; **tętno ~a** the pulse is fading; **~ające kroki** the sound of fading footsteps [2] (przestać istnieć) [gatunek] to vanish, to become extinct; [zwyczaj, gwara] to vanish;

[strach, niepokój] to disappear; [organ, mięśnie] to atrophy; **~ająca tradycja** a vanishing tradition; **hodowla owiec prawie ~ła** sheep farming has almost disappeared

zanim conj. before, by the time; **zastanów się dobrze, ~ odpowiesz** think (it over) carefully before you answer; **~ się obejrzysz, będzie wiosna** before you know it spring will be here; **~ dotarli do domu, zrobiło się ciemno** by the time they got home, it had grown dark

zaniżać impf → zaniżyć

zaniż|yć pf — **zaniż|ać** impf vt (obniżyć) to lower [poziom, standard]; (przedstawić jako niższy) to understate [ilość, koszty]; **~yć cenę czegoś** to underprice sth; **sprzedawać coś po ~onych cenach** to sell sth at dumping prices; **mieć ~oną samoocenę** to have low self-esteem

zanoc|ować pf vi to stay overnight; **~ować u przyjaciół** to stay overnight with one's friends ⇒ **nocować**

zanosić impf → zanieść

zanosi|ć się impf v imp. **~ się na deszcz** it's going to rain; **~ się na strajk** it looks as though there's going to be a strike; **~ się na to, że będą kłopoty** it looks as though there's going to be trouble

zanot|ować pf vt [1] to note, to write [sth] down [nazwisko, adres, datę]; **~ować coś w notesie** to write sth down in one's notebook; **~ować coś w pamięci** to remember sth ⇒ **notować** [2] (odnotować) [osoba, firma] to register [wzrost, zysk, spadek, sukces]; **policja ~owała kilka włamań** the police have recorded several cases of burglary; **~owano kilka podobnych przypadków** several similar cases were reported ⇒ **notować**

zantagoniz|ować pf książk. vt (wywołać wrogość) to antagonize; (skłócić) to divide, to set [sb] at loggerheads; **~ować kogoś z kimś** to drive a wedge between sb and sb ⇒ **antagonizować**

zanu|cić pf vt to hum [piosenkę, melodię]; **~cić coś sobie** to hum to oneself ⇒ **nucić**

zanudzać impf → zanudzić

zanu|dzić pf — **zanu|dzać** impf [] vt to bore [osobę]; **~dzać kogoś swoimi sprawami** to bore sb with one's problems; **~dzić kogoś na śmierć** to bore sb to death

[] **zanudzić się** to be bored; **~dziłem się na tym filmie** I found this film boring

zanurk|ować pf vi [1] [osoba, zwierzę] to dive; **~ować pod wodę** to dive under water; **~ować w krzaki/pod łóżko** przen. to dive into the bushes/under the bed ⇒ **nurkować** [2] [samolot, ptak] to dive ⇒ **nurkować**

zanurzać impf → zanurzyć

zanurze|nie [] sv → zanurzyć [] n Żegl. draught; **małe/duże ~nie** a shallow/deep draught

zanurz|ony [] sv → zanurzyć [] adi. [1] [osoba, przedmiot] immersed; **stał w rzece ~ony po pas** he was standing waist-deep in the river [2] przen. immersed; **być ~onym w książkach** to be immersed in books

zanurz|yć pf — **zanurz|ać** impf [] vt (włożyć) to plunge [dłoń]; (zamoczyć) to dip [palce, stopy] (w czymś into sth); (umieścić pod wodą) to immerse [przedmiot, pojemnik, rękę]; **~yć rękę w wodzie/sianie/torbie** to plunge one's hand into the water/hay/bag; **~yć wiosło w wodzie** to dig one's oar into the water

[] **zanurzyć się — zanurzać się** (zagłębić się) [wieloryb, łódź podwodna] to submerge; **~yć się w wodzie** [osoba] to go into water; **~yć się po pas/szyję w jeziorze** to go waist/neck deep into a lake; **~yć się w gęstwinie** to plunge into the thicket; **~yć się w książce/obcej kulturze** przen. to immerse oneself in a book/a foreign culture

zań =za niego

zaobrączk|ować pf [] vt to ring [ptaka] ⇒ **obrączkować**

[] **zaobrączkować się** żart. to get hitched pot.

zaobrębiać impf → zaobrębić

zaobręb|ić pf — **zaobręb|iać** impf vt to hem [koszulę, obrus, materiał]

zaobserw|ować pf vt to observe; **~owano, że...** it was observed that...; **nie ~owano żadnych objawów** no symptoms were observed ⇒ **obserwować**

zaoczn|y adi. [1] Prawo [wyrok, proces] in absentia [2] Szk. [system, studia] extramural, extension GB; [student] external

zaofer|ować pf [] vt to offer [towar, usługi]; **~owana pomoc** the help offered; **mieć wiele do ~owania** [osoba, miasto] to have a lot to offer ⇒ **oferować**

[] **zaoferować się** pot. to offer; **~owała się, że tam pójdzie** she offered to go there; **~ować się z pomocą** to offer help ⇒ **oferować się**

zaofiar|ować pf — **zaofiar|owywać** impf [] vt to offer [usługi, pomoc]; **~ować komuś nocleg** to put sb up

[] **zaofiarować się** to offer; **~ować się z czymś** to offer sth; **~ować się z pomocą** to offer help; **~ował się, że to zrobi** he offered to do it

zaofiarowywać impf → zaofiarować

zaogniać impf → zaognić

zaogni|ć pf — **zaogni|ać** impf [] vt [1] (zaostrzyć) to inflame, to exacerbate [stosunki, konflikt, sytuację] [2] Med. to inflame, to irritate [ranę]; **~ona rana** a festering wound [3] [chłód, alkohol] to redden [oczy, policzki]

[] **zaognić się — zaogniać się** [1] [sytuacja, stosunki, konflikt] to be exacerbated, to be inflamed [2] [rana, skaleczenie] to start to fester [3] [policzki, twarz] to redden

zaognie|nie [] sv → zaognić [] n [1] (stosunków) deterioration; **ulec ~niu** [sytuacja, konflikt] to be exacerbated [2] Med. inflammation

zaokrąglać impf → zaokrąglić

zaokrągle|nie [] sv → zaokrąglić [] n [1] (krągłość) curve [2] (przybliżenie) approximation; **podać wynik w ~niu** to give a result in round figures; **w ~niu milion złotych** a million zlotys in round figures

zaokrągl|ić pf — **zaokrągl|ać** impf [] vt [1] (uczynić okrągłym) to round off [róg, brzeg]; to round [samogłoskę, wargi] [2] (podać w przybliżeniu) to round *[liczbę]*; **~ić coś w górę/dół** to round sth up/down; **~ić coś do pełnych złotych** to round sth off to the nearest whole zloty; **~ić coś do dwóch miejsc po przecinku** to round sth off to two decimal places

Ⅱ zaokrąglić się — zaokrąglać się *[osoba, twarz, policzki]* to plump out, to fill out

zaokrągl|ony Ⅱ *pp* → **zaokrąglić**

Ⅱ *adi.* ① *[róg, kąt, brzeg, kształt]* rounded; *[osoba]* plump ② *przen. [styl, zdanie, frazes]* rounded ③ Fonet. *[samogłoska]* rounded

zaokręt|ować *pf* Ⅱ *vt* to embark *[pasażerów]*; (do pracy) to hire *[kucharza, marynarza, mechanika]*; **~ować kogoś na statek** to embark sb on a ship ⇒ **okrętować**

Ⅱ *vi [pasażer]* to embark

Ⅲ zaokrętować się to embark; **~ować się na statek** to embark on a ship; **~ować się jako kucharz** to join the crew of a ship as a cook.

zaole|ić *pf* Ⅱ *vt* Techn. to get oil in *[silnik, mechanizm]*; **~ić świece** to get oil in the spark plugs

Ⅱ zaoleić się Techn. **~iły się świece** oil got in the spark plugs

zaopatrywać *impf* → **zaopatrzyć**

zaopatrzeni|e Ⅱ *sv* → **zaopatrzyć**

Ⅱ *n sgt* supply; **~e w wodę** water supply; **linie ~a** supply lines; **dział ~a** a supplies department; **pracować w ~u** to work in the supplies department

zaopatrzeniow|iec *m* supplies officer

zaopatrzeniow|y *adi. [linia, firma]* supply *attr.*; *[oficer]* supplies *attr.*

zaopat|rzyć *pf* — **zaopat|rywać** *impf* Ⅱ *vt* ① (dostarczyć) to supply *[fabrykę, miasto]* (**w coś** with sth); to stock *[sklep, spiżarnię]* (**w coś** with sth); **~rzyć kogoś w sprzęt/ ubranie** *[osoba]* to provide sb with equipment/clothing; **~rywać coś w gaz/prąd/ żywność** *[fabryka, rolnicy, region]* to supply sth with gas/electricity/food; **rurociąg ~rujący miasto w wodę** a main(s) pipe supplying water to the town; **dobrze ~rzony sklep** a well-stocked shop ② (wyposażyć) to supply, to provide *[urządzenie, samochód]*; **model ~rzony w coś** a model supplied w. provided with sth ③ książk. (dołączyć) **~rzyć coś w przypisy/we wstęp** to add footnotes/an introduction to sth; **~rzyć coś w podpis** to sign sth

Ⅱ zaopatrzyć się — zaopatrywać się (zdobyć) **~rzyć się w coś** to get sth; **~rzyć się na drogę** to get in a stock of provisions for the journey; **~rzyć się w odpowiednie narzędzia** to get suitable tools; **~rywać się w żywność** to buy one's food

zaopiek|ować się *pf vi* **~ować się kimś/czymś** to take care of sb/sth ⇒ **opiekować się**

zaopini|ować *pf vt* książk. **~ować coś** to give one's opinion on sth *[projekt, propozycję]*; **~ować coś pozytywnie/negatywnie** to give a positive/negative opinion on sth; **zostać pozytywnie/negatywnie ~owanym** to receive a positive/negative opinion; **przedstawić coś do ~owania** to submit sth for approval ⇒ **opiniować**

zaopon|ować *pf vi* to protest (**przeciw czemuś** against sth); „**ależ nie**" –

~owała 'no!' she protested; **nikt nie ~ował** no one objected ⇒ **oponować**

zao|rać *pf* — **zao|rywać** *impf* (**~rzę — ~ruję**) Ⅱ *vt* to plough, to plow US *[pole, ziemię]*; **pas ~ranej ziemi** a strip of ploughed earth ⇒ **orać**

Ⅱ zaorać się — zaorywać się ① (zakopać się) *[pojazd, koło]* to get stuck; **samochód ~rał się w piachu** the car got stuck in the sand ② *pot.* (zapracować się) to work oneself to death

zaoran|y Ⅱ *pp* → **zaorać**

Ⅱ *adi. pot. [osoba]* overworked

zaorywać *impf* → **zaorać**

zaostrzać *impf* → **zaostrzyć**

zaostrz|yć *pf* — **zaostrz|ać** *impf* Ⅱ *vt* ① (naostrzyć) to sharpen *[patyk, ołówek]* ② (obostrzyć) to tighten *[kontrolę, ochronę, restrykcje, dyscyplinę]*; to toughen *[przepisy, kary]*; **więzienie o ~onym rygorze** a top-security prison ③ (zaognić) to exacerbate *[stosunki, spór, konflikt, sytuację, kryzys]* ④ (uczynić wyrazistym) to sharpen *[kontrast]*; **~yć różnice między czymś a czymś** to deepen the difference between sth and sth ⑤ (wzmóc) to sharpen *[ból, apetyt]* ⑥ Kulin. to make *[sth]* hot/hotter *[jedzenie]*

Ⅱ zaostrzyć się — zaostrzać się ① (nabrać wyrazistości) *[różnice, kontrasty, rysy]* to sharpen ② (zaognić się) *[konflikt, sytuacja, kryzys]* to be exacerbated ③ (stać się surowym) *[kontrola, ochrona]* to become tight/tighter; *[przepisy]* to become stricter; *[kary]* to become tougher ④ (wyostrzyć się) *[apetyt, ból, zmysły]* to sharpen

zaoszczędzać *impf* → **zaoszczędzić**

zaoszczę|dzić *pf* — **zaoszczę|dzać** *impf vt* ① (mniej zapłacić) to save; (odłożyć) to save (up), to put away; **~dzić trochę grosza** to put away a. save up some money; **~dzić dziesięć złotych, robiąc coś** to save ten zlotys by doing sth; **~dzić na benzynie/jedzeniu** to cut back on petrol/ food ② (darować) to spare; **~dzić komuś szczegółów/widoku** to spare sb details/a sight; **~dzić sobie kłopotów** to spare oneself the trouble

zaowoc|ować *pf vi* ① *[roślina]* to fruit ⇒ **owocować** ② (przynieść efekt) *[wysiłki, starania]* to bear fruit; **~ować czymś** to result in sth ⇒ **owocować**

zapacać *impf* → **zapocić**

zapach *m* (*G* **~u**) ① (woń) smell; (przyjemny) scent; (perfumy) fragrance; **~ kwiatów** the scent of flowers; **~ spalenizny** a smell of burning; **~y kuchenne** smells of cooking; **poznać kogoś/coś po ~u** to recognize sb/ sth by smell; **sądząc po ~u...** going by smell...; **wydzielać ~** to give off a smell; **mydło o ~u bzu** lilac-scented soap; **w pokoju unosił się przyjemny ~** there was a nice smell in the room ② Kulin. (olejek) essence; **~ waniliowy/migdałowy/rumo-wy** vanilla/almond/rum essence

zapachnąć → **zapachnieć**

zapachn|ieć, zapachn|ąć *pf* (**~iał, ~ieli**) Ⅱ *vi* ① (zacząć pachnieć) **cudownie ~iały poziomki** there was a lovely smell of wild strawberries; **wkrótce w kuchni ~iał obiad** soon there was a smell of dinner cooking in the kitchen ② (wydać się) **ta propozycja ~iała mi podejrzanie** I

smelled the rat ③ (zachcieć) **~iała mu władza** he was itching for power

Ⅱ *v imp.* ① (zacząć pachnieć) **w pokoju nagle ~iało dymem** there was a sudden smell of smoke in the room; **~iało od niego alkoholem** I/he/she could smell alcohol on his breath ② przen. **~iało wojną** there was a whiff of war in the air

zapachow|y *adi. [olejek]* aromatic; *[bodziec]* olfactory

zapaćka|ć *pf pot.* Ⅱ *vt* to get *[sth]* messy pot. *[ubranie, podłogę]*; **~ć sobie ręce smarem** to get grease all over one's hands ⇒ **paćkać**

Ⅱ zapaćkać się to get oneself messy pot.; **~ć się farbą** to get paint all over oneself ⇒ **paćkać się**

zapadać *impf* → **zapaść**[1]

zapadalnoś|ć *f sgt* książk. incidence; **~ć na białaczkę/żółtaczkę** the incidence of leukaemia/hepatitis; **wysoka/niska ~ć** a high/low incidence

zapad|ka *f* (w kole zapadkowym) ratchet, pawl; (w zamku) catch; **koło zębate z ~ką** a ratchet; **zamek z ~ką sprężynową** a spring lock

zapadkow|y *adi.* **mechanizm ~y** a ratchet

zapad|ły *adi. [mieścina, wieś, dziura]* godforsaken

zapadni|a *f* (*Gpl* **~**) trapdoor; (pod szubienicą) drop

zapadnię|ty *adi. [policzki, oczy]* sunken

zapak|ować *pf* Ⅱ *vt* ① (włożyć) to pack *[ubrania, książki]*; **~ować coś do plecaka** to pack sth into a backpack; **~ować dzieciom drugie śniadanie** to pack the children a lunch; **~ować rzeczy do samochodu** to pack one's stuff in the car; **wszystko było już ~owane** everything was packed ② (wypełnić) to pack *[plecak, torbę]*; **~ować walizkę** to pack one's suitcase; **plecaki były już ~owane** the backpacks were already packed ⇒ **pakować** ③ (zrobić paczkę) to pack, to package; (zawinąć) to wrap; **~ować coś w papier/folię** to wrap sth in paper/foil; **~ować coś w papier ozdobny** to gift-wrap sth; **proszę mi to ~ować** could you wrap it for me?; (na prezent) could you gift-wrap it for me?; **ówać to panu?** would you like it wrapped?; (na prezent) would you like it gift-wrapped? ⇒ **pakować** ④ *pot.* (umieścić) **~ować kogoś do więzienia/szpitala** to put sb in prison/ in hospital; **~ować kogoś do łóżka** to pack sb off to bed ⇒ **pakować**

Ⅱ zapakować się to pack (up)

zapalać *impf* → **zapalić**

zapalając|y Ⅱ *pa* → **zapalić**

Ⅱ *adi.* Wojsk. *[pocisk]* incendiary; **bomba ~a** a firebomb

zapalar|ka *f* ① (w kuchni) gas lighter ② Górn. exploder

zapalczywie *adv. grad. [dyskutować]* heatedly

zapalczywoś|ć *f sgt* quick temper; **dyskutować o czymś z ~cią** to discuss sth heatedly

zapalczyw|y *adi. grad. [osoba]* quick-tempered; *[nienawiść]* vehement; *[słowa, przemówienie]* violent; *[dyskusja]* heated

Z

zapale|nie [] *sv* → zapalić

[] *n* Med. inflammation (**czegoś** of sth) ❏ ~**nie dziąseł** gingivitis; ~**nie gardła** pharyngitis; ~**nie jajnika** oophoritis; ~**nie jajowodu** salpingitis; ~**nie jądra** orchitis; ~**nie jelit** enteritis; ~**nie kaletki maziowej** bursitis; ~**nie kostno-stawowe** osteoarthritis; ~**nie krtani** laryngitis; ~**nie mięśnia sercowego** myocarditis; ~**nie mięśniówki macicy** metritis; ~**nie migdałków** tonsilitis; ~**nie mózgu** encephalitis; ~**nie mózgu i rdzenia** encephalomyelitis; ~**nie naczyń chłonnych** lymphangitis; ~**nie nerek** nephritis; ~**nie nerwu** neuritis; ~**nie okostnej** periostitis; ~**nie okrężnicy** colitis; ~**nie opłucnej** pleurisy; ~**nie opon mózgowych** meningitis; ~**nie oskrzeli** bronchitis; ~**nie otrzewnej** peritonitis; ~**nie pęcherza moczowego** cystitis; ~**nie płuc** pneumonia; ~**nie skóry** dermatitis; ~**nie spojówek** ophthalmia; ~**nie stawów** arthritis; ~**nie sutka** mastitis; ~**nie szpiku** osteomyelitis; ~**nie ucha** otitis; ~**nie wątroby** hepatitis; ~**nie wsierdzia** endocarditis; ~**nie wyrostka robaczkowego** appendicitis; ~**nie wyrostka sutkowatego** mastoiditis; ~**nie zatok** sinusitis; ~**nie żyły** phlebitis; **kleszczowe ~nie mózgu** tick fever

zapale|niec *m* enthusiast

zapal|ić *pf* — **zapal|ać** *impf* [] *vt* [1] (rozpalić) to light [świeczkę, gaz]; ~**ić ogień w kominku** to light the fire; ~**ić ognisko** to light a fire; ~**ona zapałka** a lighted match [2] (włączyć) to switch on, to turn on [lampę, latarkę, światło]; **jeździć z ~onymi światłami** to drive with the headlights on; **spać przy ~onym świetle** to sleep with the light on [3] (o papierosie, fajce) to light up [papierosa, fajkę]; **mogę ~ić?** do you mind if I smoke? [4] pot. (uruchomić) to start [samochód, silnik]; to put on, to switch on [radio, telewizor]; **samochód mi nie ~ił** a. **nie chciał ~ić** my car wouldn't start [5] (wzbudzić zapał) to mobilize [osobę]; ~**ić kogoś do działania** to stir sb into action

[] **zapalić się** — **zapalać się** [1] (zacząć się palić) [budynek, dach, słoma] to catch fire; [zapałka, świeczka, ogień] to light; ~**ić się samoczynnie** to self-ignite; ~**ić się od iskry** to catch fire from a spark; **świeczka nie chciała się ~ić** the candle wouldn't light [2] (włączyć się) [światło] to go on; [oczy] to light up; **na niebie ~iły się gwiazdy** książk. the stars came out; **w jej oczach ~iły się figlarne ogniki** her eyes lit up with a mischievous glint; **jego oczy ~iły się gniewem** his eyes lit up with anger [3] (nabrać zapału) to become enthusiastic (**do czegoś** about sth) [4] książk. (doświadczyć gwałtownych uczuć) ~**ać się w dyskusji** to grow heated in a discussion; ~**ił się gniewem** a. ~**ł się w nim gniew** he boiled with anger

zapalnicz|ka *f* (cigarette) lighter; **gaz do ~ki** cigarette lighter fuel; **gniazdko ~ki** (w samochodzie) a cigarette lighter socket

zapalnik *m* Wojsk. fuse; ~ **czasowy** a time fuse

zapaln|y *adi.* [1] [materiał] inflammable; **substancja łatwo ~a** a highly inflammable compound [2] [temat, zagadnienie, sytuacja] explosive; **punkt ~y** a tinderbox przen.; **najbardziej ~y region świata** the most explosive region of the globe [3] Med. [proces, zmiany] inflammatory; **stan ~y** an inflammatory condition

zapal|ony [] *pp* → zapalić

[] *adi.* [wędkarz, kibic, zwolennik] keen

zapal|ł *m sgt* (*G* ~**łu**) enthusiasm (**do czegoś** for sth); **robić coś z ~łem** to do sth enthusiastically a. eagerly; **mieć mnóstwo ~łu do pracy** to have lots of enthusiasm for work; **wzbudzić w kimś ~ł do czegoś** to arouse sb's enthusiasm for sth; **ostudzić czyjś ~ł** to dampen sb's enthusiasm

zapała|ć *pf vi* książk. ~**ć miłością do kogoś** to fall in love with sb; ~**ć gniewem** to boil with anger; ~**ć żądzą zemsty** to develop a desire for revenge ⇒ **pałać**

zapałczan|y *adi.* [przemysł] match *attr.*

zapałecz|ka *f dem.* match

zapał|ka *f* match; (patyczek) matchstick; **zapalić ~kę** to light a match; **ostrzyc kogoś na ~kę** to crop sb's hair; **być ostrzyżonym na ~kę** to have cropped hair; **ciągnąć ~ki** to draw straws; **pudełko od ~ek** a matchbox

zapamięt|ać *pf* — **zapamięt|ywać** *impf* [] *vt* [1] (zachować w pamięci) to remember [zdarzenie, osobę, miejsce]; (nauczyć się na pamięć) to memorize [tekst, numer, nazwisko]; ~**ałam dokładnie, co powiedział** I remembered what he said word for word; ~**ał tę radę na całe życie** a. **na zawsze** he always remembered that piece of advice; **ze mną nie wygrasz, ~aj to sobie!** pot. you won't beat me, you'd better bear a. keep that in mind! [2] (mieć żal) to remember [urazę, krytykę]; **dobrze sobie ~ał, jak go potraktowano** he never forgot the way they treated him

[] **zapamiętać się** — **zapamiętywać się** (zatracić się) to be engrossed, to be absorbed; ~**ać się w pracy/lekturze** to be engrossed in work/a book; ~**ać się w rozpaczy** to be absorbed oneself with grief

zapamiętale *adv. grad.* (z zapałem) [pracować, nauczać] zealously; [kochać] passionately; [dyskutować] frantically; [nienawidzić, walczyć] rabidly; **publiczność klaskała ~** there was a frenzied applause

zapamiętałość|ć *f sgt* książk. zeal

zapamięta|ły *adi.* [myśliwy, kolekcjoner] keen; [konserwatysta] fervent; **być ~łym w gniewie** to be rabidly angry; **być ~łym w pracy** to be engrossed in work

zapamiętani|e [] *sv* → zapamiętać

[] *n sgt* książk. (pasja) abandon; **pracować w ~u** to work with intensity; **tańczyć aż do ~a** to dance with total abandon

zapamiętywać *impf* → zapamiętać

zapan|ować *pf* — **zapan|owywać** *impf vi* [1] (podporządkować sobie) to control *vt*; **nauczyciel nie potrafił ~ować nad klasą** the teacher couldn't control his pupils; **policja usiłowała ~ować nad sytuacją** the police tried to control the situation [2] przen. (zachować spokój) to control *vt*; ~**ować nad emocjami/reakcjami** to

control one's emotions/reactions; ~**ować nad sobą** to control oneself [3] (nastąpić) [cisza, spokój, ciemność] to fall; **w mieście ~owała panika** panic broke out in town

zapanowywać *impf* → zapanować

zapap|rać *pf* (~**rzę**) pot. (zabrudzić) to muck [sth] up pot., to muck up pot. [ubranie, obrus, podłogę]

[] **zapaprać się** (zabrudzić się) to mess oneself; **cała się ~rałam farbą** I'm covered in paint from head to toe

zapar|cie [] *sv* → zaprzeć

[] *n* [1] *sgt* (poświęcenie) determination; **dążyć do czegoś z ~ciem** to pursue sth with determination; **pracować z ~ciem** to work with determination [2] Med. constipation; **cierpieć na ~cia** to suffer from constipation

zapark|ować *pf* [] *vt* (zostawić samochód) to park [pojazd]; „**gdzie ~owaliście?**" – „**za rogiem**" 'where are you parked?' – 'round the corner'; **źle ~owana ciężarówka** an incorrectly parked truck; **nie miałam, gdzie ~ować** I couldn't find a parking space ⇒ **parkować**

[] *vi* [pojazd] to park; **bomba eksplodowała, gdy samochód ~ował w centrum miasta** the bomb went off when the car parked in the town centre ⇒ **parkować**

zapar|ować *pf* — **zapar|owywać** *impf vi* (pokryć się parą) [szyba, lustro, okulary] to mist over, to steam a. fog up

zaparowan|y *adi.* [okulary, szyba, lustro] steamed up, fogged up

zaparowywać *impf* → zaparować

zaparte

■ **iść w** ~ pot. to dig in one's heels; **obie strony szły w ~, nie było mowy o kompromisie** both parties dug in their heels and a compromise was out of the question

zapar|ty [] *pp* → zaprzeć

[] *adi.* [dziecko, zwierzę] baulking

zaparzacz|ka *f* [1] (do herbaty) tea infuser [2] (do prasowania) damp cloth; **prasować spodnie przez ~kę** to iron trousers with a damp cloth

zaparzać *impf* → zaparzyć

zaparz|yć *pf* — **zaparz|ać** *impf* [] *vt* [1] (sporządzić napar) to brew [herbatę, zioła]; ~**yć kawę** to make coffee; (w ekspresie) to percolate coffee ⇒ **parzyć** [2] pot. (spowodować gnicie) to scald [siano, drewno] [3] Roln. to scald [paszę] ⇒ **parzyć**

[] **zaparzyć się** — **zaparzać się** [1] [herbata, zioła, kawa] to brew ⇒ **parzyć się** [2] (zgnić) [roślina] to become scalded

zapas [] *m* (*G* ~**u**) [1] (żywności, wody) supply; (drewna, węgla, pieniędzy) reserve; **mieć ~ paszy na miesiąc** to have a reserve of fodder for one month; **kupować coś na ~** to buy sth for storing [2] (do puderniczki, długopisu) refill [3] (o materiale) **obręb z ~em** a wide hem; **szwy z ~em** wide seams [4] przen. **zebrać ~ doświadczeń** to gather a. acquire a lot of experience; **wróciłam z urlopu ze świeżym ~em energii** I came back from holiday with renewed energy; **uważaj, moje ~y cierpliwości się kończą** watch out, my patience is wearing thin

[] **zapasy** *plt* provisions, stores; **przygoto-**

wywać a. **robić ~y drewna na zimę** to stock up with wood for the winter

■ **nie ciesz się na ~** don't count your chickens; **nie trzeba martwić się na ~** one shouldn't worry prematurely; **miałam więcej argumentów i dowodów w ~ie** I had more arguments and evidence in reserve; **najedz się na ~, bo czeka nas długa droga** eat a lot, because there's a long journey ahead of us

zapasać impf → **zapaść²**

zapasik m (G **~u**) dem. pot. (jedzenia) provisions; (gotówki) reserve

zapas|ka f (część stroju ludowego) apron

zapaskudzać impf → **zapaskudzić**

zapasku|dzić pf — **zapasku|dzać** impf vt pot. (zanieczyścić) to foul; **krowy ~dziły podwórze** cows have mucked up the yard; **~dzić sobie opinię** to tarnish one's reputation

zapasow|y adi. [koło, części] spare; [kopia dokumentu] extra; [klucz] duplicate; **schody/wyjście ~e** emergency stairs/exit

zapast|ować pf (wyczyścić pastą) to polish [podłogę, buty] ⇒ **pastować**

zapas|y plt (G **~ów**) [1] Sport wrestling; **~y parami** tag wrestling; **~y w stylu wolnym/klasycznym** all-in a. freestyle/Greco-Roman wrestling [2] (mocowanie się z przeciwnikiem) wrestling, grappling [3] przen. (borykanie się) grappling; **~y z życiem** grappling with life

■ **iść z kimś w ~y** to measure oneself against sb

zapasz|ek m (G **~ku**) pot. faint smell; **~ek stęchlizny/zepsutego mięsa** a faint odour of mustiness/bad meat

zapa|ść¹ pf — **zapa|dać** impf (**~dnę, ~dniesz, ~dł, ~dła, ~dli — ~dam**) vi [1] (osunąć się) to sink; **~dł w fotel i zagłębił się w lekturze** he sank into the armchair and became engrossed in his book [2] (wklęsnąć) [policzki, oczy] to sink in; **koniowi ~dły boki** the horse's sides sunk in [3] (opaść) [kurtyna] to drop [4] (skryć się) to disappear [5] (zachorować) **~ść na gruźlicę/malarię** to go down with TB/malaria; **~ść na serce** to develop a heart condition; **~ść w śpiączkę** to fall into a coma; **~ść na zdrowiu** to go a. fall into a decline [6] (nastąpić) [cisza, milczenie, zmierzch] to fall; **~dła ostateczna decyzja** the final decision has been made; **wyrok jeszcze nie ~dł** the verdict hasn't been reached yet; **uchwała ~dła większością głosów** the resolution was passed by a majority vote [7] (utrwalić się w pamięci) to become embedded; **to zdarzenie ~dło mi głęboko w pamięć** this incident became embedded in my memory [8] (pogrążyć się) to sink; **~ść w głęboki sen** to fall into a deep sleep

Ⅱ zapaść się — zapadać się [1] (zawalić się) [dach, ziemia] to fall in, to cave in [2] (ugrzęznąć) [osoba] to sink; **nogi ~dały się nam w śniegu/piasku/błocie** our feet sank deep into the snow/sand/mud [3] (stać się wklęsłym) [policzki] to sink in

zapa|ść² pf — **zapa|sać** impf (**~sę, ~siesz, ~sł, ~sła, ~śli — ~sam**) Ⅱ vt (utuczyć) to fatten up [dziecko, psa]; **~siony kot** an overweight cat

Ⅱ zapaść się — zapasać się (utuczyć się) [osoba, zwierzę] to fatten

zapaś|ć³ f sgt [1] Med. collapse; syncope spec.; **dostać ~ci** to collapse [2] przen., książk. (gospodarki, służby zdrowia) collapse

zapaśnictw|o n sgt Sport wrestling

zapaśnicz|ka f Sport woman wrestler

zapaśnicz|y adi. Sport [sekcja, reprezentacja, walka, turniej] wrestling attr.

zapaśni|k m Sport wrestler

zapatrywać się¹ impf → **zapatrzyć się**

zapatr|ywać się² impf v refl. książk. (uważać) to think, to view; **~ywać się na coś sceptycznie/entuzjastycznie** to be sceptical/enthusiastic about sth; **jak się ~ujesz na tę propozycję?** what do you think of this proposition?

zapatrywa|nie n (pogląd) opinion, view; **~nia polityczne/społeczne** political/social outlook; **~nia na sztukę/wychowanie dzieci** opinions on art/bringing up children; **bronić swoich ~ń** to defend one's views; **mieć zgodne ~nia na coś** to be of one mind about sth; **mieć różne a. odmienne ~nia na coś** to have different opinions on sth; **podzielać czyjeś ~nia na coś** to share sb's opinions on sth

zapatrz|ony adi. [1] (wpatrzony) [osoba] with one's eyes fixed (**w kogoś/coś** on sb/sth); **słuchała wykładu ~ona w profesora** she listened to the lecture, her eyes fixed on the professor [2] (bezkrytycznie podziwiający) **być ~onym w kogoś** to idolize sb; **nie bądź taka ~ona w siebie** don't be so selfish

zapat|rzyć się pf — **zapat|rywać się¹** impf v refl. [1] (utkwić wzrok) to stare; **~rzyć się w dal** to stare into space; **~rzyć się przed siebie** to stare ahead [2] (brać z kogoś przykład) to look up to sb; **nie ~ruj się na koleżków** don't follow the example of your buddies

zap|chać pf — **zap|ychać¹** impf Ⅱ vt [1] (zatkać) to block a. clog up, to block a. clog [sth] up [rurę, zlew] [2] pot. (uszczelnić) to fill; **szpary między balami ~chane są mchem lub słomą** the cracks between the logs are filled with moss or straw [3] pot. (zatłoczyć) to clog [sth] up, to clog up [przejście, drogę]; **pokój ~chany meblami** a room crammed with furniture [4] pot. (umieścić) to push; **~chał walizkę w kąt** he pushed the suitcase into a corner

Ⅱ zapchać się — zapychać się [1] (zostać zatkanym) [rura, zlew, odpływ] to become blocked [2] posp. (najeść się) to stuff oneself; **nie ~ychaj się herbatnikami** don't stuff yourself with biscuits

Ⅲ zapchać się posp. (zadławić się) to choke

■ **~ychać kimś dziury** pot. to use sb as a stopgap

zapchajdziu|ra f pot., pejor. (osoba) stopgap; **ten artykuł wydrukowali tylko jako ~ę** this article was printed only as a filler

zapchl|ony adi. [zwierzę, materac] flea-infested

zapełniać impf → **zapełnić**

zapeł|nić pf — **zapeł|niać** impf Ⅱ vt [1] (wypełnić) to fill; **~nić kartkę drobnym pismem** to cover a page with fine print; **szuflada ~niona szpargałami** a drawer filled with junk; **hotele ~nione turystami** hotels filled with tourists [2] (zająć

przestrzeń) to fill, to cover; **ludzie ~nili plac** people filled the square; **ściany ~niały malowidła** the walls were covered with paintings [3] (zlikwidować lukę) to fill; **na emeryturze ~niała czas pracą charytatywną** after she retired she filled her time with charity work; **nie wiedział, jak ~nić pustkę po stracie żony** he didn't know how to fill the void after losing his wife

Ⅱ zapełnić się — zapełniać się to fill up; **kościół powoli się ~niał** the church was slowly filling up

zaperzać się impf → **zaperzyć się**

zaperz|ony adi. pot. (zacietrzewiony) foaming at the mouth pot., hot under the collar pot.

zaperz|yć się pf — **zaperz|ać się** impf v refl. pot. (zacietrzewić się) to get hot under the collar pot.

zapeszać impf → **zapeszyć**

zapesz|yć pf — **zapesz|ać** impf vt pot. (mówieniem przynieść pecha) to jinx [plan]; **nie mówmy o tym, żeby nie ~yć** let's not talk about it or we'll jinx it

zapewne książk. [1] (przypuszczalnie) probably, no doubt; **jak się ~ orientujesz, ...** as you probably a. no doubt know... [2] (niewątpliwie) certainly, of course; **~, (że) można obejść się bez samochodu, ale...** certainly a. of course one can do without a car, but...

zapewniać impf → **zapewnić**

zapewni|ć pf — **zapewni|ać** impf Ⅱ vt [1] (zaręczyć) to assure; **~am cię, że to prawda** I assure you that it's true; **„wszyscy się dobrze bawili" – ~ł mnie** 'everyone had a good time,' he assured me [2] (zagwarantować) to ensure, to provide; **~ć komuś mieszkanie/pracę** to provide sb with accommodation/work; **~ć komuś bezpieczeństwo** to guarantee sb's safety; **mieć ~ony byt** to be provided for; **~amy ciągłość dostaw** we guarantee continuity of supplies; **koszykarki ~ły sobie awans do finału** the women's basketball team has secured itself a place in the finals

Ⅲ zapewnić się — zapewniać się (nawzajem) to assure each other; **~ali się o swej przyjaźni** they assured each other of their friendship

zapewnie|nie Ⅱ sv → **zapewnić**

Ⅱ n (oświadczenie) assurance, reassurance; **~nia o przyjaźni/wierności** assurances of friendship/loyalty; **solenne ~nie** a protestation

zapę|d Ⅱ m (G **~du**) książk. (niemożność zapanowania nad emocjami) impulse; **hamować ~dy gniewu** to check one's anger; **obiecać coś komuś w ~dzie** to promise sb sth on the spur of the moment

Ⅱ zapędy plt [1] (skłonności) inclinations; **mieć dyktatorskie ~dy** to have dictatorial inclinations [2] (ambicje) ambitions, aspirations; **~dy artystyczne/literackie** artistic/literary aspirations [3] (zakusy) attempts; **wrogie ~dy** hostile attempts

zapędzać impf → **zapędzić**

zapę|dzić pf — **zapę|dzać** impf Ⅱ vt [1] (zagonić) to drive, to shepherd [zwierzęta]; **~dzić owce do zagrody** to shepherd the sheep into a pen; **~dzić krowy do obory** to drive the cows into the shed; **~dzić dzieci do klasy** to shepherd the children

Z

into the classroom [2] (zmusić) to make; **~dzić dzieci do odrabiania lekcji/spania** to make the children do homework/go to bed [3] przen. (przemieścić) to drive; **huragan ~dził łódź na otwarty ocean** the hurricane drove the boat into the open ocean; **wojna ~dziła go za ocean** he was driven overseas by the war

[II] **zapędzić się — zapędzać się** [1] (zapuścić się) **~dził się w głąb lasu** he ventured deep into the forest [2] (zagalopować się) to go too far; **~dzić się w oskarżeniach** to go too far in one's accusations

zapi|ać pf (~eję) vi [1] [kogut] to crow [2] [osoba] to crow; **~ać z radości** a. **zachwytu** to crow with delight

zapiaszcz|yć pf vt (nanieść piasku) to dirty [sth] with sand [podłogę, dywan]; **umyj te ~one warzywa** rinse the sand off these vegetables

zap|iąć pf — **zap|inać** impf (~nę, ~ięła, ~ięli — ~inam) [] vt to do up [bluzkę, spodnie, guziki, zatrzaski]; to buckle [pasek]; to fasten [pasy bezpieczeństwa]; **~iąć sukienkę na guziki/zamek błyskawiczny** to button up/zip up one's dress; **~iąć sukienkę na zatrzaski/haftki** to fasten one's dress with press studs/hooks; **~iąć pasy** (komunikat w samolocie) fasten your seat belts

[II] **zapiąć się — zapinać się** [1] (zapiąć na sobie ubranie) to button up; **~iąć się pod szyję** to button up to one's neck [2] (zostać zapiętym) **dżinsy łatwo się ~ięły** the jeans zipped up easily [3] (mieć zapięcie) **żakiet ~ina się na jeden guzik** the jacket is fastened with one button

zapi|ć pf — **zapi|jać** impf (~ję — ~jam) pot. [] vt [1] (popić) to wash down; **~ć tabletkę wodą** to wash down the pill with water [2] (alkoholem) to drown [smutki, żale, kłopoty] [3] (upić się) to get sloshed pot.

[II] **zapić się — zapijać się** (pić nałogowo) to tank up pot.; **~ć się na śmierć** to drink oneself to death; **~ić się do nieprzytomności** to get blind drunk

[III] **zapijać się** (pić w dużych ilościach) **~jać się czarną kawą/colą** to drink a lot of coffee/Coke

zapie|c¹ pf — **zapie|kać** impf (~kę, ~czesz, ~cze, ~kł, ~kła, ~kli — ~kam) [] vt Kulin. to bake, to roast; **~c ziemniaki** to bake the potatoes; **~c mięso** to roast meat; **naczynie do ~kania** a casserole; **kalafior ~kany w sosie beszamelowym z serem** cauliflower cheese

[II] **zapiec się — zapiekać się** [1] Kulin. [potrawa] to brown; **pasztet ładnie się ~kł** the pâté has browned nicely [2] (zaschnąć) to chap [wargi] [3] pot. (przywrzeć) [śruba] to get stuck

zapie|c² pf (~cze, ~kł, ~kła) [] vi [1] [oczy, rana] to sting; **łzy ~kły mnie pod powiekami** tears stung my eyes [2] przen. [wspomnienie, krytyka] sting; **pogarda dziewczyny ~kła go do żywego** the girl's contempt cut him to the quick

[III] **zapiec się** książk., przen. **~c się w gniewie** to be uncompromising in one's anger

zapiec|ek m a place to sleep behind a stove

zapieczęt|ować pf vt (opieczętować) to stamp [sth] with a seal, to seal [list, kopertę];

~ować pokój/mieszkanie to seal the door of the room/flat ⇒ **pieczętować**

zapiecz|ony adi. pot. [śruba] stuck

zapiekać impf → **zapiec¹**

zapiekan|ka f Kulin. [1] (potrawa zapiekana) roast, gratin [2] (kanapka) ≈ French bread pizza

zapiek|ły adi. [1] (zadawniony) [uraza, żal] consuming; [krzywda] rankling [2] (zapamiętały) **człowiek ~ły w nienawiści** a man consumed with hatred [3] (zaschnięty) [wargi] parched; [rana] incrusted

zapie|nić się pf v refl. [1] (pokryć się pianą) [piwo, woda] to foam, to froth [2] pot. (wybuchnąć gniewem) [osoba] to foam a. froth at the mouth pot.; **~nić się z gniewu** to foam at the mouth in anger

zapieni|ony adi. [1] (pokryty pianą) [rzeka, morze] foamy [2] pot. (rozzłoszczony) foaming at the mouth pot.

zapieprz m (G ~u) posp. (harówka) slog pot.

zapieprza|ć impf vi posp. [1] (harować) to work one's arse GB a. ass US off posp.; **~ po 12 godzin dziennie** he busts his arse 12 hours a day [2] (iść bardzo szybko) to tear-arse along GB posp.

zapieprz|yć pf vt posp. (ukraść) to pinch pot., to nick pot. [przedmiot]

zapierać¹ impf → **zaprać**

zapierać² impf → **zaprzeć**

zapierdalać impf vi wulg. → **zapieprzać**

zapierd|olić pf vt wulg. [1] (walnąć) to whack pot. [2] (ukraść) to pinch pot., to nick pot.

zapiernicza|ć impf vi pot. [1] (harować) to work one's guts off pot; **~ć od świtu do nocy** to toil away from dawn till dusk [2] (iść bardzo szybko) to tear along pot.

zapiewaj|ło m (Npl ~ły) pot. (przodownik chóru) leading singer

zapię|cie [] sv → **zapiąć**

[II] n [1] (urządzenie do zapinania) fastening [2] (miejsce spinania) fastening; **bluzka z ~ciem pod szyję** a blouse fastened up to the neck; **spódnica z krytym ~ciem** a skirt with a concealed fastening

zapijacz|ony adi. [1] (pijany) pot. [osoba] drunk; sloshed pot. [2] (właściwy pijakowi) [głos, gęba] drunken

zapijać impf → **zapić**

zapinać impf → **zapiąć**

zapinan|y [] pp → **zapiąć**

[II] adi. with a fastening; **sukienka/bluzka ~a z tyłu na guziki** a dress/blouse with a button-back fastening; **kieszeń ~a na zamek błyskawiczny** a zip pocket

zapin|ka f (do włosów) hairclip; (klamra) clasp

zapis [] m (G ~u) [1] (sposób zapisania) notation; **~ dziesiętny** decimal notation [2] (tekst, nagranie, taśma filmowa) record; **cyfrowy ścieżki dźwiękowej filmu** a digital recording of a soundtrack; **~ fonetyczny wyrazu/frazy** phonetic representation of a word/phrase; **reporterski ~ wydarzeń** a reporter's record of events [3] (utrwalenie dźwięku, obrazu) recording [4] Prawo (przepis) regulation; (testamentowy) bequest; **~ konstytucyjny** a constitutional regulation; **~ na cele społeczne** a charity bequest; **dokonać ~u na rzecz kogoś** to endow sb; **wprowadzić ~ o prawie do strajku** to introduce a regulation on the right to strike

[II] **zapisy** plt (do szkoły, na kurs) registration,

enrolment GB, enrollment US; (na akcje) subscription

zapi|sać pf — **zapi|sywać** impf (~szę — ~suję) [] vt [1] (zapełnić pismem) to fill [sth] with writing [zeszyt, margines]; **kartka ~sana do połowy** a half page of writing [2] (zanotować) to note a. write [sth] down, to note down [adres, nazwisko, wypowiedź]; **~sać coś naprędce** to jot sth down; **~sać coś do notesu** a. **w notesie** to put sth down in one's notebook; **~sać coś na kartce** to write sth down on a piece of paper; **~sać coś na marginesie** to write sth in the margin; **~sać coś na czyjeś konto** a. **rachunek** Fin. to put sth down to sb's account; przen. to chalk sth up to sb; **~sać sukces na własne konto** przen. to notch up a success [3] (umieścić na liście) to enrol GB, to enroll US; to put down; **~sać dziecko do szkoły** to enrol a child in a school; **~sać dziecko na lekcje muzyki** to enrol a child on a music course [4] Prawo (zrobić zapis) to bequeath; **~sać coś komuś w testamencie** to bequeath sth to sb; **~sać cały majątek na cele społeczne/na rzecz miejscowego szpitala** to bequeath one's entire wealth to charity/to the local hospital [5] (zalecić) to prescribe [leki]; **~sać komuś zastrzyki/kąpiele błotne** to prescribe sb injections/mud baths [6] Techn. (utrwalić na taśmie, płycie) to record [głos, obraz]; **~sać dane na twardym dysku** Komput. to save data on the hard disc

[II] **zapisać się — zapisywać się** [1] (do szkoły, na kurs) to enrol GB, to enroll US; (do organizacji) to join; **~sać się do lekarza** to register with a doctor; (na wizytę) to make an appointment with the doctor; **~sać się na akcje** Fin. to subscribe to shares [2] książk. (wsławić się) **~sać się w pamięci potomnych** to be remembered by posterity; **tym odkryciem ~sał się w historii polskiej nauki** thanks to this discovery he will go down in the history of Polish science

■ **Adam w krawacie! węglem w kominie** a. **kredą na ścianie ~sać!** żart. Adam wearing a tie! that's something to write home about!

zapis|ek, ~ka m, f zw. pl (G ~ku, ~ki) (notatka) note; **~ki kronikarskie/pamiętnikarskie** chronicle/diary notes

zapisywać impf → **zapisać**

zapiszcz|eć pf (~ysz, ~ał, ~eli) vi [1] (wydać przenikliwy dźwięk) [osoba, zwierzę] to squeak, to squeal; **~eć z bólu/uciechy** to squeal in pain/with joy [2] (zaskrzypieć) [drzwi, hamulce, opony] to squeak

zapi|ty [] pp → **zapić**

[II] adi. pot. [1] (pijany) [osoba] wrecked pot. [2] (pijacki) [głos, wzrok, gęba] drunken

zaplam|ić pf [] vt (zrobić plamę) to stain [obrus, sukienkę]; **~ić dywan kawą/czerwonym winem** to stain the carpet with coffee/red wine; **~iony zeszyt** a blotted exercise book ⇒ **plamić**

[II] **zaplamić się** [1] (pokryć plamami ręce, ubranie) [osoba] to get stained; **~ić się jagodami** to get blackberry juice on one's clothes ⇒ **plamić się** [2] (pokryć się plamami) [obrus, dywan, kanapa] to get stained ⇒ **plamić się**

zaplan|ować pf vt [1] (umieścić w planie) to plan; **na wieczór ~owano pokaz sztucznych ogni** a fireworks display was planned for the evening; **skończyliśmy prace w ~owanym terminie** the work was completed as scheduled a. on schedule ⇒ **planować** [2] (obmyślić) to plan; **przedstawienie ~owano w najdrobniejszych szczegółach** the performance was planned down to the last detail ⇒ **planować**

zaplatać impf → **zapleść**

zaplą|tać pf — **zaplą|tywać** impf [] vt (zamotać) to entangle [nić, sznurek]; **~tała kolorowe wstążeczki wokół słupa** she wound coloured ribbons around the post ⇒ **plątać**

[] **zaplątać się** — **zaplątywać się** [1] (zasuplać się) [nić, sznurek] to tangle up, to get tangled [2] (wplątać się) [osoba, zwierzę] to get entangled; **delfin ~tał się w sieci rybackie** the dolphin got entangled in the fishing nets [3] pot. (uwikłać się) to get entangled, to get mixed up; **~tał się w przemyt narkotyków** he got entangled in drug smuggling; **niepotrzebnie ~tałam się w tę sprawę** I shouldn't have let myself get mixed up in that affair [4] pot. (znaleźć się przypadkiem) to happen to be; **twoje świadectwo urodzenia ~tało się wśród moich dokumentów** your birth certificate happens to be among my documents

[] **zaplątać się** pot. to get confused a. mixed up

■ **język się jej/mu ~tał** her/his tongue faltered

zaplątan|y [] pp → **zaplątać**

[] adi. [1] (unieruchomiony) entangled; **ryby ~e w sieć rybacką** fish enmeshed in fishing nets [2] przen. (uwikłany) entangled; **za dużo osób jest ~ych w tę aferę** there are too many people mixed up in that affair

zaplątywać impf → **zaplątać**

zaplecz|e n (Gpl **~y**) [1] (sklepu) back; (sceny) backstage; **wiele cennych eksponatów schowanych jest na ~u muzeum** many valuable exhibits are kept in the back rooms of the museum [2] (struktura wspomagająca) base; **~e polityczne** powerbase

zapl|eść pf — **zapl|atać** impf [] vt (spleść) to plait [włosy, warkocze, wstążki]

[] **zapleść się** — **zaplatać się** (owinąć się wokół siebie) [pędy, gałązki] to interlace

■ **~eść dłonie** to lace one's hands together; **~eść palce** to lace one's fingers

zapleśnia|ły adi. [kiełbasa, ser, chleb] mouldy; [ubranie, buty] mildewed

zapleśni|eć pf (**~eje, ~ał**) vi (spleśnieć) [chleb, ser, kiełbasa] to get mouldy; [ubrania, buty] to mildew

zaplomb|ować pf vt [1] Admin. (umieścić plombę) to seal [licznik, wagon]; **magazyn/mieszkanie ~owano** the warehouse/flat has been sealed ⇒ **plombować** [2] Med. to fill [ząb, ubytek] ⇒ **plombować** [3] Ogr. to stop [dziuplę, szczelinę] ⇒ **plombować**

zaplu|ć pf — **zaplu|wać** impf [] vt (zanieczyścić) to spit all over [podłogę]

[] **zapluć się** — **zapluwać się** to foam at the mouth rude phrase

zapluskwi|ć pf vt (dopuścić do rozplenienia się pluskiew) to let [sth] get infested with

bedbugs [mieszkanie, meble]; **~ona kanapa** a sofa infested with bedbugs

zaplu|ty [] pp → **zapluć**

[] adi. [1] pot. (lepki od brudu) [knajpa, ubranie] disgustingly filthy [2] pot. (wstrętny) [pogoda] wretched [3] pot., obraźl. wretched

zapluwać impf → **zapluć**

zapła|cić pf [] vt (uiścić należność) to pay [rachunek, czynsz, ratę, dług]; **~cić komuś** to pay sb; **~cić za coś** to pay for sth; **~cić gotówką** to pay cash; **~cić czekiem/kartą** to pay by cheque/with a card; **~cić w złotówkach/dolarach** to pay in zlotys/dollars ⇒ **płacić**

[] vi [1] (ponieść konsekwencje) to pay; **~cić drogo za pomyłkę** to pay dearly for a mistake; **~cić za coś zdrowiem** to pay for sth with one's health ⇒ **płacić** [2] (odpłacić) **~cić dobrem za zło** to return good for evil; **jeszcze mi za to ~cisz!** you'll pay for that! ⇒ **płacić**

zapładniać impf → **zapłodnić**

zapła|kać pf (**~czę**) vi [1] (zacząć płakać) to start crying; **~kać z żalu/ze szczęścia** to start crying with grief/happiness ⇒ **płakać** [2] przen. to bemoan; **~ać nad swoim/czyimś losem** to bemoan one's/sb's lot ⇒ **płakać**

zapła|kać się pf — **zapła|kiwać się** impf (**~czę się** — **~kuję się**) v refl. (bardzo mocno płakać) to abandon oneself to tears, to weep unrestrainedly

zapłakan|y adi. [osoba] crying; [twarz] tear-stained; [oczy] tear-filled

zapłakiwać się impf → **zapłakać się**

zapła|ta f (czynność, suma) payment; **termin ~ty** the due payment day; **~ta za pracę** the pay; **otrzymać ~tę** to receive payment; **w ramach ~ty za coś** in payment for sth

zapł|odnić pf — **zapł|adniać** impf vt [1] Biol. [samiec, mężczyzna] to impregnate [samicę, kobietę]; [samiec, mężczyzna, plemnik] to fertilize [jajo, roślinę, samicę]; (wprowadzić nasienie) to inseminate [samicę, kobietę]; **~odnione jajo** a fertilized egg [2] przen. (pobudzić) to inspire [fantazję, wyobraźnię]

zapłodnie|nie [] sv → **zapłodnić**

[] n Biol. (połączenie komórek) fertilization; (wprowadzenie nasienia) insemination; **sztuczne ~nie** artificial insemination; **~nie in vitro** in vitro fertilization, IVF

zapłon m sgt (G **~u**) Aut. (proces, urządzenie) ignition; **~ iskrowy** spark ignition; **~ elektroniczny** electronic ignition; **włączyć/wyłączyć ~** to switch on/off the ignition; **wyregulować ~** to adjust the ignition

■ **bomba z opóźnionym ~em** przen. time bomb przen.; **mieć spóźniony ~** pot. [osoba] to have slow reactions, to be on a slow a. long fuse

zapło|nąć pf (**~nęła, ~nęli**) vt [1] (zacząć się palić) [budynek, dach, słoma] to catch fire; [zapałka, świeczka] to light; **na kominku ~nął ogień** the fire was lit [2] (włączyć się) [światło] to go on; [oczy] to light up; **na niebie ~nęły gwiazdy** książk. the stars came out; **w jej oczach ~nęły figlarne ogniki** her eyes lit up with a mischievous glint; **jego oczy ~nęły gniewem** his eyes flashed with anger [3] książk. (doświadczyć gwałtownej uczuć) **~nąć gniewem** to boil

with anger; **~nąć do kogoś miłością** to fall in love with sb; **~nąć do kogoś nienawiścią** to develop a hatred for sb [4] książk. (zaczerwienić się) to flame; **jej policzki ~nęły rumieńcem** her cheeks flamed; **uszy ~nęły mu ze wstydu** he blushed with shame; **maki ~nęły w słońcu** poppies flamed red in the sun

zapło|nić się pf v refl. książk. [osoba, twarz] to blush; **~nić się z zawstydzenia** to blush with embarrassment ⇒ **płonić się**

zapłoni|ony adi. książk. [osoba, policzki] blushing

zapłonow|y adi. urządzenie ~e Wojsk. a fuse; **świeca ~a** Aut. a spark plug

zapły|nąć pf (**~nęła, ~nęli**) vi [pływak] to swim; [żeglarz, łódź] to sail; **~nąć do czegoś** to swim/sail as far as sth; **~nął na sam środek jeziora** he swam as far as the middle of the lake

zapobie|c, zapobie|gnąć pf — **zapobie|gać** impf (**~gnę, ~gniesz, ~gł, ~gła, ~gli — ~gam**) vi to prevent vt; **~c czemuś** to prevent sth; **~c wojnie/chorobie** to prevent war/disease; **~ganie przestępczości** crime prevention; **dla ~żenia powodzi** in order to prevent flooding; **nie mogłem temu ~c** I couldn't prevent a. stop it (from) happening

zapobiegać impf → **zapobiec**

zapobiegawczo adv. preventively; Med. prophylactically; **przyjmować coś ~** to take sth prophylactically; **działać ~** [lek] to have prophylactic a. preventive effect

zapobiegawcz|y adi. [działania] preventive; Med. prophylactic; **podjąć środki ~e** to take preventive measures; **medycyna ~a** preventive medicine

zapobiegliwie adv. grad. **zrobić coś ~** to have the foresight to do sth

zapobiegliwoś|ć f sgt prudence, foresight

zapobiegliw|y adi. grad. [osoba] provident, foresighted; **jego ~e starania, żeby...** his prudent attempts to...

zapobiegnąć → **zapobiec**

zap|ocić pf — **zap|acać** impf [] vt to soak [sth] with sweat [koszulę, bieliznę, sweter, skarpetki]; **~ocone buty** sweaty shoes

[] **zapocić się** — **zapacać się** [1] [ubranie, pościel, buty] to get soaked with sweat; [osoba] to sweat; **cały się ~ociłem** I sweated all over [2] [szyba, szklanka, okulary] to steam up

zapoc|ony [] pp → **zapocić**

[] adi. [szyba, lustro, okulary] steamy

zapocząt|kować pf — **zapocząt|kowywać** impf vt książk. to initiate [proces, dyskusję, prace]

zapoczątkowywać impf → **zapoczątkować**

zapodzi|ać impf — **zapodzi|ewać** pf (**~eję — ~ewam**) pot. [] vt to mislay [przedmiot]; **~ałem gdzieś swoje klucze** I've mislaid my keys

[] **zapodziać się** — **zapodziewać się** (zgubić się) **gdzieś mi się ~ał długopis** I've mislaid my pen; **zajrzała pod łóżko, czy nie ~ała się tam jakaś skarpetka** she looked under the bed to see if there weren't any socks kicking around there; **gdzie oni się ~ali?** what's going on with them?

zapodziewać impf → **zapodziać**

Z

zapol|ować pf vi [1] Myślis. to go hunting a. shooting; **~ować na grubego zwierza** to go big-game hunting [2] przen. (spróbować zdobyć) **~ować na coś** to try to get sth; **~ować na panienki** pot. to try to pick up some girls

zapominać impf → **zapomnieć**

zapominals|ki [] adi. pot. [osoba] forgetful [] **zapominals|ki** m, **~ka** f forgetful person; **~cy** the forgetful; **ależ ze mnie ~ki!** how forgetful of me!

zapom|nieć pf — **zapom|inać** impf (**~nisz, ~niał, ~nieli**) [] vt [1] (przestać pamiętać) to forget; **~nieć kogoś/coś** a. **kogoś/czegoś** to forget sb/sth; **~nieć o kimś/czymś** to forget about sb/sth; **~nieć o czymś na śmierć** to totally forget about sth; **~nieć o całym bożym świecie** to become lost in one's thoughts; **~nieć o strachu** to forget one's fear; **~nieć, że/jak/gdzie/kiedy...** to forget that/how/where/when...; **już wszystko ~niałem** I forgot everything; **już zdążył ~nieć** he's already forgotten; **byłbym ~niał...** I almost forgot...; **nie ~inajmy/~inaj, że...** let's not/don't forget that...; **nie wolno ~inać, że...** we mustn't forget that...; **~nieć języka w gębie** to lose one's tongue; **nigdy nie niał ojczystego języka** he never forgot his mother tongue; **wszyscy o nas ~nieli** everybody forgot about us; **~niany poeta/zwyczaj/tradycja** a forgotten poet/custom/tradition; **~nijmy już o tym, co było** let bygones be bygones; **~nieć komuś krzyw-dę** to forget the wrong that sb did one; **nigdy ci nie ~nę tego, co dla mnie zrobiłeś** I will never forget what you did for me [2] (nie wziąć) to forget; **~nieć parasola/chusteczki/portfela** to forget one's umbrella/handkerchief/wallet [] vi (nie zrobić przez roztargnienie) to forget; **~nieć coś zrobić** to forget to do sth; **~niałem zamknąć drzwi** I forgot to lock the door [] **zapomnieć się — zapominać się** to forget oneself; **pan się ~ina!** you are forgetting yourself!

zapomnieni|e [] sv → **zapomnieć** [] n sgt [1] książk. (niepamięć) oblivion; **popaść w ~e** to sink into oblivion; **ulec ~u** to be forgotten; **ocalić coś od ~a** to rescue sth from oblivion [2] książk. (oderwanie się od czegoś) oblivion; **szukać ~a w czymś** to seek oblivion in sth [3] (roztargnienie) **przez ~e** out of forgetfulness

zapom|oga f aid

zapomogow|y adi. [kasa, fundusz] relief attr.

zapo|ra f [1] (przeszkoda) barrier także przen.; (przeciwpowodziowa) dyke; **stanowić ~rę nie do przebycia** to be an impassable barrier; **~ra przeciwczołgowa** an anti-tank barrier [2] (na rzece) dam; **~ra wodna** a dam; **~ra na Wiśle** a dam on the Vistula [3] (szlaban) (railway) barrier [4] (w drzwiach) bolt

zaporow|y adi. [1] Wojsk. [balon] barrage attr.; **ogień ~y** the barrage [2] Fin. prohibitive [3] Techn. **jezioro ~e** an artificial lake

zapotnia|ły adi. [butelka, okulary] steamy

zapotni|eć pf (**~eję, ~ał, ~eli**) vi [okulary, szyba, butelka] to steam up ⇒ **potnieć**

zapotrzebowa|nie n [1] sgt (potrzeba) demand (**na coś** for sth); **rośnie ~nie na tego typu usługi** there is a growing demand for this kind of service a. services of this kind [2] pot. (zamówienie) order; **wypisać ~nie na coś** to put in an order for sth

zapowiadacz m (Gpl **~y**) pot. (spiker) announcer; (konferansjer) master of ceremonies; **~ pogody** a weatherman

zapowiada|ć¹ impf [] vt (zwiastować) [zjawisko, zdarzenie] to herald [zmiany, wydarzenie, poprawę]; **chmury ~ły deszcz** the clouds threatened rain; **nic nie ~ło kłopotów** there was no indication of trouble; **nic nie ~ło, że to zrobią** there was no indication they would do it

[] **zapowiadać się** [1] (zanosić się) **~ł się ładny dzień** it promised to be a fine day; **mecz ~ się interesująco** the game promised to be interesting; **~ się, że będą kłopoty** it looks as if we are in for trouble [2] (mieć zadatki) [osoba] **~ć się na geniusza** to have all the makings of a genius; **dobrze się ~ć** to promise well; **dobrze ~jący się poeta** a promising poet

zapowiadać² impf → **zapowiedzieć**

zapowiedzian|y [] pp → **zapowiedzieć** [] adi. [gość] expected

zapowi|edzieć pf — **zapowi|adać²** impf (**~em, ~edział, ~edzieli**) [] vt [1] (ogłosić zawczasu) [osoba, rząd] to announce [przyjazd, wizytę, gościa, artystę, program]; to forecast [pogodę]; **synoptycy ~adają na jutro deszcz** rain is forecast for tomorrow; **górnicy ~adają strajk na przyszły tydzień** the (coal) miners threaten a strike next week; **swój udział ~edziały największe gwiazdy** the biggest stars confirmed their participation; **~edzieć, że...** to announce that...; **~adane na dzisiaj opady śniegu** the snow forecast for today; **~adana na jutro wizyta prezydenta** the president's visit scheduled for tomorrow; **film ~adany jako przełom w sztuce filmowej** a film billed as a breakthrough in cinematic art [2] (ostrzec) to warn; **~dział, że każdego będzie traktował tak samo** he made it clear that everyone would be treated in the same way; **~adam, że nie będę tego więcej tolerował** I'm warning you, I'm not going to stand it any more; **~edziała, że nie wróci na obiad** she said she wouldn't be back for dinner

[] **zapowiedzieć się — zapowiadać się** [osoba] **~iedział się u nas z wizytą** he said he would pay us a visit; **~edział się na kolację** he said he would come for supper; **~edzieć się u dyrektora na czwartą** to make an appointment with the manager at four o'clock

zapowie|dź f [1] (ogłoszenie) announcement; (przewidywanie) forecast; **~dź zmian/refor-my** the announcement of changes/reforms; **zgodnie z ~dzią** as announced; **wbrew pesymistycznym ~dziom** contrary to gloomy forecasts; **zrobić coś bez ~dzi** (bez ostrzeżenia) to do sth without warning; **przyjść bez ~dzi** to come unannounced

[2] (oznaka) harbinger; **~dź nieszczęścia/choroby** a harbinger of disaster/disease; **być ~dzią początku/końca czegoś** to signal the beginning/end of sth [3] Relig. banns pl; **~dź pierwsza/druga/trzecia** the first/second/third reading of the banns; **dać na ~dzi** to have one's banns published; **ogłosić czyjeś ~dzi** to publish a. read sb's banns

zapowietrzać impf → **zapowietrzyć**

zapowietrz|ony [] pp → **zapowietrzyć** [] adi. [1] [przewód, rura, kaloryfer] airlocked [2] książk. [osoba, miasto] plague stricken; **unikają go, jakby był ~ony** they avoid him like the plague

zapowietrz|yć pf — **zapowietrz|ać** impf [] vt to get air in [pompę, przewód] [] **zapowietrzyć się — zapowietrzać się** [kaloryfer, pompa] to become airlocked; **przewód się ~ył** some air got into the pipe

zapozna|ć pf — **zapozna|wać** impf [] vt [1] (zaznajomić) to acquaint, to familiarize (**z czymś** with sth); **~ć kogoś z procedurą** to acquaint a. familiarize sb with the procedure [2] (przedstawić) to introduce; **~ć kogoś z kimś** introduce sb to sb [3] kryt. (poznać) to meet [osobę]

[] **zapoznać się — zapoznawać się** [1] (zaznajomić się) to make oneself acquainted, to familiarize oneself (**z czymś** with sth) [faktami, procedurami] [2] (zawrzeć znajomość) to become acquainted (**z kimś** with sb)

zapoznan|y [] pp → **zapoznać** [] adi. [talent, pisarz] unacknowledged

zapoznawać impf → **zapoznać**

zapoznawcz|y adi. **wieczorek ~y** an ice-breaking party

zapożyczać impf → **zapożyczyć**

zapożycze|nie [] sv → **zapożyczyć** [] n (tradycja, motyw) borrowing, import; (wyraz, wyrażenie) borrowing, loan(word); **~nia z niemieckiego** German borrowings a. loanwords; **~nia z kultury arabskiej** borrowings from Arab culture

zapożycz|ony [] pp → **zapożyczyć** [] adi. indebted; **być ~onym po uszy** to be knee-deep in debt

zapożycz|yć pf — **zapożycz|ać** impf [] vt to borrow [zwyczaj, słowo]; **wyraz ~ony z łaciny** a word borrowed from Latin [] **zapożyczyć się — zapożyczać się** to get into debt; **~yć się u kogoś** to borrow from sb

zapóźnie|nie n (zacofanie) backwardness; **~nie w rozwoju ekonomicznym** economic backwardness

zapóźni|ony adi. książk. [1] (spóźniony) [gość, przechodnie] late [2] [mieszczaństwo, kraj] backward; **być ~onym w nauce** to have learning difficulties; **osoba ~ona umy-słowo** a retarded person euf.

zaprac|ować pf — **zaprac|owywać** impf [] vi **~ować na coś** to work hard for sth

[] **zapracować się — zapracowywać się** to work oneself hard; **~owywać się na śmierć** to be working oneself to death

zapracowan|y adi. [1] [osoba] busy [2] (zarobiony) earned; **ciężko ~e pieniądze** hard-earned money

zapracowywać impf → **zapracować**

zap|rać pf — **zap|ierać**[1] impf vt to wash [plamę]; **plamy z wina trzeba jak najszybciej ~rać** wine stains should be washed out as soon as possible

zapragn|ąć pf (~ęła, ~ęli) vi to feel a desire; **nagle ~ęła tam pójść** she felt a sudden desire to go there

■ **ile dusza ~ie** to one's heart's content

zapras|ować pf — **zapras|owywać** impf vt to press, to iron; **~ować kanty w spodniach** to put creases in a pair of trousers; **~ować fałdy** to press the pleats flat

zaprasowywać impf → zaprasować

zapraszać impf → zaprosić

zapraw|a f [1] Budow. (spoiwo) mortar; **~a do tynków** plaster [2] Szt. (grunt) ground [3] Kulin. seasoning [4] (ćwiczenia) practice; **stanowić dobrą ~ę przed czymś** to be good practice for sth; **sucha ~a** pre-season training

zaprawdę part. przest., książk. verily przest., in sooth przest.

zaprawiać impf → zaprawić

zapraw|ić pf — **zapraw|iać** impf [I] vt [1] Kulin. **~ić coś czymś** to add sth to sth; to season sth with sth [przyprawami]; **~ić sos śmietaną** to thicken sauce with cream [2] Budow. (pokryć zaprawą) to render [ścianę, powierzchnię] [3] (przyzwyczaić) to train; **~iano nas do ciężkiej pracy** we were trained to work hard [4] pot. (uderzyć) to whack pot.; **~ić kogoś w głowę** to whack sb on the head [II] **zaprawić się — zaprawiać się** [1] (przywyknąć) [osoba] to train oneself; **~ić się do walki** to train oneself to fight [2] pot. (upić się) to get tight pot.

zaprawi|ony [I] pp → zaprawić [II] adi. [1] (doświadczony) seasoned, experienced [2] pot. (pijany) tight pot.

zaprelimin|ować pf vt książk. to budget [sumy, wydatki, koszty, zyski]; **~owana kwota** the budgeted figure ⇒ **preliminować**

zaprenumer|ować pf vt to subscribe to [czasopismo, gazetę] ⇒ **prenumerować**

zaprezent|ować pf książk. [I] vt [1] (pokazać) to present [produkty, film, sztukę]; (na targach) to exhibit [towary, produkty]; to launch [nowy model]; **~ować nową kolekcję mody** to launch a new fashion collection ⇒ **prezentować** [2] (wyrazić) to express [opinię]; **~owali stanowisko skrajnie nacjonalistyczne** they took a strong nationalist position; **~ował pogląd, że...** he expressed the view that... ⇒ **prezentować** [3] (przedstawić) to present [gościa, wykonawców, rezultaty]; **~ować wyniki badań** to present research results ⇒ **prezentować** [II] **zaprezentować się** [1] (zrobić wrażenie) **dobrze/słabo się ~ować** [sportowiec, drużyna] to give a good/poor performance; **~ował się z jak najlepszej strony** he made a very good impression ⇒ **prezentować się** [2] (przedstawić się) to present oneself; **~ować się w jak najlepszym świetle** to present oneself in the best possible light ⇒ **prezentować się** [3] (wystąpić) to make an appearance; **~ować się na scenie** to make an appearance on stage ⇒ **prezentować się**

zaprogram|ować pf vt [1] (ustawić parametry) to programme GB, to program US, to preset [kuchenkę, magnetowid] ⇒ **programować** [2] książk. (zaplanować) to plan (out) [dzień, imprezę, uroczystość] ⇒ **programować** [3] książk., przen. to programme GB, to program US [osobę, zachowanie]; **oni są ~owani do takiego działania** they are programmed to act like this; **być genetycznie ~owanym do czegoś** to be genetically programmed to do sth ⇒ **programować**

zaprojekt|ować pf vt [1] (wykonać projekt) to design [budynek, maszynę] ⇒ **projektować** [2] (zaplanować) to plan [wycieczkę, remont] ⇒ **projektować**

zapropon|ować pf vt [1] (zaoferować) to offer; **~ować gościom kawę** to offer coffee to the guests; **~owano mi pracę** I was offered a job ⇒ **proponować** [2] (doradzić) to suggest, to propose; **~ować rozwiązanie** to suggest a. propose a solution; **~ować, żeby ktoś coś zrobił** to suggest that sb do a. should do sth; **~ować zrobienie czegoś** to suggest doing sth; **~owałem, żeby wziął kilka dni urlopu** I suggested he take a few days off ⇒ **proponować** [3] (zgłosić) to propose; **~ować kogoś na przewodniczącego** to propose sb as chairman; **żadna z ~owanych kandydatur nie przeszła** none of the proposed candidates was accepted ⇒ **proponować**

zapr|osić pf — **zapr|aszać** impf [I] vt to invite; **~osić kogoś na przyjęcie/na obiad** to invite sb to a party/to dinner; **~osić kogoś do restauracji na kolację** to invite sb out for dinner; **~osić kogoś do środka** to ask a. invite sb in; **~osić kogoś do dyskusji/udziału w konkursie** to invite sb to join a discussion/enter a competition; **~osił mnie, żeby do nich wpaść** a. **żebym do nich wpadł** he invited me to drop in on them; **~ono mnie na konferencję** I was invited to a conference [II] **zaprosić się — zapraszać się** żart. to invite oneself

zaprosin|y plt (G ~) invitation

zaprosze|nie [I] sv → zaprosić [II] n invitation; **~nie na przyjęcie** an invitation to a party; **wysłać komuś ~nie na ślub** to send sb a wedding invitation; **przyjąć ~nie** to accept an invitation; **nie przyjąć ~nia** to decline an invitation; **na czyjeś ~nie** at sb's invitation; **„wstęp tylko za ~niami"** 'by invitation only'

zaproteg|ować pf vt książk. to recommend [osobę] (komuś to sb) ⇒ **protegować**

zaprotest|ować pf [I] vt Fin. to protest [weksel] ⇒ **protestować** [II] vi (sprzeciwić się) to protest; **~ować przeciwko czemuś** to protest against sth; **„nieprawda!" ~ował** 'that's not true!' he protested ⇒ **protestować**

zaprotok|ołować, zaprotok|ółować pf vt to minute [wypowiedź, wniosek] ⇒ **protokołować**

zaprotokółować → zaprotokołować

zaprowadzać impf → zaprowadzić[1]

zaprowa|dzić[1] pf — **zaprowa|dzać** impf vt (wprowadzić) to establish [pokój, porządek, system, dyscyplinę]

zaprowa|dzić[2] pf vt [1] (pokazać drogę) to lead; (zabrać) to take; **~dzić kogoś do wyjścia** to lead sb to the exit; **~dzić dzieci do parku** to take the children to the park; **~dzić konie do wodopoju** to take the horses to the watering place [2] [ścieżka, droga] to lead [osobę]; **ślady ~dziły nas nad rzekę** the footprints led us to the river [3] przen. [czyn, cecha] to lead; **~dzić kogoś do więzienia** to lead sb to prison

zaprószać impf → zaprószyć

zaprósz|yć pf — **zaprósz|ać** impf vt [1] to start [ogień]; **~yła ogień papierosem** she started a fire with a cigarette [2] (nasypać się) **~yć komuś oczy** [kurz, piasek] to get in sb's eyes

zaprysk|ać pf — **zapryskiwać** impf vt to splatter [osobę, ścianę] (czymś with sth); **~ać czyjś płaszcz błotem** to splatter mud on sb's coat; **~ać ścianę farbą** to splatter a wall with paint; **~ać lustro w łazience** to splash water on the mirror in the bathroom

zapryskiwać impf → zapryskiwać

zaprz|ąc, zaprz|ęgnąć pf — **zaprzę|gać** impf (~ęgę a. ~gnę, ~żesz a. ~gniesz, ~ągł a. ~gnął, ~ęgła, ~ęgli — ~ęgam) [I] vt [1] to harness [konia, wołu, psy] (do czegoś to sth); **~ąc powóz w dwa konie** to harness a pair of horses to a coach; **wóz ~ężony w czwórkę koni** a wagon drawn by four horses; **wóz ~ężony w woły** an ox cart; **~ęgaj!** harness the horses! [2] (zagnać) **~ąc kogoś do roboty** to set sb to work [II] **zaprząc się — zaprzęgać się** [1] to be harnessed; **~ąc się do wozu/pługa** to be harnessed to a cart/plough [2] (zmusić się) **~ąc się do roboty/nauki** to set oneself to work/study

zaprząg → zaprzęg

zaprzątać impf → zaprzątnąć

zaprząt|nąć pf — **zaprząt|ać** impf (~nęła, ~nęli — ~am) vt książk. [praca, czynność, myśl] to absorb [osobę, umysł, uwagę]; to preoccupy [osobę]; **być całkowicie ~niętym czymś** to be totally preoccupied with sth; **~ać komuś głowę swoimi problemami** to bother sb with one's problems; **~ać sobie głowę kimś/czymś** to bother oneself with sb/sth; **jego uwaga ~nięta była tym, co działo się za oknem** he was preoccupied with what was going on outside

zaprzeczać impf → zaprzeczyć

zaprzecze|nie [I] sv → zaprzeczyć [II] n [1] (sprostowanie) denial [2] sgt (przeciwieństwo) **być ~niem czegoś** to be in contradiction with sth [zasady, idei]

zaprzecz|yć pf — **zaprzecz|ać** impf vi [1] to deny vt; **~yć czemuś** to deny sth; **~yć zarzutom** to deny the accusations; **~yć informacji/pogłoskom, jakoby...** to reject information/rumours to the effect that...; **~yć ruchem głowy** to shake one's head in denial; **~ył, jakoby miał z tym coś wspólnego** he denied having anything to do with it; **nie ~y pan, że to pański samochód!** it's your car, isn't it?; **„nieprawda!" ~yła** 'it's not true!' she countered [2] (być w sprzeczności) to contradict; **fakty temu ~ają** it's inconsistent with the facts

Z

zap|rzeć *pf* — **zap|ierać** *impf* **Ⅰ** *vt* ① (oprzeć) to brace; **~rzeć stopy o coś** to brace one's feet against sth ② (podeprzeć) to block *[bramę]*; **~rzeć drzwi krzesłem** to block the door with a chair ③ (zatamować) **~rzeć komuś dech** a. **oddech** *[cios]* to wind sb; **~ierać komuś dech w piersiach** *[mróz, wiatr]* to make breathing difficult; przen. to take sb's breath away; **widok ~ierający dech w piersiach** a breathtaking view; **oglądać coś/słuchać czegoś z ~artym tchem** to watch sth/ listen to sth in awe

Ⅲ zaprzeć się — **zapierać się** ① (oprzeć się) **~rzeć się rękami/nogami o coś** to brace one's hands/legs against sth; **koń ~arł się nogami** the horse balked; **~rzeć się ramieniem o drzwi** to set one's shoulder to the door; **~rzeć się wiosłem o brzeg** to push an oar against the bank ② (zaprzeczyć) to deny *vt*; **~rzeć się czegoś** to deny sth; **~rzeć się ojcostwa** to deny being the father; **nie ~ieraj się!** stop denying it ③ książk. (wyrzec się) to renounce *vt*; **~rzeć się wiary** to renounce one's faith ④ pot. (uprzeć się) to dig one's heels in; **jak się ~rze, nikt go nie przekona** once he digs his heels in he can't be persuaded; **~arł się, że to zrobi** he's determined to do it

zaprzeda|ć *pf* — **zaprzeda|wać** *impf* książk., pejor. **Ⅰ** *vt* to betray *[wartości, zasady]*; **~ć duszę diabłu** to sell one's soul to the devil

Ⅲ zaprzedać się — **zaprzedawać się** to sell off (**komuś** to sb); **~ć się diabłu** to sell oneself to the devil

zaprzedan|y ☐ *pp* → **zaprzedać**

Ⅲ *adi.* **być ~ym obcemu mocarstwu** to serve a foreign superpower

zaprzedawać *impf* → **zaprzedać**

zaprzepaszczać *impf* → **zaprzepaścić**

zaprzepa|ścić *pf* — **zaprzepa|szczać** *impf vt* to throw away, to squander *[szansę, okazję, życie]*; to squander *[talent, majątek, fortunę]*

zaprzesta|ć *pf* — **zaprzesta|wać** *impf* (**~nę** — **~ję**) *vi* książk. to cease; **~ć robić coś** a. **robienia czegoś** to cease doing sth

zaprzestawać *impf* → **zaprzestać**

zaprzesz|ły *adi.* ① książk. *[czasy, poglądy]* old ② Jęz. **czas ~ły** the past perfect (tense)

zaprzęg *m* (*G* **~u**) (zaprzężony pojazd) horse and cart; (zwierzęta) team; (uprząż) harness; **psi ~** a sled dog team; **wyścigi psich ~ów** sled dog racing

zaprzęgać *impf* → **zaprząc**

zaprzęgnąć → **zaprząc**

zaprzęgow|y *adi.* *[koń]* harness *attr.*; *[pies]* sled *attr.*

zaprzyjaźniać się *impf* → **zaprzyjaźnić się**

zaprzyjaźni|ć się *pf* — **zaprzyjaź-ni|ać się** *impf v refl.* *[osoba]* to make friends (**z kimś** with sb); **szybko się ~li** they soon became friends; **z nikim się tu nie ~ł** he made no friends here

zaprzyjaźni|ony *adi.* ① (znajomy) **być z kimś ~onym** to be friends with sb; **są ~eni** they are friends; **mój ~ony listo-nosz/policjant** my postman/policeman friend ② *[kraj, rząd]* friendly

zaprzysi|ąc *pf* — **zaprzysi|ęgać** *impf* (**~ęgnę, ~ęgniesz, ~ągł, ~ęgła, ~ęgli** — **~ęgam**) **Ⅰ** *vt* ① (odebrać przysięgę) to swear in *[świadka, ławę przysięgłych]*; to swear [sb] into office *[prezydenta]*; **zostać ~eżonym** *[świadek]* to be sworn in; *[prezydent]* to be sworn into office; **ceremonia ~eżenia kogoś** a swearing-in ceremony ② książk. (przysiąc) to swear; **~ąc komuś zemstę** to swear revenge on sb

Ⅲ zaprzysiąc się — **zaprzysięgać się** książk. to swear; **~ągł się, że...** he swore that...

zaprzysięgać *impf* → **zaprzysiąc**

zaprzysięg|ły *adi.* *[przeciwnik, wróg, zwo-lennik]* sworn

zapstrz|yć *pf vt* pot. *[owady]* to spot, to stain; **szyby ~one przez muchy** fly-specked windows

zapuchły → **zapuchnięty**

zapuch|nąć *pf* (**~ł** a. **~nął**) *vi* to swell; **oczy ~łe od snu** eyes puffy from sleep; **dziecko ~ło od płaczu** the child's face was swollen from crying

zapuchnię|ty *adi.* swollen, puffed up; **miała ~te oczy** her eyes were all puffed up

zapuka|ć *pf vi* to knock; **~ć do drzwi** to knock at a. on the door

zapustn|y *adi.* przest. *[bale, zabawy]* Mardi Gras *attr.*, Shrovetide *attr.*; **niedziela ~a** Quinquagesima (Sunday)

zapust|y *plt* (*G* **~ów**) Shrovetide, Mardi Gras

zapuszczać *impf* → **zapuścić**

zapuszcz|ony *adi.* *[ogród, sad, park]* ne-glected, unkempt; *[ulica, otoczenie, kamieni-ca]* squalid

zapusz|ować *pf vt* pot. to bang [sb] up, to bang up pot.

zapu|ścić *pf* — **zapu|szczać** *impf* **Ⅰ** *vt* ① (umieścić) to cast *[wędkę, sieć]*; **~ścić sobie/komuś krople do oczu/do nosa** to put drops in one's/sb's eyes/nose; **~ścić sondę w głąb morza** to cast a. plunge a lead into the sea ② to let down *[żaluzje, rolety]* ③ (zaniedbać) to neglect *[dom, ogród]* ④ (uruchomić) to start up *[silnik, motor]*

Ⅲ zapuścić się — **zapuszczać się** ① (dotrzeć w głąb) to venture; **~ścić się w głąb lasu** to venture deep into the forest; **~ścić się w nieznane** to venture a. plunge into the unknown ② (rozpatrywać) to plunge (**w coś** into sth); to become entangled (**w coś** in sth) *[problem, dyskusję]* ③ pot. (przestać o siebie dbać) to neglect oneself

■ **~ścić brodę/wąsy** to grow a beard/ moustache, to sprout a beard/moustache; **~ścił zarost** he stopped shaving, he has stubble on his face/chin, his face is stubbly; **czy mam znowu ~ścić włosy?** should I grow my hair long again?; **~ścić korzenie** to strike root, to put down roots; **~ścić na coś kurtynę/zasłonę** to draw a veil over sth; **~ścić oko** a. **spojrzenie** a. **żurawia** to steal a glance; to have a butchers GB pot.

zapychać¹ *impf* → **zapchać**

zapycha|ć² *impf vi* pot. to push along GB pot.; **~ć na piechotę** to hoof it pot.

zapylać *impf* → **zapylić**

zapyl|ić *pf* — **zapyl|ać** *impf* **Ⅰ** *vt* ① (zakurzyć) to dust, to pollute *[powietrze, atmosferę]* ② Bot. to pollinate; **~ić krzyżo-wo** to cross-pollinate

Ⅲ zapylić się — **zapylać się** *[rośliny]* to become pollinated

zapyt|ać *pf* — **zapyt|ywać** *impf* **Ⅰ** *vt* to ask; **~ać kogoś o drogę/godzinę/cenę** to ask sb the way/time/price; **~ać o rodzi-ców** to ask a. inquire after sb's parents; **chciałbym cię o coś ~ać** I'd like to ask you something; **~ać o pozwolenie** to ask for permission; **~ał, jak może się dostać do Londynu** he inquired how he could get to London; **~ałem, ile ma lat/czy jest chory** I asked a. inquired how old he was/ whether he was ill

Ⅲ zapytać się — **zapytywać się** to ask, to inquire; **~aj się o cenę** ask about the price

zapyta|nie **Ⅰ** *sv* → **zapytać**

Ⅲ *n* inquiry, enquiry; **chętnie odpowiemy na wszelkie ~nia dotyczące naszych produktów** we are happy to answer any enquiries about our products; **w odpowie-dzi na pańskie ~nie** with reference a. in answer to your inquiry; **to wielki znak ~nia** it's a very big if

■ **być** a. **stać pod znakiem ~nia** to be up in the air

zapytywać *impf* → **zapytać**

zapyzia|ły *adi.* pot. *[miasteczko, wygląd]* squalid, shabby

zarabiać¹ *impf* → **zarobić**

zarabia|ć² *impf vi* (pracować zarobkowo) to earn; **~ć jako agent ubezpieczeniowy** to earn one's living a. to make a living as an insurance agent

■ **~ć na siebie** to earn one's a. a living; **hotel ~ na siebie** the hotel is self-financing

zarach|ować *pf vt* Księg. to enter in the books a. accounts

zaradcz|y *adi.* *[środek, działania, program]* preventive; **podjąć kroki ~e** to take precautionary/remedial measures

zaradność *f sgt* książk. resourcefulness; **cenię twoją życiową ~ć** I appreciate your resourcefulness

zaradn|y *adi.* resourceful, ingenious; **~a gospodyni** an ingenious hostess; **mój mąż jest bardzo ~y** my husband is a very resourceful man

zaradzać *impf* → **zaradzić**

zara|dzić *pf* — **zara|dzać** *impf vi* to help; **~dzić brakowi czegoś** to find a remedy for a shortage of sth; **~dzić niedostatkowi czegoś** to make up a deficiency of sth; **potrafiła wszystkiemu ~dzić** she could solve any problem, she was a real problem solver; **nie mógł ~dzić złu** he was helpless in the face of evil; **musimy ~dzić złu** we have to remedy the evil; **nie można temu ~dzić** nothing can be done about it

zara|nie *n* (*Gpl* **~ni** a. **~ń**) książk. dawning, dawn; **~nie nowej ery/nowego stulecia** the dawn of a new era/century; **od ~nia dziejów** since the dawn of time; **w ~niu swej młodości interesował się geologią** in his early youth he was interested in geology

zarann|y *adi.* książk. morning *attr.*; **gwiazda ~a** the morning star

zarastać _impf_ → **zarosnąć**

zaraz **I** _part._ 1 (wkrótce) ~ **po** right a. straight after; ~ **po zebraniu** immediately after the meeting; **zadzwonię do ciebie** ~ **po powrocie** I'll phone you as soon as I get back 2 (blisko) right, just; ~ **koło dworca** right a. just next to the station; ~ **za rogiem** just around the corner; **mieszkają** ~ **obok** they live right next door; ~ **następnego dnia** the very next day; ~ **na następnej stronie** on the very next page 3 (wyrażające powątpiewanie) why; ~ **gruźlica, po prostu zwykły kaszel** TB, s/he says, it's just a common cough, that's all

II _adv._ (od razu) right away, straight away; ~ **wracam** I'll be right back; ~ **się dowiemy, o co im chodzi** we'll soon find out what they want; **od** ~ _pot._ right away, as of a. from now; **zwalniam panią od** ~ you're fired as of now a. today; „**kucharz potrzebny od** ~" (w ogłoszeniu) 'cook needed immediately'

III _inter._ (chwileczkę) just a minute; (wyrażając zastanowienie) hang on; ~, **jeszcze nie skończyliśmy!** just a minute, we haven't finished yet!; ~, ~! **ja byłam pierwsza** just a minute, I was first!; „**zadzwoń do niego**" – „~, **tylko skończę obiad**" 'give him a ring' – 'okay, just let me finish my dinner'; ~, ~, **gdzie są moje okulary?** hang on (a minute a. tick _pot._), where are my glasses?

zaraz|a _f_ 1 (choroba zakaźna) epidemic, plague; **miasto dotknięte** ~**ą** a plague-stricken town; **miasto nękane przez** ~**ę** a plague-ridden town; **ognisko** ~**y** Typhoid Mary _pot._; **w mieście wybuchła** ~**a** an epidemic broke out in the town; **w gorącym klimacie** ~**a szerzy się bardzo szybko** an epidemic spreads very fast in a hot climate 2 _pot._ (uporczywa choroba) nasty disease _pot._; **na liściach jabłoni pojawiła się (jakaś)** ~**a** the leaves of the apple tree are blighted 3 obraźl. (wyzwisko) scumbag _pot._, obraźl.; (o kobiecie) hag obraźl.

❏ ~**a ziemniaczana** Bot. potato blight; **morowa** ~**a** przest. bubonic plague; **żółta** ~**a** obraźl. yellow peril

■ **a niech cię** ~**a!** _pot._ a pox on you! daw.; **nienawidzieć kogoś jak** ~**y** _pot._ to hate sb like poison; **po jaką** ~**ę to zrobiłeś** _pot._ why the hell did you do it?; **po jaką** ~**ę tak się męczycie?** why the hell should you slave away like that?; **unikać kogoś/ czegoś jak** ~**y** _pot._ to avoid sb/sth like the plague

zaraz|ek _m_ germ, microbe; **odporny na** ~**ki** germproof; ~**ek gruźlicy** the TB germ

❏ ~**ek ropotwórczy** Med. pus-forming germ

zarazem _adv._ (all) at the same time; **chciało mi się śmiać i płakać** ~ I felt like laughing and crying at the same time; **była piękna i bogata** ~ she was both beautiful and rich

zara|zić _pf_ — **zara|żać** _impf_ **I** _vt_ (wywołać chorobę zakaźną) to infect, to pass on; ~**żony wirusem HIV** HIV-infected; ~**zić kogoś grypą/ospą wietrzną** to infect sb with flu/ smallpox, to pass flu/smallpox on to sb;

~**ić kogoś wesołością** przen. to infect sb with joy

II **zarazić się** — **zarażać się** to become infected (**czymś** with sth); to contract, to pick up; ~**ił się grypą od kolegi** he picked up a. caught (the) flu from a friend

zaraźliwie _adv._ przen. _[śmiać się, ziewać]_ contagiously, infectiously; **zły przykład działa** ~ **na młodzież** a bad example is contagious for young people

zaraźliwoś|ć _f sgt_ infectiousness także przen.; **wirus Ebola odznacza się dużą** ~**cią** the Ebola virus is highly infectious

zaraźliw|y _adi._ _[choroba]_ contagious, infectious; _[zapał, śmiech, entuzjazm]_ contagious, infectious; **ziewanie jest** ~**e** yawning is contagious

zarażać _impf_ → **zarazić**

zarąb|ać _pf vt_ to chop a. hack [sb] to death

zarchiwiz|ować _pf vt_ 1 (przechować) to archive _[dokumenty, akta]_ ⇒ **archiwizować** 2 Komput. to archive _[pliki, dane]_ ⇒ **archiwizować**

zardzewia|ły _adi._ _[maszyna, zawiasy]_ rusty

zardzewi|eć _pf_ (~**eje, ~ał**) _vi_ _[zawiasy, gwóźdź]_ to rust (up), to become rusted

zareag|ować _pf vi_ 1 to react, to respond (**na coś** to sth); **gwałtownie** ~**ować** to react violently; **nie** ~**ować na czyjąś uwagę** to ignore sb's remark; **publiczność** ~**owała śmiechem/oklaskami** the audience responded with laughter/applause ⇒ **reagować** 2 Biol. to respond; **żywe organizmy** ~**owały na bodźce** the living organisms responded to stimuli 3 Chem. to react

zarecho|tać _pf_ (~**czę** a. ~**cę**) _vi_ 1 (o żabach) to croak 2 _pot._ (śmiać się) to cackle; ~**tał zadowolony** he cackled with glee

zarejestr|ować _pf_ **I** _vt_ to record, to register; **aparatura** ~**owała zmiany ciśnienia** the apparatus recorded a. registered pressure changes

II **zarejestrować się** to register; ~**ował się jako bezrobotny** he registered as unemployed; he signed on GB

zareklam|ować _pf_ **I** _vt_ 1 (zrobić reklamę) to advertise _[film, wyrób]_ 2 (zgłosić reklamację) to make a complaint; ~**ować towar z brakami** to return defective goods; ~**ować jakość wyrobu** to complain about the (poor) quality of a product

II **zareklamować się** to advertise oneself; **mieliśmy okazję** ~**ować się w telewizji** we had a chance to show ourselves on television

zarekomend|ować _pf vi_ to recommend; ~**ować kogoś na stanowisko dyrektora** to recommend sb for the post of director; ~**ował kolegę jako dobrego fachowca** he recommended his friend as a real professional ⇒ **rekomendować**

zarekwir|ować _pf vt_ książk. 1 (zabrać) to commandeer, to requisition, to impress _[konie, pojazdy]_ ⇒ **rekwirować** 2 żart. (skonfiskować) to confiscate; ~**owali dzieciom proce** the children's catapults have been confiscated ⇒ **rekwirować**

zarepet|ować _pf vt_ Wojsk. to recock _[karabin, strzelbę, rewolwer]_ ⇒ **repetować**

zarezerw|ować _pf vt_ 1 to book, to reserve _[pokój, stolik, miejsce]_ ⇒ **rezerwować** 2 (przeznaczyć) to set aside _[czas, pieniądze]_ ⇒ **rezerwować** 3 (zastrzec sobie) to reserve; ~**ować sobie prawo do robienia czegoś** to reserve the right to do sth ⇒ **rezerwować**

zaręczać _impf_ → **zaręczyć**

zaręcz|ony _adi._ engaged; **byli** ~**eni przez trzy lata, zanim się pobrali** they were engaged for three years before getting married

zaręcz|yć _pf_ — **zaręcz|ać** _impf_ **I** _vt_ to get [sb] engaged; ~**yć kogoś z kimś** to betroth sb to sb przest.; ~**yli go z posażną panną** they got him engaged to a rich girl

II _vi_ (zagwarantować) to vouch, to affirm; ~**ył za niego słowem honoru** he gave his word on his behalf, he vouched for him; **mogę** ~**yć, że to, co mówi, jest prawdą** I can vouch for what he says a. confirm that what he says is true; ~**ył za syna całym majątkiem** he staked all he had on his son; ~**ył, że się nie spóźni** he promised he wouldn't be late

III **zaręczyć się** — **zaręczać się** to become engaged

zaręczynow|y _adi._ _[przyjęcie, pierścionek]_ engagement _attr._

zaręczyn|y _plt_ (G ~) 1 (przyrzeczenie małżeństwa) engagement (**z kimś** to sb); betrothal przest.; **ogłosić** ~**y** to announce one's engagement; **zerwali** ~**y na krótko przed ślubem** they broke off their engagement shortly before the wedding 2 (uroczystość) engagement party

zarękaw|ek _m_ przest. oversleeve

zaripost|ować _pf vi_ to retort ⇒ **riposto-wać**

zarobacz|ony _adi._ _[pies, kot]_ verminous; _[mięso, mąka, owoce, warzywa]_ maggoty, wormy

zarob|ek _m_ (G ~**ku**) 1 (wynagrodzenie) earnings _pl_; (dzienny, tygodniowy) wage; (miesięczny, roczny) salary; **obciąć komuś** ~**ki** to cut sb's wages, to dock sb's pay GB; **robić coś dla** ~**ku** to do sth for a living a. for money; **dostawać godziwy** ~**ek** to make decent money; **zasługujemy na godziwe** ~**ki** we deserve decent salaries; **mój miesięczny** ~**ek nie przekracza 3000 złotych** my monthly income is less than 3,000 zlotys 2 (zatrudnienie) work; **szukać** ~**ku** to look for work a. a job 3 (zysk ze sprzedaży) profit; **sprzedałem swój stary samochód z** ~**kiem** I sold my old car at a profit

zar|obić _pf_ — **zarabiać** _impf vt_ 1 (otrzymać wynagrodzenie) to earn; ~**abiać na życie** to earn a living a. one's living; **dobrze/mało** ~**abiać** to be a high/low earner, to make a lot of/little money; ~**abiać 1000 złotych tygodniowo** to earn a. make 1,000 zlotys a week; ~**obił na czysto 1000 złotych** he netted 1,000 zlotys; **jak myślisz, ile on** ~**abia?** how much do you think he earns?, what do you think he earns?; **ciężko** ~**obione pieniądze** hard-earned money 2 _pot._ (zagnieść) ~**obić ciasto** to knead dough 3 _pot._ (uzyskać) **długo musiał** ~**abiać na dobrą opinię** it took him a long time to earn a good reputation; ~**obić dobry**

stopień w szkole to earn a good mark/grade at school [4] pot. (zreperować) **~obić oczka w pończoszse** to repair a run in one's/sb's stocking

zarobk|ować impf vi to work, to earn a living

zarobkowo adv. for money; **pracować ~** to be gainfully employed; **malował portrety ~** he painted portraits as a source of income

zarobkow|y adi. **praca ~a** gainful employment; **utrata możliwości ~ych** the loss of earning capacity; **mieć duże możliwości ~e** to have many potential sources of income

zarod|ek m [1] (organizm ludzki, zwierzęcy) embryo [2] (zawiązek rośliny) germ (cell) [3] przen. (początkowe stadium) embryo, germ; **~ek genialnej myśli** the germ of a brilliant idea; **miał w sobie ~ki geniuszu** he had in him the germ of genius ■ **stłumić** a. **zdusić coś w ~ku** to nip sth in the bud, to kill sth in the egg; **opór miał być zduszony w ~ku** all resistance was to be nipped in the bud

zarodkow|y adi. [1] (odnoszący się do ludzi i zwierząt) embryonic [2] (w odniesieniu do roślin) germinal

zarodni|a f (Gpl ~) Bot. sporangium, spore case

zarodnik m Bot. spore

zarodnikow|y adi. spore attr.; **rośliny ~e** spore plants

zarodow|y adi. [klacz, krowa, stado] brood attr.

zar|oić się pf v refl. to swarm, to teem; **pszczoły ~oiły się na lipie** bees swarmed on the lime a. linden tree; **na ulicy ~oił się tłum ludzi** a crowd of people appeared on the street, the street was teeming with people; **w południe plac ~oił się turystami** at noon the square started to teem a. swarm with tourists

zaropia|ły adi. [oczy, rana, wrzód] festering, suppurating

zaropi|eć pf (~eje, ~ał) vi [oczy, rana] to suppurate, to fester, to become suppurated a. festered

zarosły adi. → zarośnięty

zar|osnąć pf — **zar|astać** impf (~ósł — ~astam) vi [1] (o roślinach, włosach) to overgrow; **trawa ~osła ścieżkę** the grass had overgrown the path, the path was overgrown with grass; **~osłeś od rana, musisz się ogolić** you have (a) five o'clock shadow, you need another shave; **staw ~ósł tatarakiem** the pond was covered with sweet flag [2] (zagoić się) **rana już ~asta** the wound's (already) healing

zarośl|a plt (G ~i) thickets pl, brush U US; **nad rzeką rosły gęste ~a trzciny** dense reeds grew by the river; **ukryli się w gęstych ~ach** they hid in the thick brushwood

zarośnię|ty adi. [1] pot. (pokryty zarostem) [mężczyzna, twarz] unshaven; [klatka piersiowa, nogi] hairy; **byli brudni i ~ci** they

were dirty and unshaven [2] (o terenie, powierzchni) [łąka, wzgórze] overgrown; **okno ~te pajęczynami** a cobwebbed window; **ogród ~ty chwastami** a garden overgrown with weeds; **podłoga/szyba ~ta brudem** a grimy floor/window; **ciemiączko miał już ~te w wieku czterech miesięcy** his fontanelle ossified when he was four months old

zarozumiale adv. [spoglądać, mówić] conceitedly

zarozumial|ec m (V ~cu a. ~cze) pejor. big-head pot.; conceited person

zarozumialstw|o m sgt conceit

zarozumiałoś|ć f sgt conceit

zarozumia|ły adi. [osoba] conceited, swollen-headed; [mina, ton] conceited, self-important

zarówno coni. **~..., jak i...** both..., and...; ... as well as...; **~ pomidory, jak i ogórki** both tomatoes and cucumbers, tomatoes as well as cucumbers

zaróżowi|ć pf [] vt to pink(en); **obłoki ~one słońcem** sun-pinked clouds [] **zaróżowić się** to glow; **twarz mu się ~ła** there was a glow on his cheeks; **policzki ~ły się jej od wysiłku** her cheeks were glowing from exertion

zaróżowi|ony adi. [policzki, twarz] glowing, pink

zarumie|nić pf [] vt [1] Kulin. (przysmażyć na brązowo) to brown [bułkę, cebulę] [2] (uczynić rumianym) to give [sb/sth] glow; **mroźny wiatr ~nił im policzki** the freezing wind gave them a pink glow on their cheeks [] **zarumienić się** [1] Kulin. [masło, mięso] to brown; **smaż rybę aż się ~ni** fry the fish until brown [2] (zaczerwienić się) to blush, to flush; **~nić się ze wstydu** to be flushed with shame; **~iła się od wysiłku** her face flushed from the effort

zarumieni|ony adi. [policzki, twarz] blushing, flushed, glowing; **pogłaskał ją po ~onym policzku** he stroked her flushed cheek

zar|wać pf — **zar|ywać** impf (~wę — ~ywam) [] vt pot. [1] (gwałtownie zaboleć) **~wało go w nodze** suddenly he felt a shooting pain in his leg [2] (zaniedbać) **~wał studia** he dropped out (of university) [] **zarwać się — zarywać się** [1] (zapaść się) [sufit, most] to collapse [2] (lód) to break (up) ■ **~ywać noce** to sit up till late at night

zarybiać impf → zarybić

zaryb|iać pf — **zaryb|iać** impf vt [1] (zaprowadzić hodowlę) to stock with fry [2] (zwiększyć liczbę ryb) to restock [stawy, jeziora]

zaryczan|y adi. pot. tearful; **dziewczyna wróciła ze szkoły ~a** the girl came home from school (all) in tears

zarycz|eć pf (~ysz ~ał, ~eli) [] vi [1] (o zwierzętach) [krowa] to moo, to low; [osioł, muł] to bray, to hee-haw; [lew, niedźwiedź] to roar [2] przen. (zabrzmieć głośno) [silnik, syrena] to roar [3] pot. (wrzasnąć) to roar, to yell; **wynoś się! ~ał** 'get out!,' he roared a. yelled; **wszyscy ~eli ze śmiechu** everybody roared with laughter [] **zaryczeć się** pot. (głośno płakać) **~ałaby się na śmierć, gdyby się nie zjawił** she

would weep her heart out if he didn't turn up

zary|ć pf [] vi **~ł nartami w śnieg** his skis got stuck in the snow; **konie ~ły kopytami w piasek** the horses trampled a. pawed the sand with their hooves; **~ył głową w ziemię** he fell head-first on the ground [] **zaryć się** to burrow; **samochód ~ł się w błocie** the car got stuck in the mud

zarygl|ować pf — **zarygl|owywać** impf [] vt to bolt, to latch [drzwi, okno] [] **zaryglować się — zaryglowywać się**: **~ować się w mieszkaniu** to lock and bolt oneself up in the flat

zaryk|iwać się impf v refl. pot. **~iwać się ze śmiechu** to laugh one's head off; **~iwała się przez tydzień po wyjeździe chłopaka** she cried her eyes out for a week after her boyfriend left

zarys m (G ~u) [1] (niewyraźny kształt, kontur) outline; **~y budynków we mgle** the outlines of buildings in the mist; **odróżniać ~y czegoś** to discern a. distinguish the outlines of sth [2] (wstępny projekt) outline; **przedstawić coś w ~ie** to outline sth, to sketch sth out [3] (zbiór podstawowych wiadomości) outline; **„Historia Warszawy w ~ie"** 'An Outline History of Warsaw' ■ **w głównych** a. **ogólnych ~ach** in (broad) outline; **w grubszych ~ach** broadly speaking

zarys|ować pf — **zarys|owywać** impf [] vt [1] (pokryć rysunkami) to cover with drawings; **~ował całą kartkę** he drew all over the page [2] (zrobić rysę) to scrape, to scratch [posadzkę, lód, powierzchnię] [3] przen. (uwidocznić kontury) to outline; **świetnie ~owane postacie dramatu** finely sketched characters; **wyraźnie ~owana indywidualność** a clear-cut personality; **mocno ~owana szczęka** a well-defined jaw [] **zarysować się — zarysowywać się** [1] (pokryć się rysami) [podłoga, lód] to become scratched; [sufit, ściana] to crack [2] (stać się widocznym) to show, to appear; **~owują się między nimi coraz głębsze różnice** increasing differences between them are emerging

zary|ty adi. stuck; **koła samochodu ~te w błocie** car wheels stuck in the mud

zarywać impf → zarwać

zaryzyk|ować pf vt to risk; **mimo wszystko ~ujmy** let's risk it anyway; **~ować stwierdzenie, że...** to hazard a guess that...; **~ować kupno używanego samochodu** to risk buying a second-hand car

zarzą|d m (G ~du) [1] (grupa nadzorująca) board (of directors); **członek ~du** a trustee; **być członkiem ~du** to sit on the board (of directors) [2] (kierowanie, zarządzanie) administration; **pod ~dem** under sb's management; **przekazać komuś ~d czegoś** to hand over control of sth to sb; **pozostawać pod czyimś ~dem** to remain in the hands (of sth/sb); **przejść pod czyjś ~d** to come under sb's control/under the control of sth; **objąć ~d czegoś** a. **nad czymś** to take over the running of sth; **nad całą firmą ~d sprawuje trzech dyrektorów** three managers run the company

zarządc|a *m* przestarz. administrator; **~a majątku** a land agent, a steward

zarządza|ć *impf vt* (kierować) to run (**czymś** sth) *[firmą, gospodarstwem]*; to steward (**czymś** sth) *[majątkiem, obszarem]*; to administer (**czymś** sth) *[funduszami, interesami]*; **~ł moimi finansami** he managed my finances; **~nie gospodarką** economic management; **~nie danymi** data management; **~nie zasobami ludzkimi** personnel management; **złe ~nie** mismanagement; **jest absolwentem wydziału ~nia** he's a management graduate; **była konsultantką do spraw ~nia** she was a management consultant

zarządzać¹ *impf* → **zarządzić**

zarządze|nie *II sv* → **zarządzić**

II *n* [1] (polecenie władzy) order, edict; **minister wydał ~nie dotyczące...** the minister issued a directive on... [2] Prawo (akt prawny) order, directive

zarzą|dzić *pf* — **zarzą|dzać¹** *impf vt* (wydać polecenie) to order; **~dzić zbiórkę** to hold a rally; **~dzić postój** to call a halt; **~dzić głosowanie** to order a vote; **~dzić reformy** to ordain reforms

zarzecz|e *n* (*Gpl* **~y**) hinterland

zarzewi|e *n* (*Gpl* **~**) [1] książk. (żarzące się węgle) embers; **dmuchał w tlące się ~e, żeby ogień szybciej się rozpalił** he was blowing on the flickering embers to kindle the fire [2] przen. (zaczątek) embers, hotbed; **tlące się ~e nacjonalizmu** the flickering embers of nationalism; **stać się ~em wojny** to become a hotbed of war

zarzucać *impf* → **zarzucić**

zarzucaj|ka *f* Kulin. *vegetable soup with sauerkraut*

zarzu|cić *pf* — **zarzu|cać** *impf* **II** *vt* [1] (rzucając zawiesić) **~cić karabin na ramię** to shoulder a gun; **~cić worek na plecy** to shoulder a sack; **~cić wędkę/sieć** to cast a fishing rod/net [2] (zakryć, wypełnić) to cover; **~cić stół książkami/papierami** to scatter the table with books/papers; **~cić scenę kwiatami** to shower the stage with flowers; **~cić rów/dół kamieniami** to fill a ditch/hole with stones; **~cić kogoś pytaniami/argumentami/słowami** przen. to flood a. bombard sb with questions/arguments/words [3] (położyć na wierzchu) to fling; **~cić kapę na łóżko** to fling a bedspread on the bed [4] (nałożyć z pośpiechem) to fling [sth] on *[płaszcz, pelerynę]* [5] (obwinić) to impute, to fault; **~cić coś komuś** to accuse sb of sth; **~cić komuś kłamstwo** to accuse sb of lying; **~cić komuś oszustwo** to accuse sb of fraud/cheating; **~cić komuś zdradę/lenistwo** to accuse sb of being disloyal/lazy; **nie można jej niczego ~cić** it's impossible to find fault with her; **co masz jej do ~cenia?** what do you have against her? [6] (zaniechać) to give up, to abandon *[studia, malarstwo]*; to give up *[palenie papierosów]*; **~cić zwyczaj robienia czegoś** to give up the habit of doing sth; **~cił pomysł kupna samochodu** he dropped the idea of buying a car; **ta tradycja została dawno temu ~cona** the tradition fell into disuse a long time ago [7] (zgubić) to misplace, to mislay; **~cić gdzieś klucze** to mislay one's

keys somewhere [8] (o pojeździe w ruchu) to fishtail; **samochód ~cił** a. **~ciło na zakręcie** the car fishtailed around a corner; **wozy ~cało na śliskiej jezdni** vehicles fishtailed from side to side on the slippery road

II zarzucić się pot. *[notatki, dokumenty]* to become misplaced, to become mislaid

■ **~cić komuś ręce na szyję** to throw one's arms around sb's neck; **~cić rynek owocami/samochodami** to glut the market with fruit/cars

zarzu|t *m* (*G* **~tu**) [1] (oskarżenie) accusation, charge; **narażać się na ~t, że...** to lay oneself open to the charge that...; **wysuwać liczne ~ty pod czyimś adresem** to level a number of charges against sb/sth; **główny ~t dotyczył wzrostu podatków** the main objection was to the tax increase [2] Prawo charge; **ciąży na nim ~t zdrady** he's been charged with treason; **aresztowano go pod ~tem morderstwa** he was arrested on a charge of murder; **oczyścić kogoś z ~tu przestępstwa** to exonerate sb from a crime, to acquit sb; **został oczyszczony z ~tów** he was cleared of the charge

■ **bez ~tu** without fault a. blemish; **sprawować się bez ~tu** to behave in an exemplary way; **całe życie sprawował się bez ~tu** he led a blameless life; **mój komputer działa bez ~tu** my computer works beautifully; **władał polszczyzną bez ~tu** his Polish was impeccable

zarzyga|ć *pf vt* posp. to be sick; to throw up GB pot. (**coś** on sth); to upchuck US pot.; **~ł cały stół** he threw up all over the table

zarzynać *impf* → **zarżnąć**

zarż|eć *pf vi* [1] *[koń]* to neigh, to whinny [2] przen. (zaśmiać się) to snicker

za|rżnąć *pf* — **za|rzynać** *impf* (**zarżnęła, zarżnęli — zarzynam**) **II** *vt* [1] (zabić ostrym narzędziem) to slaughter, to butcher *[cielaka, prosię]* [2] pot. (zniszczyć) to knacker GB *[silnik, mechanizm]*; **zarżnąć kawał** przen. to kill a joke [3] pot. (wpędzić w kłopoty) to ruin; **podatki go zarżnęły** taxes finished him off; **odsetki od kredytów zarzynają niektóre gospodarstwa** some farms are being ruined by interest rates

II zarżnąć się — zarzynać się [1] (skaleczyć się) to cut oneself (**czymś** with sth); **zarżnąć się w palec/w rękę** to cut one's finger/hand [2] pot. (zaszkodzić sobie) to ruin oneself, to become ruined; **zarżnąć się pożyczkami** to run up ruinous debts; **zarzynać się ciężką pracą** to be killing oneself with hard work

zasa|da *f* [1] (norma postępowania) principle, rule; **niepisana ~da** an unwritten rule a. code; **człowiek z ~dami** a man of (high) principles; **~dy moralne** moral principles; **~dy dobrego wychowania** the rules of good conduct a. behaviour; **złamać ~dy** to break the rules; **przestrzegać ~d** to observe the rules; **kierował się ~dą, żeby nie pożyczać pieniędzy** he made it a principle never to borrow money; **mam taką ~dę, że nigdy tego nie robię** I make it a rule not to do that; **postępować zgodnie z własnymi ~dami** to live up to one's principles; **tu chodzi o ~dę** it's a point of principle [2] (ustalony tryb postępo-

wania) rule, regulation; **~dy ochrony przeciwpożarowej** fire regulations; **przestrzegać ~d ruchu drogowego** to observe traffic rules a. regulations; **respektować/naruszać ~dy wolnego rynku** to respect/violate the rules of the free market; **baseball to gra o skomplikowanych ~dach** baseball is a game with complicated rules [3] (podstawa, reguła) principle; **~dy fizyki/chemii** the laws of physics/chemistry; **druga ~da termodynamiki** the second law of thermodynamics [4] Chem. base; **~da sodowa/potasowa** a sodium/potassium base

❑ **~da akcji i reakcji** Fiz. Newton's third law of motion; **~da bezwładności** Fiz. Newton's first law of motion; **~da dwoistości** Mat. the law of duality; **~da sprzeczności** the law of contradiction; **~da trzech jedności** Literat. the rule of the three unities; **~dy współżycia społecznego** rules of social intercourse

■ **dla ~dy** on principle; **w ~dzie** in principle, by and large; **niczym w ~dzie się nie różnią** they're much of a muchness

zasadniczo *adv.* [1] (zupełnie) *[zmienić się, różnić się]* fundamentally [2] (właściwie) *[zgodzić się, popierać]* in principle, generally; **~ nie lubił kotów, ale Mimi była wyjątkiem** in principle he didn't like cats, but Mimi was an exception

zasadniczoś|ć *f sgt* książk. principled approach; **~ć w postępowaniu** adherence to principles in one's behaviour

zasadnicz|y *adi.* [1] (główny) *[argument, różnice]* fundamental; **miał ~e wiadomości z prawa i historii** he was familiar with the fundamentals of law and history [2] (nieodstępujący od zasad) principled, high-principled; **był bardzo ~y w swoim postępowaniu** he was very high-principled

■ **~a rozmowa** a serious conversation a. talk

zasadnie *adv. grad.* książk. legitimately

zasadnoś|ć *f sgt* książk. legitimacy, legitimateness

❑ **~ć wyroku** Prawo legitimacy of a verdict

zasadn|y *adi.* książk. *[wyrok, zarzut]* legitimate

zasadow|y *adi.* Chem. basic, alkaline; **skały ~e** alkaline rocks

zasadzać *impf* → **zasadzić**

zasadza|ć się *impf v refl.* książk. to be based (**na czymś** on sth); to arise (**na czymś** out of sth); **cały ten spór ~ł się na nieporozumieniu** the whole dispute was based on a. arose out of a misunderstanding

zasa|dzić *pf* — **zasa|dzać** *impf* **II** *vt* (umieścić roślinę w ziemi) to plant *[drzewka, kwiaty, las]*

II zasadzić się — zasadzać się książk. to waylay (**na kogoś/coś** sb/sth)

■ **~dzić kogoś do odrabiania lekcji** to get sb to do their homework

zasadz|ka *f* [1] Myślis. trap; **myśliwy zastawił ~kę na niedźwiedzia** the hunter set a trap for the bear [2] (przygotowana próba schwytania) ambush; **zorganizowaliśmy ~kę na oddział żołnierzy wroga** we set up an ambush for an enemy unit; **policja zorganizowała ~kę na działaczy opo-**

Z

zycyjnych the police set up an ambush for opposition activists; **całą noc czekali w ~ce na zwierzynę** they were waiting in ambush for their quarry all night ③ przen. (podstępne działanie) **wciągnęli go w ~kę i musiał z nimi współpracować** they trapped him and he was forced to collaborate with them

zasalut|ować pf vt to salute; **~ować oficerowi/kapitanowi** to salute an officer/ captain; **strzelił obcasami i ~ował** he clicked his heels and saluted ⇒ **salutować**

zasap|ać pf (~ię) Ⅱ vi [osoba] to pant, to puff; [parowóz, parostatek] to chug ⇒ **sapać** Ⅲ **zasapać się** to be breathless; **~ał się od tego** it made a. left him breathless

zasapan|y adi. [osoba] panting; **być ~ym** to be out of breath; **„dalej nie idę" powiedział ~ym głosem** 'I'm not going any further,' he said, panting

zasądzać impf → **zasądzić**

zasą|dzić pf — **zasą|dzać** impf vt ① Prawo [sąd] to adjudge [odszkodowanie] (**na czyjąś rzecz** to sb); **~dzić alimenty na czyjąś rzecz** to award sb alimony ② książk. (skazać) to sentence [osobę]; **~dzić kogoś na rok więzienia** to sentence sb to one year in prison

zasch|ły adi. [błoto, krew] caked

zas|chnąć pf — **zas|ychać** impf (~chnął a. ~echł, ~chnęła, ~chnęli — ~ycham) Ⅱ vi [klej] to set; [błoto, krew] to cake; [tusz, atrament, farba] to dry; **krew ~chła mu na twarzy** blood caked his face; **błoto ~chnięte na butach** mud caking the shoes Ⅲ v imp. **~chło mi w gardle** a. **ustach** I'm thirsty a. parched pot.

zaschnie|ty Ⅱ pp → **zaschnąć** Ⅲ adi. [krew, błoto] caked

zaserw|ować pf vt ① Sport to serve [piłkę, asa] ⇒ **serwować** ② książk. (podać do stołu) to serve [potrawę]; **~owano nam pieczeń** we were served a roast ⇒ **serwować** ③ przen. **~ować komuś coś** to treat sb to sth; **~owano nam dwie godziny wspaniałej muzyki** we were treated to two hours of great music ⇒ **serwować**

zasępiać impf → **zasępić**

zasęp|ić pf — **zasęp|iać** pf Ⅱ vt [wydarzenie, sytuacja] to make sb glum Ⅲ **zasępić się — zasępiać się** to be distressed; **~ił się, kiedy usłyszał, że...** he was distressed to hear that...

zasępi|ony Ⅱ pp → **zasępić** Ⅲ adi. [osoba, twarz] glum

zasi|ać[1] pf — **zasi|ewać** impf (~eję — ~ewam) vt ① to sow [pole] (**czymś** with sth) ② przen. to sow [niezgodę]; **~ać w kimś wątpliwości** to sow the seeds of doubt in sb's mind

zasi|ać[2] pf (~eję) vt to sow [ziarno, zboże] ⇒ **siać**

zasiadać impf → **zasiąść**

zasiarczać impf → **zasiarczyć**

zasiarczeni|e Ⅱ sv → **zasiarczyć** Ⅱ n sgt (akumulatora) sulphating; **~e atmosfery/gleby** the high amount of sulphur in the air/soil; **ulec ~u** [akumulator] to become sulphated

zasiarcz|ony Ⅱ sv → **zasiarczyć** Ⅲ adi. [gleba, powietrze] contaminated with sulphur; [akumulator] sulphated

zasiarcz|yć pf — **zasiarcz|ać** impf vt to contaminate [sth] with sulphur [glebę, powietrze]

zasi|ąść pf — **zasi|adać** impf (~ądę, ~ądziesz, ~adł, ~adła, ~edli — ~adam) vi książk. ① (usiąść) to seat oneself książk.; (zabrać się) to sit down; **~ąść w fotelu** to sit down in an armchair; **~ąść do obiadu/pracy/gry** to sit down to dinner/to work/to a game; **~ąść do fortepianu** to seat oneself at the piano; **~ąść za kierownicą** to sit down behind the wheel ② (zająć stanowisko) **~adać w radzie** to have a seat on a council; **~ąść w ławie poselskiej** to be elected to parliament; **~adać w ławie poselskiej** to sit in parliament; **~adać na ławie oskarżonych** Prawo. to be in the dock; **~ąść na tronie** to ascend the throne; **~adać w komisji/jury** to sit on a committee/jury

zasie|c pf (~kę, ~czesz, ~kł, ~kła, ~kli) vt książk. (szablą) to slash [sb] to death; (batem) to lash [sb] to death; **~kli go na śmierć szablami** they slashed him to death with their swords

zasiedlać impf → **zasiedlić**

zasiedl|ić pf — **zasiedl|ać** impf vt to settle [tereny, kraj]; **~ać kimś nowe tereny** to settle sb in a new territory, to settle a new territory with sb; **~ić nowo zbudowany blok** to move tenants into a newly built block of flats; **budynek gotowy do ~enia** a house ready for occupation

zasiedzeni|e n sgt Prawo (positive) prescription; **nabyć własność przez ~e** to acquire ownership by prescription

zasiedzia|ły adi. **osoba ~ła na wsi** a person who has long moved to the country; **~ły gość** a guest who has overstayed his welcome; **~ły lokator** Prawo. a sitting tenant

zasie|dzieć się pf (~dzisz się, ~dział się, ~dzieli się) v refl. to stay (too) late; **~dzieć się w biurze** to work late at the office; **~dzieć się do późnej nocy** to stay up late into the night; **~dzieć się nad robotą/książką** to stay late working/reading; **~dzieć się na wizycie** to overstay a. wear out one's welcome

zasiek|i plt (G ~ów) Wojsk. entanglements; **~i z drutu kolczastego** barbed wire entanglements; **postawić ~i wokół czegoś** to place barbed wire entanglements around sth

zasiew m (G ~u) Roln. ① (sianie) sowing; **wiosenny ~** the spring sowing ② (uprawa) crops; **susza zniszczyła ~y** the drought ruined the crops

zasiewać impf → **zasiać**[1]

zasięg m (G ~u) ① (zakres) reach, scope; (największa odległość) range; **~ kampanii** the scope of a campaign; **~ występowania gatunku** the geographical range of a species; **kampania reklamowa o ograniczonym ~u** a small-scale advertising campaign; **sprawa o ~u międzynarodowym** an international issue; **znajdować się w ~u czyichś wpływów** to be within the scope a. range of sb's influence; **objąć coś swoim ~iem** [katastrofa, epidemia] to spread over sth; **w ~u/poza ~iem wzroku** in/out of view; **w ~u/poza ~iem słuchu**

within/out of hearing range; **w ~u/poza ~iem strzału** within/out of gunshot; **znajdować się w ~u ręki** to be within (arm's) reach; **być w czymś ~u** przen. [nagroda, cel] to be within reach for sb; **być poza czyimś ~iem** przen. to be beyond sb's reach ② Lotn., Wojsk. range; **~ pocisku/samolotu** the range of a missile/aircraft; **pocisk średniego/dalekiego ~u** a medium-/long-range missile; **znajdować się poza ~iem radaru** to be out of range of radar ③ Telekom. range; **mieć ~/nie mieć ~u** to be out of/within range

zasięgać impf → **zasięgnąć**

zasięg|nąć pf — **zasięg|ać** impf (~nęła, ~nęli — ~am) vt **~nąć czyjejś rady** to ask sb's advice; **~nąć czyjejś opinii w sprawie czegoś** to consult sb about sth; **~nąć informacji w biurze podróży na temat czegoś** to enquire about sth at a travel agency; **~nąć języka na temat czegoś** to find out about sth

zasilacz m Elektr. power pack

zasilać impf → **zasilić**

zasil|ić pf — **zasil|ać** impf vt ① (dostarczyć energii) to power [urządzenie]; **maszyna ~ana elektrycznie** an electrically powered machine; **być ~anym prądem/gazem** to be powered by electricity/gas; **~ać budynek/miasto w energię elektryczną** to supply electricity to a building/city; **~anie awaryjne** an emergency power generator ② (uzupełnić) [rzeka, przewód] to feed [jezioro, pojemnik] (**czymś** with sth); **~ić fundusz** [osoba] to make a contribution to a fund; [pieniądze] to go towards a fund; **~ać instytucję z budżetu państwa** to fund an institution with public money; **~ać zbiornik wodą** to feed a reservoir with water, to feed water to a reservoir; **~ić zbiory muzeum** [eksponat] to be acquired by a museum; **~ić szeregi studentów** [osoba] to become a student; **~ić szeregi tych, którzy...** to join the ranks of those who...

zasił|ek m (G ~ku) Admin. benefit C/U; **~ek dla bezrobotnych** unemployment benefit; the dole pot.; **~ek chorobowy** sickness benefit; **~ek macierzyński** maternity benefit; **żyć z ~ku** to live off benefits; **być na ~ku** to be on benefit a. social security GB a. welfare US; **pójść na ~ek** to go on the dole, to go on welfare US; **otrzymywać ~ek** to receive a benefit; **mieć prawo do ~ku** to be entitled to benefit; **nabrać prawa do ~ku** to become entitled to benefit

zaskakiwać impf → **zaskoczyć**

zaskakująco adv. surprisingly; **~ dobre wyniki** surprisingly good results

zaskakując|y Ⅱ pa → **zaskakiwać** Ⅲ adi. [widok, wynik, reakcja] surprising; **~e, że/jak/ile...** it's surprising that/how/ how many...; **trochę ~e było to, że...** it came as something of a surprise that...; **i co ~e...** and surprisingly...

zaskarbiać impf → **zaskarbić**

zaskarb|ić pf — **zaskarb|iać** pf vt to win [szacunek, przyjaźń]; **~ić sobie czyjeś zaufanie** to win sb's trust

zaskarżać impf → **zaskarżyć**

zaskarż|yć _pf_ — **zaskarż|ać** _impf vt_ Prawo. [1] to appeal _[decyzję, wyrok]_; **~yć ustawę do Trybunału Konstytucyjnego** to refer an act to the Constitutional Court [2] to sue _[osobę]_; **~yć kogoś do sądu** to sue sb

zasklepiać _impf_ → **zasklepić**

zasklep|ić _pf_ — **zasklep|iać** _impf_ **[I]** _vt_ [1] (zalepić) to close [sth] up, to close up, to seal [sth] up, to seal up _[otwór, wejście]_; (zamurować) to wall [sth] up, to wall up _[wejście, niszę]_ [2] _[maść]_ to heal _[ranę]_

[II] zasklepić się — **zasklepiać się** [1] _[rana, otwór]_ to close up [2] przen. _[osoba]_ **~ić się w sobie** to close up; **~ić się w swoim własnym świecie** to be confined in one's own world

zaskocze|nie **[I]** _sv_ → **zaskoczyć**

[II] _n_ (zdziwienie) surprise, astonishment; (niespodzianka) surprise; **nie okazywać ~nia** to not show surprise; **ochłonąć z ~nia** to get over one's surprise; **ku mojemu (wielkiemu) ~niu...** to my (great) surprise; **wynik okazał się niemiłym ~niem** the result came as an unpleasant surprise; **to nie było dla nas żadnym ~niem** it came as a. was no surprise to us; **z ~niem przyjęliśmy fakt, że...** it was with surprise that we learnt...; **zrobić coś z ~nia a. przez ~nie** to do sth out of surprise; **element ~nia** the element of surprise

zask|oczyć _pf_ — **zask|akiwać** _impf_ **[I]** _vt_ _[osoba, wydarzenie]_ to surprise _[osobę, ofiarę, złodzieja]_; **być ~oczonym** to be surprised; **~oczyło mnie, że...** I was surprised that...; **~oczyła ich burza** they were caught in a storm; **nasze natarcie ~oczyło wroga** our offensive took the enemy by surprise

[II] _vi_ pot. [1] (wskoczyć) _[element, pokrywka]_ to click into place [2] _[samochód, silnik]_ to start [3] (zrozumieć) _[osoba]_ to get it; **jakoś nie ~oczyłem** I didn't get it

zaskoml|eć, zaskoml|ić _pf_ (~isz, ~ał, ~eli) _vi [pies]_ to yelp, to whimper ⇒ **skomleć**

zaskomlić → **zaskomleć**

zaskorupia|ły _adi._ [1] _[błoto]_ crusted [2] przen. _[poglądy, teorie]_ ossified; **człowiek ~ły w swych poglądach** a person set in his/her views

zaskorupi|eć _pf_ (~ał, ~eli) _vi_ [1] _[błoto, rana]_ to crust over [2] książk. to become set (**w czymś** in sth); **~eć w starych zwyczajach** to become set in one's habits a. ways [3] książk. (zasklepić się) _[osoba]_ to develop a hard shell

zaskowy|czeć, zaskowy|tać _pf_ (~czysz, ~czał, ~czeli) _vi_ [1] _[pies]_ to whine ⇒ **skowyczeć** [2] przen. _[osoba]_ to howl; **~czeć z bólu** to howl with pain ⇒ **skowyczeć**

zaskowytać → **zaskowyczeć**

zaskórniak _m_ pot. secret nest egg pot.

zaskórn|y _adi._ **woda ~a** Geol. subsoil water

zaskro|niec _m_ Zool. grass snake

zaskrzecz|eć _pf_ (~ysz, ~ał, ~eli) _vi_ [1] _[papuga]_ to squawk; _[żaba, wrona]_ to croak; _[małpa]_ to chatter ⇒ **skrzeczeć** [2] pejor. _[osoba, radio]_ to squawk ⇒ **skrzeczeć**

---

zaskrzyp|ieć _pf_ (~isz, ~iał, ~ieli) _vi_ _[podłoga, drzwi, schody]_ to creak; _[pióro]_ to scratch; _[śnieg]_ to crunch ⇒ **skrzypieć**

zaskwiercz|eć _pf_ (~ysz, ~ał, ~eli) _vi_ _[tłuszcz]_ to sizzle; _[świeca]_ to sputter ⇒ **skwierczeć**

zasłab|nąć _pf_ (~ł) _vi_ (omdleć) _[osoba]_ to collapse

za|słać, za|ścielić _pf_ — **za|ścielać, za|ścielać** _impf_ (zaścielę, zaścielisz — zaścielam a. zaścielam) _vt_ [1] (posłać) to make _[łóżko]_; **łóżka były już zasłane** the beds were already made [2] (nakryć) to cover; **stoły zasłane białymi obrusami** tables covered with white cloths [3] (zasypać) **łupiny kasztanów zaściełały dróżkę** the path was carpeted with conker shells; **trawnik zasłany był zeschłymi liśćmi** the lawn was carpeted with dry leaves; **biurko zasłane papierami** a desk strewn a. covered with papers

zasłaniać _impf_ → **zasłonić**

zasłon|a _f_ [1] (tkanina) curtain; **~y w oknach** curtains in the windows; **~a kabiny prysznicowej** a shower curtain; **zasunąć a. zaciągnąć ~y** to draw the curtains; **rozsunąć ~y** to open the curtains; **oddzielić coś ~ą** to curtain sth off; **w drzwiach wisiała gruba ~a** there was a thick curtain hanging in the doorway [2] (osłona) cover; (kryjówka) shelter; **~a przed wiatrem** a shelter from the wind; **stanowić ~ę przed słońcem** to give shelter from the sun; **kryć się za ~ą czegoś** to hide behind the cover of sth; **być ~ą dla przestępczej działalności** przen. to be a cover for criminal activities; **słońce wyszło zza ~y chmur** the sun came out from behind the cover of clouds [3] (woalka) veil; **~y na twarzach kobiet** veils on women's faces [4] Sport (w boksie, szermierce) guard ❑ **~a dymna** Wojsk. smokescreen także przen.; **~a powietrzna** air curtain

■ **spuścić na coś ~ę (milczenia)** to bring down the curtain on sth; **unieść ~ę a. uchylić ~y przed kimś** to let sb in on a secret

zasł|onić _pf_ — **zasł|aniać** _impf_ **[I]** _vt_ [1] (zakryć) to cover _[oczy]_; to obscure _[księżyc, widok]_; to shut out, to block (out) _[światło]_; **~onić twarz rękami** to cover one's face with one's hands; **~onić ręką słuchawkę** to cover the receiver with one's hand; **~aniaj usta, kiedy ziewasz** put your hand over your mouth when you yawn; **~onić coś prześcieradłem/kocem** to cover sth with a sheet/blanket; **~onić okno** to draw the curtains; **~onięte okna** curtained windows; **~aniasz mi!** you're blocking my view! [2] (ochronić) to shield; **~onić kogoś przed ciosem** to shield sb from a blow; **~onić oczy od słońca** to shield one's eyes from the sun; **~onić kogoś własnym ciałem** to shield sb with one's own body; **~aniać kogoś od wiatru** _[parawan, budynek]_ to shield sb from the wind

[II] zasłonić się — **zasłaniać się** [1] (zakryć się) to cover oneself; **~onić się wstydliwie ręcznikiem** to cover oneself modestly with a towel [2] (ochronić się) to shield oneself; **~onić się przed uderzeniem** to shield

---

oneself from a blow [3] przen. (tłumaczyć się) to use [sth] as an excuse; **~aniać się pracą** to use work as an excuse

zasłon|ka _f dem._ curtain

zasłonow|y _adi. [tkanina]_ curtain attr.

zasłuch|ać się _pf_ — **zasłuch|iwać się** _impf v refl._ to become engrossed (**w coś** in sth); **~ać się w muzykę** to become engrossed in some music; **tak się ~ał, że...** he was so engrossed that...

zasłuchani|e _n sgt_ enchantment; **ocknąć się z ~a** to shake off the enchantment

zasłuchan|y _adi. [osoba]_ engrossed (**w coś** in sth); **był tak ~y, że...** he was so engrossed that...

zasłuchiwać się _impf_ → **zasłuchać się**

zasłu|ga _f_ service; **jego ~gi dla firmy/ojczyzny** his services for the company/his country; **medal za ~gi** an order of merit; **poczytywać coś komuś za ~gę** to give sb credit for sth; **przypisać sobie całą ~gę** to take all the credit; **położyć znaczące ~gi dla czegoś** to render considerable services to sth; **umniejszać czyjeś ~gi** to belittle sb's achievements; **to jego ~ga, że...** all credit goes to him for...; **zwycięstwo jest ~gą całego zespołu** the credit for the win goes to the entire team; **to nie moja ~ga a. nie ma w tym mojej ~gi** I don't deserve the credit

zasługiwać _impf_ → **zasłużyć**

zasłużenie _adv. [zwyciężyć]_ deservedly; _[ukarać]_ justly

zasłuż|ony **[I]** _adi._ [1] _[osoba, działacz, pisarz]_ distinguished; **polityk bardzo ~ony dla naszego kraju** a politician who rendered great service to our country [2] _[kara, nagroda, posiłek]_ well-deserved

[II] _m_ person of merit

zasłu|żyć _pf_ — **zasłu|giwać** _impf vi_ _[osoba]_ to deserve _vt_; _[wniosek, postawa, czyn]_ to merit _vt_, to deserve _vt_; **~żyć (sobie) na coś** to deserve sth; **~giwać na uwagę** _[propozycja, pomysł]_ to merit a. deserve attention; **~giwać na karę** to deserve to be punished; **jej odwaga ~guje na nagrodę** her bravery merits a. deserves a reward; **~guje na miano wielkiego artysty** s/he's worthy of the title of great artist; **czym sobie na to ~żyłem?** what did I do to deserve this?; **nie ~żyłem na to** I don't deserve it; **~żył sobie na to** he only got what he deserved

zasły|nąć _pf_ (~nął, ~nęła, ~nęli) _vi_ to become famous; **~nąć czymś** to become famous for sth; **~nął jako polityk** he became famous as a politician; **jego restauracja ~nęła ze wspaniałej kuchni** his restaurant became famous for its fine cuisine

zasłysz|eć _pf_ (~ysz, ~ał, ~eli) _vt_ to hear _[wiadomość, pogłoski]_; **~ana plotka** hearsay; **~ane opinie/historie** second-hand opinions/stories; **~ał, że...** he heard that...

zasmak|ować _pf_ **[I]** _vt_ (zakosztować) to taste _[swobody, władzy, życia]_

[II] _vi_ [1] (polubić) to develop a taste (**w czymś** for sth); **~ować w podróżowaniu/grach hazardowych** to develop a taste for travelling/gambling [2] (przypaść do gustu) **~owała mi ta potrawa** I liked that dish;

Z

~owała **im wolność** they enjoyed the taste of freedom

zasmar|kać pf (~kam a. ~czę) [] vt to get snot on a. over pot. [osobę, rękaw]

[] **zasmarkać się** [osoba] to get snot over oneself pot.

zasmarka|niec m (Npl ~ńcy a. ~ńce) pot. snotnose pot.

zasmarkan|y [] pp → zasmarkać

[] adi. pot. [1] (ubrudzony) [chusteczka, dziecko] snotty pot. [2] (zakatarzony) [osoba] runny-nosed; **być ~ym** to have a runny nose [3] obraźl. [przedmiot, pieniądze] stinking obraźl.; [osoba] snot-nosed obraźl.

zasmar|ować pf — **zasmar|owywać** impf vt [1] (pokryć) to smear [sth] over, to smear over; **~ować coś wapnem** to smear whitewash over sth [2] pot. (zabazgrać) to smear; **~ować ściany napisami** to smear the walls with graffiti [3] pot. (zabrudzić) to smear [ręce, twarz]; **~ować sobie ubranie tłuszczem** to get grease over one's clothes

zasmarowywać impf → zasmarować

zasmażać impf → zasmażyć

zasmażan|y [] pp → zasmażać

[] adi. **~a kapusta/marchewka** fried cabbage/carrot

zasmaż|ka f Kulin. roux

zasmaż|yć pf — **zasmaż|ać** impf vt Kulin. to thicken [sth] with a roux [zupę, sos]

zasmradzać impf → zasmrodzić

zasmr|odzić pf — **zasmr|adzać** impf vt pot. to stink [sth] up a. out, to stink up a. out pot. [pokój, mieszkanie]

zasmucać impf → zasmucić

zasmu|cić pf — **zasmu|cać** impf [] to sadden, to upset [osobę]; **~ciło mnie, że...** it saddened me that...; **~cił mnie tą wiadomością** I was saddened by the news

[] **zasmucić się** — **zasmucać się** [1] [osoba] to be saddened; **~cił się, kiedy usłyszał...** he was saddened to hear... [2] [twarz] to turn sad

zasmuc|ony [] pp → zasmucić

[] adi. [osoba, twarz, oczy] sad

zas|nąć pf — **zas|ypiać¹** impf (~nął, ~nęła, ~nęli — ~ypiam) vi [osoba] to fall asleep; **~nąć za kierownicą** to fall asleep behind the wheel; **nie mogę ~nąć** I can't sleep; **~nąć na wieki** a. **snem wiecznym** książk. to pass away

zasnu|ć pf — **zasnu|wać** impf [] vt [chmury] to cover [niebo]; [dym, mgła] to envelop [okolicę]; **miasto ~te dymem** a town enveloped in smoke

[] **zasnuć się** — **zasnuwać się** (pokryć się) **niebo ~ło się chmurami** the sky became overcast; **góry ~ły się mgłą** fog enveloped the mountains; **jej oczy ~ły się łzami** her eyes misted over with tears

zasnuwać impf → zasnuć

zasobnie adv. grad. książk. **żyć ~** to live affluently; **wyglądać ~** [okolica, dom] to look affluent

zasobnik m Techn. (storage) container ❏ **~ ciepła** Techn. heat accumulator

zasobnoś|ć f sgt książk. affluence

zasobn|y adi. grad. książk. [osoba, kraj, dom] affluent; [łowisko, teren] rich; **być ~ym w coś** [kraj, okolica] to be rich in sth; **mieć ~ą kieszeń** to be well off

zasoleni|e [] sv → zasolić

[] n sgt salinity (**czegoś** of sth)

zas|ób [] m (G ~obu) (nagromadzenie) store; (źródło) source; **mieć ogromny ~ób wiedzy** to have a vast store of knowledge; **mieć duży/ograniczony ~ób słów** a. **słownictwa** to have a large/limited vocabulary; **mieć niewyczerpane ~oby energii** to have boundless reserves of energy; **~oby biblioteki** the collection of a library; **stanowić niewyczerpany ~ób cytatów** to be a mine of quotations

[] **zasoby** plt [1] (zapasy) reserves; **~oby finansowe** financial reserves [2] (surowce) resources; **~oby naturalne** natural resources; **bogate ~oby węgla** rich deposits of coal

zasp|a f bank; **zaspa ~a śnieżna** a bank of snow, a snowbank; **odgarniać ~y** to shovel away deep snow; **utknąć w ~ie** to get stuck in a snowbank

za|spać pf — **za|sypiać²** impf (~śpię, ~śpisz — ~sypiam) [] vt (przegapić) **zaspać sprawę** to let the chance slip

[] vi [osoba] to oversleep

zaspakajać impf → zaspokoić

zaspan|y adi. [osoba, oczy, głos] sleepy

zaspokajać impf → zaspokoić

zasp|okoić pf — **zasp|okajać, zasp|a-kajać** impf vt to fulfil GB, to fulfill US [potrzeby, pragnienie, ambicję]; to satisfy [ciekawość, potrzeby, głód]; to sate [apetyt]; to quench [pragnienie]; **~okajać dzienne zapotrzebowanie na coś** [dieta] to meet the daily requirements for sth

zasr|ać pf — **zasr|ywać** impf wulg. [] vt to shit vi wulg.; **~ać coś** to shit on sth

[] **zasrać się** — **zasrywać się** to shit oneself posp.

zasra|niec m (Npl ~ńcy a. ~ńce) wulg. arsehole GB wulg., asshole US wulg.

zasran|y [] pp → zasrać

[] adi. wulg. [1] (ubrudzony) [spodnie, pielucha] mucky pot.; **~e trawniki** dog-fouled lawns [2] obraźl. shitty wulg.; **nasze ~e życie** our shitty life

zasrywać impf → zasrać

zasta|ć pf — **zasta|wać** impf vt to find [rzecz, osobę]; **~ć w domu bałagan** to find the house in a mess; **~ć kogoś w ogrodzie** to find sb in the garden; **~łem go, jak pracował przy samochodzie** I found him working on the car; **nie ~łem go w domu** he wasn't at home; **burza ~ła nas w lesie** we were out in the forest when the storm came; **wojna ~ła go w Paryżu** the outbreak of war found him in Paris; **czy ~łem szefa?** is the boss in?

zasta|ły adi. [1] [woda] stagnant; [powietrze] stale [2] pejor. [system wartości] outdated

zastanawiająco adv. strangely; **~ niska frekwencja** a strangely small attendance

zastanawiając|y adi. puzzling; **to wydało mi się ~e** I found it puzzling; **to ~e, że...** it's curious a. funny that...

zastan|owić pf — **zastan|awiać** impf [] vt [wydarzenie, zagadnienie] to puzzle [osobę]; **~owiło mnie, że...** it puzzled me that...; **~awia mnie, dlaczego...** I wonder why...

[] **zastanowić się** — **zastanawiać się** to think; **~awiać się nad czymś** to ponder

over sth; **~owić się nad czymś** to give some thought to sth; **~owić się nad sobą** to think about one's life; **~awiam się, dlaczego...** I wonder why...; **~ów się** think about it; **muszę się nad tym ~owić** I have to think about it; **nie ~awiając się specjalnie** without stopping to think; **nigdy się nad tym nie ~awiałem** I've never given it much thought; **należało się nad tym lepiej ~owić** more thought should have been given to it; **„przyjdziesz?" – „~awiam się"** 'are you coming?' – 'I'm not sure'

zastanowieni|e [] sv → zastanowić

[] n sgt thought; **po chwili ~a** after a moment's thought; **zrobić coś bez ~a** to do sth without thinking; **to wymaga ~a** it needs some thought

zastarza|ły adi. [1] [rana] old; [choroba, konflikt, spór, sprawa] long-standing [2] [brud] old

zastaw m (G ~u) (akt, przedmiot) pledge; **oddać coś w ~** to put sth in pledge; (w lombardzie) to place sth in pawn; **wykupić coś z ~u** to take sth out of pledge; (z lombardu) to get sth out of pawn; **pożyczać pod ~** to borrow on security; **pożyczka pod ~ czegoś** a loan secured against a. on sth

zastaw|a f książk. **~a (stołowa)** tableware; **srebrna ~a** silverware; **złota ~a** gold plate; **~a do kawy** a coffee set

zastawać impf → zastać

zastawiać impf → zastawić

zastaw|ić pf — **zastaw|iać** impf [] vt [1] (wypełnić) to cram [pomieszczenie]; **~ić pokój gratami** to cram a room full of junk; **okno ~ione kwiatami** a window crammed with flowers; **~ić stół** to set a table; **stół ~iony jedzeniem i piciem** a table filled with food and drink; **obficie ~iony stół** a table full of food [2] (zatarasować) [osoba, samochód] to block [przejście, wjazd]; **~ić drzwi komodą** to barricade a door with a chest of drawers [3] (umieścić) to set [sidła, wnyki]; **~ić na kogoś pułapkę** to set a trap for sb; **wpaść w pułapkę ~ioną przez kogoś** to fall into a trap set by sb [4] (oddać w zastaw) to pledge [przedmiot]; **~ić coś u kogoś** to pledge sth with sb; **~ić coś w lombardzie** to pawn sth; **~iony przedmiot** a pawned item

[] **zastawić się** — **zastawiać się** (zasłonić się) **~ić się parawanem** to hide behind a screen

■ **~ się, a postaw się** przysł. ≈ there may be no money to live on but there will always be enough money to dazzle your guests

zastaw|ka f [1] Anat. valve; **~ka serca** a cardiac valve; [2] (tama) sluice ❏ **~ka mitralna** Anat. mitral valve; **~ka trójdzielna** Anat. tricuspid valve

zast|ąpić pf — **zast|ępować** impf vt [1] (przejąć obowiązki) to substitute vi, to fill in vi; [nauczyciel] to sub vi pot.; **~ępować kogoś** to substitute a. fill in for sb; [nauczyciel] to sub for sb; **~ąpić komuś matkę** to be a mother substitute for sb [2] (zamienić) to replace; **~ąpić kogoś/coś kimś/czymś** to replace sb/sth with sb/sth [3] (zajść) to bar; **~ąpić komuś drogę** to bar sb's way

zastęka|ć *pf vi* [1] *[osoba]* (z bólu) to grunt; **~ć z wysiłku** to grunt with effort ⇒ **stękać** [2] *przen.* *[deska]* to moan, to groan ⇒ **stękać**

zastęp *m* (*G* **~u**) [1] *książk.* (grupa) army *przen.;* (wojska) host *książk.;* **~y ekspertów** an army of experts; **~y nieprzyjacielskie** the enemy host; **~y niebieskie** the heavenly host; **Pan Bóg ~ów** the Lord God of hosts [2] (w harcerstwie) patrol

zastępc|a *m* [1] (osoba zastępująca) replacement, substitute; **znaleźć dla kogoś ~ę** to find a replacement for sb [2] *Admin.* (w urzędzie) deputy; (w firmie) assistant; **~a dyrektora** (w przedsiębiorstwie) the assistant manager; (w szkole) the deputy head; **~a szefa sztabu** the deputy chief of staff; **~a szeryfa** a deputy (sheriff) US; **~a dowódcy** Wojsk. the second in command; **zostać mianowanym czyimś ~ą** to be appointed as a deputy for sb

zastępczo *adi.* **używać czegoś ~** to use sth as a substitute; **pełnić czyjąś funkcję ~** to substitute for sb

zastępcz|y *adi.* substitute *attr.;* **mieszkanie ~e** substitute accommodation; **rodzina ~a** a foster family; **matka ~a** a surrogate mother; **macierzyństwo ~e** surrogate motherhood, surrogacy; **hormonalna terapia ~a** a hormone replacement therapy

zastępczy|ni *f* [1] (osoba zastępująca) replacement, substitute; **znaleźć dla kogoś ~nię** to find a replacement for sb [2] *Admin.* (w urzędzie) deputy; (w firmie) assistant

zastępować *impf* → **zastąpić**

zastępow|y *m,* **~a** *f* (w harcerstwie) patrol leader

zastępstw|o *n* replacement; **znaleźć ~o dla kogoś** to find a replacement for sb; **mieć ~o za kogoś** to fill in for sb; *[nauczyciel]* to stand in for sb; to sub for sb *pot.;* **mieliśmy dzisiaj ~o** we had a supply teacher today; **zrobić coś w ~ie kogoś** to do sth in place of sb

zastop|ować *pf vt pot.* [1] (powstrzymać) to thwart *[plany];* to block *[wypłatę];* to stop *[osobę]* [2] Sport (przyjąć) to control, to trap *[piłkę]* [3] (wyłączyć) to stop *[pojazd, urządzenie]*

zasto|sować *pf* — **zasto|sowywać** *impf* **I** *vt* (użyć) to apply *[sprzęt, karę, regułę, metodę, środek];* to use *[przedmiot];* to employ *[terapię, metodę, środki];* **~ować pestycydy do spryskiwania pól** to use pesticides to spray the fields; **~ować sankcje wobec kogoś** to apply sanctions against sb; **~ować coś w praktyce** to put sth into practice; **znaleźć ~owanie w czymś** to find application in sth; **mieć praktyczne ~owanie** to have practical applications; **mieć ~owanie wojskowe** to have military applications; **~owanie komputerów do czegoś** the application of computers to sth; **zrobić coś z ~owaniem najnowszej techniki** to do sth by applying the latest technologies; **to określenie można ~ować do...** this term can be applied to... **III** **zastosować się** — **zastosowywać się** to comply (**do czegoś** with sth); **~ować się do czyichś poleceń** to comply with sb's instructions; **~ować się do czyjeś rady** to follow sb's advice

zastosowywać *impf* → **zastosować**

zast|ój *m* (*G* **~oju**) [1] *sgt* (brak postępu) stagnation; **~ój gospodarczy** an economic slowdown; **~ój na rynku** stagnation in the market; **być a. znajdować się w ~oju** to stagnate; **w przemyśle panuje ~ój** the industry is stagnating [2] Med. stasis

zastrachan|y *adi. pot. [dziecko]* fearful

zastrajk|ować *pf vt [załoga, fabryka]* to go on strike ⇒ **strajkować**

zastraszać *impf* → **zastraszyć**

zastraszająco *adv.* alarmingly; **w ~ szybkim czasie** at an alarmingly fast rate; **w ~ krótkim czasie** in an alarmingly short time

zastraszając|y *pa* → **zastraszyć** **II** *adi.* alarming, frightening; **w ~ym tempie** at an alarming rate; **przybrać ~e rozmiary** to reach frightening proportions

zastrasz|yć *pf* — **zastrasz|ać** *impf vt* to intimidate *[osobę];* (sterroryzować) to terrorize *[osobę, społeczeństwo];* **łatwo go ~yć** he's easily intimidated; **nie dam się ~yć** I won't be intimidated a. bullied; **być ~onym** to be intimidated

zastruga|ć *impf vt* to sharpen *[ołówek, patyk]* ⇒ **strugać**

zastrzał *m* (*G* **~łu**) Med. whitlow

zastrze|c *pf* — **zastrze|gać** *impf* (~gę, ~żesz, ~gł, ~gła, ~gli — ~gam) **I** *vt* [1] (zawarować) to reserve; **~c sobie prawo do zrobienia czegoś** to reserve the right to do sth; **wydawca ~ga sobie prawo do...** the publisher reserves the right to...; **~c sobie anonimowość** to wish to remain anonymous; **być ~żonym patentem** to be protected by a patent; **znak towarowy ~żony** a trademark; **miejsca parkingowe ~żone dla pracowników** parking spaces reserved for employees; **wszelkie prawa ~żone** Prawo all rights reserved; **telefon ~żony** an ex-directory GB a. unlisted US telephone number [2] (zapewnić) to make it clear, to explain; (uprzedzić) to warn; **~gł, że to nie był jego pomysł** he explained that the idea wasn't his; **z góry ~gam, że... I** must warn you that...

II **zastrzec się** — **zastrzegać się** (zapewnić) to make it clear, to explain; (uprzedzić) to warn; **~gł się, że on nie ma z tym nic wspólnego** he maintained that he had nothing to do with it; **„mogę się mylić" ~gł się** „I may be mistaken,' he asserted

zastrzegać *impf* → **zastrzec**

zastrzel|ić *pf* **I** *vt* [1] to shoot (to death) *[osobę, zwierzę]* [2] *pot.* (zaskoczyć) **a toś mnie ~ił!** you've got me there! **II** **zastrzelić się** to shoot oneself (to death)

zastrzeże|nie **I** *sv* → **zastrzec** **II** *n* [1] (krytyczna uwaga) reservation; **bez ~ń** without reservations; **z pewnymi ~niami** with some reservations; **mieć ~nia do czegoś** to have reservations about sth; **zgłosić pewne ~nia do czegoś** to express a. voice reservations about sth; **z tym ~niem, że...** with the reservation that...; **jedyne ~nie, jakie można mieć, to...** the only quibble is... [2] Prawo stipulation, proviso; **z ~niem, że...** on the stipulation a. with the proviso that...

zastrzy|c *pf* (~gę, ~żesz, ~gł, ~gła, ~gli) *vi* **~c uszami** *[koń, osoba]* to prick up one's ears *także przen.* ⇒ **strzyc**

zastrzyk *m* (*G* **~u**) Med. injection; shot *pot.;* **~ podskórny/domięśniowy/dożylny** a hypodermic/an intramuscular/an intravenous injection; **~ insuliny** an injection of insulin; **zrobić komuś ~** to give sb an injection,
■ **~ gotówki** a cash injection; **~ nowej energii** a shot in the arm *pot.*

zastuka|ć *pf vi* (wydać odgłos) *[osoba]* to tap; (do drzwi) to knock; *[buty, kopyta]* to clatter; *[koła]* to rattle; *[krople]* to patter; *pot. [serce]* to beat; **~ć ołówkiem w stół** to tap a pencil on the table; **~ć do drzwi** to knock at the door; **dzięcioł ~ł w drzewo** a woodpecker drummed on a tree ⇒ **stukać**

zastygać *impf* → **zastygnąć**

zastygł|y *adi.* [1] *[wosk, lawa, żywica]* hardened; *[tłuszcz]* solidified [2] *książk. [osoba, twarz]* frozen; **oczy ~łe w przerażeniu** eyes frozen in horror [3] *książk. [poglądy, idee]* outmoded, ossified

zastyg|nąć *pf* — **zastyg|ać** *impf vi* [1] (zakrzepnąć) *[galareta]* to set; *[tłuszcz]* to solidify; *[wosk, lawa, żywica]* to harden [2] *książk.* (znieruchomieć) *[osoba, twarz]* to freeze; **~nąć w bezruchu** to freeze to the spot; **~gł w dziwacznej pozie** he froze into a bizarre position; **jego twarz ~gła w zdumieniu** his face froze in a look of surprise; **uśmiech ~gł mu na twarzy** the smile froze on his face [3] *przen.* (przestać się rozwijać) to come to a standstill; **życie kulturalne ~ło** cultural life came to a standstill

zasuger|ować *pf* **I** *vt* [1] (podsunąć myśl) to suggest; **~ować komuś, żeby coś zrobił** to suggest sb should do sth; **„może poszli do domu?" ~ował** 'maybe they went home?' he suggested; **~ować świadkowi odpowiedź** to ask a witness a leading question; ⇒ **sugerować** [2] (dać do zrozumienia) to imply; **~ował, że coś podejrzewa** he implied a. indicated that he suspected something ⇒ **sugerować** **II** **zasugerować się** to be influenced (**czymś** by sth); (odnieść mylne wrażenie) to be misled (**czymś** by sth); **~ować się czyjąś opinią** to be influenced by sb's view; (niesłusznie) to be misled by sb's view ⇒ **sugerować się**

zasugerowan|y **I** *pp* → **zasugerować** **II** *adi. [osoba]* influenced (**czymś** by sth)

zasu|nąć *pf* — **zasu|wać**[1] *impf* (~nął, ~nęła, ~nęli — ~wam) **I** *vt* [1] (zamknąć, zasłonić) to draw *[zasłonę, firanki, zasuwę];* to do up *[suwak];* to slide *[sth]* back, to slide back *[klapę, dach];* **~nąć pokrywę** to slide the cover on; **~nąć drzwi za sobą** to slide the door shut behind one; **~nąć szufladę** to push a drawer shut; **~wane drzwiczki** a sliding door [2] (zastawić) to block; **~nąć drzwi regałem** to block a door with a bookcase; **~nąć wejście głazem** to roll a stone over the entrance [3] *pot.* (uderzyć) to whack *pot.;* **~nąć kogoś pięścią w nos** to whack sb on the nose [4] *pot.* (powiedzieć) to give *[kazanie];* to tell *[dowcip];* **~nąć mowę** to come out with a long speech; **~wać głodne kawałki** to talk crap *posp.;* **nie ~waj mi pan tu bajek!** don't give me that crap! posp. [5] pot. (ukraść) to pinch pot.; **~nęli mu portfel** he had his wallet pinched

III zasunąć się — zasuwać się *[kurtyna]* to draw; **drzwi ~nęły się bezszelestnie** the door slid noiselessly shut

zasupł|ać *pf* — **zasupł|ywać** *impf* **II** *vt* to knot *[sznurek, linę]* ⇒ **supłać**

III zasupłać się — **zasupływać się** *[sznurowadła]* to get knotted ⇒ **supłać się**

zasupływać *impf* → **zasupłać**

zasuszać *impf* → **zasuszyć**

zasusz|ony **II** *pp* → **zasuszyć**

III *adi.* pot. *[staruszek]* shrunken; *[twarz]* shrivelled

zasusz|yć *pf* — **zasusz|ać** *impf* **II** *vt* to dry *[liść, roślinę]*; **~ony kwiat** a dried flower

III zasuszyć się — zasuszać się *[kwiat, liść, roślina]* to dry

zasuw|a *f* (**~ka** *dem.*) bolt; **zamknąć coś na ~ę** to bolt sth; **być zamkniętym na ~ę** to be bolted shut; **odciągnąć ~ę** to pull back a bolt

zasuwać[1] *impf* → **zasunąć**

zasuwa|ć[2] *impf vi* pot. [1] (pędzić) *[samochód, biegacz]* to scorch along pot.; **musiałem ~ć do domu na piechotę** I had to leg it back home pot. [2] (pracować) *[osoba]* to beaver away pot. [3] (grać) **~ć na gitarze** to bash away on the guitar

zaswę|dzić, zaswę|dzieć *pf vi* *[nos, noga]* to itch; **~działo mnie ucho** I felt an itch in my ear; **~działo go oko** his eye itched ⇒ **swędzić**

zaswędzieć → **zaswędzić**

zasychać *impf* → **zaschnąć**

zasycz|eć *pf* (**~ysz, ~ał, ~eli**) *vi* [1] *[osoba, wąż, gęś, gaz]* to hiss; **~eć z bólu** to hiss with pain ⇒ **syczeć** [2] (powiedzieć ze złością) to hiss; **„nienawidzę cię" ~ała** 'I hate you,' she hissed ⇒ **syczeć**

zasygnaliz|ować *pf vt* [1] (wskazać) *[światełko, urządzenie]* to indicate *[awarię, niebezpieczeństwo]* ⇒ **sygnalizować** [2] przen. (dać znak) to signal; (wspomnieć) to mention; **~ować, że...** to signal that...; **~ować zamiar/gotowość zrobienia czegoś** to signal one's intention/readiness to do sth; **zagadnienia ~owane we wstępie** the issues mentioned in the preface; **chciałbym ~ować, że...** I would like to draw attention to the fact that... ⇒ **sygnalizować**

zasyła|ć *impf vt* przest. (w liście) **„~m wyrazy szacunku"** 'with respectful regards'; **„~m ukłony"** 'kindest regards'

zasymil|ować *pf* **II** *vt* książk. [1] (przyswoić) to assimilate *[imigrantów]*; **rodzina ~owana** an assimilated family ⇒ **asymilować** [2] Biol. *[organizm]* to assimilate *[składniki, substancję]* ⇒ **asymilować**

III zasymilować się [1] (przystosować się) *[imigrant, mniejszość narodowa]* to become assimilated, to assimilate (**w czymś** into sth) ⇒ **asymilować się** [2] Biol. *[pokarm, substancja]* to be absorbed a. assimilated ⇒ **asymilować się**

zasyp|ać *pf* — **zasyp|ywać** *impf* (**~ię — ~uję**) **II** *vt* [1] (zakopać) to fill [sth] in *[dół, loch, wyrwę]*; (spychaczem) to bulldoze [sth] in; **z powrotem tę dziurę** fill the hole back in; **~ana studnia** a filled-in well [2] (pokryć) to cover; **śnieg ~ał pola** snow

covered the fields; **trawnik był cały ~any liśćmi** the lawn was carpeted with leaves [3] (przysypać) *[lawina, ziemia]* to bury; **~ała go lawina** he was buried by a. in an avalanche; **w kopalni ~ało czterech górników** four people were buried alive in the mine [4] przen. to flood *[osobę, instytucję]*; **~ywać kogoś listami/pytaniami/skargami** to flood sb with letters/questions/complaints [5] pot. (zdradzić) **~ać kogoś** to grass on sb

III zasypać się — zasypywać się (zakopać się) *[osoba, owad]* to bury oneself; **~ać się w piasku** to bury oneself in the sand

zasypiać[1] *impf* → **zasnąć**

zasypiać[2] *impf* → **zaspać**

zasypia|ć[3] *impf vt*

■ **nie ~ć gruszek w popiele** to not let the grass grow under one's feet

zasyp|ka *f* Med. powder *U*; **~ka dla niemowląt** baby powder

zasypywać *impf* → **zasypać**

zaszach|ować *pf vt* [1] (w szachach) to check *[osobę, figurę]* ⇒ **szachować** [2] przen. to put [sb] in check *[przeciwnika]*

zaszal|eć *pf* (**~eję, ~ał, ~eli**) *vi* pot. *[osoba]* to lash out pot.

zaszantaż|ować *pf vt* to blackmail; **~owali go, że opublikują te zdjęcia** they threatened to publish these pictures ⇒ **szantażować**

zaszarga|ć *pf vt* [1] przest. (pobrudzić) to soil *[ubranie]* [2] książk. to tarnish *[opinię, reputację, dobre imię]* ⇒ **szargać**

zaszczeka|ć *pf vi* [1] *[pies]* to bark ⇒ **szczekać** [2] przen. *[karabin maszynowy]* to rattle, to crackle ⇒ **szczekać**

zaszczepiać *impf* → **zaszczepić**

zaszczep|ić *pf* — **zaszczep|iać** *impf* **II** *vt* [1] Med. to vaccinate, to inoculate *[osobę, zwierzę]* (**na coś** a. **przeciwko czemuś** against sth); **~ić dziecko odrze** to vaccinate a child against measles; **~ić psa na wściekliznę** to vaccinate a dog against rabies ⇒ **szczepić** [2] Ogr. to graft; **~ić coś na czymś** to graft sth on to sth ⇒ **szczepić** [3] przen. to instil *[miłość, zainteresowanie, szacunek]* (**komuś** in sb)

III zaszczepić się — zaszczepiać się Med. to get oneself vaccinated (**na coś** a. **przeciwko czemuś** against sth) ⇒ **szczepić się**

zaszczęka|ć *pf vi* *[broń, drzwi]* to clang; *[łańcuchy, sztućce]* to rattle, to clank; **~ł zębami (z zimna)** his teeth chattered (from the cold) ⇒ **szczękać**

zaszczu|ć *pf* — **zaszczu|wać** *impf vt* [1] to bait [sth] to death *[zwierzę]*; **psy ~ły zająca** the hare was baited to death by the dogs; **wyglądać jak ~te zwierzę** *[osoba]* to look like a hunted animal, to have a hunted look [2] przen. *[prasa, przeciwnicy]* to hound *[osobę]*; **został ~ty na śmierć** he was hounded to death

zaszczuwać *impf* → **zaszczuć**

zaszczycać *impf* → **zaszczycić**

zaszczy|cić *pf* — **zaszczy|cać** *pf vt* to grace *[osobę]*; **~cić kogoś swoją obecnością** to grace sb with one's presence także iron.; **czuć się/być ~conym czymś** to feel/be honoured by sth; **bylibyśmy ~ceni, gdyby...** we would be honoured if...

zaszczy|t *m* (*G* **~tu**) [1] (wyróżnienie) honour *U* GB, honor *U* US; **dostąpić ~tu robienia czegoś** to have the honour of doing sth; **uważać a. poczytywać sobie coś za ~t** to consider sth an honour; **to dla mnie ~t, że mogę...** it's an honour for me to be able to...; **pańska wizyta to dla nas prawdziwy ~t** it is an honour to welcome you; **mieć ~t coś zrobić** to have the honour to do sth a. of doing sth; **mam ~t przedstawić...** it is my privilege to be able to introduce...; **miałem ~t z nim rozmawiać** I had the privilege of speaking to him; **uczynić komuś ~t** to give a. do sb an honour; **przynosić komuś ~t** to do credit to sb; **czemu zawdzięczam ten ~t?** iron. to what do I owe such an honour? [2] zw. pl (godność) honour GB, honor US; **obsypać kogoś ~tami** to shower sb with honours; **zabiegać o ~ty** to seek honours

zaszczytnie *adv. grad.* honourably GB, honorably US

zaszczytn|y *adi. grad.* *[tytuł, funkcja, wyróżnienie]* honourable GB, honorable US

zaszele|ścić *pf vi* *[papier, liście, banknoty]* to rustle; **~ścić czymś** to rustle sth; **liście ~ściły na wietrze** the wind rustled the leaves ⇒ **szeleścić**

zaszep|tać *pf* (**~czę** a. **~cę**) *vt* to whisper ⇒ **szeptać**

zaszereg|ować *pf* — **zaszereg|owywać** *impf vt* (zaklasyfikować) to classify, to categorize *[przedmiot, utwór]*; **~owywać książkę/autora jako...** to classify a book/an author under...

zaszew|ka *f* tuck; **zrobić ~ki w spódnicy** to tuck a skirt

zaszkl|ić *pf* **II** *vt [łzy]* to glaze *[oczy]*

III zaszklić się (zabłysnąć) **oczy ~iły się łzami** his/her eyes were glazed over with tears

zaszko|dzić *pf vi* [1] (wyrządzić szkodę) to harm *vt*; **~dzić komuś** to harm sb; **~dzić komuś w karierze** to hurt sb's career; **~dzić czyjemuś wizerunkowi** to damage sb's image; **~dzić czyimś interesom** to damage sb's interests; **sami sobie ~dzili** they shot themselves in the foot; **pośpiech mógłby ~dzić sprawie** haste might harm our case; **to wcale nie ~dziło filmowi** it didn't harm the film at all; **nie ~dzi spróbować/zapytać** it does no harm to try/ask; **nie ~dziłoby, gdyby...** it would do no harm to...; **odrobina pracy mu nie ~dzi** iron. a bit of work wouldn't do him any harm iron. [2] (źle wpłynąć na zdrowie) **~dzić komuś** *[jedzenie, picie]* to give sb indigestion, to upset sb's stomach; *[praca, wysiłek, palenie]* to harm sb

zaszlacht|ować *pf vt* pot. to butcher *[zwierzę, osobę]*

zaszlocha|ć *pf vt [osoba]* to sob ⇒ **szlochać**

zaszłoś|ć *f* zw. pl **~ci z poprzedniej epoki** the problems left over from the previous era; **z powodu ~ci historycznych** for historical reasons

zasznur|ować *pf* — **zasznur|owywać** *impf vt* to lace [sth] up, to lace up *[buty, gorset, namiot]*; **~ować usta** przen.; to become tight-lipped ⇒ **sznurować**

zasznurowywać *impf* → **zasznurować**

zaszok|ować *pf vt* to shock *[osobę]*; **~owała mnie ta wiadomość** I was shocked to hear the news; **być ~owanym czymś** to be shocked by sth; **byłem ~owany, kiedy zobaczyłem/dowiedziałem się...** I was shocked to see/learn... ⇒ **szokować**

zaszpachl|ować *pf vt* Techn. to plaster (over) *[dziurę, szczelinę]*; to plaster *[ścianę]* ⇒ **szpachlować**

zaszpan|ować *pf vi* pot. to swank about pot.; **~ować przed kimś** to show off in front of sb ⇒ **szpanować**

zaszpunt|ować *pf vt* to bung *[beczkę]* ⇒ **szpuntować**

zasztylet|ować *pf vt* to knife *[osobę]*

zaszufladk|ować *pf vt* pejor. to pigeonhole *[osobę, twórczość]*; **~ować kogoś jako...** to pigeonhole sb as...; **nie dał się ~ować** he refused to be pigeonholed

zaszum|ieć *pf* (~isz, ~iał, ~ieli) *vi* [1] *[drzewo, wiatr, gałęzie, deszcz]* to whisper książk.; *[czajnik]* to hiss; **od wina ~iało jej w głowie** przen. the wine made her head spin ⇒ **szumieć** [2] przen. *[szkoła, sala]* to buzz; **w mieście ~iało od plotek** the town buzzed with rumours ⇒ **szumieć**

zaszura|ć *pf vi* [1] (potrzeć) to scrape *vt*; **~ć krzesłem** to scrape a chair; **~ć nogami o podłogę** a. **po podłodze** to scrape one's feet on the floor ⇒ **szurać** [2] pot. **~ć komuś** a. **do kogoś** to mess with sb pot.; **nikt mu nie ~** nobody messes with him ⇒ **szurać**

zaszwargo|tać *pf* (~czę a. ~cę) *vt* pot. to jabber pot.; **~tać coś po niemiecku** to jabber sth in German ⇒ **szwargotać**

zaszy|ć *pf* — **zaszy|wać** *impf* (~ję — ~wam) **[I]** *vt* [1] (naprawić, zszyć) to mend *[spodnie, koszulę]*; to stitch [sth] up, to stitch up, to sew [sth] up, to sew up *[dziurę, ranę]*; **~ć rękawy/nogawki/kieszenie** to sew up the sleeves/trouser legs/pockets [2] (ukryć) to sew; **~ć coś w pasku/płaszczu** to sew sth into one's belt/coat
[II] zaszyć się — **zaszywać się** (schować się) *[zwierzę, osoba]* to hole up, to hide; **~ć się w lesie** to hide in the forest; **~ć się w kąt** to hide in the corner; **~ć się na wsi** to retreat to the country

zaszyfr|ować *pf* — **zaszyfr|owywać** *impf vt* to encrypt, to code *[meldunek]*; **~owana wiadomość** an encrypted a. coded message ⇒ **szyfrować**

zaszyfrowywać *impf* → **zaszyfrować**

zaszy|ty *pp* → **zaszyć**
[II] *adi.* hidden; **znaleźli go ~tego w kąt** they found him hidden in the corner

zaszywać *impf* → **zaszyć**

zaś *coni.* książk. [1] (przeciwstawne) while, whereas; **niektórzy kąpali się, inni się opalali** some were swimming, while others were sunbathing; **to moje osobiste zdanie, nie ~ stanowisko rządu** that's my personal opinion, it's not the government's position [2] (nawiązujące) **po chwili ~...** after a second or two/a bit...; **to ~ prowadzi do krańcowego wycieńczenia** (and) this in turn leads to extreme exhaustion
■ **odłożyć coś na ~** pot. to save sth till later

zaścian|ek *m* [1] Hist. *village inhabited by impoverished gentry* [2] pejor. backwater pejor.

zaściankowo *adv.* pejor. **myśleć ~** to have a parochial a. small-town mentality pejor.

zaściankowoś|ć *f sgt* pejor. parochialism pejor., small-town mentality pejor.

zaściankow|y *adi.* [1] Hist. **szlachta ~a** impoverished gentry [2] pejor. *[poglądy, mentalność]* parochial pejor., small-town pejor.

zaścielać *impf* → **zasłać**

zaścielić → **zasłać**

zaściełać *impf* → **zasłać**

zaślepiać *impf* → **zaślepić**

zaślep|ić *pf* — **zaślep|iać** *impf vt* [1] *[miłość własna, duma, nienawiść]* to blind *[osobę]* [2] Techn. *[osoba]* to close *[rurę, otwór]*

zaślepieni|e [I] *sv* → **zaślepić**
[II] *n* blindness przen.; **tkwić w ~u** to remain blind; **zrobić coś w ~u** to do sth through blindness

zaślepi|ony [I] *sv* → **zaślepić**
[II] *adi.* pejor. *[osoba]* blind przen.; **być ~onym nienawiścią** to be blinded by hate

zaśli|nić *pf* **[I]** *vt* *[osoba]* to drool *vi*; **~nić coś** to drool down a. on sth
[II] zaślinić się to drool on oneself

zaślubiać *impf* → **zaślubić**

zaślub|ić *pf* — **zaślub|iać** *impf vt* książk. *[osoba]* to wed *[mężczyznę, kobietę]*; **~ić kogoś z kimś** to wed sb to sb; **nowo ~iona żona** a newly wedded wife

zaślubin|y *plt* (*G* ~) książk. nuptials książk.; **uroczystość ~** a wedding ceremony
■ **~y z morzem** the Marriage to the Sea Ceremony; **~y Polski z Bałtykiem** Hist. *a ceremony celebrating Poland's regained access to the Baltic Sea*

zaśmia|ć się *pf v refl.* to laugh (**z czegoś** at sth) ⇒ **śmiać się**

zaśmiardnąć → **zaśmierdnąć**

zaśmiecać *impf* → **zaśmiecić**

zaśmie|cić *pf* — **zaśmie|cać** *impf vt* [1] (pokryć śmieciami) to litter; **~cić podłogę papierami** to strew a. litter the floor with papers [2] (utworzyć warstwę) **stare żelastwo ~cało podwórze** old scrap littered the yard [3] przen. (wprowadzić zbędne elementy) to spoil; **krajobraz ~cony efekciarską architekturą** a landscape spoilt by pretentious architecture [4] przen. (znaleźć się niepotrzebnie) to litter; **wulgaryzmy ~cają codzienny język** vulgarisms litter everyday language

zaśmierd|nąć *pf* (~ł a. ~nął) *vi* pot. (o produktach spożywczych) to begin to stink, to become high, to go smelly, to go off ⇒ **śmierdnąć**

zaśmier|dzieć *pf* (~dział) **[I]** *vi* pot. to pong GB pot.; to reek; **z piwnicy ~działo stęchlizną** a musty reek came from the cellar, the cellar reeked of mustiness; **~działo od nich potem** they reeked of sweat
[II] zaśmierdzieć się pot. *[mięso, ryba]* to go foul, to go smelly, to go off; *[masło]* to turn rancid

zaśmiewa|ć się *impf v refl.* to crease up GB pot.; **~ć się do łez** a. **do rozpuku** to laugh

one's head off, to laugh till one's sides ache; **~ć się z czyichś dowcipów** to laugh like a drain at sb's jokes pot.

zaśniedzia|ły *adi.* *[sztućce, lichtarz, samowar]* tarnished

zaśnie|dzieć *pf* (~dzieję~dział, ~dzieli) *vi* [1] (o przedmiotach metalowych) to tarnish ⇒ **śniedzieć** [2] (zatrzymać się na dotychczasowym poziomie) przen. to go rusty; **~dział w domu** he became a stay-at-home pot. a. homebody US pot. [3] przen. (stracić na aktualności) to become obsolete; **~działe teorie** obsolete theories

zaśnież|ony *adi.* *[ulice, pola, góry]* snowy, snow-covered; *[szczyty, wierzchołki gór]* snow-capped

zaśpiew *m* (*G* ~u) książk. sing-song; **~ wilgi** the flute-like call of the oriole; **mówić z kresowym ~em** to speak in the sing-song manner of the borderlands

zaśpiewa|ć *pf* **[I]** *vt* [1] (wykonać utwór muzyczny) to sing *[piosenkę, melodię]*; **~ł arię czysto/fałszywie** he sang the aria in tune/out of tune; **~li przy akompaniamencie gitary** they sang to a guitar accompaniment; **chórem ~liśmy „Sto lat"** we all sang 'Happy Birthday' together; **~j razem z nami** sing along with us; **~j mu coś** sing him something ⇒ **śpiewać** [2] pot. (podać wygórowaną cenę) to demand; **zgadnij, ile ~ł za ten stary fotel** guess how much he wanted for that old armchair
[II] *vi* *[ptak]* to sing ⇒ **śpiewać**

zaświadczać *impf* → **zaświadczyć**

zaświadcze|nie [I] *sv* → **zaświadczyć**
[II] *n* certificate; **~nie lekarskie** a doctor's a. medical certificate; **~nie z miejsca pracy** a certificate of employment
❑ **tymczasowe ~nie tożsamości** *temporary identity card issued to Poles between 16 and 18 years of age*

zaświadcz|yć *pf* — **zaświadcz|ać** *impf vt* [1] (potwierdzić) to testify (**o czymś** to sth); **~ył, że mówiła prawdę** he testified that she was telling the truth; **~ył o niewinności podejrzanego** he testified to the suspect's innocence ⇒ **świadczyć** (dać dowód) to testify (**o czymś** to sth); **obfitość korespondencji ~a o ich długiej rozłące** the abundant correspondence testifies to their long separation

zaświatow|y *adi.* książk. *[podróże, miejsca]* ultramundane książk.; otherworldly

zaświat|y *plt* (*G* ~ów) książk. spirit world, the beyond; **znak z ~ów** a message from (the) beyond
■ **odejść** a. **przenieść się w ~y** euf. to go to glory, to depart this life

zaświe|cić *pf* **[I]** *vt* (zapalić) to light *[pochodnię, znicze]*; to strike *[zapałkę]*; to switch [sth] on, to switch on, to turn [sth] on, to turn on *[lampę, latarnie]*; **~ć światło, bo ciemno** it's dark, switch a. turn on the light
[II] *vi* [1] (oświetlić) to shine; **~cić komuś w oczy latarką** to shine a torch into sb's eyes; **~cił reflektorami prosto w moje okna** he shone his headlamps right into my windows ⇒ **świecić** [2] (zacząć świecić) to start shining; **znowu ~ciło słońce** the sun started to shine again; **światło ~ciło w jej pokoju** the light went on in her

room; **oczy ~ciły mu gniewem** przen. his eyes glinted in a. with anger

III zaświecić się *[żarówka, latarnia]* to go on; **oczy mu się ~ciły wesołym blaskiem** przen. there was a sparkle in his eyes, his eyes began to glitter in merriment

zaświergo|tać *pf* (**~czę** a. **~cę** a. **~tam**) **I** *vt* przen. *[kobieta, dziecko]* to twitter; **dziewczynka ~tała coś na powitanie** the little girl chirped a greeting ⇒ **świergotać**

III *vi [ptak]* to chirp, to chirrup, to twitter ⇒ **świergotać**

zaświerzb|ić, zaświerzb|ieć *pf vt* to itch; **~iała go gojąca się rana** his wound began to itch as it healed ⇒ **świerzbić**

■ **~iała go ręka, żeby dać dziecku lanie** his hand itched to give the child a thrashing; **~iał mnie język, żeby jej powiedzieć o włamaniu** I was itching to tell her about the robbery

zaświniać *impf* → **zaświnić**
zaświerzbieć → **zaświerzbić**
zaświ|nić *pf* — **zaświ|niać** *impf* pot. **I** *vt* to muck up; to soil; **ścieki ~niły wodę strumienia** sewage fouled the stream; **~nili cały dywan** they mucked up the whole carpet ⇒ **świnić**

II zaświnić się to get mucked up; **schody ~niły się błotem** the stairs got all muddy

zaświ|stać *pf* (**~szczę** a. **~stam**) **I** *vt* (wykonać melodię) to whistle; **~stał najnowszy przebój** he whistled the latest hit

II *vi* to whistle; **lokomotywa ~stała** the locomotive gave a whistle; **~stał na psa** he whistled to his dog

zaświta|ć *pf vi* to dawn; **ranek ~ł** the morning dawned; **nadzieja ~ła na horyzoncie** przen. hope dawned on the horizon ⇒ **świtać**

■ **~ło mu (w głowie), że...** it dawned on him that...; **coś ~ło mi w głowie** I began to see daylight

zatachać → **zataszczyć**
zataczać *impf* → **zatoczyć**
zata|ić *pf* — **zata|jać** *impf vt* to withhold, to hold [sth] back, to hold back, to keep [sth] back, to keep back; **~jenie prawdy** suppression a. concealment of the truth; **~iła ten fakt przed nimi** she concealed a. kept back that fact from them; **celowo ~ił informację** he deliberately withheld the information

zatajać *impf* → **zataić**

zatam|ować *pf vt* [1] (zahamować) to block *[ruch uliczny]* [2] (powstrzymać) to plug *[przeciek]*; to stem, to staunch, to stanch US *[krwawienie, przepływ]* ⇒ **tamować**

zatank|ować *pf* **I** *vt* (nabrać paliwa) to fuel, to tank up; to gas up US pot.; **~ować benzynę** to fill up the car with petrol; **samochód zatrzymał się, żeby ~ować** the car stopped to tank up a. refuel; **pamiętaj, żeby ~ować do pełna!** remember to fill up! ⇒ **tankować**

II *vi* pot. (upić się) to get tanked up pot.; **~owaliśmy po meczu** we got tanked up after the match ⇒ **tankować**

zatańcz|yć *pf vt* to dance; **~yć tango/ waltza** to dance a tango/waltz, to tango/

waltz; **~ył z nią tylko raz** he danced with her only once ⇒ **tańczyć**

zatapiać *impf* → **zatopić**
zataras|ować *pf* **I** *vt* to bar, to obstruct *[wejście, drzwi, przejście]*; **bagaże ~owały cały przedpokój** the luggage cluttered up the hallway; **nasza ulica jest ~owana samochodami** our street is jammed with cars ⇒ **tarasować**

II zatarasować się to barricade oneself; **~ował się w kuchni** he barricaded himself in the kitchen

zatarg *m* (*G* **~u**) wrangle, feud (**o coś** over sth); **~ graniczny** a border dispute; **wszcząć ~** to start a feud

zatarga|ć *pf vt* [1] pot. (mocno szarpnąć) to rattle; **wiatr ~ł gałęziami drzew** the wind rattled the branches; **chwycił go za ucho i ~ł** he caught him by the ear and pulled; **~ł nim gniew/niepokój** przen. anger/anxiety preyed upon his mind [2] pot. (zanieść z trudem) to cart; to schlep US pot.; **~ła zakupy do domu** she carted a. schlepped her groceries home

zataszcz|yć *pf vt* pot. to cart; to schlep US pot.; **~yli fortepian na trzecie piętro** they carted a. schlepped the piano up three flights of stairs

zatelefon|ować *pf vi* to telephone, to phone; **~ować do kogoś** to telephone sb, to phone a. call sb (up); **muszę ~ować** I must make a phone call; **~ować po lekarza/taksówkę** to phone for a doctor/ taxi ⇒ **telefonować**

zatelegraf|ować *pf vi* to telegraph, to cable (**do kogoś** sb); **~ował, że nie przyjedzie** he telegraphed to say he wouldn't be coming ⇒ **telegrafować**

zatem książk. **I** *coni.* [1] (więc) therefore, so; **wniosek nie uzyskał wymaganego poparcia, został ~ odrzucony** the motion didn't get the required support, so a. therefore it was rejected [2] (czyli) that is, which means; **w czwartek, a ~ pojutrze** on Thursday, that is a. which means the day after tomorrow

II *part.* so, then; **a ~ sama widzisz** (and) so you can see for yourself

zatemper|ować *pf vt* to sharpen *[ołówek, kredkę]* ⇒ **temperować**

zaterko|tać *pf* (**~cze** a. **~ce**) *vi [maszyna, motor]* to whirr; *[telefon]* to burr; *[powóz]* to clatter, to rattle; **~tał telefon/budzik** the telephone/alarm clock rang a. jangled; **~tał karabin maszynowy** a machine gun went rat-tat-tat, a machine gun rattled ⇒ **terkotać**

zatęch|ły *adi. [ubranie, pościel]* musty, fusty; *[ziarno, słoma]* musty, mouldy, moldy US

zatęch|nąć *pf* (**~ł**) *vi* to become musty, to become fusty

zatęskni|ć *pf* **I** *vi* to miss *vt* (**za kimś/ czymś** sb/sth); to long (**za kimś/czymś** for sb/sth); **~ć za domem rodzinnym** to hanker for a. after one's home; **~ć za światłami wielkiego miasta** to hanker for a. after the bright lights of the big city; **~ł do wielkiej, wspaniałej przygody** he craved a. longed for some great adventure ⇒ **tęsknić**

II zatęsknić się książk. **~ć za kimś** to begin to pine a. yearn for sb

zatętni|ć *pf vi* [1] (o krokach, podkowach) to clatter [2] (zapulsować) to pulsate, to throb; **krew ~ła mu w skroniach** the blood throbbed a. pulsated in his temples [3] przen. to vibrate, to throb (**czymś** with sth); **nareszcie obóz ~ł życiem** at last the camp vibrated with activity; **w południe ulica ~ła gwarem** at noon the street began to throb with life

zat|kać *pf* — **zat|ykać¹** *impf* **I** *vt* to block, to clog *[dziurę, rurę]*; to stop *[otwór]*; **~kać uszy** to stop a. plug one's ears; **mocny makijaż może ~kać pory** thick make-up can clog up a. occlude the pores; **~kał uszy watą** he put some cotton wool in his ears; **~kać butelkę korkiem** to cork a bottle

II zatkać się — **zatykać się** to clog up; *[rura, umywalka, zlew]* to block up, to back up US

■ **~kać komuś gębę/usta** pot. to muzzle sb; **niezdarne wysiłki, żeby ~kać gębę mediom** clumsy attemps to muzzle the media; **~ykać kimś/czymś dziury** pot. to plug a gap with sb/sth; **widok z jego okna ~yka dech w piersi** the view from his window is breathtaking; **~kało ją z oburzenia/wzruszenia** she was (rendered) speechless with rage/emotion; **zupełnie mnie ~kało** you could've knocked me down with a feather; **~kało go na widok, jaki ukazał się jego oczom** he was dumbfounded at the sight which met his eyes

zatkan|y **I** *pp* → **zatkać**

II *adi. [szpara, zlew, rura]* blocked, clogged; *[nos, uszy]* blocked; **przeczyścił ~y komin** he cleaned the blocked chimney; **mam ~y nos** my nose is stuffy a. congested

zat|knąć *pf* — **zat|ykać²** *impf* (**~knęła, ~knęli** — **~ykam**) *vt* to stick, to shove; **~knąć flagę na dachu** to hoist a flag on the roof; **~knąć pistolet za pas** to shove a pistol in one's belt

zatłocz|ony *adi. [autobus, restauracja]* packed; *[pociąg, dworzec, ulice]* crowded; **sala była ~ona do granic możliwości** the hall was full to bursting; the hall was jam-packed pot.

zatłu|c *pf* (**~kę, ~czesz, ~cze, ~kł, ~kła, ~kli**) **I** *vt* pot. (zabić) to club; **~c żmiję/szczura** to club a viper/rat to death

II *vi* (o sercu, tętnie) to thump

III zatłuc się [1] (pozabijać się wzajemnie) to batter each other to death; **~kli się kijami** they clubbed each other to death [2] (o sercu, tętnie) to thump; **serce ~kło mu się w piersi z trwogi** his heart thumped with fright

zatłu|ścić *pf* **I** *vt* to smear with grease; **uważaj, bo ~ścisz sobie rękaw masłem** be careful or you'll smear your sleeve with butter; **~szczone palce** greasy fingers; **~szczone szmaty** oily rags ⇒ **tłuścić**

II zatłuścić się to become grease-stained; **strony książki ~ściły się** the pages of the book got dirty with grease ⇒ **tłuścić się**

zatocz|ka *f dem.* [1] (część morza) (small) bay, cove [2] (rozszerzenie jezdni) parking bay

zat|oczyć¹ *pf* — **zat|aczać** *impf* **I** *vt* **~oczyć koło/półkole** to describe a circle/ semicircle; **~aczać ósemki na łyżwach** to skate figures of eight; **ulica ~acza łuk**

do kina the street curves down to the cinema; **ptak ~aczał koła w powietrzu** a bird circled round and round in the air; **droga w tym miejscu ~acza krąg/półkole** the road here goes round in a circle/semicircle

III zatoczyć się — zataczać się to reel, to stagger; **~oczyć się na ścianę** to reel (back) against the wall; **iść, ~aczając się** to walk with a stagger; **~oczył się od ciosu** the blow sent him reeling; **~oczył się i upadł** he staggered and fell down; **pijany szedł drogą, ~aczając się** a drunkard staggered a. tottered along the road

■ **jej sława ~acza coraz szersze kręgi** her fame is reaching ever-widening circles

zatocz|yć² pf **I** vt to roll; **~yć beczkę do piwnicy** to roll a barrel to the cellar **II zatoczyć się** to roll; **kłębek wełny ~ył się pod stół** a ball of wool rolled under the table; **powóz ~ył się przed dom** the cart rolled in front of the house; **słońce ~yło się za las** the sun sank behind the forest

zato|ka f [1] (część morza) bay, gulf; **Zatoka Biskajska/Bengalska** the Bay of Biscay/Bengal; **Zatoka Meksykańska/Perska** the Gulf of Mexico/the Persian Gulf; **państwa nad Zatoką Perską** the Gulf States; **wojna w Zatoce (Perskiej)** the Gulf War [2] (rozszerzenie jezdni) parking bay, lay-by; **nie zauważył żadnych ~k** he couldn't see any parking bays a. lay-bys [3] Anat. antrum, sinus; **zapalenie ~k** sinusitis; **mieć problemy z ~kami** to have sinus trouble [4] zw. pl receding hairline, widow's peak

❏ **~ka niżowa** a. **niskiego ciśnienia** Meteo. trough; **~ka przynosowa** Anat. paranasal sinus; **~ki czołowe** Anat. frontal sinuses; **~ki szczękowe** upper jaw sinuses; maxillary sinuses spec.

zatokow|y adi. [1] [regaty, żegluga] bay attr.; **Prąd Zatokowy** the Gulf Stream [2] Anat. [jama, infekcja] sinus attr.

zatomiz|ować pf **I** vt książk. to atomize; **sytuacja polityczna ~owała społeczeństwo** the political situation has split society ⇒ **atomizować** **II zatomizować się** [społeczeństwo, struktura] to become atomized

zato|nąć pf (**~nęła, ~nęli**) vi [1] (pójść na dno) [statek, łódź, dobytek] to sink, to go under, to founder ⇒ **tonąć** [2] (utopić się) to drown; **cała załoga ~nęła** the whole crew was drowned; **siedem osób ~nęło podczas sztormu** seven people drowned during the storm

■ **~nąć w lekturze** to be engrossed in reading; **~nąć w myślach** to become absorbed in one's own thoughts; **~nąć w zapomnieniu** to sink a. fade into oblivion

zat|opić pf — **zat|apiać** impf **I** vt [1] (spowodować zatonięcie) to sink [statek]; **domy zostały zalane, a samochody ôpione** the houses were flooded and cars submerged; **łódź podwodna ~opiona przez torpedę** a submarine sunk by a torpedo [2] (zalać wodą) to flood; **rzeka ~opiła pola** the river flooded a. submerged the fields; **~opiona kopalnia** a flooded mine; **las ~opiony we mgle** przen. a mist-covered forest [3] Techn. (zatkać) to seal (with liquid metal) [otwór]

III zatopić się — zatapiać się to sink; **sieć ~opiła się w jeziorze** the fishing net sank in the lake

■ **~opić się w lekturze/marzeniach/rozmyślaniach** to be submerged in reading/daydreaming/thought, to bury oneself in reading/daydreaming/thoughts; **~opił się w rozmyślaniach/modlitwie** he was deep in thought/in prayer; **~opić w czymś** a. **w coś kły/szpony** to sink one's teeth/claws into sth; **~opić w czymś** a. **w coś nóż** to bury a. plunge a knife into sth

zatopi|ony II pp → **zatopić** **II** adi. **kobieta ~ona w modlitwie** a woman deep in prayer; **być ~onym w rozmowie/myślach** to be deep in conversation/thought

zato|r m (G **~ru**) [1] (przeszkoda w ruchu) (traffic) hold-up, gridlock, tailback GB, tie-up US [2] (nagromadzenie lodu) ice jam [3] Med. embolism; **~r tętnicy wieńcowej** a coronary thrombosis; **~r mózgu** a cerebral embolism

zatracać impf → **zatracić**

zatraceni|e II sv → **zatracić** **II** n sgt [1] książk. (utrata poczucia rzeczywistości) distraction; **kochać kogoś aż do ~a** to love sb to distraction [2] przest. (zagłada) perdition, destruction; **iść na ~e** to go to a certain death; **ocalić kogoś od ~a** to save sb/sth from perdition

zatra|cić pf — **zatra|cać** impf **I** vt książk. (przestać mieć) to lose; **~cić poczucie czasu/rzeczywistości** to lose one's sense of time/reality; **~cić instynkt samozachowawczy** to lose the instinct of self-preservation

II zatracić się — zatracać się [1] (stracić poczucie rzeczywistości) to become engrossed, to become immersed (**w czymś** in sth); **~cić się w pracy/w nauce** to become completely engrossed a. immersed in one's work/studies [2] (zaniknąć) to disappear; **~ciła się różnica wieku między braćmi** the age difference between the brothers ceased to matter; **~cają się dobre obyczaje** good manners are disappearing

zatrac|ony II pp → **zatracić** **II** adi. [1] (zaangażowany) engrossed, immersed (**w czymś** in sth); **pielgrzymi ~eni w modlitwie** pilgrims deep in prayer [2] pot. (nieznośny) bloody pot.; **ty draniu ~ony!** you bastard! pot.; **taki już mój los ~ony!** just my bloody luck!; **mieszkał w zapadłej, ~onej mieścinie** he lived in some godforsaken place

zatrajko|tać pf (**~czę** a. **~cę** a. **~tam**) vt pot. [1] (powiedzieć głośno i szybko) to gabble, to jabber; **przekupki ~tały na wyścigi** the hucksters began to speak at a terrible gabble [2] (nie dopuścić do głosu) to out-talk; **~tała go, nie zdołał się wytłumaczyć** she out-talked him and he had no chance to explain himself [3] pot. (wydać warkot) to whirr; **~tała maszyna do szycia** a sewing machine started to whirr; **nagle ~tał karabin maszynowy** suddenly a machine gun started to rattle

zatra|ta f książk. [1] (zagłada) perdition, death; **ulec ~cie** to perish, to vanish; **skazać kogoś/coś na ~tę** to doom sb/sth to annihilation a. perdition [2] (zanik) loss; **~ta**

instynktu macierzyńskiego loss of maternal instinct

zatrąb|ić pf vi [1] (zagrać) [trębacz] to sound the trumpet/horn; **~ić pobudkę** to sound (the) reveille; **~iono do powrotu** the bugler sounded the retreat ⇒ **trąbić** [2] [słoń] to trumpet ⇒ **trąbić** [3] [kierowca, samochód] to toot one's horn, to beep, to honk; **kierowca ~ił na przebiegające przez jezdnię dzieci** the driver tooted his horn a. beeped at the children running across the street ⇒ **trąbić**

zatrącać¹ impf → **zatrącić**

zatrąca|ć² impf vi [1] (pachnieć nieprzyjemnie) **zepsute wino ~ kwasem** there's a whiff of acid in bad wine [2] (przypominać) to smack (**czymś** of sth); (nieprzyjemnie) to reek (**czymś** of sth); **jego przemówienie ~ło antysemityzmem** his speech reeked of anti-semitism; **jej pytanie ~ ironią** her question smacks of irony [3] (ujawniać obce wpływy); **~ć z rosyjska/z niemiecka** to speak with a (slight) Russian/German accent

zatrą|cić pf — **zatrą|cać¹** impf vi (napomknąć) to allude (**o coś** to sth), to hint (**o coś** at sth); **~cił w rozmowie o temat ich zaręczyn** in the course of conversation he alluded to their engagement

zatriumf|ować pf vi [1] (zwyciężyć) to triumph (**nad kimś/czymś** over sb/sth) [2] (odczuć dumę) to triumph; **„mój pomysł był najlepszy", ~owała** 'my idea was the best,' she triumphed ⇒ **triumfować** [3] (zyskać przewagę) **prawda znowu ~owała** truth triumphed again ⇒ **triumfować**

zatroska|ć się pf v refl. książk. to worry; **~ć się o kogoś/coś** to begin to worry about sb/sth; **~ła się niepowodzeniami córki** she began to worry about her daughter's misfortunes; **nagle ~ł się o rodzinę** suddenly he began to show concern for his family; **~ł się, widząc jej nieszczęśliwą minę** her unhappy countenance distressed a. saddened him ⇒ **troskać się**

zatroskani|e n sgt książk. concern; **popatrzył na mnie z ~em** he looked at me with concern

zatroskan|y adi. [1] (przejęty troską) worried; **chodził wiecznie ~y** he had a. wore a permanently worried look [2] (wyrażający troskę) [mina, spojrzenie, wygląd] worried

zatroszcz|yć się pf v refl. [1] (zadbać) to take care (**o kogoś/coś** of sb/sth); to become solicitous książk. (**o kogoś/coś** about a. of sb/sth); **~yć się o przyjaciela** to be concerned for one's friend; **~yć się o czyjeś zdrowie** to become concerned over sb's health; **~yć się o czyjąś przyszłość** to take care of sb's future; **~ył się, żeby wszystkie dzieci dostały słodycze** he saw to it that all the children got some sweets ⇒ **troszczyć się** [2] (postarać się) **~yć się o prowiant na wycieczkę** to lay on provisions for the excursion; **~yć się o pieniądze na samochód** to secure money for a car ⇒ **troszczyć się** [3] przest. (pomyśleć z niepokojem) to worry; **„co będzie, jeśli nie znajdziemy hotelu?", ~yli się** 'what if we don't find a hotel?' they fretted

zatru|cie [] *sv* → **zatruć**

[] *n* Med. poisoning; **~cie alkoholowe/pokarmowe/grzybami** alcohol/food/mushroom poisoning; **jak uniknąć ~cia grzybami?** how to avoid being poisoned by mushrooms?

❑ **~cie ciążowe** Med. toxaemia GB, toxemia US

zatru|ć *pf* — **zatru|wać** *impf* [] *vt*
[] (zaprawić trucizną) to poison *[jedzenie, studnię]*; **~ta strzała** a poisoned arrow; **~ć ząb** to devitalize a tooth [2] (zanieczyścić środowisko naturalne) to contaminate, to pollute *[powietrze, wodę]* [3] (zaszkodzić organizmowi) **miała organizm ~ty dymem papierosowym** her organism was poisoned by cigarette smoke [4] przen. to sour *[stosunki, atmosferę]*; **~wać komuś życie** to lead sb a dog's life

[] **zatruć się** — **zatruwać się** to be poisoned; **~ć się grzybami** to be poisoned by mushrooms

zatrudniać *impf* → **zatrudnić**

zatrudni|ć *pf* — **zatrudni|ać** *impf* [] *vt* to employ, to engage GB; **~ć kogoś jako radcę prawnego** to employ sb as a legal adviser; **~anie nieletnich** child labour

[] **zatrudnić się** — **zatrudniać się**
[] książk. (podjąć pracę) to get a job; **~ł się w warsztacie samochodowym** he got a job in a garage; **~ła się jako nauczycielka** she got a job as a teacher; **w lecie ~ają się przy zbiorze truskawek** in summer they do casual work picking strawberries [2] przest. (zająć się) to occupy oneself (**czymś** with sth); **~ał się fotografowaniem drzew** he occupied himself by taking photographs of trees; **~ała się domem** she ran the household

zatrudnieni|e [] *sv* → **zatrudnić**

[] *n sgt* [] (wykonywany zawód) employment; **miejsce ~a** one's place of employment; **szukać ~a w sklepie jako ekspedientka** to seek employment as a shop assistant; **znaleźć ~e** to find employment; **nie mieć szans na ~e** to have no chance of employment; [2] (liczba pracujących) employment; **pełne ~e** full employment; **wzrost/spadek ~a w górnictwie węglowym** an increase/a decrease in employment in coal mining; **przerost ~a** overmanning, overemployment; **niepełne ~e** underemployment; **poziom ~a** the staffing level

zatrudnieniow|y *adi. [polityka, sytuacja]* employment *attr.*

zatruwacz *m* pot., pejor. polluter; **ta huta to największy ~ w okolicy** the steel works is the largest polluter in the area

zatruwać *impf* → **zatruć**

zatrważać *impf* → **zatrwożyć**

zatrważająco *adv.* książk. alarmingly, appallingly; **~ wzrosła przestępczość w dużych miastach** the crime rate in big cities has increased alarmingly

zatrważając|y [] *pa* → **zatrważać**

[] *adi.* książk. *[doniesienia, widok, rozmiary]* alarming, appalling

zatrw|ożyć *pf* — **zatrw|ażać** *impf* [] *vt* książk. to appal GB, to appall US, to alarm; **ten widok srodze nas ~ożył** the sight absolutely appalled us; **~aża nas brak kompetencji naszych zwierzchników** we are appalled at the incompetence of our bosses

[] **zatrwożyć się** książk. to become alarmed; **~ożył się o swoją przyszłość** he began to worry about his future

zatryumfować *pf* → **zatriumfować**

zatrzask *m* (*G* **~u**) [] (do zapinania) press stud GB, popper GB pot., snap fastener; **koszula zapinana na ~i** a snap-on shirt; **torba z metalowym ~iem** a bag with a metal clasp [2] (zamek sprężynowy) latch(lock)

zatrzaska *f* → **zatrzask**

zatrzaskiwać *impf* → **zatrzasnąć**

zatrzaskow|y *adi. [zamek, mechanizm, urządzenie]* lock *attr.*

zatrza|snąć *pf* — **zatrza|skiwać** *impf* (**~snął**) [] *vt* [] (zamknąć z trzaskiem) to slam, to clang, to bang shut *[bramę, furtkę]*; to slam down *[wieko skrzyni, maskę samochodu]*; **~snąć komuś drzwi przed nosem** to slam the door in sb's face; **~snęła pokrywkę pudełka** she snapped the lid of the box shut [2] (zamknąć w pomieszczeniu) to lock [sb/sth] in; **~snąć kogoś w piwnicy** to slam sb up in the cellar

[] **zatrzasnąć się** — **zatrzaskiwać się**
[] (zamknąć się z trzaskiem) *[drzwi, furtka]* to slam shut; *[wieko, pokrywka]* to snap shut [2] (zamknąć siebie) to become trapped; **~snął się w windzie** he got stuck in the lift

zatrzaśnię|ty *pp* → **zatrzasnąć**

[] *adi. [drzwi, okno]* stuck; *[osoba]* trapped

zatrz|ąść *pf* (**~ęsę, ~ęsiesz, ~ąsł, ~ęsła, ~ęśli**) [] *vi* [] (szybko poruszyć) to shake *vt* (**czymś** sth); **wiatr ~ąsł gałęziami** the wind shook the branches [2] (o środkach lokomocji) to sway; **wóz ~ąsł na zakręcie** the cart juddered at the turning; **~ęsło na wybojach** the car shook a. juddered as the wheels hit the potholes [3] przen. (wywołać zamieszanie) to shake *vt*; to convulse *vt* (**czymś** sth); **przemiany gospodarcze ~ęsły ustrojem** the economic transformations shook the entire system [4] pot. (o silnych emocjach) to shake *vt* (**kimś** sb); **~ąsł nim gniew** he shook with rage; **~ęsło mną, gdy się dowiedziałem, że...** it shook me to find out that...

[] **zatrząść się** [] (ulec wstrząsowi) *[budynek, mury]* to shake, to rock; *[ziemia]* to quake, to shake; **budynek ~ąsł się od wybuchu bomby** an explosion shook the building; **ręce się jej ~ęsły z emocji** her hands began to shake with emotion [2] (o pojazdach) to lurch, to shudder; to give a judder GB; **samochód ~ąsł się na nierównej drodze** the car swayed a. lurched on the uneven road [3] pot. (odczuć negatywne emocje) to shake; **~ąść się z gniewu/z oburzenia/ze złości** to shake with rage/indignation/anger

■ **ściany ~ęsły się od oklasków/śmiechu/okrzyków** the applause/laughter/cheers shook the walls; **miasto/biuro ~ęsło się od plotek/nowin** the town/office was agog a. abuzz with gossip/news

za|trzeć *pf* — **za|cierać** *impf* [] *vt*
[] (zamazać) to erase; **zatarty obraz** a blurred image; **zatrzeć napis na tablicy** to efface a. wear away the inscription on the plate; **zatrzeć ślady stóp** to erase footprints; **mgła zatarła kontury domów** fog blurred the outlines of the buildings [2] (ukryć) to cover up *[ślady]*; to blur *[różnice]*; to blot out *[pamięć]*; **zatrzeć za sobą ślady** to cover up one's tracks; **usiłowali zatrzeć pewne fakty** they tried to cover up certain facts; **próbował zatrzeć złe wrażenie** he tried to cover over the bad impression he'd made; **zatrzeć granicę między rzeczywistością a fantazją** to blur the line between reality and fantasy; **zatrzeć wspomnienie czegoś** to efface the memory of sth; **zatrzeć coś w pamięci** to blot a. efface sth out of one's memory [3] (wypełnić nierówności) to fill [sth] in, to fill in; **zatrzeć gipsem dziury w ścianie** to fill in the holes in the wall with plaster [4] (spowodować uszkodzenie) to seize *[silnik, mechanizm]*

[] **zatrzeć się** — **zacierać się** [] (stać się niewyraźnym) to fade away; **zatarły się zdobienia na filiżankach** the pattern on the cups wore off a. faded away; **wspomnienia z dzieciństwa powoli się zacierały** his/her childhood memories slowly dimmed; **zatarła się pamięć o ich czynach** the memory of their deeds faded away a. receded [2] Techn. *[mechanizm, silnik]* to seize up

■ **zacierać ręce** to rub one's hands

zatrzepo|tać *pf* (**~czę** a. **~ocę**) [] *vi*
[] (pomachać) **~tać chorągiewką** to wave (around) a flag; **~tać skrzydłami** to beat a. flap one's wings; **~tać rzęsami** to flutter one's eyelashes ⇒ **trzepotać** [2] (poruszyć się szybko) *[chorągiew, skrzydła]* to flutter; **flagi ~tały na wietrze** flags fluttered in the breeze; **serce ~tało jej w piersi na samą myśl** her heart fluttered at the thought ⇒ **trzepotać**

[] **zatrzepotać się** *[żagiel, chorągiew]* to flutter

zatrzeszcz|eć *pf vi [schody, szafa]* to creak; **przeciągnął się, aż ~ały kości** his bones creaked as he stretched ⇒ **trzeszczeć**

zatrzęsieni|e [] *sv* → **zatrząść**

[] *n sgt* pot. heaps *pl* pot. (**czegoś** of sth); oodles *pl* pot. (**czegoś** of sth); **~e ludzi** vast hordes of people; **na rynku jest ~e samochodów** there are loads of vehicles at the market; **jabłek było ~e** there were oodles of apples

zatrzym|ać *pf* — **zatrzym|ywać** *impf* [] *vt* [] (powściągnąć w ruchu) to stop, to halt; **~ać kogoś na progu** to stop sb at the doorstep; **~ać ruch** to bring traffic to a standstill; **~ać bieg wypadków** przen. to halt the course of events [2] (unieruchomić) to stop; **~ać maszynę/zegar** to stop a machine/clock [3] (nie puścić) to keep; **~ać ucznia po lekcjach** to keep a pupil in, to make a pupil stay behind after school; **~ać kogoś na kolacji/na zebraniu** to make sb stay for dinner/for a meeting [4] (pozbawić wolności) to apprehend, to detain [5] (zachować) to keep, to retain; **~ać sobie czyjąś książkę** to keep sb's book [6] (uniemożliwić wydostanie się na zewnątrz) to retain; **~anie moczu** urine retention; **~anie akcji serca** a cardiac arrest

[] **zatrzymać się** — **zatrzymywać się**
[] (stanąć w miejscu) to stop, to come to a halt a. a standstill; **~ać się w drzwiach** to stop at the door; **autobus ~ał się z piskiem opon** the bus screeched to a halt; **ten**

pociąg nie ~uje się na twojej stacji this train doesn't call a. stop at your station; **czas ~ał się w miejscu** przen. time came to a standstill a. halt [2] (przestać funkcjonować) [zegar, motor] to stop [3] (zamieszkać na jakiś czas) to stay; **~ać się w hotelu/u kolegi/u siostry** to stay at a hotel/at a friend's house/with one's sister; **czy mogę się u was ~ać na dwa dni?** can I stay with you for two days?, can you put me up for two days?

■ **jego wzrok ~ał się na kimś/czymś** a. **~ał na kimś/czymś spojrzenie** a. **wzrok** he fixed his gaze on sb/sth; **~ać coś dla siebie** to keep sth to oneself; **jest w ciąży, ale ~aj to dla siebie** she's pregnant, but keep it to yourself

zatrzyman|y [1] pp → zatrzymać

[11] **zatrzyman|y** m, **~a** f Prawo detainee

zatrzymywać impf → zatrzymać

zatup|ać (**~ię**) vi to stamp one's feet; **na schodach ~ały kroki** there was a patter of footsteps on the stairs

zatupo|tać pf (**~czę** a. **~cę**) vi to patter; **w ciemności ~tały kroki** a patter of footsteps could be heard in the darkness

zaturko|tać pf vi [maszyna, pojazd, koło] to rumble, to rattle

zatusz|ować pf — **zatuszowywać** impf vt to cover up [skandal, prawdę, przestępstwo]; to whitewash [działanie, sprawę]

zatwardze|nie n constipation

zatwardziale adv. grad. obdurately

zatwardziałoś|ć f sgt obduracy, impenitence; **~ć serca** hard-heartedness

zatwardzia|ły adi. grad. [kawaler, palacz] confirmed; [polityk, komunista] diehard, declared; [upór] [grzesznik] irredeemable; [indywidualista, wróg, demokrata] inveterate; [konserwatysta, republikanin] dyed-in-the-wool; **~łe serce** a hard heart

zatwierdzać impf → zatwierdzić

zatwier|dzić pf — **zatwier|dzać** impf vt [1] (nadać moc prawną) to approve, to endorse [projekt, plan, budżet]; to ratify [traktat, umowę] [2] (zaakceptować nominację) to approve [kandydata]

zatycz|ka f (w butelce) stopper; (w beczce) bung; **~ka do wanny/zlewu** a plug; **~ki do uszu** earplugs

zatykać impf → zatkać

zatytuł|ować pf vt to title [rozdział, książkę, sztukę]; to entitle [obraz]; to headline [artykuł]

zaufa|ć pf vi to trust; **~ć komuś/czemuś** to trust sb/sth; **~ć czyjejś intuicji** to trust sb's intuition; **~ć we własne siły** to have confidence in one's own abilities ⇒ **ufać**

zaufani|e [1] sv → zaufać

[11] n sgt confidence, trust; **osoba godna/ niegodna ~a** a trustworthy/an untrustworthy person; **mieć** a. **żywić ~e do kogoś** to have confidence in sb; **pokładać ~e w kimś** to place confidence in sb; **nadużyć czyjegoś ~a** to abuse sb's trust; **zawieść czyjeś ~e** to betray sb's trust; **powiem ci coś w ~u** I'll tell you something in confidence; **nie mam ~a do ich wyrobów** I don't trust their products; **ludzie mają ogromne ~e do prasy/telewizji** the public have enormous confidence in the press/TV

zaufan|y [1] adi. (pewny) [przyjaciel, pracownik] trusted

[11] m confidant; **~y premiera** the Prime Minister's confidant

[111] **zaufana** f confidante; **~a królowej** the queen's confidante

zauł|ek m [1] (uliczka) backstreet, side street; **~ki starego miasta** the backstreets of the old town [2] zw. pl przen. (ukryty obszar) recess zw. pl; **~ki pamięci/duszy** the recesses of the memory/the soul

zaurocze|nie [1] sv → zauroczyć

[11] n sgt (zachwyt) fascination C/U; love affair przen.; (oczarowanie) infatuation C/U; **~nie muzyką/teatrem** a fascination with music/the theatre; **~nie kimś** an infatuation with sb; **chwilowe ~nie** a passing infatuation; **~nie górami/wyścigami konnymi** a love affair with the mountains/with horse racing

zaurocz|yć pf [1] vt [1] (oczarować) to enthral GB, to enthrall US; **~yła go swoją urodą** he was enthralled by her beauty; **~ył nas swoim śpiewem** he held us spellbound with his singing [2] (rzucić urok) to bewitch także przen.; **~ył dzieciaka swoimi sztuczkami** he bewitched the kid with his tricks [3] (zapeszyć) to jinx; **nie mówił o swych planach, żeby nie ~yć** he didn't talk about his plans, so as not to jinx them

[11] **zauroczyć się** (ulec urokowi) to be(come) enthralled; **~ył się polskim folklorem** he became enthralled with Polish folklore

zausznic|a f [1] książk. (powiernica) confidante [2] Hist. (ozdoba) earring

zauszni|k m [1] książk. (powiernik) confidant [2] (część okularów) arm

zautomatyz|ować pf [1] vt to automate [fabrykę, produkcję]; **w pełni ~owany** a completely automated process ⇒ **automatyzować**

[11] **zautomatyzować się** [1] (zostać zautomatyzowanym) [proces produkcyjny] to become automated [2] (stać się automatycznym) [ruchy, zachowanie] to become automatic; **~owane reakcje** automatic responses

zauważać impf → zauważyć

zauważalnie adv. [zmienić się] noticeably, perceptibly

zauważaln|y adi. [zmiana, różnica] noticeable, perceptible

zauważ|yć pf — **zauważ|ać** impf vt [1] (dostrzec) to notice, to observe [zmianę, różnicę]; **~yłam ją na widowni** I caught sight of her in the audience; **nie ~ył, kiedy wyszła z pokoju** he didn't notice a. observe her leaving the room; **nie ~yliśmy skrętu w prawo** we missed the turn to the right; **od razu ~yłam kilka zmian w twoim pokoju** I immediately spotted a number of changes in your room; **~yliśmy, że dzieci bardzo wygrzeczniały** we've noticed that the children are much better behaved; **~, że to była jej inicjatywa** mark you, it was her initiative [2] (zrobić uwagę) to remark, to observe; **~yła mimochodem, że czas już wracać** she casually remarked that it was time to go back; **pozwolę sobie ~yć, że nie masz racji** if you don't mind me saying so, I think you're wrong; **„zrobiło się późno", ~ył** 'it's getting late,' he observed

zawa|da f książk. hindrance; **być dla kogoś ~dą** to be a hindrance to sb

■ **stać komuś na ~dzie** to stand in sb's way; **nie chcę stać na ~dzie twojemu szczęściu** I don't want to stand in the way of your happiness

zawadiac|ki adi. [wygląd, mina, uśmiech, spojrzenie] swashbuckling; **~ki młodzieniec** a swashbuckler

zawadiacko adv. [zachowywać się] boisterously; **nosił czapkę ~ na bakier** he wore his cap at a jaunty angle

zawadia|ka m (Npl **~cy** a. **~ki**) swashbuckler, daredevil

zawadzać[1] impf → zawadzić

zawa|dzać[2] impf vi (przeszkadzać) to hamper vt (komuś sb); to impede vt (komuś sb); **długa suknia ~dzała jej w tańcu** the long dress got in her way when she was dancing; **leżący gruz ~dzał w przejściu** the debris blocked the way; **spokojny człowiek, nikomu nie ~dzał** a quiet man, never got in anybody's way

■ **nie ~i poradzić się kogoś** it won't do any harm to ask sb's advice; **ostrożność nigdy nie ~dzi** you can't be too careful

zawa|dzić pf — **zawa|dzać**[1] impf vi [1] (zaczepić) **~dzić o krzesło/stół** to knock against a chair/table; **~dzić rękawem o klamkę** to catch one's sleeve on the handle; **~dzić nogą o kamień** to trip on a. against a stone [2] pot. (wstąpić po drodze) to stop by; **wracając, ~dził o Warszawę/kuzynów** on the way back he stopped in Warsaw/at his cousins' [3] pot. (nadmienić) to mention; **~dzić w rozmowie/liście o jakąś sprawę** to mention a matter in conversation/in one's letter

zawaha|ć się pf v refl. to hesitate, to waver; **~ł się, czy przyjąć propozycję** he hesitated, unsure if he should accept the offer; **chciał coś powiedzieć, ale się ~ł** he was about to say something but paused; **nie ~ła się użyć tego argumentu/przed ujawnieniem prawdy** she didn't hesitate to use that argument/to tell the truth ⇒ **wahać się**

zawalać[1] impf → zawalić

zawala|ć[2] pf vt (tarasować) to block, to obstruct; **leżące drzewo ~ło przejazd** a fallen tree blocked the way

zawala|ć[3] pf [1] vt pot. (pobrudzić) to soil, to stain [podłogę, ubranie]; **~ć spodnie farbą/ smarem** to stain one's trousers with paint/ grease

[11] **zawalać się** (pobrudzić się) to get a. make oneself dirty

zawal|ić pf — **zawal|ać**[1] impf [1] vt [1] (zasypać) to cover [sth] up, to cover up [otwór, wejście]; **tunel ~ono gruzem** the tunnel was filled with rubble [2] przen. (zapełnić) to inundate; **biurko ~one papierami** a desk piled a. loaded with papers; **pokój ~ony meblami** a room crammed with furniture [3] pot. (przeciążyć) to overburden, to inundate; **szef ~ił mnie robotą** my boss has given me far too much work; **urząd ~ony skargami** an office inundated with letters of complaint [4] pot. (sknocić) to bungle [plan, robotę]; to fluff pot. [egzamin, test]; **~ić szkołę/studia** to drop out of school/university; **~ić termin** to fail to

Z

meet the deadline; **~ił sprawę** he bungled it pot.

III **zawalić się — zawalać się** [1] (runąć) *[dom, strop, sufit]* to collapse [2] przen. (nie udać się) *[plan, projekt]* to fall through

zawalidr|oga *m, f (Npl m* **~ogi**, *Gpl m* **~ogów** a. **~óg**; *Npl f* **~ogi**, *Gpl f* **~óg*)* pot. [1] (przeszkoda) (mebel, piecyk) lumber; (pojazd) crawler [2] (utrapieniec) nuisance

zawalony **II** *pp* → **zawalić**

II adi. *[dach, sufit]* caved-in

zawał *m (G* **~łu**) [1] Med. (nerki, płuca, mózgu) infarction; **~ł serca** a myocardial infarction; a heart attack pot. [2] Górn. cave-in

zawałow|iec *m (V* **~cu** a. **~cze**) pot. heart-attack patient

zawałow|y adi. [1] Med. *[zmiany]* infarction attr. [2] Górn. **~a część wyrobiska** a caved-in section of the pit

zawarcz|eć *pf vi* [1] (warknąć) *[pies]* to let out a growl [2] (zawarkotać) *[motor]* to whirr [3] pot., przen. (odezwać się opryskliwie) to growl; **„wynocha", ~ał** 'get out,' he growled

zawar|ować *pf* — **zawar|owywać** *impf vt* książk. to reserve, to secure *[prawo, przywilej]*; **~ować coś w umowie** to stipulate sth in an agreement; **~ować komuś prawo do korzystania z czegoś** to guarantee sb the use of sth

zawartoś|ć *f sgt* [1] (naczynia, torby, szafy) contents *pl*; **cenna ~ć archiwów** the valuable documents contained in the archives [2] (książki, artykułu) content [3] (ilość składnika) content; **~ć białka/tłuszczu w jogurcie** the protein/fat content in yoghurt

zawar|ty **II** *pp* → **zawrzeć**[1]

II adi. contained; **wapń ~ty w mleku** the calcium contained in milk; **kąt ~ty między bokami trójkąta** the angle between the sides of a triangle

zaważ|yć *pf vi* [1] (wywrzeć wpływ) to influence; **~yć na czyimś życiu/karierze** to influence sb's life/career; **~yć na czyimś losie** to determine sb's fate [2] pot. (ważyć) to weigh; **kawałek sera ~ył ponad dwadzieścia deko** the piece of cheese weighed almost half a pound

zawczasu adv. *[kupić, przygotować, pamiętać]* in advance; **ostrzec kogoś ~** to forewarn sb, to warn sb in advance

zawdzięcza|ć *impf vt* to owe; **wiele im ~my** we owe them a lot; **~ć życie/zdrowie lekarzom** to owe one's life/health to the doctors

zawdzięczeni|e

■ **mieć wiele do ~a komuś/czemuś** to owe a lot to sb/sth; **niewiele mam im do ~a** I owe very little to them

zawek|ować *pf vt* Kulin. to bottle, to pot *[kompot, jarzyny, mięso]* ⇒ **wekować**

zawet|ować *pf vt* Polit., Prawo to veto *[ustawę, budżet]* ⇒ **wetować**

zawezw|ać *pf* (**~ę**) *vt* książk. to summon; **~ać kogoś do dyrektora/sądu** to summon sb to the director's office/to court

zawędr|ować *pf vi* [1] książk. (zajść) to reach; **~ować na szczyt góry/do miasta** to reach the summit/town ⇒ **wędrować** [2] przen. (trafić) to end up; **zbiory ~owały do muzeum** the collection ended up in a museum

zawę|zić *pf* — **zawę|żać** *impf* książk. **II** *vt* to narrow *[pojęcie, temat, zakres]*; **~zić śledztwo do kilku podejrzanych** to narrow the investigation down to a few suspects

II **zawęzić się — zawężać się** *[pojęcie, zakres, dyskusja]* to narrow (**do czegoś** to sth); **nagle jego świat się ~ił do czterech ścian pokoju** suddenly his world has been reduced to the four walls of the room

zawężać *impf* → **zawęzić**

zawi|ać[1] *pf* — **zawi|ewać** *impf* (**~eje** — **~ewa**) **II** *vt [śnieg, piasek]* to cover *[pole, drogę]*; **piasek ~ał ślady kół** the blowing sand covered up the wheel tracks

II *vi [wiatr]* to blow; **lekki wietrzyk ~ewał od strony rzeki** there was a light breeze from the river

III *v imp.* [1] (dotrzeć) *[zapach]* to waft; *[mróz, gorąco]* to drift; **~ało od niej perfumami** her perfume wafted in the air; **od łąk ~ało chłodem** there was a chilly breeze from the fields [2] (zostać przeniesionym przez wiatr) to be blown; **latawiec ~ało aż nad rzekę** the kite was blown as far as the river

zawi|ać[2] *pf v imp.* pot. [1] (spowodować dolegliwość) **nie otwierał okna, bo bał się, że go ~eje** he didn't open the window as he was afraid of catching a chill [2] przen., żart. to drop in; **~ało mnie tam podczas wakacji** I happened to drop in there while on holiday

zawiadamiać *impf* → **zawiadomić**

zawiad|omić *pf* — **zawiad|amiać** *impf vt* to inform; (oficjalnie) to notify; **~omić kogoś o czymś** to inform sb about sth; **~omić kogoś listownie/telefonicznie** to inform sb by letter/on the phone; **~omić kogoś SMS-em/mailem** to inform sb via SMS/e-mail

zawiadomie|nie **II** *sv* → **zawiadomić**

II *n* (list) notice, notification; (ogłoszenie) announcement; **czytałeś ~nie o zebraniu?** have you read the announcement about the meeting?; **dostałeś ~nie o ślubie Marka?** have you received Mark's wedding card?

zawiadowc|a *m* Kolej. stationmaster GB; **~a stacji rozrządowej** the yardmaster

zawiad|ywać *impf vt* książk. [1] (zarządzać) to administer, to manage *[majątkiem]* [2] (sterować) to control *[procesem, ruchem]*; **mózg ~uje wszystkimi naszymi reakcjami** the brain controls all our reactions

zawian|y **II** *pp* → **zawiać**

II adi. pot. (lekko pijany) tiddly pot., squiffy pot.

zawias *m (G* **~u**) [1] Techn. hinge; **furtka na ~ach** a hinged gate; **wyjąć drzwi z ~ów** to unhinge the door [2] pot., żart. (staw) joint

zawias|ek, **~ka** *m, f dem. (G* **~ku**, **~ki**) hinge

zawiasowo adv. *[osadzić]* on hinges; *[połączyć]* with hinges

zawiasow|y adi. *[połączenie]* hinge attr.

zawią|zać *pf* — **zawią|zywać** *impf* (**~żę** — **~zuję**) **II** *vt* [1] (przepleść koniec) to tie; **~zać supeł na sznurze** to tie a knot in a rope; **~zać na głowie turban** to wind a turban around one's head; **~zać sznurowadła** to tie one's laces (up), to lace one's shoes up; **~zać tasiemkę na supeł/**

kokardę to tie a ribbon in a knot/bow; **~zać krawat** to knot one's tie [2] (opasać) to tie; **~zać paczkę sznurkiem** to tie a parcel with string; **~zać komuś oczy** to blindfold sb [3] (zapakować) to tie [sth] up, to tie up; **~zać pościel/ubrania w tobół** to tie up the bedclothes/clothes into a bundle [4] (zamknąć otwór) to rope *[worek, torbę]* [5] (utworzyć) to set [sth] up, to set up *[spółkę, komitet, koalicję]*; to organize *[spisek]* [6] (rozpocząć) to start *[rozmowę, romans]*; to strike up *[przyjaźń]* [7] Bot. to set

II **zawiązać się — zawiązywać się** [1] (utworzyć się) *[komitet, stowarzyszenie]* to be set up [2] (rozpocząć się) to begin; **~zała się między nimi przyjaźń** they struck up a friendship; **~zanie się intrygi w sztuce/filmie** the commencement of a plot in a play/film [3] Bot. (utworzyć się) *[zawiązki owoców, kwiatów]* to set

■ **~zać komuś los** a. **świat** a. **życie** przest. to take over sb's life

zawiąz|ek *m (G* **~ku**) [1] Biol. primordium; **~ek zęba** Anat. a tooth bud; **~ki rogów** Zool. antler buds [2] przen. (zalążek) germ

zawiązywać *impf* → **zawiązać**

zawiedz|iony **II** *pp* → **zawieść**

II adi. [1] (rozczarowany) *[osoba, głos, mina]* disappointed; **kobieta ~iona w swych nadziejach** a woman disappointed in her hopes [2] (nieodwzajemniony) *[miłość]* disappointed, unrequited

zawie|ja *f (Gpl* **~i**) blizzard, snowstorm

zawierać[1] *impf* → **zawrzeć**[1]

zawiera|ć[2] *impf* **II** *vt* [1] (mieścić w sobie) to contain; **co ~ ta paczka?** what does this parcel contain?; **leki ~jące paracetamol** drugs containing paracetamol [2] (wyrażać) *[film, książka, wypowiedź]* to contain; **raport ~ wiele nieprawdziwych stwierdzeń** the report contains a number of false statements

II **zawierać się** [1] (być składnikiem) to be included; **w cenie ~ się podatek VAT** the price includes VAT [2] (być wyrażonym) to be expressed; **postulaty strajkujących ~ją się w trzech zdaniach** the strikers' demands can be summed up in three sentences [3] (polegać) to consist (**w czymś** in sth)

zawieru|cha *f* [1] (wietrzna pogoda) gusty weather; **śnieżna ~cha** a snowstorm [2] przen. (wstrząs dziejowy) turmoil; **wojenna ~cha** the turmoil of war

zawieruszać *impf* → **zawieruszyć**

zawierusz|ony **II** *pp* → **zawieruszyć**

II adi. *[książka, list]* mislaid, misplaced

zawierusz|yć *pf* — **zawierusz|ać** *impf* **II** *vt* to mislay *[klucze, rękawiczki, notatki]*

II **zawieruszyć się — zawieruszać się** *[przedmiot]* to get mislaid, to go astray; *[osoba]* to disappear

zawierzać *impf* → **zawierzyć**

zawierz|yć *pf* — **zawierz|ać** *impf vi* [1] (uwierzyć) to believe *[pogłoskom]*; to trust *[pamięci, osobie]* [2] (powierzyć) to put [sth] into sb's hands; **~yć życie dziecka lekarzowi** to put the life of one's child into the doctor's hands

zawie|sić *pf* — **zawie|szać** *impf* **II** *vt* [1] (powiesić) to hang, to suspend *[lampę, obraz]* [2] (zasłonić) to cover, to hang; **~sić ściany obrazami** to cover a. hang the walls with pictures; **drzwi ~szone portierą** a curtained door [3] (wstrzymać) to suspend [obrady, śledztwo, strajk, linię autobusową, połączenie lotnicze]; **~sić karę** Prawo to suspend a sentence; **~sić głos** to pause [4] (czasowo pozbawić praw) to suspend [ucznia, członka organizacji, urzędnika]; **na czas śledztwa nauczyciel został ~szony w czynnościach** the teacher was suspended while investigations were carried out; **kilku studentów zostało ~szonych w prawach za posiadanie narkotyków** several students were suspended from school over drug allegations [5] Komput. [operacja] to hang, to crash [komputer] [6] Chem. to suspend [substancję]

[II] zawiesić się — zawieszać się Komput. [komputer] to hang (up), to crash

zawiesin|a f Chem. suspension

zawiesinow|y adi. [prąd] turbidity attr.

zawiesistoś|ć f sgt (sosu, zupy) thickness

zawiesi|sty adi. [sos, zupa] thick

zawieszać impf → zawiesić

zawiesze|nie [II] sv → zawiesić

[II] n [1] (rozmów, akcji strajkowej) suspension; **~nie broni** Wojsk. truce; **~nie działań zbrojnych** Wojsk. a suspension of military action; **~nie akcji** (w powieści, sztuce) slowing down of the pace (for dramatic effect) [2] Prawo suspension; **wyrok w ~niu** a suspended sentence; **~nie wykonania wyroku** a stay of execution [3] Techn., Aut. suspension [4] książk., przen. (stan oczekiwania) limbo; **żyć w ~niu** a. **w stanie ~nia** to live in (a state of) limbo

zawiesz|ony [II] pp → zawiesić

[II] adi. książk. [1] (znajdujący się w przestrzeni) suspended; **~ony wysoko na niebie księżyc** the moon suspended high in the sky [2] (znajdujący się w sytuacji pośredniej) suspended; **~ony między życiem a śmiercią** suspended between life and death

zaw|ieść¹ pf — **zaw|odzić¹** impf (~iodę, ~iedziesz, ~iedzie, ~iódł, ~iodła, ~iedli — ~odzę) **[II]** vt [1] (sprawić zawód) to disappoint, to let [sb] down; **~ieść czyjeś oczekiwania** to fall short of sb's expectations; **~ieść czyjeś zaufanie** to betray sb's trust; **wierzyli mu, a on ich ~iódł** they trusted him, but he let them down [2] (okazać się nieskutecznym) [urządzenie, system] to fail; **~odzi mnie pamięć** my memory fails me; **intuicja mnie nie ~odła** my intuition was right [3] (nie spełnić się) [nadzieja, marzenie] to be frustrated; **nasz plan ~iódł** our plan didn't work

[II] zawieść się — zawodzić się (doznać zawodu) to be disappointed; **~ieść się w miłości** to be disappointed in love; **~iódł się na przyjaciołach** he was disappointed in his friends

zaw|ieść² pf — **zaw|odzić²** impf vi książk. (zaprowadzić) [osoba, droga] to lead; **~iedli nas do ogrodu** they led us to the garden; **szeroka aleja ~iodła nas do pałacu** a wide alley led us to the palace; **zamiłowanie do hazardu ~iodło go do więzienia** przen. his addiction to gambling led him to prison

zawietrzn|y [II] adi. Żegl. [burta, strona] leeward

[II] zawietrzna f leeward; **jacht ~y** (pozycja)

leeward yacht; **być ~ym** [jacht] to have leeward helm

zawiewać impf → zawiać

zaw|ieźć pf — **zaw|ozić** impf vt to take; **chorą ~ieziono do szpitala** the sick woman was taken to hospital; **codziennie ~oził dzieci do szkoły** he drove his children to school every day

zawijać impf → zawinąć

zawijas m flourish także przen.

zawikła|ć pf **[II]** vt książk. [1] (zagmatwać) to complicate [sprawę, interesy] [2] (uwikłać) to entangle; **~ć kogoś w aferę** to entangle sb in an affair

[II] zawikłać się [1] (znaleźć się w skomplikowanej sytuacji) to become entangled; **~ł się w trudne sprawy** he became involved in some very difficult business [2] (zagmatwać się) to become complicated a. entangled; **sprawa się ~ła** matters got complicated

zawikłan|y [II] pp → zawikłać

[II] adi. [problem, sprawa] complicated; [dyskusja] involved

zawile adv. grad. [tłumaczyć] in a roundabout way

zawil|ec m Bot. anemone, windflower

zawilg|ły adi. [szmata, drewno] damp

zawilg|nąć pf (~ł) vi to get damp; **papierosy ~ły** the cigarettes have got damp

zawiłoś|ć f [1] sgt [2] (języka, stylu) elaborateness [3] zw. pl (psychiki, prawa) **~ci** complexities

zawił|y adi. [argumentacja, rozumowanie] convoluted; [sprawa] complicated; [dyskusja] involved; [wyjaśnienia] circuitous; [akcja powieści, filmu] intricate

zawi|nąć pf — **zawi|jać** impf (~nęła, ~neli — ~jam) **[II]** vt [1] (owinąć) to wrap [sth] up, to wrap up; **~nąć paczkę w papier** to wrap a parcel up in paper; **~nąć dziecko w koc** to wrap a child in a blanket; **~nąć skaleczony palec bandażem** to bandage up an injured finger [2] (podwinąć) to roll [sth] up, to roll up [rękawy, nogawki]

[II] vi [statek] (wpłynąć do portu) to call at a port; **po drodze ~jaliśmy do każdego portu** on the way we called (in) at every port

[III] zawinąć się — zawijać się [1] (owinąć się) to wrap oneself; **~nąć się w ręcznik** a. **ręcznikiem** to wrap oneself in a towel [2] (podwinąć się) to curl up; **włosy ~jają się mu na kołnierzu** his hair curls up over the edge of his collar

[IV] zawinąć się pot. [1] (zakrzątnąć się) to make short of sth; **~nęła się koło obiadu** she pottered around getting the dinner ready [2] (umrzeć) to conk out pot.

zawiniąt|ko n pot. (tobołek) small bundle

zawi|nić pf vi to be at fault, to be to blame; **kto ~nił kryzysowi w służbie zdrowia?** who is to blame for the crisis in the national health service?; **katastrofa ekologiczna ~niona przez człowieka** a man-made ecological disaster; **~nić wobec** a. **względem kogoś** to wrong sb; **czy on ci w czymś ~nił?** has he wronged you in any way?

zawinię|ty [II] pp → zawinąć

[II] adi. (zagięty) **~ty do góry/dołu** [brzeg, rondo] turned-up/-down

zawini|ony [II] pp → zawinić

[II] adi. [1] [kara] just [2] [czyn] culpable

zawir|ować pf vi [tancerze, liście, płatki śniegu] to whirl; **nagle ~owało mi w oczach** a. **nagle świat ~ował mi przed oczami** suddenly my head starting spinning ⇒ **wirować**

zawirowa|nie [II] sv → zawirować

[II] n zw. pl książk. (nagły zwrot) turbulence U; **~nia polityczne** political turbulence; **~nia na rynkach walutowych** turbulence in the currency markets

zawisać impf → zawisnąć¹

zawisłoś|ć f sgt przest. (podległość) dependence; **kolonialna ~ć niektórych krajów** colonial dependence of some countries

zawi|sły adi. [1] (o flagach, transparentach) suspended [2] (o skazańcu) hanged [3] przen. (o ptaku, samolocie) stopped in mid-air [4] przen. (o niebezpieczeństwie) looming; **udało mu się zażegnać groźbę wojny ~słą nad krajem** he managed to avert the threat of war looming over the country [5] przest. [kraj, osoba] dependent

zawi|snąć¹ pf — **zawi|sać** impf (~snął a. ~sł, ~sneli a. ~śli — ~sam) vi [1] (zostać zawieszonym) [lampa, firanka] to be hung; **poślizgnął się i ~snął nad przepaścią** suddenly he slipped and hung over the precipice [2] (znieruchomieć w powietrzu) [ptak, helikopter] to hover; [ręka] to stop in mid-air; **chmury ~sły nisko nad ziemią** clouds were hanging low over the city [3] (zacząć zagrażać) [niebezpieczeństwo] to loom; **nad Europą ~sła groźba konfliktów etnicznych** the threat of ethnic conflicts loomed over Europe

■ **~snąć wzrokiem** a. **oczami** a. **spojrzeniem na czyichś ustach** to fix one's eyes on sb's lips

zawi|snąć² pf (~snął a. ~sł) [1] [2] (zostać powieszonym) [zdrajca, skazaniec] to be hanged [3] książk. (zostać zależnym) [los, byt] to be contingent (**od czegoś** on a. upon sth); **jego los ~sł od wyroku sądu** his fate was contingent on the verdict of the court

zawistnie adv. grad. [postępować, patrzeć] enviously

zawistni|k m pot., pejor. envious a. jealous person

zawistn|y adi. [osoba, wzrok] envious; **spoglądać na kogoś/coś ~ym okiem** to cast an envious eye on a. at sb/sth

zawiś|ć f sgt envy; **budzić ~ć** to arouse envy; **oczerniać kogoś przez ~ć** a. **z ~ci** to blacken sb's name out of envy

zawita|ć pf vi książk. [1] (przybyć) [osoba] to come; **kiedy pan do nas znowu ~a?** when will you come and visit us again?; when will you grace us with your presence again? książk., iron. [2] przen. (pojawić się) [wiosna, szczęście] to come

zawl|ec¹ pf — **zawl|ekać** impf (~okę, ~ekę, ~eczesz, ~ecze, ~ókł a. ~ekł, ~okła a. ~ekła, ~ekli — ~am) **[II]** vt [1] (przenieść) to bring [bakterie, chorobę, nasiona]; **trąd ~eczony na te tereny ze Wschodu** leprosy brought into the area from the East [2] (zasnuć) to wrap (with sth in sth); **uliczki ~eczone mgłą** narrow streets wrapped in fog

[II] zawlec się pot., przen. (zasnuć się) to cloud,

to mist; **niebo ~ekło się chmurami** the sky clouded over; **jej oczy ~ekły się łzami** her eyes misted over

zawl|ec² pf (**~okę** a. **~ekę, ~eczesz, ~ecze, ~ókł** a. **~ekł, ~okła** a. **~ekła, ~ekli**) **[]** vt to drag [osobę, worek]; **~ekli ofiarę nad rzekę** they dragged their victim to the riverbank; **musiała go siłą ~ec do dentysty** she had to drag him to the dentist ⇒ **wlec**

[] **zawlec się** pot. (dotrzeć z trudem) to drag oneself; **~ekłam się na ostry dyżur w szpitalu** I dragged myself to casualty

zawlecz|ka f [1] Techn. split a. cotter pin [2] Wojsk. (granatu) safety pin

zawlekać impf → zawlec

zawładn|ąć pf (**~ęła, ~ęli**) vt [1] (zagarnąć) to capture, to seize [krajem, ziemią, majątkiem]; [2] (opanować) to dominate [ulicami, parkiem]; to monopolize [rynkiem]; **młodzież ~ęła skwerem** youths had taken over the square; **zagraniczne firmy ~ęły rynkiem** foreign companies have monopolized a. sewn up pot. the market [3] (uzależnić emocjonalnie) to take possession; **~ęła nimi żądza zemsty** they were possessed by a thirst for revenge

zawłaszczać impf → zawłaszczyć

zawłaszcz|yć pf — **zawłaszcz|ać** impf vt książk. to appropriate [teren, nieruchomość, majątek]

zawoal|ować pf vt [1] to veil [twarz, dekolt]; **~owana dama** a veiled lady [2] przen. to veil [groźbę, krytykę]; **napomknąć o czymś w ~owany sposób** to mention sth in an oblique way

zawodni|k m, **~czka** f [1] Sport competitor, contestant [2] pot. number, customer; **niezły z niego ~k** he's a cool customer

zawodnoś|ć f sgt [1] (urządzenia, systemu) unreliability [2] (pamięci) fallibility

zawodn|y adi. [1] (psujący się często) [sprzęt, samochód] unreliable [2] (złudny) [marzenia, nadzieje] illusive, illusory; [pamięć] fallible

zawodow|iec m professional; (w sporcie) pro pot.

zawodowo adv. [uprawiać sport] professionally; **pracować ~** to work professionally

zawodowstw|o n professionalism U

zawodow|y adi. [1] (związany z zawodem) [etyka, kwalifikacje] professional; [choroba, ryzyko] occupational; **praca ~a** a career; **poradnia ~a** a careers office [2] (przygotowujący do zawodu) [szkoła] vocational [3] (uprawiający zawód) [aktor, muzyk] professional; [dyplomata, oficer] career attr.; **~y bokser/hokeista** a boxing/hockey pro pot.; **żołnierz ~y** a regular soldier [4] (uprawiany jako zawód) [sport, teatr] professional

zawodów|ka f pot. vocational school

zawod|y plt (G **~ów**) [1] Sport competition, contest; **~y pływackie/lekkoatletyczne** a swimming/track and field competition; **~y w strzelaniu/dżudo** a shooting/judo competition; **~y o mistrzostwo świata** world championship [2] (rywalizacja) competition; **~y w piciu piwa/jedzeniu pączków** a beer drinking/doughnut eating competition ■ **iść w ~y z kimś/czymś** to compete for priority with sb/sth

zawodzący [] pa → zawodzić³

[] adi. (rzewny) [głos, śpiew] plaintive, wailing

zawodzić¹ impf → zawieść¹
zawodzić² impf → zawieść²
zaw|odzić³ impf vi [1] (lamentować) [osoba] to wail [2] przen. (wydawać żałosne dźwięki) [instrument, ptak] to wail; [wiatr] to moan, to wail

zawoj|ować pf vt książk. [1] (podbić) to conquer [kraj, terytorium] [2] przen. (zdobyć popularność) to conquer; **kino amerykańskie ~owało świat** American films have conquered the world [3] przen. (zdobyć sympatię) to win [sb's] heart

zawoła|ć pf vt [1] (krzyknąć) to cry out; **~ć coś do kogoś** to shout sth to sb; „**witaj!**" – **~ł z daleka** 'welcome!,' he hailed from afar ⇒ **wołać** [2] (wezwać) to call, to summon [kelnera, taksówkę]; **~j wszystkich na obiad** call everyone for dinner; **trzeba ~ć lekarza** we must send for a doctor ⇒ **wołać**

zawoła|nie [] sv → zawołać

[] n [1] (wezwanie) call; **być na każde ~nie kogoś** to be at sb's beck and call; **przybiegł natychmiast na ~nie matki** he came the minute his mother called him; **pies nie odpowiadał na jego ~nia** the dog didn't respond to his calls; **słońce wyszło zza chmur jak na ~nie** the sun appeared from behind the clouds as if on cue [2] książk. (sentencja) motto; **biskupie ~nie umieszczone w herbie** the bishop's motto on his coat of arms [3] Hist. (okrzyk bojowy) battle cry

zawołany [] pp → zawołać

[] adi. (zapalony) [ogrodnik, myśliwy] born

zaworow|y adi. Techn. **silnik 8-~y** an 8-valved engine; **luz ~y** valve clearance

zawozić impf → zawieźć

zaw|ód¹ m (G **~odu**) (po szkole wyższej) profession; (po szkole niższego stopnia) trade; **~ód nauczyciela** a. **nauczycielski/lekarza** the teaching/medical profession; **~ód wyuczony/wykonywany** one's acquired/actual profession; **nauka ~odu** vocational training; **wyuczyć się ~odu** to learn a trade; **wyuczyć kogoś ~odu** to teach sb a trade; **pracować w swoim ~odzie** to work in one's field; **w moim ~odzie potrzebna jest elastyczność** in my line of work one needs to be flexible; **być architektem/prawnikiem z ~odu** to be an architect/a lawyer by profession; **być cieślą z ~odu** to be a carpenter by trade; **kim on jest z ~odu?** what's his profession/trade?
□ **wolny ~ód** freelance occupation; Hist. (lekarz, prawnik) profession
■ **najstarszy ~ód świata** euf. the oldest profession żart.

zaw|ód² m (G **~odu**) (rozczarowanie) disappointment, let-down; **doznać ~odu** to be let down; **sprawić komuś ~ód** to let sb down, to be a disappointment to sb; **spotkał mnie ciężki ~ód** I was greatly disappointed
□ **~ód miłosny** heartbreak

zaw|ój m (G **~oju**) (nakrycie głowy) turban

zaw|ór m (G **~oru**) Techn. valve
□ **~ór bezpieczeństwa** Techn. safety valve; **~ór redukcyjny** Techn. pressure reducing valve; **~ór spustowy** Techn. outlet valve

zawracać impf → zawrócić

zawrotnie adv. grad. książk. dizzily; **rozwijać się w ~ szybkim tempie** to develop at a dizzying pace; **~ wysokie ceny** exorbitant prices

zawrotn|y adi. grad. [szybkość, wysokość] dizzying; [cena] exorbitant; [kariera] staggering

zawr|ócić pf — **zawr|acać** impf **[]** vt (skierować z powrotem) to turn [sb/sth] back, to turn back [osobę, konia]; **~ócono nas z granicy** we were turned back at the border **[]** vi (wrócić) to turn back; **po godzinie ~óciliśmy do domu** an hour later we turned back and went home **[]** **zawrócić się — zawracać się** pot. to turn (a)round; **~ócił się i poszedł inną drogą** he turned round and went a different way

zawr|ót m (G **~otu**) Med. **~ót głowy** vertigo U; **cierpieć na ~oty głowy** to suffer from vertigo; **propozycja zagrania w filmie przyprawiła ją o ~ót głowy** przen. the offer of a chance to play in a film made her giddy przen.

zaw|rzeć¹ pf — **zaw|ierać¹** impf **[]** vt [1] (przedstawić) to contain, to comprise; **tekst ~iera jego wrażenia z podróży do Ziemi Świętej** the text comprises his impressions from a journey to the Holy Land; **dane ~arte w raporcie** data contained in the report [2] (wspólnie ustanowić) to conclude [umowę]; to make [pokój]; to call [rozejm]; to form [przymierze, sojusz]; to enter into [związek małżeński]; **~rzeć z kimś znajomość/przyjaźń** to strike up an acquaintance/a friendship with sb [3] przest. (zamknąć) to close, to shut [bramę, drzwi, okiennice] **[]** **zawrzeć się — zawierać się** przest. [wrota] to close, to shut

zaw|rzeć² pf vi [1] (zakipieć) [woda] to come to the boil [2] (wybuchnąć) [walka, dyskusja] to erupt [3] (wzburzyć się) [osoba] to boil; **~rzeć gniewem/oburzeniem** to boil with rage/indignation [4] (ożywić się) [sala, miasto] to buzz; **biuro ~rzało od plotek** the office buzzed with rumours

zawrzeszcz|eć pf vi to shriek; **dzieci ~ały na podwórku** some children shrieked outside

zawstydzać impf → zawstydzić

zawstydzeni|e [] sv → zawstydzić

[] n sgt embarrassment, mortification; **rumieniec ~a** a blush of embarrassment; **odczuwać ~e** to feel embarrassed; **nie móc ukryć ~a** to be unable to hide one's embarrassment

zawsty|dzić pf — **zawsty|dzać** impf **[]** vt (wzbudzić uczucie wstydu) to shame; (zażenowanie) to embarrass; **~dzić kogoś** to put sb to shame/to embarrass sb; **nauczyciel ~dził go tak, że przeprosił kolegę** the teacher shamed him into apologizing to his classmate **[]** **zawstydzić się — zawstydzać się** (poczuć wstyd) to feel ashamed; (poczuć zażenowanie) to feel embarrassed

zawstydz|ony [] pp → zawstydzić

[] adi. (zażenowany) [osoba, mina] ashamed, embarrassed; **chłopcy wyglądali na ~onych** the boys looked shamefaced a. abashed

zawsze **I** *pron.* always; **prawie ~** almost always; **nie ~** not always; **jak ~** as ever, as always; **być jak ~ radosnym** to be cheerful as always; **na ~** *[wyjechać, zostawić, zmienić]* for good; **dał mi to na ~** he gave it to me for keeps pot.; **raz na ~** once and for all; **znamy się od ~** we've known each other for ages; **~ się spóźniała** she was always late; **poproszę to, co ~** (I'll have) the usual, please; **spotkajmy się tam, gdzie ~, kiedy słyszę tę piosenkę** whenever I hear that song
II *part.* (jednak) still; **nie dostanie wiele, ale ~ coś zarobi** he won't get much, but he'll still make something out of it pot.; **~ to coś** it's still a. always something

zawsz|ony *adi.* pot. [1] *[osoba, zwierzę]* lousy, louse-infested; **~one ubranie** clothes infested with lice [2] pot., obraźl. (kiepski) lousy

zawtór|ować *impf vi* [1] (na instrumencie) to accompany *vt* (**komuś** sb); to play along (**komuś** with sb) ⇒ **wtórować** [2] (potwierdzić czyjeś słowa) to chime in; **„coś bym zjadł" – „ja też", ~owała mu** 'I could do with something to eat' – 'so could I,' she echoed ⇒ **wtórować** [3] (towarzyszyć) to accompany; **oklaski ~owały jego słowom** his words were accompanied by applause ⇒ **wtórować**

zawy|ć *pf* (**~ję**) *vi* [1] *[pies, wilk]* to howl ⇒ **wyć** [2] (krzyknąć przeciągle) *[osoba]* to howl; **~ć z wściekłości/bólu** to howl with rage/pain [3] pot. to bellow ⇒ **wyć** [4] (zahuczeć) *[syrena, silnik]* to hoot, to scream; *[wiatr]* to wail

zawyrok|ować *pf vi* [1] Prawo (wydać wyrok) *[sąd, sędzia]* to judge, to pass sentence [2] (stwierdzić) to state, to decide; **lekarz ~ował, że chory musi pójść do szpitala** the doctor decided that the patient must be taken to hospital

zawyżać *impf* → **zawyżyć**

zawyż|yć *pf* — **zawyż|ać** *impf vt* to inflate *[ceny, koszty]*; to overstate *[normę]*; to raise *[poziom egzaminów, wymagania]*

zaw|ziąć się *pf* (**~ezmę się, ~zięła się, ~zięli się**) *v refl.* to get the bit between a. in US one's teeth; **~ziął się, że skończy wcześniej niż inni** he was determined to finish before the others
■ **~ziąć się na kogoś** pot. to have it in for sb

zawzięcie *adv.* *[milczeć, pracować, spierać się]* doggedly, obstinately

zawziętość *f sgt* książk. doggedness

zawzięty *adi.* [1] (nieustępliwy) *[osoba]* headstrong; *[wyraz twarzy]* determined [2] (gwałtowny) *[kłótnia, walka]* fierce [3] (zapamiętały) *[palacz, kobieciarz]* inveterate, relentless

zazdro|sny *adi.* [1] (o majątek, powodzenie) *[osoba]* envious; **był ~sny o sukcesy brata** he was envious of his brother's success; **patrzył ~snym okiem na samochód sąsiada** he cast an envious eye over his neighbour's car [2] (o współmałżonka, partnera) jealous; **była ~sna o narzeczonego** she was jealous of her fiancé

zazdrost|ka *f zw. pl* **~ki** café curtains

zazdro|ścić *impf vi* **~ścić komuś czegoś** to envy sb sth

zazdroś|ć *f sgt* [1] (o majątek, sławę) envy; **jego nowy samochód budził ~ć** his new car stirred up envy; **~ć go zżerała** he was consumed with envy; **zzieleniała z ~ci, kiedy wygrałam los na loterii** she was green with envy when I won the lottery; **ludzie plotkują przez ~ć** people spread rumours out of envy [2] (o współmałżonka, partnera) jealousy; **~ć matki o syna** a mother's jealousy of her son

zazdrośnic|a *f* pot. jealous woman

zazdrośnie *adv. grad.* [1] (zawistnie) *[patrzyć, myśleć]* enviously [2] (zaborczo) *[kochać]* jealously; **~ strzegł swoich sekretów** he jealously guarded his secrets

zazdrośni|k *m* pot. jealous man

zazębiać *impf* → **zazębić się**

zazębi|ć się *pf* — **zazębi|ać się** *impf v refl.* [1] Techn. *[koła zębate, tryby]* to engage, to interlock [2] przen. *[sprawy, pojęcia]* to mesh; **staram się tak planować zajęcia, żeby się ze sobą nie ~iały** I try to plan my activities so they don't overlap

zazgrzyta|ć *pf vi* to grate; **~ć zębami** to grind one's teeth; **klucz ~ł w zamku** the key grated in the lock; **żwir ~ł pod stopami** the gravel scrunched underfoot

zazieleniać *impf* → **zazielenić¹**

zazielenia|ły *adi.* *[łąki, pola]* turned green

zaziele|nić¹ *pf* — **zaziele|niać** *impf* **I** *vt* (obsadzić zielenią) to cover [sth] with greenery *[skwer, miasto]*
II zazielenić się — **zazieleniać się** (zacząć się zielenić) *[drzewa]* to turn green, to come into leaf

zaziele|nić² *pf* **I** *vt* (poplamić czymś zielonym) to stain [sth] green; **siedząc na trawie, ~nił sobie spodnie** he got his trousers stained green from sitting on the grass
II zazielenić się (nabrać zielonego koloru) to turn green; **przed nami ~nił się las** suddenly we could see the forest

zazieleni|eć *pf* (**~eje, ~ał**) *vi* [1] (wypuścić pędy, liście) to turn green; **na wiosnę ~eją pola** the fields will turn green in spring [2] (utworzyć zieloną plamę) **w dali ~ała łąka** the meadow formed a green patch in the distance [3] pot. (nabrać zielonej barwy) to turn green; **kiełbasa ~ała** the sausage has turned green

zazieleni|ony **I** *pp* → **zazielenić**
II *adi.* (o roślinności) turned green

zaziębiać *impf* → **zaziębić**

zazięb|ić *pf* — **zazięb|iać** *impf* **I** *vt* (przeziębić) to give [sb] a cold; **nie ~ dziecka** don't let the baby catch cold
II zaziębić się — **zaziębiać się** to catch a cold; **~ię się na deszczu** I'm going to catch a cold in this rain

zaziębie|nie **I** *sv* → **zaziębić**
II *n* Med. cold; **jakie jest najlepsze lekarstwo na ~nie?** what's the best cure for a cold?

zaziębi|ony **I** *pp* → **zaziębić**
II *adi.* Med. with a cold; **jestem ~ona** I've got a cold

zaznaczać *impf* → **zaznaczyć**

zaznacz|yć *pf* — **zaznacz|ać** *impf* **I** *vt* [1] (oznaczyć) to mark *[datę, słowo]*; **~yć coś krzyżykiem** to cross sth, to mark sth with a cross; **~yć błąd pisakiem na czerwono** to mark an error with a red marker [2] (oznaczyć na mapie) to mark *[drogę, rzekę, wzgórze]* [3] (uwydatnić) to emphasize; **talia ~ona szerokim paskiem** a waist emphasized with a wide belt; **~yć swoją obecność** to make one's presence felt [4] (podkreślić z naciskiem) to stress, to emphasize; **~ył, że nie zna dobrze tej sprawy** he stressed that he didn't know the case well; **nie omieszkała ~yć, ile ją to kosztowało** she didn't fail to emphasize how much it had cost her
II zaznaczyć się — **zaznaczać się** [1] (być wyraźnym) **wyraźnie ~ający się brzuch** a protruding paunch a. stomach [2] (dawać się odczuć) **~yły się między nimi różnice poglądów** the differences of opinion between them were noticeable; **lata jego rządów nie ~yły się niczym szczególnym** his rule was uneventful

zazna|ć *pf* — **zazna|wać** *impf* (**~m — ~ję**) *vt* to experience *[biedy, głodu, cierpień]*; **nie ~ć spokoju** to know no peace; **w życiu ~liśmy wiele dobrego od ludzi** we've received much kindness from people over the years

zaznajamiać *impf* → **zaznajomić**

zaznaj|omić *pf* — **zaznaj|amiać** *impf* książk. **I** *vt* (zapoznać) to acquaint, to familiarize; **~omić kogoś z nowymi metodami pracy** to acquaint a. familiarize sb with the new methods of work
II zaznajomić się — **zaznajamiać się** [1] (zapoznać się) to familiarize oneself; **~omił się z instrukcją obsługi** he familiarized himself with the operating manual [2] (nawiązać znajomość) to get acquainted; **~omić się z towarzyszami podróży** to become acquainted with one's travelling companions

zaznawać *impf* → **zaznać**

zazwyczaj *adv* usually; **wakacje ~ spędzał w górach** he usually spent his holidays in the mountains; **~ wcześnie wychodził z domu** he usually left home early

zażale|nie *n* [1] (skarga) complaint; (na piśmie) letter of complaint; **wnieść ~nie na kogoś/coś** to lodge a complaint against sb/sth [2] Prawo (odwołanie się od postanowienia) appeal

zażarcie *adv. grad.* *[bronić się, atakować]* fiercely; *[spierać się]* bitterly

zażartość *f sgt* fierceness

zażart|ować *pf vi* to joke; **nie mówiłem tego serio, ~owałem sobie** I wasn't serious, I was just joking; **~ować z kogoś/czegoś** to make fun of sb/sth

zażar|ty *adi.* *[bój, spór]* fierce; *[przeciwnik]* sworn

zażąda|ć *pf vi* to demand *[przeprosin, wyjaśnień, zapłaty]*; **~ć zwrotu czegoś** to demand a. claim sth back; **„mów", ~ła** 'speak,' she demanded; **~ł, żeby mu przyniesiono dokumenty** he demanded that the documents be brought to him

zażegn|ać *pf* — **zażegn|ywać** *impf* książk. **I** *vt* (zapobiec) to head off, to prevent *[awanturę, konflikt]*; **~ać niebezpieczeństwo** to obviate a danger
II zażegnać się — **zażegnywać się** (przyrzec) to swear; **~ywał się, że już**

Z

wiecej tego nie zrobi he swore he wouldn't do that again

zażegnywać _impf_ → **zażegnać**

zażen|ować _pf_ **[]** _vt [sytuacja, pytanie]_ to embarrass

[] **zażenować się** to feel embarrassed; **~owałem się, gdy o to spytała** I felt embarrassed when she asked about that

zażenowani|e **[]** _sv_ → **zażenować**

[] _n sgt_ embarrassment

zażenowan|y _adi. [osoba]_ embarrassed, disconcerted; _[spojrzenie, uśmiech]_ sheepish

zażera|ć _impf pot., pejor._ **[]** _vt_ to devour; **~ł chleb z kiełbasą** he devoured bread and sausage

[] **zażerać się** to stuff oneself pot.; **~liśmy się jabłkami** we stuffed ourselves with apples

zażycz|yć sobie _pf v refl._ to demand _vt_; **~ył sobie, żeby mu dano osobny pokój** he demanded a separate room; **~yła sobie, żeby uczniowie nosili identyfikatory** she demanded that the pupils wear identity tags

zaży|ć _pf_ — **zaży|wać** _impf_ (**~ję** — **~wam**) _vt_ [] (przyjąć) to take _[lekarstwo, truciznę, narkotyk]_; **~ć tabaki** to take snuff [] (doznać) to enjoy _[bogactw, luksusu, spokoju]_; **~ć kąpieli** to take a bath; **musisz ~wać dużo ruchu** you must take a lot of exercise [] pot. (zaskoczyć) to take _[sb]_ by surprise; to put _[sb]_ on the spot pot.

zażyłoś|ć _f książk._ intimacy; **być w ~ci z kimś** to be on intimate a. familiar terms with sb

zaży|ły _adi. [przyjaźń, znajomość]_ intimate, familiar; **łączą ich ~łe stosunki** they are on familiar a. intimate terms

zażywać _impf_ → **zażyć**

zażywn|y _adi. książk. [osoba]_ portly

ząb _m_ [] Anat. tooth; **zęby dolne/górne/ przednie** the lower/upper/front teeth; **sztuczne zęby** false teeth; **pasta/szczoteczka do zębów** toothpaste/a toothbrush; **dać komuś w zęby** to punch sb on the jaw; **szczękałam zębami z zimna** my teeth were chattering with the cold; **zgrzytał zębami ze złości** he gnashed his teeth in rage [] zw. pl Techn. (piły, koła zębatego, grzebienia) tooth; (widelca, wideł) prong [] pot. (element dekoracyjny) **brzeg powycinany w zęby** a shark's tooth edge

❏ **ząb mądrości** wisdom tooth; **ząb mleczny** milk tooth; **ząb sieczny** incisor; **ząb stały** permanent tooth

■ (a)ni **w ząb** not at all; **ani w ząb nie znał angielskiego** he didn't know any English at all; **bronić czegoś zębami i pazurami** pot. to defend sth tooth and nail; **kaszanka kłuje** a. **kole go w zęby** pot. black pudding isn't to his taste; **coś na ząb** pot. a little something to eat; **wrzucić coś na ząb** to have a bite to eat; **zjeść zęby na czymś** to have a lot of experience in sth; **fotel nadgryziony zębem czasu** a timeworn chair; **zaciął** a. **zacisnął zęby** he clenched a. gritted his teeth

ząb|ek _m_ [] Anat. _dem._ tooth [] Kulin. **~ek czosnku** a clove of garlic [] zw. pl Moda (wykończenie brzegu) serration

ząbk|ować _impf vi [dziecko]_ to teethe

ząbkowa|nie **[]** _sv_ → **ząbkować**

[] _n_ (ozdoba) serration

ząbkowan|y _adi. [brzeg]_ serrated; **~a tasiemka** rickrack

zbabia|ły _adi. pot., pejor. [mężczyzna]_ effeminate

zbabi|eć _pf_ (**~eję, ~ał, ~eli**) _vi pot., pejor._ [] (zniewieścieć) _[mężczyzna]_ to become unmanly ⇒ **babieć** [] (zestarzeć się) _[kobieta]_ to go to seed ⇒ **babieć**

zbaczać _impf_ → **zboczyć**

zbada|ć _pf_ **[]** _vt_ [] Med. (poddać badaniu lekarskiemu) to examine _[chorego, pacjenta]_ ⇒ **badać** [] Med. (wykonać badanie) to test, to check _[wzrok, słuch, krew]_; **~ć komuś puls/ciśnienie (krwi)** to take sb's pulse/blood pressure; **chyba powinnam ~ć sobie serce** pot. I think I should have my heart checked ⇒ **badać** [] (dokładnie poznać) to examine, to investigate _[przyczyny, skutki, okoliczności]_; **tę sprawę należy dokładnie ~ć** this case must be thoroughly investigated ⇒ **badać** [] (sprawdzić) to examine _[papiery, dokumenty]_; to search _[teren, okolicę]_; **~ć autentyczność podpisu** to check if the signature is authentic

[] **zbadać się** Med. (zostać zbadanym przez lekarza) to have a check-up

zbagateliz|ować _pf vt książk._ to make light of, to underestimate _[zagrożenie, ostrzeżenie]_; **obawiam się, że oni ~ują sprawę** I'm afraid that they'll make light of the matter ⇒ **bagatelizować**

zbajer|ować _pf vt pot._ to blarney pot., to bullshit pot.; **sprzedawca tak mnie ~ował, że kupiłem ten bezużyteczny przyrząd** the salesman bullshitted me into buying this useless gadget ⇒ **bajerować**

zbałamu|cić _pf vt_ [] przest., żart. (uwieść) to seduce _[dziewczynę, chłopaka]_ ⇒ **bałamucić** [] pot. (skołować) to bamboozle pot., to lead _[sb]_ on pot.; **~cić kogoś sloganami** to lead sb on with slogans; **klienci hipermarketów ~ceni reklamami/akcjami promocyjnymi** customers of hypermarkets deceived by adds/special offers ⇒ **bałamucić** [] pot. (stracić czas) to idle _[sth]_ away, to idle away _[dzień, południe]_

zbanaliz|ować _pf_ **[]** _vt książk._ to trivialize _[termin, symbol, problem]_ ⇒ **banalizować**

[] **zbanalizować się** _[temat, moda]_ to get trivialized

zbankrut|ować _pf vi_ [] (stać się niewypłacalnym) _[osoba, firma]_ to go bankrupt ⇒ **bankrutować** [] (utracić znaczenie) _[ideologia]_ to go bankrupt

zbankrutowan|y _adi. [osoba, firma, ideologia]_ bankrupt

zbarania|ły _adi. pot. [osoba, mina, wzrok]_ flabbergasted pot.

zbarani|eć _pf_ (**~eję, ~ał, ~eli**) _vt pot._ _[osoba]_ to be flabbergasted pot.; **~ał, kiedy usłyszał, że...** he was flabbergasted to hear that...

zbaw|ca _m_, **~czyni** _f książk._ saviour GB, savior US; **~cy ojczyzny** the saviours of the country; **witano ich jak ~ców** they were greeted as saviours

zbawcz|y _adi. [myśl, wpływ, działanie]_ salutary; _[moc]_ redemptive

zbawiać _impf_ → **zbawić**

Zbawiciel _m_ [] Relig. the Saviour GB, the Savior US [] przest. (zbawca) **zbawiciel** saviour GB, savior US

zbaw|ić _pf_ — **zbaw|iać** _impf vt_ [] książk. (ocalić) to save; **chciałby ~iać świat** he would like to save the world; **sto złotych mnie nie ~i** a hundred zlotys won't make much difference; **pięć minut nas nie ~i** five minutes won't make any difference [] Relig. _[Jezus]_ to save, to redeem _[osobę, świat, ludzkość, duszę]_; **zostać ~ionym** to be saved; **wszyscy ~ieni** all the redeemed

zbawieni|e **[]** _sv_ → **zbawić**

[] _n sgt_ [] Relig. salvation; **Armia Zbawienia** the Salvation Army; **dostąpić ~a** to be saved [] książk. (ocalenie) salvation; **czekać na coś jak na ~e** to be praying for sth to happen; **wyglądała tego listu jak ~a** she was praying for the letter to arrive

zbawiennie _adv._ **wpłynąć** a. **podziałać na kogoś/coś ~** to have a salutary effect on sb/sth

zbawiennoś|ć _n sgt_ salutary effect

zbawienny _adi. [pomysł, myśl, wpływ]_ salutary

zbeł|tać _pf_ (**~tam** a. **~czę**) _vt_ to slosh _[sth]_ about pot. _[płyn, zupę]_; **~tać coś z czymś** to mix sth with sth; **~tać mleko w dzbanku** to slosh milk about in a jug ⇒ **bełtać**

zbereźstw|o _n zw. pl przest., żart._ obscenity _zw. pl_; smut _U_; **opowiadać ~a** to talk smut

zbereźni|k _m_ (Npl **~cy** a. **~ki**) przest., żart. lecher

zbeszta|ć _pf vt pot._ to tell _[sb]_ off pot.; **~ć kogoś za coś** to tell sb off for sth ⇒ **besztać**

zbezczeszczać _impf_ → **zbezcześcić**

zbezcze|ścić _pf_ — **zbezcze|szczać** _impf vt książk._ to desecrate; **~ścić czyjąś pamięć** to desecrate a. defile sb's memory; **~ścić cmentarz/kaplicę** to desecrate a cemetery/chapel

zbędnie _adv._ needlessly

zbędnoś|ć _f sgt_ superfluousness

zbędn|y _adi. [gesty, formalności, meble, wydatek]_ unnecessary; _[drobiazgi, szczegóły]_ inessential; **czuć się ~ym** _[osoba]_ to feel redundant a. superfluous; **bez ~ych słów** without unnecessary words; **to jest mi ~e** I don't need it

zbi|ć¹ — **zbi|jać** _impf_ (**~ję** — **~jam**) **[]** _vt_ [] (połączyć gwoździami) to nail _[sth]_ together _[deski, skrzynkę]_ [] Sport to spike _[piłkę]_ [] Gry to take _[pionek, figurę]_ [] (obalić) to refute _[dowód, rację]_; **jego argumenty były trudne do ~cia** his arguments were hard to refute [] pot. (zarobić) to make _[forsę, kapitał, majątek]_; **~ć na czymś fortunę** to make a fortune on sth; **~ć krocie** to strike it rich pot. [] (zdezorientować) **~ć kogoś z tropu** a. **pantałyku** to put sb off their stroke; **być ~tym z tropu** to be confused [] pot. (obniżyć) to bring _[sth]_ down, to bring down _[temperaturę, gorączkę]_; to get _[sth]_ down, to get down _[wagę]_

[] **zbić się** — **zbijać się** (zgromadzić się) **~ć się w gromadkę** _[osoby]_ to bunch together, to herd together; _[zwierzęta]_ to herd together

zbi|ć² *pf* (~**ję**) **I** *vt* [1] (pobić) to beat (up) [osobę]; ~**ć kogoś kijem** to beat sb with a stick; ~**ć kogoś do nieprzytomności** to beat sb senseless; ~**ł ją do krwi** he beat her till she bled; ~**te dziecko** a battered child; **wyrzucić kogoś na ~ty pysk** a. ~**tą mordę** posp. to kick sb out pot. [2] (zranić) to bruise [część ciała]; ~**ć sobie kolano** to bruise one's knee; ~**ty łokieć** a bruised elbow [3] (stłuc) to break [talerz, szklankę, szybę] **II zbić się** [talerz, szklanka, szyba] to break

zbie|c, zbie|gnąć *pf* — **zbie|gać¹** *impf* (~**gnę**, ~**gniesz**, ~**gł**, ~**gła**, ~**gli** — ~**gam**) **I** *vi* [1] (na dół) to run; ~**c ze zbocza** to run down the slope; ~**c po schodach** to run down the stairs; **ścieżka ~gała stromo w kierunku jeziora** the path ran steeply down towards the lake; **stok ~gający łagodnie ku rzece** a slope running gently down towards the river [2] (uciec) to flee; ~**c z miejsca wypadku** to flee the scene; ~**c z więzienia/niewoli** to escape from prison/captivity [3] (minąć) [czas] to pass; **popołudnie ~gło nam na czytaniu listów** we spent the afternoon reading letters **II zbiec się — zbiegać się** [1] (zgromadzić się) to come running; **ze wszystkich stron ~gli się ludzie** people came running from all directions [2] (połączyć się) [linie] to meet; **ulice ~gają się w rynku** the streets meet at the market square; **brwi ~gające się u nasady nosa** eyebrows meeting over the nose [3] (wystąpić w tym samym czasie) [wydarzenia] to coincide (**z czymś** with sth); **otwarcie fabryki ~gło się z wybuchem wojny** the opening of the factory coincided with the outbreak of the war; **jej urodziny ~gają się z naszą rocznicą ślubu** her birthday coincides with our wedding anniversary [4] (skurczyć się) [ubranie] to shrink; ~**c się w praniu** to shrink in the wash

zbiednia|ły *adi* [osoba, rodzina] impoverished

zbiedni|eć *pf* (~**eję**, ~**ał**, ~**eli**) *vi* [osoba, kraj] (stać się biednym) to become impoverished; (stać się biedniejszym) to become poorer

zbie|g I *m pers.* (uciekinier) fugitive; ~**g z więzienia** a runaway prisoner **II** *m inanim.* [1] (styk) meeting point; **u ~gu dwóch ulic** at the junction of two streets [2] przen. ~**g okoliczności** a coincidence; **szczęśliwym/dziwnym ~giem okoliczności** by a happy/strange coincidence; **cóż za ~g okoliczności!** what a coincidence!

zbiegać¹ *impf* → **zbiec**

zbiega|ć² *pf vt* (przewędrować) ~**ć całe miasto, szukając czegoś** to run around the whole town looking for sth

zbieg|ły *adi* [więzień, jeniec] runaway; **żołnierz ~ły z niewoli** a soldier who escaped from captivity

zbiegnąć → **zbiec**

zbiegowisk|o *n* crowd; **powstało wokół nich ~o** a crowd formed around them

zbiela|ły *adi* [kości, twarz, palce] whitened

zbiel|eć *pf* (~**eję**, ~**ał**, ~**eli**) *vi* [1] (stawać się białym) [sierść] to turn white; [płótno, twarz] to whiten; **ścisnął poręcz tak mocno, że aż mu palce ~ały** he gripped the rail so tightly that his fingers whitened

around it ⇒ **bieleć** [2] (posiwieć) [włosy] to turn grey GB a. gray US ⇒ **bieleć**

zbierac|ki *adi.* [1] (kolekcjonerski) **pasja ~ka** a passion for collecting [2] Antrop. gathering; ~**ko-łowiecki tryb życia** a hunter-gathering lifestyle

zbieractw|o *n sgt* [1] (kolekcjonerstwo) collecting [2] Antrop. gathering

zbieracz *m*, ~**ka** *f* (Gpl ~**y**, ~**ek**) [1] (kolekcjoner) collector; ~ **dzieł sztuki** an art collector [2] (zatrudniony przy zbiorach) picker; ~ **winogron/jabłek** a grape/an apple picker; ~ **ziół** a herb collector; ~ **kauczuku** a rubber tapper [3] (zbierający materiały wtórne) collector; ~ **złomu** a scrap collector

zbierać *impf* → **zebrać**

zbieranin|a *f sgt* pot., pejor. (przedmiotów) hotchpotch, hodgepodge US; (osób) mixed bunch

zbieżnie *adv.* [1] (podobnie) **oceniać coś ~ z kimś** to be of the same opinion about sth as sb [2] (w kierunku do siebie) **uliczki są poprowadzone ~** the lanes converge

zbieżnoś|ć *f* [1] (podobieństwo) similarity; (poglądów) concurrence książk.; (celów) coincidence [2] *sgt* (zbieganie się) convergence (**czegoś** of sth); **punkt ~ci** the point of convergence; ~**ć kół** Aut. the toe-in; **ustawić ~ć** Aut. to adjust the toe-in

zbieżn|y *adi.* [1] (podobny) [poglądy, cele, wnioski] coincident książk.; **być ~ym z czymś** to coincide with sth; **być ~ym w wielu punktach** to coincide in many respects [2] (zbiegający się) [linie, promienie] convergent; ~**a wiązka promieni** a convergent beam

zbijać *impf* → **zbić¹**

zbijak *m* pot. ≈ dodgeball; **grać w ~a** to play dodgeball

zbijan|y I *pp* → **zbijać** **II** *adi.* (zbity) [konstrukcja, stół] nailed together

zbilans|ować *pf* **I** *vt* [1] Księg. to balance [rachunki, księgi, budżet]; ~**ować import z eksportem** to balance imports and exports ⇒ **bilansować** [2] książk., przen. (porównać) to assess; ~**ować zyski i straty** to take stock of one's profits a. gains and losses ⇒ **bilansować** **II zbilansować się** [rachunki, księgi, budżet] to balance; **korzyści ~owały się z kosztami** the benefits balanced out the costs ⇒ **bilansować się**

zbiorczo *adi.* **opracować coś ~** to give an overall analysis of sth [dane, wyniki]

zbiorcz|y *adi.* (ogólny) [lista, wynik, suma, zestawienie] overall; **antena ~a** a community aerial a. antenna; **szkoła ~a** a school serving a large rural area

zbior|ek *m dem.* (G ~**ku**) [1] Literat. (small) collection; ~**ek wierszy** a small collection of poems [2] (kolekcja) (small) collection (**czegoś** of sth)

zbiorni|k *m* (~**czek** *dem.*) [1] (pojemnik) container, tank; ~**k na wodę** a water tank; ~**k paliwa** a fuel tank [2] Geog. body; ~**k wodny** a body of water, a water body

zbiornikow|iec *m* Żegl. tanker

zbiornikowy *adi.* [system, reaktor] tank attr.

zbiorowisk|o *n* [1] (wspólnota) community; (zbiegowisko) crowd; ~**o ludzkie** a commun-

ity of people [2] (przedmiotów) group; (bezładne) jumble; ~**o gwiazd/atomów** a group of stars/atoms [3] Bot. community

zbiorowo *adv.* [opracować, odpowiadać] collectively

zbiorowoś|ć *f sgt* community; **konflikt między jednostką a ~cią** a conflict between the individual and the community

zbiorow|y *adi.* [decyzja, odpowiedzialność, bezpieczeństwo] collective; [grób, mogiła] mass, communal; [zdjęcie, fotografia] group attr.; [scena] crowd attr.; [protest, akcja] general; **pamięć/świadomość ~a** the collective memory/consciousness; **życie ~e** the communal life; **układ ~y** Prawo a collective agreement; **rzeczownik ~y** Jęz. a collective a. mass noun; **praca ~a** a joint publication

zbi|ór *m* (G ~**u**) [1] (zestaw) set; (wierszy, esejów) collection; ~**ór zadań z fizyki** a book of physics problems; ~**ór ustaw** a statute book; ~**ór opowiadań** a storybook [2] (kolekcja) collection; ~**ór monet/znaczków** a collection of coins/stamps; ~**ory muzeum/biblioteki** the collection of a museum/library; **znajdować się w ~orach muzeum** to be in a museum's collection [3] Mat. set; **element ~oru** an element of a set; ~**ór pusty** an empty set [4] *zw. pl* Ogr., Roln. (żniwa) harvest; (plony) harvest, crop; **czas ~orów** the harvest time; **w czasie ~orów** during harvest (time); **tegoroczne ~ory** this year's crop; **słabe ~ory ziemniaków** a poor harvest a. crop of potatoes; **drugi ~ór marchwi** a second crop of carrots

zbiór|ka *f* [1] meeting; ~**ka harcerska** a scouts' meeting; **miejsce ~ki** the assembly point; (dla podróżnych) the pick-up point; ~**kę robimy o drugiej** we meet at two; **w szeregu ~ka!** fall in! [2] (zbieranie) collection; ~**ka pieniędzy** a collection of money; ~**ka na cele dobroczynne** a charity collection

zbi|r *m* (Npl ~**ry**) pot. thug pejor.

zbit|ka *f* (myśli, skojarzeń) cluster; (konwencji) blend; ~**ka pojęciowa** a cluster of ideas; ~**ka słowna** a blend; ~**ka stylów** a blend of styles; ~**ka spółgłoskowa** Jęz. a consonant cluster

zbi|ty I *pp* → **zbić¹** **II** *adi.* [1] (ubity) [masa, śnieg, ziemia] compact; [wełna, włókna] matted [2] (gęsty) [tłum, grupa, gromada] tight

zbiurokratyz|ować *pf* pejor. **I** *vt* to make [sth] bureaucratic [pracę, administrację, instytucję] ⇒ **biurokratyzować** **II zbiurokratyzować się** to become bureaucratized a. bureaucratic ⇒ **biurokratyzować się**

zblad|ły *adi.* [1] [osoba, twarz, policzki] pale [2] [blask, materiał, kolor] faded

zbladnąć → **zblednąć**

zblak|ły *adi.* [kolory, wspomnienia] faded

zblak|nąć *pf* (~**ł** a. ~**nął**, ~**ła** a. ~**nęła**) [kolory, wspomnienia, zmartwienia] to fade ⇒ **blaknąć**

zblam|ować się *pf* książk. to make a fool of oneself (**wobec kogoś** a. **przed kimś** in front of sb) ⇒ **blamować się**

zblazowan|y *adi.* pot., pejor. [osoba, mina] jaded, blasé

Z

zbl|ednąć *pf* (~adł a. ~adnął, ~adła, ~edli) *vi* [1] *[osoba, twarz]* to go a. turn pale, to pale; ~ednąć jak ściana a. płótno to go as white as a sheet; ~ednąć ze strachu to go pale with fear ⇒ blednąć [2] (tracić intensywność) *[kolor, wspomnienie]* to fade, to pale; *[problem, wyczyn]* to pale into insignificance; ~ednąć przy czymś a. w porównaniu z czymś to pale beside sth a. in comparison with sth ⇒ blednąć

zbliżać *impf* → zbliżyć

zbliże|nie [] *sv* → zbliżyć

[] *n* [1] (bliski kontakt) closeness; szukać ~nia z sąsiadami to try to get on better terms with one's neighbours [2] Polit. rapprochement; ~nie stanowisk a depolarization; następuje ~nie między naszymi krajami there is a growing rapprochement between our countries [3] (stosunek płciowy) intercourse; ~nie fizyczne sexual intercourse; doszło między nimi do ~nia they had sexual intercourse [4] Fot. close-up; w ~niu in close-up

zbliż|ony [] *pp* → zbliżyć

[] *adi.* [1] (podobny) similar (do czegoś to sth); kształt ~ony do czegoś a shape resembling sth; orbita ~ona do okręgu an orbit close to circular; w warunkach możliwie ~onych do naturalnych in conditions as near as possible to natural [2] (związany) close; politycy ~eni do naszej partii politicians close to our party; źródło ~one do prezydenta a source close to the president

zbliż|yć *impf* — zbliż|ać *pf* [] *vt* [1] (przysunąć) *[osoba]* to move [sth] close/closer (do czegoś to sth); ~yć słuchawkę do ucha to move a. bring the receiver close/closer to one's ear; ~yć kartę do czytnika to place a card in front of the reader [2] (poprawić relacje) *[sytuacja, przeżycie]* to bring [sb] closer (do kogoś to sb); to ich do siebie ~yło it brought them (closer) together; problemy ~ają ludzi problems bring people together [3] (ułatwić osiągnięcie, zrozumienie) to bring [sb] closer (do czegoś to sth); ~yć kogoś do celu to bring sb closer to their target; ~yć kogoś do jakiegoś zagadnienia to familiarize sb with an issue [4] (uczynić podobnym) ~ać kogoś/coś do czegoś to make sb/sth resemble sth

[] zbliżyć się — zbliżać się [1] (przybliżyć się) *[osoba, pojazd, dźwięk]* to approach *vt*, to come near/nearer; *[ciśnienie, prędkość]* to near *vt*, to approach *vt*; ~yć się do kogoś/czegoś to approach sb/sth, to come near/nearer to sb/sth; wojsko ~ało się od strony lasu the soldiers were coming from the direction of the forest; wskazówka minutowa ~ała się do cyfry dwanaście the minute hand was approaching twelve o'clock; ~ał się do dziewięćdziesiątki he was approaching ninety; temperatura ~ała się do stu stopni the temperature was approaching a. nearing a hundred degrees; ~ający się warkot silników the approaching murmur of engines; nie ~aj się! stay back!; nie ~aj się do niej stay away from her [2] (zaprzyjaźnić się) *[osoby]* to grow (closer) together [3] (być zbliżonym) to resemble *vt*; tutejszy klimat ~a się do

śródziemnomorskiego the climate here resembles that of the Mediterranean [4] (osiągnąć postęp) *[osoba]* to get close (do czegoś to sth); ~yć się do celu to get close to one's target; ~amy się do porozumienia we are (getting) close to an agreement; ~ać się do końca *[osoba]* to be coming up to the end; ~amy się do końca sezonu we are nearing the end of season [5] (nadchodzić) *[noc, południe]* to approach; *[lato, rozpoczęcie]* to approach, to draw on; ~ać się wielkimi krokami to be approaching fast; w miarę ~ania się zimy as the winter drew on; ~ać się do końca a. ku końcowi *[książka, projekt]* to near completion; ~a się szósta it's coming up to six o'clock; ~ała się północ it was approaching midnight; ~ał się termin wyjazdu the day of departure was approaching; już rok się ~a, od kiedy... it's nearly a. it will soon be a year since...; ~ająca się burza the upcoming storm

zblok|ować *impf* *vt* [1] Polit. ~ować listy wyborcze *[partie, organizacje]* to run as a bloc; ~owane partie lewicowe a bloc of left-wing parties [2] Techn. (połączyć w blok) to combine; ~ować coś z czymś to combine sth with sth; ~owany układ napędowy a drive unit

zbłaź|nić się *pf* *v refl.* pejor. to make a fool of oneself

zbłą|dzić *pf* *vi* [1] książk. (zgubić drogę) to lose one's way; ~dziliśmy w lesie we got lost in the woods [2] książk. (popełnić błędy) to err książk.

zbłąkan|y *adi.* książk. [1] *[osoba, pies, kula]* stray; ~y promyk słońca a stray beam of sunlight [2] przen. (zagubiony) lost and confused

zbocz|e *n* (*Gpl* ~y) hillside; (w wysokich górach) mountainside; ~e nasypu a slope of the embankment; na ~u on the hillside

zbocze|nie [] *sv* → zboczyć

[] *n* deviation, perversion; ~nia seksualne sexual deviations

❏ ~nie magnetyczne Fiz. magnetic deviation

zbocze|niec *m* (*V* ~ńcu a. ~ńce) pervert, deviant; ~niec seksualny a sex pervert

zbocz|ony *adi.* pot. *[osoba, zachowanie]* perverted; jesteś jakiś ~ony! you're a pervert!

zb|oczyć *pf* — zb|aczać *impf* *vi* *[osoba]* to turn aside; *[samolot, pocisk]* to deviate; zboczyć z głównej drogi to turn aside from the main road; zboczyć z kursu to deviate from its course; zboczyć do lasu to turn into the forest

zbojkot|ować *pf* *vt* to boycott *[wydarzenie, wybory]* ⇒ bojkotować

zbola|ły *adi.* *[twarz, spojrzenie]* pained; *[osoba, część ciała]* sore; być całym ~łym to be a. feel sore all over; ze ~łą miną with a pained expression; ~łym głosem in a pained voice

zbombard|ować *pf* *vt* to bomb *[miasto, okolicę, fabrykę]* ⇒ bombardować

zborność *f sgt* książk. (wypowiedzi, rozumowania) coherence

zborn|y *adi.* książk. [1] *[wypowiedź, wystąpienie]* coherent; ~a całość a coherent whole [2] punkt ~y a meeting a. rallying point

zb|oże *n* [1] (roślina) cereal (crop), corn; łany zbóż książk. fields of corn [2] (ziarna) grain, corn; snop zboża a sheaf of corn; różne gatunki zbóż different grains; worek zboża a sack of grain

zbożn|y *adi.* przest. [1] (szlachetny) *[cel, dzieło]* worthy; ze ~ych pobudek for noble reasons [2] (nabożny) *[skupienie, cisza]* reverent

zbożow|y *adi.* *[roślina, produkt]* cereal attr.; elewator ~y a grain elevator; giełda ~a the corn exchange; otręby ~e bran

zbój *m* pot. brigand przest.; patrzył na mnie jak ~ żart. he was looking at me as if he were going to kill me

zbójc|a *m* przest. robber; brigand przest.; (napadający na drodze) highwayman

zbójec|ki *adi.* ~ka banda a band of robbers; ~ka mina a murderous expression; napaść kogoś po ~ku to treacherously attack sb

zbójectw|o *n sgt* przest. brigandage przest.

zbójnic|ki [] *adi.* ~ki skarb highland robbers' loot

[] *m* Taniec *traditional highland dance*

zbójnictw|o *n sgt* brigandage przest.

zbójni|k *m* (*Npl* ~ki a. ~cy) highland robber

zb|ór *m* (*G* zboru) Relig. [1] (świątynia) (Protestant) church [2] (wspólnota) (Protestant) congregation

zbrak|nąć *impf* (~ło) *v imp.* książk. ~ło mu tchu he was out of breath; pracy nam nie ~nie there will be work aplenty

zbrata|ć *pf* [] *vt* *[sytuacja, zdarzenie]* to bring [sb] closer together

[] zbratać się to fraternize (z kimś with sb) ⇒ bratać się

zbrązowia|ły *adi.* *[liść]* browned

zbrązowi|eć *impf* (~eję, ~ał) *vi* to turn a. go brown ⇒ brązowieć

zbrocz|yć *pf* *vt* książk. ~yć coś krwią to soak sth with blood; ~ony krwią *[osoba]* streaming with blood; *[ubranie, bandaż]* soaked with blood

zbrodni|a *f* (*Gpl* ~) Prawo (ciężkie przestępstwo) crime także przen.; ~a dzieciobójstwa/matkobójstwa/bratobójstwa the crime of infanticide/matricide/fratricide; motywy ~ motives for the crime; to ~a marnować taki talent it's a crime to waste such talent

❏ ~a doskonała perfect crime; ~a w afekcie crime of passion, crime passionel; ~e przeciw ludzkości genocide

zbrodnia|rz *m*, ~rka *f* (*Gpl* ~y, rek) criminal; ~rz winny ludobójstwa a mass murderer

zbrodnicz|y *adi.* *[czyn, działalność]* criminal; ~a ręka a murderous hand

zbr|oić¹ *impf* [] *vt* [1] (zaopatrywać w broń) to arm, to supply with arms [2] Techn. (umacniać) to reinforce *[beton, słupy]*; ~ojone szkło reinforced glass [3] Budow. (zakładać instalacje) to fit out, to link [sth] to the mains *[budynek, teren]* ⇒ uzbroić

[] zbroić się (przygotowywać się do wojny) to arm oneself

zbr|oić² *pf vt* to get up to mischief; **co ten niegrzeczny chłopak znowu ~oił?** what kind of mischief has that naughty boy been up to now?

zbro|ja *f* armour GB, armor US, a suit of armour; **okryty ~ją** covered in armour; **zakuty w ~ję** enclosed in armour

zbrojarz *m* (*Gpl* ~y) Techn. steel fixer

zbroje|nie Ⅱ *sv* → zbroić

Ⅲ *n* Tech. reinforcement; **~nie w szkle/w betonie** glass/concrete reinforcement

Ⅲ **zbrojenia** *plt* Polit., Wojsk. armaments; **wyścig ~ń** arms race; **kontrola ~ń** arms control; **ograniczenie ~ń** arms limitation

zbrojeniow|y *adi.* 1 Polit., Wojsk. (dotyczący zbrojeń) [produkcja, zakłady] armaments *attr.*, munitions *attr.*; **przemysł ~y** the munitions a. armaments industry; **wydatki ~e** expenditure on armaments 2 Tech. [element, pręt, drut] reinforcing

zbrojeniów|ka *f* pot. 1 (przemysł) armaments industry 2 (fabryka) munitions factory, armaments factory

zbrojnie *adv.* by force of arms; **wystąpić ~ przeciwko komuś/czemuś** to be up in arms against sb/sth

zbrojn|y Ⅱ *adi.* 1 (zaopatrzony w broń) [grupa, zastępy, bandy] armed; **~y rycerz** a man-at-arms daw.; **rycerze byli ~i w miecze** the knights were armed with swords 2 (związany z użyciem broni) [ruch, atak] armed

Ⅲ *m* Hist. armed soldier/knight; **oddział ~ych** a detachment of armed soldiers/knights

■ **~e ramię** the armed forces

zbrojowni|a *f* (*Gpl* ~) Hist. armoury GB, armory US

zbruka|ć *pf* Ⅱ *vt* przest. 1 (zabrudzić) to stain; **~ć biel śniegu** to stain the whiteness of the snow ⇒ **brukać** 2 przen. (zhańbić) to sully, to tarnish, to taint; to besmear książk. [imię, honor] ⇒ **brukać**

Ⅱ **zbrukać się** 1 (zabrudzić się) to get dirty 2 przen. to sully oneself, to lower oneself; **~ć się czymś** to soil one's hands with sth ⇒ **brukać się**

zbrutaliz|ować *pf vt* to brutalize [uczucia, przedstawienie] ⇒ **brutalizować**

zbryzga|ć *pf vt* pot. to splash; **~ć wodą twarz** to splash water on to one's face; **miał ręce ~ne krwią** his hands were bespattered with blood

zbrzyd|nąć *pf* (**~ł** a. **~nął**) *vi* 1 (stracić urodę) to lose one's looks a. beauty, to grow ugly; **była bardzo ładna, ale ostatnio trochę ~ła** she used to be very pretty, but lately she's lost her looks a bit 2 pot. (sprzykrzyć się) to pall (**komuś** on sb); **~ły jej codzienne obowiązki** her daily chores began to pall on her, she was sick and tired of her daily chores; **życie mi ~ło** I'm fed up with a. tired of life ⇒ **brzydnąć**

zbrzy|dzić *pf* Ⅱ *vt* książk. (obrzydzić) to make [sb/sth] unbearable; **~dziła mężowi życie ciągłym narzekaniem** her constant nagging made her husband's life unbearable, she made her husband's life unbearable with her constant nagging

Ⅱ **zbrzydzić się** 1 (uczynić się brzydkim) **w roli staruchy ~dziła się nie do poznania** she made herself up to look ugly for the part of the old woman 2 (mieć dość) to

become fed up; **~dziła mu się i praca i rodzina** he was fed up with his work and with his family 3 (zniechęcić się) to become disgusted (**do kogoś/czegoś** with sb/sth); **pod koniec życia ~dził się do samego siebie** towards the end of his life he became disgusted with himself

zbrzydz|ony Ⅱ *pp* → zbrzydzić

Ⅲ *adi.* disgusted (**czymś** at a. by a. with sth); **byłem ~ony całą tą sytuacją** I was disgusted with the whole situation

zbud|ować *pf vt* 1 (stworzyć z surowców) to build, to construct [dom, drogę, osiedle]; **~ować mur z cegieł** to build a. construct a wall from a. out of bricks; **~ować gniazdo z gałązek** to build a nest out of twigs ⇒ **budować** 2 (zorganizować) to build [państwo, teorię, system]; **~ować podstawy nowego systemu ekonomicznego** to create the basis for a new economic system ⇒ **budować** 3 (skonstruować z wielu elementów) to build, to construct [komputer, silnik, urządzenie] ⇒ **budować** 4 Mat. to construct, to describe [figury geometryczne, trójkąt, prostokąt] ⇒ **budować** 5 (wpłynąć dodatnio) to edify książk.; to uplift; **była ~owana jego odwagą** he edified a. uplifted her with his courage, she was uplifted by his courage; **słowa pieśni ~owały słuchaczy** the words of the song uplifted the listeners

■ **nie od razu Kraków ~owano** Rome wasn't built in a day

zbudowan|y Ⅱ *pp* → zbudować

Ⅱ *adi.* 1 (składający się) **dom ~y z kamienia** a stone-built house; **dom ~y z cegły** a house built of brick 2 (o wyglądzie zewnętrznym) **proporcjonalnie ~y chłopak** a well-proportioned boy; **był dobrze ~y** he was well-built a. well-set; **była delikatnie/mocno ~a** she was slightly/stockily built

zbu|dzić *pf vt* książk.; to wake [sb] up, to wake up; to rouse książk.; **~dzić kogoś z głębokiego snu** to rouse sb from a deep sleep; **~dzić kogoś na śniadanie/do szkoły** to wake sb for breakfast/school; **~dził mnie o szóstej rano** he woke me up at six in the morning

Ⅱ **zbudzić się** 1 (przestać spać) to wake (up); **~dzić się ze snu/z drzemki** to wake from sleep/a nap; **~dził się o piątej rano** he woke up at five in the morning 2 przen. (przejść do stanu aktywności) to awake, to awaken; **przyroda ~dziła się ze snu zimowego** nature awoke from its winter slumber; **ludność ~dziła się do walki o niepodległość** the people stirred themselves to fight for independence 3 (o stanach uczuciowych) to awake, to awaken, to stir (**w kimś** within sb); **~dziła się we mnie tęsknota za domem** a longing for my home stirred within me; **w ich sercach ~dził się niepokój** a sense of unease awoke within them

zbuk *m* addled egg

zbulwers|ować *pf vt* książk. to shock, to appal, to appall US; **być ~owanym czymś** to be appalled at a. by sth; **~ować ich wiadomość, że...** they were appalled to hear that...; **~ował mnie swoim postępowaniem** his behaviour shocked me ⇒ **bulwersować**

zbunt|ować *pf* Ⅱ *vt* to incite to rebel/revolt/mutiny; **~ować marynarzy przeciwko kapitanowi okrętu** to incite sailors to mutiny against their ship's captain

Ⅲ **zbuntować się** to rebel (**przeciw komuś/czemuś** against sb/sth); to revolt (**przeciw komuś/czemuś** against sb/sth); **więźniowie ~owali się** the prisoners rioted a. mutinied; **~ował się przeciw tym ograniczeniom** he kicked against these restrictions ⇒ **buntować się**

zbuntowan|y Ⅱ *pp* → zbuntować

Ⅱ *adi.* [dziecko, republika, miasto, oddział] rebellious, mutinous

Ⅲ **zbuntowan|y** *m*, **~a** *f* rebel

zburz|yć *pf* Ⅱ *vt* 1 (spowodować rozpadnięcie się) to demolish, to knock a. pull a. tear [sth] down, to knock a. pull a. tear down; **stary kościół ~ono** the old church was demolished a. pulled down; **nasz dom został ~ony podczas bombardowania** our house was bombed out ⇒ **burzyć** 2 przen. (zakłócić pozytywny stan) to destroy [szczęście]; to shatter, to disturb [spokój, ład społeczny]; to break [konwencje] 3 (skłębić) to churn (up) [morze, ciecz]; to ruffle [włosy, czuprynę]; **wiatr ~ył wody jeziora** the wind ruffled a. churned up the waters of the lake ⇒ **burzyć**

Ⅱ **zburzyć się** (o włosach) to become ruffled; (o wodzie, cieczy) to become churned up

zbutwia|ły *adi.* [drewno, liście, materiał] rotten, decayed; [skóra, guma] perished

zbutwi|eć *pf* (**~eje, ~ał**) *vi* [drewno, liście] to rot, to decay, to decompose ⇒ **butwieć**

zbyci|e *sv* → zbyć

■ **mieć coś na ~u** to be able to spare sth; **nie masz przypadkiem stu złotych na ~u?** could you spare a hundred zlotys by any chance?; **mam na ~u ten podręcznik** I have a spare copy of the textbook

zb|yć *pf* — **zb|ywać** *impf* (**zbędziesz — zbywam**) *vt* 1 książk. (sprzedać) to sell (up), to move [akcje, majątki]; to sell off [towar, nadwyżki] 2 (zlekceważyć) to brush [sb] off a. aside, to brush off a. aside; **zbyć kogoś żartem** to brush sb off a. to dismiss sb with a joke; **zbył mnie śmiechem** he laughed me off; **zbył jej pytanie wzruszeniem ramion** he dismissed her question with a shrug

■ **robić coś aby** a. **byle zbyć** to do sth in a slapdash way, to do sth sloppily; **pisać/malować byle zbyć** to write/paint sloppily

zby|t¹ *m sgt* (*G* ~tu) Ekon. market; **szybki ~t na coś** a ready market for sth; **organizacja ~tu towarów** merchandising; **mieć ~t** to move; **mimo wysokich cen towary mają ~t** despite the high prices there is a market for the goods

zbyt² *adv.* too; **~ długi/krótki** too long/short; **~ dużo/mało pieniędzy** too much/little money; **~ pewny siebie** too sure of oneself, overconfident; **~ optymistyczny** over-optimistic; **nie jesteś dziś ~ rozmowny** you're not very talkative today; **był ~ pijany, żeby prowadzić samochód** he was too drunk to drive

zbytecznie *adv.* [zabiegać, troszczyć się] needlessly, unnecessarily

zbyteczn|y *adi.* [troska, wydatek] unnecessary; **jej rodzina uważa wykształcenie za**

rzecz ~ą her family regards education as something superfluous

zbyt|ek Ⅱ *m sgt* (*G* **~ku**) książk. ① (luksusowe rzeczy) luxury; **wychowywał się w bogactwie i ~ku** he was raised in wealth and luxury ② *zw. sg* (nadmiar, przesada) superfluity, excess; **~ek łaski, nic od ciebie nie potrzebuję** iron. most kind of you, I'm sure, but I don't need anything from you; **nie grzeszyła ~kiem uprzejmości** she wasn't a paragon of politeness; **nie darzył jej ~kiem zaufania** he didn't trust her very far a. much, he had no particular confidence in her

Ⅲ zbytki *plt* przest. pranks, frolics; **tylko ci ~tki w głowie** you are indolent and frivolous

zbytk|ować *impf vi* przest. to frolic; **dzieci ~owały w ogrodzie** the children frolicked in the garden

zbytkownie *adv. grad.* książk. extravagantly; **mieli ~ urządzone mieszkanie** they had an extravagantly furnished flat

zbytkowno|ść *f sgt* książk. extravagance, opulence; **~ć strojów i ozdób** extravagance of dress and ornaments; **wszelkiej ~ci unikał jak ognia** he shunned opulence

zbytkown|y *adi. grad.* książk. *[stroje, przedmioty, wydatki]* extravagant; *[przyjęcie, uczta]* sumptuous, opulent

zbytni *adi. [ciekawość, niecierpliwość]* excessive; *[pośpiech, ciekawość]* undue; **przywiązywać ~ą wagę do czegoś** to have overmuch regard for sth; **nie przywiązywać ~ej wagi do czegoś** not to pay too much attention to sth; **nie cieszył się ~ą sympatią** iron. he wasn't much liked

zbytni|k *m* przest. prankster

zbytnio *adv.* overmuch; *[chwalić, martwić się]* unduly, too much; **nie mogę powiedzieć, żeby się o nas ~ troszczył** I wouldn't say he was overprotective of us; **nie bierz sobie tego ~ do serca** don't worry unduly about it, don't take it too seriously

zbywać¹ *impf* → zbyć

zbywa|ć² ** *impf v imp.* to lack; **pieniędzy mi nie ~ I'm never short of money; **niestety, czelności nigdy mu nie ~ło** unfortunately he has always had a lot of cheek

■ **nie ~ mu/jej na dobrych chęciach** he/she isn't lacking in good intentions

zbzik|ować *pf vi* pot. ① (przestać zachowywać się normalnie) to lose one's marbles pot.; **~ował po przejściu na emeryturę** he lost his marbles after retiring ⇒ **bzikować** ② (dostać manii) **~ować na punkcie czegoś** to be potty about sth GB pot.; to be crazy about sth pot.; **~ował na punkcie zdrowej żywności** he's a health food nut a. freak pot. ⇒ **bzikować**

zbzikowan|y *adi.* pot. cranky pot., loony pot.; **~y kolekcjoner** an eccentric collector; **jest kompletnie ~y** he's as mad as a March hare pot., he's as mad as a hatter pot.; **jest ~a na punkcie zdrowej żywności** she's a health food freak

z-ca (= zastępca)

zda|ć *pf* — **zda|wać¹** *impf* Ⅱ *vt* ① (przekazać) to turn [sth] over, to turn over, to hand [sth] over, to hand over *[klucze, pieniądze]*;

~ć walizki na bagaż to send one's luggage as freight ② (pomyślnie odbyć egzamin) to pass; **~ć (egzamin) celująco** to pass (an exam) with flying colours; **nie ~ła egzaminu z fizyki** she failed her exam in physics; **w czerwcu ~wał egzamin wstępny** in June he took a. sat an entrance exam; **we wrześniu ~wali egzamin poprawkowy** in September they resat the exam; **wszyscy ~li do następnej klasy** the whole class got through to the next year; **~ł/nie ~ł na studia** he passed/failed an entrance exam; **~ł maturę rok temu** he passed his secondary school-leaving examination a year ago ③ (skazać) **być ~nym wyłącznie na siebie** to be left to one's own devices a. resources; **był ~ny na własne siły** he was left to his own devices a. resources, he had to draw on his resources; **turyści/wspinacze ~ni na własne siły** stranded tourists/climbers

Ⅱ zdać się — **zdawać się** ① (zaufać) to count (**na kogoś/coś** on sb/sth); **~ć się na los** to take pot luck; **~ć się na własny rozum** to use one's own discretion; **~ć się na czyjąś łaskę** to put oneself at sb's mercy; **~j się na mnie, wszystkiego dopilnuję** you can count a. rely on me, I'll see to everything ② (wywołać wrażenie) to appear, to seem; **chwila ~ła się trwać wieki** the moment seemed a. felt like an eternity; **~wał się spać** he seemed to be asleep

Ⅲ zdać się pot. to come in handy; **to mi się na nic nie ~** it's no use to me; **~łoby się trochę pieniędzy** some money would come in handy; **na nic/na niewiele się ~ły wszelkie jego starania** all his efforts were of no/little avail

Ⅳ zdaje się *v imp.* (wyrażać przypuszczenie) it seems; **czy mi się ~je, czy to twój sąsiad?/czy to już piąta?** could it be your neighbour?/five o'clock already?; **~je się, że będzie deszcz** it looks like rain; **~je mi się, że mam temperaturę** I think I've got a temperature

■ **~ć sobie sprawę z czegoś** to realize sth; **~ć sobie sprawę ze swoich błędów** to see the error of one's ways; **~ję sobie sprawę z tego, że...** I appreciate the fact that...; **nagle ~ła sobie sprawę, że...** it suddenly registered with her that...; **to się (nie) ~ psu na budę** pot. it's of no use at all

zdalnie *adv.* Techn. remotely; **~ sterowany** radio-controlled, remote-controlled

zdaln|y *adi.* **~e sterowanie/kierowanie** Techn. remote control

zda|nie Ⅱ *sv* → zdać

Ⅱ *n* ① (myśl wyrażona słowami) sentence; **powiedzieć/objaśnić coś w kilku ~niach** to say/explain sth in a few sentences ② (opinia) view, opinion; **różnica ~ń** a difference of opinion; **zapomnieć o różnicy ~ń** to sink one's differences; **cenić (sobie) czyjeś ~nie** to value sb's opinion; **narzucać komuś swoje ~nie** to force one's opinion down sb's throat; **wyrobić sobie ~nie o kimś/czymś** to form one's opinion about a. on sb/sth; **liczyć się z czyimś ~niem** to value sb's opinion; **podzielać czyjeś ~nie** to share

sb's view a. opinion; **po namyśle zmienić ~nie** to think the better of it; **pozwalam sobie mieć odmienne ~nie** I beg to differ a. disagree; **myślę, że nie zmieni ~nia** I think she/he won't budge; **masz zbyt krytyczne ~nie o własnej osobie** you're far too critical of yourself; **doszło do ostrej wymiany ~ń** there was a heated exchange ③ Jęz. sentence; (składowe) clause ④ Log. proposition ⑤ Muz. phrase

❑ **~nia sprzeczne** Log. contradictory propositions; **~nie analityczne** Log. analytical sentence a. proposition; **~nie dopełnieniowe** Jęz. object clause; **~nie egzystencjalne** Log. existential proposition a. sentence; **~nie eliptyczne** Jęz. elliptical sentence; **~nie główne** Jęz. main clause; **~nie nadrzędne** Jęz. superordinate clause; **~nie nierozwinięte** Jęz. simple sentence; **~nie niezależne** Jęz. independent clause; **~nie okolicznikowe** Jęz. adverbial clause; **~nie orzecznikowe** Jęz. predicative clause; **~nie poboczne** Jęz. subordinate clause; **~nie podrzędne** Jęz. subordinate clause; **~nie proste** Jęz. simple sentence; **~nie przydawkowe** Jęz. attributive clause; **~nie warunkowe** Jęz. conditional clause; **~nie współrzędne** Jęz. coordinate clause; **~nie współrzędnie złożone** Jęz. (compound) coordinate clause; **~nie względne** Jęz. relative clause; **~nie wynikowe** Jęz. consecutive clause; **~nie zależne** Jęz. dependent clause

■ **~nia są podzielone** opinion is divided, opinions vary; **bez dwóch ~ń** not a word, right enough; **to marny interes, bez dwóch ~ń** it's a bad business and no mistake; **być ~nia, że...** to hold a view that...; **też jestem tego ~nia** that's also my view; **czyimś ~niem** in sb's view; **nie ma dwóch a. dwu ~ń** no two ways about it; **nie umieć ~nia/dwóch ~ń sklecić** to not be able to string two words together

zdaniow|y *adi.* Jęz. *[akcent, konstrukcja, kontekst]* sentence *attr.*

zdan|ko *n dem.* pieszcz. ≈ a few words; **pozwólcie, że jeszcze jedno ~ko dodam na koniec** let me add a few words to round off

zdarci|e *sv* → zedrzeć

■ **materiał/buty nie do ~a** hard-wearing fabric/shoes; **on/ona jest nie do ~a** pot. he's/she's unstoppable

zdarzać *impf* → zdarzyć

zdarze|nie *n* event, happening, occurrence; **przebieg ~ń** the course of events; **okres obfitujący w ~nia** an eventful period, a period full of events

■ **nauczyciel z prawdziwego ~nia** a teacher worth his salt; **teatr z prawdziwego ~nia** genuine theatre

zdarz|yć *pf* — **zdarz|ać** *impf* Ⅱ *vi* książk. **czekał, co los ~y** he waited for what fate would put in his way; **traf a. przypadek ~ył, że był tam wówczas** chance would have it that he was there at that time; **przypadek ~ył, że urodziła się bogata** she's rich by an accident of birth

Ⅱ zdarzyć się — **zdarzać się** to happen, to occur; **wypadek ~ył się wczoraj** the accident happened a. occurred yesterday; **cuda się ~ają** miracles happen; **może się**

~yć, że... it may happen that...; **wszystko się może ~yć!** anything might happen!; **cokolwiek się ~y** whatever happens; whatever may betide daw.; whatever may befall książk.; **to ~a się rzadko/regularnie/codziennie** it's a rare/a regular/an everyday occurrence; **Milenium ~a się raz na tysiąc lat** a Millennium happens every thousand years
■ **~a się w najlepszej rodzinie** it happens to the best of us

zdatn|y *adi.* fit (**do czegoś** for sth); **~y do spożycia** fit for human consumption; **woda ~a do picia** drinkable water; **samochód ~y do jazdy** a roadworthy car; **ziemia ~a do uprawy** arable land; **statek ~y do żeglugi** a seaworthy ship; **samolot ~y do latania** an airworthy airplane; **był ~y do służby wojskowej** he was fit for military service

zdawać[1] *impf* → zdać

zda|wać[2] *impf vt* **~ć egzamin** to take an exam, to sit an exam; **już dwukrotnie ~wałem fizykę** I resat the physics exam twice

zdawcz|y *adi.* środ. *[protokół, normy]* delivery *attr.*; **sporządzić protokół ~y** to draw up a delivery protocol

zdawkowo *adv.* książk. tritely, perfunctorily; **uśmiechnąć się ~** to smile perfunctorily; **ukłonił się ~** he gave a perfunctory nod

zdawkowoś|ć *f sgt* książk. triteness, perfunctoriness; **~ć gestów/słów** perfunctoriness of gestures/words; **~ć życzeń świątecznych** the banality of the season's greetings

zdawkow|y *adi.* książk. *[ukłon, uśmiech]* perfunctory; *[odpowiedź, słowa]* trite, hackneyed

zdążać[1] *impf* → zdążyć

zdąża|ć[2] *impf vi* książk. to head (**do czegoś** a. **ku czemuś** towards sth); **~liśmy w stronę rzeki** we were heading towards the river

zdąż|yć *pf* — **zdąż|ać**[1] *impf vi* [1] (nie pozostać w tyle) to keep up (**za kimś/czymś** with sb/sth); to keep pace (**za kimś/czymś** with sb/sth); **szedł tak szybko, że ledwie mogła ~yć** he went so quickly she could hardly keep pace with him [2] (zdołać zrobić) **ledwie ~yła się przebrać** she had just enough time to change; **nie ~ył przeczytać książki** he didn't manage to finish the book [3] (przybyć w odpowiednim terminie) to make it; **~yć do pracy** to be on time for work; **~yłem na czas** I made it; **~ył na pociąg/autobus/prom** he was in time to catch the train/bus/ferry, he was in time for the train/bus/ferry; **nie ~ył na pociąg o ósmej** he missed the eight o'clock train; **~yła w ostatniej chwili** she got in just in time; she got in under the wire US pot.; **wyszedł wcześniej, żeby ~yć przed szczytem** he left early to beat the rush hour

zdecentraliz|ować *pf vt* to decentralize *[administrację, zarządzanie]*; to localize *[usługi]* ⇒ **decentralizować**

zdechla|k *m* (*Npl* **~ki** a. **~cy**) pot., pejor. weakling

zd|echnąć *pf* — **zd|ychać** *impf vi* [1] (umrzeć) (o zwierzęciu) to die; (o człowieku) obraźl. to die; (o roślinie) to die, to dry up [2] pot. (osłabnąć) to be dead on one's feet pot., to be done in pot., to be dead beat pot., **jest zupełnie zdechły po tej podróży** he's dead tired after the journey
■ **pogoda/humor pod zdechłym psem** pot. lousy weather/mood, rotten weather/mood; **zdechł pies** pot. that's the end, all is lost; **zdychać z głodu** pot. to be starving; **zdychać z nudów** pot. to be bored stiff

zdecyd|ować *pf* **I** *vi* [1] (postanowić) to determine, to decide; **~ować, gdzie/kiedy** to decide where/when; **czy ~owałeś co zrobisz?** have you decided what you're going to do?; **pozwól jej ~ować** let her decide; **~owali, że...** they decided a. determined that... [2] (przesądzić) to decide, to seal (**o czymś** sth); **ta rozmowa ~owała o jego losie** that conversation sealed his fate ⇒ **decydować**
II zdecydować się [1] (postanowić) to decide, to make up one's mind; **~ował się wyjechać za granicę** he decided to go abroad; **~owała się** she made up her mind; **~uj się: zostajesz, czy wychodzisz?** make up your mind: are you staying or going?; **trudno się ~ować** it's difficult to decide, it's difficult to make up one's mind; **po namyśle ~owaliśmy się na czerwony** after some thought we decided a. settled on a. went for the red one ⇒ **decydować się** [2] (ulec rozstrzygnięciu) to be determined, to be decided; **jego przyszłość ~uje się na sali sądowej** his future will be determined in the courtroom ⇒ **decydować się**

zdecydowani|e **I** *sv* → zdecydować
II *n sgt* determination, resoluteness, conviction; **brak ~a** shilly-shallying, irresoluteness; **postępować ze ~em** to act determinedly a. with conviction; **ruchy pełne ~a** movements full of determination
III *adv.* [1] (stanowczo) absolutely; **~e przeciwstawiać się czemuś** to oppose sth absolutely a. decidedly; **urodził się w Kanadzie, ale ~e czuje się Anglikiem** he was born in Canada, but feels English [2] (wyraźnie) definitely, decidedly; **~e komunistyczne/konserwatywne poglądy** staunchly Communist/Conservative views; **ten samochód jest ~e lepszy niż mój poprzedni** this car is definitely better than my previous one; **dzisiaj pacjent czuje się ~e lepiej niż wczoraj** the patient feels decidedly better today than yesterday

zdecydowan|y **I** *adi.* [1] (stanowczy) *[osoba]* determined, resolute [2] (będący wyrazem podjęcia decyzji) *[ruch, krok]* decisive, resolute; *[postawa, pogląd, odpowiedź]* robust; *[deklaracja, odpowiedź]* unequivocal; *[akcja, środek]* positive [3] (niewątpliwy) *[przewaga, większość, pesymista]* decided, definite; *[sukces, poprawa]* distinct; *[wzrost, spadek, zmiana]* decided; *[poparcie, deklaracja, opór]* explicit; *[zwycięstwo, faworyt, prowadzenie]* outright, convincing; **~a większość** straight majority
II *adi. praed.* [1] (po podjęciu decyzji) set, intent (**na coś** on sth); **być ~ym na wszystko** to stop at nothing; **był ~y na wyjazd za granicę** he was set a. intent on going abroad; **jestem ~y na wszystko, byleby tylko uratować matkę od śmierci** I will go to any lengths to keep my mother alive [2] (rozstrzygnięty) settled, decided; **ta sprawa już dawno jest ~a** that matter was settled a long time ago

zdefason|ować się *pf v refl.* *[kapelusz, buty]* to go out of shape

zdefasonowan|y *adi.* *[sukienka, kapelusz, buty]* worn-out; **stare, ~e buty** old worn-out shoes

zdefini|ować *pf vt* to define *[termin, wyraz, znaczenie]*; **jest to pojęcie trudne do ~owania** it's an elusive concept ⇒ **definiować**

zdeform|ować *pf* **I** *vt* to deform *[stopę, kręgosłup]*; **~owana kończyna** a malformed a. misshapen limb; **~owane ciało** a stunted body; **~owane palce** gnarled hands; **oglądanie thrillerów grozi ~owaniem psychiki** watching thrillers can warp one's mind ⇒ **deformować**
II zdeformować się *[twarz, nos, stopa]* to become deformed, to become disfigured

zdefraud|ować *pf vt* to embezzle *[pieniądze, majątek]* ⇒ **defraudować**

zdegener|ować *pf* **I** *vt* to make [sb/sth] degenerate; **~owana rasa** a degenerate breed; **alkohol całkowicie go ~ował** alcohol had totally destroyed him ⇒ **degenerować**
II zdegenerować się [1] książk. (zdemoralizować się) to degenerate, to become degenerate; **całkowicie się ~ował w środowisku alkoholików i narkomanów** he became completely degenerate among alcoholics and drug addicts ⇒ **degenerować się** [2] Biol. (zwyrodnieć) to degenerate ⇒ **degenerować się**

zdegrad|ować *pf vt* [1] (przenieść na niższe stanowisko) to demote; to degrade przest.; to bust US pot.; **zostać ~owanym do roli...** to be relegated to the role of...; **został ~owany do stopnia szeregowca** Wojsk. he was demoted to private ⇒ **degradować** [2] (zniszczyć środowisko naturalne) to degrade *[grunty, tereny]*; **~owane ekosystemy** degraded ecosystems ⇒ **degradować**

zdegustowan|y *adi.* disgusted (**czymś** at a. by a. with sth); **wyszedł z kina ~y** he left the cinema disgusted

zdehumaniz|ować *pf* **I** *vt* to dehumanize ⇒ **dehumanizować**
II zdehumanizować się to become dehumanized ⇒ **dehumanizować się**

zdejmować *impf* → zdjąć

zdekapitaliz|ować *pf* **I** *vt* to depreciate *[majątek, budynki]* ⇒ **dekapitalizować**
II zdekapitalizować się *[maszyna, urządzenie]* to depreciate ⇒ **zdekapitalizować się**

zdeklar|ować się *pf v refl.* [1] to declare oneself; **~ować się przeciwko komuś/czemuś** to declare oneself against sb/sth; **~ował się jako wróg kobiet** he declared himself to be a woman-hater; **~owała się po ich stronie** she declared herself in favour of them; **nie możesz się dłużej wahać, musisz się ~ować** you cannot hesitate any longer, you must declare yourself for or against ⇒ **deklarować się** [2] książk. (obiecać) **~owała się, że nas odbierze z lotniska** she promised she would pick us up at the airport ⇒ **dekla-**

Z

rować się 3 przest. (oświadczyć się) to declare oneself daw.; **na próżno czekała, żeby się ~owal** she waited in vain for him to declare himself ⇒ **deklarować się**

zdeklarowan|y adi. [wróg, ateista, zwolennik] declared, avowed, professed

zdeklas|ować pf Ⅱ vt 1 (spowodować obniżenie pozycji) to declass; **to małżeństwo ~owało go towarzysko** this marriage has reduced his social standing ⇒ **deklasować** 2 Sport to outclass; **nasza drużyna ~owała przeciwników, wygrywając 5:0** our team outclassed the rivals, winning 5-0 ⇒ **deklasować**

Ⅲ **zdeklasować się** (stracić pozycję) to become declassed a. déclassé; to lose caste przen.; **~ował się przez małżeństwo z nią** he lost his social standing by marrying her ⇒ **deklasować się**

zdekomplet|ować pf Ⅱ vt to break up [zestaw, kolekcję]; **epidemia grypy ~owała ekipę** the flu epidemic broke up a. decimated the team; **mój zbiór jest ~owany** my collection is incomplete

Ⅲ **zdekompletować się** to break up

zdekomuniz|ować pf Ⅱ vt Polit. to decommunize [administrację, gospodarkę] ⇒ **dekomunizować**

Ⅲ **zdekomunizować się** to become decommunized ⇒ **dekomunizować się**

zdekoncentr|ować pf Ⅱ vt to distract; **~ował kolegów na klasówce** he distracted his classmates during the test; **chłopcy są ~owani, nie mogą się skupić nad zadaniem** the boys are distracted, they can't concentrate on their task; **~owanie uwagi** distraction of attention ⇒ **dekoncentrować**

Ⅲ **zdekoncentrować się** to become distracted, to lose (one's) concentration; **~owałem się podczas egzaminu i oblałem** I became distracted during the exam and failed it ⇒ **dekoncentrować się**

zdekonspir|ować pf Ⅱ vt to expose [agenta, organizację]; **został ~owany jako zdrajca** he's been exposed as a traitor ⇒ **dekonspirować**

Ⅲ **zdekonspirować się** 1 (ujawnić się) to betray oneself, to reveal oneself, to unmask oneself; **~ował się swoim akcentem** his accent gave him away ⇒ **dekonspirować się** 2 (zostać wykrytym) [tajna drukarnia, podziemne struktury] to be exposed, to be unmasked

zdelegaliz|ować pf vt to make [sth] illegal, to outlaw, to ban [działalność, partię, organizację] ⇒ **delegalizować**

zdemask|ować pf Ⅱ vt Polit., Wojsk. to unmask, to expose [spisek, przestępcę] ⇒ **demaskować**

Ⅲ **zdemaskować się** to reveal one's true intentions, to reveal oneself in one's true colours; **~ował się swoimi agresywnymi wypowiedziami** his aggressive statements gave him away ⇒ **demaskować się**

zdement|ować pf vt to disclaim, to deny [informacje, plotki] ⇒ **dementować**

zdemilitaryz|ować pf vt Polit., Wojsk. to demilitarize [obszar, organizację]; **strefa ~owana** a demilitarized zone ⇒ **demilitaryzować**

zdemobiliz|ować pf Ⅱ vt Wojsk. 1 (zwolnić z wojska) to demobilize; to demob GB pot. [armię] 2 (odbierać chęć działania) to dishearten, to discourage [uczniów, pracowników, sportowców] ⇒ **demobilizować**

Ⅲ **zdemobilizować się** (rozbroić się) to become demobilized; (zniechęcić się) to become disheartened a. discouraged, to lose motivation ⇒ **demobilizować się**

zdemol|ować pf vt to wreck, to smash up, to vandalize [lokal, sklep, poczekalnię] ⇒ **demolować**

zdemont|ować pf vt to dismantle, to disassemble [maszyny, urządzenia, rusztowanie] ⇒ **demontować**

zdemoraliz|ować pf Ⅱ vt to deprave, to corrupt [młodzież, dziecko]; **bogactwo i sława zupełnie go ~owały** wealth and fame depraved him totally ⇒ **demoralizować**

Ⅲ **zdemoralizować się** to become depraved, to become corrupted; **~ował się pod wpływem programów telewizyjnych** he has become depraved under the influence of television programmes ⇒ **demoralizować się**

zdenerw|ować pf Ⅱ vt to irritate, to annoy, to upset; **~owało go to zdarzenie** the incident annoyed him; **kłótnia go ~owała** the quarrel upset him ⇒ **denerwować**

Ⅲ **zdenerwować się** to become nervous, to become irritated, to become upset, to become exasperated; **~ować się czymś** to become irritated with a. upset about sth; **~ował się i zaczął krzyczeć** he got all worked up and started shouting ⇒ **denerwować się**

zdenerwowani|e Ⅱ sv → **zdenerwować**

Ⅲ n sgt 1 (rozdrażnienie) irritation 2 (niepokój) nervousness, vexation; **opanować ~e** to overcome one's nervousness; **przygryzała wargi ze ~a** she bit her lip in vexation; **starała się nie okazać dzieciom swego ~a** she tried not to show her nervousness to her children; **zaczęła płakać ze ~a** her nervousness drove her to tears; **ze ~a chodził w kółko po pokoju** he was so upset that he paced up and down the room; **starał się ukryć ~e** he tried to conceal his nervousness

zdenerwowan|y Ⅱ pp → **zdenerwować**

Ⅲ adi. 1 (niespokojny) upset, excited, nervous, 2 (zirytowany) annoyed; het up pot.

zdepon|ować pf vt książk. to deposit, to lodge, to escrow US; **~owała kosztowności w banku/u adwokata** she deposited a. lodged her valuables in a bank/with her lawyer ⇒ **deponować**

zdepraw|ować pf Ⅱ vt książk. to deprave, to corrupt [młodzież, dzieci] ⇒ **deprawować**

Ⅲ **zdeprawować się** to become corrupted ⇒ **deprawować się**

zdeprecjon|ować pf Ⅱ vt książk. to deprecate, to belittle [pojęcia, dorobek, idee] ⇒ **deprecjonować**

Ⅲ **zdeprecjonować się** [słowa, pojęcia] to become debased ⇒ **deprecjonować się**

zdeprym|ować pf Ⅱ vt 1 (zniechęcić) to demoralize; **utrata gola ~owała naszą drużynę** the concending of a goal disheartened our team ⇒ **depry-**

mować 2 (speszyć) to make [sb] feel uncomfortable; to discomfit książk.; **~owała mnie jego reakcja** his reaction made me uncomfortable ⇒ **deprymować**

Ⅲ **zdeprymować się** to become demoralized a. discouraged; **wcale się nie ~ował jej odmową** her refusal didn't discourage him in the least ⇒ **deprymować się**

zdep|tać pf (~czę a. ~cę) vt 1 (chodząc rozgnieść) to tread down, to trample [trawę, grządki] ⇒ **deptać** 2 przen. (pokonać) to crush [przeciwników, rywali] ⇒ **deptać** 3 przen. (poniżyć) to trample [naród, uczucia, prawa]; **~tali układ o nieagresji** they rode roughshod over the non-aggression pact ⇒ **deptać** 4 pot. (przejść wielokrotnie) to tread; **~tał wiele szlaków górskich** he has trodden many mountain trails

zderzyć impf → **zderzać**

zderzak m Techn. bumper; **przedni/tylny ~** a front/rear bumper

zderze|nie n collision, smash; **~nie pociągów** a rail smash; **~nie różnych postaw moralnych** przen. a clash of moral attitudes

❏ **~nie czołowe** head-on collision; **~nie w powietrzu** mid-air collision

zderz|yć pf — **zderz|ać** impf Ⅱ vt 1 (spowodować uderzenie o siebie) to induce collision of 2 książk. (zestawić) to confront; **~yć historię ze współczesnością** to confront history with the present day

Ⅲ **zderzyć się** — **zderzać się** 1 (wpaść na siebie) to collide, to crash; **dwa samochody ~yły się czołowo** the two cars met head-on; **~yli się z autobusem** they crashed their car into a bus; **~yliśmy się w korytarzu** we collided (with each other) in the corridor; **wkrótce kometa ~y się z Jowiszem** soon the comet will crash into the surface of Jupiter 2 książk. (o dwóch skrajnościach) to meet head-on; **ideały ~ają się z rzeczywistością** ideals and reality meet head-on

zdesperowan|y adi. książk. [osoba, wzrok] desperate

zdestabiliz|ować pf vt książk. to destabilize [sytuację, kraj]; to undermine [gospodarkę, spokój społeczny] ⇒ **destabilizować**

zdetermin|ować pf vt książk. to determine [życie, zachowanie] ⇒ **determinować**

zdeterminowan|y Ⅱ pp → **zdeterminować**

Ⅲ adi. [osoba] determined

zdeton|ować pf Ⅱ vt 1 (spowodować eksplozję) to detonate, to set off [bombę, ładunek wybuchowy] ⇒ **detonować** 2 książk. (onieśmielić) to disconcert, to put [sb] out; **był mocno ~owany** he was rather disconcerted ⇒ **detonować**

Ⅲ vi [materiał wybuchowy] to explode, to detonate ⇒ **detonować**

zdetroniz|ować pf vt 1 (pozbawić władzy) to dethrone [monarchę]; to depose [dyktatora]; **~owany mistrz** przen. a deposed champion ⇒ **detronizować** 2 przen. to supersede, to dethrone ⇒ **detronizować**

zdewalu|ować pf Ⅱ vt 1 Ekon. to devaluate, to devalue [walutę] ⇒ **dewaluować** 2 książk., przen. to devalue [wartość, pojęcie] ⇒ **dewaluować**

⊔ zdewaluować się [1] Ekon. *[waluta, emerytura]* to drop in value ⇒ **dewaluować się** [2] książk., przen. *[termin, pojęcie, wartość]* to become devalued ⇒ **dewaluować się**

zdewast|ować *pf vt* to vandalize, to destroy *[wagony, ławki]*; to devastate, to destroy *[lasy]*; **~owany przystanek autobusowy** a vandalized bus shelter ⇒ **dewastować**

zdezaktualiz|ować się *pf v refl.* książk. *[informacja, źródło]* to become outdated a. irrelevant ⇒ **dezaktualizować się**

zdezaktualizowany *adi.* *[informacja, źródło, dane]* outdated

zdezawu|ować *pf vt* książk. to disavow książk.; to repudiate *[oświadczenie, wystąpienie]* ⇒ **dezawuować**

zdezelowan|y *adi.* pot. *[mebel]* dilapidated; *[urządzenie, samochód]* clapped-out pot.

zdezerter|ować *pf vi* Wojsk. to desert także przen.; **~ować z wojska/z pola bitwy** to desert (from) the army/from the battlefield ⇒ **dezerterować**

zdezintegr|ować /ˌzdezinteˈgrovatɕ/ *pf vt* książk. to disintegrate *[grupę, środowisko, społeczeństwo]* ⇒ **dezintegrować**

zdezorganiz|ować *pf* **⊔** *vt* to disrupt, to disorganize *[pracę, życie, gospodarkę]* ⇒ **dezorganizować**

⊔ zdezorganizować się to become disorganized a. disrupted ⇒ **dezorganizować się**

zdezorient|ować *pf* **⊔** *vt [znak, informacja, zdarzenie]* to disorientate, to confuse *[osobę]* ⇒ **dezorientować**

⊔ zdezorientować się to become disorientated, to get confused ⇒ **dezorientować się**

zdezorientowan|y **⊔** *pp* → **zdezorientować**

⊔ *adi. [osoba]* disorientated, confused

zdezynfek|ować *pf vt* to disinfect *[ranę, skaleczenie]* ⇒ **dezynfekować**

zdębiały *adi.* pot. [1] *[osoba]* dumbstruck [2] *[ziemniaki, warzywa]* stale

zdębi|eć *pf* (**~eje**, **~ał**, **~eli**) *vi* pot. [1] *[osoba]* to be struck dumb ⇒ **dębieć** [2] *[ziemniaki, warzywa]* to get stale ⇒ **dębieć**

zdiagnoz|ować *pf vt* [1] Med. to diagnose *[pacjenta, chorobę]*; **~ować u kogoś raka** to diagnose sb with cancer; **~owano go jako cukrzyka** he was diagnosed (as a) diabetic a. as having diabetes ⇒ **diagnozować** [2] *(oceniać)* to evaluate; **~ować sytuację** to assess a. evaluate a situation; **~ować przyczyny niepowodzenia** to diagnose the reasons behind a failure ⇒ **diagnozować**

zd|jąć *pf* — **zd|ejmować** *impf (zdejmę, zdjęła, zdjęli — zdejmuję) vt* [1] *(wziąć)* to take *[książkę, szklankę]*; *(usunąć)* to remove *[folię, osłonę]*; **zdjąć coś z półki** to take sth off a shelf; **zdjąć kogoś z drzewa** to get sb down from a tree; **zdjąć nogi z krzesła/ze stołu** to get a. take one's feet off a chair/table; **zdjąć skórkę z banana** to remove the skin from a banana; **zdjąć skórkę z pomidora** to skin a tomato; **zdjąć komuś gips z ręki** to remove the plaster from a. take the plaster off sb's hand; **dzisiaj**

zdejmują mi gips I'm having the plaster removed a. taken off today; **zdjąć komuś szwy** to remove sb's stitches; **nie zdejmował z niej wzroku** he never took his eyes off her [2] *(z siebie)* to take [sth] off, to take off *[płaszcz, buty, kapelusz]*; **zdjąć mundur** przen. to leave the army; **zdjąć sutannę** przen. to leave the church, to abandon the cloth [3] *(uwolnić)* to take [sth] off *[obowiązek, odpowiedzialność]*; **zdjąć z kogoś ciężar** to take a burden off sb; **zdjąć z kogoś winę** to free sb from guilt; **zdjąć z kogoś podejrzenie** to clear sb of suspicion [4] *(unieważnić)* to lift *[ograniczenia, zakaz]*; **zdjąć punkt z porządku obrad** to remove an item from the agenda; **zdjąć sztukę z afisza** to take off a play; **zdjąć artykuł/wywiad** *[cenzura, cenzor]* to ban an article/interview [5] *(odwołać)* to remove *[osobę]*; **zdjąć kogoś ze stanowiska** to remove sb from their position; **zdjąć warty** to call off the sentries; **właśnie zdjęli dyrektora** pot. the manager has just been fired pot. [6] książk. *(opanować) [strach, niepokój]* to overcome *[osobę]*; **zdjął go smutek** he was overcome by sadness; **uciekł, zdjęty przerażeniem** he ran away, overcome by fear [7] pot. *(zrobić zdjęcie)* to take a picture of *[osobę, przedmiot]*

⊔ *n* [1] photo(graph), picture; **~cie kogoś/czegoś** a photograph a. picture of sb/sth; **~cia ślubne** wedding photographs a. pictures; **~cia z wakacji** holiday pictures; **album ze ~ciami** a photo album; **na ~ciu** in the photograph a. picture; **zrobić ~cie** to take a photo a. picture; **wywoływać ~cia** to develop photographs; **pozować do ~cia** to pose for a photograph a. picture; **~cie pozowane** a posed photograph; **znam go tylko ze ~ć** I've only seen his pictures; **dobrze/źle wychodzić na ~ciach** to look good/bad in photographs [2] Med. **~cie (rentgenowskie)** an X-ray

⊔⊔⊔ zdjęcia *plt* Kino [1] *(sfilmowane obrazy)* camerawork; **Oskar za ~cia** an Oscar for cinematography [2] *(filmowanie)* shooting; **kręcić ~cia** to film; **rozpocząć ~cia do filmu** to start shooting a film; **uczestniczyć w ~ciach** to take part in the filming

zdjęciow|y *adi.* [1] *(fotograficzny) [materiał, dokumentacja]* photographic; **sesja ~a** a photo session [2] Kino filming; **ekipa ~a** a film crew; **czternaście dni ~ych** fourteen filming days

zdław|ić *pf vt* [1] *(powstrzymać)* to stifle *[krzyk]*; **~ić szloch** to stifle a. choke back one's sobs; **~ić w sobie żal** to suppress one's bitterness ⇒ **dławić** [2] przen. *(stłumić)* to suppress *[powstanie, opozycję]*; **~ić niezadowolenie społeczne** to suppress social unrest ⇒ **dławić**

zdmuchiwać *impf* → **zdmuchnąć**

zdmuch|nąć *pf* — **zdmuch|iwać** *impf* (**~nęła**, **~nęli** — **~uję**) *vt* [1] to blow [sth] off, to blow off; **~nąć kurz ze stołu** to blow the dust off a table [2] *(zgasić)* to blow [sth] out, to blow out *[świeczkę, zapałkę, ogień]* [3] pot. **~nąć komuś coś sprzed nosa** to snatch sth from under sb's nose

zdobi|ć *impf vt* [1] *(upiększać) [osoba]* to decorate (**czymś** with sth); **~ć ściany malowidłami** to decorate walls with paint-

ings ⇒ **ozdobić** [2] *(być ozdobą) [rzeźba, kwiaty, ozdoba]* to grace *[pokój, głowę]*; **jej twarz ~ł uśmiech** her face was graced with a smile ⇒ **ozdobić**

■ **nie suknia ~ człowieka** przysł. handsome is as handsome does przysł.

zdobie|nie **⊔** *sv* → **zdobić**

⊔ *n* ornament

zdobi|ony **⊔** *pp* → **zdobić**

⊔ *adi.* ornamented; **bogato ~ony** richly ornamented

zdobnictw|o *n sgt* [1] *(ozdabianie)* adornment [2] *(ozdoby)* ornamentation

zdobnicz|y *adi. [motyw, detal, szczegół]* decorative

zdobn|y *adi.* książk. ornamented; **~y w coś** decorated with sth

zdobycz *f* [1] *(nabytek)* acquisition; *(łup)* haul; **~ wojenna** the spoils of war; **~ terytorialna** a conquest [2] *(zwierzęca)* prey; *(myśliwego)* take [3] przen. *(uwiedziona osoba)* conquest; **jego ostatnia ~** his latest conquest [4] *(korzyść)* benefit; *(postęp)* development; **~e kultury** cultural benefits; **najnowsze ~e techniki** the latest technological developments

zdobyczn|y *adi. [broń]* trophy *attr.*

zdob|yć *pf* — **zdob|ywać** *impf* (**~ędę**, **~ył** — **~ywam**) **⊔** *vt* [1] *(wygrać)* to win *[medal, nagrodę]*; **~yć Oskara za coś** to win an Oscar for sth; **~yć tytuł mistrza Europy** to win the European title; **~yć złoto** pot. to win a gold (medal) [2] *(w zawodach, wyborach)* to score *[punkty]*; to win *[głosy]*; **~yć bramkę** to score a goal; **~yć większość mandatów** to win a majority of seats [3] *(wedrzeć się, zagrabić)* to capture *[miasto, twierdzę, czołg]*; **broń ~yta na wrogu** the weapons captured from the enemy; **~yć rynek** przen. to take over the market [4] *(dotrzeć)* to climb *[szczyt]*; **~yć biegun północny** to reach the North Pole [5] *(z trudem uzyskać)* to obtain; **~ywać pożywienie** to obtain food; **~yć bilety na koncert** to obtain tickets for a concert; **~yć kobietę** to win a woman [6] *(osiągnąć)* to win *[władzę]*; to acquire *[wiedzę, doświadczenie]*; to obtain *[pozwolenie]*; **wykorzystać ~yte umiejętności** to use the acquired skills; **z trudem ~yta pozycja/przewaga** a hard-earned position/advantage [7] *(zjednać sobie)* to win *[przyjaźń, poparcie, popularność, sławę]*; to earn, to win *[szacunek, zaufanie]*; **~ywać klientów** to win customers; **~yć czyjeś serce** to win sb's heart; **~yć sobie powszechne uznanie** to win popular acclaim; **~yć sobie czyjś szacunek** to earn sb's respect; **miasteczko ~yło sobie opinię kurortu narciarskiego** the town won a reputation as a ski resort

⊔ zdobyć się — **zdobywać się** [1] *(mieć dość odwagi, szlachetności)* **~yć się na odwagę, żeby coś zrobić** to muster the courage to do sth; **musisz ~yć się na cierpliwość** you have to be patient; **ja bym się na coś takiego nie ~ył** *(nie miałbym odwagi)* I wouldn't have the guts to do it pot.; **nie mogłem się na to ~yć** I couldn't bring myself to do it [2] *(z trudem kupić)* **ledwie ~yli się na używany samochód** they could hardly afford a second-hand car

Z

zdobywać *impf* → **zdobyć**

zdobywc|a *m* [1] (szczytu) conqueror; **~a Mount Everestu** the conqueror of Mount Everest; **pierwszy ~a bieguna północnego** the first man to reach the North Pole [2] (nagrody, medalu) winner; **~a Oskara** an Oscar winner; **~a dziesięciu medali olimpijskich** a ten-time Olympic medal winner; **~a gola** a goalscorer [3] (twierdzy) conqueror; **Wilhelm Zdobywca** William the Conqueror; **~a serc** a ladykiller pot.

zdobywcz|y *adi.* **wyprawa ~a** a conquest; **~e spojrzenie** the look of a winner

zdobywczy|ni *f* [1] (szczytu) conqueror [2] (nagrody, medalu) winner

zdogmatyz|ować *pf vt* książk. to dogmatize [twierdzenia, poglądy] ⇒ **dogmatyzować**

zdolnoś|ć [I] *f* ability, capability; **~ć regeneracyjna tkanek** the ability of a tissue to regenerate; **~ci adaptacyjne** adaptability; **mieć ~ć (do) robienia czegoś** to have the ability a. capability to do sth; **wykazywać ~ci do czegoś** to show the ability to do sth; **~ć prawna** Prawo legal capacity; **~ć kredytowa** Ekon. credit rating; **posiadać ~ć kredytową** to be creditworthy; **~ć produkcyjna fabryki** a factory's production capacity

[II] **zdolności** *plt* abilities, capabilities; **czyjeś ~ci intelektualne** sb's intellectual abilities a. capabilities; **~ci muzyczne** musical abilities a. capabilities

zdoln|y [I] *adi. grad.* (uzdolniony) [osoba] able; **najzdolniejszy uczeń w klasie** the ablest student in the class

[II] *adi.* capable; **być ~ym do czegoś** to be capable of sth; **on jest ~y do wszystkiego** he's capable of anything; **osoba ~a do popełnienia najcięższych przestępstw** a person capable of committing the worst crimes

zdoła|ć *pf vi* książk. **~ć coś zrobić** to manage to do sth; **nie ~łem ich przekonać** I didn't manage a. wasn't able to convince them

zdoł|ować *pf vt* pot. (przygnębić) to get [sb] down; **być ~owanym** to feel down pot. ⇒ **dołować**

zdomin|ować *pf vt* książk. (uzyskać przewagę) to dominate [osobę, organizację, kraj]; **być ~owanym przez kogoś/coś** [komisja, rynek, uniwersytet] to be dominated by sb/sth; **organizacja ~owana przez Amerykanów** an American-dominated organization; **życie ~owane przez telewizję** life dominated by television; **był całkiem ~owany przez żonę** he was completely dominated by his wife ⇒ **dominować**

zdoping|ować *pf vt* to encourage; **~ować kogoś do zrobienia czegoś** to encourage sb to do sth ⇒ **dopingować**

zdrabniać *impf* → **zdrobnić**

zdra|da *f* [1] (działanie na szkodę) betrayal, treason; **~da tajemnicy służbowej** a leak of classified information; **~da stanu** Prawo high treason; **dopuścić się ~dy ojczyzny** to betray one's country [2] (niewierność małżeńska) infidelity; **~da małżeńska** marital infidelity [3] (odstępstwo) betrayal; **~da własnych ideałów** the betrayal of one's ideals

zdradliwie *adv. grad.* treacherously

zdradliwoś|ć *f sgt* treacherousness

zdradliw|y *adi. grad.* [pogoda, warunki, lód] treacherous

zdradzać *impf* → **zdradzić**

zdra|dzić *pf* — **zdra|dzać** *impf* [I] *vt* [1] (wydać wrogowi) to betray; **~dzić ojczyznę/przyjaciół** to betray one's country/friends [2] (być niewiernym) [mężczyzna, kobieta] to cheat *vi*, to be unfaithful; **~dzać żonę/męża** to cheat on one's wife/husband; **~dzać kogoś z kimś** to cheat on sb with sb; **~dzana żona** a betrayed wife [3] (wyrzec się) to betray; **~dzić swoje ideały** to betray one's ideals; **~dzić malarstwo dla muzyki** to give up painting for music [4] (wyjawić) to give away [tajemnicę, zakończenie]; to betray [tajemnicę, zaufanie]; **~dzić czyjąś kryjówkę** to give away sb's hiding place; **~dzić komuś swoje plany** to let sb in on one's plans; **tylko jej oczy ~dzały, jak bardzo jest przygnębiona** only her eyes betrayed her sadness [5] książk. (poinformować) to disclose; **w wywiadzie ~dził, że...** in his interview he disclosed that...; **proszę nam ~dzić, kto/gdzie/kiedy...** could you tell us who/where/when...?; **„są pewne problemy", ~dził** 'there are certain problems,' he said [6] (przejawiać) to betray [emocje, niezadowolenie, zniecierpliwienie]; **nie ~dzać ochoty do zrobienia czegoś** to show no inclination to do sth; **nie ~dzał najmniejszych oznak zmęczenia** he showed no signs of fatigue; **w młodości nie ~dzał wyjątkowego talentu** when he was young he didn't show any particular talent

[II] **zdradzić się** — **zdradzać się** [1] [małżonkowie, kochankowie] to cheat on each other [2] (zdemaskować się) to betray oneself; **~dzić się ze swymi zamiarami** to let on about one's plans; **~dził się wyrazem twarzy** his expression betrayed him; **nie ~dź się, że mówisz po niemiecku** don't let on you speak German

zdradziec|ki *adi.* [plan, czyn, zamach] treacherous; **~ka rzeka** a treacherous river

zdradziecko *adv.* treacherously

zdrajc|a *m*, **~czyni** *f* traitor; **~ca ojczyzny** a traitor to one's country

zdrap|ać *pf* — **zdrap|ywać** *impf* (**~ię** — **~uję**) *vt* to scrape [sth] off, to scrape off; (paznokciami) to pick [sth] off, to pick off; **~ywać błoto z butów** to scrape mud off one's shoes; **~ać sobie strup** to pick a scab off

zdrap|ka *f* pot. (los) scratch card; (loteria) scratch lottery

zdrapywać *impf* → **zdrapać**

zdrewnia|ły *adi.* [1] [pęd, łodyga] woody; lignified spec. [2] przen. [noga, ręka] numb

zdrewni|eć *pf* (**~eje**, **~ał**) *vi* [1] Bot. [łodyga, pęd] to lignify spec.; to turn woody ⇒ **drewnieć** [2] (zdrętwieć) [część ciała] to go numb ⇒ **drewnieć**

zdrętwia|ły *adi.* [1] [palec, noga] numb; [plecy, kark] stiffened [2] (przerażony) [osoba] petrified; **~ły z przerażenia** paralysed by fear

zdrętwi|eć *pf* (**~eję**, **~ał**, **~eli**) *vi* [1] (stracić czucie) [ręka, noga] to become a. go numb; [kark] to stiffen (up); **~ał z**

zimna he was numb with cold ⇒ **drętwieć** [2] (wskutek emocji) [osoba] to be petrified; **~eć z przerażenia** to be paralysed by fear ⇒ **drętwieć**

zdrobniale *adv.* **nazywać kogoś ~** to call sb by a diminutive name

zdrobnia|ły *adi.* [rzeczownik, wyraz, forma] diminutive; **forma ~ła od słowa „książka"** a diminutive of 'book'

zdr|obnić *pf* — **zdr|abniać** *impf* [I] *vt* to use a diminutive form of [słowo, imię]

[II] **zdrabniać się** [słowo, imię] to have a diminutive form

zdrobnie|nie [I] *sv* → **zdrobnić**

[II] *n* diminutive; **~nie od „krzesło"** a diminutive of 'chair'

zdrojow|y *adi.* [1] [woda] spring *attr.* [2] [dom, park] spa *attr.*

Zdrowaś Mario Relig. Hail Mary, Ave Maria

zdrowaś|ka *f* pot. Hail Mary; **odmówić cztery ~ki** to say four Hail Marys; **przez trzy ~ki** przest. for the time needed to say three Hail Marys

zdrowi|e *n sgt* [1] (stan organizmu) health; **~e psychiczne** mental health, sanity; **służba ~a** Health Service; **ośrodek ~a** a health centre; **stan ~a pacjenta** a patient's condition; **cieszyć się dobrym ~em** to enjoy good health; **~e mu dopisuje** he's in good health; **mieć żelazne a. końskie ~e** to be as fit as a fiddle; **być okazem ~a** to be the picture of health; **tryskać ~em** to be in the pink pot.; **dbać o ~e** to look after oneself; **odzyskać ~e** to regain health; **wrócić do ~a** to recover; **wracać do ~a** to be on the mend; **być słabego ~a** to be in poor health; **podupadł na ~u** his health broke down; **niepokoić się o czyjeś ~e** to worry about sb's health; **życzyć komuś ~a** to wish sb good health; **„życzymy szybkiego powrotu do ~a"** (w liście) 'get well soon'; **stanowić zagrożenie dla ~a** to pose a health risk a. hazard; **ryzykować życiem i ~em** to risk one's life and limb; **owoce to samo ~e** fruit is good for you; **grunt to ~e** pot. your health is the most important thing; **palenie szkodzi ~u** smoking is bad for health; **pić za czyjeś ~e** to drink sb's health a. the health of sb; **(na) ~e!** (toast) cheers!; **twoje ~e!** here's to you!; **~e państwa młodych!** I give you the bride and groom!; **na ~e!** (po kichnięciu) bless you!; **jak ~e?** (na powitanie) how are you?; **nie poszło mu to na ~e** it didn't do him much good; **niech ci pójdzie na ~e** bon appétit; **jak pragnę ~a!** pot. honest to God!; **nie mieć ~a do robienia czegoś** to be tired of doing sth; **to go kosztowało dużo ~a** it caused him a lot of worry [2] przen. health; **~e moralne narodu** the moral health of the nation; **~e gospodarki** the health of the economy

zdrowi|eć *impf* (**~eję**, **~ał**, **~eli**) *vt* to recover, to be getting better ⇒ **wyzdrowieć**

zdrowiut|ki (**~eńki**) *adi. dem.* [osoba, zęby] perfectly healthy

zdrow|o [I] *adv. grad.* [1] (w sposób świadczący o zdrowiu) **wyglądać ~o** to look healthy; **chować się ~o** to grow up healthy; **~o myślący człowiek** a rational-thinking person [2] (dobrze dla zdrowia) *[żyć, jeść]* healthily; **~o jest przejść się od czasu do czasu** an occasional walk is good for health; **to bardzo ~o pić mleko** milk is very good for you

III *adv.* pot. **~o oberwać** to get a good thrashing

zdroworozsądkowo *adv.* **myśleć ~** to use one's common sense

zdroworozsądkowoś|ć *f sgt* common sense

zdroworozsądkow|y *adi. [stosunek, podejście]* common-sense

zdrowotnoś|ć *f sgt* książk. (ogólny stan zdrowia) health; **~ć społeczeństwa** the general health of the society

zdrowotn|y *adi.* [1] (dotyczący zdrowia) *[opieka, oświata, problemy]* health *attr.*; **świadczenia ~e** health benefits [2] (dobroczynny) *[działanie, efekty]* healthful; **~e właściwości czosnku** the healthful properties of garlic

zdr|owy **II** *adi. grad.* [1] (nie chory) *[osoba, zęby, włosy, cera, wygląd]* healthy; **~owy jak koń** a. **rydz** as right as rain; **jestem już ~owy** I'm all right now; **jest już ~owszy** he's better now; **być przy ~owych zmysłach** to be sane; **być ~owym na duszy i ciele** to be sound of mind and body; **wrócił cały i ~owy** he was back alive and well [2] (dobry dla zdrowia) *[klimat, powietrze]* healthy, wholesome; **~owa żywność** health food; **sklep ze ~ową żywnością** a health food shop; **~owy tryb życia** a healthy lifestyle; **mleko jest ~owe** milk is good for you [3] (niezepsuty) *[owoc, grzyb]* healthy [4] (prawidłowy) *[gospodarka, społeczeństwo, atmosfera]* healthy; **~owa konkurencja** healthy competition; **oparty na ~owych zasadach** based on sound principles [5] (trzeźwy) *[sąd]* sound; *[krytyka]* healthy; **mieć ~owe podejście do czegoś** to have a healthy attitude to sth; **~owy rozsądek** the common sense; **miał na tyle ~owego rozsądku, żeby...** he had the common sense to...; **na ~owy rozum** pot. looking at it logically [6] pot. (duży) *[kawał, porcja]* large; **była ~owa awantura** there was a hell of a row pot.

II zdrów *adi.* praed. healthy, all right; **jest już ~ów/~owa** he's/she's is all right now; **~ów/~owa jak ryba** as fit as a fiddle; **bądź** a. **bywaj ~ów!** przest. (pożegnanie) farewell! przest.

III zdr|owy *m*, **~owa** *f* healthy person; **~owi nie potrzebują lekarza** the healthy don't need a doctor

■ **w ~owym ciele ~owy duch** przest. a healthy mind in a healthy body

zdroż|eć *pf* (**~ał**) *vi [towar, usługi]* to become more expensive, to increase in price; *[akcje]* to advance; *[koszty]* to go up; **~eć o 10 procent/z 10 zł na 11** to go up (by) 10 per cent/from 10 to 11 zlotys ⇒ **drożeć**

zdrożnie *adv. grad.* przest. indecently

zdrożnoś|ć *f sgt* książk. indecency

zdrożn|y *adi. grad.* książk. *[czyn, postępowanie, rozrywki]* indecent; **nie ma w tym nic ~ego** there's nothing wrong about it

zdroż|ony *adi.* książk. *[wędrowiec, podróżny]* fatigued

zdr|ój *m* (G **~oju**) [1] książk. (źródło) spring; **~oje łez** the streams of tears [2] przest. (uzdrowisko) spa

zdrów → **zdrowy**

zdrów|ko (**~eczko**) *n dem.* pieszcz. health; **jak ~ko?** (pozdrowienie) how are you?; **~ko!** (toast) cheers!

zdruzgo|tać *impf* (**~czę**, **~cze** a. **~ce**) *vt* książk. [1] (rozbić) to crush, to shatter ⇒ **druzgotać** [2] (przygnębić) *[wiadomość, fakt]* to devastate; **być ~tanym czymś** to be devastated a. shattered by sth [3] (pokonać) to crush *[wrogów, armię, przeciwników]*

zdrzemn|ąć się *pf* (**~ęła się**, **~ęli się**) *v refl.* (zasnąć na chwilę) to doze off; (uciąć sobie drzemkę) to take a (cat)nap

zdubl|ować *pf* **II** *vt* [1] Sport (w biegach, wyścigach) to lap *[przeciwnika]* ⇒ **dublować** [2] (podwoić) to double *[stawkę, liczbę]* ⇒ **dublować**

II zdublować się (podwoić się) *[liczba, ilość]* to double ⇒ **dublować się**

zdumi|eć *pf* — **zdumi|ewać** *impf* (**~ał**, **~eli** — **~ewam**) **I** *vt* to amaze; **~ewa wszystkich swoją mądrością** everybody is amazed at his/her wisdom; **~ało mnie, że...** I was amazed that...; **zawsze mnie ~ewa, że...** it never ceases to amaze me that...

II zdumieć się — **zdumiewać się** to be amazed; **~ał się, kiedy usłyszał, że...** he was amazed to hear that...

zdumieni|e **II** *sv* → **zdumieć**

II *n sgt* amazement; **wydać okrzyk ~a** to give a cry of amazement; **otworzyć szeroko oczy ze ~a** to open one's eyes wide with amazement; **ze ~em stwierdził, że...** to his amazement he found that...; **ku mojemu (najwyższemu) ~u...** to my (utter) amazement...; **~e odebrało mi mowę** I was struck dumb

zdumiewać *impf* → **zdumieć**

zdumiewająco *adv.* amazingly

zdumiewając|y **II** *pa* → **zdumiewać**

II *adi.* amazing; **to ~e, że...** it's amazing that...; **rzecz ~a, jak...** it's amazing how...

zdumi|ony **II** *pp* → **zdumieć**

II *adi. [osoba, oczy, spojrzenie]* amazed; **być czymś ~onym** to be amazed by a. at sth; **byłem ~ony, że...** I was amazed that...

zdun *m* stove-fitter

zduńs|ki *adi.* stove-fitter's

zdurni|eć *pf* (**~eję**, **~ał**, **~eli**) *vi* pot. [1] (stać się głupim) to become stupid; to get dumb pot. ⇒ **durnieć** [2] (zwariować) to go crazy pot.; **~ałeś, czy co?** are you out of your mind?

zdu|sić *pf vt* (stłumić) to suppress *[bunt, powstanie]*; to stifle *[ogień, śmiech, okrzyk]*; **~sić inflację** to bring inflation down; **~sić papierosa w popielniczce** to stub out a cigarette in an ashtray

zdusz|ony **II** *pp* → **zdusić**

II *adi. [dźwięk, głos]* muffled; *[śmiech, szloch]* stifled

zdwajać *impf* → **zdwoić**

zdw|oić — **zdw|ajać** *impf vt* to redouble, to intensify *[wysiłki]*; **robić coś ze ~ojoną siłą/chęcią** to do sth with redoubled strength/enthusiasm; **~ajać ostrożność** to become extra careful; **mu-**

simy ~oić nasze starania we have to redouble our efforts

zdyb|ać *pf* (**~ię**) *vt* pot. to catch; **~ał ją z kochankiem** he caught her with her lover; **~ać kogoś na kradzieży/kłamstwie** to catch sb stealing/lying; **~ać kogoś na gorącym uczynku** to catch sb red-handed a. in the act

zdychać *impf* → **zdechnąć**

zdymisjon|ować *pf vt* to dismiss, to oust *[ministra, urzędnika]* ⇒ **dymisjonować**

zdynamiz|ować *pf* książk. **II** *vt* to boost *[gospodarkę, produkcję, sprzedaż]* ⇒ **dynamizować**

II zdynamizować się *[produkcja, gospodarka]* to thrive, to flourish

zdyscyplin|ować *pf vt* to discipline *[uczniów, podwładnych]* ⇒ **dyscyplinować**

zdyscyplinowani|e **II** *sv* → **zdyscyplinować**

II *n sgt* (cecha charakteru) self-discipline, orderliness; **ta praca wymaga ~a** the work requires self-discipline

zdyscyplinowan|y **II** *pp* → **zdyscyplinować**

II *adi. [uczeń, pracownik]* (self-)disciplined, orderly

zdyskont|ować *pf vt* [1] książk. (wykorzystać) to take advantage of, to exploit; **~ować czyjąś popularność** to exploit sb's popularity ⇒ **dyskontować** [2] Ekon., Fin. to discount *[weksel, czek]* ⇒ **dyskontować**

zdyskredyt|ować *pf* **II** *vt* książk. to discredit, to disparage *[przeciwnika, poglądy, zasługi]*; **próbował ~ować swoich przeciwników** he tried to discredit his rivals ⇒ **dyskredytować**

II zdyskredytować się to compromise oneself; **zupełnie się ~ował swoim postępowaniem** he compromised himself totally with his behaviour

zdyskwalifik|ować *pf vt* [1] Sport to disqualify *[zawodnika]* (**za coś** for sth); **za stosowanie dopingu ~owano go na dwa lata** he was disqualified for two years for taking performance-enhancing drugs ⇒ **dyskwalifikować** [2] *[słowa, czyny, wiek]* to disqualify; **twoje czyny ~owały cię jako przewodniczącego** your actions disqualified you from the position of chairman; **jego pracę ~owano z powodu licznych błędów** his work was disqualified because of the number of mistakes ⇒ **dyskwalifikować**

zdystans|ować *pf* **II** *vt* książk. [1] (w biegu, wyścigu) to outdistance, to outrun; **z łatwością ~ował wszystkich swoich rywali** he easily outdistanced all the other competitors ⇒ **dystansować** [2] przen. (przewyższyć) to outdistance, to surpass; **~ował w nauce wszystkich kolegów** he surpassed all his classmates' achievements ⇒ **dystansować**

II zdystansować się to distance oneself (**od** a. **wobec czegoś** from sth); **usiłowała ~ować się od problemów w pracy** she tried to distance herself from problems at work ⇒ **dystansować się**

zdyszan|y *adi. [osoba]* breathless; **być ~ym** to be out of breath; **powiedzić coś ~ym głosem** to pant sth out

zdziadzi|eć *pf* (**~eję**, **~ał**, **~eli**) *vi* [1] pot. pejor. (zestarzeć się) *[mężczyzna]* to age, to grow old ⇒ **dziadzieć** [2] pot. (zbiednieć) to come down in the world ⇒ **dziadzieć**

zdziała|ć pf vt to accomplish, to do; **zdolny reżyser może wiele ~ć w teatrze** a talented director can accomplish much in the theatre; **wiele ~ł dla rozwoju nauki** he did a lot for the development of science; **niewiele można było ~ć** there's little we could do about it

zdzicz|eć pf (~eję, ~ał, ~eli) vi [1] (stać się dzikim) [roślina, zwierzę] to run wild; **ogród ~ał** the garden has run wild ⇒ **dziczeć** [2] przen. (stać się niecywilizowanym) [osoba] to run wild; **obyczaje w tym kraju zupełnie ~ały** the customs in this country have become totally barbarian ⇒ **dziczeć** [3] przen. (w samotności) [osoba] to become a recluse; **trudno nie ~eć na tym odludziu** you'll become a recluse living in this hole pot. ⇒ **dziczeć**

zdziczeni|e [] sv → **zdziczeć**
[] n sgt (okrucieństwo) viciousness, savagery; **~e obyczajów** a decline of moral standards

zdziecinni|eć pf (~eję, ~ał, ~eli) vi [osoba, starzec] to go senile; to go gaga pot.; **zupełnie ~ał na starość** he went completely gaga in his old age ⇒ **dziecinnieć**

zdziecinnieni|e [] sv → **zdziecinnieć**
[] n sgt dotage, senility; **oznaki ~a** signs of senility

zdziel|ić pf vt pot. to bash pot., to biff pot.; **~ić kogoś pięścią w głowę** to biff sb on the head; **~ić kogoś kijem w plecy** to bash sb on the back with a stick; **~ić konia batem** to whip a horse

zdzierać impf → **zedrzeć**

zdzierc|a m pot., pejor. rip-off artist, extortioner

zdzierstw|o n pot., pejor. rip-off pot.; **taka cena to zwyczajne ~o** the price is a real rip-off

zdzierż|yć pf vt książk. **nie ~yć czegoś** to not bear a. stand sth; **nie mógł ~yć upokorzenia** he couldn't bear the humiliation; **nie ~yła i dała mu w twarz** she couldn't restrain herself and gave him one in the face pot.; **dłużej nie ~ę, chyba mu wreszcie powiem, co o nim myślę** I can't stand it any longer, I'm going to tell him straight what I think of him

zdziesiątk|ować pf vt [wojna, zaraza, głód] to decimate [ludność, kraj] ⇒ **dziesiątkować**

zdzi|ra f posp., obraźl. slut pot., slag pot.

zdziwacz|eć pf (~eję, ~ał, ~eli) vi pejor. to act strangely, to become eccentric; **~eć na starość** to go queer (in the head) in one's old age ⇒ **dziwaczeć**

zdziw|ić pf [] vt to surprise, to astonish; **jego zachowanie ~iło wszystkich obecnych** everyone present was surprised at a. by his behaviour; **~iło nas, że nie przyszedł** we were surprised (that) he didn't come; **być mile/niemile ~ionym** to be pleasantly/unpleasantly surprised; **nic mnie już nie ~i** nothing suprises me any more
[] **zdziwić się** to be surprised, to be astonished (**czymś** at a. by sth); **~ił się, jak zobaczył jej nowego chłopaka** he

was surprised when her saw her new boyfriend; **wcale się nie ~iła, kiedy to usłyszała** she was by no means surprised to hear it; **nie ~iłbym się, gdyby...** it wouldn't surprise me if..., I wouldn't be surprised if...

zdziwieni|e [] sv → **zdziwić**
[] n sgt surprise, astonishment; **niebotyczne ~e** great astonishment; **oniemieć ze ~a** to be speechless with surprise; **ku swemu ~u dowiedział się, że zdał** much to his surprise he found out that he had passed; **słuchać kogoś ze ~em** to listen to sb in a. with surprise

zdziwi|ony adi. [osoba, mina, spojrzenie] surprised (**czymś** at sth); **był ~ony tym, co usłyszał** he was surprised by what he heard; **była ~ona, że...** she was surprised that...

zdzwo|nić się pf v refl. pot. to ring [sb] up GB, to ring (up) GB, to call US; **~nimy się niebawem** we'll be in touch; **~nię się z tobą** I'll ring you (up) later

zdźwiga|ć pf v refl. to strain one's back; **~ł się, niosąc moją walizkę** he strained his back carrying my suitcase

ze → z

zeb|ra f [1] Zool. zebra [2] (na jezdni) zebra crossing GB, crosswalk US; **przejść przez jezdnię na ~rze** to cross (the road) at the zebra crossing

z|ebrać pf — **z|bierać**[1] impf (zbiorę — zbieram) [] vt [1] (zgromadzić) to collect [znaczki, książki, informacje]; **zebrano już spore sumy na pomoc dla ofiar powodzi** large sums (of money) have already been collected a. raised for the flood victims; **od trzech lat zbieramy na samochód** we've been saving up for a car for three years; **on zbiera materiały do książki** he's collecting material for a book [2] (zgrupować) to gather [sb] together, to gather together, to assemble [uczniów, pracowników]; **zbierał ochotników** he was looking for volunteers [3] (złączyć) to gather; **zebrała suknię w fałdy** she gathered her dress; **zebrać lejce** to draw the reins; **dziewczyna zebrała włosy w koński ogon** the girl did her hair up in a ponytail [4] (z pola, ogrodu) to gather, to pick [owoce, kwiaty, grzyby]; to harvest, to gather [zboże, rzepak, buraki] [5] (sprzątnąć) to clear [sth] away, to clear away, to take [sth] away, to take away; **zebrać ze stołu brudne talerze** to clear away the dirty plates from the table; **zbierz okruchy chleba spod stołu** pick up the crumbs from under the table; **zebrać rozlaną wodę z podłogi** to mop up the water on the floor; **zebrać osad z powierzchni wody** to skim the scum off the water's surface [6] (uzyskać) to collect [nagrody, punkty]; **zebrać oklaski** to draw applause, to be applauded; **w szkole zbierał same dobre stopnie** he got nothing but good marks at school
[] **zebrać się — zbierać się** [1] (zgromadzić się) [tłum, uczniowie, pracownicy] to gather, to assemble; **kierownicy zebrali się na naradę** the managers assembled for a meeting; **sejm zebrał się na kolejne posiedzenie** Parliament is in session [2] (pojawić się) [woda, kurz] to collect; [chmury] to gather

[] **zebrać się — zbierać się** v imp. **zbiera się na deszcz** it's going to rain, it looks like rain; **zbiera się na burzę** there's going to be a storm; **po obiedzie zebrało mu się na wymioty** he felt sick after dinner; **niespodziewanie zebrało mu się na wspomnienia** all of a sudden he started to reminisce
[] **zbierać się** (przygotować się) **zbierać się do zrobienia czegoś** to mean to do sth; **zbierałem się od dawna, żeby z tobą pogadać** I've been meaning to talk to you for a long time; **zbierali się właśnie do wyjścia** they were just about to leave; **zbieraj się już do domu** it's time for you to go home; **nic tu po nas, lepiej zbierajmy się stąd** we're not needed here, we'd better be going

■ **zbierać grosz do grosza** to scrape together (some money); **zbierać laury** to reap laurels; **zebrać myśli** to collect one's thoughts; **zebrać siły** a. **zebrać się w sobie** to gather one's strength; **zebrać się na odwagę** to pluck up courage

zebra|nie [] sv → **zwołać**
[] n meeting; **zwołać ~nie** to call a meeting; **na ~nie przyszła większość członków klubu** most of the club members attended the meeting; **o swej decyzji powiadomił na ~niu** he announced his decision at the meeting; **dyrektor jest na ~niu** the manager is in a meeting; **zabrać głos na ~niu** to take the floor at a meeting; **uczestniczyć w ~niu** to attend a meeting
❏ **walne ~nie** Ekon. annual general meeting; **otwarte ~nie** open meeting

zebran|y [] pp → **zebrać**
[] adi. [dzieła, pisma, utwory] collected
[] **zebrani** plt the assembled company

zebu n inv. Zool. zebu

zece|r m typesetter, compositor

zecer|nia f (Gpl ~ni a. ~ń) composing room a. department

zecers|ki adi. [błąd] typesetter's, compositor's; **materiał ~i** typesetting matter

zecerstw|o n sgt typesetting, composition

zechc|ieć pf (~ał, ~eli) vi to be willing to; to want vt; **nikt nie ~iał ustąpić mi miejsca w pociągu** on the train nobody was willing to give up their seat to me; **co się stanie, jeśli ona ~e wrócić?** and what if she wanted to return a. come back?; **spotkamy się, kiedy tylko ~esz** we can meet any time you like; **czy ~iałby pan podać mi tamtą książkę?** would you mind passing me that book?; **czy ~iałabyś zostać moją żoną?** will you marry me?; **~e pan spocząć** would you mind taking a seat?; **zrobisz, jak ~esz** do as you please

z|edrzeć pf — **z|dzierać** impf [] vt [1] (zerwać) to tear [sth] off, to tear off, to strip [sth] off, to strip (off); **zedrzeć plakat ze ściany** to tear a poster off the wall; **huragan zdarł dach z szopy** the hurricane tore the roof off the shed; **zdarto z niej ubranie** her clothes were torn off; **jeleń zdarł korę z drzewa** a deer stripped the bark off a tree; **zedrzeć skórę z zabitego zwierzęcia** to skin a dead animal [2] (otrzeć) to scrape, to graze [łokieć, kolano]; **zdarł ręce do krwi przy szorowaniu podłogi** his hands were rubbed raw from scrubbing the floor [3] (zniszczyć) to wear [sth] out, to wear out *[buty, ubrania]*; **samochód miał zdarte opony** the car tyres have worn down; **zdarła sobie fleki w nowych butach** she wore down the heels of her new shoes [4] pot. (stracić) to ruin *[zdrowie, płuca]*; **zdzierać gardło** to shout oneself hoarse; **daj spokój, szkoda zdzierać nerwy** stop it, it's not worth the trouble [II] **zedrzeć się — zdzierać się** [1] (oderwać się) *[nalepka, plakat, strup]* to tear away [2] (zniszczyć się) *[ubranie, buty]* to wear out; *[opony]* to wear down [3] (stracić zdrowie) **nerwy mi się zdarły do szczętu** my nerves are shattered; **głos mi się zdziera** I'm losing my voice, I'm going hoarse ■ **zedrzeć z kogoś (skórę)** pot., pejor. to fleece sb pot.; **adwokaci zdarli z niego ostatnie pieniądze** the lawyers fleeced him of all his money; **zedrzeć komuś łuskę** a. **zasłonę z oczu** to open sb's eyes przen.

Zefi|r *m* Mitol. Zephyr

zefi|r *m* (*G* ~ru) poet. zephyr

zega|r *m* [1] (do mierzenia czasu) clock; **~r ścienny** a. **wiszący** a wall clock; **~r szafkowy** a grandfather clock; **~r kościelny** a church clock; **~r z kukułką** a cuckoo clock; **nastawić/nakręcić ~r** to set/wind a clock; **bicie ~ra** (tykanie) the ticking of a clock; (sygnał) the chiming of a clock; **~r się późni/śpieszy** the clock is slow/fast [2] Techn. clock, meter; **~y w samochodzie** car clocks; **~r kontrolny** a time clock

❏ **~r astronomiczny** Astron. astronomical clock; **~r atomowy** atomic clock; **~r elektryczny** electric clock; **~r kwarcowy** quartz clock; **~r piaskowy** hourglass; **~r słoneczny** sundial

■ **~r biologiczny** biological clock

zegarecz|ek *m* dem. (small) watch

zegar|ek *m* watch; **~ek na rękę** a (wrist)-watch; **~ek kieszonkowy** a pocket watch; **nakręcić ~ek** to wind (up) a watch; **~ek mi się śpieszy/późni** my watch is fast/slow; **pasek do ~ka** a watch strap

■ **chodzić jak szwajcarski ~ek** *[maszyna, fabryka]* to run a. go like clockwork; *[osoba]* to be (as) regular as clockwork; **jak ~ek** like clockwork; **silnik chodzi teraz jak ~ek** the engine runs like clockwork now; **pilnować się ~ka** pot. to keep good time; **z ~kiem w ręku** (punktualnie) on the dot pot.; **żyć z ~kiem w ręku** to live by the clock

zegarkow|y adi. *[łożyska]* watch attr.

zegarmistrz *m* clockmaker, watchmaker; **oddać zegarek do ~a** to give a watch for repair

zegarmistrzostw|o *n* sgt watchmaking

zegarmistrzows|ki adi. *[warsztat]* clock-maker's, watchmaker's; **robić coś z ~ką precyzją** to do sth with clockwork precision

zegarow|y adi. [1] *[wskazówki, wieża]* clock attr.; **tarcza ~a** the face; **mechanizm ~y** clockwork [2] Techn. **licznik ~y** a timer; **czujnik ~y** a clock; **wyłącznik ~y** a time switch; **odbić kartę ~ą** (wchodząc) to clock on a. in; (wychodząc) to clock off a. out

zegaryn|ka *f* speaking clock; **zadzwonić do ~ki** to phone up the speaking clock

zegnać → **zgonić**

zegzemplifik|ować *pf vt* książk. to exemplify *[teorię, definicję]* ⇒ **egzemplifikować**

zejś|cie [I] *sv* → **zejść**

[II] *n* [1] (droga w dół) descent; **~cie z tej góry jest bardzo strome** this descent is very steep; **~cie do podziemia/piwnicy** the stairs to the basement/cellar; **spotkali się przy ~ciu z mola** they met at the pier [2] książk. demise, death; **~cie śmiertelne** demise

zejść *pf* — **schodzić²** *impf* (zejdę, zejdziesz, zszedł, zeszła, zeszli — schodzę) [I] *vi* [1] (iść niżej) to go down, to descend; **zejść po schodach/drabinie** to go down the stairs/the ladder; **zejść do piwnicy** to go to the cellar; **zejść na ląd** to go ashore; **zejść do podziemia** przen. *[organizacja, działalność]* to go underground przen. [2] (przemieścić się w dół) to go down, to descend; **nurek zszedł jeszcze głębiej** the diver went down deeper; **w Tatrach zeszła lawina** there was an avalanche in the Tatra Mountains; **samolot schodzi do lądowania** the plane is beginning to descend [3] (obniżyć się) to go down, to fall; **bezrobocie zeszło do 10%** the unemployment rate went down to 10 per cent; **latem temperatura nie schodzi tutaj poniżej 30 stopni** in summer the temperatures here don't fall below 30° centigrade [4] (opuścić, zwolnić miejsce) to go off; **piłkarze zeszli z boiska** the players went off the pitch; **statek zszedł z kursu** the ship deviated from the course; **zejść komuś z drogi** to get out of sb's way; **zejść na bok** to step aside; **zejść z roweru** to get off a bike; **z taśmy produkcyjnej zszedł nowy model samochodu** a new car has come off the production line [5] (zostać usuniętym, oderwać się) to come off; **pierścionek nie chce zejść z opuchniętego palca** the ring won't come off the swollen finger; **skóra schodzi mu z rąk** the skin on his hands is peeling off [6] (zniknąć) *[plama, smuga]* to come off; **jeszcze nie zeszły jej sińce** her bruises haven't cleared up a. gone yet; **opuchlizna spod oczu już mi zeszła** the swelling under my eyes has gone down; **z jej twarzy nigdy nie schodzi uśmiech** she always has a smile on her face; **powietrze zeszło z dętki** the inner tube has deflated a. gone flat; **zejść z ekranu/ze sceny/z afisza** to come off; **jego książki nie schodzą z list bestsellerów** all his books are best-sellers [7] (przemierzyć) to go (a)round; **zszedł całą wieś, żeby kupić jajka** he went round the whole village to buy some eggs; **zejść miasto wzdłuż i wszerz** to walk the length and breadth of the city [8] pot. (zostać sprzedanym) *[towar, produkty]* to go, to be sold; **świeże bułki szybko zeszły** the fresh rolls were sold a. went quickly

[II] **zejść się — schodzić się** [1] (zgromadzić się) to gather (together), to assemble; **goście zeszli się w salonie** the guests gathered in the living room; **ludzie schodzili się grupkami** people came in groups [2] (zbiegać się) *[linie, drogi, ścieżki]* to meet, to converge [3] (odbyć się jednocześnie) to coincide (**z czymś** with sth); **w tym dniu zeszły się**

dwie rocznice two anniversaries coincided on that day; **w tym roku Nowy Rok schodzi się z niedzielą** this year New Year falls on a Sunday [4] (dojść do porozumienia) to come together again; **członkowie zespołu zeszli się, żeby wystąpić na koncercie charytatywnym** the band members came together to perform in a charity concert; **po próbnej separacji znów się zeszli** after a trial separation they got together again

■ **nie schodzić komuś z ust** to be on sb's lips; **ich drogi się zeszły** their paths crossed, their lives converged; **dyskusja/rozmowa zeszła na inny temat** the conversation/discussion moved to a different topic; **czas zszedł mu na czytaniu/szukaniu noclegu** he passed the time reading/he spent the time looking for a place to stay; **zejść do rzędu** a. **roli czegoś** to be relegated a. downgraded to sth; **zejść na dalszy** a. **drugi plan** to be pushed into the background; **zejść na manowce** a. **na psy** a. **na złą drogę** to stray from the straight and narrow (path); **zejdź ze mnie** pot. get off my back pot.; **zejść z tego świata** książk. to depart this life; **zejść z tematu** to stray from the subject; **zejść z uczciwej drogi** to stray from the straight and narrow path a. from the path of righteousness książk.; **góra z górą się nie zejdzie, ale człowiek z człowiekiem zawsze** a. **często** przysł. it's a small world przysł.

zekraniz|ować *pf vt* to adapt [sth] for the screen, to dramatize *[powieść, sztukę]*; **ostatnio ~owano operę „Wesele Figara"** recently the 'Marriage of Figaro' has been adapted for the screen ⇒ **ekranizować**

zelektryfik|ować *pf vt* to electrify *[wieś, kraj, kolej]* ⇒ **elektryfikować**

zelektryz|ować *pf vt* to electrify; **wiadomość ~owała wszystkich w mieście** the whole town was electrified by the news ⇒ **elektryzować**

zel|ować *impf vt* to sole *[buty]* ⇒ **podzelować**

zelów|ka *f* sole; **zedrzeć sobię ~ki** to wear down the soles of one's shoes

zelż|eć *pf* (~ał) *vi [deszcz, upał, ból]* to ease (off), to let up; **mróz w ostatnim czasie wyraźnie ~ał** recently the frost has let up; **napięcie ~ało** the tension eased a. lessened

zelż|yć *pf vt* książk. to abuse; **~yli go ordynarnymi słowami** they showered him with abuse, they swore at him ⇒ **lżyć**

zelżywie adv. grad. książk. abusively, insultingly; **wyzywać kogoś ~** to hurl abuse at sb

zelżyw|y adi. grad. książk. *[słowa, epitety]* abusive, offensive

zeł|gać *pf* (~żę) *vt* przest. to lie, to tell a lie; **~gać w żywe oczy** to tell a barefaced lie; **wszystko ~gał** everything he said was a lie; **~gał, że...** he lied that... ⇒ **łgać**

zemdl|eć *pf* (~eję, ~ał, ~eli) *vi* to faint; **~eć z głodu/upału** to faint from hunger/the heat ⇒ **mdleć**

zemdl|ić *pf* [I] *vi* to make [sb] feel sick, to nauseate; **obiad go ~ł** dinner made him feel sick ⇒ **mdlić**

Ⅲ *v imp.* **~ło go** he felt sick; **~ cię, jak zjesz te wszystkie ciastka** you'll make yourself sick if you eat up all the cakes ⇒ **mdlić**

zemdl|ony *adi.* unconscious; **upadła ~ona** she fainted and fell down

z|emleć *pf vt* to grind *[kawę, mak, zboże]*; to mince *[mięso]*; **zemleć zboże na mąkę** to grind flour ⇒ **mleć**

z|emrzeć *pf vi* książk. to die, to pass away; **zmarł młodo** he died young; **zmarł na gruźlicę** he died of tuberculosis; **zmarła śmiercią samobójczą** she committed suicide; **zmarł śmiercią tragiczną** he died a tragic death a. tragically
■ **zmarło się jej/jemu** pot. she/he has passed away

zem|sta *f sgt* revenge, vengeance (**za coś** for sth); **dokonać na kimś ~sty** to take (one's) revenge on sb; **wywarła ~stę na swoich wrogach** she took revenge on her enemies; **poprzysiąc komuś ~stę** to swear revenge a. to swear to take revenge on sb; **żądza ~sty** thirst for revenge; **przez ~stę** in revenge; **wyrzuciła go z pracy, a on przez ~stę podpalił jej dom** she had given him the sack, so in retaliation he set her house on fire
■ **~sta jest rozkoszą bogów** revenge is sweet

zem|ścić się *pf v refl.* [1] (odpłacić) to take (one's) revenge, to revenge oneself; **~ścić się na kimś za coś** to take revenge on sb for sth ⇒ **mścić się** [2] przen. (mieć niekorzystne skutki) to backfire, to rebound (**na kimś** on sb); **~ściło się na nim lekceważenie przestróg lekarzy** he neglected his health and it backfired on him ⇒ **mścić się**

zen *n inv. sgt* Relig. Zen; **uprawiać ~** to practise Zen

zeni|t *m sgt* (*G* **~tu**) [1] Astron. zenith; **Słońce stoi w ~cie** the Sun has reached its zenith [2] przen. (szczyt) zenith, height; **popularność zespołu sięgnęła ~tu** the band is at the zenith a. peak of its popularity; **napięcie sięgnęło ~tu** the tension reached its height a. peak

zenitaln|y *adi.* Astron. zenith attr., zenithal; **deszcze ~** Meteo. zenithal rains

zenitow|y *adi.* Astron. *[położenie]* zenith attr., zenithal

zeń =z niego

zepch|nąć *pf* (**~nęła, ~nęli**) *vt* [1] (zrzucić, zsunąć) to push [sb] off, to push off, to push [sb] down, to push (down); **~nąć kogoś w przepaść** to push sb off a. over the cliff; **~nąć kogoś ze schodów** to push sb down the stairs; **~nąć łódkę na wodę** to push a boat onto the water [2] przen. (obarczyć) **~nąć na kogoś odpowiedzialność/winę** to shift the responsibility/blame onto sb; **~nąć na kogoś sprzątanie/prasowanie** to offload the cleaning/ironing on sb [3] (zmusić do ustąpienia) to push a. drive back, to push a. drive [sb] back; **~nąć armię nieprzyjaciela z zajmowanych pozycji** to push back the enemy forces [4] przen. (przesunąć) to relegate, to downgrade; **został ~nięty do funkcji zwykłego urzędnika** he was relegated a. downgraded to an ordinary clerk; **~nąć coś na margines** to push sth into the background; **~nąć coś**

w niepamięć to relegate sth to the back of one's mind
■ **~nąć wieczór** pot. to pass the evening away; **~nąć robotę** pot. to dash off one's work

zeprać → sprać

zepsuci|e **Ⅱ** *sv* → **zepsuć**
Ⅲ *n sgt* książk. (niemoralność) corruption, immorality

zepsu|ć *pf* **Ⅱ** *vt* [1] (uszkodzić) to break *[samochód, maszynę, urządzenie]*; **~ła im komputer** she broke their computer ⇒ **psuć** [2] (pogorszyć) to spoil *[nastrój, humor]*; **~ł wszystko niepotrzebnym gadaniem** he spoilt everything by talking too much; **~ć sobie zdrowie/oczy** to ruin one's health/eyes ⇒ **psuć** [3] (rozpieścić) to spoil *[dziecko]*; **powodzenie kompletnie go ~ło** his success spoilt him completely; **~ć kogoś pochlebstwami** to spoil sb with one's adulation ⇒ **psuć**
Ⅲ **zepsuć się** [1] (uszkodzić się) *[maszyna, samochód, zegar]* to break down ⇒ **psuć się** [2] (zgnić) to spoil, to go bad; **mięso się ~ło** the meat has spoilt ⇒ **psuć się** [3] (pogorszyć się) *[pogoda, nastrój]* to get worse; *[stosunki, wzrok, zdrowie]* to deteriorate; **w ich małżeństwie coś się ~ło** their marriage is breaking down; **z wiekiem pamięć mu się ~ła** his memory deteriorated a. got worse as he grew old
■ **być ~tym do szpiku kości** to be rotten to the core; **~ć powietrze** to break wind

zepsu|ty **Ⅱ** *pp* → **zepsuć**
Ⅲ *adi.* *[mięso, owoce]* spoiled; *[zęby]* decayed; **~te jedzenie** spoiled food

zerkać *impf* → **zerknąć**

zerk|nąć *pf* — **zerk|ać** *impf vi* to peek, to peep; **~ać na zegarek** to peek at one's watch; **~nęła do szuflady** she peeked in the drawer

ze|ro *n* [1] (liczba) zero; (cyfra) nought; (w sporcie) nil; **milion to jedynka z sześcioma zerami** a million is written with six noughts; **prawdopodobieństwo kontaktu z nim jest bliskie zeru** a. **sprowadza się do zera** the chances of getting in touch with him are zero a. nil; **widoczność spadła** a. **zmalała do zera** visibility is down to zero; **temperatura spadła do trzynastu stopni poniżej zera** the temperature has fallen to thirteen below zero; **wynik meczu nadal zero do zera** the result is still nil-nil; **jest czternasta zero zero** it's four o'clock sharp [2] (nic) zero, nil; **zapłacił zero podatku** he paid zero taxes; **ma zero oszczędności** he has zero savings; **zaczynać wszystko od zera** to start from scratch; **mieć zero pewności siebie** to have zero confidence; **nowy prezydent obiecał zero tolerancji dla przestępców** the newly elected president promised a policy of zero tolerance to(wards) crime [3] (miernota) zero; **on jest kompletnym zerem** he's a total nonentity
❏ **zero absolutne** a. **bezwzględne** Fiz. absolute zero
■ **dwa zera** pot. loo pot.; WC; **ostrzyc się na zero** to have one's hair shaved

zerow|y *adi.* [1] *[temperatura, południk]* zero attr. [2] *[wyniki, korzyści, postępy]* zero attr.;

jego szanse są ~e his chances are zero a. nil

zerów|ka *f* [1] (klasa) reception class GB, kindergarten US [2] Włók. wool-like fibre; **bluzka z ~ki** an acrylic blouse

z|erwać *pf* — **z|rywać** *impf* (**zerwę — zrywam**) **Ⅱ** *vt* [1] (oderwać) to tear [sth] off; to tear off; to pick, to pluck *[owoc, kwiat, listek]*; **zerwać plaster z rany** to tear a plaster off a wound; **wichura zerwała dach z budynku** the storm blew the roof off the building; **wiatr zerwał mu czapkę z głowy** the wind blew his cap off his head; **rzeka zerwała most** the river washed away the bridge; **zerwać strunę/linę (holowniczą)** to break a string/towline; **zrywać kwiaty/owoce** to pick flowers/fruit [2] (unieważnić) to break [sth] off, to break off, to sever *[umowę, stosunki, więzi, zaręczyny]*; **piosenkarka zerwała kontrakt z wytwórnią** the singer broke off her contract with the studio [3] (poderwać) *[hałas, huk, wystrzał]* to start; **huk zerwał go z łóżka** the bang made him jump out of the bed
Ⅲ **zerwać się — zrywać się** [1] (urwać się) *[lina, sznur]* to break; **pies zerwał się z uwięzi** the dog slipped its leash [2] (poderwać się) to spring up, to jump; **zerwać się z łóżka** to jump out of bed; **zerwać się z krzesła** to spring out of a chair; **stado ptaków zerwało się z drzewa** a flock of birds flew out of the tree; **oddział zerwał się do ataku** the unit sprang into action [3] (zacząć się) *[wiatr]* to get up; *[burza]* to break; **zerwały się oklaski** applause burst out [4] pot. (wstać z łóżka) to get up; **zerwać się o świcie** to get up early [5] pot. (uciec) to push off pot.; **a co ty tu robisz, zrywaj się stąd!** what are you doing here? push off at once!; **zerwać się ze szkoły/z pracy** to bunk off school/to skive (off) work
■ **zerwać się jak oparzony** to leap to one's feet; **zerwać się z kimś** to break a. split up with sb; **zerwali ze sobą po ośmiu latach narzeczeństwa** they split up after being together for eight years; **zerwać z czymś** to give up a. quit sth; **zerwać z paleniem** to give up smoking; **zerwać z nałogiem** to break a. kick a habit; **zerwać z przeszłością** to start a new life

z|erżnąć¹ *pf* — **z|rzynać** *impf* (**zerżnęła, zerżnęli — zrzynam**) *vt* [1] (ściąć) to saw [sth] off, to saw off, to cut [sth] off, to cut off; **zrzynać suche gałęzie** to saw off the dead branches; **zerżnąć drzewo piłą** to saw a. cut down a tree [2] (pociąć) to cut [sth] up, to cut up; **zerżnąć słomę na sieczkę** to cut up straw [3] pot., pejor. (odpisać) to crib, to copy; **zerżnąć wypracowanie od kolegi** to crib an essay from a classmate

zerżn|ąć² *pf* (**~ęła, ~ęli**) *vt* [1] pot. (zbić) to give [sb] a hiding pot.; **~ęła mu skórę** she tanned his hide pot. [2] wulg. (odbyć stosunek) to shag wulg.

z|eschnąć *pf* — **z|sychać** *impf* (**zeschnął** a. **zeschł — zsycha**) **Ⅱ** *vi* *[trawa, liście, zboże]* to wither; *[ziemia, ogródek]* to dry out; **zeschłe gałęzie** dead branches; **zeschnięte** a. **zeschłe wargi** dry lips
Ⅲ **zeschnąć się — zsychać się** *[liście,*

trawa] to wither; **skóra zeschła się od opalania** the skin was dry from sunbathing

zeskakiwać *impf* → **zeskoczyć**

zeskan|ować *pf vt* Komput. to scan *[rysunek, fotografię, dokument]* ⇒ **skanować**

zesk|oczyć *pf* — **zesk|akiwać** *impf vi* ① (skoczyć w dół) to jump down; **~oczyć z wozu** to jump down from a cart; **~oczyć z konia** to dismount a horse ② (odbić się) to jump off; **siekiera ~oczyła z pnia** the axe slipped off the stump

zeskok *m* (*G* **~u**) ① (zeskoczenie) jumping down, jumping off; **złamał nogę przy ~u z konia** he broke his leg dismounting from the horse ② Sport (faza skoku) landing ③ Sport (skoczni narciarskiej) landing area; (w skoku wzwyż, o tyczce) pit

zeskorupieć → **zaskorupieć**

zeskrob|ać *pf* — **zeskrob|ywać** *impf* (**~ię** — **~uję**) *vt* to scrape off a. away, to scrape [sth] off a. away; **~ać błoto z butów** to scrape mud off one's shoes; **~ać farbę z drzwi** to scrape paint off a door

zeskrobywać *impf* → **zeskrobać**

z|esłać *pf* — **z|syłać** *impf* (**ześlę** — **zsyłam**) *vt* ① (deportować) to exile, to banish; **zesłać kogoś na wygnanie** to send sb into exile; **powstańcy zesłani na Syberię** insurgents exiled in Siberia ② (sprawić) *[Bóg, los]* to send; **Bóg zesłał nam deszcz** God has sent us rain; **dar zesłany z nieba** a heaven-sent gift

zesłani|e ① *sv* → **zesłać**
② *n sgt* exile; **skazać kogoś na ~e** to sentence sb to exile; **przebywać na ~u** to be a. live in exile
❑ **~e Ducha Świętego** Relig. the descent of the Holy Spirit

zesła|niec *m* (*V* **~ńcu** a. **~ńcze**) exile

zesłańcz|y *adi.* *[życie, los]* exile's

zesmro|dzić się *pf v refl.* pot. to fart pot., to cut the cheese US pot.

zespalać *impf* → **zespolić**

zespawa|ć *pf vt* Techn. to weld (together) ⇒ **spawać**

zesp|olić *pf* — **zesp|alać** *impf* ① *vt* książk. to unite *[ludzi]*; to combine *[cechy, umiejętności]*; to join, to combine *[siły]*; **wspólny cel ~olił pracowników** the workers were united by a common aim; **~olił w sobie wiele różnych talentów** he was a man of many talents
② **zespolić się** — **zespalać się** książk. to team up, to band together; **~olić się z kimś** to team up with sb

zespolik *m dem.* (*G* **~u**) ① pot. (mały zespół) small group ② iron. (muzyczny) minor band

zespołowo *adv.* collectively; **pracować ~** to work as a team

zespołowoś|ć *f sgt* collectivity

zespołow|y *adi.* team attr., group attr.; **praca ~a** teamwork; **~y sukces** a group success; **~e dzieło** a joint work

zesp|ół *m* (*G* **~ołu**) ① (grupa ludzi) team; **~ół ekspertów** a team of experts; **pracować w ~ole** to work in a team; **tworzyć ~ół** to form a team; **kapitan ~ołu** the team captain ② (muzyczny) band, group; **~ół ludowy** a folk band a. group ③ (zbiór) complex; **~ół obiektów przemysłowych** an industrial complex; **~ół klasztorny** a monastery complex ④ Techn. unit; **~ół**

chłodniczy a coolant unit ⑤ Bot. complex, assemblage ⑥ Med. (objawy) syndrome; **~ół objawów przedmiesiączkowych** premenstrual syndrome, PMS
❑ **~ół adwokacki** Prawo (siedziba) law firm a. office; (grono adwokatów) law practice; **~ół encefalopatyczny** Med. encephalopathy; **~ół instrumentalny** Muz. instrumental group; **~ół katatoniczny** Med. catatonia, catatonic disorder; **~ół nerczycowy** Med. nephrotic syndrome; **~ół żółtaczkowy** Med. jaundice

zesr|ać się *pf* — **zesr|ywać się** *impf v refl.* wulg. **~ać się (w majtki)** to shit oneself a. one's pants posp.; **~ać się ze strachu** to be scared shitless posp.

zestarz|eć się *pf* (**~eję się, ~ał się, ~eli się**) *v refl.* ① (stać się starszym) to age, to get old; **mocno się ~ał** he's aged considerably ⇒ **starzeć się** ② przen. (zdezaktualizować się) to become dated, to age; **ten film szybko się ~ał** this film became dated quickly ⇒ **starzeć się** ③ (zmienić strukturę wieku) to age, to get old; **społeczeństwo się ~ało** our society has aged ⇒ **starzeć się** ④ (stracić świeżość) to go a. get stale; **chleb się ~ał** the bread's gone stale

zestaw *m* (*G* **~u**) ① (zbiór) set; (mebli) suite, set; (narzędzi) kit; **~ obiadowy** (menu) a set lunch; **~ pytań na egzamin** a set of exam questions ② książk. (dobór) combination; **gustowny ~ kolorów i tkanin** a tasteful combination of colours and fabrics ③ Mors. (sygnał flagowy) (combination of) signal flags ④ Techn. (zespół) unit

zestawiać *impf* → **zestawić**

zestaw|ić *pf vt* ① (zdjąć) to take [sth] off, to take off; (postawić niżej) to take [sth] down, to take down; **~ić garnek z gazu** to take a pan off the heat; **~ić walizki z górnej półki** to take suitcases down from the upper shelf; **~iać brudne talerze do zlewu** to put dirty plates into the sink ② (złożyć w całość) to put [sth] together, to put together *[meble, elementy]*; to set *[kość, kończynę]*; to juxtapose *[kolory]*; **~ić stoły w podkowę** to arrange tables in a horseshoe; **~ić złamaną rękę** to set a broken arm; **~ić zieleń z czerwienią** to juxtapose green and red ③ (porównać) to compare; to collate (**z czymś** with sth); **~iać maszynopis z rękopisem** to compare a. collate a typescript with a manuscript ④ (sporządzić) to compile, to collate, to draw [sth] up, to draw up *[listę, wykaz]*; **~ić dane statystyczne w tabele** to tabulate statistical data, to present statistical data in table form

zestawie|nie ① *sv* → **zestawić**
② *n* ① książk. (połączenie) combination; juxtaposition książk.; **ciekawe ~nie kolorów** an interesting colour combination ② Księg. balance sheet, financial statement; **~nie strat i zysków** the profit and loss account ③ (wykaz) list; **~nie lektur na zajęcia** the required reading list for a course ④ Jęz. (połączenie wyrazów) open compound
■ **w ~niu z kimś/czymś** in comparison with sb/sth

zestrajać *impf* → **zestroić**

zestresowan|y *adi.* stressed (out)

zestr|oić *pf* — **zestr|ajać** *impf* ① *vt* ① książk. (zharmonizować) to harmonize (**coś z czymś** sth with sth); to coordinate (**coś z czymś** sth and sth); **~oić treść z formą** to coordinate form and content ② Muz. to tune (up) *[instrumenty]*
② **zestroić się** — **zestrajać się** książk. to harmonize

zestrug|ać *pf* — **zestrug|iwać** *impf vt* to plane a. shave (off), to plane a. shave [sth] off; **~ać korę z patyka** to scrape the bark from a stick ⇒ **strugać**

zestrugiwać *impf* → **zestrugać**

zestrzel|ić *pf* — **zestrzel|iwać** *impf vt* to shoot [sth] down, to shoot down; **~ić samolot** to shoot down an aircraft

zestrzeliwać *impf* → **zestrzelić**

zeszcz|ać się *pf* (**~ę się**) *v refl.* wulg. to piss oneself posp., to piss (in) one's pants posp.; **~ał się w gacie** he pissed himself a. (in) his pants

zeszczupl|eć *pf* (**~eję, ~ał, ~eli**) *vi* ① (schudnąć) to slim, to get thin(ner); **~ała w talii** she's lost (some) inches from her waist; **~ała na twarzy** her face got thinner ⇒ **szczupleć** ② książk., przen. *[wpływy, dochody, liczba]* to dwindle, to diminish

zeszlif|ować *pf* — **zeszlif|owywać** *impf vt* to grind (down) *[szkło, kamień]*; (papierem ściernym) to sand; **~ować rdzę z blachy** to sand the rust off a metal sheet

zeszłoroczn|y *adi.* last year's; **~a moda** last year's fashions
■ **obchodzi go to tyle, co ~y śnieg** pot. he doesn't care a. give a hoot about it pot.

zeszłotygodniow|y *adi.* last week's; **~e spotkanie** last week's meeting

zeszłowieczn|y *adi.* książk. last century's; **~e malarstwo** painting of the last century

zeszł|y *adi.* last; **wiadomości z ~ego tygodnia** last week's news; **to było w ~ym roku** it happened last year; **~łej niedzieli była piękna pogoda** the weather was beautiful last Sunday

zeszma|cić *pf* — **zeszma|cać** *impf* ① *vt* pot., pejor. ① (zniszczyć) to make [sth] tatty a. ratty pot. *[spodnie, kurtkę]*; **~cone ubranie** tatty a. ratty clothes ② posp. (upodlić) to debase *[osobę]* ③ posp. (obniżyć wartość) **~cić sobie nazwisko** to besmirch one's own name; **~cić kogoś w mediach** to smear sb in the media przen.
② **zeszmacić się** — **zeszmacać się** ① pot., pejor. (zniszczyć) to become tatty a. ratty pot.; **ten sweter już się zupełnie ~cił** this jumper's got all tatty ② posp. (upodlić się) to go to the dogs pot.; to be low-down a. rotten pot., pejor.; **tym razem do końca się ~ciła** she's hit a new low this time pot., pejor. ③ posp. (prowadzić się niemoralnie) to sleep around pot.; **~cona kobieta** an easy lay pot., obraźl.

zeszpe|cić ① *vt* książk. to disfigure, to mar; **zakłady przemysłowe ~ciły krajobraz** the industrial plants marred the landscape; **jego twarz ~ciła ospa** his face was pockmarked
② **zeszpecić się** książk. to mar a. spoil one's looks

zesztuk|ować *pf vt* pot. to patch [sth] together; **spódnica z ~owanych kawał-**

ków materiału a skirt made out of scraps of fabric ⇒ **sztukować**

zesztywnia|ły *adi.* ① (niesprężysty) stiff, hardened; **~łe od mrozu pranie** laundry stiff with frost ② *pot. [ciało, plecy, kark]* stiff; **palce ~łe od artretyzmu** fingers stiff with arthritis; **ręce ~łe z zimna** hands stiff with cold ③ (skamieniały) stiffened; **~ły z przerażenia** stiffened in fear

zesztywni|eć *pf* (~**eję**, ~**ał**, ~**eli**) *vt* ① (stać się sztywnym) to stiffen, to become stiff; **bielizna ~ała na mrozie** the linen had stiffened with frost; **plecy ~ały mi od siedzenia** my back was stiff from sitting so long ⇒ **sztywnieć** ② przen. to stiffen; **~eć ze strachu** to stiffen in fear ⇒ **sztywnieć**

zeszyć → zszyć

zeszy|t *m* (*G* ~**tu**) ① (do pisania) notebook; **~t w kratkę/w linię/gładki** a notebook with squared/lined/blank paper; **~t do matematyki** a maths notebook ② (broszura) book(let)

❏ **~t ćwiczeń** exercise book

zeszytow|y *adi.* ① *[papier]* notebook *attr.* ② (wydawany w zeszytach) brochure *attr.*; **seria ~a** a brochure series

zeszywać *impf* → **zszyć**

ześlizg *m* (*G* ~**u**) ① Sport (na nartach) parallel skiing ② Lotn. bank ③ Techn. (ślizg) chute

ześlizgiwać się *impf* → **ześlizgnąć się**

ześlizg|iwać się *pf* — **ześlizg|iwać się** *impf* (~**nęła się**, ~**nęli się** — ~**uję się**) *v refl.* ① (obsunąć się) to slide (down), to slip (down); (ze zbocza) to slide downhill; **noga ~nęła mi się z kamienia** my foot slipped from the rock ② przen. (pogrążyć się) to slide (**w coś** into a. towards sth); **kraj ~uje się w finansowy chaos** the country is sliding towards financial chaos

ześlizgnąć się → **ześlizgnąć się**

ześrodk|ować *pf* — **ześrodk|owywać** *impf* książk. ❙ *vt* to focus *[myśli, wysiłki]*, to concentrate *[dywizję, wojsko]*; **~ować myśli/uwagę** to focus one's mind/attention; **~ować siły** to concentrate one's efforts ❙❙ **ześrodkować się** — **ześrodkowywać się** to concentrate

ześrodkowywać *impf* → **ześrodkować**

zeświecczać *impf* → **zeświecczyć**

zeświecz|yć *pf* — **zeświecz|ać** *impf* ❙ *vt* książk. to secularize ❙❙ **zeświecczyć się** — **zeświecczać się** książk. to be a. become secularized

ześwi|nić się *pf v refl.* pot., pejor. to act like a swine posp.

zet *n inv.* (the letter) zed GB, zee US

zetknąć *pf* — **stykać** *impf* (**zetknęła**, **zetknęli** — **stykam**) ❙ *vt* ① (złączyć) to connect (**coś z czymś** sth to sth); **zetknął ze sobą końce przewodów elektrycznych** he connected the ends of the wires ⇒ **stykać** ② przen. to bring [sb] together; **po wojnie los ich znów zetknął** fate brought them together again after the war ❙❙ **zetknąć się** książk. ① (połączyć się) to touch (each other); **zetknąć się z czymś** to touch sth, to come into contact with sth; **zetknęli się głowami** their heads touched ② przen. (spotkać się) to encounter *vt* (**z czymś** sth); **nigdy się z czymś takim nie zetknąłem!** I've never come across anything like that!

zetla|ły *adi.* książk. decayed, decaying; **materiał ~ły od wilgoci** material decaying from the damp

zetl|eć *pf* (~**ał**) *vi* ① książk. (spalić się) to smoulder, to smolder US ② (ulec zniszczeniu) to decay; **po latach obicia na meblach ~ały** the upholstery had decayed with age

zetlić się *v refl.* książk. ① (spłonąć) to smoulder, to smolder US ② (rozłożyć się) to decay

zetrzeć *pf* — **ścierać** *impf* (**starł, starli** — **ścieram**) ❙ *vi* ① to wipe [sth] off *[tablicę, kurz, wodę]*; to wipe [sth] away *[łzy]*; **zetrzeć coś gumką** to rub sth out GB, to erase sth; **starłam sobie skórę na pięcie** my shoes rubbed my heel raw; **zetrzeć plamę z ketchupu/kawy** to remove a ketchup/coffee stain; **zetrzeć szminkę z ust** to wipe one's lipstick off (one's lips) ② (zmiażdżyć) to pulverize; **zetrzeć coś na tarce** to grate sth; **starty ser** grated cheese ③ przen. (zniszczyć kogoś) to pulverize; **starli nieprzyjaciela w proch** they pulverized the enemy ❙❙ **zetrzeć się** — **ścierać się** ① (zniknąć) to be worn away, to be rubbed out a. off; **napis się zupełnie starł** the inscription's completely worn away ② (natrzeć na siebie) to clash (**z kimś** with sb) ③ książk. (posprzeczać się) to clash; **ostro starli się w dyskusji** the two of them clashed head-on during the discussion

zeuropeiz|ować /ˌzewropei'zovatɕ/ *pf* ❙ *vt* książk. to Europeanize ⇒ **europeizować** ❙❙ **zeuropeizować się** to Europeanize, to be(come) Europeanized ⇒ **europeizować się**

zew *m sgt* (*G* ~**u**) książk. call ■ **~ krwi** książk. the call of the wild; **~ natury** natural inclinations, the voice of nature

zewidencjon|ować *pf vt* to inventory *[towar, narzędzia]*; to make a record of *[wydatki, wpływy]*; **~ować stan magazynu** to inventory the warehouse ⇒ **ewidencjonować**

zewnątrz ❙ *adv.* outside; **pałac ~ i wewnątrz w stylu Ludwika XVI** a palace in Louis XVI style both inside and out ❙❙ **na zewnątrz** *[znajdować się, wyjść]* outside; **temperatura na ~** the temperature outside; **na ~ budynku** (poza) outside a building; **na ~ pudełka** (na powierzchni) on the outside of a box; **na ~ spokojna, w środku była kłębkiem nerwów** outwardly calm, she was a bundle of nerves inside; **te drzwi otwierają się na ~** this door opens outwards ❙❙❙ **od zewnątrz** from (the) outside; **nie da się otworzyć tych drzwi od ~** you can't open this door from (the) outside ❙❙❙❙ **z zewnątrz** from (the) outside; **ekspert z ~** an outside expert, an expert from (the) outside; **opinia z ~** an outside opinion; **patrzeć na coś z ~** to look at sth from (the) outside

zewnętrznie *adv.* ① (z zewnątrz) in appearance; **~ przypominał ojca** he resembled his father in appearance ② (pozornie) outwardly, on the surface; **~ sprawiał wrażenie opanowanego** he looked outwardly composed

zewnętrzn|y *adi.* ① (poza czymś) outside, outer; **świat ~y** the outside world; **~a strona** the outside, the exterior ② (na zewnątrz, z zewnątrz) *[obrażenia, objawy, bodziec]* external; *[wygląd]* outward; *[wpływ]* outside, external; **do użytku ~ego** for external use only; **ucho ~e** Anat. the outer ear ③ (zagraniczny) foreign, external; **polityka ~a** foreign policy

z|ewrzeć *pf* — **z|wierać** *impf* (**zwarł, zwarli** — **zwieram**) ❙ *vt* książk. to clench *[pięści, zęby]*; **zwierać szeregi/szyki** to close ranks ❙❙ **zewrzeć się** — **zwierać się** ① (zacisnąć się) to clench, to be clenched; **ich dłonie zwarły się w pięści** they clenched their fists ② (w gromadę) to draw a. cluster together; **tłum zwarł się i ruszył naprzód** the crowd closed ranks and moved forward ③ (zacząć się mocować) to grapple

zewsząd *pron.* książk. (ze wszystkich miejsc) from everywhere, from far and near a. wide; (z każdej strony) from all sides a. directions

zez *m sgt* ① Med. (wada wzroku) squint GB, cross-eyes a. crossed eyes *pl*; strabismus spec.; **mieć ~a** to have a squint ② pot. (spojrzenie) **zrobić ~a** to cross one's eyes ❏ **~ rozbieżny** Med. divergent squint a. strabismus; **~ zbieżny** Med. convergent squint a. strabismus ■ **patrzeć** a. **spoglądać na kogoś/coś ~em** pot. to look askance at sb

zezik *m dem.* squint GB

zezłoś|cić *pf* ❙ *vt* to annoy, to anger; **~ciły mnie jego ciągłe wyrzuty** his constant reproaches irked me ⇒ **złościć** ❙❙ **zezłościć się** to get a. be angry; **~cił się na mnie** he was angry with a. at me ⇒ **złościć się**

zezna|wać *pf* — **zezna|wać** *impf vi* Prawo to testify (**przeciwko komuś** against sb); to give evidence; **~wać przed sądem** to testify a. give evidence in court; **~wać pod przysięgą** to testify a. give evidence under oath; **świadek ~ł, że...** the witness testified that...

zezna|nie ❙ *sv* → **zeznać** ❙❙ *n* ① (w sądzie, na policji) testimony *U*; **składać ~nia** to testify, to give evidence; **fałszywe ~nie** false evidence a. testimony; (pod przysięgą) perjury; **odwołać ~nia** to withdraw one's testimony ② (na piśmie) statement

❏ **~nie podatkowe** tax return

zeznawać *impf* → **zeznać**

zez|ować *impf vi* ① (mieć zeza) to squint, to have a squint GB; **~uje lewym okiem** he has a squint in his left eye ② pot. (zerkać ukradkiem) to sneak a glance (**na kogoś/coś** at sb/sth)

zezowato *adv.* **patrzeć/zerkać na kogoś/coś ~** to sneak a glance at sb/sth

zezowatoś|ć *f sgt* squint *C* GB; strabismus spec.

zezowa|ty *adi. [osoba, spojrzenie]* cross-eyed; *[oczy]* squinty GB, crossed

zezwalać *impf* → **zezwolić**

zezwierzęceni|e ❙ *sv* → **zezwierzęcieć** ❙❙ *n sgt* ① (proces) brutalization; animalization książk.; **~e społeczeństwa** the brutalization of society [2] (zachowanie) savagery, brutality, bestiality

zezwierzęci|eć pf (~eję, ~ał, ~eli) vi to become brutalized; to become animalized książk.

zezwierzęc|ony adi. savage; **~ony morderca** a brutal murderer, a savage killer

zezwole|nie [] sv → **zezwolić**

[] n [1] (zgoda) permission; **prosić o ~nie na lądowanie** to request permission to land [2] (dokument) permit; **~nie na broń** a gun permit; **~nie na pobyt stały** a permanent residence permit; **~nie na posiadanie psa** a dog licence GB, a dog license US; **uzyskać a. otrzymać ~nie na coś** to get a permit for sth; **starać się o ~nie** to apply for a permit

zezw|olić pf — **zezw|alać** impf vi to allow, to permit; **~olić komuś na coś** to allow sb to do sth; **~olić więźniowi na widzenie z rodziną** to permit the prisoner to see his family

zeźl|ić pf [] vt pot. to rile pot., to bug pot.; **~iło go takie postępowanie** that kind of behaviour got his goat pot.

[] **zeźlić się** pot. to get the hump GB pot., to get riled a. steamed up pot.; **~ił się na kolegę za roznoszenie plotek** he was peeved at his colleague for spreading rumours pot.

z|eżreć pf — **z|żerać** impf (zżarł a. zeżarł, zeżarli, zżarty a. zeżarty — zeżrę) vi [1] pot. (zjeść) to scoff (down) GB pot., to scarf (down) US pot.; **zeżarł łapczywie obiad** he scoffed (down) his dinner [2] (pożreć) to eat [3] pot. (zużyć) to eat away; **blaszane puszki zżarła rdza** rust has eaten away the tins

zębat|ka f Techn. ratchet

zębatkow|y adi. Techn. rack-and-pinion

zęba|ty adi. [1] [paszcza] toothy [2] [brzeg, linia] serrated [3] Techn. [nóż, piła] serrated, toothed

zębow|y adi. dental; **proteza ~a** Stomat. a dental prosthesis; **spółgłoski ~e** Jęz. dental consonants

zgada|ć się pf v refl. pot. **~ło się (nam) o tobie** we started talking about you; **~ły się, że jadą w tym samym celu** they found out they were going there for the same reason

zgad|nąć impf — **zgad|ywać** impf vi to guess; **~nij, co to jest** guess what this is ■ **~ywać czyjeś myśli** to read sb's mind

zgaduj-zgadul|a [] f (Gpl **zgaduj-zgaduli** a. **zgaduj-zgadul**) quiz game, guessing game

[] inter. guess!; **~a, co dostaniesz na urodziny!** guess what you're going to get for your birthday!

zgadula → **zgaduj-zgadula**

zgadywać impf → **zgadnąć**

zgadywan|ka f pot. [1] (zabawa) quiz game, guessing game; **wymyślać ~ki** to make up quiz questions [2] (domysł) guessing game przen.; mystery; **po co te ~ki, powiedz ile to kosztowało** what's the guessing game for? tell me how much it cost

zgadzać się impf → **zgodzić się**

zga|ga f [1] sgt Med. heartburn; **piekła go ~ga** a. **miał ~gę po serniku** the cheesecake gave him heartburn [2] pot. (jędza) bitch

pot. [3] książk., przen. (niesmak) bad taste (in one's mouth) przen.

zganiać[1] impf → **zgonić[1]**

zg|aniać[2] pf [] vi (szybko przejść) to run around pot.; **zganiali pół miasta** they ran around half the town

[] **zganiać się** (zmęczyć się) to make oneself tired running around

zga|nić pf vt to reprimand książk. (**kogoś za coś** sb for sth); **~nił sekretarkę za niechlujstwo** he reprimanded the secretary for sloppiness ⇒ **ganić**

zgap|ić się pf v refl. pot. to miss one's chance

zgarb|ić się pf v refl. (osoba) to slump, to stoop; [plecy] to be hunched a. bent; **~ić się pod ciężarem czegoś** to be bowed down a. bent under the weight of sth ⇒ **garbić się**

zgarbi|ony adi. slumped, stooped, hunched; **~one plecy** sb's hunched back

zgarn|ąć pf — **zgarn|iać** impf (~ęła, ~ęli — ~iam) vt [1] (zebrać) to gather, to scoop a. sweep (up); **~ęła papiery do szuflady** she swept the papers into the drawer; **~ął śmieci na szufelkę** he swept the rubbish into the dustpan [2] pot. (zdobyć) to rake in pot. [pieniądze]; **~ąć pierwsze miejsce** to take first place; **~ąć całą pulę** to rake in the whole pot [3] (odsunąć na bok) to push aside a. away; **~ąć śnieg z chodnika** to sweep snow off a. from the pavement [4] pot. (aresztować) to nick GB pot., to pick [sb] up pot.; **policja ~ęła go, kiedy wychodził z domu** the police picked him up as he was leaving his house

zgarniać impf → **zgarnąć**

zga|sić pf vt [1] (stłumić) to extinguish [ogień, pożar]; to put [sth] out, to put out [papierosa, fajkę]; to put a. blow [sth] out, to put a. blow out [świecę] ⇒ **gasić** [2] (wyłączyć) to turn a. switch [sth] off, to turn a. switch off [radio, silnik]; **~ś światło** turn off the light; **~ś telewizor** to turn off the TV ⇒ **gasić** [3] przen. to dampen, to curb [zapał, entuzjazm]; **~sić czyjąś radość** to dampen sb's joy ⇒ **gasić** [4] pot. (pozbawić pewności siebie) to deflate, to squash; **~sić kogoś** to take the wind out of sb's sails; **~sić kogoś jednym słowem/ostrym spojrzeniem** to squash sb with a single word/with a sharp glance ⇒ **gasić**

zga|sły adi. [1] [płomień, świeca, ognisko, papieros] burned-out, extinguished; [latarka, lampa] switched-off [2] (smutny) [osoba] downcast, subdued; [twarz, oczy] dull; [uczucia, emocje] dead, dead [3] książk. (umarły) departed książk., euf. [4] [kolor] muted, subdued

zga|snąć pf (~sł) vi [1] (nie palić się, nie świecić) to go out; **świeca ~sła** the candle has gone out; **papieros mu ~sł** his cigarette went out ⇒ **gasnąć** [2] (przestać działać) [samochód, silnik] to stall; **motor ~sł** the motor stalled ⇒ **gasnąć** [3] przen. (ściemnieć, zblednąć) to dim, to fade; **światła ~sły i podniosła się kurtyna** the lights dimmed and the curtain rose ⇒ **gasnąć** [4] przen. (osłabnąć, zaniknąć) [nadzieja, zapał] to fade; **uśmiech ~sł mu na ustach** his smile faded ⇒ **gasnąć** [5] książk. (umrzeć) to pass on a. away euf.; **~sła przedwcześnie** she passed on a. away prematurely ⇒ **gasnąć**

zgasz|ony [] pp → **zgasić**

[] adi. [1] (apatyczny) downcast, subdued [2] (mało nasycony) [kolor] muted, subdued; **~ona czerwień** dull red

zgermani|zować pf [] vt to Germanize [naród, społeczność, pisownię, nazwę]

[] **zgermanizować się** to become Germanized

zgęstnia|ły adi. [sos, miód, krew, smar] thickened

zgęstni|eć pf (~ał) vi [las, mgła, zupa, tłum] to thicken, to get thicker; [farba] to thicken; [krew] to coagulate; [ciemność, mrok] to thicken, to deepen; [atmosfera] to become tense; **powietrze ~ało od kurzu** the air became thick with dust; **gotuj na małym ogniu, aż sos ~eje** cook over a low heat until the sauce thickens, simmer the sauce until it thickens

z|giąć pf — **z|ginać** impf (zegnę, zgięła, zgięli — zginam) [] vt [1] (nagiąć) to bend, to crook [rękę]; **zgiąć nogę w kolanie** to bend one's leg at the knee; **ćwiczenie wykonać na lekko zgiętych nogach** bend your knees slightly when doing this exercise; **rozprostować zgięte plecy** to straighten one's bent back; **wiatr zginał gałęzie** the wind bent the branches [2] (nadać krzywiznę) to bend [drut, łyżkę]

[] **zgiąć się** — **zginać się** [1] (pochylić się) [osoba] to bend; **zgiąć się do przodu/do tyłu** to bend forward a. to stoop/to bend backwards; **zgiąć się w pół** a. **we dwoje** to bend double, to double up; **zgiąć się w kabłąk** a. **pałąk** to arch one's back; **zgiąć się pod ciężarem plecaka** to bend a. bow under the weight of one's rucksack [2] (wygiąć się) [gałąź, błotnik] to bend; **drut łatwo się zginał** the wire bent easily

zgiełk m sgt (G ~u) [1] (harmider) tumult, hubbub; **uliczny ~** the hubbub of the street; **bitewny ~** the noise of the battle; **w klasie panował okropny ~** there was a terrible din in the classroom [2] przen. (gwar) hurly-burly, hustle and bustle; **uciec od ~u codziennego życia** to escape from the hustle and bustle a. hurly-burly of everyday life; **z dala od miejskiego ~u** away from the hustle and bustle of city life, far from the madding crowd [3] (zamieszanie) brouhaha; **medialny ~** a brouhaha a. a big hullabaloo in the media pot.; **skąd taki ~ wokół tego filmu?** why is there such a brouhaha over a. fuss about this film?

zgiełkliwie adv. [zagrać] raucously, stridently; **zabrzmieć ~** [instrument] to sound raucous a. strident

zgiełkliw|y adi. [1] (hałaśliwy) [tłum] noisy, uproarious [2] (głośny) [muzyka] raucous, strident [3] (gwarny) [ulica, miasto] noisy, raucous

zgię|cie [] sv → **zgiąć**

[] n bend; **przeciąć rurę na ~ciu/w miejscu ~cia** to cut a pipe at the bend/where it bends; **mapa jest przetarta na ~ciach** the map is worn at the folds

zgię|ty [] pa → **zgiąć**

[] adi. [osoba] bent; **siedział ~ty w pół** he sat doubled up

zgilotyn|ować pf vt to guillotine

zginać impf → **zgiąć**

zgi|nąć *pf* (~nęła, ~nęli) *vt* [1] (umrzeć) to die; to perish książk.; ~**nąć bohatersko** to die a hero('s death); ~**nąć gwałtowną śmiercią/tragicznie** to die a violent/ tragic death, to meet a violent/tragic end; ~**nąć na froncie/wojnie** to die at the front/in the war; ~**nąć na polu walki** to die in battle; ~**nąć od kuli** to die from a bullet; ~**nąć w walce** to die fighting a. in combat, to be killed in action; ~**nąć na morzu** to perish at sea; ~**nąć w pożarze/ wypadku** to die in a fire/an accident ⇒ **ginąć** [2] przen. (znaleźć się w sytuacji bez wyjścia) to be lost, to be done for; **jeśli mi nie pomożesz, ~nę** if you don't help me, I'm lost ⇒ **ginąć** [3] przen. (przestać istnieć) *[zwyczaj]* to disappear, to die out; **tradycyjne wartości ~nęły** traditional values have disappeared; „**jeszcze Polska nie ~nęła**" 'Poland has not yet perished' [4] przen. (zapodziać się) *[list, dokumenty]* to get lost, to go missing a. astray; ~**nąć w tłumie** to get lost in the crowd; **nic wartościowego nie ~nęło** nothing of value is missing; „**~nął pies**" 'dog missing' [5] książk. (zaniknąć) to vanish; ~**nąć w mroku** to vanish in the dark, to fade into darkness; **wiele szczegółów ~nęło w gąszczu informacji** many of the details were lost in the mass of information

zgliszcz|a *plt* (*G* ~**y**) [1] książk. (miejsce po pożarze) site of a fire; (spalone szczątki) charred remains a. ruins; **dymiące/tlące się ~a** smoking/smouldering ruins a. rubble; ~**a budynku** the charred ruins a. wreckage of the building; **po pożarze domu zostały (tylko) ~a** a fire reduced the house to (a pile of) charred rubble; **odbudować kraj ze ~y wojennych** to rebuild a country from the ashes of war [2] przen. (pozostałość) ruins; ~**a cywilizacji** the ruins of a civilization

zgliwia|ły *adi.* książk. *[ser]* slimy

zgliwi|eć *pf* (~**ał**) *vi* *[ser]* to become slimy ⇒ **gliwieć**

zgła|dzić *pf vt* [1] książk. (zabić) to kill, to eliminate *[świadka]*; to slay książk. *[potwora, smoka, wroga]* [2] Relig. ~**dzić czyjeś grzechy** to absolve a. cleanse sb of their sins

zgłaszać *impf* → **zgłosić**

zgłębiać *impf* → **zgłębić**

zgłęb|ić *pf* — **zgłęb|iać** *impf vt* [1] książk. (gruntownie poznać) to fathom [sth] out, to fathom (out), to penetrate *[tajemnicę]*; to explore, to get to the bottom of *[problem]*; to grasp *[przyczyny]*; ~**ić temat** to explore a subject in (greater) depth, to go deeper into a subject; ~**ić wiedzę o czymś** to improve one's knowledge of sth; **nie umiem do końca ~ić jego intencji** I cannot fully grasp his intentions; ~**ić tajniki czegoś** to plumb the mysteries of sth *[kuchni, magii, sztuki]* [2] przest. to deepen *[dół, jamę]*
❏ ~**ić szyb** Górn. to sink a shaft

zgłodnia|ły *adi.* [1] *[wilk, turyści]* hungry, famished [2] przen. *[oczy]* hungry; **kobieta ~ła miłości** a woman hungry for love; **wpatrywać się w kogoś ~łym wzrokiem** to stare at sb hungrily a. with hungry eyes

zgłodni|eć *pf* (~**eję**, ~**ał**, ~**eli**) *vi* to get hungry; ~**eć na spacerze/wycieczce** to get hungry while walking/during a trip

zgł|osić *pf* — **zgł|aszać** *impf* [1] *vt* [1] (zaproponować) to propose, to table *[wniosek, poprawkę]*; to lodge, to raise *[sprzeciw, zastrzeżenia]*; to propose, to come forward with *[propozycję]*; to lodge, to make *[skargę]*; ~**aszać pytania** to submit a. raise questions; ~**osić chęć/gotowość udziału w projekcie** to declare a. express one's willingness/readiness to take part in a project; ~**osić plan do zatwierdzenia** to submit a. present a plan for approval; ~**osić weto do** a. **wobec ustawy** to exercise a. impose a veto on a law; ~**osić swoją kandydaturę** to put oneself forward as a candidate; ~**osić czyjąś kandydaturę na prezesa** to propose sb as president; ~**osić do sądu wniosek o upadłość** to petition for bankruptcy in a court [2] (zaproponować udział) to enter *[zawodnika]*; ~**osić kogoś do konkursu** to enter sb for a contest; ~**osić konia do wyścigu** to enter a horse in a. for a race; ~**osić kogoś na (jakieś) stanowisko** to propose a. nominate sb for a position [3] (zameldować) to report *[włamanie, napad, awarię]*; to register *[narodziny]*; ~**osić kradzież policji** a. **na policję** to report a theft; ~**osić towary do oclenia** to declare a. present goods at customs; ~**osić coś do opodatkowania** to file a tax return [4] Gry to declare *[trefle]*

[II] **zgłosić się** — **zgłaszać się** [1] książk. (stawić się) to report (**do kogoś** to sb); ~**osić się na świadka** to come forward as a witness; **ktoś się ~osi po paczkę** someone will come and collect a. pick up the parcel; ~**osić się do lekarza** (w wojsku) to report sick; (w szkole) to see the doctor; ~**osił się dziś do mnie pacjent z ciężkim przypadkiem grypy** today I saw a patient with a serious case of flu [2] (oznajmić chęć uczestnictwa) to come forward, to offer oneself; ~**osić się do egzaminu/ wyścigu** to enter (oneself) for an exam/a race; ~**osić się do pomocy** to come forward to help a. with help, to offer one's help; ~**osić się na kurs językowy** to enrol (oneself) a. sign up for a language course; **uczeń ~osił się na ochotnika** to volunteer; **uczeń ~osił się do odpowiedzi** the student volunteered to answer the question; (podnosząc rękę) the student raised his hand to answer the question [3] (odezwać się) *[osoba, telefonistka]* to answer; **numer się nie ~asza** the number isn't answering

zgłos|ka *f* Jęz. (sylaba) syllable; ~**ka akcentowana/nieakcentowana** a stressed a. an accented/an unstressed a. an unaccented syllable; **podzielić wyraz na ~ki** to syllabify a. syllabize a word [2] daw. letter
❏ ~**ka otwarta** Jęz. open syllable; ~**ka zamknięta** Jęz. closed syllable

zgłoskotwórcz|y *adi.* Jęz. syllabic

zgłoskow|y *adi.* Jęz. *[akcent]* syllabic, syllable *attr.*

zgłosze|nie [I] *sv* → **zgłosić**
[II] *n* [1] (deklaracja) application, registration; ~**nie celne/patentowe** a customs declaration/an application for a patent; **formularz ~nia** an application form; **karta ~nia**

udziału w konferencji a registration form for a conference; **przyjmować ~nia na kurs/konferencję** to accept applications for a course/registrations for a conference; **wpłynęło pięć ~ń na konkurs** there were five entries for the contest; **według kolejności ~ń** on a first come first served basis; **o przyjęciu na kurs decyduje kolejność ~ń** the course is filled on a first come first served basis; **termin nadsyłania ~ń upływa 1 lipca** send applications by 1 July, the deadline for applications is 1 July [2] (powiadomienie) notification; **choroba podlegająca ~niu** a notifiable disease; **policjant przyjął ~nie o próbie włamania** the police officer received notification of an attempted burglary

zgłupi|eć *pf* (~**eję**, ~**ał**, ~**eli**) *vi* pot. [1] (zwariować) *[osoba]* to become stupid; *[komputer]* to go haywire; ~**eć na starość** to lose one's marbles pot.; ~**eć do reszty** to go completely out of one's mind; **czyś ty ~ał?** are you nuts? pot., are you out of your head?; **można ~eć** it's enough to drive you a. anyone crazy; **jeszcze nie ~ałem, żeby tyle płacić** I'm not crazy enough to pay that much; ~**eć od oglądania telewizji** to grow stupid from watching too much television; ~**eć ze szczęścia** to bliss out pot. [2] (stracić orientację) *[osoba, pies]* to get confused, to become disoriented; **zupełnie ~ał na mój widok** he got completely confused when he saw me

zgnęb|ić *pf vt* [1] (przygnębić) to depress, to dishearten; ~**iły go wiadomości** the news depressed him, he became despondent over the news ⇒ **gnębić** [2] (udręczyć) to oppress, to persecute *[uczniów, naród]* ⇒ **gnębić**

zgnębi|ony [I] *pp* → **zgnębić**
[II] *adi.* *[osoba]* despondent, dejected; *[mina]* dispirited, dejected; **być ~onym** to be downcast; to feel down pot.; **była ~ona swoją sytuacją** she was despondent a. felt down pot. about her situation

zgniatać *impf* → **zgnieść**

zgni|ć *pf* (~**ję**) *vi* [1] (zepsuć się) *[żywność, liście, drewno]* to rot (away), to decay; **siano ~ło na polu** the hay rotted away in the field ⇒ **gnić** [2] pot., posp. (umrzeć, zmarnieć) to rot przen.; ~**jemy w tej dziurze** we're going to rot in this dump ⇒ **gnić**
■ ~**ć w kryminale** pot., posp. to rot a. waste away in jail

zgni|eść *pf* — **zgni|atać** *impf* (~**otę**, ~**eciesz**, ~**ótł**, ~**otła**, ~**etli** — ~**atam**)
[I] *vt* [1] (zmiażdżyć, zmiąć) to crumple (up), to scrunch [sth] up, to scrunch up *[kartkę papieru, materiał]*; to crush, to squash (up) *[puszkę]*; to squash, to flatten *[kapelusz]*; ~**eść coś na miazgę** to crush a. reduce sth to a pulp; ~**eść papier w kulkę** to crumple paper into a ball a. wad; ~**eść coś w palcach** to crush sth between one's fingers; ~**eść niedopałek w popielniczce** to stub (out) a. grind out one's cigarette in the ashtray; ~**eciony czosnek** crushed garlic [2] (pomiąć) to crumple, to crease *[ubranie, sukienkę]* [3] (przygnieść) to crush; ~**eciono go w tłumie** he got crushed in the crowd; ~**eść robaka butem** to crush a. squash a bug underfoot [4] książk., przen.

(stłumić) to crush, to suppress [bunt, powstanie, opór] **III zgnieść się — zgniatać się** [ubranie, metal] to crumple

zgnili|zna f sgt **1** (zgniła substancja) rot, decay; **zapach ~zny** the smell of decay a. rot; **cuchnie ~zną** it reeks of decay **2** (rozkład) rot, putrefaction; **ciało dotknięte ~zną** a rotting a. decaying a. putrefying body **3** przen. (demoralizacja) corruption, depravity; **szerzyć ~znę moralną** to spread depravation a. moral corruption **4** Ogr. (choroba roślin) rot ❑ **brunatna ~zna** Ogr. brown rot; **gorzka ~zna** Ogr. bitter rot

zgnił|ek II m pers. (Npl **~ki**) **1** pot., pejor. (osoba zdemoralizowana) bad a. rotten apple pot. **2** rzad. (osoba chorowita) sickly person; (osoba słabowita) weed GB pot., jellyfish pot. **III** m inanim. pot. (zgniły owoc) rotten fruit; (nadpsuty owoc) half-rotten fruit

zgniłoziel|ony adi. [mundury, liście] brownish green

zgni|ły adi. **1** (zepsuty) [jajko, mięso, drewno] rotten; [jabłko] rotten, bad; [liście] rotten, decayed; [ciało] decomposed **2** (właściwy czemuś, co gnije) [zapach, powietrze] putrid, rotten **3** (o kolorze) [barwa] green brown; [zieleń] brownish **4** przen. rotten, corrupt; **~ły moralnie** depraved, morally corrupt; **~ły kompromis** a base compromise

zgn|oić pf vt **1** (spowodować gnicie) to rot [zboże, siano] **2** posp. to grind [sb] down, to make [sb] a mental a. moral wreck; **został ~ojony przez system** he got ground down a. crushed by the system

zgnuśnia|ły adi. **1** (niemrawy) [osoba] indolent, lazy; [społeczeństwo] stagnant **2** (apatyczny) [tryb życia, mina] indolent; [atmosfera] languorous; [miasteczko] lethargic, lazy

zgnuśni|eć pf (**~eję, ~ał, ~eli**) vi to become indolent a. lazy; **~eć z bezczynności** to languish in idleness; **musisz się gimnastykować, żeby nie ~eć** you need exercise to stay in shape

zgo|da II f sgt **1** (harmonia) harmony; concord książk.; **~da małżeńska/między małżonkami** marital harmony/harmony between husband and wife; **w ~dzie z czymś** książk. (z przepisami) in accordance with sth, in conformity with sth; (z tradycją) in keeping with sth, in line with sth; **w ~dzie z zaleceniami** in accordance a. conformity a. concurrence with the recommendations; **w ~dzie z panującymi trendami, nowe auto jest większe** in keeping with the current trends, the new car is bigger; **w ~dzie ze sobą** a. **z własnym sumieniem** książk. according to one's conscience, as one's conscience dictates; **być w ~dzie z własnym sumieniem** to be at peace with one's conscience; **chcąc być w ~dzie z własnym sumieniem, nie mogłem zostawić jej samej** in all conscience I couldn't leave her alone; **żyć w ~dzie z naturą** to live in harmony a. at one with nature; **żyć w ~dzie z sąsiadami** to live in harmony a. peaceably with one's neighbours **2** (pojednanie, porozumienie) reconciliation; **wyciągnąć rękę na ~dę** to extend a. offer one's hand in reconciliation; **podać**

sobie ręce na ~dę to shake hands in agreement; **pogodzili się i podali sobie ręce na ~dę** they shook hands and made up **3** (zgodność opinii) agreement, consensus; **panuje powszechna ~da co do tego, że...** there is general agreement a. consensus that... **4** (przyzwolenie) assent, consent (**na coś** to sth); approval (**na coś** for sth); (oficjalne zezwolenie) permission (**na coś** for sth); **dać komuś ~dę** to give one's okay to sb pot.; **dojść do ~dy** to reach agreement a. accord; **masz moją ~dę** you have my approval a. permission; **mieć ~dę kogoś na zrobienie czegoś** to have sb's leave a. approval to do sth; **poprosić kogoś o ~dę (na zrobienie czegoś)** to ask sb's permission a. leave (to do sth); **skinąć głową na znak ~dy** to nod (one's head) in agreement, to nod (one's) assent; **wyrazić ~dę** to give one's assent; **wyrazić ~dę na coś** to agree a. consent to sth, to approve of sth; **zapytać kogoś o ~dę** to ask sb's permission; **nie pytając o czyjąś ~dę** without sb's consent a. permission; **ożenił się bez ~dy/za ~dą rodziców** he got married without/with his parents' consent a. approval; **za obopólną ~dą** by mutual consent a. agreement; **za ~dą autora** with the author's consent; **milczenie oznacza ~dę** silence implies consent **5** Jęz. concord; **związek ~dy** agreement **II** inter. **1** (wyraża przyzwolenie, aprobatę) all right, OK, very well; „**dam ci za to pięćdziesiąt złotych**" – „**~da!**" 'I'll give you fifty zlotys for it' – 'done! a. it's a deal! a. you're on!'; „**~da?**" – „**~da!**" '(is that) agreed?' – 'agreed!'; „**~da, spotkamy się o drugiej**" 'OK a. righto GB pot., I'll see you at two' **2** (wyraża zastrzeżenie) granted!; **~da, nie jestem ekspertem, ale potrafię odróżnić trąbkę od saksofonu** granted, I am not an expert, but I can tell a trumpet from a saxophone **3** (wyraża pojednanie) **~da!** podajmy sobie ręce OK, let's shake on it; let's shake hands and make up a. be friends ■ **~da buduje, niezgoda rujnuje** przysł. united we stand, divided we fall

zgodnie adv. grad. **1** (w zgodzie) [żyć, pracować] in harmony, peaceably; [współpracować] in harmony, amicably **2** (jednomyślnie, jednogłośnie) [uchwalić] unanimously; [działać] in concert, in unison; [odpowiedzieć] in unison, with one voice; **mówić ~** to speak with one voice a. with one accord; **wszyscy ~ przyznają, że...** everyone unanimously agrees that...; **wystawę ~ uznano za bardzo udaną** the exhibition was unanimously acknowledged as a great success **3** (stosownie do czegoś) **~ z czymś** according to sth, in accordance with sth; **~ z obietnicą** as promised; **~ z prawem** in accordance with the law, under the law; **działać ~ z prawem** to act legally a. legitimately; **~ z przewidywaniami** as expected; **~ z tradycją** according to a. in keeping with tradition; **~ z umową** (według kontraktu) according to the agreement, as per contract; (jak uzgodniono) as agreed (upon); **odpowiadać ~ z prawdą** to answer truthfully; **postępować ~ z poleceniami** to follow a. act on the instructions;

wychowywać dzieci ~ ze swoimi przekonaniami to raise children according to a. in accordance with one's beliefs; **wszystko odbyło się ~ z planem** everything went according to plan a. as planned

zgodnoś|ć f sgt **1** (skłonność do zgody) agreement; concordance książk.; **~ć pożycia małżeńskiego** harmony of married life **2** (jednomyślność) unanimity; concert książk.; **~ć poglądów** a consensus of opinions **3** (stosowność, odpowiedniość) conformity, compliance; **~ć kopii z oryginałem** conformity of a copy to the original; **~ć z konstytucją** conformity to the constitution, constitutionality; **~ć z normami** compliance a. conformity with standards; **~ć z prawem** legality, lawfulness; **~ć czyichś zeznań z prawdą** veracity of sb's testimony; **~ z tematem** Szkol. relevance to the topic

zgodn|y adi. **1** (niekłótliwy) [osoba, usposobienie] agreeable, accommodating; [rodzina] harmonious, united; [współpraca] harmonious, amicable **2** (jednomyślny) [oświadczenie, wysiłek] unanimous; **mówić ~ym chórem** to speak with one voice, to chorus; **~ym chórem żądają podwyżki płac** they are united a. unanimous in demanding a pay rise; **eksperci są ~i (co do tego), że...** experts agree a. concur that... **3** (odpowiedni) **~y z czymś** in accordance with sth, in conformity with sth [przepisami, prawem, zaleceniami]; in keeping with sth [tradycją, polityką firmy]

zg|odzić pf **I** vt przest. (nająć) to employ, to hire (**kogoś** sb); **zgodzić dziewczynę do służby** to engage a maid **II zgodzić się — zgadzać się** **1** (wyrazić zgodę) to agree; to acquiesce książk.; **zgodzić się na czyjąś propozycję** to agree to a. accept sb's proposal; **zgodzić się coś zrobić** to agree a. consent to do sth; **zgodzić się, żeby ktoś coś zrobił** to agree a. consent to sb doing sth; **zgodził się przyjechać** he agreed to come; **zgadzam się, żebyś poszedł** I agree to your going; **zgodził się nam towarzyszyć** he agreed to accompany us; **on nigdy się na to nie zgodzi** he'll never agree to that; **zgadzasz się?** do you agree a. approve? **2** (przyznać rację) to agree, to concur (**z kimś/czymś** with sb/sth); to agree (**co do czegoś** about a. on sth); **zgodzić się, że...** to concur that...; **zgadzam się z tobą, że...** I agree with you that...; **tu się z tobą zgodzę** I'll go along with you there; **zgodzisz się chyba, że to nie ma sensu?** don't you agree this makes no sense?; **zgadzać się z czyimiś poglądami** to agree with sb's views; **zgadzamy się, że...** we agree a. are agreed that...; **nie zgadzać się z kimś/czymś** to disagree with sb/sth; **nie zgadzać się co do czegoś** to disagree on a. about sth; **całkowicie się z tobą zgadzam** I entirely a. totally agree with you; **całkowicie się zgadzam!** I couldn't agree more!; **zgadza się** (that's) correct a. right; **zgadza się, ale...** that's true, but... **3** (być zgodnym, pokrywać się) [liczby, sumy] to tally, to add up; [fakty] to add up, to tally; [szczegóły] to check out; **zgadzać się z czymś** to agree a. correspond with sth;

Z

wszystko się zgadza! it all adds up!, it all fits into place!; **coś mi się tu nie zgadza** there's something wrong here, something's not quite right here; **rachunek zgadza się co do grosza** the account is accurate to the penny [4] przest. (nająć się) to hire oneself (out) (**do kogoś** to sb); **zgodziła się na gosposię** she hired herself out as a housekeeper; **zgodzić się do służby u kogoś** to go into service with sb

zgoić → **zagoić**

zg|olić pf vt to shave off; **zgolić brodę/wąsy** to shave off one's beard/moustache

zgoła adv. książk. [1] (zupełnie) [niemożliwe, nieuzasadniony] completely, quite; **dojść do ~ odmiennych wniosków** to come to completely a. quite different conclusions; **sprawa wygląda ~ inaczej** the matter looks quite a. altogether different; **to coś ~ innego** that's something quite different; **to ~ nie ten sam człowiek** he's a completely changed man; **żenić się ~ nie miał zamiaru** he had absolutely no intention of getting married; **o golfie wiem niewiele lub ~ nic** I know little or (even) nothing at all about golf; **nie powiedział ~ nic** he said nothing whatsoever, didn't say anything at all [2] (wręcz) simply; (naprawdę) really; **zachowywał spokój w najtrudniejszych ~ sytuacjach** he kept calm even in the most difficult situations

zgon m (G **~u**) książk. death; demise książk.; **liczba ~ów na raka** cancer death rate; **~ nastąpił wskutek krwotoku** death resulted from haemorrhage; **stwierdzić (czyjś) ~** [lekarz] to declare sb dead; **świadectwo ~u** Med., Prawo a death certificate; **akt ~u** Admin., Prawo a certificate of death

zg|onić¹ pf — **zg|aniać¹** impf vt pot., pejor. [1] (spędzić w jedno miejsce) to round up; **zgonili nas na zebranie** we were rounded up a. herded together for a meeting; **zgonić krowy** to drive a. chase the cows in [2] (wygonić) to chase a. drive away [muchę]; **zgonić psa z kanapy** to shoo a dog off the sofa

zg|onić² pf [] vt [1] (zmęczyć gonieniem) to wear [sb/sth] out running; **zgonić konia** to ride a horse too hard; **był zgoniony bieganiem po sklepach** he was exhausted with running around the shops [2] pot. (schodzić) to walk all over, to run all around; **zgoniłem całe miasto w poszukiwaniu bankomatu** I walked all over town a. I ran all around town looking for an ATM
[] **zgonić się** pot. to wear oneself out running about

zgorszeni|e [] sv → **zgorszyć**
[] n sgt książk. [1] (demoralizacja, zepsucie) depravity, (moral) corruption; **uważać coś za ~e** to see sth as a source of depravity a. moral corruption; **siać ~e** to spread moral corruption; **siać ~e wśród młodzieży** to corrupt the morals of the young, to set a rotten example for the young; **budzić ~e** to be cause for scandal; **wywołać czyjeś ~e** to scandalize sb; **wywołać ~e w miejscu publicznym** to cause a scandal a. to provoke an outrage a. to commit an immoral act in a public place

[2] (oburzenie) outrage, indignation; **ku mojemu (wielkiemu) ~u** (much) to my indignation; **spojrzeć na kogoś ze ~em** to give sb an outraged look, to look at sb indignantly

zgorsz|ony [] pp → **zgorszyć**
[] adi. [1] (oburzony) [osoba] scandalized, shocked (**czymś** at a. by sth) [2] (wyrażający zgorszenie) [spojrzenie, głos] scandalized, shocked; **spojrzała na niego ~onym wzrokiem** she gave him a scandalized a. shocked look

zgorsz|yć pf [] vt to scandalize, to shock (**czymś** with sth); **~ył publiczność** he shocked the public
[] **zgorszyć się** książk. to be scandalized (**czymś** by sth); to be shocked (**czymś** at a. by sth); **~yła się jego zachowaniem** she was shocked a. scandalized by his behaviour

zgorzel f [1] Med. gangrene; **~ stopy** foot gangrene; **~ gazowa** gas gangrene [2] Bot. blight

zgorzelinow|y adi. Med. [rany, zmiany, zapalenie skóry] gangrenous

zgorzknial|ec m pot., pejor. bitter a. embittered person; **wieczny ~ec** a chronically embittered man

zgorzkniałoś|ć f sgt bitterness, embitterment; **odczuwać ~ć** to feel bitter a. embittered

zgorzknia|ły adi. [1] [osoba, wyraz twarzy] embittered, bitter [2] (o smaku) [masło] rancid

zgorzkni|eć pf (**~eję, ~ał, ~eli**) vi [1] (nabrać gorzkiego smaku) [mleko] to turn (sour), to go off; [masło] to go a. turn rancid [2] książk. (stać się rozgoryczonym) [osoba] to become bitter a. embittered; **~ał na stare lata** he became embittered in his old age

zgot|ować pf vt książk. to give [owację, niespodziankę]; **~ować komuś serdeczne powitanie a. przyjęcie** to give sb a warm welcome, to extend a warm welcome to sb; **~ować komuś piekło** to give sb hell on earth; **los ~ował jej miłą niespodziankę** przen. fate dealt her a pleasant surprise; **nigdy nie wiemy, co ~uje nam los** przen. we never know what fate has in store a. holds for us

zgrabiać impf → **zgrabić**

zgrabia|ły adi. numb; **mieć ~łe palce/ręce** to have fingers/hands numb with cold

zgrab|ić pf — **zgrab|iać** impf vt [1] (zgarnąć razem) to rake [sth] up, to rake (up) [liście]; **~iać siano w kopki** to rake hay into stacks [2] (usunąć grabiąc) to rake [sth] off a. up, to rake (off a. up) [śmieci]; **~ić liście z trawnika** to rake the leaves off the lawn

zgrabi|eć pf (**~ał**) vi książk. [ręce, palce] to go a. grow numb with cold; **nogi ~ały mi z zimna** my feet have gone numb with (the) cold

zgrabnie adv. grad. [1] [wyglądać] shapely adi. [2] [poruszać się, zeskoczyć] nimbly [3] [ująć, dobrać, przetłumaczyć] aptly; [połączyć] deftly, gracefully; **~ napisana powieść** a deftly a. an elegantly a. a skilfully written novel

zgrabniut|ki adi. dem. [1] (proporcjonalnie zbudowany) [osoba] shapely, well-shaped [2] (trafny) [wiersz] elegant, graceful [3] (zwinny) [akrobata, krok] agile, nimble

zgrabn|y adi. grad. [1] (kształtny, foremny) [dziewczyna, nogi, ciało] shapely, well-shaped; [samochód, telefon, pudełko] neat, natty; **mieć ~ą sylwetkę** to have a neat a. shapely figure; **połączyć coś w ~ą całość** to blend sth into a harmonious whole [2] (zręczny, zwinny) [tancerz] agile, nimble [3] (zwinny) [skok, ruchy] agile, nimble [4] (odznaczający się lekkością stylu) [przekład, porównanie] apt, felicitous; [historyjka] well-rounded, well-put-together; [wierszyk] elegant, graceful; **~e wyrażenie** a well-turned phrase, a neat (turn of) phrase; **~y chwyt reklamowy** a slick advertising gimmick

zgr|ać pf — **zgr|ywać¹** impf [] vt [1] pot. (zespolić) to fit together [elementy]; to match [kolory]; to coordinate [terminy, plan lekcji]; **~ać coś z czymś** to fit sth in with sth; **~ać coś z harmonogramem** to bring sth in line with the schedule; **~ać uczniów/zawodników** to make pupils get on well together/to make players play well together (as a team) [2] Muz. (zharmonizować) **~ać instrumenty** to put instruments in tune with each other; **~ać skrzypce z altówką** to put a violin in tune with a viola [3] pot. (w kartach) to run [kolor] [4] (zarejestrować) to copy; **~ać pliki na dyskietkę** to copy files onto a (floppy) disk
[] **zgrać się — zgrywać się** pot. [1] (utworzyć zgodny zespół) [drużyna, zawodnicy] to get used to playing together; [pracownicy] to get used to working together [2] (ograć się) [motyw, wątek] to become hackneyed [3] (przegrać) to gamble away one's money, to lose a bundle (gambling); **~ać się na wyścigach/w karty** to lose (all) one's money at the races/at cards; **~ać się do ostatniego grosza** to lose one's shirt (gambling)

zgra|ja f [1] pot., pejor. (gromada, banda) pack, bunch; **~ja oszustów/chuliganów/nierobów** a bunch of crooks/hooligans/layabouts; **poszliśmy tam całą ~ją** the whole bunch of us went there; **przyszedł z całą ~ją** he arrived with the whole gang [2] (stado) pack; **~ja psów/wilków** a pack of dogs/wolves; **~ja hałaśliwych wróbli** a flight a. flock of noisy sparrows

zgrani|e [] sv → **zgrać**
[] n sgt (zawodników, pracowników) (good) teamwork; (muzyków) (good) ensemble; **brakuje nam ~a** we lack teamwork, we don't work together as a team

zgran|y [] pp → **zgrać**
[] adi. [1] (zżyty) [grupa] harmonious; [społeczność] close-knit, well-integrated; [kolektyw] close-knit; **~a drużyna** a well-coordinated a. tight team, a team used to playing together; **tworzyć ~ą parę** (aktorską, małżeńską) to make a good couple; **tworzyć ~y zespół** [sportowcy] to make a good team, to play well together; [pracownicy] to work well together (as a team), to get on well together; [muzycy] to demonstrate a high level of ensemble (playing), to be used to playing together; **stanowimy ~ą paczkę** we're a tight group a. bunch [2] pot., pejor. [motyw] hackneyed; [sztuka] clichéd [3] [płyta] (well-)worn [4] (taki, który przegrał wszystko) broke; **~y gracz** a player who has gambled away all his money; **z kasyna wrócił**

zupełnie **~y** he returned from the casino completely broke

zgre|d **Ⅱ** *m* obraźl. (*Npl* **~dy**) (starszy mężczyzna) old fossil; geezer US pot.; (ojciec) (one's) old man

Ⅱ **zgredy** *plt* (starsi ludzie) wrinklies GB pot., the old folk(s) pot.; (rodzice) one's folks

zgromadzać *impf* → zgromadzić

zgromadze|nie **Ⅱ** *sv* → zgromadzić

Ⅱ *n* [1] (sesja, posiedzenie) assembly, meeting; **zwołać ~nie mieszkańców** to call a meeting of residents; **wolność ~ń** freedom of assembly; **~nie publiczne** a public gathering; **zakaz ~ń publicznych** a ban on public gatherings [2] (grupa osób zebranych w jednym miejscu) gathering; **liczne ~nie** a large gathering [3] Polit., Admin. assembly; **~nie parlamentarne/ustawodawcze** a parliamentary/legislative assembly; **~nie wspólników** a. **akcjonariuszy** a general meeting of shareholders [4] Relig. congregation; **~nia męskie/żeńskie/franciszkańskie** male/female/Franciscan congregations; **założyć nowe ~nie** to establish a new congregation

❏ **~nie zakonne** (religious) congregation; **walne ~nie** Prawo general meeting; **Zgromadzenie Narodowe** Polit. National Assembly

zgroma|dzić *pf* — **zgroma|dzać** *impf* **Ⅰ** *vt* [1] (zebrać) to gather [sth] together, to gather (together), to collect [*dane, informacje*]; to collect, to amass [*dowody*]; to build up, to assemble [*kolekcję*]; to build up, to accrue [*bogactwa*]; to accumulate, to amass [*fortunę*]; to collect, to raise [*fundusze*]; to store [sth] up, to store (up), to hoard [*żywność*]; **~dzić zapasy czegoś** to lay in supplies of sth, to stock up with sth [2] (skupić) [*strażnik*] to assemble, to get [sb] together [*więźniów*]; [*konferencja, koncert, wystawa*] to draw, to attract [*uczestników, widzów*]

Ⅱ **zgromadzić się** — **zgromadzać się** książk. [1] (zebrać się) [*tłum*] to gather, to assemble; [*ludzie*] to flock, to rally; [*rodzina*] to get together, to gather round [2] (utworzyć skupisko) [*rzeczy, dokumenty*] to accumulate, to pile up; [*śnieg*] to bank up, to pile (up); [*chmury*] to gather, to mass

zgromadz|ony **Ⅱ** *pp* → zgromadzić

Ⅱ *adi.* [*towarzystwo, goście*] assembled; [*woda*] collected; [*bogactwa*] accrued; [*żywność, zapasy*] stored; **~ony tłum** the assembled crowd; **~eni wierni** the congregation

Ⅲ **zgromadzeni** *plt* those assembled, those gathered

zgrom|ić *pf vt* książk. to berate (**za coś** for sth); **~ić kogoś spojrzeniem/wzrokiem** to shoot an angry a. a black look at sb, to shoot sb an angry a. a black look ⇒ **gromić**

zgroz|a *f sgt* książk. horror; **ku mojej ~ie** to my horror a. dismay; **zdjęty** a. **przejęty ~ą** horror-stricken; **okrzyk pełen ~y** a cry of sheer terror; **wydać okrzyk ~y** to give a cry a. let out a scream of terror; **pomysł napawa mnie ~ą** the idea fills me with dread a. strikes me with terror; **patrzeć ze ~ą w oczach** to watch with eyes wide with horror; **~a mnie ogarnia na samą myśl** the very thought fills me with dread a.

terrifies me; **ze ~ą odkryłem, że...** I discovered to my horror that...; **ze ~ą patrzyliśmy, jak płomienie trawią dom** we watched in horror as the flames consumed the house; **to, co usłyszałem, to po prostu ~a** what I heard was pure a. sheer horror

■ **~a!** oh horrors!, how outrageous!; **o ~o!** horror of horrors!

zgrubia|ły *adi.* [1] Jęz. [*wyraz, rzeczownik*] augmentative [2] (pogrubiały) [*palce, naskórek, korzeń*] thickened; [*stawy*] thickened, enlarged; [*skóra*] calloused [3] książk., przen. (niedelikatny, szorstki) [*ręce*] roughened; [*rysy twarzy*] coarsened; **ręce ~łe od pracy** work-roughened hands [4] pot. [*głos*] deepened

zgrubi|eć *impf* (**~eję, ~ał, ~eli**) *vi* [1] (stać się grubszym) [*palce, gałązki, lód*] to get a. grow thicker [2] pot. (utyć) [*osoba*] to get fatter, to put on weight; **~eć w pasie** to get thicker a. grow stout around the waist [3] (stać się szorstkim lub niedelikatnym) [*skóra, ręce*] to coarsen, to roughen; [*rysy twarzy*] to get coarser, to coarsen [4] pot. (stać się niskim) [*głos*] to break

zgrubie|nie **Ⅱ** *sv* → zgrubieć

Ⅱ *n* [1] (na skórze, korze) thickened area, callus a. callous; (stawu) protuberance, swelling; **~nia naskórka** thickened areas of the epidermis, epidermal thickening [2] Jęz. (wyraz augmentatywny) augmentative (form)

zgrucho|tać *pf* (**~czę** a. **~cę**) *vt* pot. to crush, to smash [*rękę, kości, czaszkę*]; **~tany samochód** a crushed a. smashed car ⇒ **gruchotać**

zgrunt|ować *pf* **Ⅰ** *vt* przest. (zbadać dokładnie) to get to the bottom of [*problem, tajemnicę*] **Ⅱ** *vi* pot. (dosięgnąć dna) to touch bottom

zgrup|ować *pf* **Ⅰ** *vt* [1] (skupić) to group (together) [*ludzi*]; to gather (together) [*oddział*]; **~ował wokół siebie kilku współpracowników** he gathered around him several associates; **budynki ~owane wokół dziedzińca** the buildings clustered around the courtyard ⇒ **grupować** [2] (klasyfikować) to group (together), to arrange [*informacje, zagadnienia*] (**według czegoś** according to a. by sth); **~ować coś pod jedną nazwą** to group a. lump sth together under one name; **zdjęcia ~owane w działy tematyczne** photographs grouped under a. into subject headings ⇒ **grupować**

Ⅱ **zgrupować się** (zebrać się) to gather (together) (**wokół kogoś** around sb); (utworzyć grupę) to form a group; **oddziały ~owały się na południu** the troops concentrated in the south ⇒ **grupować się**

zgrupowa|nie **Ⅱ** *sv* → zgrupować

Ⅱ *n* [1] książk. group, grouping [2] Sport (obóz treningowy) training camp; **~nie reprezentacji narodowej** a national team training camp; **wyjechać na ~nie** to go to a training camp [3] Wojsk. concentration; **duże ~nie sił przeciwnika** a large concentration of enemy forces; **rejon ~nia** concentration a. assembly area

zgryw|a *f* pot. lark pot., leg-pull pot.; **poznać się na czyjejś ~ie** to see through sb's antics; **tak dla ~y** just for kicks, just for a bit of fun; **zrobić coś dla ~y** to do sth for

the hell of it pot. a. for a lark pot. a. for a giggle GB pot.

zgr|ywać[1] *impf* → zgrać

zgr|ywać[2] *impf* (**~ywam**) **Ⅰ** *vt* pot., pejor. (pozować) to play, to act; **~ywać bohatera** to play a. come pot. the hero; **nie ~ywaj naiwnego** a. **niewiniątka** don't play a. act the innocent; don't come the innocent with me pot.

Ⅱ **zgrywać się** pot. [1] (pozować) [*aktor*] to overact; to ham it up pot. [2] (pozować) to play, to act (**na kogoś** sb); **~ywać się na twardziela** to act the tough guy; to play the heavy pot.; **~ywać się na głupią** to play the fool [3] (popisywać się) to show off; (wygłupiać się) to mess a. fool around

zgrywn|y *adi.* pot. [*żarty, kawały*] hilarious; [*facet*] hilarious, jocular

zgrywus *m*, **~ka** *f* (*Npl* **~y, ~ki**) pot. prankster, (practical) joker

zgryz *m sgt* (*G* **~u**) [1] Anat. occlusion spec.; bite; **nieprawidłowy ~** malocclusion, abnormal bite; **prawidłowy ~** normal occlusion; **wady ~u** occlusal abnormalities a. disorders; **aparat korygujący ~** brace GB, braces *pl* US; **mieć krzywy ~** to have a bad bite [2] pot. (kłopot) trouble, problem; **mieć ~ z wyłonieniem zwycięzcy** to be hard put to select a winner; **miałem z tym nie lada ~** this caused me quite a headache; **no to mam teraz niezły ~!** now I have a big problem on my hands!

zgryzać *impf* → zgryźć

zgryzi|ony **Ⅱ** *pp* → zgryźć

Ⅱ *adi.* [1] (zmartwiony) worried sick (**czymś** about sth); **chodził ~ony przez całe popołudnie** he walked around dejected all afternoon [2] [*wyraz twarzy*] worried, troubled

zgryzo|ta *f* książk. worry; **wielka ~ta** distress; **mieć wiele ~t** to have many worries; **miał w życiu wiele ~t** he went through many (trials and) tribulations in his life; **przysparzać komuś wielu ~t** to cause a. give sb a lot of worry; **ze ~ty nie mogła spać** she couldn't sleep from worry

zgry|źć *pf* — **zgry|zać** *impf* (**~zę, ~ziesz, ~zie, ~zła, ~źli — ~zam**) **Ⅰ** *vt* to crack pot.; **~źć orzech** to crack a nut with a. between one's teeth

Ⅱ **zgryźć się** — **zgryzać się** pot. to get worried (sick) (**czymś** about sth)

zgryźliwie *adv. grad.* książk. [*odpowiedzieć*] tetchily, abrasively; **powiedzieć coś ~** to say sth cuttingly; **odnosić się do kogoś ~** to make cutting remarks to sb

zgryźliw|iec *m* (*V* **~cze** a. **cu**) książk. catty person

zgryźliwoś|ć *f sgt* książk. acerbity, harshness

zgryźliw|y *adi.* książk. [*uwaga, komentarz*] scathing, catty; [*humor*] scathing, mordant; [*ton*] scathing, acrid; **coś ty dzisiaj taka ~a?** why are you so catty today?

zgrz|ać[1] *pf* — **zgrz|ewać** *impf* (**~eję — ~ewam**) *vt* to weld

zgrz|ać[2] *pf* (**~eję**) **Ⅰ** *vt* pot. **~ać kogoś** to make sb sweat

Ⅱ **zgrzać się** pot. to sweat, to get sweaty; **nie biegaj tak szybko, bo się ~ejesz** don't run so fast or you'll get hot

zgrzan|y **U** *pp* → **zgrzać**

III *adi.* *[osoba, ciało, czoło]* sweaty, sweating; **był cały ~y po treningu** he was all sweaty a. covered in sweat from the workout

zgrzeb|ło *n* [1] (do czyszczenia zwierząt) curry comb [2] Włók. (do wełny) card; (do lnu) hackle, flax comb [3] pot., żart. (grzebień) comb [4] zw. pl Myślis. leg of fowl

zgrzebnie *adv. grad.* książk. **ubierać się ~** to dress in severe clothes, to wear very plain clothes; **~ urządzone mieszkanie** a starkly a. plainly appointed flat

zgrzebnoś|ć *f sgt* książk. [1] (ubioru) severity [2] (życia) mundane nature, dullness

zgrzebn|y *adi.* [1] Włók. (parciany) *[płótno, materiał, koszula]* coarse [2] książk., przen. (niewyszukany) *[ubranie]* severe, plain [3] książk. (bezbarwny) *[rzeczywistość, egzystencja, czasy]* mundane, dull; **~a codzienność** the mundane a. dreary reality of everyday life

zgrzesz|yć *pf vi* [1] (popełnić grzech) to sin (**przeciwko czemuś** against sth); **~yć myślą/mową/uczynkiem** to transgress in thought/word/deed ⇒ **grzeszyć** [2] (naruszyć zasady) to sin, to transgress (**przeciwko czemuś** against sth); **~ył jedynie tym, że...** his only sin was that...; **~yć przeciwko przyjętym konwenansom** to transgress accepted norms of behaviour ⇒ **grzeszyć** [3] książk. (cudzołożyć) to commit adultery ⇒ **grzeszyć**

zgrzewać *impf* → **zgrzać¹**

zgrzewar|ka *f* Techn. welding machine, welding tool

zgrzybiałoś|ć *f sgt* książk. [1] (zniedołężnienie) senility książk. [2] przen. (nieaktualność) outdatedness, fustiness

zgrzybia|ły *adi.* pejor. *[osoba]* decrepit, senile; *[ręka]* decrepit; *[wiek]* advanced

zgrzybi|eć *pf* (**~eję, ~ał, ~eli**) *vt* pot. [1] (zestarzeć się) to go gaga pot.; to become senile a. decrepit [2] przen. (stać się nieaktualnym) *[pomysł, teoria]* to become old hat pot.

zgrzy|t *m* (*G* **~tu**) [1] (zębów, hamulców) grinding *U*; (piły) rasp *U*; (drzwi) creaking *U*; (łopaty) scrape, scraping *U*; **krata spadła ze ~tem** the grate creaked shut; **~t klucza w zamku** the scrape of the key in the lock [2] przen. (rozdźwięk) friction *U*, unpleasantness *U*; **przyjęcie zaliczono do udanych i starano się zapomnieć o drobnych ~tach** on the whole the party was a success and everybody tried to forget about the momentary unpleasantness; **nie obyło się bez kilku ~tów** there was a bit of friction [3] pot. (dysonans) clash, dissonance *U*; **ubierała się kontrastowo, ale bez ~tów** she liked to wear contrasting colours, but not clashing ones; **film wykorzystuje pomysły z kilku gatunków, mimo to nie ma mowy o jakichkolwiek ~tach** the film employs ideas from several genres, but without any dissonance [4] pot. (sprzeczka) squabble, tiff *U*; row GB pot.; **nie rozumiem, dlaczego w waszej rodzinie jest tyle ~tów** I don't understand why your family has so many squabbles

zgrzytać¹ *impf* → **zgrzytnąć**

zgrzyta|ć² *impf vi* przen. (nie pasować do całości) to be off, to be not quite right; **zdanie niby poprawne, ale coś mi tu ~** the sentence isn't incorrect but there's something not quite right about it

zgrzyt|nąć *pf* — **zgrzyt|ać¹** *impf* (**~nęła, ~nęli** — **~am**) *vi* [1] (wydawać odgłos) *[zawiasy]* to creak, to grate; *[dźwignia biegów]* to grind [2] (zębami) to grind one's teeth; (ze złości) to gnash one's teeth

zgub|a *f* [1] (strata) lost item; **zapomniałem bagażu w pociągu, ale udało mi się odzyskać ~ę** I left my luggage on the train but I managed to get it back; **na szczęście ~a się znalazła** luckily the lost item was found [2] *sgt* książk. (zagłada) doom, death; **żołnierze atakujący czołgi z karabinami idą na pewną ~ę** soldiers attacking tanks with machine guns are facing certain death; **ten gatunek zwierząt udało się uratować od całkowitej ~y** the species has been saved from extinction; **zaciągnęliśmy ten kredyt chyba na naszą ~ę** taking out that loan seems to have been our undoing książk.

zgub|ić *pf* **U** *vt* [1] (stracić) to lose *[pieniądze, klucz, rękawiczki]*; **wczoraj ~iłam parasol** yesterday I lost my umbrella [2] książk. (narazić) to be sb's undoing książk., to bring [sb] to ruin książk.; **~iła go zachłanność** his greed was his undoing a. brought him to ruin; **~iła go fałszywym oskarżeniem** her trumped-up accusations brought him to ruin ⇒ **gubić** [3] pot. (zmylić) **~ić pościg** to shake of one's pursuer(s) ⇒ **gubić** [4] (zabłądzić) **~ić szlak** to get lost, to lose one's a. the way; **~iła z oczu ścieżkę** she lost sight of the path ⇒ **gubić** [5] przen. to lose; **~ić myśl** to lose one's train of thought; **~ić rytm/takt** to lose the beat, to be out of step; **~ić wątek** to lose the thread ⇒ **gubić**

III zgubić się [1] (zabłądzić) to get lost, to lose one's way; **~ili się w lesie** they got lost in the woods ⇒ **gubić się** [2] przen. (stracić orientację) to get lost a. confused; **czytaj wolniej, ~iłam się** read more slowly, I'm lost ⇒ **gubić się** [3] (stracić się z oczu) to lose sight of each other; **~ili się w tłumie** they lost sight of each other in the crowd **gubić się** [4] pot. (zapodziać się) to get lost, to be mislaid; **gdzieś mi się ~iły te zdjęcia** I've mislaid the photos ⇒ **gubić się** [5] (sprowadzić na siebie nieszczęście) to bring about one's own downfall książk.; **~ił się przez własną zazdrość** his jealousy was his undoing książk. ⇒ **gubić się**

■ **lepiej z mądrym ~ić, niż z głupim znaleźć** przysł. (it's) better to lose with a wise man than win with a fool książk.

zgubi|ony **U** *pp* → **zgubić**

III *adi.* książk. lost; **jesteśmy ~eni!** we're lost!

zgubnie *adv.* *[oddziaływać]* destructively, disastrously; **to towarzystwo wpływa na niego ~** the company he's keeping is having a destructive influence on him

zgubn|y *adi. grad.* [1] *[decyzja, wydarzenie]* fatal, disastrous; **jego wystąpienie okazało się ~e w skutkach** his speech turned out to have disastrous effects [2] (szkodliwy) *[nałóg, przyzwyczajenie, wpływ]* destructive

zgwał|cić *pf vt* [1] (zmusić do stosunku) to rape ⇒ **gwałcić** [2] pot. (zmusić) to bulldoze

pot., przen.; **~cili go, żeby to zrobił** they bulldozed him into doing it

zhańb|ić *pf* książk. **U** *vt* to disgrace, to dishonour GB, to dishonor US *[osobe, nazwisko, dobre imię]*; **jego postępowanie ~iło całą rodzinę** his behaviour disgraced the whole family; **pamięć zmarłego została ~iona oszczerstwem** the memory of the deceased was sullied by slander; **~ił niewinną dziewczynę** he dishonoured an innocent girl przest. ⇒ **hańbić**

III zhańbić się (okryć się hańbą) to disgrace oneself, to dishonour oneself GB, to dishonor oneself US; **nigdy nie ~ił się pracą** żart. he's never stooped so low as to find a job żart. ⇒ **hańbić się**

zhardzi|eć *pf* (**~eję, ~ał, ~eli**) *vi* książk. to become haughty książk. ⇒ **hardzieć**

zharmoniz|ować *pf* **U** *vt* książk. to harmonize *[barwy, dźwięki]* ⇒ **harmonizować**

III zharmonizować się to fit in, to blend in (**z czymś** with sth); **budynek ~ował się z otoczeniem** the building blends in (well) with the surroundings

zhebl|ować *pf vt* to shave, to plane [sth] down, to plane *[brzeg, nierówność, deskę]* ⇒ **heblować**

zhierarchiz|ować *pf vt* książk. to hierarchize społeczeństwo, to hierarchize książk.; **silnie ~owane społeczeństwo** a strongly hierarchical society; **~ować zadania pod względem ich ważności** to prioritize tasks ⇒ **hierarchizować**

zi|ać *impf* (**zieję**) *vi* [1] (dyszeć) to pant; **ział ciężko z wysiłku** he was panting heavily from the effort [2] (wydzielać, buchać) **smok ział ogniem** the dragon belched (out) fire; **ziało od niego wódką** he was reeking of vodka; **z pieca ziało żarem** the stove was glowing with heat; **armaty zieją ogniem** the canons are firing; **piwnica zieje stęchlizną/chłodem** the cellar exudes wafts of mustiness/cold [3] przen. **ziać gniewem** to be seething with anger; **z jego oczu wręcz ziała nienawiść** his eyes burned with hatred; **przedstawienie ziało nudą** the performance was deadly boring; **z ekranu zieje grozą** the film is terrifying [4] (rozwierać się) to gape; **pod nimi ziała ogromna dziura** there was a gaping hole at their feet; **przed nami ziała przepaść** there was a gaping precipice in front of us

■ **ziać pustką** to be empty

ziaj|ać *impf vi* pot. to pant; **pies wyciągnął język i ~ał** the dog lolled out his tongue and panted

ziaren|ko *n dem.* [1] (owoc zbóż) grain; **~ko ryżu** a grain of rice [2] (nasionko) seed, grain; **~ko grochu** a pea [3] (piasku, soli, prochu) grain [4] przen. (drobinka) grain; modicum książk.; **jest w tym ~ko prawdy** there's a grain of truth to it a. in it

ziarnistoś|ć *f sgt* [1] (budowa ziarnista) granularity, granular structure [2] (skupienie ziaren) granularity [3] Fot. graininess

ziarni|sty *adi.* [1] (mający ziarna) grain *attr.*; *[mąka, chleb]* wholegrain; **kawa ~sta** whole bean coffee [2] *[struktura, budowa]* granular, grainy; **~sta powierzchnia** a grainy surface; **~sty szron** granular frost; **~sty piasek** grainy sand

ziarn|ko *n dem.* [1] (owoc zboża) grain; **~ko owsa** an oat grain [2] (nasiono) seed, grain; **~ko grochu** a pea [3] *przen.* (drobinka) grain; *modicum* książk.; **mówi się, że w każdej historii ukryte jest ~ko prawdy** it is said that there's a grain of truth in every story [4] (piasku, soli) grain; **~ko pieprzu** a peppercorn

■ **~ko do ziarnka, a zbierze się miarka** przysł. many a mickle makes a muckle przysł.

ziar|no *n* [1] (owoc zbóż) grain; **~no pszenicy** a grain of wheat; **~no na siew** a. **do siewu** seed grain; **mleć ~no** to grind the grain [2] *sgt* (na mąkę) grain [3] (nasienie) seed; **~no fasoli/kawy/gorczycy** a bean/coffee bean/mustard seed [4] *przen.* (drobinka) grain; *modicum* książk.; **kto wie, może w tej historii ukryte jest ~no prawdy** who knows, maybe there's a grain of truth in the story?; **między nimi zostało zasiane ~no niezgody** the seeds of discord have been sown between them książk. [5] (piasku, kwarcu) grain; **~na złota/lodu** grains of gold/ice

■ **oddzielić ~no od plew** książk. to separate the wheat from the chaff; **trafiło się jak ślepej kurze ~no** przysł. it was sheer luck; it was dumb luck pot.

ziąb *m sgt* (*G* **~u**) pot. **na dworze straszny ~** it's freezing cold outside pot.; **~ przeszedł mi po kościach** a. **krzyżu** a. **plecach** I felt a sudden chill down my spine także przen.

zidentyfik|ować /ˌzidentɨfiˈkɔvatɕ/ *pf* [I] *vt* [1] (ustalić tożsamość) to identify *[przestępcę, zwłoki, pismo]*; **zwłoki zostały ~owane przez rodzinę** the body was identified by the family ⇒ **identyfikować** [2] *przen.* (utożsamić) to identify; **podmiot liryczny w tym utworze możemy ~ować z samym poetą** the lyrical subject in this poem can be identified with the poet himself

[II] **zidentyfikować się** to identify; **szybko ~ował się z kubańskimi emigrantami** he soon started to identify with the Cuban emigrés ⇒ **identyfikować się**

zidiocia|ły /zidjɔˈtɕawɨ/ *adi.* [1] pot. (chory psychicznie) mad pot., crazy pot. [2] pot., pejor. (zwariowany) *[pomysł, plan, osoba]* loony pot., crazy pot.

zidioci|eć /ziˈdjɔtɕetɕ/ *pf* (**~eję, ~ał, ~eli**) *vi* to lose one's wit a. mind; **co ty wyprawiasz?! ~ałeś?** whatever are you doing?! have you lost your wits?; **kiedy ją zobaczyłem, ~ałem do tego stopnia, że zapomniałem się przedstawić** when I saw her I was so stupefied that I forgot to introduce myself; **ten chłopak zupełnie ~ał na moim punkcie** the guy's absolutely crazy about me ⇒ **idiocieć**

zielars|ki *adi.* (sklep) herbalist's; *[przemysł]* herbal

zielarstw|o *n sgt* [1] (wiedza) herbalism [2] (uprawa) herb cultivation [3] (leczenie ziołami) herbal medicine

ziela|rz *m*, **~rka** *f* (*Gpl* **~rzy, ~rek**) herbalist

zi|ele *n* [1] *zw. pl* Bot. (roślina zielna) herb, herbaceous plant; **zioła lecznicze** medicinal herbs; **zbierać/suszyć zioła** to gather/dry herbs [2] *zw. pl* (zbiorowisko roślin) weeds;

ścieżka zarosła gęstym zielem the path was overgrown with weeds [3] *zw. pl* (suszone) (dried) herb; **proszę co wieczór wypijać szklankę tych ziół** you should drink a glass of this herb tea every evening; **naparzyć ziół** to make herb tea; **przyprawić coś ziołami** to season sth with herbs

□ **jaskółcze ziele** Bot. (common) celandine; **kurze ziele** Bot. cinquefoil; **ziele angielskie** Bot., Kulin. allspice, pimento; **ziele tatarskie** Bot. sweet flag, sweet calamus; **zioła prowansalskie** Kulin. Provence herbs

zieleniak *m* (*G* **~a** a. **~u**) [1] pot. (sklep) greengrocer's GB, (fruit and) vegetable shop [2] Wina (młode wino) young wine

ziele|nić się *impf v refl.* [1] (stawać się zielonym) to turn green; **pastwiska już się ~nią** the pastures are already turning green; **drzewa zaczęły się ~nić** the trees are starting to turn green [2] (mieć zielony kolor) to be green; **pomiędzy plastrami różowej szynki ~niła się sałata** the lettuce showed green against the pink slices of ham

ziele|niec *m* green, square

zieleni|eć *impf* (**~eję, ~ał, ~eli**) *vi* [1] (stawać się zielonym) to turn green; **psując się, szynka ~eje** when ham goes bad, it turns green ⇒ **zzielenieć** [2] (nabierać ziemistej bladości) to go a. turn green; **ze strachu twarz mu ~ała** his face went a. turned green with horror; **wszystkie dziewczyny będą ~eć z zazdrości** all the girls will be green with envy ⇒ **zzielenieć** [3] (mieć zielony kolor) to be green; **w dali ~ał las** there was a green forest in the distance

zielenin|a *f* [1] (potrawa lub jej przybranie) greens *pl*; **dodała ~y do zupy** she added some greens to the soup; **sklep z ~ą** a greengrocer's GB, a vegetable shop [2] (włoszczyzna) soup vegetables

ziele|ń *f* [1] *zw. sg* (kolor zielony) green; **podoba mi się łagodna ~ń twojej sukienki** I like the soft green of your dress [2] *zw. sg* (barwnik lub farba) green; **malując ten pejzaż stosowałem różne odcienie ~ni** I used different shades of green to paint this landscape [3] *zw. sg* (roślinność) greenery *U*, verdure *U*; **szanuj ~ń** keep off the grass; **~ń miejska** urban greenery [4] *zw. sg* (gałęzie na przybranie) greenery *U*; **stół przystrojono ~nią** the table was decorated with greenery [5] *zw. pl* (ubiór) green *U*; **lubiła ubierać się w ~nie** she liked wearing green

□ **~ń chromowa** Chem. chrome green; **~ń malachitowa** Chem. malachite green; **~ń paryska** Chem., Szt. Paris green; **brylantowa ~ń** Chem. E142 (*a synthetic coal tar dye*)

zielnik *m* [1] (zbiór suszonych ziół) herbarium [2] książk. (informator o ziołach) herbal

zielnikow|y *adi. [rośliny, bukiet]* herbarium *attr.*

zieln|y *adi. [roślina]* herbaceous

zielonawo [I] *adv.* **jezioro połyskiwało ~** the lake was a glittering green

[II] **zielonawo-** *w wyrazach złożonych* greenish-; **z daleka widzieli zielonawoniebieską powierzchnię jeziora** they saw the

greenish-blue surface of the lake from a distance

zielonaw|y *adi. [oczy, szkło, światło]* greenish

zieloniut|ki *adi. dem.* (bright) green

zielon|ka *f* [1] (pasza) green fodder *U* [2] Bot. (gatunek grzyba) man on horseback (mushroom), sandy knight-cap (mushroom)

zielonkawo [I] *adv.* **obserwowali ~ połyskujące światła budynku** they watched the greenish lights of the building

[II] **zielonkawo-** *w wyrazach złożonych* greenish-; **na drodze leżały zielonkawobrązowe pnie** there were greenish-brown tree trunks lying on the road

zielonkaw|y *adi.* greenish; **~y odcień** a greenish shade

zielono [I] *adv.* [1] (o barwach) **pomalować pokój na ~** to paint the room green; **ubierać się na ~** to dress in green, to wear green [2] (wiosennie) **nareszcie zrobiło się ~** the world has turned green at last

[II] **zielono-** *w wyrazach złożonych* [1] (o odcieniach) green-; **usiadł na zielonobrunatnym pniu** he sat on a green-brown tree trunk [2] (wyróżniający się czymś zielonym) green-; **zielonooki** green-eyed

zielonoś|ć *f sgt* [1] (cecha) greenness [2] (roślinność) greenery, verdure

ziel|ony [I] *adi. grad.* [1] (kolor) green; **miała kolana ~one od trawy** her knees were grass-stained [2] pot. (ziemisty) *[twarz, cera]* ashen, green; **był ~ony ze strachu** he was white with fear [3] (niedojrzały) *[zboże, owoc]* green; **~one pomidory/jabłka** green tomatoes/apples [4] (niedoświadczony) green; **w tej pracy byłam zupełnie ~ona** I was a complete novice at that job

[II] *m* pot. [1] (dolar) dollar; buck US pot., greenback US pot. [2] **Zielony** (działacz partii Zielonych) Green

[III] **zielone** *n sgt* pot. [1] (do przystrajania wiązanek) greenery *U* [2] (jadalne zielone części warzyw) greens *pl*

□ **karma** a. **pasza ~ona** Roln. green fodder; **Zielone Świątki** Relig. Pentecost, Whit Sunday

■ **grać w ~one** *to play a game in which players who are caught without a leaf are penalized*; **nie mieć o czymś ~onego pojęcia** to not have the foggiest idea about sth

zielsk|o *n zw. pl* weed

ziem|ia *f* [1] (glob) the Earth; **trzęsienie ~i** an earthquake [2] (grunt, gleba) soil *U*; **urodzajna/nieurodzajna ~ia** fertile/infertile soil [3] *sgt* (podłoże) ground; (podłoga) floor *C*; **płaszcz/suknia do (samej) ~i** a full-length coat/dress; **spać na (gołej) ~i** to sleep on the ground; **samolot oderwał się od ~i** the plane got off the ground; **zachwiała się i osunęła na ~ię** she staggered and fell to the floor [4] (rola) land *U*, farmland *U*; **~ia orna** a. **uprawna** arable land; **miał dwa hektary ~i** he had two hectares of land [5] (kraina) land; **~ia ojczysta** homeland; **w obcej ~i** in a strange a. foreign land [6] Hist. region, district; **~ia dobrzyńska** the Dobrzyń district [7] *sgt* (ląd stały) land, mainland

□ **~ia mlekiem i miodem płynąca** Bibl. a land flowing with milk and honey; **dobra**

~ia fertile soil; **Ziemia Obiecana** Bibl. the Promised Land także przen.; **Ziemia Święta** książk. the Holy Land; **~ie rzadkie** Chem. rare earths; **Ziemie Zachodnie** a. **Odzyskane** the Western a. Regained Territories (*incorporated into Poland after WW II*)

■ **bodajby cię święta ~ia nie nosiła** pejor. perish you! przest.; go to hell pot.; **niegodzien** a. **niewart, żeby go święta ~ia nosiła** pejor. to not be worth the air one breathes pejor.; **być zawieszonym między niebem a ~ią** książk. to be up in the air; **stąpać twardo po ~i** a. **trzymać się ~i** to have both feet on the ground; **zacznij stąpać twardo po ~i!** get real! pot.; **czarny jak święta ~ia** grimy; **gryźć ~ię** pot. to be pushing up (the) daisies pot.; **leżeć w ~i** to be dead; **gnić w ~i** pot., pejor. to be rotting in the grave pejor.; **pójść do ~i** to go to one's grave; **kłaniać się do samej ~i** książk. to bow to the ground książk.; **nie z tej ~i** pot. out of this world pot.; **niech mu/jej ~ia lekką będzie** may he/she rest in peace; **poruszyć niebo i ~ię** to move heaven and earth; **przewróciłem wszystko do góry nogami – rozstąp się ~io, fajka zginęła** książk. I've looked everywhere – the pipe is nowhere to be found; **spaść** a. **zstąpić** a. **wrócić na ~ię** to stop dreaming, to get (back) down to the earth a. Earth; **stanąć na udeptanej ~i** przest., książk. to duel, to fight a duel; **wdeptać kogoś w ~ię** to have sb's guts for garters GB pot.; to pulverize sb; **znieść** a. **zetrzeć kogoś/coś z powierzchni ~i** to wipe sb/sth off the face of the earth; **zrównać coś z ~ią** to raze sth to the ground; **wydobyć** a. **wytrząsnąć coś spod ~i** to conjure sth up; **wyrosnąć** a. **zjawić się jak spod ~i** to appear a. spring up out of nowhere; **ze wzrokiem wbitym** a. **wlepionym w ~ię** with downcast eyes; **zapaść się pod ~ię** to vanish into thin air, to disappear without a trace; **miałem ochotę zapaść się pod ~ię (ze wstydu)** (I was so ashamed) I wished the earth a. Earth would swallow me up; **~ia paliła mu się pod nogami** książk. things were getting hot for him pot.; **~ia usunęła jej się spod nóg** (zrobiło jej się słabo) her head was spinning; (straciła oparcie materialne) her world came crashing around her

Ziemian|in m, **~ka** f (mieszkaniec Ziemi) Earthling

ziemian|in m (właściciel ziemski) landowner
ziemianka[1] f (właścicielka ziemska) landowner
ziemian|ka[2] f [1] (schron) dugout, shelter [2] (kopiec) ≈ root cellar

ziemiańs|ki adi. [rodzina] landowning; [dworek] landowner's; [styl życia] manorial

ziemiaństw|o n sgt [1] (właściciele) landed gentry, squirearchy; **okoliczne ~o** the local gentry [2] przest. (gospodarowanie) farming

ziemi|sty adi. [1] [kolor, odcień] sallow, muddy [2] [cera, twarz] sallow, ashen

ziemniaczan|y adi. [1] [bulwa, nać, pole] potato attr. [2] [zupa, skrobia, kluski] potato attr. **mąka ~a** potato flour; **placki ~e** potato pancakes

ziemniacz|ek m dem. (small) potato

ziemniak m [1] Bot. potato [2] (bulwa) potato; **młode ~i** new potatoes; **obierać ~i** to peel potatoes; **~i gotowane/pieczone/tłuczone ~i** boiled/baked/mashed potatoes

❑ **~i w mundurkach** jacket potatoes

ziemn|y adi. [nasyp, wał, kopiec, umocnienia] earth attr.; **gaz ~y** natural gas; **orzeszki ~e** peanuts

ziems|ki adi. [1] [glob, kula, atmosfera, biegun, istota] terrestrial [2] [sprawy, troski] earthly; **~kie dobra** książk. wordly goods książk. [3] [majątek, własność, posiadłość] landed [4] Hist. district attr.

ziewać impf → **ziewnąć**

ziewn|ać impf — **ziew|ać** impf (~ęła, ~ęli — ~am) vi to yawn; **~ąć przeciągle** to give a long gaping yawn; **~ąć od ucha do ucha** pot. to yawn expansively

zięb|a f Zool. chaffinch

zięb|ić impf vi [1] (chłodzić) to chill, to cool; **~ił wino w lodówce** he chilled the wine in the fridge; **przemoczone ubranie ~iło ją** her wet clothes chilled her [2] przest. **~iła go swoją grzecznością** she was coldly polite towards him

■ **ani mnie to ~i, ani grzeje** pot. it's all the same to me

zi|ębnąć impf (ziębnął a. ziąbł, ziębła, ziębli) vi to get cold

zię|ć m (Npl ~ciowie) son-in-law

zignor|ować /ˌzignoˈrɔvatɕ/ pf vt to ignore; **świadomie ~owała moje pytanie** she deliberately ignored my question ⇒ **ignorować**

zilustr|ować /ˌzilusˈtrɔvatɕ/ pf vt [1] (opatrzyć ilustracjami) to illustrate; **~ować powieść dla dzieci** to illustrate a children's book ⇒ **ilustrować** [2] (przedstawić) **~ować coś przykładem** to provide an example to illustrate sth ⇒ **ilustrować**

zim|a f winter; **łagodna/ostra ~a** a mild/ harsh winter

❑ **~a kalendarzowa** astronomical winter

■ **~a za pasem** pot. winter is just around the bend a. corner pot.

zimnic|a f sgt [1] pot. cold; **ależ tu ~ca** it sure is cold pot. [2] Med. (malaria) malaria, marsh fever [3] Zool. dab

zimn|o [] n [1] (ziąb) cold; **przebywać na ~ie** to be out in the cold; **trząść się z ~a** to shiver (in the cold) [2] (uczucie chłodu) chills pl [3] sgt pot. (opryszczka) cold sore [] adv. grad. [1] cold; **robi się ~o** it's getting cold; **na dworze jest dziś bardzo ~o** it's very cold outside today; **~o mi w nogi** my feet are cold [2] przen. coldly; **traktować kogoś ~o** to be cold to a. towards sb, to treat sb coldly; **spojrzała na mnie ~o** she looked at me coldly

■ **(aż) ~o mi się robi na myśl, że...** I shudder to think that...; **~o tu jak w psiarni** pot. it's freezing in here pot.; **~o, ~o...** you're cold, you're getting colder...; **na ~o** Kulin. cold; **zjadł trochę chleba i kawałek kurczaka na ~o** he ate some bread and a piece of cold chicken; **zabójstwo zaplanował precyzyjnie i na ~o** he planned the murder in detail and in cold blood

zimnowojenn|y adi. Hist., Polit. [hasła, wystąpienia, kampania, politycy] cold war attr.

zimn|y [] adi. grad. [1] (ziębiący) [wiatr, woda, dzień, wiosna, ręce, pot, kąpiel] cold; **kawa**

jest już zupełnie ~a the coffee's already cold [2] przen. (beznamiętny) [osoba] cold; **był ~y i oschły** he was cold and brusque [3] przen. (nieżyczliwy) [pożegnanie, ukłon, spojrzenie, stosunki towarzyskie] cold; **~a grzeczność** cold courtesy

[] **zimne** n pot. cold food; **jeść ~e na kolację** to eat a cold supper

■ **~y drań** pot., pejor. ruthless bastard pot., pejor.; **~y jak głaz** a. **lód** stone cold, icy a. ice cold; **~y pot** cold sweat; **wystąpił na niego ~y pot** he broke out in a cold sweat; **dmuchać na ~e** to play it safe pot.; **wylać komuś kubeł ~ej wody na głowę** to throw a bucket of cold water over sb; **zachować ~ą krew** to stay calm; to keep one's cool pot.; **kto się (na) gorącym sparzył, ten na ~e dmucha** przysł. once burned a. bitten, twice shy przysł.

zimorod|ek m Zool. kingfisher

zim|ować impf vi [1] (spędzać zimę) to spend the winter, to winter [2] pot. (powtarzać klasę) to be held back (in school); **dwa razy ~owała w piątej klasie** she was held back twice in fifth grade

■ **pokazać komuś, gdzie raki ~ują** pot. to teach sb a lesson

zimowisk|o n [1] (miejscowość wypoczynkowa) winter resort [2] (obóz sportowy) winter camp, ski camp [3] (teren zimowania) (ludzi) winter quarters pl; (zwierząt) winter habitat

zimowo adv. **ubrana była ~, w kożuch i futrzaną czapkę** she was wearing winter clothes: a sheepskin coat and a fur hat

zimow|y adi. [1] [dzień, miesiąc, słońce, krajobraz, wypoczynek] winter attr. **zapaść w sen ~y** to hibernate; **depresja ~a** SAD, seasonal affective disorder [2] [płaszcz, obuwie] winter attr.

zindustrializ|ować /ˌzindustrjaliˈzɔvatɕ/ pf [] vt to industrialize; **~ować rolnictwo/kraj** to industrialize agriculture/the country ⇒ **industrializować**

[] **zindustrializować się** to be(come) industrialized ⇒ **industrializować się**

zindywidualiz|ować /ˌzindɨviduaˈlizɔvatɕ/ pf [] vt [1] (wyodrębnić) to make [sth] distinctive, to individualize; **~owany styl/język** an individualized style/language ⇒ **indywidualizować** [2] (potraktować indywidualnie) to individualize; **~ować program nauczania** to individualize the program of study ⇒ **indywidualizować**

[] **zindywidualizować się** książk. to be individualized ⇒ **indywidualizować się**

zinstytucjonaliz|ować /ˌzinstɨtutsjonaliˈzɔvatɕ/ pf [] vt to institutionalize; **~ować kulturę** to institutionalize culture ⇒ **instytucjonalizować**

[] **zinstytucjonalizować się** to be(come) institutionalized ⇒ **instytucjonalizować się**

zintegr|ować /ˌzinteˈgrɔvatɕ/ pf [] vt to integrate, to consolidate; **~ować działalność pokrewnych instytucji** to coordinate the activity of kindred institutions ⇒ **integrować**

[] **zintegrować się** książk. to assimilate, to be(come) integrated a. consolidated; **nie potrafił ~ować się ze społeczeństwem** he's unable to assimilate (into society) ⇒ **integrować się**

zintensyfik|ować /ˌzintɛnsɨfiˈkɔvatɕ/ *pf* **I** *vt* książk. to intensify; **~ować produkcję** to step up production ⇒ **intensyfikować** **II** **zintensyfikować się** książk. to be(come) intensified ⇒ **intensyfikować się**

zinterpret|ować /zintɛrprɛˈtɔvatɕ/ *pf vt* **1** (wyjaśnić) to explain, to comment on; **~ować tekst/wypowiedź** to comment on the text/statement; **błędnie ~owała przepisy** she misinterpreted the regulations ⇒ **interpretować** **2** (odtworzyć) to interpret *[utwór muzyczny, poezję]* ⇒ **interpretować**

zinwentaryz|ować /zinvɛntarɨˈzɔvatɕ/ *pf vt* to make an inventory of, to take stock of; **~ować zbiory muzealne** to inventory the museum's collection ⇒ **inwentaryzować**

zi|oło *n* zw. pl Bot. herb, herbaceous plant; **napar z ziół** herb(al) tea

ziołolecznictw|o *n sgt* herbalism, herbal medicine

ziołow|y *adi.* **1** *[lek, kosmetyk, mieszanka, kuracja, przyprawa]* herbal; **pieprz ~y** *a blend of herbs used as seasoning* **2** książk. (odnoszący się do ziół) herbal, herb *attr.*; **zapach ~y** herbal aroma

ziom|ek *m* (*Npl* ~**kowie**) ≈ compatriot; **~kowie z mojej wsi** people from my home town

ziomkostw|o *n* Polit. compatriots' association

ziomkows|ki *adi.* Polit. *[organizacje]* compatriots'

zio|nąć *pf, impf* (~**nęła**, ~**nęli**) *vi* książk. **1** (ziać, buchać) **~nął czosnkiem/dymem/ wódką** his breath smelled of garlic/smoke/ vodka; **~nął mi w twarz gorącym oddechem** I felt his hot breath on my face **2** przen. to exude *vt* przen.; **~nęła nienawiścią** she exuded hatred; **z jego twarzy ~nęła pogarda** his face radiated disdain **3** (wydzielać) to belch a. spew (out); **komin ~nął kłębami dymu** the chimney belched clouds of smoke; **wulkan ~nie gorącą lawą/popiołem** the volcano is spewing out hot lava/ash; **od pieca ~nęło żarem** the stove was radiating heat **4** przen. (rozwierać się) to gape; **zobaczyli przed sobą ~nącą przepaść** they saw a gaping abyss in front of them ■ **~nąć pustką** a. **pustkami** to be empty; **nocą ulice miasta ~nęły pustką** at night the streets were deserted

ziół|ko *n* **1** dem. (roślina) herb; **napar z ~ek** herb(al) tea **2** przen., pot. weirdo pot.; **niezłe z niego ~ko!** what a weirdo!

zipać *impf* → **zipnąć**

zip|nąć *pf* — **zip|ać** *impf* (~**nęła**, ~**nęli** — ~**ię**) *vi* pot. to pant ■ **ani (nie) ~nął** he didn't breathe a word; **ledwie ~ać** to be more dead than alive; **nie dać komuś nawet ~nąć** not to give sb time to catch his/her breath

ziryt|ować /zirɨˈtɔvatɕ/ *pf* **I** *vt* to irritate, to annoy; **~owało ją moje zachowanie** my behaviour irritated her ⇒ **irytować** **II** **zirytować się** to be irritated a. annoyed; **~ował się, że musi czekać** it annoyed him that he had to wait ⇒ **irytować się**

zirytowan|y /zirɨtɔˈvanɨ/ *adi. [osoba, głos, ton]* annoyed, irritated; **miała ~y wyraz twarzy** she looked annoyed

ziszczać *impf* → **ziścić**

zi|ścić /ˈzictɕitɕ/ *pf* — **zi|szczać** /ˈziʃtʃatɕ/ *impf* **I** *vt* książk. to fulfil; **ziścił pokładane w nim nadzieje** he fulfilled the hopes a. expectations placed in him **II** **ziścić się** — **ziszczać się** książk. *[nadzieje, plany]* to materialize, to come true; **ziściły się wszystkie jej pragnienia** all her desires were fulfilled; **moje marzenia się nie ziściły** my dreams didn't come true

zjadacz *m* (*Gpl* ~**y** a. ~**ów**) pot. eater ■ **~ chleba** the ordinary man in the street

zjada|ć *impf* **1** (spożywać pokarm) to eat **2** pot. (zużywać) to consume, to use *[prąd, gaz, benzynę]*; to take up *[czas]*; **dojazdy do pracy ~ją mnóstwo czasu** commuting takes up a lot of time; **piecyk ~ zbyt dużo prądu** the heater uses too much electricity **3** *[stany uczuciowe, emocjonalne]* to consume, to eat; **~ go zazdrość** he's devoured by jealousy; **przed każdym występem ~ go trema** he has butterflies in his stomach before every performance **4** przen. (opuszczać) to drop *[litery, wyrazy]* ■ **~ć kogoś wzrokiem** a. **oczami** to devour sb with one's eyes

zjadliwie *adv. grad.* **1** (złośliwie) *[uśmiechać się]* spitefully; **mówiła o swoim szefie bardzo ~** she was very scathing a. spiteful about her boss **2** Biol., Med. *[działać]* virulently **3** pot. (rażąco) violently, brightly; **suknia ~ pomarańczowego koloru** a garishly orange dress **4** pot. (apetycznie) **sałatka wyglądała całkiem ~** the salad looked quite appetizing

zjadliwoś|ć *f sgt* **1** (złośliwość) spitefulness **2** (bakterii, wirusów) virulence; (choroby) malignancy; **~ć grypy** the virulence of the flu

zjadliw|y *adi. grad.* książk. **1** (złośliwy) *[słowa, żarty, ton]* scathing, caustic; *[krytyk]* spiteful; **~a drwina/ironia** scathing irony; **robiła mi ~e uwagi** she said some spiteful things to me **2** (szkodliwy) virulent; **~e bakterie/zarazki/wirusy** virulent bacteria/germs/viruses **3** przen. (rażący) *[kolor, barwa]* garish, loud; **była ubrana w ~ą zieleń** she was dressed in (a) loud green **4** pot. (nadający się do jedzenia) edible; **ta zupa jest całkiem ~a** this soup is quite tasty

zjara|ć się *pf v refl.* pot. *[budynek, las]* to burn down ⇒ **jarać się**

zjaw|a *f* książk. **1** (widmo, duch) apparition, spectre; **upiorne ~y** ghoulish apparitions **2** (fantom) apparition, wraith

zjawiać się *impf* → **zjawić się**

zjaw|ić się *pf* — **zjaw|iać się** *impf v refl.* **1** (przybyć) to appear; **~ił się nie wiadomo skąd** he had materialized out of thin air; **nie ~iła się** she failed to turn a. show up; **rzadko się ~iał w domu rodziców** he hardly ever visited his parents; **~ił się u nas po północy** he turned up (at our place) after midnight; **~iła się bez uprzedzenia** she turned up unexpectedly; **~ił się na egzaminie w ostatniej chwili** he turned up for the exam at the very last minute; **~iła się na spotkanie punktu-** **alnie** she arrived for the meeting on time **2** (pojawić się) to appear; **na jej twarzy ~ił się wyraz smutku/uśmiech** a sad expression/a smile appeared on her face; **na stole ~iły się smakołyki** some delicacies appeared on the table

zjawisk|o *n* **1** (fakt) phenomenon; (zdarzenie) ~**o** occurrence; **~o Dopplera** the Doppler effect; **prawa rządzące ~ami przyrody** the laws governing natural phenomena; **~a ekonomiczne/językowe/społeczne** economic/linguistic/social phenomena; **badać ~a nadprzyrodzone** to study supernatural phenomena; **deszcz był tu rzadkim ~iem** rain was a rare occurrence here; **niecodzienne/osobliwe/powszednie ~o** an unusual/a curious/an everyday occurrence **2** książk. (fenomen) phenomenon **3** książk. (widziadło) vision, apparition; **dziewczyna piękna jak ~o** a girl as beautiful as a vision ❑ **~o magnetokaloryczne** Fiz. magnetocalorific effect; **~o magnetomechaniczne** Fiz. magnetomechanical effect; **~o magnetosprężyste** Fiz. magnetoelastic effect; **~o stroboskopowe** Techn. stroboscopic effect

zjawiskowo *adv.* książk. *[wyglądać]* dreamlike *adi.*

zjawiskowoś|ć *f sgt* książk. unearthliness

zjawiskow|y *adi.* **1** książk. (uroczy) *[urok, piękność]* dreamlike, unearthly **2** książk. (niezwykły) *[talent]* phenomenal, exceptional

zj|azd *m* (*G* **zjazdu**) **1** (zjeżdżanie) **pierwszy zjazd do kopalni rusza o 6 rano** the first shift goes down the mine at 6 o'clock; **zjazd windą trwa 45 sekund** it takes 45 seconds to go down by lift; **autokar przewrócił się podczas zjazdu śliską drogą** the coach overturned while going down a slippery road; **udało nam się zdążyć na ostatni zjazd kolejką linową** we managed to catch the last cable car down; **jeszcze tylko jeden zjazd na sankach i idziemy do domu** one more slide and we're going home **2** (pochyła powierzchnia) downward slope, descent; **ostre podjazdy i karkołomne zjazdy** steep climbs and breakneck descents; **skręć w prawo w zjazd prowadzący ku rzece** turn right into the road leading down to the river; **zjazd z autostrady** exit, off ramp US **3** (zebranie) (doroczny, krajowy, międzynarodowy) convention; (rodzinny, familijny, koleżeński) reunion; **doroczny zjazd lekarzy onkologów/literatów** an annual oncologists'/writers' convention; **co roku jeżdżę na zjazd absolwentów swojej szkoły** every year I attend a reunion organized by my school **4** pot. (zjechanie się) rally, mass meeting; **lato to okres najtłumniejszego zjazdu turystów do nadmorskich miejscowości** in the summer tourists descend in hordes on the seaside resorts **5** Sport (konkurencja narciarska) downhill (race) ❑ **zjazd do zajezdni** (napis na pojeździe) 'returning to depot'; **zjazd walny** general meeting

zjazdow|iec *m* Sport downhill skier

zjazdow|y *adi.* **1** *[materiały, dyskusja, dokumenty]* convention *attr.* **2** Sport *[narty]* downhill *attr.*; *[tereny]* skiing *attr.*; *[trasa]* ski *attr.*, skiing *attr.*; **narciarstwo ~e** downhill skiing

zjazdów|ka *f zw. pl* pot. (narta) downhill ski

zj|echać *pf* — **zj|eżdżać**[1] *impf* (**zjadę** — **zjeżdżam**) **I** *vt* posp. (skrytykować) to slate, to slam (**za coś** for sth) *[niechlujstwo, niedopatrzenie]*; **krytycy zjechali film/powieść** the critics slated the film/the book; **zjechała ostro syna za bałagan w pokoju** she went off at her son about the mess in his room

II *vi* [1] (w dół) (pojazdem) to drive down; (na nartach) to ski downhill; (na sankach) to toboggan; (windą) to go down; (po linie) to abseil [2] (ustąpić z drogi) to pull over; **zjechać na pobocze** to pull over onto the verge; **zjechać z drogi** to pull off the road; **zjechać w boczną drogę** to turn into a side road [3] przen. (zmienić temat) *[rozmowa]* to turn (**na coś** to sth); *[rozmówcy]* to change the subject; **rozmowa zjechała na tematy osobiste** the conversation turned to personal matters [4] (wrócić) **zjechać do zajezdni** *[autobus, tramwaj]* to return to the depot; **ciągniki zjechały z pola** the tractors left the field [5] książk. (przybyć) to arrive, to come; **zjechać na święta/na całe lato** to come a. arrive for the holidays/for the (whole) summer [6] pot. (zsunąć się) to slip; **okulary zjechały mu na koniec nosa** his glasses slipped down his nose

III **zjechać się** — **zjeżdżać się** [1] (zgromadzić się) to arrive; **zjechali się tłumnie** they arrived in droves; **ludzie zjechali się z całej okolicy na targ** people came to the market from all over the surrounding area; **zjechało się mnóstwo gości na wesele** loads of people came to the wedding [2] (spotkać się) to meet on the road; **zjechali się w połowie drogi** they met halfway

zjedn|ać *pf* — **zjedn|ywać** *impf vt* książk. (usposobić przychylnie) to win over; **umiał ~ywać sobie ludzi** he knew how to win people over; **~ała sobie kolegów skromnością i pracowitością** she endeared herself to her colleagues with her modesty and diligence książk.; **udało nam się go ~ać dla naszej sprawy** we managed to win him over to our cause; **jego zapał ~ywał mu wielu stronników** his enthusiasm won him many supporters; **~ać sobie szacunek otoczenia** to win a. gain the respect of those around one

zjednocze|nie **I** *sv* → **zjednoczyć**

II *n* (połączenie w jedno) unification; (organizacja) federation, union

zjednoczeniow|y *adi.* [1] książk. *[akcja, idea, polityka, kongres, program]* unification *attr.* [2] Ekon., Polit. unification *attr.*

zjednocz|yć *pf* **I** *vt* to unite, to unify; **Organizacja Narodów Zjednoczonych** the United Nations

II **zjednoczyć się** to unite, to join forces; **~yć się pod wspólnym hasłem** to join forces under a common banner

zjednywać *impf* → **zjednać**

zjełcza|ły *adi.* *[tłuszcz]* rancid

zjełcz|eć *pf* (**~ał**) *vt* *[tłuszcz]* to become a. go rancid

---

zj|eść *pf* (**zjem, zjesz, zjadł, zjadła, zjedli**) *vt* [1] (spożyć) to eat; **zjeść śniadanie/obiad/ kolację** to eat (one's) breakfast/lunch/ supper; **zjeść coś na surowo/na zimno** to eat sth raw/cold; **zjesz trochę zupy?** will you have some soup?; **lubił dobrze zjeść** he liked good food ⇒ **jeść** [2] pot., przen. (pochłonąć) to consume, eat away; **rdza zjadła błotniki w samochodzie** rust has eaten away the car's mudguards [3] przen. (wpłynąć negatywnie) to consume; **nerwy/ zmartwienia kogoś zjadają** sb is consumed by anxiety/worry ⇒ **jeść** [4] iron. (zrobić krzywdę) to eat; **nie bój się, przecież cię nie zjem** don't be afraid, I won't eat you [5] przen. (opuścić) to miss out, to drop; **tak szybko pisał, że zjadł kilka wyrazów** he wrote so fast that he missed out a few words [6] (w dyskusji) to devour; **dyskutanci zjedli go w kilku zdaniach** the participants in the discussion ate him alive przen.

zje|ździć *pf* — **zje|żdżać**[2] *impf vt* [1] (objechać) to travel across; **~ździć całą Europę** to travel across Europe [2] pot. (zużyć jeżdżeniem) to run into the ground; **~żdżona droga** a rutted road

zjeżdżać[1] *impf* → **zjechać**

zjeżdżać[2] *impf* → **zjeździć**

zjeżdża|ć[3] *impf vi* posp. to take off in a hurry; **~j stąd!** get lost! pot.

zjeżdżal|nia *f (Gpl* **~ni** a. **~ń)** slide

zjeż|ony **I** *pp* → **zjeżyć**

II *adi.* pot. bristled up, puffed up

zjeż|yć *pf* — **zjeż|ać** *impf* **I** *vt* [1] (nastroszyć) **pies ~ył sierść na grzbiecie** the dog raised its hackles; **~ona czupryna** roughed-up hair [2] przen. **strach ~ył mi włosy na głowie** my hair stood on end through fear

II **zjeżyć się** — **zjeżać się** [1] (nastroszyć się) *[zwierzę]* to bristle (up); **włosy ~yły mu się na głowie** his hair stood on end; **kot się ~ył** the cat bristled (up) [2] przen. (obruszyć się) *[osoba]* to bristle; **~yć się na czyjś widok** to bristle at the sight of sb

zjędrni|eć *pf* (**~ał**) *[ciało, skóra]* to firm (up) ⇒ **jędrnieć**

z kretesem książk. **przegrać mecz ~** to suffer a resounding defeat; **przepaść ~ w wyborach** to be (totally) crushed in the election(s)

zl|ać[1] *pf* — **zl|ewać** *impf* (**zleję** — **zlewam**) **I** *vt* [1] (odlać) to pour off [2] (przelać) to pour off, to decant *[wino]* [3] (oblać) to drench, to souse; **zlewać drzewa środkami owadobójczymi** to spray trees with insecticides

II **zlać się** — **zlewać się** [1] (połączyć się) to merge; **tam, gdzie się zlewają dwie rzeki** where the two rivers merge [2] przen. (nie odróżniać się) to merge, to blur; **niewyraźny wzór zlewa się z tłem** the indistinct pattern blurs in with the background; **dźwięki zlewały się w jedno** the sounds merged together a. into one [3] (polać się) to pour [sth] on oneself; **zlewać się wonnościami** a. **perfumami** to pour perfume on oneself; **zlać się potem** to be bathed in sweat [4] (nawzajem) to souse each other; **w poniedziałek wielkanocny zlewano się wodą** on Easter Monday people soused one

---

another with water [5] posp. (zsiusiać się) to wet oneself a. one's pants

zl|ać[2] *pf vt* posp. to thrash (**czymś** with sth); to give [sb] a hiding pot.; **zlała syna pasem** she thrashed her son with a belt

zlaicyz|ować *pf* książk. **I** *vt* to secularize *[szkołę, społeczeństwo]* ⇒ **laicyzować**

II **zlaicyzować się** to become secularized ⇒ **laicyzować się**

zlatywać *impf* → **zlecieć**

zląc się → **zlęknąć się**

zlecać *impf* → **zlecić**

zlece|nie **I** *sv* → **zlecić**

II *n* [1] (polecenie) instructions *pl*; **ustne/ pisemne ~nie** oral/written instructions; **~nie wykonania naprawy** a repair order [2] (pisemne) order, directive [3] (umowa) freelance agreement [4] pot. (praca) freelancing, freelance work; **pracować na ~nie** to do freelance work

zleceniobiorc|a *m* contractor, freelancer

zleceniodawc|a *m* employer

zle|cić *pf* — **zle|cać** *impf vt* to commission; **~cono mu namalowanie jej portretu** he was commissioned to paint her portrait; **~cono jej opiekę nad bezdomnymi** she was appointed to care for the homeless; **administracja ~ciła firmie remont budynku** the administration office signed a contract with the firm to renovate the building; **praca ~cona** freelance work

zl|ecieć *pf* — **zl|atywać** *impf* (**zlecisz, zleciał, zleciała, zlecieli — zlatuję**) **I** *vi* [1] (sfrunąć) to fly down [2] pot. (upaść) to fall (down); **zlecieć ze schodów** to fall down the stairs; **zlecieć z konia/drabiny** to fall off a horse/ladder; **czapka ciągle zlatywała mu z głowy** his cap kept falling off; **z sufitu zleciało trochę farby** a bit of paint came down from the ceiling; **książka zleciała na ziemię** the book flew down (on)to the ground [3] przen. (upłynąć) to pass, to fly by; **na pogawędce czas nam szybko zleciał** the time just flew during our chat [4] pot. (zbiec) to run down; **zlecieć po schodach/z górki** to run down the stairs/down a hill

II **zlecieć się** — **zlatywać się** [1] (przyfrunąć) to fly in; **gołębie zleciały się do chleba** the pigeons flew down to the bread [2] pot. (przybiec) to come (in) running; **za chwilę wszyscy się tu zlecą** everyone will come running in soon

zlec|ony **I** *pp* → **zlecić**

II *adi.* *[praca]* freelance *attr.*

III **zlecone** *plt* freelance work

z ledwością książk. **wstał ~ z łóżka** he could hardly get out of bed; **~ powstrzymał się od śmiechu** he barely managed to stop himself from laughing

zlekceważ|yć *pf vt* [1] (zbagatelizować) to ignore; **~yć czyjeś ostrzeżenie** to ignore sb's warning; **~yć niebezpieczeństwo** to disregard the danger; **~yła pierwsze oznaki grypy** she ignored the first signs of flu; **~yli nas jako przeciwnika** they underestimated our opposition ⇒ **lekceważyć** [2] (zignorować) to disregard, to ignore; **~yć polecenia szefa** to disregard the boss's instructions ⇒ **lekceważyć**

zlep|ek *m (G* **~ku)** pot. blend, patchwork; **~ek kultur** a blend a. patchwork of cultures; **~ek gliny i gipsu** a blend of clay and plaster

zlepiać *impf* → **zlepić**

zlep|ić *pf* — **zlep|iać** *impf* **I** *vt* [1] (złączyć) to join together; (skleić) to glue together; **~ił brzegi pierogów** he pressed together the edges of the dumplings [2] przen. (naprawić) to patch up

II zlepić się — zlepiać się to stick together; **landrynki się ~iły** the sweets stuck together; **kasza ~iła się w grudki** the porridge went lumpy

zlew *m* (*G* **~u**) (zlewozmywak) (kitchen) sink; **umyć ręce nad ~em** to wash one's hands in a. over the sink; **wstawić naczynia do ~u** to put the (dirty) dishes in the sink

zlewać *impf* → **zlać**[1]

zlewisk|o *n* Geog. basin; **~o Oceanu Atlantyckiego** the Atlantic Basin

zlew|ki *plt* (*G* **~ek**) slops; **karmić świnie ~kami** to feed pigs on slops

zlewozmywak *m* (kitchen) sink; **~ w obudowie** a sink unit; **~ jednokomorowy/dwukomorowy** a one-/two-compartment sink

zlewozmywakow|y *adi.* *[kran, szafka, komora]* sink *attr.*

z|leźć *pf* — **z|łazić**[1] *impf* (**zlezę, zleziesz, zlazł, zlazła, zleźli — złażę**) **I** *vi* pot. [1] (zgramolić się) to climb down, to make one's way down; **złazić po drabinie** to climb down a ladder; **nie mógł zleźć z konia** he couldn't get off the horse; **zleźć ostrożnie na dół** to come down carefully [2] (obleźć) *[farba, skóra]* to peel off

II zleźć się — złazić się pot. (zejść się) to congregate, to gather

zleża|ły *adi.* [1] (zbutwiały, sparciały) old; *[żywność]* stale [2] książk., iron. (nieaktualny) *[teoria]* stale, old; **nikogo nie śmieszą ~łe dowcipy** nobody laughs at stale jokes

zleż|eć się *pf* (**~ał się**) *v refl.* książk. to become stale; **przewietrz pościel, żeby się nie ~ała** air the bedclothes so they don't get smelly pot.

zl|ęknąć się, zl|ąc się *pf* (zląkł się) *v refl.* to be frightened a. scared (**czegoś** by sth); to take fright (**czegoś** at sth); **zlęknąć się odpowiedzialności/kary** to be frightened by the responsibility/punishment; **zlęknąć się na czyjś widok** to be frightened by sb's appearance; **zlękła się, że zostanie sama** she got scared that she might be left on her own; **zlękli się pogróżek dyrektora** the director's threats put the wind up them pot. a. had them scared

zlękni|ony *adi.* frightened; **~ony wzrok/wyraz twarzy** a frightened glance/expression

zliberaliz|ować *pf vt* [1] książk. (złagodzić) to liberalize ⇒ **liberalizować** [2] Prawo to liberalize; **~owane przepisy** liberalized regulations ⇒ **liberalizować**

zlicyt|ować *pf vt* (sprzedać na licytacji) to auction off, to put up for auction; **~ować czyjś majątek** to auction off sb's estate ⇒ **licytować**

zliczać *impf* → **zliczyć**

zlicz|yć *pf* — **zlicz|ać** *impf vt* to sum up *[dochody, wydatki, straty]*; **nie umie do trzech ~yć** he doesn't know how many beans make five; **tyle, że trudno** a. **że nie**

sposób ~yć so much/many that you can hardly count it/them (up)

zlikwid|ować *pf* **I** *vt* [1] (usunąć) to close down *[przedsiębiorstwo, spółkę]*; to eradicate *[analfabetyzm, pijaństwo]*; **~ować mieszkanie w mieście** to sell a flat in the city ⇒ **likwidować** [2] pot. (uśmiercić) to liquidate, to eliminate ⇒ **likwidować**

II zlikwidować się książk. to go into liquidation; **spółka się ~owała** the company went into liquidation

zlincz|ować *pf vt* to lynch *[mordercę, zbrodniarza]* ⇒ **linczować**

zlit|ować się *pf v refl.* to take pity (**nad kimś** on sb); **~ował się i dał mu pracę** he took pity on him and gave him a job ■ **~uj się!** have mercy!

zli|zać *pf* — **zli|zywać** *impf* (**~żę ~zuję**) *vt* to lick off; **~zał krem z łyżeczki** he licked the cream off the spoon; **kot ~zywał z podłogi rozlane mleko** the cat lapped up the spilt milk from the floor

zlizywać *impf* → **zlizać**

zlodowacia|ły *adi.* książk. [1] *[śnieg, powłoka]* frozen [2] (zziębnięty) *[ręce, stopy]* freezing-cold [3] przen. (oschły) *[serce]* cold

zlodowacie|ć *pf* (**~eję, ~ał, ~eli**) *vi* [1] (zamarznąć) *[śnieg, powierzchnia]* to freeze ⇒ **lodowacieć** [2] (zmarznąć) *[osoba, ręce]* to get cold, to freeze ⇒ **lodowacieć** [3] książk., przen. (zdrętwieć) to freeze, to go numb; **~ałem ze strachu** I froze in fear ⇒ **lodowacieć** [4] książk., przen. (stać się oschłym) to become cold przen. ⇒ **lodowacieć**

zlokaliz|ować *pf* **I** *vt* książk. [1] (umiejscowić) to locate; **nowy supermarket ~owano pod miastem** the new supermarket was located outside town ⇒ **lokalizować** [2] (ograniczyć) to localize; **~ować epidemię** to localize an epidemic ⇒ **lokalizować** [3] (znaleźć) to localize, to find *[przestępcę, ławicę ryb]* ⇒ **lokalizować**

II zlokalizować się to become localized ⇒ **lokalizować się**

zlo|t *m* (*G* **~tu**) [1] (zjazd, zebranie) rally; **międzynarodowy ~t młodzieży** an international youth rally; **być na ~cie harcerzy** to attend a scout rally [2] Myśliw. flight; **~t dzikiego ptactwa** a flight of wildfowl

zlotow|y *adi.* *[plakietki, proporczyki]* rally *attr.*

zlustr|ować *pf* **I** *vt* [1] (skontrolować) to inspect *[budynek, stan sanitarny]* ⇒ **lustrować** [2] (przyjrzeć się) to look [sb] up and down; **~ował go dokładnie uważnie od stóp do głów** she carefully looked him up and down ⇒ **lustrować** [3] Polit. (zweryfikować) to screen *(for collaboration with the secret police)* *[urzędnika, kandydata]* ⇒ **lustrować**

II zlustrować się to look each other up and down ⇒ **lustrować się**

zlut|ować *pf vt* to solder ⇒ **lutować**

zluz|ować *pf* — **zluz|owywać** *impf* **I** *vt* pot. [1] (zmienić) to relieve *[straże, wartownika]* [2] (obluzować) to loosen, to slacken *[łańcuch, linę]*; **~ować bandaż/(swój) zaciśnięty pasek** to loosen the bandage/one's tight belt

II zluzować się — zluzowywać się [1] to take turns; **czuwając przy chorym, ~owywali się co parę godzin** they

looked after the sick man in shifts of a few hours each [2] (poluzować się) to loosen, to become loose

zluzowywać *impf* → **zluzować**

zł (= złoty) zloty

złach|any, ~maniony *adi.* pot. [1] (zniszczony) *[ubranie]* ragged, worn out [2] (zmęczony) *[osoba]* dead tired pot.; worn out przen.

złagadzać *impf* → **złagodzić**

złagodnia|ły *adi.* *[osoba]* mellow; *[twarz, gesty]* softened

złagodni|eć *pf* (**~eję, ~ał, ~eli**) *vi* [1] (stracić surowość) *[osoba, mina]* to mellow [2] Meteo. to ease off; to abate książk.; **wiatr/mróz ~ał** the wind/frost eased off [3] *[sąd, opinia]* to become less harsh [4] *[ruchy]* to become gentler

złag|odzić *pf* — **złag|adzać** *impf vt* [1] (uczynić mniej surowym) to temper, to soften; **~odzić obyczaje** to temper one's manners; **~odzić wyrok sądowy** to commute a sentence [2] przen. (osłabić) to alleviate *[ból]*; to turn down *[światło]*; to tone down *[kolor]*

zła|jać *pf* (**~ję**) *vt* pot. to chide (**za coś** for sth) ⇒ **łajać**

złakni|ony *adi.* książk. [1] (zgłodniały) extremely hungry, starving; (spragniony) thirsty [2] przen. (żądny) craving; **~ony wypoczynku** craving (for) some rest; **~ony wiadomości** craving for information

złakom|ić się *pf v refl.* pot., pejor. [1] (połakomić się) to give in to temptation; **~ił się na ostatni kawałek tortu** he couldn't resist a. help eating the last piece of cake [2] (połaszczyć się) **~ił się na duży majątek** he was attracted by the prospect of great wealth; **kto by się na coś takiego ~ił?** who would want something like that?

złam|ać *pf* (**~ię**) **I** *vt* [1] (przełamać) to break *[kij, laskę, pieczęć]*; **~ać rękę/nogę** to break one's arm/leg; **~ać kark** to break one's neck [2] (pokonać) to break; **~ać czyjś opór** to break sb's resistance; **~ać szyki nieprzyjaciela** to break the enemy's ranks; **~ać komuś serce** to break sb's heart [3] (naruszyć przepisy, nie dotrzymać słowa) to break; **~ać prawo** to break the law; **~ać przepis drogowy** to infringe a traffic regulation; **~ać słowo** to break one's word [4] Druk. to format

II złamać się [1] (pęknąć) to break [2] pot. (ustąpić) to break down

■ **~ać szyfr** to break a. crack a code; **~any we dwoje** doubled over; **nie mam ~anego grosza** I haven't got a penny to my name; **to nie jest warte ~anego grosza** it's not worth a brass farthing

złama|nie I *sv* → **złamać**

II *n* Med. fracture

❏ **~nie otwarte** Med. open fracture; **~nie z przemieszczeniem** Med. fracture with displacement; **~nie zamknięte** Med. simple fracture

■ „**~nia karku**" 'break a leg'; **jechać** a. **lecieć** a. **pędzić na ~nie karku** to drive a. run a. dash at breakneck speed

złaman|y I *pp* → **złamać**

II *adi.* [1] (zrozpaczony) *[osoba]* broken [2] pot. (stłumiony) *[kolor]* toned down

złap|ać *pf* (**~ię**) **I** *vt* [1] (chwycić, zatrzymać) to catch *[piłkę, złodzieja, rybę]*; **~ać motyla w siatkę** to net a butterfly; **~ać zwierzę w**

potrzask to trap an animal; **~ać zwierzę na lasso** to lasso an animal; **~ać kogoś za kołnierz/za kark/za gardło** to grab sb by the collar/by the scruff of his neck/by the throat; **~ać jakąś falę** a. **stację** Radio to pick up a wavelength a. station; **~ać kogoś na czymś** to catch sb doing sth; **~ać oddech** to catch one's breath; **~ać pociąg/ samolot/taksówkę** to catch a train/plane/ taxi; **~ać gumę** to get a puncture [2] przen. to seize, to overwhelm; **~ał mnie skurcz w nodze** I got cramp in my leg; **~ał mnie lęk** a. **strach** I was seized by fear [3] (zaskoczyć) to catch; **w drodze powrotnej ~ała go burza** on the way back he was caught by a storm

[II] **złapać się** [1] (położyć rękę) to clutch, to grab; **~ać się za gardło/serce/brzuch** to clutch a. grab one's throat/heart/stomach; **~ać się na czymś** to catch oneself doing sth [2] (jeden drugiego) to get hold of one another; **~ali się wpół** they grabbed each other around the waist [3] (o zwierzętach) to be caught; **mysz się ~ała w pułapkę** the mouse was caught in the trap [4] przen. to be taken in (**na coś** by sth); **dałam się ~ać w pułapkę** I fell into a trap

■ **~ać katar/grypę** to catch a cold/(the) flu; **~ać kogoś za rękę** to catch sb in the act a. red-handed; **~ać dwóję** (ocenę niedostateczną) to get an F; **~ać dwóję z egzaminu** to flunk an exam; **~ał mnie prąd** I got an electric shock; **~ać się za coś** (zacząć coś robić) pot. to get down to sth pot.

złazić[1] *pf* → **zleźć**

zła|zić[2] *pf* [I] *vi* pot. to walk all over; **~zić Tatry wzdłuż i wszerz** to walk all over the Tatra mountains

[II] **złazić się** pot. to tire of walking; **~ził się przez cały dzień po lesie** he tired himself out walking in the forest all day

złączać *impf* → **złączyć**

złącz|e *n* (*Gpl* **~y**) Techn. connector, joint; **~e śrubowe** spiral connector

złącz|ony[II] *pp* → **złączyć**

[II] *adi.* joined

złącz|yć *pf* — **złącz|ać** *impf* [I] *vt* [1] (połączyć) to join [2] (scalić) to merge; **~yć dwa wydziały w jeden** to merge two departments into one [3] przen. to bind; **~yła ich wielka przyjaźń** they were bound by their great friendship

[II] **złączyć się** — **złączać się** [1] (zewrzeć się) to join; **dłonie ich ~yły się w uścisku** their hands joined together [2] (połączyć się) to unite, to join together

zł|o *n sgt* [1] (przeciwieństwo dobra) evil, wrong; **zło bezwzględne/społeczne** unmitigated/ social evil; **zło moralne** moral wrong; **walka dobra ze złem** a battle a. conflict between good and evil; **źródło wszelkiego zła** the root of all evil; **mieć poczucie dobra i zła** to have a sense of wrong and right, to know right from wrong; **wykorzenić/tępić zło** to root out/fight evil; **być wcieleniem zła** to be evil incarnate; **zło czai się wszędzie** the evil lurks everywhere [2] (czyn) wrong *C*, evil *C/U*; **zło nieodwracalne** an irreparable wrong; **czynić zło** to do evil; **wyrządzić komuś zło** to do great harm to sb; **naprawić (wyrządzone)**

zło to redress a. right a wrong [3] (cecha) badness, bad; **dobroć i zło charakteru człowieka** the goodness and badness of human nature; **widzieć w kimś/czymś tylko zło** to see only the bad in sb/sth; **w każdym jest dobro i zło** there is goodness and badness a. good and bad in everyone

■ **zło konieczne** necessary evil; **podatki są złem koniecznym** taxes are a necessary evil; **wybrać mniejsze zło** to choose the lesser of two evils a. the lesser evil

złoce|nie[II] *sv* → **złocić**

[II] *n* (warstwa złota) gold leaf *U*, gilt; (pozłocona powierzchnia) gilding *U*; **bogate ~nia barokowych rzeźb** the lavish gilding on baroque sculptures

zło|cić *impf* [I] *vt* [1] (pokrywać złotem) to gild [powierzchnię, rzeźbę, brzegi]; to apply a layer of gold leaf to [sztućce, guziki, armaturę]; (malować na złoty kolor) to paint [sth] golden ⇒ **pozłocić** [2] (nadawać złocisty połysk) to gild [widok, pola, budowle]; **słońce ~ciło fasady budynków** the sun was gilding the fronts of the buildings; **jesień ~ci drzewa** trees turn golden in autumn ⇒ **pozłocić**

[II] **złocić się** (błyszczeć) [kaczeńce, łan pszenicy, łuna] to shine like gold

złocie|ń *m* Bot. chrysanthemum

złocistoś|ć *f sgt* książk. (pozłota) gilding; (kolor) golden colour a. hue *C*; (blask) golden radiance, golden glow; **~ć jej włosów** (odcień) the golden hue of her hair; (połysk) the golden gleam of her hair; **~ć zachodzącego słońca** the golden radiance of the setting sun

złoci|sty [I] *adi. grad.* książk. (o złotym kolorze) [włosy, skóra, piasek, światło, blask] golden; [jabłko, tkanina, napój] amber *attr.*

[II] *adi.* przest. [kielich, monstrancja, korona] (zrobiony ze złota) golden; (pozłacany) gilded; **~sta tkanina** (przetykana złotem) a cloth of gold

złociście *adv. grad.* [błyszczeć, świecić] goldenly

złociut|ki *adi. dem.* pieszcz. [1] (o kolorze) [słońce, miód, włosy] golden [2] (o ludziach) [sąsiad, córeczka] darling; **moja ~ka!** my dear a. dearie! GB pot.

złoc|ony[II] *pp* → **złocić**

[II] *adi.* (pokryty złotem) (galwanicznie) [sztućce, biżuteria] gold-plated; (farbą, folią, proszkiem) [posążek, waza, dach] gilded, gilt; **~one ramy** a gilded picture frame; **książka o ~onych brzegach** a gilt-edged book; **~one w środku filiżanki** parcel-gilt cups

złoczyńc|a *m* książk. villain; malefactor książk.

złodzie|j *m* (*Gpl* **~i** a. **~jów**) (przestępca) thief; larcenist książk.; **~j samochodów** a car thief; twoccer GB pot.; **~j sklepowy** a shoplifter; a booster US pot.; **szajka** a. **banda ~i** a gang of thieves; **gonić/ złapać ~ja** to chase/catch a thief; **~j ukradł mi torebkę/portmonetkę** a thief snatched my handbag/purse; **~je ograbili mu mieszkanie** thieves ransacked his flat

❏ **~j kieszonkowy** pickpocket; cutpurse przest.

■ **na ~ju czapka gore** przysł. ≈ a guilty person never behaves naturally; **okazja**

czyni ~ja przysł. a postern door makes a thief

złodziejasz|ek *m* (*Npl* **~ki**) pilferer

złodziej|ka *f* [1] (przestępczyni) thief; larcenist książk. [2] pot. (rozgałęziacz) adaptor a. adapter GB

złodziejs|ki *adi.* [1] [fach, umiejętności] thieving *attr.*; [życie, zamiary, charakter, skłonności] thievish; larcenous książk.; [melina] of thieves [2] pot., przen. (zawyżony) [cena, podatki] outrageous; **~ki lokal** a gyp joint pot.; **to jest ~ka cena** it's a rip-off pot.

złodziejstw|o *n sgt* (kradzież) theft; (przywłaszczenie mienia osobistego) larceny; (proceder) thieving; **skazali go za ~o** he was convicted of theft

zł|oić *pf vt* pot. to lather pot., to larrup pot. [dzieciaka, łobuza, skarżypytę]; **złoić komuś skórę** to tan sb's hide pot. ⇒ **łoić**

złom *m* (*G* **~u**) [1] *sgt* Techn. (surowiec wtórny) scrap; (metalowy) scrap metal; **~ żelazny/ szklany** scrap iron/glass; **skład ~u** a scrap heap; **pójść na ~** to go to the scrap heap; **oddać maszyny/statek na ~** to scrap machines/a ship; **ta technologia nadaje się tylko na ~** pot., przen. this technology can be only consigned a. relegated to the scrap heap; **stary jestem i nadaję się już tylko na ~** pot., przen. I'm old and should be thrown to the dogs [2] *sgt* pot. (niesprawne urządzenia) junk pot.; (przestarzałe idee) scrap heap przen. [3] książk. (kawał) block, chunk; **ogromne ~y piaskowca** huge blocks of sandstone; **~y lodu na powierzchni jeziora** blocks a. chunks of ice floating in the lake

złom|ować *impf vt* to scrap [urządzenie, pojazd, statek]

złomowisk|o *n* Techn. [1] (składnica złomu) scrapyard GB, junkyard US; **~o samochodowe** a (car-)breaker's yard GB, a salvage yard US; **wywieźć** a. **oddać samochód na ~o** to give a car to a breaker GB a. scrapper US [2] (nagromadzony złom) scrap heap; **znaleźć coś cennego pośród ~a** to find something valuable on a scrap heap

złorzecze|nie [I] *sv* → **złorzeczyć**

[II] *n* imprecation książk.; curse; **mamrotać pod nosem ~nia** to utter imprecations a. curses under one's breath

złorzecz|yć *impf vi* (życzyć złego) to invoke evil (**komuś/czemuś** against sb/sth); to imprecate *vt* przest.; (przeklinać) to curse *vt*; **~yła swoim prześladowcom** she cursed her persecutors; **~yć Bogu** to blaspheme against God; **~ył swemu losowi** he cursed his luck

złoś|cić *impf* [I] *vt* (wywoływać gniew) to make [sb] angry; (mocno denerwować) to exasperate; (irytować) to annoy; **~ści mnie swoim zachowaniem** a. **jego zachowanie ~ści mnie** his behaviour annoys me, I find his behaviour irritating; **~ści mnie moja własna bezsilność/nieuwaga** I'm exasperated at a. with my own powerlessness/ inattentiveness; **nic go bardziej nie ~ściło jak niechlujstwo** nothing exasperated him more than sloppiness; **co cię tak ~ści?** why are you so annoyed?

[II] **złościć się** (być rozgniewanym) to be annoyed (**na kogoś/coś** with a. at sb/sth);

(okazywać gniew) to fume (**na coś** over sth); **ona potrafi się ~ścić o byle co** she gets annoyed very easily; **~ścił się, że musi tak długo czekać** he was annoyed at having to wait so long; **~ściła się bez powodu** she got annoyed over nothing

złoś|ć f sgt (bezsilne wzburzenie) anger; (irytacja) annoyance, exasperation; **w napadzie ~ci** in a fit of anger; **z błyskiem ~ci w oczach** with a glint of annoyance in one's eyes; **syk ~ci** a hiss of annoyance; **czuć do kogoś ~ć** to be angry at sb; **dusić w sobie ~ć** to repress a. suppress one's anger; **wpadać w ~ć** to lose one's temper; **wzbudzać czyjąś ~ć** to make sb angry; **gdy to usłyszał, ogarnęła go ~ć** having heard that he became angry; **dlaczego wyładowujesz swoją ~ć na mnie?** why are you venting your anger a. spleen on me?; **w ~ci potrafi uderzyć** he can hit in anger; **powiesz coś w ~ci, a potem żałujesz** you say something in anger and then regret it; **poczerwieniał ze ~ci** he reddened with anger; **ze ~ci zaciskał zęby** he clenched his teeth in exasperation a. anger; **ze ~cią przerzucał kartki/odpowiadał na pytania** he thumbed the pages/replied to questions angrily

■ **jak na ~ć** to make matters worse; **na ~ć** out of spite; **na ~ć trzasnął drzwiami** he slammed the door out of spite; **zrobił to nam/swojej rodzinie na ~ć** he did it to spite us/his family; **aż się w nim/niej ze ~ci gotowało** pot. he/she felt a flare of anger within him/her; **pękać a. skręcać się ze ~ci** to be breathing fire; to be apoplectic with rage pot.; **pienić się ze ~ci** to foam at the mouth przen., pot.; **~ć piękności szkodzi** przysł. ≈ one looks ugly when annoyed a. angry

złośliwie adv. grad. (ze złej woli) [postępować, szkodzić] maliciously, mischievously; (aby urazić, dokuczyć) [uśmiechać się, zepsuć] spitefully, maliciously; (aby rozbawić) [przedstawić, namawiać] wickedly; **~ dowcipny** wickedly funny; **był wobec niej ~ krytyczny** he was maliciously a. spitefully critical about her; „**starzejesz się**" **zauważyła ~** 'you're aging,' she said maliciously; **~ połamał jej wszystkie kredki** he broke all her crayons out of spite

złośliw|iec m (V ~cze a. ~cu) pot. (niemiły) nasty a. malicious person; (zabawny) tease

złośliwoś|ć f [1] sgt (wola czynienia zła) malice; (cecha) maliciousness; (chęć dokuczenia, urażenia) spite, spitefulness; (charakter) nastiness; **moja/jego wrodzona ~ć** my/his natural spitefulness a. nastiness; **~ć losu** the maliciousness of fate; **nie bez ~ci** not entirely unkindly; **powiedzieć coś z nieukrywaną ~cią** to say sth with unconcealed a. obvious malice [2] (uwaga) malicious a. nasty remark; (postępek) **to była ~ć** it was a malicious thing to do; **słyszała od koleżanek same ~ci** she heard nothing but caustic remarks from her friends [3] sgt Med. (właściwość choroby, zarazków) virulence; (cecha nowotworu) malignancy

■ **małpia ~ć** pot. gleeful spite; **~ć rzeczy martwych** the perversity of inanimate objects

złośliw|y [] adi. grad. [1] (mający niedobre intencje) [osoba, plotki, uwaga] malicious; (obraźliwy, obrażający) [osoba, żart, krytyka] spiteful; (nieprzyjemny) [osoba, pogłoska, figiel] nasty; (uszczypliwy) [karykatura, aluzja] wicked; (dokuczliwy) [osoba, wypowiedź] catty; bitchy pot.; **~y uśmieszek** a teasing smile; **być ~ym z natury** to have a nasty disposition; **jest najzłośliwszą plotkarą, jaką znam** she's the cattiest a. the most spiteful gossiper I know [2] (zaskakująco przykry) [zbieg okoliczności] malicious; [okoliczności, pogoda] nasty; **~y los pokrzyżował nasze plany** by some malicious turn of fate our plans were thwarted [3] Med. (groźny) [zarazki, wirus, schorzenie] virulent; [choroba] malignant, virulent; [nowotwór, guz] malignant

[] **złośliwi** plt nasties pot.

❑ **anemia** a. **niedokrwistość ~a** Med. pernicious anaemia a. anemia US

■ **~e języki** people with nasty tongues

złośnic|a f pot. shrew; cat pot.

złośni|k m pot. crosspatch pot.

złotawo [] adv. [lśnić, połyskiwać] goldenly

[] **złotawo-** w wyrazach złożonych golden-, goldish-; **złotawobrązowy** goldish-brown

złotaw|y adi. [1] [włosy, poblask, światło] golden; [listowie, cera] amber [2] Chem. [związki] aurous spec.

złot|ko n [1] pieszcz. dear; ducky GB pot., sugar US pot. [2] pot. (staniol) (jako ozdoba) gold tinsel U; (jako opakowanie) gold (tin)foil U; **cukierki w ~ku** sweets wrapped in gold foil

złotnictw|o n sgt [1] (rzemiosło artystyczne) goldsmith(e)ry, goldsmithing [2] (ogół wyrobów) goldsmith(e)ry; **arcydzieła ~a Bizancjum** masterpieces of Byzantine goldsmithery [3] (zawód) goldsmith(e)ry; **uprawiać ~o** to be a goldsmith

złotnicz|y adi. [warsztat, narzędzia] goldsmith's; [sztuka, techniki, tradycja] of goldsmith(e)ry; **mistrz ~y** master goldsmith; **kunszt ~y** goldsmithery; **skarby sztuki ~ej** treasures of goldsmithery

złotni|k m (wyrabiający przedmioty) goldsmith; (wykonujący złocenia) gilder

zło|to [] n [1] sgt Chem. (pierwiastek, metal) gold; **czyste ~to** pure a. solid gold; **~to w sztabkach** gold ingots; **ceny ~ta** gold prices, prices of gold; **~to pierwszej próby** 96 per cent; **tron ze szczerego ~ta** a throne of real gold; **kopalnia/poszukiwacz ~ta** a gold mine/gold-digger; **poszukiwać ~ta** to prospect for gold; **samorodek ~ta** a gold nugget [2] sgt (przedmioty ze złota, pozłacane) gold; **ukradli nam ~to i pieniądze** they stole our gold and money; **lubię nosić ~to** I like wearing gold [3] sgt (złote nici) gold threads; (płatki złota, folia) gold leaf; (złocenie) gilding; **siodło nabijane ~tem** a saddle studded with gold; **kołnierz obszyty ~tem** a collar trimmed with gold braid [4] sgt (złote monety) gold; gold coins pl; **pięćdziesiąt rubli w ~cie** fifty roubles in gold; **płacić ~tem** to pay in gold [5] pot., Sport (złoty medal) gold, gold medal; **wygrać ~to na olimpiadzie** to win gold at the Olympic Games; **będziemy walczyć o ~to** we're going for gold [6] sgt (złoty odcień) gold, amber; **~to jej opalenizny** the gold of her tan

[] adv. [świecić, mienić się] goldenly

❑ **białe ~to** white gold; **czarne ~to** książk. coal; **~to dukatowe** pure gold, 24-carat a. karat US gold; **~to amerykańskie** gilded pinchbeck

■ **jak ~to** pot. [dziecko] as good as gold; [osoba, przedmiot, stan] tip-top, first-rate; **kopalnia a. żyła ~ta** gold mine przen.; **~to, nie człowiek** pot. a heart of gold; **kapać ~tem** to be dripping with gold; **obiecywać (komuś) góry ~ta** to promise (sb) the earth a. moon; **sypać ~tem** to spend money lavishly; **nie wszystko ~to, co się świeci** przysł. all that glitters is not gold przysł.

złotodajn|y adi. [skała, pokłady] gold-bearing, auriferous

złotogłów m (G ~owiu a. ~owia a. ~owu) [1] (tkanina) cloth of gold U [2] Bot. **lilia ~ów** a martagon lily, a Turk's cap lily; **~ów biały** an asphodel

złotou|sty adi. książk. [mówca, kaznodzieja] silver-tongued, eloquent

złotowłos|y adi. książk. [dziewczyna, chłopczyk] with golden hair, golden-haired

złotow|y¹ [] adi. [1] Ekon. (dotyczący waluty) [kredyt, lokata] in zlotys; **~y system monetarny** the zloty monetary system [2] (małej wartości) (o prezentach, zakupach) worth a button; (o wydatkach) of little worth

[] **-złotowy** w wyrazach złożonych -zloty; **banknot dziesięciozłotowy** a ten-zloty banknote

złotow|y² adi. Chem. [związki] auric

złotów|ka f Fin. [1] (jednostka monetarna) (the) zloty; **stabilizacja ~ki** (the) stabilization of the zloty; **nasze ciężko zarobione ~ki** our hard-earned money; **~ka spadła w stosunku do euro** the zloty fell against the euro [2] (moneta) one-zloty coin; **na stole leżało kilka ~ek** there were several one-zloty coins on the table

[] **-złotówka** w wyrazach złożonych -zloty; **dwuzłotówka** a two-zloty coin

■ **symboliczna ~ka** a token sum; **kwiaty sprzedawano za symboliczną ~kę** flowers were sold for a token sum; **składka wynosi symboliczną ~kę** there's a token fee (of one zloty)

złotówkow|y [] adi. [wkłady, zasoby, rozliczenia] in zlotys; [konto, banknot] zloty attr.

[] **-złotówkowy** w wyrazach złożonych -zloty; **pięciozłotówkowa moneta** a five-zloty coin

złot|y¹ m (A ~ego a. ~y) Fin. (jednostka monetarna) zloty; **sto ~ych** a hundred zlotys

❑ **czerwony ~y** Hist. ducat

zło|ty² [] adi. [1] (zawierający złoto) [piasek, żyła] auriferous [2] (zrobiony ze złota) [sygnet, korona] golden, gold attr.; **~ty medal** a gold medal; **~ta moneta** a gold coin [3] (pozłacany) (galwanicznie) [świecznik, sztućce, biżuteria] gold-plated; (farbą, folią, proszkiem) [posążek, waza, dach] gilded, gilt; **ich ~ta zastawa stołowa** their gold plate [4] (w kolorze złota) [włosy, klamra, liście, plaża, światło] golden; [jabłko, napój] amber attr., gold-coloured GB, gold-colored US; **~ta barwa** a golden colour [5] (doskonały) [osoba] excellent; [dobroć, humor] golden, superb; (najlepszy) [czasy, chwile, dni] golden, happy; **to ~ty człowiek** he's got a heart of gold

Z

Ⅲ zło|ty *m*, **~ta** *f* pot., pieszcz. darling; dearie GB pot.; **moi ~ci** dear folks

■ **~ta jesień** ≈ Indian summer; **~ta księga** the roll of honour; **~ta młodzież** pejor. gilded youth (+ *v sg/pl*); **~ta seria** winning streak; **~te serce** a heart of gold; **~te wesele** a. **gody** (rocznica wydarzenia) a golden jubilee, the fiftieth anniversary; (rocznica ślubu) the golden wedding; **~ty okres** the golden age; **~ty okres w historii kina** the golden age of cinema; **~ty środek** the golden mean, a happy medium; **~ty wiek** a golden age; **mieć ~te ręce** to be a dab hand GB pot.; **zapisać** a. **wyryć coś ~tymi zgłoskami** to immortalize sth; **jego imię zapisało się ~tymi zgłoskami w dziejach tego narodu** his name was immortalized in the annals of the nation's history

zł|owić *pf vt* 1 Myślis., Ryboł. (złapać) to bag, to catch *[kaczkę, lisa, królika, rybę]*; (na haczyk) to hook *[rybę]*; (w sieć) to net *[ryby]*; (we wnyki) to catch *[zająca, lisa]* ⇒ **łowić** 2 przen. (zarejestrować) to catch *[widok, dźwięk]*; **złowił uchem cichy płacz** his ears caught a faint cry; **złowił bystrym wzrokiem sylwetkę myśliwca** his keen eye caught sight of the outline of a fighter plane; **starała się złowić spojrzenie matki** she tried to catch her mother's eye ⇒ **łowić** 3 pot. *[osoba]* (przekonać pochlebstwem) to soft-soap pot., to sweet-talk pot.; (zjednać) to win [sb] over a. round 4 pot. (aresztować) to pinch pot.; **policji udało się złowić kilku gagatków z mafii** the police managed to pinch a few Mafiosi

złowieszczo adv. książk. *[ciemnieć, trzeszczeć]* ominously; *[krakać, przedstawiać]* portentously

złowieszcz|y adi. książk. *[cisza, dym, słowa, sygnał]* ominous; *[prorokini, przepowiednia]* portentous, ominous; **w jego zniknięciu jest coś ~ego** there is something ominous a. sinister about his disappearance; **miałam ~y sen** I had an ominous dream

złowro|gi adi. 1 książk. (poprzedzający nieszczęście, klęskę) *[cisza, pomruk, bezruch]* portentous, ominous 2 (świadczący o złych zamiarach) *[plany, nastrój, zamiar]* malevolent; *[działalność, spisek]* sinister; *[osoba, przepowiednia]* baleful; **~gie spojrzenia** baleful a. malevolent glances

złowrogo adv. książk. 1 (zapowiadając nieszczęście) *[milczeć, grzmieć]* portentously, ominously; **wilk zawył ~** a wolf howled ominously 2 (nienawistnie) *[patrzeć, ryczeć]* malevolently; **wyglądać ~** to look malevolent, to be malevolent-looking

złowróżbnie adv. książk. *[stukać, błyskać]* ominously

złowróżbn|y adi. książk. *[głos, wiadomości, spojrzenia]* foreboding; **~e przeczucie** a sense of foreboding

zł|oże *n* 1 Geol. deposit; **złoża minerałów** mineral deposits; **bogate złoża węgla/ropy naftowej/gazu** rich deposits of coal/oil/gas; **odkryć nowe złoża rudy żelaza** to discover new deposits of iron ore 2 książk. (nagromadzenie energii, siły) plentiful supply; (bogactwo myślowe) abundance *U*; **złoża wyobraźni** imagination in abundance

złoże|nie Ⅲ *sv* → **złożyć**

Ⅲ *n* Jęz. (closed) compound

złożono|ść *f sgt* książk. complexity; **~ć procesu integracji** the complexity of the integration process

złoż|ony Ⅲ *pp* → **złożyć**

Ⅲ *adi.* 1 (wieloelementowy, wielowarstwowy) *[mechanizm, cząsteczka, organ]* compound; *[materiał, całość, obraz, dźwięk, barwnik]* composite; **~one węglowodany** Chem. complex carbohydrates; **~one orzeczenie** Jęz. a compound predicate; **zdanie ~one** Jęz. a compound sentence 2 (wielowymiarowy, wieloczęściowy) *[maszyna, zagadnienie, system, proces, sytuacja, rzeczywistość]* complex, complicated; (zawiły) *[struktura, układ]* intricate; (szczegółowy, rozbudowany) *[plan, strategia, program]* elaborate 3 (w sensie psychicznym, intelektualnym) *[postać, osobowość, charakter]* complex; **to bardzo ~one zagadnienie** it's a very complex issue

złoż|yć *pf* — **skład|ać** *impf* Ⅲ *vt* 1 (poskładać, zamknąć) to fold *[sth]* up, to fold (up) *[gazetę, list, koc, scyzoryk, deskę do prasowania, leżak, wózek]*; **złożyć/składać ubranie/ręcznik** to fold one's clothes/a towel; **złożyć/składać tkaninę/prześcieradło we dwoje** to fold a piece of fabric/sheet in two; **kartka papieru złożona we dwoje** a sheet of paper folded once a. in two; **chusta złożona w trójkąt** a scarf folded into a triangle; **złożyć parasol** to roll up a. furl an umbrella 2 (zmontować) to assemble, to put together *[silnik, maszynę, konstrukcję, karabin]*; to assemble *[regał, szafkę]*; **złożyć komputer** to put together a computer 3 Med. (zestawić) to set *[kość, zwichnięty staw, złamaną rękę]*; to piece together *[połamane kości, części kości]* 4 (ułożyć, umieścić) to place, to put; (położyć) to lay; (przyłożyć do siebie) to piece together *[podarty list, układankę, puzzle, potłuczone fragmenty]*; **złożyć/składać wieniec na grobie/pod pomnikiem** to lay a wreath on a grave/at a monument; **złożyć/składać towar do magazynu** to place goods in a warehouse, to store goods; **złożyłem nasz bagaż w przechowalni/schowku** I left our baggage in the left luggage office/in a locker; **drewno/książki złożone w stertę** logs/books piled up a. piled into a heap 5 (wręczyć, oddać) to hand *[sth]* in, to hand in, to proffer *[rezygnację, wymówienie]*; to submit *[sprawozdanie, dokumenty, prośbę, żądania, podanie, meldunek]*; to lodge *[zażalenie, protest, oskarżenie, odwołanie]*; to pay *[okup, depozyt, kaucję]*; to proffer *[wyjaśnienia]*; to offer, to extend *[życzenia, gratulacje, zaproszenie, kondolencje]*; to pay *[wizytę, komplementy, wyrazy uszanowania]*; **złożyć/składać raport** to submit a. file a report; **złożyć/składać listy uwierzytelniające** to present one's credentials; **złożyć/składać fałszywe zeznania** a. **zeznania** to give false testimony; (pod przysięgą) to perjure oneself; **złożyć/składać zamówienie** to place an order; **złożyć/składać komuś/czemuś hołd** (uczcić) to pay homage to sb/sth; **ambasadorzy złożyli swoje podpisy pod dokumentem** the ambassadors put their signatures to a document; **złożyli strażakom serdeczne podziękowania** they expressed a. gave

their heartfelt thanks to the firefighters; **złożyć/składać kogoś/coś w ofierze** to offer sb/sth up as a sacrifice; **złożyć swój los/swoje życie w czyjeś ręce** to place oneself/one's life in sb's hands; **złożyć/składać na kogoś winę** to place the blame on sb; **złożyć/składać na kogoś odpowiedzialność za coś** to entrust sb with responsibility for sth 6 Druk. to set *[tekst, czcionki]* 7 Zool. *[ptaki]* to lay *[jaja]*; **złożyć/składać ikrę** to spawn 8 książk. (oprzeć) to repose książk. *[głowę, ręce]*

Ⅲ **złożyć się** — **składać się** 1 (być częścią składową) *[elementy, części, punkty, fragmenty]* to make up (**na coś** sth), to consist (**na coś** of sth); **pięć egzotycznych dań złożyło się na wspaniały obiad** five ethnic courses made up a delicious dinner 2 (spakować się) *[łóżko polowe, wersalka, buda]* to collapse; *[leżak, krzesło, siedzenie]* to fold (flat) 3 (robić składkę) to club together; **złożyliśmy się na prezent dla niego** we clubbed together to buy him a present 4 (być przyczyną) *[wydarzenia, powody, kłopoty]* to result (**na coś** in sth) 5 (przybrać pozycję) to assume a. take a position; **złożył się i wystrzelił** he took aim and fired; **sprinterzy złożyli się do startu** the sprinters took their marks 6 (zdarzyć się) to happen; **tak się złożyło/składa, że...** it so happened/happens that..., it came about that...; **dobrze/źle się złożyło, że...** it was fortunate/unfortunate that...

■ **złożyć/składać broń** (skapitulować) to surrender; (zaprzestać walki) to lay down (one's) arms; **złożyć/składać do grobu** książk. to inhume książk.; to entomb *[zmarłego, kości, ciało]*; **złożyć/składać się dwoje w ukłonie** to make a low bow

zł|óg *m* (*G* **złogu**) Med. deposit; **złogi tłuszczu** fatty deposits

złu|da *f sgt* książk. (przywidzenie) illusion; (fałszywe wyobrażenie) delusion; **świat ~dy** a world of illusion; **~da bogactwa/szczęścia** a delusion of wealth/happiness

złudnie adv. książk. (zwodniczo) *[prosty]* deceptively, misleadingly; (nieprawdziwie) *[bezpieczny]* illusorily

złudnoś|ć *f sgt* książk. (nieprawdziwość) deceptiveness

złudn|y adi. książk. (zwodniczy) *[wygląd, podobieństwo, mowa, wrażenie]* deceptive, misleading; (pozorny) *[bezpieczeństwo, spokój]* illusory; **~e nadzieje** illusory hopes; **~e obietnice** hollow a. empty promises

złudze|nie *n* 1 (iluzja, przywidzenie) illusion; **~nie optyczne** an optical illusion; **~nia zmysłowe** sensory illusions; **ulec ~niu, że...** to be under the illusion that... 2 (mrzonka) illusion, delusion; **odarty ze ~ń** disillusioned; **~nia co do własnej wielkości** delusions of one's own importance a. grandeur; **rozwiać** a. **rozproszyć czyjeś ~nia** to dispel sb's illusions; **nie mieć wobec kogoś/czegoś ~ń** to harbour GB a. harbor US no illusions about sb/sth; **żyje ~niem** a. **trwa w ~niu, że...** s/he's labouring under the illusion that...; **ciągle ma ~nia, że ona do niego wróci** he's still under the illusion that she'll come back to him

■ **przypominać kogoś/coś do ~nia** to

be deceptively similar to sb/sth; **jesteście do ~nia do siebie podobni** you're as like as two peas; **żyć ~niami** to be living in a fool's paradise

złup|ić *pf vt* przest., książk. (zrabować podczas wojny) to plunder, to pillage *[miasto, świątynię, skarby]*; (w dawnych czasach) to sack *[miasto, budowlę, ołtarz]*; (napaść i ograbić) to maraud *[wieś, dom]*; (na morzu) to plunder; to pirate przest. *[okręt]* ⇒ **łupić**
■ **~ić kogoś ze skóry** to rip sb off

złuszczać *impf* → **złuszczyć**

złuszcz|yć *pf* — **złuszcz|ać** *impf* [] *vt* [] (obłupać) to remove, to strip *[lakier, farbę, korę]*; to exfoliate *[skórę, ramiona]*; **krem ~ający** an exfoliating cream [] (usunąć łupinę) to shell *[migdały, kasztany]*; to pod, to shell *[groch, fasolę]*
[] **złuszczyć się — złuszczać się** *[farba, lakier]* to peel (off); *[kora]* to exfoliate

zły [] *adi. grad.* [] *[zamiar, charakter, siła, postępowanie]* (nieetyczny) evil; (wrogi) malicious, malevolent; *[wpływ, oddziaływanie, skutek, konsekwencje]* (szkodliwy) malign; **źli ludzie** evil a. bad people; **złe czyny** misdeeds, misdoings; **złe traktowanie** ill-treatment; **w złych zamiarach** with evil intent; **złe towarzystwo** bad company; **zła wola** ill will, malice; **zły duch** evil spirit; **mieć** a. **poczytywać coś komuś za złe** to bear sb a grudge for sth; **nie życzę nikomu/jej (nic) złego** I wish nobody any ill/I wish her no ill; **nie miałem nic złego na myśli** I meant no harm; **nie widzę w tym nic złego** I can't see any harm in it; **nic złego się nie stało!** no harm done!; **być na złej drodze** przen. (w rozumowaniu, wnioskowaniu) to be on the wrong track; to be (way) off beam pot. [] (niesumienny, nieudolny) *[uczeń, pracownik, gospodarz]* bad; *[kucharz, kierowca, ogrodnik]* poor; **jest bardzo złym dyrektorem** he's a really bad director [] (negatywny) *[wrażenie, opinia, ocena]* bad; **cieszyć się złą sławą** to be infamous; **ten hotel ma raczej złą markę** the hotel is a rather disreputable place; the hotel has a bad rap US pot.; **w szkole miał same złe stopnie** he got nothing but bad marks at school [] (niepomyślny, niekorzystny) *[znak, wróżba, nowina, początek]* bad; *[wiadomość, skutek, doświadczenie, sytuacja, nastawienie]* negative; (nieszczęśliwy) *[okres, rok, moment]* bad, black; **zła passa** a run of bad luck; **złe przeczucie** (a sense of) foreboding; **najgorszy dzień w moim życiu** the blackest a. worst day in my life; **przyszły na nas/nich złe czasy** we/they have hit upon hard times; **trapił ich zły los** they were dogged by misfortune [] (niskiej jakości) *[praca, towar, gleba, wzrok]* bad, poor; (nieprzyjemny) *[pogoda]* nasty, bad; **złe odżywianie** a poor a. bad diet, malnutrition; **złe warunki mieszkaniowe** poor housing; **złe warunki pogodowe** poor weather conditions; **zły stan zdrowia** ill health; **zły przewodnik ciepła/elektryczności** a poor a. bad conductor of heat/electricity; **zła nawierzchnia** a poor surface [] (niewłaściwy) *[akcent, kierunek, wybór]* wrong; **miała złą wymowę** her pronunciation was bad; **to była zła decyzja** it was a bad decision
[] *adi.* [] (rozgniewany) *[osoba, tłum, myśli]*

angry; *[nastrój, usposobienie]* bad; **jej zły humor** her bad temper; **być złym na kogoś za** a. **o coś** to be angry with sb about a. over sth; **jesteś na mnie o coś zły?** are you angry at me for some reason?; **jest w złym humorze** a. **nastroju** he is in a bad mood; **jestem zły jak diabli** pot. I'm angry as hell; **potrafił być nieznośny, ale nigdy nie usłyszał od mamy złego słowa** sometimes he was unbearable, but he never heard a cross word from his mum; **spojrzał na nią złym wzrokiem** he looked at her disapprovingly [] (niestosowny) *[maniery, obyczaje, smak, zachowanie]* bad; **w złym guście** in bad taste; **palenie tytoniu jest w złym tonie** it isn't considered good form to smoke
[] *m* [] (osoba) bad person, devil; (w książce, filmie) baddy pot. [] dial. (szatan) the devil; Old Nick pot.
[] **złe** *n sgt* [] (zaprzeczenie dobra) evil; **namówić** a. **przywieść kogoś do złego** to lead sb astray [] (niedobry stan, szkoda) ill, harm; **wyrządzić dużo złego** to do much harm [] dial. (zły duch) demon; (diabeł) the devil; **złe go opętało** he is possessed by a demon a. the Devil
■ **co gorsza** what is worse; **na domiar złego** to top it all, on top of all that; **siła złego na jednego** the odds are against one; **z dwojga złego** the lesser evil, the lesser of two evils; **zła strona czegoś** the disadvantage of sth; **mieć swoje dobre i złe strony** to cut both ways, to have its advantages and disadvantages; **zła wiara** Prawo mala fides, bad faith; **w złej wierze** Prawo mala fide; **działać w złej wierze** to act mala fide a. in bad faith; **nadużycie władzy w złej wierze** a mala fide abuse of authority; **zły sen** a nightmare; **zły wzrok** a. **złe spojrzenie** the evil eye, a leering eye; **spojrzeć na kogoś złym okiem** a. **rzucić komuś złe spojrzenie** to give sb the evil eye; **być w złej formie** pot. (fizycznie) to be out of shape, to be unfit; (psychicznie) to be in low spirits; **sprowadzić kogoś na złą drogę** to deprave sb, to lead sb astray; **zejść na złą drogę** to become immoral; **urodzić się pod złą gwiazdą** to be star-crossed książk.; **wymyślać (komuś) od najgorszych** to call sb names; **zrobić sobie coś złego** to attempt suicide; **nie ma tego złego, co by na dobre nie wyszło** przysł. every cloud has a silver lining przysł.; **nie ma złej drogi do mojej niebogi** przysł. all's fair in love and war przysł.; **złego diabli nie biorą** a. **wezmą** przysł. ≈ no disaster can befall a wicked person; **uwaga! zły pies!** beware of the dog!

zm. (= zmarły) ob.

zmacha|ć się *pf v refl.* pot. to get bushed pot.; **~ł się rąbaniem drzewa** he got bushed chopping wood

zmachan|y *adi.* pot. bushed pot., knackered GB pot.

zmaga|ć się *impf v refl.* książk. [] (siłować się) *[walczący]* to wrestle, to grapple (**z kimś** with sb) [] (w rywalizacji) *[sportowcy, zawodnicy]* to compete; (w sporze) *[dyskutanci, politycy]* to struggle; **sportowcy ~jący się na bieżni** athletes striving against each other

on the track; **premier ~ się z opozycją w kwestii reformy podatkowej** the prime minister is struggling with the opposition over a tax reform [] (borykać się) (z trudnościami, przeciwnościami) to wrestle, to grapple (**z czymś** with sth); (z chorobą, słabością) to battle (**z czymś** against sth); **od miesięcy ~ się z rakiem** for months he's been battling against cancer [] (szarpać się) to struggle (**z czymś** with sth) [] (walczyć) *[zjawiska, siły, dążenia, przekonania]* to be in conflict, to conflict

zmaga|nia *plt* (*G* ~ń) książk. [] (walka) struggle *C* (**z kimś/czymś** with sb/sth); (olimpijskie, przedwyborcze) combat *U*; **~nia w wyścigu do prezydentury** a fight for the presidency [] (konfrontacja z trudnościami) struggle *C*; **moje ~nia z tuszą** my struggle to lose weight

zmagazyn|ować *pf vt* to store [sth] up, to store (up) *[jarzyny, krew, skrobię]*; **białko ~owane w komórkach nasiennych roślin** protein stored in the cells of plant seeds; **~ować krew do transfuzji** to store supplies of blood for transfusion; **~owali towar w hurtowni** they stored goods in a warehouse ⇒ **magazynować**

zmajstr|ować *pf vt* pot. [] (zbudować) to knock up a. together pot.; to make *[prowizoryczny mebel, proste urządzenie]*; **~ował domek dla lalek** he put together a doll's house ⇒ **majstrować** [] (o czynie nagannym, nielegalnym) **~ować coś (złego)** (narobić szkody, kłopotu) to make mischief; (dokonać wykroczenia) to do some crooked things pot.; **przyznaj się, coś ~ował?** tell me, what have you been up to?
■ **~ować (komuś) dziecko** posp. to get [sb] with child przest., pot.; to knock up US pot.

zmaksymaliz|ować *pf vt* książk. to maximize *[zyski, sprzedaż, dochody]*; to redouble *[wysiłki, zapał]*; **wszyscy musimy ~ować wysiłki, aby nowa firma przynosiła zyski** we all have to redouble our efforts so that the new firm brings in revenue ⇒ **maksymalizować**

zmala|ły *adi.* *[nakłady, wydatki, potrzeby, oszczędności]* diminished; *[ciało, postać]* shrunken; **~ły do minimum** reduced to the bare minimum

zmal|eć *pf* (~eje, ~ał, ~eli) *vi* (pod względem rozmiaru, ważności, intensywności) *[władza, poparcie, zagrożenie, zapasy, ból]* to diminish; (pod względem ilości, znaczenia, siły) *[liczba, ilość, produkcja, wydajność, wartość]* to decline, to decrease; (pod względem rozmiaru, stopnia, ważności) *[ilość, liczba]* to reduce; *[ryzyko, uwaga, zainteresowanie, napięcie, ból]* to lessen; (pod względem ilości, wielkości) *[eksport, zatrudnienie, autorytet, zapasy]* to dwindle; *[lasy, przemysł, gospodarka, budżet, firma]* to shrink; *[gospodarka, rynek]* to contract; *[odległość, dystans]* to shorten; (pod względem intensywności) *[uczucie, poparcie, siły]* to ebb (away) przen.; *[siły, popularność, zainteresowanie]* to wane; *[szanse, perspektywy, możliwości]* to recede; **temperatura znacznie ~ała** the temperature fell considerably; **nasze wydatki ~ały** our expenses have decreased ⇒ **maleć**

zmal|ować *pf vt* pot. ~ować coś to make mischief; **przyznaj się, coś znowu ~ował?** tell the truth, what have you been up to this time?

zmaltret|ować *pf vt* [1] (fizycznie) to maltreat, to ill-treat [*osobę, zwierzę*] ⇒ **maltretować** [2] (zmęczyć) to exhaust; **~owany długą podróżą** exhausted by a long journey

zmałp|ować *pf vt* pot., pejor. to copy, to ape [*osobę, ruchy, system*]; **~owała mój styl ubierania się** she copied the way I dress ⇒ **małpować**

zmam|ić *pf vt* książk. (oszukać) to beguile, to hoodwink; (zdezorientować) to delude; **~iony niejasnymi obietnicami** beguiled by vague promises; **~iony politycznym krasomówstwem** deluded by political rhetoric; **~ił ludzi i głosowali na niego** he beguiled the people into voting for him; **oszust ~ił ludzi obietnicą dobrej pracy** the trickster deceived the people with promises of good work ⇒ **mamić**

zmanier|ować *pf* [] *vt* (narzucić manierę) to make [sb] mannerist a. mannerise [*artystę, aktora, wykonawcę*]; (spaczyć charakter) to make [sb] affected a. pretentious; (uczynić zarozumiałym) to make [sb's] head swell ⇒ **manierować**

[] **zmanierować się** [*osoba*] (nabrać maniery) to become manneristic, to develop mannerisms; (stracić naturalność) to become affected a. pretentious; (stać się zarozumiałym) to start putting on airs (and graces), to start giving oneself airs (and graces)

zmanierowani|e [] *sv* → **zmanierować**
[] *n sgt* (naśladownictwo) assumed manner a. style; (nienaturalność) affectedness; (pretensjonalność) pretentiousness

zmanierowan|y [] *pp* → **zmanierować**
[] *adi.* [1] pejor. [*osoba, zachowanie, mimika*] (nienaturalny) affected; (pretensjonalny) pretentious [2] [*styl, artysta, dzieło*] (mający manierę) mannerist; (nienaturalny, przesadzony) mannered

zmarkotnia|ły *adi.* [*osoba*] dejected, dispirited; [*twarz, mina*] pained; [*wygląd*] dejected

zmarkotni|eć *pf* (~eję, ~ał, ~eli) *vi* to become dejected a. dispirited; **po usłyszeniu tej wieści wyraźnie ~ał** when he heard the news, he was clearly out of sorts ⇒ **markotnieć**

zmar|ły [] *adi.* [*osoba*] dead; deceased książk.; **~ły tragiczną/nagłą śmiercią chłopak** a boy who died a violent/sudden death; **fortepian mojej ~łej żony** the grand piano of my late wife; **mój ~ły przed wielu laty ojciec** my father, long since gone

[] **zmar|ły** *m*, **~ła** *f* the departed; the deceased książk.; **~li** the departed, the dead; **rodzina ~łego** the bereaved; **msza za duszę ~łego/~łej** a memorial mass

zmarnia|ły *adi.* [1] (wycieńczony) [*osoba*] wasted away; [*ciało, mięsień*] wasted; [*twarz*] drawn; **~ły z wyczerpania** prostrate with exhaustion; **~ły z głodu** emaciated [2] [*kwiaty, zboże*] (zwiędnięty) wilted; (uschnięty) withered

zmarni|eć *pf* (~eję, ~ał, ~eli) *vi* [1] [*osoba*] (osłabnąć, schudnąć) to be wasted away, to grow feeble; (umrzeć) to die; [*zdrowie*] to deteriorate, to fail; **~ał z wyczerpania i niedożywienia** (wychudł) he was wasted away due to exhaustion and malnutrition; **cóż tak ~ałeś?** why are you a. do you look so drawn? ⇒ **marnieć** [2] [*rośliny, kwiaty, liście*] (zwiędnąć) to wilt; (zeschnąć) to wither ⇒ **marnieć**

zmarnotraw|ić *pf vt* książk. [1] (roztrwonić) to squander, to fritter [sth] away, to fritter away [*pieniądze, środki*]; to waste [*czas*] ⇒ **marnotrawić** [2] (zmarnować) to waste [*talent, zdolności, możliwości*] ⇒ **marnotrawić**

zmarn|ować *pf* [] *vt* [1] (stracić) to squander, to dissipate [*środki*]; to misspend [*pieniądze, fundusze*]; to waste [*czas*] ⇒ **marnować** [2] (źle zużyć) to spoil, to waste [*życie, wakacje, urlop*]; to waste [*talent, możliwości, najlepszy czas, energię*]; **~owałem swoją młodość** I wasted my younger years; **~owaliście cały mój wysiłek** all my efforts have gone to waste, thanks to you ⇒ **marnować**

[] **zmarnować się** [1] (zostać straconym) [*majątek, gospodarstwo, urządzenie*] to be wasted, to go to waste; [*czas, pieniądze, fundusz*] to be misspent; [*środki, pieniądze*] to be squandered a. dissipated ⇒ **marnować się** [2] (pójść na marne) [*talent, możliwości*] to be wasted; [*życie, urlop, praca*] to be spoiled; **~owały się jej zdolności** her talents have been wasted ⇒ **marnować się** [3] (nie zrealizować się) [*osoba*] to spoil one's life ⇒ **marnować się**

zmarnowan|y [] *pp* → **zmarnować**
[] *adi.* pot. (zmęczony) [*osoba*] used up pot.

zmarszcz|ka *f* [1] (na skórze) crease, wrinkle; (głęboka) furrow; (świadome zmarszczenie) pucker, crinkle; (drobna, delikatna) crinkle; **twarz pokryta ~kami** a face covered with wrinkles; **drobne ~ki wokół oczu** tiny creases at the corners of the eyes; **~ki na twarzy/koło ust** wrinkles on the face/near the mouth [2] (w materiale) wrinkle; (zgniecenie) crease; (na wodzie) ripple, wavelet; **wygładziła ~ki na spódnicy** she smoothed the creases in her skirt

zmarszcz|ony *adi.* [*twarz, szyja, ręce*] lined, wrinkled; [*czoło, brew*] furrowed; [*papier*] creased

zmarszcz|yć *pf* [] *vt* [1] [*osoba*] to wrinkle [*nos, czoło*]; to pucker (up) [*twarz*]; **~yć brwi** to knit one's (eye)brows ⇒ **marszczyć** [2] (zebrać w fałdy) to gather [*materiał, spódnicę*]; (na gumce, tasiemce) to shirr; (sfalować) [*wiatr*] to ripple [*powierzchnię, wodę*] ⇒ **marszczyć**

[] **zmarszczyć się** [1] (pokryć się nierównościami) [*płaszcz, spódnica, pończochy*] to wrinkle; [*woda, powierzchnia*] to ripple [2] (okazując jakąś emocję) [*twarz*] to crinkle (up)

zmartwia|ły *adi.* [1] (ścierpnięty) [*wargi, ręka, noga*] numb [2] (obumarły) [*komórki, tkanki, trawa*] dead [3] (osłupiały) [*osoba*] petrified; [*twarz, głos, wzrok*] void of emotion; [*spojrzenie*] vacant

zmartw|ić *pf* [] *vt* (z powodu kłopotów, trudności) to worry; (z powodu rozczarowania, zawodu) to upset; **~iła mnie wiadomość o jego chorobie** I was worried to hear that he's ill; **~ił mnie brak wieści od ciebie** no news from you has upset me; **~ił mnie swoim zachowaniem** I was sorry to see him behave like that ⇒ **martwić**

[] **zmartwić się** (z powodu kłopotów, trudności) to be worried; (w powodu rozczarowania, zawodu) to be upset; **~ił się, że nie przyjdziesz** he was upset that you wouldn't come; **nie bardzo się ~ił tym, co się stało** he wasn't too worried by what happened ⇒ **martwić się**

zmartwi|eć *pf* (~eję, ~ał, ~eli) *vi* [1] (zdrętwieć) [*osoba, ręka, palce, stopy*] to be a. grow numb; **~ała mu twarz z zimna** his face was numb with cold ⇒ **martwieć** [2] (obumrzeć) [*roślina, gałąź*] to die ⇒ **martwieć** [3] (zamrzeć w bezruchu) [*osoba*] to be a. go numb, to freeze; **~ałem przerażony** I went numb with fear; **~ały z rozpaczy/ze strachu patrzył na płonący las** petrified with despair/fear he stared at the burning forest ⇒ **martwieć**

zmartwie|nie [] *sv* → **zmartwić**, **zmartwieć**
[] *n* (kłopot) worry, trouble; **mieć ~nie z kimś/czymś** to have trouble with sb/sth; **osiwiał ze ~nia** he went grey with a. from worry; **chcę oszczędzić mu ~nia** I want to save him the worry, I don't want to worry him

zmartwi|ony *adi.* [1] [*osoba*] (kłopotami, trudnościami) worried; (nieszczęśliwy, rozczarowany) upset (**czymś** about a. by sth); **jestem ~ony twoim brakiem odpowiedzialności** it worries me that you're so irresponsible; **była ~ona ciągłymi kłótniami** she was upset by the constant quarrels [2] [*twarz*] worried, troubled; **mieć ~oną minę** to look worried/upset

zmartwychwsta|ć *pf* — **zmartwychwsta|wać** *impf* (~nę — ~ję) *vi* [1] Relig. to rise from the dead, to be resurrected; **wiara w ~anie po śmierci** belief in the Resurrection; **ci, którzy ~ną w dniu Sądu Ostatecznego** those who will rise from the dead on Judgement Day [2] książk. [*państwo, przeszłość*] to be resurrected

zmartwychwsta|ły *adi.* [1] Relig. risen from the dead, resurrected; **Chrystus ~ły** Christ arisen [2] książk. [*przeszłość, idee*] resurrected

zmartwychwstawać *impf* → **zmartwychstać**

zmarzl|ak /z'marzlak/, **~uch** /z'marzlux/ *m* (Npl ~aki, ~uchy) pot., pejor. **być ~akiem** a. **~uchem** to get cold easily

zmarzły → **zmarznięty**

zmarz|nąć /z'marznɔntɕ/ *pf* (~ł a. ~nął) *vi* [1] [*osoba, zwierzę*] to be cold a. chilly, to freeze; **~nąć na kość** a. **do szpiku kości** to freeze to the marrow; **jestem cały ~nięty** I'm freezing; **trochę ~łem** I'm a. I feel a bit chilly a. cold; **bardzo ~ły mi ręce/uszy** my hands/ears are freezing ⇒ **marznąć** [2] [*roślina*] to freeze; **pączki kwiatów ~ły i opadły** the flower buds froze and dropped; **~ły nam truskawki** our strawberries have been nipped by the frost ⇒ **marznąć**

zmarz|nięty /ˌzmarˈznɛntɨ/, **~ły** /ˌzmarzwɨ/ *adi.* [1] (stwardniały od mrozu) [*gleba, ziemniaki, śnieg*] frozen; (uszkodzony przez mróz) [*roślina, pączki*] frozen; **ziemia ~nięta na kamień** earth frozen solid [2] (przemarznięty) [*osoba, zwierzę, ręce, stopy*] frozen; **~nięty**

do szpiku kości frozen a. chilled to the marrow; **był ~nięty i głodny** he was cold and hungry

zmasakr|ować *pf vt* to batter, to beat up; **~owane ciało** a. **zwłoki** a battered body, a mutilated corpse ⇒ **masakrować**

zmas|ować *pf vt* (zgromadzić) to concentrate, to assemble; **~owany atak bombowy** saturation bombing

zmaterializ|ować *pf* **[]** *vt* książk. to realize, to carry out [pomysł, projekt] ⇒ **materializować**

[] **zmaterializować się** [1] książk. (zostać zrealizowanym) to materialize, to be carried out; [marzenia] to come true, to materialize ⇒ **materializować się** [2] (pojawić się) [duch, zjawa] to materialize ⇒ **materializować się** [3] pejor. to become materialistic ⇒ **materializować się**

zmatowia|ły *adi.* [1] [srebro, szkło, lustro, kieliszek] tarnished [2] [kolor, materiał, zasłony] faded [3] przen. [głos, oczy] dull

zmatowi|eć *pf* (**~eje, ~ał**) *vi* [1] (stracić blask) [kieliszek, lustro] to become tarnished ⇒ **matowieć** [2] (wyblaknąć) [kolor] to fade ⇒ **matowieć** [3] przen. [głos, oczy] to grow a. become dull ⇒ **matowieć**

zmawiać *impf* → **zmówić**

zmaz|a *f sgt* książk. flaw

❑ **~a nocna** Med. nocturnal emission

zma|zać *pf* — **zma|zywać** *impf* (**~żę** — **~zuję**) *vt* [1] (wymazać) (gąbką, szmatą) to wipe off; (gumką) to rub out, to erase; **zmocz gąbkę i ~ż tablicę** wet the sponge and wipe the blackboard, please [2] książk., przen. to wipe out, to expiate [grzech, winę, hańbę]

zmazywać *impf* → **zmazać**

zmącać *impf* → **zmącić**

zmą|cić *pf* — **zmą|cać** *impf* **[]** *vt* [1] (wzburzyć) to make [sth] cloudy [ciecz, wodę] [2] (zakłócić) to disturb; **~cić czyjś spokój/czyjąś radość** to disturb sb's composure/to spoil a. mar sb's joy; **jego kroki ~ciły ciszę** his steps broke the silence; **wokół panowała niczym niezmącona cisza** undisturbed a. unbroken silence reigned all around [3] przen. to cloud; **jej ~cona pamięć/świadomość** her clouded memory/consciousness

[] **zmącić się** — **zmącać się** [1] [woda, wino] to become cloudy [2] przen. [myśl, pamięć] to cloud, to become cloudy

■ **~cone oczy** a. **źrenice** a. **~cony wzrok** clouded eyes

zmądrz|eć *pf* (**~eję, ~ał, ~eli**) *vi* to grow wise ⇒ **mądrzeć**

zmecha|cić *pf* **[]** *vt* to wear out [tkaninę, czapkę, sweter] ⇒ **mechacić**

[] **zmechacić się** [szalik, rękawiczki, sweter] to wear out ⇒ **mechacić się**

zmechac|ony **[]** *pp* → **zmechacić**

[] *adi.* [ubranie, sweter, płaszcz] worn-out, pilled

zmechaniz|ować *pf* **[]** *vt* [1] (zastosować maszyny) to mechanize [pracę]; to automate [proces produkcyjny, fabrykę] ⇒ **mechanizować** [2] (zautomatyzować) to automate

[] **zmechanizować się** [1] (zostać zmechanizowanym) [proces produkcyjny] to become mechanized/automated ⇒ **mechanizować się** [2] (stać się automatycznym) [ruchy] to become automatic

zmechanizowan|y **[]** *pp* → **zmechanizować**

[] *adi.* [urządzenie, sprzęt] mechanized, automated; **pułk ~y** Wojsk. a mechanized regiment

zmelior|ować *pf vt* Roln., Techn. to improve ⇒ **meliorować**

zmęczeni|e **[]** *sv* → **zmęczyć**

[] *n sgt* tiredness, fatigue

❑ **~e materiału** Techn. material fatigue

■ **padać na twarz** a. **pysk ze ~a** pot. to be dog-tired

zmęcz|ony **[]** *pp* → **zmęczyć**

[] *adi.* [osoba, oczy, twarz] tired; **~ony życiem** tired of life

zmęcz|yć *pf* **[]** *vt* [1] (wyczerpać) to tire out, to exhaust; **~ył mnie ten długi bieg/marsz** that run/march has tired me out ⇒ **męczyć** [2] pot. (dokończyć z trudem) to wade through [wypracowanie, książkę] ⇒ **męczyć**

[] **zmęczyć się** to get tired ⇒ **męczyć się**

zmętnia|ły *adi.* [1] [powietrze, woda] cloudy [2] [oczy, wzrok, źrenice] cloudy [3] przen. (niejasny, chaotyczny) [myśli, słowa] woolly

zmętni|eć *pf* (**~eje, ~ał, ~eli**) *vi* [1] (stracić przejrzystość) [wino, woda, sok] to become cloudy [2] (stać się niewyraźnym) [sylwetka, postać] to blur, to become blurred ⇒ **mętnieć** [3] (tracić blask) [oczy, spojrzenie] to grow dull

zmętnie|nie **[]** *sv* → **zmętnieć**

[] *n* (w płynie, w szkle) cloudiness *U*

❑ **~nie rogówki** Med. corneal opacification

zmężni|eć *pf* (**~eję, ~ał, ~eli**) *vi* [chłopiec, młodzieniec] to grow into a man ⇒ **mężnieć**

zmian|a *f* [1] (odmiana) change; **~a tematu** a change of subject a. in the subject; **~a pogody** a change of weather a. in the weather; **~a poglądów** a change in one's views; **~a trybu życia/miejsca pobytu** a change in lifestyle/of address; **~y na lepsze/gorsze** changes for the better/the worse; **nasze plany uległy ~ie** our plans have changed [2] (wymiana) **na ~ę** in turns; **~a warty** Wojsk. a change of guard; **~a stanu cywilnego** a change in marital status; **robiła zakupy na ~ę z siostrą** she took turns with her sister in doing the shopping [3] (czas pracy) shift; **pracować na ~y** to work shifts; **pracował na dwie ~y** he worked double shifts [4] pot. (pracownicy) shift; **nocna ~a kończy pracę za godzinę** the night shift knocks off in an hour's time pot. [5] (komplet) (bielizny) change of underwear; (pościeli) change of (bed) linen [6] środ., Sport (w koszykówce, siatkówce, piłce nożnej) substitution, change

❑ **~a ilościowa** Filoz. quantitative change

zmianow|y **[]** *adi.* [system, praca, kierownik] shift *attr.*

[] *m* shift supervisor

[] **-zmianowy** w wyrazach złożonych -shift; **dwuzmianowy system pracy** a two-shift work system

zmiark|ować *pf vi* przest., książk. to work out *vt*

zmiatać¹ *impf* → **zmieść**

zmiata|ć² *impf vt* pot. (uciekać) to get going pot., to take off pot.; **~jcie stąd!** hop it! pot.

zmiażdż|yć *pf vt* [1] (rozgnieść) to crush ⇒ **miażdżyć** [2] przen. (pokonać) to slaughter pot. [przeciwnika] ⇒ **miażdżyć**

z|miąć *pf* (**zemnę, zemnie, zmięła, zmięli**) **[]** *vt* to crumple (up) [papier, banknot]; to crease, to crumple [ubranie]; **zmiąć serwetkę** to crumple up a serviette a. napkin; **zmięta pościel** crumpled bedclothes ⇒ **miąć**

[] **zmiąć się** [spódnica, sukienka] to get creased ⇒ **miąć się**

zmielić → **zemleć**

zmieniacz *m* [1] Techn. (modyfikator) inoculant [2] Muz., Techn. (do zmieniania płyt) autochanger

zmieniać *impf* → **zmienić**

zmie|nić *pf* — **zmie|niać** *impf* **[]** *vt* [1] (przeobrazić) to change, to alter [poglądy, postępowanie, wygląd]; **~nić zdanie** to change one's mind; **okulary ją ~niły** she looked different in her glasses [2] (wymienić) to change; **~nić obuwie/bieliznę/pościel** to change one's shoes/one's underwear/the sheets; **~nić szkołę/pracę** to change one's school/job; **~nić zawód** to change one's profession a. line of work; **~nić nazwisko** to change one's name a. surname; **~nić opatrunek** to change a dressing; **~nić wodę w wazonie** to change the water in a vase; **rower/aparat fotograficzny ~nił właściciela** euf. the bike/camera found a new owner żart. [3] pot. (rozmienić) to change [pieniądze, banknot]

[] **zmienić się** — **zmieniać się** [1] (ulec przemianie) to change, to alter; **~nić się na lepsze** to change for the better; **mżawka ~niła się w ulewę** the drizzle turned into a downpour [2] (zostać zmienionym) to be changed a. altered [3] (zastąpić jeden drugiego) to take turns

■ **~nić skórę** to change one's ways

zmienn|a *f* Mat. variable; **~a losowa** a random variable; **~a zależna** a dependent variable; **~a niezależna** an operand

zmiennicz|ka *f* substitute

zmienni|k **[]** *m pers.* substitute

[] *m inanim.* Techn. converter

❑ **~k indukcyjności** Elektr., Techn. variometer

zmiennoś|ć *f sgt* [1] (uleganie zmianom) changeability, variability [2] (niestałość uczuć) volatile temperament

zmienn|y *adi.* [1] (niestały) [pogoda, klimat] changeable [2] (w uczuciach) [osoba] volatile, changeable

■ **~y los** a. **~a fortuna** a. **~e szczęście** changing fortunes

zmierza|ć *impf vi* książk. [1] (iść) to make one's way, to head; **pochód ~ł w kierunku pomnika** the procession made its way towards the monument [2] przen. to aim; **~ć do zdobycia władzy** to aim at taking over power; **powiedz, do czego ~sz?** tell me, what are you getting a. driving at? pot.; **kampania prezydencka ~ ku końcowi** the presidential campaign is drawing to a close

zmierzch *m* (G **~u**) [1] dusk *U*, twilight *U*; **zapadł ~** dusk a. twilight fell [2] przen. (schyłek) twilight *U*; **~ epoki/życia** the twilight of an era/of life

❑ **~ astronomiczny** Astron. astronomical twilight

zmierzchać *impf* → zmierzchnąć

zmierzch|nąć *pf* — **zmierzch|ać** *impf* (~ł a. ~nął — ~a) **Ⅰ** *vi* (o dniu) to grow dark a. dusk; **już ~a** it's growing dark already

Ⅱ zmierzchnąć się — zmierzchać się to grow dark a. dusk

zmierzw|ić *pf* **Ⅰ** *vt* to ruffle *[włosy, sierść]* ⇒ **mierzwić**

Ⅱ zmierzwić się *[włosy, pióra]* to get ruffled ⇒ **mierzwić się**

zmierz|yć *pf* **Ⅰ** *vt* **1** (określić wymiary) to measure; **~yć wysokość/szerokość pomieszczenia** to measure the height/width of a room ⇒ **mierzyć** **2** (ustalić wartość liczbową) to measure; **~yć komuś temperaturę/ciśnienie** to take sb's temperature/blood pressure ⇒ **mierzyć** **3** (przymierzyć) to try on *[ubranie, buty]* ⇒ **mierzyć**

Ⅱ zmierzyć się **1** (zmierzyć swój wzrost) to measure oneself ⇒ **mierzyć się** **2** książk. (stanąć do walki) to square up (**z kimś** to sb), to square off (**z kimś** against sb) ⇒ **mierzyć się** **3** książk. (nie ulec) to stand up (**z czymś** to sth); **~yć się z przeciwnościami losu** to stand up to the vicissitudes of fortune ⇒ **mierzyć się**

zmieszać *pf* **Ⅰ** *vt* **1** (połączyć) to mix, to blend; (używając mieszadła) to stir; **~ć cement z piaskiem** to mix cement and sand ⇒ **mieszać** **2** (wprawić w zakłopotanie) to confuse; **~ło ją jego spojrzenie/pytanie** his glance/question confused her a. put her off balance ⇒ **mieszać**

Ⅱ zmieszać się **1** (połączyć się) to mix, to blend ⇒ **mieszać się** **2** (poczuć się niepewnie) to get confused, to get mixed up ⇒ **mieszać się**

zmieszani|e **Ⅰ** *sv* → zmieszać

Ⅱ *n sgt* (zakłopotanie) confusion, embarrassment

zmieszan|y **Ⅰ** *pp* → zmieszać

Ⅱ *adi.* (zakłopotany) *[osoba, mina, wzrok]* confused, embarrassed

zmie|ścić *pf* (~ści) **Ⅰ** *vt* **1** (ulokować) to put; **wszystkie rzeczy ~ścił w jednej walizce** he put all his things into one suitcase **2** (pomieścić) *[sala, budynek]* to seat; **sala koncertowa ~ściła kilkaset osób** the concert hall seated several hundred people ⇒ **mieścić** **3** książk., przen. (zawrzeć) to fit a. squeeze in; **w krótkim opowiadaniu ~ścił całą historię swojego życia** he squeezed his entire life history into one short story

Ⅱ zmieścić się **1** (pomieścić się) to fit; **samochód jest duży, ~ścimy się wszyscy** the car's big enough, we'll all fit in; **książki nie ~szczą się na jednej półce** the books won't fit on one shelf ⇒ **mieścić się** **2** przen. **wszyscy zawodnicy ~ścili się w wyznaczonym czasie** all the competitors finished within the prescribed time ⇒ **mieścić się**

zmie|ść *pf* — **zmia|tać¹** *impf* (~otę, ~eciesz, ~ecie, ~ótł, ~otła, ~etli — ~atam) *vt* **1** (zgarnąć miotłą) to sweep (up) *[śmieci, kurz, okruchy]* **2** (o wietrze) to blow a. sweep away *[liście, śmieci, śnieg]* **3** (usunąć działając z ogromną siłą) to wipe out **4** pot. (zjeść szybko, z apetytem) to put away pot.

zmiękczać *impf* → zmiękczyć

zmiękcz|yć *pf* — **zmiękcz|ać** *impf* **Ⅰ** *vt* **1** (uczynić miękkim) to soften *[tkaninę, skórę, wosk]*; **~yć wodę** Chem. to soften water **2** przen. (wzruszyć) to soften; **jej łzy ~yły jego serce** her tears softened his heart **3** pot. (skłonić do ustępstw) to soften up; **nie licz na to, że groźby go ~ą** don't imagine you can soften him up with threats **4** Jęz. to soften, to palatalize *[spółgłoskę]*

Ⅱ zmiękczyć się — zmiękczać się **1** *[tkanina, skóra]* to get soft **2** *[spółgłoska]* Jęz. to palatalize

zmięk|ły *adi. [tektura, masło, chleb]* soft

zmięk|nąć *pf* (~nął a. ~ł) *vi* **1** (stracić twardość) to soften ⇒ **mięknąć** **2** przen. (złagodnieć) *[głos, rysy, spojrzenie]* to soften ⇒ **mięknąć**

zmięto|sić *pf* (~si) pot. **Ⅰ** *vt* (pognieść) to crumple *[kartkę papieru, banknot, ubranie]* ⇒ **miętosić**

Ⅱ zmiętosić się *[ubranie, banknoty]* to get crumpled ⇒ **miętosić się**

■ **~szona twarz** a. **cera** a wrinkled face

zmię|ty **Ⅰ** *pp* → zmiąć

Ⅱ *adi.* pot., przen. *[skóra, twarz, cera]* wrinkled

zmiks|ować *pf vt* **1** (zmieszać, rozdrobnić) to mix *[koktajl, zupę]* ⇒ **miksować** **2** Radio, TV (uzyskać jednolity sygnał dźwiękowy) to mix *[dźwięk, nagranie]* ⇒ **miksować**

zmilcz|eć *pf* (~ysz, ~ał, ~eli) *vi* przest., książk. **1** (znieść w milczeniu) to suffer [sth] in silence; **~eć czyjeś złośliwe uwagi/docinki** to suffer sb's spiteful remarks/criticisms in silence **2** (zataić) to not mention sth; **~ał o tym przed rodzicami/sądem** he made no mention of it to his parents/in court

zmilitaryz|ować *pf vt* Wojsk. militarize *[zakład, fabrykę, obszar]* ⇒ **militaryzować**

zmił|ować się *pf v refl.* książk. to have mercy (**nad kimś** (up)on sb); **Boże, ~uj się nad nami!** God have mercy on us!; **~uj się!** (daj spokój) give me a break! pot.; **~uj się, co ty pleciesz!** pot. do me a favour! — what are you going on about? pot.

zmiłowani|e *n sgt* książk. mercy; **błagać ~a** a. **o ~e** to beg for mercy; **bez ~a** *[wrzeszczeć, dokuczać]* mercilessly

zminiaturyz|ować *pf vt* to miniaturize ⇒ **miniaturyzować**

zminimaliz|ować *pf vt* książk. **1** (zmniejszyć do minimum) to minimize *[ryzyko, niebezpieczeństwo, koszty]* ⇒ **minimalizować** **2** (umniejszyć) to play down *[winę, osiągnięcia]* ⇒ **minimalizować**

zmiot|ka *f* pot. sweeper

zmitręż|yć *pf* przest. **Ⅰ** *vt* (stracić czas) to waste, to lose; **~yć kilka godzin na szukaniu czegoś** to waste several hours searching for sth ⇒ **mitrężyć**

Ⅱ *vi* (odwlec) to dawdle; **~yć z robotą/załatwieniem sprawy** to dawdle over the work/over getting something done ⇒ **mitrężyć**

zmityg|ować *pf* **Ⅰ** *vt* książk. to appease; **~ować kogoś słowem/gestem** to restrain sb with words/a gesture ⇒ **mitygować**

Ⅱ zmitygować się książk. to restrain oneself ⇒ **mitygować się**

zmizernia|ły *adi. [osoba, twarz, ciało]* haggard

zmizerni|eć *pf* (~eję, ~ał, ~eli) *vi* to become haggard; **~eć po chorobie/ze zmartwienia** to be worn out after an illness/with worry ⇒ **mizernieć**

zmniejszać *impf* → zmniejszyć

zmniejsz|yć *pf* — **zmniejsz|ać** *impf* **Ⅰ** *vt* to make [sth] smaller *[przedmiot]*; to reduce *[koszty, szybkość, zapasy]*; **~yć zużycie paliwa/prądu** to reduce fuel/electricity consumption

Ⅱ zmniejszyć się — zmniejszać się *[rozmiar, odległość, liczba]* to decrease; *[wiatr, ból]* to lessen, to ease; *[przedmiot]* to become smaller

zmobiliz|ować *pf* **Ⅰ** *vt* **1** Wojsk. to call up *[rezerwistów]*; to mobilize *[armię, flotę]* ⇒ **mobilizować** **2** (uaktywnić) to motivate, to stimulate; **~ować kogoś do pracy/pomocy** to motivate sb to work/help; **~ować siły do walki z chorobą** to summon up a. muster up one's strength to fight a disease ⇒ **mobilizować** **3** (nastawić negatywnie) **usiłuje ~ować wszystkich przeciwko mnie** s/he's trying to get everyone against me ⇒ **mobilizować**

Ⅱ zmobilizować się **1** (zmusić się do działania) to focus oneself ⇒ **mobilizować się** **2** Wojsk. *[kraj]* to mobilize ⇒ **mobilizować się**

zmocz|yć *pf* **Ⅰ** *vt* to wet, to soak *[włosy, ubranie]*; **deszcz nas ~ył** we got wet in the rain ⇒ **moczyć**

Ⅱ zmoczyć się **1** (stać się mokrym) to get wet ⇒ **moczyć się** **2** Med. to wet the bed ⇒ **moczyć się**

zmoderniz|ować *pf* książk. **Ⅰ** *vt* to modernize, to update *[fabrykę, armię, urządzenie]* ⇒ **modernizować**

Ⅱ zmodernizować się to be modernized ⇒ **modernizować się**

zmodyfik|ować *pf* książk. **Ⅰ** *vt* (przekształcić) to modify; **~ować program nauczania/technologię** to modify the syllabus/technology ⇒ **modyfikować**

Ⅱ zmodyfikować się (zmienić się) to alter, to change ⇒ **modyfikować się**

zm|oknąć *pf* (zmoknął a. zmókł) *vi* to get wet ⇒ **moknąć**

zmok|nięty, ~ły *adi. [włosy, ubranie]* wet

zmonopoliz|ować *pf vt* Ekon. to monopolize ⇒ **monopolizować**

zmont|ować *pf vt* **1** (złożyć z części) to assemble, to put together *[urządzenie, maszynę, mebel]* ⇒ **montować** **2** Kino, Radio, TV to edit ⇒ **montować** **3** pot. (zorganizować) to put together; to set up pot. *[zespół, drużynę, program]* ⇒ **montować**

zm|ora *f* **1** (przykry sen) nightmare **2** (upiór) phantom, ghoul; **wyglądać jak zmora** to look like death warmed up pot. **3** *zw. sg* przen. spectre, curse; **zmora głodu/wojny** the spectre of hunger/war; **choroby nowotworowe są zmorą naszej cywilizacji** cancer is one of the curses of modern civilization

zmorz|yć *pf vt* książk.; **wreszcie o 5 rano ~ył mnie sen** I finally fell asleep at 5 o'clock in the morning

zmord|ować *pf* pot. **Ⅰ** *vt* **1** (mocno zmęczyć) to tire a. wear out; **dotarli na miejsce ~owani i brudni** they arrived at their

destination tired out and dirty [2] (skończyć z wysiłkiem) to get through; **w końcu ~ował wypracowanie/książkę** he finally got through his essay/the book
II zmordować się to tire oneself out; to knock oneself up pot.; **~ować się pracą** to tire oneself out working

zmotoryzowan|y [I] adi. [oddział, patrol, turysta] motorized
II m zw. pl car owner, motorist; **porady dla ~ych** tips for car owners

zm|owa pejor. conspiracy, plot; **zmowa przeciwko komuś** a plot against sb; **być z kimś w zmowie** to be in league a. cahoots pot. with sb; **zmowa milczenia** a conspiracy of silence; **przerwać** a. **przełamać zmowę milczenia** to break a conspiracy of silence

zm|óc pf (**zmogę, zmożesz, zmoże, zmógł, zmogła, zmogli**) vt [1] książk. [sen, zmęczenie, choroba] to overcome, to overtake [2] przest., książk. (pokonać) to defeat, to overcome

zm|ówić pf — **zm|awiać** impf [I] vt to say [modlitwę]
II zmówić się — **zmawiać się** [1] (wspólnie ustalić) to arrange (together); **zmówili się, że pojadą na wycieczkę** they arranged to go on the outing together [2] (uknuć spisek) to plot, to conspire; **wygląda, jakby wszyscy zmówili się przeciwko mnie** it looks as if everyone is conspiring against me

zmrok m (G ~u) sgt dusk, nightfall; **będziemy tam przed ~iem** we'll be there before nightfall

zmr|ozić pf (~ozi) vt [1] (przejąć chłodem) [wiatr, mróz] to chill [osobę] ⇒ **mrozić** [2] (spowodować przemarznięcie) [mróz, przymrozek] to freeze [rośliny] ⇒ **mrozić** [3] (obniżyć temperaturę) to chill; (poniżej zera) to freeze; **~ożony szampan** chilled champagne ⇒ **mrozić** [4] przen. to make [sb] freeze; **~ozić kogoś spojrzeniem** to give sb a chilling look; **jej słowa mnie ~oziły** her words made me freeze ⇒ **mrozić**

zmruż|yć pf vt to squint [oczy] ⇒ **mrużyć**
■ **nie ~yć oka** to not sleep a wink

zmumifik|ować pf vt to mummify [ciało, zwłoki] ⇒ **mumifikować**

zmursza|ły adi. [1] [drewno, deski, płot] rotten [2] przen., pejor. [poglądy, idee] stale pejor.

zmursz|eć pf (~eje, ~ał) vi to decay, to moulder; [drewno, deski] to rot, to go rotten; **płot ~ał ze starości** the fence was rotten with age ⇒ **murszeć**

zmu|sić pf — **zmu|szać** impf (~si — ~sza) [I] vt [1] (skłonić siłą, groźbą) to force; **~szać kogoś do pracy** to force sb to work; **~sić kogoś do ustępstw** to force sb to compromise [2] przen. [sytuacja, okoliczności] to force, to compel; **burza ~siła nas do powrotu** the storm forced us to turn back
II zmusić się — **zmuszać się** to force oneself; **~sić się do uśmiechu/rozmowy/wyjścia** to force oneself to smile/talk/go a. leave

zmuszać impf → **zmusić**

zmy|ć pf — **zmy|wać** impf (~ję — ~wam) [I] vt [1] (umyć) to wash [naczynia, podłogę]; to wash off [makijaż] [2] (usunąć) [deszcz, fale] to wash away [3] przen. (wynagrodzić wyrządzone zło) to wash away

II zmyć się — **zmywać się** [1] [plamy] to wash off, to come out; [brud, makijaż] to wash off [2] pot. (uciec) to scram pot.; **to ja się ~wam!** well, I'm off!
■ **odszedł/uciekł jak ~ty** pot. he scrammed off fast pot.

zmydlać impf → **zmydlić**

zmydl|ić pf — **zmydl|ać** impf [I] vt ~ić **mydło** to use up the soap
II zmydlić się — **zmydlać się** [mydło] to be used up

zmyka|ć impf vi pot. to scram pot.; **~j!** scram!

zmyl|ić pf vt [1] (wprowadzić w błąd) to mislead; (oszukać) to deceive [2] (pomylić) to mistake, to mix up [melodię]; **~ić drogę** a. **trasę** to go the wrong way; **pies ~ił trop** the dog mistook the scent

zmył|ka f pot. [1] (wprowadzenie w błąd) dodge pot.; trick; **patrzył w drugą stronę dla ~ki** he looked the other way to put us/me off [2] (pomyłka) mistake; **przeczytał tekst bez ~ki** he read the text without any mistakes

zmy|sł m (G ~słu) [1] Psych. sense; **~sł wzroku/słuchu/węchu** the sense of sight/hearing/smell; **narządy ~słów** the sense organs [2] sgt książk. (predyspozycja) flair, aptitude C/U; **mieć ~sł polityczny/organizatorski/do handlu** to have a flair for politics/organization/commerce
II zmysły plt [1] (popęd płciowy) sexual urges a. desires [2] przest. (przytomność) consciousness U; **upaść/leżeć bez ~słów** to fall down/lie unconscious
■ **szósty ~sł** a sixth sense; **pomieszanie ~słów** przest. madness; **być przy zdrowych ~słach** to be of sound mind; **nikt przy zdrowych ~słach w to nie uwierzy** nobody in their right mind would believe that; **odchodzić od ~słów** to be going out of one's mind, to be beside oneself; **postradać ~sły** przest. to take leave of one's senses

zmysłowo adv. [1] Psych. [postrzegać, odbierać] through the senses [2] (podniecająco) [całować, tańczyć, uśmiechać się] sensually, sensuously

zmysłowoś|ć f sgt sensuality

zmysłow|y adi. [1] Psych. [wrażenia, postrzeganie, bodźce] sensory, sense attr. [2] (podniecający) [kobieta, mężczyzna, usta, ciało] sensual; [głos, muzyka] sensuous

zmyślać impf → **zmyślić**

zmyśle|nie [I] sv → **zmyślić**
II n fabrication

zmyśl|ić pf — **zmyśl|ać** impf vt to make a. think up; **~one informacje** false information; **~one nazwisko** a fictitious a. made-up surname

zmyślnie adv. grad. artfully, craftily; **~ to wszystko zaplanował** he planned it all very artfully; **~ skonstruowane urządzenie** an ingenious piece of equipment

zmyślnoś|ć f sgt artfulness, craftiness

zmyśln|y adi. grad. [1] (sprytny) [dzieciak, chłopak, pies] smart, clever [2] (pomysłowo zrobiony) [urządzenie, konstrukcja] ingenious

zmywacz [I] m pers. (Gpl ~y a. ~ów) cleaner
II m inanim. [1] Chem. (rozpuszczalnik) remover; **~ do paznokci** nail varnish remover

[2] Kosmet. (do twarzy) make-up remover, cleansing lotion

zmywać impf → **zmyć**

zmywak m (szmatka) dishcloth; (szczoteczka z rączką) washing-up brush

zmywaln|y adi. [1] [farba, tusz] washable, removable [2] [tapeta, powierzchnia, wykładzina] washable

zmywar|ka f [1] Techn. (do naczyń) dishwasher [2] Aut. (samochód) street cleaner, sprinkler truck US

znacho|r m, **~rka** f [1] (uzdrowiciel) healer, folk healer [2] pot., pejor. (zły lekarz) quack pot., pejor.

znachors|ki adi. pejor. [praktyki, metody] quack attr., pejor.

znachorstw|o n sgt pejor. quackery pot., pejor.

znacjonaliz|ować pf vt Ekon., Prawo to nationalize [banki, przemysł] ⇒ **nacjonalizować**

znacząco adv. [1] (wymownie) [mrugnąć, uśmiechnąć się, chrząknąć] knowingly, significantly [2] (w dużym stopniu) [wzrosnąć, zmniejszyć się] considerably, significantly

znacząc|y [I] pa → **znaczyć**
II adi. [1] (porozumiewawczy) [gest, spojrzenie, uśmiech, mina] knowing, meaningful [2] (ważny) [rola, pozycja, osiągnięcie, autorytet] significant

znacz|ek m [1] (nalepka) stamp; **~ek pocztowy** a postage stamp; **~ek skarbowy** a duty stamp; **nakleić ~ek na list** to stamp a letter [2] (odznaka, plakietka) badge [3] (symbol graficzny) mark; (przy sprawdzaniu listy) tick GB, check US; **stawiała ~ki przy nazwiskach obecnych** she ticked the names of those present

znacze|nie [I] sv → **znaczyć**
II n [1] (sens) meaning C/U, sense; **~nie symboliczne** a symbolic meaning [2] sgt (ważność) significance, importance; **sprawa bez ~nia** an unimportant matter; **region o dużym ~niu gospodarczym** a region of great economic significance; **to w tej chwili nie ma żadnego ~nia** that doesn't make any difference now; that's of no significance now [3] Jęz. sense, meaning; **leksykalne ~nie wyrazu** the lexical meaning of a word
■ **w całym** a. **w pełnym tego słowa ~niu** in the full sense a. in every sense of the word; **w ścisłym tego słowa ~niu** in the true sense of the word; **przywiązywać do czegoś ~nie** to attach importance a. significance to sth

znaczeniowo adv. [1] Jęz. semantically; **wyrazy powiązane ~** semantically related words [2] przen. in terms of meaning; **powieść bogata ~** a novel rich in content a. meaning

znaczeniow|y adi. [1] Jęz. semantic; **odcienie ~e wyrazu** a word's shades of meaning [2] przen. meaning; **warstwa ~a wiersza** a poem's meaning

znacznie adv. considerably, substantially; **wydawał się ~ młodszy/starszy** he appeared considerably a. substantially younger/older; **stan chorego ~ się poprawił** the patient's condition considerably a. significantly improved

znaczn|y [I] adi. grad. książk. [osoba, osobistość] notable; **ta kobieta odegrała ~ą rolę w**

jego życiu that woman played a significant role in his life

II *adi.* *[dochód, wydatki, korzyści]* considerable, substantial

znacz|ony **II** *pp* → znaczyć

III *adi.* *[stronica, karty]* marked

znacz|yć *impf* **II** *vt* [1] (znakować) to mark; **~yć karty** to mark cards [2] (zostawiać ślad) to mark; **zwierzęta ~ą swój teren** animals mark out their territory

II *vi* [1] (oznaczać) to mean, to signify; **co ten wyraz ~y?** what does this word mean?; **co to ma ~yć** a. **co to (wszystko) ~y?** what's the meaning of (all) this?!; **to ~y** (a więc, mianowicie) namely, that is to say [2] (mieć znaczenie) to matter, to mean something; **rodzina wiele dla niego ~yła** family was very important to him; **przelotny, nic nieznaczący romans** a fleeting, insignificant affair; **wiele ~ył jako adwokat** he was well-respected as a lawyer

III znaczyć się (być widocznym) to be visible

zna|ć¹ *impf* **II** *vt* [1] (wiedzieć) to know; **~ć czyjeś nazwisko/miejsce pobytu** to know sb's name/address; **~ć kogoś dobrze/powierzchownie** to know sb well/superficially; **~ć kogoś ze zdjęcia/z widzenia** to know sb from a photograph/by sight; **~ć kogoś ze słyszenia** to have heard of sb; **mało go ~m** I don't know him very well; **~m go jako dobrego tłumacza** I know him to be a reliable translator; **była ~na z uczciwości/prawdomówności** she was known for her honesty/truthfulness; **chcę ~ć prawdę!** I want to know the truth!; **jak go/ją ~m, to...** knowing him/her,... [2] (utrzymywać znajomość) to know; **~ć kogoś od lat** to have known sb for years [3] (umieć) to be good; **~ć języki obce/historię** to be good at foreign languages/history

II znać się [1] (samego siebie) to know oneself [2] (wzajemnie) to know each other; **my się nie ~my** we don't know each other [3] (być znawcą) to know; **~ć się na malarstwie/winach** to know (a lot) about painting/wine(s); **~ć się na ludziach** to be a good judge of people

■ **dać komuś ~ć** to let sb know; **dać/dawać ~ć o sobie** *[ból, zmęczenie]* to begin to tell on sb, to make itself felt; **nie ~ć lęku/litości** to be fearless/ruthless; **~m ten ból** pot. tell me about it pot.

znać² *praed.* to show; **nie ~, że była na urlopie** you wouldn't know she'd been on holiday; **~ po niej, że płakała** you could tell she'd been crying

znad *praep* [1] (z powyżej) from above; **zdjął obraz ~ kanapy** he took down the picture from over the sofa; **uniósł głowę ~ biurka/talerza** he looked up from behind his desk/from his plate; **spojrzał ~ okularów** he peered over his glasses [2] (z pobliża) from; **wzoraj wróciliśmy ~ morza** yesterday we came back from the coast; **przybyli do Polski ~ Renu** they came to Poland from somewhere on the Rhine; **~ stawu dolatywało rechotanie żab** the croaking of frogs could be heard from the pond

znaj|da *m, f* (*Npl m* ~dy, *Gpl m* ~d a. ~dów; *Npl f* ~dy, *Gpl f* ~d) pot., pejor. (dziecko) foundling; (zwierzę) stray

znajdować *impf* → znaleźć

znajdywać *impf* → znaleźć

znajom|ek *m* (*Npl* ~kowie a. ~ki) pot. pal pot.; friend

znajomoś|ć **II** *f* [1] (kontakty towarzyskie) acquaintance; **przelotna ~ć** a casual acquaintance; **nawiązać ~ć z kimś** to make sb's acquaintance; **ten obraz dostałem od niego po starej ~ci** I got this picture from him as a special favour from an old friend; **zerwali ~ć po burzliwej kłótni** they ended their relationship after a stormy row [2] *sgt* (wiedza) knowledge, expertise; **~ć ekonomii/ludzkiej psychiki** a knowledge of economics/the human psyche

II znajomości *plt* (układy i kontakty) contacts; **mieć ~ci** to have contacts

■ **po ~ci** as a special favour

znajom|y **II** *adi.* *[melodia, nazwa, ulica]* familiar; **poszłam do ~ego lekarza** I went to see a doctor (whom) I know; **mój ~y aktor** an actor friend of mine

II znajom|y *m,* **~a** *f* acquaintance, friend; **dobry ~y** a good friend; **stary ~y** an old acquaintance; **mamy wspólnych ~ych** we have some common friends a. acquaintances

znak *m* (*G* ~**u**) [1] (symbol) sign, mark; (w naukach ścisłych) sign, symbol; **~ zapytania** a question mark; **~ Czerwonego Krzyża** the sign of the Red Cross; **~ dodawania/odejmowania** Mat. a plus/minus sign; **~ mniejszości** Mat. a smaller-than sign; **~ większości** Mat. a greater-than sign [2] (sygnał) sign, signal; **robić coś na dany ~** to do sth on a given signal [3] przest. (ślad) trace; (po operacji, ranie) scar, mark [4] (zapowiedź) sign, omen [5] (oznaka) sign, token; **wyciągnął rękę na ~ zgody** he held out his hand in token of agreement; **zwiesił głowę na ~ skruchy** he hung his head in a gesture of repentance; **„przekażcie sobie ~ pokoju"** Relig. 'give each other the sign of peace' [6] daw., Wojsk. (herb, sztandar) banner □ **~ chromatyczny** Muz. chromatic symbol; **~ diakrytyczny** Jęz. diacritic; **~ drogowy** Aut. traffic sign, road sign; **~ drukarski** Druk. character; **~ fabryczny** a. **firmowy** a. **ochronny** Handl., Przem. trademark; **~ interpunkcyjny** a. **przestankowy** Jęz. punctuation mark; **~ jakości** Handl. quality mark; **~ krzyża** Relig. the sign of the cross; **~ wodny** watermark; **~i szczególne** książk. distinguishing marks

■ **~ czasu** a. **czasów** a sign of the times; **spod ~u postmodernizmu** under the banner of postmodernism; **być** a. **stać pod ~iem zapytania** to be doubtful a. in doubt, to hang in the balance; **stawiać** a. **postawić coś pod ~iem zapytania** to call sth into question, to question sth; **dać się** a. **dawać się we ~i** *[osoba, sytuacja]* to make life a misery; *[trudy, wysiłek]* to make oneself felt; **dawać ~i życia** to show signs of life; **nie dawać ~u życia** (nie wykazywać objawów życia) to show no sign(s) of life; (nie odzywać się) to not be in touch; **od wybuchu wojny nie dawał ~u życia** we haven't

heard from him since the outbreak of war; **(wszystkie) ~i na niebie i ziemi wskazują na to, że wyjazd dojdzie do skutku** all the signs are that the trip will in fact take place

znakomicie *adv.* [1] (świetnie) superbly, splendidly; **~ się bawić** to have a splendid a. superb time; **~ znał francuski** he had a superb a. an excellent command of French [2] książk. (znacznie) considerably, substantially

znakomitoś|ć *f* [1] (osoba) celebrity [2] *sgt* (cecha) excellence, superb quality

znakomi|ty **II** *adi. grad.* [1] (nieprzeciętny, wybitny) *[muzyk]* outstanding, brilliant; *[książka, obraz]* superb, excellent [2] (odznaczający się doskonałą jakością) *[wino, jedzenie]* delicious, exquisite; *[nastrój, humor]* excellent; *[wykształcenie]* excellent, first-class

II *adi.* książk. (wielki) considerable, substantial; **~ta większość głosowała na demokratów** a substantial majority voted for the Democrats

znak|ować *impf vt* to mark *[drzewa]*; to tag *[zwierzęta]* ⇒ **oznakować**

znakowan|y **II** *pp* → znakować

II *adi.* tagged; **~y szlak turystyczny** a marked walking trail

znakow|y *adi. [system]* sign attr.

znalaz|ca *m,* **~czyni** *f* finder; **uczciwego ~cę proszę o zwrot dokumentów** the finder of the documents is kindly requested to return them

znalezisk|o *n* find; **~a archeologiczne** archaeological finds

zna|leźć *pf* — **zna|jdować, zna|jdywać** *impf* (~jdę, ~jdziesz, ~jdzie, ~lazł, ~lazła, ~leźli → ~jduję) **II** *vt* [1] (odnaleźć) to find [2] (zdobyć) to find, to come by; **~leźć mieszkanie/pracę** to find a flat/job; **~leźć kupca na coś** to find a buyer for sth; **~leźć męża/żonę** to find a husband/wife; **jak ~jdziesz na to czas?** how will you find the time (for it)? [3] (wykryć) to find; **w moczu ~leziono ślady cukru** traces of sugar were found in the urine [4] (natrafić) to find; **codziennie ~jdował list w skrzynce** he found a letter in the box every day [5] (doświadczyć) to find; **~lazła u niego zrozumienie** she found understanding in him; **~lazł w nim sojusznika/przyjaciela** he found an ally/friend in him [6] przest. (ocenić, osądzić) to find; **~lazł ją w dobrym zdrowiu** he found her in good health

II znaleźć się — **znajdować się, znajdywać się** (zostać odnalezionym) to be found **III znajdować się** [1] (występować) to occur [2] (być) to be, to find oneself

■ **~jdować przyjemność** a. **rozrywkę** a. **zadowolenie w czymś** to find pleasure in a. derive pleasure from sth; **~leźć radę** a. **sposób** a. **lekarstwo na coś** to find a remedy for sth; **~leźć się na liście** to be shortlisted; **~leźć w sobie odwagę** a. **siłę, żeby...** to find enough courage/strength to...; **coś (jest) jak ~lazł** pot. sth is perfect; **coś ~jduje wyraz** a. **odzwierciedlenie w czymś** sth finds expression a. is reflected in sth; **coś ~jduje zastosowanie w czymś** sth finds application in sth; **ktoś nie ~jduje słów** a. **słów podziwu** a. **zachwytu** words fail sb

znaleźn|e *n sgt* Prawo reward

znamieni|ty *adi.* grad. książk. *[ród, gość]* eminent, distinguished

znamiennie *adv.* książk. *[wyrazić, powiedzieć, przedstawić, zachować]* characteristically, typically

znamienn|y *adi.* książk. *[cecha, zachowanie]* characteristic, typical

znami|ę *n* (*G* ~enia) [1] (na skórze) birthmark [2] *zw. pl* (cecha, oznaka) hallmark, distinguishing feature; **jego styl nosił ~ona oryginalności** his style had all the hallmarks of originality [3] Bot. (u roślin) stigma

znamion|ować *impf vi* książk. [1] (oznaczać) to signify [2] (charakteryzować) to characterize

znan|y *adi.* [1] (sławny) *[aktor, polityk]* famous, well-known; **jest ~y ze swej dyskrecji/gwałtowności** he's well-known for his discretion/volatile temper [2] (nieobcy) *[piosenka, nazwa, język]* familiar; **czy ten mężczyzna jest ci ~y?** do you know that man?

znar|owić się *pf v refl.* *[koń]* to get restive
znarowi|ony *adi.* *[koń]* wild

znawc|a *m*, ~czyni *f* expert, connoisseur
znawstw|o *n sgt* competence, expertness

znerwicowan|y *adi.* Psych. *[osoba, wyobraźnia]* neurotic

zneutraliz|ować *pf* **I** *vt* [1] (usunąć, unieszkodliwić) to neutralize, to eliminate; **~ować działanie trucizny** to neutralize the action of a poison ⇒ **neutralizować** [2] Chem. (zobojętnić) to neutralize *[kwas]* ⇒ **neutralizować**

II **zneutralizować się** [1] (znieść się) to cancel each other out ⇒ **neutralizować się** [2] Chem. (o odczynie) to become neutral ⇒ **neutralizować się**

znęca|ć się *impf vi* to bully, to harass (**nad kimś** sb)

znę|cić *pf vt* to lure, to tempt; **~cić kogoś łatwym zyskiem** to lure sb with the prospect of quick profits; **zapach kwiatów ~cił pszczoły** the smell of the flowers attracted some bees ⇒ **nęcić**

znękan|y *adi.* *[mina, twarz]* harried, troubled

znicz *m* (*Gpl* ~y a. ~ów) [1] (ogień) vigil light, candle; **~ olimpijski** Sport the Olympic torch a. flame [2] (nagrobny) light, candle

zniechęcać *impf* → zniechęcić
zniechęcająco *adv.* działać a. wpływać ~ to discourage, to have a discouraging effect

zniechęcając|y **II** *pa* → zniechęcić
II *adi.* *[perspektywa, praca, widok]* discouraging, disheartening

zniechęceni|e **II** *sv* → zniechęcić
II *n* discouragement; **ogarnęło go ~e** he became (totally) discouraged

zniechę|cić *pf* — **zniechę|cać** *impf* **I** *vt* (odebrać zapał) to discourage, to dishearten; **~cać kogoś do pracy** to discourage sb from a. put sb off working

II **zniechęcić się** — **zniechęcać się** [1] (stracić chęć) to become discouraged a. disheartened [2] (zrazić się) to take a dislike; **~cił się do ludzi** he took a dislike to people

zniechęc|ony **II** *pp* → zniechęcić
II *adi.* *[osoba, wzrok]* discouraged, disheartened

zniecierpliw|ić *pf* **II** *vt* to make [sb] impatient; **~iło go, że...** it made him impatient that/when... ⇒ **niecierpliwić**
II **zniecierpliwić się** to become a. get impatient; **~ić się długim czekaniem** to become impatient with waiting so long ⇒ **niecierpliwić się**

zniecierpliwieni|e **II** *sv* → zniecierpliwić
II *n sgt* impatience; **słuchał jej z rosnącym ~em** he listened to her with growing impatience

zniecierpliwi|ony **II** *pp* → zniecierpliwić
II *adi.* *[osoba, gest, spojrzenie]* impatient

znieczulać *impf* → znieczulić
znieczulająco *adv.* Med. działać/podziałać ~ to have an anaesthetizing GB a. anesthetizing US effect

znieczulając|y **II** *pa* → znieczulać
II *adi.* Med. *[leki, zastrzyki, środki]* anaesthetic GB, anesthetic US

znieczule|nie **II** *sv* → znieczulić
II *n* [1] Med. anaesthetization *U* GB, anesthetization *U* US, anaesthesia *U* GB, anesthesia *U* US [2] *sgt* (obojętność) callousness
❑ **~nie przewodowe** Med. spinal anaesthesia

znieczulic|a *f sgt* pot., pejor. callousness, callous indifference

znieczul|ić *pf* — **znieczul|ać** *impf* **II** *vt* [1] Med. anaesthetize GB, to anesthetize US *[pacjenta, część ciała]* [2] (uczynić nieczułym) to make [sb] indifferent a. callous
II **znieczulić się** — **znieczulać się** (stać się niewrażliwym) to become indifferent a. callous

zniedołężnia|ły *adi.* *[staruszek]* decrepit, infirm

zniedołężni|eć *pf* (~eję, ~ał, ~eli) *vi* to become decrepit ⇒ **niedołężnieć**

zniekształcać *impf* → zniekształcić
zniekształce|nie **II** *sv* → zniekształcić
II *n* distortion, deformation

zniekształ|cić *pf* — **zniekształ|cać** *impf* **II** *vt* [1] (zdeformować) to distort, to deform *[obraz, dźwięk, figurę]*; to warp, to corrupt *[psychikę, osobowość]* [2] (przekręcić) to twist, to distort *[słowa, wypowiedź]*
II **zniekształcić się** — **zniekształcać się** (ulec deformacji) to be twisted a. distorted

znienacka *adv.* *[pojawić się, zagadnąć]* all of a sudden, suddenly

znienawi|dzić *pf* **II** *vt* to (start to) hate; **~dzisz mnie za to, co teraz powiem...** you'll hate me for saying this...
II **znienawidzić się** [1] (samego siebie) to (grow to) hate oneself [2] (jeden drugiego) to (start to) hate each other

znieruchomia|ły *adi.* [1] *[osoba, drzewa]* motionless [2] przen. *[oczy, spojrzenie, wzrok]* motionless, fixed

znieruchomi|eć *pf* (~eję, ~ał, ~eli) *vi* to freeze; **~ał z przerażenia** he froze in terror ⇒ **nieruchomieć**

zniesieni|e *sv* → znieść
■ **nie do ~a** unbearable

zniesławiać *impf* → zniesławić

zniesław|ić *pf* — **zniesław|iać** *impf vt* książk. to defame *[osobę]*

zniesławie|nie **II** *sv* → zniesławić
II *n* [1] (publiczna wypowiedź) defamation *sgt* [2] Prawo (przestępstwo) deflamation of character

zniesmacz|ony *adi.* pot. *[osoba, mina]* disgusted

zn|ieść *pf* — **zn|osić**[1] *impf* (zniosę, zniesiesz, zniesie, zniósł, zniosła, znieśli — znoszę) **II** *vt* [1] (przenieść) to carry, to take; **znieść rzeczy ze strychu** to carry a. take some things down from the attic; **znieść dziecko ze schodów** to take a child off the stairs; **piłkarza zniesiono z boiska** the player was carried off the pitch [2] (nanosić) to gather, to amass [3] (unieść w innym kierunku) to carry off a. away; **wiatr zniósł szybowiec na północ** the wind carried the glider off to the north; **prąd zniósł łódź** the current carried the boat off a. away [4] (zniszczyć) to wipe out, to raze [5] (unieważnić) to abolish, to do away with *[zakaz, cło, podatek]*; **znieść cenzurę** to abolish a. do away with censorship; **znieść karę śmierci** to abolish the death penalty [6] *[kura]* to lay *[jajko]* [7] (wytrzymać) to bear, to endure; **znieść porażkę/upokorzenie** to suffer humiliation/(a) defeat; **znieść ból** to endure (a) pain; **potrafi wiele znieść** he can endure a lot; **nie mogła znieść widoku krwi** she couldn't bear a. stand the sight of blood [8] (tolerować) to bear, to stand; **nie znosił samotności** he couldn't bear loneliness; **nie znosiła hałasu** she couldn't stand (a lot of) noise
II **znieść się** — **znosić się** [1] (o ludziach) to stand each other [2] (zneutralizować się) to cancel each other out [3] Fiz. to neutralize each other

zniewa|ga *f* [1] książk. (obraza) insult, affront [2] Prawo (przestępstwo) ≈ insulting a. abusive behaviour; **czynna ~ga** assault

zniewalać *impf* → zniewolić
zniewalająco *adv.* książk. *[uśmiechać się]* in a captivating way, compellingly

zniewalając|y **II** *pa* → zniewolić
II *adi.* *[uroda, maniery, uśmiech, spojrzenie, oczy]* captivating, compelling

znieważać *impf* → znieważyć
znieważ|yć *pf* — **znieważ|ać** *impf vt* książk. to insult

zniewieściałoś|ć *f sgt* pejor. effeminacy
zniewieścia|ły *adi.* pejor. *[rysy, maniery, ubiór]* effeminate
zniewieści|eć *pf vi* pejor. to become effeminate

zniewolenie **II** *sv* → zniewolić
II *n sgt* enslavement

zniew|olić *pf* — **zniew|alać** *impf vt* [1] książk. (pozbawić wolności) to enslave *[naród, osobę]*; przen. to compel; **człowiek ~olony przez nałóg** a slave to an addiction [2] książk. (zjednać) to captivate; **czuł się ~olony jej urodą** he was captivated by her beauty; **~alający uśmiech/głos** a captivating smile/voice [3] przest. (zgwałcić) to ravish przest. *[kobietę]*

znikać *impf* → zniknąć
znikąd *pron.* from nowhere, out of nowhere; **~ nie mogli zdobyć tych informacji** they couldn't find the information

anywhere; **żadna rzecz nie bierze się ~** nothing comes from a. out of nowhere; **~ słowa pociechy** not a single word of comfort; **człowiek ~** a man from nowhere

znikczemni|eć *pf* (**~eję**, **~ał**, **~eli**) *vi* książk. to become ignoble ⇒ **nikczemnieć**

znik|nąć *pf* — **znik|ać** *impf* (**~nął** a. **~ł**, **~nęła** a. **~ła**, **~nęli** a. **~li** — **~am**) *vi* [1] (stać się niewidocznym) to disappear, to vanish; **odwrócił się i ~nął w głębi sali** he turned and disappeared inside the room; **słońce ~ło za chmurą** the sun disappeared behind a cloud; **jej twarz ~nęła w mroku** her face vanished in the darkness; **~nąć z oczu** to disappear from view a. sight [2] (zginąć) to disappear, to vanish; **jedzenie szybko ~ało ze stołu** the food was rapidly disappearing from the table; **wraz z nią ~nęła cała nasza biżuteria** she disappeared with all our jewellery; **uśmiech ~nął z jej twarzy** the smile left her face; **problem nie ~nie tak po prostu** the problem won't just go away; **śnieg szybko ~ał** the snow was melting away fast [3] (odejść) to disappear, to vanish; **~nąć bez śladu** a. **wieści** to vanish without trace; **~nąć na jakiś czas z miasta** to leave town for some time [4] (wycofać się) to disappear, to withdraw; **~nąć z ekranów** to disappear from the screen; **~nąć ze sceny politycznej** to withdraw from politics

■ **~nąć z czyjegoś życia** to disappear from sb's life; **~nąć z powierzchni ziemi** to disappear a. vanish from a. off the face of the earth

znikomo *adv.* **jadła ~ mało** she ate like a sparrow; **jedzenia było ~ mało** food was very scarce; **~ krótki okres** an extremely brief period

znikomoś|ć *f sgt* (wysiłków) scantiness; (wykroczenia) insignificance

znikom|y *adi.* [zasoby] scarce; [ilość] scanty; [przewaga, szansa] slight, slim; [niebezpieczeństwo, ryzyko] slight

zniszczaln|y *adi.* destructible

zniszcza|ły *adi.* [zabytki, meble, maszyny] dilapidated

zniszcz|eć *pf* (**~ał**) *vi* [zabytek, dom] to become dilapidated ⇒ **niszczeć**

zniszcze|nie [] *sv* → **zniszczyć**

[] *n* [1] *zw. pl* (strata) damage *U*; **~nia wojenne** war damage; **powódź poczyniła w miasteczku duże ~nia** the flood caused serious damage in the town; **~nia spowodowane burzą/wybuchem bomby** storm/bomb damage [2] *sgt* (ruina) destruction, devastation; **pałac zachował się wśród ogólnego ~nia** the palace has survived the general destruction

zniszcz|ony [] *pp* → **zniszczyć**

[] *adi.* [osoba] worn(-out), wasted; [twarz, cera] haggard; **~one ręce** work-worn hands

zniszcz|yć *pf* [] *vt* [1] (zburzyć) to destroy; **powódź ~yła most** the flood destroyed the bridge; **wojska nieprzyjaciela ~yły miasto** the enemy forces destroyed the town ⇒ **niszczyć** [2] (zużyć) to wear [sth] out, to wear out [buty, ubranie, sprzęt]; **~ona książka** a very worn book ⇒ **niszczyć** [3] (usunąć) to destroy [dokument, list, dowody] ⇒ **niszczyć** [4] przen. (zrujnować) to ruin,

to wreck [małżeństwo, karierę]; **~yć sobie zdrowie** to ruin a. wreck one's health; **kobieta ~ona przez narkotyki** a woman destroyed by drugs; **ja pana ~ę!** I will destroy you! ⇒ **niszczyć** [5] przen. (wyeliminować) to wipe [sb/sth] out, to wipe out [zbiory, gatunek zwierząt]

[] **zniszczyć się** [1] [buty, ubranie] to wear out ⇒ **niszczyć się** [2] (stracić zdrowie) to ruin a. wreck one's health ⇒ **niszczyć się**

znit|ować *pf vt* Techn. to rivet (together) [blachy, płyty] ⇒ **nitować**

zniwecz|yć *pf vt* książk. to foil, to thwart [plany, zamiary, osiągnięcia] ⇒ **niweczyć**

zniwel|ować *pf vt* [1] Techn. to level [teren, pagórek] [2] (w geodezji) (zmierzyć) to survey ⇒ **niwelować** [3] książk. (znieść) to smooth (away a. out) [różnice, kontrasty] ⇒ **niwelować**

zniżać *impf* → **zniżyć**

zniż|ka *f* [1] (obniżenie) drop, reduction; **~ka cen/odsetek** a cut in prices/interest rates; **~ka notowań dolara** a drop in the dollar; **~ka formy u piłkarza** the player's loss of form [2] (obniżona cena) discount; **przyznać komuś ~kę na coś** to give sb a discount on sth; **~ka dla pracowników/studentów** a staff/student discount; **bilet ze ~ką** a discount ticket; **podróżować ze ~ką 50%** to travel (at) half fare; **10% ~ki** 10 per cent off

zniżk|ować *impf vi* książk. [ceny, kursy] to go down, to drop

zniżkow|y *adi.* [1] [tendencje] downward [2] [ceny] reduced, discount *attr.*; **bilet ~y** a reduced-fare ticket

zniż|yć *pf* — **zniż|ać** *impf* [] *vt* to lower [głowę, poprzeczkę]; **samolot ~ył lot** the plane began to descend; **~yć głos do szeptu** to lower one's voice to a whisper

[] **zniżyć się** — **zniżać się** [1] (opaść) [teren, ścieżka] to descend; **słońce już się ~yło** the sun is/was already low in the sky; **jego głos ~ał się do szeptu** his voice dropped to a whisper [2] przen. (dostosować się) to come down; **~ać się do czyjegoś poziomu** to come down to sb's (intellectual) level [3] (poniżyć się) to lower oneself; **~yć się do czegoś** to stoop to sth; **~yć się do pochlebstwa** to stoop to flattery; **nie ~ę się do pracy w takim miejscu** I wouldn't stoop so low as to work in a place like that

znojnie *adv. grad.* książk. [pracować] laboriously, arduously

znojn|y *adi.* książk. [dzień] exhausting; [praca] laborious, arduous

znokaut|ować /ˌznokawˈtovat͡ɕ/ *pf vt* [1] Sport [bokser] to knock out ⇒ **nokautować** [2] Dzien. (rozgromić) to trounce, to rout [przeciwnika, drużynę] ⇒ **nokautować**

znormaliz|ować *pf vt* [1] (ujednolicić) to standardize [wymiary, format, druk] ⇒ **normalizować** [2] (unormować) to normalize [stosunki]; to regulate [oddech] ⇒ **normalizować**

[] **znormalizować się** [sytuacja, stosunki] to normalize ⇒ **normalizować się**

znormalni|eć *pf* (**~eję**, **~ał**, **~eli**) *vi* [dziecko, osoba] to settle down; [sytuacja, stan] to settle down, to get back to normal

znosić[1] *impf* → **znieść**

zno|sić[2] *pf* (**~si**) *vt* [1] (tolerować) to stand, to bear; **nie ~sić kogoś/czegoś** to not be able to stand a. bear sb/sth; **nie ~szę, gdy mnie do czegoś przymuszają** I can't stand being forced into anything; **serdecznie go nie ~si** she can't abide him [2] (zużyć) to wear out [obuwie, ubranie]; **~szony płaszcz** a worn-out coat

znośnie *adv. grad.* tolerably, passably

znośn|y *adi. grad.* [warunki, pogoda, zachowanie, jedzenie] tolerable, passable

znoweliz|ować *pf vt* to amend [przepisy, ustawy] ⇒ **nowelizować**

znowu [] *adv.* (jeszcze raz) again; **schowaj pieniądze, bo ~ je zgubisz** put your money away or you'll lose it again

[] *part.* [1] (przeciwstawne) then again; **tu wyglądasz wesoło, na innych zdjęciach ~ bardzo poważnie** here you look cheerful, while in other pictures you're very serious; **czasem płakała, to ~ się śmiała** sometimes she cried, and then she'd be laughing again [2] (przecież) after all; **sto złotych to ~ nie tak dużo** after all, a hundred zlotys isn't that much [3] (właściwie) **co to ~ za hałas?** what's all the a. this noise (about)?; **o co jej ~ chodzi?** what does she want now?

[] *inter.* **skąd(że) ~!** (przeczenie) of course not!; **co** a. **cóż ~!?** (zniecierpliwienie) what is it now?!

znowuż → **znowu**

zn|ój *m sgt* (*G* **znoju**) książk. labour GB, labor US, toil; **pracować w znoju** to toil away; **był bardzo zmęczony po całodziennym znoju** he was exhausted after a hard day's toil

znów → **znowu**

znudzeni|e [] *sv* → **znudzić**

[] *n sgt* boredom; **ziewać ze ~a** to yawn with boredom; **do ~a** ad nauseam; **powtarzać coś do ~a** to repeat sth ad nauseam

znu|dzić *pf* [] *vt* to bore; **~dziła go długa podróż** he was bored with the long journey; **mam nadzieję, że nie ~dziłam cię moją** a. **swoją opowieścią** I hope I didn't bore you with my story ⇒ **nudzić**

[] **znudzić się** to get bored a. tired; **~dziła się oczekiwaniem** she got tired of a. was bored with waiting; **~dziło mu się czytanie książek** he was tired of a. he'd had enough of reading books ⇒ **nudzić się**

znudz|ony *adi.* [osoba, mina, spojrzenie] bored

znużeni|e [] *sv* → **znużyć**

[] *n sgt* fatigue, weariness; **mówić ze ~em** to talk wearily

znuż|ony *adi.* [osoba, głos, twarz] weary; **być ~onym upałem** to be weary of the heat

znuż|yć *pf* [] *vt* to tire; (znudzić) to bore; **~yła mnie ta praca** I became tired of a. bored with the work; **~ył mnie ten film** I found the film boring a. tedious ⇒ **nużyć**

[] **znużyć się** to get tired (**czymś** of sth); to get bored (**czymś** with sth); **czytelnik ~y się takim długim wstępem** readers will be bored with such a long preface ⇒ **nużyć się**

zob. (= **zobacz**) cf., vide

zobacz|yć *pf* **[I]** *vt* [1] (zauważyć) to see, to notice; **z daleka ~ył znajomych** he saw some friends in the distance; **~yła, że wchodzą do budynku** she saw them go(ing) into the building; **co on w niej ~ył?** *przen.* what did he see in her? [2] (obejrzeć) to see [*film, mecz, przedstawienie*] [3] (sprawdzić, przekonać się) to see; **powiem ci zagadkę, ~ymy, czy zgadniesz** I'll ask you a riddle, see if you can solve it; **~, która godzina** see a. check what time it is; **~, jakie piękne kwiaty** look at those beautiful flowers; **~ę, co ona robi** I'm going to see what she's doing; **idź na badania, a ~ysz, że niepotrzebnie się denerwowałeś** go and have the tests done, and you'll see you've got nothing to worry about; **doigrasz się, ~ysz!** you'll go one step too far, you'll see!; **~ysz, że będzie dobrze** things will be all right, you'll see; „**wrócisz na obiad?**" – „**~ę, może**" 'will you be back for dinner?' 'I don't know, I'll have to see'; „**uda się?**" – „**~ymy**" 'will we make it?' 'we'll (have to) see' [4] *pot.* (spotkać) to see, to meet [*osobę*]

[II] zobaczyć się [1] (samego siebie) to see oneself; **~yć się w lustrze/w szybie** to see oneself in the mirror/windowpane [2] (spotkać się) to meet, to see (**z kimś** sb); **prosiła, żebym ~ył się z panem** she asked me to meet you; **~ymy się wkrótce** see you (soon a. later)

■ to się (jeszcze) ~y we'll see about that; **~yć świat** a. **kawał świata** to see the world

zobiektywiz|ować *pf* **[I]** *vt* książk. to make [sth] (more) objective [*sądy, oceny*] ⇒ **obiektywizować**

[II] zobiektywizować się [*sądy*] to become (more) objective

zoblig|ować *pf* *vt* książk. to obligate; **~ować kogoś do dyskrecji** to require sb to be discreet ⇒ **obligować**

zobojętnia|ły *adi.* [*osoba*] apathetic (**na coś** about sth); indifferent (**na coś** to sth); [*twarz, wzrok*] apathetic, blank

zobojętni|eć *pf* (**~eję, ~ał, ~eli**) *vi* to become indifferent (**na coś** a. **wobec czegoś** to sth); **~eć w stosunku do rodziny** to become indifferent to one's family; **rozrywki jej ~ały** she was no longer interested in having fun; **dziewczyna mu ~ała** he no longer cared for his girlfriend ⇒ **obojętnieć**

zobojętnieni|e [I] *sv* → **zobojętnieć**

[II] *n sgt* apathy (**na coś** about sth); indifference (**na coś** to sth); **popaść w ~e** to become apathetic

zobowią|zać *pf* — **zobowią|zywać** *impf* (**~żę** — **~zuję**) **[I]** *vt* to oblige, to obligate; **~zać kogoś do czegoś** to oblige a. obligate sb to do sth; **został ~zany do całkowitej dyskrecji** he was sworn a. pledged to secrecy; **jedno spotkanie do niczego nie ~zuje** one meeting doesn't oblige you in any way

[II] zobowiązać się — zobowiązywać się to commit oneself (**do czegoś** to sth); to undertake książk. (**do czegoś** to do sth); **~zał się do pomocy** he pledged to help; **~zała się, że wykona pracę przed terminem** she promised a. undertook to complete the work before the deadline

zobowiąza|nie [I] *sv* → **zobowiązać**

[II] *n* [1] (obowiązek) obligation, commitment; **~nia finansowe** financial obligations; **przyjąć na siebie ~nie** to take on an obligation a. a commitment; **dotrzymać ~nia** to fulfil a. meet one's obligations; **podjął ~nie zorganizowania imprezy** he undertook the organization of the whole event; **mam wobec niego pewne ~nia** I have some obligations to him; **~nia wobec rodziny** family commitments; **małżonkowie wspólnie odpowiadają za zaciągnięte przez nich ~nia** spouses are jointly responsible for their financial obligations [2] Prawo obligation; **~nie jednostronne** a unilateral obligation

zobowiązan|y [I] *pp* → **zobowiązać**

[II] *adi.* [1] (obowiązany) obliged, bound, obligated książk.; **instytucje ~e do podejmowania takich działań** institutions obliged a. required (by law) to undertake such measures [2] (wdzięczny) obliged przest.; indebted; **być ~ym wobec kogoś za coś** książk. to be obliged a. indebted to sb for sth; **czuję się wobec pani wielce ~!** książk. I'm much obliged a. deeply indebted to you książk.; **byłbym ~y, gdyby przekazał mu pan wiadomość** książk. I'd be obliged if you could leave him a message

zobowiązująco *adv.* **traktować coś ~** to treat a. take sth as binding

zobowiązując|y [I] *pp* → **zobowiązywać**

[II] *adi.* [*przysięga, decyzja, zaproszenie*] binding

zobowiązywać *impf* → **zobowiązać**

zobraz|ować *pf* *vt* książk. to depict, to portray; **pisarz wiernie ~ował epokę** the writer gave a faithful depiction of the era; **~ować komuś swoją sytuację** to give sb a picture of one's situation ⇒ **obrazować**

zocz|yć *pf* *vt* książk. to espy poet.; to spot [*niebezpieczeństwo, nieprzyjaciela*]

z oddali from a distance; from afar książk.; **dźwięki muzyki dochodzące ~** sounds of music coming from the distance; **widział ~, jak weszła do domu** he saw her from a distance as she entered the house

zodiak *m* (*G* **~u**) Astrol., Astron. zodiac; **znaki ~u** the signs of the zodiac

zodiakaln|y *adi.* Astrol., Astron. [*koło*] zodiacal; [*znak*] of the zodiac; **być ~ym Bykiem/Lwem** to be a Taurus/Leo

zognisk|ować *pf* **[I]** *vt* [1] książk. (skupić) to focus [*zainteresowanie, uwagę*] (**na czymś** a. **wokół czegoś** (up)on sth) ⇒ **ogniskować** [2] Fiz. to focus [*promienie*] ⇒ **ogniskować**

[II] zogniskować się książk. [*uwaga*] to focus, to be focused (**na czymś** (up)on sth) ⇒ **ogniskować się**

zohydzać *impf* → **zohydzić**

zohy|dzić *pf* — **zohy|dzać** *impf* (**~dzę** — **~dzam**) *vt* (oczernić) to denigrate, to disparage [*osobę, ideały*]; (obrzydzić) **~dzić komuś coś** to cause sb to loathe sth

zołz|a [I] *f* pot., pejor. bitch pot., pejor.; dragon pejor.

[II] zołzy *plt* przest., Med. scrofula *U* przest.; ≈ king's evil *U*

zołzowa|ty *adi.* [1] pot., pejor. [*kobieta, usposobienie*] bitchy pot., pejor., catty pot., pejor. [2] przest., Med. [*dziecko*] scrofulous

ZOMO (= Zmotoryzowane Oddziały Milicji Obywatelskiej) Hist. *Polish riot police*

zomow|iec *m* Hist. *a Polish riot policeman*

zomows|ki *adi.* Hist. *of the Polish riot police*

zoo [I] *n inv.* zoo; **pójść do ~** to go to the zoo

[II] zoo- *w wyrazach złożonych* zoo-; **zooplankton** zooplankton

zoofili|a *f sgt* (*GD* **~i**) Psych. zoophilia

zoolo|g [I] *m pers.* (*Npl* **~dzy** a. **~gowie**) zoologist

[II] *m inanim.* (*G* **~gu**) pot. zoo

zoologi|a *f sgt* (*GD* **~i**) zoology

zoologiczn|y *adi.* [*zbiory, ekspedycja*] zoological; **sklep ~y** a pet shop

zootechniczn|y *adi.* zootechnics attr.

zootechni|k *m* animal rearing specialist

zootechni|ka *f sgt* zootechnics (+ *v pl/v sg*)

zoper|ować *pf* *vt* to operate (**kogoś/coś** on sb/sth) [*rannego, tarczycę, serce*]; **choremu ~owano wyrostek robaczkowy** the patient had an appendicitis operation ⇒ **operować**

zoptymaliz|ować *pf* *vt* książk. to optimize [*działanie, plan*] ⇒ **optymalizować**

zo|rać *pf* (**zorzę**) *vt* [1] Roln. to plough (up) GB, to plow (up) US [*pole*] [2] (poryć) to furrow; **czoło zorane zmarszczkami** a forehead furrowed with wrinkles; **ogród zorany pociskami** a garden torn up by shelling

zorganiz|ować *pf* **[I]** *vt* [1] (urządzić) to organize [*wystawę, wycieczkę*]; to organize, to hold [*zjazd, konferencję, zabawę, demonstrację*]; **~ować spotkanie** to arrange a meeting; **~ować pomoc dla powodzian** to organize a relief effort for flood victims ⇒ **organizować** [2] (stworzyć) to establish, to set up [*komitet, teatr, firmę*] ⇒ **organizować** [3] (skupić, zrzeszyć) to organize; **~ować turystów w małe grupy** to organize the tourists into small groups [4] pot. (zdobyć) to come up with; **musimy ~ować pieniądze na wycieczkę** we need to come up with some money for the trip ⇒ **organizować**

[II] zorganizować się to organize (oneself); **robotnicy ~owali się w związki** the workers organized (themselves) into unions ⇒ **organizować się**

zorganizowan|y [I] *pp* → **zorganizować**

[II] *adi.* [*osoba, grupa przestępcza, tryb życia*] organized; **wysoko ~e zwierzęta** Biol. highly organized animals

zorient|ować *pf* **[I]** *vt* [1] (poinformować) to inform, to brief; **~ować kogoś w sytuacji** to brief sb on the situation; **komunikat ~ował turystów co do stanu pogody** the bulletin informed the tourists about weather conditions ⇒ **orientować** [2] (ustawić) to orientate GB, to orient US; **budynek ~owany według stron świata** a building oriented to the four cardinal points of the compass ⇒ **orientować** [3] (ukierunkować) to orientate (**na coś** a. towards sth); **partia ~owana prawicowo** a right-leaning party ⇒ **orientować**

[III] zorientować się [1] (rozeznać się) to work a. figure out *vt*; **muszę ~ować się w sytuacji** I have to get my bearings; **nie od razu ~ował się, że jest śledzony** he

Z

didn't realize right away that he was being followed; **nie mogę ~ować się, o co tu chodzi** I can't figure out what this is all about ⇒ **orientować się** ② (ukierunkować się) to be orientated GB, to be oriented US (**na kogoś/coś** to a. towards sb/sth); **banki powinny bardziej ~ować się na potrzeby klientów** banks should be more orientated to the needs of their clients ⇒ **orientować się** ③ (w terenie) to orientate oneself GB, to orient oneself US ⇒ **orientować się**

zorientowan|y [] *pp* → **zorientować**

[] *adi.* pot. on the ball pot.; **być ~ym w czymś** to be well up on sth *[polityce, sporcie, geografii]*; **jest dobrze ~y w sytuacji** he's well aware of what the situation is

z|orza *f* (poranna) daybreak *U*; (wieczorna) twilight *U*

❑ **zorza polarna** aurora; (na północy) northern lights, aurora borealis; (na południu) southern lights, aurora australis

zosta|ć¹ *pf* — **zosta|wać** *impf* (**~nę** **~ję**) [] *vi* ① (nie wychodzić) to stay; **~ć na kolacji** to stay for dinner; **~ć na noc** to stay overnight; **~ć w domu** to stay at home; **~ję na tydzień na wsi** I'm spending a week in the country ② (pozostać) to be left; **z dawnych mebli ~ły tylko fotele** of the old furniture only two armchairs are/ were left; **w butelce ~ło trochę wody** there's/there was a little water left in the bottle; **~ło mu tylko 100 złotych** he only has/had 100 zlotys left; **~ło jeszcze trochę czasu** there's/there was still a little time left; **~ć w tyle** to fall a. lag behind, to be left behind; **po rodzicach ~ł domek na wsi** our parents left a cottage to us ③ (trwać) to remain, to be; **wszystko ~ło po staremu** everything remained unchanged; **~ć w niepewności** to remain uncertain ④ (w trudnym położeniu) to be left; **~ć bez grosza/bez dachu nad głową** to be left penniless/homeless; **~ła sama z dzieckiem** she was left with a child to support

[] **zostać się** — **zostawać się** pot. ① (pozostać) to stay; **~ć się na obiedzie** to stay for lunch ② (trwać) to remain; **wszystko ~ło się po staremu** everything remained the same; **nikt nie ~ł się przy życiu** nobody remained alive a. survived

■ **(niech) to ~nie między nami** this is between you and me; **~ć w czyjeś głowie** a. **pamięci** a. **we wspomnieniach** to stick in sb mind

zosta|ć² *pf* (**~nę**) *vi* ① (w stronie biernej) to be; **samochód ~ł uszkodzony** the car was damaged; **~ć odznaczonym** to be honoured; **tamta sprawa nie ~ła jeszcze wyjaśniona** that case remains unsolved ② (stać się) to become; **~ć ojcem/lekarzem** to become a father/doctor; **~ć czyjąś żoną/czyimś mężem** to get married to sb

zostawać *impf* → **zostać¹**

zostawiać *impf* → **zostawić**

zostaw|ić *pf* — **zostaw|iać** *impf vt* ① (nie zabrać) to leave (behind); **~ili ubrania na brzegu rzeki** they left their clothes on the river-bank; **chyba ~iłam gdzieś mój notes** I think I left my notebook behind;

zjadł mięso, ale ziemniaki ~ił he ate the meat, but left his potatoes; **~ić odstęp** to leave a gap; **~ić dla kogoś wiadomość** to leave a message for sb; **~ić coś komuś na pamiątkę** to leave sth for sb as a memento ② (odejść) to leave; **dlaczego ~iłeś mnie tam samą?** why did you leave me there all alone?; **zmarł, ~iwszy żonę z trojgiem dzieci** książk. he died, leaving a wife and three children; **dla tej dziewczyny ~ił żonę** he left his wife for that girl; **~iła włączony silnik** she left the engine running ③ (odłożyć) to put a. set [sth] aside, to put a. set aside; **~iła trochę zupy na jutro** she put aside some soup for the next day; **~ić trochę pieniędzy na czarną godzinę** to put away some money for a rainy day ④ (w testamencie) to leave, to bequeath; **umarła i ~iła mu piękny dom** she died and left him a beautiful house; **~ił synowi w spadku mieszkanie** he bequeathed the flat to his son ⑤ (spowodować) to leave; **~iać ślady** to leave a trail; **tamte wydarzenia ~iły w nas poczucie winy** those events left us with an abiding sense of guilt; **~iła po sobie dobre wrażenie** she made a good impression ⑥ (zdać się na kogoś) to leave; **~ić komuś coś** to leave sth to sb, to leave it up to sb to do sth; **~ić komuś decyzję** to leave the decision (up) to sb; **~ić komuś wolną rękę** to give sb a free hand a. (a) free rein; **~ to mnie** leave it to me ⑦ (nie zajmować się) to leave; **~ić kogoś samemu sobie** to leave sb alone a. to his/ her own devices; **~ to do jutra** leave it until tomorrow; **~iła gary i wyszła** she left the dishes and went out; **~ tę pracę i znajdź sobie coś lepiej płatnego** quit your job and look for something better; **~ mnie w spokoju** leave me alone

■ **~ić coś czasowi** a. **własnemu biegowi** to let sth take a. run its course; **~ić coś przy sobie** to keep sth to oneself

zoś|ka *f* Gry footbag

zowąd → **stąd**

zrab|ować *pf vt* to rob, to steal *[biżuterię, pieniądze]*; **napadli na nią i ~owali jej wszystkie pieniądze** she was mugged and robbed of all her money; **odzyskano ~owane przedmioty** the stolen property has been recovered ⇒ **rabować**

zracjonaliz|ować *pf vt* ① książk. (usprawnić) to streamline, to rationalize *[metody, procesy]* ⇒ **racjonalizować** ② książk. (wyjaśnić) to rationalize *[emocje, uczucia]* ③ Psych. to rationalize

zradiofoniz|ować *pf vt* to equip [sth] with a radio *[autokar]*; **~owane patrole policji** radio-equipped police patrols ⇒ **radiofonizować**

zradykaliz|ować *pf* [] *vt* książk. to radicalize *[poglądy, osobę]* ⇒ **radykalizować**

[] **zradykalizować się** *[osoba, poglądy]* to become (more) radical ⇒ **radykalizować się**

zrakowacia|ły *adi.* Med. *[narząd, tkanka]* cancerous

zrakowaci|eć *pf* (**~ał**) *vi* Med. *[tkanka, narząd]* to become cancerous ⇒ **rakowacieć**

zramola|ły *adi.* pot., pejor. *[osoba]* doddering, doddery

zramol|eć *pf* (**~eję, ~ał, ~eli**) *vi* pot., pejor. *[osoba]* to go soft in the head pot. ⇒ **ramoleć**

zra|nić *pf* [] *vt* ① (skaleczyć) to hurt, to injure; **~nić kogoś nożem** to wound sb with a knife; **~nić nogę o wystający gwóźdź** to cut one's leg on a protruding nail; **~nione zwierzę padło** the wounded animal died; **~niła ją spadająca gałąź** she was injured by a falling branch ⇒ **ranić** ② przen. (sprawić przykrość) to hurt, to wound; **jego słowa bardzo ją ~niły** his words wounded her deeply; **~nić czyjąś dumę** to hurt sb's pride ⇒ **ranić**

[] **zranić się** to hurt a. injure oneself; **~nić się w palec/ramię** to hurt a. injure one's finger/arm; **~nić się kawałkiem rozbitego szkła** to cut oneself on a piece of broken glass ⇒ **ranić się**

zrastać się *impf* → **zrosnąć się**

zraszać *impf* → **zrosić**

zraz *m* ① zw. pl Kulin. slice of beef, beef collop zw. pl; **~ wołowy zawijany** beef roulade ② Ogr. scion

❑ **~y nelsońskie** a. **po nelsońsku** Kulin. *beef collops stewed with mushrooms*

zra|zić *pf* — **zra|żać** *impf* [] *vt* to alienate, to put off; **swoim zachowaniem ~ziła do siebie wszystkich** her behaviour alienated everybody a. put everybody off; **kontuzje ~ziły go do uprawiania sportu** his injuries put him off sport

[] **zrazić się** — **zrażać się** to be discouraged, to be put off; **nie ~żaj się pierwszym niepowodzeniem** don't lose heart the first time things go wrong; **~zić się do kogoś** to take a dislike to sb; **kiedyś ~ził się do niego i teraz go unika** he took a dislike to him at one point and now he steers clear of him

zrazik *m* zw. pl (A ~ a. ~a) ① dem. Kulin. (stewed) slice of beef ② Anat. lobule; **~i wątroby** the liver lobules

zrazu *adv.* przest., książk. at first, to begin with

zrażać *impf* → **zrazić**

zr|ąb *m* (G **zrębu**) ① (szkielet konstrukcyjny) framework, skeleton ② zw. pl książk. (podwalina) foundation; (najważniejszy element) essentials *pl*; (główne założenia) fundamentals *pl*; **zręby literatury narodowej** the foundations of the nation's literature; **zręby teorii** the fundamentals of the theory; **zręby ustroju politycznego** the foundations of a political system; **zręby nowego ładu społecznego** the foundations of a new social order ③ (krawędź) edge; **kruchy/ ostry zrąb skały** the crumbling/sharp edge of a rock ④ (w gospodarce leśnej) (obszar) logging site, logging area; (wyrąb) logging *U* ⑤ Geol. horst

zrąb|ać¹ *pf* — **zrąb|ywać** *impf vt* pot. ① (ściąć) to fell; (siekierą) to chop down *[drzewo]*; to knock off *[sople]*

zrąb|ać² *pf vt* pot. ① (ostrzelać) (z armat) to shell; (z karabinów maszynowych) to fire at; (zbombardować) to bomb ② pot. (skrytykować) to slam pot., to slate GB pot. *[tekst, utwór]*

zrąbywać *impf* → **zrąbać¹**

zrealiz|ować *pf* [] *vt* ① (urzeczywistnić) to carry [sth] out, to carry out *[zadanie, pomysł, politykę, zlecenie]*; to execute *[plan, zlecenie]*;

to fill *[zamówienie]*; to fulfil GB, to fulfill US *[ambicje, marzenie, obietnicę, zobowiązanie]* ⇒ **realizować** ② Ekon. (spieniężyć) to cash *[czek]*; to sell *[akcje, papiery wartościowe, obligacje]* ⇒ **realizować** ③ Kino, Radio, TV (stworzyć) to produce *[film, program, przedstawienie]* ⇒ **realizować** ④ Farm. *[aptekarz, apteka]* to dispense, to fill; *[pacjent, klient]* to have [sth] filled a. dispensed *[receptę]* ⇒ **realizować**

Ⅲ **zrealizować się** ① (urzeczywistnić się) *[marzenia]* to come true; *[oczekiwania, ambicje]* to be fulfilled; *[plany, pomysły]* to be carried out ⇒ **realizować się** ② (spełnić się) *[osoba]* to fulfil oneself GB, to fulfill oneself US, to find fulfilment GB, to find fulfillment US; **~ował się w pracy społecznej** he found volunteer work very fulfilling; **~owała się w badaniach naukowych** it was as a researcher that she came into her own; **~ować się jako matka** to find fulfilment as a mother ⇒ **realizować się**

zreasum|ować *pf vt* książk. to sum up, to recapitulate *[artykuł, główne tezy, zagadnienie]* ⇒ **reasumować**

zrecenz|ować *pf vt* to review *[książkę, film, przedstawienie]* ⇒ **recenzować**

zredag|ować *pf vt* Dzien., Wyd. (opracować) to edit *[tekst, materiał, audycję, książkę]*; (do druku) to copy-edit *[tekst, rękopis]*

zreduk|ować *pf* **Ⅱ** *vt* ① (ograniczyć) to reduce *[ilość, deficyt, arsenał broni, wydajność]*; to cut down (on), to cut back (on) *[koszty, przestępczość]*; to scale down *[plany]*; (stopniowo zmniejszyć) to whittle [sth] away a. down *[przewagę, zyski]*; (nagle, drastycznie) to axe, to ax US; to slash pot. *[wydatki, usługi, program]*; **~ować długą listę do trzech punktów/wachlarz możliwości do jednej** to pare down a long list to three items/to eliminate all the possibilities but one; **~ować coś do minimum** to reduce sth to a minimum a. to the bare minimum; **~ować dochody o pięć procent** to decrease revenues by five per cent ⇒ **redukować** ② (zwolnić) to cut down on *[personel, pracowników]*; to streamline *[biurokrację]*; (nagle, drastycznie) to axe, to ax US *[stanowiska]*; **~ować obsługę biura** to cut down on the office staff ⇒ **redukować** ③ (sprowadzić) to reduce; **~ować coś do czegoś** to reduce sth to sth; **~ować skomplikowany problem do prostej kwestii** to reduce a complex problem to a simple issue; **życie ~owane do walki o przetrwanie** life reduced to a struggle for existence; **system ~uje człowieka do roli trybika w maszynie** the system reduces the individual to a mere cog in the machine ⇒ **redukować** ④ Aut. (obniżać) **~ować bieg** to reduce gear, to change down GB, to downshift US ⇒ **redukować** ⑤ Chem. to deoxidize

Ⅲ **zredukować się** ① (pod względem ilości, wielkości) *[wpływy, ilość]* to drop, to fall; **nasze koszty ~owały się o jedną trzecią** our costs have fallen by one third ⇒ **redukować się** ② (pod względem złożoności) *[funkcja, zagadnienie, dzieło]* to be reduced; **powódź danych ~ała się do rozmiarów możliwych do przetworzenia** the deluge

of data has been reduced to manageable proportions ⇒ **redukować się**

zrefer|ować *pf vt* (zdać relację) to report, to recount *[wydarzenie, przebieg wydarzeń]*; (podsumować) to sum up, to summarize *[dyskusję, stanowisko, najważniejsze zagadnienia]*; (przedstawić w postaci referatu) to present *[zagadnienie]*; **w kilku zdaniach ~owano wyniki badań** the findings were summed up in a few sentences ⇒ **referować**

zreflekt|ować się *pf v refl.* (zauważyć) to realize; (powstrzymać się) to reconsider, to have second thoughts; **~owała się, że popełniła gafę** she realized she'd blundered; **chciał ją pocałować, ale się ~ował** he wanted to kiss her, but thought better of it; **w porę się ~owałam i zamilkłam** I had second thoughts and closed my mouth just in time ⇒ **reflektować się**

zreform|ować *pf* **Ⅱ** *vt* to reform *[szkolnictwo, przepisy, gospodarkę, instytucję, system]* ⇒ **reformować**

Ⅲ **zreformować się** *[system, instytucja]* to be reformed ⇒ **reformować się**

zrefund|ować *pf vt* książk. to refund *[nadpłatę]*; **~ować komuś koszty leczenia/poniesione wydatki** to reimburse sb for their medical costs/expenses; **~owano nam wczasy/koszty remontu** our holiday/renovation costs have been reimbursed ⇒ **refundować**

zregener|ować *pf* **Ⅱ** *vt* ① (odzyskać) to recover *[siły, sprawność psychiczną]* ⇒ **regenerować** ② (odtworzyć) *[jaszczurka, legwan]* to regenerate *[ogon, kończynę]*; *[organizm]* to regenerate *[wątrobę, naskórek]*; to revitalize *[cerę, skórę]* ⇒ **regenerować** ③ Techn. to restore, to recondition *[urządzenie]* ⇒ **regenerować**

Ⅲ **zregenerować się** ① (wrócić do sił) to recover ② Biol. (odrodzić się) *[komórki, tkanki, organ]* to regenerate (itself); *[skóra, cera]* to be revitalized ⇒ **regenerować się**

zrehabilit|ować *pf* **Ⅱ** *vt* ① (przywrócić prawa, uznanie) to rehabilitate; (uniewinnić) to vindicate; to exculpate książk. ⇒ **rehabilitować** ② Med. to rehabilitate *[chorego, pacjenta]* ⇒ **rehabilitować**

Ⅲ **zrehabilitować się** (oczyścić się z zarzutów) to be vindicated; to be exculpated książk. ⇒ **rehabilitować się**

zrejter|ować *pf vi* książk., żart. (uciec) to beat a (hasty) retreat; to head for the hills żart. ⇒ **rejterować** ② przest. *[wojsko, oddział, żołnierze]* to flee ⇒ **rejterować**

zrekapitul|ować *pf vt* książk. to summarize *[rozmowę, dyskusję]* ⇒ **rekapitulować**

zrekompens|ować *pf vt* ① (finansowo, materialnie) to make up for, to make good *[straty, szkodę, wydatki]*; **~ować komuś straty** to recompense książk. a. compensate sb for their losses; **szkody zostały ~owane** the damage was made good; **podwyższono im płace, aby ~ować inflację** they were given a pay rise to compensate for inflation ⇒ **rekompensować** ② (wynagrodzić) to make amends for *[krzywdę, wysiłek]*; to make up for *[stracony czas, zgubę]*; **~ować komuś coś** to compensate sb for sth ⇒ **rekompensować**

zrekonstru|ować *pf vt* ① (przywrócić) to reconstruct *[zniszczony fragment, zagubiony oryginał, niepełny tekst, całość]*; (odnowić) to renovate *[zabytek, budynek]* ⇒ **rekonstruować** ② (odtworzyć) to reconstruct *[przebieg wydarzeń, przeszłość]* ⇒ **rekonstruować**

zrekultyw|ować *pf vt* Roln. to reclaim *[nieużytki, las, bagniska]* ⇒ **rekultywować**

zrelacjon|ować *pf vt* to relate, to recount *[wydarzenia, historię]*; **~ował (nam) przebieg negocjacji/treść dokumentu** he recounted (to us) how the negotiations had been progressing/he told us the contents of the document ⇒ **relacjonować**

zrelaks|ować *pf* **Ⅱ** *vt* to relax ⇒ **relaksować**

Ⅲ **zrelaksować się** to relax, to unwind ⇒ **relaksować się**

zrelatywiz|ować *pf* **Ⅱ** *vt* książk. to render [sth] relative; to relativize spec. ⇒ **relatywizować**

Ⅲ **zrelatywizować się** książk. to become relative ⇒ **relatywizować się**

zremis|ować *pf vt* Sport *[zawodnik, zespół]* to draw, to tie (**z kimś** with sb); **~ować dwa do dwóch** to draw 2-2; **drużyny ~owały na punkty** the teams tied on points ⇒ **remisować**

zreorganiz|ować *pf vt* to reorganize *[administrację, przedsiębiorstwo, armię]* ⇒ **reorganizować**

zreper|ować *pf vt* to repair, to fix *[zegarek, samochód, radio, komputer]*; to mend *[buty, dach]* ⇒ **reperować**

zresztą *part.* (nawiasem mówiąc) as a matter of fact, actually; (poza tym) anyway, besides, in any case; **zapowiedział, ~ nie po raz pierwszy, że...** not for the first time he announced that...; **spóźniła się, ~ jak zawsze** she was late, as usual; **nie mam ochoty tam iść, ~ nie mam czasu** I don't feel like going there, anyway a. besides a. in any case I don't have the time

zrewaloryz|ować *pf vt* ① (odnowić) to restore *[dzieło sztuki]* ⇒ **rewaloryzować** ② (przewartościować) to re-evaluate *[opinie, pojęcia]* ⇒ **rewaloryzować** ③ książk. to adjust [sth] for inflation *[emerytury, renty]* ⇒ **rewaloryzować**

zrewanż|ować się *pf v refl.* ① (odwzajemnić się) to reciprocate; (za krzywdę, zło) to retaliate, to pay [sb] back; **~ować się za przysługę** to return a favour; **~ować się tym samym** to retaliate in kind; **~ować się komuś za gościnność** to repay sb's hospitality; **jak mógłbym się panu ~ować?** how can I return the favour?; **~ował się podobnie napastliwą krytyką** he retaliated with equally spiteful criticism ⇒ **rewanżować się** ② pot. (odegrać się po przegranej) to get a. take one's revenge; **wygrali 5:1, ale my się jeszcze ~ujemy** they won 5-1 but we'll get our revenge on them yet ⇒ **rewanżować się**

zrewid|ować *pf vt* ① (przeszukać) to search *[osobę, pojazd, mieszkanie]*; to search, to check *[bagaż]*; **~owano nasze walizki w poszukiwaniu broni** our suitcases were searched a. checked for weapons ⇒ **rewidować** ② (ponownie rozważyć) to revise *[opinie, decyzję]* ⇒ **rewidować**

Z

zrewolt|ować *pf* **U** *vt* książk. [1] (podburzyć) to incite [sb] to rebellion *[tłum, lud]* ⇒ **rewoltować** [2] (zmienić) to revolutionize *[sztukę, badania naukowe]* ⇒ **rewoltować** **III zrewoltować się** książk. [1] (wzburzyć się) *[lud, miasto, kraj]* to revolt, to rebel ⇒ **rewoltować się** [2] (zmienić się) *[nauka, sztuka]* to be revolutionized ⇒ **rewoltować się**

zrewolucjoniz|ować *pf* **U** *vt* [1] Polit. to incite [sb] to rebellion *[robotników, lud]* ⇒ **rewolucjonizować** [2] (zmienić) to revolutionize *[teatr, technikę, naukę]* ⇒ **rewolucjonizować** **III zrewolucjonizować się** [1] Polit. *[armia, społeczeństwo, środowisko]* to revolt, to rebel ⇒ **rewolucjonizować się** [2] (stać się radykalnym) *[stanowisko, poglądy, twórczość]* to become (more) radical ⇒ **rewolucjonizować się** [3] (zmienić się) to be revolutionized

zrezygn|ować *pf vi* [1] (zrzec się) to resign (**z czegoś** (from) sth); (odstąpić) to give [sth] up, to relinquish *vt;* **~ował ze stanowiska** he gave up a. resigned (from) his post; **w wyniku skandalu musiała ~ować z pracy** in the aftermath of the scandal she had to resign from her job; **~ował z funkcji prezesa zarządu na rzecz syna** he resigned as chairman in favour of his son ⇒ **rezygnować** [2] (zaniechać) to give [sth] up, to give up *vt,* to abandon *vt;* (pominąć) to dispense (**z czegoś** with sth); (odmówić sobie) to skip *vt* pot.; to forgo *vt* książk.; **~ować z dekoracji/szczegółów** to dispense with decorations/details; **~ować z dalszych prób znalezienia pracy** to abandon further attempts to find a job; **wolę ~ować z deseru niż się spóźnić** I'd rather skip dessert than be late; **ani myślę ~ować z kariery artystycznej** I have no intention of giving up my artistic career; **chciała jeszcze coś powiedzieć, ale ~owała** she wanted to add something, but decided against it; **~ował z czytania na rzecz improwizacji** he decided to extemporize instead of reading książk.

zrezygnowan|y *adi. [osoba]* resigned, long-suffering; *[spojrzenie, twarz, uśmiech, gest]* resigned; **~y gapił się w okno** he stared resignedly out of the window

zrębow|y *adi.* [1] Budow. *[konstrukcja, model]* framework *attr.* [2] (w leśnictwie) *[prace, obszar, powierzchnia]* logging *attr.*

zręcznie *adv. grad.* [1] (zwinnie) *[posługiwać się, manewrować]* skilfully; *[poruszać się, wylądować, uskoczyć]* nimbly; *[manipulować palcami]* dexterously; *[zeskoczyć, złapać]* deftly [2] (sprytnie) *[zmienić temat, pokierować rozmową, manipulować, wywierać wpływ]* deftly, adroitly; *[reklamować, wprowadzić na rynek, zaprezentować]* slickly; *[wypytywać, zadać pytanie]* skilfully, adeptly; (umiejętnie) *[napisany, obmyślany, zaplanowany]* skilfully; **~ kogoś podejść** to handle sb slickly a. artfully; **postępować ~ z uczniami/dziećmi** to deal skilfully with the pupils/children; **prowadziła interesy/negocjacje/grę polityczną** businesswoman/negotiator/politician; **on potrafi ~ przeprowadzić każdy wywiad** he is always an adept interviewer

zręcznościow|y *adi.* (rozwijające zręczność) involving agility; **popisy ~e gimnastyczek** the gymnasts' feats of agility

zręczność *f sgt* [1] (zwinność) agility; (manualna) (manual) dexterity; **ona porusza się z kocią ~cią** she moves with the agility of a cat [2] (spryt) astuteness, (mental) dexterity

zręczn|y *adi. grad.* [1] (zwinny) *[dziecko, zwierzę, tancerz, skoczek]* nimble, agile; (manualnie) *[mechanik, hafciarka]* dext(e)rous; *[palce, ręce]* nimble, agile; *[ruch]* deft, nimble; **im więcej się wspinasz, tym ~iejsze stają się twoje ruchy** the more climbing you do, the more agile you become [2] (sprytny) *[dyplomata, polityk, handlarz]* astute, shrewd; *[oszust, reklama, akcja, gra]* slick; *[spisek, kłamstwo, posunięcie]* clever [3] (umiejętny) *[mówca, wywiad, dialog]* adept, deft; **~a odpowiedź** a deft reply

zripost|ować *pf vi* książk. to retort ⇒ **ripostować**

zrobaczywi|eć *pf* (**~ał**) *vi [jabłka, orzechy]* to go wormy ⇒ **robaczywieć**

zr|obić *pf* **U** *vt* [1] (wytworzyć) to make *[obiad, herbatę, ciasto, półkę, film, listę, notatki]*; **sos zrobiony z oliwy, miodu i wina** a sauce made of olive oil, honey and wine; **szalik zrobiony z jedwabiu** a scarf made from a. of silk; **zrobić sweter/czapkę na drutach** to knit a jumper/cap; **zrobić zdjęcie** a. **fotografię** to take a picture a. photo(graph); **zrobić gniazdo** to make a. build a nest; **zrobiłam ci parę kanapek i filiżankę kawy** I've made some sandwiches and a cup of coffee for you ⇒ **robić** [2] (wykonać, wytworzyć) to make *[błąd, ruch, gest]*; to do *[zakupy, pranie]*; **zrobić kilka kroków** to take a few steps; **zrobić opatrunek** to put on a dressing; **zrobić komuś zastrzyk** to give sb an injection; **zrobić wiosenne/gruntowne porządki** to do the spring/some thorough cleaning; **zrób porządek w swoim pokoju** clean up a. tidy up your room; **doktor mówi, że muszę zrobić badania krwi/prześwietlenie płuc** the doctor says I need to have a. do a blood test/a lung X-ray; **zrobić karierę** to have a (successful) career; **zrobić pieniądze/majątek** to make money/a fortune; **zrobił miliony na handlu bronią** he's made millions from arms trading; **zrobić magisterium/doktorat** to do a degree/PhD; **zrobić na kimś wrażenie** to make an impression on sb, to impress sb; **jakie on zrobił na tobie wrażenie?** what's your impression of him?; **zrobić siusiu/kupę** pot. to have a pee/do a poo pot.; **mały zrobił siusiu do łóżeczka** the little one's wet the bed pot.; **czy coś źle zrobiłem?** have I done something wrong?; **nie zrobiła niczego złego** she hasn't done anything wrong; **zrobię dla ciebie wszystko** I'll do everything I can for you; **nie mogłem nic dla niej zrobić** there was nothing I could do for her; **zrobię wszystko, co w mojej mocy, aby...** I'll do everything within my power to...; **świetnie to zrobiłeś** you've done very well, you've done a great job; **chciał pójść spać, ale tego nie zrobił** he wanted to go to bed, but didn't; **co mam zrobić z tą kartką/torbą?** what should I

do with this note/bag?; **trzeba coś zrobić z niepunktualną komunikacją miejską** something must be done about the unreliable city transport ⇒ **robić** [3] (postąpić w określony sposób) to do *[krzywdę, dobry uczynek, szkodę]*; to cause *[kłopot, zamieszanie]*; to make *[bałagan, propozycję]*; **zrobić komuś przykrość** to hurt a. upset sb; **tato zrobił mi awanturę o bałagan w kuchni** Dad gave me a rollicking for making a mess in the kitchen [4] (zorganizować) to have, to hold *[zabawę, zebranie, spotkanie]*; **zróbmy sobie ognisko** let's have a bonfire ⇒ **robić** [5] pot. (pomalować) **zrobić sobie twarz** to do one's make-up; to put one's face on pot.; **zrobić sobie oczy/usta** to do one's eyes/lips; **zrobiła sobie włosy na blond** she dyed her hair blond; **zrobić sobie jeszcze paznokcie** pot. to do one's nails as well ⇒ **robić**

II *vi* [1] (postąpić) to do; **dobrze zrobiłeś, odrzucając tę ofertę** you did well to reject the offer; **źle zrobiła, dając mu pieniądze** she was wrong to give him money; **najlepiej zrobisz, jeśli sobie pójdziesz** it'll be best if you leave ⇒ **robić** [2] (wpłynąć) to do; **napij się, to ci dobrze zrobi** have a drink, it'll do you good; **rejs źle mu zrobił** the voyage wasn't good for him ⇒ **robić** [3] (odmienić) **zrobił z niej gwiazdę** he's made a star of her a. turned her into a star; **zrobić z kogoś bandytę/bohatera** to make a criminal/hero out of sb; **zrobić z kogoś głupca** to make a fool (out) of sb; **zrobił z siebie pośmiewisko** he made a laughing stock of himself ⇒ **robić**

III zrobić się [1] (zmienić się, przeobrazić) **dzieci zrobiły się smutne/nieznośne** the kids grew a. became sad/started acting up; **zrobiłem się głodny** I got hungry; **zrobił się z niego postawny mężczyzna** he's grown into quite a man; **jabłka zrobiły się czerwone** the apples turned red; **z robaków zrobiły się muchy** the maggots turned into flies; **ze sprzeczki zrobiła się awantura** the argument turned into a big row; **co się z niego/niej zrobiło!** what's happened to him/her? ⇒ **robić się** [2] (nastąpić) **zrobił się dzień** day broke; **zrobiła się późna godzina** it had grown late ⇒ **robić się** [3] (powstać) *[skorupa, zaspa, kra]* to be formed; *[zmarszczka, kolejka, chmury, para]* to form; *[szpary, pęcherz, pryszcz]* to appear; *[problem]* to come up, to arise; *[zamieszanie, awantura]* to break out; **zrobiły mu się wrzody/odleżyny** he's developed an ulcer/bedsores; **na ścieżce zrobiła się kałuża** there was a puddle a. a puddle had formed on the path; **w autobusie/na ulicy zrobił się tłok** the bus/street had become crowded ⇒ **robić się** [4] pot. (przy pomocy makijażu, charakteryzacji) to make (oneself) up; **zrobiła się na Chinkę** she made herself up to look like a Chinese; **zrobiła się na bóstwo** a. **piękność** she was dressed to kill a. done up to the nines pot. ⇒ **robić się**

IV *v imp.* [1] (stać się) **zrobiło się zimno/gorąco** it turned a. got cold/hot; **niedługo zrobi się ładnie** we'll soon have some sunny weather; **w pokoju zrobiło się cicho/gwarno** the room got a. went quiet/

got a. grew noisy; **w pokoju zrobiło się duszno** the room got a. became stuffy, it got a. became stuffy in the room ② (być odczuwanym) **zrobiło mu/jej się smutno/ wesoło** he/she became sad/cheerful; **głupio mi/jej się zrobiło** I/she felt embarrassed; **jeśli jemu/jej zrobi się niedobrze/ gorąco...** if he/she feels sick/hot...; **zrobiło mi się go żal** I felt sorry for him; **nagle zrobiło mu/jej się ciemno w oczach** a. **przed oczami** he/she suddenly felt faint ■ **nie mieć co ze sobą zrobić** to have nothing to do; **zrobić coś z niczego** to make something out of nothing; **zrobić dobry początek** to start off on the right foot, to get off to a good start; **zrobić swoje** to do one's share a. bit; **zrobić z kimś porządek** to take sb in hand; **zrobić z kogoś człowieka** to make a decent human being out of sb; **co nam zrobią, jeśli nie przyjdziemy** nothing will happen if we don't show up; **co z nim/tobą zrobić** he's/ you're a hopeless case; **co ja zrobię?** what can I do?; **co ja bez ciebie/niej zrobię?** what will I do without you/her?

zr|odzić _pf_ **Ⅱ** _vt_ książk. to give rise to [_nieporozumienia, podejrzenia, niepokój_]; to engender książk. [_atmosferę, poczucie, wspólnoty, zapał, silne uczucia_]; to beget książk. [_zbrodnię_]; **zrodzić w kimś potrzebę działania** to engender a need for action in sb ⇒ **rodzić**
Ⅲ zrodzić się książk. [_moda, nastawienie_] to be born; [_gniew, miłość, żal_] to arise; [_projekt, plan, pomysł_] to be conceived; **kompleksy zrodzone z niewiary w siebie** complexes springing from a. born of self-doubt ⇒ **rodzić się**

zrogowace|nie Ⅱ _sv_ → **zrogowacieć**
Ⅱ _n_ Fizj. callus; callosity spec.

zrogowacia|ły _adi._ Fizj. [_naskórek, ręce, skóra_] calloused

zrogowaci|eć _pf_ (~**ał**) _vi_ [_skóra, naskórek_] to become calloused ⇒ **rogowacieć**

zrol|ować _pf_ **Ⅱ** _vt_ to roll up [_dywan, papier_] ⇒ **rolować**
Ⅲ zrolować się [_skarpety_] to get bunched (up)

zromaniz|ować _pf_ **Ⅱ** _vt_ ① (zbliżyć do kultury francuskiej) to imbue with French cultural influences ⇒ **romanizować** ② Hist. [_starożytny Rzym, Rzymianie_] to Romanize [_podbite regiony, ludy, obyczaje_] ⇒ **romanizować**
Ⅲ zromanizować się [_ludność, region_] to adopt French cultural traits ⇒ **romanizować się**

zr|osić _pf_ — **zr|aszać** _impf_ **Ⅱ** _vt_ ① (pokryć) **kroplisty pot zrosił mu twarz** his face was beaded with perspiration a. sweat; **zroszone potem plecy** sb's sweaty back ② [_osoba_] (spryskać wodą) to mist [_rośliny, liście_]; to sprinkle [_trawę_]; [_deszcz_] to dampen [_trawę, dachy_]; **regularnie zraszany trawnik** a regularly watered a. sprinkled lawn
Ⅲ zrosić się — **zraszać się** [_czoło, twarz, skóra_] to be beaded; **nos zrosił jej się potem** her nose was beaded with perspiration a. sweat
■ **ziemia zroszona krwią poległych** książk. a battlefield stained with the blood of fallen heroes

zr|osnąć się _pf_ — **zr|astać się** _impf v refl._ ① (złączyć się) [_kość_] to knit; [_gałęzie, pędy_] to grow together; **rana się zrosła** the wound has healed over ② (stworzyć całość) [_księstwa, ugrupowania_] to unite; [_dzielnice, miasta, potoki_] to merge, to run together; [_krzewy, zarośla, korony drzew_] to interweave ③ (zespolić się) [_osoba_] to integrate, to become integrated (**z czymś** into a. with sth); (być kojarzonym) [_nazwisko, pojęcie, symbol_] to be linked (**z kimś/czymś** with sb/sth); **nazwisko Chaplina zrosło się nieodłącznie z postacią trampa w meloniku** Chaplin's name is inseparably linked with the character of the bowler-hatted tramp; **tak długo nosił mundur, że prawie z nim się zrósł** he'd been wearing the uniform so long that it was like a second skin

zro|st _m_ (_G_ ~**stu**) ① _sgt_ (miast, dzielnic, obszarów wodnych, pustyń) coalescence książk.; (firm, partii) merger ② Jęz. (solid a. closed) compound (word) ③ Med. adhesion spec. ④ Biol. adhesion spec.; (na szczepionym pędzie) graft union

zrośnię|ty Ⅱ _pp_ → **zrosnąć się**
Ⅲ _adi._ ① (połączony) ~**te brwi** joined eyebrows; **dziewczynki urodziły się ~te ze sobą** at birth the girls were physically joined together ② (zasymilowany) integrated; **byli ~ci ze społecznością, w której przyszło im żyć** they were integrated into the community where they had come to live

zrozpacz|ony _adi._ ① (przejęty rozpaczą) desperate, devastated; **być ~onym** to be in despair; ~**eni rodzice zadzwonili na policję** the desperate a. distraught parents called the police ② (wyrażający cierpienie) [_ton, głos_] despairing; [_mina, twarz_] agonized

zrozumiale _adv._ [_przemawiać, pisać_] intelligibly, clearly

zrozumiałoś|ć _f sgt_ intelligibility, comprehensibility

zrozumia|ły ① (jasny) [_wykład, język, artykuł, teoria, informacja_] intelligible, comprehensible; [_styl, poezja, proza, odpowiedź_] clear, lucid ~**ły ciąg wydarzeń** a logical chain of events; **sens jego wypowiedzi był dla wszystkich ~ły** the meaning of his statement was clear to everyone; **ten wyraz jest ~ły dopiero w kontekście** the word can only be understood in context ② (uzasadniony) [_powody, żal, pretensje, zachowanie_] understandable; **wkrótce wszystko stało się ~łe** before long everything became clear ③ (przystępny) [_pisarz, mówca, wykładowca_] lucid, coherent
■ ~**ły sam przez się** self-evident; **to jest ~łe samo przez się** that goes without saying

zrozum|ieć _pf_ (~**iem**, ~**iał**, ~**ieli**) **Ⅱ** _vt_ ① (pojąć) to understand, to comprehend [_tekst, sens, problem_]; to understand [_osobę, język_]; to grasp [_znaczenie, złożoną kwestię, zawiłości_]; **źle ~ieć pytanie** to misunderstand a question; **w lot ~iała, co miałem na myśli** she instantly grasped what I meant a. my meaning; **masz zrobić, co mówię: ~iałeś?** a. ~**iano?** you're to do what I tell you, (do you) understand? a. (is that) understood? ⇒ **rozumieć** ② (zdać sobie sprawę) to understand, to realize [_błąd,

doniosłość]; ~**iał, że pora odejść** he realized it was time to quit ⇒ **rozumieć** ③ (domyślić się, poznać) to understand [_osobę, uczucia, przyczynę_]; to understand, to comprehend [_stanowisko, powody, sposób myślenia_]; **nie potrafiłam ~ieć, dlaczego to zrobił** I couldn't understand why he'd done it; **tylko matka może ~ieć moje podejście do dzieci** only another mother can understand my attitude to children ⇒ **rozumieć** ④ (interpretować) to understand; **utwór ~iano jak polityczną aluzję** the work was understood as (being) a political allegory; **jak ~łem, jesteś przeciw** as I understood it, you'e against; **proszę nie ~ieć mnie źle** please don't misunderstand me ⇒ **rozumieć**
Ⅱ zrozumieć się (jeden drugiego) to understand each other ⇒ **rozumieć się**

zrozumieni|e Ⅱ _sv_ → **zrozumieć**
Ⅱ _n sgt_ ① (pojęcie znaczenia) understanding _C/U_, comprehension; **problem trudny do ~a** a problem that's difficult to understand; ~**e współczesnej sztuki/muzyki** an understanding of contemporary art/music; **czytać ze ~em obcojęzyczny tekst** to understand a foreign-language text; **kiwać ze ~em głową** to give a nod of understanding ② (wyrozumiałość) understanding, sympathy; **mieć dla kogoś ~e** to have sympathy for sb; **brak ~a pomiędzy bratem a siostrą** (a) lack of understanding between brother and sister; **atmosfera pełnego/wzajemnego ~a** an atmosphere of complete/mutual understanding
■ **dać do ~a** to imply; **dać komuś coś do ~nia** to give sb to understand sth; **dano nam do ~a, że...** we were given to understand that...

zrówn|ać _pf_ — **zrówn|ywać** _impf_ **Ⅱ** _vt_ ① (zniwelować) to level (off a. out) [_teren, plac_] ② Prawo to make [sth/sb] equal [_prawa, przywileje, obywateli_]
Ⅱ zrównać się — **zrównywać się** ① (zostać zniwelowanym) to be levelled GB, to be leveled US ② (być obok siebie) to draw a. pull level (**z kimś/czymś** with sb/sth); **taksówka ~ała się z autobusem** a taxi pulled level with the bus ③ (dorównać) (w sporcie, wynikach) to draw level (**z kimś** with sb); (w osiągnięciach, zarobkach) to come up to the same level (**z kimś** at sb)
■ ~**ać z ziemią** to level, to raze to the ground

zrównani|e Ⅱ _sv_ → **zrównać**
Ⅱ _n sgt_ Astron. equinox; **jesienne ~e dnia z nocą** the autumn(al) equinox; **wiosenne ~e dnia z nocą** the spring a. vernal equinox

zrównoważeni|e Ⅱ _sv_ → **zrównoważyć**
Ⅱ _n sgt_ (cecha osoby) stability, equilibrium; **jej/jego ~e psychiczne** her/his psychological equilibrium

zrównoważ|ony Ⅱ _pp_ → **zrównoważyć**
Ⅱ _adi._ ① [_osoba_] (opanowany) even-tempered, equable, centered US; [_osobowość, psychika_] stable, (well) balanced; (rozważny) level-headed; ~**ony emocjonalnie** emotionally stable ② (wyrażający opanowanie) calm, equable

zrównoważ|yć _pf_ — **zrównoważ|ać** _impf_ **Ⅱ** _vt_ ① (zniwelować) to counteract; (dać przeciwwagę) to (counter)balance, to offset;

~yć straty/czyjąś przewagę to offset losses/sb's advantage; **słowa krytyki ~one pochwałami** words of criticism tempered with praise; **~yć wysokie ciśnienie/negatywne skutki** to counteract high blood pressure/the negative effects; **podwyżkę cen ~ono wzrostem płac** the price increases were offset by a pay rise; **korzyści muszą ~yć koszt przedsięwzięcia** the profits must offset the cost of the enterprise [2] Księg. to balance; **~yć budżet** to balance the budget **III zrównoważyć się — zrównoważać się** (być w równowadze) to balance (out); **popyt i podaż się ~yły** supply and demand have balanced out; **siły/tendencje wzajemnie się ~yły** the forces/tendencies balanced each other out
zrównywać impf → **zrównać**
zróżnic|ować pf **II** vt to diversify [produkcję, jakość]; **społeczeństwo ~owane etnicznie/religijnie** a multi-ethnic/multi-faith society; **~owany sposób odżywiania się** a balanced diet; **kontynent ówany pod względem klimatycznym** a climatically diverse continent ⇒ **różnicować III zróżnicować się** to diversify; **miejscowy język ~ował się na kilka dialektów** the local language has diversified into several dialects ⇒ **różnicować się**
zróżnicowa|nie II sv → **zróżnicować II** n (różnorodność) diversity; (rozwarstwienie) diversification; **~nie społeczeństwa** the diversification of the population; **~nie cen** diversity of prices
zrudzia|ły adi. [1] (brązowawy) [liście, las] russet [2] (spłowiały) [płaszcz, koc] faded; [kolor, barwa] faded, washed-out
zrudzi|eć pf (~ał) vi [1] (zbrązowieć) [trawy, paprocie, liście] to turn brown; [włosy] to turn auburn ⇒ **rudzieć** [2] (spłowieć) [kolory, płaszcz] to fade ⇒ **rudzieć**
zruga|ć pf vt pot. (zbesztać) to tell [sb] off pot.; (zwymyślać) to call [sb] names; **~ć kogoś za coś** to tell sb off for sth; **~ć kogoś od idiotów** to call sb an idiot pot.
zrujn|ować pf **II** vt [1] (zburzyć) [huragan, wojna] to devastate, to destroy [budynki, miasto] ⇒ **rujnować** [2] (finansowo) to ruin, to bankrupt [osobę, firmę] ⇒ **rujnować** [3] (zniszczyć) to wreck [życie, małżeństwo]; to destroy [szczęście]; to ruin [zdrowie, życie]; **~ować czyjeś nerwy** to shatter sb's nerves ⇒ **rujnować III zrujnować się** [1] (finansowo) to go bankrupt ⇒ **rujnować się** [2] żart. to splurge out pot. a. lash out GB pot. (**na coś** on sth)
zrusyfik|ować pf **II** vt to Russify ⇒ **rusyfikować III zrusyfikować się** to become Russified ⇒ **rusyfikować się**
zruszcz|yć pf **II** vt książk. to Russify **III zruszczyć się** książk. to become Russified ⇒ **rusyfikować się**
zry|ć pf (~ję) vt (zrobić rowy) [osoba, pług, ciągnik] to plough GB, to plow US [ziemię, grunt, pole]; [zwierzę] to tear up [grunt]; **dziki ~ły ziemię w poszukiwaniu korzeni** the ground was furrowed from wild boars rooting around ⇒ **ryć**
zrym|ować pf **II** vt [1] (ułożyć do rymu) to rhyme [słowo, sylaby] ⇒ **rymować** [2] (ułożyć) to compose [wiersz]

II zrymować się [wyrazy, linijki] to rhyme ⇒ **rymować się**
zrytmiz|ować pf **II** vt [1] (wprowadzić rytm) to make [sth] rhythmic(al); **~owany taniec/tekst** a rhythmic dance/text ⇒ **rytmizować** [2] (uczynić regularnym) to make [sth] rhythmic(al) [wiosłowanie, uderzenia]; to make [sth] steady a. regular [dostawy, produkcję] ⇒ **rytmizować**
II zrytmizować się [produkcja, praca] to become steady a. regular ⇒ **rytmizować się**
zryw m (G ~u) [1] (poderwanie się z miejsca) dash, dart; (przyśpieszenie) spurt, burst of speed; **~ do piłki/do drzwi** a dash for the ball/door; **próbować uciec nagłym ~em** to make a break a. bolt for it; **przyśpieszyć ze ~em** to put on a spurt [2] (nagły wysiłek) burst, spurt; **pracować ~ami** to work in spurts [3] pot. (przyśpieszenie) acceleration U; **ale to auto ma ~** this car has great acceleration [4] Polit. (powstanie) uprising; **~ społeczny** a popular a. mass uprising; **~ niepodległościowy** a rebellious a. an armed bid for independence
zrywać impf → **zerwać**
zrywn|y adi. [pojazd, silnik] nippy GB pot.
zrządzać impf → **zrządzić**
zrządze|nie II sv → **zrządzić II** n providence; **~nie (Boskiej) Opatrzności** an act of (divine) providence; **nieszczęśliwym ~niem losu** by an unfortunate twist of fate; **to było ~nie losu** it was fate a. destiny
zrzą|dzić pf — **zrzą|dzać** impf vi [los, opatrzność, przypadek] to decree
zrze|c się pf — **zrze|kać się** impf (~knę się, ~kniesz się, ~kł się, ~kli się ~kam się) v refl. Prawo to renounce [tytułu, majątku, spadku]; to waive (**czegoś** sth) [prawa, roszczeń]; **~c się tronu** to renounce the throne
zrzed|nąć, zrzed|nieć pf (~nął a. ~ł) vi [dym, mgła] to clear, to lift; [zarośla, las] to thin out; [krew, włosy] to thin; [tłum, zbiegowisko] to disperse; [deszcz, ulewa] to let up, to ease ⇒ **rzednąć**
■ **~ła mu/jej mina** ≈ his/her nose was put out of joint pot.; **mina mu ~nie, kiedy się dowie prawdy** it will put him clean out of countenance when he finds out
zrzednieć → **zrzednąć**
zrzekać się impf → **zrzec się**
zrzeszać impf → **zrzeszyć**
zrzesze|nie II sv → **zrzeszyć II** n association, union
zrzesz|ony II adi. [robotnicy, pracownicy, studenci] organized, united
II zrzesz|ony m, **~ona** f member; **głosują tylko ~eni w naszym klubie** only club members can vote
zrzesz|yć pf — **zrzesz|ać** impf **II** vt klub **~ający emerytowanych nauczycieli** a club for retired teachers; **nasze stowarzyszenie ~a tylko osoby pełnoletnie** our association is open to adults only **II zrzeszyć się — zrzeszać się** to form a union a. association; **rodzice dzieci niepełnosprawnych chcą się ~yć w organizację samopomocową** parents of dis-

abled children want to set up a self-help organization
zrzę|da m, f (Npl m ~dy, Npl f ~dy; Gpl m ~d, Gpl f ~d) pot., pejor. grouch pot., pejor., grump pot., pejor.
zrzędliwie adv. pejor. grouchily pot., pejor., grumpily pot., pejor.
zrzęd|liwy, ~ny adi. pejor. [osoba, ton] grumpy pot., pejor., grouchy pot., pejor.
zrzę|dzić impf vi pejor. to grouch pot. (**na kogoś/coś** about sb/sth); to grumble pejor. (**na kogoś/coś** about sb/sth)
zrzucać impf → **zrzucić**
zrzu|cić pf — **zrzu|cać** impf **II** vt [1] (strącić) to knock [sth] off/down, to knock off/down [wazon, kubek]; (rzucić w dół) to throw [sth] down, to throw down [papiery]; [koń] to throw [jeźdźca]; to drop [spadochroniarza, paczkę, bombę] [2] (rozebrać się) to take [sth] off, to take off [3] (pozbyć się) to lose, to shed [liście, owoce, skórę, sierść]; to lose [wagę, kilogramy] [4] (w grze w karty) to discard, to get rid of [asa, króla]
II zrzucić się — zrzucać się [1] pot. (zrobić składkę) to club together, to pass the hat (a)round (**na coś** for sth) [2] (w grze w karty) to discard vt; **~cić się z kierów** to get rid of all one's hearts
■ **~cić odpowiedzialność/winę/pracę na czyjeś barki** to shift the responsibility/blame/work on to sb; **~cić z siebie odpowiedzialność** to disavow any responsibility; **~cić habit/sutannę** to renounce one's (holy) vows; **~cić mundur** to return to civilian life; **~cić jarzmo** a. **pęta** a. **więzy** to throw off the yoke; **~cić kamień** a. **ciężar z serca** to unburden oneself; **~cić maskę** to throw off one's mask; **~cić pychę z serca** to humble oneself
zrzu|t m (G ~tu) [1] Wojsk. airdrop [2] środ., Techn. discharge, emission
zrzut|ka f [1] pot. (składka) whip-round GB pot.; kitty (**na coś** for sth) [2] (w grze w karty) discard
zrzyga|ć się pf v refl. pot. to throw up pot., to puke (up) pot.
zrzynać impf → **zerżnąć**
zrzyn|ek m zw. pl (metalu, drewna) shaving zw. pl; (sera, warzyw, mięsa) paring zw. pl
zsa|dzić pf — **zsa|dzać** impf vt to take [sb] down (**z czegoś** from sth); to take [sb] off (**z czegoś** from sth)
zsiadać impf → **zsiąść**
zsiad|ły adi. [1] (stężały) [galaretka] firm, set; (skwaśniały) [mleko] sour [2] (zbity) [śnieg] compact(ed)
zsi|ąść pf — **zsi|adać** impf (~ądę, ~ądziesz, ~ądzie, ~adł, ~edli ~adam) **II** vi (z konia, roweru, motocykla) to dismount (**z czegoś** from sth); to get off (**z czegoś** sth); (z wozu) to climb down (**z czegoś** from sth)
II zsiąść się — zsiadać się (zważyć się) [mleko, śmietana] to sour, to become sour; (stężeć) [galaretka] to set, to congeal
zsikać się pf → **zsiusiać się**
zsinia|ły adi. [ręce, wargi] blue, blu(e)ish
zsini|eć pf (~ał) vi [skóra, twarz, wargi] to turn blue a. blu(e)ish; **ręce ~ały mu z zimna** his hands were blue with cold ⇒ **sinieć**
zsiusia|ć się pf v refl. pot. to pee pot.

ZSRR /ˌzetese'rer/ (= Związek Socjalistycznych Republik Radzieckich) Hist. the USSR

zst|ąpić *pf* — **zst|ępować** *impf vi* książk. [1] (zejść) [osoba] to descend książk.; **~ąpić z ostatniego schodka** to descend the last step; **~ępować gęsiego w dolinę** to descend single file into the valley [2] [wieczór, mrok, spokój] to descend książk.; to fall

zstępować *impf* → **zstąpić**

zsum|ować *pf* — **zsum|owywać** *impf vt* to add up, to total (up) [liczby, wydatki, wyniki]

zsumowywać *impf* → **zsumowywać**

zsu|nąć *pf* — **zsu|wać** *impf* **[]** *vt* [1] (opuścić) to slide [sth] down; (zdjąć) to slip off; **~nąć pasek na biodra** to slide a belt down onto one's hips [2] (połączyć) to push [sth] together [stoły, ławki]

[] **zsunąć się** — **zsuwać się** (obniżyć się) [okulary, peruka, skarpetki] to slip down; (spaść) to slip off/down; **~nąć się z leżanki** to slip off the couch; **książka ~nęła się z półki** a book slipped off the shelf

zsuwać *impf* → **zsunąć**

zsychać *impf* → **zeschnąć**

zsyłać *impf* → **zesłać**

zsył|ka *f* pot., Hist. transportation *U*, deportation *U* (*to a penal colony*); **~ka na Syberię** transportation a. exile to Siberia; **skazać kogoś na dożywotnią ~kę** to sentence sb to exile for life; **poszedł na ~kę** he was transported a. deported (to a penal colony)

zsynchroniz|ować *pf* książk. **[]** *vt* to synchronize; **ruchy ~owane z muzyką** movements synchronized with music ⇒ **synchronizować**

[] **zsynchronizować się** książk. to synchronize ⇒ **synchronizować się**

zsyntetyz|ować *pf vt* [1] książk. (uogólnić) to encapsulate, to condense; **~ować wyniki w jednym zdaniu** to encapsulate the results in one sentence ⇒ **syntetyzować** [2] książk. (połączyć) to combine, to synthesize; **~ować różne typy informacji w jednolity przekaz** to combine a. synthetize various types of information into a unified message; **igroza komizm ~owane w jednym filmie** horror and comedy combined in one film ⇒ **syntetyzować** [3] Chem. to synthesize [pierwiastek, lek] ⇒ **syntetyzować**

zsyp *m* (*G* **~u**) [1] (kanał transportowy) chute; (w zbiorniku, elewatorze zbożowym) spout; **~ na śmieci** a rubbish chute GB, a garbage chute [2] *sgt* (gromadzenie) tipping

zsyp|ać *pf* — **zsyp|ywać** *impf* **[]** *vt* to tip [trociny, jabłka]; to pour [sól, cukier]; **~ać sól do miseczki/na talerz** to pour salt into a bowl/onto a plate; **~ali ziemniaki do skrzyni** they tipped the potatoes into a crate

[] **zsypać się** — **zsypywać się** to spill out; **piasek ~ywał się z przyczepy** sand was spilling out of the trailer

zsypow|y *adi.* [pomieszczenie, kanał, urządzenie] chute *attr.*; **rękaw ~y** a garbage chute

zsypywać *impf* → **zsypać**

zszarga|ć *pf* **[]** *vt* [1] (zniszczyć) to tear, to wear [sth] out, to wear out; (pobrudzić) to smear [sth] with dirt [ubranie, rękawiczki, ręcznik]; **~ny kapelusz** a tattered hat ⇒ **szargać** [2] książk. (skalać) to besmirch, to tarnish [reputację, dobre imię] ⇒ **szargać** [3] (zepsuć) **~ć sobie zdrowie** to ruin one's health; **~ć komuś nerwy** to shatter sb's nerves; **mieć ~ne nerwy** to be a bag of nerves pot.; **koić czyjeś ~ne nerwy** to sooth sb's frayed nerves

[] **zszargać się** [ubranie, obrus, rękawice] (zniszczyć się) to get worn out; (ubrudzić się) to get dirty ⇒ **szargać się**

zszarp|ać *pf* — **zszarp|ywać** *impf* **[]** *vt* [1] (podrzeć na kawałki) to tear [sth] to tatters [materiał, ubranie]; **nogawki były doszczętnie ~ane** the trouser legs were torn to tatters; **ciało ~ane pociskami** a body riddled with bullets [2] (ściągnąć) to grab [ubranie, plecak]; to tear [sth] off, to tear off [opatrunek, plaster, tapetę]; **~ać walizkę z półki** to grab a suitcase down from a shelf

[] **zszarpać się** — **zszarpywać się** [1] (zniszczyć się) [żagiel, obicie] to wear out [2] pot. (wyczerpać się) [osoba] to be worn to a frazzle pot.

■ **~ać komuś nerwy** pot. to reduce sb to a nervous wreck pot.

zszarpywać *impf* → **zszarpać**

zszarza|ły **[]** *pp* → **zszarzeć**

[] *adi.* [1] (wyblakły) [materiał, kolory, papier] grey, gray US, ashen; [twarz] (ze zmęczenia, choroby) grey, gray US; (w cierpieniu, szoku, strachu) ashen, pallid [2] książk., przen. (nieciekawy) [życie, krajobraz] drab, dreary; [osoba] dull

zszarz|eć *pf* (**~ał, ~eli**) *vi* [1] (przybrać szarą barwę) [niebo, barwy, krajobraz] to turn grey a. gray US; [twarz] (ze zmęczenia, choroby) to turn a. go grey a. gray US; (w cierpieniu, szoku, strachu) to pale ⇒ **szarzeć** [2] książk., przen. (stać się monotonnym) [życie, krajobraz] to become drab a. dreary ⇒ **szarzeć**

zszok|ować *pf vt* (wywołać wstrząs, zaskoczyć) to shock; (wywołać zgorszenie) to scandalize; **~owany widokiem krwi** shocked at the sight of blood; **goście ~owani zachowaniem kelnera** customers scandalized by the behaviour of a waiter ⇒ **szokować**

zszy|ć *pf* — **zszy|wać** *impf vt* [1] (połączyć szwem) to sew [sth] up, to sew up [rozdarcie, dwa kawałki]; to sew a. stitch [sth] together, to sew a. stitch together [brzegi, bok]; to sew [sth] together, to sew together [kilka warstw, kawałków]; **pokrowiec ~ty z kawałków materiału** a cover sewn together from bits of material [2] (połączyć zszywką) to staple [sth] together, to staple together [kartki papieru, plik dokumentów]; to saddle-stitch [czasopismo, broszurę]; (połączyć nicią) to saddle-sew [kartki w książce] [3] Med. to sew [sth] up, to sew up, to stitch [sth] up, to stitch (up); to suture spec. [ranę, nacięcie]

zszywacz *m* stapler

zszywać *impf* → **zszyć**

zszyw|ka *f* [1] (zszyty komplet) ≈ binder (*with thread-sewn sheets of paper*); **~ki czasopism literackich/miejscowej gazety** binders of literary magazines/a local newspaper [2] (drucik) staple; **kartki były spięte ~ką** the pages were stapled together

zubaża|ć *impf* → **zubożyć**

zubożać → **zubożyć**

zuboża|ły **[]** *pp* → **zubożeć**

[] *adi.* [1] (niezamożny) [społeczeństwo, kraj, krewni] impoverished; **~ła szlachta** the impoverished gentry [2] (mniej różnorodny) [roślinność, fauna, ekosystem] impoverished; depauperate spec.; [język, słownictwo] impoverished

zuboż|eć *pf* (**~ał, ~eli**) *vi* [1] (zbiednieć) [społeczeństwo, kraj, krewni] to become poor a. impoverished ⇒ **ubożeć** [2] (stać się mniej różnorodnym) [roślinność, fauna, ekosystem] to become impoverished a. depauperate spec.; [repertuar, życie kulturalne] to become limited; [język, słownictwo] to become impoverished ⇒ **ubożeć**

zuboż|yć *pf* — **zub|ażać, zub|ożać** *impf vt* [1] (uczynić biednym) to impoverish [obywateli, kraj] [2] (wyjałowić) to impoverish [język, glebę]; (pozbawić różnorodności) to restrict, to limit [możliwości, życie intelektualne]

zuch *m* (*Npl* **~y**) [1] (w organizacji harcerskiej) (chłopiec) ≈ Cub (Scout); (dziewczynka) ≈ Brownie, Brownie Guide GB [2] (śmiałek) **udawać ~a** to pretend to be brave pot.; **~ z ciebie!** well done!; **nasza córeczka to ~ dziewczynka** our daughter is a plucky a. spunky pot. little girl

zuchowato *adv.* (dziarsko) [zachowywać się, uśmiechnąć się] pluckily; cockily pot.; (udając odwagę) with (ostentatious) bravado; **„wcale się ciebie nie boję" – powiedział ~** 'I'm not afraid of you at all,' he said spiritedly

zuchowatoś|ć *f sgt* (dziarskość) pluckiness; (pozowana odwaga) bravado

zuchowa|ty *adi.* [1] (dziarski) [chłopak, czyn] plucky; cheeky GB [mina, ton, ruch] bold; cocky pot. [2] (udający odwagę) full of bravado

zuchow|y *adi.* (w harcerstwie) (dotyczący chłopców) ≈ Cub *attr.*; (dotyczący dziewczynek) ≈ Brownie *attr.*

zuchwale *adv. grad.* [1] (z arogancką pewnością siebie) brash, cockily pot.; (bezczelnie) rudely, impudently [2] (z brawurową odwagą) audaciously; (w nieustraszony, przebojowy sposób) daringly

zuchwal|ec *m* (*V* **~cu** a. **~cze**) książk. show-off pejor.

zuchwalstw|o *n* [1] *sgt* (bezczelne, lekceważące postępowanie) audacity, impertinence; (brak szacunku) impudence [2] (czyn, postępek) act of impertinence, insolent a. impudent act

zuchwałoś|ć *f sgt* (brak szacunku) impudence; (bezczelność, tupet) insolence, impertinence

zuchwa|ły *adi. grad.* [1] (arogancko pewny siebie) [osoba] brash; cocky pot.; (bezczelny) [osoba, zachowanie, uśmiech, słowa] insolent; (arogancko lekceważący) impudent, cheeky GB [2] (brawurowo odważny) [osoba, plan, atak] audacious; (nieustraszony, przebojowy) [przestępstwo, przedsięwzięcie] daring; (fizycznie odważny) [poszukiwacz przygód, nurek, wyczyn, eskapada] daredevil *attr.*

zunifik|ować *pf vt* książk. [1] (ujednolicić) to standardize [prefabrykowane elementy, zespoły urządzeń, projekty budowlane] ⇒ **unifikować** [2] (zjednoczyć) to unite [państwo, kraj, partię]; (scalić znosząc różnice) to unify [naród, teorię, system, prawo] ⇒ **unifikować**

[] **zunifikować się** książk. [1] (ujednolicić się) [przepisy, systemy] to be unified ⇒ **unifiko-**

wać się [2] (zjednoczyć się) [ugrupowania, partie, społeczeństwo] to unite, to unify ⇒ **unifikować się**

zuniformiz|ować pf vt książk. (upodobnić) to make [sth] uniform, to bring [sth] into uniformity ⇒ **uniformizować**

zup|a f [1] Kulin. (danie) soup U; (gęsta, przecierana) potage U; (mleczna, na mleku) ≈ porridge U; ~**a cebulowa/pomidorowa** onion/tomato soup; ~**a szparagowa/ grzybowa ze śmietaną** (cream of) asparagus/(cream of) mushroom soup; ~**a na rybnym rosole** chowder; ~**a błyskawiczna** a. **w proszku** instant a. powdered soup; ~**a w puszce** a. **z puszki** canned a. tinned GB soup; ~**a domowa** home-made soup; ~**a ogonowa z koncentratu** condensed oxtail soup [2] (porcja) bowl of soup; **zamówić dwie** ~**y jarzynowe** to order two servings of vegetable soup; **talerz** ~**y** a bowl of soup [3] sgt pot. (pierwsze danie) first course, starter GB; **weźmiemy barszcz na** ~**ę?** shall we have borscht as a starter? [4] sgt pot., pejor. (ciepła woda) soup przen.; **nie będę pływać w tej ohydnej** ~**ie** I'm not going to swim in that slimy soup

❑ ~**a nic** Kulin. ≈ floating island(s)

■ ~**a kuroniówka** dish served in a soup kitchen

zupełnie adv. [zniszczony, gładki] completely, totally; ~ **sam/sama** all alone; ~ **nowy** brand a. completely new; **coś ~ innego** something completely a. totally different; ~ **taki sam** exactly the same; ~ **obcy człowiek** a complete a. total a. an utter stranger; ~ **stracił kontrolę** he completely lost control; **studenci są ~ nieprzygotowani do egzaminu** the students are totally unprepared for the exam; **to było ~ niepotrzebne** it was completely unnecessary; ~ **się z tobą nie zgadzam** I totally disagree with you; ~ **nie mam pojęcia, o czym mówisz** I have absolutely no idea what you're talking about; **będę z tobą ~ szczery** I'll be totally honest with you; ~ **się do tej pracy nie nadaję** I'm totally unsuited for this job; **film jest relacją z czterech ~ niepowiązanych ze sobą wydarzeń** the film is an account of four utterly unconnected events; ~ **jak** a. **jakby** just as if a. though; **zachowuje się ~ jakby nas nie znał** he behaves just as if he didn't know us; **zachowałaś się ~ jak dziecko** you behaved just like a child

zupełnoś|ć [] f sgt completeness

[] **w zupełności** adv completely, absolutely; **twoje słowo w** ~**ci wystarczy** your word is absolutely sufficient

zupełn|y adi. [1] (całkowity) [samotność, cisza, ciemność] complete, total; [nonsens, rozpacz] utter; [obojętność, ignorancja] complete, profound; ~**y brak samokontroli** total a. utter lack of self-control; ~**y rozkład pożycia małżeńskiego** the irretrievable breakdown of marriage; **stał się** ~**ym samotnikiem** he has become a complete recluse; **masz** ~**ą rację** you are absolutely right [2] (kompletny) [wykaz, lista] complete; **spis gości nie jest jeszcze** ~**y** the guest list is still incomplete

zup|ka f dem. Kulin. soup U; ~**ka dla niemowlęcia** baby soup

zurbaniz|ować pf [] vt książk. to urbanize [społeczeństwo, region] ⇒ **urbanizować**

[] **zurbanizować się** [społeczeństwo, kraj, strefa] to became urban a. urbanized ⇒ **urbanizować się**

zużyci|e [] sv → **zużyć**

[] n sgt [1] (zniszczenie) wear and tear; **wytrzymałość sprzętu na** ~**e w trudnych warunkach** the equipment's wear and tear under harsh conditions; **chronić książki/lakier przed** ~**em** to protect books/paint from wear [2] (wykorzystana ilość) consumption; ~**e energii elektrycznej/ paliwa** electricity/fuel consumption

zuży|ć pf — **zuży|wać** impf [] vt [1] (wyczerpać) [osoba] to use [sth] up, to use up, to consume [energię, paliwo, prąd, ropę, gaz]; (zniszczyć) to wear [sth] out, to wear out [odzież, buty]; [silnik, samochód] to burn [paliwo, ropę] [2] (spożytkować) to use [czas, materiał]; to expend [pieniądze, siły, energię]; to deplete [oszczędności, zapasy] [3] (przemęczyć) to wear [sb/sth] out a. wear out, to exhaust [osobę, konia]

[] **zużyć się** — **zużywać się** [1] (zniszczyć się) [maszyna, urządzenie, pojazd] to run down; [baterie] to wear out, to run down; [ubrania, buty, narzędzie, ostrze] to wear out; **niektóre części silnika** ~**wają się szybciej niż inne** some parts of an engine wear out quicker than others [2] (przemęczać się) [osoba] to wear oneself out

zużytk|ować pf — **zużytk|owywać** impf vt [1] (wyzyskać) to make use of, to utilize [czas, energię, środki, zasoby, pieniądze]; **rząd** ~**ował już wszystkie pieniądze przeznaczone w tegorocznym budżecie na oświatę** the government has already spent all of the money earmarked for education in this year's budget [2] (wykorzystać) to use [informacje, wiedzę, zdolności, uwagę]

zużytkowywać impf → **zużytkować**

zuży|ty [] pp → **zużyć**

[] adi. [1] (zniszczony) [odzież, buty, obicia] worn out; (niedziałający) [filtr, baterie] worn out; [urządzenie, pojazd, część] broken-down, worn out [2] pot. (zmęczony) [osoba] worn out

zużywać impf → **zużyć**

zwabiać impf → **zwabić**

zwab|ić pf — **zwab|iać** impf vt [1] (przyciągnąć) (obiecując korzyść, przyjemność) to entice; (obiecując nagrodę) to lure; (w pułapkę) to decoy, to lure; ~**ić kogoś w zasadzkę** to lure a. draw sb into an ambush; ~**ić klientów promocjami do nowo otwartej restauracji** to lure clients to a newly-opened restaurant with special offers; ~**iła go słodkim uśmiechem** she lured him with a sweet smile [2] (przywołać) to call [kury, wiewiórkę]; (przynęcić karmą) to lure [dziki, psa]; (gwizdaniem) to whistle up [psa] [3] Zool. [samiec, samiczka] to attract

z|wać impf (zwę a. **zowię**) [] vt przest. to call; **król Bolesław zwany Chrobrym** King Bolesław, called the Brave; **w domu zwali ją Bing** she was called Bing at home; **mojego brata zwano zawsze Cyryl** my brother has always been known as Cyril

[] **zwać się** książk. to be called; **jak się zwie wasz pies?** what's your dog called?

■ **gospodyni co się zowie** the perfect housewife; **chłopak co się zowie** the ideal

boy; **jest konserwatystą co się zowie** he's a conservative, pure and simple; **wygarnąłem mu co się zowie** I told him a few home truths; **tak zwany** so-called; **jak zwał, tak zwał** it's all the same

zwa|da f książk. (sprzeczka) squabble; (bójka) fracas; **wszcząć o coś** ~**dę** to start a squabble over a. about sth; **szukać z kimś** ~**dy** to pick a fight with sb; **osoba swarliwa i skora do** ~**dy** a pugnacious, short-tempered person

zwalać impf → **zwalić**

zwalczać impf → **zwalczyć**

zwalcz|yć pf — **zwalcz|ać** impf [] vt ~**ać kogoś** to fight sb [przeciwników, oponentów, rywala]; ~**ać coś** to combat, to counter [przestępczość, bezrobocie, kryzys]; to (try to) eradicate, to (try to) eliminate [chorobę, wirusa, rasizm, problemy, biedę, analfabetyzm]; to (try to) control [szkodniki, epidemię]; to (try to) fight off, to counter [infekcję, zakażenie, chorobę]; to (try to) overcome [trudności, uczucia, strach, słabość]; ~**ać nietolerancję** to fight (against) intolerance; **środek do** ~**ania szkodników** a pest-control agent; **środki zmierzające do** ~**enia recesji** measures aimed at combating the recession

[] **zwalczyć się** — **zwalczać się** (jeden drugiego) to fight each other; ~**ające się stronnictwa polityczne** opposing a. rival political parties

zwal|ić pf — **zwal|ać** impf [] vt [1] (zburzyć) [osoba] to pull down, to knock down [budynek, mur, ścianę]; (powalić) [wichura, podmuch wiatru] to blow [sth] down a. over [drzewo, płot, namiot]; [piorun, bomba] to strike, to hit [komin, drzewo] [2] (przewrócić) [osoba, zwierzę] to knock; ~**ić kogoś/coś na ziemię** to knock sb/sth to the ground; ~**ić kogoś ze schodów** to push a. knock sb down the stairs [3] (zrzucić na jedno miejsce) to dump [śmieci, makulaturę]; to pile [książki, zakupy]; [4] pot. (obarczyć) to shift [winę, odpowiedzialność] (**na kogoś** onto sb); to load przen.; to burden (**coś na kogoś** sb with sth); ~**ić/**~**ać na kogoś obowiązki** to load sb (down) with responsibilities

[] **zwalić się** — **zwalać się** [1] (przewrócić się) [drzewo, ściana, most] to fall a. come down; (spaść) [samolot] to come down [2] pot. [osoba] (upaść) to fall down; (paść ze zmęczenia, słabości) to collapse; ~**ić się ze schodów** to fall down the stairs; ~**ić się z konia/ roweru** to fall off a horse/bicycle; ~**ił się na łóżko** he collapsed on the bed pot. [3] pot. (pojawić się) ~**iło się na nas za dużo pracy** we're up to our ears in work; **wkrótce** ~**ą się na nas nowe zmartwienia** there are plenty of other problems on the way pot. [4] pot. (zgromadzić się) [tłumy, turyści] to descend (**na kogoś/coś** (up)on sb/sth); to flock; **publiczność** ~**iła się tłumnie na wystawę** the public flocked to see the exhibition; **co roku do nadmorskich kurortów** ~**ają się tysiące gości** every year thousands of visitors descend on the seaside resorts

zwalisk|o n (resztki murów, kamieni, cegieł) rubble U; (ruiny budowli) ruin; (zwał śniegu, lodu, kamieni) debris U; ~**a spróchniałych**

drzew rotting heaps of fallen trees, rotting deadfall US

zwali|sty *adi.* pot. [1] *[mężczyzna, postura, postać]* (tęgi) bulky; (potężny) burly, stocky [2] (masywny) *[mebel]* bulky, sturdy; *[budowla]* massive

zwaliście *adv.* *[zbudowany]* heavily

zwalniać[1,2] *impf* → **zwolnić**[1,2]

zwaloryz|ować *pf vt* książk. to uprate *[zasiłki, renty, emeritury]*; to valorize *[papiery wartościowe]* ⇒ **waloryzować**

zwał *m* (*G* ~*łu*) heap, mound

zwał|ka *f sgt* (czynność) dumping; (miejsce zsypu) dump; „**~ka śmieci zabroniona**" 'no dumping'

zwałowisk|o *n* (usypisko) (lawiny) debris *U*; (śniegu, kamieni, śmieci) heap; (teren wysypu śmieci, gruzu, odpadów) dump, dumping ground

zwapnia|ły *adi.* [1] Med. *[naczynia krwionośne, stawy]* calcified [2] pot., pejor. (o osobie) senile; soft (in the head) pot.

zwapni|eć *pf* (~ał, ~eli) *vi* Med. to calcify *[naczynia krwionośne, tkanki]* ⇒ **wapnieć**

zwapnie|nie [] *sv* → **zwapnieć**
[] *n* Med. calcification

zwar|cie [] *sv* → **zewrzeć**
[] *n sgt* [1] Elektr. short circuit; **mieć ~cie** to short-circuit [2] Sport close quarters *pl*; **walka w ~ciu** infighting [3] Jęz. occlusion, closure; **~cie krtaniowe** a glottal stop [4] Wojsk. close order [5] Meteo. occlusion
[] *adv. grad.* *[zabudowany, rosnący]* densely

zwari|ować *pf vi* pot. [1] (oszaleć) to go mad; to lose one's mind a. marbles pot. ⇒ **wariować** [2] (zachować się nierozsądnie) to go mad pot., to go (in) off the deep end US pot.; **~ować z radości/niepokoju** to go mad with joy/anxiety; **ja z wami ~uję!** you're driving me mad a. insane! pot. ⇒ **wariować** [3] (zapałać entuzjazmem, miłością) to be mad a. crazy pot. (**na punkcie kogoś/czegoś** about sb/sth); **zupełnie ~ował na punkcie tenisa** he's absolutely mad about tennis ⇒ **wariować**
■ **nie dać się ~ować** pot. to keep a cool head, to remain level-headed

zwariowan|y *adi.* pot. [1] (niezrównoważony) *[osoba]* mad pot.; (w agresywny, niekontrolowany sposób) crazy [2] (absurdalny) *[świat, sen]* crazy pot.; (niekontrolowany, szaleńczy) *[tempo, pośpiech]* mad pot.; (głupi, nierozsądny) *[pomysł, idea]* mad pot., crazy pot.; (intensywny) *[dzień, okres, styl życia]* hectic; crazy pot. [3] (pełen entuzjazmu) mad pot., crazy pot. (**na punkcie kogoś/czegoś** about sb/sth); **jest ~y na punkcie samolotów** he's mad about a. on aeroplanes; **moja ~a na punkcie sportu/pieniędzy siostra** my sport-/money-mad sister; **wrzaski ~ych na punkcie piłki nożnej kibiców** the yelling of football-crazy fans

zwartość *f sgt* [1] (zagęszczenie) density; **~ć kolumny marszowej** close order of a marching column [2] (o zespole, grupie ludzi) (solidarność) esprit de corps, fellowship; (zgranie) cohesiveness; **~ć naszej organizacji** the esprit de corps in our organization, the fellowship among the members of our organization; **tej klasie brak ~ci** the class has no team spirit [3] (spójność) (teorii, argumentacji, wypowiedzi) coherence; (dzieła literackiego, filmowego) cohesion

zwar|ty [] *pp* → **zewrzeć**
[] *adi.* [1] (skupiony) *[grupa, krąg ludzi]* tight; *[tłum]* dense; *[szeregi, rzędy]* serried; *[las, zarośla, drzewa]* dense; *[skupisko, zabudowa]* compact, dense; **~ta dzielnica mieszkaniowa** a densely built-up residential area; **maszerowali w ~tej kolumnie** they marched in a close-order column [2] (solidarny) *[rodzina, krąg, społeczność]* close-knit, tight-knit; *[grupa, organizacja, zespół]* tightly-knit; (harmonijnie połączony, współdziałający) cohesive [3] (spójny) *[argumentacja, wypowiedź, fabuła]* coherent; (jednolity) *[dzieło literackie, album, wzór]* cohesive [4] (nierozczłonkowany) *[forma, roślina]* compact

zwarz|ony [] *pp* → **zwarzyć**
[] *adi.* [1] *[mleko, śmietana, sos]* curdled [2] przen. (niezadowolony) *[osoba, mina, nastrój]* sour przen.; *[osoba]* sour-tempered

zwarz|yć *pf* [] *vt* [1] (spowodować obumarcie) *[mróz, zimno]* to nip; *[upał, słońce]* to shrivel *[rośliny, liście]* ⇒ **warzyć** [2] przen. (przygnębić, rozczarować) to make *[sb/sth]* sour *[towarzystwo]*; **jego słowa ~yły mi trochę nastrój** his words soured my mood a little
[] **zwarzyć się** [1] (zepsuć się) *[mleko, śmietana]* to curdle [2] (zmarnieć) *[rośliny, kwiaty, liście]* (pod wpływem mrozu) to be frosted; (pod wpływem gorąca) to wither ⇒ **warzyć się** [3] przen. *[nastrój]* to sour; **~ył mu się humor** his mood has soured

zwaśni|ć *pf* [] *vt* książk. to stir up a. arouse discord; **~ć małżonków/członków gabinetu** to stir up discord between husband and wife/among cabinet members; **~ona rodzina/grupa** a feuding family/group; **od dziesięcioleci oba rody są ze sobą ~one** the families have been feuding for decades ⇒ **waśnić**
[] **zwaśnić się** książk. to feud (**z kimś o coś** with sb over sth) ⇒ **waśnić się**

zważ|ać *impf vi* to pay a. take heed książk.; **nie ~ając na ostrzeżenia** paying no heed to the warnings; **nie ~ając na to, że wszyscy patrzą** heedless of the fact that everyone was looking; **proszę nie ~ać na bałagan** please ignore the mess

zważni|eć *pf* (~ał, ~eli) *vt* pejor. *[osoba]* to get too big for one's boots pot.

zważ|yć *pf* [] *vt* [1] (określić ciężar) to weigh *[dziecko, paczkę, towar]*; **~yć coś w ręce** a. **dłoni** to weigh sth in one's hand ⇒ **ważyć** [2] pot. (odważyć) to weigh out *[dwa kilo, pół funta]*; **proszę mi ~yć kilogram jabłek** can you weigh out a kilogramme of apples for me, please? [3] książk. (wziąć pod uwagę) to consider; **~, co mówię/co ci radzę** you mark my words/take my advice; **~, że to jeszcze dziecko** she's only a child bear in mind a. remember; **jeśli ~yć, że...** a. **~ywszy, że...** bearing in mind (the fact) that...; **~ywszy okoliczności/jego postawę, postanowiliśmy...** in view of the circumstances/his attitude, we decided...; **trochę za głośno, ~ywszy (na) późną porę** a bit too loud, considering the late hour; **wybitne osiągnięcie, jeśli ~yć, że autor jest jeszcze studentem** an outstanding achievement, given that the author is still a student
[] **zważyć się** (siebie samego) *[osoba]* to weigh oneself ⇒ **ważyć się**

zwąch|ać *pf* — **zwąch|iwać** *impf* [] *vt* pot. (przeczuć) *[osoba]* to smell *[sth]* out, to smell (out) *[kłopoty, oszustą]*; to rumble GB pot. *[przemyt, melinę, fałszerza]*; to sniff out pot. *[sensacją, skandal, okazję]*; to get wind of pot. *[podstęp, spisek, zdradę]*; to nose out *[interes, szansę]*; to divine *[zamiary, prawdę]*; **~ał, że szef chce go zwolnić** he sniffed out the boss's intention to fire him; **~ała w nim łowcę posagów** she figured him out to be a fortune hunter
[] **zwąchać się** pot. (porozumieć się) to join forces, to team up (**z kimś** with sb); **~ali się ze sobą i handlują narkotykami** they joined forces as drug dealers; **~ał się z miejscową mafią** he's in league with the local mafia
■ **~ać pismo nosem** pot. to smell a rat pot.

zwąchiwać *impf* → **zwąchać**

zwątp|ić *pf vi* [1] (stracić nadzieję) to despair (**w coś** of sth); (poddać w wątpliwość) to have doubts (**w coś** about sth); **~ić w czyjąś szczerość** a. **o czyjejś szczerości** to doubt sb's sincerity; **~ił, czy kiedykolwiek dowie się prawdy** he despaired of ever finding out the truth; **szybko ~iła w to, że nauczy się tańczyć tango** she soon despaired of mastering the tango [2] (przestać ufać) to lose faith (**w kogoś** in sb); **~ił w samego siebie** he lost faith in himself

zwątpie|nie [] *sv* → **zwątpić**
[] *n* doubt *U*, despair *U*; **~nie w siebie** self-doubt; **w nastroju ~nia** in a fit of despair; **nuta ~nia w jej głosie/słowach** a note of despair in her voice/words; **poddać się ~niu** to become doubtful

zweksl|ować *pf vt* [1] środ., Kolej. (przetoczyć) to shunt *[pociąg, wagon, lokomotywę]*; **~ować pociąg na inny tor** to shunt a train onto a different track [2] pot. to steer; **~ować rozmowę na inny tor** a. **temat** to steer the conversation onto a different track; **~ował rozmowę z polityki** he steered the conversation away from politics

zwerbaliz|ować *pf vt* książk. to verbalize *[uczucia, myśli]* ⇒ **werbalizować**

zwerb|ować *pf vt* [1] (zjednać, zatrudnić) to recruit, to enlist *[pomocników, nowych członków, pracowników, zwolenników]*; **~ować studentów do organizacji anarchistycznej** to recruit students into an anarchist organization; **~ować ochotników do pomocy w akcji humanitarnej** to recruit volunteers to help in a humanitarian aid campaign ⇒ **werbować** [2] przest. (wcielić do wojska) to recruit, to enlist; (przymusowo) to conscript; **został ~owany i wysłany na front** he enlisted and was sent to the front ⇒ **werbować**

zweryfik|ować *pf vt* książk. [1] (potwierdzić prawdziwość) to verify, to check *[dokument, dane, alibi, status]*; to validate *[teorię, wnioski, dowody, twierdzenia]*; **ponownie** a. **powtórnie coś ~ować** to recheck sth; **niezweryfikowane źródło informacji** an unverified source of information ⇒ **weryfikować** [2] (sprawdzić kwalifikacje) to vet *[kandydata, pracownika]* ⇒ **weryfikować** [3] (utrzymać w mocy) to confirm *[przyjaźń, opinię]* [4] (dopasować) *[osoba]* to revise, to modify; *[czas, okoliczności, rozwój wydarzeń]* to modify *[poglądy, plany, działanie]* ⇒ **weryfikować**

Z

zwę|dzić *pf vt* pot. to snitch pot., to pinch GB pot. (**coś komuś** sth from sb)

zwęgla|ć *impf* → **zwęglić**

zwęgl|ić — **zwęgl|ać** *impf* **[]** *vt* [1] (spalić) to char, to carbonize *[polana, pnie, pieczeń, grzankę]*; **~one zwłoki we wraku samochodu** a charred body in a wrecked car [2] Geol., Techn. to carbonize *[substancje organiczne]*

[]] zwęglić się — zwęglać się [1] (spalić się) *[drewno, ciasto]* to char, to be carbonized; **grzanka ~iła się z jednej strony** the toast is burnt on one side [2] Geol., Techn. *[substancja organiczna]* to be carbonized; to carbonize rzad.

zwęsz|yć *pf vt* [1] (zwietrzyć) *[zwierzę]* to scent *[osobę, padlinę, krew]*; *[pies]* to scent, to smell *[sth]*; to smell out *[zwierzynę, ptaka]*; to sniff *[sth]* out, to sniff out *[narkotyki, materiały wybuchowe]*; **~yć zapach kogoś/czegoś** to pick up the scent of sb/sth; **dziki ~yły myśliwych** the wild boars caught the wind of the hunters ⇒ **węszyć** [2] pejor. (wyczuć) *[osoba]* to sniff a. smell *[sth]* out *[spisek, oszustwo]*; to sniff *[sensacje, niebezpieczeństwo, okazję]*; **~yć dobry interes finansowy** to sniff out a good business deal ⇒ **węszyć**

zwę|zić — **zwę|żać** *impf* **[]** *vt* [1] (w krawiectwie) to take [sth] in, to take in *[spódnicę, rękawy, spodnie]*; **~zić nogawki ku dołowi** to taper trouser legs [2] (zmniejszyć szerokość) to narrow *[jezdnię, rzekę, grządkę]*

[]] zwęzić się — zwężać się *[potok, ścieżka]* to become narrow; *[oczy]* to narrow; *[źrenice]* to contract, to narrow; *[naczynia krwionośne]* to constrict; **~żać się ku górze/na końcach** to taper towards the top/at each end

zwężać *impf* → **zwęzić**

zwęże|nie [] *sv* → zwęzić

[]] *n* [1] Med. (o tętnicach, żyłach, przewodach) narrowing *C/U*, stricture; (o kanałach, kanalikach) stricture [2] (przewężenie jezdni, drogi) narrowing, narrow section; **„obustronne/ prawostronne ~nie jezdni"** (znak drogowy) 'road narrows on both sides/on right'

zwi|ać[1] *pf* — **zwi|ewać** *impf* **[]** *vt* (zdmuchnąć) *[wiatr]* to blow [sth] away, to blow away *[śnieg, kurz, papiery]*

[]] *vi* pot. (uciec) *[osoba]* to split pot., to do a runner GB pot.; **~ać z lekcji** to bunk off school GB pot., to ditch school US pot.; **~ać z baru bez płacenia** to do a runner from a bar; **~ał policji tylnymi drzwiami** he gave the police the slip through the back door; **~ał mu autobus** he missed the bus

zwi|ać[2] *pf vt* Roln. (oczyścić z plew) to blow the husks from, to husk [sth] by blowing

zwia|d *m* (*G* **~du**) [1] Wojsk. (rozpoznanie) reconnaissance *C/U*; reconnoitre pot., reconnoiter US pot.; (akcja) reconnaissance mission; (oddział) reconnaissance patrol a. party; **~d lotniczy** air a. aerial reconnaissance; **przeprowadzić ~d** to carry out a. conduct reconnaissance; **wysłano ich na ~d terenu przy moście** they were sent out to reconnoitre the terrain near the bridge; **alianci prowadzili ~d z powietrza** the allied forces carried out reconnaissance from the air [2] pot. (zbieranie informacji)

research; (w terenie) scout; (wstępne rozeznanie) recce pot.

zwiadowc|a *m* Wojsk. scout

zwiadowcz|y *adi.* Wojsk. *[operacja, oddział, pojazd]* reconnaissance *attr.*; **samolot ~y** a scout, an air scout; **statek ~y** a scout

zwiast|ować *impf vt* książk. [1] (być zapowiedzią) to herald, to be a harbinger książk.; to forerun książk.; **~ować wiosnę** to be a harbinger of spring; **chmury ~ują brzydką pogodę** clouds are a sign a. harbinger of bad weather; **znaki ~ujące śmierć/upadek rządu** signs auguring death/the fall of the government [2] (obwieścić) to announce

zwiastowani|e [] *sv* → zwiastować

[]] *n* Relig. **~e Najświętszej Marii Panny** the Annunciation; **święto Zwiastowania** the feast of the Annunciation, Lady Day

**zwiastun [] *m pers.* (*Npl* ~owie a. ~i) książk. herald

[]] *m inanim.* [1] książk. (oznaka) harbinger książk., herald; **~y jesieni** the heralds a. harbingers of autumn [2] (reklama filmu) trailer [3] Med. prodrome

zwią|zać *pf* — **zwią|zywać** *impf* **[]** *vt* [1] (połączyć końce) to tie a. do [sth] up, to tie a. do up *[sznurowadła]*; to tie *[końce, szalik, sznurek]*; **~zać wstążkę na kokardkę/supeł** to tie a ribbon in a bow/knot; **~zać chustkę pod brodą** to tie a headscarf under one's chin [2] (przepasać) to tie; (obwiązać razem) to bind [sth] together, to bind together *[wiązkę chrustu, tratwę, pęk łodyg]*; **~zać paczkę sznurkiem** to tie a parcel with a piece of string; **~ać kwiaty wstążką** to tie the flowers together with a ribbon; **włosy ~zane z tyłu wstążką** hair tied back in a bow [3] (skrępować) to tie [sb] up, to tie up, to bind *[osobę, zwierzę]*; to tie, to bind *[ręce, nogi]* [4] przen. (połączyć) to bind *[małżonków, przyjaciół]*; **ludzie ~zani wspólnym językiem** people bound together by a common language; **być ~zanym umową** to be bound by a contract; **~zały ich ze sobą wspólne interesy/więzy przyjaźni** they were bound together by business interests/ties of friendship; **być ~zanym przysięgą** to be bound by a pledge [5] (powiązać) to connect, to link; **formalności ~zane z przeprowadzką** the formalities connected with moving house; **plotki ~zane z jej osobą** rumours connected with her name [6] (zespolić) *[klej, kit, zaprawa]* to bind [7] Chem. *[atom, cząsteczka]* to bond, to link [8] Gry (w szachach) to pin

[]] *vi* środ., Budow. (stwardnieć) *[gips, cement]* to bind

[]]] **związać się — związywać się** [1] (przyłączyć się) to link up, to join up (**z kimś** with sb); (organizacyjnie) to be affiliated (**z kimś/czymś** with a. to sb/sth); **nasze ugrupowanie nie jest formalnie ~zane z żadną partią polityczną** our group is not affiliated to any politcal party [2] Chem. *[atomy, cząsteczki]* to bond (**z czymś** to sth)

■ **mieć ~zane ręce** to have one's hands tied pot.; **mam ~zane ręce** my hands are tied; **~zać się się (liną)** Sport *[wspinacze, alpiniści, zespół]* to rope up; **~zać komuś ręce stułą** *[ksiądz, kapłan]* to marry sb;

~zać koniec z końcem to make (both) ends meet

związan|y [] *pp* → związać

[]] *adi.* [1] (dotyczący) connected (**z czymś** with sth); (ściśle powiązany) bound up (**z czymś** with sth); **ilustracje/uwagi ~e z tematem** illustrations/remarks connected with the subject; **komentarze/pytania niezwiązane z tematem** irrelevant comments/questions; **dwa ~e ze sobą wydarzenia** [2] (będący konsekwencją) **wypadki ~e z uprawianiem sportu/warunkami atmosferycznymi** sport-/weather-related accidents; **przestępstwa/akty przemocy ~e z narkomanią** drug-related offences/violence; **schorzenia ~e z paleniem tytoniu** tobacco-related diseases; **koszty ~e z przeprowadzką** removal expenses [3] (powiązany) involving (**z czymś** sth); **działania ~e z ryzykiem/kosztami** activities involving a certain amount of risk/expense; **badania niezwiązane z energią atomową/ze zbrojeniami** non-nuclear/non-military research; **nadzieje ~e z traktatem pokojowym/najbliższymi wyborami** hopes pinned on a peace treaty/the next election [4] (emocjonalnie, psychicznie) attached (**z kimś/czymś** to sb/sth); (przez pracę, nawyk, interesy) connected (**z czymś** with sth); **uczuciowo ~y** emotionally involved (**z kimś** with sb); **trzy kobiety ~e serdeczną przyjaźnią/wspólnymi zainteresowaniami** three women bound together by warm friendship/common interests; **jestem rodzinnie ~a z Rzymem** I have family connections in Rome

związ|ek *m* (*G* **~ku**) [1] (zależność) connection (**z czymś** with sth); (między dwoma elementami) link; (powiązanie) relation (**z czymś** to sth); (między dwoma, wieloma elementami) relationship, interrelation(ship); **~ek między pracą a płacą** the relationship between work and pay; **ścisły/luźny ~ek teorii z praktyką** a close/loose relationship between theory and practice; **wypowiedź mająca ~ek z dyskusją** a statement pertinent a. relevant to the discussion; **nie widzę ~ku między bezrobociem a przyrostem naturalnym** I can't see any relationship between unemployment and the birth rate; **przekład pozostaje w bardzo luźnym ~ku z oryginałem** it's a very free a. loose translation (of the original); **wykazano niewątpliwy ~ek między paleniem tytoniu a zachorowalnością na raka** the link between smoking and cancer has been established beyond all doubt; **teoria jest zupełnie bez ~ku z rzeczywistością** the theory bears no relation whatsoever to reality [2] zw. pl (więź) (oparty na uczuciu, wspólnocie zainteresowań) bond przen.; (rodzinny, uczuciowy) tie zw. pl przen.; **~ki krwi** blood ties; **~ki przyjaźni** the bonds of friendship; **umacniać ~ki rodzinne** to strengthen family ties; **łączyły ich silne ~ki duchowe** there was a strong spiritual bond between them [3] (wspólnota) relationship; **~ek monogamiczny** a pair bond; **wszystkie jej ~ki kończyły się wzajemnymi oskarżeniami** all her relationships ended in bitter recriminations; **nie potrafił wytrwać w jednym ~ku** he could never make a relationship last; **dziecko wniosło do ich ~ku wiele radości** the baby brought a lot of joy into their relationship; **żyć w wolnym ~ku** to live together; to cohabit książk.; **~ek małżeński** marital union; **kobieta i mężczyzna połączeni ~kiem małżeńskim** a man and a woman joined in matrimony; **zawrzeć ~ek małżeński** to enter into marriage, to marry ④ (organizacja) union, association; **~ek zawodowy** (trade) union GB, trades union GB, labor union US; **robotnicy zrzeszeni w ~kach zawodowych** organized labour a. labor US ⑤ Chem. compound; **~ki węgla** compounds of carbon, carbon compounds; **trujące ~ki rtęci** toxic mercury compounds

❑ **~ek acykliczny** a. **alifatyczny** Chem. acyclic a. aliphatic compound; **~ek cywilny** civil marriage; **~ek frazeologiczny** Jęz. idiom; **~ek nieorganiczny** Chem. inorganic compound; **~ek nitrowy** Chem. nitro compound; **~ek organiczny** Chem. organic compound; **~ek paradygmatyczny** Jęz. paradigmatic relationship; **~ek pitagorejski** Filoz. the Pythagoreans; **~ek przyczynowy** causality; **Związek Radziecki** Hist. the Soviet Union; **~ek rządu** Jęz. government; **~ek syntagmatyczny** Jęz. syntagmatic relationship; **~ek taktyczny** Wojsk. tactical unit; **~ek zgody** Jęz. agreement; **~ki aromatyczne** Chem. aromatics, aromatic compounds; **~ki kompleksowe** a. **koordynacyjne** Chem. coordination compounds, complexes; **~ki nasycone** Chem. saturated compounds; **~ki proste** Chem. simple compounds

■ **bez ~ku** [mówić, gadać] disconnectedly; [zdania, sceny, myśli] disconnected; **pleciesz bez ~ku** you're talking gibberish pot.; **w ~ku z czymś** (z powodu) because of sth, on account of sth; by reason of sth książk.; (w wyniku) owing to sth, due to sth

związkow|iec m pot. (trade) unionist, (trade GB a. labor US) union member

związkow|y adi. [działacze, prawa] (trade) union attr.; **przywódcy ~i** (trade GB a. labor US) union leaders; **ruch ~y** (trade) unionism, the trade union movement, the labor (union) movement US

związywać impf → związać

zwichn|ąć pf (~ęła, ~ęli) vt ① Med. to dislocate [rękę, ramię, staw]; **~ął sobie nogę w kostce** he dislocated his ankle ② przen. (zniszczyć) to ruin [życie, karierę]; **~ięta psychika** a disturbed mind a. personality

zwichnię|cie ▯ sv → zwichnąć

▯ n ① Med. dislocation ② przen. (zaburzenie psychiczne) disturbance; **~cia psychiczne/emocjonalne** mental/emotional disturbances

zwichr|ować pf ▯ vt ① (zniekształcić) (pod wpływem wysokiej temperatury, wilgoci) to warp; (pod wpływem gorąca, siły) to buckle [deskę, okiennicę, drzwi] ② przen. (zaburzyć) to warp [charakter, psychikę, sposób widzenia]; **pokolenie ~owane przez wojnę** a generation warped by war ③ przen. (wypaczyć) to warp [sądy, wartości]; to distort [ideę, pomysł]

▯ **zwichrować się** [drzwi, okiennice, deska]

(pod wpływem wysokiej temperatury, wilgoci) to warp; (pod wpływem gorąca, siły) to buckle; **blat ~ował się pod wpływem gorąca** the worktop has buckled from the heat ⇒ **wichrować się**

zwichrowa|nie ▯ sv → zwichrować

▯ n warp także przen.

zwichrowan|y ▯ pp → zwichrować

▯ adi. [okno, drzwi, deska] warped; [koło] buckled

zwichrzać impf → zwichrzyć

zwichrz|yć pf — **zwichrz|ać** impf ▯ vt to tousle [włosy]; (ręką) to ruffle [włosy]; **ze ~onymi włosami** tousle-haired

▯ **zwichrzyć się — zwichrzać się** [włosy, czupryna] to become tousled

zwi|d m zw. pl (G ~du) książk. hallucination, vision; **mieć ~dy** to have hallucinations; **miał sny pełne ~dów** he had bad dreams a. nightmares

zwidywać się impf → zwidzieć się

zwi|dzieć się pf — **zwi|dywać się** impf v refl. książk. **coś ci się ~działo** you must be seeing things

zwiedzać impf → zwiedzić

zwiedzając|y ▯ pa → zwiedzić

▯ **zwiedzając|y** m, **~a** f visitor

zwie|dzić pf — **zwie|dzać** impf vt to tour (around), to explore [miasto, kraj, okolicę]; to visit [wystawę, muzeum, katedrę]

zwie|dzieć się pf (~m się, ~dział się, ~dzieli się) v refl. pot. to find out (o czymś about sth); **~dzieli się, że ma pieniądze** they found out that s/he had money

zwielokrotniać impf → zwielokrotnić

zwielokrotni|ć pf — **zwielokrotni|ać** impf ▯ vt to redouble, to intensify [starania, wysiłki]; to intensify [produkcję]; **~one odbicie** a multiple reflection

▯ **zwielokrotnić się — zwielokrotniać się** [możliwości, potrzeby, żądania] to multiply, to increase

zwieńczać impf → zwieńczyć

zwieńcze|nie ▯ sv → zwieńczyć

▯ n ① Archit. finial ② książk. (efektowne zakończenie) crowning achievement; **ten film był ~niem jego kariery aktorskiej** this film was the culmination his acting career

zwieńcz|yć pf — **zwieńcz|ać** impf vt ① Archit. to top [wieżę, kolumnę, budowlę] ② książk. (ukoronować) to crown [dzieło, wysiłki]

zwierać impf → zewrzeć

zwierciadlan|y adi. książk. ① [sala, tafla] mirror attr. ② (lśniący) [toń] reflective

zwierciad|ło n ① (lustro) mirror; looking glass przest.; **przeglądać się w ~le** to look at oneself in the mirror ② Myśl. speculum

❑ **~ło kuliste** a. **sferyczne** Fiz. spherical mirror; **~ło wklęsłe** Fiz. concave mirror; **~ło wody** water table; **~ło wypukłe** Fiz. convex mirror

■ **być ~łem czegoś** to be the mirror of sth; **ukazywać coś w krzywym ~le** to show sth in a distorting mirror

zwierz m książk. ① (bestia) beast ② sgt (zwierzyna) wild beasts pl; game

❑ **gruby ~** Myśl. big game

zwierzać impf → zwierzyć

zwierzak m pot. animal, pet; **w domu miała dwa ~i** she had two pets at home

zwierząt|ko n dem. (small) animal

zwierzchni adi. [władza] superior, supreme

zwierzchnictw|o n sgt ① (władza) control, command; ② sgt (przełożeni) superiors pl

zwierzchni|k m, **~czka** f ① (przełożony) superior ② (stojący na czele) head; **~k sił zbrojnych** head of the armed forces

zwierzchnoś|ć f sgt ① książk. (władza) control, command ② przest. (przełożeni) superiors pl, authorities pl

zwierze|nie ▯ sv → zwierzyć

▯ n zw. pl confidence zw. pl; **nie był skłonny do ~ń** he wasn't willing to open up

zwierz|ę n (G ~ęcia) ① (istota żywa) animal, creature; **dzikie ~ęta** wild animals; **~ę domowe** the domestic animal; **~ę futerkowe** a furry animal; **~ę stałocieplne** a warm-blooded animal; **~ę zmiennocieplne** a cold-blooded animal; **~ęta doświadczalne** test a. experimental animals; **świat ~ąt** the animal world; **~ę jednokomórkowe** a unicellular organism; **ssaki to najbardziej społeczne ~ęta** mammals are the most social creatures; **człowiek jest ~ęciem towarzyskim** żart. man is a social animal ② pejor. (brutal) animal, beast; **ależ z ciebie ~ę** you're (just like) an animal; **spił się jak ~ę** he was as drunk as a pig pot.

■ **król ~ąt** the king of the beasts; **odezwało się w nim ~ę** the beast in him reared its ugly head

zwierzęco adv. [krzyczeć, ryczeć] like an animal

zwierzęcoś|ć f sgt (instynktów, zbrodni) bestiality

zwierzęc|y adi. ① [białko, świat, instynkt] animal attr.; **produkt pochodzenia ~ego** an animal product ② przen. savage, bestial; **~y apetyt** a voracious appetite; **czuć ~y strach** to be scared out of one's wits

zwierz|yć pf — **zwierz|ać** impf ▯ vt to confide; **~yć komuś tajemnicę** a. **sekret** to confide a secret to sb

▯ **zwierzyć się — zwierzać się** to confide; **~ać się komuś** to confide in sb; **~ać się komuś z sekretów** to confide one's secrets to sb; **~ył mi się, że pisze wiersze** he confided to me that he wrote poetry

zwierzyn|a f sgt game

❑ **gruba ~a** Myślis. big game; **~a czarna** Myślis. mufflons and wild boars; **~a drobna** Myślis. small game; **~a płowa** Myślis. deer

zwierzy|niec m

❑ **~niec niebieski** Astron. the zodiac

zwie|ść pf — **zwie|szać** impf ▯ vt to hang; **posmutniał i ~sił głowę** he turned sad and hung his head; **~sił nogi z łóżka** he dangled his legs from the bed

▯ **zwiesić się** [gałęzie, lampa] to hang

zwieszać impf → zwiesić

zw|ieść pf — **zw|odzić** impf (zwiodę, zwiedziesz, zwiedzie, zwiódł, zwiodła, zwiedli — zwodzę) vt to delude, to deceive; to beguile książk.; **zwieść kogoś obietnicami** to lead sb on with promises; **zwodzą go, że dostanie awans** they're deluding him into thinking that he'll be promoted; **dali się zwieść pozorom** they were deceived by appearances

Z

zwietrza|ły adi. [1] [zapach, kawa, perfumy] stale [2] Geol. [skały] weathered [3] przen. [teorie, dowcip] stale

zwietrz|eć pf (~ał) vi [1] [perfumy, kawa] to go stale [2] [zapach, woń] to be gone [3] Geol. [skały] to be weathered [4] przen. (zdezaktualizować się) [idea, nowina] to become stale

zwietrz|yć pf vt [1] [zwierzę] to smell [sth] out, to smell out, to wind; **psy ~yły jelenia** the dogs caught wind of the deer [2] przen. (zorientować się) to sniff a. smell out; **~yć niebezpieczeństwo/kłopoty** to sniff out danger/trouble; **~ył, że można na tym zarobić** he nosed out a good deal

zwiewać impf → zwiać

zwiewnie adv. [poruszać się] airily; [opadać] weightlessly; **wyglądała ~ i tajemniczo** she looked ethereal and mysterious

zwiewnoś|ć f sgt [1] (lekkość) (sukni, tkaniny) filminess, airiness; (mgły) airiness [2] (eteryczność) (zjawy, postaci) ethereality [3] (ulotność) (nastroju, snów) transience

zwiewn|y adi. [1] (lekki) [suknia, tkanina] gauzy, airy; [mgła] airy [2] (eteryczny) [postać, zjawa] ethereal [3] (ulotny) [nastrój, czar] fleeting, passing

zw|ieźć pf — **zw|ozić** impf (zwiozę, zwieziesz, zwiózł, zwiozła, zwieźli — zwożę) vt [1] (zgromadzić) to bring in/take in; **zwieźć z pola resztki owsa** to bring in the rest of the oat crop; **zwozić zboże do stodoły** to take grain into the barn [2] (w dół) to bring down/take down; **kolejka zwiozła ich ze szczytu** the funicular brought them down from the top

zwięd|ły, **~nięty** [II] pp → zwiędnąć [III] adi. [1] [kwiaty, liście] withered, wilted [2] przen. [twarz, ręce] withered, wizened; **~ła uroda** faded beauty

zwi|ędnąć pf (~ądł a. ~ędnął) vi [1] [liście, kwiaty] to wither, to wilt [2] przen. [skóra] to shrivel; [osoba] to become withered, to become wizened

zwiędnięty → zwiędły

zwiększać impf → zwiększyć

zwiększ|yć pf — **zwiększ|ać** impf [II] vt to increase [liczbę, zyski, wydajność]; to enhance [szanse, możliwości]; **~yć prędkość** to increase speed, to speed up [III] **zwiększyć się — zwiększać się** to increase, to grow; **liczba ludności ~yła się od wojny czterokrotnie** the population has quadrupled since the war

zwięzłoś|ć f sgt [1] (treściwość) conciseness, succinctness [2] (zwartość) compactness

zwię|zły adi. grad. [1] (treściwy) [tekst, styl, odpowiedź] concise, succinct; [pisarz] economical [2] (zwarty) [gleba, skała] compact

zwięźle adv. grad. [1] (treściwie) [opisać, opowiedzieć] concisely, succinctly; **był to — żeby wyrazić się ~ — naprawdę ktoś** (to put it) in a nutshell, he was really somebody [2] (ciasno) compactly; **~ ułożone skrzynki** compactly arranged boxes

zwijać impf → zwinąć

zwilgotni|eć pf (~eje, ~ał) vi [zapałki, dłonie] to get damp; **oczy mu ~ały** his eyes moistened a. misted ⇒ **wilgotnieć**

zwilżać impf → zwilżyć

zwilż|yć pf — **zwilż|ać** impf vt to moisten [wargi]; to wet [twarz]; **~yć gardło** pot. to moisten one's throat

zwi|nąć pf — **zwi|jać** impf (~nęła, ~nęli — ~jam) [I] vt [1] (złożyć) to roll [sth] up, to roll (up) [linę, dywan, gazetę, żagiel]; **~nąć sznurek w kłębek** to coil string into a ball; **~nął kurtkę w wałek i podłożył sobie pod głowę** he rolled his jacket into a pillow and put it under his head; **~nąć namiot** to take down a tent; [2] pot. (likwidować) to wind up [interes, działalność]; to shut a. close [sth] down, to shut a. close down [placówkę, sklep]; **~jać obóz** to break camp [3] pot. (aresztować) [policja, żandarmeria, straż] to nab pot., to collar pot. [4] pot. (ukraść) to swipe pot., to nick pot.; **~nąć komuś coś** to nick sth from sb [II] **zwinąć się — zwijać się** [1] (skręcić się) to curl (up); **brzegi kartki ~jały się** the corners of the page were curling up; **włosy ~jały się jej w loki** her hair curled; **kot ~nął się w kłębek** the cat curled up into a ball; **~jać się z bólu** to curl up in pain [2] pot. (wyjechać) to take off pot. [3] pot. (uwijać się) to get a move on pot., to buck up pot.; **trzeba się ~jać z robotą, bo jutro ma padać** we've got to get a move on (with the job), it's going to rain tomorrow; **~nęła się i obiad był gotowy w piętnaście minut** she put on a spurt and dinner was ready in fifteen minutes ■ **~nąć żagle** a. **chorągiewkę** to pack up pot.; **~jać manatki** pot. to pack up; **~jać się jak mucha w ukropie** pot. to be (as) busy as a bee

zwin|ka f Zool. (jaszczurka) **~ka** sand lizard

zwinnie adv. grad. [poruszać się, wspinać się] nimbly, deftly

zwinnoś|ć f sgt (ruchów, jaszczurki) agility, nimbleness

zwinn|y adi. grad. [osoba, ruchy] agile, nimble; [palce, ręce] nimble, deft

zwiotcza|ły adi. [skóra, mięśnie] flabby, slack

zwiotcz|eć pf (~eje, ~ał) vi [skóra, mięśnie] to go flabby ⇒ **wiotczeć**

zwis m (G ~u) [1] (skały, śniegu) overhang [2] Sport **ćwiczyć ~y** to do hanging exercises [3] Lotn. bank [4] Techn. sag

zwisa|ć impf vi to hang; **lampa ~ła z sufitu** a lamp was hanging from the ceiling; **ciężkie chmury ~ły nad miastem** thick clouds hung over the city ■ **to mu/im ~ (i powiewa)** posp. he doesn't/they don't give a monkey's about it posp., pot.

zwit|ek m wad; **~ek banknotów/kartek** a wad of banknotes/papers

zwl|ec pf — **zwl|ekać[1]** impf (~okę a. ~ekę, ~eczesz, ~ókł a. ~ekł, ~okła a. ~ekła, ~ekli — ~ekam) [I] vt [1] (ściągnąć) to pull off; **~ec z siebie mokre ubranie** to pull off wet clothes [2] (zgromadzić) to pull in a. drag in; **~ec drzewo na polanę** to haul timber into a clearing [II] **zwlec się — zwlekać się** pot. to get up; **~lec się z łóżka** to drag oneself out of bed pot.

zwleka|ć[1] impf → zwlec

zwleka|ć[2] impf vi to delay; **~ć z odpowiedzią/decyzją** to delay giving an answer/making a decision; **nie ~jąc** without delay; **nie ~jąc, zabrali się do roboty** they got down to work without delay a. straight away

zwłaszcza part. especially, particularly; **~ w pierwszym okresie** especially a. particularly in the first period; **lubiła ~ westerny** she was particularly fond of westerns; **~ rano czuł się zmęczony** he was particularly tired in the mornings; **cała Polska, a ~ jej wschodnia część** the whole of Poland, especially a. particularly the eastern part; **nie mam pieniędzy, a już ~ na takie głupstwa** I don't have any money, especially for nonsense like that; **~ że...** especially as...; **trzeba już wracać, ~ że robi się ciemno** we have to turn back, especially as it's getting dark

zwło|ka f sgt [1] (opóźnienie) delay; **~ka w płaceniu czynszu** rent arrears; **prosimy o jeden dzień ~ki** we'd like an extra day; **bez ~ki** without delay; [2] Prawo default ■ **grać na ~kę** to play a. stall for time; **gra na ~kę** delaying tactics; **niecierpiący ~ki** of the utmost urgency; brooking no delay książk.

zwłok|i plt (G ~) body, corpse; **ludzkie ~i** a human corpse; **~i ofiar katastrofy** the bodies of the crash victims

zwodniczo adv. deceptively, misleadingly; **~ spokojna okolica** deceptively peaceful surroundings

zwodniczoś|ć f (obietnic, słów) illusiveness

zwodnicz|y adi. [wypowiedzi, słowa] deceptive, misleading; [uśmiech] beguiling książk.; **~e nadzieje** wishful thinking

zwod|ować pf vt to launch [statek] ⇒ **wodować**

zwodzić impf → zwieść

zwoj|ować pf vt pot. to pull off pot.; **sami nic nie ~ujecie** you won't pull it off by yourselves; **złością/gadaniem nic nie ~ujesz** your anger/talking won't get you anywhere

zwolenni|k m, **~czka** f (prezydenta, króla) adherent, follower; (partii, reform, kary śmierci) supporter

zw|olnić[1] pf — **zw|alniać[1]** impf [I] vt (uczynić wolniejszym) to slow (down) [tempo]; **zwolnić kroku** to slow down; **w zwolnionym tempie** in slow motion [II] vi (zmniejszyć szybkość) [pojazd, osoba, zwierzę] to slow (down); **tramwaj zwolnił przed przystankiem/na zakręcie** the streetcar slowed down before the stop/turn ■ **pracować na zwolnionych obrotach** [silnik] to idle, to tick over; [zakład, organizacja] to tick over

zw|olnić[2] pf — **zw|alniać[2]** impf [I] vt [1] (rozluźnić) to release, to relax [uścisk, chwyt]; **zwolnić cięciwę łuku** to unstring a bow [2] (pozbawić pracy) to dismiss, to lay off; **zwolnić pracownika dyscyplinarnie** to dismiss an employee on disciplinary grounds; **z kopalni zwolnili wtedy wiele ludzi** they laid off a lot of people from the mine at that time [3] (wypuścić na wolność) to release, to discharge; **zwolnić kogoś z więzienia/aresztu** to release sb from prison/custody; **zwolnić kogoś za kaucją/warunkowo** to release sb on bail/on parole [4] (przestać zajmować) to vacate *[pokój, mieszkanie]*

[5] (uwolnić od obowiązku) to exempt, to release; **zwolnić kogoś z lekcji/dyżuru** to excuse sb from class/duty; **zwolnić kogoś ze służby wojskowej** to exempt sb from military service; **zwolnić kogoś z odpowiedzialności za coś** to absolve sb of responsibility for sth; **zwolnić kogoś z opłat** to exempt sb from payment; **zwolnić kogoś od kary** to let sb off; **przedsiębiorstwa zwolnione od podatku** companies exempt from taxation; **darowizny zwolnione od podatku** tax-deductible a. tax-exempt donations; **towary zwolnione od cła** duty-free goods

III zwolnić się — zwalniać się [1] (uzyskać zgodę na wyjście) to be excused; **zwolniła się z ostatnich dwóch lekcji** she was excused from the last two classes; **zwolnił się wcześniej z pracy** he excused himself and left work early [2] (odejść z pracy) to hand in one's notice, to give up one's job; to quit pot.; **jeśli nie dostanę podwyżki, zwalniam się** if I don't get a rise, I'm quitting; **zwolnił się z pracy, żeby opiekować się chorym synem** he gave up his job in order to take care of his sick son [3] (zostać opuszczonym) *[pokój, mieszkanie]* to be vacated; **długo czekał, aż zwolni się stolik** he had to wait a long time for a table; **zwolnił się etat w księgowości** there's a vacancy in the accounting department

zwolnie|nie II *sv* → **zwolnić**

III *n* [1] (z pracy) dismissal, lay-off; **~nia grupowe** group layoffs [2] (od obowiązków) exemption; **uzyskał ~nie od udziału w zebraniu** he was excused from attending the meeting; **~nie z podatku** tax exemption; **warunkowe ~nie z więzienia** parole; **towary objęte ~niami celnymi** duty-free goods [3] (lekarskie) sick note; **być na ~niu** a. **iść na ~nie** to be on a. go on sick leave; **lekarz wypisał ~nie** the doctor wrote out a certificate

zwoła|ć *pf* — **zwoł|ywać** *impf vt* [1] (wezwać) to call [sb] in, to call in; **~ać dzieci do klasy** to call the pupils in [2] (zorganizować) to call *[naradę, zebranie]*; to summon *[sejm, kongres]*

zwoływać *impf* → **zwołać**

zwornik *m* [1] Archit., Techn. keystone [2] książk. (czynnik jednoczący) keystone, unifying force

zwozić *impf* → **zwieźć**

zw|ód *m* (G zwodu) [1] Sport feint, dummy; **zrobić zwód** to make a feint, to dummy [2] (oszustwo) dodge

zw|ój *m* (G zwoju) [1] (tkaniny, papieru) roll; **zwój papirusowy** a papyrus scroll; **zwoje znad Morza Martwego** Bibl. the Dead Sea Scrolls [2] (kabla, drutu, sznura) coil [3] (odcinek drutu) coil

❑ **zwoje nerwowe** Anat. ganglia

zwóz|ka *f* pot. (zboża, siana, drewna) carting

zwracać *impf* → **zwrócić**

zwro|t II *m* (G ~tu) [1] (zmiana kierunku) turn; **~t w prawo/lewo** a turn to the right/left; **~t o sto osiemdziesiąt stopni** an about-turn *także* przen.; **zrobić ~t na pięcie** to turn a. spin on one's heel; **w lewo/prawo/tył ~t!** Wojsk.; left/right/about turn! [2] (przełom) turnabout, turnaround; **~t w**

polityce międzynarodowej a turnabout in international politics; **w latach 70. nastąpił w medycynie rewolucyjny ~t** the 1970s saw a revolution in medicine [3] (zainteresowanie) turn a. trend; **~t ku abstrakcji w sztuce** a turn a. trend towards abstraction in art; **obserwujemy wyraźny ~t ku astrologii** there is a clear turn a. trend towards astrology [4] (książek) return; (długu, kredytu) repayment; (kosztów, wydatków) reimbursement; **składka nie podlega ~towi** the fee is non-returnable [5] Jęz. expression; **~ty grzecznościowe** polite phrases

III zwroty *plt* (czasopisma, towary) returns; **pismo musi być kiepskie, skoro ma ~ty** the magazine must be pretty poor if there are so many returns pot.; **„~tów nie przyjmujemy"** 'no refunds'; **bilet ze ~tów** a return

zwrot|ka *f* Literat. verse, stanza

zwrotkow|y *adi.* Literat. *[budowa]* verse *attr.*, stanzaic

zwrotnic|a *f* [1] Kolej. points *pl* GB, switch US [2] Techn. stub axle

zwrotnicow|y *adi.* Kolej. **nastawnik ~y** an interlocking frame

zwrotnik *m* Astron., Geog. tropic

❑ **Zwrotnik Koziorożca** Geog. the Tropic of Capricorn; **Zwrotnik Raka** Geog. the Tropic of Cancer

zwrotnikow|y *adi. [klimat, rośliny]* tropical; **strefa ~a** the tropics

zwrotnoś|ć *f* [1] (sterowność) manoeuvrability GB, maneuverability US [2] Jęz. reflexivity

zwrotn|y *adi. grad.* [1] (sterowny) *[łódź, pojazd]* manoeuvrable GB, maneuverable US [2] Fiz., Techn. *[ruch]* turning *attr.*; **zawór ~y** a check a. non-return valve [3] (do zwrotu) *[opakowanie, butelka]* returnable; **pożyczka ~a** a call a. demand loan [4] Jęz. *[forma, zaimek, czasownik]* reflexive

zwr|ócić *pf* — **zwr|acać** *impf* **II** *vt* [1] (oddać) to return, to give back; **~ócić książki do biblioteki** to return some books to the library; **~ócić dług/pożyczkę** to pay back a debt/a loan; **~óciłeś jej za bilety?** have you given her the money for the tickets?; **~ócić komuś koszty podróży** to reimburse sb's travelling expenses; **~ócić pieniądze (za towar)** to refund money (for goods) [2] (skierować) to direct, to turn; **~ócił światło latarki na ścianę** he directed the torch at the wall; **stała ~ócona plecami do okna** she stood with her back (turned) to the window; **~ócić wzrok** a. **oczy** a. **spojrzenie na kogoś** to turn one's gaze on sb; **~ócił na mnie pytające spojrzenie** he gave me an inquiring look [3] (zwymiotować) to bring up *[pokarm, obiad]*

III zwrócić się — zwracać się [1] (skierować się) to turn; **~óciła się twarzą ku słońcu** she turned her face to the sun; **~ócił się w drugą stronę, zabierając się do odejścia** he turned the other way and headed for the door; **wszystkie twarze ~óciły się na niego** all eyes turned to him [2] (przynieść zysk) *[inwestycja]* to pay for itself; **koszty maszyny ~ócą się w ciągu roku** the machine will pay for itself in a year [3] (zainteresować się) to turn to, to take up; **ostatnio ~ócił się ku** a. **w stronę poezji**

recently he's turned to poetry [4] (obrócić się) to turn (**przeciwko komuś** against sb); **dawni sojusznicy ~ócili się teraz przeciwko niemu** now his former allies turned against him [5] (odezwać się) to address *vt*; **~acali się do siebie po imieniu** they addressed each other by their first names; **~acał się do mnie „szanowny panie"** he addressed me as 'Sir'; **pamiętam, że ~ócił się do mnie po niemiecku** I remember him speaking to me in German; **„podaj mi sól" – ~ócił się do mnie** 'pass the salt, please,' he said to me; **~ócić się do kogoś z pytaniem** to put a question to sb; **~ócić się do kogoś z prośbą** to ask sb a favour; **~ócić się z apelem do kogoś** to make an appeal to sb; **~ócić się do kogoś o pomoc** to turn to sb for help; **~ócił się do policji, by zapewniła mu ochronę** he requested police protection

■ **~ócić komuś słowo** przest. to break off one's engagement to sb

zwulgaryz|ować *pf* **II** *vt* książk., pejor. [1] (uczynić ordynarnym) to make [sth] vulgar *[słownictwo, język]* ⇒ **wulgaryzować** [2] (uprościć) to vulgarize, to debase *[problem, teorię]* ⇒ **wulgaryzować**

III zwulgaryzować się *[język]* to become vulgar

zwycięs|ki *adi. [wódz, armia]* victorious; *[pieśń, pochód]* victory *attr.*; **~ka drużyna** Sport the winning team

zwycięsko *adv.* victoriously **wyjść ~ z opresji** to emerge victorious; **uśmiechał się ~** he smiled victoriously

zwycięstw|o *n* [1] (sukces militarny, sportowy) victory; **~o w meczu/zawodach/bitwie** victory in a match/contest/battle; **~o nad wrogiem** victory over an enemy; **~o nad sobą** victory over oneself; **radość ~a** the joy of victory; **Dzień Zwycięstwa** VE Day; **doprowadzić do ~a** to lead to victory; **przyczynić się do ~a** to contribute to victory; **odnieść ~o** to achieve a. gain (a) victory; **przechylić szalę ~a na czyjąś korzyść** to tip the balance/scales in sb's favour [2] przen. victory; **~o rozumu nad uczuciem** a victory of mind over emotion

zwycię|zca *m*, **~żczyni** *f* (zawodu, turnieju) winner; (wyborów) victor, winner; **~zca meczu** the winner of a match

zwyciężać *impf* → **zwyciężyć**

zwycięż|ony II *pp* → **zwyciężyć**

III zwycięż|ony *m*, **~ona** *f* beaten, defeated; **zwycięzcy i ~eni** the victors and the vanquished książk.

zwycięż|yć *pf* — **zwycięż|ać** *impf* **II** *vt* [1] (wygrać) (w bitwie, walce) to win; (w grze, zawodach, wyborach) to win; to prevail książk.; **~yć wroga/rywala** to defeat a. beat an enemy/rival; **z trudem ~yć** to scrape home [2] (przełamać) to overcome *[chorobę, strach, tremę]*

III *vi* przen. to prevail książk.; **głos rozsądku ~ył** common sense prevailed; **prawda w końcu ~yła** the truth won out a. through in the end; **~yła w niej chęć zemsty/ciekawość** her desire for revenge/curiosity gained the upper hand

zwyczaj *m* (G ~u) [1] (obyczaj) custom; **~e ludowe** folk customs; **poznać/przyjąć**

czyjeś ~e to get to know/adopt sb's customs; **stosować się do ogólnie przyjętych ~ów** to conform to universally accepted norms; **być w ~u** to be customary; **w ~u jest dawanie napiwków kelnerom** it is customary to tip waiters; **jak ~ każe** as is customary a. is the custom; **według ~u** according to custom; **wbrew ~owi** contrary to custom ② (przyzwyczajenie) habit; custom książk.; **swoim ~em** in one's customary manner

zwyczajnie Ⅱ *adv. grad.* (normalnie) ordinarily, as usual; **była ~ ubrana** she was dressed ordinarily; **wyglądał ~** he looked like he usually does

Ⅲ *adv.* (po prostu) simply; **nie jest niezdolny, jest ~ leniwy** he's not slow, he's just lazy

Ⅲ **najzwyczajniej** *adv. superl.* **odwrócił się i najzwyczajniej w świecie odszedł** he turned round and just walked off without saying a word

zwyczajnoś|ć *f sgt* ordinariness

zwyczajn|y Ⅱ *adi. grad.* (zwykły, pospolity) *[rzecz, sprawa, życie]* normal, ordinary; *[hotel, pokój]* ordinary; *[stół, koszula]* plain

Ⅱ *adi.* ① (przeciętny) *[kobieta, robotnik]* ordinary ② (niewyszukany) *[potrawy, ubrania]* simple ③ Nauk. common; **sosna ~a** the common pine; **zięba ~a** the common chaffinch ④ (oczywisty) *[kłamca, tchórz]* common, downright

Ⅲ **najzwyczajniejszy** *adi. superl* most blatant; **to najzwyczajniejsza nieuczciwość** it's the most blatant dishonesty

zwyczajowo *adv.* according to custom

zwyczajow|y *adi.* customary, usual

zwykle *adv.* usually, normally; **~ wstaję o siódmej** I usually a. normally get up at seven; **wcześniej/później niż ~** earlier/later than usual; **więcej/mniej niż ~** more/less than usual; **jak ~** as usual; **jak ~ w takich wypadkach** as usual in such cases; **spóźnił się jak ~** he was late, as usual; **była jak ~ czarująca** she was her usual charming self; **duży ruch, jak ~ w godzinach szczytu** heavy traffic, as usual in the rush hour; **spotkajmy się tam, gdzie ~** let's meet at the usual place; **dla mnie to, co ~** the usual for me; „**co powiedział?” – „to, co ~”** 'what did he say?' – 'the same as usual'; **~ pracuje nocą** he normally a. usually works at nigh

zwykłoś|ć *f sgt* (popolitość) ordinariness

zwykł|y Ⅱ *adi. grad.* (pospolity) *[ubiór, zachowanie]* normal, usual; *[rozmowa, życie]* everyday; **~łe, proste potrawy** simple, basic dishes; **~ły, sobotni poranek** an ordinary Saturday morning

Ⅱ *adi.* ① (zgodny z normą, zwyczajem) **~ły tryb postępowania** the usual procedure; **~ła kolej rzeczy** the normal course of events; **będę o ~łej porze** I'll be there at the usual time ② (przeciętny) *[urzędnik, pracownik]*

ordinary; **~ły człowiek** the ordinary man ③ (oczywisty) simple, sheer; **~ły przypadek** sheer coincidence; **zajrzał tam przez ~łą ciekawość** he took a look out of sheer curiosity

Ⅲ **najzwyklejszy** *adi. superl.* the most common

zwyk|nąć *impf* (~ł) *vi* książk. to be in the habit; **~ła mówić prawdę w oczy** she has a way of coming straight out with the truth

zwymiot|ować *pf vt* to vomit; **czuł, że za chwilę ~uje** he felt sick ⇒ **wymiotować**

zwymyśla|ć *pf vt* to give [sb] a dressing-down

zwyrodnial|ec *m* (*V* ~**cu** a. ~**cze**) pejor. degenerate

zwyrodnia|ły *adi.* ① pejor. *[przestępca, wyobraźnia]* degenerate ② Biol. *[komórki, tkanki, narządy]* atrophied

zwyrodni|eć *pf* (~**ał**) *vi* ① Biol. *[stawy, mięśnie]* to degenerate ② pejor. (wypaczyć się) to become distorted

zwyrodnie|nie Ⅱ *sv* → **zwyrodnieć**

Ⅱ *n* (odchylenie od normy) deviation, degeneracy

zwyrodnieniow|y *adi. [stan, proces, zmiany]* degenerative

zwyż|ka *f* (zwiększanie się) *[kosztów, temperatury, ciśnienia]* rise; **~ka cen** a rise in prices; **~ka formy** środ., Sport an improvement in form

zwyżk|ować *impf vi* książk. *[ceny, akcje]* to surge; **ceny gwałtownie ~ują** prices are rocketing

zwyżkow|y *adi. [tendencja]* upward

zyd|el *m* (~**elek** *dem.*) (*Gpl* ~**li** a. ~**lów**) przest. stool

zygza|k *m* (~**czek** *dem.*) zigzag; **sukienka w ~ki** a zigzag dress; **ścieżka biegła ~kiem wśród zarośli** the path zigzagged among the bushes

zygzakowato *adv.* **~ biegnąca linia/ ścieżka** a zigzag line/path

zygzakowa|ty *adi.* zigzag *attr.* **~ta droga** a zigzag road; **~ta błyskawica** forked lightning

zysk *m* (*G* ~**u**) ① (zarobek) profit; **~ netto/ brutto** net/gross profit; **mieć udział w ~ach** to have a share in the profits; **osiągnąć ~** to make a profit; **przynosić ~** to bring in a profit; **czerpać z czegoś ~i** to reap a profit from sth; **dla ~u** for profit; **z ~iem** (odsprzedać) at a profit ② (korzyść) benefit, advantage; profit książk.

zysk|ać *pf* — **zysk|iwać** *impf* Ⅱ *vt* ① (zarobić) to make a profit; **~ać na czymś** to make a profit on sth; **wiele ~ał na sprzedaży domu** he made a considerable profit from selling the house ② (skorzystać) to benefit; **kto ~a na zmianie regulaminu/ przepisów?** who will benefit from the change in the regulations? ③ (zdobyć, osiągnąć) to gain *[wiedzę, doświadczenie]*; to win *[względy, uznanie, zaufanie]*; **~ać umiejęt-**

ność to acquire a skill; **~ać pewność, że...** to become certain that... ④ (zjednać) to win; **~ać nowych przyjaciół** to make new friends

Ⅱ *vi* (wypaść korzystniej) to gain; **obraz ~ał na wartości** the picture gained in value

■ **~ać na czasie** to gain time

zyskiwać *impf* → **zyskać**

zyskownie *adv. grad. [sprzedać, spieniężyć]* at a profit

zyskownoś|ć *f sgt* profitability

zyskown|y *adi. [interes, przedsiębiorstwo]* profitable, money-making

zza *praep.* ① (z drugiej strony) from behind; **~ biurka/płotu** from behind the desk/fence; **~ rzeki/oceanu** from over the river/ocean; **głos ~ grobu** a voice from beyond the grave; **~ rogu wyjechał samochód** a car came around the corner; **wyjął ~ pazuchy czarnego kotka** he produced a black kitten from under his coat ② (poprzez) through; **~ chmur przeświecało słońce** the sun shone through the clouds; **nic nie było widać ~ gęstej firanki** nothing could be seen through the thick net curtain

zziaj|ać się *pf* (~**ę się** a. ~**am się**) *v refl.* pot. to get out of breath

zziajan|y *adi. [osoba, pies]* breathless

zzielenia|ły *adi.* ① *[wędlina, ser]* green ② przen. *[twarz]* green; **~ła ze strachu dziewczyna** a girl green with fear

zzieleni|eć *pf* (~**eję, ~ał, ~eli**) *vi* ① *[woda, kiełbasa]* to turn a. go green ② przen. (ze strachu, ze złości) to turn green; **~eć z zazdrości** to turn green with envy

zzi|ębnąć *pf* (~**ębnął** a. ~**ąbł**) *vi* to freeze; **~ębnąć do szpiku kości** to be chilled to the bone

zziębnię|ty *adi. [ręce, nogi]* freezing cold

zzu|ć *pf* — **zzu|wać** *impf* (~**ję** — ~**wam**) *vt* przest. **~ć buty** to take off one's shoes

zzuwać *impf* → **zzuć**

zż|ąć *pf* — **zż|ynać**¹ *impf vt* to reap *[owies, pszenicę]*

zżerać *impf* → **zeżreć**

zżółk|ły *adi. [liście, papier, twarz]* yellow

zżółk|nąć *pf* (~**ł** a. ~**nął**) *vi [liście, trawa, skóra, zęby]* to (go) yellow

zżu|ć *pf vt* to chew up

zży|ć się *pf* — **zży|wać się** *impf v refl.* ① (przywiązać się) to become intimate ② (przyzwyczaić się) to get a. become accustomed; **~ła się z samotnością** she became accustomed to living alone

zżyma|ć się *impf v refl.* przest. to bridle (**na coś** at sth)

zżynać¹ *impf* → **zżąć**

zżyna|ć² *impf vi* środ., Szkol. (odpisywać) to crib

zży|ty *adi.* close; **byli ze sobą bardzo ~ci** they were extremely close; **aktor ~ty ze sceną** an actor who lives for the stage

zżywać się *impf* → **zżyć się**

Ź

ździebełecz|ko *n dem.* [1] pieszcz. (łodyżka) (young) blade [2] (odrobinka) a bit; **zaznać ~ko szczęścia** to have a stroke of luck; **zjadła ~ko chleba** she ate a bit of bread [II] *adv. dem.* pot. a bit; **~ko lepiej** a (tiny) bit better

ździebeł|ko [I] *n dem.* [1] pieszcz. (young) blade; **~ko trawy** a young blade of grass [2] pieszcz. a (tiny) bit; **~ko bułki** a piece of roll; **cieniusieńkie kanapeczki i ~ka kiełbasy** very thin sandwiches with little bits of sausage [II] *adv. dem.* pot. a bit; **przyszedł ~ spóźniony** he came a bit late

ździeb|ko [I] *n dem.* pot. a bit; **~ko cukru** a few grains of sugar; **zjeść ~ko zupy** to eat a few spoonfuls of soup [II] *adv.* pot. a bit; **~ko odpocząć/pospać** to rest/to sleep a bit

źdźb|ło *n* [1] (łodyga) stalk; **~ła trawy** blades of grass; **~ła zbóż** corn stalks [2] grain, particle; **~ła kurzu/pyłu** particles of dust

■ **nie ma w tym ani ~ła prawdy** pot. there isn't a grain of truth in it

źle *adv. grad.* [1] (nienależycie) poorly; (błędnie) wrongly; **uczyć się ~** to be a poor learner; **~ coś zrozumieć** to misunderstand sth; **~ przygotowani zawodnicy** poorly prepared competitors; **~ pojęta solidarność** solidarity wrongly understood; **~ wybrać kierunek studiów** to choose the wrong university course; **~ wywiązywać się ze swoich obowiązków** to carry out one's obligations in an unsatisfactory manner; **~ wychowany/ułożony** ill-bred/-mannered [2] (słabo) **czuć się ~** to feel bad a. unwell; **~ wyglądać** to look ill a. unwell [3] (niedostatecznie) badly, poorly; **~ odżywiane dziecko** a poorly fed child; **~ płatna praca** a badly a. poorly paid job [4] (nieuczciwie) badly; **~ odnosić się do pracowników** to treat one's subordinates badly; **~ się prowadzić** to conduct oneself badly; **kobieta/dziewczyna ~ się prowadząca** a girl/woman of ill repute [5] (negatywnie) badly; ill książk.; **mówić o kimś ~** to speak badly a. ill of sb; **takie zachowanie ~ o tobie świadczy** such behaviour does you little credit [6] (nieżyczliwie) badly; **być ~ przyjętym przez kogoś** to be badly received by sb; **być ~ usposobionym do czegoś/kogoś** to be ill-disposed to(wards) sth/sb; **~ traktował kolegów** he treated his friends badly [7] (nieprzyjemnie) **~ mu było na obczyźnie/poza domem** it was hard on him living abroad/away from home; **~ się czuła w jego towarzystwie** she felt uncomfortable in his company [8] (niepomyślnie) badly; **takie zabawy mogą się ~ skończyć** fun and games like that can end up badly; **moje sprawy ~ się układają** my affairs aren't going too well [9] (jako równoważnik zdania) **~, że nie przyszedł od razu po pomoc** it's too bad (that) he didn't ask for help straight away

■ **~ z nim/z nią** pot. he/she is in a bad way pot.; **i tak ~, i tak niedobrze** pot. ≈ if it's not one thing it's another pot.

źrebacz|ek *m dem.* pieszcz. (small) foal; (samiec) (small) colt

źrebak *m* foal; (samiec) colt; **młody ~** a young foal/colt

źrebiąt|ko *n* pieszcz. (baby) foal; (samiec) (baby) colt

źreb|ić się *impf v refl.* to foal; **klacz zaczęła się ~ić** the mare began to foal ⇒ **oźrebić się**

źrebi|ę *n* (*G* **~ęcia**) foal; (samiec) colt; **rozbrykane ~ę** a frisky colt/foal

źrebn|y *adi.* in a. with foal; **~a klacz** a mare in a. with foal

źrenic|a *f* [1] Anat. pupil; **~e się rozszerzają/zwężają** sb's pupils widen/narrow [2] książk. eye; orb *zw. pl* książk.; **błękitne/ogniste ~e** azure/passionate eyes a. orbs

■ **pilnować** a. **strzec czegoś/kogoś jak ~y oka** to guard sth/sb like the apple of one's eye

źródeł|ko *n dem.* [1] pieszcz. (small) spring; **pić wodę ze ~ka** to drink water from a spring [2] pot. (studnia głębinowa) well; **iść po wodę do ~ka** to go to the well for water

źródlan|y *adi.* spring *attr.*

źród|ło *n* [1] (rzeki) source, spring; **dotrzeć do ~ła strumienia** to reach the source of a stream; **odnaleźć ~ło rzeki** to find the source of a river; **ze skały tryskało czyste ~ło** a clean spring flowed from the rock; **owoce są ~łem witamin** przen. fruit is a source of vitamins; **gorące ~ło** a hot spring [2] przen. (początek) origin(s), roots *pl*; **szukać ~eł swojego pochodzenia** to search for one's roots; **~ło filozofii/obyczaju** origin(s) of a philosophy/custom; **nieufność ma swoje ~ła w trudnych doświadczeniach** distrust is born of unpleasant experiences [3] przen. (przyczyna) source; **sytuacja w pracy była ~łem jej niepokoju** the situation at work was the source of her anxiety; **ujawnić ~ło swoich dochodów** to reveal a. disclose the source of one's income [4] (informacji) source; **wiem o tym z godnego zaufania/pewnego ~ła** I know this from a trustworthy/reliable source; **zasięgnął informacji u ~ła** he got it straight from the horse's mouth [5] (wiedzy) source(s); **ważne ~ło wiedzy o epoce** an important source of knowledge on the period; **sięgać do ~eł archiwalnych** to use archive sources

źródłosłów *m* (*G* **~owu**) książk. etymology

źródłow|y *adi.* source *attr.*; **sięgnąć po/wykorzystać dokumenty/materiały/teksty ~e** to use/make use of source documents/materials/texts

Ż

żab|a f Zool. frog
■ **trzeba połknąć tę ~ę** pot. ≈ you'll/he'll just have to live with a. put up with it pot.

żabi adi. [rechotanie] frog's; **~ skrzek** frogspawn; **~e oczy** (wyłupiaste) bulging eyes; frog eyes pot.

żab|ka f 1 dem. Zool. little frog 2 pieszcz. pet pot., sweetie pot. 3 Sport (styl pływacki) breaststroke; **pływać ~ką** to do the breaststroke 4 (podskok w przysiadzie) frog leap 5 (uchwyt) curtain hook 6 (blaszka do zelówek) metal tip, steel cap 7 Techn. (rodzaj klucza) wrench, adjustable spanner 8 Archit. (rzeźba gotycka) crocket 9 Muz. nut, frog US
❑ **~ka drzewna** Zool. green tree frog

żabocik m dem. ruffle, jabot

żaboja|d m (Npl **~dy**) pot., iron., żart. (o Francuzie) Frog pot., pejor.

żabo|t m (G **~tu**) ruffle, jabot; **koronkowy ~t** a lace ruffle a. jabot; **bluzka z ~tem** a jabot blouse

żach|nąć się pf (**~nęła się, ~nęli się**) v refl. książk. (obruszyć się) to bridle (**na kogoś/coś** at sb/sth)

żad|en pron. 1 (ani jeden) no, not any; (z dwóch) neither; **nie miał ~nych przyjaciół** he didn't have any friends; **z podwórza nie dolatywały ~ne dźwięki** no sound could be heard from the courtyard; **~nej pomocy nie potrzebuję** I don't need any help; **pociąg nie zatrzymuje się po drodze na ~nej stacji** the train doesn't stop anywhere on the way; **~en z nas/nich** none of us/them; (z dwóch) neither of us/them; **~en z chłopców/domów** none of the boys/houses; (z dwóch) neither of the boys/houses, neither boy/house; **czekałem na nich, ale ~en nie przyszedł** I waited for them, but none/neither of them came; „**który z nich jest za to odpowiedzialny?**" – „**~en**" 'which one is responsible for that?' – 'none/neither'; **~nym sposobem** a. **~ną miarą** a. **w ~en sposób** książk. there's no way; **w ~nym razie** a. **wypadku** under no circumstances; **pod ~nym pozorem** a. **warunkiem** under no circumstances, on no account; **pod ~nym warunkiem!** absolutely not!; **za ~ną cenę** a. **za ~ne pieniądze** not for (all) the world 2 (niewielki, mało wart) no; **~en ze mnie polityk** I'm no politician; **to ~na pociecha** that's no consolation; **to ~en wstyd** it's nothing to be ashamed of; **jej wpływy są ~ne** she has no influence whatsoever

żag|iel m sail; **postawić ~le** to set sail; **rozwinąć ~le** to hoist a. the sails; **zwinąć ~le** to lower a. the sails; **płynąć pod pełnymi ~lami** to travel under full sail
❑ **~iel przedni** headsail; **~iel gaflowy** gaffsail; **~iel rejowy** square sail; **~iel trójkątny** staysail
■ **złapać** a. **chwycić wiatr w ~le** pot. to get a second wind; **zwinąć ~le** (zrezygnować, wycofać się) pot. to throw in the towel

żag|iew f 1 książk. (głownia) (fire)brand, torch 2 książk., przen. (zarzewie) spark przen. 3 Bot. bracket fungus

żaglow|iec Ⅱ m anim. Zool. (skalar) angelfish Ⅲ m inanim. Żegl. (statek) sailing ship

żaglow|y adi. **płótno ~e** sailcloth; **łódź ~a** a sailing boat

żaglów|ka f Żegl. sailing boat, sailboat US

ża|k¹ m (Npl **żacy** a. **żaki**) 1 Hist. (uczeń) schoolboy; (student) student 2 książk., żart. student

żak² m Ryboł. fishing net

żakar|d m (G **~du**) 1 Włók. (tkanina) jacquard U 2 Techn. (część maszyny włókienniczej) jacquard 3 Techn. (maszyna włókiennicza) jacquard loom

żakardow|y adi. 1 Włók. [sweter, tkanina, ściegj] jacquard attr. 2 Tech., Włók. [warsztat, urządzenie] jacquard attr.

żakiecik m dem. (G **~a** a. **~u**) jacket; **~ z lnu/dżinsu/tweedu** a linen/jeans/tweed jacket

żakie|t m (G **~tu**) Moda 1 (damska marynarka) (lady's) jacket; **~t z bawełny** a cotton jacket 2 przest. morning coat

żakows|ki adi. [figiel, zwyczaje] student attr.

żal m (G **~u**) 1 (uczucie smutku) sorrow C/U; (po śmierci kogoś) grief; (uczucie zawodu) regret C/U; **~ po czymś** grief at a. over sth; **przejmować kogoś ~em** to fill sb with grief; **pogrążony w ~u** książk. grief-stricken; **pozostali w nieutulonym ~u** the bereaved 2 (współczucie) sorrow U, pity U; **~ mi go** I feel sorry for him 3 (skrucha) remorse U, regret C/U (**za coś** for sth); contrition książk. (**za coś** for sth) 4 zw. pl (skargi) resentment U, grudge; **czuć głęboki ~ do kogoś** to feel deep resentment towards sb; **mieć ~** to have a grudge
❑ **~ za grzechy** Relig. contrition; **Gorzkie Żale** Relig. Lenten Psalms; **gorzkie ~e** Relig. Lent service
■ **mała strata** a. **szkoda – krótki ~** przysł. ≈ (it's) no use crying over spilt milk przysł.

żal|ić się impf v refl. to complain; **~ić się na coś** to complain about a. of sth; **~ić się komuś** to complain to sb ⇒ **pożalić się**

żaluzj|a f zw. pl (Gpl **~i**) 1 (roleta) blind; **podnieść ~e** to pull up the blinds;

spuścić ~e to lower a. pull down the blinds 2 (krata zabezpieczająca) shutter

żaluzjow|y adi. [drzwi, drzwiczki, krata] louvred

żałob|a f sgt 1 (smutek) mourning, grief; **być w głębokiej ~ie** to be in deep mourning a. grief; **być okrytym ~ą** to be in mourning; **być w ~ie po kimś** to be in mourning for sb 2 (okres żalu po śmierci) mourning (period) 3 (ubranie) mourning (clothes); **przywdziała ~ę** she went into mourning; **zdjąć ~ę** to come out of mourning 4 (czarna opaska, wstążka) mourning band a. ribbon
❑ **~a narodowa** national mourning
■ **~a za paznokciami** pot. dirty nails

żałobnic|a f książk. mourner

żałobnie adv. [brzmieć, wyglądać] mournful adi.; **~ opuszczone flagi** flags lowered in mourning a. as a sign of mourning

żałobni|k Ⅱ m pers. mourner Ⅲ m anim. Zool. nymphalid butterfly

żałobn|y adi. 1 mourning attr.; **nabożeństwo ~e** a memorial a. funeral service; **kondukt ~y** a (funeral) cortège; **marsz ~y** a death a. funeral march 2 przen. (smutny) mournful, sombre GB, somber US; funereal książk.

żało|sny adi. grad. 1 (smutny) [śpiew, jęk, płacz] plaintive, mournful; [mina, spojrzenie] doleful, forlorn 2 (opłakany, lichy) [stan, sytuacja] wretched; deplorable książk.; [widok, występ] pathetic, pitiful

żałoś|ć f sgt książk. (przejmujący smutek) grief, (great) sorrow; **ogarnęła ją głęboka ~ć** she was overcome by deep sorrow; **~ć w nim wzbierała** sorrow welled up within him

żałośnie adv. grad. 1 (smutno) [płakać, szlochać, zawodzić] woefully, mournfully 2 (opłakanie, licho) [wyglądać] miserable adi., pitiful adi.; [zachowywać się] pathetically, pitifully

żał|ować impf vi 1 (odczuwać smutek) to regret (**czegoś** sth); **niczego nie ~uję** I have no regrets ⇒ **pożałować** 2 (odczuwać skruchę) to regret (**za coś** doing sth); to be sorry (**za coś** for doing sth); to repent książk. (**czegoś** of sth); **bardzo ~uję** I'm really sorry 3 (litować się, współczuć) to pity (**kogoś** sb) ⇒ **pożałować** 4 (skąpić) to stint (**czegoś** on sth); **niczego sobie nie ~ować** to do oneself proud GB pot.
■ **nie ~ować pieniędzy** pot. to spare no expense

żandarm m 1 (we Francji) gendarme 2 Wojsk. military policeman

żandarmeri|a *f sgt* (*GD* **~i**) [1] (policja francuska) gendarmerie [2] Wojsk. military police

ża|r *m sgt* (*G* **żaru**) [1] (rozgrzane drewno lub węgiel) embers *pl* [2] (upał, skwar) heat [3] książk. przen. (zapał) passion; ardour GB książk., ardor US książk.; (patriotyczny, religijny) fervour

żarci|e Ⅱ *sv* → **żreć**
Ⅲ *n sgt* [1] pot. (pokarm dla zwierząt) food [2] posp. (jedzenie) grub pot., scoff GB pot.

żarcik *m dem.* (*G* **~u**) [1] pot. (dowcip) joke [2] (figiel) prank, joke

żargon *m* (*G* **~u**) Jęz. jargon; **~ lekarski/prawniczy/uczniowski/komputerowy** a medical/legal/school/computer jargon

żargonow|y *adi.* [*zwrot, słownictwo, wyraz*] jargon attr.

żarliwie *adv. grad.* książk. [*modlić się, pracować, bronić*] zealously, eagerly; [*kochać*] passionately, ardently

żarliwoś|ć *f sgt* książk. [1] (gorliwość) zeal [2] (zapał) passion; ardour GB książk., ardor US książk.

żarliw|y *adi. grad.* książk. [1] (gorliwy) zealous, ardent [2] (gorący) [*modlitwa, wiara, miłość, prośba*] passionate, fervent

żarłacz *m zw. pl* Zool. shark
❑ **~ ludojad** white shark

żar|ło *n sgt* pot., żart. grub pot., nosh pot.

żarłocznie *adv. grad.* książk. [1] (łapczywie) [*jeść, gryźć*] voraciously książk.; greedily [2] przen. (mocno) [*kochać, patrzeć*] voraciously

żarłocznoś|ć *f sgt* książk. [1] (łapczywość) gluttony [2] przen. (zachłanność) voracity, greed

żarłoczn|y *adi. grad.* [1] książk., pejor. (łapczywy) [*osoba*] gluttonous; [*zwierzę*] voracious [2] przen. (zachłanny) [*osoba*] greedy

żarłok *m* (*Npl* **~i**) pot. glutton, gourmandizer

żar|na *plt* (*G* **~en** a. **~n**) daw. quern

żaroodporn|y *adi.* [*szkło, ceramika, stal*] heatproof, heat-resistant

żarówecz|ka *f dem.* bulb

żarów|ka *f* (light) bulb; **~ka halogenowa** a. **jodowa** halogen bulb

żar|t *m* (*G* **~tu**) (figiel, dowcip) joke; **zrobić coś dla ~tu** to do sth as a joke; **pół ~tem, pół serio** half jokingly; **to nie ~ty** it's no joke a. laughing matter; **z nim/tym nie ma ~tów** you don't want to fool a. mess around with him/that pot.; **znać się na ~tach** to know how to take a joke; **mówić coś ~tem** a. **w ~tach** to say sth as a joke a. in jest
■ **~ty na bok** pot. joking aside; **~ty się skończyły** pot. the fun and games are over; **gruby** a. **pieprzny ~t** a crude a. coarse joke; **nie na ~ty** pot. in earnest; **obrócić coś w ~t** to make a joke of sth; **stroić z kogoś ~ty** to make fun of sb, to poke fun at sb; **wolne ~ty** pot. you must be joking! a. kidding!; **~ty ~tami** a joke's a joke

żartobliwie *adv. grad.* [*mówić, opowiadać*] jokingly, playfully

żartobliwoś|ć *f sgt* playfulness

żartobliw|y *adi.* [*uwaga, wiersz, utwór*] humorous; [*kuksaniec*] playful

żart|ować *impf vi* [1] (dowcipkować) to joke, to make a joke; **~ować z kimś o czymś** to joke with sb about sth ⇒ **pożartować** [2] (nie traktować poważnie) **~ować z kogoś/**

---

czegoś to make fun of sb/sth; **ojciec nie ~uje** father is serious ⇒ **zażartować**

żartowni|ś *m*, **~sia** *f* joker

żarz|yć się *impf vt* [*papieros, węgle*] to glow [2] książk. (lśnić) to glow

ż|ąć *impf* (**żnę, żęła, żęli**) *v refl.* (ścinać zboże) to reap ⇒ **zżąć**

żąda|ć *impf vt* to demand; **~ć czegoś od kogoś** to demand sth from sb; **~ł, żeby opublikować dane** he demanded that the data be made public

żąda|nie Ⅱ *sv* → **żądać**
Ⅲ *n* (domaganie się) demand, request; **~nie czegoś** a demand for sth; **zwrócić się z ~niem** to make a demand; **uwzględnić czyjeś ~nia** to meet sb's demands
■ **na (każde) ~nie** on demand; **odejść** a. **zostać zwolnionym z pracy na własne ~nie** to resign at one's own request

żądli|ć *impf vt* [*osa, pszczoła, skorpion*] to sting ⇒ **użądlić**

żądł|o *n* [1] (organ niektórych owadów) sting; **~ło osy/pszczoły** a wasp/bee sting [2] przen. (o uczuciach) sting

żądn|y *adi.* książk. (pragnący) avid książk. (**czegoś** for sth); (chciwy) greedy (**czegoś** for sth)

żądz|a *f* książk. [1] (gwałtowne pragnienie) craving U, longing U [2] (pożądanie) desire U, lust U; **powściągnąć ~ę** to restrain one's desire; **zaspokoić ~ę** to satisfy one's lust

żbicz|y *adi.* [*oczy, pazury*] wild cat's

żbik *m* Zool. wild cat

że Ⅱ *conj.* [1] (rozwijające) that; **powiedział, że nie przyjdzie** he said (that) he wouldn't come; **poinformowano ją, że zebranie zostało odwołane** she was informed that the meeting had been called off; **mam nadzieję, że wiesz, co robisz** I hope you know what you're doing; **jest prawdopodobne, że wyjadę w lipcu** it's possible that I'll be going away in July [2] (określająca skutek) that; **taki wysoki/gruby, że...** so tall/fat that...; **był tak zmęczony, że usnął natychmiast** he was so tired (that) he fell asleep straight away; **przyszło tylu ludzi, że trzeba było przynieść więcej krzeseł** so many people came that more chairs had to be brought in [3] książk. (uzasadnienie) as, since; **że miał dużo czasu, poszedł do kina** as a. since he had plenty of time, he went to the cinema
Ⅲ *part.* [1] (ubolewanie) **że ja o tym nie wiedziałem!** if only I'd known about it!; **że też musiałeś mi o tym powiedzieć!** what did you have to (go and) tell me that for? pot. [2] (zdziwienie) **że też akurat ciebie wybrali!** fancy choosing you of all people! pot. [3] pot. (w czasie przeszłym) **brata żeś widział?** have you seen/did you see your brother?; **czemu żeście tam poszli?** why did you go there?; **nie wiedziałem, żeście się już wcześniej spotkali** I didn't know you'd already met
Ⅲ **-że, -ż** *w wyrazach złożonych* (wyrażające zdziwienie, zniecierpliwienie) **siadajże!** do sit down!; **kiedyż ona wreszcie przyjdzie?** when on earth will she come?
■ **że (aż) ha** a. **hej** a. **ho, ho!** (emfatyczne) wow!; **mróz, że ho ho!** wow! it's so cold! pot.; **najeździłem się na nartach, że hej!** I've never done so much skiing before!; z

---

pieca buchało, że ha! the stove gave out so much warmth!; **że tak powiem** a. **że się tak wyrażę** so to speak

żeber|ko *n* [1] *dem.* Anat. rib [2] Techn. rib [3] Kulin. rib

żeberkow|y *adi.* Techn. ribbed

żebractw|o *n sgt* książk. begging

żebracz|ka *f* beggar, beggar woman

żebracz|y *adi.* [*torba, kij, los*] beggar's

żeb|rać *impf* (**~rzę**) *vi* [1] (prosić o jałmużnę) to beg (**o coś** for sth) [2] przen. (błagać) to beg; **~rać o litość** to beg for mercy

żebra|k *m* (*Npl* **~cy** a. **~ki**) beggar

żebranin|a *f sgt* [1] (żebranina) begging [2] przen. (prośby) begging

żeb|ro *n* [1] Anat. (kość klatki piersiowej) rib [2] Kulin. rib [3] Archit. (łuk) ogive, rib [4] Techn. frame rib [5] Geol. ridge
■ **policzyć komuś ~ra** pot. to beat sb up

żebrowa|nie Ⅱ *sv* → **żebrować**
Ⅲ *n* [1] Archit. vault [2] frame

żebrow|y *adi.* [1] Anat. [*łuk, okolica*] rib attr. [2] Archit. **sklepienie ~e** a vault

żebr|y *plt* (*G* **~ów**) przest. begging U
■ **chodzić na ~y** to go begging

żeby Ⅱ *conj.* [1] (dla wyrażenia celu, skutku) (przed bezokolicznikiem) (in order) to, so as to; (przed zdaniem) so (that); **zadzwoń do mnie, ~ uzgodnić termin** call me to fix a date; **zrobiłam ci zakupy, ~ś nie musiał wychodzić z domu** I did the shopping for you so (that) you wouldn't have to go out; **~ zdjąć z półki wazon, musiał wejść na stołek** he had to use a stool to take the vase off the shelf; **~ nie** lest książk.; **~ nie było żadnych nieporozumień** lest there should be any misunderstanding, in order to avoid any misunderstanding(s) [2] (dla wyrażenia woli, sądu) to; **prosiłem, ~ zaśpiewała** I asked her to sing; **chcę, ~ś mi pomógł** I want you to help me; **zrobiłby wszystko, ~ dostać tę pracę** he'd do anything to get that job; **wątpię, ~ to był przypadek** I doubt if it was an accident [3] (wyrażające następstwo) only to; **spłacił pożyczkę, ~ na nowo się zadłużyć** he repaid the loan, only to run into debt again [4] (dla wyrażenia intensywności) to; **był zbyt dumny, ~ prosić o pomoc** he was too proud to ask for help; **nie ~** not that, not because; **nie ~ się bała** not because/that she was afraid; **nie ~m miał coś przeciwko temu** not that I have anything against it [5] (choćby) even if; **~ ją błagał na klęczkach, nie wróci do niego** even if he were to go down on bended knees, she wouldn't go back to him; **skończę tłumaczenie, nawet ~m miał siedzieć całą noc** I'll finish the translation, even if I have to stay up all night; **~ nie wiem co** come hell or high water pot.; **~ś nie wiem co mówił, i tak nikt ci nie uwierzy** whatever you say, no one is going to believe you [6] (gdyby) if; **~m wiedział jak, to bym wam pomógł** I'd help you if I knew how; **~ żyła jego matka, nie trafiłby do domu dziecka** if his mother had been alive, he wouldn't have ended up in an orphanage; **~ nie...** if it hadn't been for...; **~ nie przypadek, wszystko potoczyłoby się inaczej** if it hadn't been for an accident, things would

Ż

have taken a different course; **~ nie ty/ twoja pomoc** if it hadn't been for you/ your help, but for you/your help [7] (byleby) as long as; **poradzę sobie z tym, ~ tylko zdrowie dopisywało** I'll manage, as long as I don't fall ill

Ⅲ part. [1] (wyrażające życzenie) **~ś się nie przeziębił!** mind you don't catch cold!; **~ tylko nie padało!** let's hope it doesn't rain!; **~ to szlag!** pot. damn (it)! pot., goddammit! US pot. [2] (wyrażające ubolewanie) **~ sobie tak zmarnować życie!** imagine wasting your life like that!; **~ się takimi głupstwami zajmować!** why do we have to waste our time on stupid things like this/ that?; **~ też tak się upić!** to get that drunk though! [3] (obserwacja) if only; **~ś wiedział, co przeżyłem!** if only you knew what I've been through!; **~ście słyszeli, jak on się do mnie odzywa!** if only you'd heard what he said to me! [4] pot. (emfatyczne) **~ mi tu było cicho!** (I want) silence!; **~ mi to było ostatni raz!** don't let it ever happen again!; **~ś nie oberwał!** you'll catch it if you're not careful! pot.; **a ~ś wiedział!** I'm not joking a. kidding either! pot.

żeglar|ka f Sport yachtswoman, sailor

żeglars|ki adi. [1] Żegl. sailing [2] Sport yachting

żeglarstw|o n sgt [1] Żegl. sailing [2] Sport yachting

żeglarz m (Gpl **~y**) Ⅰ m pers. [1] yachtsman, sailor [2] (członek załogi statku) seaman, hand Ⅱ m anim. Zool. swallowtail (butterfly)

żegl|ować impf vi Żegl. [1] [osoba] (prowadzić statek) to sail, to navigate [2] [statek] to sail

żeglowność|ć f sgt Żegl. [1] (spławność) navigability [2] Żegl. seaworthiness

żeglown|y adi. [rzeka, kanał, jezioro] navigable

żeglu|ga f sgt Żegl. (żeglowanie) navigation ❑ **~ga kabotażowa** cabotage; **~ga mała inshore** sailing; **~ga rzeczna** river navigation; **~ga śródlądowa** sailing; **~ga wielka** ocean(ic) sailing

żeglugow|y adi. Żegl. navigational

żegna|ć¹ impf Ⅰ vt [1] to say goodbye to; **~j!, ~jcie!** farewell! goodbye!; **~m pana!** (ironicznie) I bid you farewell, sir! ⇒ **pożegnać** [2] przen. (rozstać się) to leave [dom, kraj] ⇒ **pożegnać**

Ⅱ **żegnać się** to say goodbye ⇒ **pożegnać się**

■ **~ć się ze światem** a. **z życiem** książk. to depart this life przest., euf.; to say farewell a. goodbye to the world książk., euf.

żegna|ć² impf Ⅰ vi książk. to bless ⇒ **prze- żegnać**

Ⅱ **żegnać się** książk. to cross oneself ⇒ **przeżegnać się**

żel¹ m (G **~u**) [1] (galaretowata substancja) gel C/U; **~ do rąk** hand gel; **~ do włosów** (hair) gel; **~ pod prysznic** shower gel; **pasta do zębów w ~u** tooth gel [2] Chem. gel

żel² m zw. pl (G **~u** a. **~a**) Muz. cymbal zw. pl

żelastw|o n sgt pot. scrap (metal)

żelatyn|a f gelatin(e)

żelatynow|y adi. [emulsja, roztwór] gelatin(e) attr.

żelazi|sty adi. [1] [smak] metallic [2] Miner. [piaski, gliny] ferruginous; [wody, źródła] ferrous; **skała ~sta** ironstone

żelaz|ko n iron; **~ko ze spryskiwaczem** a steam iron

żela|zny adi. [1] [pręt, brama, most, konstruk- cja] iron attr. [2] przen. (silny) [organizm, kondycja, mięśnie] iron attr., cast-iron attr.; **mieć ~zne zdrowie** to have an iron constitution; **mieć ~zne nerwy** to have nerves of steel [3] przen. (bezwzględny) [wola, reguła, dyscyplina] iron attr.; **~zna konsek- wencja** unrelenting consistency; **~zna logika** an iron logic [4] (stały) [temat, pytanie] fundamental; **~zny repertuar** a standard repertoire

■ **~zna rezerwa** a. **porcja** an emergency supply; **~zna kurtyna** Polit., Hist. the Iron Curtain; Teatr a safety curtain; **~zny kapitał** nest eggs pot.; **bajka o ~znym wilku** a tall story GB, a tall tale US; **rządzić ~zną ręką** to rule with an iron fist a. hand

żelaz|o n sgt [1] (metal, pierwiastek) iron; **ruda ~a** iron ore; **owoce są bogate w ~o** fruit is rich in iron; **huta ~a** an ironworks [2] (przedmioty wykonane z żelaza) iron objects pl; **rumowisko ~a i betonu** a heap of iron and concrete; **rycerz zakuty w ~o** a knight in armour

żel|azobeton, ~beton → **żelbet**

żelbe|t m sgt (G **~tu**) Budow. reinforced concrete, ferroconcrete

żel|betowy, ~azobetonowy adi. [strop, konstrukcja, bunkier] reinforced con- crete attr., ferroconcrete attr.

żeliwn|y adi. [garnek, grzejnik] cast-iron attr.

żeliw|o n sgt Techn. cast iron

żelopis m (G **~u**) rollerball

żelow|y adi. [emulsja, krem, maseczka] gel attr.

żena|da f sgt bez **~dy** unceremoniously; **bez ~dy zapytał o wysokość wynagro- dzenia** he asked straight out about his salary; **rozebrała się bez ~dy** she got undressed without any fuss

żeniacz|ka f pot. marriage; **nie rwał się do ~ki** he wasn't in a hurry to get hitched pot.

że|nić impf Ⅰ vt to marry off; **żenić kogoś z kimś** to marry sb off to sb

Ⅲ **żenić się** [mężczyzna] to get married; **żenił się z koleżanką z pracy** he was getting married to a colleague from work; **koniecznie chciał się z nią żenić** he was determined to marry her; **żenić się bogato** to marry rich a. money pot.; **żenić się młodo** to marry young

żen|ować impf Ⅰ vt to embarrass; **jej bezpośredniość go ~owała** her straight- forwardness made him feel awkward a. uncomfortable ⇒ **zażenować**

Ⅱ **żenować się** to be embarrassed; **~owała się powiedzieć o swoich kło- potach** she was too embarrassed to speak about her troubles

żenująco adv. [zachowywać się] embarrass- ingly; **~ naiwna książka** a lamentably naive book

żenując|y Ⅱ pa → **żenować**

Ⅱ adi. [scena, cisza] embarrassing; [wiedza, poziom] lamentable

żeńs|ki adi. [1] [płeć, narządy, chór] female; **szkoła ~ka** a girls' school; **zakon ~ki** a female order [2] Jęz. [rzeczownik, rodzaj] feminine

żeńszeniow|y adi. [krem, wyciąg] ginseng attr.

żeń-sze|ń m Bot. (roślina, korzeń) ginseng U

że|r m (G **żeru**) prey; **tygrysy szukające żeru** tigers hunting for prey

żer|dź f (**~dka** dem.) perch, pole

żeremi|e n (Gpl **~**) (beaver) lodge

żer|ować impf vi [1] [zwierzę, drapieżnik] to prey; **stonka ~uje na liściach ziem- niaków** the Colorado beetle feeds on potato leaves [2] przen. (wykorzystywać) **~ować na kimś/czymś** to prey a. batten on sb/sth; **~ował na ludzkim nieszczęściu** he preyed on other people's misfortunes

żerowisk|o n (zwierząt) feeding ground; **rezerwaty Indian stały się ~iem dla różnych aferzystów** przen. the Indian reserves became a feeding ground for various swindlers

żeton m (G **~u**) [1] (do automatu) token; (w grach) chip; **~ do telefonu** a phone token [2] (metalowy znaczek) badge

żętyc|a f sgt dial. whey of ewe's milk

żgać impf → **żgnąć**

żg|nąć impf — **żg|ać** impf (żgnęła, żgnęli — żgam) vt książk. to stab; **żgnąć kogoś nożem** to stab sb with a knife; **żgnąć konia ostrogami** to dig one's spurs into a horse's sides

żigola|k m (Npl **~ki** a. **~cy**) pejor. gigolo pejor.

żigol|o m, m inv. (Npl **~owie**) gigolo pejor.

żleb m (G **~u**) Geol. gull(e)y

żłob|ek¹ m (dla dzieci) crèche GB, day care center US

żłob|ek² m (rowek) groove

żł|obić impf vt [1] (drążyć) to furrow, to carve; **spływająca woda żłobi bruzdy w skale** the falling water carves grooves in the rock; **koła wozu żłobiły koleiny** the cartwheels made deep furrows ⇒ **wyżłobić** [2] (wycinać) to carve; **żłobić drewno rylcem** to carve wood with a burin; **żłobione kolumny** fluted columns; **zaczął żłobić napis w korze** he started carving an inscription in the bark ⇒ **wyżłobić** [3] (znajdować się) to cut; **okolicę żłobiły wąwozy** the area was cut a. dissected by ravines; **żleb żłobiący zachodnią ścianę góry** a gully cutting through the west face of the mountain; **nie dostrzegł zmarszczki żłobiącej jej czoło** he didn't notice the crease furrowing her brow

żłobie|nie Ⅱ sv → **żłobić**

Ⅱ n (rowek) groove; **~nia w skale** grooves in rock; **~nia kolumn** the flutes of the columns

żłobk|ować impf vt to gouge; **~owane kolumny** fluted columns

żłobkowa|nie Ⅱ sv → **żłobkować**

Ⅱ n Archit., Szt. fluting

żłop|ać impf (**~ię**) vt pot. to guzzle pot., to swill pot. [piwo, wodę] ⇒ **wyżłopać**

żł|ób Ⅱ m pers. (Npl **żłoby**) pot., obraźl. dimwit pot., blockhead pot.

Ⅱ m inanim. (G **żłobu**) [1] (koryto) manger, trough [2] pot., pejor. (intratne stanowisko) well-paid job; **siedzieć u żłobu** to have a cushy number pot. ⒊ Geol. trough; **żłób lodowcowy** a U-shaped valley ⒋ Górn. trunk

żłóbek → **żłobek**

żmij|ja f ⒈ Zool. viper; **~ja zygzakowata** adder, common viper ⒉ pot., pejor. (osoba) snake pejor., viper pejor.

■ **wyhodować ~ję na własnej piersi** a. **na własnym łonie** to nurse a viper in one's bosom

żmij|ka f dem. (wąż) (small) viper

żmijowato adv. ⒈ pejor. (podstępnie) [zachowywać się] like a snake ⒉ (przypominając kształtem żmiję) sinuously; **~ skręcony korzeń** a sinuous root

żmijowa|ty adi. ⒈ pejor. [osoba, charakter, uśmieszek] snaky, viperish ⒉ [kształt, ruch] snake-like, sinuous

żmijow|y adi. [jad] viper's

żmudnie adv. grad. książk. [szukać, pracować] laboriously, painstakingly

żmudn|y adi. grad. [praca, ćwiczenia, poszukiwania] laborious, painstaking

żniwiar|ka f ⒈ Roln., Techn. harvester, reaper ⒉ (kobieta żniwiarz) harvester, reaper

żniwiarz m (Gpl **~y**) harvester, reaper

żniwn|y adi. [pora, roboty] harvest attr.; [sprzęt] harvesting attr.

żniw|o Ⅱ n sgt przen. (plon) toll; **zaraza zbierała obfite ~o/swoje ~o** the epidemic took a heavy toll/its toll; **~o śmierci** the death toll

Ⅲ **żniwa** plt Roln. harvest; **ludzie pracujący przy ~ach** harvest workers; **w ~a jest zawsze dużo roboty** there's always lots of work (to be done) at harvest time; **~a żyta i pszenicy** the rye and wheat harvest

❑ **małe ~a** Roln. rape harvest

żołąd|ek m Anat. stomach; **z głodu rozbolał go ~ek** he was so hungry that his stomach starting aching; **skurcze ~ka** (stomach) cramps; **boli mnie ~ek** I have (a) stomach ache

❑ **~ek mięśniowy** Zool. gizzard

■ **o pustym ~ku** a. **z pustym ~kiem** on an empty stomach; **przez ~ek do serca** żart. the way to a man's heart is through his stomach żart.

żołądk|ować się impf v refl. pot. to be agitated; **nie ma się o co tak ~ować** there's no need to get agitated a. excited like that

żołądkow|iec m pot. weak-stomached person

żołądkow|y adi. [zaburzenia, dolegliwości] stomach attr., gastric; **krople ~e** ≈ bitters

żoła|dź Ⅱ m f ⒈ (owoc dębu) acorn ⒉ pot. (trefl) club; **dama ~ądź** the queen of clubs; **zagrać ~ądź** to play a club

Ⅲ f Anat. glans (of the penis)

żoł|d m sgt (G **~du**) Wojsk. pay

■ **być** a. **pozostawać na czyimś ~dzie** to be in the pay of sb także przen., pejor.

żołdac|ki adi. pot., pejor. [samowola, rebelia] soldier's

żołdactw|o n sgt pot., pejor. marauding a. looting soldiers

żołda|k m (Npl **~cy** a. **~ki**) ⒈ pot., pejor. (żołnierz) marauding a. looting soldier ⒉ Hist. mercenary

żołędn|y adi. pot. [król, as, dziesiątka] of clubs

żołędziow|y adi. acorn attr.

żołnier|ka f pot. ⒈ sgt (wojowanie) soldiering ⒉ (kobieta żołnierz) woman soldier

żołniers|ki adi. [mundur, obowiązek] soldier's; [odwaga] soldierly; **~ka służba** military service; **po ~ku** in soldierly fashion

żołnierz m (Gpl **~y**) ⒈ (wojskowy) soldier; **~ piechoty** an infantryman; **~ zawodowy** a regular soldier; **zginąć śmiercią ~a** to die a soldier's death; **ołowiany/cynowy ~** a lead/tin soldier ⒉ (szeregowiec) a private

żołnierzyk m dem. (zabawka) toy soldier; **ołowiane ~i** lead soldiers

żon|a f wife; **zostać czyjąś ~ą** to become sb's wife; **czy zostaniesz moją ~ą?** will you be my wife?, will you marry me?; **wziąć** a. **pojąć kogoś za ~ę** to take sb as one's wife książk.

żona|ty Ⅱ adi. [mężczyzna] married (**z kimś** to sb)

Ⅲ m married man

żongle|r m juggler

żongler|ka f sgt ⒈ (w cyrku) juggling ⒉ przen. (ekwilibrystyka) juggling (act); **~ka słowna** juggling with words

żonglers|ki adi. [numer, popisy] juggling attr.; [zręczność] juggler's

żongl|ować impf vi ⒈ (podrzucać) to juggle vt [kulami, piłeczkami] ⒉ przen. (posługiwać się zręcznie) to juggle; **kelner ~ował tacą** the waiter was juggling (with) the tray

żonin|y adi. [pomysły, humory] one's wife's

żon|ka f pieszcz., iron. the little woman przest., żart.

żonkil m Bot. daffodil

żonko|ś m żart. young husband

żonu|sia f dem. pieszcz., iron. the little woman przest., żart.

żorże|ta f Włók. georgette; **spódnica z ~ty** a georgette skirt

żorżetow|y adi. Włók. [spódnica, garsonka, sukienka] georgette attr.

żół|cić impf Ⅱ vt to yellow; **tytoń ~ci palce** tobacco turns your fingers yellow ⇒ **zażółcić**

Ⅲ **żółcić się** (mieć żółty kolor) to be a. show yellow; **łąka ~ci się od kaczeńców** the meadow is yellow with kingcups; **na polu ~ci się łubin** the field is yellow with lupin ⇒ **zażółcić się**

żółci|eć impf (**~ał**) vi to be a. show yellow; **na grządce ~ały tulipany** the flower bed was yellow with tulips

żółciopędnie adv. **działać ~** to have a cholagogic effect

żółciopędn|y adi. Med. [działanie] cholagogic; **środek a. lek ~y** a cholagogue

żółciow|y adi. Anat. [kwasy, drogi] bile attr.; **kamienie ~e** gallstones; **woreczek** a. **pęcherzyk ~y** the gall-bladder

żółciut|ki adi. dem. pieszcz. [jabłka, cytryny] deep yellow

żół|ć f ⒈ sgt Anat. bile ⒉ sgt przen. (gniew) bile, gall; **powiedział to bez ~ci** he said it without bile; **ludzi zawistnych ~ć zalewa bez przerwy** envious people are always full of bile ⒊ (kolor) yellow

■ **~ć się w nim burzy** a. **gotuje od tego** it galls him

żółk|nąć impf (**~ł** a. **~nął**) vi to yellow, to turn yellow; **liście ~ną jesienią** leaves

turn yellow in the autumn; **~nąć z zazdrości** to be green with envy ⇒ **pożółknąć, zżółknąć**

żółtacz|ka f sgt Med. jaundice; icterus spec.

❑ **~ka hemolityczna** Med. haemolitic jaundice GB, hemolitic jaundice US; **~ka mechaniczna** Med. obstructive jaundice; **~ka miąższowa** Med. hepatocellular jaundice; **~ka rzekoma** Med. pseudojaundice; **~ka wrodzona** Med. bilirubinaemia; **~ka zakaźna** Med. infectious jaundice

żółtaczkow|y adi. Med. jaundice attr.; **~e objawy** symptoms of jaundice

żółtawo adv. **~ świecący reflektor** a yellowish searchlight

żółtaw|y adi. [światło, kolor, plama] yellowish, yellowy; [cera] sallow

żółt|ek m (Npl **~ki**) pot., obraźl. gook US obraźl.; (Chińczyk) Chink pot., obraźl.; (Japończyk) Jap pot., obraźl., Nip pot., obraźl.

żółt|ko n yolk C/U; **utarła ~ka z cukrem** she beat the yolks with sugar; **oddzielić ~ko od białka** to separate the yolk from the white

żółtkow|y adi. Zool. [substancja, błona] vitelline

żółt|o Ⅱ adv. grad. **na łące jest ~to od jaskrów** the meadow is yellow with buttercups; **~to kwitnące żonkile** yellow blooming daffodils; **dziewczyna ubrana na ~to** a girl dressed in yellow; **pomalować dom na ~to** to paint a house yellow

Ⅲ **żółto-** w wyrazach złożonych yellow-; **żółtopióry** yellow-feathered; **żółtobiałe kwiaty** yellow and white flowers

żółtodzi|ób m (Npl **~oby**) pejor. greenhorn; rookie pot.

żółtoś|ć f sgt (cytryny, żonkila) yellowness; (cery) sallowness

żółtozielon|y adi. [owoce, liście] yellowygreen, lime-green

żół|ty adi. [kwiaty, ubranie] yellow; **mamy ~te światło** the lights are at amber; **~ty kolor** yellow (colour); **rasa ~ta** the Mongoloid race; **człowiek rasy ~tej** a Mongoloid

żół|w m (**~ik** dem.) Zool. (morski) turtle GB, sea turtle US; (lądowy) tortoise, turtle US; **~ szylkretowy** a hawksbill (turtle); **iść/ pracować jak ~** to move/work at a snail's pace

żółw|i adi. [jaja] turtle attr.; **~ pancerz** a tortoise's/turtle's shell; **iść** a. **wlec się ~m krokiem** przen. to move at a snail's pace; **~e tempo** przen. a snail's pace

żółwic|a f Zool. (wodna) female turtle GB, female sea turtle US; (lądowa) female tortoise, female turtle US

żółwiow|y adi. [zupa, sos] turtle attr.

żrąco adv. **działać ~ na coś** to have a caustic effect on sth

żrąc|y Ⅱ pa → **żreć**

Ⅲ adi. ⒈ [kwas, płyn, substancja] caustic ⒉ [dym, opary, smak] acrid, pungent ⒊ przen. (zjadliwy) [uwagi, krytyka, ironia] caustic, pungent

żr|eć impf Ⅱ vt pot. ⒈ pejor. (pożerać) to gobble pot.; to guzzle pot., pejor.; **kiedy jest zła, żre bez opamiętania** when she's angry she stuffs herself with food pot. ⇒ **zeżreć** ⒉ (jeść) [zwierzęta] to feed (**coś** on sth); to devour ⇒ **zeżreć** ⒊ (niszczyć) [kwas, rdza] to eat into a. away, to eat up; **rdza powoli żre**

okucia drzwi rust is slowly eating away the door hinges ⇒ **zeżreć** 4 (piec) [dym, pył] to sting; **pył żarł go w oczy** dust stung his eyes 5 przen. (dokuczać) to eat up, to gnaw (at); **żre go ambicja** he's devoured by ambition ⇒ **zeżreć**

II **żreć się** pot. to be at each other's throats pot.

żub|r m Zool. (European) bison, wisent

żubrów|ka f 1 Bot. sweetgrass U 2 (wódka) Bison Brand Vodka®

żubrz|y adi. [ślad, rezerwat] bison attr.

żuchw|a f Anat. mandible

żuchwow|y adi. [nerw, kości] mandibular

żu|ć impf vi to chew [gumę, kęs, jedzenie]

■ **żuć w ustach słowa/przekleństwa** pot. to swear under one's breath

żu|k m (żuczek dem.) Zool. beetle

żul m (Gpl ~i) pot. hoodlum pot.

żuli|a f sgt (GD ~i) pot. hoodlums pl pot.

żulik m (Npl ~i) pot. lout pot.

żup|a f daw. 1 (kopalnia) salt mine 2 (zakład) salt works

żupan m Hist. traditional dress of Polish noblemen

żu|r m (G żuru) Kulin. 1 (zupa) soup made from fermented rye flour 2 (zakwas) fermented rye flour

żuraw II m anim. Zool. crane

II m inanim. 1 (przy studni) sweep; ~ **studzienny** a well sweep 2 Techn. (dźwig) crane

❏ ~ **suwnicowy** Techn. travelling crane; ~ **wiertniczy** a. **udarowy** Techn. derrick

■ **zapuszczać ~ia** pot., żart. to take a. have a butcher's pot.

żurawi adi. [gniazdo, pióra] crane's

żurawin|a f 1 Bot. cranberry 2 zw. pl Kulin. cranberry U; **konfitury z ~** cranberry preserves

żurawinow|y adi. [sok, konfitury] cranberry attr.

żur|ek m (G ~ku) Kulin. soup made from fermented rye flour

żurnal m (G ~a a. ~u) 1 (czasopismo o modzie) fashion magazine; **suknia jak z ~a** a fashionable dress; **ubrany jak z ~a** dressed in the latest fashion 2 daw. (czasopismo) magazine

żurnali|sta m książk., pejor. (hack) journalist

żurnalisty|ka f sgt książk., pejor. (hack) journalism

żurnalow|y adi. [strój, kreacja] fashionable

żuż|el m sgt (G ~la a. ~lu) 1 (do wysypywania dróg) cinder, slag 2 (tor) cinder track; **wyścigi na ~lu** speedway racing 3 Sport speedway (racing)

żużlow|iec m Sport speedway rider

żużlow|y adi. 1 [hałda, alejka] cinder attr. 2 Sport [sezon, wyścigi] speedway attr.

żwawo adv. grad. [biec, ruszać się, wyruszyć] jauntily, briskly; **rozmowa potoczyła się ~** the conversation progressed at a lively pace

żwawoś|ć f sgt (kroków, ruchów) jauntiness, briskness

żwaw|y adi. grad. [ruchy, krok] jaunty, brisk; [osoba] spry, perky

żwi|r m sgt (G ~ru) gravel; **alejka wysypana ~rem** a gravel path

żwir|ek m sgt (G ~ku) grit

żwir|ować impf vt Budow. to gravel [alejkę, plac, drogę]

żwirowan|y II pp → żwirować

II adi. [droga, aleja, ulica] gravel, gravelled GB, graveled US

żwirow|y adi. [aleja, droga] gravel attr.

życi|e n sgt 1 (proces) life; ~e **na ziemi** life on earth; **poszukiwanie form ~a w kosmosie** the search for life forms in the universe; **wiosną budzi się ~e** in spring everything comes to life 2 (egzystencja) life; **uratować komuś ~e** to save sb's life; **zamach na ~e cara** an attempt on the tsar's life; **pożegnać się** a. **rozstać się z ~em** to depart this life; **odebrać sobie ~e** to take one's (own) life; **stracić ~e** to lose one's life; **jej syn przypłacił to ~em** her son paid for it with his life; **ujść z ~em** to escape with one's life; **ten błąd kosztował ją ~e** that mistake cost her her life; **oddać za kogoś/coś ~e** to lay down a. give one's life for sb/sth książk.; **pozostawać przy ~u** to remain alive; **lekarze utrzymywali pacjenta przy ~u przez dwie doby** the doctors managed to keep the patient alive for two days; **tylko praca trzyma go przy ~u** work is the only thing that keeps him going pot. a. keeps him alive; **nieliczni pasażerowie pozostali przy ~u** the few surviving passengers 3 (okres od narodzin do śmierci) life, lifetime; **nigdy w ~u nie widziałam czegoś takiego** I've never seen anything like it (in my life); **już za ~a był postacią legendarną** he was a legend in his own lifetime; **za ~a babci to było nie do pomyślenia** it was unthinkable in grandma's time; **kalendarium ~a poety** significant dates in the poet's life; **całe swoje dorosłe ~e spędził w tym mieście** he spent his entire adult life in this town; **cieszyć się ~em** to enjoy life; **używać ~a** to live life to the full; **ułożyć sobie ~e na nowo** to make a new life for oneself; **nadawać sens czyjemuś ~u** to give sb's life meaning; **styl ~a** a lifestyle, a way of life; **szkoła przystosowuje dzieci do ~a** the purpose of a school is to adjust children to social life; ~e **duchowe/seksualne/zawodowe** sb's spiritual/sex/working life; **wtrącać się w czyjeś ~e** to interfere in sb's affairs a. life; **urządzić sobie ~e** to arrange one's life; **mieć łatwe/trudne ~e** to have an easy/a hard life; ~e **go nie rozpieszcza** his life is not all roses 4 (utrzymanie) living; **zarabiać na ~e** to earn a living, to make one's living; **zarabia na ~e malowaniem portretów** he makes his living painting portraits; **poziom ~a** the standard of living, living standards; **ludzie pozbawieni środków do ~a** people deprived of a means of livelihood; **ledwo mu starcza na ~e** he barely has enough to live on; ~e **w stolicy jest bardzo drogie** life in the capital is very expensive; **pieniądze na ~e** housekeeping (money) 5 (rzeczywistość) (real) life; **tak jest w teorii, ale nie w ~u** that's how it is in theory, but not in practice a. real life; **zupełnie nie zna ~a** he's totally inexperienced; **historia z ~a wzięta** a true-life story 6 (witalność) life, energy; **być pełnym**

~a to be full of life a. vigour; **tryskać ~em** to be bursting with energy; **z ~em, panowie!** look lively, men! pot. 7 (ruch) life; **miasto od świtu tętni** a. **kipi ~em** the city pulsates with life from the crack of dawn; **po latach zastoju ~e budzi się w tutejszych miasteczkach** after years of stagnation the local villages are coming (back) to life 8 (środowisko) life; **poznać ~e mieszkańców/szlachty** to learn about the life of the locals/nobility; ~e **publiczne/społeczne/kulturalne** public/social/cultural life 9 (funkcjonowanie) life; **średni czas ~a samochodu** the average life of a car; **państwo nie może utrzymywać przy ~u nierentownych przedsiębiorstw** the state can't keep unprofitable companies alive

❏ **nocne ~e miasta** the city's nightlife; ~e **intymne** sb's love life; ~e **osobiste** a. **prywatne** private life; ~e **wieczne** Relig. eternal a. everlasting life

■ **bój** a. **walka** a. **wojna na śmierć i ~e** a life-and-death struggle, a struggle to the death; **brać ~e lekko** to be light-hearted; **brać ~e na serio** a. **patrzeć poważnie na ~e** to take life seriously; **być bez ~a** to be lifeless; **być czyimś ~em** książk. to be sb's life; **być nie do ~a** (być słabym) to be half dead a. more dead than alive; (być niezaradnym) to not be cut out for this life a. world; (o mieście) to be impossible a. hard to live in; **dać komuś ~e** książk. to give sb the gift of life; **dać znak ~a** (napisać list) to drop a line; **darować komuś ~e** książk. to spare sb's life; **jeśli ci ~e miłe** książk. if you value your life; **w szkole nie miał ~a, koledzy go szykanowali** he had a hard a. tough time at school, he was bullied all the time; **mężczyzna/kobieta mojego ~a** the man/woman in my life; **mieć święte ~e** to live a. lead the life of Riley pot.; **mieć własne ~e** to have a life of one's own, to live one's own life; **ma ~e usłane różami** his life is a bed of roses; **nie zaznać ~a** to not taste life; **póki ~a** przest. until a. to the end of one's days; **przypłacić** a. **okupić coś ~em** książk. to pay for sth with one's life, to lay down a. give one's life for sth; **samo ~e** that's life, such is life; **sprawa** a. **kwestia ~a i śmierci** a matter of life and death; **szkoła ~a** książk. school of hard knocks; **tchnąć w coś ~e** książk. to breathe (new) life into sth; **usunąć się z czyjegoś ~a** książk. to part company with sb; **wchodzić w ~e** [młodzież, nastolatek] to leave home; [ustawa, przepis] to come into a. to take effect; **wprowadzić** a. **wcielić coś w ~e** to bring a. put sth into effect; **zatruwać** a. **obrzydzać komuś ~e** to make life hell for sb pot.; **złamać sobie/komuś ~e** to make one's/sb's life a misery; ~e **się ledwie w nim kołacze** he's ready to give up the ghost

życiodajn|y adi. książk. [deszcz, słońce, siły, tlen] life-giving

życiorys m sgt (G ~u) 1 (życie) life; **oboje mieli trudne ~y** they both had hard lives; **streścił swój ~ w trzech zdaniach** he summarized his life in three sentences 2 (opis) curriculum vitae a. CV GB, resumé

US; (biografia) life history; **napisać swój ~** to write one's curriculum vitae a. CV

życiowo adv. **~ ważne sprawy** matters of vital importance in one's life; **jest niepo-radny ~** he's not very practical; **być wyrobionym ~** to be experienced in life; **podejść do sprawy ~** to approach a matter in a practical way

życiow|y adi. ① [doświadczenie, mądrość] practical, worldly; **sytuacja ~a** one's situation (in life); **studia medyczne uważał za swoją ~ą pomyłkę** he considered his medical studies to be the biggest mistake of his life; **~a szansa** the chance of a lifetime; **rekord ~y** a personal best; **praca to dla niej ~a konieczność** work is an absolute necessity for her; **bankrut** a. **rozbitek ~y** a down-and-out; **oferma** a. **niedorajda ~a** one of life's casualties ② (biologiczny) [siły, funkcje, procesy] vital; **przestrzeń ~a** a living space ③ (praktyczny) [osoba, podejście] down-to-earth, practical

życze|nie Ⅰ sv → **życzyć**
Ⅱ n (pragnienie) wish; **spełnić czyjeś ~nie** to fulfil sb's wish; **moim ~niem było zostać tam dłużej** my wish was to stay there longer; **zrobić coś na czyjeś ~nie** to do sth at sb's request; **postąpić wbrew czyimś ~niom** to act against sb's wishes; **ma pan ~nie zobaczyć się z adwokatem?** do you wish to see a/your lawyer?; **twoje ~nie jest dla mnie rozkazem** your wish is my command
Ⅲ **życzenia** plt wishes; **złożyć komuś ~nia** to give sb one's best wishes; **składać komuś ~nia wszystkiego najlepszego** to wish sb all the best; **kartka z ~niami** a greetings card; **wysłać komuś kartkę z ~niami urodzinowymi** to send sb a birthday card; **proszę przekazać moje najlepsze ~nia małżonce** please give my best wishes a. regards to your wife
❏ **książka ~ń i zażaleń** customer feedback form; **pobożne ~nie** wishful thinking
■ **pozostawiać wiele do ~nia** to leave a lot to be desired

życzeniow|y adi. pejor. **~e myślenie** wishful thinking

życzliwie adv. grad. [patrzeć, uśmiechać się, traktować] in a kindly a. friendly manner; **od początku była do nas ~ nastawiona** she was nice to a. friendly towards us from the very beginning; **jego powieści były ~ przyjmowane przez krytykę** his novels were well received by the critics

życzliwoś|ć f sgt kindliness, friendliness; **z ~cią** with kindness, in a kindly a. friendly manner

życzliw|y Ⅰ adi. [osoba, uśmiech, słowa, gest] kind, friendly; **człowiek ~y dla wszystkich** a well-meaning a. an obliging person
Ⅱ m iron. **jakiś ~y już mu o tym powiedział** some obliging soul has already told him iron.
■ **patrzeć na kogoś/coś ~ym okiem** to look favourably on sb/sth

życz|yć impf vi ① (składać życzenia) to wish; **~ę ci powodzenia** I wish you good luck; **~ę wam spełnienia marzeń** I wish you every success in the future; **~yć komuś szybkiego powrotu do zdrowia** to wish sb a speedy recovery; **~yć komuś dobrze/źle** to wish sb well/ill ② (chcieć) to wish; **czy państwo ~ą sobie kolację?** do you wish to have supper?; **rodzice ~yli sobie, aby został lekarzem** his parents wanted him to become a doctor; **pogrzeb był skromny, bo tak ~ył sobie zmarły** the funeral was simple in accordance with the wishes of the deceased; **nie ~ę sobie tu żadnych hałasów** I won't have anybody making any noise (in) here
■ **czego pan/pani sobie ~y?** what can I do for you?; **jak sobie ~ysz** a. **jak pan/pani sobie ~y** as you wish a. like; **nie ~yć czegoś komuś/największemu wrogowi** to not wish sth on sb/one's worst enemy

ży|ć impf vi ① (istnieć) to live, to be alive; **kierowca żyje, ale pasażer zginął** the driver is alive, but the passenger was killed; **czy twój dziadek jeszcze żyje?** is your grandad still alive?; **mój pies żył dwadzieścia lat** my dog lived for twenty years; **żyli długo i szczęśliwie** they lived happily ever after; **liście opadły, ale drzewo żyje** the leaves have dropped off but the tree is still alive ② (mieszkać) to live; **żyć na wsi/w mieście** to live in the country/the city; **żył zupełnie sam w lesie** he lived all alone in the forest; **przed wojną w miasteczku żyło 20 tysięcy ludzi** before the war the town was inhabited by twenty thousand people; **wilki żyją w lesie** wolves live in forests; **struś jest największym ptakiem, który obecnie żyje na ziemi** the ostrich is currently the largest living bird on earth; **zwierzęta żyjące w zoo** animals living in the zoo; **epoka, w której żyjemy** the era we are living in; **żył w latach 1632-1677** he lived from 1632 to 1677 ③ (bytować) to live; **żyć skromnie** to live modestly; **pogodziliśmy się i odtąd żyjemy jak bracia** we made up and we've been living like brothers ever since; **żyć z kimś dobrze/źle** to be on good/bad terms with sb; **żyć z kimś w przyjaźni** to be on friendly terms with sb; **jak długo może żyć bez kobiety?** how long could he live without a woman?; **żyć życiem artysty** to lead the life of an artist; **chciał wrócić do domu, żyć zwyczajnym życiem** he wanted to get back home to his normal life; **żyć z myślistwa/rybołówstwa** to live by hunting/fishing ④ (trwać) [idea, myśl, pamięć] to live (on); **te wspomnienia wciąż w nim żyją** those memories live on a. are still alive within him; **sława poety będzie żyła wiecznie** the poet's fame will live on
■ **jak (długo) żyję** never in (all) my life; **żyje mu się dobrze/źle** pot. he has a good/bad life; **ledwie żyję** I'm more dead than alive; **nie dawać komuś żyć** to make life hell for sb pot.; **niech żyje król/młoda para!** long live the king/newly-weds!; **nie samym chlebem człowiek żyje** przysł. man cannot live by bread alone przysł.; **żyć czymś** to live and breathe sth; **żyć jak u Pana Boga za piecem** to live a. be in clover; **żyć dla kogoś/czegoś** to live for sb/sth; **żyć jutrem** a. **przyszłością** to live for tomorrow; **żyć na czyjś koszt** a. **czyimś kosztem** to live off sb; **żyć nad stan** to live beyond one's means; **żyć**

nadzieją to live in hope; **żyć na wysokiej stopie** to live off the fat of the land; **żyć o chlebie i wodzie** to live on bread and water; **żyć nie umierać** this is the life!; **żyć własnym** a. **swoim życiem** [osoba] to live one's own life; [sprawa] to have a life of its own; **żyć z dnia na dzień** to live from day to day; **żyć z kimś** to live with sb; **żyć z kimś w grzechu** przest. to live in sin with sb przest., żart.

Ży|d m Jew

żydokomun|a f pot., pejor. Jewish communists pl

żydostw|o n sgt ① (cechy) Jewishness ② (Żydzi) Jews pl, Jewry

żydows|ki adi. [dzielnica, naród, religia, pochodzenie] Jewish; **po ~ku** in Jewish fashion; **mówić po ~ku** to speak Yiddish; **ryba po ~ku** gefilte fish

Żydów|ka f Jewess

żyjąc|y Ⅰ pa → **żyć**
Ⅲ **żyjący** plt the living

żyjąt|ko n pot. creature

żylak m zw. pl Med. varicose vein zw. pl; **mieć ~i** to have varicose veins; **~i odbytnicy** piles, haemorrhoids GB, hemorrhoids US

żyla|sty adi. ① [mięso] stringy, sinewy ② [osoba] sinewy, wiry; [ręce, szyja] veiny

żylet|ka f razor blade

żyletkow|y adi. [stal, temperówka] razor-blade attr.

żyln|y adi. ① Anat. [krew, ciśnienie] venous ② Geol. [kwarc] vein attr.

żył|a f ① Anat. vein; **podać lekarstwo do żyły** to inject a drug into a vein; **żyła płucna** a pulmonary vein; **z wysiłku aż żyły wystąpiły mu na czoło** he worked hard, his forehead veins bulging; **czuła, jak krew szybciej jej płynie w żyłach** she felt the blood running faster in her veins; **podciąć sobie żyły** to slash one's wrists ② zw. pl (w mięsie) **to mięso to same żyły** this meat is all stringy ③ pot. (skąpiec) meanie pot., pejor. ④ pot. (ktoś bardzo wymagający) slave-driver pejor. ⑤ Geol. vein; **żyła złota/żelaza** a vein of gold/iron ⑥ Techn. wire
❏ **żyła wodna** water vein
■ **dać sobie w żyłę** pot. to shoot up pot.; **żyła złota** a. **złota żyła** a gold mine

żył|ka Ⅰ f ① dem. (naczynie krwionośne) vein, veinlet ② (nić) (fishing) line ③ sgt (pasja) bent, flair; **~ka pisarska/kolekcjonerska** a bent for writing/collecting things; **mieć ~kę do handlu** to have a flair for business; **~ka podróżnicza** an urge to travel, wanderlust ④ zw. pl (linia) vein; **białe ~ki w kamieniu** the white veining in the stone ⑤ Bot. vein
Ⅱ **żyłki** plt Zool. veins

żyłkowa|nie n veining U

żyłkowan|y adi. [liść, skrzydła] veined

żył|ować impf Ⅰ vt pot., pejor. ① (wyzyskiwać) to exploit, to overwork [pracowników, podwładnych] ⇒ **wyżyłować** ② (nadużywać) to overuse [dowcipy, pomysły, schematy]
Ⅲ **żyłować się** pot. to slave (away), to slog (away)

żyraf|a f Zool. giraffe

żyrafi adi. [szyja, galop] giraffe's

żyrandol m chandelier

żyran|t m Ekon. guarantor, surety

Ż

żyr|ować *impf vt* Ekon. to guarantee *[weksel, pożyczkę]* ⇒ **podżyrować**

żyt|ko *n dem.* sgt (roślina) rye

żytni *adi.* ⓵ *[łan, pole]* of rye; *[słoma]* rye attr. ⓶ *[mąka, chleb]* rye attr.

żytniów|ka *f* rye vodka *C/U*

ży|to *n sgt* (roślina, ziarno) rye; **łan żyta** a field of rye; **mąka z żyta** rye flour

żyw *adi. praed.* książk.
■ **kto ~** one and all, absolutely everyone

żywic|a *f* ⓵ sgt (z drzew) resin ⓶ Chem. resin; **~a syntetyczna** synthetic resin; **~e melaminowe** melamine resins

żywiciel *m* (Gpl **~i**) ⓵ (rodziny) breadwinner, wage-earner; **jedyny ~ rodziny** the sole breadwinner in the family ⓶ Biol. host

żywiciel|ka *f* breadwinner, wage-earner

żywiciels|ki *adi.* *[roślina, tkanka]* host attr.

żywicow|y *adi.* *[lakier, klej]* resin attr.

żywiczn|y *adi.* *[zapach, drzewo]* resinous

żyw|ić *impf* Ⅱ *vt* ⓵ (karmić) to feed; **~ić szczury mięsem** to feed meat to rats; **~ienie dietetyczne** dietary feeding; **jego wyobraźnię ~i sen** przen. his imagination feeds on dreams ⓶ książk. (odczuwać) to nurture *[nadzieję, nienawiść]*; to harbour *[urazę, żal]*; **~ić obawę** to harbour a fear; **~ił słabość do tej kobiety** he had a soft spot for the woman; **~ić do kogoś uczucie przyjaźni** to feel friendship for sb Ⅲ **żywić się** ⓵ pot. (odżywiać się) *[zwierzę]* to feed (**czymś** on sth); *[osoba]* to eat (**czymś** sth); **sęp ~i się padliną** the vulture feeds on carrion; **ona ~i się tylko nabiałem** she eats nothing but dairy products ⓶ przen. (zawdzięczać istnienie) to feed (**czymś** on a. off sth); **prasa brukowa ~i się plotkami** tabloids feed on gossip

żyw|iec Ⅱ *m* ⓵ sgt (zwierzęta rzeźne) livestock ⓶ (przynęta) live bait; **łowił szczupaki na ~ca** he was fishing for pike with live bait Ⅲ **żywcem** *adv.* ⓵ (będąc żywym) alive; **ofiary katastrofy lotniczej spłonęły ~cem** the casualties of the plane crash were burned alive; **wziąć kogoś ~cem w niewolę** to take sb captive ⓶ (zgodnie z oryginałem) **przepisać coś z czegoś ~cem** to copy sth (down a. out) from sth word for word; **wyglądała jak ~cem wyjęta z niemego filmu** she looked like something straight out of a silent film pot.
■ **krajać** a. **operować kogoś na ~ca** to operate on sb without anaesthetic

żywieniow|iec *m* nutritionist

żywieniow|y *adi.* *[nawyki, błędy, metody]* dietary; **normy ~e** nutritional standards

żywioł *m* (G **~łu**) ⓵ (siła przyrody) element; **morze to groźny ~ł** the sea is a dangerous element; **niszczący ~ł ognia** the destructive element of fire; **walczyć z ~łem** to battle the elements; **na zewnątrz rozpętał się istny ~ł** there was a raging storm outside ⓶ (siła) upheaval; **~ł wojny/życia** the upheavals of war/life; **~ł historii** the forces a. winds of history ⓷ sgt (strefa zainteresowań) element; **jego ~łem była polityka/muzyka** politics/music was his (great) passion ⓸ (ludzie) elements pl; **miasto zalewał obcy ~ł** foreign elements poured into the city; **~ł rewolucyjny** revolutionary elements ⓹ Filoz. element
■ **być** a. **znaleźć się** a. **poczuć się w swoim ~le** to be in one's element; **puścić coś na ~ł** pot. to let sth run a. take its course

żywiołowo *adv.* *[śmiać się]* uncontrollably; *[zachowywać się]* impetuously, exuberantly; **publiczność reagowała ~** the audience went wild with enthusiasm; **konflikt narastał ~** the conflict was getting out of control

żywiołowoś|ć *f sgt* ⓵ (osoby, zachowania) impetuousness, impetuosity ⓶ (zjawisk, zdarzeń) spontaneity

żywiołow|y *adi.* ⓵ (niepohamowany) *[osoba, zachowanie]* impetuous; *[śmiech]* unrestrained; **~y temperament** an exuberant a. effervescent personality ⓶ (niekontrolowany) *[rozwój, sprzeciw]* spontaneous

żywnie
■ **robić co się komuś ~ podoba** to do whatever one likes a. pleases; **łazi, gdzie mu się ~ podoba** he goes wherever he likes

żywnościow|y *adi.* *[artykuły, paczka, bon]* food attr.; **racje ~e** food rations; **kartki ~e** ration cards

żywnoś|ć *f sgt* food; **zapasy ~ci** food supplies; **zdrowa ~ć** health food

żywo *adv. grad.* ⓵ (energicznie) *[poruszać się, maszerować]* briskly; *[gestykulować, dyskutować]* animatedly; **sala ~ reagowała na każdy dowcip** the audience lapped up every joke pot.; **akcja filmu toczy się ~** the film is well-paced ⓶ (intensywnie) vividly; **jego słowa ~ zapisały się w mojej pamięci** I still vividly remember his words; **opowiadał tak ~ o tym wypadku** he gave such a vivid account of the accident; **~ oddany obraz Warszawy** a vivid description of Warsaw; **interesować się czymś ~** to show a lively interest in sth, to be keenly interested in sth
■ **co ~** przest. post-haste przest.; with all haste; **jako ~** książk. for the life of me, I swear; **na ~** live; **koncert na ~** a live concert; **emitować program na ~** to broadcast a programme live

żywoko|st *m* (G **~stu**) ⓵ Bot. comfrey; **~st lekarski** common comfrey ⓶ (korzeń) comfrey root

żywokostow|y *adi.* *[korzeń, syrop]* comfrey attr.

żywopło|t *m* (G **~tu**) hedge; **~t z róż/głogu** a rose/thorn hedge

żyworodnoś|ć *f sgt* Biol. vivipary, viviparity

żyworodn|y *adi.* Biol. *[zwierzęta, rośliny]* viviparous

żyworództwo *n* → żyworodność

żywoś|ć *f sgt* ⓵ (ruchów) briskness; (dyskusji, gestów) liveliness; **~ć umysłu** sharpness of mind ⓶ (kolorów, barw) vividness, vibrancy ⓷ (stylu, opisu, narracji) vividness

żywo|t *m* ⓵ sgt książk. (życie) life, existence; **nędzny ~t** a miserable existence; **pędził beztroski ~t** he led a. lived a carefree life ⓶ (świętego) life, hagiography; **~ty świętych** the lives of the saints; **~t świętego Jerzego** the life of St George ⓷ książk.

(funkcjonowanie) life, life-span; **~t sprzętu** the life of the equipment; **ich miłość miała nader krótki ~t** their love was extremely short-lived
■ **dokonać ~ta** książk. to depart this life książk., to meet one's end książk.

żywotnie *adv. grad.* **pomimo swojego wieku zachowywał się nadal ~** despite his age he was still very lively; **być czymś ~ zainteresowanym** to be keenly interested in sth; **cała ta sprawa ~ ich dotyczy** the whole matter is vitally important to them

żywotnik *m* Bot. thuja, thuya

żywotnoś|ć *f sgt* ⓵ (osoby) vitality, vigour ⓶ książk. (aktualność) (tematu, sztuki) topicality ⓷ (baterii, komputera, samochodu) life, life-span

żywotn|y Ⅱ *adi. grad.* ⓵ (energiczny) *[osoba, staruszek]* lively, sprightly ⓶ książk. (istotny) *[kwestia, problem, pytanie]* vital Ⅲ *adi.* (życiodajny) *[soki, siły]* vital

żyw|y Ⅱ *adi.* ⓵ (żyjący) *[osoba, zwierzę, drzewo, organizm]* living; **~e stworzenie** a living creature; **w gruzach znaleźli dwoje ~ych ludzi** they found two people still alive among the debris; **przyroda ~a** a. **świat ~y** living nature; **~a tarcza** a human shield ⓶ (realistyczny) *[postaci]* realistic, lifelike; **pies na obrazku wygląda jak ~y** the dog in the picture looks very lifelike ⓷ (najprawdziwszy) real; **zapłacą mu ~ym srebrem** they'll pay him in real silver; **~a gotówka** hard cash; **~y ogień** real fire Ⅲ *adi. grad.* ⓵ (ruchliwy) *[dziecko, ruchy, usposobienie]* lively; **~y umysł** a lively mind; **chłopak ~y jak iskra** a real live spark of a lad pot. ⓶ (intensywny) *[uczucia, zainteresowanie]* intense, deep; **utrzymuje z nią ~e kontakty** he keeps in constant touch with her; **~a dyskusja** an animated a. lively discussion ⓷ przen. (trwały) lasting; **pamięć o nim jest ciągle ~a** his memory lives on ⓸ (wyraźny) *[kolor]* vivid, lively; **~e wspomnienia** vivid memories ⓹ (wartki) *[styl, dialog]* lively; *[język]* vibrant; **film o ~ej akcji** a fast-paced film Ⅲ *m* living person; **wszystkich ~ych wypędzono poza bramę** all the survivors were driven outside the gate
❏ **~y towar** (niewolnicy) slaves; (prostytutki) white slaves
■ **być ledwie** a. **na pół** a. **na wpół ~ym** pot. to be half dead, to be more dead than alive; **dokuczyć** a. **dopiec komuś do ~ego** a. **dotknąć kogoś do ~ego** to cut sb to the quick, to touch sb on the raw; **nie ma ~ego ducha** a. **~ej duszy** there isn't a living soul; **poruszyć kogoś do ~ego** to move sb deeply; **wszystko, co ~e** one and all, absolutely everyone; **w żaden ~y sposób** a. **żadnym ~ym sposobem** not in any possibie way; **~a rana** a raw wound; **obetrzeć sobie ręce do ~ego mięsa** to rub one's hands raw

żyznoś|ć *f sgt* (gleby) fertility; fecundity książk.

żyzn|y *adi. grad.* ⓵ *[tereny, ziemie, gleba]* fertile; fecund książk. ⓶ książk. (sprzyjający) fertile; **być ~ą glebą** a. **gruntem dla czegoś** to be fertile ground for sth

How to interpret inflexional information

I. THE POSITION OF THE VERTICAL DIVIDER

The position of the vertical divider is based on spelling only. This results in divisions like **sło|ń** (> **~nia**), irrespective of the fact that both *ń* and *ni* here represent the same sound. Similarly, palatalizing of the final consonant of some masculine personal nouns (like those ending in *-s* or *-z* in Nominative singular) does not affect the position of the vertical stroke, e.g., **łobuz** (> **~zi**). By contrast, digraphs are treated as single characters, e.g. **adorato|r** (> **~orze**), **napi|sać** (> **~sze**).

Where there is more than one headword form, the vertical stroke is placed after the string of characters common to all forms, e.g. **gryza|k** *m* (**~czek** *dem.*).

II. GRAMMATICAL INFORMATION ON THE HEADWORD

For inflected words, endings are given only when irregular. If no endings are given, the user should assume that they follow from the general morphological rules of Polish. Below is a list of default endings, i.e. those that users should infer from the absence of explicit grammatical information. The endings are given here in a schematic way, without taking stem changes into account; they are therefore preceded by an ordinary short dash, and not the swung dash.

1. Nouns

1.1. Masculine nouns

Masculine nouns are divided into three subgenders: personal (*pers.*), animate (*anim.*), and inanimate (*inanim.*). Subgender information is given only when the entry is split into several grammatical categories (see **Jak korzystać ze słownika**). Personal nouns are those that refer to people, animate nouns those that refer to animals, and inanimate nouns those that refer to objects, notions and so on. Subgenders of masculine nouns are established on a purely semantic basis.

1.1.1. Masculine personal nouns

- Genitive singular: *-a*, unless the noun declines like an adjective or feminine noun
- Dative singular: *-owi*
- Accusative singular = Genitive singular
- Instrumental singular: *-em*
- Locative singular: *-u*
- Vocative singular = Locative singular, unless the noun declines like an adjective or feminine noun

- Nominative plural: *-i*, *-y*, or *-e*, in accordance with morphological rules
- Genitive plural: *-ów*
- Dative plural: *-om*
- Accusative plural = Genitive plural
- Instrumental plural: *-ami*
- Locative plural: *-ach*
- Vocative plural = Nominative plural

1.1.2. Masculine animate nouns

- Genitive singular: *-a*
- Dative singular: *-owi*
- Accusative singular = Genitive singular
- Instrumental singular: *-em*
- Locative singular: *-u*
- Vocative singular = Locative singular
- Nominative plural: in accordance with general morphological rules
- Genitive plural: *-ów*
- Dative plural: *-om*
- Accusative plural = Nominative plural
- Instrumental plural: *-ami*
- Locative plural: *-ach*
- Vocative plural = Nominative plural

1.1.3. Masculine inanimate nouns

- Genitive singular: *-a*
- Dative singular: *-owi*
- Accusative singular = Nominative singular
- Instrumental singular: *-em*
- Locative singular: *-u*
- Vocative singular = Locative singular
- Nominative plural: in accordance with general morphological rules
- Genitive plural: *-ów*
- Dative plural: *-om*
- Accusative plural = Nominative plural
- Instrumental plural: *-ami*
- Locative plural: *-ach*
- Vocative plural = Nominative plural

1.2. Feminine nouns

- Genitive singular: *-i* or *-y*, in accordance with morphological rules. If the Nominative ends in *-ia*, absence of the Genitive form means that there is no double *i* in the spelling, e.g. *ziemi, cioci, babci*.

- Dative singular: *-e*, *-y*, or *-i*, in accordance with general morphological rules. If the Nominative form ends in *-ia*, absence of the Dative form means that there is no double *i* in the spelling, e.g. *ziemi, cioci, babci*.
- Accusative singular: *-ę*, or zero ending
- Instrumental singular: *-ą*
- Locative singular = Dative singular
- Vocative singular: in accordance with general morphological rules
- Nominative plural: in accordance with general morphological rules
- Genitive plural: zero ending
- Dative plural: *-om*
- Accusative plural = Nominative plural
- Instrumental plural: *-ami*
- Locative plural: *-ach*
- Vocative plural = Nominative plural

1.3. Neuter nouns

- Genitive singular: *-a*
- Dative singular: *-u*
- Accusative singular = Nominative singular
- Instrumental singular: *-em*
- Locative singular = Dative singular
- Vocative singular = Nominative singular
- Nominative plural: *-a*
- Genitive plural: zero ending
- Dative plural: *-om*
- Accusative plural = Nominative plural
- Instrumental plural: *-ami*
- Locative plural: *-ach*
- Vocative plural = Nominative plural

2. Adjectives

Adjectives are assumed to inflect regularly.

3. Verbs

For verbs, the grammatical category does not precede the endings, since the latter are easily recognized.

For the present tense of imperfective verbs and future tense of perfective verbs, the default values can be read from the table below. The symbol $\varnothing$ indicates the absence of grammatical information.

Infinitive	Present/Simple future tense	
	1st pers. sg.	2nd pers. sg.
-ać	$\varnothing$ (*=am*)	$\varnothing$ (*=asz*)
	-ę	$\varnothing$ (*=esz*)
		-isz
	-eję	$\varnothing$ (*=ejesz*)
-(i)eć	$\varnothing$ (*=ę*)	$\varnothing$ (*=esz*)
		-isz
		-ysz
	-em	$\varnothing$ (*=esz*)
	-eję	$\varnothing$ (*=ejesz*)
-ić	$\varnothing$ (*=ę*)	$\varnothing$ (*=isz*)
	-iję	$\varnothing$ (*=ijesz*)
-yć	$\varnothing$ (*=ę*)	$\varnothing$ (*=ysz*)
	-yję	$\varnothing$ (*=yjesz*)
-ąć	$\varnothing$ (*=ę*)	$\varnothing$ (*=(i)esz*)
	-mę	$\varnothing$ (*=(i)esz*)
	-nę	$\varnothing$ (*=(i)esz*)
-iwać, *-ywać,* *-owcać*	$\varnothing$ (*=uję*)	$\varnothing$ (*=ujesz*)
	-am	$\varnothing$ (*=asz*)

The 3rd person singular is assumed to be the same as 2nd pers. sg. minus the final *sz*.

For past tense, the default forms all have the same stem as the infinitive, without vowel change.

With aspect pairs, if forms are given for one element, at least one form is given for the other element, even if it is regular.

Alfabet polski	Alfabet angielski
A	A
Ą	–
B	B
C	C
Ć	–
D	D
E	E
Ę	–
F	F
G	G
H	H
I	I
J	J
K	K
L	L
Ł	–
M	M
N	N
Ń	–
O	O
Ó	–
P	P
Q	Q
R	R
S	S
Ś	–
T	T
U	U
V	V
W	W
X	X
Y	Y
Z	Z
Ź	–
Ż	–

Spółgłoski

Symbol	Przykład	Transkrypcja
/p/	pan	/pan/
/b/	bal	/bal/
/t/	tor	/tor/
/d/	dom	/dom/
/k/	kot	/kot/
/g/	gol	/gol/
/f/	fan	/fan/
/v/	wilk	/vilk/
/s/	sos	/sos/
/z/	zły	/zwɪ/
/ʃ/	szok	/ʃok/
/ʒ/	żart	/ʒart/
/ɕ/	sieć	/ɕetɕ/
/ʑ/	zięć	/ʑɛntɕ/
/x/	chłop	/xwop/
/ts/	cel	/tsel/
/dz/	dzban	/dzban/
/tʃ/	czas	/tʃas/
/dʒ/	dżem	/dʒem/
/tɕ/	cień	/tɕɛɲ/
/dʑ/	dzień	/dʑɛɲ/
/m/	mur	/mur/
/n/	nos	/nos/
/ɲ/	nikt	/ɲikt/
/ŋ/	bank	/baŋk/
/r/	rok	/rok/
/l/	litr	/litr/
/w/	łyk	/wɪk/
/j/	ja	/ja/

Samogłoski

Symbol	Przykład	Transkrypcja
/i/	nić	/ɲitɕ/
/ɪ/	wy	/vi/
/e/	metr	/metr/
/a/	tam	/tam/
/o/	koń	/koɲ/
/u/	pół	/puw/
/ẽ/	kęs	/kẽs/
/õ/	wąs	/võs/
/ã/	camembert	/ˌkamãˈber/
/y/	résumé	/ˌrezyˈme/

Akcentuacja

Symbol	Przykład	
/ˈ/	akcent główny	radio /ˈradjo/
/ˌ/	akcent poboczny	radiofonia /ˌradjoˈfoɲja/

Inne

Symbol	Przykład	
/+/	brak wymowy zwarto-szczelinowej	nadzór /ˈnad+zur/